Kur/v. Bomhard/Albrecht
Markenrecht

Markenrecht

Markengesetz
Verordnung über die Unionsmarke
(UMV)

Kommentar

Herausgegeben von

Prof. Dr. Dr. h.c. Annette Kur
Max-Planck-Institut für Innovation und Wettbewerb, München

Dr. Verena v. Bomhard
Rechtsanwältin, Alicante

Dr. Friedrich Albrecht
Vorsitzender Richter a.D. am Bundespatentgericht, München

1. Auflage 2017

Zitiervorschlag:
Kur/*Bearbeiter* MarkenG § 1 Rn. 1
oder
Kur/*Bearbeiter* UMV Art. 1 Rn. 1

www.beck.de

ISBN 978 3 406 64792 5

© 2017 Verlag C.H. Beck oHG
Wilhelmstraße 9, 80801 München
Druck: Druckerei C.H. Beck Nördlingen
(Adresse wie Verlag)

Satz: Meta Systems Publishing & Printservices GmbH, Wustermark

Umschlaggestaltung: Druckerei C.H. Beck Nördlingen

Gedruckt auf säurefreiem, alterungsbeständigem Papier
(hergestellt aus chlorfrei gebleichtem Zellstoff)

Vorwort

Mit diesem Buch legen wir erstmals eine Druckversion des seit 2014 auf Beck-Online zur Verfügung stehenden Beck'schen Online-Kommentars zum Markenrecht vor. Dieser Kommentar verbindet erstmals Markengesetz und Unionsmarkenverordnung in einem Werk. Die Grundidee ist, die Gemeinsamkeiten von nationalem und europäischem Recht in diesem weitgehend harmonisierten Bereich deutlich zu machen, aber auch die Unterschiede aufzuzeigen, die sich aus der teils unterschiedlichen Auslegung gleichlaufender Vorschriften ergeben. Die Harmonisierung ist mit der zum 23. März 2016 in Kraft getretenen Änderungsverordnung (EU) 2015/2424 einen entscheidenden Schritt weitergekommen. Der vorliegende Kommentar berücksichtigt die Änderungen sowie bereits erste Entscheidungen und Praxisänderungen auf der Basis des neuen Rechts auf EU-Ebene.

Dass an dem Kommentar so viele Autoren mitarbeiten, denen wir auch an dieser Stelle unseren Dank aussprechen möchten, resultiert aus seiner ursprünglichen Natur als Online-Kommentar. Dieser wird, anders als ein herkömmliches Druckwerk, alle drei Monate aktualisiert. Der damit verbundene kontinuierliche Aufwand muss auf eine größere Anzahl von Mitautoren verteilt werden. Die Autorenvielfalt führt gelegentlich zu Divergenzen in der Behandlung einzelner Fragen. Soweit dies der Fall ist, haben wir versucht, darauf hinzuweisen.

Wie auch in der Online-Fassung enthält jede Kommentierung eine Überblicksebene, den Haupttext, und die – drucktechnisch durch Kleindruck abgesetzte – Detailebene. Diese dient dazu, weiterführende Informationen zu geben, zum Beispiel zur Rechtsentwicklung, zu unterschiedlichen Auffassungen oder zur Umsetzung in speziellen Fällen. Ihre Lektüre sollte jedoch für das Gesamtverständnis nicht erforderlich sein.

Die Reform des europäischen Markenrechts ist noch nicht abgeschlossen. Ein Teil der mit der Änderungsverordnung (EU) 2015/2424 eingeführten Rechtsänderungen tritt erst zum 1. Oktober 2017 in Kraft, gemeinsam mit den delegierten und Durchführungsrechtsakten, an denen die Kommission derzeit arbeitet. Zur Zeit der Drucklegung lagen hierzu erste Entwürfe vor, die wir nicht mehr berücksichtigt haben, zumal sie noch Änderungen erfahren werden. Die bereits geltenden und zum 1. Oktober 2017 zu erwartenden Rechtsänderungen wurden jedoch durchweg behandelt. Zum 1. Oktober 2017 ist eine Kodifizierung, also eine neue Nummerierung der Unionsmarkenverordnung, zu erwarten, die wir naturgemäß nicht vorwegnehmen konnten.

Auf Ebene des nationalen Rechts sind Änderungen erst innerhalb der kommenden zweieinhalb Jahre zu erwarten – die neue Richtlinie (EU) 2015/2436 muss erst bis 14. Januar 2019 umgesetzt und die Einführung administrativer Verfalls- und Nichtigkeitsverfahren kann gar bis 14. Januar 2023 aufgeschoben werden. Wir werden die Neuerungen im Rahmen der Online-Kommentierung zeitnah aufgreifen und zugleich mittels Referenztabellen dafür sorgen, dass die vorliegende Druckversion für Sie weiterhin von Nutzen sein wird.

Wir hoffen, dass Ihnen der Kommentar die praktische Arbeit erleichtern wird und Sie sich zu den Sie jeweils interessierenden Aspekten des deutschen und des europäischen Markenrechts einen umfassenden Überblick verschaffen können.

München, im November 2016   Die Herausgeber

Bearbeiterverzeichnis

Dr. Friedrich Albrecht	Vorsitzender Richter am Bundespatentgericht a.D.
María Del Mar Baldares	EUIPO, Akademie des Amtes
Christoph Bartos	EUIPO, Beschwerdekammern
Jana Bogatz	Rechtsanwältin, Fachanwältin für gewerblichen Rechtsschutz, München
Dr. Verena v. Bomhard	Rechtsanwältin, Alicante Spanien
Dr. Tanja Dörre	Bundesministerium für Bildung und Forschung, Bonn
Yvonne Draheim, LL.M.	Rechtsanwältin, Hamburg
Claus Eckhartt	Rechtsanwalt, München
Prof. Dr. Jan Eichelberger, LL.oec.	Universitätsprofessor, Leibnitz Universität Hannover
Dr. Johannes Fuhrmann, LL.M.	Rechtsanwalt, Alicante Spanien
Olaf Gillert, LL.M.	Rechtsanwalt, Düsseldorf
Prof. Dr. Joachim Gruber, D.E.A.	Professor, Westsächsische Hochschule Zwickau
Nicole Grüger	Rechtsanwältin, Fachanwältin für Gewerblichen Rechtsschutz, Köln
Mascha Julia Grundmann	Rechtsanwältin, Frankfurt am Main
Stephan Hanne, LL.M.	EUIPO, Rechtsabteilung
Tim Heitmann, LL.M.	Rechtsanwalt, München
Dr. Thomas Klingelhöfer	Rechtsanwalt, Stuttgart
Dr. Matthias Koch, LL.M.	Rechtsanwalt beim Bundesgerichtshof, Karlsruhe
Ingrid Kopacek	Richterin am Bundespatentgericht
Paul Kretschmar, LL.M.	Rechtsanwalt, Fachanwalt für gewerblichen Rechtsschutz, München
Prof. Dr. Dr. h.c. Annette Kur	Max-Planck-Institut für Innovation und Wettbewerb, München
Alexander Leister, LL.M.	Rechtsanwalt, Stuttgart
Elisabeth Mielke, LL.M.	Rechtsanwältin, Fachanwältin für gewerblichen Rechtsschutz, Stuttgart
Dr. Julia Miosga	Bundesministerium der Justiz und für Verbraucherschutz, Berlin
Peter J. A. Munzinger	Rechtsanwalt, München
Dr. Carola Onken	Rechtsanwältin, Fachanwältin für gewerblichen Rechtsschutz, München
Prof. Stephanie Rohlfing-Dijoux	Universitätsprofessorin, Université Paris Ouest
Dr. Carmen Sallmann	Deutsches Patent- und Markenamt, Jena
Sonja Schäffler	Rechtsanwältin, Köln
Dr. Marie-Theres Schmid	Patentanwältin, München
Dr. Julia Schneider	Rechtsanwältin, Fachanwältin für gewerblichen Rechtsschutz, Stuttgart
Dr. Volker Schoene	Rechtsanwalt, Köln
Dr. Thomas Schulteis, LL.M.	Rechtsanwalt, Düsseldorf
Dr. Jan Schumacher	Rechtsanwalt, Fachanwalt für gewerblichen Rechtsschutz, Düsseldorf
Dr. David Slopek, LL.M.	Rechtsanwalt, Hamburg
Antje Söder	EUIPO, Beschwerdekammern
Sabine Stamm, LL.B.	Rechtsanwältin, Odenthal

Bearbeiterverzeichnis

Christian Steudtner, LL.M.	Rechtsanwalt, Fachanwalt für Gewerblichen Rechtsschutz, Alicante Spanien
Dr. Martina Taxhet	Rechtsanwältin, Fachanwältin für Gewerblichen Rechtsschutz, Köln
Dr. Bettina Thalmaier	Rechtsanwältin, München
Dr. Martin Viefhues	Rechtsanwalt, Fachanwalt für Gewerblichen Rechtsschutz, Köln
Dr. Moritz Vohwinkel	Rechtsanwalt, Fachanwalt für gewerblichen Rechtsschutz, Köln
Prof. Dr. Frank Weiler	Universitätsprofessor, Universität Bielefeld

Die Beiträge geben ausschließlich die persönliche Auffassung der jeweiligen Autoren wieder, nicht die Positionen der Ämter, Kanzleien, Gerichte oder Institute, in denen sie beschäftigt sind.

Inhaltsverzeichnis

	Seite
Vorwort	V
Bearbeiterverzeichnis	VII
Abkürzungsverzeichnis	XXI
Literaturverzeichnis	XXXIII
Einleitung Markenrecht	1

Gesetz über den Schutz von Marken und sonstigen Kennzeichen

Teil 1 Anwendungsbereich

§ 1	Geschützte Marken und sonstige Kennzeichen	75
§ 2	Anwendung anderer Vorschriften	76

Teil 2 Voraussetzungen, Inhalt und Schranken des Schutzes von Marken und geschäftlichen Bezeichnungen; Übertragung und Lizenz

Abschnitt 1 Marken und geschäftliche Bezeichnungen; Vorrang und Zeitrang

§ 3	Als Marke schutzfähige Zeichen	112
§ 4	Entstehung des Markenschutzes	142
§ 5	Geschäftliche Bezeichnungen	174
§ 6	Vorrang und Zeitrang	232

Abschnitt 2 Voraussetzungen für den Schutz von Marken durch Eintragung

§ 7	Inhaberschaft	238
§ 8	Absolute Schutzhindernisse	242
§ 9	Angemeldete oder eingetragene Marken als relative Schutzhindernisse	452
§ 10	Notorisch bekannte Marken	463
§ 11	Agentenmarken	466
§ 12	Durch Benutzung erworbene Marken und geschäftliche Bezeichnungen mit älterem Zeitrang	474
§ 13	Sonstige ältere Rechte	480

Abschnitt 3 Schutzinhalt; Rechtsverletzungen

§ 14	Ausschließliches Recht des Inhabers einer Marke; Unterlassungsanspruch; Schadensersatzanspruch	497
§ 15	Ausschließliches Recht des Inhabers einer geschäftlichen Bezeichnung; Unterlassungsanspruch; Schadensersatzanspruch	627
§ 16	Wiedergabe einer eingetragenen Marke in Nachschlagewerken	662
§ 17	Ansprüche gegen Agenten oder Vertreter	666
§ 18	Vernichtungs- und Rückrufansprüche	670
§ 19	Auskunftsanspruch	690
§ 19a	Vorlage- und Besichtigungsansprüche	701
§ 19b	Sicherung von Schadensersatzansprüchen	705
§ 19c	Urteilsbekanntmachung	709
§ 19d	Ansprüche aus anderen gesetzlichen Vorschriften	711

Abschnitt 4 Schranken des Schutzes

§ 20	Verjährung	711
§ 21	Verwirkung von Ansprüchen	722

Inhaltsverzeichnis

		Seite
§ 22	Ausschluß von Ansprüchen bei Bestandskraft der Eintragung einer Marke mit jüngerem Zeitrang	733
§ 23	Benutzung von Namen und beschreibenden Angaben; Ersatzteilgeschäft	738
§ 24	Erschöpfung	750
§ 25	Ausschluß von Ansprüchen bei mangelnder Benutzung	769
§ 26	Benutzung der Marke	775

Abschnitt 5 Marken als Gegenstand des Vermögens

§ 27	Rechtsübergang	801
§ 28	Vermutung der Rechtsinhaberschaft; Zustellungen an den Inhaber	816
§ 29	Dingliche Rechte; Zwangsvollstreckung; Insolvenzverfahren	821
§ 30	Lizenzen	832
§ 31	Angemeldete Marken	857

Teil 3 Verfahren in Markenangelegenheiten
Abschnitt 1 Eintragungsverfahren

§ 32	Erfordernisse der Anmeldung	858
§ 33	Anmeldetag; Anspruch auf Eintragung; Veröffentlichung der Anmeldung	875
§ 34	Ausländische Priorität	876
§ 35	Ausstellungspriorität	881
§ 36	Prüfung der Anmeldungserfordernisse	883
§ 37	Prüfung auf absolute Schutzhindernisse	888
§ 38	Beschleunigte Prüfung	892
§ 39	Zurücknahme, Einschränkung und Berichtigung der Anmeldung	894
§ 40	Teilung der Anmeldung	897
§ 41	Eintragung, Veröffentlichung und Markeninformation	901
§ 42	Widerspruch	903
§ 43	Einrede mangelnder Benutzung; Entscheidung über den Widerspruch	924
§ 44	Eintragungsbewilligungsklage	942

Abschnitt 2 Berichtigung; Teilung; Schutzdauer und Verlängerung

§ 45	Berichtigung des Registers und von Veröffentlichungen	951
§ 46	Teilung der Eintragung	952
§ 47	Schutzdauer und Verlängerung	955

Abschnitt 3 Verzicht, Verfall und Nichtigkeit; Löschungsverfahren

§ 48	Verzicht	958
§ 49	Verfall	963
§ 50	Nichtigkeit wegen absoluter Schutzhindernisse	976
§ 51	Nichtigkeit wegen des Bestehens älterer Rechte	985
§ 52	Wirkungen der Löschung wegen Verfalls oder Nichtigkeit	990
§ 53	Löschung durch das Patentamt wegen Verfalls	995
§ 54	Löschungsverfahren vor dem Patentamt wegen absoluter Schutzhindernisse	1001
§ 55	Löschungsverfahren vor den ordentlichen Gerichten	1014

Abschnitt 4 Allgemeine Vorschriften für das Verfahren vor dem Patentamt

§ 56	Zuständigkeiten im Patentamt	1023
§ 57	Ausschließung und Ablehnung	1026
§ 58	Gutachten	1028
§ 59	Ermittlung des Sachverhalts; rechtliches Gehör	1028
§ 60	Ermittlungen; Anhörungen; Niederschrift	1032
§ 61	Beschlüsse; Rechtsmittelbelehrung	1033
§ 62	Akteneinsicht; Registereinsicht	1036
§ 63	Kosten der Verfahren	1039
§ 64	Erinnerung	1043

Inhaltsverzeichnis

		Seite
§ 64a	Kostenregelungen im Verfahren vor dem Patentamt	1048
§ 65	Rechtsverordnungsermächtigung	1051

Abschnitt 5 Verfahren vor dem Patentgericht

§ 66	Beschwerde	1054
§ 67	Beschwerdesenate; Öffentlichkeit der Verhandlung	1075
§ 68	Beteiligung des Präsidenten des Patentamts	1076
§ 69	Mündliche Verhandlung	1078
§ 70	Entscheidung über die Beschwerde	1080
§ 71	Kosten des Beschwerdeverfahrens	1088
§ 72	Ausschließung und Ablehnung	1104
§ 73	Ermittlung des Sachverhalts; Vorbereitung der mündlichen Verhandlung	1108
§ 74	Beweiserhebung	1114
§ 75	Ladungen	1119
§ 76	Gang der Verhandlung	1120
§ 77	Niederschrift	1125
§ 78	Beweiswürdigung; rechtliches Gehör	1127
§ 79	Verkündung; Zustellung; Begründung	1130
§ 80	Berichtigungen	1133
§ 81	Vertretung; Vollmacht	1136
§ 81a	Verfahrenskostenhilfe	1139
§ 82	Anwendung weiterer Vorschriften; Anfechtbarkeit; Akteneinsicht	1152

Abschnitt 6 Verfahren vor dem Bundesgerichtshof

§ 83	Zugelassene und zulassungsfreie Rechtsbeschwerde	1154
§ 84	Beschwerdeberechtigung; Beschwerdegründe	1168
§ 85	Förmliche Voraussetzungen	1170
§ 86	Prüfung der Zulässigkeit	1173
§ 87	Mehrere Beteiligte	1174
§ 88	Anwendung weiterer Vorschriften	1175
§ 89	Entscheidung über die Rechtsbeschwerde	1179
§ 89a	Abhilfe bei Verletzung des Anspruchs auf rechtliches Gehör	1181
§ 90	Kostenentscheidung	1182

Abschnitt 7 Gemeinsame Vorschriften

§ 91	Wiedereinsetzung	1185
§ 91a	Weiterbehandlung der Anmeldung	1196
§ 92	Wahrheitspflicht	1197
§ 93	Amtssprache und Gerichtssprache	1198
§ 93a	Entschädigung von Zeugen, Vergütung von Sachverständigen	1202
§ 94	Zustellungen; Verordnungsermächtigung	1203
§ 95	Rechtshilfe	1211
§ 95a	Elektronische Verfahrensführung; Verordnungsermächtigung	1212
§ 96	Inlandsvertreter	1215
§ 96a	Rechtsschutz bei überlangen Gerichtsverfahren	1221

Teil 4 Kollektivmarken

§ 97	Kollektivmarken	1224
§ 98	Inhaberschaft	1228
§ 99	Eintragbarkeit von geographischen Herkunftsangaben als Kollektivmarken	1230
§ 100	Schranken des Schutzes; Benutzung	1233
§ 101	Klagebefugnis; Schadensersatz	1237
§ 102	Markensatzung	1239
§ 103	Prüfung der Anmeldung	1244
§ 104	Änderung der Markensatzung	1245
§ 105	Verfall	1248

Inhaltsverzeichnis

Seite

§ 106 Nichtigkeit wegen absoluter Schutzhindernisse 1251

Teil 5 Schutz von Marken nach dem Madrider Markenabkommen und nach dem Protokoll zum Madrider Markenabkommen; Gemeinschaftsmarken

Abschnitt 1 Schutz von Marken nach dem Madrider Markenabkommen

§ 107 Anwendung der Vorschriften dieses Gesetzes, Sprache 1254
§ 108 Antrag auf internationale Registrierung 1257
§ 109 Gebühren 1257
§ 110 Eintragung im Register 1258
§ 111 Nachträgliche Schutzerstreckung 1258
§ 112 Wirkung der internationalen Registrierung 1259
§ 113 Prüfung auf absolute Schutzhindernisse 1260
§ 114 Widerspruch 1267
§ 115 Nachträgliche Schutzentziehung 1270
§ 116 Widerspruch und Antrag auf Löschung aufgrund einer international registrierten Marke 1272
§ 117 Ausschluß von Ansprüchen wegen mangelnder Benutzung 1273
§ 118 Zustimmung bei Übertragungen international registrierter Marken 1273

Abschnitt 2 Schutz von Marken nach dem Protokoll zum Madrider Markenabkommen

§ 119 Anwendung der Vorschriften dieses Gesetzes; Sprachen 1275
§ 120 Antrag auf internationale Registrierung 1275
§ 121 Gebühren 1283
§ 122 Vermerk in den Akten; Eintragung im Register 1285
§ 123 Nachträgliche Schutzerstreckung 1287
§ 124 Entsprechende Anwendung der Vorschriften über die Wirkung der nach dem Madrider Markenabkommen international registrierten Marken 1292
§ 125 Umwandlung einer internationalen Registrierung 1293

Abschnitt 3 Gemeinschaftsmarken

§ 125a Anmeldung von Gemeinschaftsmarken beim Patentamt 1295
§ 125b Anwendung der Vorschriften dieses Gesetzes 1298
§ 125c Nachträgliche Feststellung der Ungültigkeit einer Marke 1303
§ 125d Umwandlung von Gemeinschaftsmarken 1304
§ 125e Gemeinschaftsmarkengerichte; Gemeinschaftsmarkenstreitsachen 1307
§ 125f Unterrichtung der Kommission 1309
§ 125g Örtliche Zuständigkeit der Gemeinschaftsmarkengerichte 1310
§ 125h Insolvenzverfahren 1311
§ 125i Erteilung der Vollstreckungsklausel 1312

Teil 6 Geographische Herkunftsangaben

Abschnitt 1 Schutz geographischer Herkunftsangaben

§ 126 Als geographische Herkunftsangaben geschützte Namen, Angaben oder Zeichen 1314
§ 127 Schutzinhalt 1325
§ 128 Ansprüche wegen Verletzung 1336
§ 129 Verjährung 1345

Abschnitt 2 Schutz von geographischen Angaben und Ursprungsbezeichnungen gemäß der Verordnung (EU) Nr. 1151/2012

§ 130 Verfahren vor dem Deutschen Patent- und Markenamt; nationales Einspruchsverfahren 1345
§ 131 Zwischenstaatliches Einspruchsverfahren 1362
§ 132 Antrag auf Änderung der Spezifikation, Löschungsverfahren 1366

Inhaltsverzeichnis

		Seite
§ 133	Rechtsmittel	1369
§ 134	Überwachung	1371
§ 135	Ansprüche wegen Verletzung	1374
§ 136	Verjährung	1381

Abschnitt 3 Ermächtigungen zum Erlaß von Rechtsverordnungen

§ 137	Nähere Bestimmungen zum Schutz einzelner geographischer Herkunftsangaben	1381
§ 138	Sonstige Vorschriften für das Verfahren bei Anträgen und Einsprüchen nach der Verordnung (EU) Nr. 1151/2012	1384
§ 139	Durchführungsbestimmungen zur Verordnung (EU) Nr. 1151/2012; Verordnungsermächtigung	1385

Teil 7 Verfahren in Kennzeichenstreitsachen

§ 140	Kennzeichenstreitsachen	1388
§ 141	Gerichtsstand bei Ansprüchen nach diesem Gesetz und dem Gesetz gegen den unlauteren Wettbewerb	1408
§ 142	Streitwertbegünstigung	1409

Teil 8 Straf- und Bußgeldvorschriften; Beschlagnahme bei der Einfuhr und Ausfuhr
Abschnitt 1 Straf- und Bußgeldvorschriften

§ 143	Strafbare Kennzeichenverletzung	1418
§ 143a	Strafbare Verletzung der Gemeinschaftsmarke	1423
§ 144	Strafbare Benutzung geographischer Herkunftsangaben	1425
§ 145	Bußgeldvorschriften	1428

Abschnitt 2 Beschlagnahme von Waren bei der Einfuhr und Ausfuhr

§ 146	Beschlagnahme bei der Verletzung von Kennzeichenrechten	1430
§ 147	Einziehung; Widerspruch; Aufhebung der Beschlagnahme	1441
§ 148	Zuständigkeiten; Rechtsmittel	1447
§ 149	Schadensersatz bei ungerechtfertigter Beschlagnahme	1453
§ 150	Verfahren nach der Verordnung (EU) Nr. 608/2013	1458
§ 151	Verfahren nach deutschem Recht bei geografischen Herkunftsangaben	1503

Teil 9 Übergangsvorschriften

§ 152	Anwendung dieses Gesetzes	1507
§ 153	Schranken für die Geltendmachung von Verletzungsansprüchen	1508
§ 154	Dingliche Rechte; Zwangsvollstreckung; Konkursverfahren	1509
§ 155	Lizenzen	1509
§ 156	Löschung einer eingetragenen Marke wegen absoluter Schutzhindernisse	1510
§ 157	Löschung einer eingetragenen Marke wegen des Bestehens älterer Rechte	1511
§ 158	Übergangsvorschriften	1512
§ 159	(aufgehoben)	1513
§ 160	(aufgehoben)	1513
§ 161	(aufgehoben)	1513
§ 162	(aufgehoben)	1513
§ 163	(aufgehoben)	1513
§ 164	(aufgehoben)	1514
§ 165	(aufgehoben)	1514

Verordnung (EG) Nr. 207/2009 des Rates vom 26. Februar 2009 über die Unionsmarke (UMV)
Titel I Allgemeine Bestimmungen

Art. 1	Unionsmarke	1515
Art. 2	Amt	1518

Inhaltsverzeichnis

		Seite
Art. 3	Rechtsfähigkeit	1519

Titel II Materielles Markenrecht
Abschnitt 1 Begriff und Erwerb der Unionsmarke

Art. 4	Markenformen	1521
Art. 5	Inhaber von Unionsmarken	1527
Art. 6	Erwerb der Unionsmarke	1528
Art. 7	Absolute Eintragungshindernisse	1529
Art. 8	Relative Eintragungshindernisse	1563

Abschnitt 2 Wirkungen der Unionsmarke

Art. 9	Rechte aus der Unionsmarke	1617
Art. 9a	Recht auf Untersagung von Vorbereitungshandlungen im Zusammenhang mit der Benutzung der Verpackung oder anderer Kennzeichnungsmittel	1637
Art. 9b	Zeitpunkt, ab dem Rechte Dritter entgegengehalten werden können	1638
Art. 10	Wiedergabe der Unionsmarke in Wörterbüchern	1639
Art. 11	Untersagung der Benutzung der Unionsmarke, die für einen Agenten oder Vertreter eingetragen ist	1644
Art. 12	Beschränkung der Wirkungen der Unionsmarke	1648
Art. 13	Erschöpfung des Rechts aus der Unionsmarke	1655
Art. 13a	Zwischenrecht des Inhabers einer später eingetragenen Marke als Einrede in Verletzungsverfahren	1656
Art. 14	Ergänzende Anwendung des einzelstaatlichen Rechts bei Verletzung	1669

Abschnitt 3 Benutzung der Unionsmarke

Art. 15	Benutzung der Unionsmarke	1670

Abschnitt 4 Die Unionsmarke als Gegenstand des Vermögens

Art. 16	Gleichstellung der Unionsmarke mit der nationalen Marke	1687
Art. 17	Rechtsübergang	1690
Art. 18	Übertragung einer Agentenmarke	1701
Art. 19	Dingliche Rechte	1706
Art. 20	Zwangsvollstreckung	1708
Art. 21	Insolvenzverfahren	1710
Art. 22	Lizenz	1714
Art. 22a	Verfahren zur Eintragung von Lizenzen und anderen Rechten in das Register	1722
Art. 23	Wirkung gegenüber Dritten	1724
Art. 24	Die Anmeldung der Unionsmarke als Gegenstand des Vermögens	1727
Art. 24a	Verfahren zur Löschung oder Änderung der Eintragung einer Lizenz und anderer Rechte im Register	1728

Titel III Die Anmeldung der Unionsmarke
Abschnitt 1 Einreichung und Erfordernisse der Anmeldung

Art. 25	Einreichung der Anmeldung	1731
Art. 26	Erfordernisse der Anmeldung	1733
Art. 27	Anmeldetag	1740
Art. 28	Bezeichnung und Klassifizierung von Waren und Dienstleistungen	1743

Abschnitt 2 Priorität

Art. 29	Prioritätsrecht	1747
Art. 30	Inanspruchnahme der Priorität	1751
Art. 31	Wirkung des Prioritätsrechts	1753
Art. 32	Wirkung einer nationalen Hinterlegung der Anmeldung	1754

Inhaltsverzeichnis

Seite

Abschnitt 3 Ausstellungspriorität
Art. 33 Ausstellungspriorität 1755

Abschnitt 4 Inanspruchnahme des Zeitrangs einer nationalen Marke
Art. 34 Inanspruchnahme des Zeitrangs einer nationalen Marke 1758
Art. 35 Inanspruchnahme des Zeitrangs nach Eintragung der Unionsmarke 1767

Titel IV Eintragungsverfahren
Abschnitt 1 Prüfung der Anmeldung
Art. 36 Prüfung der Anmeldungserfordernisse 1769
Art. 37 Prüfung auf absolute Eintragungshindernisse 1782

Abschnitt 2 Recherche
Art. 38 Recherchenbericht 1790

Abschnitt 3 Veröffentlichung der Anmeldung
Art. 39 Veröffentlichung der Anmeldung 1793

Abschnitt 4 Bemerkungen Dritter und Widerspruch
Art. 40 Bemerkungen Dritter 1795
Art. 41 Widerspruch 1798
Art. 42 Prüfung des Widerspruchs 1807
Art. 42a Übertragung von Befugnissen 1819

Abschnitt 5 Zurücknahme, Einschränkung, Änderung und Teilung der Anmeldung
Art. 43 Zurücknahme, Einschränkung und Änderung der Anmeldung 1820
Art. 44 Teilung der Anmeldung 1825

Abschnitt 6 Eintragung
Art. 45 Eintragung 1829

Titel V Dauer, Verlängerung, Änderung und Teilung der Unionsmarke
Art. 46 Dauer der Eintragung 1833
Art. 47 Verlängerung 1833
Art. 48 Änderung 1837
Art. 48a Änderung des Namens oder der Anschrift 1840
Art. 49 Teilung der Eintragung 1841

Titel VI Verzicht, Verfall und Nichtigkeit
Abschnitt 1 Verzicht
Art. 50 Verzicht 1845

Abschnitt 2 Verfallsgründe
Art. 51 Verfallsgründe 1849

Abschnitt 3 Nichtigkeitsgründe
Art. 52 Absolute Nichtigkeitsgründe 1858
Art. 53 Relative Nichtigkeitsgründe 1864
Art. 54 Verwirkung durch Duldung 1868

Abschnitt 4 Wirkungen des Verfalls und der Nichtigkeit
Art. 55 Wirkungen des Verfalls und der Nichtigkeit 1871

Inhaltsverzeichnis

Seite

Abschnitt 5 Verfahren zur Erklärung des Verfalls oder der Nichtigkeit vor dem Amt

Art. 56	Antrag auf Erklärung des Verfalls oder der Nichtigkeit	1874
Art. 57	Prüfung des Antrags	1888
Art. 57a	Übertragung von Befugnissen	1900

Titel VII Beschwerdeverfahren

Art. 58	Beschwerdefähige Entscheidungen	1901
Art. 59	Beschwerdeberechtigte und Verfahrensbeteiligte	1906
Art. 60	Frist und Form	1908
Art. 61	Abhilfe in einseitigen Verfahren	1913
Art. 62	(aufgehoben)	1917
Art. 63	Prüfung der Beschwerde	1917
Art. 64	Entscheidung über die Beschwerde	1923
Art. 65	Klage beim Gerichtshof	1928
Art. 65a	Übertragung von Befugnissen	1940

Titel VIII Spezifische Bestimmungen über Unionskollektivmarken und Unionsgewährleistungsmarken
Abschnitt 1 Unionskollektivmarken

Art. 66	Unionskollektivmarken	1941
Art. 67	Markensatzung	1945
Art. 68	Zurückweisung der Anmeldung	1946
Art. 69	Bemerkungen Dritter	1947
Art. 70	Benutzung der Marke	1947
Art. 71	Änderung der Markensatzung	1948
Art. 72	Erhebung der Verletzungsklage	1948
Art. 73	Verfallsgründe	1949
Art. 74	Nichtigkeitsgründe	1950

Abschnitt 2 Unionsgewährleistungsmarken

Art. 74a	Unionsgewährleistungsmarken	1950
Art. 74b	Satzung der Unionsgewährleistungsmarke	1954
Art. 74c	Zurückweisung der Anmeldung	1955
Art. 74d	Bemerkungen Dritter	1956
Art. 74e	Benutzung der Unionsgewährleistungsmarke	1956
Art. 74f	Änderung der Markensatzung	1957
Art. 74g	Rechtsübergang	1957
Art. 74h	Erhebung der Verletzungsklage	1957
Art. 74i	Verfallsgründe	1958
Art. 74j	Nichtigkeitsgründe	1959
Art. 74k	Umwandlung	1959

Titel IX Verfahrensvorschriften
Abschnitt 1 Allgemeine Vorschriften

Art. 75	Begründung der Entscheidungen	1960
Art. 76	Ermittlung des Sachverhalts von Amts wegen	1978
Art. 77	Mündliche Verhandlung	2002
Art. 78	Beweisaufnahme	2006
Art. 79	Zustellung	2018
Art. 79a	Mitteilung eines Rechtsverlusts	2029
Art. 79b	Mitteilungen an das Amt	2030
Art. 79c	Fristen	2031
Art. 79d	Berichtigung von Fehlern und offensichtlichen Versehen	2034
Art. 80	Löschung oder Widerruf	2038

Inhaltsverzeichnis

		Seite
Art. 81	Wiedereinsetzung in den vorigen Stand	2048
Art. 82	Weiterbehandlung	2062
Art. 82a	Unterbrechung des Verfahrens	2069
Art. 83	Heranziehung allgemeiner Grundsätze	2070
Art. 84	Beendigung von Zahlungsverpflichtungen	2073

Abschnitt 2 Kosten

Art. 85	Kostenverteilung	2078
Art. 86	Vollstreckung der Entscheidungen, die Kosten festsetzen	2089

Abschnitt 3 Unterrichtung der Öffentlichkeit und der Behörden der Mitgliedstaaten

Art. 87	Register der Unionsmarken	2091
Art. 87a	Datenbank	2095
Art. 87b	Online-Zugang zu Entscheidungen	2096
Art. 88	Akteneinsicht	2097
Art. 88a	Aufbewahrung der Akten	2101
Art. 89	Regelmäßig erscheinende Veröffentlichungen	2101
Art. 90	Amtshilfe	2103
Art. 91	Austausch von Veröffentlichungen	2104

Abschnitt 4 Vertretung

Art. 92	Allgemeine Grundsätze der Vertretung	2105
Art. 93	Zugelassene Vertreter	2107
Art. 93a	Übertragung von Befugnissen	2113

Titel X Anwendung der Unionsvorschriften über die gerichtliche Zuständigkeit und die Anerkennung und Vollstreckung von Entscheidungen in Zivil- und Handelssachen

Abschnitt 1 Anwendung der Verordnung (EG) Nr. 44/2001

Art. 94	Anwendung der Unionsvorschriften über die gerichtliche Zuständigkeit und die Anerkennung und Vollstreckung von Entscheidungen in Zivil- und Handelssachen	2115

Abschnitt 2 Streitigkeiten über die Verletzung und Rechtsgültigkeit der Unionsmarken

Art. 95	Unionsmarkengerichte	2120
Art. 96	Zuständigkeit für Verletzung und Rechtsgültigkeit	2123
Art. 97	Internationale Zuständigkeit	2126
Art. 98	Reichweite der Zuständigkeit	2138
Art. 99	Vermutung der Rechtsgültigkeit; Einreden	2141
Art. 100	Widerklage	2148
Art. 101	Anwendbares Recht	2160
Art. 102	Sanktionen	2174
Art. 103	Einstweilige Maßnahmen einschließlich Sicherungsmaßnahmen	2181
Art. 104	Besondere Vorschriften über im Zusammenhang stehende Verfahren	2187
Art. 105	Zuständigkeit der Unionsmarkengerichte zweiter Instanz; weitere Rechtsmittel	2198

Abschnitt 3 Sonstige Streitigkeiten über Unionsmarken

Art. 106	Ergänzende Vorschriften über die Zuständigkeit der nationalen Gerichte, die keine Unionsmarkengerichte sind	2199
Art. 107	Bindung des nationalen Gerichts	2200

Abschnitt 4 [aufgehoben]

Art. 108	(aufgehoben)	2202

Inhaltsverzeichnis

Seite

Titel XI Auswirkungen auf das Recht der Mitgliedstaaten
Abschnitt 1 Zivilrechtliche Klagen aufgrund mehrerer Marken

Art. 109 Gleichzeitige und aufeinanderfolgende Klagen aus Unionsmarken und aus nationalen Marken 2204

Abschnitt 2 Anwendung des einzelstaatlichen Rechts zum Zweck der Untersagung der Benutzung von Unionsmarken

Art. 110 Untersagung der Benutzung von Unionsmarken 2211
Art. 111 Ältere Rechte von örtlicher Bedeutung 2212

Abschnitt 3 Umwandlung in eine Anmeldung für eine nationale Marke

Art. 112 Antrag auf Einleitung des nationalen Verfahrens 2214
Art. 113 Einreichung, Veröffentlichung und Übermittlung des Umwandlungsantrags 2219
Art. 114 Formvorschriften für die Umwandlung 2223

Titel XII Das Amt
Abschnitt 1 Allgemeine Bestimmungen

Art. 115 Rechtsstellung 2226
Art. 116 Personal 2227
Art. 117 Vorrechte und Immunitäten 2229
Art. 118 Haftung 2230
Art. 119 Sprachen 2231
Art. 120 Veröffentlichung, Eintragung 2240
Art. 121 Übersetzungen 2243
Art. 122 (aufgehoben) 2244
Art. 123 Transparenz 2244
Art. 123a Sicherheitsvorschriften für den Schutz von Verschlusssachen und nicht als Verschlusssache eingestuften sensiblen Informationen 2246

Abschnitt 1a Aufgaben des Amtes und Zusammenarbeit zwecks besserer Abstimmung

Art. 123b Aufgaben des Amtes 2248
Art. 123c Zusammenarbeit zwecks besserer Abstimmung von Verfahren und Instrumentarien 2249

Abschnitt 2 Verwaltungsrat

Art. 124 Aufgaben des Verwaltungsrats 2254
Art. 125 Zusammensetzung des Verwaltungsrats 2256
Art. 126 Vorsitzender des Verwaltungsrats 2256
Art. 127 Sitzungen 2257

Abschnitt 3 Exekutivdirektor

Art. 128 Aufgaben des Exekutivdirektors 2258
Art. 129 Ernennung, Verlängerung der Amtszeit und Entfernung aus dem Amt 2262

Abschnitt 4 Durchführung der Verfahren

Art. 130 Zuständigkeit 2263
Art. 131 Prüfer 2264
Art. 132 Widerspruchsabteilungen 2265
Art. 133 Registerabteilung 2267
Art. 134 Nichtigkeitsabteilungen 2268
Art. 134a Allgemeine Zuständigkeit 2270
Art. 135 Beschwerdekammern 2270
Art. 136 Unabhängigkeit der Mitglieder der Beschwerdekammern 2272

Inhaltsverzeichnis

		Seite
Art. 136a	Präsidium der Beschwerdekammern und Große Kammer	2276
Art. 136b	Übertragung von Befugnissen	2276
Art. 137	Ausschließung und Ablehnung	2277
Art. 137a	Mediationszentrum	2280

Abschnitt 5 Haushalt und Finanzkontrolle

Art. 138	Haushaltsausschuss	2282
Art. 139	Haushalt	2283
Art. 140	Feststellung des Haushaltsplans	2285
Art. 141	Rechnungsprüfung und Kontrolle	2286
Art. 141a	Betrugsbekämpfung	2288
Art. 142	Rechnungsprüfung	2288
Art. 143	Finanzvorschriften	2289
Art. 144	Gebühren und Entgelte und Fälligkeiten	2290
Art. 144a	Zahlung der Gebühren und Entgelte	2293
Art. 144b	Maßgebender Zahlungstag	2295
Art. 144c	Unzureichende Zahlungen und Erstattung geringfügiger Beträge	2297

Titel XIII Internationale Registrierung von Marken
Abschnitt 1 Allgemeine Bestimmungen

Art. 145	Anwendung der Bestimmungen	2298

Abschnitt 2 Internationale Registrierung auf der Grundlage einer Anmeldung einer Unionsmarke oder einer Unionsmarke

Art. 146	Einreichung einer internationalen Anmeldung	2300
Art. 147	Form und Inhalt der internationalen Anmeldung	2301
Art. 148	Eintragung in die Akte und in das Register	2309
Art. 148a	Mitteilung der Nichtigkeit der Basisanmeldung oder Basiseintragung	2312
Art. 149	Antrag auf territoriale Ausdehnung des Schutzes im Anschluss an die internationale Registrierung	2312
Art. 150	Internationale Gebühren	2316

Abschnitt 3 Internationale Registrierungen, in denen die Union benannt ist

Art. 151	Wirkung internationaler Registrierungen, in denen die Europäische Union benannt ist	2317
Art. 152	Veröffentlichung	2320
Art. 153	Zeitrang	2321
Art. 153a	Beantragte Inanspruchnahme des Zeitrangs beim Amt	2323
Art. 154	Bezeichnung von Waren und Dienstleistungen und Prüfung auf absolute Eintragungshindernisse	2323
Art. 154a	Kollektiv- und Gewährleistungsmarken	2330
Art. 155	Recherche	2331
Art. 156	Widerspruch	2331
Art. 157	Ersatz einer Unionsmarke durch eine internationale Registrierung	2336
Art. 158	Nichtigerklärung der Wirkung einer internationalen Registrierung	2337
Art. 158a	Rechtswirkung der Eintragung eines Rechtsübergangs	2338
Art. 158b	Rechtswirkung der Eintragung von Lizenzen und anderen Rechten	2338
Art. 158c	Prüfung von Anträgen auf Eintragung eines Rechtsübergangs, einer Lizenz oder einer Einschränkung des Verfügungsrechts des Inhabers	2339
Art. 159	Umwandlung einer im Wege einer internationalen Registrierung erfolgten Benennung der Europäischen Union in eine nationale Markenanmeldung oder in eine Benennung von Mitgliedstaaten	2339
Art. 160	Benutzung einer Marke, die Gegenstand einer internationalen Registrierung ist	2342
Art. 161	Umwandlung	2343

Inhaltsverzeichnis

	Seite
Art. 161a Kommunikation mit dem Internationalen Büro	2345
Art. 161b Sprachenregelung	2345

Titel XIV Schlussbestimmungen

Art. 162 (aufgehoben)	2347
Art. 163 Ausschussverfahren	2347
Art. 163a Ausübung der Befugnisübertragung	2348
Art. 164 (aufgehoben)	2349
Art. 165 Bestimmungen über die Erweiterung der Union	2349
Art. 165a Bewertung und Überprüfung	2353
Art. 166 Aufhebung	2354
Art. 167 Inkrafttreten	2354
Anhang-I Höhe der Gebühren	2357
Sachverzeichnis	2365

XX

Abkürzungsverzeichnis

aA	anderer Auffassung
abl.	ablehnend
ABl.	Amtsblatt
Abs.	Absatz
Abschn.	Abschnitt
AcP	Archiv für die civilistische Praxis (zitiert nach Band, Jahr und Seite)
aE	am Ende
AEUV	Vertrag über die Arbeitsweise der Europäischen Union idF der Bekanntmachung vom 9.5.2008 (ABl. C 115 S. 47)
aF	alte Fassung
AfP	Archiv für Presserecht (zitiert nach Jahrgang und Seite)
AG	Aktiengesellschaft; Amtsgericht; Die Aktiengesellschaft (zitiert nach Jahr und Seite)
AGE	Schweizerisches Amt für geistiges Eigentum
AgrarR	Agrarrecht
AHKG	Gesetz der Alliierten Hohen Kommission für Deutschland
AIPO	Afrikanische Organisation für geistiges Eigentum
AIPPI	Association internationale pour la protection de la propriété industrielle, Internationale Vereinigung für gewerblichen Rechtsschutz
AJP/PJA	Aktuelle Juristische Praxis/Pratique juridique actuelle (zitiert nach Jahr und Seite)
AktG	Aktiengesetz vom 6.9.1965 (BGBl. I 1089)
allgM	allgemeine Meinung
Alt.	Alternative
amtl.	amtlich
AMG	Arzneimittelgesetz idF vom 12.12.2005 (BGBl. I 3394)
Anh.	Anhang
Anm.	Anmerkung
AnwBl.	Anwaltsblatt, Nachrichten für die Mitglieder des Deutschen Anwaltsvereins (zitiert nach Jahr und Seite)
AO	Abgabenordnung idF vom 1.10.2002 (BGBl. I 3866)
apf	Ausbildung Prüfung Fachpraxis (zitiert nach Jahr und Seite)
ArbGG	Arbeitsgerichtsgesetz idF vom 2.7.1979 (BGBl. I 853; berichtigt I 1036)
Art.	Artikel (Singular und Plural)
AS	Amtliche Sammlung der Bundesgesetze und Verordnungen (Eidgenössische Gesetzessammlung) ab 1948, Sammlung der Eidgenössischen Gesetze (Schweiz)
Aufl.	Auflage
AV	Allgemeine Verfügung
AWD	Außenwirtschaftsdienst des Betriebs-Beraters. Recht der internationalen Wirtschaft (vorher RIW, nachher RIW/AWD; zitiert nach Jahr und Seite)
AWZ	Allgemeine deutsche Weinfachzeitschrift (zitiert nach Jahr und Seite)
Az.	Aktenzeichen
BAG	Bundesarbeitsgericht
BAnz.	Bundesanzeiger
BayObLG	Bayerisches Oberstes Landesgericht
BayVBl.	Bayerische Verwaltungsblätter (zitiert nach Jahr und Seite)
BayVerfGH	Bayerischer Verfassungsgerichtshof
BB	Betriebs-Berater (zitiert nach Jahr und Seite)
Bd.	Band
BDSG	Bundesdatenschutzgesetz idF vom 14.1.2003 (BGBl. I 66)
BeckRS	Rechtsprechungssammlung in Beck-Online (zitiert nach Jahr und Nummer)
Begr.	Begründung
Beil.	Beilage
Bek.	Bekanntmachung
ber.	berichtigt
BezG	Bezirksgericht

Abkürzungsverzeichnis

BFH	Bundesfinanzhof
BFHE	Amtliche Sammlung der Entscheidungen und Gutachten des Bundesfinanzhofs (55.1952 ff.; davor RFHE; zitiert nach Band und Seite)
BG	Schweizerisches Bundesgericht; Bundesgesetz
BGB	Bürgerliches Gesetzbuch idF vom 2.2.2002 (BGBl. 2003 I 42; berichtigt I 2909; I 738)
BGBl.	Bundesgesetzblatt der Bundesrepublik Deutschland (zitiert nach Teil und Seite)
BGE	Sammlungen der Entscheidungen des schweizerischen Bundesgerichts (zitiert nach Jahrgang, Teil und Seite)
BGH	Bundesgerichtshof
BGH/BPatGERVV	Verordnung über den elektronischen Rechtsverkehr beim Bundesgerichtshof und Bundespatentgericht vom 24.8.2007 (BGBl. I 2130)
BGHSt	Amtliche Sammlung der Entscheidungen des Bundesgerichtshofs in Strafsachen (1.1951 ff., zitiert nach Band und Seite)
BGHZ	Amtliche Sammlung der Entscheidungen des Bundesgerichtshofs in Zivilsachen (1.1951 ff., zitiert nach Band und Seite)
BK	Beschwerdekammer
BKartA	Bundeskartellamt
Bl.	Blatt
BIRPI	Vereinigtes Internationales Büro für den Schutz des geistigen Eigentums
BlPMZ	Blatt für das Patent-, Muster- und Zeichenwesen (zitiert nach Jahr und Seite)
BMJV	Bundesministerium der Justiz und für Verbraucherschutz
BPatG	Bundespatentgericht
BPatGE	Entscheidungen des Bundespatentgerichts (1.1962 ff., zitiert nach Band und Seite)
BRAO	Bundesrechtsanwaltsordnung vom 1.8.1959 (BGBl. I 565)
BR-Drs.	Bundesrats-Drucksache (zitiert nach Nr. und Jahr)
Brüssel Ia-VO	Verordnung (EU) Nr. 1215/2012 des Europäischen Parlaments und des Rates vom 12.12.2012 über die gerichtliche Zuständigkeit und die Anerkennung und Vollstreckung von Entscheidungen in Zivil- und Handelssachen (Neufassung) (ABl. L 351 S. 1)
BStBl.	Bundessteuerblatt (zitiert nach Jahr, Teil und Seite)
BT-Drs.	Bundestags-Drucksache (zitiert nach Wahlperiode/Nummer und Seite)
BtMG	Betäubungsmittelgesetz vom 1.3.1994 (BGBl. I 2)
B.V.	Besloten Vennootschap met beperkte aansprakelijkheid (Holländische Aktiengesellschaft)
BVerfG	Bundesverfassungsgericht
BVerfGE	Amtliche Sammlung der Entscheidungen des Bundesverfassungsgerichts (1.1952 ff., zitiert nach Band und Seite)
BVerwG	Bundesverwaltungsgericht
BVerwGE	Amtliche Sammlung der Entscheidungen des Bundesverwaltungsgerichts (1.1954 ff., zitiert nach Band und Seite)
bzw.	beziehungsweise
CC	Code Civil
CDE	Cahier de droit européen (zitiert nach Jahr und Seite)
CJEL	The Columbia Journal of European Law (zitiert nach Jahr und Seite)
CMLR	Common Market Law Review (zitiert nach Jahr und Seite)
CMR	Convention relative au Contrat de transport international des marchandises par route; Übereinkommen über den Beförderungsvertrag im internationalen Straßengüterverkehr vom 19.5.1956/16.8.1961 (BGBl. II 1119; 1962 II 12)
CR	Computer und Recht (zitiert nach Jahr und Seite)
DAJV-NL	Deutsch-Amerikanische Juristen-Vereinigung – Newsletter
DB	Der Betrieb (zitiert nach Jahr und Seite)
DGVZ	Deutsche Gerichtsvollzieher Zeitung (zitiert nach Jahr und Seite)
DesignG	Gesetz über den rechtlichen Schutz von Design (Designgesetz) vom 24.2.2014 (BGBl. I 122)
dh	das heißt
Die Justiz	Die Justiz, Amtsblatt des Ministeriums für Justiz, Bundes- und Europaangelegenheiten Baden-Württemberg (zitiert nach Jahr und Seite)
DIHT	Deutscher Industrie- und Handelstag

Abkürzungsverzeichnis

DIN	Deutsches Institut für Normung
Diss.	Dissertation
DJ	Deutsche Justiz (zitiert nach Jahr und Seite)
DJZ	Deutsche Juristenzeitung (zitiert nach Jahr und Spalte)
DM	Deutsche Mark
DNA	Deutscher Normenausschuss
Dok.	Dokumentation
DÖV	Die Öffentliche Verwaltung (zitiert nach Jahr und Seite)
DPMA	Deutsches Patent- und Markenamt
DPMAV	Verordnung über das Deutsche Patent- und Markenamt (DPMA-Verordnung) vom 1.4.2004 (BGBl. I 514)
DPMAVwKostV	Verordnung über Verwaltungskosten beim Deutschen Patent- und Markenamt (DPMA-Verwaltungskostenverordnung) vom 14.7.2006 (BGBl. I 1586)
DR	Deutsches Recht (zitiert nach Jahr und Seite)
DRiG	Deutsches Richtergesetz idF vom 19.4.1972 (BGBl. I 713)
DRiZ	Deutsche Richterzeitung – Beilage zur Deutschen Richterzeitung (zitiert nach Jahr und Seite des Aufsatzes bzw. Nummer der Entscheidung)
DRZ	Deutsche Rechts-Zeitschrift (1.1946–5.1950; dann JZ; zitiert nach Jahr und Seite)
DStZ	Deutsche Steuer-Zeitschrift (zitiert nach Jahr und Seite)
DtZ	Deutsch-Deutsche Rechts-Zeitschrift (zitiert nach Jahr und Seite)
DuD	Datenschutz und Datensicherheit (zitiert nach Jahr und Seite)
DVBl.	Deutsches Verwaltungsblatt (seit 1950; zitiert nach Jahr und Seite)
DZWir	Deutsche Zeitschrift für Wirtschaftsrecht (zitiert nach Jahr und Seite)
EBLR	European Business Law Review (zitiert nach Jahr und Seite)
EFTA	European Free Trade Association
EG	Europäische Gemeinschaft(en)/Vertrag zur Gründung der Europäischen Gemeinschaft in der ab dem 1.5.1999 geltenden Fassung
eG	eingetragene Genossenschaft
EGInsO	Einführungsgesetz zur Insolvenzordnung vom 5.10.1994 (BGBl. I 2911)
EGMR	Europäischer Gerichtshof für Menschenrechte
EGV	Vertrag zur Gründung der Europäischen Gemeinschaft in der bis zum 1.5.1999 geltenden Fassung
Einf.	Einführung
EinigV	Einigungsvertrag vom 31.8.1990 (BGBl. II 889)
Einl.	Einleitung
EIPR	European Intellectual Property Review (zitiert nach Jahr und Seite)
EJIL	European journal of international law (zitiert nach Jahr und Seite)
ELDO	European space vehicle Launcher Development Organization
ELR	European Law Reporter (zitiert nach Jahr und Seite)
EMRK	Europäische Konvention zum Schutz der Menschenrechte und Grundfreiheiten
EMRKZusProt	1. Zusatzprotokoll zur Konvention zum Schutz der Menschenrechte und Grundfreiheiten vom 20.3.1952 (BGBl. 1956 II 1879, 1880)
EPA	Europäisches Patentamt
EPÜ	Europäisches Patentübereinkommen vom 5.10.1973 (BGBl. 2007 II 1082, 1129)
Erg.	Ergänzung
ErstrG	Gesetz über die Erstreckung von gewerblichen Schutzrechten (Erstreckungsgesetz) vom 23.4.1992 (BGBl. I 938)
ERVDPMAV	Verordnung über den elektronischen Rechtsverkehr beim Deutschen Patent- und Markenamt vom 1.11.2013 BGBl. I 3906
ESARIPO	Organisation für gewerbliches Eigentum für das englisch sprechende Afrika
etc	et cetera
EU	Europäische Union
EU-BeamtStat	Statut der Beamten der Europäischen Union [in der Fassung der VO (EWG, Euratom, EGKS) Nr. 259/68 des Rates vom 29. Februar 1968] vom 18.12.1961 (ABl. 1968 L 56 S. 1)
EU-GRCharta	Charta der Grundrechte der Europäischen Union vom 12.12.2007 (ABl. C 303 S. 1)
EuG	(Europäisches) Gericht (erster Instanz) (Teil des Gerichtshofs der Europäischen Union)

Abkürzungsverzeichnis

EuGH	(Europäischer) Gerichtshof (Teil des Gerichtshofs der Europäischen Union)
EuGH-Satzung	Protokoll über die Satzung des Gerichtshofs der Europäischen Union vom 26.2.2001 (ABl. C 80 S. 53)
EuGHVfO	Verfahrensordnung des Gerichts vom 2.5.1991 (ABl. L 136 S. 1, berichtigt ABl. L 193 S. 44, ABl. L 317 S. 34)
EuGVfO	Verfahrensordnung des Gerichtshofs vom 25.9.2012 (ABl. L 265 S. 1)
EuGVO	Verordnung (EG) Nr. 44/2001 des Rates vom 22.12.2000 über die gerichtliche Zuständigkeit und die Anerkennung und Vollstreckung von Entscheidungen in Zivil- und Handelssachen (ABl. 2001 L 12 S. 1, berichtigt ABl. L 307 S. 28 und ABl. 2010 L 328 S. 36), neugefasst mit Wirkung zum 1.1.2015 durch Verordnung (EU) Nr. 1215/2012 (s. unter Brüssel Ia-VO)
EuLF	The European Legal Forum – Forum iuris communis Europae
EuRAG	Gesetz über die Tätigkeit europäischer Rechtsanwälte in Deutschland vom 9.3.2000 (BGBl. I 182, berichtigt I 1349)
EURATOM	Europäische Atomgemeinschaft
EUV	Vertrag über die Europäische Union idF des Vertrags von Lissabon vom 13.12.2007 (ABl. C 306 S. 1; berichtigt 2008 C 111 S. 56; 2009 C 290 S. 1; 2011 C 378 S. 3)
EuZVO	Verordnung (EG) Nr. 1393/2007 des Europäischen Parlaments und des Rates über die Zustellung gerichtlicher und außergerichtlicher Schriftstücke in Zivil- und Handelssachen in den Mitgliedstaaten vom 13.11.2007 (ABl. EG L 324, 79)
EuZW	Europäische Zeitschrift für Wirtschaftsrecht (zitiert nach Jahr und Seite)
eV	eingetragener Verein
EWG	Europäische Wirtschaftsgemeinschaft
EWGV	Vertrag zur Gründung der Europäischen Wirtschaftsgemeinschaft vom 25.3.1957 (BGBl. II 766)
EWiR	Entscheidungen zum Wirtschaftsrecht (zitiert nach Jahr und Seite)
EWIV	Europäische Wirtschaftliche Interessenvereinigung
EWIVAG	Gesetz zur Ausführung der EWG-Verordnung über die Europäische Wirtschaftliche Interessenvereinigung (EWIV-Ausführungsgesetz) vom 14.4.1988 (BGBl. I 514)
EWIV-VO	Verordnung (EWG) Nr. 2137/85 des Rates vom 25.7.1985 über die Schaffung einer Europäischen Wirtschaftlichen Interessenvereinigung EWIV (ABl. L 199 S. 1)
EWR	Europäischer Wirtschaftsraum
EWS	Europäisches Wirtschafts- & Steuerrecht (zitiert nach Jahr und Seite)
f.	und folgende (Seite)
FamFG	Gesetz über das Verfahren in Familiensachen und in den Angelegenheiten der freiwilligen Gerichtsbarkeit vom 17.12.2008 (BGBl. I 2586)
ff.	und folgende (Seiten)
FGG-RG	Gesetz zur Reform des Verfahrens in Familiensachen und in den Angelegenheiten der freiwilligen Gerichtsbarkeit (FGG-Reformgesetz) vom 17.12.2008 (BGBl. I 2586)
FHZivR	Fundheft für Zivilrecht (in beck-online enthalten)
FinG	Finanzgericht
Fn.	Fußnote
FS	Festschrift
FSR	Fleet Street Reports of Industrial Property Cases from the Commonwealth and Europe (zitiert nach Jahr und Seite)
GAusfO MMA/PMMA	Gemeinsame Ausführungsordnung zum Madrider Abkommen über die internationale Registrierung von Marken und zum Protokoll zu diesem Abkommen vom 1.1.2015
GBl.	Gesetzblatt
GbR	Gesellschaft bürgerlichen Rechts
GebrMG	Gebrauchsmustergesetz vom 5.5.1936 (RGBl. II 130) idF vom 28.8.1986 (BGBl. I 1455)
GenG	Gesetz betreffend die Erwerbs- und Wirtschaftsgenossenschaften (Genossenschaftsgesetz) idF vom 16.10.2006 (BGBl. I 2230)
GeschmMG	Gesetz über den rechtlichen Schutz von Mustern und Modellen (Geschmacksmustergesetz) vom 12.3.2004 (BGBl. I 390)

Abkürzungsverzeichnis

GG	Grundgesetz für die Bundesrepublik Deutschland vom 23.5.1949 (BGBl. 1)
ggf.	gegebenenfalls
GGV	Verordnung (EG) Nr. 6/2002 des Rates vom 12.12.2001 über das Gemeinschaftsgeschmacksmuster (ABl. L 3 S. 1, ber. ABl. 2002 L 179 S. 31)
GKG	Gerichtskostengesetz vom 5.5.2004 (BGBl. I 718)
GMDV	Verordnung (EG) Nr. 2868/95 der Kommission vom 13.12.1995 zur Durchführung der Verordnung (EG) Nr. 40/94 des Rates über die Gemeinschaftsmarke (ABl. L 303 S. 1)
GmbH	Gesellschaft mit beschränkter Haftung
GmbHG	Gesetz betreffend die Gesellschaften mit beschränkter Haftung idF vom 20.5.1898 (RGBl. 846)
GMI	Gazette des Marques Internationales (zitiert nach Jahr und Seite)
GMV	Verordnung (EG) Nr. 207/2009 des Rates vom 26.2.2009 über die Gemeinschaftsmarke (Gemeinschaftsmarkenverordnung) (ABl. L 78 S. 1); s. mWv 23.3.2016 bzw. 1.10.2017 unter UMV
GMV-E	Entwurf der Kommission vom 27.3.2013 zur Neufassung der Gemeinschaftsmarkenverordnung, KOM (2013) 161 endg., in der Fassung des Verordnungsvorschlags vom 8.6.2015 (9547/15 ADD 1)
GNotKG	Gesetz über Kosten der freiwilligen Gerichtsbarkeit für Gerichte und Notare (Gerichts- und Notarkostengesetz vom 23.7.2013 (BGBl. I 2586)
GPatG	Gesetz über das Gemeinschaftspatent und zur Änderung patentrechtlicher Vorschriften vom 26.7.1979 (BGBl. I 1269)
GPÜ	(Luxemburger) Übereinkommen über das europäische Patent für den Gemeinsamen Markt vom 15.12.1975 idF vom 21.12.1989 (BGBl. 1991 II 1361)
GRUR	Gewerblicher Rechtsschutz und Urheberrecht (zitiert nach Jahr und Seite)
GRUR Int	Gewerblicher Rechtsschutz und Urheberrecht, Internationaler Teil (zitiert nach Jahr und Seite)
GRUR Prax	Gewerblicher Rechtsschutz und Urheberrecht, Praxis im Immaterialgüter- und Wettbewerbsrecht (zitiert nach Jahr und Seite)
GRUR-RR	Gewerblicher Rechtsschutz und Urheberrecht, Rechtsprechungs-Report (zitiert nach Jahr und Seite)
GRUR-RS	Gewerblicher Rechtsschutz und Urheberrecht, redaktionell bearbeitete Rechtsprechung (zitiert nach Jahr und Nummer)
GV	Gebührenverzeichnis (Anlage zu § 2 Abs. 1 PatKostG)
GVBl.	Gesetz- und Verordnungsblatt (mit Kürzel des jeweiligen Landes)
GVG	Gerichtsverfassungsgesetz idF vom 9.5.1975 (BGBl. I 1077)
GVOBl.	Gemeinsames Verordnungsblatt
GWB	Gesetz gegen Wettbewerbsbeschränkungen idF vom 15.7.2005 (BGBl. I 2114; berichtigt 2009 I 3850)
HABM	Harmonisierungsamt für den Binnenmarkt (Marken, Muster und Modelle)
HABMVfO	Verordnung (EG) Nr. 216/96 der Kommission vom 5.2.1996 über die Verfahrensordnung vor den Beschwerdekammern des Harmonisierungsamts für den Binnenmarkt (ABl. L 280 S. 11)
Halbbd.	Halbband
HdB	Handbuch
HGB	Handelsgesetzbuch vom 10.5.1897 (RGBl. 219)
hM	herrschende Meinung
HöfeO	Höfeordnung idF vom 26.7.1976 (BGBl. I 1933)
HRefG	Gesetz zur Neuregelung des Kaufmanns- und Firmenrechts und zur Änderung anderer handels- und gesellschaftsrechtlicher Vorschriften (Handelsrechtsreformgesetz) vom 22.6.1998 (BGBl. I 1474)
HRR	Höchstrichterliche Rechtsprechung (4.1928–18.1942; davor JR Bd. II; zitiert nach Jahr und Nr.)
Hrsg., hrsg.	Herausgeber, herausgegeben
Hs.	Halbsatz
idR	in der Regel
idF	in der Fassung
IIC	International Review of Industrial Property and Copyright Law, hrsg vom Max-Planck-Institut für ausländisches und internationales Patent-, Urheber- und Wettbewerbsrecht, München (1.1970; zitiert nach Jahr und Seite)

Abkürzungsverzeichnis

Inc.	incorporated
Ind. Prop.	Industrial Property and Copyright (zitiert nach Jahr und Seite)
INN	Recommended International Nonproprietary Names
InsO	Insolvenzordnung vom 5.10.1994 (BGBl. I 2866)
IntAusstÜ	Abkommen über Internationale Ausstellungen vom 22.11.1928 (RGBl. 1930 II 728)
IPRax	Praxis des Internationalen Privat- und Verfahrensrecht (1.1981 ff.; zitiert nach Jahr und Seite)
IPRB	Der IP-Rechts-Berater (Zeitschrift)
IR-Marke	International registrierte Marke
iSd	im Sinne des, der
iVm	in Verbindung mit
JB	Juristische Blätter
JFG	Jahrbuch für freiwillige Gerichtsbarkeit (zitiert nach Jahr und Seite)
JMBl NW	Justizministerialblatt für das Land Nordrhein-Westfalen (zitiert nach Jahr und Seite)
JR	Juristische Rundschau (1.1925–3.1927; geteilt in Bd. I: Aufsätze, Bd. II: die Rechtsprechung, dann HRR; zitiert nach Jahr und Spalte bzw. Nr. der Entscheidung; 4.1928–11.1935; 1.1947 ff.; zitiert nach Jahr und Seite)
JurBüro	Das juristische Büro (7.1956 ff.; davor Büro; zitiert nach Jahr und Spalte)
JuS	Juristische Schulung (zitiert nach Jahr und Seite)
JVEG	Gesetz über die Vergütung von Sachverständigen, Dolmetscherinnen, Dolmetschern, Übersetzerinnen und Übersetzern sowie die Entschädigung von ehrenamtlichen Richterinnen, ehrenamtlichen Richtern, Zeuginnen, Zeugen und Dritten vom 5.5.2004 (BGBl. I 776)
JW	Juristische Wochenschrift (zitiert nach Jahr und Seite)
JZ	Juristenzeitung (6.1951 ff.; davor DRZ und SJZ; zitiert nach Jahr und Seite)
K&R	Kommunikation und Recht (zitiert nach Jahr und Seite)
Kap.	Kapitel
KG	Kommanditgesellschaft; Kammergericht
KGaA	Kommanditgesellschaft auf Aktien
KfH	Kammer für Handelssachen
Kl.	Klasse
KostO	Gesetz über die Kosten in Angelegenheiten der freiwilligen Gerichtsbarkeit (Kostenordnung) vom 26.7.1957 (BGBl. I 960), aufgehoben
KTS	Zeitschrift für Konkurs-, Treuhand- und Schiedsgerichtswesen (zitiert nach Jahr und Seite)
KunstUrhG	Gesetz betreffend das Urheberrecht an Werken der bildenden Künste und der Photographie (Kunsturhebergesetz) vom 9.1.1907 (RGBl. 7; aufgehoben durch § 141 Nr. 5 des Urheberrechtsgesetzes vom 9.9.1965 (BGBl. I 1273), soweit es nicht den Schutz von Bildnissen betrifft)
KV	Kostenverzeichnis
LFGB	Lebensmittel-, Bedarfsgegenstände- und Futtermittelgesetzbuch (Lebensmittel- und Futtermittelgesetzbuch) idF vom 22.8.2011 (BGBl. I 1770)
LG	Landgericht
li.	links
lit.	litera
LKW	Lastkraftwagen
LM	Lindenmaier/Möhring, Nachschlagewerk des Bundesgerichtshofs (zitiert nach Paragraph und Ordnungsziffer)
LRE	Sammlung lebensmittelrechtlicher Entscheidungen (zitiert nach Band und Seite)
Ls.	Leitsatz
LSpG	Gesetz zur Durchführung der Rechtsakte der Europäischen Gemeinschaft über Bescheinigungen besonderer Merkmale von Agrarerzeugnissen (Lebensmittelspezialitätengesetz) vom 29.10.1993 (BGBl. I 1814)
Ltd.	Limited
LUA	Lissaboner Abkommen über den Schutz der Ursprungsbezeichnung und ihre internationale Registrierung vom 31.10.1958 (GRUR 1959, 135)

Abkürzungsverzeichnis

LZ	Leipziger Zeitschrift für Deutsches Recht (zitiert nach Jahr und Seite)
MA	Markenartikel (zitiert nach Jahr und Seite)
MaBl.	Markenblatt (zitiert nach Jahr und Seite)
MaBl. HABM	Markenblatt des Harmonisierungsamts für den Binnenmarkt (zitiert nach Jahr und Seite)
MarkenG	Gesetz über den Schutz von Marken und sonstigen Kennzeichen (Markengesetz – MarkenG) vom 25.10.1994 (BGBl. I 3082, berichtigt BGBl. 1995 I 156)
MarkenR	Zeitschrift für deutsches, europäisches und internationales Markenrecht (zitiert nach Jahr und Seite)
MarkenRÄndG	Markenrechtsänderungsgesetz 1996 vom 19.7.1996 (BGBl. I 1014)
MarkenschutzG	Gesetz über Markenschutz vom 30.11.1874 (RGBl. 143)
MarkenV	Verordnung zur Ausführung des Markengesetzes (Markenverordnung – MarkenV) vom 30.11.1994 (BGBl. I 3555)
MD	Magazindienst des Verbandes Sozialer Wettbewerb
MDR	Monatsschrift für Deutsches Recht (1.1947 ff.; zitiert nach Jahr und Seite)
MHA	Madrider Abkommen vom 14.4.1891 über die Unterdrückung falscher oder irreführender Herkunftsangaben idF vom 31.10.1958 (BGBl. 1961 II 293)
Mitt	Mitteilung; Mitteilungen des Verbandes deutscher Patentanwälte (zitiert nach Jahr und Seite)
MMA	Madrider Markenabkommen vom 14.4.1891 über die internationale Registrierung von Fabrik- oder Handelsmarken idF vom 14.7.1967 (BGBl. 1970 II 418)
MMR	MultiMedia und Recht (zitiert nach Jahr und Seite)
MRL	Richtlinie (EU) 2015/2436 des Europäischen Parlaments und des Rates vom 16.12.2015 zur Angleichung der Rechtsvorschriften der Mitgliedstaaten über die Marken (ABl. L 336 S. 1); früher: Richtlinie 2008/95/EG des Europäischen Parlaments und des Rates vom 22.10.2008 zur Angleichung der Rechtsvorschriften der Mitgliedstaaten über die Marken (ABl. L 299 S. 25), früher: Erste Richtlinie 89/104/EWG des Rates zur Angleichung der Rechtsvorschriften der Mitgliedstaaten über die Marken vom 21.12.1988 (ABl. L 40 S. 1)
MRL-E	Entwurf der Kommission vom 27.3.2013 zur Neufassung der Markenrechtsrichtlinie, KOM (2013) 162 endg.
MRRG	Gesetz zur Reform des Markenrechts und zur Umsetzung der Ersten Richtlinie 89/104/EWG des Rates vom 21.12.1988 zur Angleichung der Rechtsvorschriften der Mitgliedstaaten über die Marken (Markenrechtsreformgesetz) vom 25.10.1994 (BGBl. I 3082)
MSchG	Markenschutzgesetz, Bundesgesetz vom 28.8.1992 über den Schutz von Marken und Herkunftsangaben (SR 232.11; AS 1993, 274); Markenschutzgesetz Österreich vom 7.7.1970 idF vom 12.2.1993
m&m	media&marketing, das Magazin für Entscheider in Marketing und Medien
MuR	Medien und Recht (zitiert nach Jahr und Seite)
MuW	Markenschutz und Wettbewerb (zitiert nach Jahr und Seite)
mwN	mit weiteren Nachweisen
NA	Nichtigkeitsabteilung des Österreichischen Patentamts
NJ (DDR)	Neue Justiz (zitiert nach Jahr und Seite)
NJOZ	Neue Juristische Online-Zeitschrift (zitiert nach Jahr und Seite)
NJW	Neue Juristische Wochenschrift (zitiert nach Jahr und Seite)
NJW-CoR	NJW-Computerreport (zitiert nach Jahr und Seite)
NJW-RR	NJW-Rechtsprechungsreport Zivilrecht (zitiert nach Jahr und Seite)
NJWE-WettbR	NJW-Entscheidungsdienst zum Wettbewerbsrecht (zitiert nach Jahr und Seite)
NKA	Abkommen von Nizza über die Internationale Klassifikation von Waren und Dienstleistungen für die Eintragung von Marken vom 15.6.1957 in der Genfer Fassung vom 13.5.1977 (BGBl. 1981 II 359)
No.	numéro (franz.), number (engl.)
Nr.	Nummer(n)
NRW	Nordrhein-Westfalen
NVwZ	Neue Zeitschrift für Verwaltungsrecht (zitiert nach Jahr und Seite)
NZG	Neue Zeitschrift für Gesellschaftsrecht (zitiert nach Jahr und Seite)

Abkürzungsverzeichnis

NZI	Neue Zeitschrift für Insolvenzrecht (zitiert nach Jahr und Seite)
NZKart	Neue Zeitschrift für Kartellrecht (zitiert nach Jahr und Seite)
ÖAA	Anmeldeabteilung des Österreichischen Patentamts
ÖArbM	Österreichisches Ministerium für öffentliche Arbeiten (1908–1918)
ÖBA	Beschwerdeabteilung des Österreichischen Patentamts
ÖBMH	Österreichisches Bundesministerium für Handel
ÖBl.	Österreichische Blätter für gewerblichen Rechtsschutz (zitiert nach Jahr und Seite)
ÖHM	Österreichisches Handelsministerium
ÖMSchG	Österreichisches Markenschutzgesetz
ÖNH	Nichtigkeitsabteilung des Österreichischen Patentamts
ÖOGH	Österreichischer Oberster Gerichtshof
ÖOPM	Österreichischer Oberster Patent- und Markensenat
ÖPA	Österreichisches Patentamt
ÖPBl.	Österreichisches Patentblatt (zitiert nach Jahr und Seite)
ÖUWG	Österreichisches Bundesgesetz gegen den unlauteren Wettbewerb
ÖZBl.	Österreichisches Zentralblatt für die Juristische Praxis (ab 42.1924 nur: Zentralblatt für die Juristische Praxis; 11.883–56.1938; zitiert nach Band oder Jahr und Seite)
ÖZGR	Österreichische Zeitschrift für gewerblichen Rechtsschutz (1895–1915, zitiert nach Jahr und Seite)
OHG	Offene Handelsgesellschaft
OLG	Oberlandesgericht
OLGE	Die Rechtsprechung der Oberlandesgerichte auf dem Gebiete des Zivilrechts
OLGZ	Entscheidungen der Oberlandesgerichte in Zivilsachen (zitiert nach Jahrgang und Seite)
OMPI	Organisation Mondiale de la Propriété Intellectuelle
OPMS	Oberster Patent- und Markensenat (Österreichs)
OWiG	Gesetz über Ordnungswidrigkeiten idF vom 19.2.1987 (BGBl. I 602)
PAngG	Gesetz über die Preisangaben (Preisangabengesetz) vom 3.12.1984 (BGBl. I 1429)
PAngV	Preisangabenverordnung idF vom 18.10.2002 (BGBl. I 4197)
PAO	Patentanwaltsordnung vom 7.9.1966 (BGBl. I 557)
PartG	Partnerschaftsgesellschaft
PartGG	Gesetz über Partnerschaftsgesellschaften Angehöriger Freier Berufe (Partnerschaftsgesellschaftsgesetz) vom 25.7.1994 (BGBl. I 1744)
ParteiG	Gesetz über die politischen Parteien (Parteiengesetz) idF vom 31.1.1994 (BGBl. I 149)
PatAnwBeioG	Gesetz über die Beiordnung von Patentanwälten bei Prozeßkostenhilfe vom 7.9.1966 (BGBl. I 557)
PatG	Patentgesetz idF vom 16.12.1980 (BGBl. 1981 I 2)
PatKostG	Gesetz über die Kosten des Deutschen Patent- und Markenamts und des Bundespatentgerichts (Patentkostengesetz) vom 13.12.2001 (BGBl. I 3656)
PatKostZV	Verordnung über die Zahlung der Kosten des Deutschen Patent- und Markenamts und des Bundespatentgerichts (Patentkostenzahlungsverordnung) vom 15.10.2003 (BGBl. I 2083)
PatRModG	Gesetz zur Vereinfachung und Modernisierung des Patentrechts vom 31.7.2009 (BGBl. I 2521)
PAZEignPrG	Gesetz über die Eignungsprüfung für die Zulassung zur Patentanwaltschaft in der Fassung der Bekanntmachung vom 6.7.1990 (BGBl. I 1349)
PBefG	Personenbeförderungsgesetz idF vom 8.8.1990 (BGBl. I 1690)
PharmaR	Pharma-Recht (zitiert nach Jahr und Seite)
PIBD	Propriété Industrielle, Bulletin documentaire (zitiert nach Jahr und Seite)
PKW	Personenkraftwagen
PMMA	Protokoll zum Madrider Abkommen über die internationale Registrierung von Marken vom 27.6.1989 (BGBl. 1995 II 1017)
PMMBl.	Schweizerisches Patent- und Muster- und Modellblatt (zitiert nach Jahr, Teil und Seite)
PostG	Postgesetz vom 22.12.1997 (BGBl. I 3294)
Prop. Ind.	La Propriété Industrielle
PrPG	Gesetz zur Stärkung des Schutzes des geistigen Eigentums und zur Bekämpfung der Produktpiraterie vom 7.3.1990 (BGBl. I 422)

Abkürzungsverzeichnis

Prot.	Protokolle der Kommission für die II. Lesung des Entwurfs des BGB (zitiert nach Band und Seite)
PVÜ	Pariser Verbandsübereinkunft zum Schutz des gewerblichen Eigentums vom 20.3.1883 (BGBl. 1970 II 391; berichtigt BGBl. 1985 II 975)
RabelsZ	Zeitschrift für ausländisches und internationales Privatrecht, begründet von Rabel (zitiert nach Jahr und Seite)
RAL	Deutsches Institut für Gütesicherung und Kennzeichnung e.V.
RDG	Rechtsdienstleistungsgesetz vom 12.12.2007 (BGBl. I 2840)
RdM	Recht der Medizin (zitiert nach Jahr und Seite)
RdTW	Recht der Transportwirtschaft (zitiert nach Jahr und Seite)
re.	rechts
RefE	Referentenentwurf
RegE	Regierungsentwurf
RG	Reichsgericht
RGBl.	Reichsgesetzblatt
RGSt	Entscheidungen des Reichsgerichts in Strafsachen (1.1880–77.1944, zitiert nach Band und Seite)
RGZ	Entscheidungen des Reichsgerichts in Zivilsachen (1.1880–172.1945, zitiert nach Band und Seite)
RIPIA	Revue Internationale de la Propriété Industrielle et Artistique (zitiert nach Jahr und Seite)
RiStBV	Richtlinien für das Strafverfahren und das Bußgeldverfahren vom 21.12.1976
Riv. Dir. Ind.	Rivista di Diritto Industriale (zitiert nach Jahr und Seite)
RIW/AWD	Recht der Internationalen Wirtschaft, Außenwirtschaftsdienst des Betriebsberaters, nach 1981 nur noch RIW (zitiert nach Jahr und Seite)
RIW	Recht der Internationalen Wirtschaft (zitiert nach Jahr und Seite)
Rn.	Randnummer(n)
RPA	Reichspatentamt
RPC	Reports of Patent, Design and Trade Mark Cases (zitiert nach Jahr und Seite)
RPflG	Rechtspflegergesetz vom 5.11.1969 (BGBl. I 2065)
Rs.	Rechtssache
Rspr.	Rechtsprechung
RVG	Gesetz über die Vergütung von Rechtsanwältinnen und Rechtsanwälte vom 5.5.2004 (BGBl. I 788)
s.	siehe
S.	Satz, Seite
S.A.	Société Anonyme
SaatG	Saatgutverkehrsgesetz idF vom 16.7.2004 (BGBl. I 1673)
SchMA	Schweizerischer Markenartikel, Zeitschrift für die Markenartikelindustrie (zitiert nach Jahr und Seite)
SchMitt	Schweizerische Mitteilungen über Gewerblichen Rechtsschutz und Urheberrecht (zitiert nach Jahr und Seite)
SchuldR	Schuldrecht
Schweiz.	schweizerisches
Schweiz. BG	Schweizerisches Bundesgericht
SE	Europäische AG = Societas Europaea
SCE	Europäische Genossenschaft, Societas Cooperativa Europaea
Sec.	Section
sfr	Schweizer Franken
SGG	Sozialgerichtsgesetz idF vom 23.9.1975 (BGBl. I 2535)
SGB I–XII	Sozialgesetzbuch Buch I bis Buch XII
SGRUM	Schriften zum gewerblichen Rechtsschutz, Urheber- und Medienrecht
sic!	Zeitschrift für Immaterialgüter-, Informations- und Wettbewerbsrecht (zitiert nach Jahr und Seite)
SigG	Gesetz über Rahmenbedingungen für elektronische Signaturen vom 16.5.2001 (BGBl. I 876)
SJZ	Süddeutsche Juristen-Zeitung (1.1946–5.1950; dann JZ; zitiert nach Jahr und Spalte); Schweizerische Juristen-Zeitung (zitiert nach Jahr und Seite)
Slg.	Sammlung der Rechtsprechung des Gerichtshofes der Europäischen Gemeinschaften (zitiert nach Band und Seite)

Abkürzungsverzeichnis

STLT	Markenrechtsvertrag von Singapur vom 27.3.2006 (BGBl. 2012 II S. 754)
SMI	Schweizerische Mitteilungen über Immaterialgüterrecht (zitiert nach Jahr und Seite)
sog.	sogenannt
SolingenV	Verordnung zum Schutz des Namens Solingen (Solingenverordnung) vom 16.12.1994 (BGBl. I 3833)
SortSchG	Sortenschutzgesetz idF vom 19.12.1997 (BGBl. I 3164)
Sp.	Spalte
SPE	Societas Privata Europaea, Europäische GmbH
SR	Systematische Sammlung des Bundesrechts der Schweiz (Systematische Rechtssammlung)
st.	ständige
StBerG	Steuerberatungsgesetz idF vom 4.11.1975 (BGBl. I 2735)
StGB	Strafgesetzbuch idF vom 13.11.1998 (BGBl. 3322)
StPO	Strafprozeßordnung idF vom 7.4.1987 (BGBl. I 1074; berichtigt I 1319)
str.	streitig
StuR	Staat und Recht (zitiert nach Jahr und Seite)
SUP	europäische Einmanngesellschaft, Societas Unius Personae
SZ	Süddeutsche Zeitung
SZIER	Schweizerische Zeitschrift für internationales und europäisches Recht (zitiert nach Jahr und Seite)
SZW	Schweizerische Zeitschrift für Wirtschaftsrecht (zitiert nach Jahr und Seite)
TC	Cour civile du Tribunal cantonal vandois
TextilKG	Textilkennzeichnungsgesetz idF vom 14.8.1986 (BGBl. I 1286)
TLT	Markenrechtsvertrag (1994)
TMR	The Trademark Reporter (zitiert nach Jahr und Seite)
TranspR	Transportrecht (zitiert nach Jahr und Seite)
TRIPS	Übereinkommen zur Errichtung der Welthandelsorganisation vom 15.4.1994 (BGBl. II 1625), Übereinkommen über handelsbezogene Aspekte der Rechte des geistigen Eigentums (BGBl. 1994 II 1730)
ua	und andere
UAbs.	Unterabsatz
UFITA	Archiv für Urheber-, Film-, Funk- und Theaterrecht (zitiert nach Band und Seite)
UGP-RL	Richtlinie 2005/29/EG des Europäischen Parlaments und des Rates vom 11.5.2005 über unlautere Geschäftspraktiken von Unternehmen gegenüber Verbrauchern im Binnenmarkt und zur Änderung der Richtlinie 84/450/EWG des Rates, der Richtlinien 97/7/EG, 98/27/EG und 2002/65/EG des Europäischen Parlaments und des Rates sowie der Verordnung (EG) Nr. 2006/2004 des Europäischen Parlaments und des Rates (Richtlinie über unlautere Geschäftspraktiken) vom 11.5.2005 (ABl. L 149 S. 22, ber. ABl. 2009 L 253 S. 18)
UMV	Verordnung (EG) Nr. 207/2009 des Rates vom 26.2.2009 über die Unionsmarke (Unionsmarkenverordnung) (ABl. L 78 S. 1) in der Fassung der Änderung durch die Verordnung (EU) 2015/2424 vom 16.12.2015 (ABl. L 341 S. 21)
Unionszollkodex	Verordnung (EU) Nr. 952/2013 des Europäischen Parlaments und des Rates vom 9.10.2013 zur Festlegung des Zollkodex der Union (ABl. L 269 S. 1, berichtigt L 287 S. 90)
UrhG	Gesetz über das Urheberrecht und verwandte Schutzrechte (Urheberrechtsgesetz) vom 9.9.1965 (BGBl. I 1273)
Urt.	Urteil
USA	United States of America
USCS	United States Code Service
usw	und so weiter
UWG	Gesetz gegen den unlauteren Wettbewerb idF vom 3.3.2010 (BGBl. I 254)
v.	von, vom
VAG	Gesetz über die Beaufsichtigung der Versicherungsunternehmen (Versicherungsaufsichtsgesetz) idF vom 17.12.1992 (BGBl. 1993 I 2)
VereinsG	Gesetz zur Regelung des öffentlichen Vereinsrechts (Vereinsgesetz) vom 5.8.1964 (BGBl. I 593)
VerpackV	Verordnung über die Vermeidung und Verwertung von Verpackungsabfällen (Verpackungsverordnung) vom 21.8.1998 (BGBl. I 2379)

Abkürzungsverzeichnis

VersR	Versicherungsrecht. Juristische Rundschau für die Individualversicherung (1.1950 ff.; zitiert nach Jahr und Seite)
VertrGebErstG	Gesetz über die Erstattung von Gebühren des beigeordneten Vertreters in Patent-, Gebrauchsmuster-, Geschmacksmuster-, Topographieschutz- und Sortenschutzsachen (Vertretergebühren-Erstattungsgesetz) vom 18.7.1953 (BGBl. I 654)
VG	Verwaltungsgericht
vgl.	vergleiche
Vol.	Volume
VO	Verordnung
VO (EG) Nr. 2869/95	Verordnung (EG) Nr. 2869/95 der Kommission vom 13.12.1995 über die an das Harmonisierungsamt für den Binnenmarkt (Marken, Muster und Modelle) zu entrichtenden Gebühren (ABl. L 303 S. 33), aufgehoben mit Wirkung vom 23.3.2016
VOBl. BrZ	Verordnungsblatt für die Britische Zone
VVaG	Versicherungsverein auf Gegenseitigkeit
VwGO	Verwaltungsgerichtsordnung idF vom 19.3.1991 (BGBl. I 687)
VwKostG	Verwaltungskostengesetz vom 23.6.1970 (BGBl. I 821)
VwZG	Verwaltungszustellungsgesetz vom 12.8.2008 (BGBl. I 2354)
WahrnV	Verordnung über die Wahrnehmung einzelner den Prüfungsstellen, der Gebrauchsmusterstelle, den Markenstellen und den Abteilungen des Patentamts obliegender Geschäfte (Wahrnehmungsverordnung) vom 14.12.1994 (BGBl. I 3812)
WBl	Wirtschaftsrechtliche Blätter (zitiert nach Jahr und Seite)
WeinG	Gesetz über Wein, Likörwein, Schaumwein, weinhaltige Getränke und Branntwein aus Wein (Weingesetz) idF vom 18.1.2011 (BGBl. I 66)
Werbe-RL	Richtlinie 2006/114/EG des Europäischen Parlaments und des Rates vom 12.12.2006 über irreführende und vergleichende Werbung (ABl. L 376 S. 21)
WG	Wechselgesetz vom 21.6.1933 (RGBl. I 399)
WiB	Wirtschaftsrechtliche Beratung (bis 1997; zitiert nach Jahr und Seite)
WiGBl	Gesetzblatt für das Vereinigte Wirtschaftsgebiet
WIPO	World Intellectual Property Organization, Weltorganisation für geistiges Eigentum
WIPO-WKM	WIPO-Empfehlungen zum Schutz notorisch bekannter und berühmter Marken, 1999
wistra	Zeitschrift für Wirtschafts- und Steuerstrafrecht (zitiert nach Jahr und Seite)
WKA	Wiener Abkommen über die Errichtung einer Internationalen Klassifikation der Bildbestandteile von Marken vom 12.6.1973 idF vom 1.10.1985
WKG	Gesetz der Deutschen Demokratischen Republik über Warenkennzeichen vom 30.11.1984 (GBl. I Nr. 33, 397)
WM	Wertpapier-Mitteilungen, Zeitschrift für Wirtschafts- und Bankrecht (zitiert nach Jahr und Seite)
WPR	Wertpapierrecht
WRP	Wettbewerb in Recht und Praxis (zitiert nach Jahr und Seite)
WRV	Verfassung des Deutschen Reichs (Weimarer Verfassung) vom 11.8.1919 (RGBl. 1383)
WTO	World Trade Organization, Welthandelsorganisation
WuP	Wirtschaft und Produktivität (zitiert nach Jahr und Seite)
WuW	Wirtschaft und Wettbewerb (1./2.1951/52 ff.; zitiert nach Jahr und Seite)
WuW/E	WuW-Entscheidungssammlung zum Kartellrecht (zitiert nach Entscheidungsträger und Nr.)
WZG	Warenzeichengesetz vom 5.5.1936 (RGBl. II 134) idF vom 2.1.1968 (BGBl. I 29), aufgehoben
ZahnheilkG	Gesetz über die Ausübung der Zahnheilkunde idF vom 16.4.1987 (BGBl. I 1226)
zB	zum Beispiel
ZBJV	Zeitschrift des bernischen Juristenvereins (zitiert nach Band, Jahr und Seite)
ZEuP	Zeitschrift für Europäisches Privatrecht (zitiert nach Jahr und Seite)
ZGB	Schweizerisches Zivilgesetzbuch
ZGE	Zeitschrift für Geistiges Eigentum (zitiert nach Jahr und Seite)

Abkürzungsverzeichnis

ZHR	Zeitschrift für das gesamte Handels- und Wirtschaftsrecht (zitiert nach Band, Jahr und Seite)
Ziff.	Ziffer
ZIP	Zeitschrift für Wirtschaftsrecht (4.1983 ff.), früher: Zeitschrift für Wirtschaftsrecht und Insolvenzpraxis (1.1980–3.1982; zitiert nach Jahr und Seite)
ZLR	Zeitschrift für das gesamte Lebensmittelrecht (zitiert nach Jahr und Seite)
Zollkodex	Verordnung (EG) Nr. 450/2008 des Europäischen Parlaments und des Rates zur Festlegung des Zollkodex der Gemeinschaft (Modernisierter Zollkodex) vom 23.4.2008 (ABl. L 145, 1), aufgehoben
ZollKostV	Zollkostenverordnung vom 6.9.2009 (BGBl. I 3001)
ZollV	Zollverordnung (ZollV) vom 23.12.1993 (BGBl. I 2449; berichtigt 1994 I 162)
ZPO	Zivilprozessordnung idF vom 5.12.2005 (BGBl. I 3202; berichtigt 2006 I 431; 2007 I 1781)
ZR	Blätter für Züricherische Rechtsprechung (zitiert nach Jahr und Seite)
ZRP	Zeitschrift für Rechtspolitik (zitiert nach Jahr und Seite)
zT	zum Teil
ZUM	Zeitschrift für Urheber- und Medienrecht/Film und Recht (zitiert nach Jahr und Seite)
ZUM-RD	Zeitschrift für Urheber- und Medienrecht, Rechtsprechungsdienst (zitiert nach Jahr und Seite)
zust.	zustimmend
zutr.	zutreffend
ZVglRWiss	Zeitschrift für Vergleichende Rechtswissenschaft einschließlich der ethnologischen Rechtsordnung (wechselnde Titel; 1.1878–55.1942, 56.1953 ff.; zitiert nach Band oder Jahr und Seite)
ZZP	Zeitschrift für Zivilprozess (zitiert nach Band und Seite)

Literaturverzeichnis

Ahrens	Der Wettbewerbsprozess, 7. Aufl. 2014.
Albrecht	Sprachwissenschaftliche Erkenntnisse im markenrechtlichen Registerverfahren, Rechtslinguistik Bd. 5, 1999.
Albrecht/Hoffmann Geistiges Eigentum	Geistiges Eigentum in der Kommune, 2009.
Albrecht/Hoffmann Vergütung	Die Vergütung des Patentanwalts, 3. Aufl. 2016.
Bamberger/Roth/Bearbeiter	Bürgerliches Gesetzbuch, Kommentar, 3. Aufl. 2012.
Baronikians	Der Schutz des Werktitels, 2. Aufl. 2015.
Bartenbach	Patentlizenz- und Know-how-Vertrag, 7. Aufl. 2014.
Baumbach/Hefermehl	Warenzeichenrecht und Internationales Wettbewerbs- und Zeichenrecht, Kommentar, 12. Aufl. 1985 (s. jetzt Köhler/Bornkamm).
Baumbach/Hopt/Bearbeiter	Handelsgesetzbuch, Kommentar, 36. Aufl. 2014.
Baumbach/Hueck/Bearbeiter	GmbHG, Kommentar, 20. Aufl. 2013.
Baumbach/Lauterbach/Albers/Hartmann/Bearbeiter	Zivilprozessordnung, Kommentar, 73. Aufl. 2015.
Beck'sche Formularsammlung zum gewerblichen Rechtsschutz mit Urheberrecht	Beck'sche Formularsammlung zum gewerblichen Rechtsschutz mit Urheberrecht, 5. Aufl. 2015.
BeckOK PatR/Bearbeiter	Beck'scher Online-Kommentar zum Patentrecht, hrsg. von Fitzner/Lutz/Bodewig, Edition 2, Stand: 31.7.2016.
BeckOK UMV/Bearbeiter	Beck'scher Online-Kommentar zur UMV, hrsg. von Büscher/Kochendörfer, Edition 2, Stand: 24.3.2016.
BeckOK ZPO/Bearbeiter	Beck'scher Online-Kommentar zur Zivilprozessordnung, hrsg. von Vorwerk/Wolf, Edition 21, Stand: 1.7.2016.
Beier/Deutsch/Fikentscher	Die Warenzeichenlizenz, 1963.
Beiträge zur Geschichte des Bistums Regensburg	Beiträge zur Geschichte des Bistums Regensburg, Bd. 39, 2005.
Bender	Europäisches Markenrecht, Das Gemeinschaftsmarkensystem, 2008.
Benkard PatG	Patentgesetz, Kommentar, 11. Aufl. 2015.
Benkard EPÜ	Europäisches Patentübereinkommen, Kommentar, 2. Aufl. 2012.
Berlit	Markenrecht, 9. Aufl. 2012.
Bettinger, HdB DomainR	Handbuch des Domainrechts, Nationale Schutzsysteme und Internationale Streitbeilegung, 2008 (zitiert: Bearbeiter in Bettinger, HdB DomainR).
Bingener	Markenrecht, 2. Aufl. 2012.
Bodenhausen	PVÜ, 1971.
Bokelmann	Das Recht der Firmen und Geschäftsbezeichnungen, 5. Aufl. 2000.
Braitmayer/van Hees	Verfahrensrecht in Patentsachen, 5. Aufl. 2014.
Brötje	Die bösgläubige Markenanmeldung, 2003.
Bruhn, HdB Markenführung	Handbuch Markenführung, 2. Aufl. 2004 (zitiert: Bearbeiter in Bruhn, HdB Markenführung).
Bumiller	Durchsetzung der europäischen Gemeinschaftsmarke in der Europäischen Union, 1997.
Bulling/Langöhrig/Hellwig	Geschmacksmuster, 3. Aufl. 2011.

Literaturverzeichnis

Büscher/Dittmer/Schiwy/Bearbeiter	Gewerblicher Rechtsschutz Urheberrecht Medienrecht, 3. Aufl. 2015.
Calliess/Ruffert/Bearbeiter	EUV/AEUV, Kommentar, 4. Aufl. 2011.
Campos Nave, Einf. MarkenR	Einführung in das Markenrecht, 3. Aufl. 2011 (zitiert: Campos Nave, Einf. MarkenR).
Campos Nave, HdB MarkenR	Praxishandbuch Markenrecht, 2. Aufl. 2008 (zitiert: Bearbeiter in Campos Nave, HdB MarkenR).
Celli	Internationales Kennzeichenrecht, Basel, 2000.
Cepl/Voß/Schilling	Prozesskommentar zum Gewerblichen Rechtsschutz, 2015.
Däbritz/Jesse/Bröcher	Patente, 3. Aufl. 2009.
Deutsch/Ellerbrock	Titelschutz – Werktitel und Domainnamen, 2. Aufl. 2004.
Deutsch/Mittas	Titelschutz – Der Werktitelschutz nach Markenrecht, 1999.
Dreier/Schulze	Urheberrechtsgesetz, Kommentar, 5. Aufl. 2015.
Dreiss/Klaka	Das neue Markengesetz, 1995.
Dreyer/Kotthoff/Meckel	s. unter HK-UrhR.
Ebenroth/Boujong/Joost/Strohn/Bearbeiter	Handelsgesetzbuch, Kommentar, 3. Aufl. Band 1 2014, Band 2 2015.
Eichmann/Kur	Designrecht, 2009.
Eichmann/v. Falckenstein/Kühne	Eichmann/v. Falckenstein/Kühne, Designgesetz, Kommentar, 5. Aufl. 2015.
Eisenführ/Schennen/Bearbeiter	Gemeinschaftsmarkenverordnung, Kommentar, 4. Aufl. 2014.
Eisenmann/Jautz	Grundriss gewerblicher Rechtsschutz und Urheberrecht, 10. Aufl. 2015; s. unter HK.
Ekey/Bender/Fuchs-Wissemann	s. unter HK-MarkenR
Emmerich	Unlauterer Wettbewerb, 9. Aufl. 2012.
Erdmann/Rojahn/Sosnitza, FA-HdB GewRS	Handbuch des Fachanwalts Gewerblicher Rechtsschutz, 2. Aufl. 2011 (zitiert: Bearbeiter in Erdmann/Rojahn/Sosnitza, FA-HdB GewRS).
Erfurter Kommentar zum Arbeitsrecht	hrsg. von Müller-Glöge/Preis/Schmidt, 16. Aufl. 2016 (zitiert: ErfK/Bearbeiter).
Fammler	Der Markenlizenzvertrag, 4. Aufl. 2014.
Fezer MarkenG	Markenrecht, Kommentar, 4. Aufl. 2009.
Fezer, HdB Markenpraxis	Handbuch der Markenpraxis, 2. Aufl. 2012 (zitiert: Bearbeiter in Fezer, HdB Markenpraxis).
Fezer/Bearbeiter UWG	Lauterkeitsrecht, Kommentar zum UWG, 2. Aufl. 2010 (zitiert: Fezer/Bearbeiter UWG).
FS Fezer	Festschrift für Karl Heinz Fezer zum 70. Geburtstag, Marktkommunikation zwischen Geistigem Eigentum und Verbraucherschutz, 2016.
Geimer/Schütze	Europäisches Zivilverfahrensrecht, Kommentar, 3. Aufl. 2010.
Gloy/Loschelder/Erdmann, HdB WettbR	Handbuch des Wettbewerbsrechts, 4. Aufl. 2010 (zitiert: Bearbeiter in Gloy/Loschelder/Erdmann, HdB WettbR).
Goldmann	Der Schutz des Unternehmenskennzeichens, 3. Aufl. 2014.
Götting	Gewerblicher Rechtsschutz, Patent-, Gebrauchsmuster-, Geschmacksmuster- und Markenrecht, 10. Aufl. 2014.

Literaturverzeichnis

Gottwald InsO-HdB	Insolvenzrechts-Handbuch, 5. Aufl. 2015 (zitiert: Bearbeiter in Gottwald InsO-HdB).
Grabitz/Hilf/Nettesheim/Bearbeiter	Das Recht der Europäischen Union, Kommentar, Loseblatt, 57. Aufl. 2015.
Gruber	Gewerblicher Rechtsschutz und Urheberrecht, 8. Aufl. 2017.
Günther/Beyerlein	Kommentar zum Designgesetz, 3. Aufl. 2017.
Haarhoff	(Re)Monopolisierung erloschener Immaterialgüter- und Persönlichkeitsrechte durch das Markenrecht?, 2006.
Hackbarth	Grundfragen des Benutzungszwangs im Gemeinschaftsmarkenrecht, 1993.
Hacker	Markenrecht, Das Deutsche Markensystem, 4. Aufl. 2016.
Harte-Bavendamm, HdB Markenpiraterie	Handbuch der Markenpiraterie in Europa, 2000 (zitiert: Bearbeiter in Harte-Bavendamm, HdB Markenpiraterie).
Harte-Bavendamm/Henning-Bodewig/Bearbeiter	UWG, Kommentar, 3. Aufl. 2013.
Hartmann	Die Gemeinschaftsmarke im Verletzungsverfahren, 2008.
Hasselblatt, MAH GewRS	Münchener Anwaltshandbuch Gewerblicher Rechtsschutz, 4. Aufl. 2012 (zitiert: Bearbeiter in Hasselblatt, MAH GewRS).
Hasselblatt	Community Trade Mark Regulation (EC) No 207/2009, Kommentar, 2015.
Hauch	Übernahme fiktiver Marken in die Realität, 2015.
Hefermehl/Ipsen/Schluep/Sieben	Nationaler Markenschutz und freier Warenverkehr in der Europäischen Gemeinschaft, 1979.
Hildebrandt, Harmonisiertes MarkenR	Harmonisiertes Markenrecht in Europa, 2. Aufl. 2008.
Hildebrandt Marken/Kennzeichen	Marken und andere Kennzeichen, 3. Aufl. 2015.
HK-MarkenR/Bearbeiter	Heidelberger Kommentar zum Markenrecht, Band 1, Markengesetz und Markenrecht ausgewählter ausländischer Staaten, 3. Aufl. 2015, 2. Aufl. 2009 herausgegeben von Ekey/Klippel/Bender, 1. Aufl. 2003 von Eckey/Klippel/v. Kapff (zitiert: HK-MarkenR/Bearbeiter).
HK-UrhR/Bearbeiter	Heidelberger Kommentar zum Urheberrecht, herausgegeben von Dreyer/Kotthoff/Meckel, 3. Aufl. 2013 (zitiert: HK-UrhR/Bearbeiter).
Hoffmann/Kleespies DesignR	Formular-Kommentar Designrecht, 2015.
Hoffmann/Kleespies MarkenR	Formular-Kommentar Markenrecht, 2. Aufl. 2011.
Hüffer/Koch	Aktiengesetz, Kommentar, 12. Aufl. 2016.
Ilzhöfer/Engels	Patent-, Marken- und Urheberrecht, 9. Aufl. 2015.
Immenga/Mestmäcker/Bearbeiter	Wettbewerbsrecht, Kommentar, 5. Aufl. 2012 ff.
Ingerl/Rohnke	Markengesetz, Kommentar, 3. Aufl. 2010.
Jahn	Das Urheberpersönlichkeitsrecht im deutschen und britischen Recht, Münsteraner Studien zur Rechtsvergleichung, Bd. 6, 1993.
Jankowski	Markenschutz für Kunstwerke, Lausanner Studien zur Rechtswissenschaft, Bd. 10, 2012.
Kaufmann	Die Personenmarke, 2005, GEW Bd. 3.
Klaka/Schulz	Die europäische Gemeinschaftsmarke, 1996.
Klett/Sonntag/Wilske	Intellectual Property Law in Germany, 2008.

Literaturverzeichnis

Köhler/Bornkamm/Bearbeiter	UWG, Kommentar, 34. Aufl. 2016.
Koller/Kindler/Roth/Morck/Bearbeiter	Handelsgesetzbuch, Kommentar, 8. Aufl. 2015.
Kopp	Irreführung durch Personenmarken und Personenfirmen, 2009.
Kothe/Redeker	Beweisantrag und Amtsermittlung im Verwaltungsprozess – Ein Leitfaden für die Praxis, 2012.
Kraßer/Ann PatentR	Patentrecht, 7. Aufl. 2016.
Lackner/Kühl	Strafgesetzbuch, Kommentar, 28. Aufl. 2014.
Lange MarkenR/KennzeichenR	Marken- und Kennzeichenrecht, 2. Aufl. 2012.
Lange IntMarkenR/KennzeichenR	Internationales Handbuch des Marken- und Kennzeichenrechts, 2009.
Lenski	Öffentliches Kulturrecht – Materielle und immaterielle Kulturwerke zwischen Schutz, Förderung und Wertschöpfung, Jus Publicum Bd. 200, 2013.
Liebau	Gemeinfreiheit und Markenrecht, Möglichkeiten einer Remonopolisierung von urheberrechtlich gemeinfreien Werken und Lichtbildern sowie von Bildnissen und Namen historischer Persönlichkeiten mit Hilfe des Markenrechts, 2000.
Loewenheim UrhR-HdB	Handbuch des Urheberrechts, 2. Aufl. 2010 (zitiert: Bearbeiter in Loewenheim UrhR-HdB).
Loschelder/Loschelder	Geographische Angaben und Ursprungsbezeichnungen, 2. Aufl. 2002.
MAH	s. unter Hasselblatt, Münchener Anwaltshandbuch
Martinek/Semler/Flohr/Lakkis	Handbuch des Vertriebsrechts, 4. Aufl. 2016.
Marx	Deutsches, europäisches und internationales Markenrecht, 2. Aufl. 2007.
Maunz/Dürig/Bearbeiter	Grundgesetz, Kommentar, Loseblatt, 77. Aufl. 2016.
Mes	Patentgesetz, Gebrauchsmustergesetz, Kommentar, 4. Aufl. 2015.
Michalski/Bearbeiter	GmbHG, Kommentar, 2. Aufl. 2010.
v. Mühlendahl/Ohlgart	Die Gemeinschaftsmarke, 1998.
MüKo	Münchener Kommentar (zitiert: MüKoGesetz/Bearbeiter)
Münchener Kommentar zum Aktiengesetz	hrsg. von Goette/Habersack, 3. Aufl. 2008 ff.
Münchener Kommentar zum Bürgerlichen Gesetzbuch	hrsg. von Säcker/Rixecker/Oetker/Limperg, 6. Aufl. 2012 ff., 7. Aufl. 2015 ff.
Münchener Kommentar zum GmbHG	hrsg. von Fleischer/Goette, 2. Aufl. 2014/2015.
Münchener Kommentar zum Handelsgesetzbuch	hrsg. von K. Schmidt, 3. Aufl. 2010 ff.
Münchener Kommentar zum Strafgesetzbuch	hrsg. von Joecks/Miebach, 2. Aufl. 2011 ff.
Münchener Kommentar zum UWG	hrsg. von Heermann/Schlingloff, 2. Aufl. 2014.
Münchener Kommentar zum Versicherungsvertragsgesetz	hrsg. von Langheidt/Wandt, Band 1 (§§ 1–99) 2010, Band 2 (§§ 100–191) 2011, Band 3 (§§ 192–215) 2009.
Münchener Kommentar zur Insolvenzordnung	hrsg. von Kirchhof/Lwowski/Stürner, 3. Aufl. 2013 ff.
Münchener Kommentar zur Zivilprozessordnung	hrsg. von Rauscher/Wax/Wenzel, 4. Aufl. 2012 ff.

Literaturverzeichnis

Musielak/Voit/Bearbeiter	Zivilprozessordnung, Kommentar, 13. Aufl. 2016.
Nerlich/Römermann/Bearbeiter	Insolvenzordnung, Kommentar, Loseblatt, 30. Aufl. 2016.
NK-KostenhilfeR/Bearbeiter	hrsg. von Poller/Teubel, Nomos-Kommentar Gesamtes Kostenhilferecht, 2. Aufl. 2014.
Nordemann	Wettbewerbsrecht, Markenrecht, 11. Aufl. 2012.
Ohly/Sosnitza	UWG, Kommentar, 7. Aufl. 2016.
Omsels	Geografische Herkunftsangaben, 2007.
Onken	Die Verwechslungsgefahr bei Namensmarken, 2011.
Osterrieth	Patentrecht, 5. Aufl. 2015.
Palandt/Bearbeiter	Bürgerliches Gesetzbuch, Kommentar, 76. Aufl. 2016.
Pfaff/Osterrieth	Lizenzverträge, 3. Aufl. 2010.
Pohlmann	Verfahrensrecht der Gemeinschaftsmarke, 2012.
Prölss/Martin/Bearbeiter	Versicherungsvertragsgesetz, Kommentar, 29. Aufl. 2015.
publicus	Der Online-Spiegel für das öffentliche Recht, http://www.publicus-boorberg.de.
Raue	Nachahmungsfreiheit nach Ablauf des Immaterialgüterrechtsschutzes?, Schriften zum deutschen und internationalen Persönlichkeits- und Immaterialgüterrecht, Bd. 24, 2010.
Rebel	Gewerbliche Schutzrechte, 2009.
Richter/Stoppel	Die Ähnlichkeit von Waren und Dienstleistungen, 16. Aufl. 2014.
Roth/Altmeppen/Bearbeiter	GmbHG, Kommentar, 8. Aufl. 2015.
Ruhl	Gemeinschaftsgeschmacksmuster, 2. Aufl. 2010.
Sandri	Non-conventional Trade Marks and Community Law, Leicester, 2003.
Schaper	Durchsetzung der Gemeinschaftsmarke, 2006.
Schaub ArbR-HdB	Arbeitsrechts-Handbuch, 16. Aufl. 2015 (zitiert: Bearbeiter in Schaub ArbR-HdB).
Schimansky/Bunte/Lwowski BankR-HdB	Bankrechts-Handbuch, 4. Aufl. 2011 (zitiert: Bearbeiter in Schimansky/Bunte/Lwowski BankR-HdB).
Schoene	Der Benutzungszwang im Markengesetz, Europäische Hochschulschriften Reihe II, Bd. 3596.
Schönke/Schröder/Bearbeiter	Strafgesetzbuch, Kommentar, 29. Aufl. 2014.
Schricker/Bastian/Knaak	Gemeinschaftsmarke und Recht der EU-Mitgliedstaaten, 2006.
Schricker/Beier	Die Neuordnung des Markenrechts in Europa, 1997.
Schricker/Loewenheim/Bearbeiter	Urheberrecht, 4. Aufl. 2010.
Schricker/Stauder	Handbuch des Ausstattungsschutzes (Festgabe Beier), 1986.
Schröter	Der Schutz geografischer Herkunftsangaben nach Marken-, Wettbewerbs- und Registerrecht in Deutschland und der Schweiz, 2011.
Schulte	Patentgesetz mit EPÜ, Kommentar, 9. Aufl. 2014.
v. Schultz	Markenrecht, Kommentar, 3. Aufl. 2012.
Sekretaruk	Farben als Marken, 2005.
Sosnitza	Deutsches und europäisches Markenrecht, 2. Aufl. 2015.
Spindler/Schuster/Bearbeiter	Recht der elektronischen Medien, Kommentar, 3. Aufl. 2015.
Staudinger/Bearbeiter	Bürgerliches Gesetzbuch, 13. Bearbeitung 1993 ff.
Stelkens/Bonk/Sachs/Bearbeiter	Verwaltungsverfahrensgesetz, Kommentar, 8. Aufl. 2014.

Literaturverzeichnis

Stöckel HdB MarkenR/DesignR	Handbuch Marken- und Designrecht, 3. Aufl. 2013 (zitiert: Bearbeiter in Stöckel HdB MarkenR/DesignR).
Stoll	Markennamen – Sprachliche Strukturen, Ähnlichkeit und Verwechselbarkeit, Europäische Hochschulschriften, Reihe I, Bd. 1717, 1999.
Streinz/Bearbeiter	EUV/AEUV, Kommentar, 2. Aufl. 2012.
Ströbele/Hacker/Bearbeiter	Markengesetz, Kommentar, 11. Aufl. 2014.
Thomas/Putzo/Bearbeiter	Zivilprozessordnung, Kommentar, 37. Aufl. 2016.
Ticic	Die bösgläubige Markenanmeldung als absolutes Schutzhindernis, 2010.
Uhlenbruck/Bearbeiter	Insolvenzordnung, Kommentar, 14. Aufl. 2015.
van Hees/Braitmayer	Verfahrensrecht in Patentsachen, 4. Aufl. 2010.
Voigt	Bezeichnungen für Kunststoffe im heutigen Deutsch, 1982.
Wandtke/Bullinger	Urheberrechtsgesetz, Kommentar, 4. Aufl. 2014.
Wiedemann, HdB KartellR	Handbuch des Kartellrechts, 3. Aufl. 2016 (zitiert: Bearbeiter in Wiedemann, HdB KartellR).
Zöller/Bearbeiter	Zivilprozessordnung, Kommentar, 31. Aufl. 2016.

Einleitung Markenrecht

Überblick

Seit der Umsetzung der Markenrechtsrichtlinie (RL 89/104/EWG; → Rn. 57 ff.) durch das MarkenG und die Etablierung des Gemeinschaftsmarkensystems durch die Gemeinschaftsmarkenverordnung (GMV) (→ Rn. 49 ff.) sind das nationale und das Unionsrecht eng miteinander verzahnt. Durch die Reform der europäischen Markengesetzgebung von 2016 kommt es zu einer weiteren Rechtsangleichung (→ Rn. 64 ff.). Das nationale wie das Unionsmarkenrecht sind Teil der gesamteuropäischen Wirtschafts- und Wettbewerbsordnung (→ Rn. 1 ff., → Rn. 146 ff.); sie dienen dem Schutz der rechtlich relevanten Markenfunktionen (→ Rn. 115 ff.) und sichern die Marke in ihrem eigentumsrechtlich geschützten Wesenskern (→ Rn. 155 ff.). Der Inhalt des nationalen sowie des unionsrechtlichen Schutzes wird ferner in erheblichem Maße durch das internationale Recht determiniert (→ Rn. 167 ff.). Die Verwirklichung des Markenschutzes in der Rechtspraxis ist Aufgabe der Regelungen über die Rechtsdurchsetzung → Rn. 305 ff.).

Übersicht

	Rn.		Rn.
A. Regelungsgegenstand und Stellung im Rechtssystem (Überblick) ...	1	**D. Gegenstand und Ziele des europäischen Markenrechts**	115
I. Immaterialgüterrecht als Teil der Wirtschaftsordnung	1	I. Markenfunktionen	115
		1. Begriffliches	115
II. Markenrecht als Teil des Immaterialgüterrechts	4	2. Wesensnotwendige und akzessorische Markenfunktionen	118
III. Kumulation mit anderen Immaterialgüterrechten	7	3. Konsequenzen für die Funktionsdiskussion	119
IV. Marken und andere Kennzeichenrechte	11	4. Rückblick – Die Funktionslehre in Deutschland unter der Geltung des WZG	121
V. Arten von Marken	14	5. Kritik an der Dominanz der Herkunftsfunktion	122
1. Kennzeichnungszweck	14		
2. Entstehungstatbestände	17	6. Die Funktionsdebatte nach der Umsetzung der RL 89/104/EWG	125
VI. Markenrecht und Wettbewerbsrecht (UWG)	19	7. Markenfunktionen in der EuGH-Rechtsprechung	128
B. Geschichtliches und aktuelle Entwicklungen	24	8. Bedeutung für den Tatbestand der Doppelidentität	133
I. Deutsches Markenrecht	24	9. Bedeutung für den Tatbestand der Verwechslungsgefahr	136
1. Die Anfänge	24		
2. Das WZG von 1894 und sein Verhältnis zum UWG	27	10. Schutz bekannter Marken	138
		11. Fazit	140
3. Wichtige Reformen des WZG	29	II. Marke und Wettbewerb	146
4. Das Erstreckungsgesetz	34	1. Das europäische Leitbild des unverfälschten Wettbewerbs	146
II. Europäisches Markenrecht	40	2. Die Sonderstellung des Markenrechts im Wettbewerb	149
1. Hintergrund	40		
2. EuGH-Rechtsprechung vor der Harmonisierung	42	3. Gebot der Wettbewerbsneutralität	151
3. Schritte zur Rechtsvereinheitlichung	47	4. Geschützte Interessen	153
4. Die UMV (früher: GMV)	49	III. Eigentumsschutz an Marken	155
5. Die Richtlinie	57	1. Schutz nach dem GG	155
6. Umsetzung der RL 89/104/EWG	59	2. EMRK	159
7. Reform des Europäischen Markenrechts	64	3. Die Grundrechtecharta	162
		4. Fazit	165
8. Änderungen des Geltungsgebiets der UMV	93	**E. Internationales Markenrecht**	167
		I. Allgemeines	167
C. Konstitutive Elemente des europäischen Markenrechtssystems	101	1. Bedürfnis für internationale Regelungen	167
I. Einheitlichkeit der Unionsmarke	101	2. Arten von Abkommen	169
II. Koexistenz	105	3. Allgemeine Grundsätze	173
III. Dominanz des Unionsmarkensystems?	108	4. Institutionen	181
		5. Sanktionierung von Verstößen	183
IV. „Lastenausgleich"	112	II. Die einzelnen Abkommen im Überblick	188

	Rn.		Rn.
1. PVÜ	188	8. Schranken	272
2. TRIPS	191	9. Benutzungserfordernisse	275
3. MMA und PMMA	201	10. Beschränkungen der Benutzung	281
4. Nizzaer Klassifikationsabkommen	205	11. Lizenzen und Übertragung	289
5. Markenrechtsvertrag (TLT) und Vertrag von Singapur (STLT)	209	IV. Bindungswirkung und unmittelbare Anwendbarkeit des internationalen Rechts	298
6. Weitere Entwicklungen im internationalen Markenrecht	216	1. Nationales Recht	298
III. Einzelfragen des materiellen Rechts	225	2. Unionsrecht	301
1. Erläuterung der Darstellungsweise	225	F. Rechtsdurchsetzung	305
2. Gleichstellung von Warenzeichen und Dienstleistungsmarken	227	I. Sanktionen und Verfahren	305
		1. Nationales Recht	305
3. Markenfähigkeit und Schutzvoraussetzungen	230	2. Unionsrecht	308
4. Telle quelle-Marken	237	II. Gerichtliche Zuständigkeit und anwendbares Recht	314
5. Schutzumfang (generell)	247	1. Zuständigkeit	314
6. Schutz notorisch bekannter Marken	251	2. Anwendbares Recht	322
7. Schutz von Handelsnamen	268		

A. Regelungsgegenstand und Stellung im Rechtssystem (Überblick)

I. Immaterialgüterrecht als Teil der Wirtschaftsordnung

1   Immaterialgüterrechte dienen bei allen Unterschieden im Einzelnen dem gemeinsamen Ziel, Investitionen in die Hervorbringung neuer Leistungen zu fördern. Der Grundgedanke dabei ist, dass ohne die Zuweisung einer exklusiven Marktposition solche Investitionen nicht erfolgen würden, da sie sonst auch Dritten zugute kämen, die keine eigenen Aufwendungen getätigt haben; dies würde zum Versagen des Marktes auf dem Gebiet des Innovationswettbewerbs führen. Durch die Herstellung künstlicher Knappheit werden solche **positiven Externalitäten** internalisiert. Damit wird zugleich ein marktkonformer Mechanismus geschaffen, der die Belohnung der betrieblichen Leistung daran koppelt, ob und in welchem Umfang sie von den Abnehmern nachgefragt wird (grundlegend Ullrich GRUR Int 1984, 89). Auf diese Weise fügt sich das Immaterialgüterrecht in die marktwirtschaftliche Verfasstheit des Wettbewerbs und damit in die allgemeine Wirtschaftsordnung ein.

2   Für alle Immaterialgüterrechte gilt, dass sie den Wettbewerb beschränken, da sie es Konkurrenten verwehren, im Bereich der geschützten Rechtsposition selbst tätig zu werden, ohne die Zustimmung des Rechtsinhabers einzuholen. Dadurch setzen sie sich jedoch nicht in Widerspruch zum Postulat der Freiheit des Wettbewerbs, sondern dienen der Erreichung gemeinsamer, übergeordneter Zielsetzungen, da und soweit sie lediglich solche Einschränkungen vornehmen, die erforderlich sind, um den – in weitem Sinne verstandenen – **Innovationswettbewerb** nachhaltig anzuregen (Drexl GRUR 2004, 716 (721); Ullrich GRUR Int 1984, 89; ders. GRUR 2007, 817).

2.1   Für das Urheberrecht tritt die persönlichkeitsrechtliche Komponente hinzu, die nach dem in Deutschland vorherrschenden monistischen Ansatz mit den ökonomischen Verwertungsrechten zu einer Einheit verschmolzen ist. In dieser Hinsicht besteht ein grundlegender Unterschied zwischen dem Urheberrecht und den Rechten des gewerblichen Rechtsschutzes einschließlich des Markenrechts. Insoweit entzieht sich das Urheberrecht einer rein utilitaristischen Betrachtung, wie sie bei den gewerblichen Schutzrechten ganz überwiegend erfolgt. Dies hindert jedoch nicht, dass die konkrete Ausgestaltung des Urheberrechts in ihrer Auswirkung auf die Anregung von Kreativität und der Wahrung von Handlungsspielräumen Dritter nach utilitaristischen Kriterien zu bewerten sein kann. Zur Zusammenführung von individualistischen und utilitaristischen Rechtfertigungstheorien im Urheberrecht s. Hansen/Leistner GRUR 2008, 479.

3   Unter anderem wegen dieser Gemeinsamkeiten wird im Folgenden auf die herkömmliche Unterscheidung zwischen dem Urheberrecht (samt verwandten Schutzrechten) und dem **gewerblichen Rechtsschutz** (Patent-, Muster- und Kennzeichenrecht) verzichtet, soweit eine solche Unterscheidung nicht aus besonderen (ua historischen) Gründen angezeigt ist.

II. Markenrecht als Teil des Immaterialgüterrechts

Die systematische Einordnung des Markenrechts als Teil des Immaterialgüterrechts ist **4** keine Selbstverständlichkeit. Da Marken zunächst praktisch ausschließlich aus der Bezeichnung des Geschäftsbetriebs bestanden, aus dem die Waren oder Dienstleistungen stammten (→ Rn. 26), wurden sie ganz überwiegend dem **Persönlichkeitsrecht** ihres Inhabers zugerechnet (Kohler, Das Recht des Markenschutzes, 1884, 77 ff.; zur „Metamorphose" des Markenrechts vom Persönlichkeitsrecht zum Immaterialgüterrecht Götting, Persönlichkeitsrechte als Vermögensrechte, 1995, 113 f.). Diese Lehre hatte jedoch den Nachteil, dass sich die Möglichkeit der Übertragung von Marken als Teil der Übertragung von Geschäftsbetrieben mit dieser Konzeption nur schwer vereinbaren ließ (s. aber Kohler, Warenzeichenrecht, 1910, 149 ff.; kritisch Götting, Persönlichkeitsrechte als Vermögensrechte, 1995, 113 f.); sie wurde daher von der Rechtsprechung explizit aufgegeben (RGZ 118, 76 – Springendes Pferd).

Diese Erkenntnis führte jedoch zunächst nicht dazu, dass Marken als vollwertige Immaterialgüterrechte anerkannt wurden. Stattdessen wurde zum Teil davon ausgegangen, dass Marken ebenso wie Ansprüche wegen unlauteren Wettbewerbs nur ein negatives Abwehrrecht gewähren (eingehend Vanzetti GRUR Int 1965, 185 (188 ff.)). Spätestens seit der BGH-Entscheidung „Chanel Nr. 5" (BGH GRUR 1987, 520) konnte diese Auffassung jedoch als überholt gelten: Der BGH bejahte die Frage, ob dem Markeninhaber bei schuldloser Markenverletzung ein Bereicherungsanspruch in Form der Eingriffskondiktion zugestanden werden konnte, und stellte damit klar, dass sich mit dem Markenrecht nicht allein ein Abwehranspruch, sondern auch ein **positiver Zuweisungsgehalt** verbindet.

Die Frage, inwieweit das Markenrechts als negatives (Abwehr-) oder positives (Nutzungs-)Recht **5.1** anzusehen ist, wird derzeit häufig in Zusammenhang mit der Diskussion über die Zulässigkeit rigoroser Einschränkungen der Markennutzung für Tabakprodukte („Plain Packaging") thematisiert (→ Rn. 284 ff.). Richtigerweise kommt es jedoch auf diese Frage nicht entscheidend an, denn auch ein positives Nutzungsrecht, wie es das Markenrecht nach deutscher Dogmatik darstellt, kann aus übergeordneten Gründen, und vorbehaltlich einer verfassungsrechtlichen Überprüfung der betreffenden Regelungen, bis hin zum Benutzungsverbot eingeschränkt werden. In diesem Sinne (für das englische Recht) auch British American Tobacco v. Secretary of Health, [2016] EWHC 1169 (Admin); → Rn. 285.1.

Dennoch bleibt unverkennbar, dass das Markenrecht gegenüber anderen Immaterialgüter- **6** rechten **Besonderheiten** aufweist. Im Gegensatz zum Patent- und Urheberrecht dient es der Förderung von Innovation und Kreation nicht in unmittelbarer, sondern in mittelbarer Weise, indem es Unternehmen, die ihre Leistungen am Markt anbieten, die Möglichkeit gewährt, sich den Abnehmern gegenüber erkennbar zu machen und dadurch voneinander abzugrenzen. Es wird daher auch keine künstliche Knappheit im Hinblick auf das gekennzeichnete Gut selbst hergestellt; ungeachtet der Kennzeichnung unterliegt die betriebliche Leistung als solche jedenfalls dem Grundsatz nach in vollem Umfang dem Wettbewerb. Hierin liegt ua die Erklärung dafür, dass Marken im Gegensatz zu anderen Immaterialgüterrechten keinen festen zeitlichen Schranken unterliegen (→ Rn. 150).

III. Kumulation mit anderen Immaterialgüterrechten

Marken und andere Immaterialgüterrechte dienen ungeachtet ihrer strukturellen Gemein- **7** samkeiten (→ Rn. 2) unterschiedlichen Zielen: Der Förderung technischer Innovation, der Anregung kreativen Schaffens sowie, im Fall des Markenrechts, der „durchsichtigen Marktgestaltung" (BVerfG GRUR 1979, 773 (778) – Weinbergsrolle; → Rn. 156). Entsprechend diesen Zielsetzungen werden Voraussetzungen und Inhalt der einzelnen Schutzrechte unterschiedlich definiert. Soweit die jeweiligen Voraussetzungen erfüllt sind, ist der Schutz mit dem ihm zugewiesenen Inhalt zu gewähren. Dies gilt grundsätzlich auch im Fall der Kumulation von Schutzrechten, dh dann, wenn Waren oder Dienstleistungen zugleich Gegenstand von Markenrechten und **anderen Schutzrechten** sind (zu Schutzrechtskumulation und Doppelschutz s. McGuire GRUR 2011, 767; aus rechtsvergleichender Sicht mit umfassenden Hinweisen zur Rechtspraxis Derclaye/Leistner, Intellectual Property Overlaps, 2011; frühzeitig auf die zunehmende Überlagerung von Schutzrechten als Folge der inhaltlichen Expansion einzelner Rechte hinweisend Kur in Schricker/Dreier/Kur (Hrsg.), Geistiges Eigentum im Dienst der Innovation, 1999, 23 ff.).

8 Es ist allerdings richtig, dass diese Schutzrechte in ihrer faktischen Wirkung **komplementär** sein können und daher in der Summe zu einem stärkeren Schutz führen, als es die Anwendung eines einzigen Schutzrechtes vermocht hätte. So lässt sich insbesondere beobachten, dass die Marken ursprünglich patentierter Waren – etwa im Arzneimittelsektor – auch nach dem Ablauf der Patentfrist zu einer starken Kundenbindung führen können und dadurch die Wettbewerbsposition der Hersteller von Generika tendenziell beeinträchtigen. Zu einer Aberkennung des markenrechtlichen Schutzes führt dies jedoch nur dann, wenn die Abnehmer die Marke selbst als Gattungsbezeichnung auffassen, so dass unter anderer Bezeichnung vertriebene Waren nicht mehr als substituierbar wahrgenommen werden (so in RG GRUR 1922, 112 – Antiformin).

9 Problematisch ist das Zusammentreffen mehrerer Schutzrechte vor allem dann, wenn sich der Schutz nicht allein auf die gleiche Ware oder Dienstleistung bezieht, sondern auch an dem **gleichen Leistungsmerkmal** anknüpft. Dies ist insbesondere dann der Fall, wenn die Form einer Ware Gegenstand sowohl von Urheber- oder Designrechten wie auch von Markenrechten ist; Entsprechendes gilt, wenn sich in der Formgebung ein erfinderischer Gedanke manifestiert, der Gegenstand von Patent- oder Gebrauchsmusterschutz ist oder sein kann. Kritisch ist dabei vor allem, dass das Markenrecht anders als die anderen Immaterialgüterrechte keinen zeitlichen Schranken unterliegt, so dass es jedenfalls prinzipiell dazu verwendet werden kann, die Schutzdauer jener anderen Rechte unbegrenzt zu verlängern.

10 Der Vermeidung von insoweit systemwidrigen Ergebnissen dient insbesondere die **Schutzausschlussklausel** von § 3 Abs. 2 und Art. 7 Abs. 1 Buchst. e UMV: Marken sind mit permanenter, nicht überwindbarer Wirkung vom Schutz ausgeschlossen, wenn sie ausschließlich aus einer Form (oder einem sonstigen charakteristischen Merkmal; → Rn. 83) bestehen, die durch die Art der Ware selbst bedingt oder zur Erzielung einer technischen Wirkung notwendig ist oder die der Ware einen wesentlichen Wert verleihen. Damit ist allerdings keineswegs gesagt, dass Formgebungen, die Gegenstand von Patent-, Urheber- oder Designschutz gewesen sind, pauschal vom Markenschutz auszuschließen sind. Es ist vielmehr davon auszugehen, dass – von Sonderfällen abgesehen – Markenrechte an die Stelle anderer (abgelaufener) Schutzrechte treten können, ohne dass dies als missbräuchliche Schutzverlängerung iSv § 8 Abs. 2 Nr. 10 anzusehen wäre (→ § 8 Rn. 859). Damit verbieten andere Schutzrechte auch nicht nach § 8 Abs. 2 Nr. 9 eine Markeneintragung (→ § 8 Rn. 749).

10.1 Schutzvoraussetzungen und Schranken des Markenrechts bestimmen sich allein nach markenrechtlichen Grundsätzen. Es ist daher nicht möglich, zur Rechtfertigung einer prinzipiell verletzenden Markenbenutzung auf Schrankenbestimmungen zu berufen, die für andere Immaterialgüterrechte gelten, wie etwa die in einigen europäischen Ländern geltende „Ersatzteilklausel" im Designrecht (EuGH C-500/14, GRUR 2016, 77– Ford/Wheeltrims).

IV. Marken und andere Kennzeichenrechte

11 Marken dienen der Kennzeichnung, dh der Unterscheidung und Identifizierung, von Waren oder Dienstleistungen nach Maßgabe ihrer betrieblichen Herkunft. Davon zu unterscheiden sind Kennzeichen, die zur Unterscheidung und Identifizierung anderer Kennzeichnungsobjekte dienen; diese gehören ebenfalls dem Bereich des Kennzeichenrechts an, ohne Marke zu sein. Hierzu zählen insbesondere die **geschäftlichen Bezeichnungen,** dh Unternehmenskennzeichen, die einen Geschäftsbetrieb identifizieren sowie Werktitel, die ein Werk iSd Urheberrechts oder ein sonstiges immaterielles Arbeitsergebnis (→ § 5 Rn. 166) bezeichnen. Ebenfalls hierher zu zählen sind die **geographischen Herkunftsangaben,** die den Erzeugungsort einer Ware angeben. Diese Kennzeichenrechte sind ebenso wie Marken Regelungsgegenstand des MarkenG (§ 1). Damit hebt sich das MarkenG von der Rechtslage unter Geltung des WZG deutlich ab: Früher war der Schutz von Unternehmenskennzeichen und Werktiteln allein in § 16 UWG 1909 geregelt, während für den Schutz von geografischen Herkunftsangaben primär das Irreführungsverbot (§ 3 UWG 1909) sowie uU auch die Generalklausel (§ 1 UWG 1909) galten.

11.1 Die Entstehungsvoraussetzungen des Schutzes geschäftlicher Bezeichnungen sind in § 5 geregelt. Im Gegensatz zum Markenrecht entsteht der Schutz nicht durch Registrierung (ungeachtet dessen, dass die Registrierung von Unternehmenskennzeichen nach HGB aus ordnungspolitischen Gründen erforderlich ist), sondern, im Fall von Werktiteln sowie der in § 5 Abs. 2 S. 1 genannten Unternehmenskennzeichen, durch die Benutzung im geschäftlichen Verkehr. Dies gilt allerdings nur, soweit das Kennzeichen von Hause aus unterscheidungsgeeignet ist; anderenfalls setzt der Schutz den Erwerb von Verkehrsgeltung voraus. Kennzeichen iSd § 5 Abs. 2 S. 2 werden stets nur nach Erwerb von Verkehrsgeltung geschützt.

Zu den außerhalb des MarkenG geschützten Kennzeichenrechten zählt insbesondere das **Namensrecht** nach § 12 BGB, das den bürgerlichen Namen natürlicher Personen sowie darüber hinaus die Namen und namensmäßig verwendeten Bezeichnungen von juristischen Personen sowie anderer rechtsfähiger Subjekte erfasst (zu Einzelheiten → § 5 Rn. 18 ff.). Auch Domainnamen werden heute allgemein als Kennzeichenrechte angesehen, die sich zu ihrem Schutz je nach den konkreten Umständen auf § 12 BGB oder auch auf das MarkenG berufen können: Zwar adressieren sie technisch betrachtet lediglich einen Rechner innerhalb eines digitalen Netzwerks; ihr Namensbestandteil wird jedoch regelmäßig als Bezeichnung des Adressaten aufgefasst, was ihnen Kennzeichnungseignung verleiht (→ § 15 Rn. 78). **12**

Namen haben Zwitternatur; sie sind nicht allein als Kennzeichenrechte, sondern zugleich als **Persönlichkeitsrechte** geschützt. Ebenso kommt auch anderen Persönlichkeitsrechten zugleich Kennzeichnungsfunktion zu; so werden Personen nicht allein aufgrund ihres Namens, sondern auch durch ihre Abbildung oder sonstige persönliche Charakteristika identifiziert und von anderen unterschieden. Insofern gehören auch die Vorschriften über den Bildnisschutz (§§ 22 ff. KunstUrhG) sowie das Allgemeine Persönlichkeitsrecht (§§ 823, 826, 1004 BGB) zum weiteren Bereich der Kennzeichenrechte. Für §§ 823 ff. BGB gilt dies zudem auch insoweit, als die Beeinträchtigung von Marken und anderen Kennzeichenrechten uU unter den Schutz des eingerichteten und ausgeübten Gewerbebetriebs fällt (zu Einzelheiten → § 2 Rn. 117 ff.). **13**

V. Arten von Marken

1. Kennzeichnungszweck

Marken dienten ursprünglich nur dem Zweck, die betriebliche Herkunft von Waren kenntlich zu machen. Statt des heute gebräuchlichen Begriffs der Marke wurde daher auch von „Warenzeichen" gesprochen; daher stammt der Name der Vorgängerregelung des MarkenG. Heute ist nicht allein im deutschen und europäischen Recht, sondern auch auf internationaler Ebene verbindlich anerkannt, dass Marken auch für **Dienstleistungen** eingetragen werden können und dass sie ebenso wie Produktmarken zu schützen sind. **14**

Die rechtliche Gleichstellung von Hersteller- und **Handelsmarken** ist dagegen bereits seit langem üblich. So bezieht sich der Text der PVÜ von 1883 (→ Rn. 188 ff.) ausdrücklich auf Fabrik- und Handelsmarken („marques de fabrique ou du commerce"), denen in jeder Hinsicht gleicher Schutz zuteil werden soll. **15**

Unterschiede, die auch heute noch bedeutsam sind, bestehen zwischen Individualmarken und **Kollektivmarken** sowie Gütezeichen: Während erstere einem individuellen Inhaber gehören, handelt es sich bei letzteren um die Kennzeichen von Verbänden oder anderen Formen kollektiver Inhaberschaft. Die Eintragung von Kollektivmarken dient dem Ziel, dass die Mitglieder des Kollektivs ihre Zugehörigkeit zu diesem deutlich machen und dadurch ggf. zugleich auf die Erfüllung der von dem Kollektiv aufgestellten Voraussetzungen hinweisen können. Um die Verlässlichkeit solcher Hinweise zu gewährleisten, unterliegt die Eintragung von Kollektivmarken strengeren Voraussetzungen als diejenige von Individualmarken. So muss insbesondere die Satzung des Verbandes eingereicht werden, in der die Voraussetzungen für die Nutzung der Marke geregelt sind. Ferner ist auch die Löschung von Kollektivmarken wegen Verfalls eher möglich als bei Individualmarken (zu Einzelheiten s. §§ 97 ff.; Art. 66 ff. UMV). Noch strikter sind die Regelungen im Fall von Gütezeichen (Art. 74a–74k UMV). **16**

Gütezeichen werden im MarkenG nicht als gesonderte Kategorie von den Kollektivmarken unterschieden. Im deutschen Recht ist jedoch anerkannt, dass, soweit sich aus der Satzung des Kollektivmarkenverbands ergibt, dass die Marke die Einhaltung eines bestimmten Qualitätsniveaus signalisieren soll, die Kontrolle der objektiven Beschaffenheit der gekennzeichneten Produkte von einer neutralen Stelle **16.1**

Einl. MarkenR Einleitung

durchgeführt werden muss (PatG BPatGE 28, 139 – Gütezeichenverband; Ingerl/Rohnke § 97 Rn. 6). In der Praxis ist insoweit eine Bescheinigung des RAL (1925 als „Reichsausschuss für Lieferbedingungen" gegründet) ausreichend und erforderlich. Es ist bisher noch unklar, ob – parallel zum Unionsmarkenrecht – spezielle Regelungen für Gütezeichen in das MarkenG aufgenommen werden sollen.

16.2 Im Zuge der Novellierung des europäischen Markenrechts wurden besondere Regelungen für Gütezeichen auf der Ebene des Unionsrechts geschaffen. Die Anmeldung kann nur durch eine juristische Person oder sonstige rechtsfähige Institution einschließlich öffentlicher Stellen erfolgen, die selbst nicht mit der Herstellung oder dem Vertrieb der betreffenden Waren oder Dienstleistungen befasst ist und die daher die Gewähr für eine objektive und neutrale Qualitätskontrolle übernehmen kann (Art. 74a–74k UMV).

2. Entstehungstatbestände

17 Im deutschen Recht kann das Recht an einer Marke auf unterschiedliche Weise erworben werden (vgl. § 4). Den Regelfall bildet die Eintragung nach Durchlaufen des Anmeldeverfahrens beim DPMA; § 4 Nr. 1. Der Schutz kann jedoch auch durch die Benutzung des Zeichens im geschäftlichen Verkehr entstehen, soweit dies zum Erwerb von Verkehrsgeltung bei den beteiligten Verkehrskreisen geführt hat, § 4 Nr. 2. Als dritte Möglichkeit des Schutzerwerbs kommt die notorische Bekanntheit der Marke iSv Art. 6bis PVÜ in Betracht (zum Begriff der notorischen Bekanntheit → § 4 Rn. 142 ff.). Im Gegensatz zur Benutzungsmarke iSv § 4 Nr. 2 ist bei der aufgrund notorischer Bekanntheit geschützten Marke die Benutzung im inländischen geschäftlichen Verkehr nicht erforderlich. Hingegen ist jedenfalls nach hM der erforderliche Bekanntheitsgrad höher anzusetzen als bei der Benutzungsmarke (BGH GRUR Int 1969, 257 – Recrin; → § 4 Rn. 146 ff.).

18 Das Unionsmarkenrecht kann hingegen ausschließlich durch Anmeldung und Eintragung beim EUIPO erworben werden. Nicht eingetragene Marken werden daher nicht als Unionsmarken geschützt, selbst wenn sie notorische Bekanntheit in der EU besitzen. Dies wirft die Frage auf, ob das europäische Recht den aus der Mitgliedschaft im TRIPS-Abkommen folgenden Verpflichtungen in vollem Umfang gerecht wird, was die Beachtung der materiellen Regelungen der PVÜ impliziert (→ Rn. 267.2).

VI. Markenrecht und Wettbewerbsrecht (UWG)

19 Alle Immaterialgüterrechte sind integraler Teil der Wettbewerbsordnung; ihr Ziel besteht darin, das Verhalten von Marktakteuren zu beeinflussen und zu steuern. Marken weisen darüber hinaus die Besonderheit auf, dass sie sich als **Mittel der kommerziellen Kommunikation** unmittelbar an die Abnehmer richten. Da sie in dieser Eigenschaft zugleich Träger von Werbebotschaften sind, die die Wahrnehmung des betrieblichen Leistungsangebots durch die Verbraucher entscheidend prägen, besteht eine besonders enge Verwandtschaft des Markenrechts mit dem UWG.

20 Zum Tragen kommt die große **tatbestandliche Nähe** beider Regelungen sowohl im Fall der Verwechslungs- bzw. Irreführungsgefahr als auch bei Rufausbeutung und Rufbeeinträchtigung: Im ersten Fall kommen § 14 Abs. 2 Nr. 2 MarkenG und Art. 9 Abs. 2 Buchst. b UMV als auch § 5 Abs. 2 UWG (sowie ggf. § 4 Nr. 3 Buchst. a UWG) als einschlägige Rechtsnormen in Betracht; im zweiten Fall können bei Vorliegen der entsprechenden Voraussetzungen sowohl § 14 Abs. 2 Nr. 3 MarkenG und Art. 9 Abs. 2 Buchst. c UMV wie auch § 4 Nr. 3 Buchst. b UWG (sowie ggf. § 3 UWG) zur Anwendung kommen.

21 Für das Verhältnis von Irreführungs- und Verwechslungsgefahr wurde im deutschen Recht traditionell vom Vorrang des Markenrechts ausgegangen, der nur ausnahmsweise, bei sog. **qualifizierten betrieblichen Herkunftsangaben,** durchbrochen wurde (kritisch dazu Kur GRUR 1989, 240; ebenso Bornkamm GRUR 2011, 1 f.). Seit der Umsetzung der UGP-Richtlinie (RL 2005/29/EG) ist hingegen davon auszugehen, dass jegliches Hervorrufen von Verwechslungsgefahr in den Anwendungsbereich des UWG fallen kann, ohne dass insoweit ein Vorrang des Markenrechts bestünde (so jetzt ausdrücklich auch BGH GRUR 2013, 1161 Rn. 60 – Hard Rock Café).

22 Auch bei der Rufausbeutung und -beeinträchtigung wurde vom BGH erklärt, dass die Aufnahme der entsprechenden, zuvor auf der Grundlage der Generalklausel des UWG 1909 entwickelten Tatbestände in § 14 Abs. 2 Nr. 3 zu einem Vorrang der markenrechtlichen Regelung gegenüber dem UWG geführt habe (BGH GRUR 1999, 161 – MacDog). Diese **„Vorrangtheorie"** ist jedoch von Anfang an stark kritisiert worden (Fezer GRUR 2010, 953 mit weiteren Hinweisen; eingehend → § 2 Rn. 14 ff.). Sie wäre in der Tat eindeutig verfehlt, wenn sie zur Folge haben würde, dass bei Fehlen der Voraussetzungen des Schutzes gemäß § 14 Abs. 2 Nr. 3 der Schutz nach UWG automatisch ausgeschlossen wäre, ohne dass die speziellen Tatbestandsvoraussetzungen des Lauterkeitsrechts zu prüfen wären. In diesem strikten Sinne war sie aber wohl auch vom BGH nie gemeint.

Heute besteht jedenfalls weithin Einigkeit darüber, dass die Vorrangtheorie im Verhältnis 23 von UWG und MarkenG keine Geltung beanspruchen kann, sondern dass beide Regelungen nach Maßgabe der ihnen jeweils zugrunde liegenden Ziele und Wertungen nebeneinander anwendbar sind. Auf der anderen Seite bleiben die der jeweils anderen Regelung zugrunde liegenden Wertungen insoweit zu berücksichtigen, als dies zur Wahrung der **Konsistenz der Rechtsordnung** erforderlich ist. Vor allem soweit auf der Grundlage der beiden Materien unterschiedliche Ergebnisse gefunden werden, müssen sich diese aus den jeweiligen Besonderheiten der gesetzesspezifischen Wertungen erklären lassen (Ohly GRUR 2007, 731; → § 2 Rn. 24 (Schutzzweckdisparität als Grenze widerspruchsfreier Rechtsanwendung)).

B. Geschichtliches und aktuelle Entwicklungen

I. Deutsches Markenrecht

1. Die Anfänge

Es ist zu allen Zeiten vorgekommen oder sogar üblich gewesen, dass Hersteller oder 24 Händler die von ihnen angebotenen Waren gekennzeichnet haben; sei es, um ihre Urheberschaft zu dokumentieren oder als Grundlage hoheitlicher Aufsichtsmaßnahmen, um die Einhaltung der für die Ausübung des Gewerbes geltenden Beschränkungen zu sichern.

Dass Zeichen dem Nachweis der Urheberschaft dienten und insoweit die Funktion einer Signatur 24.1 wahrgenommen haben, lässt sich an Funden aus der Antike nachweisen (Fezer Einl. A Rn. 5–9). Daneben konnten Zeichen zu allen Zeiten auch zum Nachweis des Eigentums oder als Händlerzeichen angebracht werden (Fezer Einl. A Rn. 3–4). Im Mittelalter trat sodann die gewerbepolizeiliche Funktion von Zeichen in den Vordergrund: Im Zunftwesen war die Gewerbeerlaubnis strikt reglementiert, Handwerksprodukte durften nur von entsprechend legitimierten Personen hergestellt werden. Ferner wachte der jeweilige Souverän über die Einhaltung der für die Fertigung besonders begehrter Waren bestehenden regionalen Grenzen. Durch die Verpflichtung zur Anbringung entsprechender Zeichen konnten fehlerhafte Waren zu ihrem Ursprung zurückverfolgt und Anbieter schlechter oder zu Unrecht als Originalware vertriebener Produkte bestraft werden (Wadle, Fabrikzeichenschutz und Markenrecht, Teil I, 21). Nach der Einführung der Gewerbefreiheit verlor diese Facette des Markenschutzes gegenüber der privatwirtschaftlichen Funktion rapide an Bedeutung (Fezer Einl. A Rn. 18 ff.).

Mit Beginn des Industriezeitalters und seiner **Massenproduktion** von Bedarfsartikeln 25 änderte sich die Funktion von Marken grundlegend. Je mehr der persönliche Kontakt zwischen Produzent und Kunden abriss, desto stärker wurde das Bedürfnis, die Herkunft von Waren durch Marken zu dokumentieren und damit den Abnehmern ein verlässliches Mittel der Orientierung zur Verfügung zu stellen. In der zweiten Hälfte des 19. Jahrhunderts wurden daher in vielen deutschen Staaten ebenso wie in den Nachbarstaaten des Kontinents Gesetze und Verordnungen erlassen, die die Eintragung und den Gebrauch betrieblicher Kennzeichen regelten. Dabei stand zum Teil noch – ebenso wie in der vorhergehenden Phase der vorwiegend gewerbepolizeilichen Ausrichtung des Markenschutzes – das Strafrecht im Vordergrund (Wadle, Fabrikzeichenschutz und Markenrecht, Teil I, 71 ff.; ders. GRUR 1979, 383).

Bald nach der Reichsgründung wurde das erste in ganz Deutschland geltende **Markenge-** 26 **setz** erlassen (Gesetz über den Markenschutz – Markenschutzgesetz – vom 30.11.1874, RGBl. 143). Das Gesetz erlaubte es Gewerbetreibenden erstmalig, Schadensersatz zu verlangen sowie die Benutzung missbräuchlich verwendeter Zeichen zu verbieten, statt sich auf Strafmaßnahmen zu beschränken. Der Rechtsschutz an Marken konnte durch die Eintragung des Zeichens im Handelsregister erworben werden. Dies bedeutete zugleich, dass zum Markenschutz nur Kaufleute zugelassen waren, für deren Betrieb eine entsprechende Eintragung bestand. Vom Schutz ausgeschlossen waren Worte, Zahlen und Buchstaben sowie öffentliche Wappen und Ärgernis erregende Zeichen; eine entsprechende Vorprüfung fand im Zusammenhang mit der Anmeldung statt (Wadle GRUR 1979, 383 (388)).

2. Das WZG von 1894 und sein Verhältnis zum UWG

27 Das Markenschutzgesetz wurde bereits 1894 durch das WZG ersetzt (Gesetz zum Schutz der Warenbezeichnungen vom 12.5.1894, RGBl. 441), das mit verschiedenen Änderungen bis zum 31.12.1994 in Kraft blieb. Ein zentraler Punkt der Gesetzesreform bestand darin, dass die Eintragung und Verwaltung von Markenrechten einer Zentralbehörde, dem 1877 geschaffenen **Patentamt,** zugewiesen wurde. Damit entfiel zugleich die Kopplung der Markeneintragung an die Eintragung im Handelsregister, wodurch der Kreis der anmeldeberechtigten Personen über eingetragene Kaufleute hinaus erweitert wurde. Anders als im Markenschutzgesetz von 1874 wurden nunmehr auch Wortmarken zum Schutz zugelassen.

27.1 Buchstaben und Zahlenmarken blieben hingegen vom Schutz ausgeschlossen. In den Katalog der absoluten Schutzhindernisse aufgenommen wurden die sog. Freizeichen sowie beschreibende Angaben; die übrigen Ausschlussgründe wurden zumeist inhaltlich präzisiert (§ 4 WZG 1894). Neu war ferner die Berücksichtigung relativer Schutzhindernisse im Eintragungsverfahren: Soweit vom Patentamt bei seiner Vorprüfung ältere Rechte Dritter festgestellt wurden, wurden der Anmelder und der Inhaber des älteren Zeichens benachrichtigt; soweit letzterer nicht innerhalb eines Monats Widerspruch einlegte, entschied das Patentamt selbst über die Versagung der Eintragung (§§ 5, 6 WZG 1894).

28 Für die dogmatische Entwicklung des Markenrechts bedeutsam erwies sich die **Novellierung des UWG im Jahre 1909.** Während dessen Vorgänger von 1896 eine kasuistische und vorwiegend auf die strafrechtliche Ahndung zugeschnittene Auflistung von Einzelfällen enthalten hatte, wurde mit dem Gesetz von 1909 der völlig neuartige Weg einer Rahmenregulierung in der Form weiter Generalklauseln (§§ 1 und 3 UWG 1909) beschritten, die durch Einzeltatbestände ergänzt und vorwiegend im Wege der Zivilklage durchgesetzt wurden. Das Verhältnis von Marken- und Wettbewerbsrecht trat damit in den Fokus von Rechtsprechung und Lehre. Dabei war – noch unter Geltung des Markenschutzgesetzes von 1874 – vom RG zunächst das Markenrecht als abschließende Regelung aufgefasst und ergänzender deliktsrechtlicher Schutz verweigert worden (RGZ 3, 67 f. – Apollinarisbrunnen; RGZ 18, 93 (95 ff.) – Reiner Kakao). Nach der Einführung des UWG 1909 änderte sich die Haltung grundlegend; nunmehr galt das Wettbewerbsrecht als „Recht höherer Ordnung", dem sich das WZG unterzuordnen habe (RGZ 97, 90 (93 f.) – Pecose; RGZ 100, 3 – Antiformin; RGZ 111, 192 (197) – Goldina; RGZ 120, 325 (328) – Sonnengold). Mit der von Eugen Ulmer begründeten **Bestandteilstheorie** wurde sodann die Synthese der Rechtsordnungen vollzogen: WZG und UWG wurden als gleichrangige, einander ergänzende Ordnungen bezeichnet (Ulmer, Warenzeichen und unlauterer Wettbewerb in ihrer Fortentwicklung durch die Rechtsprechung, Berlin 1929, 16 f.).

28.1 Im Fokus der Auseinandersetzungen um das Verhältnis von WZG und UWG stand vor allem der Schutz vorbenutzter, aber nicht eingetragener Kennzeichen. Nach dem Markenschutzgesetz von 1874 – und der Verweigerung ergänzenden deliktsrechtlichen Schutzes durch das RG – blieben solche Kennzeichen schutzlos gegenüber späteren Markeneintragungen. Im WZG 1894 erhielten im Verkehr durchgesetzte Warenausstattungen zwar gewissen Schutz; dies galt jedoch vorwiegend für „echte" Ausstattungsmerkmale wie die Form der Ware oder ihrer Verpackung. Nach Erlass des UWG 1909 wurde im Verkehr durchgesetzten Zeichen hingegen prinzipiell Vorrang vor eingetragenen, aber nicht benutzten Marken eingeräumt, was die Befürchtung hervorrief, dass das WZG als „Recht niederer Ordnung" beiseite geschoben werden könnte. Nach der von Ulmer entwickelten Lehre kommt hingegen dem Registerrecht (WZG) in erster Linie die Aufgabe zu, die Entstehung von Marken dadurch zu ermöglichen bzw. zu begünstigen, dass ihnen schon durch die Eintragung Schutz gewährt wird. Dieser Schutz sei notwendig, damit die Marke Gelegenheit habe, sich unbehelligt von Störungen Dritter am Markt Anerkennung zu verschaffen. Ist das Ziel der markenrechtlichen Begünstigung erreicht – hat die Marke also Anerkennung im Verkehr gefunden – so ist ihr Schutz nach Ulmer im Wesentlichen gleich mit dem Schutz gegen „konfundierenden Wettbewerb" und unterliegt somit primär wettbewerbsrechtlichen Regeln. Dem Registerrecht soll dann die im wesentlichen polizeiliche Aufgabe zukommen, „den lebendigen Impulsen gesicherte Bahnen zu weisen" (Ulmer, Warenzeichen und unlauterer Wettbewerb in ihrer Fortentwicklung durch die Rechtsprechung, Berlin 1929, 60, 67 ff.). Diese Beschreibung der unterschiedlichen Aufgabenbereiche und des Zusammenspiels von Marken- und Wettbewerbsrecht erweist sich noch heute (oder: heute wieder) als erstaunlich aktuell.

3. Wichtige Reformen des WZG

Im Verlauf seiner Geschichte wurde das WZG mehrfach reformiert. Im Folgenden werden nur die wichtigsten **Reformschritte** überblickartig aufgeführt (weitere Einzelheiten bei Fezer Einl. A II Rn. 23 ff.) **29**

Mit dem Gesetz vom 5.5.1936 (RGBl. II 134) wurde der Titel des WZG in „Warenzeichengesetz" geändert. Ferner wurden eine Reihe von Änderungen durchgeführt, die ihren Hintergrund im internationalen Recht hatten. Um dem formlosen Schutz notorisch bekannter Marken in Art. 6bis PVÜ Rechnung zu tragen, erhielt der bisher nur rudimentär geregelte **Ausstattungsschutz** mit § 25 WZG die Stellung eines eigenständigen Rechtsanspruchs. Vorweggenommen wurde dieser Reformschritt durch eine Reihe von Entscheidungen des Reichsgerichts, in denen Ausstattungen und Warenzeichen als „nahezu gleichwertige Rechte" bezeichnet worden waren (zB RG GRUR 1932, 1194 (1196) – Ondulette). Mit Blick auf Art. 6^{quinquies} B Nr. 2 PVÜ (→ Rn. 237 ff.) wurde dem Katalog der absoluten Schutzhindernisse das Fehlen von Unterscheidungskraft hinzugefügt; im Einklang mit Art. 6^{quinquies} C PVÜ wurden ferner der Schutzausschluss von Buchstaben- und Zahlenmarken, nicht unterscheidungskräftiger und beschreibender Marken aufgrund von Verkehrsdurchsetzung für überwindbar erklärt. **30**

Durch Art. 2 des sog. Vorabgesetzes vom 4.9.1967 (BGBl. I 953) wurde der **Benutzungszwang** mit fünfjähriger Schonfrist in das WZG eingeführt. Zugleich erfolgte mittelbar die rechtliche Anerkennung von Markenlizenzen: Nach § 5 Abs. 7 S. 2 WZG wurde die mit Zustimmung des Markeninhabers erfolgende Benutzung der Marke durch Dritte als rechtswirksame Benutzung der Marke anerkannt. **31**

Im Jahr 1979 wurde durch das Gesetz über die Eintragung von **Dienstleistungsmarken** vom 29.1.1979 (BGBl. I 125) die Zulässigkeit der Eintragung von Dienstleistungsmarken in die Zeichenrolle anerkannt. **32**

Im Jahr 1990 wurden mit dem Gesetz zur Stärkung des Schutzes des geistigen Eigentums und zur Bekämpfung der **Produktpiraterie** vom 7.3.1990 (BGBl. I 422) die Sanktionen für Verstöße gegen Immaterialgüterrechte horizontal geregelt; ua wurde die Strafandrohung für Verletzungen verschärft und der Anspruch auf Drittauskunft eingeführt. Im WZG führte dies zur Einfügung von §§ 25a–25d WZG sowie zu gewissen Änderungen in § 26 WZG. **33**

4. Das Erstreckungsgesetz

Vor der Wiedervereinigung Deutschlands am 3.10.1990 waren die Bundesrepublik Deutschland und die DDR völkerrechtlich betrachtet zwei selbständige Territorien mit eigenständigen Markengesetzen. Daher konnten – sei es durch (Wieder)Eintragung, Benutzung oder durch Erstreckung einer IR-Marke – eigenständige, jedoch inhaltlich **kollidierende Rechte** entstehen. Im Zusammenhang mit der Wiedervereinigung musste das Verhältnis dieser Rechte zueinander geklärt werden. Die einschlägigen Regelungen finden sich im Einigungsvertrag vom 23.9.1990 (GRUR 1990, 748) sowie im ErstrG (GRUR 1992, 749). **34**

Im **Einigungsvertrag** wurde bestimmt, dass die vor der Wiedervereinigung durch Anmeldung und Eintragung erworbenen Rechte grundsätzlich für das bisherige Schutzrechtsterritorium aufrechterhalten blieben (Teil III Sachgebiet E § 3 Abs. 1 der besonderen Bestimmungen zum Einigungsvertrag). Benutzungshandlungen, die nach dem 1.7.1990 vorgenommen wurden und die ein auf dem jeweils anderen Schutzrechtsterritorium bestehendes Recht verletzen würden, konnten keinen redlich erworbenen Besitzstand begründen (§ 5 der besonderen Bestimmungen zum Einigungsvertrag). Weitere Regelungen blieben einem vom gesamtdeutschen Gesetzgeber zu erlassenden Gesetz vorbehalten (§ 13 der besonderen Bestimmungen zum Einigungsvertrag). **35**

Die im Einigungsvertrag in Aussicht gestellten Regelungen wurden im ErstrG getroffen, das am 1.2.1992 in Kraft trat (zu Einzelheiten v. Mühlendahl/Mühlens GRUR 1992, 725 ff.). Für eingetragene Rechte, einschließlich von Marken, bestimmt das ErstrG, dass die auf dem Gebiet eines der beiden Schutzrechtsterritorien bestehenden Rechte grundsätzlich auf das **36**

Einl. MarkenR

jeweils andere Schutzrechtsterritorium **erstreckt** werden (§§ 1, 4 ErstrG). Im Fall von Kollisionen konnte die Benutzung von Marken, die vor dem 1.7.1990 angemeldet wurden, nur mit Zustimmung des Inhabers des kollidierenden Rechts auf dem Gebiet des jeweils anderen Teils Deutschlands erfolgen, es sei denn, dass die Anerkennung eines Ausschlussrechts unter Berücksichtigung der Umstände des Falls und der beiderseitigen Interessen einschließlich der Interessen der Allgemeinheit zu einem insgesamt unbilligen Ergebnis führen würde („Unbilligkeitsklausel", § 30 Abs. 1, Abs. 2 Nr. 3 ErstrG).

36.1 Obwohl bewusst darauf verzichtet wurde, die Klausel durch Anwendungsbeispiele zu erläutern, lässt sich aus den Materialien erschließen, dass etwa an den Fall gedacht wurde, dass eine in der DDR seit langen Jahren (zulässigerweise) nicht benutzte Marke einer „aktiven" Marke aus der BRD entgegengehalten wird (zu diesem Fall und weiteren Beispielen v. Mühlendahl/Mühlens GRUR 1992, 725 (743 f.).

37 Im Gegensatz zu angemeldeten und eingetragenen Marken werden die durch Benutzung entstandenen Rechte im ErstrG nicht ausdrücklich erwähnt. Soweit entweder durch Erstbenutzung (Unternehmenskennzeichen, Werktitel) oder durch Verkehrsgeltung Rechte im gesamten Territorium des jeweiligen Teilstaates erworben worden waren, wurden diese ebenfalls erstreckt. Bei örtlich begrenzter Geschäftstätigkeit bzw. Verkehrsgeltung fand dagegen keine Erstreckung statt. Bei Kollisionen zwischen einer eingetragenen Marke und einem kraft Benutzung entstandenen Recht gelten nach § 31 ErstrG die Regelungen des § 30 ErstrG entsprechend. Bei Kollision zweier durch Benutzung entstandener Rechte findet das ErstrG grundsätzlich keine Anwendung. Die Lösung des Konflikts erfolgt aber auch nicht nach Maßgabe der Priorität; es finden vielmehr die Grundsätze der „Rechts der Gleichnamigen" Anwendung (BGH GRUR 1995, 754 – Altenburger Spielkartenfabrik).

38 Besondere Regelungen wurden ferner für geographische Herkunftsangaben getroffen. Nach dem in der DDR geltenden Warenkennzeichengesetz vom 30.11.1984 konnten Herkunftsangaben in ein besonderes Register eingetragen werden, was zu einem markenrechtsähnlichen Schutz führte. Um den auf diese Weise erlangten Besitzstand zu wahren, sah das ErstrG die Möglichkeit der Umwandlung in ein Verbandszeichen gemäß § 17 WZG vor, soweit sich die Angabe nicht zur Gattungsbezeichnung entwickelt hatte (§ 37 ErstrG). Soweit die Angabe vor dem 1.7.1990 im früheren Bundesgebiet rechtmäßig als Gattungsbezeichnung benutzt wurde, durfte die Bezeichnung für eine Übergangsfrist von zwei (bei „Traditionsbezeichnungen": zehn) Jahren weiter benutzt werden (§ 38 ErstrG). (Als bekanntesten Beispielsfall s. die Entscheidungen zur Bezeichnung „Dresdner Stollen" (BGH GRUR 1989, 440 f.; GRUR 1990, 461; LG Leipzig GRUR 1994, 379)).

39 Um die einvernehmliche Lösung von Konfliktfällen zu erleichtern, wurde beim DPMA eine **Einigungsstelle** eingerichtet, an die sich die Inhaber kollidierender Rechte wenden konnten. Dabei handelte es sich um ein Schlichtungsverfahren auf freiwilliger Basis, das allerdings praktisch niemals in Anspruch genommen wurde. Eine weitere, für die Praxis wohl ungleich wichtigere Maßnahme bestand darin, dass der bis zum 30.4.1992 geltende „Bindungsgrundsatz", der die Übertragung von Marken ohne den dazu gehörigen Geschäftsbetrieb untersagte, mit dem ErstrG aufgegeben wurde, um somit die **Zusammenführung von Markenrechten** im Wege der Veräußerung zu ermöglichen.

II. Europäisches Markenrecht

1. Hintergrund

40 Markenrechte unterliegen ebenso wie andere Immaterialgüterrechte dem **Territorialitätsgrundsatz:** Sie entfalten nur innerhalb des Territoriums rechtliche Wirkung, in dem und für das der Schutz erworben wurde. Die daraus folgenden Konsequenzen wirken sich prinzipiell nachteilig auf den grenzüberschreitenden Warenverkehr aus, da und soweit die Einfuhr von Waren unter Berufung auf die im jeweiligen Importland geschützten Schutzrechte verboten werden kann.

41 Mit dem Abschluss der Römischen Verträge (EWG und EURATOM) im Jahre 1958 verbanden sich die sechs Kernstaaten der heutigen EU (Deutschland, Frankreich, Italien, Belgien, Luxemburg und die Niederlande) zu einer auf die Errichtung eines **gemeinsamen Wirtschaftsraumes** ausgerichteten Gemeinschaft, zu deren Grundprinzipien ua die Warenverkehrsfreiheit zählte (Art. 30 EWG-V). Durch die territoriale Aufspaltung der Immaterialgüterrechte in separate Schutzrechtsgebiete wurde dieses Grundprinzip konterkariert; hinzukam, dass durch die Trennung der Rechtssysteme in materieller und prozessualer Hinsicht der Erwerb und die Ausübung von Schutzrechten erheblich erschwert wird. Von Seiten der Kommission wurde daher bereits frühzeitig das Konzept einer materiellen Harmonisierung samt der Schaffung gemeinschaftsweiter Schutzrechte oder zumindest eines einheitlichen Erteilungsverfahrens ventiliert (von der Groeben GRUR Ausl. 1959, 629).

Im Bereich des Patentrechts führten diese Überlegungen zunächst zum Abschluss des Straßburger Übereinkommens zur Vereinheitlichung von Begriffen des materiellen Patentrechts (1963) und sodann zur Errichtung des Europäischen Patentsystems (EPÜ 1975, in Kraft seit 1979, seit 2005 in Kraft in der Fassung von 2000), während die Verwirklichung des bereits seinerzeit avisierten Gemeinschaftspatents scheiterte und erst in jüngster Zeit in der Form des Einheitspatents zu einem – aufgrund der britischen Entscheidung, die EU zu verlassen, nach wie vor prekären – Erfolg geführt hat. **41.1**

2. EuGH-Rechtsprechung vor der Harmonisierung

a) Grundsätze; regionale Erschöpfung. In einer Reihe von frühen Entscheidungen **42** hatte sich der ua für die Überwachung und Durchsetzung der vier Grundfreiheiten – freier Waren-, Dienstleistungs- und Kapitalverkehr sowie Freizügigkeit von Personen – zuständige EuGH mit der Frage zu befassen, ob und auf welcher Rechtsgrundlage die Möglichkeiten der Inhaber von Immaterialgüterrechten eingeschränkt werden konnten, sich dem **Import** von Waren aus anderen Gemeinschaftsländern zu widersetzen, soweit das Inverkehrsetzen innerhalb der Gemeinschaft durch den Rechtsinhaber selbst oder mit seiner Zustimmung erfolgt war. Dabei bezog sich der Gerichtshof zunächst auf die wettbewerbsrechtlichen Vorschriften des EWG-V (Art. 85 und 86 EWG-V). Dieser Weg erwies sich jedoch nur im Ausnahmefall einer auf die Verhinderung von Importen zielenden Vereinbarung als gangbar; dort konnte Art. 85 EWG-V zur Anwendung gebracht werden (EuGH verb. Rs. C-56/64 – C-58/64, GRUR Ausl. 1966, 580 – Grundig). Soweit hingegen der Missbrauchsvorwurf nach Art. 86 EWG-V in Frage stand, führte der wettbewerbsrechtliche Ansatz zu keinen brauchbaren Ergebnissen (EuGH C-24/67, GRUR Int 1968, 99 – Parke Davis; C-40/70, GRUR Int 1971, 279 – Sirena).

In der Entscheidung „Deutsche Grammophon" (EuGH C-78/70, GRUR Int 1971, 450 – **43** Polydor) wurde schließlich das noch heutige gültige Konzept entwickelt, das auf dem Grundsatz/Ausnahmeprinzip von Art. 30 und 36 EWG-V (heute: Art. 34 und 36 AEUV) basiert: Die in der Geltendmachung von Immaterialgüterrechten liegende Beeinträchtigung der Warenverkehrsfreiheit ist nur insoweit gerechtfertigt, als dies zum Schutz des **spezifischen Gegenstandes** des Schutzrechts notwendig und gerechtfertigt ist. Der Anspruch, den Import eines konkreten Handelsguts, das vom Rechtsinhaber oder mit seiner Zustimmung im Hoheitsgebiet eines anderen Mitgliedstaats in Verkehr gebracht worden ist, allein deshalb zu verbieten, weil dieses Inverkehrbringen nicht im Inland erfolgt ist, ist vom spezifischen Gegenstand des Rechts nicht gedeckt. Im Ergebnis führt dies dazu, dass sich das Recht, den Vertrieb immaterialgüterrechtlich geschützter Erzeugnisse zu verbieten, mit dem ersten, vom Inhaber selbst oder mit seiner Zustimmung vorgenommenen Inverkehrbringen innerhalb der gesamten Gemeinschaft **erschöpft** (Grundsatz der regionalen Erschöpfung).

b) Rechtsprechung zum Markenrecht. In seiner frühen Rechtsprechung nahm der **44** EuGH zunächst eine relativ **kritische Haltung** zum Markenrecht ein.

Oft zitiert werden in diesem Zusammenhang die Äußerungen von Generalanwalt Dutheillet de **44.1** Lamothe aus dem Verfahren C-40/70 (GRUR Int 1971, 279 – Sirena): In einem Vergleich zwischen dem Patentrecht und dem Markenrecht stellt er zunächst fest, dass Marken dem Verbraucher ursprünglich die einheitliche Qualität von Erzeugnissen garantieren sollten, die Entwicklung jetzt aber immer stärker dazu tendiere, dass „das Zeichen nur noch Anknüpfungspunkt für die Werbung ist", und er fährt fort: „Rein menschlich gesehen, schuldet sicherlich die Allgemeinheit dem ‚Erfinder' des Wortzeichens Prep Good Morning zumindest nicht den gleichen Dank, zu dem die Menschheit dem Erfinder des Penicillins verpflichtet ist."

So wurde in der Entscheidung „HAG I" (EuGH C-192/73, GRUR Int 1974, 338) der **45** Grundsatz aufgestellt, dass sich der Inhaber einer Marke der Einfuhr von übereinstimmend markierten Produkten eines anderen Rechtsinhabers nicht widersetzen kann, wenn es sich um **„ursprungsgleiche" Marken,** dh ursprünglich demselben Eigentümer gehörende, später jedoch durch Enteignung aufgespaltene Rechte, handelt. Besonders alarmierend war dabei, dass der Gerichtshof seine Entscheidung ua mit dem Satz begründete, dass in einem gemeinsamen Markt die Angabe der Herkunft einer Ware zwar nützlich sei, die entsprechende Aufklärung der Verbraucher aber auch auf andere, den freien Warenverkehr nicht beeinträchtigende Weise sichergestellt werden könne (EuGH C-192/73, GRUR Int 1974, 338 f. – HAG I).

46 Befürchtungen, dass dies zu einer völligen Erosion von Markenrechten zugunsten der Warenverkehrsfreiheit führen würde, wurden jedoch bereits durch die nachfolgende Entscheidung „Terranova/Terrapin" (C-119/75, GRUR Int 1976, 402) zerstreut, die die in „HAG I" aufgestellten Grundsätze eindeutig auf den Ausnahmefall ursprungsgleicher Marken beschränkte. Mit der Entscheidung „HAG II" (C-10/89, GRUR Int 1990, 960) distanzierte sich der EuGH schließlich auch klar von der ersten „HAG"-Entscheidung und erkannte an, dass auch in Fällen ursprungsgleicher Marken jeder Rechtsinhaber das Recht hat, die Einfuhr der von dem anderen Rechtsinhaber stammenden Waren zu verhindern, soweit Verwechslungsgefahr besteht (C-10/89, GRUR Int 1990, 960 Rn. 18). Noch deutlicher wird die Abkehr von den anfänglichen Ansätzen des EuGH in „Ideal Standard" (C-9/93, GRUR Int 1994, 614), wo der Gerichtshof die **spezifische Funktion** des Markenrechts in der Weise definiert, dass für den Markeninhaber die Möglichkeit gewährleistet sein muss, die **Kontrolle** über die Qualität der unter der Marke in Verkehr gesetzten Produkte auszuüben – unabhängig davon, ob diese Kontrolle im Einzelfall durchgeführt wird oder nicht (C-9/93, GRUR Int 1994, 614 Rn. 37 f.).

3. Schritte zur Rechtsvereinheitlichung

47 Zeitgleich mit anfänglichen Äußerungen aus Kommissionskreisen zur Europäisierung geistiger Schutzrechte (von der Groeben GRUR Ausl. 1959, 629) wurden auch in Deutschland erste Überlegungen zur Schaffung eines **europaweit vereinheitlichten Markenrechts** angestellt. Nachdem erstmals in einem Aufsatz der Vorschlag zur Schaffung einer EWG-Marke unterbreitet worden war (Röttgen GRUR Ausl. 1959, 329) wurden auf der Grundlage dieses Textes im GRUR-Fachausschuss für Warenzeichen- und Wettbewerbsrecht „Grundsätze zur Schaffung einer EWG-Marke" ausgearbeitet (GRUR Ausl. 1960, 359), die noch aus heutiger Sicht erstaunlich modern anmuten.

47.1 Das Modell wies folgende Grundzüge auf:
- einheitliches Recht, das aus einer einheitlichen Anmeldung bei einem zentralen Amt erwächst;
- Koexistenz mit nationalen Rechten (wobei die Frage, bei welchem Recht künftig das Schwergewicht liegen würde, der „Entwicklung überlassen" bleiben sollte);
- keine Eintragung, falls ältere Rechte aus nur einem Staat entgegenstehen;
- (relative) Unanfechtbarkeit der Marke, wenn Inhaber älterer Recht trotz Benachrichtigung binnen kurzer Frist keinen Widerspruch erhoben haben (→ Rn. 50);
- Benutzungszwang mit fünfjähriger Schonfrist;
- freie Übertragbarkeit des Markenrechts;
- Durchsetzung vor den nationalen Gerichten, die (in gewissem Umfang) auch über die Rechtsgültigkeit entscheiden.

48 Diese und weitere Überlegungen wurden von der „Arbeitsgruppe Marken" aufgegriffen, die unter der Leitung des Präsidenten des niederländischen Patentamtes, de Haan, 1960/61 eingesetzt wurde. 1964 wurde von dieser Arbeitsgruppe der „Vorentwurf für ein Übereinkommen über ein europäisches Markenrecht" vorgelegt, das zunächst jedoch nicht an die Öffentlichkeit gelangte, sondern erst 1973 veröffentlicht wurde (Vorentwurf eines Übereinkommens über ein europäisches Markenrecht, Kommission der Europäischen Gemeinschaft, 1973). Erst zu diesem Zeitpunkt, nach dem erfolgreichen Abschluss des EPÜ, wurden die Arbeiten am europäischen Markenrecht in einer aus Beamten der Kommission (I. Schwartz und B. Schwab) sowie aus Vertretern der Praxis (J. Burell und A. Thrierr) und der Wissenschaft (F.-K. Beier und A. v. Mühlendahl) bestehenden Arbeitsgruppe wieder aufgenommen und führten 1976 zur Veröffentlichung der **Denkschrift über die Schaffung einer EWG-Marke** (Beilage 8/76, Bulletin der EG = GRUR Int 1976, 481). Die Denkschrift bildete

die Grundlage für die weiteren Arbeiten, die schließlich zur Verabschiedung der GMV und der Harmonisierungsrichtlinie (RL 89/104/EWG) führten.

4. Die UMV (früher: GMV)

a) Rechtsform. Zu Beginn der Arbeiten konzentrierten sich die politischen und rechtlichen Bemühungen auf die Unionsebene, da die Schaffung eines einheitlichen, unionsweiten Rechts, das durch die Einreichung einer einzigen Anmeldung bei einem einzigen Amt erworben werden konnte, das vordringliche Anliegen der Wirtschaft bildete. Hinsichtlich der Rechtsform war zunächst an ein völkerrechtliches Übereinkommen gedacht worden, wie es im Patentrecht dem EPÜ (und dem geplanten, letztlich jedoch gescheiterten GPÜ) zugrunde lag. Auf diesem Konzept beruhte noch der – erst 1973 veröffentlichte – Vorentwurf von 1964. Die weiteren Arbeiten gründeten jedoch bereits auf dem Gedanken, die allgemeine Kompetenzvorschrift von Art. 235 EWG-V als Basis für die Schaffung einer **gemeinschaftsunmittelbaren Verordnung** heranzuziehen. Nach den Erfahrungen, die zuvor mit dem gescheiterten GPÜ gemacht worden waren, mag dies auch den Zweck verfolgt haben, Schwierigkeiten im Rahmen eines dem Abschluss eines völkerrechtlichen Vertrages nachfolgenden Ratifizierungsverfahrens von vornherein auszuschließen. 49

b) Ältere nationale Rechte. Die größte Herausforderung für die Schaffung des Gemeinschaftsmarkensystems lag in der Behandlung älterer nationaler Rechte, zu denen ja nicht allein die eingetragenen Marken, sondern auch kraft Benutzung geschützte Marken und andere im geschäftlichen Verkehr benutzte Kennzeichen zählen. Dabei bestand von Anfang an im Wesentlichen Konsens darüber, dass sämtliche älteren Rechte der Eintragung einer Gemeinschaftsmarke entgegengehalten werden können sollten, und dass für die Gültigkeit dieser Rechte – vorbehaltlich des von der RL 89/104/EWG erfassten Bereichs – das nationale Recht maßgeblich bleiben sollte. Anfänglich wurde jedoch daran gedacht, die Bedenken gegen die Verwundbarkeit einer Angriffen aus mehreren nationalen Rechtsordnungen ausgesetzten Gemeinschaftsmarke dadurch zu verringern, dass die Marke **unanfechtbar** wird, falls die Inhaber älterer Rechte es versäumen, auf die Benachrichtigung von Seiten des Amtes hin innerhalb eines relativ kurz bemessenen Zeitraums tätig zu werden. In solchen Fällen sollte die Löschungsklage nicht mehr zulässig sein; dem Inhaber des älteren Rechts sollte jedoch ein Benutzungsrecht verbleiben. 50

In den Grundsätzen zur Schaffung einer EWG-Marke (GRUR Ausl. 1960, 359) war vorgesehen, dass das zu schaffende EWG-Markenamt vor der Eintragung Recherchen nach älteren Rechten in den eigenen Beständen vornehmen sowie bei den nationalen Ämtern abrufen sollte; die Ergebnisse sollten dem Anmelder mitgeteilt werden. Soweit die Anmeldung daraufhin nicht zurückgezogen wurde, war die Benachrichtigung der Inhaber der älteren Marken vorgesehen; diese konnten innerhalb von drei Monaten nach der Bekanntmachung der Marke Widerspruch gegen die Eintragung einlegen. Soweit davon kein Gebrauch gemacht wurde, sollte die spätere Löschung wegen älterer Rechte auf Ausnahmefälle begrenzt werden, wie bösgläubige Anmeldungen oder Fälle, in denen der Inhaber eines älteren nationalen Rechts keine Kenntnis von der Eintragung erlangt hatte. 50.1

Diese Lösung hätte in uU recht weitem Umfang zur Koexistenz von Gemeinschaftsmarken und älteren nationalen Rechten geführt. Da dies mit dem Grundsatz unvereinbar schien, dass die Verwendung identischer oder ähnlicher Marken im gleichen Markt zu Verwechslungen führt und daher dem Allgemeininteresse widerspricht, wurde dieser Weg abgelehnt und die Option der Koexistenz auf die Fälle beschränkt, in denen das ältere Recht von **lediglich örtlicher Bedeutung** ist (so auch noch heute Art. 107 UMV). 51

Die aus der Ungewissheit über vorbestehende ältere Rechte in einem wachsenden gemeinsamen Markt resultierenden Vorbehalte blieben zunächst bestehen. Nachdem die administrativen Probleme der Markenanmeldung in einer Vielzahl von Ländern durch den Abschluss des PMMA auch in denjenigen Mitgliedsländern erheblich reduziert worden waren, die dem Madrider System der internationalen Markeneintragung lange Zeit ferngestanden hatten (→ Rn. 203), wurden daher Zweifel daran laut, ob das Gemeinschaftsmarkensystem angesichts der damit verbundenen Risiken und seiner im Vergleich zum Madrider System (angeblich) geringen Vorteile genügend Attraktivität aufweisen würde, um sich gegenüber den nationalen Systemen zu behaupten. Bekanntlich haben sich diese Befürchtungen nicht 51.1

nur nicht bewahrheitet, sondern sind sogar in das Gegenteil umgeschlagen: Heute geht es eher um die Befürchtung, dass das Unionsmarkensystem gegenüber den nationalen System einen so erheblichen Attraktivitätsvorsprung besitzt, dass sich letztere zum Teil in ihrer Existenz bedroht fühlen (→ Rn. 108).

52 c) **Sprachen.** Der Text der GMV (jetzt neu gefasst als UMV; → Rn. 72) wurde zeitgleich mit demjenigen der RL 89/104/EWG fertig gestellt. Dass sich das Inkrafttreten um mehrere Jahre **verzögerte,** lag in erster Linie an den Auseinandersetzungen um die Amtssprachen sowie den Sitz des Amtes.

53 In der Sprachenfrage zeigte sich, dass die im EPÜ-System bewährte Drei-Sprachen-Lösung (deutsch, englisch und französisch) aus politischen Gründen nicht durchsetzbar war. Da die von einigen Mitgliedsländern unter Hinweis auf die Gleichberechtigung aller Gemeinschaftssprachen propagierte Allsprachenregelung die Arbeitsfähigkeit des Amtes hätte gefährden können, einigte man sich schließlich auf den in Art. 119 Abs. 2 UMV verankerten Kompromiss der **fünf Amtssprachen** (deutsch, englisch, französisch, italienisch und spanisch), wobei die Anmeldung in jeder Gemeinschaftssprache erfolgen kann und der Anmelder zusätzlich eine der Amtssprachen angeben muss, die im Fall eines zweiseitigen Verfahrens (Widerspruchs-, Verfalls- und Nichtigkeitsverfahren) Anwendung findet, soweit sich die Parteien nicht auf eine andere Sprache einigen. Ferner kann das Amt die zweite Sprache für Mitteilungen an den Anmelder verwenden (Art. 119 Abs. 4 UMV).

53.1 Ungeachtet des nach dem Referendum vom 23.6.2016 bevorstehenden Austritt des Vereinigten Königreichs (bzw. England und Wales) aus der EU („Brexit"; → Rn. 95 ff.) wird sich an dem Sprachenregime nichts ändern; Englisch bleibt eine der Amtssprachen. Art. 119 UMV gilt unabhängig von Veränderungen auf Seiten der EU-Mitglieder, und politische Mehrheiten, die insoweit Änderungen herbeiführen könnten, werden sich vernünftigerweise kaum finden lassen.

54 Die **Vereinbarkeit** dieser Regelung mit dem Gemeinschaftsrecht ist vom EuGH bestätigt worden. Mit der Festlegung der im zweiseitigen Verfahren zu verwendenden Amtssprachen habe der Rat in einer schwierigen Frage angemessene und sachgerechte Lösung gefunden; dies sei legitim (EuGH C-270/95 P, GRUR Int 1996, 943 Rn. 93 f. – Kik). Im Hinblick auf Art. 119 Abs. 4 UMV ist die Verwendung der zweiten Amtssprache allerdings auf solche Mitteilungen zu beschränken, die inhaltlich keine Verfahrenshandlungen darstellen (EuGH C-270/95 P, GRUR Int 1996, 943 Rn. 47 – Kik).

55 d) **Das Amt.** Um den Sitz des zu schaffenden Amtes hatten sich mehrere Länder – darunter Deutschland, England, Frankreich und Spanien beworben. Erst 1993 wurde ein Kompromiss in Form einer Paketlösung gefunden: Während Deutschland den Zuschlag für den Sitz der Europäische Zentralbank erhielt, wurde Spanien zum Sitzland des zentralen Markenamts bestimmt. Unter dem Namen „**Harmonisierungsamt für den Binnenmarkt** (Marken und Geschmacksmuster – HABM [OHIM/OHMI/OAMI]"; jetzt: EUIPO, → Rn. 72) erhielt das Amt seinen Sitz in Alicante; Markenanmeldungen werden dort seit dem 1.1.1996 entgegengenommen.

55.1 Um auszuschließen, dass es erneut zu langwierigen Auseinandersetzungen um den Amtssitz im Zusammenhang mit der zu jener Zeit bereits geplanten Schaffung des Gemeinschaftsgeschmacksmusters kommt, wurde dem EUIPO (unter seiner damaligen Bezeichnung HABM) bereits bei seiner Gründung die Administration der mit dem Designrecht verbundenen Aufgaben anvertraut; daher die Namensgebung. Der Zuständigkeitsbereich des Amtes wurde sukzessive erweitert: Hinzugekommen sind die Betreuung der Datenbank für verwaiste Werke iSd RL 2012/28/EU des Europäischen Parlaments und des Rates vom 25.10.2012 über bestimmte zulässige Formen der Nutzung verwaister Werke sowie die Übernahme der zuvor durch Dienststellen der Kommission wahrgenommenen Aufgaben der Beobachtungsstelle für Immaterialgüterrechtsverletzungen (VO (EU) 386/2012); s. Art. 132b Abs. 1 Buchst. d und Buchst. e UMV. Es ist vorgesehen, dass das Amt künftig weitere Aufgaben übernimmt, wie insbesondere die Eintragung geografischer Herkunftsangaben für andere Produkte als Lebensmittel, Agrarerzeugnisse oder Weine und Spirituosen; die Einführung eines solchen Schutzes ist derzeit in Vorbereitung (s. Grünbuch Bestmögliche Nutzung des traditionellen Wissens Europas: Mögliche Ausdehnung des Schutzes der geografischen Angaben der Europäischen Union auf nichtlandwirtschaftliche Erzeugnisse Text von Bedeutung für den EWR, COM/2014/0469 final).

56 Das EUIPO ist eine **Agentur der Europäischen Union** (Art. 115 UMV); es besitzt jedoch weitgehend rechtliche, verwaltungstechnische und finanzielle Autonomie. Die Leitung des Amtes und seine Vertretung nach außen obliegen dem Exekutivdirektor, der vom Ministerrat für jeweils (bis zu) fünf Jahren ernannt wird (Art. 129 UMV). Der Ministerrat entscheidet auch über die Ernennung des bzw. der Vizepräsidenten, des Präsidenten (oder der Präsidentin) der Beschwerdekammern sowie der Vorsitzenden der einzelnen Beschwerdekammern (Art. 136 Abs. 1 iVm Art. 129 UMV). Wichtige Kontrollfunktionen werden vom Verwaltungsrat (Art. 124 UMV) sowie vom Haushaltsausschuss wahrgenommen (Art 138 ff. UMV). Verwaltungsrat und Haushaltsausschuss bestehen jeweils aus Vertretern der EU-Mitgliedstaaten sowie zwei Vertretern der Europäischen Kommission und einem Vertreter des Europäischen Parlaments sowie deren Stellvertreter (Art. 125 UMV; Art. 138 Abs. 2 iVm Art. 125 UMV).

5. Die Richtlinie

Zu Beginn der Arbeiten zur Schaffung eines europäischen Markensystems war noch unklar, ob es auch zu einer Harmonisierung der nationalen Rechte kommen würde. Vorstellbar war – jedenfalls zunächst – auch das im Patentrecht durch das GPÜ repräsentierte Modell, das allein zu einer Vereinheitlichung auf Gemeinschaftsebene geführt und die nationalen Rechte unberührt gelassen hätte. In der Tat konnte nach den im Patentrecht gewonnenen Erfahrungen davon ausgegangen werden, dass eine solche Regelung auf Gemeinschaftsebene ohnehin **harmonisierende Wirkung** entfalten würde (sog. kalte Harmonisierung): In zahlreichen Mitgliedsländern der EWG hatte der Abschluss des (später wegen nicht ausreichender Ratifizierung gescheiterten) GPÜ dazu geführt, dass die nationalen Patentgesetze an die im GPÜ enthaltenen Regelungen angepasst wurden, ohne dass eine entsprechende Verpflichtung bestand. 57

Dieser Weg wurde im Markenrecht jedoch nicht beschritten, zumal sich mit Art. 100 EWG-V eine geeignete Rechtsgrundlage für die Harmonisierung anbot. Von der Veröffentlichung des ersten Vorschlags im Jahre 1980 (Bulletin der EG, Beilage 5/1980 = GRUR Int 1981, 30) dauerte es acht Jahre bis zur Verabschiedung am 21.12.1988. Der Gegenstand der Regelung wurde durch Art. 100 EWG-V auf die für das **Funktionieren des Binnenmarktes** notwendigen Fragen beschränkt. Nicht einbezogen wurden daher ua der Schutz nicht eingetragener Marken und anderer im geschäftlichen Verkehr benutzter Kennzeichen (abgesehen von ihrer Geltendmachung als ältere Rechte); ungeregelt blieben ferner Sanktionen und Verfahren. Als Ausdruck der inhaltlichen Beschränkung der Regelungen auf die praktisch vordringlichen Fragen, und zugleich als Hinweis darauf, dass weitere Harmonisierungsschritte keineswegs ausgeschlossen werden sollten, erhielt die Richtlinie in ihrer ursprünglichen Fassung (RL 89/104/EWG) den Titel „Erste Richtlinie des Rates zur Angleichung der Rechtsvorschriften der Mitgliedstaaten über die Marken". 58

6. Umsetzung der RL 89/104/EWG

a) Deutschland. In Art. 16 RL 89/104/EWG war zunächst eine Umsetzungsfrist von zwei Jahren (bis zum 31.12.1991) vorgesehen, die jedoch später auf den 31.12.1992 verschoben wurde (s. auch Art. 16 Abs. 2 RL 89/104/EWG). In Deutschland dauerte es sogar insgesamt sechs Jahre, bis die Umsetzung mit dem Inkrafttreten des **MarkenG** am 1.1.1995 vollzogen wurde. 59

Ursächlich für die Verzögerung war nicht zuletzt der Umstand, dass mit der Wiedervereinigung Deutschlands am 3.10.1990 die Gesetzgebung zunächst die Folgen zu regeln hatte, die sich aus der Zusammenführung der Rechtssysteme und damit der in den beiden Teilen Deutschlands geschützten Immaterialgüterrechte ergaben. Durch das 1992 zu diesem Zweck erlassene ErstrG (→ Rn. 34 ff.) wurde bereits ein Element der Umsetzung vorweggenommen: Um die Zusammenführung von Marken zu erleichtern, die in den jeweiligen Teilen Deutschlands bestanden hatten – was insbesondere dann als sinnvoll erschien, wenn diese, wie nicht selten in der früheren DDR, mit den in der BRD geschützten Marken ursprungsgleich waren – wurde mit dem ErstrG die **Übertragung von Marken** ohne zugehörigen Betrieb bzw. Betriebsteil ermöglicht, die zuvor nach § 8 WZG ausgeschlossen gewesen war. Obwohl die freie Übertragbarkeit von Marken kein zwingendes Element der MRL darstellte, entsprach es der praktisch einhelligen Auffassung der beteiligten Kreise, dass spätestens mit 60

Einl. MarkenR Einleitung

der Umsetzung der ohnehin für obsolet gehaltene Bindungsgrundsatz aufgegeben werden sollte (Kunz-Hallstein GRUR 1993, 439).

61   Ein weiterer Grund für die Verzögerungen bei der Umsetzung lag darin, dass sich der deutsche Gesetzgeber nicht mit kleineren Korrekturen begnügen konnte und wollte. Angesichts des beträchtlichen Alters des WZG (→ Rn. 27) ging es um eine **komplette Neufassung** des Gesetzes, die diesem eine neue Struktur gab und viele der im WZG nicht oder unzureichend geregelten Fragen umfasste. So wurden insbesondere auch die zuvor nur im UWG 1909 genannten Unternehmenskennzeichen und Werktitel sowie auch geographische Herkunftsangaben in die Regelung einbezogen (Amtl. Begr. III 2, 3). Ferner wurde das gesamte markenrechtliche Verfahren im MarkenG geregelt, während das WZG, soweit möglich, auf das PatG verwiesen hatte (Amtl. Begr. III 10).

62   **b) Umsetzung in anderen Mitgliedstaaten (Überblick).** In den meisten Ländern, die der EWG zum Zeitpunkt des Inkrafttretens der RL 89/104/EWG angehörten, ging die Umsetzung ohne größere Verzögerung von statten. In Österreich, Finnland und Schweden, die der Gemeinschaft zum 1.1.1995 beitraten, war sie pünktlich vor dem vor dem Beitrittsdatum vollzogen worden. Deutschland bildete jedoch nicht das „Schlusslicht" der Harmonisierungsbestrebungen: Endgültig **abgeschlossen** wurde dieser Prozess erst am 1.7.1996, als das neue irische Markengesetz in Kraft trat.

62.1   Der **Umfang der Änderungen** in den Mitgliedstaaten war sehr unterschiedlich. Nur wenige nahmen jedoch eine ähnlich gründliche Neufassung ihrer Gesetze wie in Deutschland vor; in anderen blieben die Änderungen auf ein Mindestmaß beschränkt. Neben dem unterschiedlichen Ausmaß der Harmonisierung trugen auch die unterschiedliche Umsetzung optionaler Bestimmungen der MRL sowie der Umstand, dass wichtige Aspekte des Kennzeichenrechts nicht in die Harmonisierung einbezogen worden waren, dazu bei, dass auch nach der Harmonisierung – und trotz des unbestreitbaren Fortschritts an Rechtsvereinheitlichung, der dadurch bewirkt wurde – deutliche Unterschiede innerhalb der Gemeinschaft bestanden (Überblick bei Kur GRUR 1997, 241; zur Umsetzung in einzelnen Ländern s. Casado Cerviño GRUR Int 1992, 107 zu Spanien; A. Meyer GRUR Int 1996, 592 zu Frankreich; Kur GRUR Int 1991, 785 zu Dänemark; L. Ubertazzi GRUR Int 1992, 101 zu Italien; Verkade GRUR Int 1992, 92 zu Benelux).

63   Ferner erwies sich bei der praktischen Anwendung der Vorschriften, dass auch dort, wo eine vollständige Regelung getroffen wurde, dies nicht immer zu einer eindeutigen Klärung der zugrunde liegenden Rechtsfragen geführt hatte. Schon bald ergab sich daher die Notwendigkeit, im Verfahren der Vorabentscheidung beim EuGH um entsprechende Weisungen nachzusuchen. Die Anzahl der entsprechenden Verfahren war seit Ende der 1990er Jahre unerwartet hoch und stieg noch weiter an, als auch die Entscheidungen des EUIPO und seiner Beschwerdekammern das EuG und darüber hinaus zum Teil auch den EuGH erreichten. Erst im Laufe der Zeit konnte sich dadurch ein **konsolidierter Grundbestand** an rechtlichem Verständnis bilden.

7. Reform des Europäischen Markenrechts

64   **a) Anlass und Ziele der Novellierung.** Im Jahr 2008 wurde die RL 89/104/EWG in **kodifizierter Form** als RL 2008/95/EG des Europäischen Parlaments und des Rates vom 22.10.2008 zur Angleichung der Rechtsvorschriften der Mitgliedstaaten über die Marken (ABl. EU L 299, 25) erlassen; seit 2009 gilt auch die UMV in kodifizierter Form (VO (EG) Nr. 207/2009 des Rates vom 26.2.2009 über die Gemeinschaftsmarke, ABl. EU L 78, 1). Dass die RL 2008/95/EG nicht mehr als „Erste" Richtlinie bezeichnet wird, schien darauf hinzudeuten, dass die Notwendigkeit weiterer Harmonisierungsschritte nicht mehr zwingend vorausgesetzt wurde. Dass eine weitergehende Harmonisierung jedoch keineswegs ausgeschlossen werden sollte, hat sich im Zusammenhang mit den Arbeiten zur **Reform des europäischen Markensystems** erwiesen, die sowohl die UMV wie auch die RL (EU) 2015/2436 betreffen.

65   Den Anlass bildete zum einen die Anpassung des Systems an die gewandelten administrativen und technischen Rahmenbedingungen des Schutzerwerbs und der damit zusammenhängenden Verfahren; zum anderen geht es um eine Neuorientierung im Verhältnis von nationalen Markensystemen und dem Unionsmarkensystem, die ua zu einer gezielten Förderung

Einleitung   Einl. MarkenR

von Gemeinschaftsaufgaben durch die jährlich vom Amt erzielten Einnahmen führt. Vorgenommen werden ferner eine Reihe von Änderungen bzw. Klarstellungen im Bereich des materiellen Rechts.

Ein wesentlicher Anlass für die Inangriffnahme der Novellierung war die Diskrepanz zwischen **65.1** Gebührenaufkommen und Kosten des EUIPO. Die Höhe der Gebühren war mit dem Ziel festgesetzt worden, dem Amt kostendeckendes Arbeiten zu ermöglichen (Art. 144 Abs. 2 UMV). Die dabei zugrunde gelegten Schätzungen der zu erwartenden Anmeldezahlen erwiesen sich jedoch als zu zurückhaltend; trotz erheblicher Kosten zumal in der Aufbauphase hat das EUIPO jährlich deutliche Überschüsse erwirtschaftet. Die Gebühren wurden daher in zwei Stufen gesenkt. Gegen weitere Gebührensenkungen wurden jedoch insoweit Bedenken erhoben, als sie das Attraktivitätsgefälle zwischen den Markensystemen zu Lasten der nationalen Systeme weiter verschärfen würden; sie galten daher aus politischen Gründen als unerwünscht. Die Mitgliedstaaten einigten sich daher im September 2008 darauf, die nationalen Systeme durch zweckgebundene Zuweisung an einem Teil der jährlich erwirtschafteten Überschüsse zu beteiligen. Im gleichen Zusammenhang wurde die Europäische Kommission beauftragt, eine umfassende Studie zum Funktionieren des Markensystems in Europa durchzuführen. In Erfüllung dieses Auftrages wurde vom Max-Planck-Institut für Immaterialgüter- und Wettbewerbsrecht eine entsprechende Studie vorgelegt (Study on the Overall Functioning of the European Trade Mark System, http://www.ip.mpg.de/files/pdf2/mpi_final_report_with_synopsis.pdf); s. dazu Knaak/Kur/v. Mühlendahl GRUR Int 2012, 197.

b) Die Markenreform im Überblick. Am 27.3.2013 wurden die Vorschläge der Kom- **66** mission für eine Änderung der UMV und eine Neufassung der Richtlinie veröffentlicht (KOM(2013) 161 endg.; KOM(2013) 162 endg.). Nach längeren Verhandlungen wurden im Mai 2015 **Kompromissvorschläge** zwischen der Kommission und Vertretern des Rates und des Europäischen Parlaments ausgehandelt. Die Vorschläge wurden am 14.12.2015 vom Europäischen Parlament in zweiter Lesung angenommen und am 23. bzw. 24.12.2015 im Amtsblatt veröffentlicht (RL (EU) 2015/2436 des Europäischen Parlaments und des Rates vom 16.12.2015 zur Angleichung der Rechtsvorschriften der Mitgliedstaaten über die Marken, ABl. L 336, 1; VO (EU) 2015/2424 des Europäischen Parlaments und des Rates vom 16.12.2015 zur Änderung der VO (EG) Nr. 207/2009 des Rates über die Gemeinschaftsmarke und der VO (EG) Nr. 2868/95 der Kommission zur Durchführung der VO (EG) Nr. 40/94 des Rates über die Gemeinschaftsmarke und zur Aufhebung der VO (EG) Nr. 2869/95 der Kommission über die an das Harmonisierungsamt für den Binnenmarkt (Marken, Muster und Modelle) zu entrichtenden Gebühren, ABl. L 341, 21).

Die Änderungen der UMV sind am 23.3.2016 in Kraft getreten. Im Hinblick auf eine **67** Reihe von Einzelheiten, bei denen die Implementierung der Neuregelung einer Änderung der DurchführungsVO (bzw. delegierter Rechtsakte, → Rn. 71) bedarf, schließt sich an diesen Zeitraum noch eine weitere Frist an; die betreffenden Vorschriften sind erst ab dem 1.10.2017 anwendbar; Art. 4 VO (EU) 2015/2424. Im Fall der MRL wird eine Umsetzungsfrist bis zum 14.1.2019 gewährt; für die Schaffung administrativer Löschungsverfahren besteht eine Übergangsfrist bis zum 14.1.2023 (Art. 54 Abs. 1 RL (EU) 2015/2436).

Die zahlreichen Änderungen werden im Folgenden nicht in allen Details dargestellt. **68** Soweit dies sinnvoll bzw. erforderlich ist, finden sich Ausführungen zu den Gesetzesänderungen in der Kommentierung der jeweils betroffenen Regelungen von MarkenG und UMV.

Insgesamt ist festzustellen, dass der **Gleichlauf von UMV und MRL** verstärkt wird. Dies **69** gilt sowohl in materieller Hinsicht als auch – vor allem – im Bereich des Verfahrensrechts: Während letzteres bisher von der Rechtsangleichung weitgehend ausgenommen war, sollen künftig die Verfahren in den Mitgliedstaaten in wesentlichen Aspekten in Übereinstimmung mit dem Gemeinschaftsrecht geregelt werden (Art. 37 ff. RL (EU) 2015/2436). In materieller Hinsicht wird der bisherige Stand der Harmonisierung auf die Vorschriften über die Marke als Gegenstand des Vermögens (Art. 22 ff. RL (EU) 2015/2436) sowie im Hinblick auf den Schutz von Gütezeichen und Kollektivmarken ausgedehnt (Art. 27 ff. RL (EU) 2015/2436).

Sowohl in der UMV als auch in der MRL werden Regelungen verankert, die der **Koope-** **70** **ration** zwischen den Ämtern eine feste gesetzliche Basis verleihen und die die Konsistenz der Rechtsordnungen auf nationaler und Gemeinschaftsebene verstärken (Art. 51 f. RL (EU) 2015/2436; Art. 123c UMV).

Einl. MarkenR

71 In Art. 290 AEUV ist die Möglichkeit vorgesehen, der Kommission in Gesetzesakten die Befugnis zum Erlass von Rechtsakten mit genereller Wirkung, aber ohne gesetzlichen Charakter, im Hinblick auf Fragen zu erteilen, die nicht die wesentlichen Aspekte des jeweiligen Bereichs betreffen. In Umsetzung dieser Kompetenzvorschrift werden der Kommission zahlreiche solcher **Befugnisse** im Hinblick auf die Regelung von Struktur und Ablauf der Verfahren innerhalb des EUIPO erteilt (s. Art. 136b UMV). Die Rechtssetzung erfolgt im Einklang mit dem in Art. 163a UMV vorgesehenen Verfahren.

72 Die Änderungen auf Unionsebene machen den Abschied von gewohnten Bezeichnungen erforderlich: Das EUIPO trägt seit dem 23.3.2016 den Titel „Amt der Europäischen Union für geistiges Eigentum"; als Kurzbezeichnung wird das Akronym der englischen Bezeichnung „European Union Intellectual Property Office", **EUIPO,** verwendet. An die Stelle der Gemeinschaftsmarke ist die „Unionsmarke" getreten; die Kurzbezeichnung der Verordnung lauter dementsprechend **UMV.**

73 **c) Verfahrensrecht.** Durch die Neufassung der MRL werden erhebliche Teile des Verfahrens vor den nationalen Ämtern einheitlich und **in Übereinstimmung mit der UMV** geregelt. Dies betrifft ua die Erfordernisse der Anmeldung (Art. 37 RL (EU) 2015/2436), Bestimmung des Anmeldetages (Art. 38 RL (EU) 2015/2436), Bezeichnung und Klassifizierung der Waren und Dienstleistungen (Art. 39 RL (EU) 2015/2436), Bemerkungen Dritter (Art. 40 RL (EU) 2015/2436), Teilung von Anmeldungen und Eintragungen (Art. 41 RL (EU) 2015/2436), Schutzdauer und Verlängerung der Markeneintragung (Art. 48, 49 RL (EU) 2015/2436).

74 Für das Unionsrecht ist ferner vorgesehen, dass lediglich **eine Waren- oder Dienstleistungsklasse** durch die Basisgebühr für die Anmeldung bzw. Eintragung einer Marke abgedeckt wird (Art. 26 Abs. 2 UMV); dies gilt auch für die Verlängerungsgebühren. Die MRL enthält die gleiche Regelung in optionaler Form (Art. 42 RL (EU) 2015/2436).

74.1 Laut Annex zur UMV beträgt die Basisgebühr für die Anmeldung einer Gemeinschaftsmarke in einer Klasse 1000 Euro (bei elektronischer Anmeldung: 850 Euro). Für die zweite Klasse sind 50 Euro, ab der 3. Klasse 150 Euro zu zahlen. Die gleichen Beträge gelten für die Verlängerungsgebühren.

74.2 Die Kommissionsvorschläge hatten vorgesehen, bei Anmeldung von Unionsmarken die Nachfrist für die Einzahlung der Basisgebühr zu streichen, so dass für die Zuerkennung des Anmeldetages der Nachweis erforderlich gewesen wäre, dass die Zahlung bei Einreichung der Anmeldung erfolgt ist oder spätestens zu diesem Datum angewiesen wurde. Diese Änderung stieß jedoch auf Widerstand; in dem letztlich angenommenen Text bleibt es bei der Nachfrist von einem Monat (Art. 27 UMV).

75 Detaillierte Vorschriften regeln die Handhabung und rechtliche Wirkung der **Klassifizierung** von Waren und Dienstleistungen (Art. 39 RL (EU) 2015/2436; Art. 28 UMV). Insbesondere soll es nicht mehr ohne weiteres möglich sein, durch die Listung der Oberbegriffe aus der Klassifikation des NKA (→ Rn. 205) sämtliche von der betreffenden Klasse erfassten Waren und Dienstleistungen zu beanspruchen. Die Vorschläge bezwecken ua die Umsetzung der EuGH-Entscheidung IP-TRANSLATOR (EuGH C-307/10, GRUR 2012, 822 → UMV Art. 28 Rn. 7 ff.). Nach Art. 28 Abs. 8 UMV bestand für Unionsmarken, die vor dem 22.6.2012 mit Bezug auf die Überschrift einer NKA-Klasse eingetragen sind, die Möglichkeit, bis zum 24.9.2016 eine Erklärung über die Reichweite des beabsichtigten Schutzes abzugeben, falls sich diese aus der entsprechenden Überschrift nicht eindeutig ergibt. Das EUIPO hat es in diesem Fall übernommen, das Register entsprechend zu ändern. Zu den Einzelheiten → UMV Art. 28 Rn. 12 ff.

76 Die Rechtsangleichung betrifft auch das Widerspruchs- und Löschungsverfahren insoweit, als in allen Mitgliedstaaten **administrative Verfahren vor den Ämtern** zur Verfügung gestellt werden müssen, in denen sämtliche zwingenden Widerspruchs- und Löschungsgründe geltend gemacht werden können müssen (Widerspruch: Art. 43 RL (EU) 2015/2436; Löschung: Art. 45 RL (EU) 2015/2436). Aus Art. 16 Abs. 2 RL (EU) 2015/2436 ergibt sich, dass es den Mitgliedstaaten frei steht, ein nachgeschaltetes Widerspruchsverfahren beizubehalten; insoweit muss sich daher für das deutsche Recht nichts ändern. Allerdings werden durch die in der RL (EU) 2015/2436 zwingend vorgesehene Möglichkeit, Löschungsverfahren wegen relativer Schutzhindernisse vor dem DPMA durchzuführen, die Unterschiede zwischen Widerspruchs- und Löschungsverfahren in der Praxis weitgehend

verwischt. Für die Einführung administrativer Löschungsverfahren wird den Mitgliedsländern eine Übergangsfrist bis zum 14.1.2023 gewährt (Art. 54 Abs. 1 RL (EU) 2015/2436).

Im Widerspruchsverfahren (Art. 44 RL (EU) 2015/2436) ebenso wie im Löschungsverfahren (Art. 46 RL (EU) 2015/2436) muss dem Widersprechenden oder dem Betreiber eines Löschungsantrags der Einwand der **Nichtbenutzung** entgegengehalten werden können. 77

Die Kommissionsvorschläge hatten ferner vorgesehen, den Mitgliedstaaten die Durchführung einer **Amtsprüfung auf relative Schutzhindernisse** zu untersagen. Insoweit bleibt es jedoch beim geltenden Recht, nachdem die Vorschläge der Kommission in diesem Punkt auf erheblichen Widerstand im Rat sowie im Europäischen Parlament gestoßen waren. 78

Amtsprüfungen auf ältere Schutzhindernisse werden derzeit noch von zwölf EU-Mitgliedstaaten durchgeführt; darunter befindet sich allerdings keines der größeren Mitgliedsländer. Im Vereinigten Königreich, das diese Form der Prüfung lange Zeit praktiziert hat, wurde sie nach der Errichtung des Gemeinschaftsmarkensystems ua aus dem Grunde abgeschafft, weil das Verfahren durch die notwendige Einbeziehung von Gemeinschaftsmarken zu aufwendig geworden war. Bemerkenswert ist in diesem Zusammenhang, dass sich in der im Rahmen der Markenstudie des MPI durchgeführten Nutzerbefragung die Mehrheit der befragten Inhaber von Gemeinschaftsmarken dafür ausgesprochen hat, die Amtsprüfung auf ältere Schutzrechte in das Gemeinschaftsmarkensystem zu übernehmen. 78.1

Beim EUIPO wird wie bisher stets eine **Amtsrecherche** ausgeführt. Die Ergebnisse werden grundsätzlich den Inhabern (oder Anmeldern) älterer Unionsmarken mitgeteilt (Art. 38 Abs. 7 UMV); derjenige, der die Neuanmeldung eingereicht hat, bekommt den vollständigen Rechercherbericht hingegen nur mehr auf Antrag (Art. 38 Abs. 1 UMV). Die optionale Recherche bei den nationalen Ämtern wird beibehalten (Art. 38 Abs. 2 UMV). 79

Um das Verfahren der Eintragung von Unionsmarken zu **vereinfachen und zu beschleunigen,** können Anmeldungen nur beim EUIPO eingereicht werden (Art. 25 Abs. 1 UMV); die Möglichkeit der Einreichung bei den nationalen Ämtern wurde abgeschafft. 80

In der Begründung wurde darauf hingewiesen, dass von dieser Möglichkeit ohnehin in der Praxis nur verschwindend geringer Gebrauch gemacht wurde: 96,3% aller Anmeldungen wurden 2012 direkt beim EUIPO eingereicht (Kommissionsvorschlag, KOM(2013) 161 endg., Nr. 5.2). 80.1

d) Materielles Recht. Auch im materiellen Recht betrifft eine Reihe von Änderungen MRL und UMV gleichermaßen. So wurde das Kriterium der **graphischen Darstellbarkeit** von Marken aufgegeben und durch eine Formulierung ersetzt, die im Einklang mit der Sieckmann-Entscheidung (EuGH C-273/00, GRUR 2003, 145; → § 3 Rn. 23) den Schutzgegenstand für das Amt sowie für Dritte mit der notwendigen Sicherheit definiert (Art. 3 RL (EU) 2015/2436; Art. 4 UMV). Da es für die Implementierung dieser Änderung auf Unionsebene einer Anpassung der GMDV bedarf, wird Art. 4 UMV allerdings erst zum 1.10.2017 rechtswirksam. 81

Als zwingende absolute Schutzhindernisse zu berücksichtigen sind nach Art. 4 Abs. 1 Buchst. i bis k RL (EU) 2015/2436 Konflikte mit einer nach internationalen Vorschriften **geschützten geographischen Herkunftsangabe** oder traditionellen Bezeichnung; dasselbe gilt für geschützte Sortenbezeichnungen (Art. 4 Abs. 1 Buchst. l RL (EU) 2015/2436). In der UMV wurden nach internationalem oder Unionsrecht geschützte garantiert traditionelle Spezialitäten sowie Sortenbezeichnungen in den Katalog der absoluten Schutzhindernisse aufgenommen (Art. 7 Abs. 1 Buchst. l, m UMV). Geschützte Herkunftsangaben sind ferner auch als relative Schutzhindernisse zu berücksichtigen (Art. 5 Abs. 3 Buchst. c RL (EU) 2015/2436; Art. 8 Abs. 4a UMV). Die **bösgläubige Anmeldung** bildet nach der MRL ein zwingendes Schutzhindernis, wobei es den Mitgliedstaaten freigestellt bleibt, ob die Berücksichtigung bereits im Eintragungsverfahren oder erst im Löschungsverfahren erfolgt (Art. 4 Abs. 2 RL (EU) 2015/2436); die Berücksichtigung als relatives Schutzhindernis bleibt optional (Art. 5 Abs. 4 Buchst. c RL (EU) 2015/2436). Für das Unionsmarkenrecht bleibt es entgegen den ursprünglichen Kommissionsvorschlägen dabei, dass die bösgläubige Anmeldung lediglich einen Löschungsgrund darstellt (Art. 52 Abs. 1 Buchst. b UMV). 82

Die unüberwindbaren **Ausschlussgründe** bei wesensbedingten, technisch notwendigen und wertverleihenden Zeichen gelten künftig nicht nur für Warenformen, sondern auch für **andere charakteristische Merkmale** (Art. 4 Abs. 1 Buchst. e (i) bis (iii) RL (EU) 2015/2436; Art. 7 Abs. 1 Buchst. e (i) bis (iii) UMV). Auswirken kann sich dies ua bei abstrakten 83

Einl. MarkenR Einleitung

Farbmarken oder bei Hörmarken, bei denen derzeit über eine entsprechende Anwendung diskutiert wird (→ § 3 Rn. 67 f.).

84 Im Bereich der Verletzungstatbestände sollte den Kommissionsvorschlägen zufolge der Schutz bei **Doppelidentität** auf Beeinträchtigungen der Herkunftsgarantiefunktion beschränkt werden. Die Kommissionsvorschläge stießen insoweit jedoch auf deutliche **Ablehnung** (GRUR-Stellungnahme GRUR 2013, 800 sub 2.7.2.; Fezer GRUR 2013, 1185 (1191); Sack GRUR 2013, 567 (569); positiv äußerten sich dagegen ua Sosnitza GRUR-Beilage 2014, 93 (98 f.); Koppensteiner MarkenR 2014, 1; s. auch Bender MarkenR 2013, 129 (131)).

84.1 Die Kritik entzündete sich ua daran, dass der Vorschlag als in sich widersprüchlich erschien: So soll die Benutzung einer Marke im Rahmen einer **vergleichenden Werbung,** die nicht den an eine solche Werbung nach Art. 4 RL 2006/114/EG zu stellenden Anforderungen entspricht, eine Markenverletzung darstellen, obwohl eine Beeinträchtigung der Herkunftsfunktion in diesen Fällen typischerweise nicht gegeben ist.

84.2 Kaum vereinbar mit dem Konzept einer strikten Beschränkung des Doppelidentitätstatbestandes auf Beeinträchtigungen der Herkunftsfunktion ist ferner, dass die Schrankenbestimmungen der Art. 6 RL (EU) 2015/2436 und Art. 12 UMV um den Tatbestand der lauteren **referierenden Benutzung** erweitert werden sollten, denn für eine solche Erweiterung besteht vor allem oder sogar ausschließlich dann Anlass, wenn auch solche Markenbenutzungen prinzipiell unter den Verletzungstatbestand fallen, in denen eine Marke als Hinweis auf die Waren oder Dienstleistungen des Markeninhabers, und damit gerade nicht in Widerspruch zur Herkunftsfunktion, benutzt wird.

85 In den Katalog der Verletzungshandlungen aufgenommen wurde der Tatbestand des **Transit:** Entgegen den Ausführungen des EuGH in den verb. Rs. Nokia und Philips (C-446/09 und C-495/09, GRUR 2012, 828) kann grundsätzlich bereits die Verbringung von Waren in das Hoheitsgebiet der EU zu einer Markenverletzung führen, auch wenn lediglich die Durchfuhr beabsichtigt ist; auf dieser Grundlage kann daher ein Zugriff der Zollbehörden erfolgen. Der Tatbestand ist allerdings insoweit eingeschränkt, als er sich nur auf Piratewaren iSd Definition in Fn. 14 zu Art. 51 TRIPS bezieht (→ Rn. 198). Ferner kann der Verbringer im nachfolgenden Verletzungsverfahren den Nachweis führen, dass die Waren im Bestimmungsland rechtmäßig in Verkehr gesetzt werden können; in diesem Fall entfällt die Verletzung und die Beschlagnahme ist aufzuheben (Art. 10 Abs. 4 RL (EU) 2015/2436; Art. 9 Abs. 4 UMV → UMV Art. 9 Rn. 55 ff.).

86 Ausdrücklich in den Verletzungstatbestand einbezogen wurde die Verwendung von Marken in der rechtswidrigen **vergleichenden Werbung** (Art. 10 Abs. 3 Buchst. f RL (EU) 2015/2436; Art. 9 Abs. 3 Buchst. f. UMV). Der Klarstellung dient auch die Einbeziehung der Benutzung von Zeichen als **Handelsname** (Art. 10 Abs. 3 Buchst. d RL (EU) 2015/2436; Art. 9 Abs. 3 Buchst. d UMV). Dabei lässt sich der Wortlaut der Vorschrift grundsätzlich (auch) so verstehen, dass jede Benutzung als Handelsname eine Verletzung darstellt, soweit sie in Zusammenhang mit Waren und Dienstleistungen erfolgt, ohne dass es darauf ankommt, ob das Zeichen von den relevanten Verkehrskreisen als Herkunftshinweis oder aber als Unternehmenskennzeichen angesehen wird; die Regelung ginge damit über die Grundsätze der Céline-Entscheidung (EuGH C-17/06, GRUR Int 2007, 1007) hinaus. Dass dies nicht gemeint ist, ergibt sich jedoch aus Erwägungsgrund 20 der Präambel: Dort heißt es, die Benutzung als Handelsname stelle eine Markenverletzung dar, soweit sie „zum Zweck der Unterscheidung von Waren oder Dienstleistungen erfolgt".

87 Der Freiraum für die Benutzung von Handelsnamen, die mit einer älteren Marke prinzipiell in Konflikt stehen, wird jedoch dadurch enger, dass die einschlägige **Schrankenbestimmung** (Art. 14 Abs. 1 Buchst. a RL (EU) 2015/2436; Art. 12 Abs. 1 Buchst. a UMV) die Benutzung des eigenen Namens oder der Adresse nur dann zulässt, wenn es sich bei dem Nutzer um eine **natürliche Person** handelt. Damit wird die Budweiser-Entscheidung des EuGH obsolet, die den Schrankentatbestand auch auf gewillkürte Handelsnamen erstreckt hatte (C-245/02, GRUR 2005, 153 Rn. 78 ff. – Budweiser).

88 Eine weitere Änderung der Schrankenbestimmungen besteht darin, dass die bisher nur für beschreibende (bzw. für beschreibende Zwecke verwendete) Zeichen bestehende Ausnahme auf **nicht unterscheidungskräftige Zeichen** erstreckt wurde (Art. 14 Abs. 1 Buchst. b RL (EU) 2015/2436; Art. 12 Abs. 1 Buchst. b UMV). Dies ist ua in Fällen

bedeutsam, in denen ein an sich nicht unterscheidungskräftiges Zeichen aufgrund von in Teilen der Gemeinschaft erworbener Unterscheidungskraft als EU-Marke eingetragen wird: Wird aus einer solchen Marke gegen die Benutzung desselben oder eines ähnlichen Zeichens in solchen Teilen der Gemeinschaft vorgegangen, in denen keine Unterscheidungskraft besteht, kann sich der als Verletzer Angegriffene auf die Schranke berufen.

Als weiterer Anwendungsfall kommt die Situation in Betracht, dass ein von Haus aus nicht unterscheidungskräftiges Zeichen die zum relevanten (Anmelde)Zeitpunkt bestehende, erworbene Unterscheidungskraft einbüßt: Dies führt zwar nicht zur Löschung; es kann jedoch bewirken, dass sich der Inhaber der Marke nicht gegen ein gleichfalls nicht unterscheidungskräftiges Zeichen durchsetzen kann. Das gleiche gilt, wenn sich die Benutzung eines anderen Zeichens auf Elemente beschränkt, denen für sich genommen keine Unterscheidungskraft zukommt. S. dazu Kur, FS Fezer, 2016, 649 (651 ff.). **88.1**

Erweitert wurde ferner die für die Benutzung der Marke als Bestimmungshinweis geltende **89** Schranke: Sie gilt künftig generell für die Benutzung zum Zweck der Identifizierung oder der Bezugnahme auf Waren oder Dienstleistungen als solchen des Markeninhabers (**referierende Benutzung;** Art. 14 Abs. 1 Buchst. c RL (EU) 2015/2436; Art. 12 Abs. 1 Buchst. c UMV).

Weitere materielle Änderungen, die MRL und UMV gleichermaßen betreffen, nehmen **90** Regelungen auf, die bereits derzeit im MarkenG verankert sind. Dies gilt für die Erweiterung des Verletzungstatbestandes auf die Herstellung von Kennzeichnungsmitteln, auf denen die Marke angebracht ist (Art. 11 RL (EU) 2015/2436; Art. 9a UMV; § 14 Abs. 4), sowie für die Berücksichtigung von **„Zwischenrechten",** dh des Umstandes, dass eine im Löschungs- oder Verletzungsverfahren geltend gemachte ältere Marke zum Zeitpunkt der Entstehung des Rechts an der jüngeren Marke löschungsreif gewesen wäre oder sich (wegen mangelnder Bekanntheit) gegenüber der jüngeren Marke nicht hätte durchsetzen können (Art. 18 RL (EU) 2015/2436; Art. 13a UMV; § 22).

Nach Art. 27 RL (EU) 2015/2436 gilt künftig für alle Mitgliedstaaten, dass Marken ohne **91** den zugehörigen Geschäftsbetrieb übertragen werden können müssen. Festgeschrieben wird ferner, dass Marken Gegenstand von Pfandrechten und anderen dinglichen Rechten sein können und dass sie der Zwangsvollstreckung unterliegen. Für das deutsche Recht bedeutsam ist vor allem, dass die Möglichkeit einer Eintragung von Lizenzen in das Markenregister vorgesehen werden muss (Art. 25 Abs. 5 RL (EU) 2015/2436).

Im Unionsmarkenrecht wurde Art. 27 Abs. 5 UMV gestrichen, der die Eintragung einer **92** Markenübertragung untersagte, wenn sich aus den vorgelegten Dokumenten deutlich ergab, dass die Marke infolge des Rechtsübergangs geeignet sein würde, das Publikum über die Art, Beschaffenheit oder geografische Herkunft zu täuschen. Im Übrigen werden die formalen Bedingungen für die Umschreibung einer Marke sowie für die Änderung oder Löschung der Eintragung von Lizenzen und (anderen) dinglichen Belastungen präzisiert, wozu es jedoch zunächst der Änderung der GMDV bedarf.

8. Änderungen des Geltungsgebiets der UMV

a) Konsequenzen bei EU-Beitritt. Bei Inkrafttreten der GMV (1994) bestand die EG **93** aus fünfzehn Mitgliedstaaten. Diesen schloss sich im Mai 2004 eine weitere Gruppe von zehn zumeist mittel- und osteuropäischer Staaten an. 2007 erfolgte der Beitritt von Bulgarien und Rumänien, und mit Kroatien (2013) stieg die Anzahl der Mitgliedstaaten auf derzeit 28.

Bevor ein Beitritt zur EU vollzogen werden kann, müssen die nationalen Gesetze in den **94** Beitrittsländern dem **Aquis Communautaire** entsprechen. Alle Beitrittsländer hatten daher ihre nationalen Markengesetze an die RL 2008/95/EG sowie weitere einschlägige Rechtsakte, wie insbesondere die Durchsetzungsrichtlinie (RL 2004/48/EG) angepasst. Die Konsequenzen im Hinblick auf das Gemeinschaftsmarkenrecht wurden durch eine entsprechende Änderung der GMV (jetzt: Art. 165 UMV) geregelt. Im einzelnen gilt:
- Bereits bestehende Unionsmarken sowie -anmeldungen werden auf das jeweilige Beitrittsgebiet erstreckt;
- bereits eingereichte Anmeldungen werden nicht zurückgewiesen und bereits eingetragene Marken werden nicht gelöscht, wenn sich (ausschließlich) aus dem Recht eines Beitrittsstaates ein absolutes Schutzhindernis iSd Art. 7 Abs. 1 UMV ergibt;

- gegen Anmeldungen, die innerhalb von sechs Monaten vor dem Zeitpunkt des Beitritts eingereicht wurden, kann Widerspruch aus älteren Schutzrechten aus dem Beitrittsgebiet erhoben werde, falls letztere gutgläubig erworben wurden und ihr Anmelde bzw. Prioritätsdatum vor demjenigen der Unionsmarkenanmeldung liegt;
- bereits bestehende Eintragungen von Unionsmarken werden nicht wegen relativer Schutzhindernisse gelöscht, die sich aus vor dem Beitrittsdatum in den Beitrittsländern erworbenen älteren Rechten ergeben. Allerdings kann in einem solchen Fall die Benutzung der Unionsmarke im Beitrittsgebiet untersagt werden.

95 b) **Konsequenzen des „Brexit".** Nachdem eine Mehrheit von Stimmberechtigten im Vereinigten Königreich für einen **Austritt aus der EU** votiert hat, stellt sich die Frage nach den rechtlichen Konsequenzen dieses bisher beispiellosen Schritts. Zu Einzelheiten lässt sich allerdings derzeit kaum etwas sagen. Abgesehen davon, dass die „Kündigung", dh die offizielle Mitteilung über die Austrittsabsicht gemäß Art. 50 EUV, nach Erklärungen der Premierministerin nicht vor Beginn des Jahres 2017 erfolgen soll, sind auch die Austrittskonditionen sowie die Rahmenbedingungen für das künftige Verhältnis zwischen der EU und dem Vereinigten Königreich (bzw. möglicherweise: England und Wales) noch unbekannt. Sie werden sich erst im Verlauf der weiteren Verhandlungen herausstellen, die sich über mehrere Jahre hinziehen dürften. In nächster Zukunft ändert sich daher nichts.

96 Klar dürfte insbesondere sein, dass mit dem Wirksamwerden des Austritts – dh nach Abschluss der Verhandlungen oder gemäß Art. 50 Abs. 3 EUV zwei Jahre nach dem Eingang der Mitteilung über die Austrittserklärung, soweit dieser Zeitraum nicht per Konsens verlängert wird – die **Geltung von Unionsmarkenrechten** im Austrittsgebiet endet. Die Auswirkungen dieses Automatismus können – und werden voraussichtlich – dadurch abgemildert werden, dass rasche und kostengünstige Verfahren zur Umwandlung von Unionsmarken in nationale (englische bzw. britische) Marken bereitgestellt werden. Die Priorität kann dabei erhalten bleiben; frühere britische Marken, die unter Aufrechterhaltung der Seniorität (→ Rn. 107) Gegenstand einer Verzichtserklärung waren, erhalten (höchstwahrscheinlich) ihre ursprüngliche Priorität zurück.

96.1 Man kann Gedankenspiele darüber anstellen, ob Unionsmarken nicht – nach einer logischen Sekunde – im Vertragswege auf das Austrittsgebiet erstreckt werden könnten. Dies ist rechtlich nicht unmöglich; es würde jedoch voraussetzen, dass Urteilen des EuG und des EuGH im Austrittsgebiet volle Wirksamkeit zuerkannt wird. Ob dies politisch vermittelbar wäre, ist äußerst fraglich.

97 Bis zum Wirksamwerden des Austritts bleibt das Vereinigte Königreich uneingeschränkt Mitglied der EU. Dies bedeutet ua, dass eine den allgemeinen Voraussetzungen genügende (→ UMV Art. 15 Rn. 9 ff.) **Benutzung von Unionsmarken im Vereinigten Königreich** bis zum Austritt als „Benutzung in der EU" gilt; erst danach kann nurmehr die Benutzung in anderen Teilen der EU als rechtserhaltend anerkannt werden.

97.1 Im Fall der Umwandlung von Unionsmarken in nationale Marken stellt sich die Frage, ob solchen Marken vom Zeitpunkt der Umwandlung die volle „Schonfrist" von fünf Jahren zur Verfügung steht, oder ob darauf abgestellt wird, inwieweit die Marke vor der Umwandlung in der Union bzw. im Austrittsgebiet benutzt wurde. Darüber zu befinden ist Sache der Gesetzgebung im Austrittsgebiet.

98 Spekulationen darüber, dass nach dem Austritt Englisch als **Sprache des EUIPO** wegfällt, dürften sich als unbegründet herausstellen (→ Rn. 53.1).

99 Für weitere Rechtsfragen kommt es darauf an, wie sich das Verhältnis des Vereinigten Königreichs zur EU künftig gestaltet. Die geringsten Veränderungen würden sich ergeben, wenn das Vereinigte Königreich (bzw. seine überwiegend austrittswilligen Teile England und Wales) nach dem Austritt aus der EU **Mitglieder des EWR** blieben. In diesem Fall würden sich Gesetzgebung und Rechtsprechung nach den Regelungen des EWR-Abkommens richten, der in den fraglichen Bereichen weitgehende Homogenität anstrebt. So sind die drei früheren EFTA-Staaten und jetzigen EWR-Mitglieder Norwegen, Island und Liechtenstein verpflichtet, sich dem jeweils gültigen Acquis Communautaire anzupassen, der in einem regelmäßig aktualisierten Anhang zum EWR-Abkommen festgeschrieben wird.

99.1 Das EWR-Abkommen wurde als völkerrechtlicher Vertrag zwischen der EG und ihren damaligen Mitgliedern, zu denen auch das Vereinigte Königreich gehörte, und denjenigen EFTA-Staaten abgeschlossen, die sich – anders als Österreich, Finnland und Schweden – nicht zu einem EG-Beitritt entschließen konnten. Die Schweiz ist dem EWR-Abkommen fern geblieben.

Der derzeit gültige Anhang XVII (Geistiges Eigentum) vom 4.6.2016 listet die MRL in der bisherigen Fassung, RL 2008/95/EG, auf; nach dem üblichen Verfahren ist jedoch zu erwarten, dass auch im Hinblick auf die RL (EU) 2015/2436 eine Umsetzungsverpflichtung statuiert wird. Hingegen ist die Durchsetzungsrichtlinie (RL 2004/48/EG) nicht Bestandteil des von den EWR-Staaten zu übernehmenden Acquis Communautaire; Norwegen hat die entsprechenden Vorschriften dennoch – im Wege eines „autonomen Nachvollzugs" – umgesetzt. **99.2**

Die Überwachung der Einhaltung der Verpflichtungen aus dem EWR-Abkommen obliegt dem EFTA-Gerichtshof sowie der EFTA-Überwachungsbehörde (Baudenbacher EuZW 1998, 391). Nach Art. 3 Abs. 1 des Abkommens der EFTA-Staaten zur Errichtung einer Überwachungsbehörde und eines Gerichtshofes müssen die Rechtsvorschriften des EWR, soweit sie mit den entsprechenden Bestimmungen des EU-Rechts in ihrem wesentlichen Gehalt identisch sind, im Einklang mit den einschlägigen EuGH-Entscheidungen ausgelegt werden, die vor dem Zeitpunkt der Unterzeichnung des EWR-Abkommens (dh vor dem 2.5.1992) ergangen sind. **Spätere Entscheidungen** des EuGH müssen vom EFTA-Gerichtshof „gebührend berücksichtigt" werden; Art. 3 Abs. 2 des Abkommens der EFTA-Staaten zur Errichtung einer Überwachungsbehörde und eines Gerichtshofes. Im Ergebnis besteht daher eine weitgehende faktische Bindung der EWR-Staaten an die Rechtsprechung des EuGH. **100**

Die Aufgaben des EFTA-Gerichtshofes sind denjenigen des EuGH weitgehend nachgebildet. Allerdings besteht anders als nach Art. 267 AEUV keine Verpflichtung zur Vorlage von Fragen zur Interpretation von Vorschriften des primären oder sekundären Rechts (bzw. deren jeweiligen Pendants im Recht der EFTA-Staaten), auch wenn diese für den Ausgang eines Rechtsstreits entscheidend sind und kein Rechtsmittel gegen die entsprechende Entscheidung zulässig ist; Gerichte in den EFTA-Staaten haben lediglich die Möglichkeit, den EFTA-Gerichtshof in einschlägigen Fällen um ein Rechtsgutachten zur Interpretation der fraglichen Vorschrift zu ersuchen (Art. 34 Abs. 2 des Abkommens der EFTA-Staaten zur Errichtung einer Überwachungsbehörde und eines Gerichtshofes; Baudenbacher EuZW 1998, 391). **100.1**

Zur Wahrung der Rechtseinheitlichkeit werden die Urteile des EuGH ebenso wie Entscheidungen und Gutachten des EFTA-Gerichtshofs dem Gemeinsamen EWR-Ausschuss übermittelt; dieser setzt sich dafür ein, dass die homogene Auslegung des Abkommens gewahrt bleibt (Art. 105 Abs. 2 EWR-Abkommen). Gelingt es dem Gemeinsamen EWR-Ausschuss nicht, innerhalb von zwei Monaten, nachdem ihm eine Abweichung in der Rechtsprechung der beiden Gerichte vorgelegt wurde, die homogene Auslegung des Abkommens zu wahren, so können Maßnahmen zur Streitbeilegung nach Art. 111 EWR-Abkommen angewendet werden. **100.2**

Zu Abweichungen in der Entscheidungspraxis beider Gerichte kam es im Hinblick auf die Interpretation von Art. 7 RL 89/104/EWG (regionale bzw. internationale Erschöpfung): Kurz bevor der EuGH in der Entscheidung Silhouette (C-355/96, GRUR Int 1998, 695) erklärte, dass es den Mitgliedstaaten nicht mehr freisteht, den Grundsatz der internationalen Erschöpfung anzuwenden, kam der EFTA-Gerichtshof in einem Gutachten zur Zulässigkeit des Vertriebs parallelimportierter Maglite-Taschenlampen in Norwegen zu dem Ergebnis, dass das norwegische Gericht nicht gezwungen ist, eine Markenrechtsverletzung anzunehmen. Zur Begründung wurde darauf hingewiesen, dass innerhalb des EWR der Grundsatz des freien Warenverkehrs nur für dort hergestellte Waren – also nicht für Parallelimporte aus Drittländern – gelte, und dass der EWR anders als die EU sich nicht auf eine gemeinsame Handelspolitik gegenüber Drittländern verständigt habe (EFTA-Gerichtshof E-2/97, GRUR Int 1998, 309 Rn. 26, 27 – Maglite, m. Anm. Joller GRUR Int 1998, 311 f.; s. auch Baudenbacher GRUR Int 2000, 584 (587); kritisch dazu Fezer § 24 Rn. 25). Dieser Entscheid wurde jedoch später vom gleichen Gericht kassiert, da er mit dem Grundsatz der homogenen Auslegung gemeinsamer Vorschriften – konkret: Art. 7 RL 2007/95/EG – nicht vereinbar war (EFTA-Gerichtshof, Rs. E-9/07 und E-10/07, GRUR Int 2008, 1032 – REDKEN). **100.3**

C. Konstitutive Elemente des europäischen Markenrechtssystems

I. Einheitlichkeit der Unionsmarke

Das konstitutive Prinzip der Unionsmarke ist ihre Einheitlichkeit. Durch die Anmeldung und Eintragung einer Marke beim EUIPO wird ein unionsweites und -unmittelbares Recht erworben. Die Übertragung, Verzichtserklärung, Vernichtung sowie die Untersagung der **101**

Benutzung ist nur mit unionsweiter Wirkung möglich, soweit in der UMV nichts anderes bestimmt ist.

102 **Gesetzliche Ausnahmen** vom Grundsatz der unionsweiten Reichweite von Benutzungsverboten gelten bei Konflikten mit älteren Rechten von lediglich örtlicher Bedeutung (Art. 8 Abs. 4 UMV iVm Art. 111 UMV) sowie dann, wenn Rechte, die in Beitrittsländern vor dem jeweils maßgeblichen Datum gutgläubig erworben wurden, mit vorbestehenden Unionsmarken oder -anmeldungen in Konflikt stehen Art. 165 Abs. 5 UMV); in beiden Fällen werden territorial (örtlich oder landesweit) beschränkte Benutzungsverbote ausgesprochen.

103 Die UMV schreibt **nicht** vor, dass Unionsmarken nur **einheitlich durchgesetzt** werden können (Sosnitza GRUR 2011, 465; s. auch EuGH C-445/12 P, GRUR Int 2014, 161 Rn. 65 – Rivella/HABM (BASKAYA)). Es ist daher möglich, dass die Durchsetzung in einzelnen oder mehreren Mitgliedstaaten nicht oder nicht im gesamten Territorium erfolgen kann. Dabei kann es sich um in der UMV ausdrücklich geregelte Ausnahmen handeln (Art. 111 Abs. 1 UMV (älteres Recht von lediglich örtlicher Bedeutung); Art. 165 Abs. 5 UMV (älteres, gutgläubig erworbenes Schutzrecht in Beitrittsgebieten)). Auch ohne solche ausdrückliche Regelungen können territoriale Einschränkungen der Durchsetzbarkeit aus Rechtsgründen notwendig sein: So können Ansprüche aus einer Unionsmarke nicht gemeinschaftsweit durchgesetzt werden, wenn die Verletzungsansprüche in einem oder mehreren Mitgliedstaaten nicht begründet sind. Der Grund dafür kann etwa in linguistischen Besonderheiten liegen: Marken, deren Ähnlichkeit in einigen Gemeinschaftsländern zu Verwechslungen führen kann, werden in anderen aufgrund ihrer beschreibenden Anklänge und wegen konzeptioneller Unterschiedlichkeit problemlos auseinandergehalten (EuGH C-235/09, GRUR Int 2011, 514 – DHL/Chronopost). Nach der gleichen Logik entfällt bei bekannten Unionsmarken die Gefahr der Ausbeutung von Wertschätzung und Unterscheidungskraft in Ländern, in denen die Marke keine entsprechende Attraktionskraft entfaltet – ungeachtet der Tatsache, dass Marken bereits aufgrund ihrer Bekanntheit in einem einzigen Mitgliedstaat von allenfalls mittlerer Größe (im konkreten Fall: Österreich) den Status einer bekannten Unionsmarke erlangen können (EuGH C-301/07, GRUR 2009, 1158 – PAGO/Tirolmilch; s. auch EuGH C-125/14, EuZW 2015, 952 mit Anm. Scharf – Iron & Smith/Unilever (Impuls)).

103.1 In der Entscheidung Iron & Smith/Unilever (Impuls) erklärt der EuGH allerdings ein wenig kryptisch, auch dann, wenn die ältere Unionsmarke einem erheblichen Teil der maßgeblichen Verkehrskreise des Staates unbekannt ist, in dem der konkrete Konflikt zu beurteilen ist, sei es nicht ausgeschlossen, „dass ein wirtschaftlich nicht unerheblicher Teil dieser Verkehrskreise diese Marke kennt und sie mit der jüngeren nationalen Marke gedanklich verbindet (EuGH C-125/14, EuZW 2015, 952 Rn. 30). Die Gefahr, dass insoweit eine unlautere Ausbeutung oder Beeinträchtigung zu befürchten sei, sei umso größer, je unmittelbarer und stärker die ältere Marke von der jüngeren Marke in Erinnerung gerufen wird" (mit Hinweis auf EuGH GRUR 2009, 56 Rn. 67 – Intel Corporation); → UMV Art. 8 Rn. 232.1.

104 Abgesehen von den zuvor genannten Ausnahmefällen besagt der Grundsatz der Einheitlichkeit der Unionsmarke, dass für die Auslegung und Anwendung unionsmarkenrechtlicher Tatbestände die **nationalen Grenzen** keine Rolle spielen. Auszugehen ist vielmehr von der Union als einem einheitlichen Gebiet. Von besonderer Bedeutung ist dies im Zusammenhang mit dem Erwerb von Unterscheidungskraft durch Benutzung sowie der ernsthaften Benutzung iSd Benutzungszwangs (→ Rn. 114).

II. Koexistenz

105 Mit der Schaffung der Unionsmarke (bzw. seinerzeit: der Gemeinschaftsmarke) wurde nicht der Zweck verfolgt, die nationalen Systeme abzuschaffen oder zu verdrängen. Beide sollten vielmehr prinzipiell **gleichberechtigt** koexistieren. Daraus folgt, dass der parallele Erwerb von Marken auf beiden Ebenen möglich bleibt. Allerdings ist die prozessuale Geltendmachung paralleler Rechte in Verletzungs- sowie Nichtigkeitsverfahren gewissen Beschränkungen unterworfen (Art. 109 UMV).

106 Die prinzipielle **Gleichrangigkeit** der Systeme kommt darin zum Ausdruck, dass ältere nationale Kennzeichenrechte (mit Ausnahme der Rechte von lediglich örtlicher Bedeutung) als relative Schutzhindernisse gegenüber Unionsmarken zu beachten sind, ebenso wie ältere Unionsmarken auf nationaler Ebene relative Schutzhindernisse bilden.

Dem **reibungslosen Zusammenspiel** von nationalem Recht und UMV dienen ferner die Instrumente der Seniorität und der Umwandlung. Die Regelung der Seniorität ermöglicht es dem Inhaber einer nationalen Marke, sein Recht zugunsten einer identischen Unionsmarke aufzugeben, ohne damit auf die Vorteile seines Zeitrangs zu verzichten: Auch nach der Löschung der nationalen Marke kann sich der Inhaber gegenüber Dritten im gleichen Umfang auf seine Seniorität berufen, wie ihm dies bei Aufrechterhaltung der Marke aufgrund von deren Zeitrang möglich gewesen wäre (Art. 34 UMV). Die Umwandlung erlaubt dem Anmelder oder Inhaber einer Unionsmarke, deren Schutz wegen der in einem oder mehreren Mitgliedstaaten entgegenstehenden Hindernisse nicht zur Entstehung kommt oder entfällt, dasselbe Zeichen ohne Verlust des ursprünglichen Zeitrangs in denjenigen Mitgliedstaaten zu erwerben, in denen keine solchen Hindernisse vorliegen (Art. 112 ff. UMV). 107

III. Dominanz des Unionsmarkensystems?

Die Konzeption des europäischen Markenrechts beruhte ursprünglich auf dem Gedanken, dass das Unionsmarkensystem vor allem für große, unionsweit tätige Unternehmen attraktiv sein würde, während sich kleine und mittlere Unternehmen weiterhin vorwiegend auf den Erwerb nationaler Marken beschränken würden. Damit schien insgesamt ein **Gleichgewicht der Markensysteme** vorgezeichnet zu sein. 108

In der Folgezeit hat sich jedoch erwiesen, dass die **Attraktionskraft** des Unionsmarkensystems weitaus größer ist, als dies zunächst angenommen wurde. Trotz gelegentlicher Kritik wird dem EUIPO weithin attestiert, dass es gute, effiziente Arbeit leistet. Ferner sind die Kosten für den Erwerb und die Aufrechterhaltung von Unionsmarken zwar deutlich höher als für nationale Marken, im Vergleich zu dem finanziellen Aufwand bei Eintragung von Marken in der gesamten Union oder einem erheblichen Teil der Mitgliedstaaten sind sie jedoch sehr niedrig. 109

Zugunsten des Unionsmarkensystems fällt ferner ins Gewicht, dass wegen der unionseinheitlichen Beurteilung rechtlicher Kriterien die **ernsthafte Benutzung „in der Union"** iSv Art. 15 UMV nicht die Benutzung in sämtlichen (oder auch nur einem überwiegenden Teil) der Mitgliedsländer voraussetzt (→ UMV Art. 15 Rn. 39 ff.). Gegenüber diesen strategischen Vorteilen wiegt das Risiko der Vervielfachung von Schutzhindernissen bzw. Löschungsgründen, die einer Unionsmarke entgegengehalten werden können, nicht allzu schwer. 110

Unterschiedliche Auffassungen bestanden allerdings darüber, ob und wie sich der territoriale Umfang der Benutzung von Unionsmarken auf die Beurteilung nach Art. 15 UMV auswirkt. In einer Gemeinsamen Erklärung von Rat und Kommission anlässlich der Annahme der GMV vom 15.12.1993 wurde insoweit ausgeführt: „Der Rat und die Kommission sind der Auffassung, dass eine ernsthafte Benutzung iSv Art. 15 GMV in einem einzigen Land eine ernsthafte Benutzung in der Gemeinschaft darstellt". Dies wurde von vielen – ua auch vom EUIPO – in der Weise interpretiert, dass jede Benutzung einer Unionsmarke in einem einzigen Mitgliedstaat regelmäßig zur Bejahung einer ernsthaften Benutzung ausreicht. Der EuGH stellt hingegen höhere Anforderungen an die ernsthafte Benutzung von Unionsmarken (EuGH C-149/11, GRUR 2013, 182 mit Anm. Sosnitza – Leno Merken; → Rn. 114). 110.1

Dieses Attraktivitätsgefälle resultiert jedenfalls in einem Teil der Mitgliedsländer (nicht jedoch in Deutschland) in einem spürbaren **Rückgang** an Markenanmeldungen und einem entsprechenden Verlust an Gebührenaufkommen, während die Anmeldezahlen des EUIPO nach wie vor steigende Tendenz aufweisen. 111

IV. „Lastenausgleich"

Ein wichtiges Ziel der Markenrechtsreform (→ Rn. 64 ff.) war es, die von einigen Mitgliedsländern beklagte „Schieflage" zwischen dem Unionsmarkensystem und den nationalen Systemen auszugleichen und die Voraussetzungen für eine fruchtbare und **dauerhafte Koexistenz** sowie Kooperation zwischen den nationalen Ämtern und dem EUIPO zu schaffen. 112

Einl. MarkenR Einleitung

113 Durch einen Beschluss des Rates war zu Beginn der Reformbestrebungen im Jahre 2008 → Rn. 65.1 festgelegt worden, dass ein Betrag in Höhe von 50% der jährlich aus Verlängerungsgebühren erzielten Einnahmen des EUIPO an die nationalen Ämter verteilt werden sollte. Anstelle dieses Modells ist nunmehr vorgesehen, dass ein Teil **des Gesamteinkommens an Gebühren** (maximal 15%) in Gemeinschaftsprojekte fließen soll, die der Konvergenz der Systeme in inhaltlicher und struktureller Hinsicht dienen (Art. 123c Abs. 5 UMV). Zusätzlich werden die nationalen Ämter für die Aufwendungen, die ihnen im Zusammenhang mit dem Unionsmarkensystem entstehen (Widerspruchs- und Nichtigkeitsverfahren; Bereitstellung von Informationen; Durchsetzung von Unionsmarken) nach einem bestimmten Schlüssel entschädigt (Art. 139 Abs. 4 UMV), wobei die dafür bereitgestellten Mittel 5% des Jahresbudgets des EUIPO ausmachen (Art. 139 Abs. 5 UMV).

114 Einen Schwerpunkt der Diskussion bildete ferner die Frage, ob bei der Bemessung der Anforderungen an die **ernsthafte Benutzung** von Unionsmarken stärker in Betracht gezogen werden sollte, ob und in welchem Umfang sich diese Benutzung im Hinblick auf Intensität und Verbreitung von derjenigen einer nationalen Marke unterscheidet, und ob dabei insbesondere auch territoriale Aspekte einzubeziehen sind. Die Frage wurde vom EuGH in dem Sinne entschieden, dass zwar die nationalen Grenzen für die Frage der ernsthaften Benutzung von Marken keine Rolle spielen dürfen, dass jedoch andererseits die territorialen Aspekte der Markenbenutzung zu den berücksichtigungsfähigen und -bedürftigen Faktoren der Beurteilung zählen, und dass die insoweit anzulegenden Maßstäbe bei Unionsmarken andere sind als bei nationalen Marken (EuGH C-149/11, GRUR 2013, 182 Rn. 33 und Rn. 57 – Leno Merken; Sosnitza GRUR 2013, 185 f. – Anm. zu EuGH C-149/11 Leno Merken; → UMV Art. 15 Rn. 39).

D. Gegenstand und Ziele des europäischen Markenrechts

I. Markenfunktionen

1. Begriffliches

115 Dass für die Bestimmung von Inhalt und Umfang des Markenschutzes häufig auf die Funktionen der Marke zurückgegriffen wird, stellt eine Besonderheit des Markenrechts im Verhältnis zu anderen Schutzrechten des geistigen Eigentums dar. Der Grund ist vor allem darin zu sehen, dass Marken nach herkömmlichem Verständnis, anders als Erfindungen oder Werke iSd Urheberrechts, nicht um ihrer selbst willen geschützt werden, sondern lediglich in ihrer Funktion, als **Herkunfts- und Identitätsnachweis** für die vom Markeninhaber auf dem Markt angebotenen Leistungen zu dienen (→ Rn. 149 zur Sonderstellung von Marken im Wettbewerb sowie → Rn. 155 zum Eigentumsschutz).

116 Dass sich in dieser Funktion – traditionell als Herkunftsfunktion bezeichnet – die faktische Wirkung der Marke im Wirtschaftsleben nicht erschöpft, ist unbestritten. Marken dienen in umfassendem Sinne der kommerziellen Kommunikation; sie signalisieren den Abnehmern regelmäßig eine bestimmte Qualität der Ware; sie sind Träger von Werbebotschaften, und indem sie gewährleisten, dass der Markterfolg einer Ware oder Dienstleistung dem Markeninhaber zugutekommt, machen sie Investitionen in die Attraktivität der angebotenen Leistung lohnend. Diese Effekte können ebenfalls als „Funktionen" benannt werden und bilden insgesamt die Basis für ein **multifunktionales Verständnis** der Marke in ihrer wirtschaftlichen Bedeutung (s. dazu insbesondere Fezer Einl. D Rn. 1 ff., 27 ff.).

117 Vor allem in Deutschland waren bereits unter Geltung des WZG Literatur und Rechtsprechung intensiv mit den Funktionen der Marke befasst (Sack GRUR 1972, 402 (445) mwN; Beier/Krieger GRUR Int 1976, 125; s. auch Vanzetti GRUR Int 1965, 812 ff. zum deutschen und italienischen Recht). Durch die EuGH-Rechtsprechung hat die Funktionslehre auch für das europäische Markenrecht erhebliche Bedeutung erlangt. Dabei wird die eingangs genannte Funktion als Hauptfunktion oder **Herkunftsgewährleistungsfunktion** der Marke bezeichnet, während im Anschluss an die „L'Oréal"-Entscheidung (EuGH C-487/07, GRUR 2009, 756) die Qualitäts-, Kommunikations-, Werbe- und Investitionsfunktion als weitere Markenfunktionen unterschieden werden.

2. Wesensnotwendige und akzessorische Markenfunktionen

In der Bezeichnung als „Hauptfunktion" kommt die besondere Bedeutung der Herkunftsgewährleistungsfunktion gegenüber den weiteren Markenfunktionen zum Ausdruck. In der Tat ist allein diese Funktion **wesensnotwendig** in dem Sinne, dass ohne ihren Schutz das Markenrecht nicht als solches operieren kann: Zwischen Bezeichnungssystemen, die allein auf die stoffliche Beschaffenheit von Erzeugnissen verweisen – wie zB die international verbindlich festgelegten generischen Bezeichnungen im Arzneimittelbereich (International Non-Proprietary Names; INNs) – und dem Markensystem besteht ein fundamentaler Unterschied, der sich notwendigerweise und ausschließlich in der Herkunftsgewährleistungsfunktion manifestiert. Im Gegensatz dazu sind die weiteren Funktionen von **lediglich akzessorischer Bedeutung,** und zwar in zweifachem Sinne: 118

- Zum einen bezeichnen die zuvor als Qualitäts-, Kommunikations-, Investitions- oder Werbefunktion bezeichneten Markenfunktionen Effekte, die sich bereits aus dem Schutz der Herkunftsgewährleistungsfunktion **reflexiv** ergeben. So sorgt die dem Markeninhaber durch die Herkunftsgewährleistungsfunktion zugewiesene Kontrollbefugnis (→ Rn. 46) regelmäßig dafür, dass die gekennzeichneten Waren dem vom Inhaber festgesetzten und kontrollierten Qualitätsstandard entsprechen und dadurch die Erwartungen der Verbraucher erfüllen. Ebenso ermöglicht es der Schutz von Marken gegen Beeinträchtigungen ihrer Hauptfunktion, den von der Marke eröffneten Kommunikationskanal gegen Störungen durch Ditte zu verteidigen, die ihre eigenen Leistungen als solche des Markeninhabers präsentieren. Dadurch wird zugleich gewährleistet, dass sich die Investitionen des Markeninhabers amortisieren und dass ihm der Werbeerfolg zugutekommt.
- Zweitens besteht aus dem gleichen Grund auch **keine systembedingte Notwendigkeit,** Markenschutz jenseits des von der Hauptfunktion der Marke erfassten Bereichs zu gewähren, um die Marke in ihrer Multifunktionalität umfassend zu schützen. Dies gilt sowohl für die Qualitätsfunktion der Marke, zu deren Absicherung den Verbrauchern ein durchsetzbarer Anspruch auf Beibehaltung der gewohnten Beschaffenheit von Produkten zugebilligt werden müsste, als auch für die Werbe-, Kommunikations- oder Investitionsfunktion, deren Rundum-Schutz jegliche Verwendung der Marke in einem für die wirtschaftlichen Interessen des Inhabers negativen Sinne unzulässig machen würde: Beides mag in gewissem Grad als wünschenswert erscheinen, ist für das Funktionieren des Markenschutzes jedoch nicht erforderlich.

3. Konsequenzen für die Funktionsdiskussion

Festzuhalten bleibt somit, dass aus der Multifunktionalität der Marke keine unmittelbaren Schlussfolgerungen für die Ausgestaltung des Markenrechts abgeleitet werden können. Auf der anderen Seite hat die Erkenntnis, dass allein die Herkunftsgewährleistungsfunktion für das Funktionieren der Markengesetzgebung wesensnotwenig ist, nicht zur Folge, dass sich der Schutz von Marken auf die Absicherung dieser Funktion beschränkt oder beschränken sollte: Die Gewährleistung rechtlicher Bedingungen, die es erlauben, dass die Marke ihre Hauptfunktion erfüllt, macht lediglich den **Mindestinhalt jeder Markengesetzgebung** aus. Der Gesetzgeber hat im Rahmen seines Ermessens ohne weiteres die Möglichkeit, über diesen Mindestinhalt hinauszugehen und zusätzlichen wirtschaftlichen Funktionen der Marke im Rahmen der Gesetze Geltung zu verschaffen. Soweit dies erfolgt, können auch die weiteren Markenfunktionen als „rechtliche" oder „rechtlich geschützte" Funktionen in dem Sinne bezeichnet werden, dass sie sich aus dem Gesamtbild der rechtlichen Regelungen ableiten lassen (zu den Begriffen „rechtliche", „rechtlich geschützte" und „rechtlich anerkannte Funktion" Sack GRUR 1972, 402). An dem systembedingten Unterschied zur Hauptfunktion als wesensnotwendiger Markenfunktion ändert dies jedoch nichts. 119

Diese Überlegungen liefern noch keine Antwort auf die Frage, ob und in welchem Sinne die Markenfunktionen heranzuziehen sind, um im Fall des Fehlens eindeutiger Regelungen den **Inhalt gesetzlicher Vorschriften zu konkretisieren.** Bedeutsam ist insoweit insbesondere, ob allein auf die wesensnotwendige Funktion der Marke zurückgegriffen wird, um zu angemessenen Ergebnissen zu gelangen, oder ob auch die akzessorischen Funktionen berücksichtigt werden. Der EuGH hat sich für den zweiten Weg entschieden; er hat die damit verbundene Erweiterung des Markenschutzes jedoch inhaltlich begrenzt (→ Rn. 135). 120

4. Rückblick – Die Funktionslehre in Deutschland unter der Geltung des WZG

121 Unter der Geltung des WZG wurde die markenrechtliche Funktionslehre ua im Zusammenhang mit den Auseinandersetzungen um die Erschöpfung des Markenrechts beim **Import von Originalwaren** entwickelt. Der BGH hatte solche Importe für zulässig erklärt (BGH GRUR 1964, 372 – Maja; s. auch BGH GRUR 1973, 468 – Cinzano mit Anm. Heydt, GRUR 1973, 472). Von Teilen der Literatur war die Entscheidung kritisiert worden, da es für eine solche Beschränkung der dem Markeninhaber zustehenden Verbotsrechte im WZG keine Grundlage gebe. Von F.-K. Beier war daraufhin die Auffassung entwickelt und mit Nachdruck vertreten worden, dass sich die Beschränkung des Rechts, gegen Importe von Originalwaren vorzugehen, aus der Herkunftsfunktion der Marke ergebe, deren Zweck ja gerade darin bestehe, die Echtheit der Herkunft zu kennzeichnen (Beier GRUR Int 1968, 8). Diese Lehre, die die Beschränkung des Markenschutzes durch die Herkunftsfunktion als wesentlichen Grundsatz des Markenrechts betrachtete und den Schutz weiterer Markenfunktionen damit zugleich ausschloss, war bis zur Umsetzung der RL 89/104/EWG in Deutschland absolut herrschend.

5. Kritik an der Dominanz der Herkunftsfunktion

122 Gegen den rechtlichen Primat der Herkunftsfunktion wurden in Deutschland bereits unter der Geltung des WZG Bedenken laut (s. insbesondere Heydt GRUR 1976, 7 (14 f.); GRUR Int 1976, 342 ff.). Zum einen ergaben sich diese daraus, dass dem Begriff der Herkunftsfunktion ein enges **begriffliches Konzept** von „Herkunft" unterstellt wurde. Davon ausgehend wurde erklärt, die Vertreter dieser Lehre berücksichtigten nicht genügend, dass den Abnehmern die Herkunft von Waren und Dienstleistungen häufig nicht konkret bekannt sei. Ferner seien arbeitsteilige Markenverwendungen im Rahmen von Lizenzverhältnissen nicht mit der Annahme vereinbar, dass die Marke stets auf die Herkunft aus demselben Betrieb hinweise. Schließlich treffe auch der Gegenschluss nicht zu, dass unterschiedliche Marken bei gleichartigen Waren auf eine unterschiedliche betriebliche Herkunft hinweisen; so sei es vielmehr häufig anzutreffen und völlig legitim, dass ein Betrieb verschiedene Marken für diverse Produktlinien innerhalb desselben Warensegments verwende.

123 Diese eher terminologisch begründeten Bedenken ließen sich jedoch durch ein weites Verständnis der Herkunftsfunktion überwinden, wie es sich bereits unter der Geltung des WZG herausgebildet hatte. Danach genügt es zur Erfüllung der Herkunftsfunktion, wenn die gekennzeichnete Ware der „Kennzeichnungssouveränität" ihres Inhabers unterliegt, dh, wenn der Abnehmer davon ausgehen kann, dass dem Markeninhaber die **alleinige Kontrolle** darüber zusteht, ob und von wem die Ware oder das sonstige Leistungsangebot mit der Marke versehen und vertrieben wird (zur entsprechenden Rechtsprechung des EuGH zum spezifischen Schutzgegenstand iSv Art. 36 EWG-Vertrag → Rn. 46). Konkretere Vorstellungen oder Kenntnisse müssen sich hingegen nicht mit der Marke verbinden, damit sie ihren Zweck erfüllen kann.

124 Abgesehen von den begrifflichen Aspekten wurde kritisiert, dass wegen der Fixierung auf die Herkunftsfunktion den **wirtschaftlichen Realitäten** nicht angemessen Rechnung getragen werden könne. Die Kritik bezog sich vor allem auf den – mit der Herkunftsfunktion begründeten – Grundsatz der unauflöslichen Bindung von Marken an den jeweiligen Geschäftsbetrieb, der sog. Leerübertragungen oder die Eintragung von Marken auf den Namen von Konzernholdings verhinderte (zu letzterem s. BGH NJW 1987, 2164 – LITA-FLEX). Als nachteilig wurde ferner betrachtet, dass der Schutz von Marken jenseits einer – weit verstandenen – Verwechslungsgefahr im WZG nicht gewährt werden konnte, da sich dieser nicht mehr mit dem Schutz der Herkunftsfunktion begründen ließ. Beiden Bedenken konnte unter der Geltung des WZG nicht Rechnung getragen werden; Abhilfe wurde insoweit erst durch das ErstrG (→ Rn. 39; → Rn. 60) bzw. durch die Umsetzung der RL 89/104/EWG geschaffen.

6. Die Funktionsdebatte nach der Umsetzung der RL 89/104/EWG

125 Mit der Zulassung der „isolierten" Markenübertragung durch das ErstrG sowie mit der Erweiterung des markenrechtlichen Verbietungsanspruchs für bekannte Marken auf Fälle der

Rufausbeutung und -beeinträchtigung in Umsetzung von Art. 5 Abs. 2 RL 89/104/EWG wurde im deutschen Recht der Regelungsbereich des Markenrechts **substanziell erweitert**. Damit war der zuvor herrschenden Lehre, dass Rechtsschutz von Marken durch die (weit verstandene) Herkunftsfunktion inhaltlich bestimmt und abschließend begrenzt werde, die Grundlage entzogen worden.

Anzumerken ist dabei, dass diese Erweiterungen des Regelungsbereichs von der RL 89/104/EWG nicht zwingend vorgeschrieben wurden: Zur Übertragung von Marken wurden darin keine Regelungen getroffen, und der erweiterte Schutz bekannter Marken findet sich dort nur als optionale Bestimmung (Art. 5 Abs. 2 RL 89/104/EWG). Die GMV sah allerdings seit jeher sowohl die freie Übertragbarkeit von Gemeinschaftsmarken als auch deren erweiterten Schutz bei Bekanntheit innerhalb der Gemeinschaft vor; auch auf nationaler Ebene musste der erweiterte Schutzbereich solcher Marken im Rahmen des Eintragungsverfahrens daher schon immer beachtet werden. Wohl ua im Hinblick darauf wurde Art. 5 Abs. 2 RL 89/104/EWG in praktisch allen Mitgliedsländern umgesetzt (mit Ausnahme von Zypern sowie der anfänglichen Ausnahme Österreichs, das den erweiterten Markenschutz jedoch seit 1999 ebenfalls im Markengesetz verankert hat). Hinzu kam, dass das 1994 abgeschlossene TRIPS-Abkommen in Art. 16 Abs. 3 TRIPS für bestimmte Fallkonstellationen verbindlich vorschreibt, dass sie auch gegenüber der Benutzung für nicht-ähnliche Waren oder Dienstleistungen geschützt werden müssen (→ Rn. 260 f.). Aus Art. 21 TRIPS ergibt sich ferner die Verpflichtung, die Übertragung von Marken auch ohne den zugehörigen Geschäftsbetrieb zu gestatten. Auch aus diesem Grund stellte bereits nach bisheriger Rechtslage die Ausnutzung des nach der RL 89/104/EWG verbleibenden Spielraums für die Aufrechterhaltung des Bindungsgrundsatzes keine realistische Option dar. Mitgliedsländer, die – wie Italien und Griechenland – die entsprechenden Regelungen zunächst beibehalten hatten, mussten daher infolge ihres Beitritts zum WTO/TRIPS-Vertrag ihre Markengesetze ändern. Dass in der RL (EU) 2015/2436 die freie Übertragbarkeit von Marken sowie der erweiterte Schutz bekannter Marken zwingend vorgeschrieben werden, bestätigt daher nur die bereits bestehende Rechtslage.

125.1

Nach Inkrafttreten des MarkenG wurde daher in Deutschland die Auffassung vertreten, dass die Herkunftsfunktion für die Auslegung markenrechtlicher Tatbestände künftig keine Rolle mehr spielen würde und die Marke nunmehr in ihrer Eigenschaft als **fungibler betrieblicher Vermögenswert** umfassend zu schützen sei (Fezer WRP 1998, 1 (17); ders. WRP 2000, 1 (4)). Relevant wurde diese Frage vor allem im Zusammenhang mit dem Schutz von Marken gegenüber Benutzungsformen, die die Herkunftsfunktion der Marke unangetastet lassen, wie etwa die Verwendung in der vergleichenden Werbung oder die Benutzung zu anderen Zwecken als demjenigen, Waren oder Dienstleistungen nach Maßgabe ihrer betrieblichen Herkunft zu identifizieren und zu unterscheiden. Um auch diese Fälle in den Bereich des Markenrechts einbeziehen zu können, wurde argumentiert, mit dem Wegfall des Primats der Herkunftsfunktion sei auch das Erfordernis der markenmäßigen Benutzung obsolet geworden (so insbesondere Fezer WRP 1998, 1; ders. WRP 2000, 1 sowie Starck GRUR 1996, 688 (691)).

126

Ein erheblicher Teil der Literatur (insbesondere Sack GRUR 1995, 81 (94 f.); Keller GRUR 1996, 607 (608 f.) wandte sich jedoch ua mit folgenden Argumenten gegen die Aufgabe des Erfordernisses der markenmäßigen Benutzung: Art. 5 Abs. 1 und 2 RL 89/104/EWG (jetzt: Art. 10 Abs. 2 RL (EU) 2015/2436) verlangten, dass die Marke „für Waren oder Dienstleistungen" benutzt wird und somit der (markenmäßigen) Unterscheidung von Waren und Dienstleistungen dient. Ferner gestattete Art. 5 Abs. 5 RL 89/104/EWG (jetzt: Art. 10 Abs. 6 RL (EU) 2015/2436) den Mitgliedstaaten die Beibehaltung von Vorschriften, die die Benutzung von Marken „zu anderen Zwecken als der Unterscheidung von Waren oder Dienstleistungen" unter bestimmten Voraussetzungen verbieten. Dies ließ den Gegenschluss zu, dass sich die von Art. 5 Abs. 1–4 RL 89/104/EWG gebotene Harmonisierung allein auf die Benutzung von Marken zu Unterscheidungszwecken bezieht. Ähnlich argumentiert auch der EuGH, der an dem Erfordernis der „Benutzung als Marke" grundsätzlich festhält (EuGH C-63/97, GRUR Int 1999, 438 Rn. 38 – BMW/Deenik), dabei allerdings eine **weite Interpretation** vornimmt, die – im Ergebnis – die Benutzung zum Zweck der Identifizierung und Unterscheidung der Waren oder Dienstleistungen des Markeninhabers („referierende Benutzung") ebenso einschließt wie die Benutzung als Adword (→ § 14 Rn. 207 ff.).

127

7. Markenfunktionen in der EuGH-Rechtsprechung

128 **a) Vor der Rechtsvereinheitlichung.** Vor der Vereinheitlichung des Markenrechts äußerte sich der EuGH zu Inhalt und Zweck des Markenschutzes im Kontext der Regelungen des **freien Warenverkehrs** – dieser durfte nur insoweit eingeschränkt werden, als dies zum Schutz des spezifischen Gegenstands des Schutzrechts erforderlich war. Im Laufe seiner Rechtsprechung wechselte der Gerichtshof von einer zunächst sehr skeptischen Einstellung gegenüber diesem Schutzgegenstand (→ Rn. 44) zu der Erkenntnis, dass Marken ihre Funktion nur dann erfüllen, wenn sie die Gewähr dafür bieten, dass alle Erzeugnisse, die damit versehen sind, unter der Kontrolle eines einzigen Unternehmens hergestellt worden sind, das für ihre Qualität verantwortlich gemacht werden kann (EuGH C-10/89, GRUR Int 1990, 960 Rn. 13 – HAG II; C-9/93, GRUR Int 1994, 614 Rn. 37 – Ideal Standard; → Rn. 46). Damit entspricht die Definition des **spezifischen Schutzgegenstands** derjenigen der (weit verstandenen) Herkunftsfunktion im deutschen Recht (→ Rn. 121 ff.), deren Kern ebenfalls in der Gewährleistung der zuvor als „Kennzeichnungssouveränität" des Markeninhabers bezeichneten alleinigen Kontrollbefugnis des Markeninhabers gesehen wurde.

129 **b) Nach dem Inkrafttreten von RL 89/104/EWG und GMV.** In den Erwägungsgründen von RL 89/104/EWG (bzw. RL 95/2008/EG) und GMV wurde jeweils darauf hingewiesen, dass der durch die eingetragene Marke gewährte Schutz insbesondere dem Zweck dient, die Herkunftsfunktion der Marke zu gewährleisten (Erwägungsgrund 11 der RL 95/2008/EG; Erwägungsgrund 8 der GMV). Darauf wurde insbesondere der **absolute Schutz** zurückgeführt, der im Fall der Doppelidentität – dh bei Identität von Marken sowie von Waren oder Dienstleistungen gemäß Art. 5 Abs. 1 Buchst. a RL 95/2008/EG (jetzt: Art. 10 Abs. 2 Buchst. a RL (EU) 2015/2436 und Art. 9 Abs. 2 Buchst. a UMV) – zu gewähren ist.

130 Von der EuGH-Rechtsprechung wurde daraus der Grundsatz abgeleitet, dass die Ausübung des Markenrechts im Fall der Doppelidentität auf Konstellationen beschränkt bleiben muss, „in denen die Benutzung des Zeichens durch einen Dritten die Funktionen der Marke und insbesondere ihre Hauptfunktion, dh die Gewährleistung der Herkunft der Ware gegenüber den Verbrauchern, beeinträchtigt oder beeinträchtigen könnte" (EuGH C-48/05, GRUR 2007, 318 Rn. 21 – Adam Opel/Autec; s. auch EuGH C-206/01, GRUR 2003, 55 Rn. 48 – Arsenal). Daraus wurde ua gefolgert, dass eine Verletzung der spezifischen Interessen des Markeninhabers iSv Art. 10 Abs. 2 Buchst. a RL (EU) 2015/2436 und Art. 9 Abs. 2 Buchst. a UMV **nicht anzunehmen** sei, wenn die Abnehmer keinem Zweifel im Hinblick auf die betriebliche Herkunft der Waren oder Dienstleistungen unterliegen, für die die Marke benutzt wird (EuGH C-48/05, GRUR 2007, 318 Rn. 24 – Adam Opel/Autec; s. auch bereits EuGH C-2/00, GRUR 2002, 692 Rn. 16 – Hölterhoff/Freiesleben).

131 Allerdings ergaben sich von Anfang an Zweifel an der **Konsistenz** dieser Argumentation. So ist der EuGH im Fall der Erschöpfung (EuGH C-355/96, GRUR Int 1998, 695 – Silhouette/Schmied) sowie beim Vertrieb von Reparaturdiensten und Ersatzteilen (C-63/97, GRUR Int 1999, 438 – BMW/Karel Deenik) und von Zubehör (C-228/03, GRUR Int 2005, 479 – Gillette/LA Laboratories) von der Anwendbarkeit des Doppelidentitätstatbestandes ausgegangen, ohne dass eine Beeinträchtigung der Hauptfunktion der Marke zu besorgen war. Ob andere Markenfunktionen betroffen sein konnten, wurde in diesen Fällen weder geprüft noch erwähnt.

132 Erst in der Entscheidung „L'Oréal" (EuGH C-487/07, GRUR 2009, 756 – L'Oréal/Bellure) hat der EuGH erklärt, dass auch die **weiteren Funktionen** der Marke, nämlich „unter anderem die Gewährleistung der Qualität [der] Ware oder Dienstleistung oder der Kommunikations-, Investitions- oder Werbefunktionen" zu den spezifischen Interessen zählen, deren Schutz das Markenrecht dient (EuGH C-487/07, GRUR 2009, 756 Rn. 58 – L'Oréal/Bellure). Damit wurde die Begründung für die zum Teil bereits zuvor praktizierte weite Auslegung des Doppelidentitätstatbestandes (nach)geliefert.

8. Bedeutung für den Tatbestand der Doppelidentität

133 Die Reichweite des Doppelidentitätstatbestandes hängt entscheidend davon ab, ob der nach dieser Vorschrift zu gewährende absolute Schutz auch dann Anwendung findet, wenn die Marke in einer Weise benutzt wird, die **nicht zu einem irrigen Herkunftsbezug** führt. Da der Gesetzestext insoweit mehrere Deutungen zulässt, war eine Klärung dieser Frage durch die Rechtsprechung unausweichlich.

Die Mehrdeutigkeit der Regelung zeigte sich ua in der unmittelbar nach der Umsetzung der RL 89/ 104/EWG einsetzenden Diskussion, in der insoweit – jeweils unter Berufung auf Inhalt und Struktur des Gesetzes – diametral entgegengesetzte Positionen vertreten worden waren (s. Starck und Fezer einerseits sowie Sack und Keller andererseits; → Rn. 127). Ursächlich dafür ist ua, dass die Formulierung in Art. 5 Abs. 1 Buchst. a RL 2007/95/EG (und Art. 5 Abs. 1 Buchst. b RL 2007/95/EG) verwendete Formulierung „Benutzung für Waren oder Dienstleistungen" sowohl iSd Benutzung für **eigene** Waren oder Dienstleistungen als auch iSd Benutzung zur Identifizierung und Unterscheidung der Waren und Dienstleistungen **des Markeninhabers** verstanden werden kann (Kur, FS Köhler, 2014, 383 (385 f.)). Auch die Gesetzgebungsgeschichte liefert keine eindeutigen Hinweise darauf, wie diese Wendung zu verstehen sein sollte. Soweit ersichtlich, wurde die Frage niemals explizit erörtert, was dafür spricht, dass das Problem im Laufe der Gesetzgebung gar nicht als solches erkannt worden war. **133.1**

Die – keineswegs zwingende, im Ergebnis aber letztlich angemessene – Lösung des EuGH öffnet den Anwendungsbereich von Art. 10 Abs. 2 Buchst. a RL (EU) 2015/2436 und Art. 9 Abs. 2 Buchst. a UMV für die Benutzung von Marken in referierendem Sinne und damit für Fallkonstellationen, die bei strikter Beschränkung auf die Gefährdung der Herkunftsgewährleistungsfunktion nur auf der Grundlage des nationalen Wettbewerbsrechts hätten gelöst werden können. Für die Unionsmarke wäre diese Folge besonders misslich gewesen, da es in solchen Fällen an einem einheitlichen, unionsweit geltenden Tatbestand fehlt und ein Mosaik nationaler Regelungen zur Anwendung gekommen wäre (Kur GRUR Int 2008, 1 (10)). Mit der Einbeziehung dieser Fälle in den Doppelidentitätstatbestand wird somit die **europäische Rechtsvereinheitlichung** gestärkt. **134**

Dass die EuGH-Rechtsprechung über diese Klärung hinaus zu einer inhaltlichen Erweiterung des Markenschutzes führt, wie dies nach der EuGH-Entscheidung „L'Oréal" (EuGH C-487/07, GRUR 2009, 756) zunächst erwartet worden war, ist damit nicht gesagt. Letztlich sind die Änderungen im materiellen Ergebnis gering geblieben und haben sich keineswegs zwangsläufig zu Gunsten von Markeninhabern ausgewirkt. So hat der EuGH in seinen nachfolgenden Entscheidungen deutlich gemacht, dass nur dann von einer Verletzung des Doppelidentitätstatbestandes auszugehen ist, wenn die Werbe- oder Investitionsfunktion eine **Beeinträchtigung von erheblichem Gewicht** erleiden (EuGH verb. Rs. C-236/08 – C-238/08, GRUR 2010, 445 Rn. 94 ff., 98 – Google und Google France/Vuitton ua; EuGH C-323/09, GRUR 2011, 1124 Rn. 54–59, 63 f. – Interflora/Marks & Spencer mit Anm. Ohly, GRUR 2011, 1131 (1132)). Zu berücksichtigen bleiben ferner die Schrankenbestimmungen des Markenrechts und ggf. die aus weiteren Rechtsakten folgenden Beschränkungen, wie insbesondere die Vorschriften über vergleichende Werbung. **135**

9. Bedeutung für den Tatbestand der Verwechslungsgefahr

Für die Verwechslungsgefahr hat der EuGH darauf hingewiesen, dass der Anwendungsbereich allein durch die Hauptfunktion der Marke determiniert werde; er sei somit enger als derjenige des Doppelidentitätstatbestandes (EuGH verb. Rs. C-236/08 – C-238/08, GRUR 2010, 445 Rn. 78 – Google). Diese Feststellung ist insoweit richtig, als es sich bei Art. 10 Abs. 2 Buchst. b RL (EU) 2015/2436 und Art. 9 Abs. 2 Buchst. b UMV um einen **Spezialfall** der Interessenkollision gegenüber dem vom EuGH praktizierten umfassenden Verständnis von Art. 10 Abs. 2 Buchst. a RL (EU) 2015/2436 und Art. 9 Abs. 2 Buchst. a UMV handelt. **136**

Wenig glücklich ist allerdings, dass der EuGH jede Benutzung ähnlicher Marken, auch wenn sie in einer für die Abnehmer eindeutig erkennbaren Weise ausschließlich auf die **Waren und Dienstleistungen des Markeninhabers** hinweist, automatisch dem Tatbestand der Verwechslungsgefahr zuordnet (EuGH C-533/06, GRUR 2008, 698 – O2/Hutchinson; C-558/08, BeckRS 2010, 90875 – Portakabin/Primakabin). Damit wird verkannt, dass die in diesen Fällen betroffenen spezifischen Interessen des Markeninhabers **dieselben** sind, wie sie im Rahmen des Doppelidentitätstatbestandes eine Rolle spielen. **137**

Bemängelt wird ferner, dass der EuGH durch die Art seiner Beurteilung von Beeinträchtigungen der Herkunftsgewährleistungsfunktion im Rahmen des Doppelidentitätstatbestandes die Grenzen zwischen **137.1** jenem und der Verwechslungsgefahr verwischt (Knaak GRUR Int 2008, 92; Knaak/Venohr Anm. zu EuGH C-236/08 – C-238/08, GRUR Int 2010, 385 – Google and Google France/Vuitton). In der Tat bedient sich der EuGH im Rahmen beider Tatbestände bisweilen der gleichen Terminologie (EuGH C-48/05, GRUR 2007, 318 – Adam Opel/Autec; verb. Rs. C-236/08 – C-238/08, GRUR 2010, 445 – Google; C-278/08, GRUR 2010, 451 – Bergspechte/Guni; C-558/08, BeckRS 2010, 90875 – Portakabin/Primakabin), was darauf schließen lässt, dass auch die gleichen Maßstäbe angewandt werden. Dies widerspricht der Systematik des Gesetzes, das für die Annahme einer Verletzung iSd Doppelidentitätstatbestandes gerade nicht das Vorliegen einer Verwechslungsgefahr verlangt; richtigerweise müsste sich die Analyse auf die Frage beschränken, ob die fremde Marke vom Verletzer für seine eigenen Waren oder Dienstleistungen verwendet wird. Auf der anderen Seite scheitert die sinnvolle Anwendung dieser Grundsätze daran, dass die EuGH-Rechtsprechung das – nominell nach wie vor bestehende – Erfordernis der Benutzung für die Waren oder Dienstleistungen des Verletzers seines Inhalts weitgehend entleert hat: Dieser Rechtsprechung zufolge ist jede Benutzung einer fremden Marke, die die Vertriebsinteressen des Verletzers fördert, als Benutzung für dessen eigene Waren oder Dienstleistungen zu betrachten, auch wenn sie primär zu dem Zweck erfolgt, die Waren oder Dienstleistungen des Markeninhabers kenntlich zu machen (wie im Fall der vergleichenden Werbung) oder als technisches Hilfsmittel für die Platzierung von Werbung für eigene Waren oder Dienstleistungen eingesetzt wird (wie im Fall von Adwords).

10. Schutz bekannter Marken

138 Beim erweiterten Schutz bekannter Marken besteht grundsätzlich keine Notwendigkeit, auf die Funktionslehre Bezug zu nehmen: Dass der insoweit gewährte Schutz über die Gewährleistung der Hauptfunktion der Marke hinausgeht, ergibt sich aus dem Wortlaut des Gesetzes und bedarf keiner näheren Begründung. Dennoch bleibt die Betonung der Markenfunktionen in der Rechtsprechung des EuGH nicht ohne Auswirkungen auf diesen Tatbestand. So werden die Unterschiede zwischen Art. 10 Abs. 2 Buchst. a RL (EU) 2015/2436 und Art. 9 Abs. 2 Buchst. a UMV auf der einen Seite und Art. 10 Abs. 2 Buchst. c RL (EU) 2015/2436 sowie Art. 9 Abs. 2 Buchst. c UMV auf der anderen Seite verringert, indem die Schutzzwecke beider Vorschriften einander angenähert werden. Für den Schutz bekannter Marken kann sich daraus sogar der auf den ersten Blick widersprüchlich erscheinende Effekt ergeben, dass dies tendenziell zu einer **Verringerung des Schutzumfangs** führt, da die relativ strikte Beurteilung einer Beeinträchtigung der Werbe- und Investitionsfunktion im Rahmen des Doppelidentitätstatbestandes auf den Schutz bekannter Marken ausstrahlen könnte (s. etwa den Hinweis auf die Schlussanträge von Generalanwalt Jääskinen bei Ohly GRUR 2011, 1131 (1132), Anm. zu EuGH C-323/09, GRUR 2011, 1124 – Interflora).

139 Allerdings bleibt es insoweit dabei, dass bekannte Marken nicht allein gegen die Beeinträchtigung ihrer Wertschätzung und Unterscheidungskraft, sondern auch gegen deren ungerechtfertigte **Ausnutzung** geschützt werden. Ob auch insoweit „Fernwirkungen" der Beurteilung im Rahmen des Doppelidentitätstatbestandes auftreten werden, bleibt abzuwarten. Immerhin ist festzuhalten, dass der EuGH in Interflora – dem ersten Urteil, das sich nach L'Oréal (EuGH C-487/07, GRUR 2009, 756) mit dem Schutz bekannter Marken befasst hat – festgestellt hat, dass eine objektiv feststellbare Instrumentalisierung der Bekanntheit einer fremden Marke für eigene Zwecke gerechtfertigt ist, wenn sie dazu dient, die Abnehmer auf Alternativen zum Angebot des Markeninhabers hinzuweisen (C-323/09, GRUR 2011, 1124 Rn. 91 – Interflora/Marks & Spencer). Auch in EuGH C-65/12, GRUR 2014, 280 Rn. 60 – Leidseplein Beheer/Red Bull wird deutlich, dass der EuGH auf eine sorgfältige und umfassende Prüfung von Rechtfertigungsgründen Wert legt und die Ausnutzung des Werbewerts einer bekannten Marke nicht bereits als solche für verbotswürdig hält.

11. Fazit

140 **a) Grundsätze.** Die Rechtsprechung des EuGH zu den Markenfunktionen hat der Funktionslehre eine unerwartete Renaissance beschert, die die wissenschaftliche Literatur ebenso wie die Praxis intensiv beschäftigt hat. Dabei hat sich insbesondere mit der L'Oréal-Entscheidung (EuGH C-487/07, GRUR 2009, 756) die Erwartung verbunden, dass die Berücksichtigung der Werbe- und Investitionsfunktion zu einer deutlichen Erweiterung des Markenschutzes führen würde. Bei näherer Betrachtung gibt die Rechtsprechung dafür jedoch nicht viel her.

Von bleibender Bedeutung ist die „L'Oréal"-Rechtsprechung allerdings insoweit, als nunmehr zweifelsfrei davon ausgegangen werden kann, dass der Doppelidentitätstatbestand auch bei Benutzung der Marke in Bezug auf die Waren oder Dienstleistungen des Markeninhabers Anwendung findet; Fehlvorstellungen der Abnehmer über die betriebliche Herkunft spielen insoweit keine entscheidende Rolle (zu den ursprünglich abweichenden Reformplänen der Kommission → Rn. 84). Dies bedeutet zugleich, dass die insoweit geltenden Maßstäbe **europaweit einheitlich** auszulegen sind. 141

Hinsichtlich der inhaltlichen Dimension des Schutzes ist festzuhalten, dass nur dann eine Verletzung anzunehmen ist, wenn die Benutzung entweder der Herkunftsfunktion zuwiderläuft oder sonst eine **Interessenbeeinträchtigung von einiger Schwere** bewirkt. Von wegweisender Bedeutung bleiben insoweit die Schrankenbestimmungen (Art. 14 RL (EU) 2015/2436 und Art. 12 UMV) sowie die Vorschriften über vergleichende Werbung und die diesen Bestimmungen zugrunde liegenden, allgemeinen Rechtsgrundsätze (s. dazu Kur, FS Köhler, 2014, 383 (387)). Dies entspricht auch der Rechtsprechung des BGH, die sich auf der Grundlage der EuGH-Kasuistik herauszubilden beginnt (Hackbarth GRUR Prax 2012, 499 mit Hinweis auf BGH GRUR 2011, 1135 – Große Inspektion für alle VW; s. auch BGH GRUR 2010, 726 – Opel-Blitz II). 142

b) Besonderheiten und Nachteile. Nachteilig bleibt die systematisch wenig geglückte **Struktur** der Prüfung, die auf der Grundlage der Funktionslehre vorzunehmen ist. Statt auf einen weiten Eingangstatbestand („Benutzung als Marke") ein gestaffeltes System zunehmend engmaschiger Prüfungskriterien (Verletzungstatbestand, Schranken) folgen zu lassen, erfolgt die Feinabstimmung, die systematisch sinnvoller bei den Schranken anzusiedeln wäre, in Fällen der Doppelidentität bereits auf der Stufe des Eingangstatbestandes. 143

Alternativ dazu hätte der EuGH an seiner zunächst ohne weitere Begründung statuierten Auffassung festhalten können, dass jede Benutzung der Marke zur Identifizierung und Unterscheidung sowohl der eigenen wie auch der Waren und Dienstleistungen des Markeninhabers den Anwendungsbereich des Markenrechts eröffnet (EuGH C-63/97, GRUR Int 1999, 438 – BMW/Deenik; C-355/96, GRUR 1998, 919 – Silhouette/Schmied; C-228/03 GRUR 2005, 509 – Gillette/LA Laboratories). Damit dies nicht zu einer Überdehnung des Schutzes führt, hätte der EuGH in diesem Fall allerdings bereit sein müssen, die **Schrankenbestimmungen** großzügig auszulegen. Da er insoweit eine eher restriktive Haltung gezeigt hat (insbesondere in EuGH C-48/05, GRUR 2007, 318 – Adam Opel/Autec; s. dazu die Kritik bei Kur GRUR Int 2008, 1 (7)), konnte die inhaltliche Begrenzung des Schutzes in Fällen der referierenden Benutzung tatsächlich nur über die Diskussion der Markenfunktionen erfolgen. In dieser **schutzbegrenzenden Wirkung** – und nicht in der Schutzerweiterung – lag daher der rechtliche Schwerpunkt der Rechtsprechung. 144

Eine bedauerliche Nebenwirkung der Funktionsrechtsprechung des EuGH besteht darin, dass sie zur Beachtung der vom EuGH gewählten Terminologie im Hinblick auf Art und Beeinträchtigung der unterschiedlichen Funktionen zu zwingen scheint. Ihre Umsetzung in die gerichtliche Praxis ist daher häufig **begrifflich und argumentativ überfrachtet:** Statt sich auf die letztlich entscheidende Frage zu konzentrieren, ob die Benutzung einer Marke zu einer gravierenden, mit den Grundsätzen des lauteren Wettbewerbs nicht zu vereinbarenden Verletzung berechtigter Interessen des Markeninhabers führt, müssen sich die Gerichte mit den im Einzelfall heranzuziehenden Funktionen auseinandersetzen. Dies trägt eher zur Verwirrung bei, als dass es zu einer nachvollziehbaren und homogenen Entwicklung des europäischen Markenrechts im Bereich des Doppelidentitätstatbestandes führt. Unter diesem Aspekt ist die in Teilen der Literatur (Hacker GRUR 2009, 333 (337); Ohly, FS Loschelder, 2010, 265; ders. GRUR 2011, 1131; Senftleben IIC 2011, 383) geübte Kritik an der Funktionsrechtsprechung des EuGH berechtigt. Es ist jedoch zu hoffen, dass nach Durchlaufen einer gewissen Konsolidierungsphase – sowie angesichts der Erweiterung des Schrankenkatalogs (→ Rn. 88 f.), durch die das Bedürfnis für die Funktionslehre als übergreifende Schranke des Markenrechts reduziert wird – wieder die gesetzlichen Tatbestände selbst, und nicht die diversen Funktionen der Marke, im Mittelpunkt der Erörterung konkreter Rechtsfragen stehen werden. 145

Einl. MarkenR

II. Marke und Wettbewerb

1. Das europäische Leitbild des unverfälschten Wettbewerbs

146 Ziel der Gründung des EWG war es, die bestehenden Hindernisse für den zwischenstaatlichen Wirtschaftsverkehr zu beseitigen, um auf diese Weise eine „beständige Wirtschaftsausweitung, einen ausgewogenen Handelsverkehr und einen redlichen Wettbewerb" zu gewährleisten (Präambel zum EWG-V, Erwägungsgrund 4). Neben der Abschaffung der Zölle und dem Abbau sonstiger Handelshindernisse wurde daher zu den Zielen des Vertrages auch der „Schutz des Wettbewerbs vor Verfälschung" gezählt (Art. 3 Buchst. f EWG-V). Diese Zielsetzung spielt vor allem im Rahmen des Wettbewerbsrechts (Kartellrecht) eine Rolle, sie ist jedoch auch für andere Bereiche des europäischen Rechts von Bedeutung.

146.1 Der Umstand, dass die Gewährleistung des unverfälschten Wettbewerbs im EUV nicht mehr unter den Zielen der Union aufgeführt wird, sondern lediglich in den Text eines – nach hM rechtsverbindlichen – Protokolls aufgenommen wurde, ändert nichts daran, dass es sich dabei nach wie vor um eine für das europäische Recht prägende Vorgabe handelt.

147 Mit der Gewährleistung unverfälschten Wettbewerbs werden regelmäßig Maßnahmen begründet, die der **Harmonisierung** wettbewerbsrelevanter Vorschriften dienen. Zu diesen zählen auch die Immaterialgüterrechte und nicht zuletzt das Markenrecht: Durch die Herstellung gleicher Voraussetzungen für den Erwerb von Markenschutz und den Schutzumfang von Marken sollte verhindert werden, dass durch die anderenfalls bestehenden Unterschiede der freie Verkehr von Waren und Dienstleistungen behindert und die Wettbewerbsbedingungen im Gemeinsamen Markt verfälscht werden (Erwägungsgrund 2 RL 2008/95/EG).

148 Hiervon abgesehen ist der Leitgedanke des unverfälschten Wettbewerbs auch für die **inhaltliche Gestaltung** des Schutzes und die Auslegung markenrechtlicher Tatbestände von Bedeutung. Der EuGH beruft sich regelmäßig auf dieses Leitbild, um sein Verständnis der Schutzvoraussetzungen, des Schutzumfangs und der Schutzschranken damit zu begründen (Knaak in Drexl/Hilty/Boy/Godt/Remiche (Hrsg.), Technology and Competition/technologie et concurrence, FS Hanns Ullrich, 2009, 123). Allerdings darf dies nicht dazu führen, dass die Entscheidungen des EuGH mit einer in Argumentation und Ergebnis zwingenden Konkretisierung des Prinzips des unverfälschten Wettbewerbs gleichgesetzt werden: Der EuGH ist ebenso wie die anderen Institutionen der EU diesem Leitbild verpflichtet; es liegt nicht in seiner Kompetenz, dessen inhaltliche Koordinaten frei zu gestalten oder abzuändern.

2. Die Sonderstellung des Markenrechts im Wettbewerb

149 Das Verhältnis von Markenrecht und Wettbewerbsrecht (Kartellrecht) unterscheidet sich grundlegend von demjenigen, was für andere Immaterialgüterrechte im Verhältnis zum Prinzip der Wettbewerbsfreiheit gilt. Patentrecht, Musterrechte sowie auch das Urheberrecht greifen in die Freiheit des (Produkt-)Wettbewerbs ein, indem sie dem Rechtsinhaber eine ausschließliche Marktposition im Hinblick auf Herstellung und Vertrieb von Waren (und Dienstleistungen) einräumen, die die geschützte Leistung verkörpern. Im Gegensatz dazu beschränkt das Recht an einer Marke die Freiheit, Waren und Dienstleistungen am Markt anzubieten, grundsätzlich nicht; andere Anbieter müssen lediglich ihre eigene Marke anbringen oder ihr Angebot als „No-Name" vermarkten. Statt den Wettbewerb zu beschränken, macht die Marke **sinnvollen Wettbewerb erst möglich,** indem sie die Nachfrage auf diejenigen Waren und Dienstleistungen lenkt, die positive Resonanz bei den Abnehmern gefunden haben. Daraus ergibt sich zugleich ein Anreiz für andere Marktteilnehmer, in die Attraktivität und Qualität ihrer Angebote zu investieren. Dies wirkt sich wiederum für die Abnehmer positiv aus; ferner profitieren sie insoweit von der Marke, als durch deren Eignung, kaufrelevante Informationen zu bündeln, die Suchkosten im Vorfeld von Kaufentscheidungen gesenkt werden.

149.1 Als grundlegend gilt in diesem Zusammenhang nach wie vor Akerlof, A Market for Lemons: Quality Uncertainty and the Market Mechanism, Quarterly Journal of Economics 1970, 488 ff.; s. auch Landes/Posner, The Economic Structure of Intellectual Property Law, Harvard University Press 2003, 166 ff.

In der modernen Massengesellschaft, die durch ein enorm breites Angebot von Waren 150
und Dienstleistungen gekennzeichnet ist, stellt die Marke somit ein **unverzichtbares Element des Wettbewerbs** dar. Anders als bei anderen Immaterialgüterrechten bleibt diese Funktion auch unabhängig vom Zeitablauf erhalten: Solange Marken am Markt ernsthaft benutzt werden, um ein betriebliches Angebot zu identifizieren und von anderen zu unterscheiden, bleiben sie für die Orientierung der Abnehmer und die Ermöglichung sinnvollen Wettbewerbs notwendig und müssen daher geschützt bleiben.

3. Gebot der Wettbewerbsneutralität

Die positiven Wirkungen des Markenschutzes auf den Wettbewerb setzen voraus, dass die 151
wettbewerblichen Vorteile gegenüber Mitbewerbern allein als Folge der in die betriebliche Leistung getätigten Investitionen auftreten. Davon zu unterscheiden sind Wettbewerbsvorteile, die bereits durch die Eintragung der Marke selbst entstehen. Solche Wettbewerbsvorteile stehen in prinzipiellem Widerspruch zu der besonderen Stellung, die das Markenrecht im System des Immaterialgüterrechts einnimmt: Die „Kreation" einer Marke stellt keine Leistung dar, die von der Rechtsordnung um ihrer selbst willen durch eine wettbewerbliche Ausschlussposition belohnt und geschützt wird. Durch den Rechtsschutz soll lediglich sichergestellt werden, dass dem Inhaber die Vorteile ungeschmälert zufließen, die sich als Folge seiner Leistungen am Markt ergeben. Diesen Grundsätzen zufolge muss der Markenerwerb als solcher möglichst **wettbewerbsneutral** sein. Ferner sollte auch der Schutzumfang der Marke so bemessen sein, dass er allein die Leistungen des Inhabers, und nicht die Besonderheiten prämiiert, die der Marke selbst anhaften.

Das Gebot der Wettbewerbsneutralität wird beim Erwerb von Marken regelmäßig erfüllt, 152
da und soweit die Mitbewerber in der Auswahl eigener Marken nicht oder nicht fühlbar eingeschränkt werden. Dies ist vor allem dann der Fall, wenn die zur Verfügung stehenden Alternativen **praktisch unbegrenzt** sind, wie dies bei Phantasie(wort)marken oder bei den meisten bildlichen Gestaltungen anzunehmen ist. Die Eintragung beschreibender Bezeichnungen würde hingegen den Wettbewerb beeinträchtigen; solche Marken dürfen daher nicht oder nur dann eingetragen werden, wenn sie die Fähigkeit erlangt haben, in der Wahrnehmung der Abnehmer das betriebliche Leistungsangebot des Inhabers zu symbolisieren. In entsprechender Weise ist auch bei anderen Zeichenformen, deren Eintragung als solche den Wettbewerb fühlbar beeinflussen könnte, vom Vorliegen eines Eintragungshindernisses (zu abstrakten Farbmarken → § 8 Rn. 62; zu Warenformmarken → § 8 Rn. 66) oder sogar einem völligen Ausschluss der Eintragbarkeit auszugehen (→ § 3 Rn. 54 ff.).

4. Geschützte Interessen

Ausgehend von dem Grundsatz, dass die Marke ebenso wie andere Immaterialgüterrechte 153
der Gewährleistung von unverfälschtem Wettbewerb dient, sind schließlich auch die **Interessen** zu definieren, an deren Schutz die Bestimmungen des Markenrechts ausgerichtet werden müssen, um der vorgegebenen Zielsetzung gerecht zu werden. So muss die Marke geeignet sein, den Abnehmern verlässliche Orientierung zu bieten; sie muss es dem Markeninhaber ermöglichen, seine betriebliche Leistung am Markt in einer Weise zu präsentieren, die es ihm erlaubt, die Früchte der von ihm getätigten Investitionen zu ernten, und sie darf die Möglichkeiten von Mitbewerbern, den Markeninhaber einem wirksamen und lauteren Wettbewerb auszusetzen, nicht beeinträchtigen; dies gilt jedenfalls dann, wenn diese Beeinträchtigung nicht auf die Attraktionskraft der von der Marke symbolisierten betrieblichen Leistung, sondern auf die der Marke selbst immanenten Besonderheiten zurückzuführen ist.

Aus dem übergeordneten Leitbild des unverfälschten Wettbewerbs folgt zugleich, dass 154
sämtliche genannten Interessen **in ihrer Wertigkeit gleichberechtigt** sind. Keines ist dem anderen prinzipiell übergeordnet, und keines darf vernachlässigt werden oder unberücksichtigt bleiben. Eine Rechtsanwendung, die einzelne dieser Belange von der Berücksichtigung ausklammert, ist mit dem Prinzip des unverfälschten Wettbewerbs unvereinbar. Dies gilt auch dann, wenn nach der Systematik des Gesetzes der Schwerpunkt der jeweiligen Interessen anderen Tatbeständen zugeordnet ist: Auch in diesen Fällen ist eine pauschale Ausklammerung von der vorzunehmenden Prüfung weder sinnvoll noch vom Gesetz geboten. Zumin-

dest ist in solchen Fällen konkret zu fragen, ob den betroffenen Interessen auf andere Weise hinreichend Geltung verschafft werden kann.

III. Eigentumsschutz an Marken

1. Schutz nach dem GG

155 Im deutschen Recht ist anerkannt, dass Immaterialgüterrechte unter den Schutz der **Eigentumsklausel** (Art. 14 GG) fallen. So wurde vom BVerfG festgestellt, dass Urheberrechte nicht ersatzlos entzogen werden dürfen, auch wenn dafür prinzipiell schützenswerte Belange angeführt werden wie die Verwendung im Rahmen von Gottesdiensten und anderen kirchlichen Veranstaltungen (BVerfGE 31, 229 = NJW 1971, 2163 – Kirchenmusik).

156 Dass auch Markenrechte an dem Schutz nach Art. 14 GG teilhaben, ist ebenfalls allgemein anerkannt. Das BVerfG zu hat sich zu dieser Frage in der Entscheidung „Weinbergsrolle" geäußert (BVerfG GRUR 1979, 773 (778) – Weinbergsrolle, im Hinblick auf den Schutz eingetragener Marken; s. auch BVerfG GRUR 1988, 610 – Esslinger Neckarhalde für den Ausstattungsschutz nach § 25 WZG). In Frage stand dabei, ob der Ausschluss einer Lagenbezeichnung von der Eintragung in die Weinbergsrolle eine unzulässige Eigentumsbeschränkung sei. Das BVerfG verneinte diese Frage im Hinblick auf das Recht an geographischen Herkunftsangaben, bejahte sie jedoch im Hinblick auf Marken. Dabei wurde allerdings auch der Unterschied gegenüber früheren Entscheidungen zum Schutz von Immaterialgüterrechten betont: Anders als im Fall der Werkschöpfung durch den Künstler liege die Rechtfertigung für den Schutz nicht in der Hervorbringung schutzwürdiger Werte, die als solche die Zuordnung der wirtschaftlichen Verwertungsbefugnisse als Institutsgarantie gebiete. Die Marke solle vielmehr im Rahmen der schrankenlosen Gewerbefreiheit „der **durchsichtigen Gestaltung der unternehmerischen Leistung** dienen und damit im Wettbewerb eine ausgleichende Wirkung entfalten".

157 Damit wird der Kern des verfassungsrechtlichen Schutzes umrissen: Dieser betrifft die Marke in ihrer wesenseigenen Funktion, zur Orientierung der Abnehmer zu dienen und dadurch zu gewährleisten, dass der Markterfolg der unter der Marke angebotenen Leistung dem Markeninhaber wirtschaftlich zugutekommt. Anders als beim Urheberrecht erfolgt jedoch **keine Gesamtzuweisung** der wirtschaftlichen Verwertungsbefugnisse, die sich auf jegliche Form der Markenbenutzung durch Dritte erstrecken würde.

158 Damit knüpft auch der verfassungsrechtliche Schutz an den Besonderheiten an, die das Markenrecht in seinem Verhältnis zur Wettbewerbsordnung von anderen Immaterialgüterrechten unterscheiden. Es handelt sich somit um eine **systembasierte Differenzierung**, und nicht um eine unzulässige Diskriminierung des Markenrechts gegenüber anderen Arten von Immaterialgüterrechten (aA wohl Fezer Einl. C 3 Rn. 10).

2. EMRK

159 Einen europäischen Grundrechtekatalog hat es bis vor kurzem auf Unionsebene nicht gegeben. Diese Lücke wurde jedoch zum Teil durch die EMRK vom 4.11.1950 geschlossen (Text abrufbar unter http://conventions.coe.int/treaty/ger/treaties/html/005.htm). Dabei handelt es sich um einen völkerrechtlichen Vertrag, zu dessen Einhaltung sich die Mitglieder des Europarates verbindlich verpflichtet haben. Bei Verstößen gegen die EMRK steht den Betroffenen die Möglichkeit offen, sich nach Erschöpfung des ordentlichen Rechtswegs unmittelbar an den **Europäischen Gerichtshof für Menschenrechte** (EGMR) zu wenden.

160 Von besonderem Interesse für das Markenrecht ist dabei zum einen Art. 10 EMRK, der das Recht auf freie Meinungsäußerung statuiert und damit der Kontrolle privater wie auch kommerzieller Kommunikation verfassungsrechtliche Grenzen setzt (s. zB EGMR IIC 1990, 680 markt intern). Zum anderen garantiert Art. 1 EMRKZusProt das **Recht auf Achtung des Eigentums** und erhebt damit den Schutz vor Entzug und ungerechtfertigter Einschränkung eigentumsrechtlich geschützter Positionen zu einem für die Mitglieder des Europarats verbindlichen Grundsatz.

161 Zu den gemäß Art. 1 EMRKZusProt geschützten Rechtspositionen zählen auch Immaterialgüterrechte. Auch **Markenrechte** unterliegen diesem Schutz, der in gewissem Umfang bereits für die Anmeldung gilt: Der Anmelder einer Marke kann erwarten, dass die Anmeldung (nur) auf der Grundlage des anwendbaren Rechts daraufhin geprüft wird, ob sie die materiellen und prozessualen Voraussetzungen erfüllt, um zu einem vollwertigen Markenrecht zu erstarken (EGMR GRUR 2007, 696 Rn. 78 – Budweiser).

Den Anlass für die Entscheidung bot ein in Portugal geführtes Verfahren um die Eintragung der Marke „Budweiser" für Anheuser-Busch. Zum Zeitpunkt der Anmeldung (1981) hatte der Eintragung eine für die tschechische Brauerei Budejovicky Budvar aufgrund des Lissaboner Abkommens zum Schutz von Ursprungsbezeichnungen eingetragene Ursprungsbezeichnung entgegengestanden. Auf den Antrag von Anheuser-Busch hin wurde die Ursprungsbezeichnung gelöscht und die Marke daraufhin eingetragen (1995). Zwischenzeitlich (1986) war jedoch zwischen Portugal und der (damaligen) ČSSR ein bilaterales Abkommen abgeschlossen worden, das ua den Schutz der Bezeichnung „Budweiser" als Herkunftsangabe vorsah. Die Markeneintragung für Anheuser-Busch wurde daher auf Antrag von Budejovicky Budvar gelöscht; Beschwerden dagegen blieben erfolglos. Auf die Beschwerde von Anheuser-Busch hin entschied der EGMR zunächst, dass zum Zeitpunkt des Abschlusses des bilateralen Abkommens die Markenanmeldung lediglich den Status einer Anmeldung gehabt habe und daher nicht in den Schutz von Art. 1 EMRKZusProt komme. Die daraufhin angerufene Große Kammer des EGMR (GRUR 2007, 696) erklärte jedoch, dass bereits Anmeldungen prinzipiell geschützt seien; allerdings sei es im konkreten Fall nicht die Aufgabe des EGMR, die Handhabung des portugiesischen Rechts durch die gerichtlichen Instanzen zu überprüfen. **161.1**

3. Die Grundrechtecharta

Mit dem Inkrafttreten des Vertrags von Lissabon hat sich die Situation im Hinblick auf den Schutz von Grundrechten in der EU in zweifacher Weise geändert. Zum einen sind die **rechtlichen Hindernisse** beseitigt worden, die es der EU einem Gutachten des EuGH zufolge bisher verwehrt hatten, der EMRK beizutreten (EuGH Gutachten 2/94, Slg. 1996, I-1759). In Art. 6 AEUV wird die EU sogar zum Beitritt verpflichtet. Auf dieser Grundlage wurde zwischen der EU und dem Europarat ein Abkommen ausgehandelt, dessen Vereinbarkeit mit EU-Recht vom EuGH jedoch erneut verworfen wurde (EuGH Gutachten 2/13, BeckEuRS 2014, 407776; s. dazu Streinz JuS 2015, 567). **162**

Zum anderen hat sich die EU mit der Grundrechtecharta nunmehr auch selbst an einen Katalog von Grundrechten gebunden. Der **Schutz des Eigentums** ist in Art. 17 EU-GRCharta verankert. In Art. 17 Abs. 1 EU-GRCharta sind der Schutz gegen Enteignung sowie der Grundsatz verankert, dass die Nutzung des Eigentums gesetzlich geregelt werden kann, soweit dies für das Wohl der Allgemeinheit erforderlich ist. Art. 17 Abs. 2 EU-GRCharta enthält den Satz: „Geistiges Eigentum wird geschützt." **163**

Mit dieser lapidaren Regelung wurde zum Teil die Erwartung verbunden, dass Art. 17 Abs. 2 EU-GRCharta zu einer Verstärkung des Schutzes von Immaterialgüterrechten führen würde, zumal die Vorschrift anders als Art. 17 Abs. 1 EU-GRCharta keinen Hinweis auf die Möglichkeit inhaltlicher Einschränkungen des Schutzes enthält. Dem wird jedoch zu Recht entgegen gehalten, dass Art. 17 Abs. 2 EU-GRCharta dem Geistigen Eigentum lediglich den in Abs. 1 bezeichneten Schutz zuweist, so dass sich die inhaltlichen Einschränkungen auf beide Absätze beziehen. Nach zutreffender Betrachtungsweise hat Art. 17 Abs. 2 EU-GRCharta daher lediglich **deklaratorische Bedeutung** und bewirkt keine Änderungen des materiellen Rechts (s. etwa Bernstoff in Meyer, Charta der Grundrechte der Europäischen Union, 4. Aufl. 2014, EU-GRCharta Art. 17 Rn. 15). **164**

4. Fazit

Der Schutz der eigentumsrechtlichen Position der Inhaber von Immaterialgüterrechten setzt den Befugnissen von Gesetzgebung und Rechtspraxis Schranken, soweit durch deren Ausübung die den Rechtsinhabern zugewiesenen Verwertungsmöglichkeiten entzogen oder beeinträchtigt werden. Für das Markenrecht sind insoweit die Besonderheiten zu beachten, die dieses Rechtsgebiet gegenüber den anderen Immaterialgüterrechten prägen. Unter dem besonderen Schutz der Grundrechte auf nationaler wie europäischer Ebene steht somit der **Wesenskern** von Marken, zur Identifizierung und Unterscheidung von Waren und Dienstleistungen nach Maßgabe ihrer betrieblichen Herkunft zu dienen. Inwieweit ein über diesen Wesenskern hinausgehender Schutz gewährt wird, ist hingegen nicht durch die Eigentumsga- **165** rantie festgelegt; insoweit verbleibt dem Gesetzgeber ein weitgehender Gestaltungsspielraum. Dies hindert nicht die Feststellung, dass einmal gewährte Rechtspositionen, auch wenn sie nicht in den Kernbereich des Schutzes fallen, nicht ohne weiteres entzogen werden können.

166 Ferner bleibt zu beachten, dass die Rechte des geistigen Eigentums ebenso wie andere aufgrund der Eigentumsklausel geschützte Rechtspositionen aus Gründen des **öffentlichen Wohls** eingeschränkt werden können. Die Reichweite des Schutzes ist ferner stets gegen die gleichfalls geschützten Rechte anderer abzuwägen, wie insbesondere gegen das Recht auf Meinungs- und Informationsfreiheit und die Freiheit der Kunst (s. BGH GRUR 2005, 583 – Lila Postkarte; Born GRUR 2006, 192; Rohnke/Jonas/Bott/Asschenfeldt GRUR Int 2005, 419).

E. Internationales Markenrecht

I. Allgemeines

1. Bedürfnis für internationale Regelungen

167 Der Überbau des internationalen Rechts spielt im Immaterialgüterrecht eine deutlich größere Rolle als in den meisten anderen Rechtsgebieten. Dies beruht auf einer Reihe von Faktoren: Zum einen erleichtert die **unkörperliche Natur** der Rechte die Verbreitung und Ausnutzung der Schutzgüter in weitem Ausmaß; nationale Grenzen bilden insoweit kein nennenswertes Hindernis. Auf der anderen Seite ist der Hoheitsbereich, innerhalb dessen Schutz gewährt wird, mit dem Territorium einzelner Staaten – ausnahmsweise auch Staatengemeinschaften – identisch, in denen oder für die der Schutz erworben wurde (Territorialitätsprinzip). Die Wirksamkeit des Schutzes außerhalb des eigenen Territoriums kann nur durch zwischenstaatliche Vereinbarungen gesichert werden.

168 Anfangs wurden diese Vereinbarungen zumeist in der Form bilateraler Verträge auf der Basis von Gegenseitigkeit getroffen. Diese Form der Regelung erwies sich jedoch als **zu schwerfällig,** um dem wachsenden Bedürfnis nach rechtlicher Absicherung grenzüberschreitender Geschäftstätigkeit gerecht zu werden. Da sich zudem die Erkenntnis durchsetzte, dass die anerkennungslose Ausbeutung im Ausland hervorgebrachter Leistungen zu gegenseitigem Misstrauen sowie zur Blockade von Wissens- und Informationsaustausch und freiem Handel führte und damit allen schadete, wurde mit dem Abschluss der PVÜ und der RBÜ in den Jahren 1883 und 1886 der Grundstein für das heutige System des internationalen Immaterialgüterrechts gelegt.

168.1 Den Anstoß für die Entwicklung eines robusten, multilateralen Systems zum gegenseitigen Schutz von gewerblichen Schutzrechten haben ua die Erfahrungen im Zusammenhang mit der Weltausstellung in Wien im Jahre 1873 geliefert: Zahlreiche Länder zögerten mit ihrer Teilnahme, da sie aufgrund der damaligen Rechtslage befürchten mussten, dass die vorgestellten Erfindungen gegenüber Nachahmungen schutzlos bleiben würden. Kurzfristige Abhilfe wurde durch eine spezielle Gesetzgebung zum zeitweiligen Schutz der Patente und Marken aller an der Ausstellung teilnehmenden Ausländer geschaffen. Ferner wurde im gleichen Jahr der Wiener Kongress zur Reform des internationalen Patentrechts einberufen, auf dem eine Reihe von Grundsätzen eines künftigen internationalen Patentrechtssystems erarbeitet wurde. Es folgte der Internationale Kongress zum gewerblichen Rechtsschutz in Paris (1878), der die Einberufung einer Diplomatischen Konferenz zur Schaffung der Grundlagen einheitlicher Gesetzgebung im Bereich des gewerblichen Rechtsschutzes forderte. Die französische Regierung nahm sich dieser Aufgabe an und versandte einen Entwurf zur Schaffung eines internationalen Verbands zum Schutz des gewerblichen Eigentums, mit der Einladung zur Teilnahme an einer vorbereitenden internationalen Konferenz im Jahre 1880. Bereits bei jener Konferenz wurden wesentliche Bestimmungen beschlossen, die noch heute den Kern der PVÜ ausmachen. Die PVÜ wurde schließlich 1883 bei einer Diplomatischen Konferenz in Paris von elf Staaten angenommen: Belgien, Brasilien, El Salvador, Frankreich, Guatemala, Italien, den Niederlanden, Portugal, Serbien, Spanien und der Schweiz. Zum Zeitpunkt des Inkrafttretens am 7.7.1884 waren ferner auch das Vereinigte Königreich, Tunesien und Ecuador beigetreten. Der Beitritt Deutschlands erfolgte zum 1.5.1903. Die Anzahl der PVÜ-Mitglieder beläuft sich gegenwärtig auf 176 (der jeweils aktuelle Stand der Mitglieder ist abrufbar unter http://www.wipo.int/treaties/en/ShowResults.jsp?lang=en&treaty_id=2).

2. Arten von Abkommen

Eine wesentliche Aufgabe internationaler Abkommen im Bereich des Immaterialgüter- 169
rechts besteht in der Festlegung **materieller Grundsätze,** die die teilnehmenden Staaten
im Umgang mit Angehörigen anderer Mitgliedstaaten zu beachten haben. Die insoweit für
den gewerblichen Rechtsschutz nach wie vor gültigen Regeln der PVÜ wurden zuletzt
durch das 1994 abgeschlossene TRIPS-Abkommen verstärkt, das zu einer deutlichen Anhebung von Schutzniveau und Dichte international verbindlicher Vorschriften geführt hat.

Sowohl PVÜ als auch RBÜ gestatten ihren Mitgliedern den Abschluss von Sonderabkom- 170
men für bestimmte Zwecke (Art. 19 PVÜ; Art. 20 RBÜ). Hierzu zählen im Fall der gewerblichen Schutzrechte (Marken, Patente, Design etc) insbesondere die Abkommen über die
internationale Registrierung, die den Erwerb von Schutzrechten in einer Vielzahl von
Ländern erleichtern. Die für das Markenrecht einschlägigen Regelungen finden sich im
Madrider Markensystem, das 1891 durch das MMA begründet wurde und das heute vor
allem in der Form des PMMA (1989) praktische Bedeutung besitzt (→ Rn. 201 ff.).

Eine weitere praktisch bedeutsame Form internationaler Abkommen sind die **Klassifika-** 171
tionsabkommen, die der Vereinheitlichung der bei nationalen und regionalen Ämtern für
die Einteilung von Anmeldungen und Eintragungen geltenden Ordnungsschemata dienen.
Für Marken gilt insoweit das NKA (→ Rn. 205).

Eine Mittelstellung zwischen den materiellen Regelungen der PVÜ und TRIPS auf der 172
einen und dem Madrider System auf der anderen Seite nimmt schließlich der Markenrechtsvertrag (TLT) ein, dem 2006 der Vertrag von Singapur (STLT) folgte. In diesen Verträgen
geht es um die Vereinheitlichung bzw. Begrenzung der für die Anmeldung und Eintragung
von Marken geltenden **Formalitäten** (→ Rn. 209 ff.).

In der PVÜ (Art. 1 PVÜ, Art. 10 PVÜ) sowie in TRIPS (Art. 22–24 TRIPS) werden auch **geogra-** 172.1
phische Herkunftsangaben bzw. Ursprungsbezeichnungen zum Bereich des Immaterialgüterrechts
gezählt. Dem Schutz solcher Bezeichnungen gelten eine Reihe weiterer internationaler Abkommen,
so insbesondere das Madrider Abkommen über die Unterdrückung falscher oder irreführender Herkunftsangaben auf Waren (1891) und das Lissaboner Abkommen über den Schutz von Ursprungsbezeichnungen und ihre internationale Registrierung (1958). Deutschland ist Mitglied des Madrider
Herkunftsabkommens, ist jedoch dem Lissaboner Ankommen nicht beigetreten. Ferner gelten in diesem
Bereich eine große Anzahl bilateraler Abkommen. Auf Einzelheiten des internationalen Schutzes geographischer Herkunftsangaben wird im Folgenden nicht eingegangen (→ § 126 Rn. 2 f.).

In einem speziellen internationalen Abkommen ist der Schutz der Olympischen Symbole geregelt 172.2
(Vertrag von Nairobi zum Schutz des olympischen Symbols, 1981). Deutschland ist nicht Mitglied
dieses Vertrages; gleichwertigen Schutz bietet jedoch das Gesetz zum Schutz des olympischen Emblems
und der olympischen Bezeichnungen (OlympSchG) von 2004.

3. Allgemeine Grundsätze

a) **Inländerbehandlung.** Das Grundprinzip des internationalen Markenrechts wie auch 173
des internationalen Immaterialgüterrechts insgesamt besteht in der Verpflichtung der Mitgliedstaaten auf das Prinzip der Inländerbehandlung (Art. 2 PVÜ; s. auch Art. 3 TRIPS).
Angehörige anderer Verbandsländer müssen in rechtlicher Hinsicht den Angehörigen des
Mitgliedslandes gleich gestellt werden, für das im konkreten Fall Schutz begehrt wird.

Ausnahmen hiervon sind insoweit zulässig, als sie Regelungen des **gerichtlichen** 174
oder Verwaltungsverfahrens betreffen. Dazu zählt insbesondere die nach dem Recht des
Schutzlandes ggf. bestehende Verpflichtung, für solche Verfahren einen im Schutzland ansässigen Vertreter zu benennen. Während solche Regelungen nach Art. 2 Abs. 3 PVÜ ohne
weiteres zulässig sind, schränkt Art. 3 Abs. 2 TRIPS diese Möglichkeit insoweit ein, als
Ausnahmen vom Prinzip der Inländerbehandlung auch in Verfahrensfragen nur unter der
Voraussetzung zulässig sind, dass sie zur Einhaltung von Gesetzen und Vorschriften notwendig
sind, die ihrerseits nicht gegen TRIPS verstoßen, und die nicht zu einer verschleierten
Handelsbeschränkung führen.

b) **Mindestschutz.** Neben dem Prinzip der Inländerbehandlung, das generell der Verhin- 175
derung von Diskriminierungen dient und bereits dadurch den Angehörigen anderer Verbandsländer ein gewisses Minimum an Schutz garantiert, legen PVÜ und TRIPS auch eine

Einl. MarkenR Einleitung

Reihe materieller Grundsätze fest, die dem von den Abkommen begünstigten Personenkreis ein verbindliches **Mindestmaß an materiellem Schutz** zusichern. Diese Mindestregeln gelten unabhängig vom Prinzip der Inländerbehandlung; sie müssen also auch dann eingehalten werden, wenn das nationale Recht selbst ein geringeres Ausmaß an Schutz vorsieht.

176 Obwohl sie lediglich den von dem Abkommen Begünstigten zugutekommen und nicht zu einer allgemeinen Harmonisierungsverpflichtung führen, wirken sich die Mindestschutz-Regelungen in der Praxis im Sinne einer **internationalen Harmonisierung** des materiellen Rechts aus. Dies gilt insbesondere für das TRIPS-Abkommen mit seinen detaillierten Regelungen, die den gesetzgeberischen Spielraum der Mitgliedsländer zum Teil erheblich einengen.

176.1 Dass die Mitgliedstaaten der nationalen Abkommen über das in den Mindestbestimmungen festgelegte Schutzniveau hinausgehen können, ergibt sich aus dem Gesamtkonzept der Regelung; so ist insbesondere der Grundsatz der Inländerbehandlung vor dem Hintergrund sinnvoll und wichtig, dass die nationalen Vorschriften einen inhaltlich weitergehenden Schutz vorsehen. In Art. 1 Abs. 1 S. 2 TRIPS wird dieser Grundsatz explizit festgelegt; allerdings gilt dies nur insoweit, als der weitergehende Schutz dem TRIPS-Abkommen nicht zuwiderläuft.

177 **c) Begünstigter Personenkreis.** Vom Prinzip der Inländerbehandlung ebenso wie von den Mindestregelungen der PVÜ und TRIPS werden in erster Linie die **Angehörigen anderer Verbandsländer** begünstigt (Art. 2 PVÜ, Art. 3 TRIPS). Bei natürlichen Personen ist insoweit der formelle Aspekt der Staatsangehörigkeit ausschlaggebend; bei juristischen Personen ist die Qualifizierung nach den Rechtsvorschriften des Landes vorzunehmen, in dem der Schutz begehrt wird (Bodenhausen PVÜ Art. 2 Abs. 1 Buchst. a S. 20). Den Angehörigen von Verbandsländern gleichgestellt sind ferner Personen und Unternehmen, deren Lebensumstände und/oder Geschäftstätigkeit enge und dauerhafte Bezugspunkte zu dem Verbandsland aufweisen. Nach Art. 3 PVÜ gilt dies für Personen, die ihren Wohnsitz oder eine Geschäftsniederlassung in dem Verbandsland haben, soweit diese nicht nur zum Schein besteht.

178 **d) Meistbegünstigungsgrundsatz.** Das Prinzip der Inländerbehandlung wurde in Art. 4 TRIPS um das Prinzip der **Meistbegünstigung** ergänzt. Während der Inländerbehandlungsgrundsatz die Diskriminierung von Personen aufgrund ihrer Zugehörigkeit zu anderen Verbandsländern verbietet, verhindert das aus dem internationalen Handelsrecht stammende Meistbegünstigungsprinzip die Diskriminierung im Verhältnis zwischen verschiedenen Staaten, die demselben Handelssystem angehören: Vergünstigungen, die einem Staat eingeräumt werden, müssen sofort und bedingungslos auch den anderen zur Verfügung gestellt werden (Art. 4 Abs. 1 TRIPS).

179 **Ausgenommen** von dieser Verpflichtung sind (ua) Vergünstigungen und Sonderrechte, die sich aus internationalen Übereinkünften zum Schutz des geistigen Eigentums ergeben, soweit diese dem Rat für TRIPS notifiziert werden, vor dem Inkrafttreten des TRIPS-Abkommens in Kraft getreten sind und keine willkürliche oder ungerechtfertigte Diskriminierung von Angehörigen anderer Mitgliedsländer darstellen (Art. 4 Abs. 1 Buchst. d TRIPS).

179.1 Einen Anwendungsfall stellt Art. 5 des deutsch-schweizer Abkommens betreffend den gegenseitigen Patent-, Muster- und Markenschutz vom 13.4.1892 dar (s. dazu Fezer Int. MarkenR Rn. 41 ff.). Danach entstehen die Rechtsnachteile mangelnder Benutzung eines Schutzrechts (einschließlich von Marken) nicht, soweit die Benutzung im jeweils anderen Vertragsstaat vorgenommen wurde. Die Vorschrift wurde nach Art. 4 Abs. 1 Buchst. d TRIPS notifiziert; sie bleibt somit in Kraft und führt dazu, dass die Benutzung einer Marke in der Schweiz (unabhängig von der Nationalität des Inhabers) für die Aufrechterhaltung des Rechts in derselben Weise zu berücksichtigen ist, wie dies bei einer Benutzung in Deutschland der Fall wäre. Zur (mangelnden) Wirksamkeit des Abkommens für die Beurteilung der ernsthaften Benutzung iSv Art. 15 UMV s. EuGH C-445/12 P, GRUR Int 2014, 161 – Rivella/HABM (BASCAYA).

180 Im Bereich des Immaterialgüterrechts kommt dem Meistbegünstigungsgrundsatz im Regelfall nur **geringe Bedeutung** zu, da und soweit die gegenüber anderen Mitgliedsländern eingegangenen Verpflichtungen zur Einführung oder Änderung gesetzlicher Vorschrif-

ten führen, die bereits aufgrund des Inländerbehandlungsgrundsatzes allen Angehörigen anderer Verbandsländer zugutekommen würde. Ausnahmen werden nur in wenigen Fällen relevant.

Von Seiten Deutschlands wurden unter Art. 4 Buchst. d TRIPS sämtliche multilateralen und bilateralen Verträge mit Bestimmungen zum Schutz von Immaterialgüterrechten notifiziert, in denen Deutschland Mitglied ist; darunter eine Reihe von Gegenseitigkeitsverträgen zum Schutz von Immaterialgüterrechten vom Beginn des vergangenen Jahrhunderts, die vor dem Beitritt zu PVÜ und RBÜ abgeschlossen wurden; s. WTO-Dokumente IP/N/4/DEU/1, IP/N/4/DEU/2 und IP/N/4/DEU/3. Dazu zählt auch die in einem Abkommen mit der Schweiz enthaltene Regelung, der zufolge Benutzungshandlungen in der Schweiz als ernsthafte Benutzung iSd Vorschriften über den Benutzungszwang darstellen (→ Rn. 179.1). **180.1**

4. Institutionen

Die Verwaltung der internationalen Abkommen im Bereich des Immaterialgüterrechts, PVÜ und RBÜ mit ihren Nebenabkommen, oblag zunächst den Vereinigten Internationalen Büros für Geistiges Eigentum (Bureaux Internationaux Réunis pour la Propriété Intellectuelle, BIRPI) mit Sitz in Bern. Seit 1971 liegt die zentrale Zuständigkeit in Fragen des internationalen Immaterialgüterrechts bei der 1967 als Sonderorganisation der UNO in Genf gegründeten **WIPO**. Neben der Administration der internationalen Eintragung von Schutzrechten zählt zu den Aufgaben der WIPO insbesondere die Vorbereitung von Revisionskonferenzen der PVÜ und RBÜ sowie der auf deren Grundlage abgeschlossenen Sonderabkommen, sowie darüber hinaus die Erfüllung von Aufgaben, die der WIPO von ihren Mitgliedsländern im Hinblick auf die Fortentwicklung des Systems des internationalen Immaterialgüterrechts zugewiesen werden. Die Behandlung spezifischer Themen wird fortlaufend in Ständigen Ausschüssen betrieben; Entscheidungen über den Abschluss neuer oder die Änderung bestehender Abkommen erfolgen im Rahmen Diplomatischer Konferenzen. **181**

Zu den von der WIPO wahrgenommenen Aufgaben gehören auch Etablierung und Betrieb des Zentrums für Schieds- und Schlichtungsverfahren in Immaterialgütersachen, in dessen Rahmen auch Domainnamen-Streitigkeiten nach Maßgabe der ICANN-UDRP behandelt werden (→ Rn. 219). **181.1**

Für die mit dem TRIPS-Abkommen zusammenhängenden Aufgaben ist die **WTO** zuständig, die ihren Sitz ebenfalls in Genf hat. Die Aufsicht über die Einhaltung des Abkommens ebenso wie Entscheidungen über dessen Weiterentwicklung obliegt dem aus Vertretern der Mitgliedsländer zusammengesetzten „Rat für TRIPS". Die laufenden Geschäfte werden auf Ministerialebene behandelt. **182**

5. Sanktionierung von Verstößen

Mit dem Beitritt zu einem internationalen Abkommen **verpflichten** sich die vertragsschließenden Parteien zur Einhaltung der damit übernommenen Verbindlichkeiten. Da und soweit es an einem einheitlichen, übergeordneten Gerichtssystem fehlt, bleibt die mangelnde Einhaltung dieser Verpflichtungen jedoch häufig ungeahndet. **183**

Dem Grunde nach kann bei Verstößen gegen internationale Verpflichtungen der seit 1945 bestehende **IGH** in Den Haag angerufen werden. Es besteht jedoch keine automatische Zuständigkeit des IGH für die Nichteinhaltung internationaler Verträge; die Möglichkeit, den IGH in solchen Fällen anzurufen, muss vielmehr in dem Vertragswerk selbst festgeschrieben werden. Entsprechende Bestimmungen sind sowohl in der PVÜ (Art. 28 PVÜ) als auch in der RBÜ (Art. 33 RBÜ) enthalten. Verstöße gegen die beiden Abkommen sind jedoch noch niemals vor dem IGH verhandelt worden. **184**

Von wesentlich größerer Bedeutung und Effizienz ist das **Sanktionssystem des WTO/ TRIPS-Abkommens.** **185**

Im Fall von Verstößen kann sich jedes Mitgliedsland an den Rat für TRIPS wenden, um Konsultationen mit dem betroffenen Staat einzuleiten. Bleiben diese ohne Erfolg, wird ein Verfahren vor dem Streitbeilegungsorgan (Dispute Settlement Body) eingeleitet, das in erster Instanz von einem mit drei Mitgliedern besetzten, ad hoc gebildeten Panel geführt wird. Gegen den Bericht des Panels kann die unterlegene Partei Beschwerde zum Ständigen Beschwerdeausschuss einlegen. **185.1**

Einl. MarkenR Einleitung

186 Das Verfahren ist aus dem Streitbeilegungsverfahren zum GATT entwickelt worden; es ist jedoch deutlich „gerichtsförmiger" als jenes. Vor allem erlangen Berichte des Panels oder des Ständigen Beschwerdeausschusses bereits dann **Verbindlichkeit**, wenn sie nicht einstimmig im Rat für TRIPS abgelehnt werden, während es im früheren GATT-Verfahren genau umgekehrt war: Der Bericht konnte nur mit den Stimmen aller Mitglieder angenommen werden (zu weiteren Einzelheiten des Verfahrens s. Dörmer IIC 2000, 1; Hohmann EuZW 2000, 421).

187 Als Sanktion für festgestellte Verstöße sieht das WTO-Streitbeilegungsverfahren insbesondere **Strafzölle und sonstige Ausgleichszahlungen**, aber uU auch Retorsion vor. Dabei müssen die Maßnahmen nicht das gleiche Gebiet betreffen, auf dem der Verstoß festgestellt wurde: So können TRIPS-spezifische Anforderungen an den Schutz von Immaterialgüterrechten uU ausgesetzt werden, um Verstöße auf anderen Gebieten der Handelspolitik zu sanktionieren.

187.1 Das Markenrecht hat bisher relativ selten Anlass für die Durchführung von WTO-Verfahren gegeben. Bisher sind die folgenden Verfahren geführt worden bzw. noch anhängig:
- DS59, Indonesia – Certain Measures Affecting the Automobile Industry: Ein von der indonesischen Regierung aufgelegtes Programm zur Unterstützung der einheimischen Automobilindustrie machte die Inanspruchnahme der Förderung ua davon abhängig, dass das Unternehmen oder Joint Venture eine in indonesischem Besitz befindliche Marke benutzte – Verstoß gegen Art. 3 TRIPS insoweit abgelehnt;
- DS174, European Communities – Protection of Trademarks and Geographical Indications for Agricultural Products and Foodstuffs: Zur Vereinbarkeit verschiedener Reglungen der VO (EG) Nr. 2081/92 (jetzt: VO (EU) Nr. 1151/2012; → § 130 Rn. 2; → § 130 Rn. 2) mit (ua) Art. 3 und Art. 16 TRIPS – Verstoß gegen Art. 3 bejaht; gegen Art. 16 mit Hinweis auf Art. 17 TRIPS verneint;
- DS176, United States – Section 211 Omnibus Appropriations Act of 1998: Beschwerde wegen amerikanischer Gesetzgebung über den Schutz und die Verwertung von Marken, die Zuge der kubanischen Revolution enteignet worden waren – Verstoß gegen Art. 3 TRIPS zum Teil bejaht; Verstöße gegen Art. 6bis und 6quinqies PVÜ verneint;
- DS362, China – Measures Affecting the Protection and Enforcement of Intellectual Property Rights: Zur Frage ausreichender (strafrechtlicher) Sanktionierung von Immaterialgüterrechtsverletzungen in China – Verstoß teilweise bejaht.
- DS434, 435, 441, Australia – Certain Measures Concerning Trademarks and Other Plain Packaging Requirements Applicable to Tobacco Products and Packaging: Zur Frage der TRIPS-Kompatibilität der australischen Gesetzgebung zu „Plain Packaging"; anhängiges Verfahren (→ Rn. 284 ff.).

II. Die einzelnen Abkommen im Überblick

1. PVÜ

188 **a) Allgemeine Grundsätze.** Die Regelungen der PVÜ beziehen sich auf den Schutz des **gewerblichen Eigentums** (Art. 1 Abs. 1 PVÜ). In Art. 1 Abs. 2 PVÜ wird insoweit präzisiert, dass dazu neben Patenten, Gebrauchsmustern und Designs („gewerbliche Muster und Modelle") auch Fabrik- oder Handelsmarken, Dienstleistungsmarken, Handelsnamen, geographische Herkunftsangaben und Ursprungsbezeichnungen sowie schließlich auch benachbarte Bereiche des Rechts gegen Unlauteren Wettbewerb gezählt werden.

189 Außer den speziell auf die einzelnen Rechte zugeschnittenen Mindestrechten (→ Rn. 190) enthält die PVÜ auch eine Reihe schutzrechtsübergreifender Regelungen. Neben dem Grundsatz der Inländerbehandlung (→ Rn. 173) ist dies vor allem der in Art. 4 PVÜ geregelte **Prioritätsgrundsatz**. Dieser besagt, dass die vorschriftsmäßige Anmeldung von Schutzrechten in einem Verbandsland auch in anderen Verbandsländern prioritätsbegründend wirkt, wenn sie innerhalb eines bestimmten Zeitraums unter Berufung auf die Priorität vorgenommen wird. Für Marken (und Designs) beträgt die Prioritätsfrist sechs Monate. Der Prioritätsgrundsatz der PVÜ ist auch für das MarkenG sowie die UMV maßgeblich (§ 34; Art. 29 UMV).

190 **b) Materielle Vorschriften.** Die für Marken und andere Kennzeichen geltenden **Mindestrechte** werden im Folgenden nur stichwortartig erwähnt; soweit sie von größerem praktischem Interesse sind, werden sie unter → Rn. 225 ff. näher behandelt.

- Art. 5 C PVÜ bindet die Löschung von Marken wegen Nichtbenutzung an bestimmte Voraussetzungen; so darf die Löschung erst nach „angemessener Frist" sowie dann vorgenommen werden, wenn keine Rechtfertigungsgründe für die Untätigkeit vorliegen (→ Rn. 277);
- Art. 6 PVÜ bestimmt, dass Marken in verschiedenen Ländern unabhängig voneinander geschützt werden;
- Art. 6bis PVÜ statuiert, dass notorisch bekannte Marken unabhängig von der Eintragung im Schutzland gegen die Eintragung und Benutzung durch Dritte zu schützen sind (→ Rn. 251 ff.);
- Art. 6ter PVÜ normiert ein Eintragungshindernis für Hoheitszeichen, amtliche Prüf- und Gewährzeichen sowie die Zeichen zwischenstaatlicher Organisationen;
- Art. 6^{quater} PVÜ legt fest, dass – falls die Marke nach nationalem Recht nur zusammen mit dem Geschäftsbetrieb übertragen werden darf – die Übertragung des in dem betreffenden Land befindlichen Betriebsteils ausreichen muss;
- Art. 6^{quinquies} PVÜ gestattet dem Inhaber einer im Ursprungsland rechtsgültig eingetragen Marke, die Eintragung der Marke in der gleichen Form („telle quelle") auch in anderen Verbandsländern zu verlangen, soweit nicht bestimmte Schutzhindernisse vorliegen (→ Rn. 237 ff.);
- Art. 6^{sexies} PVÜ verlangt den Schutz von Dienstleistungsmarken (→ Rn. 227 ff.);
- Art. 6^{septies} PVÜ gewährt Abwehransprüche gegen Agenten oder Vertreter, die im eigenen Namen unbefugt Marken angemeldet haben (→ § 11 Rn. 1);
- Art. 7 PVÜ stellt klar, dass die Art des Erzeugnisses, für das die Marke benutzt werden soll, keinen Hinderungsgrund für eine Markeneintragung darstellen darf;
- Art. 7bis PVÜ verpflichtet die Mitgliedsländer, Verbandsmarken auch ohne Vorliegen eines Geschäftsbetriebs einzutragen und zu schützen;
- Art. 8 PVÜ bestimmt, dass der Schutz von Handelsnamen nicht von der Eintragung abhängig gemacht werden darf (→ Rn. 268 ff.);
- Art. 9 PVÜ und Art. 10 PVÜ statuieren die Verpflichtung, widerrechtlich mit einer Marke, einem Handelsnamen oder einer geographischen Herkunftsangabe gekennzeichnete Waren bei der Einfuhr zu beschlagnahmen. An die Stelle der Grenzbeschlagnahme können aber auch die Beschlagnahme im Inland oder sonstige, den Angehörigen des Mitgliedslandes zustehende Rechtsbehelfe treten;
- Art. 10bis PVÜ hält die Mitgliedsländer dazu an, Schutz gegen unlauteren Wettbewerb einschließlich von Schutz gegen die Hervorrufung von Verwechslungsgefahr zu gewähren.

2. TRIPS

a) Hintergrund und Grundsätze. Das TRIPS-Abkommen ist Folge der Einbeziehung von „handelsbezogenen Aspekten des geistigen Eigentums" in die Uruguay-Runde der GATT-Verhandlungen. Hintergrund dafür war, dass die zunehmende Polarisierung der Standpunkte zum Immaterialgüterrecht, die von den industrialisierten Staaten der westlichen Hemisphäre auf der einen und den Entwicklungsländern sowie den Staaten des damaligen Ostblocks auf der anderen Seite eingenommen wurden, zu einer Blockade der Verhandlungen im Rahmen der WIPO geführt hatte. Mit dem Argument, dass die besonders in den 1980er Jahren zu beobachtende Zunahme des Anteils gefälschter oder sonst rechtswidrig hergestellter Produkte am globalen Warenaustausch zu Verzerrungen des Handelsströme führt, wurde das Thema in den Kontext des **internationalen Handelsrechts** überführt. Auf diese Weise konnte das Versprechen erleichterten Marktzugangs als Hebel eingesetzt werden, um die in einer Reihe von Ländern bestehenden Widerstände gegen eine fühlbare Anhebung des Schutzniveaus zu überwinden.

Tatsächlich hat das 1994 als Anhang zum WTO-Vertrag beschlossene TRIPS-Abkommen die zuvor geltenden Schutzstandards in allen Bereichen des Immaterialgüterrechts deutlich gesteigert. Dabei baut es auf der PVÜ und der RBÜ in ihrer jeweils letzten Fassung auf; diese müssen von den WTO-Mitgliedern ebenso wie die zusätzlichen, in TRIPS selbst enthaltenen Bestimmungen beachtet werden (sog. **„Paris-"** bzw. **„Bern-Plus"-Ansatz**; Art. 2 bzw. 9 TRIPS).

Einl. MarkenR Einleitung

193 Im Allgemeinen Teil von TRIPS werden ferner die Grundsätze der Inländerbehandlung und der Meistbegünstigung statuiert (→ Rn. 173; → Rn. 178). In Art. 7 und 8 TRIPS sind die **Ziele und Grundsätze** des TRIPS-Abkommens genannt, denen für die Interpretation der den Mitgliedern obliegenden Verpflichtungen uU erhebliche Bedeutung zukommt.

193.1 Dies gilt allerdings weniger für das Markenrecht als für das Urheber- und insbesondere für das Patentrecht. So haben Art. 7 TRIPS und vor allem Art. 8 TRIPS eine wichtige Rolle im Rahmen des sog. Doha-Prozesses gespielt, der zum Verzicht der WTO-Mitgliedsländer auf die Durchsetzung ihrer Rechte nach Art. 31 Buchst. f TRIPS geführt hat, um dadurch die Belieferung von Entwicklungsländern mit Medikamenten zur Bekämpfung der Volksseuchen HIV/Aids, Tuberkulose und Malaria zu erleichtern (Hestermeyer GRUR 2004, 194, 195).

194 Keine ausdrückliche Regelung wurde im Hinblick auf den **Erschöpfungsgrundsatz** getroffen. Art. 6 TRIPS stellt insoweit lediglich fest, dass diese Frage vorbehaltlich der Art. 3 TRIPS und Art. 4 TRIPS nicht im Rahmen des Streitbeilegungsverfahrens behandelt werden kann.

195 **b) Materielle Vorschriften zum Markenschutz.** Ebenso wie im Fall der PVÜ (→ Rn. 190) erfolgt an dieser Stelle lediglich eine stichwortartige Aufzählung; zu einzelnen Fragen des materiellen Rechts → Rn. 225 ff.
- Art. 15 TRIPS enthält eine Definition der als Marke eintragbaren Zeichen und begrenzt die zulässigen Eintragungshindernisse (→ Rn. 230 ff.);
- Art. 16 TRIPS bestimmt den Umfang der Rechte, die Marken (mindestens) zu gewähren sind (→ Rn. 247 ff.);
- Art. 17 TRIPS regelt die Zulässigkeit von Schrankenbestimmungen nach Maßgabe eines „Zwei-Stufen-Tests" (→ Rn. 272 ff.);
- Art. 18 TRIPS legt die Schutzdauer von Marken auf mindestens sieben Jahre fest und statuiert, dass Markeneintragungen unbegrenzt verlängert werden können müssen;
- Art. 19 TRIPS enthält Präzisierungen im Hinblick auf den Benutzungszwang (→ Rn. 277 ff.);
- Art. 20 TRIPS verbietet es, die Benutzung von Marken in ungerechtfertigter Weise durch besondere Erfordernisse zu erschweren (→ Rn. 281 ff.).
- Art. 21 TRIPS stellt fest, dass Marken mit oder ohne dazugehörigen Geschäftsbetrieb übertragen werden können müssen und verbietet Zwangslizenzen (→ Rn. 292 ff.).

196 **c) Verfahren und Sanktionen – allgemeine Grundsätze.** Das TRIPS-Abkommen geht nicht allein über das materielle Schutzniveau der PVÜ hinaus; das Gleiche gilt auch für die Regelungen im Hinblick auf Verfahren und Sanktionen. So bestimmt Art. 62 TRIPS, dass Verfahren, die zum **Rechtserwerb** führen, innerhalb einer angemessenen Frist durchgeführt werden müssen, um ungerechtfertigte Verkürzungen der Schutzdauer zu vermeiden. Ferner müssen Entscheidungen in solchen Verwaltungsverfahren begründet sein und dürfen das Recht auf rechtliches Gehör nicht verletzen (Art. 62 Abs. 4 TRIPS iVm Art. 41 Abs. 3 und Abs. 4 TRIPS); sie müssen ferner der Überprüfung durch die ordentlichen Gerichte unterliegen (Art. 62 Abs. 5 TRIPS). Art. 15 Abs. 5 TRIPS bestimmt ferner, dass Marken vor oder nach ihrer Eintragung veröffentlicht werden müssen und dass Dritte angemessene Gelegenheit erhalten müssen, die Löschung zu beantragen. Widerspruchsverfahren werden lediglich als Option genannt.

197 Art. 41 TRIPS statuiert die allgemeinen Pflichten der Mitgliedstaaten im Hinblick auf die **Rechtsdurchsetzung**. Erforderlich sind wirksame Maßnahmen gegen jede Rechtsverletzung, einschließlich von Eilverfahren zur Verhinderung von Verletzungen sowie Rechtsbehelfe zur Abschreckung weiterer Verletzungen. Zu diesem Ziel sind zivilrechtliche, strafrechtliche und verwaltungsrechtliche Sanktionen vorzusehen. Neben Unterlassungs- und Schadensersatzansprüchen (Art. 44 TRIPS; Art. 45 TRIPS) zählen dazu auch Maßnahmen, die die endgültige Entfernung rechtsverletzender Waren vom Markt bewirken, wie insbesondere die Vernichtung (Art. 46 TRIPS). Ansprüche auf Drittauskunft sind als optionale Maßnahme vorgesehen (Art. 47 TRIPS). Einstweilige Maßnahmen müssen von den Zivilgerichten auch ohne vorherige Anhörung des Gegners getroffen werden können, wenn anderenfalls ein wahrscheinlich nicht wieder gutzumachender Schaden entstehen würde oder wenn die Vernichtung von Beweisen droht (Art. 50 Abs. 2 TRIPS); allerdings muss in einem solchen

Fall der Gegner unverzüglich nach dem Vollzug der Maßnahme benachrichtigt werden (Art. 50 Abs. 4 TRIPS). In jedem Fall muss nach einer Entscheidung im Einstweiligen Verfahren innerhalb einer kurz bemessenen Frist ein ordentliches Verfahren eingeleitet werden; anderenfalls wird die Maßnahme aufgehoben. Die Parteien können aber stattdessen das Verfahren auch durch Abschlussschreiben übereinstimmend für erledigt erklären.

d) Besondere Regelungen für Pirateriewaren. Den wesentlichen Anlass für den Abschluss des TRIPS-Abkommens bildete die **Zunahme der Markenpiraterie** in den 1980er Jahren. Die effiziente Sanktionierung der Nachahmung von Markenwaren stellt daher ein besonderes Anliegen von TRIPS dar. Um diese Fälle von „normalen" Markenverletzungen zu unterscheiden, enthält Fußnote 14a zu Art. 51 TRIPS eine Definition von „nachgeahmten Markenwaren", die auf die mangelnde Unterscheidbarkeit echter und nachgeahmter Waren abstellt. Im Hinblick auf solche Waren besteht eine Verpflichtung der Mitgliedsländer, Verfahren vorzusehen, die es dem Markeninhaber erlauben, einen Antrag auf Grenzbeschlagnahme zu stellen. 198

Auf nachgeahmte Markenwaren bezieht sich ferner auch die in Art. 61 TRIPS niedergelegte Verpflichtung, **strafrechtrechtliche Sanktionen** vorzusehen; dies gilt allerdings nur, wenn die Verletzung vorsätzlich sowie in gewerbsmäßigem Umfang erfolgt. 199

Im WTO-Streitbeilegungsverfahren DS362, China – Measures Affecting the Protection and Enforcement of Intellectual Property Rights ging es um die Frage, ob Regelungen des chinesischen Rechts, die die Strafverfolgung von Markenfälschungen von der Überschreitung gewisser mengenmäßiger Schwellen abhängig machten, mit Art. 41 Abs. 1 und 61 TRIPS vereinbar waren. Das Panel führte insoweit aus, dass die Frage, was unter „gewerbsmäßigem Umfang" von Verletzungen zu verstehen sei, unter Beachtung der konkreten Marktverhältnisse in dem betreffenden Mitgliedsland beurteilt werden müsse, und dass die USA als Beschwerdeführer in dem Verfahren keinen hinreichenden Beweis dafür erbracht hatten, dass die nach chinesischem Recht geltenden Eingriffsschwellen unangemessen waren. 199.1

Eine Sonderregel für Pirateriewaren gilt schließlich auch im Zusammenhang mit **Abhilfemaßnahmen** im Rahmen des Zivilrechts: Bei nachgeahmten Markenwaren reicht die Entfernung der Marke jedenfalls im Regelfall nicht aus, um die von den Produkten ausgehende Gefahr für den Markeninhaber wirksam zu beseitigen (Art. 46 S. 4 TRIPS). 200

Auch diese Vorschrift war Gegenstand des WTO-Streitbeilegungsverfahren DS362, China – Measures Affecting the Protection and Enforcement of Intellectual Property Rights; in diesem Punkt befand das Panel die chinesische Gesetzgebung für unzureichend. 200.1

3. MMA und PMMA

a) Ziele und Grundsätze der internationalen Markeneintragung. MMA und PMMA verfolgen den Zweck, die **Eintragung von Marken in mehreren Ländern** verwaltungstechnisch zu vereinfachen und kostengünstig zu gestalten. Der ursprünglichen Konzeption des MMA zufolge entfaltete eine auf der Grundlage einer gültigen Markeneintragung im Ursprungsland vorgenommene internationale Registrierung (IR-Marke) in allen Mitgliedsländern die Wirkung einer nationalen Eintragung, wobei die Prüfung und ggf. Zurückweisung der IR-Marke nach Maßgabe des jeweiligen nationalen Rechts vorbehalten blieb. Obwohl das System im Verlauf seines über 100-jährigen Bestehens mehrfach modifiziert und zuletzt durch das PMMA nicht unerheblich verändert wurde, sind die Grundzüge noch heute erkennbar: IR-Marken werden beim Internationalen Büro der WIPO auf der Grundlage einer nationalen Marke oder Markenanmeldung eingetragen und den Behörden der im Antrag auf internationale Registrierung benannten Mitgliedsländer notifiziert. Diese prüfen die Marke, soweit dies im nationalen Recht vorgesehen ist, und entscheiden innerhalb eines Zeitraums, der nach Art. 5 Abs. 2 MMA oder Art. 5 Abs. 2 Buchst. a bis c PMMA ein Jahr oder mehr betragen kann, über die Zurückweisung, die sie ggf. dem Internationalen Büro mitteilen. Detaillierte Bestimmungen, die die Teilnahme am System der internationalen Registrierung regeln, sind in Teil 5 Abschnitte 1 und 2 MarkenG (§§ 107 ff.) und in Teil XIII UMV (Art. 145 ff. UMV) enthalten. 201

b) Verhältnis von MMA und PMMA. Das MMA bot vor allem für solche Länder **Vorteile,** die keine oder nur eine eingeschränkte Prüfung von Markenanmeldungen durch- 202 führen, während es für Länder mit umfassender Prüfung absoluter und relativer Schutzhindernisse eher ungünstig war. Aus diesem Grund konnten Prüfungsländer wie die USA und Japan, aber auch das Vereinigte Königreich, die nordischen Staaten sowie andere europäische Länder mit Prüfungssystemen nie als Mitglieder des MMA gewonnen werden.

203 Im Zusammenhang mit der Errichtung des Unionsmarkensystems gewann diese Frage an Dringlichkeit. So war von Anfang an geplant, dass eine Verbindung zwischen der UMV und dem Madrider System geschaffen werden sollte, um den Erwerb von Unionsmarken durch eine internationale Registrierung zu ermöglichen sowie umgekehrt die Unionsmarke als Basis für eine internationale Registrierung zu verwenden. Da als Vorbedingung für eine solche Verbindung gewährleistet sein sollte, dass auch die Mitgliedstaaten geschlossen dem Madrider System angehören – und um die Attraktivität der internationalen Registrierung durch die Einbeziehung großer außereuropäischer Handelsnationen zu stärken – wurde mit dem PMMA im Jahre 1989 ein **komplementäres Abkommen** geschaffen, das nicht die für Prüfungsländer nachteiligen Charakteristika des MMA aufwies (v. Mühlendahl/Krieger GRUR Int 1989, 734). Die Erwartungen wurden erfüllt: Abgesehen von dem Beitritt der USA und Japans sowie weiterer dem System der internationalen Eintragung ursprünglich fernstehender Nationen konnte auch die Verbindung zum Unionsmarkensystem hergestellt werden, nachdem ua durch die Anerkennung von Spanisch als dritter Sprache des PMMA ein weiteres Hindernis ausgeräumt worden war (v. Mühlendahl GRUR 2005, 113 (116)).

204 Beide Abkommen sind grundsätzlich parallel anwendbar; Staaten können frei entscheiden, ob sie dem MMA, dem PMMA oder beiden angehören wollen. Das PMMA weist die größere Mitgliederzahl auf. Mit Wirkung zum 31.10.2015 sind sämtliche Mitglieder des MMA auch dem PMMA beigetreten. (zum gegenwärtigen Stand der Mitgliedschaft s. http://www.wipo.int/treaties/en/ShowResults.jsp?lang=en&treaty_id=8). In Art. 9^{sexies} PMMA war zunächst vorgesehen, dass zwischen Mitgliedern beider Abkommen allein das MMA zur Anwendung kommt. Aufgrund einer „eingebauten **Revisionsklausel**" wurde Art. 9^{sexies} PMMA jedoch inzwischen gestrichen; seit dem 1.9.2008 kommt daher zwischen Ländern, die beide dem PMMA angehören, nur noch das PMMA zur Anwendung. Da es seit dem 31.10.2015 keine Staaten mehr gibt, die ausschließlich Mitglieder des MMA sind, ist daher regelmäßig von der Anwendbarkeit des PMMA auszugehen. Allerdings finden zwischen Staaten, die sowohl dem MMA als auch dem PMMA angehören, einige Bestimmungen des PMMA keine Anwendung; so bleibt es insbesondere bei der Frist von zwölf Monaten für die Zurückweisung einer IR-Marke. Im Einzelnen → § 107 Rn. 1 ff.

204.1 Die wesentlichen **Unterschiede** zwischen MMA und PMMA lassen sich in Form einer Übersichtstabelle wie folgt zusammenfassen:

	MMA	PMMA
Basismarke	Eintragung im Ursprungsland erforderlich (Art. 1 Abs. 2 MMA)	Anmeldung im Ursprungsland genügt (Art. 1 Abs. 2 PMMA)
Verlust der Bestandskraft (bzw. keine Eintragung) der Basismarke innerhalb von fünf Jahren nach internationaler Registrierung	IR-Marke sowie nationale Erstreckungen verfallen; keine Heilung (Art. 6 MMA)	der Markeninhaber kann innerhalb von drei Monaten die Umwandlung in nationale Markenanmeldungen unter Aufrechterhaltung des Prioritätszeitpunkts verlangen (Art. 6 iVm Art. $9^{quinquies}$ PMMA)
Frist zur Erklärung der Schutzverweigerung durch nationale Behörden	zwölf Monate (Art. 5 Abs. 2 MMA)	generelle Ausdehnung von 12 auf 18 Monate bei entsprechender Erklärung des Mitglieds; bei Widerspruchsverfahren kann eine weitere Fristverlängerung erfolgen (Art. 5 Abs. 2 Buchst. a, b und c PMMA)

	MMA	PMMA
Gebühren pro Land der Schutzerstreckung	einheitlicher Anteil an den vom Internationalen Büro erhobenen Ergänzungsgebühren (Art. 8 MMA)	statt eines Anteils an den vom Mitgliedsländer können individuelle Gebühren festsetzen, die die Kostenersparnis durch die internationale Registrierung berücksichtigen müssen (Art. 8 Abs. 7 Buchst. a PMMA)
Sprachen	Französisch	Französisch, Englisch und Spanisch
Mitglieder	ausschließlich Staaten (Art. 1 MMA: „Verbandsländer")	auch zwischenstaatliche Organisationen (Art. 1, 14 PMMA)
reguläre Dauer der Eintragung (vorbehaltlich Schutzverlängerung)	20 Jahre (Art. 6 MMA)	zehn Jahre (Art. 6 PMMA)

4. Nizzaer Klassifikationsabkommen

Gegenstand des Nizzaer Klassifikationsabkommens (NKA) von 1957 ist die Erarbeitung einer **einheitlichen Einteilung** sämtlicher Waren und Dienstleistungen zum Zweck der Markeneintragung. Die Liste – die Nizzaer Klassifikation – wurde erstmals von der WIPO 1971 veröffentlicht und wird seither regelmäßig aktualisiert. Die Klassifikation umfasst eine Klasseneinteilung, die zum Teil mit erläuternden Anmerkungen versehen ist, sowie eine alphabetische Liste der Waren und Dienstleistungen mit Angabe der Klasse, in welche die einzelnen Waren oder Dienstleistungen eingeordnet sind (Art. 1 Abs. 2 i, ii NKA). Die jeweils gültige Version ist auf der Webseite der WIPO veröffentlicht (http://www.wipo.int/classifications/nice/en/classifications.html); sie umfasst derzeit 34 Waren- und elf Dienstleistungsklassen (Klassen 35–45). 205

Außer von den Mitgliedsländern des NKA, zu denen neben Deutschland mit wenigen Ausnahmen auch die anderen EU-Mitgliedstaaten gehören, wird die Nizzaer Klassifikation auch von einer Reihe weiterer Staaten (ua Malta und Zypern) sowie von den **Ämtern zwischenstaatlicher Organisationen** angewandt; zu den letzteren zählen ua das Benelux-Markenamt sowie das EUIPO. 206

Nach Art. 2 Abs. 1 NKA bleibt es den Mitgliedsländern selbst überlassen, welche Wirkung sie der Klassifizierung zuschreiben. Insbesondere ist im internationalen Recht **keine Bindungswirkung** hinsichtlich der Beurteilung des Schutzumfangs der Marke vorgesehen. Entsprechendes gilt auch für das deutsche Recht sowie für das Unionsmarkenrecht; in beiden erfolgt die Beurteilung der Ähnlichkeit der Waren und Dienstleistungen sowie der Verwechslungsgefahr grundsätzlich unabhängig von der Klassifikation. Dennoch kommt der Klassifizierung insbesondere im verwaltungsrechtlichen Verfahren uU erhebliche Bedeutung für die Bemessung des Schutzbereichs zu; dies gilt insbesondere dann, wenn davon ausgegangen wird, dass sich die Markeneintragung auf sämtliche Waren oder Dienstleistungen in einer oder mehreren Klassen erstreckt. 207

Die praktischen Auswirkungen der Handhabung der Klassifizierung durch die nationalen Ämter und insbesondere durch das EUIPO bildeten den Hintergrund für die Entscheidung des EuGH im Fall IP-Translator (EuGH C-307/10, EuZW 2012, 747 mit Anm. Ebert-Weidenfeller/Schmüser). Die Entscheidung betrifft insbesondere das EUIPO, → UMV Art. 28 Rn. 6 ff.; zur – wohl nicht betroffenen – Praxis des DPMA → § 32 Rn. 48.1. 208

5. Markenrechtsvertrag (TLT) und Vertrag von Singapur (STLT)

a) Ziel und Grundsätze des TLT. Während sich das wissenschaftliche Interesse an der Rechtsvereinheitlichung häufig auf die „großen" Fragen des materiellen Rechts konzentriert, sind es in der Praxis häufig die Unterschiede in den wenig spektakulären Aspekten des Eintragungsverfahrens, die den Markenschutz im Kontext grenzüberschreitender Geschäftstätigkeit erschweren. Belastend kann es insbesondere sein, wenn die Anmeldung und Aufrecht- 209 erhaltung von Marken durch Personen oder Unternehmen mit (Wohn)Sitz außerhalb des Schutzlandes durch ein hohes Maß an **Formalitäten** erschwert werden.

210 Der Markenrechtsvertrag (TLT; http://www.wipo.int/treaties/en/ip/tlt/) verfolgt das Ziel, insoweit Abhilfe zu schaffen. So wird in Art. 3 TLT ein **abschließender Katalog** von Angaben aufgestellt, die vom Anmelder einer Marke verlangt werden können. Dies sind das Eintragungsgesuch, Angaben zur Identität und Adresse des Anmelder und ggf. seines Vertreters (Art. 3 Abs. 1 Buchst. a i bis vi TLT), ggf. Erklärungen zur Priorität (Art. 3 Abs. 1 Buchst. a vii bis viii TLT), Angaben zur Art der Marke einschließlich einer gewissen Anzahl von Abbildungen (Art. 3 Abs. 1 Buchst. a ix bis xiv TLT), Angaben zur Klassifizierung nach Maßgabe des NKA (Art. 3 Abs. 1 Buchst. a xv TLT), die Unterschrift des Anmelders (Art. 3 Abs. 1 Buchst. a xvi iVm Abs. 4 TLT) sowie, falls nach nationalem Recht erforderlich, Erklärungen zur beabsichtigten oder tatsächlichen Nutzung der Marke (Art. 3 Abs. 1 Buchst. a xvii, Buchst. b; Abs. 6 TLT). Andere als die in diesem Katalog aufgeführten Erfordernisse dürfen nicht aufgestellt werden. Ausdrücklich ausgeschlossen wird ua die Erforderlichkeit von Nachweisen für die Ausübung einer Geschäftstätigkeit des Anmelders, sei es generell oder im einschlägigen Waren- oder Dienstleistungssektor (Art. 3 Abs. 7 ii, iii TLT).

211 Weitere **praktische Erleichterungen** des Eintragungsverfahrens, zu deren Einhaltung sich die Mitglieder des TLT (→ Rn. 210) verpflichten, betreffen die Möglichkeit, Sammeleintragungen von Marken vorzunehmen, die sich auf unterschiedliche Waren- und Dienstleistungsklassen beziehen (Art. 3 Abs. 5 TLT; Art. 6 TLT), sowie die Zulassung der Teilung von Anmeldungen (Art. 7 TLT). Verfahrensmäßige Erleichterungen gelten auch für die Vornahme von Änderungen des Markenregisters im Fall von Adressen- oder Inhaberwechsel (Art. 10 TLT; Art. 11 TLT), für Berichtigungen des Registers (Art. 12 TLT) sowie für Verlängerungen (Art. 13 TLT). Von großer praktischer Bedeutung ist ferner, dass eine uneingeschränkt eingeräumte Vertretungsvollmacht bis zum Widerruf gilt und nicht bei Vornahme jedes einzelnen Aktes wiederholt werden muss (Art. 4 Abs. 3 Buchst. b TLT). Die Beglaubigung von Unterschriften darf – außer im Fall des Verzichts auf die Eintragung – nicht verlangt werden (Art. 8 Abs. 4 TLT).

211.1 Der TLT enthält (ebenso wie der Vertrag von Singapur (STLT; → Rn. 212 ff.) in seinem Anhang eine Reihe von Formularen, bei deren Verwendung – wenn sie in der amtlichen Sprache des jeweiligen Amtes erfolgt – die Ämter der Mitgliedsländer die entsprechenden Anträge nicht wegen unzureichender Erfüllung von Formvorschriften zurückweisen dürfen.

211.2 Deutschland ist dem TLT mit Wirkung zum 16.10.1994 beigetreten. Von der EU wurde der Vertrag am 30.6.1995 unterzeichnet; ein Beitritt ist bisher nicht erfolgt. Dennoch finden die Regelungen des TLT auch im Gemeinschaftsrecht Beachtung

212 **b) Erweiterung durch den Vertrag von Singapur (STLT).** Der STLT baut auf dem TLT (→ Rn. 210) auf und **erweitert** ihn in mehrfacher Hinsicht. So wird zum einen den veränderten Kommunikationsmöglichkeiten des digitalen Zeitalters Rechnung getragen: Den Mitgliedern wird gestattet, die für die Kommunikation mit ihren Behörden geltenden Form der Mitteilungen festzulegen (Art. 8 STLT). Während der TLT Hologramm-Marken sowie nicht sichtbare Marken wie insbesondere Hörmarken und olfaktorische Marken von seinem Geltungsbereich ausschließt (Art. 2 Abs. 1 TLT), bezieht sich der Vertrag von Singapur auf alle nach dem nationalen Recht der Mitgliedstaaten geschützten Zeichenformen. Die Anforderungen, die an die bei der Anmeldungen von Hologramm-Marken, Bewegungsmarken, Positionsmarken und Farbmarken sowie von nicht sichtbaren Zeichenformen gestellt werden können, sind in Regel 3 Abs. 5 und 6 AusfO STLT erfasst.

212.1 Durch einen ergänzenden Beschluss zum STLT wurde klargestellt, dass der Beitritt keine Verpflichtung begründet, (a) nicht-konventionelle Markenformen zu schützen oder (b) die technische Infrastruktur für elektronische Markenanmeldungen zur Verfügung zu stellen.

213 Praktisch bedeutsam ist ferner, dass mit Art. 14 in den STLT eine Vorschrift eingefügt wurde, die die Mitgliedsländer dazu verpflichtet, **Abhilfemöglichkeiten bei Fristversäumung** zu schaffen; sei es durch einfache Fristverlängerung oder durch die Wiedereinsetzung im Fall eines unbeabsichtigten und unverschuldeten Versäumnisses.

214 Eine zusätzliche Erweiterung gegenüber dem TLT (→ Rn. 210) besteht darin, dass die Formvorschriften bei der **Eintragung von Lizenzen** nach dem Vorbild der WIPO-Emp-

fehlungen zu Markenlizenzen aus dem Jahr 2000 geregelt wurden (Art. 17 ff. STLT) (→ Rn. 217; → Rn. 217.2).

Bemerkenswert ist schließlich auch, dass Einzelfragen, die im TLT Bestandteil des Vertragstextes **214.1** waren – wie insbesondere die exakte Formulierung der Liste zulässiger Formalitäten – im STLT in die AusfO STLT verlagert wurden. Dadurch können Änderungen durch Beschluss der Versammlung wirksam werden und bedürfen nicht mehr der Einberufung Diplomatischer Konferenzen.

Der STLT ist am 16.3.2009 in Kraft getreten. Deutschland ist dem Vertrag mit Wirkung **215** zum 20.9.2013 beigetreten; ein Beitritt der Europäischen Union steht noch aus. Dies ist jedoch nicht auf inhaltliche Vorbehalte zurückzuführen, sondern liegt eher daran, dass andere Projekte Vorrang beanspruchen.

Dass ein grundsätzliches Interesse der EU an einem Beitritt zum STLT besteht, zeigt sich ua daran, **215.1** dass in bilateralen Handelsabkommen die entsprechende Absicht beider Seiten regelmäßig bekräftigt wird (→ Rn. 223).

6. Weitere Entwicklungen im internationalen Markenrecht

a) WIPO-Empfehlungen. In den 1990er Jahren verlief die Entwicklung des Marken- **216** rechts sehr dynamisch. Neben die Verpflichtung zur Umsetzung von TRIPS, die für manche Länder erhebliche Umstellungen vor allem beim Schutz notorisch bekannter Marken mit sich brachte, warf auch die zunehmende Verbreitung und Nutzung des **Internet** neuartige Fragen auf, die angesichts der Globalität des Mediums nach einer Lösung auf internationaler Ebene verlangten. Angesichts der Erfahrungen der Vergangenheit erschien der traditionelle Weg internationaler Vertragsverhandlungen wenig erfolgversprechend, zumal die Dringlichkeit der Probleme schnelles Handeln erforderte. Im Rahmen des von der WIPO Ende der 1990er Jahre eingerichteten Ständigen Ausschusses für Markenrecht, Designrecht und geographische Herkunftsangaben (SCT) wurden daher Empfehlungen erarbeitet, die nach relativ kurzer Verhandlungsdauer den Versammlungen der Mitglieder der WIPO sowie der PVÜ zur Abstimmung unterbreitet und jeweils einstimmig verabschiedet wurden.

Die Empfehlungen betreffen folgende Themen **217**
- Die Interpretation von Vorschriften zum Schutz notorisch bekannter Marken (1999),
- Die Erfordernisse der Eintragung von Markenlizenzen (2000),
- Die Interpretation von Vorschriften zum Schutz von Marken und anderen Kennzeichenrechten im Internet (2001).

Die Empfehlung zum Schutz notorisch bekannter Marken (1999) dient zum einen dem Zweck, die **217.1** Kriterien für das Vorliegen notorischer Bekanntheit transparenter und einheitlicher zu gestalten; darüber hinaus wird – jedenfalls im Vergleich zur geltenden Rechtslage in zahlreichen Ländern – eine generelle Senkung der Schutzschwelle angestrebt (→ Rn. 255 ff.).

Bei den Erfordernissen der Eintragung von Markenlizenzen (2000) geht es ähnlich wie im TLT (→ **217.2** Rn. 209 ff.) um die Reduzierung und Vereinheitlichung von Formalitäten. Die Empfehlungen sind mittlerweile Bestandteil des STLT (→ Rn. 212 ff.).

Im Zentrum der Empfehlung zur Interpretation von Vorschriften zum Schutz von Marken und **217.3** anderen Kennzeichenrechten im Internet (2001) steht das Bemühen, die Benutzung von Marken im digitalen Kontext durch eine internationale Verständigung über den Grundsatz sicherer zu machen, dass eine Verletzung eines fremden, ausländischen Kennzeichens nur dann anzunehmen ist, wenn eine im Internet erfolgende Benutzung im Schutzland kommerzielle Wirkung entfaltet, und wenn nach einer ggf. erfolgenden Notifizierung durch den Inhaber eines kollidierenden Kennzeichens keine hinreichenden Vorkehrungen getroffen wurden, das Entstehen kommerzieller Wirkungen zu verhindern.

Die WIPO-Empfehlungen besitzen als solche keine rechtliche Bindungswirkung. Auf der **218** anderen Seite haben sie aufgrund ihrer ausdrücklichen und einstimmigen Billigung durch die Gemeinschaft der Mitgliedstaaten von WIPO und PVÜ erhebliches **politisches Gewicht**. Ferner erlangen sie rechtlich bindenden Charakter, soweit sie im Rahmen völkerrechtlicher Verträge für verbindlich erklärt werden, wie dies teilweise in bilateralen Verträgen erfolgt (→ Rn. 222 ff.). Die Empfehlungen zu Markenlizenzen (2000) sind ferner Bestandteil des STLT geworden und sind daher von den Mitgliedern dieses Vertrages zwingend zu beachten.

219 **b) Domainnamenstreitigkeiten und UDRP.** Zu Beginn der 1990er Jahre änderten sich die Konditionen für die Nutzung des zuvor allein zu militärischen oder wissenschaftlichen Zwecken verwendeten Internet grundlegend. Zum einen führte der sukzessive Rückzug amerikanischer Wissenschaftsorganisationen von der Finanzierung des Internet zur Gestattung kommerzieller Nutzungen, die schnell eine starke Zunahme zu verzeichnen hatten; zum anderen wurde durch die Ersetzung des numerischen Adressierungscodes durch **Domainnamen** ein leichter zu handhabendes, aber auch für Missbräuche anfälliges System geschaffen. Die ersten Fälle dieser Art, in denen bekannte Namen oder Kennzeichen von Dritten ohne Genehmigung als Domainnamen eingetragen wurden, konnten in den meisten Ländern – und insbesondere in Deutschland – auf der Grundlage des Kennzeichenrechts gelöst werden; sie stellten jedoch erkennbar einen gewissen Fremdkörper im kennzeichenrechtlichen System dar. Problematisch blieb ferner, dass zumal in den länderübergreifend verwendeten, „generischen" Top Level Domains die Parteien eines Domainnamenkonflikts häufig unterschiedlichen Ländern angehören, was Fragen der gerichtlichen Zuständigkeit und des anwendbaren Rechts aufwirft und vor allem bei der Vollstreckung erhebliche Schwierigkeiten bereiten kann.

220 Angesichts dieser Probleme wurde auf Betreiben der für die Verwaltung des Domainnamen-Systems zuständigen Internet Corporation for Assigned Names and Numbers (ICANN) und nach Vorarbeiten der WIPO das System der Uniform Dispute Resolution Policy (UDRP) ins Leben gerufen. Jeder Anmelder eines Domainnamens in einer der Top Level Domains, die dem System angeschlossen sind, verpflichtet sich, auf Antrag einer Person, die sich in ihren Markenrechten verletzt sieht, an einem **Streitbeilegungsverfahren** teilzunehmen. Wenn Verwechslungsgefahr besteht und die Anmeldung bösgläubig und ohne rechtfertigenden Grund vorgenommen wurde, führt das Verfahren zur Aberkennung des Domainnamens und ggf. zu dessen Übertragung auf den Antragsgegner (zu den Erweiterungen des Verfahrens bei Domainnamen der neuen Generation → Rn. 221.1). Leitet der Inhaber des Domainnamens nicht innerhalb von zehn Tagen nach der Entscheidung gerichtliche Schritte ein, wird die Entscheidung gegenüber der Registrierungsstelle bindend. Davon unabhängig hat die unterlegene Partei jederzeit die Möglichkeit, Klage zu den ordentlichen Gerichten zu erheben.

221 Die Schlichtung von Domainnamenstreitigkeiten nach dem UDRP-Verfahren wird von sog. **Dispute Resolution Providern** organisiert, zu denen insbesondere auch die WIPO zählt. In der EU wurde für die Top Level Domain „.eu" ein eigenes Schlichtungsverfahren eingerichtet. In Deutschland werden Streitigkeiten unter der Top Level Domain „.de" hingegen ebenso wie Kennzeichenkonflikte im Übrigen von den ordentlichen Gerichten entschieden.

221.1 Das UDRP-Verfahren in seiner ursprünglichen Form wurde zu einer Zeit eingeführt, als es nur drei generell zugängliche generische Top Level Domains gab (.com; .org und .net). Dies hat sich inzwischen geändert; die neuen Regelungen der ICANN erlauben eine fast unbegrenzte Verwendung neuer Formen von gTLDs; darunter auch von „personalized gTLDs", die die Verwendung der eigenen Marke bzw. des Unternehmenskennzeichens als TLD erlauben. Um die auftretenden Konflikte besser zu bewältigen, wurden neue Mechanismen eingeführt. So können während so genannter „Sunrise-Periods" vor Einführung neuer Formen von gTLDs Ansprüche angemeldet bzw. Einsprüche gegen die Zuweisung von Domainnamen eingelegt werden. Eingerichtet wurde ferner das Trademark Clearinghouse (TMCH), bei dem Marken zur Sicherung von Ansprüchen registriert werden und das als Anlaufstelle für die vorgreifliche Klärung von Konflikten dient. Für offensichtliche Fälle der Domainnamen-Piraterie wurde ferner das „Uniform Rapid Suspension System" (URS) geschaffen.

222 **c) Markenrecht in bilateralen Handelsabkommen.** Mit der Aufnahme in die Uruguay-Runde des GATT ist das Immaterialgüterrecht zu einem festen Bestandteil des Themenspektrums internationaler Handelsbeziehungen geworden. Dementsprechend enthalten auch die in jüngerer Zeit in verstärktem Umfang abgeschlossenen **bilateralen Verträge** zwischen der EU und ihren Handelspartnern regelmäßig Kapitel, die Vorschriften zum Schutz von Immaterialgüterrechten enthalten; dasselbe Vorgehen lässt sich bei anderen Handelsnationen, wie insbesondere den USA und Japan, beobachten.

222.1 Allgemein zu den Wirtschaftspartnerschaftsverträgen der EU s. Zimmermann EuZW 2009, 1; zu den Auswirkungen auf das Immaterialgüterrecht in den betroffenen Ländern s. den Bericht von Nadde-

Phlix IIC 2012, 951 zu einem vom Max-Planck-Institut für Immaterialgüter- und Wettbewerbsrecht veranstalteten Workshop. Informationen zum aktuellen Stand der Wirtschaftspartnerschaftsverträge sind auf der Webseite der Kommission (DG Trade) abrufbar; s. http://ec.europa.eu/trade/wider-agenda/development/economic-partnerships/.

Während sich die Verpflichtungen zum Schutz von Immaterialgüterrechten in ihrem Umfang und in den einzelnen Formulierungen unterscheiden, weisen die Abschnitte zum Markenrecht in der Regel (bzw. häufig) die **folgenden Elemente** auf: 223
- Die Handelspartner streben den Beitritt zum PMMA und dem STLT an („endeavour to accede");
- Die Handelspartner streben an, die WIPO-Empfehlungen über notorisch bekannte Marken (1999) im Hinblick auf die Definition notorisch bekannter Marken sowie die WIPO-Empfehlungen über den Schutz von Marken und anderen Kennzeichenrechten im Internet (2001) anzuwenden;
- Die Handelspartner verpflichten sich, die lautere Benutzung beschreibender Angaben wie insbesondere geographischer Bezeichnungen zuzulassen.

Weitere Abschnitte der Kapitel zum Immaterialgüterrecht betreffen häufig den Schutz **geographischer Herkunftsangaben,** für die nach dem Vorbild der Gesetzgebung in der EU ein eigenes Registrierungs- und Überwachungsverfahren geschaffen werden soll, sowie vor allem die Einführung von Vorschriften zur Durchsetzung von Immaterialgüterrechten, die sich an dem Vorbild der Durchsetzungsrichtlinie (RL 48/2004/EG) orientieren. 224

III. Einzelfragen des materiellen Rechts

1. Erläuterung der Darstellungsweise

Im Folgenden wird ohne Anspruch auf Vollständigkeit ein Überblick zur Regelung **wichtiger materieller Rechtsfragen** im internationalen Recht gegeben. Da sich die Vorschriften von TRIPS und der PVÜ ergänzen und zum Teil überschneiden, wird nicht getrennt nach den beiden Abkommen vorgegangen, sondern die Darstellung folgt eigenen Strukturprinzipien und greift dabei die jeweils einschlägigen Vorschriften von TRIPS und der PVÜ sowie teilweise auch des TLT auf. 225

Eingegangen wird auf folgende Themen: 226
- Gleichstellung von Warenzeichen und Dienstleistungsmarken (→ Rn. 227 ff.),
- Markenfähigkeit und Schutzvoraussetzungen (→ Rn. 230 ff.),
- „Telle quelle"-Marken (→ Rn. 237 ff.),
- Schutzumfang (generell) (→ Rn. 247 ff.),
- Schutz notorisch bekannter Marken (→ Rn. 255 ff.),
- Schutz von Handelsnamen (→ Rn. 268 ff.),
- Schutzschranken (→ Rn. 272 ff.),
- Benutzungserfordernisse (→ Rn. 275 ff.),
- Beschränkungen der Markenbenutzung (→ Rn. 281 ff.),
- Markenlizenzen und Übertragung von Markenrechten (→ Rn. 289 ff.).

2. Gleichstellung von Warenzeichen und Dienstleistungsmarken

In den Anfangszeiten des Markenrechts waren Dienstleistungsmarken **nicht als gleichwertige Markenform** anerkannt. Dies hat sich sowohl im internationalen Recht wie auch in einigen nationalen Rechtsordnungen niedergeschlagen: So wurden Dienstleistungsmarken in Deutschland erst seit 1967 und in der Schweiz erst seit 1993 eingetragen. Die PVÜ verlangte zwar in Art. 6^{sexies} PVÜ, dass Dienstleistungsmarken geschützt werden; sie überließ es jedoch den Mitgliedsländern, wie dieser Schutz zu verwirklichen sei. Wichtige Vorschriften wie die telle quelle-Klausel von Art. 6^{quinquies} PVÜ sowie der Schutz notorisch bekannter Marken gemäß Art. 6bis PVÜ bezogen sich nur auf „Handels- und Fabrikmarken", dh auf Warenzeichen. 227

Das TRIPS-Abkommen geht hingegen von einem **einheitlichen Markenbegriff** aus, der Warenzeichen ebenso wie Dienstleistungsmarken umfasst. So wird in Art. 15 Abs. 1 S. 1 und 2 TRIPS erklärt, dass alle Zeichen, die zur herkunftsmäßigen Unterscheidung von 228

Waren oder Dienstleistungen geeignet sind, eine Marke darstellen können und als solche einzutragen sind. Art. 16 TRIPS knüpft im Hinblick auf den Schutzumfang an diese Definition an und stellt ferner ausdrücklich klar, dass Art. 6bis PVÜ auf Dienstleistungsmarken sinngemäß Anwendung findet (Art. 16 Abs. 2 TRIPS).

229 Eine ausdrückliche **Gleichstellung** von Warenzeichen und Dienstleistungsmarken findet sich ferner in Art. 15 TLT.

229.1 Im Verfahren über die Registrierung einer Marke, die ua ein dem kanadischen Staatsemblem sehr ähnliches Ahornblatt enthielt, für Waren und Dienstleistungen der Klassen 18, 25 und 40 hat der EuGH ua festgestellt, dass sich das Schutzhindernis von Art. 7 Abs. 1 Buchst. h UMV auch auf Dienstleistungsmarken bezieht, obwohl Art. 6ter Abs. 1 Buchst. a PVÜ, dessen Umsetzung Art. 7 Abs. 1 Buchst. h UMV dient, lediglich Bezug auf Warenzeichen nimmt (EuGH verb. Rs. C-202/08 und C-208/08, GRUR Int 2010, 45 Rn. 71 ff. – American Clothing (→ UMV Art. 7 Rn. 52).

3. Markenfähigkeit und Schutzvoraussetzungen

230 **a) Eintragbare Markenformen.** Die PVÜ enthält keine Definition der als Marke schutzfähigen Zeichen. Unter anderem aus diesem Grunde war es von großer praktischer Bedeutung, dass bereits die erste Fassung des Abkommens Angehörigen von Verbandsländern das Privileg einräumte, im Ursprungsland gültig eingetragene Marken in gleicher Form auch in anderen Verbandsländern eintragen zu können (Art. 6^{quinquies} PVÜ).

231 Im Gegensatz dazu statuiert das TRIPS-Abkommen eine **verbindliche Definition** von Zeichen, die zur Markeneintragung zugelassen werden müssen. Nach Art. 15 Abs. 1 S. 1 TRIPS sind die Mitgliedstaaten zur Eintragung von Zeichen und Zeichenkombinationen verpflichtet, die zur Unterscheidung der Waren und Dienstleistungen eines Unternehmens von denjenigen anderer dienen können. In Art. 15 Abs. 1 S. 2 TRIPS werden eintragbare Markenformen beispielhaft aufgeführt. Genannt werden Wörter einschließlich Personennamen, Buchstaben und Zahlen sowie Abbildungen und Farbkombinationen, nicht jedoch einzelne Farben sowie die Form und Verpackung von Waren. Dies ist jedoch unschädlich, da die Aufzählung keinen abschließenden Charakter hat und die prinzipielle Eignung einzelner Farben oder Warenformen, zur Herkunftsunterscheidung zu dienen, nicht ernstlich in Frage gestellt werden kann (Kur GRUR Int 1994, 987 (991)).

232 Die Mitgliedstaaten können jedoch die Eintragung von Marken, die nicht ihrer Natur nach geeignet sind, Waren oder Dienstleistungen zu unterscheiden, davon abhängig machen, dass sie **durch Benutzung Unterscheidungskraft erworben** haben (Art. 15 Abs. 1 S. 3 TRIPS). Bei konservativem Verständnis bezieht sich dieser Vorbehalt auf alle Markenformen, die nicht wie Wort- oder Bildmarken oder Kombinationen beider Markenformen dem traditionellen Begriff der Marke entsprechen.

232.1 In den USA werden Farb- und Farbkombinationsmarken (US Supreme Court 1996, 961 – Grüngoldene Farbe [Qualitex]) Warenformmarken (US Supreme Court GRUR Int 2000, 812 – Wal-Mart v. Samara) sowie Familiennamen (Sec. 2 Buchst. a Nr. 4 Lanham Act) nur aufgrund von „secondary meaning" eingetragen; insoweit ist der Vorbehalt des Art. 15 Abs. 1 S. 3 TRIPS bedeutsam. Hingegen sind in Europa die Eintragungsvoraussetzungen für alle Markenformen gleich; der Vorbehalt von Art. 15 Abs. 1 S. 3 TRIPS hat somit für das europäische Recht keine Bedeutung.

233 Art. 15 Abs. 1 S. 4 TRIPS erlaubt es schließlich, Zeichen von der Eintragung auszuschließen, die **nicht visuell wahrgenommen** werden können. Damit reicht der nach internationalem Recht zulässige Schutzausschluss nicht sichtbarer Zeichen weiter als das europäische Recht, das derzeit – bis zur Umsetzung der RL 2015/2436 bzw. bis zum Wirksamwerden von Art. 4 UMV (→ Rn. 81) – für nicht grafisch darstellbare Zeichen einen Schutzausschluss vorsieht.

234 **b) Sonstige Schutzvoraussetzungen und -hindernisse.** Art. 15 Abs. 2 TRIPS behält den Mitgliedstaaten das Recht vor, Marken auch aus **anderen Gründen** vom Schutz auszuschließen, soweit diese nicht in Widerspruch zur PVÜ stehen. Relevant ist insoweit in erster Linie Art. 6^{quinquies} PVÜ, der die Möglichkeit von Schutzländern, die Eintragung sog. telle quelle-Marken zu verweigern, gewissen Beschränkungen unterwirft (→ Rn. 238).

235 Keine Präzisierungen finden sich in TRIPS hinsichtlich der Frage, inwieweit das **Vorliegen eines Geschäftsbetriebes** als Voraussetzung der Markeneintragung gefordert werden kann – sei es in der Form, dass der Anmelder überhaupt geschäftlich tätig sein muss, oder dass die Geschäftstätigkeit innerhalb des Waren- oder Dienstleistungssektors stattfindet, auf den sich die Anmeldung bezieht. Für Mitglieder des TLT, zu denen auch Deutschland gehört, gilt jedoch gemäß Art. 3 Abs. 7 TLT, dass kein Nachweis einer solchen Tätigkeit als Voraussetzung der Eintragung verlangt werden kann.

In Art. 15 Abs. 4 TRIPS wird schließlich die in Art. 7 PVÜ verankerte Regel wiederholt, **236** dass die **Art der Waren oder Dienstleistungen**, für die die Marke verwendet werden soll, „keinesfalls" einen Hinderungsgrund für die Eintragung darstellen darf. Durch die Wiederholung im Kontext von Art. 15 Abs. 4 TRIPS wird diese Regel auf Dienstleistungsmarken erstreckt.

Als Beispiel für die Anwendung von Art. 7 PVÜ wird bei Bodenhausen der Fall erwähnt, dass die **236.1** Marke für ein Medikament eingetragen werden können muss, auch wenn die Marktzulassung für das Medikament noch nicht erfolgt ist; das Gleiche müsse gelten, wenn die Benutzung für Waren jeder Art verboten sei (Bodenhausen Art. 7 PVÜ S. 109). Fälle dieser Art dürften äußerst selten sein, sie sind jedoch nicht undenkbar: So ist vorstellbar, dass der Vertrieb als schädlich beurteilter Waren, wie insbesondere Alkohol oder Tabak (sofern sie nicht ganz verboten werden) nur ohne Herkunftskennzeichnung in Form von Marken zugelassen wird. Die Markeneintragung dürfte gemäß Art. 7 PVÜ in einem solchen Fall dennoch nicht verboten werden – dies macht zwar wirtschaftlich keinen Sinn, solange ein solches Verbot besteht, es dient jedoch immerhin der Prioritätswahrung. Die Frage, ob Art. 7 PVÜ auch für Waren oder Dienstleistungen gilt, die selbst unter ein striktes (strafrechtliches) Verbot fallen, dürfte hingegen müßig sein: Kaum jemand wird sich durch die Anmeldung einer Marke für harte Drogen oder Menschenhandel als potenzieller Rechtsverletzer präsentieren wollen. Kein Argument lässt sich schließlich aus Art. 7 PVÜ gegen die Berücksichtigung der Art des Produkts bei der konkreten Beurteilung des täuschenden oder sittenwidrigen Charakters einer Marke herleiten.

4. Telle quelle-Marken

a) Grundsätze. Nach Art. 6^{quinquies} PVÜ hat der Inhaber einer im Ursprungsland gültig **237** eingetragenen Marke Anspruch darauf, dass diese so, wie sie ist („telle quelle") auch in anderen Ländern der PVÜ eingetragen wird. Diese Regelung war bereits in der Urfassung der PVÜ als Art. 6 verankert; telle quelle-Marken konnten dieser ursprünglichen Regelung zufolge **nur aus Gründen des ordre public** zurückgewiesen werden. Dagegen erhob sich jedoch Widerstand, zumal die Maßstäbe, die von den einzelnen Mitgliedsländern angelegt wurden, stark divergierten: Während die Eintragungspraxis in Frankreich betont liberal war, wurden in England striktere Maßstäbe angewandt.

Um deutlich zu machen, dass die Schutzverweigerung auch aus anderen Gründen als **238** wegen Verstoßes gegen die öffentliche Ordnung ausgesprochen werden kann, wurde auf der Revisionskonferenz von Washington 1911 **Abschnitt B** der Vorschrift eingefügt. Danach kann die Zurückweisung erfolgen
- wegen entgegenstehender älterer Rechte im Schutzland;
- wenn die Marke der Unterscheidungskraft entbehrt, als beschreibende Angabe dienen kann oder handelsüblich geworden ist;
- aus Gründen der öffentlichen Ordnung, vor allem bei Täuschungseignung; dabei dürfen die Maßstäbe an einen Verstoß gegen die öffentliche Ordnung nicht zu niedrig angesetzt werden.

Nach Teil C der Vorschrift sind für die Prüfung der Schutzfähigkeit **sämtliche Tatum- 239 stände,** wie insbesondere die Dauer der Benutzung zu berücksichtigen; Teil D macht die Berufung auf den telle quelle-Schutz vom Bestand der Eintragung im Ursprungsland abhängig.

b) Anwendungsbereich. Aus der Wendung „so, wie sie ist" in Art. 6^{quinquies} PVÜ lässt **240** sich der Anwendungsbereich der Vorschrift nicht ohne weiteres erschließen. So bestehen unterschiedliche Auffassungen darüber, ob lediglich **die Form oder auch der Inhalt** der Marke erfasst werden, oder ob sich die aus Art. 6^{quinquies} PVÜ folgende Verpflichtung sogar auch auf andere Schutzvoraussetzungen bezieht, wie es unter der Geltung des WZG für das Geschäftsbetriebserfordernis angenommen wurde (BGH GRUR 1987, 525 f. – LITAFLEX mit Anm. Bauer; kritisch dazu F.-K. Beier GRUR Int 1992, 243 f. Fn. 14).

Einl. MarkenR

240.1 Im amerikanischen Recht wurden entsprechende Überlegungen vor allem im Zusammenhang mit dem Erfordernis der (inländischen) Benutzung als Voraussetzung eines wirksamen Markenerwerbs diskutiert. In einer en banc-Entscheidung des Trademark Trial and Appeal Board (TTAB) (Crocker v. Canadian Imperia Crocker Nat'l Bank v. Canadian Imperial Bank of Commerce, 223 U.S.P.Q. 909) wurde die vom Commissioner of Patents zuvor (in Re Certain Incomplete Trademark Applications, 137 U.S.P.Q. 69) vertretene Auffassung abgelehnt, dass sich Art. 6^{quinquies} PVÜ nur auf die Form der Marke, und nicht auf andere Erfordernisse wie insbesondere die vorherige Benutzung bezieht: Es könne nicht akzeptiert werden, dass durch ein rein begriffliches Verständnis von Art. 6^{quinquies} PVÜ substantielle Anwendungsbereiche der Vorschrift ausgehebelt würden, zumal wenn dies dazu führen würde, dass eine große Anzahl im Ausland wirksam eingetragener Marken von der Registrierung in den USA ausgeschlossen bliebe. Dieses großzügige Verständnis von Art. 6^{quinquies} PVÜ führte zu einer faktischen Benachteiligung inländischer Markenanmelder, die nach wie vor die Benutzung der Marke als Voraussetzung der Anmeldung nachweisen mussten. Das Problem wurde durch die Reform des Lanham Acts von 1988 gelöst, durch die die Möglichkeit der Markenanmeldung auf der Grundlage einer Erklärung über die intendierte Benutzung (ITU) auch für Inländer eröffnet wurde.

241 Die Frage spielte auch in einem vor der WTO geführten Streitbeilegungsverfahren eine Rolle, in dem ua die Frage erörtert wurde, ob ein Verstoß gegen Art. 6^{quinquies} PVÜ vorliegt, wenn die Umschreibung einer Marke auf einen Rechtserwerber durch eine gesetzliche Regelung verhindert wird, die den Schutz und die Ausübung von Markenrechten, die im Zuge der kubanischen Revolution enteignet worden waren, einer Reihe von Beschränkungen unterwirft (DS176, United States – Sec. 211 Omnibus Appropriations Act of 1998; dazu Jakob GRUR Int 2002, 406). Nach Ansicht des Panels war ein solcher Verstoß nicht festzustellen: Art. 6^{quinquies} PVÜ beziehe sich **allein auf die Form der Marke**, und nicht auf sonstige Schutzvoraussetzungen (im konkreten Fall: die Qualifikation des Rechtsinhabers). Zwar kommt den Panel-Entscheidungen keine formelle Rechtskraft zu; es ist jedoch davon auszugehen, dass die Interpretation faktisch Präjudizwirkung auch im europäischen Recht entfaltet.

242 In der deutschen Rechtspraxis ist unbestritten, dass Art. 6^{quinquies} PVÜ Anwendung auf Warenformmarken findet (BGH GRUR Int 2006, 765 – Rasierer mit drei Scherköpfen; GRUR Int 2001, 413 – SWATCH; GRUR 2004, 505 – RADO-Uhr II). Dies war bereits unter Geltung des WZG anerkannt (BGH GRUR 1976, 355 – P-tronics), wenn auch die Eintragung vor Erlass der MRL zumeist aus Gründen des ordre public verweigert wurde (im Rückblick darauf und unter Würdigung der neuen Rechtslage BPatG GRUR 1998, 146 – Plastische Marke). Große praktische Bedeutung kam Art. 6^{quinquies} PVÜ im früheren deutschen Recht ferner für Buchstaben- und Zahlenmarken zu (BGH GRUR 1991, 46 – IR-Marke FE mit Anm. Kunz-Hallstein; BPatG GRUR 1993, 145 – 11er). Unbestreitbar dürfte heute sein, dass alle **nicht-traditionellen Zeichenformen** – Hör- und Geruchsmarken, Tastmarken etc – unter die telle quelle-Klausel fallen.

243 Dass sich Art. 6^{quinquies} PVÜ nicht allein auf die Form, sondern auch auf den **Inhalt** der Marke bezieht, folgt schließlich bereits daraus, dass die Schutzhindernisse von Abschnitt B der Vorschrift erkennbar vor allem auf den Inhalt der Marke abstellen (F.-K. Beier GRUR Int 1992, 243 f. mit Hinweisen auf die Entstehungsgeschichte der Vorschrift).

244 **c) Praktische Bedeutung.** Die in Art. 6^{quinquies} Abschnitt B PVÜ an zweiter Stelle genannten Zurückweisungsgründe haben in Wortlaut und Struktur als **Vorbild** für Art. 7 Abs. 1 Buchst. b bis d UMV und Art. 3 Abs. 1 Buchst. b bis d RL (EU) 2015/2436 – und damit auch für § 8 Abs. 2 Nr. 1–3 – gedient. In Erwägungsgrund 41 RL (EU) 2015/2436 wird ferner darauf hingewiesen, dass sich die Vorschriften der MRL mit denen der PVÜ in vollständiger Übereinstimmung befinden. Dementsprechend geht der BGH regelmäßig davon aus, dass die Interpretation von § 8 Abs. 2 Nr. 1–3 zu keinem anderen Ergebnis als Art. 6^{quinquies} PVÜ führt bzw. führen darf (ständige Rechtsprechung, zB BGH GRUR Int 2006, 765 – Rasierer mit drei Scherköpfen; GRUR Int 2001, 413 – SWATCH; GRUR 2004, 505 – RADO-Uhr II).

245 Dies ist insoweit nicht unproblematisch, als in Art. 6^{quinquies} Abschnitt B Nr. 2 PVÜ gerade **kein homogenes Verständnis** absoluter Schutzhindernisse zum Ausdruck kommt. Aus der Vorgeschichte ergibt sich vielmehr, dass es sich um eine Kompromissformel zur Überbrückung der Gegensätze zwischen den liberalen Maßstäben des französischen und den strikteren des englischen Rechts handelt (Beier GRUR Int 1992, 343). Beide Ansätze sollten gleichberechtigt nebeneinander existieren. Bemühungen bei späteren Revisionskonferenzen, Einigung im Hinblick auf eine übergreifende Formulierung herzustellen, sind an der Unvereinbarkeit der Positionen gescheitert (Bodenhausen Art. 6^{quinquies} PVÜ Abschnitte B und C, Anm. (e) S. 97, mit Hinweisen auf die Protokolle von Den Haag S. 241, 246, 446/7 und von London S. 183/4, 186, 393/4).

Bei der Konferenz von Den Haag war der Vorschlag gemacht worden, in der französischen Originalfassung von Art. 6^{quinquies} Abschnitt B Nr. 2 PVÜ die Worte „ou bien" durch „surtout celles" oder „c'est à dire" zu ersetzen. Dies hätte dazu geführt, dass die an zweiter und dritter Stelle genannten Alternativen als Beispielsfälle fehlender Unterscheidungskraft erschienen wären. Diese und weitere Versuche in ähnlicher Richtung wurden vor allem wegen der Befürchtung zurückgewiesen, dass sie die Stellung der Inhaber von telle-quelle Marken übermäßig stärken würden. **245.1**

Der Verständlichkeit und inneren Logik der Vorschrift hat der Verzicht auf eine systematisch durchdachte Struktur allerdings nicht gut getan. Bezeichnend ist insoweit, dass die Übernahme der Formulierung aus Art. 6^{quinquies} Abschnitt B Nr. 1–3 PVÜ in der Reform des WZG von 1936 noch Jahrzehnte später in einem Beitrag von Wüsthoff (GRUR 1955, 7 (13)) als unsystematisch, verwirrend und teilweise redundant bezeichnet wurde. Bereits aus den Motiven zur Einführung des damaligen § 4 WZG gehe hervor, dass sich der Mangel an Unterscheidungskraft „aus den im einzelnen aufgeführten Ausschlussregeln sowieso von selbst ergäbe"; ferner glaube er nicht „dass man den verwirrenden Text unseres § 4 in Kauf nehmen kann nur mit dem Hinweis, dass der Art. 6 des Unionsvertrages (gemeint ist Art. 6^{quinquies} PVÜ, Anm. d. Verf.) ebenso verwirrend gefasst ist". **245.2**

Die in der Vorschrift angelegte, durch kein einheitliches Konzept überbrückte Zweispurigkeit wirft im internationalen Recht keine größeren Probleme auf: Den Mitgliedstaaten verbleibt dadurch bei der Festlegung eigener Prüfungsmaßstäbe ein gewisser Spielraum; zugleich wird der Rahmen für die Hinderungsgründe, die ausländischen telle quelle-Marken entgegengehalten werden können, eng genug abgesteckt, um ein ausreichendes Maß an Gleichförmigkeit und Rechtssicherheit zu bieten. Wird die gleiche Formel jedoch in eine einheitliche Rechtsordnung überführt, müssen die antagonistischen Positionen zu einem **Gesamtkonzept** verschmolzen werden, um eine sinnvolle Rechtsanwendung zu ermöglichen. Im europäischen Recht sind insoweit gewisse Defizite feststellbar (→ § 8 Rn. 9; → § 8 Rn. 63.1 f.). **246**

5. Schutzumfang (generell)

Ebenso wie die Definition eintragbarer Zeichen wird auch die **inhaltliche Dimension** des Markenschutzes in der PVÜ – mit Ausnahme des Sonderfalls notorisch bekannter Marken (→ Rn. 251 ff.) nicht angesprochen; auch insoweit ist erst durch TRIPS eine Verdichtung und Präzisierung des internationalen Schutzniveaus vorgenommen worden. **247**

Nach Art. 16 Abs. 1 S. 1 TRIPS steht dem Inhaber einer eingetragenen Marke das ausschließliche Recht zu, Dritten die nicht autorisierte Benutzung identischer oder ähnlicher Marken im geschäftlichen Verkehr zu verbieten, soweit sich daraus eine **Verwechslungsgefahr** ergibt. Art. 16 Abs. 1 S. 2 TRIPS statuiert eine Vermutung für das Vorliegen von Verwechslungsgefahr, wenn sowohl die Marken als auch die Waren und Dienstleistungen identisch sind. Das europäische Recht, das bei Doppelidentität absoluten Schutz ohne Nachweis von Verwechslungsgefahr gewährt, geht somit über das in Art. 16 Abs. 1 S. 1 TRIPS verankerte Mindestschutzniveau hinaus. **248**

Art. 16 Abs. 1 S. 3 TRIPS enthält eine Vorbehaltsklausel zum Schutz älterer Rechte. Die Mitgliedstaaten können ferner vorsehen, dass ältere Rechte **durch Benutzung** entstehen; eingetragenen Marken muss in diesem Fall kein Vorrang eingeräumt werden. Dies entspricht der Rechtslage in Deutschland beim Schutz von älteren Benutzungsmarken oder geschäftlichen Bezeichnungen. Auch im System der UMV, die ausschließlich eingetragenen Marken den Status unionsweit geschützter Rechte verleiht, wird der Schutz nationaler nichteingetragener Rechte mit besserem Zeitrang insoweit respektiert, als sie im Rahmen des Eintragungsverfahrens als relative Schutzhindernisse Berücksichtigung finden (Art. 8 Abs. 4 UMV). Im Zuge der Novellierung des Markenrechts wurde der Vorbehalt zugunsten älterer Rechte Dritter auch im Verletzungstatbestand von MRL und UMV verankert (Art. 10 Abs. 2 RL (EU) 2015/2436; Art. 9 Abs. 2 UMV). **249**

Einl. MarkenR   Einleitung

250 Die Formulierung von Art. 16 Abs. 1 S. 3 TRIPS, dass ältere Rechte „nicht beeinträchtigt" werden, lässt die Möglichkeit offen, dass solche Rechte – soweit es sich dabei nicht um die in Art. 16 Abs. 1 S. 1 TRIPS genannten eingetragenen Marken handelt – **nicht in den Genuss des vollen Ausschlussrechts** gegenüber jüngeren Kennzeichen gelangen. Dass Art. 8 Abs. 4 UMV ältere nationale Kennzeichenrechte (mit Ausnahme eingetragener Marken) nur dann als Eintragungshindernis berücksichtigt, wenn sie von mehr als örtlicher Bedeutung sind, ist daher ebenso mit TRIPS vereinbar wie § 12 MarkenG, der nicht eingetragene Marken und geschäftliche Bezeichnungen ebenfalls nur dann als Eintragungshindernis gelten lässt, wenn die Benutzung der jüngeren Marke innerhalb des gesamten Schutzrechtsterritoriums untersagt werden kann. Ebenso lässt sich Art. 16 Abs. 1 S. 3 TRIPS keine zwingende Vorgabe dazu entnehmen, ob bei Bestehen eines örtlich beschränkten älteren Rechts das Ausschlussrecht zumindest im Hinblick auf die Benutzung innerhalb desjenigen Bereichs gewahrt werden muss, in dem das ältere Recht Vorrang genießt, oder ob es ggf. mit dem jüngeren Recht koexistieren muss.

250.1 Die Bedeutung des Begriffs „bestehendes älteres Recht" iSv Art. 16 Abs. 1 S. 3 TRIPS ist nicht unumstritten. Der EuGH hat sich zu dieser Frage in einem der zahlreichen Konflikte um die Benutzung des Kennzeichens „Budweiser" zwischen Anheuser-Busch und Budejovicky Budvar geäußert (EuGH C-245/02, EuZW 2005, 114 – Anheuser-Busch Inc./Budějovický Budvar, národni podnik). Die Besonderheit des Falles bestand darin, dass nach den Angaben des vorlegenden Gerichts der tschechischen Brauerei zum Zeitpunkt der Eintragung der Marke „Budweiser" durch Anheuser-Busch keine eigenen Rechte zugestanden hatten, da die Bezeichnung zwar in geringem Umfang benutzt wurde, aber weder als Handelsname eingetragen war noch den nach finnischem Recht notwendigen Bekanntheitsgrad aufwies, um als Unternehmenskennzeichen geschützt zu sein. Der EuGH befand, dass ein solcher Handelsname als älteres Recht iSv Art. 16 Abs. 1 S. 3 TRIPS anzusehen sein kann, wenn der Inhaber über ein Recht verfügt, das in den zeitlichen und sachlichen Anwendungsbereich von TRIPS fällt und vor dem kollidierenden Markenrecht entstanden ist, und wenn dieses Recht seinem Inhaber die Benutzung eines identischen oder ähnlichen Zeichens erlaubt. Bemerkenswert dabei ist, dass der EuGH nicht die angesichts der ihm unterbreiteten Fallkonstellation naheliegende Feststellung trifft, dass – soweit das nationale Gericht auf zutreffender Rechtsgrundlage zu dem Ergebnis kommt, dass die Voraussetzungen des Schutzerwerbs zum maßgeblichen Zeitpunkt nicht vorgelegen haben – kein älteres Recht iSv Art. 16 Abs. 1 S. 3 besteht. Die Entscheidung ist somit zumindest zweideutig; sie kann auch so verstanden werden, dass der EuGH den Vorbehalt des Art. 16 Abs. 1 S. 3 auf alle faktisch als Kennzeichen vorbenutzten Bezeichnungen bezieht und ihnen zumindest ein Benutzungsrecht zuerkennen will, unabhängig davon, ob die spezifischen Schutzvoraussetzungen im Schutzland erfüllt sind.

6. Schutz notorisch bekannter Marken

251 **a) Grundsätze des Schutzes.** Der Schutz nicht eingetragener, aber notorisch bekannter Marken ist seit der Revisionskonferenz von Den Haag (1925) in der PVÜ verankert. In den meisten Verbandsländern erhielten nicht eingetragene Marken keinen oder nur unzureichenden Schutz, so dass es Dritten relativ leicht gemacht wurde, Ausstrahlungseffekte ausländischer Marken durch die Eintragung der Marke auf die eigene Geschäftstätigkeit umzulenken. Durch Art. 6bis PVÜ sollte dies zumindest dann verhindert werden, wenn es nach Ansicht der zuständigen Behörden des Landes, in dem die Eintragung beantragt wurde, **„notorisch feststeht"**, dass sie einem Angehörigen eines anderen Verbandslandes gehört. Der Schutz richtete sich zunächst nur gegen die **Eintragung** der Marke durch Dritte; auf der Revisionskonferenz von Lissabon (1958) wurde er auf die **Benutzung** notorisch bekannter Marken ausgedehnt.

251.1 Ebenfalls auf der Revisionskonferenz von Lissabon wurde der in der Praxis häufig auftretende Fall international geregelt, dass der inländische Vertragspartner des Markeninhabers, der als **Agent oder Vertreter** des Markeninhabers tätig wird, die Marke im eigenen Namen einträgt (Art. 6^{septies} PVÜ; vgl. § 11; vgl. Art. 8 Abs. 3; Art. 11 UMV). In solchen Fällen hilft Art. 6bis PVÜ häufig nicht weiter, da die Marken in der Regel noch keine hinreichende Bekanntheit aufweist, um nach Art. 6bis PVÜ geschützt zu werden.

252 Untersagt sind nach Art. 6bis Abs. 1 PVÜ auch die Eintragung oder Benutzung von **Abbildungen, Nachahmungen oder Übersetzungen** notorisch bekannter Marken, sofern diese verwechslungsfähig sind und sich auf gleiche oder gleichartige Waren beziehen wie diejenigen, für die die notorisch bekannte Marke benutzt wird. Das Gleiche gilt, wenn die notorisch bekannte Marke oder deren Nachahmung einen **wesentlichen Bestandteil** der von dem Dritten angemeldeten oder benutzten Marke darstellt.

Durch Art. 16 Abs. 2 und 3 TRIPS wurde der Anwendungsbereich der Vorschrift in zweifacher Weise **erweitert:** Während sich Art. 6bis PVÜ ausweislich seines Wortlauts nur auf Marken „für Erzeugnisse" bezieht, ist die Vorschrift nach Art. 16 Abs. 2 S. 1 TRIPS auf Dienstleistungsmarken entsprechend anwendbar (→ Rn. 228). Art. 16 Abs. 3 TRIPS erweitert den Anwendungsbereich von Art. 6bis PVÜ ferner auf nicht gleichartige Waren oder Dienstleistungen (→ Rn. 259). **253**

Der **Anspruch auf Löschung** einer nach Art. 6bis Abs. 1 PVÜ unrechtmäßig eingetragenen Marke darf nicht vor Ablauf von fünf Jahren nach dem Tag der Eintragung für verfristet erklärt werden; im Hinblick auf die Benutzung können die Mitgliedsländer die entsprechende Frist selbst bestimmen. Soweit die Eintragung oder Benutzung bösgläubig vorgenommen werden, darf keine Ausschlussfrist vorgesehen werden (Art. 6bis Abs. 2 und 3 PVÜ). **254**

Im Hinblick auf die Ausschlussfristen sehen die WIPO-Empfehlungen zum Schutz notorisch bekannter Marken von 1999 (→ Rn. 261 ff.) eine Reihe von Änderungen vor, die sich für den Markeninhaber günstig auswirken: Nach Art. 4 Abs. 3 Buchst. a der WIPO-Empfehlungen 1999 ist die fünfjährige Ausschlussfrist für Löschungsklagen nicht nach dem Zeitpunkt der Eintragung zu berechnen, sondern nach deren Veröffentlichung durch das Amt. Nach Art. 4 Abs. 3 Buchst. b wird darüber hinaus für den Fall, dass das Recht des Mitgliedstaates die Möglichkeit der Amtslöschung vorsieht, bestimmt, dass der Konflikt mit einer notorisch bekannten Marke während einer Frist von mindestens fünf Jahren einen Grund für eine Amtslöschung bilden können muss. Während sich Art. 6bis PVÜ auf die Regelung der Ausschlussfrist für die Löschungsklage beschränkt, schreibt Art. 4 Abs. 4 der WIPO-Empfehlungen 1999 vor, dass die Erhebung der Verletzungsklage nicht vor Ablauf von fünf Jahren ausgeschlossen werden kann. Zu berechnen ist diese Frist von dem Zeitpunkt an, zu dem der Inhaber der notorisch bekannten Marke von der Benutzung der kollidierenden Marke Kenntnis erhalten hat (Kur GRUR 1999, 866 (872)). Damit entspricht diese Regelung prinzipiell dem im europäischen Recht verankerten Verwirkungsgrundsatz. Allerdings lässt jener – jedenfalls im deutschen Recht – auch die Anwendung allgemeiner Grundsätze der Verwirkung zu, woraus sich ergeben kann, dass die Verwirkung bereits zu einem früheren Zeitpunkt eintritt. Diese Rechtsfolge wäre mit Art. 4 Abs. 4 der WIPO-Empfehlungen 1999 unvereinbar. Allerdings wird der Anmelder oder Benutzer einer notorisch bekannten Marke häufig bösgläubig sein, so dass die Verwirkung oder sonstige Verfristung von Löschungs- oder Verletzungsklagen sowohl nach § 21 Abs. 1 MarkenG als auch nach Art. 6bis Abs. 3 PVÜ und Art. 4 Abs. 5 der WIPO-Empfehlungen 1999 ausgeschlossen sein wird. **254.1**

b) Notorietät. Die größte Hürde für die Anwendung von Art. 6bis PVÜ bildet die Frage, ob die Marke, deren Schutz auf der Grundlage von Art. 6bis PVÜ beantragt wird, tatsächlich den **erforderlichen Grad an Notorietät** erreicht. Im deutschen Recht wurde unter der Geltung des WZG teilweise angenommen, dass die notorisch bekannte Marke den Bekanntheitsgrad einer berühmten Marke aufweisen muss; unbestritten war in jedem Fall, dass ein höherer Bekanntheitsgrad vorliegen musste, als er für den Schutz nicht eingetragener Kennzeichen nach § 25 WZG („Ausstattungsschutz") verlangt wurde (BGH GRUR 1968, 257 f. – Recrin; s. auch Kur GRUR Int 1990, 605 mit Hinweis auf die in der Literatur vertretenen Auffassungen). **255**

Vergleichende Studien weisen darauf hin, dass auch in anderen Ländern relativ hohe Anforderungen gestellt werden (s. insbesondere Mostert, Famous and Well-Known Marks, 2. Aufl., Loseblattsammlung). Exakte Feststellungen lassen sich allerdings kaum treffen, da der Schutz notorisch bekannter Marken in der Praxis nur sehr selten zur Anwendung kam (und kommt): Die Schutzbedürfnisse der Inhaber prioritätsälterer, nicht eingetragener Kennzeichen werden in der Regel bereits durch andere Vorschriften aufgefangen, wie insbesondere – soweit vorhanden – durch den Schutz nicht eingetragener Marken unterhalb der Schwelle der Notorietät, oder das Verbot bösgläubiger Anmeldungen. Beides ist allerdings grundsätzlich Sache der nationalen Gesetzgebung und unterliegt keinem internationalen Standard. **255.1**

Die **Unsicherheiten** hinsichtlich der Bemessung der Schutzschwelle für notorisch bekannte Marken wurden auch durch TRIPS nicht beseitigt. Art. 16 Abs. 2 TRIPS knüpft am Begriff der Notorietät an, ohne eine eigene Definition anzubieten. Immerhin lässt sich **256** dem Wortlaut von Art. 16 Abs. 2 S. 2 TRIPS entnehmen, dass es um die Bekanntheit „in dem maßgeblichen Teil der Öffentlichkeit" und nicht innerhalb der gesamten Bevölkerung geht.

256.1 Hieran anknüpfend – und über das übliche Verständnis des Wortlauts hinausgehend – legen die WIPO-Empfehlungen von 1999 (→ Rn. 261 ff.) fest, dass nicht allein die Bekanntheit innerhalb der Zielgruppe der Abnehmer zählt, sondern dass auch die mit Import und Vertrieb der betreffenden Waren befassten Kreise einzubeziehen seien, in dem Sinne, dass die notorische Bekanntheit auf einer dieser Ebenen den Schutz nach Art. 6bis PVÜ und Art. 16 Abs. 2 TRIPS auslöst. Die Befolgung dieses Maßstabs dürfte in zahlreichen Ländern zu einer erheblichen Absenkung der Schutzschwelle führen (Kur GRUR 1999, 866).

257 Nicht ausdrücklich geregelt ist in Art. 6bis PVÜ, ob auch die **Benutzung** der Marke im Inland als Voraussetzung des Schutzes notorisch bekannter Marken gefordert werden kann.

257.1 Auf der Revisionskonferenz in Lissabon war eine Ergänzung der Vorschrift diskutiert worden, um klarzustellen, dass ein solches Erfordernis nicht aufgestellt werden sollte. Die Umsetzung des Vorschlags scheiterte jedoch an zwei Gegenstimmen in der Vollversammlung gegenüber von 25 Befürwortern des Antrags; s. Bodenhausen PVÜ-Kommentar S. 77 Fn. 11. Bodenhausen schließt daraus, dass in den meisten Ländern trotz der entsprechenden „Fehlstelle" in Art. 6bis PVÜ keine inländische Benutzung gefordert wird (Bodenhausen Art. 6bis PVÜ Anm. (f) S. 77).

258 Insoweit wurde durch Art. 16 Abs. 2 S. 2 TRIPS immerhin klargestellt, dass die Bekanntheit der Marke unter Berücksichtigung der aufgrund der **Werbung** für die Marke erzielten Bekanntheit zu ermitteln ist. Dies kann auch dann der Fall sein, wenn die Ware selbst nicht auf dem einheimischen Markt vertrieben wird; die inländische Benutzung kann daher kein entscheidendes Kriterium darstellen.

259 **c) Schutz jenseits des Gleichartigkeitsbereichs.** Ebenso wie die meisten Markengesetze traditioneller Fassung beschränkt Art. 6bis PVÜ den Markenschutz auf Fälle der Verwechslungsgefahr innerhalb des Warengleichartigkeitsbereichs. Dieser Zuschnitt des Schutzes erwies sich spätestens gegen Ende des letzten Jahrhunderts als zu eng, als das Potenzial bekannter Marken offenbar wurde, ihre Attraktionskraft auf andere Produkte innerhalb wie außerhalb des Gleichartigkeitsbereichs zu übertragen. Dies resultierte zum einen in verstärkter Produktdiversifizierung durch die Markeninhaber, zum anderen rief es auch Nachahmer auf den Plan, die durch die Eintragung imagestarker Marken die Marketingvorteile des **Imagetransfers** für sich auszunutzen versuchten. In Deutschland führte dies ebenso wie auf europäischer Ebene und in außereuropäischen Ländern zur Verstärkung des Schutzes gegen die Ausnutzung und Beeinträchtigung der Unterscheidungskraft und Wertschätzung solcher Marken durch die Verwendung für nicht-ähnliche Waren oder Dienstleistungen (§ 14 Abs. 2 Nr. 3; Art. 10 Abs. 2 Buchst. c RL (EU) 2015/2436 und Art. 9 Abs. 2 Buchst. c UMV). Mit Art. 16 Abs. 3 TRIPS wurde der Schutz außerhalb des Gleichartigkeitsbereichs auch auf internationaler Ebene verankert.

260 Art. 16 Abs. 3 TRIPS knüpft an der notorischen Bekanntheit der Marke an. Im Gegensatz zur Regelung der PVÜ gilt der Schutz jedoch nicht speziell für nicht eingetragene Marken. Aus dem Wortlaut, der sich auf den „Inhaber der eingetragenen Marke" bezieht, wird vielmehr geschlossen, dass der Schutz **auf eingetragene Marken beschränkt** werden kann. Als Tatbestandsvoraussetzung wird zum einen genannt, dass durch die Verwendung der Marke der Eindruck einer Verbindung zwischen dem Markeninhaber und der Ware oder Dienstleistung hergestellt wird, für die die Marke von dem Dritten benutzt wird, und zum anderen, dass den Interessen des Inhaber dadurch wahrscheinlich Schaden zugefügt wird.

260.1 In der Summenwirkung der beiden Anforderungen – zum einen das Suggerieren einer Verbindung, das als „Verwechslungsgefahr im weitesten Sinne" zu deuten sein könnte, und zum anderen die Plausibilität einer Schadensentstehung – bleibt Art. 16 Abs. 3 TRIPS hinter dem im deutschen und europäischen Markenrecht etablierten Schutzniveau zurück, das bereits die Ausnutzung der Wertschätzung als solche genügen lässt. Auch diesen Unterschied bemühen sich die WIPO-Empfehlungen von 1999 (→ Rn. 261 ff.) teilweise auszugleichen, indem sie auch die reine Rufausbeutung als Anwendungsfall von Art. 16 Abs. 3 TRIPS aufführen. Allerdings bleibt für WTO-Mitgliedsländer, die gegen einen so weitgehenden Schutz Bedenken hegen, die Möglichkeit bestehen, als Voraussetzung die notorische Bekanntheit innerhalb der gesamten Bevölkerung zu verlangen. Dies entspricht im Übrigen auch dem amerikanischen Recht, wo der Schutz gegen „Dilution" von der Berühmtheit innerhalb der Gesamtbevölkerung abhängt (Sec. 43c Lanham Act).

d) Die WIPO-Empfehlungen 1999. Die zahlreichen Fragen, die sich mit der Anwendung von Art. 6bis PVÜ und Art. 16 Abs. 3 TRIPS in der Praxis verknüpfen, setzen die Position von Markeninhabern im Ausland erheblichen Unsicherheiten aus. Diese verstärkten sich in erheblichem Maße, als in den 1990er Jahren nach dem Ende der Sowjetunion zahlreiche neue, überwiegend marktwirtschaftlich verfasste Staaten entstanden, die ihre eigenen Markensysteme einrichteten und damit reichlich Gelegenheit zur Eintragung fremder Marken boten; sei es, um die Bekanntheit der Marke auf die eigene Geschäftstätigkeit umzuleiten oder um sich die Markeneintragung vom ausländischen Markeninhaber abkaufen zu lassen. Da den neuen Staaten die Erfahrung im Umgang mit solchen Praktiken fehlte und gesicherte Maßstäbe für die Identifizierung notorisch bekannter Marken fehlten, ergriff die WIPO auf Anregung der internationalen Vereinigungen von Rechtsinhabern die Initiative für die Erarbeitung eines Katalogs von Vorschriften, die die Voraussetzungen des Schutzes und seine Reichweite umreißen und damit transparenter und sicherer machen sollten. Zugleich wurde damit die Absicht einer gewissen **Absenkung der Schutzschwelle** verbunden, um den Schutz notorisch bekannter Marken leichter zugänglich zu machen und ihm dadurch größere praktische Bedeutung zu verschaffen. 261

Erwogen wurde dabei ua, ein Register notorisch bekannter Marken zu schaffen, um den Gerichten und Behörden derjenigen Länder, die sich mangels geeigneter Infrastruktur nicht in der Lage sahen, die Notorietät von Marken aufgrund eigener Erhebungen festzustellen, eine sichere Entscheidungsgrundlage zu bieten. Dieser Vorschlag wurde jedoch von der ganz überwiegenden Mehrheit der Teilnehmer abgelehnt, da die notorische Bekanntheit im Schutzland nur dort, und nicht auf internationaler Ebene, festgestellt werden kann. Außerdem erschien fraglich, nach welchen Kriterien ein solches Register erstellt würde, zumal die Notorietät einer Marke ständigen Veränderungen unterworfen sein kann. Der Informationswert eines solchen Verzeichnisses wurde daher als äußerst zweifelhaft beurteilt. Dennoch sind in der Folgezeit eine Reihe von Ländern – ua Japan und China sowie Finnland als bislang einziger EU-Mitgliedstaat – dazu übergegangen, eigene Register bzw. Listen notorisch bekannter Marken aufzustellen, denen unterschiedliche Rechtswirkungen beigemessen werden (in Finnland dient die Liste lediglich informatorischen Zwecken ohne jede rechtliche Wirkung). Dazu Liu/Tao/Wang IIC 2009, 685. 261.1

Als Ergebnis der Arbeiten wurden 1999 die WIPO-Empfehlungen zum Schutz notorisch bekannter Marken von den Versammlungen der WIPO und der PVÜ verabschiedet (http://www.wipo.int/edocs/pubdocs/en/marks/833/pub833.pdf; zum Zustandekommen und Inhalt der Empfehlungen Kur GRUR 1999, 866). Das Herzstück der Empfehlungen ist Art. 2. Die Vorschrift enthält ua eine **Liste von Faktoren,** die die nationalen Behörden heranziehen sollen, wenn sie über die notorische Bekanntheit einer Marke befinden. Dazu zählen insbesondere die Bekanntheit bei den beteiligten Verkehrskreisen im fraglichen Sektor, Dauer, Ausmaß und geographische Ausdehnung der Markenbenutzung und der dafür betriebenen Werbung und der Wert der Marke. 262

Weiterhin als berücksichtigungsfähige Faktoren genannt werden die Anzahl, Dauer und Verbreitung von Anmeldungen oder Eintragungen im Ausland, vor allem soweit sie auf der Anerkennung der notorischen Bekanntheit der Marke beruhte sowie die erfolgreiche Durchsetzung des Rechts im Ausland. Auch die Bösgläubigkeit des Anmelders soll nach den WIPO-Empfehlungen berücksichtigt werden können (Art. 3 Abs. 2 WIPO-Empfehlungen 1999). Damit wird streng genommen der Bereich verlassen, der von Art. 6bis PVÜ jedenfalls nach wortgetreuer Anwendung abgedeckt wird. Auf der anderen Seite können Verbreitung und Stärke des Schutzes einer Marke im Ausland durchaus aussagekräftige Indizien für die notorische Bekanntheit darstellen, und mit der Bösgläubigkeit der Anmeldung wird zumindest in dem Schutz notorische bekannter Maren sehr eng benachbarter Bereich angesprochen. Zu berücksichtigen ist ferner auch, dass die Liste der Faktoren weder abschließend noch zwingend ist; die Behörden sollen sich nach wie vor ihr eigenes Urteil über die notorische Bekanntheit bilden. 262.1

Bemerkenswert ist ferner, dass die notorische Bekanntheit der Marke auf irgendeiner Vertriebsstufe vom Import bis zum Abnehmer mit Ausnahme des Schutzes gegenüber nicht-ähnlichen Waren oder Dienstleistungen als Auslöser des Schutzes nach Art. 6bis PVÜ und Art. 16 Abs. 3 TRIPS genügen soll. Für die Zuerkennung des Schutzes darf es ferner keine Voraussetzung darstellen, dass die Marke eingetragen oder zur Eintragung angemeldet ist (Art. 2 Abs. 3 ii WIPO-Empfehlungen). 262.2

Einl. MarkenR Einleitung

263 In Art. 4 WIPO-Empfehlungen 1999 (→ Rn. 262) werden die **Rechte** aufgeführt, die dem Inhaber einer notorisch bekannten Marke zustehen. Dazu zählen der Schutz gegen Verwechslungsgefahr bei der Benutzung für gleiche oder gleichartige Waren oder Dienstleistungen ebenso wie der Schutz außerhalb des Gleichartigkeitsbereichs, wobei für letzteren sowohl der in TRIPS skizzierte Schutzbereich wie auch die Kriterien der „Dilution" nach amerikanischem und der Rufausbeutung im europäischen Recht als maßgeblich aufgeführt werden. Ferner werden die Rechtsbehelfe aufgeführt, die dem Inhaber einer notorisch bekannten Marke zur Verfügung stehen müssen sowie die Fristen, innerhalb derer die Rechte geltend gemacht werden müssen (→ Rn. 254.1).

263.1 Art. 5 und 6 WIPO-Empfehlungen 1999 enthalten eine sinngemäße Übertragung der für reine Markenkonflikte geltenden Regelungen auf Kollisionen zwischen notorisch bekannten Marken und Unternehmenskennzeichen sowie Domainnamen. In Art. 5 WIPO-Empfehlungen 1999, der sich mit Unternehmenskennzeichen befasst, wurden die Formulierungen aus Art. 4 WIPO-Empfehlungen nahezu unverändert übernommen. Art. 6 WIPO-Empfehlungen 1999 beschränkt sich hingegen im Wesentlichen auf die Feststellung, dass jedenfalls dann von einem Konflikt zwischen einem Domainnamen und einer notorisch bekannten Marke auszugehen ist, wenn ersterer eine Wiedergabe etc der Marke darstellt und Eintragung oder Benutzung bösgläubig erfolgt sind.

264 **e) Schutz notorisch bekannter Marken im deutschen Recht.** Die notorische Bekanntheit einer Marke stellt nach § 4 Nr. 3 einen **Entstehungstatbestand** dar, der denjenigen der Eintragung und dem Erwerb von Verkehrsgeltung für Benutzungsmarken rechtlich gleichgestellt ist. Im Unterschied zu Benutzungsmarken muss keine Benutzung im inländischen geschäftlichen Verkehr stattfinden oder stattgefunden haben (→ § 4 Rn. 141).

264.1 Gemäß § 10 werden notorisch bekannte Marken von der Eintragung durch Dritte ausgeschlossen; sie zählen daher zu den absoluten Schutzhindernissen. Die Zurückweisung von Amts wegen erfolgt allerdings nur, wenn die Notorietät amtsbekannt ist und wenn die weiteren Voraussetzungen des § 9 Abs. 1 Nr. 1 oder 2 gegeben sind (§ 37 Abs. 4). Darüber hinaus können notorisch bekannte Marken auch als relative Schutzhindernisse im Widerspruchsverfahren geltend gemacht werden (§ 41 Abs. 2 Nr. 4). Nachdem seit 2010 auch prioritätsältere Benutzungsmarken sowie geschäftliche Bezeichnungen im Widerspruchsverfahren zu berücksichtigen sind, liegt darin keine Privilegierung gegenüber anderen nicht eingetragenen Kennzeichenrechten mehr (zur Situation im früheren Recht s. Kur GRUR 1994, 330). Im Hinblick auf die Berücksichtigung im Rahmen der absoluten Schutzhindernisse nehmen notorisch bekannte Marken jedoch nach wie vor eine Vorzugsstellung gegenüber sonstigen Marken- und Kennzeichenrechten ein.

265 **f) Schutz notorisch bekannter Marken in der UMV.** Nach Art. 8 Abs. 2 Buchst. c UMV sind Marken, die am Tag der Anmeldung einer Unionsmarke oder ggf. am Prioritätstag in einem Mitgliedsland der Gemeinschaft notorische Bekanntheit iSv Art. 6bis PVÜ besitzen, als **relative Schutzhindernisse** zu betrachten, wobei der Schutz auf die in Art. 8 Abs. 1 UMV genannten Fälle der Doppelidentität und der Verwechslungsgefahr beschränkt ist. Soweit ersichtlich hat diese Vorschrift in der Praxis bisher keine größere Rolle gespielt.

266 Der EuGH hatte bisher noch wenig Gelegenheit, sich mit den materiellen Voraussetzungen des Schutzes nach Art. 6bis PVÜ zu beschäftigen. In der Entscheidung „Nieto Nuño" (GRUR 2008, 70) wurde jedoch erklärt, dass sich die notorische Bekanntheit einer Marke nicht auf das „gesamte" Hoheitsgebiet des Mitgliedstaats erstrecken muss, sondern dass es genügt, wenn die Marke in einem wesentlichen Teil des Staates notorisch bekannt ist. In diesem Zusammenhang wird eine **Parallele zu den Voraussetzungen des Schutzes bekannter Marken** iSv Art. 10 Abs. 2 Buchst. c RL (EU) 2015/2436 hergestellt. In der Tat weisen die Voraussetzungen, die nach der EuGH-Rechtsprechung für den Schutz bekannter Marken zu fordern sind, starke Gemeinsamkeiten mit den Faktoren auf, die nach den WIPO-Empfehlungen für den Schutz notorisch bekannter Marken zu beachten sind (→ Rn. 262). Hieraus lässt sich folgern, dass die Maßstäbe in beiden Fällen praktisch übereinstimmen (in der Studie des Max-Planck-Instituts wird daher eine Gleichstellung von notorisch bekannten Marken und bekannten Marken iSv MRL und UMV vorgeschlagen; Knaak/Kur/v. Mühlendahl GRUR Int 2012 197 (201)).

266.1 Die WIPO-Empfehlungen 1999 wurden in mehreren bilateralen Handelsabkommen der EU als Richtschnur erwähnt, soweit es um die Definition der Notorietät geht: Die Handelspartner erklären, dass sie die Befolgung der Empfehlungen anstreben (→ Rn. 223). Obwohl sich daraus keine Verbindlichkeit des Maßstabs in striktem Sinne ergibt, ist es sowohl unter rechtlichen wie politischen Aspekten angezeigt, dass sich die Praxis in der EU tatsächlich an den Empfehlungen ausrichtet.

Nicht in der UMV vorgesehen ist der Schutz nationaler notorisch bekannter Marken als **267** relative Schutzhindernisse im Fall der **Rufausbeutung und -beeinträchtigung;** Art. 8 Abs. 5 UMV bezieht sich nur auf eingetragene ältere Marken. Ferner können nach der UMV Marken, die in der Gemeinschaft bekannt, aber nicht als Unionsmarke eingetragen sind, keinen Schutz in Verletzungsverfahren vor den Unionsmarkengerichten beantragen.

In der Studie des MPI zur Evaluierung des Europäischen Markenrechtssystems wurde der Vorschlag **267.1** gemacht, den Schutz nationaler notorisch bekannter Marken auf die Fälle der Rufausbeutung und -beeinträchtigung zu erweitern. Zwar besteht insoweit keine zwingende Verpflichtung, da Art. 16 Abs. 3 TRIPS die Möglichkeit zulässt, die Eintragung der Marke als Voraussetzung für die Gewährung von Schutz außerhalb des Gleichartigkeitsbereichs zu verlangen. In den WIPO-Empfehlungen von 1999 wird die Eintragung der Marke jedoch als eine der Voraussetzungen genannt, die keinesfalls für die Gewährung des Schutzes notorisch bekannter Marken – einschließlich des Schutzes außerhalb des Gleichartigkeitsbereichs – verlangt werden dürfen (Kur GRUR 1999, 866 (869)). Zwar hat sich die EU bisher auch in ihren bilateralen Verträgen nicht zur Einhaltung dieses Aspekts der WIPO-Empfehlungen 1999 verpflichtet; aus politischer Sicht erscheint es jedoch ratsam, auch insoweit die Bereitschaft zu einer möglichst weitgehenden Befolgung der WIPO-Empfehlungen zu signalisieren (Trade Mark Study Teil III Rn. 2.126).

Strenggenommen ergibt sich aus Art. 6bis PVÜ eine Verpflichtung für Mitglieder der PVÜ – und **267.2** damit mittelbar auch für die EU – notorisch bekannte Marken nicht nur gegen die Eintragung, sondern auch gegen die Benutzung übereinstimmender Kennzeichen zu schützen; dieser Verpflichtung kann der Gemeinschaftsgesetzgeber grundsätzlich allein durch die Zuerkennung gemeinschaftsweiter Unterlassungsansprüche nachkommen. Die praktischen Folgen einer solchen Regelung wären voraussichtlich auch beherrschbar, da überall dort, wo die Marke nicht notorisch bekannt ist, keine Verletzung zu besorgen und der Urteilsausspruch nach den Grundsätzen der DHL-Entscheidung (EuGH C-235/09, GRUR 2011, 518 – DHL/Chronopost) entsprechend einzuschränken wäre. Angesichts der politischen Dimension einer solchen Regelung – die ua voraussetzen würde, dass die UMV auf den Schutz nicht eingetragener Marken ausgedehnt wird – wurde der Schutz notorisch bekannter Unionsmarken in Verletzungsverfahren in der Markenstudie des MPI lediglich als Option erwähnt (Knaak/Kur/v. Mühlendahl GRUR 2012, 197 (200 f.)). Die Kommission ist auf diesen Vorschlag nicht eingegangen.

7. Schutz von Handelsnamen

Art. 8 PVÜ bestimmt, dass Handelsnamen in allen Mitgliedsländern der PVÜ auch **ohne** **268** **Eintragung** geschützt werden, ohne dass es darauf ankommt, ob sie einen Bestandteil einer Marke bilden. Diese Bestimmung war bereits in der Urfassung der PVÜ enthalten; sie stellt somit einen der tragenden Bestandteile des Übereinkommens dar.

Der Begriff des „Handelsnamens" ist nicht näher definiert. Zu verstehen ist er in weitem **269** Sinn als Bezeichnung, unter der ein Gewerbetreibender oder ein Unternehmen seine geschäftliche Tätigkeit durchführt. Im MarkenG findet insoweit der Begriff des **Unternehmenskennzeichens** Verwendung, der gemäß § 5 Abs. 2 MarkenG ebenfalls denkbar weit gefasst ist.

Da der Schutz von Unternehmenskennzeichen nach dem MarkenG keine Eintragung **270** voraussetzt und im Zeitpunkt der ersten Benutzung entsteht, bestehen keine Probleme im Hinblick auf die Einhaltung des von Art. 8 PVÜ geforderten Schutzes. Hinzukommt, dass die Maßstäbe der Rechtsprechung im Hinblick auf die Entstehung des Schutzes ausländischer Unternehmenskennzeichen besonders **großzügig** sind (BGH GRUR 1973, 661 – Metrix). So reicht bereits die Anzeige der ernsthaften Absicht, in Deutschland tätig zu werden, zur Wahrung des Zeitvorrangs aus (zu Einzelheiten → § 5 Rn. 10 ff.). Geklärt ist heute ferner, dass es für den Schutz im Inland nicht auf die Erfüllung der Schutzvoraussetzungen im Ursprungsland ankommt (BGH GRUR 1995, 825 – Torres).

Das TRIPS-Abkommen enthält keine Regelung zum Schutz von Handelsnamen. Da **271** jedoch Art. 1–12 PVÜ nach Art. 2 Abs. 1 TRIPS von allen WTO-Mitgliedern befolgt werden müssen, ist auch Art. 8 zum Bestandteil des TRIPS-Abkommens geworden. Dies wurde vom WTO-Panel in dem Verfahren „Havana Club" bestätigt (Jakob GRUR Int 2002,

406). Hiervon ausgehend hat der EuGH sich für zuständig angesehen, die Vereinbarkeit nationalen Rechts mit Art. 8 PVÜ zu kommentieren und dabei festzustellen, dass eine Regelung, die den Schutz inländischer ebenso wie ausländischer Handelsnamen von der Eintragung oder dem Erwerb eines gewissen Grades von Verkehrsbekanntheit abhängig macht, keinen Verstoß gegen TRIPS darstellt (EuGH C-245/02, EuZW 2005, 114 – Anheuser-Busch Inc./Budějovický Budvar, národni podnik).

271.1 Im Zusammenhang mit dem Schutz von Handelsnamen stellen sich ähnliche Fragen wie bei Art. 6bis PVÜ: Das Unionsmarkensystem beschränkt sich auf die Berücksichtigung von Handelsnamen als relative Schutzhindernisse, stellt jedoch keinen Schutz im Verletzungsverfahren zur Verfügung. Die Situation ist jedoch insoweit nicht vergleichbar, als auf Gemeinschaftsebene – anders als bei Marken – ohnehin kein spezielles Verletzungsverfahren für Handelsnamen angeboten wird, so dass es notwendigerweise beim Schutz auf nationaler Ebene und dessen Berücksichtigung im Eintragungs- und Löschungsverfahren der Unionsmarke bleiben muss.

8. Schranken

272 Da die PVÜ die von der Marke verliehenen Rechte im Allgemeinen nicht definiert, besteht auch keine Notwendigkeit, die Schranken des Rechts zu bestimmen. TRIPS mit seinem detaillierteren Rechtekatalog enthält hingegen in Art. 17 TRIPS auch eine **Rahmenbestimmung für zulässige Beschränkungen** des aus Art. 16 TRIPS folgenden Ausschließlichkeitsrechts.

273 In seiner Struktur lehnt sich Art. 17 TRIPS an den sog. **Dreistufentest** an. Dieser wurde zunächst in Art. 9 Abs. 2 RBÜ im Hinblick auf Einschränkungen des Vervielfältigungsrechts formuliert. In TRIPS diente der Wortlaut als Muster für die Formulierung der Vorschrift, mit der die Voraussetzungen zulässiger Schrankenbestimmungen im Urheberrecht (Art. 13 TRIPS), Designrecht (Art. 26 Abs. 2 TRIPS) und Patentrecht (Art. 30 TRIPS) umrissen werden. Art. 17 TRIPS weicht von diesem Muster geringfügig ab. Ebenso wie Urheber-, Design- und Patentrecht besagt die „erste Stufe" des Tests nach Art. 17 TRIPS, dass WTO-Mitglieder „begrenzte Ausnahmen" von den Rechten aus einer Marke vorsehen können. Während Urheber-, Design- und Patentrecht auf der zweiten Stufe des Tests jedoch darauf abstellen, inwieweit die Beschränkung im Widerspruch zur üblichen Verwertung des Rechts steht, zählt Art. 17 TRIPS lediglich beispielhaft auf, dass sich die Ausnahmebestimmung etwa auf die lautere Benutzung beschreibender Angaben beziehen kann. Weitgehende Übereinstimmung mit den anderen Versionen des Dreistufentests besteht wieder auf der dritten Stufe, die darauf abstellt, ob die Ausnahmeregelung die berechtigten Interessen des Markeninhabers und Dritter berücksichtigt.

274 Zur Anwendung kam Art. 17 TRIPS in einem WTO-Streitbeilegungsverfahren, das von den USA und Australien gegen die EU wegen der Verordnung über geographische Herkunftsangaben angestrengt worden war (DS174, European Communities – Protection of Trademarks and Geographical Indications for Agricultural Products and Foodstuffs). Soweit die Beschwerdeführer geltend gemacht hatten, dass die nach der VO (EWG) 2081/92 in bestimmten Fällen eintretende Koexistenz von Marken mit geographischen Herkunftsangaben gegen das nach Art. 16 TRIPS dem Markeninhaber zustehende Ausschließlichkeitsrecht verstößt, wurde ihnen vom Panel entgegengehalten, dass diese Rechtsfolge durch Art. 17 TRIPS gedeckt ist, da es sich um eine **inhaltlich begrenzte und interessengerechte Beschränkung** des Markenrechts handele.

9. Benutzungserfordernisse

275 **a) Markenbenutzung oder Benutzungsabsicht als Voraussetzungen des Markenschutzes.** Einer der bemerkenswertesten Unterschiede im internationalen Rechtsvergleich besteht nach wie vor darin, dass nach amerikanischem Recht anders als in den meisten anderen Rechtsordnungen die **faktische Benutzung der Marke** für den Erwerb des Markenrechts konstitutiv ist, während der Eintragung lediglich deklaratorischer Charakter zukommt. Während dieser Grundsatz im früheren Recht ausnahmslos galt und die Anmeldung zur Eintragung daher erst nach der Aufnahme der Benutzung erfolgen konnte, wurde das Benutzungsprinzip durch die Reform des Lanham Act von 1988 insoweit abgemildert, als

Marken nunmehr auch ohne vorherige Benutzung auf der Grundlage einer Absichtserklärung („intent to use") angemeldet werden können. Die Eintragung der Marke – und damit ihre Durchsetzbarkeit gegenüber Dritten – setzt allerdings nach wie vor die Benutzung voraus.

In Art. 15 Abs. 3 S. 1 TRIPS wird diesem Ansatz Rechnung getragen: Zum einen wird **276** das Erfordernis der Benutzung als **zulässige Eintragungsvoraussetzung** anerkannt; zum anderen wird erklärt, dass der Antrag auf Eintragung erfolgen können muss, ohne dass die Marke aktuell benutzt wird. Dabei wird in Art. 15 Abs. 3 S. 2 TRIPS erklärt, dass der Antrag nicht vor Ablauf von drei Jahren nach dem Tag der Eintragung wegen Nichtbenutzung zurückgewiesen werden darf.

Im amerikanischen Recht wird dem Anmelder im Anschluss an die Prüfung der absoluten und **276.1** relativen Schutzhindernisse eine Unbedenklichkeitsbescheinigung („Statement of Allowance") zugestellt. Grundsätzlich muss die tatsächliche Nutzung der Marke innerhalb von sechs Monaten nach der Zustellung erfolgen. Die Frist kann auf Antrag um weitere sechs Monate verlängert werden; bei Aufzeigen besonderer Gründe können weitere Verlängerungen erfolgen, die sich zu maximal 24 Monaten addieren (Sec. 1 Buchst. d Lanham Act). Obwohl auf diese Weise die Dreijahresfrist von Art. 15 Abs. 3 S. 2 TRIPS regelmäßig eingehalten oder überschritten wird, ist die Regelung nicht unproblematisch, da allein im Hinblick auf die Frist von zwei Mal sechs Monaten nach Zustellung der Unbedenklichkeitsbescheinigung automatisch oder auf bloße Antragstellung hin erfolgt. Der darin möglicherweise liegende Verstoß gegen internationale Bestimmungen bleibt jedoch im Ergebnis unbeachtlich, da bei der Anmeldung von Marken mit Ursprung in anderen WTO-Mitgliedsländern zwar die Nutzungsabsicht erklärt werden muss, die Fristen für den Beginn der tatsächlichen Nutzungsaufnahme jedoch keine Anwendung finden (Sec. 44 Buchst. e Lanham Act).

b) Benutzungszwang. Während der Benutzungszwang erst 1968 in das WZG einge- **277** führt wurde, war eine solche Verpflichtung in anderen Ländern bereits deutlich früher Bestandteil des Markenrechts. Um die daraus für grenzüberschreitend tätige Unternehmen folgenden Risiken zu mindern, wurde bereits 1925 auf der Revisionskonferenz von Den Haag in Art. 5 PVÜ ein neuer Abschnitt C eingefügt, der bestimmt, dass Markeneintragungen erst nach Ablauf einer angemessenen Frist und nur dann wegen Nichtbenutzung gelöscht werden dürfen, wenn der Inhaber seine Untätigkeit nicht rechtfertigt (Art. 5 C Abs. 1 PVÜ). Bei der Revisionskonferenz von London (1934) wurden ferner Abs. 2 und Abs. 3 hinzugefügt, die die **Bestandsinteressen von Markeninhabern** zusätzlich sichern: So darf sich die Benutzung leichter Abwandlungen, die den kennzeichnenden Charakter der Marke nicht verändern, nicht negativ auf den Bestand des Rechts und den ihm gewährten Schutz auswirken; ferner darf die Benutzung durch mehrere Personen, die nach nationalem Recht als „Mitinhaber" gelten, keine schädlichen Auswirkungen haben, soweit sie nicht in einer Irreführung der beteiligten Verkehrskreise resultiert.

In Art. 19 TRIPS werden diese Grundsätze präzisiert und ergänzt. Zum einen wird in **278** Art. 19 Abs. 1 S. 1 TRIPS statt der unbenannten „angemessenen Frist" des Art. 5 C Abs. 1 PVÜ ein Zeitraum von drei Jahren als Mindestfrist für den Benutzungszwang statuiert.

Im amerikanischen Recht fehlt eine dem Benutzungszwang iSd europäischen Recht exakt entspre- **278.1** chende Bestimmung. Eine funktionale Entsprechung stellen jedoch die Vorschriften über die Aufgabe von Markenrechten („abandonment") dar. Insoweit wurde vor dem Beitritt der USA zum WTO/TRIPS-Abkommen davon ausgegangen, dass bei zweijähriger Nichtbenutzung die Markenrechte als „aufgegeben" anzusehen sind. Nach dem Beitritt wurde diese Frist auf drei Jahre verlängert.

In Art. 19 Abs. 1 S. 2 TRIPS werden Gründe, die die Nichtbenutzung rechtfertigen kön- **279** nen, definiert als „Umstände, die unabhängig von dem Willen des Inhabers eintreten", wie zB Einfuhrbeschränkungen oder sonstige staatliche Auflagen. Art. 19 Abs. 2 TRIPS schließlich stellt die Benutzung der Marke durch einen Dritten der Benutzung der Marke durch den Inhaber gleich, wenn sie der Kontrolle des Inhabers unterliegt.

Der EuGH hat in der Entscheidung „Häupl/Lidl Stiftung" auf Art. 19 Abs. 1 S. 2 TRIPS **280** verwiesen und den Wortlaut der Vorschrift als „Auslegungshilfe" für die Interpretation von Art. 15 UMV herangezogen (EuGH C-356/04, GRUR 2007, 70 Rn. 48).

10. Beschränkungen der Benutzung

281 **a) Hintergrund der Regelung.** Art. 20 TRIPS verbietet die Aufstellung von Erfordernissen, die die Benutzung von Marken im geschäftlichen Verkehr in ungerechtfertigter Weise **erschweren**. Als Beispiele werden in Art. 20 S. 1 TRIPS genannt: Die Benutzung zusammen mit einer anderen Marke, die Benutzung in einer besonderen Form oder die Benutzung in einer Weise, die die Fähigkeit der Marke beeinträchtigt, zur Unterscheidung von Waren und Dienstleistungen von denjenigen anderer Unternehmen zu dienen. Art. 20 S. 2 TRIPS erlaubt jedoch ausdrücklich Regelungen, die anordnen, dass Marken zusammen, jedoch ohne Verknüpfung mit den Kennzeichen des herstellenden Unternehmens benutzt werden müssen.

282 Den Hintergrund für die Aufnahme dieser Vorschrift in das TRIPS-Übereinkommen bildeten ua Bestrebungen in den Entwicklungs- und Schwellenländern, die Bekanntheit der Marken und sonstigen Kennzeichen einheimischer Unternehmen dadurch zu steigern, dass sie auf den für ausländische Firmen mit bekannten Marken in Lizenz angefertigten Produkten angebracht werden mussten (Fernández-Nóvoa GRUR Int 1977, 400; Freitag GRUR 1978, 4). Art. 20 TRIPS beschränkt die Zulässigkeit solcher Praktiken insbesondere dann, wenn sie zu einer Zuordnungsverwirrung führen und dadurch die Kennzeichnungskraft der ausländischen Marke schmälern; erlaubt ist jedoch die Verpflichtung zur Anbringung informativer Hinweise, wie etwa **Lizenzvermerke**.

283 Ein weiterer potenzieller Anwendungsfall von Art. 20 TRIPS ist die von einigen Ländern in den 1990er Jahren erwogene und zum Teil auch praktizierte Regelung, die generischen Namen (INNs) von Arzneimitteln in gleichem oder sogar auffälligerem Format auf der Verpackung von Pharmazeutika anzubringen, um auf diese Weise das Bewusstsein für die **therapeutische Äquivalenz** von Markenprodukten und Generika zu schärfen. In den meisten Ländern wurden solche Gesetze bzw. Gesetzgebungsvorhaben wieder zurückgezogen, ohne dass es zu Entscheidungen über die Vereinbarkeit mit Art. 20 TRIPS gekommen wäre.

284 **b) Die Auseinandersetzung um „Plain Packaging".** Von aktueller Bedeutung ist Art. 20 TRIPS im Zusammenhang mit der zunehmenden Tendenz, die Benutzung von Marken für Tabakprodukte mehr oder weniger drastisch zu beschränken. Dies betrifft zum einen die Verpflichtung zur Anbringung großformatiger und teilweise abschreckend bebilderter Warnhinweise auf der Produktverpackung („Ekelbilder"); zum anderen geht es um das Verbot, graphische oder bildliche Elemente bei der Angabe der Marke zu benutzen. Produkte dürfen danach ausschließlich durch Wortmarken unterschieden werden, in einheitlicher Schreibweise und Farbgebung – sowie zumeist relativ kleinformatig – auf den einfarbigen (zumeist grauen oder grau-braunen) Packungen erscheinen („**Plain Packaging**").

284.1 Die erste Regelung dieser Art fand sich im australischen Tabakgesetz. Zigarettenmarken dürfen nur in neutraler Schreibweise, ohne farbliche, graphische oder bildliche Gestaltung, auf der Packung erscheinen; darüber hinaus müssen großflächige Warnhinweise sowie abschreckende Fotos abgebracht werden. Auf Beschwerden der Ukraine, Honduras und Costa Rica wurde zur Frage der Vereinbarkeit mit TRIPS ein Streitbeilegungsverfahren vor der WTO eingeleitet (DS434, 435, 441, Australia – Certain Measures Concerning Trademarks and Other Plain Packaging Requirements Applicable to Tobacco Products and Packaging). Schroeder, ZLR 2012, 405; Frankel/Gervais, Vanderbilt Journal of Transnational Law 2013, 1149.

284.2 Weitere Verfahren waren und sind vor internationalen Schiedsgerichten anhängig, die über die Verletzung von Investitionsschutzklauseln in bilateralen Handelsabkommen entscheiden. Im Gegensatz zu den Streitbeilegungsverfahren vor der WTO treten in solchen Verfahren Unternehmen als Kläger auf, deren Investitionen durch – häufig politische – Entscheidungen in den durch Investitionsschutzklauseln verpflichteten Staaten beeinträchtigt oder zunichte gemacht werden. In einem solchen Verfahren, das von der Firma Phillip Morris gegen Honduras wegen dessen Tabakgesetzgebung angestrengt worden war, kam es zur Abweisung der vor dem Internationalen Schiedsgericht für Investitionsstreitigkeiten (ICSID) erhobenen Klage: Im Ergebnis wurde festgestellt, dass die von der Regierung Honduras' verfolgten Interessen des Gesundheitsschutzes schwerer wogen als die finanziellen Interessen des Konzerns (s. Philip Morris Brand Sàrl (Switzerland), Philip Morris Products S.A. (Switzerland) and Abal Hermanos S.A. (Uruguay) v. Oriental Republic of Uruguay, ICSID Rs. No. ARB/10/7).

Nach Art. 10 RL 2014/40/EU zur Angleichung der Rechts- und Verwaltungsvorschriften **285**
der Mitgliedstaaten über die Herstellung, die Aufmachung und den Verkauf von Tabakerzeugnissen und verwandten Erzeugnissen müssen mindestens 65% der Außenfläche von Zigarettenpackungen mit Warnhinweisen sowie „schockierendem" Bildmaterial bedeckt werden. Letzteres muss einer für diese Zwecke erstellten Bilddatei entnommen werden (zur Regulierung von Warnhinweisen und der sonstigen Gestaltung von Tabakverpackungen Sambuc, FS Fezer, 2016, 319 ff.; zu den (ursprünglich noch strengeren) Vorschlägen der Kommission Schroeder ZLR 2012, 405). Nach Art. 24 Abs. 2 RL 2014/40/EU können die Mitgliedstaaten auch strengere Regelungen iSv „Plain Packaging" vorsehen. Von dieser Möglichkeit haben u.a. das Vereinigte Königreich und Irland Gebrauch gemacht; entsprechende Regelungen wurden auch in anderen EU-Mitgliedsländern verabschiedet oder sind in Vorbereitung. In Deutschland wurden die Vorgaben der RL 2014/40/EU ohne solche verschärften Auflagen fristgerecht zum 20.5.2016 umgesetzt.

Die Gültigkeit der RL 2014/40/EU wurde in drei Verfahren vor dem EuGH angegriffen; die Klagen **285.1**
blieben jedoch ohne Erfolg (EuGH C-358/14, BeckRS 2016, 80847; C-477/14, BeckRS 2016, 80848 und C-547/14, BeckRS 2016, 80849; s. ferner Jagow Anm. zu EuGH C-358/14 und C-547/14, GRUR-Prax 2016, 251). Nur eines der Verfahren betraf Plain Packaging: So wurde von den Firmen Philip Morris und British American Tobacco ua geltend gemacht, durch die Anheimstellung strengerer Regelungen, als sie in der RL 2014/40/EU selbst verankert sind, verfehle die RL ihren Regelungszweck iSv Art. 114 AEUV. Der EuGH befand jedoch, dass bei geeigneter Auslegung, die die Standardisierung der Aufmachung von Tabakprodukten überall dort respektiert, wo sie durch die RL selbst vorgegeben ist, kein Ungültigkeitsgrund vorliegt, selbst wenn die von einigen Mitgliedstaaten getroffenen, strengeren Regelungen dazu führen, dass Verpackungen, die die Mindeststandards der RL 2014/40/EU erfüllen, nicht im gesamten Gebiet der EU frei gehandelt werden dürfen. Dem Unionsgesetzgeber stehe für die Entscheidung darüber, ob er eine Harmonisierung vollständig oder in Etappen vornehmen wolle, ein Ermessensspielraum zur Verfügung, der im vorliegenden Fall nicht überschritten worden sei (EuGH C-547/14, BeckRS 2016, 80849 Rn. 80, 83).

Von den Firmen Philip Morris und British American Tobacco war gegen die britische Gesetzgebung **285.2**
Klage zum Administrative Court eingelegt worden, die jedoch ebenfalls abgewiesen wurden (British American Tobacco v. Secretary of Health, [2016] EWHC 1169 (Admin)). Bei dieser Klage ging es ua um die Frage der Enteignung bzw. eines enteignungsgleichen Eingriffs sowie, im gleichen Zusammenhang, um die Frage, ob der Schutz einer Marke lediglich negativen Charakter iS eines Abwehrrechts besitzt, oder ob er auch ein positives Benutzungsrecht zuweist. Der Tatbestand einer Enteignung wurde vom Gericht verneint, da dem Markeninhaber zumindest ein rudimentärer Bestand an Rechten erhalten bleibe. Zur zweiten Frage führte der erkennende Richter (Green J.) zutreffend aus, dass sich aus der abstrakten Kategorisierung wenig an Erkenntnissen gewinnen lasse. So sei grundsätzlich unbestreitbar, dass zur Substanz des Rechts auch die Möglichkeit seiner Benutzung gehöre; das bedeute jedoch nicht, dass es bei entgegenstehenden, als höherwertig einzustufenden Interessen untersagt sei, erhebliche Einschränkungen oder sogar Benutzungsverbote vorzusehen.

Es besteht grundsätzlich kein Zweifel darüber, dass Maßnahmen des „Plain Packaging" **286**
in den Anwendungsbereich von Art. 20 S. 1 TRIPS fallen: Zum einen ergeben sich daraus Erschwernisse für die Form, in der die Marke benutzt werden darf, und zum anderen ist die Reduzierung der Markenbenutzung auf Wortmarken mit einheitlichem Schriftbild geeignet, die Kennzeichnungskraft der Marken zu beeinträchtigen. Teilweise – insbesondere dann, wenn bildliche Elemente oder die graphische Gestaltung Gegenstand separater Markenrechte sind – führt die Regelung sogar zu einem generellen Benutzungsverbot. Die entscheidende Frage lautet daher, ob solche Erschwernisse „ungerechtfertigt" sind, oder ob sie **durch den Zweck der Regelung gerechtfertigt** werden können. Besondere Bedeutung kommt in diesem Zusammenhang der Frage der Verhältnismäßigkeit zu; von Relevanz ist ferner, zu Lasten welcher Partei ggf. verbleibende Zweifel zu werten sind. Die bisher (allerdings nicht bzw. nicht primär auf der Grundlage von Art. 20 TRIPS) ergangenen Entscheidungen tendieren dazu, diese Frage im Sinne der Vorrangigkeit des Gesundheitsschutzes zu beantworten (→ Rn. 284.2; → Rn. 285.1; → Rn. 285.2; ebenso im Ergebnis auch Sambuc, FS Fezer, 2016, 319 (328)).

Von Interesse ist in diesem Zusammenhang auch die Frage, inwieweit neben den Regeln des TRIPS- **286.1**
Abkommens das WHO-Rahmenübereinkommen zur Eindämmung des Tabakgebrauchs (WHO-

FCTC) in die Entscheidung einbezogen wird. Das 2003 abgeschlossene Abkommen, dem 173 Länder – darunter sämtliche Mitgliedsländer der EU – angehören, statuiert in Art. 11 WHO-FCTC die Verpflichtung, irreführende und den Konsum anregende Formen der Kennzeichnung und Verpackung zu verbieten und großflächige Warnhinweise anzubringen. In Regel 46 der Richtlinien zur Anwendung von Art. 11 WHO-FCTC wird „plain packaging" (definiert als verbot der Benutzung von Logos, Farben „brand images" oder Werbehinweise, mit Ausnahme von Haus- und Produktmarken in einheitlicher Farbgebung und Schreibweise) ausdrücklich als geeignete Maßnahme zur Umsetzung der Verpflichtungen aus Art. 11 WHO-FCTC bezeichnet.

287   c) **Positives Benutzungsrecht?** Im Zusammenhang mit der Frage des „Plain Packaging" und verwandten Konstellationen wird auch die Frage diskutiert, ob sich aus den Normen des internationalen Rechts ein **positives Recht zur Benutzung** einer rechtsgültig eingetragenen Marke herleiten lässt. Dabei besteht prinzipiell Einigkeit darüber, dass es jedenfalls keine ausdrückliche Fixierung eines solchen Grundsatzes in der PVÜ oder TRIPS gibt. Auf der anderen Seite ist ebenso unverkennbar, dass die Regelungen des internationalen Markenrechts die Benutzung bzw. Benutzungsmöglichkeit einer Marke prinzipiell als gegeben voraussetzen. So lässt sich aus dem in Art. 20 TRIPS verankerten Verbot der Belastung der Markenbenutzung durch besondere Erschwernisse implizit ableiten, dass die „Benutzbarkeit" der Marke selbst jedenfalls von den Verfassern des TRIPS-Abkommens im Rahmen dieser Vorschrift nicht in Frage gestellt werden sollte.

287.1   In einem etwas anderen Zusammenhang – gesetzliche Regelungen in den nordischen Ländern, die (Eintragung und) Benutzung von Tabakmarken für andere Waren und Dienstleistungen zu verbieten – wurde diese Frage bereits in den 1990er Jahren diskutiert; s. Kur GRUR Int 1990, 442 (445); dies. EIPR 1995, 599.

288   Dass die Benutzung einer eingetragenen Marke stets möglich sein muss, lässt sich auf der anderen Seite nicht als ein Grundsatz bezeichnen, der einhelliger internationaler Praxis entsprechen würde. So wird im europäischen Recht aus dem Bestehen gesetzlicher Vorschriften, die der Benutzung einer Marke entgegenstehen, lediglich ein **optionales Schutzhindernis** abgeleitet (Art. 3 Abs. 2 Buchst. a RL (EU) 2015/2436). Die Gültigkeit und Durchsetzbarkeit gesetzlicher Benutzungsverbote wird somit offensichtlich nicht als unvereinbar mit der Eintragung der Marke betrachtet.

11. Lizenzen und Übertragung

289   a) **Vertragliche Lizenzen.** Die Vorstellung, dass übereinstimmend markierte Produkte aus unterschiedlichen Betrieben stammen können, war dem Markenrecht ursprünglich fremd. Die Anerkennung von Lizenzen als zulässige Form der Markenverwendung setzte sich daher anfangs nur zögernd durch. Dabei wurde es nicht nur in Deutschland, sondern auch in vielen anderen Ländern als unabdingbare Voraussetzung für die rechtliche Unbedenklichkeit von Lizenzen betrachtet, dass der Markeninhaber die **Kontrolle über die Qualität** der in Lizenz gefertigten Waren nicht nur wahrnehmen kann, sondern auch tatsächlich ausübt (zum deutschen Recht s. RGZ 99, 90 – Gillette; BGH GRUR 1951, 324 – Piekfein; GRUR 1957, 34 (36) – Hadef; GRUR 1965, 676 f. – Nevada; NJW 1966, 823 – Meßmer Tee II; s. auch den rechtsvergleichenden Überblick zur damaligen Rechtslage bei Kur GRUR 1990, 1 ff.).

290   Art. 21 TRIPS verhält sich in dieser Frage neutral: Es bleibt den WTO-Mitgliedern überlassen, die Bedingungen für die Vergabe von Lizenzen zu regeln. Damit sind sowohl Rechtsordnungen TRIPS-konform, die die wirksame Lizenzierung von der Qualitätskontrolle abhängig machen, als auch Markensysteme, die, wie das europäische Markenrecht, solche Anforderungen nicht (mehr) aufstellen. Zu bedenken ist allerdings, dass Art. 19 Abs. 2 TRIPS die Benutzung der Marke durch einen Dritten nur dann der Benutzung durch den Inhaber rechtlich gleichstellt, wenn sie der Kontrolle des Markeninhabers unterliegt. Wie sich aus dem Wortlaut der Vorschrift ergibt, bezieht sich dies jedoch nur auf die **rechtliche Kontrollbefugnis,** und nicht auf deren tatsächliche Ausübung.

291   Zu den Bedingungen, die von den Mitgliedsländern zulässigerweise als Voraussetzung für die Vergabe bzw. die rechtliche Wirksamkeit von Lizenzen aufgestellt werden können, zählen

ferner die Anbringung von Lizenzvermerken sowie die **Eintragung der Lizenz.** Ersteres ergibt sich aus Art. 20 S. 2 TRIPS, der die Angabe der Marken des Herstellerunternehmens eines unter einer abweichenden Marke vertriebenen Produkts ausdrücklich zulässt (→ Rn. 281). Die Eintragung von Lizenzen stellt in zahlreichen Rechtssystemen eine Voraussetzung für die Wirkung der Lizenz gegenüber Dritten dar. Im Hinblick auf die große praktische Bedeutung solcher Eintragungen wurden die formalen Anforderungen zunächst in der Form einer WIPO-Empfehlung geregelt und wurden später in den STLT aufgenommen (→ Rn. 214).

b) Verbot von Zwangslizenzen. Art. 21 TRIPS bezeichnet es als einverständlichen 292 Grundsatz, dass die Zwangslizenzierung von Marken nicht zulässig ist. Marken unterscheiden sich in dieser Hinsicht fundamental von anderen Immaterialgüterrechten, bei denen die Nutzung durch Dritte uU auch ohne die Zustimmung des Inhabers möglich und sinnvoll sein kann: Die wesentliche Funktion der Marke, die Herkunft der markierten Ware oder Dienstleistung zu garantieren, kann nicht erfüllt werden, wenn dem Inhaber nicht die alleinige Kontrolle darüber zusteht, von wem und wofür die Marke verwendet wird. Soweit sich durch die Benutzung von Marken Beeinträchtigungen des Wettbewerbs ergeben, können diese daher nicht mit dem Mittel der Zwangslizenz ausgeräumt werden, sondern nur durch eine **wettbewerbskonforme Gestaltung und Auslegung** des Markenrechts. Dies unterstreicht die Bedeutung, die ua dem Freihaltungsinteresse bei der Beurteilung der Schutzvoraussetzungen zukommt; es verlangt darüber hinaus auch eine wettbewerbssensitive Beurteilung von Schutzumfang und Schrankenbestimmungen.

Nicht von dem in Art. 21 TRIPS verankerten Verbot von Zwangslizenzen berührt sind 293 wettbewerbsrechtliche Maßnahmen, die sich gegen **wettbewerbsbeschränkende Vereinbarungen** iSv Art. 101 AEUV richten. Die Zulässigkeit solcher Maßnahmen ergibt sich aus Art. 40 TRIPS.

Einen Grenzfall zwischen zulässiger Vertragskontrolle und Zwangslizenzierung bildet die 294 Konstellation, dass bestimmte Vertragsbedingungen für unzulässig erklärt werden, ohne dass dem Rechtsinhaber die Freiheit bleibt, die Lizenzierung aus diesem Grund zu verweigern. Einen solchen Sonderfall hatte der EuGH in der Entscheidung „Der Grüne Punkt" zu beurteilen (EuGH C-385/07 P, Slg. 2009, I-6155 Rn. 114 = GRUR-RR 2009, 447 Ls. = BeckRS 2009, 70833).

Dem Dualen System Deutschland als Lizenzgeber an dem Zeichen „Der grüne Punkt" wurde es 294.1 verwehrt, die volle umsatzbasierte Lizenzgebühr auch dann abzurechnen, wenn im Einzelfall andere Entsorgungssysteme in Anspruch genommen worden waren. Da die entsprechenden Feststellungen immer erst „ex-post" getroffen werden konnten und Waren ohne den „grünen Punkt" auf dem Markt praktisch unverkäuflich waren, musste die Lizenz jedoch zunächst uneingeschränkt erteilt werden. Bei strikter Betrachtung mag darin ein Verstoß gegen das Zwangslizenzverbot des Art. 21 TRIPS liegen, Der Fall weist jedoch eine Reihe von Besonderheiten auf: Zum einen wird der „grüne Punkt" von den beteiligten Verkehrskreisen im Allgemeinen nicht als Individualmarke wahrgenommen, sondern eher als Kollektivmarke betrachtet, die auf die Teilnahme an einem kollektiven Abfallentsorgungssystem hinweist (was im konkreten Fall ja auch zutraf). Zum anderen stellte es der EuGH dem DSD frei, eine Grund-Lizenzgebühr für die Verwendung der Marke als solche zu verlangen.

c) Übertragung von Markenrechten. Noch stärker als bei Lizenzen hat sich das Prinzip 295 der Bindung von Marken an den Betrieb des Inhabers im Zusammenhang mit der Übertragung von Marken ausgewirkt. Unter der Geltung des WZG waren „Leerübertragungen" von Marken bis zur Gesetzesänderung von 1992 nicht möglich bzw. führten zum Verlust des Markenrechts; das „Bindungsprinzip" wurde noch in einer Entscheidung des BGH aus dem Jahre 1987 zum „ordre public" der BRD gezählt (BGH GRUR 1987, 525 – LITA-FLEX, mit Anm. Bauer). Ähnliche Regelungen fanden sich auch in anderen Rechtsordnungen. Die PVÜ hatte sich in Anerkennung der rechtlichen Unterschiede in Art. 6^{quater} PVÜ damit begnügt, sicherzustellen, dass sich das Erfordernis des Betriebsübergangs jedenfalls nur auf den **im jeweiligen Land belegenen Teil** des Geschäftsbetriebes beziehen kann und nicht den Übergang des gesamten Unternehmens samt seinen in anderen Ländern belegenen Teilen verlangt. Dabei wurde allerdings der Vorbehalt gemacht, dass die Verbandsländer nicht zur Anerkennung von Übertragungen verpflichtet sind, die zu einer Irreführung der Abnehmer führen.

296 In Art. 21 TRIPS wird hingegen eine **völlige Abkehr vom Bindungsprinzip** zum Ausdruck gebracht: Es wird Einvernehmen darüber erklärt, dass der Markeninhaber berechtigt ist, die Marke „mit oder ohne" den Geschäftsbetrieb, zu dem die Marke gehört, zu übertragen. Damit geht TRIPS über die Vorgaben der MRL in ihrer Fassung von 1989 hinaus, die die Regelung dieser Frage den Mitgliedstaaten überließ.

296.1 Sowohl im italienischen wie auch im griechischen Recht war bei der Umsetzung der RL 89/104/EWG die Bindung der Marke an den Geschäftsbetrieb beibehalten worden. Beide Gesetze mussten daher nach dem Beitritt zum TRIPS-Abkommen geändert werden.

296.2 Die Neufassung der MRL macht die isolierte Übertragbarkeit der Marke sowie ihre Belastbarkeit mit dinglichen Rechten und die Verwertbarkeit in der Zwangsvollstreckung zur verbindlichen Vorgabe für die Mitgliedstaaten. In allen Fällen (einschließlich im Fall der Lizenzierung) müssen die Mitgliedsländer Verfahren zur Registrierung solcher Vorgänge zur Verfügung stellen(Art. 22–24 RL (EU) 2015/2436, jeweils Abs. 2; Art. 26 Abs. 5 RL (EU) 2015/2436). Die Regelung der Einzelheiten bleibt den Mitgliedstaaten überlassen.

297 Von der Aufgabe des Bindungsgrundsatzes abgesehen können die WTO-Mitgliedsländer die **Bedingungen für die Übertragung** von Marken nach eigenem Ermessen regeln. Ähnlich wie im Fall von Lizenzen zählen dazu insbesondere Regelungen, die der Verhinderung von Irreführungen dienen sowie die Erforderlichkeit bzw. die Rechtswirkungen der Eintragung des Inhaberwechsels.

IV. Bindungswirkung und unmittelbare Anwendbarkeit des internationalen Rechts

1. Nationales Recht

298 Deutschland ist Mitglied der PVÜ, des TRIPS-Abkommens, des MMA und des PMMA, des TLT sowie des Vertrags von Singapur (STLT).

299 Im deutschen Recht gilt, dass internationale Verträge, die nach ihrer Ratifizierung im Bundesgesetzblatt veröffentlicht worden sind, in ihrer rechtlichen Wirkung nationalen Gesetzen gleichstehen. Das bedeutet, dass sich Personen in Verfahren vor Gerichten und Behörden **unmittelbar auf internationales Recht berufen** können (unmittelbare Anwendbarkeit). Voraussetzung ist allerdings, dass sich die jeweilige Vorschrift für die unmittelbare Anwendung eignet, dh dass sie inhaltlich klar und eindeutig bestimmt ist. Da viele Normen des internationalen Rechts eher programmatischen oder Rahmencharakter besitzen, kommt die unmittelbare Anwendung nicht häufig in Betracht. Zu den Ausnahmen zählen im Bereich des internationalen Markenrechts ua Art. 6bis und Art. $6^{quinquies}$ PVÜ.

300 Entscheidend ist die unmittelbare Anwendbarkeit allerdings nur dann, wenn das nationale Recht keine entsprechenden Vorschriften enthält und der konventionskonforme Schutz von Angehörigen anderer Verbandsländer daher nur durch die unmittelbare Anwendung der Mindestschutzrechte sichergestellt werden kann. Nachdem in § 10 auf Art. 6bis PVÜ in der Form einer dynamischen Verweisung Bezug genommen wird und § 8 Abs. 2 Nr. 1–3 – im Einklang mit Art. 3 Abs. 1 Buchst. b bis d RL (EU) 2015/2436 – die in Art. $6^{quinquies}$ B Nr. 2 PVÜ aufgeführten Schutzhindernisse nahezu wortgleich aufführt, lässt sich in diesen Fällen **keine Notwendigkeit für die direkte Anwendung der PVÜ-Bestimmungen** erkennen (s. jedoch → § 3 Rn. 58.1; → § 3 Rn. 105 zu den Bedenken im Hinblick auf § 3 Abs. 2 MarkenG bzw. Art. 7 Abs. 1 Buchst. e UMV). Entsprechendes gilt auch für Art. 6ter PVÜ mit seinen Schutzhindernissen für Hoheits- und Prüfzeichen sowie für den in Art. $6^{septies}$ PVÜ geregelten Schutz gegen die nicht autorisierte Markeneintragung und -benutzung durch Agenten und Vertreter: Durch § 8 Abs. 2 Nr. 6–8 sowie § 11 MarkenG ist beiden Vorschriften genüge getan.

300.1 Inwieweit die Vorschriften des TRIPS-Abkommens auf der Ebene des nationalen Rechts unmittelbare Wirkung entfalten können, ist bisher nicht eindeutig geklärt. Der EuGH, der diese Möglichkeit für das Gemeinschaftsrecht ausschließt (→ Rn. 303), hat sich für das nationale Recht nicht geäußert. Es ist jedoch prinzipiell plausibel, dass die strukturellen Gründe, die nach der Ansicht des EuGH gegen die unmittelbare Anwendung von TRIPS sprechen, auch für das nationale Recht Wirkung entfalten.

2. Unionsrecht

Die EU ist Mitglied des TRIPS-Abkommens und des PMMA. Da der Beitritt zur PVÜ **301** allein Staaten offensteht, besteht dort keine direkte Mitgliedschaft; über Art. 2 TRIPS ist die EU jedoch **an die Einhaltung von Art. 1–12 PVÜ gebunden.**

Die **unmittelbare Anwendung** des WTO-Abkommens auf der Ebene des Gemein- **302** schaftsrechts hat der EuGH mehrfach ausdrücklich ausgeschlossen; dies gilt auch für TRIPS (grundlegend EuGH EuZW 2000, 276 – Portugal/Rat; für TRIPS s. EuGH C-300/98 und C-392/98, GRUR 2001, 235 – Parfums Christian Dior SA/Assco). Dies wird vor allem aus der Struktur des Abkommens geschlossen, das sich erkennbar allein an die Mitglieder, und nicht an die Gerichte oder Behörden der teilnehmenden Staaten wende. Ferner sei das WTO-spezifische Sanktionensystem, das ebenfalls auf staatlicher Ebene ansetzt, nicht mit der unmittelbaren Anwendung der TRIPS-Vorschriften vereinbar.

Vom EuGH abgelehnt wurde ferner die routinemäßige **Überprüfung der TRIPS-Kon- 303 formität** gemeinschaftsrechtlicher Regelungen im Rahmen von Rechtsstreitigkeiten (EuGH C-491/01, EuR 2003, 80 – British American Tobacco Ltd. und Imperial Tobacco Ltd.). Eine solche Überprüfung soll nur ausnahmsweise dann erfolgen, wenn eine gesetzgeberische Maßnahme ausdrücklich mit dem Ziel der Umsetzung von TRIPS-Bestimmungen vorgenommen wird.

Erfolglos blieb daher auch die auf mangelnde Übereinstimmung der vom EUIPO vorgenommenen **303.1** Interpretation von Art. 7 Abs. 1 Buchst. b und c UMV mit Art. 6^{quinquies} B Nr. 2 PVÜ gestützte Beschwerde gegen die Zurückweisung der Anmeldung einer in Deutschland eingetragenen Warenformmarke: Die unmittelbare Anwendung der PVÜ scheide wegen Nichtmitgliedschaft der EU aus, und für die mittelbare Heranziehung von 6^{quinquies} PVÜ als Bestandteil von TRIPS sei kein Raum, da TRIPS nicht unmittelbar als Prüfungsmaßstab herangezogen werden könne (EuGH C-238/06 P, GRUR 2008, 339 Rn. 38 ff. – Develey).

Auf der anderen Seite beziehen sich zahlreiche EuGH-Entscheidungen auf TRIPS und **304** äußern sich dabei durchaus deutlich zur Vereinbarkeit von europäischem und internationalem Recht (zB EuGH C-245/02, EuZW 2005, 114 – Anheuser-Busch Inc./Budějovický Budvar, národní podnik; s. auch EuGH C-428/08, GRUR Int 2010, 843 – Monsanto Technology LLC/Cefetra BV, zum Patentrecht). Dies wird auf den Grundsatz zurückgeführt, dass der EuGH aufgrund der Rechtsverbindlichkeit des Abkommens verpflichtet ist, die bestehenden Vorschriften des europäischen Rechts **so weit wie möglich** im Licht des TRIPS-Abkommens und anderer einschlägiger internationaler Rechtsakte auszulegen, was eine Stellungnahme zu ihrer prinzipiellen TRIPS-Kompatibilität unausweichlich macht.

Allgemein zur Bindung der EU an das WTO-Recht s. Ohler EUR-Beil. 2012, 137. **304.1**

F. Rechtsdurchsetzung

I. Sanktionen und Verfahren

1. Nationales Recht

Bereits im WZG von 1894 wurden Verletzungen von Markenrechten vorwiegend zivil- **305** rechtlich geahndet. Das MarkenG bildet insoweit einen **Teil des Deliktsrechts.** Daneben treten strafrechtliche Sanktionen (§§ 143 ff.) sowie Maßnahmen im administrativen Verfahren, wie die Löschung der Marke (§ 51; Art. 53 UMV) sowie die Grenzbeschlagnahme (§§ 146 ff.).

Im Vordergrund der markenrechtlichen Praxis steht die Unterlassungsklage (§ 14 Abs. 5). **306** Bei schuldhafter Verletzung kann Schadensersatz (unter Einschluss der Herausgabe unrechtmäßig erzielter Gewinne) verlangt werden (§ 14 Abs. 6); bei schuldlosem Eingriff in das Markenrecht ist ferner Wertersatz nach den Grundsätzen der ungerechtfertigten Bereicherung zu leisten (§ 20 S. 2). Durch das Pirateriegesetz von 1990 (→ Rn. 33) wurde ua der Anspruch auf Drittauskunft (§ 19) eingeführt; weitere Nebenansprüche – insbesondere auf Vernichtung rechtsverletzender Ware (vgl. § 18) – wurden explizit normiert.

Die **Vereinheitlichung zivilrechtlicher Sanktionen und Verfahren** durch die Durch- **307** setzungsrichtlinie (RL 48/2004/EG; → Rn. 312) hat im deutschen Recht zu keinem erheblichen Korrekturbedarf geführt. Der Drittauskunftsanspruch wurde in seiner Reichweite verbreitert; verschärft wurden ferner die Nebenansprüche, da außer der Vernichtung rechtsverletzender Waren (§ 18 Abs. 1) auch der Rückruf und die Entfernung aus den Vertriebswegen verlangt werden können (§ 18 Abs. 2). Neu in das MarkenG aufgenommen wurden im Zuge der Umsetzung der Durchsetzungsrichtlinie der Anspruch auf Vorlage und Besichtigung von Beweismitteln, die sich im Besitz des Beklagten befinden (§ 19a) sowie der Anspruch auf Vorlage von Bank-, Finanz- und Handelsunterlagen zur Sicherung von Schadensersatzansprüchen (§ 19b).

2. Unionsrecht

308 **a) Gemeinschaftsunmittelbare Regelungen.** In der UMV sind die Rechtsfolgen der Verletzung von Unionsmarken lediglich rudimentär geregelt. Nach Art. 102 Abs. 1 UMV ist im Fall der Verletzung oder drohenden Verletzung ein **Verbot** auszusprechen, wobei die nach innerstaatlichem Recht zur Sicherung der Befolgung erforderlichen Maßnahmen zu treffen sind. Dies bedeutet insbesondere, dass das als Unionsmarkengericht (→ Rn. 320) berufene nationale Gericht für den Fall der Nichtbefolgung eine Strafandrohung aussprechen muss, soweit das nationale Recht eine solche Maßnahme grundsätzlich vorsieht. Der Ausspruch der Strafbewehrung kann nicht mit der Begründung unterbleiben, dass mit einem erneuten Verstoß nicht zu rechnen ist (EuGH C-316/05, GRUR 2007, 228 – Nokia).

309 In Art. 9 Abs. 3 S. 2 UMV ist ferner geregelt, dass – obwohl das Recht an einer Unionsmarke erst nach der Eintragung geltend gemacht werden kann – für Handlungen, die nach der Veröffentlichung der Unionsmarke begangen wurden und die nach ihrer Eintragung verboten sein würden, eine **angemessene Entschädigung** zu zahlen ist.

310 Soweit die UMV keine Vorschriften enthält, kann das Unionsmarkengericht gemäß Art. 102 Abs. 2 UMV die im jeweiligen Einzelfall zweckmäßig erscheinende Maßnahme ergreifen oder Anordnungen treffen, die das anwendbare Recht vorsieht (→ Rn. 325).

311 Auf der Ebene des Unionsrechts geregelt sind ferner das Löschungsverfahren vor dem EUIPO (Art. 56, 57 UMV) sowie die Verfahren zur **Grenzbeschlagnahme** rechtsverletzender Waren (VO (EG) Nr. 1383/2003).

312 **b) Harmonisierungsmaßnahmen.** Während Sanktionen und Verfahren nach der MRL zunächst in der gesetzgeberischen Kompetenz des nationalen Gesetzgebers verblieben sind, ist mit der **Durchsetzungsrichtlinie** (RL 48/2004/EG) ein EU-weit einheitlicher Mindeststandard geschaffen worden. Die Regelung gilt horizontal für alle Arten von Immaterialgüterrechten. Sie betrifft die bei Verletzung von Schutzrechten vorzusehenden zivilrechtlichen Sanktionen (Unterlassungs- und Schadensersatzanspruch, Auskunft auf Drittauskunft, Abhilfeansprüche wie Vernichtung und Rückruf verletzender Waren und deren Entfernung aus den Handelswegen, Urteilsveröffentlichung) ebenso wie verfahrensrechtliche Aspekte wie die Durchführung von Eil- und Sicherungsmaßnahmen und die Vorlage von Beweisen und Urkunden. Die Durchsetzungsrichtlinie orientiert sich weitgehend an den Bestimmungen des TRIPS-Abkommens (→ Rn. 197), sie geht jedoch zum Teil darüber hinaus: So ist insbesondere der Anspruch auf Drittauskunft in Art. 47 TRIPS lediglich als Option vorgesehen, während er nach europäischem Recht zwingend einzuführen ist.

312.1 Trotz des mit der DurchsetzungsRL erreichten Standes der Harmonisierung können die Unterschiede in der Praxis der einzelnen Länder nach wie vor erheblich sein. Dies gilt etwa für die Art der Berechnung des Schadensersatzes oder für die Handhabung der Abhilfemaßnahmen, wobei hinzukommt, dass viele Länder nicht über hinreichende praktische Erfahrungen mit der Anwendung dieser Sanktionen verfügen (s. dazu die Länderberichte in Hasselblatt Teil C S. 1247 ff.). Es ist ua Aufgabe der beim EUIPO eingerichteten Beobachtungsstelle für Schutzrechtsverletzungen (→ Rn. 55.1), durch entsprechende Untersuchungen und Dokumentationen größere Transparenz und Rechtssicherheit in diesem Bereich herzustellen.

313 Keine Rechtsvereinheitlichung besteht bisher im Hinblick auf die **strafrechtliche Sanktionierung** von Schutzrechtsverletzungen. Ein von der Kommission insoweit unternommener Versuch (KOM (2006) 168 endg.) scheiterte am Widerstand des Europäischen Parlaments. Bemängelt wurde insbesondere, dass die Richtlinie auch Patentrechtsverletzungen sowie Parallelimporte mit Strafe bedrohte, und dass sie der Einbeziehung von Privatinteressen in die Strafverfolgung zu weiten Raum gab (im gleichen Sinne die kritische Stellungnahme von Hilty/Kur/Peukert IIC 2006, 970).

II. Gerichtliche Zuständigkeit und anwendbares Recht

1. Zuständigkeit

a) **Nationale Markenrechte.** Bei Rechtsstreitigkeiten über nationale Marken und andere Kennzeichenrechte folgt die gerichtliche Zuständigkeit aus der **ZPO** iVm GVG. Zuständig danach in erster Instanz das Landgericht, wobei sich die örtliche Zuständigkeit nach dem Wohnsitz des Beklagten richtet oder nach den anderen in §§ 12 ff. ZPO aufgeführten Grundsätzen bestimmt wird. Verletzungsklagen können daher außer am Wohnort des Beklagten auch an dem Ort erhoben werden, an dem die Verletzung begangen wurde oder droht. Da Markenverletzungen regelmäßig im gesamten Territorium des Schutzlandes stattfinden, ist der Kläger insoweit an keinen bestimmten Gerichtsort gebunden („fliegender Gerichtsstand"); vgl. § 141. 314

In Fällen mit Auslandsbezug richtet sich die gerichtliche Zuständigkeit nach der VO (EU) 1215/2012 (Brüssel Ia-VO), soweit der Beklagte seinen Wohnsitz in der EU hat. Soweit der Beklagte in der Schweiz, Norwegen oder Island ansässig sind, gelten die parallelen Vorschriften des **LugÜ** in der Fassung vom 30.10.2007. Hat der Beklagte seinen Wohnsitz weder in der EU noch in einem der Mitgliedsländer des LugÜ, gelten die Vorschriften der ZPO. 315

Die Brüssel Ia-VO hat die zuvor geltende VO (EG) 44/2001 (Brüssel I-VO) abgelöst. Sie ist zum 10.1.2013 in Kraft getreten; in ihren wesentlichen Teilen findet sie jedoch nur auf Verfahren Anwendung, die nach dem 10.1.2015 anhängig gemacht worden sind. Die durch die Neufassung bewirkten Rechtsänderungen sind nur zu einem geringen Teil für Verfahren im Bereich des Markenrechts von Interesse (→ Rn. 318). Die Neufassung führt jedoch zu einer durchgängigen Änderung der Nummerierung einschlägiger Vorschriften. 316

Die Brüssel Ia-VO gilt in ihrer jeweils aktuellen Fassung unmittelbar in allen EU-Mitgliedstaaten mit Ausnahme von Dänemark. Dänemark hat sich jedoch völkerrechtlich gegenüber der EU verpflichtet, die Brüssel I-VO (in der Fassung der VO (EG) Nr. 44/2001) zu beachten; es hat ferner durch formelles Schreiben angezeigt, dass dies auch für die VO (EU) Nr. 1215/2012 gelten soll. 316.1

Die Brüssel Ia-VO ist durch die VO (EU) Nr. 542/2014 des Europäischen Parlaments und des Rates vom 15.5.2014 zur Änderung der VO (EU) Nr. 1215/2012 bezüglich der hinsichtlich des Einheitlichen Patentgerichts und des Benelux-Gerichtshofs anzuwendenden Vorschriften (ABl. L 163, 1) geändert worden. Eingefügt wurden Art. 71a–71d Brüssel Ia-VO, in denen das Verhältnis der durch das Abkommen über das Einheitliche Patentgericht begründeten, supranationalen Gerichtsbarkeit zur Gerichtsbarkeit der Mitgliedstaaten geregelt wird. Die Regelung ist am 30.5.2014 in Kraft getreten; sie gilt – ebenso wie die VO (EU) 1215/2012 – erst für Verfahren, die nach dem 10.1.2015 eingeleitet werden. 316.2

Zuständig sind primär die Gerichte des Mitgliedstaates, in dem der Beklagte seinen Wohnsitz hat (Art. 4 Brüssel Ia-VO). Der Kläger hat darüber hinaus die Möglichkeit, von den in Abschnitt 2 der Brüssel Ia-VO (Art. 7 ff. Brüssel Ia-VO) geregelten **besonderen Zuständigkeiten** Gebrauch zu machen. Für Verfahren wegen Markenverletzung sind insoweit der Gerichtsstand der unerlaubten Handlung (Art. 7 Abs. 2 Brüssel Ia-VO) sowie ggf. auch der Gerichtsstand der Beklagtenmehrheit (Art. 8 Abs. 1 Brüssel Ia-VO) einschlägig; für vertragliche Streitigkeiten gilt Art. 7 Abs. 1 Brüssel Ia-VO. Darüber hinaus können die Parteien den Gerichtsstand einvernehmlich oder durch rügeloses Erscheinen bestimmen; Art. 25, 26 Brüssel Ia-VO. 317

Die Verletzung von Markenrechten in anderen Ländern der Gemeinschaft oder im EU-Ausland kann im Wohnsitzstaat des Beklagten grundsätzlich uneingeschränkt geltend gemacht werden, soweit das Verfahren nicht die Gültigkeit oder Eintragung einer eingetragenen Marke betrifft (→ Rn. 318). Beim Gerichtsstand der unerlaubten Handlung ist dem EuGH zufolge zwischen dem Handlungs- und dem Erfolgsort zu unterscheiden: So kann am Handlungsort der gesamte Schaden geltend gemacht werden, während die Kognitionsbefugnis der Gerichte am Erfolgsort auf die in dem jeweiligen Territorium auftretenden Handlungsfolgen beschränkt ist (grundlegend: EuGH C-68/93, GRUR Int 1998, 298 – Fiona Shevill/Presse Alliance; zur Anwendung im Fall von Markenverletzungen → Rn. 317.2). Bei Persönlichkeitsrechtsverletzungen im Internet können ferner auch die Gerichte des Staates umfas- 317.1

sende Zuständigkeit beanspruchen, in dem das mutmaßliche Opfer den Mittelpunkt seiner Interessen hat (EuGH verb. Rs. C-509/09 und C-161/10, GRUR 2012, 300 – eDate und Martinez). Für Markenverletzungen im Internet gilt dies jedoch nicht (EuGH C-523/10, GRUR 2012, 654 Rn. 24 f. – Wintersteiger/Products4U).

317.2 Für Markenverletzungen durch Verwendung einer Marke als Adword hat der EuGH die Zuständigkeit der Gerichte im Staat der Eintragung der laut Klageantrag verletzten Marke (als Erfolgsort) sowie in dem Staat (als Handlungsort) angenommen, in dem der technische Vorgang ausgelöst wurde, der bei Eingabe der Marke in den Browser einer Suchmaschine zum Erscheinen der Werbeanzeige des angeblichen Verletzers führt (EuGH C-523/10, GRUR 2012, 654 Rn. 27, 34 – Wintersteiger/Products4U). Im ersteren Fall kann nur der im jeweiligen Land erlittene Schaden, im zweiten Fall jedoch auch der Gesamtschaden eingeklagt werden.

317.3 Anders als dies bisweilen angenommen wurde, ist für die Annahme der deliktischen Zuständigkeit im Fall von Internet-Verletzungen nicht erforderlich, dass sich die Verletzung gezielt an Abnehmer in dem betreffenden Territorium richtet; die technische Abrufbarkeit des Inhalts reicht aus. Dies gilt jedenfalls dann, wenn es sich um eine „interaktive" Webseite handelt, über die zB verletzende Waren erstanden werden können (in diesem Sinne EuGH C-170/12, GRUR 2014, 100 – Pinckney/Mediatech).

317.4 Teilnehmer an einer Markenverletzung können nach Art. 7 Abs. 2 Brüssel Ia-VO auch dann vor den Gerichten eines Mitgliedstaates verklagt werden, in dem der Verletzungserfolg verwirklicht wird, wenn sie selbst dort nicht gehandelt haben (s. EuGH C-387/12, GRUR 2014, 599 Rn. 40 – Hi Hotel (zum Urheberrecht); GRUR 2014, 806 Rn. 59 – Coty, (zum UWG)). Dies gilt jedoch nicht für Klagen wegen Verletzung von Unionsmarken, die auf Art. 97 Abs. 5 UMV gestützt werden (→ Rn. 321; → UMV Art. 97 → UMV Art. 97 Rn. 34 ff.).

317.5 Ungeklärt ist derzeit, ob die Zuständigkeit der nach Art. 8 Abs. 1 Brüssel Ia-VO zuständigen Gerichte Einschränkungen unterliegt, wenn der ortsansässige Beklagte in geringerem (territorialen) Umfang an der Verletzung beteiligt war als ein mitverklagter, nicht-ortsansässiger Verletzer. In einem beim EuGH anhängigen Verfahren geht es konkret um die Frage, ob die Handlungen einer ausländischen Konzernmutter in vollem Umfang der Kognitionsbefugnis deutscher Gerichte unterliegen, wenn die in Deutschland ansässige, mitverklagte Tochter lediglich in zwei Mitgliedsländern der Union, die Mutter jedoch unionsweit tätig geworden ist (s. Vorlagebeschluss OLG Düsseldorf GRUR 2016, 616 – Fernbedienung für Videospielkonsole sowie OLG Düsseldorf GRUR-RS 2016, 02936 – Balance Board; beim EuGH anhängig als C-24/16 und C-25/16 – Nintendo/BigBen; → UMV Art. 97 Rn. 60 ff.). Dabei ist angesichts von Sinn und Zweck des Art. 8 Abs. 1 Brüssel Ia-VO sowie aufgrund der Ablehnung einschränkender Kriterien in früheren Entscheidungen des EuGH (s. insbesondere EuGH C-98/06 EuZW 2007, 703 – Freeport) davon auszugehen, dass in solchen Fällen keine Einschränkungen der Kognitionsbefugnis angebracht sind (näher dazu Kur GRUR Int 2014, 749 (756 f.); mit gleichem Ergebnis (und eingehenden Ausführungen zu Fällen der Beklagtenmehrheit) auch Hackbarth MarkenR 2015, 413 (419).

318 Soweit die Klage die **Eintragung oder Gültigkeit eingetragener Marken** betrifft, sind die Gerichte des Mitgliedstaates ausschließlich zuständig, in dem oder mit Wirkung für das die Eintragung vorgenommen wurde. Dies gilt unabhängig davon, ob die Ungültigkeit des Schutzrechts den Gegenstand der Klage bildet oder lediglich im Wege der Einrede geltend gemacht wird. Unter Geltung der VO (EG) Nr. 44/2001 hatten insoweit zunächst Zweifel bestanden, die jedoch vom EuGH im zuvor genannten Sinne ausgeräumt wurden (EuGH C-4/03, GRUR 2007, 49 – GAT/LuK). Mit der Neufassung der Brüssel Ia-VO wurden diese Grundsätze ausdrücklich in Art. 24 Abs. 4 Brüssel Ia-VO verankert.

318.1 Ungeklärt ist derzeit noch, ob das mit der Verletzungsklage angerufene Gericht den Fall wegen mangelnder Zuständigkeit abweisen muss, oder ob es das Verfahren unter der Auflage aussetzen kann, dass die Partei, die den Ungültigkeitseinwand erhoben hat, innerhalb gewisser Frist ein Löschungsverfahren vor den zuständigen Behörden oder Gerichten einreicht; in diesem Sinne das HG Zürich HG 050410 sic! 2006, 854 – Eurojobs Personaldienstleistungen SA/Eurojob AG. Die Frage der Vereinbarkeit mit Art. 22 Abs. 4 VO (EG) Nr. 44/2001 war dem EuGH im Verfahren „Solvay/Honeywell" vorgelegt worden; sie brauchte jedoch nicht beantwortet zu werden, da in jenem Fall die Anwendung von Art. 22 Abs. 4 VO (EG) Nr. 44/2001 bereits aus anderen Gründen (Eilverfahren, Art. 31 VO (EG) Nr. 44/2001) ausschied (EuGH C-616/10, GRUR 2012, 1169 – Solvay/Honeywell).

319 **b) Unionsmarken.** Die gerichtliche Zuständigkeit in Verfahren, die Unionsmarken betreffen, ist in Art. 94 ff. UMV geregelt. Danach findet die Brüssel Ia-VO subsidiär Anwendung, soweit die UMV keine anderweitigen Regelungen enthält.

Nach Art. 95 UMV benennen die Mitgliedstaaten **Unionsmarkengerichte,** die gemäß 320
Art. 96 UMV für Verletzungsklagen, negative Feststellungsklagen, Widerklagen auf Erklärung des Verfalls oder der Nichtigkeit sowie für Klagen auf Entschädigung in Fällen des Art. 9 Abs. 3 S. 2 UMV ausschließlich zuständig sind. Die internationale Zuständigkeit und deren Reichweite bestimmen sich nach Art. 97 UMV iVm Art. 98 UMV: Danach sind die in Art. 97 Abs. 1–3 UMV genannten Gerichte – dh, in kaskadenförmig absteigender Linie, die Gerichte im Staates des Wohnsitzes oder der Niederlassung des Beklagten, oder im Staat des Wohnsitzes oder der Niederlassung des Klägers oder, letztlich, im Sitzstaat des EUIPO – zentral zuständig, in dem Sinne, dass ihre Entscheidungen gemeinschaftsweite Gültigkeit entfalten, soweit nicht der Kläger seinen Antrag territorial beschränkt oder eine solche Beschränkung aus rechtlichen Gründen geboten ist (EuGH C-235/09, GRUR Int 2011, 514 – DHL/Chronopost).

Eine **alternative gerichtliche Zuständigkeit** ergibt sich aus Art. 97 Abs. 5 UMV: 321
Danach können die nach Art. 96 UMV den Unionsmarkengerichten zugewiesenen Klagen – mit Ausnahme negativer Feststellungsklagen – auch vor den Unionsmarkengerichten des Mitgliedstaates erhoben werden, in dem die Verletzung vorgenommen wird oder droht. In diesem Fall ist gemäß Art. 98 Abs. 2 UMV die Kognitionsbefugnis des Gerichts allerdings auf den Mitgliedstaat beschränkt, in dem es seinen Sitz hat. Dem EuGH zufolge bezieht sich Art. 97 Abs. 5 UMV – im Gegensatz zu Art. 7 Abs. 2 Brüssel Ia-VO – nur **auf den Handlungs-, nicht auf den Erfolgsort** der Verletzung. Aus diesem Grund wird davon ausgegangen, dass – anders als bei nationalen Immaterialgüterrechten oder bei Ansprüchen aus UWG – der Teilnehmer einer Unionsmarkenverletzung nicht dort verklagt werden kann, wo sich der Verletzungserfolg verwirklicht (EuGH C-360/12, GRUR 2014, 806 Rn. 51 – Coty; zur abweichenden Rechtslage bei nationalen Rechten sowie bei Ansprüchen aus UWG → Rn. 315). Eine andere Auffassung war vom BGH in seinem Vorlagebeschluss vertreten und eingehend begründet worden (BGH GRUR 2012, 1065 – Parfumflakon II). Kritisch zur Position des EuGH Kur GRUR Int 2014, 749 (745 f.).

2. Anwendbares Recht

a) **Allgemeine Grundsätze.** Durch die VO (EG) Nr. 593/2008 (Rom I-VO) und die 322
VO (EG) Nr. 864/2007 (Rom II-VO) ist das auf vertragliche und außervertragliche Schuldverhältnisse anwendbare Recht in der EU **gemeinschaftsunmittelbar** geregelt worden. Das im EGBGB geregelte internationale Privatrecht findet insoweit keine Anwendung mehr.

Für Verträge gilt gemäß Art. 3 Rom I-VO grundsätzlich die **freie Rechtswahl.** Haben 323
sich die Parteien im Hinblick auf das anzuwendende Recht nicht geeinigt – und ist keiner der in Art. 4 Abs. 1 Rom I-VO explizit genannten Fälle einschlägig – so findet nach Art. 4 Abs. 2 Rom I-VO das Recht des Staates Anwendung, in dem die Partei, welche die für den Vertrag charakteristische Leistung zu erbringen hat, ihren gewöhnlichen Aufenthalt hat. Nach dieser Vorschrift ist bei mangelnder Rechtswahl auch das auf Verträge über die Übertragung oder Benutzung von Immaterialgüterrechten einschließlich von Markenrechten anwendbare Recht zu ermitteln.

Der Kommissionsvorschlag zur Rom I-VO hatte vorgesehen, dass auf Verträge über die Übertragung 323.1
und Lizenzierung von Immaterialgüterrechten stets das Recht des Übertragenden bzw. Lizenzgebers Anwendung finden sollte, soweit von den Parteien keine abweichende Vereinbarung getroffen wurde. Dagegen wurde jedoch eingewandt, dass eine solche starre Regelung der Vielgestaltigkeit solcher Verträge nicht gerecht werden würde. S. CLIP IIC 2007, 471 sowie die statt dessen in den CLIP-Grundregeln vorgesehene, differenzierende Regelung des Art. 3:502, GRUR Int 2012, 899 (905).

Für außervertragliche Verpflichtungen, die durch die Verletzung von Immaterialgüterrech- 324
ten entstanden sind, gilt nach Art. 8 Abs. 1 Rom II-VO das **Schutzlandprinzip** (= das Recht des Staates, für den der Schutz beansprucht wird).

b) **Besondere Regelungen für Unionsmarken.** Nach Art. 101 UMV wenden Uni- 325
onsmarkengerichte die in der UMV enthaltenen Vorschriften an. Soweit die UMV keine Regelung enthält, verweist Art. 101 Abs. 2 UMV stattdessen auf das **geltende nationale Recht.** Speziell im Hinblick auf Sanktionen bestimmt Art. 102 Abs. 2 UMV, dass die Unionsmarkengerichte „die ihnen **im jeweiligen Einzelfall zweckmäßig erscheinenden**

Einl. MarkenR Einleitung

Maßnahmen ergreifen oder Anordnungen treffen" können, die das anwendbare Recht vorsieht.

326 Die Formulierung von Art. 101 Abs. 2 UMV dürfte so zu verstehen sein, dass das „geltende nationale Recht" auf der Grundlage des durch die Rom II-VO vereinheitlichten internationalen Privatrechts zu bestimmen ist. Damit ergeben sich durch die Neufassung der Vorschrift keine Unterschiede zur bisherigen Rechtslage (→ UMV Art. 101 Rn. 1 ff.). Unklar ist jedoch, inwieweit Art. 102 Abs. 2 UMV, anders als die bisherige Regelung, dem Unionsmarkengericht einen **Ermessensspielraum** im Hinblick darauf eröffnen will, ob die Regelungen des prinzipiell anwendbaren Rechts tatsächlich zur Anwendung gebracht werden; anders gefragt: Ob die Anwendung der nach dem prinzipiell anwendbaren Recht vorgesehenen Maßnahmen und Sanktionen unterbleiben kann, wenn das Unionsmarkengericht diese im Einzelfall nicht als zweckmäßig erachtet, → UMV Art. 102 Rn. 1 ff.

327 Da seit dem Inkrafttreten der Rom II-VO das internationale Privatrecht der Mitgliedstaaten innerhalb des erfassten Regelungsbereichs vereinheitlicht ist (→ Rn. 322), sind Hinweise auf das anwendbare Recht als Hinweis auf die Rom II-VO zu verstehen. Art. 8 Abs. 2 Rom II-VO bestimmt insoweit, dass bei Verletzung gemeinschaftsweit einheitlicher Rechte auf Fragen, die nicht in dem betreffenden Rechtsakt selbst geregelt sind, das Recht des Staates Anwendung findet, in dem die Verletzung begangen wurde. Unklar bleibt bei dieser Formulierung, ob für die Beurteilung der nicht in der UMV geregelten Rechtsfolgen einheitlich das Recht des Staates gilt, in dem die Verletzung insgesamt verwirklicht und damit die Ursache für die ggf. (auch) in anderen Staaten eintretenden Schäden gesetzt wird, oder ob das Recht jedes einzelnen Staates zu berücksichtigen ist, in dem sich die Verletzung auswirkt (→ UMV Art. 101 Rn. 16 ff.).

327.1 Die Frage wurde dem EuGH vom BGH in einem Verfahren vorgelegt, das sich mit der parallelen Fragestellung im Designrecht (Art. 88, 89 GGV) befasst (BGH GRUR Int 2012, 1140 – Gartenpavillon (Vorlagebeschluss)). Der EuGH begnügte sich jedoch mit dem Hinweis auf den Wortlaut der einschlägigen Vorschriften der GGV, ohne auf Art. 8 Abs. 2 Rom II-VO einzugehen. Nach einem Vorlagebeschluss des OLG Düsseldorf (GRUR 2016, 616 – Fernbedienung für Videospielkonsole; s. auch GRUR-RS 2016, 02936 – Balance Board) liegt die Frage nach dem anwendbaren Recht bei Verletzung von Gemeinschaftsgeschmacksmustern dem EuGH erneut vor (C-24/16 und C-25/16 – Nintendo/BigBen). Für die Auswirkungen des insoweit zu erwartenden Urteils auf das Unionsmarkenrecht sind allerdings die Unterschiede in der Formulierung der jeweiligen Vorschriften zu beachten: Während Art. 89 GGV (für die dort genannten Sanktionen) und Art. 88 GGV (für weitere Ansprüche) auf das vom Gemeinschaftsgeschmacksmustergericht anzuwendende Recht einschließlich des internationalen Privatrechts verweisen, lässt sich die seit dem 23.3.2016 geltende Formulierung von Art. 102 Abs. 2 UMV iS eines weiten Ermessensspielraums verstehen (→ Rn. 326), der Unionsmarkengerichten uU größere Freiheiten bei der Verhängung zweckmäßig erscheinender Sanktionen gestattet als im Fall der multiterritorialen Verletzung von Gemeinschaftsgeschmacksmustern.

Gesetz über den Schutz von Marken und sonstigen Kennzeichen

vom 25. Oktober 1994 (BGBl. I 3082, ber. 1995 I 156),
zuletzt geändert durch Gesetz vom 4. April 2016 (BGBl. I 558)

Teil 1 Anwendungsbereich

§ 1 Geschützte Marken und sonstige Kennzeichen

Nach diesem Gesetz werden geschützt:
1. Marken,
2. geschäftliche Bezeichnungen,
3. geographische Herkunftsangaben.

Überblick

§ 1 bestimmt den sachlichen Anwendungsbereich des MarkenG. Es schützt Kennzeichen (→ Rn. 1) in drei Formen: Marken (→ Rn. 6), geschäftliche Bezeichnungen (→ Rn. 10) und geographische Herkunftsangaben (→ Rn. 11).

A. Einheitliche Kodifikation des Kennzeichenschutzes

1 Das MarkenG fasst den zuvor teils im WZG, teils im UWG geregelten Schutz von Kennzeichen in einer einheitlichen Kodifikation zusammen (BT-Drs. 12/6581, 55). Kennzeichen iSd Gesetzes sind Marken, geschäftliche Bezeichnungen und geographische Herkunftsangaben. Die **Zusammenfassung des Schutzes** in einem Gesetz ist in erster Linie formeller Natur, da das MarkenG die drei Kennzeichenformen in der Regel nicht einheitlich behandelt; die überwiegende Zahl der Regelungen gilt jeweils nur für eine Kennzeichenform.

2 Ob dogmatisch ein einheitliches **Schutzkonzept** besteht, hängt von der umstrittenen Rechtsnatur der geographischen Herkunftsangaben ab (→ § 126 Rn. 10 ff.). In Abkehr von seiner früheren Rechtsprechung (BGH GRUR 1999, 252 (254) – Warsteiner II) sieht der BGH ihren Schutz nunmehr nicht mehr als lauterkeitsrechtlich, sondern als kennzeichenrechtlich an (BGH GRUR 2016, 741 Rn. 11 ff. – Himalaya-Salz). In der Folge ergibt sich eine deutliche Annäherung an Marken und geschäftliche Bezeichnungen, die als Individualrechte geschützt werden.

3 Die Einheitlichkeit der Kodifikation bedeutet nicht, dass der Schutz dieser Kennzeichen im MarkenG **abschließend geregelt** wäre (§ 2, BT-Drs. 12/6581, 64).

4 Gemeinsam ist Marke, geschäftlicher Bezeichnung und geographischer Herkunftsangabe die **Kennzeichnungsfunktion.** Diese Verwandtschaft ließ eine gemeinsame Regelung schon aus Gründen der vereinfachten Rechtsanwendung als ratsam erscheinen.

B. Geschützte Kennzeichen

5 „Kennzeichen" ist, wie die amtliche Überschrift sowohl des MarkenG als auch des § 1 belegt, ein Oberbegriff für **drei Kennzeichenformen:** Marken, geschäftliche Bezeichnungen und geographische Herkunftsangaben. Das MarkenG verwendet diesen Begriff nur in § 8 Abs. 1 Nr. 8 und § 145 Abs. 1 Nr. 3; dort hat er jedoch eine andere Bedeutung.

I. Marken

6 Die in § 1 Nr. 1 genannte Marke wird im Gesetz nicht als solche definiert. Aus den Regelungen zur Schutzfähigkeit ergibt sich jedoch, dass die Marke ein Zeichen ist, das

geeignet ist, Waren oder Dienstleistungen eines Unternehmens von denen anderer Unternehmen zu unterscheiden (§ 3 Abs. 1), sofern für dieses Zeichen der Markenschutz entstanden ist (§ 4). Vor diesem Hintergrund erfasst das MarkenG als Marke eingetragene Zeichen (**Registermarken**, § 4 Nr. 1), ferner Zeichen, die durch Benutzung in den beteiligten Verkehrskreisen als Marke Verkehrsgeltung erworben haben (**Benutzungsmarken**, § 4 Nr. 2) sowie notorisch bekannte Marken iSd Art. 6bis PVÜ (**Notorietätsmarken**, § 4 Nr. 3). Der Schutz dieser Marken ist in §§ 3, 4, 6–14, 16–31 geregelt. Die verfahrensrechtlichen Bestimmungen finden sich in §§ 32–96.

7   Zu den Marken gehören auch **Kollektivmarken** (§ 97 Abs. 1), für die ergänzende materiell- und verfahrensrechtliche Vorschriften gelten (§§ 98–106).

8   Erfasst sind ferner nach dem MMA oder PMMA **international registrierte Marken** (§§ 107, 119); die §§ 108, 120 ff. regeln die Registrierung vor dem DPMA.

9   Marken iSd § 1 Nr. 1 sind schließlich auch die **Unionsmarken** (ebenso Ingerl/Rohnke Rn. 5; aA Büscher/Dittmer/Schiwy/Schalk Rn. 3; Ströbele/Hacker/Hacker Rn. 5). Sie werden zwar nach der UMV selbständig und unabhängig von nationalen Markenrechten geschützt. Die §§ 125a ff. enthalten jedoch ergänzende Regelungen; zudem sind bestimmte Vorschriften des MarkenG kraft Verweisung (§§ 125b, 125e Abs. 5) auch auf Unionsmarken anwendbar.

II. Geschäftliche Bezeichnungen

10   Geschäftliche Bezeichnungen sind Unternehmenskennzeichen und Werktitel (§ 5 Abs. 1). **Unternehmenskennzeichen** sind im geschäftlichen Verkehr als Name, Firma oder besondere Bezeichnung eines Geschäftsbetriebs oder eines Unternehmens benutzte Zeichen (§ 5 Abs. 2 S. 1); gleichgestellt sind Geschäftsabzeichen und sonstige zur Unterscheidung von Geschäftsbetrieben bestimmte Zeichen, sofern sie innerhalb der beteiligten Verkehrskreise als Kennzeichen des Geschäftsbetriebs gelten (§ 5 Abs. 2 S. 2). **Werktitel** sind Namen oder besondere Bezeichnungen von Werken (§ 5 Abs. 3). Der Schutz der geschäftlichen Bezeichnungen ist in §§ 15, 18–24 geregelt.

III. Geographische Herkunftsangaben

11   Geographische Herkunftsangaben sind Namen, Angaben oder Zeichen, die zur **Kennzeichnung der geographischen Herkunft** von Waren oder Dienstleistungen benutzt werden (§ 126 Abs. 1). Ob der in §§ 126–129 geregelte Schutz vor Irreführung sowie Rufausbeutungen und -beeinträchtigungen wettbewerbsrechtlicher Kollektivschutz oder kennzeichenrechtlicher Individualschutz ist, ist umstritten (→ § 126 Rn. 10 ff.); der BGH hat sich jüngst für letzteres ausgesprochen (BGH GRUR 2016, 741 Rn. 11 ff. – Himalaya-Salz). Jedenfalls können sie durch Eintragung als Kollektivmarke (§ 99) markenrechtlichen Schutz erlangen. In Ausnahmefällen kommt auch ein Schutz als individuelle Marke in Betracht (Ingerl/Rohnke Vorbemerkung zu §§ 126–139 Rn. 3).

12   Erfasst sind ferner Ursprungsbezeichnungen und geschützte geographische Angaben für Agrarerzeugnisse und Lebensmittel, die **unionsrechtlich** nach der **VO (EU) Nr. 1151/2012** vom 21.11.2012 über Qualitätsregelungen für Agrarerzeugnisse und Lebensmittel geschützt sind. Diese VO hat mit Wirkung zum 3.1.2013 die bis dahin geltende VO (EG) Nr. 510/2006 vom 20.3.2006 zum Schutz von geografischen Angaben und Ursprungsbezeichnungen für Agrarerzeugnisse und Lebensmittel aufgehoben und ersetzt. Die §§ 130 ff., die ergänzende Regelungen insbesondere zum Eintragungsverfahren enthalten, sind erst mit Wirkung zum 1.7.2016 angepasst worden (Art. 4 Nr. 18 ff. Gesetz zur Änderung des Designgesetzes und weiterer Vorschriften des gewerblichen Rechtsschutzes vom 4.4.2016, BGBl. I 558). Zur Rechtslage zwischen dem 3.1.2013 und dem 30.6.2016 → § 130 Rn. 2.2.

§ 2 Anwendung anderer Vorschriften

Der Schutz von Marken, geschäftlichen Bezeichnungen und geographischen Herkunftsangaben nach diesem Gesetz schließt die Anwendung anderer Vorschriften zum Schutz dieser Kennzeichen nicht aus.

Überblick

§ 2 regelt das Verhältnis des MarkenG zu anderen gesetzlichen Vorschriften (→ Rn. 1). Die Norm eröffnet sowohl die Möglichkeit eines ergänzenden Kennzeichenschutzes (→ Rn. 5 ff.) als auch einer Beschränkung des markenrechtlichen Schutzes (→ Rn. 9). Die Reichweite des ergänzenden Kennzeichenschutzes hängt davon ab, ob dem Markenrecht in seinem Anwendungsbereich ein Vorrang zukommt (→ Rn. 10 ff.). Im Einzelnen geht es vor allem um die schutzergänzende Anwendbarkeit von Vorschriften des UWG, insbesondere bezüglich § 4 Nr. 1 UWG (Kennzeichenherabsetzung und -verunglimpfung, → Rn. 36 ff.), § 4 Nr. 3 UWG (Produktnachahmungen, → Rn. 49 ff.), § 4 Nr. 4 UWG (Mitbewerberbehinderung, → Rn. 72 ff.), § 3a (Rechtsbruch, → Rn. 76), § 5 UWG (Irreführung, → Rn. 77 ff.) und § 6 UWG (vergleichende Werbung, → Rn. 104 ff.). Anwendbarkeitsfragen stellen sich auch bei den namens- und deliktsrechtlichen Regelungen des BGB (→ Rn. 117 ff.), beim Firmenschutz des HGB (→ Rn. 125) sowie dem urheberrechtlichen (→ Rn. 126) und designrechtlichen Schutz (→ Rn. 128). Einzelne Vorschriften dieser Gesetze sowie des Kartellrechts können darüber hinaus schutzbeschränkend anwendbar sein (→ Rn. 132 ff.).

Übersicht

	Rn.
A. Regelungsgehalt	1
B. Anwendungsbereich	3
I. Markenrechtlich schutzfähige Kennzeichen	3
II. Andere Vorschriften zum Kennzeichenschutz	5
1. Schutzergänzende Vorschriften	5
2. Schutzbeschränkende Vorschriften	9
C. Reichweite des ergänzenden Kennzeichenschutzes	10
I. Überblick	10
II. Stand der Rechtsprechung	14
1. Teilweise Aufgabe der Vorrangthese	14
2. Anerkannte Grenzen des Vorrangs	17
III. Schutzzweckdisparität von Marken- und Lauterkeitsrecht	22
1. Schutzzweckbedingte Gleichrangigkeit von Marken- und Lauterkeitsrecht	22
2. Schutzzweckdisparität als Grenze der widerspruchsfreien Rechtsanwendung	24
IV. Unionsrechtliche Vorgaben	27
1. Keine Gefährdung des markenrechtlichen Harmonisierungserfolgs	27
2. Werbe-RL (RL 2006/114/EG)	28
3. UGP-RL (RL 2005/29/EG)	31
4. Unionsrechtliche Gleichrangigkeit von Marken- und Lauterkeitsrecht	34
D. Kennzeichenherabsetzung und -verunglimpfung (§ 4 Nr. 1 UWG)	36
I. Stand der Rechtsprechung	36
1. Bekannte Marken	37
2. Andere bekannte Kennzeichen	38
3. Nicht-bekannte Kennzeichen	39
II. Uneingeschränkte Anwendung auf bekannte und nicht-bekannte Kennzeichen	40
III. Anwendung und Auslegung im Licht markenrechtlicher Schutztatbestände	44
1. Keine verringerten Anforderungen an Herabsetzung und Verunglimpfung	44
2. Keine gesteigerten Anforderungen an Herabsetzung oder Verunglimpfung	46
IV. Auswirkungen	47
1. Einbeziehung nicht-bekannter Kennzeichen	47
2. Anspruchsberechtigung	48
E. Produktnachahmungen (§ 4 Nr. 3 UWG)	49
I. Überschneidungsbereich von MarkenG und UWG	49
II. Stand der Rechtsprechung	51
III. Kein Schutz bei bloßer Kennzeichennachahmung	55
1. Begrenzung auf Nachahmung von Waren oder Dienstleistungen	55
2. Nachahmung von Wort-, Bild- oder Farbzeichen	56
IV. § 4 Nr. 3 Buchst. a UWG (vermeidbare Herkunftstäuschung)	59
1. Kumulative Anwendung	59
2. Bestehender Formmarkenschutz	61
3. Markenrechtlich nicht geschützte Formen	62
4. Anspruchsberechtigung	64
V. § 4 Nr. 3 Buchst. b UWG (Ausnutzung oder Beeinträchtigung der Wertschätzung)	65
1. Kumulative Anwendung auf bekannte Formmarken	65
2. Nicht-bekannte Formmarken	67
3. Markenrechtlich nicht geschützte Kennzeichen	68
4. Anspruchsberechtigung	70
VI. § 4 Nr. 3 Buchst. c UWG (Unredliche Kenntnis- oder Unterlagenerlangung)	71
F. Gezielte Mitbewerberbehinderung (§ 4 Nr. 4 UWG)	72
I. Kumulative Anwendbarkeit	72
II. Anwendungsfälle	73
G. Rechtsbruch (§ 3a UWG)	76
H. Irreführung (§ 5 UWG)	77
I. Stand der Rechtsprechung	77

MarkenG § 2

Teil 1 Anwendungsbereich

	Rn.
1. Irreführung über die betriebliche Herkunft	77
2. Irreführung über die geographische Herkunft	78
3. Andere Irreführungen	80
II. Irreführung über die betriebliche Herkunft (§ 5 Abs. 1 S. 2 Nr. 1 UWG)	81
III. Irreführung über die geographische Herkunft (§ 5 Abs. 1 S. 2 Nr. 1) UWG	82
IV. Hervorrufen einer Verwechslungsgefahr (§ 5 Abs. 2 UWG)	84
1. Kumulative Anwendbarkeit	84
2. Geschützte Kennzeichen	85
3. Kennzeichenverwendung	86
4. Verwechslungsgefahr	87
5. Entscheidungsrelevanz	91
V. Markenrechtliche Grenzen des lauterkeitsrechtlichen Irreführungsschutzes	95
1. Beschreibende Benutzung, § 23 Nr. 2	95
2. Nichtbenutzung einer eingetragenen Marke, §§ 25, 26	98
3. Priorität des nachgeahmten Kennzeichens	99
4. Nutzung einer lizenzierten Marke	102
VI. Anspruchsberechtigung	103
I. Vergleichende Werbung (§ 6 UWG)	104
I. Kein Vorrang des MarkenG	104
II. Lauterkeitsrechtliche Zulässigkeitsbedingungen der Kennzeichennutzung	105
1. Hervorrufen einer Verwechslungsgefahr, § 6 Abs. 2 Nr. 3 UWG	106
2. Rufausnutzung oder -beeinträchtigung, § 6 Abs. 2 Nr. 4 UWG	108
3. Imitationswerbung, § 6 Abs. 2 Nr. 6 UWG	111
III. Anspruchsberechtigung	113
J. Güte- und Qualitätskennzeichenverwendung ohne Genehmigung (§ 3 Abs. 3 iVm Nr. 2 Anh. UWG)	114
K. Absichtliche Herkunftstäuschung (§ 3 Abs. 3 iVm Nr. 13 Anh. UWG)	115
L. Schutzergänzende Anwendbarkeit sonstiger Vorschriften	117

	Rn.
I. BGB	117
1. Deliktsrechtlicher Bekanntheits- oder Berühmtheitsschutz	117
2. Bürgerlich-rechtlicher Namensschutz	121
II. HGB	125
III. UrhG	126
IV. DesignG/GGV	128
M. Lauterkeitsrechtliche Grenzen des Markenschutzes	132
I. Bösgläubige Markenanmeldung	132
II. Irreführende Kennzeichennutzung	136
1. Irreführender Markengebrauch	136
2. Irreführende Nutzung von Unternehmenskennzeichen	138
3. Spezialgesetzliche Irreführungsverbote	139
III. Gesetzeswidrige Kennzeichennutzung	140
IV. Nutzung fremder Kennzeichen in vergleichender Werbung	141
1. Nutzung in zulässiger vergleichender Werbung	141
2. Nutzung in unzulässiger vergleichender Werbung	142
N. Urheberrechtliche Grenzen des Markenschutzes	144
I. Anmeldung als Marke	144
1. Urheberrechtlich geschützte Werke	144
2. Gemeinfreie Werke	147
II. Nutzung als Kennzeichen	149
1. Urheberrechtlich geschützte Werke	149
2. Gemeinfreie Werke	150
O. Sonstige Grenzen des Markenschutzes	152
I. Designrecht	152
1. Anmeldung eines designrechtlich geschützten Zeichens	152
2. Nutzung eines designrechtlich geschützten Zeichens als Kennzeichen	155
3. Designrechtliche Schutzbeschränkungen	156
II. Kartellrecht	157
III. BGB	158

A. Regelungsgehalt

1 Nach § 2 schließt der Schutz von Marken, geschäftlichen Bezeichnungen und geographischen Herkunftsangaben nach dem MarkenG die Anwendung anderer Vorschriften zum Schutz dieser Kennzeichen nicht aus. Mit dieser Regelung soll nach dem Willen des Gesetzgebers klargestellt werden, dass die Anwendung der Vorschriften des MarkenG es nicht ausschließt, dass auf die nach diesem Gesetz geschützten Kennzeichen ergänzend andere Vorschriften Anwendung finden (BT-Drs. 12/6581, 64). Aus dieser **Öffnungsklausel** folgt, dass der Kennzeichenschutz **nicht abschließend** im MarkenG geregelt ist. Das ist **richtlinienkonform**. Nach Erwägungsgrund 40 RL (EU) 2015/2436 bzw. Erwägungsgrund 7 RL 2008/95/EG schließt die Markenrichtlinie es nicht aus, auf Marken andere Rechtsvorschriften als die des Markenrechts anzuwenden; exemplarisch genannt sind Vorschriften gegen unlauteren Wettbewerb, über zivilrechtliche Haftung und Verbraucherschutz. Darüber hinaus lässt Art. 5 Abs. 6 RL (EU) 2015/2436 bzw. Art. 5 Abs. 5 RL 2008/95/EG mitgliedstaatliche Bestimmungen zu, die ein Zeichen vor einer Verwendung zu anderen Zwecken als der Unterscheidung von Waren und Dienstleistungen schützen, wenn die Benutzung des

Anwendung anderer Vorschriften § 2 MarkenG

Zeichens die Unterscheidungskraft oder die Wertschätzung der Marke ohne rechtfertigenden Grund in unlauterer Weise ausnutzt oder beeinträchtigt.

§ 2 ordnet seinem Wortlaut nach nur die **Anwendbarkeit,** nicht aber die **Anwendung** 2 anderer Vorschriften an. Inwieweit aus der Norm das Gebot eines ergänzenden Kennzeichenschutzes folgt, ist seit Inkrafttreten des MarkenG umstritten. Die Rechtsprechung stand lange Zeit auf dem mit bedeutenden Ausnahmen versehenen Standpunkt eines Vorrangs des Markenrechts, der eine Anwendung anderer Vorschriften nur außerhalb des Anwendungsbereichs des MarkenG zulässt (→ Rn. 8). Hiervon ist der BGH mittlerweile zumindest für den praktisch wichtigen Bereich des Lauterkeitsrechts abgerückt (→ Rn. 14). Mit den kritischen Stimmen in der Literatur (→ Rn. 12) ist von einem Gleichrang des MarkenG mit anderen Vorschriften auszugehen (→ Rn. 22 f.).

B. Anwendungsbereich

I. Markenrechtlich schutzfähige Kennzeichen

Geregelt ist das Verhältnis zwischen den Vorschriften des MarkenG und anderen Vorschrif- 3 ten zum Kennzeichenschutz nur in Bezug auf **Marken, geschäftliche Bezeichnungen und geographische Herkunftsangaben** („Schutz dieser Kennzeichen").

Aus dem Wortlaut ergibt sich keine Antwort auf die Frage, ob **Zeichen, die keine** 4 **Kennzeichen iSd § 1** sind, nach anderen Vorschriften Kennzeichenschutz genießen können. Das betrifft insbesondere Zeichen, denen es an der in § 3 geregelten Markenfähigkeit fehlt und die daher auch nicht etwa im Wege der Verkehrsgeltung nach § 4 Nr. 2 Markenschutz erlangen können (→ § 4 Rn. 27). Hier darf nicht ohne weiteres geschlossen werden, aus der Verweigerung der markenrechtlichen Schutzfähigkeit folge die generelle Schutzlosigkeit solcher Zeichen. Im Gegenteil beruhen die für Formmarken geltenden Schutzausschließungsgründe des § 3 Abs. 2 auch auf der Möglichkeit eines anderweitigen, aber zeitlich begrenzten Schutzes. Eher in Betracht zu ziehen ist eine (negative) Begrenzungsfunktion im Hinblick auf § 3 Abs. 1 sowie die Anforderungen an geschäftliche Bezeichnungen nach § 5. Wird allerdings mit der hier vertretenen Auffassung (→ Rn. 21 f.) dem MarkenG auch hinsichtlich der schutzfähigen Kennzeichen eine Begrenzungswirkung abgesprochen und damit eine Erweiterung des Kennzeichenschutzes durch andere Vorschriften zumindest im Grundsatz zugelassen, dann kann für die markenrechtlich überhaupt nicht schutzfähigen Zeichen nichts anderes gelten (im Ergebnis ebenso Steinbeck, FS Ullmann, 2006, 409 (420 f.)).

II. Andere Vorschriften zum Kennzeichenschutz

1. Schutzergänzende Vorschriften

§ 2 lässt die Anwendung anderer Vorschriften „zum Schutz dieser Kennzeichen" unbe- 5 rührt. Wie sich aus der Gesetzesbegründung ergibt, soll § 2 eine Ergänzung des durch das MarkenG gegebenen Schutzes ermöglichen (BT-Drs. 12/6581, 64). Da das MarkenG Zeichen in ihrer Funktion als Kennzeichen schützt (→ MarkenR Einleitung Rn. 11), ermöglicht § 2 vor allem die Anwendung anderer Normen, die einem Zeichen ebenso wie das MarkenG wegen seiner **Kennzeichnungsfunktion** Schutz gewähren oder den Schutz an die **Kennzeicheneigenschaft** anknüpfen, also davon abhängig machen, dass es sich um eine Marke, geschäftliche Bezeichnung oder geographische Herkunftsangabe handelt.

Zu diesen **kennzeichenschutzergänzenden Vorschriften** gehören §§ 12, 823, 1004 6 BGB (→ Rn. 117 ff.), der handelsrechtliche Firmenschutz nach **§ 37 HGB** (→ Rn. 125) sowie zahlreiche Vorschriften des **UWG** (→ Rn. 36 ff.). Die bis vor kurzem von der Rechtsprechung vertretene Vorrangtheorie setzte der kumulativen Anwendbarkeit dieser Vorschriften (mit Ausnahme des handelsrechtlichen Firmenschutzes) enge Grenzen, die indessen nicht mehr aufrechterhalten werden können (→ Rn. 14 ff.).

Von den kennzeichenschutzergänzenden Vorschriften sind solche zu unterscheiden, die 7 den Schutz eines Zeichens nicht von seiner Kennzeichnungsfunktion oder -eigenschaft abhängig machen, sondern davon unabhängige Schutzzwecke verfolgen. Zu diesen **kennzeichenunabhängigen Schutzvorschriften** gehören die Regelungen des **Urheberrechts**

(→ Rn. 126) sowie des **Designrechts** (→ Rn. 128). Sie schützen die schöpferische Leistung bzw. ästhetische Gestaltung und dienen deshalb nicht der Ergänzung des Kennzeichenschutzes. Dass sie neben markenrechtlichen Schutzvorschriften Anwendung finden, ist angesichts der gänzlich unterschiedlichen Schutzzwecke und dem daraus folgenden Fehlen eines materiellen Konkurrenzverhältnisses selbstverständlich und bedurfte keiner gesetzlichen Regelung. § 2 hat insoweit nur deklaratorische Bedeutung.

8 Keine anderen Vorschriften iSd § 2 sind solche des **MarkenG** selbst. Ein als Marke geschütztes Zeichen kann gleichzeitig auch als geschäftliche Bezeichnung oder geographische Herkunftsangabe Schutz genießen (BGH GRUR 2000, 504 (505 f.) – FACTS). Kollisionsfälle sind nach § 6 zu lösen.

2. Schutzbeschränkende Vorschriften

9 Der durch § 2 bewirkte nicht-abschließende Charakter des MarkenG eröffnet auch die Möglichkeit, aus anderen Vorschriften außerhalb des Markenrechts eine **Beschränkung des markenrechtlichen Schutzes** herzuleiten (Ingerl/Rohnke Rn. 18; Ströbele/Hacker/Hacker Rn. 2; HK-MarkenR/Pahlow Rn. 4). Zu einzelnen außermarkenrechtlichen Schutzbegrenzungen → Rn. 132 ff.

9.1 Die **Begründung** der schutzbeschränkenden Funktion der Öffnungsklausel lässt sich allerdings kaum auf den Wortlaut stützen, der von Vorschriften zum Schutz dieser Kennzeichen spricht. Aus den Gesetzesmaterialien ergibt sich zudem, dass der Gesetzgeber mit § 2 nur einen ergänzenden Kennzeichenschutz ermöglichen wollte (vgl. BT-Drs. 12/6581, 64). Es war für ihn aber selbstverständlich, dass die allgemeinen Vorschriften Anwendung finden; dies klarzustellen, hielt er ausdrücklich nicht für erforderlich (BT-Drs. 12/6581, 64). Dabei dachte er zwar nur an die Möglichkeit, den markenrechtlich erlaubten Kennzeichengebrauch nach außermarkenrechtlichen Vorschriften zu untersagen (zB lauterkeitsrechtlich wegen Irreführung). Eine unmittelbar auch den markenrechtlichen Schutz begrenzende Anwendbarkeit anderer Vorschriften (zB Einrede der Verwirkung eines markenrechtlichen Anspruchs aus § 242 BGB) lässt sich aber aus dem Prinzip der **Einheit der Rechtsordnung** heraus begründen.

9.2 Allerdings hat der **EuGH** entschieden, dass abgesehen von den in Art. 8 ff. RL 2008/95/EG genannten Sonderfällen die Ausübung des ausschließlichen Rechts aus der Marke nicht über die sich aus Art. 5–7 RL 2008/95/EG hinausgehenden Grenzen beschränkt werden darf (EuGH C-661/11, GRUR 2013, 1140 Rn. 55 – Martin Y Paz/Gauquie). Danach kommt außer den Fällen der Art. 6, 7 RL 2008/95/EG eine Beschränkung nur in Betracht, wenn die rechtsverletzende Benutzung keine der Funktionen der Marke (neben Herkunfts- auch Qualitäts-, Kommunikations-, Investitions- und Werbefunktion) beeinträchtigt oder beeinträchtigen kann (EuGH C-661/11, GRUR 2013, 1140 Rn. 58, 60 – Martin Y Paz/Gauquie). Angesichts des sehr spezifischen Sachverhalts ist allerdings offen, ob diese Aussage tatsächlich im Sinne verallgemeinerungsfähig ist, dass insbes. lauterkeitsrechtliche Vorschriften nur dann zur Einschränkung des markenrechtlichen Schutzes herangezogen werden dürfen, wenn die rechtsverletzende Benutzungshandlung die Markenfunktionen nicht beeinträchtigt (vgl. Kur, FS Köhler, 2014, 383 (390 ff.).

C. Reichweite des ergänzenden Kennzeichenschutzes

I. Überblick

10 Der markenrechtliche Kennzeichenschutz unterliegt vielfältigen Grenzen, die sich aus den Voraussetzungen der Schutztatbestände, den allgemeinen Schranken des Schutzes (§§ 20–26) und der begrenzten Anspruchsberechtigung ergeben. Durch einen ergänzenden Kennzeichenschutz, wie er insbesondere durch das Lauterkeitsrecht und das bürgerlich-rechtliche Namensrecht geleistet werden kann, drohen eine **Aushöhlung dieser Grenzen** und die Hervorrufung von **Wertungswidersprüchen.** Übersehen werden darf jedoch auch nicht, dass die **Schutzzwecke von Marken- und Lauterkeitsrecht nicht übereinstimmen** (→ Rn. 22). Zudem übt die **Harmonisierung des Lauterkeitsrechts** durch das Unionsrecht erheblichen Druck aus und verlangt eine Anwendung lauterkeitsrechtlicher Tatbestände ungeachtet der markenrechtlichen Rechtslage (→ Rn. 27 ff.).

11 Die **Rechtsprechung** stand nach dem Inkrafttreten des MarkenG lange Zeit auf dem Standpunkt, die markenrechtlichen Schutztatbestände seien eine in sich geschlossene und abschließende spezialgesetzliche Regelung, die eine gleichzeitige Anwendung lauterkeits-

oder bürgerlich-rechtlicher Vorschriften ausschließt (erstmals BGH GRUR 1999, 161 (162) – MAC Dog, → Rn. 16.1). Um diese **Vorrangthese** ist es jedoch in den letzten Jahren ruhig geworden. Der BGH hat sie im Hinblick auf lauterkeitsrechtliche Vorschriften zuletzt 2009 wirken lassen (BGH GRUR 2009, 1162 Rn. 40 – DAX), in der Instanzrechtsprechung spielt sie freilich bis in die jüngste Zeit hinein noch eine Rolle (zB OLG München GRUR-RR 2012, 346 (347); OLG Jena GRUR-RR 2011, 208 (211) – Euro, EPAL im Oval; OLG Braunschweig GRUR-RR 2010, 287 (289) – tests.de; OLG Köln MMR 2010, 473 (475) – weg.de; OLG Hamburg GRUR-RR 2009, 300 (302) – Baby-Body-Slogan; LG Frankfurt a.M. NJOZ 2015, 50 (53) – HAVE A BREAK/TWIN BREAK). Mit seiner Entscheidung vom 8.5.2013 (BGH GRUR 2013, 1161 Rn. 60 – Hard Rock Cafe) hat sich auch der BGH von ihr zumindest **teilweise ausdrücklich verabschiedet** (→ Rn. 14).

Auch die **Literatur,** die sich zunächst der Vorrangthese des BGH angeschlossen hatte (vgl. Ingerl/Rohnke, 2. Aufl. 2003, Rn. 2 ff.; Köhler/Bornkamm/Köhler, 25. Aufl. 2005, UWG § 4 Rn. 9.5; Piper/Ohly/Sosnitza/Ohly, 5. Aufl. 2010, UWG § 4 Rn. 9/19; Ströbele/Hacker/Hacker, 8. Aufl. 2008, Rn. 2.2; HK-MarkenR/Pahlow Rn. 3 [anders Voraufl.]; MüKoUWG/Ann Grundl. Rn. 205; Ingerl WRP 2004, 809 (810); Starck, FS Erdmann, 2002, 485 (488 ff.); differenzierend Bornkamm GRUR 2005, 97 (99 ff.); Stieper WRP 2006, 291 (300 ff.)) lehnt heute überwiegend einen Vorrang des Markenrechts und eine damit verbundene Verdrängung eines ergänzenden Kennzeichenschutzes ab (Bärenfänger WRP 2011, 16 (19 f.); Deutsch WRP 2000, 854 (856); Fezer WRP 2000, 863 (865 ff.); ders. WRP 2008, 1 (2 ff.); Ohly/Klippel/Glöckner, Geistiges Eigentum und Gemeinfreiheit, 2007, 145 (165 ff.); Goldmann GRUR 2012, 857 (859) [anders aber ders., MarkenR 2015, 8 (18 f.)]; Ingerl/Rohnke Rn. 2; Jonas/Hamacher WRP 2009, 535 (539); Jonas/Weber GRUR-RR 2009, 204 (207); Köhler GRUR 2007, 548 (549 ff.); Lindacher, FS Müller-Graff, 2015, 649 (652); Schreiber GRUR 2009, 113 (118); nur im B2C-Bereich auch Ströbele/Hacker/Hacker Rn. 19). **12**

Vor dem Hintergrund der Schutzzweckdisparität von Marken- und Lauterkeitsrecht und der unionsrechtlichen Harmonisierung des Lauterkeitsrechts ist die **Herstellung einer praktischen Konkordanz** zwischen MarkenG und dem ergänzenden Kennzeichenschutz erforderlich (Ohly, FS Bornkamm, 2014, 423 (437)). Die Rechtsanwendung ist aufgerufen, im Rahmen des methodisch Zulässigen bei der ergänzenden Anwendung lauterkeits- und bürgerlich-rechtlicher Vorschriften **Wertungswidersprüche zum Markenrecht zu vermeiden.** Dies hat aber nur auf der Ebene der konkreten einzelnen Norm zu geschehen, nicht jedoch durch einen allgemeinen Vorrang des MarkenG (im Ergebnis ebenso Ingerl/Rohnke Rn. 2; Sack WRP 2004, 1405 (1414)). Aus der Schutzzweckdisparität von Marken- und Lauterkeitsrecht ergibt sich aber auch, dass **Wertungswidersprüche unter Umständen hinzunehmen sind,** soweit die Schutzzweckverwirklichung die Anwendung der Norm gebietet (→ Rn. 24). **13**

II. Stand der Rechtsprechung

1. Teilweise Aufgabe der Vorrangthese

Der BGH hat die These vom Vorrang des Markenrechts in seiner jüngsten Rechtsprechung teilweise aufgegeben (BGH GRUR 2016, 965 Rn. 20 – Baumann II; GRUR 2013, 1161 Rn. 60 – Hard Rock Cafe). Freilich ist noch unklar, wie weit diese Aufgabe reicht. Sie bezieht sich jedenfalls nur auf das Verhältnis zum **Lauterkeitsrecht,** denn der BGH hat lediglich festgehalten, der individualrechtliche Schutz aus dem Markenrecht und der lauterkeitsrechtliche Schutz nach dem UWG bestünden nunmehr nebeneinander (BGH GRUR 2016, 965 Rn. 20 – Baumann II; GRUR 2013, 1161 Rn. 60 – Hard Rock Cafe). Für das **bürgerlich-rechtliche Namensrecht** hält der BGH nach wie vor daran fest, dass Ansprüche aus § 12 BGB neben markenrechtlichen Ansprüchen nur in Ausnahmefällen gegeben sind (BGH GRUR 2014, 506 Rn. 8 – sr.de; GRUR 2014, 393 Rn. 16 – wetteronline.de; zu den Ausnahmen → Rn. 122). **14**

Ob nunmehr **alle lauterkeitsrechtlichen Tatbestände** uneingeschränkt neben markenrechtlichen Vorschriften Anwendung finden sollen, ist noch unsicher. Zwar deutet die allgemeine Formulierung, der lauterkeitsrechtliche Schutz bestehe nunmehr neben dem des Mar- **15** kenrechts (BGH GRUR 2016, 965 Rn. 20 – Baumann II; GRUR 2013, 1161 Rn. 60 – Hard Rock Cafe), auf eine uneingeschränkte Anwendbarkeit lauterkeitsrechtlicher Vorschriften hin. Zur Begründung macht der BGH jedoch geltend, an seiner bisherigen Rechtsprechung, nach der die durch eine bestimmte Kennzeichnung hervorgerufene Irreführung über die betriebliche Herkunft allein nach den Grundsätzen des Markenrechts zu beurteilen sei, könne aufgrund der ins deutsche Recht umgesetzten Bestimmung des Art. 6 Abs. 2 Buchst. a UGP-RL (→ Rn. 32) nicht mehr festgehalten werden. Explizit aufgegeben wurde die Vorrangthese damit nur für den Fall der **betrieblichen Herkunftstäuschung** und – wie der BGH mittlerweile ausdrücklich festgestellt hat (BGH GRUR 2016, 965 Rn. 20 – Baumann II) – das **Herbeiführen einer Verwechslungsgefahr nach § 5 Abs. 2 UWG**. Wegen des Verweises auf Art. 6 Abs. 2 Buchst. a UGP-RL dürfte die Vorrangthese darüber hinaus für alle lauterkeitsrechtlichen Irreführungstatbestände aufgegeben sein (Ohly/Sosnitza/Ohly UWG Einf. D Rn. 82).

16 Ungeachtet der Reichweite der jüngsten Rechtsprechung lässt sich konstatieren, dass die allgemeine Feststellung, der markenrechtliche Kennzeichenschutz verdränge in seinem Anwendungsbereich außermarkenrechtliche Schutztatbestände des BGB und UWG (BGH GRUR 2004, 1039 (1041) – SB-Beschriftung; GRUR 2005, 163 (165) – Aluminiumräder; zuletzt GRUR 2009, 1162 Rn. 40 – DAX; zur Entwicklung → Rn. 16.1) überholt ist. Vielmehr zeichnet sich jetzt eine **Zweiteilung** ab: Für das **Lauterkeitsrecht** – womöglich aber beschränkt auf bestimmte Tatbestände – gibt es keinen Vorrang des Markenrechts mehr; für das bürgerliche Recht und insbesondere das **Namensrecht** bleibt dieser aber bestehen (BGH GRUR 2014, 506 Rn. 8 – sr.de; GRUR 2014, 393 Rn. 16 – wetteronline.de).

16.1 Die Vorrangthese ist zunächst für den Schutz bekannter Marken nach §§ 9 Abs. 1 Nr. 3, 14 Abs. 2 Nr. 3 (BGH GRUR 1999, 161 (162) – MAC Dog) und bekannter geschäftlicher Bezeichnungen nach § 15 Abs. 3 (BGH GRUR 2000, 70 (73) – SZENE) vertreten worden. Sie wurde alsbald ausgeweitet auf den Schutz geographischer Herkunftsangaben nach §§ 126 ff. (BGH GRUR 1999, 252 (253) – Warsteiner II) und auch auf den nicht bekannter Marken und geschäftlicher Bezeichnungen (BGH GRUR 2002, 622 (623) – shell.de; zuletzt BGH GRUR 2012, 304 Rn. 32 – Basler Haar-Kosmetik). Von da aus war es nur noch ein kleiner Schritt bis zur allgemeinen Feststellung, der markenrechtliche Kennzeichenschutz verdränge in seinem Anwendungsbereich außermarkenrechtliche Schutztatbestände des BGB und UWG (BGH GRUR 2004, 1039 (1041) – SB-Beschriftung; GRUR 2005, 163 (165) – Aluminiumräder; zuletzt GRUR 2009, 1162 Rn. 40 – DAX). Dem ist die Instanzrechtsprechung gefolgt (zB OLG München GRUR-RR 2012, 346 (347); OLG Jena GRUR-RR 2011, 208 (211) – Euro, EPAL im Oval; OLG Braunschweig GRUR-RR 2010, 287 (289) – tests.de; OLG Köln MMR 2010, 473 (475) – weg.de; OLG Hamburg GRUR-RR 2009, 300 (302) – Baby-Body-Slogan; LG Frankfurt a.M. NJOZ 2015, 50 (53) – HAVE A BREAK/TWIN BREAK).

2. Anerkannte Grenzen des Vorrangs

17 Auch unter der Geltung der mittlerweile zumindest teilweise aufgegeben Vorrangthese waren Grenzen des Vorrangs in der Rechtsprechung anerkannt. Angesichts des Umstands, dass derzeit noch nicht klar ist, inwieweit der BGH eine parallele Anwendung ergänzender Schutzbestimmungen insbesondere des Lauterkeitsrecht zulässt, bleibt dieser Rechtsprechung, die sich in vier Fallgruppen einteilen lässt, noch eine gewisse Bedeutung.

18 **Fallgruppe 1:** Ergänzender Kennzeichenschutz ist zulässig, wenn die **Anwendungsvoraussetzungen der markenrechtlichen Schutztatbestände im konkreten Fall nicht gegeben sind.** So verhält es sich, wenn das Zeichen überhaupt keinen markenrechtlichen Schutz genießt (BGH GRUR 2003, 973 (974) – Tupperwareparty), wenn es außerhalb des geschäftlichen Verkehrs (BGH GRUR 2002, 622 (624) – shell.de; GRUR 2000, 70 (73) – SZENE) oder nicht für Waren oder Dienstleistungen benutzt wird (BGH GRUR 2001, 73 (76) – Stich den Buben) oder keine kennzeichenmäßige Benutzung gegeben ist (BGH GRUR 2006, 329 Rn. 36 – Gewinnfahrzeug mit Fremdemblem; GRUR 2004, 1039 (1041) – SB-Beschriftungen; GRUR 2000, 70 (73) – SZENE; vgl. auch GRUR 2011, 828 Rn. 32 ff. – Bananabay II). Von den Anwendungsvoraussetzungen sind die eigentlichen Schutzvoraussetzungen zu unterscheiden. Soweit sie nicht gegeben sind (zB fehlende Verwechslungsgefahr iSd § 14 Abs. 2 Nr. 2), griff nach der bisherigen Rechtsprechung der Vorrang des Markenrechts.

Anwendung anderer Vorschriften § 2 MarkenG

Fallgruppe 2: Es liegen im Zusammenhang mit der Kennzeichenverwendung zusätzliche 19
Umstände vor, die nicht vom Schutzbereich der markenrechtlichen Tatbestände umfasst
sind, wohl aber von dem anderer Vorschriften. So liegt es insbesondere, wenn ein von der
markenrechtlichen Regelung nicht erfasster Unlauterkeitstatbestand hinzutritt (BGH
GRUR 2008, 628 Rn. 14 – Imitationswerbung; GRUR 2004, 235 (238) – Davidoff II;
GRUR 2003, 332 (335 f.) – Abschlussstück). Das ist im Bereich des Schutzes dreidimensionaler Marken bejaht worden, soweit nicht (nur) die Nachahmung der Marke, sondern des
Produkts selbst angegriffen wird; hier soll der **ergänzende lauterkeitsrechtliche Leistungsschutz** aus § 4 Nr. 3 UWG anwendbar sein (BGH GRUR 2008, 793 Rn. 26 – Rillenkoffer; GRUR 2007, 339 Rn. 26 – Stufenleitern; GRUR 2003, 332 (336) – Abschlussstück;
→ Rn. 52). Gleiches gilt für die Übernahme von mit einer Marke gekennzeichneten Leistungsergebnissen wie etwa dem Aktienindex DAX (BGH GRUR 2009, 1162 Rn. 40 –
DAX). Neben markenrechtlichen Ansprüchen können wegen unterschiedlicher Schutzbereiche ferner Ansprüche wegen **gezielter Mitbewerberbehinderung** (§ 4 Nr. 4 UWG) geltend gemacht werden (BGH GRUR 2010, 642 Rn. 40 – WM-Marken; GRUR 2009, 685
Rn. 38 – ahd.de; → Rn. 72). Der Irreführungstatbestand des § 5 UWG war nach früherer
Rechtsprechung nur anwendbar, wenn sich die **Irreführung** nicht auf die Herkunft, sondern
andere Umstände bezieht (BGH GRUR 2010, 642 Rn. 40 – WM-Marken; → Rn. 77).
Diese Begrenzung hat der BGH nunmehr aufgegeben (BGH GRUR 2016, 965 Rn. 20 –
Baumann II; GRUR 2013, 1161 Rn. 60 – Hard Rock Cafe).

Fallgruppe 3: Das beanstandete Verhalten weist zwar keine zusätzlichen, über die Zei- 20
chenbenutzung hinausgehenden Umstände auf, wird aber von einer außermarkenrechtlichen
Norm unter einem anderen rechtlichen Gesichtspunkt als im Markenrecht gewürdigt (BGH
GRUR 2008, 628 Rn. 14 – Imitationswerbung). Das ist insbesondere bei Nutzung eines
Zeichens in der **vergleichenden Werbung** angenommen worden (BGH GRUR 2009, 871
Rn. 30 – Ohrclips; GRUR 2008, 628 Rn. 14 – Imitationswerbung; → Rn. 104).

Fallgruppe 4: Der geltend gemachte Anspruch wird auf **unterschiedliche Sachverhalte** 21
gestützt, von denen nur der eine dem Anwendungsbereich des MarkenG unterfällt. Hier kann
das Markenrecht die Beurteilung des anderen Sachverhalts etwa unter wettbewerbsrechtlichen
Gesichtspunkten nicht sperren. Das ist zB angenommen worden, wenn die Verwendung
einer Ware, die mit einem geschützten Kennzeichen versehen ist, in der Werbung für ein
eigenes Produkt unabhängig davon angegriffen wird, ob das Kennzeichen erkennbar ist
(BGH GRUR 2005, 163 (165) – Aluminiumräder).

III. Schutzzweckdisparität von Marken- und Lauterkeitsrecht

1. Schutzzweckbedingte Gleichrangigkeit von Marken- und Lauterkeitsrecht

Während das Markenrecht allein dem **Individualschutz des Rechtsinhabers** dient (zu 22
geographischen Herkunftsangaben → § 126 Rn. 13), zielt das Lauterkeitsrecht ausweislich
§ 1 UWG auf den **Schutz der Mitbewerber, Verbraucher und sonstigen Marktteilnehmer und schützt zugleich die Interessen der Allgemeinheit** an einem unverfälschten
Wettbewerb. Hierbei geht es, wie die Anspruchsberechtigung der Verbände und Kammern
nach § 8 Abs. 3 Nr. 2–4 UWG belegt, auch um den Schutz kollektiver Interessen insbesondere der Verbraucher, aber auch der sonstigen Marktteilnehmer.

Diese Schutzzweckdisparität steht einem Vorrang des Markenrechts entgegen (HK-Mar- 23
kenR/Ekey § 14 Rn. 304; Köhler GRUR 2007, 548 (549); Loschelder/Dörre KSzW 2010,
242 (245 f.); Schreiber GRUR 2009, 113 (116 f.); aA Sack WRP 2011, 288 (290)). Soweit
lauterkeitsrechtliche Tatbestände nicht angewandt werden dürfen, wird die Verwirklichung
des lauterkeitsrechtlichen Marktteilnehmerschutzes verhindert, da das MarkenG die Rechtsdurchsetzung ausschließlich in die Hände des Markeninhabers legt und so die weitgehende
Anspruchsberechtigung der Verbände und Kammern nach § 8 Abs. 3 Nr. 2–4 UWG ausgehebelt werden würde. Dass bei **Gleichrangigkeit von Marken- und Lauterkeitsrecht** auch
eine Verfolgung unlauterer Kennzeichennutzung ohne oder sogar gegen den Willen des
Markeninhabers möglich ist, entspricht gerade dem weitergehenden, alle Marktteilnehmer
erfassenden Schutzzweck des UWG.

2. Schutzzweckdisparität als Grenze der widerspruchsfreien Rechtsanwendung

24 Bei dem Versuch, eine praktische Konkordanz zwischen Marken- und Lauterkeitsrecht herzustellen, dürfen die **unterschiedlichen Schutzzwecke** nicht aus den Augen verloren werden. Eine unbedachte Übertragung markenrechtlicher Wertungen kann zu einer Vorrangthese in neuem Gewand führen. Angesichts der unterschiedlichen Schutzzwecke lässt sich im Verhältnis zum Lauterkeitsrecht auch **kein Wertungsvorrang des Markenrechts** konstruieren (aA Böxler ZGE 2009, 357 (370); Bunnenberg MarkenR 2008, 148 (157); Sosnitza MarkenR 2015, 1 (5)). Deshalb kann auch nicht grundsätzlich angenommen werden, ein Mitbewerber dürfe durch Anwendung des Lauterkeitsrechts keine Schutzposition eingeräumt werden, die ihm nach dem Kennzeichenrecht nicht zukomme (so aber BGH GRUR 2016, 965 Rn. 23 – Baumann II). Dies übersieht auch, dass das Lauterkeitsrecht bei der Verwirklichung seiner Schutzzwecke auf die Initiative der Mitbewerber setzt (§ 8 Abs. 3 Nr. 1 UWG) und diese mit der Geltendmachung von Unterlassungs- und Beseitigungsansprüchen auch den Schutz der Verbraucher und sonstigen Marktteilnehmer verwirklichen.

25 Der Schutzzweckdisparität (→ Rn. 22) entspricht eine **Schutzzweckgleichgewichtigkeit** und damit eine **Gleichrangigkeit der Schutznormen** (Jonas/Hamacher WRP 2009, 535 (539); Jonas/Weber GRUR-RR 2009, 204 (207); Köhler GRUR 2007, 548 (550); Schreiber GRUR 2009, 113 (118)). Disparate Schutzzwecke setzen den Möglichkeiten einer Beseitigung von Wertungswidersprüchen methodologische Grenzen. Dabei ist zu bedenken, dass die Einheit der Rechtsordnung als Grundlage des Gedankens der Widerspruchsfreiheit in erster Linie ein rechtsethisches Postulat, nicht jedoch ein zwingendes Rechtsprinzip ist (vgl. Engisch, Die Einheit der Rechtsordnung, 1995, 69; Höpfner, Die systemkonforme Auslegung, 2008, 12 ff.). Es gibt deshalb **kein Rechtsgebot der Widerspruchsfreiheit** um jeden Preis. Auch für das Verhältnis von Immaterialgüterrecht und Lauterkeitsrecht lässt sich – schon angesichts der Beiträge unterschiedlicher (deutscher und europäischer) Gesetzgeber – kein Postulat der Widerspruchsfreiheit konstatieren (vgl. Harte-Bavendamm, FS Loschelder, 2010, 111 (112); aA Ohly GRUR 2007, 731 (735)).

26 Im Sinne der Wertungsjurisprudenz geht die Schutzzweckverwirklichung außerdem der Herstellung von Widerspruchsfreiheit vor. Wegen dieses **Vorrangs der Schutzzweckverwirklichung** muss im Einzelfall gefragt werden, ob der Schutzzweck einer außer-markenrechtlichen Vorschrift die Normanwendung unbedingt, dh auch unter Inkaufnahme einer faktischen Ausdehnung des markenrechtlichen Schutzes verlangt. Nicht behebbare Wertungswidersprüche sind mit Blick auf die Gesetzesbindung und das Verwerfungsmonopol des BVerfG (Art. 100 Abs. 1 GG) hinzunehmen (vgl. Brüning NVwZ 2002, 33 (36); Engisch, Einführung in das juristische Denken, 11. Aufl. 2010, 216; Larenz, Methodenlehre der Rechtswissenschaft, 6. Aufl. 1991, 488).

IV. Unionsrechtliche Vorgaben

1. Keine Gefährdung des markenrechtlichen Harmonisierungserfolgs

27 Die Vorrangthese ist ua mit der Erwägung gerechtfertigt worden, eine kumulative Anwendung anderer Vorschriften stelle den **Harmonisierungserfolg der MRL** in Frage, weil sie zu einem zusätzlichen, nicht-harmonisierten außermarkenrechtlichen Kennzeichenschutz führe (Bornkamm GRUR 2005, 97 (100); Büscher GRUR 2009, 230 (231); Ingerl WRP 2004, 809 (810); Starck, FS Erdmann, 2002, 485 (488)). Diese Argumentation war schon für die RL 2008/95/EG wenig überzeugungskräftig, weil diese nach Erwägungsgrund 7 es nicht ausschließt, auf Marken andere Rechtsvorschriften der Mitgliedstaaten anzuwenden (ebenso Erwägungsgrund 40 RL (EU) 2015/2436). Insoweit beschränkt sich die MRL, wie auch deren Art. 5 Abs. 6 RL (EU) 2015/2436 bzw. Art. 5 Abs. 5 RL 2008/95/EG zeigt, von vornherein auf eine Harmonisierung des markenrechtlichen Kennzeichenschutzes, die als solche durch schutzergänzende Anwendung anderer Vorschriften unberührt bleibt. Dessen ungeachtet ist nach dem Inkrafttreten der MRL der lauterkeitsrechtliche, dh außermarkenrechtliche Kennzeichenschutz ebenfalls in weiten Teilen durch die Werbe-RL (→ Rn. 28) und die UGP-RL (→ Rn. 31) harmonisiert worden, so dass es nunmehr zu bewussten und vom europäischen Gesetzgeber gewollten Überschneidungen mit dem Markenrecht kommt.

2. Werbe-RL (RL 2006/114/EG)

Seit der Änderung der RL 84/450/EWG durch die RL 97/55/EG (jetzt RL 2006/114/ **28** EG, sog. Werbe-RL) überschneiden sich auf der Ebene des Unionsrechts marken- und lauterkeitsrechtlicher Kennzeichenschutz im Bereich der **vergleichenden Werbung:** Hier unterliegt die Nutzung von fremden Marken und anderen Kennzeichen eigenständigen lauterkeitsrechtlichen Zulässigkeitsanforderungen (Art. 4 Buchst. d, f, g, h Werbe-RL). Ein Vorrang des markenrechtlichen Schutzes würde bei Anwendbarkeit der markenrechtlichen Schutztatbestände zur Verdrängung des § 6 Abs. 2 UWG, mit dem die Vorgaben der Werbe-RL umgesetzt wurden, führen. Die Werbe-RL sieht ein solches Zurücktreten des Lauterkeitsrechts jedoch nicht vor – im Gegenteil: Erwägungsgrund 14 Werbe-RL erkennt an, dass es für wirksame vergleichende Werbung unerlässlich sein kann, Produkte eines Mitbewerbers dadurch erkennbar zu machen, dass auf seine Marke hingewiesen wird. Deshalb soll, so Erwägungsgrund 15 Werbe-RL, keine Verletzung eines zeichenrechtlichen Ausschließlichkeitsrechts vorliegen, wenn die vergleichende Werbung die aufgestellten Zulässigkeitsbedingungen erfüllt.

Vor diesem Hintergrund geht auch der BGH mit Recht davon aus, dass dem markenrecht- **29** lichen Schutz gegenüber dem harmonisierten Recht der vergleichenden Werbung **kein Vorrang** zukommen kann (BGH GRUR 2010, 343 Rn. 26 – Oracle; GRUR 2009, 871 Rn. 30 – Ohrclips; GRUR 2008, 726 Rn. 15 – Duftvergleich mit Markenparfüm; GRUR 2008, 628 Rn. 15 – Imitationswerbung; ebenso Ohly/Sosnitza/Ohly UWG Einf. D Rn. 82; Bornkamm GRUR 2005, 97 (101); Büscher GRUR 2009, 230 (234); Sack WRP 2011, 288 (289 f.); vgl. auch EuGH C-533/06, GRUR 2008, 698 Rn. 45 – O2 und O2 (UK)/ H3G)).

Daran hat auch die **Neufassung der MRL** nichts geändert. Die dort vorgenommene **30** Ergänzung der unzulässigen Handlungen um die Benutzung des Zeichens in der vergleichenden Werbung in einer der Werbe-RL zuwider laufenden Weise (Art. 10 Abs. 3 Buchst. f RL (EU) 2015/2436) zielt nicht auf eine Verdrängung des Schutzes aus der Werbe-RL, sondern dient als Klarstellung der Rechtssicherheit und soll die volle Übereinstimmung mit dem übrigen Unionsrecht gewährleisten (Erwägungsgrund 20 RL (EU) 2015/2436).

3. UGP-RL (RL 2005/29/EG)

Marken- und lauterkeitsrechtlicher Kennzeichenschutz überschneiden sich infolge des mit **31** **Art. 6 Abs. 2 Buchst. a UGP-RL** vorgesehenen allgemeinen **Schutzes vor Verwechslungen** in größerem Umfang. Nach dieser Regelung gilt jegliche Art der Vermarktung eines Produkts, die eine Verwechslungsgefahr mit einem anderen Produkt, Warenzeichen, Warennamen oder anderen Kennzeichen eines Mitbewerbers begründet und die eine Geschäftspraktik iSd Art. 2 Buchst. d UGP-RL darstellt, als irreführend und damit als unlauter und verboten (Art. 5 Abs. 1, 4 Buchst. a UGP-RL), wenn sie im konkreten Fall einen Durchschnittsverbraucher zu einer geschäftlichen Handlung veranlasst oder zu veranlassen geeignet ist, die er sonst nicht getroffen hätte. Dementsprechend bestimmt § 5 Abs. 2 UWG, dass eine geschäftliche Handlung irreführend ist, wenn sie im Zusammenhang mit der Produktvermarktung eine Verwechslungsgefahr ua mit der Marke oder anderen Kennzeichen eines Mitbewerbers hervorruft.

Im auf das **B2C-Verhältnis** beschränkten Regelungsbereich der UGP-RL, also in Bezug **32** auf Geschäftspraktiken zwischen Unternehmern und Verbrauchern (Art. 3 Abs. 1 UGP-RL), ist ein Vorrang des Markenrechts nicht möglich, schon weil ein entsprechendes **Zurücktreten des Lauterkeitsrechts nicht vorgesehen** ist. Das hat der BGH inzwischen anerkannt (BGH GRUR 2016, 965 Rn. 20 – Baumann II; GRUR 2013, 1161 Rn. 60 – Hard Rock Cafe) und § 5 Abs. 1 S. 2 Nr. 1 UWG in der Fallgruppe der betrieblichen Herkunftstäuschung und später auch § 5 Abs. 2 UWG (Herbeiführen einer Verwechslungsgefahr; BGH GRUR 2016, 965 Rn. 20 – Baumann II) uneingeschränkt neben markenrechtlichen Vorschriften angewandt (im Ergebnis ebenso OLG Düsseldorf BeckRS 2011, 22467; Ströbele/ Hacker/Hacker Rn. 19; GK-UWG/Lindacher Vor §§ 5, 5a Rn. 153; Harte-Bavendamm/ Henning-Bodewig/Dreyer UWG § 5 J. Rn. 10; Ohly/Sosnitza/Ohly UWG Einf. D Rn. 82; Bornkamm GRUR 2011, 1 (3); Büscher GRUR 2009, 230 (236); Fezer WRP 2008, 1 (7); ders. GRUR 2009, 451 (454); Henning-Bodewig GRUR Int 2007, 986 (988); Loschelder/

MarkenG § 2 Teil 1 Anwendungsbereich

Dörre KSzW 2010, 242 (245 f.); Köhler GRUR 2007, 548 (550 f.); v. Nussbaum/Ruess MarkenR 2009, 233 (236); zweifelnd OLG Köln MarkenR 2009, 228 (231) = BeckRS 2009, 08025; einschränkend Ohly/Sosnitza/Sosnitza UWG § 5 Rn. 712: nur bei Ansprüchen Dritter).

32.1 Art. 3 Abs. 4 UGP-RL räumt zwar kollidierenden Bestimmungen der Gemeinschaft, die besondere Aspekte unlauterer Geschäftspraktiken regeln, Vorrang ein. Hierzu gehören die Bestimmungen der MRL jedoch schon deshalb nicht, weil sie das Markenrecht als individuelles Ausschließlichkeitsrecht und insoweit als Teil des Immaterialgüterrechts verstehen. Zudem sollte mit Art. 3 Abs. 4 UGP-RL lediglich den bestehenden sektorspezifischen lauterkeitsrechtlichen Bestimmungen Vorrang eingeräumt werden (vgl. Begründung des Kommissionsvorschlags Nr. 44, KOM(2003) 356 endg.; ebenso Ströbele/Hacker/Hacker Rn. 17; Loschelder/Dörre KSzW 2010, 242 (245); aA Ohly/Sosnitza/Sosnitza UWG § 5 Rn. 710). Insoweit läge es näher, sich auf Erwägungsgrund 9 S. 2 UGP-RL zu stützen, da danach die gemeinschaftlichen und nationalen Vorschriften ua im Bereich des Schutz des geistigen Eigentums unberührt bleiben (vgl. Böxler ZGE 2009, 357 (365); Ohly/Sosnitza/Sosnitza UWG § 5 Rn. 710). Indessen bleibt der markenrechtliche Schutz auch bei Anwendung der Umsetzungsnorm § 5 Abs. 2 UWG unberührt; insbesondere führt der allgemeine lauterkeitsrechtliche Verwechslungsschutz des Art. 6 Abs. 2 Buchst. a UGP-RL nicht etwa zu einem Vorrang des Lauterkeitsrechts. Zudem ist die MRL ausweislich ihres Erwägungsgrunds 40 offen für die gleichzeitige Anwendung lauterkeitsrechtlicher Vorschriften auf Marken, so dass es in derartigen Fällen nicht zu einer „Berührung" iSv Erwägungsgrund 9 S. 2 UGP-RL kommen kann (Loschelder/Dörre KSzW 2010, 242 (245)). Marken- und lauterkeitsrechtlicher Schutz stehen trotz gegebener Überschneidungen nebeneinander (vgl. Köhler GRUR 2007, 548 (551)).

32.2 Ein Vorrang des Markenrechts ergibt sich schließlich auch nicht, wenn der **Begriff der Verwechslungsgefahr im Marken- und Lauterkeitsrecht gleichsinnig** ausgelegt wird (→ Rn. 88). Denn auch dann bleibt es bei der Schutzzweckdisparität. Insbesondere würde es zur Erreichung des von Art. 1 UGP-RL genannten Zwecks (Schutz der wirtschaftlichen Interessen der Verbraucher als Beitrag zum Funktionieren des Binnenmarkts und zur Erreichung eines hohen Verbraucherschutzniveaus) nicht genügen, dass der Markeninhaber in Fällen der Verwechslungsgefahr aus §§ 14, 15 vorgehen kann. Art. 11 Abs. 1 UAbs. 2 UGP-RL verlangt von den Mitgliedstaaten, dass Personen oder Organisationen, die nach nationalem Recht ein berechtigtes Interesse an der Bekämpfung unlauterer Geschäftspraktiken haben, einschließlich Mitbewerber, Durchsetzungsmittel zur Verfügung gestellt werden. Dies sind nach § 8 Abs. 3 UWG die Mitbewerber sowie bestimmte Verbände und Kammern. Dieser insoweit maßgebliche Kreis der Anspruchsberechtigten für den Beseitigungs- und Unterlassungsanspruch würde von seiner Durchsetzungsmöglichkeit richtlinienwidrigerweise ausgeschlossen, wenn die Verfolgung von Verwechslungsgefahren durch Kennzeichengebrauch allein in der Hand des Kennzeicheninhabers läge (Köhler GRUR 2007, 548 (550 f.); Loschelder/Dörre KSzW 2010, 242 (245 f.)).

33 Im **B2B-Verhältnis** ergeben sich aus Art. 6 Abs. 2 Buchst. a UGP-RL keine unionsrechtlichen Vorgaben, die bei der Anwendung des § 5 Abs. 2 UWG zu berücksichtigen wären. Gleichwohl sollte auch bei geschäftlichen Handlungen gegenüber gewerblichen Marktteilnehmern der lauterkeitsrechtliche Verwechslungsschutz nach § 5 Abs. 2 UWG angewandt werden (im Ergebnis ebenso Bornkamm GRUR 2011, 1 (3); Büscher GRUR 2009, 230 (236); Goldmann GRUR 2012, 857 (858); Ingerl/Rohnke Rn. 3; aA Ströbele/Hacker/Hacker Rn. 15). Mit Recht hat auch der BGH § 5 Abs. 1 S. 2 Nr. 1 UWG neben markenrechtlichen Vorschriften in einem Streitfall zwischen zwei Unternehmern angewandt (BGH GRUR 2016, 965 Rn. 20 – Baumann II; GRUR 2013, 1161 Rn. 60 – Hard Rock Cafe). Dafür spricht schon, dass § 5 UWG nicht nach dem Adressaten der geschäftlichen Handlung differenziert und die Norm ausweislich § 1 UWG nicht nur dem Schutz der Verbraucher, sondern auch dem der sonstigen Marktteilnehmer sowie der Mitbewerber dient.

4. Unionsrechtliche Gleichrangigkeit von Marken- und Lauterkeitsrecht

34 Im Unionsrecht tritt das **Lauterkeitsrecht selbständig neben das Markenrecht** und andere immaterialgüterrechtliche Rechtsakte (Bärenfänger WRP 2011, 16 (21); Köhler/Bornkamm/Bornkamm UWG § 5 Rn. 4.212; Schmidt-Kessel/Schubmehl/Busch, Lauterkeitsrecht in Europa, 2011, 23, 36 f.; Harte-Bavendamm/Henning-Bodewig/Dreyer UWG § 5 J. Rn. 10; Fezer GRUR 2009, 451 (454 f.); ders. GRUR 2010, 953 ff.; Henning-Bodewig GRUR Int 2007, 986 (988); aA Ohly/Sosnitza/Sosnitza UWG § 5 Rn. 710).

Zwingende Konsequenzen ergeben sich aus den unionsrechtlichen Vorgaben zwar nur 35
in den Bereichen vergleichende Werbung und Hervorrufen einer Verwechslungsgefahr bei
Verbrauchern. Es wäre jedoch verfehlt, dies lediglich zum Anlass zu nehmen, der Vorrangthese entsprechende Ausnahmen hinzuzufügen und sie im Übrigen (vor allem im B2B-Verhältnis) aufrecht zu erhalten (so aber Böxler ZGE 2009, 357 (365 f.)). Gerade der Verwechslungsschutz ist eines der Kernregelungsanliegen des Markenrechts. In diesem Kern
besteht wegen § 5 Abs. 2 UWG kein Raum mehr für einen Vorrang des Markenrechts
(→ Rn. 32). Damit aber stürzt die zentrale Grundthese einer abschließenden Regelung
durch das MarkenG letztlich in sich zusammen (ebenso im Ergebnis Bärenfänger WRP 2011,
16 (20); Ingerl/Rohnke Rn. 2; aA Ströbele/Hacker/Hacker Rn. 15; v. Nussbaum/Ruess
MarkenR 2009, 233 (236)). Dagegen lässt sich nicht einwenden, die unionsrechtlichen Vorgaben ließen die Keimzelle der Vorrangthese, nämlich den Sonderschutz bekannter Kennzeichen und geografischer Herkunftsangaben, unberührt (so Böxler ZGE 2009, 357 (365);
Ströbele/Hacker/Hacker Rn. 15). Nach dem Stand der Rechtsprechung war die Vorrangthese nicht mehr auf diese Keimzelle beschränkt (→ Rn. 16.1). Dessen ungeachtet bliebe
es auch bei einer Beschränkung des Vorrangs auf bekannte Kennzeichen bei der durch das
Unionsrecht verlangten kumulativen Normanwendung, da Art. 4 Werbe-RL und Art. 6
Abs. 2 Buchst. a UGP-RL selbstverständlich auch die Verwendung bekannter Kennzeichen
erfassen.

D. Kennzeichenherabsetzung und -verunglimpfung (§ 4 Nr. 1 UWG)

I. Stand der Rechtsprechung

Nach § 4 Nr. 1 UWG handelt unlauter, wer ua die Kennzeichen eines Mitbewerbers 36
herabsetzt oder verunglimpft. Im Verhältnis zum Markenrecht bestehen zwei **Spannungsfelder**. Zum einen schützen §§ 14 Abs. 2 Nr. 2, 15 Abs. 3, 127 Abs. 3 bekannte Kennzeichen
vor einer unlauteren Beeinträchtigung; zum anderen ist dem Markenrecht ein Schutz nichtbekannter Kennzeichen vor Herabsetzung und Verunglimpfung unbekannt.

1. Bekannte Marken

Bei bekannten Marken greift nach der bisherigen Rechtsprechung der **Vorrang des** 37
Markenrechts (BGH GRUR 2006, 329 Rn. 36 – Gewinnfahrzeug mit Fremdemblem;
GRUR 2005, 583 (585) – Lila Postkarte; OLG Hamburg ZUM-RD 2008, 350 (351) – Gib
mal Zeitung; GRUR-RR 2006, 231 (232) – Bildmarke AOL; zustimmend Ströbele/Hacker/
Hacker Rn. 59; Büscher/Dittmer/Schiwy/Schalk Rn. 13; Lange MarkenR/KennzeichenR
Rn. 4165; Fezer/Büscher/Obergfell/Nordemann UWG § 4 Nr. 1 Rn. 86; Böxler ZGE
2009, 357 (374)). Zwar spricht der BGH davon, im Anwendungsbereich des § 14 Abs. 2
Nr. 3 komme § 4 Nr. 1 UWG „keine eigenständige Bedeutung" zu. Gemeint ist damit aber,
wie der Erörterungszusammenhang zeigt, die Unanwendbarkeit aufgrund der Vorrangthese.
Danach ist § 4 Nr. 1 UWG bei bekannten Marken nur anwendbar, soweit die Anwendungsvoraussetzungen des § 14 Abs. 2 Nr. 3 fehlen (→ Rn. 18). Wegen des erweiterten Benutzungsbegriffs, den der BGH bei bekannten Marken anwendet (→ § 14 Rn. 522), wird dies
nur selten der Fall sein. Wird zudem für Fälle fehlender kennzeichenmäßiger Benutzung
eine analoge Anwendung des § 14 Abs. 2 Nr. 3 für möglich gehalten (offenlassend BGH
GRUR 2005, 583 (584) – Lila Postkarte), bleibt auf dem Boden der Vorrangthese für die
Anwendung des § 4 Nr. 1 UWG kein Raum. Das gilt auch bei Produktähnlichkeit, weil
§ 14 Abs. 2 Nr. 3 insoweit analog anzuwenden ist (BGH GRUR 2004, 235 (238) – Davidoff
II; → § 14 Rn. 520).

2. Andere bekannte Kennzeichen

Der Vorrang des Markenrechts gilt auch für den Schutz **bekannter geschäftlicher** 38
Bezeichnungen nach § 15 Abs. 3 (BGH GRUR 2001, 1054 (1055) – Tagesreport; GRUR
2001, 1050 (1051) – Tagesschau; GRUR 2000, 70 (73) – SZENE) und **geographischer
Herkunftsangaben mit besonderem Ruf** nach § 127 Abs. 3 (BGH GRUR 2002, 426 –
Champagner bekommen, Sekt bezahlen; zustimmend Ströbele/Hacker/Hacker Rn. 91).

MarkenG § 2

3. Nicht-bekannte Kennzeichen

39 Für nicht-bekannte Kennzeichen fehlt es an höchstrichterlicher Rechtsprechung; die Literatur geht ganz überwiegend von der Anwendbarkeit des § 4 Nr. 1 UWG aus (Ströbele/Hacker/Hacker Rn. 59; Ingerl/Rohnke Rn. 11; Köhler/Bornkamm/Köhler UWG § 4 Rn. 1.9b; MüKoUWG/Jänich § 4 Nr. 7 Rn. 11; Fezer/Büscher/Obergfell/Nordemann UWG § 4 Nr. 1 Rn. 88; Sack WRP 2004, 1405 (1421); vgl. auch OLG Köln GRUR-RR 2016, 278 Rn. 11 – „Wenn 1 & 1 sich streiten"; aA Helm GRUR 2001, 293 (293)).

II. Uneingeschränkte Anwendung auf bekannte und nicht-bekannte Kennzeichen

40 § 4 Nr. 1 UWG findet entgegen der Rechtsprechung uneingeschränkt Anwendung auf bekannte und nicht-bekannte Kennzeichen (Ingerl/Rohnke Rn. 11; GK-UWG/Toussaint § 4 Nr. 7 Rn. 22; Köhler/Bornkamm/Köhler UWG § 4 Rn. 1.9b; Harte-Bavendamm/Henning-Bodewig/Omsels UWG § 4 Nr. 7 H. Rn. 34; MüKoUWG/Jänich UWG § 4 Nr. 7 Rn. 11; Ohly/Sosnitza/Ohly UWG § 4 Nr. 1 Rn. 1/8), da kein Vorrang des Markenrechts besteht.

41 Im Bereich der **bekannten Kennzeichen** besteht kumulative Anspruchskonkurrenz mit §§ 14 Abs. 2 Nr. 3, 15 Abs. 3, 127 Abs. 3. Der Verzicht auf einen markenrechtlichen Vorrang ist auch deshalb geboten, weil § 6 Abs. 2 Nr. 4 UWG die unlautere Beeinträchtigung des Rufs eines vom einem Mitbewerber verwendeten Kennzeichens in der vergleichenden Werbung eigenständig untersagt und hier schon aus unionsrechtlichen Gründen das Lauterkeitsrecht nicht verdrängt werden kann (→ Rn. 28). Für eine Beschränkung des Schutzes auf das Markenrecht bei einer Kennzeichenherabsetzung oder -verunglimpfung außerhalb der vergleichenden Werbung besteht jedoch keine Rechtfertigung (Köhler/Bornkamm/Köhler UWG § 4 Rn. 1.9b; Bärenfänger WRP 2011, 160 (168); für nicht-bekannte Marken zustimmend Ströbele/Hacker/Hacker Rn. 59; Fezer/Büscher/Obergfell/Nordemann UWG § 4 Nr. 1 Rn. 89).

42 Für **nicht-bekannte Kennzeichen** gilt das gleiche, da weder § 6 Abs. 2 Nr. 4 UWG noch § 4 Nr. 1 UWG den Schutz auf bekannte Kennzeichen begrenzen. Bekannte und nicht-bekannte Kennzeichen müssen daher lauterkeitsrechtlich gleich behandelt werden, ohne dass es im Übrigen darauf ankäme, ob eine kennzeichenmäßige Benutzung vorliegt.

43 **Nicht von § 1 erfasste Kennzeichen** (zB Artikelnummer) werden ebenfalls durch § 4 Nr. 1 UWG geschützt (Köhler/Bornkamm/Köhler UWG § 4 Rn. 1.23; Harte-Bavendamm/Henning-Bodewig/Omsels UWG § 4 Nr. 7 H. Rn. 31; Ohly/Sosnitza/Ohly UWG § 4 Nr. 1 Rn. 1/11).

III. Anwendung und Auslegung im Licht markenrechtlicher Schutztatbestände

1. Keine verringerten Anforderungen an Herabsetzung und Verunglimpfung

44 Die lauterkeitsrechtliche Erweiterung der markenrechtlichen Schutzposition beschränkt sich materiell-rechtlich auf die Einbeziehung nicht-bekannter Kennzeichen. Durch die Anwendbarkeit des § 4 Nr. 1 UWG kommt es zu keiner Verstärkung des **Schutzes** etwa durch herabgesetzte Unlauterkeitsanforderungen. § 4 Nr. 1 UWG und §§ 14 Abs. 2 Nr. 3, 15 Abs. 3 dienen allein dem Schutz des Kennzeicheninhabers. Dieser **Schutzsubjektsidentität** widerspricht eine unterschiedliche Beurteilung der unlauteren Beeinträchtigung der Wertschätzung (§§ 14 Abs. 2 Nr. 3, 15 Abs. 3) einerseits und der Herabsetzung und Verunglimpfung (§ 4 Nr. 1 UWG) andererseits.

45 Beide Tatbestände sind **gleichsinnig auszulegen** (Köhler/Bornkamm/Köhler UWG § 4 Rn. 1.9b; Ohly/Sosnitza/Ohly UWG § 4 Nr. 1 Rn. 1/8a). Dafür spricht auch, dass der EuGH die in Art. 5 Abs. 2 RL (EU) 2015/2436 verlangte Beeinträchtigung als Verunglimpfung oder Herabsetzung bezeichnet (EuGH C-487/07, GRUR 2009, 756 Rn. 40 – L'Oréal/Bellure). In der gleichen Entscheidung hat er ferner festgestellt, dass der Begriff des unlauteren Ausnutzens in Art. 4 Buchst. f Werbe-RL und Art. 5 Abs. 2 RL 2008/95/EG (jetzt Art. 10 Abs. 2 Buchst. c RL (EU) 2015/2436) grundsätzlich einheitlich auszulegen ist. Da aber nach der Rechtsprechung des EuGH eine nach Art. 4 Werbe-RL zulässige vergleichende Werbung nicht nach Art. 5 Abs. 1, 2 RL 2008/95/EG (jetzt Art. 10 Abs. 2 RL (EU) 2015/2436) unzulässig sein kann (EuGH C-533/06, GRUR 2008, 698 Rn. 45 – O2 und O2 (UK)/ H3G)), ist auch die in Art. 4 Buchst. d Werbe-RL verlangte Verunglimpfung oder Herabsetzung ebenso auszulegen wie die unlautere Beeinträchtigung in Art. 5 Abs. 2 RL 2008/95/ EG bzw. Art. 10 Abs. 2 Buchst. c RL (EU) 2015/2436. Das gilt unmittelbar für § 6 Abs. 2 Nr. 4 UWG, muss aber auch für § 4 Nr. 1 UWG gelten, da es sonst zu einem UWG-internen Wertungswiderspruch kommen würde.

2. Keine gesteigerten Anforderungen an Herabsetzung oder Verunglimpfung

Aus der gebotenen gleichsinnigen Auslegung folgt auch, dass die **Anforderungen an** 46 **die Herabsetzung oder Verunglimpfung nicht strenger** sind als die an die unlautere Beeinträchtigung der Wertschätzung iSd § 14 Abs. 2 Nr. 3 (aA Ströbele/Hacker/Hacker Rn. 59; Fezer/Büscher/Obergfell/Nordemann UWG § 4 Nr. 1 Rn. 88, 90; GK-UWG/ Toussaint § 4 Nr. 7 Rn. 22; Harte-Bavendamm/Henning-Bodewig/Omsels UWG § 4 Nr. 7 H. Rn. 34; Bornkamm GRUR 2005, 97 (101); Steinbeck, FS Ullmann, 2006, 409 (415); Stieper WRP 2006, 291 (301); besonders weitgehend Böxler ZGE 2009, 357 (375): Nur Schutz vor Formalbeleidigungen und Schmähkritik). Für eine strengere Handhabung des § 4 Nr. 1 UWG zumindest im Fall nicht-bekannter Marken ergeben sich auch aus §§ 14 Abs. 2 Nr. 3, 15 Abs. 3 keine Anhaltspunkte. Diesen Normen kann bei isolierter Betrachtung nur entnommen werden, dass nicht-bekannte Kennzeichen nicht vor Beeinträchtigungen der Wertschätzung geschützt sind – was aber schon wegen § 6 Abs. 2 Nr. 4 UWG nicht auf § 4 Nr. 1 UWG durchschlägt.

IV. Auswirkungen

1. Einbeziehung nicht-bekannter Kennzeichen

Die praktischen Auswirkungen der gleichrangigen Geltung des § 4 Nr. 1 UWG beschrän- 47 ken sich wegen der mit §§ 14 Abs. 2 Nr. 3, 15 Abs. 3 inhaltsgleichen Bewertungsmaßstäbe auf die **Einbeziehung nicht-bekannter Kennzeichen** in den Schutz vor Verunglimpfung oder Herabsetzung. Im praktischen Hauptanwendungsfall der **Markenparodie** (→ § 14 Rn. 193 ff.) geht es hingegen regelmäßig um bekannte Marken, deren Schutz materiell nicht erweitert wird.

2. Anspruchsberechtigung

Auch hinsichtlich der **Anspruchsberechtigung** ergeben sich keine Unterschiede: Unter- 48 lassung und Beseitigung (§ 8 Abs. 1 UWG) kann in den Fällen des § 4 Nr. 1 UWG nur von **Mitbewerbern** nach § 8 Abs. 3 Nr. 1 UWG verlangt werden (Köhler/Bornkamm/Köhler UWG § 4 Rn. 1.27; Ohly/Sosnitza/Ohly UWG § 4 Nr. 1 Rn. 1/21; aA MüKoUWG/ Jänich § 4 Nr. 7 Rn. 42).

Das folgt für die **Verbände Gewerbetreibender** schon daraus, dass sie nur anspruchsberechtigt 48.1 sind, wenn die Interessen „ihrer Mitglieder" berührt sind. Dies ist im Sinne der kollektivschützenden Funktion, wie sie in den weiteren Anforderungen des § 8 Abs. 3 Nr. 2 UWG zum Ausdruck kommt, wörtlich zu nehmen, dh im Plural zu verstehen. Kennzeichenherabsetzungen betreffen aber nur den Inhaber des Kennzeichenrechts und daher allenfalls ein, aber nicht immer mehrere Verbandsmitglieder.

Verbraucherverbände iSd § 8 Abs. 3 Nr. 3 UWG sind im Fall des § 4 Nr. 1 UWG gleichfalls 48.2 nicht aktivlegitimiert, weil sich ihre Anspruchsberechtigung auf die Wahrung von Verbraucherbelangen beschränkt (vgl. KG GRUR-RR 2005, 359; MüKoUWG/Ottofülling § 8 Rn. 420). Diese sind bei der Kennzeichenherabsetzung nicht betroffen. Es besteht daher kein Anlass, zum Zweck der Beschränkung der Anspruchsberechtigung auf den Kennzeicheninhaber in den Fällen des **§ 24 Abs. 2** die Anwendbarkeit des § 4 Nr. 1 UWG abzulehnen (Bärenfänger WRP 2011, 160 (168); aA Harte-Bavendamm/Henning-Bodewig/Omsels UWG § 4 Nr. 7 H. Rn. 35).

E. Produktnachahmungen (§ 4 Nr. 3 UWG)

I. Überschneidungsbereich von MarkenG und UWG

49 Mit § 4 Nr. 3 UWG, der das Angebot von Produktnachahmungen nur unter zusätzlichen Unlauterkeitsvoraussetzungen untersagt, besteht ein begrenzter Überschneidungsbereich mit dem Markenrecht, weil nur das **Anbieten von Nachahmungen von Waren oder Dienstleistungen,** nicht jedoch von Waren mit nachgeahmten Kennzeichen erfasst ist.

50 Innerhalb dieses Überschneidungsbereichs liegen die **Schutzvoraussetzungen eng beisammen.** § 4 Nr. 3 Buchst. a UWG bewertet Nachahmungen als unlauter, wenn sie zu einer vermeidbaren Täuschung der Abnehmer über die betriebliche Herkunft führen; insoweit geht es um einen Verwechslungsschutz, der markenrechtlich durch §§ 14 Abs. 2 Nr. 1, 2, 15 Abs. 2 normiert ist. Der zweite Fall der unlauteren Produktnachahmung, die unangemessene Ausnutzung oder Beeinträchtigung der Wertschätzung oder nachgeahmten Ware oder Dienstleistung nach § 4 Nr. 3 Buchst. b UWG berührt sich mit dem auf bekannte Kennzeichen beschränkten Schutz aus §§ 14 Abs. 2 Nr. 3, 15 Abs. 3.

II. Stand der Rechtsprechung

51 Die Rechtsprechung sieht bisher – ausgehend von der Vorrangthese – im Anwendungsbereich des MarkenG für einen lauterkeitsrechtlichen Nachahmungsschutz nach § 4 Nr. 3 UWG **keinen Raum** (BGH GRUR 2009, 1162 Rn. 40 – DAX; OLG Naumburg GRUR-RR 2011, 127 (134) – SUPERillu/illu der Frau; LG Frankfurt a.M. NJOZ 2015, 50 (53) – HAVE A BREAK/TWIN BREAK; aA LG Bochum GRUR-RR 2013, 478 (479)). Zwar hat der BGH die Vorrangthese mittlerweile aufgegeben (BGH GRUR 2016, 965 Rn. 20 – Baumann II; GRUR 2013, 1161 Rn. 60 – Hard Rock Cafe); ob das auch für § 4 Nr. 3 UWG gilt, ist jedoch nicht sicher (→ Rn. 15).

52 Der BGH lässt aber in weitem Umfang **Ausnahmen** zu. § 4 Nr. 3 UWG ist anwendbar, wenn nicht Schutz für eine Kennzeichnung, sondern für **konkrete Leistungsergebnisse** in Anspruch genommen wird (BGH GRUR 2008, 793 Rn. 26 – Rillenkoffer; GRUR 2007, 339 Rn. 23 – Stufenleitern; GRUR 2003, 332 (336) – Abschlussstück). Zu den grundsätzlich geschützten Leistungsergebnissen gehören **Produktgestaltungen,** auch wenn sie durch eine Formmarke geschützt sind, weil der kennzeichenrechtliche Schutz nur der abstrakten Form, nicht aber dem konkret nachgeahmten Produkt gilt (BGH GRUR 2008, 793 Rn. 26 – Rillenkoffer; GRUR 2003, 332 (336) – Abschlussstück; vgl. auch BGH GRUR 2007, 795 Rn. 21 – Handtaschen). Gleiches soll gelten, wenn die Gestaltung des Produkts markenrechtlich nicht geschützt ist (BGH GRUR 2007, 339 Rn. 23 – Stufenleitern).

53 Auch ein **Wortzeichen,** das nicht eingetragen ist und mangels Benutzung für Waren oder Dienstleistungen nicht nach § 4 Nr. 2, 3 geschützt ist, kann ein lauterkeitsrechtlich schutzfähiges Leistungsergebnis darstellen (BGH GRUR 2003, 973 (974) – Tupperwareparty). Das gleiche gilt für eine Dienstleistung, für die eine Wortmarke eingetragen ist und die von einem Mitbewerber unter Verwendung des Wortzeichens übernommen wird (BGH GRUR 2009, 1162 Rn. 40 – DAX).

54 In der Gesamtschau ergibt sich wegen der These unterschiedlicher Schutzgegenstände – markenrechtlicher Kennzeichenschutz einerseits, lauterkeitsrechtlicher Schutz von Leistungsergebnissen andererseits – ein **Nebeneinander des marken- und lauterkeitsrechtlichen Schutzes,** sofern im konkreten Einzelfall ein von der Kennzichnung **differierendes Leistungsergebnis** gegeben ist.

III. Kein Schutz bei bloßer Kennzeichennachahmung

1. Begrenzung auf Nachahmung von Waren oder Dienstleistungen

55 Die wesentliche Schwäche der Rechtsprechung liegt in der **Umqualifizierung der bloßen Kennzeichennachahmung** zu einer Ausnutzung von Leistungsergebnissen (vgl. Ströbele/Hacker/Hacker Rn. 53). § 4 Nr. 3 UWG greift aber schon seinem Wortlaut nach nur bei der Nachahmung von Waren oder Dienstleistungen ein. Diese Voraussetzung kann erfüllt

Anwendung anderer Vorschriften § 2 MarkenG

sein, wenn eine Produktgestaltung nachgeahmt wird, die markenrechtlich als **Formmarke** Schutz genießt – hier liegt eine von der abstrakt geschützten Form zu unterscheidende konkrete Ware vor.

2. Nachahmung von Wort-, Bild- oder Farbzeichen

Bei Wort-, Bild- oder Farbzeichen, die nachgeahmt werden, ist § 4 Nr. 3 UWG nur einschlägig, wenn **gleichzeitig ein Produkt nachgeahmt** wird – dann aber unabhängig davon, ob auch ein Kennzeichen nachgeahmt wurde (Ohly/Sosnitza/Ohly UWG § 4 Nr. 3 Rn. 3/19; Stieper WRP 2006, 291 (301); im Ergebnis auch GK-UWG/Leistner § 4 Nr. 9 Rn. 96; Büscher GRUR 2009, 230 (234); wohl auch Ingerl WRP 2004, 809 (816)). Zwar ist der Begriff der Waren und Dienstleistungen nach der Rechtsprechung weit auszulegen und soll Leistungs- und Arbeitsergebnisse aller Art umfassen (BGH GRUR 2016, 725 Rn. 15 – Pippi-Langstrumpf-Kostüm II; GRUR 2015, 1214 Rn. 74 – Goldbären). Kennzeichen sind gleichwohl **keine Ware** (GK-UWG/Leistner § 4 Nr. 9 Rn. 114; Köhler/Bornkamm/Köhler UWG § 4 Rn. 3.22; Harte-Bavendamm/Henning-Bodewig/Sambuc UWG § 4 Nr. 9 J. Rn. 28; aA LG München I BeckRS 2016, 10184 – Hollywood). 56

Die von § 4 Nr. 3 UWG erfasste Handlung ist das **Anbieten von nachgeahmten Waren oder Dienstleistungen**. Daraus ergibt sich, dass nur solche Leistungsergebnisse Schutz genießen können, die auf dem Markt als solche angeboten werden. Das ist bei Kennzeichen jedoch nur dann der Fall, wenn sie als solche zum Erwerb angeboten werden. Abgesehen von diesem Sonderfall werden Kennzeichen nicht angeboten, sondern zur Kennzeichnung von Waren oder Dienstleistungen verwendet. Dass diese ihrerseits angeboten werden, macht aus der Kennzeichennachahmung noch kein Angebot des Kennzeichens, weil nicht dessen Erwerb, sondern derjenige des angebotenen Produkts das Ziel des Angebots ist. Dass zwischen Waren bzw. Dienstleistungen und Kennzeichen zu differenzieren ist, belegt auch § 5 Abs. 2 UWG, wo eben dies geschehen ist. Die Wareneigenschaft eines Kennzeichens ergibt sich auch nicht daraus, dass sich nach der Rechtsprechung die wettbewerbliche Eigenart eines Produkts aus seiner Kennzeichnung ergeben kann (BGH GRUR 2003, 973 (974) – Tupperwareparty; GRUR 2001, 251 (253) – Messerkennzeichnung; GRUR 1977, 614 (615) – Gebäudefassade; kritisch Ströbele/Hacker/Hacker Rn. 53). In solchen Fällen liegt eine Produktnachahmung verbunden mit einer Kennzeichennachahmung vor, bei der allerdings der Produktnachahmungsschutz seine Rechtfertigung aus der Kennzeichennachahmung bezieht. 56.1

Wird anerkannt, dass Kennzeichen in der Regel keine Waren iSd § 4 Nr. 3 UWG sind, dann ist der über diese Norm zuerkannte Schutz von **Werbeslogans**, die markenrechtlich schutzfähig sein können (→ § 8 Rn. 338), durchaus zweifelhaft (im Ergebnis ebenso Fezer/Büscher/Obergfell/Götting/Hetmank UWG § 4 Nr. 3 Rn. 49; Ohly/Sosnitza/Ohly UWG § 4 Nr. 3 Rn. 3/27; Böxler ZGE 2009, 357 (378); Ingerl WRP 2004, 809 (814); Kaulmann GRUR 2008, 854 (859); aA BGH GRUR 1997, 308 – Wärme fürs Leben; OLG Frankfurt GRUR-RR 2012, 75 (76) – Schönheit von innen; Ströbele/Hacker/Hacker Rn. 54; Köhler/Bornkamm/Köhler UWG § 4 Rn. 3.22; einschränkend Heermann WRP 2004, 263 (277)). 57

Der schon aus § 4 Nr. 3 UWG folgende fehlende lauterkeitsrechtliche Schutz vor bloßer Kennzeichennachahmung ohne gleichzeitige Produktnachahmung gilt auch, wenn das **Wort- oder Bildzeichen markenrechtlich nach §§ 4, 5 ungeschützt** ist (vgl. Köhler/Bornkamm/Köhler UWG § 4 Rn. 3.11; Ströbele/Hacker/Hacker Rn. 53). § 4 Nr. 3 UWG erfasst die bloße Nachahmung von Wort- und Bildzeichen unabhängig von der markenrechtlichen Schutzlage nicht (Ohly/Sosnitza/Ohly UWG § 4 Nr. 3 Rn. 3/19; Fezer/Büscher/Obergfell/Götting/Hetmank UWG § 4 Nr. 1 Rn. 49; aA Steinbeck, FS Ullmann, 2006, 409 (421)). 58

IV. § 4 Nr. 3 Buchst. a UWG (vermeidbare Herkunftstäuschung)

1. Kumulative Anwendung

§ 4 Nr. 3 Buchst. a UWG knüpft an die vermeidbare Herkunftstäuschung der Abnehmer an. Dennoch handelt es sich nicht um einen abnehmerschützenden Tatbestand (anders noch 4. Ed.). Denn mit der UWG-Reform 2015 hat der Gesetzgeber die in § 4 UWG aufgeführ- 59 ten Tatbestände unter die Überschrift „Mitbewerberschutz" gestellt. Der Tatbestand dient daher nunmehr nur noch dem **Schutz des Originalherstellers** vor Nachteilen durch eine von der Produktnachahmung hervorgerufene Zuordnungsverwirrung (BGH GRUR 2016, 730 Rn. 21 – Herrnhuter Stern; Köhler/Bornkamm/Köhler UWG § 4 Rn. 3.2; Ohly/Sosnitza/Ohly UWG § 4 Nr. 3 Rn. 3/4; so schon bislang BGH GRUR 2013, 951 Rn. 13 – Regalsystem; GRUR 2012, 1155 Rn. 15 – Sandmalkasten; GRUR 2010, 80 Rn. 17 – LIKEaBIKE; Fezer GRUR 2010, 953 (962); Ohly GRUR 2007, 731 (738); zu § 4 Nr. 9 UWG a. F. für gleichzeitigen Abnehmerschutz Köhler GRUR 2007, 548 (552); Bärenfänger WRP 2011, 160 (171); Henning-Bodewig GRUR Int 2007, 986 (988); Sack GRUR 2015, 442 (443); Schreiber GRUR 2009, 113 (116); Stieper WRP 2006, 291 (294); einschränkend MüKoUWG/Wiebe § 4 Nr. 9 Rn. 5).

59.1 Lauterkeitsrechtlich ändert die Einschränkung des Schutzsubjekts durch die UWG-Reform 2015 nichts am Schutz der Abnehmer, weil § 5 Abs. 2 UWG in weiterem Umfang als § 4 Nr. 3 Buchst. a UWG Irreführungen der Marktgegenseite erfasst und bei Vorliegen einer vermeidbaren Herkunftstäuschung regelmäßig auch das Hervorrufen einer Verwechslungsgefahr gegeben ist.

60 Da es sich nicht mehr um einen abnehmerschützenden Irreführungstatbestand handelt, besteht nunmehr **Schutzzweckidentität** mit dem Markenrecht. Das schließt indessen eine **kumulative Anwendung** nicht aus, da im Bereich des Formmarkenschutzes Lücken bestehen und es durchaus Unterschiede zwischen lauterkeits- und markenrechtlichem Schutz gibt (Köhler/Bornkamm/Köhler UWG § 4 Rn. 3.10; Köhler GRUR 2009, 445 (446 f.); im Ergebnis auch GK-UWG/Leistner § 4 Nr. 9 Rn. 97; für gleichrangige Anwendung aufgrund von Schutzzweckdisparität des § 4 Nr. 9 UWG aF Bärenfänger WRP 2011, 160 (171); Köhler GRUR 2007, 548 (553); gegen Gleichrang jedoch Ströbele/Hacker/Hacker Rn. 53; MüKoUWG/Wiebe § 4 Nr. 9 Rn. 38; Böxler ZGE 2009, 357 (375 f.); v. Nussbaum/Ruess MarkenR 2009, 233 (236); Ohly, FS Ullmann, 2006, 795 (810 ff.); Rohnke, FS Erdmann, 2002, 455 (466)).

2. Bestehender Formmarkenschutz

61 Soweit **Formmarkenschutz** gegeben ist, besteht mit § 4 Nr. 3 Buchst. a UWG kumulative Anspruchskonkurrenz. Ob es zu einer **vermeidbaren Herkunftstäuschung** gekommen ist, ist nach den gleichen Grundsätzen zu beurteilen, wie sie für die Verwechslungsgefahr nach § 14 Abs. 2 Nr. 2 gelten (BGH GRUR 2003, 712 (714) – Goldbarren; GRUR 2001, 251 (253) – Messerkennzeichnung).

3. Markenrechtlich nicht geschützte Formen

62 Soweit die **Form markenrechtlich (noch) nicht geschützt** ist (mangels Eintragung, Verkehrsgeltung oder notorischer Bekanntheit, aber auch bei nach § 3 Abs. 2 fehlender Markenfähigkeit), sperrt der fehlende markenrechtliche Schutz die Anwendung des § 4 Nr. 3 Buchst. a UWG nicht, weil eine Irreführung auch bei markenrechtlich ungeschützten Produktgestaltungen möglich ist (im Ergebnis ebenso OLG Hamburg MarkenR 2011, 275 (279) = BeckRS 2011, 07059; Ingerl/Rohnke Rn. 5; GK-UWG/Leistner § 4 Nr. 9 Rn. 94; Köhler/Bornkamm/Köhler UWG § 4 Rn. 3.10; MüKoUWG/Wiebe § 4 Nr. 9 Rn. 39; Steinbeck, FS Ullmann, 2006, 409 (421 f.); vgl. auch EuGH C-48/09, GRUR 2010, 1008 Rn. 61 – Legostein; einschränkend Ohly/Sosnitza/Ohly UWG § 4 Nr. 3 Rn. 3/19; aA Ströbele/Hacker/Hacker Rn. 53; Fezer/Büscher/Obergfell/Götting/Hetmank UWG § 4 Nr. 3 Rn. 48; Böxler ZGE 2009, 357 (376 f.); Sosnitza MarkenR 2015, 7 (6)).

63 Das führt zwar für den Hersteller des Originals, der mangels Eintragung oder Verkehrsgeltung keine Formmarke inne hat, zu einer sonst nicht bestehenden Schutzposition. Das spricht aber nicht gegen eine kumulative Anwendung, weil die Schutzvoraussetzungen nicht identisch sind; insbesondere bedarf es für § 4 Nr. 3 UWG einer markenrechtlich nicht erforderlichen wettbewerblichen Eigenart des nachgeahmten Produkts. Zudem reicht der lauterkeitsrechtliche Schutz in vielfältiger Hinsicht ohnehin nicht an den des Markenrechts heran (zB kürzere Verjährung, kein Vernichtungsanspruch, keine Grenzbeschlagnahme; Köhler/Bornkamm/Köhler UWG § 4 Rn. 3.10).

4. Anspruchsberechtigung

Da § 4 Nr. 3 Buchst. a UWG seit der UWG-Reform 2015 nur noch mitbewerberschüt- 64
zende Funktion hat, ist hinsichtlich des Unterlassungs- und Beseitigungsanspruchs aus § 8
Abs. 1 UWG nur noch der Hersteller des Originals anspruchsberechtigt (BGH GRUR 2016,
730 Rn. 21 – Herrnhuter Stern; OLG Hamm WRP 2015, 609 (614) – Elektrische Bassgitarre; Köhler/Bornkamm/Köhler UWG § 4 Rn. 3.86; Ohly/Sosnitza/Ohly UWG § 4 Nr. 3
Rn. 3/84 f.; für uneingeschränkte Anwendung des § 8 Abs. 3 UWG bislang Harte-Bavendamm/Henning-Bodewig/Goldmann UWG § 8 Rn. 327; MüKoUWG/Wiebe UWG § 4
Nr. 9 Rn. 294; Bärenfänger WRP 2011, 160 (171); Münker, FS Ullmann, 2006, 781 (786);
Sack GRUR 2015, 442 (450); für § 1 UWG aF auch BGH GRUR 1991, 223 (225) –
Finnischer Schmuck; GRUR 1988, 620 (621) – Vespa-Roller). Es besteht daher hinsichtlich
der Anspruchsberechtigung ein Gleichklang mit dem Markenrecht.

V. § 4 Nr. 3 Buchst. b UWG (Ausnutzung oder Beeinträchtigung der Wertschätzung)

1. Kumulative Anwendung auf bekannte Formmarken

§ 4 Nr. 3 Buchst. b UWG macht die Unlauterkeit von einer unangemessenen Ausnutzung 65
oder Beeinträchtigung der Wertschätzung der nachgeahmten Ware oder Dienstleistung
abhängig. Die Norm dient allein dem Schutz des Mitbewerbers (Köhler/Bornkamm/Köhler
UWG § 4 Rn. 3.2; Ohly/Sosnitza/Ohly UWG § 4 Nr. 3 Rn. 3/4; Schreiber GRUR 2009,
113 (116); Stieper WRP 2006, 291 (294)). Sie hat damit das gleiche Schutzsubjekt wie §§ 14
Abs. 2 Nr. 3, 15 Abs. 3, die markenrechtlich Rufausnutzungen und -beeinträchtigungen
regeln.

Ausgehend vom Gleichrang von Marken- und Lauterkeitsrecht folgt aus der **Schutz-** 66
zweckidentität nicht etwa die Unanwendbarkeit des Markenrechts, sondern das **Nebeneinander beider Schutzregime** (Ingerl/Rohnke Rn. 9; aA GK-UWG/Leistner UWG § 4
Nr. 9 Rn. 173; Steinbeck, FS Ullmann, 2006, 409 (422 f.)). Dabei sind Wertungswidersprüche zu vermeiden. Deshalb gilt der Gleichrang uneingeschränkt nur, soweit die markenrechtlichen Schutzvoraussetzungen vorliegen, dh es sich um eine **bekannte Formmarke** handelt.
Hier besteht bei gleichzeitiger Anwendung des § 4 Nr. 3 Buchst. b UWG kein Anlass, die
markenrechtliche Schutzposition des Kennzeicheninhabers lauterkeitsrechtlich auszuweiten.
Die Voraussetzungen des § 4 Nr. 3 Buchst. b UWG sind daher im Licht der §§ 14 Abs. 2
Nr. 3, 15 Abs. 3 auszulegen (Ingerl/Rohnke Rn. 9).

2. Nicht-bekannte Formmarken

Bei Produktnachahmungen, die durch eine Formmarke geschützt sind, die die **Bekannt-** 67
heitsschwelle des § 14 Abs. 2 Nr. 3 nicht erreicht, ergibt sich anders als bei § 4 Nr. 1
UWG (→ Rn. 42) kein Zwang zur Einbeziehung in den Schutz nach § 4 Nr. 3 Buchst. b
UWG. Sie würde vielmehr den Wertungen der §§ 14 Abs. 2 Nr. 3, 15 Abs. 3 zuwider laufen,
die nur bekannte Kennzeichen schützen. Zur **Vermeidung von Wertungswidersprüchen**
sind daher bei der Prüfung der Wertschätzung besonders strenge Anforderungen an den
ohnehin notwendigen Bekanntheitsgrad zu stellen, die sich an den Bekanntheitsanforderungen nach § 14 Abs. 2 Nr. 3 orientieren (im Ergebnis ebenso Ingerl/Rohnke Rn. 10; Köhler/
Bornkamm/Köhler UWG § 4 Rn. 3.11; aA Bärenfänger WRP 2011, 160 (171); kritisch
auch Schmidt GRUR-Prax 2011, 159).

3. Markenrechtlich nicht geschützte Kennzeichen

Bei **markenrechtlich nicht geschützten Kennzeichen** scheidet ein ergänzender Nach- 68
ahmungsschutz aus § 4 Nr. 3 Buchst. b UWG aus Wertungsgründen aus (Ströbele/Hacker/
Hacker Rn. 53; aA Bornkamm GRUR 2005, 97 (101 f.)). Allerdings will die Rechtsprechung einem Zeichen, dem es noch an der Verkehrsgeltung nach §§ 4 Nr. 2, 5 Abs. 2 S. 2
fehlt, lauterkeitsrechtlichen Schutz zubilligen, wenn es in den beteiligten Verkehrskreisen in
gewissem Umfang bekannt geworden und seiner Natur nach geeignet ist, über die Benutzung
als betriebliches Herkunftszeichen zu wirken, sofern die Anlehnung an ein solches Kennzei-

MarkenG § 2 Teil 1 Anwendungsbereich

chen ohne hinreichenden Grund in der verwerflichen Absicht vorgenommen wurde, Verwechslungen herbeizuführen oder den Ruf des anderen wettbewerbshindernd zu beeinträchtigen oder auszunutzen (BGH GRUR 1997, 754 (755) – grau/magenta; OLG Hamburg GRUR-RR 2002, 356 (357) – Marzipanherzen; OLG Köln GRUR-RR 2001, 26 (27) – Dämmstoffplatten).

69 In diesen Fällen einer sog. **Verkehrsgeltungsanwartschaft** wird es regelmäßig bereits an einer Produktnachahmung fehlen. Im Übrigen scheidet eine Schutzergänzung nach § 4 Nr. 3 Buchst. b UWG aus, weil das MarkenG nur markenrechtlich geschützten Kennzeichen Schutz vor Rufbeeinträchtigung und -ausnutzung bietet (vgl. Ingerl/Rohnke Rn. 10; Köhler/Bornkamm/Köhler UWG § 4 Rn. 3.11; MüKoUWG/Wiebe § 4 Nr. 9 Rn. 41; Ingerl WRP 2004, 809 (814)). Denkbar ist aber Schutz aus § 4 Nr. 4 UWG (gezielte Mitbewerberbehinderung) sowie bei Irreführungen aus § 5 Abs. 2 UWG.

4. Anspruchsberechtigung

70 Die **Anspruchsberechtigung** für Unterlassungs- und Beseitigungsansprüche (§ 8 Abs. 1 UWG) ist aufgrund der mitbewerberschützenden Funktion auf den Hersteller des Originals beschränkt. Die in § 8 Abs. 3 Nr. 2–4 UWG genannten Verbände und Kammern sind ebenso wie andere Mitbewerber nicht aktivlegitimiert (OLG Köln GRUR-RR 2016, 203 Rn. 28 – Crocs II; Köhler/Bornkamm/Köhler UWG § 4 Rn. 3.86; Ohly/Sosnitza/Ohly UWG § 4 Nr. 3 Rn. 3/84; vgl. auch BGH GRUR 2009, 416 Rn. 23 – Küchentiefstpreis-Garantie; aA Harte-Bavendamm/Henning-Bodewig/Goldmann UWG § 8 Rn. 327; MüKoUWG/Wiebe UWG § 4 Nr. 9 Rn. 294; Mees WRP 1999, 62 (66); Münker, FS Ullmann, 2006, 781 (788); Spätgens, FS Erdmann, 2002, 727 (731); Stieper WRP 2006, 291 (294)).

VI. § 4 Nr. 3 Buchst. c UWG (Unredliche Kenntnis- oder Unterlagenerlangung)

71 § 4 Nr. 3 Buchst. c UWG dient zwar ebenfalls nur dem Schutz der Mitbewerber, knüpft die Unlauterkeit der Produktnachahmung jedoch daran an, dass die für die Nachahmung erforderlichen Kenntnisse oder Unterlagen unredlich erlangt wurden. Das ist ein markenrechtlich irrelevanter Umstand, so dass trotz Schutzzweckidentität **uneingeschränkte Anwendbarkeit** gegeben ist (Köhler/Bornkamm/Köhler UWG § 4 Rn. 3.9). **Anspruchsberechtigt** ist nur der Hersteller des Originals (BGH GRUR 2009, 416 Rn. 23 – Küchentiefstpreis-Garantie; Köhler/Bornkamm/Köhler UWG § 4 Rn. 3.86; aA Münker, FS Ullmann, 2006, 781 (789)).

F. Gezielte Mitbewerberbehinderung (§ 4 Nr. 4 UWG)

I. Kumulative Anwendbarkeit

72 § 4 Nr. 4 UWG regelt mit der gezielten Behinderung von Mitbewerbern ein Verhalten, das vom MarkenG nicht erfasst wird; die Norm ist daher **stets anwendbar** (BGH GRUR 2010, 642 Rn. 40 – WM-Marken; GRUR 2009, 685 Rn. 38 – ahd.de; OLG Hamburg GRUR-RR 2006, 193 – Advanced Microwave Systems).

II. Anwendungsfälle

73 Anwendungsfälle im Bereich der Schutzergänzung sind zB **Kennzeichenentfernungen** (BGH GRUR 2004, 1039 (1041) – SB-Beschriftungen), **Beseitigung von Kontrollnummern** bei Waren in Vertriebsbindungssystemen (BGH GRUR 2002, 709 (710 f.) – Entfernung der Herstellungsnummer III; GRUR 2001, 448 (449 f.) – Kontrollnummernbeseitigung II), beschreibende **Verwendung eines Kennzeichens als Gattungsbezeichnung** außerhalb des Anwendungsbereichs des § 16 (Ingerl/Rohnke Rn. 13; Ströbele/Hacker/Hacker § 16 Rn. 14) oder eine **Kennzeichenverwendung zu Sperrzwecken** (BGH GRUR 2010, 642 Rn. 51 – WM-Marken; GRUR 2008, 621 Rn. 21 – AKADEMIKS; GRUR 2008, 917 Rn. 20 – EROS).

74 Bei einer **bösgläubigen Markenanmeldung** (§ 8 Abs. 2 Nr. 10) kann trotz der Möglichkeit eines Antrags auf Löschung (§§ 50 Abs. 1, 54 Abs. 1) eine gezielte Mitbewerberbehinde-

rung vorliegen (BGH GRUR 2004, 790 (793)) – Gegenabmahnung; GRUR 2000, 1032 (1034) – EQUI 2000; Ingerl/Rohnke Rn. 13; Helm GRUR 1996, 593 (600); Sack WRP 2004, 1405 (1423); aA Böxler ZGE 2009, 357 (380)).

Die **vorsätzliche Rufschädigung** einer nicht bekannten Marke unterfällt entgegen der Rechtsprechung § 4 Nr. 1 UWG (→ Rn. 42), weshalb es eines Rückgriffs auf § 4 Nr. 4 UWG nicht bedarf (dafür Bornkamm GRUR 2005, 97 (102)). 75

G. Rechtsbruch (§ 3a UWG)

§ 3a UWG ist zwar unabhängig von der markenrechtlichen Schutzlage anwendbar. Die Vorschriften des MarkenG stellen jedoch **keine Marktverhaltensregeln** dar (Köhler/Bornkamm UWG § 3a Rn. 1.72; Stieper WRP 2006, 291 (302); mit anderer Begründung Fezer/Büscher/Obergfell/Götting/Hetmank UWG § 3a Rn. 77; Ohly/Sosnitza/Ohly UWG § 3a Rn. 17). 76

H. Irreführung (§ 5 UWG)

I. Stand der Rechtsprechung

1. Irreführung über die betriebliche Herkunft

Bei einer Irreführung, die sich auf die **betriebliche Herkunft** bezieht, ist nach der jüngeren Rechtsprechung des BGH eine Anwendung des § 5 UWG zulässig (BGH GRUR 2016, 965 Rn. 20 – Baumann II; GRUR 2013, 1161 Rn. 60 – Hard Rock Cafe). Die frühere Rechtsprechung, die einen Rückgriff auf das Lauterkeitsrecht ausgeschlossen hat, weil die Irreführung bereits über den markenrechtlichen Tatbestand der Verwechslungsgefahr erfasst sei (BGH GRUR 2008, 160 Rn. 25 – CORDARONE), ist damit überholt. Dadurch spielt auch die von der Rechtsprechung gemachte Ausnahme für qualifizierte betriebliche Herkunftsangaben (zuletzt BGH GRUR 2002, 703 (705) – Vossius & Partner; GRUR 1997, 754 (755) – grau/magenta; BGH GRUR 1966, 267 (270) – White Horse; kritisch Bornkamm, FS Mühlendahl, 2005, 9 ff.; Kur GRUR 1989, 240 (242 f.); Steinbeck WRP 2006, 632 (637 f.)) keine Rolle mehr. Nunmehr sind alle Irreführungen über die betriebliche Herkunft auch an § 5 UWG zu messen. 77

2. Irreführung über die geographische Herkunft

Nach der bisherigen Rechtsprechung galt für Irreführungen über die **geographische Herkunft** ein Vorrang des Markenrechts; ein lauterkeitsrechtlicher Schutz nach § 5 UWG soll nur möglich sein, soweit der markenrechtliche Schutz nach §§ 126 ff. nicht eingreift (zu § 5 UWG 2004 BGH GRUR 2007, 884 Rn. 31 – Cambridge Institute; zu § 3 UWG 1909 BGH GRUR 2002, 160 (161) – Warsteiner III; GRUR 2001, 73 (76) – Stich den Buben; GRUR 1999, 252 (253) – Warsteiner II). § 5 Abs. 1 S. 2 Nr. 1 UWG ist danach insbesondere anwendbar, wenn es an einer Verwendung für Waren oder Dienstleistungen fehlt, der verwendete Ortsname keine geographische Herkunftsangabe darstellt, eine Phantasiebezeichnung verwendet wird, die den Eindruck eines Ortsnamens macht (→ § 126 Rn. 23), eine personenbezogene Herkunftsangabe vorliegt (→ § 126 Rn. 24) oder die Herkunftsangabe nur noch eine Gattungsbezeichnung darstellt (→ § 126 Rn. 29). 78

Ob diese Rechtsprechung durch die neueren Entscheidungen zur Irreführung über die betriebliche Herkunft (BGH GRUR 2016, 965 Rn. 20 – Baumann II; GRUR 2013, 1161 Rn. 60 – Hard Rock Cafe) **aufgegeben** wurde, ist **unsicher** (→ Rn. 15). Die entsprechenden Ausführungen des BGH beziehen sich explizit nur auf die Täuschung über die betriebliche Herkunft. Ob mit der Feststellung, Dritte könnten seit Umsetzung der UGP-RL lauterkeitsrechtliche Ansprüche wegen Herkunftstäuschung geltend machen, auch Fälle der Irreführung über die geographische Herkunft erfasst sein sollen, ist nicht sicher. Dafür spricht allerdings der Hinweis des BGH auf Art. 6 Abs. 2 Buchst. a UGP-RL, da der dort geregelte Verwechslungsschutz auch für geographische Herkunftsangaben gilt (andere Kennzeichen eines Mitbewerbers, vgl. zu § 5 UWG Harte-Bavendamm/Henning-Bodewig/Dreyer UWG § 5 J. Rn. 21; für Aufgabe auch Dück WRP 2016, 1092 (1093)). 79

3. Andere Irreführungen

80 § 5 UWG kommt uneingeschränkt zur Anwendung, wenn durch die Kennzeichenbenutzung eine anderweitige Irreführung der beteiligten Verkehrskreise, dh nicht über die Herkunft, sondern **andere lauterkeitsrechtliche relevante Umstände** wie etwa die Eigenschaft als Sponsor (§ 5 Abs. 1 S. 2 Nr. 4 UWG), herbeigeführt wird (BGH GRUR 2010, 642 Rn. 40 – WM-Marken; zu § 3 UWG 1909 BGH GRUR 1990, 68 (69) – VOGUE-Ski).

II. Irreführung über die betriebliche Herkunft (§ 5 Abs. 1 S. 2 Nr. 1 UWG)

81 Bei einer Irreführung über die betriebliche Herkunft nach § 5 Abs. 1 S. 2 Nr. 1 UWG besteht mit markenrechtlichen Ansprüchen aus §§ 14 Abs. 2 Nr. 1, 2, 15 Abs. 2 **kumulative Anspruchskonkurrenz** (BGH GRUR 2016, 965 Rn. 20 – Baumann II; GRUR 2013, 1161 Rn. 60 – Hard Rock Cafe; GK-UWG/Lindacher Vor §§ 5, 5a Rn. 153; Harte-Bavendamm/Henning-Bodewig/Dreyer UWG § 5 C. Rn. 218; Bärenfänger WRP 2011, 160 (163); Schmidt GRUR-Prax 2011, 159; wohl auch Ströbele/Hacker/Hacker Rn. 43; aA Böxler ZGE 2009, 357 (382 f.)). Ein Vorrang des Markenrechts ist mit Art. 6 Abs. 1 Buchst. b UGP-RL, der auch die Täuschung über die kommerzielle Herkunft regelt, nicht zu vereinbaren. Deshalb kann die Anwendbarkeit auch nicht auf qualifizierte betriebliche Herkunftsangaben beschränkt werden (Köhler/Bornkamm/Bornkamm UWG § 5 Rn. 4.224; Bärenfänger WRP 2011, 160 (163); Bornkamm GRUR 2011, 1 (2); Köhler GRUR 2009, 445 (448); aA Ströbele/Hacker/Hacker Rn. 51).

III. Irreführung über die geographische Herkunft (§ 5 Abs. 1 S. 2 Nr. 1) UWG

82 Bei der Verwendung geographischer Herkunftsbezeichnungen iSd § 126 Abs. 1 besteht **kumulative Anspruchskonkurrenz** (vgl. OLG Düsseldorf WRP 2011, 939 – Produziert in Deutschland; wie hier Ingerl/Rohnke Rn. 8; Ströbele/Hacker/Hacker § 126 Rn. 12; Harte-Bavendamm/Henning-Bodewig/Dreyer UWG § 5 J. Rn. 14; wohl auch Loschelder, FS Ahrens, 2015, 255 (257 ff.); aA OLG Braunschweig BeckRS 2016, 01144; MüKoUWG/Busche UWG § 5 Rn. 692; Ohly/Sosnitza/Sosnitza UWG § 5 Rn. 28; Böxler ZGE 2009, 357 (386); Helm GRUR 2001, 291 (294 f.); für Subsidiarität Köhler/Bornkamm/Bornkamm UWG § 5 Rn. 4.203a).

83 Die **praktischen Auswirkungen** sind aber gering, weil der Irreführungstatbestand des § 127 Abs. 1 jedenfalls nicht enger ist als der des § 5 Abs. 1 S. 2 Nr. 1 UWG und bei einer Verletzung der markenrechtlichen Schutztatbestände ebenfalls die in § 8 Abs. 3 UWG genannten Anspruchsberechtigten den Unterlassungs- und Beseitigungsanspruch geltend machen können (§ 128 Abs. 1). Zum Verhältnis des nationalen Rechts zu den unmittelbar **unionsrechtlich geschützten geographischen Herkunftsangaben** → § 130 Rn. 5.

IV. Hervorrufen einer Verwechslungsgefahr (§ 5 Abs. 2 UWG)

1. Kumulative Anwendbarkeit

84 Im Verhältnis zu § 5 Abs. 2 UWG besteht **kumulative Anspruchskonkurrenz** (BGH GRUR 2016, 965 Rn. 20 – Baumann II; OLG Düsseldorf BeckRS 2011, 22467; Harte-Bavendamm/Henning-Bodewig/Dreyer UWG § 5 J. Rn. 10; MüKoUWG/Ruess UWG § 5 Rn. 141; Ströbele/Hacker/Hacker Rn. 19; Bornkamm GRUR 2011, 1 (3); Büscher GRUR 2009, 230 (236); Fezer WRP 2008, 1 (7); ders. GRUR 2009, 451 (454); Henning-Bodewig GRUR Int 2007, 986 (988); Loschelder/Dörre KSzW 2010, 242 (245 f.); Köhler GRUR 2007, 548 (550 f.); v. Nussbaum/Ruess MarkenR 2009, 233 (236); vgl. auch BGH GRUR-RR 2014, 201 Rn. 45 ff. – Peek & Cloppenburg IV; zweifelnd OLG Köln MarkenR 2009, 228 (231) = BeckRS 2009, 08025; einschränkend Ohly/Sosnitza/Sosnitza UWG § 5 Rn. 712: nur bei Ansprüchen Dritter). Für einen Vorrang des Markenrechts ist wegen des von Art. 6 Abs. 2 Buchst. a UGP-RL verlangten allgemeinen Schutzes vor Verwechslungen kein Raum (→ Rn. 32). Das sollte wegen der unterschiedlichen Schutzzwecke von §§ 14 Abs. 2 Nr. 1, 2, 15 Abs. 2 einerseits und § 5 Abs. 2 UWG andererseits auch im B2B-Verhältnis gelten (→ Rn. 33).

2. Geschützte Kennzeichen

§ 5 Abs. 2 UWG lässt es für die Irreführung genügen, dass im Zusammenhang mit der Vermarktung von Waren oder Dienstleistungen eine Verwechslungsgefahr mit der Marke oder anderen Kennzeichen eines Mitbewerbers hervorgerufen wird. Erfasst sind nicht nur **markenrechtlich geschützte Kennzeichen,** sondern auch nach §§ 4, 5 **nicht geschützte Kennzeichen** (Ströbele/Hacker/Hacker Rn. 27; Harte-Bavendamm/Henning-Bodewig/Dreyer UWG § 5 J. Rn. 21; Harte-Bavendamm, FS Loschelder, 2010, 111 (114); Bärenfänger WRP 2011, 160 (162); Fezer GRUR 2009, 451 (456); Goldmann GRUR 2012, 857 (861); Sack WRP 2014, 1130 (1134); aA LG München I BeckRS 2014, 20408 – Campingplatz Seehamer See; Köhler/Bornkamm/Bornkamm UWG § 5 Rn. 4.247; MüKoUWG/Busche UWG § 5 Rn. 687; Ohly/Sosnitza/Sosnitza UWG § 5 Rn. 716; Bornkamm GRUR 2011, 1 (5)). Aufgrund der Autonomie des lauterkeitsrechtlichen Kennzeichenbegriffs (→ Rn. 85.1) ist es nicht einmal erforderlich, dass es sich überhaupt um ein Kennzeichen iSd § 1 handelt. In Betracht kommen zB Namen, Töne, Gerüche, die Gestaltung des Werbeauftritts oder ein Werbeslogan. 85

Der **Kennzeichenbegriff des § 5 Abs. 2 UWG** ist vor dem Hintergrund des Art. 6 Abs. 2 Buchst. a UGP-RL, der von Warennamen und anderen Kennzeichen spricht, weit auszulegen. Maßgeblich ist ein unionsrechtlicher Begriff, der sich nicht an nationalen Vorstellungen orientiert. Zu Art. 4 Buchst. d Werbe-RL, der von Marken, Handelsnamen und anderen Unterscheidungszeichen spricht, hat der EuGH festgestellt, dass ein Unterscheidungszeichen vorliegt, wenn es vom Verkehr als von einem bestimmten Unternehmen stammend identifiziert wird (EuGH C-112/99, GRUR 2002, 354 Rn. 49 – Toshiba). Dieses Verständnis kann trotz des differierenden Wortlauts auch Art. 6 Abs. 2 Buchst. a UGP zugrunde gelegt werden. Kommt es aber allein auf die abstrakte Unterscheidungskraft an, dann unterfallen § 5 Abs. 2 UWG auch Nachahmungen von Kennzeichen, die markenrechtlich ungeschützt sind oder keine Kennzeichen iSd § 1 darstellen. Wegen der notwendigen Unterscheidungseignung kann aber auf § 3 Abs. 1 und die Rechtsprechung des EuGH zu Art. 2 RL 2008/95/EG (jetzt Art. 3 RL (EU) 2015/2436) zurückgegriffen werden. Farben und Farbkombinationen können daher nur unter den strengen Voraussetzungen, die für die Markenfähigkeit erfüllt sein müssen, als Kennzeichen iSd § 5 Abs. 2 UWG verstanden werden (Harte-Bavendamm, FS Loschelder, 2010, 111 (114 f.)). Bei der Auslegung ist jedoch stets zu beachten, dass § 5 Abs. 2 UWG verbraucherschützende Funktion hat (Fezer GRUR 2009, 451 (456)). 85.1

3. Kennzeichenverwendung

Die verlangte **Vermarktung von Waren oder Dienstleistungen** ist weit zu verstehen. Aus markenrechtlicher Sicht gehören hierher vielfältige Formen der Kennzeichenverwendung bei der Produktgestaltung, Verpackung, Werbung und sonstigen Informationserteilung. Eine markenmäßige Benutzung ist nicht erforderlich (Harte-Bavendamm, FS Loschelder, 2010, 111 (113)). In Fällen des nicht-kennzeichenmäßigen Gebrauchs wird es aber vielfach an der Gefahr von Verwechslungen fehlen (vgl. BGH GRUR 2005, 419 (422) – Räucherkate; Ströbele/Hacker/Hacker Rn. 49; Jonas/Hamacher WRP 2009, 535 (537)). Notwendig ist zudem eine Kennzeichenverwendung bei der Vermarktung. Vorbereitungshandlungen wie das bloße Anbringen von Kennzeichen oder die Ein- und Ausfuhr gekennzeichneter Waren werden abweichend von § 14 Abs. 3 nicht erfasst (Ströbele/Hacker/Hacker Rn. 32; Ohly/Sosnitza/Sosnitza UWG § 5 Rn. 720). 86

4. Verwechslungsgefahr

§ 5 Abs. 2 UWG lässt, wie sich aus der Rechtsprechung des EuGH zu Art. 3a Abs. 1 Buchst. d RL 84/450 idF der RL 97/55/EG und den nachfolgenden Gesetzesänderungen ergibt (→ Rn. 87.1), mit Recht eine **Verwechslungsgefahr** genügen; zu tatsächlichen Verwechslungen muss es nicht gekommen sein (Ströbele/Hacker/Hacker Rn. 26; Goldmann GRUR 2012, 857 (862); Sack WRP 2013, 8 (14); ders. WRP 2014, 1130 (1133); aA Köhler/Bornkamm/Bornkamm UWG § 5 Rn. 4.238; Fezer/Büscher/Obergfell/Peifer/Obergfell UWG § 5 Rn. 430). Erfasst ist sind sowohl **unmittelbare** als auch **mittelbare** Verwechslungsgefahr (dazu Goldmann GRUR 2012, 857; wie hier Ströbele/Hacker/Hacker Rn. 44; Harte-Bavendamm, FS Loschelder, 2010, 111 (114)). **Bloße Annäherungen** an 87 ein geschütztes Kennzeichen ohne Hervorrufen von Verwechslungsgefahr unterfallen § 5 Abs. 2 UWG unabhängig von der Bekanntheit des geschützten Kennzeichens nicht.

87.1 Art. 6 Abs. 2 Buchst. a UGP-RL spricht in der deutschen und einigen anderen Fassungen von einer **Verwechslungsgefahr**. In anderen Fassungen ist hingegen von einer Verwechslung die Rede (zB „which creates confusion"). Daraus ist jedoch nicht der Schluss zu ziehen, dass abweichend vom Wortlaut des § 5 Abs. 2 UWG eine tatsächliche Verwechslung erforderlich wäre (Ströbele/Hacker/Hacker Rn. 26; Sack WRP 2013, 8 (14); aA Köhler/Bornkamm/Bornkamm UWG § 5 Rn. 4.238). Zum einen lehnt der EuGH eine Wortlautauslegung bei divergierenden Sprachfassungen ab (seit EuGH C-29/69, Slg. 1969, 419 Rn. 3 – Stauder). Zum anderen hat der EuGH zu Art. 3a Abs. 1 Buchst. d RL 84/450 idF der RL 97/55/EG, wo ebenfalls nur von Verwechslung die Rede war, entschieden, dass eine Verwechslungsgefahr genügt (EuGH C-533/06, GRUR 2008, 698 Rn. 48 – O2 und O2 (UK)/H3G). Ferner hat der Gesetzgeber mit der UGP-RL das für die vergleichende Werbung geltende Zulässigkeitsmerkmal der fehlenden Verwechslung mit Art. 3a Abs. 1 Buchst. h RL 84/450/EG idF der RL 2005/29/EG neu gefasst. Die jetzt in Art. 4 Buchst. d Werbe-RL enthaltene Neuregelung verlangt ausdrücklich Verwechslungsgefahr, die jedoch bei Gewerbetreibenden hervorgerufen werden muss. Diese Begrenzung beruht auf dem Umstand, dass ebenfalls mit der UGP-RL in die RL 84/450/EG ein neuer Zulässigkeitstatbestand eingeführt wurde (Art. 3a Abs. 1 Buchst. a RL 84/450/EG idF der RL 2005/29/EG, jetzt Art. 4 Buchst. a Werbe-RL), demzufolge vergleichende Werbung nicht irreführend iSd UGP-RL sein darf. Damit hängt die Zulässigkeit vergleichender Werbung auch davon ab, dass sie nicht gegen Art. 6 Abs. 2 Buchst. a UGP-RL verstößt. Da jedoch nicht anzunehmen ist, dass der Gesetzgeber bei vergleichender Werbung im B2C-Verhältnis weniger strenge Anforderungen stellen wollte als im B2B-Verhältnis, ist auch für Art. 6 Abs. 2 Buchst. a UGP-RL davon auszugehen, dass – wie dies Art. 4 Buchst. h Werbe-RL im B2B-Verhältnis verlangt – Verwechslungsgefahr genügend ist.

88 Der **lauterkeitsrechtliche Verwechslungsbegriff** stimmt im Grundsatz mit dem des § 14 Abs. 2 Nr. 2 überein (OLG München BeckRS 2011, 27043; LG Nürnberg-Fürth GRUR-RR 2010, 384 (386); Ingerl/Rohnke Rn. 3; Harte-Bavendamm/Henning-Bodewig/Dreyer UWG § 5 J. Rn. 20; Ohly/Sosnitza/Sosnitza UWG § 5 Rn. 718; Alexander, FS Köhler, 2014, 23 (28); Köhler GRUR 2009, 445 (450); Sack WRP 2013, 8 (10ff.); ders. WRP 2014, 1130 (1132); aA Ströbele/Hacker/Hacker Rn. 28; Köhler/Bornkamm/Bornkamm UWG § 5 Rn. 4.238; MüKoUWG/Ruess § 5 Rn. 142; Bornkamm GRUR 2011, 1 (3); Büscher GRUR 2009, 230 (236)). Allerdings sind die divergierenden Schutzzwecke zu beachten (Goldmann GRUR 2012, 857 (860)). Die These, bei Fehlen einer markenrechtlichen Verwechslungsgefahr werde es auch an der lauterkeitsrechtlichen Verwechslungsgefahr fehlen (dafür OLG Köln GRUR-RR 2015, 291 (292) – Barcode Label; Köhler/Bornkamm/Bornkamm UWG § 5 Rn. 4.240a), geht daher in dieser Allgemeinheit zu weit.

89 Normstrukturell von der Verwechslungsgefahr zu unterscheiden sind die beiden von Art. 6 Abs. 2 UGP-RL genannten Kriterien der **Einzelfallbetrachtung** (insoweit nicht in § 5 Abs. 2 UWG umgesetzt) und der **Relevanz für die Entscheidung des Durchschnittsverbrauchers** (→ Rn. 91). Diese Kriterien gelten nicht nur für die Verwechslungsgefahr nach Art. 6 Abs. 2 Buchst. a UGP-RL, sondern auch für den zweiten dort geregelten Tatbestand der Nichteinhaltung von Pflichten aus Verhaltenskodizes (Art. 6 Abs. 2 Buchst. b UGP-RL). Aufgrund dieser Struktur ist die Gefahr von Verwechslungen **unabhängig von diesen Kriterien** zu prüfen.

90 Dabei gilt der **gleiche Begriff wie bei § 14 Abs. 2 Nr. 2**. Das ist vom EuGH für das Verhältnis von Art. 3a Abs. 1 Buchst. d RL 84/450 (jetzt Art. 4 Buchst. h Werbe-RL) zu Art. 5 Abs. 1 Buchst. b RL 2008/95/EG (jetzt Art. 10 Abs. 2 Buchst. b RL (EU) 2015/2436) bereits entschieden (EuGH C-533/06, GRUR 2008, 698 Rn. 49 – O2 und O2 (UK)/H3G)). Für Art. 6 Abs. 2 Buchst. a UGP-RL kann jedoch nichts anderes gelten, weil diese Regelung nun im Hinblick auf das Hervorrufen von Verwechslungsgefahren durch vergleichende Werbung im B2C-Verhältnis den Entscheidungsmaßstab bildet (Art. 4 Buchst. a Werbe-RL) und hier nichts anderes gelten kann als im B2B-Verhältnis, für das Art. 4 Buchst. h Werbe-RL maßgeblich ist. Für die Annahme, außerhalb der vergleichenden Werbung müsse bei Art. 6 Abs. 2 Buchst. a UGP-RL ein anderer Begriff der Verwechslungsgefahr gelten, gibt es keine tragfähige Grundlage.

5. Entscheidungsrelevanz

Anders als bei § 14 Abs. 2 Nr. 2 genügt das Vorliegen von Verwechslungsgefahr nicht für 91
ein Unlauterkeitsverdikt. § 5 Abs. 1 S. 1 UWG macht die Unzulässigkeit davon abhängig,
dass die Geschäftspraktik geeignet ist, den Verbraucher oder sonstigen Marktteilnehmer zu
einer geschäftlichen Entscheidung zu veranlassen, die er andernfalls nicht getroffen hätte.
Nach Art. 6 Abs. 2 UGP-RL ist diese Geeignetheit im konkreten Einzelfall unter Berücksichtigung aller Umstände des Einzelfalls festzustellen. Notwendig ist also **Entscheidungsrelevanz im Einzelfall.** Hierzu ist erforderlich, dass der infolge der Verwechslungsgefahr
mögliche Irrtum des Verbrauchers über die betriebliche Herkunft sich auf seine Entscheidung
auswirken kann.

An der Entscheidungsrelevanz **fehlt** es, wenn das **Kennzeichen nicht benutzt** wird, 92
weil der angemessen gut unterrichtete, aufmerksame und kritische Durchschnittsverbraucher
sich von ihm unbekannten Kennzeichen nicht in seiner geschäftlichen Entscheidung beeinflussen lässt (im Ergebnis ebenso Ströbele/Hacker/Hacker Rn. 33; Bornkamm GRUR 2011,
1 (3); Goldmann GRUR 2012, 857 (861)). Sie fehlt ferner, wenn im konkreten Einzelfall
Hinweise auf die wahre betriebliche Herkunft erteilt wurden oder sich trotz der Verwechslungsgefahr aus den Umständen (insbesondere Preisgestaltung) ergibt, dass das vermarktete Produkt eine andere betriebliche Herkunft hat (im Ergebnis ebenso Ströbele/Hacker/
Hacker Rn. 28).

Aus der notwendigen Entscheidungsrelevanz folgt nicht, dass bloße **Kennzeichenver-** 93
wechslungen ohne gleichzeitige Produktverwechslungen nicht zur Unlauterkeit führen
können (dafür Ströbele/Hacker/Hacker Rn. 31; Büscher/Dittmer/Schiwy/Schalk Rn. 4;
vgl. auch Goldmann GRUR 2012, 857 (860); wie hier im Ergebnis Harte-Bavendamm/
Henning-Bodewig/Dreyer UWG § 5 J. Rn. 23). Das widerspricht schon dem Wortlaut von
Art. 6 Abs. 2 Buchst. a UGP-RL und § 5 Abs. 2 UWG, die beide Verwechslungsformen
erfassen und damit zeigen, dass auch bei bloßen Kennzeichenverwechslungen die Entscheidungsrelevanz im Einzelfall gegeben sein kann.

Wird ein nachgeahmtes Kennzeichen bei der **Vermarktung eines nicht-verwechs-** 94
lungsfähigen Produkts eingesetzt, kann die Entscheidung des Durchschnittsverbrauchers
durchaus beeinflusst werden, wenn er dem Kennzeichen eine besondere **Wertschätzung**
entgegen bringt und sich deshalb zum Kauf eines anderen Produkts als jenem entschließt, für
das das Originalkennzeichen verwendet wird (vgl. Harte-Bavendamm/Henning-Bodewig/
Dreyer UWG § 5 J. Rn. 22). Die Annahme, der durch die Kennzeichennachahmung verursachte Irrtum des Verbrauchers über die Herkunft des Produkts könne sich nicht auswirken,
weil er die Verkaufsstätte zum Erwerb eines anderen Produkts aufgesucht habe, ist rein
spekulativ und lässt die Möglichkeit spontaner, durch die Kennzeichenverwechslung ausgelös-
ter Kaufentscheidungen außer Betracht.

V. Markenrechtliche Grenzen des lauterkeitsrechtlichen Irreführungsschutzes

1. Beschreibende Benutzung, § 23 Nr. 2

Die für Fälle einer **beschreibenden Benutzung** geltende Schrankenregelung des § 23 95
Nr. 2 kann – sofern trotz dieser Art der Benutzung überhaupt Verwechslungsgefahr und
Entscheidungsrelevanz gegeben sind – für § 5 Abs. 2 UWG schon aus Schutzzweckgründen
keine Bedeutung haben (Ströbele/Hacker/Hacker Rn. 38; Jonas/Hamacher WRP 2009,
535 (536); differenzierend Bärenfänger WRP 2011, 160 (162); aA OLG Koblenz MarkenR
2013, 30 (33) = NJOZ 2013, 1051 – Stubbi; Köhler/Bornkamm/Bornkamm UWG § 5
Rn. 4.252; MüKoUWG/Ruess § 5 Rn. 143; Bornkamm GRUR 2011, 1 (6 f.); Büscher
GRUR 2009, 230 (236); Loschelder/Dörre KSzW 2010, 242 (246); Sosnitza MarkenR
2015, 1 (6)).

Der **BGH** scheint indessen zu einer Berücksichtigung des § 23 Nr. 2 bei der Prüfung der 96
Verwechslungsgefahr nach § 5 Abs. 2 UWG zu tendieren, auch wenn er es vermieden hat,
zur These des Berufungsgerichts, die lauterkeitsrechtliche Prüfung dürfe nicht in Widerspruch zur Prüfung der Schutzschranke des § 23 Abs. 2 stehen, Stellung zu nehmen (BGH
GRUR 2013, 631 Rn. 73 – AMARULA/Marulablu). Gebilligt wurde aber der Verweis auf
die Ausführungen zu § 23 Nr. 2 bei der Prüfung der Verwechslungsgefahr nach § 5 Abs. 2

UWG. Aussagekräftiger ist aber der Verweis auf die Entscheidung Peek & Cloppenburg III, in der er unter Verweis auf das Verhältnismäßigkeitsprinzip festgestellt hat, die Wertungen zum Recht der Gleichnamigen im Kennzeichenrecht seien auch im Bereich des § 5 Abs. 2 UWG nachzuvollziehen (BGH GRUR 2013, 397 Rn. 44 – Peek & Cloppenburg III; ferner BGH GRUR 2016, 965 Rn. 23 – Baumann II).

97 Dem ist jedoch **nicht zu folgen.** Die markenrechtlich erlaubte Kennzeichennutzung schränkt zwar das Individualrecht des Kennzeicheninhabers ein, lässt aber den Schutz der Verbraucher und sonstigen Marktteilnehmer vor einer Irreführung unberührt. Davon abgesehen steht § 23 selbst unter dem Vorbehalt des nicht sittenwidrigen Kennzeichengebrauchs und hängt damit auch von der lauterkeitsrechtlichen Situation ab. Im Übrigen lässt der vollharmonisierende Charakter des Art. 6 Abs. 2 Buchst. a UGP-RL keinen Raum für von der Richtlinie nicht vorgesehene Schutzeinschränkungen. Etwas anderes ergibt sich auch nicht aus Erwägungsgrund 9 S. 2 UGP-RL (→ Rn. 32.1).

2. Nichtbenutzung einer eingetragenen Marke, §§ 25, 26

98 Die Nichtbenutzung einer eingetragenen Marke iSd §§ 25, 26 schließt die Anwendbarkeit des § 5 Abs. 2 UWG nicht per se aus (aA Köhler/Bornkamm/Bornkamm UWG § 5 Rn. 4.250; Bornkamm GRUR 2011, 1 (6); Loschelder/Dörre KSzW 2010, 242 (246); einschränkend Ohly/Sosnitza/Sosnitza UWG § 5 Rn. 714: bei Geltendmachung durch den Kennzeicheninhaber). Regelmäßig wird es aber an der **Entscheidungsrelevanz fehlen** (→ Rn. 92). Sollte diese ausnahmsweise trotz mindestens fünfjähriger Nichtbenutzung gegeben sein, ändert die markenrechtliche Löschungsreife nichts an der Schutzbedürftigkeit der Verbraucher oder sonstigen Marktteilnehmer. Hinzu kommt, dass § 5 Abs. 2 UWG Kennzeichen unabhängig von ihrem markenrechtlichen Schutzstatus erfasst.

3. Priorität des nachgeahmten Kennzeichens

99 Nach der Rechtsprechung kann sich ein Mitbewerber, der nur über ein **prioritätsjüngeres Kennzeichen** verfügt und deshalb keine kennzeichenrechtlichen Ansprüche geltend machen kann, nicht auf den lauterkeitsrechtlichen Schutz vor einer Irreführung über die betriebliche Herkunft berufen, da dies zu einem Wertungswiderspruch mit dem Markenrecht führe (BGH GRUR 2016, 965 Rn. 23 – Baumann II; OLG Frankfurt BeckRS 2016, 11920 Rn. 21 – Holger's Objektservice). Soweit dies so zu verstehen ist, dass § 5 Abs. 1 S. 1, Abs. 2 UWG nicht anwendbar sein soll, ist dies abzulehnen. Wird mit der Vermarktung einer Ware, die mit einem prioritätsälteren Kennzeichen versehen ist, erst begonnen, nachdem bereits von einem Mitbewerber eine Ware mit einem prioritätsjüngeren oder ungeschützten Kennzeichen auf den Markt gebracht worden ist, ändert die zeichenrechtliche Schutzlosigkeit des prioritätsjüngeren bzw. ungeschützten Kennzeichens nichts an der vom Inhaber des älteren Kennzeichens hervorgerufenen **Gefahr von Verwechslungen.** Wegen der unterschiedlichen Schutzzwecke kann diese Verwechslungsgefahr lauterkeitsrechtlich auch nicht hingenommen werden (aA Bornkamm GRUR 2011, 1 (4); Sosnitza ZGE 2013, 176 (192); für Berücksichtigung im Rahmen einer Interessenabwägung Ohly, FS Bornkamm, 2014, 423 (437 f.)).

100 Für den auf die Zukunft gerichteten **Unterlassungsanspruch aus § 8 Abs. 1 UWG** wird der auf Unterlassung in Anspruch genommene Inhaber des prioritätsälteren Kennzeichens aber zumindest dem Inhaber des jüngeren Kennzeichens entgegen halten können, dass er gegen ihn einen markenrechtlichen Unterlassungsanspruch hat und daher seinerseits die Beseitigung der Verwechslungsgefahr verlangen kann (vgl. Ströbele/Hacker/Hacker Rn. 37; vgl. auch ohne dogmatische Einordnung BGH GRUR 2016, 965 Rn. 23 – Baumann II).

101 Beruht die Herbeiführung der Verwechslungsgefahr auf anderen Umständen, die von **kennzeichenrechtlichen Ansprüchen nicht erfasst** sind (zB Hinzufügung irreführender Begriffe zum Kennzeichen), kann der Inhaber des prioritätsjüngeren Kennzeichens auch nach der Rechtsprechung lauterkeitsrechtlich gegen den Inhaber des älteren Kennzeichens vorgehen (vgl. BGH GRUR 2016, 965 Rn. 24 f. – Baumann II).

Anwendung anderer Vorschriften § 2 MarkenG

4. Nutzung einer lizenzierten Marke

Die **Nutzung einer lizenzierten Marke** durch den Lizenznehmer kann zur Gefahr von 102
Verwechslungen mit den Produkten des Lizenzgebers führen (aA aus normativen Gründen
Goldmann GRUR 2012, 857 (861)). Angesichts der Zulässigkeit von Markenlizenzen (§ 30)
und ihrer rechtstatsächlichen Verbreitung ist jedoch davon auszugehen, dass die bloße Kennzeichenverwechslung nicht geeignet ist, die Entscheidung des Durchschnittsverbrauchers, der
die Möglichkeit von Markenlizenzierungen kennt, zu beeinflussen (Ströbele/Hacker/Hacker
Rn. 36; Köhler/Bornkamm/Bornkamm UWG § 5 Rn. 4.245; iErg auch MüKoUWG/
Ruess § 5 Rn. 143; Ohly/Sosnitza/Sosnitza UWG § 5 Rn. 716; Sack WRP 2014, 1130
(1135); Sosnitza ZGE 2013, 176 (193); aA wohl Fezer GRUR 2009, 451 (457); Schmidt
GRUR-Prax 2011, 159). Gleiches gilt für die Verwendung von identischen oder ähnlichen
Unternehmenskennzeichen durch **gleichnamige Unternehmen** (Ströbele/Hacker/Hacker
Rn. 36; Köhler/Bornkamm/Bornkamm UWG § 5 Rn. 4.244; MüKoUWG/Ruess UWG
§ 5 Rn. 143; Ohly/Sosnitza/Sosnitza UWG § 5 Rn. 717).

VI. Anspruchsberechtigung

Bei Unlauterkeit nach § 5 UWG sind für Unterlassung und Beseitigung nicht nur die 103
Mitbewerber (§ 8 Abs. 3 Nr. 1 UWG), sondern auch die **Verbände und Kammern** (§ 8
Abs. 3 Nr. 2–4 UWG) anspruchsberechtigt. Das gilt auch bei der Nachahmung eines
geschützten Kennzeichens. Eine Begrenzung auf den Kennzeicheninhaber ist mit Art. 11
Abs. 1 UAbs. 2 UGP-RL nicht zu vereinbaren (aA Ströbele/Hacker/Hacker Rn. 39).
Zudem verlangt Art. 2 RL 2009/22/EG, dass den qualifizierten Einrichtungen iSd Art. 3
RL 2009/22/EG, dh insbesondere Verbraucherverbänden iSd § 8 Abs. 3 Nr. 3 UWG,
Rechtsbehelfe bei Verstößen gegen Vorschriften zustehen müssen, mit denen ua die Vorgaben
der UGP-RL umgesetzt wurden (Art. 1 Abs. 2 iVm Anhang I Nr. 11 RL 2009/22/EG).
Das gilt auch für Verstöße gegen § 5 UWG, mit dem der Art. 6 UGP-RL umgesetzt wurde.

I. Vergleichende Werbung (§ 6 UWG)

I. Kein Vorrang des MarkenG

Die Anwendbarkeit des § 6 UWG wird vom MarkenG **nicht gesperrt** (BGH GRUR 104
2011, 1153 Rn. 22 – Creation Lamis; GRUR 2009, 871 Rn. 30 – Ohrclips; GRUR 2008,
628 Rn. 15 – Imitationswerbung; Ströbele/Hacker/Hacker Rn. 83; Köhler/Bornkamm/
Köhler UWG § 6 Rn. 32; Fezer/Büscher/Obergfell/Koos UWG § 6 Rn. 50; Ohly/Sosnitza/Ohly UWG § 6 Rn. 19b; Bärenfänger WRP 2011, 160 (167); Büscher GRUR 2009,
230 (234); Sack WRP 2011, 288 (289 f.)). Das folgt schon aus dem Verhältnis der MRL zur
Werbe-RL (vgl. EuGH C-533/06, GRUR 2008, 698 Rn. 45 – O2 und O2 (UK)/H3G).
Die Werbe-RL beurteilt vergleichende Werbung grundsätzlich positiv und erkennt auch,
dass die Bezugnahme auf die Marke eines anderen für eine wirksame vergleichende Werbung
unerlässlich sein kann (Erwägungsgrund 14 Werbe-RL). Deshalb verletzt eine entsprechende
Benutzung fremder Unterscheidungszeichen das Ausschließlichkeitsrecht des Zeicheninhabers nicht, soweit die Bedingungen für eine zulässige vergleichende Werbung eingehalten
werden (Erwägungsgrund 15 Werbe-RL). Daraus ergibt sich ohne weiteres, dass eine Überprüfung der Zeichenverwendung in der vergleichenden Werbung anhand der Vorgaben des
Art. 4 Werbe-RL, die in § 6 UWG umgesetzt wurden, möglich sein muss. Davon zu unterscheiden ist die Frage, inwieweit § 6 UWG die **Anwendbarkeit des MarkenG** einschränkt
(→ Rn. 141 ff.).

II. Lauterkeitsrechtliche Zulässigkeitsbedingungen der Kennzeichennutzung

Die Kennzeichennutzung in einer vergleichenden Werbung unterliegt lauterkeitsrechtlich 105
den Anforderungen des **§ 6 Abs. 2 Nr. 3, 4, 6 UWG**. Auf Angaben in einer vergleichenden
Werbung findet zusätzlich das Irreführungsverbot des § 5 Abs. 1 UWG Anwendung (§ 5
Abs. 3 UWG). Zudem darf eine vergleichende Werbung nicht zu einer Verwechslungsgefahr
mit anderen Waren oder Dienstleistungen oder mit der Marke oder anderen Kennzeichen
eines Mitbewerbers führen (→ Rn. 84 ff.).

MarkenG § 2 Teil 1 Anwendungsbereich

1. Hervorrufen einer Verwechslungsgefahr, § 6 Abs. 2 Nr. 3 UWG

106 Das Verbot des Hervorrufens einer Verwechslungsgefahr (§ 6 Abs. 2 Nr. 3 UWG) erfasst auch **bloße Kennzeichenverwechslungen.** Da Art. 4 Buchst. h Werbe-RL von Warenzeichen, Warennamen oder sonstigen Kennzeichen spricht, werden auch Kennzeichen erfasst, die nicht nach §§ 4, 5 geschützt sind oder keine Kennzeichen iSd § 1 darstellen, wie zB Artikelnummern oder Farbkombinationen (Köhler/Bornkamm/Köhler UWG § 6 Rn. 146; Harte-Bavendamm/Henning-Bodewig/Sack UWG § 6 Rn. 167 f.; Ohly/Sosnitza/Ohly UWG § 6 Rn. 58).

107 Nach der Rechtsprechung des EuGH ist der **Begriff der Verwechslungsgefahr** in Art. 4 Buchst. h Werbe-RL (zuvor Art. 3a Buchst. d) ebenso auszulegen wie in Art. 5 Abs. 1 Buchst. b RL 2008/95/EG (EuGH C-533/06, GRUR 2008, 698 Rn. 49 – O2 und O2 (UK)/H3G; BGH GRUR 2010, 835 Rn. 41 – POWER BALL). Insoweit besteht ein Gleichlauf zwischen § 6 Abs. 2 Nr. 3 UWG und § 14 Abs. 2 Nr. 2. Verwechslungsgefahr liegt vor, wenn das Publikum glauben könnte, dass die in Frage stehenden Waren oder Dienstleistungen aus demselben Unternehmen oder ggf. aus wirtschaftlich verbundenen Unternehmen stammen (EuGH C-533/06, GRUR 2008, 698 Rn. 49 – O2 und O2 (UK)/H3G; GRUR 2005, 1042 Rn. 26 – THOMSON LIFE; BGH GRUR 2011, 1158 Rn. 13 – Teddybär; → § 14 Rn. 257).

2. Rufausnutzung oder -beeinträchtigung, § 6 Abs. 2 Nr. 4 UWG

108 Der Tatbestand der Rufausnutzung oder -beeinträchtigung (§ 6 Abs. 2 Nr. 4 UWG) erfasst Kennzeichen **unabhängig von ihrer Bekanntheit** (BT-Drs. 14/2959, 8; Köhler/Bornkamm/Köhler UWG § 6 Rn. 151; Ohly/Sosnitza/Ohly UWG § 6 Rn. 61).

109 Art. 4 Buchst. f Werbe-RL nennt neben Marken und Handelsnamen auch „andere Unterscheidungskennzeichen". Deshalb muss in richtlinienkonformer Auslegung **kein markenrechtlicher Schutz** bestehen, so dass zB auch Bildmotive oder Bestellnummern ein Kennzeichen darstellen können (BGH GRUR 2011, 1158 Rn. 19 – Teddybär; GRUR 2005, 348 f. – Bestellnummernübernahme).

110 Dennoch besteht ein **gewisser Gleichlauf mit § 14 Abs. 2 Nr. 3.** Zwar hat der Gesetzgeber bei der UWG-Novelle 2008 den in § 6 Abs. 2 UWG bis dahin enthaltenen Begriff der Wertschätzung durch den des Rufs ersetzt, um eventuelle Unterschiede zu § 14 Abs. 2 Nr. 3, wo von Wertschätzung die Rede ist, nicht zu verwischen (vgl. BT-Drs. 16/10145, 28). Nach der Rechtsprechung des EuGH ist der Begriff des „unlauteren Ausnutzens" des Rufs in Art. 4 Buchst. f Werbe-RL (zuvor Art. 3a Buchst. g) jedoch ebenso auszulegen wie in Art. 5 Abs. 2 RL 2008/95/EG bzw. jetzt Art. 5 Abs. 2 (EU) 2015/2436 (EuGH C-487/07, GRUR 2009, 756 Rn. 77 – L'Oréal/Bellure). Der BGH hat daraus den Schluss gezogen, dass bei Vorliegen einer markenrechtlichen Rufausbeutung oder -ausnutzung iSd § 14 Abs. 2 Nr. 3 stets auch eine Rufausbeutung oder -beeinträchtigung iSd § 6 Abs. 2 Nr. 4 UWG gegeben ist (BGH GRUR 2010, 161 Rn. 32 – Gib mal Zeitung). Nicht erfasst wird hingegen die unlautere Ausnutzung oder Beeinträchtigung der Unterscheidungskraft (BGH GRUR 2015, 1136 Rn. 38 – Staubsaugerbeutel im Internet; GRUR 2011, 1158 Rn. 21 – Teddybär).

3. Imitationswerbung, § 6 Abs. 2 Nr. 6 UWG

111 Das Verbot der Imitationswerbung (§ 6 Abs. 2 Nr. 6 UWG) bezieht sich auf die Darstellung von Waren oder Dienstleistungen als Imitate. **Bloße Kennzeichennachahmungen sind nicht erfasst.**

112 Geschützt sind darüber hinaus nur **Produkte, die unter einem geschützten Kennzeichen vertrieben** werden. Da Art. 4 Buchst. g Werbe-RL von geschützten Marken und geschützten Handelsnamen spricht, gehören hierher in richtlinienkonformer Auslegung nur **Marken und Unternehmenskennzeichen,** nicht jedoch Werktitel oder geographische Herkunftsangaben. Die Marke muss nach § 4 geschützt sein; nicht erforderlich ist hingegen eine Eintragung; Verkehrsgeltung oder notorische Bekanntheit genügen (vgl. zur notorisch bekannten Marke EuGH C-487/07, GRUR 2009, 756 Rn. 80 – L'Oréal/Bellure; wie hier Köhler/Bornkamm/Köhler UWG § 6 Rn. 184; Fezer/Büscher/Obergfell/Koos UWG § 6 Rn. 276; Harte-Bavendamm/Henning-Bodewig/Sack UWG § 6 Rn. 205; aA MüKoUWG/Menke UWG § 6 Rn. 306).

III. Anspruchsberechtigung

Bei einer wegen §§ 3, 6 Abs. 2 UWG unlauteren vergleichenden Werbung besteht für den Unterlassungs- und Beseitigungsanspruch aus § 8 Abs. 1 UWG die **erweiterte Anspruchsberechtigung** des § 8 Abs. 3 UWG. Das gilt auch in den Fällen des § 6 Abs. 2 Nr. 4, 6 UWG (BGH GRUR 2011, 1153 Rn. 51 – Creation Lamis; Köhler/Bornkamm/Köhler UWG § 6 Rn. 194; Fezer/Büscher/Obergfell/Koos UWG § 6 Rn. 319; Büscher/Dittmer/Schiwy/Dittmer UWG § 6 Rn. 96 [anders Voraufl. Rn. 91]; Bärenfänger WRP 2011, 160 (166); aA Ohly/Sosnitza/Ohly UWG § 6 Rn. 73; Beater, Unlauterer Wettbewerb, Rn. 1560). Eine unzulässige vergleichende Werbung beeinträchtigt auch in Fällen der Rufausnutzung bzw. -beeinträchtigung und der Imitationswerbung nicht nur die Interessen des Kennzeicheninhabers, sondern auch diejenigen der Mitbewerber und der Marktgegenseite (vgl. EuGH C-487/07, GRUR 2009, 756 Rn. 68 – L'Oréal/Bellure). Eine Begrenzung auf den Kennzeicheninhaber scheidet aus. 113

J. Güte- und Qualitätskennzeichenverwendung ohne Genehmigung (§ 3 Abs. 3 iVm Nr. 2 Anh. UWG)

Die Verwendung von Gütezeichen, Qualitätskennzeichen oder Ähnlichem ohne die erforderliche Genehmigung ist nach § 3 Abs. 3 iVm Nr. 2 Anh. UWG stets unlauter. Ist das verwendete Zeichen mit einer **Kollektivmarke** identisch oder ähnlich, steht der Unterlassungs- und Beseitigungsanspruch aus § 8 Abs. 1 UWG neben einem eventuellen Anspruch des Inhabers einer Kollektivmarke aus § 14 Abs. 2 Nr. 1, 2. **Kumulative Anspruchskonkurrenz** besteht jedoch nur im B2C-Verhältnis. Bei einer Werbung gegenüber sonstigen Marktteilnehmern ist Nr. 2 Anh. UWG nicht analog anwendbar (allgemein Köhler/Bornkamm/Köhler UWG § 3 Rn. 4.6). 114

K. Absichtliche Herkunftstäuschung (§ 3 Abs. 3 iVm Nr. 13 Anh. UWG)

Eine Werbung für eine Ware oder Dienstleistung, die der Ware oder Dienstleistung eines bestimmten Herstellers ähnlich ist, ist nach § 3 Abs. 3 iVm Nr. 13 Anh. UWG stets unlauter, wenn dies in der Absicht geschieht, über die betriebliche Herkunft der beworbenen Ware oder Dienstleistung zu täuschen. Zu markenrechtlichen Ansprüchen besteht **kumulative Anspruchskonkurrenz** (Köhler/Bornkamm/Köhler Anh. zu § 3 Abs. 3 Rn. 13.8; Fezer/Büscher/Obergfell/Obergfell UWG Anh. UWG Nr. 13 Rn. 10; MüKoUWG/Alexander § 3 Abs. 3 Nr. 13 Rn. 20; Büscher GRUR 2009, 230 (236); Harte-Bavendamm, FS Loschelder, 2010, 111 (119)). Erforderlich ist aber stets eine Produktähnlichkeit; die bloße Verwendung eines verwechslungsfähigen Kennzeichens genügt nicht (BT-Drs. 16/10145, 32; BGH GRUR 2013, 631 Rn. 77 – AMARULA/Marulablu; MüKoUWG/Alexander § 3 Abs. 3 Nr. 13 Rn. 34; Bärenfänger WRP 2011, 160 (165); Harte-Bavendamm, FS Loschelder, 2010, 111 (116)). Überschneidungen zum Markenrecht ergeben sich daher vor allem im Hinblick auf **Formmarken,** die durch Produktnachahmungen verletzt werden. 115

Nr. 13 Anh. UWG gilt nur bei der **Werbung gegenüber Verbrauchern** (§ 3 Abs. 3 UWG). Eine analoge Anwendung im B2B-Verhältnis scheidet aus (allgemein Köhler/Bornkamm/Köhler UWG § 3 Rn. 4.6). 116

L. Schutzergänzende Anwendbarkeit sonstiger Vorschriften

I. BGB

1. Deliktsrechtlicher Bekanntheits- oder Berühmtheitsschutz

Im Verhältnis zu § 823 Abs. 1 BGB gilt nach der Rechtsprechung die **Vorrangthese** (BGH GRUR 2002, 622 (623) – shell.de; GRUR 1999, 161 – MAC Dog; Ströbele/Hacker/Hacker Rn. 95; aA Fezer Rn. 84). Ein ergänzender deliktischer Schutz **bekannter oder berühmter Kennzeichen vor Verwässerung** scheidet danach im Anwendungsbereich des MarkenG, dh insbesondere soweit im geschäftlichen Verkehr gehandelt wird, aus (Ströbele/ 117

MarkenG § 2 Teil 1 Anwendungsbereich

Hacker/Hacker Rn. 95; aA BeckOK BGB/Bamberger BGB § 12 Rn. 89; Fezer Rn. 86; Deutsch WRP 2000, 854 (857)).

118 Eigenständige Bedeutung kann der Schutz über **§§ 823 Abs. 1, 1004 BGB** jedoch haben, wenn es um Handlungen **außerhalb des geschäftlichen Verkehrs** geht (Ströbele/Hacker/Hacker Rn. 97; aA Böxler ZGE 2009, 357 (387)). Allerdings ist der Schutz bekannter Kennzeichen durch das MarkenG gerade auf ein Handeln im geschäftlichen Verkehr begrenzt. Zur Vermeidung von Wertungswidersprüchen sind die §§ 823 Abs. 1, 1004 BGB daher auch bei Handlungen außerhalb des geschäftlichen Verkehrs nur im **Ausnahmefall** anwendbar (BGH GRUR 2009, 871 Rn. 37 – Ohrclips). Ein solcher liegt nicht schon vor, wenn eine bekannte oder berühmte Marke im privaten Rechtsverkehr auf einer Internet-Plattform zur Bewerbung privat angebotener Waren Verwendung findet (BGH GRUR 2009, 871 Rn. 37 – Ohrclips). Denkbar ist aber ein Schutz berühmter Marken vor schweren Verunglimpfungen durch Privatpersonen (vgl. OLG Rostock GRUR-RR 2005, 352 f. – Schöner Wohnen in W.; OLG Hamburg NJW-RR 1998, 552 f. – Pack den Tiger in die Bürgerschaft).

119 **§ 824 BGB** (Kreditgefährdung) kann anwendbar sein, wenn durch Verwendung einer bekannten Marke eine unwahre Tatsache behauptet wird (KG GRUR-RR 2010, 79 (81 f.) – Mitmachzentrum).

120 **§ 826 BGB** (vorsätzliche sittenwidrige Schädigung) ist Ausdruck eines allgemeinen, für die gesamte Rechtsordnung geltenden Gedankens und **stets anwendbar**. Die Voraussetzungen der Norm können jedoch nur bei einem schwerwiegenden Angriff auf die Marke gegeben sein; hierzu genügt zB die bezugnehmende Verwendung auf eine berühmte Marke zur Bewerbung eines privaten Angebots nicht (BGH GRUR 2009, 871 Rn. 38 – Ohrclips).

2. Bürgerlich-rechtlicher Namensschutz

121 Die Rechtsprechung sieht im Anwendungsbereich des MarkenG auf dem Boden der **Vorrangthese** für einen ergänzenden bürgerlich-rechtlichen Namensschutz über § 12 BGB keinen Raum (BGH GRUR 2014, 506 Rn. 8 – sr.de; GRUR 2014, 393 Rn. 16 – wetteronline.de; GRUR 2010, 1020 Rn. 11 – Verbraucherzentrale; GRUR 2009, 685 Rn. 32 – ahd.de; GRUR 2008, 1099 Rn. 10 – afilias.de; GRUR 2002, 706 (707) – vossius.de; GRUR 2002, 622 (623) – shell.de; OLG Frankfurt MarkenR 2015, 594 (595) = BeckRS 2015, 18529; OLG Hamburg WRP 2015, 911 (914) – creditsafe.de; zustimmend Ströbele/Hacker/Hacker Rn. 97; HK-MarkenR/Pahlow Rn. 5; Ingerl/Rohnke Rn. 16; differenzierend Nägele GRUR 2007, 1007 (1113); aA Fezer Rn. 85).

122 § 12 BGB wird jedoch geprüft, wenn der Funktionsbereich des Unternehmens durch eine Verwendung der Unternehmensbezeichnung außerhalb des Anwendungsbereichs des Kennzeichenrechts berührt wird. Das kommt nicht nur in Betracht bei einem Handeln **außerhalb des geschäftlichen Verkehrs**, sondern auch dann, wenn das Unternehmenskennzeichen **außerhalb der Branche des Kennzeicheninhabers** verwendet wird und es deshalb an der nach § 15 Abs. 2 notwendigen Verwechslungsgefahr fehlt (BGH GRUR 2014, 506 Rn. 8 – sr.de; GRUR 2014, 393 Rn. 16 – wetteronline.de; GRUR 2012, 304 Rn. 32 – Basler Haar-Kosmetik; GRUR 2008, 1099 Rn. 10 – afilias.de; GRUR 2005, 430 f. – mho.de; GRUR 2002, 622 (624) – shell.de; OLG Hamburg WRP 2015, 911 (914) – creditsafe). Anwendungsbereich dieser Rechtsprechung ist bislang das Domainrecht (→ § 15 Rn. 130); die Instanzrechtsprechung wendet sie aber auch auf die Benutzung als Metatag an (vgl. OLG München GRUR-RR 2012, 346 (347)).

123 Denkbar erscheint die ergänzende Anwendung ferner, wenn es an einer **kennzeichenmäßigen Benutzung** des Unternehmenskennzeichens fehlt (Böxler ZGE 2009, 357 (388); Piper GRUR 1996, 429 (438)).

124 Zu den **Schutzvoraussetzungen des § 12 BGB** → § 13 Rn. 19 ff.

II. HGB

125 Der handelsrechtliche Unterlassungsanspruch bei **unbefugtem Firmengebrauch** aus **§ 37 Abs. 2 HGB** knüpft allein an den Verstoß gegen die formalrechtlichen Regelungen der §§ 17 ff. HGB an. Zwar verlangt die Norm eine Verletzung der Rechte des Anspruchstellers, doch muss dieser weder Inhaber der Firma noch eines materiellen Kennzeichenrechts aus § 5 MarkenG oder § 12 BGB sein; ausreichend ist schon die Verletzung wirtschaftlicher

Anwendung anderer Vorschriften § 2 MarkenG

Interessen zB eines Wettbewerbers (BGH NJW 1991, 2023; GRUR 1970, 320 (322) – Doktor-Firma). Demgegenüber schützt das MarkenG die Firma als Unternehmenskennzeichen (§ 5 Abs. 2 S. 1; → § 5 Rn. 29) und damit als materielles Kennzeichenrecht. Wegen der unterschiedlichen Schutzbereiche sind die Vorschriften des HGB zur Firma **uneingeschränkt anwendbar** (Ingerl/Rohnke Nach § 15 Rn. 251; Ströbele/Hacker/Hacker Rn. 4).

III. UrhG

Uneingeschränkt neben dem markenrechtlichen Schutz steht derjenige des Urheberrechts, soweit es sich bei dem Kennzeichen um ein Werk iSd § 2 UrhG handelt (Ingerl/Rohnke Rn. 14; Wandtke/Bullinger GRUR 1997, 573 (574)). Zur urheberrechtlichen Schutzfähigkeit von Marken → § 13 Rn. 48. Werktitel erfüllen wegen ihrer Kürze in der Regel nicht die Anforderungen einer persönlichen geistigen Schöpfung und sind daher keine nach § 2 Abs. 1 Nr. 1 UrhG geschützten Sprachwerke (vgl. BGH GRUR 1977, 543 (544) – Der 7. Sinn; GRUR 1990, 218 (219) – Verschenktexte; Schricker/Loewenheim § 3 Rn. 70; Wandtke/Bullinger UrhG § 2 Rn. 65 ff.; großzügiger Berlit MarkenR 2007, 285 (286 f.)). 126

Sofern der Inhaber des Kennzeichenrechts und der des Urheberrechts (bzw. des ausschließlichen Nutzungsrechts, § 31 Abs. 3 S. 1 UrhG) identisch ist, kann er, wenn die jeweiligen Voraussetzungen der Verletzungstatbestände vorliegen, **kumulativ gegen den Verletzer vorgehen** und zB aus § 14 Abs. 5 MarkenG und § 97 Abs. 1 UrhG Unterlassung verlangen. Bei Personenverschiedenheit lassen urheberrechtliche Ansprüche des Urhebers bzw. Inhabers des ausschließlichen Nutzungsrechts die Möglichkeit des Kennzeicheninhabers, aus dem MarkenG vorzugehen, unberührt. 127

IV. DesignG/GGV

Der Schutz aus dem Designrecht bzw. Geschmacksmusterrecht tritt **neben den des Markenrechts,** soweit das Kennzeichen ein geschütztes Design nach § 2 Abs. 1 DesignG oder Geschmacksmuster nach Art. 4 Abs. 1 GGV ist (Eichmann/Kur Rn. 220; Günther/Beyerlein/Beyerlein GeschmMG Einf. Rn. 16; Ingerl/Rohnke Rn. 14; Ruhl GGV Art. 96 Rn. 7). Soweit die Inhaber beider Rechte identisch sind, bestehen die designrechtlichen Ansprüche aus §§ 38, 42 ff. DesignG bzw. Art. 19 GGV **kumulativ** neben jenen des Markenrechts. 128

Der Doppelschutz kann unbewusst entstehen, wenn durch die **Veröffentlichung der Markenanmeldung** der Öffentlichkeit in der Gemeinschaft das Geschmacksmuster erstmals zugänglich wird und dadurch nach Art. 1 Abs. 2 Buchst. a, 11 GGV ein nicht eingetragenes Gemeinschaftsgeschmacksmuster entsteht (Bulling/Langöhrig/Hellwig Rn. 674; Lewalter/Schrader Mitt 2004, 202 (205); Schlötelburg GRUR 2005, 123 (124)). Beide Rechte entstehen in solchen Fällen aber nur dann in einer Hand, wenn der Inhaber des Markenrechts auch der Entwerfer des Musters (Art. 14 Abs. 1 GGV) oder dessen Arbeitgeber iSd Art. 14 Abs. 3 GGV ist. 129

Designschutz kommt nur für zwei- oder dreidimensionale Erscheinungsformen eines Erzeugnisses in Betracht (§ 1 Nr. 1 DesignG; Art. 3 Buchst. a GGV). **Überschneidungen mit dem Markenrecht** können sich daher vor allem bei **Bild-, Tast- und dreidimensionalen Marken** ergeben (dazu Eichmann MarkenR 2003, 10 (12 f.)). **Wortmarken** können als solche keine Designs sein, aber sie können innerhalb eines Designs Verwendung finden (vgl. Eichmann/v. Falckenstein/Kühne/Eichmann DesignG § 33 Rn. 12). 130

Ob Schutz besteht, ist nach den **Voraussetzungen der jeweiligen Schutzrechte** zu bestimmen (zur Musterfähigkeit von Zeichen s. Schlötelburg GRUR 2005, 123 (124)). Wie groß der Überschneidungsbereich ist, hängt markenrechtlich wesentlich von der Handhabung des Schutzausschließungsgrundes § 3 Abs. 2 Nr. 3 ab (→ § 3 Rn. 85 ff.). Wegen der hohen Anforderungen an die Unterscheidungskraft von Formmarken weisen markenrechtlich geschützte Formen regelmäßig die für den Schutz als Design erforderliche Eigenart auf (Lewalter/Schrader Mitt 2004, 202 (205); Wandtke/Ohst GRUR Int 2005, 91 (92); auch Ohly GRUR 2007, 731 (736)). Da die Anforderungen an die designrechtlich erforderliche Eigenart hingegen weniger streng sind, ist der Umkehrschluss, dass Zeichen mit Eigenart 131 auch die markenrechtlich erforderliche Unterscheidungskraft aufweisen, nicht möglich (wohl aA Wandtke/Ohst GRUR Int 2005, 91 (92)).

M. Lauterkeitsrechtliche Grenzen des Markenschutzes

I. Bösgläubige Markenanmeldung

132 Eine bösgläubige Markenanmeldung (§ 8 Abs. 2 Nr. 10) stellt regelmäßig auch eine **gezielte Mitbewerberbehinderung iSd § 4 Nr. 4 UWG** dar. Das gilt vor allem für die Anmeldung von Sperrzeichen (ständige Rechtsprechung, zuletzt BGH GRUR 2010, 642 Rn. 51 – WM-Marken; GRUR 2008, 917 Rn. 20 – EROS; GRUR 2008, 160 Rn. 18 – CORDARONE; GRUR 2005, 581 (582) – The Colour of Elégance; → § 8 Rn. 830) und zu Spekulationszwecken (BGH GRUR 2001, 242 (244) – Classe E; → § 8 Rn. 837).

133 Soweit Unlauterkeit nach §§ 3, 4 Nr. 4 UWG vorliegt, kann der Vorbenutzer im Rahmen des Beseitigungsanspruchs aus § 8 Abs. 1 S. 1 UWG die **Rücknahme der Anmeldung** verlangen.

134 Ist die Eintragung bereits erfolgt, richtet sich der Anspruch auf **Einwilligung in die Löschung.** Dem steht nicht entgegen, dass bei bösgläubiger Markenanmeldung die Möglichkeit eines Löschungsantrags zur Ingangsetzung des patentamtlichen Löschungsverfahrens (§§ 50 Abs. 1, 54 Abs. 1) besteht (BGH GRUR 2004, 790 (793) – Gegenabmahnung; GRUR 2000, 1032 (1034) – EQUI 2000; Ingerl/Rohnke Rn. 13; Ströbele/Hacker/Hacker Rn. 101; Helm GRUR 1996, 593 (600); Sack WRP 2004, 1405 (1423); aA Böxler ZGE 2009, 357 (380)).

135 Macht der Anmelder aus dem Zeichen gegen den Vorbenutzer markenrechtliche Ansprüche geltend, steht dem Vorbenutzer die **Einrede** der Unlauterkeit zur Seite (BGH GRUR 2015, 1214 Rn. 57 – Goldbären; GRUR 2008, 160 Rn. 18 – CORDARONE; GRUR 2005, 414 (417) – Russisches Schaumgebäck; GRUR 1998, 1034 (1036 f.) – Makalu).

II. Irreführende Kennzeichennutzung

1. Irreführender Markengebrauch

136 Die Benutzung von **Marken** im Zusammenhang mit geschäftlichen Handlungen iSd § 2 Abs. 1 Nr. 1 UWG unterliegt dem **Irreführungsverbot des § 5 UWG;** das Markenrecht verleiht dem Inhaber selbstverständlich nicht das Recht zur irreführenden Benutzung (BGH GRUR 2011, 85 Rn. 18 – Praxis Aktuell; OLG Jena BeckRS 2016, 11687). Zwar ist die Eignung zur Täuschung ein absolutes Schutzhindernis (§ 8 Abs. 2 Nr. 4). Die erfolgte Eintragung „immunisiert" die Marke aber nicht gegenüber dem lauterkeitsrechtlichen Irreführungsverbot, schon weil § 8 Abs. 2 Nr. 4 nur Irreführungen durch die Marke selbst erfasst, während § 5 UWG irreführende Verwendungen unterfallen, gleich ob die Marke für sich genommen bereits irreführend ist oder ob sich die Irreführung erst aus der konkreten Verwendung ergibt (BGH GRUR 2011, 85 Rn. 18 – Praxis Aktuell). Im Übrigen ist eine Verdrängung des § 5 UWG nicht mit Art. 6 UGP-RL vereinbar.

137 Die Marke selbst kann zB **irreführend** sein, wenn sie inhaltliche Aussagen über den Kundenkreis (BGH GRUR 1973, 532 – Millionen trinken...) oder die Beschaffenheit der gekennzeichneten Ware macht (BGH GRUR 1962, 411 – Watti; GRUR 1955, 251 – Silberal) oder den falschen Eindruck einer Kooperation mit einem anderen Unternehmen erweckt (BGH GRUR 2011, 85 Rn. 17 – Praxis Aktuell; OLG Köln GRUR-RR 2010, 248 f. – A-D Shade Guide). Sind mit der Marke in den beteiligten Verkehrskreisen besondere Qualitätserwartungen verbunden, liegt eine Irreführung vor, wenn das Zeichen für Waren benutzt wird, die diese Erwartungen nicht erfüllen (BGH GRUR 1984, 737 (738 f.) – Ziegelfertigstürze; GRUR 1965, 676 – Nevada-Skibindung; OLG Hamburg GRUR 2001, 749 (751) – based on STEINWAY). Eine Irreführung kann sich auch aus der Verwendung der Marke mit Zusätzen ergeben, die über deren Geltungsbereich täuschen (OLG Hamm GRUR-RR 2010, 104 (105) – Wärmstens Empfohlen!).

2. Irreführende Nutzung von Unternehmenskennzeichen

Erhebliches Irreführungspotential liegt im Bereich der Nutzung von **Unternehmens-** **138** **kennzeichen,** weil insbesondere Firmen je nach Inhalt geeignet sein können, unzutreffende Vorstellungen über die geschäftlichen Verhältnisse des Unternehmens hervorzurufen (vgl. BGH GRUR 2012, 1273 Rn. 15 – Stadtwerke Wolfsburg; GRUR 2007, 1079 Rn. 24 – Bundesdruckerei; GRUR 2003, 448 (449) – Gemeinnützige Wohnungsgesellschaft; GRUR 2001, 73 (74) – Stich den Buben).

3. Spezialgesetzliche Irreführungsverbote

Neben dem allgemeinen Irreführungsverbot des § 5 UWG existieren zahlreiche **spezial-** **139** **gesetzliche Bestimmungen,** die auch durch einen Kennzeichengebrauch verletzt werden können. Hinzuweisen ist zB auf das allgemeine Irreführungsverbot in der Heilmittelwerbung (§ 3 HWG); das Verbot, Arzneimittel mit irreführender Bezeichnung in den Verkehr zu bringen (§ 8 Abs. 1 Nr. 2 AMG); die Täuschungsverbote betreffend Lebensmittel, Futtermittel, kosmetische Mittel und Bedarfsgegenstände (Art. 7 VO (EU) Nr. 1169/2011; §§ 11, 19, 20, 27, 33 LFGB, vgl. zB BPatG BeckRS 2009, 86392) sowie Wein (§ 25 WeinG) und die Werbeverbote in der Tabakwerbung (§§ 18 ff. TabakerzG).

III. Gesetzeswidrige Kennzeichennutzung

Die Benutzung eines Kennzeichens unter **Verstoß gegen eine gesetzliche Vorschrift,** **140** die auch dazu bestimmt ist, im Interesse der Marktteilnehmer das Marktverhalten zu regeln, kann nach § 3a UWG unlauter sein. Hierher gehören insbesondere Verstöße gegen die spezialgesetzlichen Irreführungsverbote (→ Rn. 139), aber zB auch gegen § 5 Abs. 1 GlüStV aF durch den Werktitel eines Kundenmagazins einer Lottogesellschaft (BGH GRUR 2011, 440 Rn. 19 ff. – Spiel mit).

IV. Nutzung fremder Kennzeichen in vergleichender Werbung

1. Nutzung in zulässiger vergleichender Werbung

Die Zulässigkeit der Nutzung fremder Kennzeichen in einer vergleichenden Werbung **141** bemisst sich lauterkeitsrechtlich nach **§§ 5, 6 UWG** (→ Rn. 104). Die Werbe-RL räumt dabei den Zulässigkeitskriterien des Art. 4 Werbe-RL insoweit Vorrang ein, als die Benutzung von Marken, Handelsnamen oder anderen Unterscheidungszeichen eines Mitbewerbers nicht das Ausschließlichkeitsrecht Dritter verletzt, wenn sie die aufgestellten Zulässigkeitsbedingungen einhält und nur eine Unterscheidung bezweckt, durch die Unterschiede objektiv herausgestellt werden sollen (Erwägungsgrund 15 Werbe-RL). Hieraus hat der EuGH den Schluss gezogen, dass der Inhaber einer eingetragenen Marke nicht nach Art. 5 Abs. 1, 2 RL 2008/95/EG (jetzt Art. 10 Abs. 2 RL (EU) 2015/2436) berechtigt ist, die Benutzung eines mit seiner Marke identischen oder ihr ähnlichen Zeichens durch einen Dritten in einer vergleichenden Werbung zu verbieten, die alle Zulässigkeitsbedingungen erfüllt (EuGH C-533/06, GRUR 2008, 698 Rn. 45 – O2 und O2 (UK)/H3G; GRUR 2009, 756 Rn. 54 – L'Oréal/Bellure). In der Konsequenz bestehen bei **nach § 6 Abs. 2 UWG zulässiger vergleichender Werbung keine markenrechtlichen Verletzungsansprüche** aus § 14 Abs. 2 Nr. 1–3 (BGH GRUR 2015, 1136 Rn. 18 – Staubsaugerbeutel im Internet; GRUR 2010, 835 Rn. 41 – POWER BALL; GRUR 2010, 161 Rn. 35 – Gib mal Zeitung). Das setzt aber zusätzlich voraus, dass die vergleichende Werbung **nicht irreführend iSd § 5 Abs. 1– 3 UWG** ist. Denn nach Art. 4 Buchst. a Werbe-RL ist eine vergleichende Werbung nur zulässig, sofern sie nicht irreführend iSv Art. 2 Buchst. b, 3, 8 Abs. 1 Werbe-RL (im Verhältnis zu Unternehmern) oder iSv Art. 6, 7 UGP-RL (im Verhältnis gegenüber Verbrauchern) ist. Da das Fehlen einer Irreführung zu den Zulässigkeitsbedingungen gehört, sind markenrechtliche Verletzungsansprüche nicht ausgeschlossen, wenn zwar kein Verstoß gegen § 6 Abs. 2 UWG, wohl aber gegen § 5 Abs. 1–3 UWG vorliegt (OLG Köln GRUR-RR 2016, 278 Rn. 22 – „Wenn 1 & 1 sich streiten"; Köhler/Bornkamm/Köhler UWG § 6 Rn. 34).

2. Nutzung in unzulässiger vergleichender Werbung

142 Bei einer wegen eines Verstoßes gegen § 6 Abs. 2 Nr. 3, 4 oder 6 UWG unzulässigen vergleichenden Werbung wird der **markenrechtliche Schutz nicht eingeschränkt,** dh es besteht **kumulative Anspruchskonkurrenz** zwischen lauterkeits- und markenrechtlichen Ansprüchen (EuGH C-487/07, GRUR 2009, 756 Rn. 65 – L'Oréal/Bellure; BGH GRUR 2010, 835 Rn. 41 – POWER BALL; Ströbele/Hacker/Hacker Rn. 84; Köhler/Bornkamm/ Köhler UWG § 6 Rn. 34; Alexander GRUR 2010, 482 (486); Büscher GRUR 2009, 230 (234); Fezer GRUR 2010, 953 (959); aA Harte-Bavendamm/Henning-Bodewig/Sack UWG § 6 Rn. 244; Sack WRP 2011, 288 (290)). Das Gleiche gilt bei einem Verstoß gegen § 5 Abs. 1–3 UWG (OLG Köln GRUR-RR 2016, 278 Rn. 20 ff. – „Wenn 1 & 1 sich streiten"; Köhler/Bornkamm/Köhler UWG § 6 Rn. 34; → Rn. 141). Das hat zur Folge, dass in den für vergleichende Werbung typischen Fällen der Doppelidentität bei einem Verstoß gegen § 5 Abs. 1–3, § 6 Abs. 2 UWG regelmäßig auch ein Verstoß gegen § 14 Abs. 2 Nr. 1 vorliegen wird, da hierzu auch die Beeinträchtigung anderer Funktionen als der Herkunftsfunktion (die bei vergleichender Werbung typischerweise nicht betroffen ist) genügt (→ § 14 Rn. 249).

143 Aus dieser regelmäßigen Anspruchsparallelität ergibt sich aber **kein Vorrang des § 6 Abs. 2 UWG.** Im Gegenteil erfordert die **Schutzzweckdisparität** die kumulative Anwendung: Während § 14 Abs. 2 Nr. 1 allein dem Interesse des Kennzeicheninhabers dient, haben auch diejenigen Zulässigkeitsvoraussetzungen, die die Kennzeichennutzung in einer vergleichenden Werbung normieren (§ 6 Abs. 2 Nr. 3, 4 und 6 UWG) die Aufgabe, auch die Mitbewerber und die Marktgegenseite zu schützen (→ Rn. 113). Die kumulative Anwendbarkeit folgt zwingend ab dem 14.1.2019 (Ablauf der Umsetzungsfrist) auch aus Art. 10 Abs. 3 Buchst. f RL (EU) 2015/2436, der die Benutzung des Zeichens in der vergleichenden Werbung in einer der Werbe-RL zuwiderlaufenden Weise zu den verbotenen Handlungen zählt.

143.1 Auch aus dem Umstand, dass der **Gesetzgeber** der Auffassung war, vergleichende Werbung stelle keine kennzeichenmäßige Benutzung dar (BT-Drs. 14/2959, 7), ergibt sich nicht, dass markenrechtliche Ansprüche ausgeschlossen sind (so Sack WRP 2011, 288 (290)). Es lässt sich schon kaum der Schluss ziehen, der Gesetzgeber habe bei vergleichender Werbung keine konkurrierenden markenrechtlichen Ansprüche gewollt – er ging vielmehr schlicht davon aus, dass solche mangels kennzeichenmäßiger Benutzung nicht bestehen. Doch auch bei abweichendem Verständnis könnte diesem Willen heute keine Bedeutung mehr zukommen – er beruht nämlich, wie sich durch die Rechtsprechung des EuGH herausgestellt hat (EuGH C-487/07, GRUR 2009, 756 Rn. 53 – L'Oréal/Bellure; GRUR 2008, 698 Rn. 36 – O2 und O2 (UK)/H3G), auf einem Irrtum über den Benutzungsbegriff und ist daher irrelevant.

N. Urheberrechtliche Grenzen des Markenschutzes

I. Anmeldung als Marke

1. Urheberrechtlich geschützte Werke

144 Die Anmeldung eines urheberrechtlich geschützten Werks zur Eintragung als Marke ohne Gestattung des Inhabers des Urheberrechts bzw. des ausschließlichen Nutzungsrechts ist schon wegen der notwendigen Vervielfältigung ein **Eingriff in das Recht des Urhebers** (§ 16 UrhG).

145 Die fehlende Genehmigung des Urhebers soll nach der Rechtsprechung des BPatG zur **Bösgläubigkeit der Anmeldung nach § 8 Abs. 2 Nr. 10** führen (BPatG NJOZ 2009, 304 (305) – Hooschebaa). Das ist problematisch, weil § 13 für entgegenstehende ältere Rechte lediglich einen Löschungsanspruch vorsieht und implizit von der Eintragungsfähigkeit ausgeht (vgl. Ingerl/Rohnke § 13 Rn. 9). Insoweit zu Recht ist in anderen Entscheidungen, in denen offensichtlich urheberrechtlich geschützte Werke ohne Zustimmung des Rechtsinhabers als Marke angemeldet wurden, die mögliche Verletzung des Urheberrechts nicht im Zusammenhang mit den Eintragungshindernissen problematisiert worden (vgl. zB BGH GRUR 2005, 257 – Bürogebäude; dazu Jacobs, FS Schricker, 2005, 801 (802 ff.)).

Es liegt auch **kein Verstoß gegen die öffentliche Ordnung nach § 8 Abs. 2 Nr. 5** 146
vor, weil hierzu nach zutreffender Auffassung nicht jede Rechtsverletzung, sondern nur
Verstöße gegen wesentliche Grundsätze des deutschen Rechts gehören (Ströbele/Hacker/
Ströbele § 8 Rn. 769; aA Ingerl/Rohnke § 8 Rn. 274; ausführlich → § 8 Rn. 612).

2. Gemeinfreie Werke

Ist das als Zeichen verwendete Werk durch Ablauf der Schutzfrist des § 64 UrhG **vor der** 147
Anmeldung gemeinfrei geworden, liegt nach zutreffender hM keine unzulässige Remonopolisierung vor, die über **§ 8 Abs. 2 Nr. 5** (öffentliche Ordnung) als Eintragungshindernis
aktiviert werden könnte (→ § 8 Rn. 614). Die Begründung des Markenschutzes greift in
die Funktion der Gemeinfreiheit nicht ein, weil der Schutz auf die markenmäßige Verwendung im geschäftlichen Verkehr beschränkt ist und weder den Genuss des gemeinfreien Werks
durch die Allgemeinheit noch seine allgemeine wirtschaftliche Verwendung ausschließt (im
Ergebnis ebenso BPatG GRUR-RR 2013, 17 (20) – Domfront; GRUR 1998, 1021 (1023) –
Mona Lisa; BlPMZ 2000, 384 (387) = BeckRS 2009, 24790 – Fr. Marc; MarkenR 2006,
172 (173 f.) = BeckRS 2009, 03591 – Pinocchio; Ingerl/Rohnke § 8 Rn. 275; Ströbele/
Hacker/Ströbele § 8 Rn. 770; Haupt/Marschke MarkenR 2006, 249 (251); Jacobs, FS Schricker, 2005, 801 (809 f.); Nordemann WRP 1997, 389 (391); Seifert WRP 2000, 1014
(1015 ff.); zuneigend, aber offen lassend BGH GRUR 2012, 618 Rn. 15 – Medusa; differenzierend Osenberg GRUR 1996, 101 (102 ff.); kritisch Wandtke/Bullinger GRUR 1997, 573
(577 f.); aA Klinkert/Schwab GRUR 1999, 1067 (1069 ff.); McGuire GRUR 2011, 767
(770)).

Die Gemeinfreiheit vermag für sich genommen auch nicht die Bösgläubigkeit iSd **§ 8** 148
Abs. 2 Nr. 10 begründen (→ § 8 Rn. 840). Diese Erwägungen gelten erst recht für Werke,
die aufgrund ihres Alters zu keinem Zeitpunkt urheberrechtlichen Schutz genossen haben;
hier fehlt es mangels bislang bestehenden Schutzes schon an einer Remonopolisierungsgefahr.

II. Nutzung als Kennzeichen

1. Urheberrechtlich geschützte Werke

Die **Nutzung eines urheberrechtlich geschützten Werks als Kennzeichen** iSd Mar- 149
kenG setzt – soweit der Kennzeichenrechtsinhaber nicht auch der Urheber ist – urheberrechtlich ein Nutzungsrecht voraus. Fehlt dieses oder überschreitet die Nutzung das bestehende
Nutzungsrecht (zB Verletzung des Urheberpersönlichkeitsrechts durch Verwendung der
Marke für eine Warengattung, die das urheberrechtliche Werk verzerrt oder verfälscht, vgl.
Wandtke/Bullinger GRUR 1997, 573 (579)), schließt ein bestehender markenrechtlicher
Schutz des Zeichens nicht die Möglichkeit des Urhebers aus, gegen den Kennzeicheninhaber
mit **urheberrechtlichen Ansprüchen** vorzugehen (Wandtke/Bullinger GRUR 1997, 573
(579 f.); Haupt/Marschke MarkenR 2005, 249 (254)). Markenrechtlich besteht bei eingetragenen Marken ein Löschungsanspruch nach § 13 (→ § 13 Rn. 53).

2. Gemeinfreie Werke

Der **Eintritt der Gemeinfreiheit nach Entstehung des Markenschutzes** lässt diesen 150
unberührt. Für ein Erlöschen des Markenrechts fehlt es an jeglichem rechtlichen Anhaltspunkt (Nordemann WRP 1997, 389 (391); Schack, FS Rehbinder, 2002, 345 (350); Seifert
WRP 2000, 1014 (1018)). Ebenso wenig lässt sich für den Verwender eines identischen oder
ähnlichen Zeichens ein **Benutzungsrecht analog § 23** begründen (Jacobs, FS Schricker,
2005, 801 (808); aA Loewenheim/Nordemann HdB § 83 Rn. 55). Es fehlt dafür an einer
planwidrigen Regelungslücke (→ Rn. 150.1).

§ 23 dient dem Ausgleich zwischen dem kennzeichenrechtlichen Ausschließlichkeitsrecht und dem 150.1
Interesse der Mitbewerber und der Allgemeinheit an einer Nutzung im wirtschaftlichen Verkehr (→
§ 23 Rn. 1). Der Eintritt der Gemeinfreiheit lässt jedoch im Vergleich zur bis dahin bestehenden Situation, in der andere als die jeweiligen Rechtsinhaber sowohl urheber- als auch markenrechtlich in der
Nutzung eingeschränkt waren, keinen markenrechtlich zu lösenden Ausgleichsbedarf entstehen. Der
Wegfall des urheberrechtlichen Schutzes ändert an der Schutzwürdigkeit des Ausschließlichkeitsrechts

des Zeichenrechtsinhabers angesichts der unveränderten Zeichenfunktion nichts. Auf Seiten der Mitbewerber und der Allgemeinheit führt der Eintritt der Gemeinfreiheit nicht zu einer stärkeren Gewichtung des wirtschaftlichen Interesses an einer kennzeichenmäßigen Nutzung, weil die Werknutzung nur von ihren urheberrechtlichen Beschränkungen befreit wird. Deren Bestand war für den Kennzeichenschutz jedoch irrelevant, so dass sich am schutzwürdigen Interesse der Mitbewerber und der Allgemeinheit nichts geändert hat.

151 Der Eintritt der Gemeinfreiheit ändert grundsätzlich nichts daran, dass die **Verwendung** eines Kennzeichens, das dem als Marke geschützten Werk entspricht oder ihm ähnlich ist, als **markenmäßig** zu qualifizieren ist, da sonst der Marke jeglicher Schutz aus § 14 Abs. 2 Nr. 2 versagt wäre (BGH GRUR 2012, 618 Rn. 20 – Medusa; aA OLG Dresden NJW 2001, 615 (616 f.)). Das kann aber anders zu beurteilen sein, wenn der Titel eines gemeinfreien Werkes als Marke eingetragen wurde und der Anmelder hierbei erkennbar in der Absicht gehandelt hat, andere von der Nutzung des Titels für die gleiche oder ähnliche Werkarten auszuschließen (zB naheliegend bei der Eintragung des Titels „Winnetou" für Druckereierzeugnisse und Filmproduktion, vgl. BGH GRUR 2003, 342 – Winnetou; dort wurde schon § 8 Abs. 2 Nr. 1 bejaht). Soweit kein Eintragungshindernis vorliegt (→ Rn. 147), ist zu erwägen, ob dem Markeninhaber nicht nach Treu und Glauben versagt ist, sich darauf zu berufen, dass die Verwendung markenmäßig erfolgt ist.

O. Sonstige Grenzen des Markenschutzes

I. Designrecht

1. Anmeldung eines designrechtlich geschützten Zeichens

152 Bei der Anmeldung eines designrechtlich geschützten Zeichens als Marke steht das einem anderen zustehende Designrecht der **Eintragung nicht entgegen** (→ Rn. 145 zum Urheberrecht).

153 Die Anmeldung ohne Zustimmung des Inhabers des Designrechts **verletzt** aber dessen Rechte aus **§ 38 Abs. 1 S. 1 DesignG** bzw. Art. 19 Abs. 1 S. 1, Abs. 2 GGV (ebenso Ruhl GGV Art. 19 Rn. 62; aA wohl Hartwig GRUR-RR 2009, 201 (202 Fn. 9)). Zwar stellt die Anmeldung keine der in § 38 Abs. 1 S. 2 DesignG, Art. 19 Abs. 1 S. 2 GGV nicht abschließend genannten Benutzungshandlungen dar. Wegen § 40 Nr. 3 DesignG, Art. 20 Abs. 1 Buchst. c GGV erfasst § 38 Abs. 1 S. 1 DesignG, Art. 19 Abs. 1 S. 2 GGV allerdings auch die Wiedergabe des Erzeugnisses, dh die zweidimensionale Abbildung eines zwei- oder dreidimensionalen Erzeugnisses (BGH GRUR 2011, 1117 Rn. 30 – ICE; Eichmann/v. Falckenstein/Kühne/Eichmann DesignG § 38 Rn. 60; Günther/Beyerlein/Beyerlein GeschmMG § 38 Rn. 22). Die Markenanmeldung verletzt schon wegen der notwendigen Abbildung des Erzeugnisses das Designrecht. Davon abgesehen greift die Anmeldung als solche in das geschützte Recht zur wirtschaftlichen Verwertung des Designs ein, da es sich um die unmittelbare Vorstufe zur Eintragung der Marke und damit zur Erlangung des wirtschaftlich bedeutsamen Markenschutzes handelt. Wird eine Verletzung des Designs durch die Markenanmeldung verneint, liegt zumindest die für den vorbeugenden Unterlassungsanspruch notwendige Erstbegehungsgefahr vor.

154 Eine Markenanmeldung erst **nach dem Erlöschen des designrechtlichen Schutzes** durch einen anderen als den Musterentwerfer kann dazu führen, dass der Markeninhaber dem Musterentwerfer die Benutzung des Designs untersagen kann. Soweit der Anmelder weiß, dass es sich um ein vormals designrechtlich geschütztes Muster handelt, ist Bösgläubigkeit iSd § 8 Abs. 2 Nr. 10 in Betracht zu ziehen.

2. Nutzung eines designrechtlich geschützten Zeichens als Kennzeichen

155 Die Nutzung eines geschützten Designs als Kennzeichen ohne Zustimmung des Rechtsinhabers kann dessen Rechte aus **§ 38 Abs. 1 S. 1 DesignG** bzw. Art. 19 Abs. 1 S. 1, Abs. 2 GGV verletzen. Der Geltendmachung der daraus folgenden Ansprüche steht ein bestehender Markenschutz selbstverständlich nicht entgegen. Zusätzlich steht dem Inhaber des Design-

Anwendung anderer Vorschriften § 2 MarkenG

rechts gegen eingetragene Marken der **Löschungsanspruch aus § 13 Abs. 1** zur Seite (→ § 13 Rn. 68).

3. Designrechtliche Schutzbeschränkungen

Die designrechtlichen Schutzbeschränkungen (§ 40 DesignG, Art. 20 GGV) finden auf gleichzeitig bestehende markenrechtliche Ansprüche keine Anwendung. Die sich aus Art. 110 Abs. 1 GGV ergebende geschmacksmusterrechtliche Schutzlosigkeit von **bestimmten Ersatzteilen für komplexe Erzeugnisse** hat auf markenrechtliche Ansprüche keine Auswirkungen (EuGH C-500/14, GRUR 2016, 77 – Ford/Wheeltrims; dazu Kur GRUR 2016, 20 ff.). **156**

II. Kartellrecht

Das deutsche und europäische Kartellrecht kann die Rechte des Markeninhabers einschränken. Das gilt insbesondere für die **Lizenzierung** (→ § 30 Rn. 47 ff.). **157**

III. BGB

Auch für das Markenrecht gilt das in § 242 BGB niedergelegte Gebot der Beachtung von **Treu und Glauben.** Grenzen des markenrechtlichen Schutzes können sich ungeachtet § 21 aufgrund Verwirkung (→ § 21 Rn. 15) oder Rechtsmissbrauchs ergeben. **158**

Teil 2 Voraussetzungen, Inhalt und Schranken des Schutzes von Marken und geschäftlichen Bezeichnungen; Übertragung und Lizenz

Abschnitt 1 Marken und geschäftliche Bezeichnungen; Vorrang und Zeitrang

§ 3 Als Marke schutzfähige Zeichen

(1) Als Marke können alle Zeichen, insbesondere Wörter einschließlich Personennamen, Abbildungen, Buchstaben, Zahlen, Hörzeichen, dreidimensionale Gestaltungen einschließlich der Form einer Ware oder ihrer Verpackung sowie sonstige Aufmachungen einschließlich Farben und Farbzusammenstellungen geschützt werden, die geeignet sind, Waren oder Dienstleistungen eines Unternehmens von denjenigen anderer Unternehmen zu unterscheiden.

(2) Dem Schutz als Marke nicht zugänglich sind Zeichen, die ausschließlich aus einer Form bestehen,
1. die durch die Art der Ware selbst bedingt ist,
2. die zur Erreichung einer technischen Wirkung erforderlich ist oder
3. die der Ware einen wesentlichen Wert verleiht.

Überblick

§ 3 regelt, welche Zeichen dem Markenschutz zugänglich sind bzw. umgekehrt: Welche Zeichen mit absoluter, unüberwindbarer Wirkung vom Markenschutz ausgeschlossen bleiben. Nach Abs. 1 ist insoweit entscheidend, ob das Zeichen unterscheidungsfähig ist und damit die wesentliche Funktion einer Marke jedenfalls dem Grunde nach erfüllen kann (abstrakte Markenfähigkeit; → Rn. 13 ff.). Dafür ist es ausreichend, dass das Zeichen sinnlich wahrnehmbar ist und gegenüber dem Kennzeichnungsobjekt ein gewisses Maß an Selbstständigkeit aufweist, indem es zumindest gedanklich von diesem trennbar ist (→ Rn. 11). Weitere Anforderungen werden nicht gestellt; insbesondere verlangt § 3 nicht, dass das Zeichen grafisch darstellbar sein muss (→ Rn. 25). Nach Abs. 2 werden Zeichen vom Markenschutz ausgeschlossen, die ausschließlich aus der Form einer Ware bestehen und die im Interesse der Allgemeinheit und des funktionierenden Wettbewerbs dauerhaft von einer zeitlich unbegrenzten Monopolisierung ausgeschlossen werden sollen (→ Rn. 49 ff.).

Übersicht

	Rn.		Rn.
A. Allgemeines	1	6. Akustische Marken (Hörmarken)	40
I. Verhältnis zum europäischen Recht	1	7. Olfaktorische Marken (Duftmarken)	43
II. Internationales Recht	5	8. Sonstige Markenformen	47
B. Zur Unterscheidung geeignete Zeichen (Abs. 1)	9	**C. Vom Schutz ausgeschlossene Zeichenformen (Abs. 2)**	49
I. Der Zeichenbegriff des Markenrechts	9	I. Hintergrund der Regelung	49
II. Abstrakte Markenfähigkeit	13	1. Systematische Sonderstellung des Markenrechts	49
III. Bestimmtheit des Zeichens	18	2. Abs. 2 als Postulat der Wettbewerbsfreiheit	54
IV. Sonstige Voraussetzungen der Markenfähigkeit	23	3. Unklarheiten und Kritikpunkte	58
V. Einzelne Zeichenformen	31	II. Die Ausschlussgründe im Einzelnen	60
1. Grundsätzliches	31	1. Ausschließlich aus einer Form bestehende Zeichen	60
2. Wörter einschließlich Personennamen, Buchstaben und Zahlen	32	2. Wesensbedingte Formgebungen (Abs. 2 Nr. 1)	69
3. Abbildungen	34	3. Technisch bedingte Formgebungen (Abs. 2 Nr. 2)	75
4. Warenformen und -verpackungen	36		
5. Farben und Farbkombinationen	37		

	Rn.		Rn.
4. Wertverleihende Formgebungen (Abs. 2 Nr. 3)	85	D. IR-Marken	98

A. Allgemeines

I. Verhältnis zum europäischen Recht

§ 3 stellt eine (unvollständige) **Synthese** aus zwei systematisch getrennten Vorschriften des europäischen Rechts dar: **1**
- Abs. 1 beruht auf Art. 2 RL 2008/95/EG; gleichlautend: Art. 4 GMV. Beide Vorschriften verlangten zusätzlich, dass sich ein als Marke schutzfähiges Zeichen **grafisch darstellen** lassen können muss. In Art. 3 RL (EU) 2015/2436 und Art. 4 UMV ist dieses Erfordernis nicht mehr enthalten. Es wird daher künftig auch im deutschen Recht entfallen, wo es derzeit in § 8 Abs. 1 geregelt ist.
- Abs. 2 setzt Art. 3 Abs. 1 Buchst. e i bis iii RL 2008/95/EG um (jetzt: Art. 4 Abs. 1 Buchst e i bis iii RL (EU) 2015/2436; gleichlautend: Art. 7 Abs. 1 Buchst. e i bis iii UMV). Im europäischen Recht wird der Schutzausschluss für bestimmte Zeichenformen somit als **absolutes Schutzhindernis,** und nicht wie in § 3 Abs. 2 im Kontext des strukturell vorgelagerten Erfordernisses der Markenfähigkeit, geregelt.

Die **unterschiedliche Systematik** erklärt sich daraus, dass der deutsche Gesetzgeber die grafische Darstellbarkeit nicht zu einem für alle Arten von Marken gültigen Wesensmerkmal erheben wollte, während diese Wirkung für die in § 3 Abs. 2 genannten Ausschlussgründe gerade beabsichtigt war. So sollten alle Formen prinzipiell unterscheidungsfähiger Zeichen Markenschutz – etwa als Benutzungsmarke – genießen können; es soll jedoch nicht möglich sein, Warenformen als (nichtregistrierte) Marke zu schützen, die aus den in Abs. 2 genannten Gründen im Allgemeininteresse vom Schutz definitiv auszuschließen sind. **2**

Im rechtlichen Ergebnis wirkt sich die unterschiedliche Methodik der Umsetzung nicht aus; sie **verstößt** auch **nicht gegen die Vorgaben des europäischen Rechts.** So folgte nicht zwingend aus Art. 2 RL 2008/95/EG, dass auch Benutzungsmarken vom Schutz auszuschließen sind, wenn sie nicht grafisch dargestellt werden können (BGH GRUR 2009, 783 Rn. 28 ff. – UHU; zu der insoweit in der Literatur vertretenen abweichenden Auffassung → § 4 Rn. 30). Es kann auch nicht behauptet werden, dass die Verortung der besonderen Ausschlussgründe für Warenformen in § 3 Abs. 2 der Systematik des europäischen Rechts notwendig widerspricht. Es ist zwar richtig, dass der absolute Schutzausschluss gemäß Abs. 2 in seiner Struktur insoweit den in § 8 Abs. 2 geregelten absoluten Schutzhindernissen entspricht, als sich die Prüfung notwendigerweise auf das konkrete Produkt bezieht und daher nicht – wie im Fall der Markenfähigkeit nach Abs. 1 – ausschließlich die abstrakte Ebene betrifft (Ingerl/Rohnke Rn. 40; Szalai MarkenR 2012, 8 f.). Dass die auch vom europäischen Gesetzgeber als Sonderfälle geregelten Schutzhindernisse des Art. 4 Abs. 1 Buchst. e RL (EU) 2015/2436 gesetzestechnisch „vor die Klammer" gezogen werden, um ihre Verbindlichkeit für sämtliche Markenformen zum Ausdruck zu bringen, lässt sich jedoch bereits aus diesem Grund als systemwidrig oder verfehlt bezeichnen. Ob es bei dieser Systematik bleibt, nachdem mit der Aufgabe des Erfordernisses der grafischen Darstellbarkeit (→ § 8 Rn. 1 ff.) der wichtigste Grund für die Regelung der unüberwindbaren Ausschlussgründe in § 3 Abs. 2 statt in § 8 Abs. 2 entfallen ist, bleibt daher der Entscheidung des Gesetzgebers überlassen. **3**

Auch im Text von MRL und UMV findet sich ein Indiz dafür, dass den Ausschlussgründen für Warenformen im Katalog der absoluten Schutzhindernisse eine besondere Stellung zukommt: So spricht Art. 4 Abs. 1 Buchst. e RL (EU) 2015/2436 von „Zeichen", während sich alle übrigen Schutzhindernisse auf „Marken" beziehen. Soweit man darin nicht lediglich ein redaktionelles Versehen erblicken will, bringt der Gesetzgeber durch diese Formulierung – inhaltlich nicht unähnlich dem deutschen Recht – zum Ausdruck, dass solchen Zeichen bereits die Grundvoraussetzung dafür fehlt, als Marke geschützt zu werden. In diesem Sinne äußert sich auch der EuGH (C-299/99, GRUR 2002, 804 Rn. 76 – Philips/Remington): „[Art. 3 Abs. 1] Buchst. e betrifft Zeichen, die keine Marke sein können". **3.1**

MarkenG § 3 Teil 2 Voraussetzungen, Inhalt und Schranken etc.

4 Durch die Markenrechtsreform wird das Erfordernis der grafischen Darstellbarkeit als Voraussetzung der Markenfähigkeit in MRL und UMV gestrichen; maßgeblich bleiben jedoch die in diesem Zusammenhang vom EuGH entwickelten **Sieckmann-Kriterien** (→ Rn. 23).

II. Internationales Recht

5 In der PVÜ werden weder der Begriff des als Marke schutzfähigen Zeichens noch die konkreten Schutzvoraussetzungen definiert. Im Hinblick auf die Voraussetzungen des Markenschutzes entfaltet die PVÜ lediglich **indirekte Wirkungen,** indem in Art. 6^{quinquies} B PVÜ festgelegt ist, aus welchen Gründen Marken, die im Ursprungsland gültig eingetragen sind, von den Eintragungsbehörden anderer Mitgliedsländer zurückgewiesen werden dürfen. Auf diese Vorschrift gehen die absoluten Schutzhindernisse des deutschen und europäischen Markenrechts zurück (→ § 8 Rn. 8 ff.); ferner ist die Vorschrift unmittelbar zu beachten, soweit sich der Anmelder oder Inhaber ausdrücklich darauf beruft, oder soweit es sich um eine IR-Marke handelt (zur Relevanz im Rahmen von § 3 → Rn. 98 ff.).

5.1 Soweit die Voraussetzungen für die Anwendung von Art. 6^{quinquies} PVÜ vorliegen, kann die Anmeldung nur zurückgewiesen (bzw. die Marke gelöscht oder ihr der Schutz entzogen) werden, wenn sie in Konflikt mit älteren Rechten Dritter steht, jeglicher Unterscheidungskraft entbehrt oder im Hinblick auf die gekennzeichneten Waren (und Dienstleistungen) beschreibend oder üblich ist oder wenn sie gegen den ordre public verstößt; dabei sind für die Beurteilung der Schutzfähigkeit alle tatsächlichen Umstände einschließlich der Dauer des Schutzes zu beachten.

6 Hingegen enthält Art. 15 TRIPS eine **Definition von Zeichenformen,** die prinzipiell der Eintragung zugänglich sein müssen. Dabei stellt ebenso wie in § 3 Abs. 1 die Eignung, Waren oder Dienstleistungen eines Unternehmens von denjenigen anderer Unternehmen zu unterscheiden, das entscheidende Kriterium für die Bejahung der Markenfähigkeit dar. Ähnlich wie § 3 Abs. 1 und die entsprechenden Vorschriften von RL (EU) 2015/2436 und UMV enthält Art. 15 TRIPS eine Aufzählung prinzipiell schutzfähiger Zeichenformen; diese enthält unter anderem Buchstaben, Zahlen, Abbildungen und Farbverbindungen, nicht jedoch monochrome Farbzeichen sowie Warenformen und Verpackungen. Da es sich lediglich um eine beispielhafte Aufzählung handelt, die mit dem Wort „insbesondere" eingeleitet wird, müssen auch nach internationalem Recht solche Zeichen – da und soweit sie grundsätzlich zur Unterscheidung geeignet sind – der Eintragung zugänglich sein.

7 Nach Art. 15 Abs. 1 S. 3 TRIPS können Mitgliedsländer die Eintragung solcher Zeichen, die ihrer Natur nach nicht geeignet sind, die betreffenden Waren und Dienstleistungen voneinander zu unterscheiden, von der **durch Benutzung erworbenen Unterscheidungskraft** abhängig machen. Dies betrifft in erster Linie die in § 8 Abs. 3 (Art. 4 Abs. 4 RL (EU) 2015/2436; s. Art. 7 Abs. 3 UMV) geregelte Situation, dass Marken die konkrete Unterscheidungskraft fehlt, oder dass sie im Hinblick auf die zu bezeichnenden Waren oder Dienstleistungen beschreibend oder verkehrsüblich sind. Darüber hinaus wird die Vorschrift allgemein auch so verstanden, dass TRIPS-Mitglieder die Eintragung bestimmter Zeichenformen prinzipiell davon abhängig machen können, dass Verkehrsgeltung nachgewiesen wird.

7.1 Von Bedeutung ist dies vor allem für das amerikanische Recht, das Personennamen sowie Warenformen nur aufgrund nachgewiesener Verkehrsgeltung zur Eintragung zulässt; (für Warenformen s. Wal-Mart Stores, Inc. v. Samara Brothers, GRUR Int 2000, 812; für Farbmarken: Qualitex Co. v. Jacobson Products Co., GRUR Int 1996, 961; s. dazu Caldarola GRUR Int 2002, 112. Für das amerikanische Recht bedeutsam ist ferner auch Art. 15 Abs. 3 TRIPS, dem zufolge die Eintragung – nicht jedoch die Anmeldung – einer Marke von ihrer Benutzung im geschäftlichen Verkehr abhängig gemacht werden darf. Die Verweigerung der Eintragung wegen fehlender Benutzung darf jedoch nicht vor Ablauf von drei Jahren seit Einreichung der Anmeldung erfolgen (→ MarkenR Einleitung Rn. 276.1).

8 Im Gegensatz zum europäischen Recht findet die grafische Darstellbarkeit des Zeichens in Art. 15 TRIPS keine Erwähnung. Eine fühlbare Einschränkung der Schutzmöglichkeiten für unkonventionelle Zeichenformen kann jedoch daraus resultieren, dass TRIPS-Mitgliedern die Möglichkeit vorbehalten bleibt, die Eintragung von der **visuellen Wahrnehmbarkeit** des Zeichens abhängig zu machen (Art. 15 Abs. 1 S. 4 TRIPS). Es besteht daher keine internationale Verpflichtung zum Schutz von akustischen, olfaktorischen oder sonstigen Zeichen, die andere Sinne als den Sehsinn ansprechen.

Macht ein Staat von dieser Möglichkeit Gebrauch und schließt nicht-visuelle Zeichen von der Eintragbarkeit aus, stellt sich die Frage, ob dennoch eine Verpflichtung zur Eintragung besteht, soweit sich der Anmelder gemäß Art. 6^{quinquies} PVÜ auf die gültige Eintragung eines entsprechenden Zeichens im Ursprungsland berufen kann. Art. 15 Abs. 1 TRIPS äußert sich zu dieser Frage nicht. In Art. 15 Abs. 2 TRIPS wird lediglich mittelbar auf (ua) Art. 6^{quinquies} PVÜ verwiesen, indem erklärt wird, dass Marken auch aus anderen als den in Art. 15 Abs. 1 genannten Gründen von der Eintragung ausgeschlossen werden können, soweit diese den Vorschriften der PVÜ entsprechen. Damit bleibt unklar, ob die in Art. 15 Abs. 1 TRIPS ausdrücklich genannten Ausschlussgründe unabhängig von ihrer Vereinbarkeit mit der PVÜ gelten sollen. 8.1

Im Vertrag von Singapur (STLT; → MarkenR Einleitung Rn. 212) wird bestimmt, welche Anforderungen an die zur Darstellung nicht-visueller Marken einzureichenden Anmeldeunterlagen die Mitglieder dieses Vertrages stellen dürfen. Es wird jedoch ausdrücklich erklärt, dass die Mitgliedschaft in diesem Vertrag – dem Deutschland mit Wirkung zum 20.9.2013 beigetreten ist – keine Verpflichtung zum Schutz nicht-visueller Marken bewirkt. 8.2

B. Zur Unterscheidung geeignete Zeichen (Abs. 1)

I. Der Zeichenbegriff des Markenrechts

Im allgemeinsten Sinne ist ein „Zeichen" etwas, das auf etwas anderes zeigt, oder anders ausgedrückt: Etwas Unterscheidbares, dem eine Bedeutung zukommt. Dem entspricht der in der Semiotik etablierte zweigliedrige Zeichenbegriff, der zwischen dem Zeichenausdruck (signifiant) und dem Zeicheninhalt (signifié) unterscheidet. 9

Zu beidem tritt im sog. „semiotischen Dreieck" noch das Objekt, auf das sich Zeichenausdruck und Zeicheninhalt beziehen. Während diese Elemente in fast allen Modellen der Semiotik vorhanden sind, gibt es keine Einheitlichkeit im Hinblick auf die Terminologie. 9.1

In § 3 Abs. 1 wird der Begriff des Zeichens als gegeben vorausgesetzt (Ingerl/Rohnke Rn. 6). Gegenstand der Vorschrift ist nicht die Definition von Zeichen als solche, sondern die Determinierung der **als Marke schutzfähigen Zeichenformen** oder, aus umgekehrter Perspektive, die Abgrenzung prinzipiell schutzfähiger Zeichenformen von solchen Zeichen, die keinesfalls als Marke geschützt werden können. Ausschlaggebend für diese Abgrenzung ist es, ob das Zeichen „geeignet ist, die Waren und Dienstleistungen eines Unternehmens von denjenigen anderer Unternehmen zu unterscheiden" (Unterscheidungseignung). An dieser, den Mindestinhalt einer Marke umreißenden Funktionsbeschreibung ist die Prüfung auszurichten, ob ein Zeichen dem Markenschutz zugänglich und damit (abstrakt) **markenfähig** ist. Weitere Voraussetzungen werden in § 3 Abs. 1 nicht genannt; insbesondere stellt es kein generelles Kriterium der Markenfähigkeit dar, dass das Zeichen grafisch darstellbar ist (→ Rn. 25; → § 4 Rn. 30). 10

Daraus, dass das Zeichen zur Unterscheidung geeignet sein muss, ergibt sich, dass es sich nicht darauf beschränken kann, eine dem Objekt der Kennzeichnung immanente Eigenschaft zu sein; es muss vielmehr über dieses hinausweisen können, in dem Sinne, dass es die Fähigkeit besitzen muss, eine **Aussage über das Kennzeichnungsobjekt** an Dritte **zu kommunizieren**. Hieraus ist die grundlegende Forderung abzuleiten, dass die Marke gegenüber der gekennzeichneten Ware oder Dienstleistung **selbstständig** sein muss (so bereits die frühere Rechtsprechung; s. etwa BGH GRUR 1969, 292 – Buntstreifensatin I; eingehend Fezer Rn. 334 ff.). Dabei besteht Einigkeit darüber, dass damit lediglich die Möglichkeit der gedanklichen Trennung der Marke in ihrer kommunikativen Funktion von dem materiellen Substrat der Kennzeichnung gemeint ist; Selbstständigkeit in physischem Sinne ist nicht erforderlich (BGH GRUR 2008, 71 Rn. 11 – Fronthaube; GRUR 2006, 679 Rn. 12 – Transformatorengehäuse; GRUR 2001, 56 f. – Likörflasche). 11

Das Erfordernis der Selbstständigkeit impliziert zugleich, dass das Zeichen **sinnlich wahrnehmbar** sein muss; anderenfalls kann es keine eigenständige Kommunikationswirkung entfalten. 12

MarkenG § 3 Teil 2 Voraussetzungen, Inhalt und Schranken etc.

II. Abstrakte Markenfähigkeit

13 Sinn und Zweck des Markenschutzes – und daher auch integrales Element der Markenfähigkeit – ist nicht die Produktdifferenzierung als solche, sondern die Unterscheidung von Waren und Dienstleistungen **nach Maßgabe der kommerziellen Herkunft.** Um als Marke schutzfähig zu sein, ist es daher nicht ausreichend, dass ein Zeichen prinzipiell unterscheidungs- und damit kommunikationsgeeignet ist; hinzutreten muss, dass es die Fähigkeit besitzt, die kommerzielle Quelle des gekennzeichneten Leistungsangebots zu identifizieren und dadurch die Unterscheidung der so gekennzeichneten Waren und Dienstleistungen von solchen aus anderer Quelle zu gewährleisten. Soweit Zeichen daher ausschließlich geeignet sind, auf physikalische Eigenschaften der Waren oder auf sonstige produkt- oder dienstleistungsimmanente Besonderheiten hinzuweisen, sind sie nicht markenfähig.

13.1 Allerdings sind Zeichenformen, die bereits als solche nicht (auch) der Unterscheidung der kommerziellen Herkunft dienen können, kaum vorstellbar. Die Frage, ob einem Zeichen eine Unterscheidungsfunktion innewohnt, entscheidet sich regelmäßig auf der Stufe der konkreten Schutzfähigkeit; im Hinblick auf die abstrakte Markenfähigkeit stellt sie sich in der Regel nicht. Unter diesem Gesichtspunkt erscheinen die bei Fezer Rn. 360 genannten Beispiele nicht markenfähiger Zeichen (Testplaketten, Prüf- oder Kontrollzeichen) nicht als überzeugend: Ihrer Form nach sind solche Zeichen durchaus abstrakt markenfähig; aufgrund ihrer besonderen Zweckbestimmung fehlt ihnen lediglich die **konkrete Eignung,** die kommerzielle Herkunft von Waren oder Dienstleistungen anzugeben und zu unterscheiden.

14 Im Rahmen von § 3 Abs. 1 ist die Eignung des Zeichens, zur Unterscheidung von Waren oder Dienstleistungen zu dienen, lediglich **abstrakt festzustellen.** Es kommt nicht darauf an, ob das Zeichen konkrete Unterscheidungskraft besitzt (→ Rn. 17). Es muss lediglich denkbar sein, dass ein Zeichen der betreffenden Art markenrechtlichen Unterscheidungszwecken dienen kann. Dabei ist sowohl von der ggf. zu bezeichnenden Waren und Dienstleistungen als auch von der Person des Inhabers abzusehen (BGH GRUR 2001, 240 f. – SWISS ARMY).

15 Unerheblich ist auch, ob der Anmelder des Zeichens **geschäftliche Aktivitäten** betreibt, in deren Rahmen das Zeichen verwendet wird oder verwendet werden kann. Dem Umstand, dass die Marke gemäß § 3 Abs. 1 geeignet sein muss, die Waren und Dienstleistungen „eines Unternehmens" von denjenigen anderer zu unterscheiden, kann keinesfalls entnommen werden, dass der Anmelder „Unternehmer" sein muss; der Begriff wird in untechnischem Sinne verwandt, um zum Ausdruck zu bringen, dass das Zeichen auf die kommerzielle Herkunft von Waren oder Dienstleistungen hinweisen können muss.

15.1 Das im WZG geltende Geschäftsbetriebserfordernis wurde mit dem Erstreckungsgesetz von 1992 abgeschafft (→ MarkenR Einleitung Rn. 36 f.). Die Tätigkeit des Erwerbers einer Marke ist für die Vornahme der Anmeldung und die Inhaberschaft ohne Belang (§ 7). Allenfalls kann mangelnder Benutzungswillen zur Ungültigkeit der Marke wegen bösgläubiger Anmeldung führen (→ § 8 Rn. 829 ff.) zur Bedeutung fehlenden Benutzungswillens s. BGH GRUR 2001, 242 – Classe E). Von diesen Ausnahmefällen abgesehen sind die unter Geltung des WZG problematisierten Kategorien der „Vorrats-" und „Defensivmarken" nicht mehr aktuell.

15.2 Auch die Begriffe der „Waren" und „Dienstleistungen", deren Unterscheidung die Marke dienen soll, sind in einem weiten, offenen Sinn auszulegen (so für Dienstleistungen des Einzelhandels EuGH C-418/02, GRUR 2005, 764 Rn. 52 – Praktiker; ebenso für die Dienstleistung der Zusammenstellung von Dienstleistungen EuGH C-420/13, GRUR 2014, 869 Rn. 34 f. – NETTO); kein Gegenstand einer wirtschaftlichen Tätigkeit ist insoweit per se ausgenommen. Davon zu unterscheiden ist die Frage, ob die Angabe der Waren und Dienstleistungen, für die die Marke geschützt werden soll, konkret und eindeutig genug ist, um den Erfordernissen des Eintragungsverfahrens gerecht zu werden (EuGH C-307/10, GRUR 2012, 822 – IP TRANSLATOR; für Einzelhandelsdienstleistungen s. EuGH C-418/02, GRUR 2005, 764 Rn. 49 ff. – Praktiker; zum Fall „NETTO" (BPatG GRUR 2013, 937 (Vorlagebeschluss); EuGH C-420/13, GRUR 2014, 869); → Rn. 22.

16 Unterscheidungsgeeignet und damit regelmäßig abstrakt markenfähig sind insbesondere Kennzeichnungsmittel, die ohne weiteres als – häufig sogar physisch getrennte oder abtrennbare – **Zutaten zur Ware oder Dienstleistung** erscheinen, wie typischerweise auf Etiketten angebrachte oder in Geschäftspapieren aufgeführte Wort-, Bild- oder Wort/Bildmarken.

Zeichencharakter können aber auch alle anderen Charakteristika einer Ware oder Dienstleistung haben, die dem Objekt der Kennzeichnung mit gewisser Permanenz anhaften und sinnlich wahrnehmbar sind, selbst wenn es sich dabei in erster Linie um Eigenschaften der Ware (Form, Farbe, Geruch, Geschmack) oder um Begleitumstände der Dienstleistung (Ausgestaltung von Geschäftslokalen, Kleidung der Angestellten) handelt. Im Einklang mit dem Erfordernis der Selbstständigkeit (→ Rn. 11) sind solche Merkmale der Ware bzw. Dienstleistung (nur) dann unterscheidungsgeeignet und markenfähig, wenn sie über ihren konkreten Waren- bzw. Dienstleistungsbezug hinaus in der Wahrnehmung der Adressaten als Hinweis auf die betriebliche Quelle des Leistungsangebots dienen können. Zur Bejahung der abstrakten Markenfähigkeit genügt dabei bereits die bloße Möglichkeit, dass das Zeichen die erforderliche gedankliche Selbständigkeit gegenüber dem Kennzeichnungssubstrat besitzt.

Zumindest soweit es um Unternehmenskennzeichen geht, ist seit langem anerkannt, dass die Ausgestaltung von Geschäftsräumen ebenso wie sonstige Merkmale der „corporate identity" zur Unterscheidung dienen und daher gemäß § 5 Abs. 2 S. 2 geschützt werden können (→ § 5 Rn. 60 ff.). Für Dienstleistungsmarken kann insoweit nichts anderes gelten. Dass es das BPatG für erforderlich gehalten hat, diese Frage dem EuGH vorzulegen (BPatG GRUR 2013, 932 – Apple; zur Entscheidung des EuGH C-421/13, GRUR 2014, 866 – Apple; → Rn. 31.2), lässt sich allenfalls dadurch erklären, dass auf diese Weise eine europaweit einheitliche Handhabung (die als einzige mit Art. 3 RL (EU) 2015/2436 vereinbar ist; → Rn. 31) sichergestellt werden sollte. **16.1**

Von der abstrakten Markenfähigkeit iSv § 3 Abs. 1 zu unterscheiden ist die **konkrete** **17** **Schutzfähigkeit** (bzw. Eintragbarkeit) der Marke. Diese ist primär auf der Grundlage des in § 8 Abs. 2 enthaltenen Katalogs der absoluten Schutzhindernisse zu beurteilen. Erst auf dieser Stufe wird geprüft, ob die Marke ihrem Unterscheidungszweck im Hinblick auf die zu bezeichnenden Waren und Dienstleistungen tatsächlich gerecht wird bzw. ob sie aus anderen Gründen vom Schutz auszuschließen ist.

§ 8 Abs. 2 kommt im Rahmen des Anmeldeverfahrens zur Anwendung und bezieht sich daher nur **17.1** auf eingetragene Marken. Für Benutzungsmarken gelten jedoch die gleichen Grundsätze, da der von § 4 Nr. 2 geforderte Erwerb von Verkehrsgeltung notwendig Unterscheidungskraft sowie das Fehlen besonderer Freihaltungsbedürfnisse voraussetzt. Für notorisch bekannte Marken gilt Entsprechendes. Einer analogen Anwendung von § 8 Abs. 2 auf Benutzungsmarken bedarf es insoweit nicht (→ § 4 Rn. 33 mN; aA Szalai MarkenR 2012, 8 (12)). Ob die analoge Anwendung von § 8 Abs. 2 Nr. 4–10 angebracht ist (in diesem Sinne → § 4 Rn. 34), oder ob das Bestehen einer Gesetzeslücke zu verneinen ist, da insoweit andere rechtliche Handhaben (insbesondere das Lauterkeitsrecht im Hinblick auf täuschende und sittenwidrige sowie bösgläubig in Benutzung genommene Zeichen) zur Verfügung stehen, kann hier dahinstehen.

III. Bestimmtheit des Zeichens

Von dem zuvor dargestellten, weiten Zeichenbegriff ausgehend lässt sich kaum eine Beson- **18** derheit oder Eigenschaft einer Ware oder Dienstleistung vorstellen, die nicht zugleich Zeichenqualität hat oder haben kann. Um zu verhindern, dass dies zu einem Ausufern des Markenschutzes führt, hat der EuGH in der Entscheidung „Dyson" (EuGH C-321/03, GRUR 2007, 231) gefordert, dass bereits bei der Beurteilung der Zeichenqualität einer Anmeldung zu berücksichtigen ist, inwieweit sich der Anmelder durch die Eintragung des Zeichens einen **ungerechtfertigten Wettbewerbsvorteil** verschaffen würde. Dies wäre dann der Fall, wenn sich das angemeldete Zeichen – im konkreten Fall: Die Durchsichtigkeit des Auffangbehälters eines Staubsaugers – auf eine Vielzahl unterschiedlicher Erscheinungsformen erstrecken würde und damit unbestimmt wäre. Würde eine inhaltlich so unbestimmte Angabe als Marke eingetragen, dann könnte der Inhaber verhindern, dass seine Wettbewerber Staubsauger anbieten, auf deren äußerer Oberfläche sich irgendeine Art von durchsichtigem Auffangbehälter gleich welcher Form befände (EuGH C-321/03, GRUR 2007, 231 Rn. 38 – Dyson); dies würde dem Zweck von Art. 3 RL (EU) 2015/2436 zuwiderlaufen. Unter Hinweis auf diese Rechtsprechung bestätigte der BGH die Zurückweisung der Anmeldung einer „variablen Marke" durch das BPatG, bei der lediglich die Farbe sowie ein gewisser Rahmen („rechteck-ähnlich geometrische Figur mit zwei parallelen Begrenzungslinien in einer Längsrichtung und einer geraden Begrenzungslinie und einer sich nach außen gewölbenden kreisbogenförmigen Begrenzungslinie in einer zur Längsrichtung rechtwinkligen Querrichtung") samt Beispielen für Ausprägungen dieser Figur angegeben worden waren (BGH GRUR 2013, 1046 Rn. 21 – Variable Bildmarke). Im gleichen Sinne wurde vom BPatG die Anmeldung eines Strichcode-Systems zurückgewiesen, durch das eine lediglich dem Konzept nach definierte, in der konkreten Erscheinungsform variierende Anbringung des Codes auf Buchrücken geschützt werden sollte (BPatG GRUR 2008, 416 – Strichcode).

18.1 Dem Freihaltungsinteresse der Wettbewerber wird üblicherweise auf anderer Ebene – vor allem bei den absoluten Schutzhindernissen sowie im Rahmen des Schutzausschlusses für funktionale Formgebungen – Rechnung getragen. Dass zur Verhinderung ungerechtfertigter Wettbewerbsvorteile bereits die Unterscheidungseignung des Zeichens verneint wird, ist daher auf Ausnahmefälle beschränkt, wie sie in den konkreten Konstellationen vorlagen. Der in Rn. 39 der EuGH-Entscheidung (EuGH C-321/03, GRUR 2007, 231 – Dyson) enthaltene Satz, Gegenstand der fraglichen Markenanmeldung sei eine „bloße Eigenschaft" der betreffenden Ware und könne infolgedessen kein „Zeichen" iSv Art. 3 RL (EU) 2015/2436 (bzw. seinerzeit: Art. 2 RL 2008/95/EG) sein, lässt sich jedenfalls nicht verallgemeinern, denn auch Farbe, Form oder Geruch sind ja primär Eigenschaften einer Ware, ohne dass ihre Unterscheidungseignung dadurch per se ausgeschlossen wäre.

18.2 Wegen fehlender Bestimmtheit für löschungsreif erklärt wurde vom britischen Court of Appeals das unter anderem für Brettspiele und deren Wiedergabe per Computer eingetragene Zeichen „dreidimensionale, elfenbeinfarbige Kachel, auf deren oberer Fläche ein Buchstabe des römischen Alphabets von A–Z und eine Ziffer von 1–10 angegeben ist". Ziel der Eintragung war es, die Gestaltung der Grundelemente des Spielkonzepts von „Scrabble" zu schützen (J.W. Spears ua/Zynga, [2013] EWCA Civ 1175).

19 Da das Bestimmtheitserfordernis ein generelles Merkmal der Markenfähigkeit darstellt, gilt es auch für **Benutzungsmarken.** Es ist daher nicht möglich, Schutz für die (nicht als Marke eingetragene) Kombination zweier Farben in Anspruch zu nehmen, die in jeder beliebigen Anordnung und Kombination auch mit anderen Farben Verwendung finden können (BGH GRUR 2009, 783 Rn. 33 – UHU). Insoweit finden entsprechende Grundsätze Anwendung, wie sie der EuGH für die grafische Darstellung von Farbkombinationsmarken aufgestellt hat (→ Rn. 39).

20 In der Regel bezieht sich der auf der Grundlage von § 3 Abs. 1 bzw. Art. 3 RL (EU) 2015/2436 erhobene Einwand mangelnder Bestimmtheit primär auf die **Form der Darstellung** (bzw. bei Benutzungsmarken: auf die Bestimmtheit des geltend gemachten Anspruchs) und nicht so sehr auf die Art des Zeichens als solche. So hat das BPatG einer als IR-Marke registrierten Produktgestaltung (Schokoladestäbchen in Form einer Weinranke) den Schutz wegen mangelnder Bestimmtheit der Darstellung entzogen, da sich die dreidimensionalen Elemente der Ware aus der Darstellung nicht erschließen ließen (BPatG GRUR 2012, 283 f. – Schokoladestäbchen). Der BGH bestätigte, dass die Bestimmtheit der Darstellung Bestandteil des ordre public sei, so dass die Schutzentziehung in Fällen, in denen dies nicht gewährleistet ist, mit den Schutzversagungsgründen gemäß Art. 6^{quinquies} B Nr. 3 PVÜ in Einklang steht (→ Rn. 104); die vom BPatG im konkreten Fall gestellten Anforderungen wurden jedoch als überzogen erachtet (BGH GRUR 2013, 929 f. – Schokoladestäbchen II). Nach Rückverweisung an das BPatG wurde dem Antrag auf Schutzentziehung im Hinblick auf Schokoladenerzeugnisse wegen mangelnder Unterscheidungskraft iSv § 8 Abs. 2 Nr. 1 stattgegeben. Im Hinblick auf die Ware Kakao wurden hingegen keine Hinderungsgründe für die Schutzerstreckung festgestellt, da die Form des Zeichens insoweit von der Branchenüblichkeit abweicht (BPatG BeckRS 2016, 08048 unter II C 1a, 3).

21 In seiner Entscheidung übt das BPatG deutliche Kritik an der Beurteilung des Falles durch den BGH, der mit dem Hinweis darauf, dass die bildliche Darstellung des Zeichen entgegen den Erkenntnissen des BPatG einen runden Querschnitt aufweise, eine (dem erkennenden Senat zufolge fehlerhafte) Tatsachenfeststellung getroffen und seine Kompetenzen damit überschritten habe (BPatG BeckRS 2016, 08048 unter II.A.).

22 Während das Bestimmtheitserfordernis zumeist im Zusammenhang mit der Spezifizierung (und Darstellung) des Kennzeichens akut wird, können auch auf der Seite der Waren und Dienstleistungen Probleme auftreten, wenn sich ein Zeichen auf eine unbestimmte und für Wettbewerber unvorhersehbare Vielzahl von Waren oder Dienstleistungen erstrecken kann, ohne dass der Schutzbereich durch die Eintragung in den entsprechenden Klassen konkretisiert würde. Die Möglichkeit der Eintragung von Einzelhandels-Dienstleistungsmarken bzw.

die insoweit zu beachtenden Bestimmtheitserfordernisse waren daher zunächst umstritten. In der Praktiker-Entscheidung (EuGH C-418/02, GRUR 2005, 764 Rn. 52) hat der EuGH insoweit erklärt, dass es für die Zwecke der Eintragung von Einzelhandelsdienstleistungsmarken erforderlich, aber auch ausreichend sei, nähere Angaben in Bezug auf die Waren oder Arten von Waren zu machen, auf die sich die Dienstleistungen beziehen (dem EuGH folgend auch BPatG GRUR 2006, 63 – Einzelhandelsdienstleistungsmarke II). Entsprechend wurde es im Hinblick auf die Anmeldung einer Dienstleistungsmarke für die Zusammenstellung von Dienstleistungen iSv Art. 2 RL (EU) 2015/2436 für ausreichend erachtet, dass die Dienstleistungen, auf die sich die Zusammenstellung bezieht, präzisiert werden, während die dafür erforderlichen Tätigkeiten nicht im Einzelnen angegeben werden müssen (EuGH C-420/13, GRUR 2014, 869 Rn. 34 f. – NETTO).

IV. Sonstige Voraussetzungen der Markenfähigkeit

Die meisten der zur Markenfähigkeit ergangenen EuGH-Entscheidungen befassen sich mit dem Kriterium der grafischen Darstellbarkeit des Zeichens gemäß Art. 2 RL 2008/95 und Art. 4 GMV. Grundlegend ist insoweit die Sieckmann-Entscheidung (EuGH C-273/00, GRUR 2003, 145), der zufolge die grafische Darstellung **klar, eindeutig, in sich abgeschlossen, leicht zugänglich, verständlich, dauerhaft und objektiv** sein muss (Sieckmann-Kriterien). 23

Die in den Sieckmann-Kriterien (→ Rn. 23) zum Ausdruck gebrachten Anforderungen an die Präzision und Verlässlichkeit der Darstellung von Zeichen bleiben auch nach der durch die RL (EU) 2015/2436 bewirkten Abschaffung des Erfordernisses der grafischen Darstellbarkeit maßgeblich, soweit Marken zur Eintragung angemeldet werden. Es ist daher ohne praktische Relevanz, ob diese Anforderungen bei § 8 Abs. 1 oder (teilweise) bereits bei § 3 Abs. 1 geprüft werden. Hingegen richtet sich die **Markenfähigkeit nicht eingetragener Marken** ausschließlich nach § 3, so dass die Kriterien des EuGH – wenn überhaupt – nur dort Berücksichtigung finden können. 24

Von einem Teil der Literatur wurde ursprünglich die Auffassung vertreten, das Erfordernis der grafischen Darstellbarkeit sei als **generelle Voraussetzung** des – einheitlich konzipierten – Markenschutzes in der EU anzusehen und beanspruche somit auch für Benutzungsmarken Verbindlichkeit. Angesichts des eindeutigen Wortlauts von Art. 1 RL (EU) 2015/2436 („Diese Richtlinie findet auf … Marken Anwendung, die … angemeldet oder eingetragen sind") wurde diese Auffassung vom BGH zurückgewiesen (BGH GRUR 2009, 783 Rn. 28 ff. – UHU; eingehend → § 4 Rn. 30). 25

Eine glatte Übertragung der Grundsätze der EuGH-Rechtsprechung auf nicht eingetragene Marken kommt zudem bereits deswegen nicht in Betracht, weil sie sich **auf die Form der** mit der Anmeldung eingereichten **Darstellung** beziehen, die selbst bei eindeutig unterscheidungs- und damit prinzipiell markenfähigen Zeichen unter Umständen unzureichend sein kann (so etwa bei Farbmarken; → Rn. 38). Über die Markenfähigkeit als solche sagen die Sieckmann-Kriterien (→ Rn. 23) hingegen nichts aus. Ihre Beachtung außerhalb des Eintragungsverfahrens kommt daher lediglich insoweit in Betracht, als sie **übergeordnete Rechtsgrundsätze** zum Ausdruck bringen, die nicht nur die im Einzelfall gewählte Form der Darstellung, sondern das Zeichen als solches betreffen. Ferner muss es sich um Grundsätze handeln, die nicht allein den besonderen Anforderungen des Registerrechts geschuldet sind. 26

Als ein solcher übergeordneter Rechtsgrundsatz ist insbesondere das Erfordernis der **Klarheit und Eindeutigkeit** des Zeichens zu betrachten, das auch für Benutzungsmarken gilt (BGH GRUR 2009, 783 Rn. 30 – UHU; → Rn. 19). Dem entspricht, dass die vom EuGH für das weitgehend inhaltsgleiche Erfordernis der Bestimmtheit gegebene Begründung – dass anderenfalls der Markenschutz zu ungerechtfertigten Wettbewerbsvorteilen führen würde – nicht auf Registerrechte beschränkt ist, sondern sinngemäß für alle Rechte gilt, denen durch den Markenschutz eine exklusive Marktposition zugewiesen wird (EuGH C-321/03, GRUR 2007, 231 Rn. 38 – Dyson; → Rn. 18). 27

Generelle Bedeutung kommt auch dem Aspekt zu, dass das Zeichen **in sich abgeschlossen** sein muss. Um ihrer Unterscheidungsfunktion gerecht werden zu können, muss eine Marke einem einheitlichen, innerhalb eines kurzen Zeitmoments erfahrbaren Sinneseindruck zugänglich sein. Auf visuelle Marken bezogen, muss das Zeichen „auf einen Blick" erfassbar 28 sein, um in der Entscheidungssituation – typischerweise bei der Auswahl zwischen verschiedenen Angeboten beim Einkauf – seine Aufgabe marktgerecht erfüllen zu können; entsprechendes gilt für andere Sinneseindrücke (Fezer Rn. 341 ff. spricht von der „Geschlossenheit des Gesamteindrucks"). Umfangreiche Texte (zu Slogans → Rn. 33) oder längere Bildfolgen sind daher ebenso wenig geeignet, zur Unterscheidung der betrieblichen Herkunft von Waren oder Dienstleistungen zu dienen, wie komplexe Tonwerke.

28.1 Dieses Erfordernis entspricht in Sinn und Zweck dem im deutschen Markenrecht seit langem etablierten Grundsatz der „Einheitlichkeit" der Marke. Dieser Grundsatz ist allerdings nicht wörtlich in dem Sinne zu verstehen, dass eine Marke lediglich einen einzigen Bestandteil aufweisen darf; es ist allgemein anerkannt, dass sich die Unterscheidungswirkung gerade aus dem Zusammenspiel mehrerer Elemente (Worte, grafische Elemente, Farben etc) ergeben kann (Ingerl/Rohnke Rn. 8).

29 Die Erfordernisse der leichten Zugänglichkeit und Verständlichkeit beziehen sich hingegen primär auf die grafische Darstellung und sind für die Markenfähigkeit von Zeichen im Allgemeinen nicht von entscheidender Bedeutung. Allenfalls lässt sich sagen, dass ein Zeichen in dem Sinne **verständlich** sein muss, dass es von den Adressaten der Unterscheidungsfunktion – dh von potenziellen Nachfragern der Waren oder Dienstleistungen – wahrgenommen werden kann. Dies gilt nicht für Lichtwellen oder Tonfrequenzen, die außerhalb des von Menschen wahrnehmbaren Spektrums liegen, selbst wenn sie von nicht-menschlichen Hörern (zB Haustieren) als Farbeffekte oder Tonfolgen erkannt werden können.

29.1 Solche Zeichen können von Menschen allenfalls mittelbar dadurch wahrgenommen werden, dass sie bei den direkten „Adressaten" zu bestimmten Reaktionen führen. Anders als die indirekte grafische Darstellung eines Zeichens, das als solches sinnlich wahrnehmbar ist (→ Rn. 41), sind solche sekundären Anzeichen aber viel zu unsicher, um Zeichenqualität iSd MarkenG entfalten zu können.

30 Dass als Voraussetzung der Markenfähigkeit auch eine gewisse **Dauerhaftigkeit und Objektivität** des Zeichens bzw. seiner Wahrnehmung durch die beteiligten Verkehrskreise zu fordern sind, folgt für Benutzungsmarken sowie für notorisch bekannte Marken bereits daraus, dass sich anderenfalls der Erwerb von Verkehrsgeltung bzw. die notorische Bekanntheit kaum feststellen ließen. Was sich ständig wandelt und/oder bei verschiedenen Adressaten zu unterschiedlichen subjektiven Wahrnehmungen führt, besitzt nicht das Potenzial für den Nachweis einer hinreichend breiten und stabilen Verkehrsauffassung, durch die das Vorliegen konkreter Unterscheidungskraft belegt werden könnte.

30.1 Insoweit werden von dem Erfordernis der Verkehrsgeltung – ebenso wie von der notorischen Bekanntheit – im Hinblick auf die Gewährleistung von Transparenz und Rechtssicherheit die gleichen Aufgaben wahrgenommen, die bei den Registerrechten vom Erfordernis der grafischen Darstellbarkeit erfüllt werden; zwischen beiden besteht somit weitgehend funktionelle Äquivalenz. Die in der früheren Literatur geführte Diskussion darüber, ob dem Kriterium der grafischen Darstellbarkeit ungeachtet der auf eingetragene Marken begrenzten Geltung der RL 2008/95/EG allgemeine Bedeutung für die Markenfähigkeit von Zeichen zukommt (→ Rn. 25; → § 4 Rn. 30), war somit schon aus diesem Grund im praktischen Ergebnis weitgehend gegenstandslos.

V. Einzelne Zeichenformen

1. Grundsätzliches

31 Als Regelbeispiele schutzfähiger Zeichenformen werden in Art. 3 RL (EU) 2015/2436 „Wörter einschließlich Personennamen, oder Abbildungen, Buchstaben, Zahlen, Farben, die Form oder Verpackung der Ware oder Klänge" genannt. In § 3 Abs. 1 heißt es statt „Form oder Verpackung der Ware" „dreidimensionale Gestaltungen einschließlich der Form einer Ware oder ihrer Verpackung sowie sonstige Aufmachungen einschließlich Farben und Farbzusammenstellungen". Da die Aufzählung lediglich **beispielhafte Bedeutung** hat, kommt es auf die unterschiedlichen Formulierungen nicht an; bei der gebotenen, europarechtskonformen Auslegung ist allein die Unterscheidungseignung des Zeichens maßgeblich (EuGH C-283/01, GRUR 2004, 54 Rn. 37 – Shield Mark/Kist).

31.1 Das BPatG hatte ursprünglich aus der Formulierung von § 3 Abs. 1 geschlossen, dass Farben und Farbkombinationen nur als „(sonstige) Aufmachung" geschützt werden können. In Anlehnung an den

Als Marke schutzfähige Zeichen § 3 MarkenG

Ausstattungsbegriff gemäß § 25 WZG wurde daraus gefolgert, dass konturlose Farben und Farbkombinationen nicht geschützt werden können (BPatG GRUR 1998, 574 (576) – Schwarz/Zink-Gelb). Vom BGH wurde diese Ansicht mit der Begründung zurückgewiesen, dass § 3 Abs. 1 der Umsetzung von Art. 2 RL 89/104/EWG dient, aus dem sich eine entsprechende Einschränkung – die auch im Übrigen nicht von Inhalt und Zielsetzung der Richtlinie gedeckt ist – entnehmen lässt. Für die Auslegung des MarkenG sei in erster Linie die RL 89/104/EWG heranzuziehen; ein Rückgriff auf das frühere Recht (WZG) dürfe nicht erfolgen (BGH NJW 1999, 1186 f. – Farbmarke Schwarz-Gelb).

Rechtlich irrelevant ist daher auch, dass in § 3 Abs. 1 (ebenso wie in Art. 2 RL 2008/95/EG) **31.2** lediglich die „Aufmachung der Ware", nicht jedoch die Aufmachung von Dienstleistungen erwähnt wird. Die dem EuGH vom BPatG vorgelegte Frage, ob sich daraus der Gegenschluss ergeben könnte, dass Dienstleistungsaufmachungen kein schutzfähiges Zeichen iSv Art. 2 RL 2008/95/EG sind (BPatG GRUR 2013, 932 – Apple), hätte sich ohne weiteres in negativem Sinne beantworten lassen können. Der EuGH gibt eine solche klarstellende Antwort allerdings nicht, sondern weist eher missverständlich darauf hin, dass die vom Anmelder eingereichte Darstellung selbst zweifellos geeignet sei, als Marke geschützt zu werden, ohne dass es darauf ankomme, ob eine solche Abbildung auch als „Aufmachung, in der sich eine Dienstleistung verkörpert" der „Aufmachung einer Ware" iSv Art. 2 RL 2008/95/EG gleichgestellt werden könne (EuGH C-421/13, GRUR 2014, 866 Rn. 18 f. – Apple). Hier hat es der EuGH offenbar versäumt, die Form der Darstellung von der Form des beanspruchten Zeichens zu unterscheiden. Ob und ggf. welche Auswirkungen sich daraus für den Schutzumfang oder die rechtserhaltende Benutzung ergeben, bleibt dabei offen.

2. Wörter einschließlich Personennamen, Buchstaben und Zahlen

Wortmarken stellen zusammen mit Bild- und Wortbildmarken die wichtigste und am **32** häufigsten verwandte Form von Marken dar. Dass Wörter – in Alleinstellung oder in Kombination mit anderen Elementen – prinzipiell markenfähig sind, unterliegt keinem Zweifel. Dasselbe gilt für die in Art. 3 RL (EU) 2015/2436 sowie in § 3 Abs. 1 ausdrücklich genannten Personennamen, Buchstaben und Zahlen. Der Schutz solcher Zeichen kann daher **nur im Einzelfall** zB wegen fehlender Unterscheidungskraft oder wegen des beschreibenden oder üblichen Charakters des Zeichens im Hinblick auf die konkreten Waren oder Dienstleistungen scheitern (für eingetragene Marken s. § 8); die Markenfähigkeit kann ihnen jedoch nicht abgesprochen werden.

Wortmarken wurden erst mit dem WZG von 1894 als eintragungsfähig anerkannt; zuvor wurden **32.1** lediglich Bildzeichen zur Eintragung zugelassen (→ MarkenR Einleitung Rn. 26). Aus einzelnen Zahlen oder Buchstaben bestehende Zeichen wurden nach dem WZG zwar als prinzipiell schutzfähig, jedoch als grundsätzlich freihaltebedürftig betrachtet; sie konnten daher nur aufgrund nachgewiesener Verkehrsdurchsetzung eingetragen werden. Solche Anforderungen können auf der Grundlage des MarkenG nicht gestellt werden. Auf der anderen Seite lässt sich die Unterscheidungskraft einzelner Zahlen oder Buchstaben häufig nicht ohne weiteres bejahen; ferner kommt es darauf an, ob insoweit Freihaltebedürfnisse bestehen (eingehend → § 8 Rn. 260 ff.).

Prinzipiell markenfähig sind auch Slogans, ungeachtet dessen, dass sie weder in § 3 Abs. 1 **33** noch in Art. 3 RL (EU) 2015/2436 erwähnt werden. Es ist allgemein anerkannt, dass prägnante Wortfolgen, wie sie für Slogans charakteristisch sind, zur Unterscheidung von Waren und Dienstleistungen nach ihrer betrieblichen Herkunft geeignet sind. Auch solchen Zeichenformen kann daher lediglich die konkrete Schutzfähigkeit, nicht jedoch die abstrakte Markenfähigkeit fehlen. Dies gilt allerdings nur für Wendungen, die sich aufgrund ihrer Kürze tatsächlich als Slogans eignen, indem sie eine **Werbebotschaft schlagwortartig auf den Punkt bringen.** Längere Texte, in denen die Besonderheiten des Angebots beschrieben werden, eignen sich ebenso wenig dazu, als Marke zu dienen, wie Essays oder fiktive Geschichten, die das zu bezeichnende Produkt charakterisieren.

3. Abbildungen

Markenfähig sind auch Abbildungen aller Art ungeachtet ihres Komplexitätsgrades, soweit **34** sie in sich abgeschlossen sind. Dieses Erfordernis schließt **Bildfolgen** nicht generell aus; die Grenze der Markenfähigkeit dürfte jedoch dann erreicht sein, wenn sich die Bildelemente nicht mehr in einem einheitlichen Sinneseindruck erfassen lassen, sondern einen längeren „Lesevorgang" erfordern.

35 Ohne Belang für die Markenfähigkeit von Abbildungen ist auch, ob die Darstellung flächig erscheint oder einen dreidimensionalen Eindruck ergibt. Handelt es sich in letzterem Fall um eine **Abbildung der Ware,** die Gegenstand des Markenschutzes sein soll, finden allerdings ggf. die besonderen Ausschlussgründe des § 3 Abs. 2 Anwendung (→ Rn. 61); ferner fehlt solchen Darstellungen häufig die Unterscheidungskraft (→ § 8 Rn. 403; allgemein zur rechtlichen Gleichbehandlung von Warenformen und deren flächiger Abbildung EuGH verb. Rs. C-337/12 bis C-340/12, BeckEuRS 2014, 752102 – Pi Design/Yoshida).

4. Warenformen und -verpackungen

36 Dass auch die Form einer Ware sowie ihrer Verpackung vollwertigen Markenschutz erlangen kann, ist im deutschen Recht erst seit der Umsetzung der RL 89/104/EWG durch das MarkenG anerkannt; zuvor konnten Warenformen nur als Ausstattungen gemäß § 25 WZG Schutz erhalten. Da das Markenrecht Schutz von unbegrenzter Dauer gewährt, besteht allerdings ein gewisses **Spannungsverhältnis** zu dem allgemeinen Grundsatz, dass Produktinnovationen nur für eine begrenzte Zeit Schutz (durch Patent- oder Musterrecht) genießen sollen. Die daraus entstehenden Bedenken liegen der Ausschlussregelung von § 3 Abs. 2 zugrunde. Von dieser speziellen Regelung abgesehen unterliegen Warenformen und -verpackungen den gleichen rechtlichen Grundsätzen wie andere Markenformen; allerdings werden sie in der Praxis relativ restriktiv gehandhabt (→ § 8 Rn. 454 ff.).

36.1 In der Literatur wurde erklärt, mit der Aufnahme dreidimensionaler Gestaltungen in den Kreis schutzfähiger Markenformen habe der europäische Gesetzgeber signalisiert, dass er der Schutzgewährung für solche Zeichen betont **positiv** gegenüberstehe (Ullmann NJW-Sonderheft 100 Jahre Markenverband, 2003, 83 ff.; kritisch Kur GRUR Int 2004, 755 (759)). Diese Interpretation geht allerdings zu weit: Dass eine Zeichenform dem Schutz als Marke grundsätzlich zugänglich ist, besagt noch nichts darüber, wie leicht oder schwierig es im Einzelfall ist, diesen Schutz auch tatsächlich zu erlangen.

5. Farben und Farbkombinationen

37 Dass die Farbgebung von Produkten ihrer Zuordnung zu einer bestimmten Herkunftsquelle dienen und damit Unterscheidungsfunktion iSv § 3 Abs. 1 aufweisen kann, ist grundsätzlich unbestritten. Soweit Farben jedoch unabhängig von ihrer konkreten Verbindung mit der Form einer Ware, als **abstrakte Farbmarke,** geschützt werden sollen, wurden zum Teil Zweifel an der Markenfähigkeit geäußert (so insbesondere Generalanwalt Léger in den Schlussanträgen zu EuGH C-104/01, BeckEuRS 2002, 264227 Rn. 86 f. – Libertel); ebenso in den Schlussanträgen zu EuGH C-4/02, BeckEuRS 2004, 388637 Rn. 41 ff. – Heidelberger Bauchemie). Durch die Neuformulierung des Katalogs schutzfähiger Zeichenformen in Art. 3 RL (EU) 2015/2436, der nunmehr auch Farben umfasst, ist insoweit eine Klarstellung erfolgt.

38 Ungeachtet dieser Klärung könnte es sich als problematisch erweisen, dass sich abstrakte Farben und Farbkombinationen auf eine Vielzahl von Erscheinungsformen erstrecken können und damit unbestimmt sind (zur Ablehnung der Markenfähigkeit unter dem Aspekt mangelnder Bestimmtheit s. EuGH C-321/03, GRUR 2007, 231 Rn. 38 – Dyson; → Rn. 18). Im Fall von Farbmarken lässt es der EuGH für das Bestimmtheitserfordernis jedoch genügen, dass die **Farbnuance,** auf die sich der Schutz beziehen soll, durch eine hinreichend genaue grafische Darstellung, unter Heranziehung eines international anerkannten Farbcodes, präzisiert wird (EuGH C-104/01, GRUR 2003, 604 – Libertel; zu Einzelheiten → § 32 Rn. 22 ff.). Bei Farbkombinationen muss hinzukommen, dass die Anmeldung eine systematische Anordnung enthält, in der die betreffenden Farben in vorher festgelegter und beständiger Weise verbunden sind (EuGH C-4/02, GRUR 2004, 858 – Heidelberger Bauchemie; zu Einzelheiten → § 32 Rn. 26 ff.).

38.1 Vor der grundlegenden EuGH-Entscheidung (EuGH C-104/01, GRUR 2003, 604 – Libertel) war bereits eine Reihe von Farbmarken auf der Grundlage anderer, nach Libertel als unzureichend anzusehender Darstellungsformen – wie insbesondere eines Farbmusters – eingetragen worden. Die Rechtsgültigkeit dieser Eintragungen erschien nach der EuGH-Entscheidung als zweifelhaft. In der Praxis wurde den Inhabern solcher Marken durch die Ämter die Möglichkeit geboten, die Anmeldeunterlagen durch die Einreichung weiterer Präzisierungen (insbesondere durch die Bezugnahme auf einen internationalen

Farbcode) „nachzubessern", ohne eine Verschiebung des Prioritätsdatums in Kauf nehmen zu müssen (für Unionsmarken → UMV Art. 4 Rn. 20.1).

Wird für eine Farbkombination eine **Benutzungsmarke** geltend gemacht, sind an die **39** Bestimmtheit des insoweit erhobenen Anspruchs entsprechende Anforderungen wie im Fall der Eintragung zu stellen. So müssen konkrete Angaben zur systematischen Anordnung (zB zur Grundfarbe und zur Schriftfarbe) und zum flächenmäßigen Verhältnis der Farben bei der beanspruchten Benutzungsmarke gemacht werden. Es reicht nicht aus, zwei Farben zu benennen, die in jeder beliebigen Anordnung und Kombination auch mit anderen Farben Verwendung finden können (BGH GRUR 2009, 783 Rn. 33 – UHU).

6. Akustische Marken (Hörmarken)

Es ist unbestritten, dass **akustische Signale** eine Kennzeichnungswirkung entfalten kön- **40** nen. Signaltöne oder sog. „Jingles" können nicht nur Aufmerksamkeit erzeugen, sondern auch als Hinweis auf die Herkunftsquelle von Dienstleistungen (insbesondere Telekommunikationsdienste oder Programmanbieter) sowie von Waren dienen. Dass Hörmarken („Klänge") erst in Art. 3 RL (EU) 2015/2436 ausdrücklich erwähnt werden, während die beispielhafte Aufzählung unterscheidungsgeeigneter Zeichenformen in Art. 2 RL 2008/95/EG ausschließlich visuell wahrnehmbare Zeichen enthielt, ist daher im Ergebnis unerheblich (s. zum bisherigen Recht EuGH C-273/00, GRUR 2003, 145 Rn. 44 – Sieckmann/DPMA; C-283/01, GRUR 2004, 54 Rn. 37 – Shield Mark/Kist).

Da Hörmarken prinzipiell unterscheidungsgeeignet sind und der in Art. 2 RL 2008/95/EG festge- **40.1** legte Zeichenbegriff europaweit einheitlich auszulegen war, blieb es auch nicht der Entscheidung einzelner Mitgliedstaaten überlassen, ob sie solchen Marken Schutz gewähren; soweit die sonstigen Voraussetzungen von Art. 2 RL 2008/95/EG gegeben waren, war die Schutzgewährung vielmehr **zwingend geboten** (EuGH C-283/01, GRUR 2004, 54 Rn. 41 – Shield Mark/Kist).

Während die Unterscheidungseignung als solche daher ohne weiteres bejaht werden kann, **41** können nach derzeit geltendem Recht die Präzision, Zugänglichkeit und Verständlichkeit der grafischen Darstellung bei Hörmarken Probleme bereiten. Da die grafische Darstellung ausschließlich den Sehsinn anspricht, ist für das Verständnis einer akustischen Marke, die mit einem anderen Sinnesorgan wahrgenommen wird, notwendiger Weise ein **gedanklicher Übertragungsprozess** erforderlich. Anders als bei traditionellen Markenformen lässt sich der Gegenstand des Rechtsschutzes daher nicht unmittelbar durch die grafische Darstellung erschließen. Die Schwierigkeiten lassen sich jedoch durch eine indirekte Form der Darstellung überwinden, soweit diese hinreichend präzise ist.

Der EuGH hat grundsätzlich anerkannt, dass auch die Beschreibung des Zeichens eine prinzipiell **41.1** zulässige Form der indirekten Darstellung bildet (EuGH C-273/00, GRUR 2003, 145 Rn. 70 – Sieckmann/DPMA; C-104/01, GRUR 2003, 604 Rn. 34 – Libertel). In der Regel wird die Beschreibung eines Zeichens jedoch nicht hinreichend präzise sein, um den Anforderungen an die grafische Darstellung im Sinne der Anmeldeerfordernisse zu genügen.

Im Zusammenhang mit dem Schutz akustischer Marken zeigt sich in besonderem Maße, **42** dass das Erfordernis der grafischen Darstellbarkeit letztlich wenig zur Rechtssicherheit und Transparenz des Markenregisters beigetragen hat. Durch die **Hinterlegung von Tonträgern** lässt sich der Schutzgegenstand von Hörmarken präziser und sicherer darstellen als durch die Einreichung von Notenschriften und Sonagrammen. Die durch die Markenrechtsreform erfolgte Streichung des Erfordernisses der grafischen Darstellbarkeit (→ Rn. 4; → § 8 Rn. 19) unter Beibehaltung der Sieckmann-Kriterien (→ Rn. 23) dürfte sich in dieser Hinsicht positiv auswirken.

Während nach der grundlegenden Entscheidung des EuGH zum Schutz von akustischen Marken **42.1** (EuGH C-283/01, GRUR 2004, 54 Rn. 54 – Shield Mark/Kist) die grafische Darstellbarkeit für Melodien, die durch Notenschrift wiedergegeben werden, allgemein anerkannt war, blieb die Eintragung bloßer Geräusche problematisch. Dabei war es in der EuGH-Entscheidung – neben den ersten neun Noten des Klavierstücks „Für Elise" von Beethoven – auch um das Krähen eines Hahnes gegangen. Der EuGH verwarf die vom Kläger bei der Anmeldung eingereichten Formen der Darstellung – die Beschreibung des Zeichens als das Krähen eines Hahnes sowie die (im Niederländen gebräuchliche)

MarkenG § 3   Teil 2 Voraussetzungen, Inhalt und Schranken etc.

onomatopoetische Wiedergabe als „Kukelekuuuu" – als unzureichend, weigerte sich aber, zu der Frage Stellung zu nehmen, ob die Darstellung durch Sonagramme oder andere digitale Darstellungsmittel ausreichend sein könnte, da es sich insoweit um eine rein hypothetische Frage handelte, die für die Entscheidung im konkreten Fall keine Rolle spielte. Die Rechtslage blieb insoweit uneinheitlich; so lehnt das DPMA die Eintragung solcher Zeichen wegen fehlender grafischer Darstellbarkeit ab (→ § 32 Rn. 34; zur großzügigeren Praxis des HABM, das die Eintragung von Geräuschen jedenfalls prinzipiell auf der Grundlage von – regelmäßig durch Tonträger begleiteten – Sonagrammen zulässt, → UMV Art. 4 Rn. 18). Ob das DPMA seine restriktive Praxis bis zur Implementierung der RL (EU) 2015/2436 beibehalten wird, erscheint fraglich.

7. Olfaktorische Marken (Duftmarken)

43   Ähnlich wie bei akustischen Marken schließt bei olfaktorischen Marken der Umstand, dass die Wahrnehmung durch einen anderen Sinn als den Sehsinn erfolgt, die Unterscheidungseignung und damit die abstrakte Markenfähigkeit nicht aus (EuGH C-273/00, GRUR 2003, 145 Rn. 44 – Sieckmann/DPMA). Anders als bei Hörmarken gibt es jedoch bisher **keine höchstrichterlich anerkannte Form der grafischen Darstellung,** die die Marke in hinreichend präziser und dauerhafter Form wiedergibt. In der Entscheidung „Sieckmann" wurden die vom Anmelder angebotenen Darstellungsmittel – Beschreibung des Dufts, chemische Formel der Substanz, Hinterlegung einer Geruchsprobe – sämtlich als unzureichend abgelehnt (EuGH C-273/00, GRUR 2003, 145 Rn. 68 ff. – Sieckmann/DPMA; im Ergebnis ebenso EuG T-305/04, GRUR 2006, 327 – Eden SARL/HABM).

44   Zwar hat es vereinzelte Vorstöße, auch von Seiten des EUIPO, gegeben, den Schutz auf Grund von **Beschreibungen** (HABM IIC 1999, 388 – The smell of fresh cut grass; s. auch HABM GRUR 2002, 348 – Der Duft von Himbeeren: Anmeldung wegen fehlender Unterscheidungskraft, nicht jedoch wegen mangelnder grafischer Darstellbarkeit zurückgewiesen) oder Chromatogrammen zuzulassen; bisher haben diese jedoch nicht zum Erfolg geführt (zur Praxis des EUIPO → UMV Art. 4 Rn. 8.1).

45   **Geschmacksmarken** (gustatorische Marken) gelten aufgrund der gleichen Erwägung ebenfalls nicht als grafisch darstellbar und sind somit gleichfalls vom Registerschutz ausgeschlossen (Ströbele/Hacker/Hacker Rn. 77).

45.1   Ob der Schutz olfaktorischer Marken nach dem Wegfall des Erfordernisses der grafischen Darstellung leichter möglich wird und welche Konsequenzen sich daraus ggf. für die Praxis ergeben, bleibt abzuwarten; es erscheint jedoch zweifelhaft. Zwar wird es damit prinzipiell möglich sein, auch die **Hinterlegung einer Duftprobe** als Mittel der Wiedergabe des Zeichens in Betracht zu ziehen; diese Option ist jedoch nur dann zielführend, wenn sie nicht nur eine präzise, sondern auch eine dauerhafte und leicht zugängliche Wahrnehmung des Dufts von Seiten des Amts sowie durch Dritte ermöglicht (zu den insoweit bestehenden technischen Möglichkeiten einschließlich des Verströmens von Duftstoffen über das Internet s. Fezer Rn. 608).

46   Da die grafische Darstellbarkeit im deutschen Recht schon bisher nicht als Erfordernis der Markenfähigkeit angesehen wurde (→ Rn. 25; → § 4 Rn. 30), sind Duftmarken (ebenso wie Geschmacksmarken) prinzipiell **als Benutzungsmarken** schutzfähig. Voraussetzung dafür ist jedoch, dass Verkehrsgeltung nachgewiesen wird. Dies dürfte relativ schwerfallen: So fehlt es zumindest bei komplexen Düften häufig an einem konkreten Wiedererkennungsfaktor, der den Duft in der Wahrnehmung der beteiligten Verkehrskreise als betriebliches Herkunftskennzeichen etablieren könnte. Bisher ist auch kein Fall bekannt geworden, in dem sich der Hersteller eines Parfums (oder eines sonstigen, charakteristisch duftenden Produkts) mit Erfolg auf eine Benutzungsmarke berufen hätte.

46.1   Dass nach der Systematik des MarkenG olfaktorische Marken als Benutzungsmarken geschützt werden können, wegen des Erfordernisses der grafischen Darstellbarkeit jedoch auch dann vom Registerschutz ausgeschlossen bleiben, wenn sie Verkehrsgeltung erlangt haben, stellt nach Auffassung von Fezer eine Ungleichbehandlung dar, die der vom Gesetzgeber erstrebten Gleichbehandlung aller Markenformen widerstreite und auch im Widerspruch zu einer rechtseinheitlichen Entwicklung im internationalen Markenrecht stehe. Es sei daher notwendig, die grafische Darstellbarkeit eines Zeichens im Rechtssinne als allgemeines Merkmal der Markenfähigkeit anzusehen (Fezer Rn. 609). Dem ist jedoch entgegenzuhalten, dass der Gesetzgeber dadurch, dass er die grafische Darstellbarkeit gerade nicht als Merkmal der Markenfähigkeit deklariert hat, bewusst die Möglichkeit des Schutzes als Benutzungsmarke für grafisch

Als Marke schutzfähige Zeichen § 3 MarkenG

nicht darstellbare Zeichen eröffnet und somit die hier vorliegende Ungleichbehandlung in Kauf genommen hat. Dass sich aus dem internationalen Markenrecht zwingende Argumente für eine Gleichbehandlung aller Zeichenformen ergeben würden, lässt sich ebenfalls kaum begründen; insoweit fehlt es an greifbaren Anhaltspunkten. Das Argument von Szalai (MarkenR 2012, 8 (13)), dass die Anwendbarkeit des Erfordernisses der grafischen Darstellbarkeit von Benutzungsmarken aus einer „europarechtskonformen Anwendung" von § 3 folge, übersieht die Beschränkung des Anwendungsbereichs der Richtlinie durch Art. 1 RL 2008/95/EG; ferner wird nicht beachtet, dass die Ausführungen des EuGH in der Sieckmann-Entscheidung ausdrücklich mit den besonderen Anforderungen des Registerverfahrens, und nicht – wie das Kriterium der Bestimmtheit – mit allgemeinen Grundsätzen des Markenrechts als Ausschließlichkeitsrecht begründet werden (EuGH C-273/00, GRUR 2003, 145 Rn. 47 ff. – Sieckmann/DPMA).

8. Sonstige Markenformen

Da die Aufzählung markenfähiger Zeichenformen in § 3 Abs. 1 nicht abschließend ist, **47** sind der Herausbildung weiterer Markenformen keine Grenzen gesetzt; auch die **Aufmachung von Ladenlokalen** oder sonstige Aufmachungselemente von Dienstleistungen sind ohne weiteres hierher zu zählen. Zwar hat der EuGH die entsprechende, ihm vom BPatG vorgelegte Frage nicht explizit beantwortet (EuGH C-421/13, GRUR 2014, 866 – Apple; → Rn. 31.2); die Antwort folgt jedoch aus der Systematik des Gesetzes.

Dass das BPatG die Frage dem EuGH vorgelegt hat (BPatG GRUR 2013, 932 – Apple), war daher **47.1** grundsätzlich überflüssig; s. auch v. Mühlendahl GRUR 2013, 942 f. in der Anm. zu den Vorlagebeschlüssen des BPatG). Eine Rolle hat dabei – neben dem Bestreben, eine europaweit einheitliche Handhabung herbeizuführen – wohl auch gespielt, dass es sich bei der von Apple beantragten Ausstattungsmarke um eine IR-Marke handelt, bei der die Basismarke in den USA für „Verpackungen" eingetragen wurde. Dies entspricht der amerikanischen Rechtsprechung, die die Aufmachung von Restaurants und Geschäftslokalen in rechtlicher Hinsicht Verpackungen gleichstellt und dadurch von reinen Warenformmarken unterscheidet (s. US Supreme Court Two Pesos, Inc. v. Taco Cabana, Inc., GRUR Int 1993, 890 sowie Wal-Mart Stores Inc. v. Samara Bros. Inc., GRUR Int 2000, 812). Da die Aufzählung schutzfähiger Zeichenformen in Art. 3 RL (EU) 2015/2436 lediglich Warenverpackungen nennt, ließ sich die Klassifizierung der Marke nicht glatt in das europäische Begriffsschema einordnen. Dies allein hätte jedoch nicht zum Anlass für eine EuGH-Vorlage genommen werden müssen, zumal der EuGH diese spezielle Frage gar nicht beantwortet sondern lediglich erklärt hat, dass die Abbildung eine Marke sein könne und es daher auf die vom BPatG gestellte Frage nicht ankomme, → Rn. 31.2).

Zu den außer den zuvor genannten Markenkategorien in Rechtsprechung und Praxis **48** **anerkannten Markenformen** zählen haptische Marken (Tastmarken), Bewegungsmarken (zB HABM BK GRUR 2004, 63 – Lamborghini), Hologramme, Positionsmarken uam.

Die Anforderungen an die mit den verschiedenen Markenformen einzureichenden Darstellungen **48.1** sind in der MarkenV geregelt (→ § 8 Rn. 21; zu Einzelheiten → § 32 Rn. 17 ff.). Vorauszusetzen ist dabei nach derzeit geltendem Recht, dass grafische Darstellbarkeit grundsätzlich vorliegt; die Eintragung olfaktorischer (→ Rn. 43) und gustatorischer Zeichen (→ Rn. 45) bleibt daher ausgeschlossen).

Für die grafische Darstellung von Tastmarken gelten gewisse Besonderheiten, da sie ebenso wie **48.2** akustische und olfaktorische Marken einen anderen Sinn als den Sehsinn ansprechen; es muss daher ebenso wie bei Hör- und Duftmarken eine hinreichend präzise Form der Darstellung gefunden werden, die gerade das charakteristische, haptische Element in objektiver, verständlicher Weise zum Ausdruck bringt (BGH GRUR 2007, 148 – Tastmarke; → § 8 Rn. 23; → § 32 Rn. 37 ff.).

Bei den übrigen zuvor genannten Markenformen handelt es sich um dem Sehsinn zugängliche **48.3** Zeichen, die sich eher für die Darstellung in grafischer Form eignen. Bei **Bewegungsmarken und Hologrammen** sind dafür mehrere Darstellungen notwendig, die den Ablauf der Bewegung bzw. die wechselnden Erscheinungsformen des Hologramms in ihrer Gesamtheit bzw. den wesentlichen Stadien wiedergeben. Dabei verhindert das Erfordernis, dass das Zeichen in sich abgeschlossen sein muss, dass überkomplexe Bewegungsabläufe – wie ganze Choreografien – als markenfähig angesehen werden können.

C. Vom Schutz ausgeschlossene Zeichenformen (Abs. 2)

I. Hintergrund der Regelung

1. Systematische Sonderstellung des Markenrechts

49 Anders als im Urheber-, Patent- und Geschmacksmusterrecht ist es nicht Ziel des Markenschutzes, dem Rechtsinhaber eine ausschließliche Marktposition für ein konkretes Erzeugnis zu verschaffen. Dem Grundsatz nach bleibt die **Wettbewerbsfreiheit** auf dem Produktmarkt vollständig erhalten, dh prinzipiell wird niemand daran gehindert, genau das gleiche Produkt anzubieten wie der Markeninhaber – vorausgesetzt, dass eine andere Marke an der Ware angebracht wird.

50 Das Fehlen eines wettbewerbsbeschränkenden Effekts auf dem Produktmarkt bildet zugleich den Grund dafür, dass das Markenrecht im Gegensatz zu anderen Schutzrechten **keiner zeitlichen Begrenzung** unterliegt: Während die Schutzgegenstände des Patent-, Urheber- und Designrechts nach Ablauf bestimmter Frist der Allgemeinheit zur Verfügung gestellt werden müssen, besteht dieses Bedürfnis im Fall der Marken nicht, da die eigentlich geschützte Leistung – das betriebliche Angebot, auf das die Marke hinweist – als solche ohnehin keine Exklusivität genießt.

51 Diesen Annahmen läuft insbesondere die Vorstellung zuwider, dass eine Ware (zu Verpackungen → Rn. 61; zu anderen Zeichenformen → Rn. 67) selbst zur Marke werden kann. Exklusivität des Kennzeichens bedeutet in diesem Fall zugleich **Exklusivität des Produkts** und führt damit zu einer Einschränkung des Wettbewerbs auf dem Produktmarkt, die **zeitlich unbegrenzt** aufrechterhalten werden kann. Die Zurückhaltung gegenüber dem Schutz solcher Marken, die sich – in unterschiedlicher Form und Intensität – in praktisch allen Rechtsordnungen und zu allen Zeiten feststellen lässt, hat hier ihre Ursache.

51.1 In Deutschland galt bis zur Umsetzung der RL 89/104/EWG im MarkenG ein generelles Eintragungsverbot nicht allein für Warenformen, sondern für dreidimensionale Gestaltungen aller Art. Produktgestaltungen und andere dreidimensionale Kennzeichen konnten nur als Ausstattung gemäß § 25 WZG geschützt werden; der Schutz war ausgeschlossen, soweit die Form durch das Wesen der Ware selbst bedingt war. In den meisten anderen Ländern waren markenrechtliche Eintragungsverbote – soweit sie überhaupt bestanden hatten – zumeist bereits früher aufgegeben worden; der Markenschutz von Warenformen wurde jedoch zumeist nur zurückhaltend gehandhabt und war im Fall wesens- oder technikbedingter Warenformen regelmäßig ausgeschlossen (umfassend dazu Schricker/Stauder/Schricker S. 7 ff., Rn. 24 ff.). Während in der EU nunmehr Warenformen – abgesehen von § 3 Abs. 2 – grundsätzlich den gleichen Maßstäben unterliegen wie anderen Markenformen und somit prinzipiell als von Haus aus unterscheidungskräftig angesehen werden können, werden sie in den USA nur aufgrund nachgewiesener Verkehrsdurchsetzung („secondary meaning") geschützt; s. für das amerikanische Recht US Supreme Court, WAL-MART v. Samara Brothers, Inc., 529 U.S. 205 (2000) 165 F.3d 120 = GRUR Int 2000, 812. Verpackungen können hingegen auch im amerikanischen Recht ohne Nachweis von secondary meaning als unterscheidungskräftig angesehen werden, US Supreme Court, Two Pesos v. Taco Cabana, 505 U.S. 763 (1992) = GRUR Int 1993, 890.

52 Auf der anderen Seite lässt sich feststellen, dass eine prinzipielle Schutzverweigerung für die Kennzeichnungswirkung der Form einer Ware (bzw. ihrer Verpackung oder sonstiger Charakteristika) zu erheblichen **Täuschungen der Abnehmer** führen könnte, da und soweit dies dazu führen würde, dass Produktgestaltungen oder andere Gestaltungsmerkmale, die von den beteiligten Verkehrskreisen als Hinweis auf die kommerzielle Herkunft der Ware betrachtet werden, ungehindert von Dritten verwendet werden könnten.

53 Die Versagung des Markenschutzes ist daher grundsätzlich nur insoweit geboten, als sie ein notwendiges Mittel der Aufrechterhaltung von Wettbewerbsfreiheit auf dem Produktmarkt darstellt. Dies ist in der Regel nicht der Fall, soweit Konkurrenten auf genügend **Alternativen** ausweichen können. Dabei führt die unbegrenzte Dauer des Schutzes ua deswegen nicht zu unüberwindbaren Bedenken, weil durch den Benutzungszwang der dysfunktionale Einsatz des Markenrechts im Sinne einer reinen „Sperrwirkung", dh die Behinderung von Mitbewerbern ohne eigene aktive Nutzung der Form, verhindert wird oder jedenfalls keine Dauerwirkung entfalten kann.

2. Abs. 2 als Postulat der Wettbewerbsfreiheit

In **Ausnahmefällen** können sich die aus der Systematik des Immaterialgüterrechts in 54 seinem Zusammenspiel mit dem Grundsatz der Wettbewerbsfreiheit folgenden Bedenken als so gravierend erweisen, dass dem Markenschutz dauerhafte Hindernisse entgegenstehen. Nach § 3 Abs. 2 ist dies der Fall, wenn ein Zeichen ausschließlich aus einer Form besteht, die durch die Art der Ware selbst bedingt oder zur Erreichung einer technischen Wirkung erforderlich ist oder die der Ware einen wesentlichen Wert verleiht.

Soweit einer der drei Ausschlussgründe zutrifft, ist das Zeichen dem Markenschutz durch 55 Eintragung **mit permanenter Wirkung** entzogen (§ 8 Abs. 3 verweist lediglich auf § 8 Abs. 2 Nr. 1–3 und nimmt damit § 8 Abs. 1 und die darin enthaltene Verweisung auf § 3 von der Eintragung aufgrund von Verkehrsdurchsetzung aus). Es ist somit unerheblich, ob und in welchem Maße das Zeichen von den beteiligten Verkehrskreisen faktisch einem konkreten Unternehmen zugerechnet wird.

Das Ziel der Ausschlussklausel besteht in der **Aufrechterhaltung eines wirksamen** 56 **Wettbewerbs** hinsichtlich von Produktgestaltungen, an deren freier Verwendung ein erhebliches, schützenswertes Interesse der Allgemeinheit besteht. Es soll verhindert werden, dass dem Inhaber über das Markenrecht ein Monopol für technische Lösungen oder Gebrauchseigenschaften einer Ware eingeräumt und es Mitbewerbern verwehrt wird, die gleichen technischen Lösungen oder Waren mit den gleichen Gebrauchseigenschaften frei anzubieten (EuGH C-299/99, GRUR 2002, 804 Rn. 78 – Philips/Remington).

Als Effekt der Ausschlussklausel ergibt sich zugleich eine gewisse **Abgrenzung des Mar-** 57 **kenrechts** gegenüber anderen, zeitlich begrenzten Schutzrechten (EuGH C-205/13, GRUR 2014, 1097 Rn. 19 – Hauck/Stokke). Der Umstand, dass eine Warenform von einem technischen Schutzrecht umfasst oder Gegenstand von design- oder urheberrechtlichem Schutz war bzw. ist, kann jedoch nicht per se als Argument für den Ausschluss von Markenschutz herangezogen werden. Zumindest ist insoweit zwischen den verschiedenen Arten von Schutzrechten zu unterscheiden (→ Rn. 85).

3. Unklarheiten und Kritikpunkte

Dem Grundgedanken folgend, dass die Ausschlussklausel der Aufrechterhaltung von Wett- 58 bewerb und damit dem Freihaltungsbedürfnis dient, stellt sich die Frage, inwieweit entsprechende Probleme auch im Zusammenhang mit anderen Charakteristika als der Form von Waren stellen können. Die Gesetzesreform von 2016 hat insoweit zu einer Ausweitung der zunächst auf Warenformen beschränkten Regelung geführt, deren Auswirkungen noch unklar sind (→ Rn. 68). Kritisch anzumerken ist ferner, dass sich unter dem Aspekt wettbewerbsrechtlicher Freihaltebedürfnisse kaum rechtfertigen lässt, dass Produktmerkmale dem Markenschutz auf Dauer, dh auch dann entzogen bleiben, wenn aufgrund geänderter Umstände ihre Relevanz für den Produktwettbewerb nicht mehr alle anderen Gesichtspunkte des Allgemeininteresses überragt. Die starre Regelung des § 3 Abs. 2 verträgt sich nicht mit der **Dynamik des Wettbewerbs,** bzw. sie macht nur dort Sinn, wo diese Dynamik angesichts der Besonderheiten der zu beurteilenden Konstellation praktisch keine Rolle spielt (s. auch Ingerl/Rohnke Rn. 40, die die Regelung insgesamt als systematisch verfehlt bezeichnen).

Hinzu kommt, dass der permanente und unüberwindbare Ausschluss bestimmter Zeichen vom 58.1 Markenschutz keine sichere Basis im internationalen Recht besitzt. TRIPS behandelt diese Frage nicht, sondern verweist in Art. 15 Abs. 2 TRIPS auf die PVÜ, wo die Problematik in Art. 6^{quinquies} PVÜ verankert ist: Marken, die im Ursprungsland rechtsgültig eingetragen sind, können nur aus den in Art. 6^{quinquies} B PVÜ genannten Gründen zurückgewiesen werden. Die besonderen Ausschlussgründe des § 3 Abs. 2 werden dort nicht aufgeführt. Der BGH (GRUR 2006, 589 Rn. 15 – Rasierer mit drei Scherköpfen) begegnet diesem Problem mit dem Hinweis, die Ausschlussgründe stellten eine besondere Ausprägung der in Art. 6^{quinquies} B Nr. 2 PVÜ genannten Zurückweisungsgründe (fehlende Unterscheidungskraft, beschreibender oder üblicher Charakter) dar, ohne darauf einzugehen, dass es in diesem Fall der besonderen Regelung des § 3 Abs. 2 bzw. Art. 4 Abs. 1 Buchst. e RL (EU) 2015/2436 nicht bedurft hätte, was zur Folge haben würde, dass auch die Ausschlussgründe für Formmarken der Überwindung durch Verkehrsdurchsetzung zugänglich wären. Zum Ausschluss dieser Möglichkeit wird vom BGH lediglich erklärt, die PVÜ befasse sich „naturgemäß nicht mit der Überwindung von Schutzversagungsgründen durch Verkehrsdurchsetzung" im Schutzland (BGH GRUR 2006, 589 Rn. 15 – Rasierer mit drei Scherköpfen). Dies ist insoweit nicht ganz zutreffend, als in Art. 6^{quinquies} C PVÜ gefordert wird, dass bei der Beurteilung der Schutzfähigkeit des Zeichens „alle Tatumstände, insbesondere die Dauer des Gebrauchs der Marke" zu berücksichtigen sind, was von § 3 Abs. 2 und den entsprechenden Vorschriften des europäischen Rechts gerade ausgeschlossen wird. Dabei ist richtig, dass nicht bei allen Zurückweisungsgründen des Art. 6^{quinquies} B PVÜ Verkehrsdurchsetzung möglich ist (zB bei täuschenden oder sittenwidrigen Marken). Die Berücksichtigung geänderter Umstände wird jedoch selbst dort nicht ausgeschlossen; so ist für die Frage der Täuschungseignung oder Sittenwidrigkeit auf den Zeitpunkt der Anmeldung abzustellen, während für § 3 Abs. 2 – der Benetton-Entscheidung des EuGH folgend – die Situation zu Beginn der Vermarktung gleichsam „eingefroren" wird (EuGH C-371/06, GRUR 2007, 790 – Benetton/G-Star). Nach alledem lässt sich der in Erwägungsgrund 41 RL (EU) 2015/2436 postulierte Gleichlauf von PVÜ und europäischem Markenrecht in diesem Punkt nur äußerst mühsam konstruieren. Zur Bedeutung für IR-Marken → Rn. 105.

59 Die Kritik richtet sich in besonderem Maße gegen den dritten Ausschlussgrund („Form, die der Ware einen wesentlichen Wert verleiht"), dessen rechtliche Begründung unklar ist und dessen praktische Anwendung zu erheblichen Problemen führen kann (→ Rn. 85 ff.). Allen Ausschlussgründen ist jedoch gemeinsam, dass sie schon wegen ihrer gravierenden, nicht revidierbaren Rechtsfolgen grundsätzlich mit gewisser **Zurückhaltung** angewandt werden sollten. Sinnvoller als ein Totalausschluss des Markenschutzes erscheint eine angemessene Berücksichtigung des Freihaltungsbedürfnisses an Warenformen im Rahmen der absoluten Schutzhindernisse des § 8 Abs. 2 (→ § 8 Rn. 73; Ströbele/Hacker/Hacker Rn. 100; s. auch bereits Kur GRUR Int 2004, 755 (760 f.)). Die jüngere Rechtsprechung des EuGH weist allerdings eher in eine andere Richtung (→ Rn. 72; → Rn. 88).

II. Die Ausschlussgründe im Einzelnen

1. Ausschließlich aus einer Form bestehende Zeichen

60 § 3 Abs. 2 bezieht sich auf „Formen". Im Verhältnis zu der Formulierung „Form einer Ware" in § 3 Abs. 1 erscheint dies als der weitere Begriff; daraus könnte bereits zu folgern sein, dass sich die Vorschrift auch auf **Verpackungen** bezieht. Allerdings bezieht sich Art. 3 Abs. 1 Buchst. e RL 2008/95/EG, der § 3 Abs. 2 zugrunde liegt, ausdrücklich auf „die Form der Ware". Dass die Ausschlussgründe des § 3 Abs. 2 generell auf Verpackungen Anwendung finden sollen (so Fezer Rn. 644) erscheint daher zumindest auf der Grundlage des bisher geltenden Rechts als zu weitgehend. Von der Anwendbarkeit der Vorschrift auf Verpackungen wurde bzw. wird aber regelmäßig ausgegangen, wenn die Ware ohne Verpackung praktisch nicht marktfähig wäre, wie dies für flüssige Substanzen oder für Schüttware zutrifft (s. EuGH C-218/01, GRUR 2004, 428 Rn. 33–37 – Henkel).

60.1 Falls die Ware auch ohne Verpackung verkehrsfähig ist, ist das Freihaltebedürfnis hingegen geringer, da die Verpackung für andersartige Waren prinzipiell verwendbar bleibt. Anders als im Fall der Warenform, bei der Kennzeichen und Kennzeichnungsobjekt miteinander verschmelzen, kommt es somit nicht zur Kongruenz von Zeichen (Verpackung) und der darin befindlichen, durch die Verpackung gekennzeichneten Ware (s. insoweit bereits Kur, FS 100 Jahre Marken-Amt, 1994, 157 (181)).

60.2 Das EUIPO hat die dem § 3 Abs. 2 entsprechende Vorschrift des Art. 7 Abs. 1 Buchst. e UMV auf eine Bewegungsmarke angewandt (HABM BK GRUR 2004, 63 – Lamborghini; zustimmend Ströbele/Hacker/Hacker Rn. 95). Insoweit wäre auch eine entsprechende Anwendung in Betracht gekommen (→ Rn. 67); zur Lage nach geändertem Recht → Rn. 68. Die Entscheidung wirft ferner die Frage auf, ob das Zeichen Ursache technischer Wirkungen sein muss oder ob es ausreicht, wenn es das Ergebnis technischer Prozesse (Herstellungs- bzw. Konstruktionsverfahren) darstellt (→ Rn. 78).

61 Aus der im Vergleich zu § 3 Abs. 2 eindeutigeren Formulierung der RL 2008/95/EG ergab sich ferner, dass die Ausschlussklausel nicht auf zweidimensionale Darstellungen von Formen jeglicher Art anzuwenden ist. Anderes gilt jedoch, wenn eine als zweidimensionale Abbildung angemeldete Marke **die Ware naturgetreu wiedergibt,** da es in diesem Fall – ungeachtet der formalen Einordnung in eine andere Markenkategorie – letztlich um den Schutz der Warenform geht, die nach dem Willen des Gesetzgebers den besonderen Erfordernissen des § 3 Abs. 2 unterliegt (Ströbele/Hacker/Hacker Rn. 94). Dies entspricht auch der Rechtsprechung des EuGH sowie des BGH zu produktabbildenden Bildmarken (EuGH verb. Rs. C-337/12 P bis C-640/12 P, BeckEuRS 2014, 752102 Rn. 43 – Pi Design/ Yoshida; C-25/05 P, GRUR 2006, 1022 Rn. 29 – Bonbonverpackung; BGH GRUR 2006, 588 – Scherkopf; unter Hinweis auf die EuGH-Rechtsprechung auch Ingerl/Rohnke Rn. 42 – anders die Vorauflage).

Das EuG hat in mehreren Entscheidungen ausgeführt, dass sich die Gründe, die zum **62** Schutzausschluss bei grafischen Darstellungen dreidimensionaler Zeichen führen (insbesondere die technische Bedingtheit der Form bzw. ihrer Wesensmerkmale), für einen unbefangenen Betrachter aus der Darstellung selbst ergeben müssen, ohne dass insoweit auf außerregisterrechtliche Kenntnisse oder Informationen zurückgegriffen wird (EuG T-331/10, GRUR Int 2012, 1125 – Yoshida Metal Industry/HABM; T-450/09, BeckRS 2014, 82527 Rn. 58 – Simba Toys/HABM; T-396/14, BeckEuRS 2015, 433048 Rn. 32 – BestLock/HABM). Dieser eingeschränkten Betrachtungsweise ist der EuGH entgegengetreten: Die entscheidende Behörde darf sich **nicht allein auf die der grafischen Darstellung zu entnehmenden Merkmale** des Zeichens stützen, sondern sie muss diese im Licht der ihr sonst zugänglichen Informationen – wie zB der Betrachtung bereits auf dem Markt befindlicher Exemplare der Ware – würdigen (EuGH C-337/12 P bis C-340/12 P, BeckEuRS 2014, 752102 Rn. 58 ff., 64 – Pi Design/Yoshida).

Im konkreten Fall (EuGH C-337/12 P bis C-340/12 P, BeckEuRS 2014, 752102 Rn. 58 ff., 64 – **62.1** Pi Design/Yoshida) ging es um eine Markenanmeldung einer grafischen Gestaltung in der Form einer mit schwarzen Punkten versehenen Silhouette eines Messergriffs. Die 1. BK des EUIPO erkannte diese Punkte ua unter Berücksichtigung bereits am Markt befindlicher Produkte als konkave Elemente, die der Griffsicherheit dienen, und erklärte die Marke für nicht schutzfähig gemäß Art. 7 Abs. 1 Buchst. e ii UMV (HABM BK R 1235/2008-1 und R 1237/2008-1). Vom EuG wurde die Entscheidung mit der Begründung aufgehoben, dass sich aus der grafischen Darstellung der funktionale Charakter der Punkte nicht eindeutig ergebe (EuG T-331/10, GRUR Int 2012, 1125 – Yoshida Metal Industry/ HABM). Der EuGH verwarf diese Begründung jedoch und verwies den Fall zurück; in der erneuten Entscheidung bestätigte das EuG das von der 1. BK gefundene Ergebnis (EuG T-331/10 RENV und T-416/10 RENV, BeckEuRS 2015, 432837).

Unvereinbar mit den Grundsätzen der EuGH-Rechtsprechung ist daher EuG T-450/09, **63** BeckRS 2014, 82527 Rn. 58 – Simba Toys/HABM: Dabei geht es um den Schutz einer Darstellung, die dem bekannten „Zauberwürfel" (Rubik's Cube) entspricht, wobei die einzelnen rotationsfähigen Elemente als Gitterstruktur mit markanten schwarzen Trennlinien kenntlich gemacht werden, die an den Außenkanten des Würfels schwach, aber dennoch deutlich erkennbar, als Einkerbungen erscheinen. Das EuG bejahte die Schutzfähigkeit der Darstellung u.a. mit Hinblick darauf, dass die Rotationsfähigkeit der Elemente für einen unbefangenen Betrachter nicht zu erkennen sei, sondern sich allenfalls aus der praktischen Kenntnis solcher Würfel ergebe, die jedoch nicht zu berücksichtigen sei. Die Rechtsbeschwerde zum EuGH (anhängig als C-30/15 P) dürfte bereits aus diesem Grund zur Aufhebung zur Entscheidung führen.

In diesem Sinne – Aufhebung der Entscheidung EuG T-450/09, BeckRS 2014, 82527 Rn. 58 – **63.1** Simba Toys/HABM – hat sich auch Generalanwalt Szpunar in seinen Schlussanträgen vom 25.5.2016 geäußert (BeckRS 2016, 81043 Rn. 99). S. auch die eingehende Kritik dieser Entscheidung bei Hasselblatt/Hasselblatt Rn. 123 f.

Fraglich ist nach bisherigem Recht, ob im Falle der Eintragung einer Warenform als **64** dreidimensionale Marke auch die zweidimensionale **Gestaltung der Oberfläche** (Textildessin, Oberflächendekor) für die Anwendung der Ausschlussklausel berücksichtigt werden kann. Bei einer engen Auslegung der Vorschrift scheint dies nicht der Fall zu sein (ablehnend daher auch Ingerl/Rohnke Rn. 43 für Ausstattungselemente auf von § 3 Abs. 2 erfassten Verpackungen; wobei nicht ganz klar wird, ob die Ablehnung sich nur auf diesen Fall bezieht oder genereller Art ist). Allerdings wurde vom EuGH im Fall Benetton (EuGH C-371/ 06, GRUR 2007, 790 – Benetton/G-Star) nicht beanstandet, dass das nationale Gericht Stickereielemente auf einer als Formmarke eingetragenen Jeanshose als wertessenziell betrachtet hat, obwohl die Anbringung der Stickerei keinen Einfluss auf die dreidimensionale Form der Ware hatte (→ Rn. 87.1). Da nach der Neufassung von Art. 4 Abs. 1 Buchst. e RL (EU) 2015/2436 die Ausschlussgründe auch auf „andere wesentliche Merkmale" eines Zeichens erstreckt werden, wird sich diese Frage künftig erledigen (→ Rn. 68).

MarkenG § 3 Teil 2 Voraussetzungen, Inhalt und Schranken etc.

64.1 Die Probleme im Fall Benetton/G-Star (EuGH C-371/06, GRUR 2007, 790) hätten sich wohl vermeiden lassen, wenn die betreffenden Teilelemente (Ziernähte) nicht als Warenformmarke, sondern als Positionsmarke angemeldet worden wäre; in dem Fall hätte Art. 3 Abs. 1 Buchst. e RL 2008/95/EG nicht zur Anwendung kommen können.

65 § 3 Abs. 2 findet nur Anwendung auf Zeichen, die **ausschließlich** aus einer Form bestehen. Die Ausschlussgründe finden somit keine Anwendung, wenn sich der unterscheidende Charakter aus **anderen Elementen** als der Form ergibt. Dabei muss es sich jedoch um ein wichtiges nichtfunktionelles Element, zB um ein dekoratives oder phantasievolles Gestaltungsmerkmal, handeln; hierzu zählt insbesondere die Anbringung von Wortmarken oder Logos. Hingegen bleibt es beim Schutzausschluss, wenn lediglich eines oder mehrere geringfügige willkürliche Elemente hinzugefügt werden, während alle wesentlichen Merkmale der Form der technischen Funktion der Ware (oder einem anderen Ausschlussgrund) entsprechen (EuGH C-48/09, GRUR 2010, 1008 Rn. 51 f. – LEGO). Dabei beschränkt sich die rechtliche Beurteilung auf diejenigen Elemente einer Formgebung, für die Markenschutz beantragt wird (s. EuGH C-299/99, GRUR 2002, 804 – Philips/Remington, der lediglich die (bildliche Darstellung der) Oberfläche mit den Scherköpfen, und nicht die Form des Rasierers als Ganze betraf.)

66 Wenn mehrere Ausschlussgründe auf eine Formgebung zutreffen, können sie sämtlich Anwendung finden. Zu einem Ausschluss vom Markenschutz kommt es jedoch nur dann, wenn zumindest einer der Ausschlussgründe in vollem Umfang anwendbar ist (EuGH C-205/13, GRUR 2014, 1097 Rn. 41 – Hauck/Stokke). Es genügt daher nicht, wenn zwar alle wesentlichen Merkmale einer Formgebung einem der in Nr. 1–3 genannten Ausschlussgründe unterliegen, sich jedoch keiner dieser Ausschlussgründe auf sämtliche Merkmale zugleich bezieht (EuGH C-215/14, GRUR 2015, 1198 – Nestlé/Cadbury (Kit Kat)). Dieses Erfordernis verliert allerdings durch die weite Auslegung, die der EuGH in C-205/13, GRUR 2014, 1097 – Hauck/Stokke dem ersten Ausschlussgrund beigelegt hat (→ Rn. 72 ff.), viel von seiner Wirksamkeit (→ Rn. 73.1).

67 Durch die explizite Bezugnahme auf die „Form der Ware" im derzeit geltenden Recht wird die unmittelbare Anwendung von § 3 Abs. 2 jedenfalls für solche Marken ausgeschlossen, denen der Bezug zu einer Warenform grundsätzlich fehlt, wie abstrakte Farben oder akustische Signale (Fezer Rn. 319 will allerdings insoweit darauf abstellen, ob es sich um ein generelles Erfordernis der Markenfähigkeit oder um ein absolutes Schutzhindernis handelt). Fraglich ist somit dabei, ob eine **entsprechende Anwendung** in Betracht kommt, soweit im Hinblick auf solche Marken gleich gelagerte Schutzbedürfnisse der Allgemeinheit und der Wettbewerber bestehen (so für Farbmarken Koschtial GRUR 2004, 106 f.; tendenziell zustimmend („ein praktisches Bedürfnis hierfür lässt sich schwerlich bestreiten") auch Ströbele/Hacker/Hacker Rn. 96; s. ferner HABM BK GRUR 2004, 63 Rn. 24 – Lamborghini: Anwendung von Art. 7 Abs. 1 Buchst. 2 ii UMV auf den Bewegungsablauf bei schwenkbaren Autotüren; dazu → Rn. 68.1).

67.1 Der EuGH hat die Anwendbarkeit von Art. 3 Abs. 1 Buchst. e RL 2008/95/EG auf eine Marke abgelehnt, mit der die Erscheinungsform eines Ladenlokals als „Aufmachung einer Dienstleistung" geschützt werden sollte. Ob damit auch eine lediglich entsprechende Anwendung ausgeschlossen werden sollte, blieb dabei offen (EuGH C-421/13, GRUR 2014, 866 Rn. 24 – Apple mit Anm. Knaak GRUR 2014, 868).

68 Im Zuge der europäischen Markenrechtsreform wurde Art. 4 Abs. 1 Buchst. e RL (EU) 2015/2436 insoweit geändert, als sich der Ausschlussgrund nunmehr auch auf Zeichen bezieht, bei denen der Tatbestand von **anderen charakteristischen Merkmalen einer Ware** erfüllt wird. Inwieweit dies praktische Bedeutung erlangen wird, bleibt abzuwarten; es ist jedoch wahrscheinlich, dass der Anwendungsschwerpunkt auch weiterhin bei den Formgebungen liegen wird. Auf der anderen Seite ist angesichts der in der jüngeren EuGH-Rechtsprechung sichtbaren Tendenz, die Ausschlussgründe extensiv auszulegen (→ Rn. 72; → Rn. 88), keineswegs auszuschließen, dass zB auch die gefällige farbliche Gestaltung von Waren oder deren Oberflächendekor als prinzipiell dem exklusiven Rechtsschutz entzogenes, charakteristisches Produktmerkmal angesehen wird. In Betracht kommt ferner die Anwendung auf akustische Zeichen oder Bewegungsmarken (→ Rn. 68.1) sowie im Extremfall auch auf Wort- oder Bildmarken von besonderer Anziehungskraft (→ Rn. 68.2). Da es sich um charakteristische Merkmale einer **Ware** handeln muss, bleibt die (unmittelbare) Anwendung auf Dienstleistungsmarken auch künftig ausgeschlossen (→ Rn. 67.1).

Im Hinblick auf Bewegungs- sowie Hörzeichen bleibt zu bedenken, dass der EuGH den Ausschluss- **68.1** grund der technischen Bedingtheit im Wortsinn auslegt; ein solcher Ausschluss ist daher nicht angezeigt, soweit die Formgebung lediglich Folge eines technischen (Herstellungs)Verfahrens ist und nicht selbst eine technische Wirkung auslöst (EuGH C-215/14, GRUR 2015, 1198 – Nestlé/Cadbury (Kit Kat); → Rn. 78). Anders als dies von der HABM BK angenommen wurde (GRUR 2004, 63 Rn. 24), stellt somit der Umstand, dass die charakteristische Aufwärtsbewegung der Türen eines Sportautos durch die spezielle Aufhängungstechnik verursacht wird, kein Argument für einen Schutzausschluss dar. Das gleiche Argument – das Zeichen ist Folge, nicht Ursache einer technischen Wirkung – kann für den „Sound" eines Motorrades herangezogen werden, der durch die technische Auslegung des Motors verursacht wird. Etwas anderes gilt allerdings dann, wenn angenommen wird, der Sound sei durch die Art der Ware bedingt und unterfalle damit dem ersten Ausschlussgrund. Dieses Gedankenspiel zeigt, wie unklar das Verhältnis der verschiedenen Ausschlussgründe zueinander ist (→ Rn. 73.1).

Bei einer sehr weitgehenden Auslegung des Ausschlussgrundes kommt seine Anwendung auch **68.2** im Hinblick auf traditionelle Zeichenformen in Betracht, wenn deren Anziehungskraft die sonstigen Produktmerkmale überstrahlt. Dem Wortsinne nach könnte dies etwa auf typische Merchandising-Marken zutreffen: Es ist sicher richtig, dass Marken die aus dem Namen von „celebrities" oder dem Logo von Filmen oder Sportvereinen etc. bestehen, den entsprechend gekennzeichneten Waren einen wesentlichen Wert verleihen. Dass der EuGH so weit gehen würde, eine Versagung des Markenschutzes in diesen Fällen zu fordern, ist allerdings eher unwahrscheinlich, zumal er in der Entscheidung Arsenal (EuGH C-206/01, GRUR 2003, 55 – Arsenal/Reed) gezeigt hat, dass er den Schutzinteressen der Inhaber entsprechender Marken Gewicht einräumt. Begründen lässt sich die Ablehnung der Anwendung auf Merchandising-Marken etwa mit dem Argument, dass es bei der Schutzversagung nach Art. 4 Abs. 1 Buchst. e iii RL (EU) 2015/2436 nur um den **ästhetischen Wert** der Ware geht (→ Rn. 88). Ferner könnte zugunsten eines Schutzes von Merchandising-Marken darauf verwiesen werden, dass die beteiligten Verkehrskreise in solchen Fällen gerade nicht erwarten, das entsprechende Merkmal auch auf den Waren von Wettbewerbern zu finden. Das letztere Argument birgt freilich die Gefahr eines Zirkelschlusses: Zu entscheiden ist ja gerade die Frage, ob eine solche Exklusivität der Zeichenverwendung begründet bzw. markenrechtlich abgesichert werden soll.

Sollte es entgegen der derzeitigen Praxis dazu kommen, dass Geruchsmarken in einer den Anforde- **68.3** rungen von Art. 3 RL (EU) genügenden Weise dargestellt werden können, dann würde sich die Erweiterung des Schutzausschlusses auf andere charakteristische Merkmale sicherlich auf Parfums auswirken, deren wesentlicher Wert vor allem in ihrem Duft besteht. Da auch solche wertverleihenden Elemente vom Markenschutz ausgeschlossen bleiben, die nicht den alleinigen Wert der Ware ausmachen, sondern mit anderen, funktionalen Eigenschaften zusammentreffen, dürfte dies auch für andere Produkte gelten, bei denen der Duft eine gewisse Rolle spielt (Seifen, Kosmetik, Duftkerzen etc). Ebenso ausgeschlossen wäre (im Fall grundsätzlicher Darstellbarkeit) der Geschmack von Getränken, Schokoriegeln, Knabberzeug etc.

2. Wesensbedingte Formgebungen (Abs. 2 Nr. 1)

Dass eine Form niemals Markenschutz erwerben kann, wenn sie sich zwingend aus dem **69** „Wesen der Ware" ergibt, entspricht den bereits unter Geltung des WZG anerkannten Grundsätzen zum Ausstattungsschutz (§ 25 WZG). Dennoch kann nicht ohne weiteres auf die frühere Rechtsprechung zurückgegriffen werden; insoweit ist zu beachten, dass die auf der Grundlage des europäischen Rechts neu gefassten Vorschriften des MarkenG autonom ausgelegt werden müssen. Den Ausgangspunkt für die deutsche und europäische Rechtspraxis bildete dabei zunächst der Gedanke, dass diejenigen Formgebungen vom Markenschutz freizuhalten sind, ohne die eine Ware der fraglichen Art nicht denkbar ist, wie es für die **Kugelform bei einem Ball** zutrifft (Fezer Rn. 228; s. auch Ströbele/Hacker/Hacker Rn. 114: im Wesentlichen Naturprodukte oder standardisierte oder normierte Waren).

Beispiele dieser Art sind jedoch rar. Zwar gibt es für alle oder die meisten Produkte **70** gewisse Grundformen oder -bestandteile, die als wesensbedingt anzusehen sind. So muss ein Messer einen Griff und eine Schneide aufweisen; bei einem Löffel sind ein Griff und eine Vertiefung zur Aufnahme von Flüssigkeit durch das Wesen der Ware bedingt, ein Tisch braucht eine Fläche und Elemente, die diese tragen. Wie zumal das letztgenannte Beispiel zeigt, sind diese Aussagen allerdings sehr **abstrakt;** anders als bei der Kugelform für Bälle

MarkenG § 3 Teil 2 Voraussetzungen, Inhalt und Schranken etc.

lassen sich daraus schwerlich Folgerungen für den Ausschluss einer konkreten Formgebung ableiten (BPatG GRUR 2005, 330 – Fahrzeugkarosserie, wo für den „Archetyp Auto" auf die bis auf ein Minimum reduzierte Grundform – Innen- und Motorraum, Räder, Türen, etc – abgestellt wird; insoweit zustimmend BGH GRUR 2006, 679 – Porsche Boxster).

71 Von der Rechtsprechung wurde bisher darauf abgestellt, dass bzw. ob eine gewisse **Variationsbreite** an Warenformen auf dem Markt vorhanden ist; ist dies (wie regelmäßig) der Fall, wird daraus gefolgert, dass die Form nicht wesensbedingt ist, so dass ein Schutzausschluss nach § 3 Abs. 2 Nr. 1 abzulehnen ist (BGH GRUR 2010, 138 Rn. 15 – ROCHER-Kugel; GRUR 2008, 510 Rn. 14 – Milchschnitte; GRUR 2006, 679 – Porsche Boxster; GRUR 2001, 32 – Gabelstapler I; s. auch EuG T-122/99, MarkenR 2000, 107 Rn. 55 – Seifenstück).

72 Nach der Entscheidung Hauck/Stokke ist allerdings zweifelhaft, ob diese Rechtsprechung fortgeführt werden kann. Ähnlich wie bei den technisch bedingten Formgebungen (→ Rn. 80) lehnt es der EuGH ab, den Ausschlussgrund auf Fälle zu begrenzen, die ausschließlich aus für die Funktion der betreffenden Ware unentbehrlichen Formen bestehen, zumal dies dazu führen würde, dass „dieses Eintragungshindernis auf sogenannte ‚natürliche' Waren, für die es keinen Ersatz gibt, oder auf sogenannte ‚reglementierte' Waren, deren Form durch Normen vorgeschrieben ist, beschränkt würde". Statt dessen soll der Ausschlussgrund auf Zeichen anwendbar sein, die „ausschließlich aus der Form einer Ware besteh(en), die eine oder mehrere wesentliche Gebrauchseigenschaften aufweist, die der oder den **gattungstypischen Funktion(en)** dieser Ware innewohnen, nach denen der Verbraucher möglicherweise auch bei den Waren der Mitbewerber sucht" (EuGH C-205/123, GRUR 2014 1097 Rn. 27 – Hauck/Stokke, mit Anm. Kur).

72.1 Letztlich rächt sich hier, dass der EuGH die Berücksichtigung des Freihaltebedürfnisses bei § 8 Abs. 2 Nr. 1 sowie § 8 Abs. 3 kategorisch ausschließt und es statt dessen ausschließlich bei § 8 Abs. 2 Nr. 2 und § 3 Abs. 2 (bzw. Art. 4 Abs. 1 Buchst. c und Buchst e RL (EU) 2015/2436) verortet, → § 8 Rn. 61 ff.). Die Überlegungen, die der Entscheidung Hauck/Stokke (EuGH C-205/123, GRUR 2014, 1097) zugrunde liegen – dass es den Wettbewerb beeinträchtigen kann, wenn ein zeitlich unbegrenztes Ausschlussrecht an Warenformen gewährt wird, die im Wesentlichen durch gattungstypische Merkmale geprägt sind – sind ja nicht falsch; sie bilden jedoch nur einen Wertungsfaktor innerhalb einer komplexen Betrachtung, deren Wertungen der Dynamik des Marktgeschehens unterliegen und die sich daher ändern können. Solche Überlegungen lassen sich daher wesentlich sinnvoller im Rahmen der Unterscheidungskraft anstellen, als bei der starren Regel des § 3 Abs. 2.

73 Wie die Praxis mit diesen Vorgaben umgehen wird, ist noch offen. Die Absicht des EuGH, den Anwendungsbereich des § 3 Abs. 2 Nr. 1 in der Weise zu erweitern, dass er praktische Wirkung entfalten kann, lässt sich kaum ignorieren. Eine weite Interpretation in diesem Sinne würde darauf hinauslaufen, dass Formgebungen, deren wesentliche Elemente dem Gebrauchszweck der Ware dienlich sind oder die den üblichen Erwartungen der Verbraucher an das Aussehen einer solchen Ware entsprechen, vom Markenschutz ausgeschlossen bleiben müssen. Daraus würden sich **Abgrenzungsschwierigkeiten** im Verhältnis zum zweiten Ausschlussgrund (technische Bedingtheit) sowie vor allem bei der Beurteilung der Unterscheidungskraft von Warenformmarken ergeben: So muss eine Formgebung, um von Hause aus unterscheidungskräftig zu gelten, wesentlich von der Norm oder der Branchenüblichkeit abweichen (→ § 8 Rn. 455). Bei Warenformen, die der Norm oder der Branchenüblichkeit entsprechen, könnte es sich aber zugleich um diejenigen handeln, deren Gestaltung gattungstypische Funktionen innewohnen, und die somit nach der Hauck/Stokke-Entscheidung mit unüberwindbarer Wirkung vom Markenschutz ausgeschlossen bleiben sollen (EuGH C-205/123, GRUR 2014 1097 Rn. 23, 24, 27). Ob sich eine Formgebung vom bestehenden Formenschatz abhebt, würde in diesem Fall nicht nur über die Notwendigkeit entscheiden, Verkehrsgeltung nachzuweisen, sondern es wäre für die Zugänglichkeit des Markenschutzes insgesamt entscheidend.

73.1 Im Verhältnis zur technischen Bedingtheit ist ferner zu fragen, ob an Formgebungen, die zur Erzielung einer technischen Wirkung erforderlich sind, ein engerer Maßstab anzulegen ist, als an Formen, die der Funktion einer Ware immanent sind: Wäre dies der Fall, dann ist die Regelung widersprüchlich, da der zweite, enge Ausschlussgrund von der weiten Interpretation des ersten seiner eingrenzenden Wirkung beraubt wird. Falls aber dem EuGH zufolge auch der zweite Ausschlussgrund so weit auszulegen wäre, dass alle Elemente einer Formgebung als „technisch notwendig" gelten, die dem Gebrauchs-

Als Marke schutzfähige Zeichen § 3 MarkenG

zweck der Ware dienen und keine (mehr als nur marginale) Verzierung darstellen, dann wäre die Regelung redundant, da sie neben dem ersten Ausschlussgrund keinen sinnvollen Anwendungsbereich mehr hat. Die Problematik lässt sich am Beispiel des Kit Kat Schokoriegels verdeutlichen, der Gegenstand der Entscheidung EuGH C-215/14, GRUR 2015, 1198 – Nestlé/Cadbury gewesen ist: Dort war ua gefragt worden, ob es zur Anwendung des zweiten Ausschlussgrundes führt, wenn die Form wesentliche Gestaltungselemente (im konkreten Fall: Die Rillen zwischen den einzelnen „Fingern" des Schokoriegels) zwar nicht selbst eine technische Wirkung hervorrufen, aber das Ergebnis eines technisch nicht anders zu bewerkstelligenden Herstellungsverfahrens sind. Diese Frage wurde vom EuGH verneint. Auf der anderen Seite lässt sich die Auffassung vertreten, dass es auf diese Frage ohnehin nicht ankommt, da die Form des Schokoriegels mitsamt der Vertiefungen „wesensbedingt" ist, da sie der gattungstypischen Funktion des Produkts, portionsweise verzehrt zu werden, inhärent ist.

Die mit dem ersten Ausschlussgrund zusammenhängenden Fragen sind nicht zuletzt für den Markenschutz von (Automobil-)Ersatzteilen von erheblichem praktischem Interesse. Vom BGH wurde insoweit die Anwendung von § 3 Abs. 2 auf die Form einer Kühlerhaube mit dem Argument abgelehnt, die Form werde nicht zwangsläufig durch die Art der Ware im Sinne einer gattungsspezifischen Formgebung vorgegeben (BGH GRUR 2008, 71 Rn. 18 ff. – Fronthaube; gegen BPatG GRUR 2005, 333 (335) – Kraftfahrzeugteile). Dieser Formulierung liegt erkennbar die Auffassung zugrunde, dass die Anwendung des Ausschlussgrundes (im konkreten Fall: § 3 Abs. 2 Nr. 2; in der Sache ging es jedoch eher um die Natur der Ware) nur in Betracht kommt, wenn es keinerlei Ausweichmöglichkeiten für den Formengestalter gibt. Der EuGH will jedoch diese Auffassung, die den ersten Ausschlussgrund auf „reglementierte" (sowie „natürliche") Waren beschränken würde, nicht gelten lassen (→ Rn. 72; Kur GRUR 2016, 20 (26)). 73.2

Es ist allerdings davon auszugehen, dass der nationalen Rechtspraxis ein **Spielraum** verbleibt, der eine sachgerechte Anwendung der vom EuGH genannten Kriterien ermöglicht. So sollte es auch künftig dabei bleiben können, dass Warenformen, die sich zwar nicht erheblich vom Marktüblichen unterscheiden, die aber zumindest gewisse Besonderheiten aufweisen, nicht mit unüberwindbarer Wirkung vom Markenschutz ausgeschlossen werden. Für die Frage, inwieweit solche Besonderheiten als „gattungstypisch" anzusehen sind, spielt dabei eine zT entscheidende Rolle, wie eng oder weit die Produktkategorie definiert wird, der die beanspruchte Form angehört: Wird eine weite Definition gewählt – wie im Fall des Oberbegriffs zB „Fertigkuchen" bei Süßwaren – sind gattungstypische Merkmale weniger eindeutig vorgegeben, als wenn eine engere Produktkategorie – im Beispielsfall: Cremeschnitten – die Ausgangsbasis für die Eruierung der am Markt befindlichen Warenformen bildet. Mit Hinweis darauf, dass sich der Schutzausschlussgrund auf die im Waren- und Dienstleistungsverzeichnis aufgeführten Waren ihrer Gattung nach bezieht, neigt der BGH der zuerst genannten (weiten) Auffassung zu (BGH GRUR 2008, 510 Rn. 16 – Milchschnitte). Wenn hiervon auch künftig ausgegangen wird, verringert sich das Risiko eines zu weitgehenden Schutzausschlusses. 74

Die Marktabgrenzung spielt auch im Fall Simba Toys/EUIPO (beim EuGH anhängig als C-30/15) eine Rolle: Die aus einer zweidimensionalen Darstellung des „Zauberwürfels" (Rubik's Cube) bestehende Marke ist für „dreidimensionale Puzzlespiele" eingetragen; für diese Produktgruppe ist die Form kaum als wesensnotwendig zu bezeichnen. Anders ist es, wenn man die Betrachtung auf Puzzles in Form von „Zauberwürfeln" verengt und der Gestaltung damit einen eigenen Markt zuweist. Generalanwalt Szpunar vermeidet eine eigene Stellungnahme, indem er erklärt, es handle sich um eine Tatsachenfrage, bei der von den Feststellungen des EuG auszugehen sei (Schlussanträge v. 25.5.2016 – C-30/15, BeckRS 2016, 81043 Rn. 46). 74.1

Abzusehen ist von der konkreten Verwendungsform des Zeichens: So liegt in dem Umstand, dass das als Marke für unter anderem Fotografien und Plakate angemeldete Porträtfoto von Marlene Dietrich den alleinigen Gegenstand solcher Erzeugnisse ausmachen kann, kein Grund für den Schutzausschluss gemäß § 3 Abs. 2 Nr. 1, da einzelne mögliche Verwendungsformen eines Zeichens nicht die Annahme begründen können, das Zeichen bestehe ausschließlich aus einer durch die Art der Ware selbst bedingten Form (BGH GRUR 2008, 1093 Rn. 11 – Marlene Dietrich). 74.2

3. Technisch bedingte Formgebungen (Abs. 2 Nr. 2)

Größere praktische Bedeutung als der Ausschlussgrund der warenbedingten Formgebung besaß bereits bisher der in § 3 Abs. 2 Nr. 2 genannte Aspekt der technischen Bedingtheit. Das Ziel der Vorschrift ist es, im Allgemeininteresse eine Monopolisierung technischer 75

Lösungen oder Gebrauchseigenschaften von Waren zu verhindern. Technisch notwendige Formgebungen sollen der Benutzung durch die Allgemeinheit nur dann entzogen werden, wenn die Voraussetzungen des Patent- oder Gebrauchsmusterschutzes erfüllt sind. Dadurch soll verhindert werden, dass die **zeitlichen Begrenzungen** jener Schutzrechte unterlaufen werden können (EuGH C-48/09, GRUR 2010, 1008 Rn. 45 f. – LEGO).

75.1 Daraus allein lässt sich allerdings nicht die Folgerung ableiten, dass die Formgebung ursprünglich patentgeschützter Gegenstände vom Markenschutz ausgenommen bleiben muss: Der Schutz des Patents bezieht sich auf die technische Lehre, die sich in einer konkreten Ausführungsform manifestiert; nur ersterer wird mit dem Ablauf des Patentschutzes frei. Wenn sich dieselbe technische Lehre in anderer Weise verwirklichen lässt als durch die beanspruchte Form, ist ein Konflikt mit patentrechtlichen Grundsätzen grundsätzlich vermeidbar. Aus dieser Überlegung wurde früher zT die Folgerung gezogen, dass der Ausschlussgrund der technischen Bedingtheit nicht zur Anwendung kommt, wenn dieselbe technische Wirkung durch **alternative Formgebungen** erzielt werden kann (wobei zurecht darauf hingewiesen wird, dass „dieselbe technische Wirkung" nicht das Gleiche ist wie „dieselbe technische Lehre": Lässt sich die erwünschte technische Wirkung nur mithilfe anderer technischer Lehren erzielen, wäre bei einem nachfolgenden Markenschutz der Form die dieser zugrunde liegende technische Lehre gerade nicht frei; Ströbele/Hacker/Hacker Rn. 120). Aus diesem Grund wurden in verschiedenen europäischen Ländern ebenso wie zT auch auf der Ebene des Unionsrechts Produktgestaltungen wie der dreigliedrige Scherkopf des Philishave-Rasierers sowie der LEGO-Baustein trotz des zuvor bestehenden Patentschutzes auch als Marke geschützt. Nach der Rechtsprechung des EuGH ist dieser Ansatz jedoch unhaltbar geworden (→ Rn. 80).

76 Auch wenn der Umstand, dass die in einer Produktgestaltung manifestierte technische Lehre patentgeschützt ist bzw. war oder ob sie dem Patentschutz zumindest zugänglich gewesen wäre, nicht zwingend zur Anwendung von § 3 Abs. 2 Nr. 2 führt (→ Rn. 75.1), kommt dem Vorhandensein technischer Schutzrechte **Indizfunktion** hinsichtlich der technischen Bedingtheit der Formgebung zu (EuGH C-48/09, GRUR 2010, 1008 Rn. 85 – LEGO; BPatG BeckRS 2012, 7301 – Haftverschluss).

77 Entscheidendes Kriterium für den Schutzausschluss ist es, dass die Form eines dreidimensionalen Zeichens **in seinen wesentlichen Merkmalen durch die technische Lösung bestimmt** wird, der das Zeichen Ausdruck verleiht. Die Hinzufügung eines oder mehrerer geringfügiger willkürlicher Elemente ändert an diesem Ergebnis nichts. Nur dann, wenn in der Form der betreffenden Ware ein wichtiges nichtfunktionales Element (etwa ein dekoratives oder phantasievolles Element) verkörpert wird, das für die Form von Bedeutung ist, ist die Anwendung von § 3 Abs. 2 Nr. 2 ausgeschlossen (EuGH C-48/09, GRUR 2010, 1008 Rn. 52 – LEGO). Dies ist der Fall bei dem für die Firma Lego als Unionsmarke geschützten Prototyp von Spielfiguren: Zwar stellt die Anbringung von Klemmnocken an den Füßen bzw. am Kopf der Figuren, die die Zusammenfügung mit Lego-Bausteinen ermöglicht, ein funktionales Element dar, es zählt jedoch nicht zu den wesentlichen Merkmalen der Figur (EuG T-396/14, BeckEuRS 2015, 433048 Rn. 25, 31 – BestLock/HABM, bestätigt durch EuGH C-452/15 P, BeckRS 2016, 80826. Zweifelhaft hingegen das Argument, dass sich der funktionale Charakter der Klemmnocken für den Betrachter nicht aus der grafischen Darstellung ergebe; → Rn. 62; zur Vereinbarkeit der Argumentation des EuG mit EuGH C-205/123, GRUR 2014 1097 Rn. 27 – Hauck/Stokke; → Rn. 77.1).

77.1 Im Löschungsverfahren betreffend die Lego-Spielfiguren (EuG T-396/14, BeckEuRS 2015, 433048 Rn. 25, 31 – BestLock/HABM) hatte sich der Antragsteller auch darauf berufen, dass die Form durch die Art der Ware bedingt sei (Art. 7 Abs. 1 Buchst. e i UMV). Das EuG ging darauf nicht weiter ein, da es insoweit an substantiierten Ausführungen des Antragstellers gefehlt habe. Wendet man die in der Entscheidung Hauck/Stokke entwickelten Grundsätze des EuGH an (→ Rn. 72), könnte sich diese Vorschrift jedoch als einschlägig erweisen: Die wesentlichen Gestaltungsmerkmale – stilisierte menschliche Züge, einfache, stabile Grundform, Verbaubarkeit – lassen sich durchaus als „gattungstypisch" für zur Anwendung in Klemmbaustein-Systemen bestimmte Spielfiguren auffassen, „nach denen der Verbraucher möglicherweise auch bei den Waren der Mitbewerber sucht" (EuGH C-205/123, GRUR 2014, 1097 Rn. 27 – Hauck/Stokke).

78 Die Funktionalität der Formgebung muss dem Wortlaut der Vorschrift zufolge nicht nur auf technischen Aspekten beruhen, sondern sie muss auch in ihren **Wirkungen** auf technischem Gebiet liegen. Wird durch die Gestaltung einer Ware ein besonderes Sinneserlebnis erzielt – etwa ein besonderes Geschmackserlebnis, das durch die Oberflächengestaltung einer Praline erzeugt wird – dann handelt es sich zwar um eine insoweit funktionale Gestaltung, diese löst aber keine technische Wirkung aus (so BGH GRUR 2010, 138 Rn. 18 – ROCHER-Kugel, der damit die Unanwendbarkeit von § 3 Abs. 2 Nr. 2 begründet).

In seiner Entscheidung zur Schutzfähigkeit des KitKat Schokoriegels hat der EuGH ferner **79** erklärt, dass es für die Anwendung des Ausschlussgrundes nicht ausreicht, wenn eine Form das **Resultat** eines technisch zur Hervorbringung solcher Formen notwendigen Verfahrens bzw. Konstruktionsprinzips ist. Zur Begründung wird zum einen auf den Wortlaut verwiesen, der sich auf die Funktionsweise der Ware beschränkt, ohne den Herstellungsprozess zu erwähnen. Ferner werde diese Auslegung durch das Ziel der Vorschrift bestätigt, die Entstehung von Monopolen für technische Lösungen zu verhindern, die der Benutzer auch bei Waren der Mitbewerber suchen kann, da es aus der Sicht der Verbraucher nur auf die Funktionalitäten der Ware ankomme, während die Modalitäten ihrer Herstellung unerheblich seien (EuGH C-215/14, GRUR 2015, 1198 Rn. 53, 55 – Nestlé/Cadbury). Dabei wird übersehen, dass jedenfalls dann, wenn zur Herstellung einer konkreten Warenform nur ein bestimmtes Verfahren in Betracht kommt, durch die Einräumung eines ausschließlichen Rechts an dieser Form eine zumindest indirekte Monopolisierung einer technischen Lösung stattfindet, was im Ergebnis dazu führt, dass die Abnehmer Formen, die aus der Anwendung des betreffenden Verfahrens resultieren, bei Wettbewerben vergeblich suchen werden (kritisch gegenüber einer einschränkenden Auslegung auch Ingerl/Rohnke Rn. 52).

Im konkreten Verfahren (EuGH C-215/14, GRUR 2015, 1198 – Nestlé/Cadbury) ging es um die **79.1** Form des KitKat Schokoriegels, bei dem sich die exakte Form der Rillen zwischen den einzelnen „Fingern" notwendig aus der verwendeten, dem Vortrag von Cadbury zufolge alternativlosen, Herstellungstechnik ergibt. Generalanwalt Wathelet hatte die Frage nach der Anwendbarkeit von Art. 4 Abs. 1 Buchst e ii RL (EU) 2015/2436 in seinen Schlussanträgen bejaht. Er verwies insoweit darauf, dass der EuGH in der Entscheidung Philips/Remington erklärt habe, der Sinn der Vorschrift bestehe darin, dafür zu sorgen, dass Mitbewerber nicht daran gehindert seien, Waren mit einer technischen Funktion anzubieten „oder zumindest die technische Lösung frei zu wählen, die sie einsetzen möchten, um ihre Ware mit einer solchen Funktion auszustatten" (EuGH C-299/99, GRUR 2002, 842 Rn. 79). Die Formulierung „technische Lösung, die der Hersteller anwenden möchte, um diese Funktion in seine Ware einzubinden" sei „offenkundig eine Umschreibung für ein Herstellungsverfahren"(Schlussanträge, C-215/14, BeckEuRS, 432885 Rn. 76 f. – Nestlé/Cadbury).

Die in EuGH C-215/14, GRUR 2015, 1198 – Nestlé/Cadbury negativ beantwortete Frage nach **79.2** der Anwendung des zweiten Ausschlussgrundes auf Ergebnisse technischer Herstellungsverfahren kann auch für die Entscheidung in der anhängigen Rechtssache C-30/15 – Simba Toys/EUIPO eine Rolle spielen (Schutz der grafischen Darstellung des „Zauberwürfels" (Rubik's Cube)): Vom EuG wurde die Schutzfähigkeit der Darstellung ua mit dem Argument bejaht, dass die rotationsfähigen Elemente des Würfels (wenn sie denn als solche erkannt werden, was vom EuG in Abrede gestellt wird; → Rn. 64.1) nur das Ergebnis einer technisch-funktionalen Gestaltung seien, nicht jedoch selbst eine solche Wirkung herbeiführen (EuG T-450/09, BeckRS 2014, 82527, Rn. 53 – Simba Toys/EUIPO; Rechtsbeschwerde beim EuGH anhängig als C-30/15 P).

Vom EUIPO wurde die dem § 3 Abs. 2 Nr. 2 entsprechende Vorschrift des Art. 7 Abs. 1 Buchst. e **79.3** ii UMV auf die von der Firma Lamborghini beantragte Bewegungsmarke für die charakteristische Aufwärtsbewegung ihrer Autotüren angewandt, obwohl es sich auch dabei um das Resultat einer technischen Konstruktion, und nicht um die technische Wirkung der Bewegung handelt (HABM BK GRUR 2004, 63 – Lamborghini; zustimmend Ströbele/Hacker/Hacker Rn. 95).

Es ist nicht entscheidend, ob die betreffende Form die einzige ist, die die Erreichung der **80** technischen Wirkung erlaubt, oder ob insoweit **Alternativen** vorhanden sind. Vom EuGH wird dies zum einen damit begründet, dass nichts im Wortlaut der Vorschrift die Schlussfolgerung zulasse, dass es auf Alternativen ankommt (EuGH C-299/99, GRUR 2002, 842 Rn. 81 – Philips/Remington); zum anderen wird erklärt, dass anderenfalls der Markeninhaber die Möglichkeit hätte, anderen Unternehmen die Verwendung nicht nur der gleichen Form, sondern auch ähnlicher Formen zu verbieten, so dass zahlreiche alternative Formen für die Wettbewerber dieses Markeninhabers unbenutzbar werden (EuGH C-48/09 P, GRUR 2010, 1008 Rn. 56 – LEGO; s. auch EuG verb. Rs. T-331/10 RENV und T-416/10 RENV, BeckEuRS 2015, 432837 Rn. 62 – Yoshida/Pi Design; schwer damit vereinbar EuG T-450/09, BeckRS 2014, 82527 Rn. 54 – Simba Toys/HABM, wo darauf abgestellt

MarkenG § 3 Teil 2 Voraussetzungen, Inhalt und Schranken etc.

wird, dass dreidimensionale Puzzles auch ohne sichtbare Trennlinien zwischen den einzelnen Elemente hergestellt werden können). Auch könnten durch die Kumulierung von Eintragungen andere Unternehmen gänzlich daran gehindert werden, bestimmte Waren mit einer bestimmten technischen Funktion herzustellen und zu vertreiben.

80.1 Die Begründung der EuGH-Rechtsprechung erscheint in diesem Punkt als schwach. Dass der Wortlaut nicht auf das Fehlen von Alternativen verweist, hindert nicht zwingend, für das Verständnis der Formulierung „zur Erzielung einer technischen Wirkung notwendig" auf das Vorliegen bzw. die Abwesenheit von Alternativlösungen abzustellen. Dass die Eintragung der Formgebung notwendigerweise auch ähnliche Formgebungen erfasst, ist nur auf der Grundlage des (fragwürdigen) Verständnisses zutreffend, dass bei der Bemessung des Schutzumfangs von Marken die Interessen der Wettbewerber keine Rolle spielen dürfen (in diesem Sinne EuGH C-102/07, GRUR 2008, 503 Rn. 30 – Adidas/Marca Mode). Letztlich ist der EuGH hier der zentralen Frage ausgewichen, ob und ggf. warum es aus übergeordneten wettbewerbsrechtlichen Gründen wünschenswert ist, dass am Markt etablierte Produktformen von anderen nicht nur in ähnlicher, sondern auch in identischer Form nachgebaut werden können, selbst wenn aus technisch-funktionaler (nicht jedoch aus ökonomischer) Sicht Alternativen vorhanden sind. Klarer hat sich zu diesen Fragen der BGH geäußert (BGH GRUR 2005, 349 – Klemmbausteine III).

81 Obwohl das Vorliegen alternativer Gestaltungsmöglichkeiten rechtlich unerheblich ist, hält der BGH daran fest, dass es sich auf die Beurteilung positiv auswirkt, wenn die beanspruchte Formgebung erkennbar nur **eine unter mehreren technisch gleichartigen Varianten** darstellt. So ist die Formgebung eines Sportwagens nicht technisch bedingt iSv § 3 Abs. 2 Nr. 2, da die Hersteller trotz strenger technischer Vorgaben für Automobile dieser Art auch bei ähnlichen Anforderungsprofilen eigenständige, individualisierende Formgebungen entwickeln können (BGH GRUR Int 2006, 767 f. – Porsche Boxster). Ebenso wurde die Schutzfähigkeit eines Transformatorengehäuses damit begründet, dass die angemeldete Formgebung über eine Reihe von Gestaltungsmerkmalen verfügt, die in ihrer konkreten Formgebung zur Erzielung einer technischen Wirkung nicht erforderlich, sondern frei variierbar sind (BGH GRUR 2004, 507 (509) – Transformatorengehäuse). Diese Auffassung erscheint auch unter Beachtung von Sinn und Zweck der Vorschrift als sachgerecht, da bei freier Variierbarkeit funktionaler Merkmale kein überragendes Bedürfnis für die Freihaltung einzelner Ausprägungen der Gestaltung besteht (ebenso Ingerl/Rohnke Rn. 55).

82 Im Hinblick auf die **Schutzfähigkeit von Ersatzteilen** war vom BPatG angenommen worden, bei der Formgestaltung sichtbarer Kraftfahrzeugteile bestünden nicht nur zahlreiche technische Vorgaben für die Funktionsfähigkeit solcher Teile, sondern die jeweilige Formgebung sei im Hinblick auf den bestimmungsgemäßen Zweck des passgenauen Einbaus in eine Sachgesamtheit auch alternativlos (BPatG GRUR 2005, 333 (335) – Kraftfahrzeugteile). Der BGH erklärte hingegen, da und soweit für die Sachgesamtheit eine Vielzahl von Gestaltungsmöglichkeiten erhalten bleibe, unterliege auch die Formgebung der einzelnen Teile durch den Zweck, als Bestandteil dieser Sachgesamtheit zu dienen, keinen weiteren Einschränkungen (BGH GRUR 2008, 71 Rn. 6 – Fronthaube). Diese Auffassung ist (nur dann) zutreffend, wenn der konkrete Verwendungszweck des Produkts für die Ermittlung der technischen Bedingtheit außer Betracht gelassen wird (kritisch insoweit Ingerl/Rohnke Rn. 56). Künftig wird in entsprechenden Fällen vor allem darauf abzustellen sein, ob die Form iSd Hauck/Stokke-Entscheidung durch die Art der Ware bedingt ist (→ Rn. 73.2; Kur GRUR 2016, 20 (27)).

83 Ob die Form einer Ware technisch bedingt ist, ist **objektiv** zu ermitteln; die Vorstellung der beteiligten Verkehrskreise ist dafür ohne Belang. Hingegen kann die Verkehrsanschauung Indizfunktion bei der Beurteilung der Frage entfalten, ob die technische Bedingtheit sämtliche wesentlichen Merkmale der Ware betrifft (EuGH C-48/09 P, GRUR 2010, 1008 Rn. 75 ff. – LEGO; kritisch dazu Ströbele/Hacker/Hacker, Rn. 124: Für die Ermittlung der wesentlichen Merkmale könne es nur auf die Verkehrsauffassung ankommen).

83.1 In der LEGO-Entscheidung schildert der EuGH, wie die Ämter bei der Prüfung von Art. 4 Abs. 1 Buchst. e ii UMV (= § 3 Abs. 2 Nr. 2) vorgehen sollen: Es sei eine Einzelfallbeurteilung vorzunehmen, da es keine systematische Rangfolge zwischen den verschiedenen Arten möglicher Bestandteile eines Zeichens gebe; im Übrigen könne sich die zuständige Behörde bei ihrer Ermittlung der wesentlichen Merkmale eines Zeichens entweder unmittelbar auf den von dem Zeichen hervorgerufenen Gesamteindruck stützen oder zunächst die Bestandteile des Zeichens nacheinander einzeln prüfen; die Ermittlung der wesentlichen Merkmale eines dreidimensionalen Zeichens könne je nach Fallgestaltung, insbesondere unter Berücksichtigung des Schwierigkeitsgrads des Falls, anhand einer bloßen visuellen Prüfung dieses Zeichens oder aber auf der Grundlage einer eingehenden Untersuchung erfolgen, in deren Rahmen für die Beurteilung nützliche Elemente, wie Meinungsumfragen und Gutachten oder Angaben zu Rechten des geistigen Eigentums, die im Zusammenhang mit der betreffenden Ware früher verliehen wurden, berücksichtigt werden könnten. Nach der Ermittlung der wesentlichen Merkmale des Zeichens sei sodann weiter zu prüfen, ob alle diese Merkmale der technischen Funktion der fraglichen Ware entsprechen (EuGH C-48/09, GRUR 2010, 1008 Rn. 70–72).

Da sich die rechtliche Beurteilung regelmäßig nur auf diejenigen Merkmale der Form bezieht, für die der Markenschutz beantragt wird, kann sich der Schutzausschluss auch auf den entsprechenden Teil einer Formgebung beziehen (Ströbele/Hacker/Hacker Rn. 128). **83.2**

Insgesamt wird der Ausschlussgrund der technisch bedingten Formgebung in der deutschen Praxis jedenfalls bisher **zurückhaltend** beurteilt. Nur wenn mit Sicherheit festgestellt werden kann, dass sämtliche wesentlichen Merkmale der Ware eine technische Funktion erfüllen, wird von einem Schutzausschluss ausgegangen (so regelmäßig die Rechtsprechung des BPatG; s. etwa Beschl. v. 14.11.2012 – 28 W (pat) 547/11, BeckRS 2013, 8715 – Gehäuse mit Wellenstruktur; ebenso die am gleichen Tag ergangenen Beschlüsse in den Parallelverfahren 28 W (pat) 545/11, 546/11, 548/11, 549/11 und 550/11; Ströbele/Hacker/Hacker Rn. 125). **84**

4. Wertverleihende Formgebungen (Abs. 2 Nr. 3)

So wie der Zweck des § 3 Abs. 2 Nr. 2 in der Abgrenzung des Markenrechts gegenüber den technischen Schutzrechten erblickt wird, wird dem dritten Ausschlussgrund – Formen, die der Ware ihren wesentlichen Wert verleihen – häufig eine Abgrenzungsfunktion im Verhältnis zum Schutz **ästhetisch-kreativer Leistungen** durch das Urheber- und Designrecht zugeschrieben. Auf der anderen Seite würde es zu kaum vertretbaren Ergebnissen führen, wenn dem Schutz einer Formgebung unter dem Aspekt des Designrechts Indizfunktion im Hinblick auf den Schutzausschluss nach § 3 Abs. 2 Nr. 3 zukäme: Da sämtliche neuen, eigenartigen Formgebungen schon bei relativ geringen Anforderungen an den Grad der Eigenart schutzfähig sind und da alle schutzfähigen Muster im Fall ihrer Veröffentlichung in der EU für gewisse Zeit Schutz als nicht eingetragenes Gemeinschaftsgeschmacksmuster genießen, bestünde bei einer solchen Betrachtung nur bei denjenigen Formgebungen keine Kontraindikation, die weder neu sind noch irgendeinen Grad an Eigenart aufweisen. Um solche erkennbar unsinnigen Ergebnisse zu vermeiden, erscheint es fragwürdig, in Entsprechung zum Patentrecht (→ Rn. 76) der designrechtlichen Schutzfähigkeit von Formgebungen indizielle Bedeutung für den Schutzausschluss beizumessen (s. allerdings EuGH C-205/13, GRUR 2014, 1097 Rn. 19 – Hauck/Stokke, der die Bedeutung des „Verlängerungsverbots" auch im Hinblick auf Designobjekte als bedeutsam herausstellt). **85**

Die Absurdität einer solchen Betrachtung wird noch deutlicher, wenn man bedenkt, dass auch alle grafischen Gestaltungen einschließlich Logos dem Designschutz zugänglich sind; Bild- oder Wort-Bildmarken könnten daher bei einer strikten Abgrenzung der Anwendungsbereiche von Marken- und Designschutz keinen Schutz beanspruchen. **85.1**

Ebenso erscheint es verfehlt, ganze **Produktkategorien** von der Schutzfähigkeit als Marke auszuschließen (so jedoch für Schmuckgegenstände BPatG BlPMZ 2002, 228 – Schmuckring; (wohl) zustimmend Ströbele/Hacker/Hacker Rn. 131; kritisch Kur GRUR Int 2004, 755 f.). Aus der Benetton-Entscheidung des EuGH (→ Rn. 87.1) ergibt sich zumindest mittelbar, dass Kleidungsstücke nicht bereits aufgrund des Arguments vom Schutz ausgeschlossen sind, dass der Wert der Ware notwendigerweise aus ihrer Form folgt; es muss vielmehr eine Betrachtung des Einzelfalls stattfinden. Für sonstige typischerweise designgeprägte Waren wie Schmuckgegenstände oder kunstgewerbliche Erzeugnisse kann nichts anderes gelten. **86**

Mit den **Voraussetzungen des Schutzausschlusses** wertverleihender Warenformen hat sich der EuGH erstmals im Fall Hauck/Stokke (C-205/123, GRUR 2014, 1097 mit Anm. Kur) befasst. In der vorhergehenden Entscheidung Benetton (EuGH C-371/06, GRUR **87**

2007, 790 – Benetton/G-Star) hatte das vorlegende Gericht unterstellt, dass die Voraussetzungen für den Schutzausschluss wertbedingter Formgebungen jedenfalls in der Anfangsphase der Vermarktung erfüllt waren; der EuGH beschränkte sich daher auf die aus dem Gesetzeswortlaut folgende Feststellung, dass die Überwindung des Ausschlussgrundes durch den Erwerb von Unterscheidungskraft iSv Art. 3 Abs. 3 RL (EU) 2015/2436 nicht möglich ist.

87.1 Der Fall Benetton (EuGH C-371/06, GRUR 2007, 790) betraf die Schutzfähigkeit einer als Benelux-Marke eingetragenen Jeanshose, deren unterscheidende Merkmale aus Nähten und Stickereien bestanden. Das vorlegende Gericht hatte angenommen, dass die Hose ursprünglich aus diesen Besonderheiten ihre kommerzielle Attraktivität hergeleitet hatte; es hatte jedoch als korrekt unterstellt, dass – nach aufwendigen Kampagnen der Inhaberin – zum Zeitpunkt der Anmeldung der Marke die Beliebtheit der Hose zu einem großen Teil nicht auf die ästhetische Attraktivität der Form, sondern auf die mit der Bekanntheit der Marke zusammenhängende Anziehungskraft zurückzuführen gewesen sei. Der EuGH hat sich in seiner äußerst knappen Entscheidung auf einen Verweis auf den Gesetzeswortlaut beschränkt.

88 In der Entscheidung Hauck/Stokke (EuGH C-205/123, GRUR 2014, 1097) ging es um den Schutz des Tripp-Trapp Stuhls, einem „mitwachsenden" Kinderstuhl mit anspruchsvollem, vielfach ausgezeichnetem Design. Auf die Ungültigkeitswiderklage eines wegen Markenverletzung in Anspruch genommenen Herstellers ähnlicher Kinderstühle legte der Hooge Rad dem EuGH ua die Frage vor, ob es für die Anwendung des dritten Ausschlussgrundes auf die Beweggründe der Abnehmer für ihre Kaufentscheidung ankommt, dh darauf, ob sie die Ware vorwiegend als Kunst- bzw. Designobjekt oder wegen anderer Eigenschaften, wie insbesondere ihres Gebrauchsnutzens erstehen. Der EuGH erklärte daraufhin, der dritte Ausschlussgrund dürfe nicht auf die Form von Waren beschränkt werden, die einen rein künstlerischen oder dekorativen Wert haben, da sonst die Gefahr bestünde, dass Waren nicht erfasst würden, die außer einem bedeutenden ästhetischen Element auch **wesentliche funktionelle Eigenschaften** haben, mit der Folge, dass „ein Monopol auf die wesentlichen Eigenschaften der Waren" gewährt würde (EuGH C-205/123, GRUR 2014, 1097 Rn. 32). Die Wahrnehmung der Abnehmer sei daher für die Anwendung des Ausschlussgrundes lediglich einer von mehreren Faktoren; zusätzlich seien „die Art der in Rede stehenden Warenkategorie, der künstlerische Wert der fraglichen Form, ihre Andersartigkeit im Vergleich zu anderen auf dem jeweiligen Markt allgemein genutzten Formen, ein bedeutender Preisunterschied gegenüber ähnlichen Produkten oder die Ausarbeitung einer Vermarktungsstrategie, die hauptsächlich die ästhetischen Eigenschaften der jeweiligen Ware herausstreicht" zu berücksichtigen (EuGH C-205/123, GRUR 2014, 1097 Rn. 35).

89 Für die Rechtsprechung des BGH ergeben sich durch diese Entscheidung erhebliche **Änderungen,** deren Tragweite noch nicht absehbar ist.

90 So stand nach bisheriger Praxis der Ausschlussgrund des § 3 Abs. 2 Nr. 3 dem Schutz einer ästhetisch ansprechenden Formgebung nur dann entgegen, wenn der Verkehr **allein in dem ästhetischen Gehalt** der Form den wesentlichen Wert der Ware erblickt und es deshalb von vornherein als ausgeschlossen anzusehen ist, dass der Form neben ihrer ästhetischen Wirkung zumindest auch die Funktion eines Herkunftshinweises zukommen könnte. Erscheint hingegen in den Augen des Verkehrs die ästhetische Formgebung nur als eine Zutat zu der Ware, deren Nutz- oder Verwendungszweck auf anderen Eigenschaften beruht, sollte sie der Eintragung der Form als Marke auch dann nicht entgegenstehen, wenn es sich um eine ästhetisch besonders gelungene Gestaltung handelt (BGH GRUR 2008, 71 Rn. 18 – Fronthaube; GRUR 2010, 138 Rn. 19 – ROCHER-Kugel). Es kam somit darauf an, ob die Ware so eindeutig durch ihren ästhetischen Gehalt dominiert wird, dass praktisch dieser allein, und nicht das Produkt in seinen Gebrauchsaspekten, für die beteiligten Verkehrskreise den Gegenstand der angebotenen Leistung ausmacht.

91 Nach diesem zurückhaltenden Ansatz des BGH erfolgte die Beurteilung **prospektiv,** indem sie auch das prinzipiell kennzeichnungsgeeignete Entwicklungspotenzial einer Formgebung berücksichtigte. Dadurch wurde verhindert, dass – wie im Fall Benetton (EuGH C-371/06, GRUR 2007, 790) – die Bewertung auf die Situation verengt wird, in der die Abnehmer der Ware erstmalig begegnen und in der sie typischerweise noch keine über die Attraktionswirkung der Form hinausgehenden Vorstellungen mit der Gestaltung der Ware verbinden können.

Während für eine prospektive Analyse auch künftig gewisser Spielraum bestehen dürfte, 92 ist die Rechtsprechung des BGH jedenfalls insoweit nicht mehr haltbar, als der Einfluss des **Nutz- oder Gebrauchswerts** für die Frage berücksichtigt wird, ob der Wert der Ware wesentlich durch die Form beeinflusst wird. Diesem Ansatz – der im Prinzip auch „Designikonen" auf dem Gebiet des Möbel- oder Lampendesigns den Weg zum Markenschutz offen hält, da es sich auch insoweit immer noch um Nutzgegenstände und nicht um „reine Ästhetik" handelt (s. insoweit auch BPatG BeckRS 2011, 25017 – Sessel) – wird vom EuGH eine klare Absage erteilt. Was dies für bereits als Marke eingetragene Designobjekte bedeutet, bleibt abzuwarten.

Bei der Rechtsprechung des BGH dürfte es jedenfalls insoweit bleiben, als der Anknüp- 93 fungspunkt für die Anwendung von § 3 Abs. 2 Nr. 3 beim **ästhetischen Wert** der Formgebung liegt, und nicht bei anderen Aspekten der Form, die ebenfalls den wirtschaftlichen Wert oder die Handelbarkeit der Ware beeinflussen (BGH GRUR 2008, 71 Rn. 18 ff. – Fronthaube; gegen BPatG GRUR 2005, 333 (335) – Kraftfahrzeugteile, wo ausgeführt worden war, die betreffende Formgebung – Fronthaube eines BMW – habe eindeutig wertbestimmenden Charakter, da die Ware nur in dieser Form in ihrer Eigenschaft als Ersatzteil handel- und verwertbar sei). Solche anderweitigen Aspekte dürften jedoch im Zusammenhang mit dem ersten Ausschlussgrund zu berücksichtigen sein und können dort durchschlagende Bedeutung erlangen (→ Rn. 73.2; Kur GRUR 2016, 20 (27)).

Die durch den EuGH erzwungenen Änderungen der bisherigen BGH-Rechtsprechung 94 sind bedauerlich und dürften in der Praxis zu erheblichen **Schwierigkeiten und Rechtsunsicherheiten** führen. Der Schutz von Formmarken entwickelt sich damit mehr denn je zu einem Lotteriespiel (Kur GRUR 2014, 1097 (1099): Anm. zu EuGH C-215/13 – Hauck/Stokke). Schon bisher wurde beklagt, dass die Maßstäbe, nach denen Ämter und Gerichte die Schutz- bzw. Eintragungsfähigkeit von Warenformen beurteilen, höchst intransparent sind und in den Mitgliedsländern unterschiedlich gehandhabt werden; diese Probleme dürften sich künftig erheblich verschärfen. Es ist zwar richtig, dass infolge der bisherigen Rechtspraxis die Möglichkeit einer faktischen **Überlagerung von Formmarken- und Designschutz** (bei unterschiedlichen Schutzvoraussetzungen und -wirkungen) eher den Regel- als den Ausnahmefall darstellte. Anders als bei technisch bedingten Formgebungen stößt diese Konsequenz aber nicht auf grundlegende Bedenken: Angesichts der Weite des Formenschatzes ist im Fall ästhetischer Gestaltungen das Interesse der Wettbewerber und der Öffentlichkeit, eine konkrete, werthaltige Form nutzen zu können, weniger akut und zwingend als im Falle innovativer technischer Lösungen. Wenn somit eine ästhetisch ansprechende Form aufgrund intensiver und langjähriger Benutzung nachweislich den Charakter eines Herkunftshinweises angenommen hat, vermag nicht einzuleuchten, dass übergeordnete Wertentscheidungen verletzt werden sollen, wenn die Gewährung von Markenschutz der faktisch vorhandenen Kennzeichnungswirkung auch rechtliche Anerkennung verschafft.

Der Ansatz des EuGH führt demgegenüber aus Sicht des Anmelders in ein nur schwer 95 lösbares **Dilemma:** Um nicht wegen mangelnder Unterscheidungskraft zurückgewiesen zu werden, muss der Anmelder darlegen, dass sich die Warenform erheblich von Vorbestehendem unterscheidet (→ § 8 Rn. 455). Zugleich soll jedoch die Andersartigkeit der Formgebung einen der Faktoren darstellen, die für den Schutzausschluss gemäß § 3 Abs. 2 Nr. 3 sprechen (→ Rn. 88); der Anmelder bringt sich mit seinem Vortrag daher womöglich selbst um die Chance, jemals Markenschutz in Anspruch nehmen zu können.

Das Dilemma wird durch den Fall des Bang & Olufsen-Lautsprechers illustriert: Das EuG hatte 95.1 zunächst entschieden, dass die auf mangelnde Unterscheidungskraft gestützte Zurückweisung der Markenanmeldung durch das HABM rechtsfehlerhaft sei; aufgrund des besonderen, sich von verkehrsüblichen Gestaltungen deutlich abhebenden Designs komme der Formgebung Unterscheidungskraft zu (EuG T-460/05, GRUR Int 2008, 52 Rn. 40 – Form eines Lautsprechers). In der erneuten Verhandlung nach Zurückverweisung des Verfahrens an das EUIPO gelangte die 1. BK sodann zu dem Schluss, dass ungeachtet der vorhandenen Unterscheidungskraft der Schutz wegen der Attraktivität der Formgebung mit permanenter Wirkung auszuschließen sei (HABM BK R 497/2005-1 – Bang & Olufsen). Diese Entscheidung wurde vom EuG bestätigt (EuG T-508/08, GRUR Int 2012, 560 – Form eines Lautsprechers II). Weiteres Anschauungsmaterial für die mit der Anwendung des dritten Ausschlussgrundes verbundenen Schwierigkeiten bieten die Entscheidungen HABM BK R 486/2010-2 (Bürostuhl von Ray und Charles Eames) einerseits und HABM BK R 664/2011-5 (Eames Lounge Chair) andererseits:

Während die 2. BK darauf abstellte, dass die Attraktivität der Gestaltung auf die Bekanntheit der beiden Schöpfer und damit auf einem herkunftsbezogenen Aspekt beruhe (was zur Bejahung der Markenfähigkeit führte), erklärte die 5. BK, dass die Bekanntheit des Designerpaares auf dem künstlerischen Wert ihrer Schöpfungen beruhe, und dass diesen (also im konkreten Fall: dem Lounge Chair) der Schutz daher zu versagen sei.

96 Die Regelung des § 3 Abs. 2 Nr. 3 ist insgesamt als **verfehlt** zu betrachten. Sie zwingt Gerichte und Behörden in die Rolle einer Design-Jury, die besonders gutes Design mit dem Entzug der Möglichkeit straft, kennzeichenrechtlichen Schutz zu erlangen (so die nahezu einhellige Kritik in Literatur; Ingerl/Rohnke Rn. 58; Fezer Rn. 694; erstmals Kur, FS 100 Jahre Marken-Amt, 1994, 175, 191). Es wäre daher zu begrüßen gewesen, wenn die Kommission dem Vorschlag gefolgt wäre, Art. 3 Abs. 1 Buchst. e iii RL (EU) 2015/2436 im Zuge der anstehenden Markenrechtsreform abzuschaffen (so die Trade Mark Study des MPI; s. Knaak/Kur/v. Mühlendahl GRUR Int 2012, 197 (200); ebenso die GRUR-Stellungnahme zu den Kommissionsvorschlägen, Kunz-Hallstein/Loschelder GRUR 2013, 800 f.; Hasselblatt/Hasselblatt Rn. 127; zur UMV → UMV Art. 7 Rn. 123).

97 Dies bedeutet nicht, dass die Interessen der Wettbewerber an der Freihaltung ästhetisch attraktiver Formen zu vernachlässigen sind. Diesen Interessen kann jedoch in sachgerechter und flexibler Weise **im Rahmen der absoluten Schutzhindernisse** (sowie richtigerweise auch bei der Bemessung des Schutzumfangs) Rechnung getragen werden; eines unüberwindbaren Schutzhindernisses bedarf es dazu nicht.

D. IR-Marken

98 IR-Marken müssen ebenso wie nationale Marken die Erfordernisse von § 3 erfüllen. Dabei besteht allerdings die Besonderheit, dass der Schutz nur aus den in Art. 6^{quinquies} B **PVÜ** aufgeführten Gründen verweigert oder entzogen werden kann (BGH GRUR 2006, 589 Rn. 12 – Rasierer mit drei Scherköpfen; GRUR 2013, 929 Rn. 10 – Schokoladestäbchen II; zur Anwendung dieses Grundsatzes in der früheren Rechtsprechung Beier GRUR Int 1992, 243, 247).

98.1 v. Mühlendahl kritisiert in seiner Anmerkung zum Vorlagebeschluss des BPatG (GRUR 2013, 932 – Apple; s. dazu auch EuGH C-421/13, GRUR 2014, 866) zu Recht, dass sich das Gericht nicht mit der Frage befasst hat, ob die Schutzverweigerung für die in den USA eingetragene IR-Marke (Aufmachung von Apple-Stores) mit Art. 6^{quinquies} PVÜ vereinbar wäre (v. Mühlendahl GRUR 2013, 942).

98.2 Der EuGH verweist in der NETTO-Entscheidung eingehend auf die PVÜ und die Nizzaer Klassifikation zur Begründung seiner Auffassung, dass Dienstleistungen, die die Zusammenstellung von Dienstleistungen betreffen, nicht vom Markenschutz ausgeschlossen werden können (EuGH C-420/13, GRUR 2014, 869 Rn. 37).

99 Als Schutzversagungsgründe kommen die Verletzung älterer Rechte Dritter (Art. 6^{quinquies} B Nr. 1 PVÜ), das Fehlen jeglicher Unterscheidungskraft, der beschreibende oder übliche Charakter des Zeichens im Hinblick auf die zu bezeichnenden Waren oder Dienstleistungen (Art. 6^{quinquies} B Nr. 2 PVÜ) sowie Verstöße gegen die guten Sitten oder die öffentliche Ordnung (ordre public) in Betracht (Art. 6^{quinquies} B Nr. 3 PVÜ).

100 Während die in § 8 Abs. 2 Nr. 1–3 bzw. Art. 4 Abs. 1 Buchst. b bis d RL (EU) 2015/2436 genannten, absoluten Schutzhindernisse den Schutzausschlussgründen von Art. 6^{quinquies} B Nr. 2 PVÜ nahezu wörtlich entsprechen, findet sich **keine Entsprechung** zum Erfordernis der grafischen Darstellbarkeit sowie zu den in § 3 Abs. 2 bzw. Art. 4 Abs. 1 Buchst. e RL (EU) 2015/2436 normierten, permanenten Ausschlussgründen für wesens- oder technikbedingte sowie wertverleihende Warenformen.

101 Im Hinblick auf die – zwar dem europäischen Recht nicht mehr entsprechende, im geltenden Text des MarkenG jedoch noch enthaltene – **grafische Darstellbarkeit** ist insoweit zwischen der Normierung gewisser Anforderungen an die Form der Darstellung (denen auch Zeichenformen genügen müssen, die der Eintragung prinzipiell ohne weiteres zugänglich sind, wie etwa Farbmarken) und der völligen Verweigerung der Eintragung (wie sie im europäischen Recht derzeit für olfaktorische und gustatorische Marken gilt) zu unterscheiden (in diesem Sinne bereits Kur, FS v. Mühlendahl, 2005, 361 (372)). Bei ersteren ergibt sich bereits aus der Freiheit souveräner Rechtssysteme, die Formalien des Eintragungsverfahrens einschließlich der einzureichenden Unterlagen zu regeln, dass die Anforderungen des nationalen (bzw. europäischen) Rechts von ausländischen Anmeldern erfüllt werden müssen. Grenzen werden insoweit nur von spezifischen internationalen Normierungen, wie insbesondere dem TLT (→ MarkenR Einleitung Rn. 209 ff.) oder dem STLT (→ MarkenR Einleitung Rn. 212 ff.) gezogen, soweit – wie im Falle Deutschlands – Mitgliedschaft in diesen Verträgen besteht.

Hinzu kommt, dass die Erfordernisse der Präzision und Transparenz sowie das übergeordnete **Gebot der Bestimmtheit** und der Verhinderung ungerechtfertigter Vorteile im Wettbewerb als Bestandteile des ordre public des Kennzeichenrechts im Allgemeinen und insbesondere eines auf Registrierung basierenden Markensystems gelten können. Insoweit kann ungeachtet des Fehlens einer expliziten Erwähnung des Erfordernisses der grafischen Darstellbarkeit in Art. 6^{quinquies} B PVÜ das Schutzbegehren für IR-Marken zurückgewiesen werden, wenn das Bestimmtheitserfordernis in gravierender Weise missachtet wird (BGH GRUR 2013, 929 Rn. 13 – Schokoladestäbchen II). Auch der generelle Ausschluss von Zeichenformen von der Eintragbarkeit lässt sich in einer dem internationalem Recht genügenden Weise begründen, wenn und soweit für diese keine Form der grafischen Darstellung verfügbar ist, die dem grundlegenden Bestimmtheitserfordernis entspricht. **102**

Mit der Annahme eines Verstoßes gegen den **ordre public** darf man es sich jedoch nicht zu leicht machen. Soweit es um die Anwendung materieller Vorschriften geht, ist stets davon auszugehen, dass diese einen bewussten Ausdruck grundlegender markenrechtlicher Wertungsprinzipien darstellen. Wie aus Art. 6^{quinquies} B Nr. 3 S. 2 PVÜ hervorgeht, reicht dies allein jedoch nicht aus; es muss sich vielmehr um ein **spezifisches öffentliches Interesse** handeln, das zu demjenigen an einer ordnungsgemäßen, funktionsgerechten Ausgestaltung des Markenrechts hinzutritt bzw. dieses in besonderer Weise verstärkt. Zu Recht wurde daher die LITAFLEX-Entscheidung des BGH kritisiert (BGH GRUR 1987, 525 f. mit krit. Anm. Bauer), in der das Bindungsprinzip des WZG zum Bestandteil des ordre public erklärt wurde, obwohl es zum damaligen Zeitpunkt bereits von vielen als überzogen und lebensfremd angesehen wurde und zudem bereits absehbar war, dass es im Zuge der europäischen Markenrechtsharmonisierung wahrscheinlich abgeschafft werden würde. **103**

Ob der pauschale Ausschluss der Eintragungsfähigkeit dreidimensionaler Marken gegenüber IR-Marken unter Hinweis auf den ordre public gerechtfertigt werden konnte, wurde vom BGH in der Entscheidung P-tronics (BGH GRUR 1976, 355 f. – P-tronics) offengelassen. Vom BPatG wurden Bedenken unter dem Aspekt des ordre public erst im Hinblick auf einen Antrag auf Schutzerstreckung für unangebracht erklärt, der zu einem Zeitpunkt gestellt wurde, als die MRL bereits in Kraft getreten war (allerdings vor Ablauf der Umsetzungsfrist; BPatG GRUR 1998, 146 f. – Plastische Marke). **103.1**

Auch beim Erfordernis der grafischen Darstellbarkeit ergibt sich aus der bereits erfolgten Abschaffung im Zuge der Reform des europäischen Markenrechts ein deutliches Indiz dafür, dass es sich nicht um ein im öffentlichen Interesse unverzichtbares Element des Markenschutzes handelt. Werden somit für bisher als grafisch nicht darstellbar betrachtete Zeichenformen andere, dem Bestimmtheitserfordernis genügende Darstellungen angeboten, wäre kein hinreichender Zurückweisungsgrund gegeben. Das **Bestimmtheitsgebot als solches** bleibt allerdings unverzichtbar; die Anforderungen an seine Erfüllung dürfen im Einzelfall jedoch nicht überspannt werden (so für den konkreten Fall auch BGH GRUR 2013, 929 Rn. 21 – Schokoladestäbchen II). **104**

Auch bei den nach § 3 Abs. 2 bzw. Art. 4 Abs. 1 Buchst. e RL (EU) 2015/2436 **vom Schutz ausgeschlossenen Formmarken** kommt es für die Vereinbarkeit mit internationalen Rechtsnormen letztlich darauf an, inwieweit sich die dauerhafte Verweigerung des Schutzes als Erfordernis des ordre public rechtfertigen lässt (in diesem Sinne Kur GRUR Int 2004, 755, 758; dies., FS v. Mühlendahl, 2005, 361, 376). Zwar bemüht sich die deutsche Rechtsprechung, die internationalrechtliche Unbedenklichkeit der Vorschrift bereits daraus zu konstruieren, dass es um fehlende Unterscheidungskraft bzw. Freihaltebedürfnisse iSv Art. 6^{quinquies} B Nr. 2 PVÜ gehe (BGH GRUR 2006, 589 Rn. 15 – Rasierer mit drei Scherköpfen). Dieser Versuch ist jedoch nicht überzeugend, zumal es an einer Begründung dafür fehlt, warum der Ausschluss ohne Rücksicht auf die konkreten Umstände zum Anmeldezeitpunkt gelten soll (→ Rn. 60.1). **105**

105.1 Letztlich wird in der Entscheidung „Scherköpfe" die Vereinbarkeit von Art. 3 Abs. 1 Buchst. e RL 2008/95/EG mit dem internationalen Recht damit begründet, dass die RL 2008/95/EG in ihrem Erwägungsgrund 13 den inhaltlichen Gleichlauf mit der PVÜ postuliert; die bloße Möglichkeit eines Verstoßes wird daher nach dem Prinzip „weil nicht sein kann, was nicht sein darf" ausgeschlossen (vgl. BGH GRUR 2006, 589 Rn. 14 – Rasierer mit drei Scherköpfen: „Die Beurteilung nach den Vorschriften des MarkenG darf daher zu keinem anderen Ergebnis als die Prüfung nach Art. $6^{quinquies}$ Abschn. B PVÜ führen."). Kritisch zu dieser Entscheidung auch Kunz-Hallstein MarkenR 2006, 487 (492)).

106 Der ordre public-Charakter der Vorschrift kann jedenfalls **nicht pauschal bejaht** werden. Dies gilt insbesondere für den Ausschlussgrund der wertverleihenden Formgebung (§ 3 Abs. 2 Nr. 3): Es lässt sich nicht nachvollziehen, inwiefern es sich dabei um einen wesentlichen oder sogar unverzichtbaren Bestandteil des allgemeinen Rechtsbewusstseins und der öffentlichen Ordnung handeln sollte. Dagegen spricht bereits, dass es vor dem Erlass von RL 89/104/EWG und GMV lediglich im Benelux-Markengesetz eine entsprechende Bestimmung gegeben hat (→ Rn. 98.1). Hingegen haben die meisten oder sogar alle Länder schon vor der Harmonisierung gesetzliche Bestimmungen oder Rechtsprechungsgrundsätze angewandt, denen zufolge die Form einer Ware nicht als Marke geschützt werden konnte, wenn sie aus deren Wesen resultiert und/oder ausschließlich technisch bedingt ist (→ Rn. 51.1). Dies lässt den Gedanken, dass es bei § 3 Abs. 2 Nr. 1 und 2 um Bestandteile des ordre public geht, als naheliegend erscheinen. Auch insoweit ist jedoch die Frage, ob unter dem Aspekt der öffentlichen Ordnung ein permanenter, unüberwindbarer Schutzausschluss funktionaler Zeichen zu rechtfertigen ist, in jedem Einzelfall mit Sorgfalt zu prüfen.

§ 4 Entstehung des Markenschutzes

Der Markenschutz entsteht
1. durch die Eintragung eines Zeichens als Marke in das vom Patentamt geführte Register,
2. durch die Benutzung eines Zeichens im geschäftlichen Verkehr, soweit das Zeichen innerhalb beteiligter Verkehrskreise als Marke Verkehrsgeltung erworben hat, oder
3. durch die im Sinne des Artikels 6bis der Pariser Verbandsübereinkunft zum Schutz des gewerblichen Eigentums (Pariser Verbandsübereinkunft) notorische Bekanntheit einer Marke.

Überblick

§ 4 regelt die drei Formen der Entstehung des Schutzes eines Zeichens als Marke (→ Rn. 1 ff.): Registrierung (Nr. 1), Erlangung von Verkehrsgeltung als Marke (Nr. 2) und notorische Bekanntheit (Nr. 3). Für die nach § 4 Nr. 1 entstehenden Registermarken genügt die Eintragung des Zeichens in das Markenregister (→ Rn. 7 ff.). Als Benutzungsmarke (→ Rn. 17 ff.) werden Zeichen geschützt, wenn sie als Marke benutzt werden (→ Rn. 36 ff.) und durch die Benutzung innerhalb der beteiligten Verkehrskreise Verkehrsgeltung erlangt haben (→ Rn. 41 ff.). Der Schutz entsteht mit Erlangung der Verkehrsgeltung (→ Rn. 103 ff.) und dauert bis zum Verlust der Verkehrsgeltung an (→ Rn. 107 ff.). Die Inhaberschaft (→ Rn. 119 ff.) an der Benutzungsmarke ergibt sich aus der Verkehrsgeltung. Als dritte Form der Entstehung lässt § 4 Nr. 3 die notorische Bekanntheit iSd Art. 6bis PVÜ genügen (→ Rn. 131).

Übersicht

	Rn.		Rn.
A. Überblick	1	**B. Entstehung der Registermarke (Nr. 1)**	7
I. Entstehungstatbestände des Markenschutzes	1	I. Eintragung	7
II. Verhältnis zur MRL	4	1. Konstitutive Wirkung der Eintragung	7
1. Keine Harmonisierung	4	2. Entstehung des Markenschutzes	8
2. Einheitliche und richtlinienkonforme Auslegung	6	II. Schutzgegenstand	10

	Rn.		Rn.
III. Rechtswirkungen der Anmeldung	11	IX. Ermittlung und Nachweis der Verkehrsgeltung	88
1. Keine Verletzungsansprüche	11	1. Qualitative Beurteilungskriterien	88
2. Inhalt der Rechtsposition des Anmelders	12	2. Meinungsforschungsgutachten	92
3. Dogmatische Einordnung	13	3. Rückgriff auf frühere Meinungsforschungsgutachten	96
IV. Vereinbarkeit mit der MRL	16	4. Ermittlung für die Vergangenheit	98
C. Entstehung der Benutzungsmarke (Nr. 2)	17	5. Prozessuales	100
I. Begriff und Schutzzweck	17	X. Schutzbeginn	104
1. Begriff	17	1. Erlangung der Verkehrsgeltung	104
2. Schutzzweck	18	2. Verkehrsgeltungsanwartschaft	106
II. Schutzgegenstand	19	XI. Schutzende	107
1. Konkrete Benutzung als Anknüpfungspunkt	19	1. Wegfall der Verkehrsgeltung	107
2. Konkret benutztes Zeichen	20	2. Benutzungsunterbrechungen	108
3. Merkmale unterschiedlicher Ausstattungen	23	3. Umsatzrückgänge	109
4. Farbkombinationen	25	4. Keine Verteidigung der Marke	110
5. Geschützte Waren und Dienstleistungen	26	5. Benutzung durch Lizenznehmer	111
		6. Verlust der Unterscheidungskraft	112
III. Allgemeine Entstehungsvoraussetzungen	27	7. Benutzung eines veränderten Zeichens	113
1. Markenfähigkeit	27	8. Schrumpfung des Verkehrsgeltungsgebiets	114
2. Graphische Darstellbarkeit	30	9. Aufgabe oder Veräußerung des Geschäftsbetriebs	116
3. Bedeutung der absoluten Eintragungshindernisse	32	10. Erwerb der Marke durch einen Dritten	118
IV. Benutzung des Zeichens	36	XII. Inhaberschaft	119
1. Bedeutung der Zeichenbenutzung	36	1. Markenrechtsfähigkeit	119
2. Markenmäßige Benutzung	37	2. Inhaber der Benutzungsmarke	120
3. Benutzung zur Bezeichnung von Waren oder Dienstleistungen	38	3. Inhaberschaft bei Lizenzierung	121
		4. Importe	125
4. Verkehrsgeltung als Indiz markenmäßiger Benutzung	39	5. Mehrere Inhaber	126
5. Benutzung im geschäftlichen Verkehr	40	6. Verbandsinhaberschaft	129
V. Verkehrsgeltung als Marke	41	**D. Entstehung der Notorietätsmarke (Nr. 3)**	131
1. Begriff der Verkehrsgeltung	41	I. Zweck und praktischer Anwendungsbereich	131
2. Verkehrsgeltung als Marke	43	II. Verhältnis zu anderen Vorschriften	134
3. Verkehrsgeltung infolge Benutzung	46	1. Art. 6bis PVÜ	134
4. Verkehrsgeltung bei Monopolstellung	47	2. § 14 Abs. 2 Nr. 3	137
VI. Verkehrskreise	53	III. Allgemeine Entstehungsvoraussetzungen	138
1. Allgemeines	53	1. Markenfähigkeit	138
2. Waren des Massenkonsums	54	2. Bedeutung der absoluten Schutzhindernisse	139
3. Produkte mit spezifischer Abnehmerschaft	58	3. Marke	140
4. Inländische Verkehrskreise	62	IV. Notorische Bekanntheit	142
VII. Räumlich begrenzte Verkehrskreise	64	1. Inländische Bekanntheit	142
1. Beschränkte Verkehrsgeltung	64	2. Bekanntheit als Marke	145
2. Einheitlicher Wirtschaftsraum	65	V. Kriterien der notorischen Bekanntheit	146
3. Entstehung beschränkter Verkehrsgeltung	66	1. Gesteigerte Bekanntheit	146
4. Ausdehnung des Verkehrsgeltungsgebiets	71	2. WIPO-Empfehlungen	147
VIII. Anforderungen an die Verkehrsgeltung	73	3. Bekanntheitsgrad	150
1. Allgemeines	73	4. Verkehrskreise	153
2. Einfache Verkehrsgeltung	75	5. Ermittlung	154
3. Qualifizierte Verkehrsgeltung	76	VI. Schutzzeitraum	155
4. Beispiele zur qualifizierten Verkehrsgeltung	81	VII. Inhaberschaft	156

MarkenG § 4 Teil 2 Voraussetzungen, Inhalt und Schranken etc.

A. Überblick

I. Entstehungstatbestände des Markenschutzes

1 § 4 regelt die **Entstehung des Schutzes eines Zeichens als Marke.** Für geschäftliche Bezeichnungen ergibt sich die Schutzentstehung aus § 5, für geographische Herkunftsangaben aus § 126 bzw. den einschlägigen Bestimmungen des europäischen oder staatsvertraglichen Rechts.

2 Das MarkenG kennt **drei Entstehungstatbestände:** Die Eintragung eines Zeichens als Marke (§ 4 Nr. 1, Registermarke), die Erlangung von Verkehrsgeltung als Marke durch die Benutzung des Zeichens im geschäftlichen Verkehr (§ 4 Nr. 2, Benutzungsmarke) sowie die notorische Bekanntheit einer Marke iSd Art. 6bis PVÜ (§ 4 Nr. 3, Notorietätsmarke). § 4 regelt nur das **„Wie" der Schutzentstehung,** nicht jedoch, was ein schutzfähiges Zeichen ist.

2.1 Vorausgesetzt ist bei allen drei Tatbeständen die **Markenfähigkeit des Zeichens** gemäß § 3 (→ Rn. 27, → Rn. 138). Für die Registermarke ergeben sich **weitere Entstehungsvoraussetzungen** aus den absoluten Schutzhindernissen der §§ 8, 10. In der Konsequenz stehen für ein und dasselbe Zeichen nicht stets alle drei Entstehungstatbestände zur Verfügung. Das betrifft insbesondere Zeichen, die nicht graphisch darstellbar sind (→ § 8 Rn. 18) und die daher nicht als Marke eingetragen werden, wohl aber Schutz als Benutzungs- oder Notorietätsmarke erlangen können (→ Rn. 30, → Rn. 138).

3 Soweit die jeweiligen Entstehungsvoraussetzungen gegeben sind, kann es zu einem **kumulativen Schutz** kommen, zB durch Eintragung eines Zeichens, das bereits als Marke Verkehrsgeltung erlangt hat oder notorische Bekanntheit genießt. Das ist bedeutsam mit Blick auf den Schutzumfang: Zwar gilt § 14 für alle Marken, doch kann zB der räumliche Schutzbereich der Benutzungsmarke beschränkt sein (→ Rn. 64), während der Schutz für Registermarken bundesweit gilt. Schutzdivergenzen können sich ferner etwa beim Zeichenvergleich ergeben, weil bei der Registermarke auf die eingetragene Form abzustellen ist (→ § 14 Rn. 339), während es bei Benutzungsmarken auf jene Form ankommt, in der die Marke Verkehrsgeltung erlangt hat (→ § 14 Rn. 343). Auch bei kumulativem Schutz handelt es sich stets um **unterschiedliche und selbständige Ausschließlichkeitsrechte.**

3.1 Wird der Anspruch wegen Verletzung eines Zeichens auf den Schutz als Registermarke sowie als Benutzungsmarke gestützt, liegen **unterschiedliche Streitgegenstände** vor (vgl. BGH GRUR 2009, 783 Rn. 18 – UHU; GRUR 2007, 1071 Rn. 57 – Kinder II; GRUR 2007, 1066 – Kinderzeit; aA Stieper GRUR 2012, 5 (15)).

II. Verhältnis zur MRL

1. Keine Harmonisierung

4 Die MRL gilt gemäß Art. 1 RL 2008/95/EG bzw. Art. 1 RL (EU) 2015/2436 nur für Individual-, Kollektiv-, Garantie- und Gewährleistungsmarken, die in einem Mitgliedstaat oder beim Benelux-Amt für geistiges Eigentum eingetragen oder angemeldet oder mit Wirkung für einen Mitgliedstaat international registriert sind. Ein **von der Eintragung unabhängiger Schutz** aufgrund Verkehrsgeltung ist **dem Unionsrecht fremd;** auch die Unionsmarke kann nur durch Eintragung erworben werden (Art. 6 UMV). Hieran haben die Neufassung der MRL und der UMV nichts geändert.

5 Nach Erwägungsgrund 5 RL 2008/95/EG bzw. Erwägungsgrund 11 RL (EU) 2015/2436 ist den Mitgliedstaaten jedoch das Recht belassen, die durch Benutzung erworbenen Marken weiterhin zu schützen. Hiermit erkennt der europäische Gesetzgeber an, dass in den Mitgliedstaaten ein – teils marken-, teils lauterkeitsrechtlicher – **Schutz nicht registrierter Marken** besteht, der von der **Harmonisierung des Markenrechts unberührt** bleiben soll (zum Schutz nicht eingetragener Zeichen in Mitgliedstaaten der EU vgl. Kur GRUR 1997, 241 (253 f.); ferner die Länderbeiträge in Lange Int MarkenR/KennzeichenR; für England Böckenholt MarkenR 2002, 6 ff.; für Irland Wille GRUR Int 2008, 468 ff.; für China Yu GRUR Int 2009, 664 ff.; Zhang MarkenR 2014, 9 ff.). Es kommt daher für die Vereinbarkeit mit dem Unionsrecht nicht darauf an, ob der Schutz unmittelbar durch die Benutzung oder –

wie nach § 4 Nr. 2 – durch die auf der Benutzung beruhenden Verkehrsgeltung entsteht. An dieser Freistellung hält die neue RL (EU) 2015/2436 trotz des erklärten Ziels, eine größere Angleichung der nationalen Markenrechte herbeizuführen, fest.

2. Einheitliche und richtlinienkonforme Auslegung

Das MarkenG regelt den Schutz von Register-, Benutzungs- und Notorietätsmarken nicht getrennt. Deshalb gelten zahlreiche Vorschriften des MarkenG, obschon sie der Umsetzung der MRL dienen, nicht nur für Registermarken, sondern auch für die von der Richtlinie nicht harmonisierten Benutzungs- und Notorietätsmarken. Solche Normen sind **einheitlich und richtlinienkonform auszulegen** (BGH GRUR 2002, 1063 (1065) – Aspirin; GRUR 1999, 992 (995) – BIG PACK). Für Vorschriften, die nur für Benutzungs- oder Notorietätsmarken gelten, gilt zwar das unionsrechtliche Gebot der richtlinienkonformen Auslegung nicht. Die **Einheitlichkeit des Markenbegriffs** für alle Entstehungsvarianten und das Prinzip der Einheitlichkeit des Kennzeichenschutzes bedingen jedoch eine Auslegung und Anwendung dieser Vorschriften unter Einbeziehung der nur für Registermarken geltenden Regelungen. 6

B. Entstehung der Registermarke (Nr. 1)

I. Eintragung

1. Konstitutive Wirkung der Eintragung

Die Eintragung eines Zeichens in das vom Patentamt geführte Register führt zur Entstehung des Markenschutzes und ist daher **konstitutiv** (BGH GRUR 2005, 1044 (1046) – Dentale Abformmasse). Das entstandene Ausschließlichkeitsrecht ist ein **formelles Markenrecht,** das alleine durch die Eintragung entsteht. Die Entstehung des Schutzes setzt keine vorherige Benutzung des Zeichens voraus. Ein bereits nach § 4 Nr. 2, 3 entstandenes Markenrecht an dem Zeichen hindert dessen Eintragung nicht, da jeder Entstehungstatbestand zu einem selbständigen und unabhängigen Ausschließlichkeitsrecht führt (→ Rn. 3). 7

2. Entstehung des Markenschutzes

Ausreichend, aber auch erforderlich ist die **Eintragung des Zeichens gemäß § 41 S. 1.** Die materiellen Eintragungsvoraussetzungen ergeben sich aus §§ 7–13, für das Eintragungsverfahren gelten §§ 32–44 und die MarkenV. Die nach § 32 Abs. 1 S. 1 erforderliche Anmeldung führt noch nicht zur Entstehung des Markenrechts, hat aber in mehrfacher Hinsicht Rechtswirkungen und begründet eine materielle Rechtsposition des Anmelders (→ Rn. 12). Auch bei einer Umwandlung einer Unionsmarke in eine nationale Marke nach Art. 112 Abs. 1 UMV entsteht das nationale Markenrecht erst mit der Eintragung in das Register (BGH GRUR 2016, 83 Rn. 27 – Amplidect/ampliteq; vgl. für Österreich auch OGH GRUR Int 2016, 574 (575)). 8

Sobald die **Eintragung erfolgt** ist, steht dem eingetragenen Inhaber der Marke das Ausschließlichkeitsrecht aus § 14 Abs. 1 zu; die von § 41 S. 2 vorgesehene Veröffentlichung ist weder Voraussetzung für die Schutzentstehung noch für die Geltendmachung von Schutzansprüchen (anders für letzteres für Unionsmarken Art. 9b Abs. 1 UMV). Wird das Zeichen unter Verstoß gegen §§ 36, 37 eingetragen, entsteht ein wirksames formelles Markenrecht, das jedoch ggf. der Löschung wegen Nichtigkeit nach §§ 50, 51 unterliegt. Die Löschung hat Rückwirkung (§ 52 Abs. 1), so dass bei vollständiger Löschung von Anfang an kein wirksames Markenrecht entstanden ist. 9

II. Schutzgegenstand

Der Markenschutz entsteht an dem als Marke **eingetragenen Zeichen.** Das gilt auch dann, wenn die Eintragung von der Anmeldung abweicht, zB hinsichtlich des Farbtons (BGH GRUR 2005, 1044 (1045 f.) – Dentale Abformasse; OLG Köln BeckRS 2006, 12663 – Kulthandtaschen). Deshalb ist im Verletzungsverfahren für den Schutzumfang der Marke von 10 der eingetragenen Form auszugehen (→ § 14 Rn. 339); gleiches gilt für das Löschungsverfahren (→ § 50 Rn. 3). Für welche **Waren oder Dienstleistungen** der Schutz besteht, bestimmt sich nach dem eingetragenen Waren- und Dienstleistungsverzeichnis.

III. Rechtswirkungen der Anmeldung

1. Keine Verletzungsansprüche

11 Die Anmeldung des Zeichens ist verfahrensrechtlich ein wesentliches Eintragungserfordernis. Sie begründet jedoch noch nicht das markenrechtliche Ausschließlichkeitsrecht. Deshalb stehen dem Anmelder vor Eintragung **keine Verletzungsansprüche** zur Verfügung. Ein markenrechtlicher Entschädigungsanspruch, wie ihn Art. 9b Abs. 2 UMV bei Unionsmarken für Beeinträchtigungen in der Schwebezeit zwischen Veröffentlichung der Anmeldung und Veröffentlichung der Eintragung vorsieht (→ UMV Art. 9b Rn. 2), ist dem MarkenG unbekannt.

2. Inhalt der Rechtsposition des Anmelders

12 Die Anmeldung einer Marke, deren Anmeldetag feststeht, begründet nach § 33 Abs. 2 S. 1 einen öffentlich-rechtlichen **Anspruch auf Eintragung.** Darüber hinaus gelten die Vorschriften für die Marke als **Gegenstand des Vermögens** (§§ 27–30) nach § 31 für die durch Anmeldung von Marken begründeten Rechte. Die Rechtsposition des Anmelders genießt nach der Rechtsprechung des EMGR sogar den grundrechtlichen Schutz des Eigentums nach Art. 1 EMRKZusProt (EGMR (Große Kammer) GRUR 2007, 696 Rn. 78 – Anheuser-Busch Inc/Portugal, Budweiser; EuGH C-280/15, GRUR Int 2016, 810 Rn. 43 – Nikolajeva). Außerdem begründet die Anmeldung die **Priorität** der Marke (§ 6 Abs. 2).

3. Dogmatische Einordnung

13 Die durch die Anmeldung erlangte **materielle Rechtsposition** des Anmelders wird häufig als Markenanwartschaftsrecht bezeichnet (vgl. Fezer Rn. 15) oder mit der Anwartschaft des bürgerlichen Rechts verglichen (vgl. Ingerl/Rohnke Rn. 4; HK-MarkenR/Ekey Rn. 16; Büscher/Dittmer/Schiwy/Schalk Rn. 3). Man mag zwar insbesondere mit Blick auf den Anspruch auf Eintragung (§ 33 Abs. 2 S. 1) von einer Anwartschaft auf die Marke sprechen; die Rechtsposition des Anmelders ist jedoch **kein Anwartschaftsrecht im Sinne des allgemeinen Zivilrechts** (aA Fezer § 31 Rn. 1; Götting § 5 Rn. 35; Hofmann GRUR Int 2010, 376 (379)).

14 Dafür ist weniger entscheidend, dass die Erlangung des Markenrechts nicht – wie dies für ein Anwartschaftsrecht kennzeichnend ist – allein vom Anmelder vereitelt werden kann, weil zB nach der Anmeldung entstehende absolute Schutzhindernisse (§ 8) die Eintragung noch verhindern (insoweit zutreffend Hofmann GRUR Int 2010, 376 (378 f.)). Gegen die Einordnung als Anwartschaftsrecht sperrt sich hingegen der **Inhalt der markenrechtlich erlangten Rechtsposition.** Das Anwartschaftsrecht ist dadurch gekennzeichnet, dass es als wesensgleiches Minus zum Eigentum wie das Vollrecht selbst behandelt wird und dem Anwartschaftsberechtigten eine dem Eigentümer vergleichbare Rechtsstellung gibt; es ist ein eigenes subjektives dingliches Recht (vgl. MüKoBGB/Oechsler BGB § 929 Rn. 17). Das MarkenG stellt den Anmelder jedoch nur im Hinblick auf die vermögensrechtlichen Befugnisse dem Markeninhaber gleich. Der Schutz des Markenrechts hängt demgegenüber bei Registermarken allein von der Eintragung ab. Das entspricht den Vorgaben der MRL, die das Ausschließlichkeitsrecht nur eingetragenen Marken zuweist (Art. 5 Abs. 1 S. 1 RL 2008/95/EG; Art. 10 Abs. 1 RL (EU) 2015/2436). Geschützt ist der Anmelder mithin nur in seiner Möglichkeit einer vermögensmäßigen Verwertung durch Rechtsübertragung (§ 27), Verpfändung (§ 28 Abs. 1 Nr. 1) und Lizenzierung (§ 30). Nur insoweit, nicht jedoch hinsichtlich des Schutzes der Marke als Herkunftshinweis steht der Anmelder dem Markeninhaber gleich.

15 Die Ungleichbehandlung von Anmelder und Markeninhaber gerade in Bezug auf die Hauptfunktion der Marke ist nicht etwa planwidrig, sondern gewollt, was auch gegen eine analoge Anwendung von Art. 9b Abs. 2 UMV oder § 33 PatG spricht (vgl. Hofmann GRUR

Int 2010, 376 (378)). Aus der beschränkten Rechtsposition des Anmelders folgt, dass sich ein **Entschädigungsanspruch** nicht über den deliktischen Schutz eines Anwartschaftsrechts konstruieren lässt (aA Hofmann GRUR Int 2010, 376 (380); anders wohl jetzt ders. MarkenR 2016, 23).

Dagegen spricht im Übrigen auch, dass der **Schutzumfang**, den der Anmelder bei Eintragung erlangen wird, insbesondere mit Blick auf die angemeldeten Waren und Dienstleistung und die insoweit erforderliche konkrete Unterscheidungskraft (§ 8 Abs. 2 Nr. 1) noch **ungewiss** ist. Ein Entschädigungsanspruch würde aber Präventivwirkung haben und könnte andere von der – aus der Retrospektive der von der Anmeldung im Umfang abweichenden Eintragung – berechtigten Nutzung abhalten. Insoweit stünde sich der Anmelder zumindest faktisch vor der Eintragung besser als nachher, da sich der Schutz auf das eingetragene Zeichen sowie die in der Eintragung genannten Waren und Dienstleistungen beschränkt. **15.1**

IV. Vereinbarkeit mit der MRL

Nach Art. 1 RL 2008/95/EG bzw. Art. 1 RL (EU) 2015/2436 gilt diese für Marken, die in einem Mitgliedstaat oder beim Benelux-Amt für geistiges Eigentum eingetragen oder angemeldet oder mit Wirkung für einen Mitgliedstaat international registriert sind. Obschon die Richtlinie dem Wortlaut der Norm nach auch für nur angemeldete, aber (noch) nicht eingetragene Marken gilt, ist die durch § 4 Nr. 1 angeordnete Schutzentstehung erst mit der Eintragung **richtlinienkonform**. Denn nach Art. 5 Abs. 1 S. 1 RL 2008/95/EG bzw. Art. 10 Abs. 1 RL (EU) 2015/2436 gewährt nur die eingetragene Marke ihrem Inhaber ein ausschließliches Recht. **16**

C. Entstehung der Benutzungsmarke (Nr. 2)

I. Begriff und Schutzzweck

1. Begriff

Die Entstehung des Markenschutzes nach § 4 Nr. 2 hängt davon ab, ob ein im geschäftlichen Verkehr benutztes Zeichen innerhalb der beteiligten Verkehrskreise als Marke Verkehrsgeltung erlangt hat. Das Gesetz knüpft mit seiner Formulierung „durch die Benutzung" scheinbar an die Benutzungshandlung als Schutzentstehungsgrund an. Tatsächlich jedoch erlangen nur solche Zeichen nach § 4 Nr. 2 Markenschutz, die Verkehrsgeltung als Marke erlangt haben. Umgekehrt aber setzt die Norm ausdrücklich eine Benutzung voraus. Zeichen, die nicht benutzt wurden, aber dennoch Verkehrsgeltung als Marke erlangt haben, können Markenschutz nur durch Eintragung erlangen (§ 4 Nr. 1). Die Entstehung des Schutzes nach § 4 Nr. 2 setzt mithin **Benutzung und Verkehrsgeltung** voraus. **17**

Vor diesem Hintergrund ist **die übliche Bezeichnung „Benutzungsmarke"**, die in abgewandelter Form auch im MarkenG Verwendung findet (zB §§ 27 Abs. 1, 29 Abs. 1, 30 Abs. 1: „durch die [...] Benutzung [...] einer Marke begründete Recht"), sachlich unzutreffend. Doch auch der Begriff der „Verkehrsgeltungsmarke" bringt das Entscheidende nur teilweise zum Vorschein, weil ohne Benutzung des Zeichens kein Schutz entstehen kann. Da sich jedoch die Entstehungsvoraussetzungen nicht aus dem schlagwortartigen Begriff, sondern aus § 4 Nr. 2 ergeben, ist die gängige und auch hier verwendete Rede von der Benutzungsmarke unschädlich. **17.1**

Historisch entspricht der Schutz der Benutzungsmarke dem **Ausstattungsschutz nach § 25 WZG**. **17.2**

2. Schutzzweck

Wie das Doppelerfordernis von Benutzung und Verkehrsgeltung zeigt, schützt § 4 Nr. 2 eine **wettbewerbliche Leistung** (ähnlich Ströbele/Hacker/Hacker Rn. 8). Diese Leistung besteht in der Herbeiführung von Verkehrsgeltung durch die Benutzung des Zeichens. Da die Schutzentstehung stets die Benutzung voraussetzt, findet kein davon unabhängiger Schutz der als Verkehrsgeltung bezeichneten Zuordnung zu einem bestimmten Hersteller statt. Mit anderen Worten dient auch die Benutzungsmarke nicht dem Schutz der beteiligten Verkehrskreise in ihrer Herkunftsvorstellung. Sie ist wie die Registermarke ein dem Inhaber zustehen- **18** des Ausschließlichkeitsrecht, das ihm aufgrund der Benutzung und der erlangten Verkehrsgeltung zugesprochen wird. Dieses **sachliche Markenrecht** steht gleichsam der „Erarbeitung" durch Zeichenbenutzung offen.

II. Schutzgegenstand

1. Konkrete Benutzung als Anknüpfungspunkt

19 § 4 Nr. 2 billigt demjenigen Zeichen Markenschutz zu, das durch Benutzung Verkehrsgeltung erworben hat. Da Verkehrsgeltung als Marke erforderlich ist, bestimmen sich sowohl das geschützte Zeichen als auch die Waren oder Dienstleistungen, für die es Schutz genießt, nach der **konkreten Benutzung,** die zur Verkehrsgeltung geführt hat. Auszugehen ist von der konkreten Gestaltung, in der das Zeichen dem Publikum entgegen tritt (BGH GRUR 2009, 783 Rn. 23 – UHU).

2. Konkret benutztes Zeichen

20 Geschützt ist das konkret benutzte Zeichen (BGH GRUR 2009, 783 Rn. 31 – UHU). Bei Zeichen, die aus **mehreren Bestandteilen** bestehen, kann ein einzelner Bestandteil eine Benutzungsmarke sein, sofern er für sich genommen geeignet ist, auf die Herkunft des Produkts hinzuweisen und Verkehrsgeltung erlangt hat (BGH GRUR 1966, 30 (31) – Konservenzeichen I; OLG Köln GRUR-RR 2010, 433 (434) – Oerlikon; Ströbele/Hacker/Hacker Rn. 10; Fezer Rn. 118; Berlit WRP 2002, 177 (178 f.)).

21 Bei einer im Lauf der Zeit vorgenommenen (mehrfachen) **Abwandlung eines Zeichens** kann ein stets gleichbleibender Zeichenteil selbständig als Benutzungsmarke geschützt sein, soweit er für sich genommen, dh ohne die weiteren, im Lauf der Zeit veränderten Elemente, Verkehrsgeltung als Marke genießt (BGH GRUR 1969, 686 (687) – Roth-Händle; GRUR 1957, 88 (93) – Ihr Funkberater).

22 Keine Benutzungsmarke sind **abstrakte Einzelmerkmale eines Zeichens** (BGH GRUR 2009, 783 Rn. 31 – UHU).

3. Merkmale unterschiedlicher Ausstattungen

23 Gemeinsame Merkmale unterschiedlicher Ausstattungen können als Benutzungsmarke geschützt sein, soweit sie auf die **gemeinsame Herkunft der Produkte** hinweisen (BGH GRUR 2009, 783 Rn. 23 – UHU). Diese übereinstimmenden Merkmale (zB zwei Farben für die Verpackungen verschiedener Lebensmittel oder Klebstoffe; ein schnörkelhaftes Dekor für verschiedene Seifenverpackungen; ein roter Punkt für Regenschirme) werden jedoch **nicht abstrakt als solche** geschützt. Den Verkehrskreisen begegnen sie stets nur in ihrer konkreten Benutzungsform. Der Verkehr hat daher, wie der BGH mit Recht feststellt, keinen Anlass, Merkmale weiter zu abstrahieren als sie ihm tatsächlich begegnen (BGH GRUR 2009, 783 Rn. 23 – UHU).

24 Die potentiell weitergehende Rechtsprechung zum WZG lässt sich für § 4 Nr. 2 nicht mehr aufrecht erhalten (BGH GRUR 2009, 783 Rn. 31 – UHU unter Hinweis auf GRUR 1968, 371 (374) – Maggi und GRUR 1982, 672 (674) – Aufmachung von Qualitätsseifen). Geschützt sind nur (noch) solche **übereinstimmenden Merkmale, die klar und eindeutig bestimmt** sind. Merkmale, die als Teil des Gesamtzeichens in Variationen verwendet werden (zB unterschiedlicher Anteil zweier Farben, unterschiedliche Ausgestaltung eines goldenen Schnörkeldekors auf Seifenverpackungen; unterschiedliche Größe eines roten Punkts auf Regenschirmen), erfüllen diese Anforderungen nicht. Daran ändert es auch nichts, dass die in Variationen verwendeten Merkmale auf einem einheitlichen Zeichenbildungsprinzip oder -stil beruhen, weil dieser nicht als Marke schutzfähig ist.

4. Farbkombinationen

25 Für eine Farbkombination genügt es nicht, zwei Farben zu benennen, die in jeder beliebigen Anordnung und Kombination auch mit anderen Farben Verwendung finden können, sondern es müssen konkrete Angaben zur **systematischen Anordnung** und zum **flächen-**

mäßigen Verhältnis gemacht werden (BGH GRUR 2009, 783 Rn. 33 – UHU). Letztlich aber muss für den Schutz entscheidend sein, ob die so bestimmte Farbkombination im Verkehr auch benutzt wurde (gänzlich ablehnend Ströbele/Hacker/Hacker Rn. 13).

5. Geschützte Waren und Dienstleistungen

Der Markenschutz entsteht nur in Bezug auf die **konkreten Waren und Dienstleistungen,** für die das Zeichen benutzt wird und für die es Verkehrsgeltung erlangt hat. Bei der Nutzung für mehrere Waren oder Dienstleistungen ist die Verkehrsgeltung für jedes einzelne Produkt festzustellen (vgl. OLG Koblenz GRUR-RR 2009, 230 (232) – Fadenkreuz „Tatort").

III. Allgemeine Entstehungsvoraussetzungen

1. Markenfähigkeit

§ 4 Nr. 2 setzt, wie die anderen Entstehungstatbestände auch, voraus, dass das Zeichen nach § 3 markenfähig ist (BGH GRUR 2009, 783 Rn. 22 – UHU; GRUR 2004, 151 (153) – Farbmarkenverletzung I; OLG Köln GRUR-RR 2008, 193 (195) – Drei-Scherkopf-Rasierer). Beurteilungsgegenstand ist das **konkret verwendete Zeichen,** denn an ihm entsteht der Markenschutz (→ Rn. 20).

Der Schutz als Benutzungsmarke steht **allen nach § 3 Abs. 1 zulässigen Zeichenformen** offen. Für dreidimensionale Marken gelten die Schutzhindernisse des § 3 Abs. 2 (Ingerl/Rohnke Rn. 7; Ströbele/Hacker/Hacker Rn. 16; Klaka GRUR 1996, 613 (614); aA Kiethe/Groeschke WRP 1998, 541 (543 f.)). Im Sinne der Einheitlichkeit des Markenbegriffs ist § 3 auch bei Benutzungsmarken richtlinienkonform auszulegen (→ Rn. 6).

Beruht die Verkehrsgeltung eines Zeichens auf einem **einzelnen Element** (zB Zuordnung eines Kabelbinderkopfes zu einem bestimmten Unternehmen aufgrund der in den Kopf eingesetzten Metallzunge), dann unterliegt dieses Element als solches der Prüfung der Schutzfähigkeit nach § 3 (OLG Frankfurt GRUR 1999, 591 (592) – Kabelbinderkopf). Fällt diese isolierte Prüfung negativ aus, kann das Gesamtzeichen keinen Schutz als Benutzungsmarke erlangen.

2. Graphische Darstellbarkeit

Die Benutzungsmarke muss **nicht graphisch darstellbar** sein (BGH GRUR 2009, 783 Rn. 30 – UHU; Ingerl/Rohnke Rn. 8; Ströbele/Hacker/Hacker Rn. 17; Büscher/Dittmer/Schiwy/Schalk Rn. 6; Lange MarkenR/KennzeichenR Rn. 532; Berlit GRUR-RR 2007, 97 (99); Klaka GRUR 1996, 613 8614); Psczolla MarkenR 2007, 193 (196); Starck MarkenR 2007, 421 (422); aA OLG Köln GRUR-RR 2007, 100 (101) – Sekundenkleber; Fezer Rn. 57; HK-MarkenR/Ekey Rn. 47; Szalai MarkenR 2012, 8 (13)). § 8 Abs. 1 gilt unmittelbar nur für Registermarken. Eine analoge Anwendung auf Benutzungsmarken ist aufgrund des Regelungszwecks ausgeschlossen. Die graphische Darstellbarkeit, die Art. 2 RL 2008/95/EG als Voraussetzung der Markenfähigkeit für die Registermarke regelt, hat den Zweck, den genauen Gegenstand des Schutzes zu bestimmen (EuGH C-49/02, GRUR 2004, 858 Rn. 27 – Heidelberger Bauchemie; C-273/00, GRUR 2003, 145 Rn. 48 – Sieckmann). Bei der Benutzungsmarke ergibt sich der Schutzgegenstand jedoch nicht aus der graphischen Darstellung der Marke im Register, sondern aus der konkreten Zeichenbenutzung. Ferner soll die graphische Darstellbarkeit die Prüfung der Eintragungsfähigkeit durch die zuständige Behörde ermöglichen und die Öffentlichkeit über Eintragungen und Anmeldungen informieren (EuGH C-49/02, GRUR 2004, 858 Rn. 28 ff. – Heidelberger Bauchemie; C-273/00, GRUR 2003, 145 Rn. 49 ff. – Sieckmann). Beide Zwecke spielen bei Benutzungsmarken schon mangels Eintragung keine Rolle. Zudem hat der Gesetzgeber die graphische Darstellbarkeit bewusst als absolutes Eintragungshindernis ausgestaltet, weil sie nur für Registermarken gelten sollte (BT-Drs. 12/6581, 70). Dass Art. 2 RL 2008/95/EG die graphische Darstellbarkeit als Element der Markenfähigkeit versteht, ist angesichts des auf die Registermarke beschränkten Anwendungsbereichs für die Benutzungsmarke ohne Bedeutung. Zudem verzichtet das Unionsrecht mit Art. 3 Buchst. b RL (EU) 2015/2436 in Zukunft auf dieses

Erfordernis. Als Benutzungsmarke sind daher zB auch Geruchs-, Geschmacks-, Tast- oder Bewegungszeichen schutzfähig.

31 Nach der Rechtsprechung gilt für die Benutzungsmarke allerdings das **Gebot der Bestimmtheit** (BGH GRUR 2009, 783 Rn. 31 – UHU). Materiell-rechtlich ist damit aber nichts anderes gemeint als dass die Benutzungsmarke nur an konkreten Zeichen und nicht an abstrakten Einzelmerkmalen entstehen kann (→ Rn. 20). Prozessual folgt aus dem Bestimmtheitsgebot, dass der Anspruchsteller im Verletzungsprozess das Zeichen, für das Schutz nach § 4 Nr. 2 bestehen soll, genau definieren muss (BGH GRUR 2009, 783 Rn. 32 – UHU).

3. Bedeutung der absoluten Eintragungshindernisse

32 Die absoluten Schutzhindernisse des § 8 Abs. 2 gelten unmittelbar nur für Registermarken. Bei der Frage, welche Bedeutung sie für Benutzungsmarken haben, ist zwischen den Schutzhindernissen zu differenzieren. Im Ausgangspunkt ist dabei zu berücksichtigen, dass die Schutzentstehung die **Erlangung von Verkehrsgeltung** voraussetzt. Die absoluten Schutzhindernisse spielen daher von vornherein keine Rolle, soweit ihr Zweck bereits durch das Erfordernis der Verkehrsgeltung gesichert ist.

33 Das ist hinsichtlich **§ 8 Abs. 2 Nr. 1–3** der Fall (vgl. Ingerl/Rohnke Rn. 9; Ströbele/Hacker/Hacker Rn. 19; Fezer Rn. 100; für Analogie Szalai MarkenR 2012, 8 (13)). Zeichen, die nicht unterscheidungskräftig (§ 8 Abs. 2 Nr. 1) oder beschreibend (§ 8 Abs. 2 Nr. 2) sind, können nur unter besonderen Umständen (insbesondere intensive Benutzung) Verkehrsgeltung erlangen (vgl. OLG Düsseldorf BeckRS 2012, 21145); bei üblich gewordenen Bezeichnungen (§ 8 Abs. 2 Nr. 3) kann eine Verkehrsgeltung als Marke nicht entstehen. Es kommt hinzu, dass die Anforderungen an die Verkehrsgeltung von der Unterscheidungskraft des Zeichens abhängen. Insoweit sind bereits bei der Verkehrsgeltungsprüfung die sich aus § 8 Abs. 2 Nr. 1–3 ergebenden Anforderungen zu berücksichtigen.

34 Die Schutzhindernisse des **§ 8 Abs. 2 Nr. 4–10** finden **analoge Anwendung** auf Benutzungsmarken (BGH GRUR 2013, 729 Rn. 18 – READY TO FUCK; Ingerl/Rohnke Rn. 9; Ströbele/Hacker/Hacker Rn. 18; Fezer Rn. 101; Lange MarkenR/KennzeichenR Rn. 357; Szalai MarkenR 2012, 8 (13 f.); zu § 8 Abs. 2 Nr. 10 auch OLG Köln GRUR-RR 2010, 433 (435) – Oerlikon). Das ergibt sich logisch zwingend aus dem Umstand, dass diese Schutzhindernisse auch von Registermarken nicht im Wege der Verkehrsdurchsetzung überwunden werden können. Gewährt das MarkenG einem zur Eintragung angemeldeten Zeichen, das zum Zeitpunkt der Entscheidung über die Eintragung Verkehrsdurchsetzung erlangt hat, zur Wahrung des öffentlichen Interesses aber keinen Schutz, so muss dies erst recht gelten, wenn das Zeichen nur die geringeren Anforderungen der Verkehrsgeltung erfüllt. Da es bei Benutzungsmarken kein Eintragungsverfahren gibt, bedeutet die analoge Anwendung, dass § 8 Abs. 2 Nr. 4–10 als **materielle Hinderungsgründe** wirken, also von Anfang an keine wirksame Benutzungsmarke entsteht. Das hat zur Folge, dass sie – anders als bei Registermarken – auch im **Verletzungsprozess** geltend gemacht werden können.

35 Wegen des Regelungszusammenhangs ist ferner **§ 8 Abs. 4 analog anwendbar** (Szalai MarkenR 2012, 8 (14)).

IV. Benutzung des Zeichens

1. Bedeutung der Zeichenbenutzung

36 § 4 Nr. 2 knüpft die Entstehung des Markenschutzes sprachlich an die Benutzung („durch die Benutzung eines Zeichens"). Allerdings genügt die bloße Benutzung nicht; erst die Verkehrsgeltung lässt den Markenschutz entstehen. Da aber der Markenschutz „durch die Benutzung" entsteht, kann ein Zeichen, das nicht benutzt wird, aber dennoch als Marke Verkehrsgeltung erlangt hat, keine nach § 4 Nr. 2 geschützte Marke sein. Die Benutzung ist daher **Voraussetzung der Schutzentstehung.** Ein nicht benutztes Zeichen kann nur durch Eintragung als Marke nach § 4 Nr. 1 Schutz erlangen.

2. Markenmäßige Benutzung

Die Benutzung eines Zeichens setzt den Gebrauch des konkreten Zeichens, für das Schutz beansprucht wird (→ Rn. 20), voraus. Notwendig ist eine **markenmäßige Benutzung** (OLG Köln GRUR-RR 2010, 433 (434) – Oerlikon; OLG Köln BeckRS 2001, 30181784 – Babe; Ströbele/Hacker/Hacker Rn. 23; Hacker GRUR Int 2002, 502; aA Schulte-Franzheim/Tyra, FS Samwer, 2008, 183 (192 ff.)).

Das ergibt sich zwar nicht aus dem Wortlaut des § 4 Nr. 2 und es ist – wie die Monopolfälle zeigen (→ Rn. 47) – auch durchaus denkbar (wenngleich praktisch selten), dass ein Zeichen ohne markenmäßige Benutzung Verkehrsgeltung als Marke erlangt. Wohl aber verlangt der **Schutzzweck** des § 4 Nr. 2 (→ Rn. 18) diese Art der Benutzung. Der Schutz der Benutzungsmarke knüpft nicht allein daran an, dass ein Zeichen in den beteiligten Verkehrskreisen als Marke gilt. Die Zuordnungsvorstellung des Verkehrs wird als solche nicht geschützt, schon weil das Markenrecht Ausschließlichkeitsrechte des Zeicheninhabers begründet und nicht originär dem Schutz der Verbraucher dient. Die Schutzentstehung schöpft ihre Berechtigung vielmehr aus der Verbindung von Zeichenbenutzung und Verkehrsgeltung. Geschützt wird eine Leistung des Zeicheninhabers, nämlich die Erlangung von Verkehrsgeltung infolge der Benutzung des Zeichens (zu diesem Zusammenhang auch → Rn. 46). Unter kennzeichenrechtlichen Aspekten besteht für einen Schutz von Benutzungen in nicht-kennzeichenmäßiger Weise jedoch kein Anlass: Wird ein Zeichen vom Verkehr als Unterscheidungszeichen verstanden, obwohl es nicht zu Unterscheidungszwecken benutzt wurde, dann geht dieser Zustand nicht auf den Zeichenverwender zurück, weshalb ihm kein Schutz in Form eines Ausschließlichkeitsrechts zu gewähren ist.

3. Benutzung zur Bezeichnung von Waren oder Dienstleistungen

Die markenmäßige Benutzung setzt einen Gebrauch des Zeichens zur Bezeichnung von Waren oder Dienstleistungen voraus. Daran fehlt es, wenn das Zeichen lediglich als **Werbebegriff** ohne Bezug zu konkreten Waren oder Dienstleistungen verwendet wird oder wenn mit ihm eine **unternehmerische Leistung** bezeichnet wird, die als solche nicht als Dienstleistung angeboten wird. Das ist zB der Fall, wenn das Zeichen nur für eine besondere Vertriebsmethode benutzt wird (BGH GRUR 2003, 973 (974) – Tupperwareparty). Keine hinreichende Benutzung liegt ferner bei einem bloß **dekorativen Gebrauch** des Zeichens vor (zum WZG vgl. BGH GRUR 1993, 151 (152) – Universitätsemblem). An einer markenmäßigen Benutzung fehlt es ferner, wenn ein Zeichen nur als **fiktive Marke** in Unterhaltungswerken Verwendung findet (zB das Zeichen „Duff Beer" in der Fernsehserie „Die Simpsons"; ebenso Slopek/Napiorkowski GRUR 2012, 337 (342)).

4. Verkehrsgeltung als Indiz markenmäßiger Benutzung

Die markenmäßige Benutzung kann sich aus der **Verkehrsgeltung** ergeben. Ordnet ein erheblicher Teil der Verkehrskreise das Zeichen einem bestimmten Unternehmen zu, so kann grundsätzlich auf die Bekanntheit des Zeichens auch als Herkunftshinweis und damit wiederum auf die Benutzung als Marke geschlossen werden (BGH GRUR 2010, 138 Rn. 34 – ROCHER-Kugel; GRUR 2008, 510 Rn. 25 – Milchschnitte). Mit Recht hat die Rechtsprechung dies aber bislang nur in Fällen angenommen, in denen der Zuordnungsgrad über 50% lag und **Verkehrsdurchsetzung iSd § 8 Abs. 3** bestand. Nur dann, wenn ein überwiegender Teil des Publikums das Zeichen als Herkunftshinweis versteht, ist der Schluss, dass dies das Ergebnis einer markenmäßigen Benutzung ist, so naheliegend, dass auf einen entsprechenden Nachweis vollständig verzichtet werden kann. Von markenmäßiger Benutzung kann daher ohne weiteres nur ausgegangen werden, wenn die Verkehrsgeltung auf einem entsprechend hohen Zuordnungsgrad beruht. Soweit sie das nicht tut, kann ihr aber immerhin **Indizwirkung** beigelegt werden. Zum Sonderfall der Bekanntheitserlangung unter Monopolbedingungen → Rn. 47.

5. Benutzung im geschäftlichen Verkehr

Die Benutzung muss im geschäftlichen Verkehr erfolgen. Da auch bei der Benutzungsmarke aufgrund des Territorialitätsprinzips nur ein Markenschutz innerhalb der Bundesrepublik Deutschland entstehen kann, muss die Benutzung als Quelle der Verkehrsgeltung im

MarkenG § 4   Teil 2 Voraussetzungen, Inhalt und Schranken etc.

inländischen geschäftlichen Verkehr erfolgt sein (BT-Drs. 12/6581, 66; OLG Frankfurt BeckRS 2012, 21368). Ausschließlich im Ausland benutzte Marken können, soweit sie nicht eingetragen sind, nur über § 4 Nr. 3 Schutz erlangen. Für die Anforderungen an ein Handeln im geschäftlichen Verkehr kann grundsätzlich auf § 14 Abs. 2 verwiesen werden (→ § 14 Rn. 53). Die Ausgrenzung privaten oder innerbetrieblichen Handelns spielt für § 4 Nr. 2 jedoch kaum eine Rolle, weil es in solchen Fällen typischerweise auch an der Verkehrsgeltung fehlen wird.

V. Verkehrsgeltung als Marke

1. Begriff der Verkehrsgeltung

41   Verkehrsgeltung iSd § 4 Nr. 2 setzt voraus, dass ein **jedenfalls nicht unerheblicher Teil der angesprochenen Verkehrskreise** in dem Zeichen einen **Hinweis auf die Herkunft** der damit gekennzeichneten Waren oder Dienstleistungen aus einem bestimmten Unternehmen sieht (BGH GRUR 2008, 917 Rn. 38 – EROS; OLG Köln GRUR-RR 2010, 433 (434 f.) – Oerlikon). Demgegenüber muss für die von § 8 Abs. 3 vorausgesetzte Verkehrsdurchsetzung ein erheblicher Teil aller beteiligten Verkehrskreise das benutzte Zeichen als Herkunftshinweis verstehen (→ § 8 Rn. 882). Deshalb liegt bei bestehender Verkehrsdurchsetzung stets Verkehrsgeltung vor; umgekehrt gilt dies aber wegen der geringeren Anforderungen an die Verkehrsgeltung nicht.

42   Von der Verkehrsgeltung zu unterscheiden ist die **Bekanntheit** der Marke sowohl iSd der notorischen Bekanntheit (§ 4 Nr. 3; → Rn. 146) als auch der Bekanntheit im Inland (§ 9 Abs. 1 Nr. 3, 14 Abs. 2 Nr. 3; → § 9 Rn. 61; → § 14 Rn. 510). Sie setzt zwar auch eine Bekanntheit als Marke und damit eine Zuordnung zu einem bestimmten Herstellungsunternehmen voraus, ist aber ein eigenständig auszulegender Begriff (Ströbele/Hacker/Hacker § 14 Rn. 275). Die davon zu unterscheidende bloße Bekanntheit des Zeichens oder des mit ihm versehenen Produkts führt als solche ebenfalls nicht zur Verkehrsgeltung (vgl. BGH GRUR 1969, 541 (544) – Grüne Vierkantflasche; GRUR 1964, 621 (623) – Klemmbausteine I).

2. Verkehrsgeltung als Marke

43   Eine Marke kann nur ein Zeichen sein, das geeignet ist, Waren oder Dienstleistungen eines Unternehmens von denjenigen anderer Unternehmen zu unterscheiden (§ 3 Abs. 1). Verkehrsgeltung als Marke kann ein Zeichen daher nur haben, wenn es innerhalb beteiligter Verkehrskreise als **unterscheidender Hinweis auf die betriebliche Herkunft** einer Ware oder Dienstleistung verstanden wird. Nicht ausreichend ist es, wenn der Verkehr mit dem Zeichen eine bestimmte Verkaufsstelle verbindet, in der verschiedene Produkte angeboten werden (vgl. BPatG BeckRS 2016, 01748 – delikat). Für das Verständnis als Herkunftshinweis ist die **Zuordnung** der Ware oder Dienstleistung zu einem bestimmten, nicht notwendigerweise namentlich bekannten **Herstellerunternehmen** erforderlich (vgl. BGH GRUR 2008, 917 Rn. 40 – EROS).

43.1   Die Möglichkeit dieser Zuordnung scheitert nicht schon daran, dass auf dem Produkt selbst nicht der Hersteller, sondern nur ein **Vertriebsunternehmen** angegeben ist, soweit – was die Regel sein dürfte – die angesprochenen Verkehrskreise daran gewöhnt sind, zwischen dem Hersteller und dem Vertreiber einer Ware zu unterscheiden (BGH GRUR 2008, 917 Rn. 40 – EROS).

44   Ordnen die beteiligten Verkehrskreise aufgrund des Zeichens ein Produkt **mehreren Unternehmen** zu, liegt ein Verständnis als Herkunftshinweis nur vor, wenn diese Unternehmen nicht als Wettbewerber, sondern als miteinander in Verbindung stehend gesehen werden (vgl. BGH GRUR 2002, 616 (617) – Verbandsausstattungsrecht; zum WZG BGH GRUR 1961, 347 – Almglocke). Zur Inhaberschaft an solchen Gruppen- bzw. Kollektivbenutzungsmarken → Rn. 127, → Rn. 129.

45   Die Zuordnung muss **unmittelbar aufgrund des Zeichens** erfolgen, denn nur dann wirkt es als Herkunftshinweis. Das ist nicht der Fall, wenn die beteiligten Verkehrskreise die Zuordnung nur unter Heranziehung von Hilfsmitteln (zB Bestimmungsbücher, Kataloge) bewerkstelligen können (BGH GRUR 1957, 37 – Uhrwerke).

3. Verkehrsgeltung infolge Benutzung

Die Verkehrsgeltung als Marke muss die **Folge der Benutzung** des Zeichens sein (BGH GRUR 2009, 783 Rn. 22 – UHU; GRUR 2004, 151 (153) – Farbmarkenverletzung I; aA OLG Dresden GRUR-RR 2002, 257 (258) – Halberstädter Würstchen; Lange MarkenR/KennzeichenR Rn. 538). Freilich lässt der Wortlaut des § 4 Nr. 2 dieses Erfordernis nicht erkennen. Es folgt aber aus dem Schutzzweck dieses Entstehungsgrunds (→ Rn. 18). Nur wenn die Verkehrsgeltung auf den Zeichenbenutzer zurückzuführen ist, kann ihm dieser Zustand zugerechnet werden. Für den Schutz ist deshalb nicht allein entscheidend, dass der Verkehr das Zeichen als Marke versteht, sondern auch, warum er dies tut. 46

Das entspricht im Ergebnis der **Rechtsprechung des EuGH zur Unterscheidungskraft iSd Art. 3 Abs. 3 RL 2008/95/EG** (Art. 4 Abs. 4 RL (EU) 2015/2436), die im deutschen Recht mit dem Erfordernis der Verkehrsdurchsetzung in § 8 Abs. 3 umgesetzt ist. Danach muss die Tatsache, dass „die angesprochenen Verkehrskreise die Ware als von einem bestimmten Unternehmen stammend erkennen, [...] **auf der Benutzung der Marke als Marke** und somit auf ihrer Natur und Wirkung beruhen, die sie geeignet machen, die betroffene Ware von den Waren anderer Unternehmen zu unterscheiden" (EuGH C-217/13, GRUR 2014, 776 Rn. 40 – Oberbank; C-299/99, GRUR 2002, 804 Rn. 64 – Philips; → § 8 Rn. 878). 46.1

Dieses Verständnis gilt zwar unmittelbar nur für die Verkehrsdurchsetzung iSd § 8 Abs. 3. Im Sinne einer **Einheit des Kennzeichenschutzes** ist es jedoch auf die Verkehrsgeltung als Voraussetzung für die Schutzentstehung zu übertragen (Fezer WRP 2005, 1 (13)). Dagegen spricht nicht, dass die Verkehrsdurchsetzung strukturell der Überwindung der für Registermarken geltenden Schutzhindernisse des § 8 Abs. 2 Nr. 1–3 dient, während die Verkehrsgeltung Entstehungsvoraussetzung für die Benutzungsmarke ist (aA Schulte-Franzheim/Tyra, FS Samwer, 2008, 183 (192 f.)). Denn auch bei den an sich wegen § 8 Abs. 2 Nr. 1–3 schutzunfähigen Registermarken hängt die Schutzentstehung davon ab, dass das Zeichen durch die markenmäßige Benutzung Verkehrsdurchsetzung erlangt hat. 46.2

4. Verkehrsgeltung bei Monopolstellung

Soweit Verkehrsgeltung als Marke besteht und das Zeichen markenmäßig benutzt wurde, kann im Regelfall davon ausgegangen werden, dass die Verkehrsgeltung auf der Zeichenbenutzung beruht. Probleme bereitet der notwendige Ursachenzusammenhang, wenn ein **rechtliches oder natürliches Monopol** gegeben ist. Hier besteht die Möglichkeit, dass der Verkehr sich allein aufgrund der Marktstruktur daran gewöhnt hat, mit einer bestimmten Bezeichnung versehene Waren einem bestimmten Geschäftsbetrieb zuzuordnen (zu § 25 WZG vgl. BGH GRUR 1968, 419 (423) – feuerfest I; GRUR 1964, 621 (623) – Klemmbausteine I; GRUR 1960, 83 (85 f.) – Nährbier; zu § 4 Nr. 2 OLG Hamburg GRUR-RR 2005, 149 (150) – TNT Post Deutschland; zu § 8 Abs. 3 BGH GRUR 2006, 760 Rn. 18 – LOTTO; BPatG GRUR 2013, 1145 (1147) – TOTO; vgl. auch BGH GRUR 2005, 423 (426) – Staubsaugerfiltertüten zur Sittenwidrigkeit nach § 23 Nr. 3 unter Anknüpfung an die Rechtsprechung zu § 25 WZG). Zwar schließt das Monopol die Schutzentstehung nicht grundsätzlich aus (BPatG GRUR 2011, 232 (237) – Gelbe Seiten). Die Rechtsprechung verlangt jedoch den Nachweis, dass das Zeichen trotz der Marktstruktur innerhalb der beteiligten Verkehrskreise nicht nur als Hinweis auf die Herkunft, sondern auch auf die Unterscheidung von anderen Herstellern verstanden wird. Das verdient im Ausgangspunkt Zustimmung: Ordnet der Verkehr aufgrund des Zeichens das Produkt zwar einer bestimmten Person zu, nimmt er es aber wegen der Marktstruktur nicht als Unterscheidungszeichen wahr, dann fehlt es an der Verkehrsgeltung als Marke. 47

Entscheidend ist, ob das Zeichen **trotz des Monopols oder der besonderen Marktstruktur Verkehrsgeltung als Marke** erlangt hat. Das ist möglich, soweit eine markenmäßige Benutzung vorliegt, weil diese Art der Zeichennutzung zur unterscheidenden Zuordnung beiträgt. In diesem Sinne hat auch der EuGH angenommen, die ausgedehnte Benutzung eines Zeichens könne in einem Fall, in dem ein Marktteilnehmer einziger Lieferant bestimmter Waren auf dem Markt sei, zur Unterscheidungskraft iSd Art. 3 Abs. 3 RL 2008/95/EG bzw. Art. 4 Abs. 4 RL (EU) 2015/2436 (= Verkehrsdurchsetzung iSd § 8 Abs. 3) führen, wenn infolge dieser Benutzung der Verkehr das Zeichen nur mit diesem Marktteilnehmer in Verbindung bringt oder annimmt, dass Waren mit diesem Zeichen von diesem Marktteilnehmer stammen (EuGH C-299/99, GRUR 2002, 804 Rn. 65 – Philips). 48

49 Aus der Rechtsprechung des EuGH ergibt sich, dass es für die Frage der Verkehrsgeltung trotz Monopolstellung entscheidend auf die **Benutzung des Zeichens als Marke** ankommt. Daraus wird sich jedoch nicht folgern lassen, dass die Problematik durch strenge Anforderungen an die markenmäßige Benutzung gelöst werden kann (dafür Ströbele/Hacker/Hacker Rn. 30); noch weniger ergibt sich aus dieser Rechtsprechung, dass es an einer markenmäßigen Benutzung fehlt, wenn die Verkehrsgeltung auf der Benutzung der Marke als Monopol beruht (dafür HK-MarkenR/Ekey Rn. 88). Der EuGH hat lediglich festgestellt, dass eine ausgedehnte Benutzung des Zeichens als Marke ausreichen kann. Ob es auf der Benutzung als Marke beruht, dass die betreffenden Verkehrskreise die Ware als von einem bestimmten Unternehmen stammend anerkennen, obliegt jedoch der Beurteilung des nationalen Gerichts (EuGH C-299/99, GRUR 2002, 804 Rn. 65 – Philips).

50 Entscheidend kommt es deshalb auf die **Ursächlichkeit der markenmäßigen Benutzung** für die im Verkehr gegebene Zuordnung zu einem bestimmten Herstellerunternehmen an. Dabei ist zu bedenken, dass eine gegebene – und ohnehin für die Schutzentstehung notwendige – markenmäßige Benutzung naturgemäß zur Entstehung von Verkehrsgeltung als Marke beiträgt. Unter Schutzzweckgesichtspunkten sollte es ausreichend, dass dieser **Verursachungsbeitrag** im Vergleich zu den Wirkungen der Marktstruktur **nicht nur unerheblich** war (weitergehend Fezer WRP 2005, 1 (14 ff.), der dem Monopol überhaupt keine Relevanz zubilligt). In die Abwägung sind insbesondere die Dauer des Monopols und die Intensität der Benutzung als Marke einzustellen. Soweit eine nicht völlig untergeordnete markenmäßige Benutzung gegeben ist, wird es besonderer Anhaltspunkte bedürfen, um die Verkehrsgeltung allein auf die Marktstrukturen zurückführen zu können (vgl. zur Kennzeichnungskraft BGH GRUR 2010, 1103 Rn. 44 – Pralinenform II).

51 Bestand **kein Monopol,** sondern ging der Verkehr nur **irrtümlich** vom Bestand eines solchen aus, kann dieser Irrtum aus Schutzzweckgründen die Zurechnung der entstandenen Verkehrsgeltung zum Zeichennutzer nicht hindern, sofern eine markenmäßige Benutzung vorliegt (ebenso Ströbele/Hacker/Hacker Rn. 30; aA BGH GRUR 1960, 83 (85 f.) – Nährbier).

52 Kein Fall eines die Zuordnung der bestehenden Verkehrsgeltung zum Zeichennutzer hindernden Monopols liegt ferner vor, wenn der Zeichennutzer bislang lediglich als einziger auf dem Markt tätig ist, ein Marktzutritt anderer Unternehmen aber weder an rechtlichen noch tatsächlichen Gründen (zB Rohstoffzugang) scheitern würde **(faktisches Monopol).** In solchen Fällen, in denen für das Publikum kein Grund erkennbar ist, warum nicht zumindest später weitere Wettbewerber hinzutreten sollen, beruht die Zuordnung zu einem bestimmten Unternehmen schon nicht auf der Marktstruktur (im Ergebnis ebenso Ströbele/Hacker/Hacker Rn. 30). Hier mag ferner in Betracht gezogen werden, dass die Monopolstellung ihrerseits das Ergebnis einer wettbewerblichen Leistung ist (vgl. OLG Hamburg GRUR-RR 2005, 149 (151) – TNT Post Deutschland).

VI. Verkehrskreise

1. Allgemeines

53 Die Zuordnung eines Produkts zu einem bestimmten Unternehmen findet auf der Marktgegenseite statt. Zu den beteiligten Verkehrskreisen gehören deshalb nur die **Abnehmer,** nicht aber Mitbewerber (Fezer Rn. 124; Ströbele/Hacker/Hacker Rn. 33). Welche Abnehmerkreise wiederum relevant sind, hängt entscheidend von den Waren und Dienstleistungen ab, für die das Zeichen als Marke benutzt wird. Maßgeblich sind **Zweckbestimmung** und **Absatzmöglichkeit** der einzelnen Ware (BGH GRUR 1960, 130 (132) – Sunpearl II). Zu den beteiligten Verkehrskreisen gehören vor diesem Hintergrund alle Personen, für deren **wirtschaftliches Verhalten** der aus dem Zeichen folgende Herkunftshinweis Bedeutung hat (BGH GRUR 1969, 681 (682) – Kochendwassergerät; OLG Hamburg GRUR-RR 2002, 356 – Marzipanherzen). Wird ein Zeichen für unterschiedliche Waren oder Dienstleistungen verwendet, sind die beteiligten Verkehrskreise für jedes Produkt gesondert festzustellen.

2. Waren des Massenkonsums

Bei **Waren des Massenkonsums** gehört grundsätzlich die **gesamte Bevölkerung** 54
sowohl in ihrer Funktion als **Letztverbraucher** als auch als **Händler** zu den beteiligten
Verkehrskreisen (BGH GRUR 1974, 220 (222) – Club Pilsener; GRUR 1971, 305 (307) –
Konservenzeichen II; OLG Hamburg GRUR-RR 2002, 356 – Marzipanherzen). Allerdings
kann das Zeichen das wirtschaftliche Verhalten nur dann beeinflussen, wenn die Ware (des
Zeichenbenutzers oder eines Mitbewerbers) entweder **bereits erworben** wurde oder doch
zumindest ein **hinreichendes Interesse** an einem zukünftigen Erwerb besteht (BGH
GRUR 1982, 672 (675) – Aufmachung von Qualitätsseifen; GRUR 1974, 220 (222) – Club
Pilsener; GRUR 1963, 622 (623) – Sunkist; ausführlich Schricker GRUR 1980, 462 ff.).

Soweit der BGH bei Massenkonsumgütern auch solche Personen als Interessenten berück- 55
sichtigt wissen will, die **nach ihrem bisherigen Verbrauchsgewohnheiten für einen
Erwerb in Frage kommen,** weil sie dann nicht achtlos an diesem Warenangebot vorbei
gehen werden (BGH GRUR 1963, 622 (623) – Sunkist), ist dies angesichts der gewandelten
Marktverhältnisse und dem in vielen Sparten nahezu unüberschaubaren Angebot zurückzuweisen (ebenso Büscher/Dittmer/Schiwy/Schalk Rn. 10; aA Ströbele/Hacker/Hacker
Rn. 33).

Ein (bereits erfolgter oder zukünftiger) Erwerb zu eigenen Zwecken ist nicht erforderlich; 56
zu den beteiligten Verkehrskreisen gehört auch, wer **für Dritte erwirbt,** sei es gegen Kostenerstattung oder als Geschenk (BGH GRUR 1982, 672 (675) – Aufmachung von Qualitätsseifen; OLG Hamburg GRUR-RR 2002, 356 – Marzipanherzen).

Nicht zu den beteiligten Verkehrskreisen gehören hingegen Personen, die den **Erwerb** 57
des Produkts ablehnen (zB Antialkoholiker, Nichtraucher, Vegetarier, Veganer, Glück-
spielgegner), weil die Zuordnung zu einem bestimmten Betrieb ihr wirtschaftliches Verhalten
aus inneren Gründen nicht beeinflussen kann (vgl. zu § 8 Abs. 3 BGH GRUR 2006, 760
Rn. 23 – LOTTO; vgl. aber auch BGH GRUR 1974, 220 (222) – Club Pilsener, wo
bemängelt wird, dass das Berufungsgericht aus den maßgeblichen Verkehrskreisen jene Personen ausgeschieden habe, die aus gesundheitlichen, sportlichen, altersbedingten oder sonstigen
Gründen kein Bier trinke; dazu Schicker GRUR 1980, 462 (465)).

3. Produkte mit spezifischer Abnehmerschaft

Bei Waren oder Dienstleistungen, die nur bei **spezifischen Abnehmern** abgesetzt und 58
nur von diesen verwendet werden können, kommt es allein auf diese Abnehmer an. Das ist
zB der Fall bei zur **Weiterverarbeitung** gedachten Produkten. Aber auch bei Endprodukten
lassen sich vielfach spezifische Abnehmerkreise erkennen. Das gilt insbesondere bei Waren
oder Dienstleistungen, die nur in **bestimmten Berufen und Gewerben** Verwendung finden (sofern eine private Nutzung ausgeschlossen werden kann, zB bei teuren Spezialgeräten,
vgl. OLG Köln GRUR-RR 2010, 433 (435) – Oerlikon).

Eine Beschränkung des Abnehmerkreises kann sich bei Endprodukten vor allem aus deren 59
Wert oder Preis ergeben. Insbesondere **hochpreisige Waren** und **Luxusartikel** stoßen
wegen der notwendigen wirtschaftlichen Aufwendungen nur bei einem relativ geringen
Teil der Bevölkerung auf ein ernsthaftes Erwerbsinteresse, so dass die Zuordnung zu einem
bestimmten Unternehmen aufgrund des Zeichens auch nur das wirtschaftliche Verhalten
dieses Bevölkerungsteils mitbestimmen kann (BGH GRUR 1982, 672 (675) – Aufmachung
von Qualitätsseifen).

Bei Produkten, die sich an eine **ausländische Bevölkerungsgruppe** bestimmter Her- 60
kunft richten und auf Absatzwegen angeboten werden, die typischerweise nur oder doch
zumindest ganz überwiegend von dieser Gruppe benutzt werden, beschränken sich die beteiligten Verkehrskreise auf die zu diesem Absatzweg gehörenden Händler sowie die angesprochenen Abnehmerkreise (Ströbele/Hacker/Hacker Rn. 35; vgl. ferner EuG BeckRS 2015,
81663).

Insgesamt gehören auch bei den Produkten für spezifische Abnehmer nur jene Personen 61
zu den angesprochenen Verkehrskreisen, die bereits **als Käufer aufgetreten** sind oder
zumindest ein **hinreichendes Kaufinteresse** haben (Fezer Rn. 125).

4. Inländische Verkehrskreise

62 Aufgrund des Territorialitätsgrundsatzes muss das Zeichen innerhalb der **inländischen beteiligten Verkehrskreise** Verkehrsgeltung erlangt haben (BT-Drs. 12/6581, 66; BGH GRUR 1974, 777 (778 f.) – LEMONSODA; GRUR 1967, 298 (300) – Modess; GRUR 1955, 411 (413) – Zahl 55). Auch wenn das Zeichen im Ausland aufgrund der dortigen Verkehrsgeltung Schutz als Marke genießt, besteht kein Anspruch auf Schutz als Benutzungsmarke; der telle-quelle-Schutz des Art. 6^{quinquies} PVÜ gilt nur für ausländische Registermarken und verlangt nur eine Zulassung zur Eintragung, nicht aber einen von der Eintragung unabhängigen Schutz.

63 Eine **ausländische Verkehrsgeltung** kann allenfalls auf das Inland einstrahlen und dadurch die Erlangung der inländischen Verkehrsgeltung erleichtern (BGH GRUR 1974, 777 (779) – LEMONSODA). Das kommt in Betracht, wenn ein im Inland bislang nicht benutztes Zeichen aufgrund der ausländischen Verkehrsgeltung bereits einen gewissen Bekanntheitsgrad auch im Inland genießt (zB infolge einer Vermarktung im Wege der Produktplatzierung in Fernsehserien oder Filmen, die in Deutschland ausgestrahlt werden). In solchen Fällen kann es beginnend mit der Benutzungsaufnahme schneller zur Erlangung der Verkehrsgeltung kommen als wenn das Zeichen zunächst vollends unbekannt ist.

VII. Räumlich begrenzte Verkehrskreise

1. Beschränkte Verkehrsgeltung

64 Die Benutzungsmarke ist – anders als die Registermarke – für einen räumlich auf ein Teilgebiet der Bundesrepublik Deutschland beschränkten Schutz offen (BT-Drs. 12/6581, 66). Zur Schutzentstehung kommt es daher auch dann, wenn das Zeichen nur in den **Verkehrskreisen eines Teilgebiets** Verkehrsgeltung erlangt hat (BGH GRUR 1979, 470 (471 f.) – RBB/RBT; GRUR 1957, 88 (93) – Ihr Funkberater; zu Unternehmenskennzeichen BGH GRUR 1992, 865 – Volksbank; ferner OLG Köln GRUR 2008, 79 (80) – 4E; OLG Köln GRUR-RR 2007, 272 – 4DSL; OLG Dresden GRUR-RR 2002, 257 – Halberstädter Würstchen). Der Schutz beschränkt sich dann auf das **Verkehrsgeltungsgebiet.**

2. Einheitlicher Wirtschaftsraum

65 Die Sperrung eines Teilgebiets für verwechslungsfähige Zeichen anderer setzt jedoch voraus, dass es sich um einen einheitlichen Wirtschaftsraum handelt, der die **Sperrung nach Umfang und wirtschaftlicher Bedeutung rechtfertigt** (BGH GRUR 1979, 470 (472) – RBB/RBT). Die räumliche Begrenzung des Schutzes kann dazu führen, dass für ein Zeichen in unterschiedlichen Gebieten für unterschiedliche Zeicheninhaber Schutz besteht. Dieses Problem verstärkt sich, je kleiner die zulässigen Schutzgebiete sind. Insgesamt droht bei einem kleinteiligen regionalen Zeichenschutz die Gefahr einer Markenverwirrung sowie einer erheblichen Behinderung anderer, nicht auf diesen begrenzten Wirtschaftsraum beschränkter Marktteilnehmer. Erforderlich ist deshalb eine **Mindestgröße,** die in der Regel nur bei **größeren Städten und Kreisen** gegeben sein wird (vgl. auch Ströbele/Hacker/Hacker Rn. 37: in der Regel kein auf Stadtteile begrenzter Schutz; ähnlich Fezer Rn. 129). Innerhalb eines einheitlichen Wirtschaftsgebiets hindern Enklaven, in denen keine Verkehrsgeltung besteht, die Schutzentstehung nicht (BGH GRUR 1967, 482 (485) – WKS-Möbel II).

3. Entstehung beschränkter Verkehrsgeltung

66 Für die Beurteilung, ob zumindest in räumlichen begrenzten Verkehrskreisen Verkehrsgeltung besteht, ist auf die konkrete Ware, ihre übliche Vertriebsform, ihr Absatzgebiet sowie die Betriebsstruktur abzustellen (BGH GRUR 1979, 470 (472) – RBB/RBT). Ein räumlich begrenzter Schutz kommt in erster Linie in Betracht, wenn ein Produkt nur in einem bestimmten, **abgrenzbaren Gebiet angeboten** wird, weil es dann nur die dortigen Verkehrskreise in ihren wirtschaftlichen Entscheidungen ansprechen kann (BGH GRUR 1957,

88 (93) – Ihr Funkberater; OLG Köln GRUR 2008, 79 (80) – 4E; GRUR-RR 2007, 272 (273) – 4DSL).

Wird das Produkt **bundesweit angeboten,** ist es aber (bislang) nur zu einer räumlich begrenzten Verkehrsgeltung gekommen, scheidet ein räumlich begrenzter Kennzeichenschutz nicht von vornherein aus (kritisch Ingerl/Rohnke Rn. 24; OLG Köln GRUR 2008, 79 (80) – 4E; OLG Köln GRUR-RR 2007, 272 (273)). Gleiches gilt bei einem Angebot in **mehreren Teilgebieten,** auch wenn nicht in allen Verkehrsgeltung erlangt wurde. Der bundesweite Vertrieb allein ändert nichts daran, dass der aus dem Zeichen folgende Herkunftshinweis in dem fraglichen Gebiet das Verhalten der zu den beteiligten Verkehrskreisen gehörenden Personen beeinflusst, weil sie in dem Zeichen eine Marke sehen. Allein die dadurch möglich werdende Aufteilung des Bundesgebiets in Einzelgebiete, in denen das Zeichen unterschiedlichen Inhabers zustehen kann, ist eine hinzunehmende Konsequenz aus der grundsätzlichen Anerkennung räumlich begrenzter Markenrechte (zutreffend Ströbele/Hacker/Hacker Rn. 38). 67

Der BGH hat zum WZG angenommen, es fehle bei einem bundesweit tätigen Unternehmen, dessen Zeichen an seinem Sitz Verkehrsgeltung erlangt hat, an einem hinreichenden einheitlichen Wirtschaftsraum, wenn der Vertrieb an dessen Sitz nur untergeordnete Bedeutung hat und die räumlich beschränkte Verkehrsgeltung letztlich nur darauf beruht, dass das Unternehmen seinen **Sitz in diesem Raum** hat und dort ganz allgemein eine gewisse Bedeutung als Herstellungs- und/oder Vertriebsunternehmen erlangt hat (BGH GRUR 1979, 470 (472) – RBB/RBT). 68

Bei **Abweichungen von Vertriebs- und Verkehrsgeltungsgebiet** ist danach zu fragen, warum trotz der für den Schutz notwendigen markenmäßigen Benutzung nur in einem Teil des Vertriebsgebiets Verkehrsgeltung erlangt wurde. Hat dies seine Ursache in einer intensiveren Zeichennutzung zB bei der Produktvermarktung in einer bestimmten Region, so ist eine Zuordnung des erworbenen Verkehrsgeltungszustands gerechtfertigt. Beruht die Verkehrsgeltung hingegen auf dem erhöhten Bekanntheitsgrad, den das Unternehmen an seinem Sitz genießt, entsteht keine regional begrenzte Benutzungsmarke. Wird ein Produkt zB **bundesweit im Internet** angeboten, greift es zu kurz, einen regional begrenzten Markenschutz allein deshalb abzulehnen, weil es wegen der Art der angebotenen Leistung (zB bundesweite Internetzugänge) und der Bewerbung im Internet an einem regionalen Bezug fehle (so OLG Köln GRUR 2008, 79 (80) – 4E; GRUR-RR 2007, 272 (273) – 4DSL; zustimmend HK-MarkenR/Ekey Rn. 72; vgl. auch Ingerl/Rohnke Rn. 24). Ebenso wenig ist es erforderlich, dass sich die Absatzstrategie auf eine bestimmte Region beschränkt (so OLG Köln GRUR 2008, 79 (80) – 4E; GRUR-RR 2007, 272 (273) – 4DSL). Ausreichend kann vielmehr schon eine verstärkte regionale Werbung mit dem Zeichen sein. Das gilt auch dann noch, wenn das Unternehmen seinen Sitz im Verkehrsgeltungsgebiet hat, sofern sich nicht aus den Umständen ergibt, dass die intensivere Zeichenbenutzung im Vergleich zur örtlichen Bekanntheit nicht ins Gewicht fällt. 69

Bestand vor der **Wiedervereinigung Deutschlands** im Beitrittsgebiet Verkehrsgeltung, dann kommt dem Zeichen in den alten Bundesländern nur Schutz zu, wenn dort die tatsächlichen Voraussetzungen der Verkehrsgeltung erreicht sind (OLG Dresden GRUR-RR 2002, 257 (259) – Halberstädter Würstchen). Das Gleiche gilt umgekehrt für eine bei Wiedervereinigung bestehende Verkehrsgeltung in den alten Bundesländern (Ströbele/Hacker/Hacker Rn. 40; offenlassend BGH GRUR 2002, 171 (173) – Marlboro-Dach; vgl. ausführlich Knaak GRUR Int 1993, 18 (24 f.)). Zum ErstrG → MarkenR Einleitung Rn. 34 ff. 70

4. Ausdehnung des Verkehrsgeltungsgebiets

Mit der **Erlangung der Verkehrsgeltung in einem weiteren einheitlichen Wirtschaftsgebiet** kommt es zu einer Ausdehnung des Verkehrsgeltungsgebiets; bei Kollisionen mit einem prioritätsälteren Zeichen löst die Ausdehnung allerdings Abwehransprüche aus. Bevor es tatsächlich zu einer Ausdehnung gekommen ist, genießt die Benutzungsmarke nur in ihren Verkehrsgeltungsgebiet Schutz. 71

Der BGH hat in seiner älteren Rechtsprechung den Schutz über den räumlich beschränkten Verkehrsgeltungsraum ausgedehnt, wenn der Markeninhaber mit seinem Absatz und seiner Werbung bereits über den Bereich der Verkehrsgeltung vorgedrungen ist oder jeden- 72 falls eine **Ausdehnungstendenz** deutlich erkennbar ist (BGH GRUR 1956, 558 (561) – Regensburger Karmelitengeist; zustimmend Ströbele/Hacker/Hacker Rn. 39). Das ist jedoch **abzulehnen** (ebenso Fezer Rn. 132). § 4 Nr. 2 verlangt eine tatsächliche, auf der markenmäßigen Benutzung beruhende Verkehrsgeltung. Erst wo diese durch Zeichenbenutzung geschaffen wurde, ist ein Besitzstand entstanden, der mit dem Ausschließlichkeitsrecht zu schützen ist. Wesentliche Nachteile entstehen dem zunächst nur regional begrenzt tätigen Unternehmen jedenfalls dann nicht, wenn ihm die Erlangung bundesweiten Schutzes durch Markeneintragung offen steht. Zudem entspricht die Ausdehnung des Schutzes in (potentielle) künftige Verkehrsgeltungsgebiete einer räumlich begrenzten Verkehrsgeltungsanwartschaft, die jedoch allgemein abzulehnen ist (→ Rn. 106).

VIII. Anforderungen an die Verkehrsgeltung

1. Allgemeines

73 § 4 Nr. 2 verlangt anders als § 8 Abs. 3 nicht Verkehrsgeltung (bzw. -durchsetzung) in allen beteiligten Verkehrskreisen, sondern nur **innerhalb beteiligter Verkehrskreise.** Ausreichend ist es daher, dass ein jedenfalls **nicht unerheblicher Teil der angesprochenen Verkehrskreise** in dem Zeichen einen Hinweis auf die Herkunft des gekennzeichneten Produkts aus einem bestimmten Unternehmen sieht (BGH GRUR 2008, 917 Rn. 38 – EROS; zu § 25 WZG BGH GRUR 1969, 681 (682) – Kochendwassergerät; GRUR 1960, 130 (133) – Sunpearl II). Daraus folgt ohne weiteres, dass nicht alle zu den Verkehrskreisen gehörenden Personen eine Zuordnung zu einem bestimmten Unternehmen vornehmen müssen.

74 Wann die mit der Formulierung „nicht unerheblicher Teil" gekennzeichnete Grenze erreicht ist, entzieht sich einer schematischen Beurteilung. Mit Recht lehnt die Rechtsprechung es ab, auf einen festen prozentualen Anteil der angesprochenen Verkehrskreise abzustellen (BGH GRUR 2004, 151 (153) – Farbmarkenverletzung I). Der erforderlich **Verkehrsgeltungs- oder Zurechnungsgrad** ist **einzelfallbezogen** zu ermitteln.

2. Einfache Verkehrsgeltung

75 Für **eintragsfähige Zeichen** kann ohne jegliche Vorbenutzung und Verkehrsgeltung Schutz durch die Eintragung erlangt werden. Ist aber ein Zeichenschutz auch ohne vorherigen Besitzstand möglich, so besteht kein Anlass, für die Benutzungsmarke besonders hohe Anforderungen an die Verkehrsgeltung und damit die Intensität des Besitzstands zu stellen. Mit Recht hat die Rechtsprechung daher Verkehrsgeltungsgrade von 19% (BGH GRUR 1960, 130 (133) – Sunpearl II) bzw. 36,7% (BGH GRUR 1969, 681 (682) – Kochendwassergerät) ausreichen lassen. Insgesamt wird sich als grobe Faustregel festhalten lassen, dass für diese sog. einfache Verkehrsgeltung ein **Zuordnungsgrad von nicht unter 20%** erforderlich ist (ähnlich OLG Hamburg GRUR 1972, 185 (187) – Roter Punkt: etwa 20%; Piper GRUR 1996 429 (433): um 20%; ebenso Berlit WRP 2002, 177 (179); Fammler MarkenR 2004, 89 (92); ferner Ströbele/Hacker/Hacker Rn. 44: 20–25%; ebenso Eichmann in Hasselblatt, MAH GewRS § 9 Rn. 75; Noelle-Neumann/Schramm GRUR 1966, 70 (81): ab 25%; ebenso Schramm MA 1973, 87 (92)).

3. Qualifizierte Verkehrsgeltung

76 Wäre das Zeichen als Registermarke wegen eines absoluten Schutzhindernisses nach § 8 Abs. 2 Nr. 1, 2 **nicht eintragungsfähig,** sind die Anforderungen an den Verkehrsgeltungsgrad deutlich höher. Hier hängt der Schutz als Registermarke davon ab, ob sich das Zeichen infolge seiner Benutzung für die angemeldeten Waren oder Dienstleistungen in den beteiligten Verkehrskreisen durchsetzt hat (§ 8 Abs. 3). Es käme zu einem Wertungswiderspruch, wenn für ein solches Zeichen durch geringere Anforderungen an die Verkehrsgeltung Markenschutz erlangt werden könnte. Daraus folgt ein **an der Verkehrsdurchsetzung orientierter Verkehrsgeltungsgrad** (Ingerl/Rohnke Rn. 21; Ströbele/Hacker/Hacker Rn. 42). Als Untergrenze dieser sog. qualifizierten Verkehrsgeltung hat sich ein Wert von **mindestens 50%** etabliert (zu Beispielen → Rn. 81).

Wie hoch die Verkehrsgeltung jedoch im Einzelfall sein muss, macht die Rechtsprechung 77
ganz wesentlich davon abhängig, wie groß angesichts der schwachen oder fehlenden Unterscheidungskraft das **Freihaltebedürfnis** ist (vgl. zB BGH GRUR 2004, 151 (153) – Farbmarkenverletzung I; GRUR 1979, 470 (471) – RBB/RBT; GRUR 1974, 337 (338) – Stonsdorfer; GRUR 1969, 345 (347) – red white; GRUR 1968, 419 (423) – feuerfest I; OLG Düsseldorf GRUR-RR 2013, 384 (385) – Der Wendler). Insbesondere in der älteren Rechtsprechung hat der BGH danach selbst Prozentsätze unter 75% als nicht ausreichend erachtet (BGH GRUR 1974, 337 (338) – Stonsdorfer: Verkehrsgeltungsgrad von 74% nicht ausreichend).

Die am Freihaltebedürfnis orientierte Rechtsprechung zur qualifizierten Verkehrsgeltung 78
ist mit Recht in die **Kritik** geraten (vgl. HK-MarkenR/Ekey Rn. 80; v. Schultz/v. Schultz Rn. 13 ff.), weil der EuGH in seiner Rechtsprechung zu Art. 3 Abs. 3 RL 2008/95/EG (= § 8 Abs. 3; jetzt Art. 4 Abs. 4 RL (EU) 2015/2436) eine Differenzierung der Unterscheidungskraft (= Verkehrsdurchsetzung) nach dem festgestellten Interesse daran, das Zeichen für die Benutzung durch andere Unternehmen freizuhalten, ausdrücklich als unzulässig verworfen hat (EuGH verb. Rs. C-108/97 und C-109/97, GRUR 1999, 723 Rn. 47 – Chiemsee; → § 8 Rn. 885). Maßgeblich sind danach vielmehr **qualitative Beurteilungskriterien,** nämlich der von der Marke gehaltene Marktanteil, die Intensität, die geographische Verbreitung und die Dauer der Benutzung der Marke, der Werbeaufwand des Unternehmens für die Marke, der Teil der beteiligten Verkehrskreise, der die Ware aufgrund der Marke als von einem bestimmten Unternehmen stammend erkennt sowie Erklärungen von Industrie- und Handelskammern oder von anderen Berufsverbänden (EuGH C-217/13, GRUR 2014, 776 Rn. 41 – Oberbank; verb. Rs. C-108/97 und C-109/97, GRUR 1999, 723 Rn. 49, 51 – Chiemsee).

Für § 4 Nr. 2 ist diese Entscheidung nicht unmittelbar bindend. Ihre Bedeutung für die 79
Verkehrsgeltung lässt sich jedoch nicht allein aufgrund ihrer eventuell fehlenden Überzeugungskraft negieren (in diesem Sinne Ströbele/Hacker/Hacker Rn. 46; zustimmend Starck MarkenR 2007, 421 (422); für Beibehaltung der bisherigen Linie auch Sosnitza Rn. 7). Sie ist für die Auslegung des Begriffs „Verkehrsdurchsetzung" in § 8 Abs. 3 verbindlich. Ist es aber danach möglich, dass ein nicht unterscheidungskräftiges Zeichen eingetragen werden kann, weil es ohne Berücksichtigung eines Freihalteinteresses Verkehrsdurchsetzung erlangt hat, dann kommt es zu einem **Wertungswiderspruch,** wenn bei Benutzungsmarken aufgrund der Rücksichtnahme auf ein Freihalteinteresse ein höherer Verkehrsgeltungsgrad gefordert wird, als er für die Verkehrsdurchsetzung iSd § 8 Abs. 3 erforderlich ist. Dann nämlich wäre es möglich, dass für ein nicht unterscheidungskräftiges Zeichen Schutz als Registermarke erlangt werden kann, nicht aber als Benutzungsmarke. Das widerspricht jedoch der vom Gesetzgeber gewollten Gleichrangigkeit der Entstehungstatbestände (BT-Drs. 12/6581, 65) und der in § 3 zum Ausdruck kommenden Einheitlichkeit des Markenbegriffs, der – von den Besonderheit der durch die Registereintragung bedingten graphischen Darstellbarkeit abgesehen – für alle Entstehungstatbestände gleich ist (ebenso im Ergebnis HK-MarkenR/Ekey Rn. 80; v. Schultz/v. Schultz Rn. 15; Harte-Bavendamm/Goldmann, FS Mühlendahl, 2005, 23 (37)). Zudem beruhen die erhöhten Anforderungen an die Verkehrsgeltung gerade auf dem Umstand, dass für nicht unterscheidungskräftige Registermarken Verkehrsdurchsetzung erforderlich ist. Werden diese Anforderungen aber erfüllt – nach den verbindlichen Maßstäben des EuGH – besteht kein Grund für eine weitere Begrenzung der Schutzentstehung aufgrund Verkehrsgeltung.

Dogmatisch folgt daraus nicht zwingend ein Verzicht auf eine Berücksichtigung des Frei- 80
haltebedürfnisses im Rahmen des § 4 Nr. 2, sondern das Gebot einer **Vergleichsprüfung** anhand der für die Verkehrsdurchsetzung iSd § 8 Abs. 3 vom EuGH aufgestellten Kriterien. Das schließt eine Ermittlung der Verkehrsgeltung durch empirische Mittel und damit einen an Prozentsätzen orientieren Verkehrsgeltungsgrund nicht aus, weil auch bei der Feststellung der Verkehrsdurchsetzung ein Rückgriff auf Verbraucherbefragungen zulässig ist, wenn die Beurteilung auf besondere Schwierigkeiten stößt (EuGH C-217/13, GRUR 2014, 776 Rn. 42 – Oberbank; verb. Rs. C-108/97 und C-109/97, GRUR 1999, 723 Rn. 53 – Chiemsee). Gleichwohl ist vor dem Hintergrund der gewandelten Anforderungen an die Verkehrsdurchsetzung bei einem Zugriff auf ältere Rechtsprechung Vorsicht geboten.

4. Beispiele zur qualifizierten Verkehrsgeltung

81 Die folgenden Beispiele zur qualifizierten Verkehrsgeltung, sind, soweit sie aus der Rechtsprechung zu § 25 WZG stammen, wegen der veränderten Anforderungen an die Verkehrsdurchsetzung (→ Rn. 78) und des engeren Registermarkenbegriffs des WZG nur eingeschränkt aussagekräftig.

82 Eine **einfache Buchstabenzusammenstellung** (RBB) hat bei einem Zuordnungsgrad von 60,7% Verkehrsgeltung (BGH GRUR 1979, 470 (471 f.) – RBB/RBT).

83 Bei einer **Gattungsbezeichnung** (Schwarzer Krauser als Beschreibung einer speziellen Tabakmischung und einer davon bestimmten Geschmacksrichtung) ist eine wesentlich höhere Verkehrsgeltung als 52,1% erforderlich, um eine Wandlung der Verkehrsauffassung von der Annahme einer Beschaffenheitsangabe zur betrieblichen Herkunftskennzeichnung annehmen zu können (BGH GRUR 1990, 681 (684) – Schwarzer Krauser). Die **Beschaffenheitsangabe** „Nährbier" für alkoholarmes, untergäriges, reines Malzbier hat keine Verkehrsgeltung, wenn sie nur von 36% als Herkunftshinweis verstanden wird (BGH GRUR 1960, 83 (86) – Nährbier). Bei einer **glatt warenbeschreibenden Angabe** (feuerfest für Produkte aus hitzebeständigem Spezialglas) soll, sofern ein gesteigertes Freihaltebedürfnis besteht, sogar eine nahezu einhellige Verkehrsgeltung erforderlich sein (BGH GRUR 1968, 419 (423) – feuerfest I; vgl. auch BGH GRUR 1970, 77 (78) – Ovalumrandung). Das Gleiche gilt für die ursprünglich geographische Herkunftsangabe „Stonsdorfer", die zwischenzeitlich zur **Sortenbezeichnung** für bestimmte Spirituosen geworden ist; ein Verkehrsgeltungsgrad von 74% wurde daher als nicht ausreichend erachtet (BGH GRUR 1974, 337 (338) – Stonsdorfer; für die Bezeichnung „Kroatzbeere" für einen Likör genügen 58,6% nicht (BGH GRUR 1975, 67 (69) – Kroatzbeere). Diese strengen Anforderungen der älteren Rechtsprechung sind mit Blick auf die gewandelten Anforderungen an die Verkehrsdurchsetzung zumindest in ihrem Rekurs auf das Freihaltebedürfnis zweifelhaft. Mit Recht hat die Instanzrechtsprechung für die Bezeichnung „Halberstädter Würstchen" als ursprünglich geographische Herkunftsbezeichnung es ausreichen lassen, dass der Zuordnungsgrad mehr als 50% beträgt (konkret: 73,1%, OLG Dresden GRUR-RR 2002, 257 (258) – Halberstädter Würstchen). Ob für die **beschreibende Bezeichnung** „FLEX" für eine Zahnbürste ein Verkehrsgeltungsgrad von 28% ausreicht, soll sogar nur „zweifelhaft" sein (OLG Köln GRUR-RR 2002, 321 (323) – FLEX). Für die Bezeichnung „Festivalplaner" für ein Print- und Onlinemagazin, das den Nutzern als Planer für den Besuch von Festivals dienen kann, soll es hingegen des einhelligen Verständnisses des Verkehrs als Hinweis auf den Verlag bedürfen (OLG Köln WRP 2010, 1413 – Festivalplaner).

84 Für ein **konturloses Farbzeichen** (Farbe magenta) genügt ein Verkehrsgeltungsgrad von 58%, wenn und weil das Zeichen auf dem Gebiet der Telekommunikation ungewöhnlich ist und im Wesentlichen nur von der Zeicheninhaberin benutzt wird (BGH GRUR 2004, 151 (153) – Farbmarkenverletzung I). Allgemein ist für solche **Farbzeichen** ein höherer Grad an Verkehrsgeltung notwendig als bei normal kennzeichnungskräftigen Zeichen, weil die Allgemeinheit angesichts der geringen Zahl der tatsächlich verfügbaren Farben ein Interesse daran hat, dass der Bestand verfügbarer Farben nicht mit wenigen Markenrechten erschöpft wird (BGH GRUR 2004, 151 (153) – Farbmarkenverletzung I). In der Regel ist ein Verkehrsgeltungsgrad von mehr als 50% erforderlich (BGH GRUR 1997, 754 (755) – magenta/grau; GRUR 1992, 48 (51) – frei öl; OLG Hamburg WRP 2001, 720 – Sixt; OLG Köln GRUR-RR 2001, 26 (27) – Dämmstoffplatten; OLG Köln MD 2001, 1001 Ls. = BeckRS 2001, 30181776; LG Köln BeckRS 2014, 13075: erhebliche Prozentsätze; vgl. zu § 8 Abs. 3 BGH GRUR 2015, 581 Rn. 41 – Langenscheidt-Gelb: Mehr als 50% Verkehrsdurchsetzung erforderlich, aber auch ausreichend.

85 Bei einem **dreidimensionalen Zeichen** (Form einer Spirituosenflasche) genügt ein Verkehrsdurchsetzungsgrad von 64% (bei denjenigen Befragten, die Spirituosen trinken) nicht, wenn ein beachtliches Freihaltebedürfnis besteht (BGH GRUR 1969, 541 (543) – Grüne Vierkantflasche); allgemein soll für eine der Unterscheidungskraft ermangelnden Warenform ein Zuordnungsgrad erforderlich sein, der „den Bereich von 50% jedenfalls nicht deutlich unterschreiten darf" (OLG Frankfurt GRUR 1999, 591 (593) – Kabelbinderkopf) bzw. „über 50%" liegt (OLG Hamburg GRUR-RR 2002, 356 – Marzipanherzen).

86 Für **Waren des täglichen Bedarfs** und des **Massenkonsums,** die sich im äußeren Erscheinungsbild (zB Sektflasche) nicht oder kaum unterscheiden oder von Herstellern in einer Fülle unterschiedlicher Produktaufmachungen angeboten werden, ist ein erhöhter Zuordnungsgrad erforderlich; soweit die prägenden Bestandteile der Aufmachung in Farbelementen oder -kombinationen liegen, genügt ein Zuordnungsgrad von 50% nicht (OLG Köln MD 2001, 1001 Ls. = BeckRS 2001, 30181776).

Der **Marktanteil** eines Produkts ist als qualitatives Beurteilungskriterium zu berücksichtigen. Ein Marktanteil von 51,1% innerhalb einer bestimmten Arzneimittelsparte (Schilddrüsenhormon-Präparate) genügt nicht, um einer Wirkstoffangabe, an deren Freihaltung die kundigen Fachkreise ein starkes Bedürfnis haben, zur Verkehrsgeltung zu verhelfen (BGH GRUR 1990, 453 (455) – L-Thyroxin). **87**

IX. Ermittlung und Nachweis der Verkehrsgeltung

1. Qualitative Beurteilungskriterien

Die Verkehrsgeltung beruht auf der Benutzung des Zeichens als Marke. Deshalb können sich aus **Art, Dauer und Umfang der Benutzung** wesentliche Hinweise für oder gegen das Bestehen von Verkehrsgeltung ergeben. Zu berücksichtigen ist der gesamte Vertrieb des Produkts unter der fraglichen Bezeichnung (BGH GRUR 2008, 917 Rn. 42 – EROS). Rückschlüsse auf die Verkehrsgeltung ergeben sich ferner aus dem **wirtschaftlichen Erfolg** der Benutzung (vgl. BGH GRUR 2008, 917 Rn. 42 – EROS). Wichtige Parameter sind **Werbeaufwendungen, erzielter Umsatz** und erreichter **Marktanteil**. **88**

Die **bloße Bekanntheit des Zeichens** ist für sich genommen zum Nachweis der Verkehrsgeltung nicht ausreichend, weil es entscheidend darauf ankommt, ob das Zeichen auch als Herkunftshinweis verstanden wurde. Aus dem gleichen Grund genügt auch allein der Umstand, wenn ein Zeichen bereits seit Jahrzehnten verwendet wird, jedenfalls dann nicht für die Verkehrsgeltung, wenn es ihm an Kennzeichnungskraft mangelt (OLG Köln GRUR-RR 2003, 187 (188) – Weinbrandpraline). **89**

Bei **besonders bekannten und schon lange benutzen Zeichen** (zB Drei-Streifen-Kennzeichnung für Sportbekleidung) kommt die Annahme von Verkehrsgeltung ohne weiteren Nachweis und insbesondere Verkehrsbefragung in Betracht (vgl. OLG Frankfurt GRUR-RR 2003, 274 (275) – Vier-Streifen-Kennzeichnung; bezüglich der Farbe „postgelb" für Telefonverzeichnisse LG Frankfurt a.M. GRUR-RR 2001, 268 (271) – Gelbe Seiten sowie OLG Frankfurt NJW-RR 1992, 1519). **90**

Nicht ausreichend ist aber eine besonders hohe Bekanntheit, wenn diese sich nur auf die **Verwendung des Zeichens für ein anderes Produkt** bezieht (vgl. OLG Koblenz GRUR-RR 2009, 230 (232) – Fadenkreuz „Tatort"). Umgekehrt soll die Möglichkeit einer Verkehrsgeltung ohne weiteres ausscheiden, wenn das zugleich als Registermarke eingetragene Zeichen trotz erfolgter Benutzung nicht so bekannt geworden ist, dass es durchschnittliche Kennzeichnungskraft erreicht hat, weil dann die wesentlichen höheren Anforderungen der Verkehrsgeltung nicht erreicht sein könnten (OLG Köln MMR 2010, 473 (475) – weg.de). **91**

2. Meinungsforschungsgutachten

In der Regel genügen nach deutscher Rechtsprechungstradition die qualitativen Beurteilungskriterien nicht zum Nachweis der Verkehrsgeltung, sondern es ist ein **empirischer Nachweis** in Form eines Meinungsforschungsgutachtens erforderlich. Das ist unionsrechtlich bedenklich. Auch bei der Verkehrsdurchsetzung iSd § 8 Abs. 3, bei der nach der Rechtsprechung des EuGH nur qualitative Beurteilungskriterien eine Rolle spielen dürfen (→ Rn. 78), steht das Unionsrecht einer Ermittlung im Wege einer Verbraucherbefragung nicht entgegen – wenn auch womöglich nur für den Fall, dass die zuständige Behörde bei der Beurteilung der Verkehrsdurchsetzung auf besonderen Schwierigkeiten stößt (EuGH C-217/13, GRUR 2014, 776 Rn. 42 – Oberbank; verb. Rs. C-108/97 und C-109/97, GRUR 1999, 723 Rn. 53 – Chiemsee). Allerdings darf das Ergebnis einer solchen Befragung nach der jüngsten Rechtsprechung des EuGH **nicht den allein maßgeblichen Gesichtspunkt** darstellen (EuGH C-217/13, GRUR 2014, 776 Rn. 42 – Oberbank). Das sollte im Sinne eines einheitlichen Kennzeichenschutzes auch auf die Verkehrsgeltung als Entstehungsvoraussetzung für von der MRL nicht erfasste Benutzungsmarken übertragen werden. **92**

MarkenG § 4   Teil 2 Voraussetzungen, Inhalt und Schranken etc.

93   Für die im Rahmen des § 8 Abs. 3 notwendige **Befragung zur Verkehrsdurchsetzung** hat das DPMA einen **Mindestfragenkatalog** veröffentlicht (Richtlinien Markenanmeldungen 2005, BlPMZ 2005, 245 (255 f.), dazu jüngst kritisch BPatG MarkenR 2015, 387 = BeckRS 2015, 12128 unter II.3. – Sparkassen-Rot; vgl. auch das Muster bei Eichmann in Hasselblatt, MAH GewRS § 9 Rn. 47; ausf. zu den Standards Dobel, Verkehrsauffassung und demoskopische Gutachten im Marken- und Wettbewerbsrecht, 2014, 106 ff.), der als Ausgangspunkt auch für Verkehrsgeltungsbefragungen herangezogen werden kann (Pflüger GRUR 2004, 652 (654); dies. GRUR 2014, 423). Eine demoskopische Untersuchung kann nur durch ein **Meinungsforschungsinstitut** durchgeführt werden; Auskünfte durch die IHK oder Branchenverbände können allenfalls ausreichend sein, wenn die beteiligten Verkehrskreise ausschließlich aus einem überschaubaren Kreis gewerblicher Abnehmer bestehen (Ströbele/Hacker/Hacker Rn. 48; Büscher/Dittmer/Schiwy/Schalk Rn. 19).

94   Zur Ermittlung der Verkehrsgeltung (zu den Anforderungen s. Pflüger GRUR 2004, 652 ff.; dies. GRUR 2006, 818 ff.; dies. GRUR 2014, 423 ff.; Eichmann GRUR 1999, 939 (944); Noelle-Neumann/Schramm GRUR 1966, 70 ff.; Eichmann in Hasselblatt, MAH GewRS § 9 Rn. 8 ff.) ist ein Gutachten nur geeignet, wenn die **Umfrage in den richtigen Verkehrskreisen** durchgeführt wird. Ob die befragte Person zu einem der maßgeblichen Verkehrskreise gehört, kann durch eine entsprechende Frage ermittelt werden.

95   Der **Verkehrsgeltungsgrad** ergibt sich aus drei durch getrennte Fragen zu ermittelnden Parametern. Zunächst ist die Bekanntheit zu ermitteln (**Bekanntheitsgrad**). Soweit es daran fehlt, hat das Zeichen bei der befragten Person keine Verkehrsgeltung erlangt. Ist das Zeichen bekannt, gilt die nächste Frage der Herkunftsfunktion, dh ob das Zeichen als Hinweis auf ein bestimmtes Unternehmen verstanden wird (**Kennzeichnungsgrad**). Mit der dritten Frage wird ermittelt, ob das Zeichen einem ganz konkreten, ggf. namentlich bekannten Unternehmen zugeordnet wird (**Zuordnungsgrad**). Diese Frage hat nur Kontrollfunktion, weil es für die Verkehrsgeltung ausreicht, dass das Zeichen als Herkunftshinweis irgendeines Unternehmens verstanden wird (→ Rn. 43). Daher gilt: Wird die Frage verneint, hat das Zeichen für diese Person dennoch Verkehrsgeltung. Das Gleiche gilt bei richtiger Beantwortung. An der Verkehrsgeltung fehlt es nur, wenn das Zeichen einem anderen, nicht verbundenen Unternehmen zugeordnet wird.

3. Rückgriff auf frühere Meinungsforschungsgutachten

96   Mit einem demoskopischen Gutachten kann in erster Linie die **aktuelle Verkehrsgeltung** im **Zeitpunkt der Umfrage** ermittelt werden. Ein Rückgriff auf ein früheres (gerichtliches oder privates) Gutachten oder auf die Feststellung der Verkehrsgeltung in einem früheren Prozess ist grundsätzlich möglich, sofern sich die maßgeblichen Parameter, also insbesondere Art und Umfang der Benutzung, Werbeaufwendungen, Umsatz und Marktanteil in der Zwischenzeit nicht wesentlich geändert haben (vgl. BGH GRUR 1989, 510 (512) – Teekanne II; GRUR 1959, 360 (362) – Elektrotechnik).

97   Gerichtliche Feststellungen zur Verkehrsgeltung **aus einem früheren Prozess mit einem anderen Verfahrensbeteiligten** sollen jedoch nur verwertbar sein, wenn es um die Verkehrsgeltung in der allernächsten Zeit nach diesem Vorprozess geht (vgl. BGH GRUR 1989, 510 (512) – Teekanne II; GRUR 1955, 406 (407) – Wickelsterne). Auch sonst spielt der zeitliche Abstand eine wesentliche Rolle, weil weder die Wettbewerbssituation noch das Konsumverhalten konstant sind und daher auch bei unveränderter Nutzung des Zeichens eine einmal erlangte Verkehrsgeltung wieder verloren gehen kann. Mit Recht hat der BGH daher ein mehr als zehn Jahre altes Gutachten nicht für den Nachweis einer aktuellen Verkehrsgeltung genügen lassen (BGH GRUR 2009, 766 Rn. 40, 66 – Stofffähnchen).

4. Ermittlung für die Vergangenheit

98   Kommt es darauf an, ob Verkehrsgeltung schon zu einem in der **Vergangenheit liegenden Zeitpunkt** bestand, stößt die **nachträgliche Ermittlung** durch ein Meinungsforschungsgutachten auf methodische Schwierigkeiten (Eichmann in Hasselblatt, MAH GewRS § 9 Rn. 36; Eichmann GRUR 1999, 939 (946 f.)). Sie können aber möglicherweise durch erinnerungsstützende Fragen überwunden werden. Soweit danach die Befragten dazu neigen, einen späteren Zeitraum der ersten Erinnerung anzugeben, als es der Realität entspricht (LG

München WRP 1995, 883 (885); Eichmann in Hasselblatt, MAH GewRS § 9 Rn. 36), kann dieser spätere Zeitpunkt zugrunde gelegt werden (Ströbele/Hacker/Hacker Rn. 63). Kommt es hingegen auf einen noch davor liegenden Zeitpunkt an, bedarf es für die Annahme, es habe schon damals Verkehrsgeltung bestanden, zusätzlicher Angaben. Ergibt das Gutachten zB eine hinreichende Verkehrsgeltung im Jahr 2007, so kann nur dann schon für 2004 von Verkehrsgeltung ausgegangen werden, wenn die wesentlichen Parameter wie Art und Umfang der Benutzung, Werbeaufwendungen, Umsatz und Marktanteil schon 2004 mindestens gleich waren. Eine Rückwirkung kommt ferner in Betracht, wenn es sich um einen speziellen Warenbereich handelt, in dem sich die Produkte nicht rasch ändern und die Marktentwicklung über längere Zeit zuverlässig beurteilt werden kann (vgl. zu § 8 Abs. 3 BGH GRUR 2015, 581 Rn. 60 – Langenscheidt-Gelb).

Liegt ein **aktuelles Gutachten** vor, kommt grundsätzlich auch eine **Rückrechnung auf den in der Vergangenheit liegenden Zeitpunkt** in Betracht (vgl. BGH GRUR 2003, 880 (881) – City Plus; zu § 8 Abs. 3 BGH GRUR 2015, 581 Rn. 60 – Langenscheidt-Gelb; Eichmann in Hasselblatt, MAH GewRS § 9 Rn. 37). Auch hier sind aber die genannten Parameter von entscheidender Bedeutung; zudem wird mit zunehmendem zeitlichem Abstand die Rückrechnung immer unsicherer. Besteht aktuell ein besonders hoher Verkehrsgeltungsgrad, dann liegt es aber immerhin nahe, dass auch in der Vergangenheit ein bereits ausreichender Verkehrsgeltungsgrad gegeben war, sofern keine zwischenzeitlichen Umstände vorliegen, die erst überhaupt zur Verkehrsgeltung geführt haben. Ausgeschlossen ist die Rückrechnung daher, wenn die jetzt ermittelte hohe Verkehrsgeltung auf kürzlich erst erfolgten Werbemaßnahmen und daraus resultierenden Umsatzsteigerungen beruht (vgl. OLG Hamburg GRUR-RR 2004, 42 (44) – Sitting Bull). **99**

5. Prozessuales

Im **Hauptsacheverfahren** erfolgt der Nachweis der Verkehrsgeltung regelmäßig durch ein **gerichtlich eingeholtes Gutachten.** Dem entsprechenden Beweisantrag ist nachzugehen, sofern für die behauptete Verkehrsgeltung hinreichend Anknüpfungstatsachen wie zB Umsatz oder Marktanteil vorgetragen sind (vgl. BGH GRUR 2008, 917 Rn. 42 – EROS; OLG Köln MD 2001, 1001 Ls. = BeckRS 2001, 30181776; Ingerl/Rohnke Rn. 28; Eichmann in Hasselblatt, MAH GewRS, § 9 Rn. 90). **100**

Das Gericht kann sich aber auch die Erkenntnisse eines **Privatgutachtens** zu eigen machen, sofern das Gutachten von einem anerkannten Institut methodisch einwandfrei erstellt wurde (vgl. OLG Frankfurt GRUR 1989, 271 (273) – Pralinenumhüllung; ferner BGH GRUR 2007, 235 Rn. 24 – Goldhase; GRUR 2006, 79 Rn. 36 – Jeans I; Eichmann in Hasselblatt, MAH GewRS, § 9 Rn. 6, 97). Im einstweiligen Verfügungsverfahren kommt ohnehin nur ein schon vorliegendes Privatgutachten als präsentes Mittel der Glaubhaftmachung in Frage. **101**

Die **Kosten eines privaten Verkehrsgeltungsgutachtens** (zwischen 10.000 und 50.000 Euro, Eichmann in Hasselblatt, MAH GewRS, § 9 Rn. 86) sind erstattungsfähig, wenn es bei objektiver Beurteilung mit einiger Sicherheit eine Förderung des Prozesserfolges erwarten ließ oder ihn nachweislich gefördert hat (OLG Köln GRUR 1971, 420 – Miß Elena; vgl. ferner OLG Düsseldorf GRUR 1975, 40 f. – Sangrita; OLG München GRUR 1977, 562 – Wattestäbchen; Eichmann in Hasselblatt, MAH GewRS, § 9 Rn. 88; Ströbele/Hacker/Hacker Rn. 54). War die einholende Partei allerdings nicht beweisbelastet, kommt eine Erstattungsfähigkeit nur in Betracht, wenn sich die Gegenseite zuvor bereits auf ein ihr günstiges Privatgutachten berufen hat oder Umstände ins Spiel bringt, die sich ohne Privatgutachten kaum entkräften lassen (OLG Koblenz GRUR-RR 2004, 312 mwN – Meinungsforschungsgutachten). **102**

Die Berufung auf ein Gutachten, mit dem Verkehrsgeltung methodisch korrekt ermittelt wurde, ist **rechtsmissbräuchlich,** wenn die ermittelte Verkehrsgeltung das Ergebnis einer während des Umfragezeitraums durchgeführten besonderen Werbemaßnahme ist. Während der Umfrage kann der Prozessgegner im Wege des einstweiligen Verfügungsverfahrens Unterlassung einer solchen **Beeinflussung** verlangen (OLG Köln WRP 1978, 556 (558)). In späteren Verfahren gegen andere Gegner ist das Gutachten jedoch grundsätzlich verwertbar, **103**

MarkenG § 4 Teil 2 Voraussetzungen, Inhalt und Schranken etc.

sofern es keine Anhaltspunkte dafür gibt, dass die durch die Werbekampagne erlangte Verkehrsgeltung zwischenzeitlich wieder weggefallen ist.

X. Schutzbeginn

1. Erlangung der Verkehrsgeltung

104 Die Benutzungsmarke entsteht eo ipso mit dem **Erreichen von Verkehrsgeltung** infolge der Zeichenbenutzung; der Nachweis der Verkehrsgeltung ist nicht Entstehungsvoraussetzung (aA wohl Berlit WRP 2002, 177 (181)). Dieser Zeitpunkt ist auch maßgeblich für den **Zeitrang** des Markenrechts (§ 6 Abs. 3).

105 Die **Benutzungsaufnahme** geht der Schutzentstehung zwingend voraus. Wie lange es von der Ingebrauchnahme bis zur Verkehrsgeltung dauert, hängt von den Umständen des Einzelfalls und insbesondere von der Intensität der Benutzung ab. Es gibt keinen Mindestzeitraum; insbesondere bei kennzeichnungskräftigen Zeichen, die intensiv auch in der Werbung benutzt werden, kann es schneller zur Erlangung der Verkehrsgeltung kommen (vgl. BGH GRUR 1957, 369 (371) – Rot-Weiß-Packung). Je geringer aber der Zeitraum zwischen Benutzungsaufnahme und behaupteter Entstehung der Verkehrsgeltung ist, desto höher fallen die Anforderungen an die Darlegungslast bezüglich der Umstände, aus denen sich die Verkehrsgeltung ergeben soll, aus (vgl. OLG Düsseldorf BeckRS 2012, 21145).

2. Verkehrsgeltungsanwartschaft

106 Ein **markenrechtlicher Zeichenschutz vor Erlangung der Verkehrsgeltung** ist – soweit nicht die Voraussetzungen von § 4 Nr. 1, Nr. 3 vorliegen – ausgeschlossen. Für ein markenrechtliches Anwartschaftsrecht, wie es von der hM für die Registermarke angenommen wird (→ Rn. 13), fehlt jeder Anknüpfungspunkt, weil die Erreichung der Verkehrsgeltung und damit der Rechtserwerb nicht allein in der Hand des Zeichenbenutzers liegt. Ein lauterkeitsrechtlicher Schutz der sog. **Verkehrsgeltungsanwartschaft,** wie er von der Rechtsprechung in bestimmten Fällen erwogen wird (BGH GRUR 1997, 754 (755) – grau/magenta; OLG Hamburg GRUR-RR 2002, 356 (357) – Marzipanherzen; OLG Köln GRUR-RR 2001, 26 (27) – Dämmstoffplatten), wird in der Regel ausscheiden (→ § 2 Rn. 68).

XI. Schutzende

1. Wegfall der Verkehrsgeltung

107 Ein Zeichen verliert seinen Schutz als Benutzungsmarke, wenn die entstandene Verkehrsgeltung tatsächlich wieder wegfällt. Dazu kann es vor allem durch eine **veränderte oder aufgegebene Zeichenbenutzung** kommen. Allerdings ist die Benutzung nur Voraussetzung für die Entstehung des Zeichenschutzes, nicht aber für seinen Fortbestand – dieser hängt allein von der Verkehrsgeltung ab; § 25 gilt nicht für Benutzungsmarken.

2. Benutzungsunterbrechungen

108 Benutzungsunterbrechungen gleich aus welchem Grund führen keineswegs zwangsläufig zum Schutzverlust (vgl. BGH GRUR 1957, 25 (27) – Hausbücherei). Im Gegenteil ist davon auszugehen, dass das Zeichen innerhalb der beteiligten Verkehrskreise noch über einen gewissen Zeitraum als Herkunftshinweis verstanden wird (Fezer Rn. 215). Ist es aber durch Benutzungsunterbrechung zum Wegfall der Verkehrsgeltung gekommen, spielt die Dauer der Unterbrechung keine Rolle; eine Benutzungsschonfrist gibt es für Benutzungsmarken nicht. Auch die Ursache der Benutzungsunterbrechung spielt keine Rolle. Ist sie allerdings vorprozessual zur Streitvermeidung erfolgt, dann kann es rechtsmissbräuchlich sein, wenn sich der Prozessgegner auf das Erlöschen der Benutzungsmarke beruft (BGH GRUR 1998, 1034 (1036) – Makalu).

3. Umsatzrückgänge

Bloße Umsatzrückgänge rechtfertigen für sich genommen noch nicht den Schluss auf **109** einen Verlust der Verkehrsgeltung, weil das Zeichen nach wie vor noch in der Erinnerung des früher größeren Konsumentenkreises eine Herkunftsfunktion wahrnehmen kann (aA im Ergebnis OLG Köln GRUR-RR 2003, 187 (188) – Weinbrandpraline).

4. Keine Verteidigung der Marke

Zum Wegfall der Verkehrsgeltung kann es kommen, wenn der Zeicheninhaber gegen **110** dessen **Benutzung durch Dritte nicht vorgeht** und hierdurch in den beteiligten Verkehrskreisen die Zuordnung des Zeichens zu einem bestimmten Unternehmen verloren geht. Im Verletzungsprozess ist die Berufung eines solchen Dritten auf das durch seine eigene widerrechtliche Zeichennutzung herbeigeführte Erlöschen des Schutzes der Benutzungsmarke jedoch rechtsmissbräuchlich (vgl. BGH GRUR 1962, 409 (411) – Wandsteckdose; GRUR 1961, 33 (35) – Dreitannen; OLG Frankfurt GRUR 1999, 591 (592) – Kabelbinderkopf).

5. Benutzung durch Lizenznehmer

Die Gefahr des Verlusts der Zuordnung droht bei einer Benutzung durch Lizenznehmer, **111** sofern der Verkehr die Lizenzierung nicht erkennen kann und Lizenzgeber und -nehmer für konkurrierende Unternehmen hält (Schricker/Stauder/Chrocziel, Länderbericht Deutschland Rn. 99; Schricker/Stauder/Götting, Länderbericht Deutschland Rn. 132; → Rn. 121 ff. zur Entstehung der Benutzungsmarke bei einem Lizenznehmer).

6. Verlust der Unterscheidungskraft

Verliert die Benutzungsmarke wegen ihrer Benutzung die **konkrete Unterscheidungs-** **112** **kraft** oder wird sie zu einer **beschreibenden Angabe** oder **Gattungsbezeichnung,** dh kommt es nachträglich zu einem Schutzhindernis iSd § 8 Abs. 2 Nr. 1–3, dann hängt der Fortbestand des Benutzungsmarkenrechts an sich davon ab, ob die dadurch gesteigerten Anforderungen iSd qualifizierten Verkehrsgeltung (→ Rn. 76) noch erfüllt werden. Tatsächlich jedoch wird sich ein solcher Wandel regelmäßig nur auf Kosten einer bestehenden Verkehrsgeltung vollziehen können, sodass allenfalls bei einem vormaligen sehr hohen Verkehrsgeltungsgrad die Anforderungen noch erfüllt sein können – freilich ist in solchen Fällen schon sehr fraglich, ob überhaupt ein hinreichender Wandel stattgefunden hat.

Allgemein ist zu bedenken, dass die Schwächung des Zeichens typischerweise die **Folge eines** **112.1** **wirtschaftlich besonders erfolgreichen Handelns** des Zeicheninhabers ist. Anders als bei den Anforderungen an die Verkehrsgeltung bei anfänglich fehlender Unterscheidungskraft geht es nunmehr um die Bewahrung eines durch den Zeicheninhaber geschaffenen und bis dahin auch rechtlich geschützten Besitzstandes. Jedenfalls aber sind an die Feststellung eines solchen Bedeutungswandels **hohe Anforde-** **rungen** zu stellen (Fezer Rn. 220; Ströbele/Hacker/Hacker Rn. 69).

7. Benutzung eines veränderten Zeichens

Bei der Benutzung eines veränderten Zeichens bleibt der Schutz (für das Ursprungszeichen **113** wie für das abgewandelte Zeichen) bestehen, wenn die Veränderung auf die Zuordnung des Zeichens zu einem bestimmten Herkunftsbetrieb keine Auswirkungen hat. Das liegt vor allem bei **behutsamen Zeichenmodernisierungen** nahe, da der Verkehr durchaus mit solchen zeitbedingten Anpassungen rechnet (BGH GRUR 1963, 423 (427) – coffeinfrei). Letztlich entscheidend ist, ob gerade jene Merkmale, die dem Zeichen Kennzeichnungskraft verleihen, so verändert worden sind, dass die bisherige bestehende Zuordnung zu einen bestimmten Unternehmen unterbrochen wird. Das entspricht im Kern dem für Registermarken geltenden Erfordernis, dass Abweichungen den kennzeichnenden Charakter der Marke nicht verändern dürfen. Deshalb kann für die Benutzungsmarke auf die zu § 26 Abs. 3 geltenden Grundsätze (→ § 26 Rn. 1 ff.) zurückgegriffen werden (Fezer Rn. 217; Ströbele/Hacker/Hacker Rn. 67).

8. Schrumpfung des Verkehrsgeltungsgebiets

114 Die Schrumpfung des Verkehrsgeltungsgebiets etwa infolge nachlassender Benutzung in bestimmten Gebietsteilen führt nicht zum gesamten Erlöschen des Schutzes, sondern zu einer **Begrenzung** auf diejenigen Gebiete, in denen Verkehrsgeltung noch besteht. Das setzt allerdings voraus, dass das verbleibende Gebiet noch einen einheitlichen Wirtschaftsraum darstellt (→ Rn. 65).

115 In jenen Gebieten, in denen die **Verkehrsgeltung verloren gegangen** ist, erlischt das Markenrecht. Das gilt auch dann, wenn der Verlust der Verkehrsgeltung darauf zurückzuführen ist, dass das Zeichen von einem Dritten benutzt wurde und nunmehr innerhalb beteiligter Verkehrskreise als Hinweis auf sein Unternehmen verstanden wird (Fezer Rn. 148). Anders kann dies allenfalls sein, wenn es sich bei dem verloren gegangenen Verkehrsgeltungsgebiet um eine Enklave handelt, die angesichts ihres Ausmaßes die Verkehrsgeltung für das Gesamtgebiet unberührt lässt (→ Rn. 65). Hier bleibt auch in der Enklave das Markenrecht bestehen (offen gelassen von BGH GRUR 1955, 406 (409) – Wickelsterne; wie hier Fezer Rn. 148; Lange MarkenR/KennzeichenR Rn. 542). Soweit die Enklave ein einheitlicher Wirtschaftsraum ist, in dem für einen anderen Verkehrsgeltung besteht, kommt es zur Koexistenz der Markenrechte. Dem Unterlassungsanspruch des Inhabers des bundesweit geltenden Rechts kann der Inhaber des nur regional begrenzten Rechts jedoch den Einwand der Verwirkung entgegen halten (Fezer Rn. 148).

9. Aufgabe oder Veräußerung des Geschäftsbetriebs

116 Die Aufgabe des Geschäftsbetriebs führt für sich genommen nicht zum Erlöschen der Benutzungsmarke, weil die Marke im MarkenG allgemein keinen Geschäftsbetrieb mehr voraussetzt. Wohl aber kann die Marke nach der Aufgabe die Verkehrsgeltung wegen der fortan unterbliebenen Nutzung verlieren. Gründet der Inhaber der Benutzungsmarke alsbald einen **neuen Geschäftsbetrieb** und **nimmt er die Benutzung wieder auf,** bevor die Verkehrsgeltung weggefallen ist, bleibt das Markenrecht bestehen, wenn und weil für die beteiligten Verkehrskreise das Herkunftsunternehmen, auf das die Marke verweist, trotz eines Wechsels des Geschäftsbetriebs gleich geblieben ist (im Ergebnis ebenso HK-MarkenR/Ekey Rn. 102).

117 Aus dem gleichen Grund bleibt die Benutzungsmarke bestehen, wenn der **Geschäftsbetrieb veräußert** wird – es wechselt lediglich die Inhaberschaft am Markenrecht. Hier kommt es nicht etwa darauf an, ob die beteiligten Verkehrskreise das Zeichen als Herkunftshinweis auf den neuen Inhaber akzeptieren (so Berlit WRP 2002, 177 (178)), denn die Verkehrsgeltung bezieht sich nur auf die Herkunft aus einem bestimmten Unternehmen, nicht aber auf einen bestimmten Unternehmensinhaber (wie hier Schricker/Stauder/Chroziel Länderbericht Deutschland Rn. 95).

10. Erwerb der Marke durch einen Dritten

118 Bei einem **Erwerb der Marke durch einen Dritten** mit anschließender Benutzung für den eigenen, von dem des Veräußerers verschiedenen Geschäftsbetrieb bleibt die Benutzungsmarke bestehen. Das sich hier die Verkehrsgeltung nur auf das Unternehmen des Veräußerers bezieht, ist irrelevant, weil es nicht darauf ankommt, ob mit der Marke ein konkretes Unternehmen in Verbindung gebracht wird. Würde hingegen angenommen, aufgrund der auf den Veräußerer hinweisenden Verkehrsgeltung erlösche die Benutzungsmarke in der Hand des Erwerbers bzw. entstehe dort erst wieder neu, wenn er für Verkehrsgeltung für sich erworben hat, dann bestünde die von § 27 Abs. 1 ausdrücklich vorgesehene Übertragbarkeit auch der Benutzungsmarke gerade nicht.

XII. Inhaberschaft

1. Markenrechtsfähigkeit

119 Für die Benutzungsmarke ist die Markenrechtsfähigkeit nicht geregelt. Sie ergibt sich indessen aus einer **analogen Anwendung des § 7,** da keine Gründe dafür ersichtlich sind, warum der Kreis der markenrechtsfähigen Personen bei Benutzungsmarken anders zu ziehen sein sollte als bei Registermarken (→ § 7 Rn. 4).

2. Inhaber der Benutzungsmarke

Inhaber des Markenrechts ist dasjenige Unternehmen bzw. der Unternehmensinhaber, **zu** **120** **dessen Gunsten die Verkehrsgeltung erworben wurde** (BT-Drs. 12/6581, 66; BPatG BeckRS 2014, 22607 – jugend forscht; OLG Frankfurt BeckRS 2012, 21368 – Moody's). Das ist jenes Unternehmen, das innerhalb der beteiligten Verkehrskreise aufgrund des Zeichens als Herkunftsunternehmen des gekennzeichneten Produkts gilt. Hierbei handelt es sich nicht notwendigerweise um den Zeichenbenutzer. Zwar setzt die Schutzentstehung eine Benutzung voraus (→ Rn. 36) und die Verkehrsgeltung muss auch auf der Benutzung beruhen (→ Rn. 46). Die Rechtsinhaberschaft ergibt sich jedoch aus der erlangten Verkehrsgeltung. So ist der **Hersteller** auch dann noch Rechtsinhaber, wenn der Vertrieb des mit einem Zeichen versehenen Produkts durch ein von ihm unabhängiges Vertriebsunternehmen erfolgt und sich auf dem Produkt bzw. der Verpackung neben dem Zeichen selbst nur Hinweise auf dieses Unternehmen finden, wenn und weil die Verkehrskreise daran gewöhnt sind, zwischen dem Hersteller und dem Vertreiber einer Ware zu unterscheiden (BGH GRUR 2008, 917 Rn. 40 – EROS; differenzierend Munz GRUR 1995, 474).

3. Inhaberschaft bei Lizenzierung

Ist die Verkehrsgeltung erst durch die **Benutzung des Zeichens durch den Lizenzneh-** **121** **mer** entstanden, hängt die Rechtsinhaberschaft davon ab, auf wen das Zeichen innerhalb der beteiligten Verkehrskreise als Herkunftsunternehmen verweist. Erkennt der Verkehr, dass das Zeichen in Lizenz benutzt wird und ordnet er deshalb die gekennzeichneten Produkte richtig dem Lizenzgeber zu, so beruht die Verkehrsgeltung zwar auf der Benutzung des Lizenznehmers, aber das Recht aus der Benutzungsmarke hat der **Lizenzgeber** inne.

Ist die **Lizenzierung dem Verkehr unbekannt** und geht er deshalb von einer Herkunft **122** des Produkts aus dem Betrieb des Lizenznehmers aus, so wird allein der **Lizenznehmer** Inhaber der Benutzungsmarke (OLG Köln BeckRS 2010, 06006 – Oerlikon, insoweit nicht abgedruckt in GRUR-RR 2010, 433; Berlit WRP 2002, 177 (178); Munz GRUR 1995, 474; v. Schultz/v. Schultz Rn. 9). Das gilt auch dann, wenn die Verkehrsgeltung die Folge einer Benutzungsweise des Lizenznehmers ist, die ihm durch den Lizenzvertrag untersagt ist, weil es allein auf das Verständnis der Verkehrskreise ankommt (OLG Köln BeckRS 2010, 6006 – Oerlikon).

Die gegenteilige Auffassung, derzufolge dem Lizenzgeber das Markenrecht selbst dann zustehen, **122.1** wenn der **Verkehr irrtümlich** annimmt, das gekennzeichnete Produkt stamme aus dem Unternehmen des Lizenznehmers (BPatG BeckRS 2014, 22607 – jugend forscht; Ströbele/Hacker/Hacker Rn. 56; wohl auch Ingerl/Rohnke Rn. 27, § 30 Rn. 91), ist abzulehnen. Sie macht die Inhaberschaft des Rechts nicht vom Inhalt der tatsächlich erlangten Verkehrsgeltung, sondern von dem den beteiligten Verkehrskreisen unbekannten Innenverhältnis von Lizenzgeber und -nehmer abhängig. Das widerspricht jedoch dem Umstand, dass die Benutzungsmarke ein sachliches Markenrecht ist, das allein aufgrund einer bestimmten Tatsachenlage – Verkehrsgeltung als Marke – entsteht. Der originäre Erwerb der Benutzungsmarke durch den Lizenznehmer ist auch gerechtfertigt, da die erlangte Verkehrsgeltung auf seiner Benutzung und damit auf seiner wettbewerblichen Leistung beruht.

Ob sich aus der **älteren Rechtsprechung** (insbesondere BGH GRUR 1963, 485 (488) – Micky- **122.2** Maus-Orangen; OLG München WRP 1955, 223 (224) – Elastic) eine Inhaberschaft des Lizenzgebers ergibt, ist zweifelhaft. Der BGH versteht diese Entscheidungen jedenfalls jetzt mit Recht so, dass dort entschieden worden sei, dass sich der Lizenznehmer gegenüber dem Lizenzgeber nicht auf das erworbene Kennzeichenrecht berufen könne (BGH GRUR 2016, 965 Rn. 37 – Baumann II; GRUR 2013, 1150 Rn. 44 – Baumann I). Ausgeschlossen ist also nicht der Rechtserwerb, sondern nur die **Berufung auf das erworbene Recht.**

Für das **Innenverhältnis von Lizenzgeber und -nehmer** kann allgemein gelten, dass **123** der ehemalige Lizenznehmer sich dem Lizenzgeber gegenüber in einem Verletzungsprozess nicht auf eine während der Lizenzzeit erworbene Benutzungsmarke am Zeichen berufen kann (BGH GRUR 2016, 201 Rn. 31 – Ecosoil; GRUR 2006, 56 Rn. 26 – BOSS-Club;

OLG Köln BeckRS 2010, 06006 – Oerlikon, insoweit nicht abgedruckt in GRUR-RR 2010, 433; ferner (zum Unternehmenskennzeichen) BGH GRUR 2016, 965 Rn. 37 – Baumann II; GRUR 2013, 1150 Rn. 43 f. – Baumann I). Das ändert jedoch nichts an der Rechtsinhaberschaft des Lizenznehmers. Mit Recht hat der BGH daher zwischen dem Erwerb durch Benutzung im Inland und der Berechtigung zur Nutzung aufgrund eines Lizenzvertrages unterschieden (vgl. BGH GRUR 2013, 1150 Rn. 35, 45 f. – Baumann I). Ist der Lizenznehmer hingegen nicht Inhaber des Kennzeichenrechts geworden (→ Rn. 121), dann kann er sich gegenüber dem Lizenzgeber nicht darauf berufen, er hätte bei Benutzung des Zeichens ohne Abschluss des Lizenzvertrages selbst ein Kennzeichenrecht erlangt (BGH GRUR 2016, 965 Rn. 37 – Baumann II; GRUR 2013, 1150 Rn. 44 – Baumann I; GRUR 2006, 56 Rn. 26 – BOSS-Club).

123.1 Eine bloß **konkludente Gestattung** genügt nicht, um den Gestattungsempfänger im Innenverhältnis zum Gestattenden die Berufung auf eine während der Gestattungszeit entstandene Benutzungsmarke zu versagen; erforderlich ist dafür stets ein Gestattungs- oder Lizenzvertrag (BGH GRUR 2016, 965 Rn. 37 – Baumann II; GRUR 2016, 201 Rn. 31 – Ecosoil; GRUR 2013, 1150 Rn. 50 – Baumann I).

124 Von der Inhaberschaft zu unterscheiden ist die Frage, ob der Lizenznehmer nach Beendigung des Lizenzvertrages auch ohne entsprechende vertragliche Regelung zur **Übertragung der entstandenen Benutzungsmarke auf den Lizenzgeber** verpflichtet ist (bejahend OLG Köln GRUR-RR 2010, 433 (435) – Oerlikon; vgl. ferner Munz GRUR 1995, 474 (476); Reimer GRUR 1963, 488 (489); Schricker/Stauder/Götting Länderbericht Deutschland Rn. 134). Ein mit Ablauf des Lizenzvertrages eintretender Erwerb eo ipso scheidet vorbehaltlich einer aufschiebend bedingten Abtretung im Lizenzvertrag jedenfalls aus (vgl. OLG Köln BeckRS 2010, 06006 – Oerlikon, insoweit nicht abgedruckt in GRUR-RR 2010, 433).

4. Importe

125 Bei einem Importeur hängt die Inhaberschaft davon ab, ob der Verkehr erkennt, dass ein anderer der Hersteller ist. Das wird stets anzunehmen sein, wenn sich die **Eigenschaft als Importeur** aus Angaben auf dem Produkt bzw. der Verpackung ergibt. Bei Waren, die bekanntermaßen im Ausland gefertigt werden, ist der Verkehr darüber hinaus daran gewöhnt, zwischen Hersteller und Importeur zu unterscheiden, so dass wie bei einem Auseinanderfallen von Hersteller und Vertriebsunternehmen (→ Rn. 120) die Benutzungsmarke in der Regel vom Hersteller erworben wird (Ingerl/Rohnke Rn. 27; teils abweichend Berlit WRP 2002, 177 (178); v. Falck GRUR 1974, 532 (538 f.); Munz GRUR 1995, 474; Weidlich GRUR 1958, 15 ff.).

5. Mehrere Inhaber

126 Für ein konkretes Zeichen kann es im Ausgangspunkt nur dann mehrere Inhaber des Benutzungsmarkenrechts geben, wenn mehrere **regional begrenzte Verkehrsgeltungsgebiete** bestehen, die sich nicht überschneiden (BGH GRUR 1955, 406 (409) – Wickelsterne).

127 **Innerhalb eines Verkehrsgeltungsgebiets** kann es definitionsgemäß nur einen Inhaber geben, weil Verkehrsgeltung nur besteht, wenn das Zeichen für die beteiligten Verkehrskreise nur auf einen und nicht etwa mehrere Herkunftsunternehmen hinweist (BGH GRUR 1964, 381 (384) – WKS Möbel). Das ist aber auch dann noch der Fall, wenn die Verkehrskreise in dem Zeichen zwar einen Hinweis auf **mehrere Unternehmen** sehen, aber zwischen diesen Unternehmen ein rechtlicher oder wirtschaftlicher Zusammenhang besteht (zB Schwesterunternehmen eines Konzerns) und sie vom Verkehr nicht als selbständige, miteinander konkurrierende Unternehmen, sondern als **wirtschaftliche Einheit** aufgefasst werden (BGH GRUR 2002, 616 (617 f.) – Verbandsausstattungsrecht; GRUR 1961, 347 (352) – Almglocke; OLG Köln GRUR-RR 2010, 433 (435) – Oerlikon; Ingerl/Rohnke Rn. 27; Fezer Rn. 151; Ströbele/Hacker/Hacker Rn. 58; aA v. Falck GRUR 1961, 353; Schricker/Stauder/Götting Länderbericht Deutschland Rn. 117 ff.).

128 Die so entstandene Benutzungsmarke steht dann jedem der Unternehmen dieser Gruppe selbständig zu (sog. **Gruppenbenutzungsmarke**). Für die Verkehrsgeltung sind auch die

Umstände der jeweils anderen gruppenangehörigen Unternehmen zu berücksichtigen; so ist zB der Umsatz eines Schwesterunternehmens dem anderen zuzurechnen (BGH GRUR 1961, 347 (353) – Almglocke). Erkennt der Verkehr eine tatsächlich bestehende wirtschaftliche Einheit hingegen nicht, dann kann gerade die Verwendung des Zeichens durch mehrere zu dieser Einheit gehörende Unternehmen die Erlangung von Verkehrsgeltung verhindern.

6. Verbandsinhaberschaft

Wird ein Zeichen unter den Voraussetzungen der Gruppenbenutzungsmarke (→ Rn. 128) von mehreren Unternehmen benutzt und haben sich die zur Gruppe gehörenden Unternehmen zu einem **rechtsfähigen Verband** zusammengeschlossen, dessen Zweck auch darin besteht, den Umsatz der einzelnen Mitglieder durch das Angebot ihrer Produkte unter einem gemeinsamen Zeichen zu fördern, so sind nicht die einzelnen Unternehmen, sondern der Verband als Kollektiv Inhaber des Markenrechts (BGH GRUR 2002, 616 (617 f.) – Verbandsausstattungsrecht; GRUR 1964, 381 (384) – WKS Möbel). **129**

Der BGH verlangt in seiner jüngeren Rechtsprechung für eine solche **Kollektivbenutzungsmarke** zusätzlich die „**Zeichenhoheit**" des Verbandes, die erforderlich sei, um die Einheitlichkeit der Zeichenbenutzung auf dem Markt zu gewährleisten (BGH GRUR 2002, 616 (618) – Verbandsausstattungsrecht). So liegt es etwa, wenn der Verband an dem Zeichen auch aus einer Eintragung das Markenrecht hat und den Mitgliedern die Benutzung gestattet (BGH GRUR 2002, 616 (618) – Verbandsausstattungsrecht). Nicht erforderlich ist hingegen eine satzungsmäßige Regelung der Nutzung des Zeichens durch die Verbandsmitglieder (BGH GRUR 2002, 616 (617) – Verbandsausstattungsrecht). **130**

D. Entstehung der Notorietätsmarke (Nr. 3)

I. Zweck und praktischer Anwendungsbereich

§ 4 Nr. 3 knüpft die Entstehung des Markenschutzes allein an die Erlangung der notorischen Bekanntheit iSd Art. 6bis PVÜ (zum internationalen Markenrecht → MarkenR Einleitung Rn. 167 ff.). Diese muss zwar im Inland bestehen, aber nicht das Ergebnis einer inländischen Benutzung der Marke sein. Geschützt wird ein im Inland bestehender **Besitzstand** unabhängig davon, wie er dort entstanden ist. Dem Gesetzgeber war es in erster Linie darum zu tun, den Schutz ausländischer Inhaber einer notorisch bekannten Marke zu gewährleisten. Zwar war die notorische Marke ein von Amts wegen zu berücksichtigendes Eintragungshindernis (§ 4 Abs. 2 Nr. 5 WZG); ein eigenständiger Schutz von Notorietätsmarken als solche war dem WZG jedoch unbekannt. **131**

Der **praktische Anwendungsbereich** des § 4 Nr. 3 entspricht im Ergebnis dem Ziel des Gesetzgebers. Eine Marke, die im Inland infolge der dort erfolgten Benutzung notorisch bekannt ist, erfüllt auch die Anforderungen an die Benutzungsmarke und wird daher schon nach § 4 Nr. 2 geschützt, wenngleich der Schutz aus § 4 Nr. 3 in solchen Fällen selbständig daneben tritt. Seit der Erweiterung der Widerspruchsgründe des § 42 Abs. 2 durch das PatR-ModG spielt der eigenständige Schutz von Benutzungsmarken als Notorietätsmarke selbst für das Widerspruchsverfahren keine Rolle mehr, weil der Widerspruch nunmehr auch auf eine Benutzungsmarke gestützt werden kann (§ 42 Abs. 2 Nr. 4). Für im **Inland nicht benutzte Marken** scheidet ein Schutz als Benutzungsmarke jedoch aus, weil § 4 Nr. 2 eine Benutzung im inländischen Geschäftsverkehr voraussetzt (→ Rn. 40). Hier kommt ohne Eintragung allein ein Schutz als Notorietätsmarke in Betracht, sofern die notorische Bekanntheit im Inland besteht. **132**

Die **MRL** regelt den Schutz notorisch bekannter Marken nicht, lässt ihn aber zu. Nach Art. 4 Abs. 2 Buchst. d RL 2008/95/EG bzw. Art. 5 Abs. 2 Buchst. d RL (EU) 2015/2436 gehören zudem Marken, die im Eintragungsstaat iSd Art. 6bis PVÜ notorisch bekannt sind, zu den älteren Marken iSd Art. 4 Abs. 1 RL 2008/95/EG bzw. Art. 5 Abs. 1 RL (EU) 2015/2436 und können daher bei gegebener Priorität der Eintragung einer Marke entgegenstehen bzw. zu deren Löschung führen. Eine gleichsinnige Regelung enthält Art. 8 Abs. 2 Buchst. c UMV. **133**

II. Verhältnis zu anderen Vorschriften

1. Art. 6bis PVÜ

134 Art. 6bis Abs. 1 S. 1 PVÜ verpflichtet die Verbandsländer, die Eintragung einer Marke zurückzuweisen, eine eingetragene Marke zu löschen oder den Gebrauch einer Marke zu untersagen, wenn sie mit einer anderen Marke verwechslungsfähig ist, für die „notorisch feststeht, dass sie bereits zu einer den Vergünstigungen dieser Übereinkunft zugelassenen Person gehört", sofern die Benutzung im Warenähnlichkeitsbereich erfolgt (→ MarkenR Einleitung Rn. 251 ff.). Während mit dieser Regelung lediglich ein passiver Schutz vor Beeinträchtigungen durch Markenanmeldungen und -benutzungen verwirklicht und der Weg zur Schutzerlangung durch Registrierung offen gehalten werden soll, sorgt § 4 Nr. 3 für einen aktiven, vollwertigen und gleichberechtigten Schutz von Notorietätsmarken. Es handelt sich um einen **eigenständigen Schutzentstehungstatbestand,** der auf In- und Auslandssachverhalte gleichermaßen Anwendung findet.

135 § 4 Nr. 3 knüpft die Schutzentstehung nur daran an, dass notorische Bekanntheit iSd Art. 6bis PVÜ gegeben ist. Die **weiteren Voraussetzungen des Art. 6bis PVÜ** wie das Vorliegen einer ausländischen Marke, Verwechslungsfähigkeit und Warenähnlichkeit sind keine Schutzentstehungsvoraussetzungen des § 4 Nr. 3. Der Schutz der notorischen Marke ist darüber hinaus auch nicht, wie von Art. 6bis PVÜ vorgesehen, auf Warenmarken beschränkt; auch Dienstleistungsmarken können Notorietätsmarken iSd § 4 Nr. 3 sein. Diese Ausweitung entspricht Art. 16 Abs. 2 S. 1 TRIPS (→ MarkenR Einleitung Rn. 253).

136 Infolge des Verweises ist die notorische Bekanntheit **kein eigenständiger Begriff des deutschen Rechts,** sondern ergibt sich unmittelbar und ausschließlich aus Art. 6bis PVÜ. Insoweit ist § 4 Nr. 3 konventionsrechtlich auszulegen (BT-Drs. 12/6581, 66). Es handelt sich um einen **dynamischen Verweis,** so dass sich Änderungen des Begriffs der notorischen Bekanntheit in Art. 6bis PVÜ unmittelbar auf den Schutzentstehungstatbestand auswirken (BT-Drs. 12/6581, 66). Vorbehaltlich einer Änderung der Norm unterliegt die Reichweite der Schutzentstehung daher nicht dem inländischen Recht des MarkenG, sondern externen Einflüssen.

2. § 14 Abs. 2 Nr. 3

137 Der in § 14 Abs. 2 Nr. 3 normierte Schutz im Inland bekannter Marken kommt nicht nur für Notorietätsmarken, sondern für alle Marken unabhängig von ihrem Entstehungstatbestand in Betracht. Inhaltlich sind die **Bekanntheitsbegriffe** vom Ausgangspunkt her **nicht identisch:** Die notorische Bekanntheit ist ein konventionsrechtlicher Begriff, während die Bekanntheit iSd § 14 Abs. 2 Nr. 3 richtlinienkonform anhand Art. 5 Abs. 2 RL 2008/95/ EG bzw. Art. 10 Abs. 2 Buchst. c RL (EU) 2015/2436 auszulegen ist (→ § 14 Rn. 510). Zudem erfordert die notorische Bekanntheit einen höheren Bekanntheitsgrad (→ Rn. 150).

III. Allgemeine Entstehungsvoraussetzungen

1. Markenfähigkeit

138 Schon nach dem Wortlaut entsteht der Schutz durch notorische Bekanntheit „einer Marke". Als Notorietätsmarke können daher nur nach § 3 **markenfähige Zeichen** Schutz genießen. Demgegenüber bedarf es wie bei der Benutzungsmarke und aus den gleichen Gründen nicht der graphischen Darstellbarkeit nach § 8 Abs. 1 (→ Rn. 30).

2. Bedeutung der absoluten Schutzhindernisse

139 Bei den für Registermarken geltenden absoluten Schutzhindernissen des Art. 8 Abs. 2 ist wie bei der Benutzungsmarke zu **differenzieren** (→ Rn. 32). **§ 8 Abs. 2 Nr. 4–10** finden danach unmittelbar auch auf die Notorietätsmarke Anwendung, da diese Schutzhindernisse der Wahrung öffentlicher Interessen dienen und eine Besserstellung der Notorietätsmarke mit der vom Gesetzgeber gewollten Gleichberechtigung der Entstehungstatbestände (BT-Drs. 12/9581, 65) nicht zu vereinbaren ist. Liegt hingegen eines der Schutzhindernisse des

§ 8 Abs. 2 Nr. 1–3 vor, wird es vielfach an der notorischen Bekanntheit fehlen. Soweit diese aber gegeben ist, kommt die Entstehung des Markenschutzes in Betracht, sofern zugleich die Anforderungen an die Verkehrsdurchsetzung nach § 8 Abs. 3 erfüllt sind. Das ist angesichts der herrschenden Auslegung des Begriffs der Notorietät (→ Rn. 150) praktisch gesehen stets der Fall.

3. Marke

Abweichend von § 4 Nr. 1, 2 verlangt § 4 Nr. 3 nicht nur ein Zeichen, sondern eine **140** Marke. Da der Markenschutz freilich erst mit der Erlangung der notorischen Bekanntheit entsteht, ist damit zum Ausdruck gebracht, dass das Zeichen nicht nur geeignet sein muss, eine Marke zu sein, sondern dass es die **Markenfunktion** bereits haben muss. Das ist sachlich ohne weiteres gerechtfertigt, denn das MarkenG verleiht Zeichen nicht als solches, sondern nur als Marken rechtlichen Schutz. Notwendig ist daher eine **Benutzung des Zeichens zur Unterscheidung der betrieblichen Herkunft** einer Ware oder Dienstleistung (EuG GRUR Int 2010, 63 Rn. 55 – JOSE PADILLA; GRUR Int 2010, 50 Rn. 22, 31 – Dr. No; BPatG BeckRS 2009, 07649 – medi; Ströbele/Hacker/Hacker Rn. 74; Fezer Rn. 228).

Daran fehlt es, wenn das Zeichen als **Firmenkennzeichen** (BPatG BeckRS 2009, 7649 – medi) **140.1** oder als **Filmtitel** oder für mit dem Film in Zusammenhang stehende Artikel wie die Filmmusik, ein Filmposter oder ein Buch über eine Hauptfigur des Films verwendet wird (EuG GRUR Int 2010, 50 Rn. 25, 27 – Dr. No), nur eine **Vertriebsmethode** gekennzeichnet wird (BGH GRUR 2003, 973 (974) – Tupperwareparty) oder es sich um den Namen eines bekannten Komponisten handelt, mit dem lediglich die **Urheberschaft** von Musikwerken bezeichnet wird (EuG GRUR Int 2010, 63 Rn. 54 – JOSE PADILLA).

Hingegen ist **keine inländische Benutzung erforderlich** (BT-Drs. 12/6581, 66). Allein **141** entscheidend ist, dass das Zeichen überhaupt Marke ist. Ebenso wenig kommt es darauf an, ob das Zeichen dort, wo es als Marke benutzt wird, auch als Marke Schutz genießt. Auch ein nur im Ausland als Marke genutztes Zeichen kann daher unabhängig von der ausländischen Schutzsituation als Notorietätsmarke im Inland Schutz erlangen.

IV. Notorische Bekanntheit

1. Inländische Bekanntheit

Art. 6bis Abs. 1 S. 1 PVÜ, der für die notorische Bekanntheit maßgeblich ist, stellt darauf **142** ab, ob im Land der Eintragung oder des Gebrauchs notorisch feststeht, dass eine Marke einem anderen als dem Zeichenanmelder bzw. -benutzer gehört. Allein entscheidend ist daher die **Bekanntheit im Inland** (BGH GRUR 1969, 607 (608 f.) – Recrin; OLG Frankfurt BeckRS 2012, 21368 – Moody's; Ital. Corte di Cassatione GRUR Int 1967, 74 (75); aA wohl OLG Köln BeckRS 2001, 30181784 – Babe: im Inland oder in einem der Verbandsländer der PVÜ).

Für Art. 4 Abs. 2 Buchst. d RL 2008/95/EG (Art. 5 Abs. 2 Buchst. d RL (EU) 2015/ **143** 2436) hat der EuGH entschieden, dass die dort verlangte notorische Bekanntheit in einem Mitgliedstaat nicht erfordert, dass sie sich auf das **gesamte Hoheitsgebiet** des Mitgliedstaats erstreckt (EuGH C-328/06, GRUR 2008, 70 Rn. 17 – Nuño/Franquet). Damit ist zwar nur die unionsrechtliche Formulierung „in einem Mitgliedstaat" ausgelegt, während § 4 Nr. 3 anders als Art. 4 Abs. 2 Buchst. d RL 2008/95/EG das räumliche Bekanntheitsgebiet nicht selbst regelt, sondern auch insoweit auf Art. 6bis PVÜ verweist. Im Ergebnis ergibt sich aber kein Unterschied, wie insbesondere ein Blick auf die klarer formulierte englische Fassung zeigt, wonach es darauf ankommt, dass die Marke „well known in that country" (dh im Staat der Eintragung oder des Gebrauchs) ist. Damit ist jedenfalls nicht ausdrücklich verlangt, dass im gesamten Inland notorische Bekanntheit besteht. Das entspricht dem Zweck des Art. 6bis PVÜ, der – wie die Begrenzung auf verwechslungsfähige Zeichen und Warenähnlichkeit zeigt – das Hervorrufen von Verwechslungsgefahren durch Aneignung einer fremden, notorisch bekannte Marke verhindern will (vgl. dazu Bodenhausen Art. 6bis Anm. d; Kur GRUR 1994, 330 (337)). Diese Gefahr besteht aber schon in relevantem Maße, wenn zumindest **in wesentlichen Teilen des maßgeblichen Staates** notorische Bekanntheit besteht. Eine nur lokale Bekanntheit etwa in einer Stadt oder deren Umland genügt dann aber nicht (vgl. EuGH C-328/06, GRUR 2008, 70 Rn. 18 – Nuño/Franquet).

144 Nicht erforderlich, aber auch nicht ausreichend ist eine **ausländische Notorietät**.

2. Bekanntheit als Marke

145 Das Zeichen muss **notorische Bekanntheit als Marke** genießen. Bloße Zeichenbekanntheit im Inland genügt nicht, sondern das Zeichen muss in den beteiligten Verkehrskreisen **als Herkunftshinweis** verstanden werden. Dieses Verständnis muss allerdings nicht auf einem **inländischen Zeichengebrauch** beruhen, sondern kann auch **andere Ursachen** haben. Gleichwohl wird sich bei Zeichen, die im Inland nicht benutzt werden, nur ausnahmsweise eine notorische Bekanntheit ergeben.

145.1 Immerhin aber ist zu bedenken, dass durch die **weltweite Vernetzung** durch das Internet und andere Medien wie Fernsehen oder Kino heutzutage im Ausland benutzte Marken deutlich häufiger im Inland auch dann bekannt sein können, wenn sie hier (noch) nicht benutzt werden. Allein aus der Bekanntheit einer Fernsehserie und einer dort verwendeten fiktiven Marke ergibt sich aber noch nicht die notorische Bekanntheit der identischen, tatsächlich verwendeten Marke (BPatG BeckRS 2009, 00175 – Duff Beer).

V. Kriterien der notorischen Bekanntheit

1. Gesteigerte Bekanntheit

146 Notorietät bedeutet gesteigerte Bekanntheit (Schweiz. BG GRUR Int 2005, 542 (528) – Tripp Trapp III). Dies bringt die engl. Fassung „well known" sinnfällig zum Ausdruck. Welche Anforderungen hierzu erfüllt sein müssen, ergibt sich aus Art. 6bis PVÜ nicht. In Ermanglung einer verbindlich für alle Verbandsmitglieder entscheidenden Auslegungsinstanz obliegt die **Auslegung den Verbandsstaaten** (vgl. Schweiz. BG GRUR Int 1986, 215 (216) – Golden Lights: Verweis auf das nationale Recht).

2. WIPO-Empfehlungen

147 Ein **einheitliches Begriffsverständnis** hat sich international bislang **nicht** herausbilden können. Zwar hat die **WIPO** 1999 „Gemeinsame Empfehlungen betreffend die Bestimmung über den Schutz notorisch bekannter Marken" vorgelegt (Joint Recommendation Concerning Provisions on the Protection of Well-Known Marks, http://www.wipo.int/edocs/pubdocs/en/marks/833/pub833.pdf; → MarkenR Einleitung Rn. 261 ff.; ferner Kur GRUR 1999, 866 ff.; Kunz-Hallstein GRUR Int 2015, 7 ff.; Busche/Stoll/Wiebe/Schmidt-Pfitzner/Schneider, 2013, TRIPS Art. 16 Rn. 49 ff.). Danach soll die notorische Bekanntheit nicht nur unter Berücksichtigung des Bekanntheitsgrads im Schutzland (Art. 2 Abs. 1 (b) Nr. 1), sondern auch unter Beachtung qualitativer Kriterien wie Dauer, Umfang und Ausdehnung des globalen Markengebrauchs, der Markenpromotion, der Markeneintragungen und -anmeldungen und des Werts der Marke (Art. 2 Abs. 1 (b) Nr. 2–5) ermittelt werden. Nach Art. 2 Abs. 2 der Empfehlungen soll es ferner genügen, wenn notorische Bekanntheit in einem der dort genannten Verkehrskreise besteht.

148 Diese Empfehlungen sind **für die Verbandsländer unverbindlich;** aufgrund ihres Empfehlungscharakters lassen sie sich auch nicht als spätere Übereinkunft zwischen den Vertragsparteien über die Auslegung iSd Art. 31 Abs. 3 Buchst. a WRV verstehen (iErg wie hier Busche/Stoll/Wiebe/Schmidt-Pfitzner/Schneider TRIPS, 2013, Art. 16 Rn. 55; Ströbele/Hacker/Hacker Rn. 78; aA Schweiz. BG GRUR Int 2005, 524 (527) – Tripp Trapp III; Schweiz. BVG sic! 2010, 26 (27) – Swatch Group/watch.ag; Kunz-Hallstein GRUR Int 2015, 7 (11)).

149 Trotz der für Veränderungen offenen Regelungstechnik des § 4 Nr. 3 haben die WIPO-Empfehlungen auch **im Hinblick auf das deutsche Recht keine Bindungswirkung**. Zwar wollte der Gesetzgeber, dass sich künftige Entwicklungen bei der Auslegung des Art. 6bis PVÜ unmittelbar auf das staatliche Recht auswirken (BT-Drs. 12/6581, 66). Eine bloß unverbindliche Auslegungsempfehlung wird sich aber nicht als eine solche Entwicklung verstehen lassen, solange sie nicht tatsächlich zu einer Veränderung der internationalen

Rechtspraxis geführt hat (aA Kur GRUR 1999, 866 (875)). Das wird sich derzeit noch nicht konstatieren lassen, obschon etwa das EuG und das Schweizer Bundesgericht die WIPO-Empfehlungen bei der Notorietätsbeurteilung anwenden (vgl. EuG GRUR Int 2009, 39 Rn. 79 f. – BOOMERANG; Schweiz. BG GRUR Int 2005, 524 (527) – Tripp Trapp III; Schweiz. BVG sic! 2010, 26 (27) – Swatch Group/watch.ag; Beurteilung nach qualitativen Kriterien auch in EuG GRUR Int 2012, 453 Rn. 69 – Pollo Tropical CHICKEN ON THE GRILL).

Immerhin aber hat sich die EU im **CARIFORUM-EPA** verpflichtet, die Anwendung der WIPO-Empfehlungen anzustreben (Art. 144 B CARIFORUM-EPA, Abl. EU 2008 L 289, 3). Gleichwohl ist es jedenfalls zweifelhaft, ob eine weitgehende Loslösung der Notorietätsbeurteilung von den Verhältnissen im Schutzland, wie sie durch die WIPO-Empfehlung vorgesehen ist, noch vom Willen des deutschen Gesetzgebers erfasst ist, zumal es nach den Empfehlungen schon ausreichend sein kann, dass die Marke in einem Verkehrskreis (zB Importeure) lediglich „known", aber nicht „well-known" ist (vgl. Kur GRUR 1999, 866 (868 f.)). Die danach mögliche Entstehung einer Notorietätsmarke weit unterhalb der für Benutzungsmarken geltenden Voraussetzungen dürfte vom Gesetzgeber kaum gewollt sein.

149.1

3. Bekanntheitsgrad

In Deutschland werden seit jeher sehr hohe Anforderungen an die notorische Bekanntheit gestellt; verlangt wird **allgemeine Kenntnis innerhalb der (dh aller) beteiligten inländischen Verkehrskreise** (vgl. BGH GRUR 1969, 607 (608 f.) – Recrin; Fezer Rn. 227; Miosga, S. 50; s. auch Span. Tribunal Supremo GRUR Int 2005, 741 (742) – ADAC-Reisen). Ganz überwiegend wird ein weit überdurchschnittlicher **Bekanntheitsgrad zwischen 60 und 70%** gefordert (so Ingerl/Rohnke Rn. 31; BPatG BeckRS 2008, 26432 – DORAL; ferner Noelle-Neumann/Schramm GRUR 1966, 70 (81): 63%; Richtlinien Markenanmeldungen 2005, BlPMZ 2005, 245 (254): ca. 70%; OLG Frankfurt BeckRS 2012, 21368 – Moody's: nicht unter 60%; vgl. auch OLG Köln BeckRS 2001, 30181784 – Babe).

150

Bei einer **schutzzweckorientierten Betrachtung** ergibt sich indessen ein Wert, der zwar höher liegt als jener, der für einfache Verkehrsgeltung (→ Rn. 75) erforderlich ist (aA Kur GRUR 1994, 330 (337): 20–25%), aber doch unter den überwiegend geforderten Werten liegt. Ausreichend ist danach in der Regel ein **Bekanntheitsgrad von über 50%** (Schweiz. BG GRUR Int 2005, 524 (528) – Tripp Trapp III; HK-MarkenR/Ekey Rn. 110). Vorrangig ist auf den Zweck des Art. 6bis PVÜ abzustellen, der die Aneignung fremder Zeichen deshalb verhindern will, weil bei hinreichender Bekanntheit die Gefahr von Verwechslungen besteht. Diese Gefahr besteht jedenfalls dann, wenn die beteiligten Verkehrskreise die Marke mehrheitlich kennen. Sie mag ferner auch schon dann vorliegen, wenn die Marken lediglich einem nicht unerheblichen Teil der beteiligten Verkehrskreise bekannt ist (dafür Kur GRUR 1994, 330 (337)). Gegen eine **Anlehnung an die einfache Verkehrsgeltung** spricht jedoch, dass der Wortlaut des Art. 6bis PVÜ nicht bloße Bekanntheit, sondern Notorietät verlangt. Von einer gesteigerten Bekanntheit wird aber noch nicht die Rede sein können, wenn lediglich 20-25% der beteiligten Verkehrskreise die Marke kennen.

151

Für den hier vertretenen Bekanntheitsgrad von über 50% spricht auch ein **Vergleich zur Benutzungsmarke** (aA Kur GRUR 1994, 330 (337)). Für diese genügt – bei normaler Kennzeichnungskraft – ein Verkehrsgeltungsgrad von nicht unter 20% (→ Rn. 75), dh es liegt bereits ein schutzwürdiger Besitzstand vor, wenn ein Fünftel der beteiligten Verkehrskreise in dem Zeichen einen Herkunftshinweis sieht. Das ist gerechtfertigt, weil die Verkehrsgeltung das Ergebnis der inländischen Benutzung und damit ein im Inland durch Benutzung geschaffener Besitzstand ist. Die Entstehung der Notorietätsmarke setzt jedoch keine wettbewerbliche Leistung im Inland voraus, sondern knüpft allein an die gegebene Bekanntheit an. Es ist daher gerechtfertigt, die Schutzentstehung an ein höheres Bekanntheitserfordernis zu knüpfen; andernfalls bliebe die Leistung desjenigen, der einem Zeichen durch inländische Benutzung Verkehrsgeltung verschafft hat, ohne Honorierung. Die aus dem höheren Bekanntheitsgrad resultierende Benachteiligung ausländischer, im Inland nicht benutzter Marken ist konventionsrechtlich unbedenklich, weil Art. 6bis PVÜ keine Gleichbehandlung ausländischer Marken verlangt, sondern nur einen Schutz bei besonderer Bekanntheit.

151.1

Die **abweichende Auffassung von Kur** (GRUR 1994, 330 (337)) knüpft nicht an den Belohnungsgedanken, sondern lediglich daran an, dass das Notorietätserfordernis die Eintragung ersetzt, dh eine entsprechende Signalwirkung im geschäftlichen Verkehr entfalten muss. Wenn insoweit bei

151.2

inländischen (dh im Inland benutzten) Marken davon ausgegangen werde, dass die Erlangung von Verkehrsgeltung einen der Eintragung gleichwertigen, den Publizitäts- und Rechtssicherheitsinteressen der Öffentlichkeit genügenden Entstehungstatbestand darstelle, sei nicht ersichtlich, warum für Marken konventionsangehöriger Ausländer eine andere Bewertung gelten sollte, zumal in diesem Fall die Erzielung eines hinreichenden Bekanntheitsgrades wesentlich schwerer fallen dürfte als dann, wenn die Marke im inländischen Markt benutzt wird.

152 Die notorische Bekanntheit ist für den **konkreten Einzelfall** zu ermitteln; der hier verlangte Bekanntheitsgrad von mehr als 50% ist daher nur ein Orientierungswert, der unter besonderen Umständen auch unterschritten werden kann.

4. Verkehrskreise

153 Der Bekanntheitsgrad muss **in allen beteiligten Verkehrskreisen** gegeben sein, wobei sich die maßgeblichen Verkehrskreise und die Zugehörigkeit einer Person zu einem Verkehrskreis nach den gleichen Kriterien bestimmt wie bei der Benutzungsmarke (→ Rn. 53). Bei Angeboten an Verbraucher bestehen notwendigerweise mehrere Verkehrskreise (Verbraucher, Weiterverkäufer).

5. Ermittlung

154 Der Bekanntheitsgrad wird durch eine **Verkehrsbefragung** ermittelt. Bei besonders berühmten Zeichen (insbesondere Weltmarken) kann auf einen Nachweis der Notorietät verzichtet werden (vgl. OLG Frankfurt GRUR-RR 2003, 274 (275) – Vier-Streifen-Kennzeichnung; BeckRS 2012, 21368 – Moody's). Werden zudem die qualitativen Kriterien der WIPO-Empfehlung angewandt (→ Rn. 147), kommt eine Feststellung der notorischen Bekanntheit auch **ohne demoskopische Erhebung** in Betracht (vgl. Schweiz. BG GRUR Int 2005, 524 (529) – Tripp Trapp III).

VI. Schutzzeitraum

155 Der Schutz als Notorietätsmarke entsteht, sobald die Marke im Inland notorische Bekanntheit erlangt. Das Markenrecht erlischt wieder, wenn die Notorietät verloren geht, weil die Marke zB im Ausland nicht oder nur noch vermindert genutzt wird.

VII. Inhaberschaft

156 Für die Markenrechtsfähigkeit gilt wie für die Benutzungsmarke § 7 analog (→ § 7 Rn. 4). Inhaber des Markenrechts ist derjenige, zu dessen Gunsten die notorische Bekanntheit erworben wurde (BT-Drs. 12/6581, 66; OLG Frankfurt BeckRS 2012, 21368 – Moody's). Das ist jenes Unternehmen bzw. der Unternehmensinhaber, als dessen Marke das Zeichen im Verkehr bekannt ist. Der Inhaber muss weder Angehöriger eines Verbandsstaats noch eine nach Art. 3 PVÜ gleichgestellte Person sein.

§ 5 Geschäftliche Bezeichnungen

(1) Als geschäftliche Bezeichnungen werden Unternehmenskennzeichen und Werktitel geschützt.

(2) ¹Unternehmenskennzeichen sind Zeichen, die im geschäftlichen Verkehr als Name, als Firma oder als besondere Bezeichnung eines Geschäftsbetriebs oder eines Unternehmens benutzt werden. ²Der besonderen Bezeichnung eines Geschäftsbetriebs stehen solche Geschäftsabzeichen und sonstige zur Unterscheidung des Geschäftsbetriebs von anderen Geschäftsbetrieben bestimmte Zeichen gleich, die innerhalb beteiligter Verkehrskreise als Kennzeichen des Geschäftsbetriebs gelten.

(3) Werktitel sind die Namen oder besonderen Bezeichnungen von Druckschriften, Filmwerken, Tonwerken, Bühnenwerken oder sonstigen vergleichbaren Werken.

Überblick

§ 5 regelt die Entstehung des Schutzes geschäftlicher Bezeichnungen iSd § 1 Nr. 2. Abs. 1 gliedert diese Kennzeichen in Unternehmenskennzeichen und Werktitel. Die in Abs. 2 geregelten Unternehmenskennzeichen dienen der Identifizierung und Unterscheidung von Unternehmen und Geschäftsbetrieben (→ Rn. 10). Aus der Norm ergibt sich, welche Zeichen geschützt sind (→ Rn. 18); in eingeschränktem Umfang sind auch die weiteren Voraussetzungen der Schutzentstehung, nämlich Unterscheidungskraft (→ Rn. 62 ff.) und Ingebrauchnahme (→ Rn. 103 ff.) geregelt. Nicht geregelt ist hingegen, wer Inhaber des Unternehmenskennzeichens ist (→ Rn. 124), in welchem räumlichen Bereich der Schutz wirkt (→ Rn. 125 ff.) und in welchen Fällen das Schutzrecht wieder erlischt (→ Rn. 134 ff.). Die in Abs. 3 näher definierten Werktitel dienen der Identifizierung und Unterscheidung von bezeichnungsbedürftigen immateriellen Arbeitsergebnissen (→ Rn. 153). Vom Regelungsgehalt her beschränkt sich die Norm auf die Festlegung, welche Zeichen geschützt werden (Namen und besondere Bezeichnungen, → Rn. 156 ff.) und auf welche Werke sich diese Zeichen beziehen müssen (→ Rn. 169 ff.). Auch wenn dies nicht ausdrücklich geregelt ist, bedarf es für den Schutz von Werktiteln aber auch der Unterscheidungskraft (→ Rn. 194 ff.) sowie ihrer Ingebrauchnahme (→ Rn. 203 ff.) Wer Inhaber des Werktitels ist, ist vom MarkenG nicht geregelt worden (→ Rn. 238 ff.). Das Gleiche gilt für den räumlichen Schutzbereich (→ Rn. 245) und das Erlöschen des Schutzrechts (→ Rn. 246 ff.).

Übersicht

	Rn.
A. Überblick	1
I. Regelungsgehalt	1
II. Schutzzweck	3
III. Anwendung und Auslegung	4
1. Auslegung im System des MarkenG	4
2. Verhältnis zur MRL	5
3. Rückgriff auf die Rechtsprechung zu § 16 UWG 1909	6
IV. Verhältnis zwischen Unternehmenskennzeichen und Werktitel	7
V. Verhältnis zu Marken	8
B. Geschäftliche Bezeichnungen (Abs. 1)	9
C. Unternehmenskennzeichen (Abs. 2)	10
I. Regelungsüberblick	10
1. Schutzobjekte	10
2. Schutzentstehung	11
II. Schutzfähige Zeichenformen mit Namensfunktion (Abs. 2 S. 1)	12
1. Zeichenfolgen	12
2. Bildzeichen	13
3. Andere Zeichen	16
III. Schutzfähige Zeichenformen ohne Namensfunktion (Abs. 2 Nr. 2)	17
IV. Name (Abs. 2 S. 1 Alt. 1)	18
1. Namensbegriff	18
2. Namen natürlicher Personen	21
3. Namen juristischer Personen, Gesellschaften, Vereine und Stiftungen	24
4. Vom Namen abgeleitete Kurzbezeichnungen (Namensschlagworte)	27
V. Firma (Abs. 2 S. 1 Alt. 2)	29
1. Handelsrechtliche Zulässigkeit	29
2. Träger der Firma	31
3. Schutz der vollständigen Firma	32
VI. Firmenbestandteile	33

	Rn.
1. Schutz von Firmenschlagworten	33
2. Schlagworteignung	36
3. Schutzentstehung	41
VII. Besondere Bezeichnung eines Geschäftsbetriebs oder Unternehmens (Abs. 2 S. 1 Alt. 3)	43
1. Schutzfähigkeit von Geschäftsbezeichnungen	43
2. Geschäftsbetrieb oder Unternehmen	45
3. Veranstaltungen	47
4. Gebäudebezeichnungen	48
5. Dienstleistungsbezeichnungen	49
6. Namensfunktion des Zeichens	50
VIII. Geschäftsabzeichen und sonstige Unterscheidungszeichen (Abs. 2 S. 2)	60
1. Schutzvoraussetzungen	60
2. Schutzfähige Zeichen	61
IX. Unterscheidungskraft	62
1. Begriff und Funktion	62
2. Namensfunktion und Unterscheidungskraft	64
3. Unterschiede zu § 8 Abs. 2 Nr. 1	65
4. Bedeutung des § 8 Abs. 2 Nr. 4–9	66
X. Originäre Unterscheidungskraft	67
1. Anforderungen	67
2. Beschreibende Begriffe	70
3. Geographische Angaben	71
4. Rechtsformzusatz, Top-Level-Domain	74
5. Abweichung vom üblichen Sprachgebrauch	76
6. Aussprechbarkeit	81
7. Örtlich üblicherweise einmalige Bezeichnung	82
8. Namen	84
9. Firmenbestandteile	90
XI. Verkehrsgeltung	91
1. Bedeutung	91
2. Anforderungen	92

	Rn.
3. Zuordnung zu einem bestimmten Unternehmen	95
4. Verkehrsgeltungsgrad	97
5. Regional begrenzte Verkehrsgeltung	100
XII. Ingebrauchnahme	103
1. Bedeutung der Benutzungsaufnahme	103
2. Namensmäßige Ingebrauchnahme	105
3. Benutzung im geschäftlichen Verkehr	109
4. Inländische Benutzungsaufnahme	112
5. Eigene Benutzung	117
6. Befugter Gebrauch	120
XIII. Inhaber des Unternehmenskennzeichens	124
XIV. Räumlicher Schutzbereich	125
1. Bundesweiter Schutz	125
2. Örtlich oder regional begrenzter Tätigkeitsbereich	126
3. Ausdehnungstendenz	129
4. Bestimmung des Schutzgebiets	131
XV. Erlöschen des Schutzes	134
1. Aufgabe der Benutzung	134
2. Aufgabe des Geschäftsbetriebs	138
3. Unterbrechungen des Geschäftsbetriebs	139
4. Wesentliche Änderung des Zeichens	144
5. Wesentliche Änderung des Geschäftsbetriebs	146
6. Trennung von Unternehmenskennzeichen und Geschäftsbetrieb	148
7. Verlust der Unterscheidungskraft	150
8. Verlust der Verkehrsgeltung	151
D. Werktitel (Abs. 3)	153
I. Regelungsüberblick	153
1. Schutzobjekt	153
2. Schutzentstehung	155
II. Name oder besondere Bezeichnung	156
1. Titel	156
2. Titelbestandteile	158
3. Abkürzungen	159
4. Autoren- oder Herausgebernamen	160
III. Schutzfähige Zeichenformen	161
IV. Kennzeichenrechtlicher Werkbegriff	164
1. Irrelevanz des Urheberrechts	164
2. Bezeichnungsfähige immaterielle Arbeitsergebnisse	166
3. Bezeichnungsfähigkeit des Werks	167
V. Werke	169

	Rn.
1. Druckschriften	169
2. Teile von Druckschriften	172
3. Filmwerke	174
4. Tonwerke	176
5. Bühnenwerke	177
6. Digitale Werke	179
7. Webseiten und Domainnamen	183
8. Spiele	186
9. Anleitungen, Pläne, Konzepte	187
10. Bilder, Werke der Bildhauerei, Figuren	189
11. Veranstaltungen	190
VI. Unterscheidungskraft	194
VII. Originäre Unterscheidungskraft	195
1. Anforderungen	195
2. Druckwerke	196
3. Andere Werke	199
4. Für anderes Werk benutzte Zeichen	201
VIII. Unterscheidungskraft infolge Verkehrsgeltung	202
IX. Ingebrauchnahme	203
1. Bedeutung der Benutzungsaufnahme	203
2. Benutzung als Werktitel	205
3. Benutzung im geschäftlichen Verkehr	208
4. Schutzfähiges Werk	212
5. Inländische Benutzung	216
6. Benutzungsumfang	217
7. Befugte Benutzung	219
X. Vorverlagerung des Zeitrangs durch Titelschutzanzeige	220
1. Funktion der Titelschutzanzeige	220
2. Öffentliche Ankündigung	224
3. Notwendiger Inhalt	227
4. Ingebrauchnahme des Titels	231
5. Keine Vorbereitungsarbeiten erforderlich	236
XI. Inhaber des Werktitels	238
1. Standpunkt der Rechtsprechung	238
2. Dogmatik der Inhaberschaft	242
XII. Räumlicher Schutzbereich	245
XIII. Erlöschen des Schutzes	246
1. Aufgabe der Benutzung	246
2. Benutzungsunterbrechungen	248
3. Wesentliche Änderung des Titels	254
4. Wesentliche Änderung des Werks	255
5. Verlust der Unterscheidungskraft	256
6. Verlust der Verkehrsgeltung	257

A. Überblick

I. Regelungsgehalt

1 § 5 bestimmt, welche Zeichen **geschäftliche Bezeichnungen iSd § 1 Nr. 2** sind, nämlich **Unternehmenskennzeichen** und **Werktitel**. Abs. 2 regelt, welche Zeichen Unternehmenskennzeichen sein können. Die Norm unterscheidet zwischen Zeichen mit Namensfunktion (Name, Firma, besondere Bezeichnung eines Geschäftsbetriebs oder Unternehmens, § 5 Abs. 2 S. 1) und solchen, denen die Namensfunktion fehlt (Geschäftsabzeichen und sonstige zur Unterscheidung des Geschäftsbetriebs von anderen Geschäftsbetrieben bestimmte Zeichen, die innerhalb beteiligter Verkehrskreise als Kennzeichen des Geschäftsbetriebs gelten, § 5 Abs. 2 S. 2). Was Werktitel sind, ist in Abs. 3 geregelt.

2 In seinen unmittelbaren Gehalt ist § 5 vor allem eine **Definitionsnorm**, die die Schutzgegenstände Unternehmenskennzeichen und Werktitel konkretisiert. Die **Entstehung des**

Geschäftliche Bezeichnungen § 5 MarkenG

Schutzes geschäftlicher Bezeichnungen ist nur unvollständig in § 5 geregelt. Der Inhalt des Schutzes ergibt sich aus § 15.

II. Schutzzweck

§ 5 schützt geschäftliche Bezeichnungen aufgrund ihrer **Kennzeichnungsfunktion**. Anders als Marken kennzeichnen Unternehmenskennzeichen und Werktitel jedoch nicht unmittelbar die Herkunft einer Ware oder Dienstleistung, sondern ein Unternehmen bzw. eine geistige Leistung. Sie dienen der **Identifizierung** und **Unterscheidung** von Unternehmen bzw. geistigen Leistungen. 3

III. Anwendung und Auslegung

1. Auslegung im System des MarkenG

Der Schutz geschäftlicher Bezeichnungen teilt mit dem Markenschutz zwar die Kennzeichnungsfunktion als Ausgangspunkt, unterscheidet sich jedoch im konkreten Inhalt. Aufgrund der Funktionsdivergenz handelt es sich um eine **selbständige Rechtsmaterie**, die historisch aus der lauterkeitsrechtlichen Norm des § 16 UWG 1909 hervorgegangen ist, während § 24 WZG lediglich die kennzeichenmäßige Verwendung von Firmen und Namen auf Waren, Verpackungen und Dokumenten regelte. Der Funktionsdivergenz entsprechend ist die Auslegung des § 5 sowie der weiteren, dem Schutz geschäftlicher Bezeichnungen gewidmeten Normen grundsätzlich **unabhängig** von derjenigen der originär markenrechtlichen Vorschriften. Das gilt jedoch nicht, soweit eine Vorschrift für Marken und geschäftliche Bezeichnungen zugleich gilt (insbesondere §§ 18–24). Ferner verlangt der Grundsatz der **Einheitlichkeit der Kennzeichenrechte** bei der Anwendung originär dem Schutz geschäftlicher Bezeichnungen gewidmeter Normen die Berücksichtigung originär markenrechtlicher Wertungen (zB Berücksichtigung von § 3 Abs. 1 oder § 8 Abs. 2 hinsichtlich der Schutzfähigkeit von Unternehmenskennzeichen, vgl. BGH GRUR 2001, 344 (345) – DB Immobilienfonds; BlPMZ 2001, 210 (211) = BeckRS 2001, 02949 – WINDSURFING CHIEMSEE; OLG München GRUR-RR 2009, 307 (308) – Der Seewolf). 4

2. Verhältnis zur MRL

Die MRL regelt den Schutz geschäftlicher Bezeichnungen nicht; daher besteht grundsätzlich auch keine Notwendigkeit zu einer richtlinienkonformen Auslegung (BGH GRUR 1995, 825 (827) – Torres). Soweit aber Vorschriften des MarkenG, die der Umsetzung der MRL dienen, nicht nur für Marken, sondern auch für geschäftliche Bezeichnungen gelten, sind sie **richtlinienkonform** auszulegen (BGH GRUR 1999, 992 (995) – BIG PACK). Das Gleiche gilt für originär markenrechtliche Vorschriften, die wegen der Einheitlichkeit des Kennzeichenschutzes auch beim Schutz geschäftlicher Bezeichnungen zu berücksichtigen sind (→ Rn. 4). 5

3. Rückgriff auf die Rechtsprechung zu § 16 UWG 1909

Mit §§ 5, 15 wurde der bis dahin in § 16 UWG 1909 geregelte Schutz geschäftlicher Bezeichnungen in das MarkenG aufgenommen. Eine sachliche Änderung des Schutzes, wie er bei Übernahme insbesondere aufgrund der Rechtsprechung bestand, war nicht gewollt (BT-Drs. 12/6581, 67; BGH GRUR 2008, 1104 Rn. 32 – Haus & Grund II; GRUR 2001, 1164 (1165) – buendgens mwN). Grundsätzlich bleibt daher der **Rückgriff auf die Rechtsprechung** zu § 16 UWG 1909 auch bei der Anwendung und Auslegung der §§ 5, 15 offen (vgl. zB BGH GRUR 2000, 70 (72) – SZENE; GRUR 1999, 492 (493) – Altberliner; GRUR 1997, 749 (751) – L'Orange; GRUR 1996, 68 (69) – COTTON LINE). Mit der Übernahme aus § 16 UWG 1909 war aber **keine Zementierung des damals erreichten Rechtszustands** gewollt, sondern der Schutz geschäftlicher Bezeichnungen sollte wie bestehend übernommen und sodann aber in das neu geschaffene System des Kennzeichenschutzes integriert werden. Diese Integration bedingt nicht nur aufgrund des Umstands, dass manche Vorschriften für mehrere Kennzeichenformen gelten, Wechselwirkungen, die auch zu einer Veränderung des Schutzes von geschäftlichen Bezeichnungen führen können. 6

MarkenG § 5   Teil 2 Voraussetzungen, Inhalt und Schranken etc.

6.1   Prominentes **Beispiel** ist die Anerkennung von Buchstabenkombinationen als schutzfähige Unternehmenskennzeichnungen aufgrund der Erweiterung des Markenbegriffs (BGH GRUR 2001, 344 f. – DB Immobilienfonds; → Rn. 12).

IV. Verhältnis zwischen Unternehmenskennzeichen und Werktitel

7   Unternehmenskennzeichen und Werktitel haben gänzlich unterschiedliche Kennzeichnungsobjekte (Unternehmen einerseits, geistige Leistungen andererseits). Ein als Werktitel geschützter **Titel eines Reihenwerks** kann aber zugleich ein Unternehmenskennzeichen sein, soweit das Reihenwerk ein besonderes Unternehmen bzw. einen abgrenzbaren Teil eines Unternehmens darstellt (BGH GRUR 1990, 218 (219) – Verschenktexte; GRUR 1980, 227 (232) – Monumenta Germaniae Historica).

V. Verhältnis zu Marken

8   Geschäftliche Bezeichnungen können sowohl als Unternehmenskennzeichen wie auch als Werktitel zugleich Schutz als Marke genießen, sofern einer der Entstehungstatbestände des § 4 gegeben ist (vgl. zu Werktiteln BGH GRUR 2001, 1043 (1044) – Gute Zeiten – Schlechte Zeiten; GRUR 2001, 1042 – REICH UND SCHÖN; GRUR 2000, 882 – Bücher für eine bessere Welt, mN zur abweichenden früheren Rechtsprechung; V. Deutsch MarkenR 2006, 185 ff.). Die jeweiligen Rechte sind in ihrer Entstehung, ihrem Fortbestand, Schutz und Erlöschen **selbständig** und **voneinander unabhängig.** Wird der Anspruch wegen Verletzung eines Zeichens auf den Schutz als Marke und als geschäftliche Bezeichnung gestützt, liegen unterschiedliche Streitgegenstände vor (BGH GRUR 2012, 1145 Rn. 18 – Pelikan; GRUR 2001, 755 (757) – Telefonkarte; GRUR 1999, 498 (599) – Achterdiek).

B. Geschäftliche Bezeichnungen (Abs. 1)

9   § 5 Abs. 1 beschränkt sich darauf, den Begriff der geschäftlichen Bezeichnungen, die nach § 1 Nr. 2 zu den geschützten Kennzeichen gehören, dahingehend zu konkretisieren, dass damit **Unternehmenskennzeichen und Werktitel** gemeint sind. Ein weiterer unmittelbarer Regelungsgehalt ergibt sich nicht. Immerhin aber kann der Norm entnommen werden, dass die beiden Arten der geschäftlichen Bezeichnung **gleichgestellt** sind. Dementsprechend verhalten sich die Normen zum Schutz, zu den Rechtsfolgen von Schutzverletzungen und zu den Schutzgrenzen (§§ 15–24) nur allgemein zu geschäftlichen Bezeichnungen, ohne zwischen Unternehmenskennzeichen und Werktitel zu unterscheiden. Das gilt jedoch nicht für die **Schutzentstehung,** die schon äußerlich in zwei Absätze (Abs. 2, 3) aufgeteilt ist. Sie folgt jeweils eigenen, im Grundsatz voneinander unabhängigen Regeln.

C. Unternehmenskennzeichen (Abs. 2)

I. Regelungsüberblick

1. Schutzobjekte

10   § 5 Abs. 2 eröffnet Zeichen den Schutz als Unternehmenskennzeichen, wenn sie **Identifizierungs- und Unterscheidungsfunktion** haben. Hierbei differenziert die Norm zwischen **zwei Formen** des Unternehmenskennzeichens. S. 1 regelt Zeichen, die im geschäftlichen Verkehr als Name (→ Rn. 18), als Firma (→ Rn. 29) oder als besondere Bezeichnung eines Geschäftsbetriebs oder eines Unternehmens (→ Rn. 43) benutzt werden. Diese Zeichen haben **Namensfunktion,** dh ihnen ist die Eignung zur Individualisierung des Unternehmens aufgrund ihrer Art bereits immanent. **Zeichen ohne Namensfunktion** werden nach § 5 Abs. 2 S. 2 als Geschäftsabzeichen und sonstige zur Unterscheidung des Geschäftsbetriebs bestimmte Zeichen nur geschützt, wenn sie innerhalb beteiligter Verkehrskreise als Kennzeichen des Geschäftsbetriebs gelten, also Verkehrsgeltung erlangt haben.

2. Schutzentstehung

Die Schutzentstehung ist in § 5 Abs. 2 nur unvollständig geregelt. Für **Zeichen mit** 11 **Namensfunktion** verlangt S. 1 die **Ingebrauchnahme** im geschäftlichen Verkehr (→ Rn. 103). Da aus der Namensfunktion nur die Fähigkeit zur Individualisierung, nicht aber zur Unterscheidung von Unternehmen folgt, setzt die Schutzentstehung die **Unterscheidungskraft** des Zeichens voraus (→ Rn. 62); sie kann originär bestehen (→ Rn. 67) oder durch Verkehrsgeltung erworben werden (→ Rn. 91). Für **Zeichen ohne Namensfunktion** verlangt S. 2, dass sie innerhalb beteiligter Verkehrskreise als Kennzeichen des Geschäftsbetriebs gelten. Hier genügt die ebenfalls notwendige Ingebrauchnahme noch nicht, der Schutz entsteht erst mit der Erlangung der **Verkehrsgeltung** als Kennzeichen (→ Rn. 91).

II. Schutzfähige Zeichenformen mit Namensfunktion (Abs. 2 S. 1)

1. Zeichenfolgen

Die Namensfunktion der in § 5 Abs. 2 S. 1 geregelten Zeichen schließt bei der Frage 12 nach den schutzfähigen Zeichenformen eine Orientierung an § 3 aus, da der Verkehr nur bestimmten Zeichenformen die Eignung zumisst, ein Unternehmen namensmäßig zu kennzeichnen. Schutzfähig sind in erster Linie **Buchstabenfolgen,** die nach jüngerer, zutreffender Rechtsprechung jedoch **nicht als Wort aussprechbar** sein müssen (BGH GRUR 2001, 344 – DB Immobilienfonds, vgl. auch BGH GRUR 2014, 506 Rn. 11 – sr.de; GRUR 2013, 294 Rn. 12 – dlg.de; GRUR 2009, 685 Rn. 18 – ahd.de; GRUR 2005, 430 – mho.de; OLG Düsseldorf MMR 2012, 563 (564); zum Zeitrang → § 6 Rn. 26). Das gilt auch für die **Firma** (BGH GRUR-RR 2009, 102 Rn. 11 ff. – HM & A; aA Lange MarkenR/KennzeichenR Rn. 1376); allerdings können nicht ausschließlich aus lateinischen Buchstaben bestehende Zeichen keine Firma sein (BGH GRUR-RR 2009, 102 Rn. 10 – HM & A; BayObLG NJW 2001, 2337 (2338); OLG Braunschweig MMR 2001, 541 – Met@box). Dieses weite Verständnis entspricht der Verkehrsauffassung, die in Abkürzungen und Buchstabenkombinationen Identifizierungszeichen sieht und sie auch entsprechend verwendet. Aus diesem Grund kann auch eine **Kombination von Buchstaben und Zahlen** ein Name sein (zB „PC69", vgl. BGH GRUR 2004, 790 (791) – Gegenabmahnung). Das Gleiche gilt für **Zahlenfolgen,** soweit diese nach ihrer Länge und Zusammensetzung noch zur Identifizierung geeignet sind (vgl. Fezer § 15 Rn. 204; Lange MarkenR/KennzeichenR Rn. 1381; aA Ströbele/Hacker/Hacker Rn. 21; Goldmann § 3 Rn. 21). Einzelnen Buchstaben oder Zahlen fehlt es hingegen an der Eignung, eine Person zu identifizieren und von anderen zu unterscheiden; sie können daher keine Namen sein.

2. Bildzeichen

Bei Bildzeichen ist zu differenzieren. **Wappen** (zB einer Stadt) oder **Siegel** bzw. 13 **Embleme** (zB einer Universität) haben Namensfunktion und sind schutzfähig (BGH GRUR 2002, 917 (919) – Düsseldorfer Stadtwappen; GRUR 1994, 844 (845) – Rotes Kreuz; GRUR 1993, 151 (153) – Universitätsemblem; GRUR 1976, 644 (646) – Kyffhäuser).

Einem Schutz **anderer Bildzeichen** steht die jüngere Rechtsprechung skeptisch gegen- 14 über, weil es ihnen zumindest originär an der Namensfunktion fehle (vgl. BGH GRUR 2005, 419 (422) – Räucherkate; OLG Stuttgart NJWE-WettbR 2000, 165 – Kanzleilogo). Während die ältere Rechtsprechung noch eine Entwicklung vom Bildzeichen zum Firmenzeichen für möglich hielt (BGH GRUR 1956, 172 (175) – Magirus), sieht der BGH heute nur noch im von der Verkehrsgeltung abhängigen Schutz als Geschäftsabzeichen nach § 5 Abs. 2 S. 2 eine Option. Die Rechtsprechung verdient im Grundsatz Zustimmung. Ein Schutz als Name scheidet aus, weil der Verkehr ein Bildzeichen nicht als Identifizierungszeichen einer konkreten natürlichen oder juristischen Person, sondern allenfalls als Hinweis auf ein bestimmtes Unternehmen versteht (Ströbele/Hacker/Hacker Rn. 20; Goldmann § 3 Rn. 8 ff.; Schricker GRUR 1998, 310 (312); aA Ingerl/Rohnke Rn. 17). So lässt sich etwa der Mercedes-Stern nicht als Name der Daimler AG verstehen.

MarkenG § 5   Teil 2 Voraussetzungen, Inhalt und Schranken etc.

14.1 Aus den gleichen Gründen können Bildzeichen auch keine **Firma** sein (BGH GRUR-RR 2009, 102 Rn. 10 – HM & A; BayObLG NJW 2001, 2337 (2338); OLG Braunschweig MMR 2001, 541 – Met@box; KG NJW-RR 2001, 173; zum @-Zeichen zweifelnd Ströbele/Hacker/Hacker Rn. 24).

15 Als **besondere Bezeichnungen des Geschäftsbetriebs** können Bildzeichen nur dann schutzfähig sein, wenn sie nachträglich durch Verkehrsgeltung Namensfunktion erworben haben (Ströbele/Hacker/Hacker Rn. 34; Goldmann § 3 Rn. 326; aA Fezer § 15 Rn. 189; Ingerl/Rohnke Rn. 29; Lange MarkenR/KennzeichenR Rn. 1383; Schricker GRUR 1998, 310 (312)). Zwar ist der Gebrauch von Bildzeichen und insbesondere Logos heute stark verbreitet, weshalb der Verkehr in ihnen durchaus auch einen Hinweis auf ein Unternehmen sieht. Diese Assoziation ist aber das Ergebnis des Gebrauchs des Bildzeichens in namensmäßiger Weise, dh typischerweise im Zusammenhang mit dem Namen oder der Firma des Unternehmensträgers oder einer sprachlichen besonderen Unternehmensbezeichnung. Vor der namensmäßigen Benutzung fehlt es solchen Zeichen regelmäßig an einer Namensfunktion, weil ihnen – anders als einem aus Buchstaben bestehenden Namen – gleichsam nicht anzusehen ist, dass sie ein Unternehmen identifizieren sollen. Fehlt die Namensfunktion jedoch originär, kommt ein Schutz als besondere Bezeichnung nur in Betracht, wenn die Schwelle der Verkehrsgeltung überschritten wurde; andernfalls würde die gewollte Differenzierung zwischen besonderen Bezeichnungen, die mit Benutzungsaufnahme geschützt sind und Geschäftsabzeichen, bei denen der Schutz erst mit Erlangung der Verkehrsgeltung entsteht, verwischt werden.

3. Andere Zeichen

16 **Hör-, Tast-, Bewegungs- Form- oder Geruchszeichen** sind mangels Namensfunktion nicht als Unternehmenskennzeichen iSd § 5 Abs. 2 S. 1 schutzfähig (aA Lange MarkenR/KennzeichenR Rn. 1385 ff.); ein nachträglicher Erwerb der Namensfunktion durch Verkehrsgeltung dürfte bei diesen Zeichen ausgeschlossen sein. Eine graphische Darstellbarkeit iSd § 8 Abs. 1 ist aber aus den gleichen Gründen, wie zu für § 4 Nr. 2 gelten (→ § 4 Rn. 30), nicht erforderlich (aA Lange MarkenR/KennzeichenR Rn. 1374).

III. Schutzfähige Zeichenformen ohne Namensfunktion (Abs. 2 Nr. 2)

17 Da die von § 5 Abs. 2 Nr. 2 erfassten Zeichen keine Namensfunktion haben, kommen **alle Zeichenformen des § 3 Abs. 1** als Geschäftsabzeichen und sonstige Unterscheidungszeichen in Betracht (Ingerl/Rohnke Rn. 31; Ströbele/Hacker/Hacker Rn. 60; Goldmann § 4 Rn. 31; aA HK-MarkenR/Eisfeld Rn. 43: visuelle Wahrnehmbarkeit; einschränkend Lange MarkenR/KennzeichenR Rn. 1374: graphische Darstellbarkeit).

IV. Name (Abs. 2 S. 1 Alt. 1)

1. Namensbegriff

18 Der von § 5 Abs. 2 verwendete Namensbegriff entspricht im Grundsatz dem des § 12 BGB. Ein Name ist die **sprachliche Kennzeichnung einer Person,** die dazu dient, sie zu identifizieren und von anderen Personen zu unterscheiden (MüKoBGB/Säcker § 12 Rn. 1). Anders als im bürgerlichen Recht sind die Firma und besondere Geschäftsbezeichnungen aber durch besondere Erwähnung aus dem Namensbegriff ausgeschlossen.

19 Im bürgerlich-rechtlichen Sinn individualisiert der Name eine Person. Für den kennzeichenrechtlichen Schutz folgt daraus, dass (nur) der **Name des Unternehmensträgers** erfasst wird, nicht aber der „Name" eines Unternehmens oder Geschäftsbetriebs (OLG Hamburg GRUR-RR 2005, 223 – WM 2006; Ingerl/Rohnke Rn. 27; aA LG Düsseldorf BeckRS 2012, 06210). Im geschäftlichen Verkehr wird allerdings nicht der Unternehmensträger, sondern das handelnde Unternehmen als solches wahrgenommen. Name und Firma dienen daher im Ergebnis ebenso wie besondere Bezeichnungen der **Identifizierung und Unterscheidung von Unternehmen** bzw. Geschäftsbetrieben (vgl. BGH GRUR-RR 2010, 205 Rn. 27 – Haus & Grund IV; GRUR 2008, 1108 Rn. 44 – Haus & Grund III; Ströbele/Hacker/Hacker Rn. 6 mit Fn. 12). Das ändert jedoch nichts am personalen Bezugsobjekt des Namens.

Die Rechtsprechung zu § 12 BGB billigt **Gebäudenamen** namensrechtlichen Schutz zu, 20
wenn daran ein schutzwürdiges Interesse wirtschaftlicher oder nicht-wirtschaftlicher Art
besteht (BGH GRUR 2012, 534 Rn. 23 – Landgut Borsig; GRUR 1976, 311 (312) –
Sternhaus; → § 13 Rn. 25). Auf § 5 Abs. 2 S. 1 Alt. 1 lässt sich diese Erweiterung jedoch
nicht übertragen, weil die Norm nur die Namen von Unternehmensträgern erfasst (aA
Ströbele/Hacker/Hacker Rn. 14). In Betracht kommt aber ein Schutz als besondere
Geschäftsbezeichnung (→ Rn. 48).

2. Namen natürlicher Personen

Der **bürgerliche Name,** bestehend aus Vor- und Nachname einer **natürlichen Person,** 21
ist ohne weiteres schutzfähig, da er das von der Rechtsordnung vorgesehene Instrument zur
Identifizierung und Unterscheidung eines Menschen ist. Das Gleiche gilt für den **Nachnamen**
in Alleinstellung, weil er im Verkehr zur Individualisierung einer Person Verwendung
findet (OLG Düsseldorf GRUR-RR 2013, 384 (385) – Der Wendler). Bei **Namensteilen**
und **nicht-bürgerlichen Namen** kommt es auf die Eignung zur Identifizierung einer konkreten
Person im Einzelfall an.

Ein **Vorname** in Alleinstellung ist nur schutzfähig, wenn der Verkehr mit ihm eine kon- 22
krete Person in Verbindung bringt (BGH GRUR 2008, 1124 Rn. 12 – Zerknitterte Zigarettenschachtel;
WRP 2008, 1527 Rn. 13 – Zwei Zigarettenschachteln; GRUR 2000, 709
(715) – Marlene Dietrich; GRUR 1983, 262 (263) – Uwe; OLG München WRP 2013,
1257 – mauricius.de; OLG München GRUR 1960, 394 – Romy; LG Düsseldorf NJW-
RR 1998, 747 (748) – Berti). Das setzt entweder eine überragende Bekanntheit der betreffenden
Person oder eine erhebliche Kennzeichnungskraft des Vornamens voraus (BGH
GRUR 2009, 608 Rn. 12 – raule.de: bejaht für den besonders ausgefallenen weiblichen
Vornamen „Raule", sehr zweifelhaft; OLG München WRP 2013, 1257 – mauricius.de:
verneint für den Vornamen Mauricius; aA Recke K&R 2009, 400 (401); kritisch Marly
LMK 2009, 282034).

Für **Spitznamen** gelten die gleichen Kriterien wie für Vornamen (vgl. BGH GRUR 23
2003, 897 (898) – maxem.de; Ströbele/Hacker/Hacker Rn. 11; aA OLG Hamburg GRUR
2002, 450 (451) – Quick Nick; LG München I GRUR-RR 2007, 214 (215) – Schweini;
LG München I ZUM-RD 2001, 359 (361) – nominator.de; Ingerl/Rohnke Rn. 18). Das
Gleiche gilt für **Pseudonyme, Künstlernamen** oder im Internet verwendete **Aliasnamen**
(BGH GRUR 2003, 897 (898) – maxem.de; OLG Rostock MMR 2009, 417 (418) –
braunkohle-nein.de; OLG Düsseldorf GRUR-RR 2013, 384 (385) – Der Wendler; LG
Hamburg NJOZ 2009, 4694 (4696) – Stadtwerke; LG München I ZUM-RD 2009, 168
(169 f.) – Bully; LG Düsseldorf NJW 1987, 1413 – Heino; offen lassend OLG Stuttgart
GRUR-RR 2002, 55 (56) – Ivan Rebroff).

3. Namen juristischer Personen, Gesellschaften, Vereine und Stiftungen

Der Name einer **juristischen Person des privaten oder öffentlichen Rechts** ist 24
schutzfähig. Soweit sie Kaufmann ist, genießt ihr Name bereits Schutz als Firma. Rein
namensmäßiger Schutz kommt aber den Namen von **rechtsfähigen Vereinen** zu, sofern
sie im geschäftlichen Verkehr verwendet werden (BGH GRUR 2010, 1020 Rn. 13 – Verbraucherzentrale;
GRUR 2008, 1108 Rn. 29 – Haus & Grund III; GRUR 2008, 1104
Rn. 14 – Haus & Grund II; GRUR 2008, 1102 Rn. 12 – Haus & Grund I; GRUR 2005,
517 – Literaturhaus; GRUR 1994, 844 (845) – Rotes Kreuz; GRUR 1976, 644 (645) –
Kyffhäuser; GRUR 1970, 481 (482) – Weserklause). Ebenso geschützt ist der Name einer
rechtsfähigen Stiftung (OLG Jena BeckRS 2013, 06043), einer **Gebietskörperschaft**
(BGH GRUR 2002, 917 (918 f.) – Düsseldorfer Stadtwappen; GRUR 1965, 38 (39) –
Dortmund grüßt ...; zum Schutz bei Verwendung als Domainname → § 15 Rn. 137) sowie
der zu ihr gehörenden organisatorisch selbständigen Einrichtungen wie zB Gerichte (LG
Köln MMR 2014, 770 – bag.de) oder Polizei (OLG Hamm BeckRS 2016, 10874 – Polizei-
Jugendschutz.de), einer Personal- oder Realkörperschaft wie zB einer **Universität** (BGH
GRUR 1993, 151 (153) – Universitätsemblem) oder Rundfunkanstalt (vgl. BGH GRUR
2014, 506 Rn. 11 – sr.de) sowie einer **Religionsgemeinschaft** als Körperschaft des öffentli-

chen Rechts (BGH GRUR 2005, 357 f. – Pro Fide Catholica; OLG München GRUR-RR 2007, 211 (212) – Kloster Andechs).

25 Der Name einer **Personengesellschaft** genießt, soweit sie Kaufmann ist, bereits als Firma Schutz. Geschützt wird aber auch der Name der **Gesellschaft bürgerlichen Rechts** (BGH GRUR 2002, 706 (707) – vossius.de; OLG Hamm BeckRS 2012, 10094; OLG München ZUM 1999, 159 (160) – Reblaus Trio; NJW-RR 1993, 621; KG WRP 1990, 37 – Streichquartett).

25.1 Werden mehrere Personen tätig, **ohne einen gemeinsamen Zweck iSd § 705 BGB zu verfolgen** (zB Auftritt mehrerer wechselnder Musiker im Rahmen eines vom Produzenten gesteuerten Projekts), so handelt es sich bei einer zur Kennzeichnung verwendeten Bezeichnung nicht um den Namen einer GbR, sondern um die besondere Bezeichnung eines Unternehmens (OLG München NJWE-WettbR 1996, 229 (231) – Boney M).

25.2 Schutzfähig ist aber derjenige **Name einer Musikgruppe,** den sie beim Wechsel des Produzenten oder des Tonträgerunternehmens behält (vgl. OLG Köln GRUR-RR 2008, 243 (244) – VANILLA NINJA).

26 Die Rechtsfähigkeit des Namensträgers ist nicht Voraussetzung der Schutzfähigkeit (BGH GRUR 1993, 404 – Columbus). Erfasst sind auch die Namen **nicht-rechtsfähiger Vereine oder Stiftungen** (BGH GRUR 1988, 560 (561) – Christophorus-Stiftung; RGZ 78, 101 (102) – Gesangverein Germania, Vorgesellschaften (BGH GRUR 1993, 404 – Columbus), Verbände (OLG Köln GRUR 1993, 584 – VUBI), Parteien (BGH GRUR 2012, 539 – Freie Wähler; NJW 1981, 914 (915) – Aktionsgemeinschaft Vierte Partei; zum Namensschutz Schmitt-Gaedke/Arz NJW 2013, 2729 ff.), Gewerkschaften (BGH GRUR 1965, 377 (379) – GdP) und nicht rechtsfähige Sondervermögen des Bundes (OLG München BeckRS 2012, 07095 – edw-info.de).

4. Vom Namen abgeleitete Kurzbezeichnungen (Namensschlagworte)

27 Neben dem vollständigen Namen sind einzelne Bestandteile als **abgeleitete Kurzbezeichnung** schutzfähig, wenn sie für sich genommen unterscheidungskräftig sind (→ Rn. 62) oder Verkehrsgeltung genießen (→ Rn. 91) und entweder vom Namensträger selbst benutzt werden oder geeignet sind, dem Verkehr als Kurzbezeichnung oder Schlagwort zu dienen (BGH GRUR 2010, 1020 Rn. 13 – Verbraucherzentrale; GRUR 2008, 1108 Rn. 29 – Haus & Grund III; GRUR 2008, 1104 Rn. 14 – Haus & Grund II; GRUR 2008, 1102 Rn. 12 – Haus & Grund I; OLG Düsseldorf MMR 2012, 563 (564)).

28 Der Schutz solcher **Namensschlagworte** leitet sich aus dem Schutz des vollständigen Namens ab; für den Zeitrang kommt es daher auf diesen an (BGH GRUR-RR 2010, 205 Rn. 26 – Haus & Grund IV; GRUR 2008, 1104 Rn. 30 – Haus & Grund II). Im Einzelnen gelten die gleichen Grundsätze wie für den Schutz von Firmenbestandteilen als Firmenschlagworte (→ Rn. 33).

V. Firma (Abs. 2 S. 1 Alt. 2)

1. Handelsrechtliche Zulässigkeit

29 Die Firma ist der **Name eines Kaufmanns,** unter dem er seine Geschäfte betreibt und die Unterschrift abgibt (§ 17 Abs. 1 HGB). Für ihren Schutz bedarf es weder handels- noch kennzeichenrechtlich der Eintragung das Handelsregister (BGH GRUR 1954, 271 (273) – DUN), soweit nicht ausnahmsweise die Begründung der Kaufmannseigenschaft hiervon abhängt (→ Rn. 31).

30 Voraussetzung des kennzeichenrechtlichen Schutzes einer Bezeichnung als Firma ist jedoch deren **handelsrechtliche Zulässigkeit nach §§ 18 ff. HGB** (vgl. BGH GRUR 1968, 702 (704) – Hamburger Volksbank; Ströbele/Hacker/Hacker Rn. 22). Eine danach unzulässige Firma kann aber als Name oder besondere Bezeichnung geschützt sein (BGH GRUR 1960, 93 f. – Martinsberg; HK-MarkenR/Eisfeld Rn. 24; Ströbele/Hacker/Hacker Rn. 22). Umgekehrt folgt aus der handelsrechtlichen Zulässigkeit der Firma noch nicht deren kennzeichenrechtlicher Schutz; hierzu müssen die weiteren Entstehungsvoraussetzungen vorliegen.

2. Träger der Firma

Träger einer Firma kann nur ein **Kaufmann** iSd §§ 1–6 HGB sein. Der Firmenschutz **31** kann daher an sich nicht vor der Erlangung der Kaufmannseigenschaft entstehen. Hierfür bedarf es nur bei juristischen Personen der Eintragung in das Handelsregister (§ 11 Abs. 1 GmbHG, § 41 Abs. 1 S. 1 AktG). Die durch den Gesellschaftsvertrag gegründete, aber noch nicht eingetragene **Vorgesellschaft** ist jedoch ebenfalls namens- und firmenfähig (BGH GRUR 1993, 404 – Columbus). Verwendet sie die Firma der nachfolgend entstandenen Gesellschaft im geschäftlichen Verkehr, wirkt die Benutzungsaufnahme prioritätsbegründend auch für die spätere Gesellschaft (BGH GRUR 1997, 749 (751) – L'Orange). Die vor dem Abschluss des Gesellschaftsvertrages bestehende **Vorgründungsgesellschaft** ist regelmäßig nicht firmenfähig, weil sie nicht am Handelsverkehr teilnimmt (HK-MarkenR/Eisfeld Rn. 27).

3. Schutz der vollständigen Firma

§ 5 Abs. 2 S. 1 gewährt der **vollständigen Firma** Schutz. Dies ist der vollständige Name **32** des Kaufmanns. Hierzu gehört nach § 19 HGB auch der Rechtsformzusatz. Der Schutz erstreckt sich aber auch ohne weitere Voraussetzungen auf die ansonsten vollständige Firma ohne den **Rechtsformzusatz**. Ihm fehlt die Namensfunktion, weil der Verkehr im Allgemeinen bei der Identifizierung und Unterscheidung von Unternehmen nicht auf die Rechtsform achtet (vgl. OLG München MD 2011, 60; OLG Düsseldorf GRUR-RR 2003, 342 (343) – Clever Reisen; OLG Dresden GRUR 1997, 846 (847) – Bauland; OLG Düsseldorf GRUR 1967, 314 – Schmidt & Sohn). Zum Schutz von Firmenbestandteilen → Rn. 33.

VI. Firmenbestandteile

1. Schutz von Firmenschlagworten

Der Verkehr greift zur Identifizierung eines Unternehmens häufig auf einzelne **Bestand-** **33** **teile einer Firma** zurück. Firmenbestandteile sind in gleichem Maße wie die vollständige Firma schutzwürdig, wenn sie im Verkehr Namensfunktion aufweisen, dh für sich genommen kennzeichnungskräftig sind. Diese Einordnung als **Firmenschlagwort** setzt nach neuerer Rechtsprechung neben der für alle Unternehmenskennzeichen erforderlichen Unterscheidungskraft (→ Rn. 62) voraus, dass der Bestandteil seiner Art nach im Vergleich zu den übrigen Firmenbestandteilen geeignet erscheint, sich im Verkehr als **schlagwortartiger Hinweis** auf das Unternehmen oder als Kurzbezeichnung für das Unternehmen durchzusetzen (BGH GRUR 2016, 705 Rn. 19 – ConText; GRUR 2013, 68 Rn. 28 – Castell/VIN CASTEL; GRUR 2011, 831 Rn. 16 – BCC; GRUR 2009, 772 Rn. 75 – Augsburger Puppenkiste; GRUR 2007, 65 Rn. 13 – Impuls; GRUR 2005, 873 (874) – Star Entertainment; GRUR 2004, 865 (867) – Mustang; GRUR 2004, 779 (783) – Zwilling/Zweibrüder; GRUR 2004, 515 (515) – Telekom; GRUR 2002, 898 – defacto; GRUR 2000, 605 (607) – comtes/ComTel; BlPMZ 2001, 210 (211) = BeckRS 2001, 02949 – WINDSURFING CHIEMSEE; GRUR 1999, 492 (493) – Altberliner mwN; Ingerl/Rohnke Rn. 24; Ströbele/Hacker/Hacker Rn. 28; aA Plaß WRP 2001, 661 (666 ff.)). In einigen Entscheidungen verlangt die Rechtsprechung neben Schlagworteignung und Unterscheidungskraft zudem, dass der Firmenbestandteil seiner Natur nach geeignet ist, als ein **Name des Unternehmens zu wirken** (BGH GRUR 2016, 705 Rn. 19 – ConText; GRUR 2013, 68 Rn. 33 – Castell/VIN CASTEL; GRUR 1996, 68 (69) – COTTON LINE). Das Verhältnis zur Schlagworteignung ist allerdings unklar, da diese ohnehin nur dann bestehen kann, wenn der Bestandteil so beschaffen ist, dass er sich zur Identifizierung des Unternehmens eignet – dann aber hat er auch die verlangte Namenswirkung. Die Rechtsprechung ist ohnehin nicht widerspruchsfrei; in anderen Entscheidungen sieht sie die Eignung, als Name zu wirken, als Voraussetzung der Unterscheidungskraft (→ Rn. 62). Beispiele für Bestandteile mit Schlagworteignung → Rn. 33.1.

Beispiele für Firmenbestandteile mit Schlagworteignung: „Absolut" für „Absolut Personalma- **33.1** nagement GmbH" (LG Hamburg BeckRS 2016, 11162); „Altberliner" für „Altberliner Verlag GmbH" (BGH GRUR 1999, 492 (494)); „Anson's" für „Anson's Herrenhaus KG" (OLG Hamburg GRUR-

MarkenG § 5 Teil 2 Voraussetzungen, Inhalt und Schranken etc.

RR 2015, 373 (374)); „berlin location" für „berlin location Produktions- und Service GmbH für Film, Werbung und Event" (OLG Hamburg GRUR-RR 2002, 226 (227)); „bsw" für „bsw Bundesverband Schwimmbad & Wellness e.V." (OLG Köln GRUR-RR 2008, 9 (10)); „Charité" für „Charité – Universitätsmedizin Berlin" (OLG Düsseldorf GRUR-RR 2013, 21); „CompuNet" für „CompuNet Computer AG & Co. OHG" (BGH GRUR 2001, 1161); „ConText" für „ConText Communication" (BGH GRUR 2016, 705 Rn. 21); „Creditsafe" für „Creditsafe Deutschland GmbH" (OLG Hamburg WRP 2015, 911 (915)); „defacto" für „defacto marketing GmbH" (BGH GRUR 2002, 898); „Flüssiggas-Bayern" für „Flüssiggas-Bayern GmbH & Co. KG" (OLG München MMR 2003, 397 (398)); „Galileo" für „Galileo Deutschland GmbH (OLG München BeckRS 2015, 20259); „GEFA" für „GEFA Gesellschaft für Absatzfinanzierung mbH" (BGH GRUR 1985, 461 (462)); „Haus & Grund" für „Haus & Grund Deutschland – Zentralverband der Deutschen Haus-, Wohnungs- und Grundeigentümer e.V." (BGH GRUR-RR 2010, 205 Rn. 23; GRUR 2008, 1108 Rn. 34); „Hufelandklinik" für „Gabriele Wöppel HUFELANDKLINIK für ganzheitliche immunbiologische Therapie" (BGH GRUR 2006, 159 Rn. 11); „Impuls" für „Impuls Medienmarketing GmbH" (BGH GRUR 2007, 65 Rn. 13); „IPF" für „IPF Gesellschaft für elektronische Datenverarbeitung mbH & Co. KG" (OLG Köln MMR 2000, 161 (162)); „Joop!" für „Joop! GmbH" (OLG Hamburg BeckRS 2010, 26161); „KlaFlü" für „KlaFlü Klavier- und Flügeltransporte" (OLG Bremen WRP 1999, 215 (216 f.)); „Leasing Partner" für „Leasing Partner LPG GmbH & Co. Anlagegüter KG" (BGH GRUR 1991, 556 (557)); „MARITIM" für „MARITIM Hotelgesellschaft mbH" (BGH GRUR 1989, 449 (450)); „Maxx Bikes" für „Maxx Bikes & Components GmbH" (OLG München InstGE 13, 54); „Mingan-Labrador" für „Labrador Retriever Zucht Mingan-Labrador" (OLG Köln WRP 2015, 630); „Mustang" für „Mustang Bekleidungswerke GmbH & Co." (BGH GRUR 2004, 865 (867)); „NetCom" für „NetCom Sicherheitstechnik GmbH" (BGH GRUR 1997, 468 (469)); „NeD Tax" für „Ned Tax Günter Heenen" (BPatG BeckRS 2016, 07091); „Nr. 1" für „Squash-Center Nr. 1 GmbH" (OLG Saarbrücken NJWE-WettbR 1996, 179; sehr zweifelhaft); „Prolac" für „Prolac Products Ltd." (OLG Jena GRUR-RR 2009, 104 (105)); „Segnitz" für „A-Segnitz GmbH & Co." (BGH GRUR 2006, 158 Rn. 14); „SeniVita" für „SeniVita Sozial gGmbH" (OLG München BeckRS 2016, 11751); „Sieh an!" für „Sieh an! Handelsgesellschaft mbH" (OLG Hamburg MMR 2002, 682 (683)); „SoCo" für „SoCo Software + Computersysteme" (BGH GRUR 2005, 262 (263)); „t 3" für „t 3-Medien GmbH" (OLG Köln GRUR-RR 2002, 293); „Telekom" für „Deutsche Telekom AG", aber nur kraft Verkehrsgeltung (BGH GRUR 2007, 888 Rn. 19; GRUR 2004, 515 (515)); „U Trockenbausysteme" für „U Gesellschaft für Trockenbausysteme GmbH" (OLG Hamm MMR 2013, 791); „Völkl" für „Völkl GmbH & Co. KG" (BGH GRUR 2013, 638 Rn. 24); „XCOM" für „XCOM BCC GmbH" (OLG Düsseldorf BeckRS 2010, 01271). Beispiele für Firmenbestandteile mit fehlender Schlagworteignung → Rn. 34.1.

34 **Firmenbestandteile, denen die Schlagworteignung fehlt** (Beispiele → Rn. 34.1), können nur als besondere Geschäftsbezeichnung iSd § 5 Abs. 2 S. 1 Alt. 3 geschützt sein; dazu bedarf es jedoch – anders als bei Firmenschlagworten (→ Rn. 41) – ihrer Benutzung in Alleinstellung (vgl. BGH GRUR 1996, 68 (69) – COTTON LINE; Ströbele/Hacker/Hacker Rn. 31).

34.1 **Beispiele für Firmenbestandteile ohne Schlagworteignung:** „deejay" für „deejay.de" (OLG Dresden K&R 2007, 269 (270)); „Erdinger" für „Privatbrauerei Erdinger Weißbräu Werner Brombach GmbH" (LG München I, Urt. v. 9.8.2006, 1 HKO 22662/05: nur „Erdinger Weißbräu" schlagwortgeeignet); „Europa Möbel" für „Europa Möbel-Verbund GmbH" (KG BeckRS 2008, 23351); „FASHION TV" für „fashiontv.com GmbH" (BPatG BeckRS 2016, 03922); „Parkhotel" für „Park Hotel Post" (OLG Karlsruhe WRP 2012, 1293); „Puppenkiste" für „Augsburger Puppenkiste" (BGH GRUR 2009, 772 Rn. 75); „Weinbörse" für „Erzeugergemeinschaft Mainzer Weinbörse w.V." (OLG Koblenz GRUR 1993, 989 (990)).

35 Ebenfalls keine Firmenschlagworte sind aus der Firma oder ihren Bestandteilen gebildete und benutzte **Abkürzungen** oder **Wortschöpfungen,** die selbst nicht Bestandteil der Firma sind; sie können gleichfalls nur als besondere Geschäftsbezeichnung geschützt sein (BGH GRUR 1992, 329 (331) – AjS-Schriftenreihe; GRUR 1955, 299 (300) – Koma; GRUR 1954, 195 – KfA; offen lassend BGH GRUR 2009, 685 Rn. 17 – ahd.de; anders jetzt wohl (jeweils zu § 12 BGB) BGH GRUR 2014, 506 Rn. 10 – sr.de; OLG München BeckRS 2012, 07095 – edw-info.de; LG Köln BeckRS 2016, 145 – fc.de; aA wohl auch LG Düsseldorf NJW-RR 1999, 629 – JPNW; kritisch Plaß WRP 2001, 661 (670)).

2. Schlagworteignung

Die Schlagworteignung eines Firmenbestandteils ergibt sich vor allem aus der **Unterschei-** 36
dungskraft des Bestandteils sowie aus der **Kennzeichnungsschwäche der übrigen**
Firmenbestandteile. Sind diese rein beschreibend, erlangt ein unterscheidungskräftiger
Firmenbestandteil Schlagworteignung, weil der Verkehr dazu neigt, **griffige Begriffe** zur
schlagwortartigen Kurzbeschreibung des Unternehmens zu verwenden (BGH GRUR 1997,
468 (469) – NetCom; OLG Düsseldorf GRUR-RR 2003, 8 (9) – START). Sind die übrigen
Bestandteile ebenfalls kennzeichnungskräftig und haben sie für die Kennzeichnungskraft der
gesamten Firma zumindest gleichgewichtige Bedeutung, kann jeder dieser Bestandteile zum
Schlagwort geeignet sein (aA OLG Karlsruhe WRP 2012, 1293 – Parkhotel). Mit Recht
hat der BGH daher die Schlagworteignung eines abstrakten Begriffs bejaht, der in der Firma
einem namensmäßigen und damit ebenfalls unterscheidungskräftigen Bestandteil vorangestellt wurde (BGH GRUR 1995, 505 (506) – APISERUM). Ist der Firmenbestandteil hingegen nicht unterscheidungskräftig, eignet er sich auch nicht als schlagwortartiger Hinweis auf
das Unternehmen (zB „FASHION TV" für ein Unternehmen, das sich mit Herstellung,
Vertrieb und Ausstrahlung von Fernsehspots über Mode beschäftigt; BPatG BeckRS 2016,
03922).

Wird **neben der vollständigen Firma** auch noch eine **gekürzte Fassung** verwendet, 37
ist bei der Feststellung der Schlagworteignung in erster Linie die vollständige Firma zugrunde
zu legen (BGH GRUR 2013, 68 Rn. 29 – Castell/VIN CASTEL). Dabei ist allerdings zu
bedenken, dass die Verwendung der gekürzten Fassung dazu führen kann, dass in ihr enthaltene Bestandteile (die zugleich Firmenbestandteile sind) die Schlagworteignung verlieren
können, weil der Verkehr schon an die Verwendung der gekürzten Firma gewöhnt ist und
kein Bedürfnis für eine weitere Verkürzung durch Rückgriff auf ein Schlagwort hat.

Die Eignung als Schlagwort hängt nicht davon ab, dass der Firmenbestandteil eine aus- 38
sprechbare **Buchstabenkombination** darstellt (BGH GRUR 2001, 344 – DB Immobilienfonds; OLG Düsseldorf MMR 2012, 563 (564); OLG Köln GRUR-RR 2008, 9 (10) – bsw/
BSW Bundesverband Solarwirtschaft e.V.; OLG Köln MMR 2000, 161 (162) – IPFNet).
Abkürzungen, die Bestandteil der Firma sind und die aus den Anfangsbuchstaben von Begriffen gebildet wurden, die ebenfalls Teil der Firma sind (**Akronyme**), können ebenfalls Schlag-
worteigenschaft haben (OLG Frankfurt BeckRS 2015, 13386). Zu nicht in der Firma enthaltenen Abkürzungen → Rn. 35.

Familiennamen als Bestandteil der Gesamtfirma fehlt die Schlagworteignung, wenn es 39
in der einschlägigen Branche weitere Unternehmen gibt, die diesen Familiennamen in ihrer
Firma oder besonderen Bezeichnung führen; der Verkehr wird dann die übrigen Bestandteile
der Firma nicht weglassen (OLG München MD 2012, 945 = BeckRS 2011, 27043 – Strauss;
siehe aber auch BGH GRUR 2013, 638 Rn. 24 – Völkl; OLG Frankfurt GRUR 1984, 891
(893) – Rothschild). Umgekehrt hindert ein Familienname als Firmenbestandteil nicht die
Schlagworteignung eines weiteren unterscheidungskräftigen Bestandteils (BGH GRUR
1995, 505 (506) – APISERUM; vgl. ferner BPatG BeckRS 2016, 07091 – ned tax).

Eine **spätere Änderung der Gesamtfirma** kann sich auf die Schlagworteignung vor 40
allem dann auswirken, wenn unterscheidungskräftige Bestandteile zugefügt oder ausgewech-
selt werden. Bei der Beurteilung ist jedoch zu berücksichtigen, ob der Verkehr trotz der
Veränderung in dem fraglichen Firmenbestandteil weiterhin ein Schlagwort sieht, weil es
langjährig und auch in Alleinstellung benutzt wurde (BGH GRUR 1995, 505 (506) –
APISERUM; OLG München BeckRS 2016, 11751 – SeniVita). Zum Erlöschen des Schutzes bei Veränderungen → Rn. 144.

3. Schutzentstehung

Firmenschlagworte genießen einen abgeleiteten Schutz. Er folgt aus dem Schutz 41
der vollständigen Firma, der sich auch auf kennzeichnungskräftige Bestandteile erstreckt.
Deshalb kommt es nicht darauf an, ob der Firmenbestandteil tatsächlich als Firmenschlagwort
in Alleinstellung verwendet worden ist oder ob er Verkehrsgeltung erlangt hat (BGH GRUR
2016, 705 Rn. 19 – ConText; GRUR 2013, 638 Rn. 24 – Völkl; BGH GRUR 2013, 68
Rn. 28 – Castell/VIN CASTEL; GRUR 2009, 772 Rn. 75 – Augsburger Puppenkiste;
GRUR 2007, 65 Rn. 13 – Impuls; GRUR 2004, 865 (867) – Mustang; GRUR 2004, 515 –

Telekom; GRUR 2002, 898 – defacto; GRUR 2000, 605 (607) – comtes/ComTel; GRUR 1999, 492 (493) – Altberliner).

42 Ausreichend, aber auch notwendig ist, dass der **kennzeichenrechtliche Schutz der vollständigen Firma entstanden** ist. Mit ihm entsteht zeitgleich der Schutz der Firmenbestandteile als Firmenschlagwort (BGH GRUR 2016, 705 Rn. 19 – ConText; GRUR 2013, 638 Rn. 24 – Völkl; GRUR 2013, 68 Rn. 28 – Castell/VIN CASTEL; GRUR 2011, 831 Rn. 16 – BCC; GRUR-RR 2010, 205 Rn. 26 – Haus & Grund IV; GRUR 2009, 685 Rn. 17 – ahd.de; GRUR 2008, 1104 Rn. 30 – Haus & Grund II; GRUR 2005, 871 (872) – Seicom). Wurde die Bezeichnung jedoch schon benutzt, bevor sie zum Bestandteil der Firma wurde, kann sie einen selbständigen Schutz als besondere Bezeichnung eines Unternehmens oder Geschäftsbetriebs genießen; dieser Schutz beginnt bereits mit Benutzungsaufnahme (BGH GRUR-RR 2010, 205 Rn. 26 – Haus & Grund IV; GRUR 2008, 1108 Rn. 43 – Haus & Grund III).

VII. Besondere Bezeichnung eines Geschäftsbetriebs oder Unternehmens (Abs. 2 S. 1 Alt. 3)

1. Schutzfähigkeit von Geschäftsbezeichnungen

43 Besondere Bezeichnungen dienen der **Benennung von Unternehmen** und weisen damit anders als Name und Firma nicht auf ein Rechtssubjekt, sondern ein Rechtsobjekt hin. Dieses Objekt ist das Unternehmen oder ein einzelner Geschäftsbetrieb (sog. **Etablissementbezeichnung**, zB Namen von Hotels, Gaststätten oder Apotheken). § 5 Abs. 2 S. 1 nennt die besonderen Bezeichnungen in einem Zuge mit Name und Firma. Hiermit ist nach dem Willen des Gesetzgebers zum Ausdruck gebracht, dass nur solche Bezeichnungen Schutz genießen, die **Namensfunktion** aufweisen (BT-Drs. 12/6581, 67; BGH GRUR 2008, 1108 Rn. 44 – Haus & Grund III; GRUR 2005, 419 (422) – Räucherkate; Ströbele/Hacker/Hacker Rn. 33; aA Schricker GRUR 1998, 310 (312 f.); zur Namensfunktion → Rn. 50).

44 Da auch einzelne Unternehmensteile Bezugsobjekt sein können (→ Rn. 46), kann ein Unternehmen **mehrere Geschäftsbezeichnungen nebeneinander für voneinander getrennte Unternehmenseinheiten** führen. Aus dem unterschiedlichen Bezugsobjekt folgt ohne weiteres, dass eine besondere Bezeichnung neben einem Namen oder einer Firma verwendet werden kann.

2. Geschäftsbetrieb oder Unternehmen

45 **Bezugsobjekt** muss ein Unternehmen oder ein Geschäftsbetrieb sein. Beide Begriffe verweisen auf eine wirtschaftliche Einheit. Bei **Unternehmen** besteht diese in der Gesamtheit der geschäftlichen Tätigkeit des Unternehmensträgers, während mit dem **Geschäftsbetrieb** auf einzelne Teile des Unternehmens verwiesen wird.

46 Geschützt sind daher auch **Bezeichnungen abgrenzbarer Teile des Unternehmens** (BGH GRUR 1988, 560 (561) – Christophorus-Stiftung; OLG Dresden MMR 2015, 193 (194) – fluege.de; OLG Düsseldorf GRUR-RR 2016, 237 Rn. 15 – Brauwelt; OLG Köln GRUR-RR 2001, 3 (4) – Sikulu; OLG Koblenz GRUR 1993, 989 – Mainzer Weinbörse; OLG München GRUR 1980, 1003 (1005) – Arena; LG Hamburg BeckRS 2015, 19278 – poppen.de). Für die Abgrenzbarkeit ist darauf abzustellen, ob sich der Unternehmensteil hinreichend verfestigt und institutionalisiert hat und gegenüber dem übrigen Geschäftsbereich des Unternehmens hinreichend selbständig ist (BGH GRUR 1988, 560 (561) – Christophorus-Stiftung; OLG Düsseldorf GRUR-RR 2006, 265 (266) – Post-DomainPfad). Das setzt nicht zwingend eigene räumliche oder personelle Mittel voraus, sofern diese nach der Art des betriebenen Geschäfts nicht erforderlich sind und gleichwohl ein dauerhaft verselbständigter Wirkungsbereich gegeben ist (BGH GRUR 1988, 560 (561) – Christophorus-Stiftung). Entscheidend für die Abgrenzbarkeit sind letztlich die organisatorische Gestaltung innerhalb des Unternehmens und die Wahrnehmung des Verkehrs. Neben einer **Zweigstelle** (vgl. LG München BeckRS 2008, 23032 – dgh.de) kann deshalb auch ein **Geschäftszweig** etwa im Sinne einer nach außen auftretenden Unternehmenseinheit ausreichend sein (Beispiele → Rn. 46.1). Schutzfähig sind auch die Bezeichnungen offener Invest-

mentfonds, die rechtlich ein vom Vermögen der Kapitelverwaltungsgesellschaft Sondervermögen darstellen (v. Fuchs/Czernik GRUR 2015, 852 f.).

Beispiele für schutzfähige Bezeichnungen einzelner Geschäftszweige: Als „Departement" **46.1** auftretende Abteilung für Schwimmsportbekleidung und -artikel (OLG München GRUR 1980, 1003 (1005) – Arena); unter der Bezeichnung „The Sikulu Company" auftretender künstlerischer, mit der Aufführung beschäftigter Teil des Geschäftsbetriebs eines Musical-Veranstalters (OLG Köln GRUR-RR 2001, 3 (4) – Sikulu); unter der Domain „fluege.de" auftretender, auf die Flugvermittlung gerichteter Geschäftsbereich eines Reisevermittlers (OLG Dresden MMR 2015, 193 (194) – fluege.de); Herausgabe einer Zeitschrift unter dem Titel „Brauwelt" durch einen Fachverlag (OLG Düsseldorf GRUR-RR 2016, 237 Rn. 15 – Brauwelt; zweifelhaft, da der Verkehr einzelne Zeitschriften eines Verlages auch dann nicht als nach außen auftretende Unternehmenseinheit versteht, wenn der Verlag für die Zeitschrift eine eigene Redaktion unterhält oder zusätzlich noch andere Dienstleistungen wie Seminare und Workshops anbietet).

3. Veranstaltungen

Ob Veranstaltungen als **abgrenzbarer Unternehmensteil** Bezugsobjekt einer besonde- **47** ren Bezeichnung sein können, ist zweifelhaft. Die Rechtsprechung tendiert dazu (vgl. OLG Frankfurt MarkenR 2011, 222 = BeckRS 2011, 06136 – J.-C.-Revival; OLG Hamburg GRUR-RR 2005, 223 – WM 2006 [zurückhaltender jedoch OLG Hamburg GRUR-RR 2008, 50 (51) – WM-Marken]; OLG Koblenz GRUR 1993, 989 – Mainzer Weinbörse; aA LG Berlin GRUR-RR 2011, 137 (138) – Country Music Messe; s. auch Lerach GRUR-Prax 2012, 23 (25 f.)). Dagegen spricht, dass die Unternehmenskennzeichnung nicht auf eine Tätigkeit, sondern ein Unternehmen als wirtschaftliche Einheit hinweist und einzelne Tätigkeiten nur dann Bezugsobjekt sein können, wenn sie nach außen wie ein selbständiges Unternehmen auftreten (vgl. Ströbele/Hacker/Hacker Rn. 8). Das mag allenfalls bei Großveranstaltungen wie der Fußball-Weltmeisterschaft anzunehmen sein. Ansonsten liegt ein Werktitelschutz (§ 5 Abs. 3) näher (→ Rn. 190). Jedenfalls ist erforderlich, dass der Verkehr die Veranstaltung als eigenes Geschäftsgebiet eines Unternehmens ansieht und nicht nur als einmalige Tätigkeit, sei diese auch außerhalb der üblichen Geschäftstätigkeit. Insoweit muss die Durchführung von Veranstaltungen zumindest eine kontinuierliche Tätigkeit sein, so dass der Schutz nicht schon mit der Durchführung der ersten Veranstaltung im Rahmen einer geplanten Veranstaltungsreihe entsteht (OLG Jena GRUR-RR 2012, 113 (116) – Musikveranstaltung).

4. Gebäudebezeichnungen

Gebäudebezeichnungen können als besondere Bezeichnung geschützt sein, wenn das **48** Gebäude sich als **abgrenzbarer Geschäftsbetrieb** des Unternehmens darstellt (vgl. OLG Frankfurt MMR 2010, 831; Ströbele/Hacker/Hacker Rn. 9). Das ist etwa denkbar bei der Vermarktung mehrerer Gebäude durch eine Projektgesellschaft, sofern die Vermarktungstätigkeit sich für jedes Gebäude als organisatorisch selbständig präsentiert.

5. Dienstleistungsbezeichnungen

Die **Erbringung bestimmter Dienstleistungen unter einer besonderen Bezeich- 49 nung** im Rahmen der allgemeinen geschäftlichen Tätigkeit genügt nicht (vgl. BGH GRUR 2002, 544 (547) – BANK 24; KG WRP 1980, 409 – Intercity; Ströbele/Hacker/Hacker Rn. 8; Ingerl/Rohnke Rn. 28). Das Gleiche gilt, wenn die angebotenen Waren im Internet unter einer besonderen Bezeichnung vertrieben werden, sofern es sich hierbei nicht um eine abgrenzbare und verselbständigte Unternehmenseinheit handelt (OLG Düsseldorf GRUR-RR 2006, 265 (266) – Post-DomainPfad; OLG München GRUR 2006, 686 (687) – Österreich.de).

6. Namensfunktion des Zeichens

Ob die für den Schutz erforderliche Namensfunktion gegeben ist, bestimmt sich nach der **50** Verkehrsauffassung. Sie besteht, wenn die Bezeichnung im Verkehr **wie ein Name des**

MarkenG § 5 Teil 2 Voraussetzungen, Inhalt und Schranken etc.

Unternehmens wirkt (BGH GRUR 2008, 1108 Rn. 44, 32 – Haus & Grund III; GRUR 2003, 792 (793) – Festspielhaus II; GRUR 1995, 507 (508) – City-Hotel; GRUR 1977, 165 (166) – Parkhotel). Die Namensfunktion muss entweder **originär** gegeben oder **später durch Verkehrsgeltung** erworben sein (vgl. BGH GRUR 2007, 888 Rn. 17 ff. – Euro Telekom; GRUR 2004, 515 – Telekom). Bei fehlender Namensfunktion kommt nur ein Schutz als Geschäftsabzeichen (§ 5 Abs. 2 S. 2) in Betracht.

51 Eine Bezeichnung kann auch bei der Verwendung **beschreibender Begriffe** Namensfunktion haben, wenn dem Verkehr nach den Umständen des Einzelfalls gleichwohl bewusst ist, dass zumindest in einem **räumlich begrenzten Bereich** regelmäßig nur ein Unternehmen so bezeichnet wird. Das kommt zB bei Hotels, Restaurants, Apotheken und nicht als Filialen betriebenen Einzelhandelsgeschäften in Betracht. Beispiele → Rn. 67.1.

51.1 **Beispiele für schutzfähige beschreibende Bezeichnungen räumlich begrenzt tätiger Geschäftsbetriebe:** „Bahnhofsapotheke" und „Bahnhofshotel" (BGH Urt. v. 17.11.1961 – I ZR 57/60); „Bayerischer Hof" (BGH Urt. v. 12.6.1970 – I ZR 98/68); „Parkhotel" (BGH GRUR 1977, 165 (166) – Parkhotel); „Wach- und Schließgesellschaft" (BGH GRUR 1977, 226 (227) – Wach und Schließ); „City-Hotel" (BGH GRUR 1995, 507 (508) – City Hotel); „Haarschmiede" für einen Friseursalon (BPatG BeckRS 2011, 16420 – Haarschmiede); „Herzapotheke" (KG GewArch 2000, 257 f. – Herz-Apotheke); „Johannes Apotheke" (BPatG BeckRS 2008, 22278 – Johannes Apotheke); „Stadt-Apotheke" (OLG Karlsruhe WRP 1974, 422 – Stadtapotheke); „Maximilian-Drogerie" (OLG Nürnberg WRP 1971, 334 (335) – Maximilian-Apotheke); „Uhland-Apotheke" (LG Stuttgart GRUR-RR 2006, 333 (334) – Uhland-Apotheke).

52 Die **Zufügung eines Eigennamens zu einem beschreibenden Begriff** verleiht der Bezeichnung stets Namensfunktion (vgl. OLG Celle NJWE-WettbR 1996, 206 f. – Grand Hotel Mussmann). Sie kann aber dazu führen, dass dem beschreibenden Begriff in Alleinstellung die Namensfunktion fehlt. Bestehen zB in einem Ort zwei Hotels, die sich Parkhotel nennen, aber diesem Begriff jeweils noch einen Eigennamen oder einen anderen kennzeichnungskräftigen Bestandteil zufügen (zB Parkhotel Post und Parkhotel Stadt Freiburg), dann ist die Annahme, der Verkehr schließe allein aus dem Begriff „Parkhotel" auf ein bestimmtes Hotel am Ort, ausgeschlossen (OLG Karlsruhe WRP 2012, 1293 – Parkhotel).

53 Werden **beschreibende Begriffe zu einem in der Umgangssprache unüblichen Gesamtbegriff kombiniert**, kann dieser Begriff Namensfunktion haben (BGH GRUR 2003, 792 (793) – Festspielhaus II; GRUR 1977, 165 (166) – Parkhotel).

54 **Ortsnamen** fehlt in der Regel die Namensfunktion in Bezug auf ein Unternehmen (vgl. OLG Jena GRUR 2000, 435 f. – Wartburg). Sie können aber **zusammen mit einem ansonsten lediglich beschreibenden Begriff** dem Gesamtzeichen Namensfunktion verleihen (vgl. BGH GRUR 2009, 772 Rn. 75 – Augsburger Puppenkiste). Im Bereich der Bezeichnung von Hotels oder Restaurants ist die Verwendung eines Städtenamens in Kombination mit dem Begriff „Stadt" üblich; die Gesamtbezeichnung hat auch dann noch Namensfunktion, wenn der Name der Stadt verwendet wird, in dem sich das Unternehmen befindet (vgl. OLG Karlsruhe WRP 2012, 1293 – Parkhotel).

55 Ein **Zeichen, das als Marke geschützt ist,** kann eine besondere Bezeichnung sein, sofern der Verkehr in dem Zeichen nicht (mehr) nur einen Herkunftshinweis auf die Waren oder Dienstleistungen, sondern auch das Unternehmen selbst sieht (BGH GRUR 1957, 87 (88) – Meisterbrand; GRUR 1955, 299 (300) – Koma).

56 Eine als **Name** oder **Firma** geschützte Bezeichnung kann nicht gleichzeitig eine besondere Bezeichnung sein, da sie vom Verkehr bereits als Hinweis auf den Unternehmensträger verstanden wird (OLG Frankfurt GRUR 1984, 891 (893) – Rothschild).

57 **Firmenbestandteile** können besondere Bezeichnungen sein (BGH GRUR 1970, 479 (480) – Treppchen; Ströbele/Hacker/Hacker Rn. 30; Büscher, FS Bornkamm, 2014, 543 (545 f.)). Das gilt auch dann, wenn sie zugleich als Firmenschlagwort Schutz genießen, weil dieser Schutz nur abgeleitet ist (vgl. BGH GRUR 1961, 294 (296) – ESDE). Wurde ein Zeichen bereits als besondere Bezeichnung verwendet, bevor es zum Bestandteil eines Namens oder einer Firma wurde, bleibt dieser Schutz mit seinem durch Benutzungsaufnahme begründeten Zeitrang bestehen (BGH GRUR-RR 2010, 205 Rn. 26 – Haus & Grund IV; GRUR 2008, 1108 Rn. 43 – Haus & Grund III; OLG Hamm GRUR-RR 2009, 257 (258) – Haus & Grund II).

Bestandteile einer besonderen Bezeichnung genießen unter den gleichen Vorausset- 58
zungen, wie sie für Firmenschlagworte gelten (→ Rn. 33), einen abgeleiteten Schutz (vgl.
BGH GRUR 2009, 772 Rn. 75 – Augsburger Puppenkiste; OLG Köln BeckRS 2012,
10666 – Fair Play; OLG Karlsruhe WRP 2012, 1293 – Parkhotel; OLG Hamm GRUR
1990, 699 – Petite fleur).

Zahlenkombinationen wie zB eine **Telefon- oder Telefaxnummer** können bei hinrei- 59
chender Einprägsamkeit und entsprechender Bewerbung durch Verkehrsgeltung ebenfalls
Namensfunktion erlangen (vgl. OLG Köln GRUR-RR 2006, 191 – 01058/01059). Demgegenüber fehlt **Werbeslogans** regelmäßig die Namensfunktion, da sie im Verkehr nicht zur
Identifizierung des werbenden Unternehmens verwendet werden (Stollwerck ZUM 2015,
867 (873). Zu **Bildzeichen** → Rn. 13; zu **Domainnamen** → § 15 Rn. 81.

VIII. Geschäftsabzeichen und sonstige Unterscheidungszeichen (Abs. 2 S. 2)

1. Schutzvoraussetzungen

Geschäftsabzeichen und sonstigen zur Unterscheidung von Geschäftsbetrieben bestimm- 60
ten Zeichen fehlt die Namensfunktion. Sie gelten im Verkehr nicht als Name eines Geschäftsbetriebs, dienen aber dennoch seiner Kennzeichnung iSe **Unterscheidung**. Deshalb entsteht
ihr Schutz erst dann, wenn sie innerhalb beteiligter Verkehrskreise als **Kennzeichen des
Geschäftsbetriebs** gelten, also **Verkehrsgeltung** als Individualisierungszeichen erlangt
haben (zu den Anforderungen → Rn. 91). Geschäftsbetrieb iSd § 5 Abs. 2 S. 2 sind nicht
nur einzelne Unternehmensteile, sondern auch das gesamte Unternehmen.

2. Schutzfähige Zeichen

Schutzfähig sind **Wortzeichen** (zB KG GRUR-RR 2009, 61 – Antiquarische Bücher; 61
OLG Hamburg GRUR-RR 2005, 223 – WM 2006); auch in nicht-lateinischer Schrift (vgl.
OLG Hamburg GRUR-RR 2005, 45 (46) – Datschnie) oder in der Form von Werbesprüchen (KG WRP 1980, 623 – Jägernummer; OLG Köln WRP 1967, 29 (30); OLG Hamburg
WRP 1958, 340 – Blumen in alle Welt; Stollwerck ZUM 2015, 867 (872 f.)); ferner **Bildzeichen** etwa in Form von Logos (vgl. BGH GRUR 1957, 281 (282) – karo-as; OLG Köln
GRUR-RR 2008, 9 (10) – bsw/BSW Bundesverband Solarwirtschaft e.V., dort allerdings
offen gelassen; OLG Stuttgart NJWE-WettbR 2000, 165 – Kanzleilogo; LG Köln BeckRS
2013, 16800); außerdem zB **Gebäudegestaltungen** (BGH GRUR 2005, 419 (422) – Räucherkate), **Telefonnummern** sowohl in rein numerischer Form (BGH GRUR 1953, 291
(292) – Fernsprechnummer) als auch als Vanity-Nummer (Demmel/Skrobotz MMR 1999,
74 (78)); Fernschreibkennungen (BGH GRUR 1986, 475 (476) – Fernschreibkennung);
Domainnamen (LG Köln BeckRS 2014, 22949), **Geruchs-, Hör- oder Tastzeichen**,
Unternehmensfarben (vgl. BGH GRUR 1997, 754 (755) – grau/magenta); **Aufmachungen** der Mitarbeiter (zB Bekleidung) oder **Geschäftsraumgestaltungen** (dazu Goldmann
MarkenR 2015, 8 ff., 67 ff.). Grundsätzlich kann auch **Produktgestaltungen** als Geschäftsabzeichen schutzfähig sein; im Allgemeinen werden sie im Verkehr aber nicht als Individualisierungszeichen für den Geschäftsbetrieb wahrgenommen (zu Ausnahmen s. Goldmann MarkenR 2015, 67 (77 ff.); Sosnitza MarkenR 2015, 1 (3)).

IX. Unterscheidungskraft

1. Begriff und Funktion

Ungeschriebene **Voraussetzung der Schutzentstehung** ist die Unterscheidungskraft 62
des Zeichens, da es sonst seine Funktion, Unternehmen voneinander zu unterscheiden, nicht
erfüllen kann. Sie kann dem Zeichen bereits seiner Natur nach inne wohnen (originäre
Unterscheidungskraft, → Rn. 67) oder durch Verkehrsgeltung erworben sein (→ Rn. 91).
Unterscheidungskraft liegt nach der Formulierung der Rechtsprechung vor, wenn das Zeichen geeignet ist, bei der Verwendung im Verkehr **als Name des Unternehmens zu
wirken** (zB BGH BeckRS 2013, 06018 Rn. 21 – XVIII Plus; BGH GRUR 2008, 1104
Rn. 17– Haus & Grund II; GRUR 2008, 801 Rn. 12 – Hansen-Bau).

MarkenG § 5   Teil 2 Voraussetzungen, Inhalt und Schranken etc.

63   Maßgeblich dafür ist die **Verkehrsauffassung.** Diese orientiert sich einerseits am Charakter des Zeichens etwa als Personenname oder Sachbezeichnung (BGH GRUR 1985, 461 (462) – Gefa/Gewa), andererseits aber auch an der üblichen Bezeichnungspraxis in der maßgeblichen Branche (BGH GRUR 1996, 68 (69) – COTTON LINE; GRUR 1992, 550 – ac-pharma; GRUR 1988, 635 (636) – Grundkommerz; GRUR 1985, 461 (462) – Gefa/Gewa; OLG Köln GRUR-RR 2001, 266 (267) – Printer-Store; OLG Saarbrücken NJWE-WettbR 1999, 258 (259) – Floratec) sowie am Unternehmensgegenstand (BGH BeckRS 2013, 06018 Rn. 21 – XVIII Plus).

2. Namensfunktion und Unterscheidungskraft

64   Die Rechtsprechung versteht **Namensfunktion und Unterscheidungskraft** als Einheit, die in der Bezeichnung „**namensmäßige Unterscheidungskraft**" ihren sinnfälligen Ausdruck findet. Sie verwischt damit die Unterschiede zwischen diesen beiden Begriffen (für Trennung auch Ströbele/Hacker/Hacker Rn. 36; aA Ingerl/Rohnke Rn. 35). Das ist schon deshalb abzulehnen, weil auch die kraft Verkehrsgeltung geschützten Geschäftsabzeichen iSd § 5 Abs. 2 S. 2 über Unterscheidungskraft verfügen müssen, obwohl ihnen keine Namensfunktion zukommt. Doch auch bei den von § 5 Abs. 2 S. 1 erfassten Zeichen (Name, Firma, besondere Bezeichnung) ist **zwischen Namensfunktion und Unterscheidungskraft zu differenzieren.**

64.1   Die **Namensfunktion** ist eine **eigenständige Voraussetzung,** die schon gegeben sein muss, damit ein Zeichen überhaupt als Name, Firma oder besondere Bezeichnung eingeordnet werden kann. Ob Namensfunktion besteht, ist zumindest im Grundsatz auch unabhängig davon, ob das Zeichen unterscheidungskräftig ist. Das gilt uneingeschränkt für **Name** und **Firma.** Diese normativ geprägten Begriffe erfassen ein Zeichen unabhängig von seiner Unterscheidungskraft; so verfügt zB auch ein Allerweltsnachname kraft seiner normativen Erfassung als bürgerlich-rechtlicher Name über die Namensfunktion, während die Unterscheidungskraft kontrovers diskutiert wird (→ Rn. 87).

64.2   Während Name und Firma „geborene" Zeichen mit Namensfunktion sind, ist der Begriff der **besonderen Bezeichnung** nicht normativ vorgeprägt; er setzt deshalb die konkrete Feststellung der Namensfunktion voraus. Das lässt sich in der Regel nicht ohne Rückgriff auf die Unterscheidungskraft bewältigen, weil es nicht um Bezeichnungen geht, denen die Rechtsordnung ohne Rücksicht auf die Unterscheidungskraft Namensfunktion beilegt. Nur hier ist die Rede von der „namensmäßigen Unterscheidungskraft" zutreffend.

3. Unterschiede zu § 8 Abs. 2 Nr. 1

65   Die für § 5 Abs. 2 erforderlich Unterscheidungskraft unterscheidet sich von der für die Eintragung von Marken notwendigen **konkreten Unterscheidungskraft iSd § 8 Abs. 2 Nr. 1** (BPatG BeckRS 2016, 03281 – Immobilien Lounge; BeckRS 2014, 09568 – Harzer Apparatewerke; BeckRS 2011, 16420 – Haarschmiede; LG Hamburg BeckRS 2015, 19278 – poppen.de; Ströbele/Hacker/Hacker § 15 Rn. 33; aA Ingerl/Rohnke Rn. 35). Sie umfasst auch die Prüfung, ob das Zeichen **beschreibenden Charakter iSd § 8 Abs. 2 Nr. 2, 3** hat. Zudem ergeben sich aus den unterschiedlichen Bezugsobjekten auch unterschiedliche Anforderungen an die Unterscheidungskraft: Während Registermarken dazu in der Lage sein müssen, eine Ware oder Dienstleistung bundesweit zu unterscheiden, genügt für Unternehmenskennzeichen bereits die Fähigkeit zur Unterscheidung von Unternehmen bzw. Geschäftsbetrieben und Unternehmenseinheiten auf einer regionalen Ebene (zum geographischen Schutzbereich → Rn. 125).

4. Bedeutung des § 8 Abs. 2 Nr. 4–9

66   Die für Registermarken geltenden **Schutzhindernisse des § 8 Abs. 2 Nr. 4–9** sind bei der Rechtmäßigkeit der Benutzung zu berücksichtigen (→ Rn. 121).

X. Originäre Unterscheidungskraft

1. Anforderungen

Nach der jüngeren Rechtsprechung sind **keine besonderen Anforderungen** an die Unterscheidungskraft zu stellen. Eine besondere Originalität, zB durch eigenartige Wortbildung oder Heraushebung aus der Umgangssprache ist nicht erforderlich; es genügt, wenn eine **bestimmte beschreibende Verwendung nicht festzustellen** ist (BGH GRUR 2014, 506 Rn. 11 – sr.de; GRUR-RR 2010, 205 Rn. 22 – Haus & Grund IV; GRUR 2009, 685 Rn. 18 – ahd.de; GRUR 2008, 1108 Rn. 32 – Haus & Grund III; GRUR 2008, 1104 Rn. 17 – Haus & Grund II; GRUR 2001, 1161 – CompuNet/ComNet I; GRUR 1999, 492 (494) – Altberliner; vgl. auch BGH GRUR 2013, 68 Rn. 33 – Castell/VIN CASTEL. Beispiele → Rn. 67.1. 67

Beispiele. Originäre Unterscheidungskraft bejaht: „ac-pharma" für Arzneimittelvertrieb (BGH GRUR 1992, 550); „Advanced Microwave Systems" für Hersteller von Mikrowellenmesstechnik (OLG Hamburg GRUR-RR 2006, 193 (195)); „Allkraft" für Arbeitnehmerüberlassung (OLG München MD 1995, 459); „ALLNET" für Netzwerk- und Kommunikationstechnologie-Unternehmen (OLG Frankfurt GRUR-RR 2015, 59); „Altberliner" für Verlag (BGH GRUR 1999, 492 (494)); „Altenburger und Stralsunder Spielkarten-Fabriken" für Spielkartenhersteller (BGH GRUR 1995, 754 (758)); „Anson's" für Herrenbekleidungsläden (OLG Hamburg GRUR-RR 2015, 373 (374)); „Arena" für Sportartikelhersteller (OLG München GRUR 1980, 1003 (1004)); „arena-berlin" für kulturelle Veranstaltungen (KG GRUR-RR 2003, 370; aber verneint für „Arena"); „Augsburger Puppenkiste" für Marionettentheater (BGH GRUR 2009, 772 Rn. 75; für „Puppenkiste" wurde hingegen bereits die Schlagworteignung verneint); „Basler Haar-Kosmetik" für Vertrieb von Haarkosmetikprodukten und Friseurbedarf (BGH GRUR 2012, 304 Rn. 35); „Baumann" für Hersteller von Gabelstaplern (BGH GRUR 2013, 1150 Rn. 34); „berlin location" für Dienstleister im Bereich Film, Fernsehen, Werbung und Eventvermarktung (OLG Hamburg GRUR-RR 2002, 226 (227)); „Bierstraße" für Getränkeverlag (OLG Saarbrücken NJWE-WettbR 1998, 62 (63)); „Blitz-Bank" für Gebäudereinigungsunternehmen (OLG Hamburg GRUR-RR 1986, 475); „Brauwelt" für Herausgabe einer Fachzeitschrift für das Brauwesen und Veranstaltung von Brauseminaren (OLG Düsseldorf GRUR-RR 2016, 237 Rn. 16); „bsw" für Bundesverband der Schwimmbad- und Wellnessbranche (OLG Köln GRUR-RR 2008, 9 (10)); „buecher.de" für Internetbuchhandel (OLG München GRUR 2000, 518 (519); aber verneint für „buecher", OLG München ZUM 1999, 582 (583)); „Charité" für Universitätsklinikum (OLG Düsseldorf GRUR-RR 2013, 21); „Charme & Chic" für Modehersteller (BGH GRUR 1973, 265 (266)); „City-Hotel" (BGH GRUR 1995, 507 (508)); „combit" für EDV-Leistungen (OLG Hamburg GRUR-RR 2006, 262 (263)); „Commerzbau" für Bauunternehmen (BGH GRUR 1989, 856 (857)); „CompuNet" für Beschaffung, Wartung und Installation von PC-Netzwerken (BGH GRUR 2005, 61; GRUR 2001, 1161); „Computer-Land" für Computerhändler (OLG München GRUR 1990, 699; sehr zweifelhaft); „Consilia" für Steuerberater (BGH GRUR 1985, 72); „CONTACT" für Werbeagentur (BGH GRUR 1973, 539 (549)); „Creditsafe" für Wirtschaftsinformationen, Firmenauskünfte und Kreditberichte (OLG Hamburg WRP 2015, 911 (915)); „Das Klett-Shirt" für Bekleidungshändler (OLG Hamburg GRUR-RR 2007, 152 (153 f.)); „Datacolor" für Hersteller elektronischer, optischer und feinmechanischer Apparate (BGH GRUR 1990, 1042 (1043)); „DB Immobilienfonds" (BGH GRUR 2001, 344 f.); „defacto" für Marketing (BGH GRUR 2002, 898); „DeTeMedien" für Herausgeber von Kommunikationsverzeichnissen (OLG München BeckRS 2000, 3091); „E-Spirit" für Entwicklung, Einführung und Vertrieb eines Datenverarbeitungsprogramms für Internet-basierte und mobile Anwendungen (BPatG BeckRS 2014, 12939); „Fair Play" für Spielhallen (OLG Köln BeckRS 2012, 10666; siehe aber OLG Frankfurt MDR 1984, 148 f.: Fehlende Unterscheidungskraft für auf dem Gebiet von Spiel und Sport tätigem Unternehmen); „Floratec" für Garten- und Landschaftsbauer (OLG Saarbrücken NJWE-WettbR 1999, 258 (259)); „Frommia" für Maschinenhersteller (BGH GRUR 2002, 982 (973)); „Flüssiggas-Bayern" für Flüssiggasanbieter (OLG München MMR 2003, 397 (398); zweifelhaft, → Rn. 72); „Frühstücks-Drink GmbH" für Hersteller gleichnamigen Getränks (BGH GRUR 2002, 809 (812); zweifelhaft, → Rn. 69); „Garant-Möbel" für Innenarchitekt und Handelsagentur für Möbel (BGH GRUR 1995, 156 (157)); „GARONOR" für Entwicklung und Betrieb von Güterverkehrszentren (BGH GRUR 1997, 903 (905)); „GEFA" für Finanzdienstleister (BGH GRUR 1985, 461 (462)); „Germania" für Kapital- und Vermögensanlageunternehmen (BGH GRUR 1991, 472 (473)); „Grand Hotel Mussmann" (OLG Celle NJWE-WettbR 1996, 206 f.); „Hansen" für Bauunternehmen (BGH GRUR 2008, 801 Rn. 14); „Haus & Grund" für Zentralverband von Haus-, Wohnungs- und Grundeigentümern (BGH GRUR-RR 2010, 205 Rn. 23; GRUR 2008, 1108 Rn. 34; GRUR 2008, 1105 67.1

MarkenG § 5 Teil 2 Voraussetzungen, Inhalt und Schranken etc.

Rn. 19); „Holger's Objektservice" (OLG Frankfurt BeckRS 2016, 11920); „Hufelandklinik" (BGH GRUR 2006, 159 Rn. 12); „Hotel Garni am Stadtpark" (OLG Nürnberg NJWE-WettbR 1996, 110); „holz Art" für Handel mit Fenstern, Türen und Holzbauelementen (OLG Schleswig BeckRS 1999, 17398); „Immo-Data" für Immobilienvermittler (BGH GRUR 1997, 845 f.); „Impuls" für Versicherungsdienstleister (BGH GRUR 2007, 65 Rn. 13); „INTEC" für Beratung und EDV-Leistungen im Bereich der Industrie- und Fertigungstechnik (OLG München BeckRS 1999, 6942); „Interglas" für Hersteller von Glasgeweben (BGH GRUR 1976, 643 (644)); „Interprint" für Druckerei (OLG Hamm WRP 1990, 345 (347)); „IPF" für Datenverarbeitung (OLG Köln MMR 2000, 161, (162)); „Jim Clarke Revival" für Automobilsportveranstaltung (OLG Frankfurt MarkenR 2011, 222 = BeckRS 2011, 6136); „KlaFlü" für Klavier- und Flügeltransportunternehmen (OLG Bremen WRP 1999, 215 (217)); „Kulturwerbung Nord" für Werbedienstleistungen für kulturelle Veranstaltungen (OLG Hamburg NJWE-WettbR 2000, 237); „LH" für EDV-Unternehmen (KG GRUR 2000, 902); „MARITIM" für Hotelbetriebsunternehmen (BGH GRUR 1989, 449 (450)); „MEBATEC" für Metallbauunternehmen (OLG Hamm BeckRS 2013, 07148); „Med. Needle" für Tätowier- und Piercingstudio (OLG Jena GRUR-RR 2003, 111); „MHO" für Krankenhaus (BGH GRUR 2005, 430); „Mingan-Labrador" für Zucht von Labrador- und Retrieverhunden (OLG Köln WRP 2015, 630); „Multicolor" für Druckerei (OLG Frankfurt WRP 1982, 420 (421)); „Mustang" für Bekleidungshersteller (BGH GRUR 2004, 865 (867)); „NetCom" für Computer- und Softwarehandel (BGH GRUR 1997, 468 (469)); „NeD Tax" für Steuerberatungskanzlei (BPatG BeckRS 2016, 07091); „Park Hotel Post" (OLG Karlsruhe WRP 2012, 1293; für „Parkhotel" hingegen Schlagworteignung verneint); „PATMONDIAL" für Patentanwaltssozietät (OLG Hamburg GRUR-RR 2011, 168 (169)); „Petite fleur" für Modegeschäft (OLG Hamm GRUR 1990, 699); „Pic Nic" für Imbissbetrieb (BGH GRUR 1993, 923); „POINT WERBEAGENTUR" (OLG Hamm BeckRS 2010, 28139); „poppen.de" für Erotik-Kontaktplattform im Internet (LG Hamburg BeckRS 2015, 19278); „Prolac" für Entwicklung von Vertrieb von Lacken (OLG Jena GRUR-RR 2009, 104 (105)); „Rhein-Chemie" für Chemieunternehmen (BGH GRUR 1957, 561 (562)); „Rialto" für Eiscafé (BGH GRUR 1991, 155 (156)); „Schlachthof Brasserie" für Gaststätte (OLG Saarbrücken BeckRS 2006, 13468); „Seicom" für EDV-Unternehmen (BGH GRUR 2005, 871 (872)); „Sieh an!" für Versandhandel (OLG Hamburg MMR 2002, 682 (683)); „Slow Food" für Verein von Lebensmittelherstellern (OLG München GRUR-RR 2002, 230); „SoCo" für EDV-Unternehmen (BGH GRUR 2005, 262 (263)); „Squash-Center-Nr. 1" (OLG Saarbrücken NJWE-WettbR 1996, 179); „SR" für Rundfunkanstalt (BGH GRUR 2014, 506 Rn. 11); „Stadtwerke Uetersen" (OLG Hamburg GRUR-RR 2010, 208 (209) [zu § 12 BGB]); „START" für Arbeitsvermittlung (OLG Düsseldorf GRUR-RR 2003, 8 (9)); „START Ticket" für Computerreservierungs- und Vertriebssystem für Eintrittskarten (OLG Stuttgart NJWE-WettbR 1996, 111 (112)); „t 3" für Hersteller von Kommunikationsmitteln und EDV-Programmen (OLG Köln GRUR-RR 2002, 293); „tabu" für Gaststätten (BGH GRUR 1957, 547 (548)); „T-Box" für Teehandel (OLG Düsseldorf GRUR-RR 2002, 20); „t-net" für Internetdienstleister (OLG München ZUM 2000, 71 (72)); „Torres" für Weinhandel (BGH GRUR 1995, 825); „Transcommerce" für Im- und Export (OLG Köln WRP 1977, 733); „Traumfabrik" für Unternehmen, das sich mit Umsetzung künstlerischer Projekte befasst (OLG München OLGR München 2002, 320); „Volks-Feuerbestattung" für Versicherungsunternehmen (BGH GRUR 1960, 434 (435)); „Video Land" für Videovermietung (OLG Oldenburg WRP 1986, 508 (509); sehr zweifelhaft); „Wach- und Schließgesellschaft" für Bewachungsunternehmen (BGH GRUR 1977, 226 (227)); „Windsurfing Chiemsee" für Herstellung und Vertrieb von Sport- und Modeartikeln (BGH BlPMZ 2001, 210 (211) = BeckRS 2001, 02949); „XCOM" für EDV-Unternehmen (OLG Düsseldorf BeckRS 2010, 1271).

67.2 **Originäre Unterscheidungskraft verneint:** „alta moda" für Modegeschäft (OLG Frankfurt WRP 1986, 339); „Areal" für Bauträger- und Immobiliengesellschaft (OLG Köln WRP 1974, 503 (504); „Arena" für kulturelle Veranstaltungen (KG GRUR-RR 2003, 370; aber bejaht für „arena-berlin"); „Bauland" für Immobilientätigkeiten (OLG Dresden GRUR 1997, 846 f.); „berlinOnline" für Informationsportal (KG ZUM 2001, 74); „buecher" für Internetbuchhandel (OLG München GRUR 2000, 518 (519); aber bejaht für „buecher.de", OLG München ZUM 1999, 582 (583)); „Bücherdienst" für Buchvertrieb (BGH GRUR 1957, 428 (429)); „Business-Radio" für Produktion von Hörfunksendungen für Verkaufsstellen (OLG Brandenburg WRP 1996, 308 (309 f.)); „Campingplatz Seehamer See" für einen am Seehamer See gelegenen Campingplatz (LG München I BeckRS 2014, 20408); „Castell" für Weingut (BGH GRUR 2013, 68 Rn. 33 ff.); „Chemotechnik" für Flüssigkunststoffhersteller (OLG Hamm GRUR 1979, 67); „Clever Reisen" für Reisevermittlung und -veranstaltung (OLG Düsseldorf GRUR-RR 2003, 342 (343); zweifelhaft, weil „Clever" auch ein zumindest regional verbreiteter Familienname ist); „COTTON LINE" Bekleidungsherstellung und -vertrieb (BGH GRUR 1996, 68 (69)); „Europa Möbel" für Möbeleinkaufsverband (KG BeckRS 2008, 23351); „Fair Play" für auf dem

Gebiet von Spiel und Sport tätigem Unternehmen (OLG Frankfurt MDR 1984, 148; siehe aber OLG Köln BeckRS 2012, 10666: unterscheidungskräftig für Spielhallen); „Festspielhaus" für kulturelle Darbietungen (BGH GRUR 2003, 792 (793)); „Flock-Technik" für Beflockungsunternehmen (OLG Hamm GRUR 1979, 862 (863)); „fluege.de" für Flugvermittlung im Internet (OLG Dresden MMR 2015, 193 (194); „Flugplatz Speyer" für Betrieb eines Flugplatzes (OLG Frankfurt GRUR-RR 2011, 216 (217), abzulehnen, → Rn. 83); „Fußballweltmeisterschaft" oder „Fußball-WM" für die FIFA (OLG Hamburg GRUR 1997, 297 (298)); Gebäudegestaltung als sog. „Räucherkate" für Räucherei und Fischverkauf (BGH GRUR 2005, 419 (422)); „Getränke Industrie Darmstadt" für Getränkeherstellung und -vertrieb (BGH GRUR 1957, 426 (427)); „hairfree" für Haarentfernung (OLG München BeckRS 2015, 14078); „Hausbücherei" für Bücherdienst (BGH GRUR 1957, 25 (26)); „Herstellerkatalog" für Herstellung und Vertrieb von Hersteller- und Lieferantenkatalogen (OLG Stuttgart MMR 2002, 754 (755)); „Immobilien-Börse" für Immobilienvermittler (KG NJOZ 2002, 2289 (2291)); „Kettenzüge" für Veranstaltungstechnik (OLG Dresden MMR 2006, 685); „Leasing Partner" für Durchführung von Leasinggeschäften (BGH GRUR 1991, 556 (557 f.)); „Literaturhaus" für literarische und kulturelle Veranstaltungen (BGH GRUR 2005, 517 (518)); „Mainzer Weinbörse" für Weinhandelsmesse (OLG Koblenz GRUR 1993, 989 f.); „Management-Seminare Heidelberg" für Schulungskurse (BGH GRUR 1976, 254 (255)); „Mitwohnzentrale" für Maklerunternehmen (OLG Frankfurt GRUR 1991, 251 (252)); „Motorland" für Motorradhandel (OLG Düsseldorf GRUR-RR 2001, 307); „Österreich.de" für Reiseinformationen (OLG München GRUR 2006, 686 (687)); „Online" für Messe- und Kongressveranstalter (OLG Köln GRUR 2001, 525 (527)); „Palästinensische Ärzte- und Apothekervereinigung Deutschland e.V." (KG NJOZ 2013, 1294); „Paris Tours" für Reiseveranstalter (OLG München WRP 1996, 238 (239)); „pneus-online.com" für Internet-Reifenhandel (OLG München BeckRS 2010, 7531); „Printer-Store" für Handel mit Druckern und EDV-Hardware (OLG Köln GRUR-RR 2001, 266 (267)); „Schwarzwald-Sprudel" für Mineralwasserproduktion (BGH GRUR 1994, 905 (906)); „Seetours" für Kreuzfahrten (OLG Köln GRUR-RR 2005, 16 (18)); „Sicherheit + Technik" für Vertrieb von Sicherheitsanlagen (OLG Hamburg GRUR 1987, 184 f.); „Snowboardschule" mit beigefügter Ortsbezeichnung (OLG Jena GRUR-RR 2011, 181); „Star Entertainment" für Veranstaltungsdienstleistungen (BGH GRUR 2005, 873 (874)); „Taxi Rent" für Vermietung von Taxifahrzeugen (OLG Karlsruhe NJOZ 2002, 1571 (1572 f.)); „Telecom" für Herstellung und Vertrieb von Film- und Fernsehproduktionen (OLG München NJWE-WettbR 1998, 113 (114)) und für Telekommunikation (OLG Köln GRUR-RR 2006, 191); „Telekom" für Telekommunikation (BGH GRUR 2007, 888 Rn. 19; GRUR 2004, 515 (515); aber Unterscheidungskraft durch Verkehrsgeltung); „toolshop" für Werkzeugversandhandel (KG NJWE-WettbR 2000, 234); „US Dental" für Import und Handel mit Dentalartikeln (OLG München NJWE-WettbR 2000, 238 f.); „VIDEO-RENT" für Vertrieb von Videokassetten und Unterhaltselektronik (BGH GRUR 1988, 319 (329)); „Volksbank" für genossenschaftliches Kreditinstitut (BGH GRUR 1992, 865; OLG Frankfurt WRP 2007, 671 (673)); „Wetter-Online" für im Internet angebotene Informationen und Dienstleistungen zum Thema „Wetter" (BGH GRUR 2014, 393 Rn. 19);„Woodstix" für Vertrieb von Holzpellets und -briketts (OLG Naumburg BeckRS 2008, 4356; zweifelhaft); „Zentrales Verzeichnis Antiquarischer Bücher" für Onlinehandel mit antiquarischen Büchern (KG GRUR-RR 2009, 61); 1-800-FLOWERS.COM für Blumenversand (OLG München GRUR-RR 2005, 375 (378)).

An der Unterscheidungskraft fehlt es nur, wenn das Zeichen im Verkehr ausschließlich **68** als **Beschreibung der Tätigkeit des Unternehmens** erscheint (entsprechend § 8 Abs. 2 Nr. 2 bei Bezeichnungen der Art, Beschaffenheit, Menge, Bestimmung, des Wertes, der geographischen Herkunft, Herstellungs- oder Erbringungszeit, sonstige Merkmale). Erforderlich, aber auch ausreichend ist das auf das **konkrete Unternehmen** bezogene Unterscheidungskraft; ist das Zeichen für dessen Tätigkeit nicht rein beschreibend, besteht Unterscheidungskraft auch dann, wenn der Begriff als solcher einen beschreibenden, aber eben mit der Tätigkeit des Unternehmens nicht in Beziehung stehenden Inhalt hat (vgl. BGH BlPMZ 2001, 210 (211) = BeckRS 2001, 02949 – WINDSURFING CHIEMSEE; Ingerl/Rohnke Rn. 37; Ströbele/Hacker/Hacker Rn. 41).

Für ein Zeichen, das ein vom Unternehmen **angebotenes Produkt beschreibt,** nimmt **69** die Rechtsprechung ebenfalls Unterscheidungskraft an, weil es für das Unternehmen keinen beschreibenden Inhalt habe (BGH GRUR 2002, 809 (812) – FRÜHSTÜCKS-DRINK I; aA OLG Koblenz GRUR-RR 2007, 81 (82) – PRO). Das ist zweifelhaft, weil mit der Produktbeschreibung gleichzeitig auch der Tätigkeitsbereich des Unternehmens umrissen wird (Herstellung, Angebot oder Vertrieb des beschriebenen Produkts) und der Verkehr in produktbeschreibenden Begriffen auch dann, wenn sie als Firma Namensfunktion haben, regelmäßig kein Unterscheidungszeichen von Unternehmen, sondern allenfalls von Waren oder Dienstleistungen sieht (kritisch auch Ingerl/Rohnke Rn. 27).

2. Beschreibende Begriffe

70 Rein beschreibende Begriffe können in ihrer **Verbindung zu einem einheitlichen Begriff** unterscheidungskräftig sein, wenn sich gerade aus der Zusammensetzung eine Kennzeichnung von individueller Eigenart ergibt. So verhält es sich, wenn der **gebildete Begriff einprägsam** ist und das **Tätigkeitsgebiet des Unternehmens schlagwortartig umreißt,** ohne es konkret zu beschreiben (BGH GRUR 2008, 1108 Rn. 32 – Haus & Grund III; GRUR 2008, 1104 Rn. 19 – Haus & Grund II); ferner allgemein bei **eigenartigen, phantasievollen Zusammensetzungen,** sofern sie auch in ihrer Zusammensetzung nicht lediglich einen beschreibenden Inhalt haben (BGH GRUR 1996, 68 (69) – COTTON LINE).

3. Geographische Angaben

71 Ein den **Tätigkeitsbereich beschreibender Begriff** kann Unterscheidungskraft haben, wenn ihm eine **geographische Angabe beigefügt** wird, die den Ort des Unternehmenssitzes oder der Leistungserbringung anzeigt. Das kommt insbesondere in Betracht, wenn die Zufügung von geographischen Angaben branchenüblich ist (vgl. BGH GRUR 1957, 561 (562) – REI-Chemie/Rhein-Chemie; KG GRUR-RR 2003, 370 (372) – arena-berlin.de), die geographische Bezeichnung stark individualisierenden Charakter hat (zB aufgrund ihrer Seltenheit als Straßenname, vgl. BGH GRUR 1960, 296 (297) – Reiherstieg) oder der beschreibende Begriff schon für sich genommen so speziell ist, dass von vornherein nur wenige Unternehmen erfasst sein können, so dass die Zufügung einer Ortsangabe zur Unterscheidung ausreicht (vgl. BGH GRUR 1995, 754 (758) – Altenburger Spielkartenfabrik; OLG Hamburg GRUR-RR 2010, 208 (209) – stadtwerke-uetersen.de, zu § 12 BGB; OLG Hamburg NJWE-WettbR 2000, 237 – Kulturwerbung Nord).

72 Begriffe, die **Leistungen beschreiben, die üblicherweise von mehreren Unternehmen auch innerhalb eines Orts oder einer Region angeboten werden,** erlangen durch die Zufügung von Angaben zum Ort des Sitzes oder der Leistungserbringung hingegen keine Unterscheidungskraft (vgl. BGH GRUR 1976, 254 (255) – Management-Seminare; GRUR 1957, 426 (427) – Getränke Industrie; OLG Jena GRUR-RR 2011, 187 (188) – Snowboardschule O; LG München I BeckRS 2014, 20408 – Campingplatz Seehamer See; zweifelhaft daher OLG München MMR 2003, 397 (398) – fluessiggas-bayern.de: Flüssiggas-Bayern unterscheidungskräftig für in Bayern tätigen Flüssiggasanbieter). Wohl aber kann ein beschreibender Begriff durch Hinzufügung einer Ortsangabe, die mit der **Art der Leistung oder dem Ort ihrer Erbringung nichts zu tun hat,** Unterscheidungskraft erlangen (vgl. OLG Hamm NJWE-WettbR 2000, 214 – Rhodos Grill).

73 **Geographischen Begriffen in Alleinstellung** fehlt im Allgemeinen jede Unterscheidungskraft; das gilt auch für Bezeichnungen bekannter Gebäude (OLG Jena GRUR 2000, 435 (436) – Wartburg; vgl. auch BGH GRUR 2013, 68 Rn. 42 – Castell/VIN CASTEL: Castell als geographische Herkunftsangabe für Wein; BPatG BeckRS 2014, 01359 – sailing-chiemsee/CHIEMSEE). Anders ist dies aber, wenn der Begriff für das konkrete Unternehmen nicht als Herkunftsbezeichnung aufgefasst wird (BGH GRUR 1991, 155 (156) – Rialto).

4. Rechtsformzusatz, Top-Level-Domain

74 Wird ein **Rechtsformzusatz** einem beschreibenden Begriff zugefügt, erlangt die Gesamtbezeichnung keine Unterscheidungskraft, weil der Verkehr bei der Unterscheidung von Unternehmen nicht auf die Rechtsform achtet (OLG Dresden GRUR 1997, 846 (847) – Bauland).

75 Ähnliches gilt für die Zufügung einer **Top-Level-Domain** wie .de oder .com, da sie nur funktionale Bedeutung hat und im Verkehr nicht zur Unterscheidung von Unternehmen dient (BGH GRUR 2005, 262 (263) – soco.de; OLG Dresden MMR 2015, 193 (194) – fluege.de; OLG München GRUR-RR 2005, 375 (378) – 800-FLOWERS; aA OLG Mün-

chen GRUR 2000, 518 (519) – buecherde.com: Verwendung der Top-Level-Domain „..de" als Bestandteil einer Firma noch ungewöhnlich).

5. Abweichung vom üblichen Sprachgebrauch

Da es darauf ankommt, ob das Zeichen für die Tätigkeit des konkreten Unternehmens beschreibend ist, können auch **Begriffe aus der Umgangssprache, die als solche beschreibenden Charakter haben,** unterscheidungskräftig sein, wenn sie **abweichend vom üblichen Gebrauch** verwendet werden und deshalb für das Unternehmen keinen beschreibenden Charakter haben (vgl. BGH GRUR 1995, 156 (157) – Garant-Möbel; GRUR 1993, 923 – Pic Nic; GRUR 1991, 155 (156) – Rialto). 76

Die bloße **Mehrdeutigkeit** eines Zeichens genügt noch nicht zur Verneinung des rein beschreibenden Charakters, sofern sich die verschiedenen Bedeutungsinhalte lediglich auf verschiedene Möglichkeiten beziehen, wie eine damit bezeichnete Dienstleistung erbracht werden kann (BGH GRUR 2005, 873 (874) – Star Entertainment). Ist hingegen nur eine der mehreren möglichen Bedeutungen beschreibend für das Unternehmen, dann kann jedenfalls dann, wenn die anderen Bedeutungen nicht völlig fernliegend sind, eine rein beschreibende Verwendung nicht festgestellt werden (vgl. BGH GRUR 2002, 898 – defacto; GRUR 1997, 468 (469) – NetCom; OLG Hamburg GRUR-RR 2007, 152 (153 f.) – Das Klett-Shirt/klettSHIRTS; OLG Koblenz GRUR-RR 2007, 81 (82) – PRO; aA Ingerl/Rohnke Rn. 41). 77

Eine **falsche Syntax** bei aus mehreren Worten bestehenden Zeichen ist jedenfalls dann, wenn diese Unkorrektheit im allgemeinen Sprachgebrauch üblich ist, für sich genommen nicht zur Begründung originärer Unterscheidungskraft geeignet (vgl. KG NJOZ 2013, 1294: „Palästinensische Ärzte- und Apothekervereinigung" statt sprachrichtig „Vereinigung palästinensischer Ärzte und Apotheker"). 78

Eine von den Regeln der Rechtschreibung oder der Üblichkeit **abweichende Schreibweise** kann nur dann Unterscheidungskraft begründen, wenn die Abweichung weitgehend vorbildlos ist und den angesprochenen Verkehrskreisen sonst nicht begegnet. Das ist zB nicht der Fall, wenn Umlaute aufgelöst werden (OLG Dresden MMR 2015, 193 (194) – fluege.de) oder statt Groß- eine Kleinschreibung (oder umgekehrt) verwendet wird. 79

Fremdsprachige Begriffe genießen nicht per se Unterscheidungskraft, da sie in die deutsche Sprache als beschreibende Begriffe eingegangen sein können (BGH GRUR 1996, 68 (69) – COTTON LINE; GRUR 1991, 556 (557) – Leasing Partner; GRUR 1988, 319 (320) – VIDEO-RENT). 80

6. Aussprechbarkeit

Der Möglichkeit originärer Unterscheidungskraft steht nicht entgegen, dass das Zeichen **nicht als Wort aussprechbar** ist; auch **Buchstabenkombinationen** können unterscheidungskräftig sein (BGH GRUR 2009, 685 Rn. 18 – ahd.de; GRUR 2005, 430 – mho.de; GRUR 2001, 344 f. – DB Immobilien; OLG Köln GRUR-RR 2008, 9 (10) – bsw/BSW Bundesverband Solarwirtschaft e.V.; OLG Düsseldorf GRUR-RR 2001, 106 – GVP; OLG Köln MMR 2000, 161 (162) – IPFNet; KG GRUR 2000, 902 – LH). **Farben** sind hingegen idR nicht originär unterscheidungskräftig und daher nur bei Verkehrsgeltung als Unternehmenskennzeichen schutzfähig (LG München I BeckRS 2011, 12204) 81

7. Örtlich üblicherweise einmalige Bezeichnung

Entspricht es der Üblichkeit, dass in einem **umgrenzten örtlichen Bereich** regelmäßig **nur ein Unternehmen eine bestimmte Bezeichnung verwendet,** dann ist dieses Zeichen im Verkehr auch dann noch zur Unterscheidung geeignet, wenn es rein beschreibend ist. Das kommt insbesondere bei Hotels, Restaurants und Gaststätten in Betracht (BGH GRUR 1995, 507 (508) – City-Hotel; GRUR 1977, 165 (166) – Parkhotel), aber auch bei Wachunternehmen (BGH GRUR 1977, 226 (227) – Wach und Schließ) und Veranstaltungsplätzen (KG GRUR-RR 2003, 370 (372) – arena-berlin.de); bei Piercing- und Tätowierstudios soll dies jedoch ausscheiden (OLG Jena GRUR-RR 2003, 111 (113) – Med.Needle; zweifelhaft). 82

83 Beschreibt das Zeichen eine **Tätigkeit,** die als solche üblicherweise **nur von einem Unternehmen im örtlichen Bereich erbracht wird** (zB Betrieb eines Flughafens), genügt dies für die Unterscheidungskraft jedenfalls dann, wenn die Ortsbezeichnung hinzugefügt wird (LG München I BeckRS 2014, 20408 – Campingplatz Seehamer See; Ströbele/Hacker/Hacker Rn. 43; aA OLG Frankfurt GRUR-RR 2011, 216 (217) – Flugplatz Speyer).

8. Namen

84 Bei hinzugefügten **Familiennamen** ist eine rein beschreibende Verwendung in der Regel von vornherein ausgeschlossen. Nach den Maßstäben der neueren Rechtsprechung ist regelmäßig originäre Unterscheidungskraft gegeben. Allerdings können Familiennamen **mit beschreibenden Begriffen identisch** sein. In solchen Fällen kommt es darauf an, ob der Verkehr den Namen als solchen erkennt oder ob er in ihm lediglich eine beschreibende Angabe sieht. Dabei genügt es, wenn der Verkehr den Begriff zumindest auch als Eigenname versteht; bei Identität mit einer geographischen Angabe ist hiervon jedenfalls dann auszugehen, wenn nicht nur ein regional begrenzter Schutz besteht, da der Verkehr in solchen Fällen den Begriff nicht nur als Ortsbezeichnung verstehen wird (vgl. BGH GRUR 2012, 304 Rn. 35 – Basler Haar-Kosmetik: wird insbesondere außerhalb der Stadt oder des Kantons Basel nicht lediglich als beschreibende Bezugnahme auf die Stadt Basel gesehen).

85 Bei nur **klanglicher Ähnlichkeit** des Namens mit einem beschreibenden Begriff (zB „Billich" für „billig") wird eine rein beschreibende Verwendung von vornherein ausscheiden, weil nur ein Teil des Verkehrs das Zeichen seinem Klangbild nach zur Kenntnis nimmt (BGH GRUR 1979, 642 (643) – Billich).

86 Wird nur eine **verkürzte Fassung des bürgerlichen Namens** als Unternehmensbezeichnung verwendet, soll es an der Unterscheidungskraft fehlen, wenn diese Kurzfassung mit einer geografischen Herkunftsangabe für die vertriebenen Produkte identisch ist (BGH GRUR 2013, 68 Rn. 38 – Castell/VIN CASTEL).

87 Die Rechtsprechung billigt mittlerweile auch sog. **Allerweltsnamen** (zB Müller, Meier, Schmidt, Schulz) Unterscheidungskraft zu, weil jeder Familienname dazu geeignet und bestimmt ist, seinen Namensträger individuell zu bezeichnen und damit von anderen Personen zu unterscheiden (BGH GRUR 2008, 801 Rn. 12 ff. – Hansen-Bau, unter Aufgabe von GRUR 1995, 825 – Torres, GRUR 1991, 472 (473) – Germania und GRUR 1979, 642 (643) – Billich; ferner BGH GRUR 2013, 1150 Rn. 34 – Baumann I; OLG Zweibrücken GRUR-RR 2008, 346 (347) – namensgleiche Neugründung; zustimmend Goldmann § 5 Rn. 138 [anders Voraufl. § 5 Rn. 121]; Büscher/Dittmer/Schiwy/Schalk Rn. 4; Ingerl/Rohnke Rn. 38; Schoene FD-GewRS 2008, 265166; aA Fezer § 15 Rn. 78). Dem ist im Grundsatz zustimmen (zur Begründung → Rn. 87.1).

87.1 Bei Allerweltsnamen ist danach zu fragen, ob der Name des Unternehmensträgers geeignet ist, ein Unternehmen von einem anderen zu unterscheiden. Das folgt jedenfalls nicht zwingend aus dem Umstand, dass der Verkehr daran gewöhnt ist, natürliche Personen auch dann nach ihrem Nachnamen zu unterscheiden, wenn dieser weit verbreitet ist, weil für die Bezeichnung von Unternehmen eine wesentlich größere Bandbreite an Begriffen zur Verfügung steht, die zudem noch – anders als Familiennamen – frei gewählt werden können. Tatsächlich jedoch werden gerade kleine und mittlere Unternehmen häufig mit dem Familiennamen des Unternehmensgründers oder -inhabers bezeichnet, selbst wenn dieser weit verbreitet ist. Diese Praxis, die durch das frühere Firmenrecht (§ 19 HGB aF) befördert wurde, ist im Verkehr bekannt. Es trifft daher nicht zu, dass Familiennamen sich bei Verwendung als Unternehmenskennzeichen nicht von anderen, frei erfundenen Bezeichnungen unterscheiden (so HK-MarkenR/Eisfeld Rn. 53). Zudem gerät die generelle Verneinung der Unterscheidungskraft von Allerweltsnamen in einen normativen Konflikt, weil Nr. 34 NamÄndVwV bei solchen Namen lediglich von einer Einbuße, nicht aber einem Verlust der Unterscheidungskraft ausgeht. Das betrifft zwar nur das öffentliche Namensrecht und die Möglichkeit einer Änderung von Allerweltsnamen nach § 3 NamÄndG. Gibt die Rechtsordnung aber hier zu erkennen, dass Allerweltsnamen nach wie vor geeignet sind, natürliche Personen zu unterscheiden, bedarf es einer besonderen Begründung, warum solchen Namen die Fähigkeit zur Unterscheidung von Unternehmen fehlen soll.

88 Die Hinzufügung eines **Vornamens** zu einem beschreibenden Begriff führt ebenfalls zur originären Unterscheidungskraft. Wie bei den Nachnamen kommt es nicht darauf ab, ob es sich um einen häufigen oder seltenen Vornamen handelt (OLG Frankfurt BeckRS 2016, 11920 Rn. 12 – Holger's Objektservice).

Bei dem **Namen eines Verbandes** wird ein großzügiger Maßstab angelegt, weil der Verkehr daran gewöhnt ist, dass diese Bezeichnungen aus einem Sachbegriff gebildet sind und sich an den jeweiligen Tätigkeitsbereich anlehnen; ein bloß beschreibender Anklang steht der originären Unterscheidungskraft nicht entgegen (BGH GRUR 2012, 276 Rn. 14 – Institut der Norddeutschen Wirtschaft e.V.; GRUR 2010, 1020 Rn. 17 – Verbraucherzentrale; GRUR 2008, 1108 Rn. 33 – Haus & Grund III; GRUR 2008, 1104 Rn. 17 – Haus & Grund II). An der Unterscheidungskraft fehlt es jedoch bei bloß gattungsmäßigen Bezeichnungen des Vereinszwecks; so zB, wenn der Begriff „Verbraucherzentrale" vom Verkehr dahin verstanden wird, dass keine Beschränkung auf einen bestimmten Tätigkeitsbereich gegeben ist, sondern die Interessen der Verbraucher allgemein verfolgt werden (BGH GRUR 2010, 1020 Rn. 18 – Verbraucherzentrale). 89

9. Firmenbestandteile

Bestandteile einer Firma sind nicht unterscheidungskräftig, wenn sie sowohl für sich betrachtet als auch in ihrer Verbindung mit den übrigen Bestandteilen vom Verkehr nur als beschreibende Sachbezeichnung verstanden werden (BGH GRUR 2013, 68 Rn. 33 – Castell/VIN CASTEL). Im Übrigen gelten die genannten Kriterien zur Unterscheidungskraft auch für Firmenschlagworte. 90

XI. Verkehrsgeltung

1. Bedeutung

Ein Name, eine Firma oder eine besondere Bezeichnung, die **nicht originär unterscheidungskräftig** ist, kann durch die Erlangung von Verkehrsgeltung schutzfähig werden (vgl. zB BGH GRUR 2010, 1020 Rn. 14 – Verbraucherzentrale; GRUR 2007, 888 Rn. 19 – Euro Telekom; GRUR 2005, 517 (518) – Literaturhaus; GRUR 2005, 514 (515) – Telekom). Bei **Geschäftsabzeichen** und anderen zur Unterscheidung des Geschäftsbetriebs bestimmten Zeichen iSd § 5 Abs. 2 Nr. 2 ist die Verkehrsgeltung als Kennzeichen des Geschäftsbetriebs stets Voraussetzung für die Schutzentstehung. Maßgeblich ist, auch bei Kennzeichen ausländischer Unternehmen, stets die **inländische Verkehrsgeltung**. 91

2. Anforderungen

Dem Zweck von Unternehmenskennzeichen entsprechend setzt Verkehrsgeltung voraus, dass der Verkehr das Zeichen tatsächlich als ein solches zur Identifizierung und Unterscheidung eines Unternehmens von einem anderen Unternehmen wahrnimmt und versteht. Dieses Verständnis muss, wie § 5 Abs. 2 S. 2 für die Geschäftsabzeichen bestimmt, innerhalb der beteiligten Verkehrskreise bestehen; für die von § 5 Abs. 2 S. 1 erfassten nicht unterscheidungskräftigen Zeichen gilt nichts anders. Ebenso wie bei § 4 Nr. 2, der die Schutzentstehung bei Benutzungsmarken ebenfalls von der Verkehrsgeltung abhängig macht, genügt es, dass ein **nicht unerheblicher Teil der beteiligten Verkehrskreise** das Zeichen als **Bezeichnung eines bestimmten Unternehmens** versteht (BGH GRUR 1992, 329 (331) – AjS-Schriftenreihe; GRUR 1957, 426 (427) – Getränke Industrie; GRUR 1955, 95 (96) – Buchgemeinschaft; KG GRUR 2000, 902 (905) – LH; aA Büscher FS Fezer, 2016, 701 (703 f.). Das ist auszuschließen, wenn das Zeichen nur mit Hilfe technischer Mittel einem bestimmten Unternehmen zugeordnet werden kann (zB Barcode, vgl. OLG Köln GRUR-RR 2015, 291 – Barcode-Label). 92

Wegen der Einheit des Kennzeichenrechts ist die Verkehrsgeltung nach den gleichen **Maßstäben** zu bestimmen, wie sie für die Entstehung des Schutzes von Benutzungsmarken nach § 4 Nr. 2 gelten (→ § 4 Rn. 73). Maßgeblich sind daher vor allem **qualitative Beurteilungskriterien** wie der Marktanteil des Unternehmens, Intensität, geographische Verbreitung und Dauer der Nutzung des Unternehmenskennzeichens, seine Verwendung in der Werbung einschließlich des Werbeaufwands und Erklärungen der IHK und anderer Berufsverbände (→ § 4 Rn. 78). Das schließt eine Ermittlung der Verkehrsgeltung durch empiri- 93 sche Mittel und damit einen an Prozentsätzen orientieren Verkehrsgeltungsgrad nicht aus. Er ist aber nur eines von mehreren Beurteilungskriterien, so dass die üblicherweise genannten Prozentsätze (→ Rn. 97) nur relative Bedeutung haben; ihre Unterschreitung steht im Einzelfall der Annahme von Verkehrsgeltung nicht entgegen, wenn diese sich aus den genannten qualitativen Kriterien ergibt; umgekehrt folgt aus ihrer Überschreitung nicht automatisch das Bestehen von Verkehrsgeltung.

94 Zu den **weiteren** für die Verkehrsgeltung wesentlichen **Kriterien** → § 4 Rn. 73; zu den maßgeblichen Verkehrskreisen → § 4 Rn. 53; zur Ermittlung und zum Nachweis der Verkehrsgeltung → § 4 Rn. 88.

3. Zuordnung zu einem bestimmten Unternehmen

95 Verkehrsgeltung setzt voraus, dass der Verkehr das Zeichen einem bestimmten Unternehmen zuordnet, da es andernfalls nicht der Identifizierung und Unterscheidung dient. Die **bloße Bekanntheit eines Zeichens** genügt nicht. Die Zuordnung muss sich auf das **konkrete Zeichen** beziehen. Der Erlangung von Verkehrsgeltung steht nicht entgegen, dass neben dem fraglichen Zeichen auch eine unterscheidungskräftige Firma benutzt wird (BGH GRUR 1992, 329 (331) – AjS-Schriftenreihe). Denkbar ist es sogar, dass eine aus der Firma gebildete, in ihr aber nicht enthaltene Abkürzung an der hohen Verkehrsgeltung der Firma teilnimmt, wenn die Abkürzung vielfach zusammen mit der Firma verwendet wird (vgl. BGH GRUR 1992, 329 (331) – AjS-Schriftenreihe).

96 Die Zuordnung muss sich auf ein **bestimmtes Unternehmen** beziehen. Benutzen mehrere zu einer **Unternehmensgruppe** oder einer **Verbandsorganisation** gehörende Unternehmen ein einheitliches Kennzeichen (dazu Büscher, FS Fezer, 2016, 701 ff.), so hat das Zeichen nur dann für ein einzelnes dieser Unternehmen Verkehrsgeltung, wenn der Verkehr es gerade auch ihm zuordnet; die bloße Angehörigkeit zu einer gemeinsamen Organisation genügt nicht (BGH GRUR 2010, 1020 Rn. 21 – Verbraucherzentrale; GRUR 2008, 1108 Rn. 46 – Haus & Grund III; GRUR 2005, 61 (62) – CompuNet/ComNet II mwN). Das gilt auch für die Unternehmensgruppe oder Verbandsorganisation selbst: Die Verkehrsgeltung für nur regional oder örtlich tätige Mitglieder der Organisation erstreckt sich nur dann auf die Unternehmensgruppe oder den Dachverband, wenn der Verkehr das Zeichen nicht nur dem jeweiligen Mitglied, sondern der gesamten Organisation zurechnet (BGH GRUR 2010, 1020 Rn. 21 – Verbraucherzentrale; GRUR 2008, 1108 Rn. 46 – Haus & Grund III).

4. Verkehrsgeltungsgrad

97 Beim Verkehrsgeltungsgrad ist zu differenzieren. Bei **originär unterscheidungskräftigen Geschäftsabzeichen** iSd § 5 Abs. 2 S. 2 genügt wie bei unterscheidungskräftigen Benutzungsmarken **einfache Verkehrsgeltung,** die in der Regel einen Zuordnungsgrad von nicht unter 20% erfordert (→ § 4 Rn. 75, vgl. ferner HK-MarkenR/Eisfeld Rn. 65: 15–25%; Goldmann § 6 Rn. 68, 72; aA Ströbele/Hacker/Hacker Rn. 54: qualifizierte Verkehrsgeltung; wohl auch KG GRUR-RR 2009, 61 (62) – Antiquarische Bücher; BeckRS 2008, 23351 – Europa Möbel).

98 Bei **nicht originär unterscheidungskräftigen Kennzeichen** iSd § 5 Abs. 2 S. 1 und Geschäftsabzeichen bedarf es ebenso wie bei nicht unterscheidungskräftigen Benutzungsmarken einer **qualifizierten Verkehrsgeltung** (vgl. BGH GRUR 2013, 68 Rn. 39 – Castell/VIN CASTEL: Verkehrsdurchsetzung gemäß § 8 Abs. 3; Büscher, FS Fezer, 2016, 701 (703 f.)). In seiner Rechtsprechung zu § 5 Abs. 2 hat der BGH bislang anders als bei Benutzungsmarken (→ § 4 Rn. 77) bei den Anforderungen an die Verkehrsgeltung noch nicht auf das Freihaltebedürfnis zurückgegriffen. So wurde zB für den Begriff „Telekom" Verkehrsgeltung bei einem Verkehrsgeltungsgrad von 60% angenommen (BGH GRUR 2007, 888 Rn. 19 – Euro Telekom).

98.1 Die **Rechtsprechung zu § 16 UWG 1909** hat sich bei der notwendigen Verkehrsgeltung am Freihalteinteresse des Verkehrs orientiert (BGH GRUR 1992, 865 – Volksbank; GRUR 1979, 470 (471) – RBB/RBT; zustimmend Ingerl/Rohnke Rn. 53; HK-MarkenR/Eisfeld Rn. 66). Danach konnte bei glatt beschreibenden Begriffen, bei denen ein besonderes Freihaltebedürfnis besteht, unter Umständen sogar eine nahezu einhellige Durchsetzung als Kennzeichen eines bestimmten Unternehmens notwendig sein (BGH GRUR 1992, 865 – Volksbank). Immerhin aber war anerkannt, dass ein Freihaltebedürfnis der Entstehung von Verkehrsgeltung nicht grundsätzlich entgegensteht (BGH GRUR 1992, 865 – Volksbank) und dass eine tatsächlich vorliegende Verkehrsgeltung nicht wieder durch ein Freihalteinteresse in Frage gestellt werden darf (BGH GRUR 1979, 470 (472) – RBB/RBT).

Wie bei einer nicht unterscheidungskräftigen Benutzungsmarke kann auch für Unternehmenskennzeichen für die qualifizierte Verkehrsgeltung ein **Zuordnungsgrad von mindestens 50% als Untergrenze** angenommen werden (OLG Dresden MMR 2015, 193 (194) – fluege.de; Goldmann § 6 Rn. 74; HK-MarkenR/Eisfeld Rn. 66: über 50%; vgl. auch KG ZUM 2001, 74 (76) – berlin-online: 37,1% nicht ausreichend; KG NJOZ 2013, 1294 (1295) – Palästinensische Ärzte- und Apothekervereinigung: deutlich mehr als 50 % (zu § 12 BGB); OLG Karlsruhe NJW 2014, 706 (707) – Grün: 50 % (zu § 12 BGB). **99**

5. Regional begrenzte Verkehrsgeltung

Die Verkehrsgeltung kann regional begrenzt sein (BGH GRUR 1979, 470 (472 f.) – RBB/RBT; GRUR 1957, 426 (427) – Getränke Industrie; GRUR 1954, 195 (197) – KfA). Allerdings hindern Enklaven, in denen keine Verkehrsgeltung besteht, die Entstehung eines bundesweiten Schutzes noch nicht (vgl. zu § 4 Nr. 2 BGH GRUR 1967, 482 (485) – WKS-Möbel II). Besteht hingegen **nur in einer abgegrenzten Region Verkehrsgeltung,** kann ein regional begrenzter Schutz des Unternehmenskennzeichens bestehen. Das kommt insbesondere in Betracht bei Etablissementbezeichnungen für Hotels und Gaststätten, aber auch für Einzelhandelsgeschäfte (zB Apotheken) sowie Dienstleister (zB Kinos, Ärzte, Kliniken) und Produktionsbetriebe, die ihre Leistung regional begrenzt anbieten oder erbringen (vgl. OLG Frankfurt GRUR-RR 2015, 372 – Neuro Spine Center). **100**

Die Schutzentstehung setzt – wie bei § 4 Nr. 2 (→ § 4 Rn. 65) – voraus, dass die Verkehrsgeltung in einem hinreichend abgegrenzten und **einheitlichen Wirtschaftsgebiet** besteht (BGH GRUR 1979, 470 (472) – RBB/RBT; KG ZUM 2001, 74 (76) – berlin-online). Daran fehlt es nach der Rechtsprechung, wenn die räumlich begrenzte Verkehrsgeltung eines an sich bundesweit tätigen Unternehmens nur darauf beruht, dass das Unternehmen in dem fraglichen Gebiet seinen Sitz hat und dort eine gewisse Bedeutung als Herstellungs- und/oder Vertriebsunternehmen erlangt hat (BGH GRUR 1979, 470 (472) – RBB/RBT). Das passt zwar für die Benutzungsmarke, weil dort die Verkehrsgeltung eine markenmäßige Benutzung und damit entsprechende Absatzaktivitäten verlangt, so dass die bloße Unternehmensbekanntheit ohne entsprechend intensive Zeichennutzung in der fraglichen Region nicht ausreicht (→ § 4 Rn. 68). Bei Unternehmenskennzeichen kommt es hingegen darauf an, ob der Verkehr das Zeichen als Hinweis auf das Unternehmen sieht. Dazu kann es auch dann kommen, wenn in der fraglichen Region zwar keine gesteigerte Unternehmensaktivität auf dem Markt zu verzeichnen ist, das Unternehmen aber etwa aufgrund seiner Größe und Mitarbeiterzahl ein in der Region bekannter Wirtschaftsfaktor ist (Goldmann § 6 Rn. 49). **101**

Auch bei Anknüpfung an das Tätigkeitsgebiet schließt die **Nutzung des Unternehmenskennzeichens im Internet** eine regional begrenzte Verkehrsgeltung nicht aus (OLG Frankfurt GRUR-RR 2015, 372 (373) – Neuro Spine Center; aA KG ZUM 2001, 74 (76) – berlin-online). Trotz weltweiter Zugänglichkeit kann sich die Webseite an einen regional begrenzten Adressatenkreis richten, weil die vom Unternehmen erbrachten Leistungen einen regionalen Bezug haben oder in dieser Region erbracht werden (ähnlich Ingerl/Rohnke Rn. 55; → § 4 Rn. 69). **102**

XII. Ingebrauchnahme

1. Bedeutung der Benutzungsaufnahme

Die Ingebrauchnahme des Zeichens ist sowohl für Name, Firma und besondere Bezeichnung als auch für Geschäftsabzeichen **Voraussetzung der Schutzentstehung.** Allerdings entsteht der Schutz von Firmenschlagworten mit der Ingebrauchnahme der Firma, so dass es keine eigenständigen Ingebrauchnahme des Firmenschlagworts bedarf (→ Rn. 41). Wird ein Firmenbestandteil jedoch bereits vor der Ingebrauchnahme der Firma als besondere Bezeichnung benutzt, erlangt er bereits mit dieser Benutzungsaufnahme Schutz, sofern er unterscheidungskräftig ist (→ Rn. 41). **103**

104 Bei originär unterscheidungskräftigen Namen, Firmen oder besonderen Bezeichnungen ergibt sich der **Zeitpunkt der Schutzentstehung** aus der Ingebrauchnahme. Für Zeichen iSd § 5 Abs. 2 S. 1, denen die originäre Unterscheidungskraft fehlt sowie für Geschäftsabzeichen iSd § 5 Abs. 2 S. 2 genügt die Ingebrauchnahme hingegen nicht für die Schutzentstehung, da Verkehrsgeltung erforderlich ist. Deren Erlangung erfolgt in aller Regel später als die Ingebrauchnahme, wobei die Zeitspanne vom Einzelfall und insbesondere der Benutzungsintensität abhängt (vgl. BGH GRUR 1957, 426 (428) – Getränke Industrie: regional beschränkte Verkehrsgeltung binnen sechs Monaten). Zwischen Ingebrauchnahme und Erlangung der Verkehrsgeltung besteht kein kennzeichenrechtlicher Schutz. Ein lauterkeitsrechtlicher Schutz der sog. Verkehrsgeltungsanwartschaft wird in der Regel ausscheiden (§ 2 → Rn. 68).

2. Namensmäßige Ingebrauchnahme

105 Bei den Anforderungen an die Ingebrauchnahme ist zu unterscheiden. **Geschäftsabzeichen** und andere Unterscheidungszeichen iSd § 5 Abs. 2 S. 2 haben von vornherein keine Namensfunktion und erlangen Schutz erst, wenn sie als Kennzeichen Verkehrsgeltung erlangt haben. Deshalb genügt hier jede Ingebrauchnahme (Lange MarkenR/KennzeichenR Rn. 1394).

106 Für Zeichen iSd § 5 Abs. 2 S. 1 verlangt die Norm jedoch eine Benutzung des Zeichens *als* **Name, Firma** oder **besondere Bezeichnung.** Damit ist zum Ausdruck gebracht, dass die Schutzentstehung – wie dies schon zu § 16 Abs. 1 UWG 1909 anerkannt war – eine namensmäßige Ingebrauchnahme, dh **zur Kennzeichnung des Unternehmens** (bei Name und Firma) bzw. **Geschäftsbetriebs** (bei besonderen Bezeichnungen) erfordert (BGH GRUR 2016, 705 Rn. 19 – ConText; GRUR 2012, 832 Rn. 44 – ZAPPA; GRUR 2009, 685 Rn. 17 – ahd.de; GRUR 1995, 825 (826) – Torres; GRUR 1989, 626 (627) – Festival Europäischer Musik; GRUR 1973, 661 (662) – Metrix; Ströbele/Hacker/Hacker Rn. 50; HK-MarkenR/Eisfeld Rn. 55; Goldmann § 8 Rn. 3; kritisch Ingerl/Rohnke Rn. 60). Dazu ist eine Verwendung erforderlich, in der der Verkehr eine **Bezeichnung des Unternehmens bzw. Geschäftsbetriebs** sieht.

107 Hierzu genügt die **bloße markenmäßige Verwendung** nicht, weil § 4 Nr. 2 für die Schutzentstehung nur markenmäßig genutzter Zeichen stets die Erlangung von Verkehrsgeltung verlangt (Goldmann § 8 Rn. 3; Ströbele/Hacker/Hacker Rn. 51; aA Ingerl/Rohnke Rn. 60). Ist das Zeichen mit einer vom Unternehmen verwendeten Marke identisch, schließt das den Schutz zwar nicht aus; da die gleichzeitige markenmäßige Verwendung aber das Risiko birgt, dass der Verkehr nicht erkennt, dass es sich auch um ein Unternehmenskennzeichen handelt, dürfen die Anforderungen an die namensmäßige Benutzung nicht zu sehr herabgesetzt werden (BGH GRUR 1973, 661 (662) – Metrix).

108 An einer **eigenständigen namensmäßigen Benutzung** fehlt es zB, wenn das Zeichen nur als Name einer vom Unternehmen durchgeführten Veranstaltung verwendet wird (BGH GRUR 1989, 626 (627) – Festival Europäischer Musik). Namensmäßiger Gebrauch kommt hingegen bei einer Verwendung des Zeichens auf **Geschäftspapieren** wie Rechnungen, Lieferscheinen, Preislisten oder Katalogen in Betracht. Nicht genügend ist hierbei aber eine Verwendung als bloße **Adressbezeichnung,** weil damit zwar der Adressat identifiziert, aber noch nicht auf das Unternehmen hingewiesen wird (BGH GRUR 2005, 871 (873) – Seicom; GRUR 2005, 262 (263) – soco.de; zu **Domainnamen** → § 15 Rn. 82). Das liegt nahe bei Zeichen wie E-Mail-Adresse oder Telefaxkennung, die auf Geschäftspapieren ausschließlich in unmittelbarem Zusammenhang mit Adressangaben verwendet werden (OLG Hamburg GRUR-RR 2011, 168 (169) – Patmondial). Nicht ausreichend ist ferner die Verwendung eines Domainnamens nur noch im Sinne einer Nachsendeadresse, zB durch Umleitung auf die unter dem neuen Unternehmenskennzeichen erreichbare Webseite (BGH GRUR 2005, 871 (873) – Seicom; OLG Hamburg GRUR-RR 2011, 168 (169) – Patmondial). Die Benutzung des Zeichens in der **Werbung** kann namensmäßig erfolgen, sofern nicht der Eindruck erweckt wird, es handele sich lediglich um eine Produktbezeichnung. Für namensmäßige Verwendung spricht bei der Benutzung von Firmen oder Firmenbestandteilen die Beifügung des Rechtsformzusatzes oder die Verwendung in Verzeichnissen, in denen Unternehmen und nicht etwa Waren aufgelistet werden (KG GRUR-RR 2011, 67 (68) – Ring Deutscher Makler).

3. Benutzung im geschäftlichen Verkehr

Für eine Benutzung im geschäftlichen Verkehr genügt eine **nach außen in Erscheinung tretende Tätigkeit,** die auf den **Beginn einer dauernden wirtschaftlichen Betätigung** schließen lässt; ob das Zeichen bereits eine gewisse Anerkennung im Verkehr gefunden hat, ist irrelevant (BGH BeckRS 2016, 14798 Rn. 23 – mt-perfect; GRUR 2012, 304 Rn. 34 – Basler Haar-Kosmetik; GRUR-RR 2010, 205 Rn. 27 – Haus & Grund IV; GRUR 2009, 1099 Rn. 16 – afilias.de; GRUR 1997, 903 (905) – GARONOR; GRUR 1969, 357 (359) – Sihl). Hierzu genügt grundsätzlich die **tatsächliche Aufnahme der Geschäfte,** wobei es jedoch nicht erforderlich ist, dass das Unternehmen bereits gegenüber allen Marktbeteiligten und insbesondere seinen zukünftigen Kunden in Erscheinung getreten ist (BGH BeckRS 2016, 14798 Rn. 23 – mt-perfect; GRUR 2008, 1099 Rn. 36 – afilias.de; GRUR 1980, 114 (115) – Concordia-Uhren; GRUR 1971, 517 (519) – SWOPS). Soweit eine hinreichende tatsächliche Nutzung gegeben ist, hindert das Fehlen einer auf den Gegenstand des Geschäfts bezogenen behördlichen Genehmigung nicht die Entstehung des Unternehmenskennzeichens (BGH BeckRS 2016, 14798 Rn. 23 – mt-perfect). 109

Die Eintragung der Firma in das Handelsregister ist nicht Schutzvoraussetzung. Die vor Aufnahme der Geschäftstätigkeit erfolgte **Handelsregistereintragung** genügt hinsichtlich der Firma und mitgeschützter Firmenschlagworte, weil mit ihr die Firma bereits nach außen zur Bezeichnung des Unternehmens verwendet wird (vgl. BGH GRUR 2008, 1104 Rn. 31 – Haus & Grund II; GRUR 1966, 38 (41) – Centra; OLG Frankfurt MMR 2010, 831 (832); OLG Hamm BeckRS 2013, 16874; LG Düsseldorf BeckRS 2015, 12250 – PRO VITA; aA OLG Hamburg GRUR-RR 2005, 381 (382) – abebooks; für indizielle Wirkung OLG Düsseldorf GRUR-RR 2003, 240 (341) – Impuls). Das kann nur dann anders sein, wenn zwischen Handelsregistereintragung und Aufnahme der Geschäftstätigkeit ein so großer Zeitraum liegt, dass von einem Beginn der wirtschaftlichen Betätigung allein mit Handelsregistereintragung noch keine Rede sein kann. 110

Auch andere **Vorbereitungshandlungen** können genügen, sofern sie – wie zB die Anmietung eines Geschäftslokals – nach außen erkennbar sind (vgl. BGH GRUR 1980, 114 (115) – Concordia-Uhren; GRUR 1971, 517 (519) – SWOPS). Dabei kommt es allerdings nicht darauf an, ob Dritte das Zeichen in zumutbarer Weise zur Kenntnis nehmen konnten (dafür Campos Nave WRP 2002, 1237 (1240); wie hier Günther WRP 2005, 975 (978)). Der Schutz des Unternehmenskennzeichens beruht allein auf der faktischen Ingebrauchnahme und hängt insoweit allein von einer Tatsache ab; damit verträgt sich die Hinzufügung eines auf die Zumutbarkeit abstellenden wertenden Kriteriums nicht. Intern gebliebene Vorbereitungshandlungen wie die Kommunikation zwischen Gesellschaftern oder Konsortiumspartnern oder die Ausarbeitung von Geschäftskonzepten genügen nicht (BGH GRUR 2008, 1108 Rn. 42 – Haus & Grund III; GRUR 2008, 1099 Rn. 37 – afilias.de). Erst recht nicht ausreichend ist zB eine Berichterstattung durch Dritte über das Unternehmen unter Verwendung des Zeichens (BGH GRUR 2008, 1099 Rn. 37 – afilias.de). Ebenfalls nicht genügend ist die bloße **Registrierung als Domainname** (BGH GRUR 2009, 1055 Rn. 40 – airdsl; GRUR 2009, 685 Rn. 30 – ahd.de; OLG Frankfurt MMR 2010, 831 (832)). Zur Schutzentstehung durch Benutzung eines Domainnamens → § 15 Rn. 81. 111

4. Inländische Benutzungsaufnahme

Die Benutzung im geschäftlichen Verkehr erfordert eine **Benutzungsaufnahme im Inland.** Das gilt auch für **ausländische Kennzeichen.** Sie erlangen ebenso wie Kennzeichen inländischer Unternehmen Schutz, wenn im Inland unter namensmäßiger Verwendung des Zeichens eine dauernde wirtschaftliche Tätigkeit aufgenommen wird und die Tätigkeitsaufnahme nach außen in Erscheinung tritt; eine gewisse Anerkennung als Hinweis auf das ausländische Unternehmen ist nicht erforderlich (BGH GRUR 2008, 1099 Rn. 16 – afilias.de; GRUR 1997, 903 (905) – GARANOR; GRUR 1987, 292 (294) – KLINT; GRUR 1980, 114 (115) – Concordia-Uhren; GRUR 1971, 517 (519) – SWOPS; GRUR 1969, 357 (359) – Sihl; GRUR 1967, 199 (202) – Napoléon II). 112

113 Da die Tätigkeit nicht gegenüber allen Marktteilnehmern aufgenommen werden muss, genügt es zB auch schon, dass das Unternehmen unter seiner Firma **im Inland Waren einkauft,** die sie sodann ausschließlich im Ausland absetzt (BGH GRUR 1980, 114 (115 f.) – Concordia-Uhren). Ausreichend ist die **unternehmerische Zusammenarbeit mit einem anderen Unternehmen im Inland** oder die Durchführung inländischer Informationsveranstaltungen (BGH GRUR 1997, 903 (905) – GAR'ANOR); ebenso die Verwendung des Zeichens auf Rechnungen (OLG Frankfurt GRUR-RR 2006, 93 – NEWS).

114 Auch **nach außen erkennbar gewordene Vorbereitungshandlungen** genügen, wenn sie einen nahe bevorstehenden Beginn der Ausdehnung der Tätigkeit auf das Inland zum Ausdruck bringen (BGH GRUR 1980, 114 (115) – Concordia-Uhren; GRUR 1971, 517 (519) – SWOPS; OLG Hamm GRUR 1994, 742 f. – PLANEX). Ein einmaliger Auftritt mit einem Ausstellungsstand genügt jedoch noch nicht (BGH GRUR 2003, 428 (431) – BIG BERTHA); ebenso wenig die Anmeldung des Zeichens als Marke (OLG Hamburg GRUR-RR 2005, 251 (254) – The Home Depot).

115 Die Benutzung im **Internet** stellt nur dann eine inländische Benutzungsaufnahme dar, wenn sich das Angebot gerade auch auf das Inland richtet; die bloße Zugriffsmöglichkeit im Inland genügt nicht (OLG Hamburg GRUR-RR 2005, 381 (383) – abebooks; OLG München GRUR-RR 2005, 375 (376 f.) – 800-FLOWERS). Auch eine vereinzelte tatsächliche Nutzung des Angebots durch inländische Marktteilnehmer genügt nicht, weil es auf eine inländische Benutzung durch das Unternehmen ankommt. Dazu bedarf es eines gewissen wirtschaftlich relevanten Inlandsbezugs (OLG München GRUR-RR 2005, 375 (376 f.) – 800-FLOWERS; LG Düsseldorf BeckRS 2015, 05512 – ASOS). Hierfür ist es nicht zwingend erforderlich, dass sich das Angebot spezifisch an den inländischen Markt richtet, aber der Inlandsmarkt muss nach den Umständen des Internetauftritts und dem sonstigen Geschäftsgebaren als Tätigkeitsgebiet des Unternehmens erscheinen. Das kann zB beim Angebot eines Marktplatzes der Fall sein, auf dem Anbieter und Nachfrager aus beliebigen Staaten tätig werden können und auf dem international nachgefragte Produkte angeboten worden sind (vgl. OLG Hamburg GRUR-RR 2005, 381 (383) – abebooks: Vermittlung des An- und Verkaufs antiquarischer Bücher).

115.1 Das entspricht der Sache nach Art. 2 der **Empfehlungen der WIPO** über den Schutz von Marken und anderen Kennzeichenrechten im Internet (http://www.wipo.int/export/sites/www/freepublications/en/marks/845/pub845.pdf; auf Deutsch abgedruckt in WRP 2001, 833 ff.), wonach auf den „commercial effect" abzustellen ist (dazu Bettinger WRP 2001, 789 (792 f.); Kur WRP 2000, 935 (937)).

116 Die **ausländische Schutzlage** spielt keine Rolle, da der inländische Schutz nicht akzessorisch zum ausländischen Schutz und dessen Voraussetzungen oder Schranken ist (BGH GRUR 1995, 825 (827) – Torres; OLG Frankfurt GRUR 1984, 891 (894) – Rothschild). Etwas anderes ergibt sich auch nicht aus Art. 8 PVÜ (dazu Beier/Kunz-Hallstein GRUR Int 1992, 362 ff.), der die Verbandsländer verpflichtet, den Handelsnamen ohne Verpflichtung zur Hinterlegung oder Eintragung zu schützen; zudem verlangt der Grundsatz der Inländerbehandlung (Art. 2 Abs. 1 PVÜ) eine Beurteilung der Schutzentstehung allein nach den für inländische Kennzeichen geltenden Vorschriften (BGH GRUR 1995, 825 (827) – Torres; OLG Frankfurt GRUR 1984, 891 (894) – Rothschild).

5. Eigene Benutzung

117 Die Ingebrauchnahme erfordert im Grundsatz eine Benutzung durch den Rechtsträger, dh den **Inhaber des Unternehmenskennzeichens** (→ Rn. 124). Ausreichend ist aber die Benutzung durch eine **Vorgesellschaft** (BGH GRUR 1993, 404 (405) – Columbus: Benutzung durch Vor-GmbH).

118 Eine Benutzung durch **beliebige Dritte** genügt nicht. Ausreichend kann aber die Benutzung durch einen Dritten sein, wenn er als **Repräsentant** des Rechtsinhabers das Kennzeichen für diesen, also als Hinweis auf dessen Unternehmen nutzt, so dass der Verkehr den namensmäßigen Gebrauch dem Rechtsinhaber zurechnet (BGH GRUR 1994, 652 (654) – Virion; GRUR 1973, 661 (662) – Metrix; OLG Düsseldorf GRUR-RR 2003, 8 (10) – START; OLG Karlsruhe GRUR 1992, 460 (461) – McChinese; OLG München GRUR 1980, 1003 (1004) – Arena). Das kommt vor allem bei **abhängigen Vertriebsunternehmen** ausländischer Unternehmen in Betracht. Letztlich ist aber die Art der Benutzung – nämlich als Hinweis auf das Unternehmen eines anderen – entscheidend; eine hinreichende Benutzung kann daher auch dann noch vorliegen, wenn es an einer rechtlichen Verbindung zwischen Repräsentant (zB selbständiger Eigenhändler) und Kennzeicheninhaber fehlt (BGH GRUR 1994, 652 (654) – Virion; GRUR 1973, 661 (662) – Metrix; OLG München GRUR 1980, 1003 (1004) – Arena). Umgekehrt genügt die bloße Zugehörigkeit zur selben Unternehmensgruppe nicht (OLG Düsseldorf GRUR-RR 2003, 8 (10) – START).

Ob für einen anderen gehandelt wird, muss nach den **Umständen der Benutzung** 119 beurteilt werden; dies kann zB zu bejahen sein, wenn die Stellung als bloßes Vertriebsunternehmen klar erkennbar gemacht worden ist. Bei sehr bekannten ausländischen Unternehmenskennzeichen liegt es nahe, dass der Verkehr die Verwendung durch ein inländisches Tochterunternehmen zumindest auch als eine solche für das ausländische Mutterunternehmen sieht (vgl. OLG Karlsruhe MMR 2002, 814 (815) – Intel; OLG Karlsruhe GRUR 1992, 460 (461) – McChinese). Umgekehrt jedoch liegt es fern, dass ein ausländisches Unternehmen bei seiner Tätigkeit im Inland ein Unternehmenskennzeichen nicht für sich selbst, sondern für ein inländisches (Tochter-)Unternehmen verwendet (BGH GRUR 1997, 903 (905) – GARONOR).

6. Befugter Gebrauch

§ 16 Abs. 1 UWG 1909 gewährte nur solchen geschäftlichen Bezeichnungen Schutz, 120 derer sich der Inhaber „befugterweise bedient". Diese Formulierung ist in § 5 Abs. 2 nicht übernommen worden. Da der Gesetzgeber jedoch ausdrücklich keine Änderung der Rechtslage durch die Überführung in das MarkenG wollte (BT-Drs. 12/6581, 67), bedarf es auch im geltenden Recht schon für die Schutzentstehung als **ungeschriebene Tatbestandsvoraussetzung** des **befugten Gebrauchs des Kennzeichens** (BGH GRUR 2010, 156 Rn. 23 – EIFEL-ZEITUNG; GRUR 2002, 706 (707) – vossius.de; BPatG BeckRS 2016, 07091 – ned tax; OLG München GRUR-RR 2006, 89 (90 f.) – DSI; NJOZ 2003, 836 (837) – fluessiggas-bayern.de).

An einem befugten Gebrauch als Entstehungsvoraussetzung fehlt es nur, wenn der Zei- 121 chengebrauch **absolut unbefugt** ist. Das ist der Fall, wenn die Rechtsordnung den Gebrauch allgemein, dh unabhängig von der Rechtslage im Verhältnis zu anderen Personen untersagt. So verhält es sich, wenn das Zeichen, würde es als Marke angemeldet, nach **§ 8 Abs. 2 Nr. 4–9 eintragungsunfähig** wäre oder im Gebrauch eine **irreführende geschäftliche Handlung iSd §§ 3, 5 UWG** liegt (Ingerl/Rohnke Rn. 34; Ströbele/Hacker/Hacker Rn. 56; Goldmann § 7 Rn. 5 ff.; Lange MarkenR/KennzeichenR Rn. 1422).

Unbefugt ist **zB** der Gebrauch eines geschützten Firmenbestandteils, der geeignet ist, beim Verkehr 121.1 unzutreffende Vorstellungen über die geschäftlichen Verhältnisse des Unternehmens hervorzurufen (vgl. BGH GRUR 2007, 1079 Rn. 24 – Bundesdruckerei; GRUR 2003, 448 (449) – Gemeinnützige Wohnungsbaugesellschaft; OLG München GRUR-RR 2006, 89 (90 f.) – DSI). Ist der Gebrauch der Gesamtfirma wegen Irreführung unzulässig, besteht auch für darin enthaltene Firmenschlagworte kein Schutz, weil dieser nur abgeleitet ist (OLG München GRUR-RR 2006, 89 (90 f.) – DSI; → Rn. 41). Bei Nutzung in Alleinstellung kommt aber ein eigenständiger Schutz als besondere Bezeichnung in Betracht, sofern nicht auch das Firmenschlagwort selbst irreführend ist.

Bei einem **Verstoß gegen das materielle Firmenrecht** der §§ 18 ff. HGB ist zwar der 122 Gebrauch als Firma unbefugt (vgl. zu § 22 HGB BGH GRUR 1998, 391 (393) – Dr. St. ... Nachf.); in Betracht kommt jedoch ein zulässiger Gebrauch von in der Firma enthaltenen Bestandteilen als Name oder besondere Bezeichnung (vgl. BGH GRUR 1960, 93 (94) – Martinsberg; Fezer § 15 Rn. 173; Ingerl/Rohnke Rn. 34; Goldmann § 7 Rn. 23 f.).

Ist der Gebrauch nur aufgrund der **Rechte anderer** untersagt und daher **relativ unbe-** 123 **fugt,** hindert dies die Schutzentstehung nicht. Zwar genügte unter der Geltung des § 16 UWG 1909 auch ein nur relativ (zB im Verhältnis zum Verletzten) unbefugter Gebrauch für einen Schutzausschluss. Anders als bei § 16 UWG 1909 differenziert das geltende Recht jedoch zwischen Schutzentstehung (§ 5) und der Verletzung geschäftlicher Bezeichnungen (§ 15). Für die Entstehung des absolut wirkenden Rechts an einem Unternehmenskennzeichen können relative, nur im Verhältnis zu bestimmten Personen bestehende Benutzungsverbote jedoch keine Rolle spielen. Dogmatisch zumindest unscharf ist es daher, wenn der BGH davon spricht, es könnte im Verhältnis zum Beklagten kein Recht an einer geschäftlichen

MarkenG § 5 Teil 2 Voraussetzungen, Inhalt und Schranken etc.

Bezeichnung erworben werden (vgl. BGH GRUR 2010, 156 Rn. 22 – EIFEL-ZEITUNG). Richtigerweise wirkt sich ein nur relativ unbefugter Gebrauch erst bei der Frage der Verletzung des Kennzeichenrechts aus, indem er die Geltendmachung von Rechten aus dem bestehenden Kennzeichen gegenüber demjenigen, dessen Rechte durch den Gebrauch verletzt werden, ausschließt (BPatG BeckRS 2016, 07091 – ned tax; Ingerl/Rohnke Rn. 34, vgl. auch BGH GRUR 2004, 512 (513) – Leysieffer). Andere Verletzer können sich hingegen nicht auf den relativ unbefugten Gebrauch berufen (BGH GRUR 1957, 547 (548) – Tabu I; GRUR 1954, 271 (274) – DUN).

XIII. Inhaber des Unternehmenskennzeichens

124 Inhaber des Unternehmenskennzeichens ist der **Träger des Unternehmens,** zu dessen Bezeichnung es von diesem Unternehmen in Gebrauch genommen wurde. Ist das Unternehmen verpachtet, erwirbt der Verpächter als Unternehmensträger das Kennzeichenrecht (BGH GRUR 1959, 87 (88 f.) – Fischl; BPatG GRUR 2014, 780 (783) – Liquidrom; OLG Frankfurt BeckRS 2016, 15042 Rn. 17). Bei einem anderen Unternehmen bzw. Unternehmensträger als jenem, der es in Gebrauch genommen hat, entsteht das Unternehmenskennzeichen nur, wenn es für das andere Unternehmen verwendet wird (→ Rn. 117) oder wenn die für den Schutz erforderliche Verkehrsgeltung (→ Rn. 91) für einen anderen (insbesondere einen Franchisegeber; Goldmann MarkenR 2015, 67 (71)) erworben wurde. Kein Kennzeichenrecht hat daher zB ein Vermieter, der im Verkehr mit Handwerkern in Bezug auf die zu renovierenden leerstehenden Räume von der „Uhland-Apotheke" spricht, weil er die Räume an einen Apotheker vermietet hat, der nach dem Einzug die Apotheke unter diesem Namen betreiben will (LG Stuttgart GRUR-RR 2006, 333 (334) – Uhland-Apotheke).

124.1 Zum Rechtsinhaber bei Musikgruppen → Rn. 25.1; zur Inhaberschaft an Zeichen einer Unternehmensgruppe oder eines **Dachverbands** → Rn. 96; zum Innenverhältnis zwischen **Lizenznehmer und Lizenzgeber** → § 4 Rn. 123.

XIV. Räumlicher Schutzbereich

1. Bundesweiter Schutz

125 Der Schutz des Unternehmenskennzeichens erstreckt sich grundsätzlich auf das **gesamte Bundesgebiet** (BGH GRUR 2014, 506 Rn. 23 – sr.de; GRUR 2007, 884 Rn. 29 – Cambridge Institute; GRUR 2005, 262 (263) – soco.de; GRUR 1995, 754 (757) – Altenburger Spielkartenfabrik; GRUR 1983, 182 (193) – Concordia-Uhren). Bei nicht originär unterscheidungskräftigen Zeichen iSd § 5 Abs. 2 S. 2 sowie bei Geschäftsabzeichen kann sich der Schutzbereich allerdings auf ein territorial **begrenztes Verkehrsgeltungsgebiet** beschränken (→ Rn. 100). Zur Ausdehnung des Schutzbereichs infolge der Wiedervereinigung → Rn. 125.1.

125.1 Ein vor der **Wiedervereinigung** im gesamten alten Bundes- oder Beitrittsgebiet bestehender Schutz eines Unternehmenskennzeichens erstreckt sich mit der Herstellung der Einheit auf das gesamte neue Bundesgebiet (BGH GRUR 2006, 159 Rn. 13 – hufeland.de; für nur kraft bundesweiter Verkehrsgeltung geschützte Zeichen noch offen lassend BGH GRUR 1995, 754 (757) – Altenburger Spielkartenfabrik). War der Schutzbereich wegen eines örtlich begrenzten Tätigkeitsbereichs oder aufgrund räumlich beschränkter Verkehrsgeltung hingegen eingeschränkt, ist mit der Einheit keine Erstreckung auf das gesamte neue Bundesgebiet eingetreten (BGH GRUR 2006, 159 Rn. 15 – hufeland.de; GRUR 1995, 754 (757) – Altenburger Spielkartenfabrik).

2. Örtlich oder regional begrenzter Tätigkeitsbereich

126 Bei allen Unternehmenskennzeichen kann sich der räumliche Schutzbereich auf einen örtlich oder regional begrenzten Tätigkeitsbereich beschränken, weil das Unternehmen nach Zweck und Zuschnitt nur in diesem Gebiet tätig ist und nicht auf eine Ausdehnung auf weitere Gebiete gerichtet ist (BGH GRUR 2014, 506 Rn. 23 – sr.de; GRUR 2007, 884 Rn. 29 – Cambridge Institute; GRUR 2005, 262 (263) – soco.de; zu Beispielen → Rn. 133.1).

Die Begrenzung auf einen territorialen Tätigkeitsbereich kann sich vor allem aus der Art 127
der unternehmerischen Tätigkeit, insbesondere der **Ortsgebundenheit** der angebotenen
Leistungen ergeben (Beispiele → Rn. 82). Verwenden in der Branche des Kennzeicheninhabers eine Reihe weiterer Unternehmen das gleiche Schlagwort, spricht dies für einen
begrenzten Schutzbereich (BGH GRUR 2005, 262 (263) – soco.de). Ist nach der Art des
Unternehmens Ortsgebundenheit gegeben, bleibt es auch dann bei einem begrenzten
Schutzbereich, wenn das Unternehmen über eine besondere Eigenart verfügt (zB betont
künstlerisches o. existenzialistisches Gepräge einer Gaststätte) und die verwendete Bezeichnung auch darauf hinweisen soll (BGH GRUR 1957, 550 (551) – Tabu II).

Eine **über das lokale Tätigkeitsgebiet hinausgehende Bekanntheit** etwa infolge 128
intensiver Werbung oder besonderer Eigenarten des Geschäftsbetriebs genügt für eine Ausdehnung des Schutzbereichs in der Regel nicht, weil der Verkehr wegen der Ortsgebundenheit des Betriebs das Zeichen bei Verwendung durch einen branchengleichen anderen Betrieb
in einem anderen Wirtschaftsgebiet nicht als Hinweis auf das ihm bekannte Unternehmen
auffasst (BGH GRUR 1957, 550 (551) – Tabu II).

3. Ausdehnungstendenz

Der Schutzbereich ist auch bei örtlich oder regional begrenztem Tätigkeitsbereich nicht 129
auf diesen begrenzt, wenn er auf eine **zukünftige Ausdehnung gerichtet** ist (BGH GRUR
1993, 923 (924) – Pic Nic; GRUR 1985, 72 – Consilia). Das ist zB anzunehmen, wenn das
Unternehmen darauf ausgerichtet ist, Filialbetriebe in anderen Orten zu eröffnen und dies
auch bereits jetzt (dh im Kollisionszeitpunkt) mit einer gewissen Wahrscheinlichkeit zu erwarten war (BGH GRUR 1993, 923 (924) – Pic Nic; GRUR 1979, 642 (643) – Billich).

Ein schutzwürdiges Interesse, auch bereits für Gebiete Kennzeichenschutz zu erlangen, in 130
denen noch keine unternehmerische Tätigkeit ausgeübt wird, kann aber nur anerkannt
werden, wenn sich die **Ausdehnungsabsicht bereits manifestiert hat** (aA OLG Bremen
WRP 1999, 215 (217) – Kla-Flü: bei bestehender Ausdehnungsabsicht genügt fehlendes
Interesse des Bekl. an Zeichenbenutzung). Es genügt daher nicht, wenn ein Einzelhandelsgeschäft lediglich die Absicht hat, in Zukunft die angebotenen Waren auch im Internet zu
vertreiben (aA OLG Düsseldorf GRUR-RR 2002, 20 (21) – T-Box). Erforderlich ist eine
bereits sichtbare, wenn auch noch nicht abgeschlossene Verwirklichung etwa durch Eröffnung
mehrerer verstreut liegender Betriebe im Bundesgebiet oder einem abgegrenzten Wirtschaftsgebiet (BGH GRUR 1993, 923 (924) – Pic Nic; OLG Köln BeckRS 2012, 10666 –
Fair Play) oder zumindest eine auf Ausdehnung angelegte Unternehmensstruktur und
Geschäftsbeziehungen (vgl. BGH GRUR 1985, 72 (73) – Consilia). Ist dem so, dann erstreckt
sich der Schutz räumlich auch auf Teilgebiete, in denen die Ausdehnung geplant, aber noch
nicht verwirklicht ist (BGH GRUR 1993, 923 (924) – Pic Nic).

4. Bestimmung des Schutzgebiets

Das **konkret geschützte Gebiet** richtet sich nach der tatsächlichen Zeichenbenutzung, 131
der Unternehmensführung (zB bestehende geschäftliche Kontakte, Werbung, Vertriebsstruktur, Absatzgebiet), aber auch dem potentiellen Kundenkreis (vgl. OLG München BeckRS
2016, 11751 – SeniVita; OLG Koblenz GRUR-RR 2008, 195 (196) – Club P).

Die Nutzung des Zeichens im **Internet** führt bei ortsgebundenen Unternehmen für sich 132
genommen nicht zu einem erweiterten Schutzbereich, sofern aus ihr nicht erkennbar wird,
dass Leistungen tatsächlich bundesweit oder jedenfalls über den bisherigen räumlichen Tätigkeitsbereich hinaus erbracht werden (BPatG BeckRS 2015, 02948 – Lehmitz; OLG Koblenz
GRUR-RR 2008, 195 (196) – Club P; Ingerl/Rohnke Rn. 15; Ströbele/Hacker/Hacker
Rn. 70; vgl. zur Kennzeichenverletzung auch BGH GRUR 2006, 159 Rn. 18 – hufeland.de;
GRUR 2005, 262 (263) – soco.de; aA OLG Koblenz GRUR-RR 2007, 81 (82) – PRO).
Das kommt zB in Betracht, wenn auf der Webseite auch ein Versand an auswärtige Kunden
angeboten wird und nach der Art des Angebots und des Unternehmens eine Nutzung durch
solche Kunden auch tatsächlich zu erwarten ist (vgl. BPatG BeckRS 2015, 02948 – Lehmitz:
„commercial effect" erforderlich; → Rn. 115.1).

Bei einem **ortsgebundenen Angebot** können über den konkreten Ort hinaus auch 133
angrenzende Wirtschaftsgebiete erfasst sein. Soweit sich die Tätigkeit an Marktteilnehmer

im **gesamten Gebiet des Orts** (zB Gemeinde, Kreis, Stadt) richtet, wird der Verkehr mit dem Unternehmenskennzeichen nur ein Unternehmen in Verbindung bringen; der Schutz ist dann nicht etwa nur auf den Stadtteil, in dem das Unternehmen sein Geschäftslokal hat, beschränkt (vgl. für Gaststätte in Köln BGH GRUR 1970, 479 (480) – Treppchen; für Imbissbetrieb OLG Hamm NJWE-WettbR 2000, 214 – Rhodos Grill; anders jedoch KG GewArch 2000, 257 (258) – Herz-Apotheke: Schutz nur in einem Stadtteil Berlins).

133.1 **Beispiele für einen räumlichen begrenzten Schutzbereich: Apotheken** (KG GewArch 2000, 257 (258) – Herz-Apotheke; OLG Karlsruhe WRP 1974, 422 – Stadtapotheke; LG Stuttgart GRUR-RR 2006, 333 (334) – Uhland-Apotheke), **Gaststätten und Restaurants** (BGH GRUR 1993, 923 (924) – Pic Nic; GRUR 1991, 155 (156) – Rialto; GRUR 1970, 479 (480) – Treppchen; GRUR 1957, 550 (551) – Tabu II; OLG Hamm NJWE-WettbR 2000, 214 – Rhodos Grill; OLG Hamburg GRUR 1990, 634 – Zur feurigen Bratwurst; OLG Saarbrücken BeckRS 2006, 13468 – Schlachthof Brasserie), **Hotels** (BGH GRUR 1995, 507 (508) – City Hotel; LG Leipzig BeckRS 2015, 09218 – Cult Hotel Frankfurt), **örtlich tätige Dienstleister** wie Friseure (BPatG BeckRS 2011, 16420 – Haarschmiede), Sprachschulen ohne Fernkurse (BGH GRUR 2007, 884 Rn. 29 – Cambridge Institute), EDV-Vertrieb und Beratung (BGH GRUR 2005, 262 (263) – soco.de), Steuerberater (vgl. BGH GRUR 1985, 72 – Consilia), Kreiskrankenhäuser (BGH GRUR 2006, 159 Rn. 15 – hufeland.de), Seniorenheime (OLG München BeckRS 2016, 11751 – SeniVita); Bordelle (OLG Koblenz GRUR-RR 2008, 195 (196) – Club P), Spielhallen (OLG Köln BeckRS 2012, 10666 – Fair Play) oder Bewachungsunternehmen (vgl. BGH GRUR 1977, 226 (227) – Wach und Schließ); nicht im Filialbetrieb geführte **örtliche Einzelhändler** wie ein Getränkemarkt (vgl. OLG Saarbrücken NJWE-WettbR 1998, 62 (63) – Bierstraße) oder ein Weinhändler (BPatG BeckRS 2014, 11330 – Weinhandlung Müller), **Produktionsbetriebe mit stark regionalem Bezug** wie eine Regionalbrauerei (OLG München WRP 1994, 326).

XV. Erlöschen des Schutzes

1. Aufgabe der Benutzung

134 Da der Schutz des Unternehmenskennzeichens erst durch die Ingebrauchnahme entsteht, kommt es bei einer Aufgabe der Benutzung wieder zum Erlöschen des Schutzes. Ein Erlöschen durch **faktische Nichtbenutzung** wird vor allem bei besonderen Bezeichnungen und Geschäftsabzeichen in Betracht kommen.

135 Bei Namen und Firmen kann in einer **Umfirmierung** eine Benutzungsaufgabe liegen, wenn eine gänzlich andere Firma angenommen wird (BGH GRUR 2005, 871 (873) – Seicom; OLG Düsseldorf GRUR-RR 2009, 80 f. – Mannesmann; zu Änderungen des Zeichens → Rn. 144). Bei einer Weiternutzung des alten Zeichens neben der neuen Firma bleibt der Schutz jedoch mit dem ursprünglich begründeten Zeitrang bestehen, sofern der Verkehr dem Zeichen nach wie vor Namensfunktion beilegt, so dass es nunmehr als besondere Bezeichnung eines Geschäftsbetriebs geschützt wird (KG GRUR-RR 2011, 67 – Ring Deutscher Makler; vgl. auch BGH GRUR 2005, 871 (872 f.) – Seicom).

136 Der Schutz als Unternehmenskennzeichen erlischt ferner, wenn die Benutzung **nicht mehr namensmäßig** erfolgt, sondern zB nur noch als Marke (BGH GRUR 2013, 1150 Rn. 30 – Baumann I; OLG Düsseldorf BeckRS 2012, 21145) oder als Domainname, dem nur noch Adressfunktion zukommt (BGH GRUR 2005, 871 (873) – Seicom; → § 15 Rn. 82).

137 Erforderlich ist eine **dauerhafte Benutzungsaufgabe.** Eine nur vorübergehende Nichtbenutzung schadet nicht; mit der Wiederaufnahme der Benutzung lebt der Kennzeichenschutz mit seiner ursprünglichen Priorität wieder auf. Zu den Kriterien für eine unschädliche Unterbrechung → Rn. 139. Keine Benutzungsaufgabe liegt vor, wenn das Zeichen nur noch durch einen Repräsentanten des Rechtsinhabers genutzt wird (→ Rn. 118). Hingegen genügt es nicht, wenn das bisherige Zeichen nur noch verwendet wird im Sinne einer Nachsendeadresse als Verweis auf ein neues Unternehmenskennzeichen, unter dem das Unternehmen jetzt auftritt, da es dann nicht mehr wie ein Name, sondern nur als Hinweis auf einen Namen verwendet wird (vgl. BGH GRUR 2005, 871 (873) – Seicom: Domainname als bloße Nachsendeadresse). Erst recht nicht ausreichend ist eine Weiterbenutzung nur durch Dritte wie zB Kunden (BGH GRUR 2005, 871 (873) – Seicom).

2. Aufgabe des Geschäftsbetriebs

Der Schutz erlischt, wenn das Unternehmen sich nicht mehr am geschäftlichen Verkehr **138** beteiligt (BGH GRUR 2013, 1150 Rn. 29 – Baumann I; GRUR 2005, 871 (872) – Seicom; GRUR 2002, 967 (969) – Hotel Adlon; GRUR 1997, 749 (752) – L'Orange). Dazu bedarf es der **endgültigen Aufgabe des Geschäftsbetriebs**, dh der tatsächlichen Einstellung der geschäftlichen Tätigkeit, für die die Unternehmensbezeichnung verwendet wird. Dabei gelten die gleichen Maßstäbe wie für das schutzbegründende Benutzungsaufnahme (→ Rn. 109). Soweit noch Benutzungshandlungen vorgenommen werden, die für eine Entstehung des Schutzes genügen würden, liegt daher keine Aufgabe des Geschäftsbetriebs vor (BGH BeckRS 2016, 14798 Rn. 23 – mt-perfect). Maßgeblich ist, ob die Handlungen nach dem Verständnis der angesprochenen Verkehrskreise auf einer Fortsetzung der dauerhaften, inhaltlich unveränderten wirtschaftlichen Betätigung schließen lassen (BGH BeckRS 2016, 14798 Rn. 28 f. – mt-perfect). Die Handelsregisterlage ist irrelevant; insbesondere folgt allein aus dem Fortbestand der Eintragung nicht derjenige des Unternehmens (BGH GRUR 1997, 749 (752) – L'Orange; GRUR 1961, 420 (422 f.) – Cuypers; OLG Düsseldorf GRUR-RR 2003, 8 (10) – START). Mit der Handelsregisterlöschung entfällt jedoch das Schutzobjekt „Firma"; das Zeichen kann nach diesem Zeitpunkt nur noch als besondere Bezeichnung oder – bei Verkehrsgeltung – als Geschäftsabzeichen geschützt sein.

Wird der Geschäftsbetrieb aufgrund eines **Liquidationsbeschlusses** eingestellt, liegt keine endgül- **138.1** tige Aufgabe vor, wenn der Beschluss angefochten wird und hierüber noch nicht rechtskräftig entschieden ist (BGH GRUR 1985, 567 f. – Hydair).

Eine Aufgabe liegt auch vor, wenn der Geschäftsbetrieb bei rechtlichem Fortbestand des Unterneh- **138.2** mens **in ein übernehmendes Unternehmen eingegliedert** und das Zeichen fortan nur noch als Marke für die Produkte des übernommenen Unternehmens verwendet wird (BGH GRUR 2013, 1150 Rn. 30 – Baumann I).

3. Unterbrechungen des Geschäftsbetriebs

Eine Unterbrechung des Geschäftsbetriebs lässt den Bestand des Kennzeichenrechts mit **139** seiner ursprünglichen Priorität unberührt, wenn sie lediglich **vorübergehend** ist. Ob dies der Fall ist, bestimmt sich nach der Verkehrsauffassung im Zeitpunkt der wieder aufgenommenen Betätigung im geschäftlichen Verkehr (BGH GRUR 2013, 1150 Rn. 29 – Baumann I; GRUR 2002, 972 (974) – FROMMIA; GRUR 2002, 967 (969) – Hotel Adlon). Entscheidend ist, ob der Verkehr den jetzt neu begründeten, in seinem wesentlichen Bestand erhalten gebliebenen Geschäftsbetrieb noch als Fortsetzung des ursprünglichen Geschäftsbetriebs sieht (BGH GRUR 2005, 871 (872) – Seicom; GRUR 2002, 972 (974) – FROMMIA; GRUR 2002, 967 (969) – Hotel Adlon). Wesentliche Kriterien der einzelfallabhängigen Beurteilung sind insbesondere **Anlass und Dauer der Unterbrechung** sowie ein **Fortsetzungswille** des Rechtsträgers, der sich in entsprechenden Handlungen manifestiert oder doch aufgrund besonderer Umstände für den Verkehr nahe gelegen haben muss (BGH BeckRS 2016, 14798 Rn. 22 – mt-perfect; GRUR 1997, 749 (752) – L'Orange).

Das Gewicht der **Unterbrechungsdauer** hängt von der Dauer und Intensität der Zei- **140** chennutzung und dem erreichten Bekanntheitsgrad ab. Eine langjährige Nutzung, bei der die Annahme einer nur vorübergehenden Unterbrechung näher liegt, ist aber bei einer nur vierjährigen Nutzung noch nicht gegeben (BGH GRUR 2002, 972 (974 f.) – FROMMIA). Eine dreimonatige Unterbrechung ist jedenfalls unbeachtlich, wenn zuvor ein jahrzehntlanger Betrieb gegeben war (OLG Frankfurt BeckRS 2016, 15042 Rn. 19). Kommt es während der Betriebsunterbrechung zur Nutzung des Zeichens durch andere Unternehmen, kann für den Verkehr die Zuordnung des Zeichens zum ursprünglichen Geschäftsbetrieb entfallen (BGH GRUR 2002, 972 (975) – FROMMIA).

Beim **Anlass der Unterbrechung** kommt es darauf an, ob die Aufgabe freiwillig erfolgte **141** (dann wird der Verkehr eher von einer endgültigen Aufgabe ausgehen, BGH GRUR 1962, 419 (422) – Leona; vgl. auch OLG Düsseldorf GRUR-RR 2005, 281 (282 f.) – ATLAS: sechsjährige Unterbrechungsphase führt bei freiwilliger Benutzungsaufgabe zum Schutzverlust) oder durch staatliche Maßnahmen (zB Enteignung) oder kriegsbedingte Umstände erzwungen wurde.

MarkenG § 5 Teil 2 Voraussetzungen, Inhalt und Schranken etc.

141.1 Bei einer **unfreiwilligen Aufgabe** kann zu **differenzieren** sein: Ist das Hindernis in den Augen des Verkehrs nur vorübergehender Natur, so wird er auch eher von einer nur vorübergehenden Einstellung des Geschäftsbetriebs ausgehen. Das hat die Rechtsprechung zB mit Blick die Maßnahmen in der sowjetischen Besatzungszone zunächst bejaht (vgl. BGH GRUR 1961, 420 (422 f.) – Cuypers; GRUR 1960, 137 (139) – Astra. Auch hier kommt es jedoch allein darauf an, ob der Verkehr das Zeichen nach der Unterbrechung noch dem Unternehmen zuordnet; das ist zB für eine infolge von Krieg und Devisenbewirtschaftung für die Dauer von 18 Jahren eingestellte Zeichenbenutzung vereint worden (BGH GRUR 1967, 199 (202) – Napoléon II). Sieht der Verkehr staatliche Maßnahmen als dauerhaft an, liegt trotz Unfreiwilligkeit keine nur vorübergehende Unterbrechung vor (vgl. BGH GRUR 1997, 749 (752) – L'Orange: Schutzverlust infolge 1972 erfolgter Enteignung in der DDR).

142 An einer hinreichenden **Manifestation des Fortführungswillens** fehlt es, wenn tatsächlich keine Fortführungsmöglichkeit bestand (vgl. BGH GRUR 2002, 967 (969) – Hotel Adlon: Schutzverlust bei Aufgabe des Hotelbetriebs infolge Kriegseinwirkung und fehlender Fortsetzungsmöglichkeit in der DDR). Fehlt die Möglichkeit einer – an der Art des Hindernisses bemessen – zeitnahen Fortsetzung, dann sieht der Verkehr die Unterbrechung auch dann nicht als nur vorübergehend, wenn tatsächlich Fortsetzungsanstrengungen unternommen wurden (BGH GRUR 1997, 749 (752) – L'Orange). Ebenso kann es für den Verkehr am Fortführungswillen fehlen, wenn der Geschäftsbetrieb nach Beseitigung des Hindernisses nicht wieder zeitnah aufgenommen wird (BGH GRUR 2002, 419 (421) – Leona; GRUR 1961, 420 (422 f.) – Cuypers) oder die Möglichkeit einer Betriebsfortführung an anderer Stelle (zB West-Berlin) ungenutzt bleibt (BGH GRUR 2002, 967 (969) – Hotel Adlon). Der Wille zur Fortführung im Ausland genügt nicht, weil die Schutzentstehung eine Benutzung im Inland voraussetzt (BGH GRUR 1992, 972 (975) – FROMMIA).

143 Trotz endgültiger Unterbrechung und damit verbundenem Erlöschen des Kennzeichenrechts kann an die **ursprüngliche Priorität angeknüpft** werden, wenn die Unterbrechung auf staatlichen Zwangsmaßnahmen oder der kriegs- und teilungsbedingten Unmöglichkeit der Fortführung des Geschäftsbetriebs am früheren Ort beruht und das Unternehmenskennzeichen aufgrund seiner Geltung oder Berühmtheit im Verkehr in Erinnerung geblieben ist und es dem wiederbelebten Unternehmen zugeordnet wird (BGH GRUR 2002, 967 (969) – Hotel Adlon; GRUR 1997, 749 (753) – L'Orange).

4. Wesentliche Änderung des Zeichens

144 Eine Änderung des Unternehmenskennzeichens kann zum Erlöschen des Schutzes für das bisher benutzte Kennzeichen führen, wenn sie die **Unterscheidungskraft und Identität der Gesamtbezeichnung berührt** (BGH GRUR 1995, 754 (756) – Altenburger Spielkartenfabrik: Zufügung des Worts „Vereinigte" vor die bisherige Bezeichnung „Altenburger und Stralsunder Spielkarten-Fabriken" und Nachstellung der Abkürzung „ASS" keine wesentliche Änderung; GRUR 1995, 505 (507) – APISERUM; GRUR 1973, 661 (662) – Metrix: Schutzverlust bei Änderung von „Metrix" zu „Matrix"; OLG Hamburg NJOZ 2002, 1465 (1466): kein Schutzverlust durch Änderung von „UpSolut Agentur für Sport und Marketing GmbH" zu „Upsolut Sports AG"). Das kann nicht nur durch Weglassung unterscheidungskräftiger Bestandteile erfolgen. Auch die Hinzufügung weiterer, ebenfalls unterscheidungskräftiger Bestandteile kann zum Schutzverlust für das bisherige Zeichen führen, wenn es dadurch ein neues Gesamtgepräge erlangt und deshalb vom Verkehr nunmehr anstelle des bisherigen Zeichens als Hinweis auf das Unternehmen verstanden wird (vgl. Ströbele/Hacker/Hacker Rn. 79).

145 Der abgeleitete Schutz eines Firmenbestandteils als **Firmenschlagwort** bleibt mit seiner ursprünglichen Priorität auch bei einer **wesentlichen Änderung der Gesamtfirma** bestehen, wenn das Schlagwort auch in der neuen Firma enthalten ist und nach wie vor Schlagworteignung und Unterscheidungskraft aufweist (BGH GRUR 1995, 505 (507) – APISERUM; Ströbele/Hacker/Hacker Rn. 29; aA Büscher, FS Bornkamm, 2014, 543 (545)). Ist das Schlagwort in der neuen Firma nicht mehr enthalten, erlischt der abgeleitete Schutz; fortan kommt nur noch ein selbständiger Schutz als besondere Bezeichnung oder Geschäftsabzeichen in Betracht, sofern die jeweiligen Entstehungsvoraussetzungen (insbesondere Ingebrauchnahme in Alleinstellung) vorliegen.

5. Wesentliche Änderung des Geschäftsbetriebs

Wird der Geschäftsbetrieb so geändert, dass er dem Verkehr **nicht mehr als Fortführung** **146** **des bisherigen Geschäftsbetriebs** erscheint (zB wesentliche inhaltliche Änderung der geschäftlichen Tätigkeit), so liegt der Sache nach eine endgültige Einstellung des Geschäftsbetriebs vor, die zum Erlöschen des Schutzes für das Zeichen führt (BGH BeckRS 2016, 14798 Rn. 22 – mt-perfect; GRUR 1957, 550 (552 f.) – Tabu II). Sind die Schutzvoraussetzungen gegeben, entsteht der Schutz dann neu für den geänderten Geschäftsbetrieb, ohne dass an den bisherigen Zeitrang angeknüpft werden kann.

Änderungen der Rechtsform sind irrelevant, wenn der Verkehr mit ihnen nicht die **147** Vorstellung eines neuen Geschäftsbetriebs verbindet (vgl. BGH GRUR 2013, 1150 Rn. 32 – Baumann I; GRUR 1993, 404 (405) – Columbus; GRUR 1990, 1042 (1044) – Datacolor; GRUR 1983, 182 f. – Concordia-Uhren; OLG Hamm BeckRS 2010, 28139, allerdings unter unzutreffender Einordnung als Benutzung durch Vorgesellschaft).

6. Trennung von Unternehmenskennzeichen und Geschäftsbetrieb

Das Unternehmenskennzeichen kann nicht **isoliert auf einen anderen übertragen** werden, **148** weil dadurch die Zuordnung des Zeichens zu einem bestimmten Unternehmen, welches das Zeichen namensmäßig benutzt und damit den Schutz erworben hat, aufgehoben wird (→ § 27 Rn. 77 ff.). Die **Trennung des Unternehmenskennzeichens vom bisherigen Geschäftsbetrieb** führt daher zu seinem Erlöschen (vgl. BGH GRUR 2002, 972 (975) – FROMMIA; Ingerl/Rohnke Rn. 72; Ströbele/Hacker/Hacker Rn. 74; HK-MarkenR/Eisfeld Rn. 76).

Beim **Erwerber** entsteht der Schutz mit **eigenem Zeitrang** neu, wenn er das Zeichen **149** namensmäßig für seinen Geschäftsbetrieb in Gebrauch nimmt und die übrigen Schutzvoraussetzungen vorliegen. Der Schutz besteht hingegen mit **ursprünglicher Priorität** fort, wenn das Unternehmenskennzeichen zusammen dem Geschäftsbetrieb übertragen wird, da es dann weiter zur Kennzeichnung des gleichen Unternehmens dient. Dazu müssen diejenigen Werte übertragen werden, die nach wirtschaftlichen Gesichtspunkten den Schluss rechtfertigen, die mit dem Zeichen verbundene Geschäftstradition werde vom Erwerber fortgesetzt (BGH GRUR 2002, 972 (975) – FROMMIA; GRUR 1990, 1042 (1044) – Datacolor). Ist der Verpächter des Grundstücks, auf dem das Unternehmen betrieben wird, Rechtsinhaber (→ Rn. 124), geht das Unternehmenskennzeichen auf den Grundstückserwerber über (OLG Frankfurt BeckRS 2016, 15042 Rn. 18).

7. Verlust der Unterscheidungskraft

Der Schutz endet, wenn das Zeichen durch **Veränderungen in seinen unterschei-** **150** **dungskräftigen Teilen** oder infolge einer **veränderten Verkehrsauffassung** seine Fähigkeit verloren hat, das Unternehmen von anderen zu unterscheiden. Bei einer Umwandlung in einen Gattungsbegriff tritt der Schutzverlust jedoch erst ein, wenn nur noch kein zu vernachlässigender Teil des angesprochenen Verkehrs in dem Zeichen einen Hinweis auf das Unternehmen sieht (BGH GRUR 1977, 226 (227) – Wach und Schließ). Zu einer Veränderung der Verkehrsauffassung kann es auch kommen, wenn der Zeicheninhaber nicht gegen die Zeichenbenutzung durch andere vorgeht.

8. Verlust der Verkehrsgeltung

Geschäftsabzeichen iSd § 5 Abs. 2 S. 2 verlieren ihren Schutz, wenn die **bestehende** **151** **Verkehrsgeltung entfällt** (BGH GRUR 2012, 534 Rn. 33 – Landgut Borsig). Das Gleiche gilt für nicht originär unterscheidungskräftige Kennzeichen nach § 5 Abs. 2 S. 1. Die bloße Veränderung des Kennzeichens oder des Geschäftsbetriebs führt nicht notwendigerweise zum Verlust der Verkehrsgeltung; bei wesentlichen Änderungen entfällt der Schutz hingegen ohne Rücksicht auf die Verkehrsgeltung (→ Rn. 144).

Ob eine **Unterbrechung der Benutzung** zum Verlust der Verkehrsgeltung geführt hat, **152** ist nach den gleichen Maßstäben zu beurteilen, wie sie allgemein für die Unterbrechung des Geschäftsbetriebs gelten (→ Rn. 139); insbesondere bei bis zur Benutzungseinstellung bestehender hoher Verkehrsgeltung oder bei unfreiwilliger Einstellung kann die Verkehrsgeltung auch über einen längeren Zeitraum der Nichtbenutzung fortbestehen (vgl. BGH GRUR 1957, 25 (27) – Hausbücherei: Fortbestand der Verkehrsgeltung trotz vierjähriger Nichtbenutzung aufgrund nachkriegsbedingter Umstände).

D. Werktitel (Abs. 3)

I. Regelungsüberblick

1. Schutzobjekt

153 § 5 Abs. 3 schützt als Werktitel die Namen oder besonderen Bezeichnungen einer geistigen Leistung. Schutzobjekt ist ein Zeichen, das geeignet ist, eine geistige Leistung zu identifizieren und sie von anderen zu unterscheiden. Anders als bei den Unternehmenskennzeichen ist eine **Namensfunktion nicht erforderlich** (Fezer § 15 Rn. 268 f.; Baronikians Rn. 6; Deutsch/Ellerbrock Rn. 114; vgl. auch Schricker, FS Vieregge, 1995, 775 (783 f.); aA Ströbele/Hacker/Hacker Rn. 82; Lange MarkenR/KennzeichenR Rn. 1791). Zwar wurde eine solche von der Rechtsprechung zu § 16 Abs. 1 UWG 1909 verlangt (BGH GRUR 1958, 354 (357) – Sherlock Holmes) und der Gesetzgeber ging hiervon ebenfalls aus (BT-Drs. 12/6581, 67). Gegen das Erfordernis einer Namensfunktion – das sich vor allem bei den schutzfähigen Zeichenformen begrenzend auswirkend würde – spricht jedoch, dass Werktitel die Bezeichnungen geistiger Leistungen sind und daher von vornherein nicht Träger eines Namens im Rechtssinne sein können. Deshalb kann für die Namensfunktion auch nicht darauf verwiesen werden, dass § 5 Abs. 3 mit der Formulierung „Namen und besondere Bezeichnungen" an die in § 5 Abs. 2 S. 1 genannten Unternehmenskennzeichen mit Namensfunktion anknüpft – der dort verwandte Rechtsbegriff „Name" ist inhaltlich ein anderer als der des § 5 Abs. 3. Das gilt auch für die „besondere Bezeichnung": Sie ist bei § 5 Abs. 2 S. 1 ein namensmäßiges Äquivalent für den Namen iSd § 12 BGB und die handelsrechtliche Firma; bei § 5 Abs. 3 scheidet dieses Verständnis jedoch aufgrund des abweichenden Bezugsobjekts aus.

154 Ausreichend, aber auch erforderlich ist eine Bezeichnung mit **Individualisierungs- und Unterscheidungsfunktion.** Werktitel haben hingegen grundsätzlich nicht die Funktion eines betrieblichen Herkunftshinweises (st. Rechtsprechung, vgl. zB BGH GRUR 2014, 483 Rn. 29 – test; GRUR 2005, 264 (265 f.) – Das Telefon-Sparbuch; GRUR 2002, 1083 (1085) – 1, 2, 3 im Sauseschritt; GRUR 2000, 504 (505) – FACTS). Sie können diese Funktion aber im Einzelfall aufweisen, soweit der Verkehr mit dem Werktitel eine bestimmte betriebliche Herkunft verbindet. Das ist von der Rechtsprechung bislang nur für bekannte Titel regelmäßig erscheinender Zeitschriften oder außerordentlich bekannter Fernsehserien angenommen worden (BGH GRUR 2014, 483 Rn. 29 – test; GRUR 2000, 70 (72 f.) – SZENE mwN; GRUR 1993, 692 (693) – Guldenburg; kritisch zu dieser Einschränkung Baronikians Rn. 14; A. Deutsch GRUR 2013, 113).

2. Schutzentstehung

155 § 5 Abs. 3 regelt die Entstehung des Schutzes als Werktitel nur rudimentär; normiert ist lediglich, dass es sich um einen **Namen** oder eine **besondere Bezeichnung** handeln muss (→ Rn. 156) und welche **Werke** als Bezugsobjekt in Betracht kommen (Druckschriften, Film-, Ton- und Bühnenwerke, sonstige vergleichbare Werke, → Rn. 164 ff.). Als ungeschriebene Schutzentstehungsvoraussetzungen kommen die **Unterscheidungskraft** (→ Rn. 194) – entweder originär (→ Rn. 195 ff.) oder kraft Verkehrsgeltung (→ Rn. 202) – sowie eine **Ingebrauchnahme** des Titels (→ Rn. 203 ff.) hinzu.

II. Name oder besondere Bezeichnung

1. Titel

156 Werktitel können nur Namen oder besondere Bezeichnungen sein. Diese Begriffe sind synonym; rechtspraktisch ist schlicht vom **Titel** die Rede. Der Individualisierungsfunktion entsprechend können nur solche Bezeichnungen einen Titel darstellen, in denen der Verkehr einen das Werk individualisierenden Hinweis sieht. Das bestimmt sich nach der Verkehrsauffassung. Danach ist in erster Linie der **Haupttitel** geschützt, dh jene Bezeichnung, die der Verkehr primär der Identifizierung und Unterscheidung zugrunde legt. Welche das ist, wenn mehrere Bezeichnungen nebeneinander verwendet werden, hängt vor allem von der graphischen Gestaltung und der dadurch ausgelösten Wahrnehmung des Verkehrs ab (vgl. OLG Frankfurt GRUR-RR 2001, 5 – MediaFacts).

Die **Bezeichnung einer App für Smartphones** ist idR ein individualisierender Hinweis auf **156.1** das Werk. Anders als bei Domainnamen werden sie im Rechtsverkehr auch dann nicht als bloße Adressbezeichnung verstanden, wenn sie ihrer Funktion nach lediglich den Inhalt einer Webseite in einer für Smartphones besonders geeigneten Form wiedergeben (anders wohl OLG Köln GRUR 2014, 1111 f. – wetter.de; für die fragliche App wie hier BGH GRUR 2016, 939 Rn. 17 – wetter.de). Der Inhalt des Werkes ändert nichts daran, dass der Verkehr die Bezeichnung einer solchen Software als individualisierenden Hinweis auf ein besonders, zur Anzeige dieser Webseite fähiges Programm versteht (zweifelnd aber OLG Köln GRUR 2014, 1111 (1112) – wetter.de). Allerdings kann bei beschreibenden Begriffen die notwendige Unterscheidungskraft fehlen (→ Rn. 200).

Werbeslogans sind selbst dann, wenn sie sich auf ein Werk iSd § 5 Abs. 3 beziehen, keine Titel, **156.2** da sie im Verkehr nicht als individualisierender Hinweis auf das Werk, sondern als Anpreisung der Werkeigenschaften verstanden werden (anders wohl Stollwerck ZUM 2015, 867). Der Verkehr pflegt Werke auch nicht nach den für sie verwendeten Werbeslogans zu identifizieren und zu unterscheiden.

Nach diesen Maßstäben ist auch zu beurteilen, ob ein dem Haupttitel beigefügter **Untertitel 157** ebenfalls als besondere Bezeichnung des Werks verstanden wird. Soweit dies der Fall ist, ist auch ein Untertitel selbständig schutzfähig (BGH GRUR 2010, 156 Rn. 15 – EIFELZEITUNG; GRUR 1990, 218 (219) – Verschenktexte; OLG Nürnberg NJWE-WettbR 1999, 256 – Der Schweinfurter; OLG Hamburg GRUR-RR 2006, 408 (411) – OBELIX).

2. Titelbestandteile

Unterscheidungskräftige **Bestandteile des Titels** können als **Titelschlagwörter 158** geschützt sein (BGH GRUR 1992, 547 (549) – Morgenpost; OLG Hamburg GRUR-RR 2006, 408 (411) – OBELIX; OLG München MMR 2001, 696 – weltonline.de; OLG Köln NJWE-WettbR 2000, 214 (215) – Blitzrezepte; LG Nürnberg-Fürth AfP 2016, 180 (182); Ingerl/Rohnke Rn. 73; Baronikians Rn. 18). Ob Schutz besteht, ist nach den gleichen Kriterien, wie sie für den Schutz von Firmenbestandteilen als Firmenschlagworte gelten (→ Rn. 33), zu bestimmen. Geschützt sind daher Titelbestandteile, die geeignet sich, als Schlagwort anstelle des vollständigen Titels im Verkehr zur Unterscheidung des Werks verwendet zu werden und die über hinreichende Unterscheidungskraft verfügen. Wie bei den Firmenbestandteilen handelt es sich um einen abgeleiteten Schutz (→ Rn. 41). Es bedarf daher keiner Benutzung des Titelschlagworts in Alleinstellung (OLG Hamburg GRUR-RR 2006, 408 (411) – OBELIX; Ingerl/Rohnke Rn. 73; aA Baronikians Rn. 16).

3. Abkürzungen

Aus dem Titel gebildete Abkürzungen, die selbst aber nicht Bestandteil des Titels sind **159** (zB „NZ" für „Nürnberger Zeitung"), können nur dann als **besondere Bezeichnung** geschützt sein, wenn der Verkehr sie wie einen Titel versteht, dh in ihnen einen das Werk individualisierenden Hinweis sieht. Dazu bedarf es der **Verkehrsgeltung** (BGH GRUR 1968, 259 – NZ; GRUR 1952, 418 (419) – DUZ; Lange MarkenR/KennzeichenR Rn. 1816).

4. Autoren- oder Herausgebernamen

Autoren- oder Herausgebernamen können insbesondere dann, wenn der Titel **rein 160 beschreibend** ist, ausnahmsweise Individualisierungsfunktion haben (Baronikians Rn. 20); zB „Palandt", „Pschyrembel".

III. Schutzfähige Zeichenformen

Schutzfähig sind alle Zeichenformen, die geeignet sind, das konkrete Werk zu individuali- **161** sieren. Da keine Namensfunktion erforderlich ist (→ Rn. 153), können dies auch Zeichenformen sein, die im Verkehr nicht als Name verstanden werden, aber gleichwohl der individualisierenden Bezeichnung dienen. In Betracht kommen daher neben **Wortzeichen,** aussprechbaren und nicht aussprechbaren **Buchstabenfolgen** (BGH GRUR 1997, 902 (903) – FTOS; GRUR 1997, 661 f. – B.Z./Berliner Zeitung), **Buchstaben-/Zahlenkombination** und **Zahlenfolgen** (Baronikians Rn. 26; Fezer § 15 Rn. 269; Ströbele/Hacker/Hacker Rn. 87; zB „1984" für den Roman von George Orwell) auch **Bildzeichen** (Baronikians Rn. 31; Ströbele/Hacker/Hacker Rn. 87; Fezer § 15 Rn. 269; Lange MarkenR/KennzeichenR Rn. 1771; aA Ossing GRUR 1992, 85 (87)) sowie – etwa bei Filmen und Fernsehsendungen – **Hörzeichen** in Form von Titelmelodien oder Erkennungsjingles (Baronikians Rn. 31; Fezer § 15 Rn. 269).

162 Grundsätzlich können **alle Zeichenformen des § 3 Abs. 1** auch als Titel schutzfähig sein (vgl. Fezer § 15 Rn. 269; Baronikians Rn. 29; Lange MarkenR/KennzeichenR Rn. 1772; aA Ströbele/Hacker/Hacker Rn. 87). Entscheidend ist jedoch, ob das Zeichen in seiner konkreten Form vom Verkehr als **Individualisierungsmerkmal einer geistigen Leistung** verstanden wird. Das ist zu verneinen, wenn er das Zeichen überhaupt nicht als Kennzeichen, sondern zB als **Gestaltungselement** sieht. Das wird etwa bei Tast-, Bewegungs- und Geruchszeichen der Fall sein (aA für Bewegungszeichen Fezer § 15 Rn. 269). Auch die **Form des Werks** (zB runde oder sonst ausgefallene Buchform) dient im Verkehr im Allgemeinen nicht der Werkidentifizierung (Baronikians Rn. 33). Demgegenüber kann die **Aufmachung des Werks** (zB Farbgestaltung des Einbands) in Einzelfällen individualisierende Funktion haben (vgl. OLG Hamm BeckRS 2005, 3657 – Das Örtliche: Werktitelschutz für die auch farblich besonders gestaltete Titelseite eines Telefonbuchs).

163 Bei allen Zeichen, die sich einer **nicht-sprachlichen Ausdrucksform** bedienen, wird die Individualisierungsfunktion originär zunächst noch fehlen, weil der Verkehr das Zeichen erst nach einer gewissen Zeit der Wahrnehmung und Gewöhnung so mit dem Werk in Verbindung bringen wird, dass es für ihn identifizierende Funktion hat. In solchen Fällen wird das Zeichen erst dann als Titel schutzfähig sein, wenn es als individualisierender Hinweis auf das Werk **Verkehrsgeltung** erlangt hat (Ströbele/Hacker/Hacker Rn. 87; Baronikians Rn. 32). Eine graphische Darstellbarkeit ist aus den zu § 4 Nr. 2 genannten Gründen (§ 4 → Rn. 26) nicht erforderlich (aA Lange MarkenR/KennzeichenR Rn. 1769).

IV. Kennzeichenrechtlicher Werkbegriff

1. Irrelevanz des Urheberrechts

164 § 5 Abs. 3 verwendet für die Bezugsobjekte des Titels einen **eigenständigen Werkbegriff,** der normativ nur insoweit bestimmt ist, als bestimmte Werkformen nicht abschließend aufgezählt werden (Druckschriften, Film-, Ton- und Bühnenwerke) und diese Aufzählung ergänzt wird durch die „sonstigen vergleichbaren Werke". Der kennzeichenrechtliche Werkbegriff ist vom **Urheberrecht unabhängig** (BT-Drs. 12/6581, 67; BGH GRUR 2012, 1265 Rn. 13 – Stimmt's?). Es kommt nicht darauf an, ob das bezeichnete Werk nach § 2 UrhG urheberrechtlich geschützt ist (BPatG GRUR 2014, 780 (784) – Liquidrom; zum urheberrechtlichen Titelschutz → § 2 Rn. 126). Das entspricht den unterschiedlichen Schutzrichtungen: Das Urheberrecht schützt die geistige Schöpfung als solche, während das Werktitelrecht nur die Bezeichnung des Werks schützt.

165 Vor diesem Hintergrund hat der BGH zu Recht angenommen, dass der Eintritt der urheberrechtlichen **Gemeinfreiheit** durch Ablauf der Schutzfrist auf den Bestand des Titelrechts keinen Einfluss hat (BGH GRUR 2003, 440 (441) – Winnetous Rückkehr; LG Nürnberg-Fürth AfP 2016, 180 (182)). Allerdings beschränkt sich das Titelrecht dann auf die Befugnis, anderen die Benutzung des Titels für ein anderes Werk zu untersagen (BGH GRUR 2003, 440 (441) – Winnetous Rückkehr; LG Nürnberg-Fürth AfP 2016, 180). Das kann dazu führen, dass an dem Titel des gemeinfreien Werks mehrere Personen unabhängig voneinander ein Titelrecht erwerben. Gleiches gilt für Software, die unter einer **Open-Source-Lizenz** steht (vgl. OLG Düsseldorf MMR 2012, 760 – Enigma).

2. Bezeichnungsfähige immaterielle Arbeitsergebnisse

Der **Inhalt des kennzeichenrechtlichen Werkbegriffs** lässt sich der Norm selbst nur **166** in sehr eingeschränktem Maße entnehmen. Zwar zeigt die Aufzählung von Druckschriften, Film-, Bühnen- und Tonwerken, dass es um geistige Leistungen geht; nicht zu übersehen ist insoweit auch ein gewisser sprachlicher Anklang an die Aufzählung der urheberrechtsschutzfähigen Werke in § 2 Abs. 1 UrhG. Die Rechtsprechung stellt im Interesse eines umfassenden Immaterialgüterschutzes geringe Anforderungen; Werke sind danach **alle immateriellen Arbeitsergebnisse,** die als Gegenstand des Rechts- und Geschäftsverkehrs nach der Verkehrsanschauung **bezeichnungsfähig** sind (BGH GRUR 2016, 939 Rn. 15 – wetter.de; GRUR 2012, 1265 (1266) – Stimmt's?; GRUR 2005, 959 (960) – FACTS II; GRUR 1998, 155 (156) – PowerPoint; NJW 1997, 3315 (3316) – FTOS [insoweit nicht abgedruckt in GRUR 1997, 902]). Damit ist im Ergebnis die frühere einschränkende Rechtsposition, derzufolge es um einen Bezeichnungsschutz für Kommunikationsmittel geht, deren gedanklicher Inhalt für andere erst durch geistige Umsetzung existent wird (BGH GRUR 1993, 767 (768) – Zappel-Fisch), aufgegeben (für Fortführung Ströbele/Hacker/Hacker Rn. 95).

3. Bezeichnungsfähigkeit des Werks

Angesichts der Weite des aktuellen Werkverständnisses des BGH, mit dem alle immateriel- **167** len Arbeitsergebnisse erfasst werden, kommt der **Bezeichnungsfähigkeit** entscheidende Bedeutung bei. Sie ist – wie auch der Verweis auf die Verkehrsanschauung belegt – im Sinne einer **Bezeichnungsbedürftigkeit** zu verstehen (vgl. HK-MarkenR/Eisfeld Rn. 91; Berberich WRP 2006, 1431 (1434)). § 5 Abs. 3 gewährt nur solchen Bezeichnungen geistiger Leistungen Schutz, die das Werk individualisieren und unterscheiden können. Zu fragen ist daher, ob im Verkehr das Bedürfnis besteht, die gekennzeichnete geistige Leistung von anderen geistigen Leistungen zu unterscheiden. Das ist der Fall, wenn Produkte gerade nach ihrem geistigen Inhalt voneinander unterschieden werden und der Verkehr daher ein Interesse daran hat, die Unterscheidung mit Hilfe des Titels auf einfache und verlässliche Art zu vollziehen.

Nach ihrem geistigen Inhalt unterscheidet der Verkehr aber nur solche Produkte, bei **168** denen gerade die **geistige Leistung in der Wahrnehmung im Vordergrund** steht (ähnlich Ingerl/Rohnke Rn. 80; HK-MarkenR/Eisfeld Rn. 91; Baronikians Rn. 108; Fuchs GRUR 1999, 460 (464)). Ganz ähnlich hat der BGH schon in der Zappel-Fisch-Entscheidung davon gesprochen, es komme darauf an, ob das fragliche Spiel eine geistige Leistung in einer Weise verkörpere, die für den Verkehr nicht den Warencharakter, sondern das immaterielle geistige Wesen des Spiels als vorherrschend erscheinen lasse (BGH GRUR 1993, 767 (768) – Zappel-Fisch). Das hat freilich nichts damit zu tun, ob es eines geistigen Umsetzungsaktes bedarf; insoweit hat der BGH gut daran getan, dieses Kriterium in nachfolgenden Entscheidungen beiseite zu lassen. Kommt es aber auf die Wahrnehmung des Verkehrs an, dann sind **keine besonderen qualitativen Anforderungen an den geistigen Inhalt** zu stellen (aA Ströbele/Hacker/Hacker Rn. 95; A. Deutsch GRUR 2013, 113 (114)), solange sich das Werk überhaupt als Ergebnis einer eigenständigen geistigen Leistung darstellt. Die Abgrenzung erfolgt vielmehr gleichsam quantitativ im Hinblick auf die **Bedeutung des geistigen Inhalts für die Produktwahrnehmung und -unterscheidung** und damit auf die Bezeichnungsbedürftigkeit.

V. Werke

1. Druckschriften

Druckschriften sind alle **Printmedien** unabhängig vom presserechtlichen Begriff des **169** Druckwerks. Ausgehend vom allgemeinen Werkbegriff ist die Druckschrift eine Ausdrucksform einer geistigen Leistung im Sinne einer sprachlichen oder optischen Manifestation auf Papier, mit der das Werk anderen zugänglich und wahrnehmbar gemacht wird. Das bedingt nur eine Vervielfältigung des Werkes gleich mit welcher Technik. Erfasst sind **Bücher** (zB BGH GRUR 2005, 264 (265) – Das Telefon-Sparbuch; GRUR 2003, 440 – Winnetous Rückkehr; GRUR 2002, 1083 – 1, 2, 3 im Sauseschritt; GRUR 1991, 153 – Pizza & Pasta) und **Zeitungen** und **Zeitschriften** (zB BGH GRUR 2000, 504 – FACTS I; GRUR 2000, 70 (72) – SZENE).

170   Ein **Warenkatalog** soll ebenfalls ein Werk sein, weil Auswahl, Zusammenstellung und Präsentation der abgebildeten Waren eine geistige Leistung darstellten (BGH GRUR 2005, 959 (960) – FACTS II; zweifelhaft, weil der Verkehr Kataloge eher nicht wegen der geistigen Leistung der Warenzusammenstellung wahrnimmt und unterscheidet, sondern aufgrund der angebotenen Waren und ihrer Herkunft von einem bestimmten Händler; abl. auch Baronikians Rn. 122; A. Deutsch GRUR 2013, 113 (114); s. auch KG NJWE-WettbR 2000, 234 f. – toolshop). Ein **Kalender** wird in der Form eines Tages-, Wochen- oder Monatskalenders für schutzfähig gehalten, nicht jedoch bei einer Gestaltung als Advents- oder Osterkalender (OLG München GRUR 1992, 327 (328) – Osterkalender; Baronikians Rn. 121; kritisch A. Deutsch GRUR 2013, 113 (114)). Die geistige Leistung muss nicht in Schriftzeichen Ausdruck gefunden haben; eine **Partitur** ist deshalb unabhängig davon, ob sie erläuternde Texte aufweist, ein Druckwerk (vgl. OLG Frankfurt WRP 1978, 892 – Das bisschen Haushalt).

171   Schutz genießen nicht nur die Titel einzelner Werke, sondern auch solche von **Buchreihen, Sammelwerken** und **Serien,** wenn sie vom Verkehr in ihrer Gesamtheit als eine zusammenhängende verlegerische Leistung verstanden werden; hierzu genügt schon die Einordnung nach bestimmten Kriterien, ein inhaltlicher Zusammenhang ist nicht erforderlich (BGH GRUR 1990, 218 (220) – Verschenktexte; GRUR 1980, 227 (232) – Monumenta Germaniae Historica). Erforderlich ist aber stets ein Reihentitel. Nicht genügend ist, dass ein bestimmtes Wort in den Titeln aller Einzelwerke vorkommt; erforderlich ist eine von den Einzeltiteln abgehobene Bezeichnung wie zB ein gemeinsamer Untertitel (OLG Düsseldorf GRUR-RR 2015, 10 (11) – Die Wanderhure).

2. Teile von Druckschriften

172   Werktitelschutz kann auch für Teile von Druckschriften bestehen, sofern es sich um ein insoweit schutzfähiges eigenständiges Werk handelt. Dazu bedarf es innerhalb des Gesamtwerks nach Aufmachung, Gegenstand und Inhalt einer gewissen Selbständigkeit (BGH GRUR 2012, 1265 Rn. 16 – Stimmt's?; GRUR 2000, 70 (72) – SZENE). Schutzfähig sind zB die Titel regelmäßig erscheinender **Zeitungsbeilagen** oder **Regionalteile** (BGH GRUR 2010, 156 Rn. 15 – EIFEL-ZEITUNG; OLG Hamburg GRUR-RR 2003, 281 – DVD & Video Markt; OLG Hamburg WRP 1977, 649 – Metall) oder anderer **Rubriken** (OLG Hamburg GRUR-RR 2009, 309 (310) – Agenda; OLG München GRUR-RR 2008, 402 (403) – Leichter Leben; OLG München NJWE-WettbR 1999, 257 – Dr. Sommer). Auch eine einzelne, thematisch besonders ausgerichtete **Zeitungsseite** kann genügen (BGH GRUR 2012, 1265 Rn. 16 – Stimmt's?; RGZ 133, 189 (191) – Kunstseiden-Kurier).

173   Selbst eine **Kolumne,** die seit vielen Jahren zu einem bestimmten Themengebiet in einer Zeitung oder Zeitschrift erscheint, ist in ihrem Titel schutzfähig, wenn sie sich durch die drucktechnische Gestaltung von anderen Beiträgen abgrenzt (zB durch einen Trennstrich; das gilt auch dann, wenn sie regelmäßig nur wenige Absätze umfasst und der Kolumnentitel deutlich kleiner gestaltet ist als die jeweilige aktuelle Überschrift des Beitrags (BGH GRUR 2012, 1265 Rn. 16 – Stimmt's?). Ein **einzelner Artikel** stellt hingegen kein schutzfähiges eigenständiges Werk dar; seine Überschrift ist kein Werktitel (BGH GRUR 2012, 1265 Rn. 21 – Stimmt's?). Das gilt jedenfalls dann, wenn es im Verkehr nach der Art des Artikels nicht üblich ist, ihn durch seinen Titel von anderen zu unterscheiden (etwa bei Artikeln in Tages- oder Wochenzeitungen oder journalistisch wenig anspruchsvollen Magazinen). Das kann bei journalistisch anspruchsvollen Publikationen oder fachwissenschaftlichen Zeitschriften aber anders sein. Soweit es bei einzelnen Artikeln an der Bezeichnungsbedürftigkeit fehlt, wird von einer titelschutzfähigen Kolumne daher in der Regel erst gesprochen werden können, wenn diese mehrere Male und mit gewisser Regelmäßigkeit erschienen ist, da sie erst dann im Verkehr als eigenständiges Werk wahrgenommen wird (BGH GRUR 2012, 1265 Rn. 21 – Stimmt's?). Dies hat zur Konsequenz, dass die Schutzentstehung der Benutzungsaufnahme nachfolgt.

3. Filmwerke

Filmwerke sind **Filme** jeglicher Art (zB OLG München GRUR-RR 2009, 307 – Der **174** Seewolf; zu § 16 UWG 1909 bereits im Wege der Analogie BGH GRUR 1958, 354 (357) – Sherlock Holmes; OLG Düsseldorf NJW-RR 1986, 1095 – Mädchen hinter Gittern) sowie **Fernsehsendungen** (zB BGH GRUR 2001, 1054 (1055) – Tagesreport; GRUR 2001, 1050 (1051) – Tagesschau; dazu auch Meinberg/Engels ZUM 1999, 391 (393 ff.)). Geschützt sind auch die Titel von **Film- und Fernsehreihen und -serien,** ein inhaltlicher Zusammenhang der einzelnen Werke ist nicht erforderlich (BGH GRUR 1993, 692 (693) – Guldenburg; GRUR 1988, 377 – Apropos Film I; GRUR 1977, 543 (545) – Der 7. Sinn; KG GRUR-RR 2001, 133 – Alex; KG GRUR 2000, 906 (907) – Gute Zeiten, Schlechte Zeiten; OLG Koblenz ZUM-RD 1997, 117 (119)).

Einzelne **Teile einer Fernsehsendung,** zB ein **Sketch** im Rahmen einer Comedy- **175** Show, können ein schutzfähiges Werk darstellen, wenn sie sich innerhalb der Sendung so abheben, dass nach dem für Teile von Druckwerken geltenden Maßstäben (→ Rn. 172) von einer hinreichenden Selbständigkeit gesprochen werden kann (offenlassend LG Düsseldorf NJOZ 2013, 361 (363)).

4. Tonwerke

Tonwerke sind **akustisch wahrnehmbare geistige Leistungen;** auf die Form der Ver- **176** körperung (zB Audio-CD, digitales Speichermedium, Downloadmöglichkeit) kommt es nicht an (zB KG GRUR-RR 2004, 137 – Omen; OLG Köln NJWE-WettbR 2000, 93 – European Classics). Erfasst sind selbstverständlich nicht nur Musik-, sondern auch Sprachwerke (zB Hörbücher und Hörspiele). Das Werk muss nicht zur unmittelbaren akustischen Wahrnehmung geeignet sein; geschützt ist zB auch der Titel einer Partitur. Zu den Tonwerken gehören auch **Rundfunksendungen** beliebigen Inhalts und **Rundfunksendereihen,** die durch Sendezeiten, inhaltliche Gestaltung und Interessentenkreis eine zusammengehörige Sendefolge darstellen (BGH GRUR 1993, 769 (770) – Radio Stuttgart; GRUR 1982, 431 (432) – POINT).

5. Bühnenwerke

Bühnenwerke sind **Aufführungen geistiger Leistungen** wie zB Theaterstücke, Opern, **177** Operetten, Ballettstücke, Musicals und Kabarett- oder Comedyprogramme (zB RGZ 135, 209 (210) – Der Brand im Opernhaus; RG GRUR 1937, 953 – Leichte Kavallerie; LG München I UFITA 43 (1964), 370 (371) – Annie get your gun).

Die Zusammenstellung mehrerer Bühnenwerke zu einer einheitlichen Aufführungsveran- **178** staltung iSe **Musikfestivals,** bei dem die einzige programmatische Besonderheit darin besteht, dass sie sich auf eine bestimmte Musikart (zB europäische Musik) bezieht, ist vom BGH nicht als Werk, sondern als Dienstleistung qualifiziert worden (BGH GRUR 1989, 626 (627) – Festival Europäischer Musik; ebenso OLG Jena GRUR-RR 2013, 113 (116) – Musikveranstaltung; kritisch Ingerl/Rohnke Rn. 79; Baronikians Rn. 138). Das ist nicht zweifelsfrei; entscheidend ist, ob der Verkehr nicht nur die einzelnen zur Aufführung gebrachten Werke, sondern auch die Zusammenstellung, Organisation und Präsentation in der Gesamtveranstaltung als geistige Leistung und nicht nur als Dienstleistung wahrnimmt. Dabei ist zu fragen, ob die Auswahl der präsentierten Einzelstücke sich nur von der Zugehörigkeit zu einem bestimmten Thema leiten lässt oder ob sie darauf gerichtet ist, einen eigenständigen künstlerischen Gesamteindruck der Veranstaltung hervorzurufen. Das ist für das Festival „Rock am Ring" bejaht worden (OLG Koblenz BeckRS 2014, 16858 – Rock am Ring). Davon zu unterscheiden sind Aufführungen, bei denen **Teile mehrerer Werke** zu einem neuen Gesamtwerk zusammengefügt werden und die vom Verkehr deshalb als eigenständige geistige Leistung wahrgenommen werden (zB aus Ausschnitten verschiedener Musicals bestehende Bühnenshow, vgl. OLG Köln GRUR-RR 2008, 82 – Nacht der Musicals). Zu Veranstaltungen → Rn. 190.

6. Digitale Werke

179 **Computerprogramme** sind unabhängig von der Art ihrer Verkörperung schutzfähige geistige Leistungen (BGH GRUR 2006, 594 – SmartKey; GRUR 1998, 1010 (1011 f.) – WINCAD; GRUR 1998, 155 (156) – PowerPoint; GRUR 1997, 902 (903) – FTOS; OLG Köln GRUR-RR 2015, 239 Rn. 33 – Farming Simulator 2013; OLG Hamburg GRUR-RR 2012, 154 (155) – Luxor; KG MarkenR 2003, 367 (368) = NJOZ 2003, 2773 – No Peace Beyond The Line). Sind sie **Teil einer Hardware** (zB Betriebssystem einer Set-Top-Box; fest in Spielekonsole integriertes Computerspiel), kommt es darauf an, ob der Verkehr sie als eigenständige geistige Leistungen sieht. Das ist zu bejahen, wenn die Software auch hardwareungebunden verfügbar ist (vgl. OLG Düsseldorf MMR 2012, 760 – Enigma) oder wenn die Software in der Wahrnehmung des Gesamtprodukts so dominiert, dass die Hardware gleichsam als Beigabe erscheint (ähnlich Ingerl/Rohnke Rn. 81). Auch **Apps** für Smartphones und Tablets sind als Computerprogramme immaterielle Arbeitsergebnisse (BGH GRUR 2016, 939 Rn. 16 – wetter.de; Zöllner/Lehmann GRUR 2014, 431 (435): diff. Baronikians GRUR 2016, 943 (944)). Es genügt schon, dass sie im Internet verfügbare Daten so aufmachen und aufbereiten, dass dies sich als eigenständige und charakteristische Leistung darstellt (zutreffend OLG Köln GRUR 2014, 1111 – wetter.de).

180 **Datenbanken** sind als immaterielle Arbeitsergebnisse, denen die Rechtsordnung sogar ein eigenes Schutzrecht zuordnet (§ 4 UrhG), schutzfähige Werke (Ströbele/Hacker/Hacker Rn. 97; Baronikians Rn. 155; Deutsch/Ellerbrock Rn. 43).

181 Die Titel von Büchern, die nur als **ebook** erschienen sind, genießen nach den für Druckwerke geltenden Maßstäben Schutz.

182 Ähnliches gilt für **im Internet veröffentlichte Werke,** die bei einer konventionellen Veröffentlichung Druckschrift, Film-, Ton- oder Bühnenwerk wären. Schutzfähig sind daher auch Bezeichnungen, die auf **Webseiten** für ein Webangebot verwendet werden, sofern dieses Angebot seinem Inhalt nach ein Werk darstellt (vgl. BGH GRUR 2009, 1055 Rn. 41 – airdsl; KG ZUM 2001, 74 (76) – berlin-online; OLG München GRUR 2001, 522 (524) – Kuechenonline; Baronikians Rn. 142). Da auch Werkteile, insbesondere Teile von Druckschriften, Schutz genießen, können auch Bezeichnungen für einen **Teil eines Internetangebots,** das unter einer anderen Bezeichnung steht (insb. Unterseiten, auch auf Social-Media-Webseiten wie Facebook), Werktitel sein (vgl. OLG Köln GRUR 2015, 596 Rn. 18 – Kinderstube; Lehmann MarkenR 2014, 371 (375)). Das gilt unabhängig davon, ob dieser Teil nur unter der mit dem Titel nicht übereinstimmenden Internetadresse des Gesamtangebots oder auch zusätzlich unter einer mit dem Titel übereinstimmenden Internetadresse erreichbar ist. In letzterem Fall unterstreicht die unmittelbare Erreichbarkeit aber die Selbständigkeit des Werktitels (vgl. OLG Köln GRUR 2015, 596 Rn. 18 – Kinderstube).

7. Webseiten und Domainnamen

183 Die Domainnamen, unter denen Webseiten zu erreichen sind, können nur dann einen Werktitel darstellen, wenn die **Webseite selbst eine bezeichnungsbedürftige geistige** Leistung darstellt und der Domainname vom Verkehr als **Titel des Werks** und nicht nur als Adressbezeichnung verstanden werden (BGH GRUR 2016, 939 Rn. 17 – wetter.de; GRUR 2010, 156 Rn. 20 – EIFEL-ZEITUNG; vgl. auch OLG München GRUR 2001, 522 (524) – Kuechenonline; zu weitgehend OLG Dresden NJWE-WettbR 1999, 130 (131) – dresden-online.de: Werktitelschutz für Informationsangebot der Stadt Dresden; OLG München GRUR 2006, 686 (687) – Österreich.de: Werktitelschutz für Informationsangebot über Österreich). Es ist zweifelhaft, ob dieses Verkehrsverständnis bei jeder Webseite, die von ihrem Inhalt her die Anforderungen an eine bezeichnungsbedürftige Leistung erfüllt, gegeben ist (in diesem Sinne Ströbele/Hacker/Hacker Rn. 97; Ingerl/Rohnke Rn. 81; Hackbarth CR 2009, 805; wie hier Eichelberger K&R 2009, 778 (779)). Wird zB die Webseite selbst unter einen besonderen Titel gestellt, der von der Domain abweicht, dann liegt es nahe, dass der Verkehr in der Domain nur einen Hinweis darauf sieht, wo er das Werk finden kann (vgl. LG Hamburg BeckRS 2012, 65660 – fliesen24).

184 Auch sonst kommt es stets auf den **Inhalt der Webseite** an; es gibt jedenfalls keine Verkehrsgewohnheit dahingehend, Webseiteninhalte nach ihren Domainnamen zu unterscheiden (vgl. Eichelberger K&R 2010, Beiheft 3, 22 (23)). Für Webseiten, die Wettervorsagen und -daten bereithalten, wird sich eine solche Gepflogenheit aber feststellen lassen (vgl. BGH GRUR 2016, 939 Rn. 17 – wetter.de). Zum Schutz von Domainnamen als Werktitel → § 15 Rn. 86.

Stellt der **Inhalt der Webseite schon kein Werk** dar, dann scheidet ein Schutz des **185** Domainnamens als Titel von vornherein aus. Das Gleiche gilt, wenn der Domainname lediglich auf eine Seite führt, mittels derer der Benutzer auf eine weitere, unter einem anderen Domainnamen betriebene Webseite weitergeleitet wird, auf der sich ein schutzfähiges Werk befindet, weil dann der Domainname nur Adressfunktion hat (LG Hamburg NJOZ 2010, 2109 (2110 f.) – Dildoparty; aA OLG Düsseldorf ZUM-RD 2001, 446 (447) – claro.de).

8. Spiele

Bei Spielen hat der BGH in seiner Rechtsprechung zu § 16 Abs. 1 UWG 1909 darauf **186** abgestellt, ob sie eines geistigen Umsetzungsprozesses bedürfen, für den es jedoch schon genügt, wenn eine Umsetzung bzw. ein Nachvollzug eines als geistige Leistung anzusehenden Gedankens und Regelwerks notwendig ist (BGH GRUR 1993, 767 (768) – Zappel-Fisch; zustimmend Ströbele/Hacker/Hacker Rn. 96; aA V. Deutsch GRUR 1994, 673 (675): keine Schutzfähigkeit). Vor dem Hintergrund des mittlerweile weiteren kennzeichenrechtlichen Werkbegriffs ist jedoch allein darauf abzustellen, ob das **Spiel selbst das Ergebnis einer geistigen Leistung** ist, also die Ebene absoluter Trivialität verlassen hat (ähnlich Ingerl/Rohnke Rn. 81; vgl. auch OLG Hamburg GRUR-RR 2012, 154 (156) – Luxor: Werktitelschutz für Brettspiel). Daran kann es insbesondere bei einfachem Spielzeug fehlen.

9. Anleitungen, Pläne, Konzepte

Schutzfähig können die Titel von **Koch- oder Getränkerezepten** (Ingerl/Rohnke **187** Rn. 81; Baronikians Rn. 156; aA Ströbele/Hacker/Hacker Rn. 98; Deutsch/Ellerbrock Rn. 46; A. Deutsch GRUR 2013, 113 (114)) oder anderen **Rezepturen** (zB Herstellung von Kosmetika) sowie von **Plänen und Programmen** zur Erreichung bestimmter persönlicher Ziele (zB Diät- oder Fitnessprogramm) sein, sofern sie über das bloß Handwerkliche hinausgehend ein immaterielles Arbeitsergebnis darstellen und nach außen manifest geworden sind (Fezer § 15 Rn. 265; aA Ströbele/Hacker/Hacker Rn. 98; Deutsch/Ellerbrock Rn. 46; A. Deutsch GRUR 2013, 113 (114); Kröner, FS Hertin, 2000, 565 (574)). Die Schutzfähigkeit folgt hier schon aus dem Umstand, dass bei einer Zusammenstellung mehrerer Rezepte oder Pläne in Buchform ein schutzfähiges Druckwerk vorliegt (vgl. zu Kochbüchern BGH GRUR 1991, 153 (154) – Pizza & Pasta); der geistige Gehalt solcher Bücher liegt für den Verkehr jedoch nicht in seiner Zusammenstellung, sondern im jeweiligen Inhalt. Dann aber macht es keinen Unterschied, ob Rezepte gesammelt oder einzeln herausgegeben werden. Zudem ist es im Verkehr durchaus üblich, die unterschiedlichen geistigen Inhalte von Rezepten nach ihrem Titel zu unterscheiden.

Ein **technisches Konzept** wird vom Verkehr regelmäßig nicht als bezeichnungsbedürfti- **188** ges immaterielles Arbeitsergebnis verstanden; so ist zB ein Unterwasser-Klang-Licht-Multimediasystem kein schutzfähiges Werk (offenlassend, aber zweifelnd BPatG GRUR 2014, 780 (784) – Liquidrom). Ein **Aktien-Index** ist zwar ein immaterielles Arbeitsergebnis, weil die Festlegung der Berechnungskriterien und der Gewichtung ein schöpferischer Prozess ist. Im Verkehr wird er jedoch nicht in erster Linie als geistige Leistung eines Schöpfers, sondern als Indikator einer Wertentwicklung verstanden. Solche Indices werden nicht nach ihrem geistigen Inhalt, sondern danach unterschieden, welches Aktiensegment sie wiedergeben. Ihre Bezeichnungen sind daher keine Werktitel (ähnlich Hoene K&R 2013, 692 (693); offenlassend LG Hamburg BeckRS 2013, 14198 – Natur-Aktien-Index). Ähnlich liegt es bei **Investmentfonds** (v. Fuchs/Czernik GRUR 2015, 852 (853)).

10. Bilder, Werke der Bildhauerei, Figuren

Bilder und **Werke der Bildhauerei** sind immaterielle Arbeitsergebnisse, die im Verkehr **189** auch als solche und nicht als bloße Waren wahrgenommen werden; ihre Titel sind daher schutzfähig (Baronikians Rn. 151; Ströbele/Hacker/Hacker Rn. 98; aA Deutsch/Ellerbrock Rn. 50; A. Deutsch GRUR 2013, 113 (114)). Das Gleiche gilt für **Figuren und Charaktere**

aus Romanen, Comics, Zeichentrickserien oder Computerspielen (OLG Hamburg GRUR-RR 2006, 408 (411) – OBELIX; Ströbele/Hacker/Hacker Rn. 98; Fezer § 15 Rn. 260; Baronikians Rn. 153; aA Ingerl/Rohnke Rn. 81; Deutsch/Ellerbrock Rn. 49; A. Deutsch GRUR 2013, 113 (114); V. Deutsch MarkenR 2006, 185 (187 f.); Kröner, FS Hertin, 2000, 565 (575)). Das setzt allerdings eine gewisse Bekanntheit und Loslösung vom Werk, in dem sie Verwendung finden, voraus, da sie erst dann gleichsam ein vom Werk trennbares „Eigenleben" entwickeln können, so dass sie im Verkehr nunmehr etwa aufgrund ihrer optischen Ausgestaltung oder der ihnen beigegebenen Charaktereigenschaften selbständig wahrgenommen werden.

11. Veranstaltungen

190   Für **Titel von Veranstaltungen** ist ein Werktitelschutz nach der Rechtsprechung nicht generell ausgeschlossen; sie spricht aber zu Recht von „besonderen Voraussetzungen", die vorliegen müssen (BGH GRUR 2010, 642 Rn. 33 – WM-Marken; großzügiger LG Berlin BeckRS 2011, 8365 – Berlin Tattoo; grundsätzl. bejahend Berberich WRP 2006, 1431 (1434); Fezer GRUR 2001, 369 (371); ders. WRP 2012, 1173 (1181 f.); Groh WRP 2012, 143 (146 ff.); s. auch Lerach GRUR-Prax 2012, 23 ff.; kritisch Ströbele/Hacker/Hacker Rn. 99; Deutsch/Ellerbrock Rn. 48; V. Deutsch GRUR 2000, 126 (128 f.)). In Betracht kommt dies vor allem für **Veranstaltungsreihen oder -serien,** die dem Verkehr in ihrer Gesamtheit als bezeichnungsfähiges Werk erscheinen oder für Veranstaltungen, die durch stark individualisierende Elemente geprägt sind (vgl. BGH GRUR 1989, 626 (627) – Festival Europäischer Musik; KG BeckRS 2016, 15172 – Casual Concerts; OLG Koblenz BeckRS 2014, 16858 – Rock am Ring; LG Hamburg BeckRS 2015, 11145 – Krimidinner). Zu **Musikveranstaltungen** → Rn. 178.

191   Die Schutzfähigkeit der Bezeichnungen von **Messen** (bejahend LG Berlin GRUR-RR 2011, 137 (138) – Country Music Messe; LG Stuttgart BeckRS 2008, 19663 – ITeG; LG Düsseldorf WRP 1996, 156 (159) – Paracelsus-Messe; Baronikians Rn. 146 [anders. Vorauf.. Rn. 133]; Wilhelm WRP 2008, 902 (904 f.); verneinend OLG Düsseldorf GRUR 1993, 989 (990) – Mainzer Weinbörse; LG Berlin BeckRS 2012, 01092 – ITeG) ist hingegen zweifelhaft. Entscheidend ist darauf abzustellen, ob die Konzeption der Messe als eigenständige geistige Leistung wahrgenommen wird. Das kommt zB aufgrund des Rahmenprogramms oder einer bestimmten Schwerpunktsetzung in Betracht; demgegenüber wird bei Verbrauchermessen, bei denen die Leistung des Veranstalters nur in der Auswahl der Aussteller liegt, Werktitelschutz ausscheiden (ähnlich differenzierend Baronikians Rn. 146; aA Fezer § 15 Rn. 257; Groh WRP 2012, 143 (147); Wilhelm WRP 2008, 902 (905)).

192   **Preisverleihungen,** die auf einer an bestimmten Kriterien orientierten Auswahlentscheidung beruhen, werden im Verkehr nicht als bloße Dienstleistung, sondern auch als eigenständige geistige Leistung verstanden und unterschieden (OLG Stuttgart BeckRS 2011, 26669 – Balthasar-Neumann-Preis; Hoene K&R 2012, 710; aA LG Berlin AfP 2011, 497 (498) – Osgar; Baronikians Rn. 149).

193   Für die Schutzfähigkeit spielt es hingegen keine Rolle, ob die Veranstaltung **einmalig oder wiederkehrend** durchgeführt wird, weil es allein darauf ankommt, ob sie vom Verkehr ihrem geistigen Inhalt nach wahrgenommen wird; das kann bei entsprechender Nutzung des Titels (zB in der Werbung) auch schon bei der erstmaligen Durchführung so sein (wie hier Groh WRP 2012, 143 (148); aA wohl OLG Stuttgart BeckRS 2011, 26669 – Balthasar-Neumann-Preis; LG Stuttgart BeckRS 2008, 19663 – ITeG; LG Düsseldorf WRP 1996, 156 (159) – Paracelsus-Messe).

VI. Unterscheidungskraft

194   Ein Titel kann nur dann schutzfähig sein, wenn er die Funktion des Werktitels erfüllt. Dazu muss er geeignet sein, ein Werk als solches zu **individualisieren** und von einem anderen Werk zu **unterscheiden** (BGH GRUR 2016, 939 Rn. 17 – wetter.de; GRUR 2012, 1265 Rn. 19 – Stimmt's?; OLG Köln GRUR-RR 2015, 292 (295) – Ich bin dann mal weg). Die Unterscheidungskraft wird in der Regel originär vorliegen (→ Rn. 195); in diesem Fall entsteht der Schutz mit der Benutzungsaufnahme. Fehlt dem Titel die Unterscheidungskraft, kommt ein Schutz nur noch in Betracht, wenn er sie nachträglich durch

Verkehrsgeltung erworben hat (→ Rn. 202). Wie bei den Unternehmenskennzeichen beurteilt sich das Vorliegen der Unterscheidungskraft nach der **Verkehrsauffassung,** an die von der Rechtsprechung bei Werktiteln allerdings deutlich geringere Anforderungen gestellt werden. Keine Rolle spielt es hingegen, ob der Titel auch in der Lage ist, das Werk nach seiner betrieblichen Herkunft zu unterscheiden. Wegen der geringeren Anforderungen an die Unterscheidungskraft ist es möglich, dass ein Zeichen als Werktitel schutzfähig ist, während es ihm als Marke an der Unterscheidungskraft fehlt (vgl. zB BGH GRUR 2009, 949 Rn. 17 – My World; GRUR 1988, 211 (212) – Wie hammas denn?; BPatG BeckRS 2009, 4844 – Traunsteiner Wochenblatt).

VII. Originäre Unterscheidungskraft

1. Anforderungen

Einem Titel fehlt die originäre Unterscheidungskraft, wenn er sich zum Zeitpunkt der Benutzungsaufnahme nach Wortwahl, Gestaltung und vom Verkehr zugemessener Bedeutung in einer **werkbezogenen Inhaltsangabe** erschöpft (BGH GRUR 2016, 939 Rn. 19 – wetter.de; GRUR 2012, 1265 Rn. 19 – Stimmt's?). Nach welchen Maßstäben das zu bestimmen ist, hängt wesentlich von der Werkart ab, da dem Verkehr bekannte Besonderheiten bestehen können (BGH GRUR 2016, 939 Rn. 23 – wetter.de). Auch innerhalb einer Werkart kann eine unterschiedliche Beurteilung angezeigt sein, sofern auf bestimmten Teilmärkten (zB Fachzeitschriften für bestimmte Berufs- oder Interessengruppen) eine spezielle Verkehrsanschauung besteht (BGH GRUR 2016, 939 Rn. 29 – wetter.de). Beispiele zur gegebener und fehlender originärer Unterscheidungskraft→ Rn. 195.1.

195

Beispiele. Originäre Unterscheidungskraft bejaht: Anzeigenblätter: „hallo – Sonntag im Eichsfeld" (OLG Jena GRUR-RR 2012, 350 (351)); „Motorradmarkt" (GRUR-RR 2002, 393; zweifelhaft); **Bühnenwerke:** „DIE NACHT DER MUSICALS" für Aufführungen von Ausschnitten aus Musicals (OLG Köln GRUR-RR 2008, 82; zweifelhaft); **Fernsehsendungen:** „Aber Hallo" für Unterhaltungsshow (OLG Hamburg NJWE-WettbR 1999, 282 (283)); „Alex" für Berliner Talkshow (KG GRUR-RR 2001, 133 (134)); „Der 7. Sinn" (BGH GRUR 1977, 543 (546)); „Tagesschau" (BGH GRUR 2001, 1050; GRUR 2001, 1054 (1055 f.), dort jeweils offen gelassen für „Tagesthemen"); **Filme:** „Bericht einer Siebzehnjährigen" (OLG Hamburg GRUR 1956, 475 (477)); „Der Seewolf" (OLG München GRUR-RR 2009, 307 f.); „Eine Nervensäge gegen alle" (KG AfP 1986, 342); „Mädchen hinter Gittern" (OLG Düsseldorf NJW-RR 1986, 1095); **Romane:** „Die goldene Stimme" (KG Ufita 48 (1965), 274 (279)); „Die Wanderhure", „Die Rache der Wanderhure", „Das Vermächtnis der Wanderhure", „Die Tochter der Wanderhure" (OLG Düsseldorf GRUR-RR 2015, 10 (11)); „Winnetou", „Winnetous Tod", „Winnetou und Old Shatterhand", „Old Shatterhand", „Der Schatz im Silbersee" (LG Nürnberg-Fürth AfP 2016, 180 (182)); **Rundfunksendungen:** „Radio Stuttgart" für zu einer zusammengehörigen Sendefolge verbundene Sendungen (BGH GRUR 1993, 769 (770)); **Sachbücher:** „Abenteuer heute" als Serientitel für Beschreibungen von Abenteuerreisen (OLG Karlsruhe GRUR 1986, 554 (555)); „Blitzgerichte für jeden Tag" und „Blitzgerichte" (OLG Köln GRUR 2000, 1073 (1074)); „Das authentische Reiki" (KG NJOZ 2003, 2776 (2779)); „Das große Buch der Blitzrezepte" und „Blitzrezepte" (OLG Köln NJWE-WettbR 2000, 214 (215)); „Das Telefon-Sparbuch" (BGH GRUR 2005, 264); „Deutsch im Alltag" für Sprachlehrbuch (OLG München GRUR 1993, 991 (992); bedenklich); „Hören und Spielen" für Blockflötenschule (OLG Köln WRP 1995, 133); „Ich bin dann mal weg" für einen Reisebericht (OLG Köln GRUR-RR 2015, 292 (295)); „Pizza & Pasta" (BGH GRUR 1991, 153 (154)); „Schlemmer Atlas" für kulinarischen Reiseführer (BGH BeckRS 1981, 05211); **Software:** „America" für Computerspiel (KG MarkenR 2003, 367 (368)); Reihentitel „Druckerei" wie zB in „Foto-Druckerei", „Visitenkarten-Druckerei" (LG Düsseldorf GRUR-RR 2006, 133); „Farming Simulator 2013" für Landwirtschafts-Simulationsspiel (OLG Köln GRUR-RR 2015, 239 Rn. 34); „PowerPoint" (BGH GRUR 1998, 155 (157)); „SmartKey" für Software zum Erstellen von Textbausteinen und Makros (BGH GRUR 2006, 594 f.); **Veranstaltungen:** „Balthasar-Neumann-Preis" für Preisverleihung für Bauleistungen (OLG Stuttgart BeckRS 2011, 26669); „Casual Concerts" für Konzertreihe in ungezwungener Atmosphäre mit Moderation durch den Dirigenten, Gesprächsmöglichkeit mit den Künstlern und anschließender Tanzmöglichkeit (KG BeckRS 2016, 15172 Rn. 29 ff.); zweifelhaft; „Country Music Messe" (LG Berlin GRUR-RR 2011, 137; abzulehnen, da rein beschreibend); „ITeG" für Branchenmesse, die auf IT-Lösungen und Dienstleistungen im Gesundheitswesen spezialisiert ist (LG Stuttgart BeckRS 2008, 19663); „Krimi-Dinner" für Theaterstücke mit Beteiligung

195.1

des Publikums, das bei einem Abendessen sitzt (LG Hamburg BeckRS 2015, 11145); „Rock am Ring" für Musikfestival (OLG Koblenz BeckRS 2014, 16858); **Webseiten:** „claro.de" für Sammlung von Artikeln, die Jugendliche besonders ansprechen (OLG Düsseldorf MarkenR 2001, 413); „Österreich.de" für Informationsportal über Österreich (OLG München GRUR 2006, 686 (687), abzulehnen); **Zeitschriften:** „Auto Magazin" (BGH GRUR 2002, 176); „Blitz" für Stadtmagazin (OLG Hamburg ZUM-RD 1999, 116 (117)); „Börse Online" (OLG Hamburg NJWE-WettbR 1998, 225 (226)); „Capital" für Wirtschaftsmagazin (BGH GRUR 1980, 247 (248)); „ComputerPartner" für Computerzeitschrift (LG Düsseldorf MMR 2006, 121); „Der Allgemeinarzt" für Fachzeitschrift (LG Hamburg MMR 2006, 252; zweifelhaft); „Der Spiegel" (BGH GRUR 1957, 29 (31); GRUR 1958, 141 (142); GRUR 1975, 604 (605)); „Der DVD Markt" (OLG Hamburg GRUR-RR 2003, 281 (282)); „ELTERN" (OLG Hamburg GRUR-RR 2004, 104 (105)); „die geschäftsidee" (OLG Köln GRUR 1994, 386); „Die neue Masche" für Strickzeitschrift (OLG Hamburg AfP 1989, 677); „FACTS" für Magazin für Bürokommunikation (BGH GRUR 2000, 504 (505)); „FAMILY" für Zeitschrift, in der Familienprobleme behandelt werden (OLG Köln GRUR 1997, 663 f.); „Festivalplaner" (OLG Köln WRP 2010, 1413 (1414 f.)); „FOCUS MONEY" (OLG München GRUR-RR 2005, 191 (192)); „foto Magazin" (OLG Hamburg ZUM-RD 2004, 514); „Funkuhr" für Fernsehzeitschrift (KG BeckRS 2012, 14415); „high Tech" für Technologie-Magazin (OLG Köln GRUR 1989, 690 (691)); „Hobby" (BGH GRUR 1961, 232 (233 f.)); „Internet World" (OLG München ZUM-RD 1998, 52 (54)); „Kinderstube" für Zeitschrift zum Thema Gesundheitserziehung in der Familien (OLG Köln GRUR 2015, 596 Rn. 15); „Leichter leben" für Rubrik einer Frauenzeitschrift (OLG München GRUR-RR 2008, 402 (403)); „Logistik heute" (OLG München AfP 1986, 250); „modern LIVING" für Lifestyle-Magazin (OLG Köln ZUM-RD 2002, 210 (212)); „Multimedia" für Fachzeitschrift (OLG München CR 1995, 394 f.); „NEWS" für wöchentliches Nachrichtenmagazin (OLG Hamburg GRUR-RR 2005, 312 (313); sehr bedenklich); „Nudel-Hits" (LG Hamburg AfP 2010, 280 = BeckRS 2010, 15940]; „Nussknacker" für Rätselzeitschrift (BGH GRUR 1959, 541 (542)); „OFF ROAD" für Autozeitschrift (OLG Hamburg GRUR-RR 2005, 50 (51)); „PC WELT" und „MAC WELT" (OLG Köln GRUR 1997, 63 f.); „Power Systems Design" für Fachmagazin (OLG München GRUR-RR 2008, 400 f.); „Screen" für Computerzeitschrift (OLG Hamburg GRUR-RR 2001, 31); „Snow" für Snowboard-Magazin (OLG Hamburg ZUM 1990, 41); „Sports life" (OLG Köln GRUR 1995, 508); „St. Pauli Zeitung" (OLG Hamburg GRUR 1986, 555); „SUPERillu" (OLG Naumburg GRUR-RR 2011, 127 (133); OLG München BeckRS 2011, 4711); „SZENE Hamburg" für Stadtmagazin (BGH GRUR 2000, 70 (72)); „test" und „FINANZtest" (KG BeckRS 2009, 09903; GRUR-RR 2004, 303 f.; für „test" offen lassend OLG Braunschweig GRUR-RR 2010, 287 (288)); „Tierfreund – Das junge Wissensmagazin" für Wissensmagazin für Kinder (LG Hamburg MarkenR 2014, 227 = BeckRS 2014, 11084); „TV Spielfilm" für TV-Programmzeitschrift (LG Hamburg AfP 1993, 670); „Uhren Magazin" (LG Frankfurt/M. GRUR-RR 2002, 68; zweifelhaft); „Western Horse" für Zeitschrift für Pferdeliebhaber (OLG Köln WRP 1994, 322); „Wheels Magazine" für Autozeitschrift (BGH GRUR 1999, 325 (237)); „WHO'S WHO INTERNATIONAL MAGAZINE" (LG Frankfurt BeckRS 2009, 4542); **Zeitungen:** „Agenda" für Teil einer Tageszeitung (OLG Hamburg GRUR 2009, 309 (310); LG München I GRUR-RR 2010, 334); „Berliner Morgenpost" (BGH GRUR 1992, 547 (548)); „Berliner Zeitung" (BGH GRUR 1997, 661 (662)); „Deutsche Zeitung" (BGH GRUR 1963, 378 f.); „Deutsches Allgemeines Sonntagsblatt" (OLG Oldenburg GRUR 1987, 127); „EIFEL-ZEITUNG" für Regionalteil (BGH GRUR 2010, 156 Rn. 14); „Express" (OLG Köln GRUR 1984, 751 (752)); „Karriere" für Zeitungsbeilage oder Rubrik (LG Köln AfP 1990, 330 (331)); „Offenburger Zeitung" (OLG Freiburg GRUR 1951, 78); „Rheinische Post" (OLG Düsseldorf GRUR 1983, 794 (795)).

195.2 **Originäre Unterscheidungskraft verneint: Apps:** „wetter.de" für Wetter-App (BGH GRUR 2016, 939 Rn. 18 ff.); **Fernsehsendungen:** „Hessenschau" (OLG Frankfurt NJW-RR 1992, 549); **Filme:** „Der 20. Juli" (OLG München GRUR 1955, 588); „Hausfrauen Report" für Sexfilm (LG München I Ufita 64 (1972), 342 f.); „Helga" (OLG München Ufita 56 (1970), 322 (323)); „Patricia" (OLG München GRUR 1960, 301); **Sachbücher:** „Der Schweinfurter" als Untertitel bei Verwendung mit dem Haupttitel „Gelbe Seiten" für ein Branchentelefonbuch (OLG Nürnberg NJWE-WettbR 1993, 256); „Die Helferin des Zahnarztes" (KG GRUR 1952, 421); „Die Prüfung des Bilanzbuchhalters" (OLG Zweibrücken AfP 2010, 492 = BeckRS 2010, 26483); „Geschichte der arabischen Völker" (LG Hamburg AfP 1993, 775 (776)); „Internetrecht" (LG Berlin MMR 2008, 842 (843)); „Wellness" (LG München I GRUR 1991, 931 (933)); „Who's Who in Germany" (KG GRUR 1988, 158); **Software:** „Trek Service" für auf Datenträger gespeichertes Informationsangebot über Star Trek (OLG Köln GRUR 2000, 906); **Tonwerke:** „European Classics" und „European Classic" für CD mit klassischer Musik europäischer Komponisten (OLG Köln NJWE-WettbR 2000, 93 (94)); **Veranstaltungen:** „Berlin Tattoo" für Militärmusikfestival (LG Berlin BeckRS 2011, 8365); **Zeitschriften:** „automobil"

(BGH GRUR 2010, 646 Rn. 17); „Das Auto" (OLG Stuttgart GRUR 1951, 38); „Deutsche Illustrierte" (BGH GRUR 1959, 45 (47)); „Snow Board" für Snowboard-Magazin (OLG Hamburg AfP 1992, 160); **Zeitungen:** „Morgenpost" (BGH GRUR 1992, 547 (549)); „Sonntagsblatt" (OLG Oldenburg GRUR 1987, 127 – Sonntagsblatt; zustimmend BGH GRUR 1992, 547 (549) – Morgenpost).

2. Druckwerke

Insbesondere bei **Zeitungs- oder Zeitschriftentiteln** sind nach der Rechtsprechung 196 nur geringe Anforderungen zu stellen, weil der Verkehr seit Langem daran gewöhnt ist, dass solche Werke mit mehr oder weniger farblosen und nur inhaltlich oder räumlich konkretisierten Gattungsbezeichnungen gekennzeichnet werden (BGH GRUR 2016, 939 Rn. 23 – wetter.de; GRUR 2012, 1265 Rn. 19 – Stimmt's?; GRUR 2010, 156 Rn. 14 – EIFEL-ZEITUNG; GRUR 2000, 70 (72)) – SZENE; GRUR 1997, 661 (662) – B.Z./Berliner Zeitung; GRUR 1992, 547 (548) – Morgenpost). Das Gleiche gilt für den Regionalteil oder andere in sich geschlossene Beilagen (BGH GRUR 2010, 156 Rn. 14 – EIFEL-ZEITUNG). Für die Individualität genügt bei Zeitungen in der Regel schon die Beifügung einer geographischen Angabe oder die Kombination zweier beschreibender Begriffe. Keine reine Inhaltsbeschreibung liegt auch vor, wenn der Titel nur einen Teil des Zeitschrifteninhalts abdeckt (BGH GRUR 1999, 235 (237) – Wheels Magazine; KG GRUR-RR 2004, 303 f. – automobil Test) oder der eigentliche Sinngehalt des Begriffs durch die Verwendung als Titel auf einen anderen Gegenstand übertragen wird (BGH GRUR 1980, 247 (248) – Capital-Service).

An die Unterscheidungskraft eines **Kolumnentitels** werden strengere Anforderungen 197 gestellt, weil hier von vornherein ein größerer Gestaltungsspielraum besteht (BGH GRUR 2012, 1265 Rn. 19 – Stimmt's?). Gleiches gilt für **Untertitel,** zumal der Verkehr hier nicht in gleichem Maße wie bei Haupttiteln an beschreibende Begriffe gewöhnt ist (vgl. BGH GRUR 1990, 218 (219) – Verschenktexte; OLG Nürnberg NJWE-WettbR 1999, 256 – Der Schweinfurter).

Bei **belletristischen Büchern** scheidet die Annahme, der Titel sei inhaltsbeschreibend, 198 in der Regel aus. Bei **Sachbüchern** muss die Gewöhnung des Verkehrs an beschreibende Titel spartenabhängig ermittelt werden; sie ist zB bei Kochbüchern gegeben (BGH GRUR 1991, 153 (154) – Pizza & Pasta), während in anderen Sparten (zB Bücher zur Zeitgeschichte) rein beschreibende Titel nicht vorherrschend sind. Allein aus der Gewöhnung des Verkehrs folgt aber noch nicht stets die Unterscheidungskraft beschreibender Titel; entscheidend ist vielmehr, ob der Verkehr in einer solchen Sparte Bücher dennoch nach ihrem Titel unterscheidet. Das ist zB bei juristischen oder wirtschaftswissenschaftlichen Lehrbüchern, die lediglich das behandelte Gebiet beschreiben, nicht der Fall (vgl. OLG Zweibrücken AfP 2010, 492 = BeckRS 2010, 26483 – Die Prüfung des Bilanzbuchhalters; LG Berlin MMR 2008, 842 (843) – Internetrecht).

3. Andere Werke

Geringe Anforderungen können auch bei **Fernseh- und Rundfunksendungen** gelten, 199 da sich auch hier für viele Formate eine rein beschreibende Bezeichnung durchgesetzt hat, zB für Nachrichtensendungen (BGH GRUR 2016, 939 Rn. 23 – wetter.de; GRUR 2001, 1054 (1055) – Tagesreport; GRUR 2001, 1050 (1051) – Tagesschau). Bei Fernsehserien, Spielfilmen und Fernsehspielen wird es in der Regel nicht möglich sein, den Werkinhalt mit dem Titel so erschöpfend zu beschreiben, dass es ihm an jeder Unterscheidungskraft fehlt.

Für die „**sonstigen vergleichbaren Werke**" müssen die Anforderungen an die Unter- 200 scheidungskraft durch Vergleich innerhalb der jeweiligen Werkgruppe ermittelt werden; für **Software** ist zB keine überwiegend beschreibende Bezeichnung festzustellen (Ingerl/Rohnke Rn. 100). Allerdings kann dabei nach der Art der Software zu differenzieren sein. Für Simulationsspiele hat sich zB die Gewohnheit herausgebildet, den Inhalt schlagwortartig zusammen mit einem Versionshinweis wiederzugeben (OLG Köln GRUR-RR 2015, 239 Rn. 35 – Farming Simulator 2013; aA Hoene K&R 2016, 16 (17 f.)). Die für Zeitungen und Zeitschriften geltenden geringen Anforderungen lassen sich auf andere Werkarten angesichts der abweichenden Bezeichnungsverhältnisse nicht ohne weiteres übertragen. So fehlt es zB bei **Apps** idR (noch) an einer Gewöhnung des Verkehrs an beschreibende Bezeichnungen, weil diese nicht allgemein üblich sind (IErg auch BGH GRUR 2016, 939 Rn. 26 ff. – wetter.de; Hoene K&R 2016, 16 (17); anders Baronikians GRUR 2016, 943 (944); wohl auch A. Deutsch GRUR-Prax 2014, 438). Die Bezeichnung „wetter.de" ist daher für eine Wetter-App nicht originär unterscheidungskräftig (BGH GRUR 2016, 939 Rn. 18 – wetter.de; Zöllner/Lehmann GRUR 2014, 431 (436)). Ähnliches gilt für Werke auf **Social Media-Webseiten;** auch hier ist der Verkehr (noch) nicht an die Verwendung beschreibender Bezeichnungen gewöhnt (Lehmann MarkenR 2014, 371 (375). Nicht anders liegt es bei Domainnamen; insbes. rechtfertigt allein der Umstand, dass teilweise generische **Domainnamen** verwendet werden, nicht die Annahme, es bestehe eine Verkehrsgewohnheit dahingehend, generell bei solchen Domainnamen anhand kleinster Abweichungen zu unterscheiden (BGH GRUR 2016, 939 Rn. 36 – wetter.de). Anders mag dies liegen, wenn der Domainname mit der Bezeichnung einer Printversion des Werkes identisch ist (vgl. BGH GRUR 2016, 939 Rn. 38 – wetter.de). Die **Hinzufügung einer Top-Level-Domain** zu einem Werktitel (zB bei Apps) ist nicht geeignet, einer beschreibenden Bezeichnung Unterscheidungskraft zu verleihen (BGH GRUR 2016, 939 Rn. 37 – wetter.de).

4. Für anderes Werk benutzte Zeichen

201 Eine bereits bestehende **Benutzung des gleichen Zeichens durch einen anderen** für ein anderes Werk kann dazu führen, dass dem Zeichen bei Benutzungsaufnahme die originäre Unterscheidungskraft fehlt. Das gilt aber nicht, wenn das Zeichen für das gleiche gemeinfreie Werk benutzt wird. Die Unterscheidungskraft bleibt auch unberührt, wenn das Zeichen für eine andere Werkart benutzt wird (zB Benutzung des gleichen Titels für Buch und Verfilmung, OLG München GRUR-RR 2009, 307 – Der Seewolf). Ob ein Filmtitel, der bereits für frühere Verfilmungen der gleichen Originalvorlage benutzt wurde, noch unterscheidungskräftig ist, hängt davon ab, inwieweit bei Benutzungsaufnahme der Verkehr dem Titel noch eine der früheren Verfilmungen zuordnet (vgl. OLG München GRUR-RR 2009, 307 f. – Der Seewolf).

VIII. Unterscheidungskraft infolge Verkehrsgeltung

202 Eine bei Benutzungsaufnahme fehlende Unterscheidungskraft kann durch Verkehrsgeltung überwunden werden (BGH GRUR 2016, 939 Rn. 40 – wetter.de; GRUR 2001, 1054 (1056) – Tagesreport; GRUR 2001, 1050 (1051) – Tagesschau; GRUR 1988, 638 f. – Hauer's Auto-Zeitung; GRUR 1959, 45 (47) – Deutsche Illustrierte; GRUR 1957, 275 (276) – Star Revue; KG GRUR-RR 2004, 303 (304) – automobil TEST). Sie ist gegeben, wenn ein nicht unbeträchtlicher Teil des Verkehrs in dem Zeichen einen **Hinweis auf ein bestimmtes Werk** sieht (BGH GRUR 1959, 45 (47) – Deutsche Illustrierte), es also durch den Werktitel von anderen Werken unterscheidet (BGH GRUR 2016, 939 Rn. 42 – wetter.de). Es genügt hingegen nicht, wenn der Verkehr mit dem Zeichen nur eine bestimmte Werkart in Verbindung bringt (Ingerl/Rohnke Rn. 101; Ströbele/Hacker/Hacker Rn. 100). Da es um die Überwindung fehlender Unterscheidungskraft geht, bedarf es wie bei nicht unterscheidungskräftigen Unternehmenskennzeichen einer **qualifizierten Verkehrsgeltung** (Ossing GRUR 1992, 85 (91); → Rn. 97). Für eine glatt beschreibende Bezeichnung verlangt die Rspr. einen Zuordnungsgrad von über 50 % (BGH GRUR 2016, 939 Rn. 41 – wetter.de). Auch im Übrigen gelten die für Unternehmenskennzeichen geltenden Maßstäbe (→ Rn. 91 ff.).

IX. Ingebrauchnahme

1. Bedeutung der Benutzungsaufnahme

203 Die Ingebrauchnahme des Titels ist **Voraussetzung der Schutzentstehung**. Das lässt sich dem Wortlaut des § 5 Abs. 3 allerdings nicht entnehmen; anders als § 5 Abs. 2 S. 1 spricht er an keiner Stelle davon, dass der Werktitel benutzt wird (kritisch deshalb Graf von der Gröben GRUR 2000, 172 (173); s. auch Deutsch MarkenR 2006, 185 (189)). Das Benutzungserfordernis ergibt sich jedoch aus dem Umstand, dass auch bei § 16 Abs. 1 UWG 1909

Geschäftliche Bezeichnungen § 5 MarkenG

eine Benutzung der besonderen Bezeichnung einer Druckschrift für erforderlich gehalten wurde und der Gesetzgeber bei der Entstehung des Werktitelschutzes keine Abweichung vom bisherigen Rechtszustand wollte (vgl. BT-Drs. 12/6581, 67 f.).

Aus der Ingebrauchnahme ergibt sich bei originär unterscheidungskräftigen Titeln auch der **Zeitpunkt der Schutzentstehung**. Der Zeitrang kann jedoch durch eine Titelschutzanzeige auf einen Zeitpunkt vor der Benutzungsaufnahme vorverlegt werden (→ Rn. 220). Für nicht originär unterscheidungskräftige Titel ist die Benutzungsaufnahme notwendige, aber nicht hinreichende Voraussetzung der Schutzentstehung, weil es zusätzlich der Erlangung von Verkehrsgeltung bedarf. 204

2. Benutzung als Werktitel

Für eine Benutzungsaufnahme ist eine **Benutzung als Werktitel** erforderlich (BGH GRUR 2010, 642 Rn. 36 – WM-Marken; GRUR 2010, 156 Rn. 15 – EIFEL-ZEITUNG; GRUR 2005, 959 (960) – FACTS II). Dazu muss das Zeichen in einer Weise benutzt werden, dass ein nicht unerheblicher Teil der angesprochenen Verkehrskreise in ihm die **Bezeichnung eines Werks** sieht (BGH GRUR 2000, 70 (72) – SZENE; OLG Köln WRP 2010, 1413 (1415) – Festivalplaner; ZUM-RD 2002, 210 (212) – modern LIVING). 205

Eine **titelmäßige Verwendung** liegt noch nicht vor, wenn das Zeichen nur als Marke oder Unternehmenskennzeichen, also als Hinweis auf die Herkunft eines Produkts oder auf ein Unternehmen verwendet wird. An ihr fehlt es auch bei einer nur beschreibenden oder ornamentalen Benutzung. Nicht ausreichend kann zB die Benutzung als Domainname sein, weil diese in erster Linie als Adressen, unter denen ein Werk auffindbar ist, verstanden werden (→ § 15 Rn. 88). Bei einer Benutzung auf dem Werk selbst kommt es darauf an, ob das Zeichen nach Gestaltung und Stellung vom Verkehr als Titel wahrgenommen wird. Daran kann es fehlen, wenn weitere Zeichen zB auf der Titelseite einer Druckschrift benutzt werden, die eher als Titel wahrgenommen werden (vgl. BGH GRUR 2005, 959 – FACTS II) oder wenn das Zeichen auf einer Webseite nur als bloße Artikelüberschrift, Gliederungspunkt oder Teil des Fließtexts erscheint (OLG Köln WRP 2010, 1413 (1415) – Festivalplaner; ZUM-RD 2002, 210 (213) – modern LIVING); OLG Dresden NJWE-WettbR 1999, 130 (132) – dresden-online.de). 206

Der Verkehr kann die Verwendung eines Zeichens nur dann als titelmäßige Verwendung verstehen, wenn er erkennt, dass mit dem Zeichen ein Werk iSe eigenständigen geistigen Inhalts gekennzeichnet werden soll. Dazu muss ihm der **Werkcharakter** bewusst werden. Bei Kolumnen in einer Zeitung oder Zeitschrift kann es daher erforderlich sein, dass sie bereits mehrfach und mit einiger **Regelmäßigkeit** erschienen ist (BGH GRUR 2012, 1265 Rn. 21 – Stimmt's?). Eine titelmäßige Verwendung liegt folglich nicht schon bei der ersten Benutzung des Kolumnentitels vor. 207

3. Benutzung im geschäftlichen Verkehr

Der Titel muss im **geschäftlichen Verkehr** benutzt werden (BGH GRUR 2010, 642 Rn. 36 – WM-Marken). Das erfordert eine nach außen gerichtete Benutzung des Zeichens als Titel. Hierzu bedarf es des Inverkehrbringens des Werks, dh bei Druckschriften ist auf das **Erscheinen** unter dem fraglichen Titel abzustellen (BGH GRUR 1989, 760 (761) – Titelschutzanzeiger; OLG Hamburg GRUR-RR 2004, 104 (105) – ELTERN; OLG München NJOZ 2003, 1023 (1026) – ENDURO ABENTEUER; OLG Hamburg GRUR-RR 2002, 393 – motorradmarkt.de); bei Filmen, Fernsehsendungen und Bühnenwerken auf die erstmalige Aufführung bzw. Ausstrahlung; bei anderen Werken (zB Software) auf den **Beginn des Vertriebs**, wobei allerdings in allen Fällen eine **unmittelbar vorausgehende werbende Ankündigung** genügt (BGH GRUR 1998, 155 (157) – PowerPoint; GRUR 1997, 902 (903) – FTOS; OLG Hamburg ZUM 2001, 514 (516) – Sumpfhuhn; Ströbele/Hacker/Hacker Rn. 113. Der Vertrieb muss unter dem fraglichen Titel erfolgen; ein früherer Vertrieb unter einem anderen Titel genügt nicht (BGH GRUR 1998, 1010 (1013) – WINCAD). Ein spätere Änderung der Vermarktung (zB Wechsel von kostenlosem zu kostenpflichtigem Werkzugang) lässt die bereits aufgenommene Benutzung unberührt (OLG Hamburg ZUM 2001, 514 (516) – Sumpfhuhn). Bei **Webseiten** kommt es auf den Zeitpunkt der Abrufbarkeit für die Öffentlichkeit an (vgl. BGH GRUR 2010, 156 Rn. 19 – EIFEL-ZEITUNG). 208

209 **Vorbereitungs- und Herstellungsmaßnahmen** reichen nicht aus; mit der Rechtsprechung lassen sich nur dem Vertrieb unmittelbar vorausgehende werbende Ankündigungen noch als hinreichende Benutzung qualifizieren. Zwar lässt sich nicht leugnen, dass vielfach ein Interesse daran besteht, auch schon vorher Schutz zu erlangen. Entscheidend muss jedoch sein, dass das Werktitelrecht durch bloße Ingebrauchnahme des Titels entsteht und es daher im Interesse des Verkehrs und insbesondere der Wettbewerber einer hinreichenden Erkennbarkeit bedarf. Diese kann – ungeachtet der Möglichkeit einer Vorverlagerung des Zeitrangs durch eine Titelschutzanzeige (→ Rn. 220) – nur durch ein **Tätigwerden auf dem Markt** sichergestellt werden, denn nur dieser kann von den Mitbewerbern entsprechend beobachtet werden (ähnlich Baronikians Rn. 172 ff.; Oelschlägel WRP 1998, 469 (471); im Ergebnis auch Lange MarkenR/KennzeichenR Rn. 1781, 1783; weniger streng jedoch Ingerl/Rohnke Rn. 85; HK-MarkenR/Eisfeld Rn. 95; V. Deutsch WRP 1998, 14 (17); Fezer GRUR 2001, 369 (370); v. Gierke, FS Ullmann, 2006, 207 (213); vgl. auch Nordemann, FS Erdmann, 2002, 437 (442): Vorverlegung der Priorität).

210 **Nicht genügend** ist daher zB die Registrierung eines titelschutzfähigen Domainnamens (BGH GRUR 2009, 1055 Rn. 40 – airdsl) oder die vor dem Vertriebsbeginn erfolgte Zugänglichmachung für einen begrenzten Kreis von Test-Benutzern oder Pilotkunden (BGH GRUR 1997, 902 (903) – FTOS; Ströbele/Hacker/Hacker Rn. 112; Lange MarkenR/KennzeichenR Rn. 1783; Oelschlägel WRP 1998, 469 (472); kritisch HK-MarkenR/Eisfeld Rn. 96; Baronikians Rn. 166, 175; Deutsch/Ellerbrock Rn. 72; v. Gierke, FS Ullmann, 2006, 207 (211); Ingerl WRP 1997, 1127 (1130)). Mangels Erkennbarkeit für Mitbewerber genügt auch nicht der Abschluss von Verträgen, die für die Veröffentlichung notwendig sind (aA OLG Hamburg GRUR 1986, 555 – St. Pauli Zeitung; OLG Düsseldorf NJW-RR 1986, 1095 – Mädchen hinter Gittern; Kröner, FS Hertin, 2000, 565 (578)).

211 Es kann auch nicht auf den bei Unternehmenskennzeichen geltenden weiteren Begriff der Benutzung im geschäftlichen Verkehr abgestellt werden (aA OLG Hamburg GRUR 1986, 555 – St. Pauli Zeitung; Deutsch/Ellerbrock Rn. 73; V. Deutsch WRP 1998, 14 (17); v. Gierke, FS Ullmann, 2006, 207 (213)). Dass dort schon eine nach außen in Erscheinung tretende Tätigkeit, die auf den Beginn einer dauernden wirtschaftlichen Betätigung schließen lassen, ausreicht (→ Rn. 109), erklärt sich daraus, dass damit nach außen bereits das Unternehmen als Bezugsobjekt des Unternehmenskennzeichens hervortritt und wahrnehmbar wird. Der Werktitelschutz wird jedoch nicht für wirtschaftliche Tätigkeiten, sondern nur die Ergebnisse einer (geistigen) Tätigkeit gewährt; anzuknüpfen ist deshalb an die **Wahrnehmbarkeit des Werks auf dem Markt**. Dazu muss es entweder bereits auf den Markt gebracht sein oder der unmittelbar bevorstehende Marktzutritt muss für den Verkehr hinreichend erkennbar sein.

4. Schutzfähiges Werk

212 Titelschutz setzt die **Existenz eines schutzfähigen Werkes** voraus. Das gilt nicht nur für den eigentlichen Verwechslungsschutz nach § 15, sondern auch für die Schutzentstehung (Baronikians Rn. 172; Teplitzky GRUR 1993, 645 (646)). Während der BGH in seiner früheren Rechtsprechung ein gänzlich fertig gestelltes Werk verlangte (vgl. BGH GRUR 1998, 1010 (1011 f.) – WINCAD; GRUR 1997, 902 (903) – FTOS; zustimmend Ströbele/Hacker/Hacker Rn. 112; wohl auch Baronikians Rn. 172), begnügt er sich nunmehr mit einem **weitgehend fertig gestellten Werk** (BGH GRUR 2009, 1055 Rn. 41 – airdsl; ähnlich auch V. Deutsch WRP 1998, 14 (17): fortgeschrittenes Stadium [weitergehend aber ders. GRUR 1994, 673 (677): ernstlich in der Entstehung begriffen]; Teplitzky GRUR 1993, 645 (647): Stadium konkreter, fortgeschrittener Verkörperung; aA Fezer GRUR 2001, 372; HK-MarkenR/Eisfeld Rn. 96).

213 Von einem schutzfähigen Werk kann noch nicht gesprochen werden, wenn lediglich eine **Werkkonzeption** vorliegt (aA Fezer GRUR 2001, 372) oder mit den Dreharbeiten begonnen wurde (vgl. BGH GRUR 1993, 692 (693) – Guldenburg: fragwürdig; aA V. Deutsch GRUR 1994, 673 (678)). Die von der Rechtsprechung gemachte Einschränkung, derzufolge eine weitgehende Fertigstellung ausreichend ist, nimmt hingegen mit Recht auf den Umstand Rücksicht, dass nicht alle Werkarten einen endgültigen Abschluss kennen; insbesondere bei Computerprogrammen und Webseiten sind ständige Werkverbesserungen nicht selten.

Bei einer **Webseite,** die auf Ergänzung, Aktualisierung und auch Auswechslung des Inhalts 214
angelegt ist, muss nach der Verkehrsauffassung bestimmt werden, wann diese weitgehend
fertig gestellt ist. Zu fragen ist, ob der Verkehr in der Webseite, so wie sie sich zum fraglichen
Zeitpunkt dem Publikum präsentiert, bereits ein bezeichnungsdürftiges Werk sieht. Dabei
ist eine durch den Titel oder erläuternde Texte geweckte Erwartungshaltung zu berücksichtigen; wird zB auf einer Webseite ein Lexikon zu einem bestimmten Themengebiet angeboten,
dann wird der Verkehr erst dann ein bezeichnungsbedürftiges Werk sehen, wenn zumindest
schon so viele Artikel eingestellt sind, dass erkennbar ist, dass hier tatsächlich ein weiter zu
ergänzendes Nachschlagewerk zur Verfügung gestellt wird.

Die bloße **Präsentation einer Idee** für ein erst zu schaffendes Werk genügt ebenso wenig 215
wie bei Bereitstellung nur kleiner Bausteine (OLG München GRUR 2001, 522 (524) –
kuechenonline) oder die **Ankündigung eines Werks** (LG Hamburg NJOZ 2010, 2109
(2110 f.) – Dildoparty).

5. Inländische Benutzung

Die Benutzung muss im **Inland** erfolgen. Bei Webseiten kommt es darauf an, ob sie 216
sich auch auf das Inland richten; die bloße Zugriffsmöglichkeit im Inland genügt nicht
(→ Rn. 115). Die bloße Möglichkeit des Erwerbs im Ausland erschienener Werke etwa
über das Internet genügt für eine inländische Benutzung nicht; ebenso wenig liegt in der
bloßen Möglichkeit, sich das Werk über das Internet zu verschaffen, schon ein inländischer
Vertrieb.

6. Benutzungsumfang

An den Benutzungsumfang sind keine besonderen Anforderungen zu stellen; allerdings 217
muss die Benutzung von einem **ernsthaften Benutzungswillen** getragen sein (BGH
GRUR 2010, 156 Rn. 16 f. – EIFEL-ZEITUNG).

Die **Zahl der Werkstücke** (zB Druckauflage), für die der Titel verwendet wird, spielt 218
nur eine untergeordnete Rolle, weil der Verkehr auch in Kleinauflagen ohne weiteres
bezeichnungsbedürftige Werke sehen kann (vgl. auch v. Gierke, FS Ullmann, 2006, 207
(212); aA Oelschlägel WRP 1998, 469 (470): Angebot in genügender Zahl). Allenfalls bei
Kleinstauflagen, bei denen das Werk nahezu keine Verbreitung gefunden hat (zB nur Verteilung im Familienkreis), wird es an einer hinreichenden Benutzung im geschäftlichen Verkehr
fehlen. Beispiele für ausreichenden Benutzungsumfang: 600 Exemplare einer monatlich
erscheinenden französischsprachigen Kinozeitschrift (OLG Hamburg WRP 1991, 184
(186) – Premiere); zunächst 100, zwei Jahre später zwischen 1.000 und 3.000 Exemplare einer
englischsprachigen Zeitschrift (OLG München ZUM-RD 1998, 52 (54)); 150 gelieferte
und 50 verkaufte Exemplare eines österreichischen Nachrichtenmagazins und deutsche
Anzeigenkunden genügt jedenfalls, wenn zugleich eine umfangreiche Benutzung im Ausland
und die Benutzung im Inland ernsthaft und auf Dauer erfolgt (OLG Hamburg GRUR-RR
2005, 312 (313) – NEWS; in der Begründung zweifelhaft, da allein die inländische Benutzung entscheidend ist); 100 gedruckte und 20–30 an Schüler der eigenen Musikschule verkaufte Exemplare einer Blockflötenschule (OLG Köln WRP 1995, 133 (134) – Hören und
Spielen).

7. Befugte Benutzung

Erforderlich ist, wie bei Unternehmenskennzeichen, eine **befugte Benutzung** des Titels 219
(BGH GRUR 2010, 156 Rn. 23 – EIFEL-ZEITUNG). Zur notwendigen Unterscheidung
zwischen absolut und relativ unbefugtem Gebrauch und zu den jeweiligen Voraussetzungen
→ Rn. 120 ff.

X. Vorverlagerung des Zeitrangs durch Titelschutzanzeige

1. Funktion der Titelschutzanzeige

Die Ingebrauchnahme des Titels lässt das Schutzrecht nicht nur entstehen, sondern ist 220
auch für dessen Zeitrang maßgeblich (§ 6 Abs. 3). Im Interesse des Verkehrs ist jedoch eine

MarkenG § 5   Teil 2 Voraussetzungen, Inhalt und Schranken etc.

Vorverlagerung des Zeitrangs auf einen Zeitpunkt vor der Benutzungsaufnahme möglich; dies hat zur Konsequenz, dass für das erst mit der Ingebrauchnahme entstandene Schutzrecht eine frühere Priorität in Anspruch genommen werden kann.

221   Voraussetzung dafür ist die **öffentliche Ankündigung** des Werks unter seinem Titel in **branchenüblicher Weise,** sofern das Werk in **angemessener Frist** unter dem angekündigten Titel **erscheint** (BGH GRUR 2009, 1055 Rn. 43 – airdsl; GRUR 1998, 1010 (1012) – WINCAD; GRUR 1989, 760 (761) – Titelschutzanzeige; OLG Naumburg GRUR-RR 2011, 127 (128) – SUPERillu; OLG Köln BeckRS 2003 30306978 – netnight; OLG München NJOZ 2003, 1023 (1024) – ENDURO ABENTEUER; Ingerl/Rohnke Rn. 88; Ströbele/Hacker/Hacker Rn. 114; Baronikians, Rn. 201; aA HK-MarkenR/Eisfeld Rn. 99).

222   Die **Ankündigung ist keine Ingebrauchnahme** des Titels; sie führt nicht zur Entstehung des Schutzrechts, sondern bestimmt **nur den Zeitrang** des später mit der Benutzungsaufnahme entstehenden Rechts (BGH GRUR 2001, 1054 (1055) – Tagesreport; KG GRUR-RR 2004, 303 (305) – automobil TEST; Ingerl/Rohnke Rn. 88; Lange MarkenR/KennzeichenR Rn. 1825; Heim AfP 2004, 19 f.; aA Teplitzky AfP 1997, 450 (453): auflösend bedingter Schutz).

223   Zwischen Ankündigung und Erscheinen kann es mangels bereits bestehenden Schutzrechts nicht zu einer **Kennzeichenverletzung** kommen (OLG Hamburg ZUM 2002, 295 – Bremer Branchen; GRUR-RR 2001, 182 (183) – startup.de; Deutsch/Ellerbrock Rn. 77; V. Deutsch GRUR 2002, 308 (313); Heim AfP 2004, 19 (23 f.); v. Linstow, FS Erdmann, 2002, 375 (378 ff.); Schmid, FS Erdmann, 2002, 469 (476 ff.); Wirth AfP 2002, 303; aA Bosten/Prinz AfP 1989, 666 (667); Oelschlägel AfP 1999, 117 (124); Teplitzky AfP 1997, 450 (453)). Zur **Kennzeichenrechtsverletzung durch Titelschutzanzeige** → § 15 Rn. 30.

2. Öffentliche Ankündigung

224   Für die branchenübliche **öffentliche Ankündigung** stellt die Rechtsprechung strenge Anforderungen. Sie verlangt, soweit das für die fragliche Werkart branchenüblich ist, eine **formalisierte Titelschutzanzeige** in einem **branchenüblichen Medium** (BGH GRUR 1998, 1010 (1012) – WINCAD). Solche Medien stehen heute für alle konventionellen Werkarten zur Verfügung und auch bei Software ist mittlerweile die Nutzung von Titelschutzanzeigen möglich und üblich (OLG Hamburg ZUM 2001, 514 (516) – Sumpfhuhn; Ingerl/Rohnke Rn. 89; Baronikians Rn. 192).

224.1   **Geeignete Medien** sind – teils abhängig von der Werkart – zB „Der Titelschutz-Anzeiger" mit der Beilage „Der Software Titel"; „rundy Titelschutz-Journal", „Titelschutzreport", für Druckschriften insbesondere das „Börsenblatt des deutschen Buchhandels" (vgl. BGH GRUR 1998, 1010 (1012) – WINCAD; GRUR 1989, 760 (761) – Titelschutzanzeige; OLG Hamburg NJW-RR 1995, 562 – handicap); ferner die Zeitschriften „text intern" (vgl. OLG München NJOZ 2003, 1023 (1026) – ENDURO Abenteuer), „Horizont", „Werben & Verkaufen" (vgl. KG WRP 1992, 105 (107)) und „Kontakter", für Filme auch „filmecho/filmwoche" sowie „Blickpunkt: Film", in der die Eintragungen in das Filmtitelregister der Spitzenorganisation der Filmwirtschaft e.V. veröffentlicht werden.

224.2   Das gewählte Medium muss für die Werkart, für die Titelschutz in Anspruch genommen wird, **typisch** sein; die Ankündigung eines Romantitels in einer Zeitschrift der Filmbranche bewirkt keine Vorverlegung der Priorität.

225   Ob es für **Webseiten** ein branchenübliches Medium für Titelschutzanzeigen gibt, ist zweifelhaft (verneinend OLG München GRUR 2001, 522 (524) – kuechenonline; s. aber OLG Dresden NJWE-WettbR 1999, 130 (132) – dresden-online.de). Hier – aber auch bei anderen Werkarten – stellt sich die Frage, ob auch **auf andere Weise** als durch formalisierte Titelschutzanzeige eine Vorverlagerung des Zeitrangs zu erreichen ist. Die Rechtsprechung steht insoweit auf einem sehr restriktiven Standpunkt. Sie verlangt die Möglichkeit einer einfach zu erlangenden und breiten Kenntnisnahme durch interessierte Mitbewerber; von ihnen könne nicht verlangt werden, dass sie in der allgemeinen Presse oder in anderen Medien nach entsprechenden Ankündigungen suchen (BGH GRUR 1998, 1010 (1012) – WINCAD; OLG München NJOZ 2003, 1023 (1027 f.) – ENDURO ABENTEUER). Für nicht ausreichend gehalten wird zB die Ankündigung des Werks unter dem beabsichtigten Titel nur auf der eigenen Internetseite (BGH GRUR 2009, 1055 Rn. 45 – airdsl); Einladungen zu Schulungskursen, nicht besonders umfangreiche Werbung und Pressemitteilungen

(BGH GRUR 1998, 1010 (1012) – WINCAD); Berichte im redaktionellen Teil von Zeitungen und Zeitschriften (BGH GRUR 1989, 760 (762) – Titelschutzanzeige); Werbemaßnahmen vor der Fertigstellung des Werks (OLG Hamburg ZUM 2001, 514 (516) – Sumpfhuhn); Versand von Dispositionsrundschreiben an Händler und Grossisten, da sie interessierte Mitbewerber nicht erreichen (OLG München NJOZ 2003, 1023 (1028) – ENDURO ABENTEUER); Ankündigungen gegenüber potentiellen Lesern (OLG München NJW-RR 1995, 562 – handicap).

Dieser restriktiven Haltung ist **zuzustimmen** (Ströbele/Hacker/Hacker Rn. 118; Oelschlägel AfP 1999, 117 (122); aA Ingerl/Rohnke Rn. 90). Dem Interesse des Werkherstellers, eine zu Behinderungszwecken vorgenommene Registrierung des Titels als Marke durch einen Dritten zu verhindern, könnte ohnehin nur durch einen Verzicht auf die öffentliche Ankündigung Genüge getan werden. Im Interesse des Rechtsverkehrs ist aber eine Publizität erforderlich, weil Mitbewerber sonst Gefahr laufen, ihnen unbekannte Titelrechte anderer zu verletzen. An die Publizität sind im Interesse der Mitbewerber, denen keine umfassende Marktbeobachtung zugemutet werden kann, hohe Anforderungen zu stellen, zumal der Werkhersteller sich den Vorteil des vorverlagerten Zeitrangs mit einer formalisierten Titelschutzanzeige leicht und kostengünstig verschaffen kann. **226**

3. Notwendiger Inhalt

Aus dem **Inhalt der Titelschutzanzeige** muss sich ergeben, für welchen Titel Schutz **227** in Anspruch genommen wird (vgl. aber zu einer nicht eindeutig gefassten Anzeige OLG München NJW-RR 1995, 562 – handicap).

Sammeltitelanzeigen, in denen mehrere Titel für ein einzelnes Werk angekündigt werden, sind zulässig, weil sie noch nicht zur Entstehung des Titelschutzes führen und daher nur demjenigen Titel, der dann tatsächlich für das Werk bei Erscheinen benutzt wird, eine frühere Priorität sichern (BGH GRUR 1989, 760 (761) – Titelschutzanzeige; Ingerl/Rohnke Rn. 88; Baronikians Rn. 215; aA OLG Hamburg WRP 1981, 30 (32) – WOCHE aktuell; LG Stuttgart GRUR 1985, 230 (231) – CHIP; Deutsch/Ellerbrock Rn. 83; Heim AfP 2004, 19 (24f.); Oelschlägel AfP 1999, 117 (123f.); Ossing GRUR 1992, 85 (89)). Die Grenze wird erreicht, wenn sich die Sammeltitelanzeige als unzumutbare Mitbewerberbehinderung (§ 4 Nr. 10 U WG) darstellt. Dazu genügt wegen des großen Gestaltungsspielraums bei der Titelwahl in der Regel noch nicht die Registrierung einer größeren Zahl von Titeln, solange es nicht erkennbar an jedem Bedürfnis dafür fehlt. Davon wird erst auszugehen sein, wenn eine so große Anzahl von Titeln angekündigt wird, dass dies nur Blockadezwecken dienen kann (sog. Titelhamsterei, BGH GRUR 1989, 760 (761) – Titelschutzanzeige: zulässige Anzeige von neun Titeln für Ärztezeitschrift). **228**

Zum Inhalt der Anzeige gehört an sich auch die **Angabe der Werkart**, sofern sie sich **229** nicht bereits aus der Branchenzugehörigkeit des Veröffentlichungsmediums ergibt. In der Praxis wird jedoch häufig Schutz für „alle Werkarten" in Anspruch genommen oder ganz auf die Angabe der Werkart verzichtet. Das ist bedenklich: Einerseits fehlt es vielfach an einem entsprechenden Interesse des Werkherstellers, weil er von vornherein den Titel nur für eine Werkart verwenden will; andererseits wird Mitbewerbern, die ein Werk in einer bestimmten Werkart herausbringen wollen, nicht hinreichend deutlich, ob es bei der Entstehung des Rechts für den Werkhersteller zu einer Verletzung kommen wird (kritisch auch Ströbele/Hacker/Hacker Rn. 124; Baronikians Rn. 223; Heim AfP 2004, 19 (22); Schmidt, FS Erdmann, 2002, 469 (474f.)). Selbst wenn die Ankündigung dennoch für wirksam gehalten wird, kann die Formulierung „alle Medien" oder „alle Werkarten" keine Vorverlagerung des Zeitrangs rechtfertigen, wenn das in Benutzung genommene Werk ein anderes ist als jenes, zu dessen Vorbereitung die Titelschutzanzeige veranlasst wurde (OLG Hamburg NJW-RR 1996, 879 (880) – Live TV).

Die **Angabe des Werkherstellers bzw. Titelberechtigten** ist nicht erforderlich, da **230** die Titelschutzanzeige nicht die Aufgabe hat, den Inhabern prioritätsälterer Rechte ihre Rechtswahrnehmung zu erleichtern; ihrem geschützten Interesse, nicht selbst rechtsverletzend zu handeln, wird durch die Angabe des Titels und der Werkart Genüge getan. **Anonyme Titelschutzanzeigen** durch beauftragte Dritte sind daher ausreichend (BGH GRUR 1989, 760 (763) – Titelschutzanzeige); der Beauftragte muss nicht Rechts- oder Patentanwalt sein, da er keine fremde Rechtsangelegenheit wahrnimmt (BGH GRUR 1998, 956 (957) – Titelschutzanzeigen für Dritte; aA Baronikians Rn. 212).

4. Ingebrauchnahme des Titels

231 Die Vorverlagerung der Priorität setzt die Ingebrauchnahme des Titels durch **Erscheinen oder Vertrieb des Werks innerhalb angemessener Frist** voraus. Das bedingt **dreifache Identität:** Sowohl Titel als auch das Werk müssen mit der Ankündigung übereinstimmen und die Benutzung muss durch denjenigen erfolgen, der die Titelschutzanzeige geschaltet hat oder hat schalten lassen (vgl. zur Werkidentität OLG Hamburg NJW-RR 1996, 879 (380) – Live TV; zur Benutzeridentität OLG Köln BeckRS 2003, 30306978 – netnight).

232 Die **Frist** beginnt mit der Titelschutzanzeige. Ihre **Angemessenheit** hängt von der Werkart ab und ist **objektiv** nach der Verkehrsauffassung zu bestimmen (vgl. OLG Hamburg AfP 1997, 815 – Ergo; NJW-RR 1996, 879 (380) – Live TV; Ströbele/Hacker/Hacker Rn. 119; Baronikians Rn. 187; Oelschlägel AfP 1999, 117 (122); großzügiger Teplitzky AfP 1997, 450 (453): Berücksichtigung unverschuldeter Verzögerungen). Maßgeblich ist die übliche Vorbereitungszeit für diese Werkart, wobei zu beachten ist, dass auch innerhalb einer Werkart abhängig vom Werkinhalt unterschiedlich lange Vorbereitungszeiten üblich sind. So ist zB die Erstellung eines Rätselhefts in kürzerer Zeit zu bewältigen als die eines Nachrichtenmagazins.

233 Bei **Zeitschriften** wird im Allgemeinen ein Zeitraum von sechs Monaten noch als angemessen erachtet (vgl. OLG München NJOZ 2003, 1023 (1026) – ENDURO ABENTEUER: fünf Monate ausreichend; OLG Hamburg AfP 1997, 815 (816) – Ergo: zehn Monate zu lang; OLG Köln GRUR 1989, 690 (691 f.) – High Tech: zehn bis zwölf Monate zu lang; OLG Hamburg WRP 1981, 30 (32 f.) – WOCHE aktuell: fünf Monate ausreichend; LG München I AfP 2009, 170 (172) – MEINE BUNTE WOCHE: bis sechs Monate ausreichend, acht Monate zu lang); ähnliches wird für **Webseiten** und ähnliche **elektronische Werke** gelten (vgl. OLG Hamburg NJW-RR 1996, 879 (880) – Live TV: zehn Monate zu lang für elektronischen Programmführer).

234 Bei **Sachbüchern** und **Filmen** ist von einer längeren Vorbereitungszeit auszugehen; hier können auch Fristen von zwölf Monaten und mehr noch angemessen sein (Ingerl/Rohnke Rn. 88; Baronikians Rn. 185: ein Jahr für Filme; s. aber auch OLG Hamburg AfP 2004, 135: allgemein wenige Wochen oder Monate). Bei Werken, die in **unterschiedlichen Werkarten** erscheinen sollen (zB Branchenverzeichnis in gedruckter Form und online), sind unterschiedliche Herstellungszeiten zu berücksichtigen (vgl. OLG Hamburg ZUM 2002, 295 – Bremer Branchen: zwölf Monate für Druckversion, neun für Internetfassung; teils aA OLG Hamburg NJW-RR 1996, 879 (380) – Live TV; Ströbele/Hacker/Hacker Rn. 119; Baronikians Rn. 188).

235 Die Begrenzung der Prioritätsvorverlegung auf Fälle, in denen der Titel innerhalb angemessener Frist in Gebrauch genommen wurde, nimmt auf das Interesse der Mitbewerber Rücksicht. Eine **Verlängerung der Frist** und damit ein weiteres Abhalten der Mitbewerber von der Titelbenutzung durch eine **Wiederholungsankündigung** ist daher nicht möglich; die nachfolgenden Ankündigungen sind wirkungslos (Ströbele/Hacker/Hacker Rn. 120; aA Baronikians Rn. 226: Priorität der letzten Ankündigung; ebenso Heim AfP 2004, 19 (21)).

5. Keine Vorbereitungsarbeiten erforderlich

236 Es ist nicht erforderlich, dass zum Zeitpunkt der Titelschutzanzeige bereits **ernsthafte Vorbereitungsarbeiten** für die Erstellung des Werks vorgenommen wurden (Ströbele/Hacker/Hacker Rn. 121; Baronikians Rn. 190; Lange MarkenR/KennzeichenR Rn. 1834; offenlassend BGH GRUR 1989, 760 (762) – Titelschutzanzeige; aA OLG Köln GRUR 1989, 690 (691 f.) – High Tech; Heim AfP 2004, 19 (20); Herrmann K&R 2006, 168 (169); Oelschlägel AfP 1999, 117 (122); Teplitzky AfP 1997, 450 (452)). Entscheidend dafür ist, dass eine Titelschutzanzeige nur die Priorität des später mit der Ingebrauchnahme des Titels entstandenen Schutzrechts vorverlagert und gerade kein Schutzrecht für ein noch nicht bestehendes Werk begründet. Allenfalls dann, wenn unsicher ist, ob das Werk in angemessener Frist erschienen ist, kann es darauf ankommen, ob zum Zeitpunkt der Titelschutzanzeige schon an der Werkherstellung gearbeitet wurde (BGH GRUR 1989, 760 (762) – Titelschutzanzeige).

Auf Vorbereitungsarbeiten kommt es auch deshalb nicht an, weil die **Angemessenheit** 237
der Frist objektiv zu bestimmen ist. Nach der Verkehrsauffassung spielt die Vorbereitungszeit
für die Werkerstellung eine wesentliche Rolle. In der Konsequenz beruht die Prüfung der
Angemessenheit auf der Erwartung, dass mit der Titelschutzanzeige auch die Arbeit am Werk
begonnen wurde. Ist dem nicht so, ändert dies nichts an der Wirksamkeit der Titelschutzanzeige; der Werkersteller kann sich jedoch im Hinblick auf die Angemessenheit der Frist nicht
darauf berufen, diese sei angesichts des Umstands, dass er mit den Vorbereitungsarbeiten
noch nicht begonnen habe, zu kurz bemessen gewesen.

XI. Inhaber des Werktitels

1. Standpunkt der Rechtsprechung

§ 5 Abs. 3 regelt nicht, wem das Recht am Werktitel zusteht. Die Rechtsprechung orien- 238
tiert sich an **unterschiedlichen dogmatischen Ansätzen.** Ein Ausgangspunkt der Instanzrechtsprechung ist die Feststellung, das Recht stehe demjenigen zu, der den Titel für das
Werk **rechtmäßig nutze** (BPatG GRUR 2014, 780 (784 f.)) – Liquidrom; OLG München
GRUR-RR 2009, 307 – Der Seewolf; KG GRUR-RR 2004, 137 (139) – Omen; V.
Deutsch WRP 2000, 1375 (1378)). Der in diesem Zusammenhang übliche Verweis auf die
BGH-Entscheidung „Winnetous Rückkehr" (GRUR 2003, 440) trägt diesen Ausgangspunkt jedoch nicht, weil der BGH dort nur über die Aktivlegitimation entschieden hat, die
mit der Rechtsinhaberschaft nicht identisch ist (ebenso Fezer § 15 Rn. 308; aA V. Deutsch
MarkenR 2006, 185 (188); wie der BGH LG Nürnberg-Fürth AfP 2016, 180 (181)).

Bei **Büchern** ordnet der BGH das Titelrecht dem **Autor** zu (BGH GRUR 2005, 264 239
(265) – Das Telefon-Sparbuch; GRUR 1990, 218 (220) – Verschenktexte; OLG Köln
GRUR-RR 2015, 239 Rn. 29 – Farming Simulator 2013; offenlassend OLG Köln GRUR-RR 2015, 292 (294) – Ich bin dann mal weg; OLG Düsseldorf GRUR-RR 2015, 10 (11) –
Die Wanderhure; aA (aber von der Titelberechtigung sprechend) LG Nürnberg-Fürth AfP
2016, 180 (181): Verlag und Herausgeber).

In anderen Entscheidungen stellt der BGH darauf ab, dass der Werktitelschutz durch die 240
Benutzung des Titels entsteht und daher demjenigen zustehe, der das Werk unter dem
jeweiligen Titel herausgebe; das sei bei **Zeitschriften** und **Zeitungen** der **Verleger** (BGH
GRUR 1997, 661 (662) – B.Z./Berliner Zeitung; OLG Köln GRUR-RR 2015, 239
Rn. 29 – Farming Simulator 2013). Bei einem **Reihentitel** hat der BGH wieder anders
darauf abgestellt, dass es sich bei einem Reihenwerk um ein eigenes Unternehmen handele
(BGH GRUR 1990, 218 (220) – Verschenktexte; GRUR 1980, 227 (232) – Monumenta
Germaniae Historica; vgl. auch OLG Hamburg BeckRS 2016, 13859 – Mira).

Für **Fernsehsendungen** und **Filme** hält die Instanzrechtsprechung jedenfalls auch die 241
Produktionsgesellschaft für einen Rechtsinhaber (OLG Köln GRUR-RR 2015, 239
Rn. 29 – Farming Simulator 2013; OLG München GRUR-RR 2009, 307 – Der Seewolf;
KG GRUR 2000, 906 (907) – Gute Zeiten, Schlechte Zeiten); bei **Musikwerken** auch ein
Bandmitglied (KG GRUR-RR 2004, 137 (139) – Omen). Bei einem **Spiel** soll der Hersteller Titelinhaber sein, wenn er das Werk mit einem Herkunftshinweis versehen hat, weil die
Titelrechte demjenigen zustünden, der sie bei ihrem Entstehen nach außen erkennbar in
Anspruch nehme (OLG Hamburg GRUR-RR 2012, 154 (156) – LUXOR; vgl. auch OLG
Köln GRUR-RR 2015, 239 Rn. 30 – Farming Simulator 2013; OLG Hamburg GRUR-RR 2003, 269 (272) – SNOMED; Ingerl/Rohnke Rn. 102: nur für Sonderfälle wie Ghostwriter). Bei **Veranstaltungen** wird das Recht dem Veranstalter zugeordnet (OLG Stuttgart
BeckRS 2011, 26669 – Balthasar-Neumann-Preis; LG Koblenz BeckRS 2014, 13263 –
Rock am Ring [offenlassend OLG Koblenz BeckRS 2014, 16858 – Rock am Ring]; LG
Berlin GRUR-RR 2011, 137 (138) – Country Music Messe).

2. Dogmatik der Inhaberschaft

Dogmatisch scheint es nahe zu liegen, sich bei der Rechtszuordnung daran zu orientieren, 242
wer den **Titel befugterweise in Benutzung genommen hat,** weil diese Handlung rechtsbegründend ist (in diesem Sinne zB Baronikians Rn. 304; Deutsch/Ellerbrock Rn. 65; Ströbele/Hacker/Hacker Rn. 127; ferner zB Schricker, FS Vieregge, 1995, 775 (790); aA Fezer

MarkenG § 5 Teil 2 Voraussetzungen, Inhalt und Schranken etc.

§ 15 Rn. 304: Werkschöpfer als Titelinhaber; ähnlich LG Koblenz BeckRS 2014, 13263 – Rock am Ring [offenlassend OLG Koblenz BeckRS 2014, 16858 – Rock am Ring]; Lange MarkenR/KennzeichenR Rn. 2340; Graf von der Gröben GRUR 2000, 172 (173)). Dann wäre bei Büchern zB der Verleger, bei Filmen der Verleih Rechtsinhaber (Baronikians Rn. 312 f.).

243 Das ist jedoch **verfehlt.** Die Benutzungsaufnahme ist zwar Entstehungsvoraussetzung, sagt aber nichts über die Rechtszuordnung. Wie bei Benutzungsmarken und Unternehmenskennzeichen hat sich die Zuordnung des Rechts in erster Linie daran zu orientieren, auf wen das Kennzeichen verweist. Das gelingt freilich nicht ohne weiteres, weil Werktitel keine Herkunftsfunktion haben und stets nur auf ein Rechtsobjekt, nämlich das Werk, verweisen. Letztlich kann die Zuordnung der Titelinhaberschaft daher nur der **Werkzuordnung** folgen. Auf der Grundlage des kennzeichenrechtlichen Werkbegriffs sollte dazu darauf abgestellt werden, wessen immaterielle Arbeitsergebnisse mit dem Titel gekennzeichnet werden. Dabei erscheinen zB Bücher im Verkehr nicht allein als Werk des Autors oder der Autoren, sondern auch als solche des Verlags; Filme als solche der Produktionsgesellschaft und des Regisseurs; Fernsehsendungen hingegen nicht nur als Werke der Produktionsgesellschaft, sondern auch der Fernsehanstalt; Bühnen- und Tonwerke nicht nur als solche des Komponisten oder Stückeschreibers, sondern auch des Regisseurs; Computerspiele als Werke des Entwicklungs- und des Vertriebsunternehmens.

244 Bei dieser Betrachtungsweise spielt es bei nicht unterscheidungskräftigen Titeln auch keine Rolle, auf wessen Handlungen die **Verkehrsgeltung** zurückzuführen ist (aA BGH GRUR 1990, 218 (220) – Verschenktexte: Rechtsinhaberschaft des Buchautors, auch wenn Titel erst durch Benutzungshandlung des Verlegers Verkehrsgeltung erlangt hat). Ebenfalls ohne Bedeutung ist es, wer den **Titel „erfunden"** hat, da der Werktitelschutz nicht an die schöpferische Leistung der Titelschaffung anknüpft.

XII. Räumlicher Schutzbereich

245 Der Schutz des Werktitels erstreckt sich grundsätzlich auf das **gesamte Bundesgebiet** (vgl. BGH GRUR 1997, 661 (662) – B.Z./Berliner Zeitung). Anders kann dies sein, wenn die Unterscheidungskraft auf Verkehrsgeltung beruht und diese räumlich auf ein Gebiet begrenzt ist (BGH GRUR 1968, 259 (260) – NZ). Eine **räumliche Beschränkung** auch unterscheidungskräftiger Titel kommt ferner in Betracht, wenn die Unterscheidungsfunktion des Titels nur in einem räumlich begrenzten Gebiet besteht, zB bei Regional- und Lokalzeitungen, Stadtmagazinen oder Büchern mit ausschließlich regionalem Bezug und Verbreitungsgebiet (vgl. OLG Hamburg ZUM-RD 1999, 116 (119) – Blitz: bundesweiter Schutz des Titels eines Stadtmagazins mit überregionalem Teil). Allein die Zugänglichkeit regional beschränkter Werke über das **Internet** verleiht den Domainnamen, über die das Werk erreicht wird und die als Titel geschützt sind, noch keinen bundesweiten Schutz (Lange MarkenR/KennzeichenR Rn. 1819; aA Baronikians Rn. 326; A. Deutsch GRUR 2013, 113 (116)). Im Übrigen geltend für den räumlichen Schutzbereich die gleichen Grundsätze wie bei Unternehmenskennzeichen (→ Rn. 125 ff.).

XIII. Erlöschen des Schutzes

1. Aufgabe der Benutzung

246 Das Recht am Werktitel erlischt, wenn seine **Benutzung endgültig aufgegeben** wird. Ausgehend vom Benutzungsbegriff ist zu fragen, ob sich das Werk unter dem Titel noch im Vertrieb befindet oder für die Nutzung vom Rechtsinhaber zugänglich gehalten wird (zB Fortbestand der Webseite). Das ist zu verneinen, wenn entweder das **Werk aufgegeben** wurde (zB Einstellung einer Zeitschrift; Löschen einer Webseite) oder wenn bei fortbestehendem Werk ein **anderer Titel benutzt** wird (zB Umbenennung einer Zeitschrift).

247 Solange das Werk im Handel noch erworben werden kann, liegt allein in der **Einstellung des Vertriebs,** dh der weiteren Belieferung des Handels, noch keine Aufgabe der Benutzung, da der Titel im Verkehr so lange der Unterscheidung dient, wie er zur Grundlage von Kaufentscheidungen gemacht wird (Hoene K&R 2012, 710 (712); aA OLG Hamburg GRUR-RR 2012, 154 (156 f.) – LUXOR). Das gilt so lange, wie das Werk noch als neu

erworben werden kann; bei einer bloßen Verfügbarkeit in Antiquariaten oder bei gewerblichen oder privaten Gebrauchtwarenhändlern erlischt der Schutz, sofern nach der Verkehrsauffassung nicht nur eine vorübergehende Unterbrechung vorliegt (→ Rn. 248.)

2. Benutzungsunterbrechungen

Ob eine endgültige Aufgabe der Benutzung vorliegt oder lediglich eine **vorübergehende,** 248 **schutzrechtsunschädliche Unterbrechung,** bestimmt sich nach der Verkehrsauffassung im Zeitpunkt der Wiederaufnahme der Benutzung. Wesentliche Kriterien sind die Werkart, der Anlass der Benutzungsaufgabe und ein erkennbarer **Fortführungswille.** Die Unterbrechung ist daher endgültig, wenn der Inhaber die Absicht, den Titel zB durch Neuherausgabe des Werks weiter zu benutzen, erkennbar aufgegeben hat oder aus rechtlichen oder tatsächlichen Gründen die Möglichkeit der weiteren Benutzung nicht gegeben ist (BGH GRUR 1960, 346 (348) – Naher Osten; GRUR 1959, 541 (543) – Nußknacker; LG Berlin GRUR-RR 2011, 137 (138) – Country Music Messe: Erlöschen aufgrund Meinungsverschiedenheiten der Titelinhaber).

Für einen **Fortführungswillen** spricht es, wenn der Titel des derzeit vergriffenen Werks 249 rechtlich verteidigt wird (OLG Köln GRUR 2000, 1073 (1075) – Blitzgerichte). Wird der Titel hingegen bewusst aufgeben, spricht das gegen die Annahme, der Titel habe später wieder für das gleiche Werk aufgenommen werden sollen (vgl. OLG Köln GRUR 1997, 63 (64) – PC WELT). Erst recht liegt eine endgültige Aufgabe vor, wenn der Titel später für ein anderes Werk benutzt wird oder werden soll (BGH GRUR 1993, 769 (770) – Radio Stuttgart). Bei einer durch Krieg oder staatliche Maßnahmen **erzwungenen Aufgabe** der Benutzung kann wie bei Unternehmenskennzeichen (→ Rn. 141) auch ein längerer Unterbrechungszeitraum unschädlich sein (BGH GRUR 1991, 331 – Ärztliche Allgemeine: Nichtbenutzung aufgrund gerichtlicher Untersagungsverfügung; GRUR 1959, 541 (543) – Nußknacker: Nichtbenutzung aufgrund nachkriegsbedingter Umstände).

Entscheidende Bedeutung kommt der **Werkart** zu. Bei **Büchern** ist dem Verkehr bewusst, 250 dass diese aufgrund beschränkter Auflagen zeitweise vergriffen sein können; hieraus schließt er auch dann, wenn noch keine Neuauflage angekündigt ist, noch nicht auf eine endgültige Aufgabe der Benutzung (BGH GRUR 1960, 346 (348) – Naher Osten; KG NJOZ 2003, 2776 (2779) – Das authentische Reiki; OLG Köln GRUR 2000, 1073 (1074 f.) – Blitzgerichte: Unterbrechung von einem Jahr bei Kochbuch unschädlich; LG Nürnberg-Fürth AfP 2016, 180 (182)). Bei Büchern über zeitgebundene Themen oder solche mit schnell veralterndem Inhalt (zB biographisches Nachschlagewerk) kann ein kürzerer Unterbrechungszeitraum zum Schutzwegfall führen (BGH GRUR 1960, 346 (348) – Naher Osten; KG GRUR 1988, 158 – Who's who); bei solchen mit ganz spezifischem kleinen Interessenkreis können auch längere Unterbrechungen nur vorübergehend sein (KG NJOZ 2003, 2776 (2779) – Das authentische Reiki: vier Jahre unschädlich).

Bei **periodischen Druckschriften** wertet der Verkehr eine Unterbrechung schnell als 251 endgültige Einstellung (vgl. BGH GRUR 1960, 346 (347 f.) – Naher Osten; OLG Köln GRUR 1997, 63 (64) – PC WELT: vier Jahre zu lang; OLG München NJOZ 2003, 1023 (1027) – ENDURO ABENTEUER: acht Jahre bei Sonderheft zu lang; LG Düsseldorf BeckRS 1997, 5818: 18 Monate zu lang bei Magazin auf CD-ROM; kritisch Deutsch/Ellerbrock Rn. 89; Kröner, FS Hertin, 2000, 565 (576 f.)). Bei bekannteren Titeln wird er aber nicht so schnell zu dem Schluss kommen, dieser solle endgültig nicht mehr benutzt werden (vgl. zum Titel einer Fernsehsendung OLG Hamburg NJWE-WettbR 1999, 282 (283) – Aber Hallo; Ströbele/Hacker/Hacker Rn. 131; Baronikians Rn. 261).

Bei **Filmen,** die nicht nach Technik oder Inhalt so veraltet sind, dass sie kein Publikumsin- 252 teresse mehr hervorrufen, liegt auch bei längerer Nichtausstrahlung bzw. -vorführung noch keine endgültige Aufgabe vor, weil der Verkehr an Wiederholungen auch nach längerer Zeit gewöhnt ist (vgl. OLG München GRUR-RR 2009, 307 – Der Seewolf: solange noch Wiederholungen gesendet werden; OLG Düsseldorf NJW-RR 1986, 1095 (1096) – Mädchen hinter Gittern). Gleiches gilt für Fernsehspiele und -serien sowie **Bühnen- und Tonwerke.**

Bei **Spielen** ist eine Unterbrechungsdauer von fünf Jahren als schutzrechtsschädlich einge- 253 ordnet worden (OLG Hamburg GRUR-RR 2012, 154 (156 f.) – LUXOR); bei **Compu-**

terprogrammen aufgrund der raschen Fortentwicklung und der schnellen Veralterung auf diesem Markt auch schon nach vier Jahren (LG Hamburg BeckRS 2009, 20598). Bei einer alle zwei Jahre stattfindenden Preisverleihung erlischt der Schutz nicht, wenn die **Veranstaltung** einmal ausfällt, aber der Wille zur Fortführung besteht (OLG Stuttgart BeckRS 2011, 26669 – Balthasar-Neumann-Preis; OLG Koblenz BeckRS 2014, 16858 – Rock am Ring).

3. Wesentliche Änderung des Titels

254 Eine wesentliche Änderung des Titels führt zum Erlöschen des Schutzes. Wie bei den Unternehmenskennzeichen (→ Rn. 144) ist die Änderung wesentlich, wenn sie **Identität und Unterscheidungskraft des Titels berührt** (vgl. OLG München NJWE-WettbR 1999, 257 (258) – Dr. Sommer). Der Wechsel des Untertitels lässt die Unterscheidungskraft des Haupttitels unberührt (OLG Hamburg GRUR-RR 2001, 31 – Screen/Screen basics).

4. Wesentliche Änderung des Werks

255 Der Titelschutz besteht nur für das bestimmte Werk, für das er in Benutzung genommen wurde. Er erlischt, wenn das Werk so geändert wird, dass es sich nach der Verkehrsauffassung nunmehr um ein **anderes Werk** handelt. Gerade bei länger erscheinenden Werken wie Zeitungen, Zeitschriften oder Fernsehserien ist der Verkehr aber an Anpassungen und auch größere Umgestaltungen gewohnt (Ingerl/Rohnke Rn. 107). Bei Sachbüchern erwartet der Verkehr bei Neuauflagen sogar Veränderungen; Schutzverlust tritt erst ein, wenn der Gesamtcharakter des Buches verändert wird (Baronikians Rn. 281; vgl. auch BGH GRUR 1960, 346 (348) – Naher Osten).

5. Verlust der Unterscheidungskraft

256 Wie bei Unternehmenskennzeichen (→ Rn. 150) ist es auch bei Titeln denkbar, dass sie im Laufe der Zeit an Unterscheidungskraft verlieren und zu **rein beschreibenden Begriffen** werden. Da aber die Anforderungen an die Unterscheidungskraft bei vielen Werkarten sehr gering sind (→ Rn. 196 ff.), wird dies nur in Ausnahmefällen in Betracht kommen (vgl. BGH GRUR 2003, 440 (441) – Winnetous Rückkehr). Es reicht jedenfalls auch, wenn die Unterscheidungskraft in einem nicht ganz unerheblichen Teil der maßgeblichen Verkehrskreise fortbesteht (BGH GRUR 1958, 354 (357) – Sherlock Holmes).

6. Verlust der Verkehrsgeltung

257 Bei nicht originär unterscheidungskräftigen Titeln, die nur aufgrund Verkehrsgeltung geschützt sind, führt deren Verlust zum Erlöschen des Rechts. Das ist insbesondere bei nachlassender Benutzung oder vorübergehender Nichtbenutzung denkbar.

§ 6 Vorrang und Zeitrang

(1) Ist im Falle des Zusammentreffens von Rechten im Sinne der §§ 4, 5 und 13 nach diesem Gesetz für die Bestimmung des Vorrangs der Rechte ihr Zeitrang maßgeblich, wird der Zeitrang nach den Absätzen 2 und 3 bestimmt.

(2) Für die Bestimmung des Zeitrangs von angemeldeten oder eingetragenen Marken ist der Anmeldetag (§ 33 Abs. 1) oder, falls eine Priorität nach § 34 oder nach § 35 in Anspruch genommen wird, der Prioritätstag maßgeblich.

(3) Für die Bestimmung des Zeitrangs von Rechten im Sinne des § 4 Nr. 2 und 3 und der §§ 5 und 13 ist der Zeitpunkt maßgeblich, zu dem das Recht erworben wurde.

(4) Kommt Rechten nach den Absätzen 2 und 3 derselbe Tag als ihr Zeitrang zu, so sind die Rechte gleichrangig und begründen gegeneinander keine Ansprüche.

Überblick

§ 6 knüpft an den im Kennzeichenrecht geltende Prioritätsgrundsatz an (→ Rn. 1) und regelt, wie sich der Zeitrang der in §§ 4, 5 und 13 genannte Rechte bestimmt, wenn es zu einem Zusammentreffen dieser Rechte kommt und der Zeitrang für die Bestimmung des Vorrangs maßgeblich ist (Abs. 1; → Rn. 6). Bei angemeldeten oder eingetragenen Marken bestimmt sich der Zeitrang nach dem Anmeldetag oder einem abweichenden Prioritätstag (Abs. 2; → Rn. 11), während es bei allen anderen Rechten auf den Tag der Rechtsentstehung ankommt (Abs. 3; → Rn. 19). Für den Fall, dass Rechte den gleichen Zeitrang aufweisen, ordnet Abs. 4 deren Gleichrangigkeit und die Koexistenz beider Rechte an (→ Rn. 28).

Übersicht

	Rn.		Rn.
A. Überblick	1	1. Eintragungsfähigkeit kraft Verkehrsdurchsetzung nach Anmeldung	16
I. Prioritätsgrundsatz	1	2. Spätere Erlangung der Markenrechtsfähigkeit	17
II. Regelungsüberblick	2	3. Beseitigung von Anmeldemängeln	18
B. Anwendungsbereich (Abs. 1)	6	**D. Zeitrang anderer Rechte (Abs. 3)**	19
I. Zusammentreffen von Rechten iSd §§ 4, 5 und 13	6	I. Tag des Rechtserwerbs	19
II. Bestimmung des Vorrangs nach dem Zeitrang	8	II. Verschiebung des Zeitrangs	25
		1. Kennzeichen des Lizenznehmers	25
C. Zeitrang eingetragener Marken (Abs. 2)	11	2. Unternehmenskennzeichen	26
		3. Werktitel	28
I. Anmeldetag	11	**E. Gleichrangigkeit bei gleichem Zeitrang (Abs. 4)**	29
II. Prioritätstag	12		
1. Inanspruchnahme ausländischer Priorität	12	I. Gleicher Zeitrang	29
2. Inanspruchnahme einer Ausstellungspriorität	14	II. Bestand der Rechte	30
3. Umwandlung einer Unionsmarke	15	III. Gleichrangigkeit der Rechte	31
III. Verschiebung des Zeitrangs	16		

A. Überblick

I. Prioritätsgrundsatz

Treffen **Kennzeichenrechte verschiedener Inhaber** aufeinander, kommt es darauf an, 1 ob das eine Recht vor dem anderen Recht Vorrang genießt. Im Recht der Kennzeichen bestimmt sich der Vorrang grundsätzlich nach dem Zeitrang der Rechte (BT-Drs. 12/6581, 68). Diesem Prioritätsgrundsatz zufolge setzt sich das ältere Recht gegenüber dem jüngeren durch. Der **Vorrang des älteren Rechts** findet sich ausdrücklich in §§ 9, 10, 12, 13, 42, 51, 55; er gilt aber auch für § 11 (→ § 11 Rn. 35) und die Kennzeichenverletzung nach §§ 14, 15 (→ § 14 Rn. 29; → § 15 Rn. 8).

II. Regelungsüberblick

§ 6 regelt nicht den Prioritätsgrundsatz, sondern nur die **Bestimmung des Zeitrangs.** 2 Die **Geltung des Prioritätsgrundsatzes** ist vielmehr nach § 6 Abs. 1 **Anwendungsvoraussetzung** der Norm. Nach ihr bestimmt sich der Zeitrang, wenn es nach der im konkreten Fall maßgeblichen Kollisionsregelung (§§ 9–15) auf einen Vorrang ankommt und dieser sich nach dem Zeitrang der Rechte bestimmt.

Wonach sich der Zeitrang bestimmt, hängt von der Art des Kennzeichenrechts ab. Für 3 **angemeldete oder eingetragene Marken** bestimmt er sich nach § 6 Abs. 2 nach dem Anmeldetag oder, soweit Priorität nach §§ 34, 35 in Anspruch genommen wird, nach dem Prioritätstag. Für alle **anderen Rechte** iSd §§ 4, 5 und 13 (Benutzungsmarken, Notorietätsmarken, Unternehmenskennzeichen, Werktitel und sonstige Rechte iSd § 13) ist nach § 6 Abs. 3 der Zeitpunkt des Rechtserwerbs maßgeblich.

Die Anwendung von § 6 Abs. 2, 3 kann im Einzelfall ergeben, dass für beide Rechte 4 derselbe Tag für den Zeitrang maßgeblich ist. Für diesen Fall des **gleichen Zeitrangs** ordnet § 6 Abs. 4 Gleichrangigkeit der Rechte an.

Die **MRL** normiert den Vorrang älterer Marken nur für die Eintragung bzw. Ungültigkeit 5 von Registermarken in Art. 4 Abs. 1 RL 2008/95/EG bzw. Art. 5 Abs. 1 RL (EU) 2015/2436. Die Definition älterer Marken in Art. 4 Abs. 2 RL 2008/95/EG bzw. Art. 5 Abs. 2

MarkenG § 6   Teil 2 Voraussetzungen, Inhalt und Schranken etc.

RL (EU) 2015/2436 wird durch § 6 umgesetzt. Da die Norm aber nicht nur im Zusammenhang mit den richtlinienumsetzenden §§ 9, 10, 12, 13 Anwendung findet, sondern darüber hinaus insbesondere auch für das Verletzungsverfahren und Kollisionen zwischen nicht eingetragenen Marken gilt, ist sie **einheitlich richtlinienkonform auszulegen** (vgl. BGH GRUR 2002, 1063 (1065) – Aspirin; GRUR 1999, 992 (995) – BIG PACK).

B. Anwendungsbereich (Abs. 1)

I. Zusammentreffen von Rechten iSd §§ 4, 5 und 13

6   **Rechte** iSd §§ 4, 5 und 13 sind die Rechte an Registermarken (§ 4 Nr. 1), Benutzungsmarken (§ 4 Nr. 2), Notorietätsmarken (§ 4 Nr. 3), Unternehmenskennzeichen (§ 5 Abs. 1, 2) und Werktiteln (§ 5 Abs. 1, 3) sowie die sonstigen Rechte iSd § 13, also insbesondere Namensrechte, das Recht an der eigenen Abbildung, Urheberrechte, Sortenbezeichnungen, geographische Herkunftsangaben und sonstige gewerbliche Schutzrechte.

7   Ob ein **Zusammentreffen** solcher Rechte vorliegt, bestimmt sich nach der jeweiligen Kollisionsnorm. Das sind im Löschungsverfahren die §§ 9–13, im Verletzungsprozess die §§ 14 und 15 und im Widerspruchsverfahren die §§ 9–12 (§ 42 Abs. 2). Die gemeinsame Nennung von §§ 4, 5 und 13 zeigt, dass es zwischen allen Kennzeichenarten zu Kollisionen kommen kann. Trotz der damit zum Ausdruck gebrachten **Gleichwertigkeit aller Kennzeichen** bemisst es sich nach den Voraussetzungen der jeweiligen Kollisionsnorm, ob ein Zusammentreffen von Kennzeichenrechten gegeben ist.

II. Bestimmung des Vorrangs nach dem Zeitrang

8   § 6 gilt nur, sofern es für die Bestimmung des Vorrangs auf den Zeitrang der miteinander kollidierenden Rechte ankommt. Ob das der Fall ist, ergibt sich aus der fraglichen Kollisionsnorm. Da dies freilich für §§ 9, 10, 12, 13 ausdrücklich vorgesehen ist und sich für §§ 11, 14, 15 im Wege der Auslegung ergibt, ist der Vorrang des älteren Rechts der **Grundsatz** des MarkenG; es wird vom Prioritätsprinzip beherrscht (BT-Drs. 12/6581, 68).

9   **Ausnahmen** ergeben sich bei Gleichnamigkeit (→ § 23 Rn. 14; zu den Besonderheiten bei Domainnamen Gleichnamiger → § 15 Rn. 166), ferner im Fall der Verwirkung (§ 21), der Ausweitung des Schutzbereichs durch nachträglichen Erwerb der Bekanntheit (§ 22 Abs. 1 Nr. 1) oder durch Ausweitung des geographischen Schutzgebiets sowie infolge von Zwischenrechten (§ 22 Abs. 2 Nr. 2). Darüber hinaus hielt es der Gesetzgeber es auch für möglich, dass eine Interessenabwägung im Einzelfall eine Abkehr vom Prioritätsgrundsatz erfordert (BT-Drs. 12/6581, 68). Das bedeutet jedoch nicht, dass in jedem Fall eine Interessenabwägung der Anwendung des Prioritätsgrundsatzes vorauszugehen hat, sondern es bedarf besonderer Umstände, aufgrund derer ausnahmsweise ein Abgehen von diesem Prinzip geboten ist (vgl. OLG Köln GRUR-RR 2002, 290 – T- is money; Fezer Rn. 24; strenger Ingerl/Rohnke Rn. 3).

10   Eine Sonderregelung gilt für Marken, dem nach §§ 1, 4 ErstrG im Zuge der **Wiedervereinigung** auf das jeweils andere Gebiet erstreckt worden sind. Soweit sie mit anderen Kennzeichenrechten zusammentreffen, dürfen sie nach §§ 30, 31 ErstrG ungeachtet ihrer jeweiligen Priorität im Erstreckungsgebiet nur mit Zustimmung des Inhabers des anderen Zeichens benutzt werden; Ausnahmen vom Zustimmungserfordernis finden sich in § 30 Abs. 2 ErstrG (→ MarkenR Einleitung Rn. 35; BGH GRUR 2003, 1047 (1048) – Kellogg's/Kelly's; von Mühlendahl/Mühlens GRUR 1992, 725 (742 ff.); Süchting GRUR 1992, 481 (482 ff.)).

C. Zeitrang eingetragener Marken (Abs. 2)

I. Anmeldetag

11   Für **angemeldete oder eingetragene Marken** bestimmt sich der Zeitrang nach dem Anmeldetag (§ 6 Abs. 2). Welcher Tag das ist, richtet sich nach § 33; er wird in das Register eingetragen (§ 25 Nr. 1 MarkenV). Der Tag der Eintragung spielt keine Rolle, so dass die Priorität der Registermarke vor dem Recht selbst entsteht. Eine vor der Anmeldung bereits erfolgte Benutzung des Zeichens als Marke ist für die Priorität der Registermarke ohne

Bedeutung; ist durch die Benutzung schon vor der Anmeldung Verkehrsgeltung erlangt worden, ist eine Benutzungsmarke entstanden (§ 4 Nr. 2), deren Zeitrang sich nach § 6 Abs. 3 bestimmt.

II. Prioritätstag

1. Inanspruchnahme ausländischer Priorität

Unter den Voraussetzungen des § 34 kann die Priorität einer früheren ausländischen 12 Anmeldung in Anspruch genommen werden. Sofern dies geschehen ist, bestimmt sich der Zeitrang der eingetragenen Marke nicht nach ihrem Tag der inländischen Anmeldung, sondern nach dem **Tag der ausländischen Anmeldung** (§ 6 Abs. 2 Alt. 2).

Für **IR-Marken** kommen zwei Prioritätstage in Betracht. Wurde innerhalb der Sechsmo- 13 natsfrist des Art. 4 C Abs. 1 PVÜ, die gemäß Art. 4 Abs. 2 MMA bzw. Art. 4 Abs. 2 PMMA auch für IR-Marken gilt, die Priorität der Heimatanmeldung in Anspruch genommen, ist für die Priorität der **Tag der Anmeldung im Ursprungsland** maßgeblich (Art. 4 A Abs. 1 PVÜ, Art. 4 Abs. 2 MMA, Art. 4 Abs. 2 PMMA). Ist dies nicht geschehen, bestimmt sich der Prioritätstag gemäß Art. 4 Abs. 1 MMA iVm § 112 bzw. Art. 4 Abs. 1 PMMA iVm §§ 124, 112 nach dem **Tag der internationalen Registrierung**, der sich wiederum nach Art. 3 Abs. 4 MMA bzw. Art. 3 Abs. 4 PMMA richtet.

2. Inanspruchnahme einer Ausstellungspriorität

Nach § 35 kann unter den dort genannten Voraussetzungen eine Ausstellungspriorität in 14 Anspruch genommen werden. Ist dies geschehen, dann ist für den Zeitrang der Tag der **erstmaligen Zurschaustellung** maßgeblich (§ 6 Abs. 2 Alt. 3).

3. Umwandlung einer Unionsmarke

Die Priorität einer Unionsmarke ist für die Priorität einer identischen nationalen Register- 15 marke ohne Bedeutung. Wird allerdings eine Unionsmarke oder Anmeldung einer Unionsmarke gemäß Art. 112 Abs. 1 UMV, § 125d in eine nationale Marke bzw. Markenanmeldung umgewandelt, genießt sie nach Art. 112 Abs. 3 UMV, § 125d Abs. 2, 3 den **Anmelde- oder Prioritätstag der Unionsmarke** bzw. der Anmeldung der Unionsmarke sowie ggf. einen nach Art. 34, 35 UMV beanspruchten Zeitrang. Eine Ansprüche auslösende Verletzung der nationalen Marke kommt aber erst nach ihrer Eintragung in das Register in Betracht, da erst diese gemäß § 4 Abs. 1 zur Entstehung des Markenrechts führt (BGH GRUR 2016, 83 Rn. 27 – Amplidect/amplitec; Eisenführ, FS Mühlendahl, 2005, 341 (357); vgl. für Österreich auch OGH GRUR Int 2016, 574 (575); aA Hofmann MarkenR 2016, 23 (26 f.)).

III. Verschiebung des Zeitrangs

1. Eintragungsfähigkeit kraft Verkehrsdurchsetzung nach Anmeldung

Ist eine Marke zum Anmeldetag nicht eintragungsfähig, weil ihr ein **Eintragungshinder-** 16 **nis nach § 8 Abs. 2 Nr. 1–3** entgegensteht und ist dieses Hindernis nach der Anmeldung durch Erreichung der Verkehrsdurchsetzung gemäß § 8 Abs. 3 überwunden worden, kommt es nach § 37 Abs. 2 zu einer Verschiebung des Zeitrangs auf den **Tag der Erlangung der Verkehrsdurchsetzung,** wenn der Anmelder sich damit einverstanden erklärt hat, dass dieser Tag als Anmeldetag gilt und für die Bestimmung des Zeitrangs nach § 6 Abs. 2 maßgeblich ist (→ § 37 Rn. 15 ff.). Erklärt der Anmelder sein Einverständnis nicht, wird die Anmeldung zurückgewiesen. War das Eintragungshindernis bereits zum Anmeldetag durch Verkehrsdurchsetzung überwunden, bleibt es bei der Regelung des § 6 Abs. 2. Für die Priorität der IR-Marke scheidet eine Verschiebung des Zeitrangs aus, weil § 37 Abs. 2 gemäß § 113 Abs. 1 S. 2 nicht anwendbar ist (vgl. BPatG BeckRS 2008, 26080).

2. Spätere Erlangung der Markenrechtsfähigkeit

Wenn dem Anmelder die nach § 7 zu bestimmende **Markenrechtsfähigkeit fehlt,** wird 17 die Anmeldung vom Patentamt zurückgewiesen (§ 36 Abs. 5). Wird die Anmeldung jedoch auf eine markenrechtsfähige Person oder Personengesellschaft übertragen, kommt § 37 Abs. 2 analog zur Anwendung (BPatG GRUR 2005, 955 (956) – Courage; → § 36 Rn. 31.1). Gibt der jetzige Anmelder die Erklärung ab, dass er mit der Verschiebung des Zeitrangs einverstanden ist, so ist für den Zeitrang der **Tag des Eingangs des Umschreibungsantrags** maßgeblich.

3. Beseitigung von Anmeldemängeln

18   Bei Mängeln der Anmeldung iSd § 36 Abs. 1 setzt das Patentamt dem Anmelder zur Beseitigung eine Frist. Kommt der Anmelder dem fristgerecht nach, verschiebt sich der Anmeldetag nach § 36 Abs. 2 S. 2 auf den **Tag der Beseitigung der festgestellten Mängel**.

D. Zeitrang anderer Rechte (Abs. 3)

I. Tag des Rechtserwerbs

19   Für Rechte iSd § 4 Nr. 2, 3 und der §§ 5 und 13 bestimmt sich der Zeitrang gemäß § 6 Abs. 3 nach dem Tag des Rechtserwerbs. Die **Benutzungsmarke** (§ 4 Nr. 2) entsteht mit dem Erreichen der Verkehrsgeltung (→ § 4 Rn. 104); die **Notorietätsmarke** mit der Erlangung der Notorietät (→ § 4 Rn. 155).

20   Bei **Unternehmenskennzeichen** (§ 5 Abs. 1, 2) ist zu differenzieren (→ § 5 Rn. 11). Unternehmenskennzeichen mit Namensfunktion (Name, Firma, besondere Bezeichnung, § 5 Abs. 2 S. 1) entstehen, sofern sie über originäre Unterscheidungskraft verfügen, mit der Benutzungsaufnahme, ansonsten mit Erlangung der Verkehrsgeltung. Firmenbestandteile, die als Firmenschlagworte abgeleiteten Schutz genießen, nehmen den gleichen Zeitrang in Anspruch wie die vollständige Firma (→ § 5 Rn. 42). Sie haben aber einen eigenen, sich aus der Benutzungsaufnahme ergebenden Zeitrang, wenn sie schon vor der vollständigen Firma benutzt wurden und als besondere Bezeichnung geschützt sind (→ § 5 Rn. 42). Für Firmenbestandteile, die kein Firmenschlagwort darstellen sowie für aus der Firma gebildete, in ihr aber nicht enthaltene Abkürzungen oder Wortschöpfungen kommt es für den Zeitrang – sofern überhaupt Schutz als Unternehmenskennzeichen besteht (→ § 5 Rn. 33) – auf die Aufnahme der Benutzung in Alleinstellung an. Geschäftsabzeichen und andere zur Unterscheidung von Geschäftsbetrieben bestimmten Zeichen (§ 5 Abs. 2 S. 2) entstehen ebenfalls erst mit Erlangung der Verkehrsgeltung.

21   Bei **Werktiteln** (§ 5 Abs. 1, 3) hängt der Entstehungszeitpunkt ebenfalls davon ab, ob der Titel originär unterscheidungskräftig ist (→ § 5 Rn. 155). Ist das der Fall, entsteht das Recht mit der Ingebrauchnahme des Titels, sonst mit Erlangung der Verkehrsgeltung. Zur Vorverlagerung der Priorität durch eine Titelschutzanzeige → Rn. 27.

22   Zur Entstehung der **Rechte iSd § 13** → § 13 Rn. 27 (Namensrecht), → § 13 Rn. 44 (Recht am eigenen Bild), → § 13 Rn. 53 (Urheberrecht), → § 13 Rn. 54 (Sortenschutzrecht) und → § 13 Rn. 70 (Designrecht); zu geographischen Herkunftsbezeichnungen → § 126 Rn. 9; → § 130 Rn. 27.

23   Zum Fortbestand der Priorität bei nur **vorübergehender Unterbrechung** der Benutzung von Unternehmenskennzeichen und Werktiteln → § 5 Rn. 139, → § 5 Rn. 248.

24   Abs. 3 gilt für alle Rechte iSd § 4 Nr. 2, 3 und der §§ 5 und 13. Soweit ein **Domainname** Schutz als Benutzungsmarke, Unternehmenskennzeichen, Werktitel oder Name genießt (→ § 15 Rn. 78), spielt der Zeitpunkt der Domainregistrierung für die Priorität keine Rolle. Abs. 2 ist nicht entsprechend anwendbar, da der Domaininhaber anders als der Anmelder einer Registermarke den Zeitpunkt der Domainregistrierung (iSd Eintragung) selbst bestimmen kann (vgl. OLG Köln GRUR 2015, 596 Rn. 32 – Kinderstube).

II. Verschiebung des Zeitrangs

1. Kennzeichen des Lizenznehmers

25   Wird ein **eigenes Kennzeichen im Inland nur aufgrund eines Lizenzvertrages genutzt,** dann ist der Lizenznehmer im Verhältnis zum Lizenzgeber nach dem Rechtspre-

chung so zu stellen, als ob sein Kennzeichen erst mit einer Priorität zum Ende des Lizenzverhältnisses entstanden wäre (BGH GRUR 2013, 1150 Rn. 46 – Baumann). Dahinter steht die Erwägung, dass der Lizenznehmer sich gegenüber dem Lizenzgeber auf während der Lizenzzeit erworbene Kennzeichenrechte nicht berufen kann (→ § 4 Rn. 123) und er deshalb im Verhältnis zum Lizenzgeber keine Rechte ableiten darf, die während der Lizenzzeit entstanden sind (BGH GRUR 2013, 1150 Rn. 46 – Baumann). Das gilt aber nur, wenn die Zeichennutzung vertraglich durch einen Gestattungs- oder Lizenzvertrag erlaubt war. Liegt hingegen eine einseitige, konkludente Gestattung vor, bleibt es beim nach § 6 Abs. 3 bestimmten Zeitrang (BGH GRUR 2013, 1150 Rn. 50 – Baumann).

2. Unternehmenskennzeichen

Bei Unternehmenskennzeichen ist durch das MarkenG die Schutzfähigkeit mit Blick auf **26** die möglichen Zeichenformen im Vergleich zu § 16 UWG 1909 erheblich ausgedehnt worden; insbesondere sind nunmehr auch **nicht aussprechbare Buchstabenkombinationen** schutzfähig (→ § 5 Rn. 12). Soweit solche Zeichen schon vor dem 1.1.1995 benutzt wurden, aber erst an diesem Tage mit Inkrafttreten des MarkenG als Unternehmenskennzeichen Schutz erlangt haben (dh nicht vorher bereits kraft Verkehrsgeltung geschützt waren), ist für den Zeitrang auf den **1.1.1995** abzustellen (OLG Düsseldorf GRUR-RR 2001, 106 (108) – GVP; Ingerl/Rohnke § 5 Rn. 40, Ströbele/Hacker/Hacker § 5 Rn. 19; aA Goldmann § 3 Rn. 20). Das ergibt sich aus dem Grundsatz der Einheit der Kennzeichenrechte. War dieser Tag bei vor dem Inkrafttreten des MarkenG nicht eintragungsfähigen Registermarken gemäß § 156 Abs. 1 aF für den Zeitrang maßgeblich, so hat dies auch für bis dahin nicht dem Schutz des § 16 UWG 1909 unterfallende Unternehmenskennzeichen zu gelten.

Bei einer nicht nur vorübergehenden **Aufgabe des Geschäftsbetriebs** erlischt das Unter- **27** nehmenskennzeichen (→ § 5 Rn. 74). Wird die Benutzung des Unternehmenskennzeichens wieder aufgenommen, ist seine Priorität grundsätzlich nach § 6 Abs. 3 zu bestimmen, dh maßgeblich ist der Zeitpunkt der erneuten Benutzungsaufnahme. Beruht die Unterbrechung jedoch auf staatlichen Zwangsmaßnahmen oder der kriegs- und teilungsbedingten Unmöglichkeit der Fortführung des Geschäftsbetriebs am früheren Ort und ist das Unternehmenskennzeichen aufgrund seiner Geltung oder Berühmtheit im Verkehr in Erinnerung geblieben ist, sodass es dem wiederbelebten Unternehmen zugeordnet wird, dann ist für den Zeitrang des jetzt wieder benutzten Kennzeichens an die **ursprüngliche Priorität anzuknüpfen** (BGH GRUR 2002, 967 (969) – Hotel Adlon; GRUR 1997, 749 (753) – L'Orange).

3. Werktitel

Bei einem Werktitel, für den grundsätzlich die Ingebrauchnahme des Titels maßgeblich **28** ist (→ Rn. 21), kann der Zeitrang durch eine **Titelschutzanzeige** vorverlagert werden. Voraussetzung dafür ist die öffentliche Ankündigung des Werks unter seinem Titel in branchenüblicher Weise und das Erscheinen des Werks in angemessener Frist nach der Titelschutzanzeige unter dem angekündigten Titel (ausführlich → § 5 Rn. 220 ff.).

E. Gleichrangigkeit bei gleichem Zeitrang (Abs. 4)

I. Gleicher Zeitrang

Rechte, denen nach § 6 Abs. 2, 3 der gleiche Zeitrang zukommt, sind gleichrangig. Glei- **29** cher Zeitrang besteht, wenn für beide Rechte der **gleiche Tag** (Anmelde- oder Prioritätstag oder Tag des Rechtserwerbs) maßgebend ist. Eine Differenzierung nach der Uhrzeit findet nicht statt (BT-Drs. 12/6581, 68). Praktischer Hauptanwendungsfall sind unter der Geltung des WZG angemeldete, aber erst mit dem Inkrafttreten des MarkenG schutzfähig gewordene Registermarken, da sie nach dem mittlerweile aufgehobenen § 156 Abs. 1 alle den 1.1.1995 als Anmeldetag haben. Das gleiche gilt für unter der Geltung des § 16 UWG 1909 schutzunfähige Unternehmenskennzeichen, die vor dem Inkrafttreten des MarkenG benutzt wurden; für sie ist der 1.1.1995 der maßgebliche Tag des Rechtserwerbs (→ Rn. 25).

II. Bestand der Rechte

30 § 6 Abs. 4 setzt voraus, dass die Rechte mit gleichem Zeitrang **tatsächlich bestehen** (BGH GRUR 2000, 888 (889) – MAG-LITE; Fezer Rn. 25; kritisch Ingerl/Rohnke § 5 Rn. 28). Das kann bei Registermarken problematisch werden, da hier schon vor der Eintragung durch die Anmeldung Priorität begründet wird. Solange aber die Eintragung nicht erfolgt und dadurch das Markenrecht entstanden ist, tritt der von § 6 Abs. 4 vorgesehene Gleichrang nicht ein. Trotz gleichen Zeitrangs ist in dieser Konstellation die noch nicht eingetragene Registermarke als prioritätsjünger zu werten.

III. Gleichrangigkeit der Rechte

31 Rechtsfolge des gleichen Zeitrangs ist, dass die Rechte gleichrangig sind und gegeneinander keine Ansprüche begründen. Diese **Koexistenzlage** beider Rechte wirkt im Widerspruchs-, Löschungs- und Verletzungsverfahren, freilich nur zwischen den Rechtsinhabern. Dritten gegenüber wird die Rechtsposition durch die Koexistenz nicht eingeschränkt.

Abschnitt 2 Voraussetzungen für den Schutz von Marken durch Eintragung

§ 7 Inhaberschaft

Inhaber von eingetragenen und angemeldeten Marken können sein:
1. natürliche Personen,
2. juristische Personen oder
3. Personengesellschaften, sofern sie mit der Fähigkeit ausgestattet sind, Rechte zu erwerben und Verbindlichkeiten einzugehen.

Überblick

§ 7 regelt die Markenrechtsfähigkeit. Das ist die Fähigkeit, Inhaber einer Registermarke zu sein (→ Rn. 1). Die Regelung gilt analog für Benutzungs- und Notorietätsmarken sowie geschäftliche Bezeichnungen (→ Rn. 5). Markenrechtsfähigkeit kommt natürlichen (→ Rn. 8) und juristischen Personen (→ Rn. 9) sowie rechtsfähigen Personengesellschaften (→ Rn. 16) zu. Das gilt auch für ausländische Markeninhaber (→ Rn. 26). Nicht hier geregelt ist hingegen, wer Inhaber einer Marke ist.

Übersicht

	Rn.		Rn.
A. Regelungsgehalt	1	2. Juristische Personen des öffentlichen Rechts	14
I. Markenrechtsfähigkeit	1	III. Personengesellschaften (Nr. 3)	16
II. Anwendungsbereich	4	1. Rechtsfähige Personengesellschaften	16
B. Markenrechtsfähige Rechtssubjekte	8	2. Nicht rechtsfähige Zusammenschlüsse	21
I. Natürliche Personen (Nr. 1)	8	C. Mehrheit von Markeninhabern	24
II. Juristische Personen (Nr. 2)	9	D. Ausländische Markeninhaber	26
1. Juristische Personen des Privatrechts	9		

A. Regelungsgehalt

I. Markenrechtsfähigkeit

1 § 7 regelt die **Fähigkeit, Inhaber einer eingetragenen und angemeldeten Marke sein zu können.** Die Markenrechtsfähigkeit ist Voraussetzung für den Erwerb der in der Marke liegenden ausschließlichen Rechtsposition. Eine trotz fehlender Markenrechtsfähigkeit eingetragene Marke unterliegt nach § 50 Abs. 1 der Löschung, sofern die Markenrechtsfähigkeit auch im Zeitpunkt der Entscheidung über den Löschungsantrag noch fehlt (§ 50 Abs. 2 S. 1). Der Wegfall der Markenrechtsfähigkeit nach Registereintragung ist nach § 49 Abs. 2 ein Verfallsgrund. § 7 regelt trotz der Paragraphenüberschrift nicht, wer Inhaber einer konkreten Marke ist, sondern bestimmt nur die **Fähigkeit zur Inhaberschaft.** Die tatsächliche Inhaberschaft ergibt sich aus den materiell-rechtlichen Vorschriften.

Markenrechtsfähig sind natürliche und juristische Personen sowie rechtsfähige Personengesellschaften. Die Regelung knüpft allein an die **Rechtsfähigkeit** an. Ein **Geschäftsbetrieb,** wie er unter der Geltung des WZG für die Inhaberschaft noch notwendig war, ist nicht erforderlich (BT-Drs. 12/6581, 69). Auch wenn diesem Verzicht keine Rückwirkung beikommt (vgl. zu § 47 EStrG, mit dem noch unter der Geltung des WZG an mehreren Stellen auf das Erfordernis eines Geschäftsbetriebs verzichtet wurde, BGH GRUR 1998, 699 (701) – SAM mwN), unterliegen Marken, die nach altem Recht trotz fehlenden Geschäftsbetriebs eingetragen wurden, nach § 50 Abs. 2 S. 1 nicht der Löschung, weil das Schutzhindernis unter der Geltung des MarkenG nicht mehr besteht (Ingerl/Rohnke Rn. 16; Ströbele/Hacker/Kirschneck Rn. 2). 2

Die **MRL** enthält keine Regelung zur Markenrechtsfähigkeit. Für Unionsmarken gilt Art. 5 UMV. 3

II. Anwendungsbereich

§ 7 gilt seinem Wortlaut nach nur für **eingetragene und angemeldete Marken,** nicht jedoch für Benutzungsmarken und Notorietätsmarken. Das war eine bewusste Entscheidung (BT-Drs. 12/6581, 66). Die Beschränkung auf Registermarken beruht allerdings auf einem Missverständnis des Gesetzgebers, der gemeint hat, auf eine Regelung der Markenrechtsfähigkeit für Benutzungs- bzw. Notorietätsmarke verzichten zu können, weil diese Marke demjenigen zustehe, der die Verkehrsgeltung bzw. notorische Bekanntheit erworben habe (BT-Drs. 12/6581, 66). Tatsächlich jedoch ergibt sich hieraus nur der materiell-rechtliche Erwerb des Rechts, nicht jedoch die Fähigkeit dazu. 4

Auf **Benutzungs- und Notorietätsmarken** ist § 7 analog anzuwenden (Fezer Rn. 11; Ingerl/Rohnke Rn. 5). Bei den Registermarken knüpft die Markenrechtsfähigkeit richtigerweise an die allgemeine Rechtsfähigkeit an, weil die Marke ein Ausschließlichkeitsrecht ist, das schon nach allgemeinen Grundsätzen nur einem rechtsfähigen Rechtssubjekt zustehen kann. Da das MarkenG im Hinblick auf die Rechtsposition nicht zwischen den verschiedenen Markenformen unterscheidet (vgl. § 14 Abs. 1), kann für die Benutzungs- und Notorietätsmarke nichts anders gelten. 5

Für **geschäftliche Bezeichnungen** iSd § 5 ist § 7 ebenfalls analog anzuwenden, weil auch sie ein Ausschließlichkeitsrecht darstellen (Fezer Rn. 13; Ingerl/Rohnke Rn. 5). 6

Geographische Herkunftsbezeichnungen sind hingegen keine Individualrechte (→ § 126 Rn. 10 ff.), so dass eine analoge Anwendung des § 7 ausscheidet. Für **Kollektivmarken** ist die Markenrechtsfähigkeit in § 98 eigenständig geregelt; § 7 gilt insoweit nicht. 7

B. Markenrechtsfähige Rechtssubjekte

I. Natürliche Personen (Nr. 1)

Natürliche Personen erlangen die Markenrechtsfähigkeit mit dem **Eintritt der Rechtsfähigkeit** durch Vollendung der Geburt (§ 1 BGB). Sie endet mit dem Tod. Die **Geschäftsfähigkeit** ist nicht Voraussetzung der Markenrechtsfähigkeit; auch ein Geschäftsunfähiger oder beschränkt Geschäftsfähiger kann Inhaber einer Marke sein. 8

Die **Anmeldung der Registermarke** durch einen **Geschäftsunfähigen** ist als Willenserklärung jedoch nach § 105 Abs. 1 BGB nichtig und der beschränkt Geschäftsfähige bedarf hierzu gemäß § 107 BGB der Einwilligung des gesetzlichen Vertreters, da es sich schon wegen der mit der Anmeldung ausgelösten Gebührenpflicht (§ 64a; § 3 Abs. 1 PatKostG) nicht um ein lediglich rechtlich vorteilhaftes Geschäft handelt. Für den rechtsgeschäftlichen Erwerb einer Marke ist die Wirksamkeit der Willenserklärung nicht voll Geschäftsfähiger nach allgemeinen Regeln zu bestimmen (§§ 104 ff.), wobei zwischen Verpflichtungs- und Verfügungsgeschäft zu trennen ist (→ § 27 Rn. 15). 8.1

II. Juristische Personen (Nr. 2)

1. Juristische Personen des Privatrechts

9   Markenrechtsfähige juristische Personen des Privatrechts sind eingetragene nicht wirtschaftliche **Vereine** (§ 21 BGB), wirtschaftliche Vereine mit Rechtsfähigkeit kraft Verleihung (§ 22 BGB), rechtsfähige **Stiftungen** (§ 80 BGB), **Aktiengesellschaften** (§ 1 Abs. 1 AktG), **Kommanditgesellschaften auf Aktien** (§ 278 Abs. 1 AktG); **Gesellschaften mit beschränkter Haftung** (§ 13 Abs. 1 GmbHG), eingetragene **Genossenschaften** (§ 17 Abs. 1 GenG), **Europäische Gesellschaften** (Societas Europaea, SE, Art. 1 Abs. 3 VO (EG) Nr. 2157/2001), **Europäische Genossenschaften** (SCE, Art. 1 Abs. 5 VO (EG) 1435/2003) sowie **Versicherungsvereine auf Gegenseitigkeit** (§ 15 VAG). Die Entstehung der Markenrechtsfähigkeit richtet sich nach den für diese Gesellschaftsformen jeweils geltenden Vorschriften zur Erlangung der Rechtsfähigkeit.

10 **Vorgesellschaften** von juristischen Personen, die bereits mit dem Abschluss des Gesellschaftsvertrages entstehen (zB Vor-GmbH, Vor-AG), sind Personenvereinigungen eigener Art; auf sie finden die Vorschriften der juristischen Person Anwendung, soweit diese nicht die Rechtsfähigkeit voraussetzen. Da sie noch nicht juristische Person sind, ist § 7 Nr. 2 unanwendbar. Die Markenrechtsfähigkeit folgt jedoch aus § 7 Nr. 3, da sie rechtlich schon so weit verselbständigt sind, dass sie bereits über die Fähigkeit verfügen, Rechte zu erwerben und Verbindlichkeiten einzugehen (vgl. zum Namens- und Firmenrecht BGH GRUR 1993, 404 – Columbus; zur Markenrechtsfähigkeit Ingerl/Rohnke Rn. 9; Fezer Rn. 62; HK-MarkenR/Fuchs-Wissemann Rn. 2; B. Schmidt GRUR 2001, 653 (654)).

11 **Vorgründungsgesellschaften,** die durch die gemeinsame Verpflichtung zum Abschluss eines Gesellschaftsvertrags entstehen, sind als Außen-GbR oder handelsrechtliche Personengesellschaft ebenfalls nach § 7 Nr. 3 markenrechtsfähig (Fezer Rn. 65).

12 Das **Ende der Markenrechtsfähigkeit** ergibt sich aus den für die jeweilige juristische Person geltenden Regelungen zu deren Beendigung.

12.1   Bei der **GmbH** führt die Auflösung der Gesellschaft nicht zu deren Beendigung; sie besteht als Liquidationsgesellschaft fort (vgl. § 69 Abs. 1 GmbHG) und ist daher weiterhin markenfähig (BPatGE 41, 160 (162) – ETHOCYN/Entoxin; BPatG BeckRS 2009, 15257 – Tati/Taki); das Gleiche gilt für eine Vor-GmbH, deren Gründer die Eintragungsabsicht aufgegeben haben (vgl. BGH NJW 2008, 2441 Rn. 6). Auch die Löschung der GmbH im Handelsregister führt nur dann zur Vollbeendigung und dem Verlust der Markenrechtsfähigkeit, wenn die Liquidation abgeschlossen, dh kein verteilbares Vermögen mehr vorhanden ist (Baumbach/Hueck/Haas GmbHG § 60 Rn. 7; BeckOK GmbHG/Lorscheider GmbHG § 60 Rn. 19). Dem ist in der Regel nicht so, wenn die Gesellschaft noch Inhaberin einer Marke ist; sie besteht dann trotz Löschung im Handelsregister fort und bleibt weiter markenrechtsfähig. Konsequenterweise ist sie daher in registerrechtlichen Verfahren weiterhin partei- und prozessfähig (BPatGE 44, 113 (116) = BeckRS 2009, 15460 – DR. JAZZ; BPatG BeckRS 2013, 11968 – Zamek; BeckRS 2007, 07647 – SILIFLOOR; BeckRS 1999, 15371 – copal/ICOPAL).

13 Allgemein gilt, dass derjenige, dessen **Markenrechtsfähigkeit** in einem Verfahren **bestritten** wird, als rechts- und parteifähig zu behandeln ist (BGH GRUR 2012, 315 Rn. 14 – akustilon).

2. Juristische Personen des öffentlichen Rechts

14 Markenrechtsfähige juristische Personen des öffentlichen Rechts sind **Körperschaften** (Gebietskörperschaften wie Bund, Länder, Kreise und Gemeinden sowie Personal- und Realkörperschaften wie Gemeindeverbände, IHK, Handwerkskammern und je nach rechtlicher Ausgestaltung auch Universitäten), **Anstalten** (zB Rundfunkanstalten) und **Stiftungen** des öffentlichen Rechts. Entstehung und Beendigung der Markenrechtsfähigkeit richten sich nach den entsprechenden öffentlich-rechtlichen Vorschriften.

15 Das BPatG erachtet darüber hinaus auch **teilrechtsfähige Verwaltungseinheiten** des öffentlichen Rechts als markenfähig, sofern sie zur eigenverantwortlichen Wahrnehmung bestimmter Verwaltungsaufgaben berufen und insoweit mit eigenen Rechten und Pflichten ausgestattet sind und der Zweck der Verleihung der Teilrechtsfähigkeit nicht dem Erwerb eines Markenrechts widerspricht; als Beispiele werden Fakultäten, Schulen, Landkreistage,

Städtetage oder in der Form teilrechtsfähiger Verwaltungseinheiten geführte Stadtwerke genannt (BPatG BeckRS 2009, 29872 – Stadtwerke Dachau; Hoffmann/Albrecht NVwZ 2013, 896 (897); grundlegend Fezer Rn. 30).

III. Personengesellschaften (Nr. 3)

1. Rechtsfähige Personengesellschaften

16 Personengesellschaften sind nur markenrechtsfähig, wenn sie mit der Fähigkeit ausgestattet sind, Rechte zu erwerben und Verbindlichkeiten einzugehen. Markenrechtsfähig sind die handelsrechtlichen Personengesellschaften, also die **offene Handelsgesellschaft** (§ 124 Abs. 1 HGB) und die **Kommanditgesellschaft** (§§ 161 Abs. 2, 124 Abs. 1 HGB); außerdem die **Partnerschaftsgesellschaft** (§ 7 Abs. 2 PartGG, § 124 Abs. 1 HGB) und die **Europäische wirtschaftliche Interessenvereinigung** (EWIV, Art. 1 Abs. 2 VO (EWG) 2137/85 iVm § 1 EWIVAG, § 124 Abs. 1 HGB). Zur Wohnungseigentümergemeinschaft → Rn. 16.1.

16.1 Die **Wohnungseigentümergemeinschaft** ist nach § 10 Abs. 6 S. 1 WEG zwar rechtsfähig, stellt aber weder eine juristische Person noch eine Personengesellschaft dar, sondern ist ein rechtsfähiger Verband sui generis (BGH NJW 2015, 3228 Rn. 32 mwN). Da § 7 ausschließlich an die Rechtsfähigkeit anknüpft (→ Rn. 2), erscheint eine analoge Anwendung geboten.

17 Die **Gesellschaft bürgerlichen Rechts** gehört nach dem Willen des Gesetzgebers nicht zu den markenrechtsfähigen Personengesellschaften (BT-Drs. 12/6581, 69; BGH GRUR 2000, 1028 (1030) – Ballermann). Dieser Standpunkt ist durch die zwischenzeitliche Rechtsentwicklung überholt, soweit es um die **Außen-GbR** geht, da diese nunmehr von der Rechtsprechung als rechtsfähig (BGH NJW 2001, 1056) und darauf aufbauend auch als markenrechtsfähig erachtet wird (BPatG BeckRS 2014, 15513 – REXO; GRUR 2004, 1030 (1031 f.) – Markenregisterfähigkeit einer GbR).

17.1 Die **Eintragung der Marke** erfolgt für die GbR, nicht für die Gesellschafter. Bei der **Anmeldung** ist zusätzlich zum Namen der Gesellschaft Name und Anschrift mindestens eines vertretungsberechtigten Gesellschafters anzugeben (§ 5 Abs. 2 Nr. 2 S. 3 MarkenV); diese Angaben werden auch in das Register eingetragen (§ 25 Nr. 15 MarkenV). Soweit vor der Änderung der Rechtslage nur die Gesellschafter einer GbR als Markeninhaber eingetragen wurden, ist nunmehr die GbR selbst Inhaberin der Marke (BPatG GRUR 2008, 448 (449 f.) – Pit Bull).

18 Nach wie vor ist aber die nicht nach außen auftretende **Innen-GbR** nicht markenrechtsfähig. Das gleiche gilt für die **stille Gesellschaft,** da bei ihr nur der Inhaber des Handelsgeschäfts berechtigt und verpflichtet wird (§ 230 Abs. 2 HGB). Dessen Markenrechtsfähigkeit richtet sich nach § 7 Nr. 1–3.

19 Die **Markenrechtsfähigkeit endet** erst mit der vollständigen Beendigung der Personengesellschaft. Wie bei den Kapitalgesellschaften (→ Rn. 12) führt die Auflösung nur zur Umwandlung in eine Liquidationsgesellschaft (vgl. Baumbach/Hopt/Hopt HGB § 131 Rn. 2; BeckOK BGB/Schöne BGB § 730 Rn. 3). Die Markenrechtsfähigkeit bleibt dabei erhalten.

19.1 Die **Löschung** der handelsrechtlichen Personengesellschaften aus dem **Handelsregister** führt gleichfalls nur dann zur Vollbeendigung, wenn kein verteilbares Vermögen mehr vorhanden ist (Baumbach/Hopt/Hopt HGB § 157 Rn. 3).

20 Solange aber der Personengesellschaft **noch eine Marke zusteht** (diese also nicht etwa infolge Verzichts gelöscht oder auf einen anderen übertragen wurde), hat sie verteilbares Vermögen; sie bleibt bestehen und verliert auch ihre Markenrechtsfähigkeit nicht (BPatG GRUR 2011, 362 (363) – akustilon).

2. Nicht rechtsfähige Zusammenschlüsse

21 **Nicht rechtsfähige Vereine** können markenrechtsfähig sein. Auf sie finden nach § 54 S. 1 BGB die Vorschriften über die Gesellschaft bürgerlichen Rechts Anwendung. Da diese aber, soweit sie Außen-GbR ist, markenrechtsfähig ist (→ Rn. 17), muss das auch für den nach außen auftretenden nicht rechtsfähigen Verein gelten (Fezer Rn. 68; Ströbele/Hacker/Kirschneck Rn. 7; Büscher/Dittmer/Schiwy/Schalk Rn. 4; vgl. auch BPatG GRUR 2005, 955 (956) – Courage: bedenkenswert zumindest für nicht eingetragene Vereine, die wie Gewerkschaften über eine feste organisatorische Struktur verfügen; aA Ingerl/Rohnke Rn. 13). Für die Parteifähigkeit hat auch der BGH diese Konsequenz bereits anerkannt (BGH NJW 2008, 69 Rn. 55).

22   Die **Erbengemeinschaft** ist nach hM ungeachtet der Rechtsentwicklung bei der GbR nicht rechtsfähig (BGH NJW 2006, 3715 Rn. 7; NJW-RR 2004, 1006; NJW 2002, 3389 (3390)). Da § 7 Nr. 3 jedoch klar auf die Rechtsfähigkeit abstellt, fehlt es ihr auch an der Markenrechtsfähigkeit (Ingerl/Rohnke Rn. 13; aA Fezer Rn. 70).

23   Melden mehrere eine Marke zur Eintragung an, ohne dass zwischen ihnen eine Gesellschaft bürgerlichen Rechts besteht, liegt eine **Bruchteilsgemeinschaft** vor (BGH GRUR 2014, 1024 Rn. 9 – VIVA FRISEURE/VIVA; BPatG GRUR 2004, 685 (688) – LOTTO; Haedicke GRUR 2007, 23; zu den Nutzungsbefugnissen der Inhaber auch Lorenz WRP 2013, 31 ff.). Diese ist jedoch nicht selbst markenrechtsfähig; auch wenn die Marke den Anmeldern gemeinschaftlich zusteht, sind doch nur diese selbst Markeninhaber und es kommt auf ihre Markenrechtsfähigkeit an (vgl. BPatG GRUR 2004, 685 (688) – LOTTO; Ingerl/Rohnke Rn. 13; einschränkend Fezer Rn. 71).

C. Mehrheit von Markeninhabern

24   § 7 kann nicht entnommen werden, dass nur eine einzelne natürliche oder juristische Person bzw. rechtsfähige Personengesellschaft Inhaber einer Marke sein kann. Vielmehr ist es ohne weiteres möglich, dass eine Marke **mehrere Inhaber** hat, die nicht Rechtssubjekte gleicher Art (zB gemeinsame Inhaberschaft von natürlicher Person und GmbH) sein müssen (BPatG GRUR 2004, 685 (688) – LOTTO). In solchen Fällen ist die Markenrechtsfähigkeit für jeden Inhaber getrennt zu ermitteln.

25   Wird eine Marke von mehreren angemeldet, so ist diese **Anmeldermehrheit** vorbehaltlich anderweitiger vertraglicher Bestimmung Bruchteilsgemeinschaft iSd § 741 BGB (→ Rn. 23). In der Anmeldung sind Name sowie Anschrift bzw. Sitz jedes Anmelders anzugeben (§ 5 Abs. 3 MarkenV).

D. Ausländische Markeninhaber

26   § 7 gilt auch für ausländische Markeninhaber. Ob die Anforderungen der Norm erfüllt werden, richtet sich nach dem anwendbaren Recht, das wiederum unter Anwendung des deutschen IPR zu ermitteln ist. Die **Rechtsfähigkeit einer natürlichen Person** unterliegt dem Recht des Staates, dem sie angehört (Art. 7 Abs. 1 S. 1 EGBGB). Für **ausländische Gesellschaften** ist auf das gesetzlich nicht geregelte Gesellschaftsstatut abzustellen. Keine Rolle spielt mehr das unter § 35 WZG noch geltende Prinzip der Gegenseitigkeit, da es nicht in das MarkenG übernommen wurde.

§ 8 Absolute Schutzhindernisse

(1) Von der Eintragung sind als Marke schutzfähige Zeichen im Sinne des § 3 ausgeschlossen, die sich nicht graphisch darstellen lassen.

(2) Von der Eintragung ausgeschlossen sind Marken,
1. denen für die Waren oder Dienstleistungen jegliche Unterscheidungskraft fehlt,
2. die ausschließlich aus Zeichen oder Angaben bestehen, die im Verkehr zur Bezeichnung der Art, der Beschaffenheit, der Menge, der Bestimmung, des Wertes, der geographischen Herkunft, der Zeit der Herstellung der Waren oder der Erbringung der Dienstleistungen oder zur Bezeichnung sonstiger Merkmale der Waren oder Dienstleistungen dienen können,
3. die ausschließlich aus Zeichen oder Angaben bestehen, die im allgemeinen Sprachgebrauch oder in den redlichen und ständigen Verkehrsgepflogenheiten zur Bezeichnung der Waren oder Dienstleistungen üblich geworden sind,

Absolute Schutzhindernisse § 8 MarkenG

4. die geeignet sind, das Publikum insbesondere über die Art, die Beschaffenheit oder die geographische Herkunft der Waren oder Dienstleistungen zu täuschen,
5. die gegen die öffentliche Ordnung oder die gegen die guten Sitten verstoßen,
6. die Staatswappen, Staatsflaggen oder andere staatliche Hoheitszeichen oder Wappen eines inländischen Ortes oder eines inländischen Gemeinde- oder weiteren Kommunalverbandes enthalten,
7. die amtliche Prüf- oder Gewährzeichen enthalten,
8. die Wappen, Flaggen oder andere Kennzeichen, Siegel oder Bezeichnungen internationaler zwischenstaatlicher Organisationen enthalten,
9. deren Benutzung ersichtlich nach sonstigen Vorschriften im öffentlichen Interesse untersagt werden kann, oder
10. die böswillig angemeldet worden sind.

(3) Absatz 2 Nr. 1, 2 und 3 findet keine Anwendung, wenn die Marke sich vor dem Zeitpunkt der Entscheidung über die Eintragung infolge ihrer Benutzung für die Waren oder Dienstleistungen, für die sie angemeldet worden ist, in den beteiligten Verkehrskreisen durchgesetzt hat.

(4) ^{1}Absatz 2 Nr. 6, 7 und 8 ist auch anzuwenden, wenn die Marke die Nachahmung eines dort aufgeführten Zeichens enthält. ^{2}Absatz 2 Nr. 6, 7 und 8 ist nicht anzuwenden, wenn der Anmelder befugt ist, in der Marke eines der dort aufgeführten Zeichen zu führen, selbst wenn es mit einem anderen der dort aufgeführten Zeichen verwechselt werden kann. ^{3}Absatz 2 Nr. 7 ist ferner nicht anzuwenden, wenn die Waren oder Dienstleistungen, für die die Marke angemeldet worden ist, mit denen, für die das Prüf- oder Gewährzeichen eingeführt ist, weder identisch noch diesen ähnlich sind. ^{4}Absatz 2 Nr. 8 ist ferner nicht anzuwenden, wenn die angemeldete Marke nicht geeignet ist, beim Publikum den unzutreffenden Eindruck einer Verbindung mit der internationalen zwischenstaatlichen Organisation hervorzurufen.

Überblick

§ 8 erfasst – ebenso wie Art. 7 UMV – die Gründe, die der Eintragung einer Marke im öffentlichen Interesse entgegenstehen. Den Inhalt von § 8 gibt Art. 3 RL 2008/95/EG (jetzt: Art. 4 RL (EU) 2015/2436) vor. Der Wortlaut der Vorschrift orientiert sich weitgehend am internationalen Recht (insbesondere Art. 6^{quinquies} B PVÜ → Rn. 8).

Die absoluten Schutzhindernisse unterliegen der Amtsprüfung (§ 59). Diese Prüfung ist dem DPMA und BPatG vorbehalten; die Eintragung bindet im deutschen Recht die Zivilgerichte (→ Rn. 90). Zum Umfang und Inhalt der Prüfung → Rn. 18 ff.

Die für die Praxis bedeutsamsten Eintragungshindernisse finden sich in § 8 Abs. 2 Nr. 1–3, die Art. 7 Abs. 1 Buchst. b–d UMV entsprechen. Dabei ist jeweils auf den Zeitpunkt der Anmeldung abzustellen (→ Rn. 54). Marken können nicht eingetragen werden, wenn ihnen jede Unterscheidungskraft fehlt (→ Rn. 95 ff.) oder wenn sie für die Waren oder Dienstleistungen, für die die Eintragung erfolgen soll, beschreibend sein können (→ Rn. 160 ff.) oder wenn sie üblich geworden sind (→ Rn. 515). Marken, die aufgrund dieser Hindernisse vom Schutz ausgeschlossen sind, können jedoch eingetragen werden, wenn sie sich durch Benutzung im geschäftlichen Verkehr durchgesetzt bzw. Unterscheidungskraft erworben haben (→ Rn. 861 ff.). sowie zum Teil als Kollektivmarke (§§ 97 ff.; → Rn. 296 ff.; → Rn. 513).

Von der Eintragung ausgeschlossen sind ferner markenfähige Zeichen iSv § 3, die sich nicht graphisch darstellen lassen (→ Rn. 18), täuschende (→ Rn. 543) oder sittenwidrige Zeichen (→ Rn. 607), Hoheitszeichen (→ Rn. 665), Prüf- und Gewährzeichen (→ Rn. 693), Kennzeichen zwischenstaatlicher Organisationen (→ Rn. 710) sowie gesetzwidrige (→ Rn. 729) oder bösgläubig angemeldete Marken (→ Rn. 759). Eine Überwindung dieser Eintragungshindernisse durch Verkehrsdurchsetzung bzw. Erwerb von Unterscheidungskraft ist nicht möglich.

Trotz des Bestehens von Eintragungshindernissen nach Nr. 1–3 kann ein Zeichen Schutz als eingetragene Marke erwerben, wenn es sich auf dem Markt als Kennzeichen für den

MarkenG § 8 Teil 2 Voraussetzungen, Inhalt und Schranken etc.

Markenanmelder durchgesetzt hat (→ Rn. 79; → Rn. 861) und es dem Anmelder gelingt, den Nachweis der Verkehrsdurchsetzung im Anmeldeverfahren zu führen (→ Rn. 891).

Übersicht

	Rn.		Rn.
A. Grundsätzliches	1	**B. Wortmarken**	95
I. Nationales und europäisches Recht		I. Fehlende Unterscheidungskraft (Abs. 2 Nr. 1)	95
1. Zwingende und optionale Umsetzung der MRL; Verhältnis zur UMV	1	1. Normzweck	95
2. Ausschluss nicht markenfähiger Formgebungen	4	2. Definition	97
II. Internationales Recht	8	3. Notwendiger Grad der Unterscheidungskraft	99
1. Art. 6^{quinquies} B Nr. 2 PVÜ	8	4. Relevanter Zeitpunkt	101
2. Sonstige Vorschriften der PVÜ und des TRIPS-Abkommens	10	5. Prüfungsmaßstab	102
III. Eintragungs- und Löschungsverfahren	12	6. Bedeutung des Waren-/Dienstleistungsverzeichnisses	113
1. Überblick	12	7. Prüfungsgegenstand	122
2. Keine Löschung bei Bestandskraft	15	8. Berücksichtigung der Kennzeichnungsgewohnheiten	127
IV. Umfang und Inhalt der Prüfung; Prüfungsmaßstab	18	9. Identische Grundsätze bei sämtlichen Markenkategorien sowie bei Waren- und Dienstleistungsmarken	132
1. Grafische Darstellbarkeit der Marke (Abs. 1)	18	10. Feststellung der Unterscheidungskraft	134
2. Prüfung absoluter Schutzhindernisse: europaweit einheitliche Grundsätze	25	11. Unterscheidungskraft und weitere Markenfunktionen	138
3. Prüfungsmaßstab: Allgemeines	27	12. Unterscheidungskraft und Freihaltebedürfnis	139
4. Einschränkung des Prüfungsmaßstabs bei einzelnen Schutzhindernissen	32	13. Unterscheidungskraft bei Wortzeichen	140
5. Gleicher Prüfungsmaßstab für alle Markenformen	34	II. Beschreibende Angaben (Abs. 2 Nr. 2)	160
6. Konkreter (waren- und dienstleistungsbezogener) Maßstab	36	1. Normzweck	161
7. Maßgebliche Verkehrskreise	38	2. Definition	162
8. Konvergenz und Transparenz der Prüfung als Ziel der Rechtsangleichung	41	3. Relevanter Zeitpunkt	172
9. Berücksichtigung von Voreintragungen	43	4. Prüfungsmaßstab und Bedeutung des Waren-/Dienstleistungsverzeichnisses	173
10. Sprachen	46	5. Prüfungsgegenstand; insbesondere zusammengesetzte Zeichen	177
11. Kombinationsmarken	51	6. Feststellung des beschreibenden Charakters	182
12. Maßgeblicher Zeitpunkt für die Beurteilung der Schutzfähigkeit	54	7. Merkmalsbeschreibende Angaben	183
V. Unterscheidungskraft und Freihaltungsbedürfnis	57	8. Beschreibender Charakter und Freihaltebedürfnis	236
1. Ausgangspunkt	57	9. Verhältnis von § 8 Abs. 2 Nr. 1 zu § 8 Abs. 2 Nr. 2	247
2. Interessenbezogener Ansatz des EuGH	60	III. Fallgruppen	250
3. Sonderfall abstrakte Farbmarke	62	1. Abkürzungen	251
4. Kritik am systematischen Ansatz der EuGH-Rechtsprechung	63	2. Abwandlungen beschreibender Angaben	254
5. Nachteilige Konsequenzen der EuGH-Rechtsprechung	66	3. Bezeichnungen von Veranstaltungen und Ereignissen, „Eventmarke"	257
6. Konsequenzen der hier vertretenen Auffassung	73	4. Buchstaben/Zahlen/Sonderzeichen	260
7. Keine Rückkehr zum Konzept des Freihaltebedürfnisses unter dem WZG	76	5. Fremdsprachliche Zeichen	268
		6. Fachsprachliche Zeichen	283
		7. Gemeinfreie Werke als Zeichen	287
		8. Geografische Angaben	292
		9. Internetdomains	294
VI. Überwindung anfänglicher Schutzhindernisse kraft Benutzung	79	10. Kollektivmarken	296
1. Verkehrsdurchsetzung und erworbene Unterscheidungskraft	79	11. Namen (natürlicher Personen)	300
2. Differenzierung nach der Art der Marke	81	12. Namen (sonstige) und namensähnliche Bezeichnungen als Marke	316
3. Nachweis der Verkehrsdurchsetzung	83	13. Neologismen	330
4. Zeitpunkt des Schutzerwerbs	87	14. Persönlichkeitsmerkmale als Zeichen	334
5. Territoriale Aspekte des Schutzerwerbs	88	15. Werbeslogans	338
		16. Werbeschlagwörter, Aufforderungen, Grußformeln	349
		17. Werktitel	351
VII. Bindungswirkung der Eintragung	90	**C. Weitere Markenformen**	358

Absolute Schutzhindernisse § 8 MarkenG

	Rn.
I. Wort-/Bildmarken	358
1. Unterscheidungskraft	358
2. Beschreibende Angaben	383
II. Bildmarken	388
1. Unterscheidungskraft	388
2. Beschreibende Angaben	425
III. Farbmarken	428
1. Grundlagen	428
2. Entwicklung der Rechtsprechung	429
3. Feststellung der Unterscheidungskraft	433
4. Beschreibende Angaben	450
IV. Dreidimensionale Marken	452
1. Unterscheidungskraft	453
2. Beschreibende Angaben	473
3. Kombination mit Wort- oder Bildbestandteilen	480
4. Nicht produktbezogene dreidimensionale Marken	483
V. Positionsmarken	484
1. Grundlagen	484
2. Beurteilung der Schutzfähigkeit	487
VI. Sonstige Markenformen	491
1. Hörmarken	492
2. Tastmarken	500
3. Geruchsmarken	506
4. Geschmacksmarken	509
5. Weitere neue Markenformen	510
VII. Kennfadenmarken	511
VIII. Kollektivmarken	513
D. Erläuterung zu § 8 Nr. 3–10	514
I. Allgemeines	514
II. Übliche Zeichen (Nr. 3)	515
1. Allgemeines	515
2. Üblichkeit	519
3. Waren- und Dienstleistungsbezug	538
4. Kombinationsmarken	541
III. Täuschung, Irreführung (Nr. 4)	543
1. Allgemeines	543
2. Ersichtlichkeit	551
3. Beurteilung der Täuschungs- bzw. Irreführungsgefahr	557
4. Waren- und Dienstleistungsbezug	565
5. Beeinflussung wirtschaftlicher Entschlüsse	570
6. Täuschungseignung verschiedener Angaben	574
7. Bestandteile	604
IV. Öffentliche Ordnung (Nr. 5)	607
1. Allgemeines	608
2. Öffentliche Ordnung und gute Sitten	612
3. Ernsthaftigkeit	645
4. Waren und Dienstleistungen	649
5. Maßgebliche Kreise	655
6. Kombinationszeichen	659
7. Farben	662
8. Kollektivmarken	664
V. Staatssymbole (Nr. 6)	665
1. Allgemeines	667
2. Hoheitszeichen	673
3. Nachahmung	682
4. Kombinationszeichen	688

	Rn.
5. Befugnis	689
VI. Amtliche Prüf- und Gewährzeichen (Nr. 7)	693
1. Allgemeines	695
2. Nachahmung	702
3. Kombinationszeichen	706
4. Befugnis	707
VII. Symbole internationaler Organisationen (Nr. 8)	710
1. Allgemeines	712
2. Amtsermittlung	719
3. Nachahmung	720
4. Kombinationszeichen	723
5. Befugnis	724
VIII. Verbote (Nr. 9)	729
1. Allgemeines	729
2. Ersichtlichkeit	734
3. Geographische Herkunftsangaben, Sorten	738
4. Hoheitszeichen	743
5. Allgemeine Verbotsvorschriften	746
6. Persönlichkeits-, Urheber- und Eigentumsrechte	748
7. Kombinationszeichen	755
IX. Bösgläubigkeit (Nr. 10)	759
1. Allgemeines	760
2. Zeitpunkt	765
3. Auslandsbezug	768
4. Ersichtlichkeit, Bemerkungen Dritter	770
5. Böser Wille	778
6. Missbräuchliche Anmeldungen	829
7. Urheber- und Persönlichkeitsrechte	839
8. Zusammengesetzte Zeichen	846
9. Umgehung von Verwirkung, Benutzungszwang und Schutzablauf	847
E. Verkehrsdurchsetzung	861
I. Überblick	861
1. Regelungszweck	861
2. Europarechtliche Vorgaben	864
3. Abgrenzung zur Verkehrsgeltung	865
II. Anwendungsbereich	867
1. Prüfung im Eintragungsverfahren	867
2. Prüfung im Widerspruchsverfahren	869
3. Prüfung im Löschungsverfahren	870
III. Voraussetzungen für die Eintragung kraft Verkehrsdurchsetzung	876
1. Bestehen eines absoluten Schutzhindernisses	876
2. Markenfähigkeit	877
3. Benutzung „als Marke"	878
4. Verkehrsdurchsetzung der konkret angemeldeten Marke	879
5. Verkehrsdurchsetzung für bestimmte Waren und Dienstleistungen	880
6. Personenbezogene Verkehrsdurchsetzung	881
7. Verkehrsdurchsetzung in den beteiligten Verkehrskreisen	882
8. Umfang der Verkehrsdurchsetzung	885
9. Durchführung demoskopischer Befragungen	891
10. Wirkung einer Marke mit Verkehrsdurchsetzung	892

A. Grundsätzliches

I. Nationales und europäisches Recht

1. Zwingende und optionale Umsetzung der MRL; Verhältnis zur UMV

1 Die in § 8 Abs. 1 sowie Abs. 2 Nr. 1–5 enthaltenen Schutzhindernisse entsprechen den Bestimmungen von Art. 4 Abs. 1 Buchst. a bis d, f und g RL (EU) 2015/2436 (ebenso schon bisher: Art. 3 Abs. 1 Buchst. a bis d, f und g RL 2008/95/EG) und dienen damit (schon bisher und auch künftig) der **Umsetzung zwingenden Unionsrechts**. Von der in Art. 4 Abs. 3 Buchst. a RL (EU) 2015/2436 genannten Option des Schutzausschlusses aufgrund anderer nationaler Rechtsvorschriften (bisher: Art. 3 Abs. 2 Buchst. a RL 2008/95/EG) wurde in § 8 Abs. 2 Nr. 9 Gebrauch gemacht (→ Rn. 729 ff.), wobei der Ausschluss auf „ersichtliche" Verstöße begrenzt ist. Dem international gemäß Art. 6ter PVÜ und europarechtlich gemäß Art. 4 Abs. 1 Buchst. h RL (EU) 2015/2436 (bisher: Art. 3 Abs. 1 Buchst. h RL 2008/95/EG) zwingenden Schutz der Hoheits- und Prüfzeichen fremder Staaten sowie der Zeichen zwischenstaatlicher Organisationen wird in § 8 Abs. 2 Nr. 6–8 (→ Rn. 665 ff.; → Rn. 710 ff.) Rechnung getragen; darüber hinaus wird auch die in Art. 4 Abs. 3 Buchst. c RL (EU) 2015/2436 (bisher: Art. 3 Abs. 2 Buchst. c RL 2008/95/EG) enthaltene Option zum Schutz anderer als der in der PVÜ genannten Hoheits- und Gewährzeichen in § 8 Abs. 2 Nr. 6 und 7 umgesetzt (→ Rn. 673 ff.; → Rn. 693 ff.). Mit dem Schutzhindernis für bösgläubig angemeldete Marken (→ Rn. 759 ff.), wird schließlich der in Art. 4 Abs. 2 RL (EU) 2015/2436 genannte, nach neuem Recht zwingende Nichtigkeitsgrund bereits im Eintragungsverfahren berücksichtigt (bisher lediglich optional in Art. 3 Abs. 2 Buchst. d RL 2008/95/EG geregelt). Zu den Schutzhindernissen für geografische Angaben und garantiert traditionelle Erzeugnisse → Rn. 3.

2 Vom Schutzhindernis der bösgläubigen Eintragung abgesehen, das in der UMV lediglich als Löschungsgrund in Art. 52 Abs. 1 Buchst. b geregelt ist, entspricht der in Art. 7 Abs. 1 Buchst. b bis i UMV enthaltene Katalog absoluter Schutzhindernisse dem Sinne nach – wenn auch nicht immer im exakten Wortlaut – demjenigen von Art. 4 Abs. 1 Buchst. a bis d, f und g RL (EU) 2015/2436 und damit auch dem deutschen Recht. Hinzu treten in Art. 7 Abs. 1 Buchst. j und k UMV Vorschriften zum Schutz geografischer Herkunftsangaben. Dabei werden in Art. 7 Abs. 1 Buchst. j UMV geografische Bezeichnungen für Weine und Spirituosen nicht mehr gesondert erwähnt; dies ändert jedoch nichts daran, dass die aus Art. 23 TRIPS folgende Verpflichtung, solche Bezeichnungen ungeachtet des Verkehrsverständnisses von der Eintragung für nicht ursprungsgleiche Produkte auszuschließen, einen Bestandteil des geltenden Rechts bildet. Art. 7 Abs. 1 Buchst. k UMV dehnt den Schutz auf traditionelle Weinbezeichnungen aus.

3 Die vom Wortlaut des bisherigen Rechts abweichende Formulierung von Art. 7 Abs. 1 Buchst. j und k UMV dient dem Ziel, sämtlichen unionsrechtlichen oder internationalen (und unionsrechtlich verpflichtenden) Regelungen zum Schutz geografischer Herkunftsangaben und Weinbezeichnungen zuverlässig Rechnung zu tragen; hinzu treten nach Art. 7 Abs. 1 Buchst. l UMV die nach der VO (EU) Nr. 1151/2012 oder aufgrund internationaler Abkommen geschützten, garantiert traditionellen Erzeugnisse. Entsprechende Änderungen finden sich in Art. 4 Abs. 1 Buchst. i bis k RL (EU) 2015/2436 (→ Rn. 738.1 ff.). In den Katalog absoluter Schutzhindernisse aufgenommen wurden ferner Konflikte mit geschützten Sortenbezeichnungen; Art. 7 Abs. 1 Buchst. m UMV; Art. 4 Abs. 1 Buchst. l RL (EU) 2015/2436.

3.1 Die Kommissionsvorschläge zur Änderung von MRL und UMV hatten vorgesehen, dass die Mitgliedsländer verpflichtet werden, absolute Schutzhindernisse auch dann zu beachten, wenn sie lediglich in anderen Mitgliedsländern der Union bestehen. Ferner sollte zu berücksichtigen sein, ob sich ein solches Schutzhindernis aus der Übersetzung oder Transkription einer fremdsprachlichen oder in fremden Schriftzeichen ausgedrückten Marke in die Amtssprache eines Unionslandes ergeben würde. Dem zuletzt genannten Grundsatz entsprechend sollte ein absolutes Schutzhindernis für eine Unionsmarke auch *dann* bestehen, wenn es sich lediglich aus der Transkription einer in einer Fremdsprache oder fremden Schrift ausgedrückten Marke in einem Teil der Union ergibt. Diese Vorschläge sind jedoch auf nahezu einhellige Kritik gestoßen, zumal sie im Fall nationaler Markenanmeldungen als disproportional zum territorialen Umfang des gewährten Schutzes erschienen und zu erheblichen Mehrbelastungen für die nationalen Ämter geführt hätten; sie wurden daher nicht verwirklicht (→ Rn. 50). Dies schließt allerdings nicht aus, dass – wie in Deutschland ohnehin üblich – auch die fremdsprachige Bedeutung angemeldeter Marken im Einzelfall berücksichtigt wird (→ Rn. 268 ff.).

2. Ausschluss nicht markenfähiger Formgebungen

Eine deutliche **Abweichung** des deutschen Rechts von den europäischen Vorgaben besteht darin, dass § 8 keine dem Art. 4 Abs. 1 Buchst. e RL (EU) 2015/2436 und Art. 7 Abs. 1 Buchst. e UMV entsprechende Ausschlussklausel im Hinblick auf Zeichen enthält, die durch die Natur der Ware selbst bedingt oder zur Erreichung einer technischen Wirkung erforderlich sind oder die der Ware einen wesentlichen Wert verleihen. Der deutsche Gesetzgeber hat es vorgezogen, diese Regelung in § 3 Abs. 2 aufzunehmen und damit als ein Kriterium der Markenfähigkeit („als Marke schutzfähige Zeichen") zu kennzeichnen. Dadurch wird klargestellt, dass es sich um eine grundlegende Voraussetzung des Markenschutzes handelt, die unabhängig vom jeweiligen Entstehungstatbestand erfüllt sein muss – auch Zeichen, die Schutz als Benutzungsmarke oder notorisch bekannte Marke in Anspruch nehmen wollen, müssen diesen Erfordernissen genügen (→ § 3 Rn. 2).

4

Dass der europäische Gesetzgeber den Schutzausschluss für waren- und technikbedingte sowie für wertbestimmende Warenformen gerade nicht, wie die sonstigen Erfordernisse der Markenfähigkeit, in Art. 3 RL (EU) 2015/2436 und Art. 4 UMV geregelt, sondern als absolute Schutzhindernisse ausgestaltet hat, steht nur scheinbar in Widerspruch zur Systematik der Regelung im europäischen Markenrecht (→ § 3 Rn. 2 ff.).

4.1

Praktische Unterschiede in der patentamtlichen Prüfung ergeben sich durch den abweichenden Aufbau nicht. Durch die Verweisung in § 8 Abs. 1 auf § 3 wird das Erfordernis der Markenfähigkeit im Sinne beider Absätze des § 3 zum **verbindlichen Prüfungsstoff** für das Eintragungsverfahren. Entsprechende Verweisungen auf die Definition schutzfähiger Markenformen in Art. 3 RL (EU) 2015/2436 und Art. 4 UMV findet sich auch in Art. 4 Abs. 1 Buchst. a RL (EU) 2015/2436 und Art. 7 Abs. 1 Buchst. a UMV.

5

Die Eigenständigkeit der im deutschen Recht gewählten Lösung zeigt sich darin, dass das in Art. 2 RL 95/2008/EG verankerte Kriterium der **grafischen Darstellbarkeit** keine Voraussetzung der Markenfähigkeit iSv § 3 bildet, sondern in § 8 Abs. 1 lediglich als Voraussetzung für die Eintragbarkeit der Marke genannt wird. Daraus ergibt sich, dass **Benutzungsmarken** und notorisch bekannte Marken diesem Erfordernis nicht genügen müssen, sondern auch bei fehlender grafischer Darstellbarkeit Markenschutz erlangen können (BGH GRUR 2009, 783 – UHU; → § 3 Rn. 24; zu IR-Marken → § 3 Rn. 101 ff.).

6

Nachdem das Erfordernis der grafischen Darstellbarkeit in Art. 3 RL (EU) 2015/2436 weggefallen ist, kommt diesem Aspekt künftig keine Bedeutung mehr zu.

7

II. Internationales Recht

1. Art. 6^{quinquies} B Nr. 2 PVÜ

Der Einfluss des internationalen Rechts auf das deutsche und europäische Markenrecht wird bei § 8 und Art. 7 UMV besonders deutlich. So sind die für die Praxis wichtigsten Teile der Vorschrift, § 8 Abs. 2 Nr. 1–3 (Art. 4 Abs. 1 Buchst. b bis d RL (EU) 2015/2436) und Art. 7 Abs. 1 Buchst. b bis d UMV, praktisch wörtlich aus Art. 6^{quinquies} B Nr. 2 PVÜ übernommen worden (zur Vorgeschichte Beier in Beier/Schricker (Hrsg.), Die Neuordnung des Markenrechts in Europa, 1997, 59 (72)).

8

Um den Vorgaben der PVÜ in vollem Umfang gerecht zu werden, weicht der Wortlaut von § 8 Abs. 2 Nr. 1 leicht von der deutschen Fassung des Art. 4 Abs. 1 Buchst. b RL (EU) 2015/2436 ab: Während es in der MRL heißt: „Marken, die keine Unterscheidungskraft haben" (ebenso wie früher in § 4 Abs. 2 Nr. 1 WZG), liegt die Formulierung von § 8 Abs. 2 Nr. 1 näher bei dem Wortlaut von Art. 6^{quinquies} B Nr. 2 PVÜ, wobei die besonders liberale (und als Originalfassung rechtlich maßgebliche) französische Fassung des Konventionstextes als Vorbild gedient hat („marques qui sont dépourvues de tout caractère distinctif"; zu den unterschiedlichen Fassungen der Vorschrift und ihre mögliche Bedeutung für die Rechtsanwendung Beier GRUR Int 1992, 243, 246 ff.). Maßgeblich geblieben ist der

8.1

Wortlaut der PVÜ auch für das Schutzhindernis der beschreibenden Angaben (§ 8 Abs. 2 Nr. 2 bzw. Art. 4 Abs. 1 Buchst. c RL (EU) 2015/2436 und Art. 7 Abs. 1 Buchst. c UMV). Hier hatte es zunächst den Vorschlag gegeben, in Abweichung vom Wortlaut der PVÜ nur solche Angaben vom Schutz auszuschließen, die zu diesem Zweck „benötigt werden". Diese, im Vorentwurf zur GMV noch enthaltene Formulierung wurde jedoch auf Arbeitsgruppenebene abgelehnt (Beier in Beier/Schricker (Hrsg.), Die Neuordnung des Markenrechts in Europa, 1997, 59 (72).

9 Das darin liegende eindeutige Bekenntnis zur Maßgeblichkeit international verbindlicher Vorgaben ist zu begrüßen. Auf der anderen Seite hat die vom europäischen Gesetzgeber gewählte Regelungstechnik den Nachteil, dass sie sich im Hinblick auf Formulierung und Systematik an eine Vorschrift bindet, die ihrerseits nicht das Ergebnis sorgfältiger gesetzgeberischer Tätigkeit gewesen ist, sondern als Kompromissformel zustande kam. Die in Art. 6^{quinquies} B Nr. 2 PVÜ enthaltenen Rechtfertigungsgründe für die Zurückweisung sog. „telle quelle"-Marken, die in einem anderen Mitgliedsland der PVÜ für ihren dort ansässigen Inhaber rechtsgültig eingetragen sind, führen die unterschiedlichen, in den maßgeblichen Mitgliedsländern üblichen Prüfungskriterien nebeneinander auf, ohne dass über das Verhältnis dieser Kriterien zueinander Klarheit geschaffen worden wäre (→ MarkenR Einleitung Rn. 245). Während dies für ein internationales Instrument wie die PVÜ unproblematisch ist, wirkt sich der **Mangel eines klaren strukturellen Konzepts** im Kontext des europäischen Rechts tendenziell nachteilig aus. Dies gilt jedenfalls dann, wenn zu weitreichende Folgerungen aus Wortlaut und systematischer Anordnung der Schutzversagungsgründe in Art. 6^{quinquies} B Nr. 2 PVÜ gezogen werden (→ Rn. 63.1 f. zum Verhältnis von Unterscheidungskraft und Freihaltungsbedürfnis).

2. Sonstige Vorschriften der PVÜ und des TRIPS-Abkommens

10 Ebenfalls als Schutzversagungsgründe anerkannt und als solche in der PVÜ verankert sind Verstöße gegen die **öffentliche Ordnung und guten Sitten** sowie die Täuschungseignung der Marke (Art. 6^{quinquies} B Nr. 3 PVÜ). Auch der Schutz amtlicher Hoheits- und Prüfzeichen sowie der Schutz von Zeichen zwischenstaatlicher Organisationen finden ihre Grundlage in der PVÜ. Der Umsetzung von Verpflichtungen aus (ua) internationalen Abkommen dienen auch Art. 7 Abs. 1 Buchst j bis m UMV sowie Art. 4 Abs. 1 Buchst. i bis l RL (EU) 2015/2436 → Rn. 3).

11 **Keine ausdrückliche Grundlage** in internationalen Rechtsnormen finden die Vorschriften von § 8 Nr. 9 und Nr. 10. Dabei fällt die Schutzversagung für Marken, deren Benutzung ersichtlich nach sonstigen Vorschriften im öffentlichen Interesse verboten werden kann, zweifellos in den Bereich des „ordre public" und ist somit ebenso wie § 8 Abs. 2 Nr. 5 von Art. 6^{quinquies} B Nr. 3 PVÜ umfasst. Auch die bösgläubige Markenanmeldung lässt sich hier einordnen; zudem greift – je nach Fallgestaltung – auch Art. 10bis PVÜ, dessen Anwendung in Art. 6^{quinquies} B Nr. 3 S. 3 PVÜ ausdrücklich vorbehalten bleibt.

11.1 Problematisch bleibt die Ausschlussregelung von § 3 Abs. 2 und Art. 7 Abs. 1 Buchst. e UMV, für die sich keine glatte Entsprechung im internationalen Recht findet (→ § 3 Rn. 60.1). Vom BGH wird argumentiert, dass es sich um eine Konkretisierung des Ausschlussgrundes für nicht unterscheidungskräftige bzw. beschreibende Marken handelt (BGH GRUR 2006, 588 – Scherkopf). Dieses Argument ist jedoch schon deswegen fragwürdig, weil es sich um einen eigenständigen Ausschlussgrund handelt, der neben die aus Art. 6^{quinquies} B Nr. 2 PVÜ übernommenen Schutzhindernisse tritt (Kunz-Hallstein MarkenR 2006, 487 (492)). Ferner ergeben sich gerade dann, wenn man der Argumentation des BGH folgt, Bedenken gegen die Rechtsfolgen einer auf Art. 7 Abs. 1 Buchst. e UMV und § 3 Abs. 2 gestützten Schutzversagung: Nach Art. 6^{quinquies} C PVÜ sind für die Würdigung der Schutzfähigkeit der Marke alle Tatumstände, insbesondere die Dauer der Benutzung, zu berücksichtigen. Die Berücksichtigung solcher Umstände wird nach Art. 7 Abs. 1 Buchst. e iVm Art. 7 Abs. 3 UMV und § 3 Abs. 2 iVm § 8 Abs. 3 jedoch gerade ausgeschlossen. Hieraus ergibt sich, dass die Nichtberücksichtigung erworbener Unterscheidungskraft im Fall waren- oder technisch bedingter sowie wertbestimmender Warenformen nur dann mit Buchstaben und Geist des internationalen Rechts vereinbar ist, wenn sie auf Fälle beschränkt bleibt, die nach Art und Schwere den in Art. 6^{quinquies} B Nr. 3 PVÜ genannten Schutzhindernissen ebenbürtig sind (→ § 3 Rn. 106).

III. Eintragungs- und Löschungsverfahren

1. Überblick

Nach Anmeldung der Marke (§ 32; Art. 26 UMV) werden die absoluten Schutzhindernisse vom DPMA von Amts wegen geprüft → § 37 Rn. 3 ff.; für Unionsmarken → UMV Art. 37 Rn. 2 ff.). Beanstandungen, die im Verfahren nicht behoben werden können, führen zur Zurückweisung der Anmeldung.

Soweit eine Marke entgegen den Vorschriften von § 8 eingetragen worden ist, kann sie auf Antrag **gelöscht** werden (§ 50; entsprechend: Art. 52 UMV). Im deutschen Recht ist nach § 50 Abs. 3 in Fällen des § 8 Abs. 2 Nr. 4–10 auch die Amtslöschung möglich (→ § 50 Rn. 26). Im Unionsmarkenrecht entscheidet über die Löschung der Marke das EUIPO oder, soweit Nichtigkeitswiderklage im Verletzungsverfahren vor den Unionsmarkengerichten erhoben wurde (Art. 96 Buchst. d; Art. 100 UMV), das angerufene Gericht. Im nationalen Recht sind Löschungsverfahren wegen absoluter Schutzhindernisse hingegen derzeit ausschließlich vor dem DPMA zu führen (§ 54); die Eintragung der Marke entfaltet insoweit formelle Bindungswirkung (→ Rn. 90 ff.).

Grundsätzlich werden im Löschungsverfahren wegen absoluter Schutzhindernisse die gleichen Gründe berücksichtigt, die der Eintragung der Marke nach § 8 Abs. 1 und 2 sowie Art. 7 Abs. 1 UMV entgegenstehen. Die UMV macht insoweit eine Ausnahme, als die **bösgläubige Anmeldung** nur im Löschungsverfahren berücksichtigt wird (Art. 51 Abs. 1 Buchst. b UMV), während sie keinen Grund für die Versagung der Eintragung darstellt. Die gleiche Regelung galt bis zum 1.6.2004 auch im MarkenG; nachdem jedoch das Schutzhindernis der bösgläubigen Eintragung seit jenem Zeitpunkt ein von Amts wegen zu berücksichtigendes Schutzhindernis darstellt, wird es in § 50 nicht mehr gesondert erwähnt. Die Änderung der Gesetzeslage bewirkt allerdings nicht, dass vor dem 1.6.2004 bösgläubig angemeldete Marken nicht gelöscht werden könnten (Ströbele/Hacker/Kirschneck § 50 Rn. 2).

2. Keine Löschung bei Bestandskraft

Unionsmarken, die entgegen Art. 7 Abs. 1 Buchst. b bis d UMV eingetragen worden sind, können nur dann für nichtig erklärt und gelöscht werden, wenn sie nicht zwischenzeitlich durch Benutzung **Unterscheidungskraft erworben** haben (Art. 51 Abs. 2 UMV). Weitergehend formuliert das deutsche Recht in § 50 Abs. 2 S. 1, dass Marken, die entgegen §§ 3, 7 und 8 Abs. 2 Nr. 1–9 eingetragen worden sind, nur dann gelöscht werden, wenn das **Schutzhindernis** zum Zeitpunkt der Entscheidung über den Löschungsantrag noch besteht. Dies schließt auch diejenigen Schutzhindernisse ein, die zu dem für die Eintragung maßgeblichen Zeitpunkt im öffentlichen Interesse bestanden haben.

Einen Sonderweg beschreitet das MarkenG im Vergleich zur UMV ferner insoweit, als Marken, die entgegen § 8 Abs. 2 Nr. 1–3 eingetragen worden sind, gemäß § 50 Abs. 2 S. 2 nach Ablauf von zehn Jahren nach dem Tag der Eintragung, **„unanfechtbar"** werden, in dem Sinne, dass nach diesem Zeitpunkt kein Löschungsantrag mehr gestellt werden kann. Diese Regelung folgt aus der pragmatischen Erwägung, dass sich nach Ablauf eines längeren Zeitraums keine zuverlässig nachprüfbaren Tatsachen mehr feststellen lassen dürften, die die Löschung rechtfertigen, so dass der mit einem – im Ergebnis ohnehin regelmäßig vergeblichen – Löschungsverfahren verbundene verwaltungsmäßige Aufwand nicht mehr zu rechtfertigen sei (Amtl. Begr. zu § 50; → § 50 Rn. 17).

Da die RL (EU) 2015/2436 keine entsprechenden Regelungen vorsieht, kann sich die Frage nach ihrer **Vereinbarkeit mit dem europäischen Recht** stellen. Unter Geltung der RL 2008/95/EG war dies allenfalls von theoretischem Interesse, da verfahrensrechtliche Regelungen von der Harmonisierung grundsätzlich ausgenommen waren (Erwägungsgrund 6 zur RL 2008/95/EG). Zwar sieht auch die RL (EU) 2015/2436 keine Vollharmonisierung vor; es werden jedoch zumindest die Grundzüge des Verfahrens vereinheitlicht. So heißt es in Art. 45 Abs. 3 Buchst. a RL (EU) 2015/2436, dass die Marke „zumindest" dann zu löschen sei, wenn sie nicht hätte eingetragen werden dürfen, weil sie den Erfordernissen des Art. 4 RL 2015/2436 nicht genügt. Daraus könnte sich ergeben, dass das Bestehen des Schutzhindernisses zum Anmeldezeitpunkt maßgeblich bleibt und ungeachtet einer späteren Änderung der Verhältnisse zur Löschung führen muss. Die einzige Ausnahme wäre dann für die Schutzhindernisse des § 8 Abs. 2 Nr. 1–3 zulässig, soweit vor dem Antrag auf Nichtigerklärung nachweislich (dh unabhängig vom Zeitablauf) Unterscheidungskraft erworben wurde (Art. 4 Abs. 5 S. 2 RL (EU) 2015/2436).

17.1 Die Bestandsklausel des Art. 50 Abs. 2 S. 2 könnte möglicherweise durch den Hinweis darauf „gerettet" werden, dass das nationale Recht nicht gehindert ist, Ausschlussfristen (insbesondere in der Form von Verjährungsfristen) vorzusehen.

IV. Umfang und Inhalt der Prüfung; Prüfungsmaßstab

1. Grafische Darstellbarkeit der Marke (Abs. 1)

18 a) **Allgemeine Grundsätze.** Soweit der Markenschutz durch Eintragung erworben wird – nicht jedoch für die Markenfähigkeit von Zeichen als solche (→ § 3 Rn. 24) – ist die Art und Weise, wie die Marke im Register dargestellt wird, von entscheidender Bedeutung. Dem bisher geltenden Recht lag die Vorstellung zugrunde, dass der genaue Gegenstand des Schutzes, den die eingetragene Marke ihrem Inhaber gewährt, allein durch die **grafische Darstellung** bestimmt werden kann. Die grafische Darstellbarkeit stellte daher ein unverzichtbares Kriterium der Schutzfähigkeit als Marke dar (EuGH C-273/00, GRUR 2003, 145 Rn. 48 – Sieckmann). Zu den Anforderungen an eine solche Darstellung hat der EuGH ausgeführt, dass die zuständigen Behörden aus dieser klar und eindeutig die Ausgestaltung der Zeichen erkennen können müssen, aus denen eine Marke besteht, um ihren Verpflichtungen in Bezug auf die Vorprüfung der Markenanmeldungen sowie auf die Veröffentlichung und den Fortbestand eines zweckdienlichen und genauen Markenregisters nachzukommen (EuGH C-273/00, GRUR 2003, 145 Rn. 50 – Sieckmann). Zudem müssen auch die Wirtschaftsteilnehmer klar und eindeutig in Erfahrung bringen können, welche Eintragungen oder Anmeldungen ihre gegenwärtigen oder potenziellen Wettbewerber veranlasst haben, um auf diese Weise einschlägige Informationen über die Rechte Dritter zu erlangen (EuGH C-273/00, GRUR 2003, 145 Rn. 51 – Sieckmann). Aus alledem wird der Grundsatz abgeleitet, dass die grafische Darstellung den Anforderungen an die Eintragbarkeit einer Marke nur dann genügt, wenn sie **klar, eindeutig, in sich abgeschlossen, leicht zugänglich, verständlich, dauerhaft und objektiv ist** (EuGH C-273/00, GRUR 2003, 145 Rn. 55 – Sieckmann).

19 Das Erfordernis der grafischen Darstellbarkeit von Marken ist durch die Reform von 2016 abgeschafft worden. In Art. 3 Buchst. b RL (EU) 2015/2436 (ebenso: Art. 4 Buchst b UMV) wird stattdessen formuliert, dass die Marke „in einer Weise dargestellt werden muss, dass die zuständigen Behörden und das Publikum den Gegenstand des dem Inhaber einer solchen Marke gewährten Schutzes klar und eindeutig bestimmen können." In der Praxis bedeutet dies, dass die materiellen Kriterien, die der EuGH in seiner Rechtsprechung zum Erfordernis der grafischen Darstellung von Marken entwickelt hat, auch nach der Abschaffung dieses Erfordernisses erhalten bleiben, wobei sie jedoch auch durch andere als grafische Formen der Darstellung erfüllt werden können. Entsprechend heißt es in Erwägungsgrund 13 zur RL (EU) 2015/2436: „Um die mit den Markeneintragungsverfahren verfolgten Ziele, nämlich Rechtssicherheit und ordnungsgemäße Verwaltung, zu erreichen, muss das Zeichen in eindeutiger, präziser, in sich abgeschlossener, leicht zugänglicher, verständlicher, dauerhafter und objektiver Weise darstellbar sein. Ein Zeichen sollte daher in jeder geeigneten Form unter Verwendung allgemein zugänglicher Technologie dargestellt werden dürfen und damit nicht notwendigerweise mit grafischen Mitteln, solange die Darstellung mit Mitteln erfolgt, die ausreichende Garantien bieten."

19.1 Dies führt nach überwiegender Auffassung dazu, dass für Geruchsmarken ebenso wie für Geschmacksmarken der Weg in das Markenregister ungeachtet der Änderung von Art. 3 RL (EU) 2015/2436 und Art. 4 UMV verschlossen bleibt (→ § 3 Rn. 43 ff.). Zur Praxis des EUIPO in Bezug auf Duftmarken sowie zur Rechtsprechung des EuG → UMV Art. 4 Rn. 8.1. Die restriktive Praxis von Behörden und Gerichten wird in der Literatur zum Teil kritisiert (dazu Fezer § 3 Rn. 608).

20 Schon wegen der Fortgeltung der materiellen Grundsätze der EuGH-Rechtsprechung – und auch deswegen, weil zum einen die durch die RL (EU) 2015/2436 bewirkten Änderungen noch nicht in das MarkenG umgesetzt wurden und weil zum anderen auch künftig die grafische Darstellung von Marken die weitaus wichtigste Form der Darstellung bleiben dürfte – bleiben die Ausführungen von Interesse, die der EuGH zur grafischen Darstellung verschiedener Kennzeichenformen gemacht hat. Dies bedeutet im Einzelnen:

- Die grafische Darstellung abstrakter Farbmarken kann unter Umständen durch ein Farbmuster iVm einer Beschreibung, oder, falls sich insoweit Zweifel an der Genauigkeit ergeben, durch Hinzufügung der Bezeichnung der Farbe nach einem international anerkannten Kennzeichnungscode erfolgen. Die Angabe eines solchen Kennzeichnungscodes kann auch für sich allein die Voraussetzung der grafischen Darstellung erfüllen (EuGH C-104/01, GRUR 2003, 604 Rn. 36, 38, 68 – Libertel).
- Bei Farbkombinationen ist der den allgemeinen Anforderungen genügenden Darstellung der einzelnen Farben eine systematische Anordnung hinzuzufügen, in der die betreffenden Farben in vorher festgelegter und beständiger Weise verbunden sind (EuGH C-49/02, GRUR 2004, 858 (860) Rn. 42 – Heidelberger Bauchemie, für die Farbkombination blau/gelb).
- Bei Hörzeichen in Form von Melodien kann ein in Takte gegliedertes Notensystem mit einem Notenschlüssel, Noten- und Pausenzeichen und ggf. Vorzeichen – die alle zusammen die Höhe und die Dauer der Töne bestimmen – eine getreue Darstellung der Tonfolge sein, aus der die zur Eintragung angemeldete Melodie besteht (EuGH C-283/01, GRUR 2004, 54 (57) Rn. 62 – Shield Mark/Kist). In dieser Hinsicht dürfte allerdings künftig die Darstellung des Zeichens in der Form einer Tondatei gleichrangig oder sogar vorzugswürdig sein; dies gilt insbesondere dann, wenn es sich nicht um eine Melodie, sondern um ein Geräusch handelt.

20.1 Zur grafischen Darstellung von Geräuschen hat sich der EuGH nicht geäußert. In der Entscheidung „Shield Mark" war insoweit die Frage nach Sonagrammen als geeignete Form der grafischen Darstellung gestellt, vom EuGH jedoch nicht beantwortet worden, da der Anmelder der betreffenden Marke (Hahnenschrei) kein Sonagramm eingereicht hatte und der Frage daher keine Relevanz für die konkrete Entscheidung zukam. Vom EUIPO werden Sonagramme jedoch bereits nach bisherigem Recht als hinreichende grafische Darstellung anerkannt (zur Praxis des EUIPO → UMV Art. 4 Rn. 18); in Deutschland gilt die Eintragung von Geräuschmarken jedoch derzeit als ausgeschlossen (→ § 32 Rn. 35). Von beiden Ämtern wird ferner bei (prinzipiell eintragbaren) Hörmarken die Einreichung eines Tonträgers akzeptiert (EUIPO) bzw. verlangt (DPMA § 11 Abs. 3 MarkenV).

21 **b) Einzelheiten zur grafischen Darstellbarkeit (§ 8 MarkenG, §§ 7 ff. MarkenV).** Nach (noch) geltendem Recht beurteilt das DPMA die grafische Darstellung der Marke im Rahmen der Prüfung der absoluten Schutzhindernisse (§ 8 Abs. 1). Die Anforderungen ergeben sich aus §§ 7–13 MarkenV (zu Einzelheiten → § 32 Rn. 17 ff.). Ausdrücklich geregelt sind die Darstellung von Wortmarken (§ 7 MarkenV), Bildmarken (§ 8 MarkenV), dreidimensionalen Marken (§ 9 MarkenV), Kennfadenmarken (§ 10 MarkenV) sowie Hörmarken (§ 11). Für andere als die genannten Markenformen („sonstige Markenformen", § 12 MarkenV) wird ferner bestimmt, dass der Anmeldung zwei übereinstimmende zweidimensionale grafische Wiedergaben sowie ggf. eine Bezeichnung der verwendeten Farben beizufügen ist (§ 12 Abs. 1 MarkenV); die Anmeldung kann auch eine Beschreibung der Marke enthalten (§ 12 Abs. 3 MarkenV).

21.1 Für Hologramme, Bewegungs- und Positionsmarken gelten im Wesentlichen – unter Beachtung der Besonderheiten der jeweiligen Zeichenform – die gleichen Vorschriften wie für Bildmarken. Damit wird die deutsche Praxis den Anforderungen des STLT (→ MarkenR Einleitung Rn. 212) gerecht, in dessen AusfVO (Art. 3) die maximal zu fordernden Voraussetzungen an die Darstellung solcher Marken folgendermaßen benannt werden:

21.2 Hologramme: eine oder mehrere Wiedergaben der Marke, die den holografischen Effekt in seiner Gesamtheit wiedergeben; ggf. zusätzlich eine Beschreibung der Marke;

21.3 Bewegungsmarken: eine Darstellung des Bewegungsablaufs in der Form eines oder mehrerer unbewegter oder bewegter Bilder sowie ggf. zusätzlich eine Beschreibung der Bewegung;

21.4 Positionsmarken: eine einzige Darstellung, die die Position der Marke auf dem Produkt zeigt, ggf. unter Bezeichnung der Elemente des Produkts, für die kein Schutz begehrt wird. Ferner kann eine Beschreibung verlangt werden, die die Position der Marke auf dem Produkt angibt.

MarkenG § 8   Teil 2 Voraussetzungen, Inhalt und Schranken etc.

22   Gemeinsamer Nenner der in der MarkenV enthaltenen Vorgaben ist die **Präzision** der Darstellung sowie die Beachtung einheitlicher Rahmenbedingungen für das Format der Darstellungen. Die Darstellungen müssen insbesondere klar und dauerhaft sowie zur Reproduktion in den vom DPMA verwendeten Medien (Printmedien sowie Wiedergabe in digitaler Form) geeignet sein.

23   Für den Sonderfall von **Tastmarken** hat der BGH festgestellt, dass es grundsätzlich ausreicht, „wenn der den Wahrnehmungsvorgang auslösende Gegenstand in seinen maßgeblichen Eigenschaften objektiv hinreichend bestimmt bezeichnet wird". Es ist daher nicht notwendig, dass die dadurch beim Publikum ausgelösten haptischen Reize beschrieben werden. Soweit ein Zeichen einen Herkunftshinweis durch eine bestimmte, aus Vertiefungen bestehende Oberflächenstruktur über den Tastsinn vermittelt werden soll, kann daher die Angabe der Größenverhältnisse der Vertiefungen und Erhebungen sowie ihrer Anordnung zueinander genügen (BGH GRUR 2007, 148 (150) – Tastmarke).

24   Der EuGH hat festgestellt, dass Dienstleistungsmarken für die **Aufmachung von Ladenlokalen** („Flagship-Stores") in der Form einer Abbildung schutzfähig sind, ohne dass es darauf ankäme, ob die Abbildung Angaben zur Größe und zu den Proportionen der abgebildeten Verkaufsstätte enthält (EuGH C-421/13, GRUR 2014, 866 Rn. 19 – Apple, mit Anm. Knaak GRUR 2014, 868).

24.1   Der Formulierung des EuGH, dass „eine Darstellung ..., die die Ausstattung einer Verkaufsstätte mittels einer Gesamtheit aus Linien, Konturen und Formen abbildet, eine Marke sein [kann]" (EuGH C-421/13, GRUR 2014, 866 Rn. 20 – Apple) lässt sich allerdings nicht eindeutig entnehmen, ob sich der so erworbene Schutz – wie vom Anmelder beantragt – auf die Aufmachung der Dienstleistung oder auf die Abbildung des Ladenlokals bezieht.

2. Prüfung absoluter Schutzhindernisse: europaweit einheitliche Grundsätze

25   Im Hinblick auf die Durchführung der Prüfung absoluter Schutzhindernisse ist das DPMA ebenso wie andere nationale Ämter an die Beachtung **europaweit einheitlicher Vorgaben** gebunden. Wie der EuGH festgestellt hat, ist es mit dem Ziel der Rechtsvereinheitlichung nicht vereinbar, wenn der Prüfungsmaßstab der einzelnen Ämter unterschiedlich festgelegt wird (EuGH C-363/99, GRUR 2004, 674 Rn. 122 – Postkantoor). Der deutsche Gesetzgeber kann daher ebenso wie andere nationale Gesetzgebungen nicht eigenständig darüber bestimmen, ob ein eher großzügiger oder restriktiver Maßstab bei der Prüfung Anwendung findet (so Ströbele/Hacker/Ströbele Rn. 2).

26   Als Leitmotiv für die Prüfung nach Art. 4 RL (EU) 2015/2436 (bisher: Art. 3 RL 2008/95/EG) und Art. 7 UMV hat der EuGH wiederholt die Gewährleistung von „unverfälschtem Wettbewerb" bezeichnet (EuGH C-517/99, GRUR 2001, 1148 Rn. 21 – Merz & Krell („Bravo"); C-104/01, GRUR 2003, 604 Rn. 56 – Libertel). Eine Amtsprüfung, die sich darauf beschränkt, nur die offensichtlich unzulässigen Anmeldungen zurückzuweisen, wobei die Lösung etwaiger Interessenkonflikte, im Wege der Anwendung der Schrankenbestimmungen, in das Verletzungsverfahren verschoben wird, ist danach nicht mit den Vorgaben des europäischen Rechts vereinbar. Die Prüfung darf sich daher nicht auf ein Mindestmaß beschränken, sondern muss **streng** (bzw. eingehend) **und umfassend** sein, um eine ungerechtfertigte Eintragung von Marken zu verhindern und um aus Gründen der Rechtssicherheit und der ordnungsgemäßen Verwaltung sicherzustellen, dass Marken, deren Benutzung vor Gericht mit Erfolg entgegengetreten werden könnte, nicht eingetragen werden (EuGH C-39/97, GRUR Int 1998, 875 Rn. 21 – Canon; C-104/01, GRUR Int 2003, 638 Rn. 59 – Libertel; C-363/99, GRUR 2004, 674 Rn. 123 – Postkantoor; C-265/09 P, GRUR 2010, 1096 Rn. 45 – Borco).

26.1   Da die RL 89/104/EWG und die RL 2008/95/EG die Ausgestaltung des Anmelde-, Eintragungs- und Löschungsverfahren nicht regeln, hätte allerdings auch ein reines Hinterlegungsverfahren, wie es früher in einigen Mitgliedsländern üblich war, als mit dem europäischen Recht kompatibel gelten können. Der insoweit theoretisch bestehende Freiraum blieb jedoch gegenstandslos, da sämtliche Mitgliedsländer Amtsprüfungsverfahren (zumindest) im Hinblick auf absolute Schutzhindernisse vorsehen. Da und soweit dies der Fall ist, müssen den Grundsätzen der EuGH-Rechtsprechung zufolge auch die dabei angewandten Maßstäbe dem europäischen Standard einer strengen und umfassenden Prüfung

Absolute Schutzhindernisse § 8 MarkenG

genügen, wobei Abweichungen von diesem Standard nur in engen Ausnahmefällen zulässig sind (→ Rn. 32 f.).

3. Prüfungsmaßstab: Allgemeines

Das Erfordernis einer strengen und umfassenden Prüfung bezieht sich vor allem auf Umfang und Intensität der Prüfung, die sich **nicht mit einer groben Sichtung der Schutzhindernisse** begnügen darf. Dies ist nicht mit der Aussage gleichzusetzen, dass nur ein besonders hohes Maß an Unterscheidungskraft für die Eintragung genügen würde: Ein in diesem Sinne strenger Maßstab ließe sich angesichts des Wortlauts von MRL und UMV nicht begründen. 27

Durch die vom BGH wie auch vom EuG regelmäßig verwendete Formulierung, dass bereits ein **Mindestmaß an Unterscheidungskraft** zur Überwindung des Schutzhindernisses von § 8 Abs. 2 Nr. 1 bzw. Art. 7 Abs. 1 Buchst. b UMV ausreicht, wird statt dessen ein eher großzügiger Maßstab signalisiert (→ Rn. 98). 28

Unterschiedliche Positionen im Hinblick auf die Großzügigkeit des Prüfungsmaßstabs wurden (und werden zum Teil noch) von BGH und BPatG vertreten. In der Literatur sind es vor allem Fezer (Fezer Rn. 30 ff.) einerseits und Ströbele (Ströbele/Hacker/Ströbele Rn. 5 ff.) andererseits, die zu Protagonisten unterschiedlicher Auffassungen wurden (zu diesem Meinungsstreit, ua unter Hinweis auf die historischen Wurzeln der Schutzausschlussgründe, Hacker GRUR 2001, 630; s. aus jüngerer Zeit auch BPatG BeckRS 2016, 08048 – Schokoladestäbchen III, wo beklagt wird, dass die „nationale Rechtsprechung" (im Klartext: der BGH) durch die Betonung des Eintragungsanspruchs und der angeblich zu beachtenden Großzügigkeit der Prüfungsmaßstabs nicht unerheblich dazu beitrage, dass in nennenswertem Maße schutzunfähige Zeichen in das Register gelangten). Nach der hier vertretenen Auffassung sollte dieser Streit nicht überbewertet werden. Es sollte grundsätzlich möglich sein, Einigkeit darüber zu erzielen, dass weder ein besonders großzügiger noch ein betont restriktiver Maßstab anzuwenden sind. Auszurichten ist die Beurteilung stets an den Zielen des Markenrechts, das einen unverfälschten Wettbewerb gewährleisten soll und das daher den Interessen aller Beteiligten angemessen Rechnung tragen muss. Nach der hier vertretenen Auffassung bedeutet dies insbesondere, dass die Wettbewerberinteressen bei der Prüfung keines Schutzhindernisses völlig außer Acht gelassen werden dürfen, ebenso wie umgekehrt auch die Interessen der beteiligten Verkehrskreise stets mit zu berücksichtigen sind (→ Rn. 63 ff.). 28.1

Im deutschen Recht entspricht die Anwendung eines großzügigen Maßstabs auch dem erklärten Willen des Gesetzgebers, der in der Amtlichen Begründung zum MarkenG ausgeführt hat, „dass jede, wenn auch noch so geringe Unterscheidungskraft ausreicht" (Amtl. Begr. zu § 8). Dieser Aussage kommt jedoch angesichts der Vorrangigkeit des europäischen Rechts keine Verbindlichkeit zu (→ Rn. 59). 29

Primär maßgeblich bleibt insoweit die **Rechtsprechung des EuGH.** Von diesem wurde die vom EuG regelmäßig verwendete Formel, es genüge ein „Mindestmaß" bzw. „Minimum" an Unterscheidungskraft bisher, soweit ersichtlich, nur in eher beiläufiger Form aufgegriffen (EuGH C-398/08 P, GRUR 2010, 228 Rn. 39 – Vorsprung durch Technik); sie zählt jedenfalls nicht zum festen Bestand der vom EuGH selbst regelmäßig wiederholten Wendungen. Auf der anderen Seite wird der entsprechende, vom EuG verwendete Maßstab auch nicht als unangemessen beanstandet. Statt sich mit der Bemessung des Prüfungsmaßstabs in allgemeiner Form auseinanderzusetzen, stellt der EuGH in seinen Entscheidungen regelmäßig darauf ab, ob sich die Auslegung der Schutzhindernisse durch das EuG in hinreichend konkreter Weise am Warenbezug einerseits und den Adressatenkreisen andererseits orientiert; soweit das der Fall ist, wird den Entscheidungen mit wenigen Ausnahmen attestiert, dass sie nicht rechtsfehlerhaft gewesen seien. 30

Allerdings bleibt anzumerken, dass in den Verfahren, in denen der Gerichtshof selbst über die Schutzfähigkeit von Unionsmarkenanmeldungen entschieden hat, die Schutzschwelle zum Teil sehr niedrig angesetzt wurde. Dies gilt vor allem für die erste dieser EuGH-Entscheidungen (C-383/99 P, GRUR 2001, 1145 – BABY DRY zu Art. 3 Abs. 1 Buchst. c RL (EU) 2015/2436), die allerdings kaum noch als wegweisend gelten kann; ähnlich großzügig aber auch EuGH C-329/02 P, GRUR 2004, 943 – SAT.1; C-398/08 P, GRUR Int 2010, 225 – Vorsprung durch Technik). Deutlich zurückhaltender äußert sich der Gerichtshof hingegen zum Schutz von Warenformmarken (s. insbesondere EuGH C-136/02 P, GRUR Int 2005, 135 (137) Rn. 31 – Maglite; → Rn. 35). 30.1

MarkenG § 8 Teil 2 Voraussetzungen, Inhalt und Schranken etc.

31 Dies lässt sich in dem Sinne deuten, dass formelhafte Festlegungen im Hinblick auf die Bemessung der Schutzschwelle nach Ansicht des EuGH wenig hilfreich sind. Sicher ist allerdings, dass extreme Ausschläge in die eine wie auch die andere Richtung vermieden werden sollten. Schlagwortartig ausgedrückt, sollte es sich weder um einen betont „großzügigen" noch um einen „strengen", sondern um den „korrekten" Maßstab handeln. Wesentlich wichtiger als die Beachtung eines schematisch festgelegten Prüfungsmaßstabs ist es für die Erreichung dieses Ziels, im Einzelfall die Interessen des Markenanmelders sowie diejenigen der Allgemeinheit so **konkret und umfassend** wie möglich festzustellen und zu würdigen. Dabei darf man sich hinsichtlich der Präzision des Prüfungsmaßstabs ohnehin keine Illusionen machen: Da und soweit die Feststellungen und Prognosen im Rahmen des Eintragungsverfahrens spekulativ bleiben müssen, kann es immer nur darum gehen, eine gewisse Annäherung an die Bedürfnisse der Praxis und die ggf. bestehenden Risiken zu erreichen.

4. Einschränkung des Prüfungsmaßstabs bei einzelnen Schutzhindernissen

32 Das vom EuGH betonte Erfordernis der einheitlichen Auslegung des Prüfungsmaßstabs gilt grundsätzlich uneingeschränkt; es gilt somit auch für die anderen im Eintragungsverfahren von Amts wegen zu prüfenden Schutzhindernisse. Für das deutsche Recht ergeben sich jedoch **Abweichungen** im Hinblick auf die Schutzhindernisse für täuschende und bösgläubig angemeldete Marken (§ 8 Abs. 2 Nr. 4 und Nr. 10): Nach § 37 Abs. 3 beschränkt sich insoweit die Zurückweisung der Marke im Eintragungsverfahren auf Fälle, in denen das Schutzhindernis „ersichtlich" ist. Obwohl diese Regelung dem Gebot der strengen und umfassenden Prüfung (→ Rn. 26) bei wörtlicher Auslegung widerspricht, ist an der Europarechtskonformität der Regelung nicht zu zweifeln, zumal sie eindeutig sachgerecht ist: Anders als bei der Prüfung fehlender Unterscheidungskraft, Beschreibungseignung oder Handelsüblichkeit, auf die sich die Ausführungen des EuGH in erster Linie bezogen haben, werden dem Amt in der Regel geeignete Anhaltspunkte für eine gründliche Prüfung der Bösgläubigkeit von Markenanmeldung oder die Täuschungseignung von Marken fehlen. In diesen Fällen sollten daher die Anforderungen an die Prüfungspflicht des Amtes nicht überspannt werden; insoweit reicht es aus, wenn den Interessen der Allgemeinheit sowie auch den Interessen desjenigen, der sich auf die bösgläubige Anmeldung einer Marke beruft, im Löschungsverfahren Genüge getan wird.

32.1 Bei Marken, deren Benutzung ersichtlich gegen ein aus anderen gesetzlichen Vorschriften folgendes, im öffentlichen Interesse stehendes Verbot verstoßen würde (§ 8 Abs. 2 Nr. 9), ist die Rechtslage ohnehin eine andere: Hier geht es nicht um eine Relativierung des Prüfungsmaßstabs, sondern um eine materielle Einschränkung des Schutzhindernisses, die sich bereits aus der Formulierung des Schutzhindernisses selbst ergibt (→ Rn. 734).

33 In der UMV gilt für den Fall des Schutzhindernisses für täuschende Marken (Art. 7 Abs. 1 Buchst. g UMV) **keine explizite Beschränkung** auf Fälle der ersichtlichen Täuschungseignung. Aus den zuvor genannten praktischen Gründen kann jedoch auch im Verfahren vor dem EUIPO keine intensive Überprüfung möglicher Täuschungsgefahren stattfinden; auch insoweit wird die Anwendung des Schutzhindernisses daher im Ergebnis auf Fälle der Ersichtlichkeit beschränkt. Fälle der bösgläubigen Eintragung werden im System der UMV ohnehin nicht im Eintragungsverfahren, sondern nur als Löschungsgrund berücksichtigt, der keiner Einschränkung der Prüfungsintensität unterliegt.

5. Gleicher Prüfungsmaßstab für alle Markenformen

34 Keine Unterschiede für den Prüfungsmaßstab ergeben sich im nationalen wie im Unionsrecht aus der **Form des Zeichens,** für das in der Anmeldung Schutz begehrt wird. Vom EuGH wird insoweit in ständiger Rechtsprechung betont, dass für sämtliche schutzfähigen Zeichenformen einheitliche Prüfungsmaßstäbe gelten (EuGH verb. Rs. C-53/01 – C-55/01, GRUR 2003, 514 Rn. 42 – Linde, Winward und Rado; C-64/02 P, GRUR 2004, 1027 Rn. 33 f. – Das Prinzip der Bequemlichkeit).

35 Auf der anderen Seite schließt die Anwendung einheitlicher Maßstäbe nicht aus, dass verschiedene Zeichenformen von den Abnehmern unterschiedlich wahrgenommen werden. So ist dem EuGH zufolge grundsätzlich davon auszugehen, dass die Abnehmer die Form

Absolute Schutzhindernisse   § 8 MarkenG

einer Ware primär in dieser Eigenschaft, dh als Gebrauchsgegenstand, wahrnehmen und nicht als Ausdruck der wesentlichen Funktion einer Marke, die kommerzielle Herkunft der Ware zu identifizieren und von Waren anderer Herkunft zu unterscheiden (EuGH verb. Rs. C-53/01, C-55/01, GRUR 2003, 514 Rn. 48 – Linde, Winward und Rado; C-218/01, GRUR 2004, 428 Rn. 38 – Henkel). Das Gleiche gilt für Farben oder Farbkombinationen, die vorwiegend als Gestaltungsmittel von Waren, und nicht als Mittel zur Identifizierung der kommerziellen Herkunft, betrachtet werden (EuGH C-104/01, GRUR Int 2003, 638 Rn. 27, 66 f. – Libertel; ähnlich für Slogans, die in erster Linie als Werbebotschaften aufgefasst werden, EuGH C-64/02 P, GRUR 2004, 1027 Rn. 35 f. – Das Prinzip der Bequemlichkeit). Dieser Rechtsprechung zufolge wird bei solchen Zeichenformen die Eignung zur Herkunftskennzeichnung iSv § 8 Abs. 2 Nr. 1 und Art. 7 Abs. 1 Buchst. b UMV eher zu verneinen sein als bei traditionellen Zeichenformen (Wort- und Bildmarken), die von den Abnehmern ohne weiteres als Herkunftshinweis erkannt werden.

6. Konkreter (waren- und dienstleistungsbezogener) Maßstab

Bei der Prüfung der Schutzhindernisse gemäß § 8 und Art. 7 UMV ist ein konkreter **36** Maßstab anzulegen. Anders als bei der Beurteilung der abstrakten Markenfähigkeit im Rahmen des § 3 und Art. 4 UMV geht es nicht darum, die Schutzfähigkeit der angemeldeten Marke unter allgemeinen, produktübergreifenden Aspekten zu beurteilen. Insbesondere bei den wichtigen Schutzhindernissen von § 8 Abs. 2 Nr. 1 bis 3 und Art. 7 Abs. 1 Buchst. b bis d UMV ist allein die Feststellung von Bedeutung, ob die angemeldete Marke **für die angegebenen Waren und/oder Dienstleistungen** hinreichend unterscheidungskräftig ist oder aber beschreibend wirkt oder sprachüblich geworden ist.

Im Hinblick auf § 8 Abs. 2 Nr. 3 war dies zunächst umstritten. In der Tat enthält die entsprechende **36.1** Vorschrift der MRL, Art. 4 Abs. 1 Buchst. d RL (EU) 2015/2436, nach wie vor keinen Hinweis darauf, dass die Marke für die betreffenden Waren oder Dienstleistungen üblich geworden sein muss; dasselbe gilt für Art. 7 Abs. 1 Buchst. d UMV sowie für das Vorbild der Regelungen in Art. 6^{quinquies} B Nr. 2 PVÜ. Der EuGH hat jedoch in „Merz & Krell" (EuGH C-517/99, GRUR Int 2002, 145 – Bravo) klargestellt, dass ein Waren- und Dienstleistungsbezug auch bei Art. 4 Abs. 1 Buchst. d RL (EU) 2015/2436 vorhanden sein muss; die Umsetzung durch den deutschen Gesetzgeber, der dieses Kriterium in § 8 Abs. 2 Nr. 3 ausdrücklich aufgeführt hat, entspricht daher dem auch vom europäischen Recht intendierten Ergebnis (→ Rn. 538).

Bei sehr umfangreichen Waren- und Dienstleistungsverzeichnissen bedeutet die Notwen- **37** digkeit einer konkret waren- und dienstleistungsbezogenen Prüfung für das Amt unter Umständen einen erheblichen Arbeitsaufwand. Dennoch ist es nicht statthaft, in solchen Fällen auf die konkrete Einzelprüfung zu verzichten. Dies schließt jedoch nicht aus, dass bestimmte Schlagworte, die üblicherweise zur Anpreisung beliebiger Waren oder Dienstleistungen verwendet werden – wie „neu" oder „Super" – ungeachtet des jeweiligen Waren- und Dienstleistungsverzeichnisses wegen absoluter Schutzhindernisse zurückgewiesen werden (→ Rn. 176).

Die Notwendigkeit einer konkreten Prüfung bedeutet der Rechtsprechung des EuGH zufolge nicht, **37.1** dass sich die Prüfung auf andere Formen der Verwendung von Marken erstrecken muss als diejenigen, die von der zur Entscheidung zuständigen Behörde aufgrund eigener Sachkunde als die jeweils naheliegendste identifiziert worden ist (EuGH C-307/11 P, GRUR Int 2013, 134 Rn. 55 – Deichmann/OHIM; → UMV Art. 7 Rn. 33). Vom BGH wird demgegenüber vorsichtiger und prinzipiell eintragungsfreundlicher formuliert, dass es für die Bejahung der Eintragbarkeit genügt, wenn es praktisch bedeutsame und naheliegende Möglichkeiten gebe, das angemeldete Zeichen bei den Waren und Dienstleistungen, für die es eingetragen werden soll, so zu verwenden, dass es vom Verkehr ohne Weiteres als Marke verstanden wird (BGH GRUR 2008, 1093 Rn. 22 – Marlene-Dietrich-Bildnis I; GRUR 2010, 825 Rn. 21 – Marlene-Dietrich-Bildnis II; GRUR 2010, 1100 Rn. 28 – Tooor!). Näher → Rn. 130.

7. Maßgebliche Verkehrskreise

Wie bei anderen markenrechtlichen Tatbeständen ist auch bei den Schutzhindernissen **38** von dem Verständnis der **relevanten Abnehmerkreise** auszugehen. Diese sind unter Berücksichtigung des Waren- und Dienstleistungsverzeichnisses zu ermitteln, das den Referenzrahmen für die materielle Beurteilung vorgibt (→ Rn. 102). Bedeutung kommt diesen Grundsätzen vor allem für die Beurteilung der Schutzhindernisse gemäß § 8 Abs. 2 Nr. 1–3 und Art. 7 Abs. 1 Buchst. b bis d UMV zu; sie sind jedoch auch für die anderen Schutzhindernisse – mit wenigen Ausnahmen – von Relevanz.

38.1 Besonderheiten gelten für die auf Art. 6ter PVÜ zurückgehenden Vorschriften von § 8 Abs. 2 Nr. 6–8 sowie Art. 7 Abs. 1 Buchst. h UMV: Von der Eintragung ausgeschlossen sind gemäß Art. 6ter Abs. 1 und 2 PVÜ die geschützten Hoheitszeichen selbst sowie „Nachahmungen im heraldischen Sinn". Maßgeblich für die Beurteilung ist insoweit nicht die Wahrnehmung der üblicherweise maßgeblichen Verkehrskreise, sondern die Sicht eines mit heraldischen Dingen vertrauten Fachmannes. Die gleiche Sicht ist nach Auffassung des EuGH auch für die Beurteilung des Schutzhindernisses aus Art. 7 Buchst. h UMV heranzuziehen (Art. 7 Buchst. h UMV; EuGH verb. Rs. C-202/08 und 208/08, GRUR Int 2010, 45 Rn. 47 f. – American Clothing). Für das deutsche Recht ist jedenfalls insoweit von der Geltung derselben Maßstäbe auszugehen, als es sich bei § 8 Abs. 2 Nr. 6 und 8 iVm Abs. 4 um die Umsetzung der zwingenden Bestimmung von Art. 4 Abs. 1 Buchst. h RL (EU) 2015/2436 handelt, der mit Art. 7 Abs. 1 Buchst. h UMV wortgleich übereinstimmt. Soweit hingegen in beiden Vorschriften von der weitergehenden Option des Art. 4 Abs. 3 Buchst. c RL (EU) 2015/2436 (bisher: Art. 3 Abs. 2 Buchst. c RL 2008/95/EG) Gebrauch gemacht wird, der über die PVÜ hinausweist, kann für die Frage, ob es sich um eine rechtserhebliche Nachahmung handelt, auch der sonst maßgebliche Beurteilungsmaßstab angewandt werden, der sich am Verständnis der beteiligten Verkehrskreise orientiert. Maßgeblich bleiben die beteiligten Verkehrskreise ohnehin insoweit, als es um die weitere im Zusammenhang mit § 8 Abs. 2 Nr. 8 iVm Abs. 4 S. 4 relevante Frage geht, ob der angemeldeten Marke trotz der Verwendung des geschützten Hoheitszeichens einer zwischenstaatlichen Organisation die Eignung fehlt, beim Publikum den Eindruck einer Verbindung mit dieser Organisation hervorzurufen.

38.2 Keine Bedeutung kommt der Verkehrsauffassung bei der Anwendung von Art. 7 Abs. 1 Buchst. j UMV bzw. Art. 4 Abs. 1 Buchst. i RL (EU) 2015/2436 zu, soweit Marken betroffen sind, die geografische Bezeichnungen von Weinen oder Spirituosen enthalten oder aus diesen bestehen. Dabei geht es um den in Art. 23 TRIPS verankerten, international verbindlichen Schutz solcher Bezeichnungen, der mit absoluter Wirkung ausgestattet ist (bisher noch nicht in § 8 umgesetzt; s. insoweit allgemein § 13 und zu den Auswirkungen der Markenreform → § 13 Rn. 63 ff.). Besonderheiten gelten auch für Bezeichnungen, deren Schutz sich nach Art. 13 VO 2012/1151 bestimmt: Danach ist die Eintragung konfligierender Bezeichnungen auch dann zu versagen, wenn der Anmelder „entlokalisierende Zusätze" anbringt, ohne dass es darauf ankommt, in welcher Weise die beteiligten Verkehrskreise die Angabe insgesamt auffassen (→ Rn. 738.2; → § 13 Rn. 59 ff.).

39 Soweit es auf die Wahrnehmung der Marke durch die relevanten Verkehrskreise ankommt, ist auf die Sicht eines **durchschnittlich aufmerksamen und informierten Adressaten** innerhalb des Territoriums abzustellen, auf das sich der Schutz bezieht bzw. beziehen soll (zu fremdsprachlichen Zeichen → Rn. 268 ff.).

39.1 Dieser Maßstab des durchschnittlich aufmerksamen und informierten Adressaten wurde vom EuGH zunächst für das Wettbewerbsrecht entwickelt (EuGH C-210/96, GRUR Int 1998, 795 – Gut Springenheide), wo er dem traditionell an der Wahrnehmung des flüchtigen Verbrauchers ausgerichteten Verbraucherleitbild des deutschen Rechts entgegengesetzt wurde. Nach ständiger Rechtsprechung sind auch im Markenrecht entsprechende Grundsätze anzuwenden. Es dürfen daher weder zu hohe noch zu niedrige Anforderungen an Wissen und Aufmerksamkeit der Abnehmer sowie sonstiger Teile der beteiligten Verkehrskreise gestellt werden (→ Rn. 107 f.).

39.2 Zu berücksichtigen ist ggf. auch, in welcher Weise die Sehgewohnheiten des angesprochenen Publikums durch die in bestimmten Produktbereichen üblichen Formen der Markenverwendung beeinflusst werden. Die Wahrnehmung des Verkehrs ist nicht statisch, sondern nimmt an der Dynamik des Marktgeschehens teil.

40 Dabei ergibt sich aus der Notwendigkeit der Prüfung im Kontext eines konkreten Waren- und Dienstleistungsbezugs (→ Rn. 36), dass bei Waren und Dienstleistungen, durch die vorwiegend Fachleute angesprochen werden, die Perspektive dieses Personenkreises ausschlaggebend ist, während bei Waren oder Dienstleistungen des täglichen Bedarfs von der Wahrnehmung eines durchschnittlichen Angehörigen der Gesamtbevölkerung auszugehen ist. Der EuGH-Rechtsprechung zufolge zählt zudem grundsätzlich **auch der Handel** zu den beteiligten Verkehrskreisen, deren Auffassung für die Beurteilung der Schutzfähigkeit von Markenanmeldungen zu berücksichtigen ist (EuGH C-421/04, GRUR 2006, 411 f. Rn. 24 – Matratzen Concord/Hukla; zu weiteren Einzelheiten → Rn. 107 f.).

Absolute Schutzhindernisse § 8 MarkenG

8. Konvergenz und Transparenz der Prüfung als Ziel der Rechtsangleichung

Obwohl die Beurteilung der Eintragungsvoraussetzungen im nationalen und im Unionsrecht übereinstimmenden Prüfungsmaßstäben unterliegt, können sich im Verhältnis zwischen dem EUIPO und dem nationalen Recht ebenso wie im Vergleich des deutschen Rechts mit anderen nationalen Rechtsordnungen Unterschiede in der Prüfungspraxis ergeben. 41

Unterschiede im Prüfungsergebnis, die sich aus der „naturgegebenen" Unschärfe der Prüfungskriterien ergeben (→ Rn. 31), lassen sich kaum vermeiden. Soweit sich solche Unterschiede zu deutlichen Tendenzen verfestigen, die die Prüfungspraxis des jeweiligen Amtes prägen, liegt darin jedoch ein Widerspruch zur Intention der Rechtsvereinheitlichung. Insbesondere lassen sich solche Abweichungen nicht als Ausdruck gewollter Vielfalt im Sinne eines „Wettbewerbs der Systeme" auffassen, sondern sie sind ein Symptom der mangelnden Verwirklichung des Harmonisierungsziels auf faktischer Ebene und sollten daher möglichst überwunden oder zumindest verringert werden. Dem Zweck einer solchen Fortschreibung der faktischen Vereinheitlichung durch eine verbesserte Synchronisierung der Systeme dienen der regelmäßige Informationsaustausch zwischen den verschiedenen nationalen Ämtern und dem EUIPO sowie weitere Instrumente, die im Rahmen des **Konvergenzprogramms** weiter ausgebaut werden (http://oami.europa.eu/ows/rw/pages/QPLUS/convergenceProgramme.de.do). 42

Durch die Reform von 2016 wird der Zusammenarbeit von EUIPO und nationalen Ämtern ein fester institutioneller Rahmen verliehen. Nach Art. 123c UMV soll die bessere Abstimmungen von Verfahren und Instrumentarien im Markenrecht (sowie im Geschmacksmusterrecht) folgende Themen betreffen: (a) Entwicklung gemeinsamer Prüfstandards, (b) Errichtung gemeinsamer oder vernetzter Datenbanken und Portale, die eine unionsweite Abfrage, Recherche und Klassifizierung ermöglichen, (c) kontinuierliche Bereitstellung und Austausch von Daten sowie Belieferung der unter (b) genannten Portale mit Material; (d) Festlegung gemeinsamer Standards und Verfahren, um die Interoperabilität von Verfahren und Systemen in der gesamten EU zu verbessern und deren Konsistenz und Kohärenz zu verbessern, (e) wechselseitige Informationen und Unterstützung von Helpdesks und Informationsstellen, (f) Austausch von technischem Know-How und Hilfestellung in den zuvor genannten Bereichen. Zur Ausfüllung dieser Aufgaben werden vom EUIPO Gelder im Rahmen gemeinsamer Projekte bereitgestellt. Diese Gelder dürfen 15% der jährlichen Einnahmen des Amtes nicht übersteigen. 42.1

Ungeachtet eines weiteren Ausbaus der Kooperationsprojekte wird es allerdings auch künftig zumal in Grenzfällen dazu kommen können, dass die Entscheidungen der einzelnen Behörden unterschiedlich ausfallen. Dies liegt in der Natur der Sache und ließe sich allenfalls dann verhindern, wenn jeglicher Anspruch auf Eigenständigkeit der nationalen Systeme aufgegeben würde. Da und solange dies nicht geplant ist, kann die Aufgabe nur darin bestehen, durch engen wechselseitigen Informationsaustausch und Abstimmung von Praktiken einer einheitlichen Lösung auf der Grundlage transparenter Kriterien so nahe wie möglich zu kommen. 42.2

9. Berücksichtigung von Voreintragungen

Angesichts der Eigenständigkeit der Markensysteme auf nationaler und Unionsebene bleibt die Prüfung der Eintragungsvoraussetzungen der innerhalb des jeweiligen Systems zuständigen Behörde allein überlassen. Eintragungen desselben Zeichens in anderen Mitgliedsländern oder durch das EUIPO binden die nationalen Ämter daher ebenso wie Schutzversagungen. Dies ergibt sich bereits aus der Natur der Sache, wenn eine Marke aus linguistischen Gründen in einem Mitgliedsland zurückgewiesen wird, während sie im anderen keine erkennbare Bedeutung besitzt, oder wenn sonst die für Wahrnehmung und Verständnis der Marke bedeutsamen, konkreten Umstände voneinander abweichen. Grundsätzlich gilt dies jedoch auch, wenn die sachlichen Kriterien der Beurteilung übereinstimmen und die Behörden lediglich zu einem unterschiedlichen Ergebnis gelangen: auch insoweit bleibt es bei der **Autonomie der Systeme,** die grundsätzlich ausschließt, dass Voreintragungen in anderen Systemen für die Entscheidung über die Eintragung als maßgeblich betrachtet werden (ständige Rechtsprechung des EuG und des EuGH, s. etwa EuGH C-104/00 P, GRUR 2003, 58 (60) Rn. 39 – Companyline; EuG T-129/04, GRUR-RR 2006, 216 Rn. 68 – Develey). 43

Der Eintragung bzw. Ablehnung einer angemeldeten Marke in anderen Mitgliedsländern kann allerdings ein gewisser **informatorischer Wert** zukommen, auch wenn er sich nicht im Sinne einer rechtlich relevanten Indizwirkung verfestigt (dazu Ströbele/Hacker/Ströbele 44

Rn. 59 mit Hinweis auf die Ablehnung der insoweit von der Kommission vertretenen Position in EuGH C-218/01, GRUR 2004, 428 (432) Rn. 63 f. – Henkel).

45 Auch innerhalb der gleichen Behörde entfalten Vorentscheidungen keine Präjudizwirkung in dem Sinne, dass das Amt in gleich gelagerten Fällen zwingend zum gleichen Ergebnis kommen müsste. Auf der anderen Seite können frühere Entscheidungen nicht völlig unberücksichtigt bleiben, sondern der Prüfer muss sich im Einzelfall mit den **Gründen für die abweichende Beurteilung** auseinandersetzen und seine eigene Entscheidung im Lichte dieser Erwägungen begründen und rechtfertigen (grundlegend EuGH verb. Rs. C-39/08, C-43/08, GRUR 2009, 667 – Bild T.Online und ZVS).

10. Sprachen

46 Für das Verständnis der beteiligten Verkehrskreise bedeutsam sind grundsätzlich alle Elemente einer Marke, die der Kommunikation dienen können. Besondere Bedeutung für die Beurteilung der Schutzfähigkeit wird jedoch in aller Regel den bildlichen sowie vor allem den sprachlichen Elementen zukommen. Den Hintergrund für die Beurteilung bilden insoweit im Fall der Unionsmarke **sämtliche offiziellen Sprachen** der EU, von denen es derzeit 21 gibt. Hingegen werden die Sprachen gesonderter Gruppen innerhalb der Mitgliedsländer – zB nationale Minderheiten oder Personen aus dem EU-Ausland – unabhängig von der Größe der Sprachgruppe vom EUIPO grundsätzlich nicht für die Prüfung berücksichtigt.

47 Im deutschen Recht ist die Prüfung grundsätzlich auf der Grundlage der deutschen Sprache durchzuführen; allerdings werden uU auch andere Sprachen berücksichtigt. Dies gilt insbesondere für Englisch, das von weiten Teilen der einheimischen Bevölkerung zumindest rudimentär verstanden wird; es gilt ferner auch für andere Sprachen, vor allem soweit in dem einschlägigen Waren- und Dienstleistungssektor intensive Handelsbeziehungen mit dem betreffenden Land unterhalten werden oder sonst Gründe vorhanden sind, die entsprechende Sprachkenntnisse als naheliegend erscheinen lassen. Insoweit sind die Umstände des Einzelfalles zu beachten; starre Regeln lassen sich nicht aufstellen (zu Einzelheiten → Rn. 268 ff.); zu üblichen fremdsprachlichen Ausdrücken → Rn. 535; zu diskriminierenden Ausdrücken → Rn. 657).

48 Ebenso wie im Unionsrecht finden jedenfalls bisher die von größeren ausländischen Gruppen gesprochenen Sprachen – wie insbesondere Türkisch – grundsätzlich **keine systematische Berücksichtigung** im Eintragungsverfahren vor dem DPMA. Soweit es dadurch zur Eintragung beschreibender Begriffe kommt, werden diese im Konfliktfall durch die Anwendung der Schrankenbestimmungen (§ 23) gelöst (BGH GRUR 2004, 947 – Gazoz).

48.1 Auch insoweit gilt, dass die Umstände des Einzelfalls zu beachten sind. So können fremdsprachige Begriffe – auch solche in „exotischen" Sprachen – die einem fachkundigem Publikum in ihrer beschreibenden Bedeutung geläufig sind, auch in dieser Eigenschaft rechtlich gewürdigt werden; s. EuG GRUR 2008, 1040 – PRANAHAUS, bestätigt durch EuGH GRUR 2010, 534; zu diesem und weiteren Fällen → Rn. 274).

49 Die Befolgung dieses Grundsatzes muss insoweit Grenzen finden, als eine angemessene, durch die Rechtsordnung gebotene Berücksichtigung schützenswerter Interessen dadurch verhindert würde. So kann zB die Eintragung einer Marke, die eine **Diskriminierung oder Verunglimpfung** nationaler Minderheiten bewirkt, nicht deswegen als eintragungsfähig angesehen werden, weil sie in der Sprache dieser Minderheit gefasst und für die Mehrheit der Bevölkerung nicht verständlich ist (→ Rn. 657).

50 Die Beschränkung des nationalen Prüfungsverfahrens auf die Amtssprache(n) des jeweiligen Landes oder deren lediglich begrenzte Erweiterung auf die im jeweiligen Inland oder jedenfalls von den konkret angesprochenen Verkehrskreisen verstandenen Sprachen sollte nach den Kommissionsvorschlägen zur Reform des europäischen Markenrechts nicht mehr zulässig sein. Die nationalen Ämter sollten Markenanmeldungen zurückweisen, wenn in irgendeinem dieser Länder ein Schutzhindernis vorliegen würde (Art. 4 Abs. 2 Buchst. a MRL-E, KOM(2013) 162 endg.). Ferner sollte die Marke dann von der Eintragung ausgeschlossen sein, wenn bei Übersetzung oder Transkription aus einer fremden Sprache bzw. Schrift in eine Amtssprache der EU bzw. dort verwandte Schrift ein Schutzhindernis ergibt. (Art. 7 Abs. 2 Buchst. b UMV-E, KOM(2013) 161 endg.; Art. 4 Abs. 2 Buchst. b MRL-E,

KOM(2013) 162 endg.). Die Vorschläge stießen jedoch auf starken Widerstand im Rat sowie im Europäischen Parlament und sind daher nicht Gesetz geworden. Die Ablehnung ändert jedoch nichts an der bereits unter geltendem Recht etablierten Praxis des DPMA, nach der außereuropäische Sprachen zumindest dann zu berücksichtigen sind, wenn sie von den konkret angesprochenen Zielgruppen verstanden werden; → Rn. 670 ff.

Die Kommissionsvorschläge waren als Reaktion auf Fälle zu verstehen gewesen sein, in denen ein **50.1** in einem Mitgliedsland rein beschreibender Begriff in einem anderen Mitgliedsland als Marke angemeldet und geschützt wurde. So konnte die Bezeichnung „Matratzen" in Spanien als nationale Marke für ebensolche Produkte eingetragen werden (EuGH C-3/03P, GRUR Int 2004, 843 – Matratzen Concord/EUIPO). Nach der Rechtsprechung des EuGH stellt die Eintragung solcher Marken, wenn sie unter Berücksichtigung des maßgeblichen Verkehrsverständnis erfolgt ist, kein unzulässiges Hindernis für den freien Waren- und Dienstleistungsverkehr dar (EuGH C-421/04, GRUR 2006, 411 – Matratzen Concord/Hukla). Zur Verhinderung solcher in der Tat wenig wünschenswerten Ergebnisse bedarf es jedoch nicht eines so weitgehenden Schritts, wie ihn die Kommissionsvorschläge vorsahen haben.

11. Kombinationsmarken

Soweit Marken aus **mehreren Elementen** zusammengesetzt sind, kann die Eintragung **51** in der Regel erfolgen, soweit eines der Elemente die für die vom Anmelder beanspruchte Zeichenkategorie erforderliche Schutzfähigkeit aufweist; zu Ausnahmen → Rn. 51.2. So können Bezeichnungen, die für sich genommen beschreibend oder nicht unterscheidungskräftig sind, zusammen mit unterscheidungskräftigen Bildbestandteilen oder in grafischer Gestaltung als Bild- oder Wort/Bildmarke eingetragen werden. Die schutzunfähigen Bestandteile sind dann zwar Teil der Marke und partizipieren insoweit an deren Schutz. Übereinstimmungen in Bestandteilen, die an sich schutzunfähig sind, können jedoch nach deutscher Rechtsauffassung keine Verwechslungsgefahr begründen (BGH GRUR 2003, 1040 (143) – Kinder; GRUR 2007, 1071 Rn. 34 ff. – Kinder II; Ströbele/Hacker/Hacker § 9 Rn. 333; zum Unionsmarkenrecht → Rn. 51.1.)

Für das Unionsmarkenrecht geht das EuG hingegen nach ständiger Rechtsprechung davon aus, dass **51.1** zwar die Kennzeichnungsstärke einzelner Merkmale im Rahmen der anzustellenden Gesamtbetrachtung zu berücksichtigen sei, dass aber auch dann, wenn Marken lediglich in für sich genommen schutzunfähigen Bestandteilen übereinstimmen, eine Verwechslungsgefahr nicht ausgeschlossen werden könne. Diese Grundsätze wurden vom EuGH bestätigt (EuGH C-235/05, BeckEuRS 2006, 441044 Rn. 45 – L'Oréal/EUIPO (FLEX/FLEXI AIR); C-42/12 P, BeckRS 2012, 6282678 Rn. 62 – Vaclav Hrbek/EUIPO (Alpine/ALPINE PRO SPORTSWEAR); C-171/06 P, BeckRS 2007, 70819 Rn. 41 – T.I.M.E. ART/EUIPO. Näher zum Gegensatz zwischen den Ansätzen der deutschen Rechtsprechung und den EU-Gerichten → § 14 Rn. 386 f.).

Auch neben für sich schutzfähigen Bestandteilen können irreführende Bestandteile (→ Rn. 604) **51.2** die Schutzunfähigkeit des Gesamtzeichens bewirken; gleiches gilt für sittenwidrige (→ Rn. 659) und verbotene (→ Rn. 755) Bestandteile, Hoheitszeichen (→ Rn. 688 Prüfzeichen (→ Rn. 706), Organisationssymbole (→ Rn. 723) sowie für Bestandteile, deren Aufnahme auf Bösgläubigkeit bei der Anmeldung schließen lässt (→ Rn. 846).

Im Unionsmarkenrecht konnte für den Fall, dass eine Markenanmeldung schutzunfähige **52** Bestandteile enthält, ein ausdrücklicher **Verzicht** (Disclaimer) auf den Schutz solcher Bestandteile verlangt und die Eintragung von der Abgabe einer entsprechenden Erklärung abhängig gemacht werden (Art. 37 Abs. 2 GMV). Diese Möglichkeit besteht nach Art. 37 UMV nicht mehr; dies berührt jedoch nicht die Gültigkeit bereits zuvor abgegebener Disclaimer.

Wenn sich eine Marke aus mehreren nicht unterscheidungskräftigen oder beschreibenden **53** bzw. üblich gewordenen Angaben zusammensetzt, ist sie häufig auch in der Zusammensetzung nicht schutzfähig, es sei denn, dass sich durch die Zusammensetzung Besonderheiten ergeben, die die Schutzfähigkeit begründen (EuGH C-363/99, GRUR 2004, 674 – Postkantoor). Dies ist jedoch nicht als starre Vermutungsregel aufzufassen; vielmehr ist die Schutzfähigkeit in jedem Einzelfall anhand des **Gesamteindrucks** zu beurteilen, den die Marke als Ganzes bei den Adressaten hervorruft (EuGH C-329/02, GRUR 2004, 943 – SAT.2).

Unklar ist, ob diese Grundsätze auch im Hinblick auf andere Arten von absoluten Schutzhindernissen **53.1** gelten. So wird im deutschen Recht davon ausgegangen, dass schon ein einzelner täuschender Bestandteil

MarkenG § 8 Teil 2 Voraussetzungen, Inhalt und Schranken etc.

eines mehrteiligen Zeichens dessen Eintragung nach § 8 Nr. 4 entgegenstehen kann (→ Rn. 659 mit Hinweis auf BPatG BeckRS 2011, 28145 – Ready to Faak; bestätigt durch BGH GRUR 2013, 729).

53.2 Dagegen schützen § 8 Abs. 2 Nr. 6, 7 und 8 bzw. Art. 8 Abs. 1 Buchst. h UMV Hoheits-, Gewähr- und internationale Organisationszeichen vor unbefugter Anmeldung als bzw. **in einer Marke** (EuGH verb. Rs. C-202/08 und 208/08, GRUR Int 2010, 45 Rn. 47 – American Clothing Associates), solange sie nicht im Gesamtzeichen untergehen.

12. Maßgeblicher Zeitpunkt für die Beurteilung der Schutzfähigkeit

54 Da die Schutzwirkungen von Marken nach erfolgter Eintragung vom Anmeldetag an gelten, ist es grundsätzlich folgerichtig, dass der Anmeldetag auch den maßgeblichen Zeitpunkt für die Beurteilung der Schutzfähigkeit bildet. Im deutschen Recht wird hiervon jedoch eine **Ausnahme** gemacht, wenn die Marke zwar am Tag der Anmeldung wegen fehlender Unterscheidungskraft oder wegen ihres beschreibenden oder üblichen Charakters nicht schutzfähig gewesen wäre, zum Zeitpunkt der Eintragung jedoch kein solches Hindernis mehr vorliegt: In diesem Fall ist auf den Eintragungszeitpunkt abzustellen (§ 37 Abs. 2). Dies setzt allerdings voraus, dass sich der Anmelder damit einverstanden erklärt, dass der Zeitrang der Eintragung auf den Zeitpunkt verschoben wird, an dem das Schutzhindernis weggefallen ist (→ § 37 Rn. 15 ff.).

54.1 Wenn Anmelder und Amt davon ausgingen, dass die Marke zum Zeitpunkt der Anmeldung Unterscheidungskraft besaß, fehlt es regelmäßig an einer Einverständniserklärung des Anmelders mit der Prioritätsverschiebung; für diese bestand ja nach Ansicht der Beteiligten kein Anlass. Dies hat zur Konsequenz, dass die Berücksichtigung einer ggf. zum Zeitpunkt der Eintragung erworbenen Unterscheidungskraft in einem späteren Löschungsverfahren nicht in Betracht kommt (EuGH verb. Rs. C-217/13 und C-218/13, BeckRS 2014, 81013 Rn. 57 ff. – Oberbank und Banco Santander/DSGV).

54.2 Der Nachweis, dass die Marke zum maßgeblichen Zeitpunkt die erforderliche Unterscheidungskraft aufwies, ist im Rahmen eines späteren Löschungsverfahrens vom Anmelder zu führen (EuGH verb. Rs. C-217/13 und C-218/13, BeckRS 2014, 81013 Rn. 68 – Oberbank und Banco Santander/DSGV).

55 Im Unionsmarkenrecht ist dem EuGH zufolge allein das **Datum der Anmeldung** maßgeblich (EuGH C-332/09 P, BeckRS 2010, 91251 – EUIPO/Frosch Touristik). Bei Wegfall der Schutzhindernisse muss der Anmelder somit eine Neuanmeldung vornehmen, um die Marke eintragen zu können.

56 Der BGH ging früher davon aus, dass der Zeitpunkt der Entscheidung über die Eintragung auch für die Zurückweisung einer Anmeldung maßgeblich ist: Wenn ein Zeichen zwar am Anmeldetag schutzfähig war, diese Schutzfähigkeit jedoch bis zum Tag der Eintragung verloren hatte, konnte keine Eintragung erfolgen (BGH GRUR 2009, 411 – STREET-BALL; GRUR 2010, 138 – Rocher-Kugel). Mit der Entscheidung „Aus Akten werden Fakten" gab der BGH jedoch seine bisherige Rechtsansicht auf und schloss sich der Entscheidungspraxis des EuGH an. Begründet wird dies vor allem damit, dass sich die unter Umständen lange Dauer des Eintragungsverfahrens nicht zulasten des Anmelders auswirken sollte; hinzu tritt das Interesse der Öffentlichkeit an einem inhaltlichen **Gleichlauf der Rechtspraxis im Unionsrecht und im nationalen Recht** (BGH GRUR 2013, 1143 Rn. 15).

56.1 Die bisherige Praxis war vor allem darauf gestützt worden, dass das Vorliegen von Schutzhindernissen zum Zeitpunkt der Entscheidung zuverlässiger festgestellt werden könne, ohne dass schwierige, auf den Anmeldetag rückbezogene Ermittlungen angestellt werden müssten (Ströbele/Hacker/Ströbele Rn. 17).

56.2 Für die vom EuGH und jetzt auch vom BGH vertretene Auffassung spricht jedoch den Aspekt des Vertrauensschutzes: Der Anmelder hat mit der Einreichung seines Antrags alle von ihm zu erwartenden Schritte unternommen, um zu einem gültigen Recht zu gelangen; er kann die weitere Entwicklung nicht mehr beeinflussen. Dies gilt zum einen für die Dauer des Prüfungsverfahrens; es gilt aber auch für die Verwendung der als Marke angemeldeten Bezeichnung durch Dritte, der der Anmelder nicht unter Berufung auf ein eigenes Recht entgegentreten kann.

V. Unterscheidungskraft und Freihaltungsbedürfnis

1. Ausgangspunkt

57 Die bedeutsamsten absoluten Schutzhindernisse sind § 8 Abs. 2 Nr. 1–3 (entsprechend: Art. 7 Abs. 1 Buchst. b bis d UMV). Vor allem fehlende Unterscheidungskraft und beschreibender Charakter der Angabe dominieren in der Praxis und stehen auch im Fokus wissenschaftlicher Erörterungen.

Dabei geht es neben der Frage des Prüfungsmaßstabs (→ Rn. 27 f.) vor allem darum, 58 das **Verhältnis der Schutzhindernisse zueinander** zu bestimmen sowie Klarheit über Legitimität und Ausmaß der Berücksichtigung des sog. Freihaltungsbedürfnisses (oder Freihalteinteresses) zu gewinnen.

Für beide Fragen gilt gleichermaßen, dass sie der Deutungshoheit nationaler Rechtsprechung und Rechtstraditionen entzogen sind und nur der autonomen Auslegung auf der Grundlage des europäischen Rechts unterliegen (→ Rn. 25). 59

2. Interessenbezogener Ansatz des EuGH

Der EuGH hält in ständiger Rechtsprechung daran fest, dass die Schutzhindernisse des 60 Art. 4 Abs. 1 Nr. 1–3 RL (EU) 2015/2436 und Art. 7 Abs. 1 Nr. 1–3 UMV unabhängig und getrennt voneinander zu prüfen sind, wobei nicht ausgeschlossen ist, dass sie sich in einem weiten Bereich überschneiden (EuGH C-517/99, GRUR Int 2002, 145 Rn. 68 – Merz & Krell („Bravo"); C-363/99, GRUR 2004, 674 Rn. 67 – Postkantoor). Vor allem aber sind sie im Licht des Allgemeininteresses auszulegen, wobei dieses dem EuGH zufolge je nach Eintragungshindernis in **unterschiedlichen Erwägungen** zum Ausdruck kommt: Beim Schutzhindernis fehlender Unterscheidungskraft geht es um das Allgemeininteresse daran, Marken vom Schutz auszuschließen, die nicht ihre Hauptfunktion erfüllen, dem Verbraucher oder Endabnehmer die Ursprungsidentität der betreffenden Waren oder Dienstleistungen zu garantieren, indem sie ihm ermöglichen, diese Waren oder Dienstleistung ohne die Gefahr einer Verwechslung von denen anderer Herkunft zu unterscheiden (EuGH C-456/01 P und C-457/01 P, GRUR Int 2004, 631 Rn. 46 – Henkel; s. auch EuGH C-53/01, C-55/01, GRUR 2003, 514 Rn. 73 – Linde, Winward und Rado). Unterscheidungskraft liegt daher vor, wenn die Marke geeignet ist, die Ware, für die die Eintragung beantragt wird, als von einem bestimmten Unternehmen stammend zu kennzeichnen und diese Ware somit von denjenigen anderer Unternehmen zu unterscheiden (EuGH C-329/02 P, GRUR 2004, 943 Rn. 27 – SAT.1). Demgegenüber verfolgt das Schutzhindernis für beschreibende Marken das im Allgemeininteresse liegende Ziel, dass Zeichen oder Angaben, die die Waren- oder Dienstleistungsgruppen beschreiben, für die die Eintragung beantragt wird, von allen frei verwendet werden können (EuGH verb. Rs. C-108/97, C-109/97, GRUR 1999, 723 Rn. 25 – Windsurfing Chiemsee).

Die unter Hinweis auf **unterschiedliche Ausprägungen des Allgemeininteresses** vorgenommene Trennung zwischen den Schutzhindernissen des § 8 Abs. 2 Nr. 1 und 2 (entsprechend: Art. 7 Abs. 1 Buchst. b und c UMV) führt dazu, dass in Verfahren, die lediglich eines der beiden Schutzhindernisse betreffen, Erwägungen des Allgemeininteresses, die im jeweils anderen Schutzhindernis zum Ausdruck kommen, nicht angeführt und geprüft werden können. Damit wird insbesondere ausgeschlossen, dass im Rahmen der Prüfung fehlender Unterscheidungskraft berücksichtigt wird, inwieweit ein allgemeines Interesse an der Freihaltung der angemeldeten Marke besteht. Dieser Grundsatz ist sowohl für Wortmarken (EuGH C-329/02 P, GRUR 2004, 943 – SAT.1; s. auch C-304/06 P, GRUR 2008, 608 – Eurohypo) als auch für Warenformmarken (C-173/04 P, GRUR 2006, 233 – SiSi) und Slogans (C-64/02, GRUR 2004, 1027 Rn. 37 – Erpo Möbelwerke („Das Prinzip der Bequemlichkeit")) vom EuGH ausdrücklich bestätigt worden. Auch der BGH folgt dieser Systematik in ständiger Rechtsprechung (→ Rn. 247). 61

3. Sonderfall abstrakte Farbmarke

Abweichend von dem üblicherweise angewandten Beurteilungsschema hat sich der EuGH 62 in der Entscheidung „Libertel" im Sinne einer Berücksichtigung des Freihaltebedürfnisses im Rahmen der Unterscheidungskraft ausgesprochen (EuGH C-104/01, GRUR Int 2003, 638 – Libertel). Die Entscheidung betraf den Schutz des Farbtons Orange als abstrakte Farbmarke für Waren und Dienstleistungen im Bereich der Telekommunikation. Da kaum geltend gemacht werden konnte, dass es sich um eine zur Beschreibung der angemeldeten Waren und Dienstleistungen geeignete Marke handelte, kam es allein auf das Schutzhindernis fehlender Unterscheidungskraft iSv Art. 4 Abs. 1 Buchst. b RL (EU) 2015/2436 (seinerzeit:

Kur

MarkenG § 8 Teil 2 Voraussetzungen, Inhalt und Schranken etc.

Art. 3 Abs. 1 Buchst. b RL 2008/95/EG) an. Insoweit stellt der EuGH ua auf das an der Farbe bestehende **Freihaltungsbedürfnis** ab. Die geringe Zahl der tatsächlich verfügbaren Farben kann dazu führen, dass mit wenigen Eintragungen als Marken für bestimmte Dienstleistungen oder Waren der ganze Bestand an verfügbaren Farben erschöpft wird. Um die Entstehung unzulässiger Wettbewerbsvorteile für einzelne Wirtschaftsteilnehmer zu verhindern, wird gefolgert, dass „bei der Beurteilung der Unterscheidungskraft einer bestimmten Farbe als Marke das Allgemeininteresse an der Freihaltung von Farben zu berücksichtigen ist" (EuGH C-104/01, GRUR Int 2003, 638 Rn. 54, 60 – Libertel).

4. Kritik am systematischen Ansatz der EuGH-Rechtsprechung

63 Der in Libertel vorgenommenen, wettbewerbsorientierten Betrachtung ist zuzustimmen. Sie macht zugleich deutlich, dass die vom EuGH in anderen Fällen vorgenommene – und vom BGH in ständiger Rechtsprechung nachvollzogene – starre und ausschließliche Deutung der Schutzhindernisse fehlender Unterscheidungskraft und Beschreibungseignung als Ausprägung unterschiedlicher Formen des Allgemeininteresses **nicht sachgerecht** ist. Ein solches „Schubladendenken" läuft dem Ziel der vom EuGH selbst angemahnten strengen und umfassenden Prüfung der Schutzhindernisse zuwider; sie findet auch keine tragfähige Begründung in Wortlaut und Systematik des Gesetzes.

63.1 Eine konkrete Begründung für die Auffassung, dass die Interessen an der Freihaltung einer Marke (mit Ausnahme abstrakter Farbmarken) allein und ausschließlich dem in Art. 4 Abs. 1 Buchst. c RL (EU) 2015/2436 und Art. 7 Abs. 1 Buchst. c UMV normierten Schutzhindernis zuzuordnen sind, hat der EuGH nicht gegeben. Die wahrscheinlichste Erklärung dafür lautet jedoch, dass sich der Gerichtshof für verpflichtet hielt, konkrete Trennlinien zwischen den einzelnen Schutzhindernissen zu identifizieren, da sie ausweislich der Struktur der Vorschrift gleichrangig nebeneinander stehen, so dass nicht eines davon – die Unterscheidungskraft – zugleich alle Elemente enthalten kann, die auch das andere – die Eignung zur Beschreibung – prägen. Diese Sichtweise entspricht der bereits unter der Geltung des WZG in Deutschland hM, die sich vor allem auf die Wurzeln der Schutzhindernisse in Art. 6^{quinquies} B Nr. 2 PVÜ berief (s. statt aller Beier GRUR Int 1992, 243): Dem französisch-liberal geprägten Ausschlussgrund der fehlenden Unterscheidungskraft steht danach das an den Interessen der Wettbewerber ausgerichtete Freihaltebedürfnis gegenüber, das zwar einen strikteren Maßstab normiert, dafür jedoch in seiner Geltung auf den Ausschlussgrund der beschreibenden (und üblichen) Angaben zu begrenzen ist.

63.2 Dabei kann offenbleiben, ob diese Deutung tatsächlich den historischen Gegebenheiten sowie einem allgemeinen Verständnis von Art. 6^{quinquies} B Nr. 2 PVÜ entspricht, das sich nicht auf die hM in Deutschland beschränkt: Für das europäische Recht wäre die abschließende Verortung der Wettbewerberinteressen beim Schutzhindernis beschreibender Angaben (sowie bei den üblichen Angaben und funktionalen Zeichenformen) nur dann bindend, wenn sie im Wortlaut der Vorschrift eindeutig zum Ausdruck gekommen wäre. Dafür lässt sich jedoch aus Art. 4 Abs. 1 Buchst. c RL (EU) 2015/2436 und Art. 7 Abs. 1 Buchst. c UMV nichts entnehmen, zumal der Begriff des Freihaltungsinteresses ohnehin nicht gesetzlich fixiert ist. Auch die Schlussfolgerung, dass das Freihaltungsinteresse bei der Prüfung der Unterscheidungskraft unberücksichtigt bleiben muss, wäre nur dann als ein vom Wortlaut des Gesetzes vorgegebenes Postulat aufzufassen, wenn der Begriff der „Unterscheidungskraft" jedem normativen Verständnis entzogen wäre. Dafür gibt es jedoch keine Anhaltspunkte; im Gegenteil: Es handelt sich um einen Rechtsbegriff, dessen sinnvolle Auslegung erfordert, dass er in den Kontext der Aufgaben und Ziele eines ausgewogenen Markensystems gestellt wird. Dies entspricht grundsätzlich auch der Rechtsprechung des EuGH: Ausweislich der „Libertel"-Entscheidung geht auch der Gerichtshof nicht davon aus, dass das Kriterium der „Unterscheidungskraft" ausschließlich eindimensional zu verstehen ist und keinerlei Raum für normative Erwägungen lässt (→ Rn. 64).

64 Wie der EuGH selbst betont, liegt die Grundlage für die Beurteilung der Schutzhindernisse im Ziel der **Gewährleistung des unverfälschten Wettbewerbs**. Wie ferner zurecht ausgeführt wird, sollten daher Wettbewerber nicht bereits durch die Eintragung von Marken gegenüber anderen einen (spürbaren) Wettbewerbsvorteil erzielen (EuGH C-104/01, GRUR Int 2003, 638 Rn. 54 ff. – Libertel; s. auch EuGH C-49/02, GRUR 2004, 858 Rn. 24 – Heidelberger Bauchemie und EuGH C-321/03, GRUR 2007, 231 Rn. 34 – Dyson; zu Art. 2 UMV). Die Eintragung soll lediglich dazu dienen, den Wettbewerb um die betreffenden Waren oder Dienstleistungen zu ermöglichen und zu lenken; sie muss jedoch im Übrigen wettbewerbsneutral sein (→ MarkenR Einleitung Rn. 151 f.). Diese Wettbewerbsneutralität ist – wie der EuGH am Beispiel abstrakter Farbmarken feststellt – vor allem dann nicht gegeben, wenn die Anzahl der frei verfügbaren und unter wettbewerblichen Aspekten gleichwertigen Zeichen begrenzt ist.

Aus diesen Erwägungen erschließt sich zugleich der **Denkfehler,** der der starren Systematik des EuGH zugrunde liegt. Wettbewerbsvorteile, deren Zuwendung im Wege der Markeneintragung das prinzipielle Gebot der wettbewerblichen Neutralität des Markenerwerbs beeinträchtigen würde, entstehen nicht allein bei Eintragung beschreibender Bezeichnungen – für die das Freihaltungsinteresse in § 8 Abs. 2 Nr. 2 und in Art. 7 Abs. 1 Buchst. c UMV speziell normiert ist – oder bei konturlosen Farben, für die die EuGH-Rechtsprechung eine entsprechende Ausnahme vorsieht (→ Rn. 62): Solche Wettbewerbsvorteile können typischerweise auch beim Schutz von Warenformmarken relevant werden; ferner gelten sie beim Schutz simpler grafischer Gestaltungen, einzelner Buchstaben oder bei sonstigen Zeichenformen, bei denen der Vorrat an gleichwertigen Marken in ähnlicher Weise von vornherein beschränkt ist. 65

5. Nachteilige Konsequenzen der EuGH-Rechtsprechung

a) **Warenformmarken.** Neben den systematischen Bedenken spricht gegen den Ansatz der EuGH-Rechtsprechung, dass die ausschließliche Berücksichtigung von Wettbewerberinteressen im Rahmen von Art. 4 Abs. 1 Buchst. c RL (EU) 2015/2436 (= § 8 Abs. 2 Nr. 2) und Art. 7 Abs. 1 Buchst. c UMV sich in ihrer **praktischen Umsetzung** als umständlich und unrealistisch erweist. 66

So verweist der EuGH für das **Freihaltungsinteresse an Warenformen** zum einen auf Art. 4 Abs. 1 Buchst. e RL (EU) 2015/2436 (§ 3 Abs. 2) und Art. 7 Abs. 1 Buchst. e UMV (EuGH verb. Rs. C-53/01, C-55/01, GRUR 2003, 514 – Linde, Winward und Rado; s. auch EuGH C-299/99, GRUR 2002, 804 – Philips; C-48/09 P, GRUR 2010, 1008 – LEGO), zum anderen aber auch auf Art. 4 Abs. 1 Buchst. c RL (EU) 2015/2436 (EuGH verb. Rs. C-53/01, C-55/01, GRUR 2003, 514 Rn. 69 – Linde, Rado und Winward). Dies bedeutet, dass das Wettbewerberinteresse an der Freihaltung von Warenformmarken, die nicht ohnehin mit unüberwindbarer Wirkung vom Schutz ausgeschlossen sind, jedenfalls dann – aber dem EuGH zufolge auch nur dann – berücksichtigt werden kann, wenn die Form zur Beschreibung der Ware geeignet ist. 67

Damit wird die Beurteilung des Schutzes von Warenformmarken in ein Beurteilungsschema gezwängt, das seinem Gegenstand **nicht angemessen** ist und das bei konsequenter Beachtung in ein argumentatives Dilemma führt. Wird dem Grundsatz nach – im Einklang mit dem EuGH – akzeptiert, dass eine Formgebung der Beschreibung einer Ware dienen kann (so EuGH C-53/01, 55/01, GRUR 2003, 514 Rn. 66 – Linde, Rado und Winward), so lässt sich nicht plausibel begründen, warum dies nicht mehr der Fall sein soll, wenn sich die konkrete Warenform von verkehrsüblichen Formen derselben Ware unterscheidet: Auch ungewöhnliche Formen machen ja die Ware in ihren Besonderheiten ebenso wie in ihrer Zugehörigkeit zu einer konkreten Warengattung kenntlich und „beschreiben" sie dadurch; insoweit sollte eigentlich nichts anderes gelten als dann, wenn eine spezielle Produktvariante mit Worten charakterisiert wird, die auf die Besonderheiten der Ware hinweisen. Die Folge einer solchen konsequenten Fortführung des vom EuGH gewählten gedanklichen Ansatzes wäre jedoch ein genereller Schutzausschluss von Warenformmarken, der nur durch Erwerb von Unterscheidungskraft überwunden werden könnte – eine Konsequenz, die der EuGH eindeutig ablehnt (EuGH verb. Rs. C-53/01, C-55/01, GRUR 2003, 514 Rn. 75 – Linde, Rado und Winward). 68

Angesichts solcher Ungereimtheiten hätte die Frage der Anwendbarkeit von Art. 4 Abs. 1 Buchst. c RL (EU) 2015/2436 und Art. 7 Abs. 1 Buchst. c UMV auf Warenformmarken größere Aufmerksamkeit verdient, als sie ihr in der Entscheidung Linde, Rado und Winward zuteil geworden ist. Das vom EuGH als ausreichend erachtete Argument, der Wortlaut der Vorschrift schließe ihre Anwendung auf Warenformmarken nicht aus, ist nicht gleichbedeutend damit, dass dies auch eine sinnvolle Lösung darstellt – insbesondere wenn sich damit die Konsequenz verbindet, dass andere Lösungswege womöglich versperrt bleiben. Ebenso wie bei abstrakten Farbmarken – bei denen ja eine beschreibende Wirkung grundsätzlich ebenfalls nicht von vornherein ausgeschlossen werden kann, ohne dass dies den EuGH 68.1

MarkenG § 8 Teil 2 Voraussetzungen, Inhalt und Schranken etc.

zu einer anderen Bewertung veranlasst hat – hätte es daher nahegelegen, den zwar theoretisch möglichen, aber wenig gangbaren Umweg über Art. 4 Abs. 1 Buchst. c RL (EU) 2015/2436 und Art. 7 Abs. 1 Buchst. c UMV zu vermeiden und die vom Gerichtshof postulierte umfassende und strenge Prüfung der Schutzhindernisse in ihrer Gesamtheit, einschließlich der Berücksichtigung der Freihalteinteressen, bei Art. 4 Abs. 1 Buchst. b RL (EU) 2015/2436 und Art. 7 Abs. 1 Buchst. b UMV anzusiedeln.

68.2 Durch die Eröffnung der Möglichkeit, die Wettbewerberinteressen im Rahmen der Unterscheidungskraft umfassend zu berücksichtigen, ließe sich auch die vom EuGH ua in der Entscheidung Hauck/Stokke (C-205/213, GRUR 2014, 1097 mAnm Kur) artikulierte Notwendigkeit einer weiten Auslegung der unüberwindbaren Ausschlussgründe für Formmarken, § 3 Abs. 2 reduzieren; → § 3 Rn. 72.1.

69 In der Rechtsprechung scheint das Schutzhindernis der Beschreibungseignung für Warenformmarken keine größere Rolle zu spielen. Falls daraus zu schließen wäre, dass Wettbewerberinteressen im Eintragungsverfahren weitgehend vernachlässigt werden, wäre dies ein alarmierendes Signal; möglicherweise deutet es jedoch darauf hin, dass Belange des Wettbewerbs stillschweigend unter dem Aspekt fehlender Unterscheidungskraft in die Prüfung einbezogen werden und dass sich somit in der Praxis ohnehin eine **realitätsgerechtere Beurteilung** durchsetzt.

69.1 Soweit Behörden oder Gerichte im Verfahren allerdings auf der getrennten Betrachtung bestehen, kann dies unter Umständen zu nicht unerheblichen (und sachlich unnötigen) **Verzögerungen** führen. (s. die Verfahren „Linde", „Rado" und „Winward" in ihrer Fortführung durch den BGH GRUR 2004, 502 – Gabelstapler II; GRUR 2004, 506 – Stabtaschenlampen II; GRUR 2004, 505 – RADO Uhr II, in denen der Fall zur Überprüfung des Schutzhindernisses von § 8 Abs. 2 Nr. 2 an das BPatG zurückverwiesen wurde; s. auch die erneute Entscheidung des BGH im „RADO"-Fall, BGH GRUR 2007, 973 – RADO Uhr III sowie insbesondere das Auf und Ab im Instanzenzug im Fall „Käse in Blütenform", BGH GRUR 2004, 329; GRUR 2008, 1000).

70 **b) Andere Markenformen.** Während im Fall der Warenformmarken bereits die Anwendung von § 8 Abs. 2 Nr. 2 und Art. 7 Abs. 1 Buchst. c UMV gewissen Vorbehalten begegnet, sind bei anderen Markenformen beschreibende Verwendungen grundsätzlich eher denkbar; auch diese erschöpfen jedoch nicht immer das gesamte Spektrum der im Interesse der Allgemeinheit für die Freihaltung des Zeichens sprechenden Gesichtspunkte. So bestehen Bedenken gegen die Eintragung des griechischen Buchstabens α (alpha) oder des Zeichens @ ja nicht allein oder vorwiegend deswegen, weil diese im Hinblick auf konkrete Waren oder Dienstleistungen beschreibend sind oder sein können, sondern auch und vor allem wegen der relativen Seltenheit solcher Kennzeichnungsmittel und der Aufmerksamkeitswirkung, die sie im Wettbewerb erzielen. Noch deutlicher wird dies bei den sog. „Eventmarken" (→ Rn. 659): Dass der werbemäßige Hinweis auf Großereignisse möglich bleiben sollte, soweit dadurch nicht der unzutreffende Eindruck eines wirtschaftlichen oder rechtlichen Zusammenhangs mit dem Organisator erzeugt wird, ist nicht allein im Hinblick auf Waren oder Dienstleistungen relevant, für die die Bezeichnung konkret beschreibend wirken kann, sondern stellt ein generelles Postulat der Wettbewerbsfreiheit dar. Auch insoweit muss daher darauf geachtet werden, dass die vom EuGH vorgenommene Kategorisierung der Allgemeininteressen samt ihrer Zuweisung an einzelne Schutzhindernisse und der damit verbundenen Ausschlusswirkung nicht zu einer unangemessenen Verkürzung des Prüfungsstoffs führt (insoweit kritisch zur BGH-Rechtsprechung auch Ingerl/Rohnke Rn. 117).

71 **c) Ergebnis.** Der Ansatz der EuGH-Rechtsprechung ist abzulehnen, da und soweit er verhindert, dass substanzielle Freihaltungsinteressen bei der Prüfung der Schutzhindernisse berücksichtigt werden können. Dies bedeutet insbesondere, dass Aspekte des Freihaltungsinteresses auch jenseits der in § 8 Abs. 2 Nr. 2 genannten Tatbestände berücksichtigt werden können, soweit dafür ein besonderer Anlass besteht (→ Rn. 73; zur Frage der Verortung → Rn. 73.1). Mit den Vorgaben des EuGH ist diese Auffassung zwar nicht dem Buchstaben, wohl aber in Zielen und Inhalt vereinbar, zumal auch der EuGH die Gewährleistung unverfälschten Wettbewerbs als eine **verbindliche Zielvorgabe** seiner Rechtsprechung bezeichnet.

72 Gegenüber dieser Zielsetzung wiegen die (angeblichen) strukturellen Besonderheiten der Schutzhindernisse mit ihrer Verwurzelung im internationalen Recht nicht schwer, zumal es sich bei der strukturellen Gleichordnung der Schutzhindernisse im Rahmen von Art. 6$^{\text{quin-}}$ ^{quies} B Nr. 2 PVÜ ohnehin um ein Produkt der **politischen Konvenienz** und nicht um ein bewusst auf unterschiedlichen Interessenkonstellationen aufbauendes, in sich schlüssiges Gesamtkonzept handelt.

6. Konsequenzen der hier vertretenen Auffassung

Nach der hier vertretenen Auffassung ist die von der hM postulierte, kategorische Trennung zwischen den einzelnen Schutzhindernissen des § 8 Abs. 2 Nr. 1–3 und Art. 7 Abs. 1 Buchst. b bis d UMV zugunsten eines **flexibleren Ansatzes** aufzugeben. Dieser Ansatz versteht alle drei Schutzhindernisse als Teilelemente einer umfassenden Prüfung, deren Ergebnis als „konkrete Markenfähigkeit" – in Entsprechung zur „abstrakten Markenfähigkeit" von § 3 Abs. 1 und Art. 4 UMV – bezeichnet werden kann. Die einzelnen Schutzversagungsgründe behalten ihre Eigenständigkeit insoweit, als sie jeweils eigene Schwerpunkte für die Prüfung setzen. So bleibt für die Beurteilung der Unterscheidungskraft maßgeblich, inwieweit die Marke generell geeignet ist, von den beteiligten Verkehrskreisen als Hinweis auf die betriebliche Herkunft der Ware oder Dienstleistung wahrgenommen zu werden, während für die Schutzhindernisse der beschreibenden oder üblichen Angaben die entsprechenden Besonderheiten im Vordergrund stehen. Bei Einschlägigkeit der zuletzt genannten Schutzhindernisse ist ferner zu berücksichtigen, dass ein wettbewerbliches Interesse an der Freihaltung der entsprechenden Angabe besteht. Liegen weder Beschreibungseignung noch handelsüblicher Charakter im Wortsinn vor, schließt dies die Annahme eines Freihaltungsinteresses nicht von vornherein aus; dieses bleibt vielmehr in den Fällen relevant, in denen die Zuweisung des Markenrechts dem Erwerber **aus konkret zu benennenden Gründen einen Wettbewerbsvorteil** verschafft. Dies ist in der Regel der Fall, wenn der Vorrat an entsprechenden Zeichen begrenzt und das Zeichen per se geeignet ist, einen besonderen Aufmerksamkeitseffekt hervorzurufen oder wenn es funktionale Vorzüge besitzt, ohne dadurch „technikbedingt" iSv § 3 Abs. 2 Nr. 2 bzw. Art. 7 Abs. 1 Buchst. e (ii) UMV zu sein.

Ob die Prüfung dieser Aspekte bei § 8 Abs. 2 Nr. 1 bzw. Art. 7 Abs. 1 Buchst. b UMV (so Ingerl/Rohnke Rn. 117) oder bei § 8 Abs. 2 Nr. 2 bzw. Art. 7 Abs. 1 Buchst c verortet wird, ist demgegenüber von zweitrangiger Bedeutung. Unter dem Aspekt einer möglichst gleichförmigen Rechtsanwendung in der EU erscheint allerdings die zuerst genannte Lösung erfolgversprechender: Ein mit dem Wortlaut kaum noch zu vereinbarendes, weites Verständnis des Schutzhindernisses für zur Beschreibung geeignete Angaben lässt sich europaweit weniger leicht vermitteln als ein normativ-wertendes Verständnis von "Unterscheidungskraft", wie es bereits in der Libertel-Entscheidung zum Ausdruck kommt. Dem Argument, die Interessen des Wettbewerbs seien nach dem Willen des Gesetzgebers bei § 8 Abs. 2 Nr. 2 angesiedelt (so die Kommentierung bei → Rn. 246 ist entgegenzuhalten, dass es sich hier nicht um einen vom (deutschen oder europäischen) Gesetzgeber autonom im Hinblick auf konkrete Interessen und Zielvorstellungen formulierten Text handelt, sondern um die Übernahme einer aus dem Jahre 1911 stammenden Kompromissformel des internationalen Rechts, die im Laufe ihres Bestehens in verschiedenen Ländern sehr unterschiedlich interpretiert worden ist und sich daher kaum als verbindliche Richtschnur für die Verortung konkreter Interessen eignet.

Umgekehrt sind auch die Interessen der beteiligten Verkehrskreise an der Nutzung der Marke im Einklang mit ihrer Hauptfunktion zu berücksichtigen, soweit eine Marke dem Grunde nach unter die Schutzhindernisse der beschreibenden oder üblichen Angaben fällt: Bei eindeutig vorhandener Unterscheidungskraft kann eine Marke unter Umständen auch dann eingetragen werden, wenn sie für einen Teil der Fachkreise von beschreibender Bedeutung ist. Ausschlaggebend ist in diesem wie auch in dem zuvor genannten Fall eine **Abwägung der konkreten Interessen** aller Beteiligten, wobei auf der Seite des Freihaltungsinteresses vor allem ins Gewicht fällt, wie akut und konkret das Bedürfnis für die freie Verwendung der als Marke angemeldeten Bezeichnung ist (zur Interdependenz der Schutzhindernisse in § 8 Abs. 2 Nr. 1 und Nr. 2 s. auch Ingerl/Rohnke Rn. 200).

Da und solange der EuGH und ihm folgend der BGH an der Aufspaltung der Prüfung unter dem Aspekt der Unterscheidungskraft einerseits und der beschreibenden Angaben andererseits festhalten, müssen allerdings in der Praxis die überkommenen Argumentationsmuster beachtet werden. An diesen orientiert sich auch die Kommentierung zu den Einzelheiten des deutschen Rechts und des Unionsrechts.

7. Keine Rückkehr zum Konzept des Freihaltebedürfnisses unter dem WZG

76 Die Forderung nach einer umfassenderen Berücksichtigung von Freihaltungsinteressen im Rahmen der Prüfung absoluter Schutzhindernisse dürfte vor allem deswegen auf Widerstände stoßen, weil sich für die interessierten Kreise nach wie vor negative Erfahrungen mit diesem Begriff verbinden. Ursächlich dafür war ua die „Polyestra"-Entscheidung (BGH GRUR 1968, 694), die eine **Phase sehr restriktiver Praxis** von DPMA und BPatG auslöste: Um jede Gefahr späterer Konflikte auszuschließen, wurden sämtliche Marken von der Eintragung ausgeschlossen, die einer beschreibenden Angabe oder einer Gattungsbezeichnung verwechselbar ähnlich waren. Demgegenüber wurde vom BGH später erklärt, es sei allein darum gegangen, Abwandlungen von Fachausdrücken von der Eintragung auszuschließen (BGH GRUR 1984, 815 (817) – Indorektal I).

77 Die hier vertretene Auffassung führt schon deswegen nicht zu einer Rückkehr zu der vor BGH GRUR 1984, 815 – Indorektal I herrschenden Praxis, weil sie sich darauf beschränkt, die wettbewerbsrechtlichen Auswirkungen einer Zuerkennung des Ausschließlichkeitsrechts an einem konkreten Zeichen zu betrachten, ohne den Ähnlichkeitsbereich einzubeziehen. Auch sonst ergeben sich für den Markeninhaber aus dieser Betrachtung keine erheblichen Nachteile; insbesondere soll die Marke keiner „doppelten Prüfung" unterworfen werden. Es geht lediglich darum, sicherzustellen, dass alle Arten von Marken **einheitlichen Maßstäben** unterworfen werden, soweit es um die Berücksichtigung der Allgemeininteressen geht, ohne dass dabei künstliche, die anzustrebende umfassende Prüfung erschwerende oder sogar verhindernde Trennlinien gezogen werden.

78 Dabei ergibt sich bereits aus der Natur der Interessenabwägung, dass Art und Gewicht der für oder gegen den Markenschutz sprechenden Aspekte in einem **komplementären Verhältnis** zueinander stehen, in dem Sinne, dass bei sehr gering ausgeprägter Unterscheidungskraft der Schutz zu versagen sein kann, wenn das Freihalteinteresse nicht als insubstanziell qualifiziert werden kann, während bei erheblicher Unterscheidungskraft nur ein substanzielles bzw. besonders stark ausgeprägtes Freihalteinteresse in der Gesamtabwägung zur Schutzversagung führt. Dabei handelt es sich keineswegs um eine „Einbahnstraße" zulasten des Anmelders: Die hier vorgeschlagene holistische Betrachtung liefert zugleich die Begründung dafür, dass eine Markeneintragung ggf. erfolgen kann, obwohl sich die betreffende Bezeichnung zur Beschreibung eignet – nämlich dann, wenn das betreffende Freihaltebedürfnis gering, die Eignung zur Unterscheidung jedoch deutlich ausgeprägt ist.

VI. Überwindung anfänglicher Schutzhindernisse kraft Benutzung

1. Verkehrsdurchsetzung und erworbene Unterscheidungskraft

79 Die Schutzhindernisse von Art. 4 Abs. 1 Buchst. b bis d RL (EU) 2015/2436 und Art. 7 Abs. 1 Buchst. b bis d UMV können gemäß Art. 4 Abs. 4 RL (EU) 2015/2436 und Art. 7 Abs. 3 UMV überwunden werden, wenn die Marke durch ihre Benutzung im geschäftlichen Verkehr **Unterscheidungskraft erworben** hat. Sprachlich hiervon abweichend lässt § 8 Abs. 3 die Eintragung ursprünglich gemäß § 8 Abs. 2 Nr. 1–3 schutzunfähiger Marken zu, wenn diese sich im Verkehr **durchgesetzt** haben. Mit dieser Formulierung knüpft § 8 Abs. 3 an die frühere Rechtspraxis an, die zu § 4 Abs. 3 WZG entwickelt wurde. Für die Überwindung anfänglicher Schutzhindernisse war dabei zum einen entscheidend, ob ein gewisses Mindestmaß an Verkehrsbekanntheit erreicht worden war, sowie zum anderen, ob und in welchem Maße ein Freihaltebedürfnis an der Bezeichnung bestand.

79.1 Ohne dass sich die Rechtsprechung auf bestimmte Werte festgelegt hätte, wurde davon ausgegangen, dass anfänglich nicht schutzfähige Marken von mindestens 50% der beteiligten Verkehrskreise als betriebliches Herkunftskennzeichen erkannt werden müssen, um die Eintragung rechtfertigen zu können. Bei besonders freihaltebedürftigen Bezeichnungen wurde zum Teil der Nachweis einer „nahezu einhelligen" Verkehrsauffassung als Voraussetzung für die Eintragung verlangt (BGH GRUR 1960, 83 – Nährbier).

Im europäischen Recht findet eine autonome Auslegung des Begriffs der erworbenen 80
Unterscheidungskraft statt. In der Chiemsee-Entscheidung hat der EuGH insoweit erklärt,
wenn eine ursprünglich beschreibende Marke die Eignung erlangt habe, die jeweiligen Waren
als von einem bestimmten Unternehmen stammend zu kennzeichnen und damit von denjenigen anderer Unternehmen zu unterscheiden, sei ihr eine neue Bedeutung zugewachsen, die
nicht mehr nur beschreibend sei. Im Gegensatz zum früheren deutschen Recht sei eine
Differenzierung der so erworbenen Unterscheidungskraft nach dem festgestellten Interesse
daran, die geografische Bezeichnung für die Benutzung durch andere Unternehmen freizuhalten, **nicht zulässig** (EuGH verb. Rs. C-108/97, C-109/97, GRUR 1999, 723 Rn. 47 f. –
Windsurfing Chiemsee/Huber und Attenberger). Soweit daher durch den Ausdruck „Verkehrsdurchsetzung" die Fortgeltung der bisherigen Rechtsprechung zum Ausdruck gebracht
werden sollte, kann dies nach der EuGH-Rechtsprechung nicht mehr ohne weiteres aufrechterhalten werden.

2. Differenzierung nach der Art der Marke

Andere Formen der Differenzierung als diejenige nach der Stärke des Freihaltebedürfnisses 81
sind hingegen im Rahmen von Art. 4 Abs. 4 RL (EU) 2015/2436 bzw. § 8 Abs. 3 und Art. 7
Abs. 3 UMV zulässig oder sogar notwendig. Für geografische Herkunftsangaben, wie sie dem
„Chiemsee"-Entscheid zugrunde lagen, kommt es insoweit auf den Grad der Bekanntheit an:
Sehr bekannte geografische Bezeichnungen können nur dann Unterscheidungskraft erlangen,
wenn eine **lange und intensive Benutzung** der Marke durch das Unternehmen vorliegt,
das die Eintragung beantragt hat. Dies gilt umso mehr, wenn die Bezeichnung dem relevanten
verkehr bereits als geografische Herkunftsangabe für eine bestimmte Warengruppe geläufig
ist: In diesem Fall ist von einem Unternehmen, das die Eintragung für eine gleichartige Ware
beantragt, eine offenkundig besonders langfristigen und intensiven Benutzung der Marke zu
verlangen (EuGH verb. Rs. C-108/97, C-109/97, GRUR 1999, 723 Rn. 50 – Windsurfing
Chiemsee/ Huber und Attenberger). Mit dieser Art der Differenzierung lässt sich den Belangen der Wettbewerber im konkreten Fall durchaus in angemessener Weise Rechnung tragen.

Entsprechend dieser Betrachtung kann die Formel der Chiemsee-Rechtsprechung auch 82
in anderen Fällen zu einer angemessenen Berücksichtigung differierender Schutzinteressen
führen: Die Anforderungen sind umso höher, je weniger sich das betreffende Zeichen nach
seinem spezifischen Charakter als **Herkunftshinweis** eignet (BGH GRUR 2014, 483
Rn. 34 – test). Je eindeutiger der zB beschreibende Charakter der Bezeichnung und je
größer der Umfang der Verkehrskreise, in deren Verständnis sich die Angabe als beschreibend
darstellt, desto höhere Anstrengungen sind erforderlich, um den Nachweis erworbener
Unterscheidungskraft zu führen. Zu sinnvollen Ergebnissen führt dies insbesondere dann,
wenn sich die Beurteilung an allen Teilen der beteiligten Verkehrskreise gleichermaßen
ausrichtet und der Grundsatz Beachtung findet, dass nicht allein die Endabnehmer, sondern
auch ggf. auch die Fachkreise sowie der Handel einzubeziehen sind (→ Rn. 40).

Defizite sind hingegen denkbar, soweit sich Schutzhindernisse nicht allein aus der Wahrnehmung 82.1
der beteiligten Verkehrskreise erschließen, sondern aus funktionalen Erwägungen resultieren. So unterliegt im Fall „Käse in Blütenform" (BGH GRUR 2004, 329) die spezifische, mit Einkerbungen versehene Form des Käses nicht wegen ihrer Banalität und Üblichkeit für die Gestaltung von Käselaiben
einem Eintragungshindernis, sondern weil sie sich zur Portionierung eignet. Die Anforderungen an
die Überwindung dieses Schutzhindernisses müssen sich daher folgerichtigerweise an der Stärke der insoweit
bestehenden Interessen orientieren. Diese Überlegungen lassen sich nur dann widerspruchsfrei in das
markenrechtliche System einordnen, wenn mit dem zuvor dargelegten Ansatz (→ Rn. 73 ff.) von einem
umfassenden, interessenübergreifenden Verständnis von „Unterscheidungskraft" iSv § 8 Abs. 2 Nr. 1
und Art. 7 Abs. 1 Buchst. b UMV ausgegangen wird und dieses Verständnis auch für die Auslegung
von § 8 Abs. 3 und Art. 7 Abs. 3 UMV maßgeblich bleibt. Damit behält auch das rechtliche Konzept,
das dem Begriff der Verkehrsdurchsetzung zugrunde liegt, seine Gültigkeit. Dies bedeutet allerdings
nicht, dass an die unter der Geltung des WZG herrschende Praxis bruchlos angeknüpft werden könnte –
insoweit bleiben vielmehr die inhaltlichen Vorgaben des europäischen Rechts mit Vorrang zu beachten.

3. Nachweis der Verkehrsdurchsetzung

Im früheren deutschen Recht stellte der Nachweis hinreichender Bekanntheit bei den 83
beteiligten Verkehrskreisen die wichtigste oder sogar einzige Voraussetzung für die Eintra-

MarkenG § 8 Teil 2 Voraussetzungen, Inhalt und Schranken etc.

gung kraft Verkehrsdurchsetzung dar. Diese relativ **einseitige Ausrichtung auf den Durchsetzungsgrad** ist im europäischen Recht **nicht mehr statthaft;** die Entscheidung darf nicht allein auf generelle und abstrakte Angaben, wie zB Prozentsätze, gestützt werden. Der Anteil der beteiligten Verkehrskreise, der die Ware aufgrund der Marke als von einem bestimmten Unternehmen stammend erkennt, zählt jedoch nach wie vor zu den für die Feststellung erworbener Unterscheidungskraft heranzuziehenden Kriterien. Soweit dies nach den einschlägigen verfahrensrechtlichen Bestimmungen möglich ist, kann dieser Anteil auch durch Verbraucherumfragen festgestellt werden (EuGH verb. Rs. C-108/97, C-109/97, GRUR 1999, 723 Rn. 52 f. – Windsurfing Chiemsee/Huber und Attenberger; bestätigt durch EuGH verb. Rs. C-217/13 und C-218/13, GRUR 2014, 776 Rn. 40 ff. – Oberbank und Banco Santander/DSGV; s. dazu v. Mühlendahl GRUR 2014, 1040; Samwer EuZW 2014, 711; Steinbeck WRP 2014, 1003; Harte-Bavendamm/Goldmann MarkenR 2014, 480). Dabei ist auch für abstrakte Farbmarken nicht generell ein über 50% liegender Prozentsatz an Verkehrsbekanntheit zu fordern (BGH GRUR 2015, 581 – Langenscheidt-Gelb; im Anschluss an EuGH verb. Rs. C-217/13 und C-218/13, GRUR 2014, 776 – Oberbank und Banco Santander/DSGV).

83.1 Vom BPatG war in einem Rechtsstreit zwischen zwei Bankunternehmen dem EuGH die Frage vorgelegt worden, ob bei einer abstrakten Farbmarke (im konkreten Fall: Rot HKS 13), die für Dienstleistungen des Finanzwesens beansprucht wird, eine Verbraucherbefragung einen bereinigten Zuordnungsgrad von mindestens 70 % ergeben muss. Im Einklang mit der Entscheidung Windsurfing Chiemsee/Huber und Attenberger (EuGH verb. Rs. C-108/97, C-109/97, GRUR 1999, 723) lehnte der EuGH eine solche Festlegung auf Mindestprozentsätze ab und erklärte, dass auch bei konturlosen Farbmarken wie denen der Ausgangsverfahren, selbst wenn eine Verbraucherbefragung zu den Gesichtspunkten gehören kann, anhand deren sich prüfen lässt, ob eine solche Marke Unterscheidungskraft infolge Benutzung erworben hat, das Ergebnis einer solchen Verbraucherbefragung nicht den allein maßgebenden Gesichtspunkt darstellen darf, der den Schluss zulässt, dass eine infolge Benutzung erworbene Unterscheidungskraft vorliegt (EuGH verb. Rs. C-217/13 und C-218/13, GRUR 2014, 776, Rn. 48 – Oberbank und Banco Santander/DSGV).

84 Als **weitere relevante Kriterien** zur Feststellung des Erwerbs von Unterscheidungskraft sind der von der Marke gehaltene Marktanteil, die Intensität, geografische Verbreitung und Dauer der Markenbenutzung, der Werbeaufwand des Unternehmens für die Marke sowie Erklärungen von Industrie- und Handelskammern oder von anderen Berufsverbänden zu berücksichtigen (→ Rn. 885 ff.).

85 Für den Nachweis des Marktanteils genügt es nicht, generelle Angaben zum Umsatz zu machen; es muss vielmehr dargelegt werden, welche Marktposition **im Verhältnis zu Wettbewerbern** eingenommen wird (EuGH C-24/05, GRUR Int 2006, 842 – Storck). Für die Größenordnungen, die im Hinblick auf Intensität, Verbreitung oder Dauer der Markenbenutzung sowie beim Werbeaufwand erreicht werden muss, gibt es allerdings keine festen, einheitlichen Richtwerte; dies bestimmt sich vielmehr nach der Art des Produktes und den Besonderheiten des Marktes.

86 Bekanntheit, Investitionen, Marktanteil sowie Dauer und Umfang der Benutzung führen ferner nur dann zur Überwindung anfänglicher Schutzhindernisse, wenn die Benutzung „als Marke" erfolgt, dh, wenn für die Adressaten aus der Art und Weise der Benutzung hervorgeht, dass es sich um die Kennzeichnung der betrieblichen Herkunft der Ware oder Dienstleistung handelt. Allerdings schadet es nicht zwingend, wenn die Marke regelmäßig zusammen mit anderen Kennzeichnungsmerkmalen verwendet wird (EuGH C-353/03, GRUR 2005, 763 – Nestlé – Have a break). Die Nachweise für die erworbene Unterscheidungskraft müssen sich in diesem Fall jedoch auf das konkrete Zeichen **in Alleinstellung** beziehen (BGH GRUR 2011, 65, 67 – Buchstabe T mit Strich; GRUR 2014, 1011 Rn. 47 – gelbe Wörterbücher (Langenscheidt-Gelb)). Durch Angaben, die sich auf Benutzung und Bewerbung einer Kennzeichnung beziehen, bei der regelmäßig mehrere Elemente gemeinsam in Erscheinung treten, lässt sich der Nachweis, dass eines dieser Elemente auch für sich allein Unterscheidungskraft erworben hat, grundsätzlich nicht führen (BGH GRUR 2008, 710 Rn. 38 – VISAGE; GRUR 2010, 138 Rn. 39 – Rocher-Kugel; näher → Rn. 878 ff.; ebenso wohl EuGH C-215/14, GRUR 2015, 1198 Rn. 66 f. – Nestlé/Cadbury (str., → Rn. 86.1).

Die dem EuGH im Verfahren Nestlé/Cadbury vom britischen High Court vorgelegte Frage lautete: "Reicht es aus, wenn der Anmelder einer Marke, um darzutun, dass sie infolge ihrer Benutzung Unterscheidungskraft iSv Art. 3 Abs. 3 RL 2008/95/EG erworben hat, nachweist, dass zum maßgeblichen Zeitpunkt ein erheblicher Teil der beteiligten Verkehrskreise die Marke erkennt und in dem Sinne mit den Waren des Anmelders verbindet, dass sie, wenn sie angeben sollten, wer die mit der Marke gekennzeichneten Waren vermarktet, den Anmelder nennen würden, oder muss er nachweisen, dass ein erheblicher Teil der beteiligten Verkehrskreise die Marke (und keine anderen etwa vorhandenen Marken) als Hinweis auf die Herkunft der Waren wahrnimmt?" (Nestlé SA v Cadbury UK Ltd [2014] EWHC 16 (Ch)). Nach englischem Verständnis bedeutet die an zweiter Stelle genannte Alternative, dass sich die beteiligten Verkehrskreise praktisch ausschließlich an dem beanspruchten Zeichen orientieren, die sonstigen Kennzeichnungsmittel daher allenfalls von sekundärer Bedeutung sind. Die Antwort des EuGH, dass „die beteiligten Verkehrskreise allein die mit dieser Marke – und nicht die mit anderen etwa vorhandenen Marken – gekennzeichnete Ware oder Dienstleistung als von einem bestimmten Unternehmen stammend wahrnehmen" müssen (EuGH C-215/14, GRUR 2015, 1198 Rn. 67 – Nestlé/Cadbury) wird im Vereinigten Königreich überwiegend als Bestätigung dieser Ansicht verstanden. Diese, aus deutscher Sicht kaum nachvollziehbare Interpretation liegt auch der am 20.1.2016 ergangenen (nicht rechtskräftigen) Entscheidung des High Court zugrunde: Der entscheidende Richter (R. Arnold) führt aus, dass die EuGH-Entscheidung zwar nicht eindeutig sei, den vom EuGH billigend zitierten Ausführungen des Generalanwalts (BeckRS 2015, 80754) jedoch entnommen werden könne, dass das Wiedererkennen der Form und ihre Zuordnung zu einem bestimmten Unternehmen nicht ausreichend seien. 86.1

4. Zeitpunkt des Schutzerwerbs

Der Zeitpunkt, zu dem die Marke zu einem vollwertigen Recht erstarken kann, ist im deutschen Recht und im Unionsrecht **unterschiedlich geregelt:** Im Unionsmarkenrecht ist insoweit der Zeitpunkt der Anmeldung maßgeblich, während im deutschen Recht die Verkehrsdurchsetzung bis zum Zeitpunkt der Entscheidung über die Eintragung berücksichtigt werden kann (§ 37 Abs. 2; → Rn. 54). Damit besitzt die deutsche Regelung den Vorzug der Flexibilität und ist realitätsnäher, da sie der Dynamik des Marktes Rechnung trägt. Um unbillige Rechtsfolgen zu vermeiden, führt sie allerdings zu einer Verschiebung des Prioritätstages auf den Zeitpunkt, zu dem die Verkehrsdurchsetzung nachgewiesen wurde (→ Rn. 861 ff.). Demgegenüber hat die Regelung der UMV den Vorzug der Transparenz und Rechtssicherheit, da der Prioritätstag mit dem Zeitpunkt der Anmeldung identisch bleibt, soweit nicht nach allgemeinen Regeln eine frühere Priorität in Anspruch genommen wurde. 87

5. Territoriale Aspekte des Schutzerwerbs

Die Verkehrsdurchsetzung bzw. der Erwerb von Unterscheidungskraft müssen sich auf das Territorium beziehen, in dem der Schutz gelten soll. Praktisch bedeutsam ist dies vor allem für Unionsmarken, bei denen der Erwerb von Unterscheidungskraft „in der Union" nachgewiesen werden muss. Grundsätzlich gilt, dass sich der Nachweis gerade auf den Teil der EU beziehen muss, in dem das Schutzhindernis besteht. Bei Wortmarken, die in der Amtssprache einer oder mehrere Mitgliedsländern zur Beschreibung der Ware oder Dienstleistung dienen können, kommt es daher auf den Erwerb von Unterscheidungskraft **in dem betreffenden Teil der EU** an (EuG T-91/99, BeckEuRS 2000, 352012 – Options). Das Gleiche gilt im Rahmen der MRL, soweit in dem jeweiligen Schutzgebiet mehrere amtliche Sprachen gebräuchlich sind (EuGH C-108/05, GRUR 2007, 234 – Europolis). 88

Bei Marken, die in keinem Mitgliedsland als Hinweis auf die betriebliche Herkunft der zu kennzeichnenden Waren oder Dienstleistungen aufgefasst werden, bezieht sich der Schutzerwerb hingegen notwendigerweise auf das **gesamte Gebiet** der EU. Dies gilt insbesondere für Marken, die im Allgemeinen nicht als unterscheidungskräftig aufgefasst werden, wie **abstrakte Farbmarken und Warenformmarken.** Das EuG hat in einer Reihe von Entscheidungen sehr hohe Anforderungen an den Nachweis erworbener Unterscheidungskraft gestellt (zB EuG T-141/06, Slg. 2007, II-114 Rn. 40 – Glaverbel/EUIPO; EuG verb. Rs. T-28-08, BeckRS 2009, 70778 Rn. 46 – Mars/EUIPO). Demgegenüber hat das EuGH klargestellt, dass es zu weit ginge, zu fordern, dass der Nachweis für jedes Land getrennt geführt werden muss (EuGH C-98/11 P, GRUR 2012, 925 Rn. 62 = EuZW 2012, 589 – 89

MarkenG § 8 Teil 2 Voraussetzungen, Inhalt und Schranken etc.

Goldhase II, mit Anm. Grundmann). Im Einzelnen bestehen nach wie vor gewisse Unklarheiten; eingehend → UMV Art. 7 Rn. 192 ff.

VII. Bindungswirkung der Eintragung

90 Die Eintragung einer Marke entfaltet im deutschen Recht im Hinblick auf die in § 8 genannten Schutzvoraussetzungen **formelle Bindungswirkung.** Soweit die Rechtsgültigkeit der Eintragung wegen des Vorliegens absoluter Schutzhindernisse zum maßgeblichen Zeitpunkt bestritten wird, kann dies nur im Löschungsverfahren vor dem DPMA geltend gemacht werden.

91 Bei Unionsmarken besteht dagegen neben der Durchführung eines Löschungsverfahrens vor dem EUIPO die Möglichkeit, im Rahmen eines vor den Unionsmarkengerichten geführten Verletzungsverfahrens die Rechtsungültigkeit der Markeneintragung im Wege der Widerklage geltend zu machen (Art. 100 UMV). Soweit jedoch auf die Verletzungsklage des Inhabers einer Unionsmarke hin kein Löschungsantrag gestellt bzw. keine Widerklage erhoben wird, ist die Eintragung **als gültig** zu erachten (Art. 99 UMV); sie kann also in diesem Fall nicht vom Unionsmarkengericht inzident überprüft werden.

92 Von der Bindungswirkung im Hinblick auf die Eintragung der Marke zu unterscheiden ist die Beurteilung der **Schutzfähigkeit einzelner Elemente** bzw. Bestandteile der Marke im Rahmen von Verletzungsverfahren. So werden Bestandteile, die für sich genommen nicht schutzfähig sind, da ihnen jegliche Unterscheidungskraft fehlt oder weil sie zur Beschreibung der Waren oder Dienstleistungen oder deren Besonderheiten geeignet oder üblich geworden sind, zwar im Rahmen der Ähnlichkeitsprüfung als Teil des Gesamteindrucks berücksichtigt; Übereinstimmungen in solchen Bestandteilen können jedoch keine Verwechslungsgefahr nicht begründen (→ Rn. 51). Bei Unionsmarken können insoweit die linguistischen Besonderheiten in verschiedenen Mitgliedstaaten eine Rolle spielen; ggf. führt dies zu einer territorialen Beschränkung des Verbotsausspruchs (EuGH C-235/09, GRUR 2011, 518 Rn. 32 ff. – DHL).

92.1 Dies gilt allerdings nur, solange davon auszugehen ist, dass der betreffende Bestandteil keine (eigenständige) Unterscheidungskraft durch Benutzung im geschäftlichen Verkehr erworben hat.

93 Bei komplexen Marken, deren Gesamteindruck maßgeblich von schutzunfähigen Bestandteilen geprägt ist, wird in Verletzungsverfahren ferner regelmäßig die Frage relevant, ob die Benutzung ähnlicher Gestaltungen im geschäftlichen Verkehr im Sinne einer **Benutzung als Marke** aufgefasst wird. Dies entspricht jedenfalls der Rechtsprechung des BGH (s. etwa BGH GRUR 2005, 514 f. – Russisches Schaumgebäck; GRUR 2008, 505 Rn. 16 – TUC Salzcracker; → § 14 Rn. 411).

94 In diesem Zusammenhang sind die aufgrund der europäischen Markenrechtsreform erfolgten Änderungen von Interesse: Das bisher in § 23 Nr. 1 (Art. 6 Abs. 1 Buchst. b RL 2008/95/EG) und Art. 12 Buchst. b GMV verankerte Schutzhindernis wird danach auf die Benutzung von **Zeichen ohne Unterscheidungskraft** erweitert (Art. 14 Abs. 1 Buchst. b RL (EU) 2015/2436; Art. 12 Abs. 1 Buchst. b UMV). Soweit sich daher die Benutzung eines anderen Zeichens auf Elemente beschränkt, denen für sich genommen keine Unterscheidungskraft zukommt, kann im Regelfall keine Verletzung angenommen werden.

94.1 Das Gleiche gilt, wenn ein Zeichen, das lediglich aufgrund von erworbener Unterscheidungskraft eingetragen worden ist, den dafür benötigten Grad an Bekanntheit bzw. Intensität und Ausmaß der Benutzung nicht aufrecht erhalten hat: Zwar würde keine Löschung der eingetragenen Marke erfolgen; sie wäre jedoch in ihrer Durchsetzung gegenüber den Verwendern gleicher oder ähnlicher Zeichen gehemmt, soweit nicht im Einzelfall ein Verstoß gegen die anständigen Gepflogenheiten im geschäftlichen Verkehr vorliegt (zu diesen und weiteren Anwendungsfällen des neuen Schrankentatbestandes Kur, FS Fezer, 649 (651 ff.).

B. Wortmarken

I. Fehlende Unterscheidungskraft (Abs. 2 Nr. 1)

1. Normzweck

Von der **Eintragung** als Marke **ausgeschlossen** sind Zeichen, denen für die Waren oder Dienstleistungen **jegliche Unterscheidungskraft fehlt** (§ 8 Abs. 2 Nr. 1). Dem liegt das **Allgemeininteresse** zugrunde, eine rechtliche Monopolisierung eines Zeichens zugunsten eines Einzelnen durch Eintragung als Marke nur insoweit zuzulassen, wie dies zur **Gewährleistung der Ursprungsidentität** der mit der Marke gekennzeichneten Ware oder Dienstleistung **notwendig** ist (EuGH GRUR 2003, 604 Rn. 60 – Libertel; GRUR Int 2004, 631 Rn. 47 f. – Dreidimensionale Tablettenform I; BGH GRUR 2014, 565 Rn. 17 – smartbook; Fezer Rn. 48; Ströbele/Hacker/Ströbele Rn. 71; zur Irrelevanz der weiteren Markenfunktionen → Rn. 138). Im Interesse der Allgemeinheit sollen Zeichen, die keine herkunftsweisende Funktion erfüllen, nicht monopolisiert werden können (BGH GRUR 2014, 565 Rn. 17 – smartbook; ferner EuGH GRUR 2003, 604 Rn. 60 – Libertel).

Ein **ursprünglich nicht unterscheidungskräftiges Zeichen** kann Unterscheidungskraft dadurch erlangen, dass es sich infolge der Benutzung für die beanspruchten Waren oder Dienstleistungen in den beteiligten Verkehrskreisen **durchgesetzt** hat (§ 8 Abs. 3; → Rn. 861 ff.). Zum Normzweck des § 8 Abs. 2 Nr. 2 (beschreibender Charakter) → Rn. 161, zum Verhältnis der beiden Eintragungshindernisse zueinander → Rn. 247.

95

96

2. Definition

Unterscheidungskraft ist die **konkrete Eignung** eines Zeichens, vom Verkehr als **Unterscheidungsmittel** aufgefasst zu werden, das die beanspruchten Waren oder Dienstleistungen als von einem **bestimmten Unternehmen stammend** kennzeichnet und dadurch diese Waren oder Dienstleistungen von denjenigen anderer Unternehmen **unterscheidet** (EuGH GRUR 2014, 776 Rn. 38 – Oberbank/DSGV [Sparkassen-Rot]; GRUR 2012, 610 Rn. 42 – Freixenet; GRUR 2010, 228 Rn. 33 – Vorsprung durch Technik; GRUR 2003, 514 Rn. 40 – Linde, Winward u. Rado; GRUR 2002, 804 Rn. 35 – Philips; GRUR 1999, 723 Rn. 47 – Chiemsee; BGH GRUR 2015, 581 Rn. 9 – Langenscheidt-Gelb; GRUR 2015, 1012 Rn. 10 – Nivea-Blau; GRUR 2014, 565 Rn. 12 – smartbook; GRUR 2012, 1143 Rn. 7 – Starsat; GRUR 2012, 270 Rn. 8 – Link economy; BPatG GRUR 2012, 277 (279) – Volks.Hähnchen).

Für Unterscheidungskraft bedarf es **keiner Neuheit** (→ Rn. 330 ff.), **Originalität, Kreativität,** sprachlichen oder künstlerischen „**Schöpfungshöhe**" etc des Zeichens (EuGH GRUR 2011, 1035 Rn. 31 – 1000; GRUR 2010, 1096 Rn. 38 – HABM/BORCO; GRUR 2004, 943 Rn. 40 f. – SAT.2; EuG GRUR 2014, 285 Rn. 32 – Margarete Steiff/HABM; BeckRS 2015, 81945 Rn. 17, 35 – Omega/HABM). Umgekehrt folgt Unterscheidungskraft nicht schon daraus, dass das Zeichen neu ist (BGH GRUR 2011, 158 Rn. 12 – Hefteinband; BPatG GRUR 2011, 430 (431) – PowerTeacher) bzw. bisher nicht für die beanspruchten Waren oder Dienstleistungen verwendet wurde (BGH GRUR 2008, 1002 Rn. 30 – Schuhpark; s. auch BGH GRUR 2010, 640 Rn. 13 – hey!) oder originell ist (EuG GRUR 2014, 285 Rn. 32 – Margarete Steiff/HABM). Solche Merkmale können jedoch ebenso **Indizien** für ein unterscheidungskräftiges Zeichen sein, wie dessen **Mehrdeutigkeit** (näher → Rn. 149 f.), **Interpretationsbedürftigkeit** oder Eignung, beim angesprochenen Verkehr einen **Denkprozess** auszulösen (vgl. EuGH GRUR 2010, 228 Rn. 57 – Vorsprung durch Technik; BGH GRUR 2013, 522 Rn. 9 – Deutschlands schönste Seiten; GRUR 2009, 949 Rn. 12 – My World; GRUR 2010, 640 Rn. 14 – hey!; GRUR 2001, 413 (415) – Swatch; zu Werbeslogans → Rn. 338). Es kann deshalb auch einer für sich genommen eher einfachen Aussage nicht von vornherein die Eignung als Herkunftshinweis abgesprochen werden (BGH GRUR 2013, 522 Rn. 9 – Deutschlands schönste Seiten; GRUR 2009, 949 Rn. 12 – My World).

97

98

3. Notwendiger Grad der Unterscheidungskraft

99 **a) Mindestmaß an Unterscheidungskraft.** Zur Überwindung dieses Schutzhindernisses genügt **jede noch so geringe Unterscheidungskraft** (s. Begr. RegE MarkenG BT-Drs. 12/6581, 70; ebenso – ausgehend vom Wortlaut des § 8 Abs. 2 Nr. 1: „jegliche Unterscheidungskraft fehlt" – der BGH in ständiger Rechtsprechung, s. BGH GRUR 2015, 581 Rn. 9 – Langenscheidt-Gelb; GRUR 2015, 1012 Rn. 10 – Nivea-Blau; GRUR 2009, 949 Rn. 10 – My World; GRUR 2008, 1093 Rn. 13 – Marlene-Dietrich-Bildnis I; ebenso wohl auch der EuGH GRUR 2010, 228 Rn. 39 – Vorsprung durch Technik: „Minimum an Unterscheidungskraft"; GRUR Int 2004, 631 Rn. 44 – Dreidimensionale Tablettenform I: **„Mindestmaß an Unterscheidungskraft";** GRUR Int 2007, 856 Rn. 55 – IVG Immobilien/HABM [Buchstabe I in der Farbe Königsblau]: „minimale Unterscheidungskraft"; vorsichtiger insoweit und insbesondere für die umfassende und konkrete Berücksichtigung der Interessen des Markenanmelders sowie der Allgemeinheit plädierend Kur → Rn. 27 ff.). Da allein das Fehlen jeglicher Unterscheidungskraft ein Eintragungshindernis begründet, ist ein **großzügiger Maßstab** anzulegen (BGH GRUR 2015, 581 Rn. 9 – Langenscheidt-Gelb; GRUR 2009, 949 Rn. 10 – My World; GRUR 2015, 1012 Rn. 10 – Nivea-Blau; GRUR 2008, 1093 Rn. 13 – Marlene-Dietrich-Bildnis I). Der **Grad der Unterscheidungskraft** hat lediglich für den **Schutzbereich** der Marke im **Kollisionsfall** Bedeutung (Ingerl/Rohnke Rn. 119).

100 **b) Prüfungsmaßstab vs. Prüfungsumfang.** Dass materiell, dh beim **Prüfungsmaßstab**, ein Mindestmaß an Unterscheidungskraft zur Überwindung des Schutzhindernisses genügt und dabei ein großzügiger Maßstab anzulegen ist (→ Rn. 102), bedeutet weder, dass die Beurteilung des Zeichens im Eintragungsverfahren nur summarisch zu vorzunehmen sei (BGH GRUR 2010, 138 Rn. 23 – ROCHER-Kugel; GRUR 2009, 949 Rn. 11 – My World), noch, dass sie auf ein Mindestmaß beschränkt wäre (EuGH GRUR 2003, 604 Rn. 59 – Libertel). Vielmehr muss die **Prüfung** der Unterscheidungskraft „**streng und vollständig**" erfolgen, um eine ungerechtfertigte Eintragung von Marken zu vermeiden (EuGH GRUR 2011, 1035 Rn. 77 – 1000; GRUR 2004, 1027 Rn. 45 – DAS PRINZIP DER BEQUEMLICHKEIT; GRUR 2003, 604 Rn. 59 – Libertel; BGH GRUR 2010, 138 Rn. 23 – ROCHER-Kugel). Dazu bedarf es einer **umfassenden Würdigung aller maßgeblichen Gesichtspunkte** (BGH GRUR 2010, 138 Rn. 23 – ROCHER-Kugel; GRUR 2009, 949 Rn. 11 – My World). Eine lediglich summarische Prüfung würde dem nicht gerecht (BGH GRUR 2010, 138 Rn. 23 – ROCHER-Kugel; GRUR 2009, 949 Rn. 11 – My World). Im Rahmen dieser „strengen und umfassenden", „nicht auf ein Mindestmaß beschränkten" Prüfung (= Prüfungsumfang) genügt dann aber zur Überwindung des Eintragungshindernisses, dass ein Mindestmaß an Unterscheidungskraft (= Prüfungsmaßstab) festgestellt wird (BGH GRUR 2010, 138 Rn. 23 – ROCHER-Kugel; GRUR 2009, 949 Rn. 11 – My World; Ingerl/Rohnke Rn. 24; **aA** BPatG GRUR 2008, 430 (431) – My World: der Rspr. des EuGH sei auch strenger Prüfungsmaßstab zu entnehmen). Vor diesem Hintergrund ist auch für eine Alternative zwischen einer „anmelderfreundlichen" und einer „restriktiven" Eintragungspraxis kein Raum (EuGH GRUR 2004, 1027 Rn. 45 – DAS PRINZIP DER BEQUEMLICHKEIT; BGH GRUR 2009, 949 Rn. 11 – My World; Ströbele/Hacker/Ströbele Rn. 160).

4. Relevanter Zeitpunkt

101 Das Zeichen muss nach dem zum **Zeitpunkt der Anmeldung** bestehenden **Verkehrsverständnis** unterscheidungskräftig sein (BGH GRUR 2015, 581 Rn. 56 – Langenscheidt-Gelb; GRUR 2015, 1012 Rn. 8 – Nivea-Blau; GRUR 2014, 565 Rn. 10 – smartbook; GRUR 2013, 1143 Rn. 15 – Aus Akten werden Fakten, unter Aufgabe der früheren differenzierenden Rechtsprechung; näher → Rn. 101.1 ff.; → Rn. 54 ff.). Anders als bei § 8 Abs. 2 Nr. 2, der einer Eintragung bereits dann entgegensteht, wenn ein beschreibendes Verständnis vernünftigerweise in Zukunft zu erwarten ist (→ Rn. 168 f.), ist es für § 8 Abs. 2 Nr. 1 **unerheblich**, ob das Zeichen möglicherweise **zukünftig** vom Verkehr **nicht mehr herkunftshinweisend** verstanden wird (Ingerl/Rohnke Rn. 115). Das Schutzhindernis besteht demnach nur bei **gegenwärtig fehlender Unterscheidungskraft**. In diesem Fall besteht

Absolute Schutzhindernisse § 8 MarkenG

es aber auch unabhängig davon, ob möglicherweise zukünftig ein herkunftshinweisendes Verständnis zu erwarten ist, etwa aufgrund der Gewöhnung des Verkehrs an das Zeichen durch dessen Nutzung etc; dies ist allein bei der Verkehrsdurchsetzung (§ 8 Abs. 3) zu berücksichtigen (Ingerl/Rohnke Rn. 34).

Während der **EuGH** im **Unionsmarkenrecht** schon immer den **Zeitpunkt der Anmeldung** als den für die Beurteilung der Schutzhindernisse im Eintragungsverfahren maßgeblichen Zeitpunkt zugrunde legt (s. nur EuGH BeckRS 2010, 91251 Rn. 53 – HABM/Frosch Touristik [FLUGBOERSE]; BeckRS 2005, 70092 Rn. 39 f. – Alcon/HABM [BSS]; ferner EuG BeckRS 2013, 82197 Rn. 47 – Heede/HABM [Matrix-Energetics]; für Eintragungszeitpunkt hingegen Eisenführ/Schennen/ Eisenführ Art. 7 Rn. 31 f.), war im **deutschen Recht** nach früherer hM auf die **Eintragungszeitpunkt** abzustellen (s. Begr. RegE MarkenG BT-Drs. 12/6581, 90; BGH GRUR 2009, 411 Rn. 14 – STREETBALL; Fezer § 37 Rn. 18; Ingerl/Rohnke Rn. 32; Ströbele/Hacker/Ströbele, 9. Aufl. 2009, Rn. 14; zum WZG s. BGH GRUR 1993, 744 (745) – MICRO CHANNEL). Die Eintragung habe dadurch der aktuellen Sach- und Rechtslage entsprochen; Schutzhindernisse hätten zuverlässiger festgestellt werden können, ohne dass rückbezogene Ermittlungen notwendig gewesen wären (s. Ströbele/ Hacker/Ströbele Rn. 17). Mit den Entscheidungen „Aus Akten werden Fakten" (BGH GRUR 2013, 1143 Rn. 15) und „test" (BGH GRUR 2014, 483 Rn. 21 f.; nachfolgend BGH GRUR 2014, 872 Rn. 10 – Gute Laune Drops; GRUR 2014, 565 Rn. 10 – smartbook) hat der **BGH** seine Rechtsprechung zu dem für die Schutzhindernisse maßgeblichen Beurteilungszeitpunkt **geändert** und der ständigen Rechtsprechung des **EuGH angepasst** (dafür bereits Bölling GRUR 2011, 472 ff.)., Seither gilt, dass sowohl im Eintragungs- als auch im Löschungsverfahren für die Beurteilung der Schutzhindernisse des § 8 Abs. 2 Nr. 1–9 auf das **Verkehrsverständnis im Zeitpunkt der Anmeldung** abzustellen ist. Dafür spreche nicht nur das Interesse des Anmelders, durch die Dauer des Eintragungsverfahrens keine Nachteile zu erleiden, sondern auch das Interesse der Allgemeinheit an einer grundsätzlich einheitlichen Auslegung dieser miteinander übereinstimmenden Regelungen der UMV einerseits und des MarkenG andererseits (BGH GRUR 2013, 1143 Rn. 15 – Aus Akten werden Fakten). Der Anmelder muss somit weder im Eintragungs- noch im Löschungsverfahren eine nach dem Zeitpunkt der Anmeldung eingetretene nachteilige Veränderung seiner Marke, wie etwa den Verlust ihrer Unterscheidungskraft oder ihre Umwandlung in eine gebräuchliche Bezeichnung, gegen sich gelten lassen.

101.1

Der **Zeitpunkt der Anmeldung** gilt allerdings auch für die **Verkehrsdurchsetzung** (EuGH GRUR 2014, 776 Rn. 56–61 – Oberbank ua/DGSV [Sparkassen-Rot]; BGH GRUR 2015, 581 Rn. 56 – Langenscheidt-Gelb; GRUR 2014, 483 Rn. 22 – test). Um eine erst nach dem Anmeldezeitpunkt eingetretene Verkehrsdurchsetzung im noch laufenden Eintragungsverfahren berücksichtigen zu können, bedarf es deshalb einer **Verschiebung des Zeitrangs** der Anmeldung nach § 37 Abs. 2 (BGH GRUR 2015, 581 Rn. 56 – Langenscheidt-Gelb; GRUR 2014, 483 Rn. 22 – test).

101.2

Unabhängig von Vorstehendem bleibt es aber dabei, dass die Eintragung eines **nicht unterscheidungskräftigen** oder **beschreibenden** Zeichens **nur gelöscht** werden kann, wenn das **Schutzhindernis noch im Zeitpunkt der Entscheidung über den Löschungsantrag** besteht (§ 50 Abs. 2 S. 1; BGH GRUR 2014, 872 Rn. 10 – Gute Laune Drops; GRUR 2014, 483 Rn. 21 – test). Ist zu diesem Zeitpunkt kraft Verkehrsdurchsetzung (§ 8 Abs. 3) das Eintragungshindernis überwunden, kommt eine Löschung nicht mehr in Betracht (BGH GRUR 2014, 483 Rn. 21 – test).

101.3

5. Prüfungsmaßstab

Prüfungsmaßstab für die Beurteilung der Unterscheidungskraft ist die **Auffassung** (→ Rn. 107) **des angesprochenen** (→ Rn. 103) **inländischen** (→ Rn. 105) **Verkehrs** im Hinblick auf die **beanspruchten Waren und Dienstleistungen** (→ Rn. 113) (EuGH GRUR 2014, 776 Rn. 39 – Oberbank/DSGV [Sparkassen-Rot]; EuGH GRUR 2012, 610 Rn. 43 – Freixenet; GRUR 2010, 228 Rn. 34 – Vorsprung durch Technik; GRUR 2008, 608 Rn. 67 – EUROHYPO; GRUR 2004, 674 Rn. 34 – Postkantoor; BGH GRUR 2014, 1204 Rn. 9 – DüsseldorfCongress; GRUR 2014, 569 Rn. 29 – HOT; GRUR 2014, 565 Rn. 13 – smartbook; GRUR 2012, 1143 Rn. 7 – Starsat).

102

a) Angesprochene Verkehrskreise. Maßgeblich für die Beurteilung der Verkehrsauffassung sind **sämtliche Verkehrskreise**, die als **Abnehmer** oder **Interessenten** der beanspruchten Waren oder Dienstleistungen in Betracht kommen oder mit deren **Vertrieb** befasst sind (EuGH GRUR 2006, 411 Rn. 24 – Matratzen Concord; GRUR 2004, 682 Rn. 24 f. – Bostongurka; GRUR 1999, 723 Rn. 29 – Chiemsee; BGH GRUR 2009, 411 Rn. 12 – STREETBALL; GRUR 2008, 900 Rn. 18 – SPA II), **einschließlich** solcher, die nur gele-

103

gentlich mit diesen in Berührung kommen (BGH GRUR 2006, 760 Rn. 22 – LOTTO [zur Verkehrsdurchsetzung]). Es können dabei auch **mehrere Verkehrskreise** mit ggf. jeweils unterschiedlicher Verkehrsauffassung **zugleich** maßgeblich sein, mit der Folge, dass das Zeichen dann nach Auffassung **aller relevanten Verkehrskreise unterscheidungskräftig** sein muss (BGH GRUR 2008, 900 Rn. 18 – SPA II; GRUR 2006, 760 Rn. 22 – LOTTO; Ingerl/Rohnke Rn. 74). Dagegen ist es unerheblich, wenn ausschließlich nicht angesprochene (und damit irrelevante) Verkehrskreise dem Zeichen keinen Herkunftshinweis entnehmen (BGH GRUR 1999, 495 (496) – Etiketten [für Endverbraucher im Gegensatz zu den ausschließlich angesprochenen Fachkreisen]).

104 Welche Verkehrskreise angesprochen sind, bestimmt sich **objektiv** nach den **dauerhaften, charakteristischen Merkmalen der beanspruchten Waren oder Dienstleistungen** und nicht subjektiv nach den individuellen – jederzeit änderbaren – Werbekonzeptionen und Vermarktungsstrategien des Markeninhabers (BGH GRUR 2008, 710 Rn. 32 – VISAGE; GRUR 2002, 340 (341) – Fabergé; ferner BGH GRUR 2013, 725 Rn. 33 – Duff Beer [zu § 26 Abs. 3]). Nicht objektiv durch die beanspruchten Waren oder Dienstleistungen vorgegebene, sondern lediglich subjektiv durch den Markeninhaber vorgenommene Beschränkungen der Adressatenkreise oder Vertriebswege sind deshalb unbeachtlich (s. auch Ströbele/Hacker/Ströbele Rn. 40).

105 Im nationalen Markenrecht sind ausschließlich **inländische** Verkehrskreise relevant (EuGH GRUR 2006, 411 Rn. 25 f. Matratzen Concord; GRUR 2004, 428 Rn. 65 – Henkel; BGH GRUR 2013, 731 Rn. 16 – Kaleido; GRUR 2012, 270 Rn. 14 – Link economy; GRUR 2000, 502 – St. Pauli Girl; GRUR 1999, 995 (997) – HONKA; GRUR 1995, 408 (409) – PROTECH). Für den Erwerb einer nationalen Marke ist es deshalb unerheblich, ob ausländische Verkehrskreise das Zeichen beschreibend oder nicht unterscheidungskräftig ansehen; nur im Ausland bestehende Schutzhindernisse sind unbeachtlich (zu fremdsprachlichen Zeichen → Rn. 268 ff.).

105.1 Die alleinige Maßgeblichkeit der inländischen Verkehrskreise korrespondiert mit der auf das Inland beschränkten Wirkung der nationalen Marke (BGH GRUR 1995, 408 (409) – PROTECH; Ströbele/Hacker/Ströbele Rn. 39; kritisch bezüglich der Beschränkung auf die inländischen Verkehrskreise angesichts der zunehmenden Internationalisierung und deshalb für eine „internationale Verkehrsauffassung" Fezer Rn. 59). Der Kommissionsvorschlag im Zuge der Reform der MRL, auch lediglich in anderen Mitgliedstaaten bestehende Schutzhindernisse zu berücksichtigen, wurde mit Recht nicht umgesetzt (näher → Rn. 270.1).

106 Entscheidungspraxis:

106.1 **VISAGE** (BGH GRUR 2008, 710): Die ausschließlich an Frauen gerichtete Bewerbung und Vermarktung von „VISAGE"-Produkten (während die Produktlinie für Herren unter „NIVEA for Men" beworben und vermarktet wird) hat keine Einschränkung der angesprochenen Verkehrskreise auf Frauen zur Folge, da nicht auf objektiven Merkmalen der beanspruchten Waren („Seifen, Mittel zur Körper- und Schönheitspflege, Mittel zur Pflege, Reinigung und Verschönerung der Haare"), sondern lediglich auf der individuellen Vermarktungsstrategie und Werbekonzeption beruhend.

107 b) Verständnis der angesprochenen Verkehrskreise. Prüfungsmaßstab für die Beurteilung der Unterscheidungskraft ist die mutmaßliche Wahrnehmung eines **normal informierten, angemessen aufmerksamen** und **verständigen Durchschnittsverbrauchers** (EuGH GRUR 2014, 776 Rn. 39 – Oberbank/DSGV [Sparkassen-Rot]; GRUR 2006, 411 Rn. 24 – Matratzen Concord; BGH GRUR 2014, 1206 Rn. 9 – ECR-Award; GRUR 2012, 1143 Rn. 7 – Starsat; GRUR 2009, 411 Rn. 8 – STREETBALL), sofern der Durchschnittsverbraucher – wie zumeist – nach den vorstehend erläuterten Grundsätzen (→ Rn. 103) als Abnehmer oder Interessent der beanspruchten Waren oder Dienstleistungen angesprochen ist. Sind daneben bzw. stattdessen Fachkreise, namentlich der Handel, angesprochen, kommt es zusätzlich resp. allein (s. BPatG GRUR 2014, 79 (84) – MARK TWAIN; ferner BPatG BeckRS 2007, 07394 – UMAMI; BGH GRUR 1999, 495 (496) – Etiketten; Ströbele/Hacker/Ströbele Rn. 41) auf deren mutmaßliche Wahrnehmung mit **möglicherweise** aufgrund ihrer beruflichen Tätigkeit **abweichendem Zeichenverständnis** an (vgl. BGH GRUR 2012, 64 Rn. 9 – Maaloy/Melox-GRY [zur Verwechslungsgefahr]).

Absolute Schutzhindernisse   § 8 MarkenG

Die „normative Kunstfigur" (Hacker Rn. 120) des normal informierten, angemessen auf- **108**
merksamen und verständigen Durchschnittsverbrauchers entspricht dem vom EuGH
ursprünglich zur wettbewerbsrechtlichen Irreführung entwickelten (s. EuGH GRUR Int
1998, 795 Rn. 31 – Gut Springenheide, mwN) Verbraucherleitbild (s. BGH GRUR 2002,
160 (162) – Warsteiner III; Ströbele/Hacker/Ströbele Rn. 42). Er hat den generell „flüchtigen Verkehr", dh den „oberflächlichen und unaufmerksamen Verbraucher" des früheren
WZG (s. BGH GRUR 1982, 111 (113) – Original-Maraschino) verdrängt (vgl. BGH
GRUR 2000, 506 (508 f.) – ATTACHÉ/TISSERAND). Gleichwohl kann die **Aufmerksamkeit** des Durchschnittsverbrauchers **je nach Art der betreffenden Waren oder
Dienstleistungen unterschiedlich hoch** sein (EuGH GRUR Int 2004, 631 Rn. 48 –
Dreidimensionale Tablettenform I; BGH GRUR 2000, 506 (508) – ATTACHÉ/TISSERAND; ferner [zur Verwechslungsgefahr] GRUR Int 2004, 639 Rn. 53 – Dreidimensionale
Tablettenform III; EuGH GRUR Int 1999, 734 Rn. 26 – Lloyd). Spezielle Kenntnisse, über
die nur ein kleiner Teil des angesprochenen Verkehrs verfügt, können vom Durchschnittsverbraucher nicht erwartet werden (s. Ströbele/Hacker/Ströbele Rn. 43; vgl. BGH GRUR
2013, 631 Rn. 65 – AMARULA/Marulablu [zur Verwechslungsgefahr]; s. auch EuGH
GRUR 2012, 506 Rn. 53 – PepsiCo, zur Abgrenzung zum „informierten Benutzer im
Design- bzw. Geschmacksmusterrecht").
Entscheidungspraxis: **109**
  Der Aufmerksamkeitsgrad des Durchschnittsverbrauchers in Bezug auf Form, Farbe und Muster von **109.1**
Wasch- und Geschirrspülmitteln, bei denen es sich um Waren des täglichen Verbrauchs handelt, ist
„nicht hoch" (EuGH GRUR Int 2004, 639 Rn. 53 – Dreidimensionale Tablettenform III; GRUR Int
2004, 631 Rn. 48 – Dreidimensionale Tablettenform I).

c) Herkunftshinweisendes Verständnis innerhalb der angesprochenen Verkehrs- **110**
kreise. Nicht notwendig ist, dass sämtliche Mitglieder der angesprochenen Verkehrskreise
dem Zeichen einen Herkunftshinweis entnehmen (vgl. BGH GRUR 1991, 136 (137) –
NEW MAN [zum WZG]), denn dies würde kaum jemals erreicht werden können und
damit die Schutzvoraussetzungen zu hoch legen. Umgekehrt genügt es aber ebenso wenig,
dass nur einige das Zeichen herkunftshinweisend verstehen (BPatG GRUR 1998, 577 (578) –
Schmerz-ASS; GRUR 1996, 978 (979) – CIAO; GRUR 1995, 734 (735 f.) – While You
Wait; ferner BGH GRUR 1990, 453 (455) – L-Thyroxin [zum WZG]), weil auch dies
kaum jemals zu verneinen wäre (BPatG GRUR 1996, 978 (979) – CIAO; GRUR 1995,
734 (736) – While You Wait) und damit praktisch jedes Zeichen als Marke schutzfähig wäre.
Vielmehr muss ein **„erheblicher"** (EuGH GRUR 1999, 723 Rn. 52 – Chiemsee) bzw.
„wesentlicher" (EuGH GRUR 2002, 804 Rn. 65 – Philips) **Teil** der angesprochenen
Verkehrskreise das Zeichen als betrieblichen Herkunftshinweis für die beanspruchten Waren
und Dienstleistungen erkennen.
Es liegt nahe, hier **dieselben Anforderungen** wie bei der **Verkehrsdurchsetzung** (§ 8 **111**
Abs. 3; → Rn. 885 ff.) zu stellen (Ströbele/Hacker/Ströbele Rn. 162; Ingerl/Rohnke
Rn. 72; HK-MarkenR/Fuchs-Wissemann Rn. 16; BPatG GRUR 1996, 489 (490) – Hautactiv; deutlich nunmehr EuGH GRUR 2014, 776 Rn. 39 – Oberbank/DSGV [Sparkassen-
Rot]: Beurteilung der „Unterscheidungskraft einer Marke, ob sie nun originär vorhanden
ist oder durch Benutzung erworben wurde …"). **Feste Prozentsätze** lassen sich deshalb
zwar **nicht** angeben (vgl. EuGH GRUR 2014, 776 Rn. 48 – Oberbank/DSGV [Sparkassen-
Rot]), jedoch wird man mindestens ein herkunftshinweisendes Verständnis beim **überwiegenden Teils der Mitglieder** der angesprochenen Verkehrskreise, dh bei **mehr als 50%,**
verlangen müssen (Ströbele/Hacker/Ströbele Rn. 162; HK-MarkenR/Fuchs-Wissemann
Rn. 16; kritisch Fezer Rn. 56).

d) Unerheblichkeit der Person des Anmelders. Die Beurteilung der originären **112**
Unterscheidungskraft (§ 8 Abs. 2 Nr. 1) erfolgt **unabhängig** von der **Person des Anmelders** (BGH GRUR 2009, 411 Rn. 14 – STREETBALL; GRUR 2006, 850 Rn. 18 –
FUSSBALL WM 2006; GRUR 2006, 503 Rn. 10 – Casino Bremen; BPatG GRUR 2008,
518 (521) – Karl May; GRUR 2005, 675 (676) – JIN SHIN JYUTSU; ferner BGH GRUR
2012, 276 Rn. 17 – Institut der Norddeutschen Wirtschaft e.V. [zu § 8 Abs. 2 Nr. 2]). So
bleiben etwa für diesen bestehende **Voreintragungen** (BGH GRUR 2009, 411 Rn. 14 –

Eichelberger   275

STREETBALL; BPatG GRUR 2005, 675 (676) – JIN SHIN JYUTSU; BeckRS 2009, 24790 – Fr. Marc) ebenso **außer Betracht** wie zu seinen Gunsten bestehende **sonstige** (Immaterialgüter-)**Rechte** (insbesondere Urheber- oder Namensrechte) an dem Zeichen (BPatG GRUR 2008, 518 (521) – Karl May; GRUR 2008, 512 (516) – Ringelnatz; BeckRS 2009, 24790 – Fr. Marc; BPatGE 33, 12 – IRONMAN TRIATHLON [zum WZG]; Ströbele/Hacker/Ströbele Rn. 117, 140, 254; Ingerl/Rohnke Rn. 43; → Rn. 307). Gleiches gilt für **sonstige Monopolstellungen** und daher ein möglicherweise fehlendes Freihalteinteresse der Mitbewerber (BGH GRUR 2006, 850 Rn. 26, 35 – FUSSBALL WM 2006 [alleiniger Ausrichter einer Fußball-Weltmeisterschaft]; GRUR 2006, 503 Rn. 10 – Casino Bremen [Inhaberin einer Spielbankkonzession]; BPatGE 37, 44 – VHS [Inhaber von Patenten auf das damit bezeichnete Videoaufzeichnungssystem]; → Rn. 171).

6. Bedeutung des Waren-/Dienstleistungsverzeichnisses

113 a) **Waren-/dienstleistungsbezogene Prüfung.** Die **Beurteilung der Unterscheidungskraft** erfolgt stets in Bezug auf die konkret **beanspruchten Waren und Dienstleistungen** (EuGH GRUR 2014, 776 Rn. 39 – Oberbank/DSGV [Sparkassen-Rot]; GRUR 2004, 674 Rn. 34 – Postkantoor; GRUR 2001, 1148 Rn. 29 – Bravo; BGH GRUR 2014, 1204 Rn. 9 – DüsseldorfCongress; GRUR 2014, 376 Rn. 11 – grill meister; GRUR 2013, 731 Rn. 11 – Kaleido; GRUR 2006, 850 Rn. 18 – FUSSBALL WM 2006; GRUR 1999, 988 (989) – HOUSE OF BLUES). Schutzhindernisse nur in Bezug auf den beanspruchten lediglich ähnliche Waren oder Dienstleistung sind unerheblich (BGH GRUR 1999, 988 (990) – HOUSE OF BLUES; GRUR 1997, 634 (636) – Turbo II). Aufgrund dieser waren-/dienstleistungsbezogenen Prüfung kann das Urteil **differenziert** ausfallen und Unterscheidungskraft für die eine Ware oder Dienstleistung zu bejahen, für die andere hingegen zu verneinen sein (EuGH GRUR 2007, 425 Rn. 32 – MT&C/BMB; GRUR 2004, 674 Rn. 73 – Postkantoor; vgl. auch BGH GRUR 2014, 1204 Rn. 9 – DüsseldorfCongress); entsprechend kommt eine **teilweise Zurückweisung** im Eintragungsverfahren in Betracht (EuGH GRUR 2007, 425 Rn. 33 – MT&C/BMB).

114 Das Waren-/Dienstleistungsverzeichnis hat damit zwar **Einfluss** auf die maßgeblichen **Verkehrskreise** sowie auf deren konkretes **Zeichenverständnis** und den **Aufmerksamkeitsgrad** (→ Rn. 102). Dessen Inhalt darf aber nicht zur Ermittlung des Verkehrsverständnisses herangezogen werden, da dieser dem die Marke wahrnehmenden regelmäßig nicht bekannt ist (BGH GRUR 2014, 1206 Rn. 13 – ECR-Award). Wenn etwa der beschreibende Charakter eines angemeldeten Akronyms dem angesprochenen Verkehr nicht bekannt sich, sondern sich erst aus der Lektüre des Waren-/Dienstleistungsverzeichnisses ergibt, steht dies der Unterscheidungskraft nicht entgegen (BGH GRUR 2014, 1206 Rn. 13 – ECR-Award).

115 Die Notwendigkeit zu einer waren-/dienstleistungsbezogenen Prüfung und Begründung der Eintragungshindernisse schließt es indes nicht aus, die verneinende behördliche bzw. gerichtliche **Entscheidung** für alle oder einen Teil der betroffenen Waren oder Dienstleistungen „**global**" zu **begründen,** vorausgesetzt, diese Waren und Dienstleistungen weisen einen so direkten und konkreten Zusammenhang untereinander auf, dass sie eine **hinreichend homogene Kategorie oder Gruppe** von Waren oder Dienstleistungen bilden, und das Eintragungshindernis betrifft alle diese Waren und/oder Dienstleistungen gleichermaßen (EuGH BeckRS 2015, 80003 Rn. 42 – BigXtra; GRUR 2010, 534 Rn. 46 – PRANAHAUS; BeckEuRS 2010, 510332 Rn. 38 – P@YWEB CARD u. PAYWEB CARD; GRUR 2007, 425 Rn. 37 – MT&C/BMB; EuG GRUR Int 2016, 447 Rn. 68 – WINNETOU; GRUR Int 2009, 741 Rn. 28 – Zuffa/HABM [ULTIMATE FIGHTING CHAMPIONSHIP]; BGH GRUR 2012, 272 Rn. 19 – Rheinpark-Center Neuss). Eine solche Homogenität folgt aber nicht schon daraus, dass die betroffenen Waren oder Dienstleistungen zu derselben Klasse des Nizzaer Abkommens gehören, denn diese Klassen umfassen oft eine große Bandbreite von Waren oder Dienstleistungen, die untereinander nicht notwendig einen solchen hinreichend direkten und konkreten Zusammenhang aufweisen (EuGH BeckEuRS 2010, 510332 Rn. 40 – P@YWEB CARD u. PAYWEB CARD; EuG BeckRS 2014, 80610 Rn. 43 – BigXtra; BeckRS 2012, 82523 Rn. 45 – Hopf/HABM [Clampflex]; GRUR Int 2009, 741 Rn. 28 – Zuffa/HABM [ULTIMATE FIGHTING CHAMPIONSHIP]).

Absolute Schutzhindernisse　　　　　　　　　　　　　　　　　§ 8 MarkenG

b) Verwendung von Oberbegriffen und Beschränkung des WDVz. Bei unter 116
einem weiten **Oberbegriff** beanspruchten Waren oder Dienstleistungen ist die Eintragung
insgesamt zu versagen, wenn das Zeichen auch nur hinsichtlich eines Teils der von diesem
Begriff erfassten (s. dazu EuGH GRUR 2012, 822 – IP TRANSLATOR) Waren oder
Dienstleistungen nicht unterscheidungskräftig ist (BGH GRUR 2015, 1012 Rn. 44 – Nivea-
Blau; GRUR 2012, 1044 Rn. 17 – Neuschwanstein; GRUR 2011, 65 Rn. 26 – Buchstabe
T mit Strich; GRUR 2002, 261 (262) – AC; BPatG BeckRS 2014, 22200 – CHEFS
TROPHY; BeckRS 2011, 25994 – Löss; ferner BGH GRUR 2005, 578 (580 f.) – LOK-
MAUS). Gegebenenfalls muss hier eine **Beschränkung** des für das Zeichen beanspruchten
Waren-/Dienstleistungsverzeichnisses **durch den Anmelder** (vgl. BGH GRUR 2005, 513
(514) – MEY/Ella May; GRUR 2005, 326 (327) – il Padrone/Il Portone [für Schutzhindernis
des § 9 Abs. 1 Nr. 2]; BPatG GRUR 1998, 725 (727) – Plantapret; BeckRS 1998, 10198 –
SMP; EuG GRUR Int 2002, 600 Rn. 61 – ELLOS [zur UMV]; unter Geltung des WZG
wurde dagegen eine Beschränkung von Amts wegen praktiziert, s. Baumbach/Hefermehl
WZG § 5 Rn. 149) erfolgen.

Inhaltlich muss die Beschränkung im Interesse der Rechtssicherheit namentlich für die 117
Mitbewerber **klar nachvollziehbar** sein und ist grundsätzlich nur hinsichtlich der **konkret
beanspruchten Waren oder Dienstleistungen** möglich (EuGH GRUR 2004, 674
Rn. 114 f. – Postkantoor; BGH GRUR 2008, 710 Rn. 33 – VISAGE; BPatG BeckRS 2011,
22024 – escapulario.com; BeckRS 2007, 07998 – BAGNO; näher Ströbele/Hacker/Ströbele
Rn. 389 ff.), **nicht** hingegen in Bezug auf vorhandene oder nicht vorhandene **Merkmale**
der Waren oder Dienstleistungen (EuGH GRUR 2004, 674 Rn. 114 f. – Postkantoor; BGH
GRUR 2009, 778 Rn. 9 – Willkommen im Leben; BPatG GRUR 2008, 518 (521) – Karl
May), deren **Zweckbestimmung,** bestimmte **Zeichennutzungsmodalitäten** etc (vgl.
Ströbele/Hacker/Ströbele Rn. 100). Beachtlich sind Ausnahmevermerke indes im Einzelfall,
soweit die von ihnen beanspruchte An- oder Abwesenheit bestimmter Merkmale zugleich
objektiv die Art der Ware oder Dienstleistung bestimmt. So sind **Beschränkungen des
Abnehmerkreises** nur beachtlich, wenn sie auf objektiven Merkmalen der beanspruchten
Waren oder Dienstleistungen beruhen, und nicht von der subjektiven, jederzeit abänder-
baren Entschließung desjenigen abhängen, der über die fraglichen Waren oder Dienstleistungen verfügungsberechtigt ist (BGH GRUR 2008, 710 Rn. 33 – VISAGE; GRUR 1961,
181 – Mon Chérie).

Entscheidungspraxis: 118

Willkommen im Leben (BGH GRUR 2009, 778): Beschränkung der jeweils weiten Waren- und 118.1
Dienstleistungsbegriffe „Bild- und Tonträger", „Druckereierzeugnisse" und „Anbieten und Mitteilen
von auf einer Datenbank gespeicherten Informationen" auf bestimmte Inhalte zulässig.

escapulario.com (BPatG BeckRS 2011, 22024): Einschränkung der beanspruchten Waren und
Dienstleistungen mit dem Zusatz „ausgenommen zwei an einer Schnur befestigte medaillonförmige
Heiligenbilder" (hierfür ist das Zeichen beschreibend) unzulässig.

Eine **Beschränkung** des Waren-/Dienstleistungsverzeichnisses ist **in jeder Lage des Ver-** 119
fahrens, einschließlich des Rechtsmittelverfahrens, **möglich** (für das Eintragungsverfahren:
BGH GRUR 2002, 884 – B-2 alloy; BPatG GRUR 2012, 18480 – print24; für das
Löschungsverfahren: BGH GRUR 1997, 634 – Turbo II). Ein späterer **Widerruf** der
Beschränkung ist nicht möglich, ggf. aber eine **Anfechtung** nach §§ 119 ff. BGB (BPatG
BeckRS 2010, 22003 – OKAGEL).

Die Beschränkung des Waren-/Dienstleistungsverzeichnisses im **Widerspruchs- oder** 120
Löschungsverfahren ist ein **Teilverzicht** iSd § 48 (BGH GRUR 2012, 1044 Rn. 18 –
Neuschwanstein; GRUR 2008, 719 Rn. 32 – idw Informationsdienst der Wissenschaft;
GRUR 2008, 719 Rn. 32 – idw) der die Marke in seinem Umfang unmittelbar zum Erlö-
schen bringt, und als solcher bedingungsfeindlich (BGH GRUR 2011, 654 Rn. 14 –
Yoghurt-Gums; GRUR 2008, 719 Rn. 32 – idw Informationsdienst der Wissenschaft;
GRUR 2008, 714 Rn. 35 – idw). Dagegen soll im **Anmeldeverfahren** eine **hilfsweise
Einschränkung** für den Fall, dass das DPMA die Schutzfähigkeit des Zeichens mit dem
ursprünglichen Waren-/Dienstleistungsverzeichnis verneint, zulässig sein (BPatG BeckRS
2009, 2044 – Experte für GMP; Ingerl/Rohnke § 39 Rn. 2; ausdrücklich offenlassend BPatG
BeckRS 2010, 22003 – OKAGEL; kritisch Ströbele/Hacker/Kirschneck § 39 Rn. 7: geboten

sei eine Gleichbehandlung mit dem Verzicht im Widerspruchs- und Löschungsverfahren; näher → § 39 Rn. 11; im Unionsmarkenrecht ist der Verzicht „ausdrücklich und unbedingt" zu erklären, s. EuG GRUR Int 2005, 317 Rn. 33 f. – Bonbonverpackung; GRUR Int 2002, 600 Rn. 60 f. – ELLOS).

121 Das **BPatG** ist **nicht zur Erteilung** eines auf die sachgerechte Beschränkung des Verzeichnisses gerichteten **Hinweises** verpflichtet (BGH GRUR 2012, 1044 Rn. 18 – Neuschwanstein; GRUR 2008, 710 Rn. 33 – VISAGE). Im Gegenteil verletzte es mit einem solchen Hinweis seine Pflicht zur Unparteilichkeit gegenüber den Beteiligten, da die aus § 139 ZPO folgende Pflicht des Richters zur Prozessleitung keine Hinweise zur Änderung der materiell-rechtlichen Grundlagen der Entscheidung umfasst, wie dies bei einem Hinweis zur Einschränkung des Waren-/Dienstleistungsverzeichnisses aber der Fall wäre (BGH GRUR 2012, 1044 Rn. 18 – Neuschwanstein).

7. Prüfungsgegenstand

122 Prüfungsgegenstand ist stets **das Zeichen als Ganzes,** wie es in der Anmeldung wiedergegeben ist, und nicht jeder seiner Bestandteile für sich (EuGH BeckRS 2012, 81266 Rn. 40 – Timehouse; GRUR 2008, 608 Rn. 41 – EUROHYPO; BGH GRUR 2014, 1206 Rn. 10 – ECR-Award; GRUR 2014, 565 Rn. 13 – smartbook; GRUR 2011, 65 Rn. 9 f. – Buchstabe T mit Strich; GRUR 2002, 884 (885) – B-2 alloy). Dementsprechend darf sich bei **zusammengesetzten Zeichen** die Prüfung nicht darauf beschränken, ob Eintragungshindernisse hinsichtlich eines oder mehrerer Zeichenbestandteile bestehen (EuGH GRUR 2012, 616 Rn. 23 – MMF/NAI; BGH GRUR 2014, 1206 Rn. 10 – ECR-Award). Vielmehr kann solches Zeichen insgesamt unterscheidungskräftig sein, selbst wenn sämtliche Bestandteile isoliert dies nicht sind (EuGH BeckRS 2015, 80003 Rn. 30 – BigXtra; GRUR 2008, 608 Rn. 41 – EUROHYPO; GRUR 2006, 229 Rn. 29 – BioID; GRUR 2004, 943 Rn. 35 – SAT.2; BGH GRUR 2014, 1206 Rn. 10 – ECR-Award; GRUR 2011, 65 Rn. 10 – Buchstabe T mit Strich). Die Schutzunfähigkeit einzelner oder sogar sämtlicher Bestandteile begründet **keine Vermutung** für die **Schutzunfähigkeit** des Gesamtzeichens (vgl. EuGH GRUR 2008, 608 Rn. 41 – EUROHYPO; GRUR 2004, 943 Rn. 35 – SAT.2).

123 Die **Zusammensetzung ausschließlich nicht unterscheidungskräftiger Bestandteile** wird indes meist zu einem ebenfalls **nicht unterscheidungskräftigen Gesamtzeichen** führen, denn es wird dann idR an einem merklichen Unterschied des Gesamtzeichens gegenüber der „bloßen Summe der Bestandteile" fehlen, der dem angesprochenen Verkehr einen Herkunftshinweis vermitteln könnte (EuGH GRUR 2006, 229 Rn. 34 – BioID; BGH GRUR 2009, 949 Rn. 13 – My World; BPatG BeckRS 2014, 09566 – vital4age; BeckRS 2013, 16660 – SILVER EDITION; bezüglich § 8 Abs. 2 Nr. 2 → Rn. 177 ff.).

124 Demgegenüber führt ein **unterscheidungskräftiger Bestandteil** oft zu einem ebenfalls **unterscheidungskräftigen Gesamtzeichen** (→ Rn. 154). Indes ist es nicht ausgeschlossen, dass für sich genommen unterscheidungskräftige Bestandteile diese Eigenschaft in einer Zusammensetzung verlieren, etwa weil sie in Kombination dadurch beschreibend verstanden werden, dass der eine Bestandteil den anderen erläutert (zB EuGH GRUR 2012, 616 – MMF/NAI; BPatG GRUR 2011, 524 – NAI – Der Natur-Aktien-Index und BPatG GRUR 2011, 527 – Multi Markets Fund MMF [= Vorlagebeschlüsse zu EuGH – MMF/NAI]; → Rn. 181, eingehend → Rn. 252; ferner BPatG BeckRS 2007, 8035 [bestätigt durch BGH BeckRS 2008, 20933 – Christkindles Glühwein]).

125 Es ist nicht ausgeschlossen, dass eine **regelwidrige Zeichenbildung** einem ansonsten nicht unterscheidungskräftigen Zeichen Unterscheidungskraft verleiht. Dies setzt aber bei den hier in Rede stehenden Wortmarken zunächst voraus, dass diese Besonderheiten überhaupt wahrgenommen werden, und zwar sowohl visuell als auch akustisch (EuGH GRUR 2004, 680 Rn. 40 – BIOMILD; EuG BeckRS 2014, 80610 Rn. 40 f. – FTI/HABM [BigXtra]; GRUR Int 2008, 1037 Rn. 30 – ratiopharm/HABM [BioGeneriX]). Damit kommen insoweit in der Regel lediglich **grammatikalisch regelwidrige Zeichenbildungen** in Betracht, da diese – im Gegensatz zu nur orthografisch abweichenden Schreibweisen – auch akustisch wahrnehmbar sein können. Zumeist sind solche Abweichungen allein aber nicht geeignet, ein Zeichen unterscheidungskräftig zu machen (s. EuG BeckRS 2012, 80760 Rn. 33 – Leifheit/HABM [EcoPerfect]; BPatG BeckRS 2012, 22902 – MehrBank; BeckRS

2012, 18486 – SeasonStart; BeckRS 2009, 01410 – Quick Dial; BeckRS 2009, 01169 – Schwäbische High-Tech; BeckRS 2008, 11601 – Colour Candle Collection). Bei grafisch ausgestalteten Wortzeichen, dh bei als Wort-/Bildmarke angemeldeten Zeichen, können weitere Besonderheiten bei der Zeichenbildung in die Prüfung einbezogen werden (s. BGH GRUR 2001, 1153 antiKALK; BPatG BeckRS 2013, 17749 – GoldHouSe24; BeckRS 2013, 11074 – FrancoMusique). Gleichwohl lässt sich aber auch hier Unterscheidungskraft nicht allein auf eine **orthographisch regelwidrige Schreibweise** des Zeichens (s. EuG BeckRS 2014, 80610 Rn. 40 f. – FTI/HABM [BigXtra]; GRUR Int 2009, 516 Rn. 19 – En Route International/HABM [FRESHHH]; GRUR Int 2005, 839 Rn. 37 – Münchener Rückversicherungs-Gesellschaft/HABM [MunichFinancialServices]), namentlich die Verwendung von **Binnenmajuskeln** (EuG GRUR Int 2008, 1037 Rn. 30 – ratiopharm/HABM [BioGeneriX]; BPatG BeckRS 2013, 17749 – GoldHouSe24; BeckRS 2013, 11074 – FrancoMusique; BeckRS 2008, 24364 – CyAn) bzw. eine sonst **regelwidrige Groß-/Kleinschreibung** (s. EuGH GRUR Int 2005, 1012 Rn. 71 – BioID; BGH GRUR 2001, 1153 (1154) – antiKALK) oder eine **regelwidrige Zusammen-** (s. EuG BeckRS 2014, 80610 Rn. 41 – FTI/HABM [BigXtra]; GRUR Int 2005, 919 – DigiFilm; BeckEuRS 2001, 353827 – Mitsubishi/HABM [Giroform]; BPatG GRUR-RR 2010, 9 (11) – Saugauf; BeckRS 2007, 07744 – Renteclassic; BeckRS 2009, 03114 – CUSTOMERCONNECT; BeckRS 2009, 06191 – MYPHOTOBOOK) bzw. **Getrenntschreibung** (BPatG BeckRS 1999, 15285 – Vita-Min) stützen.

Entscheidungspraxis: 126

vital4you (BPatG BeckRS 2014, 09566): nicht unterscheidungskräftig für ua medizinische und 126.1 pharmazeutische Waren und Dienstleistungen (Kl. 5, 35), da bloße Aneinanderreihung zweier beschreibender Begriffe verbunden mit einer Zahl als Synonym zu einem verständlichen, schlagwortartigen Sachbegriff („lebenswichtig fürs Alter" bzw. „leistungsstark fürs Alter"); weder unterschiedliche Struktur noch syntaktische oder semantische Besonderheiten.

Multi Markets Fund MMF und **NAI – Der Natur-Aktien-Index** (EuGH GRUR 2012, 616 – MMF/NAI sowie BPatG GRUR 2011, 524; GRUR 2011, 527): beschreibend für Versicherungswesen, Finanzwesen, Geldgeschäfte, Immobilienwesen (Kl. 36), weil die Abkürzung durch die den weiteren Bestandteil erläutert wird (→ Rn. 252).

8. Berücksichtigung der Kennzeichnungsgewohnheiten

Bei der Beurteilung der Unterscheidungskraft eines Zeichens sind schließlich auch die 127 **üblichen Kennzeichnungsgewohnheiten** auf dem in Rede stehenden Waren-/Dienstleistungs-Sektor zu berücksichtigen, etwa die Art und Weise, in der Kennzeichnungsmittel bei den betreffenden Waren oder Dienstleistungen üblicherweise verwendet werden, insbesondere wo sie angebracht werden (BGH GRUR 2012, 1044 Rn. 20 – Neuschwanstein; GRUR 2010, 1100 Rn. 28 – TOOOR!; GRUR 2008, 1093 Rn. 22 – Marlene-Dietrich-Bildnis I). Dies ist freilich lediglich die Konsequenz daraus, dass die Unterscheidungskraft nach dem Verständnis des angesprochenen Verkehrs beurteilt wird.

Es kann daher **in tatsächlicher Hinsicht** von der Art und Weise der Anbringung des 128 Zeichens an oder im Zusammenhang mit der betreffenden Ware oder Dienstleistung abhängen, ob ein Zeichen von den angesprochenen Verkehrskreisen im konkreten Fall als betrieblicher Herkunftshinweis verstanden wird oder nicht (BGH GRUR 2012, 1044 Rn. 20 – Neuschwanstein; GRUR 2010, 1100 Rn. 28 – TOOOR!; GRUR 2010, 825 Rn. 21 – Marlene-Dietrich-Bildnis II, mit Bsp.). So dürfte ein Zeichen eher als Herkunftshinweis aufgefasst werden, wenn es an einer Stelle angebracht ist, wo üblicherweise Marken vermutet werden, als wenn es an einer Stelle verwendet wird, wo normalerweise kein Herkunftshinweis erwartet wird (Ströbele MarkenR 2012, 455; vgl. BGH GRUR 2010, 838 Rn. 20 – DDR-Logo [dekoratives Element]).

Nach der **bisherigen nationalen Rechtsprechung** war Unterscheidungskraft schon 129 dann zu bejahen, wenn es „**praktisch bedeutsame und naheliegende Möglichkeiten** gibt, das Zeichen für die beanspruchten Waren und Dienstleistungen so zu verwenden, dass es vom Verkehr **ohne Weiteres als Marke verstanden wird**"; es musste folglich **nicht jede denkbare Verwendung** des Zeichens **markenmäßig** sein (BGH GRUR 2012, 1044 Rn. 20 – Neuschwanstein; GRUR 2010, 1100 Rn. 28 – TOOOR!; GRUR 2008, 1093

Rn. 22 – Marlene-Dietrich-Bildnis I; GRUR 2001, 240 (242) – SWISS ARMY; BPatG BeckRS 2012, 15672 – SACHSEN!). Davon **unberührt** blieb aber der **Grundsatz,** dass Unterscheidungskraft schon dann zu verneinen ist, wenn das Zeichen auch nur in **einer** Verwendung beschreibend verstanden wird (→ Rn. 149). Unschädlich waren also letztlich nur nicht unterscheidungskräftige Verwendungsvarianten, die nicht zugleich auch beschreibend waren (vgl. BGH GRUR 2010, 1100 Rn. 30 – TOOOR!).

129.1 So war ein Anmelder beispielsweise nicht darauf beschränkt, eine Positionsmarke für eine bestimmte, unterscheidungskräftige Anbringungsform des Zeichens an der Ware oder Dienstleistung anzumelden (BGH GRUR 2010, 1100 Rn. 29 – TOOOR!). Dem Interesse der Allgemeinheit sowie der übrigen Marktteilnehmer, das angemeldete Zeichen in einer Art und Weise benutzen zu dürfen, in der es vom Verkehr nicht als Herkunftshinweis verstanden wird, erfordere eine Beschränkung des Markenschutzes bereits im Eintragungsverfahren nicht, sondern werde dadurch hinreichend gewährleistet, dass bei einer solchen Verwendung eine (markenmäßige) Benutzung und damit eine Markenverletzung zu verneinen sei (BGH GRUR 2010, 1100 Rn. 30 – TOOOR!).

130 Diese Rspr. könnte durch die Rechtsmittelentscheidung „Deichmann [Umsäumter Winkel]" des EuGH (GRUR 2013, 519 Rn. 55) zu Art. 7 Abs. 1 lit. b UMV zweifelhaft geworden sein (näher Ströbele MarkenR 2012, 455 (457 ff.) und Ströbele/Hacker/Ströbele Rn. 123 ff.). Dort hat der EuGH eine Entscheidung des HABM gebilligt, mit der die Eintragung einer Bildmarke mangels Unterscheidungskraft verweigert wurde, weil diese vom Verkehr in ihrer **„wahrscheinlichsten Verwendungsform"** als lediglich branchenübliche Verzierung, nicht aber als Herkunftshinweis aufgefasst werde. Das HABM sei nicht verpflichtet, die „ihm obliegende konkrete Prüfung der Unterscheidungskraft auf andere Verwendungen der angemeldeten Marke zu erstrecken als diejenige, die er mit Hilfe seiner Sachkunde auf diesem Gebiet als die wahrscheinlichste erkennt.". Das BPatG hat daraus mittlerweile in mehreren Entscheidungen abgeleitet, dass Unterscheidungskraft nicht vorliegt, wenn das Zeichen bei seiner „wahrscheinlichsten Verwendungsform" einen Herkunftshinweis vermittelt; eine Prüfung von möglichen oder naheliegenden anderen Verwendungen habe demgegenüber in Abweichung von der bisherigen Rspr. zu unterbleiben (BPatG BeckRS 2013, 16660 – SILVER EDITION; BeckRS 2012, 17556 – Wildeshauser Schützengilde). Es bleibt abzuwarten, wie sich der BGH zu dieser Frage positioniert, und ob der EuGH zukünftig an seiner Auffassung festhält. Immerhin steht nach seiner stRspr. zu Werbeaussagen und anpreisenden Zeichen der Unterscheidungskraft nicht entgegen, dass das Zeichen „gleichzeitig oder sogar in erster Linie als Werbeslogan aufgefasst wird" (EuGH GRUR 2010, 228 Rn. 45 – Vorsprung durch Technik; → Rn. 338 ff.). Unabhängig davon dürfte es aber jedenfalls nicht ausgeschlossen sein, dass mehrere Verwendungsmöglichkeiten parallel „wahrscheinlich" und damit schutzbegründend sein können (ebenso Ströbele MarkenR 2012, 455 (458); Ströbele/Hacker/Ströbele Rn. 129).

131 Entscheidungspraxis und Literaturhinweise:

131.1 Marlene-Dietrich-Bildnis [Bildmarke] (BGH GRUR 2008, 1093): unterscheidungskräftig für Bekleidung, Schuhe und Kopfbedeckungen, da auf einem eingenähten Etikett als Herkunftshinweis verstanden.

SWISS ARMY (BGH GRUR 2001, 240): unterscheidungskräftig für „modische Armbanduhren Schweizer Ursprungs", da, wenngleich vielfach als allgemeiner Hinweis auf die Qualität oder die Herstellung nach Vorgaben der Schweizer Armee verstanden, doch Möglichkeiten bestehen, das Zeichen dort so zur Kennzeichnung zu verwenden, dass es vom Verkehr ohne weiteres als Marke verstanden wird, etwa auf dem Zifferblatt an einer Stelle, an der bei solchen Uhren üblicherweise eine Marke zu finden ist.

131.2 Literatur: Lerach, „... die TOOOR macht weit" – Relevanz der Benutzungsmodalitäten für die Schutzfähigkeit sprachlicher Zeichen?, GRUR 2011, 872–879; Ströbele, Unterscheidungskraft und markenmäßige Verwendungsmöglichkeit – Anmerkung zur „Deichmann"-Entscheidung des EuGH vom 26.4.2012, MarkenR 2012, 455–459.

9. Identische Grundsätze bei sämtlichen Markenkategorien sowie bei Warenmarken und Dienstleistungsmarken

132 Die **Kriterien** für die **Beurteilung** der **Unterscheidungskraft** sind für **sämtliche Markenkategorien gleich,** jedoch ist denkbar, dass nicht jede von den maßgeblichen Verkehrskreisen notwendig in gleicher Weise wahrgenommen wird und es daher bei **bestimmten Zeichenformen** schwieriger sein kann, die **Unterscheidungskraft** nachzuweisen (EuGH GRUR 2010, 228 Rn. 35 f. – Vorsprung durch Technik; BGH GRUR 2010, 935 Rn. 9 – Die Vision [beide zu Werbeslogans]; EuGH GRUR 2004, 946 Rn. 25 f. – Nichols [für Namensmarken]; für die nichtkonventionellen Markenformen s. zB EuGH GRUR 2012, 610 Rn. 45 – Freixenet [für 3D-Marken]; BGH GRUR 2015, 1012 Rn. 11 – Nivea-Blau; GRUR 2015, 581 Rn. 10 – Langenscheidt-Gelb; EuGH GRUR Int 2005, 227 Rn. 78 – KWS Saat/HABM [alle zur abstrakten Farbmarke]). Obwohl also theoretisch ein **stets identischer Prüfungsmaßstab** besteht, hat die Zeichenkategorie bzw. die konkrete Art des Zeichens innerhalb einer Zeichenkategorie im Ergebnis doch Einfluss auf die Beurteilung der Unterscheidungskraft im Einzelfall. Bei den hier behandelten Wortmarken betrifft dies insbesondere Werbeslogans (näher → Rn. 338 ff.) und Namensmarken (→ Rn. 300 ff.).

Desgleichen gelten die Grundsätze zur Beurteilung der Unterscheidungskraft unterschiedslos für Marken, die für Waren eingetragen werden sollen, wie für solche, deren Anmeldung sich auf Dienstleistungen bezieht, denn das Markengesetz geht wie das Unionsmarkenrecht grundsätzlich von der **rechtlichen Gleichbehandlung von Waren- und Dienstleistungsmarken** aus (BGH GRUR 2014, 1204 Rn. 10 – DüsseldorfCongress; i. Erg. ebenso EuGH GRUR Int 2012, 333 Rn. 39 – Deutsche Bahn/HABM). **133**

10. Feststellung der Unterscheidungskraft

Zur **Überwindung** des Schutzhindernisses der **fehlenden Unterscheidungskraft** **134** genügt bereits die **Eignung** des Zeichens, als betrieblicher Herkunftshinweis zur Unterscheidung der beanspruchten Waren oder Dienstleistungen von denjenigen anderer Unternehmen zu dienen; anders als bei § 8 Abs. 3 (Verkehrsdurchsetzung) ist folglich **nicht erforderlich,** dass das angemeldete Zeichen **schon verwendet** und bereits tatsächlich vom Verkehr als betrieblicher Herkunftshinweis **aufgefasst wird** (BGH GRUR 2010, 825 Rn. 17 – Marlene-Dietrich-Bildnis II). Entscheidend ist stattdessen die im Wege einer **Prognose** zu ermittelnde **mutmaßliche Auffassung** der maßgeblichen Verkehrskreise (EuGH GRUR Int 2005, 135 Rn. 49, 53, 56 – Maglite; BGH GRUR 2010, 825 Rn. 17 – Marlene-Dietrich-Bildnis II).

Soweit die Entscheidung über die Schutzfähigkeit (auch) auf **Erkenntnisse aus dem** **135** **Internet** gestützt werden sollen, ist zu prüfen, ob die betreffenden Internetseiten geeignet sind, das inländische Verkehrsverständnis zu prägen (BGH GRUR 2013, 731 Rn. 17 – Kaleido; GRUR 2012, 270 Rn. 14 – Link economy), woran es insbesondere fehlen kann, wenn sich diese nicht an das inländische Publikum richten (GRUR 2012, 270 Rn. 14 – Link economy). Aufgrund der fehlenden Dauerhaftigkeit von Internetseiten empfiehlt es sich, diese in geeigneter Weise zu **archivieren,** namentlich **auszudrucken,** sowie sie zur Wahrung des **Anspruchs auf rechtliches Gehör** sämtlichen Verfahrensbeteiligten (rechtzeitig) zugänglich und zum Bestandteil der Verfahrensakte zu machen (BGH GRUR 2004, 77 (78 f.) – PARK & BIKE; EuG GRUR Int 2007, 330 Rn. 34–44 – Kustom Musical Aplification/HABM [Form einer Gitarre]; Ströbele/Hacker/Ströbele Rn. 138). Die bloße Nennung der Internetadressen (URLs) genügt idR nicht, da sich der darunter abrufbare Inhalt jederzeit ändern kann (EuG GRUR Int 2007, 330 Rn. 40 f. – Kustom Musical Aplification/HABM [Form einer Gitarre]).

Die **Beurteilung der Unterscheidungskraft** auf der Grundlage der festgestellten Tatsa- **136** chen ist eine revisionsgerichtlich überprüfbare **Rechtsfrage** (BGH GRUR 2013, 731 Rn. 22 – Kaleido; Fezer Rn. 53; Ingerl/Rohnke Rn. 113; Ströbele/Hacker/Ströbele Rn. 107). Die Ermittlung der dafür notwendigen **tatsächlichen Grundlagen,** insbesondere der Verkehrsauffassung, ist hingegen den **Tatsacheninstanzen** (DPMA und BPatG bzw. EUIPO und EuG) vorbehalten (EuGH GRUR 2006, 233 Rn. 35, 47 – Standbeutel; GRUR 2003, 58 Rn. 22 – Companyline; Ingerl/Rohnke Rn. 71; Ströbele/Hacker/Ströbele Rn. 106). Ein **demoskopisches Gutachten** kann sich nur auf solche tatsächliche Umstände beziehen, nicht aber auf die daraus zu ziehenden rechtlichen Schlüsse (BPatG GRUR 2013, 72 (74) – smartbook; GRUR 1996, 489 (490) – Hautactiv; Ströbele/Hacker/Ströbele Rn. 107; Hacker Rn. 120; wohl auch BGH GRUR 2014, 565 Rn. 26 – smartbook: Es sei nicht ausgeschlossen, dass aus den „Ergebnissen einer Verkehrsbefragung im Einzelfall

Anhaltspunkte für die Frage entnommen werden können, ob der angesprochene Verkehr ein Zeichen als unterscheidungskräftig auffasst."; zur UMV: EuGH GRUR Int 2005, 135 Rn. 67 – Maglite).

137 Hinsichtlich der **Tatsachengrundlagen** besteht für das DPMA und das BPatG **Amtsermittlungspflicht** (§ 59 Abs. 1, § 73 Abs. 1; Ingerl/Rohnke Rn. 16; EuGH BeckRS 2008, 70163 Rn. 38 – CELLTECH [zur UMV]). Bloße Mutmaßungen hinsichtlich der Unterscheidungskraft eines Zeichens genügen nicht (EuGH GRUR 2010, 1096 Rn. 47 – HABM/BORCO).

11. Unterscheidungskraft und weitere Markenfunktionen

138 Für die **Unterscheidungskraft** eines Zeichens bei der Schutzentstehung ist **allein** dessen **herkunftshinweisende Funktion** maßgeblich; andere Markenfunktionen (zB die Werbefunktion, s. EuGH GRUR 2010, 445 Rn. 77 – Google; GRUR 2009, 756 Rn. 58 – L'Oréal/Bellure; → MarkenR Einleitung Rn. 115 ff.) sind bei der Beurteilung dieses Schutzhindernisses irrelevant und **können** einen **fehlenden Herkunftshinweis nicht kompensieren** (Ingerl/Rohnke Rn. 108; Ströbele/Hacker/Ströbele Rn. 70; Hacker MarkenR 2009, 333 (337 f.)). Sie stehen der Unterscheidungskraft aber auch nicht entgegen, so dass es **unschädlich** ist, wenn ein herkunftshinweisendes Zeichen **zugleich** oder sogar **in erster Linie** als Werbung verstanden wird (EuGH GRUR 2010, 228 Rn. 44 f. – Vorsprung durch Technik; BGH GRUR 2000, 722 (723) – LOGO; strenger dagegen noch EuGH GRUR 2004, 1027 Rn. 35 – DAS PRINZIP DER BEQUEMLICHKEIT: Werbefunktion dürfe nur von offensichtlich untergeordneter Bedeutung sein).

12. Unterscheidungskraft und Freihaltebedürfnis

139 Das MarkenG (ebenso die MRL und die UMV) kennt **kein allgemeines Freihaltebedürfnis** als selbständiges Schutzhindernis neben den Tatbeständen des § 8 Abs. 2 (→ Rn. 238). Gleichwohl stellen EuGH und BGH im Einzelfall bei der Beurteilung der Unterscheidungskraft auf das Allgemeininteresse an der freien Verfügbarkeit eines Zeichens für die anderen Wirtschaftsteilnehmer ab (für die die **abstrakte Farbmarke** EuGH GRUR 2003, 604 Rn. 60 – Libertel; BGH GRUR 2010, 637 Rn. 12 – Farbe gelb; ablehnend dagegen in Bezug auf **Wortzeichen** EuGH GRUR 1999, 723 Rn. 48 – Chiemsee; BGH GRUR 2012, 1044 Rn. 28 – Neuschwanstein; GRUR 2001, 1042 (1043) – REICH UND SCHOEN) und anerkennen damit (partiell) im Ergebnis doch ein ungeschriebenes Schutzhindernis im Sinne des früheren warenzeichenrechtlichen **Freihaltebedürfnisses** (näher → Rn. 236 ff.).

13. Unterscheidungskraft bei Wortzeichen

140 Ein Wortzeichen ist grundsätzlich **unterscheidungskräftig,** wenn ihm **kein im Vordergrund stehender beschreibender Begriffsinhalt** zugeordnet werden kann und es sich auch sonst **nicht um ein gebräuchliches Wort der deutschen oder einer bekannten Fremdsprache handelt,** das vom Verkehr – etwa auch wegen einer entsprechenden Verwendung in der Werbung – stets nur als solches und nicht als Unterscheidungsmittel verstanden wird (EuGH GRUR 2008, 608 Rn. 69 – EUROHYPO; BGH GRUR 2013, 731 Rn. 13 – Kaleido; GRUR 2012, 270 Rn. 11 – Link economy; GRUR 2009, 778 Rn. 11 – Willkommen im Leben; BPatG GRUR 2012, 277 (279) – Volks.Hähnchen).

141 Unterscheidungskraft fehlt indes nicht schon dann, wenn das Zeichen **neben seiner Funktion als Herkunftshinweis** auch als Werbeslogan, Qualitätshinweis oder Aufforderung zum Kauf der beanspruchten Waren oder Dienstleistungen verwendet werden kann (EuGH GRUR 2010, 228 Rn. 45 – Vorsprung durch Technik; EuG BeckRS 2013, 80121 – Premium XL u. Premium L; GRUR Int 2008, 853 Rn. 19 – Substance for Success; s. auch EuGH GRUR 2001, 1148 Rn. 40 – Bravo; BGH GRUR 1999, 1089 (1091) – YES; → Rn. 340 f.).

142 **Weitere Gründe** fehlender Unterscheidungskraft sind nicht ausgeschlossen, bei Wortzeichen indes kaum denkbar. Einem Zeichen, das vom Verkehr weder beschreibend noch ausschließlich als gebräuchliches Wort ohne Herkunftshinweis verstanden wird, dürfte kaum das notwendige, aber eben auch ausreichende Mindestmaß an Unterscheidungskraft (→ Rn. 98) abzusprechen sein.

a) Beschreibender Inhalt. aa) Unmittelbar beschreibender Inhalt. Einem Zeichen **143** fehlt Unterscheidungskraft, wenn es für die beanspruchten Waren oder Dienstleistungen einen **unmittelbar beschreibenden Begriffsinhalt** aufweist, der vom Verkehr **ohne Weiteres** und **ohne Unklarheiten** als solcher **erfasst** wird (EuGH GRUR 2011, 1035 Rn. 33 – 1000; GRUR 2008, 608 Rn. 69 f. – EUROHYPO; BGH GRUR 2014, 1204 Rn. 12 – DüsseldorfCongress; GRUR 2014, 872 Rn. 16 – Gute Laune Drops; GRUR 2013, 731 Rn. 13 – Kaleido; GRUR 2012, 1143 Rn. 9 – Starsat; GRUR 2009, 952 Rn. 10 – DeutschlandCard; GRUR 2006, 850 Rn. 19 – FUSSBALL WM 2006). Ein solches Zeichen wird vom Verkehr **wegen** des beschreibenden Inhalts nicht als Herkunftshinweis verstanden (BGH GRUR 2014, 1204 Rn. 12 – DüsseldorfCongress; GRUR 2009, 952 Rn. 10 – DeutschlandCard; GRUR 2006, 850 Rn. 19 – FUSSBALL WM 2006; s. auch EuGH GRUR 2008, 608 Rn. 69 f. – EUROHYPO; Ströbele/Hacker/Ströbele Rn. 165; Ingerl/Rohnke Rn. 115). Daraus folgt, dass nur ein **gegenwärtig beschreibendes Zeichen** zwangsläufig keinen Hinweis auf die betriebliche Herkunft vermitteln kann. Demgegenüber geht der EuGH in ständiger Rechtsprechung (EuGH GRUR 2012, 616 Rn. 21 – MMF/NAI; GRUR 2011, 1035 Rn. 33 – 1000; GRUR 2004, 674 Rn. 86 – Postkantoor) davon aus, dass ein iSd Art. 7 Abs. 1 Buchst. c UMV (= § 8 Abs. 2 Nr. 2) beschreibendes Zeichen, und damit auch ein lediglich zukünftig beschreibendes Zeichen, stets keine Unterscheidungskraft besitzt (zur Kritik → Rn. 248).

Für die Frage, wann ein Zeichen beschreibend ist, kann auf die Ausführungen und die **144** Entscheidungspraxis zu § 8 Abs. 2 Nr. 2 zurückgegriffen werden (→ Rn. 160 ff.), nach hier vertretener Auffassung jedoch mit der Maßgabe, dass nur ein **gegenwärtig** beschreibendes Zeichen stets nicht unterscheidungskräftig ist, einem lediglich zukünftig beschreibenden Zeichen hingegen durchaus gegenwärtig Unterscheidungskraft zukommen kann.

bb) Enger beschreibender Bezug. Ebenfalls nicht unterscheidungskräftig sind **Anga- 145 ben,** die sich zwar nicht unmittelbar auf Umstände beziehen, die die beanspruchten Waren oder Dienstleistungen betreffen, die jedoch gleichwohl einen **engen beschreibenden Bezug** zu diesen aufweisen, und deshalb die Annahme rechtfertigen, dass der Verkehr den beschreibenden Begriffsinhalt als solchen ohne weiteres und ohne Unklarheiten erfasst und in der Bezeichnung nicht ein Unterscheidungsmittel für die Herkunft der Waren oder Dienstleistungen sieht (BGH GRUR 2014, 1204 Rn. 12 – DüsseldorfCongress; GRUR 2014, 872 Rn. 16 – Gute Laune Drops; GRUR 2009, 952 Rn. 10 – DeutschlandCard; GRUR 2006, 850 Rn. 19 – FUSSBALL WM 2006; GRUR 1998, 465 (467) – BONUS; vgl. auch EuGH GRUR-RR 2008, 47 Rn. 32 – MAP & GUIDE).

Beschreibend in diesem Sinne sind Zeichen, die lediglich als **Hinweis auf die Verkaufs- 146 stätte** der beanspruchten Waren bzw. den Erbringungsort der beanspruchten Dienstleistungen und nicht auf deren betriebliche Herkunft verstanden werden (BPatG GRUR-RS 2013, 21044 – Fashion Tower; GRUR 2007, 61 (62) – Christkindlesmarkt; BeckRS 2010, 5288 – CHOCOLATERIA; BeckRS 2009, 3859 – Technomarkt).

Gleiches gilt für Zeichen, die als Hinweise beispielsweise auf den **Verwendungszweck 147** bzw. die **Bestimmung** (BGH GRUR 2009, 411 Rn. 13 – STREETBALL; GRUR 2009, 952 Rn. 15 – DeutschlandCard), den **Abnehmerkreis** (BGH GRUR 2007, 1071 Rn. 25 – Kinder II), bestimmte **Eigenschaften** etc der beanspruchten Waren und Dienstleistungen verstanden werden, selbst wenn sie nicht die Schwelle zur merkmalsbeschreibenden Angabe iSv § 8 Abs. 2 Nr. 2 überschreiten.

Entscheidungspraxis: **148**

STREETBALL (BGH GRUR 2009, 411): nicht unterscheidungskräftig für Sportschuhe und **148.1** Sportbekleidung (Kl. 25), da als Hinweis auf den Verwendungszweck verstanden; Mehrdeutigkeit steht dem nicht entgegen.

KIDZ ONLY [Wort-/Bildzeichen] (BPatG BeckRS 2014, 18615): als Sachhinweis auf die angesprochene Zielgruppe nicht unterscheidungskräftig für zahlreiche Waren aus den Kl. 14, 24, 25 und 28, außer für „Atomuhren"; daran vermochte auch die grafische Ausgestaltung nichts zu ändern, da diese nicht „derart ungewöhnlich" sei, als dass sie von der beschreibenden Bedeutung der Wortfolge wegführe, zumal dieser „Überschuss" umso größer ausfallen müsse, je deutlicher der beschreibende Charakter ist.

MarkenG § 8   Teil 2 Voraussetzungen, Inhalt und Schranken etc.

Fashion Tower (BPatG GRUR-RS 2013, 21044): nicht unterscheidungskräftig für verschiedene immobilienbezogene Dienstleistungen (Kl. 35, 36 und 42), da verstanden als Präzisierung des Unternehmenszwecks auf Gebäude für die Modebranche.
    CHOCOLATERIA (BPatG BeckRS 2010, 5288): nicht unterscheidungskräftig für ua Schokolade (Kl. 30), da als Hinweis auf die Verkaufsstätte verstanden. – Ebenso **Technomarkt** (BPatG BeckRS 2009, 3859) für ua Elektro- und Elektronikgeräte (Kl. 7 und 9); **rheuma-world** (BPatG GRUR 2003, 1051); **Gardinenland** (BPatG BeckRS 2009, 03819) für Herstellung und Verkauf von Textilgardinen und Zubehör, Dienstleistung, Montage, Verkauf von Textilstoffen (Kl. 24); **Tabakwelt** (BPatG BeckRS 2008, 26449).
    Christkindlesmarkt (BPatG GRUR 2007, 61): nicht unterscheidungskräftig für Waren und Dienstleistungen im Zusammenhang mit Weihnachtsmärkten (Kl. 32, 33, 42), weil ohne weiteres als Hinweis auf den Ort des Angebots der Waren und Dienstleistung bzw. ihrer Bestimmung oder als reine Warenanpreisung (die dem Verkehr „eine das Gemüt und damit die Kaufbereitschaft ansprechende vorweihnachtliche Stimmung vermitteln soll") verstanden.
    Kinder [Wort-/Bildmarke] (BGH GRUR 2007, 1071 – Kinder II): nicht unterscheidungskräftig, da als Hinweis auf den möglichen Abnehmerkreis verstanden.

149   **cc) Mehrdeutigkeit.** Bei Mehrdeutigkeit des Zeichens ist zu **differenzieren.** Einem mehrdeutigen Zeichen **fehlt Unterscheidungskraft** bereits dann, wenn es in **einer** seiner möglichen **Bedeutungen** beschreibend ist (EuGH GRUR 2004, 680 Rn. 38 – BIOMILD; EuGH GRUR 2004, 148 Rn. 33 – DOUBLEMINT [unter Aufhebung von EuG GRUR-RR 2001, 158 Rn. 30 f.]; BGH GRUR 2014, 1206 Rn. 11 – ECR-Award; GRUR 2014, 569 Rn. 20 – HOT; GRUR 2010, 825 Rn. 15 f. – Marlene-Dietrich-Bildnis II; GRUR 2009, 952 Rn. 15 – DeutschlandCard; GRUR 2008, 900 Rn. 15 – SPA II). In diesem Fall begründet auch der durch **verschiedene Deutungsmöglichkeiten** hervorgerufene **Interpretationsaufwand** des angesprochenen Verkehrs allein **keine Unterscheidungskraft** (BGH GRUR 2014, 1206 Rn. 11 – ECR-Award; GRUR 2014, 569 Rn. 24 – HOT).

150   **Entscheidungspraxis:**

150.1   **HOT** [Wort-/Bildzeichen] (BGH GRUR 2014, 569): für viele beanspruchte Waren (ua Parfums oder Kosmetika, Druckerzeugnisse, diätetische Lebensmittel) in seiner ursprünglichen Bedeutung als „heiß" zwar nicht beschreibend, wohl aber in seinem weiteren vom Verkehr erkannten Sinngehalt „sexy, scharf, angesagt, großartig, echt geil" bzw. (geschmacklich) „scharf, pikant, gewürzt".
    HOT [(von ihrem Textbestandteil dominierte) Bildmarke] (EuG BeckRS 2015, 80963): beschreibend in Bezug auf Massageöle, Gele (Kl. 3) und Gleitmittel für pharmazeutische Zwecke (Kl. 5), weil diese Waren dazu bestimmt seien, durch mehr oder weniger wiederholte Bewegungen, die ein Gefühl von Hitze erzeugen, auf die Haut aufgetragen zu werden; jedoch nicht beschreibend in Bezug auf Wasch- und Bleichmittel, Seifen sowie Nahrungsergänzungsmittel für medizinische Zwecke, da weder die Temperatur dieser Waren selbst noch die Verwendungstemperatur bezeichnet werde, ferner der Anklang an „aktuell", „attraktiv" oder „sexy" viel zu vage bleibe; insoweit sei das Zeichen aufgrund seiner Mehrdeutigkeit auch unterscheidungskräftig. – Zweifelhaft (s. auch Tenkhoff GRUR-Prax 2015, 370).

151   Ist hingegen das Zeichen in **keiner seiner Bedeutungen beschreibend, kann** die Mehrdeutigkeit des Zeichens oder dessen Interpretationsbedürftigkeit gerade umgekehrt ein **Indiz für Unterscheidungskraft** sein (BGH GRUR 2013, 522 Rn. 9 – Deutschlands schönste Seiten; GRUR 2010, 1100 Rn. 17 – TOOOR!; GRUR 2010, 640 Rn. 14 – hey!; GRUR 2009, 778 Rn. 17 – Willkommen im Leben; s. auch EuGH GRUR 2010, 228 Rn. 57 – Vorsprung durch Technik). Von Bedeutung ist dies insbesondere bei Zeichen, die sich in gebräuchlichen Wörtern der Umgangssprache erschöpfen (→ Rn. 156 ff.) sowie bei Werbeslogans und sonstigen Wortfolgen (→ Rn. 338 ff.).

152   **dd) „Sprechende" Zeichen.** Zeichen, die zwar über einen **beschreibenden Anklang** verfügen, jedoch die beanspruchten Waren und Dienstleistungen nicht unmittelbar beschreiben („**sprechende Zeichen**"), **fehlt nicht** schon deshalb die **Unterscheidungskraft**, weil sie bestimmte Assoziationen zu wecken versuchen (EuG GRUR 2001, 332 Rn. 23 – VITALITE; BGH GRUR 2013, 731 Rn. 22 – Kaleido; GRUR 2012, 1143 Rn. 10 – Starsat; BPatG BeckRS 2014, 07054 – you smile we care; GRUR 2004, 333 – ZEIG DER WELT DEIN SCHÖNSTES LÄCHELN). Insbesondere ist ein erst nach mehreren gedanklichen

Schritten erkennbarer beschreibender Gehalt unerheblich (BGH GRUR 2012, 1143 Rn. 10 – Starsat; GRUR 2012, 270 Rn. 12 – Link economy; BPatG BeckRS 2014, 07054 – you smile we care; GRUR 2006, 155 (156) – Salatfix; ebenso in Bezug auf § 8 Abs. 2 Nr. 2 → Rn. 165). Auch können sprachwissenschaftliche Erkenntnisse, die auf der Annahme einer assoziativen Ergänzung von als Abkürzung erkannten Begriffen in einem vom Kontext vorgegebenen Sinn beruhen, nicht ohne Weiteres für die als Rechtsfrage zu beantwortende Beurteilung der Unterscheidungskraft herangezogen werden (BGH GRUR 2013, 731 Rn. 22 – Kaleido).

Entscheidungspraxis: 153

you smile we care (BPatG BeckRS 2014, 07054): schutzfähig für Zahnspangen etc und Dienstleistungen eines Zahntechnikers oder Zahnarztes etc, da der angesprochene Verkehr das Zeichen zwar als „Du lächelst/Sie lächeln wir pflegen" versteht, diesem jedoch weder einen unmittelbar beschreibenden Bezug zumisst noch darin eine bloße allgemeine Anpreisung oder Werbeaussage sieht. 153.1

ee) Zusammensetzungen. Bei zusammengesetzten Wörtern oder Wortfolgen ist – wie stets – das **Gesamtzeichen** entscheidend, so dass ein beschreibender Sinngehalt der Einzelbestandteile für die Beurteilung (und Verneinung) der Unterscheidungskraft des Gesamtzeichens für sich genommen unbeachtlich ist (EuGH GRUR 2008, 608 Rn. 41 – EUROHYPO; GRUR 2006, 229 Rn. 29 – BioID; BGH GRUR 2011, 65 Rn. 10 – Buchstabe T mit Strich; BPatG BeckRS 2014, 16915 – GASTROSMART; s. auch BPatG GRUR 2012, 277 (279 f.) – Volks.Hähnchen; näher → Rn. 122 f.; hinsichtlich § 8 Abs. 2 Nr. 2 → Rn. 177 ff.). Die fehlende Unterscheidungskraft eines Bestandteils begründet **keine Vermutung** für fehlende Unterscheidungskraft des Gesamtzeichens (EuGH GRUR 2008, 608 Rn. 41 – EUROHYPO; GRUR 2004, 943 Rn. 35 – SAT.2). 154

Entscheidungspraxis: 155

– schutzfähig: 155.1
Kaleido (BGH GRUR 2013, 731): schutzfähig für ua Spielwaren (Kl. 28), da vom Verkehr nicht als Abkürzung für Kaleidoskope oder deren spezifische Eigenschaften verstanden.
My World (BGH GRUR 2009, 949): schutzfähig für Werbung uÄ (Kl. 35), da insoweit kein konkret beschreibender Zusammenhang besteht; nicht unterscheidungskräftig dagegen für Druckereierzeugnisse, Druckschriften, Zeitschriften, Zeitungen, Bücher uÄ (Kl. 16), da diesbezüglich als Inhaltsangabe geeignet.
HEADS (BPatG BeckRS 2011, 1031): schutzfähig für Werbedienstleistungen (Kl. 35), weil es nicht den Branchengewohnheiten entspricht, dass solche Dienstleistungen durch ihre Adressaten charakterisiert werden, weil eine solche Festlegung auf einen bestimmten Inhalt oder eine bestimmte Zielgruppe eine nicht gewollte Beschränkung bedeuten würde; nicht unterscheidungskräftig dagegen für Geschäftsführung, Unternehmensverwaltung, Personaldienstleistungen (Kl. 35), weil insoweit vom Verkehr verstanden als „Köpfe" im Sinne von Führungskräften.

– nicht schutzfähig: 155.2
FUSSBALL WM 2006 (BGH GRUR 2006, 850; → Rn. 257 ff.): nicht unterscheidungskräftig als sprachübliche Bezeichnung von Ereignissen nicht nur für das Ereignis selbst, sondern auch für Waren und Dienstleistungen, die vom Verkehr mit diesem Ereignis in Zusammenhang gebracht werden; das aktuelle Ereignis macht dessen umgangssprachliche Benennung nicht zur Marke.
Cleverle (BPatG BeckRS 2008, 4830): nicht unterscheidungskräftig für ua Werbung, Geschäftsführung, Unternehmensberatung (Kl. 35); da „Cleverle" im Verkehr allgemein als Umschreibung für besonders pfiffige Menschen gebraucht werde, rufe das Zeichen die Vorstellung hervor, die Dienstleistungen würden von einer ausgesprochen geschickten und gewitzten Person angeboten.

b) Gebräuchliche Wörter. Gebräuchlichen **Wörtern** oder **Wendungen** der deutschen oder einer bekannten Fremdsprache fehlt die Unterscheidungskraft, wenn sie – zB aufgrund einer entsprechenden Verwendung in der Werbung oder in den Medien – vom Verkehr nur in dieser Weise und **nicht** zumindest **auch als Herkunftshinweis** für die beanspruchten Waren und Dienstleistungen verstanden werden (BGH GRUR 2014, 569 Rn. 26 – HOT; GRUR 2012, 270 Rn. 11 – Link economy; GRUR 2010, 1100 Rn. 20 – TOOOR!; GRUR 2006, 850 Rn. 19 – FUSSBALL WM 2006; GRUR 2001, 1043 (1044) – Gute Zeiten – Schlechte Zeiten). Es muss folglich **ausgeschlossen** sein, dass das Zeichen 156

MarkenG § 8 Teil 2 Voraussetzungen, Inhalt und Schranken etc.

von den maßgeblichen Verkehrskreisen als Hinweis auf die betriebliche Herkunft der beanspruchten Waren oder Dienstleistungen verstanden wird.

157 Bedeutung erlangt dies insbesondere bei **werblichen Angaben** und **Anpreisungen** (EuGH GRUR 2004, 1027 Rn. 45 – DAS PRINZIP DER BEQUEMLICHKEIT; EuG BeckRS 2015, 80581 Rn. 21–24 – EXTRA; BeckRS 2015, 81251 Rn. 17 – ULTIMATE; BeckRS 2012, 82034 Rn. 39 – CLIMA COMFORT; BGH GRUR 2010, 1100 Rn. 20 – TOOOR!; GRUR 2001, 1151 (1152) – marktfrisch), **allgemeinen Sachaussagen** (BGH GRUR 2009, 778 Rn. 16 – Willkommen im Leben) oder **Gebrauchshinweisen** (BPatG BeckRS 1999, 15253 – TAKE IT – SHAKE IT – USE IT; s. Fezer Rn. 222), jeweils vorausgesetzt, der Verkehr versteht die Zeichen **ausschließlich** in solch einem **nicht herkunftshinweisenden Sinn**. So schließt allein ein werblich-anpreisender Inhalt eines Zeichens, selbst wenn dieser gegenüber dem ebenfalls enthaltenen Herkunftshinweis im Vordergrund steht, die Unterscheidungskraft nicht aus (EuGH GRUR 2010, 228 Rn. 45 – Vorsprung durch Technik; EuG BeckRS 2013, 80121 – Premium XL u. Premium L; GRUR Int 2008, 853 Rn. 19 – Substance for Success; BGH GRUR 1999, 1089 (1091) – YES; auch bei „Werbeschlagwörtern" → Rn. 349).

158 **Mehrdeutigkeit, inhaltliche Unschärfe** oder **Interpretationsbedürftigkeit** können für Unterscheidungskraft eines Zeichens sprechen (BGH GRUR 2010, 1100 Rn. 17 – TOOOR!; GRUR 2010, 640 Rn. 14 – hey!; GRUR 2009, 778 Rn. 17 – Willkommen im Leben; BeckRS 1999, 30053339 – PREMIERE II), sofern nicht eine beschreibende Deutung darunter ist (→ Rn. 149).

159 **Entscheidungspraxis:**

159.1 **– schutzfähig:**
for you (BGH GRUR 2015, 173): schutzfähig für verschiedenste Waren aus dem Produktsektor Gesundheit und Ernährung, da für die beanspruchten Waren nicht als Hinweis auf eine individuelle Anpassung an die persönlichen Bedürfnisse der Abnehmer (so aber das BPatG) verstanden.

159.2 **– nicht schutzfähig:**
CLIMA COMFORT (EuG BeckRS 2012, 82034): nicht unterscheidungskräftig für Wärmedämmplatten (Kl. 17), da lediglich Hinweis auf eine besondere Eigenschaft der Ware dahingehend, dass diese dazu beiträgt, ein besonderes Raumklima zu schaffen, das behaglich und angenehm ist.
Gute Laune Drops (BGH GRUR 2014, 872): nicht unterscheidungskräftig für Bonbons etc (Kl. 30), da im Verkehr verbunden mit speziellen Bonbons, die „Drops" seien, oder Waren, die mit „Drops" garniert seien, oder eine „Drops"-Form im Sinne von „Drops-Bonbon" oder eine „Tropfen-Form" aufweisen könnten, und „Gute Laune" zum Ausdruck bringe, dass die so bezeichneten Waren zur Herbeiführung oder Aufrechterhaltung der guten Laune dienten. Da der Verkehr angesichts der Vielzahl von Werbeslogans mit der Wortfolge „gute Laune" darin ausschließlich eine werbliche Produktanpreisung erkenne, komme es nicht darauf an, ob dieser Effekt wissenschaftlich belegt sei.
HOT (BGH GRUR 2014, 569): nicht unterscheidungskräftig, da vom Verkehr allein als gebräuchliche Wendung im Sinne einer werblich anpreisenden Aufforderung und nicht als individualisierenden Herkunftshinweis verstanden.
SCHEISS DRAUF [Wort-/Bildmarke] (BPatG BeckRS 2015, 10473): nicht unterscheidungskräftig für Textilien, Veranstaltungen, Musik (CD/elektronische Medien), sondern bloßer „Fun-Spruch", der „als Ausdruck von Selbstironie und groteskem Humor geeignet ist, Aufmerksamkeit zu wecken".
MIR REICHT'S. ICH GEH SCHAUKELN (BPatG BeckRS 2014, 18970): als „typischer ‚Fun-Spruch'" auf insbesondere Kleidung und Schuhen (Kl. 30) für solche Waren nicht unterscheidungskräftig.
Mark Twain (BPatG GRUR 2014, 79): nicht unterscheidungskräftig für Schreibgeräte (Kl. 16), da wegen der Besonderheiten in der Branche der Schreibgeräte nicht als betrieblicher Herkunftshinweis, sondern als Hinweis auf eine Ehrung der Person durch Widmung des Schreibgerätes an den berühmten Schriftsteller im Rahmen von Hommage-Editionen aufgefasst.
Schoko-Träume bzw. **Schokoladen-Träume** (BPatG BeckRS 2012, 23518; BeckRS 2012, 22505): lediglich sachbezogene, werbeübliche Hinweise für Genussmittel der Kl. 29 und 30 in dem Sinne, dass der Konsument „mit Schokolade zum Träumen gebracht wird" oder ihm „Träume von Schokolade erfüllt werden".
Der Klartext-Experte (BPatG BeckRS 2012, 2757): nicht unterscheidungskräftig für Druckereierzeugnisse (Kl. 16) und darauf bezogene Dienstleistungen (Kl. 35), da dem Verkehr aus der umgangssprachlichen Redewendung „Klartext reden" für „nicht verschlüsselt, jedermann verständlich, unverhüllt seine Meinung sagen, ganz offen sprechen" vertraut.

hot edition und **cool edition** (BPatG BeckRS 2007, 17960; 2007, 18175): lediglich die besondere Qualität anpreisende Angaben für Wasch- und Bleichmittel, Mittel zur Körper- und Schönheitspflege (Kl. 3).

II. Beschreibende Angaben (Abs. 2 Nr. 2)

Von der **Eintragung ausgeschlossen** sind Zeichen, die im Verkehr **zur Bezeichnung** 160 der **Art,** der **Beschaffenheit,** der **Menge,** der **Bestimmung,** des **Wertes,** der **geografischen Herkunft,** der **Zeit** der Herstellung der Waren oder der Erbringung der Dienstleistungen oder zur Bezeichnung **sonstiger Merkmale** der Waren oder Dienstleistungen **dienen können** (§ 8 Abs. 2 Nr. 2), es sei denn, sie haben sich infolge ihrer Benutzung für die beanspruchten Waren oder Dienstleistungen in den beteiligten Verkehrskreisen als Herkunftshinweis durchgesetzt (§ 8 Abs. 3).

1. Normzweck

Dem Schutzhindernis liegt das **Allgemeininteresse** zugrunde, dass merkmalsbeschreibende Zeichen oder Angaben allen Wirtschaftsteilnehmern **zur freien Verfügung** stehen 161 und **nicht** durch Eintragung als Marke **monopolisiert** werden sollen, damit jeder die Merkmale seiner Waren und Dienstleistungen frei beschreiben kann (EuGH GRUR-RR 2014, 448 Rn. 19 – ecoDoor; GRUR 2012, 616 Rn. 31 – MMF/NAI; GRUR 2011, 1035 Rn. 37 – 1000; GRUR 2006, 233 Rn. 62 – Standbeutel; GRUR 1999, 723 Rn. 25 – Chiemsee; BGH GRUR 2012, 272 Rn. 9 – Rheinpark-Center Neuss; GRUR 2006, 850 Rn. 35 – FUSSBALL WM 2006). Zum Normzweck des § 8 Abs. 2 Nr. 1 (fehlende Unterscheidungskraft) → Rn. 95, zum Verhältnis der beiden Eintragungshindernisse zueinander → Rn. 247.

2. Definition

a) Beschreibend. Ein Zeichen ist **beschreibend,** wenn es nach Auffassung der angesprochenen Verkehrskreise in zumindest einer seiner möglichen Bedeutungen (→ Rn. 166) 162 die beanspruchten Waren oder Dienstleistungen entweder **unmittelbar oder** durch Hinweis auf eines ihrer **wesentlichen Merkmale** (→ Rn. 183) bezeichnen kann (vgl. EuGH GRUR 2010, 534 Rn. 28 – PRANAHAUS; GRUR 2004, 680 Rn. 38 – BIOMILD; GRUR 2004, 146 Rn. 32 – DOUBLEMINT; GRUR 2001, 1145 Rn. 39 – Baby-dry; BGH GRUR 2008, 900 Rn. 15 – SPA II). Es ist dabei **nicht erforderlich,** dass das Zeichen der üblichen Art und Weise der Bezeichnung solcher Waren oder Dienstleistungen bzw. ihrer Merkmale entspricht (EuGH GRUR 2011, 1035 Rn. 40 – 1000; unter ausdrücklicher Abkehr von der auf ein solches Erfordernis hindeutenden Formulierung [„… Übereinstimmung mit der üblichen Art und Weise, die betroffenen Waren oder Dienstleistungen oder ihre Merkmale zu bezeichnen …"] aus EuGH GRUR 2001, 1145 Rn. 37 – Baby-dry). **Ebenso wenig ist erforderlich,** dass das Zeichen das Produkt „**erschöpfend**", dh hinsichtlich aller seiner relevanten Merkmale umfassend beschreibt (BGH GRUR 2014, 569 Rn. 17 – HOT).

Beschreibend ist ein Zeichen auch dann, wenn durch die Angabe ein **enger beschreibender Bezug** zu den beanspruchten Waren oder Dienstleistungen hergestellt wird und deshalb 163 die Annahme gerechtfertigt ist, der Verkehr werde den beschreibenden Inhalt des Begriffs als solchen ohne Weiteres und ohne Unklarheiten erfassen (BGH GRUR 2012, 272 Rn. 14 – Rheinpark-Center Neuss). Ein solcher fehlt beispielsweise, wenn mit der Angabe eine von der Ware oder Dienstleistung selbst verschiedene Zusatzleistung und damit eine bloße Vertriebsmodalität bezeichnet wird (BGH GRUR 2012, 272 Rn. 14 – Rheinpark-Center Neuss; GRUR 1998, 465 (467) – BONUS; → Rn. 189).

Beschreibend kann auch ein Begriff sein, der (noch) keine festen begrifflichen Konturen im Sinne einer einhelligen Auffassung zum Sinngehalt hat, sondern nur einen **vagen Inhalt** 164 aufweist (BGH GRUR 2014, 569 Rn. 18 – HOT; GRUR 2012, 276 Rn. 12 – Institut der Norddeutschen Wirtschaft e.V.; GRUR 2008, 900 Rn. 15 – SPA II; GRUR 2000, 882 (883) – Bücher für eine bessere Welt), begrifflich unscharf (BGH GRUR 2012, 1040 Rn. 31 – pjur/pure) oder **mehrdeutig** ist (EuGH GRUR 2004, 146 Rn. 33 f. – DOUBLEMINT; BGH GRUR 2008, 900 Rn. 15 – SPA II). Ebenso wenig schließt allein die **Neuar-**

MarkenG § 8 Teil 2 Voraussetzungen, Inhalt und Schranken etc.

tigkeit, Ungewohntheit** oder **Fremd- oder Fachsprachlichkeit** des Zeichens ein beschreibendes Verständnis aus (Ströbele/Hacker/Ströbele Rn. 368; näher → Rn. 330 ff., → Rn. 268 ff.).

165 Lediglich **beschreibende Anklänge** und Andeutungen, wie sie etwa für „sprechende Zeichen" charakteristisch sind (→ Rn. 152) **stehen der Eintragung** jedoch **nicht entgegen,** denn der Verkehr nimmt ein Zeichen in der Regel so wahr, wie es ihm entgegentritt und unterwirft es keiner analysierenden, möglichen beschreibenden Begriffsinhalten nachgehenden Betrachtung (BGH GRUR 2002, 261 (262) – AC; GRUR 2001, 162 (163) – RATIONAL SOFTWARE CORPORATION; s. auch BGH GRUR 1999, 735 (736) – MONOFLAM/POLYFLAM). Ein merkmalsbeschreibender Inhalt, der erst **nach mehreren Gedankenschritten** erkennbar wird, ist daher unschädlich (BGH GRUR 2013, 729 Rn. 14 – READY TO FUCK; ebenso in Bezug auf § 8 Abs. 2 Nr. 1 → Rn. 152). Vielmehr müssen die angesprochenen Verkehrskreise **sofort** und ohne weiteres Nachdenken **einen konkreten und direkten Bezug** zwischen dem Zeichen und den beanspruchten Waren oder Dienstleistungen herstellen können (EuGH GRUR Int 2012, 754 Rn. 79 – XXXLutz/HABM [Linea Natura Natur hat immer Stil]; GRUR 2010, 534 Rn. 29 – PRANAHAUS; BGH GRUR 2012, 272 Rn. 14 – Rheinpark-Center Neuss; GRUR 2008, 900 Rn. 15 – SPA II).

166 **b) Mehrdeutigkeit.** Das Schutzhindernis liegt bereits vor, wenn das Zeichen **in einer seiner möglichen Bedeutungen** beschreibend ist (EuGH GRUR Int 2010, 503 Rn. 37 – Patentconsult; GRUR 2004, 680 Rn. 38 – BIOMILD; GRUR 2004, 674 Rn. 97 – Postkantoor; GRUR 2004, 146 Rn. 32 – DOUBLEMINT; BGH GRUR 2010, 825 Rn. 15 – Marlene-Dietrich-Bildnis II; GRUR 2009, 669 Rn. 11 – POST; GRUR 2008, 900 Rn. 15 – SPA II). Das „ausschließlich" im Gesetzestext bezieht sich auf das Zeichen, nicht auf dessen mögliche Bedeutungen (vgl. EuGH GRUR 2004, 146 Rn. 32 – DOUBLEMINT; Ströbele/Hacker/Ströbele Rn. 377). Zur **Mehrdeutigkeit** im Rahmen der Unterscheidungskraft → Rn. 149 f.

167 **Entscheidungspraxis:**

167.1 **POST** (BGH GRUR 2009, 669): bezeichnet einerseits die Einrichtung, die Briefe, Pakete, Päckchen und andere Waren befördert und zustellt, und andererseits die beförderten und zugestellten Güter selbst, z. B. Briefe, Karten, Pakete und Päckchen; ist deshalb in der letztgenannten Bedeutung eine beschreibende Angabe über ein Merkmal der Dienstleistung.

168 **c) Eignung zur Beschreibung ausreichend.** Das Schutzhindernis nach § 8 Abs. 2 Nr. 2 besteht nicht nur, wenn das Zeichen nach dem zum **Zeitpunkt der Anmeldung** bestehenden Verkehrsverständnis (→ Rn. 172) bereits **tatsächlich** (gegenwärtig) für die Waren oder Dienstleistungen **beschreibend verwendet wird,** sondern schon dann, wenn es zu diesem Zweck **verwendet werden kann** (sich also dazu eignet) **und** eine solche beschreibende Verwendung **vernünftigerweise zu erwarten** ist (EuGH GRUR 2011, 1035 Rn. 38 – 1000; GRUR 2010, 534 Rn. 53 – PRANAHAUS; GRUR 2004, 674 Rn. 56 – Postkantoor; GRUR 1999, 723 Rn. 31, 33 – Chiemsee; EuG BeckRS 2015, 81993 Rn. 26 – Foodsafe; ferner BGH GRUR 2012, 276 Rn. 8 – Institut der Norddeutschen Wirtschaft e.V.; GRUR 2008, 900 Rn. 12 – SPA II; GRUR 2003, 343 (344) – Buchstabe „Z"; GRUR 2003, 882 (883) – Lichtenstein).

169 Neben einem **aktuellen beschreibenden Charakter** genügt somit auch ein **zukünftig beschreibender Charakter** (auch **„zukünftiges Freihaltebedürfnis",** zum Begriff → Rn. 236 f.). Eine solche Entwicklung muss jedoch aufgrund der gegenwärtigen objektiven Umstände **vernünftigerweise** zu erwarten sein; eine nur theoretisch denkbare Entwicklung (die ja kaum jemals auszuschließen wäre) und damit ein nur rein hypothetisch oder potentiell beschreibender Charakter steht einer Eintragung deshalb nicht entgegen (Fezer Rn. 301; Ingerl/Rohnke Rn. 211; zu Besonderheiten bei geografischen Angaben → Rn. 292 f.).

170 **Entscheidungspraxis:**

170.1 **Quinté +** (BPatG GRUR 2012, 1152): nicht beschreibend für Pferdewetten (im Sinne von „Fünferwette"), obwohl „Tiercé" („Dreierwette") lexikalisch nachgewiesen ist.

Unerheblich ist, ob andere, **inhaltsgleiche Zeichen** – ggf. sogar gebräuchlichere – für **171** Wettbewerber verfügbar sind; es bedarf also **keines konkreten, gegenwärtigen oder ernsthaften Freihaltebedürfnisses** (EuGH GRUR 2011, 1035 Rn. 39 – 1000; GRUR Int 2010, 503 Rn. 38 – Patentconsult; GRUR 2004, 674 Rn. 57, 101 – Postkantoor; GRUR 1999, 723 Rn. 35 – Chiemsee; BPatG BeckRS 2012, 22572 – my diary). Es genügt, dass (abstrakt) ein Freihaltebedürfnis entstehen könnte. Demgemäß ist auch unerheblich, ob überhaupt an dem beschreibenden Zeichen interessierte **Mitbewerber** existieren (EuGH GRUR 2004, 674 Rn. 58 – Postkantoor; BGH GRUR 2008, 900 Rn. 22 – SPA II; GRUR 2006, 760 Rn. 13 – LOTTO), so dass auch **Monopolisten** für merkmalsbeschreibende Zeichen keinen Schutz erlangen können (BGH GRUR 2006, 503 Rn. 10 – Casino Bremen; GRUR 2006, 760 Rn. 13 – LOTTO; BPatG BeckRS 2010, 19675 – Heringsdorfer Jod Sole; GRUR-RR 2009, 391 (293) – Oddset), und ebenso **Anmelder,** die jedem anderen (zB aus ihrem Namensrecht oder aus anderen Kennzeichenrechten) die **Nutzung des Zeichens untersagen** könnten (BGH GRUR 2012, 276 Rn. 17 – Institut der Norddeutschen Wirtschaft e.V.; GRUR 2008, 900 Rn. 22 – SPA II), da sich solch eine Situation in der Zukunft im Grundsatz jederzeit ändern kann (→ Rn. 112, → Rn. 226).

3. Relevanter Zeitpunkt

Die Beurteilung des beschreibenden Charakters erfolgt auf Grundlage des im **Zeitpunkt** **172** **der Anmeldung** bestehenden **Verkehrsverständnisses** (BGH GRUR 2014, 565 Rn. 10 – smartbook; → Rn. 101.1 ff.; → Rn. 54 ff.). Im Gegensatz zu § 8 Abs. 2 Nr. 1, der einer Eintragung nur entgegensteht, wenn das Zeichen bereits in diesem Zeitpunkt nicht unterscheidungskräftig ist (→ Rn. 101), ist bei § 8 Abs. 2 Nr. 2 **auch ein zukünftig beschreibender Charakter zu berücksichtigen** (→ Rn. 168). Jedoch ist auch diese Prognose auf Grundlage des Verkehrsverständnisses zum Zeitpunkt der Anmeldung zu treffen (vgl. BGH GRUR 2008, 900 Rn. 26 – SPA II), so dass **spätere Änderungen** des Verkehrsverständnisses **zu Lasten des Anmelders nicht berücksichtigt** werden. Ein im Zeitpunkt der Anmeldung nicht zukünftig zur Beschreibung geeignetes Zeichen unterfällt auch dann nicht § 8 Abs. 2 Nr. 2, wenn sich bis zur Eintragung ein anderes Verkehrsverständnis herausbildet.

4. Prüfungsmaßstab und Bedeutung des Waren-/Dienstleistungsverzeichnisses

Hinsichtlich des **Prüfungsmaßstabes** und der **Bedeutung** des **Waren-/Dienstleis- 173 tungsverzeichnisses** gelten die Ausführungen zu § 8 Abs. 2 Nr. 1 entsprechend (→ Rn. 102 ff., → Rn. 113 ff.). Maßgeblich sind deshalb **sämtliche inländische** (EuGH GRUR 2006, 411 Rn. 26 – Matratzen Concord) **Verkehrskreise,** die als **Abnehmer** oder **Interessenten** der beanspruchten Waren oder Dienstleistungen in Betracht kommen mit deren **Vertrieb** befasst sind (EuGH GRUR 2006, 411 Rn. 24 – Matratzen Concord; GRUR 1999, 723 Rn. 29 – Chiemsee; BGH GRUR 2009, 669 Rn. 16 – POST; GRUR 2006, 760 Rn. 22 – LOTTO; BPatG GRUR 2011, 922 (923) – Neuschwanstein). Sind mehrere Verkehrskreise maßgeblich, liegt das Schutzhindernis schon dann vor, wenn einer dem Zeichen beschreibenden Charakter beimisst, mag dies auch ein im Verhältnis zu allen ein kleiner Teil des Verkehrs sein (Ströbele/Hacker/Ströbele Rn. 372; vgl. auch EuGH GRUR 2004, 674 Rn. 58 – Postkantoor).

Die **Prüfung** erfolgt **waren-/dienstleistungsbezogen** (EuGH GRUR 2010, 534 **174** Rn. 46 – PRANAHAUS; GRUR 2007, 425 Rn. 34 – MT&C/BMB; GRUR 2004, 674 Rn. 33 – Postkantoor; BGH GRUR 2012, 272 Rn. 19 – Rheinpark-Center Neuss; GRUR 2005, 578 (580) – LOKMAUS; GRUR 2002, 261 (262) – AC). Das Schutzhindernis besteht nur hinsichtlich solcher Waren und Dienstleistungen, für die das Zeichen beschreibend ist, nicht auch für lediglich ähnliche Waren oder Dienstleistungen; deren Berücksichtigung erfolgt allein im Verletzungsverfahren (BGH GRUR 1999, 988 (989 f.) – HOUSE OF BLUES; GRUR 1997, 634 (636) – Turbo II; GRUR 1977, 717 (718) – Cokies [zum WZG]). Zur Begründung der behördlichen oder gerichtlichen Entscheidung, insbesondere den Anforderungen an ein „Globalbegründung" → Rn. 114.

Bei unter einem **Oberbegriff** beanspruchten Waren oder Dienstleistungen besteht das **175** Schutzhindernis allerdings bereits dann, wenn das Zeichen für eine unter diesen Begriff fallende Ware oder Dienstleistung (s. dazu EuGH GRUR 2012, 822 – IP TRANSLATOR)

MarkenG § 8 Teil 2 Voraussetzungen, Inhalt und Schranken etc.

beschreibend ist (BGH GRUR 2015, 1012 Rn. 44 – Nivea-Blau; GRUR 2011, 65 Rn. 26 – Buchstabe T mit Strich; GRUR 2006, 850 Rn. 36 – FUSSBALL WM 2006; GRUR 2005, 578 (580 f.) – LOKMAUS; GRUR 2002, 261 (262) – AC; → Rn. 116). Zur möglichen und notwendigen **Beschränkung des Waren-/Dienstleistungsverzeichnisses** → Rn. 117.

176 Schließlich sind Zeichen denkbar, die aufgrund ihres **allgemeingültigen Aussagegehaltes** für sämtliche Waren und Dienstleistungen beschreibend sind. Solchen Angaben – meist handelt es sich um Beschaffenheits- oder Wertangaben wie „super", „extra" usw – sind beschreibend; ferner fehlt ihnen in der Regel jegliche konkrete (§ 8 Abs. 2 Nr. 1) oder sogar bereits abstrakte (§ 3 Abs. 1) Unterscheidungskraft (Fezer Rn. 383).

5. Prüfungsgegenstand; insbesondere zusammengesetzte Zeichen

177 **Prüfungsgegenstand** ist auch bei § 8 Abs. 2 Nr. 2 das **Zeichen in seiner angemeldeten Form** (BGH GRUR 2011, 65 Rn. 9 f. – Buchstabe T mit Strich; in Bezug auf § 8 Abs. 2 Nr. 1 → Rn. 122 ff.). Dass Abwandlungen des angemeldeten Zeichens oder ähnliche Zeichen beschreibend sind, besagt nichts über Schutzfähigkeit des zu prüfenden Zeichens.

178 **Zusammengesetzte Zeichen** sind deshalb stets in ihrer Gesamtheit auf das Schutzhindernis zu untersuchen; der Schluss von der Schutzunfähigkeit einzelner oder aller Bestandteile auf die Schutzunfähigkeit auch des Gesamtzeichens ist unzulässig (EuGH GRUR 2012, 616 Rn. 23 – MMF/NAI; GRUR 2004, 674 Rn. 96 – Postkantoor; EuG BeckRS 2014, 80029 Rn. 16 – WorkFlowPilot; BGH GRUR 2011, 65 Rn. 10 – Buchstabe T mit Strich; BPatG BeckRS 2012, 693 – Stern Tours).

179 **a) Ausschließlich beschreibende Bestandteile.** Gleichwohl ist eine **Kombination aus jeweils beschreibenden Angaben** in der Regel selbst **beschreibend,** es sei denn, es besteht **ein merklicher Unterschied** zwischen dem **Wort** und der **bloßen Summe seiner Bestandteile;** dies setzt voraus, dass das Wort wegen der Ungewöhnlichkeit der Kombination im Hinblick auf die fraglichen Waren oder Dienstleistungen einen Eindruck erweckt, der hinreichend weit von dem Eindruck abweicht, der bei bloßer Zusammenfügung der seinen Bestandteilen zu entnehmenden Angaben entsteht, und dadurch über die Summe dieser Bestandteile hinausgeht (EuGH GRUR 2010, 931 Rn. 62 – COLOR EDITION; GRUR 2004, 674 Rn. 100 – Postkantoor; GRUR 2004, 680 Rn. 41 – Biomild; EuG BeckRS 2014, 80029 Rn. 17 – WorkFlowPilot; BGH GRUR 2014, 1204 Rn. 16 – DüsseldorfCongress; GRUR 2009, 949 Rn. 13 – My World; BPatG BeckRS 2012, 69 – Stern Tours; in Bezug auf § 8 Abs. 2 Nr. 1 → Rn. 123).

180 Dass es sich um eine **sprachliche Neuschöpfung** handelt, genügt dazu für sich genommen ebenso wenig (EuGH GRUR 2004, 680 Rn. 39 – BIOMILD; EuG BeckRS 2014, 80029 Rn. 16 – WorkFlowPilot; BGH GRUR 2012, 272 Rn. 12 – Rheinpark-Center Neuss; BPatG BeckRS 2012, 11943 – iNanny; → Rn. 330 f.), wie eine **grammatikalisch falsche Bildung** oder eine **Kombination mit fremdsprachlichen Begriffen** (BPatG BeckRS 2011, 3154 – CutMetall). Im Einzelfall kann sich jedoch gerade aus solchen Umständen die Schutzfähigkeit ergeben (zB BPatG BeckRS 2012, 693 – Stern Tours; BeckRS 2010, 5795 – derma fit [Wort-/Bildzeichen]).

181 **b) Zusammensetzung beschreibender und nicht beschreibender Elemente.** Ebenfalls beschreibend kann eine **Zusammensetzung** aus einer **beschreibenden Wortfolge** und einem für sich genommen **nicht beschreibenden Bestandteil** sein, etwa wenn dieser aus den Anfangsbuchstaben der (beschreibenden) Wortfolge besteht und deshalb in der Zusammensetzung ebenfalls beschreibend wirkt und nur noch eine akzessorische Stellung einnimmt (EuGH GRUR 2012, 616 Rn. 38 – MMF/NAI [für „Multi Markets Fund MMF" und „NAI – Der Natur-Aktien-Index"]; BPatG GRUR 2011, 524 – NAI – Der Natur-Aktien-Index und BPatG GRUR 2011, 527 – Multi Markets Fund MMF [= Vorlagebeschlüsse zu EuGH – MMF/NAI]; → Rn. 123, eingehend → Rn. 252).

6. Feststellung des beschreibenden Charakters

182 Für die **Beurteilung** des **beschreibenden Charakters** gelten die zur Unterscheidungskraft getroffenen Aussagen (→ Rn. 143 ff.). Da bereits die **Eignung zur Beschreibung** von Produktmerkmalen genügt (→ Rn. 168 ff.), **bedarf** es namentlich **keines lexikalischen**

(einschließlich Wikipedia) oder sonstigen (insbesondere Internet-Suchmaschine) Nachweises für die gegenwärtige beschreibende Verwendung des Zeichens für die beanspruchten Waren und Dienstleistungen (vgl. EuG GRUR Int 2008, 151 Rn. 27 – VOM URSPUNG HER VOLLKOMMEN; Ströbele/Hacker/Ströbele Rn. 361 f.). Ebenso wenig folgt umgekehrt der beschreibende Charakter des Zeichens zwangsläufig aus einem solchen Nachweis (EuG BeckRS 2010, 91465 – Hallux); dieser kann aber ein **Indiz** dafür sein (vgl. Ströbele/Hacker/Ströbele Rn. 362). Dazu auch → Rn. 135 f.

7. Merkmalsbeschreibende Angaben

§ 8 Abs. 2 Nr. 2 steht dem Schutz nur solcher Zeichen entgegen, die **Merkmale** der **183** beanspruchten **Waren** oder **Dienstleistungen** beschreiben. Die Norm nennt hierfür ausdrücklich die **Art**, die **Beschaffenheit**, die **Menge**, die **Bestimmung**, den **Wert**, die **geografische Herkunft**, die **Zeit** der Herstellung der Waren oder der Erbringung der Dienstleistungen. Wie sich aus der Einbeziehung „**sonstiger Merkmale**" ergibt, ist dieser Katalog **nicht abschließend** (EuGH GRUR-RR 2014, 448 Rn. 20, 24 – ecoDoor; GRUR 2011, 1035 Rn. 49 – 1000), sondern bezeichnet nur exemplarisch mögliche „Merkmale", auf die sich der beschreibende Charakter des Zeichens beziehen kann. Entscheidend für das Schutzhindernis ist demnach allein, dass das Zeichen ein **Merkmal der Ware oder Dienstleistung** beschreiben kann.

a) Merkmal der Ware oder Dienstleistung – „Produktbezug". Im Hinblick auf das **184** mit dem Schutzhindernis verfolgte Allgemeininteresse (→ Rn. 161) ist es **unerheblich,** ob das vom Zeichen beschriebene **Merkmal** der Ware oder Dienstleistung für diese **wesentlich** ist (vgl. EuGH GRUR 2011, 1035 Rn. 49 – 1000: „jedes ... Merkmal"; GRUR 2004, 674 Rn. 102 – Postkantoor: unerheblich, ob „wirtschaftlich wesentlich oder nebensächlich"; Ingerl/Rohnke Rn. 208; Ströbele/Hacker/Ströbele Rn. 365; soweit teilweise gleichwohl von „wesentlichen" Merkmalen" die Rede ist, zB EuGH GRUR 2010, 534 Rn. 28 – PRANAHAUS; GRUR 2001, 1145 Rn. 39 – Baby-dry, dürfte dies nur auf einer unglücklichen Formulierung beruhen).

Ebenso **unerheblich** ist, ob der beschriebene Umstand für die beanspruchten Waren und **185** Dienstleistungen einen (technischen) **Sinn** hat (EuG GRUR Int 2008, 151 Rn. 35 – VOM URSPUNG HER VOLLKOMMEN) und ob diese das Merkmal **tatsächlich aufweisen** (Ströbele/Hacker/Ströbele Rn. 366; s. auch BGH GRUR 2007, 1066 Rn. 31 – Kinderzeit). Es genügt, dass der Verkehr die Angabe als **möglicherweise merkmalsbeschreibend** ansieht (vgl. BGH GRUR 2007, 1066 Rn. 31 – Kinderzeit). Ob ein Zeichen ein Merkmal der Ware oder Dienstleistung beschreibt, ist demnach (auch) eine Frage der Verkehrsauffassung (Fezer Rn. 379; Ströbele/Hacker/Ströbele Rn. 371). Es kann deshalb auch eine **vom Anmelder selbst eingeführte und etablierte Angabe** merkmalsbeschreibend und somit schutzunfähig sein (BPatG BeckRS 2011, 3984 – Cotto [= eine erfundene Farbbezeichnung für Anstrichmittel]; GRUR 2007, 1078 – MP3 Surround; GRUR 2005, 675 (676) – JIN SHIN JYUTSU; s. auch BGH GRUR 2005, 578 (580) – LOKMAUS).

Es muss sich jedoch stets um ein **Merkmal der Ware oder Dienstleistung** handeln. **186** Beschreibend iSd § 8 Abs. 2 Nr. 2 können deshalb nur Angaben sein, die die Ware oder Dienstleistung selbst oder unmittelbar mit dieser in Beziehung stehende Umstände bezeichnen (EuGH GRUR-RR 2014, 448 Rn. 21 – ecoDoor; GRUR 2011, 1035 Rn. 50 – 1000: „Eigenschaft der Waren oder Dienstleistungen"; BGH GRUR 2000, 231 (232) – FÜNFER; GRUR 1999, 1093 (1094) – FOR YOU; Fezer Rn. 311, 330: „**Produktbezug**"), mit anderen Worten: sämtliche Angaben, die für den Warenverkehr wichtig und für die umworbenen Abnehmerkreise irgendwie bedeutsame **Umstände in Bezug auf die Ware oder Dienstleistung** beschreiben (BGH GRUR 2000, 231 (232) – FÜNFER; GRUR 1998, 813 (814) – CHANGE; GRUR 1996, 770 (771) – MEGA; BPatG BeckRS 2011, 25994 – Löss).

Ein **Merkmal** idS kann sich auch auf einen **Teil der Ware** beziehen, etwa ein Ausstat- **187** tungsdetail oder ein sonstiges in die Ware integriertes Element, **sofern** es sich dabei in der Wahrnehmung der maßgeblichen Verkehrskreise um eine **bedeutende Eigenschaft** dieser Ware handelt (EuGH GRUR-RR 2014, 448 Rn. 24 – ecoDoor).

MarkenG § 8 Teil 2 Voraussetzungen, Inhalt und Schranken etc.

188 **Entscheidungspraxis:**

188.1 **ecoDoor** (EuGH GRUR-RR 2014, 448): beschreibend für Kühlschränke, da die Eigenschaften des damit beschriebenen Teils der Ware – der Tür – bedeutend für die gesamte Ware seien (Energieeffizienz, Umweltfreundlichkeit etc).

189 Der notwendige Produktbezug **fehlt** bei nur **mittelbar** mit der Ware oder Dienstleistung in Beziehung stehenden Angaben über **Vertriebsmodalitäten** oder sonstigen die **Ware nicht unmittelbar beschreibenden Umständen** (BGH GRUR 1998, 465 (467) – BONUS; ferner BGH GRUR 2002, 816 (817) – Bonus II; s. auch BGH GRUR 2012, 272 Rn. 14 – Rheinpark-Center Neuss: der Ort, an dem die in Rede stehenden Dienstleistungen erbracht oder angeboten werden, ist keine bloße Vertriebsmodalität, sondern die Bezeichnung der geografischen Herkunft und damit merkmalsbeschreibend). Das schließt freilich nicht aus, dass auch solche Angaben, namentlich aufgrund ihrer Bedeutung, vom Verkehr als Eigenschaften der Ware oder Dienstleistung selbst aufgefasst werden und damit dem § 8 Abs. 2 Nr. 2 unterfallen (ebenso Fezer Rn. 331). Auch wird solchen nur mittelbar „beschreibenden" Angaben oft jedenfalls die Unterscheidungskraft iSv § 8 Abs. 2 Nr. 1 fehlen (Ströbele/Hacker/Ströbele Rn. 455).

190 **b) Art. Artangaben** bezeichnen grundlegende, **wesensbestimmende Merkmale** der Ware oder Dienstleistung (Fezer Rn. 370), um diese **selbst** oder die **Gattung**, der sie angehören, zu **identifizieren** (Ströbele/Hacker/Ströbele Rn. 403 f.). Beschreibend sind demnach sämtliche Bezeichnungen, mit denen der angesprochene Verkehr die beanspruchten Waren oder Dienstleistungen zu bezeichnen pflegt.

191 Häufig sind mit solchen Angaben über die Art einer Ware oder Dienstleistung zugleich Aussagen über deren Beschaffenheit, dh über bestimmte Eigenschaften, ihre Herstellung oder Erbringung etc (→ Rn. 193), verbunden. Eine trennscharfe Unterscheidung ist deshalb meist nicht möglich, jedoch aufgrund der nur exemplarischen Aufzählung in § 8 Abs. 2 Nr. 2 auch nicht notwendig. Es ist deshalb beispielsweise ohne Bedeutung, ob man Angaben über die Art der Herstellung einer Ware oder der Erbringung einer Dienstleistung als Artangabe (so Fezer Rn. 372) oder als Beschaffenheitsangabe (so Ingerl/Rohnke Rn. 229) behandelt.

192 **Entscheidungspraxis:**

192.1 **myschwiegermutterkäse** (BPatG BeckRS 2014, 17622): beschreibend für Käse, Käsezubereitungen etc (Kl. 29), da vom Verkehr ungeachtet des Possessivpronomens „my" ohne weiteres als „Schwiegermutterkäse" und damit als Hinweis auf eine bestimmte Käsezubereitung, ähnlich dem Liptauer erkannt; für Wurst, Fleisch-, Fisch- und Gemüsekonserven, Fertiggerichte, Backwaren etc (Kl. 29), Kochbücher etc (Kl. 41) dagegen zwar nicht beschreibend, jedoch infolge eines engen beschreibenden Charakters ohne Unterscheidungskraft.

193 **c) Beschaffenheit. Beschaffenheitsmerkmale** sind sämtliche **sichtbaren und unsichtbaren Eigenschaften** einer Ware oder Dienstleistung oder eines nach der Verkehrsauffassung wesentlichen Elements davon (→ Rn. 187). Hierzu zählen zB Angaben über das **Herstellungsverfahren** einer Ware bzw. die **Erbringung** einer Dienstleistung (vgl. BGH GRUR 2008, 900 Rn. 16 – SPA II; GRUR 2001, 732 (733) – BAUMEISTER-HAUS; weitere Beispiele bei Fezer Rn. 374 f.), die Zugehörigkeit zu einer **Produktreihe** oder **-serie** (BPatG GRUR 2005, 590 – COLLECTION), **ökologische Eigenschaften** (EuGH GRUR-RR 2014, 448 – ecoDoor) usw.

194 Zur Beschaffenheit einer Ware soll auch deren **äußere Gestaltung** gehören, so dass Zeichen, die die äußere Gestaltung der Ware abbilden (sog. **Produktformmarken**), grundsätzlich beschreibend iSv § 8 Abs. 2 Nr. 2 sind (BGH GRUR 2008, 1000 Rn. 16 – Käse in Blütenform II; GRUR 2008, 71 Rn. 28 – Fronthaube; GRUR 2007, 973 Rn. 12 – Rado-Uhr III; GRUR 2006, 679 Rn. 21 – Porsche Boxster; mit Recht kritisch die Lit., s. Ingerl/Rohnke Rn. 225; Ströbele/Hacker/Ströbele Rn. 518 ff.; ferner Schumacher → Rn. 474 ff.). Ausnahmsweise soll das Schutzhindernis allerdings nicht vorliegen, wenn aufgrund der unübersehbar großen Zahl von Gestaltungsmöglichkeiten kein überwiegendes Interesse der Allgemeinheit an der Freihaltung der vom Anmelder beanspruchten Form besteht (BGH GRUR 2007, 973 Rn. 15 – Rado-Uhr III; mit Recht kritisch Ingerl/Rohnke Rn. 225). Auch sind nicht alle Wörter, die darstellbare Dekorationselemente, Gegenstände oder Lebewesen benennen, sogleich für alle verzierbaren und bedruckbaren Waren als beschreibend anzusehen, wenn nicht weitere Aspekte hinzutreten, die zeigen, dass es um die Beschreibung eines Dekors geht (BPatG GRUR-RR 2013, 428 – Fruit [für Bekleidung etc]).

Allgemeine, **produktunabhängige Angaben** über die Beschaffenheit (zB „**super**", „**extra**", „**Premium**" usw) sind ebenfalls beschreibend, sofern ungeachtet ihrer Unbestimmtheit ein hinreichender Produktbezug besteht; davon abgesehen fehlt ihnen zumeist jegliche Unterscheidungskraft (→ Rn. 176). 195

Entscheidungspraxis: 196

ecoDoor (EuGH GRUR-RR 2014, 448): beschreibend für Kühlschränke, da die Beschaffenheit eines in eine Ware integrierten, für die Verkehrsauffassung wesentlichen Teils – die Tür – beschreibend. 196.1

d) Menge. Mengenangaben kommen hauptsächlich in Form von **Zahlen** vor. Zahlen sind zwar nicht von vornherein vom Markenschutz ausgeschlossen, doch liegt hier ein beschreibender Charakter nicht selten nahe (vgl. EuGH GRUR 2011, 1035 Rn. 52 – 1000; → Rn. 260 ff.). Das gleiche gilt für **Maßeinheiten,** zumindest für solche, die gebräuchlich sind (vgl. Ingerl/Rohnke Rn. 213; Ströbele/Hacker/Ströbele Rn. 451), selbst wenn nicht (mehr) offiziell vorgesehen, wie zB „Zoll" für die Bildschirmdiagonale von Computerbildschirmen und Kfz-Felgen. 197

Entscheidungspraxis: 198

1000 (EuGH GRUR 2011, 1035): beschreibend für Zeitschriften (Kl. 16), da als Angabe des Seitenumfangs oder als Hinweis auf Ranglisten oder Sammlungen denkbar. 198.1

Watt [sowohl als Wort- als auch als Bildzeichen] (EuG BeckRS 2014, 82513): beschreibend für Dienstleistungen eines Energieversorgungsunternehmens (Kl. 35 und 39), technische Beratung Dritter auf den Gebieten der Erzeugung, Umwandlung und Anwendung elektrischer Energie (Kl. 42), da als Maßeinheit im Zusammenhang mit Energie verstanden; auf die Kenntnis des genauen physikalischen Aussagegehaltes der Einheit kommt es ebenso wenig an wie auf den Umstand, dass beim Verkauf von Energie nicht Watt, sondern Kilowattstunde verwendet wird.

Modul (BPatG Mitt. 1975, 114): beschreibend für Möbel, da diesbezüglich als Maßangabe denkbar.

e) Bestimmung. Bestimmungsangaben sind Angaben über die typischerweise vorgesehene **Verwendung** der Ware oder **Inanspruchnahme** der Dienstleistung (BGH GRUR 2001, 1046 (1047) – GENESCAN; BPatG GRUR-RR 2010, 9 – Saugauf; s. auch EuG BeckRS 2012, 80073 Rn. 20 – Atrium; BeckRS 2010, 91077 Rn. 59 – HUNTER; GRUR Int 328 Rn. 35 – TDI; GRUR 2001, 332 Rn. 25 – VITALITE; GRUR Int 2004, 324 Rn. 44 – HERON Robotunits/HABM [ROBOTUNITS]). Dabei ist unerheblich, ob es sich um die einzige Nutzungsmöglichkeit handelt oder ob daneben weitere in Betracht kommen (Ingerl/Rohnke Rn. 232; Ströbele/Hacker/Ströbele Rn. 412). Bestimmungsangaben in diesem Sinne sind auch Angaben über die intendierten **Abnehmerkreise** (EuG BeckRS 2010, 91077 Rn. 39 f., 59 – HUNTER; GRUR Int 2002, 600 Rn. 33 – ELLOS [span. ugs. für „Männer"]; vgl. auch BGH GRUR 2007, 1071 Rn. 25 – Kinder II), den **Ort** des Vertriebs, der Nutzung oder der Erbringung einer Ware oder Dienstleistung (zB EuG GRUR Int 2008, 851 – THE COFFEE STORE; BPatG GRUR 2011, 922 (923) – Neuschwanstein) etc. 199

Entscheidungspraxis: 200

RESTORE (EuGH BeckRS 2013, 80173): beschreibend für chirurgische und ärztliche Instrumente und Apparate; Stents; Katheter; Führungsdrähte (Kl. 10), da von den angesprochenen Fachkreisen ohne weiteres verstanden iSv „heilen, wiederherstellen (der Gesundheit)". 200.1

NOTFALL (EuG BeckRS 2014, 82347): beschreibend für Mittel zur Körper-, Gesundheits- und Schönheitspflege etc (Kl. 3), Diätetische Lebensmittel und Nahrungsergänzungsmittel etc (Kl. 5), Süßwaren (Kl. 30), da als Hinweis verstanden, dass diese Waren nützlich oder notwendig sein können, um einem dringlichen Ernährungs-, Pflege- oder Gesundheitsproblem vorzubeugen, dieses Problem zu entschärfen oder es zu lösen, sei es, weil diese Waren aufgrund ihrer Zusammensetzung, ihrer Beschaffenheit oder ihrer Wirkungen an solche Situationen besonders angepasst sind, oder sei es, weil sie über die Nichtverfügbarkeit der üblicherweise verwendeten Waren hinweghelfen können. S. auch EuG BeckRS 2014, 82348 – NOTFALL CREME [Bildzeichen].

Hallux (EuG BeckRS 2010, 91465): beschreibend für „Bequemschuhe".

GENESCAN (BGH GRUR 2001, 1046): beschreibend für chemische Apparaturen und Verfahren zur DNS-Sequenzierung.
Valentin (BPatG BeckRS 2012, 3631): beschreibend für Süßwaren (Kl. 30) als Hinweis auf die Verwendung als Geschenkartikel am Valentinstag.
EXPAT (BPatG BeckRS 2011, 8560): beschreibend für Dienstleistungen aus den Bereichen der Versicherungs-, Finanz-, Rechts- und Steuerberatung, weil vom Verkehr verstanden als Dienstleistungen, die speziell für ins Ausland entsandte Arbeitskräfte bestimmt und geeignet bzw. spezialisiert sind.
HAMBURGER OKTOBERFEST und **OKTOBERFEST HAMBURG** (BPatG BeckRS 2010, 10289 bzw. BeckRS 2010, 10290): beschreibend ua für Sirupe und andere Präparate für die Zubereitung von Getränken (Kl. 32) als Bestimmungsangabe insoweit, als andere Getränke damit gemischt werden.
Saugauf (BPatG GRUR-RR 2010, 9): beschreibend für Staubsauger und Zubehör.
18+ (BPatG BeckRS 2011, 22947): beschreibend für zahlreiche Waren und Dienstleistungen als Hinweis darauf, dass diese für Menschen der Altersgruppe der über 18-Jährigen bestimmt oder geeignet sind, oder dass der Erwerb der Waren bzw. die Inanspruchnahme der Dienstleistungen an die Volljährigkeit der Konsumenten geknüpft ist.
ASTHMA-BRAUSE (BPatG GRUR 1997, 640): beschreibend für Arzneimittel (Kl. 5).

201 f) **Wert. Wertbeschreibende** Angaben sind zum einen **allgemeine Aussagen** wie „echt", „wertvoll", „preiswert", „exklusiv", „billig" etc (Ingerl/Rohnke Rn. 233; Ströbele/Hacker/Ströbele Rn. 452). Solchen lediglich anpreisenden Angaben fehlt freilich in aller Regel bereits die Unterscheidungskraft (→ Rn. 157). Wie stets kann das Verkehrsverständnis je nach beanspruchten Waren und Dienstleistungen höchst unterschiedlich ausfallen, so dass auch vordergründig auf den Wert abzielende Angaben im Einzelfall eintragungsfähig sein können (am Beispiel „Gold" und „golden" zB BPatGE 38, 113 – Goldener Zimt: eintragungsfähig für Spirituosen; BPatG BeckRS 2008, 26802 – Goldener Riesling: nicht eintragungsfähig für Wein, da Qualitätshinweis). Auch muss der Verkehr die Angabe auf ein Merkmal der Ware oder Dienstleistung beziehen (→ Rn. 184 ff.), so dass beispielsweise auf Vertriebsmodalitäten bezogenen „Wertangaben" der Eintragung nicht entgegenstehen (vgl. BGH GRUR 2002, 816 (817) – Bonus II; GRUR 1998, 465 (467) – BONUS; Ströbele/Hacker/Ströbele Rn. 452).

202 **Entscheidungspraxis:**
202.1 – schutzfähig:
BONUS (BGH GRUR 2002, 816 – BONUS II): schutzfähig, da nicht merkmalsbeschreibend für die beanspruchten Waren und Dienstleistungen, sondern bloße Angabe zu Vertriebsmodalitäten.
202.2 nicht schutzfähig:
Premium XL und **Premium L** (EuG BeckRS 2013, 80121): beschreibend für Solaranlagen (Kl. 9, 11), da der Bestandteil „Premium" einen Hinweis auf besondere Wertigkeit gibt.
GG (EuG BeckRS 2012, 82434): beschreibend für alkoholische Getränke (außer Biere) (Kl. 33), da als Abkürzung für „Großes Gewächs" im Weinsektor bekannt als Hinweis auf Wein höherer Qualität.

203 Als Wertangaben werden darüber hinaus **Währungsbezeichnungen** angesehen, in der Regel jedoch nur, soweit diese im (ggf. internationalen) Wirtschaftsverkehr noch Bedeutung haben bzw. im Umlauf sind (Ingerl/Rohnke Rn. 233; Ströbele/Hacker/Ströbele Rn. 453). Inwieweit **veraltete Währungsbezeichnungen** (Taler, Gulden etc) beschreibend sind, hängt davon ab, ob diese im Verkehr noch Verwendung finden können (bejaht für „Deutsche Mark" und „DM", BPatG Beschl. v. 10.10.1990 – 28 W (pat) 271/88, BlPMZ 1992, 111 Ls. – DM).

204 **Entscheidungspraxis:**
204.1 **Vreneli** (BPatG GRUR 1993, 48): obwohl umgangssprachliche Bezeichnung einer Schweizer 20-Franken-Goldmünze nicht beschreibend, da zwar noch gesetzliches Zahlungsmittel, jedoch aufgrund eines ihren Nennwert weit übersteigenden Material- und Sammlerwertes nicht mehr im Umlauf.

205 g) **Geografische Herkunft.** Erhebliche Bedeutung kommt dem Schutzhindernis der **geografischen Herkunftsangabe** zu (→ Rn. 292 f.). Zahlreiche Markenanmeldungen bestehen aus derartigen Angaben oder enthalten diese. Das Merkmal der geografischen Herkunft ist dabei **weit zu verstehen,** und zwar sowohl hinsichtlich seines Aussagegehaltes in Bezug auf die beanspruchten Waren und Dienstleistungen als auch hinsichtlich der dafür in Betracht kommenden Angaben, wobei wiederum die Verkehrsauffassung entscheidend ist.

aa) Aussagegehalt. Neben dem **Ursprungsort** der Ware oder Dienstleistung, dh dem 206 Ort ihrer **Herstellung** bzw. **Erbringung** (BGH GRUR 2012, 272 Rn. 14 f. – Rheinpark-Center Neuss; EuG GRUR Int 2005, 839 Rn. 33 – Münchener Rückversicherungs-Gesellschaft/HABM) können geografische Herkunftsangaben auch den **Ort des Entwurfs** einer Ware (EuGH GRUR 1999, 723 Rn. 37 – Chiemsee) oder der **Herkunft ihrer Rohstoffe** (BPatG BeckRS 2008, 26557 – JAVA [für Schokolade]; GRUR 2000, 149 (150) – WALLIS) oder den **Ort des Unternehmenssitzes** (EuGH GRUR 1999, 723 Rn. 37 – Chiemsee) bezeichnen. Ferner kann auch der **(Weiter-)Verarbeitungs-** oder **Vertriebsort** eine beschreibende geografische Herkunftsangabe sein (BPatG BeckRS 2009, 89062 und GRUR 2005, 677 (678) – Newcastle [beide für Tee]; BeckRS 2013, 617 – Samoa: Angesichts des Erfahrungssatzes, dass die häufig vielfältigen Vertriebsstätten für die Eigenschaften der fraglichen Waren meist ohne entscheidende Bedeutung sind, bedürfe es hierfür aber spezieller branchenbezogener Erörterungen). Letztlich ist nur entscheidend, dass der angesprochene Verkehr die geografische Angabe mit der Ware oder Dienstleistung **gegenwärtig** in Verbindung bringt bzw. vernünftigerweise **zukünftig** in Verbindung bringen kann (EuGH GRUR 1999, 723 Rn. 37 – Chiemsee; BGH GRUR 2012, 272 Rn. 14 – Rheinpark-Center Neuss; → Rn. 215).

bb) Geografische Angaben. Als geografische Herkunftsangaben kommen in Betracht 207 in- und ausländische **Ortsnamen,** dh die Namen von (politischen) **Gemeinden** (Städten und Dörfern) (BeckRS 2013, 04678 – ILMTALER), Namen von **Ortsteilen** (BGH GRUR 2009, 994 Rn. 16 – Vierlinden [Stadtteil von Duisburg]; BPatG BeckRS 2010, 14892 – Speicherstadt; GRUR 2009, 1175 (1177 f.) – Burg Lissingen), Namen von **Verwaltungsgebieten** (BPatG BeckRS 2015, 20566 – Yukon), **Gegenden** (BGH GRUR 2000, 149 (150) – WALLIS; BPatG BeckRS 2012, 23270 – Ahrtaler; BeckRS 2008, 26557 – JAVA [eine der Hauptinseln Indonesiens]) und **Ländern** (BGH GRUR 2003, 882 (883) – Lichtenstein; BPatG BeckRS 2009, 8155 – CCCP), bei entsprechender Bekanntheit ferner Namen von **Straßen** (BPatG GRUR 2011, 918 (919) – STUBENGASSE MÜNSTER; BeckRS 2009, 16963 – 5th Avenue [konkret aber verneint]; BeckRS 2009, 16763 – Unter den Linden [konkret aber verneint]; BeckRS 2007, 07724 – Kö-Blick; zum WZG: BPatG GRUR 1972, 652 – Parkavenue; GRUR 1966, 209 – Broadway; GRUR 1964, 313 – Champs Elysées) und **Plätzen** (BPatG BeckRS 2008, 17882 – SANTA MONICA PIER [für die bekannte Landungsbrücke der südkalifornischen Stadt Santa Monica]).

Denkbar als geografische Herkunftsangabe sind grundsätzlich auch Namen von **Gewäs-** 208 **sern** (EuGH GRUR 1999, 723 Rn. 34 – Chiemsee; BPatG BeckRS 2015, 20566 – Yukon) und **Gebirgen,** entweder als unmittelbare Herkunftsangabe (zB „Alpenmilch") oder als mittelbarer Hinweis auf ein geografisches Gebiet, in dem das Gewässer oder Gebirge liegt oder an das es angrenzt (zB EuGH GRUR 1999, 723 Rn. 34 – Chiemsee; BPatG GRUR 1965, 606 – Rigi [Hinweis auf Getränke aus der Schweiz]), sofern ein entsprechendes Verkehrsverständnis besteht (→ Rn. 215), ferner von **Weinlagen** (vgl. BGH GRUR 2001, 73 (75) – Stich den Buben).

Namen von **Bauwerken** (BPatG GRUR 2009, 1175 (1177 f.) – Burg Lissingen; BeckRS 209 2010, 19755 – leuchtenburg; BeckRS 2012, 6390 – KOUTOUBIA [Name der größten Moschee in Marrakesch]; BeckRS 2007, 13166 – MORITZBURGER [Hinweis auf Schloss Moritzburg]) oder **Gebäudekomplexen** (BPatG GRUR 2012, 838 – DORTMUNDER U; BeckRS 2012, 12472 – Bundeshaus Berlin; BeckRS 2010, 14892 – Speicherstadt) können als (mittelbare) geografische Angabe beschreibend sein. Das setzt allerdings voraus, dass der Verkehr sie als geografische Angabe auffasst (→ Rn. 215 ff.), etwa weil es sich um ein (nach BPatG sogar das „offizielle") Wahrzeichen einer Stadt handelt oder das Gebäude für die Leistungserbringung wesentlich ist und der Verkehr deshalb eine geografische Angabe erwartet (BPatG GRUR 2013, 17 (19) – Domfront [verneint für eine Abbildung des Kölner Doms, unter ausdrücklicher Einschränkung von BPatG BeckRS 2007, 7537 – Silhouette des Kölner Doms]).

Letztlich können sogar augenscheinlich **ortsneutrale** Bezeichnungen zur geografischen 210 Herkunftsangabe werden, sofern der Verkehr sie mit einer bestimmten Stadt oÄ in Verbindung bringt, ihr also eine Bedeutung als geografische Angabe beimisst (zB BPatG BeckRS 2010, 14892 – Speicherstadt).

211 Bei entsprechendem Verkehrsverständnis kommen auch **veraltete, nicht mehr amtliche,** jedoch lebendig gebliebene **Namen** und **Bezeichnungen** als geografische Herkunftsangabe in Betracht (BPatG GRUR 1972, 652 – Gaststätten Rixdorf Hähnchenhaus [für den ehemaligen Berliner Stadtteil Rixdorf]; BeckRS 2009, 8155 – CCCP [transkribierte Abkürzung der ehemaligen Sowjetunion]).

212 **Adjektivische Formen** geografischer Herkunftsangaben stehen hinsichtlich des Schutzhindernisses der entsprechenden substantivischen Form gleich (EuG GRUR 2004, 148 Rn. 39 – OLDENBURGER; BPatG BeckRS 2013, 04678 – ILMTALER; BeckRS 2012, 23270 – Ahrtaler; BeckRS 2010, 19675 – Heringsdorfer Jod Sole; BeckRS 2009, 2307 – NÜRNBERGER; BeckRS 2009, 20824 – Schweizer Rechtsanwälte; BeckRS 2007, 13166 – MORITZBURGER). Gleiches gilt für **personifizierte Formen** geografischer Angaben (EuG GRUR 2004, 148 Rn. 41 – OLDENBURGER; BPatG BeckRS 2012, 23270 – Ahrtaler; BeckRS 2008, 18273 – Der Konstanzer).

213 **Bildliche Darstellungen** von Bauwerken und Wahrzeichen können bei hinreichender Bekanntheit als mittelbare geografische Herkunftsangabe beschreibend sein (BPatG GRUR-RR 2013, 17, 19) – Domfront [hier aber verneint]; BeckRS 2010, 9410 – Quadriga [Hinweis auf Berlin]; BPatG BeckRS 2010, 16685 – Ulmer Münster [hier aber verneint für das Ulmer Münster in Bezug auf Bier uÄ]; BeckRS 2008, 8492 – historische Ansicht des Dresdener Stadtzentrums [beschreibend für Backwaren]; BeckRS 2007, 7537 – Silhouette des Kölner Doms). Gleiches gilt für (aktuelle wie ehemalige) **Hoheitszeichen** (BPatG BeckRS 2009, 8155 – CCCP; GRUR-RR 2009, 19 – Ehemaliges DDR-Staatswappen; insoweit können außerdem die Schutzhindernisse nach Nr. 5, 6 oder 8 greifen: → Rn. 607 ff., → Rn. 665 ff., → Rn. 710 ff.).

214 In jedem Fall ist aber notwendig, dass der angesprochene **Verkehr** in dem Zeichen überhaupt eine **geografische Angabe sieht.** Daran kann es bei im Inland unbekannten Angaben fehlen (zB BPatG BeckRS 2011, 21634 – Salva [= Ort in Nordsiebenbürgen]; BeckRS 2014, 01375 – Whyte River [= Fluss in Tasmanien]). Ein solches Zeichen fällt nicht unter das Schutzhindernis der geografischen Herkunftsangabe.

215 cc) **Verkehrsverständnis als geografische Herkunftsangabe für die beanspruchten Waren und Dienstleistungen. (1) Grundsatz.** Eine geografische Angabe unterfällt § 8 Abs. 2 Nr. 2, wenn sie vom Verkehr mit den beanspruchten Waren oder Dienstleistungen **gegenwärtig in Verbindung gebracht wird** oder dies **vernünftigerweise für die Zukunft zu erwarten ist** (EuGH GRUR 1999, 723 Rn. 31 – Chiemsee; EuG GRUR-RR 2015, 143 Rn. 49 – Monaco; GRUR 2006, 240 Rn. 36, 38 – Cloppenburg; BGH GRUR 2009, 994 Rn. 14 – Vierlinden; GRUR 2003, 882 (883) – Lichtenstein; BPatG BeckRS 2015, 20566 – Yukon; BeckRS 2013, 00617 – Samoa). Dafür genügt es nicht, dass der Verkehr dem Zeichen allgemein und überhaupt eine geografische Angabe entnimmt; vielmehr muss sich das Zeichen gerade in Bezug auf die beanspruchten Waren und Dienstleistungen als geografische Angabe darstellen (s. BPatG BeckRS 2015, 20566 – Yukon).

216 Von einer beschreibenden Angabe der geografischen Herkunft iSd § 8 Abs. 2 Nr. 2 ist auch dann auszugehen, wenn der Verkehr mit der Angabe eine **besondere Wertschätzung oder positive Vorstellungen** mit den damit gekennzeichneten Waren oder Dienstleistungen verbindet (EuGH GRUR 1999, 726 Rn. 26 – Chiemsee; EuG GRUR-RR 2015, 143 Rn. 47 – Monaco; GRUR 2006, 240 Rn. 33 – Cloppenburg; BPatG BeckRS 2015, 20566 – Yukon; GRUR 2012, 838 (839) – DORTMUNDER U; BeckRS 2010, 19675 – Heringsdorfer Jod Sole; GRUR 2006, 509 (510) – PORTLAND; Ströbele/Hacker/Ströbele Rn. 420), beispielsweise einen bestimmten Lebensstil, ein besonderes Flair, Tradition oder Modernität etc (s. BPatG BeckRS 2013, 00625 – Narni; BeckRS 2013, 00632 – Viterbo; anders noch BPatG BeckRS 1997, 14408 – BROADWAY).

217 Unerheblich ist, ob an dem bezeichneten Ort **gegenwärtig** die beanspruchten Waren oder Dienstleistungen **hergestellt oder erbracht** werden, ob also bereits ein aktueller Bezug der geografischen Angabe zu den beanspruchten Waren oder Dienstleistungen besteht (EuGH GRUR 1999, 723 Rn. 35 – Chiemsee [unter ausdrücklicher Ablehnung des bis dahin von der deutschen Rechtsprechung geforderten aktuellen Freihaltebedürfnisses]; BGH GRUR 2012, 272 Rn. 17 – Rheinpark-Center Neuss; GRUR 2003, 882 (883) – Lichtenstein; BPatG BeckRS 2015, 20566 – Yukon; GRUR 2012, 838 (839) – DORTMUNDER

Absolute Schutzhindernisse   § 8 MarkenG

U). Ein solcher Bezug spricht allerdings als Indiz für einen geografischen Herkunftshinweis und damit gegen die Schutzfähigkeit (BGH GRUR 2003, 882 (883) – Lichtenstein; BPatG BeckRS 2015, 20566 – Yukon). Erst recht muss keine **Wohnbevölkerung** ansässig sein (BPatG GRUR 2012, 838 – DORTMUNDER U; BeckRS 2010, 14892 – Speicherstadt).

Soweit (lediglich) ein zukünftig beschreibender Charakter im Raume steht, bedarf es wie **218** stets einer **konkreten, realitätsbezogenen,** nicht außerhalb der Wahrscheinlichkeit liegende zukünftige wirtschaftliche Entwicklungen berücksichtigenden **Prognose** (BGH GRUR 2003, 882 (883) – Lichtenstein; BPatG GRUR 2000, 149 (150) – WALLIS). Dabei kann die **Bekanntheit** der Angabe im Zusammenhang mit den beanspruchten Waren und Dienstleistung eine Rolle spielen (EuGH GRUR 1999, 723 Rn. 32 f. – Chiemsee; EuG GRUR 2004, 148 Rn. 31 – OLDENBURGER; BGH GRUR 2009, 994 Rn. 14 – Vierlinden). Weitere Kriterien können sein, ob die für die beanspruchten Waren oder Dienstleistungen notwendigen **Grund- und Rohstoffe** oder potentielle **Zulieferindustrien** vorhanden sind sowie eine entsprechende **Infrastruktur** oder **verkehrsgünstige Lage** (BPatG BeckRS 2013, 00632 – Viterbo; BeckRS 2013, 00621 – Barletta). Bei Namen von **Ländern, Regionen, größeren Städten** oder sonst **wirtschaftlich bedeutenden Örtlichkeiten** besteht grundsätzlich eine **Vermutung** für ein Verkehrsverständnis als geografische Angabe für zahlreiche, unter Umständen nahezu alle, Waren und Dienstleistungen (BPatG BeckRS 2013, 617 – Samoa; BeckRS 2012, 17309 – Liegnitzer; BeckRS 2011, 7243 – Madrid; BeckRS 2011, 7242 – Gizeh). Demgegenüber rechtfertigt eine – letztlich wohl niemals zu verneinende – bloß theoretische Möglichkeit der der Ansiedlung von Unternehmen oder Betrieben die Zurückweisung einer Anmeldung nicht (vgl. BPatG GRUR 2015, 900 (901) – Lönneberga; BeckRS 2013, 00633 – Ney; BeckRS 2011, 23580 – Grönwohlder). Ebenso wenig führt allein die Verwendung einer Bezeichnung im Bebauungsplan zwangsläufig zu einer geografischen Angabe (BPatG BeckRS 2014, 22199 – P. Ferienpark).

Die **Schwelle** zur beschreibenden und damit originär nicht schutzfähigen geografischen **219** Herkunftsangabe wird von der deutschen Rechtsprechung **niedrig** angesetzt. Konträr zur früheren Praxis ist nicht die künftige Verwendbarkeit einer Ortsbezeichnung als geographische Herkunftsangabe, sondern umgekehrt ihre Nichteignung als Angabe über die geografische Herkunft der beanspruchten Waren und Dienstleistungen begründungsbedürftig (vgl. BPatG BeckRS 2013, 00617 – Samoa; GRUR 2011, 918 (919) – STUBENGASSE MÜNSTER; BeckRS 2009, 89062 – Lancaster; GRUR 2000, 149 (150) – WALLIS).

Eine **beschreibende geografische Angabe** liegt insbesondere vor, **wenn (1)** die beanspruchten **219.1** Waren oder Dienstleistungen betreffenden Ort bereits hergestellt werden bzw. erbracht werden, **oder (2)** die beanspruchten Waren oder Dienstleistungen zwar noch nicht am betreffenden Ort hergestellt bzw. erbracht werden, dies jedoch vernünftigerweise, dh. nicht nur theoretisch, zu erwarten ist, **oder (3)** der Verkehr mit dem Zeichen in Bezug auf die beanspruchen Waren und Dienstleistungen positiv besetzte Vorstellungen (bestimmter Lebensstil, besonderes Flair, Tradition, Modernität etc) verbindet.

Das BPatG hat in einer Serie von 14 Entscheidungen (26. Senat) und einer weiteren Entscheidung **219.2** (27. Senat) die derzeitige Rechtsprechung anhand von für Möbel etc (Kl. 20) angemeldeten Zeichen (fast alles Namen italienischer Orte) deutlich gemacht (nachgewiesen bei Jacobs, GRUR-Prax 2013, 60): **Nicht schutzfähig,** weil derzeit bereits Möbelindustrie beheimatend ist **Sopron** (Ungarn) (BPatG BeckRS 2013, 00630). **Nicht schutzfähig,** weil solche Industrie nicht nur theoretisch zu erwarten ist, sind **Viterbo** (BPatG BeckRS 2013, 00632: Nähe zu Rom, gute Verkehrsanbindung, Erwartung verstärkter Ansiedlung von Unternehmen), **Barletta** (BeckRS 2013, 00621: Vorhandensein des Rohstoffs Holz, ansässige Chemieindustrie lässt die Herstellung von Kunststoffteilen für die Möbelproduktion nicht unwahrscheinlich sein), **Novara** (BeckRS 2013, 00623: Stadt mittlerer Größe mit guter Verkehrsanbindung), **Chieti** und **Umbria** (BPatG BeckRS 2013, 00627 und BeckRS 2013, 00619: gute Verkehrsanbindung, Vorhandensein von Holz). Demgegenüber sind **schutzfähig,** weil konkret kein Aufkommen von Möbelindustrie zu erwarten ist, **Norcia** (BPatG BeckRS 2013, 00624: durch die Lage im Nationalpark Monti Sibillini, einer bergigen, baumlosen Landschaft, weitgehend vom Tourismus geprägte Infrastruktur, schlechte Verkehrsanbindung, weder Rohstoffe noch Zulieferindustrie vor Ort) und **Orvieto** (BPatG BeckRS 2013, 00624: weder Rohstoffe noch Zulieferindustrie vorhanden, durch Tourismus und Landwirtschaft/Weinbau geprägt).

Das **Schutzhindernis** besteht **nicht** für Zeichen, bei denen es wegen der geografischen **220** Eigenschaften des betreffenden Ortes aus Sicht der beteiligten Verkehrskreise **wenig wahrscheinlich** ist, dass die beteiligten Verkehrskreise annehmen könnten, die beanspruchten

Eichelberger

MarkenG § 8 Teil 2 Voraussetzungen, Inhalt und Schranken etc.

Waren oder Dienstleistungen stammten von dort oder würden dort gehandelt (EuGH GRUR 1999, 723 Rn. 33 – Chiemsee; möglicherweise enger BPatG BeckRS 2015, 20566 – Yukon u. BeckRS 2013, 617 – Samoa: „völlig unwahrscheinlich"; SchweizBG GRUR Int 2003, 1037 (1038 f.) – YUKON: „offensichtlich"), namentlich weil er nicht als Produktions-, Fabrikations- oder Handelsort der damit gekennzeichneten Erzeugnisse oder entsprechend bezeichneter Dienstleistungen in Frage kommt (vgl. Schweiz. BG GRUR Int 2003, 1037 (1038 f.) – YUKON). Somit dürften insbesondere unbesiedelte Gegenden, Berge und Gewässer oft nicht als geografische Herkunftsangabe erscheinen (Schweiz. BG GRUR Int 2003, 1037 (1038 f.) – YUKON). Anderes kann gelten, wenn der angesprochene Verkehr auch die Umgebung einbezieht, etwa das Ufer eines Gewässers (EuGH GRUR 1999, 723 Rn. 34 – Chiemsee).

221 (2) **Mehrdeutigkeit.** Weder **Mehrdeutigkeit** des Zeichens (BGH GRUR 2008, 900 – SPA II [sowohl Stadt in Belgien als auch Bezeichnung für Gesundheits- bzw. Wellness-Angebot]; HABM BK GRUR-RR 2006, 332 Rn. 14 – Schweizer Rechtsanwälte und BPatG BeckRS 2009, 20824 – Schweizer Rechtsanwälte [sowohl Hinweis auf die Schweiz als auch Nachname]; anders noch BPatG Mitt 1993, 349 – Jackson [sowohl Name zahlreicher Städte als auch Nachname]; BPatGE 8, 71 = GRUR 1967, 428 – Paola [sowohl Stadt in Kalabrien sowie auf Malta als auch Vorname]) noch das mehrfache geografische Vorkommen des benannten Ortes, dh **fehlende Einmaligkeit** (BGH GRUR 2003, 882 (883) – Lichtenstein; BPatG BeckRS 2013, 00626 – Kimberley; GRUR 2006, 509 (510) – PORTLAND; GRUR 2005, 677 (678) – Newcastle) sprechen per se gegen ein Verständnis als beschreibende und damit schutzunfähige geografische Herkunftsangabe. Im Gegenteil: Sobald auch nur eine Deutung als geografische Angabe für die beanspruchten Waren oder Dienstleistungen verstanden wird, ist der Markenschutz ausgeschlossen (vgl. BPatG BeckRS 2013, 00626 – Kimberley [hier aber für alle Orte dieses Namens in Bezug auf Möbel verneint]).

222 (3) **Fremdsprachliche Herkunftsangaben.** Bei **fremdsprachlichen Herkunftsangaben** ist entscheidend, ob diese vom **inländischen Verkehr** als solche verstanden werden. Insofern ist auf die Grundsätze zu fremdsprachlichen Zeichen zurückzugreifen (→ Rn. 268 ff.). Eine allgemeine Regel, ein ausländischer Ort werde nur in der konkreten Landessprache, nicht aber in einer Drittsprache beschreibend verstanden (so BPatGE 32, 82 – Girondia [ital. für das franz. Departement Gironde]; BPatG Mitt 1993, 351 – JUTLANDIA [span. für die dän. Region Jylland]), lässt sich **nicht** (mehr) **aufstellen** (ähnlich Ströbele/Hacker/Ströbele Rn. 435).

223 (4) **Abwandlungen und Zusammensetzungen.** Für **Abwandlungen** geografischer Angaben gelten ebenfalls die allgemeinen Grundsätze (→ Rn. 254 ff.). Es ist daher entscheidend, ob der Verkehr auch in dem abgewandelten Zeichen lediglich eine geografische Herkunftsbeschreibung sieht, was beispielsweise bei sog. verstärkenden Zusätzen wie „Alt-" oder „Original-" in der Regel der Fall sein wird, oder ob der beschreibende Charakter infolge der Abwandlung in den Hintergrund tritt (vgl. BPatG GRUR 1989, 825 (826) – MARILUND/Merryland; ferner BPatG BeckRS 2010, 06996 – In Kölle jebore).

224 Gleiches gilt für **Zusammensetzungen.** Es ist zu prüfen, ob das Gesamtzeichen ungeachtet der enthaltenen geografischen Angabe vom angesprochenen Verkehr aufgrund der weiteren Bestandteile nicht mehr als Herkunftsangabe iSd § 8 Abs. 2 Nr. 2 verstanden wird (vgl. BPatG BeckRS 2009, 03147 – STRONG EUROPE; s. auch BPatG BeckRS 2010, 19797 – Konstanzer Konzilgespräch).

225 **Entscheidungspraxis:**

225.1 **Rheinpark-Center Neuss** (BGH GRUR 2012, 272): beschreibend für zahlreiche Dienstleistungen. **STRONG EUROPE** (BPatG BeckRS 2009, 03147): schutzfähig für Geräte und Vorrichtungen zur Projektion von Film, Bild und Ton; Beleuchtungsmittel und -produkte; aufgrund eines werbenden Überschusses („starkes" Produkt) und damit als werbliche Anpreisung wegführend vom Verständnis als rein beschreibende Angabe über einen denkbaren Produktionsort innerhalb Europas.

226 **dd) Monopolstellung des Anmelders.** Gegen die Einordnung als beschreibende geografische Herkunftsangabe lässt sich in der Regel nicht einwenden, der Anmelder sei allein berechtigt, diese Bezeichnung zu führen, er habe eine rechtliche oder tatsächliche Monopol-

stellung (zB als Eigentümer einer **Weinlage** oder einer **Mineral-, Heil- oder Thermalwasserquelle** oder als **Inhaber exklusiver Ausbeutungsrechte**) und es gebe deshalb weder ein aktuelles noch künftiges Freihaltebedürfnis zugunsten anderer Marktteilnehmer (BPatG BeckRS 2010, 19675 – Heringsdorfer Jod Sole; BeckRS 2008, 22273 – Spiegelau; angedeutet auch in BGH GRUR 2008, 900 Rn. 24 – SPA II; Ströbele/Hacker/Ströbele Rn. 437 f. – Für eine Berücksichtigung aber BPatG GRUR 2015, 496 (497) – Koster Wettenhausen; BeckRS 2011, 26692 – Kloster Beuerberger Naturkraft [Wort-/Bildmarke]; BeckRS 2008, 17248 – Gut Darß; GRUR 1994, 627 (628) – ERDINGER; BeckRS 2007, 07461 – Lichtenauer Wellness; zum WZG: BGH GRUR 1991, 210 (211) – Drachenblut; BPatG GRUR 1993, 395 (396) – RÖMIGBERG II; GRUR Int 1992, 63 – Vittel; → Rn. 227.1; für **Lagenamen** [für Weine] Fezer Rn. 449). Dies folgt heute schon daraus, dass eine Marke frei und ohne den Geschäftsbetrieb übertragen werden kann (BGH GRUR 2008, 900 Rn. 24 – SPA II; GRUR 1993, 43 – RÖMIGBERG [zum WZG nach Abschaffung der Warenzeichenbindung an den Geschäftsbetrieb]; BPatG BeckRS 2010, 19675 – Heringsdorfer Jod Sole), ferner daraus, dass in Bezug auf die jeweilige Monopolstellung im Grundsatz jederzeit Änderungen denkbar sind (BPatG BeckRS 2010, 19675 – Heringsdorfer Jod Sole; BeckRS 2008, 22273 – Spiegelau; GRUR 2009, 1175 (1178) – Burg Lissingen; Omsels Rn. 747; Ströbele/Hacker/Ströbele Rn. 438). Vielmehr ist auch hier nach den allgemeinen Grundsätzen zu prüfen, ob vernünftigerweise in Zukunft mit einer beschreibenden Verwendung zu rechnen ist. Dies mag freilich im Einzelfall aufgrund außergewöhnlicher Umstände zu verneinen sein.

Entscheidungspraxis: 227

Kloster Wettenhausen (BPatG GRUR 2015, 496): schutzfähig für ua Druckereierzeugnisse, Nahrungs- und Genussmittel, Organisation und Durchführung von Veranstaltungen, Betrieb von Altenheimen, Hotels, Restaurant etc. 227.1

Kloster Beuerberger Naturkraft [Wort-/Bildmarke] (BeckRS 2011, 26692): schutzfähig für alkoholische Getränke (ausgenommen Biere), Spirituosen, nämlich Heilkräutertrank (Kräuterlikör) (Kl. 33); Allgemeininteresse an der freien Verwendbarkeit des Namens des Klosters zur Kennzeichnung der beanspruchten Waren sei weder aktuell gegeben, noch lägen hinreichende tatsächliche Anhaltspunkte für ein zukünftiges Freihaltungsbedürfnis vor, da den seit 1846 bis heute das Kloster Beuerberg betreibenden Salesianerinnen eine langjährige, gegenwärtig noch bestehende und künftig nicht ohne weiteres in Frage zu stellende Monopolstellung zukomme.

Lichtenauer Wellness (BeckRS 2007, 07461): schutzfähig für Mineralwasser; der Anmelder habe eine Monopolstellung, da er Eigentümer der (bis dato einzigen) Quelle sei und natürliches Mineralwasser aufgrund lebensmittelrechtlicher Vorschriften am Quellort abgefüllt werden muss, so dass Dritte dort auch kein ortsfremdes Mineralwasser abfüllen könnten.

Gut Darß (BPatG BeckRS 2008, 17248): schutzfähig für ua verschiedene Nahrungs- und Genussmittel und Dienstleistungen; aufgrund sehr spezieller tatsächlicher Umstände (fast die Hälfte des Darß gehöre dem Anmelder, der Rest verteile sich im Wesentlichen auf Strände und Wald) könne ausgeschlossen werden, dass sich weitere hinreichend große landwirtschaftliche Betriebe im Sinne von Gutshöfen auf Darß ansiedeln werden und dadurch ein entsprechendes Verwendungsinteresse eines Dritten gerade an der Bezeichnung „Gut Darß" entstehen könnte.

ee) Kollektivmarken. Zu den Besonderheiten in Bezug auf geografische Herkunftsangaben bei Kollektivmarken → Rn. 296 ff. 228

Entscheidungspraxis: 229

– schutzfähig: 229.1

Yukon (BPatG BeckRS 2015, 20566): im Inland zwar als geografische Angabe (durch Alaska und Kanada fließender Strom sowie Verwaltungsgebiet in Kanada) und als Reiseziel bekannt, gleichwohl schutzfähig für ua Werbung, Einzel- und Großhandel (Kl. 35), da solche Dienstleistungen vielfach persönliche Präsenz im Inland erforderten, die von einer so weit entfernten Region aus nur mit unverhältnismäßigem Aufwand realisiert werden könnte.

KOUTOUBIA (BPatG BeckRS 2012, 6390): schutzfähig für Nahrungs- und Genussmittel (Kl. 29, 30, 31), da der Verkehr den Namen der größten Moschee in Marrakesch nicht als Hinweis auf die geografische Herkunft dieser Waren versteht.

AKSARAY-Döner (BPatG GRUR-RR 2012, 6) und **ORDU-Döner** (BPatG BeckRS 2011, 21113): schutzfähig für ua Fleisch- und Wurstwaren sowie Gerichte daraus, Verpflegung von Gästen,

MarkenG § 8 Teil 2 Voraussetzungen, Inhalt und Schranken etc.

Partyservice, da keine typischen Dönerspezialitäten aus den türkischen Städten Aksaray bzw. Ordu zu ermitteln sind und ferner Dönerprodukte wie allgemein bekannt in aller Regel direkt auf Bestellung der Kunden vor Ort zubereitet werden und zudem ein Import unwirtschaftlich ist.

Syltsilber (BPatG BeckRS 2011, 22949): schutzfähig für „Fantasiewaren, nämlich Flaschenöffner" (Kl. 14) und Briefbeschwerer (Kl. 16), da bekanntermaßen auf Sylt weder Silbervorkommen existieren, noch die Insel eine eigenständige Silberwarenindustrie bzw. eine „inseltypische" Form der Silberbearbeitung besitzt.

Kloster Beuerberger Naturkraft (BPatG BeckRS 2011, 26692): schutzfähig für alkoholische Getränke (ausgenommen Biere), „Spirituosen, nämlich Heilkräutertrank (Kräuterlikör)" (Kl. 33), da vom Verkehr nicht als Hinweis auf eine geografische Herkunft iSd § 8 Abs. 2 Nr. 2 verstanden, sondern als nicht unter diese Vorschrift fallender Hinweis auf die Herkunft der Ware aus einem bestimmten klösterlichen Betrieb.

Rheinpark-Center Neuss (BGH GRUR 2012, 272): werden die Dienstleistungen „Betrieb von Heilbädern (Thermalbädern)" und „Dienstleistungen einer Kurklinik" für das angesprochene Publikum erkennbar in einem anerkannten Heilbad oder Kurort erbracht, fasst das Publikum „Neuss" nicht als Hinweis auf die Stadt, sondern als Fantasiebegriff oder Eigenname auf (zu § 8 Abs. 2 Nr. 4).

229.2 – nicht schutzfähig:

Monaco (EuG GRUR-RR 2015, 143): beschreibend für ua Druckereierzeugnisse, Fotografien (Kl. 16), Transportwesen, Veranstaltung von Reisen (Kl. 39), Unterhaltung, sportliche Aktivitäten (Kl. 41), Beherbergung von Gästen (Kl. 43), weil insoweit als Hinweis auf das (Schutzerstreckung der IR-Marke beantragende) Fürstentum Monaco verstanden.

230 **h) Zeit der Herstellung der Ware oder der Erbringung der Dienstleistung. Zeitangaben** kommen meist in Form von **Zahlen** vor, insbesondere solchen, die als **Jahreszahl** verstanden werden können. Ob diese beschreibend sind, hängt davon ab, ob der Verkehr einen Bezug des Jahres zur Ware oder Dienstleistung herstellt (BPatG BeckRS 2007, 13758 – 1308; Beschl. v. 12.6.2001 – 24 W (pat) 201/99 – 1928). Eine **generelle Schutzunfähigkeit** von als Jahreszahlen verständlichen Zeichen **besteht nicht** (aA für nicht „weit zurückliegende" Jahreszahlen Ströbele/Hacker/Ströbele Rn. 450, 469, unter Verweis auf BPatG BeckRS 2009, 17013 – 2001).

231 Als beschreibende Angaben sind auch **wörtliche Zeitangaben** denkbar (vgl. BPatG GRUR 1970, 136 – Sonniger September).

232 Entscheidungspraxis:

232.1 – schutzfähig:

1308 (BPatG BeckRS 2007, 13758): schutzfähig für Bier, da ohne weitere Angaben wie „anno" oder „seit" vom Verkehr nicht als Hinweis auf zB das Gründungsjahr des Brauhauses verstanden.

232.2 – nicht schutzfähig:

2001 (BPatG BeckRS 2009, 17013): beschreibend für ua Mittel zur Körper- und Schönheitspflege und Arzneimittel, da das Zeichen für den Verkehr ohne weiteres verständlich zum Ausdruck bringe, dass es sich bei den damit gekennzeichneten Waren und Dienstleistungen um moderne, zukunftsorientierte und hochaktuelle Artikel handele, die auf der Höhe der Zeit liegen und dem neuesten Stand der Entwicklungen und Erkenntnisse entsprechen (zweifelhaft).

Sonniger September (BPatG GRUR 1970, 136): beschreibend für Weine und Schaumweine, da Hinweis auf Trauben, die in einem sonnigen September gereift sind.

233 **i) Sonstige Merkmale.** Wie bereits ausgeführt, ist der **Katalog** merkmalsbeschreibender Angaben in § 8 Abs. 2 Nr. 2 **nicht abschließend** (→ Rn. 183), sondern zur Gänze vom Oberbegriff der „sonstigen" Merkmale umfasst. In der Praxis ist eine genaue Einordnung letztlich nicht notwendig und oft auch gar nicht möglich, da sich die einzelnen Tatbestände teils erheblich überschneiden (Fezer Rn. 369). Anders als bei dem zu eng formulierten § 4 Abs. 2 Nr. 1 Hs. 2 WZG, der zur Entwicklung eines allgemeinen Freihaltebedürfnisses zwang (→ Rn. 236), fallen nunmehr **sämtliche merkmalsbeschreibenden Angaben** unter das Schutzhindernis des § 8 Abs. 2 Nr. 2, dessen letzte Tatbestandsvariante somit den Charakter eines Auffangtatbestandes erlangt. Es muss sich allerdings stets um Angaben über **Merkmale der Ware oder Dienstleistung** handeln (→ Rn. 186).

234 Ein Rekurs auf ein außerhalb der gesetzlichen Regelung stehendes Freihaltebedürfnis ist daher heute im Grundsatz nicht mehr notwendig (Ströbele/Hacker/Ströbele Rn. 340, 454; → Rn. 238 ff.). Gleichwohl sind Ausnahmefälle denkbar, bei denen nach den genannten

Kriterien eigentlich ein beschreibender Charakter verneint werden müsste, aber dennoch ein Allgemeininteresse besteht, das Zeichen vom Markenschutz auszunehmen. Dies gilt zB für Bezeichnungen von Waren, die zur Ausführung einer Dienstleistung benötigt werden, wie dies das BPatG (BPatGE 24, 64) etwa für das Zeichen „Pfeffer & Salz" für die Bewirtung von Gästen angenommen hat. In Bezug auf die Dienstleistung „Bewirtung von Gästen" fehlt dem Zeichen „Pfeffer & Salz" jedoch ein konkreter, unmittelbarer Produktbezug (ebenso Fezer Rn. 327). Sofern hier nicht die Unterscheidungskraft zu verneinen ist, muss man solche Fälle mit einem weit verstandenen Merkmalsbegriff lösen, wenn man nicht ausnahmsweise auf ein außergesetzliches Freihaltebedürfnis abstellen möchte (eingehend → Rn. 244 ff.).

Entscheidungspraxis: 235

Löss (BPatG BeckRS 2011, 25994): beschreibend für Wein (Kl. 33), da als Hinweis darauf verstanden, dass die Reben auf Lössboden gewachsen sind. 235.1

8. Beschreibender Charakter und Freihaltebedürfnis

a) Begriff des Freihaltebedürfnisses. Das **Freihaltebedürfnis** als ungeschriebenes **Schutzhindernis** hat seinen Ursprung im früheren Warenzeichenrecht. Weil dessen gesetzliche Schutzhindernisse, namentlich in Bezug auf beschreibende Zeichen (§ 4 Abs. 2 Nr. 1 Alt. 2 WZG), als zu eng erschienen, stellte die Praxis entscheidend darauf ab, ob die Monopolisierung durch Eintragung als Warenzeichen im Widerspruch zu den Interessen der Mitbewerber an der freien Verfügbarkeit des Zeichens stand, was insbesondere bei Zeichen der Fall war, die wichtige und für die umworbenen Verkehrskreise irgendwie bedeutsame Umstände mit Bezug auf die Ware beschrieben (BGH GRUR 1993, 746 – Premiere; Busse/Starck WZG § 4 Rn. 40; Althammer WZG § 4 Rn. 26; Baumbach/Hefermehl WZG § 4 Rn. 62). Das Freihaltebedürfnis bildete somit einen flexiblen, praktikablen Maßstab (Ströbele, FS Ullmann, 2006, 425 (426 f.)), der eine Abwägung der widerstreitenden Interessen im Einzelfall ermöglichte. 236

Rechtsprechung und Literatur halten verbreitet auch unter der Geltung des neuen Markenrechts an diesem Terminus fest, der indes weder im MarkenG noch in der MRL oder der UMV verwendet wird. Dagegen ist nichts einzuwenden, solange er nur – wie dies oft der Fall ist – als „griffigere" Bezeichnung für den vom EuGH stattdessen bei Art. 3 Abs. 1 Buchst. c MRL und Art. 7 Abs. 1 Buchst. c UMV verwendeten „beschreibenden Charakter" eines Zeichens und damit für das Schutzhindernis des § 8 Abs. 2 Nr. 2 verwendet wird (ebenso Ströbele/Hacker/Ströbele Rn. 338; Hacker Rn. 127). Gerade für einen zukünftig beschreibenden Inhalt (→ Rn. 169) eines Zeichens bietet „zukünftiges Freihaltebedürfnis" eine elegante Formulierung. Ferner umschreibt „Freihaltebedürfnis" das dem § 8 Abs. 2 Nr. 2 zugrundeliegende Allgemeininteresse (Ströbele/Hacker/Ströbele Rn. 338; vgl. EuGH GRUR 2008, 503 Rn. 23 – adidas/Marca Mode; → Rn. 161). 237

b) Grundsatz: keine separate Prüfung eines Freihaltebedürfnisses. Ein Freihaltebedürfnis ist jedoch **weder** ein **selbstständiges** (ungeschriebenes) **Schutzhindernis** noch ein **Tatbestandsmerkmal** des § 8 Abs. 2 Nr. 1 oder des § 8 Abs. 2 Nr. 2, das zusätzlich zu oder anstelle der dort genannten Kriterien zu prüfen wäre und über die Eintragungsfähigkeit entschiede (vgl. BGH GRUR 2012, 1044 Rn. 28 – Neuschwanstein; Ströbele/Hacker/Ströbele Rn. 338 f., 342; → Rn. 76 ff.; dagegen erwogen, mangels Entscheidungserheblich aber letztlich offengelassen von BPatG GRUR 2007, 61 (63) – Christkindlesmarkt). 238

In Randbereichen scheint das Freihaltebedürfnis indes zumindest als Argumentationstopos weiterhin auf, und zwar sowohl für als auch gegen die Schutzfähigkeit eines Zeichens. So sollen nach Auffassung des BGH Bildzeichen, die die äußere Gestaltung der Ware abbilden (sog. **Produktformmarken**), grundsätzlich merkmalsbeschreibend für die Ware und damit nach § 8 Abs. 2 Nr. 2 von der Eintragung ausgeschlossen sein, weil die Freiheit der Gestaltung von Produkten nicht über Gebühr eingeschränkt werden dürfe (BGH GRUR 2008, 1000 Rn. 16 – Käse in Blütenform II; GRUR 2006, 679 Rn. 21 – Porsche Boxster). Anderes gelte allerdings, wenn aufgrund der unübersehbar großen Zahl von Gestaltungsmöglichkeiten kein überwiegendes Interesse der Allgemeinheit an der Freihaltung der vom Anmelder beanspruchten Form besteht (BGH GRUR 2007, 973 Rn. 15 – Rado-Uhr III; mit Recht kritisch Ingerl/Rohnke Rn. 225). Der EuGH wiederum rekurriert ausdrücklich auf das Freihalteinteresse bei 238.1

MarkenG § 8 Teil 2 Voraussetzungen, Inhalt und Schranken etc.

der Prüfung der Unterscheidungskraft abstrakter Farbmarken (EuGH GRUR 2003, 604 Rn. 60 – Libertel; mit Recht kritisch Viefhues/Klauer GRUR Int 2004, 584 (592): dogmatisch inkonsequent; → Rn. 243.1). Auch → Rn. 194.

238.2 Letztlich zeigt sich an diesen – im Ergebnis zutreffenden – Entscheidungen, dass die gesetzlichen Schutzhindernisse in Randbereichen zu eng ausgefallen sind (→ Rn. 244 ff.).

239 **aa) § 8 Abs. 2 Nr. 2.** Ein iSd § 8 Abs. 2 Nr. 2 **beschreibendes Zeichen** ist **stets von der Eintragung ausgeschlossen,** auch wenn im Einzelfall kein konkretes Freihaltebedürfnis besteht (Ströbele/Hacker/Ströbele Rn. 342; insoweit inkonsequent BGH GRUR 2007, 973 Rn. 15 – Rado-Uhr III). Ein solches Zeichen kann deshalb nicht mit dem Argument zur Eintragung gebracht werden, es fehle im konkreten Fall ein Freihaltebedürfnis (so ausdrücklich gegen die damalige deutsche Praxis EuGH GRUR 1999, 723 Rn. 35 – Chiemsee; ferner GRUR 2011, 1035 Rn. 39 – 1000).

240 Umgekehrt kann einem Zeichen, das **nicht beschreibend** iSd § 8 Abs. 2 Nr. 2 ist, vorbehaltlich fehlender Unterscheidungskraft, die **Eintragung** grundsätzlich (zu möglichen Ausnahmen → Rn. 244 ff.) **nicht** mit Hinweis auf ein gleichwohl bestehendes Freihaltebedürfnis **verweigert** werden (BGH GRUR 2012, 1044 Rn. 28 – Neuschwanstein). Ebenso wenig dürfen in diesem Fall höhere Anforderungen an die Unterscheidungskraft gestellt werden (BGH GRUR 2012, 1044 Rn. 28 – Neuschwanstein; GRUR 2006, 850 Rn. 17 – FUSSBALL WM 2006; GRUR 2001, 1042 (1043) – REICH UND SCHÖN; GRUR 2001, 1043 (1045) – Gute Zeiten – Schlechte Zeiten; → Rn. 247).

241 Dies schließt es freilich nicht aus, dem Freihaltebedürfnis, das bei genauer Betrachtung das dem Schutzhindernis des § 8 Abs. 2 Nr. 2 zugrunde liegende Allgemeininteresse beschreibt, bei der **Auslegung** und **Anwendung** des Schutzhindernisses zu **berücksichtigen,** namentlich bei der Bestimmung der Verkehrsauffassung (Ströbele/Hacker/Ströbele Rn. 343).

242 **bb) § 8 Abs. 2 Nr. 1.** Entsprechendes gilt für § 8 Abs. 2 Nr. 1. Nach (zutreffender) Auffassung des **BGH** rechtfertigt ein mögliches Freihalteinteresse **keine erhöhten Anforderungen** bei der Beurteilung der Unterscheidungskraft (BGH GRUR 2012, 1044 Rn. 28 – Neuschwanstein; GRUR 2006, 850 Rn. 17 – FUSSBALL WM 2006; GRUR 2001, 1042 (1043) – REICH UND SCHÖN; GRUR 2001, 1043 (1045) – Gute Zeiten – Schlechte Zeiten; → Rn. 247).

243 Demgegenüber hat der **EuGH** bei der Beurteilung der Unterscheidungskraft im Einzelfall ausdrücklich auf das Allgemeininteresse an der freien Verfügbarkeit eines Zeichens für die anderen Wirtschaftsteilnehmer abgestellt (EuGH GRUR 2003, 604 Rn. 60 – Libertel [für die abstrakte Farbmarke]; ablehnend BGH GRUR 2009, 411 Rn. 7 – STREETBALL; GRUR 2001, 1042 (1043) – REICH UND SCHOEN) und damit im Ergebnis doch ein ungeschriebenes Schutzhindernis iSd früheren warenzeichenrechtlichen **Freihaltebedürfnisses** anerkannt.

243.1 Selbst wenn ausnahmsweise das Freihaltebedürfnis als ungeschriebenes Schutzhindernis notwendig erscheinen sollte (→ Rn. 244 ff.), ist § 8 Abs. 2 Nr. 1 dogmatisch der falsche Anknüpfungspunkt. Nach der Konzeption der MRL (sowie der UMV) und damit des MarkenG spielt das Interesse an der Freihaltung eines Zeichens für dessen Unterscheidungskraft keine Rolle (BGH GRUR 2009, 411 Rn. 7 – STREETBALL; GRUR 2001, 1042 (1043) – REICH UND SCHOEN; Fezer Rn. 50; aA EuGH GRUR 2003, 604 Rn. 60 – Libertel). Auch ein für andere Wirtschaftsteilnehmer freizuhaltendes Zeichen kann dem angesprochenen Verkehr einen Hinweis auf die betriebliche Herkunft der damit gekennzeichneten Waren und Dienstleistungen geben und damit unterscheidungskräftig sein. Da solche Zeichen jedoch in der Regel zugleich beschreibend sein werden, steht deren Eintragung jedenfalls § 8 Abs. 2 Nr. 2 entgegen. Jedoch sind Zeichen denkbar, die zwar freihaltebedürftig, aber nicht beschreibend sind (→ Rn. 244).

243.2 Hier zeigt sich, dass die Schutzhindernisse der MRL (und der UMV) in Randbereichen zu eng ausgefallen sind. Aufgrund seiner restriktiven Auslegung des Merkmalsbegriffs (→ Rn. 186) bei Art. 3 Abs. 1 Buchst. c MRL (= § 8 Abs. 2 Nr. 2), kommt der EuGH deshalb nicht umhin, das Freihalteinteresse dogmatisch ungenau bei der Beurteilung der Unterscheidungskraft zu berücksichtigen. Auch die überwiegende Literatur (Ingerl/Rohnke Rn. 117; Ströbele/Hacker/Ströbele Rn. 340) plädiert – mit Bedenken – für diese Lösung. Nach hier vertretener Ansicht ist dagegen § 8 Abs. 2 Nr. 2 der richtige Ort (ebenso Fezer Rn. 50), weil das dort geregelte Schutzhindernis für beschreibende Zeichen gerade entscheidend auf dem Anliegen, solche Zeichen für die Mitbewerber freizuhalten (→ Rn. 246), beruht, sofern man nicht das Freihaltebedürfnis ausnahmsweise als ein ungeschriebenes Schutzhindernis berücksichtigen (→ Rn. 244 ff.) oder dem von Kur (→ Rn. 73 ff.) vorgeschlagenen flexiblen Ansatz folgen möchte.

c) Ausnahmsweise Berücksichtigung eines Freihaltebedürfnisses als ungeschriebenes Schutzhindernis? Obwohl das Freihaltebedürfnis als ungeschriebenes Schutzhindernis des alten Warenzeichenrechts aufgrund der deutlich weiter gefassten Schutzhindernisse des neuen Markenrechts weitestgehend obsolet geworden ist, sind auch heute noch Zeichen denkbar, an deren Freihaltung für alle Wirtschaftsteilnehmer ein Interesse besteht, denen jedoch nicht ohne weiteres Unterscheidungskraft abgesprochen und/oder beschreibender Charakter zugemessen werden kann, deren Eintragung also an sich erfolgen müsste. Insbesondere § 8 Abs. 2 Nr. 2 erscheint mit der Beschränkung auf Merkmale der Ware oder Dienstleistung im Einzelfall noch immer zu eng. 244

Dem könnte mit der ausnahmsweisen Berücksichtigung eines ungeschriebenen Schutzhindernisses, das außerhalb der gesetzlichen Regelung des § 8 Abs. 2 angesiedelt ist, abgeholfen werden. Dies begegnet freilich insoweit Bedenken, als dass die Schutzhindernisse des MarkenG sowie der zugrunde liegenden MRL abschließend sind (EuGH GRUR 2004, 674 Rn. 78 – Postkantoor; BGH GRUR 2002, 64 (65) – INDIVIDUELLE). Der BGH hat es deshalb ausdrücklich abgelehnt, die Eintragung eines nicht unter § 8 Abs. 2 Nr. 2 fallenden Zeichens unter Annahme eines allgemeinen Freihaltebedürfnisses (sowie einer aus dem Urheberrecht entlehnten Gemeinfreiheit) zu verweigern (BGH GRUR 2012, 1044 Rn. 28 – Neuschwanstein; s. auch BGH GRUR 2001, 231 (232) – FÜNFER). 245

Die Rechtsprechung berücksichtigt ein Freihaltebedürfnis vielmehr innerhalb der gesetzlichen Schutzhindernisse: der EuGH bei der Beurteilung der Unterscheidungskraft (→ Rn. 243), der BGH hingegen bei § 8 Abs. 2 Nr. 2 (→ Rn. 242). Obwohl beide Gerichte damit zum selben Ergebnis – keine Eintragung des Zeichens – kommen, ist unter dogmatischem Blickwinkel (und unter der zu überprüfenden Prämisse, dass strikt zwischen Nr. 1 und Nr. 2 zu trennen sei, → Rn. 247) die Position des BGH vorzugswürdig (→ Rn. 243.1). Denn das Freihalteinteresse der Mitbewerber ist die rechtspolitische Begründung für den Ausschluss merkmalsbeschreibender Angaben durch § 8 Abs. 2 Nr. 2 (→ Rn. 161). 246

Schließlich kann man darüber nachdenken, die strikte Trennung zwischen § 8 Abs. 2 Nr. 1 und § 8 Abs. 2 Nr. 2 zugunsten eines flexiblen Ansatzes aufzugeben (eingehend Kur → Rn. 73). Fehlende Unterscheidungskraft und beschreibender Charakter wären danach zusammen mit der Üblichkeit eines Zeichens (§ 8 Abs. 2 Nr. 3) lediglich Elemente einer Prüfung des Zeichens auf seine „konkrete Unterscheidungskraft". Wettbewerbsfunktionale Argumente könnten hier ohne dogmatische Brüche einbezogen werden. Ob dies die konkrete Beurteilung in der Praxis erleichtert, bliebe freilich abzuwarten; sie wäre aber zumindest „ehrlicher", weil sie nicht zu zahlreichen Ausnahmen im Einzelfall nötigt. Auch dürften die damit zu erzielenden Ergebnisse weitestgehend identisch sein. 246.1

9. Verhältnis von § 8 Abs. 2 Nr. 1 zu § 8 Abs. 2 Nr. 2

Die Schutzhindernisse des § 8 Abs. 2 Nr. 1 und des § 8 Abs. 2 Nr. 2 sind **voneinander unabhängig** und **gesondert zu prüfen** und im Hinblick auf das ihnen jeweils zugrunde liegende **Allgemeininteresse** (→ Rn. 95, → Rn. 161) **auszulegen** (EuGH GRUR 2012, 616 Rn. 20, 22 – MMF/NAI; GRUR 2008, 608 Rn. 54 f. – EUROHYPO; GRUR 2004, 674 Rn. 85 – Postkantoor; BGH GRUR 2012, 1044 Rn. 28 – Neuschwanstein; GRUR 2009, 411 Rn. 7 – STREETBALL; GRUR 2006, 850 Rn. 17 – FUSSBALL WM 2006). So ist es beispielsweise unzulässig, unter Hinweis auf Anhaltspunkte für ein Schutzhindernis nach § 8 Abs. 2 Nr. 2 (oder Nr. 3) oder ein mögliches „Freihaltebedürfnis" (→ Rn. 236) erhöhte Anforderungen an die Unterscheidungskraft zu stellen (BGH GRUR 2015, 173 Rn. 23 – for you; BGH GRUR 2012, 1044 Rn. 28 – Neuschwanstein; GRUR 2006, 850 Rn. 17 – FUSSBALL WM 2006; GRUR 2001, 1042 (1043) – REICH UND SCHÖN; GRUR 2001, 1043 (1045) – Gute Zeiten – Schlechte Zeiten; GRUR 2001, 735 (736) – Test it.; GRUR 2000, 722 (723) – LOGO), denn dies verletzte den Grundsatz der voneinander unabhängigen Prüfung der einzelnen Schutzhindernisse. Der Grundsatz der gesonderten Prüfung ist dagegen zum Beispiel verletzt, wenn eine Entscheidung die Unterscheidungskraft 247

MarkenG § 8   Teil 2 Voraussetzungen, Inhalt und Schranken etc.

eines Zeichens ausschließlich anhand einer Prüfung des beschreibenden Charakters beurteilt (s. EuGH GRUR 2008, 608 Rn. 58 f., 62 – EUROHYPO).

247.1 Grund hierfür sind die unterschiedlichen Allgemeininteressen, die den beiden Schutzhindernissen zugrunde liegen (→ Rn. 95, → Rn. 161) und daraus folgend eine zumindest teilweise verschiedene Perspektive bei der Auslegung und Anwendung. So dient § 8 Abs. 2 Nr. 1 in erster Linie den Interessen der angesprochenen Verkehrskreise an herkunftshinweisenden Zeichen, § 8 Abs. 2 Nr. 2 hingegen den Interessen der Mitbewerber an der freien Verfügbarkeit merkmalsbeschreibender Angaben (ebenso Fezer Rn. 48; Ingerl/Rohnke Rn. 200; BPatG Mitt 1997, 70 (71) – UHQ II).

247.2 Ob diese strikte Trennung zwischen § 8 Abs. 2 Nr. 1 und § 8 Abs. 2 Nr. 2 durchweg sinnvoll ist oder nicht möglicherweise zugunsten einer beide Aspekte zusammenfassenden, flexibleren Prüfung aufgegeben werden sollte (dafür Kur → Rn. 73 ff.), kann hier dahinstehen. Angesichts der eindeutigen ständigen Rechtsprechung des EuGH ist die **Rechtspraxis gut beraten,** zumindest begrifflich **an der separaten Prüfung festzuhalten.** Dass wesentliche Fälle der beschreibenden Zeichen (§ 8 Abs. 2 Nr. 2) bereits im Rahmen der Unterscheidungskraft (§ 8 Abs. 2 Nr. 1) relevant werden und für § 8 Abs. 2 Nr. 2 nur noch ein relativ kleiner originärer Anwendungsbereich verbleibt, ist demnach hinzunehmen und dem legislatorischen Konzept und dessen wortgemäßer Anwendung durch den EuGH geschuldet.

247.3 Zur Behandlung nicht beschreibender und an sich unterscheidungskräftiger Zeichen, an deren Freihaltung gleichwohl ein Interesse besteht, → Rn. 244 ff.

248 Gleichwohl gibt es offensichtliche (und erhebliche) **Überschneidungen** der jeweiligen Anwendungsbereiche (EuGH GRUR 2013, 519 Rn. 47 – Deichmann [Umsäumter Winkel]; GRUR 2012, 616 Rn. 20, 22 – MMF/NAI; GRUR 2004, 674 Rn. 85 – Postkantoor; BGH GRUR 2009, 411 Rn. 7 – STREETBALL). Der **EuGH** geht sogar so weit, dass er einem nach § 8 Abs. 2 Nr. 2 **beschreibenden Zeichen zwangsläufig auch die Unterscheidungskraft** iSv § 8 Abs. 1 Nr. 1 **abspricht** (EuGH GRUR 2012, 616 Rn. 21 – MMF/NAI; GRUR 2011, 1035 Rn. 33 – 1000; GRUR 2004, 674 Rn. 86 – Postkantoor; EuG GRUR-RR 2015, 143 Rn. 67 – Monaco; BeckRS 2012, 81190 Rn. 39 – 3D eXam; GRUR Int 2010, 520 Rn. 53 – Deutsche BKK; etwas **vorsichtiger** der BGH: bei beschreibenden Angaben gebe es keinen tatsächlichen Anhaltspunkt für Unterscheidungskraft, s. GRUR 2013, 731 Rn. 13 – Kaleido; GRUR 2009, 411 Rn. 9 – STREETBALL; GRUR 2006, 850 Rn. 19 – FUSSBALL WM 2006).

248.1 In der Regel mag dies in tatsächlicher Hinsicht zutreffen und praktisch ist es unerheblich, ob der Eintragung nur § 8 Abs. 2 Nr. 2 oder **aus denselben Gründen zusätzlich** § 8 Abs. 2 Nr. 1 entgegen steht; dogmatisch geht es indes zu weit (ebenso Ingerl/Rohnke Rn. 115; Ströbele/Hacker/Ströbele Rn. 76, 80). § 8 Abs. 2 Nr. 2 steht einer Eintragung schon dann entgegen, wenn das Zeichen (erst) zukünftig merkmalsbeschreibend für die beanspruchten Waren oder Dienstleistungen sein kann (→ Rn. 169). Ein solches Zeichen kann jedoch gegenwärtig dem Verkehr gleichwohl (noch) einen Herkunftshinweis vermitteln und deshalb (noch) unterscheidungskräftig iSv § 8 Abs. 2 Nr. 1 sein (Ingerl/Rohnke Rn. 115; → Rn. 101). Dass ein unterscheidungskräftiges Zeichen diese Eigenschaft möglicherweise zukünftig verliert, löst deshalb das Schutzhindernis des § 8 Abs. 2 Nr. 1 nicht aus (→ Rn. 101). Entscheidend ist stattdessen allein, ob der Verkehr **wegen** des objektiv beschreibenden Charakters iSv § 8 Abs. 2 Nr. 2 **subjektiv** dem Zeichen keinen Herkunftshinweis entnimmt (Ingerl/Rohnke Rn. 115; Ströbele/Hacker/Ströbele Rn. 76, 80; im Ergebnis BGH GRUR 2013, 731 Rn. 13 – Kaleido; GRUR 2009, 411 Rn. 9 – STREETBALL; GRUR 2006, 850 Rn. 19 – FUSSBALL WM 2006; ebenso in einer singulären Entscheidung der EuGH GRUR 2008, 608 Rn. 61 f. – EUROHYPO). Das aber kann bei einem nur künftig beschreibenden Zeichen, dh bei nur künftigem Freihaltebedürfnis, zu verneinen und damit Unterscheidungskraft zu bejahen sein. Ein solches Zeichen wäre einzutragen, doch kann dem im Einzelfall ausnahmsweise ein ungeschriebenes Freihaltebedürfnis entgegenstehen (→ Rn. 244 ff.). Außerdem widerspricht der Automatismus des EuGH seiner (zutreffenden) Auffassung, dass das Schutzhindernis der fehlenden Unterscheidungskraft separat zu prüfen ist und nicht allein anhand einer Prüfung des beschreibenden Charakters beurteilt werden darf (EuGH GRUR 2008, 608 Rn. 58 f., 62 – EUROHYPO; → Rn. 247).

249 Einem nicht iSd § 8 Abs. 2 Nr. 2 beschreibenden Zeichen kann **aus anderen Gründen** die Unterscheidungskraft fehlen (EuGH GRUR 2013, 519 Rn. 46 – Deichmann [Umsäumter Winkel]; GRUR 2011, 1035 Rn. 46 – 1000; GRUR 2004, 680 Rn. 19 – BIOMILD; s. auch BPatG GRUR 2014, 293 (294) – for you; → Rn. 142). Es ist deshalb **unzulässig,**

die **Unterscheidungskraft** eines Zeichens **allein** damit zu **begründen,** dass diesem **kein beschreibender Inhalt** innewohne (EuGH GRUR 2008, 608 Rn. 62 – EUROHYPO; GRUR 2004, 674 Rn. 69 – Postkantoor; unzutreffend daher EuGH GRUR 2012, 616 Rn. 21 – MMF/NAI; GRUR 2011, 1035 Rn. 33 – 1000; GRUR 2004, 674 Rn. 86 – Postkantoor; ebenso EuG GRUR-RR 2015, 143 Rn. 67 – Monaco; BeckRS 2012, 81190 Rn. 39 – 3D eXam; GRUR Int 2010, 520 Rn. 53 – Deutsche BKK).

III. Fallgruppen

250 Im Folgenden werden **ausgewählte Fallgruppen** von praktisch bedeutsamen **Wortzeichen** (für andere Markenformen → Rn. 358 ff.) auf ihre Schutzfähigkeit nach § 8 Abs. 2 Nr. 1 und § 8 Abs. 2 Nr. 2 hin untersucht. Zu weiteren Schutzhindernissen → Rn. 514 ff. Zur Überwindung der Schutzhindernisse durch Verkehrsdurchsetzung → Rn. 861 ff.

1. Abkürzungen

251 Bei **Abkürzungen** ist nicht die Schutzfähigkeit der einzelnen Buchstaben, sondern die der Abkürzung als solcher zu prüfen (EuG GRUR Int 2004, 328 Rn. 32 – TDI). Soweit die Abkürzung vom relevanten Verkehr **als solche erkannt und verstanden** wird, beurteilt sich ihre Schutzfähigkeit nach der des abgekürzten Begriffs. Fehlt diesem die Unterscheidungskraft oder handelt es sich um eine beschreibende Angabe, unterliegt auch die Abkürzung dem entsprechenden Schutzhindernis (vgl. EuG BeckRS 2011, 81066 Rn. 18 f. – TDI; BPatG BeckRS 2011, 26895 – B & P). Das gilt auch, wenn die Abkürzung für verschiedene Begriffe verwendet wird, also keinen eindeutigen Begriffsinhalt aufweist (EuG GRUR Int 2004, 328 Rn. 36 – TDI; BPatG BeckRS 2014, 17352 – XMG; BeckRS 2011, 26895 – B & P). Ferner ist das Zeichen schon dann iSd § 8 Abs. 2 Nr. 2 beschreibend, wenn es nach einem seiner ihm vom angesprochenen Verkehr beigelegten möglichen Begriffsinhalte beschreibend ist (EuG GRUR Int 2010, 838 Rn. 30 – Enercon/HABM [E]; GRUR Int 2004, 328 Rn. 36 – TDI). Ordnet dagegen der angesprochene Verkehr der Abkürzung **keine unmittelbare Bedeutung** zu, ist die Abkürzung selbst auf die Schutzhindernisse zu prüfen. **Allein** die **lexikalische Nachweisbarkeit** der Abkürzung **genügt** dabei noch **nicht** als Beleg für eine entsprechende Kenntnis des angesprochenen Verkehrs (EuG BeckRS 2010, 91465 – Hallux; BPatG BeckRS 2014, 17352 – XMG; BeckRS 2013, 07140 – LAPD).

252 Eine für sich genommen **unterscheidungskräftige** und **nicht beschreibende Abkürzung** (insbesondere, weil sie dem relevanten Verkehr in ihrer Bedeutung unbekannt ist) **kann in Kombination** mit der Wortfolge, für die sie steht und aus deren Anfangsbuchstaben sie gebildet ist, insgesamt **beschreibend** sein, weil ihr der Verkehr nunmehr insgesamt eine beschreibende Bedeutung beimisst, da er die ihm bislang unbekannte Abkürzung versteht (EuGH GRUR 2012, 616 Rn. 32 – MMF/NAI; BPatG GRUR 2011, 527 – Multi Markets Fund MMF und GRUR 2011, 524 – NAI – Der Natur-Aktien-Index [= Vorlagebeschlüsse zu EuGH – MMF/NAI]; BPatG GRUR 2012, 637 – ZVS Akronym; BPatG BeckRS 2007, 11225 – TRM Tenant Relocation Management; → Rn. 154, → Rn. 181). Die Beifügung des schutzunfähigen abgekürzten Begriffs kann folglich der in Alleinstellung schutzfähigen Abkürzung durch die damit verbundene Erläuterung ihres Begriffsinhalts die Schutzfähigkeit nehmen. Es kann sich deshalb empfehlen, auch die Abkürzung separat als Marke anzumelden (näher zu den Praxisfolgen Haberer GRUR-Prax 2013, 130 ff.). Keine Probleme ergeben sich dagegen, wenn das aus den Anfangsbuchstaben der (beschreibenden) Wortfolge gebildete Akronym vom Verkehr nicht als Abkürzung dieser Wortfolge, sondern (weiterhin) als Marke verstanden wird (BPatG GRUR 2015, 271 – ume).

Entscheidungspraxis und Literaturhinweise: 253

– **schutzfähig:** 253.1

AC (BGH GRUR 2002, 261): schutzfähig für Vitaminpräparate, da „AC" nicht als Hinweis auf die enthaltenen Vitamine A und C verstanden werde (so aber BPatG GRUR 1999, 743).

XMG (BPatG BeckRS 2014, 17352): schutzfähig für Notebooks etc, da die mittels eines über das Internet zugänglichen „Acronymfinders" auffindbaren Nachweise zur Verwendung als Abkürzung „XMG" für „Cross-Media Gaming" (sowie den Namen „Crossmagien" [eine „British army base"], „Xavier Media Group" und „Xtreme Music Group Inc.") insoweit nicht gebräuchlich sind.

EHD (BPatG BeckRS 2014, 16255): schutzfähig für ua Antriebe (Kl. 7, 12) und technische Konstruktions- und Entwicklungsdienstleistungen im Bereich allg. Maschinenbau, Werkzeugmaschinenbau etc (Kl. 42), obschon als Abkürzung für „Elektrohydrodynamik" nachweisbar, die jedoch mit den beanspruchten Waren und Dienstleistungen nichts zu tun hat.
LAPD (BPatG BeckRS 2013, 07140): nicht beschreibend für ua Bekleidung, da ungeachtet der Nachweisbarkeit bei Wikipedia vom angesprochenen Verkehr nicht als Abkürzung für Los Angeles Police Department verstanden.
SX5E (BPatG BeckRS 2012, 5255): unterscheidungskräftig für einen Wertpapierindex; SX5E ist dem Verkehr zwar als Abkürzung für den Aktienindex Euro STOXX 50 bekannt, beschreibt jedoch insoweit keine Eigenschaften einer Ware oder Dienstleistung, sondern bezeichne diesen Index markenmäßig.
B & P (BPatG BeckRS 2011, 26895): schutzfähig für bestimmte Dienstleistungen auf dem Gebiet des gewerblichen Rechtsschutzes (Kl. 45); zwar als Abkürzung für verschiedene (insbesondere englischsprachliche) Begriffe nachweisbar, jedoch letztlich von solcher Unbestimmtheit, als dass noch von beschreibendem Verständnis ausgegangen werden kann.

253.2 – nicht schutzfähig:
Multi Markets Fund MMF und **NAI – Der Natur-Aktien-Index** (EuGH GRUR 2012, 616 Rn. 32 – MMF/NAI sowie BPatG GRUR 2011, 527 bzw. GRUR 2011, 524): MMF bzw. NAI in Alleinstellung mangels Bekanntheit beim Verkehr schutzfähig, durch Beifügung der erläuternden und beschreibenden abgekürzten Wortfolge insgesamt dagegen nicht schutzfähig. Ebenso BPatG GRUR 2012, 637 – **ZVS Akronym** und BPatG BeckRS 2007, 11225 – **TRM Tenant Relocation Management.** – Schutzfähig ist hingegen **ume unique media entertainment** (BPatG GRUR 2015, 271 – ume), weil „ume" nicht als Akronym von „unique media entertainment", sondern vielmehr als Marke verstanden wird, die zu Werbezwecken mit einem auf die Einzelbuchstaben Bezug nehmenden Text angereichert ist, wie etwa das ebenfalls nicht als beschreibend angesehene „AEG – aus Erfahrung gut".
TDI (EuG BeckRS 2011, 81066): beschreibend für Kraftfahrzeuge wegen des damit verbundenen Hinweises auf eine bestimmte Motorenart.

253.3 **Literatur:** Reinholz, Mit freundlichen Grüßen vom BPatG: Dauerprobleme beim Markenschutz von Akronymen, GRUR-Prax 2016, 115.

2. Abwandlungen beschreibender Angaben

254 Bei Zeichen, die durch **Abwandlung beschreibender Angaben** gebildet sind, ist zu differenzieren: Wird die Abwandlung vom angesprochenen Verkehr schon **nicht bemerkt** oder ohne weiteres **mit der beschreibenden Angabe gleichgesetzt,** ist auch das abgewandelte Zeichen nicht schutzfähig (EuG BeckRS 2014, 80922 Rn. 29 – HIPERDRIVE [Abwandlung von Hyperdrive]; GRUR Int 2009, 516 Rn. 19 – En Route International/ HABM [FRESHHH]; GRUR Int 2008, 1037 Rn. 30 – BioGeneriX; BGH GRUR 2003, 882 (883) – Lichtenstein [Abwandlung von Liechtenstein]; BPatG GRUR-RR 2015, 333 (335) – AppOtheke; BeckRS 2013, 10406 – Happyness [statt richtig Happiness]; BeckRS 2012, 11308 – Dogz; BeckRS 2012, 9304 – Fahrad; BeckRS 2012, 20400 – Laz Vegas; BeckRS 2011, 24151 – Produktwal; GRUR-RR 2010, 9 (11) – Saugauf; BeckRS 2010, 16255 – mobiLotto; BeckRS 2010, 16287 – MOCCAS [als österreichische Schreibweise von „Mokkas"]; BeckRS 2009, 21578 – NATURLICH; BeckRS 2009, 21970 – Schlüsel; BeckRS 1999, 15285 – Vita-Min [statt Vitamin]; s. BGH GRUR 2001, 1153 – antiKALK [Wort-/Bildmarke]; ferner BGH GRUR 2008, 1002 Rn. 35 – Schuhpark [„jello" als Abwandlung von „yellow"]; BGH GRUR 1040 Rn. 30 – pjur/pure [„pjur" als lautschriftliche Wiedergabe von „pure"]). Gleiches gilt für Abwandlungen, die (insbesondere durch verbreiteten Gebrauch) im Laufe der Zeit selbst zu einer beschreibenden Angabe geworden sind (EuG BeckRS 2014, 80610 Rn. 30 f. – Xtra [Abwandlung zu extra]; GRUR Int 2002, 604 Rn. 33 – LITE [Abwandlung zu light]; BPatG Beschl. v. 24.7.1996 – 32 W (pat) 355/ 95 – LITE, mit Hinweis auf Entsprechendes für nite/night, brite/bright und hi/high).

255 Dagegen führt eine vom Verkehr als solche **erkannte** bloße **Anlehnung** an eine beschreibende Angabe allein nicht zur Schutzunfähigkeit (BGH GRUR 2013, 731 Rn. 18 ff. – Kaleido; Ströbele/Hacker/Ströbele Rn. 176, 511; in diese Richtung aber die frühere Rechtsprechung unter Anwendung der „Polyestra-Doktrin", nach der ohne weiteres verwechselbare Abwandlungen von beschreibenden Angaben freihaltebedürftig waren, s. GRUR 1968, 694 – Polyestra; dazu → Rn. 76; Fezer Rn. 308).

Großzügig (und insoweit nicht verallgemeinerungsfähig) verfährt die Rechtsprechung mit 256
Arzneimittelmarken. Hier genügt oft bereits die **Abweichung in einem Buchstaben**
oder (erst recht) in einer Silbe von den International Nonproprietary Names (INN) (s. BGH
GRUR 2002, 540 f. – OMEPRAZOK [Abwandlung des Wirkstoffes Omeprazol]; GRUR
1995, 48 – Metoproloc [Abwandlung des Wirkstoffes Metoprolol]; GRUR 2005, 259 f. –
Roximycin [Abwandlung des Wirkstoffes Roxithromycin]; zum WZG: BGH GRUR 1994,
805 (806 f.) – Alphaferon [Abwandlung von Interferon-alpha]; GRUR 1994, 803 (803 f.) –
TRILOPIROX [Abwandlung von rilopirox]) oder einem sonstigen Fachbegriff (BGH
GRUR 1984, 815 – Indorektal I), um die Schutzhindernisse **§ 8 Abs. 2 Nr. 1** und **§ 8
Abs. 2 Nr. 2** zu **überwinden,** da eine solche – auch kleinste – Abweichung dem Fachpublikum nicht verborgen bleibe (Ingerl/Rohnke Rn. 56; Fezer Rn. 116, jeweils mwN).

3. Bezeichnungen von Veranstaltungen und Ereignissen, „Eventmarke"

Die sprachübliche Bezeichnung sportlicher oder kultureller (Groß-)Veranstaltungen (Fuß- 257
ball WM, Olympische Spiele, Preisverleihungen) oder sonstiger Ereignisse ist in der Regel
weder für das Ereignis selbst unterscheidungskräftig, noch für **Waren und Dienstleistungen, die vom Verkehr mit diesem Ereignis in Zusammenhang** gebracht werden, sei
es als Sonderanfertigung, als Sonderangebot oder als notwendige oder zusätzliche Leistung
aus Anlass dieses Ereignisses (BGH GRUR 2006, 850 Rn. 20 – FUSSBALL WM 2006 und
parallel BeckRS 2006, 9470 – WM 2006; kritisch dazu Fezer Rn. 104 ff.; Lange MarkenR/
KennzeichenR Rn. 788; im Ergebnis parallel die Entscheidungen der HABM BK R 1466/
2005-1 – WORLD CUP 2006; R 1468/2005-1 – WM 2006; R 1469/2005-1 – WORLD
CUP GERMANY und R 1470/2005-1 – WORLD CUP 2006 GERMANY, jeweils
Rn. 49; dazu Lerach MarkenR 2008, 461 ff.). Der Verkehr versteht solche Bezeichnungen
ungeachtet des Wissens um die Möglichkeit einer Nutzung durch Sponsoren etc in der
Regel lediglich beschreibend (BGH GRUR 2006, 850 Rn. 22 – FUSSBALL WM 2006).
Es bestehen keine geringeren Anforderungen an die Schutzvoraussetzungen derartiger
Bezeichnungen; ihre begriffliche Kategorisierung als „Ereignismarken" oder „Eventmarken"
ist insoweit bedeutungslos (BGH GRUR 2006, 850 Rn. 20 – FUSSBALL WM 2006).
Schutzfähig sind nur von der bloßen Beschreibung des Ereignisses unterscheidungskräftig
abweichende oder diese ergänzende Zeichen (BGH GRUR 2006, 850 Rn. 22 – FUSSBALL
WM 2006). In Betracht kommt ferner Schutz für in Bezug auf die Veranstaltung und entsprechendes Merchandising völlig atypische Waren und Dienstleistungen (zB BPatG BeckRS
2009, 3770 – Klassik am Odeonsplatz [für elektronische Geräte]).

Teile der Literatur (namentlich Fezer, FS Tilmann, 2003, 321 ff., Fezer Mitt 2007, 193 ff.; ferner 257.1
Gaedertz WRP 2006, ff.; de lege ferenda befürwortend Jaeschke MarkenR 2008, 141 ff.) plädieren
dagegen für eine **besondere Markenkategorie,** die sog. **„Eventmarke"** oder „Veranstaltungsmarke",
für den Kennzeichenschutz des Sponsorings („Veranstaltungsdienstleistungsmarke") und Merchandisings
(„Veranstaltungswarenmarke") im Zusammenhang mit (Groß-)Veranstaltungen, um die umfassende
wirtschaftliche Verwertung und Finanzierung des Events durch derartige Marketingmaßnahmen zu
ermöglichen. Die Eventmarke garantiere „die Eventidentität im Sinne einer vom Markeninhaber als
Veranstalter des Events autorisierten und legitimierten Benutzung der Eventmarke" (Fezer, FS Tilmann,
2003, 321 (327)). Ihre konkrete Unterscheidungskraft beziehe sich auf die Organisation und Finanzierung des Events als solchem, dessen Verantwortung und Kontrolle dem Markeninhaber als dem Veranstalter des Events obliegt. Die Benutzung der Eventmarke durch einen Sponsor – auf einer Ware, die
er herstellt oder für eine Dienstleistung, die er erbringt – verweise nicht auf die betriebliche Herkunft
dieser Ware oder Dienstleistung als von ihm stammend, sondern garantiere die Ursprungsidentität der
Ware oder Dienstleistung als Produkt des Merchandisings und Sponsorings (Fezer, FS Tilmann, 2003,
321 (323)). – Diese Auffassung ist durch die BGH-Rechtsprechung überholt.

Das mit der Eventmarke verfolgte Anliegen, dem Veranstalter die möglichst umfassende wirtschaftli- 257.2
che Auswertung der Veranstaltung zu sichern, ist indes nicht von der Hand zu weisen. Solche
Veranstaltungen sind oft allein durch Eintrittsgelder nicht (mehr) zu finanzieren und damit auf Sponsoring und ähnliche Maßnahmen angewiesen. Sponsoren wird man indes in nennenswertem Umfang
meist nur finden, wenn man ihnen Exklusivität als Gegenleistung für die finanzielle Unterstützung
bieten kann. Dazu bedarf es Möglichkeiten, gegen „Trittbrettfahrer" und das sog. „Ambush Marketing"
vorzugehen.

MarkenG § 8   Teil 2 Voraussetzungen, Inhalt und Schranken etc.

258   Veranstaltungsbezeichnungen können **Schutz** als **Werktitel** (§ 5 Abs. 1, 3; → Rn. 258.1) oder als **besondere Geschäftsbezeichnungen** (§ 5 Abs. 2 S. 1 Var. 3; → Rn. 258.2) genießen. Die **olympischen Symbole** sind **spezialgesetzlich** umfassend geschützt (→ Rn. 258.3).

258.1   **Werktitelschutz** kommt als „sonstiges vergleichbares Werk" nach **§ 5 Abs. 1, 3** in Betracht (BGH GRUR 2010, 642 Rn. 33 – WM-Marken). So kann zB die wiederkehrende Verleihung eines Preises nach bestimmten Kriterien für spezifische Leistungen (OLG Stuttgart BeckRS 2011, 26669 – Balthasar-Neumann-Preis) oder eine Messeveranstaltung (vgl. LG Stuttgart BeckRS 2008, 19663; LG Berlin GRUR-RR 2011, 137 – Country-Music-Messe/CMM; generell ablehnend Deutsch/Ellerbrock Rn. 48) eine für den Werktitelschutz ausreichende gedankliche Leistung mit kommunikativem Gehalt sein. Zum titelschutzfähigen Werk wird eine Veranstaltung, die eine immanente thematische Idee verfolgt, die sie visuell, organisatorisch und inhaltlich prägt und sich so den angesprochenen Verkehrskreisen präsentiert (Groh WRP 2012, 143 (147); Lerach GRUR-Prax 2012, 23; Wilhelm WRP 2008, 902 (904); Berberich WRP 2006, 1431 (1435)). Dieser Schutz entsteht mit Aufnahme der Benutzung eines unterscheidungskräftigen Titels im inländischen geschäftlichen Verkehr für das im Wesentlichen fertig gestellte Werk (BGH GRUR 2009, 1055 Rn. 41 – airdsl). Die Anforderungen an die titelmäßige Unterscheidungskraft, die sich auf den Inhalt des Werkes beziehen muss und nicht auf dessen betriebliche Herkunft (s. Fezer § 15 Rn. 271 f.), sind meist geringer als diejenigen an die herkunftshinweisende Unterscheidungskraft bei Marken (vgl. BGH GRUR 2009, 949 Rn. 17 – My World; näher Ingerl/Rohnke § 5 Rn. 92 ff.).

258.2   Denkbar ist ferner ein Schutz der Veranstaltungsbezeichnung als **besondere Geschäftsbezeichnung** nach **§ 5 Abs. 2 S. 1 Var. 3**, vorausgesetzt, die Veranstaltung ist als ausreichend abgegrenzter und damit selbstständig kennzeichnungsfähiger Geschäftsbereich anzusehen (s. OLG Frankfurt BeckRS 2011, 6136 – Jim-Clark-Revival [Motorsportveranstaltung]; OLG Hamburg GRUR-RR 2005, 223 – WM 2006; Ingerl/Rohnke § 5 Rn. 28; Lerach GRUR-Prax 2012, 23 (25 f.)).

258.3   Die Begriffe „Olympiade", „Olympia" und „olympisch" sowie die Olympischen Ringe sind spezialgesetzlich durch das Gesetz zum Schutz des olympischen Emblems und der olympischen Bezeichnungen (**OlympSchG**) vom 31.3.2004 (BGBl. I 479) umfassend geschützt (näher Rieken, Der Schutz olympischer Symbole, 2008; ferner Adolphsen/Berg GRUR 2015, 643 ff.; Heermann, GRUR 2014, 233 ff.; Rieken MarkenR 2013, 334; Röhl GRUR-RR 2012, 381 ff.; Kairies WRP 2004, 297 ff.; Knudsen GRUR 2003, 750 ff.; zum Schutz der olympischen Symbole im Ausland s. Craig 9 S. C. J. Int'l L. & Bus. 375 ff. [2013]; zum Vertrag von Nairobi über den Schutz des Olympischen Symbols s. Baeumer GRUR Int 1983, 466). – Das OlympSchG ist **kein verfassungswidriges Einzelfallgesetz** (BGH GRUR 2014, 1215 Rn. 11 ff. – Olympia-Rabatt; zuvor bereits OLG Schleswig BeckRS 2013, 14380; OLG Düsseldorf BeckRS 2013, 13023; LG Kiel GRUR-RR 2012, 390 (391); LG Düsseldorf BeckRS 2012, 19233; kritisch hingegen LG Darmstadt NJOZ 2006, 1487). – Zum (**engen**) **Schutzumfang** des OlympSchG s. BGH GRUR 2014, 1215 Rn. 9 f. – Olympia-Rabatt.

259   **Entscheidungspraxis und Literaturhinweise:**

259.1   **FUSSBALL WM 2006** (GRUR 2006, 850): nicht unterscheidungskräftig für verschiedenste Waren und Dienstleistungen, da als sprachübliche Bezeichnung für das Ereignis nicht geeignet, als Unterscheidungsmittel für Waren und Dienstleistungen als von einem bestimmten Unternehmen stammend, zu dienen.

259.2   **Literatur:** Fezer, Immaterialgüterrechtlicher und lauterkeitsrechtlicher Veranstaltungsschutz, WRP 2012, 1173 und 1321; Lerach, Neue Perspektiven für den Schutz von Veranstaltungsnamen, GRUR-Prax 2012, 23; Wilhelm, Zum Werktitelschutz einer Messeveranstaltung, WRP 2008, 902; Lerach, Nachspiel für die Veranstaltungsmarke, MarkenR 2008, 461; Jaeschke, Markenschutz für Sportgroßveranstaltungen?, MarkenR 2008, 141; Fezer, Kennzeichenschutz des Sponsoring – Der Weg nach WM 2006, Mitt 2007, 193; Berberich, Werktitelschutz für Veranstaltungen und Geschäftskonzepte, WRP 2006, 1431; Gaedertz, Die Eventmarke in der neueren Rechtsprechung, WRP 2006, 526; Rieken, Die Eventmarke, MarkenR 2006, 439; Fezer, Die Eventmarke, FS Tilmann, 2003, 321.

4. Buchstaben/Zahlen/Sonderzeichen

260   **a) Buchstaben und Zahlen. Buchstaben** und **Zahlen** sind **abstrakt markenfähig** iSv § 3 (BGH GRUR 2000, 608 (609) – ARD-1; zu Art. 4 UMV: EuGH GRUR 2010, 1096 Rn. 28 – HABM/BORCO; GRUR 2011, 1035 Rn. 29 f. – 1000). Das besagt allein zwar noch nichts über ihre **konkrete Schutzfähigkeit** in Bezug auf die beanspruchten

Absolute Schutzhindernisse § 8 MarkenG

Waren und Dienstleistungen (EuGH GRUR 2010, 1096 Rn. 29 – HABM/BORCO), zeigt aber, dass sie das Markenrecht grundsätzlich als dazu geeignet ansieht. **Weder fehlt** Buchstaben und Zahlen **per se Unterscheidungskraft** (vgl. EuGH GRUR 2010, 1096 Rn. 37, 39 – HABM/BORCO; EuG GRUR Int 2008, 1035 Rn. 39 – Paul Hartmann/HABM [E]; GRUR Int 2007, 856 Rn. 40 – IVG Immobilien/HABM [Buchstabe I in der Farbe Königsblau]; BGH GRUR 2003, 343 (344) – Buchstabe „Z"; GRUR 2002, 970 (971) – Zahl „1"; GRUR 2001, 161 (163) – Buchstabe „K"), **noch** besteht ein **generelles Freihalteinteresse** (BGH GRUR 2003, 343 (344) – Buchstabe „Z"; BPatG GRUR 2003, 347 (348) – Buchstabe „E"; s. auch EuGH GRUR 2011, 1035 Rn. 29 – 1000). Dies gilt auch für die **Grundzahlen** 0 bis 9 (BGH GRUR 2002, 970 (971) – Zahl „1", klarstellend zu BGH GRUR 2000, 608 (610) – ARD-1; **aA** HK-MarkenR/Fuchs-Wissemann Rn. 50: Vermutung für Freihaltebedürfnis, ebenso für runde Zahlen; zumindest für strengere Maßstäbe bei Zahlen auch Ströbele/Hacker/Ströbele Rn. 468).

Die insoweit deutlich restriktivere Rechtslage unter Geltung des **WZG,** das Zahlen und Buchstaben aufgrund eines generellen (abstrakten) Freihaltebedürfnisses von der Eintragung ausschloss und eine solche nur bei verkehrsdurchgesetztem oder fantasievoll ausgestaltetem Zeichen zuließ (§ 4 Abs. 2 Nr. 1 Hs. 2, Abs. 3 WZG; BGH GRUR 1996, 202 (203) – UHQ), ist überholt. 260.1

Die Prüfung auf Schutzhindernisse folgt vielmehr den **allgemeinen Grundsätzen,** ohne dass hier besondere, namentlich strengere Anforderungen zu stellen sind (EuGH GRUR 2010, 1096 Rn. 33–35 – HABM/BORCO; BGH GRUR 2003, 343 (344) – Buchstabe „Z"; GRUR 2002, 970 (971) – Zahl „1"). Die Schutzhindernisse sind deshalb konkret für das angemeldete Zeichen und bezogen auf die beanspruchten Waren und Dienstleistungen zu prüfen (EuGH GRUR 2010, 1096 Rn. 37, 39 – HABM/BORCO; BGH GRUR 2002, 970 (972) – Zahl „1"). Gleichwohl kann bei aus einem einzigen Buchstaben gebildeten Zeichen bzw. bei Zahlen als Zeichen ein herkunftshinweisendes Zeichenverständnis des angesprochenen Verkehrs schwieriger festzustellen sein als bei anderen Wortzeichen (EuGH GRUR 2010, 1096 Rn. 33, 39 – HABM/BORCO; BGH GRUR 2012, 930 Rn. 31 – Bogner B/Barbie B). So dürfte es bei Buchstaben und Zahlen nicht selten naheliegen, dass diese vom angesprochenen Verkehr nicht als Hinweis auf die betriebliche Herkunft, sondern (zumindest auch) als Sachangaben wie zB als Angabe des **Preises,** der **Menge** oder der **Verpackungsgröße,** des **Typs,** des **Modells,** der **Größe** (S, L, M etc zB für Kleidung), einer **Serie** oder einer **Ausstattungsvariante,** einer bestimmten **Qualität,** als (physikalische, chemische etc) **Einheiten** oder **Prüfzeichen** oder als **Bestellnummer,** als **Zeitangabe** (insbesondere Jahreszahlen) etc verstanden werden (ebenso Ströbele/Hacker/Ströbele Rn. 207, 209). Insoweit kommt der jeweiligen Waren- oder Dienstleistungsbranche und den dortigen Verwendungsgewohnheiten im Einzelfall erhebliche Bedeutung zu (BGH GRUR 2012, 930 Rn. 35 – Bogner B/Barbie B). So ist zB im Bereich der elektronischen Datenverarbeitung „128", da siebte Potenz von 2, beschreibend für verschiedene Merkmale (BPatG GRUR 2000, 330 – Zahl 128), „9000" hingegen nicht (BPatG GRUR 1998, 572 (572) – 9000). 261

Entscheidungspraxis und Literaturhinweise: 262

– **schutzfähig:** 262.1
α (EuGH GRUR 2010, 1096 – HABM/BORCO): schutzfähig für Alkoholische Getränke, ausgenommen Biere, Weine, Schaumweine und weinhaltige Getränke (Kl. 33).
E (EuG GRUR Int 2008, 1035): schutzfähig für verschiedene medizinische Produkte (Kl. 5, 10, 25).
Z (BGH GRUR 2003, 343): schutzfähig für Tabak, Tabakerzeugnisse, Raucherartikel und Streichhölzer (Kl. 34).
M (BPatG GRUR-RR 2013, 288): schutzfähig für Sportwagen (Kl. 12), obwohl nach einer EU-Richtlinie „Fahrzeuge zur Personenbeförderung mit mindestens vier Rädern" als „Klasse M" bezeichnet werden.
M (BPatG BeckRS 2009, 2972): schutzfähig für Messsucher für Messsucherkameras.
9000 (BPatG GRUR 1998, 572): schutzfähig im Bereich der Datenverarbeitung, da keine Anhaltspunkte bestehen, dass die Zahl 9000 nach Art eines Fachbegriffs einen Sinngehalt aufweist, wie dies beispielsweise der Fall ist für die Zahlen 80286 und 80386 bzw. 286 und 386 (Bezeichnungen früherer

Prozessoren) oder die Zahlen 33, 66, 100, 133, 166 und 200 als Hinweis auf die Taktfrequenz in MHz (im Jahre 1997).
1 (BGH GRUR 2002, 970 – Zahl „1"; ebenso BGH BeckRS 2002, 6033 – Zahl „6"): schutzfähig für Tabakwaren und Raucherartikel (Kl. 34), da weder Bezeichnung einer Produktserie noch Angabe der Verkaufsmenge.

262.2 – nicht schutzfähig:
Premium XL u. **Premium L** (EuG BeckRS 2013, 80121): beschreibend für Solaranlagen (Kl. 9, 11), da Bestandteil „XL" bzw. „L" einen Hinweis auf die Größe der Anlage gibt.
E (EuG GRUR Int 2008, 838): beschreibend für Windkraftanlagen und deren Teile (Kl. 7, 9, 19) als Abkürzung für „Energie" (anders noch BPatG GRUR 2003, 347 (348) – Buchstabe „E").
M, L (BPatG BeckRS 2009, 16726; BeckRS 2009, 16725): beschreibend als Größenangabe (hier UV-Lampen, insbesondere Bräunungsstrahler und Bräunungsröhren, Kl. 11), nicht nur für Kleidung.
K (BPatG GRUR 2003, 345): nicht unterscheidungskräftig sowie beschreibend für Waren aus dem Baubereich (Kl. 6, 17, 19), da dort als Fachbegriff verwendet (k-Wert, Kelvin, Kompressionsmodul).
1000 (EuGH GRUR 2011, 1035): beschreibend für Zeitschriften (Kl. 16), da es die Anzahl der Seiten oder der beinhalteten Kreuzworträtsel bezeichnen oder auf die Veröffentlichung von Ranglisten und Sammlungen hinweisen kann.
1 (BGH GRUR 2000, 608 – ARD-1): nicht unterscheidungskräftig sowie beschreibend für Rundfunk- und Fernsehsendungen (das „erste" Programm).
4 (BPatG BeckRS 2009, 02454): nicht unterscheidungskräftig sowie beschreibend für Kraftfahrzeuge und deren Teile (Kl. 12) sowie Fahrzeugmodelle und deren Teile (Kl. 28), da in diesen Bereichen Zahlen von überragender Bedeutung sind, etwa für den Hubraum, die Verdichtung, die Anzahl der Zylinder und der Ventile pro Zylinder, die Bauart, die Anzahl der Gänge usw.
128 (BPatG GRUR 2000, 330): für Waren und Dienstleistungen im Bereich EDV, da als siebte Potenz von 2 vielfach eigenschaftsbeschreibend.

262.3 **Literatur:** Berlit, Zum Schutzumfang von Buchstabenmarken, WRP 2012, 1342; Albrecht, Buchstaben und Zahlen im Kollisionsfall, GRUR 1996, 246.

263 **b) Satz- und Sonderzeichen.** Dieselben Grundsätze gelten für **Satzzeichen** (BPatG BeckRS 2009, 2095 – ???, für Verlagserzeugnisse uÄ) und für **Sonderzeichen**. So steht etwa das **@**-Zeichen häufig als Hinweis darauf, dass damit gekennzeichnete Waren und Dienstleistungen im Internet angeboten werden oder darüber zugänglich sind (so bereits BPatG GRUR 2003, 794 – @-Zeichen; BeckRS 2012, 13875 – @Domain; auch BeckRS 2008, 25775 – BOS@net: „@" als Symbol für den elektronischen Datenaustausch) bzw. als ein Symbol für die neue Technologie und das elektronische Zeitalter schlechthin (BPatG GRUR 2003, 796 (798) – @ctiveIO; GRUR 2001, 166 (169) – VISIO) oder das **§**-Zeichen für juristische Dienstleistungen (BPatG BeckRS 2009, 166 – §-Zeichen [für ein Bildzeichen]; s. auch EuG GRUR Int 2003, 829 Rn. 34 – Best Buy [für das Zeichen „®"]).

264 **c) Zusammensetzungen.** Bei Aufnahme von Buchstaben, Zahlen oder Sonderzeichen in ein zusammengesetztes Zeichen ist wie üblich auf das **Gesamtzeichen** abzustellen (BGH GRUR 2002, 261 (262) – AC; GRUR 2002, 884 (885) – B-2 alloy; → Rn. 122 f., → Rn. 177 f.) und dessen Schutzfähigkeit in Bezug auf die beanspruchten Waren und Dienstleistungen zu prüfen. Dabei ist zu berücksichtigen, dass der Verkehr an die Verwendung von Buchstabenkombinationen als Unternehmensbezeichnung gewöhnt ist und solchen Zeichen daher ein entsprechenden Herkunftshinweis entnimmt (BGH GRUR 2001, 344 f. – DB Immobilienfonds, zu § 5 Abs. 2).

265 Anderes gilt, wenn die Buchstaben, Zahlen oder Sonderzeichen als **Abkürzung beschreibender Angaben** (→ Rn. 251 ff.) verstanden werden, wie beispielsweise **„5D"** aufgrund der verbreiteten Verwendung von „2D" und „3D" als Hinweis auf „fünfdimensional" (BPatG BeckRS 2008, 22275 – 5D), **„24"** als Kürzel und Synonym für „rund um die Uhr", „24 Stunden", „24-Stunden-Service" (BPatG BeckRS 2012, 18480 – print24, BeckRS 2012, 21701 – Station24, BeckRS 2009, 2042 – design24, BeckRS 2007, 13899 – adress24, BeckRS 2009, 02102 – auskunft24 und GRUR 2004, 336 (337) – beauty24.de), **„2 in 1"** beschreibend für „zwei Funktionen in einem Gerät" (BPatG BeckRS 2007, 13769 – 2 in 1) oder **„1 2 3"** als Hinweis auf „einen schnellen bzw. sich zügig abspielenden Vorgang" (BPatG BeckRS 2008, 22142 – 1 2 3 dabei; BeckRS 2012, 11610 – 123pool; ferner BeckRS 2013, 14108 – BLUT123). Sofern sich der Herkunftshinweis hier nicht aus anderen Zeichenteilen ergibt, fehlt dem Gesamtzeichen die Unterscheidungskraft. Außerdem liegt ein beschreibender Charakter nahe.

Aufgrund der Gesamtbetrachtung kann ein zunächst schutzunfähiges Wortzeichen durch 266 die Ein- oder Beifügung von Buchstaben, Zahlen oder Sonderzeichen insgesamt **schutzfähig** werden, namentlich weil sich daraus eine **ungewöhnliche Struktur** des Gesamtzeichens oder eine **syntaktische oder semantische Besonderheit** ergibt, die vom rein sachbezogenen Aussagegehalt wegführt (**bejaht:** BPatG BeckRS 2009, 16078 – S.I.M.P.L.E.; BeckRS 2009, 1142 – B.I.G. [für Bildmarke]; – **verneint:** EuG BeckRS 2010, 91079 Rn. 42 – packaging [für das dem beschreibenden Begriff „packaging" vorangestellte Zeichen „>"]; BPatG BeckRS 2009, 18251 – Turbo P.O.S.T.; GRUR 1998, 1023 – K.U.L.T.; BPatG BeckRS 2014, 09566 – vital4age). Manche Zeichen werden allerdings in bestimmtem Zusammenhang **stellvertretend für Wörter** verstanden, so etwa „cu" bzw. „4u" für „see you" bzw. „for you" (s. BPatG BeckRS 2014, 09566 – vital4age; BeckRS 2012, 07919 – Do it 4 you; BeckRS 2009, 16069 – 4students [alle mwN]). Das kann einer ungewöhnlichen Struktur und damit der Schutzfähigkeit eines zusammengesetzten Zeichens entgegenstehen. Entsprechendes gilt beispielsweise für das Zeichen „**@**", das verbreitet anstelle des Buchstabens „a" (BPatG GRUR 2003, 796 (798) – @ctiveIO; BeckRS 2009, 00444 – XtraW@P; BeckRS 2014, 19985 – sm@rt c@rd; s. auch BPatG BeckRS 2009, 01113 – €urologistic) oder lautmalerisch für das englische „at" (BPatG 29 W (pat) 52/10 – consulting@work; BeckRS 2007, 07664 – safe@work) steht, sowie für das „**€**"-Zeichen anstelle des Buchstabens „e" bzw. „E" (BPatG BeckRS 2011, 26682 – Kapital€s Vertrauen; BeckRS 2009, 01113 – €urologistic; BeckRS 2007, 07540 – T€DI).

Entscheidungspraxis: 267

vital4age (BPatG BeckRS 2014, 09566): nicht unterscheidungskräftig für ua medizinische und 267.1 pharmazeutische Waren und Dienstleistungen (Kl. 5, 35, 44), weil „4" für „for" [engl. „für"] steht, so dass sich die beschreibende Aussage „lebenswichtig oder leistungsstark fürs Alter" ergibt; unterscheidungskräftig jedoch für Babykost (Kl. 5), da hierfür ein sachbezogener Hinweis iSv „vital" bzw. „lebenswichtig fürs Alter" nicht naheliegend erscheine (zweifelhaft).

5. Fremdsprachliche Zeichen

a) Fremdsprachliche Wortzeichen bzw. Zeichenbestandteile. Fremdsprachliche 268 **Wortzeichen** bzw. fremdsprachliche **Bestandteile** von Zusammensetzungen unterliegen den allgemeinen Schutzvoraussetzungen. Viele ursprünglich aus einer anderen Sprache stammende Begriffe sind ohnehin **in die deutsche Sprache eingegangen** und werden nicht mehr als solche erkannt (zB BGH GRUR 2008, 710 Rn. 18 – VISAGE; BPatG GRUR 2011, 430 – PowerTeacher: „Power" als allgemeiner „Verstärkerhinweis"). Hier bestehen schon deshalb keine Besonderheiten gegenüber Zeichen in deutscher Sprache.

Jenseits dessen ist entscheidend, ob und wie der **angesprochene Verkehr** den (begriffli- 269 chen) Inhalt des fremdsprachlichen Zeichens versteht, wobei allein der **inländische** Verkehr relevant ist (s. EuGH GRUR 2006, 411 Rn. 24 – Matratzen Concord; BGH GRUR 2000, 502 – St. Pauli Girl; → Rn. 105). Dabei müssen weder alle Mitglieder des angesprochenen Verkehrs den fremdsprachlichen Begriff verstehen, noch genügt es, dass ihm Einzelne eine inhaltliche Bedeutung zumessen (→ Rn. 110). Jedoch zählen zu den maßgeblichen Kreisen oft neben den **Endverbrauchern** auch **Fachkreise** mit unter Umständen aufgrund ihrer Tätigkeit **erweiterten Sprachkenntnissen** oder zumindest **Fachkenntnissen,** namentlich (nach BPatG BeckRS 2011, 21840 – BOA: immer) der mit den fraglichen Waren und Dienstleistungen befasste Handel (BPatG BeckRS 2016, 08845 – Lille Smuk; BeckRS 2014, 16781 Rn. 11 – Секрет красоты; BeckRS 2014, 01342 – ТАЙГА; BeckRS 2011, 21840 – BOA; BeckRS 2008, 3299 – Chicco; BeckRS 2007, 7998 – BAGNO; → Rn. 103 und → Rn. 173).

IV.5.5. RL-Markenanmeldung. Fremdsprachige Wörter stehen grundsätzlich den entsprechenden 269.1 deutschen Ausdrücken gleich und sind nicht schutzfähig iSd § 8 Abs. 2 Nr. 2, wenn sie eine beschreibende Angabe darstellen und
- entweder von beachtlichen deutschen Verkehrskreisen ohne weiteres als solche verstanden und benötigt werden

MarkenG § 8   Teil 2 Voraussetzungen, Inhalt und Schranken etc.

    – oder für die am Import und Export bzw. am inländischen Absatz beteiligten Verkehrskreise freizuhalten sind.

270   Versteht der maßgebliche Verkehr das fremdsprachliche Zeichen nicht, misst er diesem also **keinen konkreten Begriffsinhalt** bei, ist es in der Regel unterscheidungskräftig. Seiner Eintragung als nationale Marke steht jedenfalls nicht entgegen, dass das fremdsprachliche Zeichen im Herkunftsstaat oder im sonstigen Ausland keine Unterscheidungskraft besitzt oder beschreibend ist (EuGH GRUR 2006, 411 Rn. 32 – Matratzen Concord; s. auch BPatG GRUR 1996, 408 (410) – DOTTY; Mitt. 1990, 121 – TINY; Mitt. 1989, 153 – DOTTY).

270.1   Der Kommissionsvorschlag vom 27.3.2013 (KOM(2013) 162 endg.) sah dagegen vor, dass die absoluten Schutzhindernisse der Eintragung der nationalen Marke auch dann entgegen stehen (Art. 4 Abs. 2 MRL-E; s. auch Art. 7 Abs. 2 GMV-E), wenn sie (lit. a) in anderen Mitgliedstaaten als den Mitgliedstaaten vorliegen, in denen die Marke zur Eintragung angemeldet wurde oder (lit. b) nur dadurch entstanden sind, dass eine in einer Fremdsprache ausgedrückte Marke in eine Amtssprache der Mitgliedstaaten übersetzt oder transkribiert wurde (→ Rn. 50). Entgegen derzeitiger Praxis (→ Rn. 269 f.) wären dadurch sämtliche im Ausland beschreibende oder sonst nicht unterscheidungskräftige Zeichen auch im Inland von der Eintragung (vorbehaltlich einer Verkehrsdurchsetzung) einer nationalen Marke ausgeschlossen, und zwar ungeachtet des inländischen Verkehrsverständnisses. Die Änderung hätte zwar insoweit einen Gleichlauf mit der Unionsmarke gebracht und sich möglicherweise im Hinblick auf den gemeinsamen Binnenmarkt rechtfertigen lassen; sie hätte der nationalen Marke jedoch einen durchaus bedeutenden Anwendungsbereich genommen, insbesondere die Möglichkeit der nationalen Aufrechterhaltung einer aufgrund sprachlicher Hindernisse nicht eintragungsfähigen Unionsmarke nach Art. 112 UMV (Bender MarkenR 2013, 129 (133)). Der Vorschlag wurde aufgrund starken Widerstands fallen gelassen (→ Rn. 50).

271   Demgegenüber sind für die beanspruchten Waren und Dienstleistungen beschreibende fremdsprachliche Zeichen nach § 8 Abs. 2 Nr. 2 schutzunfähig (und zugleich nicht unterscheidungskräftig), wenn der inländische Verkehr sie als **beschreibende Angabe versteht**. Das gilt auch, wenn das Zeichen im Herkunftsland keine solche oder eine andere Bedeutung hat, es sich also um eine sog. Scheinentlehnung (zB „Handy" für Mobiltelefon anstelle der zutreffenden Bedeutung von engl. für „praktisch, nützlich" etc; „flatrate" für einen Pauschaltarif, → Rn. 333.1) handelt (BGH GRUR 1999, 238 (240) – Tour de culture; Albrecht GRUR 2001, 470 (471 f.)). Der tatsächliche Bedeutungsinhalt des Zeichens im Ausland ist für die Beurteilung der Schutzfähigkeit unerheblich (BGH GRUR 1999, 238 (240) – Tour de culture).

272   Die Schutzfähigkeit fremdsprachlicher Zeichen hängt damit entscheidend von den **Sprachkenntnissen** der maßgeblichen Verkehrskreise ab (→ Rn. 277.3). Dabei ist zu berücksichtigen, dass zwar einerseits die Sprachkenntnisse, auch hinsichtlich „exotischer" Sprachen, zunehmen; indizielle Bedeutung mag insoweit der Umfang haben, den die betreffende Fremdsprache im Schulunterricht einnimmt (so für Französisch BPatG BeckRS 2012, 22904 – le Flair). Andererseits gaben 2005 mehr als 30% der Deutschen ab 14 Jahre an, über **keine** Fremdsprachenkenntnisse zu verfügen (s. Europäische Kommission: Eurobarometer Spezial 243: Die Europäer und ihre Sprachen, Februar 2006). Dies macht es schwer, allgemein gültige Aussagen hinsichtlich der vom Verkehr verstandenen Sprachen zu treffen (dazu Kurtz GRUR 2004, 32 ff.). Hier allein auf die Zugehörigkeit zu „den Welthandelssprachen" abzustellen (zB BPatG BeckRS 2011, 4425 – MULTITUBO: dies seien Englisch, Französisch, Italienisch, Portugiesisch und Spanisch), überzeugt angesichts der Unschärfe des Begriffs und der nicht unerheblichen tatsächlichen Veränderungen (zB die Verbreitung der chinesischen – namentlich Mandarin – Sprache, die neben Russisch und Arabisch zu den Amtssprachen der Vereinten Nationen zählt und als Erst- oder Zweitsprache von mehr Menschen gesprochen wird, als Spanisch und Englisch zusammen) indes ebenso wenig (BPatG BeckRS 2012, 19618 – REMEDIAN), wie der Verweis auf im Inland „bekannte" Fremdsprachen (BGH GRUR 2012, 270 Rn. 11, 14 – Link economy; GRUR 2009, 949 Rn. 27 – My World) oder „Hauptfremdsprachen" (BPatG BeckRS 2012, 22904 – le Flair: für Französisch).

273   Angesichts der weiten Verbreitung der englischen Sprache auch und gerade im täglichen Leben erscheint es allerdings naheliegend, dass beschreibende **englischsprachige Begriffe** regelmäßig als solche verstanden werden (anders zB für den Verkehr in Spanien EuG BeckRS

2012, 82036 Rn. 63 ff. – BIMBO DOUGHNUTS); für Angaben aus **anderen verbreiteten Sprachen,** wie dem Französischen, Spanischen (BPatG BeckRS 2013, 21078 – Primera) oder Italienischen, dürfte dies dagegen schon nicht mehr allgemein, sondern nur für bestimmte Begriffe gelten (ebenso Ingerl/Rohnke Rn. 87–89 mwN). Demgegenüber hat das BPatG für **Russisch** einen erheblichen Verbreitungsgrad in Deutschland angenommen (3,4 Mio. Muttersprachler und 105.000 Sprachschüler [Zahlen für 2010], zusätzlich die Bürger der ehemaligen DDR, die Russisch als erste Fremdsprache lernten), so dass „Секрет красоты" für Kosmetika von einem nicht zu vernachlässigenden Teil der angesprochenen allgemeinen Verkehrskreise als „Geheimnis der Schönheit" verstanden würde (BPatG BeckRS 2014, 16781 – Секрет красоты; in diese Richtung bereits BPatG BeckRS 2010, 01228 – Российская; BeckRS 2007, 08029 – ЖИГУЛЁВСКОЕ). Für **Dänisch** hingegen schätzt das BPatG, dass allenfalls eine niedrige sechsstellige Zahl an Personen im Inland des Grundwortschatzes mächtig sind (BPatG BeckRS 2016, 08845 – Lille Smuk).

Auch Angaben aus **„exotischeren" Sprachen** können vom inländischen Verkehr verstanden werden, selbst wenn er die Sprache nicht spricht (zB EuG GRUR Int 2008, 1040 Rn. 31 – PRANAHAUS: prana als Wort der Sanskritsprache für Leben, Lebenskraft etc; bestätigt durch EuGH GRUR 2010, 534; BPatG GRUR 2005, 675 – JIN SHIN JYUTSU: Bezeichnung einer japanischen Heilmethode; BeckRS 2009, 24779 – Zeffir: Bezeichnung eines russischen Schaumgebäckes). So können auch Wörter aus **toten Sprachen** (namentlich Latein und Alt-Griechisch) zumindest innerhalb bestimmter Fachkreise und für entsprechende Waren und Dienstleistungen beschreibend verstanden werden (zB EuG BeckRS 2010, 91465 Rn. 48, 56 – hallux: eigenschaftsbeschreibend für „Bequemschuhe") und damit, sofern es sich um die relevanten Verkehrskreise handelt, schutzunfähig sein (zu großzügig BPatG GRUR 1998, 58 – JURIS LIBRI: Freihaltebedürfnis auch für juristische Literatur verneint). **274**

Ohnehin ist stets zu prüfen, ob nicht auch inländische Fachkreise, selbst wenn diese im **275** Verhältnis zum allgemeinen Verkehr klein sind, angesprochen werden, die – beispielsweise aufgrund ihrer Im- oder Exporttätigkeit – das fremdsprachliche Zeichen inhaltlich und damit gegebenenfalls beschreibend verstehen (BPatG BeckRS 2014, 08018 – Бабушкины огурцы; BeckRS 2014, 01342 – ТАЙГА; BeckRS 2010, 01228 – Российская; BeckRS 2007, 08029 – ЖИГУЛЁВСКОЕ; BeckRS 2010, 01228 – Российская; s. auch EuG GRUR Int 2008, 1040 Rn. 35 – PRANAHAUS; bestätigt durch EuGH GRUR 2010, 534; Ströbele/Hacker/Ströbele Rn. 479, 493).

Schließlich können auch bestimmte **Kennzeichnungsgewohnheiten** das Schutzhindernis nach § 8 Abs. 2 Nr. 2, insbesondere im Hinblick auf ein zukünftiges Freihaltebedürfnis, begründen, obwohl die Bedeutung des konkreten fremdsprachlichen Begriffs im Inland (noch) nicht hinreichend präsent ist (zB BPatG BeckRS 2007, 8054 – SABBIA). **276**

Entscheidungspraxis und Literaturhinweise: **277**

– schutzfähig: **277.1**

UNITED VEHICLES (BPatG BeckRS 2016, 00110): schutzfähig für verschiedene Dienstleistungen der Kl. 35, 36, 37; zwar vom inländischen Verkehr ohne weiteres als „Vereinigte Fahrzeuge" übersetzt, jedoch mangels Vereinigungsmöglichkeit von Fahrzeugen für ihn ohne konkrete Bedeutung im Zusammenhang mit Fahrzeugen.

Lille Smuk (BPatG BeckRS 2016, 08845): schutzfähig für ua Leder und Lederimitationen sowie Waren daraus (Kl. 18), Bekleidung (Kl. 25), da von der großen Mehrzahl der angesprochenen Verkehrskreise mangels Kenntnis wenigstens des dänischen Grundwortschatzes nicht als „klein schön" oder „klein hübsch" verstanden.

Primera (BPatG BeckRS 2013, 21078): schutzfähig für verschiedene Dienstleistungen der Kl. 35, 36, 38, weil keine Anhaltspunkt, dass der angesprochene Verkehr das spanische Wort übersetzen kann, da Spanisch – anders als Englisch – nicht als Pflichtfremdsprache in Schulen angeboten und nur von einigen Schülern erlernt werde.

specs (BPatG BeckRS 2012, 11306): schutzfähig für ua Sehhilfen (Kl. 9) und Augenoptikerdienstleistungen (Kl. 44); zwar im Englischen als ugs. Abkürzung für „spectacles" – Brille nachweisbar, jedoch nicht zum englischen Grundwortschatz gehörend, der den überwiegenden Teilen der inländischen Verkehrskreise, insbesondere den Durchschnittsverbrauchern, geläufig ist.

OPTIMO (BPatG BeckRS 2011, 182): schutzfähig für Sand Zement, Kies, Beton (Kl. 19), obwohl span./port. für „bestmöglich, vortrefflich, optimal".

MarkenG § 8 Teil 2 Voraussetzungen, Inhalt und Schranken etc.

kuro (BPatG BeckRS 2011, 20042): schutzfähig für Bekleidungsstücke (Kl. 25); die Bedeutung des aus dem Japanischen stammenden Wortes „kuro" iSv „schwarz" ist weder dem deutschen Durchschnittsverbraucher noch den inländischen Fachkreisen bekannt; „kuro erscheint eher als Fantasiewort.

Terrado (BPatG BeckRS 2010, 3241): schutzfähig für Sonnenschutz (Kl. 6, 19, 22), obwohl span. für „flaches Dach".

JURIS LIBRI (BPatG GRUR 1998, 58): schutzfähig für Veröffentlichung und Herausgabe von Büchern, Zeitung und Zeitschrift; das Zeichen werde auch für juristische Literatur nicht inhaltsbeschreibend verstanden (zweifelhaft).

277.2 – **nicht schutzfähig:**

PRANAHAUS (EuG GRUR Int 2008, 1040; bestätigt durch EuGH GRUR 2010, 534): beschreibend für bespielte Bild- und Tonträger (Kl. 9), Druckereierzeugnisse (Kl. 16) und verschiedene Einzelhandelsdienstleistungen (Kl. 35), da von an der hinduistischen Lehr und an Yoga Interessierten als Wort aus der Sanskritsprache für „Leben, Lebenskraft oder Lebensenergie" verstanden.

CHEFS TROPHY (BPatG BeckRS 2014, 22200): nicht unterscheidungskräftig für Lehr- und Unterrichtsmittel und Druckereierzeugnisse (Kl. 16), Reisen (Kl. 39), Schulung, Ausbildung, Veranstaltungen, Durchführung von Seminaren (Kl. 41) und Verpflegung und Beherbergung von Gästen (Kl. 43), da „Chef" als „Küchenchef" und damit unmittelbar beschreibend oder als bloße Werbeanpreisung verstanden.

Lupanar (BPatG BeckRS 2014, 06594): span., franz., port. und rumän. für „Bordell" und deshalb nicht unterscheidungskräftig sowie beschreibend für u.a. Unternehmensverwaltung (Kl. 35), Dienstleistungen zur Verpflegung und Beherbergung von Gästen (Kl. 43) und von Dritten erbrachte persönliche und soziale Dienstleistungen betreffend individuelle Bedürfnisse (Kl. 45).

MIOD (BPatG BeckRS 2014, 09805): poln. für „Honig" (klanglich identisch der transkribierte russische Begriff), beschreibend für Kosmetika, Pharmazeutika (Kl. 3 und 5), da von den Fachkreisen (ua der Handel mit Drogeriewaren) als Sachhinweis auf Honig als Inhalts- und Wirkstoff verstanden.

TIME RELEASE (BPatG BeckRS 2014, 04235): beschreibend für Mittel zur Körper- und Schönheitspflege (Kl. 3), Parfümeriewaren, Zahnputzmittel (Kl. 3), weil jedenfalls vom Fachverkehr in der lexikalisch nachweisbaren Bedeutung „mit Depotwirkung" verstanden.

LAVANDA (BPatG BeckRS 2013, 03194): nicht unterscheidungskräftig sowie beschreibend für alkoholische Getränke (ausgenommen Biere) (Kl. 33), da span., port., ital., slowen., ferner poln. und franz. für „Lavendel" und damit das mögliche Aroma beschreibend.

VENTAS (BPatG BeckRS 2012, 19743): beschreibend für alle Waren und Dienstleistungen, mit denen Handel getrieben werden kann, da als span. für „Käufe, Verkäufe, Absatzleistung, Umsätze" dem insoweit maßgeblichen Verkehr geläufig und deshalb freihaltebedürftig.

BOA (BPatG BeckRS 2011, 21840): port. für „gut", beschreibend für verschiedene Waren der Kl. 12 (Fahrzeuge etc.), da insoweit von einem Außenhandel in relevantem Umfang auszugehen ist; nicht beschreibend hingegen für verschiedene Dienstleistungen der Kl. 37 und 39 (Bauwesen, Reparaturwesen, Veranstaltung von Reisen, Vermietung von Fahrzeugen usw.), weil sich dort Portugiesisch nicht als Fachsprache etabliert hat.

WindowTainment (BPatG BeckRS 2011, 6013; ähnlich BeckRS 2009, 866 – EduTainment): nicht unterscheidungskräftig für verschiedene Waren/Dienstleistungen der Kl. 9, 35, 42, da der Zeichenbestandteil „tainment" vom Verkehr als Hinweis auf unterhaltsame, spielerische Elemente in den verschiedensten Wortzusammensetzungen gebraucht und ohne weiteres verstanden werden.

Porco (BPatG BeckRS 2010, 16687): ital. für „Schwein", beschreibend für Futtermittel, Tiernahrung (Kl. 31).

Avanti (BPatG BeckRS 2010, 22002): nicht unterscheidungskräftig für zahlreiche Waren und Dienstleistungen, da allgemein verständliche schlichte Kaufaufforderung, wegen ital. für „vorwärts!, los!, weiter!".

Chicco (BPatG BeckRS 2008, 3299): ital. für „Bohne", beschreibend für Kaffee (Kl. 30).

SABBIA (BPatG BeckRS 2007, 8054): freihaltebedürftig für Farben und Lacke (Kl. 2) sowie Kraftfahrzeuge und deren Teile (Kl. 12), da zwar die Bedeutung „gelb" (ital.) nicht allgemein bekannt ist, das Zeichen jedoch als Farbangabe benutzt wird und außerdem die Verwendung italienischer Farbbegriffe im Automobilsektor verbreitet ist.

BAGNO (BPatG BeckRS 2007, 7998): ital. für „Bad", beschreibend für ua Bade- und Duschwannen (Kl. 11) sowie Badzubehör (Kl. 21) etc.

277.3 Diese Beispiele – etwa Primera einerseits und LAVANDA andererseits – zeigen, dass die **Entscheidungspraxis** bei fremdsprachlichen Zeichen oft **wenig vorhersehbar** ist, weil die Auffassungen über die Sprachkenntnisse des angesprochenen inländischen Verkehrs doch bisweilen recht weit auseinandergehen.

Literatur: Kurtz, Markenschutz für beschreibende Angaben in fremder Sprache, GRUR 2004, 32; 277.4
Albrecht, Fremdsprachige Wörter im Markenrecht, GRUR 2001, 470.

b) Nichtlateinische Schriftzeichen. Denselben Grundsätzen unterliegen Zeichen, die 278
aus **nichtlateinischen Schriftzeichen,** etwa dem **griechischen** oder **kyrillischen** Alphabet oder **fernöstlichen** Schriftzeichen, gebildet sind. Können die angesprochenen Verkehrskreise sie lesen und verstehen, entscheidet folglich der ihnen zugemessene Begriffsinhalt über die Schutzfähigkeit. Für entsprechende **Transliterationen** in lateinische Schriftzeichen gilt das Gleiche (EuG BeckRS 2010, 91464 Rn. 34 – CHROMA; s. auch BPatG BeckRS 2009, 29874 – Kasatzkaja).
Entscheidungspraxis: 279

Секрет красоты (BPatG BeckRS 2014, 16781): russ. für „Geheimnis der Schönheit", nicht 279.1
unterscheidungskräftig, sondern lediglich rein werbliche Anpreisung für Kosmetika (Kl. 3).
Бабушкины огурцы (BPatG BeckRS 2014, 08018): russ. für „Omas Gurken"; beschreibend für frisches und konserviertes Gemüse (Kl. 31, 29) sowie Groß- und Einzelhandelsdienstleistungen diesbezüglich (Kl. 35).
ТАЙГА (BPatG BeckRS 2014, 01342): „Taiga", beschreibend für „Schnittholz" (Kl. 19).
Российская (BPatG BeckRS 2010, 01228): „die Russische", beschreibend für Lebensmittel (Kl. 29, 30).
ЖИГУЛЁВСКОЕ (BPatG BeckRS 2007, 08029): „Shiguljowskoje", sehr verbreitete, von zahlreichen Brauereien hergestellte russische Biersorte, deshalb beschreibend für Bier.

Nichtlateinische Schriftzeichen, die der maßgebliche Verkehr nicht lesen kann, können 280
als Bildmarke schutzfähig sein. Deren Merkfähigkeit – iSd Wiedererkennbarkeit eines Zeichens aus der regelmäßig eher unsicheren Erinnerung heraus – ist für die Unterscheidungskraft solcher Zeichen unerheblich (BGH GRUR 2000, 502 (503) – St. Pauli Girl [in chinesischen Schriftzeichen]; BPatG GRUR 1997, 53 – Chinesische Schriftzeichen).

c) Jugendsprache. Beschreibend oder sachbezogen verstandene Begriffe der **Jugend-** 281
sprache sind nicht schutzfähig, wenn mit den beanspruchten Waren und Dienstleistungen (auch) Jugendliche angesprochen werden, oft aber auch, wenn die maßgeblichen Verkehrskreise (nur) Erwachsene bilden, da unter ihnen viele sind, die mit Jugendlichen und damit mit deren Sprache zu tun haben (vgl. BPatG BeckRS 2014, 20864 – Hakuna Matata).
Entscheidungspraxis: 282

Hakuna Matata (BPatG BeckRS 2014, 20864): aus Suaheli in die Jugendsprache eingegangen für 282.1
„kein Problem, alles in bester Ordnung, keine Sorgen, alles wird gut"; nicht unterscheidungskräftig für verschiedene Waren und Dienstleistungen der Kl. 35, 41, 42 und 43, da kein betrieblicher Herkunftshinweis vermittelt, sondern lediglich ein Flair erzeugt, ein gelassenes Verbraucherverhalten eingefordert oder ein problemloses Inanspruchnehmen einer Dienstleistung versprochen wird.
CoolMix [Wort-Bildmarke] (BPatG BeckRS 2010, 19782): nicht unterscheidungskräftig für verschiedene Lebensmittel, Kaffee und alkoholfreie Getränke (Kl. 29, 30, 32), da aufgrund der Bedeutung von „cool" – insbesondere in der Jugendsprache – als „(stets) die Ruhe bewahrend, keine Angst habend, nicht nervös (werdend), sich nicht aus der Fassung bringen lassend; kühl u. lässig, gelassen", aber auch „in hohem Maße gefallend, der Idealvorstellung entsprechend" verstanden und daher als Sachhinweis auf eine „sehr gute, hervorragende Mischung".
Cool (BPatG BeckRS 2009, 10798): nicht unterscheidungskräftig für die Organisation und Durchführung von Events, sportlichen Aktivitäten, Unterhaltungsveranstaltungen etc, weil in der Jugendsprache als „hervorragend" verstanden und damit anpreisend für die beanspruchten Dienstleistungen.

6. Fachsprachliche Zeichen

Fachausdrücke sind hinsichtlich ihrer Schutzfähigkeit im Grunde wie fremdsprachliche 283
Zeichen zu behandeln. Sie sind beschreibend und nicht unterscheidungskräftig, wenn zum angesprochenen Verkehrskreis Fachleute gehören, die den Fachausdruck als solchen erkennen oder ihm beschreibende Bedeutung beimessen (zB BPatG BeckRS 2011, 26695 – Venustas Immobilien; BeckRS 2012, 23318 – INTRABEAM [für Radiotherapiegeräte]; BeckRS 2012, 04512 – Meso). Im Einzelfall sind die Kenntnisse eines relativ kleinen Kreises inländischer Fachleute maßgeblich, wenn Waren oder Dienstleistungen betroffen sind, mit deren

Vertrieb, Leistung oder Inanspruchnahme nur ein begrenzter Kreis inländischer Spezialisten befasst ist (BPatG BeckRS 2011, 26695 – Venustas Immobilien).

284 **Abwandlungen** eines Fachbegriffs teilen dessen Schicksal, wenn der Verkehr sie ohne weiteres für diesen hält oder bei Kenntnis des Fachbegriffs halten würde (BGH GRUR 2005, 258 (259) – Roximycin; BPatG BeckRS 2008, 26767 – ENDERMOTHERAPIE; → Rn. 254 f.).

285 Ein dem angesprochenen Verkehr **zunächst unbekannter** (und damit mangels beschreibenden Verständnisses ggf. schutzfähiger) Fachbegriff kann durch tatsächliche Benutzung als Kennzeichnung für die beanspruchten Waren oder Dienstleistung oder aufgrund einer erläuternden Werbung beschreibenden Charakter erlangen (s. EuG BeckRS 2011, 81395 Rn. 27–29 – SCOMBER MIX, bestätigt durch EuGH BeckEuRS 2012, 687621).

286 **Entscheidungspraxis:**

286.1 **– schutzfähig:**
bionic (BPatG BeckRS 2010, 24271): schutzfähig für Mittel zur Körper- und Schönheitspflege (Kl. 3); Taschen (Kl. 18); Bekleidung (Kl. 25); die Bedeutung des Begriffs als Fachausdruck einer ingenieur- bzw. naturwissenschaftlichen Disziplin (Erkenntnisgewinn durch systematisches Erkennen von Lösungen der belebten Natur) ist nur einem kleinen Fachpublikum geläufig.

286.2 **– nicht schutzfähig:**
PRANAHAUS (EuG GRUR Int 2008, 1040; bestätigt durch EuGH GRUR 2010, 534): beschreibend für bespielte Bild- und Tonträger (Kl. 9), Druckereierzeugnisse (Kl. 16) und verschiedene Einzelhandelsdienstleistungen (Kl. 35), da von an der hinduistischen Lehr und an Yoga Interessierten als Hinweis auf „Leben, Lebenskraft oder Lebensenergie" verstanden.
Meso (BPatG BeckRS 2012, 04512): beschreibend für ua Waren- und Dienstleistungen aus dem Gesundheitsbereich (Kl. 20, 41, 44), da als Behandlungsmethode („Mesotherapie") verstanden.
Venustas Immobilien (BPatG BeckRS 2011, 26695): beschreibend für Dienstleistungen im Baubereich (Kl. 35, 37), da „venustas", lat. für „Schönheit, Anmut", zwar nicht ohne weiteres übersetzt, jedoch als eines der drei Prinzipien des römischen Architekten Vitruv zumindest von einem Teil des angesprochenen (Fach-)Verkehrs erkannt wird.
SCOMBER MIX (EuG BeckRS 2011, 81395, bestätigt durch EuGH BeckEuRS 2012, 687621): „Scomber", lat. für Makrele, wird vom Verkehr nicht zuletzt durch die von der Anmelderin verwendete Werbung „Das Wort Scomber kommt aus dem Lateinischen und bedeutet Makrele" für konservierter Fisch; Fischkonserven; Fischzubereitung (Kl. 29) beschreibend verstanden.

7. Gemeinfreie Werke als Zeichen

287 Kontrovers wird diskutiert, ob **gemeinfreie geistige Leistungen** – dh namentlich Werke iSd Urheberrechts, deren Urheberrechtsschutz infolge Zeitablaufs (§ 64 UrhG) erloschen ist – als Marke eintragbar sind. In der Praxis geht es hier zumeist um Bildmarken, die Abbildungen berühmter Gemälde zeigen (zB BPatG GRUR 1998, 1021 – Mona Lisa). Denkbar sind aber auch Wörter oder Wortfolgen aus literarischen Werken, Namen von Romanfiguren (BPatG BeckRS 2009, 17856 – Winnetou) usw und sogar Melodien (EuGH GRUR 2004, 54 – Shield Mark/Kist, zur Anmeldung der ersten neun Töne von Beethovens „Für Elise").

288 Die überwiegende Literatur geht mit Recht von der **grundsätzlichen Schutzfähigkeit** solcher Zeichen aus (Fezer Rn. 290; Ströbele/Hacker/Ströbele Rn. 259; Seifert WRP 2000, 1014 ff.; mit Bedenken Osenberg GRUR 1996, 101 (104); Wandtke/Bullinger GRUR 1997, 573 [jedoch zugleich für einen ausdrücklichen Ausschluss plädierend]; für Schutzfähigkeit auch BGH GRUR 2012, 618 Rn. 15 – Medusa [in einem obiter dictum]; die Schutzfähigkeit generell verneinend dagegen Klinkert/Schwab GRUR 1999, 1067 ff.). Es gelten die allgemeinen Schutzvoraussetzungen; die **Gemeinfreiheit** als solche stellt also **nicht per se** ein **Schutzhindernis** dar (Fezer Rn. 290; Ströbele/Hacker/Ströbele Rn. 259; Ingerl/Rohnke Rn. 275; HK-MarkenR/Fuchs-Wissemann Rn. 45; Frommeyer GRUR 2003, 919 (920); BPatG BeckRS 2009, 3591 – Pinocchio; s. auch BPatG GRUR 1998, 1021 (1023) – Mona Lisa; ferner BGH GRUR 2003, 440 (441) – Winnetous Rückkehr und GRUR 2002, 882 – Bücher für eine bessere Welt, beide zum Werktitelschutz; aA Klinkert/Schwab GRUR 1999, 1067 (1070)). Dies gilt auch, wenn sich ein gemeinfreies Werk zum Kulturgut entwickelt hat (→ Rn. 323).

Absolute Schutzhindernisse § 8 MarkenG

Das Markenrecht verfolgt **andere Schutzzwecke** als insbesondere das Urheberrecht und 289
stellt deshalb keine unzulässige Verlängerung des (abgelaufenen) urheberrechtlichen Schutzes
dar (Fezer Rn. 290). Dementsprechend sind sogar gegenwärtig bestehende Drittrechte am
Zeichen im Hinblick auf die hier interessierenden Schutzhindernisse der fehlenden Unterscheidungskraft (§ 8 Abs. 2 Nr. 1) und des beschreibenden Charakters (§ 8 Abs. 2 Nr. 2)
unerheblich; diese begründen vielmehr ein eigenes (relatives) Schutzhindernis (§ 13). Einer
nicht zu rechtfertigenden (Re-)Monopolisierung von Allgemeingut wird dadurch entgegengewirkt, dass markenrechtlicher Schutz nur in Bezug auf bestimmte, in der Anmeldung
ausdrücklich beanspruchte Waren und Dienstleistungen erworben werden kann, dieser
Schutz nur im geschäftlichen Verkehr besteht (→ § 14 Rn. 53 ff.), dort der Schranke des
§ 23 unterliegt, sich nur gegen markenfunktionsbeeinträchtigenden Gebrauch des Zeichens
richtet (→ § 14 Rn. 119 ff.) und schließlich durch einen Benutzungszwang der Marke für
die beanspruchten Waren und Dienstleistungen (§ 26) beschränkt wird.

Wörter oder **Passagen** aus ehemals urheberrechtlich geschützten Sprachwerken können 290
deshalb als Wortmarke schutzfähig sein, sofern sie für die beanspruchten Waren und Dienstleistungen unterscheidungskräftig und nicht beschreibend sind. Gerade bekannte Wortfolgen
aber wird der Verkehr oft nicht als Herkunftshinweis auffassen (zu Werbeslogans
→ Rn. 338 ff.).

Literaturhinweise: 291

Seifert, Markenschutz und urheberrechtliche Gemeinfreiheit, WRP 2000, 1014; Klinkert/Schwab, 291.1
Markenrechtlicher Raubbau an gemeinfreien Werken – ein richtungsweisendes „Machtwort" durch
den Mona Lisa-Beschluß des Bundespatentgerichts?, GRUR 1999, 1067; Osenberg, Markenschutz für
urheberrechtlich gemeinfreie Werkteile, GRUR 1996, 101.

8. Geografische Angaben

Geografische Angaben haben bei der Kennzeichnung und Vermarktung von Waren 292
(namentlich im Lebens- und Genussmittelbereich) und (in geringerem Maße) Dienstleistungen eine **erhebliche Bedeutung.** So verbindet der Verkehr mit einer solchen Angabe oft
bestimmte Eigenschaften (Zusammensetzung, Herstellungsverfahren etc), eine bestimmte
Qualität oder sonstige Merkmale oder auch (nur) bestimmte (positive) Assoziationen (EuGH
GRUR 1999, 723 Rn. 26 – Chiemsee; BPatG GRUR 2005, 677 (678) – Newcastle; GRUR
2006, 509 (510) – PORTLAND [für Fleisch etc Hinweis auf eine „typische amerikanische
Lebensgewohnheit bzw. einen Lebensstil"]; GRUR 2012, 838 – DORTMUNDER U).
Solche Angaben genießen unter Umständen durch das MarkenG (§§ 126 ff.) sowie durch
Verordnungen der EU **sonderrechtlichen Schutz.**

Daneben kommt zwar grundsätzlich auch **Schutz als Marke** in Betracht. Jedoch stellt 293
sich hier in besonderem Maße das Problem, dass im Ausgangspunkt jeder Marktteilnehmer
ein berechtigtes Interesse an der freien Nutzung solcher Angaben für seine Waren und
Dienstleistungen hat (EuGH GRUR 1999, 723 Rn. 26 – Chiemsee). Geografische Angaben
sind deshalb häufig beschreibend (→ Rn. 205 ff.) und aufgrund dessen vorbehaltlich einer
Verkehrsdurchsetzung (§ 8 Abs. 3) wegen § 8 Abs. 2 Nr. 1 und § 8 Abs. 2 Nr. 2 nicht eintragungsfähig. Ferner ist stets an das Schutzhindernis der Irreführung (§ 8 Abs. 2 Nr. 4) zu
denken, das auch durch Verkehrsdurchsetzung nicht überwunden werden kann.

9. Internetdomains

Die markenrechtliche Schutzfähigkeit einer **Internetdomain,** genauer: der sog. **Second-** 294
Level-Domain („SLD") (bei „www.beck-online.beck.de" ist das „beck"; die auf Deutschland hinweisende Endung, „de" ist die Top-Level-Domain [„TLD"]), folgt den allgemeinen
Grundsätzen, ungeachtet des Umstands, dass jede Second-Level-Domain unterhalb einer
Top-Level-Domain aus technischen Gründen nur einmal vergeben werden kann (EuG
BeckRS 2013, 80954 Rn. 29 – Unister/HABM [fluege.de]; GRUR Int 2008, 330 Rn. 44 –
DeTeMedien [suchen.de]; BPatG BeckRS 2012, 4279 – fashion.de; GRUR 2004, 336
(338) – beauty24.de). Es muss also der Domainname in Bezug auf die mit der Markenanmeldung beanspruchten Waren und Dienstleistungen unterscheidungskräftig sein und darf diese
nicht beschreiben. Aus der Inhaberschaft an der SLD lässt sich dafür nichts ableiten (EuG

MarkenG § 8   Teil 2 Voraussetzungen, Inhalt und Schranken etc.

BeckRS 2013, 80954 Rn. 29 – Unister/HABM [fluege.de]; GRUR Int 2008, 330 Rn. 44 – DeTeMedien/HABM [suchen.de]).

294.1 Die tatsächliche **Nutzung** einer Internetdomain kann darüber hinaus Schutz als Benutzungsmarke (§ 4 Nr. 2), als Unternehmenskennzeichen (§ 5 Abs. 2; BGH GRUR 2009, 685 Rn. 20 – ahd; GRUR 2005, 871 (873) – seicom; GRUR 2005, 262 – soco.de) oder als Werktitel (§ 5 Abs. 3; s. BGH GRUR 2009, 1055 – airdsl; dazu Eichelberger K&R 2009, 778 ff.) begründen (→ § 15 Rn. 86). Im Zusammenhang mit Domainnamen kommt ferner dem bürgerlich-rechtlichen Namensschutz nach § 12 BGB erhebliche Bedeutung zu.

294.2 Zur rechtserhaltenden Benutzung einer Marke durch ihre Verwendung als Domainname s. BGH GRUR 2012, 832 – ZAPPA; → § 26 Rn. 90.

294.3 Durch die **Registrierung** eines Domainnamens erlangt der Inhaber kein absolutes Recht an der Bezeichnung, sondern lediglich schuldrechtliche Ansprüche gegen die Registrierungsstelle (BVerfG GRUR 2005, 261 – ad-acta.de; BGH GRUR 2012, 417 – gewinn.de; GRUR 2009, 1055 Rn. 55 – airdsl; GRUR 2008, 1099 Rn. 21 – afilias.de). Die Registrierung kann aber bereits eine Namensrechtsverletzung (§ 12 BGB) sein (BGH GRUR 2012, 651 Rn. 19 – regierung-oberfranken.de; GRUR 2002, 622 (624) – shell.de).

295 Entscheidungspraxis und Literaturhinweise:

295.1 **fluege.de** (EuG BeckRS 2013, 80954): beschreibend für ua Tourismusdienstleistungen (Kl. 39, 43), da vom Verkehr als Domänenname verstanden, der auf die Adresse einer Internetseite im Bereich des Luftverkehrs und von Flügen hinweist.

diegesellschafter.de (EuG BeckRS 2010, 91178): nicht unterscheidungskräftig für Werbung (Kl. 35) und Veranstaltung von Event, Herausgabe von Verlags- und Druckereierzeugnisse etc. (Kl. 41), da verstanden als Hinweis auf ein Internetportal von Gesellschaftern oder für Gesellschafter.

suchen.de (EuG GRUR Int 2008, 330): nicht unterscheidungskräftig für verschiedene Waren und Dienstleistungen, weil vom Verkehr diesbezüglich verstanden entweder als Hinweis darauf, dass diese Waren und Dienstleistungen die Ausführung einer deutschsprachigen Internetrecherche ermöglichen, oder als Hinweis darauf, dass die in der Anmeldung beanspruchten Waren und Dienstleistungen durch eine deutschsprachige Internetrecherche gesucht werden können.

RadioCom (EuG GRUR Int 2008, 840): beschreibend für Dienstleistungen im Bereich Rundfunk (Kl. 35, 38, 41).

DOTKÖLN (BPatG BeckRS 2013, 11947): nicht unterscheidungskräftig für verschiedene Dienstleistungen aus dem EDV- und TK-Bereich (Kl. 35, 38, 42, 45); der angesprochene Verkehr (neben dem IT-Fachverkehr auch der „allgemeine Endverbraucher") versteht den Zeichenbestandteil „DOT" als englisch ausgesprochen „Punkt" und das Gesamtzeichen deshalb als eine (künftige) regionale TLD für die Stadt Köln und damit beschreibend iSv. Dienstleistungen im und für den Kölner Raum.

schmutz.de (BPatG BeckRS 2012, 6206): nicht unterscheidungskräftig für verschiedene Dienstleistungen im Computersektor (Kl. 35, 38, 41), da von den angesprochenen Verkehrskreisen ohne weiteres als Sachhinweis auf irgendein Internetangebot in Deutschland rund um das Thema „Schmutz", entweder unmittelbar oder im Sinne von minderwertigen oder moralisch verwerflichen geistigen Produkten, verstanden.

295.2 **Literatur:** Eichelberger, Werktitelschutz für Domainnamen, K&R 2009, 778.

10. Kollektivmarken

296 Kollektivmarken iSv § 97 unterliegen im Ausgangspunkt denselben Eintragungsvoraussetzungen wie Individualmarken (§ 97 Abs. 2). So muss auch ein als Kollektivmarke angemeldetes Zeichen **Unterscheidungskraft** iSv § 8 Abs. 2 Nr. 1 aufweisen (BGH GRUR 1996, 270 (271) – MADEIRA; BPatG BeckRS 2009, 17331 – Deutscher Honig; GRUR 1998, 148 – SAINT MORIS/St. Moritz) und darf **nicht beschreibend** iSv § 8 Abs. 2 Nr. 2 sein. Insoweit besteht lediglich die Besonderheit, dass aufgrund der ausdrücklichen Anordnung in § 99 Kollektivmarken auch aus Angaben bestehen dürfen, die im Verkehr zur Bezeichnung der **geografischen Herkunft** der Waren oder Dienstleistungen dienen können. Das diesbezügliche Schutzhindernis des § 8 Abs. 2 Nr. 2 gilt also **insoweit** nicht (BPatG BeckRS 2012, 17899 – trend check; HABM BeckRS 2006, 5767 – Grosses Gewächs, zu Art. 66 Abs. 2 S. 1 UMV). Einer übermäßigen Monopolisierung solcher Angaben wirkt § 100 entgegen (Ströbele/Hacker/Ströbele Rn. 449).

297 Ein als Kollektivmarke angemeldetes Zeichen kann aber **aus allen anderen Gründen** des § 8 Abs. 2 Nr. 2 als der geografischen Herkunft **beschreibend** bzw. **nicht unterschei-**

dungskräftig und deshalb von der Eintragung ausgeschlossen sein (BGH GRUR 1996, 270 (271) – MADEIRA; BPatG BeckRS 2012, 17899 – trend check; zu Art. 66 Abs. 2 S. 1 UMV: HABM BeckRS 2006, 5767 – Grosses Gewächs; implizit auch EuG BeckRS 2012, 82434 – GG). Schwierigkeiten bereiten insoweit geografische Angaben, die zugleich eine Art- oder Beschaffenheitsangabe für die beanspruchten Waren oder Dienstleistungen darstellen. Das BPatG hält solche Zeichen für eintragungsfähig, es sei denn, das Zeichen werde nur noch als Gattungsbezeichnung verstanden, was jedoch nur unter strengen Voraussetzungen der Fall sei (BPatG BeckRS 1996, 12419 – MADEIRA [eintragungsfähig für Dessertwein]).

Im Gegensatz zur Individualmarke ist die **Unterscheidungskraft** bei Kollektivmarken nicht auf die Individualisierungs- und Herkunftsfunktion für die beanspruchten Waren oder Dienstleistungen aus einem individuellen Unternehmen bezogen, sondern auf die Individualisierung und Unterscheidung der Waren der Mitglieder des Inhabers der Kollektivmarke nach ihrer betrieblichen oder geografischen Herkunft, ihrer Art, ihrer Qualität oder ihren sonstigen Eigenschaften von denjenigen anderer Unternehmen (BGH GRUR 1996, 270 (271) – MADEIRA; BPatG GRUR 1998, 148 – SAINT MORIS/St. Moritz). Wegen § 99 kann einem Kollektivzeichen die Unterscheidungskraft nicht mit dem Argument abgesprochen werden, es handele sich um eine beschreibende geografische Angabe (ebenso zu Art. 66 UMV Eisenführ/Schennen/Schennen GMV Art. 66 Rn. 24). 298

Entscheidungspraxis: 299

St. Moritz (BPatG GRUR 1998, 148 – SAINT MORIS/St. Moritz): nicht unterscheidungskräftig für Kleidung (Kl. 25), da vom Verkehr allein als Hinweis und Bezeichnung für eine Kollektion oder einen Modestil verstanden; ferner begegnen dem Verbraucher in der Werbung häufig Bezeichnungen von Waren mit Ortsnamen, die für ihn an sich nur allgemein die Vorstellung von Luxus und Exklusivität erweckten (unter Bezug auf BGH GRUR 1963, 482 – Hollywood Duftschaumbad). 299.1

Grosses Gewächs (HABM BeckRS 2006, 5767): nicht unterscheidungskräftig sowie beschreibend als Unionskollektivmarke (Art. 66 UMV) für alkoholische Getränke (ausgenommen Biere) (Kl. 33).

11. Namen (natürlicher Personen)

a) Grundsatz. Im Ausgangspunkt besitzen **Namen natürlicher Personen** von Haus aus **Unterscheidungskraft** (BGH GRUR 2008, 801 Rn. 13 – Hansen-Bau, zu § 5; BPatG GRUR-RR 2014, 286 – August-Macke-Haus; GRUR 2014, 79 (80) – Mark Twain; GRUR 2012, 1148 (1149) – Robert Enke; BeckRS 2009, 01895 – Rainer Werner Fassbinder). Personennamensmarken waren hierzulande ursprünglich gar der Regelfall (BPatG GRUR 2012, 1148 (1149) – Robert Enke; Onken, Die Verwechslungsgefahr bei Namensmarken, 2011, 91 f.; v. Bassewitz GRUR Int 2005, 660 f.; Kohler, Das Recht des Markenschutzes, 1884, § 5, 157: „Namen und Firma sind die natürlichen Warenbezeichnungen"). 300

Die Schutzfähigkeit von Namen ist indes nicht selbstverständlich. So gelten nach der „surname-rule" (Sec. 2 (e)(4) Lanham Act = 15 U.S.C. § 1052; Restatement (Third) of Unfair Competition § 14 (1995); Überblick bei von Bassewitz GRUR Int 2005, 660 ff.) im US-amerikanischem Markenrecht Nachnamen (nach common law auch Vornamen) in der Regel als beschreibend und im Interesse anderer Namensträger freihaltebedürftig und damit erst aufgrund durch Benutzung erlangter Unterscheidungskraft („secondary meaning") schutzfähig (Christopher Brooks v. Creative Arts By Calloway, LLC, 93 U.S.P.Q.2d 1823 (USPTO Trademark Trial and Appeal Board, 2010); zur Vereinbarkeit mit der PVÜ s. In Re Rath, 402 F.3d 1207 (Fed. Cir. 2005)). Ob ein Zeichen „primarily merely" ein Nachname ist und damit der surname rule unterfällt (zu den möglichen Kriterien s. In re Benthin Management GmbH, 37 U.S.P.Q.2d 1332, 1333 ff.), wird nicht selten anhand der Einträge im Telefonbuch ermittelt (s. zB In Re J. J. Yeley, 85 U.S.P.Q.2d 1150 (USPTO Trademark Trial and Appeal Board, 2007): 147 Einträge für den Namen „Yeley" (eines bekannten NASCAR-Rennfahrers) innerhalb der USA sei hinreichend selten). – Eine ähnliche Eintragungspraxis bestand ungeachtet des anders lautenden Trade Mark Act 1994 auch im Vereinigten Königreich; dies war, wie der EuGH (GRUR 2004, 946 – Nichols) aufgrund eines Vorabentscheidungsersuchen des High Court of Justice entschieden hat, mit der MRL nicht vereinbar. 300.1

Es gilt **kein strengerer Prüfungsmaßstab** für die Unterscheidungskraft (EuGH GRUR 2004, 946 Rn. 25 f. – Nichols [mit Beispielen für unzulässige zusätzliche Kriterien]; BPatG 301

GRUR 2014, 79 (80) – Mark Twain; GRUR 2012, 1148 (1149) – Robert Enke; GRUR 2008, 518 (520) – Karl May). Der Verkehr ist daran gewöhnt, dass Personen durch ihren Namen bezeichnet werden und sieht daher in Namen ein geradezu **klassisches Kennzeichnungsmittel** (BGH GRUR 2012, 832 Rn. 22 – ZAPPA; GRUR 2008, 801 Rn. 13 – Hansen-Bau).

301.1 Die Verwendung von Personennamen zur Bezeichnung von Waren und Dienstleistungen ist in bestimmten Branchen besonders verbreitet und dem Verkehr bewusst, nach BPatG GRUR 2008, 512 (513) – Ringelnatz, etwa für Mode, Parfümerie- und Schuhwaren (Bogner, Joop, Jil Sander, Gabor, Lloyd), Kosmetik (Estée Lauder, Lancaster, Helena Rubinstein, Dr. Hauschka), im Lebensmittelbereich (Dr. Oetker, Hipp, Müller, Knorr), für Dienstleistungen von Werbeagenturen (Jung von Matt, Schaffhausen, Fischer Appelt) und Unternehmensberatern (Arthur Andersen, Roland Berger, McKinsey), nach BPatG GRUR 2012, 1148 (1150) – Robert Enke, auch im Verlagswesen (C.H. Beck, Beltz, Fischer, Walter de Gruyter, Heymanns, Huber, Ernst Klett, W. Kohlhammer, Langenscheidt, Luchterhand, Ernst Rowohlt, Dr. Otto Schmidt, Suhrkamp, Klaus Wagenbach, Ullstein etc).

302 Unterscheidungskräftig können neben **ungebräuchlichen Namen** und **Pseudonymen** auch **Allerweltsnamen** sein (EuGH GRUR 2004, 946 Rn. 30 – Nichols; BPatG GRUR 2008, 522 (523) – Percy Stuart), denn die Namensfunktion wird nicht dadurch beeinträchtigt, dass es mehrere Träger dieses Namens gibt (BGH GRUR 2008, 801 Rn. 13 – Hansen-Bau; BPatG GRUR 2008, 522 (523) – Percy Stuart). Die Häufigkeit des Namens beeinflusst allenfalls die **Kennzeichnungskraft** und damit den **Schutzumfang** (BGH GRUR 2008, 801 Rn. 13 – Hansen-Bau [für eine geschäftliche Bezeichnung]).

303 Entscheidungspraxis und Literaturhinweise:

303.1 **– schutzfähig:**
Sir Peter Ustinov (BPatG BeckRS 2009, 937): schutzfähig für die Dienstleistungen Sammeln von Spenden, finanzielle Förderung und Sponsoring (Kl. 36); unabhängig davon, dass auch die Person Peter Ustinov mit solchen Tätigkeiten in Verbindung gebracht wird, besteht keine Verkehrsüblichkeit, solche Aktivitäten mit Namen von Personen zu benennen.
Franz Beckenbauer (BPatG BeckRS 2009, 16892): schutzfähig für Nahrungs- und Genussmittel (Kl. 29, 30), landwirtschaftliche Erzeugnisse (Kl. 31), Werbung (Kl. 35) uÄ.
Hansen-Bau (BGH GRUR 2008, 801): schutzfähig als geschäftliche Bezeichnung (§ 5 Abs. 1, 2 MarkenG) für ein Bauunternehmen.

303.2 **– nicht schutzfähig:**
Richard-Wagner-Barren (BPatG GRUR 2014, 667): nicht unterscheidungskräftig für Seifen (Kl. 3), Büroartikel (Kl. 16), Back-, Konditorei-, Schokolade- und Zuckerwaren (Kl. 30); dabei sei auch zu berücksichtigen, dass die Allgemeinheit einen Anspruch auf Teilhabe am kulturellen Leben hat, wozu auch die Möglichkeit der Beteiligung am Leben, den Werken und dem Wirken überragender Persönlichkeiten aus Kunst und Kultur gehört.

303.3 **Literatur:** v. Bassewitz, Der Name als Marke: Prototyp des Warenzeichens oder non-inherently distinctive term? – Zugleich eine Anmerkung zur US-amerikanischen Entscheidung In re Dr. Matthias Rath, GRUR Int 2005, 660; Der Mensch als Marke, 2005; Götting, Der Mensch als Marke, MarkenR 2014, 229; Götting, Persönlichkeitsmerkmale von verstorbenen Personen der Zeitgeschichte als Marke, GRUR 2001, 615; Onken, Die Verwechslungsgefahr bei Namensmarken, 2011; Sahr, Die Markenund Eintragungsfähigkeit von Persönlichkeitsmerkmalen – Zugleich Anmerkung zu BPatG „Porträtfoto Marlene Dietrich" und „GEORG-SIMON-OHM", GRUR 2008, 461.

304 Zur Eintragungsfähigkeit von Namen s. auch unter „Persönlichkeitsmerkmale als Zeichen" (→ Rn. 334 ff.).

305 **b) Namen Prominenter und historischer Persönlichkeiten.** Ob es sich um den Namen einer in der Öffentlichkeit **bekannten** und in den Medien häufig genannten – lebenden oder verstorbenen – Person handelt **oder** um den Namen einer Person, die **keine öffentliche Aufmerksamkeit** genießt, ist grundsätzlich **unerheblich** (BPatG GRUR 2014, 79 (80) – Mark Twain; GRUR 2008, 512 (513) – Ringelnatz). Weder schließt eine dem Verkehr bekannte werbliche Nutzung von Namen, insbesondere solcher **Prominenter,** deren Unterscheidungseignung schon deshalb aus (BPatG GRUR 2012, 1148 (1149) – Robert Enke; BeckRS 2009, 16892 – Franz Beckenbauer) noch steht der Unterscheidungskraft von Namen **historischer Persönlichkeiten** deren verbreitete Verwendung zur Benennung öffentlicher Einrichtungen (Bildungseinrichtungen etc, dazu BPatG GRUR 2006,

591 – GEORG-SIMON-OHM), Straßen und Plätzen grundsätzlich entgegen (BPatG GRUR 2012, 1148 (1149) – Robert Enke; GRUR-RR 2013, 460 (462) – Annette von Droste zu Hülshoff Stiftung). Es würde den Markenschutz in unbilliger Weise einschränken, wenn man Markennamen mit einem Personennamen als Bestandteil nur eine ehrende bzw. erinnernde Funktion zubilligte (BPatG GRUR-RR 2014, 286 – August-Macke-Haus; GRUR-RR 2013, 460 (462) – Annette von Droste zu Hülshoff Stiftung; GRUR-RR 2011, 260 (261) – Dürer-Hotel). Nach **aA** in der Literatur (HK-MarkenR/Fuchs-Wissemann Rn. 21; Götting MarkenR 2014, 229 (231 f.) und GRUR 2001, 615 (620); Gauß, Der Mensch als Marke, 2005, 137) sind die Namen historischer Persönlichkeiten dagegen grundsätzlich nicht schutzfähig.

Es besteht deshalb **kein allgemeines Schutzhindernis** im Interesse der Freihaltung solcher Eigennamen; entscheidend ist vielmehr auch hier, welche konkrete Bedeutung der Verkehr dem Namenszeichen im Hinblick auf die beanspruchten Waren oder Dienstleistungen entnimmt (ebenso Ingerl/Rohnke Rn. 147; Rohnke, FS 50 Jahre BPatG, 2011, 707 (716); BPatG GRUR 2014, 79 (80) – Mark Twain; GRUR-RR 2011, 260 (261) – Dürer-Hotel; GRUR-RR 2013, 460 (462) – Annette von Droste zu Hülshoff Stiftung; **aA** BPatG GRUR 2006, 591 (592) – GEORG-SIMON-OHM [mit Ausnahme von Bildungseinrichtungen]). Ein Schutzhindernis besteht deshalb nur dann, wenn das Zeichen zu den beanspruchten Waren und Dienstleistungen einen hinreichend direkten und konkreten Bezug aufweist, der es dem betreffenden Publikum ermöglicht, unmittelbar und ohne weitere Überlegung eine Beschreibung ihrer Merkmale zu erkennen (BPatG GRUR-RR 2013, 460 (462) – Annette von Droste zu Hülshoff Stiftung). 306

c) Unerheblichkeit der Berechtigung zur Namensführung. Für die **Unterscheidungskraft** (§ 8 Abs. 2 Nr. 1) ist es **unerheblich,** ob der Anmelder zur Nutzung des Namens **berechtigt** ist (BPatG GRUR 2008, 518 (521) – Karl May; GRUR 2008, 512 (516) – Ringelnatz; BPatGE 42, 275 (281) = BeckRS 2009, 24790 – Fr. Marc; Ingerl/Rohnke Rn. 147; Ströbele/Hacker/Ströbele Rn. 254). Ob ein Zeichen vom angesprochenen Verkehr als Herkunftshinweis aufgefasst wird, hängt nicht von der Berechtigung des Anmelders zur Benutzung dieses Zeichens ab (Ströbele/Hacker/Ströbele Rn. 254). 307

Der **Eintragung** regelmäßig **nicht entgegen stehen § 8 Abs. 2 Nr. 4,** da es nicht Aufgabe des Amtes ist, die Berechtigung zur Namensverwendung zu überprüfen (BPatG GRUR 2012, 1148 (1150) – Robert Enke; BPatGE 42, 275 (281) = BeckRS 2009, 24790 – Fr. Marc; → Rn. 574 ff.), **§ 8 Abs. 2 Nr. 5** (BPatG GRUR 2012, 1148 (1151) – Robert Enke; BPatGE 42, 275 (281) = BeckRS 2009, 24790 – Fr. Marc; → Rn. 614.1) sowie **§ 8 Abs. 2 Nr. 9** (BPatG GRUR 2012, 1148 (1151 f.) – Robert Enke; → Rn. 748 ff.). Auch enthalten weder MarkenG noch MRL oder UMV ein selbständiges Schutzhindernis gegen die Eintragung von Personennamen oder Persönlichkeitsmerkmalen ohne Zustimmung der Person oder ihrer Erben bzw. Angehörigen, wie dies einige ausländische Rechtsordnungen (etwa Art. 8 ital. Codice della proprietà industriale bzw. Art. 21 des früheren ital. MarkenG [abgedruckt in GRUR Int 1994, 218] und Art. 1483 Punkt 9 Unterpunkt 2 Zivilgesetzbuch der Russischen Föderation (s. Dück GRUR Int 2012, 618 (624)) bzw. Art. 7 Abs. 3 des MarkenG der Russischen Föderation aF [abgedruckt in BlPMZ 2003, 411 ff.]) unter bestimmten Voraussetzungen kennen (s. BPatG GRUR 2008, 512 (516) – Ringelnatz; für das Erfordernis eines solchen Nachweises plädierend Götting MarkenR 2014, 229 (233)). 307.1

Entgegenstehende Rechte des Namensträgers – insbesondere das Namensrecht (§ 12 BGB), einschließlich des postmortalen Namensschutzes (vgl. BGH GRUR 2007, 168 Rn. 8 – kinski-klaus.de; BPatG GRUR 2010, 1015 (1016 f.) – Schumpeter School) sowie das allgemeine Persönlichkeitsrecht – **können** aber **Bösgläubigkeit** des Anmelders iSd **§ 8 Abs. 2 Nr. 10 begründen** und damit ein bereits im Eintragungsverfahren zu berücksichtigendes Schutzhindernis begründen (BPatG GRUR 2012, 1148 (1151 f.) – Robert Enke; BPatG GRUR 2010, 1015 (1016 f.) – Schumpeter School, jeweils aber im konkreten Fall verneint; Ströbele/Hacker/Ströbele Rn. 254; ferner BPatGE 42, 275 (281) = BeckRS 2009, 24790 – Fr. Marc; BPatG BeckRS 2008, 26492 – Lady Di, zu § 50 Abs. 1 Nr. 4 aF; → Rn. 843 ff.). Ansonsten ist der Namensträger in der Regel auf die im Widerspruchs- oder Löschungsverfahren geltend zu machenden relativen Schutzhindernisse verwiesen. 307.2

d) Fälle fehlender Unterscheidungskraft. aa) Sachangabe. Einem Personennamen **fehlt** die notwendige **Unterscheidungskraft,** wenn der Verkehr darin (zumindest auch) eine im Vordergrund stehende **Sachangabe** bezüglich der beanspruchten Waren oder 308

MarkenG § 8 Teil 2 Voraussetzungen, Inhalt und Schranken etc.

Dienstleistung sieht (vgl. EuGH GRUR 2004, 946 Rn. 30 – Nichols; BPatG GRUR-RR 2014, 286 – August-Macke-Haus). Hieran ist insbesondere zu denken, wenn ein Namensträger mit der Ware oder Dienstleistung in Verbindung steht oder gebracht wird, etwa als deren Erfinder bzw. Entwickler (zB „Otto" und „Wankel" für Motoren, „Diesel" zusätzlich für Kraftstoffe, „Stresemann" für einen Gesellschaftsanzug – vgl. BPatG BeckRS 2008, 05314 – Maya Plisetskaya; „Montessori-Schule", „Röntgen-Institut" – vgl. BPatG GRUR-RR 2014, 286 (287) – August-Macke-Haus).

309 Entscheidungspraxis:

309.1 – schutzfähig:
August-Macke-Haus (BPatG GRUR-RR 2014, 286): nicht beschreibend für den thematischen Gegenstand eines Museums; zwar erwartet der Verkehr in einem „August Macke Haus" benannten Museum auch Kunstwerke von August Macke, doch werden selbst Museen durchaus nach Personen benannt, die nur mit dem Gebäude in Beziehung stehen („Lenbachhaus" und „Schack Galerie" in München), Kunstwerke gesammelt haben (Guggenheim Museum, Museum der Phantasie – auch Buchheim-Museum genannt) oder Vertreter einer Kunstrichtung sind, ohne dass dort nur ihre Werke gezeigt werden (Münter Haus, das auch Bilder von Kandinsky zeigt); insofern liegt es anders als bei den Zeichen **Deutsches Rockmuseum** (BPatG BeckRS 2009, 16806) und **Deutsches Currywurst Museum** (BPatG BeckRS 2007, 19371), die den thematischen Gegenstand eindeutig beschreiben.
Egon Erwin Kisch-Preis (BPatG GRUR 2010, 421): schutzfähig für Preisverleihungen etc (Kl. 41), da ein „Kisch-Preis" nicht zwangsläufig für journalistische Leistungen stehen muss; nicht unterscheidungskräftig aber für bespielte Datenträger und Bücher, da insoweit als Inhaltsangabe denkbar (anders inzwischen BPatG BeckRS 2012, 15412 – Adolf Loos Preis); schutzfähig dagegen für verlegerische Tätigkeiten, da nicht zu erwarten ist, dass ein Verlagshaus sich nur dem Schaffen eines Journalisten bzw. der Verleihung eines nach diesem benannten Preises widmet und sich dann auch noch nach dem Preis benennt.
Adolf Loos Preis (BPatG BeckRS 2012, 15412): schutzfähig für ua die Durchführung von Preisverleihungen etc (Kl. 41); Aufgabe der strengeren Grundsätze aus BPatG BeckRS 2009, 10799 – **Balthasar-Neumann-Preis**.
Schumpeter School (BPatG GRUR 2010, 1015): für ua Bildungsdienstleistungen (Kl. 41), denn der Name eines Wissenschaftlers ist nicht automatisch ein beschreibender Fachbegriff diesbezüglich.
GEORG-SIMON-OHM (BPatG GRUR 2006, 591): schutzfähig für ua Erziehungs- und Ausbildungsdienstleistungen im Hochschulbereich (Kl. 41), auch auf den Gebieten der Technik und Naturwissenschaft.
Maya Plisetskaya (BPatG BeckRS 2008, 05314): für Druckereierzeugnisse (Kl. 16) und Unterhaltung, sportliche und kulturelle Aktivitäten (Kl. 41), weil zwar von tanzinteressierten Kreisen als Name einer früheren berühmten Balletttänzerin erkannt, jedoch nicht als Sachbezeichnung, etwa für eine bestimmte Stilrichtung des Balletttanzes, gebräuchlich.

309.2 – nicht schutzfähig:
Mozart (EuG GRUR Int 2009, 410), **Mozartkugel** (BPatG Mitt. 1985, 119), **Mozart-Stäbchen** (BPatG Mitt. 1987, 33): nicht schutzfähig für Süßwaren, da vom Verkehr als Sachhinweis auf eine bestimmte Rezeptur verstanden, wenngleich der Komponist mit den Mozartkugeln lediglich die „Geburtsstadt" gemein hat und diese wohl zu seinem bevorstehenden 100. Todestages (1891) 1890 als „Mozartbonbon" auf den Markt gebracht wurden.
WANKEL (BPatG BeckRS 2007, 11441): für Motoren.
Max Mustermann (BPatG BeckRS 2007, 12260): für ua Dienstleistungen im Bereich Werbung, Geschäftsführung, Unternehmensverwaltung, Büroarbeiten (Kl. 35), Versicherungs- und Finanzwesen, Geldgeschäfte Immobilienwesen (Kl. 36), da es sich bekanntermaßen fiktive Person, die beispielhaft ua in Formularen, Hinweisen und Datenbanken genannt wird; aus der fehlenden lexikalischen Nachweisbarkeit folgt nichts anderes.

310 bb) Inhaltsangabe für Druckschriften etc. Den Namen einer **bekannten Person** wird der Verkehr oft nicht nur mit dieser selbst verbinden, sondern regelmäßig auch mit dem Lebenserfolg, auf dem die Bekanntheit beruht, etwa mit der schöpferischen bzw. künstlerischen Leistung bei Schriftstellern, Komponisten und Schauspielern, dem sportlichen Erfolg bei Sportlern, dem regelmäßigen medialen Auftritt eines Fernsehmoderators oder der ausgeübten Funktion bei Politikern und Würdenträgern (BPatG GRUR 2008, 512 (513) – Ringelnatz; GRUR-RR 2013, 460 (462) – Annette von Droste zu Hülshoff Stiftung; s. auch BGH GRUR 2008, 1093 Rn. 15 – Marlene-Dietrich-Bildnis; Sahr GRUR 2008, 461

(467)). Einem solchen Namen kann deshalb für **Druckschriften** und ähnliche Medien, die neben ihrem Charakter als handelbare Güter auch einen bezeichnungsfähigen gedanklichen Inhalt aufweisen oder aufweisen können, die **Unterscheidungskraft fehlen,** weil und soweit er als **Inhaltangabe** erscheint (BPatG GRUR 2008, 518 (520) – Karl May; GRUR 2008, 512 (513) – Ringelnatz; **aA** Götting MarkenR 2014, 229 (230); → Rn. 353 ff.), zum Beispiel für eine Publikation **(Biografie)** oder einen **Film** über den Namensträger oder einer **Werkschau** (Retrospektive). Stets ist aber zu berücksichtigen, dass bereits ein Mindestmaß an Unterscheidungskraft genügt (→ Rn. 98); auch ist genau zu prüfen, ob der Verkehr tatsächlich von einer konkreten Inhaltsangabe ausgeht. Nicht auf einen Sachtitel deutet deshalb das Zeichen „August-Macke-Haus" hin, weil für eine Publikation über Leben oder Werk von August Macke dessen Namen nicht „Haus" hinzugefügt worden wäre (BPatG GRUR-RR 2014, 286 (287) – August-Macke-Haus).

Entscheidungspraxis: 311

– schutzfähig: 311.1
Robert Enke (BPatG GRUR 2012, 1148 – Robert Enke): schutzfähig für ua bespielte Ton-, Bild- und Datenträger aller Art (Kl. 9) und Druckereierzeugnisse (Kl. 16), da der Verkehr von der Marke nicht auf einen konkreten Inhalt des damit gekennzeichneten Mediums schließen kann.
Fürst von Metternich (BPatG BeckRS 2011, 18991): schutzfähig (insb. keine Inhaltsangabe) für Kochbücher, Restaurantführer und Weinführer; Zeitungen (Kl. 16) sowie für Unterhaltungsdienstleistungen (Kl. 35), da die historische Person nicht mit Esskultur und kulturellen Veranstaltungen in Verbindung gebracht wird, sondern lediglich mit politischen Ereignissen.
Rainer Werner Fassbinder (BPatG BeckRS 2009, 01895 – Rainer Werner Fassbinder): schutzfähig für ua Bild- und Tonträger, Film- und Fernsehproduktion, Filmverleih und Filmvorführung.
Percy Stuart (BPatG GRUR 2008, 522): unterscheidungskräftig für mediale Produkte.

– nicht schutzfähig: 311.2
Mirabeau (BPatG GRUR 2008, 517): beschreibend für Druckereierzeugnisse im Allgemeinen, nicht aber für Versandhauskataloge.
RINGELNATZ (BPatG GRUR 2008, 512): beschreibend für Bücher, Zeitschriften uÄ, da als bloßer Hinweis auf den Autor verstanden.

Fiktive oder unbekannte Personennamen sind dagegen in der Regel auch für mediale 312 Produkte ohne weiteres unterscheidungskräftig (BPatG GRUR 2008, 522 – Percy Stuart). Anderes soll gelten, wenn sich der Name als Bezeichnung einer Romanfigur im Laufe der Zeit zum Synonym für einen bestimmten Charaktertyp (hier des edlen, rechtschaffenen Indianerhäuptlings) entwickelt hat (BGH GRUR 2003, 342 – Winnetou und BPatGE 42, 250 – Winnetou; mit Recht ablehnend Rohnke, FS 50 Jahre BPatG, 2011, 707 (714 f.)). Näher zu Namen als Werktitel → Rn. 353 ff.

Entscheidungspraxis: 313

Winnetou (BGH GRUR 2003, 342; BPatGE 42, 250): nicht unterscheidungskräftig für Druckerei- 313.1 erzeugnisse und Dienstleistungen im Medienbereich, da der Name der Romanfigur aufgrund ihrer Bekanntheit vom Verkehr als Synonym für einen bestimmten Charakter verstanden werde (zweifelhaft).

cc) Merchandising. Einem Namen fehlt jegliche Unterscheidungskraft, wenn er vom 314 Verkehr **ausschließlich als Werbemittel** im Sinne einer Sympathie- oder Werbebotschaft oder eines Imagetransfers angesehen wird (**Merchandising**). Wird er dagegen von den maßgeblichen Verkehrskreisen (zumindest auch) als Hinweis auf die betriebliche Herkunft der damit versehenen Waren und Dienstleistungen verstanden, kann seine Unterscheidungskraft nicht allein deshalb verneint werden, weil er gleichzeitig oder sogar in erster Linie als Werbemittel aufgefasst wird (BGH GRUR 2010, 825 Rn. 15 – Marlene-Dietrich-Bildnis II; GRUR 2008, 1093 Rn. 21 f. – Marlene-Dietrich-Bildnis; BPatG GRUR 2012, 1148 (1149) – Robert Enke; BeckRS 2009, 16892 – FRANZ BECKENBAUER; im Ergebnis ebenso EuGH GRUR 2010, 228 Rn. 35, 45 – Vorsprung durch Technik [zu Werbeslogans]; GRUR 2001, 1148 Rn. 40 – Bravo [zu Werbeschlagwörtern]; zu eng BPatG GRUR 2008, 512 (513 f.) – Ringelnatz). Die Verwendung eines Namens zum Zwecke des Merchandisings, des Imagetransfers, der Erzeugung eines bestimmten Flairs etc steht deshalb dessen markenrechtlicher Schutzfähigkeit nicht entgegen, solange er auch noch als Herkunftshinweis verstanden wird.

315 Darüber hinaus kann auch der Annahme einer **Lizenzbeziehung** zum Namensträger ein Herkunftshinweis zu entnehmen sein und Unterscheidungskraft des Namenszeichens begründen (Ingerl/Rohnke Rn. 147; Götting MarkenR 2014, 229 (231); vgl. BPatG BeckRS 2009, 01895 – Rainer Werner Fassbinder; kritisch Sahr GRUR 2008, 461 (463); **aA** Ströbele/Hacker/Ströbele Rn. 255).

12. Namen (sonstige) und namensähnliche Bezeichnungen als Marke

316 Neben Personennamen kommen auch sonstige Namen und namensähnliche Bezeichnungen als Marken für Waren und Dienstleistungen zur Anwendung.

317 **a) Namen von juristischen Personen und Vereinigungen des Privatrechts.** Namen oder sonstige Bezeichnungen von **juristischen Personen** und **Vereinigungen des Privatrechts** können **unterscheidungskräftig** sein, denn der Verkehr versteht ein solches Zeichen nicht stets nur als Namen, sondern unter Umständen auch als Hinweis darauf, dass die damit gekennzeichneten Waren und Dienstleistungen unter der Produktverantwortung des Namensträgers stehen und somit als betrieblichen Herkunftshinweis (BPatG GRUR-RR 2008, 4 – FC Vorwärts Frankfurt (Oder)). Zu „sprechenden Vereinsnamen" → Rn. 321 f.

318 **b) Namen von Behörden und sonstigen öffentlichen Einrichtungen.** Auch **Namen** oder sonstige Bezeichnungen von **Behörden** und sonstigen **öffentlichen Einrichtung** können **konkret unterscheidungskräftig** sein (BGH GRUR 2001, 240 (241) – SWISS ARMY). Das BPatG (GRUR 1999, 58 f. – SWISS ARMY) hatte dies insbesondere mit der Argument verneint, der Verkehr sehe Behörden nicht als Gewerbetreibende und ihren Namen nicht als Hinweis auf die betriebliche Herkunft von Waren oder Dienstleistungen an, da staatliche Stellen weder Hersteller von Waren seien noch mit ihnen – von gewissen Ausnahmen abgesehen – handelten. Dem hielt der BGH entgegen, dass Unterscheidungskraft nicht meine, dass das Zeichen einen bestimmten Hinweis auf die betriebliche Herkunft der Ware oder Dienstleistung gibt, sondern lediglich, dass es diese von Waren und Dienstleistungen anderer Unternehmen unterscheide; dies könne auch ein vom Verkehr als Bezeichnung einer staatlichen Einrichtung verstandenes Zeichen leisten.

319 Derartige Bezeichnungen sind nicht deshalb von vornherein beschreibend und freihaltebedürftig (§ 8 Abs. 2 Nr. 2), weil sie beim Verkehr **allgemeine Vorstellungen** über die Qualität, die Herstellung nach bestimmten behördlichen Vorgaben etc auslösen (BGH GRUR 2001, 240 (242) – SWISS ARMY; **aA** wiederum BPatG GRUR 1999, 58 (59) – SWISS ARMY).

320 **Entscheidungspraxis:**

320.1 **SWISS ARMY** (BGH GRUR 2001, 240): schutzfähig für „modische Armbanduhren Schweizer Ursprungs".

Stadtwerke Dachau und **Stadtwerke Augsburg** (BPatG BeckRS 2009, 29872 und BeckRS 2012, 22897): schutzfähig für ua Dienstleistungen im Bereich der Daseinsvorsorge (Energie, Wasser, Abfall, Telekommunikation, Infrastruktur etc, Kl. 37–41), da vom Verkehr als Bezeichnung eines wirtschaftlichen Betriebs einer Kommune und damit als betriebliche Herkunftsangabe aufgefasst; Verkehr ist an eine entsprechende Kennzeichenbildung gewöhnt.

321 **c) „Sprechende" Namen von Verbänden und Vereinigungen.** Namentlich bei Berufs- und Interessenverbänden und -vereinigungen finden sich der Verbandszweck und/ oder der örtliche Wirkungskreis häufig bereits im Namen wieder. Solche „**sprechende**" **Verbandsnamen** sind nach bislang ganz überwiegender Rechtsprechung idR **nicht unterscheidungskräftig** für mit dem Verbandszweck in Verbindung stehende Waren und Dienstleistungen (BPatG GRUR 2012, 69 (71) – Deutsches Institut für Menschenrecht; BeckRS 2011, 2894 – German Pain Association e.V.; BeckRS 2009, 23234 – Hausärztliche Vereinigung Deutschland; BeckRS 2007, 7698 – Deutsche Gesellschaft für Schmerztherapie e.V.) bzw. jedenfalls freihaltebedürftig (BGH GRUR 2012, 276 Rn. 16 ff. – Institut der Norddeutschen Wirtschaft e.V.; BPatG BeckRS 2010, 23078 – Institut der Norddeutschen Wirtschaft e.V.; BeckRS 2009, 23234 – Hausärztliche Vereinigung Deutschland). Lediglich einzelne Verbandsnamen wurden als schutzfähig erachtet (zB BPatG GRUR 2010, 342 – German Poker Players Association; BeckRS 2008, 25528 – Deutsche Venen-Liga e.V.). Unerheblich

ist insoweit, ob das Zeichen zur Bezeichnung des Verbandes selbst (als Unternehmenskennzeichen iSd § 5 Abs. 2 oder Name iSd § 12 BGB) unterscheidungskräftig ist (BGH GRUR 2014, 1204 Rn. 19 – DüsseldorfCongress; → Rn. 321.1).

Soweit ein Schutz als **Unternehmenskennzeichen** nach § 5 Abs. 2 in Rede steht, ist für die **321.1** Unterscheidungskraft ein großzügiger(er) Maßstab anzulegen, weil der Verkehr daran gewöhnt ist, dass diese Bezeichnungen aus einem Sachbegriff gebildet sind, der an den jeweiligen Tätigkeitsbereich angelehnt ist und der häufig mit einer geografischen Angabe kombiniert wird (BGH GRUR 2014, 1204 Rn. 18 – DüsseldorfCongress; GRUR 2012, 276 Rn. 14 – Institut der Norddeutschen Wirtschaft e.V.; GRUR 2008, 1108 Rn. 33 f. – Haus & Grund III; GRUR 2010, 1020 Rn. 17 – Verbraucherzentrale). Dieser großzügigere Maßstab des § 5 Abs. 2 und § 12 BGB gilt jedoch nicht für die markenrechtliche Beurteilung (BGH GRUR 2014, 1204 Rn. 18 – DüsseldorfCongress; GRUR 2012, 276 Rn. 16 – Institut der Norddeutschen Wirtschaft e.V.).

Dennoch ist es **nicht ausgeschlossen,** dass die in einer bestimmten Branche bestehenden **322 Kennzeichnungsgewohnheiten** das Verkehrsverständnis des Publikums in einem Maße bestimmen, dass der angesprochene Verkehr derartige Bezeichnungen auch als Produktkennzeichen ansieht und diese deshalb über originäre **Unterscheidungskraft** verfügen (BGH GRUR 2014, 1204 Rn. 19 – DüsseldorfCongress). So habe sich in bestimmten Branchen die Übung herausgebildet, Unternehmenskennzeichnungen bzw. Betriebsbezeichnungen zu verwenden, die sich aus dem Namen einer Region oder Gemeinde und einem weiteren, am Unternehmensgegenstand orientierten Begriff zusammensetzen, so dass Verbraucher daran gewöhnt seien, in dieser Form einen betrieblichen Herkunftshinweis vermittelt zu bekommen (BPatG BeckRS 2012, 22897 – Stadtwerke Augsburg; BeckRS 2011, 7794 – Nordhessenhalle; BeckRS 2009, 26921 – Bodensee-Arena; BeckRS 2009, 06058 – Halle Münsterland; BeckRS 2008, 17248 – Gut Darß). S. auch → Rn. 328.

d) Namen von Sehenswürdigkeiten, Kulturgütern, Gebäuden etc. Auch Namen **323** von **Sehenswürdigkeiten, Kulturgütern, besonderen Gebäuden** oder **Gebäudekomplexen** kommen grundsätzlich als eintragungsfähige Zeichen in Betracht. Selbst bedeutende Kulturgüter, die zum nationalen oder gar zum Weltkulturerbe zählen, sind nicht schon deshalb einer markenrechtlichen Monopolisierung und Kommerzialisierung entzogen (BGH GRUR 2012, 1044 Rn. 29 – Neuschwanstein; BPatG GRUR-RR 2013, 460 (461 f.) – Annette von Droste zu Hülshoff Stiftung; **aA** noch BPatG GRUR 2011, 922 (925) – Neuschwanstein, unter Bezug auf OLG Dresden BeckRS 2000, 30105047 – Johann Sebastian Bach; BPatG GRUR 2010, 1015 (1016) – Schumpeter School; BPatG BeckRS 2007, 19195 – Leonardo da Vinci).

Oft sind solche Zeichen freilich als geografische Herkunftsangabe für die beanspruchten **324** Waren und Dienstleistungen beschreibend und damit nach § 8 Abs. 2 Nr. 2 schutzunfähig (→ Rn. 205 ff.).

Gerade für die oft beanspruchten Waren und Dienstleistungen aus dem Bereich Reise, **325** Reiseandenken, Merchandising etc wird der Verkehr solche Zeichen ohnehin nicht als Herkunftshinweis, sondern lediglich als allgemeinen Hinweis auf die Sehenswürdigkeit etc (zB im Sinne eines Reiseziels oder des Ortes der Erbringung der Dienstleistung) auffassen, namentlich, wenn diese sehr bekannt ist (BGH GRUR 2012, 1044 Rn. 15 – Neuschwanstein).

Entscheidungspraxis und Literaturhinweise: **326**

– schutzfähig: **326.1**
telespargel event (BPatG GRUR-RR 2013, 20): schutzfähig für Veranstaltung und Organisation von Partys und Events zu Unterhaltungszwecken; Catering; Dienstleistungen zur Verpflegung und Beherbergung von Gästen.

KOUTOUBIA (BPatG BeckRS 2012, 6390): schutzfähig für Nahrungs- und Genussmittel (Kl. 29, 30, 31), da der Verkehr den Namen der größten Moschee in Marrakesch nicht als Hinweis auf die geografische Herkunft dieser Waren versteht.

Burg Eltz (BPatG BeckRS 2009, 958): schutzfähig für ua Verpflegung und Beherbergung von Gästen; aufgrund der Eigentümerstellung des Anmelders hinsichtlich der Burg sei eine beschreibende Verwendung des Zeichens vernünftigerweise in der Zukunft nicht zu erwarten (bedenklich, → Rn. 171).

MarkenG § 8   Teil 2 Voraussetzungen, Inhalt und Schranken etc.

326.2   **– nicht schutzfähig:**
        Neuschwanstein (BGH GRUR 2012, 1044): nicht unterscheidungskräftig für Reiseandenken; dagegen unter Umständen unterscheidungskräftig für pharmazeutische Produkte (Kl. 5), Finanzdienstleistungen (Kl. 36) etc, selbst wenn diese auch an Touristen vertrieben werden, da keine verbreitete Übung besteht, solche Waren und Dienstleistungen mit den Namen von Sehenswürdigkeiten zu versehen.

326.3   **Literatur:** Markfort/Albrecht, Möglichkeiten des Markenschutzes für regionale Wahrzeichen sowie deren Schutz vor Kommerzialisierung und Missbrauch, BayVBl. 2013, 686.

327   **e) Namen von Orten.** Namen von **Orten** als Zeichen oder Zeichenbestandteil etc sind in erster Linie ein Problem des § 8 Abs. 2 Nr. 2 (→ Rn. 207 ff.). Wird das Zeichen nach den dortigen Grundsätzen nicht als (beschreibende) geografische Herkunftsangabe verstanden, ist nicht selten Unterscheidungskraft (§ 8 Abs. 2 Nr. 1) und damit Schutzfähigkeit zu bejahen (vgl. BPatG BeckRS 2013, 00626 – Kimberley; BeckRS 2013, 00620 – Albufeira).

328   **f) Etablissementbezeichnungen.** Namen und sonstige Bezeichnungen eines **Etablissements** sind nach Rechtsprechung des BPatG für die **dort erbrachten Waren und Dienstleistungen unterscheidungskräftig,** wenn die Zeichen für das Etablissement selbst unterscheidungskräftig sind (BPatG BeckRS 2014, 08383 – Schloss Neubeuern; GRUR-RR 2013, 20 f. – telespargel event; BeckRS 2011, 07794 – Nordhessenhalle; BeckRS 2011, 07033 – Stadion An der Alten Försterei; BeckRS 2011, 03279 – Ruhrstadion; BeckRS 2010, 19797 – Konstanzer Konzilgespräch). Bezüglich der Unterscheidungskraft solcher Etablissementbezeichnungen habe sich in einzelnen Branchen (unter anderem bei Veranstaltungs- und Sportstätten) eine Übung herausgebildet hat, Kennzeichen zu verwenden, die sich aus dem Namen eines Ortes, einer Region oder einer sonstigen geografischen Angabe und einer Einrichtungsbezeichnung (Stadion, Arena usw) zusammensetzen, so dass das Publikum daran gewöhnt sei, darin einen betrieblichen Herkunftshinweis zu sehen (BPatG BeckRS 2014, 08383 – Schloss Neubeuern; BeckRS 2011, 07794 – Nordhessenhalle; BeckRS 2011, 7033 – Stadion An der Alten Försterei; BeckRS 2011, 3279 – Ruhrstadion; BeckRS 2010, 19797 – Konstanzer Konzilgespräch; BeckRS 2009, 6058 – Halle Münsterland; BeckRS 2009, 26921 – Bodensee-Arena). Für Dienstleistungen und Veranstaltungen, die dort nur im Einverständnis mit dem Inhaber des Hausrechts stattfinden können, seien solche Etablissementbezeichnungen auch nicht freihaltebedürftig (BPatG BeckRS 2014, 08383 – Schloss Neubeuern; GRUR-RR 2013, 20 (21) – telespargel event; BeckRS 2011, 07794 – Nordhessenhalle; BeckRS 2011, 7033 – Stadion An der Alten Försterei; BeckRS 2011, 03279 – Ruhrstadion; BeckRS 2010, 19797 – Konstanzer Konzilgespräch).

329   **Nicht unterscheidungskräftig** sollen solche Zeichen dagegen sein für **Waren,** die einen **bezeichnungsfähigen Inhalt** aufweisen können, so insbesondere für Druckereierzeugnisse (Kl. 16), denn diese könnten Berichte Dritter, die nicht Inhaber der Marke sind, über das Etablissement oder über dort stattgefundene oder für dort angekündigte Ereignisse enthalten, wofür die Zeichen dann inhaltsbeschreibend wären (BPatG BeckRS 2011, 07794 – Nordhessenhalle; BeckRS 2011, 07033 – Stadion An der Alten Försterei). Für **Dienstleistungen** im Zusammenhang mit der Herausgabe solcher Waren gälte dies hingegen nicht, weil sich Verleger, Herausgeber und Anbieter solcher im weiteren Sinn produzierenden Dienstleistungen weder nur einem bestimmten Etablissement widmeten noch sich danach benannten (BPatG BeckRS 2011, 07794 – Nordhessenhalle).

13. Neologismen

330   Markenschutz setzt – anders als das Design-/Geschmacksmusterrecht sowie das Patent- und Gebrauchsmusterrecht – **keine Neuheit** des zu schützenden Zeichens voraus (EuG GRUR 2014, 285 Rn. 32 – Margarete Steiff/HABM; s. auch EuGH GRUR 2004, 943 Rn. 40 f. – SAT.2). Umgekehrt folgt die Schutzfähigkeit aber auch nicht schon daraus, dass das Zeichen neu ist (BGH GRUR 2011, 158 Rn. 12 – Hefteinband; BPatG GRUR 2011, 430 (431) – PowerTeacher). Der lexikalische oder (zB mittels einer Internetsuchmaschine erbrachte; → Rn. 135) tatsächliche Nachweis des Bestehens bzw. dessen Fehlen sprechen daher für sich genommen **weder gegen noch für die Schutzfähigkeit** (vgl. EuGH GRUR 2004, 680 Rn. 37–39 – BIOMILD; EuG GRUR Int 2008, 151 Rn. 27 – VOM

URSPRUNG HER VOLLKOMMEN; BGH BeckRS 2012, 60 Rn. 12 – Rheinpark-Center; GRUR 2010, 640 Rn. 13 – hey!; Ströbele/Hacker/Ströbele Rn. 137, 178).

Die Prüfung der Schutzhindernisse folgt stattdessen auch bei **Wortneuschöpfungen** – 331
einerlei, ob es sich um völlig neue Begriffe oder lediglich ungewöhnliche Zusammenstellungen bekannter Elemente handelt – den **allgemeinen Grundsätzen**. Ein beschreibender Charakter der Neuschöpfung folgt deshalb nicht allein schon daraus, dass deren sämtlichen Bestandteile beschreibend sind (EuGH GRUR 2004, 674 Rn. 96 – Postkantoor; GRUR 2004, 680 Rn. 37 – BIOMILD; EuG BeckRS 2015, 80723 Rn. 15 – gel nails at home; BeckRS 2014, 80029 Rn. 16 – WorkFlowPilot; BGH GRUR 1995, 408 (409) – PROTECH). Jedoch bleibt die Zusammensetzung einer beschreibenden Angabe mit einem weiteren Bestandteil zu einer Neuschöpfung im Allgemeinen beschreibend, wenn sich nicht im Einzelfall aufgrund einer ungewöhnlichen Änderung insbesondere syntaktischer oder semantischer Art anderes ergibt (EuGH GRUR 2004, 674 Rn. 98 – Postkantoor; GRUR 2004, 680 Rn. 39 – BIOMILD; EuG BeckRS 2014, 80029 Rn. 17 – WorkFlowPilot; BGH BeckRS 2012, 60 Rn. 12 – Rheinpark-Center; näher zu Zusammensetzungen → Rn. 154, → Rn. 178).

Gleichwohl ist es nicht ausgeschlossen, der (fehlenden) Neuheit, ebenso wie der (fehlen- 332
den) besonderen Eigenart oder Originalität des Zeichens, indizielle Bedeutung bei der Beurteilung der Schutzfähigkeit – positiv wie negativ – zuzumessen (→ Rn. 342 für Werbeslogans). So kann ein beschreibender Sinngehalt eines Zeichens durch eine hinreichend fantasievolle Wortbildung so weit überlagert sein, dass ihm in seiner Gesamtheit die erforderliche Unterscheidungskraft nicht mehr abzusprechen ist (BPatG BeckRS 2014, 16915 – GASTROSMART; BeckRS 2012, 18833 – lipoweg; BeckRS 2010, 05796 – HELIOCARE; BeckRS 2007, 07710 – linguadict; BeckRS 2010, 05795 – derma fit).

Entscheidungspraxis: 333
– schutzfähig: 333.1
Schuhbiläum (BPatG BeckRS 2014, 16009): schutzfähig für ua Schuhe (Kl. 25), da zwar unschwer als verkürzte Form von „Schuhjubiläum" verstanden, herkunftshinweisend aber infolge der unüblichen und klar erkennbaren sprachlichen Komprimierung, die den angemeldeten Ausdruck zudem mit einem spielerischen, beinahe scherzhaften Unterton versieht.

smartbook (BGH GRUR 2014, 565): „smartbook" (in der Wortfolge „smartbook for smart people") schutzfähig für Computer etc, da in den maßgeblichen Jahren 2006/2007 zwar „smart" im Sinne einer „gerätetechnischen Intelligenz", „book" aber nicht als beschreibend für einen tragbaren Computer verstanden wurde. Gegenteiliges ergibt sich weder aus dem Umstand, dass „Notebook" bereits 2005 in die deutsche Sprache eingegangen sei, noch daraus, dass Notebooks mit Markennamen versehen wurden, die mit dem Bestandteil „book" gebildet waren (zB „MacBook", „iBook" und „PowerBook"), noch daraus, dass das Markenwort Bestandteile aus den Bezeichnungen der Gerätetypen „Smartphone" einerseits und „Notebook" oder „Netbook" andererseits kombiniert (keine analysierende Betrachtungsweise). Näher → Rn. 345.1.

– nicht schutzfähig: 333.2
WorkFlowPilot (EuG BeckRS 2014, 80029 Rn. 16): beschreibend für ua Computer und Computerprogramme zur Datenverarbeitung (Kl. 9), Erziehung, Ausbildung, Unterhaltung (Kl. 41), weil vom Verkehr unmittelbar als Pilot, der einen Ablauf steuert, aufgefasst, und damit beschreibend verstanden zB auch für ein Computerprogramm, das einen Strom verschiedener Daten kanalisiert oder steuert.

ApoCheck (BPatG BeckRS 2014, 03250): nicht unterscheidungskräftig für verschiedene pharmazeutische und medizinische Waren und Dienstleistungen (Kl. 5, 9, 10, 44) aufgrund des Verständnisses als Hinweis auf eine Untersuchung („Check") in bzw. an einer Apotheke oder der Apotheke selbst („Apo").

glucowatch (BPatG BeckRS 2014, 16004): beschreibend für medizinisch-technische Waren und Dienstleistungen (Kl. 9, 10, 44), weil vom Verkehr iSv „Blutzuckeruhr" bzw. „Blutzuckerwache" bzw. „Blutzuckerüberwachung" verstanden.

FLATRATE (BPatG BeckRS 2012, 21834): beschreibend für Kraftfahrzeuge und deren Teile (Kl. 12) sowie damit verbundene Finanzdienstleistungen (Kl. 36), da in den deutschen Sprachgebrauch als Bezeichnung eines Pauschaltarifs eingegangen.

14. Persönlichkeitsmerkmale als Zeichen

Persönlichkeitsmerkmalen (insbesondere **Namen** und **Bildnisse**) als Zeichen kommt 334
in der Praxis erhebliche Bedeutung zu. Für den Träger des Persönlichkeitsmerkmals geht es

MarkenG § 8 Teil 2 Voraussetzungen, Inhalt und Schranken etc.

meist um das Merchandising mit der eigenen Bekanntheit; Dritte wollen die Bekanntheit des Trägers für den eigenen Absatz nutzen.

335 Aus Persönlichkeitsmerkmalen gebildeten Zeichen **fehlt nicht** grundsätzlich **jegliche Unterscheidungskraft** (BPatG GRUR 2012, 1148 (1149) – Robert Enke; **aA** für historische Persönlichkeiten im Gegensatz zu kürzlich verstorbenen Personen der Zeitgeschichte Götting GRUR 2001, 615 (620); MarkenR 2014, 229 (232)). Entscheidend ist allein, ob sich das Zeichen nach mutmaßlicher Auffassung der maßgeblichen Verkehrskreise als betrieblicher Herkunftshinweis eignet (BGH GRUR 2010, 825 Rn. 17 ff. – Marlene-Dietrich-Bildnis II). Das liegt bei Waren und Dienstleistung ohne Bezug zum Träger des Persönlichkeitsmerkmals oft nicht fern.

336 Die **Berechtigung zur Nutzung** des Persönlichkeitsmerkmals spielt für § 8 Abs. 2 Nr. 1 und Nr. 2 **keine Rolle**; entsprechende Konflikte sind insbesondere mit § 13 zu lösen (BPatG GRUR 2012, 1148 (1149) – Robert Enke; → Rn. 307). Im Übrigen gelten die allgemeinen Grundsätzen (zur Namensmarke → Rn. 300 ff.; zur Portraitmarke → Rn. 420 ff.).

337 **Entscheidungspraxis und Literaturhinweise:**

337.1 **Robert Enke** (BPatG GRUR 2012, 1148): schutzfähig für zahlreiche Waren und Dienstleistungen, einschließlich Druckereierzeugnissen.

337.2 **Literatur:** Götting, Der Mensch als Marke, MarkenR 2014, 229; Götting, Persönlichkeitsmerkmale von verstorbenen Personen der Zeitgeschichte als Marke, GRUR 2001, 615; Boeckh, Markenschutz an Namen und Bildnissen realer Personen, GRUR 2001, 29.

15. Werbeslogans

338 **Werbeslogans** unterliegen **keinen strengeren Schutzvoraussetzungen** als sonstige Wortmarken (EuGH GRUR Int 2012, 914 Rn. 25 – WIR MACHEN DAS BESONDERE EINFACH; GRUR 2010, 228 Rn. 35 f. – Vorsprung durch Technik; BGH GRUR 2015, 173 Rn. 17 – for you; GRUR 2014, 565 Rn. 14 – smartbook; GRUR 2013, 522 Rn. 9 – Deutschlands schönste Seiten; GRUR 2010, 935 Rn. 9 – Die Vision; BPatG GRUR 2014, 293 (294) – for you; GRUR 2012, 532 – Deutschlands schönste Seiten). Sie bedürfen **keiner zusätzlichen Originalität** (BPatG GRUR 2012, 532 – Deutschlands schönste Seiten), müssen **weder „fantasievoll"** sein **noch „ein begriffliches Spannungsfeld, das einen Überraschungs- und damit Merkeffekt zur Folge ha[t]"**, aufweisen (EuGH GRUR 2004, 1027 Rn. 31 f. – DAS PRINZIP DER BEQUEMLICHKEIT [gegen HABM BK Entsch. v. 23.3.2000 – R 392/1999-3 = NJWE-WettbR 2000, 301 Ls.]; EuGH GRUR Int 2012, 914 Rn. 26 f. – Smart Technologies; ebenso BGH GRUR 2000, 321 (322) – Radio von hier; BPatG GRUR 2014, 293 (295) – for you) oder über einen **selbständig kennzeichnenden Bestandteil** verfügen (BGH GRUR 2002, 1070 (1071) – Bar jeder Vernunft; GRUR 2000, 321 (322) – Radio von hier; anders noch BPatG GRUR 1998, 57 – Nicht immer, aber immer öfter; BPatGE 39, 85 – MIT UNS KOMMEN SIE WEITER). Solche Umstände sprechen aber **indiziell für Unterscheidungskraft** (→ Rn. 99).

338.1 Unter Geltung des **WZG** waren Werbeslogans nach anfänglich großzügiger Eintragungspraxis des RPA seit Mitte der 1930 Jahre nur unter der Voraussetzung eintragungsfähig, dass sie entweder einen selbständig schutzfähigen, auf einen bestimmten Geschäftsbetrieb hinweisenden Bestandteil, etwa die Firma oder den Produktnamen, beinhalteten oder sich der Slogan für das werbende Unternehmen im Verkehr durchgesetzt hatte (näher mit Beispielen Traub GRUR 1973, 186 (187)). Werbende Anpreisungen sollten im Interesse der Allgemeinheit freigehalten werden (RPA GRUR 1935, 958 – Kleine Geräte – große Hilfen). Schutzfähig waren zB **Genießer trinken DOORNKAAT** für Spirituosen (BPatGE 5, 188), **Stets mobil mit forbil** für Arzneisalbe (BPatGE 9, 240). Überwiegend wurden Slogans indes als nicht unterscheidungskräftig angesehen (Baumbach/Hefermehl WZG § 4 Rn. 54 mit Beispielen). Diese Rechtsprechung ist seit Inkrafttreten des MarkenG überholt.

339 Wie stets ist notwendig, dass der angesprochene Verkehr den Slogan als Herkunftshinweis für die beanspruchten Waren und Dienstleistungen wahrnimmt (EuGH GRUR 2010, 228 Rn. 44 – Vorsprung durch Technik), wobei freilich ein aufgrund der Markenkategorie **abweichendes Verkehrsverständnis** gelten kann (EuGH GRUR 2010, 228 Rn. 37 – Vorsprung durch Technik; GRUR 2004, 1027 Rn. 34 – DAS PRINZIP DER BEQUEMLICHKEIT; BGH GRUR 2013, 522 Rn. 9 – Deutschlands schönste Seiten; GRUR 2010, 935 Rn. 11 – Die Vision; BPatG GRUR 2014, 293 (295) – for you; → Rn. 132).

Wird der **Werbeslogan als Herkunftshinweis wahrgenommen,** steht der Unterschei- **340** dungskraft nicht entgegen, dass er gleichzeitig oder sogar in erster Linie als Werbeslogan aufgefasst wird oder er sich von anderen Unternehmen ebenfalls zu Eigen gemacht werden könnte (EuGH GRUR 2010, 228 Rn. 44 f. – Vorsprung durch Technik; BGH GRUR 2000, 722 (723) – LOGO; strenger dagegen noch EuGH GRUR 2004, 1027 Rn. 35 – DAS PRINZIP DER BEQUEMLICHKEIT: Werbefunktion dürfe nur von offensichtlich untergeordneter Bedeutung sein; → Rn. 138). Auch **sprechende Zeichen,** die suggestive Andeutungen vermitteln, können unterscheidungskräftig sein (BPatG BeckRS 2014, 07054 – you smile we care [schutzfähig für zahnmedizinische Produkte und Dienstleistungen]; BeckRS 2012, 22501 – Aus Akten werden Fakten [schutzfähig für Computersoftware]; GRUR 2004, 333 – ZEIG DER WELT DEIN SCHÖNSTES LÄCHELN [schutzfähig unter anderem für Zahnputzmittel]).

Nach Auffassung des EuGH **schadet** schließlich auch eine im Werbeslogans mit **enthal-** **341** **tene Sachaussage nicht** grundsätzlich, denn diese sei Werbeslogans oft immanent (EuGH GRUR 2010, 228 Rn. 56 f. – Vorsprung durch Technik). Angesichts der zugleich in st. Rspr. betonten rechtlichen Gleichbehandlung aller Markenformen dürfte dies indes **nicht** dahingehend zu verstehen sein, dass damit von dem **Grundsatz,** dass bereits der beschreibende Charakter **einer möglichen Deutung** des Zeichens der Unterscheidungskraft entgegensteht (→ Rn. 149), für Werbeslogans **abgewichen** werden soll.

Ein Herkunftshinweis kann insbesondere darin liegen, dass ein Slogan nicht nur in einer **342** gewöhnlichen Werbemitteilung besteht, sondern eine **gewisse Originalität** oder **Prägnanz** aufweist, ein Mindestmaß an **Interpretationsaufwand** erfordert oder bei den angesprochenen Verkehrskreisen einen **Denkprozess** auslöst (EuGH GRUR 2010, 228 Rn. 57 – Vorsprung durch Technik). Der BGH (GRUR 2014, 565 Rn. 14 – smartbook; GRUR 2002, 1070 (1071) – Bar jeder Vernunft; GRUR 2000, 321 (322) – Radio von hier; GRUR 2000, 323 (324) – Partner with the Best) nennt als **Indizien** (nicht: notwendige Voraussetzungen) **für Unterscheidungskraft** die **Kürze,** eine gewisse **Originalität** und **Prägnanz** sowie eine **Mehrdeutigkeit** und **Interpretationsbedürftigkeit** einer Werbeaussage. Zugleich betont er stets, dass die Anforderungen an die Eigenart im Rahmen der Bewertung der Unterscheidungskraft von Wortfolgen **nicht überspannt** werden dürfen und deshalb auch einer für sich genommen eher einfachen Aussage nicht von vornherein die Eignung zur Produktidentifikation abgesprochen werden kann (BGH GRUR 2009, 949 (950) – My World; GRUR 2001, 1043 (1044 f.) – Gute Zeiten – Schlechte Zeiten; GRUR 2000, 720 (721) – Unter uns). Dies gilt auch für **fremdsprachliche Slogans,** soweit sie der inländische Verkehr entsprechend versteht (BGH GRUR 2001, 1047 (1048 f.) – LOCAL PRESENCE, GLOBAL POWER).

Nicht unterscheidungskräftig sind dagegen Werbeslogans, die **lediglich beschrei-** **343** **bende Angaben** oder **Anpreisungen** und **Werbeaussagen** allgemeiner Art darstellen (BGH GRUR 2010, 935 Rn. 9 – Die Vision; GRUR 2009, 778 Rn. 12 – Willkommen im Leben; GRUR 2002, 1070 (1071) – Bar jeder Vernunft; GRUR 2001, 735 (736) – Test it; GRUR 2000, 323 (324) – Partner with the Best; BPatG GRUR 2014, 293 (295) – for you; s. auch EuGH GRUR 2004, 1027 Rn. 35 – DAS PRINZIP DER BEQUEMLICHKEIT) oder als **gebräuchliche Wortfolge** vom Verkehr stets nur in ihrem Wortsinn und nicht als Unterscheidungsmittel verstanden werden (BPatG GRUR 2012, 532 f. – Deutschlands schönste Seiten; GRUR 2004, 333 – ZEIG DER WELT DEIN SCHÖNSTES LÄCHELN [Schutzfähigkeit hier aber bejaht]).

Nach der Rechtsprechung des BGH und des BPatG sind „**längere**" **Wortfolgen** grund- **344** sätzlich nicht unterscheidungskräftig, weil diese dem Verkehr in der Regel nicht den Eindruck eines betrieblichen Herkunftshinweises vermittelten (BGH GRUR 2015, 173 Rn. 17 – for you; GRUR 2014, 565 Rn. 14 – smartbook; GRUR 2010, 935 Rn. 11 – Die Vision; GRUR 2002, 1070 (1071) – Bar jeder Vernunft; GRUR 2000, 323 (324) – Partner with the Best). Unklar bleibt insoweit freilich, wo hier die Grenze zu ziehen ist (ebenso Ingerl/Rohnke Rn. 144). In der Tendenz trifft es aber zu, dass die Annahme eines Herkunftshinweises umso ferner liegt, je länger die Wortfolge ist.

345 Entscheidungspraxis:

345.1 – schutzfähig:

Vorsprung durch Technik (EuGH GRUR 2010, 228): für technikbezogene Waren und Dienstleistungen unterscheidungskräftig; ggf. enthaltene Sachaussage, die Herstellung und Lieferung besserer Waren und Dienstleistungen werde durch technische Überlegenheit erreicht, steht Unterscheidungskraft nicht entgegen, da eine solche Aussage, so einfach sie auch wäre, nicht als so gewöhnlich eingestuft werden könne, dass unmittelbar und ohne weitere Prüfung eine herkunftshinweisende Funktion ausgeschlossen wäre.

DAS PRINZIP DER BEQUEMLICHKEIT (EuGH GRUR 2004, 1027): schutzfähig für handbetätigte Werkzeuge, Messerschmiedewaren, Gabeln und Löffel (Kl. 8), Landfahrzeuge (Kl. 12). Wohn- und Büromöbel (Kl. 20).

smartbook for smart people (BGH GRUR 2014, 565): für Computer etc (→ Rn. 333.1).

you smile we care (BPatG BeckRS 2014, 07054): schutzfähig für zahnmedizinische Produkte und Dienstleistungen.

Es ist Deine Zeit (BPatG BeckRS 2014, 08378): schutzfähig für zahlreiche Waren und Dienstleitungen der Kl. 9, 35, 38 und 42.

V.-Apotheke – weil Lebensfreude Gesundheit braucht! (BPatG BeckRS 2014, 02924): schutzfähig für ua Waren und Dienstleistungen einer Apotheke (Kl. 5, 35, 44), da dem Bestandteil V. (im Gegensatz zu den anderen Bestandteilen) Unterscheidungskraft zukommt.

Hallo Erde (BPatG GRUR-RR 2013, 150): → Rn. 350.1.

BE WHAT YOU ARE AND EVERYTHING YOU WANT TO BE (BPatG BeckRS 2012, 21153): unterscheidungskräftig für Tabakwaren (Kl. 34), da weder beschreibend noch naheliegender sachlicher Inhalt und zudem ungewöhnliche Bildung („what" anstelle des näher liegenden „who").

VIVA LA MONEY (BPatG BeckRS 2011, 7895): schutzfähig für Finanzdienstleistungen (Kl. 36); zwar versteht der Verkehr den Inhalt („Es lebe das Geld"), dieser beschreibt aber keine konkrete Eigenschaft der beanspruchten Dienstleistung.

Wir machen morgen möglich (BPatG BeckRS 2011, 16240): schutzfähig für Waren und Dienstleistungen aus der Elektronik- und IT-Branche; der beschreibende Anklang steht nicht im Vordergrund, das Zeichen erfordert ein Mindestmaß an Interpretationsaufwand und besitzt mit der Alliteration zudem eine gewisse Originalität und Prägnanz.

ZEIG DER WELT DEIN SCHÖNSTES LÄCHELN (BPatG GRUR 2004, 333): schutzfähig auch für Zahnputzmittel (Kl. 3).

345.2 – nicht schutzfähig:

WIR MACHEN DAS BESONDERE EINFACH (EuGH GRUR Int 2012, 914): nicht unterscheidungskräftig für Waren aus dem Bereich elektronischer Bildverarbeitung (Kl. 9).

Wash & Coffee (EuG BeckRS 2014, 81182): keine Unterscheidungskraft, da „wash" die Dienstleistungen der Kl. 37, „coffee" die der Kl. 43 bezeichnet, das Zeichen deshalb die sloganartige Aussage vermittelt, dass beide Dienstleistungen zusammen angeboten werden, dh Dienstleistungen eines Waschsalons oder einer Wäscherei und Reinigung mit dem Angebot von Kaffee verbunden sind. Dabei ist unerheblich, dass dieses Dienstleistungskonzept ungewöhnlich ist.

Die Vision: EINZIGARTIGES ENGAGEMENT IN TRÜFFELPRALINEN. Der Sinn: Jeder weiß WAS wann zu tun ist und was NICHT zu tun ist. Der Nutzen: Alle tun das RICHTIGE zur richtigen Zeit (BGH GRUR 2010, 935 – Die Vision): zwar weder in Bezug auf die beanspruchten Waren und Dienstleistungen beschreibend noch lediglich gebräuchliche Wortfolge, jedoch als längere Wortfolge grundsätzlich nicht unterscheidungskräftig.

MIR REICHT'S. ICH GEH SCHAUKELN (BPatG BeckRS 2014, 18970): als „typischer ‚Fun-Spruch'" auf insb. Kleidung und Schuhen (Kl. 25) für solche Waren nicht unterscheidungskräftig.

ICH DENK AN MICH [Wort-/Bildzeichen] (BPatG BeckRS 2014, 11336 und BeckRS 2014, 11335): nicht unterscheidungskräftig für verschiedenste Waren und Dienstleistungen, da lediglich in sprachlich und konzeptionell geläufiger Weise dem Publikum ein Kaufmotiv in Erinnerung gerufen wird, das Zeichen damit als konventionelle Werbemitteilung lediglich der Verkaufsförderung dient, deren Zweck sogar deutlicher hervortritt als in anderen anerkannten Fällen einer allgemeinen Werbeaussage, etwa eines als Zuruf, Ausrufs oder einer Grußformel verständlichen Begriffs (unter Verweis auf BGH GRUR 2010, 640 Rn. 13 – hey!).

VORFAHRT VIA BUS für Hamburg [Bildzeichen] (BPatG BeckRS 2014, 04247): nicht unterscheidungskräftig für Computerprogramme etc (Kl. 9), Öffentlichkeitsarbeit (Kl. 35) und Personenbeförderung, ÖPNV etc (Kl. 39), weil „via" in dem sich aufdrängenden Zusammenhang „mittels" heißt und außerdem auf Straße/Weg, als Verkehr, anspielt.

Absolute Schutzhindernisse § 8 MarkenG

Aus Akten werden Fakten (BPatG BeckRS 2012, 22501): für Computersoftware (Kl. 9) verschiedene Dienstleistungen im Bereich der betrieblichen Organisation fehlt zwar nicht von Hause aus jegliche Unterscheidungskraft, jedoch aufgrund umfangreicher Verwendung als Werbespruch.
Du bist nicht von der Stange (BPatG BeckRS 2012, 20399): für Bekleidung etc (Kl. 25) nicht unterscheidungskräftig, sondern sachliche Aussage und Werbeanpreisung, es handele sich um etwas Besonderes, das nicht der Masse entspricht.
von jeder Bewegung profitieren (BPatG BeckRS 2012, 19745): für Therapiegeräte (Kl. 10), insbesondere Sitz- und Ruhemöbel (Kl. 20) und Turn- und Sportgeräte, Geräte für Körperübungen (Kl. 28) nicht unterscheidungskräftig, da Verkehrsverständnis, der Verwender dieser Waren profitiere gesundheitlich von jeder Bewegung, die er auf oder mit ihnen vollzieht.
Deutschlands schönste Seiten (BPatG GRUR 2012, 532): für Verlagserzeugnisse (Kl. 16) und Veröffentlichung und Herausgabe von Zeitschriften, Büchern und Zeitungen (Kl. 41) nicht unterscheidungskräftig, da Verkehr auf den ersten Blick eine allgemein verständliche Aussage erkennt, die lediglich in gebräuchlicher und werbeüblich anpreisender Art und Weise auf die schönsten Seiten Deutschlands hinweist.
Bitterfeld Wolfen – Wir haben den Bogen raus (BPatG BeckRS 2012, 11849): nicht unterscheidungskräftig für verschiedenste Waren und Dienstleistungen, da bloßer Hinweis auf den Herkunfts- und Vertriebsort bzw. den Erbringungsort der Waren bzw. Dienstleistungen sowie auf deren damit verbundene besondere Qualität.
Im richtigen Kino bist Du nie im falschen Film (BPatG BeckRS 2011, 7797): nicht unterscheidungskräftig für verschiedene Waren und Dienstleistungen der Kl. 9, 16, 35, 41, 43, da die sprachüblich aufgebaute Aussage vom angesprochenen Verkehr lediglich als anpreisende Werbeaufforderung verstanden wird.
lieblings Eis wie frisch verliebt (BPatG BeckRS 2011, 634): nicht unterscheidungskräftig (und wohl auch beschreibend) für Eis; der Bestandteil „lieblings" (abgeleitet von der Firma des Unternehmens) ist ein im deutschen Sprachgebrauch vielfach verwendetes Wortbildungselement, welches in Bildungen mit Substantiven wie zB „Lieblingsblume", „Lieblingsbuch" „Lieblingsschauspieler" ausdrückt, dass jemand oder etwas in höchster Gunst steht, den Vorzug vor allen anderen Personen oder Sachen erhält.
Welcome to man's paradise (BPatG BeckRS 2009, 5623): beschreibend für Druckereierzeugnisse, Zeitungen, Zeitschriften etc (Kl. 16) ungeachtet der Tatsache, dass es sich bei dem Begriff um ein sehr breites und vages Themengebiet handelt, mit dem die angesprochenen Verkehrskreise möglicherweise unterschiedliche Vorstellungen verbinden.
mittendrin im alter (BPatG BeckRS 2009, 761): für Druckereierzeugnisse (Kl. 16); Vermittlung von Finanzanlagen und Versicherungsverträgen, Beratung und Durchführung von Seminaren zu finanziellen Belangen (Kl. 36, 41) allgemeine Werbeaussage, nämlich dass man durch die Inanspruchnahme dieser Dienstleistungen für das Alter vorsorgt bzw. in den Druckereierzeugnissen entsprechende Informationen nachlesen kann.
Fit for Mobile-Service (BPatG BeckRS 2009, 2219): Werbeaussage allgemeiner Art für sämtliche Waren und Dienstleistungen, die bei einem mobilen Dienst eingesetzt bzw. als mobiler Dienst erbracht werden können.
CREATE (Y)OUR FUTURE! (BPatG GRUR 1999, 1088): für Marketing, Personalanwerbung, Unternehmensberatung, Ausbildung und Nachwuchsförderung etc anpreisender Werbespruch, der in typisch übertriebener Ausdrucksweise wunschgemäße Verhältnisse in der Zukunft verspricht.
Technik, die mit Sicherheit schützt (BeckRS 1998, 14607): für Türen, Tore aller Art, Rolltore auf die sicherheitstechnische Ausrüstung hinweisender und damit rein beschreibender Werbespruch.
Praxishinweis: Da DPMA und BPatG in Bezug auf die Schutzfähigkeit von Werbeslogans einer eher restriktiveren Haltung zuneigen, während sich das HABM bisweilen großzügiger zeigt, kann es sinnvoll sein, einen Werbeslogan parallel auch als Unionsmarke anzumelden (ebenso Blind GRUR-Prax 2014, 325; Löffel GRUR-Prax 2011, 115 (118)). 345.3

Werbeslogans können **urheberrechtlichen Schutz** genießen. 346

In Betracht kommt **urheberrechtlicher Schutz** als Sprachwerk iSd § 2 Abs. 1 Nr. 1 UrhG (grundlegend OLG Köln GRUR 1934, 758 – **Biegsam wie ein Frühlingsfalter bin ich im Forma-Büstenhalter**; OLG Düsseldorf DB 1964, 617 – **Ein Himmelbett als Handgepäck** [für Schlafsäcke]; näher mit zahlreichen Beispielen aus der Rechtsprechung Erdmann GRUR 1996, 550 (551 ff.); s. auch LG Mannheim GRUR-RR 2010, 462 – **Thalia verführt zum Lesen** [Urheberrechtsschutz mangels hinreichender Gestaltungshöhe verneint]). Allerdings werden sie oft nicht den notwendigen Grad der Individualität, die sog. Gestaltungshöhe erreichen, da die Rechtsprechung ungeachtet der ansonsten 346.1

weithin anerkannten „kleinen Münze" als Schutzuntergrenze recht hohe – und nicht durchweg konsistente – Anforderungen stellt (dazu Schricker/Loewenheim/Loewenheim UrhG § 2 Rn. 35 f.). Je länger, einfallsreicher, ausgefallener, Fantasie anregender, einprägsamer etc ein Slogan ist, desto eher ist aber im Einzelfall gleichwohl Urheberrechtsschutz denkbar und sollte nicht zuletzt im Hinblick auf seinen umfassenden und langen Schutz in Betracht gezogen werden.

347 Zum **lauterkeitsrechtlichen Schutz** s. Erdmann GRUR 1996, 550 (555 ff.) und Kaulmann GRUR 2008, 854 (859 ff.).

348 **Literaturhinweise:**

348.1 Stollwerck, Der rechtliche Schutz von Werbeslogans, ZUM 2015, 867; Löffel, Markenschutz für Slogans – Nicht immer, aber immer öfter?, GRUR-Prax 2011, 115; Ritzmann, Der Markenschutz von Werbeslogans, 2009; Kaulmann, Der Schutz des Werbeslogans vor Nachahmungen, GRUR 2008, 854; Kaulmann, Der Schutz des Werbeslogans vor Nachahmungen, 2006; Kothes, Der Schutz von Werbeslogans im Lichte von Urheber-, Marken- und Wettbewerbsrecht, 2006; Dallmann, Nachahmungsschutz für Werbeschlagwörter und Werbeslogans, 2005; Heermann, Rechtlicher Schutz von Slogans, WRP 2004, 263; Berlit, Der Schutz von Werbeslogans im Lichte des Markenrechts, FS Hertin, 2000, 489; Erdmann, Schutz von Werbeslogans, GRUR 1996, 550; Traub, Der Schutz von Werbeslogans im gewerblichen Rechtsschutz, GRUR 1973, 186.

16. Werbeschlagwörter, Aufforderungen, Grußformeln

349 Die vorstehenden Grundsätze gelten auch für **sonstige Werbeschlagwörter, Aufforderungen, Grußformeln** usw. Entscheidend ist für § 8 Abs. 2 Nr. 1 wie stets, dass diese vom angesprochenen Verkehr (auch) als Herkunftshinweis und nicht ausschließlich als Anpreisung, Werbeaussage oder Sachaussage allgemeiner Art aufgefasst werden (BGH GRUR 2010, 1100 Rn. 20 – TOOOR!; BeckRS 2010, 11843 Rn. 12 – hey!; GRUR 2009, 949 Rn. 27 – My World; GRUR 2001, 735 (736) – Test it.; BPatG GRUR 2014, 293 – for you). Dass mit dem Werbeschlagwort daneben oder sogar in erster Linie Waren oder Dienstleistungen angepriesen und Kaufanreize geweckt werden sollen, steht der Unterscheidungskraft entgegen früherer Rechtsprechung (BGH GRUR 1992, 514 – Ole; GRUR 2001, 725 (726) – Test it; BPatG GRUR 2002, 699 (700) – select iT) nicht per se entgegen (EuGH GRUR 2010, 228 Rn. 45 – Vorsprung durch Technik; BGH GRUR 2010, 825 Rn. 15 – Marlene-Dietrich-Bildnis II). Gleichwohl werden solche Werbeschlagwörter oft nicht als Herkunftshinweis aufgefasst (BGH GRUR 2010, 1100 Rn. 20 – TOOOR!; ferner EuG GRUR Int 2003, 834 Rn. 30 – BEST BUY; s. auch EuGH GRUR Int 2011, 255 Rn. 51 f. – BEST BUY). Insbesondere ist ein schlagwortartig anpreisendes Zeichen, dem kein unmittelbar beschreibender Inhalt zugeordnet werden kann, nicht schon deshalb unterscheidungskräftig (so aber noch BGH GRUR 2000, 722 – LOGO; GRUR 1999, 1089 (1091) – YES; GRUR 1999, 1093 (1094 f.) – FOR YOU; wie hier BPatG GRUR 2014, 293 (296) – for you; Ingerl/Rohnke Rn. 143; Ströbele/Hacker/Ströbele Rn. 236).

349.1 Oft hängt hier die Schutzfähigkeit in besonderem Maße von den beanspruchten Waren und Dienstleistungen und den für sie üblichen Kennzeichnungsgepflogenheiten ab. So ist das Wortzeichen „**My World**" **schutzfähig** für Dienstleistungen der Kl. 35, ungeachtet des Umstandes, dass „World" einer der am häufigsten verwendeten Begriffe in Werbeslogans und das Pronomen „My" iVm Sachangaben, etwa als Titel von Zeitschriften, gebräuchlich ist (BGH GRUR 2009, 949 Rn. 26 ff. – My World). Der Verkehr erkennt darin für diese Dienstleistungen eine schlagwortartige Aussage, die seine Aufmerksamkeit wecken und diese auf die so gekennzeichneten Dienstleistungen lenken und sie so von anderen Dienstleistungen unterscheiden soll. Dagegen ist „My World" **nicht schutzfähig** (nicht unterscheidungskräftig) für Druckereierzeugnisse etc (Kl. 16), da unter dieser Bezeichnung über prominente Personen in ihrem persönlichen Umfeld ebenso wie über Tiere in ihrem Lebensraum und über die Erde unter verschiedenen Aspekten, wie beispielsweise Klima, Umweltschutz, Demografie oder Wirtschaft berichtet werden könne (BGH GRUR 2009, 949 Rn. 14 ff. – My World).

349.2 Demgegenüber fehlt dem Zeichen „**hey!**" jegliche Unterscheidungskraft (BGH BeckRS 2010, 11843 – hey!; s. demgegenüber BPatG BeckRS 2012, 4039 – EY, schutzfähig, da vom Verkehr nicht als Appellinterjektion verstanden). Es werde vielfach als Grußformel verwendet und vom Verkehr deshalb nur mit diesem Bedeutungsinhalt erfasst und als Kundenansprache oder Grußformel angesehen, die die Aufmerksamkeit des Publikums auf die beanspruchten Waren und Dienstleistungen lenken soll. An derartige Aufforderungen sei der Verkehr gewöhnt und werte sie im Zusammenhang mit den angebotenen Waren und Dienstleistungen nur als Versuch, ein freundliches Klima zu schaffen, die Abnahmebereitschaft zu wecken und damit als werbliche Anpreisung und nicht als Herkunftshinweis.

Entscheidungspraxis: 350

– schutzfähig: 350.1

Herrschafts' Zeiten (BPatG BeckRS 2012, 22497): schutzfähig ua für Werbung (Kl. 35) und Unterhaltung (Kl. 41), obgleich Verkehrsverständnis als Zeitabschnitt oder bayerischer Ausruf von Unmut, Unzufriedenheit, Ärger, Unwillen oder ungeduldiger Entrüstung, jedoch kein Sachhinweis für die beanspruchten Dienstleistungen.

Hallo Erde (BPatG GRUR-RR 2013, 150): schutzfähig (Kl. 35, 39, 41), da von den angesprochenen Verkehrskreisen im Sinne einer nachdrücklichen Begrüßung des Planeten „Erde" oder der „irdischen Welt im Sinne eines von der Menschheit bewohnten Gebiets" verstanden, was mangels Konversationsmöglichkeit mit dem Adressaten des Grußes (Erde oder irdische Welt) keinen Sinn ergibt und daher ungewöhnlich wirkt.

– nicht schutzfähig: 350.2

executive edition (EuG GRUR-RR 2011, 250): für Haushaltsgeräte anpreisende Aussage oder Werbebotschaft, die dem englischsprachigen Durchschnittsverbraucher signalisiert, dass er sich einer besonderen, von der Standard-, Normal- oder Basisware unterscheidenden Ausgabe einer Ware mit bestimmten Qualitätsmerkmalen gegenübersieht.

Test it. (BGH GRUR 2001, 735): nicht unterscheidungskräftig für Raucherartikel (Kl. 34), da lediglich als Aufforderung zum Testkauf verstanden.

for you (BPatG GRUR 2014, 293): nicht unterscheidungskräftig, da eine aus allgemein geläufigen, zum Grundwortschatz der englischen Sprache gehörende Wortfolge, deren Bedeutung „für dich/für Sie/für euch" sich einem großen Teil des Verkehrs ohne weiteres erschließt, so dass sich das Zeichen in einem „anpreisend offerierenden allgemeinen Qualitätsversprechen" erschöpft. Das BPatG wendet sich ausdrücklich gegen die in „der Anfangszeit des damals neu gestalteten Markenrechts" ergangene gegenteilige Entscheidung des BGH (GRUR 1999, 1092 – FOR YOU).

GIB DIR DEN KICK (BPatG BeckRS 2012, 15401): nicht unterscheidungskräftig für Süßwaren (Kl. 30), da bloßer Kaufappell, „nämlich die Aufforderung sich die anregende oder berauschende Wirkung und damit das besondere Erlebnis, das mit der Konsumierung bzw. dem Genuss der so beworbenen Produkte verbunden ist, durch den Kauf der Produkte zu verschaffen."

For me (BPatG BeckRS 2012, 17900): nicht unterscheidungskräftig für Körperpflegemittel, da es als sprachregelgemäß gebildete Wortfolge des Grundwortschatzes vom Verkehr in der Bedeutung „für mich" und damit im Sinne eines Hinweises auf Angebote verstanden wird, die speziell an die persönlichen Bedürfnisse der Abnehmer angepasst sind.

Komm zum Punkt (BPatG BeckRS 2012, 08680): nicht unterscheidungskräftig für ua Druckereierzeugnisse, Unterrichts- und Lehrmaterial (Kl. 16), Publikation von Druckereierzeugnissen (Kl. 35), Ausbildung, Erziehung, Unterricht (Kl. 41), weil es vom angesprochenen Verkehr als bloße Aufforderung, sich kurz zu fassen bzw. das Wesentliche darzustellen, verstanden wird und damit für die beanspruchten Waren und Dienstleistungen einen Sachhinweis darstellt.

17. Werktitel

Werktitel, dh Namen oder besondere Bezeichnungen von **Druckschriften, Filmwerken, Tonwerken, Bühnenwerken** oder sonstigen **vergleichbaren Werken**, dienen primär dazu, Werke voneinander zu unterscheiden (BGH GRUR 2005, 264 (265 f.) – Das Telefon-Sparbuch). In dieser **werkunterscheidenden** Funktion bestimmt sich ihr Schutz allein nach den §§ 5, 15. 351

Sofern der Verkehr einen Werktitel (auch) als **Hinweis auf die betriebliche Herkunft** der damit gekennzeichneten Werke versteht, kommt daneben aber auch Schutz als Marke in Betracht (BGH GRUR 2010, 1100 Rn. 14 – TOOOR!; GRUR 2009, 949 Rn. 17 – My World; GRUR 2003, 342 – Winnetou; GRUR 2000, 882 – Bücher für eine bessere Welt; BPatG BeckRS 2009, 2095 – ???). Hier gelten die allgemeinen markenrechtlichen Voraussetzungen; insbesondere beurteilt sich die Unterscheidungskraft in Bezug auf die beanspruchten Waren und Dienstleistungen nicht nach den (geringeren) Anforderungen für Werktitel (→ § 5 Rn. 65), sondern nach markenrechtlichen Grundsätzen (BGH GRUR 2009, 949 Rn. 17 – My World; GRUR 2001, 1043 (1045) – Gute Zeiten – Schlechte Zeiten). 352

MarkenG § 8 Teil 2 Voraussetzungen, Inhalt und Schranken etc.

352.1 Unter Geltung des **WZG** wurde Werktiteln Kennzeichenschutz weitgehend versagt (RGSt 28, 275 – Manufakturist; RGZ 40, 19 (21) – Die Modenwelt; RGZ 44, 99 (101) – Armen-Seelen-Blatt; später bejahend zumindest für Zeitungs- und Zeitschriftentitel BGH GRUR 1974, 661 (662) – St. Pauli-Nachrichten; GRUR 1970, 141 (142) – Europharma). Insbesondere Buchtitel galten als nicht auf die Herkunft aus einem bestimmten Verlagsunternehmen, sondern auf die enthaltene Leistung des jeweiligen Autors hinweisend (BGH GRUR 1994, 191 (201) – Asterix-Persiflagen; GRUR 1958, 500 (502) – Mecki-Igel I; anders bereits Baumbach/Hefermehl WZG § 1 Rn. 61).

353 Einem Werktitel **fehlt** die notwendige markenrechtliche **Unterscheidungskraft,** wenn er vom angesprochenen Verkehr zumindest auch als **Hinweis auf den Inhalt** des damit gekennzeichneten Werkes verstanden wird (BGH GRUR 2010, 1100 Rn. 14 – TOOOR!; GRUR 2009, 949 Rn. 17 – My World). Dies liegt zB bei der Verwendung von **Namen von bekannten Personen** nahe (näher → Rn. 310). Gleiches gilt für **sachbezogene Titel,** die naheliegend und branchenüblich den Inhalt des Werkes bezeichnen können (Ingerl/Rohnke Rn. 141). Demgegenüber sind **Fantasietitel** in der Regel unterscheidungskräftig, selbst wenn sie sich auf den Inhalt des Werkes beziehen, etwa den Namen einer Figur aufgreifen (BPatG GRUR 2006, 593 – Der kleine Eisbär; s. auch BPatG BeckRS 2009, 2095 – ???; strenger, aber nicht überzeugend BGH GRUR 2003, 342 (343) – Winnetou: der Name der Romanfigur werde vom Verkehr als Synonym für einen bestimmten Charakter verstanden; dazu BPatG GRUR 2008, 522 (523) – Percy Stuart). Allein die Bekanntheit der als Werktitel genutzten Romanfigur begründet kein Freihaltebedürfnis (BPatG GRUR 2008, 522 (523) – Percy Stuart).

354 Da § 8 Abs. 2 Nr. 2 nicht nur gattungsbezeichnende Angaben („Buch"), sondern auch qualifizierende Eigenschaften, wie das Thema des Buches, umfasst, und einer Eintragung schon dann entgegensteht, wenn jedenfalls eine von mehreren möglichen Bedeutungen beschreibend ist (EuGH GRUR 2004, 146 Rn. 32 – Wrigley; BGH GRUR 2009, 952 Rn. 15 – DeutschlandCard; → Rn. 165), wäre an sich nahezu jeder aussagekräftige Werktitel als beschreibend und damit jedenfalls nach § 8 Abs. 2 Nr. 2 von der Eintragung ausgeschlossen anzusehen (BPatG GRUR 2012, 1148 – Robert Enke). Dem gleichwohl bestehenden Schutzbedürfnis ist dadurch Rechnung zu tragen, dass eine genaue Prüfung erfolgt, ob der Verkehr in dem Werktitel tatsächlich eine konkret beschreibende Angabe erblickt, dieser also **naheliegend und branchenüblich** den Inhalt beschreibt (Ströbele/Hacker/Hacker Rn. 243). Daran fehlt es beispielsweise bei offenen, unklaren Bezeichnungen, die ohne Kontext für alles stehen können (BPatG GRUR 2012, 1148 (1150) – Robert Enke, unter Bezug auf Rohnke, FS 50 Jahre BPatG, 2011, 707 (711 f.)).

355 Gegebenenfalls ist eine Beschränkung des Waren-/Dienstleistungsverzeichnisses (zB „ausgenommen Sachtitel/Biografien"; nicht aber „ausgenommen Werke zu Person X", s. BPatG GRUR 2008, 512 (515) – Ringelnatz, unter Bezug auf EuGH GRUR 2004, 674 Rn. 114 – Postkantoor) in Betracht zu ziehen (aA BPatG GRUR 2012, 1148 (1150) – Robert Enke: „unklar und zu weit gehend"), wodurch sich die Prüfung auf Schutzhindernisse auf die verbleibenden Waren und Dienstleistungen beschränkt (näher zur Beschränkung des Waren-/Dienstleistungsverzeichnisses → Rn. 116 f.).

356 **Entscheidungspraxis:**

356.1 **Gute Zeiten – Schlechte Zeiten** (BGH GRUR 2001, 1043): nicht schutzfähig für ua Tonträger, Bücher, Zeitschriften, Fernsehunterhaltung, da insoweit lediglich Hinweis auf die Darstellung der jeweiligen Personen in den Wechselfällen ihres Lebens, die in schicksalhaft-ausgleichender Folge guter und schlechter Lebensphasen wiedergegeben werden.

Willkommen im Leben (BGH GRUR 2009, 778): nicht unterscheidungskräftig für ua Bild- und Tonträger, Druckereierzeugnisse, da allgemeine Redewendung, die im Zusammenhang mit der Begrüßung von Neugeborenen und mit schwierigen Lebenssituationen zur Bezeichnung eines positiven Neubeginns verwendet wird.

357 Werktitel können **urheberrechtlichen Schutz** genießen.

357.1 Werktitel sind grundsätzlich dem **Urheberrechtsschutz** zugänglich (zB KG GRUR 1923, 20 (21) – Zum Paradies der Damen; GRUR 1929, 123 – Wien, du Stadt meiner Träume; tendenziell BGH GRUR 1990, 218 (219) – Verschenktexte), jedoch dürften oft gerade angesichts der bei Werktiteln typischen Kürze die Schutzvoraussetzungen nicht erfüllt sein (Schricker/Loewenheim/Loewenheim

Absolute Schutzhindernisse § 8 MarkenG

UrhG § 2 Rn. 69 ff.; für eine großzügigere Anwendung Berlit MarkenR 2007, 285 ff.). Die Ausführungen zu den Werbeslogans gelten entsprechend (→ Rn. 346.1).

C. Weitere Markenformen

I. Wort-/Bildmarken

1. Unterscheidungskraft

a) **Prüfungsmaßstab.** Entsprechend den allgemeinen Grundsätzen ist auch bei Wort-/ 358
Bildmarken die Unterscheidungskraft, also die Eignung, als Unterscheidungszeichen die Waren und Dienstleistungen als von einem bestimmten Unternehmen stammend zu kennzeichnen, zu prüfen (zur Maßgeblichkeit eines einheitlichen Prüfungsmaßstabs für alle Markenformen → Rn. 34). Die in diesem Zusammenhang maßgeblichen Grundsätze gelten unterschiedslos für Marken, die für Waren eingetragen werden sollen, wie für solche, deren Anmeldung für Dienstleistungen erfolgt (BGH GRUR 2014, 1204 – DüsseldorfCongress).

Da allein das **Fehlen jeglicher Unterscheidungskraft** ein Eintragungshindernis nach 359
§ 8 Abs. 2 Nr. 1 begründet, ist im Rahmen der Prüfung der Schutzfähigkeit ein **großzügiger Maßstab** anzulegen (→ Rn. 28 ff.).

Bei der Prüfung der Schutzfähigkeit von Wort-/Bildmarken sind die allgemeinen Grund- 360
sätze für zusammengesetzte Zeichen anzuwenden (→ Rn. 362 ff.; → Rn. 122 ff.; s. auch Ingerl/Rohnke Rn. 45 ff., 149).

Dies hindert in prüfungsmethodischer Hinsicht freilich nicht daran, zunächst die einzelnen 361
Bestandteile nach den für Wörter bzw. Bildzeichen geltenden Kriterien jeweils auf ihre Unterscheidungskraft hin zu beurteilen, um hierauf aufbauend die Schutzfähigkeit des Gesamtzeichens zu untersuchen.

b) **Schutzfähigkeit einzelner Bestandteile.** Aus der Maßgeblichkeit des Gesamtein- 362
drucks des in Rede stehenden Gesamtzeichens folgt, dass aus der **Schutzunfähigkeit der einzelnen Bestandteile** nicht ohne Weiteres auf die fehlende Schutzfähigkeit des Gesamtzeichens geschlossen werden kann (BGH GRUR 2011, 65 Rn. 19 – Buchstabe T mit Strich; EuGH C-37/03 P, GRUR 2006, 229 Rn. 29 – BioID; C-329/02 P, GRUR 2004, 943 Rn. 35 – Sat.2; C-363/99, GRUR 2004, 674 Rn. 96 – Postkantoor; zu Wortmarken → Rn. 122; Ströbele/Hacker/Ströbele Rn. 196). Es ist vielmehr stets zu untersuchen, ob **gerade die Kombination** als solche die Voraussetzung der Eintragungsfähigkeit erfüllt oder nicht, wobei die Beziehung zwischen Wort und Bild einer näheren Betrachtung bedarf.

Entscheidend ist dabei die **Gesamtwahrnehmung** der Marke durch die maßgeblichen 363
Verkehrskreise. Diese kann im konkreten Einzelfall dazu führen, dass das komplexe Zeichen gerade durch die Kombination seiner nicht schutzfähigen Bestandteile Unterscheidungskraft erlangt (BGH GRUR 2009 949 Rn. 13 – My World; BPatG BeckRS 2012, 11039 – foodartists; Ströbele/Hacker/Ströbele Rn. 197).

Der Kombination eines beschreibenden Wortbestandteils mit einem seinerseits ebenfalls 364
nicht schutzfähigen (beschreibenden) Bildelement wird auch in seiner **Gesamtheit** indes in der Regel die Unterscheidungskraft abzusprechen sein.

Kann bei einer zusammengesetzten Wortmarke, die aus für sich genommen schutzunfähi- 365
gen Wortelementen besteht, der Gesamteindruck der Marke durchaus über die bloße Summe seiner Bestandteile hinausreichen und aufgrund der Ungewöhnlichkeit gerade der Zusammensetzung beider Wortelemente die Schutzfähigkeit des Kombinationszeichens begründen, so wird bei Wort-/Bildmarken die Kombination eines nicht unterscheidungskräftigen Wortbestandteils mit einem nicht schutzfähigen Bildbestandteil wohl kaum zu der Annahme hinreichender Unterscheidungskraft führen.

Ist **ein Bestandteil** der Wort-/Bildmarke – gleich ob das Wort- oder Bildelement – 366
bereits für sich genommen **schutzfähig,** so ist in aller Regel auch von der Schutzfähigkeit des Gesamtzeichens auszugehen (BGH GRUR 2008, 710 Rn. 20 – VISAGE; GRUR 2001, 1153 f. – antiKALK; GRUR 1991, 136 f. – NEW MAN).

Zwar ist insbesondere bei Wortkombinationsmarken nicht ausgeschlossen, dass sich zwei 367
an sich schutzfähige Bestandteile in ihrer Zusammensetzung dergestalt neutralisieren, dass

ihnen im Einzelfall gerade in ihrer Kombination die Unterscheidungskraft fehlt (vgl. Ingerl/ Rohnke Rn. 49). Auch wenn Gleiches aufgrund des für alle Zeichenarten geltenden gleichen Prüfungsmaßstabs dem Grunde nach auch für Wort-/Bildmarken gilt, so wird es allerdings praktisch kaum vorkommen, dass ein schutzfähiger Wortbestandteil durch ein zusätzliches Bildelement seine Unterscheidungskraft verliert oder umgekehrt.

368 Ausnahmen sind theoretisch dann denkbar, wenn der schutzunfähige Bestandteil seiner Größe und Stellung nach den Gesamteindruck des Kombinationszeichens vollständig dominiert, wobei jedoch wiederum zu beachten ist, dass sich die Wahrnehmung der angesprochenen Verkehrskreise grundsätzlich auf die unterscheidungskräftigen Elemente eines Zeichens, und nicht etwa auf seine rein dekorativ oder beschreibend empfundenen Bestandteile, fokussiert.

369 Daher muss dem für sich betrachtet unterscheidungskräftigen Wortbestandteil nicht notwendigerweise eine prägende oder selbständig kennzeichnende Stellung im Sinne der zu Prüfung einer Verletzungsgefahr entwickelten Grundsätze zukommen, um die Eintragungsfähigkeit des Gesamtzeichens zu begründen. Ob dies der Fall ist oder nicht, spielt erst für die Frage seiner kollisionsbegründenden Bedeutung im Verletzungsprozess eine Rolle.

370 c) **Schutzfähigkeit aufgrund von Bildbestandteilen. aa) Unterscheidungskraft des Gesamtzeichens.** Ist das Wortelement als solches nicht unterscheidungskräftig, so kann die Schutzunfähigkeit durch die **bildliche oder grafische Ausgestaltung des Gesamtzeichens** bzw. durch weitere separate Bildelemente überwunden werden. Hierfür ist erforderlich, dass die bildliche Ausgestaltung aufgrund ihrer charakteristischen Merkmale zu einem Gesamteindruck der kombinierten Wort-/Bildmarke führt, aufgrund dessen der Verkehr in dem Gesamtzeichen einen Herkunftshinweis erblickt (EuGH C-37/03 P, GRUR 2006, 229 – BioID; BGH GRUR 2008, 710 Rn. 20 – VISAGE; GRUR 2001, 1153 f. – antiKALK; GRUR 1991, 136 f. – NEW MAN; BPatG GRUR 1997, 283 f. – TAX FREE). Um in dieser Weise schutzbegründend wirken zu können, müssen die betreffenden Bildbestandteile ein **hinreichendes Gewicht** innerhalb des Gesamtzeichens aufweisen, da sie andernfalls nicht zu einer Wahrnehmung des Kombinationszeichens durch den Verkehr als Unterscheidungszeichen führen. Hierbei finden zwar die von der Rechtsprechung für die Beurteilung der Verwechslungsgefahr mehrgliedriger Kombinationszeichen entwickelten Grundsätze über die prägende bzw. selbständig kennzeichnende Stellung einzelner Bestandteile keine unmittelbare Anwendung. Allerdings wird es an einem eigenständig schutzbegründenden „**bildlichen Überschuss**" dann fehlen, wenn die grafischen Elemente hinter dem schutzunfähigen Wortbestandteil dergestalt zurücktreten, dass ausschließlich letzterer das Gesamtzeichen prägt (BGH GRUR 2008, 710 Rn. 20 – VISAGE; GRUR 2001, 1153 (1154) – antiKALK; BPatG BeckRS 2009, 15008 – Cool-Mint; Hildebrandt § 4 Rn. 118; Ingerl/ Rohnke Rn. 149; Ströbele/Hacker/Ströbele Rn. 188). An den erforderlichen „Überschuss" sind im Rahmen der Prüfung des Gesamtzeichens **umso strengere Anforderungen** zu stellen, je deutlicher der schutzunfähige, beschreibende Charakter des Wortbestandteils selbst hervortritt (BGH GRUR 2001, 1153 – antiKALK; GRUR 2009, 954 Rn. 17 – Kinder III; BPatG BeckRS 2014, 18613 – küche; BeckRS 2015, 18874 – Kommune 2.0; BeckRS 2016, 04349 – matratzen direct).

371 Die Schutzunfähigkeit des Wortbestandteils überwinden können grundsätzlich nur solche grafischen Elemente, die ihrerseits **hinreichende charakteristische Merkmale** aufweisen, aufgrund derer der Verkehr in ihnen einen Herkunftshinweis sieht. Nicht ausreichend sind daher von vornherein einfache grafische Gestaltungen, gewöhnliche Verzierungen bzw. solche Elemente, an die sich die angesprochenen Verkehrskreise durch häufige werbemäßige Verwendung gewöhnt haben und die daher nicht als Unterscheidungsmerkmal geeignet sind (BGH GRUR 2009, 954 Rn. 16 – Kinder III; GRUR 2008, 710 Rn. 20 – VISAGE; GRUR 2001, 1153 – antiKALK; BPatG BeckRS 2013, 11971 – FASTFIX; BeckRS 2011, 23014 – RevierAdvokaten). Wäre dem Bildbestandteil als solchem der Schutz als eigenständige Marke zu versagen, so kann er grundsätzlich auch nicht innerhalb eines Kombinationszeichens die fehlende Unterscheidungskraft weiterer Wortstandteile aufwiegen (BGH GRUR 2001, 1153 – antiKALK). Weist das betreffende Zeichen hingegen nicht nur bloß dekorative oder warenbeschreibende Wirkung, sondern charakteristische Merkmale auf, in denen der Verkehr einen Hinweis auf die betriebliche Herkunft sieht, so ist die Unterscheidungskraft zu bejahen.

Absolute Schutzhindernisse § 8 MarkenG

In diesem Zusammenhang kommt nicht nur der Art des Bildbestandteils als solcher Bedeu- 372
tung zu, sondern auch **Größe, Stellung und Gewicht** innerhalb des Gesamtzeichens. Die
grafischen Elemente müssen also innerhalb des Gesamterscheinungsbildes des Kombinationszeichens im Verhältnis zu dem Wortbestandteil in einem ausreichenden Maße hervortreten,
so dass der Verkehr ihnen tatsächlich auch eine herkunftshinweisende Bedeutung beimisst.
Dabei wird man an die qualitative Bedeutung des Bildelements umso höhere Anforderungen
zu stellen haben, je deutlicher die fehlende Unterscheidungskraft, etwa bei glatt beschreibenden Wortbestandteilen, zu Tage tritt (BGH GRUR 2001, 1153 – antiKALK; BPatG BeckRS
2009, 15008 – Cool-Mint; BeckRS 2008, 21489 – Kölsch Night; kritisch Ingerl/Rohnke
Rn. 149).

bb) Schriftbildliche Ausgestaltung. Die Schutzfähigkeit an sich nicht unterschei- 373
dungskräftiger Wortbestandteile kann zunächst durch ihre schriftbildliche Ausgestaltung
begründet werden. Dabei dürfen die Anforderungen an die charakteristische Besonderheit
des Schriftbildes jedoch nicht zu niedrig angesetzt werden. Der Verkehr ist daran gewöhnt,
dass ihm Schriftzüge in der Werbung in vielfacher grafischer oder farblicher Gestaltung
entgegentreten, ohne dass er diesen einen über die dekorative bzw. aufmerksamkeitsheischende Funktion hinausgehende Unterscheidungseignung beimessen würde. Der Umstand,
dass der grafischen Ausgestaltung eines Zeichens zugleich auch die Aufgabe zukommen soll,
als **Blickfang** zu dienen, kann für sich genommen jedoch nicht die fehlende Schutzfähigkeit
begründen, da eine solche Eye-Catcher-Wirkung eine nicht unwesentliche Funktion der
Markengestaltung ist. Die Wahrnehmung darf sich allerdings nicht hierin erschöpfen.

Eine fehlende Unterscheidungskraft der Wortelemente wird daher in aller Regel nicht 374
durch **einfache grafische Gestaltungen** oder übliche **Verzierungen** des Schriftbilds aufgewogen (BGH GRUR 2014, 569 Rn. 32 – HOT; GRUR 2001, 1153 – antiKALK; BPatG
BeckRS 2009, 706 – NETPILOT; GRUR 2011, 918 (921) – Stubengasse; s. aber auch
BPatG BeckRS 2009, 436 – Quality Partner). Damit vermögen beispielsweise allein eine
farbige Schrift (grundsätzlich nur werbeübliche dekorative Funktion, vgl. BPatG BeckRS
2009, 161 – Paragraphenzeichen; BeckRS 2010, 1500 – Linuxwerkstatt, s. aber zu Ausnahmen BPatG GRUR 1997, 283 – TAX FREE), **werbeübliche Schrifttypen** (BGH GRUR
2008, 710 Rn. 20 – VISAGE; BPatG GRUR-RR 2009, 426 – Yoghurt-Gums; GRUR
1998, 401 ff. – Jean's etc; BeckRS 2009, 2056 – art), **Binnengroß- oder Kleinschreibung**
(BPatG GRUR 2007, 58 f. – BuchPartner; BPatG BeckRS 2009, 442 – YOUNG FAMiLY;
BeckRS 2009, 3518 – MatrixView), **Kleinschreibung des ersten Buchstabens** bei Substantiven (BPatG BeckRS 2016, 04349 – matrazen direct) oder durchgängige Kleinschreibung; **Fettdruck oder Unterstreichungen** (BPatG BeckRS 2015, 10473 – scheiss drauf;
BeckRS 2015, 10472 – rauchfreispritze) **unterschiedliche Farbgebung** einzelner Buchstaben oder Wortteile (BPatG GRUR 2007, 324 – Kinder III, bestätigt durch BGH GRUR
2009, 954; BPatG BeckRS 2011, 21222 – YOUNGStyle), die Verwendung einer wie **Handschrift** wirkenden Schrifttype (BGH GRUR 2014, 872 – Gute Laune Drops; BPatG
BeckRS 2009, 23894 – Bollywood macht glücklich; BeckRS 2012, 13199 – Design&More;
spiegelbildliche **Umkehrung** einzelner Buchstaben, die Verwendung **unterschiedlicher
Schrifttypen** nebeneinander (BPatG GRUR 1996, 410 (411) – Color Collection; BeckRS
2013, 14165 – my WORLD OF HEARING; BeckRS 2013, 9897 – BriefLOGISTIK
OBERFRANKEN; BeckRS 2015, 10472 – rauchfreispritze; s. aber auch BeckRS 2014,
18619 – my Stadtwerk), **Buchstabenwiederholungen** (EuG T-147/06, GRUR Int 2009,
516 Rn. 18–21 – FRESHHH; BGH GRUR 2010, 1100 Rn. 17 – TOOOR), das **Zusammenschreiben** von Worten oder **Getrenntschreibung** innerhalb eines Wortes (BPatG
BeckRS 2016, 07476 – DERBÜROEINRICHTER; BeckRS 2012, 16514 – DieJugendherbergen; GRUR-RR 2010, 9 (11) – saugauf; vgl. BPatG BeckRS 2009, 15005 – edel
weiss, wo die Getrenntschreibung nach Auffassung des Gerichts den beschreibenden Charakter des Wortbestandteils sogar noch unterstreicht) für sich genommen die Schutzfähigkeit
häufig noch nicht zu begründen. Zu fordern ist vielmehr ein prägnantes, charakteristisches
und eigenartiges Schriftbild, welches sich aus der Masse üblicher werbemäßiger Gestaltungen
abhebt und insoweit tatsächlich die Eignung, die betriebliche Herkunft der beanspruchten
Waren und Dienstleistungen zu kennzeichnen, mit sich bringt (vgl. BGH GRUR 1991,
136 f. – NEW MAN; GRUR 1983, 243 f. – Beka Robusta; BeckRS 1983, 31066806 –

MarkenG § 8 Teil 2 Voraussetzungen, Inhalt und Schranken etc.

MSI; sehr großzügig BPatG BeckRS 2014, 18619 – my Stadtwerk). Hierzu können die vorgenannten Gestaltungsmerkmale selbstverständlich innerhalb der Gesamtwirkung der Marke ihren Teil beitragen, auch wenn sie für sich genommen noch nicht schutzbegründend wirken würden. Führen sie in ihrer Kombination mit weiteren Elementen zu einem hinreichend charakteristischen Gesamtbild der Marke, so ist die Unterscheidungskraft zu bejahen.

374.1 **Entscheidungspraxis:**
374.2 **Unterscheidungskraft verneint:**
EuGH C-92/10, GRUR Int 2011, 255 – BEST BUY: Die Wortfolge „BEST BUY" wird primär als Werbeslogan im Sinne eines Hinweises auf das günstige Verhältnis zwischen Qualität und Preis und nicht als Herkunftshinweis aufgefasst. Hieran ändert auch ein einfacher schwarzer Rahmen sowie die grafische Ausgestaltung nichts, bei der sich die beiden untereinander angeordneten Bestandteile „Best" und Buy" ein großes „B" als Anfangsbuchstaben teilen;

BGH GRUR 2009, 954 – Kinder III: Die grafische Ausgestaltung des beschreibenden Bestandteils „Kinder" (der Eingangsbuchstabe K in schwarzer und der weitere Wortbestandteil in roter Farbe in gängiger Schrifttype) führt nicht zur Schutzfähigkeit;

BGH GRUR 2008, 710 – VISAGE: Rein beschreibende Bedeutung des Wortelements für Mittel zur Körper- und Schönheitspflege wird nicht durch schlichte rechteckige blaue Unterlegung des in normalen weißen Großbuchstaben wiedergegebenen Wortbestandteils ausgeglichen;

BGH GRUR 2001, 1153 – AntiKALK: Schreibweise in Groß- und Kleinbuchstaben sowie Trennung der beiden Bestandteile „Anti" und „KALK" führt als gängige, werbeübliche grafische Ausgestaltung nicht zur Schutzfähigkeit;

BPatG BeckRS 2016, 11045 – Trauminsel Reisen: Grafische Gestaltung des Buchstabens „i" in dem Wort „Trauminsel" in Form einer Palme ist nicht geeignet, von der beschreibenden Bedeutung des Wortzeichens „Trauminsel Reisen" für Reisedienstleistungen wegzuführen, auch wenn die Palme abweichend von den natürlichen Farben in Blau mit goldener Baumkrone gehalten ist;

BPatG BeckRS 2015, 18875 – easy Schutz: Wiedergabe eines schutzunfähigen Wortzeichens in verschiedenen Schrifttypen und -farben vor blauem und weißem Hintergrund stellt übliches Mittel der Anpreisung von Produkten dar und verleiht insoweit keine hinreichende Unterscheidungskraft;

BPatG BeckRS 2014, 18613 – küche: Inverse Farbkombination aus hellgrauer Schrift vor dunklem Hintergrund und Verwendung roter Umlautpunkte bewegt sich im Rahmen der werbeüblichen Grafik und vermag der angemeldeten Gestaltung nicht die erforderliche eigentümliche Charakteristik zu vermitteln;

BPatG BeckRS 2013, 11260 – Xtra Klimaplatte: Schutzfähigkeit verneint, da Zweifarbigkeit (grau-rot) des Schriftzugs vom Verkehr als rein dekoratives Element wahrgenommen wird, die Farbe Rot eine der am häufigsten verwendeten Grundfarben ist und „Xtra" lediglich die werbeübliche Abwandlung des Begriffs „extra" darstellt;

BPatG GRUR-Prax 2013, 39 – LandLust: Unterschiedliche Schrifttypen bei den beiden Wortbestandteilen begründen als werbeübliche Gestaltungsmittel keine hinreichende Unterscheidungskraft;

BPatG BeckRS 2013, 2574 – style: Grafische Ausgestaltung vermag mangels einer über die rein dekorative Funktion hinausgehenden Schriftform und -farbe keine Unterscheidungskraft zu begründen;

BPatG BeckRS 2012, 22493 – BioJäger: Bei einer werbeüblichen schriftbildlichen Ausgestaltung des schutzunfähigen Wortbestandteils vermag auch der Zeichenbestandteil ® als Hinweis auf eine eingetragene Marke nichts zur Individualisierung des angemeldeten Zeichens beizutragen;

BPatG BeckRS 2010, 13605 – dentalline orthodontic products: Beschreibender Wortcharakter wird nicht durch mehrfarbige Darstellung der Wortbestandteile in gängiger Schrifttype und grünes Pfeilsymbol überwunden;

BPatG GRUR-RR 2009, 426 – JOGHURT-GUMS: Schattierte Schrift vermag als übliches Gestaltungselement die Schutzunfähigkeit des Wortbestandteils „JOGHURT-GUMS" für Süßwaren nicht zu begründen;

BPatG GRUR 2004, 336 – beauty24.de: Darstellung in Form einer mit Lippenstift gezeichneten Handschrift zur Schutzbegründung nicht ausreichend;

374.3 **Unterscheidungskraft bejaht:**
BGH GRUR 1991, 136 – NEW MAN: Das besondere Schriftbild und der hierdurch gewonnene Effekt, wonach das Zeichen auch bei einer Drehung um 180 Grad als „New Man" gelesen werden kann, sind für die Feststellung einer von der üblichen Werbegrafik abweichenden und deshalb hinreichend unterscheidungskräftigen Gestaltung ausreichend;

BPatG BeckRS 2014, 22805 – the italian: Zurückgenommene Schriftgröße und Anordnung der Wortbestandteil „the italian" auf burgunderroter Hintergrundfläche genügt angesichts konkreter Ausgestaltung der Farbfläche mit zwei rechtwinkligen und zwei runden Ecken, die nicht als werbeübliche Gestaltung oder sonst als bloße Umrahmung wirkt, aufgrund des eigenständigen bildsprachlichen Eindrucks noch den Mindestanforderungen an die Unterscheidungskraft;

BPatG BeckRS 2012, 10552 – FREIZEIT Rätsel Woche: Unterscheidungskraft aufgrund der grafischen Ausgestaltung der Wortbestandteile bejaht, da die Kombination verschiedener Gestaltungsmittel wie etwa die versetzte Anordnung der Wortelemente und oder vierfarbige Gestaltung einen charakteristischen Gesamteindruck vermittele;

BPatG BeckRS 2010, 25559 – TIP der Woche: Schutzfähigkeit trotz fehlender Unterscheidungskraft der Wortelemente bejaht wegen grafischer Ausgestaltung (farblicher Hervorhebung, kursiver Schreibweise und versetzter Anordnung der Wortbestandteile);

BPatG BeckRS 2010, 9414 – Getränke Star: Schutzfähig bejaht jedenfalls aufgrund der Kombination der grafischen Gestaltung in weißer Schrift auf rotem Grund mit zueinander versetzten Wortbestandteilen und der Trennung derselben durch Sternsymbol;

BPatG BeckRS 2010, 24676 – VideoWeb: Auch wenn der Wortbestandteil „VideoWeb" für Waren der Klasse 9 als rein beschreibend zu bewerten sei, wurde Schutzfähigkeit der Wort-/Bildmarke bejaht, da die konkrete Farbgebung sowie die Ausgestaltung eines Rahmens um das Element „web" mit einer perspektivischen Darstellung eines Bildschirms hinreichend eigentümlich sei, um sich den angesprochenen Verbrauchern als betriebliches Unterscheidungsmittel einzuprägen;

BPatG GRUR 2000, 805 – Immo-Börse: Schwarzes nach unten weisendes Dreieck, in dem die Buchstaben in verschiedenen Größen mit einem unregelmäßig bogenförmigen Schriftbild angeordnet sind, ist ausreichend, um Unterscheidungskraft herbeizuführen;

BPatG 27 W (pat) 230/86, Mitt 1988, 94 – S: Eine ins Bildhafte verfremdete Darstellung des einzelnen Buchstabens „S" ausreichend zur Begründung der Schutzfähigkeit für Schuhwaren;

375 Zu solchen einfachen grafischen Gestaltungen (→ Rn. 400), die nicht zur Unterscheidungskraft des Zeichens beitragen, gehören auch **Umrandungen** und **Unterlegungen** des Wortbestandteils (vgl. BPatG BeckRS 2012, 640 – WESER KURIER: keine Schutzbegründung durch einfache trapezförmige Fläche, die den Wortbestandteil unterlegt; andererseits BPatG BeckRS 2001, 16264, wo der stilisierten Abbildung eines unterbrochen gezeichneten Kreises ein noch ausreichender und damit schutzbegründender Abstand zur reinen photographischen oder naturgetreuen Abbildung beigemessen wurde; sehr weitgehend BPatG BlPMZ 2006, 179 f. – schwarz-blaues Quadrat, wo einer einfachen geometrischen Abbildung noch ein Mindestmaß an Unterscheidungskraft zugesprochen wurde).

Entscheidungspraxis: **375.1**
BGH GRUR 2014, 1204 – DüsseldorfCongress: Platzierung eines schutzunfähigen Wortbestandteils im unteren Rand eines einfarbigen Quadrats kann als einfache, werbeübliche graphische Gestaltung das Eintragungshindernis nicht überwinden;

BPatG BeckRS 2015, 18874 – Kommune 2.0: Platzierung des nicht schutzfähigen Wortbestandteils „Kommune 2.0" auf einem gelben Rechtecke mit schwarzem Rahmen, das erkennbar einem Ortsschild nachempfunden ist, begründet keine hinreichende Unterscheidungskraft.

BPatG BeckRS 2014, 03249 – Face Clinic: Die bildliche Darstellung von zwei Teilausschnitten klassischer Kunstwerke (konkret: Michelangelos David und Boticellis Venus) führt trotz rein beschreibenden Charakters des Wortbestandteils zur Schutzfähigkeit des Gesamtzeichens;

BPatG BeckRS 2014, 08019 – Einfache Umrahmung in Dreiecksform mit abgerundeten Spitzen, in deren Zentrum sich die Grundzahl „1" befindet, führt nicht zur Schutzfähigkeit;

BPatG GRUR 2012, 69 – Deutsches Institut für Menschenrechte: Die Schutzfähigkeit der Gesamtdarstellung lässt sich nicht dadurch herbeiführen, dass einem rein beschreibenden Wortelement ein (annähernd) quadratisches Bildelement beigefügt wird;

BPatG BeckRS 2010, 10871 – pflegezeit: Keine Unterscheidungskraft durch Hinzufügung einer wellenförmigen, wie eine Rahmung des nicht schutzfähigen Wortbestandteils wirkenden Linie oberhalb des Schriftzugs;

BPatG BeckRS 2010, 9806 – Appartements for Living: Hinzufügung von fünf Sternen wird lediglich als werbeüblicher Hinweis auf eine gehobene Qualität angesehen, so dass hierdurch keine Unterscheidungskraft der Marke für Dienstleistungen der Klasse 43 begründet werden kann;

BPatG BeckRS 2009, 1800 – Frühstücksbrot: Unterscheidungskraft der Kombination des beschreibenden Wortbestandteils mit einer Darstellung eines blauen Ovals unterhalb der Schrift bejaht. Zwar sei das Oval eine einfache geometrische Grundform, es behaupte sich jedoch von der Größe her innerhalb der angemeldeten Marke neben dem Wort, so dass es auch keine völlig unwesentliche Zutat darstelle. Gerade wegen des beschreibenden Charakters des Wortbestandteils werde sich die Aufmerk-

MarkenG § 8 Teil 2 Voraussetzungen, Inhalt und Schranken etc.

samkeit des Verkehrs auf das mitprägende Bildelement richten, so dass ein Mindestmaß an Unterscheidungskraft des Gesamtzeichens nicht ausgeschlossen werden könne (zweifelhaft);

BPatG GRUR 2000, 805 – Immo-Börse: Schwarzes nach unten weisendes Dreieck, in dem die Buchstaben in verschiedenen Größen mit einem unregelmäßig bogenförmigen Schriftbild angeordnet sind, ist ausreichend, um Unterscheidungskraft herbeizuführen.

376 **cc) Zeichen und Symbole.** Die bloße Ein- oder Beifügung gewöhnlicher **grammatikalischer Zeichen** oder einfacher **Symbole** ohne prägnante grafische Ausgestaltung wird für sich genommen regelmäßig nicht ausreichend sein, die Schutzfähigkeit des Gesamtzeichens zu begründen. Dies gilt etwa für Fragezeichen, **Ausrufzeichen** (BPatG BeckRS 2009, 10621 – hey!, bestätigt durch BGH GRUR 2010, 640 – hey!; BPatG BeckRS 2013, 3030 – Solid; BeckRS 2015, 10473 – scheiss drauf), **Punkte** (BGH GRUR 2001, 735 f. – Test it.; BPatG GRUR 1998, 1023 – K.U.L.T.; BeckRS 2010, 28365 – After.Work), **Doppelpunkte** (BPatG BeckRS 2012, 13927 – Baden-Württemberg: Connected; s. aber auch BPatG BeckRS 2009, 566 – Care:manager), **Kommata** (BPatG BeckRS 2009, 8428 – ALLES), kaufmännische **&-Zeichen** (EuG T-302/03, GRUR Int 2006, 1021 – MAP & GUIDE, bestätigt durch EuGH C-512/06 P, GRUR-RR 2008, 47; BPatG BeckRS 2012, 20839 – Comfort&Colours), **Paragraphenzeichen** § (beschreibend hinsichtlich juristischer Dienstleistungen, vgl. BPatG BeckRS 2009, 161 – Paragraphenzeichen), **Dollarzeichen** $ (s. dazu BPatG BeckRS 2009, 17049), **Pfeile** (BPatG BeckRS 2016, 04349 – matratzen direct), **Trennstriche** (BPatG BeckRS 2009, 442 – YOUNG FAMiLY), **@-Zeichen** (als bloßer Hinweis auf Online-Bezug, vgl. BPatG GRUR 2003, 794 – @-Zeichen; BeckRS 2009, 22967 – Schw@bische Datentechnik) oder **Herz-Symbole** (BeckRS 2009, 3783 – Jesus loves you). Etwas anderes gilt nur dann, wenn hierdurch der Charakter des Wortbestandteils dergestalt verändert wird, dass es für die angesprochenen Verkehrskreise den beschreibenden Charakter in den Hintergrund treten lässt (so etwa BPatG BeckRS 2009, 1142 – B.I.G.; s. auch BPatG BeckRS 2009, 16078 – S.I.M.P.L.E.). Das Zeichen ® vermag als bloßer Hinweis auf eine eingetragene Marke („registered") dem Zeichen, dem es beigefügt ist, grundsätzlich keine Unterscheidungskraft zu verleihen (EuGH C-37/03 P, GRUR 2006, 229 Rn. 72 – BioID; BPatG BeckRS 2012, 22493 – BioJäger).

376.1 **Entscheidungspraxis:**
BPatG BeckRS 2013, 7973 – I love Döner: Auch in Zusammensetzung mit dem das Wort „love" ersetzenden Herzsymbol allgemein übliche Werbeaussage, welche nicht als Herkunftshinweis auf ein bestimmtes Unternehmen verstanden wird;

BPatG BeckRS 2010, 9806 – Appartements for Living: Hinzufügung von fünf Sternen wird lediglich als werbeüblicher Hinweis auf eine gehobene Qualität angesehen, so dass hierdurch keine Unterscheidungskraft der Marke für Dienstleistungen der Klasse 43 begründet werden kann;

BPatG BeckRS 2010, 13605 – dentalline orthodontic products: Beschreibender Wortbestandteil erlangt durch mehrfarbige Darstellung in gängiger Schrifttype und grünes Pfeilsymbol keine Unterscheidungskraft;

BPatG 27 W (pat) 1978/76, Mitt 1978, 230 – Herzdarstellung mit Slogan: Herzdarstellung führt als lediglich bildliche Ergänzung des warenanpreisenden Slogans „Schenk Musik mit Herz verpackt" nicht zu Unterscheidungskraft.

377 **dd) Farbige Ausgestaltung.** Die farbige Ausgestaltung eines Wort-/Bildzeichens wird für sich genommen in aller Regel lediglich als **gewöhnliches, werbeübliches Gestaltungselement** aufgefasst, dem keine charakteristische Wirkung zukommt, die zu einer Unterscheidungskraft des Anmeldezeichens führen könnte. Da der Verkehr eine farbliche Ausgestaltung des Schriftbilds allein nicht als Herkunftshinweis auffasst, wirkt sie daher nicht schutzbegründend (BPatG GRUR 1998, 401 f. – Jean's etc; BeckRS 2010, 1500 – Linuxwerkstatt; BeckRS 2009, 1329 – CLIP it; BeckRS 2012, 640 – Weser-Kurier).

377.1 **Entscheidungspraxis:**
BPatG BeckRS 2016, 04349 – matratzen direct: Darstellung des beschreibenden Begriffs „matratzen direct" in weißer und orangener Schrift vor schwarzem rechteckigen Hintergrund nicht ausreichend, um Unterscheidungskraft zu begründen;

BPatG BeckRS 2013, 85 – beactive: Darstellung der Wortbestandteile „be" in Türkis und „active" in Grau eignet sich nicht als Herkunftshinweis;

Absolute Schutzhindernisse § 8 MarkenG

BPatG BeckRS 2010, 13605 – dentalline orthodontic products: Unterscheidungskraft verneint, da die Wiedergabe der Schrifttype in zwei unterschiedlichen Farben wiedergegebene Schrifttyp dem gängigen Werbestandard entspricht;
BPatG GRUR 1998, 401 (402 f.) – Jean's etc: farbliche Gestaltung der angemeldeten Bezeichnung (weiß und schwarz gehaltene Wortbestandteils auf einem gelben Streifen) kann nicht die Schutzfähigkeit nicht begründen, da sie sich im Rahmen des Werbeüblichen hält;
BGH GRUR 2009, 954 – Kinder III: Darstellung des beschreibenden Bestandteils „Kinder" mit dem Eingangsbuchstabe K in schwarzer und den weitern Buchstaben in roter Farbe in gängiger Schrifttype führt nicht zu einer hinreichenden Unterscheidungskraft.

Lediglich in seltenen **Ausnahmefällen** wird der Farbgebung des Zeichenbildes als solche ein hinreichender Grad an eigenständig kennzeichnender Wirkung zukommen, der die fehlende Unterscheidungskraft der beschreibenden Wortelemente ausgleichen und insoweit als selbständiger Herkunftshinweis dienen kann (vgl. BPatG GRUR 1997, 283 – TAX FREE). Eine solche Eignung können insbesondere **„Hausfarben"** von Unternehmen aufweisen, die aufgrund ihrer Bekanntheit von den Verkehrskreisen diesen Unternehmen zugeordnet werden und damit auch einem ansonsten nicht unterscheidungskräftigen Wortzeichen eine herkunftshinweisende Wirkung vermitteln können. Um diesen Zweck erfüllen zu können, müssen die Hausfarben im Gesamterscheinungsbild der Marke so prominent hervortreten, dass sie als solche und damit als Mittel der betrieblichen Herkunftskennzeichnung wahrgenommen werden (BPatG BeckRS 2009, 25175 – Gesundhei(t) in magenta/grau; s. auch BPatG BeckRS 2011, 7572 – Volks Rabatt). Außerhalb dieser Sonderfälle wird Voraussetzung für eine ausnahmsweise schutzbegründende Wirkung jedenfalls sein, dass die in Rede stehende Farbe bzw. Farbkombination keinen beschreibenden Bezug zu den in Anspruch genommenen Waren oder Dienstleistungen aufweist (beispielsweise die Farbe Grün als Hinweis auf ökologische Produkte), dass sie in dem betreffenden Marktsegment nicht den üblichen Gewohnheiten bezüglich der Farbgebung von Waren oder Verpackung entspricht und dass sie auch sonst nicht als bloß ästhetisch bzw. dekorativ wirkender Zeichenbestandteil wahrgenommen wird (zur Schutzfähigkeit abstrakter Farben ausführlich → Rn. 428). **378**

Die hier dargestellte Beschränkung der eigenständig herkunftshinweisenden Wirkung der Farbgestaltung auf besondere Ausnahmefälle schließt es natürlich nicht aus, dass der Farbgebung jedenfalls **im Zusammenspiel** mit weiteren Elementen schutzbegründende Wirkung zukommen kann, etwa wenn durch die Farbigkeit andere Zeichenbestandteile optisch hervorgehoben oder betont werden, so dass diese im Rahmen des durch die Kombinationsmarke hervorgerufenen Gesamteindrucks eine hinreichend unterscheidungskräftige Wirkung entfalten (zu Nachweisen aus der Rechtsprechung → Rn. 374.1 ff.). **379**

ee) Sonstige separate Bildelemente. Die fehlende Unterscheidungskraft der Wortbestandteile der Wort-/Bildmarke kann auch durch die Aufnahme von **separaten Bildelementen** des Zeichens überwunden werden, sofern diese geeignet sind, aufgrund ihrer charakteristischen Merkmale als eigenständiger Hinweis auf die betriebliche Herkunft der Waren oder Dienstleistungen wahrgenommen zu werden. Dabei sind an den erforderlichen „Überschuss" umso größere Anforderungen zu stellen, je deutlicher der schutzunfähige, beschreibende Charakter des Wortbestandteils selbst hervortritt (BGH GRUR 2001, 1153 – antiKALK; GRUR 2009, 954 Rn. 17 – Kinder III; ebenso BPatG BeckRS 2014, 18613 – küche; BeckRS 2015, 09307 – ctc cartech company; BeckRS 2015, 18874 – Kommune 2.0). **380**

Fehlt dem in Rede stehenden Bildbestandteil nach allgemeinen Grundsätzen selbst die Unterscheidungskraft (zur Unterscheidungskraft von reinen Bildzeichen ausführlich → Rn. 388 ff.), könnte er also auch in Alleinstellung keinen Schutz als eingetragene Marke beanspruchen, so führt er grundsätzlich auch **in Kombination** mit einem ebenfalls schutzunfähigen, rein beschreibenden Begriff nicht zur Eintragungsfähigkeit des Gesamtzeichens (BGH GRUR 2009, 954 – Kinder III; GRUR 2001, 1153 – antiKALK; BPatG BeckRS 2014, 13196 – der-Alltagshelfer), es sei denn aus der Kombination resultiert ein Spannungsverhältnis oder ein anderes Verständnis des Wortbestandteils. Dies gilt beispielsweise für einfach gestaltete **Darstellungen der in der Anmeldung beanspruchen Waren** (zB BPatG GRUR 2013, 737 f. – Grillmeister: die Abbildung einer (Grill-)Wurst ergänzt ausschließlich die sachbezogenen Aussagen des Wortbestandteils „Grillmeister" und erschöpft **381**

sich in dessen bildlicher Unterstützung; bestätigt durch BGH GRUR 2014, 376 Rn. 18; BPatG BeckRS 2015, 02935 – stoff4you: Abbildung einer Stoffrolle illustriert lediglich die Art der angebotenen Waren „Stoffe, Planen, Segel" und wird deshalb von den Verkehrskreisen, nicht als Hinweis auf ein bestimmtes Unternehmen, sondern als Hinweis auf die Art der angebotenen Waren verstanden) oder **Dienstleistungen** (BPatG GRUR 2004, 873 – FRISH: Hinzufügung des Piktogramms „Messer und Gabel" bei Dienstleistungen im Gastronomiebereich wirkt aufgrund seines glatt beschreibenden Aussagegehalts nicht schutzbegründend; BPatG BeckRS 2015, 18874 – Kommune 2.0: Darstellung eines üblichen gelb/schwarzen Ortsschildes als Hintergrund für das schutzunfähige Wortelement „Kommune 2.0" unterstreicht bloß den sachlichen Bezug der angemeldeten Dienstleistungen zur kommunalen Verwaltung). Gleiches gilt für Bildelemente, die als rein beschreibender Hinweis auf die geografische Herkunft bzw. den Ort der Erbringung der Waren oder Dienstleistungen anzusehen sind (BPatG Beschl. v. 11.3.2015 – 29 W (pat) 511/13 – Schloss Shop Heidelberg – Beifügung eines Schattenrisses des Heidelberger Schlosses unterstützt lediglich den beschreibende Aussagegehalt des Wortbestandteils; s. andererseits auch BPatG BeckRS 2015, 08218 – Prager Philharmoniker, wo der beschreibende Charakter des Wortbestandteils durch die zusätzliche Darstellung einer nicht naturgetreuen, sondern stark stilisierten Silhouette der Stadt Prag überwunden wurde).

382 **ff) Wahrnehmbarkeit des schutzfähigen Bestandteils.** Zudem muss der schutzbegründende Bildbestandteil innerhalb des Gesamtzeichens hinreichend **deutlich hervortreten,** um die für die kennzeichnende Prägung des Gesamteindrucks notwendige Bedeutung zu erlangen und vom Verkehr überhaupt als eigenständiger Herkunftshinweis wahrgenommen zu werden (vgl. auch Ingerl/Rohnke Rn. 50). Je stärker der in Rede stehende Bildbestandteil aufgrund seiner relativen Größe bzw. seiner Anordnung in dem Gesamterscheinungsbild des Kombinationszeichens zurücktritt, desto weniger wird ihn der Betrachter als einen eigenständigen Herkunftshinweis denn als unselbständige dekorative Ergänzung des schutzunfähigen Wortbestandteils wahrnehmen.

2. Beschreibende Angaben

383 **a) Prüfungsmaßstab.** Nach § 8 Abs. 2 Nr. 2 sind solche Zeichen von der Eintragung ausgeschlossen, die **ausschließlich** aus Angaben bestehen, die im Verkehr zur Bezeichnung der Art, der Beschaffenheit, der Menge, der Bestimmung, des Wertes, der geografischen Herkunft, der Zeit der Herstellung der Waren oder der Erbringung der Dienstleistungen oder zur Bezeichnung sonstiger Merkmale der Waren oder Dienstleistungen dienen können (im Einzelnen → Rn. 160 ff. zu Wortmarken; näher zum Verhältnis der Schutzhindernisse der beschreibenden Angaben nach § 8 Abs. 2 Nr. 2 und der fehlenden Unterscheidungskraft im Sinne von § 8 Abs. 2 Nr. 1 zueinander → Rn. 57 ff.).

384 **b) Bedeutung für Wort-/Bildmarken.** Ist das Wortelement eines zusammengesetzten Wort-/Bildzeichens bereits für sich genommen schutzfähig weil unterscheidungskräftig und nicht freihaltebedürftig, so führt dies grundsätzlich zur Eintragungsfähigkeit des Gesamtzeichens (ausführlich zur Schutzfähigkeit von Wortzeichen → Rn. 140 ff.). Eine „Neutralisierung" des schutzfähigen Wortbestandteils durch die Hinzufügung eines für sich besehen schutzunfähigen Bildbestandteils dürfte kaum in Betracht kommen, sofern letzterer aufgrund seiner Größe und Stellung in dem Kombinationszeichen nicht den Gesamteindruck völlig dominiert (→ Rn. 366 ff.). Jedoch ist auch hier zu beachten, dass der durch ein Zeichen vermittelte Gesamteindruck regelmäßig vor allem durch seine **kennzeichnungsstarken** Bestandteile **geprägt** wird, auch wenn diese hinsichtlich ihrer relativen Größe eher zurücktreten. Auch ein relativ kleiner und auf der mit der Anmeldung eingereichten Darstellung nicht in den Vordergrund tretender Bestandteil kann daher schutzbegründend wirken, insbesondere wenn bei verkehrsüblicher Verwendung dieser Form zu erwarten ist, dass dieser Bestandteil als betrieblicher Hinweis erkannt wird (BPatG GRUR 2002, 163 (165) – BIC-Kugelschreiber).

385 Eigenständige Bedeutung kommt dem Bildbestandteil im Rahmen der Prüfung der Schutzhindernisse vor allem in den Fällen zu, in denen der Wortbestandteil als das den Gesamteindruck nach allgemeinen Grundsätzen regelmäßig prägende Element dem Gesamt-

zeichen selbst noch nicht zur Eintragungsfähigkeit verhelfen kann. Nach dem insoweit maßgeblichen Wortlaut des § 8 Abs. 2 Nr. 2 ist lediglich solchen Zeichen die Eintragung zu versagen, die **ausschließlich** aus beschreibenden Angaben bestehen. Dies ist indes nicht als Abkehr von dem allgemeinen Grundsatz zu verstehen, dass im Rahmen der Prüfung der Schutzfähigkeit nicht auf die singuläre Betrachtung der einzelnen Bestandteile, sondern auf den durch das Kombinationszeichen vermittelten **Gesamteindruck** abzustellen ist (ebenso zur Unterscheidungskraft nach § 8 Abs. 2 Nr. 1 → Rn. 362; zu Wortmarken → Rn. 122; s. auch EuGH C-363/99, GRUR 2004, 674 (678) – Postkantoor). Allerdings führt die Kombination eines beschreibenden Wortbestandteils mit Bildelementen, die ihrerseits ebenfalls Merkmale der Waren oder Dienstleistungen beschreiben, dazu, dass auch das angemeldete Zeichen in seiner Gesamtheit als beschreibend und damit schutzunfähig anzusehen ist (vgl. zu Wortmarken EuGH C-363/99, GRUR 2004, 674 Rn. 98 ff. – Postkantoor).

Als beschreibend und damit nicht selbständig schutzfähig wurden in der Rechtsprechung **386** beispielsweise **schlichte bildliche Abbildungen** des in Rede stehenden Produkts selbst angesehen (BGH GRUR 1989, 510 (512) – Teekanne II: einfache Abbildung einer Teekanne hat im Zusammenhang mit der Ware „Tee" von Haus aus eine rein beschreibende Funktion, an deren Freihaltung ein Bedürfnis des Verkehrs besteht) oder aber einfache grafische Wiedergaben der Beschaffenheit oder der Funktionsweise des Produkts (BPatG GRUR 1979, 242 f. – Visuelles Gesamtbild: Abbildung von Früchten für die Waren „Fruchtbonbons" als beschreibender bildlicher Hinweis auf die geschmackliche Richtung der Waren). Ebenso kann die Abbildung von Personen unter Umständen als beschreibender Hinweis auf die Herkunft oder einen sonstigen Bezug der Waren zu dieser Person wahrgenommen werden (so auch Ingerl/Rohnke Rn. 223; zu Portraitmarken ausführlich → Rn. 420).

Dabei ist jedoch stets zu beachten, dass sich ein zu prüfendes Freihaltebedürfnis nicht nur **387** generell auf den allgemeinen Gegenstand der Darstellung, sondern tatsächlich auf die in Rede stehende Abbildung in ihrer **konkreten Gestalt** beziehen muss.

II. Bildmarken

1. Unterscheidungskraft

a) Prüfungsmaßstab. aa) Unterscheidungseignung. Die allgemeinen Grundsätze zur **388** Bestimmung der Unterscheidungskraft (→ Rn. 95 ff.) finden grundsätzlich auch auf Bildmarken Anwendung. Auch eine Bildmarke ist daher dann als unterscheidungskräftig anzusehen, wenn der angesprochene Verkehr in ihr im Zeitpunkt der Anmeldung (BGH GRUR 2013, 1143 – Aus Akten werden Fakten) einen **Hinweis auf die betriebliche Herkunft** der konkret beanspruchten Waren und Dienstleistungen erblickt (BGH GRUR 2011, 158 Rn. 7 – Hefteinband; GRUR 2010, 138 Rn. 23 – ROCHER-Kugel; GRUR 2008, 1093 Rn. 13 – Marlene-Dietrich-Bildnis; GRUR 2005, 257 f. – Bürogebäude; GRUR 2001, 734 f. – Jeanshosentasche; GRUR 2001, 239 f. – Zahnpastastrang).

Unter Anlegung des gebotenen **großzügigen Maßstabs** (→ Rn. 28 ff. sowie zu Wort- **389** marken → Rn. 98 f.) ist die Unterscheidungskraft damit vor allem naturgetreuen bildlichen Wiedergaben der im Warenverzeichnis genannten Ware als bloß beschreibende Angabe, einfachsten geometrischen Formen oder sonstigen einfachen grafischen Gestaltungselementen, die in der Werbung, auf Warenverpackungen, Geschäftsbriefen oÄ üblicherweise in bloß ornamentaler, schmückender Weise verwendet werden und die daher nicht geeignet sind, vom Verkehr als Unterscheidungsmerkmal wahrgenommen zu werden (BGH GRUR 2001, 502 (504) – St. Pauli Girl; vgl. auch Ingerl/Rohnke Rn. 166 ff.), abzusprechen. Auch hier gilt, dass grundsätzlich ein Mindestmaß an Unterscheidungskraft ausreicht, die Schutzfähigkeit des Zeichens zu begründen.

bb) Wahrnehmungsgewohnheiten. Der theoretische Grundsatz, dass für sämtliche **390** Markenkategorien der gleiche allgemeine Prüfungsmaßstab heranzuziehen ist, bedeutet indes nicht, dass in der Praxis nicht **unterschiedliche tatsächliche Anforderungen** an den **Nachweis der Unterscheidungskraft** der konkret in Rede stehenden Zeichen zu stellen sein können. So wurde insbesondere in der Rechtsprechung des EuGH wiederholt betont, dass für die verschiedenen Zeichenarten durchaus unterschiedliche Verkehrsauffassungen bzw. Wahrnehmungsgewohnheiten bestehen können, dass also Zeichen der einen Kategorie möglicherweise leichter als Unterscheidungszeichen und damit als Marke aufgefasst werden als Zeichen einer anderen. Trotz prinzipieller Geltung des gleichen Ausgangsmaßstabs kann daher der Nachweis der hinreichenden Unterscheidungskraft bei den unterschiedlichen Markenformen in unterschiedlichem Maße Schwierigkeiten bereiten.

391 So wird insbesondere eine bildliche Darstellung, die aus dem **Erscheinungsbild der Ware** selbst besteht (zu dieser Fallgruppe ausführlich → Rn. 403), von den maßgeblichen Verkehrskreisen nicht notwendig in gleicher Weise wahrgenommen wie eine Wort- oder Bildmarke, die vom Erscheinungsbild der mit der Marke gekennzeichneten Waren völlig unabhängig ist. Fehlen grafische oder Wortelemente, so wird der durchschnittliche Verbraucher die bloße bildliche Wiedergabe **Form der Waren** (oder ihrer Verpackung) gewöhnlich nicht als Hinweis auf die Herkunft dieser Waren erfassen (vgl. EuGH C-344/10 P, C-345/10 P, GRUR 2012, 610 Rn. 46 – Freixenet; C-144/06, GRUR Int 2008, 43 Rn. 36 – Rotweiße rechteckige Tablette; verb. Rs. C-53/01 bis C-55/01, GRUR 2003, 514 Rn. 46 – Linde, Winward und Rado). Gleiches gilt etwa für Zeichen, die sich in einer **Farbe** oder Farbkombination erschöpfen. Auch hier sind Verbraucher nicht unbedingt gewöhnt, allein aus der Farbe einer Ware bzw. ihrer Verpackung ohne weitere Wort- oder Bildelemente auf ihre betriebliche Herkunft zu schließen, da eine Farbe als solche nach den derzeitigen Gepflogenheiten des Handels in aller Regel nicht als Mittel der Identifizierung verwendet wird (grundlegend EuGH C-104/01, GRUR 2003, 604 Rn. 65 – Libertel; GRUR 2004, 858 Rn. 23 – Heidelberger Bauchemie). Trotz prinzipieller Geltung des gleichen Ausgangsmaßstabs kann daher der Nachweis der hinreichenden Unterscheidungskraft bei den unterschiedlichen Markenformen in unterschiedlichem Maße Schwierigkeiten bereiten.

392 **cc) Verzierungs- und Werbefunktion.** Die Unterscheidungskraft eines Bildzeichens ist bereits dann zu bejahen, wenn ihm neben anderen Funktionen zumindest auch ein gewisses Mindestmaß an Unterscheidungseignung zukommt. Die Unterscheidungsfunktion braucht folglich nicht die einzige Funktion des Zeichens zu sein, so dass der Umstand, dass ein Zeichen **auch** als Verzierung aufgefasst wird, dem Markenschutz nicht entgegensteht. So hat der EuGH in seiner Entscheidung EuGH C-408/01, GRUR 2004, 58 (60) – Adidas/Fitnessworld betreffend einen Kollisionsfall zu der ihm vorgelegten Frage nach der Reichweite des Schutzes bekannter Marken festgestellt, dass der Umstand, dass ein Zeichen von den beteiligten Verkehrskreisen als Verzierung aufgefasst wird, für sich genommen dem durch die RL 2008/95/EG gewährten Schutz nicht entgegensteht. Werde es hingegen allein als Verzierung aufgefasst, so stelle der Verkehr naturgemäß keine gedankliche Verknüpfung mit der eingetragenen Marke her, so dass eine Verletzung ausscheide. Eine (ggf. kollisionsbegründende) Unterscheidungseignung wird daher durch eine gleichzeitig festzustellende **Verzierungsfunktion** nicht ausgeschlossen. Lediglich dann, wenn die beteiligten Verkehrskreise das Zeichen **ausschließlich als Verzierung** wahrnehmen und ihm daneben keinerlei herkunftshinweisende Bedeutung zumessen, ist die Unterscheidungskraft zu verneinen (EuGH C-307/11 P, GRUR 2013, 519 – Umsäumter Winkel; C-408/01, GRUR 2004, 58 (60) – Adidas/Fitnessworld). In gleicher Weise schließt auch eine anpreisende, aufmerksamkeitsheischende oder lobende Wirkung des in Rede stehenden Bildzeichens (zur **Werbefunktion** von Marken auch → Rn. 138) die Annahme einer zur Unterscheidungskraft führenden Herkunftshinweisfunktion nicht aus (ebenso für Wortmarken EuGH C-398/08 P, GRUR 2010, 228 Rn. 65 – Vorsprung durch Technik; GRUR 2001, 1148 Rn. 40 – Bravo).

393 **dd) Farbe.** Lediglich in seltenen Ausnahmefällen wird eine an sich nicht unterscheidungskräftige Bildmarke durch ihre bloße **farbige Ausgestaltung** Schutzfähigkeit erlangen könne. Dies dürfte regelmäßig voraussetzen, dass in der in Rede stehenden Branche eine gewisse Übung dahingehend festzustellen ist, Farben bzw. Farbkombinationen tatsächlich als Herkunftshinweis einzusetzen bzw. wahrzunehmen, und dass auch die spezifische Farbgebung eine gewisse Eigentümlichkeit besitzt, aufgrund derer sie als Unterscheidungszeichnung empfunden werden kann (BPatG GRUR 1997, 285 f. – VISA-Streifenbild; Ströbele/Hacker/Ströbele Rn. 195).

394 **ee) Eigentümlichkeit und Originalität.** Nicht erforderlich zur Bejahung der Eintragungsfähigkeit ist eine besondere gestalterische bzw. grafische Eigentümlichkeit oder eine

originelle Wirkung des Bildzeichens. **Eigentümlichkeit** und **Originalität** sind nach der Rechtsprechung keine zwingenden Erfordernisse für das Vorliegen von Unterscheidungskraft und können deshalb auch nicht zum selbstständigen Prüfungsmaßstab erhoben werden (vgl. BGH GRUR 2001, 734 f. – Jeanshosentasche; GRUR 2001, 239 – Zahnpastastrang; GRUR 2000, 723 – LOGO; GRUR 2001, 56 – Likörflasche; ebenso EuG T-336/08, GRUR 2011, 425 Rn. 24 – Goldhase: Neuheit oder Originalität sind keine maßgeblichen Kriterien für die Beurteilung der Unterscheidungskraft einer Marke). Dies schließt es indes nicht aus, dass diese Merkmale, sofern sie bei einem Zeichen positiv festzustellen sind, als Indizien zur Begründung der Unterscheidungskraft herangezogen werden können (vgl. BGH GRUR 2001, 413 (415) – SWATCH; GRUR 2001, 334 (336) – Gabelstapler; s. auch BGH GRUR 2010, 935 – Die Vision, zu längeren Wortfolgen; GRUR 2000, 321 f. – Radio von hier, zu Werbeslogan).

ff) Merkfähigkeit. Ebenso wenig wie Originalität und Eigentümlichkeit zum selbstständigen Prüfungsmaßstab erhoben werden dürfen ist die Eignung des Zeichens, vom Verkehr **erinnert** zu werden, bei der Prüfung der Unterscheidungskraft als notwendiges Kriterium zugrunde zu legen. Selbst bei komplexen Zeichen bedarf es keiner Beurteilung der **Merkfähigkeit**, zumal die Erinnerungseignung bei den Angehörigen der maßgeblichen Verkehrskreise individuell recht unterschiedlich ausfallen wird und sich daher einer Feststellung im registermäßigen Eintragungsverfahren weitgehend entzieht (vgl. BGH GRUR 2000, 502 (504) – St. Pauli Girl; BPatG GRUR 1997, 53 – Chinesische Schriftzeichen; anders noch BPatG GRUR 1997, 830 f. – St. Pauli Girl; s. auch Ingerl/Rohnke Rn. 165). **395**

In seiner Entscheidung vom 10.4.1997 (GRUR 1997, 527 (529) – Autofelge) führte der BGH zur Begründung der fehlenden Unterscheidungskraft der angemeldeten bildlichen Darstellung einer Autofelge noch aus, die Abweichungen in den Gestaltungsmerkmalen gegenüber marktüblichen Formen beschränkten sich „auf wenig einprägsame Nuancen, denen darüber hinaus ein hohes Maß von Beliebigkeit anhaftet und die sich der Verkehr deshalb regelmäßig nicht wird merken können". Sofern hierdurch ein eigenständiges Prüfungsmerkmal der Merkbarkeit statuiert werden sollte, ist dieses durch die spätere ausdrückliche Absage des BGH an ein solches Eintragungserfordernis in seiner Entscheidung „St. Pauli Girl" vom 8.12.1999 (GRUR 2000, 502 (504)) überholt. **395.1**

gg) Branchenübung. Ob einer bildlichen Gestaltung eine herkunftshinweisende Bedeutung zukommt ist jeweils auch unter Berücksichtigung der spezifischen **Kennzeichnungsgewohnheiten** – und damit einhergehend der hierdurch geprägten Wahrnehmung der maßgeblichen Verkehrskreise – in dem **konkreten Waren- und Dienstleistungssektor** zu beurteilen (BGH GRUR 2008, 1093 Rn. 22 – Marlene-Dietrich-Bildnis I; GRUR 2004, 502 (504) – Gabelstapler II; GRUR 2004, 507 (509) – Transformatorengehäuse; GRUR 2004, 583 f. – Farbige Arzneimittelkapsel; GRUR 2004, 329 f. – Käse in Blütenform I). Aus den tatsächlich vorhandenen Gestaltungsformen und -gewohnheiten lassen sich Rückschlüsse darauf ziehen, ob der Verkehr geneigt sein wird, einer bestimmten Gestaltung einen Hinweis auf die betriebliche Herkunft beizulegen (vgl. BGH GRUR 2004, 507 (509) – Transformatorengehäuse). So hat der BGH in der Entscheidung „Farbige Arzneimittelkapsel" (BGH GRUR 2004, 583 f.) die fehlende Unterscheidungskraft einer grün/cremefarbenen Arzneimittelkapsel mit Verweis darauf abgelehnt, dass derartige zweifarbige Gestaltungen den seit langer Zeit bestehenden Gestaltungsgepflogenheiten auf dem Arzneimittelsektor entsprächen. In der Entscheidung „Etiketten" (BGH GRUR 1999, 495 f.) hat der BGH ebenfalls den besonderen Gewohnheiten des konkret angesprochenen Fachhandels Rechnung getragen. Dieser sei daran gewöhnt, Etiketten bezüglich ihrer Herkunft vor allem nach ihrer äußeren Form zu unterscheiden, und werde daher trotz einfachster Rahmendarstellung der in Rede stehenden Etikettengestaltung in der zeichnerischen Wiedergabe einen Hinweis auf die betriebliche Herkunft sehen. Für den Bereich der Getränkeindustrie schließlich stellte der BGH in der Entscheidung „Likörflasche" (BGH GRUR 2001, 56 (57)) darauf ab, dass der Verkehr daran gewöhnt sei, dass alkoholische Getränke von bestimmten Herstellern in Flaschen bestimmter Form vertrieben werden. Angesichts der in diesem Warenbereich anzutreffenden weiten Verbreitung besonderer, von genormten oder üblichen Formen abweichender Flaschenformen für verschiedene Getränke müsse davon ausgegangen werden, dass **396**

sich der Verkehr grundsätzlich hinsichtlich der Herkunft des Inhalts auch an der Flaschenform herkunftshinweisend orientiert.

397 Abhängig von dem in Rede stehenden Warengebiet ist zudem auch der **Grad der zu erwartenden Aufmerksamkeit**, mit der der angesprochene Durchschnittsverbraucher einem Zeichen entgegentritt und der je nach Art der betreffenden Waren oder Dienstleistungen unterschiedlich hoch sein kann. Dieser Aufmerksamkeitsgrad ist insoweit von Bedeutung, als dass auch er Einfluss auf die Wahrnehmung eines Zeichens als Marke haben kann. So wird der Verbraucher bei **Produkten des täglichen Bedarfs**, bei denen erfahrungsgemäß mit einer geringen Aufmerksamkeit zu rechnen ist, möglichen Abweichungen von der marküblichen Durchschnittsgestaltung ggf. weniger Beachtung schenken als bei exklusiven Produkten, die eine genauere Beachtung erwarten lassen, und ihnen daher keinen Herkunftshinweis entnehmen (EuGH C-473/01 P, GRUR Int 2004, 639 Rn. 53 – Dreidimensionale Tablettenform III).

398 **hh) Bedeutung der Verwendungsform.** Gerade bei Bildzeichen kann es für die Frage, ob ein Zeichen als Marke wahrgenommen wird, in besonderer Weise auf die **konkrete Verwendungsform** bzw. **Positionierung** des Zeichens ankommen. So ist durchaus denkbar, dass das gleiche Bildzeichen an „markentypischer" Stelle als Herkunftshinweis, im Fall seiner Anbringung an anderer Stelle hingegen als lediglich dekoratives Element wahrgenommen wird. In der Rechtsprechung ist insoweit anerkannt, dass ein Zeichen nicht bereits dann wegen fehlender Unterscheidungskraft von der Eintragung ausgeschlossen ist, wenn bestimmte Formen der Verwendung denkbar sind, bei denen das Zeichen nicht als Marke aufgefasst wird (BGH GRUR 2010, 110 Rn. 28 – TOOOR!; ebenso BGH GRUR 2010, 825 Rn. 23 – Marlene-Dietrich-Bildnis II). Nach Auffassung des Bundesgerichtshofs ist es im Rahmen des Eintragungsverfahrens ausreichend, wenn es **praktisch bedeutsame** oder **naheliegende Anbringungsmöglichkeiten** gibt, bei denen das Zeichen von den angesprochenen Verkehrskreisen ohne weiteres als Marke aufgefasst wird (BGH GRUR 2012, 1044 Rn. 20 – Neuschwanstein; GRUR 2010, 825 Rn. 21 – Marlene-Dietrich-Bildnis II; GRUR 2008, 1093,Rn. 22 – Marlene-Dietrich-Bildnis I; GRUR 2001, 240 (242) – Swiss Army). Bestehen solche Möglichkeiten, so kann die Eintragung des Zeichens nach Auffassung des BGH nicht abgelehnt werden.

398.1 Mit dem Erfordernis der Berücksichtigung üblicher oder naheliegender Verwendungsformen verwarf der BGH die Auffassung des Bundespatentgerichts, das sich in den Verfahren „Marlene Dietrich" (BPatG GRUR 2006, 333 – Marlene-Dietrich-Bildnis I; GRUR 2010, 73 – Marlene-Dietrich-Bildnis II), „TOOOR!" (BPatG BeckRS 2008, 25384 und BeckRS 2011, 4979) und „Neuschwanstein" (BPatG GRUR 2011, 922) gegen das Anstellen gerichtlicher Mutmaßungen über übliche oder fernliegende Verwendungsformen ausgesprochen hatte. Seiner Auffassung nach sind solche tatsächlichen Erwägungen hinsichtlich möglicher Benutzungsvarianten und deren Auswirkung auf die Wahrnehmung der angesprochenen Verbraucher im Rahmen des formellen Eintragungsverfahrens nicht anzustellen. Die Beurteilung der Unterscheidungskraft habe vielmehr losgelöst von einer unterstellten Positionierung und Präsentation des Zeichens allein auf Grundlage des konkreten Sinngehalts und der beanspruchten Waren und Dienstleistungen zu erfolgen, zumal eine Beurteilung der verschiedenen Verwendungsmöglichkeiten – was nicht von der Hand zu weisen sein dürfte – oftmals rein spekulativer Natur und im Registerverfahren auch nicht abschließend zu überblicken sei (vgl. BPatG GRUR 2011, 922 – Neuschwanstein).

399 Demgegenüber legt die europäische Rechtsprechung offensichtlich einen strengeren Prüfungsmaßstab zugrunde, soweit der EuGH bei der Prüfung der Unterscheidungskraft allein auf die nach der Sachkunde des Amtes festzustellende **wahrscheinlichste Verwendungsmöglichkeit** abstellt (vgl. EuGH C-307/11 P, GRUR 2013, 519 Rn. 55 – Umsäumter Winkel, unter Bestätigung der Feststellungen der Vorinstanz, EuG T-202/09, BeckRS 2011, 80404). Den Verweis auf die deutsche höchstrichterliche Rechtsprechung und deren großzügigere Berücksichtigung nicht nur der „wahrscheinlichsten", sondern der „üblichen und naheliegenden" Verwendungsformen stufte der EuGH unter Hinweis darauf, dass das Unionsmarkenrecht ein autonomes und von den nationalen Rechtssystemen unabhängiges System darstellt, als irrelevant ein. An diese Interpretation des Eintragungshindernisses sieht sich aufgrund der Auslegungsdirektive des EuGH auch das BPatG in jüngeren Entscheidungen gebunden und folgert insoweit, dass die bisherige, oben dargestellte Rechtsprechung des

BGH in dieser Form nicht aufrechtzuerhalten sei (vgl. BPatG BeckRS 2013, 16660 – Silver Edition; ebenso abstellend auf die wahrscheinlichste Verwendungsform BPatG GRUR-Prax 2012, 376 – Wildeshauser Schützengilde; BeckRS 2013, 7048 – Düsseldorf und Congress; zur Entwicklung der Rechtsprechung und dem Verhältnis zur Positionsmarke auch Klein GRUR 2013, 456 ff.).

b) Einfache geometrische Formen und grafische Gestaltungen. Manche Zeichen sind bereits ihrer Natur nach nicht unterscheidungskräftig. So kann insbesondere einfachsten geometrischen Formen bzw. grafischen Gestaltungen, an die sich der Verkehr etwa durch häufige werbemäßige Verwendung gewöhnt hat, die Eignung zur Individualisierung der Waren oder Dienstleistungen fehlen (BGH GRUR 2008, 710 Rn. 20 – VISAGE; 2001, 1153 – antiKALK; GRUR 2001, 56 f. – Likörflasche; GRUR 2000, 502 f. – St. Pauli Girl; Hildebrandt § 4 Rn. 117). Die Rechtsprechung legt hier einen eher großzügigen Maßstab an. **400**

Entscheidungspraxis: **400.1**
EuG T-209/14, BeckRS 2015, 81228 – Achteckiger grüner Rahmen: Die äußerst einfache geometrische Grundfigur eines achteckigen Rahmens in grüner Farbe ist nicht geeignet, der Anmeldung ein Mindestmaß an erforderlicher Unterscheidungskraft zu verleihen;
EuG T-499/09, BeckRS 2011, 81119 – Evonik/HABM (Purpurnes Rechteck): Darstellung eines purpurfarbenen, von der geometrischen Grundform nur marginal abweichenden Rechtecks nicht unterscheidungskräftig, da das Zeichen aufgrund der Einfachheit der rechteckigen Form den angesprochenen Verkehrskreisen keine eindeutige Aussage vermittle, diese werden vielmehr annehmen, dass es sich um ein mit den Waren oder Dienstleistungen im Zusammenhang stehendes Etikett, eine Dekoration oder eine ästhetischen Zwecken dienende Verzierung handele, nicht aber um einen Hinweis auf die betriebliche Herkunft der beanspruchten Waren und Dienstleistungen;
BPatG BeckRS 2009, 17816 – Rosette: Unterscheidungskraft eines radförmigen Symbols mit insgesamt drei verschieden segmentierten Kreisen bejaht, das es insbesondere durch die nach außen zunehmende Unterteilung der Ringe eine gewisse Komplexität bzw. charakteristische Erscheinung aufweise;
BPatG BeckRS 2009, 01117 – Dreieck: Schutzfähigkeit eines schrägwinkligen einfarbigen Dreiecks unter Hinweis auf ein Abweichen von einfachen Grundformen und Farbgebung bejaht (sehr weitgehend);
BPatG BlPMZ 2006, 179 f. – schwarz-blaues Quadrat: Darstellung eines blauen Quadrats mit schwarzer gleichförmiger Umrahmung noch als hinreichend unterscheidungskräftig beurteilt, da ihr eine „gewisse charakteristische Erscheinung als differenzierte Darstellung" nicht abgesprochen werden könne;
BPatG BeckRS 2001, 16264: Der stilisierten Abbildung eines unterbrochen gezeichneten Kreises wird ein noch ausreichender und damit schutzbegründender Abstand zur reinen fotografischen oder naturgetreuen Abbildung beigemessen.

Zum Sonderfall der **Kennfadenmarken** → Rn. 511 ff. **401**
Durch die **Verbindung** mehrerer auch **einfacher Figuren** kann in ihrer Kombination **402** hingegen eine Gestaltung erzielt werden, der ein hinreichendes Mindestmaß an Eigentümlichkeit zukommt und die insoweit die erforderliche Eignung als betrieblicher Herkunftshinweis begründen kann (HABM BK GRUR Int 1999, 966 f. – Dreiecke, unter Bezugnahme auf die weiteren Entscheidungen der Ersten Beschwerdekammer R 182/1998-1 – sedici quadrati, zu sechzehn im Quadrat angeordneten kleinen Quadraten, und der 2. BK R 199/1998-2, zu einer sechseckigen Gitterform; zur UMV s. auch HABM BK 3. BK GRUR Int 1999, 966 Rn. 17 – Dreiecke (Dual Triangles Design).

c) Produktabbildende Bildmarken. Bildzeichen, die sich in der bloßen nicht stilisier- **403** ten Abbildung der in der Anmeldung in Anspruch genommenen Ware erschöpfen, **fehlt in der Regel** die erforderliche **Unterscheidungskraft** (EuGH C-144/06 P, GRUR Int 2008, 43 Rn. 38 – Rot-weiße rechteckige Tablette; BGH GRUR 1995, 732 – Füllkörper, zum telle-quelle-Schutz nach Art. 6^{quinquies} B Nr. 2 PVÜ; GRUR 1999, 495 – Etiketten, dort allerdings Unterscheidungskraft bejaht). Der durchschnittliche Verbraucher schließt aus der bloßen Form der Waren oder ihrer Verpackung gewöhnlich nicht auf die betriebliche Herkunft der Produkte (zur Schutzfähigkeit von die Form der Ware wiedergebenden Bildmarken auch → Rn. 391; ausführlich zu dreidimensionalen Produktform- und Verpackungsformmarken → Rn. 452 ff.).

MarkenG § 8 Teil 2 Voraussetzungen, Inhalt und Schranken etc.

404 Dies gilt nicht nur dann, wenn es sich bei der in Rede stehenden Abbildung um eine fotografische oder zeichnerische, tatsächlich naturgetreue Wiedergabe der betreffenden Ware handelt. Solange der Verbraucher in der betreffenden Darstellung ohne weiteres die üblichen Grundmerkmale der betreffenden Ware ohne darüber hinausgehende stilisierte oder verfremdete Elemente erblickt, wird er in ihr lediglich die Ware als solche, jedoch keinen Hinweis auf ihre Herkunft aus einem bestimmten Unternehmen erkennen (Ingerl/Rohnke Rn. 170; s. auch EuGH C-136/02 P, GRUR Int 2005, 135 Rn. 32 – Maglite Stabtaschenlampe), unter Hinweis darauf, dass der Umstand, dass die wiedergegebene Form eine „Variante" der üblichen Formen dieser Warengattung darstellt, noch nicht als ausreichend anzusehen ist, um der angemeldeten Marke die Unterscheidungskraft zuzusprechen). Je weiter sich die **Darstellung** hingegen von der **tatsächlichen Produktform entfernt,** umso mehr wird der Verkehr geneigt sein, sie als Mittel zur betrieblichen Unterscheidung der Waren wahrzunehmen. Maßgeblich ist damit, ob das Zeichen sich in der Darstellung von Merkmalen, die für die betreffende Ware typisch oder lediglich von dekorativer Art sind, erschöpft, ohne darüber hinaus gehende charakteristische Unterscheidungsmerkmale aufzuweisen (BGH GRUR 2011, 158 Rn. 8 – Hefteinband; GRUR 2001, 239 f. – Zahnpastastrang; GRUR 2004, 683 f. – Farbige Arzneimittelkapsel). Wird Schutz für eine **andere Ware** als die abgebildete beansprucht, so kann selbstverständlich auch einer naturgetreuen unverfremdeten Sachdarstellung die erforderliche Unterscheidungskraft zukommen, sofern die dargestellte Ware nicht mittelbar Merkmale der beanspruchten Ware wie etwa deren Verwendungszweck beschreibt.

405 Eine ausreichende Unterscheidungskraft ist daher dann zu bejahen, wenn das Zeichen zwar für den Verkehr erkennbar eine Abbildung der Ware beinhaltet, die bildliche Darstellung jedoch **stilisiert, abstrahierend** bzw. **verfremdet** ist oder sonstige **zusätzliche charakteristische Merkmale** nicht nur warentypischer oder lediglich dekorativer Art aufweist, denen der angesprochene Verkehr einen Hinweis auf die betriebliche Herkunft entnehmen kann (BGH GRUR 2011, 158 Rn. 18 – Hefteinband; GRUR 2004, 507 (508) – Transformatorengehäuse; GRUR 2004, 583 (584) – Farbige Arzneimittelkapsel; GRUR 2001, 734 f. – Jeanshosentasche; GRUR 2001, 334 (336) – Gabelstapler, BPatG BeckRS 2014, 20240 – piktogrammähnliche Abstraktion eines Damenschuhs). Dabei stellt die Rechtsprechung an die Qualität der die Unterscheidungskraft begründenden Darstellungsmerkmale lediglich geringe Anforderungen (vgl. BGH GRUR 2001, 239 f. – Zahnpastastrang).

406 Unter Anwendung der oben dargestellten Grundsätze hat der BGH in seiner Entscheidung „Farbige Arzneimittelkapsel" beispielsweise die Unterscheidungskraft einer naturgetreuen Abbildung einer zweifarbigen Arzneimittelkapsel für pharmazeutische Zubereitungen verneint (BGH GRUR 2004, 683). Nach Auffassung des Gerichtshofs entsprach die abgebildete Kapsel in Form und Farbgebung der auf dem beanspruchten Warengebiet üblichen Produktgestaltung. Auch hielt sich die unterschiedliche farbliche Gestaltung der beiden Hälften der Kapsel nach den gerichtlichen Feststellungen im Rahmen der üblichen Aufmachungen, so dass der Verkehr auch diesem Merkmal keinen Herkunftshinweis entnehme. Ebenso verneint wurde die Unterscheidungskraft eines Zeichens, welches aus einer naturalistischen Abbildung einer Autofelge bestand, da für die Ablehnung der Schutzfähigkeit auch nicht erforderlich sei, dass die Marke das Produkt fotografisch genau oder maßstabsgerecht wiedergebe (BGH GRUR 1997, 527 (529) – Autofelge). Demgegenüber erachtete der BGH in seiner Entscheidung „Zahnpastastrang" die zweidimensionale Darstellung eines Strangs Zahnpasta als schutzfähig, da sie mit der zweifarbige Ausgestaltung, der dominierenden hellgrünen Farbe und der stilisierten Formgebung über die rein beschreibende Wiedergabe der Ware hinausgehende charakteristische Gestaltungsmerkmale aufweise (BGH GRUR 2001, 239; anders noch der Vorinstanz BPatG GRUR 1998, 713 (714), wo in der Farbgebung lediglich eine werbemäßige Hervorhebung oder allenfalls eine unmittelbar warenbezogene Aussage gesehen wurde).

406.1 Entscheidungspraxis:
BPatG BeckRS 2009, 3398 – Rasiererscherkopf: Unterscheidungskraft bejaht, da die betroffenen Verkehrskreise nach Auffassung des Gerichts die Abbildung nicht als Wiedergabe einer lediglich technisch bedingten Form auffassen, da die Darstellung keine naturgetreue Wiedergabe, sondern rein flächenhaft gehalten und dermaßen stilisiert sei, dass darin nur über mehrere analytische Gedankenschritte eine Produktform ermittelt werden könnte;

Absolute Schutzhindernisse § 8 MarkenG

BGH GRUR 1995, 732 (734) – Füllkörper (zum telle-quelle-Schutz): Naturgetreue, wenn auch nicht fotografisch genaue oder maßstabgerechte Wiedergabe der Ware (dort: dämpfende Füllkörper und Verpackungsmaterial) nicht als geeignet angesehen, die Ware ihrer Herkunft nach zu individualisieren, da alle zeichnerischen Elemente des Bildzeichens zum Wesen der Ware selbst gehörten und die Marke keine über die technische Gestaltung der Ware hinausreichenden Elemente aufweise.

Eine weitere Ausnahme von dem Grundsatz, dass die bildliche Darstellung von Waren keine hinreichende Unterscheidungskraft aufweist, gilt für den Fall, dass bereits die **abgebildete Ware als solche als unterscheidungskräftig** anzusehen ist (BGH GRUR 2008, 505 Rn. 25 – TUC-Salzcracker). Entnimmt der Verkehr schon der Form der Ware als solcher einen Hinweis auf ihre betriebliche Herkunft, so kann nichts anderes für eine naturgetreue Abbildung dieser Ware gelten. Voraussetzung für eine solche herkunftshinweisende Wirkung der Warenform ist jedoch, dass es sich um eine vom **Üblichen erheblich abweichende Gestaltung** handelt, die für den Verkehr die Herkunft aus einem bestimmten Unternehmen nahelegt. Insoweit gelten die von der Rechtsprechung zu dreidimensionalen Formmarken entwickelten Grundsätze (ausführlich → Rn. 452 ff.), auf die hier daher verwiesen werden kann, für zweidimensionale Abbildungen der Ware bzw. ihrer Verpackung (EuGH C-25/05 P, GRUR 2006, 1022 Rn. 29 – Wicklerform; C-144/06 P, GRUR Int 2008, 43 Rn. 38 – Rot-weiß rechteckige Tablette; BGH GRUR 2001, 56 f. – Likörflasche) oder eines Warenteils (EuG T-326/10, BeckRS 2012, 81912 – Karomuster) entsprechend. Denn in beiden Fällen besteht die Marke aus einem Zeichen, das nicht vom Erscheinungsbild der mit ihr gekennzeichneten Waren losgelöst wahrgenommen werden kann, unabhängig davon, ob die Darstellung nun zwei- oder dreidimensionaler Natur ist. **407**

Entscheidungspraxis: **407.1**
In der einen Verletzungsfall betreffenden Entscheidung „TUC-Salzcracker" hatte der BGH zu dem Schutzumfang der Klagemarke zu befinden, die aus der Abbildung eines Salzgebäcks mit der Aufschrift „TUC" bestand (BGH GRUR 2008, 505 Rn. 25). Das BPatG hatte in der Vorinstanz der Form des abgebildeten Crackers keine maßgebliche Bedeutung für den Schutzumfang des Klagezeichens beigemessen, da es sich insoweit in der reinen Warenform erschöpfe. Hierzu stellte der BGH fest, dass Berufungsgericht sei zwar rechtlich zutreffend von dem Grundsatz ausgegangen, dass der bloßen Abbildung der Ware im Allgemeinen wegen ihres bloß beschreibenden Inhalts die konkrete Unterscheidungseignung fehlt. Werde allerdings die betreffende Form der Ware als solche vom Verkehr als Herkunftshinweis verstanden, könne, so der BGH, „auch der **Abbildung** der Form die Kennzeichnungskraft nicht mit der Begründung abgesprochen werden, sie erschöpfe sich in der Wiedergabe der gekennzeichneten Ware".

Die vorgenannten Ausführungen gelten entsprechend für Abbildungen der **Warenverpackung.** Stellt die Abbildung lediglich eine handelsübliche Verpackung von normalerweise verpackt angebotenen Waren dar und wird sie daher nur als Hinweis auf die verpackte Ware selbst, nicht jedoch auf die betriebliche Herkunft der Ware wahrgenommen, so ist ihr die Unterscheidungskraft abzusprechen. Weist die Gestaltung hingegen nicht nur warentypische oder rein dekorative, sondern hierüber hinausgehende besondere charakteristische Merkmale auf, so steht der Eintragung der Abbildung der Verpackungsform nichts entgegen. Nach der zu dreidimensionalen Marken ergangenen Rechtsprechung ist dabei grundsätzlich erforderlich, dass die in Rede stehende Gestaltung von der branchenüblichen Verpackungsform **erheblich abweicht** (EuGH C-238/06 P, GRUR 2008, 339 Rn. 81 – Form einer Kunststoffflasche; C-25/05 P, GRUR 2006, 1022 Rn. 28 – Wicklerform; C-173/04 P, GRUR 2006, 233 Rn. 31 – Standbeutel; BGH GRUR 2001, 737 (739) – Waschmittelflasche). Da die gleichen Grundsätze unterschiedslos auch auf zweidimensionale Wiedergaben der Waren- oder Verpackungsform übertragbar sind, sei hier auf die Darstellung der Schutzfähigkeit dreidimensionaler Gestaltungen unter → Rn. 452 ff. verwiesen. **408**

d) Merkmalsbeschreibende Bildzeichen. Auch **beschreibenden Bildelementen** oder **Piktogrammen,** die auf die Art, die Funktion, die Beschaffenheit, den Gebrauchszweck oder die geografische Herkunft des in Rede stehenden Produkts hinweisen, fehlt regelmäßig die Unterscheidungskraft. So ist etwa die Abbildung des ehemaligen Staatswappens der DDR als bloßer Hinweis auf die geografische Herkunft der Waren nicht schutzfähig (vgl. BGH GRUR-RR 2009, 19 (20 f.) – Ehemaliges DDR-Staatswappen). Gleiches gilt für die naturgetreue Abbildung eines Hundekopfes als einem ohne jeden gedanklichen Zwi- **409**

schenschritt erkennbaren Hinweis darauf, dass es sich bei dem entsprechend gekennzeichneten Produkt um Hundefutter handelt (BGH GRUR 2004, 331 f. – Westie-Kopf; vgl. auch BGH GRUR 2005, 257 f. – Bürogebäude: fotografische Abbildung eines Bürogebäudes erschöpft sich in der Darstellung des wesentlichen Aspekts der Dienstleistung „Immobilienwesen").

409.1 **Entscheidungspraxis:**
EuG T-297/07, GRUR Int 2009, 244 Rn. 37 – Intelligent Voltage Guard: Bildliche Darstellung eines üblichen Geräts zur Messung der elektrischen Spannung (Voltmeter) wird von den maßgeblichen Verkehrskreisen lediglich als Unterstreichung des beschreibenden Wortbestandteils „intelligent voltage guard", und damit nicht als Hinweis auf eine bestimmte betriebliche Herkunft, sondern allein auf die Funktion als intelligenter Spannungsschutz verstanden.

410   Abzusprechen ist die Unterscheidungskraft Abbildungen, die zwar nicht die Ware selbst oder deren Verpackung wiedergeben, die aber lediglich für die **Ware typische** oder zur **Erreichung einer technischen Wirkung erforderliche Merkmale** der Ware abbilden und denen aufgrund ihres beschreibenden Charakters daher die Eignung als Herkunftshinweis fehlt (BGH GRUR 2004, 507 f. – Transformatorengehäuse; GRUR 2001, 413 (415) – SWATCH; GRUR 2001, 239 f. – Zahnpastastrang; Ingerl/Rohnke Rn. 167; s. auch EuG T-386/08, BeckRS 2010, 90889 – Darstellung eines Pferds, wo zu der Silhouette eines schwarzen Pferds in Seitenansicht im Hinblick auf die beanspruchten Waren der Klassen 18 und 25 festgestellt wurde, die maßgeblichen Verkehrskreise würden in dem betreffenden Zeichen unmittelbar und ohne weitere Überlegung einen direkten Bezug zwischen dem Zeichen und den beanspruchten Waren im Sinne einer Sortenangabe bzw. einer Angabe der Art und Bestimmung der Waren erkennen).

411   Weist das in Rede stehende Zeichen dagegen nicht nur die Darstellung von Merkmalen, die für die Ware typisch oder rein dekorativer Art sind, sondern darüber hinausgehend **charakteristische Merkmale** auf, in denen der Verkehr einen Hinweis auf die betriebliche Herkunft sieht, so ist die Unterscheidungskraft hingegen zu bejahen (BGH GRUR 2011, 158 Rn. 8 – Hefteinband; GRUR 2005, 257 f. – Bürogebäude).

412   Für eine Schutzversagung nicht ausreichend ist es, wenn sich der sachlich-beschreibende Bezug zwischen dem Bildzeichen und den betreffenden Merkmalen der in Rede stehenden Ware oder Dienstleistung erst als Folge verschiedener **gedanklicher Zwischenschritte** ergibt (Ingerl/Rohnke Rn. 167 mit kritischem Hinweis auf BPatGE 18, 90, wo die Unterscheidungskraft für eine bildliche Darstellung stilisierter Wassertropfen unter Hinweis darauf verneint wurde, dass sie sich beschreibend auf die in der Markenanmeldung beanspruchten Wasseraufbereitungsgeräte beziehe). Da jede auch noch so geringe Unterscheidungskraft zur Überwindung des Schutzhindernis ausreicht und der Verkehr ein als Marke verwendetes Zeichen in aller Regel keiner analysierenden Betrachtungsweise unterzieht, muss die unmissverständliche warenbezogene Sachaussage und damit der beschreibende Charakter des Zeichens offen zu Tage treten (vgl. BPatG BeckRS 2009, 15035 – Gepäckwagen; BPatG BeckRS 2015, 15104 – Buntes Zelt: Erforderlichkeit mehrerer gedanklicher Zwischenschritte spricht für die Bejahung der Unterscheidungskraft).

412.1 **Entscheidungspraxis:**
412.2 **Unterscheidungskraft verneint:**
BGH GRUR 1997, 529 – Autofelge: Nur leicht stilisierte, weitgehend naturgetreue zeichnerische Darstellung einer Automobilfelge nicht schutzfähig, zumal sich Autofelgen regelmäßig nur in wenig einprägsame und hochgradig beliebigen Nuancen unterscheiden, die sich der Verkehr, wenn er sie überhaupt wahrnimmt, regelmäßig nicht merken und als Herkunftshinweis auffassen wird;

EuG T-458/08, BeckRS 2010, 91076 – Wilfer/HABM (Gitarrenkopf): Unterscheidungskraft einer bildlichen Darstellung eines Gitarrenkopfs unter Hinweis darauf verneint, dass die betreffenden Gestaltungsmerkmale von den angesprochenen Verbrauchern lediglich mit technischen, funktionellen oder dekorativen Aspekten in Verbindung gebracht werden;

EuG T-297/07, GRUR Int 2009, 244 Rn. 37 – Intelligent Voltage Guard: Archetypische Darstellung eines Voltmeters zur Messung der elektrischen Spannung wird von den maßgeblichen Verkehrskreisen nicht als Hinweis auf eine bestimmte betriebliche Herkunft, sondern allein auf die Funktion als intelligenter Spannungsschutz verstanden.

Absolute Schutzhindernisse § 8 MarkenG

Unterscheidungskraft bejaht: 412.3
BPatG BeckRS 2013, 2299 – Lotuseffekt: Unterscheidungskraft einer Abbildung eines grünen Blatts mit abperlenden Tau- oder Wassertropfen für Waren der Farb- und Lackindustrie bejaht, da der Verkehr erst mehrerer analysierender Gedankenschritte bedürfe, um die Abbildung als Beschreibung der schutz- bzw. wasserabweisenden Wirkung der Waren („Lotuseffekt") zu erkennen;
BPatG BeckRS 2015, 15104 – Buntes Zelt: Darstellung eines Zirkuszeltes mit mehreren farbigen Stoffbahnen weist keine sich für den Verkehr in den Vordergrund drängende, ohne weiteres ersichtliche Beschreibung von Eigenschaften der beanspruchten Dienstleistungen auf. Für die Herstellung einer solchen Beziehung sind mehrere gedankliche Zwischenschritte erforderlich, was für eine hinreichende Unterscheidungskraft spricht.

Als lediglich den Anwendungszweck bzw. die Gebrauchsweise der Ware darstellende Bild- 413 zeichen sind auch gewöhnliche Piktogramme oder vergleichbare **beschreibende Darstellungen** in der Regel vom Markenschutz ausgeschlossen, da sie vom Verkehr regelmäßig nicht im Sinne eines Herkunftshinweises verstanden werden. Weist das Zeichen indes eine darüber hinausgehende **Verfremdung,** ungewöhnliche bildliche Verbindungen oder sonstige charakteristische Merkmale auf, die über die gewöhnliche und unmittelbar wahrnehmbare Aussagevermittlung hinausgehen, so ist von einer hinreichenden Unterscheidungskraft auszugehen, um das Schutzhindernis zu überwinden. Eine farbige Ausgestaltung allein ist hierfür in aller Regel noch nicht ausreichend, da die Farbgebung üblicherweise den beschreibenden Aussagegehalt nicht nachhaltig verändert (ebenso Ströbele/Hacker/Ströbele Rn. 279).

Entscheidungspraxis: 413.1
BPatG BeckRS 2015, 09315 – Seepferdchen: keine Eintragungsfähigkeit des „Seepferdchens" (Frühschwimmerabzeichens), da es vom Publikum als beschreibender Hinweise auf die Eignung der angemeldeten Druckereierzeugnisse für Schwimmanfänger bzw. auf einen diesbezüglichen Inhalt der Waren werde;
BPatG BeckRS 2012, 20384 – Fischsymbol: Unterscheidungskraft eines stilisierten Fischsymbols in Bezug auf Eiweißpräparate aus tierischen Produkten unter Hinweis darauf abgelehnt, dass die Darstellung des stilisierten Fischs in ihrer Gestaltung stark an geläufige Piktogramme angelehnt und das Publikum an die vereinfachte und werbeübliche Darstellung von Fischen der betreffenden Branche gewöhnt sei; s. auch BPatG BeckRS 2009, 88554 – Farbe, Boden, Tapete, Werkzeug;
BPatG BeckRS 1997, 14419 – weißes Ausrufezeichen auf schwarzem Untergrund: Unterscheidungskraft verneint, da Ausrufezeichen ein übliches Mittel darstellen, die Aufmerksamkeit des Publikums auf bestimmte Werbeaussagen bzw. Produkte zu richten;
BPatG BeckRS 2011, 12287 – Äskulapnatter: Darstellung einer sog. Äskulapnatter, die sich um die Mittelachse einer Waage mit zwei Waagschalen wie um einen Äskulapstab windet, jegliche Unterscheidungskraft abgesprochen, da die piktogrammartige Darstellung der Symbole Äskulapnatter und Waage der Justitia im Bereich der Rechtsmedizin als gebräuchliche Darstellung bzw. Hinweis anzusehen sei, dass gleichzeitig medizinische und rechtliche Fragestellungen betroffen sind (s. andererseits BPatG BeckRS 2009, 5240 – Äskulapstab, wo das Gericht die Schutzfähigkeit des abgebildeten Äskulapstabs ua mit der Begründung bejahte, dass es sich weder um eine einfache geometrische Form noch um einen piktogrammartigen Hinweis auf das Heil- und Gesundheitswesen handele, da das beanspruchte Zeichen deutliche Unterschiede zu der in dem internationalen Standard Unicode festgelegten Darstellung des Äskulapstab-Symbols aufweise).
BPatG GRUR 2013, 379 – Gehendes Ampelmännchen: Unterscheidungskraft der Bildmarkeneintragung für das aus den neuen Bundesländern bekannte gehende Ampelmännchen für Waren der Klasse 16 mangels im Vordergrund stehenden beschreibenden Begriffsinhalts bejaht, zumal nicht alle Motive, die einen bestimmten Inhalt vermitteln bzw. „ein Geschichte erzählen könnten", vom Markenschutz ausgeschlossen werden dürften;
EuG T-414/07, BeckRS 2009, 71367 – Hand mit Magnetkarte: stilisierte Darstellung einer eine Magnetkarte haltenden Hand nicht unterscheidungskräftig, da sie lediglich als Gebrauchshinweis zur Vornahme einer Transaktion mittels Magnetkarte wahrgenommen wird;
EuG T-530/14, BeckRS 2015, 81100 – Schwarze Schleife: Abbildung einer schwarzen Schleife wird als üblicher Hinweis auf Trauer bzw. Solidarität mit Angehörigen, nicht aber als betrieblicher Herkunftshinweis verstanden.

e) Bildliche Hinweise auf die geografische Herkunft. Die Unterscheidungskraft 414 kann auch solchen sachbezogenen Abbildungen fehlen, die lediglich als Hinweis auf die

geografische Herkunft der Waren oder Dienstleistungen verstanden werden. So können beispielsweise Abbildungen **bekannter Bauwerke, Wahrzeichen** oder sonstige **Symbole** von Orten und Ländern als mittelbare Herkunftsangaben zur Beschreibung dienen. In der Rechtsprechung wurde daher etwa der Darstellung einer Quadriga als Hinweis auf Berlin (BPatG BeckRS 2010, 9410), einer historischen Stadtansicht Dresdens (BPatG BeckRS 2008, 8492) oder der Silhouette des Kölner Doms (BPatG BeckRS 2007, 7537; s. aber die gegenteilige Entscheidung BPatG GRUR-RR 2013, 17 betreffend eine stärker stilisierte Darstellung des Kölner Doms mit graphisch charakteristischen Merkmalen) eine hinreichende Unterscheidungskraft abgesprochen. Voraussetzung ist jedoch, dass die angesprochenen Verkehrskreise die Abbildung eindeutig und ohne weiteres mit dem in Rede stehenden geografischen Gebiet identifizieren, was in der Regel eine gewisse Bekanntheit des Gebäudes als Wahrzeichen oder des Ortes als solchen voraussetzt (BPatG BeckRS 2010, 9410 – Quadriga).

414.1 **Entscheidungspraxis:**
BPatG BeckRS 2008, 5291 – Hofbräuhaus: Anmeldung einer Zeichnung der Fassade des Münchner Hofbräuhauses ua für „Biere; Mineralwässer; Beherbergung und Verpflegung von Gästen" zur Eintragung zugelassen, da es sich nicht um eine naturgetreue, sondern stark stilisierte Darstellung mit charakteristischen grafischen Merkmalen in Form dreier versetzter Gebäudeteile mit unterschiedlichen Dach- und Fassadentypen handele, die vom Eindruck eines tatsächlich existierenden Gebäudes wegführten. Zudem sei kein Gasthaus oder Geschäft, sondern ein „neutrales" Gebäude abgebildet, so dass der angesprochene Verkehr dem Zeichen keinen im Vordergrund stehenden Aussagegehalt entnehme.

415 Gleiches gilt für aktuelle oder ehemalige **Hoheitszeichen,** die der Verkehr als bloßen Hinweis auf die geografische Herkunft der Waren oder Dienstleistungen versteht, ohne ihnen einen Hinweis auf deren betriebliche Herkunft beizumessen (vgl. BGH GRUR-RR 2009, 19 – Ehemaliges DDR-Staatswappen: Abbildung des ehemaligen Staatswappens der DDR als bloßer Hinweis auf die geografische Herkunft der Waren nicht unterscheidungskräftig; s. auch BPatG BeckRS 2009, 8155 – CCCP: Buchstabenfolge „CCCP" stellt die in kyrillischen Buchstaben dargestellte Staatsbezeichnung der ehemaligen UdSSR dar, so dass sich die angegriffene Marke zur Bezeichnung der geografischen Herkunft der betreffenden Waren eignet).

416 Gibt die Bildmarke nur die Form eines dem Verkehr nicht ortsbezogen bekannten und daher gleichsam als fotografische Ortsangabe dienenden **Gebäudes** oder eines **Verkaufsstandes** wieder, so wird sie von den angesprochenen Verkehrskreisen regelmäßig nur in ihrer technischen Funktion und ästhetischen Gestaltung und nicht als Hinweis auf die Herkunft von Waren oder Dienstleistungen wahrgenommen (vgl. zu einem Verletzungsfall BGH GRUR 2005, 419 (421) – Räucherkate; GRUR 2005, 257 f. – Bürogebäude). Etwas anderes gilt nur dann, wenn die Darstellung in grafischer über besondere charakteristische Merkmale verfügt, die für den Verkehr einen Herkunftshinweis nahelegen (vgl. zu einer dreidimensionalen Darstellung eines Verkaufsstands auch BPatG BeckRS 2013, 11075, wo für die Annahme einer Unterscheidungskraft sogar vorausgesetzt wurde, dass die grafischen Merkmale erheblich von der Norm oder Branchenüblichkeit abweichen).

417 **f) Bildliche Abbildungen in Bezug auf Dienstleistungen.** Auch für unkörperliche **Dienstleistungen** können Bildmarken als beschreibend und damit nicht unterscheidungskräftig anzusehen sein. Bezeichnet das in Rede stehende Zeichen seiner Bildsprache nach die **Dienstleistung selbst oder ihre typischen Merkmale,** ohne darüber hinausgehend charakteristische grafische Gestaltungselemente aufzuweisen, in denen der Verkehr einen Hinweis auf die betriebliche Herkunft der Dienstleistungen sieht, so ist ihm die erforderliche Unterscheidungskraft abzusprechen (Ingerl/Rohnke Rn. 174).

418 So wurde etwa für den Bereich der Dienstleistung „Immobilienwesen" die fotografische Abbildung eines **Bürogebäudes** als typischer Gegenstand des Immobiliengeschäfts als nicht unterscheidungskräftig erachtet, da der angesprochene Verkehr in der Abbildung der Immobilie lediglich eine Bezeichnung des Gegenstands der Dienstleistung „Immobilienwesen" erblicke, nicht jedoch einen Hinweis auf deren betriebliche Herkunft (BGH GRUR 2005, 257 f. – Bürogebäude; ebenso in der Vorinstanz BPatG GRUR 2004, 334 f. – Bürogebäude). Für die ebenfalls in Anspruch genommenen Dienstleistungen „Geschäftsführung, Unternehmensverwaltung, Büroarbeiten, Versicherungswesen, Finanzwesen, Rechtsberatung und Vertretung" wurde die Unterscheidungskraft der gleichen Darstellung hingegen bejaht, da sie insoweit keine sich für den Verkehr in den Vordergrund drängende, ohne weiteres ersichtliche Beschreibungen von Eigenschaften dieser Dienstleistungen darstelle (zur Unterscheidungskraft dreidimensionaler Darstellungen eines Ladengeschäfts → Rn. 472).

Der Umstand, dass ein Bildzeichen in Bezug auf die in der Anmeldung beanspruchten **419** Dienstleistungen lediglich **positive Assoziationen** bei dem Betrachter („professionell", „kompetent", „innovativ", „hochwertig" oÄ) erweckt, ohne die Dienstleistung darüber hinaus eindeutig zu beschreiben, steht der Annahme der Unterscheidungskraft des Zeichens nicht entgegen. Auch hier gilt, dass sich Unterscheidungsfunktion und Werbewirkung nicht gegenseitig ausschließen (BGH GRUR 2005, 257 f. – Bürogebäude; GRUR 2000, 323 f. – Partner with the Best).

g) Portraitmarken. Bildnisse von Personen können als Marke eintragungsfähig sein, **420** wie bereits die Regelung des § 13 Abs. 2 Nr. 2 zeigt. Auch ist die grundsätzliche Eignung einer solchen Personenabbildung, im Verkehr als Unterscheidungszeichen hinsichtlich der betrieblichen Herkunft der mit ihr gekennzeichneten Waren oder Dienstleistungen zu dienen, unzweifelhaft zu bejahen (BGH GRUR 2008, 1093 – Marlene-Dietrich-Bildnis I; Fezer Rn. 135; s. auch BPatG NJWE-WettbR 1999, 153 f. – Michael Schumacher, wonach das Bild einer bestimmten Person sogar „von Haus aus die denkbar stärkste Unterscheidungskraft" besitzen soll; s. auch (ein Widerspruchsverfahren zwischen Bildmarken mit Darstellungen Ludwigs II betreffend) BPatG BeckRS 2014, 16252, wonach den Bildnissen berühmter Persönlichkeiten (dort: Ludwig II) im Regelfall durchschnittliche Unterscheidungskraft zukommt). Die für die tatsächliche Verwendung solcher Personenabbildungen relevanten Bildnisrechte oder, im Fall Verstorbener, postmortalen Persönlichkeitsrechte, sind für die Frage der markenrechtlichen Eintragungsfähigkeit ohne Bedeutung. Insbesondere begründet ein Recht am eigenen Bild des konkret Abgebildeten kein allgemeines Freihaltebedürfnis iSd § 8 Abs. 2 Nr. 2. Auch ein etwaiges Interesse der Allgemeinheit an der freien Verfügbarkeit als kulturelles Erbe führt nicht zu einem Schutzausschluss für konkrete Darstellungen berühmter Persönlichkeiten (BPatG BeckRS 2014, 16252, ein Widerspruchsverfahren betreffend).

Besondere Beachtung ist bei dieser Markenkategorie indes der Frage zu schenken, ob die **421** betreffende Abbildung gerade mit Blick auf die konkret beanspruchten Waren und Dienstleistungen tatsächlich als Herkunftshinweis verstanden wird oder ob bei den angesprochenen Verkehrskreisen nicht vielmehr mit einer Wahrnehmung als **Inhaltsbeschreibung** zu rechnen ist. Gerade bei sehr bekannten Persönlichkeiten kann es naheliegend sein, dass der Verkehr je nach Produktbereich in dem Personenportrait einen beschreibenden Hinweis auf **Inhalt** oder **thematischen Bezugspunkt** der Waren und Dienstleistungen erblickt. So wurde in der Rechtsprechung etwa die Unterscheidungskraft eines Portraits Marlene Dietrichs für CDs, DVDs, Filme, Bücher, Zeitschriften, Poster oÄ abgelehnt, da die Abbildung der Schauspielerin für diese Waren als bloßer inhaltsbeschreibender Hinweis auf das Thema „Marlene Dietrich" wahrgenommen werde. Zur Eintragung zugelassen wurde die Marke hingegen beispielsweise für Bekleidungsstücke, da ein beschreibender Charakter insoweit nicht feststellbar sei (BGH GRUR 2008, 1093 Rn. 14 ff. – Marlene-Dietrich-Bildnis I).

Weitere Entscheidungspraxis: **421.1**
BPatG BeckRS 2016, 04615 – Mona Lisa: Wiedergabe des weltbekannten Gemäldes von Leonardo da Vinci nebst Schriftzug „Mona Lisa" in der typischen Form eines Etiketts, angemeldete für „Weine" in Klasse 33, wird von den angesprochenen Verkehrskreisen auch angesichts der Gestaltungsgewohnheiten in der Weinbranche lediglich als künstlerisch gestaltetes Weinetikett (als wahrscheinlichste Verwendungsform) und nicht als Hinweis auf die betriebliche Herkunft wahrgenommen.

Nicht zuletzt vor dem Hintergrund omnipräsenter Darstellungen prominenter Persönlichkeiten in der Werbung ist zudem sorgfältig zu prüfen, ob das in Rede stehende Bildzeichen nicht ausschließlich als bloß **dekoratives** bzw. **verzierendes Gestaltungselement** wahrgenommen wird (zum Nebeneinander von Unterscheidungswirkung und Verzierungsfunktion → Rn. 392). In diesem Zusammenhang hat der BGH bisher einen großzügigen Maßstab angelegt, da es seiner Auffassung nach für die Bejahung der Unterscheidungskraft ausreichen sollte, wenn praktisch **bedeutsame oder naheliegende Möglichkeiten** einer Verwendung des Zeichens bestehen, bei denen das angemeldete Bildnis vom Verkehr als Marke verstanden wird (vgl. BGH GRUR 2008, 1093 Rn. 22 – Marlene-Dietrich-Bildnis I; GRUR 2012, **422**

1044 Rn. 20 – Neuschwanstein). Auf lediglich theoretisch denkbare, aber praktisch nicht bedeutsame Einsatzmöglichkeiten dürfe allerdings nicht abgestellt werden (BGH GRUR 2008, 1093 Rn. 15 – Marlene-Dietrich-Bildnis I; GRUR 2005, 414 (416) – Russisches Schaumgebäck). Inwieweit diese Rechtsprechung nach den Vorgaben des EuGH in der Entscheidung „Umsäumter Winkel" (EuGH C-307/11 P, GRUR 2013, 519 Rn. 55), denen zufolge auf die wahrscheinlichste Verwendungsmöglichkeit abzustellen ist, weitergeführt wird, bleibt abzuwarten (zur Frage der Bedeutung unterschiedlicher **Verwendungsmöglichkeiten** für die Beurteilung der Schutzfähigkeit von Positionsmarken ausführlich → Rn. 484 ff.).

423 Denkbar ist, dass ein Portrait vom Verkehr lediglich als **Hommage** an eine berühmte Persönlichkeit aufgefasst und damit nicht als Unterscheidungszeichen interpretiert wird. Dies setzt jedoch voraus, dass in dem konkret betroffenen Warensegment eine spezifische Verwendungsübung besteht, aufgrund derer der Verkehr die Benutzung solcher Portraitzeichen nicht auf ein bestimmtes Unternehmen zurückführt (vgl. auch BPatG BeckRS 2013, 11954, wo einer Wortmarkenanmeldung für „Mark Twain" aufgrund der Besonderheiten auf dem Markt der Schreibgeräte, der Namen bedeutender historischer Persönlichkeiten üblicherweise als Hommage-Editionen kennt, die Unterscheidungskraft abgesprochen wurde).

424 Die vorgenannten Grundsätze zu Personenbildnissen gelten entsprechend auch für die ebenfalls werbeübliche Verwendung von **Unterschriften** prominenter Personen (vgl. Ingerl/Rohnke Rn. 176). Bei diesen ist indes genau zu prüfen, ob der angesprochene Verkehr in der Unterschrift tatsächlich einen betrieblichen Herkunftshinweis oder lediglich ein für diese Art der Werbung typisches Bekenntnis des Testimonials zu dem beworbenen Produkt erblickt.

2. Beschreibende Angaben

425 Auch Bildmarken unterliegen grundsätzlich dem Eintragungshindernis für beschreibende Angaben nach § 8 Abs. 2 Nr. 2. Erfasste die Vorgängervorschrift des § 4 Abs. 1 Nr. 1 Alt. 2 WZG ihrem Wortlaut nach nur „Zahlen, Buchstaben oder Wörter", so wird die Einbeziehung sämtlicher Zeichenarten durch den insoweit geänderten Wortlaut des § 8 Ab. 2 Nr. 2 klargestellt, wonach die Schutzschranke allgemein auf **„Zeichen und Angaben"** jeglicher Art Anwendung findet.

425.1 Allerdings war schon unter Geltung des WZG anerkannt, dass es nach Sinn und Zweck der Vorschrift, zu verhindern, dass dem freien Wettbewerb Bezeichnungen entzogen werden, die der Verkehr als natürliches Werbemittel zur Kennzeichnung der Waren benötigt und in deren Verwendung er daher auch billigerweise nicht beschränkt werden darf, einer wortlauterweiternden Auslegung des Begriffs „Wörter" § 4 Abs. 1 Nr. 1 Alt. 2 WZG bedürfe, die auch reine Bildzeichen mit einbeziehe (vgl. BGH GRUR 1955, 421 (423) – Forellenzeichen, wonach für den Fall, dass es sich bei dem in Rede stehenden Zeichen um einfache und eindeutig auf den Bestimmungszweck in der Weise hinweisende Motive handelt, die von den Betrachtern ohne Zuhilfenahme der Phantasie oder weiterer Überlegungen als reine Bestimmungsangaben aufgefasst werden, grundsätzlich keine Bedenken bestünde, auch Bilder dieser Art von der Eintragung auszuschließen).

426 **Rein beschreibend** und damit von einer Eintragung ausgeschlossen sind beispielsweise Bildzeichen, die vom Verkehr lediglich als Hinweis auf die geografische Herkunft der Waren aufgefasst werden (s. etwa BGH GRUR-RR 2009, 19 – Ehemaliges DDR-Staatswappen: Abbildung des ehemaligen Staatswappens der DDR als rein beschreibendes Zeichen bewertet, das im Verkehr zur Bezeichnung der Art und Beschaffenheit sowie der geografischen Herkunft der beanspruchten Waren dienen kann; ebenso BPatG BeckRS 2008, 8492: historische Abbildung des Stadtzentrums Dresdens nicht schutzfähig, da als mittelbare geografische Herkunftsangabe erkennbar geeignet, einen Hinweis auf die geografische Herkunft der so gekennzeichneten Produkte des Backwarensektors zu geben). Solchen Zeichen **fehlt zugleich auch die Unterscheidungskraft** iSd § 8 Abs. 2 Nr. 1 (→ Rn. 414), da sie gerade aufgrund ihrer ausschließlichen Wahrnehmung als herkunftsbeschreibende Hinweise nicht geeignet sind, als Unterscheidungszeichen hinsichtlich der betrieblichen Herkunft der Waren und Dienstleistungen zu dienen (zum Verhältnis von Unterscheidungskraft und Freihaltebedürfnis ausführlich → Rn. 57 ff.). Gleiches gilt für Piktogramme oder vergleichbare Bildzeichen, die Informationen über den Gebrauchszweck, die Anwendungsweise oder sonstige

Merkmale der Waren vermitteln (→ Rn. 409 ff.) und die insoweit ebenfalls unter das Eintragungshindernis des § 8 Abs. 2 Nr. 2 fallen können.

Auch Bildzeichen, die sich in der **Darstellung der Ware oder Warenverpackung** als 427
solcher erschöpfen und insoweit lediglich deren äußere Merkmale beschreiben, sind als freihaltebedürftige Zeichen von Markenschutz ausgeschlossen (in der Rechtsprechung wurden solche Bildmarken bislang jedoch überwiegend unter dem Gesichtspunkt der fehlenden Unterscheidungskraft beurteilt, → Rn. 403 ff.). Dabei gelten für zweidimensionale Abbildungen die gleichen Grundsätze, die die Rechtsprechung für dreidimensionale Warenformmarken entwickelt hat (BGH GRUR 2006, 679 Rn. 17 – Porsche Boxster), so dass auf die ausführliche Darstellung unter → Rn. 452 ff. verwiesen werden kann.

III. Farbmarken

1. Grundlagen

Die abstrakte Farbmarke beansprucht Schutz für einen bestimmten Farbton oder eine 428
bestimmte Farbkombination ohne Festlegung auf eine bestimmte Konturierung, Form, räumliche Begrenzung oder Gestaltung (zum Schutzgegenstand der Farbmarke ausführlich Grabrucker GRUR 1999, 850 ff.). War unter Geltung des WZG ein solcher markenrechtlicher Schutz noch ausgeschlossen (vgl. BGH GRUR 1979, 853 (855) – LILA; GRUR 1968, 371 (374) – Maggi; NJW 1970, 139 – Streifenmuster), so erfasst die Aufzählung in § 3 Abs. 1 des am 1.1.1995 in Kraft getretenen MarkenG ausdrücklich auch **„Farben"** als grundsätzlich markenfähige Zeichen. Auch der EuGH hat die grundsätzliche Markenfähigkeit von Farben als Marken iSd Art. 2 RL 2008/95/EG (Art. 3 RL (EU) 2015/2436) anerkannt (vgl. EuGH C-104/01, GRUR 2003, 604 Rn. 42 – Libertel). Zu den formalen Anforderungen bei der Anmeldung von abstrakten Farbmarken → § 32 Rn. 22 ff.).

2. Entwicklung der Rechtsprechung

War die Rechtsprechung des BGH und teils auch des BPatG zur Eintragbarkeit von 429
abstrakten Farbmarken unter Geltung des MarkenG zunächst durch eine gewisse Liberalität geprägt (vgl. hierzu die Entscheidungen BGH GRUR 1999, 730 f. – Farbmarke magenta/grau; GRUR 2001, 1154 f. – Farbmarke violettfarben; BGH GRUR 2002, 427 (429) – Farbmarke gelb/grün; BPatG BeckRS 2009, 25099 – Farbmarke magenta), so hat der EuGH in seiner Grundsatzentscheidung „Libertel" vom 6.5.2003 (EuGH C-104/01, GRUR 2003, 604; ebenso EuGH C-49/02, GRUR 2004, 858 – Heidelberger Bauchemie) unter Verweis auf die unterschiedliche Wahrnehmung von Farben gegenüber klassischen Markenformen wie Wort- oder Bildmarken der originären **Eintragungsfähigkeit** abstrakter Farbmarken sehr **enge Grenzen** gesteckt.

In der Entscheidung „Farbmarke Gelb" stellt der BGH fest, der Beschwerdeführer könne sich 429.1
zur Begründung der Eintragungsfähigkeit seiner Farbmarke nicht auf eine zeitlich vor der „Libertel"-Entscheidung des EuGH liegende großzügigere Rechtsprechung des BPatG berufen, da die zu einer Zeit ergangen sei, „in der an die Prüfung des Schutzhindernisses mangelnder Unterscheidungskraft bei konturlosen Farbmarken noch nicht die jetzt maßgeblichen Anforderungen gestellt wurden" (BGH GRUR 2010, 637 Rn. 15 – Farbmarke Gelb).

Der Verbraucher ist nach den Feststellungen des EuGH **nicht daran gewöhnt,** aus der 430
Farbe von Waren oder ihrer Verpackung ohne weitere Wort- oder Bildelemente auf die Herkunft der Waren zu schließen, da eine Farbe als solche nach den Gepflogenheiten des Handels grundsätzlich **nicht als Mittel der Identifizierung** verwendet wird. In diesem Zusammenhang sei auch zu berücksichtigen, dass die Zahl der Farben bzw. Farbabstufungen, die der durchschnittliche Verbraucher unterscheiden kann, eher niedrig ist, da sich ihm selten die Gelegenheit zum unmittelbaren Vergleich von Waren mit unterschiedlichen Farbtönen bietet. Insoweit besitze eine Farbe von Hause aus gewöhnlich nicht die Eigenschaft, die Waren eines bestimmten Unternehmens von denen anderer zu unterscheiden (EuGH C-104/01, GRUR 2003, 604 Rn. 65 – Libertel; ebenso EuGH C-49/02, GRUR 2004, 858 Rn. 23 – Heidelberger Bauchemie; C-447/02 P, GRUR Int 2005, 227 Rn. 78 – Farbe Orange).

431 Bereits im Zusammenhang mit dem Eintragungshindernisses der fehlenden Unterscheidungskraft iSd Art. 3 Abs. 1 lit. b RL 2008/95/EG berücksichtigt der EuGH insbesondere auch das **Allgemeininteresse** an der **freien Verfügbarkeit von Farben** (vgl. hierzu EuGH C-447/02 P, GRUR Int 2005, 227 Rn. 79 – Farbe Orange; C-104/01, GRUR 2003, 604 Rn. 54 ff. – Libertel; C-49/02, GRUR 2004, 858 Rn. 41 – Heidelberger Bauchemie; → Rn. 62). Die geringe Zahl der tatsächlich verfügbaren und von den Verbrauchern unterscheidbaren Farben habe zur Folge, dass mit wenigen Markeneintragungen das komplette Spektrum der zur Verfügung stehenden Farben erschöpft werden könnte. Eine derart weitgehende Monopolisierung wäre indes mit dem System eines **unverfälschten Wettbewerbs** unvereinbar. Von daher gebiete es das in diesem Zusammenhang zu berücksichtigende Allgemeininteresse, dass die freie Verfügbarkeit der Farben für die Allgemeinheit nicht ungerechtfertigt beschränkt wird (EuGH C-104/01, GRUR 2003, 604 Rn. 54–60 – Libertel). Der Berücksichtigung dieses Allgemeininteresses im Rahmen der Prüfung der Unterscheidungskraft haben sich BGH und BPatG ausdrücklich angeschlossen (vgl. BGH GRUR 2010, 637 Rn. 12 – Farbe Gelb; BPatG GRUR 2014, 1106 (1108) – Farbe Rapsgelb; BeckRS 2014, 16243 – Farbmarke Blau; GRUR 2015, 796 (798) – Farbmarke Rot – HKS 13 [Sparkassen-Rot II]; BeckRS 2015, 09646 – Farbmarke RAL 3020 (rot); aus gesetzessystematischen Gründen kritisch zur Berücksichtigung des Freihalteinteresses im Kontext des Schutzhindernisses der fehlenden Unterscheidungskraft Ingerl/Rohnke Rn. 180 und Bölling MarkenR 2004, 386; generell für ein integriertes Prüfungsschema iSd Libertel-Entscheidung, in dem Wettbewerber- und Allgemeininteresse gleichermaßen Berücksichtigung finden, → Rn. 63 ff.).

432 Unter Geltung dieser Rechtsprechung ist eine originäre Unterscheidungskraft bei abstrakten Farben oder Farbkombinationen nur unter **außergewöhnlichen Umständen** anzunehmen, wenn etwa der Kreis der Waren oder Dienstleistungen, für die die Markenanmeldung Schutz beansprucht, sehr beschränkt und der maßgebliche Markt sehr spezifisch ist (dazu im Einzelnen sogleich). Vorbehaltlich solcher Ausnahmefälle ist daher **im Allgemeinen** von der originären **Schutzunfähigkeit abstrakter Farbmarken** auszugehen (EuGH C-104/01, GRUR 2003, 604 Rn. 66 – Libertel; C-447/02 P, GRUR Int 2005, 227 Rn. 79 – Farbe Orange; BGH GRUR 2010, 637 Rn. 13 – Farbe Gelb). Markenschutz für eine Farbe oder Farbkombination kommt danach regelmäßig nur im Falle einer durch umfangreiche Benutzung erworbenen Verkehrsdurchsetzung iSv § 8 Abs. 3 in Betracht (→ Rn. 879.3; zu Art. 7 Abs. 3 UMV → UMV Art. 7 Rn. 171 ff.).

3. Feststellung der Unterscheidungskraft

433 Zur Prüfung der Frage, ob unter Berücksichtigung der höchstrichterlichen Vorgaben ausnahmsweise von einer originären Schutzfähigkeit der angemeldeten Farbmarke auszugehen ist, hat sich in der Rechtsprechung ein **Katalog verschiedener Kriterien** herausgebildet, anhand derer zu beurteilen ist, ob als Ausnahme von dem Grundsatz der Schutzunfähigkeit abstrakter Farbmarken in dem konkreten Fall eine Unterscheidungskraft von Haus aus doch in Betracht kommt, die die Eintragungsfähigkeit zu begründen vermag. Voraussetzung hierfür ist, dass sich die Markenmeldung auf einen engen spezifischen Markt bezieht, in dem eine entsprechende Verkehrsgewöhnung an den markenmäßigen Einsatz von Farben besteht und dass zudem auch die konkret in Rede stehende Farbe ihrerseits geeignet ist, in Bezug auf die beanspruchten Waren und Dienstleistungen als Herkunftshinweise zu dienen (vgl. BPatG GRUR 2005, 585 (589) – Farbmarke Gelb; GRUR 2009, 161 f. – Farbmarke Gelb-Yellow; GRUR 2009, 170 f. – Farbmarke Rapsgelb; GRUR 2010, 71 f. – Farbe Lila; BeckRS 2011, 14899 – Transparent grün; BeckRS 2012, 23315 – Aral-Blau; BeckRS 2014, 16243 – Farbmarke Blau; GRUR 2015, 796 (798) – Farbmarke Rot – HKS 13 [Sparkassen-Rot II]; Ingerl/Rohnke Rn. 182 ff.; vgl. zum Prüfungsgang des BPatG eingehend Grabrucker/Fink GRUR 2008, 371 f.).

434 **a) Spezifischer Markt.** Für die Annahme außergewöhnlicher Umstände, die eine Beschränkung des Allgemeininteresses an der freien Verfügbarkeit von Farben rechtfertigen können, ist nach Auffassung des EuGH zunächst von Bedeutung, dass sich die Markenanmeldung auf einen engen **spezifischen Markt** sowie auf eine **geringe Anzahl an Waren oder Dienstleistungen** bezieht (EuGH C-104/01, GRUR 2003, 604 Rn. 66 – Libertel). Eine

Veränderung in der Wahrnehmung abstrakter Farben über den ihnen gewöhnlich beigemessenen rein dekorativen Charakter hinausgehend als betrieblicher Herkunftshinweis wird nur dann feststellbar sein, wenn eine überschaubare Zahl von Waren oder Dienstleistungen betroffen ist. Denn nur in diesem Fall kann eine Feststellung **besonderer Kennzeichnungsgewohnheiten** dahingehend getroffen werden, dass sich diese spezifischen Waren und Dienstleistungen hinsichtlich ihrer Präsentation am Markt vom üblichen Werbeauftritt und damit von der üblichen nicht-kennzeichnenden Verwendung von Farben abheben (BPatG GRUR 2009, 161 f. – Farbmarke Gelb-Yellow, bestätigt durch BGH GRUR 2010, 637 Rn. 13 – Farbe Gelb; BPatG BeckRS 2014, 16243 – Farbmarke Blau; kritisch hinsichtlich der Beschränkung auf ein eng gefasstes Waren- und Dienstleistungsverzeichnis Viefhues/Klauer GRUR Int 2005, 588). Zugleich trägt das Erfordernis einer Beschränkung auf einen engen spezifischen Markt bzw. eine geringe Zahl an Waren und Dienstleistungen dem Postulat einer nicht übermäßigen Beeinträchtigung des **Interesses der Allgemeinheit** an einer Vermeidung weitgehender Monopolisierungen von Farben Rechnung (vgl. Lange MarkenR/KennzeichenR § 3 Rn. 879).

Maßgebliches Kriterium für die Feststellung eines spezifischen Marktes ist, ob die beanspruchten Waren Teil eines **in sich abgeschlossenen,** von den Kennzeichnungsgewohnheiten anderer Branchen **unabhängigen** und nach wirtschaftlichen Gesichtspunkten **abgrenzbaren** Marktsegments sind, für das sich belastbare Feststellungen zu eigenständigen Kennzeichnungs- und Wahrnehmungsgewohnheiten treffen lassen (vgl. BPatG BeckRS 2015, 09646 – Farbmarke RAL 3020 (rot); BeckRS 2013, 14164 – Farbmarke Gelb; BeckRS 2009, 18245 – Farbmarke magenta). Bejaht wurde dies in der Rechtsprechung zB hinsichtlich des Markts für Mineralölprodukte (BPatG BeckRS 2012, 23315 – Aral-Blau), für Branchentelefonbücher (BPatG GRUR 2009, 170 f. – Farbmarke Rapsgelb), für Schnappschalter für die industrielle Anwendung (BPatG BeckRS 2011, 14899 – transparent grün), für zweisprachige Wörterbücher (BPatG BeckRS 2013, 14164 – Farbmarke Gelb), für Spülmaschinen (BPatG GRUR 2005, 1056 – Zweifarbige Kombination Dunkelblau/Hellblau) oder für den Flugrettungsdienst (BPatG BeckRS 2012, 5703 – 3D-Marke mit der Farbangabe rot-weiß).

Der EuGH hat das Vorliegen eines spezifischen Marktes bislang nicht als unabdingbare Voraussetzung, sondern nur als einen **Beispielsfall** solcher außergewöhnlicher Umstände benannt, die zu einer originären Schutzfähigkeit der abstrakten Farbmarke führen können. Insoweit bleibt es dabei, dass auch bei Farbmarken die Prüfung des Schutzhindernisses mangelnder Unterscheidungskraft umfassend anhand **aller relevanten Umstände des Einzelfalls** zu erfolgen hat. Bezieht sich die Anmeldung nicht auf einen spezifischen Markt sowie eine sehr geringe Anzahl von Waren oder Dienstleistungen, sondern beansprucht sie vielmehr Schutz für eine breite Produktpalette, so werden sich die den Ausnahmefall darstellende Gewöhnung des Verkehrs an eine herkunftshinweisende Verwendung von Farben und damit die erforderlichen außergewöhnlichen Umstände für die Annahme einer Unterscheidungskraft abstrakter Farben jedoch im Regelfall nicht feststellen bzw. nachweisen lassen (vgl. BGH GRUR 2010, 637 Rn. 29 – Farbe Gelb; Lange MarkenR/KennzeichenR § 3 Rn. 879).

b) Üblichkeit herkunftshinweisender Verwendung von Farben. Ist ein spezifischer Markt in diesem Sinne gegeben, so ist in einem weiteren Schritt festzustellen, ob **in diesem Marktsegment** die Verwendung von konturlosen Farben als Herkunftshinweis **üblich** ist und der Verkehr aus diesem Grunde daran **gewöhnt** ist, in der abstrakten Farbverwendung bzw. der Einfärbung von Ware ein Unterscheidungsmerkmal zu sehen (BGH GRUR 2010, 637 Rn. 17 – Farbe Gelb; BPatG GRUR 2009, 164 f. – Farbmarke Gelb-Rot; BeckRS 2008, 13627 – Farbmarke Cadmium-Gelb; BeckRS 2014, 16243 – Farbmarke Blau; GRUR 2015, 796 (798) – Farbmarke Rot – HKS 13 [Sparkassen-Rot II]).

Dies ist insbesondere bei sog. **Hausfarben** der Fall, mit denen die Unternehmen ihre Waren aus einem abgesteckten Produktsegment üblicherweise kennzeichnen bzw. die sie im Zusammenhang mit der Erbringung von spezifischen Dienstleistungen als Herkunftshinweis verwenden. Bejaht wurde eine solche Kennzeichnungspraxis in der Rechtsprechung etwa für den Markt der Pflanz- und Gartengeräte (BPatG GRUR 2009, 164 – Farbmarke Gelb-Rot), für die produktkennzeichnende Verwendung von Farben durch Mineralölkonzerne (BPatG BeckRS 2012, 23315 – Aral-Blau), für den Fachmarkt für Rohrmotoren (BPatG BeckRS 2014, 16243 – Farbmarke Blau) oder aber mit Blick auf die Gewöhnung des Verkehrs an Farben als Kennzeichnungsmittel im Bereich Medien/Telekommunikation (BPatG GRUR-RR 2013, 62 f. – Farbmarke Rot-Gelb-Blau).

438.1 Nicht festgestellt werden konnte hingegen eine entsprechende Praxis der Verwendung von Farben als betriebliches Unterscheidungsmittel beispielsweise für den Markt der Heizungs- und Sanitärpumpen (BPatG BeckRS 2010, 8182 – Farbe Grün), für Loseblattsammlungen von Gesetzen (BPatG GRUR 2008, 428 f. – Farbmarke Rot) oder für Tapetenkleister (BPatG GRUR 2010, 71 f. – Farbe LILA), unter Hinweis darauf, dass der Umstand, dass verschiedene Hersteller von Tapetenkleister gleiche oder sehr ähnliche Farbtöne bei der Aufmachung ihrer Verpackungen verwenden, dafür spricht, dass Farben auch auf diesem Warengebiet in einem rein dekorativen Sinne verwendet und deshalb gerade nicht in einem herkunftshinweisenden Sinne verstanden werden).

439 Eine herkunftshinweisende Funktion von Farben ist zudem in solchen Marktsegmenten naheliegend, in denen die Verwendung von **Farben überhaupt ungewöhnlich** ist. Dort wird der Verkehr aufgrund der Abweichung von der Branchennorm schneller geneigt sein, in der Farbe nicht nur ein dekoratives Element, sondern ein Abgrenzungsmerkmal gegenüber Produkten anderer Hersteller zu erkennen. So hat das BPatG für den spezifischen Markt der Geschirrspülmaschinen (sog. „weiße Ware"), in dem neben der dominierenden Farbe üblicherweise keinerlei bunte Farben Verwendung finden, festgestellt, dass das angesprochene Publikum weder an farbige Waren noch an farbige Verpackungen und umso weniger an Farbkombinationen gewöhnt ist. Es sei daher davon auszugehen, dass der Verkehr die beanspruchte Farbkombination Dunkelblau/Hellblau ohne weiteres als im Erscheinungsbild von der Ware unabhängig und damit als betriebliches Unterscheidungsmittel auffasst (BPatG GRUR 2005, 1056 (1058) – Zweifarbige Kombination Dunkelblau/Hellblau).

440 Eine Wahrnehmung von Farben als Herkunftshinweis wird hingegen von vornherein in solchen Marktsegmenten **ausscheiden**, in denen Farben umfassend und ausschließlich zur Gestaltung des äußeren **ästhetischen Erscheinungsbildes** von Produkten oder der Produkte selbst verwendet werden. So nimmt der Verkehr etwa im Bekleidungs- und Modesektor Farben grundsätzlich nur als Element der (dekorativen) Gestaltung der Waren wahr und entnimmt ihnen keinen Hinweis auf einen bestimmten Hersteller, so dass eine Monopolisierung bestimmter Farben in solchen Branchen nicht in Betracht kommt.

441 **c) Unterscheidungseignung der konkreten Farbe. aa) Bedeutung der konkreten Farbe.** Ist eine Gewöhnung des Verkehrs an eine markenmäßige Verwendung von Farben als Herkunftshinweis innerhalb des engen spezifischen Markts festzustellen, so ist in einem letzten Schritt zu prüfen, ob auch der **konkret begehrten Farbe bzw. Farbkombination** als solcher eine hinreichende **Unterscheidungseignung** zukommt (EuGH C-104/01, GRUR 2003, 604 Rn. 76 – Libertel; C-49/02, GRUR 2004, 858 Rn. 41 – Heidelberger Bauchemie). Bei dieser Prüfung sind alle maßgeblichen Umstände des Einzelfalls, zu denen ggf. auch die Benutzung des als Marke angemeldeten Zeichens gehört, zu berücksichtigen.

442 Die Annahme einer solchen Unterscheidungskraft setzt regelmäßig voraus, dass die in Rede stehende Farbe in Bezug auf die in Anspruch genommenen Waren und Dienstleistungen oder deren Eigenschaften **keinen beschreibenden Begriffsgehalt** (zB die Farbe „Gelb" für Biere als bloße Wiedergabe der gewöhnlichen Produktfärbung oder „Grün" für Kaugummis als beschreibender Hinweise auf Pfefferminzaroma) oder eine technische Funktion aufweist (BPatG GRUR 2009, 164 (166) – Farbmarke Gelb-Rot; vgl. auch BPatG GRUR 2004, 870 (872) – Zweifarbige Kombination Grün/Gelb II, wo der Farbkombination grün-gelb in der Mineralölbranchen ein beschreibender Bezug im Hinblick auf Biodiesel (Bio – grün) aus Rapsöl (gelb) beigemessen wurde).

443 Fehlen wird die Unterscheidungskraft häufig auch klassischen **Signalfarben,** wie etwa der Farbe „Rot" als üblicher Warn- oder Hinweisfarbe (vgl. BPatG GRUR 2015, 796 (798) – Farbmarke Rot – HKS 13 [Sparkassen-Rot II], unter Hinweis darauf, dass es sich bei der Farbe Rot um eine der beliebtesten Grundfarben mit starker Signalwirkung und einer hohen Symbolik in den verschiedensten Bereichen handelt; ebenso BPatG BeckRS 2015, 09646 – Farbmarke RAL 3020 (rot); EuG T-404/09, GRUR Int 2011, 259 Rn. 303 – Farbkombination Grau/Rot I, bestätigt durch EuGH C-45/11 P, GRUR Int 2012, 333 Rn. 49 – Farbkombination Lichtgrau/Verkehrsrot: „Verkehrsrot" werde in der Regel als Warnfarbe für Verkehrsschilder oder als Farbe verwendet, die die Aufmerksamkeit des Verbrauchers auf Werbebotschaften lenken soll) oder aber der Farbe „Hellgrün" als werbeüblichem Hinweis auf Frische und Natürlichkeit der Produkte (HABM BK GRUR Int 1999, 543 (545) – Hellgrün). Ob einer Farbe tatsächlich eine solche Signalwirkung zukommt, ist jedoch jeweils im Einzelfall zu prüfen und hängt maßgeblich von den konkret beanspruchten Waren und Dienstleistungen ab.

Auch darf es sich nicht um eine Farbe handeln, die regelmäßig und üblicherweise im Zusammenhang mit den beanspruchten Waren und Dienstleistungen verwendet wird. Denn der Verkehr wird regelmäßig nur bei in der betreffenden Branche **ungewöhnlichen Farben** oder Farbkombinationen dazu tendieren, diese als Unterscheidungszeichen aufzufassen (vgl. EuG T-400/07, GRUR Int 2009, 513 Rn. 41 – Kombination von 24 Farbkästchen; EuGH –447/02 P, GRUR Int 2005, 227 Rn. 80 f. – Farbe Orange; vgl. auch einen Verletzungsfall betreffend BGH GRUR 2005, 427 (429) – Lila-Schokolade: Lila als für Schokoladenwaren ungewöhnlicher Farbton). Ist der Verkehr daran gewöhnt, dass eine betreffende Farbe und größerem Umfang von verschiedensten Unternehmen im Zusammenhang mit den betreffenden Produkten verwendet wird, so ist von vornherein ausgeschlossen, dass er diese Farbe als Herkunftshinweis auf ein bestimmtes Unternehmen auffassen kann. **444**

Entscheidungspraxis: **444.1**
BPatG BeckRS 2014, 16243 – Farbmarke Blau: Da nach den Feststellungen des BPatG auf dem Markt für Rohrmotoren farbliche Produktgestaltungen in betriebskennzeichnender Form üblich waren und der Farbe Blau insoweit auch keine beschreibende Wirkung zukommt, wurde Schutzfähigkeit bejaht.

BPatG BeckRS 2012, 23315 – Aral-Blau: Unterscheidungskraft bejaht, da auf dem engen spezifischen Markt der Mineralölprodukte das Publikum an die Verwendung bestimmter Hausfarben gewöhnt sei und der Farbe Blau keine beschreibende Wirkung im Hinblick auf die im Warenverzeichnis beanspruchten Kfz-Kraftstoffe und Additive zukomme;

BPatG BeckRS 2008, 13627 – Cadmium-Gelb: Unterscheidungskraft für die blassgelbe Färbung von Röntgenröhrenhauben bejaht. Eine Einfärbung als dekoratives Gestaltungsmittel liege bei den hier beanspruchten speziellen Röntgenröhrenhauben, die üblicherweise in silbriger Naturfarbe des Ausgangsmaterials (Aluminium oder Edelstahl) hergestellt würden, auf Grund der Art der Produkte und ihres Einsatzes fern. Zudem weise die konkret in Rede stehende Farbe keinen beschreibenden Charakter auf. Soweit Gelb als internationale Erkennungsfarbe für Gefahrstoffe verwendet wird, gelte dies nicht für die hier in Rede stehenden Produkte.

bb) Bedeutung des Waren- und Dienstleistungssektors. Im Rahmen der Prüfung der Unterscheidungseignung der beanspruchten Farbe ist jedoch zu beachten, dass **keine Verallgemeinerungen** in Bezug auf vermeintlich übliche Farbwahrnehmungen zulässig sind. Vielmehr ist auf die spezifischen Kennzeichnungs- und Wahrnehmungsgewohnheiten in dem konkret in Rede stehenden **Waren- und Dienstleistungssektor** abzustellen. So kann ein und dieselbe Farbe in einem Warenbereich offensichtlich beschreibend, in einer anderen Branche hingegen als unterscheidungskräftig anzusehen sein. Deutet also beispielsweise die Farbe „Grün" im Lebensmittelbereich häufig auf eine ökologische bzw. naturnahe Herstellung hin, kommt ihr hingegen im Zusammenhang mit der Einfärbung von Prozessorengehäusen keine Beschreibungsfunktion hinsichtlich bestimmter Eigenschaften der Prozessoren zu (BGH GRUR 2002, 538 f. – Grün eingefärbte Prozessorengehäuse). Insoweit bedarf es einer genauen Prüfung der Farbwirkung gerade in dem konkreten spezifischen Markt. **445**

Entscheidungspraxis: **445.1**
In der eine 3D-Markenanmeldung eines in den Farben Rot und Weiß gestalteten Helikopters betreffenden Entscheidung BPatG BeckRS 2012, 5703 stellte das BPatG fest, dass es sich bei der Farbe „Rot" zwar um eine Signalfarbe handelt, die im Straßenverkehr eine Warn- und Sicherheitsfunktion erfüllt und die von den angesprochenen Verkehr daher nicht als Herkunftshinweis wahrgenommen wird. Dies gelte jedoch nicht für den Flugverkehr, insbesondere nicht für Luftfahrzeuge. Beim Flugrettungsdienst handele es sich um einen sehr speziellen Markt mit nur wenigen Anbietern, denen der Verkehr bestimmte bekannte Farbgestaltungen zuordnet und die Farbgestaltung auf Rettungshubschraubern der Kennzeichnung der unterschiedlichen Rettungsorganisationen diene.

BPatG BeckRS 2011, 14899 – transparent grün: Unterscheidungskraft einer Markenanmeldung für eine transparent-grüne Gehäuseeinfärbung für elektrische Schalter bejaht, da in diesem engen Marktsegment Farbkombinationen vom angesprochenen Verkehr als betrieblicher Herkunftshinweis bewertet werden und die verwendete Farbe auch nicht als Hinweis auf ökologische Ware aufgefasst werde. Auch wenn die Farbe „Grün" häufig als Symbol für den ökologischen Bereich eingesetzt werde, so sei für die vorliegende Warengattung ein solcher Bezug nicht erkennbar. Auch könne nicht jede Grüntönung ohne Weiteres mit dieser Symbolwirkung verbunden werden. Zumindest die beanspruchte blassgrüne Farbe weiche insoweit stark von den eher sattgrünen Farbgebungen ab, mit denen üblicherweise Hinweise auf ökologische Tatbestände signalisiert würden.

446   **cc) Farbkombinationen.** Für die Beurteilung der Unterscheidungskraft von Farbkombinationen gelten grundsätzlich die gleichen Maßstäbe wie für abstrakte Einzelfarben. Bei der Prüfung der Schutzfähigkeit ist dabei nicht auf die gesonderte Wahrnehmung der jeweiligen Einzelfarben, sondern darauf abzustellen, ob gerade dem durch ihre **Zusammenstellung gebildeten Ganzen** Unterscheidungskraft zukommt (EuG T-316/00, GRUR Int 2003, 59 Rn. 61 – Farben Grau und Grün). Ist jedoch festzustellen, dass bereits jede Einzelfarbe für sich genommen keine für die maßgeblichen Verkehrskreise wahrnehmbare Abweichung von den Farben aufweist, die üblicherweise für die beanspruchten Dienstleistungen verwendet werden, so wird häufig auch für die Kombination beider Farben nichts anderes gelten (vgl. hierzu die Feststellungen in EuGH C-45/11 P, GRUR Int 2012, 333 Rn. 49 – Farbkombination Lichtgrau/Verkehrsrot). Dessen ungeachtet wird der Verkehr bei ungewöhnlichen Farbkombinationen **eher geneigt** sein, ihnen einen Herkunftshinweis zu entnehmen, als bei abstrakten Einzelfarben, da er bei letzteren noch seltener von einer ausschließlichen Betriebszuordnung als bei den verkehrsüblicheren Hausfarbenkombinationen ausgehen wird (kritisch Hacker/Ströbele/Hacker Rn. 320).

447   Bei Zusammenstellungen vieler unterschiedlicher Farbennuancen kann gegen die Annahme einer Unterscheidungskraft sprechen, dass es dem Verkehr angesichts der **Komplexität** des Zeichens schwerfallen wird, sich dessen besonderen Details zu merken oder zuverlässig die genauen Farben des angemeldeten Zeichens oder deren Anordnung zu erinnern (EuG T-400/07, GRUR Int 2009, 513 Rn. 47 – Kombination von 24 Farbkästchen).

448   **d) Dienstleistungsfarbmarken.** In der Literatur findet sich häufig die Feststellung, eine originäre Unterscheidungseignung von Farben komme eher im Bereich von **unkörperlichen** und daher per se „farblosen" Dienstleistungen in Betracht als bei Waren (vgl. Ingerl/Rohnke Rn. 184; so auch noch Hildebrandt, 2. Aufl., § 4 Rn. 120). Dies ist insoweit zutreffend, als dass bei Dienstleistungen seltener davon auszugehen sein wird, dass die Farbe auf wesentliche Merkmale der Dienstleistung hinweist als dies bei Waren der Fall ist. Auch wird der Verkehr Dienstleistungen im Gegensatz zu Waren nicht so häufig mit einer üblichen Farbe verknüpfen. In der Entscheidung „Farbkombination Lichtgrau/Verkehrsrot" hat der EuGH indes klargestellt (EuGH C-45/11 P, GRUR Int 2012, 333), dass bei der Beurteilung der Unterscheidungskraft einer Farbmarke für Dienstleistungen grundsätzlich die gleichen Kriterien anzuwenden sind wie im Fall von Farbmarken für Waren (allgemein die Geltung der gleichen Grundsätze für Waren- und Dienstleistungsmarken betonend auch BGH GRUR 2014, 1204 – DüsseldorfCongress). Eine genaue und einzelfallbezogene Prüfung, ob die angemeldete Marke für die Übermittlung eindeutiger Informationen insbesondere über die betriebliche Herkunft der Dienstleistungen geeignet ist, ist danach im Fall von Warenmarken ebenso geboten wie im Fall von Dienstleistungsmarken.

448.1   Mit Blick auf das eigene frühere Urteil in Sachen „KWS Saat/HABM" (EuG T-173/00, GRUR Int 2003, 168; nachfolgend EuGH C-447/02 P, GRUR Int 2005, 227 – Farbe Orange), wo die in Rede stehende Farbmarke zwar für die in der Anmeldung angegebenen Dienstleistungen, nicht hingegen für die beanspruchten Waren als eintragungsfähig angesehen wurde, stellte das EuG in der Entscheidung EuG T-404/09, GRUR Int 2011, 259 – Deutsche Bahn/HABM (Farbkombination Grau/Rot I) ausdrücklich klar, dass diese Entscheidung nicht im Sinne einer verallgemeinerungsfähigen Regel zur leichteren Eintragbarkeit von Farbdienstleistungsmarken interpretiert werden dürfe.

449   **e) Verkehrsdurchsetzung.** Fehlt es an einer der oben beschriebenen Voraussetzungen und damit an dem Vorliegen außergewöhnlicher Umstände, die ausnahmsweise die Schutzfähigkeit der abstrakten Farbe oder Farbkombination begründen können, so kommt ein Schutz als Marke nur noch aufgrund einer Verkehrsdurchsetzung iSd § 8 Abs. 3 in Betracht, was regelmäßig des Nachweises der tatsächlichen Durchsetzung der Farbe als Herkunftshinweis durch ein demoskopisches Gutachten bedarf. Diese Praxis, die Frage, ob eine Farbmarke in

Folge Benutzung Unterscheidungskraft erworben hat, durch eine Verbraucherbefragung klären zu lassen, hat der EuGH in der Entscheidung „Sparkassen-Rot" (EuGH C-217/13, GRUR 2014, 776 Rn. 43) grundsätzlich als mit dem EU-Recht vereinbar erklärt (zur Verkehrsdurchsetzung von Farbmarken → Rn. 879.3; ausführlich zur aktuellen Entwicklung der Rechtsdemoskopie Pflüger GRUR 2014, 423 ff.).

4. Beschreibende Angaben

In der Rechtsprechungspraxis stand bei Farbmarken bislang das Eintragungshindernis der 450
fehlenden Unterscheidungskraft iSd § 8 Abs. 2 Nr. 1, in dessen Rahmen auch ein etwaiger **beschreibender Charakter** der betreffenden Farbe zu berücksichtigen ist (→ Rn. 442 ff.), im Vordergrund. Weist die Farbe jedoch einen beschreibenden Bezug zu **Eigenschaften, Bestimmungszweck oder sonstigen Merkmalen** der Waren oder Dienstleistungen auf, so kann auch bei Farbmarken das Eintragungshindernis des § 8 Abs. 2 Nr. 2 greifen (vgl. BPatG GRUR 2009, 164 (166) – Farbmarke Gelb-Rot; EuGH C-104/01, GRUR 2003, 604 – Libertel). In diesem Zusammenhang kommt insbesondere dem – von der Rechtsprechung auch im Rahmen der Prüfung der Unterscheidungskraft berücksichtigten – **Allgemeininteresse** daran, dass angesichts der begrenzten Zahl der tatsächlich verfügbaren Farben mit der Eintragung von Farbmarken ohne räumliche Begrenzung und Zuordnung nicht der gesamte Bestand an verfügbaren Farben erschöpft bzw. monopolisiert wird, ein großes Gewicht zu (EuGH C-104/01, GRUR 2003, 604 Rn. 54 – Libertel; BPatG GRUR 2005, 1049 (1052) – zweifarbige Kombination Grün/Gelb II).

Beschreibend ist eine Farbe insbesondere dann, wenn sie unmittelbar und bezogen auf 451
das Produkt das Äußere der Ware beschreibt, zB Grün für Pflanzen, Braun für Schokolade, Weiß für bestimmte Milchprodukte etc (Grabrucker WRP 2000, 1331 (1338)). Darüber hinaus kann Farben eine beschreibende Wirkung auch dann zukommen, wenn sie auf die Beschaffenheit oder besondere (ästhetische, dekor-, material-, sicherheits- oder funktionsbedingte) Merkmale der Waren und Dienstleistungen hinweisen (zB ein helles Grün als werbeüblicher Hinweis auf Frische und Natürlichkeit der Produkte, vgl. HABM BK GRUR Int 1999, 543 – Hellgrün). Gleiches gilt für Signalfarben, denen bezogen auf die konkret in Anspruch genommenen Waren und Dienstleistungen ein bestimmter Aussagegehalt beizumessen ist. In Branchen, in denen Farben naturgemäß ein wesensbestimmendes Merkmal der Waren sind (wie insbesondere im Bereich der Bekleidung und Textilwaren, wo Farben in aller Regel allein eine gestalterische Bedeutung zugeschrieben wird), wird grundsätzlich allen Farben das Eintragungshindernis beschreibender Angaben ihrer Monopolisierung entgegenstehen (vgl. BPatG GRUR 1999, 60 f. – Rechteck in Pink).

Entscheidungspraxis: 451.1
BPatG GRUR 2004, 870 (872) – Zweifarbige Kombination Grün/Gelb II: Bejaht wurde ein beschreibender Charakter der Farbkombination Gelb-Grün im Zusammenhang mit Kraft- und Treibstoffen, da die Verwendung der Farben Gelb und Grün (sowohl einzeln wie auch in Kombination) in der Mineralölbranche im Zusammenhang mit Biodiesel, der aus Rapsöl gewonnen wird, gebräuchlich und insoweit die gedankliche Assoziation Raps (Gelb) und Natur (Grün) offensichtlich sei.

BPatG BeckRS 2012, 21033 – Farben Verkehrsrot und Weiß: Freihaltebedürfnis iSd § 8 Abs. 2 Nr. 2 für die Farbe „Verkehrsrot" im Zusammenhang mit Waren und Dienstleistungen eines Rettungsdienstes bejaht, da sie als Symbol- bzw. Warnfarbe beschreibend auf konkrete Merkmale der beanspruchten Dienstleistungen hinweise.

BPatG GRUR 2009, 164 (167) – Farbmarke Gelb-Rot: Beschreibender Charakter der Farbkombination Gelb-Rot für Garten-, Pflanz- und Bodengeräte verneint, da sie weder Angaben zu Eigenschaften der Waren, noch zu ihrem Bestimmungszweck oder sonstigen Merkmalen aufweisen.

IV. Dreidimensionale Marken

Gegenstand dreidimensionaler Marken kann grundsätzlich jede Form räumlich-plastischer 452
Gestaltungen sein. Im Gegensatz zu der früheren Rechtslage unter Geltung des WZG (vgl. Fezer § 3 Rn. 578) ist die Markenfähigkeit dreidimensionaler Marken in § 3 Abs. 1 ausdrücklich anerkannt (→ § 3 Rn. 36; zum Schutzausschluss für Formmarken nach § 3 Abs. 2 → § 3 Rn. 60 ff.; für eine gegenüber der bisherigen deutschen Rechtsprechung strengere Anwendung des Schutzausschluss nach Art. 3 Abs. 1 lit. e RL 2008/95/EG nun wohl EuGH

C-205/13, GRUR 2014, 1097 – Tripp Trapp; näher → § 3 Rn. 88). In der Praxis dominieren dabei seit jeher Markenanmeldungen, mit denen Schutz für die Form der im Warenverzeichnis beanspruchten Waren oder aber deren Verpackung begehrt wird (zu produktunabhängigen Formmarken → Rn. 483).

1. Unterscheidungskraft

453 **a) Entwicklung der Rechtsprechung.** Die **frühere Rechtsprechung des BGH** zu dreidimensionalen Waren- oder Verpackungsformmarken war zunächst von einem eher großzügigen Standpunkt hinsichtlich der Bejahung der Unterscheidungskraft geprägt. Danach sollte das erforderliche Mindestmaß an Unterscheidungskraft der angemeldeten Formmarke nur dann fehlen, wenn die Form einen im Vordergrund stehenden beschreibenden Begriffsinhalt verkörpert oder sie aus sonstigen Gründen nur als solche und nicht als Herkunftshinweis verstanden wird. Verpackungsformmarken sollte danach die Schutzfähigkeit nur dann abgesprochen werden können, wenn sie lediglich einen Hinweis auf ihren Inhalt geben oder durch ganz einfache geometrische Formen oder sonst bloß schmückende Elemente bestimmt sind (BGH GRUR 2001, 56 f. – Likörflasche; GRUR 2001, 334 (336 f.) – Gabelstapler; GRUR 2001, 416 f. – Montre, zum telle-quelle-Schutz).

453.1 In der Entscheidung „Likörflasche" hatte der BGH noch den strengeren Prüfungsansatz des BPatG gerügt (BGH GRUR 2001, 56), welches in der Vorinstanz für die Bejahung der Unterscheidungskraft eine eigentümliche und originelle Form gefordert hatte, da sich der Verkehr nur bei einer „ganz besonders auffälligen, vom Gängigen abweichenden Gestaltung" an der Form als Herkunftshinweis orientiere. Mit dieser Vorgabe, die in ihrer Formulierung den später durch den EuGH aufgestellten Grundsätzen nicht ganz unähnlich ist, habe das BPatG, so der BGH, die „Anforderungen an die Unterscheidungskraft bei Formmarken überspannt" (vgl. BGH GRUR 2001, 56 f. – Likörflasche).

454 Der **EuGH,** der sich mit der Problematik der dreidimensionalen Warenformmarken erstmals auf Vorlage des BGH zu beschäftigen hatte (EuGH verb. Rs. C-53/01 bis C-55/01, GRUR 2003, 514 – Linde, Winward u. Rado; C-218/01, GRUR 2004, 428 – Henkel), vertritt im Hinblick auf dreidimensionale Marken, die die Warenform oder die Form ihrer Verpackung wiedergeben, in ständiger Rechtsprechung einen **restriktiven Ansatz.** Zwar geht auch der EuGH jedenfalls dem Grundsatz nach davon aus, dass die **gleichen Kriterien** für die Beurteilung der Unterscheidungskraft dreidimensionaler Marken Anwendung finden wie diejenigen, die für die übrigen Markenkategorien Geltung beanspruchen (EuGH verb. Rs. C-53/01 bis C-55/01, GRUR 2003, 514 – Linde, Winward u. Rado).

455 Im Rahmen der Anwendung dieser Kriterien sei jedoch zu berücksichtigen, dass im Fall einer dreidimensionalen Marke, die aus der Form und den Farben der Ware oder der Verpackung selbst besteht, die **Wahrnehmung durch die angesprochenen Verkehrskreise** nicht notwendig die gleiche ist wie bei einer Wort- oder Bildmarke, die aus einem Zeichen besteht, das vom Erscheinungsbild der mit der Marke bezeichneten Waren unabhängig ist. Während diese Marken von den angesprochenen Verkehrskreisen gewöhnlich unmittelbar als herkunftskennzeichnende Zeichen wahrgenommen werden, schließen die Durchschnittsverbraucher aus der **Form der Waren** oder der ihrer **Verpackung** gewöhnlich **nicht auf die Herkunft** dieser Waren. Daher kann es schwieriger sein, die Unterscheidungskraft einer dreidimensionalen Formmarke **nachzuweisen** als diejenige einer Wort- oder Bildmarke (EuGH C-238/06 P, GRUR 2008, 339 Rn. 80 – Form einer Kunststoffflasche; C-25/05 P, GRUR 2006, 1022 Rn. 27 – Wicklerform). Nach den Vorgaben des EuGH setzt die Annahme einer zur Eintragbarkeit führenden Unterscheidungskraft bei Waren- oder Verpackungsformmarken aus den vorgenannten Gründen voraus, dass es sich um eine Gestaltung handelt, die **erheblich** von der **Norm** oder der **Branchenüblichkeit abweicht,** da sie nur dann von den beteiligten Verkehrskreisen als Hinweis auf die betriebliche Herkunft wahrgenommen wird (ständige Rechtsprechung seit EuGH verb. Rs. C-53/01 bis C-55/01, GRUR 2003, 514 – Linde, Winward u. Rado; GRUR Int 2004, 631 Rn. 38 ff. – Dreidimensionale Tablettenform I; GRUR Int 2004, 639 Rn. 36 ff. – Dreidimensionale Tablettenform III; C-136/02 P, GRUR Int 2005, 135 Rn. 24 f. – Maglite Stabtaschenlampe; C-25/05 P, GRUR 2006, 1022 Rn. 24 f. – Wicklerform; C-238/06 P, GRUR 2008, 339 Rn. 80 – Form einer Kunststoffflasche; C-98/11 P, GRUR 2012, 925 Rn. 42 – Goldhase;

C-344/10 P, C-345/10 P, GRUR 2012, 610 Rn. 47 – Freixenet). Ob diese Voraussetzungen, die zur Annahme einer hinreichenden Unterscheidungskraft führen, im konkreten Einzelfall ausnahmsweise vorliegen, ist **positiv festzustellen** (vgl. Ströbele/Hacker/Ströbele Rn. 108 unter Verweis auf die Forderung des EuGH, dass die Unterscheidungskraft „nachzuweisen" ist). Unter Anwendung dieser strengen Vorgaben wurde in der Rechtsprechung des EuGH die Unterscheidungskraft der angemeldeten Waren- und Verpackungsformmarken bislang in der ganz überwiegenden Zahl der Fälle verneint.

Diese für dreidimensionale Warenformmarken entwickelten Grundsätze wendet der **456** EuGH auch auf die Beurteilung von Bildmarken an, die aus der **zweidimensionalen** Darstellung der Ware bestehen, da in beiden Fällen Zeichen in Rede stehen, die nicht vom äußeren Erscheinungsbild der mit ihnen gekennzeichneten Waren unabhängig sind (EuGH C-25/05 P, GRUR 2006, 1022 Rn. 27 – Wicklerform; C-144/06, BeckRS 2007, 70781 Rn. 38 – Rot-weiße rechteckige Tablette; zu zweidimensionalen Produktformmarken → Rn. 403 ff.). Gleiches gilt für Marken, die nur einen **Teil der Ware** abbilden (EuGH C-97/12 P, BeckRS 2014, 80878 Rn. 54 – Schließvorrichtung).

Der **BGH** hat seine Entscheidungspraxis den in der Rechtsprechung des EuGH entwickel- **457** ten strengen Anforderungen an die Unterscheidungskraft von dreidimensionalen Waren- und Produktformmarken angepasst und fordert ebenfalls ein erhebliches Abweichen von der Norm oder Branchenüblichkeit zur Begründung der Eintragungsfähigkeit (vgl. BGH GRUR 2006, 679 Rn. 16 – Porsche Boxster; GRUR 2008, 71 Rn. 26 – Fronthaube; GRUR 2010, 138 Rn. 27 f. – Rocher-Kugel; ebenso BPatG BeckRS 2014, 16785 – Buchdeckel; BeckRS 2015, 20099 – Schaltmatten; BeckRS 2016, 08048 – Schokoladenstäbchen; Hildebrandt, § 4 Rn. 133, erkennt unter Hinweis auf eine Reihe großzügigerer Entscheidungen lediglich eine Annäherung des BGH an die Rechtsprechung des EuGH). Dabei betont auch er, dass zumindest dem Grunde nach auch bei der Beurteilung der Unterscheidungskraft dreidimensionaler Marken, die aus der Form der Ware bestehen, nach dem unterschiedslos für alle Markenkategorien geltenden großzügigen Prüfungsmaßstab davon auszugehen ist, dass jede auch noch so geringe Unterscheidungskraft ausreicht, um das Schutzhindernis zu überwinden (BGH GRUR 2008, 71 Rn. 23 – Fronthaube; GRUR 2010, 138 Rn. 23 – Rocher-Kugel). Im Hinblick auf Waren- und Verpackungsformmarken ist nach Auffassung des BGH jedoch zu berücksichtigen, dass die dreidimensionale naturgetreue Wiedergabe eines der Gattung nach im Warenverzeichnis genannten Erzeugnisses **im Allgemeinen** nicht geeignet ist, die Ware ihrer Herkunft nach zu individualisieren (vgl. BGH GRUR 2006, 679 Rn. 17 – Porsche Boxster; GRUR 2008, 71 Rn. 24 – Fronthaube). Denn Verbraucher schließen im Allgemeinen aus der Form der Ware oder ihrer Verpackung nicht auf die betriebliche Herkunft. Der Verkehr entnimmt einer bestimmten Formgestaltung nur dann einen Herkunftshinweis, wenn er diese Form nicht – wie im Regelfall – einer konkreten **technischen** Funktion der Ware oder allein dem Bemühen zuschreibt, ein **ästhetisch** ansprechendes Produkt zu schaffen (BGH GRUR 2006, 679 Rn. 17 – Porsche Boxster; GRUR 2004, 329 f. – Käse in Blütenform I; GRUR 2003, 332 (334) – Abschlussstück).

b) Feststellung der Unterscheidungskraft. aa) Maßgeblichkeit des Gesamtein- 458 drucks. Maßgeblich für die Prüfung der Unterscheidungskraft ist stets der durch das angemeldete Zeichen hervorgerufene **Gesamteindruck**. Dies schließt indes nicht aus, im Zuge der Prüfung zunächst die einzelnen Gestaltungselemente nacheinander für sich besehen zu untersuchen und dies zur Grundlage der Beurteilung des Gesamteindrucks zu machen (EuGH C-238/06 P, GRUR 2008, 339 Rn. 82 – Form einer Kunststoffflasche; C-286/04 P, GRUR Int 2005, 823 Rn. 23 – Eurocermex; C-453/11 P, BeckRS 2012, 81266 Rn. 40 – Form einer Uhr).

Aus der Maßgeblichkeit des von dem Zeichen hervorgerufenen Gesamteindrucks für die **459** Frage, ob eine Anmeldemarke Unterscheidungskraft besitzt, folgt zugleich, dass ein erhebliches Abweichen lediglich eines **einzelnen Gestaltungsmerkmals** von der üblichen Form nicht notwendigerweise als zur Bejahung der Unterscheidungskraft ausreichend anzusehen ist (EuGH C-238/06 P, GRUR 2008, 339 Rn. 87 – Form einer Kunststoffflasche). Kommt dem in Rede stehenden Einzelmerkmal hingegen ein bestimmtes Gewicht im Verhältnis zu den sonstigen Merkmalen für den Gesamteindruck zu, so kann es im konkreten Einzelfall einen hinreichend charakteristischen Eindruck der Gesamtform und damit die Schutzfähig-

MarkenG § 8 Teil 2 Voraussetzungen, Inhalt und Schranken etc.

keit der angemeldeten Marke begründen (vgl. BPatG BeckRS 2008, 26073 – Kelly-Bag, das im Rahmen der Prüfung der Unterscheidungskraft einem Vorhängeschlosses an einer Damenhandtasche als überraschendem Stilelement maßgebliche Bedeutung für das Gesamterscheinungsbild beigemessen hat). Besteht die Gesamtform aus Einzelelementen, die allesamt im geschäftlichen Verkehr gewöhnlich zur Aufmachung der Waren verwendet werden können, so fehlt häufig auch der Kombination dieser Elemente die Unterscheidungskraft, sofern nicht gerade der durch die Zusammenstellung hervorgerufene Gesamteindruck eine besondere, über die Summe der Einzelteile hinausgehende Charakteristik hervorruft.

459.1 Der EuGH hat in der Entscheidung Eurocermex indes betont, dass sich die Prüfung der Schutzfähigkeit nicht auf die Vermutung gründen darf, dass Bestandteile, die isoliert betrachtet nicht unterscheidungskräftig sind, auch im Fall ihrer Kombination nicht unterscheidungskräftig werden (EuGH T-399/02, GRUR Int 2005, 823 Rn. 26 f. – Eurocermex). Abzustellen ist allein auf die Gesamtwahrnehmung der Marke durch den angesprochenen Verkehr, die auch nicht nur „hilfsweise" geprüft werden darf (ebenso EuGH C-453/11 P, BeckRS 2012, 81266 Rn. 40 – Form einer Uhr).

460 **bb) Prüfungskriterien.** Der Beurteilung, ob dem Gesamterscheinungsbild der dreidimensionalen Formmarke ausnahmsweise eine hinreichende Unterscheidungskraft beizumessen ist, legt der BGH eine zweistufige Prüfung zugrunde. In einem **ersten Schritt** ist zu prüfen, ob die in Rede stehende Form lediglich einen **im Vordergrund stehenden beschreibenden Begriffsinhalt** verkörpert (BGH GRUR 2010, 138 Rn. 25 – Rocher-Kugel; GRUR 2008, 71 Rn. 24 – Fronthaube). Dies ist der Fall, wenn der angesprochene Verkehr in der Gestaltung lediglich ein Beispiel einer bestimmten Ware oder Warenkategorie (gleiches gilt für Verpackungen) sieht (vgl. Ingerl/Rohnke Rn. 188). Geht die Form hingegen darüber hinaus, zeichnet sie sich also durch besondere Gestaltungsmerkmale aus, so ist in einem **zweiten Schritt** festzustellen, ob der Verkehr diese Merkmale nur als bloße Gestaltungsmerkmale sieht oder ob er sie als Herkunftshinweis wahrnimmt. Dies wird regelmäßig dann nicht der Fall sein, wenn er die Form einer **technischen** oder sonstigen **Funktion** der Ware zuschreibt oder sie als bloßes **ästhetisches** bzw. dekoratives **Element** auffasst (BGH GRUR 2010, 138 Rn. 25 – Rocher-Kugel; GRUR 2006, 679 Rn. 17 – Porsche Boxster; BPatG BeckRS 2014, 16785 – grafisch gestalteter Bucheinband).

461 Im Rahmen dieser Prüfung bezieht sich auch der BGH ausdrücklich auf die Vorgaben des EuGH, wonach einer Waren- oder Verpackungsformmarke nur dann Unterscheidungskraft zukommt, wenn sie **erheblich von der Norm oder Branchenüblichkeit** abweicht (BGH GRUR 2010, 138 Rn. 28 – Rocher-Kugel; ebenso das BPatG, s. nur BPatG BeckRS 2015, 20099 – Schaltmatten; BeckRS 2016, 08048 – Schokoladenstäbchen). Die Abweichung muss hinreichend deutlich sein, damit der durchschnittliche Verbraucher die betreffende Ware **ohne analysierende und vergleichende Betrachtungsweise** sowie ohne besondere Aufmerksamkeit von den Waren anderer Unternehmen zu unterscheiden vermag. Eine solche erhebliche Abweichung ist nicht gegeben, wenn sich die angemeldete Warenform nur als Variante der bekannten und auf dem betreffenden Warensektor üblichen Grundformen darstellt, da auch **Varianten handelsüblicher Formen** in der Regel nicht als Herkunftshinweis aufgefasst werden (EuGH C-136/02 P, GRUR Int 2005, 135 Rn. 32 – Maglite Stabtaschenlampe; C-20/08 P, BeckRS 2009, 70115 Rn. 23 – Windenergiekonverter; BGH GRUR 2010, 138 Rn. 27 – Rocher-Kugel). Je mehr sich die als Marke angemeldete Form derjenigen Form annähert, in der die betreffende Ware auf dem Markt am wahrscheinlichsten in Erscheinung tritt, umso eher ist davon auszugehen, dass dieser Form die notwendige Unterscheidungskraft fehlt (EuGH C-136/02 P, GRUR Int 2005, 135 Rn. 32 – Maglite Stabtaschenlampe; EuG T-654/13, BeckRS 2015, 80859 – Form eines zylindrischen, weiß-roten Gefäßes).

462 **c) Branchengewohnheiten.** In diesem Zusammenhang können insbesondere auch die spezifischen **Gewohnheiten** der konkret in Rede stehenden **Branche** von Bedeutung sein, da sie maßgeblichen Einfluss darauf haben können, ob der Verkehr bei der betreffenden Warenart daran gewöhnt ist, dass die Warenform auf die Herkunft hindeutet (vgl. BGH GRUR 2004, 329 (330) – Käse in Blütenform I). So hat der BGH etwa für die Automobilbranche festgestellt, dass der Verkehr seit langem daran gewöhnt ist, in der äußeren Form des Fahrzeugs auch einen Herkunftshinweis zu sehen. Denn Automobilhersteller seien im

Allgemeinen darum bemüht, verschiedenen Automodellen durch gleichbleibende herstellertypische Gestaltungsmerkmale ein Aussehen zu verleihen, das die Zugehörigkeit zu einer bestimmten Modellfamilie erkennen lässt und die Zuordnung zu einem bestimmten Hersteller erleichtert (BGH GRUR 2006, 679 Rn. 18 – Porsche Boxster). Zur Bedeutung der Produktkategorie → Rn. 464.

d) Unerheblichkeit außermarkenrechtlicher Kriterien. Ob die betreffende Gestaltung **geschmacksmusterrechtlichen Schutz** genießt, ist für die markenrechtliche Beurteilung der Unterscheidungskraft ohne Relevanz, da sich die Prüfungskriterien für die beiden Schutzrechtsarten grundlegend unterscheiden (vgl. EuG C-286/04 P, BeckRS 2007, 70924 Rn. 30 – Gondelverkleidung). Gleiches gilt grundsätzlich auch für einen Schutz der Warengestaltung nach dem **Urheberrecht** (BPatG BeckRS 2008, 17240 – Faltschachtel Prisma), zumal mit der Entscheidung „Geburtstagszug" des BGH vom 13.11.2013 auch das bis dahin für das Gebiet des angewandten Produktdesign von der Rechtsprechung aufgestellte Erfordernis des „deutlichen Überragens der Durchschnittsgestaltung" aufgegeben wurde (BGH GRUR 2014, 175). **463**

Ohne Bedeutung ist zudem, ob die Gestaltung von einem renommierten Designer stammt oder „internationale Anerkennung genießt" (vgl. EuGH C-136/02 P, GRUR Int 2005, 135 Rn. 24 f. – Maglite Stabtaschenlampe): „Hinsichtlich der Anerkennung, die das Design der fraglichen Taschenlampen nach den Angaben der Rechtsmittelführerin auf internationaler Ebene genießt, [ist] darauf zu verweisen, dass der Umstand, dass die Waren ein Qualitätsdesign aufweisen, nicht zwangsläufig bedeutet, dass eine in der dreidimensionalen Form dieser Waren bestehende Marke von vornherein eine Unterscheidung dieser Waren von denen anderer Unternehmen im Sinne von Artikel 7 Absatz 1 Buchstabe b der Verordnung Nr. 40/94 ermöglicht"; ebenso EuG T-695/14, BeckRS 2015, 81945 – weißer Kreis und schwarzes Rechteck in schwarzem Rechteck: „Allein daraus, dass das hier in Rede stehende Zeichen von einem Grafikdesigner entworfen wurde, lässt sich demnach nicht schließen, dass es unterscheidungskräftig ist, ja nicht einmal, dass es zu diesem Zweck entworfen wurde"; s. auch EuG T-351/07, BeckEuRS 2008, 488270 – Sonnendach: Auch der Umstand, dass die Gestaltung bereits Gegenstand zahlreicher Produktnachahmungen war, ist für den Nachweis der Unterscheidungskraft irrelevant. **463.1**

e) Relevanz der Warenkategorie. Für die Beurteilung der Unterscheidungskraft ist von ausschlaggebender Bedeutung, ob die angesprochenen Verkehrskreise aus der konkret in Rede stehenden Warenform auf die Herkunft der Ware aus einem bestimmten Unternehmen schließen oder die Form lediglich der funktionellen und ästhetischen Ausgestaltung der Ware selbst zuordnen. Diese Frage nach der zu erwartenden Verkehrswahrnehmung hängt maßgeblich von der **Art der betreffenden Ware** bzw. der tatsächlichen Übung in dem jeweiligen Produktsegment und dem hierdurch bedingten Verkehrsverständnis ab, mit dem die beteiligten Kreise einer Warengestaltung entgegentreten (BGH GRUR 2004, 329 (330) – Käse in Blütenform I; BPatG BeckRS 2014, 16785 – grafisch gestalteter Bucheinband; Ingerl/Rohnke Rn. 190). **464**

So hat das BPatG in der Entscheidung BPatG BeckRS 2014, 16785 der grafischen Gestaltung eines Bucheinband die erforderliche Unterscheidungskraft unter Hinweis darauf abgesprochen, dass die Gestaltung bzw. Verzierung von Bucheinbanden eine lange Tradition hat und gerade darauf angelegt ist, Büchern jenseits ihres inhaltlichen Werts einen gewissen gestalterischen Eigenwert zu verleihen. Aufgrund der umfangreichen Verwendung der betreffenden, ihrer Natur nach einfachen grafischen Mittel habe das Publikum keinen Anlass, die angemeldete Gestaltung in anderer Weise als eine beliebige Zusammensetzung von grafischen Elementen aufzufassen, die lediglich der ästhetischen Einbandgestaltung dient. **464.1**

In diesem Zusammenhang ist auch der Umstand von Bedeutung, ob in dem betreffenden Produktbereich eine **große Vielfalt an Formen und Gestaltungen** anzutreffen ist (BGH GRUR 2001, 416 (418) – Montre; EuGH C-136/02 P, GRUR Int 2005, 135 Rn. 37 – Maglite Stabtaschenlampe; vgl. auch BGH GRUR 2003, 521 (526) – Farbige Arzneimittelkapsel, zu einer zweidimensionalen Warenform-Bildmarke). Je höher die Gestaltungsdichte in dem jeweiligen Marktsegment, desto weniger wird eine Kombination üblicher Gestaltungselemente für den Verkehr einen Hinweis auf die betriebliche Herkunft der Waren begründen können. **465**

MarkenG § 8 Teil 2 Voraussetzungen, Inhalt und Schranken etc.

465.1 In der Entscheidung BGH GRUR 2003, 521 (526) hat der BGH unter Hinweis auf die im Arzneimittelsektor anzutreffende unübersehbare Gestaltungs- bzw. Farbenvielfalt für Medikamentenkapseln festgestellt, dass es dort auch nicht darauf ankomme, ob es sich bei der angemeldeten Gestaltung um eine erstmalige oder einmalige Kombination üblicher Gestaltungselemente handelt, da auch die beliebige, wenn auch eventuell erstmalige Kombination üblicher Gestaltungselemente in ihrer Gesamtheit für den Verkehr regelmäßig keinen Hinweis auf die betriebliche Herkunft der Waren begründet.

466 In Branchen wie dem **Bekleidungssektor** nimmt der Verkehr ein bestimmtes Design in aller Regel allein in seiner Funktion als produktbestimmendes Element wahr und erblickt insoweit in seiner Formgebung nichts anderes als eine allein funktionell oder ästhetisch bedingte Warengestaltung (BGH GRUR 2004, 329 f. – Käse in Blütenform I; Lange MarkenR/KennzeichenR § 3 Rn. 855). Auch bei **technischen Geräten** wird die Annahme einer hinreichenden Unterscheidungskraft regelmäßig fernliegend sein. Da der Verkehr bei dieser Produktgruppe häufig davon ausgehen wird, dass sich die Form der Waren in erster Linie an der technischen Funktion orientiert, fasst er konkrete Gestaltungsmerkmale eher als funktionell bedingt und damit nicht als Herkunftshinweis auf, und zwar unter Umständen auch dann, wenn diese Merkmale tatsächlich keinen technischen Zweck erfüllen (BGH GRUR 2004, 507 (509) – Transformatorengehäuse; GRUR 2004, 329 f. – Käse in Blütenform I; GRUR 2001, 413 (415) – SWATCH; BPatG BeckRS 2010, 15699 – Abbildung einer Schusswaffe). In Bezug auf **Lebensmittel** geht der BGH schließlich davon aus, dass für den Verkehr, dem die Ware in einer bestimmten willkürlich gestalteten, nicht funktionsbezogenen Form begegnet, ein Herkunftshinweis nach der Lebenserfahrung näherliegend sei. Eine solche Form werde vom Verbraucher regelmäßig einem bestimmten Hersteller zugeordnet, weil der Verkehr bei solchen Waren keine um ihrer selbst willen geschaffenen Phantasiegestaltungen erwarte (BGH GRUR 2004, 329 f. – Käse in Blütenform I).

466.1 In der Praxis werden indes auch bei Lebensmitteln Warenformmarken bislang ganz überwiegend als nicht unterscheidungskräftig zurückgewiesen. Als nicht eintragungsfähig angesehen wurden die Form von russischem Schaumgebäck mit leichten Wellen (BGH GRUR 2005, 414), die Gestaltung einer braunen Praline (Rocher-Kugel) in runder Form (BGH GRUR 2010, 138), ein Mini-Leberkäse in rechteckiger Form (BPatG BeckRS 2008, 1884), die Form eines länglichen Schokoladenriegels mit mittiger Einkerbung (BPatG BeckRS 2010, 26251), ein rot-weißes Bonbon in runder Form (BPatG GRUR 2010, 1017) oder eine quadratische Waffelschnitte mit Schokoladenüberzug (BPatG BeckRS 2007, 15221) sowie für das Unionsmarkenrecht die Form eines sitzenden Schokoladenhasen mit rotem Halsband (EuGH C-98/11 P, GRUR 2012, 925 – Goldhase), die Gestaltung eines Bonbons in leicht ovaler Form (EuGH C-24/05 P, GRUR Int 2006, 842 – Form eines Bonbons II), eine längliche und gewundene Wurstform (EuG T-15/05, GRUR Int 2006, 746), Wurstwaren in Anordnung einer Bretzel (EuG T-449/07, GRUR Int 2009, 861).

467 **f) Verpackungsformmarken.** Die für Warenformmarken geltenden Grundsätze sind auch auf solche Marken anzuwenden, die Schutz für die dreidimensionale Gestaltung der Verpackungsform beanspruchen.

467.1 Der EuGH hat die Gleichstellung von Waren- und Verpackungsformmarken bisher nur hinsichtlich solcher Waren angenommen, die, wie zB Getränke oder Waschpulver, ihrer Natur nach notwendigerweise in verpackter Form vertrieben werden, da in diesen Fällen die gewählte Verpackung dem Produkt seine Form verleihe und daher für die Prüfung der Anmeldung die Verpackung der Form der Ware gleichzusetzen sei (vgl. EuGH C-218/01, GRUR 2004, 428 Rn. 33 – Henkel). Die Geeignetheit dieser Differenzierung erscheint zweifelhaft, da der Verbraucher auch bei anderen üblicherweise verpackten Waren (Waren, die üblicherweise unverpackt vertrieben werden, dürften heute eher einen Ausnahmefall darstellen) die bloße Verpackung vorbehaltlich besonderer, vom Branchenstandard abweichender Gestaltungen regelmäßig nicht als Herkunftshinweis auffassen wird (kritisch auch Ströbele/Hacker/Ströbele Rn. 297).

468 Der Durchschnittsverbraucher ist nach der Lebenserfahrung **nicht daran gewöhnt,** aus der **Form der Verpackung auf die Herkunft** dieser Waren zu **schließen.** Einem Zeichen, dass sich für ihn als handelsübliche Verpackungsgestaltung darstellt, entnimmt der Verkehr daher lediglich einen **Hinweis auf die Ware** selbst, nicht jedoch auf einen bestimmten Hersteller (vgl. EuGH C-344/10 P, C-345/10 P, GRUR 2012, 610 Rn. 46 – Freixenet; C-173/04 P, GRUR 2006, 233 Rn. 31 – Standbeutel; C-25/05 P, GRUR 2006, 1022 Rn. 27 –

Wicklerform). Dementsprechend wurde die Schutzfähigkeit von Warenverpackungen in der Rechtsprechung ganz überwiegend verneint.

Entscheidungspraxis: 468.1
Als schutzunfähig beurteilt wurden in der Rechtsprechung beispielsweise ein Joghurtbecher mit Bördelkappe (BPatG BeckRS 2012, 12453), eine Mundwasserlasche in asymmetrischer Form mit einer Einkerbung an einer Seite (BPatG BeckRS 2008, 18257), eine grüne Bocksbeutelflasche mit seitlich verschobener Positionierung eines gelben Etiketts (BPatG BeckRS 2008, 9923), die Gestaltung einer Schokoladenverpackung in Form eines Goldbarrens (BGH GRUR 2003, 712), eine Zigarettenschachtel mit abgeflachten Kanten (BGH GRUR 2008, 1027) sowie für das Unionsmarkenrecht eine Getränkeverpackung in Form eines Standbeutels mit bauchiger Gestalt und verbreitertem Boden (EuGH C-173/04 P, GRUR 2006, 233 – Standbeutel), eine Plastikflasche mit langgestrecktem Hals und seitlichen Mulden in ihrem Hauptteil (EuGH C-238/06 P, GRUR 2008, 339 – Form einer Kunststoffflasche), eine goldfarbene zusammengedrehte Bonbonverpackung (EuGH C-25/05 P, GRUR 2006, 1022 – Wicklerform), eine Wasserflasche, auf deren Oberfläche am Flaschenhals Wellenlinien sowie eine einen Gebirgszug darstellende Linie angebracht sind (EuG T-347/10, GRUR Int 2013, 641 – Adelholzener), eine dreidimensionale Flaschenform in grün-gelber Farbgebung, in deren Hals eine Zitronenscheibe steckt (EuGH C-286/04 P, GRUR Int 2005, 823 – Eurocermex), eine Getränkeflasche mit einem durchsichtig glattem Mittelteil und einem gemasert ausgestalteten oberen und unteren Flaschenbereich (EuG T-12/04, GRUR Int 2006, 136 – Almdudler) oder die dreidimensionale Wiedergabe von zwei kelchförmigen, in einem Pappgehäuse mit ausgeschnittenen Öffnungen verpackten Gläsern (EuG T-474/12, BeckRS 2014, 81973 – Form zweier verpackter Kelchgläser).

Wie bei Warenformmarken setzt die Annahme einer hinreichenden Unterscheidungskraft 469 der angemeldeten Gestaltung voraus, dass diese erheblich von den **branchenüblichen Verpackungsgrundformen abweicht** (EuGH C-218/01, GRUR 2004, 428 Rn. 49 – Henkel; C-173/04 P, GRUR 2006, 233 Rn. 31 – Standbeutel; EuG T-347/10, GRUR Int 2013, 641 Rn. 21 – Adelholzener; vgl. auch BGH GRUR 2004, 329 f. – Käse in Blütenform I, wonach auch bei Verpackungen darauf abzustellen ist, ob sich die Formgestaltung in der Funktion erschöpft, als – möglicherweise ästhetisch ansprechendes – Behältnis für eine bestimmte Ware zu dienen, oder ob die Gestaltung vom Üblichen abweichende, herkunftshinweisende Merkmale aufweist). Die Verpackung darf sich auch nicht lediglich als eine bloße typische **Variante** der verkehrsüblichen Formen darstellen (s. aber auch EuG T-654/13, BeckRS 2015, 80859 – Form eines zylindrischen, weiß-roten Gefäßes, unter Hinweis darauf, dass allein die Feststellung, dass es sich um eine Variante einer üblichen Form handelt, umgekehrt auch noch nicht zwingend das Fehlen von Unterscheidungskraft belegt). Bei der Feststellung der Branchenüblichkeit ist regelmäßig nicht nur auf den identischen Warenbereich, sondern weitergehend auf übliche Verpackungsgestaltungen auch in angrenzenden Produktbereichen abzustellen, da diese in vergleichbarer Weise die Wahrnehmung des Verkehrs beeinflussen (Ingerl/Rohnke Rn. 191).

In diesem Zusammenhang kann auch von Bedeutung sein, ob der Verkehr infolge einer 470 bestimmten **Übung** in dem betreffenden Warenbereich ausnahmsweise daran gewöhnt ist, dass Verpackungen von den Herstellern als Hinweis auf die Herkunft der Waren verwendet werden (vgl. BGH GRUR 2003, 712 (714) – Goldbarren). Ist eine solche Übung auf dem betreffenden Warensektor festzustellen, so kann dies den Nachweis erleichtern, dass die angesprochenen Verkehrskreise aufgrund der Entwicklung der Wahrnehmungsgewohnheiten auch der in Rede stehenden Verpackungsgestaltung einen Herkunftshinweis entnehmen.

Aufgrund der Maßgeblichkeit des von der Marke hervorgerufenen **Gesamteindrucks** 471 reicht es für die Feststellung der Unterscheidungseignung grundsätzlich noch nicht aus, dass sich die Verpackungsgestaltung nur durch **eines ihrer Merkmale** von der üblichen Form abhebt (EuGH C-238/06 P, GRUR 2008, 339 Rn. 87 – Form einer Kunststoffflasche). Etwas anderes gilt nur dann, wenn das Einzelmerkmal den Gesamteindruck in derart maßgeblicher Weise bestimmt, dass sich die Marke hierdurch insgesamt erheblich von der Norm oder der Branchenüblichkeit abhebt und deshalb ihre wesentliche herkunftskennzeichnende Funktion erfüllen kann.

g) Dreidimensionale Dienstleistungsmarken. Auf Vorlagefrage des BPatG (BPatG 472 GRUR 2013, 932) hat der EuGH die grundsätzliche Markenfähigkeit einer Anmeldung, mit der Schutz für eine dreidimensionale Darstellung eines Ladengeschäfts in Bezug auf spezielle Einzelhandelsdienstleistungen begehrt wurde, bejaht (EuGH C-421/13, GRUR 2014, 866 – Apple Flagship Store). Dies bedeutet freilich noch nicht, dass einer solchen Darstellung zwangsläufig auch eine hinreichende Unterscheidungskraft zukommt. Für diese Beurteilung dürften grundsätzlich die gleichen Erwägungen Geltung beanspruchen, die die Rechtsprechung bei der Frage nach der Unterscheidungskraft von Warenformmarken anstellt (→ Rn. 454 ff.). Denn auch insoweit gilt der Grundsatz, dass solche dreidimensionale Darstellungen von Geschäftseinrichtungen von den relevanten Verkehrskreisen nicht notwendig in gleicher Weise wie beispielsweise Wort- oder Bildmarken wahrgenommen werden. Häufig wird sich für den Verkehr ein entsprechendes Zeichen in der bloßen Abbildung einer Verkaufsstätte erschöpfen, ohne dass er dieser einen Hinweis auf die betriebliche Herkunft entnimmt. Insoweit ist davon auszugehen, dass ähnlich wie bei Marken, die die Warenform wiedergeben, auch bei Anmeldungen dreidimensionaler Darstellung eines Ladengeschäfts für Dienstleistungen vorbehaltlich einer Verkehrsdurchsetzung eine hinreichende, zur Eintragung führende Unterscheidungskraft nur dann anzunehmen sein wird, wenn die gezeigte Ausstattung erheblich von der Branchennorm oder -üblichkeit abweicht. Dass der EuGH in seiner Entscheidung, wenn auch im Rahmen der Prüfung von Art. 2 RL 2008/95/EG, auf die zu dreidimensionalen Warenformmarken ergangene Rechtsprechung Bezug nimmt (s. EuGH C-421/13, GRUR 2014, 866 Rn. 20 – Apple Flagship Store), legt zumindest die Vermutung nahe, dass auch er wohl von der grundsätzlichen Anwendbarkeit entsprechend strenger Beurteilungsmaßstäbe ausgeht.

2. Beschreibende Angaben

473 **a) Anwendbarkeit.** Das Eintragungshindernis für beschreibende Angaben ist auch auf dreidimensionale Marken, die Schutz für die Form von Waren oder deren Verpackung beanspruchen, **anwendbar,** wie der EuGH auf Vorlagen von BGH und BPatG ausdrücklich bestätigt hat (EuGH verb. Rs. C-53/01 bis C-55/01, GRUR 2003, 514 Rn. 66 ff. – Linde, Winward u. Rado, zu Warenformmarken; C-218/01, GRUR 2004, 428 Rn. 39 – Henkel, zu der Verpackungsformmarken betreffenden Vorlagefrage des BPatG). Danach sind auch dreidimensionale Formmarken von der Eintragung ausgeschlossen, wenn sie ausschließlich aus Zeichen oder Angaben bestehen, die im Verkehr zur Bezeichnung der Merkmale der beanspruchten Waren oder Dienstleistungen dienen können. Zugrunde liegt diesem Schutzhindernis das **Allgemeininteresse** daran, dass solche Formen vorbehaltlich ihrer Verkehrsdurchsetzung von allen frei verwendet werden können und die Gestaltungsfreiheit nicht zugunsten Einzelner übermäßig beschränkt wird (EuGH verb. Rs. C-53/01 bis C-55/01, GRUR 2003, 514 Rn. 73 ff. – Linde, Winward u. Rado; BGH GRUR 2007, 973 Rn. 12 – Rado-Uhr III).

474 **b) Beschreibende Warenformmarken.** Im Gegensatz zum EuGH, der dreidimensionale Waren- bzw. Verpackungsformmarken in der Vergangenheit fast ausschließlich unter dem Eintragungshindernis der fehlenden Unterscheidungskraft geprüft hat, misst der BGH dem Schutzausschluss beschreibender Angaben nach § 8 Abs. 2 Nr. 2 größere Bedeutung bei. Nach Auffassung des BGH muss sich die beschreibende Wirkung des Zeichens nicht auf besondere, über die bloße Gestaltung der Ware hinausgehende Merkmale beziehen. Vielmehr soll eine dreidimensionale Marke bereits dann im Sinne der Vorschrift beschreibend sein, wenn sie die Form der Ware wiedergibt, da sie in diesem Fall eine Eigenschaft der beanspruchten Ware, nämlich ihre äußere Gestaltung, beschreibe (vgl. BGH GRUR 2008, 71 Rn. 28 – Fronthaube; GRUR 2007, 973 Rn. 12 – Rado-Uhr III; GRUR 2010, 138 Rn. 29 – Rocher-Kugel; kritisch hierzu Ingerl/Rohnke Rn. 225; ebenso Hildebrandt § 4 Rn. 77 unter zutreffendem Hinweis darauf, dass es bereits in sprachlicher Hinsicht wenig überzeugend erscheint, in der bildlichen Warenabbildung eine Beschreibung von Merkmalen der Ware zu sehen).

475 Folge eines solchen weiten Normverständnisses ist, dass jede dreidimensionale Warenformmarke in den Anwendungsbereich des Eintragungshindernisses fällt. Getrieben ist die Spruchpraxis des BGH dabei offensichtlich von dem Bestreben, dreidimensionale Formmarken unabhängig von der Frage der Unterscheidungskraft allgemein einer **Einzelfallprüfung** mit Blick auf ein etwaiges **Freihaltebedürfnis** zu unterziehen (vgl. BGH GRUR 2006, 679 –

Porsche Boxster, wo zwar die Unterscheidungskraft der angemeldeten Automobilform bejaht, die Eintragung aber unter Hinweis auf ein gleichwohl bestehendes Freihaltebedürfnis verweigert wurde). Hierdurch soll sichergestellt werden, dass Produktgestaltungen grundsätzlich frei verwendet werden können und nicht einem Unternehmen vorbehalten bleiben. Andernfalls würde sich, so der BGH, eine **übermäßige Beschränkung der Gestaltungsfreiheit** ergeben, da sich jede neue Gestaltung nicht nur von den Produkten der Wettbewerber auf dem Markt, sondern auch von möglicherweise unzähligen Formgebungen unterscheiden müsste, denen eine Registereintragung zugebilligt wurde (BGH GRUR 2008, 1000 Rn. 16 – Käse in Blütenform II).

Eine konsequente Anwendung dieser weiten Auslegung des Schutzhindernisses des § 8 **476** Abs. 2 Nr. 2 würde zu einem umfassenden, und damit gegen die gemeinschaftsrechtlichen Vorgaben verstoßenden Ausschluss dreidimensionaler Warenformen vom Markenschutz führen, da derartige Zeichen nach Auffassung des BGH stets die Form der Ware und damit eines ihrer Merkmale beschreiben (→ Rn. 66 f.). Insoweit formuliert der BGH in seinen Entscheidungen denn auch lediglich, dass bei formbeschreibenden und damit grundsätzlich unter den Wortlaut des Eintragungshindernisses fallenden Marken ein besonderes Freihalteinteresse bestehen **könne,** welches ein Eintragungshindernis nach § 8 Abs. 2 Nr. 2 begründen **kann.** Bei der Prüfung, ob ein solches die Eintragung ausschließendes Allgemeininteresse tatsächlich durchgreift, stellt der BGH insbesondere darauf ab, ob die beanspruchte Form **im Rahmen** einer **auf diesem Warengebiet üblichen Formenvielfalt** liegt und ob die Möglichkeiten, die Produktgestaltung im Interesse einer Individualisierung zu variieren, **beschränkt** sind. Ist das der Fall, so soll dies nach Auffassung des BGH dafür sprechen, dass die als Marke beanspruchte Form im Interesse der Allgemeinheit freizuhalten ist (BGH GRUR 2007, 973 f. – Rado-Uhr III; ebenso BeckRS 2009, 10527 – Bleistift mit Kappe; BeckRS 2011, 27798 – Parfümflasche). Ist umgekehrt das Warengebiet durch eine große Zahl von Gestaltungsmöglichkeiten gekennzeichnet und gehört die beanspruchte Form nicht zu den üblichen Gestaltungen, so ist nicht von einem überwiegenden Interesse der Allgemeinheit an der Freihaltung des angemeldeten Zeichens auszugehen (BPatG BeckRS 2009, 10527 – Bleistift mit Kappe).

c) Beschreibende Verpackungsformmarken. Auch dreidimensionale Markenanmel- **477** dungen, die Schutz für die Form der **Verpackung** einer Ware beanspruchen, können durch § 8 Abs. 2 Nr. 2 vom Schutz ausgeschlossen sein (EuGH C-218/01, GRUR 2004, 428 Rn. 42 – Henkel). Dabei differenziert der EuGH allerdings danach, ob es sich um die Verpackung einer Ware handelt, die notwendigerweise verpackt vertrieben wird oder nicht. Besitzt die Ware keine ihr innewohnende eigene Form (wie etwa bei Waren in flüssiger, körniger oder puderiger Konsistenz) und verlangt die Vermarktung der Ware daher notwendigerweise eine Verpackung, so könne für die Prüfung der Anmeldung die **Verpackung der Form der Ware gleichgesetzt** werden. Hat die Ware dagegen eine Eigenform, die sich aus den Merkmalen der Ware selbst ergibt, so dass diese Waren auch ohne eine besondere Verpackungsform vermarktet werden können, so bestehe grundsätzlich kein hinreichend enger Zusammenhang zwischen der Verpackung und der Ware. Für die Prüfung der angemeldeten Marke kann daher nach Auffassung des EuGH in diesen Fällen die Verpackung der Form der Ware nicht gleichgestellt werden. Dementsprechend beschränkt der EuGH seine Aussage zur Anwendbarkeit des Eintragungshindernisses des Art. 3 Abs. 1 lit. c RL 2008/95/EG (entspricht Art. 4 Abs. 1 lit. c RL (EU) 2015/2436) auf solche dreidimensionalen Verpackungsmarken, die aus einer der Form der Ware gleichzusetzenden Verpackung bestehen (EuGH C-218/01, GRUR 2004, 428 Rn. 32 f., 42 – Henkel). Überzeugend ist diese Differenzierung nicht, da auch bei Waren mit eigener Form die Verpackung die Form der Ware wiedergeben und insoweit von der Warenform abhängig sein kann.

Hinsichtlich der Bedeutung des Eintragungshindernisses beschreibender Angaben auf Ver- **478** packungsformmarken ist der **EuGH** im Vergleich zu der deutschen Rechtsprechung deutlich zurückhaltender. So formuliert der EuGH lediglich, dass Art. 3 Abs. 1 lit. c RL 2008/95/EG (entspricht Art. 4 Abs. 1 lit. c RL (EU) 2015/2436) es nicht ausschließe, dass eine Marke, die aus einer der Form der Ware gleichzusetzenden Verpackung in dreidimensionaler Form besteht, zur Bezeichnung bestimmter Merkmale der verpackten Ware dienen kann. Auch wenn sich solche Merkmale möglicherweise nur schwer identifizieren ließen, sei es **nicht**

auszuschließen, dass die Verpackung Merkmale der Ware einschließlich ihrer Beschaffenheit beschreibt (EuGH C-218/01, GRUR 2004, 428 Rn. 42 – Henkel).

479 Demgegenüber geht die **deutsche Rechtsprechung** mit Blick auf das Interesse der Allgemeinheit an einer freien Verwendung von Formen wie bei Warenformmarken davon aus, dass auch Verpackungsformmarken grundsätzlich merkmalsbeschreibend sind (vgl. BPatG BeckRS 2011, 27798 – Parfümflasche; tendenziell ebenso schon der Vorlagefrage des BPatG GRUR 2001, 737 (739) – Henkel). Steht allerdings eine große Bandbreite an Gestaltungsmöglichkeiten zur Verfügung und fällt die bewährte Form aus dem Kreis der auf dem betreffenden Warengebiet **üblichen Formgestaltungen** heraus, so soll allerdings auch bei Verpackungsformmarken kein überwiegendes Interesse an der Freihaltung der beanspruchten Verpackungsform bestehen, so dass das Eintragungshindernis des § 8 Abs. 2 Nr. 2 nicht greift (BPatG BeckRS 2011, 27798 – Parfümflasche). Zu berücksichtigen ist indes, dass im Gegensatz zu Markenanmeldungen, die eine unmittelbare Wiedergabe der Warenform enthalten, eine Verpackung die Ware eben nicht abbildet und daher einen allenfalls mittelbaren Bezug zu der Ware aufweist. Insoweit wird man bei einer Verpackungsform nur dann davon ausgehen können, dass sie Merkmale der Ware selbst beschreibt, wenn auf dem Markt tatsächlich eine entsprechende Branchennorm bzw. -üblichkeit hinsichtlich bestimmter Verpackungsgestaltungen herrscht, aufgrund derer der Verkehr in der Form der in diese Übung fallenden Verpackung einen beschreibenden Hinweis auf ihren Inhalt erblickt (zurückhaltend auch BPatG Beschl. v. 29.3.2006 – 32 W (pat) 157/03 – Nutellaglas; Ingerl/Rohnke Rn. 226).

3. Kombination mit Wort- oder Bildbestandteilen

480 Dreidimensionale Marken können mit weiteren Zeichen, insbesondere **mit Wort- und/ oder Bildelementen kombiniert** werden. So waren in der Rechtsprechung immer wieder Marken Verfahrensgegenstand, die die Form der beanspruchten Ware nebst auf dem Produkt angebrachter Wortmarke bzw. Unternehmenszeichen abbildeten (vgl. EuGH C-136/02 P, GRUR Int 2005, 135 – Maglite Stabtaschenlampe; BPatG GRUR 2001, 737 – Waschmittelflasche; GRUR 2002, 163 – BIC-Kugelschreiber; s. auch BGH GRUR 2008, 505 – TUC-Salzcracker, zu einer zweidimensionalen Bildmarke; GRUR 2007, 235 – Goldhase, zu einem Verletzungsfall). Für solche Marken gelten die **allgemeinen Grundsätze** für zusammengesetzte Zeichen (vgl. die Ausführungen hierzu betreffend zusammengesetzte Wortbildmarken in → Rn. 362 ff.). Ist das auf der dargestellten Ware angebrachte Wort- oder Bildzeichen **für sich genommen unterscheidungskräftig,** so kann es auch ohne Hinzuziehung der weiteren Elemente zur Eintragungsfähigkeit der Gesamtmarke führen (EuGH C-136/02 P, GRUR Int 2005, 135 – Maglite Stabtaschenlampe, wo das auf der Taschenlampe angebrachte unterscheidungskräftige Wortzeichen „MAGLITE" zur Eintragungsfähigkeit der kombinierten 3D-Marke führte BPatG GRUR 2002, 163 (165) – BIC-Kugelschreiber). Dies setzt nicht voraus, dass der unterscheidungskräftige Wort- oder Bildbestandteil im Verhältnis zu der dreidimensionalen Warenabbildung eine prägende bzw. selbständig kennzeichnende Stellung im Sinne der für Kollisionsfälle entwickelten Vorgaben einnimmt (Ingerl/Rohnke Rn. 192). Er muss jedoch seiner Stellung und relativen Größe nach für den durchschnittlichen Verbraucher zumindest unschwer erkennbar sein, da er nur dann ein hinreichendes Gewicht innerhalb der nach allgemeinen Grundsätzen maßgeblichen Gesamterscheinungsbilds der Marke aufweisen wird. Kommt dem Wortelement bereits an sich **keine Unterscheidungseignung** zu, so wird es auch dem Gesamtzeichen in aller Regel nicht zur Eintragungsfähigkeit verhelfen (vgl. EuG T-66/13, GRUR-Prax 2014, 376 – Echte Kroatzbeere; T-209/13, BeckRS 2014, 81412 – Olive Line).

481 Ist eine dreidimensionale Kombinationsmarke, die eine branchenübliche Waren- bzw. Verpackungsgestaltung wiedergibt, allein aufgrund eines für sich genommenen schutzfähigen Wort- oder Bildbestandteils eingetragen, so ist dies jedoch im **Kollisionsfall** von Bedeutung. Aus einer solchen Marke lassen sich keine Rechte gegenüber anderen Formmarken herleiten, da die schutzunfähige Warenform insoweit innerhalb der Kombination mit den unterscheidungskräftigen Elementen keinen eigenständigen Schutzumfang ausbildet.

482 Eine dreidimensionale Warenformmarke kann ihre Eintragungsfähigkeit auch durch Einbeziehung einer ihrerseits bereits markenrechtlich geschützten **Farb- oder Farbkombination** in die angemeldete Gestaltung erlangen. Auch in diesem Fall besteht die in Rede

stehende Form jedenfalls aus einem für sich besehen unterscheidungskräftigen Element, das die Schutzfähigkeit des Gesamtzeichens begründen kann (BPatG BeckRS 2013, 8719 – Fineliner). Hierfür dürfte jedoch gerade bei Kombinationen mit geschützten Farben Voraussetzung sein, dass die betreffende Farbgestaltung – auch ohne im Sinne der Kollisionsgrundsätze prägend sein zu müssen – im Rahmen der dreidimensionalen Warenform hinreichend deutlich hervortritt, da nur dann von einer markenmäßigen Wahrnehmung der Farbe als Unterscheidungszeichen ausgegangen werden kann.

In der Entscheidung Fineliner bejahte das BPatG die Schutzfähigkeit einer angemeldeten Warenformmarke für einen Filzstift mit einem sechseckigen langgestreckten Schaft, dessen Kanten weiß und dessen breitere Seitenflächen orange eingefärbt waren (BPatG BeckRS 2013, 8719 – Fineliner). Da diese Farbausgestaltung bereits zugunsten der Anmelderin durch zwei eingetragene Farbmarken geschützt war und das schutzfähige Farbelement auch in dem Gesamtzeichen deutlich sichtbar als betriebliches Kennzeichen hervortrat, verlieh es auch dem Gesamtzeichen die erforderliche Unterscheidungskraft. **482.1**

4. Nicht produktbezogene dreidimensionale Marken

Von geringerer praktischer Relevanz sind Formmarken, die nicht die im Warenverzeichnis beanspruchten Waren, Teile dieser Waren oder deren Verpackung wiedergeben und insoweit **keinen konkreten Produktbezug** aufweisen. Gegenstand solcher selbstständiger dreidimensionaler Marken kann jede räumlich darstellbare Form, Figur oder Gestaltung sein (zB Kühlerfiguren von Automobilen, sonstige figürliche Gestaltungen wie der „Oscar", Anhänger etc.). Im Gegensatz zu warenbezogenen Formmarken werden solche selbständigen dreidimensionalen Marken als von der in Anspruch genommenen Ware getrennt wahrgenommen und unterscheiden sich damit nicht von zweidimensionalen Bildzeichen (vgl. BPatG BeckRS 2009, 15266 – dreidimensionale Marke in Kugelform). Unterscheidungskraft ist daher zu bejahen, wenn der angesprochene Verkehr die dreidimensionale Gestaltung nicht nur als ein einfaches **dekoratives** oder die Merkmale der Ware **beschreibendes** Element wahrnimmt, sondern aufgrund ihrer darüber hinausgehenden charakteristischen Gestaltung von einem Herkunftshinweis ausgeht. Einfachsten **geometrischen Grundformen** oder sonstigen einfachen grafischen Gestaltungselementen wird diese Eignung, als Herkunftshinweis zu dienen, ebenfalls regelmäßig fehlen. Insoweit gelten die **gleichen Beurteilungsgrundsätze** wie bei **zweidimensionalen Bildmarken** (→ Rn. 388 ff.). **483**

V. Positionsmarken

1. Grundlagen

Im Gegensatz zu anderen Markenformen besteht die Besonderheit der Positionsmarke darin, dass sie nicht nur aus einem isolierten Zeichen besteht, sondern Schutz für ein Zeichen **in einer bestimmten Positionierung bzw. Anbringung** beansprucht. Da die Position des Zeichens auf der Ware begriffsnotwendig Teil des Schutzgegenstands ist, muss im Rahmen der Markenanmeldung die begehrte Art und Weise der Anbringung genau bestimmt sein (BPatG GRUR 1998, 819 – Ausrufezeichen; GRUR 2008, 416 (419) – Variabler Strichcode; BeckRS 1999, 15292 – Blaue Linie auf Rohr; ausführlich → § 32 Rn. 40 ff. und Bingener MarkenR 2004, 377 ff. mwN aus der Rechtsprechung). Als Positionsträger kommen dabei **nicht nur Waren oder Warenteile**, sondern auch Repräsentanten einer **Dienstleistung** in Betracht, etwa Werbemaßnahmen, Arbeitskleidung, Prospekte, Geschäftspapier und Rechnungen, sodass Positionszeichen auch für Dienstleistungen angemeldet werden können (zu einer Positionsmarkenanmeldung für Dienstleistungen s. BPatG BeckRS 2016, 15124 – Flasche auf Autodach). Eine nach § 12 Abs. 3 MarkenV für sonstige Marken eigentlich nur fakultativ vorgesehene Beschreibung, in der die genaue Position, Form und Größe des Zeichens festgelegt sind, muss der Anmeldung der Positionsmarke nach herrschender Meinung nur dann beigefügt werden, wenn nur durch sie die erforderliche wesensmäßige Beschränkung auf die Position des Zeichens vorgenommen werden kann (BPatG BeckRS 2016, 15124 – Flasche auf Autodach, mwN aus Rspr. und Lit.; MarkenR 2009, 569 – Schultütenspitze; Ingerl/Rohnke § 3 Rn. 34; Ströbele/Hacker/Kirschneck § 3 Rn. 82). Die mit Hilfe von Figuren, Linien oder Schriftzeichen wiedergegebene Darstellung muss dabei **484** klar, eindeutig, in sich abgeschlossen, leicht zugänglich, verständlich, dauerhaft und objektiv sein (EuGH C-104/01, GRUR 2003, 604 Rn. 28 f. – Libertel; BPatG BeckRS 2016, 15124 – Flasche auf Autodach).

484.1 Uneinheitlich beurteilt wird die Frage, ob es sich bei der Positionsmarke um eine Unterform der zwei- bzw. dreidimensionalen Marke (so zB Schork in Handbuch Marken- und Designrecht, 3. Aufl. 2011, S. 117; vgl. auch EuG T-547/08, BeckRS 2010, 90732 – X Technology Swiss/HABM (Orange Einfärbung des Zehenbereichs einer Socke), wo die Positionsmarke als den Kategorien der Bildmarken und dreidimensionalen Marken nahestehend angesehen wird) handelt oder ob sie als sonstige Markenform iSd § 12 MarkenV (so insbesondere die Rechtsprechung des BPatG, vgl. BPatG BeckRS 1999, 15292 – Blaue Linie auf Rohr; GRUR 1998, 390 f. – Roter Streifen im Schuhabsatz; BPatGE 40, 76 (79 f.) – Zick-Zack-Linie; ebenso Ströbele/Hacker/Kirschneck § 3 Rn. 81) zu qualifizieren ist. Für letztgenannte Auffassung spricht, dass sich die Positionsmarke ihrer Natur nach gerade nicht in einer zwei- bzw. dreidimensionalen Gestaltung erschöpft, sondern ihren besonderen Schutzgegenstand vielmehr zusätzlich aus der Bezugnahme auf eine gewisse Positionierung des Zeichens auf der Ware ableitet, so dass eine Einordnung als „sonstige Marke" sachgerechter erscheint. Für die Frage der Unterscheidungskraft oder des Freihaltebedürfnisses bei Positionsmarken ist diese Frage der rechtlichen Einordnung indes ohne Bedeutung.

485 Keine Besonderheiten gegenüber den sonstigen Markenformen bestehen demnach für die Beurteilung der Schutzfähigkeit der Positionsmarke dann, wenn das betreffende Zeichen auch **unabhängig** von einer in Anspruch genommenen Positionierung **bereits für sich genommen** nach allgemeinen Grundsätzen schutzfähig ist. Bezieht sich die Positionsmarkenanmeldung also beispielsweise auf ein Bildzeichen oder eine dreidimensionale Form, so ist die Anmeldung grundsätzlich dann zur Eintragung zuzulassen, wenn nach den für isolierte Bildmarken bzw. dreidimensionale Marken geltenden Grundsätzen von einer originären Schutzfähigkeit des Zeichens auszugehen ist (vgl. BPatG BeckRS 2016, 15124 – Flasche auf Autodach; Ströbele/Hacker/Ströbele Rn. 325; Bingener MarkenR 2004, 377 (380)). Auch der BGH hat in seiner letzten Entscheidung „Marlene-Dietrich-Bildnis II" (BGH GRUR 2010, 825 Rn. 22) festgestellt, dass es keiner Beschränkung einer Markenanmeldung auf die Anbringung des Zeichens an einer genau festgelegten Stelle (also einer Anmeldung als Positionsmarke) bedürfe, wenn praktisch bedeutsame und naheliegende Möglichkeiten der Anbringung des Zeichens in Betracht kommen, bei denen das Zeichen vom Verkehr als Herkunftshinweis aufgefasst wird (ebenso BGH GRUR 2010, 1100 Rn. 30 – TOOOR!). Hierdurch wird deutlich, dass es auf die konkreten Besonderheiten der Positionsmarke und ihrer inhaltlichen Schutzbeschränkung auf eine konkrete Positionierung des Zeichens nicht ankommt, wenn dem Zeichen bereits nach den allgemeinen Grundsätzen die Schutzfähigkeit zuzusprechen ist. Dies ändert freilich nichts daran, dass durch die Wahl der Anmeldung einer Marke als Positionsmarke und die dadurch bewirkte Festlegung auf eine bestimmte Positionierung der **Schutzumfang** entsprechend dieser Festlegung in gewissem Umfang **beschränkt** wird (bei der Prüfung der Verwechslungsgefahr ist neben der Identität oder Ähnlichkeit des reinen Zeichengegenstandes dann auch die konkrete Positionierung zu berücksichtigen), und zwar auch dann, wenn das Zeichen auch als „normale" Marke mit entsprechend weiterem Schutzumfang eintragbar gewesen wäre.

486 **Eigenständige Bedeutung** kommt der Markenkategorie der Positionsmarke im Rahmen der Prüfung der absoluten Schutzhindernisse des § 8 Abs. 2 Nr. 1 und Nr. 2 insbesondere dann zu, wenn das zugrundeliegende Bezugszeichen **isoliert betrachtet** nach den allgemeinen Kriterien **schutzunfähig** weil nicht unterscheidungskräftig oder beschreibend ist (wobei nach der Rechtsprechung des BGH für die Bejahung der Unterscheidungskraft ausreichend ist, dass eine übliche oder naheliegende Verwendungsform vorstellbar ist, bei der der Verkehr das Zeichen als Hinweis auf die betriebliche Herkunft auffasst; → Rn. 485).

486.1 Nach einem Teil der Literatur ist dem Zeichen in diesen Fällen der Schutz als Marke generell zu versagen, da es im Rahmen der zu prüfenden Unterscheidungskraft grundsätzlich nur auf die angemeldete Marke als solche ankommen dürfe und sich die Schutzfähigkeit daher nicht aus Umständen ergeben könne, die nicht **aus dem angemeldeten Zeichen selbst,** sondern aus zusätzlichen, von dem Zeichen getrennten Merkmalen herrührten (vgl. Ingerl/Rohnke Rn. 37). In diesem Zusammenhang ist indes zu berücksichtigen, dass es durchaus Fälle gibt, in denen der Positionsmarke ihre eigenständige Existenzberechtigung nicht abgesprochen werden kann. So kann im Falle einer ungewöhnlichen Positionierung eines ansonsten schutzunfähigen Zeichens der Verkehr gerade aufgrund eben dieser Abweichung vom Verkehrsüblichen Anlass haben, dem Zeichen nicht nur dekorative sondern herkunftshinweisende Funktion beizumessen.

2. Beurteilung der Schutzfähigkeit

a) Berücksichtigung der Positionierung. Stellt die Positionsmarke damit eine eigenständige Markenkategorie dar, so ist bei der Bestimmung ihrer Unterscheidungskraft auch die in Anspruch genommene **Positionierung** zur Ware in die Prüfung **mit einzubeziehen.** Dem steht auch nicht der allgemeine Grundsatz entgegen, dass Prüfungsgegenstand nur das betreffende Zeichen als solches ist und sich die Unterscheidungskraft daher nur aus Merkmalen ergeben kann, die aus dem Zeichen selbst ersichtlich sind. Denn das der Prüfung zugrunde zulegende Zeichen in seiner angemeldeten Form erstreckt sich im Falle der Positionsmarke gerade auch auf die räumliche Beziehung des Zeichens zu seinem Bezugsobjekt. Das Gebot, allein das angemeldete Zeichen als Prüfungsgegenstand zu bewerten, zwingt daher keineswegs zu einem Außerachtlassen der konkret beantragten Positionsvorgaben, sondern gebietet vielmehr deren Berücksichtigung. 487

b) Behandlung in der Rechtsprechung. Bei der Prüfung der Unterscheidungskraft einer Positionsmarke ist folglich danach zu fragen, ob das in Rede stehende Zeichen **gerade** (und ausschließlich) **in seiner konkreten Position** geeignet ist, den angesprochenen Verkehrskreisen als Hinweis auf die betriebliche Herkunft der Waren und Dienstleistungen zu dienen. Die Unterscheidungskraft einer Positionsmarke ist also aufgrund einer **Gesamtbetrachtung ihrer beiden Komponenten,** also des (positionierten) Zeichens und seiner Position, unter Berücksichtigung der bestehenden Kennzeichnungsgewohnheiten zu ermitteln. Eine hinreichende Unterscheidungskraft liegt daher vor, wenn entweder das positionierte Zeichen oder dessen Positionierung oder die Kombination auf einen bestimmten Anbieter hinweisen und sich nicht in einer beschreibenden oder dekorativen Funktion erschöpfen (BPatG BeckRS 2016, 15124 – Flasche auf Autodach; zu Schuh-Applikationen BPatG BeckRS 2014, 20241 = GRUR-Prax 2014, 547 – Lerach). Die Unterscheidungskraft ist dagegen regelmäßig zu verneinen, wenn das Zeichen aus Sicht eines von der jeweiligen Ware angesprochenen Durchschnittsverbrauchers nicht über rein technisch funktionelle und über die typische Gestaltung der Ware hinausreichende charakteristische Merkmale verfügt, **die aus dem verkehrsüblichen Rahmen der Gestaltungsvielfalt** auf dem jeweiligen Warengebiet **herausfallen** (vgl. BPatG BeckRS 2014, 20240 – Winkelförmiges Motiv auf Schuhen; BPatG BeckRS 2013, 5980 – Roter Halbrahmen; ebenso BPatG BeckRS 2009, 25613 – Schultütenspitze, wo der Positionsmarkenanmeldung für ein rot gefärbtes Endstück für Schultüten die Unterscheidungskraft abgesprochen wurde, da eine solche Gestaltung nicht von der Norm oder Branchenüblichkeit erheblich abweiche und die angesprochenen Verkehrskreise ihr daher rein ästhetische bzw. dekorative Zwecke beimessen, sie jedoch nicht als betrieblichen Herkunftshinweis auffassen würden). 488

Ähnliche Erwägungen finden sich auch in der **europäischen Rechtsprechung.** Für Positionsmarken, die nicht **von der Ware getrennt wahrgenommen** werden, sondern (wie häufig der Fall) mit dem Erscheinungsbild der entsprechend gekennzeichneten Ware verschmelzen, werden die vom EuGH zur Beurteilung der Unterscheidungskraft dreidimensionaler Warenformmarken entwickelten Vorgaben entsprechend herangezogen. Danach setzt die Annahme einer hinreichenden Unterscheidungskraft voraus, dass sie ihrer Gestaltung nach **erheblich von der Norm oder der Branchenüblichkeit abweichen** (vgl. zum Unionsmarkenrecht EuGH C-429/10 P, GRUR Int 2011, 720 Rn. 25 ff. – X Technology Swiss/HABM (orange Einfärbung des Zehenbereichs einer Socke); EuG T-433/12, BeckRS 2014, 80046 – Steiff/HABM (Knopf im Ohr eines Stofftieres); T-331/12, BeckRS 2014, 80495 – Sartorius Lab Instruments/HABM (gelber Bogen einer Anzeigeneinheit); T-152/07, BeckEuRS 2009, 501205 – Lange Uhren/HABM (geometrische Felder auf dem Zifferblatt einer Uhr). Ein solches schutzbegründendes Abweichen von der Norm bzw. dem Branchenüblich wurde in der Rechtsprechung beispielsweise verneint für Positionsmarkenanmeldungen, die Schutz für eine orange Einfärbung des Zehenbereichs von Socken (vgl. EuGH C-429/10 P, GRUR Int 2011, 720 – X Technology Swiss/HABM) oder aber rote Schnürsenke- 489 lenden für Schuhe beansprucht (EuG T-208/12, BeckRS 2013, 81459 – Think Schuhwerk/HABM).

490 **c) Maßgeblichkeit der konkreten Art des angemeldeten Zeichens.** Letztlich ist davon auszugehen, dass für die Beurteilung der Unterscheidungskraft einer Positionsmarke die gleichen grundlegenden Kriterien gelten, die auch auf andere Kategorien von Marken Anwendung finden. Allerdings richten sich die Anwendung dieser Grundsätze und damit die tatsächlichen Anforderungen, die im Einzelfall an den Nachweis der Unterscheidungskraft zu stellen sind, in erheblichem Maße danach, ob ein bestimmtes Zeichen von den angesprochenen Verkehrskreisen auch wirklich als Herkunftshinweis aufgefasst wird. Diese zu prognostizierende Wahrnehmung kann je nach Markenkategorie verschieden ausfallen (vgl. zu Warenformmarken EuGH C-25/05 P, GRUR 2006, 1022 Rn. 27 – Wicklerform; C-96/11 P, GRUR Int 2012, 1017 Rn. 35 – Schokoladenmaus; zu abstrakten Farbmarken EuGH C-104/01, GRUR 2003, 604 Rn. 65 – Libertel; zu Slogans EuGH C-64/02 P, GRUR 2004, 1027 Rn. 34 – Das Prinzip der Bequemlichkeit). In Anbetracht der Vielgestaltigkeit möglicher Positionsmarken wird man indes **keine allgemeingültigen Vorgaben** darüber machen können, nach welchen Regeln sich die Bestimmung ihrer Schutzfähigkeit zu richten hat. Vielmehr muss darauf abgestellt werden, für welche Art von Zeichen die Positionsmarke konkret Schutz begehrt. Handelt es sich dabei um ein Zeichen, welches sich – was wohl dem häufigsten Anwendungsfall der Positionsmarken entspricht – dem Verkehr als **Ausgestaltung der Ware** als solcher, eines Warenteils oder der Verpackung darstellt, erscheint es sachgerecht, die für die Beurteilung dreidimensionaler Warenformmarken entwickelten Grundsätze entsprechend heranzuziehen. Denn in diesen Fällen präsentiert sich das Zeichen dem Betrachter ungeachtet seiner formalen Kategorisierung als besondere Gestaltung der Ware, mit der es insoweit verschmilzt. Eine solche Positionsmarke, die sich als unselbständiges Gestaltungselement der Ware darstellt, wird daher ebenso wie eine dreidimensionale oder zweidimensionale Marke, die lediglich das Erscheinungsbild der Warenform widerspiegelt, von den maßgeblichen Verkehrskreise nur dann als unterscheidungskräftiger Hinweis auf die betriebliche Herkunft aufgefasst, wenn sie – und sei es auch aufgrund der konkret beanspruchten Positionierung – erheblich von der Norm oder der Üblichkeit in der Branche abweicht (zutreffend daher die in → Rn. 489 zitierte Rechtsprechung der Gemeinschaftsgerichte; zur Schutzfähigkeit dreidimensionaler Formmarken ausführlich → Rn. 452). Beansprucht die Positionsmarke hingegen Schutz für eine bestimmte **Farbgestaltung,** so wird man unter Beachtung des Allgemeininteresses an der freien Verwendbarkeit von Farben auch die strengen Rechtsprechungsgrundsätze zur Schutzfähigkeit von abstrakten Farbmarken entsprechend zu berücksichtigen haben. Dies gilt jedenfalls dann, wenn durch die Positionsmarke für die farbige Ausgestaltung des Produktes eine der abstrakten Farbmarke vergleichbare umfassende Schutzposition beansprucht wird.

490.1 **Entscheidungspraxis:**
War die Rechtsprechung zur Schutzfähigkeit von Positionsmarken in Deutschland zunächst von einer eher eintragungsfreundlichen Linie geprägt, so ist in den letzten Jahren eine zunehmend restriktive Eintragungspraxis zu beobachten (vgl. insoweit auch die Nachweise aus der jüngeren Spruchpraxis bei Ströbele/Hacker/Ströbele Rn. 328 Fn. 880).

490.2 **Schutzfähigkeit bejaht:**
BPatG BeckRS 2014, 20240 – Winkelförmiges Motiv auf Schuhen: Unterscheidungskraft eines asymmetrischen winkelförmigen Motivs bejaht, da es über rein dekoratives Gestaltungselement hinausgehe und das Publikum an betriebliche Herkunftskennzeichnungen bei Schuhaußen- und/oder -innenseite gewöhnt sei, so dass eine markenmäßig naheliege;
BPatG BeckRS 2013, 5980 – Roter Halbrahmen: Unterscheidungskraft für eine Positionsmarke, die Schutz beansprucht für eine Rotfärbung zweier Außenkanten von Druckerzeugnissen, positioniert entlang des oberen und des rechten Randes des Titelblatts eines hochformatigen Druckerzeugnisses, für gedruckte Telefonverzeichnisse bejaht, da das Zeichen jedenfalls für den engen Markt der Telefonverzeichnisse charakteristische Merkmale jenseits der technisch funktionellen oder branchenüblichen Gestaltungen aufweise;
BPatG GRUR 1998, 390 – Roter Streifen im Schuh: Unterscheidungskraft eines in den Absatz von Herrenschuhen integrierten, in Querrichtung verlaufenden roten Streifens bejaht, da ein rechtserheblicher Teil der angesprochenen Endverbraucher gerade auch angesichts der im Verkehr feststellbaren Übung, auf Schuhsohlen Symbole oder geometrische Gebilde anzubringen, dem farbig abgesetzten

Streifen einen markenmäßigen Hinweis auf den Produzenten der betreffenden Schuhe entnehmen wird. Auch ein Freihaltebedürfnis iSd § 8 Abs. 2 Nr. 2 wurde verneint, da nicht ersichtlich sei, aus welchen Gründen Wettbewerber auf eine Verwendung dieser konkreten Gestaltung angewiesen sein sollten;
BPatGE 40, 76 – ZickZack-Linie: Einer am Sattel eines Sportschuhs positionierten, den Buchstaben „N" oder „Z" ähnlichen Zick-Zack-Linie komme aufgrund ihrer konkreten Position hinreichende Unterscheidungskraft zu, auch wenn dem betreffenden Zeichen als solchem ohne festgelegte Anbringung das erforderliche Maß an Unterscheidungskraft im Einzelfall möglicherweise abzusprechen wäre.

Schutzfähigkeit verneint: 490.3

BPatG BeckRS 2016, 15124 – Flasche auf Autodach; BeckRS 2016, 15268 – Tube auf Autodach: Der Anmeldung eine Positionsdienstleistungsmarke, die eine auf einem Autodach angeordnete Flasche/Tube zum Gegenstand hat, fehlt die erforderliche Unterscheidungskraft, da diese als (vergrößert wiedergegebene) Alltagsgegenstände nicht von den allgemein gebräuchlichen Formen abwichen und das Publikum angesichts der Üblichkeit von auf dem Dach eines Fahrzeugs angebrachter Werbung (zB in Form von Schrift- oder Bildtafeln oder dreidimensionalen Abbildungen wie Dosen, Flaschen, Pillen etc) an derart angeordnete Werbeträger gewöhnt sei.

EuG T-208/12, BeckRS 2013, 81459 – Think Schuhwerk/HABM (Rote Schnürsenkelenden): Keine Unterscheidungskraft einer Markenanmeldung, die Schutz für rote Schnürsenkelenden für Schuhe beansprucht, zumal es auf dem Markt eine große gestalterische Vielfalt gebe, die auch die farbige Gestaltung von Schnürsenkeln einschließe. Die roten Schnürsenkelenden weichen daher nicht erheblich von der Norm oder dem Üblichen in der Branche ab, so dass sie von den Verbrauchern nicht als Herkunftshinweis aufgefasst werden;

EuGH C-429/10 P, GRUR Int 2011, 720 – X Technology Swiss/HABM (orange Einfärbung des Zehenbereichs): Kein Schutz für die orangefarbene Einfärbung des Zehenbereichs von Socken, da die Verwendung einer Grundfarbe regelmäßig nicht herkunftshinweisend wirke und die Verbraucher die Einfärbung entweder als dekoratives Element oder als Hinweis auf ein funktionales Merkmal (Verstärkung des Zehenbereichs) wahrnehmen werden;

BPatG BeckRS 2009, 3865 – Tasche auf Schuhseitenfläche: Bei der auf der Seitenfläche eines Schuhs angebrachten, durch eine Lasche verschließbaren Tasche handelt es sich um ein nicht schutzbegründendes Element, der dem Verkehr eine ausschließlich funktionale, den Gebrauchszweck des Schuhs fördernde Bedeutung beimisst;

BPatG GRUR 2008, 416 – Variabler Strichcode: Anbringung eines Strichcodes auf dem Rücken von Druckereierzeugnissen nicht eintragungsfähig, da der Verbraucher Strichcodes aus seiner alltäglichen Erfahrung auf nahezu allen Waren kennt und sie daher nur als eine Art der technischen Identifikation, nicht hingegen als Herkunftshinweis wahrnimmt.

VI. Sonstige Markenformen

Bei vielen nicht-konventionellen Markenformen (wie etwa Riechmarken oder gustatorischen Marken) scheiterte die Eintragung trotz anerkannter grundsätzlicher Markenfähigkeit nach bisheriger Rechtslage an dem Erfordernis der **grafischen Darstellbarkeit** gemäß § 8 Abs. 1. Im Zuge der europäischen Markenrechtsreform wurden indes Richtlinien- und Verordnungsvorgaben dahingehend geändert, dass zukünftig das Eintragungserfordernis der grafischen Darstellbarkeit von Marken entfällt. Nach Auffassung der Kommission waren die bisherigen Anforderungen überholt, da sie gerade mit Blick auf die Wiedergabe nichtkonventioneller Markenformen zu einer erheblichen Erschwernis bzw. Rechtsunsicherheit führten. Als Beispiel wurde zB angeführt, dass etwa bei Hörmarken die Wiedergabe mittels neuerer technologischer Mittel (zB durch eine Audiodatei) einer grafischen Darstellung als präziseres Bestimmung der Marke vorzuziehen sein. Die neue RL (EU) 2015/2436 – die bis Januar 2019 in nationales Recht umzusetzen sein wird – und die UMV enthalten daher nicht mehr die Beschränkung der zulässigen Darstellungsmittel auf eine grafische oder visuelle Darstellung. Nach den ausdrücklichen Feststellungen der Kommission soll hierdurch die Zahl der zulässigen Darstellungsweisen indes nicht endlos ausgeweitet werden. Vielmehr sollen auch nach zukünftigem Recht nur solche Wiedergabemittel zu Verfügung stehen, die eine ausreichende Rechtssicherheit bieten. In Art. 3 Buchst. b RL (EU) 2015/2436 und Art. 4 Buchst. b UMV wird insoweit gefordert, dass die Marke „in einer Weise dargestellt werden muss, dass die zuständigen Behörden und das Publikum den Gegenstand des dem Inhaber einer solchen Marke gewährten Schutzes klar und eindeutig bestimmen können." Maßgeblich dürften damit auch weiterhin die insbesondere in der Sieckmann-Entscheidung des EuGH (EuGH C-273/00, GRUR 2003, 145) entwickelten Anforderungen an die 491

Bestimmtheit der der Marke sein, denen zufolge die Wiedergabe der Marke klar, eindeutig, in sich abgeschlossen, leicht zugänglich, verständlich, dauerhaft und objektiv sein muss, wobei diese Vorgaben zukünftig auch durch andere als grafische Formen der Darstellung erfüllt werden können. Vor diesem Hintergrund bleibt abzuwarten, in welchem Umfang die Gesetzesreform zukünftig tatsächlich zu einer großzügigeren Eintragungspraxis bei nichtkonventionellen Markenformen führen wird.

1. Hörmarken

492 Die grundsätzlichen Markenfähigkeit von Hörmarken (Geräuschmarken, Schallmarken, akustische Marken) ist heute allgemein anerkannt (s. EuGH C-283/01, GRUR 2004, 54 – Shield Mark; → § 3 Rn. 40 ff.). Nach bisheriger Rechtspraxis fehlt es jedoch solchen Hörmarken, die sich nicht vermittels eines Notensystems wiedergeben lassen, bereits an der für die Registereintragung erforderlichen **grafischen Darstellbarkeit** gemäß § 8 Abs. 1 (eingehend → § 32 Rn. 34 ff.). Hinsichtlich solcher Geräuschzeichen wurden die Fragen nach Unterscheidungskraft und fehlendem Freihaltebedürfnis daher bislang nur für den Sonderfall der Benutzungsmarken relevant. Infolge der Streichung des Erfordernisses der grafischen Darstellbarkeit im Zuge der europäischen Markenrechtsreform (→ Rn. 491) steht zu vermuten, dass sich die Rechtsprechung in Zukunft vermehrt mit der Frage der Anwendbarkeit der Schutzhindernisse des § 8 auf Hörmarken beschäftigen wird.

493 Die Unterscheidungskraft von Hörmarken ist grundsätzlich nach den **allgemeinen Prüfungsmaßstäben** zu beurteilen, wie sie für alle Markenformen Geltung beanspruchen (→ Rn. 34). Demnach sind Hörmarken konkret unterscheidungskräftig, wenn sie vom Verkehr als Unterscheidungsmittel aufgefasst werden, mithin geeignet sind, die beanspruchten Waren oder Dienstleistungen als von einem bestimmten Unternehmen stammend zu kennzeichnen und dadurch diese Waren oder Dienstleistungen von denjenigen anderer Unternehmen zu unterscheiden.

494 Unter welchen tatsächlichen Voraussetzungen eine Hörmarke von den angesprochenen Verkehrskreisen als geeigneter Herkunftshinweis verstanden wird, ist bislang in der **Rechtsprechung nicht problematisiert** worden. Da indes nach den allgemeinen, sämtliche Zeichenkategorien übergreifenden Grundsätzen allein das Fehlen jeglicher Unterscheidungskraft ein Eintragungshindernis begründet (vgl. zu anderen Markenformen BGH GRUR 2011, 158 Rn. 7 – Hefteinband; GRUR 2010, 825 Rn. 13 – Marlene-Dietrich-Bildnis; GRUR 2009, 778 Rn. 11 – Willkommen im Leben; GRUR 2010, 640 Rn. 10 – hey!), ist auch für Hörmarken im Grundsatz ein großzügiger Maßstab anzulegen, so dass jede auch noch so geringe Unterscheidungskraft als ausreichend anzusehen ist, das Schutzhindernis zu überwinden.

495 Der theoretische Grundsatz, dass für sämtliche Markenkategorien der gleiche allgemeine Prüfungsmaßstab heranzuziehen ist, bedeutet indes nicht, dass gerade bei nichtkonventionellen Markenformen in der Praxis nicht unterschiedliche tatsächliche Anforderungen an den **Nachweis der Unterscheidungskraft** des konkret in Rede stehenden Zeichens zu stellen sein können (→ Rn. 35). Im Hinblick auf die Hörmarke ist zu berücksichtigen, dass es sich um **visuell nicht wahrnehmbare Zeichen** handelt, bei denen der Verkehr nicht in gleicher Weise wie bei konventionellen Marken daran gewöhnt ist, ihnen eine Unterscheidungsfunktion beizumessen. Insoweit ist bei der Prüfung der Eintragungsfähigkeit einer angemeldeten Hörmarke vor allem zu untersuchen, ob das Zeichen tatsächlich geeignet ist, von den angesprochenen Verkehrskreise als Unterscheidungszeichen wahrgenommen bzw. wiedererkannt zu werden, und nicht als bloße akustische Untermalung oder ein mit der Ware oder Dienstleistung im Zusammenhang stehendes Geräusch aufgefasst wird. Eine gewisse **Wiedererkennungseignung** oder **charakteristische Individualität** der Hörmarke dürfte dabei für die Eignung als herkunftshinweisendes Kennzeichen unabdingbar sein (so auch Ströbele/Hacker/Ströbele Rn. 329). Hieran fehlt es in der Regel, wenn es sich bei dem Hörzeichen um ein **Alltagsgeräusch** oder ein **alltägliches Tonsignal** (Polizeisirene, Geräusch eines Sekundenzeigers, das Schließen einer Autotür, usw) handelt. Solche Geräusche dürften vorbehaltlich einer nachzuweisenden Verkehrsdurchsetzung bereits aufgrund ihrer Üblichkeit nicht als Unterscheidungszeichen wahrgenommen werden.

Voraussetzung für die Unterscheidungskraft von **Tönen und Tonfolgen** ist eine eigen- 496
tümliche Prägung oder Ausgestaltung des Tones bzw. eine zumindest ansatzweise eingängige
Melodie der Tonfolge, so dass dem Ton oder der Tonfolge eine Eigenart anhaftet, die dem
Verbraucher eine Individualisierung von Waren oder Dienstleistungen im Sinne der Herkunftsfunktion ermöglicht. Je länger die Tonfolge oder Melodie ist, desto eher wird ihr diese
Unterscheidungseignung abzusprechen sein, da sie für die angesprochenen Verkehrskreise,
bei denen nicht auf solche mit musikalischen Vorkenntnissen abzustellen ist, weniger einprägsam sind. Je kürzer, melodiöser oder eingängiger der Ton oder die Tonfolge hingegen ist,
desto eher kann der Hörer diese unterscheiden und ihr einen Herkunftshinweis bezüglich
der Ware oder Dienstleistung aus einem bestimmten Unternehmen entnehmen, wenngleich
andererseits einem Hörzeichen, das lediglich aus einem einzelnen Ton oder mehreren identischen Tönen besteht, die Unterscheidungskraft in der Regel abzusprechen sein wird. Da die
„Merkbarkeit" eines Zeichen nicht Voraussetzung für die Bejahung einer hinreichenden
Unterscheidungskraft ist (BGH GRUR 2000, 502 (504) – St. Pauli Girl), wird man indes
auch bei der Hörmarke nicht verlangen können, dass sie von den angesprochenen Verkehrskreise eindeutig wiedergeben oder beschrieben werden kann.

Geräusche, die einen **unmittelbaren Bezug zu den jeweiligen Waren oder Dienst-** 497
leistungen aufweisen (zB Motorengeräusch für Personenkraftwagen, Babyschreien für
Kleinkindbedarfsartikel, Hundebellen für Tiernahrung, das Knallen eines Sektkorkens für
alkoholische Getränke, usw.) werden vom Verkehr in der Regel nicht als Herkunftshinweis
aufgefasst und sind für die entsprechenden Waren oder Dienstleistungen nicht unterscheidungskräftig iSd § 8 Abs. 2 Nr. 1, weil sie lediglich auf die Produkte oder Leistungen hinweisen und keinen darüber hinausgehenden, kennzeichnenden Inhalt haben. Sofern sie Eigenschaften oder Merkmale der betreffenden Waren oder Dienstleistungen vermittels ihrer
Klang- bzw. Lautsprache beschreiben (zB das knackende Kaugeräusch als Hinweis auf Frische
und Knusprigkeit von Kartoffelchips), wird zudem das Eintragungshindernis des Freihaltebedürfnisses iSd § 8 Abs. 2 Nr. 2 greifen.

Grundsätzlich können auch **gesprochene Texte** als Hörmarke unterscheidungskräftig 498
sein. Dabei ist jedoch zu beachten, dass aufgrund der Einordnung als Hörmarke nicht
als Wortmarke bei der Prüfung der Schutzfähigkeit nicht auf den gesprochenen Text als
solchen, also nicht auf den Inhalt, sondern allein auf die Schallabfolge der zu schützenden
Hörmarke im Sinne ihrer konkreten akustischen Wiedergabe abzustellen ist. Aus diesem
Grunde kann grundsätzlich auch ein als Wortmarke schutzunfähiges Zeichen als Hörmarke
Unterscheidungskraft besitzen sein. So hat das EUIPO in der Entscheidung „Arzneimittel
Ihres Vertrauens: Hexal" der Schallabfolge, also der rein phonetischen Abfolge des vorbenannten Slogans, eine noch hinreichende Unterscheidungskraft zugesprochen und dies mit
der Häufung unmelodischer Konsonanten zu Beginn und am Ende von weniger als drei
Sekunden Sprechdauer sowie insbesondere damit begründet, dass der gesprochene Name
„Hexal" ein Eigenname sei und in der deutschen Sprache kein ebenso ausgesprochenes
anderes Wort existiere (HABM BK GRUR 2006, 343 (344) – Arzneimittel Ihres Vertrauens:
Hexal). Zu beachten ist indes, dass Hörmarken ausschließlich aufgrund der jeweiligen unterscheidungskräftigen Schallfolge geschützt sind. Der Schutzbereich einer solchen Marke
erstreckt sich daher gerade nicht auf die geschriebene Aussage oder den Inhalt. Die fehlende
Schutzfähigkeit oder Unterscheidungskraft eines Wortzeichens kann also nicht durch seine
Anmeldung als Hörmarke umgangen oder geheilt werden.

Ein **nicht unterscheidungskräftiger Text** kann in der Regel nicht allein durch seine 499
schlichte akustische Wiedergabe Markenschutz erlangen (so auch Ströbele/Hacker/Ströbele
Rn. 335). Insoweit ist eine besondere Eigenart und Individualität durch phonetische Effekte
oder Besonderheiten (so auch HABM BK GRUR 2006, 343 – Arzneimittel Ihres Vertrauens:
Hexal) zu fordern, die dem Text durch die Klangfärbung einen eigenständigen Charakter
verleihen. Ebenso wie bei Wortmarken beispielsweise allein aufgrund der Veränderung der
Schrifttype oder Schriftgröße eine fehlende Unterscheidungskraft nicht herbeigeführt werden kann, wird man auch bei Hörmarken annehmen müssen, dass die Wiedergabe des Textes
in einem bestimmten Dialekt oder einer ungewöhnlichen Aussprache von den angesprochenen Verkehrskreisen nicht als herkunftshinweisendes, unterscheidungskräftiges Merkmal der
Hörmarke verstanden wird.

2. Tastmarken

500 Die abstrakte **Markenfähigkeit** (→ § 3 Rn. 48) von Tastmarken iSd § 3 ist in der Rechtsprechung mittlerweile anerkannt. Der BGH hat in der Entscheidung „Tastmarke" festgestellt, dass auch ein über den Tastsinn wahrnehmbares Zeichen grundsätzlich Markenfunktion ausüben könne, da sich die Elemente oder Eigenschaften einer Gestaltung, deren Wahrnehmung über den Tastsinn als Marke beansprucht werden soll, gedanklich jedenfalls prinzipiell von der Ware selbst abstrahieren ließen (BGH GRUR 2007, 148 Rn. 12 – Tastmarke; anders noch BPatG GRUR 2005, 770 – Tastmarke). Nicht abschließend geklärt ist indes, unter welchen Voraussetzungen eine Tastmarkenanmeldung dem nunmehr im Zuge der Markenrechtsreform bzw. der (noch nicht erfolgten) Umsetzung der RL (EU) 2015/2436 in nationales Recht entfallenden Erfordernis der grafischen Darstellbarkeit (→ § 32 Rn. 37 f.) bzw. dem damit ggf. künftig an Bedeutung gewinnenden Bestimmtheitserfordernis genügt (zur Reform von MRL und UMV → Rn. 491).

501 Mit Blick auf die Frage der konkreten **Unterscheidungskraft** von Tastmarken iSd § 8 Abs. 2 Nr. 1, mit der sich der BGH in dieser Entscheidung allerdings nicht zu befassen hatte, führt er lediglich aus, es sei „jedenfalls nicht grundsätzlich auszuschließen", dass sich die Eignung als betrieblicher Herkunftshinweis bereits aus einzelnen Eigenschaften des betreffenden Gegenstands und nur im Hinblick auf bestimmte, aus der Wahrnehmung mit dem Tastsinn folgende Empfindungen ergeben könne (BGH GRUR 2007, 148 Rn. 15 – Tastmarke). Auch welche Anforderungen konkret an den Nachweis der Unterscheidungskraft oder des fehlenden Freihaltbedürfnisses nach § 8 Abs. 2 Nr. 2 bei haptischen Zeichen zu stellen sind, war bislang kaum Gegenstand gerichtlicher Entscheidungen (hierzu BPatG GRUR 2008, 348 – Das rauhe Gefühl von feinem Sandpapier).

502 Im Rahmen der Prüfung der Unterscheidungskraft von haptischen Marken ist davon auszugehen, dass die Kriterien für die Beurteilung der Unterscheidungskraft zwar für alle Markenkategorien grundsätzlich die gleichen sind, dass sich aber im Zusammenhang mit der Anwendung dieser Kriterien auf die jeweilige Markenform zeigen kann, dass nicht jede dieser Kategorien von den maßgeblichen Verkehrskreisen notwendig in gleicher Weise als Herkunftshinweis wahrgenommen wird (so für Warenformmarken EuGH C-25/05 P, GRUR 2006, 1022 Rn. 27 – Wicklerform; GRUR Int 2012, 1017 Rn. 35 – Schokoladenmaus; für abstrakte Farbmarken EuGH C-104/01, GRUR 2003, 604 Rn. 65 – Libertel; für Slogans EuGH C-64/02 P, GRUR 2004, 1027 Rn. 34 – Das Prinzip der Bequemlichkeit).

503 Ähnlich wie der Verkehr etwa bei Abbildungen, die die Form der Ware wiedergeben, nicht in gleicher Weise wie bei Wort- oder Bildzeichen daran gewöhnt ist, diesen einen Hinweis auf die betriebliche Herkunft der Waren zu entnehmen (→ Rn. 455), ist auch bei haptischen Empfindungen im Zusammenhang mit einer Ware zu beachten, dass diese regelmäßig **nicht von der Ware abstrahiert** wahrgenommen werden, sondern vielmehr mit ihr verschmelzen und daher von den maßgeblichen Verkehrskreisen nicht notwendig in gleicher Weise als Herkunftshinweis aufgefasst werden wie eine Wort- oder Bildmarke, die sich von der Ware trennen lässt. Vor diesem Hintergrund dürften auch bei Tastmarken jedenfalls in **tatsächlicher** Hinsicht die gleichen strengeren Anforderungen an den Nachweis der hinreichenden Unterscheidungskraft anzulegen sein, wie sie der EuGH auch für andere nicht-konventionelle Markenformen statuiert (→ Rn. 502). Dabei ist jeweils mit Blick auf die konkret in Bezug genommenen Waren und Dienstleistungen zu prüfen, ob die angesprochenen Verkehrskreise in der allein über den Tastsinn wahrzunehmenden Empfindung tatsächlich einen Herkunftshinweis oder lediglich eine Folge der spezifischen **praktischen** oder **ästhetischen Produktgestaltung** erblicken werden.

504 Ebenfalls unter Rückgriff auf die Rechtsprechung des EuGH zu nichtkonventionellen Marken hat das BPatG die Unterscheidungskraft der angemeldeten Tastmarke mit der Beschreibung „Das raue Gefühl von feinem Sandpapier" für verschiedene alkoholische und nicht-alkoholische Getränke verneint (BPatG GRUR 2008, 348). Auch wenn der durchschnittlich informierte, aufmerksame und verständige Durchschnittverbraucher daran gewöhnt sei, Wort- oder Bildmarken als Zeichen aufzufassen, die auf eine bestimmte Herkunft der Ware hinweisen, gelte dies nicht zwingend für Zeichen, die mit dem Erscheinungsbild der Ware, für die die Eintragung des Zeichens als Marke begehrt wird, verschmelzen. Nach Auffassung des BPatG seien die angesprochenen Verkehrskreise auf dem Sektor von alkoholischen und nichtalkoholischen Getränken **nicht daran gewöhnt,** ohne Wort- oder Bildelemente allein aus den haptischen Eindrücken auf die Herkunft dieser Waren zu schließen. Eine derartige Praxis, auf dem Gebiet der beanspruchten Waren haptische Gestaltungsmittel als Mittel der betrieblichen Kennzeichnung einsetzen, sei nicht nachweisbar. Da vielmehr zu vermuten sei, dass die Verbraucher als Empfänger des haptischen Reizes den vermittelten Tasteindruck allein als zweckdienliche oder ästhetisch ansprechende Gestaltung der Warenverpackung ansehen würden, sei dem angemeldeten Zeichen die Unterscheidungskraft abzusprechen (BPatG GRUR 2008, 348 – Das raue Gefühl von feinem Sandpapier).

Bei Zugrundelegung dieser Rechtsprechung dürfte der Nachweis der Unterscheidungskraft von Tastmarken wohl regelmäßig die Darlegung voraussetzen, dass – ähnlich den Vorgaben des EuGH zu abstrakten Farbmarken – in den konkret in Rede stehenden Warenbereichen eine entsprechende **Kennzeichnungspraxis** besteht, aufgrund derer der Verkehr bereits daran gewöhnt ist, in der haptischen Aufmachung von Waren einen Hinweis auf deren betriebliche Herkunft zu sehen. Ein derartiger Nachweis dürfte indes regelmäßig kaum zu erbringen sein (kritisch daher zur Rechtsprechung des BPatG Ingerl/Rohnke Rn. 194 unter zutreffendem Hinweis darauf, dass für Tastmarken keine strengeren Anforderungen an den Nachweis der Unterscheidungskraft zu stellen sein sollten als diejenigen, die von der Rechtsprechung für dreidimensionale Warenformmarken entwickelt wurden; → Rn. 455 ff.). Inwieweit die zu einer als „sonstige Marke" angemeldeten Oberflächengestaltung einer Flasche ergangene Entscheidung des EuGH C-344/10 P, C-345/10 P, GRUR 2012, 610 – Freixenet, zu einer Eintragungserleichterung auch für Tastmarken führen wird, bleibt abzuwarten.

3. Geruchsmarken

Als visuell nicht wahrnehmbares Zeichen stellte sich bei der Geruchsmarke (auch Riechmarke oder olfaktorische Marke) bisher in erster Linie die Frage, unter welchen Voraussetzungen die Markenanmeldung das Erfordernis der **grafischen Darstellbarkeit** erfüllen kann. Der EuGH hat in seiner Grundsatzentscheidung „Sieckmann" (EuGH C-273/00, GRUR 2003, 145) zwar die abstrakte Markenfähigkeit olfaktorischer Zeichen iSv § 3 Abs. 1 grundsätzlich anerkannt (→ § 3 Rn. 43 f.), jedoch an die Darstellbarkeit der Marke kaum erfüllbare Anforderungen gestellt (hierzu Ingerl/Rohnke Rn. 104; Ströbele/Hacker/Kirschneck § 3 Rn. 72). Nach diesen Vorgaben soll weder die Angabe der chemischen Formel des Geruchsträgers, noch eine Beschreibung des beanspruchten Geruchs, die Hinterlegung einer Geruchsprobe oder schließlich eine Kombination dieser Möglichkeiten die Voraussetzung der grafischen Darstellung der Marke in hinreichend präziser und dauerhafter Form erfüllen können (vgl. EuGH C-273/00, GRUR 2003, 145 Rn. 70 ff. – Sieckmann). Auch nach dem zukünftigen **Wegfall** des Erfordernisses der grafischen Darstellbarkeit infolge der (noch ausstehenden) Umsetzung RL (EU) 2015/2436 in deutsches Recht wird man abzuwarten haben, inwieweit Tastmarken zukünftig den in der Sieckmann-Entscheidung aufgestellten, weitergeltenden Kriterien der klaren und eindeutigen Wiedergabefähigkeit der Marke gerecht werden (zur Reform von MRL und UMV auch → Rn. 491). Regelmäßig dürfte es an dieser Bestimmtheit wohl fehlen.

Die Frage der Unterscheidungskraft oder des beschreibenden Charakters von Geruchsmarken stellt sich daher derzeit nur hinsichtlich des (wohl eher theoretischen) Bereichs olfaktorischer Benutzungsmarken, die Markenschutz ohne Eintragung kraft Verkehrsgeltung erlangen. Aufgrund der Einheitlichkeit des Prüfungsmaßstabs für sämtliche Zeichenkategorien gilt auch für Geruchsmarken, dass diese dann als unterscheidungskräftig anzusehen sind, wenn das Zeichen nach seiner zu erwartenden Wahrnehmung durch die angesprochenen Verkehrskreise geeignet ist, die in Rede stehende Ware oder Dienstleistung als von einem bestimmten Unternehmen stammend zu kennzeichnen und diese Ware oder Dienstleistung somit von denjenigen anderer Unternehmen zu unterscheiden. Wie bei anderen nichtkonventionellen Markenformen wird man jedoch auch bei Geruchsmarken zu beachten haben, dass der durchschnittliche Verbraucher Gerüche anders als etwa klassische Wort- oder Bildmarken in aller Regel nicht als Hinweis auf die betriebliche Herkunft der Waren auffassen wird. Der Geruch wird der Ware selbst zugeordnet bzw. als Merkmal der Ware selbst und nicht als von ihr unabhängiges, abstrahiertes Element wahrgenommen.

MarkenG § 8 — Teil 2 Voraussetzungen, Inhalt und Schranken etc.

508 Zu fordern ist daher, dass die Geruchsmarke **einen gegenüber den Waren funktional unabhängigen und eigenständigen Charakter** haben muss (zutreffend HABM BK GRUR 2002, 348 Rn. 40 – Der Duft von Himbeeren; die Beschwerdekammer sah hier in der Angabe „Der Duft von Himbeeren" eine für die grafische Darstellbarkeit ausreichende mittelbare Beschreibung, was allerdings durch die nachfolgende „Sieckmann"-Entscheidung des EuGH als überholt anzusehen ist, → Rn. 506). Hieran wird es offensichtlich fehlen, wenn es sich bei dem Geruch um eine **wesentliche Wareneigenschaft** handeln kann (so beispielsweise HABM BK GRUR 2002, 348 Rn. 41 hinsichtlich des beanspruchten Zeichens „Duft einer Himbeere" für Duftkerzen und Duftpetroleum). Gleiches gilt, wenn der Verbraucher – was häufig der Fall sein wird – den Duft nur als eine **besondere Art der Gestaltung der Waren** bzw. als **Verbesserung des Erscheinungsbilds** ähnlich einem dekorativen Element wahrnimmt. Gerade aufgrund des umfangreichen Einsatzes von Düften und Gerüchen im Zusammenhang mit der Bewerbung und dem Vertrieb von Waren wird der Verbraucher in vielen Fällen einen Geruch lediglich als ästhetisch sinnliches Element bzw. bloße „Parfümierung" der Ware auffassen und ihm keinen darüber hinausgehenden Hinweis auf deren betriebliche Unterscheidung entnehmen. An der erforderlichen Herkunftshinweis- und Unterscheidungseignung wird es schließlich regelmäßig bei einem Bezug zu solchen Waren oder Dienstleistungen fehlen, für die der beanspruchte Geruch typisch oder branchenüblich ist oder mit denen er üblicherweise in Zusammenhang steht. Als nicht unterscheidungskräftig wird man daher beispielsweise den Geruch von Gras für Rasenmäher, den Geruch bestimmter Obstsorten für Fruchtsäfte, der Geruch von Motoröl für im Zusammenhang mit Kraftfahrzeugen stehende Waren oder Dienstleistungen oder den Geruch von Früchten oder ätherischen Ölen für Shampoos oder Duftöle anzusehen haben.

508.1 **Entscheidungspraxis:**
BPatG GRUR 2000, 1044 (1046) – Riechmarke: In dem Vorlagebeschluss des BPatG zu den Anforderungen an die Darstellbarkeit einer olfaktorischen Marke hat das BPatG angenommen, dass einem olfaktorischen Zeichen, das für Dienstleistungen der Klassen 35, 41 und 42 Riechmarkenschutz für den chemische Duftstoff Reinsubstanz Methylcinnamat beanspruchte, nicht pauschal die Eignung als betrieblichen Herkunftshinweis iSd § 8 Abs. 2 Nr. 1 abgesprochen werden könne, wenn es etwa auf Prospekten, Katalogen, Preislisten oder sonstigen bei der Erbringung der Dienstleistung verwendeten Geschäftspapieren oder Gegenständen angebracht wird. Ebenso wenig könne es in Bezug auf die in Rede stehenden Dienstleistungen als rein beschreibend iSd § 8 Abs. 2 Nr. 2 angesehen werden.

HABM BK GRUR 2002, 348 – Der Duft von Himbeeren: Geruchsmarkenanmeldung für den „Duft von Himbeeren" für die Waren „Brennstoffe, einschließlich Motorentreibstoffe, insbesondere Diesel als Heiz-, Brenn- und Kraftstoff" ist zwar grundsätzlich markenfähig, aber nach Ansicht der Beschwerdekammer nicht unterscheidungskräftig. Der Verbraucher nehme den beigemischten Himbeerduft nicht getrennt von der Ware auf, sondern werde ihn als einen der vielfältigen Versuche der Industrie werten, den Geruch der Waren angenehmer zu machen. Der Verkehr werde in dem Geruch damit lediglich eine „Parfümierung" der Ware – ähnlich einem dekorativen Element – erblicken und ihn nicht als Marke erkennen. Die Beimischung von Himbeerduft eigne sich daher nicht als Zeichen, welches eine Herkunfts- und Unterscheidungsfunktion gewährleisten könne.

Zurückgewiesen wurden laut Datenbank des HAMB ferner Anmeldungen für den „Geruch von Vanille" für Waren der Klassen 3, 5, 14, 16, 21, 25, 26, 30 (Unionsmarkenanmeldung Nr. 001807353) oder für Zitronenduft für Schuhwaren (Unionsmarkenanmeldung Nr. 001254861).

4. Geschmacksmarken

509 Ebenso wie die Geruchsmarke erfüllte auch die Geschmacksmarke (gustatorische Marke) bereits nicht die von der Rechtsprechung an die bisher gesetzlich geforderte grafische Darstellbarkeit von Marken zu stellenden Anforderungen (→ § 3 Rn. 45). Auch nach dem zukünftigen Wegfall dieses Erfordernisses im Zuge der Umsetzung der RL (EU) 2015/2436 in das deutsche MarkenG (zur Markenrechtsreform → Rn. 491) dürfte der Geschmacksmarke unabhängig von Fragen der Bestimmtheit regelmäßig auch die für die Eintragung erforderliche Unterscheidungskraft fehlen, da der Verkehr nicht daran gewöhnt ist, den Geschmack von Waren als Hinweis auf ihre betriebliche Herkunft und damit als Unterscheidungszeichen wahrzunehmen. Zudem wäre hier je nach Warenkategorie sicherlich auch ein relevantes Allgemeininteresse daran zu berücksichtigen, dass Geschmacksempfindungen, die vom Menschen ohnehin in lediglich überschaubarer Zahl voneinander unterscheidbar wahrgenommen werden können, frei verfügbar bleiben und nicht zugunsten Einzelner monopolisiert werden.

5. Weitere neue Markenformen

Als weitere nicht-konventionelle Markenkategorien kommen etwa „Lichtmarken", zB für den Schutz Lichtinszenierungen oder Lichtinstallationen aus dem künstlerischen Bereich oder der Unterhaltungsindustrie, „virtuelle Marken" für Computergenerierte elektronische Darstellungen bzw. Grafiken oder „Bewegungsmarken" in Betracht, die Schutz für eine durch mehrere Bilder wiedergegebene Bewegungsabfolge beanspruchen. Mit Blick auf die Beurteilung der Unterscheidungskraft bzw. der Prüfung eines etwaigen Freihaltebedürfnisses gelten auch für diese Markenformen die allgemeinen Grundsätze. Bei der Prognose der zu erwartenden Zeichenwahrnehmung durch die beteiligten Verkehrskreise wird man jedoch der Frage besondere Beachtung schenken müssen, inwieweit der durchschnittliche Verbraucher solche nichtkonventionellen neuen Zeichen tatsächlich als Hinweis auf die betriebliche Herkunft der Waren oder Dienstleistungen und nicht etwa als bloßes dekoratives Element wahrnehmen wird (vgl. zu diese Markenformen auch Fezer § 3 Rn. 628 ff., 632 f.; zu – unbestimmten – sog. variablen Marken BGH GRUR 2013, 1046 – Variable Bildmarke). In der Entscheidung „Flagship Store" hat der EuGH auf Vorlage des BPatG die zeichnerische Darstellung der Ausstattung einer Ladengeschäfts, angemeldet für Einzelhandelsdienstleistungen, grundsätzlich als markenfähig angesehen (EuGH C-421/13, GRUR 2014, 866 – Apple Flagship Store). Eine eigenständige neue Kategorie von „Geschäftsausstattungsmarken" wird hierdurch allerdings nicht begründet (zutreffend Goldmann GRUR-Prax 2014, 349). Vielmehr handelt es sich um ein Zeichen, dessen Unterscheidungskraft grundsätzlich nach den für dreidimensionale (Dienstleistungs-) Marken entwickelten Maßstäben zu beurteilen ist (→ Rn. 472).

510

VII. Kennfadenmarken

Als eigene Markenform anerkannt sind schließlich Kennfadenmarken, die Schutz für zumeist farbige Streifen, Bänder, Fäden oder Ringe auf Kabeln, Drähten, Schläuchen, Glasstäben (Thermometern) oder ähnlichen Gegenständen beanspruchen. Diese Kennfäden sind dabei regelmäßig in das Produkt eingewirkt, eingegossen, eingewoben oder in sonstiger Weise mit diesem verbunden. In der Rechtsprechung ist die grundsätzliche Schutzfähigkeit von Kennfadenmarken bereits seit langem anerkannt (vgl. insbesondere BGH GRUR 1975, 550 f. – Drahtbewehrter Gummischlauch; s. auch BPatG BeckRS 2015, 02927; 2012, 19898; 2008, 25772). Nach Aufhebung der „Verordnung über den Warenzeichenschutz für Kabelkennfäden" vom 29.11.1939 durch Art. 48 Nr. 2 MarkenRRefG im Jahre 2004 ist die Kennfadenmarke zwischenzeitlich in § 10 MarkenV (welcher für die Kennfadenmarke auf die Anmeldevoraussetzungen dreidimensionaler Marken nach § 9 MarkenV verweist) gesetzlich anerkannt.

511

Die Prüfung der Unterscheidungskraft dieser Markenkategorie orientiert sich an den besonderen tatsächlichen Gegebenheiten in besagtem Produktbereich sowie den dort festzustellenden Kennzeichnungsgewohnheiten. Diese ergeben sich daraus, dass bei den hier in Rede stehenden Waren, die wie im Falle etwa von Kabeln oder Schläuchen häufig als Meterware verkauft werden, kaum eine andere Form der Produktkennzeichnung möglich ist. Denn Kennzeichnung der betrieblichen Herkunft aller potentiellen Teilstücke kann insoweit regelmäßig nur durch ein fortlaufendes Muster wie die hier in Rede stehenden Kennfäden gewährleistet werden. Nach der zu erwartenden Verkehrswahrnehmung ist daher nicht davon auszugehen, dass einfache Gestaltungen wie Streifen, Bänder oder Ringe – wie bei den meisten anderen Warenkategorien der Fall – grundsätzlich lediglich als dekorative Verzierung angesehen werden (vgl. BPatG BeckRS 2015, 02927; 2008, 26760). Voraussetzung für die Bejahung einer hinreichenden Unterscheidungskraft ist jedoch auch hier, dass sich die zur Eintragung angemeldete Gestaltung erheblich von den im Bereich der jeweils beanspruchten Waren üblichen Gestaltungen unterscheidet (vgl. BPatG BeckRS 2012, 19898, wo einem goldenen Faden im Fadenverlauf der textilen Ummantelung, der gleichmäßig diagonal an deren Oberfläche verlief, ein hinreichend charakteristisches Gepräge beigemessen wurde,

512

aufgrund dessen der angesprochene Verkehr branchenbedingt auf die betriebliche Herkunft der Waren schließen könne).

512.1 **Entscheidungspraxis:**
BPatG BeckRS 2008, 25772: Eine Kennfadenmarke bestehend aus zwei in die Oberfläche eines mit Drahtbewehrung versehenen Schlauches eingeflochtenen Kennfäden, die geneigt zu dessen Längsachse, phasenversetzt um den Umfang des Schlauches über dessen gesamte Länge verlaufende, mit regelmäßigen Unterbrechungen versehene Streifen erzeugen, ist schutzfähig, da sie mit ihrer charakteristischen Gestaltung erheblich über die einfachen geometrischen Formen, wie sie auf dem betreffenden Warensektor üblicherweise als dekoratives Element verwendet werden, hinausgeht und deshalb zur Erfüllung der Herkunftsfunktion geeignet ist.
BPatG BeckRS 2015, 02927: Anmeldung für Kennfäden mit der „Farbfolge blau, weiß, weiß, weiß, weiß, blau" als branchenunüblich und damit als schutzwürdig erachtet.

VIII. Kollektivmarken

513 Für Kollektivmarken statuiert § 99 eine Ausnahme zu § 8 Abs. 2 Nr. 2 dahingehend, dass kein Freihaltebedürfnis für solche Kollektivmarken besteht, die ausschließlich aus Zeichen oder Angaben bestehen, die im Verkehr zur Bezeichnung der geografischen Herkunft der Waren oder der Dienstleistungen dienen können (ausführlich → § 99 Rn. 1 ff.).

D. Erläuterung zu § 8 Nr. 3–10

I. Allgemeines

514 Hier gelten keine unterschiedlich strengen Maßstäbe im Vergleich zu den Schutzhindernissen nach § 8 Abs. 2 Nr. 1 und Nr. 2; die jeweiligen Eintragungshindernisse sind allerdings unter Berücksichtigung des Allgemeininteresses auszulegen, das jedem von ihnen zugrunde liegt (BGH BeckRS 2014, 07399 – smartbook).

II. Übliche Zeichen (Nr. 3)

1. Allgemeines

515 § 8 Abs. 2 Nr. 3 entspricht weitgehend Art. 7 Abs. 1 Buchst. d UMV. Anders als beim nachträglichen Verfall (→ § 49 Rn. 40) kommt es im Eintragungs- und im Löschungsverfahren nicht darauf an, wem die Umstände, aufgrund derer ein Zeichen üblich geworden ist, zuzurechnen sind.

516 Haben Nr. 1 und Nr. 2 untereinander schon beträchtliche Schnittmengen, so hat Nr. 3 hinsichtlich von Gattungsbezeichnungen solche zu Nr. 1 (→ Rn. 159) und zu Nr. 2 (→ Rn. 165) und neben diesen im Anmeldeverfahren kaum einen eigenen sinnvollen Anwendungsbereich (→ UMV Art. 7 Rn. 25, → UMV Art. 7 Rn. 97).

516.1 Kur setzt aber ohnehin einen flexibleren Ansatz an die Stelle der von der hM postulierten kategorischen Trennung zwischen den einzelnen Schutzhindernissen in § 8 Abs. 2 Nr. 1–3 MarkenG und des Art. 7 Abs. 1 Buchst. b bis d UMV. Damit sind alle drei Schutzhindernisse jeweils Teilelemente einer umfassenden Prüfung, deren Ergebnis Kur als „konkrete Markenfähigkeit" – in Entsprechung zur „abstrakten Markenfähigkeit" von § 3 Abs. 1 MarkenG und Art. 4 UMV – bezeichnet. Die dafür maßgeblichen Aspekte stehen hinsichtlich Art und Gewicht in einem komplementären Verhältnis zueinander (→ Rn. 73).

517 Zwischen „Üblichkeit im allgemeinen Sprachgebrauch" und „Verkehrsgepflogenheit" ist nicht zu differenzieren (BPatG BeckRS 2012, 22054 – Ampelmännchen). Die unterschiedlichen Begriffe zeigen nur, dass **alle Zeichenformen** und nicht nur Wortmarken „üblich" werden können (zu streng Schrader WRP 2000, 69 (81 ff.)), also auch Kennfarben, Warenform oder Aufmachung bzw. Verpackungsform oÄ. Bildmarken können aber allenfalls in der konkreten Gestaltung üblich werden, da das Markenrecht keinen Motivschutz kennt. So ist der Frosch kein übliches Umweltschutzsymbol (Bugdahl MarkenR 2003, 259 (272): „Amphibien und Reptilien in der deutschen Marken-Fauna").

Absolute Schutzhindernisse § 8 MarkenG

Zu dem in § 49 Abs. 2 Nr. 1 verwendeten Begriff „gebräuchliche Bezeichnung" besteht ebenfalls 517.1
kein sachlicher Unterschied (→ § 49 Rn. 40; vgl. Fezer Rn. 25). Fezer nennt als Beispiel das weiße
Kreuz auf grünem Grund für Drogerien (Fezer Rn. 609). Dagegen steht das rote Kreuz auf weißem
Grund nicht als übliches Zeichen für Erste-Hilfe-Einrichtungen (OLG Nürnberg GRUR 1999, 68);
über § 125 Abs. 1 OWiG kann es auch nicht unter Nr. 9 fallen (→ Rn. 743), wohl aber unter Nr. 8
(→ Rn. 710).

Eine analoge Anwendung auf **Benutzungsmarken** erscheint nicht geboten (vgl. aber 518
Fezer § 4 Rn. 100; Ingerl/Rohnke § 4 Rn. 9; Szalai MarkenR 2012, 8 (13 f.) III.3.a, III.4).
Für **Kollektivmarken** schließt § 99 das Schutzhindernis nach Nr. 3 nicht aus (→ § 99
Rn. 7).

2. Üblichkeit

Üblich sein setzt voraus, dass das Zeichen bereits verwendet wird und dass es die von den 519
konkret beanspruchten Waren und Dienstleistungen angesprochenen Beteiligten als Sachhinweis, Gattungsbezeichnung (§ 126 Abs. 2; Lehmann-Richter WRP 2002, 1391) oder als
Werbeschlagwort verstehen. Soweit das Zeichen keinen Warenbezug hat (→ Rn. 538),
kommt allenfalls eine Schutzversagung nach Nr. 1 in Betracht (→ Rn. 95 ff.). Eine **unangefochtene Benutzung** ist ein Indiz gegen die Üblichkeit (BPatG BeckRS 2012, 14403 –
smartbook; nachfolgend BGH BeckRS 2014, 07399). Ob es andere Bezeichnungen gibt,
die denselben Sachhinweis geben oder eine alternative Gattungsbezeichnung sind, ist nicht
relevant (EuGH C-409/12, GRUR 2014, 373 Rn. 39 – Kornspitz).

Bei bekanntem **Kulturgut** ist ohne Berücksichtigung von Urheberrechten oder gar des 520
künstlerischen Wertes allein zu fragen, ob die Bezeichnung oder Darstellung üblich ist und
einen Waren- bzw. Dienstleistungsbezug aufweist (→ Rn. 840; BGH GRUR 2012, 1044 –
Neuschwanstein; Markfort/Albrecht BayVBl 2013, 686 f.; Lange MarkenR/KennzeichenR
Rn. 1003; → Rn. 323). Das gilt ebenso für bekannte **gemeinfreie oder urheberrechtlich
geschützte Werke** (→ Rn. 287 ff.) und Redensarten. Auch die Aufnahme in UNESCO-Listen als Weltkulturerbe und Dokumentenerbe sichert nur einen behutsamen Umgang mit
den Originalen, verhindert aber nicht Abbildungen und Markenanmeldungen.

Die Entscheidungen zu Mona Lisa (BPatG BeckRS 2016, 04296 und GRUR 1998, 1021) können 520.1
daher nicht überzeugen (vgl. Ingerl WRP 1998, 473 (476); Fezer Rn. 291; Jankowski S. 183 ff., 213 ff.,
322 ff.), zu einer offeneren Beurteilung vgl. BPatG BeckRS 2011, 14084 – Dürer-Hotel; BeckRS 2013,
11954 – Mark Twain; BeckRS 2013, 14112 – Annette von Droste zu Hülshoff Stiftung). Offener auch
schon Althammer/Ströbele/Klaka, 5. Aufl. 1997, Rn. 200 und teilweise Osenberg GRUR 1996, 101;
anders noch BPatG GRUR 1998, 1021.

Der 25. Senat des BPatG nimmt zwar für die Namen der berühmten Schöpfer von bedeutendem 520.2
Kunst- und Kulturgut im Lichte des Allgemeininteresses an der Bewahrung vor ungerechtfertigten
Monopolen fehlende Unterscheidungskraft an, stützt die Schutzversagung aber nicht (auch) auf § 8
Abs. 2 Nr. 3 (BPatG BeckRS 2014, 03245 – Richard Wagner – Barren, BeckRS 2014, 04237 – Gustav
Mahler-Röslein, BeckRS 2014, 04238 – Gustav Mahler-Röschen; die zugelassene Rechtsbeschwerde
wurde in keinem der drei Fällen eingelegt).

Gestaltungshöhe in urheberrechtlichen Sinn führt nicht automatisch zur Unterschei- 521
dungskraft für alle beanspruchten Waren und Dienstleistungen, und selbst das künstlerischste
Bild kann zu einem üblichen Zeichen werden. Gleiches gilt für die Voraussetzungen des
Schutzes als Design (→ § 3 Rn. 85).

Für die Beurteilung der Üblichkeit kommt es nicht darauf an, ob und inwieweit auf 522
fremde Sprachen abzustellen ist (→ Rn. 535, → Rn. 50.1, → Rn. 268).

Bei **Mehrdeutigkeit** genügt es, wenn eine einzige nicht fernliegende Bedeutung üblich 523
ist.

Von üblichen Bezeichnungen, Formen oder Bildern abgeleitete **abweichende Zeichen** 524
werden wohl gerade im Hinblick auf die übliche Form als aliud erkannt, was zum Markenschutz führt, es sei denn, die Abwandlung vermittelt den Eindruck, sie solle Rechtschreibfehlern oder Tippfehlern vorbeugen, etwa bei Internetrecherchen (BPatG BeckRS 2015,
10996 – Appotheke). Gleiches gilt für bildliche Darstellungen von Gattungsbezeichnungen
und umgekehrt für verbale Be- oder Umschreibungen üblicher Bilder. Schrader (WRP 2000,

MarkenG § 8 Teil 2 Voraussetzungen, Inhalt und Schranken etc.

69 (79)) will auch klanglich mit einer üblichen Angabe übereinstimmende Markenanmeldungen nach Nr. 3 zurückweisen.

525 Nicht allgemein als übliche Piktogramme gelten Bilder, die nur in einem bestimmten Kontext (Straßenverkehr) eine Aussage vermitteln, weil sie dort aus dem Zusammenhang heraus verständlich und üblich sind (BPatG BeckRS 2012, 22054 – Ampelmännchen) und keinen Bezug zu den beanspruchten Waren oder Dienstleistungen aufweisen (→ Rn. 538).

526 Bekannte Tonfolgen und **Melodien** können unter § 8 Abs. 2 Nr. 3 fallen, wenn sie, wie etwa geläufige Weihnachtslieder für Christbaumschmuck oÄ, einen Produktbezug aufweisen (Dreiss/Klaka S. 23; Liebau S. 135).

527 Die Nennung einer Marke in **Wörterbüchern, Lexika** und dergleichen ist für sich allein kein Beweis für die Umwandlung eines Begriffs in eine Gattungsbezeichnung. Sonst liefen § 16 MarkenG und Art. 10 UMV, die nur den Inhabern eingetragener Marken formale Rechte einräumen, ja ins Leere. Dagegen zeigt die Nennung in Verzeichnissen, wie dem INN (International Non-Proprietary Names), ein Verständnis als Gattungsbezeichnung.

528 Sogar Zeichen, die der Anmelder selbst kreiert hat, können üblich werden (vgl. zu § 8 Abs. 2 Nr. 1 und Nr. 2 → Rn. 185; → Rn. 528.1); zum Vertrieb ursprünglich patentierter Waren → Rn. 860. Zur Feststellung einer Gattungsbezeichnung gibt die Obazda-Entscheidung (BPatG BeckRS 2011, 25376, → Rn. 528.2) im Rahmen eines Verfahrens zur Eintragung als Ursprungsbezeichnung Hinweise.

528.1 Dass neu kreierte Namen zu einer Gattungsbezeichnung werden, ist besonders dann der Fall, wenn neue Produkte oder Dienstleistungen benannt werden (Nylon, Plexiglas; BPatG BeckRS 2009, 17771 – Auriculomedizin; Römer Muttersprache 1963, 108), „Cellophan, Frigidaire, einwecken" (Bugdahl MarkenR 2003, 259) oder beim Vertrieb (ursprünglich) patentierter Waren (→ Rn. 7). Dabei darf allerdings der meist unüberlegte Umgang mit Marken in den Medien keine zu hohe Bedeutung erhalten (BPatG BeckRS 2012, 14403 – smartbook; OGH WRP 2002, 841 – Sony walkman II).

528.2 Nach der Obazda-Entscheidung (BPatG BeckRS 2011, 25376) sind bei der Feststellung, ob eine Gattungsbezeichnung vorliegt, die einschlägigen nationalen oder unionsweiten Rechtsvorschriften heranzuziehen. Der Charakter einer Bezeichnung ist vorrangig nach objektiven Kriterien zu beurteilen. Ein gewichtiges Indiz ist die Verwendung einer Bezeichnung in größerem Umfang für gleichartige Erzeugnisse – ohne dass dabei in der Aufmachung solcher Erzeugnisse der geografische Ursprung angedeutet wird (vgl. EuGH C-465/02 und C-466/02, GRUR 2006, 71 (73) – Feta II; EuG T-291/03, GRUR 2007, 974 (976) – grana padano).

529 Ein Begriff ist nicht schon dann als üblich anzusehen, wenn er bestimmte Produkte oder Leistungen eines Herstellers bzw. Anbieters in gängiger Weise bezeichnet; das Schutzhindernis erfasst nur Bezeichnungen, die unabhängig vom Anbieter allgemein gebräuchlich sind und auf dem Markt von verschiedenen Herstellern verwendet werden (BPatG BeckRS 2011, 25019 – Bulli). Sogar die Benutzung durch verschiedene Anbieter macht ein Zeichen nicht üblich, wenn die verbindenden Beziehungen dieser Anbieter zueinander deutlich werden oder bekannt sind (BGH GRUR 1957, 350 (352) – Raiffeisensymbol; EuG T-237/01, GRUR Int 2003, 751 – BSS).

530 Eine umfangreiche **dekorative Benutzung** eines Zeichens macht dieses allein nicht zu einem üblichen (BPatG BeckRS 2012, 22054 – Ampelmännchen; BeckRS 2013, 08352 – Fruit). Selbst dass eine Marke häufig beschreibend verwendet wird, zeigt für sich genommen noch nicht, dass sie sich zu einer gebräuchlichen Bezeichnung entwickelt hat (vgl. BGH BeckRS 2011, 22669 – TÜV II). Eine zum WZG festgestellte Freizeicheneigenschaft belegt eine Umwandlung der Marke in eine Gattungsbezeichnung nicht.

531 Auch **Farben** sind vom Markenschutz ausgenommen, wenn sie Warengattungen in üblicher Weise kenntlich machen (Lange MarkenR/KennzeichenR Rn. 1001).

532 **a) Zeitpunkt.** Das in der Vergangenheitsform formulierte „üblich geworden sind" entspricht nicht Art. 3 Abs. 1 Buchst. d RL 2008/95/EG und Art. 6^{quinquies} B Nr. 2 PVÜ („üblich sind"). Nr. 3 erfasst auch ursprünglich übliche Bezeichnungen (Schrader WRP 2000, 69 (72 f.)). Erst nach der Eintragung üblich gewordene Zeichen unterliegen ausschließlich dem Verfall nach § 49 Abs. 2 Nr. 1.

533 Einmal nach Nr. 3 zurückgewiesene Zeichen können nach **erneuter Anmeldung** Markenschutz erhalten, wenn sie nicht mehr üblich sein sollten.

Absolute Schutzhindernisse § 8 MarkenG

b) Maßgebliches Verständnis. Für die Beurteilung, ob ein Zeichen üblich ist, ist auf die 534
angesprochenen Verbraucher in Deutschland sowie sämtliche am Vertrieb der beanspruchten
Waren beteiligten Gewerbetreibenden abzustellen (→ Rn. 38 ff.); eine **regionale Üblichkeit** genügt als Schutzhindernis (Fezer Rn. 498; Schrader WRP 2000, 69 (77 f.)). Es genügt,
wenn die Verbraucher ein Zeichen als üblichen Begriff aufnehmen, auch wenn die am
Vertrieb beteiligten Gewerbetreibenden um die Marke wissen (EuGH C-409/12, GRUR
2014, 373 Rn. 17–30 – Kornspitz).

Von Bedeutung ist auch das von einer nicht gängigen Fremdsprache angesprochene Publi- 535
kum. Ähnliches gilt im Rahmen von § 8 Abs. 2 Nr. 4 (→ Rn. 595) und Nr. 5 (→ Rn. 657)
sowie bei der Prüfung der Verwechslungsgefahr (→ § 14 Rn. 333; → § 14 Rn. 400); zu
telle-quelle-Marken → MarkenR Einleitung Rn. 237).

Zur Bedeutung des Türkischen in Deutschland sehr restriktiv: BPatG BeckRS 2016, 10030 – 535.1
Mangal; kritisch dazu Haberer GRUR-Prax 2016, 303; vgl. auch Yarayan MarkenR 2014, 376; der
EuGH (C-147/14, GRUR 2015, 794 – el baina/el benna) hat noch zur GMV festgestellt, dass diese
für die Beurteilung der Verwechslungsgefahr nicht auf eine bestimmte Sprache oder ein bestimmtes
Alphabet abstellt. Bender (MarkenR 2016, 126 III.1.a) konstatiert, dass die enorme Auswirkungen auf
die Bestimmung des relevanten Publikums hat, zu dem damit auch sprachliche Minderheiten und
Immigranten gehören.

Die strenge Ansicht des BPatG (BeckRS 2016, 10030 – Mangal) zum türkischen Wort für „Grill" 535.2
steht in Widerspruch zur Handhabung bei russischen Ausdrücken (→ Rn. 563.1).

Die für die Annahme von Üblichsein erforderliche **Quantität** liegt jedenfalls nicht unter 536
50 %. Der Trend geht, beeinflusst durch die strengen Maßstäbe des EuGH zur Gattungsbezeichnung, sogar dahin, dass nur noch vernachlässigenswerte Teile des Publikums den Begriff
als Marke verstehen dürfen (Schoene GRUR 2014, 641 ff.).

Ob der Richter dies dann noch ausgehend von seiner eigenen Lebenserfahrung und 537
Sachkunde feststellen kann (so bisher BGH GRUR 2009, 669 Rn. 16 – Post II), erscheint
zweifelhaft.

3. Waren- und Dienstleistungsbezug

Begriffe, die als Gattungsbezeichnungen oder sonst übliche Angaben für bestimmte Waren 538
und/oder Dienstleistungen von der Eintragung ausgeschlossen sind, können aber für andere
durchaus als Marke geeignet sein (BGH GRUR 2000, 720 Rn. 23 – Unter Uns). Es genügt
nicht, wenn der Begriff oder das Zeichen nur allgemein in der Branche, zu der die beanspruchten Waren und Dienstleistungen gehören, üblich ist oder auf ein Sortiment, ein Handelsunternehmen oder einen Fabrikationsbetrieb in üblicher Form hinweist (BGH GRUR
1999, 988 (990) – Haus of Blues). Das Wort „Standard" ist ohne einen Zusatz, der die
Bedeutungskontur (Maß) erkennbar macht, weder beschreibend noch hat es einen für die
Annahme der Üblichkeit erforderlichen Warenbezug (BPatG BeckRS 2016, 14914 – derStandard.at). Das Schutzhindernis nach Nr. 3 umfasst auch nicht **Angebote im Ähnlichkeitsbereich** von Waren und Dienstleistungen, für die das zu beurteilende Zeichen üblich
ist (BPatG GRUR 1976, 588 f. – Apollo). Ebenso umfasst es nicht Hinweise auf Vertriebsmodalitäten (→ Rn. 189).

Zum ursprünglichen Verständnis, nach dem allgemein verwendete Ausdrücke bzw. Zeichen ohne 538.1
Bezug zu den beanspruchten Waren und Dienstleistungen unter Nr. 3 fallen sollten, vgl. Althammer/
Ströbele, 6. Aufl. 2000, § 8 Fn. 499, 500 (vgl. auch Begr. RegE, BlPMZ 1994, Sonderheft 64). Diese
Praxis hat das BPatG (GRUR 2000, 424 – Bravo) dem EuGH vorgelegt, der die Erforderlichkeit eines
Waren-Dienstleistungs-Bezugs bestätigte (C-517/99, GRUR 2001, 1148 Rn. 28).

Die Buchstabenfolge rcd bzw. RCD hat für Waren, die mit Unionsgeschmacksmustern und Designs 538.2
zu tun haben können, die übliche Bedeutung „eingetragenes Geschmacksmuster" (BPatG BeckRS 2015,
13973 – rcd).

Werbeschlagwörter, Aufforderungen zum Kauf und Hinweise auf Qualität (→ Rn. 141) 539
sind nur dann nach Nr. 3 schutzunfähige Begriffe, wenn sie gerade hinsichtlich der beanspruchen Waren und Dienstleistungen üblich sind (EuGH C-517/99, GRUR 2001, 1148 Rn. 31,
39 – Bravo; BGH GRUR 1998, 465 (468) – Bonus; sehr weitgehend Bingener S. 139
Rn. 221). Der Bezug ist im Einzelnen festzustellen (→ Rn. 37); dabei ist auch im Hinblick

auf die Rechtsprechung des BGH zur Unterscheidungskraft (BGH GRUR 1999, 1093 und GRUR 2015, 173 – for you; BeckRS 2014, 18619 – my Stadtwerk) ein strenger Maßstab anzulegen.

539.1 Die Diskussion um den Warenbezug bei der Beurteilung der Unterscheidungskraft zu FOR YOU (BPatG BeckRS 2013, 19922) hat mit BGH GRUR 2015, 173 wohl ein Ende gefunden. Bingener (S. 139 Rn. 221) zählt zu den allgemeinen verkehrsüblichen Hinweisen mit Produktbezug neben Qualitätshinweisen und Werbeschlagwörtern, wie „Super, Billig, Rabatt, Selbstbedienung", auch gängige Kaufaufforderungen, wie zB „Zugreifen", „für Sie", „einmalige Gelegenheit"; in all diesen Fällen fehlt allerdings ohnehin die Unterscheidungskraft.

540 Das Schutzhindernis ist nicht auf beschreibende Angaben beschränkt (EuGH C-192/03 P, BeckRS 2005, 70092 – BSS).

4. Kombinationsmarken

541 Es muss das gesamte Zeichen üblich sein. Enthält ein Zeichen nur unter anderem und nicht so dominant, dass dahinter alle anderen Bestandteile zurücktreten, auch ein übliches Zeichen, berührt dies die Schutzfähigkeit im Ganzen nicht. Ebenso genügt es nicht, wenn ein Zeichen nur in Kombination mit in dem angemeldeten Zeichen nicht enthaltenen Bestandteilen üblich ist (BPatG BeckRS 2007, 08461 Rn. 11 – Prego; BeckRS 2009, 03756 – Advantage).

542 In übliche Begriffe eingefügte Sonderzeichen und Fehler, die bei einer informationstechnischen Verarbeitung (Recherche) automatisch unterdrückt werden oder die der Betrachter nicht beachtet, führen nicht zum Markenschutz; das gilt auch für Tippfehler (→ Rn. 784).

III. Täuschung, Irreführung (Nr. 4)

1. Allgemeines

543 § 8 Abs. 2 Nr. 4 enthält keine abschließende Aufzählung der Fallgruppen der Täuschungseignung (→ § 49 Rn. 52). Das Schutzhindernis ist im PVÜ verankert (→ Rn. 10) und besteht im öffentlichen Interesse. Es erfasst keine Täuschung über private Rechte (→ Rn. 574 ff.) oder über Umstände, wie den Geschäftsbetrieb (→ Rn. 580; Lange MarkenR/KennzeichenR Rn. 1071); zu § 5 UWG → § 2 Rn. 77 ff.; zur Anmeldung einer **notorisch bekannten Marke** → § 10 Rn. 11. Ein Bezug zu den Waren und Dienstleistungen muss immer gegeben sein (→ Rn. 565; BPatG BeckRS 2014, 16833 – stadtwerke hamburg).

543.1 Sosnitza (ZGE 2013, 176 ff.) verweist zu Recht darauf, dass markenrechtliche Vorschriften durchaus auch dem Verbraucherschutz dienen können (→ Rn. 570.1; ähnlich Lange MarkenR/KennzeichenR Rn. 1057). Lange (MarkenR/KennzeichenR Rn. 1088) sieht sogar eine Irreführungsgefahr, wenn untergegangene Marken erneut angemeldet werden, die Verbraucher aber noch andere Erwartungen haben (aA → Rn. 798.2).

544 Verwechslungsgefahr nach §§ 9, 14 ist nicht gleichzusetzen mit Täuschungsgefahr iSd Nr. 4. Letztere ist auch von der lauterkeitsrechtlichen Irreführungsgefahr zu trennen; die markenrechtliche Beurteilung findet auf einer anderen Ebene statt, da sie nicht alle Umstände des Marktauftritts berücksichtigen kann. Ferner ist Nr. 4 kein Auffangtatbestand für nicht unter Nr. 9 und Nr. 10 subsumierbare Tatbestände.

544.1 Es kommt nicht darauf an, ob die Grenzen der Täuschungsgefahr iSd Nr. 4 und der lauterkeitsrechtlichen Irreführungsgefahr tatsächlich im Licht der Rechtsprechung des EuGH verschwimmen (Bornkamm/Kochendörfer (FS 50 Jahre BPatG, 2011, 533 (543–548); Sosnitza ZGE 2013, 176 (181)). Die strenge Trennung im deutschen Recht resultiert aus dem unterschiedlichen Schutzzweck der Regelungen. Marken schützen individuell ihre Inhaber; Wettbewerbs- und Lauterkeitsrecht schützen Konkurrenten und Verbraucher, wobei alle Begleitumstände des Marktauftritts eine Rolle spielen. Der Schutz geographischer Herkunftsangaben nach § 127 entspricht mehr dem wettbewerbsrechtlichen (→ § 127 Rn. 9). Der EuGH dürfte als einheitliche Zielsetzung den „unverfälschten Wettbewerb" für die Auslegung marken- und wettbewerbsrechtlicher Tatbestände voraussetzen.

Keine Rolle spielt, dass Marken nach der Kommunikationslehre einen Wahrheitsgehalt haben sollten, **544.2**
da sie von ihrer Glaubwürdigkeit leben (Bugdahl MarkenR 2013, 268 (271)).

Keine Irreführungsgefahr besteht, wenn Zeichen lediglich Assoziationen zu fremden Marken oder **544.3**
Leistungen mit besonderem Ruf auslösen (Heermann, Ambush Marketing bei Sportveranstaltungen,
2001, 79). Dies kann nur § 14 verhindern, zumal die Ersichtlichkeit (→ Rn. 551) fehlt, da Lizenzen
möglich sind.

Täuschungsgefahr setzt **keine Absicht** zu täuschen voraus. Umgekehrt bewirkt eine sol- **545**
che bei einer dafür nicht geeigneten Marke kein Schutzhindernis nach Nr. 4 (EuGH C-
259/04, GRUR 2006, 416 Rn. 50 – Elizabeth Emanuel; Brömmelmeyer WRP 2006, 1275
(1280).

Täuschungsgefahr kann **im Schrift- oder Klangbild oder bildlich** jeweils selbständig **546**
gegeben sein. So kann ein Bildbestandteil, der nicht gesprochen wird, wie zB ein weiß-
blaues Rautenmuster, irreführend wirken (OLG Naumburg NJWE-WettbR 1996, 121 –
Oettinger; vgl. hierzu auch BGH GRUR 1999, 733 – Lion Driver; GRUR 1999, 241 –
Lions; GRUR 1999, 1645 – Schlüssel; EuGH C-251/95, GRUR Int 1998, 56 – Sabèl/
Puma; C-342/97, GRUR Int 1999, 734 – Lloyd; Albrecht GRUR 2003, 385 (387 f.).

Erinnerungsprüfer und BPatG können eine Täuschungsgefahr prüfen, selbst wenn der **547**
Erstprüfer bzw. das DPMA nur andere Schutzhindernisse zu Grunde gelegt hat (BPatG
BeckRS 2009, 04849 – Pure Black; GRUR 2012, 1148 – Robert Enke; BeckRS 2013,
01822 – Grillmeister, durch BGH BeckRS 2014, 04125 bestätigt).

Verkehrsdurchsetzung kommt bei diesem Schutzhindernis nur ausnahmsweise in **548**
Betracht (BGH BeckRS 2013, 06126 – Ready to fuck).

Eine Eintragung entgegen Nr. 4 gibt dem Markeninhaber **kein positives Benutzungs-** **549**
recht, das wettbewerbsrechtlichen oder anderen Verboten vorgehen könnte. Umgekehrt
enthält die Schutzversagung kein Benutzungsverbot; ein solches folgt jedoch regelmäßig aus
§ 5 UWG.

Während beim wettbewerbsrechtlichen Irreführungsverbot die Interessen von Konkurren- **550**
ten abzuwägen sind, so dass Verbote nach dem UWG **verhältnismäßig** sein müssen, stehen
vorliegend die Interessen der Allgemeinheit im Vordergrund (Lange MarkenR/Kennzei-
chenR Rn. 1093). Deshalb kommt es allein darauf an, ob ein relevanter Kreis getäuscht
werden kann (→ Rn. 561 ff.). Auch bei geographischen Herkunftsangaben ist der Verhältnis-
mäßigkeitsgrundsatz zu beachten (→ § 127 Rn. 16).

2. Ersichtlichkeit

Die Prüfung der Täuschungsgefahr ist im Eintragungsverfahren wie bei der Löschung **551**
von Amts wegen (→ § 50 Rn. 15) auf ersichtliche Tatbestände beschränkt (§ 37 Abs. 3).
Aufwändige Ermittlungen sind dem Löschungsverfahren vorbehalten (BGH GRUR 1970,
461 – Euro-Spirituosen; BPatG GRUR 1992, 516 f. – Egger Natur-Bräu). Das gilt auch für
Ermittlungen zu technischen Verwendungsmöglichkeiten (BPatG BeckRS 2013, 02997 –
Medsimulation) und zu Beteiligungsverhältnissen, wenn die Marke insoweit eine Berührung
enthält (BPatG BeckRS 2014, 16833 – stadtwerke hamburg; BeckRS 2014, 16006 – Stadtwerke Braunschweig; BeckRS 2015, 08930 – Stadtwerke Bremen, beim BGH I ZB 43/15).
Das BPatG schließt Ersichtlichkeit aus, wenn ein Zeichen (Ethen) auch als Personenname
wirken kann, und so – ungeachtet weiterer Fragen einer Täuschungsgefahr – jedenfalls die
Möglichkeit einer nicht irreführenden Markenbenutzung besteht (BPatG BeckRS 2015,
09637 – Ethen).

„Ethen" ist die chemische Fachbezeichnung für ein Gas, das bei der Herstellung von Folgeprodukten **551.1**
wie Polyethylen zum Einsatz kommt. „Ethen" kommt zudem in Deutschland als Nachname vereinzelt
und im englischsprachigen Raum sowohl als Vorname (als Variante des aus dem Hebräischen kommenden Namens „Ethan") wie auch als Nachname vor (BPatG BeckRS 2015, 09637 – Ethen).

Solange eine **Möglichkeit nicht irreführender Verwendung** besteht, ist keine ersichtli- **552**
che Täuschungsgefahr gegeben (BPatG BeckRS 2012, 11035 – Gürzenich Orchester Köln;
Anm. dazu Stelzenmüller GRUR-Prax 2012, 283). Wörter können in einem bestimmten
sprachlichen Kontext ohne irreführende Bedeutung sein, auch wenn sie in einer fremden
Sprache eine solche haben (OVG Koblenz BeckRS 2015, 52682 – Superior; BeckRS 2015,

52944 – Reserve). Auf die persönlichen Verhältnisse des Anmelders und die ihm mögliche Verwendung kommt es nicht an (Lange MarkenR/KennzeichenR Rn. 1080), weil er die Marke an jemanden übertragen kann, der sie nicht irreführend benutzen kann; zu Oberbegriffen → Rn. 566.

553 Maßgeblich ist im Eintragungsverfahren allein die Irreführung durch den Zeicheninhalt selbst (BGH GRUR 2012, 272 – Rheinpark Center Neuss) in Bezug auf die beanspruchten Waren und Dienstleistungen im Zeitpunkt der Anmeldung.

554 In dem Zeichen enthaltene **Berühmungen,** wie etwa die Bezeichnung „Echte", können DPMA und BPatG im Eintragungsverfahren nicht auf ihren Wahrheitsgehalt hin prüften; zu unternehmensbezogenen Angaben → Rn. 580 ff. Die hier relevante Täuschungsgefahr muss also von der Marke an sich ausgehen. Persönliche und rechtliche Verhältnisse spielen dabei ebenso wenig eine Rolle wie die Modalitäten einer bisherigen oder künftig zu erwartenden Nutzung (BPatG BeckRS 2015, 08930 – Stadtwerke Bremen, beim BGH I ZB 43/15); eine Ausnahme bilden Hoheitsansprüche (→ Rn. 584).

555 Mögliche **klarstellende Zusätze** bei der tatsächlichen Verwendung sind unbeachtlich (BPatG GRUR 1962, 242 – Ei-Nuss; GRUR 1963, 30 – Winzerdoktor); zu in der Marke enthaltenen Zusätzen → Rn. 606.

556 Eine tatsächlich erfolgte Irreführung muss nicht nachgewiesen sein (Brömmelmeyer WRP 2006, 1275 (1278) Fn. 33, 34). Auch ist es unerheblich, wenn das Zeichen nur bei einer bestimmten Art der Verwendung irreführende Vorstellungen hervorrufen kann (BPatG BeckRS 2010, 10244 – Gelbe Seiten), solange es sich dabei nicht um die wahrscheinlichste Art handelt.

3. Beurteilung der Täuschungs- bzw. Irreführungsgefahr

557 Keine Berücksichtigung finden der bisherige Marktauftritt und eine evtl. bekannte konkrete oder geplante Verwendungsform (BPatG GRUR 2007, 789 f. – Miss Cognac).

558 Eine problemlose **Benutzung** in der Vergangenheit ist nur soweit erheblich, als sie ein Indiz gegen Täuschungsgefahr sein kann; zur **Verkehrsdurchsetzung** → Rn. 548. § 37 Abs. 2 greift nur bei einem sonstigen Wegfall des Schutzhindernisses.

559 Trotz objektiv richtigen Markeninhalts mögliche **Fehlvorstellungen** der Verbraucher sind nicht zu berücksichtigen, zumal dies die konkrete Verwendung ausschließen kann (BPatG BeckRS 2013, 02997 – Medsimulation).

560 Eine **zukünftige Täuschungsgefahr,** etwa im Hinblick auf mögliche neue Herstellungsmethoden, ist nicht hier zu berücksichtigen, sondern beim Freihaltungsbedürfnis (→ Rn. 237).

561 Maßgeblich ist die Auffassung der angesprochenen Verkehrskreise, des Handels und der Durchschnittsverbraucher (→ Rn. 39; → UMV Art. 7 Rn. 28); „Publikum" meint nicht nur Endverbraucher (EuGH C-421/04, GRUR 2006, 411 – Matratzen Concord). Die für die Annahme einer Irreführungsgefahr **maßgeblichen Verkehrskreise** müssen nicht identisch sein mit den für Unterscheidungskraft und Freihaltungsbedürfnis maßgebenden Kreisen, da sich die Irreführung aus Umständen ergeben kann, die nur für bestimmte Verbraucher von Interesse sind und nur diesen auffallen (zum ® etwa → Rn. 597). Das Sprachverständnis in der ehemaligen DDR sieht das VG Neustadt im Lebensmittelrecht als nicht mehr maßgeblich an (BeckRS 2016, 49540 – Faßbrause), was aber im Markenrecht in Frage zu stellen ist.

561.1 Nachdem Maßstab insoweit erst seit etwa 2000 der verständige Verbraucher (reasonable consumer) ist, rät Bingener (S. 142 Rn. 230 Fn. 210) zutreffend, ältere Rechtsprechung nicht mehr zu berücksichtigen. Gegen das Abstellen auf rein rational denkende Verbraucher spricht aber der „Zauber der Marke", der irrationale Denkweisen fördert (Assaf GRUR Int 2015, 426). Assaf beklagt in diesem Zusammenhang (S. 433), dass im Markenrecht andere Kriterien gelten als für irreführende Werbung, plädiert letztlich aber für die realitätsferne Annahme des rationalen Verbrauchers, was auch der menschlichen Würde entspreche. Dies will er jedoch nicht anwenden, wenn Täuschungen sensible Bereiche (Gesundheit) betreffen. Loschelder (MarkenR 2015, 225) spricht von irrationaler Wertschätzung geografischer Angaben.

561.2 Es fördert die Täuschungsgefahr, dass die angesprochenen Verbraucher kaum Gelegenheit zu Rückfragen haben, weil Marken meist in einer monologischen Einweg-Kommunikation auftreten (Albrecht GRUR 2003, 385 f.; Fikentscher NJW 1998, 1337).

Sprechen die angemeldeten Waren und Dienstleistungen in besonderem Maße Kinder und **562**
Jugendliche an, ist die Eignung zur Irreführung erhöht (zur Sittenwidrigkeit → Rn. 652).

Dies zeigen auch Werbebeschränkungen (vgl. § 3 UWG mit Anhang Nr. 28; BGH GRUR-Prax **562.1**
2014, 59 sowie I ZR 34/12, GRUR 2014, 1211 – Runes of Magic I und II; vgl. dazu Jahn/Palzer
GRUR 2014, 332). Die Sprachwissenschaft belegt, dass Kinder und Jugendliche besonders leicht einer
Irreführung unterliegen und daher besonders schutzbedürftig sind. Maßstab dürfen dabei nicht durchschnittliche
Kinder und Jugendliche sein, sondern auch und gerade gefährdungsgeneigte (Albrecht
GRUR 2003, 385 (388 f.); s. auch Liesching CR 2001, 845; BGH NJW-RR 2003, 404 – Preis ohne
Monitor; NJW 2002, 3403 – Koppelungsangebot I; Gerecke NJW 2015, 3185 (3187)).

Sprechen Angebote spezielle, nicht unerhebliche und abgrenzbare Kreise an, so ist deren **563**
Irreführung ausreichend (zum UWG und für türkischen Käse OLG Karlsruhe GRUR-RR
2013, 327 – Erzincan); zu Angaben in Fremdsprachen → Rn. 48.1 ff., → Rn. 268 ff.,
→ Rn. 535, zu Angaben in fremden Schriften → Rn. 278 ff. Es kann also auch eine nicht
gängige Fremdsprache zu berücksichtigen sein, wenn die Waren gerade Verbraucher ansprechen,
die dieser Sprache überwiegend mächtig sind. Ferner sind die Sprachkenntnisse der
am Handel beteiligten Fachkreise zu beachten (BPatG BeckRS 2014, 16781 – Secret Krasoti/
CEKPET KPACOTLI, Geheimnis der Schönheit). Ähnliches gilt im Rahmen von § 8 Abs. 2
Nr. 5 (→ Rn. 657) sowie bei der Prüfung der Verwechslungsgefahr (→ § 14 Rn. 333); zu
telle-quelle-Marken → MarkenR Einleitung Rn. 237.

Entscheidungserhebliche Teile der allgemeinen inländischen Bevölkerung sollen kyrillische Buchsta- **563.1**
ben lesen und russische Wörter ohne Mühe erfassen (BPatG BeckRS 2014, 16781 – Secret Krasoti/
CEKPET KPACOTLI, Geheimnis der Schönheit, m. krit. Anm. Schoene GRUR-Prax 2014, 478;
BeckRS 2007, 08029 – Shiguljowskoje (Biersorte); BeckRS 2010, 01228 – Rossijskaja; BeckRS 2014,
01342 – Taiga; OLG Frankfurt BeckRS 2016, 15231 – fette Schwiegermutter); zur beschreibenden
Bedeutung BPatG BeckRS 2014, 06594 – lupanar; BeckRS 2014, 08018 – Babuschkini ogurzi in
kyrillischer Schrift, Omas Gurken. Aus der GAZOZ-Entscheidung (BGH GRUR 2004, 947) darf für
das Registerverfahren nicht der Umkehrschluss gezogen werden, dass genügend des Türkischen nicht
mächtige Verbraucher türkische Lebensmittelgeschäfte aufsuchen, die keiner Irreführung unterliegen.

Für eine relevante Irreführung muss ein erheblicher Teil der angesprochenen Verkehrs- **564**
kreise getäuscht werden (so zum UWG BGH GRUR 2009, 888 Rn. 18 – Thermoroll;
Lange MarkenR/KennzeichenR Rn. 1066). Eine **quantitative Festlegung ist nicht möglich;**
10–15% (das wäre „nicht unbeachtlich") reichen nicht aus (Ingerl/Rohnke Rn. 259;
v. Schultz Rn. 177; aA Sack WRP 2004, 521 (527 ff.)). Der EuGH (C-129/91, GRUR Int
1993, 951 Rn. 16 – Neue Kraftfahrzeuge) verlangt für wettbewerbsrechtliche Tatbestände
die Irreführung eines erheblichen Teils der angesprochenen Verkehrskreise. Da er jedoch im
Markenrecht weitgehend gleiche Maßstäbe anlegt, kann darauf zurückgegriffen werden.
Täuschungen können auch **nur Fachkreise** erfassen, die wissen, dass die Endung -ol alkoholische
Lösungen bezeichnet (Bugdahl MarkenR 2006, 314 (317)).

§ 15 MarkenV hilft mit seinem Gebot der Transliteration (buchstabengetreue Umschrift), Transkrip- **564.1**
tion (lautgetreue Umschrift) und Übersetzung, Fremdes daraufhin zu überprüfen, ob es irreführen kann.

4. Waren- und Dienstleistungsbezug

Das Zeichen muss eine objektiv und ersichtlich falsche Information in Bezug auf die **565**
beanspruchten Waren und Dienstleistungen enthalten.

Die Bezeichnung „Käse" für nicht tierische Milcherzeugnisse wäre irreführend (LG Trier BeckRS **565.1**
2016, 7331).

Oberbegriffe im Waren- und Dienstleistungsverzeichnis müssen nicht so eingeschränkt **566**
werden, dass sie ausschließlich Angebote umfassen, bei denen eine Täuschung ausgeschlossen
ist (→ Rn. 552; BGH GRUR 2002, 540 (542) – Omeprazok; BPatG GRUR 1991, 145 –
Mascasano; BeckRS 2013, 18417 – Geotherm; vgl. KG BeckRS 2012, 24184 zur nach
UWG beanstandeten Verwendung der Bezeichnung „Ginger Beer" für Getränke, die kein
Bier enthalten).

Umsicht ist bei der Einschränkung des Waren- und Dienstleistungsverzeichnisses geboten, **567**
denn wo eine beschreibende Bedeutung entfällt, kann Irreführungsgefahr gegeben sein (→

§ 39 Rn. 14 f.; BPatG BeckRS 1997, 14480 – PGI; BeckRS 2009, 16861 – Schustermarkt; BeckRS 2009, 15097 – Kombucha; BeckRS 2013, 18417 – Geotherm; Brömmelmeyer WRP 2006, 1275 (1279) Fn. 44).

568 Der Ausdruck **„medizinisch"** kann in Klasse 25 für Schuhe irreführend sein, da medizinische Schuhe in Klasse 10 gehören (HABM Entsch. v. 4.11.2010 – R 778/2010-1). Auch Hinweise auf eine medikamentöse Wirkung im Markennamen selbst können für Waren ohne eine solche Wirkung irreführend sein (BPatG Mitt 1992, 58 – Kardiakon).

569 Das Reinheitsgebot für Bier macht Angaben wie „Sanddorn" nicht irreführend, weil Biermischgetränke auf dem Markt sind (BPatG BeckRS 2013, 14386 – Sanddorn). Cannabis kann als Heilpflanze Zutat von Getränken sein (EuG T-234/06, GRUR-RR 2010, 99; EuGH Rs C-5/10 P, BeckEuRS 2011, 576732).

569.1 Angaben, die Zutaten benennen können, die keinesfalls in einem Produkt enthalten sein dürfen, sollen gerade deshalb Unterscheidungskraft haben (BPatG BeckRS 2015, 13963 – Venezianischer Spritzer für Mineralwasser und Fruchtsäfte; BeckRS 2011, 21108 – Cayenne für Mineralwasser). Das würde voraussetzen, dass die Verbraucher das Verbot kennen. Wissen sie von dem Verbot nichts und halten sie exotische Zutaten für denkbar, wäre die Unterscheidungskraft in Frage zu stellen und Täuschungsgefahr wäre zu prüfen.

569.2 Wenn Getränke bestimmte Voraussetzungen erfüllen müssen, um als solche bezeichnet zu werden, sind Bezeichnungen für Mischgetränke mit einen Hinweis auf die beigemischte Substanz unter ihrer Bezeichnung nicht irreführend (BGH GRUR 2014, 1224 – Energy & Vodka).

5. Beeinflussung wirtschaftlicher Entschlüsse

570 Zusätzlich zur Ersichtlichkeit verlangt die hM (BPatG BeckRS 1990, 30732909 – Bartels & James) eine Eignung der täuschenden Angabe dazu, das Publikum in seinen wirtschaftlichen Entschlüssen zu beeinflussen (**Relevanzerfordernis;** Veranlassen einer **geschäftlichen Entscheidung**), etwa wegen der Erwartung staatlicher Garantien (→ Rn. 584); zum ® (R im Kreis) → Rn. 598. Grundsätzlich spricht die Verwendung in einer Marke dafür, dass sich der Markeninhaber davon einen Vorteil verspricht, also selbst von Relevanz ausgeht (zur Traditionswerbung Slopek WRP 2016, 678 Rn. 41 ff.; → Rn. 570.4)

570.1 Brömmelmeyer (WRP 2006, 1275 (1280) Fn. 69, 70, 71) verweist hierzu darauf, dass sich dieses Kriterium auch in den Entscheidungen der Beschwerdekammern des Harmonisierungsamts, in der Irreführungsrichtlinie und in der Richtlinie über unlautere Geschäftspraktiken findet. Auch das Markenrecht bekämpfe aber die Irreführung im Interesse des Konsumentenschutzes und des unverfälschten Wettbewerbs (→ Rn. 543.1; ähnlich Lange MarkenR/KennzeichenR Rn. 1057; Sack WRP 2004, 521 f.). Habe die Irreführung keinen Einfluss auf die Entscheidung des Konsumenten, so sei letzterer nicht schutzbedürftig. Vgl. ferner zum UWG BGH GRUR 1960, 563 – Sektwerbung; GRUR 2003, 628 – Klosterbrauerei; GRUR 2009, 888 Rn. 18 – Thermoroll; EuGH C-303/97, GRUR Int 1999, 345 Rn. 38 – Sektkellerei Kessler; zum WZG BPatG GRUR 1972, 653 – Scotch-Grip.

570.2 Veranlassen einer geschäftlichen Entscheidung erfasst nach EuGH (C-281/12, BeckRS 2013, 82378 Rn. 36 – Trento Sviluppo/AGCM) jede Entscheidung eines Verbrauchers darüber, ob, wie und unter welchen Bedingungen er einen Kauf tätigen will. Dies umfasst nicht nur die Entscheidung über den Erwerb oder Nichterwerb eines Produkts, sondern auch damit unmittelbar zusammenhängende Entscheidungen wie das Aufsuchen des Geschäfts.

570.3 Der BGH nennt das Relevanzerfordernis ein ungeschriebenes Tatbestandsmerkmal des § 5 Abs. 1 UWG (BGH GRUR 2009, 888 – Thermoroll; kritisch Sack WRP 2014, 1130 (1131). Ob es auch im Rahmen des § 8 Abs. 2 Nr. 4 gilt, ließ der BGH in Grillmeister (BeckRS 2014, 04125 Rn. 27) offen, weil es darauf nicht ankam (Tresper MarkenR 2014, 409 (414 f.)).

570.4 Selbst geringfügige Fehler bei der Traditionswerbung („seit 1760" statt 1762) können von Bedeutung sein, wenn es darum geht Konkurrenten zu überholen oder mit ihnen gleichzuziehen (OLG Jena BeckRS 2010, 00489; Slopek WRP 2016, 678 Rn. 43).

571 Dem Doktor-Titel und entsprechenden **akademischen Titeln** (auch mit dem Zusatz h.c.) bringen die Verbraucher besonderes Vertrauen in Bezug auf intellektuelle Fähigkeiten, Ruf, Seriosität und Zuverlässigkeit entgegen (OLG Stuttgart GRUR-RR 2014, 454; OLG Bamberg BeckRS 2011, 16067; NJW-Spezial 2011, 542); zu Traditionshinweisen → Rn. 583.

Nicht irreführend sind falsche, aber **sinnlose Informationen.** Berührungen sind nicht 572 irreführend, wenn die Verbraucher sie nicht ernst nehmen („Lack-Doktor" für Kfz-Reparaturbetriebe), auch weil sie allgemein an **Übertreibungen,** Sprachinflation und Euphemismen im Marketing gewöhnt sind. Selbst als unglaubwürdig eingestufte Aussagen, rufen jedoch eine positive Einstellung hervor, da Verstehensprozesse mit ungewollter Akzeptanz verbunden sind (Assaf GRUR Int 2015, 426 (427)).

Zum Wettbewerbsrecht: OLG Köln GRUR 1983, 135 – König-Pilsener; OLG Bamberg GRUR- 572.1 RR 2003, 344 – Deutschlands bestes Einrichtungshaus; Albrecht GRUR 2003, 385; zum Verlust der Reputation des Professorentitels: BGH GRUR 1992, 525; GRUR 1991, 144; GRUR 1989, 445; GRUR 1987, 839; das EuG spricht vom erlaubten Bereich der Suggestion (T-24/00, GRUR 2001, 332 – Vitalite).

Hier spielen auch die Urteilsfähigkeit der Verbraucher und das Sprachverständnis einer Gesellschaft 572.2 eine Rolle. Es kommt daher darauf an, wie ernst Sprache genommen wird; können und wollen die Verbraucher auf Sprache „bauen" oder ist der verlassen, der sich auf sie verlässt, wie Großfeld fragt (Kernfragen der Rechtsvergleichung, 1996, 47 (49); ders. Unsere Sprache: Die Sicht des Juristen, 1990). Unterschiedliche Kulturen messen der Sprache unterschiedlich Bedeutung zu. In unserer Kultur steht schon am Anfang das Wort; Schöpfung war Sprechen. Man steht bei uns im Wort. Die großen Religionen unseres Kulturraumes beruhen auf Offenbarung, Wort Gottes (Ratzinger, Glaube Wahrheit Toleranz, 2003, 35). Vielleicht ist unsere Kultur von daher zu sprachoptimistisch (Diesselhorst, Die Lehre des Hugo Grotius vom Versprechen, 1959, 50; Kilian, Rechtssoziologische und rechtstheoretische Aspekte des Vertragsabschlusses, in Broda/Deutsch (Hrsg.), FS Wassermann, 1985, 715), also auch die Rechtsprechung (Schmieder NJW 1992, 1257; GRUR 1992, 672). Bei Marken geht es aber um Wettbewerb und Werbung, wo das Wort nicht im Dienst der Wahrheit, sondern des Interesses steht. Die dort gebotene Skepsis muss daher die Täuschungseignung mindern (Albrecht, FS Mai, 2005, 51; ders., Sprachwissenschaftliche Erkenntnisse im markenrechtlichen Registerverfahren, 1999, 52 IV.).

Bugdahl (MarkenR 2013, 429) unterscheidet bei der Wahrnehmung von Marken zwischen blitz- 572.3 schneller Reaktion aufgrund bereits vorhandener Informationen und dem analytischem Vorgehen. Im Hinblick auf Plausibilität und Wahrscheinlichkeit akzeptiert der Verbraucher scheinbar Vertrautes ohne kritische Betrachtung leichter. Wiederholung kann daher zu einer Wahrheitsillusion führen und dann wirtschaftliche Entschlüsse beeinflussen.

Missverständnisse einzelner Verbraucher, die für die Kaufentscheidung nur von geringer 573 Bedeutung sind, nimmt der BGH hin (BGH GRUR-RR 2013, 184 – über 400 Jahre Brautradition).

6. Täuschungseignung verschiedener Angaben

a) Persönlichkeitsrechte. Bei der Verwendung des Namens (→ Rn. 300 ff., → § 2 574 Rn. 121; → § 13 Rn. 19 ff.) oder Bildes (→ § 13 Rn. 44) einer (prominenten) Person unterstellt das angesprochene Publikum im allgemeinen ein (entgeltliches) Einverständnis dazu, erwartet aber keine weitergehenden sachlichen Beziehungen des Dargestellten bzw. Namensträgers zu den einzelnen Produkten oder Dienstleistungen (vgl. BPatG BeckRS 2016, 12918 – Boris; BeckRS 2009, 16892 – Franz Beckenbauer), so dass insoweit keine relevante (→ Rn. 570) und ersichtliche (→ Rn. 551) Täuschung eintritt, zumal das Einverständnis und sogar der sachliche Bezug jederzeit – auch noch nach Eintragung der Marke – hergestellt werden können. Für die Namen von Hoheitsträgern → Rn. 584. Im Rahmen der Nr. 4 kann die **Vorlage einer Gestattung,** Lizenz oÄ daher nicht verlangt werden (→ Rn. 577).

Zur Rechtsprechung: BPatG BeckRS 1990, 30732909 – Bartels & Jaymes; BeckRS 2009, 24790 – 574.1 Fr. Marc; NJWE-WettbR 1999, 153 – Michael Schumacher; zum Diskussionsstand: Onken S. 112; Rohnke, FS 50 Jahre BPatG, 2011, 718; anders wohl BPatG BeckRS 2011, 26692 – Kloster Beuerberger Naturkraft mit Anm. Hilger GRUR-Prax 2011, 553; Steinbeck JZ 2005, 552; Boeckh GRUR 2001, 29 (34); Götting GRUR 2001, 615 (620 f.); Schmidt MarkenR 2003, 1 (35); Sosnitza, FS Ullmann, 2006, 387 (393); Ticic S. 110 f. Brömmelmeyer (WRP 2006, 1275 (1280 f.)) unterscheidet Namen von Personen, die eine Kompetenz für die Herstellung des Markenprodukts beanspruchen können, und nur bekannten Personen, bei denen keine Irreführungsgefahr auftreten soll.

MarkenG § 8 Teil 2 Voraussetzungen, Inhalt und Schranken etc.

574.2 Im US-amerikanischen Recht bezeichnet secondary source die Lizenzierung ihres Namens durch Prominente (v. Bassewitz, Prominenz und Celebrity, 2008, 217 f.; Götting MarkenR 2014, 229 (231) Fn. 26, 27).

574.3 Der EuGH beschäftigt sich in „Elizabeth Emanuel" (C-259/04, GRUR 2006, 416) mit der Frage, ob eine ursprüngliche Kreation genügt oder ob der Benannte weiterhin mitwirken muss.

575 Auch **Urheberrechte** sind sonstige Rechte iSv § 13. Urheber können nach § 13 Abs. 1, Abs. 2 Nr. 3 (→ § 13 Rn. 48) eine Löschung der Marke nach §§ 51, 55 beantragen; zum Verhältnis Markenrechts-Urheberrecht → Rn. 289, → Rn. 463, → Rn. 839 ff.

576 Die Nachahmung einer charakteristischen Stimme, wie etwa die des Schauspielers Heinz Erhard (OLG Hamburg NJW 1990, 1995), oder Bilder von Doppelgängern können täuschend sein. Wenn die Täuschung aber so ersichtlich ist, dass die Markenstelle an Täuschungsgefahr denken kann, werden wohl auch die Verbraucher nicht getäuscht.

577 **b) Schutzrechtsnamen, Eigentum.** Ebenso wie bei Persönlichkeitsrechten nicht nach der Berechtigung zur Markenanmeldung zu fragen ist (→ Rn. 574), ist auch nicht nach Lizenzen für Patente und entsprechende Schutzrechte zu fragen. Zu Sortenbezeichnungen → § 13 Rn. 54 ff. Patente oder entsprechende Schutzrechte können aber einen **Besitzstand** begründen, den eine Markenanmeldung bösgläubig (§ 8 Abs. 2 Nr. 10) stören kann (→ Rn. 809). Das Gleiche gilt für **Werktitel**, die mit der Übertragung der Nutzungsrechte am Werke (anders als das Urheberrecht) übergehen (OLG Köln GRUR-Prax 2015, 191 – Ich bin dann mal weg).

578 Es ist auch nicht nach der Berechtigung zur Markenanmeldung von Zeichen zu fragen, die Sachen benennen oder zeigen, an denen erkennbar **Eigentumsrechte** bestehen (Gebäude, Tiere etc). Der Eigentümer kann – wenn überhaupt erforderlich – jederzeit eine erforderliche Genehmigung erteilen. Eine Markenverwendung erhebt keine Eigentumsansprüche und kann damit darüber auch nicht täuschen; zum Fehlen von Verbotsvorschriften iSd § 8 Abs. 2 Nr. 9 → Rn. 752.

578.1 Ohnehin ist es – unabhängig vom Eigentum – über die Panoramafreiheit nach § 59 UrhG erlaubt, Werke, die sich bleibend an öffentlichen Wegen, Straßen oder Plätzen befinden, zu vervielfältigen, zu verbreiten und öffentlich wiederzugeben. Ob insoweit eine Verletzung von Persönlichkeitsrechten vorliegt, kann allenfalls im Rahmen der Nr. 5 (→ Rn. 642 ff.) relevant werden.

579 Das alles gilt auch für die Berechtigung, Firmennamen, Etablissementsbezeichnungen oÄ zu benutzen (BPatG BeckRS 2012, 11035 – Gürzenich Orchester Köln; Anm. dazu Stelzenmüller GRUR-Prax 2012, 283) sowie für das Vortäuschen einer Handelsbeziehung oder Eingliederung in ein fremdes Vertriebsnetz.

580 **c) Unternehmensbezogene Angaben, Berühmung.** Das Schutzhindernis erfasst die Täuschung über den **Geschäftsbetrieb** an sich nicht (BPatG BeckRS 2015, 08930 – Stadtwerke Bremen, beim BGH I ZB 43/15), und auch unternehmensbezogene Angaben (**Firmenwahrheit**) ohne Hoheitsanspruch (sonst → Rn. 584) können keine Täuschungsgefahr iSd Nr. 4 bewirken (zur Wiederbelebung alter Marken → Rn. 798.2). Ist aber erkennbar, dass eine Benutzung der Marke nach dem UWG untersagt werden könnte, stellt sich die Frage, ob die Anmeldung nicht lediglich als Einschüchterungspotential oder Sperrmarke gedacht war, so dass dem Markenschutz Bösgläubigkeit entgegenstehen könnte (→ Rn. 771, → Rn. 830).

580.1 Dass etwas eine Irreführung nach § 18 Abs. 2 HGB und § 5 UWG sein kann, hat auf die Beurteilung im Rahmen der Nr. 4 keinen Einfluss (BayObLG NJW-RR 1990, 1125 – Institut für Steuerwissenschaftliche Information; MDR 1985, 861 – Institut GmbH; BGH GRUR 1987, 365 – Gemologisches Institut; GRUR 2012, 942 – Zentrum; BVerfG BeckRS 2012, 51043 – Zentrum für Zahnmedizin; OLG Schleswig GRUR-RR 2012, 84 – Group e.K.; KG GRUR-RR 2012, 86 – Deutsches Institut; früher sehr streng: BGH BeckRS 1993, 31060753 – Euroinvest; GRUR 1970, 461 – Eurospirituosen; GRUR 1978, 251 – Euro-Sport; OLG Düsseldorf NJW-RR 2015, 816 – Resort).

580.2 Die Anmeldung von Marken, die in urheberrechtlich geschützten Werken vorkommenden „fiktive Marken" (→ Rn. 842) entsprechen, kann zwar zu Fehlvorstellungen dahingehend führen, dass die Verbraucher erwarten, der Schöpfer des Werks nutze nun selbst das von ihm geschaffene Image aus, aber dies fällt als Täuschung über den Geschäftsbetrieb eben nicht in den Tatbestand des § 8 Abs. 2 Nr. 4.

Ebenso bewirken (allgemeine) Berühmungen, **Qualitätshinweise** sowie Hinweise auf 581 Größe, Bedeutung und Marktstellung, adlige bzw. wissenschaftlich ausgezeichnete Anbieter, auf eine Stellung als offizieller Sponsor usw keine Täuschungsgefahr iSd Nr. 4. Nicht zu fragen ist daher, ob in Marken enthaltene Begriffe wie Euro-, Inter-, .com, Institut, Center, Zentrum, Großmarkt etc. oder Sterne (bei Hotelnamen und anderen Angaben) den tatsächlichen Verhältnissen entsprechen. Ob die Benutzung einer Marke am Markt wettbewerbs- oder standesrechtlich (BPatG BeckRS 2009, 00954 – Rechtsberatung) erlaubt ist, ist dort zu prüfen, zumal meist schon das Mitwirken eines entsprechenden Mitarbeiters genügt (BPatG BeckRS 2009, 24795 – Marquis de St. Ambre), also im Eintragungsverfahren die Ersichtlichkeit fehlen dürfte. Unrichtige Hinweise auf ein Monopol, eine Alleinstellung auf dem Markt können da anders zu beurteilen sein (BPatG BeckRS 2013, 02573 – Primero Schiefer; Ströbele/Hacker/Ströbele Rn. 760).

Die Angabe „**Bio**" verlangt zB keine staatliche Lizenzierung oder Überwachung (BGH BeckRS 581.1 2013, 03437 – Biomineralwasser; OLG Nürnberg GRUR-RR 2012, 224; kritisch dazu Leible/Schäfer GRUR-Prax 2013, 101), über die damit auch nicht getäuscht werden kann. Das gilt für „Bio" im Zusammenhang mit Mineralwasser, obwohl dies wettbewerbsrechtlich unlautere Werbung mit Selbstverständlichkeiten ist (Trauthig apf 7/2013, 222 f.). „Bio" kann aber auch insoweit besondere Umstände hinsichtlich Vertrieb, Verpackung etc angeben. Eine Verwendung oder Nachahmung des **Ökokennzeichens** nach § 1 ÖkoKennzV fällt unter Nr. 7 (→ Rn. 703.1 f.).

„Primero" gilt nicht als Alleinstellungsmerkmal (BPatG BeckRS 2013, 02573 – Primero Schiefer). 581.2 Das alt-griechische „ariston" (der Beste) nimmt das BPatG als Vornamen oder Phantasiebegriff (BPatG Beschl. v. 18.3.2016 – 28 W (pat) 34/13 SD Aliston/Ariston).

Oval angeordnete Sterne an einem Wappen sind nicht einmal bei Hotelbezeichnungen nach § 5 581.3 UWG irreführend (LG Freiburg BeckRS 2016, 11441 – Hotel Schwarzenberg).

Angaben, etwa zum **Gründungsdatum**, sind jedenfalls dann täuschend, wenn sie in der 582 Marke selbst fälschlich auf einen darin bezeichneten Betrieb bezogen sind (BPatG GRUR 1995, 411 – seit 1895; vgl. aber auch BPatG BeckRS 1999, 15270 zu einer Magenbitter-Rezeptur) oder sonstige überprüfbare unveränderbare Vorgänge in der Vergangenheit vortäuschen. Im Übrigen sollen wettbewerbsrechtlich zu beanstandende Gesichtspunkte auf das Markenrecht durchschlagen. Eine Erweiterung der Produktpallette im Laufe der Zeit muss sich im Rahmen des Geschäftsfeldes halten (BGH GRUR 1960, 563 – Sektwerbung); daher kann die Entscheidung zur Eintragung oder Löschung einzelner Waren und Dienstleistungen unterschiedlich ausfallen (Slopek WRP 2016, 678 Rn. 49 f.). Zur Beeinflussung wirtschaftlicher Entscheidungen → Rn. 570.

Die Rechtsprechung dazu bezieht sich meist auf wettbewerbsrechtliche Verbote (Slopek WRP 2016, 582.1 678). Dabei unterscheidet die Rechtsprechung zwischen Namens- und Geschäftradition, weshalb auch ein neu gegründetes Unternehmen uU auf eine Namenstradition seines Gründers hinweisen darf (OLG München GRUR-RR 2014, 300 – Degussa).

Den Verbrauchern ist zwar geläufig, dass sich die Produktpalette eines Betriebs wandelt. Eine Angabe 582.2 wie „seit 1908" verlangt also nicht, dass gerade die beanspruchten Waren und Dienstleistungen seit 1908 angeboten bzw. erbracht werden (OLG München BeckRS 2013, 08768 – Andechser), neue Angebote müssen aber in das traditionelle Geschäftsfeld passen. Da kann je nach Branche unterschiedlich zu beurteilen sein (Slopek WRP 2016, 678 Rn. 20 ff.). Die Tradition für Wein darf nicht auf Sekt übertragen werden (BGH GRUR 1960, 563 – Sektwerbung), während es die Kontinuität einer Glaserei unberührt lässt, später auch Rollläden anzubieten (OLG Frankfurt BeckRS 2015, 17487).

Unternehmensfusionen und -übernahmen sind nach den Größenverhältnissen zu beurteilen, weniger 582.3 streng aber Zwangsunterbrechungen durch Krieg (BGH GRUR 1056, 212 – Deutsches Wirtschaftsarchiv), die deutsche Wiedervereinigung (OLG Dresden GRUR 1998, 171) und sogar Insolvenz (OLG Stuttgart BeckRS 2001, 10402) sowie Rechtsformenwechsel (BGH GRUR 1981, 69 – Alterswerbung für Filialen) oder Verpachtung (BGH GRUR 1974, 340 – Privat-Handelsschule).

Selbst geringfügig falsche Altersangaben können Markenschutz verhindern (→ Rn. 570.4). 582.4

Werbung mit dem Alter eines Unternehmens weckt bei den angesprochenen Verbrauchern 583 positive Assoziationen; sie werden besondere Erfahrungen auf dem betreffenden Gebiet, wirtschaftliche Leistungskraft, Zuverlässigkeit und Solidität unterstellen. Damit enthält der **Hinweis auf Tradition** Qualitätssignale, die Kaufentscheidungen beeinflussen (BGH

GRUR 2003, 628 (630) – Klosterbrauerei; OLG München GRUR-RR 2014, 300 – Degussa).

584 Strenger sind Angaben mit dem **Anspruch hoheitlicher Rechte** oder eines offiziellen Status zu behandeln (HABM Entsch. v. 4.4.2001 – R 468/1999-1 – International Star Registry; aA Manz MarkenR 2012, 357). Wo eine Marke beim Anbieter eine staatliche Trägerschaft erwarten lässt, muss schon im Eintragungsverfahren die Berechtigung dazu geprüft werden (BPatG BeckRS 2015, 08930 – Stadtwerke Bremen, beim BGH I ZB 43/15; BeckRS 2013, 19302 – St. Petersburger Nationalballett; BeckRS 2013, 19032 – Bolschoi Staatsballett; BeckRS 2012, 14376 – St. Petersburger Staatsballett), jedenfalls aber im Löschungsverfahren (BPatG BeckRS 2014, 16833 – stadtwerke hamburg). Das könnte ebenso für Marken in der Form einer Internetadresse gelten, wenn diese auf .gov endet. Auch hier stellt sich die Frage, ob die Anmeldung nicht bösgläubig als Einschüchterungspotential oder Sperrmarke angemeldet wurde (→ Rn. 580, → Rn. 771, → Rn. 830). Für die Berücksichtigung der Irreführung durch Berühmung staatlicher Trägerschaft schon im Eintragungsverfahren spricht es auch, dass § 8 Abs. 2 Nr. 6 sowie Art. 7 Abs. 1 lit. h UMV iVm Art. 6ter Abs. 8 PVÜ Berechtigungsnachweise verlangen, wenn staatliche Hoheitszeichen Markenschutz erlangen sollen (→ Rn. 689, → Rn. 707, BPatG BeckRS 2015, 08930 – Stadtwerke Bremen, beim BGH I ZB 43/15).

584.1 In der Entscheidung zu „Stadtwerke Wolfsburg" (GRUR 2012, 1273 Rn. 26) erwartete der BGH, dass das Publikum bei der Auswahl seines Versorgungsunternehmen auch Betriebsstrukturen berücksichtigt (ähnlich OLG Stuttgart BeckRS 2013, 15043 – Mark Brandenburg für Molkereien). Der BGH und ihm nachfolgend das OLG München sahen einen Wettbewerbsverstoß durch Irreführung nach §§ 3, 5 Abs. 1 UWG darin, dass die Geschäftsbezeichnung „Bundesdruckerei" geeignet ist, bei den Marktteilnehmern unzutreffende Vorstellungen über die geschäftlichen Verhältnisse hervorzurufen (BGH GRUR 2007, 1079; OLG München BeckRS 2010, 09548; BGH GRUR-RR 2010, 407). Das LG Nürnberg hat dementsprechend die Benutzung der Bezeichnung „Stadtwerke" beschränkt (Beschl. v. 9.12.2008 – 3 O 10286/08, IR 2009, 40; Hoffmann/Albrecht NVwZ 2013, 896). Gegen eine im Eintragungsverfahren geforderte Ersichtlichkeit könnte es jedoch sprechen, dass der BGH (GRUR 2012, 1273 Rn. 27 – Stadtwerke Wolfsburg; GRUR 2011, 166 Rn. 23 – Rote Briefkästen) eine Fehlvorstellung der Verbraucher, die auf ein Monopol zurückgeht und die auch nach einer gesetzlichen Lockerung oder Aufhebung des Monopols noch fortbesteht, hinnehmen will, wenn andernfalls die alte Rechtslage mit Hilfe des Irreführungsverbots perpetuiert werden würde (aA Hoffmann/Albrecht NVwZ 2013, 896). Lange hält eine Interessensabwägung immerhin für denkbar (Lange MarkenR/KennzeichenR Rn. 1092). Der 26. Senat des BPatG (BeckRS 2014, 16833 – stadtwerke hamburg) erwartet, dass die Angabe „stadtwerke hamburg" das Publikum in seinen wirtschaftlichen Entschlüssen beeinflusst, weil der durchschnittlich informierte Verbraucher unter einem mit „Stadtwerke" bezeichneten Unternehmen einen kommunalen oder gemeindenahen Versorgungsbetrieb versteht, bei dem die Kommune einen bestimmenden Einfluss auf die Unternehmenspolitik hat, was eine unmittelbare oder mittelbare Mehrheitsbeteiligung der Gemeinde voraussetzt (ähnlich BPatG BeckRS 2014, 16006 – Stadtwerke Braunschweig). Solche Erwartungen bestätigen Vermarktungsstrategien; Burkhardt beschreibt dazu die Erwartungen an Sicherheit, Nachhaltigkeit und Qualität sowie den Sitz vor Ort, was Franchising fraglich erscheinen lässt (Gemeindestrom: Neue Lust auf Heimat, publicus 2015.6 S. 19).

584.2 Umgekehrt schließt das BPatG bei Staatsunternehmen allein aus den Eigentumsverhältnissen im Rahmen des § 8 Abs. 2 Nr. 6 und Nr. 8 auf die Berechtigung zur Verwendung stattlicher Symbole (BPatG BeckRS 2009, 26974 – Trikolore). Das ist gefährlich, da beim Erteilen einer ausdrücklichen Befugnis die Folgen eines Rechtsübergangs zu regeln sind, will man nicht in die Problematik der Bundesdruckerei geraten.

584.3 „Authority" sah das HABM (BK Entsch. v. 11.7.2001 – R 803/2000-1) nicht als irreführende Berühmung an.

585 Zusätze wie „by «Firmenname»" schaffen – ebenso wie die Top-Level-Domain .com (KG GRUR-RR 2013, 487 – berlin.com) – keine die Täuschungsgefahr ausschließende Klarstellung (→ Rn. 606), wenn eine Herstellung für einen staatlichen Abnehmer oder nach dessen Vorgaben in Betracht kommt bzw. wenn damit ein Vertrieb staatlich konzessionierter Regieware gezeigt werden kann. Umgekehrt können weitere Zeichenbestandteile den Bezug zum jeweiligen Hoheitsträger verstärken (→ Rn. 685).

Nach der Art eines **Prüfzeichens** gebildete Zeichen fallen nur dann unter Nr. 4, wenn sie eine Befugnis zur autorisierten Vergabe vortäuschen und diese in dem Zeichen auf eine dafür nicht in Frage kommende Institution beziehen (zu weitgehend BPatG BeckRS 2011, 23578 – Deutsches Hygienezertifikat zur Unterscheidungskraft). 586

Dass es jedermann frei steht, Prüfinstitutionen sowie Zertifikate zu kreieren, zeigt die Beschränkung bei Ausschreibungen auf Zertifikate, die allen Bietern zugänglich sind (EuGH NVwZ 2012, 867 – Max Havelaar-Label). Bürgern sich solche Zeichen ein, werden sie weder täuschend noch zu Prüfzeichen iSv § 8 Abs. 2 Nr. 7. Zum Schwimmabzeichen Seepferdchen → Rn. 693.1. 586.1

d) Ortsangaben. Da es gegen ein ersichtliches Schutzhindernis nach Nr. 4 spricht, wenn eine Markenbenutzung möglich ist, bei der keine Irreführung erfolgt (aber → Rn. 552), kann es bei geographischen Angaben genügen, um eine ersichtliche Täuschungsgefahr auszuschließen, wenn auch Waren oder Dienstleistungen beansprucht sind, bei denen eine nicht täuschende Verwendung möglich ist; „Chianti" wird wohl kaum jemand als Zeichenbestandteil ausdrücklich für „deutsche Weine" statt für „Weine" allgemein anmelden. 587

Keine Täuschungsgefahr ist gegeben, wenn an einem in der Marke genannten Ort ersichtlich kein für das Angebot der beanspruchten Waren und Dienstleistungen notwendiger Betrieb möglich ist (→ Rn. 214 ff.). Dazu darf der Ortsname allerdings nicht einfach bloß als täuschender Hinweis auf das Land wirken, in dem der genannte Ort liegt (BVG GRUR Int 2015, 164 – Firenza). 588

Es kann auch eine nicht täuschende Verwendungsmöglichkeit außerhalb des jeweiligen Ortes möglich sein, wenn die Verbraucher den geographischen Zeichenbestandteil nicht (mehr) mit einem Ort gleichsetzen (BGH GRUR 1981, 57 – Jenaer Glas; zu § 8 Abs. 2 Nr. 2 bei der Dienstleistung eines Kurbades: BGH GRUR 2012, 272 – Rheinpark Center Neuss; BPatG BeckRS 2013, 00633 – Ney; ähnlich BPatG zu der Bezeichnung Ethen → Rn. 551.1). 588.1

Länderkürzel in wie E-Mail- oder Internetadressen gebildeten Marken können als Herkunftsangaben wirken, wobei aber zu beachten ist, dass jeder Händler Waren verschiedener Provenienz vertreiben kann und Anbieter bzw. Hersteller ihren Internetauftritt auch in für sie fremden Ländern organisieren können (vgl. OLG Köln GRUR-RR 2010, 399 – fcbayern.es), so dass meist eine nicht irreführende Markenbenutzung möglich ist. 589

Nicht mehr geführte **Hoheitszeichen** bzw. solche nicht mehr existierender Träger können immer noch als Beschreibung der geographischen Herkunft wirken und als solche täuschend sein (zur Sittenwidrigkeit → Rn. 625.1). 590

Dass der Verbraucher aus **Namen historischer Persönlichkeiten** auf eine Herkunft aus dem Land schließt, aus dem die Person stammt (Garibaldi für italienische Nudeln: BPatG GRUR 1995, 739; BGH GRUR 1999, 158), ist als überholt anzusehen, zumal wenn der Verbraucher dazu über historisches Wissen verfügen müsste. 591

Für **Lagenamen** von Weinen gelten rechtliche Besonderheiten. 592

Soweit sie nicht nach Nr. 9 zu berücksichtigen sind, verneint die Rechtsprechung unter Berücksichtigung des Leitbildes des EuGH vom verständigen Durchschnittsverbraucher (EuGH C-303/97, GRUR Int 1999, 345 (348) – Sektkellerei Kessler) eine Täuschungsgefahr in der Regel (BPatG BeckRS 2009, 24796 – Herrenstein). Das gilt erst recht für ausländische Bezeichnungen (BPatG BlPMZ 1991, 250 – Monte Gaudio). 592.1

Heiligennamen gelten nicht automatisch als Lagebezeichnung (BPatG GRUR 2007, 791 f. – St. Jacob; GRUR 1999, 931 f. – St. Ursula), können aber unter Nr. 5 fallen (→ Rn. 629). 592.2

Bei geographischen Herkunftsangaben (§ 127) und Sortenschutzbezeichnungen (SortSchG) kommt Nr. 4 in Betracht, soweit das Waren- und Dienstleistungsverzeichnis eine Irreführungsgefahr ersichtlich macht, sonst Nr. 9 (→ Rn. 738). 593

Dass die Verwendung einer **Fremdsprache** eine bestimmte Produktherkunft nahelegt, ist ohne konkrete Anhaltspunkte für ein solches (eventuell branchenspezifisches) Verständnis angesichts der Globalisierung sowie der zu berücksichtigenden Import- und Exportgeschäfte heute kaum noch zu unterstellen (BGH GRUR 1994, 310 – Mozzarella II; BPatG GRUR 1973, 267 – Dreamwell/Dreamwave), selbst bei fremden Schriftzeichen (BPatG GRUR 1997, 53 – Chinesische Schriftzeichen). Täuschend kann eine Fremdsprache allenfalls bei Waren sein, deren geographische Herkunft für den Verbraucher von besonderer Bedeu- 594

MarkenG § 8 Teil 2 Voraussetzungen, Inhalt und Schranken etc.

tung ist, wie dies in anderem Zusammenhang auch § 127 Abs. 2 und 3 berücksichtigt. Dazu können Weine, Tee, Käse, Schokolade und Whiskey gehören – wobei oft nur spezielle Herkunftsländer von Interesse sind; zB Schwyzerdütsch für Schokolade (Albrecht GRUR 2003, 385 (389)). Aber auch allgemein können (nicht existierende geografische Angaben **Qualität versprechen** (Loschelder MarkenR 2015, 225).

595 Türkisch ist heutzutage in Deutschland kaum noch ein Hinweis auf die Herkunft, weil es im Hinblick auf die angesprochenen Verkehrskreise verwendet werden kann (BPatG Beschl. v. 9.7.1997 – 28 W (pat) 170/96 – Hindi-Dilim-Salam). Zu anderen Minderheitensprachen → Rn. 535.1.

595.1 Soweit bei Lebensmitteln Vorschriften, wie etwa § 11 Abs. 1 LFGB (früher § 17 Abs. 1 Nr. 5b LMBG), spezielle Aufmachungen oder fremdsprachige Bezeichnungen verbieten, ist neben § 5 UWG auch § 8 Abs. 2 Nr. 9 (→ Rn. 729 ff., → Rn. 746) zu prüfen.

596 Die **Form eines Produkts,** Behälters etc kann als mittelbare Herkunftsangabe wirken und dann unter den in → Rn. 587 genannten Voraussetzungen täuschend wirken (BGH GRUR 1971, 313 – Bocksbeutelflasche; → § 3 Rn. 60.1). **Farben** können über die geographische Herkunft täuschen, wenn die beanspruchten Waren/Dienstleistungen einen Bezug zu Ländern oder Städten haben können, die durch die Farben symbolisiert werden (→ Rn. 678; BPatG BeckRS 2012, 19612 – RTL) und dies einem nicht unerheblichen Teil des Verbraucherkreises bekannt ist. Auch **Bildelemente** können als örtliche Herkunftsangabe wirken oder Wortbestandteile in dieser Wirkung unterstützen (→ Rn. 381).

597 e) **Registrierungshinweise.** Das ® darf der Anmelder bereits in der Anmeldung hinzufügen. Die Verbraucher erwarten aber, dass ein damit versehener Teil einer mehrteiligen Marke selbständig als Marke eingetragen ist (BGH GRUR 2014, 662 Rn. 25 – Probiotik; GRUR 2013, 840 Rn. 35 – Proti II; GRUR 2009, 888 – Thermoroll; GRUR 1990, 364 – Baelz; BPatG BeckRS 2013, 17848 – Diclodolor/Diclac dolo; mindestens im Ausland: EuGH C-238/89, GRUR Int 1991, 215 Rn. 5 – Pall/Dahlhausen). Daher darf das ®-Logo nicht nur einem Bestandteil zugeordnet sein, der in Alleinstellung nicht schutzfähig wäre. Das muss auch für den Registerhinweis bei Unionsgeschmacksmustern rcd bzw. RCD gelten (→ Rn. 538.2; BPatG BeckRS 2013, 17848 – Diclodolor/Diclac dolo; GRUR 1992, 704 – Royals; GRUR 2000, 805 (807) – © Immo-Börse; OLG Stuttgart BeckRS 2011, 03734 – D Architektursysteme; LG München I Urt. v. 17.1.2012 – 1 HK O 1924/11 – Andechser; kritisch dazu Elmenhorst WRP 2013, 1379). Dies soll nicht gelten, wenn das „R im Kreis" innerhalb eines Unternehmenskennzeichens und damit innerhalb eines anderen Kennzeichens als einer Marke steht (BGH GRUR 2013, 925 Rn. 47 – Voodoo). Das ist jedoch kritisch zu hinterfragen, da es auch zeigen kann, mit welcher Marke ein Unternehmen tätig ist.

598 Umstritten ist allerdings die Eignung solcher Hinweise dazu, das Publikum in seinen wirtschaftlichen Entschlüssen zu beeinflussen (→ Rn. 570), weil die angesprochenen Verbraucher es dazu überhaupt zur Kenntnis nehmen und sich Gedanken über den genauen Schutzgegenstand machen müssen (aA BGH GRUR 2009, 888 – Thermoroll; ähnlich KG GRUR-Prax 2013, 319 – TM-Symbol). Dass sie sich durch die Positionierung des Zeichens ® in ihrem Marktverhalten beeinflussen lassen, erscheint dem OLG München (BeckRS 2013, 08768 – Andechser; aA Tresper MarkenR 2014, 409 (412 f., 415); BGH BeckRS 2014, 04125 – Grillmeister) wenig wahrscheinlich. Dem widerspricht es, das ® im Rahmen der Beurteilung, ob ein Zeichenbestandteil prägend oder für sich genommen kennzeichnend sowie benutzt ist, für die Verwechslungsgefahr heranzuziehen (so aber BGH GRUR 2014, 662 Rn. 24 f. – Probiotik; OLG Frankfurt GRUR-RR 2015, 236 Rn. 24 – Lactec; BeckRS 2015, 12200 – tea exclusive). Ferner kann ein Zeichen, wie das ®, auch Mitbewerber täuschen und dazu veranlassen, bestimmte Zeichen nicht für eigene Geschäfte zu verwenden (Tresper MarkenR 2014, 409 (412)).

598.1 Das OLG München spricht von philologischer Akribie, mit der sich nur Rechtsanwälte als Klägervertreter in Wettbewerbssachen den werblichen Verlautbarungen der Konkurrenz ihrer Mandanten widmen. Selbst Wettbewerber auf der Suche nach möglichen Marken und potentielle Lizenznehmer werden vorzugsweise das Register konsultieren. Wird das Zeichen einem zwar schutzfähigen aber bislang nicht registrierten Teil zugeordnet, kann ein nicht täuschender Zustand hergestellt werden, so dass die

Absolute Schutzhindernisse § 8 MarkenG

Ersichtlichkeit der Täuschung im Eintragungsverfahren in Frage zu stellen ist (aA BPatG BeckRS 2013, 01822 – Grillmeister, vom BGH BeckRS 2014, 04125 bestätigt). Dies muss dann erst recht gelten, wenn insoweit bereits ein Registerverfahren läuft. Selbst ein im EU-Ausland bestehender Markenschutz reicht aus, insoweit Täuschungsgefahr auszuschließen (EuGH C-238/89, GRUR Int 1991, 215 – Pall). Irrt der Verbraucher hinsichtlich des Landes, in dem der Schutz besteht, ist dies nicht ausschlaggebend (OLG Köln BeckRS 2010, 04994 – Medisoft). Laut EuGH (C-238/89, GRUR Int 1991, 215 – Pall) steht Art. 30 EWG-Vertrag einer nationalen Vorschrift über den unlauteren Wettbewerb entgegen, die es einem Wirtschaftsteilnehmer erlaubt, das Verbot des Inverkehrbringens einer Ware im Gebiet eines Mitgliedstaats zu erwirken, die neben dem Warenzeichen das ® trägt, wenn dieses Zeichen in einem Mitgliedstaat eingetragen ist.

Das OLG Hamburg sah im ® ein gewisses Qualitätsversprechen (NJW-RR 1986, 716 – Reál Sangria; BeckRS 2003, 01183 – Selenhefe/Selenium-ACE). Das Berliner KG sah darin einen Hinweis auf eine gewisse Alleinstellung, die das Angebot wertvoll erscheinen lasse (GRUR-RR 2003, 372 – Das Authentische Reiki). **598.2**

Art. 68 Abs. 2 UMV erweitert das Irreführungsverbot des Art. 7 Abs. 1 Buchst. g UMV um Täuschungen über den Charakter oder die Bedeutung der Marke selbst (→ UMV Art. 68 Rn. 3). Eine **Kollektivmarke** kann deshalb wegen des Eindrucks, eine Individualmarke zu sein, irreführen (Art. 68 Abs. 2 UMV), das kann auch den Eindruck erfassen, es liege eine Gewährleistungsmarke (Art. 74a ff. UMV) vor. **599**

Zu dem im angloamerikanischen Rechtskreis für angemeldete aber noch nicht eingetragene Zeichen stehenden ™ hat das KG eine Täuschungsgefahr weitgehend verneint (KG GRUR-Prax 2013, 319 – **TM-Symbol**). Zu den Hinweisen auf Patentschutz „D.B.G.M.", „DBP", „DBGM" und „Pat.Pend" siehe OLG Düsseldorf NJWE-WettbR 1997, 5 – Montagekissen. Allerdings dürfte eine Verwendung ausschließlich für nicht patentierte Waren oder Dienstleistungen kaum ersichtlich sein. **599.1**

Anders als beim ®, dessen Wahrheit aus einem Register hervorgeht, lässt sich das Bestehen von durch ein © angezeigten **Urheberrechten** im Anmeldeverfahren wohl selten so prüfen, dass Ersichtlichkeit vorliegt. **600**

Auch Lizenzverträge über vermeintliche Werke gelten wegen der schwierigen Feststellung, ob Urheberrechte tatsächlich gegeben sind, als grundsätzlich wirksam (BGH GRUR 2012, 381 – Delcantos Hits). Zu den Problemen mit verwaisten Werken vgl. Grünberger ZGE 2012, 321. **600.1**

f) **Gewährleistungsmarken.** Die künftig mögliche Gewährleistungsmarke verlangt, dass der Anmelder die Befähigung nachweist, die garantierten Eigenschaften zu prüfen. Andernfalls fehlt es bereits an einer Eintragungsvoraussetzung. Eine Täuschung hierüber ist dann nicht mehr entscheidungserheblich (Dissmann/Somboonvong GRUR 2016, 657). **601**

Sie darf auch nicht den Eindruck erwecken, sie sei etwas anderes als eine Gewährleistungsmarke, etwa eine Kollektivmarke oder staatliches Gütezeichen (vgl. Art. 74c Abs. 2 UMV). **602**

Irreführungen kann der Inhaber allerdings auch durch Satzungsänderung verhindern (vgl. Art. 74c Abs. 3 UMV). **603**

7. Bestandteile

Schon ein einzelner täuschender Bestandteil eines mehrteiligen Zeichens kann dessen Eintragung entgegenstehen (→ Rn. 51 f.). Allerdings kann der Gesamteindruck aller Markenelemente in Einzelfällen eine Täuschungseignung auch verhindern (vgl. BGH GRUR 1981, 57 – Jenaer Glas). Nordische Ausdrücke können zB vom Eindruck einer Weinlage wegführen (BPatG Mitt 1976, 191 – Schloß Janson). Bilder oder Vornamen können Bedeutungen (Tina York; Paris mit seinem Apfel) verändern. **604**

Das Einfügen von Sonderzeichen, die bei einer informationstechnischen Verarbeitung (Recherche) automatisch unterdrückt werden (→ Rn. 542) oder vom Betrachter nicht beachtet werden, führen nicht von der Täuschungsgefahr weg. Das gilt auch für Tippfehler (→ Rn. 784). **605**

In der Marke enthaltene **aufklärende Zusätze** verhindern eine registerrechtlich relevante Täuschungsgefahr alleine oft noch nicht. Das gilt insbesondere für Zusätze, die zur Unstimmigkeit des Zeichens führen (BPatG BeckRS 2016, 12916 – Original Klosterpforte; OLG Naumburg NJWE-WettbR 1996, 121 – Oettinger). Dem trägt bei geografischen Her- **606** kunftsangaben § 127 Abs. 4 Rechnung (→ § 127 Rn. 14 f.; weniger streng Schröter S. 83–88). Erst recht gilt dies für die stets denkbare Möglichkeit, die Marke mit einem die Täuschungsgefahr ausschließenden Zusatz zu benutzen, auch wenn dies einen Verstoß gegen § 3 UWG ausschließen würde. Der EuGH ist hier großzügiger, labelling approach (EuGH C-362/88, GRUR Int 1990, 955 (956); kritisch dazu Assaf GRUR Int 2015, 426 (429)).

IV. Öffentliche Ordnung (Nr. 5)

607 § 8 Abs. 2 Nr. 5 schließt Marken von der Eintragung aus, die gegen die öffentliche Ordnung oder die guten Sitten verstoßen, wobei allgemeine Gesetzesverstöße unter die Nr. 9 fallen (→ Rn. 612) und bösgläubiges Handeln des Anmelders unter die Nr. 10 (→ Rn. 759 ff.). Das ungetreue Vorgehen eines Handelsvertreters regelt § 42 Abs. 2 Nr. 3. Zu telle-quelle-Marken → MarkenR Einleitung Rn. 237.

607.1 § 8 Abs. 2 Nr. 5 MarkenG entspricht § 3 Abs. 1 Nr. 3 DesignG.

1. Allgemeines

608 Ziel des § 8 Abs. 2 Nr. 5 ist es nicht, nur Begriffe oder Zeichen zurückzuweisen, die nicht benutzt werden dürfen. Anders als das UWG erfasst dieses Eintragungshindernis nicht nur Marktverhalten mit seinen Auswirkungen (Henning-Bodewig WRP 2016/7 Editorial).

609 Es kommt auch nicht darauf an, dem Eindruck entgegenzuwirken, dass der Staat aktiv und formell Begriffen, die gegen die öffentliche Ordnung oder die guten Sitten verstoßen, registerrechtlichen Markenschutz verleiht. Das Schutzhindernis gilt daher gleichermaßen für Marken, deren Schutz durch Eintragung oder durch **Verkehrsgeltung** begründet werden soll (BGH BeckRS 2013, 06126 Rn. 8 – Ready to fuck; anders HABM Große BK Entsch. v. 6.7.2006 – R495/2005-G Rn. 13 – screw you; → UMV Art. 7 Rn. 135 ff.).

609.1 Die im öffentlichen Interesse bestehenden Schutzhindernisse nach § 8 Abs. 2 Nr. 4–10 können Verkehrsdurchsetzung (§ 8 Abs. 3) nicht überwinden (→ Rn. 862). Sie sind deshalb auch auf Marken Kraft Verkehrsgeltung entsprechend anzuwenden (BGH BeckRS 2013, 06126 – Ready to fuck; Ingerl/Rohnke § 4 Rn. 9; Fezer § 4 Rn. 101). Auch § 37 Abs. 2 greift nur bei einem sonstigen Wegfall des Schutzhindernisses.

610 Markenschutz darf gegen die öffentliche Ordnung verstoßende Zeichen weder banalisieren, noch ihnen eine Bühne geben, sie gebräuchlich machen, also perpetuieren und das Publikum daran gewöhnen, zumal der Einzelne im Bereich der Werbung oft nicht ausweichen kann. Werbung darf aber störend sein (→ Rn. 621; BPatG BeckRS 2011, 05951 – Arschlecken 24; BeckRS 2013, 02303 – headfuck; HABM BK v. 1.9.2011 – R 168/2011-1 – fucking freezing; zitiert bei Bender MarkenR 2012, 41 Fn. 69).

610.1 Verbraucher können der Werbung oft nicht ausweichen (→ Rn. 656); der Supreme Court der USA spricht deshalb von „captive audience" (zB in Frisby v. Schultz 487 U.S. 474; Cohen v. California, 403 U.S. 15, 21 (1971); Erznoznik v. City of Jacksonville, 422 U.S. 205, 209-10 (1975); Fikentscher NJW 1998, 1337). Bugdahl (MarkenR 2015, 350; 2011, 199; Bugdahl/Piratzka MarkenR 2000, 246 (249)) zitiert dazu Ringelnatz, den Reklame ins Auge gezwickt und ins Gedächtnis gebissen hat. Das kompensiert auch ein (unterstellter) kritischer Umgang mit Werbung nicht. Die Eigendynamik von Bewusstseinsinhalten führt nämlich dazu, dass diese unbewusst weiterwirken und sich dabei der Kontrolle der Vernunft entziehen (Szlezák, Was Europa den Griechen verdankt, 2010, 249 f.).

611 Auch in der Marke zum Ausdruck kommende **Ablehnungen** können diskriminierend wirken (→ Rn. 622), politisch (→ Rn. 624) bzw. religiös (→ Rn. 629) unkorrekt sein und Personen (→ Rn. 642) herabwürdigen; dies kann zB die Anlehnung an ein Verbotszeichen sein (BPatG BeckRS 2014, 01384 – durchgestrichene Moschee). Die **Parodie einer anderen Marke** kann unter dieses Schutzhindernis nur fallen, wenn der Inhalt der parodierenden Marke für sich genommen gegen die öffentliche Ordnung verstößt. Abkürzungen sind wie die ursprüngliche Bezeichnung zu behandeln.

611.1 Die Bezugnahme auf die parodierte Marke kann deren Inhaber nur über § 9 Abs. 1 Nr. 1–3 verhindern (Gietzelt/Grabrucker MarkenR 2015, 333 (334) sub II.1) oder über § 8 Abs. 2 Nr. 10 (→ Rn. 801).

Die Abkürzungen „FCK CPS" und „ACAB" sind wie „fuck Cops" bzw. „all cops are bastards" zu behandeln (BVerfG NJW 2015, 2022; NJW 2016, 2643).

611.2

2. Öffentliche Ordnung und gute Sitten

Der Begriff „öffentliche Ordnung" (→ Rn. 10), wie „gute Sitten" ein unbestimmter Rechtsbegriff, umfasst nicht alle nationalen gesetzlichen Regelungen (Jankowski S. 231 f.). Andernfalls wäre § 8 Abs. 2 Nr. 9 überflüssig. Außerdem würde die Prüfung aller Gesetze den Rahmen des Eintragungsverfahrens sprengen.

612

Zur öffentlichen Ordnung gehören die Grundrechte, die freiheitliche und demokratische Grundordnung (BPatG BeckRS 2009, 25173 – Tasse mit Gelddarstellungen) sowie andere Prinzipien, die zwar Verfassungsrang haben (Fezer Rn. 585), aber mangels sonstiger Kodifizierung nicht unter Nr. 9 fallen; zu Grundrechtscharta, EMRK → MarkenR Einleitung Rn. 162.

612.1

Zum UWG entwickelte Grundsätze sind hier nur bedingt heranzuziehen. Nr. 5 soll Verstöße gegen die öffentliche Ordnung verhindern, während das UWG vorrangig dem Schutz der Mitbewerber dient. Dies gilt auch für Regelungen wie Art. 87f Abs. 2 S. 1 GG iVm Art. 143 Abs. 2 S. 1 GG, die den Wettbewerb im Bereich ehemals staatlicher Monopole betreffen. Der Begriff „öffentliche Ordnung" entspricht nicht dem „ordre public" aus dem internationalen Privatrecht (BGH GRUR 1987, 525 – Litaflex) und nicht der öffentlichen Ordnung aus dem Polizeirecht. Es muss also unberücksichtigt bleiben, wie das Publikum reagiert; ausschlaggebend ist, wie es empfindet. Die Reaktion der Betroffenen kann in die Bewertung einfließen. Sie muss sich dazu aber nicht handgreiflich manifestieren. Sonst würden als besonders friedfertig geltende Gruppen keinen Schutz erfahren. Andererseits dürfen einzelne Gruppen nicht autonom festlegen, wie rasch sie sich verletzt fühlen (Isensee AfP 2013, 189 (196); Cornils AfP 2013, 199 (207)).

613

Urheberrechte geben dem Urheber nur über § 13 Rechte; ebenso gehört **Gemeinfreiheit** nicht zur öffentlichen Ordnung. Auch der Schutz von **Kulturgut** gehört nicht hierher, zumal Marken nicht den Zugang zu Kunstwerken, sondern nur produktbezogene Verwendungen beeinträchtigen können (→ Rn. 323, → Rn. 840).

614

Der 25. Senat des BPatG nimmt zwar für die Namen der berühmten Schöpfer von bedeutendem Kunst- und Kulturgut im Lichte des Allgemeininteresses an der Bewahrung vor ungerechtfertigten Monopole fehlende Unterscheidungskraft an, stützt die Schutzversagung aber nicht (auch) auf § 8 Abs. 2 Nr. 5 (BPatG BeckRS 2014, 03245 – Richard Wagner – Barren, BeckRS 2014, 04237 – Gustav Mahler-Röslein, BeckRS 2014, 04238 – Gustav Mahler-Röschen; die zugelassenen Rechtsbeschwerden wurden nicht eingelegt).

614.1

Der Verstoß gegen die öffentliche Ordnung bzw. die guten Sitten ist durch Auslegen der **unbestimmten Rechtsbegriffe** festzustellen. Dabei besteht kein Ermessensspielraum mit eingeschränkter Überprüfung, aber ein **Beurteilungsspielraum,** da unterschiedliche Wertungen möglich sind.

615

Marken verstoßen gegen die guten Sitten, wenn sie geeignet sind, das Empfinden eines beachtlichen Teils des Publikums (→ Rn. 656) zu verletzen, indem sie sittlich, politisch und/oder religiös anstößig wirken oder eine grobe Geschmacksverletzung enthalten (kritisch dazu Sosnitza § 8 Rn. 34).

616

Daran ändert die Meinungsfreiheit nichts, weil Marken kein Schutz nach Art. 5 Abs. 1 GG und Art. 10 EMRK zukommt (BGH NJW 1995, 2488 – ölverschmutzte Ente). Daher ist im Markenrecht nicht zu fragen, wie weit Satire gehen darf, zumal selbst deren Grenzen dort enden, wo sie nicht mehr den Finger in eine Wunde legt, sondern lediglich verhöhnt.

616.1

Die oft betonte fortschreitende **Liberalisierung** der Anschauungen über Sitte und Moral betrifft jedenfalls nicht diffamierende und rassistische oder sonst die Menschenwürde beeinträchtigende Aussagen (BPatG BeckRS 2011, 13266 – Schenkelspreizer; GRUR-RR 2011, 311 – rcqt; VerfGH Sachsen Beschl. v. 25.02.2014 – Vf. 62-I-12; BGH NJW 2010, 3362, 1295; OLG Dresden BeckRS 2008, 05676, jeweils zu Runen (Thor Steinar); BGH NJW 2009, 928 – Keltenkreuz; vgl. Stegbauer NStZ 2010, 129; Mettler IMR 2012, 414; Sack WRP 1985, 1; Baudenbacher GRUR 1981, 19).

617

MarkenG § 8 Teil 2 Voraussetzungen, Inhalt und Schranken etc.

617.1　Selbst das mehr am Markt ausgerichtete UWG enthält mit der Generalklausel des § 3 UWG einen Hinweis auf die Menschenrechte (Henning-Bodewig WRP 2016/7 Editorial).

618　Soweit aber eine Liberalisierung der Anschauungen des angesprochenen Publikums eine Verwendung vulgärer, obszöner oder beleidigender Worte allgemein erlaubt, muss dem Rechnung getragen werden. Eine noch nicht eingetretene, sondern sich nur in Ansätzen abzeichnende Liberalisierung oder Banalisierung ist jedoch nicht vorwegzunehmen (BGH BeckRS 2013, 06126 – Ready to fuck).

619　Die Verwendung von Vulgärsprache in vielen Bereichen (Medien, Kunst etc) hat nicht immer mit „Liberalisierung" zu tun. Meist wirkt eine derartige Ausdrucksweise auch dort – wie anstrebt – provozierend (BPatG BeckRS 2013, 02303 – headfuck; BeckRS 2011, 28145 – Ready to Faak; Isensee AfP 2013, 189 (192) spricht vom Überbietungswettbewerb in Tabubrüchen).

619.1　Ein altbekanntes Mittel dafür, Aufmerksamkeit zu erregen, ist der Einsatz von Anstößigem in allen Formen, denn für das Wahrnehmen ist der Aktivierungsgrad ausschlaggebend. Er ist beim Verbraucher niedrig, solange die Marke nicht besondere Reize auslöst (zur Aufmerksamkeitsknappheit Becker ZUM 2013, 829). Marken, die Empörung, erotische Vorstellungsbilder hervorrufen oder Tabus berühren, sind ebenso aktivierend wie kognitive Konflikte, Maria und Joseph in Jeans, „Goliath" für einen Kleinwagen oder eine Nonne mit VISA-Card (BPatG BeckRS 2014, 10750 – bunte Zebras; Albrecht, FS Mai, 2005, 52); zu religiösen Bezügen → Rn. 633; vgl. auch Bugdahl MarkenR 2015, 350).

620　Historische Bezüge oder eine langjährige unbeanstandete Benutzung – auch im Ausland (BPatG Mitt 1988, 75 – Espirito Santo) – sind Indizien für eine tolerante Auffassung des Publikums. Das kann auch die Verwendung entsprechender Begriffe in einer Branche betreffen, wie zB religiöse Begriffe bei Wein und Arzneien (→ Rn. 629, → Rn. 635, → Rn. 650).

621　Schockierendes oder Probleme Aufzeigendes gilt – obwohl das angesprochene Publikum oft nicht ausweichen kann (→ Rn. 610), nicht als ärgerniserregend; für Angst Machendes vgl. Schnorbus GRUR 1994, 15. Werbung hat schließlich immer einen aufmerksamkeitserregenden und oft sogar einen belästigenden Charakter; Becker (ZUM 2013, 829) spricht von Aufmerksamkeitsräubern. Sittenwidrig ist aber nicht schon, das subjektive Wohlempfinden zu beeinträchtigen (BPatG GRUR 2013, 76 – Massaker; Albrecht, FS Mai, 2005, 55).

622　**a) Diskriminierung.** Marken dürfen Menschen(gruppen) nicht wegen ihres Geschlechts, ihrer Abstammung, ihrer Rasse (→ Rn. 617), ihrer Sprache, ihrer körperlichen oder psychischen Verfassung, ihrer Heimat und Herkunft, ihres Glaubens sowie ihrer religiösen oder politischen Anschauungen diskriminieren (zur Werbung Fezer JZ 1998, 265). Die Bekämpfung jeder Form von Diskriminierung ist ein grundlegender Wert auch der EU (Bender MarkenR 2012, 41 (49)).

622.1　Derzeit noch umstritten ist, ob „Zigeuner" diskriminierend ist; BPatG BeckRS 2011, 06344 – Gypsy Mania zeigt eine Reihe fachlich neutraler Begriffe. Ähnlich wird „Eskimo" diskutiert. Den oft zu sehenden Ersatz von „Zigeuner" durch „Sinti und Roma" sehen die betroffenen Volksgruppen als eine dem historischen Prozess nicht entsprechende Gleichsetzung. Die Sinti Allianz Deutschland wehrt sich dementsprechend gegen die Vereinnahmung durch den „Zentralrat Deutscher Sinti und Roma e.V.". Zu dem Begriff „Zigeuner" in der deutschen Rechtsgeschichte s. Mosbacher NJW 2016, 30. In den USA zeigt der Streit um die Namen eines Football-Teams, dass „Redskin" dort Ausdrücken wie „Nigger" gleichsteht.

622.2　Der EuGH (C-201/13, BeckEuRS 2014, 40062 – de wilde Weldoener) hat zur Parodie im Sinne der Urheberrechtsrichtlinie eine Diskriminierung wegen Rasse, ethnischer Herkunft und Hautfarbe als europarechtlich verboten bezeichnet.

623　Marken, die Personen diskriminieren, als verfügbare Sexualobjekte darstellen oder als Opfer zeigen, können **unabhängig von der Einwilligung erkennbarer Personen** keinen Markenschutz erfahren.

623.1　BGH GRUR 1995, 592 (595) – Busengrapscher; DPMA Mitt 1985, 215 – Schlüpferstürmer; BPatG BeckRS 2010, 24870 – gefesselte Frau; BeckRS 2011, 13266 – Schenkelspreizer; Ausgangspunkt muss – wie für nahezu alle Betrachtungen zur Menschenwürde – Kants kategorischer Imperativ (Zweck/Mittel) sein: „Handle so, dass du die Menschheit sowohl in deiner Person, als in der Person eines jeden anderen

Absolute Schutzhindernisse § 8 MarkenG

jederzeit zugleich als Zweck, niemals bloß als Mittel brauchst." Auch derjenige, der solche Marken ansieht und sich dabei amüsiert oder auch nur sensationsgierig reagiert, gebraucht Menschen bzw. deren Schicksal und entwürdigt sie damit. Das Gebrauchen einer Person als Mittel bedeutet nämlich nicht unbedingt etwas, was direkte Auswirkungen auf diese Person hat, sie verletzt. Selbst die Einwilligung einer dargestellten Person ändert nichts an der Bewertung solcher Bilder. Die Entwürdigung liegt nämlich darin, dass es ein Mensch ist, der da vorgeführt wird. Der Zürcher Ethiker Peter Schaber schreibt: Die eigene Würde entspricht der des anderen und deshalb kann der Einzelne auf seine eigene Würde nicht verzichten, sie nicht zur Disposition stellen. Sie ist unveräußerlich (Erlinger, SZ-Magazin 2012/35 v. 31.8.2012, Die Gewissensfrage).

b) Politisch Unkorrektes. § 90a StGB, der die Verunglimpfung von Hoheitszeichen **624** betrifft, verhindert den Markenschutz zwar im Rahmen der Nr. 6 nicht, weil einer erkennbaren Verunglimpfung der hoheitliche Charakter fehlt (→ Rn. 686), aber über Nr. 9 (→ Rn. 745) und eventuell über Nr. 5 (BPatG BeckRS 2003, 14067 – Polizei-Teddy; → Rn. 653).

Bei Symbolen verbotener Parteien und verfassungswidriger Organisationen (vgl. §§ 84 ff. **625** StGB) greift vorrangig § 8 Abs. 2 Nr. 9 (→ Rn. 729). Anmeldungen von Marken mit verfassungswidrigem Inhalt fallen hingegen (auch) unter die Nr. 5 (Ingerl/Rohnke Rn. 308).

Symbole untergegangener Diktaturen oder verbrecherischer Organisationen verletzen als Marken **625.1** unter Umständen die Opfer und deren Nachkommen (BPatG GRUR 2009, 68 (70 f.) – DDR-Sicherheitskräfte; vgl. auch EuG T-232/10, GRUR Int 2012, 364 = BeckEuRS 2010, 519812 zum Sowjetwappen). Dies betrifft jedoch nur Zeichen, die mit Handlungen, die ein System zu einem Unrechtssystem gemacht haben, in einer konkreten Beziehung stehen und standen; dagegen genügt es nicht, dass ein Zeichen (ausschließlich) in einem Unrechtsstaat verwendet wurde (BPatG BeckRS 2012, 22054 – Ampelmännchen).

Auch die Bezeichnung von historischen Ereignissen, die (Anlass zu) Gräueltaten oÄ waren **626** oder zur Nachahmung anregen, und Namen oder Bilder von dabei zum Einsatz kommenden Gegenständen bzw. daran beteiligten Personen sind nach Nr. 5 vom Markenschutz auszuschließen (BPatG GRUR-RR 2011, 311 – rcqt; HABM 2. BK Entsch. v. 29.9.2004 – R 176/2004-2 – Bin Ladin). Das betrifft alle Umstände solcher Ereignisse, wie die Flugnummern MH.17 und MH.370 oder die öffentliche Redaktion (Je suis Charlie; s. hierzu Lorenz lto.de vom 13.1.2015).

Die Abkürzung „rcqt" steht für „Reconquista". Wohl weil es dabei um den Kampf zwischen Parteien **626.1** ging, die unterschiedliche Religionen hatten, steht RCQT im heutigen Sprachgebrauch bestimmter Kreise für islamfeindliche Botschaften.

Was eine Unterstützung oder Verherrlichung terroristischer Gruppierung und Einzelpersonen ist, ist an der Liste des Gemeinsamen Standpunkts des Rates der EU zur Terrorismusbekämpfung zu messen. **627**

Die Verwendung eines Motivs historischer Verbrecher (Wilderer, Piraten, Freibeuter etc) **628** als Marke verstößt nicht gegen die öffentliche Ordnung. Sie stehen in aller Regel nicht auf einer Stufe mit den Namen oder Bildern von Verbrechern, deren Verwendung als Marken politisch anstößig wäre oder bei den Opfern und deren Angehörigen (heute noch) Empörung hervorrufen müsste (BPatG BeckRS 2012, 20932 – Wildschütz Jennerwein).

c) Religiöse Zeichen. Die Verwendung religiöser Begriffe für Waren und Dienstleistun- **629** gen gilt erheblichen Teilen der Bevölkerung als anstößig (BPatG GRUR 1994, 377 – Messias; BeckRS 2009, 14629 – Dalailama). Über § 8 Abs. 2 Nr. 5 finden die Wertungen des Art. 4 GG bei der Beurteilung der Eintragungsfähigkeit von Marken Anwendung. Dabei muss aber berücksichtigt werden, wenn religiöse Symbole und Namen bereits intensiv (auch durch Kirchen und religiöse Einrichtungen) vermarktet werden und das angesprochene Publikum daran gewöhnt ist (Bugdahl MarkenR 2001, 289 (293); Dönch GRUR-Prax 2012, 457). Auch beinhalten Vornamen, wie Jesus, Martin Luther etc., und Künstler- oder Nachnamen (Madonna) religiöse Begriffe, so dass sie nur durch das Hinzufügen einer Graphik oder weiterer Bestandteile (St. Hildegard, Jesus Christus) anstößig werden können (→ Rn. 635). Nur eine herabwürdigende Verwendung religiöser Begriffe fällt unter das Schutzhindernis der Nr. 5. Aus der Religion stammende Begriffe (Himmel, Hölle, Gott, Heilig) und Namen sind in positiven wie negativen Zusammenhängen allgegenwärtig ohne Anstoß zu erregen (BPatG BeckRS 2014, 12867 – Gottesrache).

630 Die Tolerierung, Achtung und staatliche Förderung aller Religionen ist eine Grundvoraussetzung für das gedeihliche Zusammenleben in einer pluralistischen Gesellschaft (BVerfG NJW 2015, 1359 – Kopftuch; Traub NJW 2015, 1338 (1340)). Sie gehören zu deren tragenden, unabdingbaren Grundsätzen. Das enthält, ebenso wie § 166 StGB, die staatliche Verpflichtung, praktizierende Gläubige, gleich welcher Glaubensrichtung, vor das religiöse Empfinden beeinträchtigenden Markenregistrierungen auch dann zu schützen, wenn sie keine Mehrheit innerhalb des maßgeblichen Verbraucherkreises repräsentieren (BPatG GRUR-RR 2012, 8 – Dakini; BeckRS 2007, 11446 – Budha; Mitt 1968, 192 – mosaic; BlPMZ 1987, 133 – Coran; BeckRS 2008, 16106 – Pontifex; GRUR 1994, 377 – Messias; Ingerl/Rohnke Rn. 306). Der säkulare Rechtsstaat kennt jedoch kein Blasphemieverbot, auch wenn § 166 StGB manchen als solches gilt. Schutzgut ist aber nicht die Ehre Gottes sondern der öffentliche Friede und die Pflege der gegenseitigen Toleranz.

631 Es muss verhindert werden, dass die Verbraucher bei sakralen Handlungen und heiligen Begriffen (die Gefühle wecken können, welche den Glauben festigen) an Produkte denken. Fundamente einer Religion dürfen weder trivialisiert noch verspottet werden (BPatG BeckRS 2008, 26595 – urbi et orbi; anders BeckRS 2014, 17283 – agnus dei spezial; für Kunstwerke und unerwünschte Assoziationen vgl. Jankowski S. 85; Sahr GRUR 2008, 461 (469); Wandtke/Bullinger GRUR 1997, 573 f.; Assaf GRUR Int 2015, 431).

632 Dies gilt auch für religionskritische Zeichen, die als Kunst oder Meinung (Isensee AfP 2013, 189 (192)) durchaus geschützt sein können, zumal die Grundsätze, die für den Schutz staatlicher Symbole gelten (§ 145 MarkenG, § 90a StGB; → Rn. 665 ff., → Rn. 686, → Rn. 710 ff.; BVerfG NJW 1990, 1982) hier jedenfalls ansatzweise herangezogen werden müssen. Das BVerwG spricht auch Vereinigungen mit ideeller Zielsetzung Ehrenschutz zu (BVerwG NJW 1989, 2272 – TM).

633 Religiöse Symbolik und Sprache sind so bedeutungsvoll und allgemein verständlich, dass sie auch im trivialen Bereich der Konsumgüter funktionieren. „Jakobs Linsengericht" verspricht auch bei Büchsengerichten Qualität. Wer also nach starken Wörtern und Bildern mit Werbe- und Wiedererkennungseffekt sucht, findet sie besonders leicht in religiösen Traditionen. Religiöse Symbole sind besonders „sinn-trächtig". Der Schöpfer der Kern-Werbung bestätigt dies, wenn er auf die Kritik daran entgegnet, er sei auf Spuren gewandert und in Hirnfurchen eingedrungen, die im kollektiven Bildergedächtnis fest verankert seien (Schulz, Glaube, Hoffnung, Werbung, BR B2, 22.6.1997, Evangelische Perspektiven; Albrecht, FS Mai, 2005, 52 f.). Dagegen geht es nicht darum, dass Gott nicht beleidigt werden darf. Er wird von menschlichem Tun nicht betroffen (Cornils AfP 2013, 199). Der Begriff „ärgerniserregend" zeigt, dass die Reaktion der Betroffenen in die Bewertung einfließt. Während Katholiken auf eine Verunglimpfung des Papstes eher gelassen reagieren, erfahren Showmaster, die einen Ayatollah in Damenunterwäsche wühlen lassen, Morddrohungen. Werbung ist aber nicht nur dann ärgerniserregend, wenn zu befürchten ist, dass die Betroffenen gewalttätig werden. Sonst würden die als besonders friedfertig geltenden Buddhisten gar keinen Schutz erfahren. Um eine Buddha-Statue in Go-Karts flitzende kahlköpfige Mönche blieben rechtlich ungeschoren.

634 Untergegangene religiöse Vorstellungen, wie etwa der griechisch-römische oder germanische Götterglaube, stehen Markenschutz (zB für Freya-Lingerie, Apollo-Optik, Penaten-Creme; Aurora, Apollinaris, Merkur, Nike) nicht entgegen (Bugdahl MarkenR 2001, 289 (294)); Ásatrú-Gemeinden sind bislang lediglich in Island als „neuheidnische" Religion anerkannt. Der Missbrauch historischer Begriffe durch Rassisten und ähnliche Gruppen kann allerdings dazu führen, dass eine diffamierende und rassistische oder sonst die Menschenwürde beeinträchtigende Aussage vorliegt (→ Rn. 617).

634.1 Zwar hat das EuG (T-50/13, BeckRS 2014, 82384 Rn. 25 ff.) Voodoo als Religion bezeichnet, aber unter dem Gesichtspunkt des § 8 Abs. 2 Nr. 5 fand dies bislang keine Berücksichtigung (s. BGH GRUR 2013, 925 Rn. 47 – Voodoo).

634.2 Hermes und Mars gehen allerdings auf die Firmengründer Thierry Hermès und Frank Mars zurück (Bugdahl MarkenR 2001, 289 (294)).

635 **Heiligenkult** ist Ausdruck einer religiösen Haltung, was Markenschutz verhindern kann. Die wertneutrale Benennung Heiliger ist dagegen unbedenklich (→ Rn. 620; BPatG

GRUR-RR 2012, 8 – Dakini für erotische Massagen; GRUR-Prax 2012, 457 – St. Hildegard-Karikatur für Brot; Sosnitza § 8 Rn. 34; BPatG GRUR 1975, 75 – Marie Celeste für Likör).

Sakralbauten haben oft auch kunst- und kulturhistorische Bedeutung und sind deshalb **636** Sehenswürdigkeiten, die intensiv vermarktet werden sowie als „Namensgeber" für Restaurants, Hotels etc. in ihrer Umgebung dienen. Dies spricht dagegen, dass eine markenrechtliche Monopolisierung ihres Namens oder einer Abbildung für alle Waren und Dienstleistungen in relevantem Umfang (→ Rn. 650) als religiös anstößig empfunden wird (BPatG BeckRS 2012, 06390 Rn. 29 – Koutoubia; BeckRS 2012, 17027 – Domfront), zumal ihr Bauunterhalt eine Vermarktung geradezu erfordert (BGH GRUR 2012, 534 Rn. 29 – Landgut Borsig; BPatG BeckRS 2012, 17027 – Domfront).

d) Grobe Geschmacklosigkeit. Hier müssen die Grenzen des Anstands in unerträgli- **637** cher Weise überschritten sein (BPatG Mitt 1983, 156 – Schoasdreiber), um Markenschutz zu verhindern. Das sind obszöne Wörter und Bilder, grob sexuelle Motive, Verletzung des Schamgefühls etc., wobei die Waren bzw. Dienstleistungen sowie die angesprochenen Verbraucher (Erwachsene oder Jugendliche, Kinder → Rn. 652, → Rn. 562) manchmal mehr und manchmal weniger (Kondome oder Kinderspielzeug) Spielraum geben (BPatG BeckRS 2011, 28558 – Flaschenform Sperma; BeckRS 2011, 25440 – Schlumpfwichse; GRUR 2004, 160 f. – Vibratoren, zu § 7 Abs. 2 GeschmMG aF).

Bei der Beurteilung, ob Kinder und Jugendliche angesprochen werden, kommt es auf den Gesamt- **637.1** eindruck an. Während die Anrede mit Du das alleine nicht erkennen lässt, können Begrifflichkeiten und bei Kindern und Jugendlichen gebräuchliche Formulierungen Indizien dafür sein (BGH GRUR-Prax 2014, 59 sowie GRUR 2014, 1211 – Runes of Magic I und II; kritisch dazu Krüger/Apel K& R 2014, 196; vgl. dazu auch Jahn/Palzer GRUR 2014, 332). Auch Abbildungen können zeigen, dass Kinder und Jugendlich angesprochen sein sollen (BGH GRUR 2009, 71 – Sammelaktion für Schokoriegel; Gerecke NJW 2015, 3185 (3187)).

Keinen Markenschutz erhalten Ausdrücke, die eine Sexualpraktik beschreiben, deren **638** Erwähnung das Sittlichkeitsgefühl eines erheblichen, zu respektierenden Personenkreises verletzt., zumal wenn dies durch vulgäre Ausdrücke geschieht (BPatG BeckRS 2013, 02303 – headfuck; Beschl. v. 3.12.2015 – 28 W (pat) 125/12 – headfuck statement fashion; BeckRS 2011, 05951 – Arschlecken24). Zwar sind zahlreiche Verwendungen entsprechender Ausdrücke in literarischen oder filmischen Zusammenhängen festzustellen (vgl. Hildebrandt, Marken und andere Kennzeichen, Rn. 204 zu „ficken" in der „Weltliteratur"). Dies zeigt aber keine Abnutzung, die dazu führen könnte, dass es kaum noch als anstößig empfunden wird. Vielmehr soll der Einsatz dort bewusst provozieren, was Anstoßnahme einkalkuliert (→ Rn. 619).

Nicht jeder sexuelle Bezug verletzt das sittliche Empfinden eines maßgeblichen Kreises. Als porno- **638.1** graphisch iSd § 184 StGB ist anzusehen, was unter Ausklammerung aller sonstigen menschlichen Bezüge sexuelle Vorgänge in grob aufdringlicher, aufreißerischer Weise in den Vordergrund rückt und/oder überwiegend auf die Erregung sexueller Reize bzw. lüsterne Interessen abzielt (BGH NJW 1990, 3026; BPatG GRUR 2004, 160 – schlangenförmiger Vibrator zu § 7 Abs. 2 GeschmMG; KG GRUR-RR 2011, 456 unter B.1.c.aa).

Dem englischen „fuck" steht der deutsche Ausdruck „ficken" nicht ohne weiteres und **639** voll umfänglich gleich, da letzterer sprachlich vielseitig ist und einen Wandel durchlaufen hat (vgl. BPatG BeckRS 2009, 02893 – Ficke; BeckRS 2011, 21631 – Ficken; Holzbach GRUR-Prax 2013, 535). Auch gibt es im Inland eine nicht unbedeutende Anzahl von Trägern entsprechender Nachnamen. „Poppen" steht „fuck" nicht gleich (LG Hamburg BeckRS 2015, 19278).

Das EuG (T-54/13, GRUR-Prax 2013, 535 und ebenso T-52/13, BeckRS 2013, 82162) hat maß- **639.1** geblich auf den deutschsprachigen Durchschnittsverbrauchern abgestellt und das Wort „ficken" als vulgäre Ausdrucksweise bewertet. Ein Wort müsse nicht diskriminierend, beleidigend oder herabsetzend sein, damit ein Teil der maßgeblichen Verkehrskreise Anstoß daran nehme. Ein Wort, das sich in einer derben Ausdrucksweise eindeutig auf die Sexualität beziehe und als vulgär eingestuft werde, wirke auf die Verbraucher anstößig, obszön und abstoßend. Das Wort sei aus sich heraus geeignet, bei jeder normalen Person, die es höre oder lese und seine Bedeutung verstehe, Anstoß zu erregen. Der bewusst

MarkenG § 8   Teil 2 Voraussetzungen, Inhalt und Schranken etc.

hergestellte Zusammenhang zwischen Alkohol und Geschlechtsverkehr erwecke der Eindruck, das Getränk sei einer sexuellen Beziehung förderlich, was eine gerade für Jugendliche, aber auch allgemein gefährliche Assoziation sei. Die maßgeblichen Verkehrskreise verstünden das Wort in seiner primären Bedeutung; daher sei es unerheblich, dass dieses Wort weitere Bedeutungen haben oder auch ein Familienname sein könne.

640   Derbe und geschmacklose Ausdrücke können noch eintragungsfähig sein, da eine **ästhetische Prüfung** auf Anforderungen des guten Geschmacks nicht Gegenstand des markenrechtlichen Eintragungsverfahrens ist (BPatG BeckRS 2012, 00692 – Ficken Liquors; BeckRS 2011, 21631 – Ficken; aA BPatG BeckRS 2015, 10473 – Scheiss drauf, zugelassene Rechtsbeschwerde nicht eingelegt). Dem Markenschutz dürfte aber meist § 8 Abs. 2 Nr. 1 oder 2 entgegenstehen. Vulgäre Begriffe sind – etwa in der Jugendsprache – durchaus alltäglich und zeigen dabei oft, wie „fuck", nur Unwillen oder eine negative oder positive Bekräftigung. Das kann ein solches Ausmaß annehmen, dass darin nur noch ein umgangssprachlicher Kraftausdruck ohne Bezug zu einem pornographischen Ursprung gesehen wird (BPatG BeckRS 2013, 02514 – abgefuckt; BeckRS 2013, 07970 – Fucking Hell; die im Hinblick auf aA BPatG BeckRS 2014, 06592 – Fucking Hell zugelassene Rechtbeschwerde wurde nicht eingelegt; HABM BeckRS 2015, 09781 – Die Wanderhure; anders BPatG BeckRS 2015, 10473 – Scheiss drauf (zugelassene Rechtsbeschwerde nicht eingelegt).

641   Bezeichnen Wörter im übertragenen Sinn etwas unverfängliches, wie „headfuck" eine Verstandes- oder Sinnestäuschung (BPatG BeckRS 2013, 02303 – headfuck; BeckRS 2016, 01738 – headfuck statement fashion) oder „Fuck no hand" eine Sportübung für Biker, bewirkt dies nur dann zur Eintragungsfähigkeit, wenn dies die obszöne Bedeutung überlagert oder wenn eine „Abnutzung" eingetreten ist, die dazu führt, dass das Wort kaum noch als anstößig empfunden wird (BPatG BeckRS 2013, 02514 – abgefuckt). Gegen eine solche Überlagerung spricht es aber, wenn grafische Elemente oder die beanspruchten Waren eine obszöne Bedeutung nahelegen.

641.1   Beschränkungen des Warenverzeichnis durch einen Disclaimer, wie „ausgenommen Waren mit pornographischem oder sittlich anstößigem Inhalt", enthalten keine objektiven Kriterien, auch die Einschränkung eines Warenverzeichnisses durch die Formulierungen „insbesondere Textilien mit politik-, gesellschafts-, sozialkritischen Motiven oder satirischem Bezug" ist nicht geeignet, die sittliche Anstößigkeit des Begriffs entfallen zu lassen. Es geht hier nämlich nicht um eine inhaltsbeschreibende Verwendung, bei der Einschränkungen den beschreibenden Charakter verhindern können (BPatG BeckRS 2016, 01738 – headfuck statement fashion).

642   **e) Persönlichkeitsmerkmale.** Allein die unberechtigte Abbildung oder Benennung eines Menschen in einer Marke führt nur über § 13 zu einem Löschungsanspruch (ebenso Jankowski S. 240 f.; aA Boeckh GRUR 2001, 29 (33)). Ein (offensichtlicher) Verstoß gegen die guten Sitten kommt aber in Betracht, wenn Persönlichkeitsmerkmale in einer Marke oder im Zusammenhang mit den beanspruchten Waren und Dienstleistungen in einem herabwürdigenden Kontext stehen (Götting GRUR 2001, 615; Jankowski S. 229). Zur Bedeutung der Einwilligung → Rn. 623.

643   Der **postmortale Persönlichkeitsschutz** ist eine eng begrenzte Ausnahme von dem Prinzip, dass die Rechtsfähigkeit und das damit verknüpfte Persönlichkeitsrecht mit dem Tod des Rechtsträgers erlöschen (BPatG GRUR 2012, 1148 – Robert Enke; BayVerfGH NVwZ-RR 2013, 1 – Meiserstraße). Bei „Lady Di" manifestierte sich der Verstoß gegen die guten Sitten sowohl im Zeitpunkt der Anmeldung kurz nach dem Ableben als auch in der sofort anschließenden Vermarktung des Formalrechts (BPatG BeckRS 2008, 26492). Postmortale Rechte entfallen entsprechend § 22 KUG zehn Jahre nach dem Tod (BGH BeckRS 2006, 14378 Rn. 16 – kinski.klaus.de mit Darstellung des Meinungsstands).

643.1   Nach Götting, der das Persönlichkeitsrecht als über dem Markenrecht stehend betont, wäre es konsequent, wenigstens nach Ablauf dieser zehn Jahre Gemeinfreiheit anzunehmen, die dem Markenschutz entgegenstehen würde. Götting sieht aber zehn Jahre als eine zu kurze Zeitspanne an, weil die Erinnerung an Personen in unserer heutigen Mediengesellschaft länger anhält; er will deshalb auf die 70 Jahre post mortem des Urheberrechts abstellen (MarkenR 2014, 229 (231 f., 234)). Gemeinfreiheit schließt Markenschutz aber nach der hier vertretenen Ansicht nicht aus (→ Rn. 749; BPatG BeckRS 2011, 14084 – Dürer-Hotel; BeckRS 2013, 14112 – Annette von Droste zu Hülshoff Stiftung).

Absolute Schutzhindernisse § 8 MarkenG

Anerkannt wurde ein Schutzhindernis für Merkmale eines Staatsoberhaupts (RPA JW 1936, 2110 – **643.2**
Prince of Wales); zu dem in der Türkei gesetzlich geschützten Namen Atatürk → Rn. 751.2.

Geht man davon aus, dass der postmortale Schutz mit Ablauf der Zeit abnimmt, muss es sich um **643.3**
ein subjektives Recht handeln, denn die Menschenwürde böte eine Ewigkeitsgarantie (kritisch dazu
Spilker DÖV 2014, 637 f.).

Bei „Lady Di" ist zu fragen, inwieweit von den Betroffenen selbst nie verwendete und sogar abge- **643.4**
lehnte Namen, Karikaturen oder Schimpfwörter, wie „Old Schwurhand" für einen ehemaligen Bundes-
innenminister, unter den Persönlichkeitsschutz fallen. Soweit Bezeichnungen Personen eindeutig erkennen lassen, ist dies wohl zu bejahen.

Für eine Verletzung allgemeiner Persönlichkeitsrechte bedarf es immer eines Bezugs zur **644**
menschlichen Persönlichkeit. Das ist bei abgebildeten **Sachen** (Gebäuden, Tieren etc) nur
gegeben, wenn die Bilder Rückschlüsse auf die Persönlichkeit des Eigentümers/Besitzers
zulassen – also wohl selten bei markenmäßiger Verwendung (BVerfG NJW 2005, 883 zu
Betriebsräumen; OLG Köln GRUR 2003, 1066 – Wayangfiguren; AG Köln BeckRS 2010,
17936 – Bilder des Rinderkalbs Anita).

3. Ernsthaftigkeit

Ein Verstoß gegen die guten Sitten liegt bei erkennbar nicht ernst, sondern witzig gemein- **645**
ten Aussagen oft fern (vgl. OLG Hamburg GRUR 1990, 456 – Opium für Parfüm; BPatG
GRUR 2004, 875 – Kokain-Ball; BeckRS 2009, 19569 – schwarz gebrannt; Beschl. v.
1.7.1998 – 26 W (pat) 112/97 – Cannabis für Raucherbedarfsartikel). Zur Irreführungsgefahr
→ Rn. 572).

Dass ein Ausdruck in anderem Kontext übertragen mit einer unverfänglichen Bedeutung **646**
verwendet wird, führt aber ebenso wie eine ironische Verwendung nicht automatisch zur
Schutzfähigkeit als Marke, wenn dies die eigentliche Bedeutung nicht verdrängt (→ Rn. 641;
BPatG BeckRS 2013, 02303 – headfuck; HABM BK v. 1.9.2011, R 168/2011-1 – fucking
freezing, zitiert bei Bender MarkenR 2012, 41 Fn. 69; BPatG GRUR 2013, 76 – Massaker).

Mehrdeutigkeiten oder witzig anmutende Bezüge, wie bei „Berliner Reichstagsbrand" **647**
im Zusammenhang mit „Spirituosen", erscheinen lediglich sarkastisch (BPatG GRUR 2013,
76 – Massaker; aA BPatG BeckRS 2011, 24050 – Berliner Reichstagsbrand). Wo aber
Menschen zu Opfern werden, erregen auch witzige Aussagen Anstoß (BPatG GRUR 1996,
408 f. – Cosa nostra; Beschl. v. 20.12.1995, 26 W (pat) 42/94 – KGB Kollektive Getränke
Basis).

Auf unterschiedliche Bedeutungsmöglichkeiten eines Begriffs kommt es nicht an, wenn **648**
die isolierte Verwendung des fraglichen Wortes oder eine Kombination mit beliebigen anderen Wörtern zu beurteilen ist (BGH BeckRS 2013, 06126 Rn. 15, 16 – Ready to fuck).

So hat der BGH (BeckRS 2013, 06126) bezüglich der Beurteilung von „Ready to fuck" nicht auf **648.1**
die vielfältigen Bedeutungsmöglichkeiten des englischen Begriffs „fuck" abgestellt, der neben dem
sexualisierten Wortverständnis – zum Teil in Verbindung mit anderen Wörtern – eine kraftvolle, derbe
Verstärkung einer Aussage bewirken kann (→ Rn. 639.1).

4. Waren und Dienstleistungen

Soweit der Anmelder im Waren- und Dienstleistungsverzeichnis Formulierungen verwen- **649**
det, die diskriminierend wirken, dürfte dies in vielen Fällen schon eine unzulässige Beschränkung, etwa zum Verwendungszweck und Kundenkreis, sein (→ § 32 Rn. 47). Sonst muss
Nr. 5 auch hier greifen, wenn sich keine neutrale Formulierung finden lässt.

Die vom Inhalt einer Marke hervorgerufene anstößige Wirkung kann sich auf bestimmte **650**
Produktbereiche beschränken. Religiöse Ausdrücke und Zeichen können für rituell verwen-
dete Waren anders zu beurteilen sein, als für sonstige. In manchen Branchen können sie
sogar üblich geworden sein (→ Rn. 620, → Rn. 629, → Rn. 635). Beim Namen einer
Religionsgemeinschaft fällt seine Kommerzialisierung durch Erteilung einer Marke für einen
Handelsbetrieb oder für eine Bar aber durchaus unter Nr. 5 (BPatG BeckRS 2012, 15413 –
Vineyard).

Auch angesichts des durch Kirchen und Glaubensgemeinschaften geförderten oder jedenfalls tolerier- **650.1**
ten Handels mit Devotionalien ist der Gebrauch religiöser Begriffe für „unverfängliche" Waren und
Dienstleistungen nicht immer anstößig (→ Rn. 636).

MarkenG § 8 Teil 2 Voraussetzungen, Inhalt und Schranken etc.

651 Für Waren, die in Sexshops verkauft werden, wird mehr toleriert als für überall erhältliche Waren (HABM Große BK Entsch. v. 6.7.2006 – R 495/2005-G Rn. 21, 29 – screw you).

652 Bei für **Jugendliche** bestimmten Produkten (Computerspielen) sind strengere Maßstäbe anzulegen (BPatG BeckRS 2008, 16906 – Kill your darling – unter Hinweis auf BVerfG GRUR 2001, 170 (174) – Schockwerbung).

652.1 Dies gilt in besonderem Maße für Waren und Dienstleistungen, wie Spiele und Sport, wo Kinder und Jugendliche einen fairen Wettbewerb einüben sollen. Hier sind Wörter, die zu grobem, brachialem Verhalten animieren können oder auch nur den Eindruck vermitteln, dies sei erwünscht oder jedenfalls möglich, fehl am Platz (BPatG GRUR 2013, 76 – Massaker).

652.2 Ähnlich wie bei der Irreführung (→ Rn. 562.1) ist hier zu berücksichtigen, dass Kinder und Jugendliche mit Sprache anders umgehen als Erwachsene. Ihre Empfindungen, Naivität, Unerfahrenheit und ihr Nachahmungsdrang lassen sie Relativierungen, Ironie oder Überspitzungen oft nicht erkennen. Dem trägt auch § 3 UWG mit Nr. 28 des Anhangs Rechnung.

653 Während auf Spielwaren bei der Verwendung von **Hoheitszeichen** der dekorative Zweck im Vordergrund stehen dürfte (BPatG BeckRS 2003, 14067 – Polizei-Teddy), hat eine Verwendung auf anstößigen Waren einen verunglimpfenden Charakter, so dass Nr. 5 greifen kann (→ Rn. 624).

654 **Mehrdeutige Begriffe** können im Zusammenhang mit verschiedenen Waren und Dienstleistungen unterschiedliche Charaktere haben (BPatG BeckRS 2009, 28910 – Hello Pussy).

5. Maßgebliche Kreise

655 Maßgeblich ist die Auffassung nicht nur der durch die beanspruchten Waren und Dienstleistungen Angesprochenen, sondern aller, die dem Zeichen im Alltag begegnen können. Dabei ist weder eine übertrieben laxe noch eine besonders feinfühlige Ansicht entscheidend. Die hier maßgeblichen Verkehrskreise müssen also nicht identisch sein mit den für Unterscheidungskraft und Freihaltungsbedürfnis maßgebenden (→ Rn. 610.1; BGH GRUR 2013, 79 – Ready to Fuck; BPatG BeckRS 2013, 02303 – headfuck; Mitt 1983, 156 – Schoasdreiber; BeckRS 2009, 14629 – Dalailama; Bender MarkenR 2012, 41 (49) mit Verweis auf EuG T-526/09, GRUR Int 2012, 247 – Paki; Rohnke GRUR 2013, 1073 (1075)).

656 Für die Beurteilung der Verkehrsauffassung kommt es nicht auf eine Mehrheit im rechnerischen Sinn an, sondern darauf, ob ein beachtlicher Teil der Kreise, die dem Zeichen begegnen können, dessen Verwendung als anstößig betrachtet (BGH BeckRS 2013, 06126 – Ready to fuck; GRUR 1964, 136 – Schweizer; BPatG BeckRS 2011, 5951 – Arschlecken24; BeckRS 2013, 02303 – headfuck; BeckRS 2012, 15413 – Vineyard; GRUR-RR 2011, 311 Ls. 4 – rcqt; Ingerl/Rohnke Rn. 278). Wenn viele den (genauen) Sinn anstößiger (fremdsprachiger) Begriffe nicht kennen, kann dies ebenso wenig zum Markenschutz führen wie die Annahme, dass diejenigen, die mit dem Ausdruck vertraut sind, auf Grund „aus dem Rahmen fallender Robustheiten" (BPatG BeckRS 2014, 01384 – durchgestrichene Moschee) keinen Anstoß nehmen. Andernfalls käme man zu dem Ergebnis, dass ein Ausdruck, der so obszön ist, dass ihn kaum jemand kennt, Markenschutz erlangen könnte. Schließlich würde Markenschutz ein weiteres Publikum als bisher mit dem Begriff konfrontieren (→ Rn. 610), auch wenn es nicht an den so bezeichneten Waren und Dienstleistungen interessiert ist (Bender MarkenR 2012, 41 (49); ders. MarkenR 2013, 1 (10) zu Hijoputa/ Hurensohn; EuG T-526/09, GRUR Int 2012, 247 Rn. 18 – Paki; T-266/13, BeckRS 2014, 81980 – Curve (rumänisch für Huren)).

657 Eine eingetragene Marke darf nicht einen fremdsprachlichen Kreis in seiner Muttersprache oder in seiner Schrift beleidigen, diskriminieren etc. Hetzparolen dürfen in keiner **Sprache** Markenschutz erfahren (→ Rn. 49 ff.; zur Täuschungsgefahr → Rn. 535, → Rn. 563). Das hat nichts mit der im Rahmen der Reform verworfenen Berücksichtigung aller Sprachen der Mitgliedsländer zu tun.

657.1 § 15 MarkenV hilft mit seinem Gebot der Transliteration (buchstabengetreue Umschrift), Transkription (lautgetreue Umschrift) und Übersetzung, Fremdes daraufhin zu überprüfen, ob es gegen die öffentliche Ordnung verstößt.

Sollte eine im **Zeitpunkt** der Anmeldung nicht anstößige Marke erst im Lauf der Zeit 658
durch neue Konnotation eine sittenwidrige Bedeutung gewonnen haben, ist dies nicht im
Löschungsverfahren zu berücksichtigen. Auch bei einem lange zurückliegenden Eintragungsverfahren muss das Vorliegen der Schutzhindernisse zum Zeitpunkt der Markenanmeldung
zuverlässig festgestellt werden (BGH GRUR 2014, 565 – smartbook). Der Staat müsste hier
über Verbote reagieren.

6. Kombinationszeichen

Der Verstoß gegen die guten Sitten bzw. die öffentliche Ordnung kann sich aus einzelnen 659
Bestandteilen eines Zeichens ergeben, wenn der Bestandteil darin nicht untergeht oder in
seiner Aussage nicht relativiert (konterkariert, negiert) wird (→ Rn. 51 f.). Das ist noch
nicht der Fall, wenn ein „Ready to Fuck" mittels Durchstreichens und Überschreibens zu
„Ready to Faak" wird (BPatG BeckRS 2011, 28145 – Ready to Faak; BGH BeckRS 2013,
06126 – Ready to fuck).

Zudem nimmt der Verbraucher (ungewollt) immer beides wahr (Bugdahl MarkenR 2013, 268 (272) 659.1
mit Hinweis auf Pöppel, Grenzen des Bewusstseins, Frankfurt/M. 2000, 70, 72; Scheier/Lubberger
MarkenR 2014, 453 II.2.b). Was einmal in die Seele hineingekommen ist, kann man nicht wieder
entfernen wie einen Gegenstand aus einem Behälter, konstatiert schon Platon (Protagoras 314b, Politeia
378 d8).

Gleiches gilt, wenn eine Grafik die obszöne Aussage illustriert (BPatG BeckRS 2013, 660
02303 – headfuck). Der 26. Senat hat sogar eine nachweisbare Verwendung und die dabei
wesensbestimmenden Eigenschaften der Waren (Viskosität und trübe Farbe eines Sahnelikörs)
berücksichtigt (BeckRS 2011, 25440 – Schlumpfwichse).

Mehrdeutige Begriffe, die an sich unverfänglich verstanden werden, können als Wortmarke 661
eintragungsfähig sein; Illustrationen oder Kontext können sie aber auf eine gegen die öffentliche Ordnung verstoßende Bedeutung festlegen (BPatG BeckRS 2013, 17740 – Zur Ritze
bzw. BeckRS 2013, 17739 – Zur Ritze neben der Darstellung gespreizter Beine in Damen-
strümpfen).

7. Farben

Grundsätzlich gelten für Farben hier keine Besonderheiten. Soweit Farben für Länder 662
oder Organisationen stehen, die als Diktaturen oder deren Handlanger Menschen misshandelt
haben, können sie deren Andenken und deren Angehörige verletzen (→ Rn. 625.1).

Gleiches gilt für Farben, die zur Diskriminierung dienen oder gedient haben; das wird 663
aber in der Regel nur farbige Embleme (gelber Judenstern) betreffen.

8. Kollektivmarken

Eine Kollektivmarke kann auch wegen des Inhalts der Satzung oder Spezifikation gegen 664
die öffentliche Ordnung verstoßen (→ § 103 Rn. 1; → UMV Art. 68 Rn. 2).

V. Staatssymbole (Nr. 6)

Die unbefugte Benutzung staatlicher Symbole ahndet § 145 Abs. 1 Nr. 1 als Ordnungswid- 665
rigkeit; vorliegend geht es um die Versagung der Eintragung. Während § 145 einen Vorsatz
verlangt (→ § 145 Rn. 3), sind bei der Prüfung des Schutzhindernisses Motive und Absichten
des Anmelders ohne Belang. Es kommt allein darauf an, ob das angemeldete Zeichen ein
Staatssymbol oder dessen Nachahmung (→ Rn. 682) enthält. Das Schutzhindernis erfasst
auch Benutzungsmarken (→ § 4 Rn. 34; Ingerl/Rohnke § 4 Rn. 9; Fezer § 4 Rn. 99 ff.;
Dück GRUR 2015, 546 (550)).

Der gesetzgeberische Zweck dieser Vorschrift ist es zu verhindern, dass öffentliche Hoheitszeichen 665.1
für geschäftliche Zwecke ausgenutzt oder gar missbraucht sowie nicht Gegenstand von Monopolrechten
einzelner Privater werden (BPatG BeckRS 2013, 11038 – Schweizer Kreuz; GRUR 2005, 679 f. –
Bundesfarben). Voraussetzung für das Vorliegen des Schutzhindernisses ist also, dass das beanspruchte
Zeichen in seiner Gesamtheit als Hoheitszeichen in Erscheinung tritt (BPatG GRUR 2009, 495 f. –
Flaggenball; BeckRS 2014, 22807 – medipresse).

MarkenG § 8 Teil 2 Voraussetzungen, Inhalt und Schranken etc.

666 Die einer Eintragung entgegenstehenden Kennzeichen müssen bereits Staatssymbole sein; werden sie das erst nach der Anmeldung der strittigen Marke, liegt für diese nicht einmal ein Löschungsgrund vor (→ § 50 Rn. 7, → Rn. 679).

1. Allgemeines

667 § 8 Abs. 2 Nr. 6 schützt, entsprechend Art. 7 Abs. 1 Buchst. h UMV iVm Art. 6ter PVÜ (→ Rn. 10) Staatswappen, Staatsflaggen und andere staatliche Hoheitszeichen sowie Wappen inländischer Orte, Gemeinde- und Kommunalverbände vor unbefugter (→ Rn. 689 ff.) Anmeldung als bzw. in einer Marke (EuGH C-202/08 und 208/08, GRUR Int 2010, 45 Rn. 47 – American Clothing Associates) – und zwar auch als Nachahmung iSd Abs. 4 S. 1 (→ Rn. 682 ff.), während im Übrigen eine enge Auslegung geboten ist (BGH GRUR 1993, 47 f. – Shamrock; BPatG GRUR 2009, 495 (497) – Flaggenball; Fezer Rn. 599).

667.1 Nach Art. 6ter Abs. 1 PVÜ sind die Verbandsländer verpflichtet, die Eintragung staatlicher Hoheitszeichen als Marken zurückzuweisen, sofern die zuständigen Stellen den Gebrauch nicht erlaubt haben (→ Rn. 689), weil die Registrierung die Rechte eines Staates auf Kontrolle seiner Souveränitätssymbole verletzen und die Öffentlichkeit über die Herkunft der mit solchen Marken gekennzeichneten Waren täuschen könnte (BGH GRUR 2003, 705 – Euro-Billy). § 8 Abs. 2 Nr. 4 greift aber nicht, weil Lizenzen möglich sind und dies Ersichtlichkeit einer Irreführungsgefahr verhindert (→ Rn. 551).

668 Zeichen der Europäischen Union werden unter Nr. 8 behandelt (→ Rn. 717). Laut EuG T-413/11, BeckRS 2013, 80071 Rn. 69 – EDS) warf allerdings die Beschwerdekammer die Frage auf, ob nicht der Tätigkeitsbereich der Union, auch wenn sie kein Staat im völkerrechtlichen Sinne ist, dem eines Staates gleichzusetzen ist. Damit führten Hoheitszeichen der EU zur Schutzunfähigkeit ihnen entsprechender Zeichen, **ohne** dass zu fragen wäre, ob ein **Bezug zu den Waren und Dienstleistungen** besteht. Hier kommt es nämlich, anders als bei den Kennzeichen zwischenstaatlicher Organisationen (→ Rn. 710 ff.), nicht auf eine denkbare Verbindung der Waren und Dienstleistungen zum Hoheitsträger an (EuGH C-202/08 und 208/08, GRUR Int 2010, 45 Rn. 45 – American Clothing Associates).

669 Für die Anmeldung von Wappen ausländischer Kommunen ist zu fragen, ob Nr. 2 (Ortsangabe, → Rn. 207, → Rn. 327) oder Nr. 4 (Irreführung, → Rn. 587 ff.) dem Markenschutz entgegensteht. (Namens-)Rechte daran fallen sonst unter § 13 und können weder hier noch im Rahmen der Nr. 5 (→ Rn. 642) und der Nr. 9 (→ Rn. 748 ff.) Markenschutz verhindern.

670 Nicht mehr geführte Hoheitszeichen bzw. solche nicht mehr existierender Träger fallen zwar nicht unter Nr. 6, können jedoch immer noch als Beschreibung der geographischen Herkunft iSd Nr. 2 wirken und damit ggf. täuschend iSd Nr. 4 sein (→ Rn. 587) oder gegen die öffentliche Ordnung iSd Nr. 5 (→ Rn. 625.1; → UMV Art. 7 Rn. 150 ff.) verstoßen (EuG T-232/10, GRUR Int 2012, 364 zum Sowjetwappen).

671 Die teilweise auf den Wortlaut des Art. 6ter Abs. 1 Buchst. a PVÜ gestützte Auffassung, **Dienstleistungen** würden nicht erfasst (→ Rn. 10, → UMV Art. 7 Rn. 154), hat der EuGH (C-202/08 und 208/08, GRUR Int 2010, 45 Rn. 71 ff. – American Clothing Associates) verworfen.

672 Eine analoge Anwendung auf **Benutzungsmarken** erscheint im Hinblick auf den Schutzgegenstand Souveränität geboten (→ § 3 Rn. 17.1; → § 4 Rn. 34 f.), weshalb auch Verkehrsdurchsetzung (§ 8 Abs. 3, § 37 Abs. 2, → Rn. 862) ausscheidet (Szalai MarkenR 2012, 8). § 37 Abs. 2 greift nur bei einem sonstigen Wegfall des Schutzhindernisses.

2. Hoheitszeichen

673 Der Begriff „Hoheitszeichen" ist gesetzlich nicht definiert. Er kann gleichgesetzt werden mit „Staatssymbol". Die WIPO unterhält auf ihrer Internetseite eine Datenbank, auf der sich die unter Art. 6ter PVÜ fallenden geschützten Hoheitszeichen finden lassen (http://www.wipo.int/ipdl/en/6ter/). Flaggen von Staaten sind allerdings auch ohne Aufnahme in diese Liste geschützt.

673.1 Der Gesetzgeber wollte mit diesem Eintragungsverbot verhindern, dass öffentliche Hoheitszeichen für geschäftliche Zwecke ausgenutzt oder gar missbraucht werden und nicht Gegenstand von Monopolrechten einzelner Privater werden (BPatG BeckRS 2013, 11038 – Schweizer Kreuz).

Absolute Schutzhindernisse § 8 MarkenG

"Andere staatliche Hoheitszeichen" sind Staatssymbole, die der Selbstdarstellung des 674
Staates dienen, integrierende Kraft haben, die Würde eines Staates erkennbar (BPatG BeckRS
2009, 15055 – Kampfschwimmer; EuGH C-202/08 und 208/08, GRUR Int 2010, 45
Rn. 40 – American Clothing Associates; Fezer Rn. 601) und hoheitliche Rechte deutlich
machen, wie zB Siegel, Nationalhymnen, Orden und andere Ehrenzeichen, Amtsschilder,
Amtstrachten und Uniformen, Münzen (v. Schultz Rn. 193) oÄ. Als gegenständliche, sichtbare Zeichen symbolisieren sie Präsenz und Identität des Staates (BPatG GRUR 2003, 710 –
Verkehrszeichen; GRUR 2002, 337 – Schlüsselanhänger). Den **Bundesadler** definiert die
Bekanntmachung betreffend das Bundeswappen und den Bundesadler v. 20.1.1950, BGBl
1950, 26; vgl. Gross NJW 2011, 718).

Offiziell ist der Bundesadler als Hoheitszeichen so beschrieben: ein einköpfiger schwarzer Adler auf 674.1
goldgelbem Grund, den Kopf nach rechts gewendet, die Flügel geöffnet, aber mit geschlossenem Gefieder, Schnabel, Zunge und Fänge in roter Farbe (Bekanntmachung vom 20.1.1950, BGBl. 1950, 26).
Obwohl der Bundesadler eine lange heraldische Geschichte hat, überlassen ihn die Bundesrepublik und
ihre Organe wie kaum ein anderes Land freimütig der Kunst. Seine Gestaltung ist auch im staatlichen
Bereich dem jeweiligen Zweck (Verwendungsort) vorbehalten (Disponibilität; BVerfG NJW 1990,
1982), was der Weimarer Tradition entspricht (Gross NJW 2011, 718). Die historisch bedingte Unschärfe
dieses Staatssymbols (Gross, FS Gerda Müller, 2009, 599 (604)) kann Argument dafür sein, abgewandelte
Formen als Staatssymbole zu sehen (Gross NJW 2011, 718 (720); BGH NJW 2003, 3633 – Gies-
Adler).

Ein Repräsentieren entfällt, wenn Hoheitszeichen in andere Zeichen und Formen, auch 675
3D-Marken, so integriert sind, dass sie nicht mehr als Hoheitszeichen wirken, sondern als
ästhetische Gestaltung (Grimm (GRUR-Prax 2015, 404) zitiert Götting zu DM-Tassen und
EuroBilly mit der Aussage, gegen die Eintragung von Kitschprodukten sei geschmacksmusterrechtlich nichts einzuwenden (BGH GRUR 2003, 705 f. – Eurobilly; GRUR 2003, 707 –
DM-Tassen; BPatG GRUR 2002, 337 f. – Schlüsselanhänger; BeckRS 2012, 10551 – swiss
eye; BeckRS 2009, 26921 – Kreuzlingen-Konstanz Bodensee-Arena; GRUR 2005, 679 –
Bundesfarben; EuG T-41/10, BeckEuRS 2011, 572162 – esf; vgl. auch Fezer Rn. 605 f.).

Ein möglicher dekorativer Gebrauchszweck ist allerdings nicht als Markenschutz vermittelnd zu 675.1
berücksichtigen, wenn das Zeichen weitgehend einem Geldschein entspricht (BPatG BeckRS 2012,
22881 – Folienbeutelaufdrucke – rechtskräftig).

Unter Staatsflaggen fallen unabhängig von der heraldischen Definition alle in der Anord- 676
nung über die deutschen Flaggen (BlPMZ 1997, 13) genannten Zeichen (BPatG GRUR
2005, 679 f. – Bundesfarben). Bingener (S. 147 Rn. 241 Fn. 219) verweist hierzu auch noch
auf das im Internet angebotene flaggenlexikon.de.

Die genauen Farbtöne der deutschen Flagge sind nicht festgelegt (BPatG BeckRS 2015, 08451 – 676.1
DE, zugelassene Rechtsbeschwerde nicht eingelegt).

Als Hoheitszeichen gelten auch gesetzliche **Zahlungsmittel** (BGH GRUR 2003, 705 f. – 677
Euro-Billy; GRUR 2003, 707 – Tasse mit Gelddarstellungen; BPatG BeckRS 2012, 22881 –
Folienbeutelaufdrucke). **Verkehrszeichen** sind dagegen keine Hoheitszeichen (BPatG
GRUR 2003, 710; BeckRS 2012, 22054 – Ampelmännchen); gleiches gilt wohl auch für
Briefmarken/Postwertzeichen (BGH GRUR 2004, 771; BPatG BeckRS 2003, 12215).

Nach Auffassung des Präsidenten des DPMA, der dem Verkehrszeichen-Verfahren (GRUR 2003, 677.1
710) beigetreten war, gehören staatliche Hoheitszeichen zum Kernbestand der auf Dauer angelegten
staatlichen Grundlagen und sind ein Teil und eine besonders herausragende Form der Selbstdarstellung
eines Staates, zugleich aber auch ein notwendiges Element einer jeden Staatlichkeit. Die Staatssymbole
sollten dem Bürger die den Staat prägenden und legitimierenden Werte vermitteln und damit eine
nachvollziehbare Sinngebung bewirken. Der Schutz dieser Hoheitssymbole gehöre zu den tragenden
Grundsätzen der deutschen Rechtsordnung. Dabei handle es sich um solche Formen, die die Grundlagen
staatlichen Lebens in staatspolitischen, sozialen und wirtschaftlichen Anschauungen berührten.

Das Eintragungsverbot nach Nr. 6 ist zwar **unabhängig von den beanspruchten Waren** 678
und Dienstleistungen. Deren Art kann aber zeigen, ob **Farben** als Landesfarben oder ob
Motive hoheitlich repräsentierend wirken (→ Rn. 675). Waren und Dienstleistungen müssen
zB einen örtlichen Bezug haben, sollen Farben insoweit als Nationalfarben wirken (BPatG

Albrecht

MarkenG § 8 Teil 2 Voraussetzungen, Inhalt und Schranken etc.

BeckRS 2012, 19612 – RTL; → Rn. 596). Auf Spielwaren steht meist ein dekorativer Zweck im Vordergrund (BPatG BeckRS 2003, 14067 – Polizei-Teddy).

679 Der Anmelder kann sich nicht darauf berufen, das angemeldete Zeichen sei ein älteres privates Wappen, selbst wenn sich das entsprechende Staatswappen (historisch) daraus entwickelt hat (→ UMV Art. 7 Rn. 155; EuG T-397/09, BeckRS 2011, 80909 mit Anm. Ruess GRUR-Prax 2011, 263 zum Wappen des Hauses Hannover). Priorität ist hier kein Kriterium (Dück GRUR 2015, 546 (548)); anders aber bei Markenlöschungen (→ Rn. 666).

680 Die grundsätzlich bestehende Pflicht zur **Amtsermittlung,** ob ein Hoheitszeichen vorliegt, ist nur bei vertretbarem Aufwand zumutbar. Dazu gehört es, das Verzeichnis der diesbezüglichen Rundschreiben der Mitgliedstaaten der PVÜ und der WTO im TaBu DPMA Nr. 223 oder im Internet (WIPO/Services; www.flaggenlexikon.de) zu sichten. In steigendem Maße wird dazu auch das **Ausnutzen informationstechnischer Möglichkeiten,** wie automatischer Bildabgleich, gehören.

681 Legen Art und Gestaltung eines angemeldeten Zeichens die Annahme nahe, dass es sich um ein Hoheitszeichen handeln könnte, kann das DPMA vom Anmelder die **Erklärung** verlangen, dass die angemeldete Darstellung nach seinem besten Wissen kein derartiges Zeichen ist (BPatG 24 W (pat) 140/75, BPatGE 18, 108 = BlPMZ 1976, 424 – Wappenerklärung). Zur **Mitwirkungspflicht** des Anmelders → § 59 Rn. 3 ff.

3. Nachahmung

682 „Nachahmung" im heraldischen Sinn (→ Rn. 38.1, Art. 6ter Abs. 1 Buchst. a PVÜ) entspricht nicht der „Ähnlichkeit" iSd §§ 9 und 14 (BPatG BeckRS 2013, 11038 – Schweizer Kreuz; GRUR 2005, 679 (681 f.) – Bundesfarben; EuG T-127/02, GRUR 2004, 773 Rn. 40–51 – ECA. Nachahmung ist gegeben, wenn der (auch farbliche) **Charakter** des Zeichens, der sich ua aus der amtlichen Beschreibung (nicht aus der bildlichen Darstellung: EuG T-430/12, GRUR-Prax 2014, 151) ergibt, bzw. **wesentliche Merkmale** (OLG München GRUR 2015, 590 Rn. 64 – Adler im Kreis) erhalten bleiben. Das darf nicht eng ausgelegt werden (BPatG GRUR-Prax 2015, 404 zu § 3 Abs. 1 Nr. 4 DesignG). Allein ein Wappenschild in Herzform verhindert eine Nachahmung nicht (BPatG BeckRS 2014, 08387 – Stadtwappen Köln). Auch Stilisierungen sind Nachahmungen, nicht aber spielerische Verfremdungen – Rechtsbeschwerde nicht eingelegt). Liegt keine Nachahmung vor, wird aber oft die Unterscheidungskraft fehlen.

682.1 Von Fachleuten der heraldischen Kunst (zu deren Definition Dück GRUR 2015, 546 II.1.c) festgestellte Unterschiede zwischen der Marke und dem Hoheitszeichen nimmt das angesprochene Publikum nicht unbedingt wahr und wird deshalb trotz Unterschieden in heraldischen Details eine Nachahmung annehmen. Die heraldische Beschreibung enthält keine Details zur künstlerischen Interpretation, so dass mehrere künstlerische Sichtweisen ein- und derselben Kennzeichens anhand der gleichen Beschreibung möglich sind (EuG T-430/12, GRUR-Prax 2014, 151; BPatG BeckRS 2015, 08451 – DE, zugelassene Rechtsbeschwerde nicht eingelegt).

682.2 Das EuG (T-413/11, BeckRS 2013, 80071 – EDS) verlangt zwar insoweit eine heraldische Konnotation, stellt aber nicht auf Fachleute der Heraldik ab; zur Parodie vgl. EuGH-Vorlage Hof van beroep te Brussel GRUR Int 2013, 668 – Deckmyn und Vrijheidsfonds und dazu EuGH C-201/13, BeckEuRS 2014, 40062 – de wilde Weldoener).

682.3 Priorität ist hier zwar kein Kriterium, aber begrifflich kann kein Nachahmen vorliegen, wenn eine Marke vor Einführung eines Staatssymbols verwendet wurde (Dück GRUR 2015, 546 (548); → Rn. 666).

682.4 Verschiedene Farbtöne haben heraldisch kaum Auswirkung (EuG T-413/11, BeckRS 2013, 80071 – EDS; BPatG BeckRS 2015, 08451 – DE, zugelassene Rechtsbeschwerde nicht eingelegt); zum Bundesadler → Rn. 674 f. und Marz GRUR-Prax 2015, 126; Dück GRUR 2015, 546 II.1.d.

683 Nachahmung kann auch vorliegen, wenn nur **Bestandteile** eines Hoheitszeichens übernommen werden, diese aber noch immer den Hoheitsanspruch vermitteln. Das LG Düsseldorf geht allerdings von einer gewissen Abstumpfung der Verbraucher aus, weil es eine bekannte Übung sei, Teile und Abwandlungen von Hoheitszeichen und Städtewappen in Marken zu integrieren (LG Düsseldorf BeckRS 2006, 04948 – Zürich Club; Scheier/Lubberger MarkenR 2014, 453 II.5.a).

Absolute Schutzhindernisse　　　　　　　　　　　　　　　　　§ 8 MarkenG

Im Bereich einer Nachahmung liegt es, die Streifen der Bundesflagge unterschiedlich breit und **683.1**
gebogen zu gestalten (BPatG BeckRS 2015, 08451 – DE, zugelassene Rechtsbeschwerde nicht eingelegt).

Bei nicht farbig angemeldeten komplexen Zeichen kann dem Vergleich eine in den Farben **684**
des Hoheitszeichens gehaltene Darstellung zu Grunde gelegt werden (BPatG BeckRS 2013,
11038 – Schweizer Kreuz, → Rn. 704). Für unstrukturierte Elemente, wie schwarz/weiße
Streifen, dürfen aber nicht Nationalfarben unterstellt werden (BPatG BeckRS 2013, 11038 –
Schweizer Kreuz; BeckRS 2012, 19612 – RTL), obwohl nicht farbig angemeldete Marken
in der Regel den Schutz in allen Farbtönen umfassen (EuGH C-252/12, BeckRS 2013,
81512 – Specsavers Gruppe/Asda).

Hier kann erst eine tatsächliche Verwendungsform in National- oder Stadtfarben zB wettbewerblich **684.1**
untersagt werden. Etwas anderes sind schwarz-weiße oder sogar andersfarbige Anmeldungen in strukturierter Form, die an ebenso strukturierte Nationalflaggen angelehnt sind. Die US-amerikanische Fahne
(stars and stripes), die tschechische mit ihrem auffallenden Dreieck und andere Nationalflaggen mit
einer über gleichartige Streifen hinausgehenden, komplexeren Struktur werden oft auch in farblich
abweichender Darstellung als Hoheitszeichen angesehen, weil Farbe dabei die Bildwirkung nicht verändert (zum Sternenkranz der EU → Rn. 721; BGH GRUR-Prax 2010, 361 – Malteserkreuz II; GRUR
2006, 402 Rn. 23 – Malteserkreuz; BPatG BeckRS 2013, 11038 – Schweizer Kreuz; EuG Urt. v.
28.2.2008 – T-0215/06 – Ahornblatt). Eine Festlegung auf eine andere Farbe, wie Silber für den
Hintergrund eines weißen Kreuzes in der swiss-eye-Entscheidung (BPatG BeckRS 2012, 10551),
schließt dagegen eine Nachahmung aus.

Eine geringfügige Veränderung der heraldisch vorgegebenen 6-fachen Breite der Kreuzarme als **684.2**
deren Länge liegt noch im Bereich einer Nachahmung (BPatG BeckRS 2013, 11038 – Schweizer
Kreuz). Entspricht ein Kreuz in Balkenlänge und -breite nicht dem quadratischen Kreuz in der Staatsflagge der Schweiz und wirkt es dadurch gestaucht, verneint das BPatG eine schutzunfähige Nachahmung in einem Kombinationszeichen, zumal das Kreuzsymbol, anders als etwa das Ahornblatt in der
kanadischen Flagge, vielfältige Bedeutungen in unterschiedlichen Kontexten hat. Es sei zentrales Symbol
des Christentums und Symbol für Hilfsleistungen. Außerdem sei es das mathematische Symbol für Plus
und diene so in der Werbung häufig als Hinweis auf ein „Mehr" an Leistung. Daher fielen Abweichungen von der konkreten Ausgestaltung stärker ins Gewicht als bei eindeutig zuzuordnenden Symbolen
(BPatG BeckRS 2014, 22807 – medipresse).

Ist ein graphisches Element in der Marke unvollständig enthalten, schließt dies eine schutzunfähig **684.3**
Nachahmung nicht aus, wenn die Unvollständigkeit (zB wegen einer Überlagerung durch eine Sprechblase) erkennbar ist (BPatG BeckRS 2014, 22807 – medipresse).

Wortelemente, die einen Bezug zum jeweiligen Hoheitsträger haben, unterstützen den **685**
Eindruck einer schutzunfähigen Nachahmung, während Elemente ohne einen solchen Bezug
davon wegführen können (Bender ELR 2012, 61 f.; HABM BK v. 18.1.2008 – R 1058/
07-2 – Euro-Farmers; v. 19.11.2008 – R 1414/07 – ESA; BPatG BeckRS 2009, 87083 –
Vital Life Europe; BeckRS 2012, 12096 – Kanaltechnik).

Gegen eine **Verunglimpfung** von Hoheitszeichen schützt ua § 90a StGB, was ggf. zum **686**
Eintragungsverbot über Nr. 9 (→ Rn. 745) führt, während eine Nachahmung nicht vorliegt,
wenn die Karikatur bzw. die dafür erforderliche Gestaltung einen Hoheitsanspruch ausschließen (→ Rn. 675; zum Bundesadler → Rn. 674).

Ein Eintragungsverbot für Bilder erstreckt sich nicht ohne weiteres auf deren wörtliche **687**
Benennung (BPatG GRUR 1993, 47 – Shamrock; Fezer Rn. 601). Das EuG (T-413/11,
BeckRS 2013, 80071 – EDS) spricht allerdings davon, dass wörtliche Beschreibungen immer
unterschiedliche künstlerische Interpretationen zulassen, die alle Nachahmungen eines Wappens sein können.

4. Kombinationszeichen

Das Eintragungsverbot erfasst auch Marken, die neben schutzfähigen Bestandteilen ein **688**
oder mehrere Hoheitszeichen (BPatG GRUR 2010, 77 – BSA; GRUR-Prax 2015, 404 –
Europas Sternenkranz auf Bundesflagge) oder deren Nachahmung(en) enthalten (→
Rn. 38.1, → Rn. 51 f.). Das jeweilige Hoheitszeichen muss allerdings deutlich in Erscheinung treten (BPatG BlPMZ 1990, 77 – Moet, zu starke Verkleinerung) und darf nicht in
der sonstigen Aufmachung (→ Rn. 675) oder in einer Vielzahl solcher Symbole untergehen

MarkenG § 8 Teil 2 Voraussetzungen, Inhalt und Schranken etc.

(BPatG GRUR 2009, 495 – Flaggenball; BeckRS 2011, 26011 – Konsensuskonferenz) bzw. nur dekorativ wirken, ein Themengebiet beschreiben oder internationales Flair erzeugen (BPatG BeckRS 2013, 07889 – G8-Strandkorb; BeckRS 2014, 22807 – medipresse). Die zusätzlichen Merkmale dürfen den amtlichen Anschein nicht zerstreuen (BPatG GRUR-Prax 2015, 404 zu § 3 Abs. 1 Nr. 4 DesignG). Letztlich kommt es immer darauf an, ob das Zeichen einen Hoheitsanspruch (auch mehrerer Träger, BPatG GRUR 2010, 77 – BSA) vermittelt. Davon können weitere Bestandteile wegführen (BPatG BeckRS 2014, 22807 – medipresse; → Rn. 685).

688.1 Dass Coca Cola in Dänemark durchaus damit spielt, dass sich bei rot-weißem Schriftzug zwischen dem O und dem L eine Konfiguration ergibt, die der dänischen Flagge nahekommt, ist markenrechtlich unerheblich.

5. Befugnis

689 Markenschutz an Hoheitszeichen ist möglich, wenn der Anmelder über eine Befugnis (§ 8 Abs. 4 S. 2 MarkenG, Art. 6ter Abs. 8 PVÜ) verfügt, die nicht nur das Recht umfasst, das Hoheitszeichen zu führen, sondern auch, es als (Bestandteil einer) Marke anzumelden (HABM BK R 325/2004-2, GRUR 2005, 684 Rn. 21 ff. – efcon); ein Recht zur Verwendung enthält nicht automatisch auch das zur Markenanmeldung (vgl. HABM R-1048/2007-4, GRUR-RR 2008, 164 – Most Innovative Product) und zur Verwendung als Marke in jedem Zusammenhang (Dück GRUR 2015, 546 (549)). Die Befugnis ist – anders als im Rahmen der Nr. 4, 5 und 9 hinsichtlich privater Rechte (→ Rn. 574 ff.) – **im Anmeldeverfahren zu prüfen**.

690 Das BPatG scheint aber bei Staatsunternehmen als Anmelder allein aus den **Eigentumsverhältnissen** auf die Berechtigung zu schließen (BPatG BeckRS 2009, 26974 – Trikolore). Das ist gefährlich, da ein Rechtsübergang in die Problematik der Bundesdruckerei führen kann (→ Rn. 584.1). Dagegen kann **Bestandsschutz** einer Befugnis gleichgesetzt werden (Köttker zum DFB-Adler, becklink 1033697). Er kann aber wohl nicht auf einer Verwendung einer nicht eingetragenen Marke beruhen (OLG München NJWE-WettbR 1999, 156), zumal das Schutzhindernis auch einer Benutzungsmarke entgegensteht (→ Rn. 665). Außerdem dürfen ihm keine öffentlichen Interessen entgegenstehen (BGH GRUR 1965, 146 (151) – Rippenstreckmetall II), was bei Staatssymbolen im Regelfall gegeben sein dürfte (Dück GRUR 2015, 546 (549)).

691 Eine Befugnis kann erteilen, wer in § 7 Nr. 3 genannt ist oder den dort genannten Gesellschaften gleichzustellen ist, aber nicht eine übergeordnete Körperschaft in Bezug auf Hoheitszeichen ihrer Mitglieder. Die Befugnis kann auch nachträglich mit Rückwirkung (im Löschungsverfahren) erteilt werden (BPatG 29 W (pat) 524/13, MarkenR 2015, 331 – Einander Hessen; DPMA Mitt 2016, 137 – DFB-Adler; Dück GRUR 2015, 546 (550)). Die Befugnis zur Ermächtigung erfährt keine Einschränkung, wenn das Hoheitszeichen, an dem Rechte eingeräumt werden sollen, anderen Hoheitszeichen oder privaten Zeichen (→ Rn. 679) ähnlich ist.

692 Die Möglichkeit einer Befugnis schließt ein Schutzhindernis nach Nr. 9 aus (→ Rn. 743).

VI. Amtliche Prüf- und Gewährzeichen (Nr. 7)

693 Die unbefugte Benutzung von amtlichen Prüf- bzw. Gewährzeichen ahndet § 145 Abs. 1 Nr. 2 als Ordnungswidrigkeit; vorliegend geht es aber um die Versagung der Eintragung als Marke. Die WIPO unterhält auf ihrer Internetseite eine Datenbank, auf der sich die unter Art. 6ter PVÜ fallenden geschützten Zeichen finden lassen (http://www.wipo.int/ipdl/en/6ter/).

693.1 Das Seepferdchen-Logo als Schwimmabzeichen ist zwar kein Prüfzeichen, ihm fehlt aber die Unterscheidungskraft (BPatG BeckRS 2015, 09315) ebenso wie dem Wort „Seepferdchen" als die Bezeichnung für dieses Schwimmabzeichen (BPatG BeckRS 2015, 09314).

693.2 Die Frage, ob die Benutzung wie ein Prüfzeichen eine rechtserhaltende Benutzung einer Marke ist, hat das OLG Düsseldorf GRUR Int 2016, 254 – internationales Baumwollzeichen) dem EuGH vorgelegt (C-689/15 – W. F. Gözze Frottierweberei).

Während § 145 einen Vorsatz verlangt (→ § 145 Rn. 3), sind bei der Prüfung des Schutz- **694**
hindernisses Motive und Absichten des Anmelders ohne Belang. Es kommt allein darauf
an, ob das angemeldete Zeichen ein Prüf- bzw. Gewährzeichen oder dessen Nachahmung
(→ Rn. 702) enthält.

1. Allgemeines

Nr. 7 schützt in- und ausländische amtliche Prüf- oder Gewährzeichen vor einer Monopo- **695**
lisierung als Marke – und zwar auch in nur nachgeahmter Form (Abs. 4 S. 1, → Rn. 702);
das entspricht Art. 7 Abs. 1 Buchst. h UMV iVm Art. 6ter PVÜ (→ Rn. 10).

Die einer Eintragung entgegenstehenden Zeichen müssen bereits amtliche Prüf- oder **696**
Gewährzeichen sein; werden sie das erst nach der Anmeldung der strittigen Marke, liegt für
diese nicht einmal ein Löschungsgrund vor (→ § 50 Rn. 7).

Nur für **Waren und Dienstleistungen,** denen das Zeichen bestimmte Eigenschaften **697**
bestätigen kann, und für damit ähnliche (§ 8 Abs. 4 S. 3) kommt eine Zurückweisung in
Betracht.

Eine analoge Anwendung auf **Benutzungsmarken** erscheint geboten (→ § 3 Rn. 17.1; **698**
→ § 4 Rn. 34), zumal das Schutzhindernis nicht über Verkehrsdurchsetzung (§ 8 Abs. 3; →
Rn. 862) überwunden werden kann (Szalai MarkenR 2012, 8 (13 f.)). Auch § 37 Abs. 2
greift nur bei einem sonstigen Wegfall des Schutzhindernisses.

Amtliche Gewährzeichen sind zB Eichstempel, Legierungsangaben, die das Einhalten **699**
bestimmter amtlich vorgegebener Kriterien gewährleisten. Sterne in Marken für Hotels sind
keine Qualitätskennzeichen einer bestimmten Zertifizierungsstelle (OLG Celle WRP 2014,
1216 Rn. 5).

Einen Überblick über Prüf- und Gewährzeichen gibt Fezer Rn. 629; eine Zusammenstel- **700**
lung enthält auch das TaBu DPMA unter Nr. 218. Über deren Berücksichtigung hinaus ist
eine **Amtsermittlung** im Eintragungsverfahren nicht geboten (BPatG GRUR 1966, 442).
Legen Art und Gestaltung eines angemeldeten Zeichens die Annahme nahe, dass es sich um
ein amtliches Prüf- oder Gewährzeichen handeln könnte, kann das DPMA nach Fezer
Rn. 627 wie bei Hoheitszeichen vom Anmelder die Erklärung verlangen (→ Rn. 680).

Die nach VO (EG) Nr. 1898/2006 v. 14.12.2006, Anlage V iVm VO (EG) Nr. 628/2008 **701**
v. 2.7.2008 festgelegten Siegel für Ursprungsbezeichnungen, **geschützte geographische
Angaben** und garantiert traditionelle Spezialitäten iSd Art. 17 ff. VO (EG) Nr. 1151/2012
fallen weder unter § 8 Abs. 2 Nr. 7 noch unter Nr. 8 (vgl. Art. 7 Abs. 1 Buchst. j bis m
UMV).

In der Regel wird für die Bezeichnung als solche, wie auch für Sortenbezeichnungen, § 8 Abs. 2 **701.1**
Nr. 1 und/oder Nr. 2 Markenschutz verhindern (weitergehend Art. 7 Abs. 1 Buchst. m UMV). Verhindert Nr. 3 den Markenschutz, liegt auch keine geographische Herkunftsangabe vor (§ 126 Abs. 2). In
einzelnen Fällen können die Nrn. 4, 5 und 10 nach den jeweils dafür vorgesehenen Kriterien in Betracht
kommen. Dies ist aber jeweils unabhängig von der Qualität „geographische Herkunftsangabe"; eine
Ausnahme macht Art. 68 Abs. 2 UMV (→ UMV Art. 68 Rn. 2); zur Anwendbarkeit der Nr. 9
→ Rn. 738 ff.

2. Nachahmung

„Nachahmung" (§ 8 Abs. 4 S. 1) entspricht nicht der „Ähnlichkeit" iSd §§ 9 und 14, **702**
sondern meint die Übernahme des (ggf. auch farblichen) Charakters (→ Rn. 682).

Nachahmung kann auch vorliegen, wenn nur Bestandteile eines Zeichens übernommen **703**
werden, diese aber noch immer das Einhalten bestimmter amtlich vorgegebener Kriterien
zeigen können.

Eine Nachahmung des Ökokennzeichens nach § 1 ÖkoKennzV liegt schon vor, wenn ein Zeichen **703.1**
eine geometrische, farbige Umrandung aufweist und von dem Schriftzug „Bio" geprägt ist, unter dem
ein kleingedruckter Text abgedruckt ist. Die Farbgebung des staatlichen Biosiegels ist dagegen nicht
zwingend (§ 1 Abs. 4 ÖkoKennzV; BGH BeckRS 2013, 03437; OLG Nürnberg GRUR-RR 2012,
224 Rn. 48 ff. – Biomineralwasser; → Rn. 581.1).

Dass das EuG in B!O das Ausrufezeichen nicht als i liest, sondern als dekoratives Element sieht, mag **703.2**
bei der Beurteilung der klanglichen Verwechslungsgefahr mit BO in Betracht kommen, als Nachahmung
von „Bio" aber hat dies trotzdem zu gelten (vgl. EuG T-364/14, BeckRS 2016, 80377 – B!O/BO).

MarkenG § 8   Teil 2 Voraussetzungen, Inhalt und Schranken etc.

704   Bei nicht farbigen Anmeldungen muss dem Vergleich eine in den **Farben** des amtlichen Zeichens gehaltene Form zu Grunde gelegt werden. Auch in der Farbe abweichende Anmeldungen können auf Grund einer komplexen Struktur als Prüf- oder Gewährzeichen wirken, solange die Farbe deren Charakter nicht bestimmt und die Bildwirkung nicht verändert (→ Rn. 684; BPatG BeckRS 2016, 15839 – Eurokurier).

705   Das Eintragungsverbot für Bilder erstreckt sich nicht ohne weiteres auf deren wörtliche Benennung (zu Hoheitszeichen BPatG GRUR 1993, 47 – shamrock); → Rn. 687.

3. Kombinationszeichen

706   Das Eintragungsverbot erfasst auch Zeichen, die neben schutzfähigen Bestandteilen ein oder mehrere Prüf- bzw. Gewährzeichen enthalten (→ Rn. 688).

4. Befugnis

707   Markenschutz ist möglich, wenn der Anmelder über eine Befugnis (§ 8 Abs. 4 S. 2, Art. 6ter Abs. 8 PVÜ) verfügt, die das Recht umfasst, das Zeichen als (Bestandteil einer) Marke anzumelden (→ Rn. 689).

708   Die Befugnis ist hier – anders als im Rahmen der Nr. 4 und 9 hinsichtlich privater Rechte (→ Rn. 574 ff.) – **im Anmeldeverfahren zu prüfen.**

709   Die Möglichkeit einer Befugnis schließt ein Schutzhindernis nach Nr. 9 aus (→ Rn. 743).

VII. Symbole internationaler Organisationen (Nr. 8)

710   § 8 Abs. 2 Nr. 8 verbietet die Eintragung von Wappen, Flaggen und anderen Kennzeichen, Siegeln oder Bezeichnungen internationaler zwischenstaatlicher Organisationen und deren Nachahmungen (Abs. 4 S. 1) für damit in Bezug stehende Waren und Dienstleistungen (Abs. 4 S. 4); → Rn. 671.

711   Der Europarat ist eine internationale Organisation; alle Mitgliedstaaten der EG sind Mitglieder des Europarats und Verbandsländer der PVÜ (BPatG BeckRS 2015, 08451 – DE, zugelassene Rechtsbeschwerde nicht eingelegt).

1. Allgemeines

712   Die unbefugte Benutzung solcher Kennzeichen ahndet § 145 Abs. 1 Nr. 3 als Ordnungswidrigkeit; vorliegend geht es aber um die Versagung der Eintragung. Während § 145 einen Vorsatz verlangt (→ § 145 Rn. 3), sind bei der Prüfung des Schutzhindernisses Motive und Absichten des Anmelders ohne Belang. Es kommt allein darauf an, ob das angemeldete Zeichen ein solches Kennzeichen oder dessen Nachahmung (→ Rn. 720) enthält.

713   Die einer Eintragung nicht zugänglichen Symbole müssen bereits Symbole internationaler Organisationen sein; werden sie das erst nach der Anmeldung des strittigen Zeichens, liegt für dieses nicht einmal ein Löschungsgrund vor (→ § 50 Rn. 7). Eine Zusammenstellung findet sich im TaBu DPMA Nr. 219.

713.1   Die WIPO unterhält auf ihrer Internetseite eine Datenbank, mit der die unter Art. 6ter PVÜ fallenden geschützten Zeichen abgefragt werden können (http://www.wipo.int/ipdl/en/6ter/).

713.2   Das BPatG (BeckRS 2014, 18123 – gesundheit4friends) hat für das Rote Kreuz das Schutzhindernis des § 8 Abs. 2 Nr. 8 abgelehnt, da eine entsprechende Bekanntmachung nicht ersichtlich sei. Da diese gemäß Art. 4 Nr. 2 Gesetz zur Änderung des DesignG vom 4.4.2016 seit 1.7.2016 nicht mehr konstitutive Tatbestandsvoraussetzung für das Eintragungshindernis ist, muss das I. Genfer Abkommen vom 12.8.1949 zur Verbesserung des Loses der Verwundeten und Kranken der Streitkräfte im Felde (BGBl. 1954 II 781, insbesondere 799 ff.) berücksichtigt werden, in dem sich Deutschland völkerrechtlich verpflichtet hat, die erforderlichen Maßnahmen zu treffen, um den unbefugten Gebrauch des Wahrzeichens des „Roten Kreuzes" und aller Nachahmungen, zu verhindern (vgl. die Kapitel XII und IX des Abkommens). Heitmann sah den Schutz durch völkerrechtliche Verträge, Genfer Konvention, immer schon als Schutzhindernis (→ UMV Art. 7 Rn. 158).

714   Das Schutzhindernis betrifft keine dekorative Verwendung, sondern anders als Nr. 6 nur Formen, die den Eindruck einer Verbindung zwischen der betreffenden Organisation und dem Zeichen sowie den dafür beanspruchten **Waren und Dienstleistungen** hervorrufen

(Weiser GRUR-Prax 2011, 447 zu Euro Toques; Bender ELR 2012, 61) oder das Publikum sonst über das Bestehen einer **Verbindung** zwischen dem Benutzer des angemeldeten Zeichens und der Organisation irreführen (**§ 8 Abs. 4 S. 4;** Art. 6ter Abs. 1 Buchst. c S. 2 PVÜ). Dies kann von weiteren Zeichenbestandteilen (→ Rn. 675, → Rn. 715, → Rn. 723) sowie von den beanspruchten Waren und Dienstleistungen abhängen (BPatG BeckRS 2011, 22853 – Euro Toques). Auch Art. 7 Abs. 1 lit. i UMV greift schon dann ein, wenn eine Marke nicht über die Herkunft der mit ihr bezeichneten Waren und Dienstleistungen irreführt, sondern das Publikum zu glauben veranlasst, dass die Waren oder Dienstleistungen mit einer Genehmigung oder Garantie der Stelle ausgestattet sind, auf die das Emblem verweist (EuG T-3/12, GRUR Int 2014, 164 – Kreyenberg/HABM, zum Euro-Zeichen); → UMV Art. 7 Rn. 153.

Andere Bestandteile des angemeldeten Zeichens können den hier erforderlichen Bezug **715** zu einer nach Nr. 8 geschützten Organisation nahelegen oder als unwahrscheinlich erscheinen lassen (BPatG BeckRS 2011, 22853 – Euro Toques). Dabei kommt es nicht darauf an, ob im konkreten Fall tatsächlich unionsrechtliche Vorgaben bestehen (BPatG BeckRS 2011, 21637 – Euro Leergut). Elemente, die einen Bezug zur jeweiligen Organisation schaffen oder verstärken, unterstützen den Eindruck einer schutzunfähigen Nachahmung (BPatG BeckRS 2016, 15839 – Eurokurier; BeckRS 2009, 87083 – Vital Life Europe; HABM v. 18.1.2008 – R 1058/07-2 – Euro-Farmers; v. 19.11.2008, R 1414/07 – ESA; R 325/2004-2, GRUR 2005, 684 – efcon; Bender ELR 2012, 61 f.). Dagegen führen Elemente ohne einen solchen Bezug davon weg (BPatG BeckRS 2012, 12096 – Kanaltechnik; BeckRS 2009, 00635 – EPA plus; Beschl. v. 23.10.1996, 29 W (pat) 85/94 – Eurokapital; EuG T-127/02, GRUR 2004, 773 – ECA).

Bezug umfasst über die Herstellervermutung hinaus die Gefahr, dass das Publikum glauben könnte, **715.1** die von der fraglichen Marke erfassten Waren oder Dienstleistungen würden mit Genehmigung oder Garantie der jeweiligen Organisation angeboten oder in anderer Weise mit ihr in Verbindung stehen (EuG T-413/11, BeckRS 2013, 80071 Rn. 61 – EDS).

Ferner können die beanspruchten Waren und Dienstleistungen eine solche Beziehung als **716** (un)wahrscheinlich erscheinen lassen (BPatG BeckRS 2009, 00635 – EPA plus; BeckRS 1997, 14402 – Europa Hölzer; HABM R-1048/2007-4, GRUR-RR 2008, 164 – Most Innovative Product). Insoweit kommt es darauf an, ob das angesprochene Publikum die beanspruchten Waren und Dienstleistungen einem Tätigkeitsbereich von Unions-Institutionen zuordnet. Für einen Bezug spricht es zB, dass die EU und ihre Institutionen sich oft mit Fragen der Standardisierung sowie Sicherheit befassen und entsprechende Gütesiegel vergeben (BPatG BeckRS 2011, 24861 – World Toques). Die EU-Behörde für Lebensmittelsicherheit (EFSA) ist dafür ein Beispiel (vgl. Ströbele GRUR 1989, 84 (86 f.)). Sowohl der Europarat als auch die EU sind in mannigfaltige Projekte eingebunden und unterstützen diese finanziell (HABM R 325/2004-2, GRUR 2005, 684 – efcon).

Würde man Zeichen der **Europäischen Union** nicht unter Nr. 8 subsumieren, sondern **717** deren Tätigkeitsbereich dem eines Staates gleichsetzen (EuG T-413/11, BeckRS 2013, 80071 Rn. 69 – EDS), wären ihre Hoheitszeichen nach Nr. 6 schutzunfähig, ohne das zu fragen wäre, ob ein Bezug zu den Waren und Dienstleistungen besteht (→ Rn. 668). Zu den Zeichen der EU gehört auch das **Emblem der Europäischen Zentralbank** – trotz der Tatsache, dass nicht alle Mitgliedstaaten der EU auch Mitgliedstaaten der Europäischen Währungsunion sind; gleiches gilt für das **Euro-Zeichen,** auch wenn es ein „Geldzeichen" ist (EuG T-3/12, BeckRS 2013, 81436 – Kreyenberg). Zu den Siegeln für Ursprungsbezeichnungen, geschützte geografische Angaben und garantiert traditionelle Spezialitäten → Rn. 701.

Eine analoge Anwendung auf **Benutzungsmarken** erscheint im Hinblick auf das **718** geschützte Rechtsgut geboten und darauf, dass dieses Schutzhindernis nicht über Verkehrsdurchsetzung (§ 8 Abs. 3, → Rn. 862) überwunden werden kann (Szalai MarkenR 2012, 8; → § 3 Rn. 17.1; → § 4 Rn. 34; BGH BeckRS 2013, 06126 Rn. 18 – Ready to fuck). Auch § 37 Abs. 2 greift nur bei einem sonstigen Wegfall des Schutzhindernisses.

2. Amtsermittlung

719 Die grundsätzlich bestehende Pflicht zur Amtsermittlung ist nur bei vertretbarem Aufwand zumutbar (zur Verkehrsdurchsetzung: BPatG GRUR 1966, 442). Zumutbar ist es, die genannten (→ Rn. 713) Quellen zu sichten.

3. Nachahmung

720 Nachahmung entspricht nicht der „Ähnlichkeit" iSd §§ 9 und 14 (→ Rn. 682) und wird nicht dadurch ausgeschlossen, dass das Emblem in bestimmter Weise stilisiert oder nur teilweise verwendet wird (EuG T-127/02, GRUR 2004, 773 Rn. 41 – ECA). Die wesentliche Übereinstimmung grafischer Kernelemente mit den heraldisch charakteristischen Merkmalen des Kennzeichens genügt, wenn der (auch farbliche) Charakter des Zeichens erhalten bleibt (BGH BeckRS 2013, 03437; OLG Nürnberg GRUR-RR 2012, 224 Rn. 48 ff. – Biomineralwasser). Komplex strukturierte Formen werden auch in andersfarbiger Darstellung als Organisationssymbole angesehen, wenn die **Farbgebung** die Bildwirkung nicht verändert (→ Rn. 684).

720.1 Das LG Düsseldorf geht allerdings von einer gewissen Abstumpfung der Verbraucher aus, weil es eine bekannte Übung sei, Teile und Abwandlungen von Hoheitszeichen in Marken zu integrieren (LG Düsseldorf BeckRS 2006, 04948 – Zürich Club).

721 Beim **Europa-Emblem** kommt es nicht auf die Anzahl und Größe der gezeigten Sterne und den quadratischen Untergrund sowie die Vollständigkeit und den Radius des Sternenkranzes an (BPatG BeckRS 2013, 16010 – Car Chek Day; EuG T-413/11, BeckRS 2013, 80071 – EDS; EuG T-430/12, GRUR Int 2014, 681 – European Network Rapid Manufacturing; T-127/02, GRUR 2004, 773 Rn. 39, 40, 46 – ECA; Bender ELR 2012, 61 ff.; vgl. auch BPatG BeckRS 2015, 08451 – DE, zugelassene Rechtsbeschwerde nicht eingelegt).

721.1 Das Europa-Emblem war ursprünglich die Flagge des Europarats (BGBl. 1979 I 1800). Seit 1986 ist es das Kennzeichen der EG und wird unverändert – auch nach Erweiterung der Anzahl der Mitgliedstaaten – genutzt. Heraldisch prägt das Zeichen ein (geschlossener) Kranz aus (zwölf) (goldenen) (fünf)zackigen, sich nicht berührenden Sternen (auf azurblauem Grund). Bei einem nicht geschlossenen Sternenkreis kommt es darauf an, ob das Publikum die Lücke gedanklich schließt oder ob die Sterne aus anderen Gründen als zusammengehörig wirken (BPatG BeckRS 2012, 12096 – Kanaltechnik; HABM v. 5.10.2011 – R 1804/10-2 – member of euro experts, zitiert nach Bender MarkenR 2012, 50 Fn. 73; EuG T-413/11, BeckRS 2013, 80071 – silberne Sterne).

722 Ein Eintragungsverbot für Bilder erstreckt sich nicht ohne weiteres auf deren wörtliche Benennung (BPatG GRUR 1993, 47 – Shamrock; Fezer Rn. 601; → Rn. 687).

4. Kombinationszeichen

723 Das Eintragungsverbot erfasst auch Marken, die neben schutzfähigen Bestandteilen ein oder mehrere Zeichen internationaler Organisationen enthalten (→ Rn. 688) oder nur internationales Flair erzeugen (EuG T-3/12, GRUR Int 2014, 164 – Kreyenberg zum Euro-Zeichen).

723.1 Bei **Wörtern** wie Nato erwecken Kombinationen zu „natocorner" oÄ nicht den Eindruck einer Verbindung mit der internationalen Organisation, weil sich der Bestandteil „nato" mit dem weiteren Bestandteil „corner" zu einem einheitlichen Gesamtbegriff verbindet, den das Publikum nicht als Hoheitszeichen auffasst (BPatG BeckRS 2007, 19369). Entsprechend gebildete Ausdrücke ohne hoheitlichen Bezug (Natopause, Natoknochen, Natowürfel, Natozebra etc) legen dies nahe.

723.2 Nach Art von Autokennzeichen gebildete Zeichen mit Europaflagge und dem Länderzeichen D fallen unter das Schutzhindernis des § 8 Abs. 2 Nr. 8 (BPatG BeckRS 2013, 16010 – Car Chek Day). Dies kann aber wohl nicht gelten, wenn der in dem Nummernschild stehende Text unterscheidungskräftig ist, weil dann die umrahmende Form eines Kfz-Nummernschildes nur als Dekoration wirkt (→ Rn. 714).

5. Befugnis

Markenschutz ist möglich, wenn der Anmelder über eine Befugnis verfügt, die das Recht umfasst, das Zeichen in einer Marke zu führen und es als (Bestandteil einer) Marke anzumelden; vgl. HABM R 325/2004-2, GRUR 2005, 684 Rn. 21–23 – efcon). Die Befugnis ist hier bereits **im Anmeldeverfahren zu prüfen** (§ 8 Abs. 4 S. 2; → Rn. 689). **724**

Eine Erlaubnis zur Verwendung enthält noch nicht das Recht zur Anmeldung als Marke (→ Rn. 689; vgl. HABM R-1048/2007-4, GRUR-RR 2008, 164 – Most Innovative Product). Das BPatG scheint aber bei Staatsunternehmen allein aus den Eigentumsverhältnissen auf die Berechtigung zu schließen (BPatG BeckRS 2009, 26974 – Trikolore). Das ist gefährlich, da ein Rechtsübergang in die Problematik der Bundesdruckerei führen kann (→ Rn. 584.1). **725**

Eine Befugnis kann erteilen, wer in § 7 Nr. 3 genannt ist oder den dort genannten Gesellschaften gleichzustellen ist – aber nicht übergeordnete Körperschaften in Bezug auf Zeichen ihrer Mitglieder. **726**

Die Befugnis zur Ermächtigung erfährt keine Einschränkung, wenn das Zeichen, an dem Rechte eingeräumt werden sollen, anderen entsprechenden Zeichen ähnlich ist (→ Rn. 691). **727**

Die Möglichkeit einer Befugnis schließt ein Schutzhindernis nach Nr. 9 aus (→ Rn. 743). **728**

VIII. Verbote (Nr. 9)

1. Allgemeines

§ 8 Abs. 2 Nr. 9 soll die Eintragung von Zeichen als Marken verhindern, deren Benutzung für die beanspruchten Waren und Dienstleistungen (Fezer Rn. 643) **im öffentlichen Interesse untersagt** ist (zur Löschung → § 50 Rn. 26). Dieses Schutzhindernis erfasst vor allem Vorschriften des Lebens- und Heilmittelrechts (Fezer Rn. 653 ff.; Lange MarkenR/KennzeichenR Rn. 1116). Privatrechtliche Ansprüche sind allenfalls nach § 13 markenrechtlich relevant. Im Rahmen der Nr. 9 sind nur Vorschriften zu beachten, die im öffentlichen Interesse eine Benutzung untersagen und in Deutschland unmittelbar Geltung beanspruchen. **Nach der Eintragung** in Kraft tretende Verbote sind auch im Löschungsverfahren nicht zu berücksichtigen. Der Staat müsste hier über andere Vorschriften Verbote der Verwendung aussprechen. Ist erkennbar, dass eine Nutzung der Marke wettbewerbswidrig erfolgen wird, kann dies nicht hier berücksichtigt werden; es kann aber ein Indiz für Bösgläubigkeit sein (→ Rn. 794). **729**

Sosnitza spricht von einer „Gelenknorm", da die hier heranzuziehenden Normen selten direkt auf ein Eintragsverbot abzielen (Sosnitza § 8 Rn. 37). **729.1**

Eine (unvollständige) Übersicht über wichtige Benutzungsverbote enthält das TaBu DPMA unter Nr. 250. **729.2**

Benutzung erfolgt auch bei nur für den **Export** bestimmten Waren (§ 26 Abs. 4). **730**

Da eine § 8 Abs. 4 S. 1 entsprechende, auch **Abwandlungen** erfassende Regelung für die Nr. 9 fehlt, kommt es darauf an, ob die jeweilige Verbotsvorschrift Abwandlungen erfasst (BGH GRUR 2005, 957 f. – Champagner Bratbirne). **731**

Auf den Bezug zu den beanspruchten Waren und Dienstleistungen kommt es nicht in jedem Fall an. Ein Hakenkreuz ist auf Kinderspielzeug ebenso verboten wie auf Stiefeln. Dabei spielt es auch keine Rolle, ob das verbotene Zeichen nur dekorativ eingesetzt ist; zu einer kritisch-ablehnenden Verwendungsform → Rn. 758. **732**

Zu fragen ist, inwieweit ein Anmelder darauf spekulieren darf, dass ein Verbot fällt und er dann mit seinem Produkt unter der gewünschten Marke auf den Markt gehen kann (ähnlich → Rn. 792 vor Auslauf eines Konkurrenzverbotes). Ohne konkrete Anhaltspunkte für eine Gesetzesänderung reichen eine „liberalere" Handhabung der Strafverfolgung und Modellversuche, wie die, Rauschgifte kontrolliert abzugeben, nicht aus, Markenschutz zuzulassen. **733**

Das Absehen von Strafverfolgung nach §§ 153, 153a StPO und § 29 Abs. 5, § 31a BtMG macht eine Handlung nicht erlaubt (BPatG BeckRS 2016, 12905 – Reefer). **733.1**

2. Ersichtlichkeit

734 Jede Möglichkeit einer erlaubten markenmäßigen Benutzung schließt die Anwendung der Nr. 9 im Eintragungsverfahren aus (→ Rn. 37.1; BGH GRUR 2002, 540 f. – Omeprazok; GRUR 2005, 258 – Roximycin; BPatG GRUR 1992, 516 – Egger Natur-Bräu; GRUR 2012, 1148 – Robert Enke). Soweit eine Verbotsnorm also **Erlaubnisvorbehalte** enthält, ist in der Regel keine Ersichtlichkeit gegeben; zum zwischen DDR und BRD „gespaltenen" FDJ-Zeichen → Rn. 746.1. Wörter können in einem bestimmten sprachlichen Kontext eine Bedeutung haben, die von der wegführt, deren Verwendung verboten ist (OVG Koblenz BeckRS 2015, 52682 – Superior; BeckRS 2015, 52944 – Reserve).

734.1 Im **Löschungsverfahren** gilt das Erfordernis der Ersichtlichkeit nur bei der Amtslöschung (§ 50 Abs. 3 Nr. 3; → § 50 Rn. 15).

735 Hier ist nach den beanspruchten Waren und Dienstleistungen zu unterscheiden, bei Arzneimitteln zB nach den Anwendungsbereichen Mensch bzw. Tier (BGH GRUR 2002, 540 f. – Omeprazok; GRUR 2005, 258 (260) – Roximycin).

736 Soweit Vorschriften ein grundsätzliches Verbot der Benutzung bestimmter Angaben wegen Täuschungsgefahr enthalten, ist im Rahmen der Nr. 9 – anders als bei der daneben möglichen Schutzversagung nach Nr. 4 – nicht zu prüfen, ob eine tatsächliche **Irreführung** zu befürchten ist und ob diese das Kaufverhalten der getäuschten Verbraucher beeinflusst. Es ist allein maßgeblich, ob ein ersichtlicher Verstoß gegen eine Verbotsvorschrift vorliegt.

737 Nicht ernst zu nehmende Bezeichnungen, wie „Kokain-Ball" für Veranstaltungen, sind nicht ersichtlich verboten(BPatG GRUR 2004, 875 f. – Kokain Ball; BeckRS 1998, 14432 – Cannabis für Feuerzeuge etc). Dazu müsste ein Straftatbestand der Verherrlichung oder Verharmlosung des Gebrauchs von Drogen (vgl. §§ 29, 29a, 30 BtMG) gegeben sein.

3. Geographische Herkunftsangaben, Sorten

738 Absolute Eintragungshindernisse und darauf bezogene Löschungsgründe (→ Rn. 2 ff., → Rn. 10, → Rn. 38.2) sind Vorschriften iSd Nr. 9, zumal die Verweisung in § 8 Abs. 1 auf § 3 das Erfordernis die Markenfähigkeit zum verbindlichen Prüfungsstoff für das Eintragungsverfahren macht (→ § 13 Rn. 5). Eine Umsetzung durch nationale Gesetze ist ja nicht erforderlich (Ingerl/Rohnke Rn. 294; Markfort/Albrecht apf 2013, 5; dies. apf 2013, 64; dies. publicus 2013.1, 4 f.; Ströbele/Hacker/Ströbele Rn. 827, 906 ff.; Omsels Rn. 797).

738.1 Art. 7 Abs. 1 Buchst. k und l UMV sowie Art. 51 Abs. 1 Buchst. a UMV enthalten ein dementsprechendes absolutes Schutzhindernis bzw. einen Nichtigkeitsgrund (→ UMV Art. 7 Rn. 159 ff.). Im Markengesetz fehlt eine korrespondierende Vorschrift, weshalb Art. 14 Abs. 1 VO (EG) Nr. 1151/2012 als eigenständiger absoluter Schutzausschließungsgrund – unabhängig von § 8 (Ströbele/Hacker/Ströbele Rn. 827 ff., 906 ff.) – unmittelbar im nationalen Eintragungsverfahren angewendet wird (Figge/Techert MarkenR 2016, 181 (184) II.2.b; Ströbele/Hacker/Ströbele Rn. 903 ff.; Knaak GRUR Int 2006, 893 (896); → § 50 Rn. 20 f.).

738.2 Die Art. 7 Abs. 1 Buchst. j bis l UMV schließen alle Ursprungsbezeichnungen, geographischen Angaben sowie traditionellen Bezeichnungen für Weine und garantiert traditionelle Spezialitäten von der Eintragung aus und ebenso entsprechende Marken, deren Eintragung nach einschlägigen internationalen Übereinkünften, denen die Union angehört, ausgeschlossen ist. Außerdem erfasst Art. 7 Abs. 1 Buchst. m UMV als zusätzliches Eintragungshindernis Marken, die aus einer geschützten Sortenangabe bestehen oder eine solche Bezeichnung enthalten (→ Rn. 2).

738.3 Nr. 9 erfasst zwar dem Wortlaut nach nicht Eintragungs- sondern Benutzungsverbote, und eine Berücksichtigung des Art. 14 Abs. 1 VO (EG) Nr. 1151/2012 im Rahmen der Nr. 9 führt zu einer Doppelung. Diese Ausdehnung ist aber durchaus sinnvoll, weil das die Löschung nach § 50 ermöglicht. Wenn schon über § 50 Abs. 2 und 3 iVm § 8 Abs. 2 Nr. 9 die Löschung verlangt werden kann, weil die Benutzung der eingetragenen Marke nach Vorschriften im öffentlichen Interesse untersagt werden kann, dann muss das erst recht gelten, wenn eine Vorschrift im öffentlichen Interesse bereits die Eintragung der Marke im öffentlichen Interesse untersagt. Eine Löschung über § 50 Abs. 2 und 3 auf diesem Wege (aA Ströbele/Hacker/Kirschneck § 50 Rn. 4) muss dann nicht mehr – wie allgemein beklagt (für viele Ingerl/Rohnke § 13 Rn. 11) – systemwidrig über § 13 Abs. 2 Nr. 5 (→ § 13 Rn. 59) erfolgen (→ § 50 Rn. 20 f.).

Solche Verbote kommen nicht zum Tragen, wenn es sich in einem Kombinationszeichen 739
um eine Zutatenbezeichnung handeln kann, für die selbst nach UWG nicht sehr strenge
Regeln gelten (OLG München WRP 2015, 218 – Champagner Sorbet; EuGH-Vorlage
durch den BGH BeckRS 2016, 12375, dort geführt unter dem Az. C-393/16).

Die §§ 128, 135 sind unstrittig keine Verbotsvorschriften im öffentlichen Interesse iSd 740
Nr. 9, und auch bilaterale Abkommen zu geographischen Angaben können solche nicht
schaffen (Omsels Rn. 788; anders BGH GRUR 1957, 430 (432) – Havana). Zu den zwingend zu berücksichtigenden absoluten Schutzhindernisse (geographische Herkunftsangabe,
traditionelle Bezeichnung, Sorte) → MarkenR Einleitung Rn. 82.

Für **Sorten** iSd VO (EG) Nr. 2100/94 vom 27.7.1994 (ABl. L 227, 1) besteht nach Art. 7 741
Abs. 1 Buchst. m UMV ein Eintragungsverbot (→ § 13 Rn. 7; → § 13 Rn. 54 ff.).

Enthält die **Spezifikation** verbotene Stoffe schlägt dies nicht auf das Zeichen durch. 742

4. Hoheitszeichen

Vorschriften, die eine Benutzung bzw. Nachahmung von Hoheits- und Organisationszei- 743
chen unter Strafe stellen (§ 145 MarkenG, §§ 124, 125 OWiG), sind keine Hindernisse nach
Nr. 9, da jeweils eine **Befugnis** möglich ist (§ 8 Abs. 4 S. 2), also im Eintragungsverfahren
die Ersichtlichkeit eines bestehenden Verbotes in aller Regel fehlt.

Ein allgemeines Verbot, gesetzliche Zahlungsmittel auf Produkten abzubilden und diese 744
Produkte zu vertreiben, gibt es nicht; zu Münzen → Rn. 746.2.

Art. 6ter Abs. 1 PVÜ enthält keinen allgemeinen Grundsatz, dass staatliche Hoheitszeichen von einer 744.1
gewerblichen Nutzung ausgeschlossen sind. Über die markenmäßige Verwendung hinaus sieht Art. 6ter
Abs. 9 PVÜ nur ein Verbot im Falle eines unbefugten Gebrauchs von Staatswappen im Handel vor,
wenn dieser Gebrauch zur Irreführung über den Ursprung der Erzeugnisse geeignet ist. Staatliche
Hoheitszeichen sind damit nicht generell jeder gewerblichen Verwertung entzogen (BGH GRUR 2003,
705 Rn. 17, 19 – Euro-Billy).

§ 90a StGB, der die **Verunglimpfung** von Hoheitszeichen betrifft, verhindert den Mar- 745
kenschutz zwar im Rahmen der Nr. 6 nicht, weil einer erkennbaren Verunglimpfung der
hoheitliche Charakter fehlt (→ Rn. 686), aber über Nr. 9 oder eventuell über Nr. 5
(→ Rn. 653; BPatG BeckRS 2003, 14067 – Polizei-Teddy). Dies gilt auch für Regelungen
wie Art. 87f Abs. 2 S. 1 iVm Art. 143 Abs. 2 S. 1 GG, die den Wettbewerb im Bereich
ehemals staatlicher Monopole betreffen.

5. Allgemeine Verbotsvorschriften

Benutzungsverbote müssen ein allgemeines, umfassendes Verwendungs- und Werbeverbot 746
enthalten (BPatG Beschl. v. 23.7.1997 – 28 W (pat) 245/96, 28 W (pat) 250/96 und 28 W
(pat) 251/96 – Verbotsverfügungen nach § 9 VereinsG bezüglich Hells Angels. Gesetzliche
Werbeverbote, wie zB § 22 Abs. 2 S. 1 Nr. 2 LMG (BGH GRUR 2011, 633 – Biotabak),
verbieten selbst eine werbemäßige Benutzung oft nur partiell, zB nicht für eine Verwendung
im Fachhandel oder nur für eine gezielt auf Jugendliche ausgerichtete (§ 5 Abs. 2 GlüStV
2012, BGH BeckRS 2013, 11868), und eine markenmäßige Benutzung auch gar nicht
(Tabakwerbung); damit ist jeweils formaler Markenschutz möglich. Ähnlich dürfte es mit
allen **lebensmittelrechtlichen Verboten** sein und ebenso mit wettbewerblichen Verboten,
etwa der Werbung mit Selbstverständlichkeiten (vgl. zu „cholesterinfrei" VG Stuttgart
GRUR-Prax 2013, 74 mit Anm. Schulteis; zu „bekömmlich" LG Ravensburg GRUR-Prax
2015, 422; zu sog. Kinder-Claims OLG Koblenz GRUR-Prax 2014, 48 – Lernstark; zu
„echt" LG Frankfurt a.M. GRUR-Prax 2013, 122; Leible/Schäfer GRUR-Prax 2013, 101;
Weidert GRUR-Prax 2010, 351).

Eine Besonderheit bietet hierbei die Freie Deutsche Jugend (FDJ). Die westdeutsche FDJ wurde 746.1
1954 als verfassungswidrig verboten (BVerwG NJW 1954, 1947). Nach der deutschen Wiedervereinigung blieb die in der DDR bestehende FDJ bestehen. Ihre Wappen sehen sich jedoch zum Verwechseln
ähnlich.

Nach § 2 MedaillenV dürfen Medaillen und Marken weder das Bundeswappen noch den Bundesadler 746.2
oder einen diesem zum Verwechseln ähnlichen Adler tragen oder ein Münzbild, das mit einem gültigen
Münzbild übereinstimmt. Der Begriff „Marken" meint dort münzähnliche Gegenstände, deren Durch-

messer, Materialbeschaffenheit und Gestaltung die §§ 3, 4 MedaillenV vorgeben. Dies ist also weder eine Verbotsnorm iSd § 8 Abs. 2 Nr. 9 (BPatG BeckRS 2009, 25173 – Tasse mit Gelddarstellungen), noch können die Kriterien für diese Verwechslungsgefahr für die Beurteilung der Nachahmung iSd § 8 Abs. 2 Nr. 6 bzw. Nr. 9 herangezogen werden. Ein Eintragungsverbot könnte daraus aber für 3D-Marken folgen.

746.3 „ENERGY & VODKA" ist keine Angabe iSv Art. 2 Abs. 2 Nr. 1 VO (EG) Nr. 1924/2006, da es nicht zum Ausdruck bringt, dass das Getränk besondere Eigenschaften besitzt. Damit fehlt der Bezeichnung die besondere Zielrichtung, die durch die VO bei nährwert- und gesundheitsbezogenen Angaben geregelt werden soll (BGH GRUR 2014, 1224 – ENERGY & VODKA).

746.4 Auch wenn Getränke bestimmte Voraussetzungen erfüllen müssen, um als solche bezeichnet zu werden, schließt es die VO (EG) Nr. 110/2008 nicht aus, dass Bezeichnungen für Mischgetränke einen Hinweis auf die beigemischte Substanz enthalten (BGH GRUR 2014, 1224 – ENERGY & VODKA).

746.5 Sind, wie bei den Bandidos, nur einzelne örtliche Vereinigungen verboten, kann eine zusätzliche Ortsbezeichnung als Hinweis auf ein nicht verbotenes Chapter, sowohl gegen die Strafbarkeit (BGH NJW 2015, 3590 – Bandidos/Fat Mexican) als auch gegen das Eintragungsverbot als Marke sprechen.

746.6 Die Bezeichnung „Käse" für nicht tierische Milcherzeugnisse wäre irreführend (LG Trier BeckRS 2016, 7331).

747 Das **Olympiaschutzgesetz** enthält rechtfertigende Gründe und die olympischen Symbole sowie Bezeichnungen werden umfangreich lizenziert, so dass § 8 Abs. 2 Nr. 9 nicht greifen kann (BPatG Beschl. v. 17.6.2014 – 27 W (pat) 547/13 – Retrolympics).

747.1 Der Aufbau des Olympiaschutzgesetzes entspricht mehr dem UWG (Rieken MarkenR 2013, 334). Das Olympia-Schutzgesetz ist kein verfassungswidriges Einzelfallgesetz und verstößt auch nicht gegen das aus dem Rechtsstaatsprinzip folgende Bestimmtheitsgebot (BGH GRUR 2014, 1215 – Olympia-Rabatt/Olympische Preise; Rieken MarkenR 2015, 173; Adolphsen/Berg GRUR 2015, 643).

6. Persönlichkeits-, Urheber- und Eigentumsrechte

748 Ein Prinzip mit Verfassungsrang, das die Eintragung von Namen (→ MarkenR Einleitung Rn. 13f., → MarkenR Einleitung Rn. 87), Porträts etc verbietet, gibt es nicht (BPatG GRUR 2012, 1148 – Robert Enke; Steinbeck JZ 2005, 551 (555)). Die grundsätzliche Eintragbarkeit bestätigt § 13 Abs. 2 Nr. 2, wonach der Abgebildete gegen eine Eintragung seines Bildes mit der markenrechtlichen Löschungsklage vorgehen kann; zur Prüfung auf absolute Schutzhindernisse (→ Rn. 300, → Rn. 334). Zu dem in der Türkei gesetzlich geschützten Namen Atatürk (→ Rn. 751.2). Näher Ingerl/Rohnke § 13 Rn. 9, 15; Gauß WRP 2005, 570 (574 f.); Christine Kaufmann, Die Personenmarke, GEW Bd. 3, Rn. 164, 165, 192; Sahr GRUR 2008, 461 (468); Sosnitza, FS Ullmann, 2006, 387 (393 f.); Steinbeck JZ 2005, 552 (555); ausführlich Götting GRUR 2001, 615 (621) sowie MarkenR 2014, 229; aA Boeckh GRUR 2001, 29 (33); Schmidt MarkenR 2003, 1 (5).

749 Gemeinfrei gewordene Werke und **Kulturgüter** als Marke zu nutzen, ist nicht verboten (→ Rn. 287). Markenschutz kann es daher nur verhindern, wenn derartige Zeichen üblich geworden sind (→ Rn. 520, → Rn. 840, BPatG BeckRS 2009, 03591 – Pinocchio; Assaf GRUR Int 2009, 1 (3); Meister WRP 1995, 1005 f.; Nordemann WRP 1997, 389 ff.; Sahr GRUR 2008, 461 (469); Steinbeck JZ 2005, 552 (555); BGH GRUR 2012, 1044 – Neuschwanstein; Jankowski S. 84 ff.).

749.1 Werke fallen nach Ablauf der Schutzfristen in den Zustand der völligen Schutzlosigkeit. Also darf sie jedermann frei – auch als Marke – verwerten (Meister WRP 1995, 1005 f.; Nordemann WRP 1997, 389 ff.; Albrecht GRUR 2011, 756; aA Götting GRUR 2001, 615 (621)). Gemeinfreiheit enthält nämlich keine Zuordnung an die Allgemeinheit (aA Klinkert/Schwab GRUR 1999, 1967 (1071)), sondern bringt lediglich zum Ausdruck, dass nun jedermann das Werk ohne Zustimmung des Urhebers verwerten kann. Die Rspr. hat daher (zunächst BPatG BeckRS 2009, 24790 – Fr. Marc) allen Bedenken gegen eine „Re-Monopolisierung" durch Markenschutz eine Absage erteilt (später BGH GRUR 2012, 217 Rn. 15 – Medusa; Osenberg GRUR 1996, 101; Wandtke/Bullinger GRUR 1997, 573; vgl. auch Brömmelmeyer WRP 2006, 1275 (1280 f.)).

749.2 Seifert (WRP 2000, 1014 (1019)), der die Diskussion um die Berücksichtigung der Gemeinfreiheit im Rahmen der Nr. 5 eingehend darstellt, verweist zutreffend darauf, dass bei sehr alten Werken nicht einmal sprachlich eine „Re-Monopolisierung" in Betracht kommt, da Urheberrechte früher nicht bekannt waren und dass die Rechte des Eigentümers nach Eintritt der Gemeinfreiheit sogar weiterge-

Absolute Schutzhindernisse   § 8 MarkenG

hende Einschränkungen gegenüber der Allgemeinheit erlauben als vorher, da zB niemand mehr Zugang oder Vervielfältigungsstücke nach § 25 UrhG verlangen kann. Ein eventuelles Recht auf Zugang zur Kultur (BVerfG NJW 1994, 1781; 1978, 1621) wird nämlich durch eine Eintragung als Marke nicht verletzt, da diese ausschließlich eine markenmäßige Verwendung durch andere verhindert (§§ 23 ff.).

Auch die von der **Panoramafreiheit** nach § 59 UrhG umfassten Dinge stehen nicht 750
außerhalb des Markenschutzes. Die Absicht, nach § 59 UrhG erlaubte Tätigkeiten zu verhindern, kann allenfalls im Rahmen der Nr. 10 Beachtung finden (BPatG GRUR-RR 2009, 58 Rn. 19, 20 – Hooschebaa; → Rn. 839.1 f.).

Die für Persönlichkeits-, Urheber- und Eigentumsrechte einschlägigen Gesetze – mit 751
Verbietungsrechten – sind keine Vorschriften im öffentlichen Interesse; dagegen spricht § 13 Abs. 2. Gleiches gilt für Designrechte (→ § 2 Rn. 128) und für Patente bzw. Gebrauchsmuster (→ MarkenR Einleitung Rn. 7 ff.). Zudem fehlt dabei auf jeden Fall die Ersichtlichkeit, denn es ist nicht auszuschließen, dass die Anmeldung berechtigt erfolgt (Ingerl/Rohnke Rn. 318; strenger HK-MarkenR/Fuchs-Wissemann Rn. 90). Deshalb ist ja auch § 8 Abs. 2 Nr. 4 nicht anwendbar (→ Rn. 574 f.). Für die Feststellung einer Verletzung solcher Rechte wäre außerdem oft eine Abwägung der betroffenen Interessen und der Umstände des Einzelfalls geboten, für die im Registerverfahren kein Raum ist (BPatG BeckRS 2009, 24790 – Fr. Marc; dies gilt insbesondere für **postmortale Persönlichkeitsrechte** → Rn. 643, → Rn. 845; BayVerfGH NVwZ-RR 2013, 1 – Meiserstraße).

Die Darstellung fremder Werke kann das Werk als geistiges Eigentum nicht berühren (BGH NJW 751.1
1966, 542 f. – Apfelmadonna); gegen die in der Markenanmeldung liegende Vervielfältigung kann der Urheber nur über § 13 vorgehen. Der EuGH (C-263/09 P, GRUR 2011, 1132 – Fiorucci) beachtet Urheberrechte nur im Rahmen der Prüfung, ob ein schutzwürdiger Besitzstand vorliegt, der durch eine bösgläubige Anmeldung (→ Rn. 809) gestört werden könnte (ebenso BGH BeckRS 2011, 25607 Rn. 15 – Krystallpalast; nachfolgend BPatG BeckRS 2013, 00479 – Krystallpalast II).

Dass der in der Türkei mit Gesetz Nr. 2587 v. 24.11.1934 an den Staatspräsidenten Mustafa Kemal 751.2
verliehene Name Atatürk (Vater der Türken) durch Gesetz Nr. 2622 v. 17.12.1934 geschützt ist, wurde als Löschungsgrund angesehen, weil viele Türken in Ländern der EU leben (HABM Entsch. v. 17.9.2012 – R 2613/2011-2).

Enthalten angemeldete Zeichen Hinweise auf Dinge, an denen erkennbar private **Eigen-** 752
tumsrechte bestehen (Gebäude, Tiere etc), fehlt sowohl ein Verbot im öffentlichen Interesse als auch die Ersichtlichkeit, da der Eigentümer jederzeit erforderliche Genehmigungen erteilen kann oder die Panoramafreiheit des § 59 UrhG greift (→ Rn. 578.1).

Die Darstellung fremden Eigentums verletzt weder die Substanz noch die Herrschaftsmacht (BGH 752.1
GRUR 1975, 500 f. – Schloß Tegel; GRUR 1990, 390 – Friesenhaus; GRUR 2011, 323 f. – Preußische Gärten und Parkanlagen; NJW 1966, 542 f. – Apfelmadonna). Selbst Verbotsvorschriften, wie § 22 KunstUrhG, enthalten einen Einwilligungsvorbehalt; es gibt allerdings ohnehin keine privaten Rechte am Bild der eigenen Sache (BVerfG NJW 2005, 883 zu Betriebsräumen; OLG Köln GRUR 2003, 1066 – Wayangfiguren; AG Köln BeckRS 2010, 17936 – Bilder des Rinderkalbs Anita; → Rn. 644). Für die Himmelsscheibe von Nebra hat das LG Magdeburg (GRUR 2004, 672) ein Verbot aus § 71 UrhG abgeleitet (zur Kritik daran Eberl GRUR 2006, 1009 f.; Götting GRUR 2007, 303 f.; Jankowski S. 63 f.).

Eine **Verletzung des Hausrechts** beim Erstellen von Abbildungen kann Markenschutz 753
nicht verhindern (Euler AfP 2009, 459 (461); Lehment GRUR 2011, 327 f.).

Der Eigentümer bzw. Vertragspartner kann aber den Verzicht auf die Marke über §§ 280, 249 BGB 753.1
verlangen (Jankowski S. 92). Abbildungen von Eigentum und urheberrechtlich gemeinfreien Werken kann nämlich der Inhaber des Hausrechts über das Recht am eingerichteten und ausgeübten Gewerbebetrieb (§ 826 BGB), über § 1 UWG oder über Betretungsverträge (AGB) verhindern (BGH NJW 1990, 2815 Rn. 42 – Sportübertragungen; NJW 2011, 1811 Rn. 21 ff. – Hartplatzhelden; GRUR 1975, 500 (502) – Schloß Tegel; NJW 2013, 1809 und GRUR 2011, 323 f. – Preußische Gärten und Parkanlagen).

Spezielle Fragen werfen in urheberrechtlich geschützten Werken vorkommende **Phanta-** 754
sie-Marken auf (Slopek/Napiorkowski GRUR 2012, 337; BGH BeckRS 2013, 06518 – Duff Beer). Allein das Verbot der Schleichwerbung begründet aber keinen ersichtlichen

Verstoß der Anmeldung gegen sonstige Vorschriften, zumal denkbar ist, dass der an den Filmen berechtigte Urheber (zum Urheberrecht an fiktionalen Figuren vgl. Haberstumpf ZGE 2012, 284; an **fiktionalen Marken** dürfte nicht mehr Schutz bestehen) künftig lieber das von ihm aufgebaute Markenimage ausnutzen will als weiterhin Filme zu produzieren. Inwieweit alte Filme dann noch gezeigt werden dürfen, ist jedenfalls nicht so klar zu beantworten, dass daraus Verstöße iSd Nr. 9 ersichtlich werden könnten; zur Bösgläubigkeit iSd Nr. 10 → Rn. 842 (Albrecht VPP-Rundbrief 2013, 164 (169)).

7. Kombinationszeichen

755   Ein Verstoß kann sich auch aus verbotenen Bestandteilen des Zeichens ergeben, solange diese noch erkennbar in Erscheinung treten (→ Rn. 51 f.; BPatG BlPMZ 1990, 77 – Moet, zu starke Verkleinerung; GRUR 2009, 495 – Flaggenball; BeckRS 2011, 26011 – Konsensuskonferenz).

756   Auch wenn neben den übrigen Zeichenbestandteilen einem verbotenen Zeichen bloß dekorativer Charakter zukommt, liegt ein Verstoß gegen Nr. 9 vor, da es hier nicht darauf ankommt, ob ein Zeichen bestimmte Ansprüche vermittelt (zu Hoheitszeichen → Rn. 678).

757   In einen sonst einem Verbot unterliegenden Begriff eingefügte Sonderzeichen und Tippfehler, die bei einer informationstechnischen Verarbeitung (Recherche) unterdrückt werden (→ Rn. 784) oder vom Betrachter nicht beachtet werden, führen nicht zum Markenschutz.

758   Ein negativ kommentierender Kontext kann einen Verstoß gegen Nr. 9 ausschließen. Das bloße Durchstreichen eines verbotenen Zeichens genügt dafür noch nicht, wenn damit keine eindeutige Ablehnung hervorgeht. Dies gilt insbesondere, wenn der durchgestrichene Teil durch einen anderen „ersetzt" wird, solange dies nur eine gewünschte gedankliche Verbindung erzeugen soll (→ Rn. 659.1; Ready to fuck bzw. to Faak: BPatG BeckRS 2011, 28145; nachfolgend BGH BeckRS 2013, 06126).

IX. Bösgläubigkeit (Nr. 10)

759   § 8 Abs. 2 Nr. 10 soll Anmeldungen von Marken erfassen, die von vornherein nicht für lautere Zwecke bestimmt sind, lässt aber andere Vorschriften unberührt, die zur Löschung missbräuchlicher Marken führen können (HK-MarkenR/Hoppe § 50 Rn. 25). Als Löschungsgrund erfasst dieser Tatbestand auch Marken, die vor Inkrafttreten des Markengesetzes angemeldet wurden (BGH GRUR 2000, 1032 (1034) – Equi 2000).

759.1   Die UMV enthält kein absolutes Eintragungshindernis (→ MarkenR Einleitung Rn. 82; → Rn. 11, → Rn. 14), sondern lediglich einen Nichtigkeitsgrund (Art. 52 Abs. 1b UMV); damit kann der bösgläubige Anmelder das nationale absolute Schutzhindernis im Eintragungsverfahren durch Registrierung einer entsprechenden Unionsmarke umgehen (Ticic S. 194, Nr. 15).

759.2   Ursprünglich war Bösgläubigkeit auch im deutschen Recht nur ein Löschungstatbestand (§ 50 Abs. 1 Nr. 4 aF). Mit der Änderung zum 1.6.2004 wollte der Gesetzgeber ua ein Korrektiv zum Wegfall des Erfordernisses eines Geschäftsbetriebs schaffen (Begr. RegE zum GeschmMReformG, BT-Drs. 15/1075, 67, BlPMZ 2004, 222 (253); Begr. zum MarkenG, BT-Drs. 12/6581 vom 14.1.1994, 96), was jedoch nur in sehr beschränktem Umfang gelungen ist (→ Rn. 841). Dass Bösgläubigkeit damit nun unter § 50 Abs. 1 fällt, berührt die Löschungsreife von vor dem 1.6.2004 bösgläubig angemeldeten Marken nicht, da der Löschungsgrund nicht neu eingeführt wurde (→ Rn. 14).

759.3   Nr. 10 ist hauptsächlich Grundlage des eigentlich sekundären Löschungsanspruchs nach § 50 Abs. 3. Außerdem kann von den Nichtigkeitsgründen wegen absoluter Schutzhindernisse iSd § 50 Abs. 1 allein Bösgläubigkeit **im Verletzungsprozess als Einrede oder Widerklage** geltend gemacht werden (Ingerl/Rohnke § 50 Rn. 1; BGH GRUR 2008, 917 Rn. 19 – Eros). Beides aber greift meist erst nach erfolgter Rechtsverletzung, weshalb Nr. 10 im Registerverfahren nicht zu eng ausgelegt werden sollte und an die Feststellung der böswilligen Absicht keine zu hohen Anforderungen gestellt werden dürfen (vgl. BPatG GRUR 2001, 744 (748) – S 100; BeckRS 2012, 02969 – Limes Logistik; BeckRS 2013, 00479 – Krystallpalast II).

759.4   Dass derzeit im Widerspruchsverfahren die Bösgläubigkeit der Widerspruchsmarke nicht geprüft werden kann (BPatG BeckRS 2015, 02948 – Lehmitz), bestätigt EuGH C-357/12, GRUR Int 2013, 924 – Kindertraum). Während § 8 Abs. 2 Nr. 10 die Eintragung als Marke verhindern kann, haben Konkurrenten Rechte aus §§ 22, 50, 51 MarkenG, §§ 3, 4 Nr. 4 UWG sowie §§ 826, 242 BGB gegen bösgläubig angemeldete Marken.

Absolute Schutzhindernisse § 8 MarkenG

1. Allgemeines

Bösgläubigkeit kann ein Löschungsantragsteller **zeitlich unbegrenzt** geltend machen, **760** was eine Verwirkung ausschließt (BPatG BeckRS 2015, 16941 – BiM-Markt).

Die Prüfung der Bösgläubigkeit verlangt eine Berücksichtigung der Person des Anmelders **761** und seiner Pläne, Motive etc, was Nr. 10 von den anderen absoluten Schutzhindernissen unterscheidet, bei denen ausschließlich Eigenschaften der angemeldeten Zeichen zu prüfen sind. Treten juristische Personen als Anmelder auf, ist ihnen jedenfalls die Bösgläubigkeit ihres alleinvertretungsberechtigten Gesellschafters gemäß § 166 Abs. 1 BGB zuzurechnen (BPatG BeckRS 2016, 12541 – Ismaqua). Grundsätzlich werden im Eintragungsverfahren – außerhalb des Anwendungsbereichs des § 28 Abs. 1 – redliche Absichten des Anmelders vermutet, solange dies keine offensichtlichen Anhaltspunkte widerlegen (BGH GRUR 2001, 242 Rn. 38 – Classe E; GRUR 2009, 780 Rn. 19 – Ivadal; EuG T-227/09, GRUR Int 2012, 651 – FS). Der Anmelder muss also nicht etwa lautere Absichten belegen (BPatG BeckRS 2011, 11393 – LEV; GRUR 2012, 840 – soulhelp).

Soweit die Anmeldung freihaltungsbedürftiger Begriffe als bösgläubig angesehen wird **762** (sehr streng BPatG GRUR-Prax 2013, 10 – hop on hop off), greift vorrangig die Zurückweisung der Anmeldung über § 8 Abs. 2 Nr. 2; Bösgläubigkeit dient im Löschungsverfahren als Korrekturmöglichkeit und als Grundlage einer **Kostenauferlegung** (→ § 71 Rn. 16, → § 71 Rn. 32). Der Annahme einer Bösgläubigkeit wegen Freihaltungsbedürftigkeit ist aber entgegenzuhalten, dass selbst die Anmeldung einer hunderttausendfach verwendeten Bezeichnung nicht als bösgläubig galt (BPatG GRUR-RR 2012, 6 – Aksaray-Döner). Ebenso ist es nicht bösgläubig, eine Marke ohne Verfügbarkeitsrecherche anzumelden, auch wenn diese andere beeinträchtigt (→ § 71 Rn. 23.2).

Das Schutzhindernis kann der mit **Widerspruch** angegriffene Markeninhaber, wie alle **763** Schutzhindernisse nach § 8 Abs. 2 und die fehlende Markenfähigkeit nach § 3, nicht gegen eine eingetragene Widerspruchsmarke vorbringen (BGH GRUR 1963, 626 – sunsweet); → Rn. 759.4.

Er muss vielmehr einen Löschungsantrag stellen und Aussetzung des Widerspruchsverfahrens bean- **763.1** tragen (→ § 70 Rn. 6ff.). Entsprechendes gilt für Löschungsanträge nach § 51 Abs. 4, wenn die ältere Marke bösgläubig angemeldet war.

Bei Widersprüchen aus nicht eingetragenen **Benutzungsmarken** ist das anders (→ § 42 **764** Rn. 90; zu § 8 Abs. 2 Nr. 5 BGH BeckRS 2013, 06126 Rn. 18 – Ready to fuck; zum nicht eingetragenen Gemeinschaftsgeschmacksmuster BGH BeckRS 2013, 10446 – Bolerojäckchen), weil bei Benutzungsmarken keine Amtsprüfung erfolgt, die einen gewissen Schutzumfang unterstellen lässt, und kein Löschungsantrag möglich ist. Hier muss der angegriffene Markeninhaber absolute Schutzhindernisse schon im Widerspruchsverfahren ebenso einwenden dürfen, wie Rechtsmissbrauch. Die bösgläubig aufgenommene Benutzung darf nicht gegenüber der mit „offenem Visier" erfolgenden Anmeldung privilegiert werden (Szalai MarkenR 2012, 8 (14)).

Den Rechtserwerb an der Widerspruchsmarke als solches in Frage stellende Einwände sind hier **764.1** beachtlich; nach der Widerspruchsmöglichkeit aus nicht eingetragenen Marken muss trotz des summarischen Charakters des Widerspruchsverfahrens insoweit eine Überprüfung erfolgen (Ingerl/Rohnke § 43 Rn. 35). Dass das Widerspruchsverfahren über die bloße Registerprüfung hinausgehen kann, zeigt Hacker (GRUR 2010, 99 (101) Fn. 14) unter Bezugnahme auf BPatG GRUR 1997, 840 – Lindora/Linola sowie BGH GRUR 2006, 859 Rn. 33 – Malteserkreuz. Bei Benutzungsmarken entsprechen die Eintragungshindernisse einem Mangel der erforderlichen Schutzvoraussetzungen, die nicht von Rechten Dritter abhängen (Ingerl/Rohnke § 4 Rn. 6ff.). Im Widerspruchs- und Verletzungsverfahren können diese uneingeschränkt als rechtshindernd geltend gemacht werden (Ingerl/Rohnke § 43 Rn. 28).

Immerhin kann der Löschungsantrag aber zeitlich unbegrenzt erfolgen. Die in § 50 Abs. 2 genannten **764.2** Löschungsgründe aus §§ 3, 7, 8 Abs. 2 Nr. 4–10 sind nämlich anders als die nach den Nr. 1–3 nicht fristgebunden. Nur für die Löschung von Amts wegen (§ 50 Abs. 3) gilt auch hier eine Frist von zwei Jahren seit Eintragung.

2. Zeitpunkt

Nach dem Wortlaut der Nr. 10 kommt es für das Vorliegen der Bösgläubigkeit auf den **765** Zeitpunkt der Anmeldung an bzw. auf den der Benutzungsaufnahme (§ 37 Abs. 3; BGH BeckRS 2016, 04376 Rn. 12 – Glückspilz; GRUR 2016, 378 – Liquidrom).

Albrecht 423

765.1 Ob im Zeitpunkt der Anmeldung Bösgläubigkeit vorlag, kann sich allerdings im Löschungsverfahren auch aus Indizien ergeben, die erst später bekannt werden oder sich erst später manifestieren (BGH BeckRS 2016, 04376 – Glückspilz). Dagegen ist ein späterer Rechtsmissbrauch insoweit unerheblich (Jankowski S. 250).

766 Eine nachträglich aufgenommene Nutzung(sabsicht) oder die Aufgabe einer ursprünglich bestehenden Behinderungsabsicht beseitigt eine ursprüngliche Bösgläubigkeit nicht (BPatG GRUR 2000, 812 Rn. 19 – tubeXpert; vgl. auch OLG Düsseldorf GRUR-RR 2011, 211 – Spekulationsmarke). Wie der Umkehrschluss aus § 50 Abs. 2 zeigt, ist das Schutzhindernis Bösgläubigkeit im Gegensatz zu den Nichtigkeitsgründen nach §§ 3, 7, 8 Nr. 1–9 im Hinblick auf seinen Sanktionscharakter **nicht heilbar** (→ § 50 Rn. 12 f.; HK-MarkenR/Hoppe § 50 Rn. 27). Nachträgliche **Vereinbarungen** beseitigen den Löschungsgrund Bösgläubigkeit nicht (BPatG BeckRS 2007, 11834 – DO), sogar wenn daran derjenige mitwirkt, der selbst zur Anmeldung berechtigt gewesen wäre oder dessen Besitzstand der Anmelder in unredlicher Weise beeinträchtigt hat. Eine Ausnahme gilt lediglich im Hinblick auf einen nur vorübergehenden Missbrauchsvorwurf. Die Löschungsreife entfällt also nicht, wenn der Unlauterkeitstatbestand später wegfällt, etwa bei Einstellung der Markenbenutzung durch den ursprünglich rechtswidrig beeinträchtigten Konkurrenten oder durch nachträgliche Vereinbarungen.

767 **Gutgläubiger Erwerb** ist nicht möglich (ähnlich zur Agentenmarke → § 11 Rn. 52; → § 50 Rn. 12). Einem vom unredlichen Anmelder erworbenen Recht haftet die Bösgläubigkeit des Anmelders an (BPatG BeckRS 2007, 11834 – DO), sogar wenn der Erwerber selbst zur Anmeldung berechtigt gewesen wäre. Damit sind Übertragungsansprüche Dritter, nicht zu prüfen, wie Meessen (GRUR 2003, 672 (675)) fordert.

3. Auslandsbezug

768 Motive können sich räumlich gesehen auch im Ausland manifestieren. Entscheidend ist zwar allein, was der Anmelder mit dem in Deutschland beantragten Markenschutz vorhat. Die Begrenzung des örtlichen Geltungsbereichs einer Marke spricht aber nicht dagegen, die Bösgläubigkeit eines Anmelders an Umstände zu knüpfen, die sich im Ausland ereignen, solange sie ersichtlich sind (BGH GRUR 1998, 1034 (1037) – Makalu; GRUR 1967, 304 – Siroset; GRUR 2008, 621 Rn. 21 – Akademiks; GRUR 2008, 160 Rn. 19 – Cordarone; GRUR 1967, 304 (306) – Siroset; OLG München BeckRS 2009, 12818 – Wangzhihe; OLG Karlsruhe GRUR 1997, 373 – NeutralRed; vgl. auch Beier/Kur, FS Fikentscher, 1998, 477 (490 f.)).

769 Ebenso können missbräuchliche Anmeldungen darauf abzielen, im Ausland zu wirken. Zu Anmeldungen von Marken aus Beitrittsländern s. Bugdahl Mitt. 2008, 108 (109)).

4. Ersichtlichkeit, Bemerkungen Dritter

770 Ersichtlichkeit spielt nur im Anmeldeverfahren und bei der Löschung von Amts wegen eine Rolle (→ § 50 Rn. 15). Auch dort entfällt jedoch nicht jede Prüfungs- und Recherchetätigkeit (Lerach GRUR 2009, 107 (110)). Ersichtlich ist, was sich aus Anmeldeakten, Prüfungs- und Recherchematerial sowie üblichen Informationsquellen ohne weiteres ergibt (Boeckh GRUR 2001, 29; Götting GRUR 2001, 615; Klinkert/Schwab GRUR 1999, 1067). Spekulative oder pauschalierende Überlegungen dürfen hier nicht angestellt werden (Schmieder GRUR 1992, 672 f.).

771 Im Eintragungsverfahren wird in der Regel die fehlende Absicht zur markenmäßigen Benutzung, nicht ersichtlich sein, weil nicht unbedingt erkennbar ist, dass lediglich eine dekorative Verwendung gewollt ist und die Marke lediglich als Einschüchterungspotential dienen soll (EuGH C-529/07, GRUR 2009, 763 (765) Rn. 45 – Chocoladefabriken Lindt & Sprüngli/Franz Hauswirth; Klinkert/Schwab GRUR 1999, 1067 (1072); Helm GRUR 1996, 593 (596); Raue S. 112 f.; BGH BeckRS 2016, 04376 Rn. 29 – Glückspilz). Das kann anders sein, wenn eine frühere Anmeldung der gleichen Marke bereits als bösgläubig angesehen wurde (BPatG BeckRS 2016, 12541 – Ismaqua).

772 Schon im Eintragungsverfahren kann es aber deutlich sein, dass eine Benutzung nicht in Frage kommt, weil Konkurrenten dies über das UWG verhindern könnten (→ Rn. 580,

Absolute Schutzhindernisse § 8 MarkenG

→ Rn. 584, → Rn. 830). Ebenso ist die erneute Anmeldung einer Marke, zu deren Löschung ein früherer Inhaber bereits rechtskräftig verurteilt wurde, durch Strohmänner oder -firmen bösgläubig (BPatG BeckRS 2015, 09634 – rot, blau und weiß/Bayern-Event).

Bösgläubigkeit kann nicht ohne weitere Anhaltspunkte unterstellt werden, wo Berechtigungsverhältnisse denkbar sind, also auch Lizenzen, Unterlizenzen und sogar Duldung einer früheren Benutzung (→ Rn. 807; BPatG BeckRS 2012, 11035 – Gürzenich Orchester Köln; Anm. dazu Stelzenmüller GRUR-Prax 2012, 283). Solche legalen Nutzungsrechte muss der Anmelder aber vortragen, wenn die erneute Anmeldung einer gelöschten Marke (→ Rn. 771) im Raum steht. 773

Zu unterscheiden ist davon die spätere Duldung einer bösgläubig angemeldeten Marke, die keinen Verlust an Rechten mit sich bringen soll (Standpunkt des Rates vom 28.10.2015, 2013/0089 (COD) Tz. 29). 773.1

Zwar kann die Anmeldung einer Marke durch den Agenten ohne Zustimmung des Geschäftsherrn bösgläubig erfolgen, aber im Eintragungsverfahren ist das kaum ersichtlich. 774

Das wettbewerbliche Verhalten vor der Anmeldung ist eher nicht maßgeblich. Bösgläubigkeit ist aber schon bei der Anmeldung erkennbar, wenn der Anmelder vor einer Entscheidung über seinen Antrag unredlich aus dem Markenrecht vorgeht, etwa indem er bereits Forderungen geltend macht oder Abmahnungen ausspricht oder Angebote macht, die Anmeldung bzw. die daraus resultierende Marke abzutreten bzw. Lizenzen daran zu erteilen. Eine Marke gegen rein dekorative Verwendungsformen ins Feld zu führen, soll dagegen allein noch nicht den Vorwurf einer böswilligen Anmeldung begründen (BGH BeckRS 2016, 04376 Rn. 29 – Glückspilz; → Rn. 787.1). 775

Um Bösgläubigkeit im Registerverfahren berücksichtigen zu können, erscheint es auch ohne gesetzliche Grundlage geboten, **Hinweise Dritter** aufzugreifen. Rieken (GRUR-Prax 2014, 253) rät daher zu einer aufmerksamen Markenüberwachung, die im Fall FC Bayern München/München in Bayern (BeckRS 2014, 09355) Erfolg zeigte. Ein Hinweis sollte zufällig erlangtem Wissen gleichgestellt werden, kann aber keine Pflicht zu weiteren Ermittlungen begründen (Ticic S. 82–85). 776

Die Berücksichtigung von Hinweisen verlangen Art. 40 und 69 UMV ausdrücklich. Das ist im deutschen Recht vom Wortlaut der Vorschriften her trotz der unterschiedlichen Verfahrensabläufe nicht ausdrücklich ausgeschlossen. Eine Berücksichtigung auch im nationalen Registerverfahren erscheint prozessökonomisch, verhindert sie doch Eintragungen, die zwangsläufig zu Löschungsverfahren führen werden (Bender MarkenR 2013, 1 (7)). Sie wäre vor allem da hilfreich, wo persönliche Geschäftsbeziehungen die Markenanmeldung eines (ehemaligen) Partners bösgläubig machen (→ Rn. 818) oder fremde Persönlichkeitsrechte erkennbar sind (→ Rn. 839). Da der Hinweis (auf allgemeine Informationsquellen, → § 37 Rn. 9) nur die Amtsermittlung anstoßen kann, ist Verwirkung (§ 21 Abs. 4) ausgeschlossen – nicht aber Duldung (aber → Rn. 807). Eine aufgrund solcher Hinweise offenkundig gewordene Bösgläubigkeit wird von einer „Rücknahme" des Hinweises nicht berührt. 776.1

Bei **Kollektivmarken** und **Gewährleistungsmarken** kann sich eine Bösgläubigkeit auch aus dem Satzungsinhalt oder der Spezifikation, Rezeptur ergeben (→ § 103 Rn. 1), etwa weil bestimmte Geschäftsmodelle behindert werden sollen (zur Spezifikation geographischer Herkunftsangaben: BPatG GRUR 2014, 192 – Zoigl; → § 127 Rn. 20.1). 777

5. Böser Wille

Eine exakte Definition des Begriffs „Bösgläubigkeit" ist letztlich nicht möglich. Maßgeblich sind die Ziele und Motive des Anmelders, wie sie auf Grund aller bekannten Indizien feststellbar sind (→ UMV Art. 52 Rn. 30). Es gibt daher keine abschließende Aufzählung aller Kriterien, die für eine Bösgläubigkeit sprechen können. 778

Das Fehler einer exakten Definition soll sogar die Bestimmtheit der Vorschrift in Frage stellen (vgl. Osterloh, FS Ullmann, 2006, 354; Meessen GRUR 2003, 672 (673, 675)); manche sprechen von der Bösgläubigkeit als „Mutter aller Einzelfälle" (Matthes GRUR-Prax 2012, 188 f.). „Bösgläubigkeit" ist immer einzelfallbezogen festzustellen (→ Rn. 781). 778.1

Das Markengesetz knüpft zwar an die Rechtsprechung zum außerkennzeichenrechtlichen Anspruch aus UWG und § 826 BGB an. Der Begriff „Bösgläubigkeit" ist aber ein eigenständiger Begriff des 778.2

Kennzeichenrechts, der auch in § 21 Verwendung findet und dem in Art. 52 Abs. 1 Buchst. b UMV entspricht (BGH GRUR 2000, 1032 f. – Equi 2000; GRUR 2005, 581 f. – The Colour of Elégance; → UMV Art. 52 Rn. 30). Der Begriff „Bösgläubigkeit" ist nicht Gegenstück zur Gutgläubigkeit nach § 932 BGB oder im Sinne des Wechsel- und Scheckgesetzes zu verstehen (Osterloh, FS Ullmann, 2006, 347 f.).

778.3 Die schon zum WZG entwickelten Grundsätze sind weiterhin heranzuziehen, wo das Entstehen ungerechtfertigter Markenrechte bereits im Eintragungsverfahren verhindert werden soll (vgl. Begr. RegE zu Art. 2 Abs. 9 Nr. 1 Buchst. c und Nr. 5 Buchst. a GeschmMReformG, BT-Drs. 15/1075, 67 f.; BGH BeckRS 2016, 04376 Rn. 16 – Glückspilz).

778.4 Eine Verzahnung belegen Beier/Kur (FS Fikentscher, 1998, 477 (486)) auch durch Art. 6^{quinquies} B Abs. 3 PVÜ, der Art. 10bis PVÜ weiterhin anwendbar macht, und durch Art. 6^{septies} PVÜ. Im Rahmen des § 23 werden die guten Sitten mit den anständigen kaufmännischen Gepflogenheiten umschrieben (→ § 23 Rn. 4, → § 23 Rn. 21; → UMV Art. 12 Rn. 13; zur Auslegung im Lichte der außermarkenrechtlichen Löschungsansprüche Meessen GRUR 2003, 672 f. mwN in Fn. 10; BPatG GRUR 2000, 809 – SSZ).

778.5 Auch wenn Nr. 10 nicht in zwingender Umsetzung des Art. 3 Abs. 2 Buchst. d RL 2008/95/EG geschaffen wurde, ist sie doch richtlinienkonform auszulegen (EuGH C-408/01, GRUR 2004, 58 Rn. 18, 20 – Adidas/Fitnessworld; BGH GRUR 2009, 992 – Schuhverzierung; BPatG BeckRS 2010, 10244 – Gelbe Seiten; Ströbele MarkenR 2010, 409 f.; Ullmann GRUR 2009, 364 f.), weshalb die EuGH-Rechtsprechung zu beachten ist. Der Begriff „Bösgläubigkeit" ist Art. 3 Abs. 2 lit. d RL 2008/95/EG entnommen und soll im nationalen Markenrecht bedeutungsgleich sein (Lerach GRUR 2009, 107 f.). Der nationale Gesetzgeber darf keine anderen oder strengeren Anforderungen stellen (EuGH C-320/12, GRUR 2013, 919 Rn. 28 f. – Malaysia Dairy Industries; Slopek GRUR-Prax 2013, 310).

778.6 Das EuG spricht in BIGAB (T-33/11, BeckRS 2012, 80308 Rn. 9) von einem unredlichen Verhalten, das nicht den Kriterien eines akzeptablen geschäftlichen Verhaltens entspricht.

779 Die Rechtsprechung hat zwar **Fallgruppen** der bösgläubigen Anmeldung entwickelt (→ § 23 Rn. 22): Sperrmarken (→ Rn. 830), Defensivmarken (→ Rn. 829), Wiederholungsanmeldungen (→ Rn. 847), Nachanmeldungen (→ Rn. 833), Spekulations- und Hinterhaltsmarken (→ Rn. 837), Marken mit dem Ziel, fremden Besitzstand zu stören (→ Rn. 798 ff.) sowie Markenerschleichung (→ Rn. 832). Diese erfassen das Tatbestandsmerkmal Bösgläubigkeit aber nicht ausreichend und bergen die Gefahr allzu schematischen Vorgehens.

779.1 Wie sich bei der Aufzählung der Kriterien aus der Verwendung des Wortes „insbesondere" in der EuGH-Entscheidung (C-529/07, GRUR 2009, 763 (765) Rn. 38 – Chocoladefabriken Lindt & Sprüngli/Franz Hauswirth) ergibt, handelt es sich bei den genannten Faktoren um keine abschließende Aufzählung (EuG T-227/09, GRUR Int 2012, 651 – FS; BPatG BeckRS 2011, 00178 – Sachsendampf; BeckRS 2013, 00479 – Krystallpalast II; EuG T-33/11, BeckRS 2012, 80308 Rn. 20 – BIGAB).

779.2 Das BPatG (BeckRS 2013, 05490) nennt drei Fallgruppen als wesentlich: Spekulationsmarken (→ Rn. 837), Besitzstandsstörung (→ Rn. 798), zweckfremder Einsatz als Mittel des Wettbewerbs (→ Rn. 783), wobei letzteres alle anderen als Oberbegriff umfasst.

780 Die genaue Subsumtion ist in der Praxis wenig hilfreich, zumal eine klare Abgrenzung selten möglich ist. Vorrangig ist, ob der Anmelder ersichtlich einen **zweckfremden Einsatz** der Marke beabsichtigt (BGH GRUR 2000, 1032 f. – Equi 2000; BPatG GRUR 2000, 809 – SSZ; Steinbeck, FS 50 Jahre BPatG, 2011, 777), etwa die Störung fremden Besitzstandes (→ Rn. 798 ff.), oder ob er in zulässiger Weise eigene Geschäfte fördern will (→ Rn. 787. Was **„zweckfremd"** ist, bedarf allerdings einer wertenden Ausfüllung (Ullmann GRUR 2009, 364 (366)).

781 Bei dem Begriff „bösgläubig" handelt es sich um einen in der gesamten Union **einheitlich auszulegenden Begriff** (EuGH C-320/12, BeckRS 2013, 81283 – Malaysia Dairy Industries; Rohnke/Thiering GRUR 2013, 1073 (1075); Ullmann GRUR 2009, 364 f.; Stauder ELR 2013, 231).

782 Damit eine Absicht als bösgläubig gelten kann, muss sie nicht das alleinige Motiv der Anmeldung sein, sondern nur ein **wesentliches Motiv** (BGH BeckRS 2008, 17380 Rn. 23 – Eros).

783 Verfolgt der Anmelder (auch) ehrenwerte oder gar gemeinnützige Zwecke, kann trotzdem eine Bösgläubigkeit im Rechtssinne vorliegen, wenn der Anmelder mit dem Markenschutz ausschließlich einen vom Markengesetz nicht gedeckten Zweck verfolgt, wie den Ausschluss anderer von einer (unberechtigten) Verwendung; Markenrecht ist nämlich **kein Ordnungs-**

recht (→ Rn. 839.1). Wichtig ist daher immer ein eigener **Benutzungswille** (BPatG GRUR-RR 2009, 58 Rn. 19, 20 – Hooschebaa; EuG T-204/10, BeckRS 2012, 82100 Rn. 59f. – Color Focus; Loschelder, FS Bornkamm 2014, 637 (638); BGH GRUR 2008, 917f. – Eros; GRUR 1995, 117 (121) – NEUTREX).

Nach der Auffassung des EuGH (C-569/08, GRUR 2010, 733 – www.reifen.eu) ist **784** die bösgläubige Anmeldung von Wörtern auch dann nicht eintragungsfähig, wenn sie mit **Sonderzeichen** oder **Tippfehlern** durchsetzt sind, die Suchmaschinen bei einer informationstechnischen Verarbeitung (Recherche) automatisch unterdrücken oder die der Betrachter nicht beachtet. Schutzversagung kann aber an fehlender Ersichtlichkeit scheitern, wenn eine rechtliche zulässige Nutzung denkbar ist, wie dies der BGH (BeckRS 2014, 03493 – wetter-online.de) angenommen hat.

Böser Wille erfordert kein Wettbewerbsverhältnis gegenüber einem anderen. Bösgläubige **785** Markenanmeldungen sind aber meist auch eine **Behinderung von Mitbewerbern** iSd § 4 Nr. 4 UWG (→ § 2 Rn. 72). Bloße **Rufausbeutung,** die ja sogar den Erfolg der fremden Marke voraussetzt (→ Rn. 806), ist nur über die Verwechslungsgefahr und das UWG zu verhindern.

Nicht jede Markenanmeldung, die entgegen einer **vertraglichen Abrede** erfolgt, ist **786** bösgläubig (HABM BK v. 31.5.2007 – R 255/2006-1 – Johnson Pump). Ebenso erlauben nicht alle vom Markeninhaber gegen Dritte eingeleiteten rechtlichen Schritte sichere Rückschlüsse auf eine Behinderungsabsicht bei Anmeldung. Dies gilt insbesondere dann, wenn solche rechtlichen Schritte auch auf andere Marken oder Unternehmenskennzeichen gestützt waren und bereits vor der Anmeldung Berechtigungsanfragen, Abmahnungen etc aus anderen Rechten erfolgt waren (BPatG BeckRS 2014, 15833 – Lactec).

a) Eigene Interessen des Anmelders. Bösgläubigkeit scheidet aus, wenn das Verhalten **787** des Markenanmelders vorrangig dazu dient, eigene Geschäfte durch Marken und deren markenmäßigen Gebrauch zu fördern. „Der Kampf um die Macht am Markt wird vernünftiger Weise auch mit dem Markenrecht geführt" (Ullmann GRUR 2009, 364). Wettbewerb rechtfertigt es nämlich, eigenen Besitzstand zu wahren (→ Rn. 795) und zu mehren, also Konkurrenten Marktanteile zu entziehen bzw. vorzuenthalten – solange dies mit fairen Mitteln geschieht (→ MarkenR Einleitung Rn. 2; → § 3 Rn. 56ff.). Dazu gehört es auch, eine eigene **Markenreihe zu erweitern** oder für Bestandteile durchgesetzter Zeichen (§ 8 Abs. 3) einzeln Schutz zu suchen oder durch die Anmeldung sog. Vorratsmarken einen zukünftigen Markenbedarf zu decken; zu sog. Defensivmarken → Rn. 829 ff. Eigene Interessen des Anmelders kann es zeigen, wenn das Zeichen dem Markenbildungsprinzip entspricht, das bereits andere Marken des Anmelders aufweisen; widerspricht das angemeldete Zeichen diesem Bildungsprinzip, so liegt das Gegenteil nahe (BPatG BeckRS 2014, 15520 – VCM).

Dass eine Marke auch gegen rein dekorative Verwendungsformen ins Feld geführt werden kann, **787.1** begründet allein noch nicht den Vorwurf einer böswilligen Anmeldung. Da sich die Abgrenzung von markenmäßigem und rein dekorativem Gebrauch im Einzelfall als schwierig erweisen kann, sieht der BGH ohne das Hinzutreten weiterer Umstände keinen Missbrauchsverdacht. Auch ein etwaiger Einschüchterungseffekt bewirke keine über den zweckentsprechenden Einsatz des Monopolrechts hinausgehende Behinderung (BGH BeckRS 2016, 04376 Rn. 29 – Glückspilz).

Das mit dem Erstreckungsgesetz von 1992 abgeschaffte Geschäftsbetriebserfordernis darf nicht über **787.2** die Regeln zur Bösgläubigkeit wieder eingeführt werden. Die Tätigkeit des Erwerbers einer Marke ist für die Vornahme der Anmeldung und die Inhaberschaft ohne Belang. Die dagegen sprechende unbegrenzte Dauer des Schutzes ist durch den Benutzungszwang ausreichend beschränkt.

Eigene Interessen des Anmelders kann es zeigen, wenn die für das Zeichen beanspruchten **788** Waren und Dienstleistungen eine sinnvolle Sortimentserweiterung zur bisherigen Geschäftstätigkeit ergeben können (→ Rn. 825).

So ist vorstellbar, dass ein Unternehmen, das auf Projektplanung, Herstellung und Wartung von **788.1** Lackieranlagen zur industriellen Verwendung spezialisiert ist, sein Geschäftsfeld auf die Herstellung von für diese Lackiermaschinen geeigneten Lacke ausdehnt, sei es selbst oder im Wege der Lizenzierung (BPatG BeckRS 2014, 15833 – Lactec).

Es kommt nicht darauf an, ob der Anmelder bisher die nunmehr beanspruchten Waren und Dienst- **788.2** leistungen gar nicht oder unter anderen Marken angeboten hat (EuG T-33/11, BeckRS 2012, 80308 Rn. 25, 28 – BIGAB; → Rn. 793.1).

MarkenG § 8 Teil 2 Voraussetzungen, Inhalt und Schranken etc.

788.3   Umstände, die eine Benutzungsabsicht für eigene Zwecke belegen, hat der Anmelder jedenfalls dann aufzuzeigen, wenn die bisher bekannten Umstände für eine Bösgläubigkeit sprechen (BPatG BeckRS 2014, 08375 – Evonic).

789   Jedermann muss seinen zukünftigen Markenbedarf absichern können, bevor er kostspielige und aufwändige Marketingaktivitäten entwickelt (→ Rn. 793; BGH GRUR 2008, 621 Rn. 32 – Akademiks; GRUR 2008, 917 Rn. 23 – Eros; GRUR 1984, 210 f. – Arostar; GRUR 2005, 581 f. – The Colour of Elégance; BPatG BeckRS 2013, 00479 – Krystallpalast II; BeckRS 2012, 02969 – Limes Logistik; BeckRS 2011, 23133 – BEFA; BeckRS 2010, 10244 – Gelbe Seiten; OLG Karlsruhe GRUR-RR 2004, 73 f. – Flixotide; OLG Hamburg BeckRS 2010, 15826 – Metro, nachf. BGH GRUR 2012, 180; Jordan, FS Helm, 2002, 187 (192 f.).).

790   Eigener Benutzungswille schließt die Annahme einer Bösgläubigkeit aber nicht notwendig aus (BPatG GRUR-Prax 2013, 10 – Hop on Hop off). Das gilt insbesondere, wenn der Benutzung rechtskräftige Unterlassungsansprüche entgegenstehen (BPatG BeckRS 2014, 17331 – Bionator/Bionade).

791   Ein Faktor für die Beurteilung der Bösgläubigkeit ist auch die Art bzw. Gestaltung der angemeldeten Marke. Sie darf weder die Wahlfreiheit der Mitbewerber hinsichtlich Form und Aufmachung missbräuchlich einschränken (EuGH C-529/07, GRUR 2009, 763 – Chocoladefabriken Lindt & Sprüngli/Franz Hauswirth; → § 3 Rn. 58) noch die Möglichkeiten zur Benennung hinsichtlich Form, Dekor oÄ (BPatG BeckRS 2013, 10403 – Margerite). Das Markenrecht soll ja nur eine Vermarktung durch Konkurrenten unter ähnlichen Bezeichnungen verhindern, nicht aber das Angebot entsprechender Produkte bzw. Dienstleistungen.

792   Zeitlich begrenzte Hindernisse für eigene Geschäftstätigkeiten stehen dem zu berücksichtigenden Eigeninteresse nur bedingt entgegen. Ein seiner Natur nach nur vorübergehender Missbrauchsvorwurf fällt nicht unter § 8 Abs. 2 Nr. 10. So sind zB **Wettbewerbsverbote** jedenfalls dann nicht zu berücksichtigen, wenn der Ablauf dieses Verbotes absehbar ist (BPatG BeckRS 2012, 02969 – Limes Logistik); zu auslaufenden Schutzrechten → Rn. 809.

793   Lautere Interessen zeigt eine **eigene (vorbereitete) Benutzung** vor der Anmeldung (BPatG GRUR 2010, 435 – Käse in Blütenform III; GRUR-RR 2008, 49 f. – lastminit). Eine Benutzung erst nach Abschluss der Anmeldung und eventueller Widersprüche bzw. nach dem Ablauf der Widerspruchsfrist (§ 42) aufzunehmen, ist aber für den Anmelder nicht schädlich; es entspricht nämlich einem vernünftigen Geschäftsgebaren.

793.1   Der Anmelder hat bei der Gestaltung seiner Tätigkeiten unter Lauterkeitsaspekten einen eher weiten Beurteilungsspielraum, weil unternehmerische Entscheidungen von vielen ungewissen zukünftigen Faktoren abhängen. Das legt es nahe, „auf Nummer sicher" zu gehen und „auf breiter Front" zu agieren (BPatG BeckRS 2013, 04592 – Der Pferdestall; OLG Hamburg BeckRS 2010, 15826 – Metro; nachfolgend BGH GRUR 2012, 180).

794   Umgekehrt spricht ein Mangel an Möglichkeiten zur sinnvollen und erlaubten (→ Rn. 729) Benutzung im Rahmen eigener Geschäfte für die Absicht, andere zu behindern (BPatG BeckRS 2013, 00479 – Krystallpalast II; → § 3 Rn. 15.1).

795   Wie die Störung eines fremden Besitzstandes für Bösgläubigkeit spricht (→ Rn. 798 ff.), so spricht umgekehrt ein **Besitzstand des Anmelders** gegen Bösgläubigkeit. Für diesen ist § 22 zu beachten; außerdem gelten die gleichen Kriterien, wie für den missbräuchlich gestörten Besitzstand. Ein bloßes Abwägen der wirtschaftlichen Interessen ist für die Beurteilung der Bösgläubigkeit nicht ausreichend (Lange MarkenR/KennzeichenR Rn. 1137).

795.1   Keinen eigenen Besitzstand erlangt derjenige, der in einer Kooperation für die Vermarktung der von anderen entwickelten Zeichen verantwortlich war (LG Berlin Urt. v. 9.6.2015 – 16 O 192/14 – rechteckiges Eis am Stiel, Berufung eingelegt).

796   Der Benutzungswille muss nicht auf eine originäre Verwendung gerichtet sein. Auch das **Lizenzieren** oder Veräußern kann zu einem redlichen Geschäft gehören.

796.1   Markendesigner, Werbeagenturen etc entwerfen auch auf Vorrat Marken für andere (BPatG BeckRS 2013, 00479 – Krystallpalast II; OLG Hamburg BeckRS 2010, 15826 – Metro; Helm GRUR 1996, 593 (599)). Das OLG Frankfurt verlangt dazu aber ein nachvollziehbares Geschäftsmodell, GRUR-RR 2013, 211 – Furio und ebenso BeckRS 2014, 04648 – Spekulationsmarke). Ob der Anmeldung tatsäch-

Absolute Schutzhindernisse § 8 MarkenG

lich ein derartiges Geschäftsmodell zu Grunde liegt, kann im Eintragungsverfahren kaum geprüft werden. Die Vermutung spricht ohnehin für ein redliches Vorgehen und müsste widerlegt werden (→ Rn. 761; Lerach GRUR 2009, 107 (109)). Nur Indiz gegen eine redliche Absicht ist die Anmeldung einer Vielzahl von Marken für Waren und Dienstleistungen aus völlig verschiedenen Bereichen (Füllkrug WRP 1996, 664 (686); Lerach GRUR 2009, 107 (109)).

Gegen Bösgläubigkeit spricht in diesem Zusammenhang die Anmeldung von Marken, die für noch **796.2** unbestimmte Interessenten geeignet sein können. Wer Markentrends erkennt und dementsprechend Marken entwickelt, handelt nicht bösgläubig (BPatG GRUR 2007, 240 – Seid bereit; GRUR-RR 2008, 4 – FC Vorwärts; Ingerl/Rohnke Vor §§ 14–19 Rn. 350). Dagegen spricht es eher für Bösgläubigkeit, wenn erkennbar ist, wen eine Marke behindern könnte (BGH BeckRS 2009, 13397 – Flixotide; GRUR 2009, 780 Rn. 18, 20 – Ivadal; BPatG BeckRS 2013, 00479 – Krystallpalast II). Der Anmelder handelt aber nicht unbedingt bösgläubig, wenn er eine im (legal feststellbaren) Trend fremder Werbeaktivitäten liegende Marke eintragen lässt, um sie später demjenigen zu einem fairen Preis anzubieten, dessen Interesse erkennbar war. Bei Annahme einer Bösgläubigkeit wäre kein Erwerb möglich, bei dem die Priorität gesichert wäre, da jedermann jederzeit einen Löschungsantrag stellen könnte (→ Rn. 767; Albrecht VPP-Rundbrief 2013, 164 (168)).

Keine Gründe für die Anmeldung hat ein **Importeur** von Waren, zumal wenn er weiß, **797** dass auch andere diese Produkte nach Deutschland importieren (Parallelimport; BGH GRUR 2005, 414 (417) – Russisches Schaumgebäck; GRUR 2008, 160 Rn. 18 – Cordarone). Gleiches gilt für **Händler** im Verhältnis zum Hersteller (EuG T-227/09, GRUR Int 2012, 651 – FS; HABM BK-R 31/2005-1 – ER; → UMV Art. 52 Rn. 30) und für den, der im Auftrag eines anderen nach dessen Anweisungen **produziert,** selbst wenn er dabei auftragsgemäß entsprechende Kennzeichnungen anbringt (EuG T-227/09, GRUR Int 2012, 651 – FS).

b) Behinderungsabsicht/Störung fremden Besitzstandes. Ein Anmelder handelt **798** nicht schon unlauter, weil er weiß, dass ein anderer das gleiche (oder ein verwechselbar ähnliches) Zeichen für gleiche oder ähnliche Waren und Dienstleistungen im Inland und/oder Ausland benutzt, ohne hierfür einen formalen Kennzeichenschutz erworben zu haben (ebenso EuG T-33/11, BeckRS 2012, 80308 – BIGAB). Erst Recht handelt er nicht unlauter, wenn er weiß, dass ein anderer das gleiche Zeichen nicht mehr benutzt und das ältere Recht wegen Verfalls löschungsreif ist.

Ein dem Markenrecht fremdes Vorbenutzungsrecht kann also nicht über den Umweg der Nr. 10 **798.1** eingeführt werden (vgl. auch BGH GRUR 1998, 412 (414) – Analgin; Steinberg/Jaeckel MarkenR 2008, 296 (301)). Wachsamkeit im geschäftlichen Leben darf nicht mit dem Makel unlauterer Behinderung versehen werden (Ullmann GRUR 2009, 364 (367)). Wer aufgrund seines legal erworbenen Wissens (anders → Rn. 818, → Rn. 796) eine legale Chance nutzt, obwohl er weiß, dass diese für einen anderen, den Ullmann der Schlafmützigkeit zeiht, von (größerem) Vorteil sein könnte, handelt nicht grundsätzlich unlauter.

Die Wiederbelebung früher verwendeter Marken ist nicht rechtsmissbräuchlich. Selbst berühmte **798.2** Marken unterliegen dem Benutzungszwang (BGH GRUR 2012, 429 und BPatG BeckRS 2011, 08553 – Simca; anders EuG T-327/12, BeckRS 2014, 80869 – Simca; kritisch dazu Weiß GRUR-Prax 2014, 277). Gibt der ursprüngliche Inhaber die Marke frei, so können andere die Marke anmelden, ohne dass dabei Rufausbeutung (Hildebrandt, Marken und andere Kennzeichen, § 4 Rn. 187) oder eine Irreführung über die tatsächlichen Marktverhältnisse zu prüfen wäre (aA Lange, → Rn. 543), zumal letztere nicht unter § 8 Abs. 2 Nr. 4 fällt (→ Rn. 580). Hildebrandt (Marken und andere Kennzeichen, Rn. 193) stellt allerdings darauf ab, ob in der jeweils betroffenen Branche zu erwarten ist, dass ein Trend aus einem bestimmten Land auf Deutschland übergreifen wird. Fährt der ausländische Markeninhaber aber eine Zwei- oder Mehr-Markenstrategie, will er ihn daran festhalten (BGH BeckRS 2009, 13398 Rn. 15, 24 – Ivadal; BeckRS 2007, 65038 Rn. 21 – Cordarone).

Unionsmarken entstehen zwar erst ab Eintragung; bereits die Markenanmeldung begründet **799** det aber eine Anwartschaft, die zum geschützten Privateigentum zählt (→ UMV Art. 6 Rn. 3).

Ob eine unterbliebene Anmeldung demjenigen anzulasten ist, den die Anmeldung durch **800** eines Anderen behindert, spielt dabei keine Rolle, weil dies keine Rückschlüsse auf die Absichten des Anmelders erlaubt (EuG T-227/09, GRUR Int 2012, 651 Rn. 51 – FS; anders BGH GRUR 2004, 510 f. – S 100).

MarkenG § 8   Teil 2 Voraussetzungen, Inhalt und Schranken etc.

801 Hat eine Vorbenutzung oder ein sonstiges Verhalten zu einem **Besitzstand** geführt, können Markenanmeldungen in diesen bösgläubig eingreifen. Dies kann dann jedermann rügen, nicht nur der Inhaber des Besitzstandes (EuGH GRUR 2009, 763 – Lindt & Sprüngli/Franz Hauswirth; BPatG GRUR 2010, 431, 434 – Flasche mit Grashalm; BeckRS 2014, 09356 – Liquidrom – Rechtsbeschwerde beim BGH unter Az. I ZB 44/14 anhängig). Die Störung des Besitzstandes kann auch darin liegen, dass ein fremdes Kennzeichenrecht in seinem Schutzumfang geschwächt wird, etwa durch eine zielbewusste Annäherung an bekannte Merkmale fremder Zeichen (Loschelder, FS Bornkamm, 2014, 637 (641); vgl. dazu EuGH C-383/12, GRUR-Prax 2013, 534 – Wolfskopf/Wolf Jardin/Outils Wolf). Das kann auch für eine **Markenparodie** gelten, zumal die Kunstfreiheit des Art. 5 Abs. 3 GG keine Markenanmeldung umfasst und das darin zum Ausdruck kommende kommerzielle Interesse des Parodisten bei einer Interessensabwägung gegen ihn spricht (Gietzelt/Grabrucker MarkenR 2015, 333 (339) sub II.3.b).

802 Ein schutzwürdiger Besitzstand kann sich aus der Marktpräsenz und daraus folgender Bekanntheit ergeben. Ermittlungen dazu sind aber ohne konkreten Anlass nicht geboten, so dass nur auf der Hand liegende Fälle bereits eine Schutzversagung verhindern können; zur Berücksichtigung von Hinweisen → Rn. 776; zur Darlegungslast → Rn. 802.1). Eine ältere Eintragung im Register begründet für sich genommen noch keinen hier relevanten Besitzstand. Dieser erfordert vielmehr eine **Benutzung** (→ Rn. 798.2) und daraus resultierende Bekanntheit, wobei ein **regional beschränkter Besitzstand** nicht ausreicht (BGH BeckRS 2016, 04502 Rn. 18 ff. – Liquidrom). Ein Löschungsanspruch nach § 12 setzt nämlich voraus, dass der Inhaber des älteren Rechts berechtigt ist, die Benutzung der Marke im gesamten Bundesgebiet zu untersagen. Damit wäre es unverhältnismäßig, wenn der Inhaber eines räumlich begrenzten Rechts – mangels geographischer Teilbarkeit – die Löschung einer jüngeren Marke beanspruchen könnte.

802.1 Ein Inhaber räumlich beschränkter Zeichenrechte ist damit nicht schutzlos gestellt. Er kann Unterlassungsansprüchen die Einrede wettbewerbswidriger Behinderung nach § 4 Nr. 4 UWG entgegenhalten (BGH GRUR 2008, 917 Rn. 19 – Eros). Entsprechend kann er die Nutzung der böswillig angemeldeten Marke im räumlichen Geltungsbereich des Zeichens wettbewerbsrechtliche Ansprüche wegen unlauterer Behinderung nach § 4 Nr. 4 UWG untersagen. Der Grundsatz, dass wettbewerbsrechtliche Ansprüche ohne Rücksicht auf ein räumlich beschränktes Tätigkeitsgebiet des Gläubigers bundesweit bestehen (BGH GRUR 1999, 509 – Vorratslücken), gelte hier nicht. Ein außerkennzeichenrechtlicher Anspruch auf Löschung der bösgläubig angemeldeten Marke gemäß §§ 8, 3, 4 Nr. 4 UWG scheidet aus (BGH GRUR 2014, 385 Rn. 23 – H 15; BGH BeckRS 2016, 04502 Rn. 18 ff. – Liquidrom mit Anm. Schmitt-Gaedke GRUR-Prax 2016, 126).

802.2 Ein schutzwürdiger Besitzstand ist ohne substantiierten Tatsachenvortrag zum Zeitraum, zu den Waren und Dienstleistungen, zur Art und Weise sowie Umfang der Verwendung, wohl selten anzunehmen (BPatG BeckRS 2013, 05065 – stilisierter Tacho). Betrifft der Besitzstand nur einen Teil der Waren- und Dienstleistungen, für welche die beanstandete Marke angemeldet wurde, liegt nur insoweit Bösgläubigkeit vor (BPatG BeckRS 2015, 14904 – ChemSeal).

803 Vorbereitungen, die Marke zu benutzen, können einen Besitzstand begründen, wie sie auch ein Verbietungsrecht geben. Aufwendungen dafür, einen Besitzstand zu erwerben (Bewerbung um eine Lizenz), begründen noch keinen Besitzstand; wer aber um ein Lizenzvergabeverfahren weiß und die für den späteren Lizenznehmer nützlichen Bezeichnungen durch Markenanmeldungen sperrt, handelt jedenfalls dann bösgläubig, wenn er selbst an dem Vergabeverfahren nicht teilnimmt bzw. nicht teilnehmen darf (BPatG GRUR 2006, 1032 – E2).

804 Erfolgte die Nutzung eines Zeichens unter **Verletzung fremder Rechte** (Urheberrechte), kann sie nicht zu einem schützenswerten Besitzstand führen (BGH GRUR-RR 2012, 96 – Krystallpalast).

805 Ein **Lizenznehmer** erwirbt durch die Benutzungen keinen Besitzstand, den er dem Lizenzgeber entgegenhalten könnte (BGH GRUR 1963, 485 (488) – Micky Maus Orangen; BPatG BeckRS 2014, 22607 – STERN jugend forscht); dies ist anders bei einer Gestattung (BGH GRUR 2013, 1150 – Baumann). Der Lizenznehmer hat aber auch eigene Rechte, insbesondere wenn er eine ausschließliche Lizenz hat (→ UMV Art. 22 Rn. 30; zur Wiederholungsanmeldung → Rn. 851).

Keine Besitzstandsstörung nimmt vor, wer lediglich **am Ruf** einer fremden Marke oder Leistung **partizipieren** und dementsprechende Assoziationen auslösen will (Heermann, Ambush Marketing bei Sportveranstaltungen, 2001, 79, 103 f.; kritisch Wittneben GRUR Int 2010, 287 (290)). Er will ja diesen Ruf gerade nicht schmälern, sondern für sich nutzen. Er sägt nicht an dem Ast, auf dem er sitzt, sondern betreibt Baumpflege, wie Heermann (S. 85) formuliert. Dies kann nur § 14 verhindern, zumal die Ersichtlichkeit fehlt, da Lizenzen gerade in dem Bereich üblich sind. 806

Ein Besitzstand kann nicht zu berücksichtigen sein, wenn sein Inhaber bislang eine der Anmeldung entsprechende Zeichennutzung (durch den Anmelder) geduldet hat (→ § 51 Rn. 5) oder der Markenanmeldung sogar zugestimmt hatte (→ § 51 Rn. 9). 807

Art. 54 UMV (→ UMV Art. 54 Rn. 17) und § 21 Abs. 2 (→ § 21 Rn. 12 ff.) sowie § 51 (→ § 51 Rn. 5) schließen nur die Berücksichtigung von **Verwirkung und Duldung** aus, wenn die Anmeldung bösgläubig war, nicht aber zur Feststellung der Bösgläubigkeit oder sogar eines eigenen Besitzstandes des Anmelders (zum Besitzstand des Verletzers → § 21 Rn. 32 f.). Nach einer längere Zeit geduldeten Nutzung darf der Nutzer unter Umständen glauben, auch eine Marke anmelden zu dürfen. Dabei kommt es allerdings darauf an, was der Besitzstandsinhaber geduldet hat; nicht jede Duldung ist nämlich ein Freibrief für jegliche Nutzung (BGH GRUR 2012, 928 Rn. 20 ff. – Honda-Grauimport). Die Beweislast für eine Berechtigung auch zur Markenanmeldung liegt insoweit beim Anmelder (→ § 21 Rn. 44). 807.1

Wie bei der Verwirkung eines Unterlassungsanspruchs besteht eine Wechselwirkung zwischen Umfang und Bedeutung des Besitzstandes einerseits und Dauer sowie Umfang der geduldeten Benutzung andererseits. Ferner sind die Folgen einer Verwirkung zu beachten: Was zu einer Zuordnungsverwirrung führt, wird im Zweifel nicht geduldet sein (Lange MarkenR/KennzeichenR Rn. 5316 f.). 807.2

Zu beachten ist aber, dass eine Verwirkung nach § 242 BGB im Immaterialgüter- und Wettbewerbsrecht an sich immer nur bereits begangene Rechtsverletzungen betrifft, aber in der Regel kein Freibrief für künftige Rechtsverletzungen oder Rechtserweiterung durch eine Markenanmeldung ist (BGH GRUR 2014, 363 Rn. 15 – Peter Fechter; GRUR 2012, 928 – Honda-Grauimport; GRUR 2013, 1161 – Hard Rock Café). 807.3

Für eine Duldung kann es sprechen, wenn Recherchen im Internet nach den einen Besitzstand ausmachenden Umständen auch eine Nutzung durch andere zeigen, da davon auszugehen ist, dass jedermann seine eigenen Geschäfte regelmäßig recherchiert. 807.4

Einer Duldung steht es gleich, wenn der Inhaber des Besitzstandes sein Recht, einen Löschungsantrag zu stellen, nach § 51 Abs. 2 S. 3 verloren hat (→ § 51 Rn. 9). 807.5

Dagegen hat die spätere Duldung einer bösgläubig angemeldeten Marke keinen Verlust an Rechten zur Folge (Standpunkt des Rates vom 28.10.2015, 2013/0089 (COD) Tz. 29). 807.6

Auch **Geschäfts- und Unternehmenskennzeichen** kommen als Besitzstand in Frage. Die Nutzungsrechte an einem Logo können ebenfalls einen schutzwürdigen Besitzstand begründen (BPatG BeckRS 2016, 04068 – Nationale Volksarmee der Deutschen Demokratischen Republik FILM STUDIO; BGH GRUR-RR 2012, 96 – Krystallpalast; aA LG Hamburg GRUR-RR 2005, 106 – SED). 808

Der Besitzstand an der Bezeichnung eines Geschäftsbetriebs iSv § 5 Abs. 2 Satz 1 geht nicht automatisch an den Pächter der Geschäftsräume über. Die Verpachtung eines Unternehmens gibt dem Pächter lediglich ein Nutzungsrecht (§ 581 Abs. 1 S. 1, §§ 99 f. BGB), überträgt jedoch nicht den Geschäftsbetrieb nebst zugehöriger Marke iSd § 27 Abs. 2. Auch der Betrieb des Geschäfts während des Pachtverhältnisses führt nicht zum Erwerb des Geschäftsbetriebs nebst Marke (BGH GRUR 2002, 967 (969) – Hotel Adlon; GRUR 2004, 868 f. – Dorf Münsterland II; BPatG BeckRS 2014, 09356 – Liquidrom). Das ist anders bei einer bloßen Vermietung von Geschäftsräumen an einen Gewerbetreibenden, bei der der Mieter die Rechte an der Bezeichnung seines Geschäftsbetriebs und den Besitzstand daran erwirbt (vgl. hierzu OLG Frankfurt BeckRS 2016, 15042; LG Stuttgart GRUR-RR 2006, 333, 334 – Uhland-Apotheke). Zu Geschäfts- und Unternehmenskennzeichen vgl. ferner BPatG BeckRS 2009, 00722 – Queer Beet; BeckRS 2013, 00479 – Krystallpalast II; aA noch BPatG BeckRS 2010, 22009 – Cali Nails; BeckRS 2012, 02969 – Limes Logistik; weniger streng aber BPatG BeckRS 2011, 23133 – BEFA), wobei es bei Unternehmenskennzeichen auf deren Wirkungsgebiet ankommt (BPatG BeckRS 2011, 19562 – Kaupmann). 808.1

Verwaltungsvermögen der DDR wurde nach Art. 21 Einigungsvertrag Bundesvermögen. Auf die in der DDR entstandenen Werke ist gemäß Art. 8 Einigungsvertrag Anlage I Kap III E II Anlage 1 Kapitel III Sachgebiet E das Urhebergesetz der Bundesrepublik Deutschland anwendbar. Gemäß § 2 808.2

Abs. 1 Nr. 4 iVm Abs. 2 UrhG besitzen Werke der bildenden Künste einschließlich der Werke der Baukunst und der angewandten Kunst und Entwürfe solcher Werke urheberrechtlichen Schutz, wenn sie persönlich geistige Schöpfungen sind. Die Nutzungsrechte an einem Logo, bei dem es sich um ein Gebrauchswerk, mithin angewandte Kunst handeln kann, können grundsätzlich einen schutzwürdigen Besitzstand begründen. Das BPatG hat allerdings nicht abschließend entschieden, wer an dem Logo des Filmstudios der Nationalen Volksarmee der DDR, wie es zuletzt seit 1984 in den Produktionen des Filmstudios Verwendung gefunden hat, Nutzungsrechte und damit einen schutzwürdigen Besitzstand hat, weil jedenfalls die mit der Eintragung eines Zeichens entstehende Sperrwirkung zweckfremd als Mittel des Wettbewerbskampfes eingesetzt wurde (BPatG BeckRS 2016, 04068 – Nationale Volksarmee der Deutschen Demokratischen Republik FILM STUDIO).

809 Auch **Patente** (BGH GRUR 1967, 304 – Siroset) und andere Schutzrechte, wie **Urheberrechte** (BGH BeckRS 2011, 25607 – Krystalpalast; nachfolgend BPatG BeckRS 2013, 00479 – Krystalpalast II) und Rechte an eingetragenen **Designs** bzw. Unionsgeschmacksmustern, können einen Besitzstand begründen, in den zu missbilligende Eingriffe erfolgen können. Entsprechendes gilt für Domains.

809.1 Auf solchen Schutzrechten basierende Besitzstände mögen bis zum zeitlichen Ablauf der Schutzfrist im Grad ihrer Schutzwürdigkeit geringer werden, vor endgültigem Ablauf sind aber, anders als bei Werbeverboten (→ Rn. 792), Markenanmeldungen noch unlauter, weil es sich dabei um Eingriffe in diese Rechte handelt.

809.2 Sogar ehemals geschützte Rechte verlieren mit Schutzablauf nicht jeglichen Schutz. So kann eine ehemals Patentschutz genießende technische Lösung wettbewerbsrechtlichen Schutz genießen (BGH GRUR-Prax 2015, 350 – Exzenterzähne).

810 Eine **Benutzung im Ausland** kann trotz des eigentlich geltenden Territorialitätsgrundsatzes (→ MarkenR Einleitung Rn. 40) einen national zu berücksichtigenden Besitzstand begründen (EuG T-335/14, T-335/14 – DoggiS). Es darf aber keine besondere Schutzregelung für ausländische Marken geben, die darauf beruht, dass der Anmelder eine ausländische Marke kannte oder kennen musste (EuGH C-320/12, BeckRS 2013, 81283 – Malaysia Dairy Industries; BPatG BeckRS 2015, 16941 – BiM-Markt; BeckRS 2014, 15520 – VCM). Eine geplante Importsperre kann jedoch einen Missbrauch aufzeigen (Lange MarkenR/KennzeichenR Rn. 1144 ff.).

810.1 Dies gilt umso mehr, wenn die Benutzung zu einer überragenden Bekanntheit geführt hat (BGH GRUR 1967, 298 (301) – Modess; GRUR 2008, 621 Rn. 22, 24 – Akademiks; GRUR 2009, 780 Rn. 24 – Ivadal) und wenn konkrete Anhaltspunkte für eine bevorstehende Nutzung eines ausländischen Zeichens im Inland gegeben sind (BGH GRUR 2004, 510 f. – S 100). Selbst wenn ein Markteintritt naheliegt, verlangt das BPatG in der VCV-Entscheidung (BeckRS 2014, 13256) konkrete Hinweise zur Marktrelevanz. Aber sogar das abstrakte Interesse, später einmal von einer Mehrmarkenstrategie abzurücken und in verschiedenen Ländern unter derselben Marke auf den Markt zu gehen, kann in bestimmten Branchen schützenswert sein (BGH BeckRS 2009, 13397 Rn. 18 – Flixotide; GRUR 2009, 780 Rn. 15, 24 – Ivadal; GRUR 2008,160 Rn. 21 – Cordarone; GRUR 2008, 621 Rn. 30 – Akademiks; → Rn. 798.2). Während dies der BGH in „Akademiks" im Modebereich angenommen hat, hat das BPatG dies für Einzelhandelsketten verneint (BeckRS 2015, 16941 – BiM-Markt).

810.2 Das BPatG verlangt in der VCV-Entscheidung (BeckRS 2014, 13256) zwingend eine überragende Verkehrsgeltung; zum Diskussionsstand, welcher Bekanntheitsgrad im Ausland zu fordern ist, um eine unlautere Anmeldung anzunehmen: Beier/Kur, FS Fikentscher, 1998, 477 (484) Fn. 29, 30; sehr streng BPatG BeckRS 2012, 23519 – Sa Trincha). Je klarer erkennbar ist, dass ein Marktauftritt im Inland geplant ist, und je klarer das Motiv des Anmelders hervortritt, dies zu verhindern, umso weniger an Bekanntheitsgrad des ausländischen Zeichens ist zu fordern, da insoweit eine Wechselwirkung zu berücksichtigen ist (→ Rn. 828).

810.3 Dass im Ausland geschützte Zeichen zu beachten sind, gilt in besonderem Maße für den „Binnenmarkt" in dem Raum, für den die UMV gilt (BPatG BeckRS 2010, 27988 – Hawk).

810.4 Bei der Anmeldung einer Reihe von im Ausland etablierten Marken (Hawk, Stealth, PowerAngle, Red Baron und Miami Vice) spricht einiges dafür, dass die Anmeldungen in Kenntnis dieser Marken erfolgt sind. Das BPatG (BeckRS 2010, 27988 – Hawk) hat dazu ausgeführt, es sei nicht sehr wahrscheinlich, dass drei Begriffe rein zufällig als Marken für entsprechende Waren angemeldet würden. Dies gelte vor allem, weil „PowerAngle" ein reines Kunstwort sei. Dass zwei Personen unabhängig voneinander das gleiche derartige Kunstwort einfalle, sei in hohem Maße unwahrscheinlich und bei lebensnaher Betrachtung nicht anzunehmen (weniger lebensnah EuG T-291/09, BeckRS 2012, 80219 – Unionsbild-

Absolute Schutzhindernisse§ 8 MarkenG

marke Pollo Tropical Chicken on the Grill; → Rn. 816.4). Solche Anmeldungen, bei der eine künftige Kollision mit einem fremden Zeichen absehbar sei, machten keinen Sinn, wenn man unter der Marke eigene Produkte vertreiben wolle. Sie mache nur Sinn, wenn man darauf spekuliere, Importeure dieser Waren mit Unterlassungs- und Schadensersatzansprüchen überziehen zu können.

Die Berücksichtigung ausländischer Besitzstände ist auch deshalb geboten, weil die Präambel zum EWG-Vertrag, Erwägungsgrund 4, eine „beständige Wirtschaftsausweitung, einen ausgewogenen Handelsverkehr und einen redlichen Wettbewerb" als Ziel vorgibt (zum PVÜ → MarkenR Einleitung Rn. 169 f.). Auch im Rahmen des § 21 können Wertfaktoren im Ausland berücksichtigt werden (BGH GRUR 1966, 427 (431) – Prince Albert; OLG Köln NJWE-WettbR 1999, 60 (63)). **810.5**

Selbst eine hohe Bekanntheit in der Türkei impliziert keinen schutzwürdigen Besitzstand im Inland, jedenfalls wenn sich das Angebot unter der deutschen Marke nicht ausschließlich an die türkische bzw. türkischstämmige Bevölkerung wendet (BPatG BeckRS 2015, 16941 – BiM-Markt). **810.6**

Art. 5 Abs. 4 Buchst. c RL (EU) 2015/2436 stellt es den Mitgliedstaaten frei, ob sie die bösgläubige Anmeldung einer Marke, die mit einer älteren im Ausland geschützten Marke verwechselbar ist, als relatives Eintragshindernis behandeln wollen. **811**

Ein Eingriff in fremde Markenrechte ist es auch, darin enthaltene Elemente in der eigenen Marke oder im dazugehörigen Waren- und Dienstleistungsverzeichnis so zu verwenden, dass es den Eindruck erweckt, als handle es sich dabei um eine Gattungsbezeichnung. Während bei der Verwendung in der Marke auch eine Verwechslungsgefahr in Betracht kommt, scheidet dies bei einer **Verwendung im Waren- und Dienstleistungsverzeichnis** aus. Die Anmeldung unterscheidungskräftiger Zeichen für Waren, die dort mit fremden Markennamen beschrieben werden („für Thermoskannen"), kann darauf abzielen, die fremde Marke zu verwässern und zur generischen Bezeichnung werden zu lassen (Art. 10 UMV, § 16 MarkenG). **812**

Störung des Besitzstandes ist im Übrigen jeder ungerechtfertigte Eingriff in eine fremde Rechtsposition. Dazu genügt es, dass der Vorbenutzer gezwungen wird, es hinzunehmen, dass identische und ähnliche Dienstleistungen in Deutschland mit der störenden Marke gekennzeichnet werden. Das umstrittene **Ambush-Marketing** greift in der Regel nicht in einen relevanten Besitzstand ein. **813**

Wie der Besitzstand **ersichtlich** sein muss, müssen dies auch seine **Schutzwürdigkeit** sowie deren Grad (→ Rn. 815.3) sein. **814**

Dafür sind Umfang und Dauer einer bisherigen Verwendung durch den Anmelder, seine Marktposition (BGH GRUR 2004, 510 f. – S 100), die Bedeutung der Marke für seinen konkreten geschäftlichen Betrieb, der Aufwand zur Schaffung des Besitzstandes, Vertriebsaktivitäten (BPatG GRUR 2006, 1032 – E 2; BeckRS 2009, 24552 – Wellness-Mobil-Domin; Steinbeck, FS 50 Jahre BPatG, 2011, 781), Vertriebsaktivitäten (BPatG BeckRS 2012, 02969 – Limes Logistik), die Geschichte des Zeichens sowie die unternehmerische Logik, in die sich die Anmeldung einfügt, zu berücksichtigen (EuG T-33/11, BeckRS 2012, 80308 Rn. 20 – BIGAB; Bender MarkenR 2013, 1 (10)), ohne dass ein isolierter **Investitionsschutz** erfolgt. Investitionsschutz allein kann nämlich nicht ausreichen, da es zum unternehmerischen Handeln gehört, auch riskante Ausgaben zu tätigen. Das **Ruhen** eines Betriebs (etwa im Zuge einer Insolvenz) beseitigt den Besitzstand nicht, solange der Geschäftsbetrieb in einem für die Wiedereröffnung wesentlichen Bestand erhalten bleibt und die Absicht, den Betrieb fortzusetzen, erkennbar ist (BGH GRUR 2002, 967 f. – Hotel Adlon; GRUR 1957, 25 (27) – Hausbücherei; BPatG BeckRS 2014, 09356 – Liquidrom – beim BGH unter Az. I ZB 44/14 anhängig; EuG T-33/11). **815**

Nach Hildebrandt liegt ein schützenswerter Besitzstand jedenfalls ab einem Wert von 500.000 Euro vor (Hildebrandt, Marken und andere Kennzeichen, Rn. 182). **815.1**

Ein Monopol ist kein Besitzstand. Wenn der BGH sogar bereit scheint, eine Irreführungsgefahr hinzunehmen (→ Rn. 584.1; BGH GRUR 2012, 1273 Rn. 27 – Stadtwerke Wolfsburg; GRUR 2011, 166 Rn. 23 – Rote Briefkästen), um nach früherer Rechtslage mögliche Monopole nicht zu perpetuiert, kann ein bloß tatsächliches oder auf einer früheren Rechtslage entstandenes, nicht mehr geschütztes Monopol, kein Besitzstand sein, in den eine Anmeldung bösgläubig eingreifen könnte. **815.2**

Der Europäische Gerichtshof betont den Grad der rechtlichen Schutzes, den das beeinträchtigte Zeichen genießt (EuGH C-529/07, GRUR 2009, 763 – Goldhase; EuG T-321/10, GRUR-Prax 2013, 333 Rn. 29 ff. – Gruppo Salini; T-227/09, GRUR Int 2012, 651 – FS). Der Grad steigt von einer geplanten bis zur nachhaltigen Benutzung des Zeichens und kann mit der Dauer der Verwendung **815.3**

MarkenG § 8 Teil 2 Voraussetzungen, Inhalt und Schranken etc.

steigen (BGH GRUR 2004, 510 f. – S 100; BPatG BeckRS 2012, 02969 – Limes Logistik), aber auch wieder abnehmen.

815.4 Schon eine zehntägige Benutzung (BPatG BeckRS 2011, 06540 mit Anm. Czernik GRUR-Prax 2011, 168 – Xpress) und sogar Gründungsaktivitäten sollen ausreichen, einen schützenswerten Besitzstand zu begründen (aA BPatG GRUR 2006, 1032 f. – E2; BeckRS 2012, 02969 – Limes Logistik). Eine Jahre zurückliegende Benutzung kann einen aktuell zu berücksichtigenden Besitzstand nicht (mehr) begründen, weil eine eingetragene Marke schon nach 5 Jahren der Nichtbenutzung gemäß § 49 verfällt (BPatG BeckRS 2013, 05065 – stilisierter Tacho; BeckRS 2013, 05490).

816 Da eine positive **Kenntnis vom fremden Besitzstand** und dessen Grad regelmäßig nur schwer nachweisbar ist, muss es genügen, wenn sich der Anmelder diesen Umständen nicht ernsthaft verschließen konnte, weil sie sich ihm förmlich aufdrängen mussten. Hier können im Zeitalter digitaler Informationsquellen keine zu hohen Anforderungen an das **Kennenmüssen** gelten, weil für die Anwendung der Nr. 10 auch im Rahmen des Eintragungsverfahrens Raum sein sollte und ohnehin noch die Behinderungsabsicht des Anmelders hinzutreten muss. Im Eintragungsverfahren heißt dies zumindest, dass ein Besitzstand, der in der Amtsprüfung ersichtlich ist, auch dem Anmelder bekannt sein muss (zu überschaubaren Märkten BPatG BeckRS 2011, 21114 – Berjozka; allgemein BGH GRUR 2008, 621 Rn. 28 f. – Akademiks; GRUR 1969, 607 (609) – Recin; EuGH C-529/07, GRUR 2009, 763 Rn. 40 – Chocoladefabriken Lindt & Sprüngli/Franz Hauswirth; vgl. auch BPatG GRUR 2001, 744 (748) – S 100 und nachfolgend BGH GRUR 2004, 510; GRUR 2000, 809 (811) – SSZ; OLG München NJWE-WettbR 1999, 156 – Rialto; Ingerl/Rohnke § 50 Rn. 16; Hildebrandt MarkenR 2008, 102).

816.1 Dass der Anmelder von der Verwendung durch einen anderen Kenntnis hatte bzw. haben musste, lässt sich zB aus der (Dauer der) Verwendung in dem betreffenden Wirtschaftssektor schließen (EuGH C-529/07, GRUR 2009, 763 – Chocoladefabriken Lindt & Sprüngli/Franz Hauswirth). Unabhängig vom Kontakt untereinander kann unterstellt werden, dass Marktteilnehmer jedenfalls ansatzweise Kenntnis von Aktivitäten der Konkurrenten haben (BPatG BeckRS 2011, 21114 – Berjozka).

816.2 Diese Kenntnis hat das BPatG in einem Löschungsverfahren dem Anmelder unterstellt, der gleichzeitig vier von Konkurrenten verwendete Bezeichnungen als Marken angemeldet hatte (BPatG BeckRS 2013, 10403 – Margerite).

816.3 Dagegen hat das EuG die Anmeldung einer spanischen Marke für ein Restaurant am 20.7.1994 nicht als bösgläubig angesehen, obwohl diese Marke im Wortlaut „Pollo Tropical Chicken on the grill", in der Typographie und grafischen Gestaltung identisch zu einer in den USA am 25.4. des gleichen Jahres ist, weil eine Kenntnis davon nicht erkennbar war. Slopek (GRUR-Prax 2012, 109) kritisiert dies mit den kaum von der Hand zu weisenden Argumenten, es widerspreche jedweder Wahrscheinlichkeit, dass der Anmelder nicht um die US-Anmeldung gewusst habe. Auch der Umstand, die spanische Marke für 5 Mio. Euro angeboten zu haben, spreche Bände. Bei Domain-Eintragungen würde dies unverkrampft als unlauteres Domain-Grabbing qualifiziert werden.

816.4 Das Internet schafft neue Rahmenbedingungen für das Lauterkeitsrecht (Sosnitza GRUR-Beilage 2014, 93); dort gegebene Informationsquellen können zum einen ausschließen, dass der Anmelder Informationen über fremde Pläne auf nicht korrekte Weise erworben hat (→ Rn. 817), zum anderen aber auch leichter Kenntnis von fremdem Besitzstand erwarten lassen.

817 Entscheidend ist auch, wie der Anmelder seine Informationen über fremde Pläne erlangt hat. Dass der Anmelder auf nicht korrektem Weg Informationen über fremde Geschäftsideen erworben hat, wird im Registerverfahren wohl nur ersichtlich, wenn Hinweise Dritter berücksichtigt werden (HABM Mitt 2001, 225 – be natural; BPatG BeckRS 2007, 11834 – DO; → Rn. 776).

818 Auch wenn der Anmelder Informationen über fremde Geschäftsideen auf korrektem Weg erhalten hat, kann er allerdings aus einem **Vertrauensverhältnis** an einer Markenanmeldung gehindert sein (HABM C000479899/1, Mitt 2001, 225 = LSK 2001, 450481 – be natural; BPatG BeckRS 2007, 11834 – DO). Markenanmeldungen entgegen einer vertraglichen Abrede sind allerdings nicht zwangsläufig bösgläubig (HABM BK v. 31.5.2007 – R 255/2006-1 – Johnson Pump). An (öffentliche) Informationen über eine beabsichtigte Nutzung anknüpfende Anmeldungen können bösgläubig sein (BGH GRUR 2015, 1214 Rn. 56 – Goldbären).

Vertragsverhandlungen erhöhen (auch für Geschäftsführer daran beteiligter Firmen: BPatG BeckRS 2014, 09356 – Liquidrom) die gegen eine lautere Markenanmeldung sprechende Treuepflicht (§ 276 BGB), wenn sie über einen erfolglosen Versuch hinausgegangen sind, zu Vertragsverhandlungen zu gelangen (BGH GRUR 1967, 304 – Siroset), also eine „gemeinsame Vorgeschichte" schaffen. Erforderlich ist eine Beurteilung der Rolle und Position jedes Beteiligten, seiner Kenntnis von der Benutzung der älteren Marke, vertragliche, vorvertragliche oder nachvertragliche Beziehungen, der gegenseitigen Pflichten und Verpflichtungen einschließlich Loyalitäts- und Redlichkeitspflichten (EuG T-321/10, GRUR Int 2014, 172 – SA.PAR). Dem EuG genügt es für die Annahme einer Kenntnis allerdings nicht allein, wenn der Markenanmelder finanziell am Gesellschaftskapital der Inhaberin der älteren Marke in erheblichem Umfang beteiligt oder in ihren Leitungsorganen tätig war (EuG T-321/10, GRUR Int 2014, 172 Rn. 30 – Gruppo Salini). 818.1

Für eine Behinderungsabsicht spricht es, eine Marke anzumelden, ohne den entsprechenden Begriff in der Vergangenheit für eigene Produkte benutzt zu haben, nachdem über die beabsichtigte Verwendung informiert wurde (BGH GRUR 2015, 1214 Rn. 56, 59 – Goldbären). 818.2

Erhält der Anmelder Informationen, die ihn zur Anmeldung bewegen, von einem Dritten und begeht dieser einen Vertragsbruch, indem er die Informationen weitergibt, so ist die Anmeldung nicht automatisch als bösgläubig einzustufen. Das Ausnutzen eines (bekannten) fremden Vertragsbruchs ist keine unerlaubte Handlung und kein Verstoß gegen § 816 BGB (BGH NJW 1994, 128 (129); GRUR 2000, 724 – Außenseiteranspruch II; Köhler GRUR Int 2014, 1006). Anders kann dies zu sehen sein, wenn es einhergeht mit der Anstiftung zum Vertragsbruch (BGH GRUR 2002, 795 Rn. 63 – Titelexklusivität; GRUR 2007, 800 – Außendienstmitarbeiter). 818.3

Auch strittige **Auseinandersetzungen** um Rechte (etwa um ein Alleinvertriebsrecht) können zeigen, dass eine Anmeldung unlauter ist (BPatG GRUR 2000, 812 (814) – tubeXpert; GRUR 2000, 809 (811) – SSZ; OLG München BeckRS 2009, 12818 – Wangzhihe; Steinbeck, FS 50 Jahre BPatG, 2011, 777 (786 f.). Ebenso können frühere erfolgreiche Löschungsverfahren zeigen, dass die erneute Anmeldung nur den zu missbilligenden Zweck verfolgt, den damaligen Gegner zu einer weiteren Klage zu zwingen (BPatG BeckRS 2016, 12541 – Ismaqua). 819

Wer an einer gemeinsamen, untereinander **Treuepflichten** (§ 276 BGB) begründenden Benutzung nicht bestimmend beteiligt war, wer die Bezeichnung für eigene Erzeugnisse genutzt hat, ohne dass ihm insoweit besondere Rechte eingeräumt waren, die nicht auch anderen Interessenten zustanden, kann kein vorrangiges Interesse zur Markenanmeldung geltend machen (BPatG BeckRS 2011, 00178 – Sachsendampf; BeckRS 2012, 22054 – Ampelmännchen). Das gilt auch für den Anmelder, der zunächst mit anderen zusammen Veranstalter war und über eine Marke bestimmenden Einfluss nehmen will (BPatG BeckRS 2016, 07082 – Ratsherren-Runde). 820

Ein Mitglied eines Verbandes kann bei einer durch diesen vorgenommenen Anmeldung einer **Kollektivmarke** keine bösgläubige Störung seiner Geschäfte geltend machen, wenn die Kollektivmarke der Förderung der gemeinsamen Wettbewerbssituation dienen sollte (BPatG BeckRS 2012, 15586 – Wasserkraft). 821

c) Namensgleiche, konkurrierende Besitzstände. Der Prioritätsgrundsatz des § 6 Abs. 1 gilt nicht mehr uneingeschränkt bei Namengleichen, da jeder ein Recht hat, seinen Namen zu benutzen. Dennoch muss der spätere Anmelder alles tun, um Störungen zu vermeiden (Schmitt-Gaedke GRUR 2012, 565 ff.). Wer **Namensidentität** ausnutzt und eine verwechselbare Marke anmeldet, handelt daher oft bösgläubig, kann er sich doch durch Verwenden eines Zusatzes absetzen. 822

Die sehr strenge Rechtsprechung zum Domain-Grabbing (BGH GRUR 2002, 622 (625)) kann hier nicht ohne weiteres herangezogen werden. 822.1

Eine Gleichgewichtslage kann sich zB aus Vertriebsrechten ergeben (Lange MarkenR/KennzeichenR Rn. 1148); zu Gleichgewichtslagen siehe auch: BGH GRUR 1966, 499 – Merck; GRUR 1967, 355 – Rabe; GRUR 1970, 315 (317) – Napoléon III; BeckRS 2013, 03989 Rn. 18 sowie GRUR 2011, 623 – Peek & Cloppenburg II und III; kritisch dazu Schmitt-Gaedke/Arz GRUR 2012, 565 und 569 f., die vorrangig auf § 242 BGB Treu und Glauben abstellen wollen. 822.2

Ist eine Gleichgewichtslage einmal entstanden, kommt es auf die Priorität nicht mehr an (BGH GRUR 2011, 623 Rn. 36 Peek & Cloppenburg II). Als Ursache einer Gleichgewichtslage nennen Schmitt-Gaedke/Arz (GRUR 2012, 565 (567)) neben der langjährigen unbeanstandeten Parallelnutzung 822.3

gleicher Marken noch Abgrenzungsvereinbarungen und Betriebstrennungen bzw. das Ausscheiden aus einer (gemeinsamen) Firma (OLG Düsseldorf GRUR-RR 2008, 80 Rn. 37 ff. – Mannesmann).

822.4 Die vom BGH entwickelten Grundsätze zur Beurteilung einer Gleichgewichtslage hat das EuG T-507/11, BeckRS 2013, 80817 übernommen (Knaak GRUR-Prax 2013, 171; Ziegenaus GRUR-Prax 2013, 220; kritisch dazu Schmitt-Gaedke/Arz GRUR 2012, 565).

823 In der Regel muss der Prioritätsjüngere alles ihm zumutbare tun, um einen ausreichenden **Abstand herzustellen** (BGH GRUR 1991, 475 (478)); aber auch der Prioritätsältere kann in Ausnahmefällen dazu verpflichtet sein (Ingerl/Rohnke § 23 Rn. 39; BGH GRUR 1990, 364 (366) – Baelz; GRUR 1985, 389 f.). Die Interessensabwägung dient dann vorrangig dazu, diesen Abstand zu definieren, wobei auch das Interesse der Allgemeinheit an der Klarheit der Zeichenlage für den Prioritätsälteren streiten soll (Schmitt-Gaedke/Arz GRUR 2012, 565 ff.).

824 Eine Markenanmeldung darf nicht in der Absicht erfolgen, eine bestehende kennzeichenrechtliche Gleichgewichtslage in unzulässiger Weise zu verändern. Die Ausweitung des Waren- und Dienstleistungsverzeichnisses kann eine Störung einer Gleichgewichtslage sein. Gleiches kann für die Anmeldung weiterer Marken im Umfeld der eigenen gelten (BGH GRUR 2011, 835 Rn. 20 – Gartencenter Pötschke; Scholz GRUR 1996, 679 (681)).

825 Änderungen der Marktverhältnisse können es jedoch rechtfertigen, eine Marke auf ein breiteres Sortiment auszudehnen, solange damit nicht der Kernbereich des Geschäfts dessen berührt wird, dem gegenüber aus einer Gleichgewichtslage heraus Rücksicht zu nehmen ist (BGH GRUR 2013, 638 Rn. 45 ff. – Völkl; → Rn. 788).

826 Keine böswillige Veränderung einer Gleichgewichtslage bei Namensgleichen oder konkurrierenden Besitzständen liegt vor, wenn die Anmeldung nur gegenüber Dritten eine gesicherte Rechtsposition schaffen soll (EuGH C-529/07, GRUR 2009, 763 – Chocoladefabriken Lindt & Sprüngli/Franz Hauswirth; EuG T-507/08, GRUR Int 2011, 1081 – Psytech International; HABM BK v. 30.7.2009 – R 1203/2005-1 Rn. 42 – Brutt).

826.1 Nicht als missbräuchlich gilt die Anmeldung eines Zeichens, das bislang auch andere verwendet haben, wenn diesen Benutzungsrechte zugestanden werden sollen und die Anmeldung nur weitere Nutzer ausschließen soll (BPatG BeckRS 2013, 05490 – stilisierter Tacho, zu einem alten in der DDR verwendeten Zeichen). Gleiches gilt, wenn mehrere Nutzer bislang parallel Kombinationszeichen mit unterschiedlichen Zusätzen verwendet haben und nunmehr einer die Grundform ohne Zusatz schützen lässt, um eine gesicherte Rechtsposition an der Grundform für alle bisherigen Nutzer zu schaffen (BPatG BeckRS 2013, 07972 – Renz). Der bessere Weg wäre hier aber eine Kollektivmarke oder eine gemeinsame Anmeldung.

827 Der Erwerb des Kennzeichen- oder Namensrechts erlaubt dem Erwerber nur das, wozu auch der Veräußerer berechtigt gewesen wäre (BGH GRUR 2012, 534 – Landgut Borsig).

828 **d) Wechselwirkung.** Die für die Beurteilung der Bösgläubigkeit in Betracht kommenden Kriterien stehen in einer Wechselbeziehung zueinander (BPatG BeckRS 2012, 22054 – Ampelmännchen; Albrecht VPP-Rundbrief 2013, 164 (168)). So sind etwa bei einem besonders schutzwürdigen Besitzstand an die eigene Nutzungsmöglichkeit höhere Anforderungen zu stellen, wenn die Bösgläubigkeit verneint werden soll (Steinbeck, FS 50 Jahre BPatG, 2011, 777 (787 f.)). Je leichter der Anmelder die Marke sinnvoll für seine eigenen Geschäfte verwenden kann, desto weniger kommt eine Behinderungsabsicht in Betracht (BPatG BeckRS 2009, 03472 – 601 deluxe; BeckRS 2008, 10995 – Martin's BO-Disco; BeckRS 2007, 11834 – DO; EuGH C-529/07, GRUR 2009, 763 (765) – Chocoladefabriken Lindt & Sprüngli/Franz Hauswirth; BGH GRUR 1984, 210 f. – Arostar).

6. Missbräuchliche Anmeldungen

829 Die Anmeldung von sog. **Defensivmarken,** die das Umfeld einer Kernmarke – wie Bauern den König auf dem Schachbrett (Lerach GRUR 2009, 107 (110), der eine Parallele zu sog. Sperrpatenten, patent fencing, zieht) – abdecken sollen, wird als bösgläubig angesehen, weil der Benutzungswille fehlt (→ § 3 Rn. 15.1). Es wäre aber systemgerechter, auch hier allein auf die Behinderung fremder Besitzstände abzustellen und die Frage der Benutzung im Rahmen der nun einmal gegebenen Benutzungsfristen zu lösen – oder die Frage dem Lauterkeitsrecht zu überlassen.

Ein offenbar nicht missbilligtes Interesse an solchen Marken wird bei der Streitwertfestsetzung in **829.1**
Markensachen unterstellt (→ § 71 Rn. 57.1).
Solange das deutsche Recht keine Möglichkeit bietet, solche Marken mangels Benutzung frühzeitig **829.2**
zu beseitigen, erscheint manchen die Annahme der Bösgläubigkeit der einzige Ausweg, da andernfalls
die Markenanmeldung nicht mehr als **Erstbegehungsgefahr** gelten könnte. Lerach (GRUR 2009,
107 (110)) will dabei die langfristige Markenstrategie und die bisherige Anmeldepraxis berücksichtigen.
Auch EuG und EuGH lehnen eine Schutzbeschränkung für Defensivmarken ab, jedenfalls solange **829.3**
keine weiteren Unlauterkeitsmerkmale hinzutreten (EuG T-194/03, GRUR Int 2006, 404 Rn. 42, 46;
EuGH C-234/06 P, GRUR 2008, 343 Rn. 97, 101 jeweils zu Il Ponte Finanziaria Spa = Bainbridge;
C-533/11, BeckRS 2013, 81990 – Proti; Hoche/Heidenhain IPRB 2013, 112; zu Defensivmarken für
Veranstaltungen Lerach GRUR 2009, 107).

Als **Sperrmarken** werden Konstellationen bezeichnet, in denen eine Marke mit der **830**
Absicht anmeldet wird, Dritte von der Aufnahme oder Fortführung der kennzeichnenden
oder beschreibenden (BGH GRUR 2005, 581 f. – The Colour of Elégance) Benutzung einer
Bezeichnung oder eines Domainnamens (Hildebrandt, Marken und andere Kennzeichen,
Rn. 195) auszuschließen. Auch hier muss aber ein Besitzstand vorliegen, den der Anmelder
stört (→ Rn. 798 ff.). Anderenfalls kann das Verwerfliche allenfalls darin gesehen werden,
dass ein Markenanmelder die mit der Eintragung der Marke verbundene – an sich unbedenk-
liche – Sperrwirkung **zweckfremd** einsetzt (BGH GRUR 1998, 1034 (1037) – Makalu;
GRUR 2008, 621 (623) Rn. 21 – Akademiks). Das gilt auch für den Anmelder, der zunächst
mit anderen zusammen Veranstalter war und über eine Marke bestimmenden Einfluss nehmen will (BPatG BeckRS 2016, 07082 – Ratsherren-Runde). Dabei ist die maßgebliche
Grenze zur Bösgläubigkeit aber nur überschritten, wenn das Verhalten des Markenanmelders
bei objektiver Würdigung aller Umstände in erster Linie auf die Beeinträchtigung der wettbewerblichen Entfaltung eines Mitbewerbers und nicht auf die Förderung des eigenen Wettbewerbs gerichtet ist (BGH GRUR 2005, 581 f. – The Colour of Elégance). Letzteres kann man
den Veranstaltern, die im Vorfeld eines Events eine Vielzahl an Bezeichnungen anmelden,
um **Ambush-Marketing** zu behindern, nicht vorwerfen (BGH NJW 2006, 3002 – Fußball
WM 2006; GRUR 2010, 642 Rn. 51 – WM-Marken; Ingerl/Rohnke Rn. 312, Vor §§ 14–
19d Rn. 351), obwohl Heermann (Heermann, Ambush Marketing bei Sportveranstaltungen,
2001, 66 (70); GRUR 2006, 359) von einem Abschreckungseffekt spricht. Näher BGH
GRUR 1967, 304 – Siroset; OLG Karlsruhe GRUR 1997, 373 – NeutralRed; Fezer § 50
Rn. 29; Ingerl/Rohnke § 50 Rn. 14; Helm GRUR 1996, 593 (597); v. Linstow MarkenR
1999, 81 f.; Jordan, FS Helm, 2002, 187 (190); Füllkrug WRP 2006, 664 (671); Sack WRP
2004, 1405 (1410 ff.); Schmidt MarkenR 2002, 1.

Das Ziel, einem (ausländischen) Anbieter den Marktzutritt nur unter Bedingungen zu ermöglichen, **830.1**
wie zB gegen die Einräumung ausschließlicher Vertriebsrechte, einer Lizenz oÄ, kann bösgläubig sein
(Sack GRUR 1995, 81 (97)). Es spricht nämlich für Unlauterkeit, anderen wirtschaftliches Handeln
aufzuzwingen (BGH GRUR 1967, 304 – Siroset; Lange MarkenR/KennzeichenR Rn. 1149).

Der 25. Senat des BPatG nimmt zwar für die Namen berühmter Schöpfer von bedeuten- **831**
dem Kunst- und Kulturgut im Lichte des Allgemeininteresses an der Bewahrung vor ungerechtfertigten Monopole fehlende Unterscheidungskraft an, stützt die Schutzversagung aber
nicht (auch) auf § 8 Abs. 2 Nr. 10, obwohl das von ihm angesprochene Monopol (auch) eine
Sperrmarke annehmen lassen könnte (BPatG BeckRS 2014, 03245 – Richard Wagner-
Barren; BeckRS 2014, 04237 – Gustav Mahler-Röslein; BeckRS 2014, 04238 – Gustav
Mahler-Röschen; zugelassene Rechtsbeschwerde in allen drei Fällen nicht eingelegt).

Markenerschleichung kann nur im Löschungsverfahren eine Rolle spielen, da sie den **832**
Erfolg (Markenschutz) in sich trägt. Der erkannte Versuch, eine Marke durch falsche Angaben
oder Verheimlichen relevanter Umstände zu erschleichen (BPatG GRUR 2006, 1032
Rn. 19 – E2), führt naturgemäß nicht zu deren Eintragung.

Sich (zu Unrecht) auf Rechtspositionen zu berufen, wie eine Monopolstellung, begründet kein **832.1**
Erschleichen (BPatG BeckRS 2007, 11607 – Fußball WM).

Kann der Anmelder auf Grund einer besonderen Stellung seine Interessen gegenüber den für das **832.2**
DPMA politisch verantwortlichen Stellen nachdrücklich vertreten, begründet das noch kein Erschleichen (BPatG BeckRS 2007, 11607 – Fußball WM). Anders wäre eine nachweisbare Einflussnahme auf
das Ergebnis des Prüfungsverfahrens vor dem DPMA zu beurteilen (Lerach GRUR 2009, 107 f.).

MarkenG § 8 Teil 2 Voraussetzungen, Inhalt und Schranken etc.

833 Bösgläubigkeit kann auch daraus resultieren, dass sich der Anmelder bei zeitgebundenen Marken, Events, Sportveranstaltungen etc, den **Zeitfaktor** zu Nutze macht und Konkurrenten über laufende Verfahren, deren Misserfolg absehbar ist, aber erst nach Abschluss des Events zu erwarten ist, behindert.

834 Bösgläubig ist es, in ersichtlich unberechtigter Weise bekannte Kennzeichen anderer zu usurpieren. Hierzu zählen manche auch Nachanmeldungen von (wegen Nichtbenutzung) löschungsreifen Marken (OLG Köln NJWE-WettbR 2000, 38 f. – Diarstop) oder das Hinzufügen von Bestandteilen, die auf eine Verbindung hinweisen (Gruppo Salini statt Salini; EuG T-321/10, GRUR-Prax 2013, 333). Soweit eine „**systematische Nachanmeldung**" löschungsreifer Marken als missbräuchlich gilt, muss die Betonung auf „systematisch" liegen, was im Anmeldestadium kaum festzustellen ist, sondern allenfalls im Löschungsverfahren.

834.1 Die direkte Berücksichtigung dieser Umstände im Eintragungsverfahren von Amts wegen würde die Frage aufwerfen, ob das DPMA den Inhalt seines eigenen Markenregisters als übliche Informationsquelle ansehen muss. Es wäre ein Systembruch, dies hier zu verlangen, denn die §§ 9 und 10 zeigen, dass dem DPMA insoweit enge Grenzen gesetzt sind. Außerdem dürfte im Hinblick auf die Möglichkeit einer Lizenz Ersichtlichkeit fehlen.

835 Während eine national festgestellte Bösgläubigkeit einer Unionsmarke entgegensteht, kann dies bislang für den umgekehrten Fall nicht gelten, da die nationalen Verhältnisse von denen in anderen Staaten unabhängig sind.

836 Wer mit einem Hinweis an das DPMA (→ Rn. 776) oder einem Löschungsantrag erfolgreich war, kann bösgläubig handeln, wenn er anschließend das gleiche Zeichen für sich als Marke anmeldet. Keine Bösgläubigkeit ist gegeben, wenn eine unionsrechtliche Anmeldung aus anderen Gründen zurückgewiesen worden ist.

837 **Spekulationsmarken,** auch **Hinterhaltsmarken** genannt, sollen, ohne eigenen Benutzungswillen (BPatG BeckRS 2013, 05490; BeckRS 2010, 27988 – Hawk), zB dazu dienen, von anderen Lizenzgebühren für die Nutzung des Zeichens verlangen zu können. Ein allerdings sehr schwaches Indiz für solche Absichten kann es sein, wenn ein Anmelder eine Vielzahl von Marken bzw. Waren und Dienstleistungen beansprucht. Allenfalls hinzutretende Abmahnungen oder ein sonstiges Verhalten können eine Bösgläubigkeit zeigen, zumal eine fehlende Benutzung anderweitig sanktioniert ist (Hildebrandt Marken/Kennzeichen Rn. 199).

837.1 Eine Vielzahl von beanspruchten Marken bzw. Waren und Dienstleistungen reicht allein nicht aus, eine Bösgläubigkeit zu belegen (EuG T-167/15, GRUR-Prax 2016, 301 – Neuschwanstein; BPatG GRUR 2012, 840 – soulhelp; BeckRS 2011, 11393 – LEV; OLG Frankfurt GRUR-RR 2013, 211 – Furio; OLG Düsseldorf BeckRS 2010, 27988 – Hawk), denn eine umfassende Beanspruchung im Anmeldeverfahren nicht beanstandet (BPatG BeckRS 2009, 01144 – what's live). Gleiches gilt für den fehlenden Bezug der beanspruchten Waren und Dienstleistungen zum Geschäftsbetrieb des Anmelders (Loschelder, FS Bornkamm, 2014, 637 (644)). Körner/Gründig-Schnelle (GRUR 1999, 535 (541)) bewerten Anmeldungen für eine große Zahl von Waren und Dienstleistungen bei dreidimensionalen Produktgestaltungen anders.

837.2 Eine Vielzahl von Waren und Dienstleistungen zu beanspruchen, kann auch eine legitime Reaktion auf die IP Translator-Entscheidung des EuGH (C-307/10, BeckRS 2012, 81267); → Rn. 849.1.

838 Trotz der Benutzungsschonfrist nach § 25 Abs. 1 verlangt jede Markenanmeldung einen generellen **Benutzungswillen.** § 25 begründet lediglich eine Vermutung der Nutzungsabsicht; diese ist aber widerleglich (BGH GRUR 2001, 242; BPatG BeckRS 2010, 27988 – Hawk).

7. Urheber- und Persönlichkeitsrechte

839 Zum Verhältnis Markenrecht-Urheberrecht allgemein→ MarkenR Einleitung Rn. 2 ff.; → Rn. 289; → § 2 Rn. 7, → § 2 Rn. 126; Persönlichkeitsrechte können auch einen Besitzstand begründen (→ Rn. 798, → Rn. 809). Vom Urheber nicht autorisierte Markenanmeldungen geben ihm Rechte aus § 13 (→ Rn. 751 ff.).

839.1 Dem Urheber einer Marke steht im Regelfall kein Recht zu, die Modalitäten der einmal gestatteten Nutzung zu diktieren und dem Auftraggeber eine selbstbestimmte und eigenverantwortliche Nutzung

Absolute Schutzhindernisse   § 8 MarkenG

zu verwehren oder zu erschweren, etwa um so neue Aufträge zu erzwingen. Wird ein Werk nicht in der Weise verwendet, die für den Auftrag zur Erstellung maßgebend war, kann der Schöpfer sein Urheberrecht auf andere Weise geltend machen (§§ 14, 42 UrhG etc); eine Markenanmeldung ist dafür nicht geeignet (für Anmeldungen durch Dritte: BPatG GRUR-RR 2009, 58 – Hooschebaa). Markenrecht ist schließlich kein Ordnungsrecht (BGH BeckRS 2011, 25607 – Krystalpalast; nachfolgend BPatG BeckRS 2013, 00479 – Krystalpalast II).

Ohne Anhaltspunkte für eine vom Urheber nicht hinzunehmende Nutzung, kann ihm nicht einmal **839.2** zu Gute gehalten werden, mit der Markenanmeldung (rechtlich unzureichend) versucht zu haben, seine Rechte zu wahren, was Bösgläubigkeit ausschließen könnte (BPatG BeckRS 2013, 00479 – Krystalpalast II; → Rn. 783).

Designaufträgen liegen üblicherweise Verträge zu Grunde, die dem Auftraggeber ua Nutzungsrechte **839.3** einräumen (OLG Düsseldorf GRUR 1991, 334; OLG Dresden BeckRS 2011, 25634 – Krystalpalast; dem folgend BPatG BeckRS 2013, 00479 – Krystalpalast II). Dies erfolgt regelmäßig im größtmöglichen Umfang, also ausschließlich sowie zeitlich und inhaltlich unbeschränkt, wenn nicht ausdrücklich, so jedenfalls aus dem Übertragungszweck (§ 31 Abs. 5 UrhG; vgl. LG Stuttgart GRUR-Prax 2010, 275 – Stuttgarter Hauptbahnhof). Das Urheberrecht berechtigt dagegen einen beauftragten Designer nicht generell, sein Werk (Logo etc) selbst als Marke anzumelden, da dies wie die kennzeichnende Nutzung dem Auftraggeber möglich sein muss. Es kann sogar als bösgläubig gelten, wenn der Designer ein von ihm entworfenes Logo ohne Auftrag dazu für sich als Marke anmeldet.

Mangels einer positivrechtlichen Zuweisung an die Allgemeinheit ist eine Verwertbarkeit **840** **gemeinfreier Werke** durch jedermann – auch als Markenanmeldung – die zwingende Konsequenz (→ § 2 Rn. 147; → Rn. 520, → Rn. 614, → Rn. 749) und entsprechend die Anmeldung nicht bösgläubig (Bugdahl/Felchner MarkenR 2009, 349 (358 f.); Klinkert/Schwab GRUR 1999, 1067 (1071 f.); Helm VPP-Rundbrief 2001, 38 (41 f.); Wandtke/Bullinger GRUR 1997, 573 (577 ff.); Nordemann WRP 1997, 389; Seifert WRP 2000, 1014; Schack, FS Rehbinder, 2002, 345 (351)).

In einem obiter dictum zu „Mona Lisa" hat das BPatG (GRUR 1998, 1021) zu dem für das DPMA **840.1** entscheidungserheblichen § 8 Abs. 2 Nr. 5 ausgeführt, dass die Gemeinfreiheit im Eintragungsverfahren keine Berücksichtigung finden solle. Auch „Neuschwanstein" erfuhr nur nach den allgemeinen Kriterien mangels Unterscheidungskraft keinen Markenschutz und nicht etwa wegen eines von den Voraussetzungen der Nr. 2 losgelösten Freihaltungsbedürfnisses oder über das Urheberrecht (BGH GRUR 2012, 1044 – Neuschwanstein; Markfort/Albrecht BayVBl 2013, 686 f.). Götting schließt aus Gemeinfreiheit allerdings auf Schutzunfähigkeit als Marke (MarkenR 2014, 229 (231 f.)).

Abzulehnen ist die von Böckenholt (Kommerz in der Kunst, 2003, 81) vorgenommene Differenzierung, **840.2** wonach zwar die Anmeldung gemeinfreier Zeichen durch andere grundsätzlich zulässig sein soll, nicht aber durch Erben des Urhebers, die nicht über die zeitliche Schranke des § 64 UrhG hinaus Rechte erhalten sollten, da sie lange genug Zeit gehabt hätten, das Werk zu verwerten. Dies übersieht, dass nach Ablauf zeitlich begrenzter Schutzrechte Chancengleichheit für alle bestehen muss; Seifert (WRP 2000, 1014 (1016)) spricht zutreffend vom „ungeschützten Urzustand", weshalb von diesem Zeitpunkt an erneut das dem Immaterialgüterrecht zugrunde liegende Prioritätsprinzip gilt (Ticic S. 142).

Die auch hier vertretene Auffassung, Namenrechte und Eigenschaften als **Kulturgut** im **841** Rahmen der Nr. 10 nicht zu berücksichtigen, steht im Widerspruch zu den gesetzgeberischen Motiven. Die markenrechtliche Monopolisierung von Namen bekannter Persönlichkeiten und von Kulturgut gilt als unerwünschtes „Markengrabbing" (Boeckh GRUR 2001, 29 f.). Der Gesetzgeber wollte daher ein Korrektiv zum Wegfall des Erfordernisses des Geschäftsbetriebs schaffen (Begründung zum MarkenG, BT-Drs. 12/6581 vom 14.1.1994, 96). Dass dies nur in beschränktem Umfang gelungen ist, mag bedauerlich sein (Bugdahl/Felchner MarkenR 2009, 349 (359) und dem Willen des Gesetzgebers widersprechen, ist aber im Hinblick auf § 13 dogmatisch richtig und sollte nicht aufgeweicht werden. Für das amtliche Prüfungsverfahren ermöglicht dies eine stringente Beurteilung ohne die Notwendigkeit zu Spekulationen, was eine anwaltliche Beratung im Markenrecht erleichtert.

Spezielle Fragen werfen in urheberrechtlich geschützten Werken vorkommende **Phantasie-** **842** **Marken** auf (Slopek/Napiorkowski GRUR 2012, 337 sprechen von „fiktiven Marken"; vgl. DPMA Beschl. v. 27.3.2003 – 399 01 100 – Duff Beer; nachfolgend BPatG BeckRS 2009, 00175; der BGH spricht von **„reverse product placement"**, BGH BeckRS 2013, 06518 – Duff Beer). Nur wenn zu erwarten war, dass die fiktive Marke auch real verwendet werden sollte, kann hier Bösgläubigkeit in Betracht kommen (Hauch, Übernahme fiktiver Marken in die Realität, S. 87 ff.); Hauch (S. 96) nennt hier als Beispiel Warner Bros., die bereits ein Produkt aus der Harry-Potter-Reihe auf den Markt gebracht hat.

842.1 Während sich bei einer Benutzung im Ausland (→ Rn. 810) die Frage stellt, ob der Anmelder damit rechnen musste, dass der im Ausland ein Geschäftsbetrieb räumlich erweitert wird, ist hier zu prognostizieren, ob der Schöpfer ein für ihn völlig neues Geschäftsfeld betreten will.

842.2 Die hier wohl unterstellbare Kenntnis von der Benutzung durch den Schöpfer kann nicht gleichgestellt werden mit der Kenntnis um eine reale markenmäßige Verwendung (→ Rn. 798).

842.3 Auch stehen das Urheberrecht bzw. die Benutzung in Filmen einem markenrechtlichen Besitzstand (→ Rn. 801) nicht gleich. Die in völlig anderem Kontext stattgefundene Benutzung hat weder eine Benutzungsmarke noch eine Marke mit einem ausbeutbaren Ruf kreiert (→ Rn. 86).

842.4 Dass die Anmeldung einem Filmschaffenden eine Verwendung der Phantasie-Marke unmöglich machen könnte, ist nicht zu erwarten. Die Markenanmeldung kann nämlich nicht dazu führen, dass Verwenden in Filmen zur verbotenen Schleichwerbung wird, da § 2 Abs. 2 Nr. 11 RStV auf eine Gegenleistung für Absatzförderung abstellt (VG Düsseldorf BeckRS 2010, 48913 – Tiefkühlspinat).

842.5 Zur Täuschung über den Hersteller bzw. Geschäftsbetrieb → Rn. 580.2.

843 Als oder in Marken verwendete **Namen und Bilder** von realen Personen, die nicht Anmelder oder Angehörige von diesen sind, berühren ersichtlich naturgemäß fremde **Persönlichkeitsrechte** (→ MarkenR Einleitung Rn. 13, → MarkenR Einleitung Rn. 87). Trotzdem muss der Anmelder nicht im Wege einer Art Beweisumkehr durch Vorlage einer Genehmigung (ggf. der Erben) nachweisen, dass er keinen Missbrauch beabsichtigt. Die direkte Berücksichtigung von Individualgütern widerspricht nämlich § 13 Abs. 2 Nr. 1 und Nr. 2, wonach Persönlichkeitsrechte sowie deren spezialgesetzlich geregelten Ausprägungen ausschließlich Gegenstand der relativen Schutzhindernisse sind. Sie sind von der amtlichen Prüfung ausgenommen.

844 Bei Hinweisen Dritter (→ Rn. 776) genügt es hier nicht, wenn sie ausschließen, dass der Hinweisgeber selbst oder irgend ein bestimmter dazu Berechtigter dem Markenanmelder keine Genehmigung (Lizenz) erteilt hat; damit ist ja nicht ausgeschlossen, dass andere dem Anmelder solche Rechte (Unterlizenzen) eingeräumt haben. Auch ist immer noch denkbar, dass Duldung einer der Marke entsprechenden Benutzung den Anmelder im guten Glauben ließ, auch eine Markenanmeldung vornehmen zu dürfen (→ Rn. 807).

845 Beim **postmortalen Persönlichkeitsschutz** (→ Rn. 643, → Rn. 751) mindert es die Ersichtlichkeit der Bösgläubigkeit, dass seine Dauer unbestimmt ist, weil diese von der Bedeutung und dem Bekanntheitsgrad der Person abhängt. Die Anmeldung „Lady Di" (BPatG BeckRS 2008, 26492) erfolgte schon einen Tag nach deren Tod, als das postmortale Persönlichkeitsrecht unbestreitbar war (Gauß WRP 2005, 570; aA wohl Steinbeck JZ 2005, 552 (556); zu Spitznamen, Karikaturen oder Schimpfwörtern (→ Rn. 643.2). Stellt das Zeichen nicht auf konkrete Personen, sondern das Ereignis ab, kommt eine Zurückweisung nach § 8 Abs. 2 Nr. 5 in Betracht (→ Rn. 626, → Rn. 647).

8. Zusammengesetzte Zeichen

846 Ob ein Bestandteil in ein komplexes Zeichen in bösgläubiger Weise integriert wurde, muss an Hand der konkreten Umstände geprüft werden. Gibt das komplexe Zeichen dem Inhaber die Möglichkeit, andere in unredlicher Weise zu behindern, ist dies zu bejahen.

9. Umgehung von Verwirkung, Benutzungszwang und Schutzablauf

847 Kein absolutes Eintragungshindernis verhindert **Wiederholungsanmeldungen** als solche. § 26 Abs. 3 S. 2 enthält sogar Regelungen, die Wiederholungsanmeldungen als zulässig unterstellen. Soweit Wiederholungsanmeldungen als missbräuchlich gelten sollen (BGH GRUR 1995, 117 (121) – Neutrex; OLG Frankfurt GRUR 1992, 445 – Wiederholungszeichen), führt dies eher zu Fragen nach der rechtserhaltenden Benutzung sowie nach der Berechtigung, Ansprüche aus der nachangemeldeten Marke geltend zu machen, aber nicht zu einem absoluten Schutzhindernis. Auch Fuchs-Wissemann sieht die Anmeldung eines Wiederholungszeichens grundsätzlich nicht als Fall der Bösgläubigkeit (MarkenR 2015, 469 (474)).

Absolute Schutzhindernisse § 8 MarkenG

Stand der Diskussion: Heydt zu BGH GRUR 1975, 434 – Bouchet; Fischötter/Rheineck GRUR 1980, 379 (386); Ingerl Mitt 1997, 391 (393); Fezer § 25 Rn. 40; Klein GRUR Int 2015, 539; Slopek GRUR Int 2013, 101; Zecher GRUR 2010, 981; Ingerl/Rohnke § 25 Rn. 37, 40, 45; Albrecht VPP-Rundbrief 2013, 164 (169); Schoene S. 172; BGH GRUR 2000, 890 – Immunine/Imukin; BeckRS 2009, 03163 – Streetball; OLG München WRP 1985, 515 – Ke; OLG Köln GRUR 1977, 220 – Charlie). **847.1**

Zur Wiederbelebung früher verwendeter fremder (berühmter) Marken → Rn. 798.2. **847.2**

Im Widerspruchsverfahren wird das Vorliegen einer Wiederholungsmarke im Zusammenhang mit der Benutzungsschonfrist relevant (→ § 70 Rn. 12; Ingerl/Rohnke § 25 Rn. 45; BPatG BeckRS 2014, 09353 sub II.4.a – peak elements; BK R 1260/2013-2 – Kabelplus; anders noch R 2181/2010-2, R 2185/2010-2 – Navigo). Ströbele stellt die Wiederholungsanmeldung mit Rechtsmissbrauch und dem unzulässigen Ausüben von Rechten gleich, die im Widerspruchsverfahren nicht geprüft werden (Ströbele/Hacker/Ströbele § 26 Rn. 285). **848**

Das DPMA berücksichtigt **im Eintragungsverfahren** nicht, ob es sich um eine „Wiederholungsmarke" handeln könnte, und auch das BPatG nimmt die Frage der Bösgläubigkeit wegen Wiederholung aus dem absoluten Prüfungsverfahren im Hinblick auf dessen summarischen Charakter aus (BPatG GRUR 2005, 773 Rn. 28 – Blue Bull/Red Bull). Für die Annahme von Bösgläubigkeit kann die Wiederholung einer Anmeldung zwar erster Anschein sein, es sind aber weitere Indizien notwendig (EuG T-136/11, BeckRS 2012, 82710 – Pelikan). **849**

Gegen die Annahme, dass Wiederholungsanmeldungen unlauter sind, spricht, dass wegen der Übertragbarkeit von Marken ein Interesse an der Verfügbarkeit identischer Zeichen bestehen kann (Ingerl Mitt 1997, 391 f.; Fezer § 25 Rn. 24, 25, 29; OLG Frankfurt GRUR 1992, 445). Auch wird nach fünfjähriger nationaler Nichtbenutzung eine EU-Marke eingetragen (Heil, FS 25 Jahre BPatG, 1987, 371 (387 f.); Fezer § 25 Rn. 30). Ohnehin kann es für eine Umgehung des Vorwurfs einer unlauteren Wiederholungsanmeldung genügen, wenn die neue Marke nicht vollständig mit der ursprünglichen identisch ist, etwa indem sie neben dem identischen Begriff eine andere Farbgebung aufweist (EuG T-378/11, GRUR Int 2013, 454 – Medinet; BGH GRUR 1975, 434 – Jules Bouchet/Bouchet; OLG Hamburg BeckRS 2010, 15826 – Metro; OLG Frankfurt GRUR 1992, 445 – Wiederholungszeichen). Um Bösgläubigkeit zu verneinen, genügten dem EuG bei Pelikan (T-136/11, BeckRS 2012, 82710) die Zusammenfassung zweier älterer Marken im Rahmen einer Modernisierung sowie eine Erweiterung der Oberbegriffe im Waren- und Dienstleistungsverzeichnis (Bender MarkenR 2013, 1 (11)). Dies muss erst recht gelten, wenn der Anmelder mit der Wiederholungsanmeldung auf die vom EuGH mit IP-Translator (C-307/10, BeckRS 2012, 81267; → Rn. 837.2) aufgeworfenen Fragen bzw. auf Gesetzespläne (→ Rn. 815.2) reagiert oder sein Warenverzeichnis um die dazugehörigen Handelsdienstleistung erweitert (→ Rn. 856, → MarkenR Einleitung Rn. 75). Ein Zeicheninhaber muss die Möglichkeit haben, das Verzeichnis seiner Marke ohne das Risiko eines Rechtsverlustes zu konkretisieren (Klein GRUR Int 2015, 539 (545)). **849.1**

Loschelder (FS Bornkamm, 2014, 637 (647)) sieht Wiederholungsanmeldungen als bösgläubig an, wenn der Anmelder das Interesse anderer weiß, das Zeichen nach seinem Freiwerden durch Verfall selbst anzumelden. Füllkrug (WRP 2006, 664 (673)), Harmsen (GRUR 1980, 401 (403)) und Schulze zur Wiesche (WRP 1976, 65 (67)) sprechen von Rechtsmissbrauch. Vor allem das Fehlen eines Benutzungswillens sei hier zu berücksichtigen (Loschelder, FS Bornkamm 2014, 637 (642, 644); BGH GRUR 2006, 333 – Galileo; GRUR 2005, 773 – Red Bull). **849.2**

Klein (GRUR Int 2015, 539 (548)) weist darauf hin, dass die Kosten für eine Wiederholungsanmeldung geringer seien, als die für das Beschaffen von Benutzungsnachweisen, kaufmännisches Denken aber keine bösgläubige Behinderung von Wettbewerbern sein könne (aA Sosnitza GRUR 2013, 105 (112)). **849.3**

Wiederholungsanmeldungen sind im Registrierungsverfahren allein nach den für eine erstmalige Anmeldung geltenden Kriterien auf Bösgläubigkeit hin zu untersuchen. Hier kann dann ausnahmsweise (→ Rn. 787.2; → Rn. 796.1; → Rn. 837.1) der fehlende Bezug der beanspruchten Waren und Dienstleistungen zum Geschäftsbetrieb des Anmelders von, (allerdings nur) indizieller, Bedeutung sein (Loschelder, FS Bornkamm, 2014, 637 (646)). **850**

Auch kann es bösgläubig sein, wenn der Markeninhaber eine Marke erneut anmeldet, an der er eine **ausschließliche Lizenz** erteilt hat. **851**

Eine tragfähige Definition für Wiederholungsanmeldungen fehlt. Wer Anmeldungen wegen der Wiederholung als unlauter unterbinden will, muss die Vergleichbarkeit der Mar- **852** ken sowie der Waren- und Dienstleistungsverzeichnisse prüfen. Dabei Identität zu fordern, würde Umgehungsmöglichkeiten unangemessen erleichtern. Insoweit müssten zumindest die Kriterien gelten, die zu erfüllen hat, wer sich auf eine Benutzung über § 26 Abs. 3 S. 2 beruft oder den Zeitrang einer anderen Marke beansprucht (→ UMV Art. 29 Rn. 5, → UMV Art. 34 Rn. 7 ff.). Die Abweichungen müssen also wesentlich sein oder wenigstens auf nachvollziehbaren lauteren Gründen beruhen, um eine bösgläubige Wiederholung auszuschließen.

852.1 Auch beim untreuen Agenten reichen geringfügige Variationen, wie im Rahmen des Art. 15 Abs. 1a UMV, nicht aus, solange die Marken in wirtschaftlicher Hinsicht äquivalent sind.

853 Schoene (S. 175 f.) will all das als Wiederholungsanmeldung sehen, was im verletzungsrechtlichen Schutzbereich der Erstanmeldung liegt. Inwieweit Veränderungen einem berechtigten Interesse (Modernisierung) entsprechen und von einer Wiederholungsanmeldung wegführen, ist umstritten (Loschelder, FS Bornkamm, 2014, 637 (648); Fezer § 25 Rn. 29; Sosnitza GRUR 2013, 105 (112)). Es ist aber immer zu bedenken, dass die rechtserhaltende Benutzung mit jedem Abweichen von der eingetragenen Marke fraglich wird und die Markeninhaber Rechtssicherheit haben will (EuG T-136/11, BeckRS 2012, 82710 Rn. 41 – Pelikan).

854 Klein (GRUR Int 2015, 539 (545)) hält eine Wiederholungsanmeldung nur bei Anmeldungen **vor Ablauf der Benutzungsfrist** für möglich, da bei einer Anmeldung nach Ablauf Zwischenrechte entstanden sein können (Ingerl/Rohnke § 25 Rn. 32, 42; Fezer § 25 Rn. 29). Mit dem Ende der Benutzungsschonfrist ende jede gesetzliche Regelung. Damit könne weder Rechtsmissbrauch noch Rechtsumgehung vorliegen, da ein absichtlich nicht mehr geregelter, freier Zustand nicht ausgenutzt oder umgangen werden könne. Der ursprüngliche Inhaber befinde sich im lauteren Anmeldewettlauf mit allen anderen und unterliege **keiner Sperrfrist.**

854.1 Nach Heydt (GRUR 1975, 434 (440)) ist es nicht einzusehen, gerade demjenigen das Recht zur Neu-Anmeldung zu versagen, der das Zeichen geschaffen hat.

855 Einigkeit besteht wohl insoweit, dass die erstmalige **Anmeldung einer Unionsmarke** als Wiederholung einer nationalen im Hinblick auf den erweiterten Schutzbereich der Unionsmarke keine bösgläubige Wiederholungsanmeldung ist (BGH GRUR 2006, 333 – Galileo). Das soll nicht für die **nationale Wiederholungsanmeldung einer Unionsmarke** gelten (Loschelder, FS Bornkamm, 2014, 637 (649 f.)). Es gilt aber nichts anderes, da eine ältere Unionsmarke bisher nur außerhalb Deutschlands benutzt worden sein kann. Für Deutschland bestand also noch kein Benutzungszwang, den eine Neuanmeldung umgehen könnte (Klein GRUR Int 2015, 539 (544)). Dagegen ist eine Kette nationaler Anmeldungen, für die innerhalb der Frist zu Beanspruchung ihrer Priorität für eine Unionsmarke die Anmeldegebühr nur dann bezahlt wird, wenn ein Angriff daraus lohnend erscheint, bösgläubig (EuG T-82/14, BeckRS 2016, 81483 – Lucea LED).

856 Erweiterungen des Waren- und Dienstleistungsverzeichnisses führen keinesfalls zu einer ausschließlich missbräuchlichen Wiederholungsanmeldung; allenfalls hinsichtlich der ursprünglichen Waren bzw. Dienstleistungen ist dies denkbar (HABM BK R 1260/2013-2, Rn. 27, 29 – Kabelplus; aA LöschAbt., Entsch. v. 18.7.2014, 6185 C – GAP). Die Neuanmeldung für Waren und Dienstleistungen, die zu den ursprünglichen nur ähnlich sind, ist wohl nicht missbräuchlich (HK-MarkenR/Spuhler § 26 Rn. 133). Dies gilt erst Recht für die Nachanmeldung von Handelsdienstleistungen neben entsprechenden Waren der ursprünglichen Marke (→ Rn. 849.1).

857 Auch wenn das Streichen einzelner Waren oder Dienstleistungen nicht gegen eine missbräuchliche Wiederholungsanmeldung spricht, ist zu bedenken, dass Einschränkungen (eines Oberbegriffs) aus nachvollziehbaren, nicht zu missbilligenden Gründen erfolgen können.

858 Da ein Verzicht auf eine Marke (§ 48) auf unterschiedlichen Erwägungen beruhen kann, ist eine **erneute Anmeldung nach einem Verzicht** nicht von vornherein missbräuchlich. Diente der Verzicht zur Beilegung eines Streits (→ § 48 Rn. 1), hatten es die daran Beteiligten in der Hand, eine erneute Anmeldung durch entsprechende Vereinbarungen auszuschließen und zu sanktionieren (§ 48; → UMV Art. 50 Rn. 23). Dagegen ist die erneute Anmeldung einer Marke **nach einer Verurteilung zur Löschung** bösgläubig, wenn die Löschungsgründe nicht zwischenzeitlich ausgeräumt wurden (→ Rn. 771 f.).

Kumulation von Immaterialgüterrechten ist möglich, da Marken und andere Immaterialgüterrechte unterschiedlichen Zielen dienen und auch unterschiedliche Schutzvoraussetzungen haben (→ MarkenR Einleitung Rn. 7 ff.). Dass **parallele Schutzrechte komplementär** wirken und in Summe einen stärkeren Schutz gewährleisten, muss nicht verhindert werden (Albrecht VPP-Rundbrief 2013, 164 (169)). Sie können zudem einen Besitzstand begründen (→ Rn. 809). Auch **ergänzender Leistungsschutz** ist für früher patentgeschützte Erzeugnisse möglich (OLG Frankfurt BeckRS 2013, 09724 – Steckdübel; nachfolgend BGH GRUR 2015, 909 – Exzenterzähne). 859

Im Gegensatz dazu halten Körner/Gründig-Schnelle (GRUR 1999, 535 (541)) es für eine bösgläubige Absicht, den zeitlich begrenzten **Produktschutz** über eine Markenanmeldung zu verlängern, indem noch während der Geltungsdauer eines Patents, Gebrauchs- oder Geschmacksmusters bzw. Designrechts oder nach dessen Ablauf eine Markeneintragung für genau die Gestaltungsform erwirkt wird, welche den Produktschutz begründet hat; ebenso Helm GRUR 1996, 593 (598). 859.1

Eine fehlende Schutzvoraussetzung (Neuheit, Schöpfungshöhe) für Schutzrechte außerhalb des Markenrechts kann den Markenschutz für den gleichen Gegenstand weder über § 8 Abs. 2 Nr. 1, Nr. 2 oder Nr. 3 noch hier über Nr. 10 verhindern. Dagegen kann der Vertrieb (ursprünglich) patentierter Waren dazu führen, dass die Abnehmer die Marke als Gattungsbezeichnung verwenden und ansehen (→ MarkenR Einleitung Rn. 8; → Rn. 528.1). 860

E. Verkehrsdurchsetzung

I. Überblick

1. Regelungszweck

Gemäß § 8 Abs. 3 können die Eintragungshindernisse der § 8 Abs. 2 Nr. 1–3 überwunden werden, wenn dem Anmelder der Nachweis der Verkehrsdurchsetzung des Zeichens gelingt. 861

Eine Anwendung dieser Vorschrift auf die übrigen Eintragungshindernisse der § 8 Abs. 2 Nr. 4–10 findet grundsätzlich nicht statt, da hier das öffentliche Interesse überwiegt. Nur ausnahmsweise kommt eine entsprechende Anwendung des § 8 Abs. 3 daher auch im Rahmen anderer Eintragungshindernisse, wie beispielsweise der Täuschungsgefahr nach § 8 Abs. 2 Nr. 4 in Betracht, wenn das Verfahren zum Nachweis der Verkehrsdurchsetzung ergeben hat, dass die zu prüfende Angabe bei den Verkehrskreisen keine unrichtigen Vorstellungen auslöst (BPatG GRUR 1967, 489 f. – Atlanta-Extra). 862

Wird ein Zeichen aufgrund von Verkehrsdurchsetzung eingetragen, ist dieser Markenschutz gleichwertig mit dem einer aufgrund originärer Kennzeichnungskraft eingetragenen Marke (BGH GRUR 2006, 701 f. – Porsche 911). 863

Insbesondere stellt die Eintragung einer Marke auf Grund der Überwindung absoluter Schutzhindernisse durch Verkehrsdurchsetzung auch keine Beschwer iSv § 84 da. So hat ein Anmelder bei erfolgreicher Eintragung einer Marke aufgrund von Verkehrsdurchsetzung, auf die sich ein Anmelder hilfsweise beruft, keinen Anspruch darauf, dass in dem Eintragungsverfahren auch über die originäre Kennzeichnungskraft des Zeichens höchstrichterlich entschieden wird (BGH GRUR 2006, 701 f. – Porsche 911). 863.1

2. Europarechtliche Vorgaben

Die Vorschrift des § 8 Abs. 3 geht auf Art. 4 Abs. 4 RL (EU) 2015/2436 zurück, wobei sich der deutsche Gesetzgeber bei der Umsetzung nicht für den in Art. 4 Abs. 4 RL (EU) 2015/2436 enthaltenen Begriff der „Unterscheidungskraft", sondern für den Begriff der „Verkehrsdurchsetzung" entsprechend dem früheren § 4 Abs. 3 WZG entschieden hat, um insoweit eine kontinuierliche Formulierung und Rechtsprechung zu gewährleisten. Zudem ist der Begriff der Unterscheidungskraft nach deutschem Verständnis durch § 8 Abs. 2 Nr. 1 mit einer anderen, nämlich engeren Bedeutung belegt, so dass der unzutreffende Eindruck vermieden werden sollte, dass ein Zeichen, welches „Unterscheidungskraft" aufweist, zugleich alle Schutzhindernisse nach § 8 Abs. 2 Nr. 1 bis 3 überwindet. Inhaltlich ergeben sich jedoch keine Unterschiede aus der verschiedenen Wortwahl. 864

3. Abgrenzung zur Verkehrsgeltung

865 Von der Verkehrsdurchsetzung zu unterscheiden ist die Verkehrsgeltung iSd § 4 Nr. 2 (→ § 4 Rn. 17), die erforderlich ist, damit ein Zeichen Schutz als Benutzungsmarke erwirbt. Während die Verkehrsdurchsetzung voraussetzt, dass grundsätzlich mindestens 50% der beteiligten Verkehrskreise das Zeichen als Hinweis auf ein bestimmtes Unternehmen verstehen, kann für die Verkehrsgeltung bereits ein deutlich geringerer Zuordnungsgrad innerhalb der beteiligten Verkehrskreise ausreichend sein (Fezer Rn. 683). Damit setzt die Verkehrsdurchsetzung nicht nur einen prozentual höheren Zuordnungsgrad voraus, sondern erfordert darüber hinaus, dass dieser Zuordnungsgrad bei der Mehrheit sämtlicher für den Absatz der betreffenden Waren und Dienstleistungen relevanter Verkehrskreise vorliegt. Für die Verkehrsgeltung ist es dagegen ausreichend, dass der erforderliche Zuordnungsgrad innerhalb, also nur bei einem Teil der beteiligten Verkehrskreise vorliegt. Da die Verkehrsdurchsetzung zur Eintragung einer Marke mit bundesweitem Schutz führt, muss auch die Verkehrsdurchsetzung im gesamten Bundesgebiet vorliegen (BGH GRUR 1988, 211 f. – Wie hammas denn?). Dagegen kann Schutz nach § 4 Nr. 2 auch nur für ein territorial beschränktes Gebiet innerhalb der Bundesrepublik beansprucht werden, so dass insoweit der Nachweis der Verkehrsgeltung in diesem Gebiet ausreicht.

866 Der Begriff der Verkehrsdurchsetzung ist weiterhin zu unterscheiden von der **bekannten Marke** iSv § 14 Abs. 2 Nr. 3, die neben der allgemeinen Verwechslungsgefahr auch gegen eine Verwässerung des Markenschutzes geschützt ist. Obgleich in der Praxis viele durch Nachweis der Verkehrsdurchsetzung zur Eintragung gelangte Marken auch Bekanntheitsschutz iSd § 14 Abs. 2 Nr. 3 genießen, ist dieser Gleichlauf nicht zwingend (Ingerl/Rohnke Rn. 315). So weist nicht jede im Verkehr durchgesetzte Marke auch die für die Inanspruchnahme des Bekanntheitsschutzes im Einzelfall erforderlichen Merkmale, wie insbesondere eine gesteigerte Kennzeichnungskraft auf (OLG Köln GRUR-RR 2005, 155 (157) – DIE BLAUE POST; offen gelassen von BGH GRUR 2009, 678 (682) – POST/RegioPost). In neueren Entscheidungen spricht der BGH sogar ausdrücklich von einer über den Mindestgrad der Verkehrsdurchsetzung von 50% deutlich hinausgehenden Bekanntheit (BGH GRUR-Prax 2016, 33 – Bounty).

II. Anwendungsbereich

1. Prüfung im Eintragungsverfahren

867 **a) Amtlicher Prüfungsumfang.** Die Feststellung der Verkehrsdurchsetzung erfolgt im amtlichen Eintragungsverfahren im Rahmen der Prüfung der absoluten Schutzhindernisse. Erforderlich ist eine Anfangsglaubhaftmachung durch den Anmelder durch Einreichung geeigneter Unterlagen, aus denen sich ergibt, dass der Antrag auf Eintragung der Marke aufgrund von Verkehrsdurchsetzung Aussichten auf Erfolg hat (zu den einzelnen Voraussetzungen Ströbele GRUR 1987, 75 f.). Nach erfolgreicher Anfangsglaubhaftmachung nimmt das Amt die Ermittlungen von Amts wegen auf.

868 **b) Maßgeblicher Zeitpunkt.** Grundsätzlich müssen die nach § 8 Abs. 3 für die Eintragung des Zeichens infolge seiner Benutzung erforderlichen Voraussetzungen zum Zeitpunkt des **Anmeldetages** vorliegen (EuG BeckRS 2010, 91155 – Farbkombinationen eines Traktors; BGH GRUR 2014, 483 f. – test; GRUR 2015, 1012, 1013 – Nivea Blau). Dies folgt aus einer richtlinienkonformen Auslegung des § 8 Abs. 3. Die Vorschrift dient der Umsetzung des Art. 3 Abs. 3 RL 2008/95/EG, wonach eine Marke dann nicht gemäß Art. 3 Abs. 1 Buchst. b, c oder d RL 2008/95/EG von der Eintragung ausgeschlossen oder für ungültig erklärt wird, wenn sie vor der Anmeldung infolge ihrer Benutzung Unterscheidungskraft erworben hat. Allerdings können die Mitgliedstaaten gemäß Art. 3 Abs. 2 S. 2 RL 2008/95/EG vorsehen, dass eine Eintragung aufgrund von Verkehrsdurchsetzung auch dann möglich sein soll, wenn die Unterscheidungskraft erst nach der Anmeldung erworben wurde. Der deutsche Gesetzgeber hat von der Option des Art. 3 Abs. 3 S. 2 RL 2008/95/EG durch § 37 Abs. 2 Gebrauch gemacht. Bei einer solchen nachträglich festgestellten Verkehrsdurchsetzung ist ein Einverständnis des Anmelders zur Zeitrangverschiebung erforderlich, da es zu einer Verschiebung der Priorität nach § 37 Abs. 2 (→ § 37 Rn. 15) kommt. Denn der Marke

wird üblicherweise der Tag der Anmeldung als Zeitrang zugewiesen. Liegen aber nicht alle Eintragungsvoraussetzungen vor, verschiebt sich der Zeitrang (Fezer Rn. 686), wobei unter bestimmten Voraussetzungen eine **Rückrechnung** mit der Folge einer früheren Priorität stattfinden kann.

Da die Feststellung der Verkehrsdurchsetzung regelmäßig erst im weiteren Verlauf des Eintragungsverfahrens durch Einholung demoskopischer Gutachten und somit oftmals erst Jahre nach Einreichung der Markenanmeldung erfolgt, stellt sich die Frage, ob auch eine Feststellung der Verkehrsdurchsetzung für die Vergangenheit mit der Folge einer früheren Priorität der Marke möglich ist (vgl. Ingerl/Rohnke Rn. 334). Diese Möglichkeit wird von der Rechtsprechung überwiegend mit der Begründung abgelehnt, dass eine zuverlässige Feststellung der in der Vergangenheit liegenden Verkehrsauffassung jedenfalls über einen längeren Zeitraum nicht möglich sei (BPatG GRUR 1997, 833 (835) – digital; BPatGE 28, 44 (50) – BUSINESS WEEK; OLG Köln GRUR-RR 2005, 155 (156) – DIE BLAUE POST). Im Einzelfall kann eine Rückrechnung möglich sein, wenn der im Zeitpunkt der Entscheidung über die Eintragung nachgewiesene Benutzungsgrad deutlich über der Mindestgrenze liegt (so BGH GRUR 1985, 550 (552) – Dimple) oder die Benutzung nachgewiesenermaßen seit Jahren in gleicher Weise und in gleichem Umfang erfolgt (BPatG GRUR 2004, 61 (63) – BVerwGE). 868.1

2. Prüfung im Widerspruchsverfahren

Eine Prüfung der Verkehrsdurchsetzung findet im Rahmen eines Widerspruchsverfahrens grundsätzlich nicht statt. Insbesondere kann der Widerspruchsführer nicht mit der Behauptung gehört werden, dass sich ein von Hause aus schutzunfähiger Bestandteil der Widerspruchsmarke im Verkehr als Kennzeichen für die Waren des Widerspruchsführers durchgesetzt habe (BGH GRUR 1965, 183 (186) – derma). Eine solche Prüfung durch das DPMA bzw. das BPatG würde zu einer erheblichen Erschwerung und ungewollten Verlängerung des Widerspruchsverfahrens führen. Eine Ausnahme ist nach der Rechtsprechung nur dann gerechtfertigt, wenn die Verkehrsdurchsetzung des schutzunfähigen Teils der Widerspruchsmarke in einem gesonderten Eintragungsverfahren bereits rechtskräftig festgestellt wurde und diese Feststellung nach dem zeitlichen Zusammenhang unbedenklich auf den Zeitpunkt der Anmeldung desjenigen Zeichens bezogen werden kann, gegen welches Widerspruch eingelegt wurde (BGH GRUR 1965, 183 (187) – derma). 869

3. Prüfung im Löschungsverfahren

a) Löschung nach § 50 Abs. 2 S. 1 wegen absoluter Eintragungshindernisse. Da die Löschung einer Marke nach § 50 Abs. 2 S. 1 nur vollzogen wird, wenn das Bestehen eines Eintragungshindernisses sowohl zum Zeitpunkt ihrer Anmeldung als auch zum Zeitpunkt der Entscheidung über den Löschungsantrag nachgewiesen werden kann, scheidet eine Löschung der angegriffenen Marke auch dann aus, wenn das ggf. ursprüngliche bestehende Eintragungshindernis durch nachträgliche Verkehrsdurchsetzung überwunden wird (BGH Beschl. v. 21.7.2016 – I ZB 52/15 – Sparkassen-Rot; GRUR 2015, 1012 – Nivea Blau; BPatG GRUR 2007, 324 (327) – Kinder (schwarz-rot). In diesem Fall findet eine Prüfung der nachträglichen Verkehrsdurchsetzung im Rahmen des Löschungsverfahrens statt (vgl. Ströbele/Hacker/Ströbele Rn. 553 ff.). Gegebenenfalls sind die Voraussetzungen der Verkehrsdurchsetzung vom BPatG – auch erstmalig – selbst zu prüfen, denn die Geltendmachung der Verkehrsdurchsetzung ist sowohl erstmalig im Beschwerdeverfahren als auch erneut möglich, wenn sie zunächst im Verfahren vor der Markenabteilung nicht weiterverfolgt wurde (BPatG GRUR 2005, 948 (954) – FUSSBALL WM 2006). 870

b) Löschung nach § 50 Abs. 1 wegen zu Unrecht angenommener Verkehrsdurchsetzung. Anlass zur Prüfung der Verkehrsdurchsetzung im Rahmen eines Löschungsverfahrens kann ebenfalls bestehen, wenn der Antragsteller eine Löschung der Marke wegen zu Unrecht angenommener Verkehrsdurchsetzung beantragt. In dieser Konstellation wird zunächst lediglich geprüft, ob das betreffende Schutzhindernis zum Zeitpunkt der Eintragung tatsächlich vorlag und durch Verkehrsdurchsetzung überwunden wurde (vgl. Ströbele/ Hacker/Ströbele Rn. 555). Nicht geprüft wird, ob die Feststellung der Verkehrsdurchsetzung (Umfrage) lege arte erfolgt ist. Solange die fälschlich einer Eintragung zu Grunde gelegte 871

MarkenG § 8 Teil 2 Voraussetzungen, Inhalt und Schranken etc.

Umfrage nicht das Gegenteil belegt, also dass keine Verkehrsdurchsetzung vorlag, obliegt es dem Löschungsantragsteller, dies nachzuweisen (→ Rn. 875).

872 Allerdings erfolgt eine Löschung der Marke auch bei nachgewiesener fehlender Verkehrsdurchsetzung im Zeitpunkt der Entscheidung über die Eintragung im Hinblick auf § 50 Abs. 2 im Ergebnis nur dann, wenn das betreffende Eintragungshindernis nicht zum Zeitpunkt der Entscheidung über die Löschung der Marke durch nachträgliche Verkehrsdurchsetzung überwunden wurde (→ Rn. 870).

873 **c) Beweislast im Löschungsverfahren.** Zunächst gilt für die Ermittlung der für die Vornahme der rechtlichen Wertung erforderlichen tatsächlichen Fakten der Amtsermittlungsgrundsatz nach § 59 bzw. § 73. Soweit es sich dabei allerdings um schwierige, weil beispielsweise schon länger zurückliegenden Tatsachenermittlungen handelt, geht die Rechtsprechung von einer eingeschränkten Geltung des Amtsermittlungsgrundsatzes aus (BPatG GRUR 1997, 833 (835) – digital), so dass sich die Frage stellt, wer in solchen Konstellationen die Beweislast für das Vorliegen bzw. Nichtvorliegen der für die Annahme der Verkehrsdurchsetzung erforderlichen Tatsachen trägt.

874 Nach allgemeinen Grundsätzen obliegt demjenigen die Beweislast, der sich auf das Nichtvorliegen der für die Annahme der Verkehrsdurchsetzung erforderlichen Tatsachen beruft, somit dem Löschungsantragsteller. Aus Billigkeitserwägungen im Hinblick auf etwaige Beweisvorteile des Markenanmelders bei länger zurückliegenden Sachverhalten (BPatG GRUR 1997, 833 (835) – digital) sowie die den Markeninhaber privilegierende, unter → Rn. 870 dargestellte Rechtsprechung, wonach eine Löschung der Marke nur stattfindet, wenn das Eintragungshindernis weder im Zeitpunkt der Eintragung noch im Zeitpunkt der Entscheidung über die Löschung der Marke durch Verkehrsdurchsetzung überwunden wurde, vertritt das BPatG die Auffassung, dass den Markeninhaber die Beweislast für derartige Sachverhaltskonstellation treffe (BPatG GRUR 2008, 420 (425) – ROCHER-Kugel; GRUR 2011, 232 (234) – Gelbe Seiten).

875 Dagegen lehnt der BGH die Rechtsprechung des BPatG ab und geht stattdessen auch weiterhin von einer Beweislast der Antragstellers für das Vorliegen eines absoluten Schutzhindernisses zum Eintragungszeitpunkt im Rahmen eines Löschungsverfahrens aus (BGH GRUR 1965, 146 f. – Rippenstreckmetall II; GRUR 2009, 669 (672) – POST II; GRUR 2010, 138 (142) – ROCHER-Kugel). Danach gehen verbleibende Zweifel zu Lasten des Löschungsantragstellers, wenn sich im Nachhinein nicht mehr mit der erforderlichen Sicherheit aufklären lässt, ob ein Schutzhindernis im Eintragungszeitpunkt bestand. Ausdrücklich widerspricht der BGH dabei auch den Erwägungen des BPatG, wonach es unbillig erscheinen würde, dem Antragsteller die Beweislast aufzubürden, denn die aus dem Zeitablauf resultierenden Schwierigkeiten, die Voraussetzungen der Verkehrsdurchsetzung im Eintragungszeitpunkt zu beurteilen, würde beide Parteien des Löschungsverfahrens gleichermaßen treffen. Anders als der Markeninhaber, habe es der Antragsteller jedoch in der Hand, den Zeitpunkt des Löschungsantrags – zeitnah nach Eintragung der Marke – selbst zu bestimmen (BGH GRUR 2010, 138 (142) – ROCHER-Kugel). Allerdings geht auch der BGH davon aus, dass an den Antragsteller keine nahezu unüberwindbaren Beweisanforderungen gestellt werden dürfen und ihm ggf. Beweiserleichterungen zukommen können. Und die fehlende Verkehrsdurchsetzung im Zeitpunkt der Entscheidung im Löschungsverfahren kann unter Umstände Rückschlüsse auf das Fehlen der Verkehrsdurchsetzung im Zeitpunkt ihrer Eintragung zulassen (BGH GRUR 2009, 669 (672) – POST II).

III. Voraussetzungen für die Eintragung kraft Verkehrsdurchsetzung

1. Bestehen eines absoluten Schutzhindernisses

876 Voraussetzung für den Erwerb des Markenschutzes aufgrund von Verkehrsdurchsetzung ist zunächst das im amtlichen Prüfungsverfahren festgestellte Vorliegen eines absoluten Schutzhindernisses nach § 8 Abs. 2 Nr. 1 bis 3. Dies bedeutet, dass auch bei einer von vornhinein auf Verkehrsdurchsetzung gestützten Markenanmeldung das Vorliegen absoluter Schutzhindernisse geprüft und positiv festgestellt werden muss (EuGH GRUR 2007, 234 f. – EUROPOLIS; anders BGH GRUR 2006, 701 f. – Porsche 911), wonach es bei festgestellter Verkehrsdurchsetzung auf diese Prüfung gerade nicht mehr ankommen soll). Andersrum

Absolute Schutzhindernisse § 8 MarkenG

besteht kein Raum für die Prüfung und Feststellung der Verkehrsdurchsetzung, wenn bereits die originäre Unterscheidungskraft der Marke bejaht wird. Die Verkehrsdurchsetzung nach § 8 Abs. 3 beseitigt demnach lediglich bestehende Eintragungshindernisse, stellt aber keinen eigenständigen Eintragungsgrund dar (BGH GRUR 2010, 138 f. – ROCHER-Kugel).

2. Markenfähigkeit

Durch Verkehrsdurchsetzung können nur markenfähige Zeichen iSv § 3, dh solche Zeichen zur Eintragung gelangen, die eine abstrakte Eignung zur Unterscheidung aufweisen (→ § 3 Rn. 13). Denn anders als das Fehlen der konkreten Unterscheidungskraft iSd § 8 Abs. 2 Nr. 1, kann das Eintragungshindernis der fehlenden abstrakten Unterscheidungskraft nicht durch § 8 Abs. 3 überwunden werden (Fezer Rn. 681). Daher müssen die allgemeinen Kriterien der Markenfähigkeit wie Selbständigkeit, Einheitlichkeit und grafische Darstellbarkeit der Marke iSd § 3 Abs. 1 (→ § 3 Rn. 23) und § 8 Abs. 1 (→ § 3 Rn. 21) erfüllt sein (Fezer Rn. 681). Im Hinblick auf den weiten Markenbegriff des § 3 (→ § 3 Rn. 17; vgl. Ströbele/Hacker/Ströbele Rn. 567) sowie die Rechtsprechung des EuGH wonach jede markenfähige Gestaltung der Eintragung aufgrund von Verkehrsdurchsetzung zugänglich sein soll (EuGH GRUR 2002, 804 Rn. 39 – Philips), ist diese Voraussetzung jedoch regelmäßig erfüllt.

877

3. Benutzung „als Marke"

Nach dem Wortlaut des § 8 Abs. 3 ist nicht nur die Verkehrsdurchsetzung an sich erforderlich, sondern diese muss gerade durch Benutzung des betreffenden Zeichens „als Marke" erlangt worden sein (BGH GRUR 2014, 483 (485) – test). Eine auf andere Weise gewonnene Bekanntheit des Zeichens ist im Rahmen des § 8 Abs. 3 irrelevant (EuGH GRUR 2002, 804 Rn. 64 – Philips; BGH GRUR 2008, 710 Rn. 23 – VISAGE). Die Benutzung „der Marke als Marke" erfordert nach der Rechtsprechung des EuGH eine herkunftshinweisende Benutzung, die es den angesprochenen Verkehrskreisen ermöglicht, die Waren und Dienstleistungen eines Unternehmens von solchen anderer Unternehmen zu unterscheiden (EuGH GRUR 2002, 804 Rn. 62, 63 – Philips; GRUR 2005, 763 Rn. 36 – Nestlé/Mars; BGH GRUR 2008, 710 Rn. 23 – VISAGE). Dabei ist zu beachten, dass die von der Rechtsprechung entwickelten Anforderungen an die erforderliche markenmäßige Benutzung bei den verschiedenen Markenformen unterschiedlich sein können. Zu den Besonderheiten der für die Verkehrsdurchsetzung erforderliche markenmäßige Benutzung von Farbmarken (→ Rn. 879.3) und dreidimensionalen Marken (→ Rn. 879.4).

878

4. Verkehrsdurchsetzung der konkret angemeldeten Marke

Für die Verkehrsdurchsetzung ist nur das Zeichen in seiner konkret angemeldeten Form maßgeblich. Gerade für dieses Zeichen in seiner konkret angemeldeten Form und nicht lediglich für ein nur ähnliches Zeichen muss auch die Verkehrsdurchsetzung nachgewiesen werden (EuGH GRUR 2005, 763 Rn. 27 – Nestlé/Mars; BGH GRUR 2010, 1103 Rn. 35 – Pralinenform II). Diese Frage kann in der Praxis insbesondere bei der Eintragung von originär schutzunfähigen Kombinationsmarken eine Rolle spielen, wenn entweder die Verkehrsdurchsetzung eines einzelnen Bestandteils eines im Verkehr stets nur in Kombination verwendeten Zeichens nachgewiesen werden muss (→ Rn. 879.1) oder es um die Eintragung eines mehrgliedrigen Zeichens geht, bei dem die Verkehrsdurchsetzung nur für einen Bestandteil nachgewiesen wurde (→ Rn. 879.2). Zudem können sich besondere Probleme beim Nachweis der Verkehrsdurchsetzung abstrakter Farbmarken (→ Rn. 879.3) und dreidimensionaler Marken (→ Rn. 879.4) ergeben.

879

Wird ein isolierter Bestandteil eines im Verkehr stets nur in Kombination mit weiteren Zeichenbestandteilen oder weiteren eigenständigen Zeichen verwendeten Zeichens als Marke angemeldet, muss sich gerade dieser Bestandteil im Verkehr durchgesetzt haben (BGH GRUR 2008, 710 Rn. 23 – VISAGE; EuGH GRUR 2005, 763 Rn. 27 – Nestlé/Mars). Demzufolge müssen die angesprochenen Verkehrskreise gerade in dem angemeldeten Zeichen einen eigenständigen Herkunftshinweis sehen, was jedoch nicht zwingend eine isolierte Verwendung dieses Bestandteils voraussetzt (EuGH GRUR 2005, 763 Rn. 30 – Nestlé/Mars). So kann das angemeldete Zeichen beispielsweise als Teil einer komplexen Kennzeichnung (EuGH GRUR 2005, 763 Rn. 30 – Nestlé/Mars) oder iVm anderen Mar-

879.1

Schneider

ken, insbesondere in Kombination mit einer Dach- oder Herstellermarke Unterscheidungskraft (BGH GRUR 2009, 954 (956) – Kinder III; GRUR 2008, 710 Rn. 38, 39 – VISAGE) erlangen. Zu beachten ist, dass der Nachweis der Verkehrsdurchsetzung gerade für den als Marke angemeldeten Bestandteil erbracht wird, so dass Umsätze und Marktanteile eines mit dem Kombinationszeichen gekennzeichneten Produktes keine Rückschlüsse über die Verkehrsdurchsetzung des angemeldeten Bestandteils zulassen (Ingerl/Rohnke Rn. 321). Deswegen sind nur Verkehrsbefragungen, bei denen nach einzelnen aus einer Kombination herausgelösten Bestandteilen gefragt wird, geeignet, den Nachweis der Verkehrsdurchsetzung dieser Bestandteile zu erbringen (BGH GRUR 2008, 710 Rn. 38 – VISAGE). Etwas anderes kann allerdings dann gelten, wenn den übrigen Bestandteilen des Kombinationszeichens keine eigene Herkunftsfunktion zukommt, weil es sich um Zusätze ohne eigenständig kennzeichnenden Charakter handelt (BPatG MarkenR 2010, 505 (510) – Post II).

879.2 Die unter → Rn. 879.1 dargestellten Grundsätze gelten entsprechend für den umgekehrten Fall der Eintragung eines originär schutzunfähigen Kombinationszeichens aufgrund von Verkehrsdurchsetzung (Ströbele/Hacker/Ströbele Rn. 580). Somit muss der Anmelder die Verkehrsdurchsetzung grundsätzlich für das angemeldete Kombinationszeichen nachweisen. Allerdings kommt auch die Eintragung eines originär schutzunfähigen Kombinationszeichens aufgrund der Verkehrsdurchsetzung eines einzelnen Bestandteils in Betracht, wenn gerade der im Verkehr durchgesetzte Bestandteil im Gesamtbild der Marke deutlich hervortritt und ihr die erforderliche Unterscheidungskraft verleiht (BGH GRUR 2009, 954 (956) – Kinder III).

879.3 Den abstrakten Farbmarken fehlt regelmäßig die originäre Unterscheidungskraft, da der Verkehr nach der Rechtsprechung nur im geringen Maße an die Benutzung abstrakter Farben als Herkunftshinweis gewöhnt sei (EuGH GRUR 2003, 604 (608) – Libertel; BGH GRUR 2010, 637, 638 – Farbe gelb; BPatG GRUR 2014, 1106,108 – Farbe Rapsgelb). Zudem sei dem Allgemeininteresse an der freien Verfügbarkeit der Farben ausreichend Rechnung zu tragen (EuGH GRUR 2003, 604 (608) – Libertel; BPatG GRUR 2014, 1106,108 – Farbe Rapsgelb). Daher spielt gerade bei der Eintragung von Farbmarken die Verkehrsdurchsetzung eine wichtige Rolle. Allerdings ist zu beachten, dass der Nachweis der Verkehrsdurchsetzung insoweit erfordert, dass die angesprochenen Verkehrskreise die Farbe an sich, unabhängig von einer konkreten Aufmachung (problematisch bei der Frage der Verkehrsdurchsetzung von „Nivea Blau" (BGH GRUR 2015, 1012 – Nivea-Blau) als Herkunftshinweis auf einen bestimmten Hersteller verstehen (BPatG GRUR 2000, 428 (431) – Farbmarke gelb/schwarz). Dies kann im Einzelfall problematisch sein kann, wenn abstrakte Farbmarken tatsächlich stets nur im Verbindung mit einem bestimmten Gegenstand benutzt werden (Ströbele/Hacker/Ströbele Rn. 586). Allerdings hat der BGH beispielsweise für den Markt zweisprachiger Wörterbücher entschieden, dass insoweit eine Übung bestehe, konturlose Farbmarke als Herkunftshinweise zu verstehen (BGH GRUR 2014, 1101 (1103) – Gelbe Wörterbücher; GRUR 2015, 581 – Langenscheidt – Gelb). Dabei stehe der markenmäßigen Benutzung im konkreten Fall von Langenscheidt auch nicht entgegen, dass die Farbe ausschließlich in Kombination mit weiteren Kennzeichen wie dem Buchstaben „L" oder der Wortmarke „Langenscheidt" verwendet würde (BGH GRUR 2015, 581 Rn. 23 – Langenscheidt – Gelb).

879.4 Auch bei dreidimensionalen Zeichen kann der Nachweis der Verkehrsdurchsetzung Schwierigkeiten bereiten, da Zweifel daran bestehen können, dass die bestimmte Form einer Ware – trotz nachgewiesener Bekanntheit – als Herkunftshinweis auf einen bestimmten Hersteller und nicht als bloßes Gestaltungselement verstanden wird. Zwar kann nach der Rechtsprechung aus dem Ergebnis einer Verkehrsbefragung, bei welcher der überwiegende Anteil der angesprochenen Verkehrskreise ein Produkt einem bestimmten Hersteller zuordnet auf die Bekanntheit der Form des Produktes geschlossen werden (BGH GRUR 2008, 510 (512) – Milchschnitte); es sollte aber stets bei der Formulierung der konkreten Fragestellung im Rahmen der Verkehrsbefragung darauf geachtet werden, dass nicht nur nach der Bekanntheit des Produktes als solches, sondern auch nach der Herkunftsfunktion der Produktform gefragt wird (BGH GRUR 2007, 780 Rn. 31 – Pralinenform; s. auch Ströbele/Hacker/Ströbele Rn. 592, 686).

5. Verkehrsdurchsetzung für bestimmte Waren und Dienstleistungen

880 Erforderlich ist, dass die Verkehrsdurchsetzung genau für diejenigen Waren und Dienstleistungen nachgewiesen wird, für welche die Marke eingetragen werden soll (EuGH GRUR 2002, 804 Rn. 59 – Philips; BPatG GRUR 1996, 494 f. – PREMIERE III). Ein Nachweis der Verkehrsdurchsetzung für Waren im Ähnlichkeitsbereich reicht nicht aus (BGH GRUR 2001, 1042 f. – REICH UND SCHOEN; BPatG GRUR 1996, 490 f. – PREMIERE I). Die Feststellung der Unterscheidungskraft erfolgt für jede einzelne von der Anmeldung beanspruchte Ware und Dienstleistung. Auch die Eintragung der Marke erfolgt demzufolge

Absolute Schutzhindernisse　　　　　　　　　　　　　　　　　　　§ 8 MarkenG

nur für die konkret nachgewiesenen Waren und Dienstleistungen, während eine Ausdehnung auf die Oberbegriffe nicht in Betracht kommt (BGH GRUR 2001, 65 Rn. 26 – Buchstabe T mit Strich; Ingerl/Rohnke Rn. 326). Wird die Eintragung einer Marke für einen Oberbegriff von Waren und Dienstleistungen begehrt, muss die Verkehrsdurchsetzung für die einzelnen Waren- und Dienstleistungsgruppen nachgewiesen werden, die der Oberbegriff umfasst (BGH GRUR 2015, 1012 – Nivea Blau). Zulässig soll eine Ausdehnung allerdings auf solche Waren und Dienstleistungen sein, die **wirtschaftlich als gleichartig** gesehen werden (BGH GRUR 2008, 510 Rn. 26 – Milchschnitte).

6. Personenbezogene Verkehrsdurchsetzung

Das zur Markeneintragung angemeldete Zeichen muss sich für die in Anspruch genommenen Waren und Dienstleistungen gerade als Zeichen des **Anmelders** durchgesetzt haben (EuGH GRUR 2002, 804 Rn. 65 – Philips). Eine **allgemeine Bekanntheit** des Zeichens ohne konkrete Zuordnung zum Anmelder reicht dagegen nicht aus. Nicht erforderlich ist allerdings, dass die befragten Verkehrskreise den Namen des Anmelders kennen (BGH GRUR 2009, 954 Rn. 27 – Kinder III; GRUR 2007, 235 Rn. 25 – Goldhase; BPatG MarkenR 2010, 505 (508) – Post II). Es reicht vielmehr aus, dass die befragten Verkehrskreise in der angemeldeten Marke den Hinweis auf einen bestimmten Geschäftsbetrieb sehen, auch wenn sie diesen nicht konkret benennen können (BGH GRUR 2011, 232 (238) – Gelbe Seiten; GRUR 2009, 954 Rn. 27 – Kinder III; GRUR 2008, 505 Rn. 29 – TUC-Salzcracker). Schädlich sind dagegen solche Befragungsergebnisse, welche die angemeldete Marke fälschlicherweise einem anderen konkreten Unternehmen zuordnen, welches in keiner rechtlichen oder tatsächlichen Verbindung zum Anmelder steht (BGH GRUR 2011, 732 (738) – Gelbe Seiten; GRUR 2010, 138 Rn. 53 – ROCHER-Kugel; GRUR 2007, 1066 Rn. 36 – Kinderzeit). Als aus Sicht des Anmelders positive Nennungen im Rahmen der Verkehrsbefragung sind auch Nennungen der Marke selbst als **Firmenbezeichnung** (BGH GRUR 2008, 505 Rn. 30 – TUC-Salzcracker; BPatG GRUR 2007, 593 (596) – Ristorante), unter Umständen Nennungen anderer Marken desselben Unternehmens (BGH GRUR 2009, 954 Rn. 27 – Kinder III; BPatG GRUR 2010, 71 (73) – Farbe Lila) sowie Nennungen von **Lizenznehmern** als autorisierte Drittbenutzer (BGH GRUR 2008, 505 Rn. 29 – TUC-Salzcracker), **verbundene Unternehmen,** wobei es unbeachtlich sein soll, wenn die Marke mit mehreren Unternehmen (zB Mutter-Tochtergesellschaft) und **Rechtsvorgängern** in Verbindung gebracht wird (BGH GRUR 2011, 232 (238) – Gelbe Seiten). Besonderheiten können sich bei der Verkehrsdurchsetzung eines Zeichens ergeben, dessen Anmelder eine Monopolstellung genießt (→ Rn. 881.1) oder innehatte.

881

Auszugehen ist zunächst von der Rechtsprechung des EuGH, der entschieden hat, dass grundsätzlich auch die Benutzung einer Marke durch ein Unternehmen in Monopolstellung – etwa aufgrund bestehender Sonderschutzrechte – zu einer Anerkennung der Verkehrsdurchsetzung führen kann (EuGH GRUR 2002, 804 Rn. 64, 65 – Philips), wenn infolge der Benutzung ein wesentlicher Teil der befragten Verkehrskreise das Zeichen mit dem Anmelder in Verbindung bringt. Erforderlich ist allerdings die Benutzung des Zeichens als Marke (→ Rn. 878), so dass der Nachweis erforderlich ist, dass die befragten Verkehrskreise das Zeichen nicht nur mit dem Anmelder in Verbindung bringen, sondern das angemeldete Zeichen gerade als Herkunftshinweis auf ein bestimmtes Unternehmen verstehen (BGH GRUR 2009, 669 Rn. 27 – Post II; Ströbele/Hacker/Ströbele Rn. 609).

881.1

7. Verkehrsdurchsetzung in den beteiligten Verkehrskreisen

a) Begriffsbestimmung. Im Unterschied zur Verkehrsgeltung gemäß § 4 Abs. 2 innerhalb der beteiligten Verkehrskreise (→ Rn. 865) muss die Durchsetzung eines Zeichens nach § 8 Abs. 3 in den beteiligten Verkehrskreisen, also in allen beteiligten Verkehrskreisen erfolgen (BGH GRUR 2008, 710 Rn. 35 – VISAGE), wobei nach der Rechtsprechung des EuGH aber ein erheblicher Teil der beteiligten Verkehrskreise ausreichend sein soll (EuGH GRUR 1999, 723 Rn. 52 – Chiemsee). Nicht als ausreichend anerkannt wurde aber insbesondere der Fall der nachgewiesenen Durchsetzung bei den gewerblichen Abnehmern aber nicht bei den privaten Endkunden (BGH GRUR 2008, 710 Rn. 35 – VISAGE; BPatG GRUR 2004, 61 f. – BVerwGE). Für die Festlegung der beteiligten Verkehrskreise sind die im Rahmen

882

des § 8 Abs. 2 Nr. 1 und 2 entwickelten Grundsätze heranzuziehen, da es gerade um die Beseitigung dieser Eintragungshindernisse geht (vgl. Ströbele/Hacker/Ströbele Rn. 615).

883 **b) Gebiet der Verkehrsdurchsetzung.** Maßgeblich ist eine Durchsetzung in den beteiligten inländischen Verkehrskreisen (Ingerl/Rohnke Rn. 329) und zwar im – im Unterschied zur Verkehrsgeltung (→ Rn. 865) im gesamten Bundesgebiet (BGH GRUR 1988, 211 f. – Wie hammas denn?; vgl. zum räumlichen Erfordernis der erlangten Unterscheidungskraft von Unionsmarken EuG BeckRS 2016, 80388 – Form einer Konturflasche ohne Rillen), weil durch die Eintragung, anders als beim Schutzumfang einer Benutzungsmarke nach § 4 Nr. 2 (→ Rn. 866) oder eines Unternehmenskennzeichens nach § 5 (→ § 5 Rn. 9), ein bundesweites Schutzrecht entsteht (EuGH GRUR 2007, 234 Rn. 23 – EUROPOLIS).

884 **c) Beteiligte Verkehrskreise.** Zu den beteiligten Verkehrskreisen zählen neben Mitbewerbern und Händlern vor allem auch die Endabnehmer, die sowohl gewerbliche Kunden als auch private Verbraucher sein können (EuGH GRUR 2006, 411 Rn. 12 – Matratzen Concord; GRUR 2004, 682 Rn. 26 – Bostongurka). Welche Verkehrskreise im Einzelfall maßgeblich sind, bestimmt sich vorrangig nach der objektiven Art und den dauerhaften charakteristischen Kriterien der in Anspruch genommenen Waren und Dienstleistungen in deren üblicher Verwendungsart, während subjektiv angelegte Werbekonzeptionen bezüglich bestimmter Verkehrskreise außer Acht bleiben sollen, da diese jederzeit abänderbar sind (BGH GRUR 2002, 340 f. – Fabergé; BPatGE 24, 67 (73)). Unberücksichtigt können dagegen diejenigen Verkehrskreise bleiben, die mit den fraglichen Waren oder Dienstleistungen weder tatsächlich noch nach einer vernünftigen Prognose in Berührung kommen (v. Schultz Rn. 235).

8. Umfang der Verkehrsdurchsetzung

885 **a) Kriterien für die Verkehrsdurchsetzung.** Ob eine Marke infolge ihrer Benutzung Unterscheidungskraft erlangt hat, ist nach der Rechtsprechung des EuGH in einer Gesamtschau der Gesichtspunkte zu prüfen, die zeigen können, ob sich das angemeldete Zeichen tatsächlich im Verkehr als Marke durchgesetzt hat (EuGH GRUR 1999, 723 – Chiemsee; GRUR Int 2000, 73 – Chevy). Neben dem quantitativen Kriterium des **Anteils** der beteiligten Verkehrskreise, der die Ware aufgrund der Marke als von einem bestimmten Unternehmen stammend erkennt, wurden dabei vom EuGH ausdrücklich auch mögliche qualitative Kriterien für den Nachweis der Verkehrsdurchsetzung, wie der von der Marke gehaltene **Marktanteil**, die **Intensität**, die **geografische Verbreitung**, die **Dauer** der Benutzung der Marke, der **Werbeaufwand** des Unternehmens sowie Erklärungen von Industrie- und Handelskammern und anderen Berufsverbänden, genannt (EuGH GRUR 1999, 723 Rn. 51 – Chiemsee; bestätigt in EuGH GRUR 2005, 763 Rn. 31 – Nestlé/Mars). Die deutsche Rechtsprechung wendet die genannten Kriterien im Grundsatz entsprechend an (vgl. nur BGH GRUR 2009, 954 Rn. 24 – Kinder III; GRUR 2008, 710 Rn. 26 – VISAGE; BPatG BeckRS 2015, 02952; BeckRS 2012, 23318; Ingerl/Rohnke Rn. 335 mwN). Allerdings geht die deutsche Spruchpraxis ganz überwiegend noch davon aus, dass für den Nachweis der Verkehrsdurchsetzung in der Regel auch die Vorlage demoskopischer Gutachten erforderlich ist, was im Hinblick auf die Rechtsprechung des EuGH nicht ganz unbedenklich ist. So ist es ausreichend, aber eben auch erforderlich für eine Verkehrsdurchsetzung nach der Rechtsprechung des BGH, dass der überwiegende Teil des Publikums in der Farbe ein Kennzeichen für die Waren oder Dienstleistungen sieht, für welche die Marke Geltung beansprucht (BGH Beschl. v. 21.7.2016 – I ZB 52/15 – Sparkassen-Rot; Grabrucker GRUR-Prax 2016, 93 ff.).

886 Ungeeignet sind die in der „Chiemsee"-Rechtsprechung des EuGH entwickelten Kriterien (→ Rn. 885) dann, wenn sich die ermittelten Umsätze, Werbeaufwendungen immer nur auf eine bestimmte Zeichenkombination aber nicht auf das einzelne zur Anmeldung eingereichte Zeichen beziehen (v. Schultz Rn. 240). Dies kann beispielsweise der Fall sein, wenn das angemeldete Zeichen tatsächlich nur in Kombination mit einer unterscheidungskräftigen Dachmarke (BGH GRUR 2008, 710 Rn. 37 – VISAGE) oder statt als angemeldete Wortmarke tatsächlich nur in einer bestimmten grafischen Ausgestaltung benutzt wird (BGH GRUR 2007, 1066 Rn. 37 – Kinderzeit).

Absolute Schutzhindernisse § 8 MarkenG

b) Prozentualer Durchsetzungsgrad. Nach der Chiemsee-Rechtsprechung des 887
EuGH ist für die Annahme der Verkehrsdurchsetzung erforderlich, dass ein „erheblicher
Teil" der beteiligten Verkehrskreise in dem angemeldeten Zeichen einen kennzeichnenden
Hinweis auf ein bestimmtes Unternehmen sieht (EuGH GRUR 1999, 723 Rn. 52 – Chiemsee). Daher kann für die Feststellung des im Einzelfall erforderlichen Durchsetzungsgrades nicht von festen Prozentsätzen ausgegangen werden, wobei die untere Grenze für die Annahme einer Verkehrsdurchsetzung jedoch – wenn nicht besondere Umstände eine andere Beurteilung rechtfertigen (BPatG GRUR 2007, 593 (596) – Ristorante – bei einem Marktanteil von 25% wurde ein Durchsetzungsgrad von 49,9% als ausreichend angesehen) – nicht unterhalb von 50% anzusetzen ist (BGH GRUR 2014, 483 (487) – test; GRUR 2010, 138 Rn. 41 – ROCHER-Kugel; GRUR 2009, 954 Rn. 24) – Kinder III; GRUR 2008, 510 Rn. 23 – Milchschnitte; GRUR 2007 1071 Rn. 30 – Kinder II; GRUR 2001, 1042 f. – REICH UND SCHOEN; BPatG BeckRS 2012, 23318). Dagegen wurde ein Durchsetzungsgrad von weniger als 35%, unabhängig von anderen Faktoren, als nicht ausreichend angesehen.

Handelt es sich allerdings um ein glatt beschreibendes Zeichen, muss der notwendige 888
Bedeutungswandel zu einem als Herkunftshinweis tauglichen Zeichen größer sein, so dass nach der Rechtsprechung in diesen Fällen höhere Durchsetzungsgrade bis zu einer „nahezu einhelligen Durchsetzung" als Nachweis für den Bedeutungswandel bzw. die Verkehrsdurchsetzung erforderlich sind (BGH GRUR 2006, 760 Rn. 20 – LOTTO). So wurde ein Durchsetzungsgrad von 59% für die vom BGH als „glatt beschreibende Angabe" qualifizierte Bezeichnung „LOTTO" nicht als ausreichend anerkannt. Bei Wort-/Bildmarken sollen die Anforderungen nach dem BGH nicht ganz so hoch sein wie bei reinen Wortzeichen, da die grafische Ausgestaltung die Unterscheidungskraft stärken kann (BGH GRUR 2009, 954 Rn. 39 – Kinder III). Allerdings erkennt der BGH an, dass auch bezüglich der glatt beschreibenden Begriffe die Voraussetzungen für eine Verkehrsdurchsetzung nicht so hoch angesiedelt werden dürfen, dass die Eintragung aufgrund von Verkehrsdurchsetzung für solche Zeichen in der Praxis quasi ausgeschlossen ist (BGH GRUR 2009, 669 Rn. 27) – POST II (ausreichender Durchsetzungsgrad von 84,6%) – anders noch BPatG GRUR 2007, 714 – POST; BGH GRUR 2007, 1071 – Kinder II).

Hinsichtlich der Höhe des Durchsetzungsgrades von **Farbmarken** gelten keine Unter- 889
schiede im Verhältnis zu anderen Markenformen. Insbesondere besteht nach der Rechtsprechung keine Notwendigkeit, stets Zuordnungsgrade von über 70% zum Nachweis der Verkehrsdurchsetzung zu verlangen (EuGH EuZW 2014, 707 – Sparkassenrot II). Auch der BGH und das BPatG lehnen insoweit feste Prozentsätze ab, haben allerdings in ihren letzten Entscheidungen stets Leitlinien vorgegeben (BGH GRUR 2015, 1012, 1015 – Nivea-Blau (50% sind ausreichend, wohingegen das BPatG im konkreten Fall wesentlich höhere Anforderungen gestellt und mindestens 75 % gefordert hatte); BPatG GRUR 2015, 796 – Sparkassenrot (in Annäherung an den BGH wurden ebenfalls 50% als Untergrenze festgesetzt); BGH Beschl. v. 21.7.2016 – I ZB 52/15 – Sparkassen-Rot). Es herrscht demnach insoweit eine gewisse Divergenz zwischen nationaler und europäischer Rechtsprechung zur Frage von Durchsetzungsgraden, so dass eine Vorlage an den EuGH wünschenswert wäre.

Eine Monopolstellung lässt für sich allein keinen Rückschluss auf eine Verkehrsdurchset- 890
zung zu (BPatG GRUR-RR 2009, 128 (131) – Stadtwerke Bochum).

Allerdings führt die Monopolstellung eines Unternehmens auf einem bestimmten Markt nach der 890.1
„Philips"-Rechtsprechung des EuGH auch nicht mehr per se zu einer Versagung des Markenschutzes durch Verkehrsdurchsetzung, wie dies früher der Fall war (sog. „Monopoleinwand") (EuGH GRUR 2002, 804 Rn. 34, 35 – Philips). Der Nachweis der Verkehrsdurchsetzung erfolgt anhand der üblichen Kriterien, insbesondere muss das betreffende Zeichen auch als Marke, also in herkunftshinweisender Funktion verwendet werden (BGH GRUR 2006, 850 Rn. 26 – Fußball WM 2006).

9. Durchführung demoskopischer Befragungen

Für die Durchführung demoskopischer Befragungen zum Nachweis der Verkehrsdurchset- 891
zung hat sich ein standardisiertes Verfahren etabliert, welches einem **dreistufigen Aufbau** unterliegt (Ingerl/Rohnke Rn. 350). So wird innerhalb der beteiligten Verkehrskreise (→ Rn. 881) zunächst die Bekanntheit des Zeichens iVm den beanspruchten Waren und

Dienstleistungen („**Bekanntheitsgrad**") festgestellt. Diejenigen, die das Zeichen kennen, werden in einem zweiten Schritt befragt, ob sie das Zeichen als Hinweis auf ein bestimmtes Unternehmen („**Kennzeichnungsgrad**") verstehen, wobei auf dieser Stufe noch keine Identifizierung des Unternehmens erforderlich ist. Auf dritter Stufe wird dann ermittelt, ob die beteiligten Verkehrskreise, welche die Marke kennen und einem bestimmten Unternehmen zuordnen können, das betreffende Unternehmen auch identifizieren können („**Zuordnungsgrad**") (zur Durchführung des Verfahrens und zu Abzügen der Fehlertoleranz näher Ingerl/Rohnke Rn. 350 ff.; Ströbele/Hacker/Ströbele Rn. 675 ff.). Kritisch zur aktuellen Vorgehensweise äußerte sich jüngst das BPatG (BPatG Beschl. v. 8.7.2015 – 25 W (pat) 13/14 – Sparkassenrot), welches die Fragen als suggestiv kritisierte.

10. Wirkung einer Marke mit Verkehrsdurchsetzung

892 Kann die Verkehrsdurchsetzung nachgewiesen werden, sind Schutzhindernisse nach § 8 Abs. 2 Nr. 1, 2 und 3 überwunden und die Marke wird kraft Verkehrsdurchsetzung eingetragen und veröffentlicht, soweit keine weiteren Schutzhindernisse nach § 8 Abs. 2 Nr. 4 bis 10 vorliegen (→ Rn. 862). Es gelten die allgemeinen materiellen und verfahrensrechtlichen Regeln. In der Regel ist bei Marken, die Kraft Verkehrsdurchsetzung eingetragen werden, von durchschnittlicher Kennzeichnungskraft auszugehen (BGH GRUR 2010, 1103 Rn. 40 – Pralinenform II; GRUR 1991, 609 f. – SL; GRUR 1986, 72 (73) – Tabacco d'Harar). Im Einzelfall können Ergebnisse, die im Rahmen der Verkehrsbefragung gewonnen wurden auch dazu führen, dass von einer überdurchschnittlichen Kennzeichnungskraft auszugehen ist (BGH GRUR 1990, 367 (370) – alpi/Alba moda).

§ 9 Angemeldete oder eingetragene Marken als relative Schutzhindernisse

(1) Die Eintragung einer Marke kann gelöscht werden,
1. wenn sie mit einer angemeldeten oder eingetragenen Marke mit älterem Zeitrang identisch ist und die Waren oder Dienstleistungen, für die sie eingetragen worden ist, mit den Waren oder Dienstleistungen identisch sind, für die die Marke mit älterem Zeitrang angemeldet oder eingetragen worden ist,
2. wenn wegen ihrer Identität oder Ähnlichkeit mit einer angemeldeten oder eingetragenen Marke mit älterem Zeitrang und der Identität oder der Ähnlichkeit der durch die beiden Marken erfaßten Waren oder Dienstleistungen für das Publikum die Gefahr von Verwechslungen besteht, einschließlich der Gefahr, daß die Marken gedanklich miteinander in Verbindung gebracht werden, oder
3. wenn sie mit einer angemeldeten oder eingetragenen Marke mit älterem Zeitrang identisch oder dieser ähnlich ist und für Waren oder Dienstleistungen eingetragen worden ist, die nicht denen ähnlich sind, für die die Marke mit älterem Zeitrang angemeldet oder eingetragen worden ist, falls es sich bei der Marke mit älterem Zeitrang um eine im Land bekannte Marke handelt und die Benutzung der eingetragenen Marke die Unterscheidungskraft oder die Wertschätzung der bekannten Marke ohne rechtfertigenden Grund in unlauterer Weise ausnutzen oder beeinträchtigen würde.

(2) Anmeldungen von Marken stellen ein Schutzhindernis im Sinne des Absatzes 1 nur dar, wenn sie eingetragen werden.

Überblick

§ 9 regelt die registerrechtlichen Folgen der (Doppel-)Identität (Nr. 1; → Rn. 5 ff.) und die der Ähnlichkeit (Nr. 2; → Rn. 10 ff.) einer eingetragenen Marke mit einer älteren eingetragenen oder angemeldeten Marke. Ohne jede Ähnlichkeit der Waren und Dienstleistungen kann nur ein unlauteres Ausnutzen oder Beeinträchtigen bekannter Marken (Nr. 3) zur Löschung führen (→ Rn. 59).

Eine Markenanmeldung ist nach **Abs. 2** nur bei einer späteren Eintragung ein Löschungsgrund (→ Rn. 73).

Übersicht

	Rn.		Rn.
A. Allgemeines	1	VII. Ähnlichkeit der Marken	42
B. Doppelidentität (Abs. 1 Nr. 1)	5	D. Schutz bekannter Marken	59
C. Verwechslungsgefahr (Abs. 1 Nr. 2)	10	I. Voraussetzungen des Schutzes	59
I. Allgemeines	10	II. Beeinträchtigen von Unterscheidungskraft oder Wertschätzung	64
II. Voraussetzungen der Verwechslungsgefahr	16	III. Ausnutzen der Wertschätzung (Rufausbeutung)	66
III. Arten der Verwechslungsgefahr	18	IV. In unlauterer Weise	68
IV. Maßgebliche Verkehrsauffassung	19	V. Ohne rechtfertigenden Grund	71
V. Kennzeichnungskraft der älteren Marke	23	E. Widerspruch im Anmeldestatus	73
VI. Ähnlichkeit der Waren und Dienstleistungen	32	F. Löschungsreife	75

A. Allgemeines

Für Widersprüche bzw. Löschungsansprüche aus einem älteren Recht stellt § 9 – soweit **1** es sich bei dem älteren Recht um eine angemeldete oder eingetragene Marke handelt – auf die auch in § 14 Abs. 2 enthaltenen Tatbestände ab. Zu einer rechtserheblichen Kollision kommt es bei Doppelidentität, einer durch Identität oder Ähnlichkeit erzeugten Verwechslungsgefahr oder im Fall des Schutzes bekannter Marken. Diese Tatbestände sind grundlegend bei § 14 kommentiert. Da die Löschungsgründe des § 9 Abs. 1 dem entsprechen, wird darauf weitgehend im Einzelnen unter Angabe der jeweiligen Unterschiede und Besonderheiten verwiesen.

Unionsmarken stellt § 125b Nr. 1 als Widerspruchsrechte im Rahmen des § 9 den natio- **2** nalen Marken gleich. Ihr Untergang nach Widerspruchseinlegung hat keine Folgen, wenn eine entsprechende nationale Markenanmeldung erfolgt ist (Ingerl/Rohnke § 14 Rn. 4, Ingerl/Rohnke § 125b Rn. 7). In Deutschland Schutz genießende **IR-Marken** sind den nationalen Marken gleichgestellt; für sie gelten die Löschungsgründe des § 9 als Gründe für eine Schutzverweigerung bzw. -entziehung (§§ 107, 112, 114 ff., §§ 119, 124).

Der für das Bestehen eines älteren Rechts maßgebliche **Zeitrang** ergibt sich allgemein **3** aus § 6 (Anmeldetag § 33, Prioritätstag §§ 34, 35), bei IR-Marken nach §§ 112, 124, 125, bei Unionsmarken aus Art. 27, 29–35 UMV bzw. bei Umwandlung aus Art. 108 Abs. 3 UMV. IR-Marken-Inhaber können sich auf die Priorität einer älteren, identischen deutschen Paralleleintragung berufen (Ingerl/Rohnke § 14 Rn. 6).

Betrifft die Kollision nur einen Teil der Waren/Dienstleistungen der jüngeren Marke, wird **4** diese nur insoweit gelöscht (§ 43 Abs. 2, § 51 Abs. 5). Oberbegriffe kann weder das DPMA noch das BPatG von sich aus aufgliedern; auch der Widerspruchsführer kann insoweit keinen beschränkten Antrag stellen. Der Schutz ist damit insgesamt zu versagen, wenn auch nur für einen Teil der unter den Oberbegriff fallenden Waren/Dienstleistungen eine Verwechslungsgefahr gegeben ist. Will der Inhaber des angegriffenen Zeichens dies vermeiden, muss er Oberbegriffe von sich aus einschränken und damit auf die Marke teilweise verzichten.

Da Widerspruchsführer bzw. Löschungsantragsteller oft nicht zu erkennen geben, ob sie nur einzelne **4.1** unter einen Oberbegriff fallende Waren/Dienstleistungen als störend empfinden, empfiehlt es sich für den Inhaber des angegriffenen Zeichens, mit dem Gegner Kontakt aufzunehmen, um dies abzuklären.

B. Doppelidentität (Abs. 1 Nr. 1)

§ 9 Abs. 1 Nr. 1 setzt eine **zweifache Identität** voraus, nämlich die der Zeichen und die **5** der Waren und/oder Dienstleistungen. Hier ist keine Verwechslungsgefahr erforderlich (→ § 14 Rn. 247). Ohne Identität von Marken **und** Waren/Dienstleistungen kommt allein die Anwendung von § 9 Abs. 1 Nr. 2 oder Nr. 3 in Betracht.

Identität der Zeichen verlangt grundsätzlich **vollständige Übereinstimmung** und tole- **6** riert allenfalls Abweichungen, die so geringfügig sind, dass sie einem Durchschnittsverbraucher entgehen können (→ § 14 Rn. 251; EuGH C-291/00, GRUR 203, 422 Rn. 50 –

MarkenG § 9 Teil 2 Voraussetzungen, Inhalt und Schranken etc.

Arthur/Arthur et Félicie; BGH GRUR 2010, 835 Rn. 32 – Powerball). Wie weit dies in Einzelfällen gehen kann – und inwieweit die jüngere Rechtspraxis des EuGH eine gewisse Erweiterung des Zeichenidentitätsbegriffs zulässt → Rn. 7.1) – ist zT unklar.

7 Keine Identität ist zwischen Zeichen unterschiedlicher Art (Wortmarke, Bildmarke, Wort-Bild-Marke, 3D-Marke etc.) möglich. Marken mit Farbanspruch sind mit solchen ohne Farbanspruch (oft fälschlich schwarz-weiß genannt) nicht identisch, obwohl die Marke ohne Farbanspruch Schutz für jegliche Farbgebung genießt (→ § 14 Rn. 352; BGH GRUR 2015, 1009 Rn. 14 ff. – BMW-Emblem).

7.1 Wohl als Folge der Ausdehnung des Identitätstatbestands des § 14 Abs. 2 Nr. 1 lockert der EuGH die Anforderungen an die Zeichenidentität im Verletzungsverfahren (EuGH C-278/08, GRUR 2010, 451 Rn. 27 – BergSpechte/trekking.at Reisen; Ingerl/Rohnke § 14 Rn. 276). Inwieweit dies auch für das Widerspruchs- bzw. Löschungsverfahren gilt, ist unklar; es kann jedoch meist dahinstehen, da in Fällen hochgradiger Zeichenähnlichkeit bei Identität von Waren/Dienstleistungen stets Verwechslungsgefahr gegeben sein wird.

8 Da sich die Kollisionstatbestände des § 9 Abs. 1 Nr. 1 und des § 14 Abs. 2 Nr. 2 entsprechen, könnten grundsätzlich alle vom EuGH anerkannten Markenfunktionen (→ § 14 Rn. 249) zu berücksichtigen sein. Auf der anderen Seite werden die über die Herkunftsgarantiefunktion hinausgehenden Markenfunktionen grundsätzlich nur in den Fällen relevant, in denen die Marke zur **Bezeichnung der Waren des Markeninhabers** benutzt werden (zB in der vergleichenden Werbung); diese Konstellation ist im Widerspruchs- bzw. Löschungsverfahren ohnehin ausgeschlossen.

9 Die Waren- bzw. Dienstleistungsidentität wird weniger streng beurteilt als die Zeichenähnlichkeit (→ § 14 Rn. 252; vgl. auch Ingerl/Rohnke § 14 Rn. 276). Maßgeblich ist insoweit, ob die Waren/Dienstleistungen ihrer Art nach übereinstimmen (→ § 14 Rn. 293). Waren-/Dienstleistungsidentität liegt nicht nur vor, wenn sich die Begriffe decken, sondern kann auch gegeben sein, wenn die Waren und Dienstleistungen unter einen gleichen Oberbegriff fallen (vgl. BGH GRUR 2009, 484 Rn. 45 – Metrobus; GRUR 2009, 1055 Rn. 64 – airdsl; GRUR 2008, 909 Rn. 14 – Pantogast; GRUR 2008, 903 Rn. 11 – Sierra antiguo).

C. Verwechslungsgefahr (Abs. 1 Nr. 2)

I. Allgemeines

10 Hier genügt die abstrakte Gefahr von Verwechslungen (BGH GRUR 1960, 130 (133) – Sunpearl II); tatsächliche Verwechslungen sind allenfalls ein Indiz für das Vorliegen einer Verwechslungsgefahr im Rechtssinne (BGH GRUR 1960, 296 (298) – Reiherstieg) und begründen allein für sich noch keine Verwechslungsgefahr (BGH GRUR 1995, 507 f. – City-Hotel; GRUR 1992, 48 (52) – frei öl, zu § 15).

11 Die Frage der Verwechslungsgefahr ist eine **Rechtsfrage** (BGH GRUR 2009, 1055 Rn. 62 – airdsl); Beweisaufnahmen dazu scheiden also aus (BGH GRUR 1992, 48 (52) – frei öl). Dagegen sind die dafür maßgeblichen Umstände Tatsachenfragen (zur Verkehrsauffassung → Rn. 19 ff.).

12 Die Verwechslungsgefahr kann der BGH in der **Rechtsbeschwerde** vollständig – auf der Basis des vom BPatG festgestellten Sachverhalts – überprüfen.

12.1 Der EuGH sieht die Beurteilung der Verwechslungsgefahr dagegen als nicht revisible Tatfrage (→ § 14 Rn. 255).

13 Für die Beurteilung der Verwechslungsgefahr ist grundsätzlich der **Zeitpunkt** der Entscheidung über den Widerspruch bzw. der Zeitpunkt der letzten mündlichen Verhandlung entscheidend (BGH GRUR 2002, 544 (546) – Bank 24). Das ist anders bei der Kennzeichnungskraft der älteren Marke (→ Rn. 25); die tatsächlichen Verhältnisse, auf denen die Annahme einer Ähnlichkeit beruht, können sich ändern (→ § 14 Rn. 263; Ingerl/Rohnke § 14 Rn. 698).

14 Die erforderlichen Feststellungen trifft das Gericht auf Grund seiner eigenen Sachkunde, die kein Fachwissen voraussetzt. Ein Rückgriff auf demoskopische Gutachten ist selbst im Verletzungsverfahren unüblich (→ § 14 Rn. 318).

Daneben greifen DPMA, BPatG und BGH zur Feststellung der Markenähnlichkeit auf **15**
Erfahrungssätze zurück (→ § 14 Rn. 319). Ihrer Rechtsnatur nach handelt es sich dabei
um „Rechtsanwendungshilfen bei der Bildung des aus dem Gesetz zu gewinnenden Obersatzes, also Hilfsmittel bei der Gesetzesauslegung" (Hacker GRUR 2004, 537 (545)).

II. Voraussetzungen der Verwechslungsgefahr

Verwechslungsgefahr ist gegeben, wenn die angesprochenen Kreise annehmen können, **16**
damit bezeichnete Waren oder Dienstleistungen stammten aus demselben oder jedenfalls aus
wirtschaftlich miteinander verbundenen Unternehmen. Dies ist unter **Berücksichtigung
aller Umstände des Einzelfalls** umfassend zu beurteilen (grundlegend EuGH C-251/95,
GRUR 1998, 387 Rn. 22 – Sabèl/Puma; BGH GRUR 2010, 235 Rn. 15 – AIDA/AIDU).

Außer von der Identität bzw. vom Grad der Ähnlichkeit der Zeichen und der Waren bzw. **17**
Dienstleistungen hängt die Verwechslungsgefahr von der Kennzeichnungskraft der älteren
Marke ab (→ Rn. 23; BGH GRUR 2006, 859 Rn. 16 – Malteserkreuz; → § 14 Rn. 264).
Diese Kriterien sind zwar voneinander unabhängig zu beurteilen (BGH GRUR 2002, 544
(546) – Bank 24), stehen aber in einer **Wechselwirkung** zueinander (→ § 14 Rn. 258).
Deshalb kann ein höherer Grad eines Faktors einen niedrigeren Grad eines anderen Faktors
ausgleichen (BGH GRUR 2010, 833 Rn. 12 – Malteserkreuz II). Diese Wechselwirkung
kann jedoch das völlige Fehlen einer der Komponenten nicht ausgleichen (→ Rn. 41; vgl.
BGH GRUR 2008, 714 Rn. 42 – idw); es bleibt dann allenfalls Nr. 3 (→ Rn. 59).

III. Arten der Verwechslungsgefahr

Der BGH unterscheidet drei Arten der Verwechslungsgefahr, von denen die erste vorran- **18**
gig zu prüfen ist:
- Eine **unmittelbare Verwechslungsgefahr** liegt vor, wenn die Gefahr besteht, dass die
  Zeichen miteinander verwechselt werden und das eine Zeichen fälschlicherweise für das
  andere gehalten wird.
- Die Gefahr des gedanklichen Inverbindungbringens (**mittelbare Verwechslungsgefahr**
  bzw. Verwechslungsgefahr unter dem Aspekt des **Serienzeichens**) ist gegeben, wenn
  das Publikum die Zeichen zwar als unterschiedlich erkennt, aber aufgrund gemeinsamer
  Zeichenbildung demselben Unternehmen zuordnet (→ Rn. 57).
- Verwechslungsgefahr **im weiteren Sinne:** hier werden die Zeichen nicht verwechselt und
  nicht denselben Unternehmen zugeordnet; aber aufgrund besonderer Umstände entsteht
  der unzutreffende Eindruck, dass die Waren oder Dienstleistungen aus wirtschaftlich miteinander verbundenen Unternehmen stammen (→ Rn. 58).

IV. Maßgebliche Verkehrsauffassung

Welche Verkehrsauffassung im Einzelfall zugrunde zu legen ist, beurteilt sich im Wesentli- **19**
chen nach den folgenden drei Kriterien: den beteiligten Verkehrskreisen (→ § 14
Rn. 321 ff.), deren Aufmerksamkeit (→ § 14 Rn. 328) und dem maßgeblichen Verbraucherleitbild (→ § 14 Rn. 327). Dabei bilden durchschnittlich informierte, aufmerksame und
verständige Durchschnittsverbraucher der betreffenden Waren und Dienstleistungen den
Maßstab. Das kann nach der Art der Waren und Dienstleistungen unterschiedlich sein (→
§ 14 Rn. 330, besonders hoch etwa bei Arzneimitteln), wobei sowohl auf Fachkreise (→
§ 14 Rn. 329) als auch auf die Allgemeinheit (→ § 14 Rn. 330) abzustellen ist, wenn beide
als Abnehmer in Frage kommen.

Zu berücksichtigen ist, dass sich den Verbrauchern nur selten die Möglichkeit bietet, zwei **20**
Marken unmittelbar miteinander zu vergleichen. Sie müssen sich daher auf ihre (unvollkommene) **Erinnerung** verlassen (→ § 14 Rn. 358; BGH GRUR 2003, 1047 (1049) – Kellogg's/Kelly's), die wiederum vom **Grad der Aufmerksamkeit** abhängt, die sie der Marke
auf dem entsprechenden Gebiet entgegenbringen (→ § 14 Rn. 328 ff.).

Früher galt, dass **Übereinstimmungen** für die Annahme einer Verwechslungsgefahr eine **21**
größere Rolle spielen als **Abweichungen** (→ § 14 Rn. 359; BGH GRUR 2004, 783 (785) –
Neuro-Vibolex/Neuro-Fibraflex; GRUR 1999, 735 f. – Monoflam/Polyflam). Der EuGH
wendet diesen Erfahrungssatz jedoch nicht an.

MarkenG § 9 Teil 2 Voraussetzungen, Inhalt und Schranken etc.

22 Eine **gespaltene Verkehrsauffassung ist nur in Ausnahmefällen** praxisrelevant (→ § 14 Rn. 331); zu fremdsprachigen Marken → § 14 Rn. 333. Waren bzw. Dienstleistungen, die mit fremdsprachigen Marken gekennzeichnet werden, richten sich häufig gezielt an Kreise, die die betreffende Sprache bzw. Schrift beherrschen und in entsprechend spezialisierten Geschäften ihren Bedarf decken. Zeichenähnlichkeit kann dann sowohl aus der Sicht der fremdsprachigen als auch aus Sicht der deutschsprachigen Kreise bestehen (OLG Hamburg GRUR-RR 2006, 400 f. – Stolitschnaja; GRUR-RR 2005, 45 (48) – Datschnie). Ferner sind die Sprachkenntnisse der am Handel beteiligten Fachkreise neben denen der allgemeinen Verkehrskreise zu beachten (BGH GRUR 2015, 244 – Pinar; GRUR 2014, 1013 Rn. 33 – Original Bach Blüten; GRUR 2012, 54 Rn. 9 – Maalox/Melox-GY; BPatG BeckRS 2014, 16781 – Secret Krasoti/Geheimnis der Schönheit). Ähnliches gilt im Rahmen von § 8 Abs. 2 Nr. 5 (→ § 8 Rn. 657).

22.1 Entscheidungserhebliche Teile der allgemeinen inländischen Bevölkerung sollen kyrillische Buchstaben lesen und russische Wörter ohne Mühe erfassen können (BPatG BeckRS 2014, 16781 – Secret Krasoti/Geheimnis der Schönheit; BeckRS 2007, 08029 – Shiguljowskoje (Biersorte); BeckRS 2010, 01228 – Rossijskaja; BeckRS 2014, 01342 – Taiga).

22.2 Die Annahme einer gespaltenen Verkehrsauffassung ist gerechtfertigt, wenn der Gebrauch der Marke gegenüber einem objektiv abgrenzbaren Verkehrskreis erfolgt. Die einer fremden Sprache mächtigen Kunden sind ein abgrenzbarer Verkehrskreis. Innerhalb eines einzigen Verkehrskreises scheidet eine gespaltene Verkehrsauffassung aus (BGH GRUR 2015, 244 Rn. 23, 27 – Pinar; GRUR 2013, 631 Rn. 64 – Amarula/Marulablu).

V. Kennzeichnungskraft der älteren Marke

23 Die Kennzeichnungskraft der älteren Marke erwähnt § 9 Abs. 2 Nr. 2 nicht ausdrücklich als Kriterium der Verwechslungsgefahr (innerhalb der Wechselwirkung, → Rn. 17), sie ist aber dennoch ein wichtiges Kriterium für die Beurteilung der Verwechslungsgefahr. Marken mit erhöhter Kennzeichnungskraft genießen nämlich einen erweiterten **Schutzumfang** (ausführlich → § 14 Rn. 264; grundlegend auch insoweit EuGH C-251/95, GRUR 1998, 387 Rn. 24 – Sabèl/Puma).

24 Für die Beurteilung der Kennzeichnungskraft gelten zunächst dieselben Kriterien wie für die Unterscheidungskraft im Rahmen des § 8 Abs. 2 Nr. 1 (→ § 8 Rn. 97); zu ihrer Ermittlung → § 14 Rn. 268 ff. Die Kennzeichnungskraft beschreibender Angaben ist gemindert (BPatG Beschl. v. 3.2.2015 – 27 W (pat) 67/14 – Legacy Open Air/Open Air; zum Erkennen einer beschreibenden Bedeutung in fremden Sprachen → Rn. 22.

24.1 Auch eine Hinweis auf ein regionales Angebot zu einem bestimmten Themen hat einen beschreibenden Anklang und somit nur eine geringe Kennzeichnungskraft (BPatG BeckRS 2015, 00684 – DaliDesign/DaliBerlin). Ebenso können Bestimmungsangaben zum Verwendungsort beschreibend sein (BPatG GRUR-Prax 2015, 278 – Avus) und populäre Sprachwendungen, die naheliegende Dekorationsmotive sind (BPatG BeckRS 2015, 00540 – Plan B; aA BPatG GRUR 2015, 73 – Bavarian Bohème).

25 Für die Feststellung der originären Kennzeichnungskraft der älteren Marke (→ § 14 Rn. 275) kommt es im Widerspruchsverfahren zunächst auf den **Zeitpunkt** des Anmeldetags der jüngeren Marke an (BGH GRUR 2006, 859 Rn. 32 – Malteserkreuz); zur nachträglichen Veränderung der Kennzeichnungskraft (→ § 14 Rn. 281).

26 Eine ursprünglich gesteigerte Kennzeichnungskraft der Widerspruchsmarke, etwa infolge der durch Benutzung entstandenen gesteigerten Verkehrsbekanntheit (→ § 14 Rn. 287), muss noch bei Entscheidung über den Widerspruch bestehen (vgl. Ingerl/Rohnke § 14 Rn. 523 ff.). Sie kann sich auch nur auf bestimmte Verwendungsformen (Schriftart, Farbe etc.) beziehen (EuGH C-252/12, GRUR 2013, 922 – Specsavers/Asda). Erst nach dem Prioritätszeitpunkt der jüngeren Marke eingetretene **Steigerungen** sind unbeachtlich (BGH BeckRS 2008, 17700 Rn. 14 – Sierra antiguo; GRUR 2002, 1067 (1069) – DKV/OKV).

27 Der Ausnahmefall, dass durch **Benutzung von Drittmarken** ein Verlust an Kennzeichnungskraft eintritt (→ § 14 Rn. 282 ff.), ist bis zur Entscheidung über den Widerspruch zu berücksichtigen (BGH GRUR 1963, 626 (628) – Sunsweet; GRUR 2008, 903 Rn. 14 – Sierra antiguo).

28 Aus der Eintragung einer Marke aufgrund von Verkehrsdurchsetzung folgt nicht, dass sie zumindest durchschnittliche Kennzeichnungskraft besitzt (BGH GRUR 2010, 1103

Rn. 40 – Pralinenform II). Dagegen genießen Benutzungsmarken mit Verkehrsgeltung (§ 4 Nr. 2) meist eine erhöhte Kennzeichnungskraft.

Veränderungen in der Kennzeichnungskraft betreffen jeweils nur die eingetragenen Waren **29** und Dienstleistungen, für die eine entsprechend nachhaltige Benutzung erfolgt (BGH GRUR 2004, 239 f. – Donline) bzw. ein Verlust an Kennzeichnungskraft eingetreten ist. Beides kann allenfalls im Einzelfall auf eng verwandte Waren/Dienstleistungen ausstrahlen (BPatG GRUR 2006, 338 (342) – DAX-Trail/DAX; GRUR 2005, 773 (776) – Blue Bull/Red Bull).

Im Rahmen des Widerspruchsverfahrens ist die **Glaubhaftmachung** (→ § 73 Rn. 9) **30** einer intensiven Benutzung des älteren Zeichens ausreichend (BGH GRUR 2006, 859 Rn. 33 – Malteserkreuz). Sofern die relevanten Tatsachen nicht gerichtsbekannt sind, findet keine Amtsermittlung zur Feststellung einer erhöhten Kennzeichnungskraft statt (→ § 73 Rn. 6); zur originären Kennzeichnungskraft → UMV Art. 76 Rn. 52.

Ausnahmsweise kann die Kennzeichnungskraft des älteren Zeichens auch von den Waren **31** und Dienstleistungen der angegriffenen Marke abhängen. Richtet sich der Widerspruch aus einer Marke, die originär über eine durchschnittliche Kennzeichnungskraft verfügt, gegen eine Marke, die für ähnliche Waren bzw. Dienstleistungen eingetragen ist, für die die Widerspruchsmarke nicht eingetragen worden wäre oder allenfalls über eine sehr geringe Kennzeichnungskraft verfügen würde, soll der Schutzumfang der Widerspruchsmarke geschmälert sein (BGH GRUR 2004, 949 (950) – Regiopost/Regional Post; BeckRS 2008, 05275 – gap it!/GAP).

Der BGH (BGH GRUR 2004, 949 (950)) hat in einem Verletzungsfall für die erneut vorzuneh- **31.1** mende Prüfung der Verwechslungsgefahr darauf hingewiesen, Ansprüche aus der für die Waren „Papier, Pappe (Karton), Verpackungsmaterial" eingetragenen Marke „Regiopost" gegen die für die Dienstleistung „Transportwesen" eingetragene Marke „Regional Post" kämen nicht in Betracht, wenn „Regiopost" im Bereich des Transportwesens als beschreibend anzusehen sei. Der BGH verweist dabei auf seine Entscheidung zu „AntiVir/AntiVirus" (BGH GRUR 2003, 963), die Abwandlungen beschreibender Angaben betrifft. Konnten sie nur wegen (geringfügiger) Veränderung gegenüber der Originalangabe als Marke eingetragen werden, ist ihr Schutzumfang eng zu bemessen, weil ein weitergehender Schutz dem markenrechtlichen Schutz der beschreibenden Angabe selbst gleichkommen würde.

Das BPatG (BPatG BeckRS 2008, 05275 – gap it!/GAP) billigt „aus rechtlichen Gründen" Wider- **31.2** spruchsmarken keinen markenrechtlichen Schutz gegenüber einer Ware und/oder Dienstleistung der angegriffenen Marke zu, für die sie selbst schutzunfähig sind. Unerheblich ist dabei, ob die angegriffene Marke sich gleichfalls als schutzunfähig erweisen würde, denn für die Frage der Verwechslungsgefahr ist nur der Schutzumfang der Widerspruchsmarke, die ihren Schutzbereich verteidigt, von Bedeutung. Hacker (Ströbele/Hacker/Hacker Rn. 202) formuliert „es versteht sich, dass der Schutzumfang ... nicht auf solche Waren/DL ausgedehnt werden kann, für welche die ältere Marke einen beschreibenden Sinngehalt aufweist oder sonst schutzunfähig ist".

VI. Ähnlichkeit der Waren und Dienstleistungen

Ähnlichkeit der Waren/Dienstleistungen ist gegeben, wenn diese so enge Berührungs- **32** punkte aufweisen, dass die beteiligten Kreise davon ausgehen, dass die betroffenen Waren/Dienstleistungen aus demselben oder jedenfalls aus wirtschaftlich miteinander verbundenen Unternehmen stammen; zu den dafür erheblichen Faktoren → § 14 Rn. 293 ff.

Als Element der Verwechslungsgefahr ist die Ähnlichkeit der Waren/Dienstleistungen wie **33** diese eine **Rechtsfrage** (→ § 14 Rn. 296).

Das wichtigste Kriterium ist die **betriebliche Herkunft** der Waren/Dienstleistungen (→ **34** § 14 Rn. 297), nicht die Übereinstimmung in den Vertriebs- oder Erbringungsstätten (→ § 14 Rn. 299). Zunehmend wichtiger werden **funktionelle Zusammenhänge** der betreffenden Waren/Dienstleistungen, die einen gemeinsamen betrieblichen Verantwortungsbereich nahelegen. Die deutsche Rechtsprechung nimmt dabei eine für Ähnlichkeit sprechende „ergänzende Anwendung" bzw. „funktionelle Ergänzung" leichter an als das EUIPO (→ § 14 Rn. 298; BPatG GRUR-Prax 2014, 383 – Lotusan, mit Anm. Töbelmann). Irrelevant sind Umstände der tatsächlichen Markenbenutzung (Preis, Vertriebsmodalitäten etc. (→ § 14 Rn. 302).

Kur

MarkenG § 9 Teil 2 Voraussetzungen, Inhalt und Schranken etc.

35 Eine Ähnlichkeit zwischen **Waren einerseits und Dienstleistungen andererseits** ist möglich (→ § 14 Rn. 305); zu den **Dienstleistungen von Einzelhändlern** → § 14 Rn. 306.

36 Zur Feststellung von Identität oder Ähnlichkeit und deren Grad gibt die Fundstellensammlung von Richter/Stoppel, Die Ähnlichkeit von Waren und Dienstleistungen, Hinweise. Da dort angegebene Entscheidungen keine Präjudizwirkung haben, kann nicht mit entsprechenden Hinweisen, sondern nur mit der dort gefundenen Begründung argumentiert werden.

37 Auf Seiten der älteren Marke sind bei eingetragenen Marken (§ 4 Nr. 1) grundsätzlich nur die Waren/Dienstleistungen für den Vergleich ausschlaggebend, für welche die Marke im Register eingetragen ist (BGH GRUR 2007, 1066 Rn. 26 – Kinderzeit). Zur Auslegung des Waren-/Dienstleistungsverzeichnisses → § 14 Rn. 310 f.

38 Wenn der Inhaber des angegriffenen Zeichens die Benutzung der älteren Marke zulässigerweise bestritten hat, dürfen gemäß § 43 Abs. 1 S. 3, § 25 Abs. 2 S. 3, § 55 Abs. 3 S. 4 nur die Waren bzw. Dienstleistungen aus dem registrierten Verzeichnis der Beurteilung der Verwechslungsgefahr zugrunde gelegt werden, für welche die Widersprechende eine Benutzung iSd § 26 glaubhaft gemacht hat.

39 Auf Seiten der **jüngeren Marke** sind im Rahmen des Widerspruchsverfahrens die registrierten Waren und Dienstleistungen zu berücksichtigen, es sei denn, der Widerspruch ist auf einzelne Waren und/oder Dienstleistungen beschränkt. Eine solche Beschränkung findet in Widerspruchsverfahren vor dem DPMA häufig nicht statt, da sie kostenmäßig keine Vorteile bringt. Sie könnte aber helfen, Konflikte unstreitig zu lösen (→ Rn. 4.1).

40 Oberbegriffe sind zu löschen, auch wenn innerhalb eines Oberbegriffs tatsächlich nur teilweise Identität bzw. Warenähnlichkeit vorliegt (→ Rn. 4; → § 14 Rn. 308; → § 14 Rn. 313).

41 Soweit die Waren/Dienstleistungen ähnlich sind, kommt es auf den konkreten **Grad der Ähnlichkeit,** geringe, mittlere, große oder hochgradige, an (BGH GRUR 2002, 626 (628) – IMS). Er kann je nach Grad an Markenähnlichkeit und an Kennzeichnungskraft der älteren Marke für die Annahme einer Verwechslungsgefahr ausreichen oder nicht (→ Rn. 17). Fehlt jegliche Waren-/Dienstleistungsähnlichkeit, kommt eine Löschung nach Abs. 1 Nr. 2 nicht in Betracht, sondern allenfalls nach Nr. 3 (→ Rn. 59).

VII. Ähnlichkeit der Marken

42 Der Vergleich zweier Marken hat in drei Kategorien (→ § 14 Rn. 360 ff.) zu erfolgen: im Klang, im Bild und in der Bedeutung. Nach deutscher Rechtsprechung genügt grundsätzlich die Markenähnlichkeit in einer dieser Kategorien. Deshalb sind Unähnlichkeiten der Marken in einer Hinsicht grundsätzlich nicht geeignet, die Ähnlichkeit der Marken in anderer Hinsicht zu neutralisieren (→ § 14 Rn. 363). Eine Ausnahme von diesem Grundsatz macht die deutsche Rechtsprechung lediglich bei begrifflichen Unterschieden (→ § 14 Rn. 398). Die insoweit zT gegenüber der Handhabung durch das EuG und den EuGH konstatierten Unterschiede sollten jedenfalls im Ergebnis nicht überschätzt werden (→ § 14 Rn. 364).

43 Auch die Ähnlichkeit der Marken ist grundlegend bei § 14 kommentiert. Darauf wird im Einzelnen verwiesen; hier folgt nur ein systematischer Überblick:
zur Rechtsnatur → § 14 Rn. 316 f.;
zur Bedeutung von Erfahrungssätzen → § 14 Rn. 319 ;
zur **Verkehrsauffassung** → § 14 Rn. 320 ff.;
zu beteiligten Verkehrskreisen → § 14 Rn. 321 ff. (mögliche Mitglieder: → § 14 Rn. 321;
Art der Waren/Dienstleistungen: → § 14 Rn. 322 ff.; Arzneimittel: → § 14 Rn. 326);
zum Verbraucherleitbild → § 14 Rn. 327;
zum Aufmerksamkeitsgrad → § 14 Rn. 328 ff.; Fachkreise: → § 14 Rn. 329; Allgemeinheit: → § 14 Rn. 330;
zur gespaltenen Verkehrsauffassung → § 14 Rn. 331 ff..

44 **Maßgebliche Marken:** Dem Zeichenvergleich sind die Marken stets in der Form zugrunde zu legen, in der sie im Register eingetragen bzw. zu diesem angemeldet sind. Anders als im Verletzungsverfahren (→ § 14 Rn. 335 ff.) gilt dies im Widerspruchs- und Löschungsverfahren auch für die prioritätsjüngere Marke (BGH GRUR 2012, 64 Rn. 15 – Maalox/Melox-GRY; GRUR 1996, 977 – DRANO/P3-drano; vgl. ferner EuG T-211/03,

GRUR Int 2005, 600 Rn. 37 – Faber). Die tatsächlich verwendete Form der angegriffenen Marke hat keinen Einfluss auf die Beurteilung der Verwechslungsgefahr (BGH GRUR 2004, 860 (863) – Internet-Versteigerung; GRUR GRUR-RR 2010, 205 Rn. 37 – Haus & Grund IV). Grundlage sind alle eintragungsgemäßen Benutzungsweisen. Die tatsächlich verwendete Form der Widerspruchsmarke hat allerdings Einfluss auf deren Kennzeichnungskraft (→ Rn. 26). Dem EuGH zufolge kann ferner die Form, in der eine Marke am Markt verwendet wird, Einfluss auf die Beurteilung der Zeichenähnlichkeit haben (→ § 14 Rn. 341).

Nach dem EuGH (EuGH C-252/12, BeckRS 2013, 81512 Rn. 41 – Specsavers/Asda Stores) soll sich der Inhaber einer älteren, ohne Farbanspruch eingetragenen Marke auf eine vielfach benutzte Farbgestaltung berufen können, wenn sie von einem erheblichen Teil des Publikums gedanklich mit der Farbgestaltung in Verbindung gebracht wird (→ § 14 Rn. 341). **44.1**

Wortmarken sind nicht auf eine bestimmte Schrift oder sonstige Darstellungsform festge- **45**
legt. Sie genießen Schutz für jede verkehrsübliche Wiedergabeform (→ § 14 Rn. 348 ff.).
   Zur Bedeutung des **Farbanspruchs** → § 14 Rn. 351 ff. **46**
   Zum **Grad der Ähnlichkeit** → § 14 Rn. 353 ff. **47**
   Zur **klanglichen Ähnlichkeit** allgemein → § 14 Rn. 368 ff. **48**
   Anwendungsbereich → § 14 Rn. 368 f.,
allgemeine Beurteilungskriterien → § 14 Rn. 370,
Wortanfänge und -endungen → § 14 Rn. 371 f.,
kurze Wörter → § 14 Rn. 374,
Rotation von Markenteilen → § 14 Rn. 376,
Aussprache → § 14 Rn. 377 ff.,
Wort-/Bildmarken → § 14 Rn. 382,
beschreibende Angaben → § 14 Rn. 383 ff.
   Zur **bildlichen Ähnlichkeit** allgemein → § 14 Rn. 388 ff. **49**
   Anwendungsbereich → § 14 Rn. 388,
Bildmarken und -elemente → § 14 Rn. 389,
Wortmarken und -elemente → § 14 Rn. 390 f.,
Markenanfänge → § 14 Rn. 393,
Rotation von Markenteilen → § 14 Rn. 394,
Kontrastumkehr → § 14 Rn. 1
Wort-/Bildmarken → § 14 Rn. 395 f.,
Schutzunfähige Angaben → § 14 Rn. 397.
   Zur **begrifflichen Ähnlichkeit** allgemein → § 14 Rn. 398 ff. **50**
   Voraussetzungen → § 14 Rn. 398,
Anwendungsbereich → § 14 Rn. 399,
Wörter → § 14 Rn. 400,
Bildmarken → § 14 Rn. 401,
Wort- und Bildmarken → § 14 Rn. 402,
beschreibende Begriffe → § 14 Rn. 405.
Besondere Markenformen **51**
   Zu abstrakten Farbmarken
Anwendungsbereich → § 14 Rn. 406,
Beurteilungskriterien → § 14 Rn. 407 f. mit der Maßgabe, dass die Frage der markenmäßigen Benutzung im Widerspruchsverfahren bzw. Löschungsverfahren aufgrund relativer Schutzhindernisse keine Rolle spielt.
   Ähnlichkeit mit anderen Markenformen → § 14 Rn. 409.
   Zu 3-D-Marken
Anwendungsbereich → § 14 Rn. 410,
Beurteilungskriterien → § 14 Rn. 411 f. mit der Maßgabe, dass die Frage der markenmäßigen Benutzung im Widerspruchsverfahren bzw. Löschungsverfahren aufgrund relativer Schutzhindernisse keine Rolle spielt.
   Ähnlichkeit mit anderen Markenformen → § 14 Rn. 414.
   Zu **mehrteiligen Marken** → § 14 Rn. 416 ff. **52**

MarkenG § 9 Teil 2 Voraussetzungen, Inhalt und Schranken etc.

52.1 Dabei sind komplexe, mehrteilige Zeichen von Kennzeichnungen durch mehrere, voneinander unabhängige Zeichen, sog. Mehrfachkennzeichnung (→ § 14 Rn. 344), abzugrenzen.

52.2 Beispiele für Bestandteile, die keine Verwechslungsgefahr begründen können, wenn sie in beiden Vergleichszeichen vorkommen: Duplo (BPatG BeckRS 2014, 06576 – AquaDuplo/Duplo; Edition (BPatG BeckRS 2014, 22804 – Edition Kloster Heidenheim); Event (BPatG BeckRS 2014, 08015); Focus (BPatG BeckRS 2014, 12864 – Licht-Focus); Next (BPatG BeckRS 2014, 08546 – neXtore/NEXT); Open Air (BPatG Beschl. v. 3.2.2015 – 27 W (pat) 67/14 – Legacy Open Air).

52.3 Beispiele für Bestandteile, die eine Verwechslungsgefahr nicht verhindern, wenn sie nur in einem der Vergleichszeichen vorkommen: Stuff (BPatG BeckRS 2014, 06401 – Bull's Stuff/Bulls).

52.4 Beispiele für Kombinationen, aus denen kein Bestandteile herausgenommen wird und damit keine Verwechslungsgefahr begründet: Ramba Zamba (BPatG BeckRS 2014, 06585); Peekfine (BPatG GRUR-Prax 2014, 223 – Peekfine/Peek).

53 Zur **Prägetheorie** → § 14 Rn. 420 ff.
Anwendungsbereich → § 14 Rn. 422,
Bedeutung der Gegenmarke → § 14 Rn. 423 f.,
Bedeutung der Prioritätslage → § 14 Rn. 425 f.,
Kennzeichnungskraft der einzelnen Markenelemente → § 14 Rn. 428 f.,
Abweichungen in schutzunfähigen Markenelementen → § 14 Rn. 430 f.,
Übereinstimmung in schutzunfähigen Markenelementen → § 14 Rn. 432 ff.,
Art der grafischen Darstellung → § 14 Rn. 436,
Wort- und Bildelemente → § 14 Rn. 437,
Farbelemente → § 14 Rn. 438,
dreidimensionale Elemente → § 14 Rn. 439 f.,
Gesamtbegriffe → § 14 Rn. 441 f.,
Unternehmenskennzeichen → § 14 Rn. 443 f.,
Stammbestandteile von Serienzeichen → § 14 Rn. 446,
Top-Level-Domains → § 14 Rn. 447,
Präsentation und Bewerbung der Marke auf dem Markt → § 14 Rn. 449.

54 Zur **selbständig kennzeichnenden Stellung**
Anwendungsbereich → § 14 Rn. 451 ff.,
besondere Umstände → § 14 Rn. 454 f.,
Grad der Übereinstimmung → § 14 Rn. 456,
Prioritätslage → § 14 Rn. 457,
Kennzeichnungskraft der älteren Marke → § 14 Rn. 458 ff.,
Eigenschaften übereinstimmender Markenbestandteile → § 14 Rn. 461 ff.,
Eigenschaften abweichender Markenbestandteile → § 14 Rn. 466 ff.,
Verhältnis der Bestandteile des jüngeren Zeichens zueinander → § 14 Rn. 471 ff.,
Top-Level-Domains → § 14 Rn. 475,
sonstige Faktoren → § 14 Rn. 476.

55 Zu **Namensmarken** → § 14 Rn. 477 ff.
identischer/ähnlicher Vorname → § 14 Rn. 479 f.
identischer/ähnlicher Nachname → § 14 Rn. 481 ff.

55.1 Zur Entwicklung der Rechtsprechung vgl. BPatG BeckRS 2014, 23416 – Vincent Motega/Montego; BPatG BeckRS 2009, 03574 – leni baldessari/Baldessarini; BeckRS 2009, 03814 – Georgio Valentino/Valentino; BeckRS 2014, 17685 – T.Hahn/Peter Hahn.

56 Gemäß § 9 Abs. 1 Nr. 2 schließt die Verwechslungsgefahr die Gefahr ein, dass die einander gegenüberstehenden Marken **gedanklich miteinander in Verbindung gebracht** werden (→ § 14 Rn. 485 ff.).

57 Die **mittelbare Verwechslungsgefahr** oder Verwechslungsgefahr unter dem Aspekt des **Serienzeichens** greift begrifflich dann ein, wenn die Zeichen in einem Bestandteil übereinstimmen, den das Publikum als Stamm mehrerer Zeichen eines Unternehmens sieht und deshalb die nachfolgenden Bezeichnungen, die einen wesensgleichen Stamm aufweisen, dem gleichen Zeicheninhaber zuordnet (→ § 14 Rn. 488 ff.).

58 Auch bei der **Verwechslungsgefahr im weiteren Sinne** erkennt das Publikum die Unterschiede der einander gegenüberstehenden Zeichen, geht wegen ihrer teilweisen Übereinstimmungen aber davon aus, dass (zB lizenz-)vertragliche, (zB konzern-)organisatorische oder wirtschaftliche Verbindungen zwischen den Zeicheninhabern bestehen (BGH GRUR 2010, 729 Rn. 43 – Mixi). Im Unterschied zur mittelbaren Verwechslungsgefahr werden die beiden Kennzeichen aber als solche verschiedener Unternehmen aufgefasst. Eine Verwechslungsgefahr kann hier nur bei Vorliegen besonderer Umstände angenommen werden (→ § 14 Rn. 502).

D. Schutz bekannter Marken

I. Voraussetzungen des Schutzes

Bekannte Marken genießen im Eintragungsverfahren ebenso wie im Fall der Verletzung einen erweiterten Schutz, der **keine Verwechslungsgefahr** voraussetzt. Der Tatbestand ist erfüllt, wenn der Fortbestand der kollidierenden jüngeren Marke zu einer Ausbeutung oder Beeinträchtigung der Unterscheidungskraft oder der Wertschätzung der älteren Marke führen würde. 59

Bei der Umsetzung der MRL 1989/104/EWG war der Schutz bekannter Marken (optional geregelt in Art. 4 Abs. 4 Buchst. b MRL 1989/104/EWG; ebenso: Art. 4 Abs. 4 Buchst. b MRL 2008/95/EG) zunächst nur als Löschungsgrund ausgestaltet worden, da das auf rasche Erledigung einer großen Zahl von Fällen angelegte Widerspruchsverfahren auf „liquide" Sachverhalte beschränkt bleiben sollte (Begründung MarkenG, BT-Drs. 12/6581, 73). Das Markenrechtsreformgesetz von 2009 hat diese Einschränkung beseitigt. Art. 5 Abs. 3 Buchst. a MRL (EU) 2015/2436 wird dieses Schutzhindernis künftig allgemein verbindlich machen (→ § 14 Rn. 6). 59.1

Nach dem Wortlaut des Gesetzes gilt der erweiterte Markenschutz nur gegenüber Waren/ Dienstleistungen, die nicht denjenigen ähnlich sind, für die die bekannte Marke geschützt ist; dies entspricht dem Wortlaut von Art. 4 Abs. 4 Buchst. a RL 2008/95/EG. Der EuGH hat jedoch im Hinblick auf den entsprechenden Verletzungstatbestand (Art. 5 Abs. 2 RL 2008/95/EG) festgestellt, dass der Schutz gegen Rufausbeutung und -beeinträchtigung auch gegenüber der Benutzung für identische oder ähnliche Waren/Dienstleistungen gilt (EuGH C-292/00, GRUR 2003, 240 – Davidoff/Durffee; BPatG GRUR-Prax 2015, 277 – Super Bayern; → § 14 Rn. 520.1). Dieser Grundsatz ist auch im Eintragungsverfahren zu beachten (Eisenführ/Schennen/Förster Art. 8 Rn. 236 ff., wo die praktische Notwendigkeit eines solchen Schutzes allerdings bezweifelt wird). Art. 5 Abs. 3 Buchst. a MRL (EU) 2015/ 2436 regelt nunmehr ausdrücklich, dass der erweiterte Markenschutz unabhängig davon Anwendung findet, ob es um die (geplante) Verwendung für identische oder ähnliche oder aber für nicht ähnliche Waren oder Dienstleistungen geht (ebenso für den Verletzungsanspruch: Art. 10 Abs. 2 Buchst. c MRL (EU) 2015/2436). 60

Für die Feststellung der Bekanntheit gelten die gleichen Maßstäbe wie im Verletzungsverfahren. Ebenso wie dort ist das Vorliegen eines bedeutenden Bekanntheitsgrades bei den beteiligten Verkehrskreisen zwar eine notwendige, nicht jedoch eine hinreichende Voraussetzung für die Zuerkennung des Schutzes (EuGH C-375/97, GRUR Int 2000, 73 Rn. 26 f. – General Motors/Yplon; → § 14 Rn. 510). Für ein Ausbeuten oder Beeinträchtigen der Wertschätzung kommt es auch auf qualitative Aspekte an und nicht allein auf die Bekanntheit. So genießt nicht jede bekannte Marke zugleich ein besonderes Ansehen (EuG T-215/03, GRUR Int 2007, 730, 734 Rn. 57 – VIPS). 61

Der Begriff der **Wertschätzung** ist gleichzusetzen mit dem guten Ruf (Ingerl/Rohnke § 14 Rn. 1366) oder dem positiven Image einer Marke (→ § 14 Rn. 528). 62

Der **gute Ruf** einer Marke muss durch eigene Aktivitäten des Markeninhabers oder seines Rechtsvorgängers entstanden sein (BGH GRUR 1995, 697 (700) – funny paper); der Erwerb eines guten Rufes allein durch Anstrengungen Dritter genügt nicht. Zu den Ursachen für den guten Ruf → § 14 Rn. 528.1. 63

II. Beeinträchtigen von Unterscheidungskraft oder Wertschätzung

Zur Beeinträchtigung der **Unterscheidungskraft** → § 14 Rn. 525. 64

Beeinträchtigung der **Wertschätzung** (→ § 14 Rn. 528 ff.) kommt insbesondere in Betracht, wenn die Anziehungskraft der älteren Marke durch das jüngere Zeichen geschmälert wird, etwa weil die Waren und Dienstleistungen, für die die Marke eingetragen ist, 65

Merkmale oder Eigenschaften aufweisen, die sich auf das Bild der bekannten älteren Marke negativ auswirken können.

III. Ausnutzen der Wertschätzung (Rufausbeutung)

66 Nach der bei → § 14 Rn. 529 ff. zitierten Rechtsprechung des EuGH liegt ein Ausnutzen vor, wenn ein Dritter sich in die **Sogwirkung** der bekannten Marke begibt, um von deren Anziehungskraft, Ansehen und Ruf zu **profitieren,** also den **wirtschaftlichen Wert** der Marke und die Anstrengungen ihres Inhabers **ausnutzt.**

67 Das ältere Zeichen muss daher bei den durch das jüngere Zeichen angesprochenen Kreisen bekannt sein, und die Waren und Dienstleistungen sowie deren Abnehmer dürfen keinen zu großen Abstand voneinander haben (Beispiele hierzu bei Ingerl/Rohnke § 14 Rn. 1385).

IV. In unlauterer Weise

68 Den Tatbeständen der Beeinträchtigung ist die Unlauterkeit immanent. Bei der **Rufausbeutung** sind jedenfalls nach der Rechtsprechung des BGH zusätzliche Unlauterkeitsmerkmale erforderlich, wie etwa die Behinderung des Markeninhabers in der eigenen Verwertung seines Markenrechts oder die Verwendung der bekannten Marke gerade mit dem Ziel, von deren Ruf zu profitieren (→ § 14 Rn. 533).

69 Ob die Ausnutzung der Wertschätzung ohne rechtfertigenden Grund in unlauterer Weise erfolgt, ist auf Grund einer umfassenden Interessenabwägung zu beurteilen (BGH GRUR 2001, 1050 – Tagesschau). Allerdings ist bei der identischen oder ähnlichen Benutzung einer bekannten Marke zu dem Zweck, die mit ihr verbundene Aufmerksamkeit oder Wertschätzung auszunutzen, regelmäßig von einem die Unlauterkeit im Sinne von § 14 Abs. 2 Nr. 3 begründenden Verhalten auszugehen (BGH GRUR 2005, 583 (584) – Lila-Postkarte; EuGH C-252/07, GRUR 2009, 56 Rn. 39 – Intel/CPM; BPatG BeckRS 2015, 09309 – Superbayern). Im Eintragungsverfahren ist insoweit auf die (hohe) Wahrscheinlichkeit einer solchen, notwendigerweise rufausbeutenden und damit unlauteren Benutzung abzustellen.

70 Im Löschungsverfahren muss die Unlauterkeit – ebenso wie eine bösgläubige Markenanmeldung – auch Kostenfolgen haben (→ § 71 Rn. 33 f.).

V. Ohne rechtfertigenden Grund

71 Eine Rechtfertigung der Eintragung kommt grundsätzlich aus unterschiedlichen Gründen in Betracht (→ § 14 Rn. 534). Im Fall der rechtsverletzenden Benutzung sind insoweit die Meinungs- und Kunstfreiheit, die Waren- und Dienstleistungsfreiheit innerhalb des gemeinsamen Marktes (Fezer § 14 Rn. 814) oder die berechtigte Wahrnehmung eigener Interessen (→ § 8 Rn. 787) zu beachten. Auch bei Vorliegen der **Schrankentatbestände des § 23** (→ § 23 Rn. 1 ff.) ist die Benutzung einer bekannten Marke regelmäßig gerechtfertigt.

72 Da durch die Eintragung Beeinträchtigungen in Permanenz erwachsen und registerrechtlich keine Beschränkung der Benutzung auf eine konkrete Form möglich ist, ist es grundsätzlich schwierig, Gründe aufzuzeigen, die eine solche, fortdauernde und umfassende Beeinträchtigung bzw. Ausnutzung rechtfertigen.

72.1 Es ist jedoch vorstellbar, dass ein beschreibender Charakter der älteren Marke ihre Eintragung für andere Waren uU rechtfertigen kann (fiktives Beispiel: „Microsoft" als Marke für Trikotagen aus weicher Mikrofaser) oder dass – in besonders gelagerten Fällen – die gezielte satirische Verfremdung einer Marke auch dann hinzunehmen ist, wenn sie nicht als einmaliger „Gag", sondern zur dauerhaften Verwendung erfolgt (s. LG Nürnberg-Fürth BeckRS 2010, 19265 – Thor Steinar/Storch Heinar (Verletzungsverfahren)). Nicht zum Tragen kam dies bei der Parodie des springenden Pumas (BGH GRUR 2015, 1114 mit Anm. Thiesen – Springender Pudel).

E. Widerspruch im Anmeldestatus

73 Über einen **Widerspruch aus einer angemeldeten Marke** darf im Hinblick auf § 9 Abs. 2 nicht abschließend entschieden werden, solange die Anmeldung noch nicht zur Eintragung der Widerspruchsmarke geführt hat; bis dahin ist das Widerspruchsverfahren gegebenenfalls auszusetzen (Ingerl/Rohnke § 43 Rn. 51).

Notorisch bekannte Marken § 10 MarkenG

Eine **Klage auf Rücknahme der Anmeldung** ist möglich, da § 9 eine Löschung erst 74
nach der Eintragung ermöglicht (Ingerl/Rohnke § 55 Rn. 52, 53). Das ist bei Anmeldungen
von Unionsmarken anders (Ingerl/Rohnke § 125e Rn. 46).

F. Löschungsreife

Während im Widerspruchsverfahren eine (teilweise) Löschung sofort erfolgt (§ 43 Abs. 2), 75
muss der Inhaber der älteren Marke im Übrigen die „Löschungsreife" erst geltend machen.
Den Löschungsanspruch und seine Durchsetzung regeln insoweit die §§ 51, 55.

IR-Marken wird der Schutz für Deutschland (teilweise) verweigert (§ 114 Abs. 3) bzw. 76
(teilweise) entzogen (§ 115 Abs. 1).

Im Verletzungs- und Löschungsprozess kann der in Anspruch Genommene die Löschungs- 77
reife der älteren Marke durch Einrede oder Widerklage auf Löschung geltend machen.

Im Widerspruchsverfahren ist dies nicht möglich, so dass der Inhaber des angegriffenen 78
Zeichens eine Klage auf Widerspruchsrücknahme oder auf Löschung der Widerspruchsmarke
erheben muss. Im Widerspruchsverfahren kann er dann Aussetzung (→ § 70 Rn. 11) beantragen. Zur Kostenpflicht des Widersprechenden, der sich auf eine bösgläubig angemeldete
Marke berufen hat, → § 71 Rn. 33.

Auch in einer Eintragungsbewilligungsklage nach § 44 kann der Inhaber des angegriffenen 79
Zeichens die Löschungsreife geltend machen.

§ 10 Notorisch bekannte Marken

(1) Von der Eintragung ausgeschlossen ist eine Marke, wenn sie mit einer im
Inland im Sinne des Artikels 6bis der Pariser Verbandsübereinkunft notorisch
bekannten Marke mit älterem Zeitrang identisch oder dieser ähnlich ist und die
weiteren Voraussetzungen des § 9 Abs. 1 Nr. 1, 2 oder 3 gegeben sind.

(2) Absatz 1 findet keine Anwendung, wenn der Anmelder von dem Inhaber der
notorisch bekannten Marke zur Anmeldung ermächtigt worden ist.

Überblick

§ 10 Abs. 1 verbietet die Eintragung einer Marke, wenn sie mit einer im Inland notorisch
bekannten Marke mit älterem Zeitrang identisch oder dieser ähnlich ist (→ Rn. 3) und die
weiteren Voraussetzungen des § 9 Abs. 1 Nr. 1, 2 oder 3 gegeben sind (→ Rn. 9).

A. Allgemeines

Mit § 10 kommt der deutsche Gesetzgeber seiner Pflicht aus Art. 6bis PVÜ und Art. 4 1
Abs. 2 Buchst. d RL 2008/95/EG nach. Eine vergleichbare Regelung enthält Art. 8 Abs. 1,
2 Buchst. c UMV. Auch Nicht-EU- und Nicht-PVÜ-Staaten sind zur Einhaltung der PVÜ-
Regelungen über Art 2 Abs. 1 TRIPS verpflichtet (Fezer Rn. 7; Ströbele/Hacker/Hacker
Rn. 1). Die notorische Bekanntheit einer Marke ist als eigentlich nur **relatives Schutzhindernis** auf Grund der zwingenden Vorgabe von Art. 6bis PVÜ durch § 10 MarkenG als
absolutes Schutzhindernis ausgestaltet worden (zum Begriff absolutes bzw. relatives
Schutzhindernis → § 8 Rn. 1 ff.; Ingerl/Rohnke § 8 Rn. 8). Die Prüfung erfolgt nach § 37
Abs. 1 MarkenG daher **von Amts wegen**. Eingetragene Marken (§ 4 Nr. 1) und aufgrund
von Verkehrsgeltung geschützte Marken (§ 4 Nr. 2) stellen im Gegensatz dazu nur ein relatives
Schutzhindernis dar. Im Fall der Kollision mit einer anderen Marke ist der Inhaber daher
auf das Widerspruchsverfahren nach § 42 oder die Löschungsklage nach den §§ 51, 55
beschränkt. Die notorisch bekannte Marke nach § 4 Nr. 3 genießt somit im Ergebnis einen
höheren Schutz als die gemäß § 4 Nr. 1 und § 4 Nr. 2 geschützten Marken.

Lässt der Inhaber einer über § 4 Nr. 3 geschützten Marke die Marke nachträglich eintragen, 2
verliert er den Schutz über § 10 nicht. Entscheidend ist nur die **amtliche Kenntnis** über
die notorische Bekanntheit im **Inland** zum **Zeitpunkt des Antrags** einer anderen kollidierenden Marke. Der Anwendungsbereich von § 10 ist in der **Praxis** eher klein, da gerade die
im Inland bekannten Marken regelmäßig längst eingetragen worden sind.

MarkenG § 10 Teil 2 Voraussetzungen, Inhalt und Schranken etc.

B. Voraussetzungen

I. Notorietät im Inland

1. Notorietät

3   Notorietät ist die **Allbekanntheit** einer Marke im Verkehr. Verlangt wird somit **allgemeine Kenntnis** von ihrer Existenz und Präsenz als Marke (Fezer § 14 Rn. 753).

4   Die PVÜ selbst enthält **keine Legaldefinition** des Begriffs der Notorietät. Der Begriff wird daher allein durch die nationale Rechtsprechung bestimmt. Der Schutz von Art. 6bis PVÜ bezieht sich eigentlich nur auf **Warenmarken**. § 4 Nr. 3 erfasst demgegenüber auch **Dienstleistungsmarken**. Dies ergibt sich eindeutig aus der Legaldefinition des Begriffs Marke iSd MarkenG aus § 3. Über § 10 sind Dienstleistungsmarken daher ebenfalls gleichwertig geschützt. Mit der Verknüpfung von § 10 Abs. 1 an den Begriff der Notorietät aus Art. 6bis PVÜ wollte der Gesetzgeber erreichen, dass sich zukünftige Entwicklungen zur Auslegung dieses Begriffes unmittelbar innerstaatlich auswirken (BT-Drs. 12/6581 vom 14.1.1994, 66), nicht aber Dienstleistungsmarken diskriminieren (Kur GRUR 1994, 330 (335)).

5   Da allein das **quantitative** Kriterium der **Bekanntheit** der Marke herangezogen wird, spielen **qualitative** Maßstäbe wie ein gutes **Image** oder der kommerzielle **Wert** der Marke keine Rolle. Entscheidend ist nur, ob einer hinreichenden Zahl von Personen des beteiligten Verkehrskreises bekannt ist, dass die Marke bereits einem anderen gehört (Kur GRUR 1994, 330 (336)). Wie hoch der Prozentsatz der Bekanntheit sein muss bleibt dagegen ungeklärt und ist somit von den nationalen Gerichten zu entscheiden (Kur GRUR 1994, 33, (336)).

6   Die Notorietät muss zum **Zeitpunkt** des Eintragungsantrages bestehen. Ehemals notorisch bekannte Marken die aktuell keinen Schutz über § 4 Nr. 3 genießen, stellen mithin kein Eintragungshindernis mehr dar.

2. Im Inland

7   Entscheidend ist die notorische Bekanntheit der Marke im Geltungsbereich des MarkenG. Keine Voraussetzung dagegen ist die **tatsächliche Benutzung** der Marke im geschäftlichen Verkehr (Fezer Rn. 8). So können auch im Inland nicht benutzte **ausländische Marken** ipso iure der Eintragung einer Marke entgegenstehen, soweit inländische Notorietät vorliegt (Fezer § 14 Rn. 782).

II. Älterer Zeitrang

8   Die nach § 4 Nr. 3 geschützte Marke stellt gegenüber einer einzutragenden Marke nur dann ein Eintragungshindernis dar, wenn erstere den älteren Zeitrang genießt. Das in § 6 allgemein verankerte **Prioritätsprinzip** kommt mithin auch im Rahmen von § 10 zur Anwendung.

III. Kollision

9   Die einzutragende Marke müsste mit der notorisch bekannten Marke kollidieren. Der Wortlaut von § 10 Abs. 1 erweckt den Eindruck, dass hierfür zunächst **Identität** oder **Ähnlichkeit** vorliegen muss und nur im Weiteren die **zusätzlichen Voraussetzungen** nach § 9 Abs. 1 Nr. 1, 2 oder 3 zu prüfen sind. Der Wortlaut ist an dieser Stelle missverständlich. Die drei dort aufgeführten Tatbestände verwenden die Begriffe Identität und Ähnlichkeit eigenständig. Zu prüfen ist daher in nur einem Schritt, ob einer der drei Tatbestände aus § 9 Abs. 1 vorliegt (→ § 9 Rn. 1 ff.).

C. Verhältnis zu § 8 Abs. 2 Nr. 4

10   In der Vergangenheit wurde der theoretische Streit geführt, ob eine mit einer im Inland notorisch bekannten kollidierenden Marke nicht auch als Täuschung des Verkehrs unter § 8 Abs. 2 Nr. 4 fällt. Es wurde der Fall diskutiert, dass eine Marke zwar Identität oder Ähnlichkeit zu einer notorisch bekannten Marke aufweist, jedoch die für den Löschungsgrund des § 10 Abs. 1 erforderlichen zusätzlichen Voraussetzungen des § 9 Abs. 1 Nr. 1, 2 oder 3 nicht

vorliegen. In diesem Fall wäre dennoch denkbar, dass das absolute Eintragungshindernis nach § 8 Abs. 2 Nr. 4 eingreift, weil der Markt ansonsten über die Herkunft der Waren oder Dienstleistungen getäuscht würde. Ein Rückgriff auf § 8 Abs. 2 Nr. 4 bliebe aber verwehrt, wenn man in § 10 eine abschließende Regelung zur Kollision mit einer notorisch bekannten Marke sähe.

Inzwischen herrscht Einigkeit, dass der Fall der Kollision mit einer notorisch bekannten 11 Marke gemäß § 10 einen Spezialtatbestand darstellt, der für die absoluten Eintragungshindernisgründe aus § 8 keinen Raum mehr lässt. Greift § 10 aus den oben genannten Gründen jedoch nicht, steht die Prüfung der sonstigen Eintragungshindernisse aus § 8 frei (Fezer Rn. 13; Ingerl/Rohnke Rn. 5).

D. Rechtsfolgen

I. Beanstandung von Amts wegen

Rechtsfolge von § 10 Abs. 1 ist zunächst die **von Amts wegen** zu prüfende **Kollision** 12 der einzutragenden Marke mit einer im Inland notorisch bekannten Marke. Stellt das DPMA eine Kollision fest, muss der Antrag auf Eintragung gemäß § 37 Abs. 4 abgewiesen werden. Soweit von der Prüfung über das Vorliegen einer möglichen Kollision mit einer nach § 4 Nr. 3 geschützten Marke die Rede ist, ist damit jedoch keine echte **Prüfungspflicht** gemeint. Das DPMA wird nicht etwa recherchieren oder die Marktlage näher erforschen. Die Prüfung beschränkt sich auf die Frage, ob eine Kollision nach § 10 amtlich bekannt ist. Eine anzudenkende **Amtspflichtverletzung** wegen einer mit § 10 eigentlich unvereinbaren Eintragung liegt daher grundsätzlich nicht vor.

II. Widerspruch und Löschungsklage

Da § 37 Abs. 4 allein auf die amtliche Kenntnis der Kollision abstellt, ist eine § 10 entgegen- 13 stehende Eintragung im Fall einer unzureichenden Prüfung durch das DPMA möglich. Der Inhaber der nach § 4 Nr. 3 geschützten Marke kann in einem solchen Fall sowohl gemäß § 42 Abs. 2 Nr. 2 **Widerspruch** erheben, als auch unmittelbar eine **Löschungsklage** gemäß den §§ 51, 55 anstrengen. Daneben steht die bei jeder Form der Kennzeichenverletzung statthafte **Verletzungsklage** nach den §§ 14 ff.

1. Widerspruch

Der Widerspruch gemäß § 42 Abs. 2 Nr. 2 ist an das DPMA zu richten und kann nur die 14 Rüge der Verletzung von § 10 Abs. 1 geltend machen. Liegen die Voraussetzungen von § 10 und § 9 vor, ist die zu Unrecht eingetragene Marke **löschungsreif**.

2. Löschungsklage

Die Löschungsklage gemäß §§ 51, 55 ist auf diesen Rügegrund dagegen nicht beschränkt. 15 Hier kann auch auf den Tatbestand der unlauteren Ausnutzung oder der Beeinträchtigung der Unterscheidungskraft oder Wertschätzung abgestellt werden.

E. Ermächtigung durch den Inhaber

Die Rechtsfolgen von § 10 Abs. 1 **entfallen,** wenn der die Eintragung einer Marke Bean- 16 tragende dem DPMA nachweisen kann, dass er von dem Inhaber der kollidierenden notorisch bekannten Marke zur Eintragung **ermächtigt** worden ist. Die Ermächtigung muss daher im **Zeitpunkt** der Anmeldung vorliegen. Kommt es ohne Ermächtigung aufgrund fehlender amtlicher Kenntnis zur Eintragung, kann die Eintragung auch gemäß § 51 Abs. 2 S. 3 **nachträglich** genehmigt werden (Fezer Rn. 17). Das Recht auf Widerspruch und Löschungsklage ist damit verwirkt.

MarkenG § 11 Teil 2 Voraussetzungen, Inhalt und Schranken etc.

§ 11 Agentenmarken

Die Eintragung einer Marke kann gelöscht werden, wenn die Marke ohne die Zustimmung des Inhabers der Marke für dessen Agenten oder Vertreter eingetragen worden ist.

Überblick

§ 11 begründet (→ Rn. 1 ff.) Ansprüche (→ Rn. 14) des Inhabers einer Marke („Geschäftsherr"; → Rn. 30 ff.) gegen den Agenten oder Vertreter (→ Rn. 15 ff.), der diese Marke (→ Rn. 26 ff., → Rn. 37 ff.) im Inland für sich unberechtigt (→ Rn. 40 ff.) eintragen lässt. Der Löschungsgrund des § 11 ist im Weg der Klage geltend zu machen (§§ 51, 55; → Rn. 50 ff.). Weitergehende Ansprüche des Geschäftsherrn ergeben sich aus anderen Rechtsgrundlagen (→ Rn. 10 ff.) sowie § 17 (Übertragungs-, Unterlassungs-, Schadensersatz- und Nebenansprüche) sowie aus § 42 Abs. 2 Nr. 3 (Widerspruchsgrund; → Rn. 14).

Übersicht

	Rn.		Rn.
A. Entstehungsgeschichte, Verhältnis zu internationalen Normen	1	III. Marke des Geschäftsherrn, Zeitpunkt und Priorität	30
		1. Markenrecht	30
B. Normzweck, Anwendungsbereich	4	2. Validität der Marke	32
I. Regelungsbedürfnis	4	3. Inhaber, Rechtsnachfolger	33
II. Normzweck	8	4. Anteriorität	35
		5. Schutzgebiet	36
III. Verhältnis zu anderen Normen, Rechtsgrundlagen	10	IV. Übereinstimmung der Zeichen und der Waren/Dienstleistungen	37
IV. Systematik	14	V. Ohne Zustimmung	40
		VI. Widerruf der Zustimmung	44
C. Begriffsdefinitionen, Voraussetzungen	15	VII. Bösgläubigkeit des Agenten	45
I. Agent oder Vertreter, Zeitpunkt	15	VIII. Rechtfertigung des Agenten	46
II. Eingetragene Marke des Agenten, Anmeldezeitpunkt	26	IX. Sonstiges	50
		D. Rechtsfolgen, Verfahren	51

A. Entstehungsgeschichte, Verhältnis zu internationalen Normen

1 Die gesetzliche Regelung setzt **Art. 6^{septies} PVÜ** in das deutsche Recht um, der mit der Stockholmer Fassung in die PVÜ eingefügt wurde. § 11 entspricht inhaltlich Art. 6^{septies} PVÜ, geht aber in mehrfacher Hinsicht darüber hinaus, beispielsweise gilt sie auch für reine Inlandsfälle. Die frühere Regelung des § 11 WZG verwandte eine eigenständigere Definition; die Regelung des MarkenG hält sich eng an die Vorgabe der PVÜ durch Verwendung der Begriffe „Agent oder Vertreter".

2 Die **Markenrechtsrichtlinie** (RL 2008/95/EG) regelt die Agentenmarke nicht, sondern stellt den Mitgliedstaaten diesbezügliche Regelungen frei (vgl. Erwägungsgrund 3). Soweit § 11 der Erfüllung von Verpflichtungen aus der PVÜ dient, bleibt die Markenrechtsrichtlinie unberührt (Erwägungsgrund 13). Soweit sie darüber hinausgeht, ist sie als nicht harmonisierter Ungültigkeitsgrund zulässig (Erwägungsgrund 8).

3 Die **UMV** gestaltet den Schutz gemäß Art. 6^{septies} PVÜ. Daher ist ein Einfluss der Rechtsprechung des EuGH auf die Auslegung möglich. § 11 entspricht Art. 8 Abs. 3 UMV, der die Rechtfertigungsmöglichkeit des Agenten ausdrücklich erwähnt (→ UMV Art. 8 Rn. 32 ff.).

B. Normzweck, Anwendungsbereich

I. Regelungsbedürfnis

4 Warenherstellende Unternehmen arbeiten häufig mit anderen Unternehmen zusammen, um ihre Waren effektiv zu vertreiben, insbesondere wenn dabei auch räumlich neue Gebiete erschlossen werden. Dabei werden mit unterschiedlichen rechtlichen Konstruktionen beispielsweise Repräsentanten, Handelsvertreter, selbstständige Distributeure und dergleichen („Agenten") eingeschaltet. In der **Praxis** haben sich die Fälle, in welchen die Agenten Gelegenheiten zum Eigenerwerb der Marke oder Marken des Herstellerunternehmens („Geschäftsherr") nutzten, als häufig und unbefriedigend genug erwiesen, um die Regelung über den „agent illoyal" in das internationale Vertragswerk über gewerbliche Schutzrechte (PVÜ) aufzunehmen. Die Sonderregelung privilegiert den Geschäftsherrn gegenüber anderen Markeninhabern durch Gewährung eines überterritorialen relativen Schutzes für seine Marke, obwohl er sich auch durch vertragliche Regelungen oder frühere Markenanmeldung schützen könnte (von Ingerl/Rohnke Rn. 4 als fragwürdige Privilegierung angesehen).

Die Marke des Geschäftsherrn im Besitz zu haben, kann für den Agenten oder Vertreter ein „Faustpfand" sein, um besondere Vertragsbedingungen auszuhandeln und den Wettbewerb mit anderen Agenten zu beschränken; es kann darin ein Druckmittel für die Erlangung einer Verlängerung des Vertragsverhältnisses und anderer Konditionen liegen; der Agent könnte den Geschäftsherrn auch auf Dauer von dem inländischen Markt ausschließen. Da der Geschäftsherr ohne den Besitz der Marke in seiner unternehmerischen Aktivität wesentlich behindert werden kann, ist der Fall der vom Agenten gehaltenen Marke regelmäßig eine **wirtschaftlich sehr bedrohliche Situation** für das Interesse des Geschäftsherrn. 5

Die Praxis zeigt immer wieder, dass adäquater Rechtsschutz für den Geschäftsherrn schwer zu erlangen ist, da die notwendige unternehmerische Bewegungsfreiheit ohne den Besitz der Marke nicht gewährleistet ist und auch ein letztlich erfolgreicher gerichtlicher Streit einen oft unakzeptablen Zeitfaktor darstellt. Die einschlägigen Fälle müssen daher in der Praxis weit überwiegend wirtschaftlich gelöst werden, wobei der Geschäftsherr häufig mit überhöhten Forderungen konfrontiert ist. 6

Vertragliche Regelungen sind nicht selten nach dem **Recht eines anderen Landes** geschlossen, zB nach dem Recht des Sitzlandes des Geschäftsherrn. Insoweit schafft die gesetzliche Regelung des § 11 eine klarer durchsetzbare Rechtssituation nach dem Recht des Inlandes. 7

II. Normzweck

Die **gesetzliche Privilegierung des Geschäftsherrn** bei unberechtigter Anmeldung seiner Marke beruht auf der auch ohne ausdrückliche Vereinbarung geltenden („statusimmanenten") Verpflichtung des Agenten oder Vertreters zur Wahrnehmung der Interessen des Geschäftsherrn (BGH GRUR 2008, 611 Rn. 20 – audison). Diese Pflicht schließt nach der gesetzgeberischen Wertung regelmäßig die Pflicht des Agenten gegenüber dem Geschäftsherrn ein, sich nicht zum Schaden des Geschäftsherrn dessen Kennzeichen anzueigenen oder zu beeinträchtigen, die der Geschäftsherr bereits für sich in Anspruch genommen hat. Wegen der regelmäßig oder zumindest sehr häufig existenzwichtigen Bedeutung „der Marke" für das Unternehmen des Geschäftsherrn ist über die Möglichkeiten vertraglicher Regelung und deren Durchsetzung hinaus eine gesetzliche Regelung der Fälle des agent illoyal als erforderlich angesehen worden. 8

Um dem Zweck des internationalen Schutzstandards des Art. 6^{septies} PVÜ und der inländischen gesetzlichen Regelung zur Durchsetzung zu verhelfen, hat es sich als erforderlich erwiesen, deren Tatbestandsvoraussetzungen nicht zu enghrzig auszulegen, zB bei Anwendung der Vorschrift auf Fälle der Anbahnung eines Agentenverhältnisses (→ Rn. 25) oder auf Strohmannfälle (→ Rn. 20). 9

III. Verhältnis zu anderen Normen, Rechtsgrundlagen

Von § 8 Abs. 2 Nr. 10 (bösgläubige Anmeldung) unterscheidet sich § 11 durch fehlende subjektive Tatbestandskomponente; ggf. sind beide Vorschriften anwendbar, aber in verschiedenen Verfahren (§§ 54, 55). 10

Eine ergänzende Berufung auf §§ 3, 4 Nr. 4 UWG (§ 4 Nr. 10 UWG aF) ist bei Behinderungsabsicht möglich. 11

Das Agentenverhältnis ist als **Vertragsverhältnis** zwischen den Parteien vertraglich zu regeln, wobei eine umfassende Regelung der markenrechtlichen Aspekte zu empfehlen ist, da die gesetzliche Regelung nicht alle Facetten abdeckt (zB andere Kennzeichenarten). Die gesetzliche Regelung lässt vertragliche Regelungen unberührt und stellt eine eigenständige, 12

MarkenG § 11   Teil 2 Voraussetzungen, Inhalt und Schranken etc.

von der vertragsrechtlichen Situation grundsätzlich unabhängige Rechtsquelle dar, obwohl sie an die Existenz eines Vertrags oder eines vertragsähnlichen Zustands zwischen den Parteien anknüpft. Maßgeblich für § 11 ist somit weder die Gültigkeit des Vertrages noch andere Vertragsbestandteile, sondern diese können allenfalls die nach § 11 autonom vorzunehmenden Qualifizierungen (wie Vorliegen eines Agentenverhältnisses, einer Zustimmung usw) beeinflussen. Eine im Vertrag vereinbarte Zustimmung zur Anmeldung von Marken durch den Agenten auf dessen Namen ist im Zweifel als Verpflichtungsgeschäft zu verstehen, nicht als Verfügung, und ist dann für die Anwendung von § 11 unbeachtlich (→ Rn. 41, → Rn. 42). Dementsprechend ist auch eine vertragliche Rückübertragungspflicht hinsichtlich erworbener Kennzeichenrechte des Agenten keine ausreichende Erklärung (Verfügung), die dem Geschäftsherrn zur Inhaberschaft an diesen Rechten verhilft.

13   Vertragliche Ansprüche stehen in Konkurrenz zu den **gesetzlichen Ansprüchen** aus §§ 11, 17. Bei Unterstellung der Interessenwahrnehmungspflicht des Agenten oder zumindest einer allgemeinen vertraglichen **Treuepflicht** im Vertragsverhältnis ist nach deutschem Recht sowohl die Eintragung der Marke des Geschäftsherrn als auch sonst beeinträchtigender Marken als Verletzung mindestens vertraglicher Nebenpflichten und damit als **Vertragsverletzung** anzusehen. Ein § 11 entsprechender Anspruch kann sich in diesem Fall aus dem Gesichtspunkt des Beseitigungsanspruchs ergeben. Sofern die Regelung des § 11 eine Anwendung auf den konkreten Fall nicht erlaubt, weil zwingend notwendige Tatbestandsmerkmale nicht erfüllt sind, bleibt grundsätzlich die Durchsetzung einer Löschung aus vertragsrechtlichem Grund möglich.

IV. Systematik

14   Eine amtsseitige Berücksichtigung der Agentenmarke im Prüfungsverfahren findet nicht statt, aber der Geschäftsherr kann bei rechtzeitiger Entdeckung **Widerspruch** erheben (§ 42 Abs. 2 Nr. 3). § 11 gibt dem Geschäftsherrn einen **Löschungsanspruch** gegen die Agentenmarke. Aus § 17 ergibt sich ferner ein **Übertragungsanspruch** des Geschäftsherrn auf die Agentenmarke. Ansprüche auf Unterlassung, Schadensersatz, Vernichtung, Auskunft begründen den § 17 iVm § 18, § 19.

C. Begriffsdefinitionen, Voraussetzungen

I. Agent oder Vertreter, Zeitpunkt

15   Der Anmelder muss Agent oder Vertreter des Anspruchstellers (der dann als Geschäftsherr zu bezeichnen ist) sein. Die Begriffe sind **wirtschaftlich,** nicht rechtlich zu verstehen (hM), dh es ist zB keine Vertretungsmacht im Rechtssinne erforderlich. Dies ist der Fall bei Handelsvertretern oder Vertragshändlern. Eine Alleinvertretung ist grundsätzlich nicht erforderlich). Nach dem Wortlaut sind auch Personen erfasst, die berechtigt bzw. verpflichtet sind, in Vertretung der (geschäftlichen) Interessen des Anspruchstellers zu handeln und diese zu wahren (zB auch Anwälte). Es muss sich nicht um markenspezifische Pflichten handeln. Die Interessenwahrungspflicht als vertragliche Nebenpflicht (Treue- oder Loyalitätspflicht) genügt; sie muss nicht im Mittelpunkt des Vertragsverhältnisses stehen (GRUR 2008, 611 Rn. 21 – audison). Unter den Begriff fallen auch Einkaufsagenten (vgl. OLG Schleswig NJWE-WettbR 2000, 119 (120) – LUXIS) oder andere Beauftragte. Sehr weitgehend wäre die Einbeziehung des Auftragsherstellers, weil dies vom klassischen Begriffsverständnis des Agenten oder Vertreter nicht umfasst ist, aber eine Erweiterung der Anwendung auf diesen wäre nach dem Gesetzeszweck denkbar. Eine einseitige Interessenbindung des Anmelders reicht aus (BGH GRUR 2008, 611 Rn. 21 – audison), ebenso eine Einigung auf Funktion als Alleinvertriebspartner oÄ, auch wenn schriftlicher Vertriebsvertrag (noch) nicht abgeschlossen (BGH GRUR 2008, 611 Rn. 29 – audison). Obwohl der Wortlaut „Agent oder Vertreter" den Eigenhändler begrifflich nicht bzw. nicht eindeutig einschließt, wird die Regelung jedenfalls auf Eigenhändler angewandt.

16   Auch ein lediglich **faktisches Agentenverhältnis** sollte für die Anwendung von § 11 ausreichen, da der Begriff wirtschaftlich zu verstehen ist, jedenfalls wenn das Verhalten der Parteien als konkludente und sich deckende Willenserklärungen in diesem Sinne anzusehen ist.

Wesentlich ist die **Abgrenzung zu bloßen Kunden,** dh es ist eine über den bloßen 17
Güteraustausch hinausgehende Geschäftsbeziehung erforderlich (BGH GRUR 2008, 611 – audison); nicht ausreichend ist daher der reine Kauf von Produkten seitens des Anmelders.

Es wird teilweise, wohl zu restriktiv, auch gefordert, dass der Anmelder eine **Funktion** 18
im Warenabsatzbereich des Geschäftsherrn besitzt (BGH GRUR 2008, 611 – audison) und dass ein Unterordnungsverhältnis bzw. ein Abhängigkeitsverhältnis (BGH GRUR 2008, 611 – audison) besteht. Eine **Kooperation Gleichrangiger** will der BGH nicht einbeziehen (BGH GRUR 2008, 611 – audison; aA OLG Hamburg GRUR-RR 2003, 269 (271) – SNOMED). Ingerl/Rohnke Rn. 5 wollen dem nicht folgen, soweit es sich um mächtige Absatzmittler handelt; die reine Titulierung eines Vertragsverhältnisses als „partnerschaftlich" soll jedoch nicht schädlich sein.

Nach dem **Zweck der gesetzlichen Regelung** wird der Anwendungsbereich erweitert 19
auf folgende Fallgestaltungen, die nicht unter den wörtlichen Anwendungsbereich fallen:

Die Anwendbarkeit auf eine **vorgeschobene Person (Strohmann)** ist gegeben, wenn 20
die Anmeldung der Marke auf Veranlassung des Agenten durch einen nach seinen Weisungen handelnden Dritten erfolgt (BGH GRUR 2008, 611 Rn. 17 – audison); typische Fälle können sein: Anmeldung durch Geschäftsführer des Agenten, da Agent Vorteile aus der Anmeldung ziehen kann, oder wenn Agent und Anmelder unterschiedliche (Rechts-) Personen sind, aber von der gleichen Rechtsperson geleitet oder kontrolliert werden;

Wenn der **Markeninhaber nicht der Geschäftsherr** selbst ist, sondern diesem nahestehende Dritte, kann die Regelung des § 11 dennoch greifen, wenn die anderweitige Inhaberschaft als lediglich formal erscheint, zB wenn der Inhaber Gesellschafter des Geschäftsherrn ist (vgl. Ingerl/Rohnke Rn. 11; Ströbele/Hacker/Hacker Rn. 13). Eine bloße Lizenz des Markeninhabers an den Geschäftsherrn reicht nicht aus, jedoch können Ansprüche in Prozessstandschaft geltend gemacht werden. 21

Auf **Agenten des Lizenznehmers** des Inhabers der älteren Marke sollte die Regelung 22
angewandt werden können, da insoweit eine gleichgerichtete Interessenlage besteht und dem Markeninhaber die Rechte nach § 11 durch Lizenzvergabe nicht versagt bleiben sollten, selbst wenn sein Lizenznehmer untätig bleibt.

Gegen **Rechtsnachfolger des Agenten** vor Eintragung ist der Löschungsanspruch nach 23
wohl hM ebenfalls zu gewähren, obwohl nach dem Wortlaut die Eintragung für den Agenten vorausgesetzt wird (Ströbele/Hacker/Hacker Rn. 11; Ingerl/Rohnke Rn. 21). Gegen Rechtsnachfolger nach der Eintragung kann § 11 allgemein gemäß § 55 Abs. 1 geltend gemacht werden.

Nach Beendigung des Agentenverhältnisses eingereichte Anmeldungen: der 24
Wortlaut des § 11 zwingt nicht dazu, Ansprüche gegen den Agenten nach Vertragsablauf auszuschließen; Ansprüche sind möglich, „sofern noch Verstoß gegen fortwirkende Verpflichtungen" aus dem Agentenverhältnis besteht (Amtl. Begr. RegE zum MarkenG, BT-Drs. 12/6581, 73), was allgemein für angemessene Zeit nach dem Ende des Vertragsverhältnisses anzunehmen ist; das kann auch noch Jahre nach Vertragsende der Fall sein (vgl. Munzinger, FS Pagenberg, 2006, 173 (184); aA Ingerl/Rohnke Rn. 8, die einen Zeitraum von Jahren ausschließen möchten). Richtigerweise ist die Agenteneigenschaft auch in zeitlicher Hinsicht nicht vertragsrechtlich zu beurteilen, sondern generalisierend und mit Rücksicht auf die Treuebindung, die mit Vertragsende nicht vollständig wegfällt.

Vor Begründung eines Agentenverhältnis: Auch **vorläufig praktizierte Absprachen,** 25
in Erwartung einer detaillierteren Vereinbarung reichen aus, zB die Übereinkunft nach der zumindest vorläufig die Absatzinteressen des Geschäftsherrn im Inland wahrgenommen werden sollen (BGH GRUR 2008, 611 Rn. 33, 34 – audison). Eine heimliche Anmeldung während Anbahnung eines Agentenvertragsverhältnisses stellt regelmäßig eine Verletzung einer vorvertraglichen Pflicht zur Interessenwahrung dar (BGH GRUR 2008, 611 Rn. 24 – audison). Das setzt aber die nachfolgende tatsächliche Begründung eines Agentenverhältnisses voraus (BGH GRUR 2008, 611 Rn. 24, 25 – audison; Palandt/Grüneberg BGB § 311 Rn. 23 ff.).

II. Eingetragene Marke des Agenten, Anmeldezeitpunkt

Nach dem Wortlaut des § 11 ist der Löschungsanspruch nur gegen eine **eingetragene** 26
Marke gegeben; nach der Vorstellung des MarkenG ist ein Anspruch erst notwendig, wenn

die Marke für den Agenten eingetragen wurde; relative Eintragungshindernisse sollen nach der Systematik des deutschen Rechts erst nach der Eintragung behandelt werden; vorher kommt dennoch ein **vorbeugender Beseitigungsanspruch** gegen den drohenden Eintritt eines rechtswidrigen Störungszustandes in Betracht. Nach der Fassung der PVÜ kommt es nur darauf an, dass der Agent die Eintragung auf sich beantragt hat; das schließt nach dem dortigen Wortlaut außer der Anmeldung durch den Agenten auch den Fall ein, dass der Agent die Marke oder die Markenanmeldung nach dem Anmeldezeitpunkt erwirbt, denn er beantragt in diesem Fall die Eintragung der Marke in seinem Namen.

27 Der Wortlaut des § 11 schließt den Fall ein, dass die Marke **vor der Begründung eines Agentenverhältnisses** vom Agenten oder einem Dritten angemeldet wurde, entscheidend ist nur die letztliche Eintragung für oder der Erwerb durch den Agenten zum Zeitpunkt seiner Agenteneigenschaft oder zur Zeit der Anbahnung des Agentenverhältnisses (aA Ingerl/Rohnke Rn. 7, die mit beachtlichen Argumenten, jedoch de lege ferenda, dafür plädieren, auf den Anmeldezeitpunkt abzustellen). Damit wird dem Agenten die Pflicht auferlegt, seine vor der Begründung oder Anbahnung eines Agentenverhältnisses angemeldete Marke gegenüber dem Geschäftsherrn offenzulegen und eine besondere vertragliche Regelung hierfür zu treffen. Andernfalls unterliegt auch die mögliche freie Anmeldung des späteren Agenten grundsätzlich dem Löschungsanspruch (zu beachten ist aber das erforderliche **Anterioritätsverhältnis** zur Marke des Geschäftsherrn; → Rn. 35), sofern nicht ein Rechtfertigungsgrund eingreift, was allerdings nicht der Fall sein sollte, wenn der Agent die ältere eigene Markenanmeldung nicht offengelegt hat. Insoweit geht die deutsche Regelung über die Regelung der PVÜ hinaus.

28 Ebenfalls sollte dem Löschungsanspruch des § 11 auch die geschäftliche Bezeichnung des Agenten gem. § 5 Abs. 2 bzw. die in den Firmennamen des Agenten aufgenommene Marke des Geschäftsherrn in analoger Anwendung des § 11 unterworfen werden, da die entsprechenden Rechte entgegen dem Gesetzeszweck ebenfalls zu einer markenrechtlichen Blockade des Geschäftsherrn führen könnten (so auch Ingerl/Rohnke § 17 Rn. 24).

29 Da eine **Benutzungsmarke** nicht gelöscht werden kann, ist § 11 nicht direkt anwendbar. Zur Zuordnungsproblematik → § 17 Rn. 29.

III. Marke des Geschäftsherrn, Zeitpunkt und Priorität

1. Markenrecht

30 Nach dem Wortlaut der PVÜ, der sich in der Fassung des § 11 wiederfindet, muss es sich um „die Marke" des Geschäftsherrn handeln. Dies setzt eine zumindest wirtschaftliche Zuordnung der Marke zum Geschäftsherrn voraus, rechtlich kann dieses Tatbestandsmerkmal nicht strikt erfüllt werden. Die deutsche Rechtsprechung verlangt ein Markenrecht zugunsten des Geschäftsherrn, das auch in der Form einer (inländischen) Benutzungsmarke, einer notorisch bekannten Marke (Art. 6bis PVÜ) oder auch aufgrund einfacher Benutzung (in Ländern, die ein Markenrecht bei einfacher Benutzung im Geschäftsverkehr gewähren, zB den USA, vgl. BGH GRUR 2010, 1088 – DISC) gegeben sein kann. Für den Schutzumfang ist nicht auf das Ursprungsland abzustellen (BGH GRUR 2010, 1088 – DISC). Auch inländische oder Unionsmarke reichen aus.

31 Eine **Markenanmeldung** des Geschäftsherrn, die (noch) nicht zum Markenrecht erstarkt ist, sollte als ausreichend erachtet werden, da der Zeitpunkt der Eintragung aus verschiedenen Gründen, beispielsweise auch wegen der Bearbeitungsdauer durch Markenbehörden, einen eher zufälligen Charakter haben kann. Eine **einfache Benutzung** der Marke durch den Geschäftsherrn dürfte nach hM **nicht** genügen; jedoch kann nach hier vertretener Auffassung eine eindeutige Zuordnung der Marke zum Geschäftsherrn nach den redlichen Gepflogenheiten des Handels bereits durch einfache Benutzung erfolgt sein; rechtsbegründende Benutzung im Inland als Firmenschlagwort oder Hausmarke, wenn die benutzte Kennzeichnung zB auch das Unternehmen oder einen selbständigen Unternehmensteil bezeichnet (gemäß § 5 ggf. iVm Art. 8 PVÜ) sollte als ausreichend angesehen werden. Der Begriff der Marke ist in der PVÜ ursprünglich im Sinne der „marque" verwendet und schließt daher ursprünglich zwar nicht den vollständigen Firmennamen, aber doch ein Unternehmensschlagwort ein. Die restriktivere Praxis sollte daher in markenähnlicher Weise verwendete **Unterneh-**

menskurzbezeichnungen im Wege konventionskonform erweiternder Auslegung ausreichen lassen.

2. Validität der Marke

Widerspruchs- oder Löschungsverfahren, Löschungsreife wegen Nichtbenutzung oder älteren Rechten sind grundsätzlich **unbeachtlich,** da es nach der Regelung der PVÜ auf die Zuordnung der Marke zum Geschäftsherrn ankommt, nicht auf die Rechtsbeständigkeit im Schutzland; der Begriff „Inhaber" der PVÜ ist wie der Begriff des Agenten nicht strikt rechtlich, sondern wirtschaftlich zu verstehen. Ohne hinreichende Begründung wird vielfach eine Gültigkeit der Marke des Geschäftsherrn verlangt (vgl. zB Ströbele/Hacker/Hacker Rn. 14). Eine eindeutige Zuordnung der Marke zum Geschäftsherrn kann aber auch bei einer löschungsreifen Marke oder sogar im Fall einer gelöschten Marke gegeben sein.

3. Inhaber, Rechtsnachfolger

Der Geschäftsherr muss **Inhaber** der Marke sein. Im Hinblick auf den Gesetzeszweck kann es ausreichen, wenn der Inhaber im Konzernverhältnis mit dem Geschäftsherrn steht (str.) oder er Gesellschafter des Geschäftsherrn ist. Dies ist wohl nicht als erfüllt anzusehen, wenn der Inhaber Lizenzgeber des Geschäftsherrn ist. Insoweit bleibt eine Geltendmachung der Rechte des § 11 in Prozessstandschaft möglich.

Rechtsnachfolger des Geschäftsherrn hinsichtlich der Markeninhaberschaft sind nicht generell berechtigt, sondern nur bei gleichzeitigem Übergang des Agentenverhältnisses, weil die Ansprüche der §§ 11, 17 grundsätzlich das Zusammenfallen der Inhaberschaft und der Geschäftsherreigenschaft voraussetzen. Jedenfalls bei Übertragung der Marke „mit Goodwill" ist davon auszugehen, dass dem Rechtsnachfolger auch die Ansprüche gegen den Agenten abgetreten wurden.

4. Anteriorität

Nach der PVÜ muss der Geschäftsherr Inhaber der Marke sein, wenn der Agent die Eintragung der Marke für sich beantragt; dies setzt weder eine strikte Priorität der Marke des Geschäftsherrn voraus, noch ist ausschließlich auf den Anmelde- oder Eintragungszeitpunkt abzustellen, aber auf die Zuordnung der Marke zum Geschäftsherrn zum Zeitpunkt des Tätigwerdens des Agenten. § 11 geht in seinem Wortlaut darüber weit zugunsten des Geschäftsherrn hinaus, indem er auf den Zeitpunkt der Geltendmachung des Anspruchs abstellt, und für diesen Zeitpunkt verlangt, dass die Marke dem Geschäftsherrn gehört. Dadurch werden auch Fälle, in welchen der Agent einen zeitlichen Vorsprung gegenüber dem Geschäftsherrn bei der Beantragung von Markenschutz hat, zugunsten des Geschäftsherrn geregelt. Bei konventionskonformer Auslegung wird man im Zweifel fordern müssen, dass die relevante Zuordnung der Marke zum Geschäftsherrn bereits zum Zeitpunkt des ersten Tätigwerdens des Agenten vorlag („Anteriorität"). Dies ist jedenfalls bei älterer Priorität der Marke des Geschäftsherrn gegeben (BGH GRUR 2008, 917 – EROS; GRUR 2008, 611 – audison), dh eine ältere Markenanmeldung im Ausland reicht aus, jedenfalls wenn zum Zeitpunkt der Geltendmachung des Löschungsanspruchs die Eintragung der Marke des Geschäftsherrn bereits erfolgt ist, aber nach hier vertretener Auffassung (→ Rn. 32) auch bei sonst gegebener Zuordnung. Es reicht auch aus, wenn der Agent eine ältere Marke erwirbt, die mit der Marke des Geschäftsherrn übereinstimmt, weil in diesem Fall auf den Zeitpunkt des Erwerbs abzustellen ist.

5. Schutzgebiet

Die Marke des Geschäftsherrn muss nicht im Heimatland des Geschäftsherrn, sondern kann in beliebigem Territorium bestehen, nicht notwendigerweise in Konventionsländern (BGH GRUR 2008, 611 – audison; GRUR 2008, 917 – EROS; OLG Hamburg GRUR-RR 2003, 269 – SNOMED), da § 11 keine solche Anforderung stellt; es muss auch nicht das Heimatland des Geschäftsherrn sein (OLG Schleswig NJWE-WettbR 2000, 119 – LUXIS).

IV. Übereinstimmung der Zeichen und der Waren/Dienstleistungen

37 Nach dem Wortlaut des § 11 setzt der Löschungsanspruch voraus, dass der Agent „die Marke" des Geschäftsherrn für sich eintragen lässt. § 11 kehrt insoweit zum Wortlaut der PVÜ zurück, während das WZG auf übereinstimmende Zeichen und Waren/Dienstleistungen abstellte. „Die Marke" bedeutet zunächst identische Zeichen für identische Waren/Dienstleistung und beruht scheinbar auf der Vorstellung, dass der Geschäftsherr nur eine Marke besitzt. Die Anwendung auf mehrere Marken des Geschäftsherrn ist jedoch nicht ausgeschlossen. Die Praxis wendet die Vorschrift richtigerweise auch auf ähnliche Zeichen und Waren/Dienstleistungen an, wobei eine hypothetische Kollisionsprüfung auf alle Kollisionstatbestände des § 9 Abs. 1 durchzuführen ist (BGH GRUR 2008, 611 – audison; Ingerl/Rohnke Rn. 15). Grund für diese **Erweiterung des Anwendungsbereichs** ist vor allem die sonst erfolgende Vereitelung des Gesetzeszwecks, denn der Agent könnte die Marke des Geschäftsherrn durch Anmeldung ähnlicher Marken „sperren". Es kommt darauf an, welchen Markenschutz der Geschäftsherr hätte beanspruchen können, wenn er den Markenschutz aufs Inland ausgedehnt hätte (BGH GRUR 2010, 1088 (1091) – DISC).

38 Die Erweiterung des Anwendungsbereichs auf Agentenmarken außerhalb des Ähnlichkeitsbereichs muss indessen nicht auf die Kollisionstatbestände des § 9 Abs. 1 beschränkt bleiben, da der Gesetzeszweck im Kern die Ahndung des Verstoßes gegen die Interessenswahrungspflicht des Agenten in Bezug auf die Marke des Geschäftsherrn ist und daher auch die pflichtwidrige Beeinträchtigung der Marke des Geschäftsherrn verhindert werden soll. Die Anwendung auf eigenmächtig angemeldete Marken des Agenten außerhalb des Ähnlichkeitsbereichs, zB bei Einbindung des Zeichens des Geschäftsherrn in eine nicht verwechselbare komplexe Marke, ist daher nicht ausgeschlossen (aA Ingerl/Rohnke Rn. 15, die die Anwendung der Kollisionstatbestände des § 9 Abs. 1 als einzig sinnvolle Ausfüllung der Regelungslücke ansehen).

39 Das Gleiche gilt bei Agentenmarken, die wegen eines relativ hohen Ähnlichkeitsgrades mit der Marke des Geschäftsherrn geeignet sind, eine erhebliche Rechtsunsicherheit für eine später angemeldete oder lediglich benutzte Marke des Geschäftsherrn zu schaffen. Hinsichtlich der Ähnlichkeit der Waren/Dienstleistungen ist ebenfalls darauf abzustellen, ob es sich um eine pflichtwidrige Beeinträchtigung der markenmäßigen Interessen des Geschäftsherrn handelt. Ansprüche können sich demgemäß auf unähnliche Waren/Dienstleistungen erstrecken, sofern eine Beeinträchtigung der Interessen des Geschäftsherrn nicht ausgeschlossen erscheint.

V. Ohne Zustimmung

40 Nach dem Wortlaut stehen dem Geschäftsherrn die Ansprüche aus § 11 nur zu, wenn keine Zustimmung zur Eintragung der Marke des Geschäftsherrn vorliegt; die Zustimmung des Geschäftsherrn schließt einen Löschungsanspruch ebenso aus wie andere Rechtfertigungen des Agenten, und scheint als jedenfalls durchgreifender Rechtfertigungsgrund in die Vorschrift aufgenommen zu sein. Zu beachten ist die Gesetzessystematik, wonach § 11 eine quasi-dingliche Rechtsposition des Geschäftsherrn begründet, denn die Rechte aus § 11 stehen dem Geschäftsherrn grundsätzlich ohne Rücksicht auf die konkreten Bestimmungen des Vertragsverhältnisses zwischen den Beteiligten zu. Eine Zustimmung iSd § 11 liegt daher noch nicht vor, wenn sich der Geschäftsherr im Verpflichtungsgeschäft des Agenturvertrages gebunden hat, einer Markenanmeldung des Agenten zuzustimmen, sondern erst, wenn er der konkreten Marke bzw. Markenanmeldung im Sinne eines Verfügungsgeschäfts zugestimmt hat. Grundsätzlich kann der Rechtsinhaber im Rahmen der Vertragsfreiheit auf die ihm zustehenden Rechte aus § 11 ganz oder teilweise verzichten. Insoweit ist ggf. ein Erklärungsinhalt zu verlangen, der unzweideutig auf die Rechte aus §§ 11 und 17 Bezug nimmt und den Umfang des Verzichts angibt, sonst ist eine im Rahmen des § 11 unbeachtliche Zustimmung im Sinne eines Verpflichtungsgeschäfts anzunehmen.

41 Die in § 11 gemeinte Zustimmung ist **rechtsgeschäftliche Verfügung** im Wege der (empfangsbedürftigen) Willenserklärung und kann daher grundsätzlich formlos, also zB auch konkludent, gegenüber dem Agenten erteilt werden. Dies setzt jedoch den erkennbaren Willen des Geschäftsherrn voraus, gerade auf die Rechte aus §§ 11, 17 in einem bestimmten Umfang zu verzichten. Auch wegen der häufigen Existenzwichtigkeit von Markenrechten für Unternehmen sind etwaige Verzichtserklärungen grundsätzlich eng auszulegen. Voraussetzung der Zustimmung ist, dass sich die Parteien des Verfügungsgeschäfts – wie bei der Abtretung von Rechten – über das Recht zur Eintragung einer **bestimmten Marke** geeinigt haben. Eine bloße **Duldung** ist keine Zustimmung, kann aber zur Verwirkung führen, wenn nach den Umständen ein Verzicht auf die Rechte der §§ 11, 17 sicher anzunehmen ist.

Pauschale Anweisungen an den Agenten, wie zB alles Nötige für den Markenschutz zu 42 veranlassen, sind nicht als Verzicht auf die Rechte aus § 11 anzusehen (aA Ströbele/Hacker/Hacker Rn. 16). Ist der Geschäftsherr zur Erteilung der Zustimmung vertraglich verpflichtet, kann die mangelnde oder unvollständige Erfüllung vertragliche Schadensersatzansprüche auslösen.

Eine Erteilung der Zustimmung ist zu jedem Zeitpunkt vor der Geltendmachung des 43 Anspruchs aus § 11 möglich und relevant.

VI. Widerruf der Zustimmung

Der Widerruf der Zustimmung soll nach der Amtlichen Begründung möglich sein und 44 zur Löschungsreife der Agentenmarke führen (Amtl. Begr. RegE zum MarkenG, BT-Drs. 12/6581, 73). Die Zustimmung des § 11 ist nach der hier vertretenen Auffassung als Verfügungsgeschäft grundsätzlich **bedingungsfeindlich** und **unwiderruflich;** eine spätere Geltendmachung der Rechte aus §§ 11, 17 setzt daher voraus, dass der Verzicht auf diese Rechte von vornherein im Umfang begrenzt war (so im Ergebnis Ströbele/Hacker/Hacker Rn. 19; Ingerl/Rohnke Rn. 18). Da vernünftigerweise nicht anzunehmen ist, dass ein Verzicht des Geschäftsherrn auf die Rechte der §§ 11, 17 über den Zeitraum des Agentenverhältnisses hinaus erstreckt werden soll, ist ein Aufleben des Löschungsanspruchs mit Beendigung des Agentenverhältnisses im Regelfall einer erteilten Zustimmung anzunehmen, sofern der Verzicht nicht ausdrücklich über die Dauer des Agentenverhältnisses hinaus erklärt wurde.

VII. Bösgläubigkeit des Agenten

Entscheidend ist die objektive Lage; ein subjektiver Tatbestand wird von § 11 nicht voraus- 45 gesetzt.

VIII. Rechtfertigung des Agenten

Ein Ausschluss der Ansprüche aus §§ 11, 17 im Falle der Rechtfertigung des Agenten ist 46 im MarkenG – im Gegensatz zum Unionsrecht in Art. 8 Abs. 3 UMV – nicht ausdrücklich erwähnt. Dem Agenten bleibt die Rechtfertigung seines Handelns auch im deutschen Recht unbenommen (Amtl. Begr. RegE zum MarkenG, BT-Drs. 12/6581, 73; s. zB auch Ströbele/Hacker/Hacker Rn. 21).

Es bleibt die Frage, welche **Gründe** zur Rechtfertigung ausreichen können; es geht nicht 47 um eine rein subjektive Schuldlosigkeit des Agenten, sondern darum, ob der Agent zu Recht die Inhaberschaft an der Marke auf Dauer beanspruchen kann. Als Anwendungsfall wird genannt, dass der Agent die Marke schon vor der Aufnahme seiner Tätigkeit für den Geschäftsherrn benutzt hat (so Ströbele/Hacker/Hacker Rn. 21), aber die reine Benutzung dürfte für das dauerhafte Behalten der Marke nicht ausreichen. Der klassische Einwand des Agenten besteht darin, sich auf die Schaffung eines **Goodwill** im Inland durch Marktbearbeitung (insbesondere Werbung und Vertriebsaktivität) für die Agentenmarke zu berufen. Dieser Grund greift allerdings **nicht** durch, denn die genannten Leistungen berechtigen nur zu einem Ausgleichsanspruch des Handelsvertreters nach § 89b HGB oder äquivalenten Ansprüchen. Sofern sich diese nicht aus dem Gesetz ergeben, bleiben sie der vertraglichen Regelung zwischen den Parteien überlassen.

Auch die **Aufgabe des Geschäftsbetriebs** seitens des Geschäftsherrn dürfte keinen aus- 48 reichenden Rechtfertigungsgrund darstellen, da nach heutigem deutschen Recht keine Abhängigkeit der Marke vom Geschäftsbetrieb besteht und der Geschäftsherr daher grundsätzlich über die Markenrechte separat verfügen kann.

Denkbar wäre eine Rechtfertigung jedenfalls hinsichtlich **eines markenmäßigen** 49 **Besitzstands,** über den der Agent schon bei Anbahnung des Agentenverhältnisses verfügte, soweit von ihm nicht die Offenlegung bei Vertragsschluss mit dem Geschäftsherrn zu verlan-

Munzinger

gen war (die dann im Allgemeinen zu einer vertraglichen Regelung der Ansprüche führen würde). Sofern der Agent die Marke eines Dritten in vertragstreuer Absicht erwirbt, um sie an den Geschäftsherrn weiter zu veräußern, unterliegt sie grundsätzlich ebenfalls dem Löschungsanspruch des § 11. Es besteht in diesem Fall zwar keine rechtswidrige Absicht, aber auch keine Rechtfertigung iSd § 11; ein solche wäre nur dann gegeben, wenn der Agent die Marke als Folge behalten dürfte. Dem Agenten steht ggf. nach den Grundsätzen der Geschäftsführung ohne Auftrag ein Aufwendungsersatz zu.

IX. Sonstiges

50 Den markenrechtlichen Ansprüchen des Agenten gegen neue Agenten des Geschäftsherrn kann vom neuen Agenten die Löschungsreife der Agentenmarke mit Ermächtigung des Geschäftsherrn entgegengehalten werden (§ 242 BGB: „dolo agit, qui petit, quod statim redditurus est").

D. Rechtsfolgen, Verfahren

51 Der Löschungsanspruch ist durch **Klage** gemäß §§ 51, 55 geltend zu machen, wobei der **Löschungsanspruch aus § 11 selbständig neben den Nichtigkeitsgründen des § 51** steht (→ § 51 Rn. 1, → § 55 Rn. 2); bei Entdeckung der Agentenmarke vor Ablauf der Widerspruchsfrist kann der Löschungsanspruch gemäß § 42 Abs. 2 Nr. 3 bereits im **Widerspruchsverfahren** geltend gemacht werden; ferner ist die **einredeweise** Geltendmachung der Löschungsreife im Verletzungsprozess möglich, da es gegen den Grundsatz „dolo agit, qui petit, quod statim redditurus est" (§ 242 BGB) verstoßen würde, aus der löschungsreifen Agentenmarke gegen den Geschäftsherrn vorzugehen (→ § 14 Rn. 46). Eine mögliche Frist für Geltendmachung gemäß PVÜ wurde nicht in deutsches Recht aufgenommen, so dass es grundsätzlich keine zeitliche Begrenzung für die Geltendmachung gibt.

52 Geltendmachung gegenüber **Rechtsnachfolgern des Agenten:** Übertragung der Agentenmarke auf Dritten führt nicht zu „Heilung", auch ist kein lastenfreier gutgläubiger Erwerb der Marke möglich, denn das Schutzhindernis (des Löschungsgrundes) haftet der Marke als solcher an (BGH GRUR 2008, 611 – audison); auch vor der Eintragung der Agentenmarke möglich (→ Rn. 23).

53 Geltendmachung durch **Rechtsnachfolger des Geschäftsherrn:** der Löschungsanspruch kann zusammen mit der Marke und dem Agentenvertrag auf Dritte übertragen werden. In diesem Fall ist der Rechtsnachfolger zur Geltendmachung berechtigt.

54 Zur Geltendmachung gegen den **Strohmann** → Rn. 20.

§ 12 Durch Benutzung erworbene Marken und geschäftliche Bezeichnungen mit älterem Zeitrang

Die Eintragung einer Marke kann gelöscht werden, wenn ein anderer vor dem für den Zeitrang der eingetragenen Marke maßgeblichen Tag Rechte an einer Marke im Sinne des § 4 Nr. 2 oder an einer geschäftlichen Bezeichnung im Sinne des § 5 erworben hat und diese ihn berechtigen, die Benutzung der eingetragenen Marke im gesamten Gebiet der Bundesrepublik Deutschland zu untersagen.

Überblick

§ 12 enthält ein relatives Schutzhindernis für eingetragene Marken, nämlich prioritätsältere Benutzungsmarken und geschäftliche Bezeichnungen (→ Rn. 1). Sie führen zur Löschungsreife der eingetragenen jüngeren Marke (→ Rn. 9 f.), wenn der Inhaber des älteren Rechts (→ Rn. 11 ff.) einen Anspruch auf Unterlassung der Benutzung der jüngeren Marke im gesamten Bundesgebiet hat (→ Rn. 14 ff.). Die Geltendmachung erfolgt durch Löschungsklage (→ Rn. 21) und gegen jüngere Marken, deren Anmeldung ab dem 1.10.2009 erfolgt ist, auch durch Widerspruch (→ Rn. 23).

Durch Benutzung erworbene Marken und geschäftliche Bezeichnung § 12 MarkenG

Übersicht

	Rn.		Rn.
A. Regelungsgehalt	1	I. Eingetragene Marke mit jüngerem Zeitrang	9
I. Relatives Schutzhindernis	1	II. Benutzungsmarke oder geschäftliche Bezeichnung mit älterem Zeitrang	11
II. Verhältnis zum europäischen Recht	2	III. Unterlassungsanspruch	14
1. Art. 4 Abs. 4 Buchst. b RL 2008/95/EG bzw. Art. 5 Abs. 4 Buchst. a RL (EU) 2015/2436	2	1. Untersagungsberechtigung	14
2. Vereinbarkeit mit der MRL	4	2. Fiktion markenmäßiger Benutzung	16
3. UMV	7	3. Bundesweite Unterlassungsberechtigung	18
III. Gleichwertigkeit der Kennzeichenrechte	8	**C. Geltendmachung der Löschungsreife**	21
B. Voraussetzungen der Löschungsreife	9	I. Löschungsklage	21
		II. Widerspruch	23
		III. Einrede der Löschungsreife	26

A. Regelungsgehalt

I. Relatives Schutzhindernis

§ 12 regelt ein relatives Schutzhindernis für eingetragene Marken, nämlich **prioritätsältere Benutzungsmarken** (§ 4 Nr. 2) und **geschäftliche Bezeichnungen** (§ 5: Unternehmenskennzeichen und Werktitel). Sie führen zur **Löschungsreife** der eingetragenen Marke, wenn der Inhaber des prioritätsälteren Kennzeichens im Fall der Benutzung der eingetragenen Marke gegen deren Inhaber einen bundesweit wirkenden Anspruch auf Unterlassung gemäß §§ 14, 15 hätte. Die Geltendmachung der Löschungsreife erfolgt im Wege der Löschungsklage (§§ 51, 55; → Rn. 21) und gegen jüngere Marken, deren Anmeldung ab dem 1.10.2009 eingereicht wurde, auch durch Widerspruch gegen die Eintragung (§ 42 Abs. 2 Nr. 4; § 165 Abs. 2). Eine Berücksichtigung von Amts wegen schon im Eintragungsverfahren findet hingegen nicht statt. **1**

II. Verhältnis zum europäischen Recht

1. Art. 4 Abs. 4 Buchst. b RL 2008/95/EG bzw. Art. 5 Abs. 4 Buchst. a RL (EU) 2015/2436

§ 12 ist eine von der MRL zugelassene **fakultative Vorschrift**. Nach Art. 4 Abs. 2 Buchst. b RL 2008/95/EG kann jeder Mitgliedstaat vorsehen, dass eine Marke von der Eintragung ausgeschlossen ist oder im Fall ihrer Eintragung der Ungültigkeitserklärung unterliegt, wenn und soweit prioritätsältere Rechte an einer nicht eingetragenen Marke oder einem sonstigem im geschäftlichen Verkehr benutzten Kennzeichen bestehen und der Inhaber das Recht hat, die Benutzung der jüngeren Marke zu untersagen. **2**

An dieser Fakultativlösung wurde bei der **Reform der MRL** festgehalten, indem die Regelung unverändert in Art. 5 Abs. 4 Buchst. a RL (EU) 2015/2436 übernommen wurde. Mit dem Ziel der Reform, die nationalen Markenrechte weiter anzugleichen, ist das schwerlich zu vereinbaren. Die Forderung, dieses Schutzhindernis verbindlich auszugestalten (dafür GRUR-Stellungnahme GRUR 2013, 800 (803)) hat sich indessen nicht durchsetzen können. **3**

2. Vereinbarkeit mit der MRL

Nach der Rechtsprechung des EuGH zu Art. 5 Abs. 2 RL 2008/95/EG unterliegt auch eine fakultative Vorschrift dem Gebot der **richtlinienkonformen Auslegung** (EuGH C-408/01, GRUR 2004, 58 Rn. 18, 20 – Adidas/Fitnessworld; → § 14 Rn. 506). Dies gilt auch für § 12. **4**

Die **Richtlinienkonformität** des § 12 steht nur insoweit in Frage, als prioritätsältere Benutzungsmarken und geschäftliche Bezeichnungen nur dann ein relatives Schutzhindernis darstellen, wenn der **Unterlassungsanspruch bundesweit besteht**. Das ist aber mit der **5**

MRL vereinbar. Zwar stellt Art. 4 Abs. 4 Buchst. b RL 2008/95/EG bzw. Art. 5 Abs. 4 Buchst. a RL (EU) 2015/2436 nur darauf ab, dass dem Inhaber das Recht verliehen ist, die Benutzung der jüngeren Marke zu untersagen; dieses Recht hat grundsätzlich auch der Inhaber einer räumlich beschränkten Benutzungsmarke oder geschäftlichen Bezeichnung, freilich begrenzt auf den beschränkten räumlichen Schutzbereich. Mit der Inkorporation des Unterlassungsanspruchs als Voraussetzung für ein Eintragungshindernis bzw. eine Nichtigkeitserklärung gestaltet die Richtlinie die Nichteintragung bzw. Löschung jedoch als Folgeanspruch aus. Dieser kann aber nicht weiter gehen als die materiell-rechtliche Rechtsposition. Dazu würde es aber kommen, wenn der Inhaber eines räumlich begrenzt wirkenden Kennzeichenrechts die Löschung der Marke verlangen könnte, da hiermit notwendigerweise die Rechtsposition des Markeninhabers im gesamten Gebiet des Mitgliedstaats beseitigt wird.

5.1 Allerdings hat der **EuGH** in einer Entscheidung zu Art. 4 Abs. 2 Buchst. d RL 2008/95/EG, in der es um die Frage ging, ob die notorische Bekanntheit im gesamten Gebiet eines Mitgliedstaats bestehen muss, zunächst festgehalten, nicht genügend sei eine notorische Bekanntheit nur in einer Stadt und deren Umland; sodann heißt es ohne erkennbaren Zusammenhang, „[j]edenfalls ist festzustellen, dass eine nicht eingetragene ältere Marke ggf. geschützt sein kann, insbesondere durch Art. 4 Abs. 4 Buchst. b MRL" (EuGH C-328/06, GRUR 2008, 70 Rn. 18 – Nuño/Franquet). Ob hiermit gesagt sein soll, dass die streitgegenständliche Marke, die nur in einer Stadt und deren Umland benutzt wurde und die danach unter der Geltung des MarkenG nur aufgrund dort bestehender Verkehrsgeltung räumlich begrenzt geschützt wäre, zur Löschungsreife der jüngeren Marke führt, bleibt jedoch im Dunkeln. Vor dem geschilderten Hintergrund der Löschungsreife als Folgeanspruch wäre dies jedenfalls abzulehnen.

6 Für **Art. 8 Abs. 4 UMV,** der die Geltendmachung von prioritätsälteren Rechten im Widerspruchsverfahren regelt, hat der **EuGH** allerdings entschieden, dass der von der Norm vorausgesetzte Unterlassungsanspruch sich nicht auf das gesamte Hoheitsgebiet eines Mitgliedstaates beziehen muss (EuGH verb. Rs. C-325/13 P und C-326/13 P, GRUR Int 2014, 952 Rn. 50 – Peek & Cloppenburg). Dies stützt sich auf den Umstand, dass Art. 8 Abs. 4 UMV Zeichen von nicht mehr als lediglich örtlicher Bedeutung genügen lässt; hieraus zieht der EuGH den Schluss, im Hinblick auf die geographische Schutzausdehnung werde nur verlangt, dass sie nicht lediglich örtlich sei (EuGH verb. Rs. C-325/13 P und C-326/13 P, GRUR Int 2014, 952 Rn. 53 – Peek & Cloppenburg). Auf den abweichend formulierten Art. 4 Abs. 2 Buchst. d RL 2008/95/EG bzw. Art. 5 Abs. 4 Buchst. a RL (EU) 2015/2436 lässt sich dies nicht übertragen.

3. UMV

7 Im Unionsmarkenrecht sind prioritätsältere Benutzungsmarken und sonstige im Verkehr benutzte Kennzeichenrechte ebenfalls als **relative,** im Widerspruchsverfahren geltend zu machende **Eintragungshindernisse** ausgestaltet (Art. 8 Abs. 4 UMV); daneben stellen sie einen relativen Nichtigkeitsgrund dar (Art. 53 Abs. 1 Buchst. c UMV; → UMV Art. 58 Rn. 13).

III. Gleichwertigkeit der Kennzeichenrechte

8 Die Berücksichtigung prioritätsälterer Benutzungsmarken und geschäftlicher Bezeichnungen als relative Schutzhindernisse eingetragener Marken verleiht der Gleichwertigkeit der Kennzeichenrechte Ausdruck und verwirklicht vor diesem Hintergrund den Prioritätsgrundsatz (→ § 6 Rn. 1). Das ändert jedoch nichts daran, dass der Löschungsanspruch davon abhängig ist, dass im Fall der Benutzung ein Unterlassungsanspruch nach §§ 14, 15 bestehen würde. Ob die Benutzungsmarke oder geschäftliche Bezeichnung im Kollisionsfall tatsächlich gleichwertig ist, dh ob durch sie eine Marke oder geschäftliche Bezeichnung verletzt werden kann, bestimmt sich daher allein nach diesen Vorschriften.

B. Voraussetzungen der Löschungsreife

I. Eingetragene Marke mit jüngerem Zeitrang

Erfasst sind nur **bereits eingetragene Marken** (einschließlich IR-Marken mit Schutz in 9 Deutschland). Vor der Eintragung begründet die Markenanmeldung allerdings die Erstbegehungsgefahr (→ § 14 Rn. 592). Darüber hinaus billigt die Rechtsprechung dem Inhaber eines prioritätsälteren Kennzeichens einen lauterkeitsrechtlichen Anspruch auf Rücknahme der Markenanmeldung zu, wenn der Eintritt eines rechtswidrigen Störungszustands droht, dh wenn bei Benutzung des Zeichens ein markenrechtlicher Unterlassungsanspruch bestünde (BGH GRUR 2010, 642 Rn. 24 – WM-Marken; GRUR 1993, 556 (558) – TRIANGLE).

Die Marke muss **prioritätsjünger** sein; ihr Zeitrang bestimmt sich nach § 6 Abs. 2 (→ 10 § 6 Rn. 11 ff.). Soweit keine Priorität nach §§ 34, 35 in Anspruch genommen wird, ist danach der **Anmeldetag** (§ 33 Abs. 1) maßgeblich.

II. Benutzungsmarke oder geschäftliche Bezeichnung mit älterem Zeitrang

§ 12 verlangt den Erwerb eines Rechts an einer Benutzungsmarke (§ 4 Nr. 2) oder geschäft- 11 lichen Bezeichnung (§ 5) vor dem für den Zeitrang der eingetragenen Marke maßgeblichen Tag. Erfasst ist ausschließlich der **originäre Erwerb,** dh die Entstehung des Kennzeichenrechts (für Benutzungsmarken → § 4 Rn. 104, für Unternehmenskennzeichen → § 5 Rn. 11 und für Werktitel → § 5 Rn. 155).

Der Rechtserwerb ist gemäß § 6 Abs. 3 auch für die Bestimmung des Zeitrangs maßgeblich 12 (→ § 6 Rn. 19). Benutzungsmarke bzw. geschäftliche Bezeichnung sind **prioritätsälter,** wenn ihr Zeitrang mindestens einen Tag vor dem der jüngeren Marke liegt; ist für den Zeitrang der gleiche Tag maßgeblich, sind die Kennzeichenrechte gleichrangig und es kann keine Löschung verlangt werden (§ 6 Abs. 4).

Bei **Werktiteln** kann der Zeitrang abweichend von § 6 Abs. 3 durch eine Titelschutzan- 13 zeige vorverlegt sein (→ § 5 Rn. 220). Die Titelschutzanzeige bewirkt aber keine Vorverlegung des Rechtserwerbs vor den Zeitpunkt der tatsächlichen Ingebrauchnahme. Zudem wird der Zeitrang nur vorverlegt, wenn die Ingebrauchnahme innerhalb einer angemessenen Frist nach der Titelschutzanzeige erfolgt (→ § 5 Rn. 231). Bis zur Ingebrauchnahme des Werktitels kann auch bei vorausgehender Titelschutzanzeige keine Löschungsreife der jüngeren Marke eintreten.

III. Unterlassungsanspruch

1. Untersagungsberechtigung

Die Löschungsreife setzt die Berechtigung voraus, die Benutzung der eingetragenen Marke 14 zu untersagen. Diese Berechtigung besteht materiell-rechtlich, wenn ein **Unterlassungsanspruch gemäß § 14 Abs. 5, § 15 Abs. 4** gegeben ist. In diesem Sinne **inkorporiert § 12 die Voraussetzungen des Unterlassungsanspruchs** gemäß § 14 Abs. 2, § 15 Abs. 2, 3, aber auch die für den Unterlassungsanspruch geltenden **Schrankenregelungen.** Ungeachtet der Prioritätslage tritt daher zB keine Löschungsreife ein, wenn die zum Recht der Gleichnamigen geltenden Grundsätze, die im Rahmen des § 23 Abs. 1 zu berücksichtigen sind, Anwendung finden (BGH GRUR 2011, 835 Rn. 14 – Gartencenter Pötschke).

Ausreichend ist ein **hypothetischer Unterlassungsanspruch,** dessen Bestand auf der 15 Grundlage einer **fiktiven Benutzung der jüngeren Marke** zu ermitteln ist. Zwar setzen die markenrechtlichen Verletzungstatbestände eine Benutzung des Zeichens voraus; die bloße Anmeldung oder Eintragung der Marke genügt hierfür nicht. Daraus folgt jedoch nicht, dass die Marke erst dann löschungsreif ist, wenn eine rechtsverletzende Benutzung erfolgt ist. Mit dem Wortlaut des § 12, der nicht auf den Unterlassungsanspruch, sondern die Unterlassungsberechtigung abstellt, sollte zum Ausdruck gebracht werden, dass Löschungsreife schon dann eintritt, wenn bei einer Benutzung der Marke ein Anspruch auf Unterlassung entstehen würde (Fezer Rn. 9; Ingerl/Rohnke Rn. 4; Ströbele/Hacker/Hacker Rn. 4).

Dieses Verständnis liegt im Übrigen auch **Art. 4 Abs. 4 Buchst. b RL 2008/95/EG** bzw. **Art. 5** 15.1 **Abs. 5 Buchst. a** RL (EU) 2015/2436 zugrunde, da diese Regelung es den Mitgliedstaaten auch erlaubt, prioritätsältere Benutzungsmarken und geschäftliche Bezeichnungen als Eintragungshindernis auszugestalten; sie erlangen damit schon zu einem Zeitpunkt Relevanz, in dem das Zeichen noch nicht einmal eingetragen, geschweige denn notwendigerweise benutzt wurde.

2. Fiktion markenmäßiger Benutzung

16 Soweit es an einer rechtsverletzenden Benutzung der Registermarke fehlt und deshalb auf die fiktive Benutzung abzustellen ist (→ Rn. 15), ist eine **Benutzung als Marke** zu fingieren und dann zu ermitteln, ob ein Verletzungstatbestand erfüllt ist (Ingerl/Rohnke Rn. 4; Ströbele/Hacker/Hacker Rn. 7). Die Beschränkung auf eine markenmäßige Benutzung kann zwar insbesondere gegenüber prioritätsälteren Werktiteln zu einer erheblichen Einschränkung der Löschungsreife führen, sofern dem Werktitel nur Schutz vor unmittelbarer Verwechslungsgefahr gewährt (→ § 15 Rn. 48) und hierauf gestützt eine titelmäßige Verwendung verlangt wird (→ § 15 Rn. 26). Sie folgt jedoch notwendig aus dem Umstand, dass die Benutzung nur fingiert wird (überzeugend Ströbele/Hacker/Hacker Rn. 7). Grundlage dieser Fiktion kann aber nur das übliche Verhalten eines Markeninhabers sein. Diesem kann ohne weiteres unterstellt werden, dass er die Marke zu dem Zweck, zu dem er sie angemeldet hat, auch nutzen wird – also als Herkunftshinweis und damit markenmäßig.

17 Es ist nicht notwendig, die Fiktion auf eine nur **rechtserhaltende Benutzung** zu beschränken (idS Ströbele/Hacker/Hacker Rn. 6), da es keinen Erfahrungssatz dahin gehend gibt, dass Markeninhaber sich überwiegend darauf beschränken, den Verfall der Marke zu verhindern und sie über die Benutzungsschonfrist hinaus zu sichern. Ebenso aber gibt es auch keinen Erfahrungssatz, dass Markeninhaber die Marke auch in anderer Weise als zur Kennzeichnung der Herkunft von Waren und Dienstleistungen verwenden. Zwar mag eine darüber hinausgehende Verwendung nicht fern liegen, aber angesichts der Vielfalt der Verwendungsmöglichkeiten ist eine tragfähige nähere Konkretisierung nicht möglich.

3. Bundesweite Unterlassungsberechtigung

18 Der Inhaber des prioritätsälteren Rechts muss berechtigt sein, die Benutzung der Marke im **gesamten Bundesgebiet** zu untersagen. Hieran fehlt es bei räumlich beschränkten Kennzeichenrechten, wie sie sowohl bei der Benutzungsmarke aufgrund räumlich begrenzter Verkehrsgeltung (→ § 4 Rn. 64) als auch bei Unternehmenskennzeichen (→ § 5 Rn. 126) und Werktiteln (→ § 5 Rn. 245) möglich sind. Da in solchen Fällen auch nur ein **räumlich begrenzter Unterlassungsanspruch** bestehen kann, würde es über die Rechtsposition des Inhabers hinausgehen, wenn er die bundesweit wirkende Löschung der Marke verlangen könnte (BT-Drs. 12/6581, 74; BGH GRUR 2016, 378 Rn. 19 – LIQUIDROM).

19 Maßgeblicher **Zeitpunkt** für das Bestehen der bundesweiten Unterlassungsberechtigung ist nach der Rspr. der Anmeldetag der prioritätsjüngeren Marke (BPatG BeckRS 2015, 02948 – Lehmitz; OLG Koblenz GRUR-RR 2006, 184 (186) – Rosenmondnacht; Büscher/Dittmer/Schiwy/v. Gamm Rn. 4). Richtigerweise ist jedoch auf den Zeitpunkt der Entscheidung über den auf die Löschungsreife gestützten Widerspruch bzw. die Löschungsklage abzustellen, weil der Zeitrang nach dem Wortlaut der Norm nur für den Erwerb des Kennzeichenrechts, nicht jedoch für den bundesweiten Unterlassungsanspruch maßgeblich ist.

19.1 **Bestand zunächst bundesweiter Schutz** (am Anmeldetag der Registermarke), ist es aber später zu einer räumlichen Beschränkung des Schutzbereichs (insbesondere durch Schrumpfung des Verkehrsgeltungsgebiets einer Benutzungsmarke; → § 4 Rn. 114), gekommen, besteht kein Grund, dem Inhaber des älteren Rechts nur deshalb die Löschung zuzubilligen, weil er am Anmeldetag der jüngeren Registermarke einen bundesweiten Unterlassungsanspruch hatte.

19.2 Ist der **bundesweite Schutz erst später entstanden** (nach dem Anmeldetag der Registermarke), rechtfertigt der dann bestehende bundesweite Unterlassungsanspruch die Löschung auch, wenn sie zunächst nicht möglich war.

20 Bezieht sich der Unterlassungsanspruch nicht auf das gesamte Bundesgebiet und ist die jüngere Marke deshalb nicht löschungsreif, bleibt die **Rechtsstellung** sowohl des Inhabers der prioritätsjüngeren Marke als auch der prioritätsälteren Benutzungsmarke oder geschäftlichen Bezeichnung **unberührt;** der Inhaber der jüngeren Marke kann insbesondere auch im räumlichen Schutzgebiet des älteren Kennzeichenrechts gegen Dritte vorgehen, die seine

Durch Benutzung erworbene Marken und geschäftliche Bezeichnung § 12 MarkenG

Marke verletzen (Ingerl/Rohnke Rn. 6; Ströbele/Hacker/Hacker Rn. 17). Gegen eine Inanspruchnahme aus der jüngeren Marke steht dem Inhaber des älteren Zeichenrechts die Einrede wettbewerbswidriger Behinderung (§ 4 Nr. 4 UWG) zur Seite (BGH GRUR 2016, 378 Rn. 21 – LIQUIDROM). Eine Benutzung der jüngeren Marke im räumlich begrenzten Schutzbereich des älteren Zeichens kann zudem zu einem wettbewerbsrechtlichen Anspruch wegen unlauterer gezielter Behinderung gemäß § 4 Nr. 4 UWG führen (BGH GRUR 2016, 378 Rn. 21 – LIQUIDROM).

C. Geltendmachung der Löschungsreife

I. Löschungsklage

Der Inhaber der prioritätsälteren Benutzungsmarke bzw. geschäftlichen Bezeichnung kann 21 die bestehende Löschungsreife im Wege der **Löschungsklage gemäß § 51 Abs. 1, § 55 Abs. 1** geltend machen. Dieser Weg steht auch offen, wenn noch die Möglichkeit besteht, wegen der Löschungsreife Widerspruch gegen die Eintragung gemäß § 42 Abs. 2 Nr. 4 zu erheben oder dies bereits geschehen ist und das Widerspruchsverfahren noch läuft oder der Widerspruch bereits zurückgewiesen wurde (vgl. BGH GRUR 1967, 94 (95) – Stute; OLG Karlsruhe Mitt 2010, 529 (536) = BeckRS 2010, 28496 – PORTA; Ingerl/Rohnke § 55 Rn. 23; Ströbele/Hacker/Hacker § 55 Rn. 4; → § 55 Rn. 2). Der Widerspruch ist allerdings kostengünstiger und sollte daher in der Regel einer Löschungsklage vorgeschaltet werden, sofern die Widerspruchsfrist noch nicht abgelaufen ist. Gegenüber jüngeren IR-Marken tritt an die Stelle der Löschungsklage die Klage auf Schutzentziehung (§ 115 Abs. 1).

Aktivlegitimiert für die Löschungsklage ist nur der Inhaber des älteren Rechts (§ 55 22 Abs. 2 Nr. 2); eine Popularklage ist ausgeschlossen (→ § 55 Rn. 18). Die Löschung ist **ausgeschlossen,** wenn der Inhaber des älteren Rechts die Benutzung der jüngeren Marke für die eingetragenen Waren oder Dienstleistungen während eines Zeitraums von fünf aufeinanderfolgenden Jahren in Kenntnis der Benutzung geduldet hat, es sei denn, die Anmeldung der jüngeren Marke war bösgläubig (§ 51 Abs. 2 S. 2, 1; → § 51 Rn. 5). Kein Löschungsanspruch besteht ferner, wenn der Inhaber des älteren Rechts der Eintragung der Marke vor dem Löschungsantrag zugestimmt hat (§ 51 Abs. 2 S. 3; → § 51 Rn. 9).

II. Widerspruch

Seit der Änderung durch das PatRModG ist es nach **§ 42 Abs. 2 Nr. 4** möglich, einen 23 Widerspruch auch auf die nach § 12 eingetretene Löschungsreife zu stützen. Eine bereits erhobene Löschungsklage steht der Erhebung des Widerspruchs innerhalb der dreimonatigen Widerspruchsfrist nicht entgegen; eine während des Widerspruchsverfahrens ergehende Abweisung der Löschungsklage bindet das DPMA nicht (vgl. OLG Karlsruhe Mitt 2010, 529 (536) = BeckRS 2010, 28496 – PORTA). Kommt es aber aufgrund einer erfolgreichen Löschungsklage zur Löschung der jüngeren Marke, so wird das Widerspruchsverfahren gegenstandslos (→ § 42 Rn. 32). Zur in Ausnahmefällen möglichen Aussetzung des Widerspruchsverfahrens wegen einer anhängigen Löschungsklage → § 43 Rn. 70.

Widerspruchsbefugt ist der Inhaber des älteren Rechts (§ 42 Abs. 1). Der Antrag ist nur 24 **zulässig,** wenn er die von § 30 Abs. 1 S. 2 MarkenV verlangten zusätzlichen Angaben enthält, die für nicht angemeldete und eingetragene Widerspruchskennzeichen zu deren Identifizierung erforderlich sind (Art, Wiedergabe, Form, Zeitrang, Gegenstand und Inhaber des Rechts aus einer Benutzungsmarke bzw. geschäftlichen Bezeichnung). Diese Angaben müssen innerhalb der Widerspruchsfrist erfolgen, andernfalls wird der Widerspruch als unzulässig zurückgewiesen (→ § 42 Rn. 21).

Im **Widerspruchsverfahren** hat das DPMA zu prüfen, ob die geltend gemachte Benut- 25 zungsmarke nach § 4 Abs. 2 bzw. die geschäftliche Bezeichnung nach § 5 entstanden ist, ob sie dem Widerspruchsführer zusteht und ob er bei unterstellter markenmäßiger Benutzung der jüngeren Marke einen bundesweit wirkenden Unterlassungsanspruch hat. Zu den verfahrensrechtlichen Fragen, die aus dem im Vergleich zum früheren Recht deutlich erweiterten Prüfungsumfang folgen → § 42 Rn. 51 ff.

III. Einrede der Löschungsreife

26 Im **Verletzungsprozess** gegen den Inhaber des älteren Kennzeichenrechts kann dieser die Löschungsreife der jüngeren Marke im Wege der Einrede geltend machen. Gleiches gilt in einem gegen ihn geführten **Löschungsprozess**.

§ 13 Sonstige ältere Rechte

(1) Die Eintragung einer Marke kann gelöscht werden, wenn ein anderer vor dem für den Zeitrang der eingetragenen Marke maßgeblichen Tag ein sonstiges, nicht in den §§ 9 bis 12 aufgeführtes Recht erworben hat und dieses ihn berechtigt, die Benutzung der eingetragenen Marke im gesamten Gebiet der Bundesrepublik Deutschland zu untersagen.

(2) Zu den sonstigen Rechten im Sinne des Absatzes 1 gehören insbesondere:
1. Namensrechte,
2. das Recht an der eigenen Abbildung,
3. Urheberrechte,
4. Sortenbezeichnungen,
5. geographische Herkunftsangaben,
6. sonstige gewerbliche Schutzrechte.

Überblick

§ 13 regelt prioritätsältere sonstige Rechte als relatives Schutzhindernis für eingetragene Marken (→ Rn. 1). Das sind absolute Rechte (→ Rn. 14 ff.), die dem Inhaber bei zumindest unterstellter markenmäßiger Benutzung der Registermarke einen bundesweit wirkenden Unterlassungsanspruch geben (→ Rn. 18). Abs. 2 enthält eine nicht abschließende Aufzählung sonstiger Rechte und nennt Namensrechte (→ Rn. 19 ff.), das Recht an der eigenen Abbildung (→ Rn. 44 ff.), Urheberrechte (→ Rn. 48 ff.), Sortenbezeichnungen (→ Rn. 54 ff.), geographische Herkunftsangaben (→ Rn. 59.) und sonstige gewerbliche Schutzrechte, zu denen insbesondere das Designrecht gehört (→ Rn. 68 ff.). Darüber hinaus erfasst § 13 auch andere, nicht dem gewerblichen Rechtsschutz zugehörige absolute Rechte wie insbesondere das allgemeine Persönlichkeitsrecht (→ Rn. 74). Ältere sonstige Rechte führen zur Löschungsreife der eingetragenen jüngeren Marke (→ Rn. 2), die Geltendmachung erfolgt durch Löschungsklage (→ Rn. 75).

Übersicht

	Rn.		Rn.
A. Regelungsgehalt	1	1. Gleichzeitiger Schutz als Marke oder Unternehmenskennzeichen	19
I. Relatives Schutzhindernis	1	2. Fehlender markenrechtlicher Kennzeichenschutz	22
II. Verhältnis zum europäischen Recht	3	II. Name	23
1. MRL	3	1. Natürliche Personen	23
2. Reform der MRL	6	2. Juristische Personen und Personengesellschaften	24
3. UMV	10	3. Gebäude und Grundstücke	25
III. Ergänzung des außermarkenrechtlichen Schutzes sonstiger Rechte	11	4. Zulässige Zeichenformen	26
B. Voraussetzungen der Löschungsreife (Abs. 1)	12	III. Erwerb und Zeitrang	27
I. Eingetragene Marke mit jüngerem Zeitrang	12	1. Namen natürlicher Personen	27
		2. Andere Namen	29
II. Sonstiges Recht mit älterem Zeitrang	14	3. Ausländische Namensträger	30
1. Sonstiges Recht	14	IV. Unterlassungsanspruch wegen Namensleugnung	31
2. Absolutes Recht	15	V. Unterlassungsanspruch wegen Namensanmaßung	32
3. Älteres Recht	17	1. Voraussetzungen	32
III. Unterlassungsanspruch	18	2. Namensgebrauch	33
C. Namensrecht (Abs. 2 Nr. 1)	19	3. Zuordnungsverwirrung	34
I. Anwendbarkeit des § 13	19	4. Unbefugter Namensgebrauch	35

	Rn.
5. Interessenverletzung	38
VI. Räumlicher Schutzbereich	41
D. Recht an der eigenen Abbildung (Abs. 2 Nr. 2)	44
I. Schutzvoraussetzungen	44
II. Schutzschranken	45
III. Unterlassungsanspruch	47
E. Urheberrecht (Abs. 2 Nr. 3)	48
I. Urheberrechtsschutzfähiges Werk	48
1. Erforderlichkeit des urheberrechtlichen Schutzes	48
2. Wortzeichen	49
3. Hörzeichen	50
4. Bildzeichen und dreidimensionale Zeichen	51
II. Erwerb, Zeitrang und Unterlassungsanspruch	53
F. Sortenbezeichnungen (Abs. 2 Nr. 4)	54
I. Deutsches Recht	54
1. Schutzvoraussetzungen	54
2. Unterlassungsanspruch	55
II. Europäisches Recht	56
1. Schutzvoraussetzungen	56
2. Unterlassungsanspruch	57
III. Reform der MRL	58

	Rn.
G. Geographische Herkunftsangaben (Abs. 2 Nr. 5)	59
I. Schutz nach § 126	59
II. Unionsrechtlich geschützte Herkunftsangaben	60
1. Anwendbarkeit des § 13 Abs. 2 Nr. 5	60
2. Teleologische Reduktion des § 13 Abs. 2 Nr. 5	61
3. Analoge Anwendung des § 8 Abs. 2 Nr. 9	62
4. Reform der MRL	63
III. Erwerb und Zeitrang	65
1. Nach § 126 geschützte Herkunftsangaben	65
2. Unionsrechtlich geschützte Herkunftsangaben	66
IV. Inhaber und Unterlassungsanspruch	67
H. Sonstige gewerbliche Schutzrechte (Abs. 2 Nr. 6)	68
I. Designs	68
1. Anwendbarkeit des § 13 Abs. 2 Nr. 6	68
2. Inhaberschaft	69
3. Zeitrang	70
4. Unterlassungsanspruch	72
II. Patent- und Gebrauchsmuster	73
I. Andere sonstige Rechte	74
J. Geltendmachung der Löschungsreife	75

A. Regelungsgehalt

I. Relatives Schutzhindernis

§ 13 regelt ein relatives Schutzhindernis für eingetragene Marken, nämlich **prioritätsältere sonstige, nicht in §§ 9–12 aufgeführte Rechte.** Abs. 2 nennt beispielhaft und nicht abschließend Namensrechte, das Recht an der eigenen Abbildung, Urheberrechte, Sortenbezeichnungen, geographische Herkunftsangaben und sonstige gewerbliche Schutzrechte. **1**

Die von § 13 erfassten Rechte führen zur **Löschungsreife** der eingetragenen Marke, **2** wenn der Inhaber des prioritätsälteren Rechts im Fall der Benutzung der eingetragenen Marke gegen deren Inhaber einen bundesweit wirkenden Anspruch auf Unterlassung hätte. Ob dies der Fall ist, bestimmt sich mit Ausnahme der Kollision mit älteren geographischen Herkunftsangaben nicht nach dem MarkenG, sondern nach den in der übrigen Rechtsordnung enthaltenen Vorschriften zum Schutz dieser Rechte. Die Geltendmachung des Löschungsreife kann nur im Wege der Löschungsklage erfolgen (§§ 51, 55; → Rn. 75); anders als bei § 12 hat das PatRModG nichts daran geändert, dass ein Widerspruch nicht auf die von § 13 erfassten älteren Rechte gestützt werden kann. Eine Berücksichtigung von Amts wegen schon im Eintragungsverfahren findet nicht statt.

II. Verhältnis zum europäischen Recht

1. MRL

Mit § 13 hat der Gesetzgeber von der durch **Art. 4 Abs. 4 Buchst. c RL 2008/95/EG 3** eingeräumten Möglichkeit Gebrauch gemacht. Da nach der Rechtsprechung des EuGH zu Art. 5 Abs. 2 RL 2008/95/EG auch eine fakultative Vorschrift dem Gebot der **richtlinienkonformen Auslegung** unterliegt (EuGH C-408/01, GRUR 2004, 58 Rn. 18, 20 – Adidas/Fitnessworld; → § 14 Rn. 506), gilt dies auch für § 13.

Eine Abweichung liegt auf den ersten Blick darin, dass § 13 die Aufzählung der Rechte um **4** Sortenbezeichnungen und geographische Herkunftsangaben ergänzt. Das ist im Grundsatz richtlinienkonform, weil auch die Aufzählung des Art. 4 Abs. 4 Buchst. c RL 2008/95/EG ausdrücklich nicht abschließend ist und sich das Recht an einer **Sortenbezeichnung** ohne weiteres als gewerbliches Schutzrecht iSd Art. 4 Abs. 4 Buchst. c iv) RL 2008/95/EG verstehen lässt.

5   Die **Hinzunahme der geographischen Herkunftsangaben** ist nicht ganz unproblematisch, wenn man ihren Schutz mit Teilen der Literatur nur als lauterkeitsrechtlich einordnet (→ § 126 Rn. 10 ff.), da die Richtlinie nur subjektive Rechte nennt (Namensrecht, Recht an der eigenen Abbildung, Urheberrecht und gewerbliches Schutzrecht). Indessen überwiegt mittlerweile die Einordnung als Kennzeichenrecht (vgl. zuletzt BGH GRUR 2016, 741 Rn. 11 ff. – Himalaya-Salz; → § 126 Rn. 11). Desungeachtet lassen sie geographische Herkunftsangaben auch als gewerbliches Schutzrecht iSd Art. 4 Abs. 4 Buchst. c iv) RL 2008/95/EG verstehen. Dafür spricht, dass der EuGH Ursprungsbezeichnungen iSd VO (EG) Nr. 510/2006 (jetzt VO (EU) Nr. 1151/2012) zu den Rechten des gewerblichen und kommerziellen Eigentums rechnet (EuGH C-478/07, GRUR 2010, 143 Rn. 110 – Budějovický Budvar). Zudem sind die unionsrechtlich geschützten geographischen Angaben sogar als absolute Schutzhindernisse ausgestaltet (Art. 14 Abs. 1 VO (EU) Nr. 1151/2012; → Rn. 61; → § 8 Rn. 738). Angesichts der Ähnlichkeit des Schutzes, den § 127 einerseits und Art. 13 VO (EU) Nr. 1151/2012 andererseits gewähren, ist die Einordnung als gewerbliches Schutzrecht auch auf geographische Herkunftsangaben iSd § 126 zu erstrecken.

2. Reform der MRL

6   Die neu gefasste MRL hat mit Art. 5 Abs. 4 Buchst. b RL (EU) 2015/2436 die bisherige Regelung der relativen Schutzhindernisse in Art. 4 Abs. 4 Buchst. c RL 2008/95/EG **unverändert** übernommen. Eine Änderung des § 13 ist insoweit nicht erforderlich. Allerdings widerspricht die fortgeführte Ausgestaltung des Art. 5 Abs. 4 Buchst. b RL (EU) 2015/2436 als Fakultativbestimmung dem Ziel einer größeren Angleichung der nationalen Markenrechte. Eine Ausgestaltung als verbindlich zu regelnde relative Schutzhindernisse wäre dem besser gerecht geworden (dafür GRUR-Stellungnahme, GRUR 2013, 800 (803)). Diesem Wunsch kommt das deutsche Recht mit § 13 jedenfalls nach.

7   **Ursprungsbezeichnungen und geographische Angaben,** die nach Unions- oder nationalem Recht geschützt sind, stellen nunmehr ein **zwingendes relatives Eintragungshindernis dar** (Art. 5 Abs. 3 Buchst. c RL (EU) 2015/2436). Hierfür genügt es, dass der Antrag auf Eintragung bereits vor der Anmeldung zur Eintragung als Marke oder der für die Anmeldung in Anspruch genommenen Priorität gestellt wurde, es später zur Eintragung der Ursprungsbezeichnung oder geographischen Angabe kam und das Bezeichnungsrecht dem Inhaber das Recht verleiht, die Benutzung der jüngeren Marke zu untersagen (→ Rn. 64). Diese Schutzrechte müssen nach Art. 43 Abs. 1, Abs. 2 RL (EU) 2015/2436 in einem Widerspruchsverfahren geltend gemacht werden können. Es empfiehlt sich daher eine Umsetzung in § 9. In diesem Fall wäre § 13 Abs. 2 Nr. 5 entsprechend anzupassen.

8   Einige Bezeichnungsrechte hat die MRL nunmehr zusätzlich als **absolute Eintragungshindernisse** ausgestaltet. Das betrifft **Ursprungsbezeichnungen, geographische Angaben und Bezeichnungen von Weinen und traditionellen Spezialitäten,** soweit die einschlägigen Vorschriften des Unionsrechts, das nationale Recht oder internationale Übereinkünfte vorsehen, dass sie nicht als Marke eingetragen werden können (Art. 4 Abs. 1 Buchst. i bis k RL (EU) 2015/2436; kritisch bzgl. traditioneller Spezialitäten GRUR, GRUR 2013, 800 (801); Fezer GRUR 2013, 1185 (1189)). Ältere geschützte **Sortenbezeichnungen** stellen ebenfalls ein absolutes Schutzhindernis dar, soweit sie nach Unionsrecht, dem nationalen Recht oder internationalen Übereinkünften geschützt sind, die Marke aus der Sortenbezeichnung besteht oder sie in ihren wesentlichen Elementen wiedergibt und sie sich auf Pflanzensorten derselben Art oder eng verwandte Arten bezieht (Art. 4 Abs. 1 Buchst. l RL (EU) 2015/2436). Diese Einordnung als absolute Eintragungshindernisse erfordert eine Änderung des § 8 Abs. 2. Eine Änderung von § 13 Abs. 2 Nr. 5 ist hierdurch nicht geboten, wohl aber durch Art. 5 Abs. 3 Buchst. c RL (EU) 2015/2436 (→ Rn. 7).

9   Art. 43 Abs. 1 RL (EU) 2015/2436 verlangt, dass die in Art. 5 RL (EU) 2015/2436 genannten Gründe in einem **Widerspruchsverfahren** geltend gemacht werden können. Ob das auch für die fakultativen relativen Eintragungshindernisse nach Art. 5 Abs. 4 RL

(EU) 2015/2436 gilt, ist noch unklar. Dagegen spricht, dass Art. 43 Abs. 2 RL (EU) 2015/2436 nur für Personen, denen ein Recht iSd Art. 5 Abs. 2, Abs. 3 Buchst. a und c RL (EU) 2015/2436 zusteht, die Einräumung einer Widerspruchsberechtigung verlangt.

3. UMV

Im **Unionsmarkenrecht** sind geschützte Herkunftsbezeichnungen ein absolutes Eintragungshindernis (Art. 7 Abs. 1 Buchst. j, k UMV). Im Übrigen stellen ältere Kennzeichenrechte ein relatives Eintragungshindernis dar, das im Widerspruchsverfahren geltend gemacht werden kann (Art. 8 Abs. 4 UMV, → UMV Art. 8 Rn. 178). Das gilt seit der Neufassung der UMV ausdrücklich auch für Ursprungsbezeichnungen und geographische Angaben (Art. 8 Abs. 4a UMV). Es handelt sich nur um eine Klarstellung, da diese Bezeichnungsrechte auch bislang schon als Kennzeichenrechte iSd Art. 8 Abs. 4 UMV erfasst waren (→ UMV Art. 8 Rn. 180). Allerdings verlangt die Neuregelung keine Benutzung (Marten GRUR Int 2016, 114 (120); Walicka GRUR-Prax 2016, 161 (163)). Andere prioritätsältere Rechte bilden lediglich einen relativen Nichtigkeitsgrund (Art. 53 Abs. 2 UMV, → UMV Art. 53 Rn. 11). 10

III. Ergänzung des außermarkenrechtlichen Schutzes sonstiger Rechte

§ 13 stellt eine unmittelbare **Verknüpfung** her zwischen dem Kennzeichenrecht, soweit es dem Schutz der Registermarke dient, und den **absoluten Rechten der übrigen Rechtsordnung,** mit denen das Kennzeichenrecht in Konflikt kommen kann. Zugleich erstreckt die Regelung den Prioritätsgrundsatz über das Markenrecht hinaus, indem es nur prioritätsältere sonstige Rechte als relative Schutzhindernisse anerkennt. Da es für das Vorliegen eines Unterlassungsanspruchs auf die jeweilige außerhalb des Markenrechts stehende Schutzvorschrift ankommt, unterwirft sich das Markenrecht insoweit systemkonform dem Schutz anderer absoluter Rechte unter dem Aspekt der Priorität. In diesem Sinne ist § 13 eine **schutzergänzende Vorschrift,** mit der die außermarkenrechtliche Schutzposition des Inhabers eines absoluten Rechts mittels eines markenrechtlichen Löschungsanspruchs vervollständigt wird. 11

B. Voraussetzungen der Löschungsreife (Abs. 1)

I. Eingetragene Marke mit jüngerem Zeitrang

Erfasst sind nur bereits **eingetragene Marken** (einschließlich IR-Marken mit Schutz in Deutschland). Vor der Eintragung kommt nach der Rechtsprechung aber ein auf Rücknahme der Anmeldung gerichteter Anspruch in Betracht, wenn infolge der Anmeldung der Eintritt eines rechtswidrigen Störungszustands droht, dh wenn bei der Benutzung der Marke ein Anspruch auf Unterlassung aus dem prioritätsälteren Recht bestehen würde (BGH GRUR 2010, 642 Rn. 24 – WM-Marken; GRUR 2001, 420 (422) – SPA I; GRUR 1993, 556 (558) – TRIANGLE). 12

Die Marke muss **prioritätsjünger** sein; ihr Zeitrang bestimmt sich nach § 6 Abs. 2 (→ § 6 Rn. 11 ff.). 13

II. Sonstiges Recht mit älterem Zeitrang

1. Sonstiges Recht

§ 13 erfasst als relative Schutzhindernisse alle sonstigen Rechte, die nicht bereits in §§ 9– 12 genannt sind. Nicht unter § 13 fallen deshalb Rechte an älteren eingetragenen Marken (§ 9), notorisch bekannten Marken iSd § 4 Nr. 3 (§ 10), Marken iSd § 11 sowie Benutzungsmarken iSd § 4 Nr. 2 und geschäftliche Bezeichnungen iSd § 5 (§ 12). 14

2. Absolutes Recht

Abs. 1 definiert die sonstigen Rechte nicht näher; Abs. 2 enthält eine nicht abschließende Aufzählung. Es muss sich jedenfalls um ein **absolutes Recht** handeln (BGH GRUR 2000, 1032 (1033) – EQUI 2000; Ingerl/Rohnke Rn. 15; Ströbele/Hacker/Hacker Rn. 4; HK-MarkenR/Ekey Rn. 5; aA Fezer Rn. 8). Das folgt schon aus der Gesamtsystematik der 15 relativen Schutzhindernisse. §§ 9–12 gewähren dem Inhaber eines absolut geschützten Kennzeichenrechts einen Löschungsanspruch; wertungsgleichgewichtig erstreckt § 13 den Löschungsanspruch auf den Inhaber eines sonstigen absoluten Rechts. Das wird durch die Aufzählung des Abs. 2 bestätigt, denn die dort genannten Rechte sind mit Ausnahme der geographischen Herkunftsangaben gleichfalls absolute Rechte. Aus der Hinzunahme der geographischen Herkunftsangaben (§ 13 Abs. 2 Nr. 5) kann nicht geschlossen werden, dass auch andere zB lauterkeitsrechtlich geschützte Positionen zur Löschungsreife der jüngeren Marke führen, zumal der Schutz dieser Herkunftsangaben heute überwiegend als kennzeichenrechtlich eingeordnet wird (→ § 126 Rn. 11).

16   Nicht als sonstige Rechte geschützt sind insbesondere **lauterkeitsrechtliche Unterlassungsansprüche** (BGH GRUR 2000, 1032 (1033) – EQUI 2000; Ingerl/Rohnke Rn. 15; Ströbele/Hacker/Hacker Rn. 4; HK-MarkenR/Ekey Rn. 6; aA Fezer Rn. 8). Das Gleiche gilt für **vertragliche Ansprüche,** seien diese inhaltlich auch auf Unterlassung oder Beseitigung oder speziell auf Löschung gerichtet (Ingerl/Rohnke Rn. 16; Ströbele/Hacker/Hacker Rn. 4; aA OLG Stuttgart NJWE-WettbR 2000, 165 (166); Fezer Rn. 10). Solche nicht erfassten Ansprüche können selbstverständlich ohne weiteres selbständig geltend gemacht werden, zB nach §§ 3, 4 Nr. 4, § 8 UWG wegen gezielter Mitbewerberbehinderung (BGH GRUR 2010, 642 Rn. 51 ff. – WM-Marken; GRUR 2008, 621 Rn. 21 – AKADEMIKS; GRUR 2004, 790 (793) – Gegenabmahnung; GRUR 2000, 1032 (1034) – EQUI 2000). Es handelt sich dann aber nicht um Kennzeichenstreitsachen iSd § 140. Kein absolutes Recht ist ferner ein **Domainname** als solcher (BGH GRUR 2008, 1099 Rn. 21 – afilias.de).

3. Älteres Recht

17   Ob das sonstige Recht einen älteren Zeitrang aufweist, hängt nach § 6 Abs. 3 vom **Tag des Rechtserwerbs** ab; § 13 Abs. 1 wiederholt dies noch einmal. Maßgeblich ist allein der **originäre Erwerb** des Rechts, also dessen ursprüngliche Entstehung. An welchem Tag der Rechtserwerb stattgefunden hat, bestimmt sich nach den für das jeweilige Recht geltenden Regeln. Der so ermittelte Zeitrang ist älter, wenn er mindestens einen Tag vor dem Zeitrang der eingetragenen Marke liegt. Bei gleichem Zeitrang besteht nach § 6 Abs. 4 Gleichrangigkeit und es gibt keinen Löschungsanspruch (vgl. LG Düsseldorf GRUR-RR 2001, 311 (313) – Skylight).

III. Unterlassungsanspruch

18   Die Löschungsreife setzt die Berechtigung voraus, die Benutzung der eingetragenen Marke zu untersagen. Diese Berechtigung besteht, wenn nach den für das fragliche sonstige Recht geltenden Vorschriften ein Anspruch auf Unterlassung besteht. Ebenso wie bei § 12 genügt ein **hypothetischer Unterlassungsanspruch,** für dessen Ermittlung eine markenmäßige Benutzung der eingetragenen Marke zu unterstellen ist (→ § 12 Rn. 15; Fezer Rn. 2; Ströbele/Hacker/Hacker Rn. 2). Der Anspruch muss auf **Unterlassung im gesamten Bundesgebiet** gehen (→ § 12 Rn. 18); daran fehlt es bei einem nur räumlich begrenzten Schutzbereich des sonstigen Rechts. Das kommt vor allem beim Namensrecht in Betracht (→ Rn. 41).

C. Namensrecht (Abs. 2 Nr. 1)

I. Anwendbarkeit des § 13

1. Gleichzeitiger Schutz als Marke oder Unternehmenskennzeichen

19   Das Namensrecht wird durch **§ 12 BGB** geschützt. Soweit nach dieser Norm geschützte Namen jedoch **zugleich auch als Marke oder Unternehmenskennzeichen** geschützt sind, stellt sich die Frage, ob in solchen Fällen § 13 neben den §§ 9–12 Anwendung finden kann. Eine gleichzeitige Anwendbarkeit würde insbesondere bedeuten, dass ein Löschungsanspruch aus § 13 MarkenG iVm § 12 BGB auch dann bestehen könnte, wenn trotz unterstellter markenmäßiger Benutzung der eingetragenen jüngeren Marke etwa mangels Ver-

Sonstige ältere Rechte   § 13 MarkenG

wechslungsgefahr oder Branchennähe kein Unterlassungsanspruch aus §§ 14, 15 gegeben wäre.

Gegen diese Möglichkeit spricht, dass die Rechtsprechung einen **Vorrang der §§ 14, 15** 20 **MarkenG vor § 12 BGB** annimmt (BGH GRUR 2014, 506 Rn. 8 – sr.de; GRUR 2014, 393 Rn. 16 – wetteronline.de; GRUR 2010, 1020 Rn. 11 – Verbraucherzentrale; GRUR 2009, 685 Rn. 32 – ahd.de; GRUR 2008, 1099 Rn. 10 – afilias.de; GRUR 2002, 706 (707) – vossius.de; GRUR 2002, 622 (623) – shell.de; OLG Frankfurt MarkenR 2015, 594 (595) = BeckRS 2015, 18529; OLG Hamburg WRP 2015, 911 (914) – creditsafe.de; → § 2 Rn. 121). Sind aber im Verletzungsprozess Ansprüche des Namensinhabers aus § 12 BGB ausgeschlossen, so muss sich diese Beschränkung des Schutzes auch auf den Löschungsanspruch auswirken, da dieser wiederum explizit vom Bestehen eines Unterlassungsanspruchs abhängig gemacht ist (ebenso Ströbele/Hacker/Hacker Rn. 6; Büscher/Dittmer/Schiwy/v. Gamm Rn. 6).

Bei gleichzeitigem Schutz eines Namens als Marke oder Unternehmenskennzeichen ist 21 für § 13 daher nur Raum, soweit **§ 12 BGB im Verletzungsfall ausnahmsweise anwendbar** wäre. Das wird vor allem angenommen, wenn es auf Verletzerseite an einem Handeln im geschäftlichen Verkehr fehlt – das spielt für § 13 jedoch keine Rolle, da eine markenmäßige Benutzung der jüngeren Marke zu unterstellen ist und damit auch ein Handeln im geschäftlichen Verkehr. § 12 BGB ist nach der bislang auf Domainnamen beschränkten Rechtsprechung jedoch auch anwendbar, wenn ein **Unternehmenskennzeichen,** das auch als Name geschützt ist, **außerhalb der Branche** des Kennzeicheninhabers verwendet wird und es dadurch an der nach § 15 Abs. 2 notwendigen Verwechslungsgefahr fehlt (BGH GRUR 2014, 506 Rn. 8 – sr.de; GRUR 2014, 393 Rn. 16 – wetteronline.de; GRUR 2012, 304 Rn. 32 – Basler Haar-Kosmetik; GRUR 2008, 1099 Rn. 10 – afilias.de; GRUR 2005, 430 f. – mho.de; GRUR 2002, 622 (624) – shell.de; OLG Frankfurt MarkenR 2015, 594 (595) = BeckRS 2015, 18529; OLG Hamburg WRP 2015, 911 (914) – creditsafe.de; OLG Hamm MMR 2013, 791 (793) – U-Trockenbausysteme). Soweit in solchen, praktisch nur selten auftretenden Fällen auch kein Schutz nach § 15 Abs. 3 besteht, kann der Löschungsanspruch auf § 13 gestützt werden.

2. Fehlender markenrechtlicher Kennzeichenschutz

§ 13 ist uneingeschränkt anwendbar, wenn der **Name nicht als von §§ 9–12 erfasstes** 22 **Kennzeichen geschützt** ist. Bei der dann notwendigen Prüfung, ob aus § 12 BGB ein Unterlassungsanspruch besteht, können aber zur Vermeidung von Wertungswidersprüchen zu §§ 14, 15 Einschränkungen angebracht sein, sofern der Name bereits im geschäftlichen Verkehr verwendet wird, aber die Anforderungen für die Entstehung eines kennzeichenrechtlichen Schutzrechts noch nicht erfüllt sind (Ingerl/Rohnke Nach § 15 Rn. 4; Ströbele/Hacker/Hacker Rn. 6).

II. Name

1. Natürliche Personen

Ein Name ist die **sprachliche Kennzeichnung einer Person,** die dazu dient, sie zu 23 identifizieren und von anderen Personen zu unterscheiden (MüKoBGB/Säcker § 12 Rn. 1). Bei natürlichen Personen schützt § 12 BGB den **bürgerlichen Namen,** bestehend aus Vor- und Nachnamen sowie den Nachnamen in Alleinstellung (BGH GRUR 2003, 897 (898) – maxem.de). Zum Schutz von Vornamen, Spitznamen, Pseudonymen, Künstler- und Aliasnamen → § 5 Rn. 22 f.

2. Juristische Personen und Personengesellschaften

Nach § 12 BGB geschützt sind die Namen von **juristischen Personen** des privaten oder 24 öffentlichen Rechts sowie von **Personengesellschaften** und anderen Personenvereinigungen wie zB nicht-rechtsfähigen Vereinen oder Verbänden oder Parteien (→ § 5 Rn. 24). Soweit sie zugleich als **Unternehmenskennzeichen** geschützt sind, ist § 12 vorrangig; soweit es am notwendigen Unterlassungsanspruch gemäß § 15 fehlt, kommt § 13 nur aus-

Weiler   485

nahmsweise zur Anwendung (→ Rn. 21). Das Gleiche gilt für andere Unternehmenskennzeichen (insbesondere besondere Bezeichnungen iSd § 5 Abs. 2 S. 1 und Geschäftsabzeichen iSd § 5 Abs. 2 S. 2), die grundsätzlich auch dem Namensbegriff des § 12 BGB unterfallen. Zu **Namensbestandteilen** → § 5 Rn. 27; zu **Firmenbestandteilen** → § 5 Rn. 33; zu **Domainnamen** → § 15 Rn. 81.

3. Gebäude und Grundstücke

25 Die Rechtsprechung billigt auch **Gebäude- und Grundstücksnamen** Schutz nach § 12 BGB zu, wenn ein schutzwürdiges Interesse wirtschaftlicher oder nicht-wirtschaftlicher Art besteht; Inhaber des Namensrechts ist der Eigentümer (BGH GRUR 2012, 534 Rn. 23 – Landgut Borsig; GRUR 1976, 311 (312) – Sternhaus; KG NJW 1988, 2892 (2893) – Esplanade; LG München K&R 2008, 633 – Schloß E.; LG Düsseldorf GRUR-RR 2001, 311 f. – Skylight: auch für nur in Planung befindliches Gebäude; aA MüKoBGB/Säcker § 12 Rn. 36; Staudinger/Habermann, 2013, § 12 Rn. 105). Da für den Schutz die Interessenlage maßgeblich sein soll, erscheint eine Ausweitung auf andere Objekte (zB Namen individueller Tiere) nicht ausgeschlossen (Koos LMK 2012, 332198).

4. Zulässige Zeichenformen

26 Als sprachliche Kennzeichnung einer Person handelt es sich bei Namen grundsätzlich um **Buchstabenfolgen**, die nach neuerer Rechtsprechung zu §§ 5, 15, die auch für § 12 BGB Geltung hat (BGH GRUR 2014, 506 Rn. 11 – sr.de), nicht aussprechbar sein muss (→ § 5 Rn. 12, auch zu Buchstaben/Zahlenkombinationen und reinen Zahlenfolgen). **Bildzeichen** sind als Name nur in Form von Wappen, Siegeln oder Emblemen (zB einer Stadt oder Universität) geschützt (BGH GRUR 2002, 917 (919) – Düsseldorfer Stadtwappen; GRUR 1994, 844 (845) – Rotes Kreuz; GRUR 1993, 151 (153) – Universitätsemblem; GRUR 1976, 644 (646) – Kyffhäuser; → § 5 Rn. 13).

III. Erwerb und Zeitrang

1. Namen natürlicher Personen

27 **Natürliche Personen** erwerben ihren **Nachnamen** im Regelfall entweder bereits mit der Geburt als Geburtsnamen (§§ 1616–1617a BGB) oder später mit der Eheschließung bzw. Eingehung der Lebenspartnerschaft als Ehenamen (§ 1355 BGB) bzw. Lebenspartnerschaftsnamen (§ 3 LPartG).

27.1 **Andere Erwerbstatbestände** können sich aus **Namensänderungen** ergeben (zB §§ 1617b–1618 BGB oder nach NamÄndG), die dann auch für den Zeitrang maßgeblich sind. **Adoptivkinder** erhalten als Geburtsnamen den Familiennamen des Annehmenden (§ 1757 Abs. 1 BGB); freilich nur mit Wirkung für die Zukunft (BeckOK BGB/Enders BGB § 1757 Rn. 3).

28 Der **Vorname** wird erst durch die Namensgebung der sorgeberechtigten Person (in der Regel die Eltern gemäß §§ 1626 Abs. 1 S. 1, 1626a BGB, sonst der Vormund, § 1793 BGB) erworben. Für den Zeitrang ist der Tag maßgeblich, an dem die berechtigte Person den Namen endgültig erteilt hat; die Eintragung in das Geburtenbuch (§ 21 PStG) hat nur deklaratorische Bedeutung (BeckOK BGB/Enders BGB § 1616 Rn. 7.1; Staudinger/Habermann, 2013, BGB § 12 Rn. 210). Das Namensrecht an **Spitznamen**, Pseudonymen, Künstler- und Aliasnamen entsteht erst mit Erlangung der Verkehrsgeltung als Name (BGH GRUR 2003, 897 (898) – maxem.de; aA OLG Hamburg GRUR 2002, 450 (451) – Quick Nick; LG Berlin BeckRS 2011, 09044).

2. Andere Namen

29 **Juristische Personen,** Personengesellschaften und andere Personenvereinigungen erwerben das Namensrecht mit der Benutzungsaufnahme, sofern hinreichende namensmäßige Unterscheidungskraft gegeben ist; andernfalls erst mit Erlangung der Verkehrsgeltung (BGH GRUR 2005, 517 (518) – Literaturhaus); das gleiche gilt für **Gebäudenamen** (BGH GRUR 2012, 534 Rn. 30 f. – Landgut Borsig). Zur namensmäßigen Unterscheidungskraft → § 5

Rn. 62 ff., zu ihrem originären Vorliegen → § 5 Rn. 67 ff. und zum Erwerb kraft Verkehrsgeltung → § 5 Rn. 91 ff.

3. Ausländische Namensträger

Ausländische Namensträger erlangen den Schutz aus § 12 BGB, wenn sie ihren Namen im Inland in einer Weise in Gebrauch genommen haben, die auf den Beginn einer dauernden inländischen wirtschaftlichen Betätigung schließen lässt (BGH GRUR 1971, 517 (519) – SWOPS; → § 5 Rn. 112).

IV. Unterlassungsanspruch wegen Namensleugnung

§ 12 BGB schützt den Namen vor Namensleugnung und Namensanmaßung. Eine **Namensleugnung** liegt vor, wenn das Recht des Namensträgers zum Gebrauch des Namens bestritten wird (BGH GRUR 2003, 897 (898) – maxem.de). Das wird im Rahmen des § 13 keine Rolle spielen, weil durch die Benutzung einer mit einem Namen identischen jüngeren Marke zur Kennzeichnung der Herkunft von Waren oder Dienstleistungen das Recht des Namensinhabers zum Namensgebrauch nicht bestritten wird.

V. Unterlassungsanspruch wegen Namensanmaßung

1. Voraussetzungen

Ein Unterlassungsanspruch wegen **Namensanmaßung** ist gegeben, wenn ein Dritter unbefugt (→ Rn. 35) den gleichen Namen gebraucht (→ Rn. 33), dadurch eine Zuordnungsverwirrung auslöst (→ Rn. 34) und schutzwürdige Interessen des Namensträgers verletzt (→ Rn. 38) (BGH BeckRS 2016, 14797 Rn. 13 – grit-lehmann.de; GRUR 2016, 810 Rn. 40 – profitbricks.es; GRUR 2016, 749 Rn. 15 – Landgut A. Borsig; GRUR 2014, 506 Rn. 14 – sr.de; GRUR 2014, 393 Rn. 21 – wetteronline.de; GRUR 2012, 534 Rn. 8 – Landgut Borsig; GRUR 2012, 304 Rn. 37 – Basler Haar-Kosmetik; GRUR 2008, 1099 Rn. 18 – afilias.de; GRUR 2007, 811 Rn. 11 – grundke.de; GRUR 2005, 357 (358) – Pro Fide Catholica).

2. Namensgebrauch

Ein Namensgebrauch liegt stets bei einer **namens- bzw. kennzeichenmäßigen Verwendung** vor, dh wenn der Name als Firmenname, Etablissementbezeichnung oder als sonstige Bezeichnung eines Unternehmens verwendet wird (BGH GRUR 2012, 534 Rn. 12 – Landgut Borsig). Es genügt jedoch auch schon, dass der Namensträger durch den Gebrauch des Namens **mit bestimmten Einrichtungen, Gütern und Erzeugnissen in Beziehung gesetzt** wird, mit denen er nichts zu tun hat (BGH GRUR 2016, 749 Rn. 24 – Landgut A. Borsig; GRUR 2012, 534 Rn. 12 – Landgut Borsig; GRUR 2006, 957 Rn. 16 – Stadt Geldern; GRUR 2005, 357 (358) – Pro Fide Catholica; GRUR 2002, 917 (919) – Düsseldorfer Stadtwappen; GRUR 1993, 151 (153) – Universitätsemblem). Die (ggf. zu unterstellende) markenmäßige Benutzung einer eingetragenen jüngeren Marke, die mit einem geschützten Namen identisch oder verwechslungsfähig ist, ist daher stets ein Namensgebrauch. Für einen Gebrauch kann es genügen, dass ein **einzelner wesentlicher Bestandteil** des vollständigen Namens benutzt wird, insbes. der Familienname (BGH GRUR 2016, 749 Rn. 17 – Landgut A. Borsig; NJW 1953, 577 (578)). Wird dem Familienname ein anderer Vorname hinzugefügt, ändert dies nichts am Namensgebrauch (BGH GRUR 2016, 749 Rn. 21 – Landgut A. Borsig).

3. Zuordnungsverwirrung

Für eine Zuordnungsverwirrung lässt es die Rechtsprechung schon genügen, dass im Verkehr der **falsche Eindruck** entsteht, der Namensträger habe dem **Benutzer ein Recht zur Verwendung des Namens** in der geschehenen Weise erteilt (BGH GRUR 2016, 749 Rn. 24 – Landgut A. Borsig; GRUR 2012, 534 Rn. 12 – Landgut Borsig; GRUR 2006, 957 Rn. 16 – Stadt Geldern; GRUR 2005, 357 (358) – Pro Fide Catholica; GRUR 2002,

917 (919) – Düsseldorfer Stadtwappen). Das ist bei der Verwendung als Marke oder als jedenfalls nicht ganz unwesentlicher Teil einer Marke regelmäßig der Fall (vgl. OLG München GRUR-RR 2007, 211 (212 f.) – Kloster Andechs; OLG Frankfurt Mitt 2003, 285 – Franziskaner OFM; OLG München ZUM-RD 1998, 128 (129) – Brice; LG München I GRUR-RR 2007, 214 (215) – Schweini; in einem Sonderfall – Benutzung nur des Nachnamens eines unter seinem vollständigen Namen bekannten Künstlers für alkoholische Getränke – verneinend OLG Stuttgart GRUR-RR 2002, 55 (56) – Ivan Rebroff). Nur ganz ausnahmsweise kann eine rein beschreibende Verwendung eines Namens vorliegen (vgl. BPatG BeckRS 2012, 15412 – Adolf Loos Preis), die für eine Zuordnungsverwirrung nicht ausreichend ist (vgl. BGH GRUR 2005, 357 (358) – Pro Fide Catholica; LG Düsseldorf GRUR 2000, 334 (335) – Dr. Brügger).

4. Unbefugter Namensgebrauch

35 Unbefugt ist der Namensgebrauch, wenn der Markeninhaber **kein eigenes (originäres oder abgeleitetes) Benutzungsrecht** hat. Verfügt er über eine Gestattung zum Gebrauch des Namens, muss ggf. durch Auslegung ermittelt werden, ob diese auch die Benutzung als Marke umfasst (vgl. OLG München GRUR-RR 2007, 211 (213) – Kloster Andechs; OLGR 1996, 36; BeckOK BGB/Bamberger BGB § 12 Rn. 63; MüKoBGB/Säcker BGB § 12 Rn. 86). Unbefugt ist der Namensgebrauch aber auch, wenn er zB gemäß §§ 3 ff. UWG oder §§ 823 Abs. 1, 826 BGB widerrechtlich ist (BGH GRUR 1960, 550 (552) – Promonta).

36 Bei einem **eigenen Benutzungsrecht des Markeninhabers** kommt es auf dessen Zeitrang an; nur wenn es **prioritätsälter** ist, liegt eine befugte Benutzung vor. Beruht das Benutzungsrecht auf einer wirksamen Gestattung eines anderen, kann der Markeninhaber dessen Priorität in Anspruch nehmen (BGH GRUR 2012, 534 Rn. 18 – Landgut Borsig; GRUR 2002, 967 (970) – Hotel Adlon; GRUR 1993, 574 (576) – Decker).

37 Bei **Gleichnamigkeit** insbesondere bürgerlicher Namen kommen hingegen die Grundsätze des Rechts der Gleichnamigen zur Anwendung. Danach ist eine Benutzung als Marke in der Regel nicht zulässig (→ § 23 Rn. 14). Beruht das Namensrecht des Markeninhabers zudem nicht auf seinem bürgerlichen Namen, sondern einem **Wahlnamen** (zB Firma), kann schon fraglich sein, ob die Gleichnamigkeitsgrundsätze überhaupt gelten.

5. Interessenverletzung

38 Der **unbefugte Gebrauch indiziert** eine Interessenverletzung (BGH GRUR 2012, 534 Rn. 45 – Landgut Borsig), sofern der Nichtberechtigte nicht seinerseits über ein namensrechtlich geschütztes Interesse an der Verwendung der Bezeichnung verfügt (BGH GRUR 2016, 749 Rn. 33 – Landgut A. Borsig). Im Übrigen gilt ein sehr weiter Begriff, der **Interessen jeglicher Art** (wirtschaftliche, persönliche, ideelle Interessen sowie ein bloßes Affektionsinteresse) erfasst (BGH GRUR 2016, 749 Rn. 32 – Landgut A. Borsig; GRUR 2012, 534 Rn. 43 – Landgut Borsig; NJW 1994, 245 (247) – röm.-kath.; GRUR 1970, 481 (482) – Weserklause).

39 Für eine **Beeinträchtigung** genügt es, wenn **Verwechslungsgefahr** begründet (BGH GRUR 2016, 749 Rn. 32 – Landgut A. Borsig; GRUR 2012, 534 Rn. 43 – Landgut Borsig; GRUR 1994, 844 (845) – Rotes Kreuz) oder der Eindruck eines irgendwie gearteten Zusammenhangs geweckt wird (BGH NJW 1994, 245 (247) – röm.-kath.). Das wird bei der Verwendung eines Namens als Marke nahe liegen, weil die Marke Kennzeichnungsfunktion hat und daher gerade auf die Herstellung eines Zusammenhangs gerichtet ist.

40 Bei **juristischen Personen und Personenvereinigungen** verlangt die Rechtsprechung eine Interessenverletzung in ihrem **Funktionsbereich** (BGH GRUR 2005, 430 (431) – mho.de; GRUR 1998, 696 (697) – Rolex-Uhr mit Diamanten; GRUR 1991, 157 8158) – Johanniter-Bier; GRUR 1976, 379 (381) – KSB). Mit dieser Eingrenzung soll vor allem der private Gebrauch eines Unternehmensnamens durch andere möglich bleiben. Sie spielt für § 13 keine Rolle, weil hier stets ein markenmäßiger Gebrauch der Registermarke zu unterstellen ist.

VI. Räumlicher Schutzbereich

Eine Verletzung des Namensrechts spielt für die Löschungsreife der jüngeren Marke nur 41
dann eine Rolle, wenn der aus § 12 BGB folgende Unterlassungsanspruch **bundesweit**
besteht. Dazu bedarf es in räumlicher Hinsicht eines entsprechenden Schutzbereichs des
Namensrechts.

Bürgerliche Namen genießen bundesweit Schutz (BeckOK BGB/Bamberger BGB § 12 42
Rn. 53; MüKoBGB/Säcker BGB § 12 Rn. 62; Soergel/Heinrich BGB § 12 Rn. 33), so dass
an sich auch ein bundesweiter Unterlassungsanspruch bei Namensanmaßung durch Gebrauch
einer jüngeren Marke besteht. Hier wird jedoch an eine Einschränkung zu denken sein,
wenn die Interessen des Namensträgers nicht bundesweit durch die Benutzung der Marke
beeinträchtigt werden (ähnlich Ströbele/Hacker/Hacker Rn. 20; Büscher/Dittmer/Schiwy/
v. Gamm Rn. 6; v. Schultz/v. Schultz Rn. 4). Davon ist jedenfalls dann auszugehen, wenn
der Namensträger nicht über bundesweite Bekanntheit verfügt, weil in einem solchen Fall
die zur Interessenbeeinträchtigung führende Herstellung eines Zusammenhangs zwischen
dem Namensträger und der mit der Marke gekennzeichneten Waren oder Dienstleistungen
nur in einem räumlich begrenzten Gebiet stattfinden wird.

Anerkannt ist ein territorial beschränkter Schutzbereich bei **Namen juristischer Perso-** 43
nen und Personengesellschaften; hier gelten für das Namensrecht die gleichen Grundsätze
wie für Unternehmenskennzeichen (→ § 5 Rn. 125). Auch **Gebäudenamen** haben oft
keinen sich auf das gesamte Bundesgebiet erstreckenden Schutzbereich (LG Düsseldorf
GRUR-RR 2001, 311 (313) – Skylight). Die Namen von Gemeinden, Städten, Parteien
oder Gewerkschaften genießen hingegen bundesweiten Schutz.

D. Recht an der eigenen Abbildung (Abs. 2 Nr. 2)

I. Schutzvoraussetzungen

Das Recht am eigenen Bild ist spezialgesetzlich als Ausprägung des allgemeinen Persön- 44
lichkeitsrechts in §§ 22–24 KUG geregelt (vgl. BeckOK UrhR/Engels KunstUrhG §§ 22 ff.;
Dreier/Schulze/Specht KUG §§ 22 ff.; Wandtke/Bullinger/Fricke KunstUrhG §§ 22 ff.).
Nach § 22 S. 1 KUG dürfen Bildnisse nur mit Einwilligung des Abgebildeten verbreitet oder
öffentlich zur Schau gestellt werden. Ein **Bildnis** ist die Darstellung einer natürlichen Person,
die deren äußere Erscheinung in einer für Dritte erkennbaren Weise wiedergibt (BGH
GRUR 2011, 647 Rn. 13 – Markt & Leute; GRUR 2000, 709 (714) – Marlene Dietrich).
Rechtsinhaber ist der Abgebildete; er **erwirbt** das Recht mit der Entstehung des Bildnisses.
Nach seinem **Tod** bedarf es für eine Frist von zehn Jahren der Einwilligung der Angehörigen
(§ 22 S. 3 KUG). Soweit das für die Marke verwendete Bild nicht die Anforderungen des
§ 22 S. 1 KUG erfüllt (insbesondere mangels Erkennbarkeit des Abgebildeten), kommt ein
Schutz im Rahmen des **allgemeinen Persönlichkeitsrechts** in Betracht, das ebenfalls ein
sonstiges Recht iSd § 13 Abs. 1 ist (→ Rn. 74). Das gleiche gilt für die Wiedergabe anderer
Persönlichkeitsmerkmale als der äußeren Erscheinung.

II. Schutzschranken

Das Recht am eigenen Bild unterliegt **normativen Schranken** gemäß §§ 23, 24 KUG, 45
aufgrund derer eine Verbreitung oder öffentliche Zurschaustellung zulässig sein kann. Sie
spielen im Zusammenhang mit § 13 in der Regel jedoch keine Rolle: § 24 KUG ist inhaltlich
ohnehin nicht einschlägig bei einer Benutzung eines Bildnisses als Marke und von den in
§ 23 KUG genannten Ausnahmen wird in aller Regel nur die des § 23 Abs. 1 Nr. 1 KUG –
Bildnisse aus dem Bereich der Zeitgeschichte – in Betracht kommen. Diese Schranke
greift jedoch nicht, wenn die Veröffentlichung keinem schutzwürdigen Informationsinteresse
der Allgemeinheit nachkommt, sondern mit der Verwertung des Bildnisses eines anderen
allein eigene geschäftliche Interessen befriedigt werden (BGH GRUR 2011, 647
Rn. 13 – Markt & Leute; GRUR 2010, 546 Rn. 15 – Der strauchelnde Liebling; GRUR
2007, 139 Rn. 15 – Rücktritt des Finanzministers; GRUR 2002, 690 (691); GRUR 2000,
709 (714) – Marlene Dietrich; GRUR 2000, 715 (717) – Der blaue Engel; GRUR 1997,
125 (126) – Bob-Dylan-CD). Das gilt nicht nur bei einer Verwendung zu Werbezwecken,

MarkenG § 13 Teil 2 Voraussetzungen, Inhalt und Schranken etc.

sondern auch bei einer Benutzung als Marke, da diese ihrer Funktion nach darauf gerichtet ist, im geschäftlichen Interesse des Markeninhabers eine Verbindung zwischen der Ware bzw. Dienstleistung und ihm selbst herzustellen.

46 Anders als bei der Verwendung in der Werbung stellt sich bei der Benutzung eines Bildnisses als Marke auch nicht das Problem einer Abwägung mit der Meinungsfreiheit (vgl. zB BGH GRUR 2007, 139 Rn. 15 – Rücktritt des Finanzministers); erst recht keine Rolle spielt die Pressefreiheit, die sonst die Anwendung des § 23 Abs. 1 Nr. 1 KUG beherrscht. Zudem stehen alle Ausnahmetatbestände des § 23 Abs. 1 KUG nach § 23 Abs. 2 KUG unter dem Vorbehalt, dass **keine berechtigten Interessen des Abgebildeten bzw. seiner Angehörigen verletzt** werden; auch das ist nicht nur bei einer Verwendung in der Werbung (vgl. BGH GRUR 2007, 139 Rn. 19 – Rücktritt des Finanzministers; GRUR 1997, 125 (126) – Bob-Dylan-CD), sondern auch bei einer Benutzung als Marke anzunehmen (RGZ 74, 308 (312 f.) – Graf Zeppelin; Ströbele/Hacker/Hacker Rn. 25).

III. Unterlassungsanspruch

47 Aus der Verletzung des Rechts am eigenen Bild, die vor allem bei der Benutzung von geschützten Bildnissen durch Bildmarken oder dreidimensionale Marken möglich ist, folgt ein bundesweit geltender **Unterlassungsanspruch** des Rechtsinhabers. Eine auf die Reichweite der Interessenbeeinträchtigung gestützte Beschränkung, wie sie für das Recht am Namen erwogen werden kann (→ Rn. 42), kommt nicht in Betracht, weil ein Bild im Gegensatz zu einem Namen eine deutlich höhere Identifizierungseignung aufweist und deshalb die Interessen des Abgebildeten stets bundesweit betroffen sind.

E. Urheberrecht (Abs. 2 Nr. 3)

I. Urheberrechtsschutzfähiges Werk

1. Erforderlichkeit des urheberrechtlichen Schutzes

48 Ein auf das Urheberrecht gestützter Unterlassungsanspruch kommt nur in Betracht, wenn das prioritätsältere Zeichen (im Ganzen oder hinsichtlich eines Teils) ein **urheberrechtlich geschütztes Werk** iSd § 2 UrhG darstellt. Die Schutzfähigkeit ist allein nach urheberrechtlichen Grundsätzen zu ermitteln; so lässt etwa die markenrechtliche Unterscheidungskraft noch nicht den Schluss zu, dass es sich um eine persönliche geistige Schöpfung iSd 2 Abs. 2 UrhG handelt – und umgekehrt.

2. Wortzeichen

49 Wortzeichen werden nur **selten** Sprachwerke iSd § 2 Abs. 1 Nr. 1 UrhG sein, weil einzelne Wörter allenfalls in seltenen Ausnahmefällen, in denen in einem Wort ein außergewöhnlich hoher Gedankengehalt zu finden ist, persönliche geistige Schöpfungen darstellen (OLG Stuttgart GRUR 1956, 481 (482 f.) – JA ... JACoBI; OLG Frankfurt WRP 1973, 162 (163) – Orgware; LG Mannheim ZUM 1999, 659 – Heidelbär; BPatG GRUR 2014, 780 (784) – Liquidrom; ausführlich Gabel/v. Lackum ZUM 1999, 629 ff.; zum Vervielfältigungsbegriff des Art. 2 RL 2001/29/EG ebenso EuGH C-5/08, GRUR 2009, 1041 Rn. 46 – Infopaq/DDF; kritisch zur impliziten Harmonisierung des Werkbegriffs durch diese Entscheidung Schulze GRUR 2009, 1019 ff.). Auch die urheberrechtliche Schutzfähigkeit von **Werbeslogans** wird kontrovers diskutiert, im Ergebnis aber wohl nur in Ausnahmefällen zu bejahen sein (vgl. OLG Braunschweig GRUR 1955, 205 – Hamburg geht zu E...; LG München I ZUM 2001, 722 (723 f.) – Find your own Arena; Dreier/Schulze/Schulze UrhG § 2 Rn. 106; Schricker/Loewenheim UrhG § 2 Rn. 114; Erdmann GRUR 1996, 550 (551 ff.); Heermann WRP 2004, 263 (264 f.); Stollwerck ZUM 2015, 867 ff.; Wandtke/v. Gerlach ZUM 2011, 788 ff.; nach EuGH C-5/08, GRUR 2009, 1041 Rn. 46 können einzelne Sätze oder Satzteile schutzfähig sein).

3. Hörzeichen

Hörzeichen können als **Werke der Musik** (§ 2 Abs. 1 Nr. 2 UrhG) urheberrechtlichen 50
Schutz genießen; allerdings setzt die Schutzfähigkeit eine individuelle Komposition voraus.
Akustische Signale, Pausenzeichen oder in der Werbung verwendete Erkennungszeichen
werden daher nicht als schutzfähig erachtet (LG Köln ZUM-RD 2010, 698 (701); Dreier/
Schulze/Schulze UrhG § 2 Rn. 137; Wandtke/Bullinger/Wandtke UrhG § 2 Rn. 73; großzügiger Loewenheim/Nordemann HdB § 83 Rn. 44). Im Einzelfall hängt der Urheberrechtschutz indessen von der Länge und Komplexität des Hörzeichens ab. Immerhin billigt die
Rechtsprechung manchen Handy-Klingeltönen durchaus die Eigenschaft eines Werkes der
Musik zu (vgl. OLG Hamburg ZUM 2002, 480).

4. Bildzeichen und dreidimensionale Zeichen

Bildzeichen oder Wort-/Bildzeichen können Lichtbildwerke (§ 2 Abs. 1 Nr. 5 UrhG) oder 51
Darstellungen wissenschaftlicher oder technischer Art (§ 2 Abs. 1 Nr. 7 UrhG), vor allem
aber **Werke der bildenden Kunst** einschließlich der Werke der Baukunst und der angewandten Kunst (§ 2 Abs. 1 Nr. 4 UrhG) sein. Diese Werkform der angewandten Kunst kann
ferner bei dreidimensionalen Zeichen gegeben sein.

Einem urheberrechtlichen Schutz stand lange Zeit allerdings regelmäßig entgegen, dass für 52
die **Schutzfähigkeit** von Werken der angewandten Kunst besonders hohe Anforderungen
zu erfüllen waren (vgl. BGH GRUR 1995, 581 (582) – Silberdistel; GRUR 2004, 941
(942) – Metallbett; offenlassend BGH GRUR 2012, 58 Rn. 36 – Seilzirkus). Diese Rechtsprechung hat der BGH jedoch mittlerweile aufgegeben (BGH GRUR 2014, 175 Rn. 26 –
Geburtstagszug; dazu Klawitter GRUR-Prax 2014, 30 ff.; Obergfell GRUR 2014, 621 ff.;
Rauer/Ettig WRP 2014, 135 ff.; Schack JZ 2014, 207 f.; Szalai ZUM 2014, 231 ff.; zuvor
bereits kritisch Möhring/Nicolini/Ahlberg UrhG § 2 Rn. 111 ff.; Schricker/Loewenheim
UrhG § 2 Rn. 158; Wandtke/Bullinger/Bullinger UrhG § 2 Rn. 97; Koschtial GRUR 2004,
555 ff.; Zentek WRP 2010, 73 ff.). Nunmehr gelten für den Urheberschutz von Werken
der angewandten Kunst grundsätzlich **keine anderen Anforderungen** als bei Werken der
zweckfreien bildenden Kunst oder des literarischen und musikalischen Schaffens. Genügend
ist danach eine Gestaltungshöhe, die es nach Auffassung der für Kunst empfänglichen und
mit Kunstanschauungen einigermaßen vertrauten Kreise rechtfertigt, von einer „künstlerischen" Leistung zu sprechen (BGH GRUR 2014, 175 Rn. 26 – Geburtstagszug). Das gilt
auch für Werke der angewandten Kunst, die vor dem Inkrafttreten des GeschmMG 2004
(das Anlass für die Rechtsprechungsänderung war) geschaffen wurden (Strauß GRUR-Prax
2014, 17).

II. Erwerb, Zeitrang und Unterlassungsanspruch

Das Urheberrecht **entsteht** mit der Schöpfung des geschützten Werks in der Person des 53
Urhebers; dieser Zeitpunkt ist auch für den Zeitrang maßgeblich (OLG Hamburg BeckRS
2016, 13894 Rn. 73 – La Sepia). Die (ggf. zu unterstellende) Benutzung eines urheberrechtlich für einen anderen geschützten Werks als Marke ist eine **Verletzung des Vervielfältigungs- und Verbreitungsrechts** des Urhebers (§§ 16, 17 UrhG), sofern dem Markeninhaber vom Urheber kein Nutzungsrecht eingeräumt wurde und keine der Schranken des
Urheberrechts (§§ 44a ff. UrhG) eingreift. Die Verletzung begründet nach § 97 Abs. 1 UrhG
einen bundesweiten **Unterlassungsanspruch**.

F. Sortenbezeichnungen (Abs. 2 Nr. 4)

I. Deutsches Recht

1. Schutzvoraussetzungen

Auf nationaler Ebene gewährt das **SortG** einen Sortenschutz für Pflanzensorten (§ 1 54
SortG), der durch das Bundessortenamt erteilt wird. Eintragungsfähigkeit in die Sortenschutzrolle ist auch eine **Sortenbezeichnung** (§§ 7 Abs. 1, 28 Abs. 1 Nr. 1 SortG). Das

Recht an der Sortenbezeichnung steht wie das übrige Sortenschutzrecht demjenigen zu, dem er auf Antrag erteilt wurde (Leßmann/Würtenberger HdB § 4 Rn. 3). Materiell-rechtlich ordnet § 8 Abs. 1 das Recht zwar dem Ursprungszüchter oder Entdecker der Sorte zu. Ist einem Nichtberechtigten Sortenschutz erteilt worden, ist dies dennoch wirksam. Der Berechtigte kann lediglich vom Rechtsinhaber die Übertragung verlangen (§ 9 Abs. 1 S. 1 SortG); gegenüber einem gutgläubigen Inhaber muss dies innerhalb einer Frist von fünf Jahren nach Eintragung in die Sortenschutzrolle geschehen (§ 9 Abs. 1 S. 2 SortG). Dritte wie etwa der Markeninhaber können sich nicht auf die Nichtberechtigung des Sortenschutzinhabers, der sich auf § 13 Abs. 2 Nr. 4 stützt, berufen. Für die Bestimmung des Zeitrangs gilt nicht § 23 SortG, weil es nach § 13 Abs. 1 auf den Erwerbszeitpunkt ankommt. Das ist der Tag der Zustellung der Erteilungsentscheidung (Leßmann/Würtenberger HdB § 5 Rn. 404); die Eintragung in die Sortenschutzrolle ist nur deklaratorisch, enthält aber auch den Zeitpunkt des Beginn des Sortenschutzes (§ 28 Abs. 1 Nr. 4 SortG).

2. Unterlassungsanspruch

55 Eine für § 13 relevante und einen **bundesweiten Unterlassungsanspruch** auslösende **Verletzung des Sortenschutzrechts** liegt nach § 37 Abs. 1 Nr. 2 SortG vor, wenn die Sortenbezeichnung einer geschützten Sorte oder eine mit ihr verwechselbare Bezeichnung für eine andere Sorte derselben oder einer verwandten Art verwendet wird. Der Schutzbereich ist mithin sehr eng; keine Verletzung liegt vor, wenn eine mit der Sortenbezeichnung identische Marke für eine Ware verwendet wird, die zwar auch eine Pflanzensorte ist, aber einer anderen, nicht verwandten Art angehört.

II. Europäisches Recht

1. Schutzvoraussetzungen

56 Auf europäischer Ebene ist der Sortenschutz in der **VO (EG) Nr. 2100/94 über den gemeinschaftlichen Sortenschutz** (Sortenschutz-VO) geregelt. Das vom Gemeinschaftlichen Sortenamt erteilte Sortenschutzrecht unterfällt ebenfalls § 13 Abs. 2 Nr. 4, da es einheitliche Wirkung im gesamten Gebiet der Union hat (Art. 2 Sortenschutz-VO) und daher auch im Geltungsbereich des MarkenG ein absolut geschütztes gewerbliches Schutzrecht ist. Inhaber ist derjenige, dem das Recht erteilt wurde. Wie im deutschen Recht steht das Sortenschutzrecht materiell-rechtlich nur bestimmten Personen, nämlich dem Züchter zu (Art. 11 Abs. 1 Sortenschutz-VO). Ist es einem anderen erteilt worden, besteht nur ein Übertragungsanspruch (Art. 98 Sortenschutz-VO); ein Dritter kann sich auf die Nichtberechtigung nicht berufen. Maßgeblich für den Zeitrang ist nicht Art. 52 Sortenschutz-VO, sondern der Tag des Zugangs des nach Art. 62 Sortenschutz-VO ergehenden Erteilungsbescheids. Er wird als Tag des Schutzbeginns in das Register für gemeinschaftliche Sortenschutzrechte eingetragen (Art. 87 Abs. 2 Buchst. e Sortenschutz-VO).

2. Unterlassungsanspruch

57 Mit der Erteilung wird eine Sortenbezeichnung genehmigt (Art. 63 Abs. 1 Sortenschutz-VO). Sie oder eine mit ihr **verwechselbare Bezeichnung** darf im Gebiet der Union nicht **für eine andere Sorte** derselben oder einer verwandten botanischen Art verwendet werden (Art. 18 Abs. 3 Sortenschutz-VO); ein Verstoß dagegen führt gemäß Art. 94 Abs. 1 Buchst. c Sortenschutz-VO zu einem bundesweiten **Unterlassungsanspruch** für den Inhaber. Die Verwendung der Sortenbezeichnung durch Dritte im Zusammenhang mit der Sorte, für die der Schutz erteilt wurde, kann vom Inhaber hingegen weder während der Laufzeit des Schutzrechts noch nach dessen Ablauf untersagt werden (Art. 18 Abs. 1 Sortenschutz-VO).

III. Reform der MRL

58 Art. 4 Abs. 1 Buchst. l RL (EU) 2015/2436 gestaltet ältere Sortenbezeichnungen nunmehr als **absolute Schutzhindernisse** aus, sofern die Marke in der Sortenbezeichnung besteht oder diese in ihren wesentlichen Elementen wiedergibt und sie sich auf Pflanzensorten derselben Art oder eng verwandte Arten bezieht. Das gilt nicht nur für unionsrechtliche geschützte Sortenbezeichnungen, sondern auch für solche, die Schutz nach nationalem Recht oder nach einem internationalen Übereinkommen genießen, dem die Union oder der betreffende Mitgliedstaat angehört. Diese Vorgaben sind in § 8 Abs. 2 umzusetzen und lassen zumindest im Ausgangspunkt § 13 Abs. 2 Nr. 4 unberührt. Freilich fragt es sich, inwieweit eine zusätzliche Einordnung als relatives Eintragungshindernis (die Art. 5 Abs. 4 Buchst. b iv) RL (EU) 2015/2436 zulässt) sinnvoll ist.

G. Geographische Herkunftsangaben (Abs. 2 Nr. 5)

I. Schutz nach § 126

§ 13 Abs. 2 Nr. 5 erfasst die **nach § 126 geschützten geographischen Herkunftsanga-** 59 **ben** (vgl. OLG Frankfurt GRUR-RR 2004, 17 – ChamPearl; GRUR-RR 2003, 306 – Champ).

II. Unionsrechtlich geschützte Herkunftsangaben

1. Anwendbarkeit des § 13 Abs. 2 Nr. 5

Unionsrechtlich geschützte Herkunftsangaben (für **Agrarerzeugnisse und Lebensmit-** 60 **tel** nach Art. 4 ff. VO (EU) Nr. 1151/2012, für **Weine** nach Art. 92 ff. VO (EU) Nr. 1308/2013, für **aromatisierte Weinerzeugnisse** nach Art. 10 ff. VO (EU) Nr. 251/2014 und für **Spirituosen** nach Art. 15 ff. VO (EG) Nr. 110/2008) werden nach hM ebenfalls von § 13 Abs. 2 Nr. 5 erfasst (BGH GRUR 2012, 394 Rn. 21 – Bayerisches Bier II; Ströbele/Hacker/Hacker Rn. 31; kritisch hingegen Ingerl/Rohnke Rn. 11; Büscher/Dittmer/Schiwy/v. Gamm Rn. 12; Ströbele/Hacker/Ströbele § 9 Rn. 908). Das ist jedoch abzulehnen (→ Rn. 61).

2. Teleologische Reduktion des § 13 Abs. 2 Nr. 5

Die Einbeziehung unionsrechtlich geschützter Herkunftsangaben ist **abzulehnen**. Art. 14 61 Abs. 1 VO (EU) Nr. 1151/2012 bestimmt ebenso wie die Vorgängernorm Art. 14 Abs. 1 VO (EG) Nr. 510/2006, dass die Eintragung einer Marke, deren Verwendung im Widerspruch zu Art. 13 Abs. 1 VO (EU) Nr. 1151/2012 stehen würde, abgelehnt wird, wenn der Antrag auf Eintragung der Marke jünger ist als der Antrag auf Eintragung der geographischen Herkunftsangabe; bei dennoch erfolgter Eintragung erfolgt eine Löschung. Eine ähnliche Regelung enthalten Art. 102 Abs. 1 VO (EU) Nr. 1308/2013 (Weine), Art. 19 Abs. 1 VO (EU) Nr. 251/2014 (aromatisierte Weinerzeugnisse) und Art. 23 VO (EG) Nr. 110/2008 (Spirituosen). Nach der Ausgestaltung des Unionsrechts handelt es sich um **absolute Schutzhindernisse,** die unmittelbare Geltung haben und über § 8 Abs. 2 Nr. 9 bereits im Eintragungsverfahren von Amts wegen berücksichtigt werden sollten (Omsels Rn. 797; → § 8 Rn. 738). In der Konsequenz unterliegen dennoch eingetragene Marken der Amtslöschung nach § 50 Abs. 2, 3 (ebenso Lange Rn. 2425; Omsels Rn. 797; iErg auch Ströbele/Hacker/Kirschneck § 50 Rn. 4; Büscher/Dittmer/Schiwy/v. Gamm Rn. 13; HK-MarkenR/Ekey Rn. 29; → § 50 Rn. 20). Dann aber ist eine **teleologische Reduktion** des § 13 Abs. 2 Nr. 5 angezeigt, weil diese Norm nur relative Schutzhindernisse regeln will, die nicht bereits von § 50 erfasst sind.

Gegen dieses Verständnis spricht nicht, dass die genannten unionsrechtlichen Vorschriften nicht als 61.1 absolute Schutzhindernisse in das MarkenG aufgenommen wurden. Hierzu hatte der Gesetzgeber keine Veranlassung, da sie **unmittelbar geltendes Unionsrecht** sind und eine Umsetzung solcher Regelungen in nationales Recht sogar unzulässig ist, weil sonst der unionsrechtliche Charakter verschleiert würde und das Auslegungsmonopol des EuGH gefährdet wäre (vgl. Streinz/Schroeder EUV/AEUV, 2. Aufl. 2012, Art. 288 AEUV Rn. 58). Insoweit ist das Schweigen des MarkenG zu diesen unionsrechtlich absoluten Schutzhindernissen ohne Aussagewert.

Freilich waren dem Gesetzgeber die schon bei der Schaffung des MarkenG geltenden absoluten 61.2 Schutzhindernisse des Unionsrechts bekannt. Dass er vor diesem Hintergrund die geographischen Herkunftsangaben dennoch nur in § 13 Abs. 2 Nr. 5 genannt und sie weder bei § 8 Abs. 2 noch bei § 50 erwähnt hat, steht einer teleologischen Reduktion jedoch nicht entgegen; sie ist aus **unionsrechtlichen Gründen sogar geboten.** Art. 14 Abs. 1 VO Nr. 1151/2012 lässt den Mitgliedstaaten nicht etwa die Wahl, ob sie jüngere kollidierende Marken als absolute, schon im Eintragungsverfahren zu berücksichtigende Schutzhindernisse regeln wollen oder lediglich als relative Schutzhindernisse, auf die eine Löschungsklage gestützt werden kann. Art. 14 Abs. 1 UAbs. 1 VO Nr. 1151/2012 ordnet vielmehr ausdrücklich an, dass die Eintragung einer kollidierenden Marke abgelehnt wird. Auch die in § 14 Abs. 1 UAbs. 2 VO Nr. 1151/2012 vorgesehene Löschung eingetragener Marken greift schon dem Wortlaut nach nur, wenn die Marke entgegen Abs. 1 der Regelung eingetragen wurde, betrifft also nur rechtswidrige Markeneintragungen. Dadurch ist die vorgesehene Löschung, die zudem schon dem Wortlaut nicht als Löschungsanspruch, sondern als Anweisung an die Eintragungsbehörde formuliert ist („werden gelöscht"; „shall be invalidated", „sont annulées"), lediglich ein **Annex des absoluten Eintragungshindernisses.** Aufgrund dieses systematischen Zusammenhangs sind die Mitgliedstaaten durchaus nicht frei in der Gestaltung des Löschungsverfahrens (aA BGH GRUR 2012, 394 Rn. 20 – Bayerisches Bier II).

3. Analoge Anwendung des § 8 Abs. 2 Nr. 9

62 Als Annexregelung (→ Rn. 61.2) muss die Löschung dem absoluten Eintragungshindernis auch im Hinblick auf das Verfahren und die daran beteiligten Personen gleichgestellt werden. Das kann nur erreicht werden, wenn eine **Amtslöschung** möglich ist. Der naheliegende Weg hierfür liegt in der analogen Anwendung des § 50 auf die unmittelbar geltenden unionsrechtlichen absoluten Eintragungshindernisse. Die dafür notwendige planwidrige Regelungslücke ist aber zu verneinen, soweit die unionsrechtlichen Vorschriften bereits über **§ 8 Abs. 2 Nr. 9** Anwendung finden. Trotz des auf die Benutzung abstellenden Wortlauts spricht dafür ein Erst-recht-Schluss: Wenn schon Vorschriften, die im öffentlichen Interesse die Benutzung der Marke untersagen, ein absolutes Eintragungshindernis darstellen, dann muss das erst recht für solche Vorschriften gelten, die schon die Eintragung im öffentlichen Interesse verbieten.

4. Reform der MRL

63 In Übereinstimmung mit der hier vertretenen Auffassung ordnet Art. 4 Abs. 1 Buchst. i RL (EU) 2015/2436 Ursprungsbezeichnungen und geografische Angaben als **absolute Eintragungshindernisse** ein, wenn die einschlägigen Vorschriften des Unionsrechts, das nationale Recht des Mitgliedstaats oder internationale Übereinkommen, denen die Union oder der betreffende Mitgliedstaat angehört, eine Eintragung als Marke ausschließen. Das ist bei den unionsrechtlich geschützten Bezeichnungen der Fall (→ Rn. 61), während es bei nach § 126 geschützten Bezeichnungen an einer entsprechenden Regelung fehlt.

64 Nach Art. 5 Abs. 3 Buchst. c RL (EU) 2015/2436 stellen Ursprungsbezeichnungen und geografische Angaben aber auch zwingend ein **relatives Eintragungshindernis** dar, wenn sie nach dem Unionsrecht oder den einschlägigen Vorschriften des nationalen Rechts des Mitgliedstaats vor der Markenanmeldung angemeldet wurden und die Eintragung der Herkunftsangabe das Recht verleiht, die Benutzung einer jüngeren Marke zu untersagen (also ein Unterlassungsanspruch besteht). Diese Regelung geht weiter als die des Art. 4 Abs. 1 Buchst. i RL (EU) 2015/2436, weil es nicht darauf ankommt, ob die einschlägigen Rechtsvorschriften die Eintragung als Marke ausschließen. Da dem Wortlaut nach auch unionsrechtlich geschützte Herkunftsangaben erfasst werden und bei diesen idR ausdrücklich vorgesehen ist, dass die Eintragung als Marke ausgeschlossen ist (→ Rn. 61), kommt es zu einer Dopplung des Schutzes. Die Umsetzung sollte in § 9 unter entsprechender Anpassung des § 13 Abs. 2 Nr. 5 erfolgen (→ Rn. 7).

III. Erwerb und Zeitrang

1. Nach § 126 geschützte Herkunftsangaben

65 Da es sich bei den geographischen Herkunftsangaben nicht um Individualrechte handelt, kommt der von § 13 Abs. 1 verlangte Erwerb des Rechts an sich nicht in Betracht. Weil aber jedenfalls die **von §§ 126 ff. erfassten geographischen Herkunftsangaben** der Norm unterfallen, ist auf den Zeitpunkt der Entstehung des lauterkeitsrechtlichen Schutzes abzustellen. Maßgeblich ist daher nach § 126 Abs. 1 die erstmalige **Benutzungsaufnahme,** die

Sonstige ältere Rechte § 13 MarkenG

nicht durch denjenigen erfolgt sein muss, der Löschung verlangt (Ströbele/Hacker/Hacker Rn. 28). Wie bei allen anderen von Abs. 2 genannten Rechten ist hingegen nicht maßgeblich, in welchem Zeitpunkt der Unterlassungsanspruch zur Entstehung gelangt ist (Ingerl/ Rohnke Rn. 11).

2. Unionsrechtlich geschützte Herkunftsangaben

Soweit § 13 Abs. 2 Nr. 5 entgegen hier vertretener Auffassung auch die **unionsrechtlichen Schutzrechte** erfassen soll, kommt es nach § 13 Abs. 1 auf den Zeitpunkt des Erwerbs an; das ist der Tag der **Eintragung** in das jeweilige Register (→ § 130 Rn. 27). Demgegenüber stellt das Unionsrecht für die Frage der Priorität bei geographischen Herkunftsangaben für Agrarerzeugnisse und Lebensmittel sowie Weine und aromatisierte Weinerzeugnisse darauf ab, ob der Antrag auf Eintragung der Marke nach dem Antrag auf Eintragung der geographischen Herkunftsangabe gestellt wurde (Art. 14 Abs. 1 UAbs. 1 VO (EU) Nr. 1151/ 2012, Art. 102 Abs. 1 VO (EU) Nr. 1308/2013, Art. 19 Abs. 1 VO (EU) Nr. 251/2014; zu Spirituosen → Rn. 66.2). Insoweit besteht bereits Schutz vor kollidierenden Marken schon vor dem Zeitpunkt der Eintragung. Wird entgegen hier vertretener Ansicht angenommen, dass diese absoluten Schutzhindernisse nur im Rahmen der §§ 13, 51, 55 im Wege der Löschungsklage geltend gemacht werden können, muss § 13 Abs. 1 zumindest insoweit teleologisch reduziert werden, dass **für den Zeitrang allein auf das Unionsrecht abzustellen** ist. 66

Im Bereich der **Agrarerzeugnisse und Lebensmittel** galt bis zum 23.4.2003 allerdings eine abweichende Regelung (Art. 14 Abs. 1 UAbs. 1 VO (EWG) Nr. 2081/92), nach der für die Priorität der geographischen Angabe die Veröffentlichung des Antrags maßgeblich war; die ab 24.4.2003 bis heute geltende Neuregelung findet keine rückwirkende Anwendung auf schon vorher bestehende Kollisionen (EuGH C-120/08, GRUR 2011, 240 Rn. 39 ff. – Bayerischer Brauerbund; BGH GRUR 2012, 394 Rn. 25 – Bayerisches Bier II). 66.1

Bei **Spirituosen** kommt es nach Art. 23 Abs. 1 VO (EG) Nr. 110/2008 darauf an, ob die geographische Angabe zum Zeitpunkt der Entscheidung über die Eintragung der Marke bereits in Anhang III der Verordnung eingetragen war. Der nach Art. 17 Abs. 1 VO (EG) Nr. 110/2008 mögliche Antrag auf Eintragung einer geographischen Angabe in den Anhang III hat mangels entsprechender Regelung keine prioritätsbegründende Wirkung. 66.2

IV. Inhaber und Unterlassungsanspruch

„Inhaber" einer geographischen Herkunftsangabe ist, wer im Fall der Verletzung Ansprüche gegen den Verletzer geltend machen kann. Das ist bei nach § 126 geschützten geographischen Herkunftsangaben jeder, der nach § 128 Abs. 1 iVm **§ 8 Abs. 3 UWG** Unterlassung verlangen kann, also Mitbewerber iSd § 2 Nr. 3 UWG, Verbände Gewerbetreibender, Verbraucherschutzverbände sowie die Kammern. Das gilt auch für die Geltendmachung der Löschungsreife im Wege der Löschungsklage (§ 55 Abs. 2 Nr. 3). Ebenso verhält es sich gemäß § 135 Abs. 1 S. 1 bei der Verletzung von geographischen Herkunftsangaben, die nach der VO (EU) 1151/2012 geschützt sind. Das gleiche gilt hinsichtlich der „Inhaberschaft" an geographischen Herkunftsangaben nach Art. 92 ff. VO (EU) Nr. 1308/2013, Art. 10 ff. VO (EU) Nr. 251/2014 und Art. 15 ff. VO (EG) Nr. 110/2008. Die Voraussetzungen des bundesweiten **Unterlassungsanspruchs** ergeben sich aus § 127 MarkenG bzw. Art. 13 Abs. 1 VO (EU) Nr. 1151/2012, Art. 103 Abs. 2 VO (EU) Nr. 1308/2013, Art. 20 Abs. 2 VO (EU) Nr. 251/2014 und Art. 16 VO (EG) Nr. 110/2008. 67

H. Sonstige gewerbliche Schutzrechte (Abs. 2 Nr. 6)

I. Designs

1. Anwendbarkeit des § 13 Abs. 2 Nr. 6

Als sonstige gewerbliche Schutzrechte kommen insbesondere nach DesignG oder GGV geschützte **Designs bzw. Geschmacksmuster** in Betracht. Trotz seines vornehmlich wettbewerbsrechtlich gestalteten Schutzes ist auch das nicht eingetragene Gemeinschaftsge- 68 schmacksmuster von § 13 Abs. 2 Nr. 6 erfasst (Gottschalk/Gottschalk GRUR Int 2006, 461 (467); Lewalter/Schrader Mitt 2004, 202 (207 f.)).

2. Inhaberschaft

69 Die Inhaberschaft ergibt sich bei den eingetragenen Designs aus der **Eintragung**. Inhaber des nicht eingetragenen Geschmacksmusters (Art. 11 GGV) ist der **Entwerfer** (Art. 14 Abs. 1 GGV); das gilt nach hM auch, wenn ein anderer das Geschmacksmuster der Öffentlichkeit in der Gemeinschaft erstmals zugänglich gemacht hat (BGH GRUR 2013, 830 Rn. 15 – Bolerojäckchen; KG ZUM 2005, 203 (232) – Natursalz; Eichmann/v. Falckenstein/Kühne/Eichmann Systematik des Designrechts C. Rn. 12; aA Klawitter CR 2005, 672 (674)).

3. Zeitrang

70 Beim für den Zeitrang maßgeblichen **Erwerb** ist zu differenzieren. Das **deutsche Designrecht** entsteht mit der Eintragung in das Register (§ 27 Abs. 1 DesignG). Im **Unionsrecht** ordnet Art. 12 S. 1 GGV demgegenüber für das eingetragene Gemeinschaftsgeschmacksmuster einen rückwirkenden Schutzbeginn an; maßgeblich ist danach der Anmeldetag. Für nicht eingetragene Gemeinschaftsgeschmacksmuster kommt es gemäß Art. 11 Abs. 1 GGV auf den Tag an, an dem es der Öffentlichkeit in der Gemeinschaft erstmals zugänglich gemacht wurde.

71 Besondere Bedeutung kommt der Priorität in denjenigen Fällen zu, in denen der Markeninhaber das Zeichen von einem **selbständigen Designer** hat entwerfen lassen. Soweit das Zeichen die Anforderungen an den Designschutzschutz erfüllt (→ § 2 Rn. 130), kommt vor allem die Entstehung eines nicht eingetragenen Gemeinschaftsgeschmacksmusters durch öffentliche Zugänglichmachung in Betracht (Art. 11 Abs. 1 GGV). Inhaber dieses Rechts ist der Designer (Art. 14 Abs. 1 GGV), sofern er nicht als Arbeitnehmer iSd Art. 14 Abs. 3 GGV zu qualifizieren ist. Sein Recht ist jedoch nicht prioritätsälter, wenn die erstmalige öffentliche Zugänglichmachung erst durch die Veröffentlichung der Markenanmeldung erfolgt ist, weil für den Zeitrang der Registermarke der Anmeldetag maßgeblich ist (§ 6 Abs. 2) und die Veröffentlichung der Anmeldung bestenfalls am gleichen Tag erfolgen kann, da hierzu der Anmeldetag feststehen muss (§ 33 Abs. 3).

4. Unterlassungsanspruch

72 Ob die Benutzung einer eingetragenen Marke ein **Design verletzt,** bestimmt sich nach § 38 Abs. 1 S. 1 DesignG bzw. Art. 19 Abs. 1 S. 1, Abs. 2 GGV. Im Fall einer Verletzung besteht ein bundesweiter **Unterlassungsanspruch** gemäß § 42 Abs. 1 DesignG bzw. Art. 89 GGV.

II. Patent- und Gebrauchsmuster

73 Bei **Bildmarken** und **dreidimensionalen Marken** kann in seltenen Ausnahmefällen auch eine Verletzung eines Patentrechts (§ 9 PatG) oder Gebrauchsmusterrechts (§ 5 GebrMG) in Betracht kommen.

I. Andere sonstige Rechte

74 § 13 Abs. 2 ist keine abschließende Aufzählung. § 13 Abs. 1 erfasst daher auch absolute Rechte, die sich nicht als sonstige gewerbliche Schutzrechte iSd § 13 Abs. 2 Nr. 6 einordnen lassen. Das gilt vor allem für das **allgemeine Persönlichkeitsrecht**. Es kann durch die Verwendung von Bildern, die § 22 S. 1 KUG nicht unterfallen (→ Rn. 44), sowie von anderen Persönlichkeitsmerkmalen (zB Stimme bei Hörzeichen; unverkennbare Gehweise einer Person für ein Bewegungszeichen; Unterschrift als Bildzeichen) verletzt sein. Im Verletzungsfall besteht nach §§ 823 Abs. 1, 1004 Abs. 1 BGB ein bundesweiter Unterlassungsanspruch. Nach dem Tod kommt auch ein auf das **postmortale Persönlichkeitsrecht** gestützter Unterlassungsanspruch in Betracht, aus dem die Löschungsreife folgen kann (vgl. BPatG BeckRS 2013, 06657 – Willi Ostermann Wanderweg; GRUR 2012, 1148 (1152) – Robert

Enke; BeckRS 2012, 15412 – Adolf Loos Preis; Boeckh GRUR 2001, 29 (36 f.); Götting GRUR 2001, 615 (621); Sahr GRUR 2008, 461 (469)).

J. Geltendmachung der Löschungsreife

Die Geltendmachung der Löschungsreife erfolgt abgesehen von der Möglichkeit, sie im Verletzungsprozess zum Gegenstand einer Einrede zu machen (→ § 14 Rn. 15), ausschließlich im Wege der **Löschungsklage** gemäß §§ 51 Abs. 1, 55 Abs. 1 bzw. bei IR-Marken durch Klage auf Schutzentziehung (§ 115 Abs. 1). Eine Geltendmachung im Widerspruchsverfahren ist nach wie vor nicht möglich. Aktivlegitimiert ist der Inhaber des älteren sonstigen Rechts (§ 55 Abs. 2 Nr. 2). Da es einen solchen bei älteren geographischen Herkunftsangaben nicht gibt, weist § 55 Abs. 2 Nr. 3 die Aktivlegitimation den nach § 8 Abs. 3 UWG Anspruchsberechtigten zu. Handelt es sich bei dem älteren Recht um eine Sortenbezeichnung, ist die Löschung ausgeschlossen, wenn deren Inhaber die Benutzung der jüngeren Marke für die eingetragenen Waren oder Dienstleistungen während eines Zeitraums von fünf aufeinanderfolgenden Jahren in Kenntnis der Benutzung geduldet hat, es sei denn, die Anmeldung der jüngeren Marke war bösgläubig (§ 51 Abs. 2 S. 2, 1). Für alle von § 13 erfassten sonstigen Rechte gilt, dass kein Löschungsanspruch besteht, wenn der Inhaber des älteren Rechts der Eintragung der Marke vor dem Löschungsantrag zugestimmt hat (§ 51 Abs. 2 S. 3). 75

Abschnitt 3 Schutzinhalt; Rechtsverletzungen

§ 14 Ausschließliches Recht des Inhabers einer Marke; Unterlassungsanspruch; Schadensersatzanspruch

(1) Der Erwerb des Markenschutzes nach § 4 gewährt dem Inhaber der Marke ein ausschließliches Recht.

(2) Dritten ist es untersagt, ohne Zustimmung des Inhabers der Marke im geschäftlichen Verkehr
1. ein mit der Marke identisches Zeichen für Waren oder Dienstleistungen zu benutzen, die mit denjenigen identisch sind, für die sie Schutz genießt,
2. ein Zeichen zu benutzen, wenn wegen der Identität oder Ähnlichkeit des Zeichens mit der Marke und der Identität oder Ähnlichkeit der durch die Marke und das Zeichen erfaßten Waren oder Dienstleistungen für das Publikum die Gefahr von Verwechslungen besteht, einschließlich der Gefahr, daß das Zeichen mit der Marke gedanklich in Verbindung gebracht wird, oder
3. ein mit der Marke identisches Zeichen oder ein ähnliches Zeichen für Waren oder Dienstleistungen zu benutzen, die nicht denen ähnlich sind, für die die Marke Schutz genießt, wenn es sich bei der Marke um eine im Inland bekannte Marke handelt und die Benutzung des Zeichens die Unterscheidungskraft oder die Wertschätzung der bekannten Marke ohne rechtfertigenden Grund in unlauterer Weise ausnutzt oder beeinträchtigt.

(3) Sind die Voraussetzungen des Absatzes 2 erfüllt, so ist es insbesondere untersagt,
1. das Zeichen auf Waren oder ihrer Aufmachung oder Verpackung anzubringen,
2. unter dem Zeichen Waren anzubieten, in den Verkehr zu bringen oder zu den genannten Zwecken zu besitzen,
3. unter dem Zeichen Dienstleistungen anzubieten oder zu erbringen,
4. unter dem Zeichen Waren einzuführen oder auszuführen,
5. das Zeichen in Geschäftspapieren oder in der Werbung zu benutzen.

(4) Dritten ist es ferner untersagt, ohne Zustimmung des Inhabers der Marke im geschäftlichen Verkehr

1. ein mit der Marke identisches Zeichen oder ein ähnliches Zeichen auf Aufmachungen oder Verpackungen oder auf Kennzeichnungsmitteln wie Etiketten, Anhängern, Aufnähern oder dergleichen anzubringen,
2. Aufmachungen, Verpackungen oder Kennzeichnungsmittel, die mit einem mit der Marke identischen Zeichen oder einem ähnlichen Zeichen versehen sind, anzubieten, in den Verkehr zu bringen oder zu den genannten Zwecken zu besitzen oder
3. Aufmachungen, Verpackungen oder Kennzeichnungsmittel, die mit einem mit der Marke identischen Zeichen oder einem ähnlichen Zeichen versehen sind, einzuführen oder auszuführen,

wenn die Gefahr besteht, daß die Aufmachungen oder Verpackungen zur Aufmachung oder Verpackung oder die Kennzeichnungsmittel zur Kennzeichnung von Waren oder Dienstleistungen benutzt werden, hinsichtlich deren Dritten die Benutzung des Zeichens nach den Absätzen 2 und 3 untersagt wäre.

(5) ¹Wer ein Zeichen entgegen den Absätzen 2 bis 4 benutzt, kann von dem Inhaber der Marke bei Wiederholungsgefahr auf Unterlassung in Anspruch genommen werden. ²Der Anspruch besteht auch dann, wenn eine Zuwiderhandlung erstmalig droht.

(6) ¹Wer die Verletzungshandlung vorsätzlich oder fahrlässig begeht, ist dem Inhaber der Marke zum Ersatz des durch die Verletzungshandlung entstandenen Schadens verpflichtet. ²Bei der Bemessung des Schadensersatzes kann auch der Gewinn, den der Verletzer durch die Verletzung des Rechts erzielt hat, berücksichtigt werden. ³Der Schadensersatzanspruch kann auch auf der Grundlage des Betrages berechnet werden, den der Verletzer als angemessene Vergütung hätte entrichten müssen, wenn er die Erlaubnis zur Nutzung der Marke eingeholt hätte.

(7) Wird die Verletzungshandlung in einem geschäftlichen Betrieb von einem Angestellten oder Beauftragten begangen, so kann der Unterlassungsanspruch und, soweit der Angestellte oder Beauftragte vorsätzlich oder fahrlässig gehandelt hat, der Schadensersatzanspruch auch gegen den Inhaber des Betriebs geltend gemacht werden.

Überblick

Die in § 14 Abs. 2 Nr. 1–3 genannten Verletzungstatbestände entsprechen (mit Ausnahme der in Abschnitt B behandelten Voraussetzungen einer tatbestandsmäßigen Benutzung) denen einer Kollision nach § 9 und werden hier für beides konzentriert dargestellt.

Grundzüge und Struktur der Regelung zeigt **Abschnitt A** (→ Rn. 1 ff.).

In **Abschnitt B** (→ Rn. 10 ff.) wird die rechtsverletzende Benutzung behandelt. Erforderlich ist eine im geschäftlichen Verkehr (→ Rn. 53 ff.) ohne Zustimmung des Inhabers (→ Rn. 47) erfolgende Benutzung für Waren und Dienstleistungen (→ Rn. 84 ff.). Ausgenommen bleiben Benutzungen, die ausschließlich andere Kennzeichnungsobjekte (insbesondere Unternehmen; → Rn. 85 ff.) betreffen oder rein beschreibend sind (→ Rn. 95). Als Benutzung für die Waren oder Dienstleistungen des Verletzers ist auch eine Benutzung als Hinweis auf die Waren oder Dienstleistungen des Markeninhabers anzusehen, die dem Angebot des Verletzers kommerziell zugute kommt (→ Rn. 109 ff.). Hinzutreten muss ferner die Beeinträchtigung oder potenzielle Beeinträchtigung der geschützten Funktionen der Marke (→ Rn. 119 ff.), wobei im Fall der Doppelidentität neben der Hauptfunktion der Marke, die Herkunft der Waren/Dienstleistungen vom Markeninhaber zu garantieren, auch die weiteren Markenfunktionen (Qualitäts-, Werbe-, Investitions- und Kommunikationsfunktion zu beachten) sind. Anschließend werden typische Benutzungsformen von Marken und ihre Behandlung im Kontext von § 14 behandelt (→ Rn. 134 ff.). Eingegangen wird ferner auf die in Abs. 3 und Abs. 4 beispielhaft genannten verbotenen Benutzungsarten (→ Rn. 219 ff.).

In **Abschnitt C** (→ Rn. 247 ff.) werden die Voraussetzungen der Doppelidentität behandelt

Abschnitt D (→ Rn. 253 ff.) befasst sich mit Begriff und Voraussetzungen der Verwechslungsgefahr. Der BGH sieht in der Beurteilung der Markenähnlichkeit im Gegensatz zum

EuGH eine Rechtsfrage (→ Rn. 255; → Rn. 316) und stellt dabei auf Erfahrungssätze (→ Rn. 319) ab. Im Verletzungsverfahren ist die Klagemarke in ihrer eingetragenen Form maßgeblich (→ Rn. 339); auf Verletzerseite ist auf das tatsächlich benutzte Zeichen abzustellen (→ Rn. 335). Die für die Beurteilung der Verwechslungsgefahr zu Grunde zu legende maßgebliche Verkehrsauffassung (→ Rn. 262; → Rn. 320) hängt von der Art der Waren und Dienstleistungen ab. Die Verwechslungsgefahr hängt ferner von der Kennzeichnungskraft der älteren Marke (→ Rn. 264) und vom Grad der Ähnlichkeit der Waren und Dienstleistungen (→ Rn. 293) ab.

Abschnitt E (→ Rn. 316 ff.) kommentiert die Grundsätze, nach denen die für die Feststellung einer Verwechslungsgefahr maßgebliche Markenähnlichkeit beurteilt wird. Die Darstellung legt die verschiedenen Ähnlichkeitskategorien zugrunde (zur klanglichen Ähnlichkeit → Rn. 368 ff., zur bildlichen → Rn. 388 ff., zur begrifflichen → Rn. 398 ff.; zum Verhältnis der Ähnlichkeitskategorien zueinander → Rn. 360). Abstrakte Farbmarken (→ Rn. 406) und 3D-Marken (→ Rn. 410) werden gesondert dargestellt. Dargestellt werden ferner die Besonderheiten der Ähnlichkeitsbeurteilung bei mehrteiligen Marken (Prägung → Rn. 420; selbständig kennzeichnende Stellung → Rn. 451; Kombinationen aus Vor- und Nachnamen → Rn. 477).

Abschnitt F (→ Rn. 485) behandelt die Verwechslungsgefahr durch gedankliche Verbindung, dh mittelbare Verwechslungsgefahr (Hauptanwendungsfall: Serienmarken → Rn. 488) und Verwechslungsgefahr im weiteren Sinne (→ Rn. 502).

Der erweiterte Schutz bekannter Marken folgt in **Abschnitt G** (→ Rn. 505 ff.). Soweit die Voraussetzungen der Bekanntheit (→ Rn. 510 ff.) vorliegen, besteht bei Ähnlichkeit der Zeichen (→ Rn. 517) ein Anspruch gegen die Benutzung der Marke für Waren oder Dienstleistungen des Verletzers ohne Rücksicht auf deren Ähnlichkeit oder Identität (→ Rn. 519 ff.), wenn dies zur Ausnutzung oder Beeinträchtigung der Unterscheidungskraft (→ Rn. 523 ff.) oder Wertschätzung (→ Rn. 528 f.) oder aber zur Rufschädigung (→ Rn. 530) führt und keine Rechtfertigungsgründe (→ Rn. 534) vorliegen.

Aus alledem resultierende Unterlassungs- und Schadensersatzansprüche behandelt **Abschnitt H** (→ Rn. 536 ff.). Der Unterlassungsanspruch soll Verletzungen unterbinden (→ Rn. 536). Er verlangt daher eine Wiederholungsgefahr (→ Rn. 541), kann aber gemäß Abs. 5 S. 2 auch vorbeugend sein (→ Rn. 583), etwa wenn eine Erstbegehungsgefahr durch Berühmung (→ Rn. 587) oder Anmeldung einer Marke (→ Rn. 592) besteht. Dieser Anspruch kann auch Störer treffen (→ Rn. 649). Der Schadensersatzanspruch (→ Rn. 615 ff.) ist Folge einer Markenverletzung und richtet sich wie der Unterlassungsanspruch gegen Täter und Teilnehmer (→ Rn. 622), nicht aber gegen Störer; zu Rechtsnachfolgern → Rn. 655.

Übersicht

	Rn.		Rn.
A. Grundzüge und Struktur der Regelung	1	3. Berufung auf fremde Gegenrechte	42
		4. Sonstige Einwendungen	46
I. Nationales und Unionsrecht	1	VI. Räumlicher Schutzbereich der Marke	47
II. Verhältnis zu § 15	4		
III. Verhältnis zu Widerspruchs- und Löschungsgründen	5	VII. Benutzung im geschäftlichen Verkehr	53
IV. Markenrechtsreform	6	1. Grundsätze	53
		2. Einzelfälle	61
B. Rechtsverletzende Benutzung	10	3. Feststellung geschäftlichen Handelns im Prozess	83
I. Allgemeines	10		
II. Eigenes Recht des Gläubigers	13	VIII. Benutzung zur Unterscheidung von Waren und Dienstleistungen	84
III. „Dritter" im Sinne der Norm	16		
IV. Ohne Zustimmung des Inhabers	20	1. Grundsätze	84
1. Rechtsnatur der Zustimmung	20	2. Andere Kennzeichnungsobjekte	85
2. Dauer und Beendigung	23	3. Beschreibende Benutzung	95
3. Darlegungs- und Beweislast	28	4. Redaktionelle Benutzung	106
V. Ohne eigene prioritätsältere Rechte	29	5. Benutzung des Zeichens für die Waren/Dienstleistungen des Verletzers	109
1. Grundsätze	29	6. Benutzung im Rahmen des Produktabsatzes	117
2. Anforderungen an das entgegengehaltene Recht	34	IX. Funktionsbeeinträchtigung	119

	Rn.		Rn.
1. Grundsätze	119	1. Grundsätze	354
2. Funktionsbeeinträchtigung bei Doppelidentität	120	2. Rechtsnatur	356
X. Typische Benutzungsformen	134	VII. Unvollkommenes Erinnerungsbild	358
1. Zeichenverwendung mit unmittelbarem Produktbezug	135	VIII. Übereinstimmungen und Abweichungen	359
2. Zeichenverwendung im weiteren Kontext der Vermarktung	173	IX. Ähnlichkeitskategorien	360
3. Satirische Verwendung; Parodien	193	1. Überblick	360
4. Zeichenverwendung im Internet	199	2. Verhältnis der Ähnlichkeitskategorien zueinander	361
5. Die Benutzungsarten des § 14 Abs. 3 und 4	219	X. Klangliche Ähnlichkeit	368
XI. Darlegungs- und Beweislast	244	1. Anwendungsbereich	368
C. Markenverletzung bei Doppelidentität (Abs. 2 Nr. 1)	247	2. Allgemeine Beurteilungskriterien	370
I. Grundlagen und Bedeutung	247	3. Wortanfänge und -endungen	371
II. Voraussetzungen	250	4. Kurze Wörter, Buchstabenfolgen	374
D. Markenverletzung bei Verwechslungsgefahr: Begriff und Voraussetzungen der Verwechslungsgefahr	253	5. Rotation von Markenteilen	376
		6. Aussprache	377
		7. Wort-/Bildmarken	382
		8. Beschreibende Angaben	383
I. Begriff und Voraussetzungen der Verwechslungsgefahr	253	XI. Bildliche Ähnlichkeit	388
1. Verwechslungsgefahr als Gefahrentatbestand und Rechtsbegriff	253	1. Anwendungsbereich	388
		2. Bildmarken und -elemente	389
2. Voraussetzungen der Verwechslungsgefahr	257	3. Wortmarken und -elemente	390
		4. Farbelemente	392
3. Maßgebliche Verkehrsauffassung	262	5. Markenanfänge	393
4. Maßgeblicher Zeitpunkt	263	6. Rotation von Markenteilen	394
II. Kennzeichnungskraft der älteren Marke	264	7. Wort-/Bildmarken	395
1. Grundsätze	264	8. Schutzunfähige Angaben	397
2. Originäre Kennzeichnungskraft	275	XII. Begriffliche Ähnlichkeit	398
3. Nachträgliche Veränderung der Kennzeichnungskraft	281	1. Voraussetzungen	398
		2. Anwendungsbereich	399
III. Ähnlichkeit der Waren und Dienstleistungen	293	3. Wörter	400
		4. Bildmarken	401
1. Grundlagen	293	5. Wortmarken und Bild-/3D-Marken	402
2. Einzelne Kriterien und deren Bedeutung	297	6. Beschreibende Begriffe	405
		XIII. Besondere Markenformen	406
3. Einzelfragen bei der Ähnlichkeit von Waren/Dienstleistungen	303	1. Abstrakte Farbmarken	406
		2. 3D-Marken	410
4. Maßgebliche Waren/Dienstleistungen	307	XIV. Mehrteilige Marken	416
5. Prüfungsreihenfolge	313	1. Prägetheorie	420
E. Markenverletzung bei Verwechslungsgefahr: Ähnlichkeit der Marken	316	2. Selbständig kennzeichnende Stellung	451
		3. Namensmarken	477
		F. Markenverletzung bei Verwechslungsgefahr: Verwechslungsgefahr durch gedankliche Verbindung	485
I. Rechtsnatur	316		
II. Feststellung im Prozess	318		
III. Verkehrsauffassung	320	I. Grundlagen	485
1. Bedeutung	320	II. Mittelbare Verwechslungsgefahr	488
2. Beteiligte Verkehrskreise	321	1. Begriff	488
3. Verbraucherleitbild	327	2. Voraussetzungen	489
4. Aufmerksamkeitsgrad	328	3. Verwechslungsgefahr im weiteren Sinne	502
5. Gespaltene Verkehrsauffassung	331		
IV. Maßgebliche Marken	335	G. Bekanntheitsschutz	505
1. Grundsatz	335	I. Allgemeines	505
2. Verletzungszeichen	336	1. Grundlagen	505
3. Klagemarke	339	2. Europarechtliche Vorgaben	506
4. Abgrenzung mehrteiliges Zeichen – Mehrfachkennzeichnung	344	3. Konkurrenz zu außerkennzeichenrechtlichen Schutznormen	508
5. Schutzgegenstand von Wortmarken	348	II. Bekanntheit der Marke	510
6. Bedeutung des Farbanspruchs	351	1. Allgemein	510
V. Grad der Ähnlichkeit	353	2. Bekanntheitsgrad	511
VI. Maßgeblichkeit des Gesamteindrucks	354	3. Beteiligte Verkehrskreise	512
		4. Territorium	513
		5. Zeitpunkt der Bekanntheit	514
		III. Voraussetzungen des Bekanntheitsschutzes	517
		1. Zeichenähnlichkeit	517

Ausschließliches Recht des Inhabers; Unterlassung; Schadensersatz § 14 MarkenG

	Rn.		Rn.
2. Ungeschriebenes Tatbestandsmerkmal der gedanklichen Verknüpfung	518	10. Beweislast	535
3. Unähnliche Waren und Dienstleistungen	519	H. Unterlassungs- und Schadensersatzanspruch	536
4. Bekanntheitsschutz bei ähnlichen Waren und Dienstleistungen?	520	I. Unterlassungsanspruch (Abs. 5)	536
5. Benutzung, insbesondere markenmäßige Benutzung	521	1. Allgemeines	536
		2. Verletzungsunterlassungsanspruch (Abs. 5 S. 1)	539
6. Ausnutzung oder Beeinträchtigung der Unterscheidungskraft	523	3. Vorbeugender Unterlassungsanspruch (Abs. 5 S. 2)	583
7. Ausnutzung oder Beeinträchtigung der Wertschätzung	528	II. Schadensersatzanspruch (Abs. 6)	615
8. In unlauterer Weise	531	1. Gläubiger einer Markenverletzung	615
9. Ohne rechtfertigenden Grund	534	2. Schuldner einer Markenverletzung	622

A. Grundzüge und Struktur der Regelung

I. Nationales und Unionsrecht

Mit § 14 wurde Art. 5 RL 2008/95/EG umgesetzt. Um zwingendes Unionsrecht handelt **1** es sich insoweit, als Abs. 2 Nr. 1 und 2 betroffen sind; sie entsprechen Art. 5 Abs. 1 Buchst. a und b RL 2008/95/EG (s. auch Art. 9 Abs. 1 Buchst. a und b GMV; jetzt Art. 9 Abs. 2 Buchst. a und b UMV). Bei dem erweiterten Schutz bekannter Marken, Abs. 2 Nr. 3, handelt es sich der RL 2008/95/EG zufolge um eine **optionale Regelung** (Art. 5 Abs. 2 RL 2008/95/EG). Der deutsche Gesetzgeber hat diese Regelung jedoch – ebenso wie nahezu alle anderen europäischen Gesetzgeber – von Anfang an in den Verletzungstatbestand des MarkenG aufgenommen. Nach der RL (EU) 2015/2436 gehört der erweiterte Schutz bekannter Marken zu den zwingend umzusetzenden Verletzungstatbeständen (Art. 10 Abs. 2 Buchst. c RL (EU) 2015/2436). In der GMV zählte der erweiterte Schutz bekannter Marken von vornherein zum Verletzungstatbestand (Art. 9 Abs. 1 Buchst. c GMV; jetzt Art. 9 Abs. 2 Buchst. c UMV).

Der Schutz jenseits der (eng verstandenen) Verwechslungsgefahr entspricht auch den internationalen **1.1** Verpflichtungen der EU und ihrer Mitgliedstaaten: Nach Art. 16 Abs. 3 TRIPS sind die Mitgliedsländer der WTO verpflichtet, notorisch bekannten Marken (unter dem Vorbehalt der Eintragung; → MarkenR Einleitung Rn. 260) Schutz gegen die Benutzung für nicht-ähnliche Waren oder Dienstleistungen zu gewähren, wenn die Benutzung der Marke im Zusammenhang mit den Waren oder Dienstleistungen auf eine Verbindung mit dem Inhaber schließen lassen und dadurch dessen Interessen beeinträchtigen würde.

Keinen Gebrauch hat der deutsche Gesetzgeber von Art. 5 Abs. 5 RL 2008/95/EG (jetzt: **2** Art. 10 Abs. 6 RL (EU) 2015/2436) gemacht, der es gestattet, die Benutzung von Zeichen zu anderen Zwecken als der Unterscheidung von Waren und Dienstleistungen dem Anwendungsbereich des Markenrechts zuzurechnen, wenn die Benutzung des Zeichens die Unterscheidungskraft oder Wertschätzung der Marke ohne rechtfertigenden Grund in unlauterer Weise ausnutzt oder beeinträchtigt. Soweit die Benutzung eines mit einer Marke übereinstimmenden oder ihr ähnlichen Zeichens daher nicht der Unterscheidung von Waren und Dienstleistungen dient, können ggf. nur **andere Rechtsgrundlagen** zur Anwendung kommen (→ Rn. 85 ff.).

Dem Katalog der in Art. 5 Abs. 3 RL 2008/95/EG beispielhaft aufgeführten Verletzungs- **3** handlungen, die in § 14 Abs. 3 wörtlich umgesetzt wurden, wurde mit § 14 Abs. 4 eine weitere Verletzungsmodalität hinzugefügt: Indem Herstellung und Vertrieb von **Verpackungen oder Kennzeichnungsmitteln** bei Gefahr einer rechtsverletzenden Benutzung untersagt werden, können Markenverletzungen bereits im Vorfeld der „Marktreife" verletzender Waren unterbunden werden. Diese Regelung hat Vorbildcharakter für das europäische Recht entfaltet (→ Rn. 8).

II. Verhältnis zu § 15

In § 15 ist der Schutzbereich der von § 5 erfassten **geschäftlichen Bezeichnungen** gere- **4** gelt. Anders als bei § 14 bestehen insoweit keine Vorgaben des europäischen Rechts. Die

Kur 501

MarkenG § 14 Teil 2 Voraussetzungen, Inhalt und Schranken etc.

beiden Regelungen verlaufen jedoch – bei Unterschieden im Einzelnen – im Wesentlichen parallel, was dazu führen kann, dass Ausstrahlungseffekte von § 14 – und damit auch des europäischen Rechts – beim Schutz geschäftlicher Kennzeichen zu verzeichnen sind.

III. Verhältnis zu Widerspruchs- und Löschungsgründen

5 Wird aus einem älteren Recht Widerspruch erhoben oder die Löschung der Marke verlangt, findet – soweit es sich bei dem älteren Recht um eine angemeldete oder eingetragene Marke handelt – § 9 Anwendung. Dieser beruht auf den (zT optionalen) Vorgaben von Art. 4 Abs. 1, Abs. 3 und Abs. 4 Buchst. a RL 2008/95/EG (jetzt: Art. 5 Abs. 1, Abs. 3 Buchst. a RL (EU) 2015/2436; entsprechend: Art. 8 Abs. 1 und 5 UMV). Dabei entspricht die Formulierung der rechtserheblichen Konfliktfälle exakt derjenigen der Verletzungstatbestände, dh, auch dort wird – wie in § 14 Abs. 2 Nr. 1–3 – zwischen der Doppelidentität, der durch Identität oder Ähnlichkeit erzeugten Verwechslungsgefahr und dem erweiterten Schutz bekannter Marken unterschieden. Die Rechtsgrundsätze, die in den jeweiligen Verfahren zur Anwendung kommen, sind daher notwendigerweise dieselben. Auf der anderen Seite bleibt die **unterschiedliche Beurteilungssituation** nicht ohne Auswirkungen auf die Praxis. Insbesondere können im Verletzungsverfahren die konkreten Umstände der Markenbenutzung jedenfalls zu einem gewissen Grad in die Betrachtung einbezogen werden, während die Beurteilung im Widerspruchs- und Löschungsverfahren eher auf abstrakter Ebene erfolgt.

IV. Markenrechtsreform

6 Die **Änderung der europäischen Markengesetzgebung** hat sich auch auf die Formulierung der Verletzungstatbestände ausgewirkt. Dabei geht es ganz überwiegend um Klarstellungen bzw. Bekräftigungen der derzeitigen Rechtslage; nur im Hinblick auf den Transit führt die RL (EU) 2015/2436 zu einer Änderung des materiellen Rechts (→ Rn. 9).

7 Keine Änderung ergibt sich für das deutsche Recht ebenso wie für die meisten anderen europäischen Rechtsordnungen daraus, dass die Vorschrift über den erweiterten Schutz bekannter Marken verbindlich geworden ist (Art. 10 Abs. 2 Buchst. c RL (EU) 2015/2436; → Rn. 1) und in der Formulierung zum Ausdruck bringt, dass der Schutz unabhängig davon zu gewähren ist, ob die Benutzung für nicht-ähnliche oder aber für identische oder ähnliche Waren oder Dienstleistungen erfolgt. Letzteres ist seit EuGH C-292/00, GRUR 2003, 240 – Davidoff/Durffee (→ Rn. 520.1) ohnehin anerkannt. Mit der ausdrücklichen Einbeziehung der Benutzung von Marken in einer vergleichenden Werbung, die nicht den Anforderungen der RL 2006/114/EG genügt (Art. 10 Abs. 3 Buchst. f RL (EU) 2015/2436; Art. 9 Abs. 3 Buchst. f UMV), sowie der Benutzung von Handelsnamen für Waren und Dienstleistungen (Art. 10 Abs. 3 Buchst. d RL (EU) 2015/2436; Art. 9 Abs. 3 Buchst. d UMV) wird ebenfalls der EuGH-Rechtsprechung Rechnung getragen (→ Rn. 85; → UMV Art. 9 Rn. 48). Die ursprünglich von der Kommission geplante Beschränkung des Schutzes im Rahmen des Doppelidentitätstatbestandes auf den Fall der Beeinträchtigung der Herkunftsgarantiefunktion ist auf nahezu einhellige Ablehnung gestoßen und daher nicht Gesetz geworden (→ MarkenR Einleitung Rn. 84).

8 Der **Stärkung des Markenschutzes** dient die explizite Regelung, nach der – in Entsprechung zum geltenden deutschen Recht; § 14 Abs. 4 (→ Rn. 3) – vorbereitende Akte wie die Herstellung und der Vertrieb von Kennzeichnungsmitteln etc einen eigenständigen Verbietungsanspruch gewähren, soweit sie die Gefahr einer Rechtsverletzung begründen (Art. 11 RL (EU) 2015/2436 → Rn. 241 ff.; ebenso Art. 9a UMV). Der Gefährdung von Markenrechten durch den Online-Vertrieb sollte nach den Kommissionsvorschlägen ferner dadurch Rechnung getragen werden, dass im Fall der Bestellung rechtsverletzender Waren eine Verletzung innerhalb des Schutzrechtsterritoriums auch dann vorliegt, wenn nur der (außerhalb des Territoriums ansässige) Lieferant, nicht jedoch der Besteller im geschäftlichen Verkehr handelt. Diese Regelung erschien jedoch als überflüssig und wurde gestrichen, nachdem der EuGH ohnehin festgestellt hat, dass der im Ausland ansässige kommerzielle Anbieter gefälschter Waren eine Markenverletzung in der EU begeht, so dass die Zollbeschlagnahme der Ware stattfinden kann und diese dem privaten Besteller nicht ausgehändigt werden muss (EuGH C-98/13, GRUR 2014, 283 – Blomqvist; → Rn. 70).

Als Antwort auf die Risiken des internationalen Handelsverkehrs ist auch die Vorschrift **9** über Transitwaren konzipiert worden. Danach ist das Verbringen von Waren in das Zollgebiet der EU rechtsverletzend, soweit es sich um Pirateriewaren handelt, dh um Waren, die ohne Zustimmung des Inhabers mit Marken versehen sind, die mit einer eingetragenen Marke identisch oder in ihren wesentlichen Merkmalen nicht von einer solchen Marke zu unterscheiden sind. Auf die Frage, ob konkrete Anzeichen für ein Inverkehrbringen in der EU vorhanden sind (so EuGH C-446/09 und C-495/09, GRUR Int 2012, 134 (139) – Nokia und Philips; → Rn. 237) kommt es dabei grundsätzlich nicht an. In dem der Beschlagnahme folgenden Verletzungsverfahren kann die gegnerische Partei allerdings den Nachweis dafür antreten, dass der Markeninhaber das Inverkehrbringen der beschlagnahmten Güter im Bestimmungsland nicht verbieten könnte; in diesem Fall entfällt der Anspruch des Markeninhabers (Art. 10 Abs. 4 RL (EU) 2015/2436; Art. 9 Abs. 4 UMV; → UMV Art. 9 Rn. 55 ff.).

B. Rechtsverletzende Benutzung

I. Allgemeines

Ansprüche aus § 14 setzen eine der in § 14 Abs. 2–4 genannten Verletzungshandlungen **10** voraus. Erforderlich ist die Benutzung eines Zeichens durch einen Dritten (→ Rn. 16 ff.) im geschäftlichen Verkehr (→ Rn. 53 ff.), die ohne Zustimmung des Inhabers (→ Rn. 20 ff.) einer geschützten Marke (→ Rn. 13 ff.) erfolgt und durch die einer der in § 14 Abs. 2 Nr. 1–3 genannten Tatbestände verwirklicht wird. Eine Verletzung ist ausgeschlossen, wenn sich der Dritte für seine Nutzung auf eigene prioritätsältere Rechte stützen kann (→ Rn. 29 ff.) oder wenn die Nutzung durch die gesetzlichen Schrankentatbestände (insbesondere §§ 23, 24) gedeckt ist.

Eine Markenverletzung erfordert ferner, dass das Zeichen „als Marke", dh in markenrecht- **11** lich relevanter Weise verwendet wird (vgl. EuGH C-63/97, GRUR Int 1999, 438 Rn. 38 ff. – BMW; BGH GRUR 2000, 506 (508) – ATTACHÉ/TISSERAND; GRUR 2002, 171 (173) – Marlboro-Dach). Es muss sich um eine Benutzung der Marke zur Unterscheidung von Waren und Dienstleistungen handeln; die Benutzung zu rein beschreibenden Zwecken (→ Rn. 95 ff.) sowie die Benutzung zur Unterscheidung anderer Kennzeichnungsobjekte – insbesondere von Unternehmen (→ Rn. 85) – werden nicht von § 14 erfasst. Es handelt sich auch dann um eine Benutzung zur Unterscheidung von Waren und Dienstleistungen, wenn Waren oder Dienstleistungen (grundsätzlich korrekt) als vom Markeninhaber stammend bezeichnet werden (→ Rn. 110 ff.).

Erforderlich ist außerdem, dass die Benutzung des Zeichens die durch die Marke geschütz- **12** ten Interessen (Markenfunktionen) verletzt oder zu verletzen droht (zur Entwicklung der EuGH-Rechtsprechung zu diesem Erfordernis → MarkenR Einleitung Rn. 115 ff.). Dabei ist zwischen den einzelnen Tatbeständen zu unterscheiden: Im Fall der Doppelidentität (§ 14 Abs. 2 Nr. 1) ist der Markenschutz absolut; neben der wesentlichen Funktion der Marke, die Herkunft der Waren oder Dienstleistungen vom Markeninhaber zu gewährleisten, erfasst er daher auch die (mögliche) Beeinträchtigung weiterer Markenfunktionen (→ Rn. 124 ff.). Im Fall der Verwechslungsgefahr (§ 14 Abs. 2 Nr. 2) geht es hingegen allein um den Schutz der Herkunftsfunktion, und bei § 14 Abs. 2 Nr. 3 genügt für die Anwendung des Verletzungstatbestandes die Gefahr, dass das Zeichen mit der Marke gedanklich in Verbindung gebracht wird, die zu einer Rufausbeutung oder -beeinträchtigung führt.

II. Eigenes Recht des Gläubigers

Nach § 14 Abs. 1 wird demjenigen, der ein Recht an einer Marke erworben hat, ein **13** ausschließliches Recht gewährt. Daraus folgt zugleich, dass sich nur Inhaber einer Marke auf § 14 berufen können. Für Inhaber **anderer Kennzeichen** finden die jeweils dafür geltenden Verletzungstatbestände Anwendung (für Unternehmenskennzeichen und Werktitel → § 15 Rn. 20, → § 15 Rn. 26; für geografische Herkunftsangaben → § 128 Rn. 1 ff.; für (Personen)namen → § 15 Rn. 129 ff.).

Auf die **Art der Marke** kommt es für die Anwendung von § 14 nicht an. Der Schutz von **14** Benutzungsmarken und notorisch bekannten Marken (→ § 4 Rn. 30 ff., → § 4 Rn. 138 ff.) entspricht demjenigen der eingetragenen Marken.

15 Auch aus einer **löschungsreifen Marke** können grundsätzlich Ansprüche hergeleitet werden. In diesem Fall kann der Beklagte die Löschungseinrede wegen Verfalls (§ 49) oder Rechtsungültigkeit (§ 50, § 51) erheben. Ob es zu einer Fortführung des Verletzungsverfahrens kommt oder das Verfahren bis zur Entscheidung über den Löschungsantrag ausgesetzt wird, ist vom Verletzungsgericht zu entscheiden.

III. „Dritter" im Sinne der Norm

16 § 14 stellt klar, dass eine rechtsverletzende Benutzung nur durch einen „Dritten" erfolgen kann.

17 Dritter im Sinne der Norm kann auch ein **Lizenznehmer** sein. Dies ergibt sich unter anderem aus § 30 Abs. 2.

18 Umgekehrt ist der Markeninhaber gegenüber seinem ausschließlichen Lizenznehmer auch dann nicht „Dritter" iSv § 14, wenn der Markeninhaber entgegen der Lizenzvereinbarung selbst unter seiner lizenzierten Marke Produkte vertreibt. Ansprüche des Lizenznehmers aus § 14 Abs. 5 nebst entsprechenden Folgeansprüchen scheiden daher aus. Etwaige Ansprüche wegen Vertragsverletzung bleiben unberührt (so auch Ingerl/Rohnke Rn. 51).

19 Steht das Recht an einer Marke mehreren **Markenmitinhabern** gemeinsam zu, so können diese gegeneinander keine Ansprüche wegen Markenverletzung aus § 14 geltend machen, denn Mitinhaber sind keine „Dritten" im Sinne der Norm. Da jedoch die Inhaberschaft an einer Marke grundsätzlich unabhängig von der Registerlage zu beurteilen ist, stellt sich bei solchen Streitigkeiten regelmäßig die Vorfrage, ob einem im Register eingetragener Mitinhaber, der als Verletzer in Anspruch genommen wird, in Wahrheit keine Rechte an der Marke (mehr) zustehen, so dass er letztlich doch als Dritter zu behandeln ist. Nach der Vermutungsregel des § 28 Abs. 1 muss in einem solchen Fall der Kläger den Nachweis erbringen, dass die Registerlage nicht mehr der tatsächlichen Rechtslage entspricht (zum umgekehrten Fall der Vermutungsregel zugunsten des als Markeninhaber eingetragenen Klägers BGH GRUR 2002, 190 f. – DIE PROFIS). Im Übrigen kommen bei Mitinhaberschaft primär Ansprüche aus Verletzung von vertraglichen oder gesellschaftsrechtlichen Treuepflichten in Betracht.

IV. Ohne Zustimmung des Inhabers

1. Rechtsnatur der Zustimmung

20 Die Benutzung einer Marke, die von einer Zustimmung des Markeninhabers gedeckt ist, kann nicht rechtswidrig sein. Die Rechtsprechung setzt daher das Merkmal „ohne Zustimmung des Markeninhabers" mit „widerrechtlich" gleich (vgl. BGH GRUR 2000, 879 f. – stüssy I).

21 Die Zustimmung ist **schuldrechtlicher Natur.** Anders als bei der Lizenz, zu deren Wirksamkeit es nach hM zusätzlich zu dem die Zustimmung zur Nutzung enthaltenden schuldrechtlichen Vertrag auch eines Verfügungsgeschäfts bedarf (Ingerl/Rohnke § 30 Rn. 12; aA Ströbele/Hacker/Hacker § 30 Rn. 21), ist für die Ausräumung der Widerrechtlichkeit iSv § 14 eine auf die Zustimmung zur Nutzung gerichtete Willenserklärung des Markeninhabers ausreichend.

22 An das Vorliegen einer solchen Willenserklärung sind allerdings **strenge Anforderungen** zu stellen, denn die Zustimmung kommt gegenüber dem Erklärungsempfänger einem **Verzicht** des Markeninhabers auf sein ausschließliches Recht iSv § 14 gleich (BGH GRUR 2012, 928 Rn. 15 – Honda-Grauimport). Der Wille zum Verzicht auf dieses Recht muss daher mit Bestimmtheit erkennbar sein. Dies schließt jedoch nicht aus, dass die Zustimmung unter Umständen auch konkludent erteilt werden kann (BGH GRUR 2012, 928 Rn. 15 – Honda-Grauimport; GRUR 2011, 820 Rn. 21 – Kuchenbesteck-Set).

22.1 Die zitierte Rechtsprechung erging zur Zustimmung als Erfordernis der Erschöpfung iSv § 24 MarkenG bzw. Art. 13 UMV. Sie ist gleichwohl auch für die Beurteilung des Vorliegens einer Zustimmung iSv § 14 heranzuziehen, da insoweit Überschneidungen bestehen.

22.2 Zwar liegt zwischen der Zustimmung zur Nutzung eines Zeichens iSv § 14 einerseits und der Zustimmung zum Inverkehrbringen einer bereits gekennzeichneten Ware (die zur Erschöpfung der Markenrechte des Inhabers führen kann) andererseits insoweit ein Unterschied vor, als letztere nicht zwingend zur Bejahung ersterer führt (vgl. nur BGH GRUR 2012, 626 Rn. 22 – CONVERSE I: nicht nur der Vertreiber von Produktfälschungen handelt widerrechtlich, sondern auch derjenige, der nicht erschöpfte Originalmarkenerzeugnisse des Markeninhabers vertreibt, wenn die Benutzung ohne Zustimmung des Markeninhabers erfolgt). Umgekehrt ist natürlich nicht ausgeschlossen, dass der Markeninhaber dem Vertrieb an sich nicht erschöpfter Ware im Einzelfall zustimmt und selbst das Inverkehrbringen von Produktfälschungen gestattet.

Da das Gesetz jedoch vorsieht, dass es bei erschöpfter Ware (von den Ausnahmen in § 24 Abs. 2 abgesehen) keiner weiteren Zustimmung des Markeninhabers gegenüber dem konkreten Verwender bedarf, und daher beide Formen der Zustimmung im Ergebnis dazu führen, dass in ihnen der Wille zum Verzicht auf das markenrechtliche Ausschließlichkeitsrecht zum Ausdruck kommen soll, sind die strengen Anforderungen der Rechtsprechung an beide Formen in gleicher Weise zu stellen. 22.3

2. Dauer und Beendigung

Für welche **Dauer** sich der Begünstigte auf eine ihm gegenüber erteilte Zustimmung 23 berufen kann, ist in erster Linie Sache der vertraglichen Abrede mit dem Markeninhaber. Gibt es insoweit keine Vereinbarung, stellt sich die Frage nach der **Kündbarkeit.** Dabei ist davon auszugehen, dass – wie bei jedem Dauerschuldverhältnis – eine Kündigung aus wichtigem Grund immer möglich sein muss (Ingerl/Rohnke Rn. 55). In besonders gelagerten Fällen kann auch ohne entsprechende Abrede eine ordentliche Kündigung mit angemessener Frist möglich sein (vgl. BGH GRUR 2006, 56 Rn. 42 – BOSS-Club, bei einem auf unbestimmte Zeit geschlossenen Gestattungsvertrag mit unentgeltlicher Nutzungseinräumung). Maßgeblich sind insoweit die allgemeinen Grundsätze der Vertragsauslegung gemäß § 133, § 157 BGB.

Bei der Würdigung der Interessenlage ist einerseits darauf abzustellen, inwieweit der 24 Begünstigte darauf **vertrauen** durfte, in Zukunft ohne Beanstandung des Markeninhabers mit der Zeichennutzung fortfahren zu können. Auf der anderen Seite ist zu berücksichtigen, dass ein dauerhafter, irreversibler Verzicht auf die Durchsetzung seiner Markenrechte vom Markeninhaber kaum erwartet werden kann. Letzteres gilt insbesondere dann, wenn es sich um die identische Benutzung der Marke handelt.

Dementsprechend dürfte zu unterscheiden sein: Bei einer lizenzvertraglichen Regelung 25 wird regelmäßig von einer zeitlich beschränkten Gestattung auszugehen sein. Die Annahme einer zeitlich unbeschränkten, „unkündbaren" Nutzungsgestattung wurde vom EuGH außerdem auch in einem Fall zurückgewiesen, in dem aufgrund eines faktischen Kooperationsverhältnisses ein mit der geschützten Marke identisches Zeichen jahrelang unbeanstandet benutzt worden war: Der bisherige Nutzer kann sich den markenrechtlichen Ansprüchen des Inhabers nicht unter Berufung auf das Kooperationsverhältnis widersetzen, selbst wenn der Widerruf der vorherigen Gestattung unrechtmäßig war; insoweit kommen allenfalls andere Sanktionen in Betracht (EuGH C-661/11, GRUR 2013, 1140 Rn. 60 f. – Martin Y Paz/Gauquie).

Im Fall von **Abgrenzungsvereinbarungen,** bei denen die Parteien regelmäßig darauf 26 achten, dass die jeweils benutzten Zeichen genügend Abstand voneinander wahren, um im geschäftlichen Verkehr nicht zu Verwechslungen zu führen, kommt hingegen dem Vertrauensschutz der Beteiligten grundsätzlich größeres Gewicht zu als dem Interesse daran, sich von der ursprünglichen Vereinbarung lösen zu können, um die jeweiligen Marken uneingeschränkt zu nutzen bzw. durchzusetzen. Dennoch bleibt die Kündigung aus wichtigem Grund möglich (Fezer Rn. 1101; Knaak GRUR 1981, 386 (394)). In Betracht kommt ferner die Anwendung der Grundsätze über die Störung der Geschäftsgrundlage, § 313 BGB, die in erster Linie zur Anpassung der Vereinbarung, unter Umständen jedoch auch zu deren Beendigung führen können.

Da die Zustimmung eine rein schuldrechtliche Willenserklärung ist, begründet sie auf 27 Seiten des Begünstigten **keine eigenen absoluten Rechte** (vgl. BGH GRUR 1993, 151 f. – Universitätsemblem). Unter Umständen führt sie jedoch dazu, dass sich auch andere als der unmittelbar von der Zustimmungserklärung Begünstigte gegenüber dem Markeninhaber auf diese Zustimmung berufen können, weil die Zustimmung entweder letztlich zur Erschöpfung der dann vom Erklärungsempfänger in Verkehr gebrachten Ware führt, oder weil sich ein Dritter analog § 986 Abs. 1 BGB auf die erteilte Zustimmung berufen kann (zB BGH GRUR 2002, 967 (970) – Hotel Adlon; → Rn. 32, → Rn. 42).

3. Darlegungs- und Beweislast

28 Die Darlegungs- und Beweislast für die Erteilung einer Zustimmung trifft denjenigen, der sich auf die Zustimmung beruft, auch wenn der Markeninhaber grundsätzlich die Voraussetzungen des § 14 Abs. 2 für das Vorliegen einer Benutzung im Sinne der dortigen Nr. 1 bis 3 darzulegen und im Streitfall zu beweisen hat (BGH GRUR 2012, 626 Rn. 20 – CONVERSE I; GRUR 2000, 879 f. – stüssy I). Dies folgt daraus, dass die erteilte Zustimmung und der damit verbundene Verzicht auf die dem Inhaber der Marke zustehenden ausschließlichen Rechte Voraussetzung für die **Beseitigung der ansonsten grundsätzlich gegebenen Widerrechtlichkeit** der Zeichennutzung sind. Die wirksame Beendigung einer einmal erteilten Zustimmung hat wiederum der Markeninhaber darzulegen und zu beweisen.

V. Ohne eigene prioritätsältere Rechte

1. Grundsätze

29 Die Zeichennutzung durch den in Anspruch genommenen Dritten ist trotz fehlender Zustimmung des Markeninhabers nicht zu beanstanden, wenn dem Dritten für diese Zeichennutzung gegenüber dem Markeninhaber **eigene** oder **abgeleitete** und hinsichtlich des vermeintlich verletzten Markenrechts **vorrangige** Rechte zustehen. Dies ist zwar nicht ausdrücklich in § 14 geregelt, folgt aber aus § 6, der für das gesamte Kennzeichenrecht bestimmt, dass ältere Rechte gegenüber jüngeren Vorrang genießen.

29.1 Eine ausdrückliche Regelung ist in der reformierten MRL vorgesehen (s. Art. 10 Abs. 2 RL (EU) 2015/2436).

30 Als ältere Rechte kommen sowohl eigene Rechte des Zeichennutzers als auch Rechte Dritter in Betracht.

31 Eigene Rechte können der Klagemarke **einredeweise** entgegengehalten werden (vgl. zB BGH GRUR 2013, 1150 Rn. 25 – Baumann; GRUR 2009, 1055 Rn. 52 – airdsl). Es ist insbesondere **nicht erforderlich,** dass der im Prozess per Unterlassungsklage in Anspruch genommene Dritte **Widerklage** auf Einwilligung in die Löschung der Klagemarke erhebt (EuGH C-561/11, GRUR 2013, 516 – FCI/FCIPPR; im Falle einer Benutzungsmarke wäre dies ohnehin nicht möglich). Dies kann aus prozesstaktischer Sicht aus Kostengründen relevant sein und darüber hinaus die Attraktivität einer einvernehmlichen Regelung steigern.

32 Unter Umständen kann sich der in Anspruch genommene auch auf ältere Rechte eines Dritten berufen, wobei § 986 Abs. 1 BGB analog angewendet wird (zB BGH GRUR 2002, 967 (970) – Hotel Adlon). Zu den Voraussetzungen → Rn. 27.

33 Diesen Rechten, die gegenüber der Verletzungsmarke in Anspruch genommen werden, kann allerdings ggf. auch der Markeninhaber wiederum ein älteres Kennzeichenrecht entgegenhalten, das es ihm ermöglicht, die Benutzung seines Zeichens verbieten zu lassen (vgl. BGH GRUR 2013 Rn. 27 – Baumann).

2. Anforderungen an das entgegengehaltene Recht

34 Der Dritte kann sich erfolgreich nur auf solche Rechte berufen, die die Klagemarke entweder zu Fall bringen können oder aber zumindest die Koexistenz beider Zeichen zur Folge haben (vgl. BGH GRUR 2009, 1055 Rn. 52 – airdsl). Darunter fallen insbesondere alle prioritäts**älteren** Kennzeichenrechte sowie solche, die gemäß § 13 ebenfalls zu einem Löschungsbewilligungsanspruch führen können.

35 Auf ein – auch eingetragenes – prioritäts**jüngeres** Recht kann sich der Dritte naturgemäß nicht berufen. Daher kommt es für den Verletzungsanspruch nicht darauf an, ob zuvor oder zeitgleich ein Löschungsverfahren (bzw. im Fall einer jüngeren Unionsmarke die Nichtigerklärung) betrieben wird (EuGH C-561/11, GRUR 2013, 516 – FCI/FCIPPR).

36 Da das MarkenG **kein Vorbenutzungsrecht** kennt, kann sich der in Anspruch Genommene grundsätzlich nicht darauf berufen, das angegriffene Zeichen bereits vor dem für die Klagemarke maßgeblichen Zeitrang wie eine Marke benutzt zu haben (BGH GRUR 1998, 412 – Analgin). Unter besonderen Umständen kann eine derartige Vorbenutzung aber dennoch einer Inanspruchnahme durch den Markeninhaber entgegengehalten werden, etwa

wenn die Voraussetzungen der Verwirkung vorliegen (§ 21 MarkenG bzw. § 242 BGB) oder die Anmeldung der Klagemarke in Kenntnis der Vorbenutzung rechtsmissbräuchlich ist (→ § 8 Rn. 759 ff.); → Rn. 39.

Auch die bloße **Domainregistrierung** vor dem maßgeblichen Zeitrang der Klagemarke 37 genügt regelmäßig nicht (BGH GRUR 2009, 1055 Rn. 55 – airdsl); zu den Einzelheiten sowie zu den Besonderheiten in Bezug auf nach einer Domainregistrierung entstehende **Namensrechte** → § 15 Rn. 78 ff.

Ferner darf das einredeweise geltend gemachte Recht **nicht** seinerseits **löschungsreif** sein 38 (Ingerl/Rohnke Rn. 34). Dies gilt auch im Hinblick auf eine wegen Verfalls löschungsreife Marke: Zwar bestimmt § 52 Abs. 1 grundsätzlich für eine Löschungsbewilligungsklage, dass eine Löschung wegen Verfalls im Regelfall nur auf den Zeitpunkt der Klageerhebung zurückwirkt, die Marke trotz ihrer Löschungsreife daher bis zu einer entsprechenden Klageerhebung noch Schutz gewährt. Aus § 55 Abs. 3 ergibt sich jedoch, dass eine aufgrund Verfalls löschungsreife Marke ein Löschungsverfahren nicht tragen kann, ebenso wie auf eine wegen Verfalls löschungsreife Marke keine Ansprüche aus § 14 und §§ 18 bis 19c gestützt werden können (vgl. § 25). Mithin können aus einer derartigen Marke im Fall der Inanspruchnahme aus § 14 Rechte auch nicht einredeweise geltend gemacht werden.

Zudem kann der Markeninhaber gegenüber dem Erwerb des in Bezug genommenen 39 Rechts und/oder dessen Geltendmachung unter Umständen **Rechtsmissbrauch** einwenden (vgl. BGH GRUR 2009, 515 Rn. 26 – Motorradreiniger; GRUR 2008, 621 Rn. 35 – AKADEMIKS).

Da bereits ein Recht genügt, welches zur Koexistenz berechtigt, ist für eine erfolgreiche 40 einredeweise Geltendmachung eigener Rechte durch den Dritten nicht die Feststellung erforderlich, ob etwaige Löschungsbewilligungsansprüche aus dem Recht des Dritten gegen die Klagemarke zum Zeitpunkt der Geltendmachung noch durchsetzbar sind. Deshalb ist es unschädlich, wenn einem solchen Löschungsbewilligungsanspruch erfolgreich der **Verwirkungseinwand** entgegen gehalten werden kann (vgl. BGH GRUR 2009, 1055 Rn. 52 – airdsl; Ingerl/Rohnke Rn. 37).

Unschädlich ist es auch, wenn das in Bezug genommene Recht nur einen **räumlich** 41 **begrenzten Schutzbereich** hat, etwa weil es im Gegensatz zur Klagemarke nur ein in eng begrenztem geografischen Umfang genutztes Unternehmenskennzeichen ist (Ströbele/Hacker/Hacker Rn. 33), denn auch insoweit gilt, dass ein koexistenzbegründendes Recht auf Seiten des Dritten genügt. Zum umgekehrten Fall der Geltendmachung eigener Verbietungsrechte aus einem Schutzrecht mit regionaler Reichweite gegen eine bundesweite Zeichenverwendung → § 15 Rn. 14.

3. Berufung auf fremde Gegenrechte

Der vom Markeninhaber in Anspruch genommene Dritte kann sich gemäß § 986 Abs. 1 42 BGB analog unter Umständen auch auf prioritätsältere **Fremdrechte** berufen (BGH GRUR 1993, 574 (576) – Decker).

Dies gilt jedoch nicht uneingeschränkt. Schließlich ist es denkbar, dass es den Interessen 43 des Inhabers der Fremdrechte überhaupt nicht entspricht, den Markeninhaber an der Geltendmachung von Ansprüchen gegenüber dem Dritten zu hindern. Es muss daher grundsätzlich dem Inhaber der Fremdrechte überlassen bleiben zu entscheiden, ob Dritte seine Rechte zur Rechtfertigung eigener Nutzungshandlungen heranziehen können.

Die Möglichkeit der Berufung auf Fremdrechte, die der Klagemarke entgegenstehen oder 44 zumindest zur Koexistenz berechtigen, ist daher an die weiteren Voraussetzungen geknüpft, dass der Inhaber des Fremdrechts dem Dritten die Benutzung dieses Rechts **gestattet hat,** dass die Gestattung die streitgegenständliche Benutzung abdeckt und dass die Klagemarke in den Schutzbereich des anderen Kennzeichenrechts eingreift (BGH GRUR 2013, 1150 Rn. 25 – Baumann; GRUR 2009, 1055 Rn. 52 – airdsl; Ströbele/Hacker/Hacker Rn. 35).

Soweit zwischen dem Inhaber der Fremdrechte und dem anspruchstellenden Markeninha- 45 ber lediglich eine Koexistenzlage besteht, ist darüber hinaus erforderlich, dass der Inhaber des Fremdrechts gegenüber dem Markeninhaber auch **berechtigt** war, seine Rechtsposition an den in Anspruch genommenen Dritten weiterzugeben (vgl. BGH BeckRS 2002, 30252284 – Net Com II).

MarkenG § 14 Teil 2 Voraussetzungen, Inhalt und Schranken etc.

4. Sonstige Einwendungen

46 Auch wenn sich der in Anspruch genommene Zeichennutzer gegenüber Ansprüchen aus der Klagemarke nicht auf eigene oder fremde ältere Rechte berufen kann, können sich aus der Vorbenutzung oder Benutzung eines Zeichens ausnahmsweise Einwendungen gegen die aus der Marke hergeleiteten Verletzungsansprüche ergeben. Dies gilt insbesondere bei **Löschungsreife der Klagemarke wegen Bösgläubigkeit** bzw. bösgläubiger Geltendmachung der Rechte aus der Klagemarke (zB BGH GRUR 2008, 917 Rn. 19 – EROS; GRUR 2005, 414 (417) – Russisches Schaumgebäck; Ströbele/Hacker/Hacker Rn. 28, 44). Darüber hinaus kommt ggf. Verwirkung (§ 21) in Betracht oder das Eingreifen der Schutzschranken in §§ 23, 24, was ebenfalls zu einer Benutzungsberechtigung gegenüber dem Markeninhaber führen kann (→ § 23 Rn. 1 ff.).

VI. Räumlicher Schutzbereich der Marke

47 Eine Benutzung durch den in Anspruch genommenen Dritten kann nur dann Ansprüche des Markeninhabers aus der Klagemarke begründen, wenn sich die Benutzung auf den räumlichen Schutzbereich der Marke auswirkt. Dies entspricht der Interessenlage und folgt aus dem Territorialitätsprinzip, das den Schutz eines inländischen Kennzeichens auf das Schutzland beschränkt (vgl. zB BGH GRUR 2012, 621 Rn. 34 – OSCAR).

47.1 **Ausländische Marken** können nur auf Grund von Sonderregelungen oder zwischenstaatlicher Anerkennung in Deutschland Schutz genießen (vgl. BGH GRUR 2012, 1263 Rn. 17 – Clinique happy, auch zur Frage der Anwendbarkeit ausländischen Markenrechts in Deutschland als Schutzgesetz iSv § 823 Abs. 2 BGB – die der BGH unter Aufgabe seiner früheren Rechtsprechung (BGH GRUR 1957, 352 – Taeschner/Pertussin II) nunmehr verneint).

48 Besonderheiten gelten für das Bewerben von Waren im Internet mit grenzüberschreitenden Auswirkungen. Ob in solchen Fällen Ansprüche des Markeninhabers entstehen, hängt von den Umständen des konkreten Einzelfalls ab.

49 Neben der an dieser Stelle nicht weiter zu behandelnden Frage, wann bei einer behaupteten Schutzrechtsverletzung eine internationale Zuständigkeit der deutschen Gerichte gegeben ist (→ § 140 Rn. 22 ff.), kommt es in materiellrechtlicher Hinsicht darauf an, ob eine das Markenrecht verletzende **Benutzungshandlung im Inland** zu bejahen ist (BGH GRUR 2012, 621 Rn. 34 – OSCAR).

50 Für die Annahme einer von § 14 erfassten Benutzungshandlung muss ein **relevanter Inlandsbezug** vorliegen. Durch diese Einschränkung soll der Gefahr einer uferlosen Ausdehnung des Schutzes nationaler Kennzeichenrechte und einer unangemessenen Beschränkung der wirtschaftlichen Entfaltung ausländischer Unternehmen entgegengewirkt werden (vgl. BGH GRUR 2012, 621 Rn. 35 – OSCAR). Als Richtlinie dienen insoweit die Empfehlungen der WIPO zur Benutzung von Zeichen im Internet (Article 2 Joint Recommendation Concerning Provisions On The Protection Of Marks And Other Industrial Property Rights In Signs, On The Internet aus 2001), die als Voraussetzung für die Annahme einer Verletzung im jeweiligen Schutzrechtsterritorium das Vorliegen eines „commercial effect" fordern (vgl. BGH GRUR 2005, 431 (433) – MARITIME).

51 Die Feststellung eines relevanten Inlandsbezugs ist regelmäßig unproblematisch, wenn entsprechend gekennzeichnete Produkte in Deutschland vertrieben oder mit in Deutschland verteilten Werbemitteln beworben werden. Im Übrigen ist der Inlandsbezug im Wege einer Gesamtabwägung der konkreten Umstände des Einzelfalls festzustellen (BGH GRUR 2012, 621 Rn. 36 – OSCAR).

52 Bei dieser **Gesamtabwägung** ist nicht nur auf die Auswirkungen auf die wirtschaftlichen Interessen des Kennzeichenrechtsinhabers abzustellen, sondern auch darauf, ob und inwieweit die Rechtsverletzung **unvermeidbare Begleiterscheinung** technischer oder organisatorischer Sachverhalte ist, auf die der in Anspruch Genommene keinen Einfluss hat, oder aber ob der vermeintliche Verletzer – zB durch die Schaffung von Bestellmöglichkeiten aus dem Inland oder die Lieferung auch ins Inland – **zielgerichtet** von der inländischen Erreichbarkeit profitiert und die dadurch eintretende Beeinträchtigung des Zeicheninhabers nicht nur unerheblich ist (BGH GRUR 2012, 621 Rn. 36 – OSCAR; vgl. auch EuGH C-324/09, GRUR 2011, 1025 Rn. 64 – L'Oréal/eBay).

VII. Benutzung im geschäftlichen Verkehr

1. Grundsätze

Das dem Markeninhaber gemäß § 14 Abs. 1 zugewiesene Ausschlussrecht richtet sich nur 53 gegen Benutzungshandlungen, die im geschäftlichen Verkehr vorgenommen werden (§ 14 Abs. 2). Gegen eine Benutzung des als Marke geschützten Zeichens kann der Inhaber jedenfalls nicht aufgrund seines Markenrechts vorgehen, wenn diese außerhalb des geschäftlichen Verkehrs erfolgt (BGH GRUR 1998, 696 – Rolex-Uhr mit Diamanten).

Da die MRL die Grundsätze der zivilrechtlichen Haftung einheitlich regelt, gilt dies auch in den 53.1 anderen europäischen Ländern; anderes gilt jedoch unter Umständen für strafrechtliche oder verwaltungsrechtliche Sanktionen. Auf die Unbedenklichkeit von Markenverletzungen im privaten Bereich sollte man sich daher im (europäischen) Ausland nicht verlassen: So stellen der Erwerb oder auch der Besitz gefälschter Markenwaren in Frankreich und Portugal einen Straftatbestand dar, und auch in anderen Ländern (zB in Italien) kann der Käufer von Pirateriewaren mit Ordnungsgeld belegt werden.

Ein Zeichen wird im geschäftlichen Verkehr benutzt, wenn die Benutzung im Zusammen- 54 hang mit einer **auf einen wirtschaftlichen Vorteil gerichteten kommerziellen Tätigkeit** und nicht lediglich im privaten Bereich erfolgt (EuGH C-236/08 bis C-238/08, GRUR 2010, 445 Rn. 50 – Google France und Google), also wenn die Benutzung einem beliebigen eigenen oder fremden Geschäftszweck dient (BGH GRUR 2004, 241 f. – GeDIOS).

Dabei ist bei der Beurteilung des konkreten Einzelfalls zu berücksichtigen, dass an das 55 Vorliegen einer markenrechtlich relevanten Handlung im geschäftlichen Verkehr **keine allzu hohen Anforderungen** zu stellen sind (BGH GRUR 2009, 871 Rn. 23 – Ohrclips). Insbesondere bedarf es keiner Gewinnerzielungsabsicht; es kommt auch nicht auf die Entgeltlichkeit der angebotenen Waren/Dienstleistungen oder darauf an, ob zwischen dem Markeninhaber und dem in Anspruch genommenen Dritten ein Wettbewerbsverhältnis besteht (vgl. zB BGH GRUR 1987, 440 (442) – Handtuchspender).

Vom Anwendungsbereich des § 14 ausgeschlossen sind daher insbesondere **ausschließlich** 56 private Handlungen, ferner unter Umständen Benutzungen **für rein** wissenschaftliche, ideelle, politische oder ähnliche Zwecke (→ Rn. 78 ff., → Rn. 107).

Für die Abgrenzung kann zum einen auf die **Person des Benutzers** (→ Rn. 58 f.) und 57 zum anderen auf die **Benutzungshandlung** (→ Rn. 60 ff.) selbst abgestellt werden.

An der Person des Benutzers lässt sich die Unterscheidung von geschäftlichem und priva- 58 tem Handeln jedoch nicht zweifelsfrei festmachen. Zwar wird bei **Gewerbetreibenden** ein Handeln im geschäftlichen Verkehr regelmäßig vermutet. Diese Vermutung ist jedoch widerlegbar (BGH GRUR 1993, 761 f. – Makler-Privatangebot).

Für **Privatpersonen** lässt sich eine umgekehrte Regel ohnehin nicht aufstellen, zumal 59 es für ein Handeln im geschäftlichen Verkehr nicht auf äußerliche Merkmale wie einen Gewerbeschein, ein Ladenlokal oder einen Beruf ankommt. Auch bei **Idealvereinen** kann ein Handeln im geschäftlichen Verkehr nicht von vornherein ausgeschlossen werden (vgl. BGH GRUR 2008, 1102 Rn. 12 – Haus & Grund I).

Maßgeblich bleibt daher stets die jeweils konkret zu beurteilende **Benutzungshandlung**. 60 Dabei ist nicht die Intention des Benutzers maßgeblich, sondern es kommt allein auf die erkennbar nach außen tretende Zielrichtung des Handelnden an (BGH GRUR 2002, 622 (624) – shell.de).

2. Einzelfälle

a) Privatverkäufe im Internet. aa) Beurteilungskriterien. Verkäufe gebrauchter 61 Waren im privaten Umfeld oder durch Kleinanzeigen (sog. Gelegenheitsverkäufe) werden von § 14 grundsätzlich nicht erfasst. Durch das Internet hat diese Form des Warenvertriebs jedoch eine neue Dimension erreicht: Angebote „von Privat" richten sich nicht mehr nur an einen relativ eng beschränkten Kreis von Abnehmern, sondern sind ohne großen Aufwand **für eine große Anzahl potenzieller Kunden zugänglich** und stehen damit geschäftlichen Vertriebsformen tendenziell näher als traditionelle Formen von Privatverkäufen. Damit bietet das Internet auch solchen Personen ein attraktives Betätigungsfeld, deren Handlungen nach

MarkenG § 14 Teil 2 Voraussetzungen, Inhalt und Schranken etc.

Art und Zuschnitt eher als geschäftlich zu qualifizieren sind. Solche angeblichen Privatverkäufe werden daher immer häufiger von Markeninhabern beanstandet.

62 Allein die Tatsache, dass jemand Gegenstände bei eBay oder einem entsprechenden Internetportal zum Verkauf anbietet, macht aus diesem Angebot noch kein Handeln im geschäftlichen Verkehr (anders noch OLG Köln GRUR-RR 2006, 50 f.). Weder dass es sich um ein entgeltliches Warenangebot handelt, noch dass sich das Angebot an eine faktisch unbegrenzte Zahl potentieller Kaufinteressenten richtet, sind insoweit entscheidend. Es kommt vielmehr stets auf die konkreten Umstände des Einzelfalls, wie insbesondere auf den Umfang und die Häufigkeit der Verkäufe an (EuGH C-324/09, GRUR 2011, 1025 Rn. 54 – L'Oréal/eBay).

63 Es ist also stets eine **Gesamtschau** unter Berücksichtigung aller maßgeblichen Gesichtspunkte vorzunehmen. Maßgeblich sind in diesem Zusammenhang etwa die Anzahl gleichgelagerter Angebote (BGH GRUR 2009, 871 Rn. 23 – Ohrclips), der Schwerpunkt des Angebots (Neuwaren und/oder Gebrauchtwaren; BGH GRUR 2009, 871 Rn. 23 – Ohrclips), die Einordnung als sog. Powerseller, die zeitliche Dimension der entsprechenden Tätigkeit, die Anzahl der Bewertungen von Kunden, die Verwendung von AGB sowie die Einräumung von Widerrufsrechten, der Betrieb eines „Shops" unter dem Verkaufsportal sowie das weitere Auftreten des Verkäufers im Internet (zB weitere, insbesondere gewerbliche Homepages im gleichen Segment; BGH GRUR 2008, 702 Rn. 43 – Internetversteigerung III). Auch die Art des **Erwerbs von Waren** und die darin zutage tretende Gewinnerzielungsabsicht kann unter Umständen für die Bejahung einer geschäftlichen Handlung sprechen, insbesondere bei einer Weiterveräußerung, die im eigenen Namen oder als Kommissionsgeschäft erfolgen kann (BGH GRUR 2004, 860 (863) – Internetversteigerung; GRUR 2009, 871 Rn. 25 – Ohrclips).

64 Ausschlaggebend sind immer die Umstände des Einzelfalls. Während bei einer Wohnungsauflösung trotz des Umfangs der Angebote noch von einem privaten Verkauf auszugehen sein kann (BGH GRUR 2007, 708 (710) – Internetversteigerung II), genügen unter Umständen bereits wenige Angebote spezieller Produkte, die üblicherweise nicht privat gehandelt werden (wie zB Medizinprodukte oder Arzneimittel), um ein Handeln im geschäftlichen Verkehr anzunehmen (vgl. hierzu auch BGH GRUR 2009, 871 – Ohrclips).

64.1 Wie im Gewerbesteuerrecht muss wohl auch hier gelten, dass die Verwertung des eigenen Vermögens nicht als geschäftlicher Verkehr gilt (BFH NJW 2002, 1518). Die Tätigkeit von Kapitalgesellschaften sowie sonstigen juristischen Personen des privaten Rechts und nichtrechtsfähigen Vereinen gilt nach § 2 Abs. 2 und 3 GewStG aber stets als Gewerbebetrieb, soweit ein wirtschaftlicher Geschäftsbetrieb unterhalten wird.

65 Das Anbieten von Markenpiratewaren ist markenrechtlich ebenfalls nur dann zu beanstanden, wenn ein Handeln im geschäftlichen Verkehr vorliegt. Allerdings ist insoweit eine strenge Betrachtung angebracht, die der in solchen Fällen erhöhten Gefährdung der Interessen des Markeninhabers Rechnung trägt.

66 **bb) Zurechnung von Handlungen Dritter.** Soweit es um die Haftung für eine von Dritten begangene Verletzung geht, ist für die Frage, ob geschäftliches Handeln vorliegt, auf die Person des Dritten abzustellen. Handelsplattformen wie eBay, die selbst zweifellos geschäftlich tätig sind, können daher nur dann als **Störer** haftbar gemacht werden, wenn der Anbieter selbst im geschäftlichen Verkehr handelt (BGH GRUR 2008, 702 Rn. 31 – Internetversteigerung III).

67 Umgekehrt gilt, dass auch der Inhaber eines privaten eBay-Accounts unter Umständen für geschäftliche Handlungen haftbar gemacht werden kann, die über diesen Account abgewickelt werden. Dies gilt dem BGH zufolge dann, wenn der Account-Inhaber seine **Zugangsdaten nicht hinreichend sichert** (BGH GRUR 2009, 597 – Halzband; bestätigt in GRUR 2012, 304 Rn. 46 – Basler Haar-Kosmetik). Ob eine Haftung alleine aufgrund eines so weitreichenden Zurechnungsgrundes begründet werden kann, ist umstritten (anders bei unzureichender Sicherung des Zugangs zu einem WLAN-Anschluss; BGH GRUR 2010, 633 Rn. 15, 18 ff. – Sommer unseres Lebens; generell zu Fragen der (Mit-)Haftung für Handlungen Dritter → Rn. 622 ff.). Eine Haftung für einen Link von einer privaten auf eine kommerzielle rechtsverletzende Homepage soll jedenfalls in der Regel nicht erfolgen (OLG Schleswig GRUR-RR 2015, 529 – mobilcomonline.de).

Ausschließliches Recht des Inhabers; Unterlassung; Schadensersatz § 14 MarkenG

Die Haftung von Informationsmittlern bei Bereitstellung ungesicherter WLAN-Anschlüsse ist auch **67.1**
im Urheberrecht von großer Bedeutung. Die damit zusammenhängenden Fragen liegen dem EuGH
im Verfahren C-484/14 – McFadden zur Vorabentscheidung vor.

b) Private Einfuhr. Ebenso wie der Privatverkauf ist auch die private Einfuhr von Waren, **68**
deren Vertrieb innerhalb Deutschlands bzw. der EU unzulässig wäre, grundsätzlich erlaubt.
Davon erfasst werden jedoch nur private „Mitbringsel": Die zum **Privatgebrauch** am
Urlaubstrand erworbene „Luxushandtasche" **ist hinzunehmen;** die Einfuhr rechtsverletzender Waren durch Dritte bleibt hingegen verboten, selbst wenn sie auf einer privaten Bestellung beruht (→ Rn. 69).

Auch bei den in Deutschland unproblematischen privaten Mitbringseln ist im europäischen Ausland **68.1**
Vorsicht geboten: Dort steht unter Umständen auch die private Einfuhr unter Strafe. Die in Fernost
billig gekaufte Uhren-Kopie kann daher zB nicht gefahrlos nach Frankreich mitgebracht werden (→
Rn. 53.1).

Ob die Einfuhr mitgebrachter Waren für private Zwecke erfolgt oder als Handeln im **69**
geschäftlichen Verkehr zu qualifizieren ist, hängt von den Umständen des Einzelfalls ab. Im
Interesse eines effektiven Markenschutzes sind strenge Anforderungen an die Verneinung des
Handelns im geschäftlichen Verkehr zu stellen (ebenso Ströbele/Hacker/Hacker Rn. 53).
Abzustellen ist wie stets bei der Abgrenzung von privatem und geschäftlichem Handeln auf
die **nach außen erkennbare Zielrichtung** des Handelns (BGH GRUR 2002, 622 (624) –
shell.de), mithin vor allem auf Art und Anzahl der eingeführten Gegenstände sowie die
Person des Einführenden und dessen berufliche Tätigkeit. Letztere kann zB darüber Auskunft
geben, ob eingeführte Gegenstände als Privatgeschenke oder als Werbegeschenke (dann liegt
in der Regel ein Handeln im geschäftlichen Verkehr nahe) anzusehen sind.

Werden die einzuführenden Waren nicht vom Erwerber mitgebracht sondern im Ausland – **70**
insbesondere über das Internet – bestellt und sodann von dem Anbieter der Ware oder einem
von diesem beauftragten Unternehmen ausgeliefert, ändert dies nichts daran, dass der privat
handelnde Besteller keine Markenverletzung begeht. Da und soweit der Anbieter jedoch
gewerblich handelt und die Einfuhr der Waren durch ihn eine Rechtsverletzung darstellt,
unterliegen die Waren der **Zollbeschlagnahme** nach der VO (EU) Nr. 608/2013 (bisher:
VO (EG) Nr. 1383/2003) und müssen dem (privaten) Besteller auf dessen Antrag hin nicht
ausgeliefert werden (EuGH C-98/13, GRUR 2014, 283 – Blomqvist).

Zum gleichen Ergebnis konnte das deutsche Recht bereits vor dieser Entscheidung gelangen: Im **70.1**
Fall einer – in den hier interessierenden Fällen regelmäßig vorliegenden – Bring- oder Schickschuld
bringt der Versender regelmäßig die Waren im Schutzbereich der Marke in Verkehr (so Weber WRP
2005, 961 (964)). Etwas anderes ergibt sich auch nicht aus EuGH C-16/03, GRUR 2005, 507 – Peak
Holding): Dort wurde zwar festgestellt, dass der Import von Waren von ihrem Inverkehrbringen zu
unterscheiden ist. Dies betraf jedoch die anders gelagerte Frage, ob der Import bereits zu einer Erschöpfung des Markenrechts führt; es ging zudem um die Frage, deren Verkauf erst innerhalb der EU stattfinden
sollte. Hingegen ist eine Einfuhr, die der Abwicklung eines Verkaufs an einen Dritten innerhalb der
EU dient, eindeutig markenverletzend (EuGH C-16/03, GRUR 2005, 507 Rn. 39 – Peak Holding).

c) Private Herstellung. Privates und damit markenrechtlich nicht zu beanstandendes **71**
Handeln kann auch bei der Herstellung von an sich zur Markenverletzung geeigneten Produkten vorliegen, etwa bei der privaten Gestaltung von Kleidungsstücken oder Taschen mit
kennzeichenrechtlich geschützten Bildzeichen für den Privatgebrauch oder als Geschenk.
Dies gilt auch dann, wenn gewerblich handelnde Dritte mit der Ausführung entsprechender
Wünsche von Privatpersonen beauftragt werden (BGH GRUR 1998, 696 – Rolex-Uhr mit
Diamanten). Auch hier sind im Rahmen einer Abgrenzung zum markenrechtlich relevanten
Verhalten die Umstände des Einzelfalls maßgeblich.

d) Privat genutzte Website. Bei privat genutzten Websites ist zum einen bei der Ver- **72**
wendung des Domainnamens (→ § 15 Rn. 102 ff.) sowie zum anderen bei der Verwendung
des Zeichens auf der Website selbst zwischen geschäftlichem und privatem Handeln abzugrenzen.

MarkenG § 14 Teil 2 Voraussetzungen, Inhalt und Schranken etc.

73 Für die Beurteilung ist auch insoweit die erkennbar **nach außen tretende Zielrichtung** des Handelnden maßgeblich (BGH GRUR 2002, 622 (624) – shell.de). Dabei kann entweder auf die Nutzung der Website insgesamt oder nur auf einzelne Teilbereiche abzustellen sein.

74 Unproblematisch sind in der Regel diejenigen Fälle, in denen der Internetauftritt ersichtlich im Zusammenhang mit einer auf einen wirtschaftlichen Vorteil gerichteten kommerziellen Tätigkeit erfolgt. Hier stellt sich lediglich die Frage, ob auf einer derartigen Website einzelne **Teilbereiche** auszuklammern sind. Dies gilt zB für Internetportale wie eBay, die von ihrem Betreiber im geschäftlichen Verkehr genutzt werden, während einzelne dort eingestellte Angebote nach den in → Rn. 69 ff. genannten Kriterien als private Handlungen einzustufen sein können (mit der Folge, dass der Portalbetreiber für solche Angebote markenrechtlich nicht einstehen muss, vgl. BGH GRUR 2008, 702 Rn. 31 – Internetversteigerung III).

75 Schwieriger ist die markenrechtliche Einstufung einer an sich **privaten Website.** Hier ist primär auf die Inhalte der Seite selbst abzustellen, wobei nicht allein die Gestaltung durch den Betreiber selber, sondern auch der gesamte Kontext zu berücksichtigen ist, in dem sich die Seite dem Betrachter präsentiert. Erscheint auf der Seite zB **Banner-Werbung,** wird man häufig den Internetauftritt insgesamt als Handlung im geschäftlichen Verkehr anzusehen haben, denn eine solche Benutzung dient regelmäßig einem eigenen oder fremden Geschäftszweck (so auch Ingerl/Rohnke Nach § 15 Rn. 125; zurückhaltend Ströbele/Hacker/Hacker Rn. 52).

76 Soweit Dritte für die auf einer Website eingestellten Inhalte in Anspruch genommen werden, kommt es für die Frage der geschäftlichen bzw. privaten Markenbenutzung auf das Verhalten des unmittelbar Handelnden an (→ Rn. 623). Ob dem Dritten die Handlung des mutmaßlichen Verletzers zuzurechnen ist, richtet sich nach den allgemeinen Grundsätzen der Störerhaftung (→ Rn. 649 ff.) oder nach besonderen Zurechnungsgründen (s. BGH GRUR 2009, 597 – Halzband zur Haftung aufgrund von unzureichender Sicherung der Zugangsdaten eines eBay-Accounts; anders bei Zugriff Dritter auf ungesicherten WLAN-Anschluss BGH GRUR 2010, 633 Rn. 15 – Sommer unseres Lebens; zur Frage der Haftung des Domainnameninhabers für Handlungen des Betreibers der Webseite → § 15 Rn. 171; zur Haftung bei Links auf kommerzielle Homepages OLG Schleswig GRUR-RR 2015, 529).

77 **e) Private Markenanmeldung?** Eine private Markenanmeldung scheidet bereits begrifflich aus, denn die Anmeldung einer Marke bringt regelmäßig (vgl. BGH GRUR 2008, 912 Rn. 30 – Metrosex) zum Ausdruck, dass der Anmeldende das entsprechende Zeichen als Marke und damit im geschäftlichen Verkehr nutzen will. Die Anmeldung begründet damit – nach der genannten Entscheidung „im Regelfall" – eine **Erstbegehungsgefahr** für eine Benutzung des Zeichens im geschäftlichen Verkehr für die beanspruchten Waren und/oder Dienstleistungen.

77.1 Ob die Einschränkung des BGH in der Metrosex-Entscheidung (vgl. BGH GRUR 2008, 912 Rn. 30) auch den Regelfall erforderlich ist, ist fraglich. Im Gegensatz zur bloßen Registrierung eines Domainnamens, bei dem tatsächlich völlig offen ist, in welchem Bereich eine darunter irgendwann eingerichtete Website anzusiedeln ist, ergibt die Anmeldung einer Marke nur für denjenigen einen Sinn, der dieses Zeichen bestimmungsgemäß und damit im geschäftlichen Verkehr verwenden will. Eine andere Art der Benutzung führt – nach Ablauf der Schonfrist – zwangsläufig zur Löschungsreife, da eine nach § 26 zum Erhalt der Marke erforderliche ernsthafte Benutzung stets voraussetzt, dass sie dazu dient, einen Absatzmarkt für die gekennzeichneten Waren oder Dienstleistungen zu erschließen oder zu sichern (EuGH C-495/07, GRUR 2009, 410 Rn. 18 – Silberquelle).

78 **f) Fälle fehlender Nutzung außerhalb des privaten Bereichs.** Auch außerhalb des rein privaten Handelns sind Bereiche denkbar, die nicht dem geschäftlichen Verkehr zuzuordnen sind und daher von vornherein aus dem Anwendungsbereich des § 14 fallen.

79 Hierzu sollen etwa rein **innerbetriebliche Handlungen** gehören, wie interne Anweisungen an Mitarbeiter oder Beauftragte (vgl. Ströbele/Hacker/Hacker Rn. 59). Dies kann jedoch nicht allgemein gelten. Vielmehr stellen etwa der rein betriebsinterne Zustand des Besitzens sowie die interne Zeichenanbringung nach § 14 Abs. 3 und 4 ausdrücklich Verletzungshandlungen dar (hierzu Ingerl/Rohnke Rn. 87 ff.). Nach dem EuGH soll eine Abgren-

zung danach erfolgen, ob die Marke in der **eigenen kommerziellen Kommunikation** des Anspruchsgegners benutzt wird (EuGH C-236/08 bis C-238/08, GRUR 2010, 445 Rn. 56 – Google France und Google). So lässt der Anbieter eines Internetreferenzierungsdienstes zwar zu, dass seine Kunden Zeichen benutzen, die mit Marken identisch oder ihnen ähnlich sind, jedoch benutzt er diese Zeichen nicht selbst (EuGH C-236/08 bis C-238/08, GRUR 2010, 445 Rn. 56 – Google France und Google). Auch ein Dienstleistender, der im Auftrag und nach den Anweisungen eines Dritten Getränkedosen abfüllt, die der Dritte ihm zur Verfügung gestellt hat und die bereits mit dem markenverletzenden Zeichen versehen waren, nimmt nach der Rechtsprechung des EuGH selbst keine Benutzung dieses Zeichens vor (EuGH C-119/10, GRUR 2012, 268 – Frisdranken/Red Bull). Kommt ein Dienstleister der Aufforderung des Werbenden nicht nach, eine von ihm beauftragte Anzeige oder die in ihr enthaltene Nennung der Marke zu löschen, lässt sich die Veröffentlichung der Marke auf der Referenzierungswebsite nach der EuGH-Rechtsprechung nicht mehr als Benutzung der Marke durch den Werbenden qualifizieren (EuGH C-179/15, GRUR 2016, 375 Rn. 34 – Daimler/Együd Garage). Gleiches gilt, wenn die Werbung weder vom Werbenden selbst noch in seinem Namen platziert wurde (EuGH C-179/15, GRUR 2016, 375 Rn. 44 – Daimler/Együd Garage).

79.1 Die Ansicht, dass die Benutzung von Marken in der innerbetrieblichen Kommunikation nicht zu einer Markenverletzung führen kann, wird auch in einer Entscheidung des britischen High Court vertreten (High Court, Chancery Division (Arnold J), 20.10.2010, [2010] EWHC 2599, Rn. 59, 60 – Och-Ziff/Och Capital).

80 Ob eine im Einzelfall mitunter schwierige Abgrenzung anhand des Kriteriums der „kommerziellen Kommunikation" erforderlich ist, erscheint jedoch zweifelhaft. Da die Bejahung eines Handelns im geschäftlichen Verkehr noch nicht bedeutet, dass eine derartige Handlung auch markenrechtlich relevant ist, erscheint es sachgerechter, betriebsinterne Handlungen grundsätzlich als Handlungen im geschäftlichen Verkehr zu qualifizieren, weil sie als Benutzungshandlungen im Zusammenhang mit einer auf einen wirtschaftlichen Vorteil gerichteten kommerziellen Tätigkeit und nicht im privaten Bereich erfolgen und damit die Anforderungen der Rechtsprechung an dieses Merkmal erfüllen (EuGH C-236/08 bis C-238/08, GRUR 2010, 445 Rn. 50 – Google France und Google), bzw. einem beliebigen eigenen oder fremden Geschäftszweck dienen (BGH GRUR 2004, 241 f. – GeDIOS). Ob die weiteren Anforderungen, die an eine markenmäßige Benutzung zu stellen sind, erfüllt sind – insbesondere ob es sich um eine Benutzung „im Rahmen des Produktabsatzes" handelt (→ Rn. 117 ff.; vgl. BGH GRUR 2009, 1055 Rn. 49 – airdsl) – wäre dann gesondert festzustellen.

81 Als Handlungen außerhalb des geschäftlichen Verkehrs kommen zudem **politische** sowie **rein hoheitliche „Amtshandlungen"** und rein **wissenschaftliche Tätigkeiten** in Betracht (BGH GRUR 2004, 241 f. – GeDIOS). Auch hier kann die Abgrenzung im Einzelfall schwierig sein.

82 Eine **redaktionelle Tätigkeit** stellt hingegen ein Handeln im geschäftlichen Verkehr dar (so auch Ingerl/Rohnke Rn. 83; zur Frage der markenmäßigen Benutzung → Rn. 106).

3. Feststellung geschäftlichen Handelns im Prozess

83 Das Handeln im geschäftlichen Verkehr ist Tatbestandsvoraussetzung für eine Markenverletzung und daher **vom Anspruchssteller** darzulegen sowie im Zweifelsfall zu beweisen (BGH GRUR 2008, 702 Rn. 46 – Internet-Versteigerung III). Dies kann jedoch schwierig sein, wenn nach den objektiven Umstände sowohl eine private als auch eine geschäftliche Handlung denkbar ist (insbesondere bei eBay-Verkäufen oder der Einfuhr an sich markenverletzender Produkte). Da es aber grundsätzlich weder auf die tatsächliche Intention noch die Einordnung des Benutzers maßgeblich ankommt, sondern allein auf die erkennbar nach außen tretende Zielrichtung des Handelnden (BGH GRUR 2002, 622 (624) – shell.de), trifft den Handelnden in Zweifelsfällen eine **sekundäre Darlegungslast** zu den näheren Umständen, sofern er sich auf eine private Nutzung berufen will (BGH GRUR 2009, 871 Rn. 27 – Ohrclips).

MarkenG § 14   Teil 2 Voraussetzungen, Inhalt und Schranken etc.

VIII. Benutzung zur Unterscheidung von Waren und Dienstleistungen

1. Grundsätze

84   Eine rechtlich relevante Benutzung iSd MarkenG setzt voraus, dass die beanstandete Bezeichnung **zur Unterscheidung von Waren oder Dienstleistungen** nach ihrer kommerziellen Herkunft benutzt wird (→ Rn. 120 ff.; EuGH C-63/97, GRUR 1999, 244 Rn. 39 – BMW/Deenik; s. auch BGH GRUR 2013, 1239 Rn. 20 – VOLKSWAGEN/Volks.Inspektion: Die Marke muss „im Rahmen des Produkt- oder Leistungsabsatzes jedenfalls auch der Unterscheidung der Waren oder Dienstleistungen eines Unternehmens von denen anderer dienen"). Die Benutzung für andere Kennzeichnungsobjekte, insbesondere für Unternehmen, wird davon grundsätzlich nicht erfasst (→ Rn. 85 ff., → Rn. 90 ff.); das Gleiche gilt für Benutzungen, die lediglich beschreibend sind und nicht als Hinweis auf die kommerzielle Herkunft der Waren oder Dienstleistungen aufgefasst werden (→ Rn. 95 ff.). Erforderlich ist schließlich, dass das Zeichen für Waren oder Dienstleistungen des Verletzers benutzt wird (→ Rn. 109 ff.).

2. Andere Kennzeichnungsobjekte

85   **a) Unternehmenskennzeichen.** Die Verwendung von Unternehmenskennzeichen stellt nach der EuGH-Rechtsprechung (nur) dann eine Benutzung für Waren oder Dienstleistungen dar, wenn sie den Eindruck aufkommen lässt, dass eine **konkrete Verbindung** im geschäftlichen Verkehr zwischen den Waren des Dritten und dem Unternehmen besteht, von dem diese Waren herstammen (EuGH C-245/02, GRUR 2005, 153 Rn. 59 f., 63 ff. – Anheuser Busch; C-17/06, GRUR 2007, 971 Rn. 23 – Celine). Diese Grundsätze liegen auch der BGH seiner Rechtsprechung zugrunde (BGH GRUR 2008, 254 Rn. 22 – THE HOME STORE; GRUR 2008, 1002 Rn. 22 – Schuhpark; GRUR 2009, 772 Rn. 48 – Augsburger Puppenkiste; BGH GRUR 2015, 1201 (1209) – Sparkassen-Rot/Santander-Rot). Ein rein firmenmäßiger Gebrauch stellt danach keine relevante Benutzungshandlung iSv § 14 Abs. 2 Nr. 1 und 2 dar.

85.1   Der BGH ging zuvor davon aus, dass eine Marke auch dadurch verletzt werden kann, dass ein Dritter, der ähnliche Waren oder Dienstleistungen anbietet, ein identisches oder ähnliches Zeichen als Bezeichnung seines Unternehmens verwendet. Diese Rechtsprechung wurde damit begründet, dass infolge der allen Kennzeichenrechten gemeinsamen Herkunftsfunktion firmen- und markenmäßiger Gebrauch ineinander übergehen und die Unternehmensbezeichnung zumindest mittelbar auch die Herkunft der aus dem Betrieb stammenden Waren kennzeichnet (BGH GRUR 2004, 512 (514) – Leysieffer).

86   Die Anforderungen an eine (zumindest auch) markenmäßige Benutzung eines Unternehmenskennzeichens werden nicht allzu hoch angesetzt. Bereits die objektiv nicht völlig fernliegende Möglichkeit, dass der Verbraucher in dem streitgegenständlichen Zeichen einen Herkunftshinweis erkennt, reicht für die Annahme einer Benutzung für Waren oder Dienstleistungen aus (so allgemein für die Voraussetzungen einer markenrechtlich relevanten Benutzung Ingerl/Rohnke Rn. 143 f.). In den meisten Fällen wird daher das Bestehen einer Verbindung zwischen dem angegriffenen Unternehmenskennzeichen und den Waren oder Dienstleistungen, die der Dritte vertreibt, bejaht werden können, zumal die Verwendung eines Unternehmenskennzeichens im geschäftlichen Verkehr in aller Regel so erfolgt, dass das Unternehmenskennzeichen in unmittelbarer Beziehung zu den angebotenen Produkten steht (BGH GRUR 2012, 1145 Rn. 29, 30 – Pelikan). Bei Dienstleistungen muss für den Verkehr aus der Benutzungshandlung selbst ersichtlich sein, auf welche konkreten Dienstleistungen sich die Kennzeichnung bezieht (BGH GRUR 2015, 1201 (1209) – Sparkassen-Rot/Santander-Rot). Ein hinreichender Bezug zwischen Zeichen und konkreten Waren und Dienstleistungen liegt im Falle einer reinen Imagewerbung oftmals nicht vor (BGH GRUR 2015, 1201 (1209) – Sparkassen-Rot/Santander-Rot).

86.1   Zu einem Ausnahmefall zB OLG München Beschl. v. 15.4.2011 – 29 W 561/11: bei Verwendung des fraglichen Zeichens mit als Anschrift erkennbarer Ortsangabe für ein Friseurgeschäft liegt die Annahme eines reinen Unternehmenskennzeichens nahe.

87 Auch bei großzügiger Handhabung zugunsten des Markeninhabers gilt jedoch, dass aus einer Marke **nicht generell** die Verwendung einer Bezeichnung zur Kennzeichnung eines Geschäftsbetriebs untersagt werden kann. Ein darauf gerichteter Unterlassungsantrag hat keinen Erfolg (BGH GRUR 2011, 1140 Rn. 15 – Schaumstoff Lübke), da er keinen Raum für eine weitergehende Wertung der tatsächlich angegriffenen Benutzung ließe. Insoweit ergeben sich jedoch ggf. Hinweispflichten des angerufenen Gerichts (BGH GRUR 2011, 1140 Rn. 19 ff., 22 – Schaumstoff Lübke).

88 Zu beachten ist ferner, dass § 23 Nr. 1, der die Verwendung des eigenen Namens für zulässig erklärt, nach der Rechtsprechung des EuGH zu Art. 6 Abs. 1 Buchst. a RL 2008/95/EG auch zugunsten gewillkürter Unternehmenskennzeichen gilt (EuGH C-245/02, GRUR 2005, 153 Rn. 77 ff. – Anheuser Busch; → § 23 Rn. 13). Daher kann selbst die markenmäßig erfolgende Benutzung von Unternehmenskennzeichen nur dann untersagt werden, wenn sie iSv § 23 den anständigen Gepflogenheiten von Handel und Gewerbe zuwiderläuft.

89 Die Entscheidung über die Zulässigkeit oder Unzulässigkeit der Benutzung von Unternehmenskennzeichen ist daher in starkem Maße einzelfallabhängig; dies kann sowohl für den Markeninhaber als auch für den Inhaber des Unternehmenskennzeichens zu erheblichen Rechtsunsicherheiten führen.

89.1 In der MRL nF ist vorgesehen, dass die Verwendung des Zeichens als Handelsname oder Unternehmensbezeichnung oder als deren Teil grundsätzlich im Verletzungstatbestand geregelt wird (vgl. Art. 10 Abs. 3 lit. d RL (EU) 2015/2436). Da jedoch die Benutzung für (bzw. „im Zusammenhang mit"; → Rn. 114.1) Waren und Dienstleistungen auch weiterhin als Voraussetzung einer Markenverletzung genannt wird, dürfte sich an der gegenwärtigen Situation nichts ändern; die vorgeschlagene Regelung dient lediglich der Umsetzung der Céline-Rechtsprechung (vgl. auch die Stellungnahme der GRUR in GRUR 2013, 800 (804); kritisch dazu Sack GRUR 2013, 657 (663 f.)). Allerdings wird die Möglichkeit der Berufung auf § 23 Nr. 1 eingeschränkt; diese Vorschrift soll künftig auf Personennamen eingeschränkt werden und kommt damit nur solchen Unternehmenskennzeichen zugute, die den Namen des (ursprünglichen) Inhabers enthalten.

90 **b) Werktitel.** Für die Frage, ob die Verwendung eines Zeichens als Werktitel iSv § 5 Abs. 3 eine markenmäßige Benutzung ist, ist von dem Grundsatz auszugehen, dass der Werktitel an sich kein Herkunftshinweis ist, sondern der Unterscheidung des so bezeichneten Werkes von anderen Werken dient (BGH GRUR 2005, 264 f. – Das Telefon-Sparbuch; missverständlich daher BGH GRUR 2004, 512 f. – Leysieffer, wo der BGH von der „allen Kennzeichenrechten gemeinsamen Herkunftsfunktion" spricht).

91 Dies schließt allerdings nicht aus, dass nach Auffassung der angesprochenen Verkehrskreise in der konkreten Verwendung eines Werktitels zugleich ein Herkunftshinweis zu erkennen sein kann (BGH GRUR 2002, 1083 (1085) – 1, 2, 3 im Sauseschritt). Dies gilt insbesondere, wenn der Werktitel zugleich als Domainname benutzt wird und auf der darüber zu erreichenden Homepage Waren oder Dienstleistungen angeboten werden (OLG Köln GRUR 2015, 596 (599) – Kinderstube (nicht rechtskräftig)).

92 Bei periodisch erscheinenden Zeitschriften ist die Annahme, dass der jeweilige Werktitel zugleich einen Herkunftshinweis enthält, in der Regel zu bejahen (vgl. OLG München GRUR-RR 2011, 466 f. – Moulin Rouge Story I; OLG Hamburg GRUR-RR 2008, 296 – Heimwerker-Test), denn der Verbraucher ist daran gewöhnt, dass ein Zeitschriftentitel zugleich auf den jeweiligen Herausgeber hinweisen soll, was insbesondere für Reihentitel gilt. Entsprechendes kann bei Fernsehserien der Fall sein (vgl. OLG München GRUR-RR 2011, 466 f. – Moulin Rouge Story I).

93 Umgekehrt werden Titel von Büchern, Filmen, Computerspielen oder Musikstücken in der Regel nicht als Herkunftshinweis aufgefasst, denn diese Titel dienen zumeist allein der Unterscheidung des jeweiligen Werkes von anderen (zur Bezeichnung eines Computerspiels und im Streitfall verneinend OLG Hamburg GRUR-RR 2012, 154 – Luxor; s. ferner OLG Hamburg BeckRS 2001, 552; zu Software- und Magazintiteln s. Rohnke/Thiering GRUR 2012, 967 (970), die eine „unproblematische Anerkennung der markenmäßigen Benutzung" für diese Titelarten fordern).

94 Bei Werktiteln für Veranstaltungen nimmt die Rechtsprechung eine Benutzung für Waren oder Dienstleistungen eher zurückhaltend an (OLG München GRUR-RR 2011, 466 f. – Moulin Rouge Story I; KG GRUR 2011, 468 – Moulin Rouge Story II).

3. Beschreibende Benutzung

95 **a) Voraussetzungen.** Ansprüche des Markeninhabers nach § 14 scheiden aus, wenn die Benutzung zu **rein beschreibenden Zwecken** erfolgt (EuGH C-487/07, GRUR 2009, 756 Rn. 61 – L'Oréal/Bellure; vgl. auch BGH GRUR 2009, 502 Rn. 29 – pcb).

96 Ob ein Zeichen rein beschreibend verwendet wird, ist anhand der konkreten Umstände des jeweiligen Einzelfalls unter Berücksichtigung des **Gesamteindrucks** zu beurteilen, der bei den angesprochenen Verkehrskreisen aufgrund der Zeichenverwendung entsteht.

97 Als Beurteilungsgrundsätze sind dabei neben dem Inhalt des Zeichens (BGH GRUR 2003, 732 – Festspielhaus) unter anderem die **Kennzeichnungsgewohnheiten** im maßgeblichen Warensektor (vgl. BGH GRUR 2010, 838 Rn. 20 – DDR-Logo), die **Positionierung** des zu beurteilenden Zeichens (vgl. zB BGH GRUR 2012, 1040 Rn. 18 – pjur/pure) sowie die **weitere Gestaltung** des Produkts/der Verpackung, insbesondere das Hinzutreten oder Fehlen weiterer Kennzeichen (vgl. BGH GRUR 2002, 809 – Frühstücks-Drink I; GRUR 2002, 812 – Frühstücks-Drink II; GRUR 2012, 1040 – pjur/pure) oder eines ® (aA OLG München BeckRS 2013, 08768 – Andechser; Überprüfung durch den BGH unter X ZR 126/13; → § 8 Rn. 598 f.) zu beachten.

98 Maßgeblich ist die Auffassung der angesprochenen Verkehrskreise, die der Tatrichter festzustellen hat (BGH GRUR 2010, 838 Rn. 20 – DDR-Logo). Er muss dabei die **Faktoren** berücksichtigen, die das Verkehrsverständnis beeinflussen, wie etwa die Gewöhnung daran, dass in bestimmten Warensektoren üblicherweise Marken gewählt werden, die sich stark an beschreibende Bezeichnungen anlehnen (wie etwa im Arzneimittelsektor die Anlehnung an die generische Bezeichnung des Wirkstoffs). Gleiches gilt für eine unter Umständen sektorspezifische Gewöhnung an die Verwendung einfacher grafischer Symbole oder Farben als Marken (zu Einzelheiten → § 8 Rn. 433 ff.).

99 Abzustellen ist auf die konkrete streitgegenständliche Verwendung des Zeichens und den dadurch hervorgerufenen Gesamteindruck. Dabei kann aufgrund einer bestimmten Art der Darstellung aus einer an sich beschreibenden Angabe ein Herkunftshinweis im Rechtssinne werden (vgl. BGH GRUR 2004, 778 – Urlaub direkt, wo der BGH eine markenmäßige Verwendung für Dienstleistungen im Tourismusbereich nicht weiter in Zweifel zieht; OLG Köln GRUR-RR 2013, 24 (26) – Gute Laune Drops: markenmäßige Verwendung der Bezeichnung „Gute Laune Brause-Taler" bejaht, da es sich um die einzige Wortfolge auf dem Dosendeckel des streitgegenständlichen Produkts handelte, der eine herkunftshinweisende Funktion zukommen konnte; LG Hamburg GRUR-RR 2015, 103 – MINI: markenmäßige Verwendung der Bezeichnung „MINI" auf Merchandising-Produkten aufgrund blickfangmäßiger Herausstellung bejaht). Dies gilt zB dann, wenn die konkrete Art der Verwendung die Annahme eines Produktnamens nahe legt (BGH GRUR 2012, 1040 Rn. 19 – pjur/pure; GRUR 2003, 963 f. – AntiVir/AntiVirus).

99.1 Im Hinblick auf Angaben, die prinzipiell geeignet sind, als beschreibende Angaben eingestuft zu werden, ist der Antrag in Verletzungsprozessen stets konkret zu formulieren. Denn eine Inanspruchnahme des Verwenders einer beschreibenden Angabe in isolierter Form kann dann scheitern, während die konkrete Verwendung zumindest den Anwendungsbereich des § 14 eröffnet – s. hierzu beispielhaft BGH GRUR 2002, 809 – Frühstücks-Drink I; GRUR 2002, 812 – Frühstücks-Drink II.

100 Problematisch sind die Fälle, in denen die angesprochenen Verkehrskreise eine objektiv beschreibende Angabe nicht verstehen, oder wenn ein solches Verständnis nur bei (geringen) Teilen der Verkehrskreise anzunehmen ist, wie dies bei **Fremd- oder Lehnwörtern** oder Fachbegriffen der Fall sein kann. Auch hier ist zunächst festzustellen, wie der Durchschnittsverbraucher die konkrete Zeichennutzung auffasst. Erkennt dieser bzw. – soweit eine Aufspaltung der angesprochenen Verkehrskreise nach objektiven Kriterien (zB bei Fach- oder unterschiedlichen Sprachkreisen) möglich ist (zur Verwechslungsgefahr BGH GRUR 2013, 631 Rn. 64 f. – AMARULA/Marulablu) – ein abgrenzbarer Teil davon den beschreibenden Gehalt nicht, ist regelmäßig von einer markenmäßigen Benutzung auszugehen (vgl. BGH GRUR 2004, 947 f. – Gazoz). Auch der Umstand, dass ein Begriff im europäischen Ausland als beschreibende Verwendung verstanden wird, steht der Annahme einer markenmäßigen Verwendung im Inland nicht entgegen; insbesondere ist eine solche Annahme kein Verstoß gegen die unionsrechtliche Dienstleistungsfreiheit (BGH GRUR 2012, 621 Rn. 40, 45 – OSCAR).

In solchen Fällen ist allerdings besondere Aufmerksamkeit auf die Prüfung von § 23 Nr. 2 zu richten, **100.1** der bei Importen aus dem betreffenden Mitgliedsland im Licht der Grundsätze des freien Warenverkehrs auszulegen ist.

Der Annahme einer markenmäßigen Benutzung kann auf der anderen Seite entgegenste- **101** hen, dass das angesprochene Publikum den verwendeten (und nicht besonders hervorgehobenen) Begriff als solchen zwar nicht kennt, seine Bedeutung jedoch aufgrund der konkreten Umstände des Falles ohne weiteres herleiten kann. Wenn auf **Fachpublikum** abzustellen ist, können daher im Einzelfall die Anforderungen an die Bejahung einer beschreibenden Verwendung geringer anzusetzen sein (vgl. OLG Hamburg BeckRS 2007, 14907 – Metro Ethernet).

Eine beschreibende Benutzung kann unter Umständen auch vorliegen, wenn die Marke **102** zwar nicht selbst beschreibend ist, aber in (eindeutig) beschreibendem Sinne verwendet wird. So liegt in der unter Nennung der Marke erfolgenden Bezugnahme auf ein Produkt zu dem Zweck, die Merkmale dieses Produkts zu beschreiben, keine vom Markenrecht erfasste Form der Markenverwendung (EuGH C-2/00, GRUR 2002, 692 Rn. 16 – Hölterhoff/Freiesleben).

In dem der EuGH-Entscheidung „Hölterhoff/Freiesleben" zugrunde liegenden Fall hatte sich ein **102.1** Schmuckhändler in einem mündlichen Verkaufsgespräch auf die für einen Schmuckstein eingetragene Marke bezogen, um den Schliff des Steins zu beschreiben; der EuGH sah darin keine markenrechtlich relevante Handlung. Auf einer ähnlichen Überlegung beruht die Entscheidung OLG Hamm GRUR-RR 2012, 384 f. – Sipari: An einer markenmäßigen Benutzung (bezogen auf eine Dienstleistung) fehle es, wenn die Dienstleistung nur durch die Nennung identifizierbar werde, ohne dass dies mit ihrer betrieblichen Herkunft zu tun habe („SIPARI-Methode nach J."). Dies war der Fall, da die Dienstleistung erst durch den Markeninhaber geschaffen und danach durch ihn auch benannt wurde, so dass keine „neutralen" Begriffe für die Benennung verfügbar waren.

Soweit es lediglich um die Prüfung einer **Erstbegehungsgefahr** für eine Markenverlet- **103** zung (etwa aufgrund einer Markeneintragung) geht, spielt auch das Verkehrsverständnis lediglich eines Teilbereichs der angesprochenen Kreise eine Rolle. Kann aufgrund dessen nicht von vornherein ausgeschlossen werden, dass eine zukünftige Verwendung, die vom Unterlassungsantrag erfasst wäre, als beschreibende Angabe verstanden wird, kommen Unterlassungsansprüche nicht in Betracht (vgl. BGH GRUR 2008, 912 Rn. 20, 21 – Metrosex).

b) Verhältnis zu § 23. Wird ein objektiv beschreibendes Zeichen von den beteiligten **104** Verkehrskreisen zugleich als Hinweis auf die kommerzielle Herkunft aufgefasst, bleibt zu prüfen, ob die Schutzschranke des § 23 Nr. 2 zugunsten des Verwenders eingreift. Dies wird nicht bereits dadurch ausgeschlossen, dass das angegriffene Zeichen markenmäßig benutzt wird (BGH GRUR 2011, 134 Rn. 59 – Perlentaucher).

Systematisch korrekt ist insoweit ein **stufenförmiger Prüfungsaufbau**, bei dem zunächst **105** die markenrechtlich relevante Benutzung von einer rein beschreibenden Benutzung abgegrenzt und sodann das Eingreifen der Schutzschranke geprüft wird (vgl. zur Abgrenzung v. Linstow GRUR 2009, 111). In der Praxis ist eine solche Prüfungsabfolge jedoch kaum durchführbar, da sich deren einzelne Schritte nur schwer voneinander trennen lassen (vgl. BGH GRUR 2005, 581 f. – The Colour of Elégance). Die Rechtsprechung begnügt sich daher in entsprechenden Fällen häufig mit der Feststellung, es könne dahinstehen, ob eine markenmäßige Verwendung vorliegt, wenn jedenfalls § 23 Nr. 2 eingreift (vgl. zB BGH GRUR 2009, 1162 Rn. 26 – DAX, wo der BGH insbesondere die Frage offen lässt, ob die erkennbare Benennung eines nicht vom Verwender stammenden Produkts als beschreibende Angabe ohne denkbare Funktionsbeeinträchtigung angesehen werden kann).

4. Redaktionelle Benutzung

Ob auch die **rein redaktionelle Verwendung** der Marke als Benutzung zur Unterschei- **106** dung von Waren oder Dienstleistungen iSd Verletzungstatbestandes anzusehen ist, ist fraglich (ablehnend Ströbele/Hacker/Hacker Rn. 76). Wenn Presseorgane über eine Marke berichten und diese beim Namen nennen, liegt eher eine Benutzung in rein beschreibendem Sinne vor (ähnlich wie in EuGH C-2/00, GRUR 2002, 692 – Hölterhoff/Freiesleben; → Rn. 102 f.). Zwar ist die Rechtsprechung des EuGH in diesem Punkt nicht eindeutig, denn auch die Verwendung von Marken zur Bezeichnung der Waren oder Dienstleistungen ihres Inhabers kann als rechtserhebliche Benutzung anzusehen sein, wenn sie dem Absatz eigener Waren oder Dienstleistungen dient (so bei der Markenbenutzung in der vergleichenden Werbung; → Rn. 112). Bei der redaktionellen Verwendung steht jedoch regelmäßig der Informationszweck im Vordergrund, der zudem von dem übergeordneten **Grundsatz der Pressefreiheit** gedeckt ist; eine Behinderung der Berichterstattung aus rein markenrechtlichen Erwägungen ist daher nicht zulässig.

107 Entsprechendes gilt für die Auseinandersetzung mit Marken in **wissenschaftlichen Darstellungen oder Lexika** (vgl. aber § 16).

108 Etwas anderes gilt jedoch, soweit es sich nicht um die Berichterstattung durch neutrale Dritte oder um Lexika-Einträge handelt, sondern um **Pressemitteilungen eines produzierenden oder vertreibenden Unternehmens,** welches auf diese Weise seine Produkte unter Nennung der entsprechenden Kennzeichen der Öffentlichkeit präsentiert. In diesem Fall wird es sich regelmäßig um eine Verwendung für Waren oder Dienstleistungen dieses Dritten handeln. Gleiches gilt für ein als Nachschlagewerk ausgestaltetes **Glossar** auf der Internetseite eines solchen Unternehmens.

5. Benutzung des Zeichens für die Waren/Dienstleistungen des Verletzers

109 Als Voraussetzung einer Rechtsverletzung ist grundsätzlich erforderlich, dass es sich um eine Benutzung des Zeichens für die Waren/Dienstleistungen **des Verletzers** handelt (vgl. EuGH C-119/10, GRUR 2012, 268 Rn. 31 – Winters/Red Bull; C-48/05, GRUR 2007, 318 Rn. 28 f. – Adam Opel/Autec; Ströbele/Hacker/Hacker Rn. 78). Nach dieser Voraussetzung bestimmt sich zum einen die Breite des Verletzungstatbestandes; zum anderen ist sie für die Frage der **Ähnlichkeit bzw. Identität** der von der geschützten Marke umfassten Waren oder Dienstleistungen mit denjenigen des Verletzers von Bedeutung.

110 **a) Bezug zu den Waren/Dienstleistungen des Verletzers.** Unter der Benutzung für die Waren oder Dienstleistungen des Verletzers ist **nicht** allein eine Benutzung zu verstehen, die zur Kennzeichnung „seiner", dh der von ihm bzw. unter seiner Kontrolle hergestellten Waren oder der von ihm angebotenen Dienstleistungen erfolgt und auf diese Weise auf die Herkunft dieser Waren/Dienstleistungen aus seinem Geschäftsbetrieb hinweist. So benutzt auch der **Händler** die Marke des Herstellers für sein eigenes Angebot, wenn er die Ware unter ihrer Marke anbietet, vertreibt oder bewirbt. Dabei ist unerheblich, ob es sich um Originalwaren oder Fälschungen handelt: Sowohl derjenige, der mit der Marke versehene Produktfälschungen absetzt, als auch derjenige, der Originalmarkenerzeugnisse des Markeninhabers vertreibt, benutzt die Marke für eigene Waren (BGH GRUR 2012, 626 Rn. 22 – CONVERSE I).

111 Auch der Anbieter von Waren, die als **Ersatzteil oder Zubehör** zu den Produkten des Markeninhabers verwendet werden können, benutzt die fremde Marke für seine eigenen Produkte, wenn er unter Nennung der Marke auf den Verwendungszweck seiner Waren hinweist (EuGH C-228/03, GRUR 2005, 509 Rn. 28 – Gillette/LA Laboratories). Das gleiche gilt für die Nennung der Marke in der Werbung eines Dienstleisters, der Leistungen an den Produkten des Markeninhabers erbringt (EuGH C-63/07, GRUR Int 1999, 438 – BMW/Deenik).

112 Auch die Benutzung in der **vergleichenden Werbung** stellt nach der Rechtsprechung des EuGH eine Benutzung für die Waren oder Dienstleistungen des Verletzers dar. Zur Begründung wird erklärt, der Werbende, der die von ihm vermarkteten Waren und Dienstleistungen mit denen eines Mitbewerbers vergleicht, ziele darauf ab, den Absatz der eigenen Waren und Dienstleistungen zu fördern. Der Werbende wolle mit einer solchen Werbung *seine Waren und Dienstleistungen* unterscheiden, indem er ihre Eigenschaften mit denen konkurrierender Waren und Dienstleistungen vergleicht (EuGH C-533/06, GRUR 2008, 698 Rn. 35 – O2 und O2 (UK)/H3G).

Mit der gleichen Begründung wird auch beim **Keyword-Advertising** von einer Benut- 113
zung für die Waren/Dienstleistungen des Verletzers ausgegangen (EuGH C-236/08 bis C-238/08, GRUR 2010, 445 Rn. 70 – Google France und Google).

Im Ergebnis genügt es daher für die Annahme einer Benutzung für die Waren oder 114
Dienstleistungen des Verletzers, dass die Benutzung zwar primär dazu dient, die Waren/Dienstleistungen **des Markeninhabers** zu identifizieren, dabei jedoch letztlich den Waren/Dienstleistungen des Verletzers kommerziell zu Gute kommt.

Die aus deutscher Sicht sehr weitreichende Auffassung des EuGH lässt sich auf der Grundlage des 114.1
englischen Wortlauts der MRL 2008/95/EG und der UMV eher nachvollziehen; dort wird nicht von der Benutzung „für" Waren oder Dienstleistungen, sondern lediglich von der Benutzung „in relation to goods or services" gesprochen. In der neugefassten MRL wurde insoweit eine sprachliche Angleichung vorgenommen. Im Deutschen wird künftig von der Benutzung „in Bezug auf" Waren/Dienstleistungen gesprochen (ebenso Art. 10 Abs. 2 RL (EU) 2015/3436).

In Festschreibung der EuGH-Rechtsprechung ist ferner die Benutzung eines fremden Zeichens in 114.2
der vergleichenden Werbung als Markenverletzung anzusehen, wenn die Zulässigkeitsvoraussetzungen der RL 2006/114/EG über irreführende und vergleichende Werbung nicht erfüllt sind (Art. 10 Abs. 3 f) RL (EU) 2015/2436). Da die vergleichende Werbung ohnehin lauterkeitsrechtlich erfasst und harmonisiert ist, führt dies im Ergebnis nicht zu einer sachlichen Erweiterung der Verbotsansprüche des Markeninhabers. Materielle Konsequenzen ergeben sich jedoch insoweit, als die Einbeziehung der vergleichenden Werbung (sowie des Keyword-Advertising) in den markenrechtlichen Verletzungstatbestand die Anwendung der auf der Grundlage der RL 48/2004/EG vereinheitlichten Sanktionen bewirkt, während diese Vorschriften auf lauterkeitsrechtliche Regelungen keine Anwendung finden. Ferner liegt im Hinblick auf die UMV ein Vorteil darin, dass durch die Einbeziehung in das Markenrecht ein einheitlicher Tatbestand geschaffen wird, auf den sich der Inhaber bei Verwendung einer Unionsmarke in der vergleichenden Werbung stützen kann, statt im Wege eines „Mosaik-Ansatzes" auf die jeweiligen nationales Vorschriften zurückgreifen zu müssen, durch die RL 2004/116/EG in den Mitgliedstaaten umgesetzt wurde.

b) Bedeutung für das Merkmal der Produktidentität bzw. -ähnlichkeit. Welcher 115
der in § 14 Abs. 2 genannten Tatbestände zur Anwendung kommt, richtet sich unter anderem danach, ob die Waren oder Dienstleistungen, für die der mutmaßliche Verletzer das Zeichen benutzt, mit denjenigen, für die die Marke geschützt ist, identisch oder nur ähnlich (bzw. sogar unähnlich) sind. Sind die vom Verletzer angebotenen Waren/Dienstleistungen nicht mit den Waren/Dienstleistungen identisch, für die die Marke Schutz in Anspruch nehmen kann, kommt allein die Anwendung von § 14 Abs. 2 Nr. 2 – oder ggf. § 14 Abs. 2 Nr. 3 – in Betracht.

Von diesem Grundsatz macht der EuGH eine Ausnahme für den Fall, dass ein Dienstleister 116
die Marke nennt, um auf die von ihm an den entsprechenden Waren erbrachten Dienstleistungen hinzuweisen. In diesem Fall ist für die Frage der Produktidentität nicht auf die vom mutmaßlichen Verletzer erbrachte Dienstleistung, sondern auf deren **Objekt,** dh auf die durch die Marke bezeichneten Waren abzustellen. Der Inhaber einer Marke für Kfz kann sich daher gegenüber deren Verwendung im Zusammenhang mit Reparaturdienstleistungen unabhängig davon auf § 14 Abs. 2 Nr. 1 berufen, ob die Marke auch für die entsprechenden Dienstleistungen geschützt ist (EuGH C-63/07, GRUR Int 1999, 438 – BMW/Deenik; s. auch C-48/05, GRUR 2007, 318 Rn. 27 f. – Adam Opel/Autec; → Rn. 16). Auf diese Besonderheit kommt es allerdings nicht an, wenn – wie in dem vom BGH entschiedenen Fall der Werbung einer Kfz-Werkstatt für ihre Dienstleistungen mit „GROSSE INSPEKTION FÜR ALLE" – das Zeichen auch für Wartungs- und Reparaturarbeiten eingetragen ist; in diesem Fall reicht die Feststellung aus, dass die Kfz-Werkstatt die Marke für ihre Dienstleistung verwendet (BGH GRUR 2011, 1135 Rn. 12 – GROSSE INSPEKTION FÜR ALLE).

Keine Anwendung finden die in BMW/Deenik (EuGH C-63/07, GRUR Int 1999, 438) aufgestell- 116.1
ten Grundsätze im Fall von Modellnachbildungen der vom Markeninhaber angebotenen Waren: Die Frage, ob sich die Benutzung für die Modelle (auch) auf die darin verkörperten Originalwaren bezieht, hat der EuGH verneint (C-48/05, GRUR 2007, 318 Rn. 27 ff. – Adam Opel/Autec). Daraus folgt, dass es in solchen Fällen für die Anwendbarkeit des Doppelidentitätstatbestandes darauf ankommt, ob die Marke auch für Spielzeug geschützt ist. Das gleiche gilt für die Benutzung von Marken auf Beklei-

MarkenG § 14 Teil 2 Voraussetzungen, Inhalt und Schranken etc.

dung oder Merchandising-Artikeln: Soweit nicht ohnehin eine lediglich dekorative Benutzung vorliegt (→ Rn. 154) können Abwehrrechte aus § 14 Abs. 2 Nr. 1 nur hergeleitet werden, wenn der Markeninhaber seine Marke für die entsprechenden Waren eingetragen hat. Ist dies nicht der Fall, kann Schutz nur unter dem Aspekt der Verwechslungsgefahr, § 14 Abs. 2 Nr. 2 oder – vor allem – aus § 14 Abs. 2 Nr. 3 geltend gemacht werden.

6. Benutzung im Rahmen des Produktabsatzes

117 In einer Reihe von Entscheidungen des BGH (vgl. zB BGH GRUR 2013, 1239 Rn. 20 – VOLKSWAGEN/Volks.Inspektion; GRUR 2012, 1040 Rn. 16 – pjur/pure; GRUR 2009, 1055 Rn. 49 – airdsl; GRUR 2009, 116 Rn. 55 – DAX) findet sich die Formulierung, dass die Benutzung für Waren oder Dienstleistungen **im Rahmen des „Waren- oder Leistungsabsatzes" bzw. des Produktabsatzes bzw. des „Produkt- oder Leistungsabsatzes"** erfolgen muss, um vom Anwendungsbereich des § 14 erfasst zu sein.

117.1 In der EuGH-Rechtsprechung ist dieses Tatbestandsmerkmal hingegen bisher nicht aufgetreten Eine Parallele besteht allenfalls insoweit, als dem EuGH zufolge die Marke in der „eigenen kommerziellen Kommunikation" des Markenverwenders benutzt werden muss (EuGH C-236/08 bis C-238/08, GRUR 2010, 445 Rn. 56 – Google France und Google; → Rn. 78 ff.). In der Regel ist eine solche Kommunikation mit dem nach außen tretenden Produkt- oder Leistungsabsatz verbunden.

118 Der praktische Nutzen dieses ungeschriebenen Tatbestandsmerkmals erscheint gering (es könnte aber im Einzelfall Relevanz bei rein innerbetrieblichen Vorgängen haben; → Rn. 79 f.). Insbesondere sollte es nicht zu der Annahme verleiten, dass damit eine wesentliche Einschränkung des Anwendungsbereichs der Vorschrift verbunden ist. So kann dieses Merkmal nicht dahingehend verstanden werden, dass zB die Verwendung eines mit der geschützten Marke verwechslungsfähigen Zeichens auf einer Internetseite eines Unternehmens, die lediglich dem „Support" für Kunden, die bereits entsprechend gekennzeichnete Waren erworben haben, dient, nunmehr freigestellt ist, weil eine derartige dem Absatz nachgelagerte Seite nicht mehr im Rahmen des Produktabsatzes verwendet wird. Vielmehr sind sämtliche **vor- und nachvertraglichen** Zeichenverwendungen, die in Beziehung zum Vertrieb entsprechend gekennzeichneter Waren/Dienstleistungen stehen, als solche „im Rahmen des Produktabsatzes" einzustufen.

118.1 Relevant ist das Merkmal „im Rahmen des „Waren- oder Leistungsabsatzes" bzw. des „Produktabsatzes" aber in den Fällen, in denen der Zeichenverwender nicht mit dem Produktabsatz wirbt, sondern den **Ankauf** konkret genannter und so bezeichneter Markenware anbietet (etwa die Werbung eines Juweliers, der mit dem Ankauf von Rolex-Uhren wirbt). Wenn man in einem solchen Fall nicht ohnehin zu dem Ergebnis kommt, dass der angesprochene Verkehr in der Verwendung des Zeichens allein eine (unschädliche) referierende Nennung der Marke des Markeninhabers sieht, sondern darin zugleich die Kennzeichnung der eigenen Ankaufs-Dienstleistungen erkennen wollte, so wäre diese jedenfalls nicht als eine Produkt**absatz**handlung angesehen werden, so dass – falls die Auffassung des BGH zutreffen sollte – § 14 nicht einschlägig wäre. Da es dazu keine eindeutigen Vorgaben des europäischen Rechts gibt, müsste diese Frage jedoch, soweit sie entscheidungserheblich werden sollte, dem EuGH vorgelegt werden.

IX. Funktionsbeeinträchtigung

1. Grundsätze

119 Die Verwirklichung der Verletzungstatbestände des § 14 Abs. 2 Nr. 1 und 2 hängt grundsätzlich von einer Beeinträchtigung der jeweils geschützten Markenfunktionen ab (→ Rn. 12). Bei § 14 Abs. 2 Nr. 2 fällt die Prüfung der Beeinträchtigung der Herkunftsfunktion mit derjenigen der Verwechslungsgefahr zusammen: Der Anwendungsbereich des Markenrechts ist in diesen Fällen stets eröffnet, wenn eine solche Gefahr zumindest plausibel behauptet werden kann, dh immer dann, wenn eine identische oder ähnliche Marke für identische oder ähnliche Waren/Dienstleistungen verwendet wird. Auch der Tatbestand des § 14 Abs. 2 Nr. 1 ist bei einer Beeinträchtigung der Herkunftsfunktion stets erfüllt (→ Rn. 120 ff.); hinzu tritt jedoch ggf. die Beeinträchtigung weiterer Markenfunktionen (→ Rn. 124 ff.).

2. Funktionsbeeinträchtigung bei Doppelidentität

a) Herkunftsfunktion. Die Herkunftsfunktion – die Funktion der Marke, den Abneh- 120
mern gegenüber die Herkunft der Ware/Dienstleistung vom Markeninhaber zu gewährleisten – ist die wesentliche Funktion der Marke; ihr Schutz ist für das Funktionieren des Markenrechts essentiell. Bei einer Beeinträchtigung der Herkunftsfunktion liegt daher stets eine Verletzung iSv § 14 Abs. 2 Nr. 1 vor (das Gleiche gilt für § 14 Abs. 2 Nr. 2). Da die Benutzung identischer Marken für identische Waren/Dienstleistungen jedenfalls dann, wenn diese nicht vom Markeninhaber stammen, regelmäßig die ernsthafte Gefahr hervorruft, dass die Marke gegenüber den Abnehmern nicht ihre wesentliche Funktion der Herkunftsgewährleistung erfüllen kann, ist in solchen Fällen grundsätzlich von einer Markenverletzung auszugehen. Das Vorliegen einer Verwechslungsgefahr braucht in diesem Fall nicht gesondert dargelegt oder geprüft werden (s. insoweit auch Art. 16 Abs. 1 TRIPS, der die WTO-Mitgliedstaaten dazu verpflichtet, bei Vorliegen von Doppelidentität Verwechslungsgefahr zu vermuten).

Dieser Grundsatz findet nur in Ausnahmefällen keine Anwendung, etwa wenn die ange- 121
sprochenen Verkehrskreise in der Anbringung der Marke auf einer Ware aus besonderen Gründen **keinen Hinweis auf deren kommerzielle Herkunft** sehen (EuGH C-48/05, GRUR 2007, 318, Rn. 24 – Opel/Autec; abgelehnt in EuGH C-206/01, GRUR 2003, 55 Rn. 56 – Arsenal/Reed).

Bei der Benutzung von Marken als **AdWords** liegt im Fall von § 14 Abs. 2 Nr. 1 (ebenso 122
wie bei § 14 Abs. 2 Nr. 2) eine Beeinträchtigung der Herkunftsfunktion vor, wenn aus der Anzeige für einen normal informierten und angemessen aufmerksamen Internetnutzer **nicht oder nur schwer zu erkennen ist,** ob die in der Anzeige beworbenen Waren oder Dienstleistungen von dem Inhaber der Marke oder einem mit ihm wirtschaftlich verbundenen Unternehmen oder vielmehr von einem Dritten stammen (EuGH C-236/08 bis C-238/08, GRUR 2010, 445 Rn. 84 – Google und Google France; eingehend → Rn. 210 ff.).

In **Ausnahmefällen** kann bei Verwendung identischer Marken zur Kennzeichnung iden- 123
tischer Waren durch nicht miteinander verbundene Unternehmen eine Beeinträchtigung der Herkunftsfunktion zu verneinen sein. Ein solcher Ausnahmefall lag der Entscheidung Budweiser zugrunde: Beide Parteien des Markenkonflikts hatten die Marke „Budweiser" seit 30 Jahren im Vereinigten Königreich parallel genutzt, außerdem war nach den Feststellungen des vorlegenden Gerichts davon auszugehen, dass die Verbraucher ungeachtet der Identität der Bezeichnungen den Unterschied zwischen den entsprechend gekennzeichneten Bieren deutlich wahrnehmen, „weil sich diese seit jeher im Geschmack, im Preis und in der Aufmachung unterscheiden" (EuGH C-482/09, GRUR 2012, 519 Rn. 75 ff. – Budvar/Anheuser-Busch).

Ob diese Beurteilung auf den Fall übertragen werden kann, dass sich die von den Parteien genutzten 123.1
Kennzeichen nicht unterscheiden und die beteiligten Verkehrskreise sich der Unterschiedlichkeit der beiden Unternehmen nicht bewusst sind, erscheint hingegen höchst zweifelhaft. Der EuGH will jedoch offenbar ein solches Ergebnis nicht von vornherein ausschließen und überlässt die Entscheidung insoweit dem nationalen Gericht (EuGH C-661/11, GRUR 2013, 1140 Rn. 60 – Martin Y Paz/Gauquie; der Generalanwalt geht hingegen von einer Beeinträchtigung der Herkunftsfunktion aus; Schlussanträge in BeckRS 2013, 80816 Rn. 70, 75 – Martin Y Paz/Gauquie).

b) Werbefunktion. Eine Beeinträchtigung der Werbefunktion liegt vor, wenn die bean- 124
standete Benutzung die Möglichkeit des Markeninhabers beeinträchtigt, die Marke als Element der Verkaufsförderung oder als Instrument der Handelsstrategie einzusetzen (EuGH C-236/08 bis C-238/08, GRUR 2010, 445 Rn. 92 – Google und Google France). Insbesondere bei bekannten Marken tritt eine solche Beeinträchtigung regelmäßig ein, wenn der Werbende ein mit einer bekannten Marke identisches Zeichen benutzt, um sich in den Bereich der Sogwirkung dieser Marke zu begeben, um von ihrer Anziehungskraft, ihrem Ruf und ihrem Ansehen zu profitieren. Darin liegt zum einen regelmäßig eine Ausnutzung der Unterscheidungskraft oder der Wertschätzung der Marke iSv § 14 Abs. 2 Nr. 3; zugleich bewirkt der mit der Ausnutzung der Wertschätzung oder der Unterscheidungskraft verbundene Imagetransfer im Allgemeinen auch eine Schwächung der Kennzeichnungskraft der

bekannten älteren Marke und damit eine Beeinträchtigung ihrer Werbefunktion (BGH GRUR 2011, 1135 Rn. 15 – GROSSE INSPEKTION FÜR ALLE).

125 Praktisch relevant wird diese Funktion insbesondere in Fällen der **vergleichenden Werbung** (EuGH C-487/07, GRUR 2009, 756 – L'Oréal/Bellure) sowie bei der Verwendung fremder Kennzeichnungen als Bestimmungsangabe iSv § 23 Nr. 3 (BGH GRUR 2011, 135 – GROSSE INSPEKTION FÜR ALLE). Insoweit kann eine Markenverletzung auch ohne Beeinträchtigung der Herkunftsfunktion grundsätzlich auch dann eintreten, wenn es sich bei dem benutzten Zeichen nicht um eine bekannte Marke handelt. Die Maßstäbe für die konkrete Beurteilung solcher Fälle ergeben sich aus den einschlägigen Vorschriften, dh aus § 6 Abs. 2 UWG (sowie § 5 Abs. 1 Nr. 1–3 UWG; → § 2 Rn. 141) bzw. aus § 23 Abs. Nr. 2 unter Beachtung der Vereinbarkeit mit den guten Sitten. Sie sind daher nicht unmittelbar aus der Werbefunktion abzuleiten.

126 Keine praktische Bedeutung hat die Werbefunktion hingegen für die Beurteilung der Benutzung von Marken beim **Keyword-Advertising.** Der EuGH führt dazu aus, dass die Benutzung zwar geeignet sei, auf die Möglichkeit des Inhabers, die Marke für Werbung einzusetzen, und auf seine Handelsstrategie Auswirkungen zu entfalten. Darin allein liege jedoch keine Beeinträchtigung der Werbefunktion, da die Website des Markeninhabers normalerweise an einer der ersten Stellen der Suchergebnisliste erscheine und somit die Sichtbarkeit der Waren oder Dienstleistungen des Markeninhabers für den Internetnutzer gewährleistet sei (EuGH C-236/08 bis C-238/08, GRUR 2010, 445 Rn. 93, 95 97 – Google und Google France; C-278/08, GRUR 2010, 451 Rn. 33 – Bergspechte; bestätigt in EuGH C-323/09, GRUR 2011, 1124 – Interflora).

127 Geprüft und abgelehnt wurde die Beeinträchtigung der Werbefunktion (ebenso wie die Beeinträchtigung weiterer Markenfunktionen) in BGH GRUR 2010, 726 Rn. 25 – Opel Blitz II: Durch die vom Kläger beanstandete Benutzung der Marke „Opel Blitz" auf **Spielzeugmodellen** seien Qualitäts-, Werbe-, Investitions- und Kommunikationsfunktion der Marke nicht betroffen. In ihrer konkreten Verwendung werde die Marke von den Verbrauchern lediglich auf Spielzeug bezogen; insoweit werde keine Verbindung zu entsprechenden Produkten der Markeninhaberin hergestellt. Ob eine Beeinträchtigung der Interessen im Hinblick auf die Benutzung der Marke für Kraftfahrzeuge vorliege, sei für § 14 Abs. 2 Nr. 1 unerheblich; diese Frage könne nur bei der Anwendung von § 14 Abs. 2 Nr. 3 rechtserheblich werden.

128 Mit Ausnahme der in → Rn. 125 genannten Fälle dürfte die Werbefunktion im Rahmen von § 14 Abs. 2 Nr. 1 eine sehr geringe Rolle spielen. Soweit eine Ausnutzung der Werbewirkung einer Marke überhaupt von Interesse ist, wird es sich regelmäßig um eine bekannte Marke handeln, deren Schutz ohnehin einer umfassenden Beurteilung nach § 14 Abs. 2 Nr. 3 unterliegt.

129 c) **Investitionsfunktion.** Die Investitionsfunktion einer Marke wird dem EuGH zufolge beeinträchtigt, wenn ein Dritter ein mit der Marke identisches Zeichen für identische Waren oder Dienstleistungen benutzt, und es dadurch dem Markeninhaber wesentlich erschwert wird, seine Marke zum Erwerb oder zur Wahrung seines Rufs einzusetzen (EuGH C-323/09, GRUR 2011, 1124 Rn. 60, 62 – Interflora; → Rn. 212).

130 Es lassen sich kaum Fälle vorstellen, in denen diese Funktion neben der Werbefunktion eine eigenständige Bedeutung haben soll. Auch der EuGH geht von einem erheblichen Überschneidungsbereich aus. Die Notwendigkeit, neben der Werbefunktion auch auf die Investitionsfunktion abzustellen, begründet er damit, dass der Einsatz einer Marke zum Erwerb oder zur Wahrung eines Rufs nicht nur durch Werbung, sondern auch durch verschiedene Geschäftsmethoden erfolgt (EuGH C-323/09, GRUR 2011, 1124 Rn. 61 – Interflora). Ein so enges Verständnis der Werbefunktion, wie es dieser Aussage zugrunde liegt, erscheint jedoch ohnehin als verfehlt.

131 d) **Sonstige Markenfunktionen; Fazit.** Ausdrücklich genannt hat der EuGH bisher noch die **Qualitätsfunktion** und die **Kommunikationsfunktion,** ohne diese jedoch näher zu definieren. Auf beide Funktionen geht Generalanwältin Kokott in den Schlussanträgen zu EuGH C-46/10 – Viking Gas/Kosan ein (BeckRS 2011, 80370). Ein über die Herkunftsfunktion hinausgehender Schutz für die Qualitätsfunktion wird von ihr nur für Sonderfälle wie insbesondere Kollektivmarken befürwortet. Die Kommunikationsfunktion wird von ihr der Werbe- und Investitionsfunktion zugeordnet. Für diese gilt gleichermaßen, dass ihr Schutz grundsätzlich über die Herkunftsfunktion hinausgehen kann, ohne dass jede nachteilige Auswirkung auf diese Funktionen die Anwendung von Art. 5 Abs. 1 RL 2008/95/EG (§ 14 Abs. 2 Nr. 1 und 2) rechtfertigt: „Der Schutz dieser Funktionen auf Basis dieser Bestimmungen darf nämlich – erstens – nicht die Voraussetzungen spezieller Schutzvorschriften aushöhlen und muss – zweitens – überwiegende andere Interessen respektieren." Entscheidend für die Reichweite des Schutzes aller Markenfunktionen (mit Ausnahme der Herkunftsfunktion) sei letztlich eine Interessenabwägung (Schlussanträge, EuGH C-46/10, BeckRS 2011, 80370 Rn. 38 ff., 47, 59, 64 – Viking-Gas/Kosan).

Derzeit kann nicht abgesehen werden, ob und welchen Inhalt der EuGH den genannten **132** oder anderen rechtlich relevanten Funktionen zuweisen wird (die Aufzählung in L'Oréal ist nicht abschließend; EuGH C-487/07, GRUR 2009, 756 Rn. 58 – L'Oréal/Bellure). Mit Generalanwältin Kokott (→ Rn. 131; sinngemäß ebenso BGH GRUR 2010, 726 Rn. 25 – Opel Blitz II) ist jedoch davon auszugehen, dass sich durch die Bezeichnung der jeweiligen Markenfunktionen nichts am Gesamtbefund ändert: Zu einer Markenverletzung kann es immer nur dann kommen, wenn entweder eine Beeinträchtigung der Herkunftsfunktion vorliegt oder die Benutzung der Marke aus anderen Gründen **grob interessenwidrig** und nicht durch andere, überwiegende Interessen gedeckt ist.

Im sachlichen Ergebnis werden damit Tatbestände, die anderenfalls nur lauterkeitsrechtlich **133** erfasst werden könnten, (auch) in das Markenrecht einbezogen. Da und soweit die normativen Wertungen in den betroffenen Grenzfällen parallel laufen, kommt es somit nicht zu einem unkontrollierbaren Ausufern des Markenschutzes. Die Verantwortung dafür liegt bei den nationalen Gerichten, denen die konkrete Beurteilung im Einzelfall überlassen bleibt. Gerade für die lauterkeitsrechtlich erfahrenen deutschen Gerichte dürften sich daraus keine unüberwindbaren Schwierigkeiten ergeben, zumal es sich in der Regel um Fälle handeln wird, die ohnehin zumindest in den Grenzbereich der Schrankenbestimmungen fallen, so dass die entsprechenden Regelungen als Richtschnur dienen können (so in BGH GRUR 2011, 1135 Rn. 17 ff. – GROSSE INSPEKTION FÜR ALLE). Insoweit besteht für die Praxis deutlich geringerer Grund zur Sorge, als es die Diskussion um die Markenfunktionen bisweilen erscheinen lässt (s. auch Ströbele/Hacker/Hacker Rn. 104).

Die zumindest anfangs durchaus verständliche Kritik an der EuGH-Rechtsprechung zu den Marken- **133.1** funktionen wurde auch von der EU-Kommission geteilt. Den ersten Reformvorschlägen zufolge sollte der Schutz im Anwendungsbereich des Doppelidentitätstatbestandes nur bei Beeinträchtigung der Herkunftsfunktion greifen (Art. 10 Abs. 2 Buchst. a MRL-E, KOM (2013) 162 endg.). Gegen diesen Vorschlag bestanden jedoch gravierende sachliche Bedenken (so auch die Stellungnahme von GRUR, GRUR 2013, 800 (803)) und letztlich wurde er innerhalb des Reformprozesses nicht weiterverfolgt. In der Praxis hätte er aber ohnehin kaum zu abweichenden Ergebnissen geführt, zumal mit der vergleichenden Werbung der wichtigste Tatbestand, der unter Berufung auf die Funktionslehre in das Markenrecht einbezogen wurde, dort sogar explizit verankert wird und auch die referierende Benutzung von Marken durch ihre Aufnahme in den Schrankenkatalog im Anwendungsbereich des Markenrechts verankert bleibt.

X. Typische Benutzungsformen

Während unter → Rn. 84 ff. die generellen Anforderungen an das Vorliegen einer mar- **134** kenmäßigen Benutzung dargestellt sind, werden im Folgenden typische Benutzungsformen und deren rechtliche Einordnung vertiefend behandelt, aufgegliedert nach dem jeweiligen Zusammenhang, in dem die zu beurteilende Zeichenbenutzung erfolgt:
- Verwendung mit unmittelbarem Produktbezug (→ Rn. 135 ff.),
- Zeichenverwendung im weiteren Kontext der Vermarktung (→ Rn. 173 ff.),
- Markenparodien; satirische Zeichenverwendung (→ Rn. 193 ff.),
- Zeichenverwendung im Internet (→ Rn. 199 ff.),
- Verwendung iSv § 14 Abs. 3 und 4 (→ Rn. 219 ff.).

1. Zeichenverwendung mit unmittelbarem Produktbezug

a) **Grundsätze.** Da die Marke die Aufgabe hat, Produkte zu kennzeichnen, ist auf den **135** konkreten Zusammenhang der Benutzung abzustellen: je deutlicher insoweit ein **Produkt-**

bezug feststellbar ist, desto eher wird man eine markenmäßige Benutzung annehmen können. Ist überhaupt kein Produktbezug erkennbar, liegt auch keine Benutzung für Waren oder Dienstleistungen vor (vgl. Ingerl/Rohnke Rn. 175).

136 Die Produktart legt dabei die natürlichen Möglichkeiten der maximalen Nähe des Zeichens zum Produkt fest. Während eine Ware oder zumindest deren Verpackung mit der Marke unmittelbar versehen werden kann, ist dies bei Dienstleistungen nicht möglich. Eine Zeichenverwendung „auf" dem Produkt ist nur bei Waren denkbar.

137 Eine (prominent) auf der Ware selbst bzw. ihrer Verpackung angebrachte Bezeichnung wirkt **zumeist** als Produktkennzeichen (vgl. zB BGH GRUR 2012, 1040 Rn. 18 – pjure/pure; GRUR 2003, 963 f. – AntiVir/AntiVirus).

138 Dies gilt jedoch nicht uneingeschränkt. Da es auch insoweit maßgeblich auf die Auffassung der angesprochenen Verkehrskreise ankommt, ist im jeweiligen Einzelfall zu prüfen, ob die Zeichenverwendung auf dem Produkt die Anforderungen an eine markenmäßige Benutzung erfüllt. Abzugrenzen sind hier insbesondere **rein beschreibende Angaben** (→ Rn. 95 ff.) oder **Dekor** (→ Rn. 154). Ferner ist zu prüfen, ob die Marke gegenüber der zu kennzeichnenden Ware begrifflich selbstständig ist, dh von den angesprochenen Verkehrskreisen nicht nur als Ware, sondern zugleich als Herkunftshinweis aufgefasst wird (vgl. BGH GRUR 2002, 1072 (1073) – SYLT-Kuh). Dies wirft etwa dann Schwierigkeiten auf, wenn die Marke und die Ware identisch sind. In der Wiedergabe einer Wort-/Bildmarke oder Bildmarke auf einer Plakette, einem Schlüsselanhänger oder einem Aufkleber wird der Verkehr in der Regel einen zeichenmäßigen Hinweis auf deren Herkunft aus einem bestimmten Unternehmen erkennen (BGH GRUR 2015, 1009 (1011), Rn. 28 – BMW-Emblem; GRUR 2002, 1072 (1073) – SYLT-Kuh).

139 b) Verwendung auf der Verpackung. Im Regelfall macht es keinen relevanten Unterschied für die Beurteilung eines hinreichenden Produktbezugs, ob das zu prüfende Zeichen auf der Ware direkt angebracht ist oder nur auf der das Produkt umgebenden Verpackung, denn viele Waren werden in der Verkaufssituation nur in einer Verpackung angeboten.

140 Unterschiede ergeben sich jedoch dann, wenn sich auf der Ware andere Zeichen befinden als auf der Verpackung bzw. die Ware selbst als Herkunftshinweis dienen soll oder aber wenn Zweifel bestehen, ob das, worauf sich das Zeichen befindet, überhaupt als Verpackung angesehen werden kann.

141 Ersteres spielt vor allem dann eine Rolle, wenn das unverpackte Produkt eine eingetragene **3D-Marke** verletzen soll (→ Rn. 160 ff.). Hier kommt es für die Beurteilung der markenmäßigen Benutzung für das Produkt auf zwei unterschiedliche Zeitpunkte an: Im Zeitpunkt des Erwerbs nimmt der Kunde lediglich die Zeichen auf der Verpackung wahr, während die Warenform selbst allenfalls im Zeitpunkt der bestimmungsgemäßen Verwendung eine Rolle spielt (vgl. BGH GRUR 2007, 780 Rn. 25 – Pralinenform).

142 Eine weitere Fallgruppe erfasst die Fälle von **„Nachfüllpacks"** im weiteren Sinne (zB Handtuchspender, wiederbefüllbare Gasflaschen, Automaten etc). Hier stellt sich insbesondere die Frage, ob der Verbraucher den Spender/das Behältnis selbst als „Verpackung" bzw. die dort angebrachten Zeichen als Hinweis auf die darin enthaltene Ware sieht oder es sich bei dem Warenbehältnis seinerseits um eine eigenständig gekennzeichnete Ware handelt.

143 Die Abgrenzung hängt maßgeblich von den Umständen des jeweiligen Einzelfalls ab und lässt sich nicht pauschal vornehmen. In Betracht zu ziehen sind dabei jeweils neben den bereits aufgeführten Kriterien, ob dem für die Beurteilung der Benutzungshandlung heranzuziehenden Endverbraucher nur die nachgefüllte Ware oder aber auch das Behältnis selbst verkauft wird, sowie die Sichtweise ggf. unterschiedlicher Verkehrskreise (Erwerber des Behältnisses einerseits und Nutzer der Ware in der Verbrauchssituation andererseits).

144 Bringt der Verbraucher selbst die (leere) Umhüllung mit und begehrt lediglich eine Befüllung, ist darauf abzustellen, inwieweit der Befüller den Eindruck vermittelt, mit Originalware aufzufüllen (vgl. BGH GRUR 2005, 162 – SodaStream). Unter Umständen wird die Verbrauchererwartung keine andere sein als bei Vornahme von Reparaturen an Markenprodukten (vgl. hierzu Ströbele/Hacker/Hacker Rn. 159).

145 Eine andere Erwartungshaltung kann vorliegen, wenn der Verbraucher die an sich gewollte Ware einem Behältnis lediglich entnehmen muss (etwa aus einer Zapfsäule, einem Getränkeautomaten, einem Schaukasten oder einem Handtuchrollenspender).

Ausschließliches Recht des Inhabers; Unterlassung; Schadensersatz § 14 MarkenG

In der Kommentarliteratur wird die Frage, ob die Kennzeichnung auf einem Schaukasten, einer **145.1**
Zapfsäule für Benzin oder einem Bierzapfhahn ein auf der Ware bzw. ihrer Verpackung aufgebrachtes
Zeichen iSv § 14 Abs. 3 Nr. 1 (so Ströbele/Hacker/Hacker Rn. 155) oder ein sonstiger entweder werbender oder nicht im Katalog des § 14 Abs. 3 erfasster Gebrauch (Ingerl/Rohnke Rn. 222) ist, unterschiedlich bewertet. Jedenfalls soweit eindeutig ist, dass sich die aufgebrachte Kennzeichnung nur auf eine einzige jeweils im Inneren befindliche Ware bezieht (anders etwa bei einer mit einer Eismarke gekennzeichnete Eistruhe, in der verschiedenste Sorten enthalten sind, oder dem Zeichen des Aufstellers auf einem Zigarettenautomaten, welches ersichtlich nichts mit den darin zum Verkauf angebotenen Marken zu tun hat), streiten für beide Auffassungen gute Argumente, die aber – so oder so – im Ergebnis nicht zu einer unterschiedlichen Einordnung einer konkreten Verwendung als markenrechtlich relevant führen dürften.

c) Wortzeichen. Bei Wortzeichen kommt der **Abgrenzung zu einer beschreibenden** **146**
Angabe besonderes Gewicht zu (→ Rn. 95 ff.). Abzustellen ist dabei stets auf die jeweils
streitgegenständliche Verwendung und den dadurch hervorgerufenen Gesamteindruck, wobei die Kennzeichnungsgewohnheiten innerhalb des betreffenden Warensektors und deren Einfluss auf die Wahrnehmung und Erwartungshaltung der beteiligten Verkehrskreise zu berücksichtigen sind (vgl. auch BPatG GRUR 2014, 79, 80 – Mark Twain).

In bestimmten Warenbereichen ist selbst die Verwendung nicht rein beschreibender Wort- **147**
zeichen nicht automatisch als markenmäßige Benutzung einzuordnen. So ist vor allem im
Modebereich zu beachten, dass die **dekorative Gestaltung** der Ware eine wesentliche
Bedeutung für die Kaufentscheidung hat. Dabei kommen auch Wortzeichen als dekorative
Elemente in Betracht (vgl. BGH GRUR 2010, 838 Rn. 20 – DDR-Logo; → Rn. 147.1), so
dass – allerdings unter Berücksichtigung strenger Maßstäbe – auch hier eine Einzelfallprüfung
stattzufinden hat.

Dabei spielt zB bei T-Shirts eine nicht unerhebliche Rolle, dass in Einnähern nahezu regelmäßig **147.1**
Herkunftshinweise zu finden sind, nicht zwingend jedoch auf der Frontseite der Ware. Fantasiebezeichnungen und solche Wortzeichen, die der Verkehr aus anderen Bereichen als Marke kennt, werden auch auf der Frontseite eines T-Shirts regelmäßig markenmäßig aufgefasst werden. Zeichen indes, denen der Verkehr von vornherein eine andere Bedeutung beimisst und die daher eine Verwendung als Marke als unwahrscheinlich erscheinen lassen, wird er als eine Dekoration ansehen (zB Verwendung der Abkürzung eines untergegangenen Staates, BGH GRUR 2010, 838 Rn. 20 – DDR-Logo).

Im Einzelfall kann die Abgrenzung schwierig sein: Während ein Gruß oder Zuruf eher als Dekora- **147.2**
tion verstanden werden dürfte, können vermeintliche Botschaften, besonders wenn sie nur aus einem
Wort bestehen, als markenmäßig eingestuft werden (vgl. auch LG Hamburg GRUR-RR 2015, 103 –
MINI). Hier gilt es letztlich, einen praktikablen und der Realität entsprechenden Ausgleich zu finden
zwischen den berechtigten Interessen des Markeninhabers einerseits, sein geschütztes Zeichen ausschließlich nutzen zu dürfen, und dem andererseits ebenfalls bestehenden Allgemeininteresse, Produkte
und deren Erscheinung dekorativ zu gestalten.

Beispiele zur Abgrenzung finden sich etwa in der Rechtsprechung des OLG Hamburg BeckRS **147.3**
2009, 18502 – Zicke I; BeckRS 2009, 18504 – Zicke II; BeckRS 2009, 18505 – Angel; GRUR-RR
2009, 300 – Baby-Body-Slogan; LG Köln GRUR-RR 2013, 106 – Scheiß RTL; s. auch KG BeckRS
2011, 16729 – Held der Arbeit; OLG Köln BeckRS 2013, 21619 – Dreiecksmuster.

Typische Kennzeichnungsgewohnheiten finden sich auch in anderen Warenbereichen. So **148**
finden sich bei **Uhren** Marken üblicherweise auf dem Ziffernblatt (OLG Frankfurt BeckRS
2013, 11433 – F.T.C.). Zu den Kennzeichnungsgewohnheiten bei Schreibgeräten s. BPatG
GRUR 2014, 79 – Mark Twain, wonach Namen berühmter historischer Personen in dieser
Branche üblicherweise nicht als Marke aufgefasst werden, sondern ihnen zur Ehrung oder
als Widmung dienen.

Im **Arzneimittelbereich** sind Verwendungsformen von Wortzeichen auf der Ware bzw. **149**
der Verpackung denkbar, die nicht als markenmäßige Benutzung anzusehen sind. Markenrechtlich unbeanstandet bleiben etwa solche Bezeichnungen, die lediglich als Wiedergabe
des verwendeten Wirkstoffs wirken. Ob dies der Fall ist, hängt wieder maßgeblich vom
Einzelfall ab, insbesondere vom Hinzutreten oder Fehlen weiterer als Herkunftshinweis in
Betracht kommender Zeichen.

Bei Wortzeichen auf Bekleidungsstücken, die auf bestimmte **Sportvereine oder Musik-** **150**
gruppen hinweisen, dürfte es sich regelmäßig um einen Herkunftshinweis auf den entspre-

chenden Verein/die entsprechende Band handeln (in diesem Sinne EuGH C-206/01, GRUR 2003, 55 Rn. 56 – Arsenal Football Club).

151 Zur Verwendung eines **Unternehmenskennzeichens auf einer Ware (**die in aller Regel als Herkunftshinweis verstanden wird) → Rn. 86.

152 Demgegenüber ist das **auf einem Werk** iSv § 5 Abs. 3 angebrachte Wortzeichen häufig keine markenmäßige, sondern lediglich eine titelmäßige Verwendung, es sei denn, der Werktitel wirkt zugleich als Herkunftshinweis (wie zB bei periodisch erscheinenden Zeitschriften; → Rn. 92).

153 Fraglich kann im Einzelfall sein, inwieweit bestimmte **Typen- oder Sortenbezeichnungen** auf der Ware/Verpackung als Herkunftshinweis verstanden werden. Dies soll dann nicht der Fall sein, wenn diese Zeichen lediglich zur Unterscheidung und Identifizierung von Waren desselben Unternehmens verwendet werden (vgl. Ströbele/Hacker/Hacker Rn. 135). Dies gilt jedoch nur in Fällen, in denen der Verbraucher das Zeichen ausschließlich in diesem Sinne (etwa als reines Bestellzeichen) versteht (so OLG Düsseldorf GRUR-RR 2009, 100 – Bierbeisser; OLG Frankfurt GRUR 2015, 279 – SAM).

154 **d) (Wort-)Bildzeichen.** Bei reinen Bildzeichen ist unter Berücksichtigung der Kennzeichnungsgewohnheiten im jeweils maßgeblichen Warensektor darauf zu achten, ob der Verbraucher diese als Produkthinweis erkennt oder lediglich als Dekor oder **Verzierung** auffasst. Je mehr es beim Kauf eines Produkts auf dekorative Elemente in Form von Bildern ankommt (wie im Modebereich, bei Geschirr oder Bettwäsche im Gegensatz zu Waren, die zum sofortigen Verbrauch bestimmt sind), desto eher erscheinen Bildzeichen nicht als Marke. Anders kann dies jedoch sein, wenn das im Streit stehende Zeichen seinerseits aufgrund seiner Bekanntheit als Marke wiedererkannt wird (BGH GRUR 2012, 618 – Medusa).

155 Besondere Bedeutung kommt der **Positionierung** von Bildzeichen zu. Sind die angesprochenen Verkehrskreise durch die entsprechende Übung vieler Hersteller daran gewöhnt, an bestimmten Stellen auf der Ware ein (Bild-)Zeichen als Herkunftshinweis zu finden, werden sie auch ein dort verwendetes unbekanntes Zeichen eher als Marke auffassen, als wenn dieses Zeichen an einer anderen Position auf der Ware angebracht ist. So erscheinen bei Bekleidung (T-Shirts, Pullover etc) Marken häufig entweder großflächig auf der Vorderseite oder in verkleinerter Form in Höhe der linken Brust oder – bei Jeanshosen – auf den Gesäßtaschen; bei entsprechender Anbringung geht der Verkehr daher grundsätzlich von einem Herkunftshinweis aus (vgl. OLG Hamburg GRUR 2015, 272 – Arcuate, nicht rechtskräftig; OLG München GRUR 2015, 590 – Adler im Kreis). Anders ist es jedoch, wenn etwa die Vorderseite des Pullovers mit einem sehr kleinformatig erscheinenden, relativ einfachen grafischen Zeichen „übersät" ist (OLG Köln BeckRS 2013, 21619 – Fischer-Dreiecke; wobei diese Entscheidung unter Umständen bei einem überragend bekannten Zeichen anders ausgefallen wäre). Verneint wurde eine markenmäßige Verwendung ferner in einem Fall, in dem auf der Vorderseite eines Pullovers zahlreiche Marken nebeneinander aufgedruckt waren (BGH GRUR 1994, 635 – Pulloverbeschriftung).

156 Im Zusammenhang mit der Prüfung markenrechtlicher Unterlassungsansprüche kommt der Frage, ob das zu beurteilende Element **urheberrechtlich** schutzfähig ist oder aber ein zunächst urheberrechtlich geschütztes Werk aufgrund Zeitablaufs zwischenzeitlich **gemeinfrei** geworden ist, keinerlei Bedeutung zu (zum Letzteren BGH GRUR 2012, 618 Rn. 19, 20 – Medusa).

157 Bei Wort-/Bildzeichen gelten die gleichen Grundsätze. Insoweit ist jedoch von Bedeutung, wie das Zeichen den angesprochenen Verbrauchern gegenübertritt. Sehen diese gerade keine Verbindung zwischen dem Wort- und dem Bildbestandteil, so kann die Einzelfallprüfung zu dem Ergebnis führen, dass als markenmäßig benutzt nur der Wortbestandteil angesehen wird, nicht jedoch das Bildzeichen.

158 **e) Farben.** Konturlose Farbmarken sind gemäß § 3 Abs. 1 grundsätzlich schutzfähig. Kennzeichenrechtliche Ansprüche aus Farbmarken bestehen jedoch ebenfalls nur gegen solche Verwendungsformen, in denen die vermeintlich markenverletzende Verwendung einer Farbe durch einen Dritten als markenmäßig aufgefasst wird. Da die Abnehmer daran gewöhnt sind, dass in nahezu allen Bereichen Farben auf Produkten oder Verpackungen allein der **Produktgestaltung** dienen und nicht der Kennzeichnung (vgl. zB BGH GRUR 2005, 1044 (1046) – Dentale Abformmasse), ist dies nur sehr selten der Fall.

Ausschließliches Recht des Inhabers; Unterlassung; Schadensersatz § 14 MarkenG

Nur in **Ausnahmefällen** liegt daher in der Verwendung einer Farbe eine markenrechtlich 159 relevante Benutzung, etwa wenn einerseits die geschützte Farbe über eine durch Benutzung erworbene gesteigerte Kennzeichnungskraft verfügt und die Verbraucher aus diesem Grund daran gewöhnt sind, bei Waren der in Rede stehenden Art in der verwendeten Farbe einen Herkunftshinweis zu sehen (BGH GRUR 2010, 637 Rn. 28 – Farbe gelb), oder wenn die angegriffene Farbe in der angegriffenen Verwendungsform durch herkömmliche Herkunftshinweise nicht in den Hintergrund gedrängt wird und daher als Herkunftshinweis in Betracht kommt (BGH GRUR 2005, 427 – Lila Schokolade; OLG Hamburg NJOZ 2009, 1776 – NIVEA-Blau; OLG Köln GRUR-RR 2013, 213 – Wörterbuch-Gelb; zur markenmäßigen Verwendung eines auf der Verpackung einer Sprachlernsoftware verwendeten Gelbtons; anders aber BGH GRUR 2015, 581 – Langenscheidt-Gelb, wonach der Umstand, dass die Farbe zusammen mit weiteren Kennzeichen verwendet wird, einer markenmäßigen Verwendung nicht entgegensteht, sofern die Farbe langjährig und durchgängig im gesamten Produktsortiment des Marktführers verwendet wurde). Eine gesteigerte Kennzeichnungskraft der Farbmarke ist jedoch nicht zwingende Voraussetzung für die Annahme einer markenmäßigen Benutzung (BGH GRUR 2014, 1101 – Gelbe Wörterbücher). Vielmehr kann auch den Kennzeichnungsgewohnheiten auf dem betroffenen Waren- und Dienstleistungssektor Bedeutung für die Frage nach einer markenmäßigen Benutzung zukommen (BGH GRUR 2014, 1101 Rn. 29 – Gelbe Wörterbücher; markenmäßige Benutzung der Farbe Gelb bejaht, da im Bereich zweisprachiger Wörterbücher die Kennzeichnungsgewohnheiten durch die Verwendung von Farben geprägt sind und diese Kennzeichnungsgewohnheiten auf den Markt von Sprachlernsoftware ausstrahlen).

f) Dreidimensionale Zeichen. aa) Dreidimensionale Gestaltungselemente. Drei- 160 dimensionale **Elemente, die sich auf oder an einer Ware befinden** (Kühlerfiguren auf Autos, Buchstaben-Zeichen an Reißverschlüssen, Anhänger an Taschen etc), können ebenfalls als Herkunftshinweis und somit als Marke aufgefasst werden. Auch insoweit kommt es maßgeblich auf die Kennzeichnungsgewohnheiten im jeweils konkreten **Warensektor** an sowie auf die **Positionierung** und den **effektiven Nutzen** des Elements. So wird man gerade im Modebereich solchen Elementen, die keine eigene Funktion haben, aber auch nicht als bloße Verzierung erscheinen, im Zweifel eine markenmäßige Verwendung zuschreiben (zB eine als Schließe einer Tasche gestaltete ungewöhnliche Applikation). Gleiches gilt für die Gestaltung eines funktionalen Elements, die zur Funktion nicht beiträgt (Gürtelschließen, Kühlergrill etc; zu letzterem s. EuG T-128/01, GRUR Int 2003, 462 – DaimlerChrysler/HABM).

Ferner spielt auch hier die Kennzeichnungskraft der Klagemarke insofern eine Rolle, als 161 sie aufgrund einer umfangreichen Verwendung in der Vergangenheit das Verständnis des angesprochenen Verkehrs im Warensektor insgesamt beeinflusst (BGH GRUR 2008, 793 Rn. 18 – Rillenkoffer).

Im Vergleich zu den Fällen, in denen die **Warenform** selbst ein Herkunftshinweis sein 162 soll (→ Rn. 164 ff.), erscheint es jedenfalls im Grundsatz eher denkbar, dass dreidimensionale Zeichen an oder auf der Ware als Marke erkannt werden (zurückhaltender Ingerl/Rohnke Rn. 184).

Erkennen die angesprochenen Verkehrskreise in dem dreidimensionalen Zeichen einen 163 Herkunftshinweis, so kann gegen dessen Benutzung nicht nur aus einer 3D-Marke vorgegangen werden, sondern ggf. auch aus einer zweidimensionalen Bildmarke (zB BGH GRUR 2008, 505 Rn. 19 – TUC-Salzcracker), vorausgesetzt, es besteht Verwechslungsgefahr bzw. die Voraussetzungen des § 14 Abs. 2 Nr. 3 sind erfüllt. § 14 Abs. 2 Nr. 1 kommt hingegen nicht in Betracht, da es an der Identität zwischen einem 3D-Zeichen und einer zweidimensionalen Marke fehlt.

bb) Warenformen. Bereits in der **Gestaltung des Produkts** selbst oder der **Form der** 164 **Verpackung** kann ein Herkunftshinweis liegen.

Der BGH ist aber sehr zurückhaltend bei der Annahme, in der Verwendung einer Waren- 165 form könne zugleich ein Herkunftshinweis gesehen werden. Damit trägt er dem Umstand Rechnung, dass sich der Schutz des Markenrechts vor allem gegen die Beeinträchtigung der Herkunftsfunktion der Marke richtet und nicht gegen die Übernahme technischer Lösungen, von Gebrauchseigenschaften oder ästhetischen Gestaltungsgedanken durch Mitbewerber für

MarkenG § 14 Teil 2 Voraussetzungen, Inhalt und Schranken etc.

deren Waren (BGH GRUR 2007, 780 Rn. 22 – Pralinenform I). Er konstatiert deshalb, dass der Verbraucher nach der Lebenserfahrung die **Formgestaltung einer Ware** regelmäßig **nicht** in gleicher Weise wie Wort- und Bildmarken **als Herkunftshinweis** auffasse, weil es bei der Warenform zunächst um eine funktionelle und ästhetische Ausgestaltung der Ware selbst gehe. Auch eine besondere Gestaltung der Ware selbst werde danach eher diesem Umstand zugeschrieben als der Absicht, auf die Herkunft der Ware hinzuweisen (BGH GRUR 2007, 780 Rn. 26 – Pralinenform I; BGH GRUR 2010, 1103 Rn. 30 – Pralinenform II; BGH GRUR 2016, 197 (199) Rn. 27 – Bounty).

166 Es ist daher bei der Frage, ob der Verbraucher **ausnahmsweise** in der Warenform einen Herkunftshinweis erkennt, besonders auf die jeweiligen **Gepflogenheiten im maßgeblichen Warensektor** abzustellen. So kann ggf. in der Gestaltung eines Fahrzeugs ein Herkunftshinweis eher erkannt werden als bei Waren des täglichen Bedarfs.

166.1 S. BGH GRUR 2006, 679 Rn. 18 – Porsche Boxster einerseits und BGH GRUR 2005, 414 (416) – Russisches Schaumgebäck andererseits; OLG Köln BeckRS 2012, 1115 in Umsetzung von BGH GRUR 2007, 780 – Pralinenform I; GRUR-RR 2012, 341– Ritter-Sport; OLG Frankfurt GRUR-RR 2012, 255 – Goldhase III; andererseits aber LG Köln BeckRS 2012, 25462 – Goldbär – interessant auch vor allem zur möglichen Kollision zwischen Wortmarke einerseits und 3D-Zeichen andererseits; s. auch OLG Köln BeckRS 2014, 18530 – Schogetten-Stück; wonach die Benutzung eines mit einer 3D-Marke identischen Schokoladenstück markenmäßig ist, wenn der Verkehr aufgrund der Besonderheiten und der Abweichung von der üblichen Form der Ware von der Warenform auf deren Herkunft schließt.

167 Ob die angesprochenen Verkehrskreise in der Warenform einen Herkunftshinweis erkennen, hängt unter Umständen auch von der **Kennzeichnungskraft der Klagemarke** ab (BGH GRUR 2010, 1103 Rn. 33 – Pralinenform II; GRUR 2008, 793 Rn. 18 – Rillenkoffer; BGH GRUR 2016, 197 (199) Rn. 29 – Bounty; vgl. auch LG Hamburg BeckRS 2013, 495 – Capri-Sonne – markenmäßige Benutzung bejaht; OLG Hamburg BeckRS 2014, 09531 – Transdermales Pflaster – markenmäßige Benutzung bejaht): Verbindet der Verbraucher etwa aufgrund der Bekanntheit der Gestaltung des Produkts des Markeninhabers mit dieser zugleich einen Herkunftshinweis, wird er im selben Warensektor auch in ähnlichen Gestaltungsformen eher eine markenmäßige Benutzung erkennen als in solchen Warenbereichen, in denen ihm keine entsprechende Kennzeichnungspraxis geläufig ist. Besteht zwischen einer verkehrsdurchgesetzten dreidimensionalen Klagemarke und der beanstandeten, für identische Waren verwendeten Form eine hochgradige Ähnlichkeit, so ist daher im Regelfall davon auszugehen, dass der Verkehr nicht nur die Form der Klagemarke, sondern auch die angegriffene Gestaltung als herkunftshinweisend wahrnimmt (BGH GRUR 2016, 197 (199) Rn. 33 – Bounty).

168 Allerdings spielt dabei – ähnlich wie bei der Verwendung von Farben (→ Rn. 158 f.) – das Hinzutreten bzw. Fehlen weiterer als Herkunftshinweis in Betracht kommender Zeichen eine nicht unerhebliche Rolle (OLG Köln GRUR-RR 2012, 341– Ritter-Sport; OLG Frankfurt GRUR-RR 2012, 255 – Goldhase III), so dass im Einzelfall selbst bei Bekanntheit der Klagemarke im Rechtssinne das Hinzutreten anderer Kennzeichen zu einer „Überlagerung" im Gesamteindruck führen kann mit der Folge, dass der Verbraucher im Hinblick auf andere übliche Zeichenformen (Wortmarken etc) die ihm aus einem anderen Zusammenhang bekannte Warenform nicht mehr als Herkunftshinweis ansieht.

169 **g) Tonfolgen.** Da gemäß § 3 Abs. 1 auch Hörzeichen als Marke eingetragen werden können, kommt ggf. auch Tönen oder Geräuschen im Zusammenhang mit einer Ware herkunftshinweisende Bedeutung zu. Auch insoweit ist auf die Kennzeichnungsgewohnheiten im jeweiligen Warensektor sowie auf das Verkehrsverständnis abzustellen. Denkbar sind zB wiedererkennbare Tonfolgen, Melodien oder Geräusche beim Öffnen einer Produktverpackung, beim Verwenden des Produkts oder beim Anschalten technischer Geräte (zB typischer Klang eines Benzinfeuerzeugs beim Öffnen, Erkennungsmelodie beim Anschalten einer Spielkonsole, eines Mobiltelefons). Abgrenzungsprobleme ergeben sich jedoch zu solchen Geräuschen, die technisch bedingt sind oder so beurteilt werden, bzw. bei Melodien, denen der Verbraucher lediglich ästhetische Bedeutung beimisst.

h) Kombinationszeichen. Da einem Markeninhaber nicht nur die Wortmarke zur Kennzeichnung seiner Produkte zur Verfügung steht, sondern Zeichen unterschiedlicher Art gleichzeitig auf oder in Zusammenhang mit einem Produkt verwendet werden können, stellt sich die Frage, welche Zeichen der Verbraucher tatsächlich als Herkunftshinweis wahrnimmt, denn nur diese Zeichen können im Rahmen der Markenverletzung eine Rolle spielen (fraglich demgegenüber der Ansatz des OLG Frankfurt GRUR-RR 2012, 255 – Goldhase III, wo der Senat eine markenmäßige Benutzung des beanstandeten Riegelein-Hasen **insgesamt** wegen des auf dem Produkt angebrachten Wortzeichens bejaht hat; mit dieser Argumentation würde die Benutzung jedes Gegenstands, auf dem ein Zeichen angebracht ist, als markenmäßige Verwendung des Gesamtgegenstands anzusehen sein).

Dabei gilt auch insoweit der Grundsatz einer konkreten und einzelfallbezogenen Betrachtungsweise, wobei jeweils in Bezug auf die Klagemarke festzustellen ist, ob das mit dieser identische oder ähnliche Zeichen trotz seiner Verwendung **im Zusammenhang mit anderen Zeichen oder Zeichenbestandteilen** als eigenständiger Herkunftshinweis erkannt wird (vgl. zB OLG Hamm BeckRS 2011, 9552 – Unser Schiff/Mein Schiff). Schwierigkeiten ergeben sich dabei insbesondere, soweit es um Bestandteile von zusammengesetzten Wortzeichen geht (BGH GRUR 2009, 1162 – DAX) sowie bei der Beurteilung von Farben, Bildern oder dreidimensionalen Gestaltungsformen (vgl. BGH GRUR 2009, 766 – Stofffähnchen; GRUR 2002, 171 – Marlboro-Dach; instruktiv auch die Goldhasen-Rechtsprechung des BGH GRUR 2007, 235 – Goldhase und GRUR 2011, 148 – Goldhase II; ferner – zu einer Beurteilung im Rahmen des § 14 Abs. 2 Nr. 3 – OLG Köln GRUR-RR 2012, 341 – Ritter Sport).

Grundsätzlich kann bei untypischen Markenformen (Farbe, 3D-Marke) das Hinzutreten typischer Markenformen (insbesondere Wortzeichen) dazu führen, dass der Verkehr nur in letzterem einen Herkunftshinweis erkennt. Wichtig ist insoweit jedoch vor allem, auf die für den jeweiligen Produktbereich typischen Kennzeichnungsgewohnheiten zu achten (BGH GRUR 2002, 171 – Marlboro-Dach).

2. Zeichenverwendung im weiteren Kontext der Vermarktung

Auch soweit Dritte das Zeichen bei der Vermarktung ihres Angebots ohne unmittelbaren Produktbezug verwenden, kann eine markenrechtlich relevante Benutzung vorliegen. Bei Dienstleistungsmarken ist dies ohnehin die einzige praktisch mögliche Form der Zeichenbenutzung. Dabei kann die Zeichenverwendung auf unterschiedliche Weise erfolgen, wie die Benutzungsbeispiele in § 14 Abs. 3 zeigen, zB in der Werbung, in Angeboten, in Geschäftspapieren, auf Merchandising-Artikeln etc. Im Folgenden sollen die unterschiedlichen, hauptsächlich relevanten Verwendungsmöglichkeiten behandelt werden. Große Bedeutung kommt insbesondere einer Zeichennutzung vor (→ Rn. 174 ff.) und nach Verkauf eines Produkts (→ Rn. 178 ff.) sowie bei Erbringung einer Dienstleistung (→ Rn. 181 ff.) zu. Ferner wird auf die Besonderheiten der werbenden Verwendung von Zeichen Dritter im Rahmen von Gewinnspielen (→ Rn. 189 ff.) sowie der Zeichenverwendung beim Merchandising (→ Rn. 183 f.) und bei Produktnachbildungen (→ Rn. 186 f.) eingegangen.

a) Verwendung im Vorfeld des Produktabsatzes. Wesentliche Bedeutung hat die markenmäßig relevante Verwendung von Zeichen in der Werbung für die entsprechend gekennzeichneten Produkte, wobei der Begriff der Werbung sehr weit zu fassen ist (so auch Ingerl/Rohnke Rn. 256). Darunter fällt nicht nur die bildliche Darstellung einer Ware mit der entsprechenden Kennzeichnung, sondern auch die isolierte Verwendung von als Marken geeigneten Zeichen, sei es in bildlicher, sei es in akustischer Darstellung (Radiospot). Entsprechendes gilt für das ebenfalls als Werbemaßnahme einzustufende Verkaufsgespräch und die hierbei mündlich wiedergegebenen Herkunftshinweise (so auch Ingerl/Rohnke Rn. 176; vgl. LG Hamburg GRUR-RR 2005, 198; anders noch BGH GRUR 1959, 240 f. – Nelkenstecklinge – zur mündlichen Benennung).

Maßgeblich ist dabei auch hier, ob und welche Zeichen die angesprochenen Verkehrskreise als Herkunftshinweis und damit als Marke erkennen. Da jedoch der Werbende ein elementares Interesse daran hat, den angesprochenen Verkehrskreisen eindeutig zu vermitteln, unter welcher Marke sein Produkt erhältlich ist, dürften sich insoweit regelmäßig keine Schwierigkeiten ergeben.

176 Werden **Slogans** in der Werbung verwendet, ist zu unterscheiden: Wird eine fremde Wortmarke in den Slogan einbezogen, so ist dies eine markenmäßige Benutzung dieses Zeichens in der Werbung, es sei denn, der Verbraucher erkennt das – fremde – Zeichen in dem Slogan ausnahmsweise nicht als Zeichen (wieder), sondern versteht diesen insgesamt als Sachaussage für das Produkt des Dritten (ähnlich Ingerl/Rohnke § 140 Rn. 195, zurückhaltender Ströbele/Hacker/Hacker Rn. 134). Enthält der fremde Slogan hingegen die fremde Wortmarke nicht, sondern übernimmt lediglich die darin enthaltene Aussage (typischerweise in leicht abgewandelter Form), ist darauf abzustellen, ob die angesprochenen Verkehrskreise der zu beurteilenden Werbeaussage einen Herkunftshinweis und nicht lediglich eine werbliche Anpreisung oder eine sonstige Aussage entnehmen (vgl. OLG Hamburg GRUR-RR 2009, 300 – Baby Body mit dem Aufdruck „Mit Liebe gemacht"; generell für eine zurückhaltende Betrachtung Ströbele/Hacker/Hacker Rn. 142). Dies gilt umso mehr, wenn sich ein Slogan nicht auf ein konkretes Produkt bezieht, sondern generell in der Form einer Unternehmensimage-Werbung verwendet wird (s. hierzu OLG Hamburg GRUR-RR 2009, 302 – Answer of Life).

177 Nach zutreffender Auffassung ist in der bei eBay-Angeboten typischen Artikelüberschrift dann ein markenmäßiger Gebrauch zu erkennen, wenn in der Überschrift Begriffe verwendet werden, die der Verbraucher nicht als bloße Beschreibung des Angebots wahrnimmt. Dabei kommt ggf. auch der Frage Bedeutung zu, ob die gesamte Artikelüberschrift als kennzeichenmäßige Verwendung anzusehen ist – und daher der Klagemarke insgesamt gegenüberzustellen ist – oder nur ein Teil. Letzteres wird zB anzunehmen sein, wenn Bestandteil der Artikelüberschrift eine bekannte Marke ist (BGH GRUR 2009, 871 Rn. 20 – Ohrclips, wobei die entsprechende Tatsachenfeststellung des OLG von der Revision nicht angegriffen wurde; problematisch OLG Hamm BeckRS 2012, 22994 – Iced Out; vgl. auch LG München I Urt. v. 31.8.2012 – 33 O 4395/12 – Swarovski).

178 **b) Zeichenverwendung nach Absatz des Produktes.** Auch **nach dem Verkauf** eines Produkts bzw. der Erbringung einer Leistung kommt eine markenrechtlich relevante Zeichenverwendung iSv § 14 Abs. 2 in Betracht.

179 Dies betrifft zum einen Fälle, in denen das angesprochene Publikum mit dem Zeichen erst beim **Verbrauch** in Berührung kommt, zB beim Verzehr des eingepackten Produkts, dessen Form ein Herkunftshinweis sein soll (vgl. BGH GRUR 2007, 780 Rn. 25 – Pralinenform). Ob es sich dabei im Einzelfall um eine markenmäßige Verwendung handelt, ist nach den allgemeinen Kriterien zu beurteilen, und zwar vornehmlich unter Berücksichtigung der zu beurteilenden Zeichenform, der Gepflogenheiten im maßgeblichen Produktsegment, der Kennzeichnungskraft der Klagemarke und nicht zuletzt der Zeitdauer, die dem Verbraucher zur Wahrnehmung beim Gebrauch regelmäßig zur Verfügung steht: ein nach dem Auspacken zum sofortigen Verzehr gedachtes Produkt wird daher regelmäßig eher weniger Anlass geben, in diesem eine markenmäßige Verwendung zu sehen, als ein für den dauerhaften Gebrauch vorgesehenes Computerspiel, das nach dem Einschalten im Vorspann auf dem Bildschirm oder – auch für Hörmarken relevant – über Lautsprecher die Marke wiedergibt.

180 Zum anderen fällt hierunter auch die Verwendung von Zeichen in **Geschäftspapieren,** insbesondere Rechnungen, oder Gebrauchsanweisungen. Dabei ist in besonderem Maße auf die Unterscheidung von reinen Unternehmenskennzeichen und markenmäßigen Verwendungsformen zu achten (→ Rn. 85 ff.).

181 **c) Zeichenverwendung bei Erbringung einer Dienstleistung.** Zeichen auf der **Kleidung** oder den **Fahrzeugen** von Dienstleistern werden in der Regel als Herkunftshinweis wahrgenommen (zur Kennzeichnung einer Dienstleistung durch Anbringen einer Aufschrift auf einem Regal OLG Köln GRUR-RR 2012, 71 – Das gesunde Plus). Relevant ist dies zB für Reinigungspersonal, Transportunternehmen, Logistikdienstleister, die jeweils unkörperliche Produkte anbieten und vermarkten.

182 Maßgeblich kann in diesem Zusammenhang auch die Frage sein, inwieweit die angesprochenen Verkehrskreise die Zeichen zumindest auch als Marke und nicht nur als Unternehmenskennzeichen auffassen (zur Bedeutung dieser Abgrenzung → Rn. 85 ff.). Dabei ist zu berücksichtigen, dass dem Verkehr bekannt ist, dass die unkörperliche Dienstleistung selbst nicht gekennzeichnet sein kann; die Verbraucher erwarten daher, dass der Dienstleister seine Marke auf andere Weise sichtbar macht (vgl. in diesem Sinne BGH GRUR 2008, 616 –

AKZENTA). Dies gilt jedoch nicht uneingeschränkt und wird unter anderem maßgeblich von den Gepflogenheiten im jeweiligen Dienstleistungssektor abhängen.

d) Verwendung auf Fanartikeln oÄ. Beim Kauf von Fanartikeln steht für die beteiligten Verkehrskreise regelmäßig die Motivation im Vordergrund, die Anhängerschaft zu einem bestimmten Verein oder einer Person etc zum Ausdruck zu bringen; der Aspekt der betrieblichen Herkunft spielt dagegen eine allenfalls geringe Rolle. Dies führt jedoch nicht zum Ausschluss einer markenmäßigen Benutzung. Bei einer für Fanartikel typischen Zeichenverwendung (Anbringung der ggf. für einen Fußballverein eingetragenen Marken und Logos auf Mützen oder Schals etc) ist vielmehr regelmäßig davon auszugehen, dass die Benutzung des Zeichens den Eindruck erweckt, dass im geschäftlichen Verkehr eine Verbindung zwischen den betroffenen Waren und dem Markeninhaber besteht (EuGH C-206/01, GRUR 2003, 55 Rn. 55 f. – Arsenal/Reed). **183**

Die nicht autorisierte Benutzung von Marken auf Fanartikeln führt somit regelmäßig zu einer **Beeinträchtigung der Herkunftsfunktion,** die – falls die Marke für die betreffenden Artikel eingetragen ist – nach § 14 Abs. 2 Nr. 1 geltend gemacht werden kann. **184**

Besteht keine entsprechende Eintragung, kommt regelmäßig ein Verbietungsanspruch aus § 14 Abs. 2 Nr. 3 in Betracht, da es sich typischerweise um bekannte Marken handeln wird, deren Wertschätzung durch die nicht autorisierte Benutzung ausgebeutet wird. Inwieweit daneben auch eine Verwechslungsgefahr iSv § 14 Abs. 2 Nr. 2 anzunehmen wäre, kann hingegen offen bleiben; es wird regelmäßig ohne praktische Bedeutung sein. **184.1**

Wesentlich weniger naheliegend ist die Annahme einer Herkunftskennzeichnung bei der Darstellung von Marken oder Markenprodukten in **Kalendern** oder ähnlichen Druckwerken sowie auf **Blechschildern** oder „Buttons" etc (vgl. OLG Frankfurt GRUR-RR 2011, 170 f. – Blechschilder). Dies gilt insbesondere, wenn andere auf den Herausgeber/Hersteller des Kalenders/Blechschildes hinweisende Kennzeichen vorhanden sind. Der Verbraucher sucht bei einer bildlichen Darstellung eines ersichtlich fremden Markenprodukts den Herkunftshinweis nicht in dem Motiv, sondern auf dem Deckblatt oder der Kopfzeile des Kalenders oder einer begleitenden Verpackung. Allerdings kommen dann ggf. Ansprüche aus § 14 Abs. 2 Nr. 3 in Betracht, da insoweit das Herstellen einer gedanklichen Verbindung zum Markeninhaber ausreicht (BGH GRUR 2005, 583 – Lila-Postkarte; vgl. auch OLG Frankfurt GRUR-RR 2011, 170 – Blechschilder). **185**

e) Verwendung als Teil einer Nachbildung. Dass eine Marke als Teil einer Produktnachbildung verwendet wird, kommt insbesondere bei **Spielzeugmodellen** oder anderen Formen maßstabsgetreuen Modellbaus vor. In der Entscheidung Opel/Autec (EuGH C-48/05, GRUR 2007, 318) hat der EuGH dazu ausgeführt, eine Beeinträchtigung der Herkunftsfunktion liege nur dann vor, wenn die Abnehmer von der Anbringung der Marke auf die Herkunft des Modells von der Markeninhaberin oder aus einem mit ihr verbundenen Unternehmen schließen. Der BGH führt in seiner Entscheidung in Bezug auf denselben Fall aus, die Annahme einer Beeinträchtigung der Herkunftsfunktion könne auch nicht damit begründet werden, dass die Abnehmer ggf. eine Lizenzbeziehung zwischen der Markeninhaberin und der Modellherstellerin vermuten. Denn diese Annahme entstehe nur aufgrund der Markennutzung für die „Originalprodukte" (also Kraftfahrzeuge), und nicht aufgrund der – für die Beurteilung im Rahmen des Tatbestandes der Doppelidentität maßgeblichen – Verwendung für Spielzeugmodelle, für die die Marke ebenfalls eingetragen war. Ferner sei die Annahme einer Verbindung – wenn sie denn bestünde – auf die Nachbildung insgesamt, und nicht speziell auf die Anbringung der Marke zurückzuführen (BGH GRUR 2010, 726 Rn. 24 – Opel-Blitz II). **186**

Auch bei Fanartikeln (bei denen regelmäßig von einer Beeinträchtigung der Herkunftsfunktion ausgegangen wird; → Rn. 184) gründet sich die Annahme einer wirtschaftlichen Verbindung zwischen dem Inhaber der Marke und dem mutmaßlichen Verletzer vor allem auf die Aktivitäten des Markeninhabers auf seinem Primärmarkt. Allerdings weisen die beiden Fallkonstellationen deutliche Unterschiede auf, die unterschiedliche Ergebnisse rechtfertigen könnten: So ist den beteiligten Verkehrskreisen im Zusammenhang mit Fanartikeln bewusst, dass Sportvereine etc einen Großteil ihrer Einnahmen aus dem Merchandising ihrer Namen und Symbole beziehen. Sie gehen daher regelmäßig davon aus, dass der Zeichennutzung wirtschaftliche Beziehungen zugrunde liegen. Bei Kraftfahrzeugen – den klassischen **186.1**

Vorbildern für Spielzeugmodelle – ist dies jedoch nicht der Fall: Das Berufungsgericht hatte insoweit darauf hingewiesen, dass sich im Zusammenhang mit Angaben in Bezug auf den Modellhersteller regelmäßig Lizenzhinweise finden, die in dem der Entscheidung zugrunde liegenden Fall jedoch fehlten.

187 Der BGH verneint zudem die Beeinträchtigung weiterer Markenfunktionen; ebenso abgelehnt wird das Vorliegen einer Rufausbeutung und -beeinträchtigung iSv § 14 Abs. 2 Nr. 3. Letzteres setze voraus, dass sich die Ausnutzung oder Beeinträchtigung der Wertschätzung der Marke aus anderen Elementen als der Nachbildung als solcher herleite (BGH GRUR 2010, 726 Rn. 30 – Opel-Blitz II; s. auch bereits BGH GRUR 1994, 732 – McLaren).

188 Soweit nicht besondere Umstände dafür sprechen, dass die in der Opel/Autec-Rechtsprechung aufgestellten Grundsätze im Einzelfall unanwendbar sind, bleibt die Verwendung von Marken auf Spielzeugmodellen somit **zulässig.** Dies gilt jedoch nur, wenn die Marke der naturgetreuen Nachbildung des Originals dient und soweit auf Verpackung und Zubehör deutliche Hinweise auf den Hersteller gegeben werden.

189 **f) Auslobung als Preis von Gewinnspielen.** Eine Sonderstellung nehmen Fälle ein, in denen ein Dritter Originalprodukte des Markeninhabers als Preis eines Gewinnspiels auslobt. Während jedenfalls diejenigen Konstellationen faktisch unproblematisch sind, in denen der Markeninhaber seine Waren selbst als Preise zur Verfügung stellt, stellt sich die Frage, inwieweit der Markeninhaber aufgrund seines Markenrechts gegen die ohne Zustimmung erfolgte Auslobung seiner Waren als Preis vorgehen kann. Der BGH hat in einem einschlägigen Fall eine Markenverletzung im Ergebnis zutreffend verneint. Zur Begründung führte er aus, dass die ausgelobten Waren gemäß § 24 Abs. 1 **erschöpft** seien und die Voraussetzungen des Ausschlusses der Erschöpfungswirkung nicht vorlägen (BGH GRUR 2006, 329 Rn. 24 ff. – Gewinnfahrzeug mit Fremdemblem). Eine markenmäßige Benutzung hat der BGH in der genannten Entscheidung jedoch bejaht: die Klagemarken seien zur Kennzeichnung der Herkunft des ausgelobten Preises und daher herkunftshinweisend verwendet worden (BGH GRUR 2006, 329 Rn. 23 – Gewinnfahrzeug mit Fremdemblem). Als Rechtsgrundlage wurde dabei § 14 Abs. 2 Nr. 3 herangezogen. Da für die Frage der Produktidentität neben den Waren des Gewinnspielveranstalters auf die Waren/Dienstleistungen des Werbenden abzustellen ist, kann § 14 Abs. 2 Nr. 1 nur in den Ausnahmefällen angewandt werden, in denen die Marke des ausgelobten Produkts auch für die beworbenen Waren/Dienstleistungen eingetragen ist. Daran wird es in aller Regel fehlen.

189.1 Man könnte auch daran denken, die in BMW/Deenik für Reparaturdienstleistungen angenommene Ausnahme, nach der für die Frage der Produktidentität nicht auf die vom Werbenden erbrachte Dienstleistung, sondern auf deren Objekt abzustellen ist (→ Rn. 116), auch auf die Auslobung von Waren anzuwenden (was im Ergebnis sinnvoll wäre). Diese Frage müsste im Zweifelsfall durch Vorlage an den EuGH geklärt werden.

190 Soweit Produktidentität vorliegt, kommt es – da es regelmäßig an einer Beeinträchtigung der Herkunftsfunktion fehlen wird – darauf an, ob die **Werbe- oder Investitionsfunktion** der Marke beeinträchtigt sein könnte. Dies wird jedoch regelmäßig abzulehnen sein, da und soweit sich das Ausloben fremder Markenprodukte im Rahmen des fairen Wettbewerbs hält (→ Rn. 212).

191 Handelt es sich bei der ausgelobten Ware um ein **bekanntes Markenprodukt,** kommt es für die Beurteilung zum einen darauf an, inwieweit die Attraktivität der bekannten Marke durch die Gewinnauslobung Ausstrahlungseffekte auf die durch das Gewinnspiel beworbenen Waren oder Dienstleistungen bewirkt sowie zum anderen darauf, ob dies – im Sinne des Vorliegens eines „rechtfertigenden Grundes" iSv § 14 Abs. 1 Nr. 3 – als wettbewerbskonform anzusehen ist.

192 Ob die Waren als erschöpft anzusehen sind (→ Rn. 189), ist unter Umständen nicht mehr entscheidend, wenn eine Verletzung bereits aus anderen Gründen abzulehnen ist. Allerdings bietet es sich an, den der Erschöpfungsregelung zugrundeliegenden **Rechtsgedanken** in die Beurteilung der Interessenbeeinträchtigung bzw. der Wettbewerbskonformität einzubeziehen. Dass dies auf der Grundlage flexibler Prüfungskriterien (Funktionsbeeinträchtigung bei § 14 Abs. 2 Nr. 1 oder „rechtfertigender Grund" iSv § 14 Abs. 2 Nr. 3) bereits im Rahmen des Verletzungstatbestandes und nicht auf der Basis von § 24 erfolgt, ist insoweit von Bedeutung, als § 24 seinem Wortlaut nach Dienstleistungen nicht erfasst (Ingerl/Rohnke § 24

Rn. 14). Im Ergebnis sollte es nämlich keine Rolle spielen, ob als Preis eine Ware (zB ein Auto) oder eine Dienstleistung (zB Kreuzfahrt, Hotelaufenthalt oder Wellnessbehandlung) ausgelobt wird. In der Instanzrechtsprechung wurde dieses Problem zum Teil durch Anwendung von § 23 Nr. 2 gelöst (LG Frankfurt BeckRS 2013, 16223; LG München I BeckRS 2011, 12216).

3. Satirische Verwendung; Parodien

Auch bei der satirischen Verwendung von Zeichen stellt sich die Frage einer markenrechtlich relevanten Benutzungshandlung. Allerdings kann hier bereits die Einordnung als Handeln im geschäftlichen Verkehr problematisch sein (zB bei einer privaten Satire-Seite im Internet unter Verwendung verfremdeter, gleichwohl erkennbarer markenrechtlich geschützter Zeichen oder Slogans; zum Handeln im geschäftlichen Verkehr allgemein → Rn. 53 ff.; zum Problem der Banner-Werbung als Abgrenzung zu einer privat betriebenen Internetseite → Rn. 75). 193

Eine Beeinträchtigung der Herkunftsfunktion in solchen Fällen erscheint häufig nur dann denkbar, wenn die satirische Aussage/Parodie nicht erkennbar wird. Andernfalls ist davon auszugehen, dass das Publikum die dargestellte, ggf. verfremdete Marke lediglich als Motiv der satirischen Auseinandersetzung und gerade nicht als Herkunftshinweis ansieht (vgl. Ingerl/Rohnke Rn. 218, wo dann aber zu Recht eine herkunftshinweisende Verwendung angenommen wird, wenn es sich auch um einen Werbegag des Markeninhabers handeln könnte, s. BGH GRUR 1995, 57 – Markenverunglimpfung II). 194

Wann ein Herkunftshinweis angenommen werden kann, richtet sich stets nach den konkreten Umständen des Einzelfalls. 195

Beispiele für eine **Bejahung** der Herkunftsfunktionsbeeinträchtigung bei OLG Hamburg GRUR-RR 2006, 224 f. – Trabi 03; **Verneinung** der Herkunftsfunktionsbeeinträchtigung bei OLG Hamburg GRUR-RR 2006, 231 f. – Bildmarke AOL; OLG Köln GRUR-RR 2005, 12 f. – Absolut Luckies; **offengelassen** in BGH GRUR 2010, 161 Rn. 35 – Gib mal Zeitung. Besonders der Vergleich zwischen den Entscheidungen des OLG Hamburg Trabi 03 und Bildmarke AOL, in denen es jeweils um die Verwendung von Marken auf Abi-T-Shirts ging, macht die sehr differenzierte vorzunehmende Einzelfallbetrachtung deutlich; zum markenmäßigen Gebrauch von Zeichen auf T-Shirts allgemein → Rn. 147 f. 195.1

Soweit § 14 Abs. 2 Nr. 1 Anwendung findet, kommt auch die Beeinträchtigung weiterer Markenfunktionen in Betracht. Da Parodien jedoch praktisch regelmäßig mit einer Verfremdung der Marke einhergehen und es somit bereits an der Zeichenidentität fehlt, dürften solche Fälle nur sehr selten vorkommen. Soweit dies jedoch zutrifft, kommt es auf die Vereinbarkeit mit den Grundsätzen des **fairen Wettbewerbs** an (→ Rn. 212), wobei auch die Grundsätze der Kunst- und Meinungsfreiheit zu berücksichtigen sind. Im Ergebnis gilt somit das Gleiche wie für die Anwendung von § 14 Abs. 2 Nr. 3 (→ Rn. 534; wobei der ggf. unterschiedliche Bekanntheitsgrad der persiflierten Marke als Wertungsfaktor in die Betrachtung einzubeziehen ist). 196

Bei Bekanntheit der Marke kommt § 14 Abs. 2 Nr. 3 als Anspruchsgrundlage in Betracht, wobei die Abgrenzung zur **Kunstfreiheit** eine maßgebliche Rolle spielt (vgl. hierzu BGH GRUR 2005, 583 – Lila-Postkarte); zu beachten ist ferner das Grundrecht der Meinungsäußerungsfreiheit (OLG Köln NJWE-WettbR 2000, 242; BGH GRUR 1984, 684 f. – Mordoro; → Rn. 534). 197

In Ausnahmefällen kommt trotz des Vorrangs der kennzeichenrechtlichen Vorschriften die Anwendung von §§ 823, 1004 BGB in Betracht, falls der Schutz der kennzeichenrechtlichen Vorschriften bei einer tatsächlich gegebenen Markenbeeinträchtigung lückenhaft ist bzw. „versagt" (BGH GRUR 2009, 871 Rn. 37 – Ohrclips). Auch hier haben jedoch die grundrechtlich geschützte Kunst- und Meinungsfreiheit besondere Bedeutung. 198

4. Zeichenverwendung im Internet

Aufgrund seiner Schnelligkeit und weltweiten Abrufbarkeit sowie geringer Kostenintensität hat sich das Internet zu einem zentralen Medium der privaten sowie geschäftlichen Kommunikation entwickelt, weshalb es größte markenrechtliche Relevanz entfaltet hat. Dabei lassen sich einige Zeichen-Verwendungsformen, die für das Internet typisch sind, nicht 199 ohne Weiteres in das bestehende Gefüge der allgemeinen markenrechtlichen Vorschriften einordnen, die jedoch mangels internetspezifischer markenrechtlicher Vorschriften anwendbar sind. Von zentraler Bedeutung ist dabei die Frage der markenmäßigen Benutzung, die vor allem bei Domainnamen, Metatags, Weiß-auf-Weiß-Schrift und AdWords eine Rolle spielt.

200 **a) Domainnamen.** Da Domainnamen und deren Benutzung eine Reihe sehr spezifischer Fragen aufwerfen, werden die damit zusammenhängenden kennzeichenrechtlichen Aspekte gesondert dargestellt (→ § 15 Rn. 71 ff.).

201 **b) Metatags.** Metatags sind im Quelltext einer Internetseite hinterlegte Schlüsselwörter, die dazu dienen, von Suchmaschinen bei der Eingabe von Suchbegriffen, die den hinterlegten Metatags entsprechen, aufgefunden zu werden und damit zur Nennung in der Trefferliste der Suchmaschine zu führen. Der Seiteninhaber bzw. -betreiber ist bei der Wahl „seiner" Metatags grundsätzlich frei, dh er allein entscheidet darüber, ob er allgemeine Begriffe, Namen oder auch Markenbezeichnungen verwendet.

201.1 Lange Zeit war streitig, wie Metatags in kennzeichenrechtlicher Hinsicht zu behandeln sind, insbesondere ob die Verwendung eines Metatags eine kennzeichenrechtlich relevante Benutzung ist. Die dagegen vorgebrachten Argumente stützten sich unter anderem darauf, dass es sich bei Metatags um **nicht sichtbare Zeichen** handelt, eine Benutzung daher ausscheide bzw. überhaupt erst durch denjenigen erfolge, der den Suchbegriff in die Suchmaske seiner Suchmaschine eingibt (eine kennzeichenmäßige Verwendung seinerzeit verneinend zB OLG Düsseldorf GRUR-RR 2004, 353 – Kotte & Zeller; Kaufmann MMR 2005, 348 – Metatagging – Markenrecht oder reformiertes UWG?; Viefhues MMR 1999, 336 – Internet und Kennzeichenrecht – Meta-Tags). Inzwischen (seit BGH GRUR 2007, 65 insbesondere Rn. 17 – Impuls I) ist diese Frage geklärt.

202 Nach der Rechtsprechung des BGH (MMR 2011, 608 Rn. 25 – Impuls II; vgl. auch EuGH C-657/11, GRUR 2013, 1049 Rn. 53 ff. – BEST/Visys) kann eine **Beeinträchtigung der Herkunftsfunktion** anzunehmen sein, wenn ein als Suchwort verwendetes verwechslungsfähiges Zeichen als Metatag im HTML-Code auf der Internetseite dazu benutzt wird, das Ergebnis des Auswahlverfahrens in Gestalt der Trefferliste einer Internetsuchmaschine zu beeinflussen und den Nutzer auf diese Weise zu der Internetseite des Verwenders zu führen. Bei den Ergebnissen der Trefferliste (nach BGH in Abgrenzung zu den als solchen erkennbaren werbenden Hinweisen; → Rn. 214) wird für den Internetnutzer in der Regel nicht hinreichend deutlich, ob der Verwender eines mit einer geschützten Marke übereinstimmenden Metatags, der identische oder ähnliche Produkte anbietet, im Verhältnis zum Markeninhaber Dritter oder aber mit dem Markeninhaber wirtschaftlich verbunden ist. Es besteht daher die Gefahr, dass der Internetnutzer das Angebot in der Trefferliste auf Grund der dort gegebenen Kurzhinweise mit dem Angebot des Markeninhabers verwechselt und sich näher mit ihm befasst.

203 Auf der anderen Seite kann die Verwendung von Metatags im Ergebnis jedenfalls dann nicht verboten werden, wenn der Verwender sachliche Gründe für sein Verhalten anführen kann, wie insbesondere dann, wenn er Waren unter der betreffenden Marke anbietet oder seine Waren mit denjenigen des Markeninhabers vergleicht (BGH GRUR 2007, 65 Rn. 21 – Impuls I). Daraus folgt, dass die Betrachtung, ob eine Marke in rechtsverletzender Weise verwendet wird, **nicht isoliert,** sondern immer nur im Zusammenhang mit der Seite selbst erfolgen kann.

203.1 Ob es insoweit bereits an einer rechtlich relevanten Benutzung fehlt oder ob (wohl zutreffender) dieses Ergebnis primär aus § 23 oder anderen Gründen folgt (§ 6 UWG oder im Hinblick auf Art. 5 GG, vgl. OLG München GRUR-RR 2012, 346 – Meinungsfreiheit), ist demgegenüber von zweitrangiger Bedeutung.

203.2 Auch das durch den fraglichen Metatag hervorgerufene Suchergebnis selbst kann kennzeichenrechtlich (oder wettbewerbsrechtlich) relevant sein. Es kann sich um eine eigenständige, von der kennzeichenrechtlichen Einordnung des Metatags unabhängige Verletzungshandlung handeln, etwa soweit die aufgerufene Seite eine in Wahrheit nicht bestehende wirtschaftliche Verbindung zum Inhaber der Marke suggeriert. Auf der anderen Seite können die im Suchergebnis enthaltenen Kurzhinweise unter Umständen ihrerseits dazu führen, dass die markenmäßige Benutzung eines Metatags im Einzelfall zu verneinen ist (OLG Frankfurt GRUR-RR 2008, 292 – Sandra Escort).

Ausschließliches Recht des Inhabers; Unterlassung; Schadensersatz § 14 MarkenG

c) Verwendung durch seiteninterne Suchmaschinen. Bei seiteninternen Suchmaschinen, die dazu dienen, das eigene Produktangebot für den Nutzer einer Internetseite nach von diesem einzugebenden Suchbegriffen zu durchsuchen, sind ähnliche Grundsätze anzuwenden wie bei der Beurteilung von Metatags (→ Rn. 201 ff.). Für eine markenmäßige Verwendung reicht es hier aus, dass ein als Suchwort verwendetes Zeichen dazu benutzt wird, das **Ergebnis des Auswahlverfahrens** in der Trefferliste einer Internetsuchmaschine **zu beeinflussen und den Nutzer** zu einem bestimmten Produktangebot auf einer Internetseite **zu führen** (vgl. BGH GRUR 2010, 835 Rn. 25 – Powerball; GRUR 2009, 1167 Rn. 14 – Partnerprogramm). Dies ist beispielsweise auch dann der Fall, wenn der Betreiber einer Verkaufsplattform die auf seiner Internetseite vorhandene interne Suchmaschine so programmiert, dass Suchanfragen automatisch in mit der Marke eines Dritten verwechselbarer Weise in den Quelltext der Internetseite aufgenommen werden und diese wiederum von einer externen Suchmaschine als Treffer aufgeführt wird (BGH GRUR 2015, 1223 – Posterlounge). Wird die Produktauswahl über einen Algorithmus generiert, muss der Betreiber der Suchmaschine sich die Ergebnisse zurechnen lassen (OLG Köln GRUR-RR 2016, 240 – Trefferliste bei Amazon; OLG München GRUR-RR 2016, 199 – Ortlieb-Fahrradtasche). 204

Auch bei seiteninternen Suchmaschinen kommt es aber stets auf die konkrete Gestaltung der Seite an. Erscheint als Ergebnis einer Suche eine große Anzahl **unterschiedlicher**, nicht mit dem Suchbegriff gekennzeichneter Produkte sowie das fragliche Zeichen **allein** als Wiedergabe des vom Nutzer eingegebenen Suchbegriffs, kann man regelmäßig keine markenmäßige Benutzung annehmen, weil der Nutzer das fragliche Zeichen nach wie vor als das von ihm selbst eingegebene Zeichen erkennt und keinen konkreten Produktbezug herstellen wird. Etwas anderes gilt, wenn das fragliche Zeichen einem bestimmten Suchtreffer vom Verwender der Suchmaschine zugewiesen wird (vgl. BGH GRUR 2010, 835 – Powerball). Eine markenmäßige Verwendung ist auch dann zu bejahen, wenn als Suchtreffer ausschließlich Waren oder Dienstleistungen **einer Kategorie** angezeigt werden und der Nutzer daher keinen Anlass hat, anzunehmen, die Treffer hätten nichts mit dem eingegebenen Suchwort zu tun (etwa bei einer Suchmaschine eines Reisedienstleisters, bei der auf die Eingabe eines konkreten Reiseveranstalters hin lediglich Reisen angezeigt werden, vgl. LG München I Urt. v. 4.12.2012 – 33 O 1988/12); vgl. auch OLG Köln GRUR-RR 2016, 240 – Trefferliste bei Amazon, wonach eine Verletzung nicht vorliegen soll, wenn auf die Eingabe von beschreibenden Begriffen, aus denen die Marke zusammengesetzt ist, ein Produkt angezeigt wird, in dessen Beschreibung die eingegebenen Begriffe enthalten sind. 205

d) Weiß-auf-Weiß-Schrift. „Weiß-auf-Weiß" meint die Verwendung von Zeichen innerhalb eines Textes auf einer Website, die für den Nutzer nicht sichtbar sein soll, sondern ausschließlich dazu dient, die Ergebnisse von Suchmaschinen zu beeinflussen. Hierzu stellt der BGH zu Recht fest, dass diese Zeichenverwendung rechtlich genauso zu behandeln ist wie die Verwendung von Metatags (→ Rn. 201 ff.; vgl. BGH GRUR 2007, 784 Rn. 18 – AIDOL; bestätigt in MMR 2011, 608 Rn. 25 – Impuls II). 206

e) AdWords. Bei AdWords handelt es sich ebenfalls (wie bei Metatags; → Rn. 201 ff.) um für Suchmaschinen relevante Schlüsselwörter; allerdings werden diese nicht im Quelltext der eigenen Seite „versteckt", sondern beim Suchmaschinenbetreiber – zB Google – hinterlegt, verbunden mit dem Auftrag, eine eigene mit dem oder den AdWord(s) verbundene Werbeanzeige (und zwar als solche auch erkennbar) immer dann sichtbar werden zu lassen, wenn ein Nutzer in der Suchmaske der betreffenden Suchmaschine dieses AdWord oder (bei entsprechend weitgehendem Auftrag) einen dem hinterlegten AdWord ähnlichen Begriff als Suchwort eingibt. 207

Soweit es sich bei dem hinterlegten Begriff um eine **beschreibende Bezeichnung** handelt, liegt in der Verwendung als AdWord keine Markenverletzung. Dies gilt auch dann, wenn der Hinterleger bei dem Suchmaschinenbetreiber zugleich die Einstellung „weitgehend passende Keywords" wählt mit der Folge, dass auch bei Eingabe ähnlicher Suchbegriffe – einschließlich geschützter Marken, die das AdWord als Bestandteil enthalten – die hinterlegte Anzeige erscheint (BGH GRUR 2009, 502 Rn. 20 – pcb). 208

Streitig war hingegen längere Zeit, inwieweit die Hinterlegung **fremder Marken** als AdWords eine Markenverletzung darstellt. 209

Mielke 535

MarkenG § 14 Teil 2 Voraussetzungen, Inhalt und Schranken etc.

210 Nach den grundlegenden Entscheidungen des EuGH (C-236/08 bis C-238/08, GRUR 2010, 445 Rn. 52, 65, 73 – Google France und Google; C-278/08, GRUR 2010, 451 Rn. 18 f. – Bergspechte) ist insoweit in erster Linie entscheidend, ob eine Beeinträchtigung der **Herkunftsfunktion** vorliegt (→ Rn. 120 ff.). Bei Vorliegen von „Doppelidentität" iSv Art. 5 Abs. 1 Buchst. a RL 2008/95/EG (§ 14 Abs. 2 Nr. 1) sind zudem auch die Beeinträchtigung der **Werbefunktion** sowie (laut EuGH C-323/09, GRUR 2011, 1124 Rn. 62 – Interflora) der **Investitionsfunktion** zu prüfen.

211 Dass in der Verwendung einer fremden Marke als Keyword per se eine Beeinträchtigung der **Werbefunktion** zu sehen sein könnte, wird vom EuGH verneint. Dies wird damit begründet, dass eine solche Benutzung zwar geeignet sei, sich auf den Einsatz der Marke in der Werbung sowie auf die Handelsstrategie des Markeninhabers auszuwirken; dies allein stelle jedoch keine Beeinträchtigung der Werbefunktion dar (EuGH C-236/08 bis C-238/08, GRUR 2010, 445 Rn. 93, 95 – Google France und Google; C-278/08, GRUR 2010, 451 Rn. 33 – Bergspechte; bestätigt in C-323/09, GRUR 2011, 1124 – Interflora). Üblicherweise erscheine bei Eingabe der Marke die Website des Markeninhabers an einer der vordersten Stellen in der Liste der natürlichen Suchergebnisse; insoweit sei die Sichtbarkeit seiner Werbung für den Markeninhaber unabhängig von den Auswirkungen der Keyword-Technik gewährleistet (EuGH C-236/08 bis C-238/08, GRUR 2010, 445 Rn. 97 – Google France und Google).

212 Im Rahmen der Interflora-Entscheidung (EuGH C-323/09, GRUR 2011, 1124) prüft der EuGH neben der Werbe- und Herkunftsfunktion auch die Beeinträchtigung der **Investitionsfunktion** der Marke (→ Rn. 129 f.). Eine Beeinträchtigung soll vorliegen, wenn es durch die Benutzung der Marke für identische Waren/Dienstleistungen durch einen Dritten „dem Markeninhaber wesentlich erschwert wird, seine Marke zum Erwerb oder zur Wahrung eines Rufs einzusetzen, der geeignet ist, Verbraucher anzuziehen und zu binden" (EuGH C-323/09, GRUR 2011, 1124 Rn. 62 – Interflora). Ob dies im Einzelfall vorliegt, ist von den nationalen Gerichten zu beurteilen. Allerdings dürfe dies laut EuGH nicht zur Untersagung einer Benutzung führen, die die Herkunftsfunktion nicht berührt und die im Übrigen den Bedingungen eines **fairen Wettbewerbs** entspricht. Dies gilt nach dem EuGH auch dann, wenn die Benutzung dazu führt, dass sich einige Verbraucher von der Marke abwenden. Dem Markeninhaber bleibt es in diesen Fällen überlassen, seine eigenen Marketinganstrengungen entsprechend anzupassen. Damit wird in der Praxis auch die Berufung auf die Investitionsfunktion in Fällen des Keyword-Advertising zumeist folgenlos sein.

213 Von praktischer Relevanz für das Keyword-Advertising bleibt somit primär die Frage, ob eine Beeinträchtigung der **Herkunftsfunktion** vorliegt. Diese ist unter Berücksichtigung der Gestaltung der mit dem AdWord verbundenen Anzeige zu prüfen: Wenn aus dieser Anzeige für einen normal informierten und angemessen aufmerksamen Internetnutzer nicht oder nur schwer zu erkennen ist, ob die in der Anzeige beworbenen Waren oder Dienstleistungen von dem Inhaber der Marke oder einem mit ihm wirtschaftlich verbundenen Unternehmen oder vielmehr von einem Dritten stammen, liegt eine Beeinträchtigung vor. Dies gilt auch dann, wenn die Anzeige das Bestehen einer wirtschaftlichen Verbindung zwar nicht suggeriert, aber hinsichtlich der Herkunft der fraglichen Waren oder Dienstleistungen so vage gehalten ist, dass ein normal informierter und angemessen aufmerksamer Internetnutzer aufgrund des Werbelinks und der ihn begleitenden Werbebotschaft nicht erkennen kann, ob der Werbende im Verhältnis zum Markeninhaber Dritter oder vielmehr mit diesem wirtschaftlich verbunden ist (EuGH C-236/08 bis C-238/08, GRUR 2010, 445 Rn. 83, 84, 89, 90 – Google France und Google; C-278/08, GRUR 2010, 451 Rn. 35, 36 – Bergspechte; vgl. auch EuGH C-324/09, GRUR 2011, 1025 Rn. 96 – L'Oréal/eBay; OLG Hamburg GRUR-RR 2015, 282 – partnership). Keine Beeinträchtigung der Herkunftsfunktion liegt hingegen vor, wenn zwischen dem Inhaber des Kennzeichens und dem Verwender der Anzeige eine wirtschaftliche Verbindung besteht, selbst wenn die Unternehmen nur mittelbar wirtschaftlich verknüpft sind (OLG Dresden GRUR-RR 2015, 290 – Hotelvermittlungsplattform, wonach für eine mittelbare wirtschaftliche Verknüpfung zwischen einem Hotelbetreiber und dem Betreiber einer Hotelvermittlungsplattform ausreichend war, dass der Kennzeicheninhaber die Vermittlung von Hotelzimmern über die Vermittlungsplattform in Auftrag gab).

Ausschließliches Recht des Inhabers; Unterlassung; Schadensersatz § 14 MarkenG

Der EuGH hat sich ferner dazu geäußert, ob der Betreiber des Internetreferenzierungsdienstes (also 213.1 insbesondere Google) neben demjenigen, der die Anzeige schaltet, für die Verwendung von AdWords in Anspruch genommen werden kann. Hierzu stellt der EuGH zunächst fest, dass in rein markenrechtlicher Hinsicht nicht von einer Benutzung des AdWords im Geschäftsverkehr ausgegangen werden könne, da der Anbieter des Referenzierungsdienstes zwar im geschäftlichen Verkehr handele, das Zeichen jedoch nicht im geschäftlichen Verkehr im Sinne der markenrechtlichen Bestimmungen benutze (C-236/08 bis C-238/08, GRUR 2010, 445 Rn. 55, 58 – Google France und Google; → Rn. 78 f.). Aus der Richtlinie über den elektronischen Geschäftsverkehr könne sich jedoch unter Umständen eine Haftung ergeben, wenn er die Informationen nicht unverzüglich entfernt oder den Zugang zu ihnen gesperrt habe, nachdem er von der Rechtswidrigkeit dieser Informationen oder Tätigkeiten des Werbenden Kenntnis erlangt habe.

In seiner Umsetzung der EuGH-Rechtsprechung stellt der BGH fest, dass – wenn für 214 den Internetnutzer klar erkennbar sei, dass es sich bei AdWords-Anzeigen nicht um reguläre Suchergebnisse, sondern um bezahlte Werbung handelt – in der Verwendung des Schlüsselworts nicht von vornherein eine markenmäßige, verletzende Benutzung gesehen werden könne, sondern es auf die konkrete Gestaltung der Anzeige ankomme (BGH MMR 2011, 608 Rn. 26 – Impuls II).

Bei der Prüfung einer Beeinträchtigung der Herkunftsfunktion misst der BGH dem 215 Umstand, dass die durch das verwendete AdWord hervorgerufene Anzeige deutlich als solche gekennzeichnet ist und von den eigentlichen Suchtreffern eindeutig **räumlich getrennt** erscheint, erhebliche Bedeutung zu. Hierin wird ein entscheidender Unterschied zu Metatags gesehen, da bei diesen eine solche visuelle und räumliche Trennung nicht erfolgt (BGH MMR 2011, 608 Rn. 25 – Impuls II; → Rn. 202).

Für die Frage, ob **zusätzlich** zu der Kenntlichmachung als Anzeige ein ausdrücklicher 216 Hinweis darauf erfolgen muss, dass keine wirtschaftliche Verbindung mit dem Inhaber der als Keyword verwendeten Marke vorliegt, stellt der BGH auf die **Erwartungshaltung der Nutzer** ab: Im Normalfall erwarte der verständige Internetnutzer in einem deutlich von der Trefferliste räumlich, farblich oder auf andere Weise abgesetzten und mit dem Begriff „Anzeigen" gekennzeichneten Werbeblock nicht ausschließlich Angebote des Markeninhabers oder mit ihm verbundener Unternehmen. Dem Verbraucher sei die Trennung von Werbung und der nachgefragten Leistung aus anderen Bereichen bekannt; er wisse auch, dass Dritte bezahlte Anzeigen bei Suchmaschinen wie Google schalten. Eine Beeinträchtigung der Herkunftsfunktion sei daher grundsätzlich auszuschließen, ohne dass es eines Hinweises auf das Fehlen einer wirtschaftlichen Verbindung zwischen dem Werbenden und dem Markeninhaber bedarf. Dies soll insbesondere (aber nicht nur) dann gelten, wenn der in der Anzeige angegebene Domain-Name auf eine andere betriebliche Herkunft hinweist (BGH GRUR 2011, 828 – Bananabay II; GRUR 2013, 290 Rn. 27, 28 – MOST-Pralinen).

Etwas anderes gilt, wenn für den angesprochenen Verkehr auf Grund eines ihm bekannten 217 Vertriebssystems des Markeninhabers die Vermutung naheliegt, dass es sich bei dem Dritten um ein **Partnerunternehmen** des Markeninhabers handelt. In diesem Fall ist die Herkunftsfunktion der Marke bereits dann beeinträchtigt, wenn in der Werbeanzeige nicht auf das Fehlen einer wirtschaftlichen Verbindung zwischen dem Markeninhaber und dem Dritten hingewiesen wird (BGH GRUR 2014, 182 – Fleurop).

Der Fall „Fleurop" betrifft eine ähnliche Konstellation wie diejenige, die auch der Entscheidung 217.1 Interflora (EuGH GRUR 2011, 1124) zugrunde lag: In beiden Fällen bezeichnet die als Keyword hinterlegte Marke einen Blumenversanddienst, dem zahlreiche eigenständige Unternehmen angeschlossen sind. Dass in einem solchen Fall die Gefahr naheliegt, dass der Verbraucher davon ausgeht, Unternehmen, deren Anzeige bei Eingabe des Suchworts aufscheinen, seien dem Versanddienst der Markeninhaberin angeschlossen, wurde auch vom englischen Gericht in der (unter Beachtung des EuGH-Urteils ergangenen) Entscheidung im Fall Interflora angenommen; s. Interflora v. Marks & Spencer (Arnold J.), [2013] EWHC 1291 (Ch).

Bislang nicht bzw. nicht ausdrücklich entschieden ist die Frage, ob der BGH die Verwendung solcher 217.2 AdWords, die nicht zu Anzeigen in einem Block rechts neben der Trefferliste erscheinen, sondern unmittelbar oberhalb der Suchtreffer, ebenfalls in diesem Sinne bewertet. Zwar sind auch diese Anzeigenblöcke jedenfalls in der Bildschirmansicht – hingegen nicht zwingend beim Ausdruck eines entsprechenden Screenshots – farblich leicht von den Suchtreffern abgegrenzt und zudem mit dem Wort „Anzeige" überschrieben. Gleichwohl ist noch ungeklärt, ob auch diese Abgrenzung vom BGH als hinreichend eindeutig angesehen wird, was als Grundlage der Erwartungshaltung eines verständigen Internetnutzers Voraussetzung wäre. Zudem ist vom BGH bislang nicht entschieden, welche Bedeutung die bei Google getätigte Praxis hat, dass bei Werbung oberhalb der Suchtreffer keine Überschrift mit dem isolierten Wort „Anzeige" erscheint, sondern die Überschrift lautet „Anzeige(n) für" plus Suchwort, mit der Folge, dass bei einer Suche mit einer geschützten Marke diese in unmittelbarem Zusammenhang mit der geschalteten Werbung sichtbar wird. Das OLG Düsseldorf ist der Auffassung, dass weder die Anordnung über der Trefferliste (in einem farblich abgesetzten Block) noch die oben dargestellte „Anzeigen"-Kennzeichnung eine andere Betrachtungsweise als in den bisher vom BGH entschiedenen Fällen rechtfertige (OLG Düsseldorf BeckRS 2013, 11621).

218 Sowohl nach der Rechtsprechung des EuGH als auch des BGH ist es möglich, dass die Auswahl einer **bekannten Marke** als AdWord zur Bewerbung identischer Waren/Dienstleistungen durch einen Mitbewerber eine Markenverletzung iSv § 14 Abs. 2 **Nr. 3** begründet (EuGH C-323/09, GRUR 2011, 1124 Rn. 84 ff. – Interflora; BGH GRUR 2013, 1044 Rn. 22 ff. – Beate Uhse). Dabei sei zu berücksichtigen, dass ein Werbender durch diese Art der AdWord-Verwendung darauf abziele, dass die Internetnutzer, die dieses Wort als Suchwort eingeben, nicht nur auf die vom Inhaber dieser Marke herrührenden angezeigten Links klicken, sondern auch auf den Werbelink des Werbenden. Auch würden bekannte Marken häufiger als Suchwort eingegeben. Daher könne die Auswahl einer bekannten Marke im Rahmen einer Suchmaschine als Schlüsselwort durch Mitbewerber des Markeninhabers dazu dienen, die Unterscheidungskraft und Wertschätzung auszunutzen. Insoweit bedarf es für die Zulässigkeit der Zeichenbenutzung eines „rechtfertigenden Grundes" iSv Art. 5 Abs. 2 RL 2008/95/EG (§ 14 Abs. 2 Nr. 3). Ein solcher liegt immer dann vor, wenn Alternativen zu den Waren oder Dienstleistungen des Inhabers der bekannten Marke vorgeschlagen werden. Insoweit entspricht die Benutzung einem gesunden und lauteren Wettbewerb im Bereich der fraglichen Waren oder Dienstleistungen. Die Benutzung kann hingegen unlauter sein, wenn sie dem Angebot von Nachahmungen oder der Verwässerung oder Verunglimpfung der bekannten Marke dient (EuGH C-323/09, GRUR 2011, 1124 Rn. 91 – Interflora). Die Beurteilung orientiert sich insoweit an den für die vergleichende Werbung geltenden, in der Richtlinie über irreführende und vergleichende Werbung (RL 2006/114/EG) festgelegten Maßstäben. Selbst wenn die bekannte Marke in der Werbeanzeige nicht genannt wird, kann eine unlautere Benutzung der bekannten Marke außerdem vorliegen, wenn in der Anzeige die unter der Marke angebotenen Waren oder Dienstleistungen in ein negatives Licht gerückt werden, etwa weil das Angebot des Markeninhabers als stark überteuert dargestellt wird (OLG Frankfurt GRUR-RR 2014, 245 – Beate Uhse II).

5. Die Benutzungsarten der § 14 Abs. 3 und 4

219 In § 14 Abs. 3 und 4 sind **Beispiele für Benutzungsformen** genannt, die eine rechtsverletzende Benutzung eines Zeichens sein können. Dabei handelt es sich **nicht** um eine **abschließende Aufzählung** von relevanten Benutzungshandlungen (ausdrücklich zB EuGH C-236/08 bis C-238/08, GRUR 2010, 445 Rn. 65 – Google France und Google).

220 **a) Abs. 3 Nr. 1 (Anbringung auf Waren, ihrer Aufmachung oder ihrer Verpackung). „Anbringen"** meint jede körperliche Verbindung des Zeichens mit der Ware, die naturgemäß keine dauerhafte sein muss (Ströbele/Hacker/Hacker Rn. 154). Da das Anbieten und Inverkehrbringen (→ Rn. 225 ff.) entsprechend gekennzeichneter Waren eigene Verletzungsformen sind, ist bereits die Kennzeichnung ausschließlich für den **Export** bestimmter Waren im Inland ein von § 14 Abs. 3 Nr. 1 erfasster Fall (BGH GRUR 2009, 515 – Motorradreiniger). Entsprechendes gilt für Dienstleistungen, die im Ausland erbracht werden sollen, aber vom Inland aus angeboten werden (BGH GRUR 2010, 239 Rn. 44 – BTK). Auch **betriebsinterne Anbringungshandlungen** können den Verletzungstatbestand verwirklichen, wobei allerdings darauf zu achten ist, ob neben der Handlung selbst bereits eine Beeinträchtigung einer für den jeweiligen Verletzungstatbestand maßgeblichen Markenfunktionen eingetreten ist bzw. zumindest im Sinne einer Erstbegehungsgefahr droht. Dies ist insbesondere maßgeblich, soweit es um die Beurteilung von Kennzeichnungsentwürfen geht (vgl. Ingerl/Rohnke Rn. 223; Ströbele/Hacker/Hacker Rn. 154).

221 Im Hinblick darauf, dass es sich beim Anbringen selbst um einen **rein technischen Vorgang** handelt, ist im Einzelfall zu prüfen, wem dieses Anbringen als eigene Verletzungs-

handlung zuzurechnen ist. Dabei ist es denkbar, dass der anbringende Dienstleister, der im Auftrag desjenigen, der eigentlich als Hersteller des Produkts anzusehen ist, ausschließlich für den technischen Vorgang der Zeichenanbringung verantwortlich ist und daher keine eigene Benutzung des Zeichens in markenrechtlichen Sinne vornimmt (in diesem Sinne EuGH C-119/10, GRUR 2012, 268 Rn. 30, 31 – Winters/Red Bull, wobei der Gerichtshof die Frage, ob im konkreten Fall das Befüllen einer bereits gekennzeichneten Dose überhaupt als Anbringen angesehen werden kann, offen gelassen hat, vgl. GRUR 2012, 268 Rn. 34).

Das **Entfernen einer fremden Marke** vor dem Inverkehrbringen des gleichen Produkts 222 unter einer anderen Kennzeichnung ist kein Anbringen eines Kennzeichens; insoweit liegt keine Benutzung der Marke vor (so BGH GRUR 2004, 1039 (1041) – SB-Beschriftung). Durch die Entfernung der Marke bedingte Täuschungen können allenfalls lauterkeitsrechtlich geahndet werden (Ingerl/Rohnke § 24 Rn. 85; s. auch Ströbele/Hacker/Hacker Rn. 161, wonach diese Rechtsprechung durch die EuGH-Entscheidung C-558/08, GRUR 2010, 841 – Portakabin/Primakabin in Frage gestellt werde; diese bezieht sich jedoch auf eine andere Fallkonstellation, → Rn. 224).

Der EuGH hat sich zu dem Fall des Entfernens von Marken noch nicht geäußert. Festge- 223 stellt wurde lediglich, dass eine Rufschädigung der Marke nicht in Betracht kommt, wenn zB ein Parallelimporteur die Marke nicht auf dem neuen äußeren Karton anbringt („debranding") oder wenn er sein eigenes Logo oder Firmenmarkenzeichen, eine Firmenaufmachung oder eine für eine Reihe verschiedener Waren verwendete Aufmachung für den neuen äußeren Karton verwendet („co-branding"); dies soll ebenso gelten, wenn er entweder einen zusätzlichen Aufkleber so anbringt, dass die Marke des Inhabers ganz oder teilweise überklebt wird oder wenn er auf dem zusätzlichen Aufkleber nicht den Inhaber der Marke angibt oder den Namen des Parallelimporteurs in Großbuchstaben schreibt (EuGH C-348/04, GRUR 2007, 586 Rn. 45 – Boehringer Ingelheim/Swingward).

Wird die Marke **in der Werbung** für Produkte benutzt, von denen die Marke entfernt 224 oder bei denen sie durch Überkleben unkenntlich gemacht wurde, liegt hingegen eine Benutzung iSv § 14 Abs. 2 Nr. 1 vor. Dem EuGH zufolge wird durch eine solche Benutzung die Herkunftsfunktion beeinträchtigt, da der Verbraucher daran gehindert werde, die Waren des Markeninhabers von denen des Wiederverkäufers oder anderer Dritter zu unterscheiden (EuGH C-558/08, GRUR 2010, 841 Rn. 86 – Portakabin/Primakabin).

b) Abs. 3 Nr. 2 (Anbieten, Inverkehrbringen, Besitz). Im Interesse eines effektiven 225 Markenschutzes ist der Begriff des **Anbietens** wirtschaftlich und nicht im Sinne eines Angebots als Willenserklärung im Sinne des BGB zu verstehen (vgl. BGH GRUR 2010, 1103 Rn. 22 – Pralinenform II). Deshalb ist der Übergang von der Bewerbung einer Ware zu deren Anbieten fließend.

Bei Dienstleistungen kann bereits in einem vom Inland aus vorgenommenen Angebot, 226 die Dienstleistung im Ausland zu erbringen, eine Verletzungshandlung liegen (BGH GRUR 2010, 239 R. 44 – BTK; → Rn. 220). Hingegen reicht es nach BGH GRUR 2010, 1103 Rn. 22, 23 – Pralinenform II nicht aus, dass ein ausländisches Unternehmen seine Waren auf einer in Deutschland stattfindenden **Messe** präsentiert, da sich daraus noch nicht ergebe, dass diese Waren im Inland angeboten werden oder auch nur angeboten werden sollen. Angesichts der gebotenen wirtschaftlichen Betrachtungsweise ist jedoch nicht ersichtlich, warum es keine Benutzung im Inland darstellen soll, wenn gegenüber den Messebesuchern vor Ort die eigenen Produkte zum Zweck der Absatzförderung präsentiert werden. Nach OLG Frankfurt GRUR 2015, 903 – Tuppex soll daher ein „Anbieten" vorliegen, wenn ein ausländisches Unternehmen das Zeichen auf dem Stand einer in Deutschland stattfindenden internationalen Fachmesse verwendet, sofern aus Sicht des Messepublikums konkrete Anhaltspunkte dafür bestehen, dass mit der Benutzung in der Werbung zugleich zum Erwerb der Produkte im Inland aufgefordert wird. Dies sei dann der Fall, wenn es sich um eine Verkaufsmesse handelt, die zu einem großen Teil von in Deutschland ansässigen gewerblichen Abnehmern besucht wird, und auf dem Stand auch ein Katalog in englischer Sprache unter Verwendung des Zeichens zu Mitnahme ausliegt. Sofern derartige Anhaltspunkte hingegen nicht vorliegen und man der Auffassung des BGH folgt, sollte der Markeninhaber in Vorbereitung eines etwaigen gerichtlichen Vorgehens am Messestand Verkaufsgespräche über die streitgegenständlichen Produkte führen und zwecks Glaubhaftmachung einer entsprechenden Verletzung ein Angebot einholen.

MarkenG § 14 Teil 2 Voraussetzungen, Inhalt und Schranken etc.

227 Fraglich ist ferner, wann ein Anbieten von Waren im **Internet** dem deutschen Recht unterliegt. Im Hinblick auf die weltweite Erreichbarkeit nahezu jeder Internetseite kann nur dann von einem Anbieten im Inland ausgegangen werden, wenn sich die Seite bestimmungsgemäß an die deutschen Verkehrskreise richtet. Ob dies der Fall ist, richtet sich nach den jeweiligen Umständen des Einzelfalls. Kriterien hierfür sind neben der verwendeten Sprache insbesondere auch das Vorhalten konkreter Liefermöglichkeiten nach Deutschland (→ Rn. 52).

228 Der Begriff des **Inverkehrbringens** – der auch für die Frage der Erschöpfung iSv § 24 Abs. 1 maßgeblich ist – setzt den tatsächlichen Übergang der Verfügungsgewalt über die entsprechend gekennzeichneten Ware voraus, bzw. beim Inverkehrbringen von Software die – nicht notwendig wirksame – Lizenzierung. Während bei der Erschöpfung wohl eine Übereignung der Ware erforderlich ist (→ § 24 Rn. 23), kann im Rahmen des Verletzungstatbestands unter Umständen etwas anderes gelten, so dass eine Übereignung zur Erfüllung des Verletzungstatbestands durch Inverkehrbringen nicht erforderlich ist.

229 Verneint wird ein rechtlich relevantes Inverkehrbringen bei entsprechenden Handlungen zwischen konzernverbundenen Unternehmen (vgl. Ingerl/Rohnke Rn. 235). Dies ist konsequent, soweit man den Begriff des Inverkehrbringens in § 14 in Übereinstimmung mit § 24 Abs. 1 auslegen will. Letzteres kommt dem Markeninhaber zugute, der sich trotz innerhalb eines Konzerns erfolgter tatsächlicher Übertragungsvorgänge gegenüber Dritten auf noch nicht eingetretene Erschöpfung berufen kann. Im Anwendungsbereich des § 14 scheint es nicht erforderlich zu sein, zugunsten eines effektiven Markenschutzes eine andere Auslegung vorzunehmen, da dem Markeninhaber regelmäßig bereits durch andere bereits verwirklichte oder zumindest drohende Begehungsformen entsprechende Unterlassungsansprüche zustehen dürften.

230 Wie der Wortlaut des § 14 Abs. 3 Nr. 2 klarstellt, genügt darüber hinaus bereits die tatsächliche Sachherrschaft über entsprechend gekennzeichnete Waren, sofern das **Besitzen** zum Zwecke des Anbietens oder Inverkehrbringens (und zwar jeweils im Inland; zur markenrechtlichen Behandlung der Durchfuhr → Rn. 237) erfolgt. Letzteres festzustellen kann im Einzelfall schwierig sein, insbesondere in den Fällen, in denen der Besitzer (etwa ein Transportunternehmer) keinen eigenen Zweck iSd § 14 Abs. 3 Nr. 2 verfolgt. Insoweit sind allenfalls Ansprüche aus den Grundsätzen der **Störerhaftung** denkbar, sofern man dem Besitzer eine Verletzung von ihm zumutbaren Prüfpflichten vorwerfen kann (vgl. hierzu – ergangen zum Patentrecht – BGH GRUR 2009, 1142 – MP3-Player-Import; zum Markenrecht s. BGH GRUR 1957, 352 (354) – Pertussin).

231 **c) Abs. 3 Nr. 3 (Anbieten oder Erbringen von Dienstleistungen).** Zum **Anbieten** → Rn. 225 ff.: auch hier kommt es allein auf eine wirtschaftliche Betrachtungsweise an.

232 Das **Erbringen** einer Dienstleistung betrifft den tatsächlichen Vorgang, bei dem entsprechend → Rn. 181 eine Zeichennutzung nur auf bei der Erbringung der Dienstleistung ebenfalls „zum Einsatz" kommenden körperlichen Gegenständen erfolgen kann (zB Kleidung, Transportfahrzeugen etc).

233 **d) Abs. 3 Nr. 4 (Einfuhr oder Ausfuhr von Waren). Einfuhr** im Sinne der Vorschrift meint zunächst die körperliche Verbringung der Waren unter dem zu beurteilenden Zeichen in den Schutzbereich der Klagemarke (Ingerl/Rohnke Rn. 241). Wann dies verwirklicht ist, wird im Hinblick auf Importe aus Mitgliedstaaten der EU einerseits und aus Drittländern andererseits teilweise unterschiedlich beurteilt.

234 Entsprechend der EuGH-Rechtsprechung (C-405/03, GRUR 2006, 146 Rn. 44 ff. – Class International/Colgate-Palmolive; vgl. auch C-446/09, GRUR 2012, 828 – Philips und Nokia) ist bei Waren aus Drittländern noch keine Einfuhr gegeben, solange die Waren nicht in den freien zollrechtlichen Verkehr überführt sind bzw. sich eine entsprechende Absicht nicht nachweisen lässt, wofür konkrete Anhaltspunkte in Bezug auf die konkreten Waren gegeben sein müssen.

235 Bei Waren, die aus einem anderen Mitgliedstaat ins Inland verbracht werden, soll nach Ingerl/Rohnke Rn. 243 nichts anderes gelten. Allerdings findet bei derartigen Waren gerade keine zollamtliche Überwachung statt; daher bedarf es nach zutreffender Auffassung keiner weiteren Feststellung, ob über die bereits verwirklichte Einfuhr hinaus eine Absicht zum Inverkehrbringen im Inland besteht (so auch Ströbele/Hacker/Hacker Rn. 173). Soweit der

Ausschließliches Recht des Inhabers; Unterlassung; Schadensersatz § 14 MarkenG

EuGH demgegenüber verlangt, dass die Einfuhr in die Gemeinschaft zum Zweck ihres dortigen Inverkehrbringens (EuGH C-405/03, GRUR 2006, 146 Rn. 34 – Class International/Colgate-Palmolive) zu erfolgen hat, lässt sich dies nicht auf die Fälle übertragen, in denen es sich um Waren im innergemeinschaftlichen Verkehr handelt.

Die **Ausfuhr** ist das Gegenstück zur Einfuhr und meint demnach das körperliche Verbringen aus dem Schutzbereich der Klagemarke heraus. Diese Tatbestandsalternative wird insbesondere in den Fällen interessant, in denen ein Importeur markenverletzende Ware an seinen ausländischen Lieferanten zurücksendet (vgl. Ingerl/Rohnke Rn. 246). Den Interessen des Importeurs an einer Rückabwicklung seines Kaufvertrags stehen dabei diejenigen des Markeninhabers entgegen, ein weiteres Kursieren markenverletzender Waren effektiv unterbinden zu können. 236

Streitig war lange Zeit die Frage, wie die (gesetzlich nicht ausdrücklich genannte) **Durchfuhr** zu behandeln ist (zur Historie zB ausführlich Ingerl/Rohnke Rn. 247 ff.; Ströbele/Hacker/Hacker Rn. 174 ff.). Inzwischen ist nach der Rechtsprechung von BGH und EuGH entschieden, dass die ungebrochene Durchfuhr von Waren, die mit einer im Inland geschützten Marke versehen sind, keine Benutzungshandlung iSv § 14 Abs. 2 darstellt (vgl. BGH GRUR 2012, 1263 Rn. 29 – Clinique happy). Werden Waren, die mit einer im Inland geschützten Marke versehen sind, im Zollschlussverfahren durch Deutschland transportiert, kann der Markeninhaber nach derzeit geltendem (→ Rn. 238.1) deutschem Markenrecht nur dagegen vorgehen, wenn ein Inverkehrbringen der Waren im Inland droht. Die bloße Gefahr, dass die Waren nicht an ihrem Zielort ankommen und eventuell in Deutschland unbefugt in den Verkehr gebracht werden, reicht nicht für die Annahme einer Markenverletzung aus (vgl. BGH GRUR 2012, 1263 Rn. 30 – Clinique happy, mit Verweis auf EuGH C-281/05, GRUR 2007, 146 Rn. 23 ff. – Montex Holdings/Diesel; C-446/09, GRUR 2012, 828 Rn. 55 ff. – Philips und Nokia; BGH GRUR 2007, 876 Rn. 18 – DIESEL II; GRUR 2007, 875 Rn. 12 – Durchfuhr von Originalware). 237

Als Beweise für ein **bevorstehendes Inverkehrbringen in der EU** sind insbesondere der Verkauf der Waren an einen Kunden in der EU sowie an Verbraucher in der EU gerichtete Verkaufsofferten oder Werbung anzusehen, ferner auch Unterlagen oder Schriftverkehr, die belegen, dass eine Umleitung dieser Waren an Verbraucher in der Union beabsichtigt ist (EuGH C-446/09, GRUR 2012, 828 Rn. 71 – Philips und Nokia). Ferner können die Waren nach zollrechtlichen Bestimmungen auch bereits dann eingezogen werden, wenn der für die Waren verantwortliche Marktteilnehmer seine Identität zu verschleiern versucht oder jedenfalls keine ausreichenden Informationen zu seiner Identität vorliegen (EuGH C-446/09, GRUR 2012, 828 Rn. 75 – Philips und Nokia). 238

Zur Erweiterung des Schutzes vor dem Inverkehrbringen gefälschter Waren (bzw. deren Weitervertrieb in Drittländern) ist nach der Reform des europäischen Markenrechts das Verbringen von Waren in die EU, auf denen ohne Zustimmung des Inhabers ein mit der für diesen Inhaber in der EU geschützten Marke identisches oder quasi-identisches Zeichen angebracht ist, als Markenverletzung anzusehen. Allerdings erhält derjenige, der die Waren zollrechtlich angemeldet hat, im nachfolgenden Verletzungsverfahren Gelegenheit zu dem Nachweis, dass der Vertrieb der Waren im Bestimmungsland nicht verboten werden kann (Art. 10 Abs. 4 RL (EU) 2015/2436). Für Unionsmarken gilt dies bereits jetzt; Art. 9 Abs. 4 UMV; → UMV Art. 9 Rn. 55 ff. 238.1

Beim Warenverkehr **innerhalb** der europäischen Gemeinschaft finden diese Grundsätze keine Anwendung, weil mangels fehlender zollamtlicher Überwachung jede Verbringung von Waren in das jeweilige Schutzrechtsterritorium bereits eine von § 14 Abs. 3 Nr. 4 erfasste Einfuhrhandlung darstellt (Ströbele/Hacker/Hacker Rn. 185). Allerdings kann bei der Durchfuhr von rechtmäßig hergestellten Gemeinschaftswaren in ein anderes Gemeinschaftsland im Transitstaat kein Anspruch wegen Verletzung einer inländischen Marke geltend gemacht werden, da dies den Grundsatz des freien Warenverkehrs verletzen würde (vgl. EuGH C-115/02, GRUR Int 2004, 39 – Rioglass). 239

e) **Abs. 3 Nr. 5 (Benutzung in Geschäftspapieren und in der Werbung).** Näher → Rn. 174 ff. 240

f) **Abs. 4 (Mittelbare Markenverletzung).** Die Vorschrift erfasst – nicht abschließend – Formen der mittelbaren Markenverletzung (vgl. BGH GRUR 2001, 1038 f. – ambiente.de, 241 wo jedoch klargestellt wird, dass über die Vorschrift hinausgehende Teilnahmehandlungen Vorsatz erfordern), die **Vorbereitungsmaßnahmen** zu der „eigentlichen" Markenverletzung sind und deren Verhinderung vornehmlich im Interesse frühzeitigen Markenschutzes gegen Produktpiraterie erfolgen soll (vgl. Ingerl/Rohnke Rn. 260; Ströbele/Hacker/Hacker Rn. 241).

242 Die Tatbestandsmerkmale sind im Wesentlichen aus sich heraus verständlich (Ströbele/Hacker/Hacker Rn. 242) und decken sich zum großen Teil mit Abs. 3. Dies gilt auch für den in Abs. 4 verwendeten Begriff der „Kennzeichnungsmittel", der durch die beispielhaften Aufzählungen hinreichend erläutert ist.

243 Eine Verletzung iSv § 14 Abs. 4 setzt die Gefahr voraus, dass die Kennzeichnungsmittel „zur Kennzeichnung von Waren oder Dienstleistungen benutzt werden, hinsichtlich derer Dritten die Benutzung nach den Absätzen 2 und 3 untersagt wäre". Der Systematik der Vorschrift zufolge muss es sich um eine drohende Verletzung im **Inland** handeln; es reicht somit nicht aus, wenn feststeht, dass die konkrete Kennzeichnung sowie der Vertrieb der Ware lediglich im Ausland stattfinden werden. Zwar wird auch der Export als Verletzungstatbestand genannt; auch insoweit muss jedoch die Gefahr hinzutreten, dass die schutzrechtsverletzenden Waren nach der Anbringung des Kennzeichens wieder auf den einheimischen Markt gelangen (LG Hamburg NJOZ 2012, 543 (545) – BMW-Emblem; im konkreten Fall wurde angenommen, dass die Gefahr einer Verletzung im Inland nicht ausgeschlossen werden konnte).

243.1 Eine entsprechende Vorschrift findet sich in Art. 11 RL (EU) 2015/2436.

XI. Darlegungs- und Beweislast

244 Grundsätzlich trifft denjenigen, der einen Dritten wegen Verletzung seiner Marke in Anspruch nimmt, die Darlegungs- und Beweislast für das Vorliegen einer Verletzungshandlung (BGH BeckRS 2011, 18676 Rn. 18 – Markenbeeinträchtigung durch „Weiß-auf-Weiß" Schlüsselwort; GRUR 2009, 502 Rn. 17 – pcb).

245 In Einzelfällen wird diese jedoch so einzuschränken sein, dass den Verletzer dann eine sekundäre Darlegungslast trifft. So kann es nach ständiger Rechtsprechung des BGH der nicht primär darlegungs- und beweispflichtigen Partei obliegen, sich zu den Behauptungen der beweispflichtigen Partei konkret zu äußern, wenn diese keine näheren Kenntnisse der maßgebenden Tatsachen besitzt, ihr Prozessgegner aber die wesentlichen Umstände kennt und es ihm zumutbar ist, dazu nähere Angaben zu machen (BGH GRUR 2009, 1167 Rn. 19 – Partnerprogramm).

246 Dies betrifft zB die Beurteilung von Suchmaschinentreffern: Erscheint bei der Eingabe eines Suchbegriffs in der Trefferliste einer Suchmaschine ein Text, dem der Verkehr eine markenmäßige Benutzung des für einen Dritten als Marke geschützten Begriffs entnimmt, so genügt der Markeninhaber mit dem Vortrag dieses Geschehens im Regelfall seiner Darlegungslast für eine markenmäßige Benutzung seines Zeichens durch den Inhaber der unterhalb des Textes angegebenen, über einen elektronischen Verweis (Link) zu erreichenden Internetadresse. Macht dieser geltend, er benutze den betreffenden Begriff auf seiner Internetseite nur in einer beschreibenden Bedeutung, trägt er hinsichtlich der dafür maßgeblichen konkreten Umstände die sekundäre Darlegungslast (BGH GRUR 2009, 1167 Ls. 1 – Partnerprogramm). Entsprechendes gilt für die Frage, welches AdWord hinterlegt wurde, das bei Eingabe eines bestimmten Suchwortes zu einer bestimmten Werbeanzeige führte (BGH BeckRS 2011, 18676 Rn. 21 – Markenbeeinträchtigung durch „Weiß-auf-Weiß" Schlüsselwort).

C. Markenverletzung bei Doppelidentität (Abs. 2 Nr. 1)

I. Grundlagen und Bedeutung

247 Gemäß § 14 Abs. 2 Nr. 1 begeht eine Markenverletzung, wer ein mit einer älteren Marke identisches Zeichen für Waren oder Dienstleistungen benutzt, die mit denjenigen identisch sind, für die die Marke geschützt ist. Dieser Tatbestand der Doppelidentität setzt eine **zweifache Identität** voraus, nämlich eine Identität der Zeichen und eine Identität der Waren/Dienstleistungen. In diesen Fällen steht der Marke ein absoluter Schutz zu, so dass insbeson-

dere das Bestehen einer Verwechslungsgefahr nicht erforderlich ist (EuGH C-291/00, GRUR 2003, 422 Rn. 49 – Arthur/Arthur et Félicie; C-487/07, GRUR 2009, 756 Rn. 59 – L'Oréal; BGH GRUR 2004, 860 (863) – Internet-Versteigerung; vgl. auch BGH GRUR 2009, 498 Rn. 12 – Bananabay).

Der **Tatbestand der Doppelidentität** spielt in der Praxis vor allem eine Rolle in Mar- **248** kenpirateriefällen und beim Weitervertrieb von Originalwaren, die vom Markeninhaber selbst gekennzeichnet und in den Verkehr gebracht wurden. Ein weiterer Anwendungsbereich findet sich bei internetspezifischen Kennzeichenverletzungen durch Metatags (→ Rn. 201 ff.) und Adwords (→ Rn. 207 ff.). Ebenfalls bedeutsam sind Zeichenverwendungen, die nicht zur Kennzeichnung des eigenen Angebots erfolgen, sondern zur Bezugnahme auf fremde Originalprodukte unter Nennung des von dem Unternehmen selbst verwendeten Originalkennzeichens wie zB in Fällen der vergleichenden Werbung (→ Rn. 125), der Nennung als Bestimmungsangabe iSv § 23 Nr. 3 (→ Rn. 104), der Nennung zu redaktionellen Zwecken (→ Rn. 106 ff.), bei bestimmten Fällen des produktgestaltenden Gebrauchs ohne Änderung des Originalzeichens (insbesondere originaltreue Nachbildungen der Originalware bei Modellen und Replikas; → Rn. 127) und in geringerem Maße bei Markenparodien (→ Rn. 193 ff.).

Nachdem gemäß der Rechtsprechung des EuGH (C-487/07, GRUR 2009, 756 **249** Rn. 58 ff. – L'Oréal/Bellure) der Verletzungstatbestand des § 14 Abs. 2 Nr. 1 – anders als der Verletzungstatbestand des § 14 Abs. 2 Nr. 2 – den Markeninhaber nicht nur vor der Beeinträchtigung der **Herkunftsfunktion der Marke,** sondern auch vor der Beeinträchtigung anderer Funktionen wie insbesondere der Kommunikations-, Investitions- und Werbefunktionen schützt (→ MarkenR Einleitung Rn. 115 ff.), sind von diesem auch Zeichenverwendungen erfasst, bei denen keine Fehlvorstellungen über die betriebliche Herkunft der gekennzeichneten Waren/Dienstleistungen vorhanden sind. Der Identitätsschutz ist daher weiter als der Verwechslungsschutz. Ob die Bedeutung des Tatbestands der Doppelidentität deswegen zunehmen wird, bleibt abzuwarten. Die praktischen Auswirkungen der Rechtsprechung des EuGH dürften begrenzt sein, jedenfalls sind seither nur wenige entsprechende Entscheidungen ergangen, die maßgeblich auf die **Verletzung anderer Markenfunktionen** als der Herkunftsfunktion abstellen (Beeinträchtigung der Werbefunktion verneint von EuGH C-236/08 bis C-238/08, GRUR 2010, 445 Rn. 91–98 – Google und Google France; C-278/08, GRUR 2010, 451 Rn. 33 – BergSpechte/trekking.at Reisen; bejaht von BGH GRUR 2011, 1135 Rn. 13–15 – Große Inspektion für alle; verneint dagegen von BGH GRUR 2011, 828 Rn. 30 – Bananabay II; GRUR 2010, 726 Rn. 25 – Opel-Blitz II; Beeinträchtigung der Investitionsfunktion thematisiert in EuGH GRUR 2011, 1124 – Rn. 60–65 – Interflora). Näheres zur Funktionsbeeinträchtigung bei Doppelidentität → Rn. 119 ff.

II. Voraussetzungen

Bislang wurden die Voraussetzungen der Doppelidentität sehr eng ausgelegt. Dies geschah **250** ohne einschneidende Rechtsfolgen, stand doch mit dem Verwechslungstatbestand des § 14 Abs. 2 Nr. 2 ein Schutz bereit, der seinem Wortlaut nach auch den Identitätsfall umfasst. Mit der Ausdehnung des Schutzes weiterer Markenfunktionen durch den EuGH (→ MarkenR Einleitung Rn. 115 ff.) bieten sich für den Markeninhaber im Rahmen der Doppelidentität aber nun erweiterte Verteidigungsmöglichkeiten an. Die **Auslegung des Identitätsbegriffs** entscheidet jetzt darüber, ob ein Schutz der Marke gegen die Beeinträchtigung anderer Funktionen als der Herkunftsfunktion überhaupt in Frage kommt. Wird der Identitätsbegriff zu eng verstanden, dann scheidet der Tatbestand des § 14 Abs. 2 Nr. 1 von vornherein aus und es kommt nur ein Schutz gegen Beeinträchtigungen der Herkunftsfunktion nach § 14 Abs. 2 Nr. 2 in Betracht.

Die Identität der einander gegenüberstehenden Zeichen verlangte nach der bisherigen **251** Rechtsprechung eine **vollständige Übereinstimmung** in jeder Hinsicht (EuGH C-291/00, GRUR 2003, 422 Rn. 50 – Arthur/Arthur et Félicie). Nur Abweichungen, die so geringfügig sind, dass sie einem Durchschnittsverbraucher entgehen können, genügten gemäß EuGH noch dem restriktiv verstandenen Begriff der Zeichenidentität (EuGH C-291/00, GRUR 2003, 422 Rn. 54 – Arthur/Arthur et Félicie). Das eine Zeichen muss somit ohne Änderung oder Hinzufügung alle Elemente enthalten, die das andere Zeichen bilden. Insbesondere liegt keine Identität vor, wenn nur ein Bestandteil der älteren Marke identisch übernommen wird oder wenn die angegriffene Marke neben der identischen Übernahme der gesamten älteren Marke weitere Bestandteile aufweist. Ob das Hinzufügen oder Weglassen beschreibender Bestandteile die Bejahung der Zeichenidentität ausschließt oder nicht, ist strittig (verneinend Ströbele/Hacker/Hacker Rn. 281; bejahend Ingerl/Rohnke Rn. 285, 287). Ausgeschlossen ist Identität zudem zwischen unterschiedlichen Zeichenarten (zB Wort-/Bildmarke oder reine Bildmarke versus dreidimensionales Zeichen, vgl. OLG Frankfurt GRUR-RR 2011, 170 (171) – Blechschilder). Wohl als Folge der Ausdehnung des Identitätstatbestands des § 14 Abs. 2 Nr. 1 hat der EuGH nun eine Lockerung der Anforderungen an die Zeichenidentität erkennen lassen (vgl. zu den entsprechenden Forderungen der Literatur Ingerl/Rohnke Rn. 276; Ströbele/Hacker/Hacker Rn. 284). So hält er bei der Benutzung des Wortbestandteils einer Kombinationsmarke, die zusätzliche Bildelemente enthält, einen Fall der Zeichenidentität jedenfalls für möglich (EuGH C-278/08, GRUR 2010, 451 Rn. 27 – BergSpechte/trekking.at Reisen). Hingegen schloss der BGH bislang Zeichenidentität schon bei bloß unterschiedlicher Schreibweise aus (so BGH GRUR 2010, 835 Rn. 32 – Powerball: keine Zeichenidentität zwischen „POWER BALL" und „power ball"). Nach neuerer Rechtsprechung liegt Zeichenidentität aber vor, wenn sich die Zeichen nur in ihrer Groß- oder Kleinschreibung unterscheiden (BGH GRUR 2015, 607 Rn. 21 – Uhrenkauf im Internet: Zeichenidentität zwischen „ROLEX" und „Rolex"). Demgegenüber ist eine schwarz-weiß eingetragene Marke nicht mit demselben Zeichen in Farbe identisch, sofern die Farbunterschiede nicht unbedeutend sind (BGH GRUR 2015, 1009 Rn. 16 – BMW-Emblem).

252   Eine **Lockerung der Auslegung** des Begriffs der Waren/Dienstleistungsidentität (→ Rn 293) ist hingegen bislang nicht festzustellen und auch nicht erforderlich, da dieser ohnehin schon bislang vergleichsweise weit gefasst wurde (vgl. Ingerl/Rohnke Rn. 276). Maßgeblich ist insoweit, ob die Waren/Dienstleistungen ihrer Art nach übereinstimmen. Waren/Dienstleistungsidentität liegt nicht nur vor, wenn sich die Waren/Dienstleistungsbegriffe vollständig oder teilweise decken, sondern auch, wenn die Ware/Dienstleistung der jüngeren Marke unter einen breiteren Oberbegriff der älteren Marke fällt (vgl. BGH GRUR 2009, 484 Rn. 45 – Metrobus; GRUR 2009, 1055 Rn. 64 – airdsl) oder wenn ein Waren/Dienstleistungsoberbegriff der jüngeren Marke auch eine Ware/Dienstleistung der älteren Marke umfasst (vgl. BGH GRUR 2008, 909 Rn. 14 – Pantogast; GRUR 2008, 903 Rn. 11 – SIERRA ANTIGUO).

D. Markenverletzung bei Verwechslungsgefahr: Begriff und Voraussetzungen der Verwechslungsgefahr

I. Begriff und Voraussetzungen der Verwechslungsgefahr

1. Verwechslungsgefahr als Gefahrentatbestand und Rechtsbegriff

253   Nach dem Wortlaut des § 9 Abs. 1 Nr. 2 und dem des § 14 Abs. 2 Nr. 2 sowie ständiger Rechtsprechung des BGH (zB GRUR 1960, 130 (133) – Sunpearl II) und EuGH (zB C-206/01, GRUR 2003, 55 Rn. 57 – Arsenal Football Club; C-39/97, GRUR 1998, 922 Rn. 29 – Canon) muss nur die **Gefahr von Verwechslungen** bestehen, nicht aber müssen Verwechslungen tatsächlich eingetreten sein. Dies gilt für das Widerspruchsverfahren wie für den Verletzungsprozess gleichermaßen. Sind umgekehrt tatsächliche Verwechslungen nachweisbar, so können diese allein eine Verwechslungsgefahr nicht begründen, vielmehr muss auch eine Gefahr von Verwechslungen im Rechtssinne bestehen (vgl. BGH GRUR 1995, 507 f. – City-Hotel; GRUR 1992, 48 (52) – frei öl, zu § 15). Tatsächliche Verwechslungen stellen jedoch ein Indiz für das Vorliegen einer Verwechslungsgefahr im Rechtssinne dar (BGH GRUR 1960, 296 (298) – Reiherstieg).

254   Da es auf die abstrakt bestehende Gefahr von Verwechslungen ankommt, kann die Beurteilung der Verwechslungsgefahr nicht von Umständen des tatsächlichen Markengebrauchs abhängen. Die konkrete Verkaufssituation ist daher irrelevant; etwaige tatsächlich auftretende Verwechslungen können daher – anders als im Wettbewerbsrecht – auch nicht durch aufklärende Hinweise oder klarstellende Angaben beseitigt werden (BGH GRUR 2004, 860 (863) – Internet-Versteigerung). Nach Auffassung des BGH sind folglich Begleitumstände der Zeichenbenutzung für die Feststellung der Zeichenähnlichkeit unerheblich (zB BGH GRUR-RR 2010, 205 Rn. 37 – Haus & Grund IV). Demgegenüber sind nach Ansicht des EuGH auch außerhalb des Zeichens selbst liegende Umstände zu berücksichtigen (vgl. EuGH C-252/12, GRUR 2013, 922 Rn. 45 – Specsavers-Gruppe; C-533/06, GRUR 2008, 698 Rn. 64 – O2 und O2 (UK)/H3G; s. zu dieser Problematik auch Sack GRUR 2013, 4).

Die Frage, ob gemäß § 9 Abs. 1 Nr. 2 bzw. § 14 Abs. 2 Nr. 2 „für das Publikum die Gefahr **255** von Verwechslungen besteht", ist nach der Rechtsprechung des BGH und auch nach ganz überwiegender Ansicht in der Literatur eine **Rechtsfrage** und keine Tatfrage (vgl. BGH GRUR 2013, 833 Rn. 67 – Culinaria/Villa Culinaria; GRUR 2009, 1055 Rn. 62 – airdsl; GRUR 2000, 506 (509) – ATTACHÉ/TISSERAND); zu § 9 Abs. 1 Nr. 2 → § 9 Rn. 11. Die Beurteilung der Verwechslungsgefahr ist daher keiner Beweisaufnahme zugänglich (BGH GRUR 1992, 48 (52) – frei öl) und kann von den Revisions- und Rechtsbeschwerdeinstanzen vollständig – auf der Basis des von den Tatsacheninstanzen festgestellten Sachverhalts – überprüft werden. Es ist folglich zwischen der rechtlichen Bewertung als verwechslungsfähig und den tatsächlichen Umständen, auf denen die Bewertung beruht, zu unterscheiden. Der Einordnung als Rechtsfrage steht daher nicht entgegen, dass die Beurteilung der Verwechslungsgefahr in unterschiedlicher Weise an Tatsachen anknüpfen muss. Daher können Vorfragen wie zB Sprachgebrauch, branchentypische Kennzeichnungspraxis, Bekanntheitsgrad, Verkehrsgeltung oder tatsächliche Marktgegebenheiten im Rahmen einer Beweisaufnahme geprüft werden. Diese Umstände liegen im Wesentlichen auf tatrichterlichem Gebiet, auf deren Grundlage der BGH selbst über die Verwechslungsgefahr entscheiden kann (BGH GRUR 2009, 1055 Rn. 62 – airdsl; GRUR 2005, 61 f. – CompuNet/ComNet II, zu § 15 Abs. 2; GRUR 2006, 594 Rn. 15 – Smart Key, zu § 15 Abs. 3). Der EuGH hingegen behandelt die Beurteilung der Verwechslungsgefahr als Tatfrage und stuft die Prüfung der einzelnen Faktoren als Tatsachenfeststellungen ein (zB EuGH C-254/09 P, GRUR 2010, 1098 Rn. 50 – Calvin Klein/HABM; C-398/07 P, GRUR Int 2009, 911 Rn. 42 – Waterford Stellenbosch). Der EuGH ist daher daran gehindert, die Tatsachenfeststellungen des EuG zu überprüfen, was zu einer erheblichen Beschränkung seiner Beurteilungskompetenz führt.

Die Verwechslungsgefahr muss einheitlich festgestellt werden. Die Annahme einer **gespal- 256 tenen Verkehrsauffassung** ist mit dem Begriff der Verwechslungsgefahr als Rechtsbegriff nicht zu vereinbaren (BGH GRUR 2013, 631 Rn. 64 – AMARULA/Marulablu). Eine andere Beurteilung ist nur ausnahmsweise dann gerechtfertigt, wenn die sich gegenüberstehenden Zeichen verschiedene Verkehrskreise ansprechen, die sich – wie etwa der allgemeine Verkehr und Fachkreise oder unterschiedliche Sprachkreise – objektiv voneinander abgrenzen lassen (BGH GRUR 2012, 64 Rn. 9 – Maalox/Melox-GRY). In einem solchen Fall reicht es für die Bejahung eines Verletzungstatbestands aus, wenn Verwechslungsgefahr bei einem der angesprochenen Verkehrskreise besteht.

2. Voraussetzungen der Verwechslungsgefahr

Eine Verwechslungsgefahr liegt vor, wenn das Publikum glauben könnte, dass die betref- **257** fenden Waren oder Dienstleistungen aus demselben Unternehmen oder ggf. aus wirtschaftlich miteinander verbundenen Unternehmen stammen (EuGH C-39/97, GRUR 1998, 922 Rn. 29 – Canon; C-102/07, GRUR 2008, 503 Rn. 28 – adidas/Marca Mode). Ob eine solche Gefahr vorliegt, ist nach der stetigen Rechtsprechung des EuGH und des BGH unter der **Berücksichtigung aller Umstände des Einzelfalls** umfassend zu beurteilen (vgl. grundlegend EuGH C-251/95, GRUR 1998, 387 Rn. 22 – Sabèl/Puma; C-39/97, GRUR 1998, 922 Rn. 16 – Canon; C-51/09 P, GRUR 2010, 933 Rn. 32 – BARBARA BECKER; C-16/06 P, GRUR-RR 2009, 356 Rn. 45 – Editions Albert René; C-102/07, GRUR 2008, 503 Rn. 29 – adidas/Marca Mode; ständige Rechtsprechung des BGH, vgl. GRUR 2010, 729 Rn. 23 – MIXI; GRUR 2010, 235 Rn. 15 – AIDA/AIDU; GRUR 2009, 484 Rn. 23 – Metrobus; GRUR 2008, 719 Rn. 18 – idw Informationsdienst Wissenschaft). Neben den in § 14 Abs. 2 Nr. 2 explizit genannten Voraussetzungen der Zeichenidentität bzw. -ähnlichkeit und der Waren/Dienstleistungsidentität bzw. -ähnlichkeit hängt das Vorliegen einer Verwechslungsgefahr entscheidend von einem dritten, ungeschriebenen Faktor ab, der Kennzeichnungskraft der älteren Marke (ständige Rechtsprechung, vgl. zB BGH GRUR 1992, 110 (111) – dipa/dib; GRUR 2006, 859 Rn. 16 – Malteserkreuz; EuGH C-16/06 P, GRUR-RR 2009, 356 Rn. 64 – Editions Albert René).

258 Bei der vorzunehmenden umfassenden Beurteilung ist von einer **Wechselwirkung zwischen den in Betracht kommenden Faktoren** auszugehen, und zwar insbesondere zwischen der Identität oder Ähnlichkeit der Zeichen, der Identität oder Ähnlichkeit der Waren/Dienstleistungen und der Kennzeichnungskraft des älteren Zeichens. Das Verhältnis der Wechselwirkung der drei Faktoren äußert sich dahin gehend, dass ein geringer Grad eines Faktors durch einen höheren Grad eines anderen Faktors ausgeglichen werden kann (ständige Rechtsprechung, vgl. EuGH C-39/97, GRUR 1998, 922 Rn. 17–19 – Canon; C-234/06 P, GRUR 2008, 343 Rn. 48 – Il Ponte Finanziaria Spa/HABM; BGH GRUR 2014, 488 Rn. 9 – DESPERADOS/DESPERADO; GRUR 2010, 833 Rn. 12 – Malteserkreuz II; GRUR 2007, 321 Rn. 18 – COHIBA; GRUR 1999, 245 (246) – LIBERO). So reicht zB bei einer Identität der Waren/Dienstleistungen und hoher Kennzeichnungskraft der älteren Marke ggf. bereits eine geringe Ähnlichkeit der Zeichen für die Annahme einer Verwechslungsgefahr aus (EuGH C-342/97, GRUR-Int 1999, 734 Rn. 21 – Lloyd; BGH GRUR 2010, 235 Rn. 27 – AIDA/AIDU). Umgekehrt kann die Verwechslungsgefahr zu verneinen sein, wenn die Waren/Dienstleistungen zwar identisch sind, die Kennzeichnungskraft der älteren Zeichens aber nur unterdurchschnittlich ist und der Grad der Ähnlichkeit der Zeichen ebenfalls nur gering ist (zB BGH GRUR 2010, 729 Rn. 38 – MIXI). Bei Zeichenidentität und normaler Kennzeichnungskraft der älteren Marke ist ein sehr weiter Abstand zwischen den von den kollidierenden Marken erfassten Waren und Dienstleistungen erforderlich, um eine Verwechslungsgefahr auszuschließen (BGH GRUR 2008, 714 Rn. 39 – idw). Dasselbe gilt für den erforderlichen Abstand der Zeichen bei Waren/Dienstleistungsidentität und normaler Kennzeichnungskraft (BGH GRUR 2005, 326 (327) – il Padrone/Il Portone). Bei durchschnittlicher Waren/Dienstleistungsähnlichkeit und normaler Kennzeichnungskraft der älteren Marke genügt ein geringer Ähnlichkeitsgrad der Zeichen regelmäßig nicht für eine Bejahung der Verwechslungsgefahr (BGH GRUR 2012, 64 Rn. 24 – Maalox/Melox-GRY).

259 Die Wechselwirkung geht jedoch nicht so weit, dass auf eine der beiden in § 9 Abs. 1 Nr. 2, § 14 Abs. 2 Nr. 2 explizit genannten Voraussetzungen, die Zeichenähnlichkeit sowie die Ähnlichkeit der Waren/Dienstleistungen, verzichtet werden könnte (vgl. BGH GRUR 2008, 714 Rn. 42 – idw; GRUR 1999, 245 (246) – LIBERO; EuGH C-39/97, GRUR 1998, 922 Rn. 22 – Canon; C-398/07 P, GRUR Int 2009, 911 Rn. 34 – Waterford Stellenbosch; C-254/09 P, GRUR 2010, 1098 Rn. 53 – Calvin Klein/HABM). Fehlt es an jeglicher Waren-/Dienstleistungsähnlichkeit, so scheidet eine Verwechslungsgefahr aus. Dasselbe gilt, wenn die Zeichen absolut unähnlich sind. Auch dann kann die gänzlich fehlende Unähnlichkeit des einen Faktors nicht von dem anderen Faktor vollständig kompensiert werden.

260 Vor diesem Hintergrund konzentriert sich die Prüfung der Verwechslungsgefahr in der Regel auf **drei Punkte:** Identität oder Ähnlichkeit der Waren/Dienstleistungen, Kennzeichnungskraft des älteren Zeichens und Identität oder Ähnlichkeit der Zeichen. Dabei sind die drei Faktoren der Verwechslungsgefahr voneinander unabhängig zu beurteilen, so dass für die Frage der Ähnlichkeit der Waren/Dienstleistungen die Ähnlichkeit und Kennzeichnungskraft der Zeichen ohne Belang ist (vgl. grundlegend BGH GRUR 2002, 544 (546) – BANK 24; vgl. auch EuGH C-39/97, GRUR 1998, 922 Rn. 24 – Canon). Abschließend ist aber eine Gesamtabwägung vorzunehmen, bei der die drei Hauptfaktoren zueinander in Wechselbeziehung zu stellen sind.

261 Der BGH unterscheidet zwischen **drei verschiedenen Arten der Verwechslungsgefahr.** Eine unmittelbare Verwechslungsgefahr liegt vor, wenn die Gefahr besteht, dass die Zeichen miteinander verwechselt werden und dass ein Zeichen fälschlicherweise für das andere Zeichen gehalten wird. Ist dies nicht der Fall, kommt noch die Gefahr des gedanklichen Inverbindungbringens in der Form der mittelbaren Verwechslungsgefahr bzw. Verwechslungsgefahr unter dem Aspekt des Serienzeichens (→ Rn. 488 ff.) oder der Verwechslungsgefahr im weiteren Sinne (→ Rn. 502 ff.) in Betracht. Diese beiden Formen sind aber erst zweitrangig zu prüfen (→ Rn. 485). Bei der mittelbaren Verwechslungsgefahr bzw. der Verwechslungsgefahr unter dem Aspekt des Serienzeichens werden die beiden Zeichen als unterschiedlich erkannt, aber aufgrund gemeinsamer Zeichenbildung demselben Unternehmen zugeordnet. Bei der Verwechslungsgefahr im weiteren Sinne werden die Zeichen ebenfalls nicht verwechselt und auch nicht denselben Unternehmen zugeordnet, aufgrund besonderer Umstände aber der unzutreffende Eindruck erweckt, dass die fraglichen Waren oder Dienstleistungen aus wirtschaftlich miteinander verbundenen Unternehmen stammen. Der EuGH hat bislang keine entsprechenden Begriffskategorien entwickelt.

3. Maßgebliche Verkehrsauffassung

Bei der Gesamtabwägung aller Umstände des Einzelfalls ist gemäß dem Wortlaut des § 14 Abs. 2 Nr. 2 (und § 9 Abs. 1 Nr. 2) auf das **"Publikum"** abzustellen, das als durchschnittlich informierte, aufmerksame und verständige Durchschnittsverbraucher der betreffenden Waren/Dienstleistungsart definiert wird, wobei die Aufmerksamkeit des Durchschnittsverbrauchers je nach Art der betreffenden Waren/Dienstleistungen unterschiedlich hoch sein kann (vgl. grundlegend EuGH C-342/97, GRUR Int 1999, 734 Rn. 26 – Lloyd; ebenso BGH GRUR 2000, 506 (508 f.) – ATTACHÉ/TISSERAND). Unter „Verbraucher" fallen hierbei nicht nur private Endkunden, sondern auch Fachleute, Zwischenhändler und gewerbliche Endkunden und damit alle aktuellen und potentiellen Abnehmer der maßgeblichen Waren/Dienstleistungen. Die Maßgeblichkeit des Durchschnittsverbrauchers bezieht sich in den Entscheidungen der Gerichte regelmäßig auf die Beurteilung des Gesamteindrucks eines Zeichens als Voraussetzung für die Prüfung der Zeichenähnlichkeit (→ Rn. 320 ff.). Da das vom EuGH entwickelte Verbraucherleitbild für das gesamte Marken- und Wettbewerbsrecht gilt (vgl. BGH GRUR 2002, 160 (162) – Warsteiner III), muss es auch für die anderen Faktoren der Verwechslungsgefahr gelten, dh für die Waren/Dienstleistungsähnlichkeit und der Kennzeichnungskraft, soweit es jeweils auf das Verständnis des Publikums ankommt (vgl. Ingerl/Rohnke Rn. 458).

262

4. Maßgeblicher Zeitpunkt

Für die Beurteilung der Rechtsfrage, ob eine Verwechslungsgefahr vorliegt, ist grundsätzlich der Zeitpunkt der Entscheidung über den Widerspruch bzw. der Zeitpunkt der letzten mündlichen Verhandlung entscheidend (zB BGH GRUR 2002, 544 (546) – Bank 24). Ein entscheidungserheblicher Wandel hinsichtlich der Zeichenähnlichkeit dürfte von vornherein nur sehr selten sein, zB im Hinblick auf zunehmende Fremdsprachenkenntnisse der Bevölkerung. Hinsichtlich des Faktors der Waren-/Dienstleistungsähnlichkeit können sich die tatsächlichen Verhältnisse, auf denen die Annahme einer Ähnlichkeit beruht, ändern. Der insoweit maßgebliche Zeitpunkt ist strittig (Ströbele/Hacker/Hacker § 9 Rn. 85; Ingerl/Rohnke Rn. 698). Relevanz hat die Frage, auf welchen Zeitpunkt es für die Beurteilung ankommt, meist aber nur hinsichtlich des Faktors der Kennzeichnungskraft der älteren Marke (→ Rn. 271 ff.).

263

II. Kennzeichnungskraft der älteren Marke

1. Grundsätze

a) Bedeutung. Die in § 9 Abs. 2 Nr. 2, § 14 Abs. 2 Nr. 2 nicht ausdrücklich erwähnte Kennzeichnungskraft der älteren Marke ist ein ungeschriebener Faktor der Verwechslungsgefahr. Gemäß EuGH besteht die Verwechslungsgefahr umso eher, je größer die Kennzeichnungskraft des älteren Zeichens ist (EuGH C-251/95, GRUR 1998, 387 Rn. 24 – Sabèl/Puma). Dies bedeutet jedoch nicht, dass aus einer großen Kennzeichnungskraft automatisch eine Verwechslungsgefahr folgt. Vielmehr besagt dies lediglich, dass bei einer großen Kennzeichnungskraft des älteren Zeichens (wie auch bei einer hohen Ähnlichkeit der Waren/Dienstleistungen und/oder der Zeichen) die Wahrscheinlichkeit höher ist, dass man zur Annahme einer Verwechslungsgefahr gelangen kann. Mit der Kennzeichnungskraft korrespondiert der **Schutzumfang einer Marke:** Marken mit erhöhter Kennzeichnungskraft genießen einen umfassenderen Schutz gegen Verwechslungsgefahr als kennzeichnungsschwache Marken, die nur über einen eingeschränkten Schutzumfang verfügen (BGH GRUR 2004, 779 (781) – Zwilling/Zweibrüder; GRUR 2002, 171 (175) – Marlboro-Dach; GRUR 2006, 60 Rn. 14 – coccodrillo; EuGH C-39/97, GRUR 1998, 922 Rn. 18 – Canon; C-398/07 P, GRUR Int 2009, 911 Rn. 32 – Waterford Stellenbosch).

264

MarkenG § 14 Teil 2 Voraussetzungen, Inhalt und Schranken etc.

265 Die Kennzeichnungskraft eines Zeichens ist in jedem Kollisionsfall konkret festzustellen (vgl. BGH GRUR-RR 2010, 205 Rn. 45 – Haus & Grund IV), es sei denn, aufgrund der absoluten Unähnlichkeit der Waren/Dienstleistungen und/oder der Zeichen kommt eine Verwechslungsgefahr ohnehin nicht in Betracht (BGH GRUR 2002, 544 (546) – Bank 24; EuGH C-398/07 P, GRUR Int 2009, 911 Rn. 35 – Waterford Stellenbosch).

266 Hinsichtlich des Grades der Kennzeichnungskraft wird zwischen **geringer**/schwacher/unterdurchschnittlicher, **normaler**/durchschnittlicher und **erhöhter**/starker/überdurchschnittlicher **Kennzeichnungskraft** unterschieden, die jeweils zu einem entsprechenden normalen, erweiterten oder eingeschränkten Schutzumfang führt. Darüber hinaus kennt die Rechtsprechung noch die Grade der sehr hohen (weit überdurchschnittlichen) und sehr geringen (weit unterdurchschnittlichen) Kennzeichnungskraft (BGH GRUR 2013, 833 Rn. 55 – Culinaria/Villa Culinaria). Eine weitere Abstufung der Durchschnittlichkeit nach „schwach durchschnittlich", „normal durchschnittlich" und „stark durchschnittlich" erscheint schon im Blick auf die ohnehin komplexe Gesamtabwägung der Verwechslungsfaktoren nach Ansicht des BGH weder sinnvoll noch praktikabel (BGH GRUR 2013, 833 Rn. 55 – Culinaria/Villa Culinaria).

267 **b) Beurteilungskriterien.** Um die Kennzeichnungskraft einer Marke zu bestimmen, ist umfassend zu prüfen, ob die Marke geeignet ist, die Waren oder Dienstleistungen, für die sie eingetragen worden ist, als von einem bestimmten Unternehmen stammend zu kennzeichnen und damit diese Waren oder Dienstleistungen von denen anderer Unternehmen zu unterscheiden (EuGH C-342/97, GRUR Int 1999, 734 Rn. 22 – Lloyd). Damit folgt die Beurteilung der Kennzeichnungskraft letztendlich denselben Kriterien wie die Unterscheidungskraft im Rahmen des § 8 Abs. 2 Nr. 1.

268 Für die Ermittlung der Kennzeichnungskraft sind **alle relevanten Umstände des Einzelfalls** heranzuziehen wie insbesondere die Eigenschaften, welche die Marke von Haus aus besitzt, einschließlich des Umstands, ob sie beschreibende Elemente in Bezug auf die Waren oder Dienstleistungen, für die sie eingetragen worden ist, aufweist, der von der Marke gehaltene Marktanteil, die Intensität, geografische Verbreitung und Dauer ihrer Benutzung, der Werbeaufwand des Unternehmens für eine Marke und der Anteil der beteiligten Verkehrskreise, der die Waren oder Dienstleistungen aufgrund der Marke als von einem bestimmten Unternehmen stammend erkennt (EuGH C-342/97, GRUR Int 1999, 734 Rn. 23 – Lloyd; ebenso BGH GRUR 2002, 1067 (1069) – DKV/OKV; GRUR 2003, 1040 (1044) – Kinder; GRUR 2007, 1066 Rn. 33 – Kinderzeit; GRUR 2009, 766 Rn. 30 – Stofffähnchen). Demnach kann nicht allgemein, zB durch Rückgriff auf bestimmte Prozentsätze in Bezug auf den Bekanntheitsgrad der Marke bei den beteiligten Verkehrskreisen, angegeben werden, wann eine Marke eine hohe Kennzeichnungskraft besitzt (EuGH C-342/97, GRUR Int 1999, 734 Rn. 24 – Lloyd; ebenso BGH GRUR 2002, 1067 (1069) – DKV/OKV; GRUR 2003, 1040 (1044) – Kinder).

269 **c) Prüfungsreihenfolge.** Zunächst ist stets die originäre Kennzeichnungskraft eines Zeichens zu prüfen und anschließend, ob durch ein Verhalten des Markeninhabers oder von Dritten eine nachträgliche Änderung eingetreten ist und daher die Kennzeichnungskraft eine Stärkung oder Schwächung erfahren hat. Dabei ist die Kennzeichnungskraft stets **bezogen auf die konkreten Waren/Dienstleistungen,** für die die ältere Marke eingetragen ist, zu bestimmen (BGH GRUR 2009, 484 Rn. 83 – Metrobus; GRUR 2004, 235 (237) – Davidoff II; GRUR 2004, 779 (781) – Zwilling/Zweibrüder; EuGH C-299/99, GRUR 2002, 804 Rn. 59 – Philips). So kann eine Marke für einzelne Waren/Dienstleistungen über eine normale Kennzeichnungskraft verfügen, für andere aufgrund intensiver Benutzung gerade (nur) für diese aber über eine erhöhte Kennzeichnungskraft oder aber auch für einzelne Waren/Dienstleistungen kennzeichnungsschwach sein, etwa weil sie insoweit an eine beschreibende Angabe angelehnt ist (zB BGH GRUR 2009, 484 Rn. 29, 46, 82 f. – Metrobus).

270 Die Bestimmung der Kennzeichnungskraft muss sich außerdem auf die **ältere Marke als Ganzes** beziehen und nicht auf einzelne Bestandteile (EuGH C-108/07 P, BeckRS 2008, 70504 Rn. 35 – FERRO/FERRERO; BGH GRUR 1995, 50 (52) – Indorektal/Indohexal). Die Kennzeichnungskraft einzelner Zeichenbestandteile besagt daher nicht unmittelbar etwas über die Kennzeichnungskraft des aus den einzelnen Bestandteilen zusammengesetzten Zeichens (BGH GRUR 1995, 50 (52) – Indorektal/Indohexal). Allerdings besteht regelmäßig

auch kein Grund zu der Annahme, die Kennzeichnungskraft des Gesamtzeichens sei niedriger als diejenige seiner einzelnen Bestandteile (BGH GRUR 2008, 505 Rn. 23 – TUC Salzcracker). Verfügt ein Bestandteil über eine erhöhte Kennzeichnungskraft, so kann daraus daher eine gesteigerte Kennzeichnungskraft des Gesamtzeichens folgen (zB BGH GRUR 2009, 766 Rn. 32 – Stofffähnchen). Die Kennzeichnungskraft einzelner Bestandteile ist hingegen im Rahmen der Prüfung der Ähnlichkeit von mehrteiligen Marken von entscheidender Relevanz (→ Rn. 428 ff.).

d) Maßgeblicher Zeitpunkt. Für die Feststellung der originären Kennzeichnungskraft 271
der älteren Marke kommt es **im Widerspruchsverfahren** auf den Anmeldetag der jüngeren Marke als maßgeblichen Kollisionszeitpunkt an. Eine eventuelle Schwächung der Kennzeichnungskraft ist bis zum Zeitpunkt der Entscheidung über den Widerspruch zu berücksichtigen (BGH GRUR 1963, 626 (628) – Sunsweet; vgl. auch GRUR 2008, 903 Rn. 14 – SIERRA ANTIGUO). Die Voraussetzungen einer gesteigerten Kennzeichnungskraft müssen bereits im Zeitpunkt der Anmeldung der jüngeren Marke vorgelegen haben (BGH GRUR 2008, 903 Rn. 14 – SIERRA ANTIGUO; GRUR 2006, 859 Rn. 32 aE – Malteserkreuz; GRUR 2002, 1067 (1069) – DKV/OKV) und auch noch im Zeitpunkt der Entscheidung über den Widerspruch bestehen (vgl. Ströbele/Hacker/Hacker § 9 Rn. 211).

Im **Verletzungsprozess** ist für den in die Zukunft gerichteten **Unterlassungs- und** 272
Beseitigungsanspruch grundsätzlich die letzte mündliche Verhandlung in der Tatsacheninstanz der maßgebliche Zeitpunkt für die Beurteilung der Frage, welche Kennzeichnungskraft der älteren Marke zukommt, sofern für das angegriffenen Zeichen kein Kennzeichenschutz besteht (BGH GRUR 2002, 544 (546 f.) – Bank 24; GRUR 2008, 505 Rn. 27 – TUC-Salzcracker; GRUR 2007, 1066 Rn. 29 – Kinderzeit).

Genießt das jüngere Zeichen – als Marke, Unternehmenskennzeichen oder Werktitel – 273
hingegen Kennzeichenschutz, kommt es für die Beurteilung der originären Kennzeichnungskraft des älteren Zeichens zusätzlich auf den Zeitpunkt der Anmeldung der jüngeren Marke an (BGH GRUR 2003, 1040 (1044) – Kinder; GRUR 2003, 1044 f. – Kelly). Dies gilt auch für eine eventuelle gesteigerte Kennzeichnungskraft des älteren Zeichens, so dass das ältere Zeichen bereits im Prioritätszeitpunkt des jüngeren Zeichens über eine erhöhte Kennzeichnungskraft verfügen musste (GRUR 2003, 428 (433) – BIG BERTHA). Eine etwaige Schwächung der Kennzeichnungskraft ist bis zum Zeitpunkt der letzten Tatsachenverhandlung zu beachten (BGH GRUR 2003, 1040 (1044) – Kinder).

Sofern **auf die Vergangenheit bezogene Ansprüche,** zB auf Schadensersatz und Aus- 274
kunft, geltend gemacht werden, ist allein der Kollisionszeitpunkt bzw. -zeitraum maßgeblich (vgl. Ströbele/Hacker/Hacker § 9 Rn. 209).

2. Originäre Kennzeichnungskraft

a) Grundsätze. Die originäre Kennzeichnungskraft der älteren Marke beurteilt sich nach 275
den Eigenschaften, die diese von Haus aus besitzt. Die Prüfung der originären Kennzeichnungskraft ist daher unabhängig von einer möglichen weiteren Stärkung oder Schwächung durch die Benutzungslage vorzunehmen (BGH GRUR 2009, 766 Rn. 31 – Stofffähnchen). Grundsätzlich wird eine originär durchschnittliche Kennzeichnungskraft vermutet, sofern keine Anhaltspunkte dafür vorliegen, welche die Annahme einer geringen Kennzeichnungskraft von Haus aus rechtfertigen (BGH GRUR 2012, 930 Rn. 27 – Bogner B/Barbie B; GRUR 2012, 64 Rn. 12 – Maalox/Melox-GRY; GRUR 2000, 1031 f. – Carl Link). Eine gesteigerte Kennzeichnungskraft von Haus aus, dh eine solche ohne Benutzung, lässt sich nur in Ausnahmefälle feststellen (vgl. dazu Lange MarkenR/KennzeichenR § 7 Rn. 3439 ff.).

Die **Eintragung einer Marke** bedeutet nicht, dass ihr ein bestimmter Grad an Kennzeich- 276
nungskraft vorgegeben ist, insbesondere nicht, dass ihr in jedem Fall zumindest durchschnittliche Kennzeichnungskraft beizumessen ist (BGH GRUR 2010, 1103 Rn. 40 – Pralinenform II). Die Bindung des DPMA im Widerspruchsverfahren bzw. der Gerichte im Verletzungsprozess an die Eintragung der Marke hat nur zur Folge, dass der älteren Marke nicht jeglicher Schutz versagt werden darf (BGH GRUR 2008, 909 Rn. 21 – Pantogast; GRUR 2007, 1071 Rn. 24 – Kinder II; GRUR 2007, 780 Rn. 35 – Pralinenform; GRUR 2005, 414 (416) – Russisches Schaumgebäck). Dementsprechend hat der Verletzungsrichter den Grad

der Kennzeichnungskraft im Verletzungsverfahren selbstständig zu bestimmen (BGH GRUR 2010, 1103 Rn. 40 – Pralinenform II). Er darf einer Marke daher nicht jede Unterscheidungskraft absprechen, auch wenn diese klar schutzunfähig oder die Schutzfähigkeit doch sehr zweifelhaft ist. Zulässig ist es jedoch, in diesen Fällen von einem sehr schwachen Zeichen mit einem sehr geringen Schutzumfang auszugehen, der im Einzelfall nur einen Schutz gegen identische Zeichen gewährt, so dass schon bei geringfügigen Abwandlungen eine Verwechslungsgefahr zu verneinen ist (zB OLG Dresden NJW 2001, 615 (618) – Johann Sebastian Bach). Dagegen muss nach Ansicht des **EuGH** einer Marke stets ein gewisser Grad an Unterscheidungskraft zuerkannt werden (EuGH C-196/11 P, GRUR 2012, 825 Rn. 47 – F1-Live). Das Argument, angesichts einer extrem geringen Unterscheidungskraft der Widerspruchsmarke würden geringe Unterschiede zwischen den Vergleichszeichen ausreichen, um eine Verwechslungsgefahr auszuschließen, geht daher ins Leere (vgl. EuG T-595/13, BeckRS 2014, 82514 Rn. 26 ff. – KOMPRESSOR; anh. beim EuGH unter C-53/15 P). Der Sichtweise der deutschen Rechtsprechung, den Faktor der Zeichenähnlichkeit zugunsten des Faktors, der auf der Unterscheidungskraft der älteren Marke beruht, zu neutralisieren und Letzterem somit eine übermäßige Bedeutung einzuräumen, erteilt das EuG damit eine klare Absage. Nach Ansicht des EuG hätte eine solche Auffassung zur Folge, dass eine Verwechslungsgefahr, sobald die ältere Marke bloß schwache Unterscheidungskraft besitzt, nur im Fall ihrer vollständigen Reproduktion durch die Anmeldemarke vorläge und dass der Grad der zwischen den Zeichen bestehenden Ähnlichkeit nicht von Bedeutung wäre.

277 **b) Fälle originärer Kennzeichnungsschwäche.** Weitaus häufiger als an sich schutzunfähige Marken sind ältere Marken, deren originäre Kennzeichnungskraft geschwächt ist. So verfügt zB ein Zeichen regelmäßig von Haus aus nur über unterdurchschnittliche Kennzeichnungskraft, das sich für die angesprochenen Verkehrskreise erkennbar **an einen waren- oder dienstleistungsbeschreibenden Begriff anlehnt** (BGH GRUR 2013, 833 Rn. 34 – Culinaria/Villa Culinaria; GRUR 2010, 729 Rn. 27 – MIXI; GRUR 2008, 1002 Rn. 26 – Schuhpark; GRUR 2008, 909 Rn. 17 – Pantogast). Der Schutzumfang eines solchen Zeichens ist eng zu bemessen und beschränkt sich auf die Eigenprägung und Unterscheidungskraft, die dem Zeichen trotz der Anlehnung seine Schutzfähigkeit verleiht (BGH GRUR 2008, 803 Rn. 22 – HEITEC; GRUR 2003, 963 (965) – AntiVir/AntiVirus). Ein darüber hinausgehender Schutz kann nicht beansprucht werden (BGH GRUR 2013, 631 Rn. 59 – AMARULA/Marulablu; GRUR 2011, 826 Rn. 29 – Enzymax/Enzymix; GRUR 2012, 1040 Rn. 39 – pjur/pure). Eine relevante Ähnlichkeit liegt nicht vor, soweit sich die Übereinstimmungen der einander gegenüberstehenden Zeichen auf die beschreibende oder sonst schutzunfähige Angabe beschränken. Werden hingegen gerade die Merkmale im Klang, im Bild oder in der Bedeutung übernommen, die die Eigenprägung und Unterscheidungskraft der älteren Marke begründen, so ist eine Ähnlichkeit zu bejahen (bejaht in den Fällen BGH GRUR 2011, 826 Rn. 29 – Enzymax/Enzymix; GRUR 2008, 803 Rn. 24 – HEITEC; verneint in den Fällen BGH GRUR 2013, 631 Rn. 66 – AMARULA/Marulablu; GRUR 2012, 1040 Rn. 42 – pjur/pure; GRUR 2003, 963 (965) – AntiVir/AntiVirus). Im Übrigen unterliegt der Schutzumfang eines an eine beschreibende oder sonst freizuhaltende Angabe angelehnten Zeichens keiner besonderen Beschränkung, wenn es um das Verhältnis zu anderen Bezeichnungen geht, die sich in gleicher oder ähnlicher Weise an den beschreibenden oder freizuhaltenden Begriff anlehnen und ihn verfremden (vgl. BGH GRUR 2011, 826 Rn. 29 – Enzymax/Enzymix; GRUR 2008, 803 Rn. 22 – HEITEC; vgl. hierzu auch BPatG GRUR 2012, 67 – Panprazol/PANTOZOL).

278 **c) Fälle regelmäßig normaler originärer Kennzeichnungskraft.** Bei „**sprechenden Zeichen**", die eine beschreibende Aussage lediglich andeuten, aber keine beschreibende oder sonst nicht schutzfähige Angabe beinhalten und sich an eine solche auch nicht anlehnen, ist regelmäßig von einer durchschnittlichen Kennzeichnungskraft auszugehen (vgl. zB BGH GRUR 2009, 1055 Rn. 65 – airdsl; GRUR 2008, 254 Rn. 31 – THE HOME DEPOT). Dasselbe gilt bei **Namensmarken,** wenn keine entgegenstehenden Anhaltspunkte bestehen (BPatG GRUR 2014, 387 (388) – SashaFabiani). Der Namenscharakter als solcher vermag die originäre Kennzeichnungskraft einer Namensmarke jedenfalls nicht zu schwächen (BPatG GRUR 2014, 389 (390) – Manuel Luciano/Luciano).

Bei **aufgrund Verkehrsdurchsetzung eingetragenen Marken** wird regelmäßig von 279
einer mindestens durchschnittlichen Kennzeichnungskraft ausgegangen werden können
(BGH GRUR 2014, 1101 Rn. 44 – Gelbe Wörterbücher; GRUR 2007, 780 Rn. 35 –
Pralinenform; GRUR 2008, 714 Rn. 36 – idw; GRUR 2007, 1071 Rn. 38 – Kinder II;
GRUR 2009, 672 Rn. 26 – OSTSEE-POST). Allerdings gilt auch hier, dass der Verletzungsrichter oder das Amt den Grad der Kennzeichnungskraft im Verletzungs- bzw. Widerspruchsverfahren selbstständig zu bestimmen hat (BGH GRUR 2007, 780 Rn. 35 – Pralinenform; GRUR 2007, 1066 Rn. 30 – Kinderzeit). Zu beachten ist dabei, dass sich die durchschnittliche Kennzeichnungskraft regelmäßig auf die verkehrsdurchgesetzte Marke in der eingetragenen Form und damit in ihrer Gesamtheit bezieht, nicht aber auf einzelne Bestandteile (zB verkehrsdurchgesetzte ältere Marke weist in Gesamtheit eine durchschnittliche Kennzeichnungskraft auf, der in die jüngere Marke übernommene Bestandteil „Kinder" ist aber schutzunfähig und auch nicht verkehrsdurchgesetzt, vgl. BGH GRUR 2007, 1071 – Kinder II; GRUR 2007, 1066 – Kinderzeit; GRUR 2009, 954 – Kinder III). Eine erhöhte Kennzeichnungskraft wird nur in Ausnahmefällen anzunehmen sein (zB verneint bei BGH GRUR 2009, 672 Rn. 30 f. – OSTSEE-POST: 84% Zuordnungsgrad nicht ausreichend; GRUR 2007, 1066 Rn. 36 – Kinderzeit: 62% nicht ausreichend; GRUR 2004, 514 (516) – Telekom: 60% nicht ausreichend). Eine Kennzeichnungsschwäche kann für verkehrsdurchgesetzte Zeichen nur angenommen werden, wenn hierfür besondere tatsächliche Umstände vorliegen (BGH GRUR 2014, 1101 Rn. 44 – Gelbe Wörterbücher; GRUR 2009, 672 Rn. 26 – OSTSEE-POST; GRUR 2003, 1040 (1043) – Kinder I).

Zeichen, die aus einzelnen Buchstaben und/oder Zahlen bestehen, sind anders als 280
nach früherem Recht grundsätzlich schutzfähig (vgl. grundlegend BGH GRUR 2001,
344 f. – DB Immobilienfonds). Ihre Kennzeichnungskraft ist daher anhand der Umstände
des Einzelfalls zu bestimmen. Eine Buchstabenkombination verfügt im Regelfall von Haus
aus über eine normale Kennzeichnungskraft, wenn keine konkreten Anhaltspunkte für eine
Schwächung der Kennzeichnungskraft bestehen (BGH GRUR 2011, 831 Rn. 18 – BBC;
GRUR 2002, 626 (628) – IMS; GRUR 2002, 1067 (1069) – DKV/OKV; GRUR 2004,
600 f. – d-c-fix/CD-FIX), wobei es nicht darauf ankommt, ob die Buchstabenkombination
aussprechbar ist oder nicht. Eine Schwächung der Kennzeichnungskraft kann sich daraus
ergeben, dass die Wortfolge für die angesprochenen Verkehrskreise erkennbar an beschreibende Begriffe angelehnt ist (vgl. BGH GRUR 2011, 831 Rn. 18 – BBC; GRUR 2001,
1161 (1162) – CompuNet/ComNet I; GRUR 1997, 468 (469) – NetCom) oder eine
allgemein erkennbare und verständliche Abkürzung oder ein entsprechendes Akronym
beschreibender Angaben (vgl. BPatG BeckRS 2014, 01341 – ISET). Von einer normalen
Kennzeichnungskraft ist im Regelfall auch bei Einzelbuchstaben auszugehen, wenn diese
über nicht zu vernachlässigende grafische Gestaltungen verfügen und auch im Übrigen kein
Anhaltspunkt für eine vom Normalfall abweichende Beurteilung besteht (BGH GRUR
2012, 930 Rn. 27 – Bogner B/Barbie B; OLG München GRUR-RR 2011, 462 f. – Bogner
B). Die Tatsache, dass Buchstaben oder Buchstabenzusammenstellungen in einem Warenoder Dienstleistungssektor weit verbreitet verwendet werden, rechtfertigt für sich nicht den
Schluss auf eine Kennzeichnungsschwäche (BGH GRUR 2012, 930 Rn. 35 – Bogner B/
Barbie B; GRUR 2002, 1967 f. – DKV/OKV). Zu beachten ist aber, dass es sich bei Buchstabenkombinationen häufig um Kurzzeichen handelt, bei denen schon geringe Abweichungen
dazu führen können, dass eine Ähnlichkeit auszuschließen ist (→ Rn. 374).

3. Nachträgliche Veränderung der Kennzeichnungskraft

Die Kennzeichnungskraft eines Zeichens kann nachträglich insbesondere durch die Benut- 281
zung von Drittzeichen geschwächt werden oder auch durch intensive Benutzung des eigenen
Zeichens gesteigert sein.

a) Schwächung der Kennzeichnungskraft. Sehr häufig wird in Widerspruchsverfah- 282
ren und Verletzungsprozessen vom Inhaber der angegriffenen Marke eine (nachträgliche)
Schwächung der Kennzeichnungskraft der älteren Marke wegen identischer oder ähnlicher
Drittmarken geltend gemacht. Der Einwand ist aber nur in den seltensten Fällen erfolgreich.
Der BGH spricht explizit von einem „Ausnahmetatbestand" (zB BGH GRUR 2009, 766
Rn. 32 – Stofffähnchen). So könne nur eine erhebliche Anzahl von Drittmarken zu einer

Schwächung führen, die dem älteren Zeichen ähnlich sind, eine Schwächung begründen; es müssten die Marken zudem auf gleichen, allenfalls eng benachbarten Waren/Dienstleistungsgebieten tatsächlich verwendet werden (BGH GRUR 2001, 1161 f. – CompuNet/ComNet; GRUR 2002, 898 f. – defacto; GRUR 2008, 1104 Rn. 25 – Haus & Grund II; GRUR 2012, 930 Rn. 40 – Bogner B/Barbie B).

283 Eine Schwächung kann grundsätzlich nur durch **benutzte Drittmarken** herbeigeführt werden, weil nur hier der Verkehr durch das Nebeneinanderbestehen der Zeichen genötigt wird, auch auf geringfügige Unterschiede zu achten bzw. nur so eine Gewöhnung des Verkehrs an die Existenz weiterer Zeichen im Ähnlichkeitsbereich bewirkt werden kann, und daher bereits geringe Unterschiede genügen können, eine Verwechslungsgefahr auszuschließen (BGH GRUR 1967, 246 (248) – Vitapur; GRUR 2001, 1161 f. – CompuNet/ComNet; GRUR 2002, 626 (628) – IMS; GRUR 2009, 685 Rn. 25 – ahd.de). Dabei muss die Benutzung im Widerspruchsverfahren liquide, dh unstreitig oder amtsbekannt sein, oder vom Inhaber des angegriffenen Zeichens glaubhaft gemacht bzw. im Verletzungsprozess im Streitfall nachgewiesen werden. Der Umfang der Benutzung der Drittzeichen ist daher im Einzelnen substantiiert darzulegen (vgl. hierzu zB BGH GRUR 2012, 930 Rn. 40 – Bogner B/Barbie B; GRUR 2008, 1104 Rn. 25 – Haus & Grund II; GRUR 2002, 626 (628) – IMS; GRUR 2001, 1161 f. – CompuNet/ComNet; BPatG GRUR 2001, 166 (169) – VISION).

284 Es muss sich um eine **erhebliche Anzahl von Drittzeichen** handeln, was mehrere Drittzeichen voraussetzt. Bislang lässt sich aus der Rechtsprechung aber leider keine konkreter definierte Anzahl entnehmen. Klar ist nur, dass es sich um mehr als ein Drittzeichen handeln muss (BGH GRUR 2011, 826 Rn. 18 – Enzymax/Enzymix; GRUR 1990, 367 f. – alpi/Alba Moda). Zudem kommen nur Marken als schwächend in Betracht, die auf gleichen, allenfalls eng benachbarten Waren/Dienstleistungsgebieten verwendet werden (BGH GRUR 1955, 579 (582) – Sunpearl; GRUR 1990, 367 f. – alpi/Alba Moda). Außerdem sind nur Marken zu berücksichtigen, die der älteren Marke ähnlich nahekommen und daher ähnlicher sind als das angegriffene Zeichen. Marken hingegen, die den gleichen oder einen größeren Abstand zu dem älteren Zeichen wie das angegriffene Zeichen aufweisen, können keine Schwächung bewirken (vgl. Ströbele/Hacker/Hacker § 9 Rn. 176 unter Hinweis auf BGH GRUR 2012, 930 Rn. 40 – Bogner B/Barbie B; GRUR 1971, 577 (579) – Raupetin; GRUR 1966, 432 (435) – Epigran; GRUR 1955, 579 (583) – Sunpearl; aA Ingerl/Rohnke, § 14 Rn. 653, wonach auch Drittzeichen mit gleichem Abstand wie die angegriffene Marke eine Schwächung bewirken können).

285 Eingetragene (und gegenüber der älteren Marke prioritätsältere) **Drittmarken, die nicht benutzt werden** (oder deren Benutzung nicht glaubhaft gemacht bzw. nachgewiesen ist), können ein Indiz für eine von Haus aus bestehende Originalitätsschwäche und damit eine geringe originäre Kennzeichnungskraft sein (BGH GRUR 2012, 930 Rn. 31 – Bogner B/Barbie B; GRUR 1999, 241 (243) – Lions; GRUR 1999, 586 (587) – White Lion; grundlegend BGH GRUR 1967, 246 (250, 251) – Vitapur; ablehnend Ingerl/Rohnke Rn. 580). Dabei können auch prioritätsjüngere Eintragungen Bedeutung erlangen, soweit sie Rückschlüsse auf die einem Zeichen von Hause aus zukommende Kennzeichnungskraft zulassen (BGH GRUR 1967, 246 (251) – Vitapur).

286 Zu beachten ist, dass aus der häufigen **Verwendung eines Markenbestandteils** und seiner dadurch bedingten Kennzeichnungsschwäche nicht auf eine geringe Kennzeichnungskraft des Gesamtzeichens geschlossen werden kann (vgl. BGH GRUR 1967, 246 (251) – Vitapur). Bestandteile, die in einer Vielzahl von (nur) eingetragenen oder auch benutzten Marken enthalten sind (wie zB „-kom"/"-com" im Telekommunikationsbereich) und daher verbraucht sind, sind aber als kennzeichnungsschwache Elemente zu bewerten, die eine Ähnlichkeit nicht zu begründen vermögen (→ Rn. 432).

287 **b) Stärkung der Kennzeichnungskraft.** Eine Stärkung der Kennzeichnungskraft kann sich aus einer infolge der **Benutzung der älteren Marke** entstandenen **gesteigerten Verkehrsbekanntheit** ergeben. Die Bekanntheit der Marke ist anhand der oben (→ Rn. 268) angeführten allgemeinen Beurteilungskriterien zu ermitteln. Der Bekanntheitsgrad ist dabei das entscheidende Kriterium, wobei aber jeweils auf den konkreten Einzelfall abzustellen ist, so dass nicht allgemein unter Rückgriff auf bestimmte Prozentsätze hinsichtlich des

Bekanntheitsgrades angegeben werden kann, wann einer Marke eine hohe Kennzeichnungskraft zukommt (EuGH C-342/97, GRUR Int 1999, 734 Rn. 24 – Lloyd; ebenso BGH GRUR 2002, 1067 (1069) – DKV/OKV; GRUR 2003, 1040 (1044) – Kinder). Neben dem Bekanntheitsgrad, der regelmäßig im Rahmen demoskopischer Gutachten ermittelt wird, können für die Beurteilung aber auch andere Umstände herangezogen werden, und zwar insbesondere der Marktanteil der Marke, die Intensität der Benutzung (Umsatz- und Absatzzahlen) und der Werbeaufwand (vgl. zB BGH GRUR 2002, 544 (547) – BANK 24; GRUR 2010, 1103 Rn. 33 – Pralinenform II; GRUR 2006, 60 Rn. 15 – coccodrillo; BeckRS 2006, 93 – Bullcap). Insoweit gilt also dasselbe wie im Rahmen von § 9 Abs. 1 Nr. 3, § 14 Abs. 2 Nr. 3 hinsichtlich der Feststellung der Bekanntheit einer Marke (→ § 9 Rn. 61, → Rn. 510 ff.).

288 Der erweiterte Schutzumfang einer Marke beschränkt sich grundsätzlich auf die eingetragenen Waren/Dienstleistungen, für die aufgrund einer entsprechenden Benutzung eine gesteigerte Verkehrsbekanntheit erworben wurde (BGH GRUR 2004, 239 f. – DONLINE; OLG München GRUR-RR 2011, 449 (451) – Volksserie. Eine Bekanntheit kann allenfalls im Einzelfall auf besonders **eng verwandte Waren/Dienstleistungen** ausstrahlen (BGH GRUR 2012, 930 Rn. 71 – Bogner B/Barbie B; Beispiele: BPatG GRUR 2006, 338 (342) – DAX-Trail/DAX; GRUR 2005, 773 (776) – Blue Bull/RED BULL; GRUR 2000, 807 f. – LIOR/DIOR; OLG Hamburg GRUR-RR 2009, 303 ff. – All-in-one; OLG Köln GRUR-RR 2009, 234 (237) – 1 A Pharma/1 Pharma).

289 Grundsätzlich kommt es bei der Prüfung der Ähnlichkeit der Zeichen zwar auf die **registrierte Form** an (→ Rn. 339). Einer in schwarz/weiß eingetragenen Marke kann allerdings auch die durch die Benutzung in irgendeiner anderen Farbe erworbene Kennzeichnungskraft zugerechnet werden, wenn sich durch die Wiedergabe in der anderen Farbgestaltung die Charakteristik der Marke nicht ändert (BGH GRUR 2006, 859 Rn. 34 – Malteserkreuz; in diesem Sinne auch EuGH C-252/12, GRUR 2013, 922 – Specsavers/Asda Stores). Dies dürfte wohl auch für andere abgewandelte Benutzungsformen gelten (so zB Ströbele/Hacker/Hacker § 9 Rn. 163).

290 Eine Steigerung der Kennzeichnungskraft kann nur erreicht werden, wenn das durch eine Marke geschützte Zeichen auch „**als Marke**" benutzt worden ist, dh in einer Art und Weise, die dazu dient, dass die angesprochenen Verkehrskreise die Ware als von einem bestimmten Unternehmen stammend identifizieren (allgemein dazu → Rn. 84 ff.; zu typischen Einzelfällen → Rn. 134 ff.; BGH GRUR 2003, 332 (334 f.) – Abschlussstück; GRUR 2007, 780 Rn. 36 – Pralinenform; verneint zB vom EuGH C-361/04 P, GRUR 2006, 237 Rn. 32 – PICASSO hinsichtlich des Künstlernamens „PICASSO"). Die Benutzung eines Zeichens auch als Unternehmenskennzeichen kann die Kennzeichnungskraft einer Marke aber steigern, da das Publikum in der Erinnerung nicht nach der rechtlichen Art der Kennzeichen differenziert (BGH GRUR 2014, 382 Rn. 22 – REAL-Chips; GRUR 2009, 484 Rn. 29 – Metrobus). Eine Steigerung der Kennzeichnungskraft kommt vor allem bei Dienstleistungsmarken in Betracht, da der Verkehr bei Dienstleistungen daran gewöhnt ist, dass diese häufiger als Waren mit dem Unternehmensnamen gekennzeichnet werden (BGH GRUR 2009, 484 Rn. 29 – Metrobus).

291 Die Verkehrsbekanntheit muss sich auf das **Inland** beziehen. Die Bekanntheit einer Unionsmarke in einem Mitgliedsland der EU ergibt nicht zwangsläufig eine Bekanntheit auch in Deutschland (BPatG GRUR-RR 2014, 244 (245) – Camper-Bogen). Eine Erhöhung der Kennzeichnungskraft nur im EU-Ausland ist daher nicht ausreichend. Gemäß BGH kommt der Bekanntheitsschutz einer Unionsmarke denn auch nur im Gebiet der EU in Betracht, in dem die Unionsmarke die Voraussetzungen der Bekanntheit erfüllt (BGH GRUR 2013, 1239 Ls. 3 – Volkswagen/Volks.Inspektion). Hingegen hat der EuGH in einem zeitlich späteren Urteil entschieden, dass der Bekanntheitsschutz auch dann greift, wenn die Unionsmarke nicht im Gebiet der jüngeren Marke, sondern nur in einem oder mehreren anderen Mitgliedsstaaten bekannt ist (EuGH C-125/14, BeckRS 2015, 81073 – Iron & Smith kft/Unilever NV).

292 **Darlegungs- und beweispflichtig** für die maßgeblichen Tatsachen ist der Inhaber des älteren Rechts, der sich im Verletzungsprozess auf eine Stärkung der Kennzeichnungskraft seines Zeichens beruft. Im Rahmen des Widerspruchsverfahrens ist die Glaubhaftmachung einer ausreichend intensiven Benutzung des älteren Zeichens erforderlich, aber auch ausreichend (BGH GRUR 2006, 859 Rn. 33 – Malteserkreuz). Ausnahmsweise ist kein Beweis bzw. keine Glaubhaftmachung notwendig, sofern die relevanten Tatsachen unstrittig oder amtsbekannt bzw. gerichtsbekannt sind (zB BPatG GRUR 2005, 773 (776) – Blue Bull/RED BULL bezüglich der Marke „RED BULL"; OLG Hamburg GRUR-RR 2009, 303 (304 f.) – All-in-one bezüglich der Farbmarke „Magenta" der Deutschen Telekom). Für die Bewertung demoskopischer Gutachten gilt dasselbe wie bei der Feststellung der Verkehrsdurchsetzung (→ § 8 Rn. 542).

III. Ähnlichkeit der Waren und Dienstleistungen

1. Grundlagen

293 Nach ständiger Rechtsprechung ist von einer Ähnlichkeit der Waren/Dienstleistungen auszugehen, wenn diese so enge Berührungspunkte aufweisen, dass die beteiligten Verkehrskreise davon ausgehen, dass die betroffenen Waren/Dienstleistungen aus demselben oder ggf. aus wirtschaftlich miteinander verbundenen Unternehmen stammen. Bei der Beurteilung der Ähnlichkeit der Waren/Dienstleistungen sind **alle erheblichen Faktoren** zu berücksichtigen, die das Verhältnis zwischen den Waren/Dienstleistungen kennzeichnen; hierzu gehören insbesondere die Art der Waren/Dienstleistungen, ihr Verwendungszweck, ihre Nutzung sowie die Eigenart als miteinander konkurrierende oder einander ergänzende Waren/Dienstleistungen (grundlegend EuGH C-39/97, GRUR 1998, 922 Rn. 22-29 – Canon; außerdem Rs. C 416/04 P, GRUR 2006, 582 Rn. 85 – VITAFRUIT; BGH GRUR 1999, 245 f. – LIBERO; GRUR 2007, 1066 Rn. 23 – Kinderzeit; GRUR 2008, 714 Rn. 32 – idw; GRUR 2008, 719 Rn. 29 – idw Informationsdienst Wissenschaft; GRUR 2009, 484 Rn. 25 – Metrobus). In die Beurteilung einzubeziehen ist, ob die Waren/Dienstleistungen regelmäßig von denselben Unternehmen oder unter ihrer Kontrolle hergestellt oder erbracht werden oder ob sie beim Vertrieb Berührungspunkte aufweisen (BGH GRUR 2012, 1145 Rn. 34 – Pelikan; GRUR 2008, 714 Rn. 32 – idw; GRUR 2007, 321 Rn. 20 – COHIBA; GRUR 2003, 428 (432) – BIG BERTHA).

294 Dabei wird vom BGH unterstellt, dass die Waren/Dienstleistungen mit identischen Marken gekennzeichnet sind und die ältere Marke über einen größtmöglichen Schutzumfang verfügt (vgl. BGH GRUR 2009, 484 Rn. 25 – Metrobus; GRUR 2008, 714 Rn. 32 – idw; GRUR 2007, 321 Rn. 20, 25 – COHIBA; GRUR 2006, 941 Rn. 13 – TOSCA BLU; GRUR 2001, 507 (508) – EVIAN/REVIAN). Die Unterstellung identischer Marken und eines größtmöglichen Schutzumfangs der älteren Marke bedeutet vor allem, dass der Grad der Zeichenähnlichkeit und der Grad der Kennzeichnungskraft der älteren Marke keinen Einfluss auf die Beurteilung der Waren/Dienstleistungsähnlichkeit haben (zu Letzterem grundlegend BGH GRUR 2002, 544 (546) – BANK 24). Ob Waren/Dienstleistungen ähnlich sind oder nicht, hängt allein von der Art der betroffenen Waren/Dienstleistungen selbst ab. Die beiden Faktoren Ähnlichkeit der Marken und Kennzeichnungskraft sind erst nach Feststellung des Grads der Waren/Dienstleistungsähnlichkeit im Rahmen der Gesamtwürdigung der Verwechslungsgefahr unter Beachtung der Wechselwirkung der drei Faktoren zu berücksichtigen. Dieser **absolute Ähnlichkeitsbegriff** wird im Ergebnis auch vom EuGH vertreten (vgl. Ingerl/Rohnke Rn. 674; zB EuGH C-16/06 P, GRUR-RR 2009, 356 Rn. 67 – Edition Albert René).

295 Von einer Unähnlichkeit der Waren/Dienstleistungen kann nur ausgegangen werden, wenn eine solche trotz (unterstellter) Identität der Marken und einer maximalen Kennzeichnungskraft des älteren Zeichens wegen des Abstands der Waren/Dienstleistungen von vornherein ausgeschlossen ist (BGH GRUR 2014, 488 Rn. 12 – DESPERADOS/DESPERADO). Diese **absolute Waren- und Dienstleistungsunähnlichkeit** kann auch bei Identität der Zeichen nicht durch eine erhöhte Kennzeichnungskraft der prioritätsälteren Marke ausgeglichen werden (BGH GRUR 2015, 176 Rn. 10 – ZOOM/ZOOM; GRUR 2012, 1145 Rn. 34 – Pelikan; GRUR 2008, 719 Rn. 29 – idw Informationsdienst Wissenschaft; GRUR 2007, 321 Rn. 20 – COHIBA). Eine Verwechslungsgefahr kommt nicht in Betracht (BGH GRUR 2008, 714 Rn. 42 – idw; GRUR 2006, 941 Rn. 13 – TOSCA BLU; EuGH C-39/97, GRUR 1998, 922 Rn. 22 – Canon; C-398/07 P, GRUR Int 2009, 911 Rn. 34 – Waterford Stellenbosch).

Als Element der Rechtsfrage der Verwechslungsgefahr ist die Ähnlichkeit der Waren/ 296
Dienstleistungen ebenfalls eine **Rechtsfrage** (→ Rn. 255), die jedoch Tatsachenfeststellungen voraussetzt. Die Würdigung der tatsächlichen Grundlagen ist für die rechtliche Beurteilung der Ähnlichkeit der Waren/Dienstleistungen eine Tatsachenfrage und folglich einer Beweiserhebung und amtlichen Ermittlungen zugänglich (BGH GRUR 1999, 158 (160) – GARIBALDI).

2. Einzelne Kriterien und deren Bedeutung

Die für die Definition der Ähnlichkeit von Waren/Dienstleistungen relevanten einzelnen 297
Kriterien (→ Rn. 293) haben eine unterschiedliche Bedeutung. Das wichtigste Kriterium ist die **betriebliche Herkunft** der Waren/Dienstleistungen, da bei der Definition der Ähnlichkeit die Herkunftsfunktion der Marke im Vordergrund steht (BGH GRUR 1999, 245 (246 f.) – LIBERO; zu den Markenfunktionen (→ MarkenR Einleitung Rn. 115 ff. und → Rn. 119 ff.). Dabei kommt es nicht auf die örtliche Identität der jeweiligen Herkunftsstätten, als vielmehr darauf an, ob der Verkehr erwarten kann, dass die Waren/Dienstleistungen unter der Kontrolle desselben Unternehmens hergestellt oder vertrieben bzw. erbracht werden, welches für ihre Qualität verantwortlich ist (EuGH C-39/97, GRUR 1998, 922 Rn. 28 – Canon; C-299/99, GRUR 2002, 804 Rn. 30 – Philips; BGH GRUR 1999, 731 (732) – Canon II). Die gemeinsame betriebliche Herkunft der beiderseitigen Waren/Dienstleistungen ist das einzige Kriterium, das grundsätzlich zur Annahme einer Ähnlichkeit führt, während die übrigen Faktoren von Fall zu Fall unterschiedlich zu gewichten sein können (BGH GRUR 2004, 600 f. – d-c-fix/CD-FIX). Für die Annahme einer Ähnlichkeit ist nicht erforderlich, dass alle oder die meisten Faktoren vorliegen.

Ein zunehmend wichtiges Kriterium sind **funktionelle Zusammenhänge der betref- 298
fenden Waren/Dienstleistungen,** die einen gemeinsamen betrieblichen Verantwortungsbereich nahelegen. Unter dem Gesichtspunkt der Eigenart von Waren/Dienstleistungen als miteinander konkurrierenden oder einander ergänzenden Produkten und Leistungen sind zB Unterhaltungselektronik und Datenverarbeitungsgeräte (BPatG BeckRS 1997, 30770973 – HIRO/miro), Wein und Mineralwasser (BGH GRUR 2001, 507 f. – EVIAN/REVIAN), Bekleidungsstücke und Schuhwaren (BGH GRUR 2006, 60 Rn. 13 – coccodrillo; BPatG GRUR 2007, 596 (598) – La Martina), Software und Datenverarbeitungsgeräte und Computer (zB BPatG BeckRS 2007, 13718 – MECON/Mecos) sowie Tabakerzeugnisse und Raucherartikel (BGH GRUR 1999, 496 (498) – TIFFANY) von der Rechtsprechung als ähnlich angesehen worden. Dabei kann selbst dann eine Ähnlichkeit bejaht werden, wenn die beiderseitigen Waren/Dienstleistungen tatsächlich nicht dieselbe betriebliche Herkunft aufweisen (BGH GRUR 1999, 731 (733) – Canon II; GRUR 2001, 505 (508) – EVIAN/REVIAN). Auch wenn die funktionelle Ergänzung häufig eine entscheidende Rolle spielt, darf sie nicht schon bei jedem thematischen Bezug angenommen werden (verneint zB hinsichtlich Wein und Glaswaren, zu denen auch Weingläser gehören, EuGH C-398/07 P, GRUR Int 2009, 911 Rn. 45 – Waterford Stellenbosch, und hinsichtlich Computerspiele mit Autorennen und Kraftfahrzeugen, BGH GRUR 2004, 594 (596), hinsichtlich Knabberartikel und Bier, BPatG BeckRS 2014, 23676 – DESPERADOS/DESPERADO, sowie Druckereierzeugnisse und Papier für Kopierzwecke, BGH GRUR 2015, 176 Rn. 19–25 – ZOOM/ZOOM). Auch reicht es nicht, dass die Waren/Dienstleistungen für sich genommen einander ergänzen. Es kommt insoweit vielmehr auf eine gegenseitige Ergänzung in dem Sinne an, dass dadurch die Annahme gemeinsamer oder doch miteinander verbundener Herstellungsstätten nahe gelegt wird (BPatG GRUR 2002, 345 (347) – ASTRO/Boy). Der Gesichtspunkt der funktionellen Ergänzung darf nicht zur Vernachlässigung der weiteren Faktoren führen, die im Rahmen der Prüfung der Produktähnlichkeit relevant sein können (BGH GRUR 2014, 488 Rn. 16 – DESPERADOS/DESPERADO). Nach Ansicht des EuGH handelt es sich beim Ergänzungskriterium hingegen um ein selbstständiges Beurteilungskriterium, auf das als solches das Vorliegen der Warenähnlichkeit gestützt werden kann. Einer weiteren Beurteilung der betroffenen Waren im Hinblick auf Herkunft, Vermarktung, Vertriebswege und Verkaufsstätten bedarf es dann nicht (EuGH C-50/15 P, GRUR-RS 2016, 80153 – Carrera/CARRERA).

299 Das **Kriterium der identischen Vertriebs- oder Erbringungsstätten** ist hingegen eher von untergeordneter Bedeutung (vgl. BGH GRUR 2015, 176 Rn. 27 – ZOOM/ZOOM; GRUR 2014, 488 Rn. 16 – DESPERADOS/DESPERADO). Insbesondere in Kaufhäusern, Supermärkten und Baumärkten wird der Verkehr mit einer Vielzahl unterschiedlicher Waren/Dienstleistungen konfrontiert, ohne zu glauben, diese würden unter der Kontrolle desselben Unternehmens hergestellt bzw. erbracht (BGH GRUR 1999, 158 – GARIBALDI; GRUR 1999, 164 (166) – JOHN LOBB; vgl. aber auch BPatG GRUR 1997, 651 f. – PUMA). Vertriebüberschneidungen werden daher regelmäßig nur neben anderen Kriterien zur Begründung einer Waren/Dienstleistungsähnlichkeit herangezogen (zB BGH GRUR 2004, 600 f. – d-c-fix/CD-FIX; GRUR 2003, 428 (432) – BIG BERTHA).

300 Daneben sind insbesondere der Verwendungs- und Einsatzzweck, die Art und Weise der Nutzung der Waren/Dienstleistungen von Relevanz, die Art der Waren/Dienstleistungen, dh ihre stofflich-technische Beschaffenheit, sowie die Abnehmerkreise.

301 Demgegenüber gibt es eine Reihe bedeutungsloser Kriterien. So ist die **Klasseneinteilung** für die Beurteilung der Ähnlichkeit ohne Belang. Daher können Waren/Dienstleistungen derselben Klasse unähnlich sein (zB medizinische Dienstleistungen – Dienstleistungen im Bereich Landwirtschaft, beide Klasse 44) und umgekehrt Waren/Dienstleistungen, die unterschiedlichen Klassen angehören, ähnlich sein (zB Druckereierzeugnisse, Klasse 16 – bespielte Datenträger, Klasse 09). Die Zuordnung der beiderseitigen Waren/Dienstleistungen zu einem **gemeinsamen sprachlichen Oberbegriff,** der aber als solcher nicht im Waren/Dienstleistungs-Verzeichnis enthalten ist, reicht allein grundsätzlich nicht aus, um eine Ähnlichkeit zu bejahen (anders jedoch, wenn eine Marke für einen Oberbegriff eingetragen ist; → Rn. 313). Dies gilt jedenfalls bei einem Oberbegriff mit hohem Abstraktionsgrad, jedoch nicht bei einem Oberbegriff für ein überschaubares Warengebiet mit einem hervortretenden Charakteristikum (BGH GRUR 1999, 245 (247) – LIBERO, bezüglich „alkoholischer Getränke"). Auch die jeweilige Ähnlichkeit der beiderseitigen Waren/Dienstleistungen zu einem dritten Oberbegriff kann nicht die Ähnlichkeit der betroffenen Waren/Dienstleistungen untereinander begründen.

302 Irrelevant sind außerdem **Umstände der tatsächlichen Markenbenutzung** wie zB Preis, Vertriebsmodalitäten, Produktverpackungen (zB BGH GRUR 1999, 164 (166) – JOHN LOBB; BPatG GRUR 2000, 807 (809) – LIOR/DIOR) sowie Werbemaßnahmen und Marketingkonzepte (BGH GRUR 1999, 245 (247) – LIBERO; EuGH C-171/06 P, BeckRS 2007, 70219 Rn. 59 – T.I.M.E ART). Dies gilt auch grundsätzlich für die branchenübergreifende Vermarktung einzelner Produkte im Wege des Merchandising durch entsprechende Lizenzverträge (grundlegend BGH GRUR 2006, 941 Rn. 14 – TOSCA BLU; GRUR 2004, 594 (596) – Ferrari-Pferd; zB BGH GRUR 2010, 726 Rn. 26 – Opel-Blitz II: keine Ähnlichkeit zwischen Kraftfahrzeuge und Spielzeug- oder Modellautos trotz entsprechender Lizenzierungspraxis der Hersteller von Kraftfahrzeugen) und wird auch für Sponsoringaktivitäten anzunehmen sein, die ebenfalls regelmäßig die Branchengrenzen überschreiten. Eine Lizenzierungspraxis kann allenfalls dann berücksichtigt werden, wenn bei funktionsverwandten Produkten der Verkehr nicht nur von einem Imagetransfer, sondern auch von einem Know-how-Transfer ausgeht (BGH GRUR 2006, 941 Rn. 14 – TOSCA BLU).

3. Einzelfragen bei der Ähnlichkeit von Waren/Dienstleistungen

303 Hinsichtlich der Ähnlichkeit der Waren gibt es eine Vielzahl an Entscheidungen zu unterschiedlichen Warenkategorien. Vorprodukte und daraus hergestellte Halbfertig- und Fertigerzeugnisse sind in der Regel nicht ähnlich, es sei denn, die Vorprodukte bestimmen maßgeblich die Eigenschaften und die Wertschätzung des Endprodukts, und die Marke der Vorprodukte tritt auch den Abnehmern des (Halb-)Fertigerzeugnisses gegenüber (BGH GRUR 2000, 886 f. – Bayer/BeiChem). Man spricht insoweit von einer mittelbaren Warenähnlichkeit. Grundsätzliche Unähnlichkeit besteht auch zwischen Hauptwaren und Hilfswaren (zB Verpackung, Werbemittel). Sachgesamtheiten und ihre Einzelteile können dann als ähnlich angesehen werden, wenn die Einzelteile entweder als bestimmt für das Wesen der Sachgesamtheit oder als eigenständige Waren des Herstellers angesehen werden (vgl. Ingerl/

Rohnke Rn. 761 mwN). Die Eigenschaft als Zubehör zu einer Hauptware kann nicht allein die Annahme einer Ähnlichkeit rechtfertigen, vielmehr müssen die allgemeinen Kriterien erfüllt sein (BGH GRUR 2004, 594 (596) – Ferrari-Pferd). Substitutionswaren (zB Butter/Margarine) sind regelmäßig ähnlich, sofern ein Austauschverhältnis besteht und daher der Verwendungszweck übereinstimmt (vgl. Ströbele/Hacker/Hacker § 9 Rn. 107).

Hinsichtlich der Beurteilung der **Ähnlichkeit von Dienstleistungen** untereinander gelten grundsätzlich dieselben Grundsätze wie hinsichtlich der Ähnlichkeit von Waren (EuGH C-39/97, GRUR 1998, 922 Rn. 23 – Canon; BGH GRUR 2008, 714 Rn. 32–34 – idw; GRUR 2002, 626 f. – IMS). Es sind ebenfalls alle erheblichen Faktoren zu berücksichtigen, die das Verhältnis zwischen den Dienstleistungen kennzeichnen. Hierzu gehören angesichts der fehlenden Körperlichkeit von Dienstleistungen aber insbesondere Art und Zweck der Dienstleistung, dh der Nutzen für den Empfänger der Dienstleistung, und die Vorstellung des Verkehrs, dass die Dienstleistungen unter der gleichen betrieblichen Verantwortung erbracht werden (BGH GRUR 2001, 164 f. – Wintergarten; GRUR 2002, 544 (546) – BANK 24). 304

Eine **Ähnlichkeit zwischen Waren und Dienstleistungen** ist ebenfalls möglich. Auch insoweit gelten dieselben Kriterien, auf die bei der Beurteilung von Waren (und Dienstleistungen) untereinander abgestellt wird (EuGH C-39/97, GRUR 1998, 922 Rn. 23 – Canon; BGH GRUR 20114, 378 Rn. 38 – OTTO CAP; GRUR 1999, 731 (733) – Canon II). Allerdings ist dem grundlegenden Unterschied zwischen der Erbringung einer unkörperlichen Dienstleistung und der Herstellung bzw. dem Vertrieb einer körperlichen Ware Rechnung zu tragen. Dabei dürfen an eine Ähnlichkeit zwischen Waren und Dienstleistungen keine unüberwindbar hohen Anforderungen gestellt werden (BGH GRUR 2012, 1145 Rn. 35 – Pelikan). Dienstleistungen sind zwar nicht generell mit den zu ihrer Erbringung verwendeten Waren und Hilfsmitteln oder den durch sie erzielten Ergebnissen ähnlich (BGH GRUR 2000, 883 f. – PAPAGALLO; GRUR 1999, 586 f. – White Lion). Jedoch können besondere Umstände die Feststellung einer Ähnlichkeit nahelegen. Solche können vorliegen, wenn der Verkehr unter Beachtung der objektiven Branchenverhältnisse davon ausgeht, dass Warenhersteller bzw. -vertreiber und Dienstleistungsunternehmen sich jeweils auch auf dem anderen Gebiet eigenständig gewerblich betätigen (BGH GRUR 2004, 241 (243) – GeDIOS; grundlegend GRUR 1989, 347 (348) – MICROTONIC) oder die Waren nicht allgemein angeboten und verwendet werden, sondern typischerweise bei der Erbringung der Dienstleistung zur Anwendung kommen (BGH GRUR 2012, 1145 Rn. 35 – Pelikan). Geht der Verkehr hingegen nur von einer unselbstständigen Nebenleistung oder -ware aus, ist eine Ähnlichkeit zu verneinen (EuGH Beschl. v. 9.3.2007, C-196/06 P Rn. 29 – Alecansan/HABM). Eine Ähnlichkeit wurde zB bejaht zwischen der Dienstleistung „Verpflegung von Gästen" und verschiedenen Lebens- und Genussmitteln (BGH GRUR 2000, 883 f. – PAPPAGALLO), zwischen Software und der Erstellung von Datenverarbeitungsprogrammen (zB BPatG BeckRS 2009, 3560 – T-3D/T-D1) und zwischen Lehrmitteln und Musikunterricht (BGH GRUR 2012, 1145 Rn. 33 – Pelikan). 305

Zwar ist die Eintragung einer Einzelhandelsmarke seit der „Praktiker"-Entscheidung des EuGH nunmehr zulässig, weitgehend ungeklärt ist jedoch noch, inwieweit die **Dienstleistungen eines Einzelhändlers** zu anderen Dienstleistungen wie zB Verpflegungsdienstleistungen, die im Zusammenhang mit dem Einzelhandel angeboten werden, ähnlich sind. Im Verhältnis zu Waren, die Gegenstand des Einzelhandels sind (zB Einzelhandelsdienstleistungen im Bereich Möbel zu Möbeln) wird eine Ähnlichkeit zunehmend bejaht. Das EuG hat eine gewisse Ähnlichkeit zwischen den Dienstleistungen eines Einzelhändlers für Bekleidung und der Ware „Bekleidung" angenommen, da diese in einem notwendigen Ergänzungsverhältnis zueinander stehen würden (EuG T-116/06, GRUR Int 2009, 421 Rn. 45–58 – O STORE). Ebenso bejaht wurde eine gewisse Ähnlichkeit zwischen den Waren „Matratzen, Bettdecken, Bettwäsche" (Klassen 10, 20, 24) und „Einzelhandelsdienstleistungen für Matratzen und Kissen" (EuG T-526/14, BeckRS 2015 Rn. 29–36 – Matratzen Concord/MATRATZEN). Auch der BGH entschied, dass von einer Ähnlichkeit zwischen den Waren „Bekleidungsstücke" und „Kopfbedeckungen" und Einzelhandelsdienstleistungen mit Waren der Klasse 25 auszugehen sei (BGH GRUR 2014, 378 Rn. 39 – OTTO CAP). Dies lässt sich aber nicht dahingehend verallgemeinern, dass stets von einer Ähnlichkeit zwischen Einzelhandelsdienstleistungen und den auf sie bezogenen Waren gegeben ist. 306

MarkenG § 14 Teil 2 Voraussetzungen, Inhalt und Schranken etc.

306.1 So ist nach Ansicht des BGH eine Ähnlichkeit nur anzunehmen, wenn die angesprochenen Verkehrskreise auf Grund des Verhältnisses zwischen Waren und Dienstleistungen annehmen, die Waren und Dienstleistungen stammten aus denselben Unternehmen, was in dem konkreten Fall bejaht werden konnte, weil große Handelshäuser in diesem Warensektor häufig neben dem Verkauf fremder Waren auch Waren mit eigenen Handelsmarken anbieten (BGH GRUR 2014, 378 Rn. 39 – OTTO CAP; vgl. auch BPatG BeckRS 2014, 09353 – Peak/Peak Elements, mit derselben Begründung hinsichtlich des Verhältnisses von „Einzelhandelsdienstleistungen mit Bekleidungsartikeln, Schuhen und Textilwaren" zu „Bekleidungsstücke"; dagegen BPatG GRUR-RR 2013, 430 (432) – Konzume/Konsum: Ähnlichkeit zwischen Waren der Klassen 24 und 25 einerseits und Dienstleistungen eines Einzelhändlers mit Waren der Klassen 24 und 25 andererseits wegen eines notwendigen Ergänzungsverhältnisses zwischen Einzelhandelsdienstleistung und gehandelter Ware zueinander; außerdem sogar hochgradige Ähnlichkeit zwischen Waren der Klasse 3 „Duftstoffe, Mittel zur Körper- und Schönheitspflege, Parfüms, Haarpflegepräparate und Mittel zum Färben des Haars" und Dienstleistungen der Klasse 44 „Dienstleistung eines Friseur- und Schönheitssalons; Dienstleistungen eines Visagisten", da die Waren bei diesen Dienstleistungen typischerweise verwendet und im Zusammenhang mit ihnen, teilweise sogar unter derselben Marke, vertrieben werden, vgl. BPatG BeckRS 2013, 05581 – VIVA Friseure/VIVA; außerdem mittlere Ähnlichkeit der Waren der Klasse 20 (Möbel) mit Einzelhandelsdienstleistungen der Klasse 35 auf dem Gebiet von Möbeln und anderen Einrichtungsgegenständen, vgl. BPatG BeckRS 2013, 00629 – Vivendi/VIVANDA). Im Rahmen des § 15 Abs. 2 hatte der BGH bereits früher entschieden, dass eine Branchennähe zwischen dem Betrieb eines Großhandelsmarkts und der Waren, die in einem solchen Großhandelsmarkt vertrieben werden, besteht (BGH GRUR 2009, 484 Rn. 74 f. – Metrobus). Inwieweit die Dienstleistungen eines Einzelhändlers zu den Dienstleistungen eines anderen Einzelhändlers ähnlich sind, war erstmals Gegenstand der BGH-Entscheidung „BioGourmet". Danach kann zwischen Einzelhandelsdienstleistungen, die auf nicht substituierbare Waren (einerseits Lebensmittel, andererseits Drogerieartikel oder Haushaltswaren) bezogen sind, eine Ähnlichkeit bestehen, wenn der Verkehr wegen Gemeinsamkeiten im Vertriebsweg, etwa Überschneidungen in den jeweiligen Einzelhandelssortimenten, davon ausgeht, dass die jeweiligen Einzelhandelsdienstleistungen unter gleicher unternehmerischer Verantwortung erbracht werden (BGH GRUR 2016, 382 Ls. 3 und Rn. 27 – BioGourmet).

4. Maßgebliche Waren/Dienstleistungen

307   **a) Zu berücksichtigende Waren/Dienstleistungen.** Auf Seiten der **älteren Marke** (Widerspruchsmarke oder Klagemarke) sind bei eingetragenen Marken (§ 4 Nr. 1) grundsätzlich die Waren/Dienstleistungen in den Vergleich einzustellen, für welche die Marke im Register eingetragen ist (BGH GRUR 2002, 65 (67) – Ichthyol; GRUR 2007, 1066 Rn. 26 – Kinderzeit). Irrelevant ist hingegen, für welche Waren/Dienstleistungen die Marke tatsächlich benutzt wird (BGH GRUR 2003, 428 (432) – BIG BERTHA; EuG T-346/04, GRUR Int 2006, 144 Rn. 35 – ARTHUR ET FELICIE; T-205/06, GRUR Int 2009, 56 Rn. 31 – Presto! Bizcard Reader). Hierauf kommt es jedoch an, wenn die Benutzung der älteren Marke zulässigerweise bestritten wird. Dann dürfen gemäß § 43 Abs. 1 S. 3, § 25 Abs. 2 S. 3, § 55 Abs. 3 S. 4 nur die Waren/Dienstleistungen berücksichtigt werden, für welche die Benutzung iSd § 26 im Widerspruchsverfahren glaubhaft gemacht bzw. im Verletzungsprozess nachgewiesen worden ist. Andere Waren/Dienstleistungen, für die die fragliche Marke tatsächlich benutzt wird, für die aber kein Markenschutz besteht, sind außer Betracht zu lassen (BGH GRUR 2004, 779 (782) – Zwilling/Zweibrüder). Alle eingetragenen Waren/Dienstleistungen sind allerdings dann nicht heranzuziehen, wenn der Widersprechende/Kläger seinen Widerspruch/seine Klage nicht auf alle Waren/Dienstleistungen stützt. Bei nicht eingetragenen Marken (§ 4 Nr. 2, 3) sind diejenigen Waren/Dienstleistungen dem Vergleich zugrunde zu legen, für welche die Klagemarke Verkehrsgeltung erlangt hat oder notorisch bekannt ist.

308   Aufseiten der **jüngeren Marke** sind im Rahmen des Widerspruchsverfahrens alle Waren/Dienstleistungen zu berücksichtigen, für die diese eingetragen ist, es sei denn, der Widerspruch ist auf einzelne Waren/Dienstleistungen beschränkt. Eine solche Beschränkung findet in Widerspruchsverfahren vor dem DPMA häufig nicht statt, da es kostenmäßig keine Rolle spielt, wenn der Widerspruch teilweise wegen fehlender Waren/Dienstleistungsähnlichkeit zurückgewiesen wird. Dies ist aber bei Widersprüchen vor dem HABM nicht der Fall, so dass hier häufig nur gegen die Waren/Dienstleistungen Widerspruch eingelegt wird, bei denen die begründete Aussicht besteht, als ähnlich mit den Waren/Dienstleistungen der Widerspruchsmarke angesehen zu werden.

Im Verletzungsverfahren ist zu unterscheiden: Liegt die Markenverletzung in einer tatsäch- **309** lichen Benutzungshandlung, so sind die Waren/Dienstleistungen maßgeblich, für die das angegriffene Zeichen konkret verwendet wird. Wird unter dem Gesichtspunkt der Erstbegehungsgefahr allein eine Markenanmeldung oder -registrierung angegriffen, so sind – wie im Widerspruchsverfahren – die angemeldeten oder registrierten Waren/Dienstleistungen für den Vergleich heranzuziehen (BGH BeckRS 2009, 8604 Rn. 56 – Metro/Metrobus; GRUR 2002, 544 (548) – Bank 24). Die tatsächliche oder beabsichtigte Benutzungslage ist dagegen nicht von Relevanz. In der Praxis häufig ist der Fall, dass eine Markenanmeldung bzw. -registrierung vorliegt, die Marke tatsächlich aber nicht für alle eingetragenen Waren/Dienstleistungen benutzt wird. Relevant sind gleichwohl alle Waren/Dienstleistungen, dh auch die Waren/Dienstleistungen, für die keine Benutzung stattfindet. Insoweit besteht zumindest ein vorbeugender Unterlassungsanspruch. Verwendet der Inhaber des angegriffenen Zeichens das Zeichen rechtsverletzend für weitere Waren/Dienstleistungen als in der Marke beansprucht, dann sind auch diese zusätzlichen Waren/Dienstleistungen zu berücksichtigen.

b) Auslegung des Waren/Dienstleistungsverzeichnisses. Die in den Waren/Dienst- **310** leistungsverzeichnissen verwendeten Begriffe sind entsprechend dem allgemeinen Sprachgebrauch auszulegen. Außerdem sind auch die Begriffe der Klassifikation nach Nizza zu berücksichtigen. Die Klasseneinteilung ist zwar für die Frage der Ähnlichkeit irrelevant (→ Rn. 301), die klassenmäßige Einordnung kann jedoch ein wesentliches Indiz für die Auslegung eines Begriffs im Waren/Dienstleistungsverzeichnis sein (vgl. Ströbele/Hacker/Hacker § 9 Rn. 72 mit Beispielen). Zu berücksichtigen ist auch, dass sich die Oberbegriffe der amtlichen Klasseneinteilung nicht untereinander ausschließen, sondern sich vielmehr teilweise überlappen oder ergänzen (zB „Mittel zur Körper- und Schönheitspflege" und „Seifen", „Uhren" und „Zeitmessinstrumente", „Hardware für die Datenverarbeitung" und „Computer").

Der **Grundsatz der theoretischen Vollständigkeit der Klasseneinteilung** bedeutet **311** nach der **Praxis des DPMA** und des BPatG lediglich, dass eine für alle Begriffe einer Klassenüberschrift der amtlichen Klasseneinteilung angemeldete bzw. eingetragene Marke die unter diese Begriffe fallenden Waren und Dienstleistungen abdeckt. Hingegen wird mit der Anmeldung bzw. Eintragung für alle Begriffe in einer Klassenüberschrift der Klasseneinteilung der Schutz nicht für alle Waren oder Dienstleistungen erlangt, die gegenwärtig oder gar zukünftig der fraglichen Klasse zugeordnet werden. Im Rahmen der Prüfung der Waren/Dienstleistungsähnlichkeit (zur Relevanz bei der rechtserhaltenden Benutzung → § 26 Rn. 84 ff.) sind daher nach deutscher Praxis nur die explizit eingetragenen Waren/Dienstleistungen zu berücksichtigen, nicht aber alle denkbaren Waren/Dienstleistungen der relevanten Klassen. Ist eine (ältere) Marke zB für die in der Überschrift der Klasse 35 genannten Dienstleistungen „Werbung; Geschäftsführung; Unternehmensverwaltung; Büroarbeiten" eingetragen, so umfasst der Schutz keine Einzel- oder Großhandelsdienstleistungen und würde folglich keine Identität mit zB „Einzelhandelsdienstleistungen im Bereich Drogeriewaren" der jüngeren Marke bestehen.

Dies ist nun auch die **Praxis des EUIPO.** Gemäß Art. 28 Abs. 5 UMV ist die Verwendung **312** von Klassenüberschriften der Nizza-Klassifikation und anderer allgemeiner Begriffe dahin auszulegen, dass diese alle Waren oder Dienstleistungen einschließen, die eindeutig von der wörtlichen Bedeutung des Oberbegriffs oder Begriffs erfasst sind. Die Verwendung derartiger Begriffe ist nicht so auszulegen, dass Waren oder Dienstleistungen beansprucht werden können, die nicht darunter erfasst werden können. Hingegen war es bis zur IP-Translator-Entscheidung des EuGH (C-307/10, GRUR 2012, 822 – IP-Translator; → UMV Art. 26 Rn. 6 f.) Praxis des Amtes, dass bei Verwendung aller Oberbegriffe einer bestimmten Klasse sämtliche in der alphabetischen Liste enthaltenen Waren/Dienstleistungen dieser Klasse beansprucht werden. Diese Waren/Dienstleistungen waren daher auch im Rahmen der Prüfung der Waren/Dienstleistungsähnlichkeit zu berücksichtigen. Infolge der IP-Translator-Entscheidung beschränkte sich der Schutz bei nach dem 21.6.2012 (Tag des Inkrafttretens der entsprechenden Mitteilung Nr. 2 des Präsidenten des HABM) angemeldeten Unionsmarken, die (nur) die in den Klassenüberschriften aufgeführten Oberbegriffe verwenden, auf die

Waren oder Dienstleistungen der jeweiligen Klassenüberschriften im wortwörtlichen Sinne. Mit Art. 28 Abs. 5 UMV wird die Änderung der Amtspraxis gesetzlich festgeschrieben.

5. Prüfungsreihenfolge

313 Vor der Prüfung der Frage der Ähnlichkeit der Waren/Dienstleistungen ist zu klären, welche davon überhaupt für den Vergleich relevant sind (→ Rn. 307 ff.). Anschließend ist zu erörtern, ob die einander gegenüberstehenden Waren/Dienstleistungen identisch, ähnlich oder unähnlich sind und welcher Ähnlichkeitsgrad vorliegt. In der Praxis ist oftmals ein Teil der Waren/Dienstleistungen identisch, ein anderer ähnlich und ein weiterer Teil unähnlich. Identität liegt nicht nur dann vor, wenn sich die jeweiligen Waren/Dienstleistungsbegriffe vollständig decken, sondern auch dann, wenn die Waren/Dienstleistungen der jüngeren Marke (zB CDs) unter einen breiteren Oberbegriff der älteren Marke (zB Magnetaufzeichnungsträger) fallen oder wenn umgekehrt ein im Verzeichnis der jüngeren Marke enthaltener Oberbegriff (zB „alkoholische Getränke") auch Spezialwaren/-dienstleistungen der älteren Marke (zB „Weine aus Italien") umfasst. In letzterem Fall ist der gesamte Oberbegriff der jüngeren Marke zu löschen, auch wenn tatsächlich nur teilweise Identität (hinsichtlich „Weine aus Italien") und im Übrigen nur Warenähnlichkeit vorliegt (BGH GRUR 2005, 326 f. – il Padrone/Il Portone; GRUR 2008, 903 Rn. 11 – SIERRA ANTIGUO).

314 Soweit die Waren/Dienstleistungen ähnlich sind, ist der **Grad der Ähnlichkeit** im Einzelfall konkret festzustellen (BGH GRUR 2002, 626 (628) – IMS). Dabei kann zwischen sehr hoher (weit überdurchschnittlicher), hoher (überdurchschnittlicher), normaler (durchschnittlicher), geringer (unterdurchschnittlicher) und sehr geringer (weit unterdurchschnittlicher) Zeichenähnlichkeit unterschieden werden (BGH GRUR 2013, 833 Rn. 55 – Culinaria/Villa Culinaria). Dies ist wichtig, da je nach Lage der anderen Kriterien (insbesondere Markenähnlichkeit und Kennzeichnungskraft der älteren Marke) der festgestellte Grad der Ähnlichkeit der Waren/Dienstleistungen für die Annahme einer Verwechslungsgefahr ausreichen kann oder eben nicht (→ Rn. 258). Fehlt es jedoch an jeglicher Waren-/Dienstleistungsähnlichkeit, so kommt eine Verwechslungsgefahr nicht in Betracht (→ Rn. 259).

315 Zur Feststellung von Identität/Ähnlichkeit und des Ähnlichkeitsgrades der Waren/Dienstleistungen kann auf die Fundstellensammelung von Richter/Stoppel (Die Ähnlichkeit von Waren und Dienstleistungen, 16. Aufl. 2014) sowie die Entscheidungssammlung PAVIS PROMA zurückgegriffen werden. Da die Entscheidungen der Gerichte keine Präjudizwirkung haben, kann nicht mit entsprechenden Hinweisen, sondern nur mit der dort gefundenen Begründung argumentiert werden.

E. Markenverletzung bei Verwechslungsgefahr: Ähnlichkeit der Marken

I. Rechtsnatur

316 Nach deutscher Auffassung ist die Ähnlichkeit der miteinander zu vergleichenden Marken eine Rechtsfrage (vgl. zB BGH GRUR 2005, 61 (62) – CompuNet/ComNet II). Das bedeutet insbesondere, dass **normative Erwägungen** in ihre Feststellung einfließen können. Besonders deutlich wird dies beim Vergleich von Marken, die nur in Elementen oder Aspekten übereinstimmen, denen es an Unterscheidungskraft fehlt. In solchen Fällen lehnt der BGH eine Markenähnlichkeit selbst bei hochgradigen Übereinstimmungen ab (vgl. zB BGH GRUR 2012, 1040 (1043) Rn. 39 – pjur/pure; GRUR 2013, 631 Rn. 59 – AMARULA/Marulablu). Insoweit unterscheidet sich die Rechtsprechung des BGH von derjenigen des EuGH, welcher die Beurteilung der Markenähnlichkeit als reine Tatsachenfrage ansieht und der Unterscheidungskraft der übereinstimmenden Elemente keine derartige Bedeutung zugesteht (→ UMV Art. 8 Rn. 28 ff.).

317 Zugrunde zu legen ist der Prüfung der Markenähnlichkeit jedoch auch nach der Rechtsprechung des BGH stets die Auffassung der maßgeblichen Verkehrskreise von der Ähnlichkeit der Marken. Bei letzterer handelt es sich um eine Tatsachenfrage. Davon abgesehen ist die Beurteilung der Zeichenähnlichkeit im deutschen Recht jedoch revisibel (BGH GRUR 2002, 1067 (1070) – DKV/OKV). Darüber hinaus überprüft der BGH auch die tatrichterlichen Feststellungen der Vorinstanz oft ausführlich auf etwaige Widersprüche zu Denkgeset-

zen und sogenannten Erfahrungssätzen, welche der BGH selbst aufstellt bzw. verwirft (vgl. zB BGH GRUR 2002, 167 (169) – Bit/Bud).

II. Feststellung im Prozess

Soweit der Feststellung der Markenähnlichkeit Tatsachenfragen zugrunde liegen, erfolgt 318 diese im Prozess anhand der eigenen Sachkunde der Richter. Ein Rückgriff auf demoskopische Gutachten ist zwar grundsätzlich nicht unzulässig (vgl. BGH GRUR 2004, 239 – DONLINE; sowie zur wettbewerbsrechtlichen Irreführung: EuGH C-220/98, GRUR Int 2000, 354 Rn. 31 – Estée Lauder/Lancaster; C-210/96, GRUR Int 1998, 795 Rn. 35 ff. – Gut Springenheide), in der Praxis aber unüblich. Die Durchführung einer entsprechenden **Beweisaufnahme** zur Feststellung der Verkehrsauffassung wird von den Gerichten in aller Regel für **entbehrlich** gehalten und abgelehnt. Zudem ist es kaum möglich, anhand demoskopischer Untersuchungen zu zuverlässigen Ergebnissen zu gelangen. Davon absehen sind empirische Erhebungen ohnehin nur geeignet, über die faktischen Komponenten der Markenähnlichkeit Aufschluss zu liefern. Das gewonnene Ergebnis könnte immer noch aufgrund normativer Erwägungen ins Gegenteil verkehrt werden.

Daneben hat sich in Deutschland die Übung etabliert, zur Feststellung der Markenähnlich- 319 keit auf sog., von der Rechtsprechung entwickelte **Erfahrungssätze** zurückzugreifen (dazu eingehend Risthaus, Erfahrungssätze im Kennzeichenrecht, 2. Aufl. 2007). Diese Erfahrungssätze enthalten Aussagen darüber, wie der Verbraucher eine Marke normalerweise wahrnimmt. Ihrer Rechtsnatur nach handelt es sich bei den Erfahrungssätzen um „Rechtsanwendungshilfen bei der Bildung des aus dem Gesetz zu gewinnenden Obersatzes, also Hilfsmittel bei der Gesetzesauslegung" (Hacker GRUR 2004, 537 (545)). Allerdings führen im Einzelfall nicht alle anwendbaren Erfahrungssätze notwendigerweise zum gleichen Ergebnis. Häufig deuten verschiedene Erfahrungssätze in unterschiedliche Richtungen, so dass sie gegeneinander abgewogen werden müssen. Die einzelnen Erfahrungssätze werden jeweils in dem Zusammenhang behandelt, in dem sie zum Tragen kommen.

III. Verkehrsauffassung

1. Bedeutung

Markenrecht ist kein Verbraucherschutzrecht. Dennoch ist bei der Bestimmung der Ver- 320 wechslungsgefahr und insbesondere der dafür erforderlichen Markenähnlichkeit auf die Auffassung der beteiligten Verkehrskreise abzustellen. Welche Verkehrsauffassung im Einzelfall zugrunde zu legen ist, beurteilt sich im Wesentlichen nach den folgenden drei Kriterien: Den beteiligten Verkehrskreisen (→ Rn. 321 ff.), deren Aufmerksamkeitsgrad (→ Rn. 328 ff.) und dem maßgeblichen Verbraucherleitbild (→ Rn. 327).

2. Beteiligte Verkehrskreise

a) Mögliche Mitglieder. Als beteiligte Verkehrskreise kommen alle Angehörigen des 321 Handels und der Verbraucherschaft in dem Gebiet in Betracht, in dem die Klagemarke Schutz genießt (vgl. EuGH C-421/04, GRUR 2006, 411 Rn. 24 – Matratzen Concord/Hukla). Überdies können auch zwischengeschaltete Personen, die an der Vermarktung eines Produktes beteiligt sind, dem maßgeblichen Publikum zuzurechnen sein (so bezüglich medizinischer Fachleute im Hinblick auf die Vermarktung von Arzneimitteln, EuGH C-412/05 P, GRUR Int 2007, 718 Rn. 56 – TRAVATAN II). Mitglied der beteiligten Verkehrskreise ist jeder, dessen Meinung für die jeweilige Kaufentscheidung zumindest mitursächlich ist. Es ist weder zwingend erforderlich noch allein ausreichend, dass die betreffende Person die Waren oder Dienstleistungen selbst konsumiert oder einkauft (so auch Fezer Rn. 439).

b) Art der Waren/Dienstleistungen. Die Bestimmung der beteiligten Verkehrskreise 322 richtet sich ferner nach der Art der betroffenen Waren bzw. Dienstleistungen. Zu differenzieren ist insbesondere zwischen Waren und Dienstleistungen, die sich an die Allgemeinheit richten, und solchen, die ausschließlich von Fachkreisen erworben werden.

MarkenG § 14 Teil 2 Voraussetzungen, Inhalt und Schranken etc.

323 Maßgeblich für die Identifikation der beteiligten Verkehrskreise ist stets die betroffene Produktkategorie im Allgemeinen (BGH GRUR 1998, 1034 (1036) – Makalu). Ob Waren wie zB Kosmetikprodukte oder Bekleidungsstücke eines Herstellers im Vergleich zu den Kosmetikprodukten oder Bekleidungsstücken anderer Hersteller im Hoch- oder Niedrigpreissegment angesiedelt sind, also Luxus- oder Standardprodukte darstellen, spielt keine Rolle (vgl. zur Frage der rechtserheblichen Benutzung, BGH GRUR 2002, 340 (342) – John Lobb). Entsprechend ist allein auf den Stellenwert und das Konsumverhalten in Bezug auf Bekleidungsstücke bzw. Kosmetikprodukte generell abzustellen.

324 Bei Waren und Dienstleistungen des Massenkonsums bestehen die beteiligten Verkehrskreise aus der Gesamtbevölkerung (BGH GRUR 2009, 954 Rn. 24 – Kinder III). Der Begriff der Waren bzw. Dienstleistungen des Massenkonsums ist weit zu verstehen. Dazu zählen sämtliche Waren, die zumindest potentiell für jedermann von Interesse sind (vgl. BGH GRUR 2006, 760 Rn. 22 – LOTTO). Ein Ausschluss bestimmter Abnehmergruppen aus den beteiligten Verkehrskreisen ist nur insoweit möglich, als diese den Erwerb und die Verwendung der betroffenen Waren kategorisch ablehnen (vgl. BGH GRUR 2007, 593 (596) – Ristorante), und zwar auch im Hinblick auf den Konsum durch Dritte.

325 Von Waren und Dienstleistungen des Massenkonsums zu unterscheiden sind solche, die sich ausschließlich an Fachkreise richten. Bei der Beschränkung der beteiligten Verkehrskreise auf Fachkreise ist allerdings insoweit Vorsicht geboten, als in Unternehmen auch Mitarbeiter ohne Fachwissen die maßgebliche Kaufentscheidung treffen können (vgl. Ströbele/Hacker/Hacker § 9 Rn. 212).

326 Bei **Arzneimitteln** ist danach zu differenzieren, ob diese über Apotheken an den Endverbraucher abgegeben oder von Ärzten direkt eingesetzt werden. Sind die Arzneimittel in Apotheken für den Endverbraucher erhältlich, zählt dieser neben Ärzten und Apothekern zu den beteiligten Verkehrskreisen. Ungeachtet der Tatsache, dass Ärzte und Apotheker die Wahl eines Präparats durch den Endverbraucher beeinflussen und sogar bestimmen können, ist dessen Auffassung für die Beurteilung der Zeichenähnlichkeit erheblich (EuGH C-412/05 P, GRUR 2007, 718 Rn. 57 – TRAVATAN II). Anders liegt der Fall bei Arzneimitteln, die zur direkten Anwendung am Patienten durch den Arzt bestimmt sind. Die beteiligten Verkehrskreise beschränken sich dann auf den konkret mit der Anwendung befassten medizinischen Fachkreis (EuGH C-412/05 P, GRUR 2007, 718 Rn. 66 – TRAVATAN II; EuG T-237/01, GRUR Int 2003, 751 Rn. 42 – BSS).

3. Verbraucherleitbild

327 Innerhalb der maßgeblichen Verkehrskreise ist – sofern diese aus Angehörigen der Verbraucherschaft bestehen – auf die Perspektive des normal informierten, angemessen aufmerksamen und verständigen Durchschnittsverbrauchers, kurz: des Durchschnittsverbrauchers, abzustellen (EuGH C-498/07, GRUR Int 2010, 129 Rn. 74 – Carbonell/La Española; C-254/09 P, GRUR 2010, 1089 Rn. 45 – Calvin Klein/HABM; BGH GRUR 2012, 64 Rn. 20 – Maalox/Melox-GRY; GRUR 2000, 506 (508 f.) – ATTACHÉ/TISSERAND). Im Einklang mit der EuGH-Rechtsprechung (→ UMV Art. 8 Rn. 35) geht auch der BGH davon aus, dass es sich beim Leitbild des Durchschnittsverbraucher um dasjenige eines **normativen Referenzverbrauchers** handelt (BGH GRUR 2013, 631 Rn. 65 – AMARULA/Marulablu). Entsprechendes gilt für das Leitbild des durchschnittlichen Mitglieds der angesprochenen Fachkreise.

4. Aufmerksamkeitsgrad

328 Stehen die beteiligten Verkehrskreise fest, ist deren Aufmerksamkeitsgrad zu bestimmen. Dabei ist zunächst danach zu differenzieren, ob die beteiligten Verkehrskreise nur aus Fachleuten bestehen oder (auch) aus Verbrauchern im Allgemeinen. Im Übrigen richtet sich der Grad der Aufmerksamkeit nach der Art der in Rede stehenden Waren und Dienstleistungen. Mit den Worten des EuGH: „Die Aufmerksamkeit des Durchschnittsverbrauchers [kann] je nach Art der betreffenden Waren oder Dienstleistungen unterschiedlich hoch sein" (grundlegend EuGH C-342/97, GRUR Int 1999, 734 Rn. 26 – Lloyd).

329 **a) Fachkreise.** Von Fachkreisen kann grundsätzlich ein höherer Aufmerksamkeitsgrad erwartet werden als vom Verbraucher im Allgemeinen (vgl. BGH GRUR 2012, 64 Rn. 9 –

Maalox/Melox-GRY; ebenso EuG T-359/02, GRUR Int 2005, 925 Rn. 29 – STAR TV). Zudem ist häufig eine genauere Kenntnis der Kennzeichnungsgewohnheiten auf dem jeweiligen Marktsektor zu unterstellen (BGH GRUR 2012, 64 Rn. 9 – Maalox/Melox-GRY). Daraus folgt, dass Unterschiede zwischen Marken von Fachkreisen eher wahrgenommen und besser in Erinnerung behalten werden (BGH GRUR 2015, 1004 Rn. 29 – IPS/ISP). Die **Anforderungen an die Markenähnlichkeit** sind bei Spezialwaren daher **tendenziell erhöht**. Hinzu kommt, dass bestimmte Fachkreise über Sonderwissen in Bezug auf fremd- bzw. fachsprachliche Begriffe verfügen (BGH GRUR 2012, 64 Rn. 9 – Maalox/Melox-GRY). Ein hohes Maß an Interesse und Aufmerksamkeit ist nach der Rechtsprechung zB beim Vertrieb von Fernsehprogrammen und damit in Zusammenhang stehenden Dienstleistungen gegeben (EuG T-359/02, GRUR Int 2005, 925 Rn. 29 – STAR TV). Auch nehmen Ärzte und Apotheker Unterschiede zwischen Arzneimittelmarken regelmäßig eher wahr als Verbraucher (BGH GRUR 2012, 64 Rn. 9 – Maalox/Melox-GRY).

b) Allgemeinheit. Bei Waren und Dienstleistungen, die sich an die Allgemeinheit richten, ist vor allem zwischen Waren und Dienstleistungen des täglichen Bedarfs und solchen zu unterscheiden, deren Anschaffung selten bzw. regelmäßig Folge reiflicher Überlegungen ist. Während sich der Verkehr bei letzteren eingehender mit dem auf dem Markt vorhandenen Angebot und den dazugehörigen Marken befasst, stellt er bei Waren und Dienstleistungen des täglichen Bedarfs keine solchen Überlegungen an. Erhöht ist die Aufmerksamkeit des Verkehrs ferner im Verhältnis von hochpreisigen Gütern zu eher preisgünstigen Waren. Auch die Bedeutung, welche eine Ware oder Dienstleistung für den Konsumenten hat, ist von Belang. Folgende Beispielsfälle aus der Rechtsprechung sind zu nennen: **330**

- preiswerte Getränke des täglichen Bedarfs wie Biere, Mineralwässer und Fruchtsäfte: nicht besonders hoher (BPatG GRUR 2008, 77 (79) – QUELLGOLD/Goldquell) bis geringer Aufmerksamkeitsgrad (EuG T-347/10, GRUR Int 2013, 641 Rn. 17 – Form einer Flasche mit einer reliefartigen Abbildung),
- Einzelhandelsdienstleistungen mit Lebensmitteln und Verbrauchsgütern: eher unterdurchschnittliche Aufmerksamkeit (BPatG BeckRS 2016, 05060 – POLLO REAL),
- Bekleidung: mindestens durchschnittlicher, nach Art und Wert der Waren variierender Aufmerksamkeitsgrad (BGH GRUR 1999, 241 – Lions),
- Lederwaren: leicht überdurchschnittliche Aufmerksamkeit (BPatG BeckRS 2016, 05060 – POLLO REAL),
- Waren der Klassen 18 und 25: mittlerer Aufmerksamkeitsgrad (EuG T-22/10, BeckRS 2011, 81619 Rn. 45–47 – Esprit International LP/HABM),
- Arzneimittel: erhöhte Aufmerksamkeit (EuGH C-412/05 P, GRUR Int 2007, 218 Rn. 61 – TRAVATAN II),
- Nahrungsergänzungsmittel: keine besondere Aufmerksamkeit, da beim Erwerb von Nahrungsergänzungsmitteln nicht medizinische, sondern ernährungsphysiologische Gründe im Vordergrund stehen und diese Produkte frei angeboten werden, so dass bei ihnen nicht von derselben Wahrnehmungsintensität wie bei apothekenpflichtigen Mitteln ausgegangen werden kann (BGH GRUR 2011, 826 Rn. 27 – Enzymax/Enzymix),
- Versicherungen, Immobilien, Finanzprodukte, Rechtsberatungsdienstleistungen: sehr hoher Aufmerksamkeitsgrad (vgl. EuG T-390/03, GRUR Int 2005, 928 Rn. 26 f. – CM),
- Finanzdienstleistungen: erhöhte Aufmerksamkeit (BPatG BeckRS 2014, 01374 – Cordia/CORDIUS),
- Kraftfahrzeuge: besonders hoher Aufmerksamkeitsgrad (EuGH C-361/04 P, GRUR 2006, 237 Rn. 59 – PICASSO).

5. Gespaltene Verkehrsauffassung

Nach der Rechtsprechung von EuGH und BGH kommt Verwechslungsgefahr unter Umständen bereits dann in Betracht, wenn für einen Teil des relevanten Publikums Zeichenähnlichkeit besteht (EuGH C-412/05 P, GRUR Int 2007, 718 Rn. 99 – TRAVATAN II; BGH GRUR 2012, 64 – Maalox/Melox-GRY). Dies setzt voraus, dass die maßgeblichen Waren und Dienstleistungen verschiedene, objektiv voneinander abgrenzbare Verkehrskreise ansprechen, wie etwa Verbraucher und Fachkreise oder unterschiedliche Sprachkreise (BGH GRUR 2013, 631 Rn. 64 – AMARULA/Marulablu). Praxisrelevant ist eine derartige **331**

„gespaltene Verkehrsauffassung" nur im Ausnahmefall, wie zB bei Arzneimitteln oder Waren, die sich gezielt an ein im Inland lebendes ausländisches Publikum richten (→ Rn. 333; s. bei § 8; zu telle-quelle-Marken → MarkenR Einleitung Rn. 237).

332 Bei Arzneimitteln, die zumindest auch über Apotheken an den Endverbraucher abgegeben werden, genügt es, wenn die zu vergleichenden Zeichen entweder nach Auffassung von Ärzten und Apothekern oder nach Auffassung der Endverbraucher ähnlich sind (BGH GRUR 2012, 64 Rn. 9 – Maalox/Melox-GRY).

333 Entsprechendes gilt für Waren bzw. Dienstleistungen mit fremd-, zB russisch- oder türkischsprachigen Marken. Diese Waren bzw. Dienstleistungen richten sich häufig gezielt an Verkehrskreise, die die betreffende Sprache aufgrund ihrer Herkunft beherrschen. Sie werden auch oft in entsprechend spezialisierten Geschäften verkauft. Den allgemeinen Grundsätzen (→ Rn. 321 ff.) folgend lassen sich die beteiligten Verkehrskreise jedoch nicht auf Personen beschränken, die der fraglichen Sprache mächtig sind. Vielmehr handelt es sich auch bei Verkehrsteilnehmern, welche die jeweilige Fremdsprache nicht sprechen bzw. verstehen, um potentielle Käufer. Auch insoweit ist Zeichenähnlichkeit bereits dann gegeben, wenn sie entweder aus Sicht der fremdsprachigen oder aus Sicht der deutschsprachigen Verkehrskreise besteht (OLG Hamburg GRUR-RR 2006, 400 (401) – STOLITSCHNAJA; OLG Hamburg GRUR-RR 2005, 45 (48) – Datschnie).

334 Eine Differenzierung innerhalb eines angesprochenen Verkehrskreises, wie zB dem der Verbraucherschaft im Allgemeinen, verbietet sich indessen. Es kann nicht darauf abgestellt werden, dass ein Teil des von einer Ware angesprochenen Verkehrskreises die Bedeutung eines bestimmten Markenbestandteils versteht, ein anderer aber nicht. Die Annahme einer sogenannten gespaltenen Verkehrsauffassung widerspräche in solchen Fällen dem Grundsatz, dass es bei der Prüfung der Verwechslungsgefahr auf die Auffassung der normativen Figur des normal informierten, angemessen aufmerksamen und verständigen Durchschnittsverbrauchers der in Rede stehenden Waren oder Dienstleistungen ankommt (BGH GRUR 2013, 631 Rn. 64 – AMARULA/Marulablu). Die Auffassung einzelner Mitglieder innerhalb eines Verkehrskreises ist für die Beurteilung der Zeichenähnlichkeit daher irrelevant (EuGH C-323/09, GRUR 2011, 1124 Rn. 50 – Interflora; BGH GRUR 2012, 64 Rn. 20 – Maalox/Melox-GRY). Spezialkenntnisse, die nur bei einem kleinen Teil des Verkehrs anzutreffen sind, müssen ebenso unberücksichtigt bleiben, wie diejenigen Verkehrsteilnehmer, die sich durch ihre Unkenntnis vom Durchschnitt unterscheiden (BGH GRUR 2013, 631 Rn. 65 – AMARULA/Marulablu).

IV. Maßgebliche Marken

1. Grundsatz

335 Die Beurteilung der Markenähnlichkeit erfolgt im Verletzungsverfahren anhand eines Vergleichs des vom Verletzer tatsächlich benutzten Zeichens mit der Klagemarke in ihrer im Register eingetragenen Gestaltung (vgl. BGH GRUR 2012, 930 Rn. 44, 53 – Bogner B/Barbie B; GRUR 2005, 1044, 1046 – Dentale Abformmasse).

2. Verletzungszeichen

336 Im Verletzungsverfahren ist auf die konkrete Fassung der angegriffenen Bezeichnung abzustellen (BGH GRUR 2013, 1239 Rn. 31 – VOLKSWAGEN/Volks.Inspektion). Dies bedeutet insbesondere, dass das mutmaßlich markenrechtsverletzende Zeichen nicht auf einzelne, mit der Klagemarke ggf. besonders ähnliche Teile reduziert werden darf, sondern stets in seiner Gesamtheit in den Vergleich einzustellen ist. Sind nur einzelne Teile des verletzenden Zeichens mit der Klagemarke ähnlich, ist zu prüfen, ob dies für die Annahme von Markenähnlichkeit genügt (hinsichtlich der insoweit geltenden Grundsätze → Rn. 416 ff.). Wird Verwechslungsgefahr nur durch einen Teil des tatsächlich verwendeten Kennzeichens hervorgerufen, ist dennoch die konkrete Verletzungsform in ihrer Gesamtheit zu verbieten (BGH GRUR 2009, 772 Rn. 29 – Augsburger Puppenkiste).

337 Nur ausnahmsweise kann die Verwendung eines einzelnen Bestandteils des tatsächlich benutzten Zeichens untersagt werden, nämlich dann, wenn es schlechthin ausgeschlossen ist, dass dieser Zeichenbestandteil, in welcher Kombination auch immer, zulässig verwendet wird

(BGH GRUR 2009, 772 Rn. 29 – Augsburger Puppenkiste). Die Anforderungen hieran sind hoch. Alle denkbaren Kombinationen und Verwendungsformen des Zeichenbestandteils müssten zum einen der tatsächlichen Verletzungsform im Kern entsprechen und zum anderen in den Schutzbereich der Klagemarke eingreifen. Lässt sich Entsprechendes aufgrund der Vielzahl denkbarer Kombinationen und Verwendungsformen ausschließen, scheidet ein Abstellen auf einen bloßen Zeichenbestandteil aus (BGH GRUR 2009, 772 Rn. 31 – Augsburger Puppenkiste).

Davon abgesehen folgt aus der Maßgeblichkeit der konkreten Fassung des angegriffenen **338** Zeichens, dass bei einem verschlüsselt wiedergegebenen Zeichen die verschlüsselte Form und nicht das entschlüsselte Zeichen den Ausgangspunkt des Zeichenvergleichs bildet. Im konkreten, vom OLG Köln entschiedenen Fall (GRUR-RR 2015, 291 – Barcode-Label) wurde ein mit der Klagemarke identisches Zeichen erst bei Auslesen eines aus Strichen und Zahlen bestehenden Barcodes erkennbar. Das OLG Köln verglich nicht das ausgelesene Zeichen, sondern den Barcode als solchen mit der Klagemarke (OLG Köln, GRUR-RR 2015, 291 Rn. 18 f. – Barcode-Label; zur Beurteilung der begrifflichen Zeichenähnlichkeit durch das OLG Köln → Rn. 402).

3. Klagemarke

Maßgeblich für den Zeichenvergleich ist die Klagemarke in ihrer im Register eingetrage- **339** nen Form (BGH GRUR 2013, 1239 Rn. 31 – VOLKSWAGEN/Volks.Inspektion; GRUR 2009, 766 Rn. 36 – Stofffähnchen; ebenso EuG T-425/03, GRUR Int 2008, 494 Rn. 90 f. – AMS Advanced Medial Services). Wie die Klagemarke tatsächlich benutzt wird, ist hingegen ebenso ohne Belang (BGH GRUR 2003, 332 (334) – Abschlussstück) wie sonstige, außerhalb der Registrierung liegende Umstände (BGH GRUR 2015, 1214 Rn. 44 – Goldbären). Weiterhin dürfen keinesfalls einzelne Markenelemente aus der Klagemarke herausgefiltert und der verletzenden Marke gegenübergestellt werden.

Ausschlaggebend ist die Registereintragung auch dann, wenn gegen die Marke die Einrede **340** der mangelnden Benutzung erhoben wurde und eine Benutzung der Marke nur in einer von der Eintragung abweichend en, aber rechtserhaltenden Form nachgewiesen ist. Die konkrete Art der Benutzung ist für den Markenvergleich hier ebenfalls irrelevant.

Abweichend von den vorstehenden Grundsätzen soll sich der Inhaber einer älteren, **341** schwarz-weiß eingetragenen Unionsmarke auf eine bestimmte Farbgestaltung seiner Marke berufen können, wenn er die Marke vielfach in dieser Farbe oder Farbkombination benutzt hat und sie deshalb von einem erheblichen Teil des Publikums gedanklich mit der Farbe oder Farbkombination in Verbindung gebracht wird. Die Farbe oder die Farben, welche für die Darstellung des angegriffenen Zeichens verwendet werden, sind dann für die umfassende Beurteilung der Verwechslungsgefahr von Bedeutung (EuGH C-252/12, GRUR 2013, 922 Rn. 41 – Specsavers/Asda Stores). Das bedeutet: Wird die Farbe oder Farbkombination, in der die ältere, schwarz-weiße Marke benutzt wird, in dem jüngeren Zeichen übernommen, vermag dies dem EuGH zufolge darauf zurückzuführen, dass die Farbe oder die Farbkombination, in der eine Marke tatsächlich benutzt wird, die Wirkung beeinflusst, die diese Marke auf den Durchschnittsverbraucher ausübt (EuGH C-252/12, GRUR 2013, 922 Rn. 37 – Specsavers/Asda Stores). Eine Verringerung der Verwechslungsgefahr ist laut EuGH demgegenüber möglich, wenn der (vermeintliche) Markenverletzer von einem erheblichen Teil des Publikums selbst gedanklich mit der Farbe oder Farbkombination in Verbindung gebracht wird, die er zur Darstellung seines Zeichens verwendet. Auch dabei handelt es sich, so der EuGH, um einen Gesichtspunkt, dem bei der Prüfung der Verwechslungsgefahr eine gewisse Bedeutung zukommt (EuGH C-252/12, GRUR 2013, 922 Rn. 46, 48 – Specsavers/Asda Stores).

Ob bzw. inwieweit die deutschen Gerichte der Specsavers-Rechtsprechung letztlich folgen **342** werden, bleibt abzuwarten. Der BGH hat die Auswirkungen der Entscheidung bislang als auf den Fall beschränkt angesehen, dass die Klagemarke in einer von der Registereintragung farblich abweichenden Form benutzt wird. Hingegen lässt sich der Specsavers-Entscheidung nach Ansicht des BGH nicht entnehmen, dass der konkrete Kontext der Markenbenutzung auch sonst Einfluss auf die Beurteilung der Markenähnlichkeit habe (BGH GRUR 2015, 1214 Rn. 44 – Goldbären).

MarkenG § 14 Teil 2 Voraussetzungen, Inhalt und Schranken etc.

342.1 Mit der Specsavers-Entscheidung hat der EuGH den Interessen des klagenden Unternehmens Rechnung getragen. Nicht unproblematisch ist jedoch, dass der EuGH von dem markenrechtlichen Grundsatz der Maßgeblichkeit der Eintragung abweicht und wettbewerbsrechtlichen Erwägungen hohes Gewicht einräumt. Die restriktive Auslegung der Entscheidung durch den BGH ist daher zu begrüßen.

343 Bei nicht eingetragenen Marken, die aufgrund erlangter Verkehrsgeltung gemäß § 4 Nr. 2, 3 geschützt sind, soll es schließlich auf die Form ankommen, in der die Marke Verkehrsgeltung bzw. Notorietät erlangt hat (vgl. Ingerl/Rohnke Rn. 825).

4. Abgrenzung mehrteiliges Zeichen – Mehrfachkennzeichnung

344 Als problematisch erweist sich in der Praxis häufig die Abgrenzung zwischen einer Kennzeichnung von Waren bzw. Dienstleistungen durch ein komplexes, mehrteiliges Zeichen und einer Kennzeichnung durch mehrere, voneinander unabhängige Zeichen (sog. Mehrfachkennzeichnung). Im ersten Fall bilden mehrere Elemente ein einheitliches Gesamtzeichen, das nur als solches angreifbar ist. Im zweiten Fall handelt es sich um verschiedene Einzelzeichen, gegen die gesondert vorgegangen werden kann.

345 Grundsätzlich ist von einer Mehrfachkennzeichnung nur bei Vorliegen besonderer Umstände auszugehen (vgl. BGH GRUR 2004, 865 (866) – Mustang). Die selbständige Angreifbarkeit einzelner Teile einer einheitlichen Aufmachung stellt also den Ausnahmefall dar.

346 Abzustellen ist bei der Differenzierung zwischen mehrteiligem Zeichen und Mehrfachkennzeichnung auf das Verständnis der angesprochenen Verkehrskreise (vgl. BGH GRUR 2008, 254 Rn. 33 – THE HOME STORE; GRUR 2008, 258 Rn. 30 – INTERCONNECT/T-InterConnect; → Rn. 320 ff.). Sind diese auf Grund der Bekanntheit eines Zeichens oder entsprechender Kennzeichnungsgewohnheiten auf dem fraglichen Markt, wie z. B. häufiger Verwendung von Zweitmarken, daran gewöhnt, in einem bestimmten Gestaltungselement einen Herkunftshinweis zu erblicken, kann dieses Gestaltungselement ein eigenständiges Zweitkennzeichen sein (BGH GRUR 2015, 1201 Rn. 97 – Sparkassen-Rot/Santander-Rot; GRUR 2002, 171 (174) – Marlboro-Dach). Entsprechend kommt eine Mehrfachkennzeichnung zB beim Nebeneinander von Unternehmensnamen und weiteren kennzeichnenden Elementen in Betracht (vgl. BGH GRUR 2008, 254 Rn. 33 – THE HOME STORE; GRUR 2004, 865 (866) – Mustang). Auch ein größerer räumlicher Abstand, eine abweichende grafische Gestaltung, die Verwendung verschiedener Sprachen oder eine sonstige Zäsur zwischen zwei Elementen sprechen für eine Mehrfachkennzeichnung (vgl. BGH GRUR 2008, 254 Rn. 33 – THE HOME STORE). Unter den folgenden beiden Umständen nimmt der Verkehr laut BGH sogar eine Farbe als eigenständiges Kennzeichen wahr:
- der Verkehrsüblichkeit der Verwendung von Farben als Herkunftshinweis im fraglichen Warenbereich;
- der durchgängigen und großflächigen, nicht ausschließlich im räumlichen Zusammenhang mit Wort- und Bildelementen erfolgten Benutzung der angegriffenen Farbe auf Produktverpackungen und in der Werbung.

Die Verwendung der Farbe kann in solchen Fällen gesondert, also unabhängig von den weiteren, in Kombination mit der Farbe benutzten Kennzeichen angegriffen werden (BGH GRUR 2014, 1101 Rn. 53, 55 – Gelbe Wörterbücher iVm GRUR 2015, 1201 Rn. 100 – Sparkassen-Rot/Santander-Rot).

347 Dagegen wird man von einem einheitlichen Zeichen ausgehen müssen, wenn die Zeichenelemente (einschließlich einer etwaigen Farbe) in ihrem räumlichen Bezug aufeinander als kompakte Einheit erscheinen (BGH GRUR 2015, 1201 Rn. 100 – Sparkassen-Rot/Santander-Rot), semantisch aufeinander Bezug nehmen (vgl. zB BGH GRUR 2008, 1002 Rn. 19 – Schuhpark) bzw. so durch einen Bindestrich oder Bildelemente miteinander verbunden sind, dass sie als zusammengehöriges Ganzes erscheinen (vgl. BGH GRUR 2008, 258 Rn. 30 – INTERCONNECT/T-InterConnect). Entsprechendes gilt, wenn ein Genitiv-s eine Verbindung zwischen zwei Bestandteilen einer Bezeichnung bewirkt. In solchen Fällen hat der Verkehr keinen Anlass, in der Bezeichnung zwei selbständige Zeichen zu erkennen (BGH GRUR 2012, 635 Rn. 21 – METRO/ROLLER's Metro).

5. Schutzgegenstand von Wortmarken

Der Grundsatz, dass Marken in ihrer eingetragenen Form in den Vergleich eingestellt werden müssen, ist bei Wortmarken zu relativieren. Charakteristisch für Wortmarken ist, dass sie gerade nicht auf eine bestimmte Schrift oder sonstige Darstellungsform festgelegt und damit beschränkt sind. Andernfalls handelte es sich um eine Wort-/Bildmarke bzw. Bildmarke (→ Rn. 391). 348

Reine Wortmarken genießen daher Schutz für jede verkehrsübliche Wiedergabeform. Dies schließt alle gängigen Schrifttypen ebenso ein wie Fett- und Kursivdruck, Klein- und Großbuchstaben, gesperrte oder schmale Laufweite (vgl. BPatG GRUR 2008, 74 (77) – focus home collection/FOCUS; GRUR 2008, 77 (79) – QUELLGOLD/Goldquell). 349

Der BGH scheint derzeit jedoch eine andere Auffassung zu vertreten. So sollen im Rahmen der Prüfung von Markenidentität bereits Unterschiede in der Groß- und Kleinschreibung einzelner Buchstaben hinreichende schriftbildliche Unterschiede begründen können, um eine Identität abzulehnen (BGH GRUR 2010, 835 Rn. 32 – POWERBALL; aA Ingerl/Rohnke Rn. 283). In einer neueren Entscheidung hat der BGH die Marke „ROLEX" und das Zeichen „Rolex" zwar für identisch gehalten, dies allerdings ausdrücklich „trotz der unterschiedlichen Groß- und Kleinschreibung" (BGH GRUR 2015, 607 Rn. 21 – Uhrenkauf im Internet). Auch bei der Beurteilung schriftbildlicher Markenähnlichkeit hat der BGH bereits darauf abgestellt, dass die angegriffene Wortmarke und die ältere Wort-/Bildmarke aufgrund ihrer unterschiedlichen Schreibweise in Groß- und Kleinbuchstaben voneinander abweichen (BGH GRUR 2009, 1055 Rn. 34 – airdsl; → Rn. 251). Dies begegnet Bedenken, widerspricht es doch dem Charakter der Wortmarke, sich auf eine bestimmte Schreibweise festzulegen. Natürlich kann sich der Inhaber einer Wortmarke grundsätzlich nicht darauf berufen, dass hypothetische grafische Übereinstimmungen die Zeichenähnlichkeit verstärken. Soweit der Schutzgegenstand seiner Marke die Grafik der angegriffenen Marke erfasst, kann ihm aber auch nicht entgegengehalten werden, dass in dieser Hinsicht Unterschiede bestünden. 350

Damit korrespondiert, dass Wortmarken fälschlich wegen ihrer Schreibweise angemeldet und eingetragen werden, obwohl sich diese nur auf die Schutzfähigkeit von Wort-/Bildmarken auswirken kann (s bei § 8). 350.1

6. Bedeutung des Farbanspruchs

Ist eine Marke farbig im Register eingetragen, ist sie auf die betreffende Farbgebung beschränkt (BGH GRUR 2004, 683 (684) – Farbige Arzneimittelkapsel). Diese ist zwingender Bestandteil der Marke. 351

Anders liegt der Fall bei Eintragungen **ohne Farbfestlegung.** Ihr Schutzgegenstand erstreckt sich auf jede farbliche Ausgestaltung, welche die Charakteristik der Marke nicht verändert (BGH GRUR 2006, 859 Rn. 34 – Malteserkreuz; ebenso EuG T-127/02, GRUR 2004, 773 Rn. 45 – Bildmarke ECA). Der BGH vertritt allerdings aktuell eine andere Auffassung. Unter Berufung auf die „Gemeinsame Mitteilung zur gemeinsamen Praxis zum Schutzbereich von schwarz-weißen Marken" des Harmonisierungsamtes für den Binnenmarkt (Marken, Muster und Modelle) und der Markenämter der EU-Mitgliedstaaten vom 15.4.2014 im Rahmen des sog. Konvergenzprogramms hat der BGH in seiner Entscheidung BMW-Emblem (BGH GRUR 2015, 1009 Rn. 14 ff.) festgestellt, dass Schutzgegenstand schwarz-weißer Marken die Marke in der eingetragenen schwarz-weißen Form sei. Eine farbige Wiedergabe der Marke liege daher nicht mehr im Identitätsbereich. 352

Dieser Standpunkt des BGH hatte sich bereits angekündigt (vgl. zB BGH GRUR 2009, 1055 Rn. 34 – airdsl; GRUR 2009, 484 Rn. 33 – Metrobus, wo der BGH annahm, dass die Zeichenähnlichkeit zwischen einer reinen Wortmarke und einer Wort-/Bildmarke, deren figurativen Elemente sich auf eine bestimmte Schriftart und Farbgebung beschränkten, dadurch verringert werde, dass die reine Wortmarke keine der Wort-/Bildmarke vergleichbare grafische und farbliche Gestaltung aufweise. Sowohl der BGH als auch die am Konvergenzprogramm teilnehmenden Markenämter berücksichtigen jedoch nicht, dass ein Unterschied zwischen schwarz-weißen Marken, also Marken mit einem entsprechenden Farbanspruch, und Marken ohne Farbanspruch besteht. Während der Schutzgegenstand ersterer die Verwendung der Farben Schwarz und Weiß umfasst, beanspruchen letztere gerade keinen Schutz 352.1

für bestimmte Farben. Die Klagemarke im Fall BMW-Emblem (BGH GRUR 2015, 1009) wurde ohne Farbanspruch eingetragen. Daneben überrascht es, dass sich der BGH an der „Gemeinsamen Mitteilung zur gemeinsamen Praxis zum Schutzbereich von schwarz-weißen Marken" der Markenämter zu orientieren scheint. Entsprechende Verwaltungsmitteilungen binden die Gerichte nicht, sondern sind von diesen vielmehr auf ihre Rechtmäßigkeit hin zu überprüfen.

V. Grad der Ähnlichkeit

353 Die Prüfung der Markenähnlichkeit kann zur Feststellung der Markenidentität, der Markenähnlichkeit oder der Markenunähnlichkeit führen. Im Fall der Markenähnlichkeit ist deren Grad genauer zu bestimmen, wobei zwischen fünf verschieden starken Ausprägungen unterschieden werden kann:
- sehr hoher bzw. weit überdurchschnittlicher Zeichenähnlichkeit,
- hoher bzw. überdurchschnittlicher Zeichenähnlichkeit,
- normaler bzw. durchschnittlicher Zeichenähnlichkeit,
- geringer bzw. unterdurchschnittlicher Zeichenähnlichkeit,
- sehr geringer bzw. weit unterdurchschnittlicher Zeichenähnlichkeit.

Eine weitere Abstufung ist nicht angezeigt (BGH GRUR 2013, 833 Rn. 55 – Culinaria/Villa Culinaria). Gerichtliche Entscheidungen müssen klar erkennen lassen, von welchem Grad der Zeichenähnlichkeit sie ausgehen (BGH GRUR 2015, 1004 Rn. 49 – IPS/ISP).

VI. Maßgeblichkeit des Gesamteindrucks

1. Grundsätze

354 Nach ständiger Rechtsprechung nimmt der Verkehr eine Marke regelmäßig als Ganzes wahr und achtet nicht auf die verschiedenen Einzelheiten (BGH GRUR 2008, 909 Rn. 13 – Pantogast). Deshalb kommt es beim Vergleich zweier Marken maßgeblich auf den Gesamteindruck an, den diese jeweils hervorrufen (vgl. statt vieler BGH GRUR 2015, 1004 Rn. 23 – IPS/ISP; GRUR 2010, 235 Rn. 18 – AIDA/AIDU). Übereinstimmend formulieren EuGH und BGH in ständiger Rechtsprechung, dass „bei der umfassenden Beurteilung der Verwechslungsgefahr hinsichtlich der Ähnlichkeit der betreffenden Marken in Bild, Klang oder Bedeutung auf den Gesamteindruck abzustellen [ist], den die Marken hervorrufen, wobei insbesondere ihre unterscheidungskräftigen und dominierenden Elemente zu berücksichtigen sind" (EuGH C-498/07, GRUR Int 2010, 129 Rn. 60 – Carbonell/La Española; vgl. auch BGH GRUR 2016, 283 Rn. 13 – BSA/DSA DEUTSCHE SPORTMANAGEMENT AKADEMIE; GRUR 2012, 64 Rn. 9 – Maalox/Melox-GRY). Der Begriff der „sie unterscheidenden" Elemente, der in älteren EuGH-Entscheidungen anstelle von „unterscheidungskräftigen" Elementen verwendete wurde (vgl. zB noch EuGH C-120/04, GRUR 2005, 1042 Rn. 30 – THOMSON LIFE), ist zu vermeiden. Er wurde seinerzeit dahingehend missverstanden, dass der EuGH den Unterschieden zweier Marken größeres Gewicht beimessen wollte als ihren Übereinstimmungen. Tatsächlich beruhte die Verwendung des Wortes „unterscheidend" aber auf einem Fehler bei der Übersetzung des englischen Wortes „distinctive", welches richtigerweise „unterscheidungskräftig" heißt.

355 Die Maßgeblichkeit des Gesamteindrucks bedeutet nicht, dass sämtliche Markenbestandteile stets gleichgewichtig sind. Vielmehr existieren verschiedene Fallkonstellationen, in denen die Übereinstimmung oder Ähnlichkeit zweier Marken in nur einem ihrer Elemente zu Verwechslungsgefahr führen kann (→ Rn. 416 ff.).

2. Rechtsnatur

356 Bei der Beurteilung des von einer Marke ausgehenden Gesamteindrucks handelt es sich nach Auffassung des BGH im Wesentlichen um eine Tatsachenfrage (→ Rn. 317). Mit der Revision bzw. Rechtsbeschwerde kann deshalb lediglich überprüft werden, ob die Vorinstanz den zutreffenden Rechtsbegriff zugrunde gelegt hat (→ Rn. 319) verstoßen und alle wesentlichen Umstände umfassend gewürdigt hat (BGH GRUR 2015, 1004 Rn. 27 – IPS/ISP; GRUR 2013, 1239 Rn. 32 – VOLKSWAGEN/Volks.Inspektion; GRUR 2012, 635 Rn. 23 – METRO/ROLLER's Metro; GRUR 2012, 64 Rn. 16 – Maalox/Melox-GRY).

In der Praxis ist der BGH deutlich großzügiger als der EuGH, der den Umfang seiner 357
Überprüfung strikt auf die Verfälschung von Tatsachen oder Beweismitteln und die Frage
beschränkt, ob alle im Einzelfall relevanten Faktoren der Markenähnlichkeit umfassend
gewürdigt wurden (EuGH C-42/12 P, BeckRS 2012, 82678 Rn. 41–44 – ALPINE PRO
SPORTSWEAR & EQUIPMENT; C-214/05 P, GRUR 2006, 1054 Rn. 24, 26 – SISSI
ROSSI/MISS ROSSI; → UMV Art. 8 Rn. 28).

VII. Unvollkommenes Erinnerungsbild

Bei der Beurteilung der Zeichenähnlichkeit ist stets zu berücksichtigen, dass sich dem 358
Durchschnittsverbraucher nur selten die Möglichkeit bietet, zwei Marken unmittelbar miteinander zu vergleichen. Er muss sich daher auf das unvollkommene Bild verlassen, das er von
einer der Marken im Gedächtnis behalten hat (vgl. EuGH C-412/05 P, GRUR Int 2007,
718 Rn. 60 – TRAVATAN II; BGH GRUR 2003, 1047 (1049) – Kellogg's/Kelly's). Die
Deutlichkeit des Erinnerungsbildes hängt jedoch wiederum von dem Aufmerksamkeitsgrad
ab, den der Verbraucher der Marke entgegenbringt (→ Rn. 328 ff.).

VIII. Übereinstimmungen und Abweichungen

In der deutschen Rechtsprechung wurde lange Zeit die Auffassung vertreten, dass der 359
Verkehr beim Vergleich zweier Marken mehr auf Übereinstimmungen achtet als auf Abweichungen. Erstere spielten daher für die Prüfung der Verwechslungsgefahr eine größere Rolle
(BGH GRUR 2004, 783 (785) – NEURO-VIBOLEX/NEURO-FIBRAFLEX; GRUR
1999, 735 (736) – MONOFLAM/POLYFLAM). Nachdem dieser Erfahrungssatz in der
Jurisdiktion des EuGH keine Bestätigung fand (→ Rn. 354), schien er zunächst an Bedeutung zu verlieren. Nun hat der BGH aber doch wieder postuliert, dass übereinstimmende
Merkmale in einem undeutlichen Erinnerungseindruck häufig stärker ins Gewicht fallen als
Unterschiede (BGH GRUR 2015, 1004 Rn. 23 – IPS/ISP; vgl. auch OLG Düsseldorf
GRUR-RR 2016, 153 Rn. 15 – Püppi).

IX. Ähnlichkeitskategorien

1. Überblick

Der Vergleich zweier Marken hat in drei Kategorien zu erfolgen: im Klang 360
(→ Rn. 368 ff.), im Bild (→ Rn. 388 ff.) und in der Bedeutung (→ Rn. 398 ff.) (EuGH
C-498/07, GRUR Int 2010, 129 Rn. 60 – Carbonell/La Española; BGH GRUR 2015,
1004 Rn. 22 – IPS/ISP; BGH GRUR 2010, 235 Rn. 18 – AIDU/AIDA). Sowohl in klanglicher und bildlicher als auch in begrifflicher Hinsicht können Marken auf die von ihnen
angesprochenen Verkehrskreise wirken (BGH GRUR 2015, 1009 Rn. 24 – BMW-Emblem;
GRUR 2015, 1004 Rn. 22 – IPS/ISP; GRUR 2012, 64 Rn. 14 – Maalox/Melox-GRY).
Entscheidend ist jeweils der **Gesamteindruck,** den die Marken hervorrufen (EuGH C-
498/07, GRUR Int 2010, 129 Rn. 60 – Carbonell/La Española; BGH GRUR 2012, 64
Rn. 9, 15 – Maalox/Melox-GRY; → Rn. 354 f.).

2. Verhältnis der Ähnlichkeitskategorien zueinander

a) Ähnlichkeit in einer Kategorie ausreichend? Nach deutscher Rechtsprechung 361
genügt grundsätzlich die Markenähnlichkeit **in einer der maßgeblichen Kategorien,** also
in klanglicher, bildlicher **oder** begrifflicher Hinsicht, um Markenähnlichkeit insgesamt zu
begründen (BGH GRUR 2015, 1114 Rn. 23 – Springender Pudel; GRUR 2010, 235
Rn. 18 – AIDA/AIDU; GRUR 2009, 1055 Rn. 26 – airdsl). Mit anderen Worten: Es
genügt, wenn zwei Marken sich im (Schrift-)Bild, im Klang oder in der Bedeutung ähnlich
sind (BGH GRUR 2015, 1004 Rn. 22 – IPS/ISP; GRUR 2011, 824 Rn. 26 – Kappa).

Diese Ansicht sah man in Deutschland zunächst durch die EuGH-Entscheidung Lloyd 362
(EuGH C-342/97, GRUR Int 1999, 734 Rn. 28 – Lloyd) bestätigt (vgl. zB BGH GRUR
2006, 60 Rn. 17 – coccodrillo). Darin hieß es, es lasse sich nicht ausschließen, dass allein
die klangliche Ähnlichkeit der Marken eine Verwechslungsgefahr iSv Art. 5 Abs. 1 Buchst.

MarkenG § 14 Teil 2 Voraussetzungen, Inhalt und Schranken etc.

b RL 2008/95/EG hervorrufen kann. Tatsächlich ist dieser negativen Formulierung aber gerade nicht zu entnehmen, dass der EuGH die Ähnlichkeit zweier Marken in einer der Ähnlichkeitskategorien regelmäßig für ausreichend hält. Vielmehr ist das Gegenteil der Fall. Wie der EuGH mittlerweile mehrfach ausdrücklich festgestellt hat, besteht Verwechslungsgefahr seiner Meinung gerade nicht notwendig immer dann, wenn die Zeichen nur klanglich ähnlich sind (→ UMV Art. 8 Rn. 54). Die klangliche Ähnlichkeit stellt laut EuGH vielmehr nur einen der relevanten Umstände im Rahmen der umfassenden Beurteilung der Zeichenähnlichkeit dar (vgl. EuGH C-234/06 P, GRUR 2008, 343 Rn. 35 – Il Ponte Finanziaria Spa/HABM; C-206/04 P, GRUR Int 2006, 504 Rn. 22 – ZIRH/SIR).

363 **b) Neutralisierung von Übereinstimmungen.** Folgt man der von der deutschen Rechtsprechung vertretenen Auffassung, dass grundsätzlich Markenähnlichkeit in einer Hinsicht genügt, um Markenähnlichkeit insgesamt zu begründen (→ Rn. 361), sind Unähnlichkeiten der Marken in einer Hinsicht grundsätzlich nicht geeignet, die Ähnlichkeit der Marken in anderer Hinsicht mit dem Ergebnis zu neutralisieren, dass eine Markenähnlichkeit insgesamt zu verneinen wäre. Eine Ausnahme von diesem Grundsatz ist in der deutschen Rechtsprechung lediglich bei begrifflichen Unterschieden anerkannt (→ Rn. 365).

364 Anders als vielfach angenommen, steht diese Rechtsprechung zumindest im Ergebnis nicht im Widerspruch zu derjenigen des EuGH. Auch der EuGH hat eine „Neutralisierung" von Übereinstimmungen in einer Ähnlichkeitskategorie durch Unterschiede in einer anderen bisher nur in Fällen angenommen, in denen die **Unterschiede zumindest auch begrifflicher Natur** waren (→ UMV Art. 8 Rn. 56). Der Auffassung des EuG, nach der eine klangliche Ähnlichkeit auch durch nur visuelle Unterschiede neutralisiert werden könne, hat sich der EuGH bisher nicht ausdrücklich angeschlossen. Auch der BGH hat sich mit dem Ansatz des EuG schon befasst (GRUR 2011, 824 Rn. 30 ff. – Kappa), im Ergebnis aber ausdrücklich offengelassen, ob klangliche Ähnlichkeit durch **bildliche Unterschiede** so neutralisiert werden kann, dass eine Zeichenähnlichkeit insgesamt ausscheidet. Entsprechendes komme, so der BGH, allenfalls dann in Betracht, wenn die beteiligten Verkehrskreise die betroffenen Waren regelmäßig nur **auf Sicht kaufen** (BGH GRUR 2011, 824 Rn. 31 – Kappa). Werden die mit den Marken gekennzeichneten Waren hingegen (auch) auf Nachfrage gekauft, scheidet eine Neutralisierung klanglicher Übereinstimmungen durch visuelle Unterschiede aus. Die Verkehrsteilnehmer begegnen den Marken beim Erwerb der Waren dann nicht bzw. nicht zwingend optisch (BGH GRUR 2011, 824 Rn. 33 – Kappa).

365 Die bislang einzige Ausnahme von dem Grundsatz, dass Markenähnlichkeit in einer Kategorie nicht durch Unterschiede in einer anderen Kategorie ausgeschlossen werden kann, bilden **begriffliche Unterschiede.** Verfügen beide oder auch nur eine der zu vergleichenden Marken über einen ohne Weiteres erkennbaren konkreten Begriffsinhalt, kann eine nach dem Klang und/oder dem Bild grundsätzlich zu bejahende Verwechslungsgefahr ausscheiden (EuGH C-361/04 P, GRUR 2006, 237 Rn. 20 – PICASSO; BGH GRUR 2011, 824 Rn. 28 – Kappa; GRUR 2010, 235 Rn. 19, 21 – AIDA/AIDU). Erfasst der Verbraucher den Sinngehalt eines Wortes eindeutig und unmittelbar, wird er dieses nicht mit anderen Wörtern verwechseln, die diese Bedeutung nicht teilen. Das gilt jedoch wiederum nicht, wenn die Marken sich im Klang oder im Schriftbild derartig ähneln, dass sich der angesprochene Verkehrsteilnehmer schlicht verhören oder versehen kann. Die klangliche bzw. (schrift-)bildliche Ähnlichkeit setzt sich hier durch (BPatG BeckRS 2013, 01825 – planama/Panama). Weisen allerdings **beide** Zeichen einen ohne Weiteres erkennbaren konkreten Bedeutungsgehalt auf, steht dies nach Auffassung des OLG Düsseldorf auch der Gefahr eines Verlesens oder Verhörens entgegen (OLG Düsseldorf GRUR-RR 2016, 153 Rn. 17 – Püppi).

366 **c) Gewichtung der einzelnen Kategorien.** In Deutschland herrschte lange die Auffassung, dass der klanglichen Markenähnlichkeit für den Gesamtvergleich besondere Bedeutung zukomme. Diese Auffassung schien zuletzt ins Wanken zu geraten zu sein. Grund dafür waren wohl die sich auf europäischer Ebene abzeichnenden Tendenzen, der bildlichen Markenähnlichkeit höheres Gewicht einzuräumen. Vor allem gängige Konsumartikel des täglichen Bedarf werden nach Ansicht des EuGH **im Wesentlichen auf Sicht gekauft** (EuGH C-498/07, GRUR Int 2010, 129 Rn. 75 f. – Carbonell/La Española). Der BGH hat die **besondere Bedeutung der klanglichen Ähnlichkeit** jedoch unlängst wieder hervorgeho-

ben und zur Begründung ausgeführt, dass der Verkehr einer Klangtäuschung leichter und häufiger unterliege als einer Täuschung durch ein visuell wahrnehmbares Kennzeichen oder durch den ähnlichen Sinngehalt zweier Kennzeichnungen. Dies liege daran, dass die Klangwirkung besonders flüchtig sei und vom Hörer meist nicht beliebig oft aufgenommen und vertieft werden könne (BGH GRUR 2015, 1004 Rn. 31 – IPS/ISP). Ob der Verkehr tatsächlich flüchtiger hört als sieht, mag dahingestellt bleiben. Die Ansicht des EuGH, welche dem visuellen Aspekt den Vorrang einräumt, verkennt in jedem Fall, dass mit der visuellen Wahrnehmung einer Marke in aller Regel auch eine Vorstellung von deren Klang einhergeht. Spätestens wenn eine Marke im Hörfunk oder Fernsehen beworben bzw. im Gespräch zwischen Verbrauchern oder Verbrauchern und Verkäufern empfohlen oder kritisiert wird, erhält diese Marke eine klangliche Komponente (vgl. auch BPatG BeckRS 2013, 19180 – VINEA/NIVEA). Kategorisch ausgeschlossen werden kann dies für keine Art von Waren oder Dienstleistungen.

d) Komplexe Markenähnlichkeit. Kommen sich zwei Marken in klanglicher, bildlicher 367 und begrifflicher Hinsicht sehr nahe, soll das Zusammenwirken der Gemeinsamkeiten nach der Rechtsprechung des BPatG ausnahmsweise zu einer markenrechtlich relevanten „komplexen Markenähnlichkeit" führen können (vgl. zuletzt BPatG BeckRS 2016, 09903 – Örtliches Telefonbuch). Ob die Marken in einer der Kategorien Klang, Bild und Bedeutung für sich gesehen hinreichend übereinstimmen, um Verwechslungsgefahr zu begründen, sei dann unerheblich (so auch, jedoch zutreffend zur Zurückhaltung mahnend, Ströbele/Hacker/Hacker § 9 Rn. 296). Vom BGH bestätigt wurde dieses Modell bislang nicht.

X. Klangliche Ähnlichkeit

1. Anwendungsbereich

Nach bislang herrschender Meinung kommt klangliche Ähnlichkeit nur bei Wortmarken 368 bzw. Wortelementen komplexer Marken in Betracht. Reine Bild-, 3D- oder Farbmarken sollen indessen über keine klangliche Komponente verfügen, da sie regelmäßig nicht benannt werden (zu Bildzeichen vgl. BGH GRUR 2006, 60 Rn. 24 – coccodrillo; zu Ausnahmen → Rn. 382). Das EuG teilt die Auffassung im Ergebnis (EuG T-424/10, BeckRS 2012, 80272 Rn. 45 – Dosenbach-Ochsner AG Schuhe und Sport/HABM), liefert allerdings eine andere Begründung: Eine Bildmarke ohne Wortelemente könne zwar als solche nicht ausgesprochen, ihr bildlicher oder begrifflicher Inhalt aber ggf. mündlich beschrieben werden. Eine solche Beschreibung stimme jedoch zwangsläufig entweder mit der bildlichen oder begrifflichen Wahrnehmung der betroffenen Marke überein. Daher sei es nicht angebracht, die klangliche Wahrnehmung einer Bildmarke, die keine Wortelemente enthalte, eigenständig zu prüfen und sie mit der klanglichen Wahrnehmung anderer Marken zu vergleichen (EuG T-424/10, BeckRS 2012, 80272 Rn. 46 – Dosenbach-Ochsner AG Schuhe und Sport/HABM). Diese wohl normativ motivierte Argumentation des EuG überzeugt. Mäße man der klanglichen Ähnlichkeit von Bildmarken eigenständige Bedeutung zu, würde dadurch der Grundsatz unterlaufen, demzufolge das Markenrecht keinen generellen Motivschutz gewährt. Eine Ähnlichkeit zwischen zwei Bildmarken kann grundsätzlich nicht aufgrund der bloßen Tatsache angenommen werden, dass diese das gleiche Motiv zum Gegenstand haben (EuGH C-251/95, GRUR 1998, 387 Rn. 24, 25 – Springende Raubkatze).

Nach der Rechtsprechung des BGH kann ein klanglicher Zeichenvergleich weiterhin bei 369 Marken ausscheiden, die aus Einzelbuchstaben bestehen. Zumindest in der Modebranche gibt es laut BGH keine Gewohnheit des Verkehrs, aus einem einzelnen Buchstaben gebildete Marken mit dem Lautwert des Einzelbuchstabens ohne weitere Zusätze zu benennen (BGH GRUR 2012, 930 Rn. 47 – Bogner B/Barbie B). Im Einklang mit der bisherigen europäischen Rechtsprechung steht dies allerdings nicht (EuG T-22/10, BeckRS 2011, 81619 Rn. 94 – Esprit International LP/HABM). Eine Äußerung des EuGH steht noch aus.

2. Allgemeine Beurteilungskriterien

Nach älterer sowie aktueller Rechtsprechung des BGH kann vor allem die Vokalfolge 370 zweier Marken beim klanglichen Zeichenvergleich hohes Gewicht haben. Wörtlich führte der BGH unlängst aus: „Zeichen, die aus denselben, jedoch in unterschiedlicher Reihenfolge angeordneten Buchstaben oder Silben gebildet sind, erwecken regelmäßig einen klanglich ähnlichen Gesamteindruck, wenn sie bei einer Aussprache der Buchstaben oder Silben dieselbe Vokalfolge aufweisen" (BGH GRUR 2015, 1004 Rn. 43 – IPS/ISP). Daneben sind bei der Prüfung der klanglichen Markenähnlichkeit ua die folgenden Umstände relevant: Die Anzahl, Gliederung und Länge der Silben, die Anzahl und Art der Vokale, die Länge der Markenwörter, deren Betonung, die grundsätzlich allgemeinen Sprachregeln folgt, der Sprachrhythmus (vgl. BGH GRUR 2011, 826 Rn. 24 – Enzymax/Enzymix; GRUR 1995, 50 (52) – Indorektal/Indohexal; GRUR 2001, 1161 (1163) – CompuNet/ComNet; BPatG BeckRS 2013, 19180 – VINEA/NIVEA) sowie ggf. die Klangverwandtschaft einzelner Laute. Dental- und Labiallaute gelten beispielsweise als nicht leicht und deutlich voneinander unterscheidbar und damit eher ähnlichkeitsfördernd (BGH GRUR 1982, 420 (422) – BBC/DDC; vgl. ferner BGH GRUR 2016, 83 Rn. 56 – Amplidect/ampliteq). Einen Unterschied in sogenannten, leicht überhörbaren Augenblickslauten am Wortanfang hat das BPatG als nicht ausreichend erachtet, um eine klangliche Ähnlichkeit zwischen ansonsten identischen, aber kurzen Wörtern auszuschließen (vgl. BPatG GRUR 2006, 496 (499) – PARK/Jean Barth bezüglich der klanglichen Ähnlichkeit zwischen den Marken PARK und LARK). Klangstarke Konsonanten, wie ein „x" am Wortende, können dem Verkehr hingegen in besonderer Weise im Gedächtnis bleiben und so eine bedeutende Rolle für die Feststellung der klanglichen Ähnlichkeit spielen (BGH GRUR 2011, 826 – Enzymax/Enzymix).

3. Wortanfänge und -endungen

371 Beim klanglichen Zeichenvergleich gilt nach bisheriger deutscher Rechtsprechung der Erfahrungssatz, dass der Verkehr dem **Anfang** von Wörtern meist mehr Beachtung schenkt als deren übrigen Bestandteilen (BGH GRUR 2015, 1004 Rn. 36 – IPS/ISP; GRUR 2004, 783 (785) – NEURO-VIBOLEX/NEURO-FIBRAFLEX). Dies ist insoweit richtig, als der Wortanfang als erstes wahrgenommen wird und damit gerade bei langen, schwer merkbaren Markenwörtern besser in Erinnerung bleibt als der Rest der Marke. Allerdings führt die Übereinstimmung zweier Marken im Wortanfang keineswegs zwingend zur Annahme von Zeichenähnlichkeit (BGH GRUR 2015, 1114 Rn. 25 – Springender Pudel; BGH GRUR 1999, 587 (589) – Cefallone). Dem Wortanfang kommt insbesondere dann kein größeres Gewicht als den übrigen Markenbestandteilen zu, wenn er beschreibend oder sonst kennzeichnungsschwach ist (BGH GRUR 2015, 1004 Rn. 37 – IPS/ISP m. w. N.). Das kann, wie der BGH nunmehr ausdrücklich festgestellt hat, „auch dann der Fall sein, wenn der Anfangsbuchstabe einer Buchstabenfolge für den Verkehr ersichtlich als Abkürzung für eine beschreibende Sachangabe verwendet wird" (BGH GRUR 2015, 1004 Rn. 37 – IPS/ISP). Der Wortanfang kann ferner dadurch an Bedeutung verlieren, dass das Wort nicht am Wortanfang betont wird (BGH GRUR 2015, 1004 Rn. 39 – IPS/ISP).

372 Umgekehrt können auch kongruente Wort**enden** eine Markenähnlichkeit begründen. Das gilt insbesondere bei entsprechender Betonung (BGH GRUR 2001, 507 (508) – EVIAN/REVIAN). Selbst der Einfluss von Silben in der Wortmitte auf den klanglichen Gesamteindruck stellt laut BGH eine Frage des Einzelfalls dar (BGH GRUR 2001, 1161 (1163) – CompuNet/ComNet).

373 Der EuGH lehnt die Existenz eines Grundsatzes, nach dem der Verbraucher dem Anfang eines Wortzeichens mehr Aufmerksamkeit widmet als dessen Ende, zwar ab (EuGH C-599/11 P, BeckRS 2012, 82692 Rn. 31 – TOFUKING; C-16/06 P, GRUR Int 2009, 397 Rn. 92 – OBELIX/MOBILIX), hält dies aber auch nicht für ausgeschlossen (→ UMV Art. 8 Rn. 43). Ein direkter Konflikt mit der Rechtsprechung des BGH, die ebenfalls von keiner starren Regel ausgeht, ergibt sich mithin nicht.

4. Kurze Wörter, Buchstabenfolgen

374 Bei kurzen, insbesondere einsilbigen Wörtern wirken sich Unterschiede grundsätzlich stärker (negativ) auf die Markenähnlichkeit aus als bei längeren Wörtern (BGH GRUR 2015, 1004 Rn. 45 – IPS/ISP; GRUR 2002, 167 (171) – Bit/Bud). Dies wird im Schrifttum zwar bisweilen bezweifelt, überzeugt aber schon deshalb, weil einem einzelnen Buchstaben in einem langen Wort weniger Gewicht in Relation zum Gesamtbegriff zukommt als in

einem Wort, das über eine geringere Anzahl von Buchstaben verfügt. Auch die Linguistik bestätigt diese Annahme (Albrecht GRUR 2000, 648 (651)). Überdies wird sich der Verbraucher kurze Wörter meist besser und genauer merken können als lange und Abweichungen daher leichter erkennen.

Im Markenrecht wird für kurze Wörter oft der Begriff „Kurzwort" verwendet. Dies entspricht nicht dem linguistischen Sinn. Dort entstehen Kurzwörter durch Kürzung (LKW, Uni); das Markenrecht hingegen meint Wörter mit einer oder zwei Silben bis zu vier Buchstaben (Kobler-Trill, Das Kurzwort im Deutschen, 1994, 20 f.; Bußmann, Lexikon der Sprachwissenschaft, 1990; Erben, Einführung in die deutsche Wortbildungslehre, 1983, 22; Wellmann in Duden, Bd. 4 Grammatik, 4. Aufl. 1984, 395 ff.). 374.1

In kurzen bzw. als solche nicht aussprechbaren Buchstabenfolgen werden Konsonanten regelmäßig um Vokale ergänzt, welche die Aussprache erleichtern (BGH GRUR 2015, 1004 Rn. 42 – IPS/ISP). Diese Vokale sind beim klanglichen Zeichenvergleich zu berücksichtigen, und zwar bei der Bestimmung der Anzahl, Art und Folge der Vokale ebenso wie bei der Feststellung der Silbenzahl (BGH GRUR 2015, 1004 Rn. 43, 45 – IPS/ISP). 375

5. Rotation von Markenteilen

Bestehen zwei Marken aus denselben Wörtern bzw. Silben, jedoch in unterschiedlicher Reihenfolge, gilt nach der Rechtsprechung des BPatG das Folgende: Soweit die einzelnen Wortelemente einen eindeutigen, übereinstimmenden Sinngehalt aufweisen, kommt Zeichenähnlichkeit in Betracht. Dies gilt insbesondere dann, wenn die Bedeutung der jeweiligen Zusammensetzung unklar und verschwommen ist (BPatG GRUR 2008, 77 (79) – QUELLGOLD/Goldquell), aber auch, wenn die Zusammensetzungen in ihrem Sinngehalt übereinstimmen. Angesichts des unvollkommenen Erinnerungsbildes, auf das der Verbraucher beim Markenvergleich zurückzugreifen hat (→ Rn. 358), können sich in solchen Fällen Zweifel hinsichtlich der Reihenfolge der einzelnen Teileelemente ergeben, so dass der Verbraucher das eine Zeichen für das andere hält (BPatG GRUR 2008, 77 (79) – QUELLGOLD/Goldquell; ebenso EuG T-484/08, BeckRS 2009, 71391 Rn. 33 – Kids Vits/VITS4KIDS). Hat die Umstellung der Markenteile jedoch zur Folge, dass die Marken einen völlig unterschiedlichen Gesamteindruck erwecken (BPatG BeckRS 2009, 01889 – Cerola/ACEROL) oder erkennbar über einen abweichenden Sinngehalt verfügen (BPatGE 36, 123 = BeckRS 1996, 12426 – BALUBA/babalu), scheidet Zeichenähnlichkeit aus (BPatG GRUR 2008, 77 LS – QUELLGOLD/Goldquell). 376

6. Aussprache

Grundsätzlich ist davon auszugehen, dass die Wiedergabe eines Markenwortes den allgemeinen Sprachregeln folgt (BGH GRUR 1995, 50 (52) – Indorektal/Indohexal). Eine sprachregelwidrige Aussprache kommt jedoch vor allem unter den folgenden drei Voraussetzungen in Betracht: Die Lautfolge des angegriffenen Zeichens weicht nur unwesentlich von der Lautfolge der Klagemarke ab. Die Klagemarke verfügt über einen erheblichen Bekanntheitsgrad. Die Klagemarke wird anders ausgesprochen, als dies die allgemeinen Sprachregeln bei dem angegriffenen Zeichen nahelegen. In solchen Fällen ist bei der Beurteilung der Aussprache der angegriffenen Marke zu berücksichtigen, dass die **bekannte Marke** gewissermaßen **„stilbildend"** auf die Gewohnheiten des Verkehrs wirkt (BGH GRUR 2004, 239 – DONLINE; BPatG BeckRS 2008, 897 – ADAK-Abschleppdienste Auto-Kraft/ADAC). Das kann auch Zahlen, wie etwa 4711, betreffen. Die Regel, dass zusammengeschriebene Wörter auch zusammenhängend ausgesprochen werden, kann dann zu vernachlässigen sein (BGH GRUR 2004, 239 – DONLINE). Rückschlüsse auf die Aussprache der jüngeren Marke sollen sich aus der Aussprache einer bekannten älteren Marke hingegen nicht ziehen lassen, wenn sich die Bekanntheit der älteren Marke nur auf Waren erstreckt, die mit denjenigen der jüngeren Marke unähnlich sind (BPatG BeckRS 2008, 22139 – LUCKY). Dem ist zuzustimmen, soweit der Verkehr aufgrund der Warenunähnlichkeit keine gedankliche Verbindung zu der älteren Marke und deren Aussprache herstellt. Ob eine ältere Marke, die nicht Klage- oder Widerspruchsmarke ist, stilbildend wirken kann, wurde bislang noch nicht entschieden, wird bei hinreichend hohem Bekanntheitsgrad dieser Marke aber zu bejahen sein (so auch Ströbele/Hacker/Hacker § 9 Rn. 247). 377

378 Bei **fremdsprachigen Begriffen** existieren grundsätzlich zwei verschiedene Aussprachemöglichkeiten. Zum einen kann das Wort sprachlich korrekt wiedergegeben werden, zum anderen kann die Aussprache deutschen Sprachregeln folgen. Je bekannter und geläufiger ein fremdsprachiges Wort den beteiligten Verkehrskreisen ist, desto eher wird man auch bzw. nur von einer korrekten Aussprache ausgehen dürfen. Handelt es sich bei dem fraglichen Wort um einen Begriff des englischen Grundwortschatzes, welcher dem deutschen Durchschnittsverbraucher aufgrund entsprechender Schulbildung vertraut ist, spricht das für eine richtige Wiedergabe (BPatG GRUR 1998, 938 (939) – DRAGON). Weiterhin leistet die häufige Erwähnung eines Wortes im Hörfunk oder Fernsehen einer korrekten Aussprache Vorschub. Auch die Üblichkeit eines Wortes im inländischen Sprachgebrauch bzw. dessen Ähnlichkeit mit einem deutschen Wort vermag eine regelgerechte Aussprache zu begünstigen (EuG T-57/03, GRUR Int 2005, 489 Rn. 58 ff. – HOOLIGAN). Ferner kann der Bildbestandteil einer Marke eine bestimmte Aussprache vorgeben. Der in der Wort-/Bildmarke „iScreen" als Auge gezeichnete i-Punkt führte so zur Annahme einer englischen Aussprache, entsprechend „eye-screen" (BPatG BeckRS 2014, 10745).

379 Die Fremdsprachenkenntnisse des Durchschnittsverbrauchers sollten allerdings nicht überschätzt werden. Keinesfalls sind sie mit denjenigen der anwaltlichen Vertreter oder Richter gleichzusetzen, die mit dem Fall befasst sind. Diese verfügen in aller Regel über ein überdurchschnittlich hohes Bildungsniveau. Vor allem bezüglich anderer Sprachen als dem Englischen ist große Zurückhaltung bei der Annahme einer korrekten Aussprache geboten.

380 Spricht eine Ware nur Fachkreise an, innerhalb derer eine Fremdsprache als Fachsprache dient, ist davon auszugehen, dass die beteiligten Verkehrskreise das Wort zutreffend wiedergeben.

381 Eine **mundartliche Aussprache** ist beim klanglichen Zeichenvergleich grundsätzlich nicht zu berücksichtigen. Etwas anderes gilt lediglich dann, wenn dies wegen des Wortcharakters nahe liegt oder eine bestimmte Dialektfärbung aus sonstigen Gründen den allgemeinen Sprachgebrauch beherrscht (BPatGE 34, 268 (270) – FOCUS/LOGOS).

7. Wort-/Bildmarken

382 Für den Vergleich von Wort-/Bildmarken miteinander bzw. von Wort-/Bildmarken mit Wortmarken gilt in klanglicher Hinsicht der Erfahrungssatz, dass sich der Verkehr regelmäßig an dem Wortbestandteil orientiert. Jener stellt die einfachste Möglichkeit der Benennung dar (BGH GRUR 2009, 1055 Rn. 28 – airdsl; GRUR 2008, 903 Rn. 25 – SIERRA ANTIGUO) und zwar, so der BGH, auch dann, wenn sich der Bildbestandteil der Marke begrifflich beschreiben lässt (BGH GRUR 2011, 824 Rn. 27 – Kappa; GRUR 2006, 859 Rn. 29 – Malteserkreuz). Voraussetzung ist jedoch stets, dass der betreffende Wortbestandteil über Kennzeichnungskraft verfügt (BGH GRUR 2009, 1055 Rn. 28 – airdsl). Abweichend von dem Grundsatz, dass nur Wortelemente am klanglichen Markenvergleich teilnehmen (→ Rn. 368), kommt laut BGH eine Benennung der fraglichen Produkte anhand von Bildelementen ausnahmsweise dann in Betracht, wenn diese besonders markant sind (BGH GRUR 2008, 903 Rn. 25 – SIERRA ANTIGUO).

8. Beschreibende Angaben

383 **a) Deutsche Rechtsprechung.** Nach deutscher Rechtsprechung scheidet eine an sich bestehende klangliche Zeichenähnlichkeit aus, wenn die maßgeblichen Marken bei klanglicher Wahrnehmung beschreibend sind. Entsprechendes gilt allgemein, wenn zwei Marken, die sich an beschreibende Begriffe anlehnen, lediglich in ihren beschreibenden Merkmalen klanglich übereinstimmen. Seine ständige Rechtsprechung zu diesem Thema hat der BGH mit den folgenden Worten zusammengefasst: „Im Fall von Marken oder Markenbestandteilen, die [...] an einen die Waren oder Dienstleistungen beschreibenden Begriff angelehnt sind und nur dadurch Unterscheidungskraft erlangen und als Marke eingetragen werden konnten, weil sie von diesem Begriff (geringfügig) abweichen, ist der **Schutzumfang** der eingetragenen Marke **eng zu bemessen,** und zwar nach Maßgabe der **Eigenprägung** und der Unterscheidungskraft, die dem Zeichen die Eintragungsfähigkeit verleiht. Ein darüber hinausgehender Schutz kann nicht beansprucht werden, weil er dem markenrechtlichen

Schutz der beschreibenden Angabe gleichkäme" (ständige Rechtsprechung, vgl. statt vieler BGH GRUR 2012, 1040 Rn. 39 – pjur/pure; ebenso BGH GRUR 2013, 631 Rn. 59 – AMARULA/Marulablu, Hervorhebung durch Verf.). Das heißt, dass aus der Übereinstimmung zweier Marken in ihrer beschreibenden Ausprägung grundsätzlich keine Verwechslungsgefahr hergeleitet werden kann (BGH GRUR 2013, 631 Rn. 66 – AMARULA/Marulablu; vgl. auch BGH GRUR 2012, 1040 Rn. 40 – pjur/pure).

In tatsächlicher Hinsicht begründet der BGH dies damit, dass eine beschreibende Angabe 384 keinen bestimmenden Einfluss auf den Gesamteindruck einer Marke habe, weil der Verkehr beschreibende Angaben nicht als Hinweis auf die betriebliche Herkunft der Waren oder Dienstleistungen, sondern lediglich als Sachhinweis auffasse (BGH GRUR 2013, 631 Rn. 59 – AMARULA/Marulablu; GRUR 2012, 1040 Rn. 40 – pjur/pure). Den Schutzumfang von Marken, die an eine beschreibende Angabe angelehnt sind, bestimmen daher nach der Rechtsprechung des BGH diejenigen Merkmale, welche der Marke ihre Unterscheidungskraft verleihen, also von der beschreibenden Angabe abweichen. Je geringer die kennzeichnungskräftigen Veränderungen einer Marke gegenüber einer beschreibenden Angabe sind, desto enger ist ihr Schutzbereich zu fassen (BGH GRUR 2013, 613 Rn. 59 – AMARULA/Marulablu; GRUR 2012, 1040 Rn. 40 – pjur/pure).

Der Schutzumfang einer Marke, die sich an eine beschreibende Angabe anlehnt, ist allerdings nicht beschränkt gegenüber Zeichen, die sich in gleicher oder ähnlicher Weise an den 385 beschreibenden Begriff anlehnen oder ihn verfremden (BGH GRUR 2011, 826 Rn. 29 – Enzymax/Enzymix; GRUR 2008, 803 Rn. 22 – HEITEC). Dies ist insbesondere dann der Fall, wenn sich das charakteristische Merkmal der schutzbegründenden Gestaltung der älteren Marke auch in der jüngeren Marke findet (BGH GRUR 2011, 826 Rn. 29 – Enzymax/Enzymix). Insoweit kommt Zeichenähnlichkeit durchaus in Betracht. Es gilt lediglich zu vermeiden, dass sich das aus einer Marke fließende Ausschließlichkeitsrecht auf die beschreibende Angabe erstreckt (BGH GRUR 2008, 803 Rn. 22 – HEITEC).

Die Rechtsprechung des BGH verdient Zustimmung. Es mag dahingestellt bleiben, ob der Verkehr 385.1 bei ähnlichen, aber an beschreibende Begriffe angelehnten Marken tatsächlich nicht der Gefahr einer Herkunftstäuschung unterliegt. In jedem Fall kann nur durch die vom BGH vorgenommene Beschränkung des Schutzbereichs verhindert werden, dass beschreibende oder sonst nicht schutzfähige Begriffe entgegen der Vorschrift und dem Sinn und Zweck des § 8 doch zugunsten eines Unternehmers monopolisiert werden.

b) Europäische Rechtsprechung. Weder EuG noch EuGH teilen die Auffassung des 386 BGH, nach der die Übereinstimmung zweier Marken in einem beschreibenden Bestandteil keine Verwechslungsgefahr begründen kann. Das EuG ist der Meinung, dass zwischen zwei Marken bzw. Markenbestandteilen bestehende Ähnlichkeiten nicht durch deren schwache Kennzeichnungskraft neutralisiert werden können, da diese nicht geeignet sei, die Wahrnehmung der Verbraucher im Hinblick auf die Ähnlichkeit der Zeichen zu beeinflussen. Dem Faktor der Kennzeichnungskraft würde andernfalls übermäßige Bedeutung eingeräumt (vgl. zB EuG T-492/08, BeckRS 2010, 90568 Rn. 56–58 – star foods/STAR SNACKS). Auch der EuGH hat Argumente, wie die, mit denen der BGH seine abweichende Auffassung begründet, bereits wiederholt zurückgewiesen. Dazu hat der EuGH ausgeführt, dass der Faktor der Zeichenähnlichkeit nicht zugunsten desjenigen der Kennzeichnungskraft vernachlässigt werden dürfe, um den Schutz kennzeichnungsschwacher Marken nicht auf einen Schutz gegen identische Verwendungsformen zu beschränken (vgl. EuGH C-235/05 P, BeckRS 2009, 71218 – FlexiAir/Flex; C-171/06 P, BeckRS 2007, 70219 Rn. 41 – T.I.M.E. ART v. OHIM).

Dennoch sieht der BGH in seiner Rechtsprechung **keinen Widerspruch** zu derjenigen 387 des EuGH. Er verweist vielmehr darauf, dass die von ihm entwickelten Grundsätze im Einklang mit der Entscheidungspraxis des EuGH stehen, wonach bei der Zeichenähnlichkeit insbesondere die unterscheidungskräftigen und dominierenden Elemente der Kollisionszeichen zu berücksichtigen sind (BGH GRUR 2013, 631 Rn. 59 – AMARULA/Marulablu; GRUR 2012, 1040 Rn. 40 – pjur/pure unter Hinweis auf EuGH C-254/09, GRUR 2010, 1098 Rn. 45 – CK CREACIONES KENNYA und EuGH C-191/11 P, BeckRS 2012, 80591 Rn. 43 – Yorma's/HABM).

XI. Bildliche Ähnlichkeit

1. Anwendungsbereich

388 Die bildliche oder auch visuelle Ähnlichkeit spielt vor allem bei Bild- bzw. Kombinationsmarken mit Bildelementen eine Rolle. Daneben kommt bildliche Ähnlichkeit auch bei Wortmarken in Betracht, ist jedoch auf etwaige Übereinstimmungen im Schriftbild beschränkt.

2. Bildmarken und -elemente

389 In der Praxis bestehen Bildmarken und Bildelemente mehrteiliger Marken häufig aus Motiven, die der Natur entnommen sind, allgemeinen ästhetischen Grundformen, Darstellungen der Ware selbst, einfachen geometrischen Formen oder grafischen Gestaltungselementen, die in der Werbung üblicherweise in bloß ornamentaler, schmückender Form verwendet werden. Insoweit vorhandene Übereinstimmungen begründen aus Rechtsgründen regelmäßig keine Markenähnlichkeit. Erforderlich ist vielmehr, dass die Bildmarken bzw. -elemente sich in den Besonderheiten der konkreten Darstellung ähneln (BGH GRUR 2003, 332 (335) – Abschlussstück; GRUR 1996, 198 (200) – Springende Raubkatze; GRUR 1989, 425 (427) – Herzsymbol; vgl. ferner BGH GRUR 2004, 594 (597) – Ferrari Pferd).

3. Wortmarken und -elemente

390 Die bildliche Ähnlichkeit von Wortmarken bzw. Wortbestandteilen von Wort-/Bildmarken ist insbesondere anhand der Länge der Wörter, der Anzahl und Stellung identischer Buchstaben sowie der Ähnlichkeit einzelner Buchstaben, zB in ihren Ober- oder Unterlängen, zu beurteilen (EuGH C-412/05 P, GRUR Int 2007, 71 Rn. 20 – TRAVATAN II; zur Wortlänge BGH GRUR 2016, 83 Rn. 56 – Amplidect/ampliteq). Wird ein im Deutschen verhältnismäßig seltener Buchstabe, wie zB das „x", als Endbuchstabe verwendet, kann dieser besondere Aufmerksamkeit hervorrufen mit der Folge, dass ihm für den Zeichenvergleich größeres Gewicht zukommt (BGH GRUR 2011, 826 Rn. 22 – Enzymax/Enzymix). Bei Wortelementen von Wort-/Bildmarken sind zudem die Schrifttype und das Druckbild von Bedeutung (BGH GRUR 2015, 1114 Rn. 37 – Springender Pudel).

391 Indessen spielt es bei reinen Wortmarken keine Rolle, ob die ältere Marke in Klein- und/oder Großbuchstaben registriert ist, da Wortmarken gerade nicht auf eine bestimmte Wiedergabeform festgelegt sind, ihr Schutzgegenstand, jedenfalls aber ihr Schutzumfang also grundsätzlich alle verkehrsüblichen Schrifttypen sowie Groß- und Kleinschreibung erfasst (→ Rn. 348; BPatG GRUR 2005, 777 – NATALLA/nutella; BeckRS 2013, 11074 – FrancoMusiques).

4. Farbelemente

392 Steht eine schwarz-weiß eingetragene Marke einem farbigen Zeichen gegenüber, beseitigt die farbliche Abweichung die Ähnlichkeit üblicherweise nicht (BGH GRUR 2015, 1009 Rn. 25 – BMW-Emblem; GRUR 2006, 859 Rn. 23 – Malteserkreuz). Der Verwechslungsschutz erfasst, so der BGH, regelmäßig auch farbige Wiedergaben schwarz-weißer Marken (BGH GRUR 2015, 1009 Rn. 25 – BMW-Emblem). Entsprechendes gilt bei einer Kontrastumkehr. Es ist für die Frage der Markenähnlichkeit grds. ohne Bedeutung, ob ein Zeichen hell auf dunklem Grund oder dunkel auf hellem Grund dargestellt wird (GRUR 2006, 859 Rn. 23 – Malteserkreuz).

5. Markenanfänge

393 Wie im Rahmen der klanglichen Ähnlichkeit (→ Rn. 371) gilt auch bei der Frage der visuellen Ähnlichkeit der Erfahrungssatz, dass Markenanfänge größeres Gewicht für den Gesamteindruck haben, da sie vom Betrachter als erstes wahrgenommen werden.

6. Rotation von Markenteilen

Hinsichtlich der bildlichen Ähnlichkeit von Marken, die aus den gleichen Bestandteilen, **394** jedoch in unterschiedlicher Zusammensetzung bestehen, wird auf die Ausführungen zur Rotation von Markenteilen im Rahmen der klanglichen Ähnlichkeit verwiesen (→ Rn. 376). Die dort zitierte Rechtsprechung gilt für die bildliche Markenähnlichkeit entsprechend.

7. Wort-/Bildmarken

Anders als beim klanglichen Zeichenvergleich besteht in bildlicher Hinsicht kein Erfah- **395** rungssatz, nach dem sich der Verkehr in erster Linie am Wort- und nicht am Bildbestandteil der Marke orientiert (BGH GRUR 2008, 505 Rn. 32 – TUC-Salzcracker; GRUR 2006, 859 Rn. 30 – Malteserkreuz). Der Verkehr stellt lediglich dann vorrangig auf den Wortbestandteil ab, wenn es sich bei dem Bildbestandteil um eine nichtssagende oder geläufige und nicht ins Gewicht fallende Verzierung handelt (BGH GRUR 2009, 1055 Rn. 27 – airdsl; GRUR 2008, 903 Rn. 24 – SIERRA ANTIGUO). Wann dies der Fall ist, bestimmt sich nach den Umständen des Einzelfalls. Verneint hat der BGH eine allein maßgebliche Bedeutung des Wortbestandteils beispielsweise in einem Fall, in dem in zentraler Position der Marke ein Gesicht mit einer roten, herausgestreckten Zunge wiedergegeben war (BGH GRUR 2009, 1055 Rn. 27 – airdsl) oder die Marke eine auffällig gestaltete Flaschenform mit einem Plastikaufsatz enthielt, der an einen Sombrero erinnerte (BGH GRUR 2008, 903 Rn. 24 – SIERRA ANTIGUO).

Von noch größerer Bedeutung sind Bildelemente bei Wort-/Bildmarken, deren Wortele- **396** ment aus einem einzelnen Buchstaben besteht. Im Hinblick auf die Kürze der Marke haben bildliche Unterschiede hier ein wesentlich größeres Gewicht als bei normalen Wortmarken. Schon Unterschiede in der grafischen Gestaltung eines ansonsten gleichen Buchstabens können nach der Rechtsprechung des BGH dazu führen, dass die bildliche Ähnlichkeit der jeweiligen Marken lediglich gering ist (BGH GRUR 2012, 930 Rn. 51, 52 – Bogner B/Barbie B).

8. Schutzunfähige Angaben

Ebenso wie beim klanglichen Zeichenvergleich gilt in bildlicher Hinsicht der Grundsatz, **397** dass eine Übereinstimmung zweier Marken in schutzunfähigen Elementen keine Markenähnlichkeit begründet (→ Rn. 383). Der Schutzumfang eines Zeichens, das sich an eine beschreibende Angabe anlehnt, ist auf dessen schutzbegründende Eigenprägung beschränkt. Nur insoweit bestehende Übereinstimmungen rechtfertigen die Annahme visueller Zeichenähnlichkeit (BGH GRUR 2012, 1040 Rn. 44 – pjur/pure; bezüglich Bildmarken → Rn. 389).

XII. Begriffliche Ähnlichkeit

1. Voraussetzungen

Begriffliche Ähnlichkeit setzt voraus, dass zwei Marken die gleiche Bedeutung haben oder **398** vom Verbraucher fälschlich so verstanden werden (sog. „false friends"; BPatG GRUR 1998, 399 – Rackwall; Albrecht GRUR 2001, 470 (473 ff.)). Dies kommt wiederum nur dann in Betracht, wenn beide Marken über einen erkennbaren Sinngehalt verfügen. Misst der Verkehr nur einer oder keiner der zu vergleichenden Marken eine bestimmte Bedeutung zu, scheidet begriffliche Ähnlichkeit nach deutscher Rechtsprechung aus (BGH GRUR 2009, 1055 Rn. 29 – airdsl).

2. Anwendungsbereich

Ihren Hauptanwendungsbereich findet die begriffliche Markenähnlichkeit bei Wortmar- **399** ken. Aber auch bei anderen und zwischen unterschiedlichen Markenformen kann Ähnlichkeit in begrifflicher Hinsicht bestehen (zu Bildmarken → Rn. 401).

3. Wörter

400 Begriffliche Ähnlichkeit kann zwischen deutschsprachigen Synonymen, einem deutschen und einem fremdsprachigen oder zwei fremdsprachigen Begriffen bestehen. Die beiden zuletzt genannten Fälle setzen voraus, dass das durchschnittliche Mitglied der beteiligten Verkehrskreise die Bedeutung der fremdsprachigen Begriffe kennt. Die Fremdsprachenkenntnisse der deutschen Bevölkerung dürfen allerdings nicht überschätzt werden (→ Rn. 379). Fehlen Anderes nahelegende Anhaltspunkte, wird man grundsätzlich nur bei gängigen Wörtern des englischen Grundwortschatzes davon ausgehen dürfen, dass der Durchschnittsverbraucher diese versteht. Bei sonstigen Begriffen kann unter anderem deren häufige Verwendung in den Medien oder der Werbung als Indiz dafür herangezogen werden, dass sie dem Verkehr geläufig sind.

4. Bildmarken

401 Auch Bildmarken können begrifflich ähnlich sein. Es genügt jedoch nicht, dass zwei Marken das gleiche Motiv wiedergeben. Ein sogenannter **Motivschutz ist dem deutschen Markenrecht fremd** (→ Rn. 368). Erforderlich ist vielmehr, dass die ältere Marke von Haus aus oder infolge ihrer Benutzung über eine besondere Kennzeichnungskraft verfügt (BGH GRUR 2004, 594 (597) – Ferrari Pferd).

5. Wortmarken und Bild-/3D-Marken

402 Eine begriffliche Ähnlichkeit zwischen einer **Bildmarke** und einer Wortmarke bzw. dem prägenden Wortbestandteil einer mehrteiligen Marke ist grundsätzlich möglich. Sie setzt voraus, dass die Wortmarke bzw. der Wortbestandteil der Wort-/Bildmarke aus Sicht der beteiligten Verkehrskreise die naheliegende, ungezwungene und erschöpfende Bezeichnung des Bildes darstellt (BGH GRUR 2015, 1214 Rn. 35 – Goldbären; GRUR 2006, 60 Rn. 22 – coccodrillo). Besondere Zurückhaltung ist bei der Annahme begrifflicher Ähnlichkeit zwischen einem Bild und dessen fremdsprachiger Bezeichnung geboten. Nur wenn das fremdsprachige Wort dem durchschnittlichen Mitglied der angesprochenen Verkehrskreise geläufig ist, kommt eine Ähnlichkeit im Sinngehalt in Betracht (BGH GRUR 2006, 60 – coccodrillo). Besteht die Bildmarke aus einem Barcode, dessen Auslesung durch eine spezielle Software die Wortmarke ergibt, begründet dies nach Auffassung des OLG Köln keine begriffliche Zeichenähnlichkeit, da sich die Bedeutung der Bildmarke dem Verbraucher nicht ohne weitergehenden Denk- und Ermittlungsvorgang erschließt (OLG Köln GRUR-RR 201, 291 – Barcode-Label Rn. 19).

403 Eine Wortmarke und eine **3D-Marke** bzw. dreidimensionale Gestaltung sind ebenfalls dann begrifflich ähnlich, wenn die Wortmarke aus Sicht der angesprochenen Verkehrskreise die naheliegende, ungezwungene und erschöpfende Bezeichnung der Gestaltung darstellt (BGH GRUR 2015, 1214 Rn. 35 – Goldbären). Die Anforderungen an die Annahme entsprechender Markenähnlichkeit sind jedoch hoch. Insbesondere darf der Wortmarke kein dem Markenrecht fremder Motivschutz zuteilwerden. Auch eine uferlose Ausweitung des Schutzbereichs von Wortmarken ist zu vermeiden. Eine Wortmarke bezeichnet eine dreidimensionale Gestaltung nach der Rechtsprechung des BGH daher nur dann naheliegend, ungezwungen und erschöpfend, wenn

- die drei Voraussetzungen (naheliegend, ungezwungen und erschöpfend) kumulativ erfüllt sind und
- sich die Benennung der beanstandeten Gestaltung mit dem Markenwort für den Verkehr aufdrängt, ohne dass hierfür mehrere gedankliche Zwischenschritte notwendig wären.

404 Verfügt die Wortmarke über einen allgemeinen oder beschreibenden Sinngehalt oder beschreibende Anklänge, steht dies einer begrifflichen Ähnlichkeit eher entgegen (zum Ganzen BGH GRUR 2015, 1214 Rn. 35 – Goldbären). Kommen neben der Bezeichnung, aus der die Wortmarke besteht, noch andere, zumindest ebenso naheliegende Bezeichnungen der dreidimensionalen Gestaltung in Betracht, scheidet begriffliche Ähnlichkeit aus. Die bloße Möglichkeit, die dreidimensionale Gestaltung mit der Wortmarke zu benennen, genügt für eine Ähnlichkeit im Sinngehalt nicht (BGH GRUR 2015, 1214 Rn. 38, 41 – Goldbären).

6. Beschreibende Begriffe

Ist der Sinngehalt der zu vergleichenden Marken oder Markenbestandteile beschreibend, **405** kann sich aus insoweit bestehenden Übereinstimmungen keine Zeichenähnlichkeit oder -identität ergeben. Der Schutzumfang der älteren Marke reicht nur so weit, wie diese von dem beschreibenden Begriff abweicht. Er ist eng zu bemessen, und zwar nach Maßgabe der Eigenprägung und Unterscheidungskraft, die der Marke ihre Eintragungsfähigkeit verleiht. Ein weiterer Schutz scheidet aus, da er dem Schutz der beschreibenden Angabe gleichkäme (ständige Rechtsprechung, vgl. statt vieler BGH GRUR 2012, 1040 Rn. 38 f. – pjur/pure). Das zur Ähnlichkeit von in klanglicher Hinsicht beschreibenden Marken(-bestandteilen) Gesagte gilt entsprechend (→ Rn. 383 ff.; zur Divergenz der EuGH-Rechtsprechung zu der des BGH → Rn. 386 f.).

XIII. Besondere Markenformen

1. Abstrakte Farbmarken

a) Anwendungsbereich. Der Begriff der abstrakten Farbmarke erfasst nur Marken, die **406** ausschließlich aus einer Farbe bzw. Farbkombination als solcher bestehen, ohne dass diese räumlich begrenzt wäre. Treten andersartige Elemente wie Wörter, Bilder oder Formen bzw. eine räumliche Begrenzung hinzu, handelt es sich nicht um eine abstrakte Farbmarke, sondern um eine Wort-/Bild-, Bild- oder 3D-Marke.

b) Beurteilungskriterien. Ebenso wie bei sonstigen Zeichen kommt es beim Vergleich **407** von bzw. mit abstrakten Farbmarken auf den Gesamteindruck an, den die einander gegenüber stehenden Marken hervorrufen (BGH GRUR 2002, 427 (428) – Farbmarke gelb/grün). Aufgrund ihrer im Allgemeinen geringen Kennzeichnungskraft (zur Unterscheidungskraft vgl. → § 8 Rn. 429 ff.) verfügen Farbmarken allerdings regelmäßig über einen ebenso geringen Schutzumfang (BGH GRUR 2002, 427 (428) – Farbmarke gelb/grün). Hinzu kommt, dass die Rechtsprechung bei der Annahme einer markenmäßigen Benutzung von Farben, insbesondere bei deren Verwendung in der Werbung oder auf der Verpackung einer Ware, äußerst zurückhaltend ist (BGH GRUR 2015, 1201 Rn. 93 – Sparkassen-Rot/Santander-Rot und GRUR 2014, 1011 Rn. 23 – Gelbe Wörterbücher, wonach bei der Verwendung einer Farbe in der Werbung oder auf der Ware oder deren Verpackung nur ausnahmsweise von einer markenmäßigen Verwendung ausgegangen werden kann; vgl. auch BGH GRUR 2005, 427 (428) – Lila-Schokolade; GRUR 2004, 151 (153 f.) – Farbmarkenverletzung I; GRUR 2004, 154 (155) – Farbmarkenverletzung II; → Rn. 158 f.). Entsprechend selten wird in der Praxis eine Verwechslungsgefahr bei Farbmarken bejaht.

Wurden die vorstehenden Hürden überwunden, sind die Anforderungen, welche an die **408** Ähnlichkeit von Farbmarken untereinander bzw. Farbmarken mit Farbbestandteilen mehrteiliger Marken zu stellen sind, nicht allzu hoch. Dies ist darauf zurückzuführen, dass Verbraucher geringe Unterschiede in Farbtönen kaum feststellen können (EuGH C-104/01, GRUR 2003, 604 Rn. 47 – Libertel; BGH GRUR 2014, 1011 Rn. 56 – Gelbe Wörterbücher; BGH GRUR 2004, 151 (154) – Farbmarkenverletzung I; GRUR 2004, 154 (156) – Farbmarkenverletzung II). Das Erinnerungsvermögen des Verbrauchers umfasst nur verhältnismäßig wenige Farben und Farbtöne (BGH GRUR 2005, 427 (429) – Lila-Schokolade; BGH GRUR 2014, 1011 Rn. 56 – Gelbe Wörterbücher). Dies gilt umso mehr, wenn die in Frage stehenden Farbtöne keine auffällige Farbgebung haben, sondern Standardfarbtöne sind, die nur geringfügig in ihren Helligkeitsgraden voneinander abweichen. Solch spezielle Nuancen bleiben dem Verkehr nicht im Gedächtnis (OLG Köln GRUR-RR 2013, 213 (219) – Wörterbuch-Gelb). Farbtöne wie Gelb/Orange und helles Gelb gelten zB trotz der vorhandenen Unterschiede noch als hochgradig ähnlich (BGH GRUR 2014, 1011 Rn. 56 – Gelbe Wörterbücher). Divergenzen im Farbverlauf oder ein verschieden stark ausgeprägter Rotstich sollen einer Markenähnlichkeit ebenfalls nicht entgegenstehen (BGH GRUR 2005, 427 (429) – Lila-Schokolade).

c) Ähnlichkeit mit anderen Markenformen. Grundsätzlich können Farbmarken nicht **409** nur untereinander ähnlich sein, sondern auch mit anderen Markenformen, wie zB farbigen

MarkenG § 14 Teil 2 Voraussetzungen, Inhalt und Schranken etc.

Bildmarken, dreidimensionalen Marken oder Wortmarken, die aus Farbnamen bestehen (Ingerl/Rohnke Rn. 982). Voraussetzung ist jedoch, dass die Farbe in solchen Marken eine prägende (→ Rn. 416 ff; → Rn. 420) oder selbständig kennzeichnende Stellung (→ Rn. 416 ff.; → Rn. 451 ff.) einnimmt.

2. 3D-Marken

410 **a) Anwendungsbereich.** Reine 3D-Marken sind in der Praxis relativ selten. Die meisten eingetragenen 3D-Marken erlangen Schutz nur aufgrund der Tatsache, dass sie zusätzlich über schutzfähige Wort- oder Bildelemente verfügen. Oft besteht der dreidimensionale Teil einer Marke aus der Form der Ware oder Warenverpackung selbst, mit der Folge, dass er für sich genommen regelmäßig nicht schutzfähig wäre (→ § 8 Rn. 453 ff.). Der Schutzumfang solcher Marken wird daher im Wesentlichen durch die sonstigen, nicht dreidimensionalen Elemente bestimmt.

411 **b) Beurteilungskriterien.** Werden aus einer 3D-Marke Rechte gegen eine dreidimensionale Form geltend gemacht, scheitert dies häufig bereits am Erfordernis der **markenmäßigen Benutzung** (→ Rn. 165 ff.). Eine markenmäßige Benutzung setzt voraus, dass der Verkehr die angegriffene Formgestaltung als Hinweis auf die Herkunft der Ware versteht (BGH GRUR 2011, 148 Rn. 32 – Goldhase II; GRUR 2010, 1103 Rn. 24 ff. – Pralinenform II; GRUR 2008, 793 Rn. 15 ff. – Rillenkoffer). Gibt die angegriffene Gestaltung allerdings nur die Form der Ware selbst wieder, schreibt der Verkehr dies regelmäßig dem Bemühen zu, ein funktionelles bzw. ästhetisch ansprechendes Produkt zu schaffen, anstatt hinter der Warenform einen Hinweis auf die Produktherkunft zu erwarten. Dies gilt selbst dann, wenn es sich um eine besondere Warengestaltung handelt (BGH GRUR 2016, 197 Rn. 27 – Bounty; 2007, 780 Rn. 26 – Pralinenform; GRUR 2003, 332 (334) – Abschlussstück). Die praktisch häufigste Ausnahme kommt bei erhöhter Kennzeichnungskraft der Klagemarke zum Tragen (vgl. zB BGH GRUR 2007, 780 Rn. 30 – Pralinenform). Ferner wirkt die Benutzung einer mit der Klagemarke hochgradig ähnlichen Verwendungsform für identische Waren markenmäßig, wenn die Klagemarke verkehrsdurchgesetzt ist (BGH GRUR 2016, 197 Rn. 38 – Bounty).

412 Bei reinen 3D-Marken ist zu differenzieren, ob diese in der Form der Ware oder deren Verpackung selbst bestehen oder ob sie von dieser unabhängig sind. Im letzten Fall richtet sich der Schutzumfang der Marke nach den allgemeinen Regeln. Für die Beurteilung der Markenähnlichkeit gelten die gleichen Grundsätze wie bei Bildmarken (vgl. v.a. → Rn. 368, → Rn. 389 und → Rn. 401). Im ersten Fall ist indessen zu ermitteln, worauf der Schutz der 3D-Marke gründet. Maßgeblich ist, aufgrund welcher Gestaltungselemente der Verkehr der Marke einen Herkunftshinweis entnimmt. Diese Merkmale definieren den Schutzumfang der Marke. Eine markenrechtlich relevante Ähnlichkeit erfordert Übereinstimmungen in denjenigen Merkmalen, auf denen der Schutz beruht. Ist der Verkehr auf dem fraglichen Waren- bzw. Dienstleistungssektor an eine Vielzahl von Gestaltungen gewöhnt, kommt erschwerend hinzu, dass unübersehbare Abweichungen von der als Marke geschützten Form leicht aus dem Ähnlichkeitsbereich der Marke hinausführen können (BGH GRUR 2010, 1103 Rn. 35 – Pralinenform II).

413 Zwei 3D-Marken können lediglich in bildlicher und begrifflicher, nicht jedoch in klanglicher Hinsicht ähnlich sein (BGH GRUR 2016, 197 Rn. 37 – Bounty).

414 **c) Ähnlichkeit mit anderen Markenformen.** Eine Ähnlichkeit zwischen 3D-Marken und anderen Markenformen ist grundsätzlich möglich. Sie kommt insbesondere bei **Bildmarken** in Betracht, welche aus einer zweidimensionalen Wiedergabe der 3D-Marke bestehen und diese beim Betrachter unmittelbar in Erinnerung rufen (BGH GRUR 2015, 1214 Rn. 52 – Goldbären; GRUR 2008, 505 Rn. 19 – TUC-Salzcracker). Um einen markenrechtlich unzulässigen Motivschutz zu vermeiden, dürfen an die Ähnlichkeit von Bild- und 3D-Marken keine zu geringen Anforderungen gestellt werden (BGH GRUR 2015, 1214 Rn. 53 – Goldbären).

415 Auch **Wortmarken** können mit dreidimensionale Zeichen ähnlich sein, allerdings nur in begrifflicher, nicht aber in klanglicher oder bildlicher Hinsicht (BGH GRUR 2015, 1214 –

Goldbären). Die Voraussetzungen entsprechender Zeichenähnlichkeit sind hoch (→ Rn. 403 f.).

XIV. Mehrteilige Marken

Häufig stehen sich Marken gegenüber, von denen mindestens eine aus mehreren Wort-, Bild- oder sonstigen Bestandteilen zusammengesetzt ist. Die Beurteilung der Ähnlichkeit solcher Marken folgt grundsätzlich den allgemeinen Regeln. Weisen die Marken allerdings nicht in allen, sondern nur in einzelnen Bestandteilen Übereinstimmungen auf, führt die undifferenzierte Anwendung dieser Regeln zum Ergebnis der Unähnlichkeit. Dies wird insbesondere dann als unangemessen erachtet, wenn eine kennzeichnungskräftige ältere Marke in ein jüngeres Zeichen übernommen und dort mit weiteren, möglicherweise kennzeichnungsschwachen Elementen kombiniert wird. Entsprechendes gilt für Fälle, in denen der ggf. einzige kennzeichnende Bestandteil aus einer älteren Marke herausgelöst und in Alleinstellung als Marke eingetragen oder in einer anderen mehrteiligen Marke mit wiederum kennzeichenschwachen Bestandteilen zusammengefügt wird. 416

Zur Beurteilung der Ähnlichkeit solcher Marken hat die Rechtsprechung daher verschiedene Modelle entwickelt. Der BGH prüft derzeit in einem ersten Schritt, ob sich eine Markenähnlichkeit im Wege der sogenannten **Prägetheorie** begründen lässt (→ Rn. 420 ff.). Verneint er dies, wird ggf. in einem zweiten Schritt untersucht, ob zwischen den Marken Übereinstimmungen bestehen, die diese als Teil einer **Zeichenserie** erscheinen lassen (→ § 15 Rn. 74 ff.). Ist auch dies nicht der Fall, eruiert der BGH, ob der übereinstimmende Bestandteil der zu vergleichenden Zeichen in der jüngeren Marke über eine **selbständig kennzeichnende Stellung** verfügt (→ Rn. 451 ff.; vgl. BGH GRUR 2010, 729 Rn. 37 ff. – MIXI; GRUR 2012, 635 Rn. 22 – METRO/ROLLER's Metro; GRUR 2012, 64 Rn. 16, 26 – Maalox/Melox-GRY). 417

Die Maßgeblichkeit des Gesamteindrucks bzw. der Marke als Ganzes (→ Rn. 354) steht dem nicht entgegen. Diese schließt nach übereinstimmender Rechtsprechung von BGH und EuGH nämlich nicht aus, dass uU ein oder mehrere Bestandteile einer komplexen Marke für deren Gesamteindruck prägend sein können (EuGH C-254/09 P, GRUR 2010, 1098 Rn. 56 – Calvin Klein/HABM; BGH GRUR 2015, 1201 Rn. 96 – Sparkassen-Rot/Santander-Rot; GRUR 2013, 1239 Rn. 32 – VOLKSWAGEN/Volks.Inspektion; GRUR 2012, 930 Rn. 45 – Bogner B/Barbie B). Darüber hinaus besteht die Möglichkeit, dass ein Zeichen, das als Bestandteil in eine zusammengesetzte Marke oder komplexe Kennzeichnung aufgenommen wird, in dieser eine selbständig kennzeichnende Stellung behält, ohne deren Gesamteindruck zu dominieren oder zu prägen (EuGH C-120/04, GRUR 2005, 1042 Rn. 30 – THOMSON LIFE; BGH GRUR 2015, 1201 Rn. 96 – Sparkassen-Rot/Santander-Rot; GRUR 2013, 1239 Rn. 33 – VOLKSWAGEN/Volks.Inspektion; GRUR 2012, 833 Rn. 45 – Culinaria/Villa Culinaria). 418

Auch wenn die von der Rechtsprechung zur Ähnlichkeit komplexer Marken entwickelten Grundsätze in erster Linie auf Marken Anwendung finden, die sich erkennbar aus mehreren Bestandteilen zusammensetzen, können sie im Einzelfall auch eine Ähnlichkeit bei Marken begründen, die jeweils aus nur einem Markenwort bestehen. 419

1. Prägetheorie

Nach der Prägetheorie des BGH besteht zwischen zwei Marken, die nur in einem von mehreren Bestandteilen übereinstimmen, Ähnlichkeit, wenn die übereinstimmenden Bestandteile den von der jeweiligen Marke ausgehenden Gesamteindruck prägen. Dies setzt wiederum voraus, dass alle anderen Markenbestandteile in den Hintergrund treten und den Gesamteindruck der Marke nicht mitbestimmen (BGH GRUR 2016, 283 Rn. 13 – BSA/DSA DEUTSCHE SPORTMANAGEMENT AKADEMIE; GRUR 2012, 64 Rn. 15 – Maalox/Melox-GRY; GRUR 2008, 903 Rn. 18 – SIERRA ANTIGUO), also zu vernachlässigen sind (BGH GRUR 2011, 824 Rn. 23 – Kappa). Prägen andere Markenbestandteile den von der Marke ausgehenden Gesamteindruck mit, scheidet Zeichenähnlichkeit nach den Grundsätzen der Prägetheorie hingegen aus (BGH GRUR 2012, 64 Rn. 23 – Maalox/Melox-GRY). 420

421 Ob der von einer mehrteiligen Marke ausgehende Gesamteindruck durch einen von mehreren Markenbestandteilen so geprägt wird, dass alle anderen Bestandteile in den Hintergrund treten, bestimmt sich nach den konkreten Umständen des Einzelfalls. Die Kriterien, anhand derer sich die Frage der Prägung beurteilt, werden nachfolgend erläutert (→ Rn. 423 ff.).

422 **a) Anwendungsbereich.** Die Prägetheorie findet nur auf Marken Anwendung, die aus mehreren Elementen bestehen, welche gemeinsam eine einheitliche Marke bilden. Ist hingegen eine Mehrfachkennzeichnung gegeben (→ Rn. 344 ff.), ist jede Marke einzeln in den Vergleich einzustellen. Der Umstand, dass zwei Markenbestandteile in einem Wort zusammengeschrieben oder durch einen Bindestrich verbunden sind, schließt eine Prägung durch einen der Bestandteile nicht generell aus (BGH GRUR 2009, 1055 Rn. 30 – airdsl).

423 **b) Bedeutung der Gegenmarke.** Ob ein Markenbestandteil den von der Marke ausgehenden Gesamteindruck prägt, ist grundsätzlich allein anhand der Marke selbst zu bestimmen. Dies bedeutet, dass es nicht darauf ankommt, wie die jeweils andere Marke gestaltet ist.

424 Eine Ausnahme hat der BGH jedoch für den Fall zugelassen, dass es sich bei der älteren Marke um eine einteilige Marke mit durch Benutzung gesteigerter Kennzeichnungskraft handelt. Wird diese Marke in eine jüngere Marke übernommen und dort mit einem weiteren Bestandteil kombiniert, spricht dies dafür, dass der von der jüngeren Marken ausgehende Gesamteindruck durch den Bestandteil geprägt wird, welcher der älteren Marke entspricht (BGH GRUR 2009, 484 Rn. 34 – Metrobus; GRUR 2007, 888 Rn. 24 – Euro Telekom; GRUR 2003, 880 (881) – City Plus).

425 **c) Bedeutung der Prioritätslage.** Für die Frage, ob der Gesamteindruck einer Marke durch eines von mehreren Markenelementen geprägt wird, kommt es grundsätzlich nicht darauf an, ob die Marke die ältere oder jüngere ist. Praktisch häufig ist der Fall, dass eine einteilige Marke einer mehrteiligen Marke gegenübersteht, die ein Element enthält, das der einteiligen Marke entspricht. Welche der beiden Marken älter ist, ist in der Regel unerheblich; dies deshalb, weil der Verkehr die Prioritätslage nicht kennt.

426 Etwas anderes kann allerdings gelten, wenn die ältere Marke die einteilige ist und zudem über einen erhöhten Bekanntheitsgrad verfügt. Der Verkehrsteilnehmer, der sich an die bekannte Marke erinnert, kann sie in der jüngeren, mehrteiligen Marke wiederzuerkennen glauben (BGH GRUR 2006, 60 Rn. 19 – coccodrillo). Die Prioritätslage wirkt sich dann insofern aus, als von einer Prägung der jüngeren mehrteiligen Marken durch den Bestandteil auszugehen ist, der der älteren Marke entspricht (BGH GRUR 2004, 513 (514) – Ella May).

427 Eine weitere Ausnahme vom Grundsatz der Unerheblichkeit der Prioritätslage kommt in Betracht, wenn der dominierende Bestandteil der jüngeren Marke schutzunfähig ist, die ältere Marke bzw. deren prägendes Element aber nicht (→ Rn. 434).

428 **d) Kennzeichnungskraft der einzelnen Markenelemente.** Der Verkehr orientiert sich üblicherweise an den unterscheidungskräftigen Elementen eines Zeichens (BGH GRUR 2016, 283 Rn. 13 – BSA/DSA DEUTSCHE SPORTMANAGEMENT AKADEMIE). Welche Bedeutung die einzelnen Markenelemente für den Gesamteindruck haben, hängt maßgeblich davon ab, ob sie vom Verkehr als Herkunftshinweis verstanden werden. Zunächst ist deshalb im Wesentlichen zu untersuchen, ob die einzelnen Markenelemente unterscheidungskräftig und nicht beschreibend sind (→ § 8 Rn. 95 ff., → § 8 Rn. 160 ff., → § 8 Rn. 358 ff.). Häufig genügt es allerdings nicht festzustellen, ob bzw. welche Markenelemente als solche herkunftshinweisend sind. Nicht alle Markenelemente mit herkunftshinweisendem Charakter beeinflussen den Gesamteindruck automatisch in gleichem Maße. Es ist daher ggf. weiter zu prüfen, in welchem Verhältnis die einzelnen Markenelemente im Rahmen des Gesamtzeichens zueinander stehen. Insoweit gilt, dass kennzeichnungsschwächeren Merkmalen neben kennzeichnungsstärkeren regelmäßig keine maßgebliche Bedeutung für den Gesamteindruck zukommt (BGH GRUR 2011, 148 Rn. 21 f. – Goldhase II; GRUR 2007, 235 Rn. 24 – Goldhase). Verfügen mehrere Elemente über das gleiche Maß an Kennzeichnungskraft, kann ein Element den von der Marke ausgehenden Gesamteindruck aufgrund anderer Eigenschaften, wie z. B. seiner grafischen Gestaltung, prägen (BGH GRUR 2016, 283 Rn. 17, 19 – BSA/DSA DEUTSCHE SPORTMANAGEMENT AKADEMIE; → Rn. 436).

Ausschließliches Recht des Inhabers; Unterlassung; Schadensersatz § 14 MarkenG

Auch die europäischen Gerichte gehen grundsätzlich davon aus, dass bei der Beurteilung 429
der Ähnlichkeit zweier mehrteiliger Marken zu prüfen ist, welche Unterscheidungskraft die
einzelnen Markenelemente besitzen (vgl. EuGH C-196/11 P, GRUR 2012, 825 Rn. 42 –
F1-Live).

e) Abweichungen in schutzunfähigen Markenelementen. Grundsätzlich gilt, dass 430
rein beschreibende oder sonst nicht unterscheidungskräftige Markenbestandteile vom Verkehr
nicht als Herstellerhinweis sondern als bloßer Sachhinweis oder reine Verzierung aufgefasst
werden. Ihnen kommt in der Regel keine prägende Bedeutung zu (BGH GRUR 2015,
1004 Rn. 46 – IPS/ISP; GRUR 2009, 772 Rn. 59 – Augsburger Puppenkiste). Üblicherweise
treten solche Elemente sogar derart in den Hintergrund, dass die anderen, schutzfähigen
Markenbestandteile die prägende Rolle einnehmen. Dies hat zur Folge, dass die Abweichung
zweier Marken in einem schutzunfähigen Element der Annahme von Markenähnlichkeit
regelmäßig nicht entgegensteht.

Zwingend ist dies allerdings nicht. Auch ein für sich genommen beschreibender Bestand- 431
teil kann zum Gesamteindruck der Marke beitragen, diesen mitprägen oder sogar dominieren
(BGH GRUR 2009, 1055 Rn. 30 – airdsl; GRUR 2009, 772 Rn. 59 – Augsburger Puppenkiste).
Entsprechendes ist zum Beispiel dann der Fall, wenn das beschreibende Element Teil
eines Gesamtbegriffs mit eigenständigem Bedeutungsgehalt ist (BGH GRUR 2009, 1055
Rn. 30 – airdsl) oder die sonstigen Zeichenbestandteile ihrerseits kennzeichnungsschwach
sind (BGH GRUR 2009, 772 Rn. 59, 65 – Augsburger Puppenkiste; GRUR 2008, 903
Rn. 22, 26 – SIERRA ANTIGUO). Des weiteren kann die Zusammenfassung zweier Markenbestandteile
zu einem Wort, ggf. kombiniert mit der fehlenden Verkürzungsneigung des
Verkehrs auf dem fraglichen Warensektor, eine ausgeprägte **Klammerwirkung** haben, die
dazu führt, dass auch ein kennzeichnungsschwacher Markenbestandteil nicht in den Hintergrund
tritt (BGH GRUR 2013, 1239 Rn. 35 – VOLKSWAGEN/Volks.Inspektion; GRUR
2008, 909 Rn. 29 – Pantogast), sondern der Verkehr das Markenwort als einheitliches Zeichen
auffasst (BGH GRUR 2013, 1239 Rn. 35 – VOLKSWAGEN/Volks.Inspektion). Dies
kommt insbesondere dann in Betracht, wenn der Verkehr aufgrund der Besonderheiten des
betreffenden Warensektors nicht dazu neigt, Marken verkürzt wiederzugeben (BGH GRUR
2008, 909 Rn. 29 – Pantogast). Entsprechendes soll beispielsweise im Arzneimittelsektor
aus Sicherheitsgründen der Fall sein (BGH GRUR 2008, 909 Rn. 29 – Pantogast). Eine
geografische Herkunftsbezeichnung tritt im Gesamteindruck dann nicht zurück, wenn sie
von beachtlichen Teilen des Verkehrs nicht nur als beschreibende Angabe, sondern als Kennzeichen
von Waren aufgefasst wird (BGH GRUR 2009, 772 Rn. 59 – Augsburger Puppenkiste).
Der Umstand, dass zwei Marken in ihrem einzigen unterscheidungskräftigen Element
übereinstimmen, reicht in solchen Fällen nicht aus, um Markenähnlichkeit annehmen zu
können.

f) Übereinstimmung in schutzunfähigen Markenelementen. Grundsätzlich prägen 432
schutzunfähige Bestandteile den von einer Marke ausgehenden Gesamteindruck nicht (BGH
GRUR 2008, 903 Rn. 19 – SIERRA ANTIGUO; → Rn. 383 ff.). Dies ist insbesondere
dann der Fall, wenn die beteiligten Verkehrskreise das betreffende Element als bloße Sachangabe
auffassen (vgl. zB BGH GRUR 2009, 672 Rn. 34 – OSTSEE-POST). Auch kennzeichnungsschwache
Elemente, wie zB solche mit beschreibenden Anklängen, sind zur Prägung
eher ungeeignet (BGH GRUR 2009, 484 Rn. 46 – Metrobus). Daraus folgt, dass Übereinstimmungen
in schutzunfähigen bzw. schutzschwachen Elementen regelmäßig keine Markenähnlichkeit
begründen (BGH GRUR 2016, 283 Rn. 18 – BSA/DSA DEUTSCHE SPORTMANAGEMENT
AKADEMIE; zur abweichenden Auffassung der europäischen Gerichte
→ Rn. 386). Dies gilt jedoch nicht ausnahmslos.

Wird ein schutzschwaches Element mit einem Markenbestandteil kombiniert, dem jegli- 433
che Unterscheidungskraft fehlt, spricht vieles für eine prägende Rolle des nur schwachen
Elements.

Der Grundsatz, dass die Übereistimmung in einem schutzunfähigen Bestandteil keine 434
Zeichenähnlichkeit begründet, gilt ferner dann nicht uneingeschränkt, wenn der übereinstimmende
Bestandteil nur in der jüngeren, nicht aber in der älteren Marke schutzfähig
ist (BGH GRUR 2016, 283 Rn. 18 – BSA/DSA DEUTSCHE SPORTMANAGEMENT
AKADEMIE). Derartige Konstellationen sind insbesondere infolge der NAI/MMF-Recht-

Onken 583

MarkenG § 14 Teil 2 Voraussetzungen, Inhalt und Schranken etc.

sprechung des EuGH C-90/11 und C-91/11, GRUR 2012, 616; → § 8 Rn. 252 f.) denkbar, nämlich dann, wenn das aus sich heraus nicht verständliche Buchstabenkürzel, aus dem die ältere Marke besteht, als Teil der jüngeren Marke darin erläutert und dort so zur beschreibenden Angabe wird. Das Problem, dass einem schutzunfähigen Markenbestandteil entgegen den Vorschriften des § 8 MarkenG Schutz zuteilwürde, stellt sich in solchen Fällen nicht. Vielmehr würde die jüngere Marke andernfalls zu Unrecht privilegiert (BGH GRUR 2016, 283 Rn. 18 – BSA/DSA DEUTSCHE SPORTMANAGEMENT AKADEMIE; zur Rechtsprechung des EuGH vgl. EuGH C-20/14, GRUR 2016, 80 – BGW und die Kommentierung dazu bei → UMV Art. 8 Rn. 71). Voraussetzung für die Zeichenähnlichkeit bleibt selbstverständlich, dass das übereinstimmende Buchstabenkürzel in der jüngeren Marke mangels anderer schutzfähiger Elemente (→ Rn. 428) sowie zB aufgrund seiner grafischen Hervorhebung (→ Rn. 436) eine prägende Stellung einnimmt (BGH GRUR 2016, 283 Rn. 18 – BSA/DSA DEUTSCHE SPORTMANAGEMENT AKADEMIE).

435 Nach der Rechtsprechung des EuGH kann die prägende Wirkung eines nicht unterscheidungskräftigen Bestandteils zudem nicht verneint werden, wenn eben dieser Bestandteil für sich genommen eingetragen ist, etwa in Form der älteren Marke selbst. Das gilt jedenfalls im unionsmarkenrechtlichen Widerspruchsverfahren. Dort kann die Gültigkeit der älteren Marke nicht in Frage gestellt werden (EuGH C-196/11 P, GRUR 2012, 825 Rn. 40 – F1-Live). Würde man im Rahmen eines solchen Verfahrens von fehlender Unterscheidungskraft des Bestandteils der jüngeren Marke ausgehen, der mit der älteren Marke identisch ist, spräche man der älteren nationalen oder internationalen Registrierung aber die Unterscheidungskraft ab, so der EuGH (C-196/11 P, GRUR 2012, 825 Rn. 41, 42 ff. – F1-Live).

435.1 Die Überlegung des EuGH, dass der älteren Marke zumindest ein gewisser Grad an Unterscheidungskraft zugestanden werden muss, trifft zwar zu (EuGH C-196/11 P, GRUR 2012, 825 Rn. 47 – F1-Live). Auch im deutschen Widerspruchs- und Verletzungsverfahren sind die Behörden bzw. Gerichte grundsätzlich an die Eintragung der älteren Marke gebunden (vgl. zum Verletzungsverfahren BGH GRUR 2010, 1103 Rn. 19 – Pralinenform II und zum Widerspruchsverfahren BGH GRUR 2008, 905 Rn. 20 – Pantohexal). Die Bindung an die Eintragung führt jedoch nicht notwendigerweise dazu, dass bei Übernahme der eingetragenen Marke in eine jüngere, mehrteilige Marke Markenähnlichkeit besteht (vgl. zB BGH GRUR 2009, 672 – OSTSEE-POST). Vielmehr kann die zulässige Annahme minimaler Kennzeichnungskraft einer Marke zur Folge haben, dass ihr Schutzumfang auf ein Minimum reduziert wird und sogar eine identische Verwendung der Marke in einem jüngeren Zeichen keine Markenähnlichkeit nach sich zieht (BGH GRUR 2008, 909 Rn. 21 – Pantogast; OLG Dresden NJW 2001, 615 (617) – Johann Sebastian Bach).

436 **g) Art der grafischen Darstellung.** Ein weiterer Aspekt bei der Beurteilung der Frage, ob ein Markenbestandteil den von einer Marke ausgehenden Gesamteindruck prägt, kann die Art seiner grafischen Darstellung sein. Steht er aufgrund seiner Größe, Platzierung, Schriftgestaltung oder Farbe derart im Blickfang der Marke, dass alle anderen Elemente nebensächlich erscheinen, wird man jedenfalls in bildlicher Hinsicht von einer prägenden Stellung ausgehen können (vgl. BGH GRUR 2016, 283 Rn. 17 – BSA/DSA DEUTSCHE SPORTMANAGEMENT AKADEMIE). Explizit bestätigt hat der BGH zB, dass ein Markenelement durch seine Platzierung an erster Stelle zusätzliches Gewicht für den Gesamteindruck erhalten kann (BGH GRUR 2008, 903 Rn. 26 – SIERRA ANTIGUO). Gleichzeitig billigte der BGH aber auch die Annahme, dass die grafische Herausstellung eines nur schwach kennzeichnungskräftigen Wortbestandteils nicht zur Vernachlässigung der übrigen Wortbestandteile führt (BGH GRUR 2008, 903 Rn. 25 – SIERRA ANTIGUO). Sind die übrigen Wortbestandteile allerdings ebenso kennzeichnungsschwach wie der graphisch hervorgehobene, kann letzterer den Gesamteindruck durchaus prägen (BGH GRUR 2016, 283 Rn. 17, 19 – BSA/DSA DEUTSCHE SPORTMANAGEMENT AKADEMIE). Inwiefern sich Größe, Platzierung und Farbe einzelner Markenbestandteile auf ihre Bedeutung für den Gesamteindruck auswirken, ist mithin stets eine Frage des konkreten Einzelfalls.

437 **h) Wort- und Bildelemente.** Hinsichtlich der Regeln, die für das Verhältnis von Wort- und Bildelementen in Wort-/Bildmarken gelten, wird auf die Ausführungen zur klanglichen und bildlichen Markenähnlichkeit verwiesen (→ Rn. 382; → Rn. 395 f.).

i) Farbelemente. Der Farbe eines mehrteiligen Zeichens misst der Verkehr regelmäßig 438
keine prägende Bedeutung bei. Grundsätzlich ist davon auszugehen, dass die Farbe einer
Marke nicht als Hinweis auf die betriebliche Herkunft der Waren bzw. Dienstleistungen
wahrgenommen wird, sondern deren funktionellen und ästhetischen Gestaltung dient (BGH
GRUR 2011, 148 Rn. 32 – Goldhase II; BPatG GRUR 2007, 599 (600) – UHU stic;
ähnlich OLG Hamburg, GRUR-RR 2004, 198 (200) – Benutzungsmarke „Gelb"). Eine
abweichende Beurteilung kommt allenfalls dann in Betracht, wenn die Farbe in ihrer Funktion als betrieblicher Herkunftshinweis verkehrsbekannt ist und alle anderen Markenbestandteile weitgehend in den Hintergrund treten.

j) Dreidimensionale Elemente. Stimmen die dreidimensionalen Elemente einer Marke 439
mit der Form der fraglichen Waren überein, sieht der Verkehr darin regelmäßig keinen
Herkunftshinweis. Er schreibt sie vielmehr dem Bemühen des Herstellers zu, ein funktionelles bzw. ästhetisch ansprechendes Produkt zu schaffen (BGH GRUR 2011, 148 Rn. 25, 32 –
Goldhase II; GRUR 2006, 679 Rn. 17 – Porsche Boxster). Entsprechend treten derartige
dreidimensionale Elemente für den Gesamteindruck in den Hintergrund und vermögen
grundsätzlich keine Markenähnlichkeit zu begründen.

Anders kann der Fall liegen, wenn die dreidimensionalen Bestandteile von der Form der 440
Ware unabhängig sind oder – zB infolge Bekanntheit – über hohe Kennzeichnungskraft
verfügen.

k) Gesamtbegriffe. Eine Prägung des von einer Marke ausgehenden Gesamteindrucks 441
durch einen (Wort-)Bestandteil scheidet aus, wenn dieser mit einem anderen Wortelement
zu einem Gesamtbegriff verschmilzt. Es ist noch nicht abschließend geklärt, unter welchen
Voraussetzungen dies der Fall ist.

Von einem Gesamtbegriff ist in jedem Fall auszugehen, wenn die fragliche Wortkombina- 442
tion einen eigenständigen Bedeutungsgehalt hat (BGH GRUR 2009, 1055 Rn. 30 – airdsl).
In solchen Fällen liegt es fern, dass der Verkehr die Wortkombination in einzelne Bestandteile
aufspaltet (BGH GRUR 2009, 484 Rn. 34 – Metrobus). Ein weiteres Indiz für die Annahme
einer Gesamtbegrifflichkeit stellt die Zusammenschreibung zweier Wörter dar. Zwingend
ist dieser Schluss allerdings nicht. So hat der BGH zum Beispiel die Bezeichnung „Pantohexal", wenn auch in anderem Zusammenhang, nicht als Gesamtbegriff betrachtet. Umgekehrt
können sich auch auseinander geschriebene Wörter als Gesamtbegriff darstellen, nämlich
dann, wenn sie semantisch derart aufeinander bezogen sind, dass dadurch ein eigenständiger
Sinngehalt entsteht. Anhaltspunkte dafür, dass eine aus mehreren Wörtern bestehende Marke
als Gesamtbegriff wahrgenommen wird, ergeben sich zudem bisweilen aus der Art und
Weise, in der die Marke tatsächlich benutzt und wiedergegeben wird. Verfügt eine mehrteilige Marke beispielsweise nur als Ganzes über infolge Benutzung gesteigerte Bekanntheit, ist
davon auszugehen, dass sich der Verkehr auch beim Zeichenvergleich an dem Gesamtbegriff
orientiert (BGH GRUR 2009, 772 Rn. 64 – Augsburger Puppenkiste). Schließlich steht
die Tatsache, dass ein Bestandteil einer Marke beschreibend ist, der Annahme eines Gesamtbegriffs nicht entgegen. Auch ein für sich genommen beschreibender Bestandteil kann zum
Gesamteindruck der Marke beitragen und diese mitprägen, wenn er Teil eines Gesamtbegriffs
mit eigenständigem Bedeutungsgehalt ist (BGH GRUR 2009, 1055 Rn. 30 – airdsl).

l) Unternehmenskennzeichen. Enthält ein zusammengesetztes Zeichen einen Bestand- 443
teil, bei dem es sich um das Unternehmenskennzeichen der Markeninhaberin handelt, tritt
dieser Bestandteil nach der Rechtsprechung des BGH im Allgemeinen in der Bedeutung
für den Gesamteindruck zurück, weil der Verkehr die eigentliche Kennzeichnung in dem
anderen Bestandteil der zusammengesetzten Marke erblickt (BGH GRUR 2012, 635
Rn. 25 – METRO/ROLLER's Metro; GRUR 2012, 64 Rn. 17 – Maalox/Melox-GRY;
GRUR 2008, 905 Rn. 27 – Pantohexal). Der andere Bestandteil prägt die betreffende Marke
allein.

Voraussetzung ist allerdings, dass der Verkehr das Unternehmenskennzeichen als solches 444
erkennt (BGH GRUR 2012, 64 Rn. 17 – Maalox/Melox-GRY). Dies wird regelmäßig dann
nicht der Fall sein, wenn das Unternehmenskennzeichen den beteiligten Verkehrskreisen
mangels nennenswerter Marktpräsenz nicht bekannt ist und diese deshalb keine Veranlassung
haben, in dem anderen Bestandteil die eigentliche Produktkennzeichnung zu sehen (BGH

Onken

MarkenG § 14 Teil 2 Voraussetzungen, Inhalt und Schranken etc.

GRUR 2012, 64 Rn. 18 ff. – Maalox/Melox-GRY). Kennen die beteiligten Verkehrskreise das Unternehmenskennzeichen nicht, führt auch dessen grafische Hervorhebung nicht dazu, dass sie es als solches erkennen (BGH GRUR 2012, 64 Rn. 21 – Maalox/Melox-GRY).

445 Zudem schließt der eingangs zitierte Erfahrungssatz nicht aus, dass die tatrichterliche Würdigung des Einzelfalls unter Heranziehung aller Umstände zu einem abweichenden Ergebnis gelangt (BGH GRUR 2012, 635 Rn. 25 – METRO/ROLLER's Metro; GRUR 2012, 64 Rn. 17 – Maalox/Melox-GRY; GRUR 2008, 905 Rn. 27 – Pantohexal). So vermag zB der Umstand, dass sich der andere Markenbestandteil an einen beschreibenden Begriff anlehnt und über entsprechend schwache Kennzeichnungskraft verfügt, ein Zurücktreten des Unternehmenskennzeichens im Gesamteindruck nicht zu verhindern (BGH GRUR 2012, 64 Rn. 18, 22 – Maalox/Melox-GRY). Wird die Herstellerbezeichnung dem übereinstimmenden Markenbestandteil in ihrer Genitivform vorangestellt und die beiden Markenbestandteile dadurch zu einer Einheit verbunden, kann die Herstellerbezeichnung dadurch ebenfalls mitprägende Bedeutung gewinnen (BGH GRUR 2012, 635 Rn. 26 – METRO/ROLLER's Metro). Schließlich nimmt ein Unternehmenskennzeichen auch dann am Gesamteindruck der Marke teil, wenn es mit dem weiteren Markenbestandteil zu einem Wort zusammengefasst wird und dadurch eine ausgeprägte Klammerwirkung entsteht (BGH GRUR 2008, 905 Rn. 28 – Pantohexal). Erschwerend kann hinzukommen, dass der Verkehr auf dem fraglichen Warensektor nicht dazu neigt, Marken verkürzt wiederzugeben. Vom BGH gebilligt wurde eine entsprechende Annahme im Hinblick auf den Arzneimittelsektor (BGH GRUR 2008, 905 Rn. 28 – Pantohexal).

446 **m) Stammbestandteile von Serienzeichen.** Nach der Rechtsprechung des BGH gilt bei zusammengesetzten Zeichen der Erfahrungssatz, dass ein Bestandteil, der für den Verkehr erkennbar Serienkennzeichen ist, im Allgemeinen in der Bedeutung für den Gesamteindruck zurücktritt. Der Grund dafür ist der gleiche wie bei Unternehmenskennzeichen (→ Rn. 446): Der Verkehr erblickt die eigentliche Produktkennzeichnung in dem anderen Markenelement (BGH GRUR 2012, 635 – METRO/ROLLER's Metro; GRUR 2008, 258 Rn. 27 – INTERCONNECT/T-InterConnect). Dies bedeutet allerdings nicht, dass eine Würdigung der Umstände des Einzelfalls nicht zu einem anderen Ergebnis führen könnte (BGH GRUR 2012, 635 Rn. 25 – METRO/ROLLER's Metro; GRUR 2008, 258 Rn. 27 – INTERCONNECT/T-InterConnect).

447 **n) Top-Level-Domains, Rechtsformzusätze.** Handelt es sich bei einem Zeichen erkennbar um einen Domainnamen und versteht der Verkehr eine generische Top-Level-Domain wie .de, .at, .com oder .org als solche, hat die Top-Level-Domain nur funktionale Bedeutung. Daraus folgt, dass sie im Verhältnis zu einer unterscheidungskräftigen Second-Level-Domain zurücktritt und für den Gesamteindruck zu vernachlässigen ist (BGH GRUR 2009, 1055 Rn. 28, 66 – airdsl).

448 Auch der Angabe der Rechtsform eines Unternehmens, wie zB GmbH, AG, SARL oder Sp. z o o., kommt als Zeichenbestandteil regelmäßig keine (mit-)prägende Bedeutung zu (BGH GRUR 2015, 1004 Rn. 46 – IPS/ISP).

449 **o) Präsentation und Bewerbung der Marke auf dem Markt.** Für die Beurteilung des Gesamteindrucks einer Marke ist grundsätzlich die Form maßgeblich, in der sie im Register eingetragen ist. Dennoch kann dem Verkehr nach der Rechtsprechung des BGH ein einzelnes Gestaltungsmerkmal eines zusammengesetzten Zeichens als Folge der Präsentation und Bewerbung der Marke als besonders herkunftshinweisend erscheinen (BGH GRUR 2009, 766 Rn. 36 f. – Stofffähnchen; GRUR 2007, 235 Rn. 24 – Goldhase). Entsprechendes dürfte insbesondere dann zutreffen, wenn das fragliche Gestaltungsmerkmal bzw. Zeichenelement dem Verkehr auch in Alleinstellung begegnet und von ihm als Herstellerhinweis erkannt wird (vgl. BGH GRUR 2009, 766 Rn. 39 f. – Stofffähnchen).

450 **p) Verkürzungsneigung?** Bisweilen wird die (klangliche) Ähnlichkeit nur teilweise übereinstimmender Marken mit dem Erfahrungssatz begründet bzw. untermauert, dass der Verkehr dazu neigt, Bezeichnungen in einer die Merkbarkeit und Aussprechbarkeit erleichternden Weise zu verkürzen (BGH GRUR 2015, 1004 Rn. 33 – IPS/ISP; GRUR 2007, 888 Rn. 27 – Euro Telekom; GRUR 2002, 626 (628) – IMS). Für eine Verkürzungsneigung spreche es, wenn der Verkehr Schwierigkeiten habe, sich längere Wortbestandteile einer

Marke einzuprägen (GRUR 2008, 719 Rn. 37 – idw Informationsdienst Wissenschaft). Ist die in einer Marke enthaltene Buchstabenfolge dem Verkehr als Abkürzung allgemein geläufig, stelle dies einen Anhaltspunkt für die Verkürzung auf die Buchstabenfolge dar (BGH GRUR 2016, 283 Rn. 16 – BSA/DSA DEUTSCHE SPORTMANAGEMENT AKADEMIE; GRUR 2008, 719 Rn. 37 – idw Informationdienst Wissenschaft). Von einer verkürzenden Wahrnehmung sei hingegen nicht auszugehen, wenn der fragliche Markenbestandteil als Abkürzung der übrigen Bestandteile verstanden wird. Die übrigen Bestandteile seien für den Verkehr dann leicht erfassbar, so dass er keine Schwierigkeiten bei der Einprägung habe und einer die Merkbarkeit und Aussprechbarkeit erleichternden Verkürzung nicht bedürfe (BGH GRUR 2016, 283 Rn. 16 – BSA/DSA DEUTSCHE SPORTMANAGEMENT AKADEMIE; GRUR 2008, 719 Rn. 37 – idw Informationdienst Wissenschaft).

Mit den strengen Anforderungen, die der BGH sonst an die Annahme von Zeichenähnlichkeit bei Übereinstimmung in nur einem Bestandteil stellt, lässt sich der schlichte Verweise auf die Verkürzungsneigung des Verkehrs nur schwer vereinbaren (vgl. auch Ströbele/Hacker/Hacker § 15 Rn. 43). Ist der von einer eingetragenen Marke ausgehende Gesamteindruck zu beurteilten, steht der Annahme einer Verkürzungsneigung zudem die Maßgeblichkeit der eingetragenen Form der Marke (→ Rn. 339) entgegen. Davon abgesehen dürfte die Frage nach einer Verkürzungsneigung nur selten praktisch relevant sein. In den meisten Fällen, die unter Annahme einer Verkürzungsneigung entschieden wurden, hätte sich eine prägende Bedeutung desjenigen Markenbestandteils, auf den verkürzt werden soll, auch anhand der sonst für die Beurteilung des Gesamteindrucks geltenden Kriterien (vor allem → Rn. 428 ff.) begründen lassen.

2. Selbständig kennzeichnende Stellung

a) Anwendungsbereich. Eine Verwechslungsgefahr im weiteren Sinn ist in der folgenden Konstellation gegeben (EuGH C-120/04, GRUR 2005, 1042 Rn. 31 – THOMSON LIFE; BGH GRUR 2012, 64 Rn. 16, 25 ff. – Maalox/Melox-GRY; GRUR 2010, 729 Rn. 43 – MIXI; GRUR 2009, 672 Rn. 33 ff. – OSTSEE-POST; GRUR 2009, 484 Rn. 79 – Metrobus): 451

- Ein Zeichen, das mit einer älteren Marke übereinstimmt, wird in eine jüngere zusammengesetzte Marke aufgenommen.
- In dieser jüngeren zusammengesetzten Marke behält das Zeichen eine selbständig kennzeichnende Stellung.
- Aufgrund der Übereinstimmung des Zeichens mit der älteren Marke kann bei den angesprochenen Verkehrskreisen der Eindruck hervorgerufen werden, dass die betroffenen Waren und Dienstleistungen zumindest aus wirtschaftlich miteinander verbundenen Unternehmen stammen.

Ebenso wie bei der Verwechslungsgefahr unter dem Aspekt des Serienzeichens (→ Rn. 488 ff.) handelt es sich hierbei um einen Fall der Verwechslungsgefahr durch gedankliches Inverbindungbringen (BGH GRUR 2010, 729 Rn. 43 – MIXI; → Rn. 485 ff.). 452

Prägt ein Bestandteil den von einem Zeichen ausgehenden Gesamteindruck, verfügt dieser Bestandteil regelmäßig zugleich über eine selbständig kennzeichnende Stellung. Entsprechend hat der BGH in seinem Beschluss über die Nichtzulassungsbeschwerde der Beklagten in der Sache „LIFETEC/bitolon livetex plus" festgestellt, dass das Berufungsgericht eine selbständig kennzeichnende Stellung von „livetex" in den Zeichen „bitolon livetex plus" und „bitolon livetex extra" daraus folgern durfte, dass die weiteren Bestandteile der Zeichen für die Beurteilung des Gesamteindrucks zurücktreten (BGH BeckRS 2011, 29054 Rn. 6 – LIFETEC). 453

b) Besondere Umstände. Einzelne oder mehrere Bestandteile eines zusammengesetzten Zeichens können nach aktueller Rechtsprechung des BGH nur bei Vorliegen besonderer Umstände als selbständig kennzeichnend angesehen werden (BGH GRUR 2013, 833 Rn. 50 – Culinaria/Villa Culinaria; anders wohl noch BGH GRUR 2009, 772 Rn. 69 f. – Augsburger Puppenkiste, der das Vorliegen besonderer Umstände für die Annahme einer Verwechslungsgefahr im weiteren Sinn forderte und die selbständig kennzeichnende Stellung des mit der älteren Marke übereinstimmenden Bestandteils der jüngeren Marke als solchen besonderen Umstand ansah). Allein die Tatsache, dass sämtliche Bestandteile einer zusam- 454 mengesetzten Marke den Gesamteindruck der Marke oder Kennzeichnung gleichermaßen bestimmen, weil keiner der Bestandteile das Erscheinungsbild der Marke dominiert oder prägt, führt nicht automatisch dazu, dass diese Bestandteile eine selbständig kennzeichnende Stellung haben. Andernfalls würde der Grundsatz, dass der Verbraucher eine Marke als Ganzes wahrnimmt, zur Ausnahme verkehrt (BGH GRUR 2013, 833 Rn. 50 – Culinaria/Villa Culinaria).

455 Besondere Umstände ergeben sich nach der Rechtsprechung des BGH jeweils aus den Eigenschaften desjenigen Elements der jüngeren zusammengesetzten Marke, das nicht mit der älteren Marke übereinstimmt. Ein besonderer Umstand ist zum Beispiel, dass die jüngere zusammengesetzte Marke neben der älteren Marke des Dritten die Unternehmensbezeichnung oder ein Serienzeichen des Markeninhabers enthält (vgl. BGH GRUR 2013, 833 Rn. 51 – Culinaria/Villa Culinaria; GRUR 2012, 635 Rn. 29 – METRO/ROLLER's Metro; GRUR 2008, 905 Rn. 38 – Pantohexal; GRUR 2008, 258 Rn. 33 – INTERCONNECT/T-InterConnect). Abweichend davon hat das BPatG in der Entscheidung POLLO REAL (BeckRS 2016, 05060) dem Markenelement „REAL" neben dem Wort „POLLO" eine selbständig kennzeichnende Stellung allein mit der Begründung beigemessen, dass die Widerspruchsmarke „real,-" über gesteigerte Kennzeichnungskraft verfüge.

455.1 Ob allein die gesteigerte Kennzeichnungskraft der älteren Marke genügen kann, damit ein mit dieser übereinstimmender Bestandteil der jüngeren Marke selbständig kennzeichnend wirkt, ist äußerst fraglich. Es sind durchaus Konstellationen denkbar, in denen eine Marke mit gesteigerter Kennzeichnungskraft mit einem weiteren Element so kombiniert wird, dass sie in dem komplexen Zeichen keine selbständig kennzeichnende Stellung behält (vgl. nur BGH GRUR 2009, 484 – Metrobus). Bei der Beurteilung der selbständig kennzeichnenden Stellung hat das BPatG zudem seine vorangehende Feststellung unberücksichtigt gelassen, dass die Marke „POLLO REAL" vom Verkehr als „einheitlicher Fantasiebegriff" aufgefasst werden könne. Ein einheitlicher Begriff spräche aber gerade gegen eine selbständig kennzeichnende Stellung eines einzelnen Bestandteils (→ Rn. 471 ff.).

456 **c) Grad der Übereinstimmung.** Nach der Rechtsprechung des BGH setzt eine Verwechslungsgefahr in Folge selbständig kennzeichnender Stellung eines Zeichenbestandteils nicht voraus, dass dieser Zeichenbestandteil mit der älteren Marke identisch ist. Vielmehr kann Verwechslungsgefahr auch zu bejahen sein, wenn insoweit nur Ähnlichkeit besteht (BGH GRUR 2013, 833 Rn. 45 – Culinaria/Villa Culinaria; GRUR 2012, 646 Rn. 15 – OFFROAD; GRUR 2009. 772 Rn. 57 – Augsburger Puppenkiste; GRUR 2009, 672 Rn. 33 – OSTSEE-POST). Welches Ähnlichkeitsgrades es bedarf, ist allerdings noch ungeklärt. In den bislang entschiedenen Fällen standen sich meist eine Marke und ein Markenbestandteil gegenüber, die identisch oder zumindest hochgradig ähnlich waren (vgl. zB BGH GRUR 2006, 859 Rn. 23 – Malteserkreuz).

457 **d) Prioritätslage.** Bislang hat der BGH eine Verwechslungsgefahr aufgrund selbständig kennzeichnender Stellung eines Markenbestandteils nur in Fällen anerkannt, in denen ein mit der älteren Marke übereinstimmendes Zeichen in eine jüngere zusammengesetzte Marke übernommen wurde (BGH GRUR 2012, 64 Rn. 26 – Maalox/Melox-GRY; GRUR 2010, 646 Rn. 15 – OFFROAD; GRUR 2009, 905 Rn. 38 – Pantohexal). Abweichend von den allgemeinen Grundsätzen (→ Rn. 425) soll die Prioritätslage hier offenbar durchaus eine Rolle spielen.

458 **e) Kennzeichnungskraft der älteren Marke.** Die selbständig kennzeichnende Stellung eines Markenbestandteils erfordert nicht, dass die ältere Marke, mit der dieser Bestandteil übereinstimmt, über gesteigerte Kennzeichnungskraft verfügt (BGH GRUR 2006, 859 Rn. 21 – Malteserkreuz).

459 Selbst eine unterdurchschnittliche Kennzeichnungskraft der älteren Marke schließt nicht aus, dass diese in der jüngeren Marke eine selbständig kennzeichnende Stellung behält (BGH GRUR 2013 Rn. 50 – Culinaria/Villa Culinaria; GRUR 2009, 905 Rn. 38 – Pantohexal; GRUR 20098, 258 Rn. 35 – INTERCONNECT/T-InterConnect).

460 Ist die Kennzeichnungskraft der älteren Marke jedoch erhöht, spricht dies durchaus dafür, dass der mit ihr übereinstimmende Bestandteil der jüngeren zusammengesetzten Marke in dieser eine selbständig kennzeichnende Stellung innehat (BGH GRUR 2009, 484 Rn. 80 – Metrobus; BPatG BeckRS 2016, 05060 – POLLO REAL).

f) Eigenschaften des übereinstimmenden Markenbestandteils. Anders als die in ständiger Rechtsprechung wiederholten Grundsätze (→ Rn. 451) ggf. vermuten lassen, ist nicht zwingend erforderlich, dass die gesamte ältere Marke in die jüngere Marke übernommen wird. Fasst die jüngere Marke nur ein Element der älteren Marke auf, kann auch diesem in der jüngeren Marke eine selbständig kennzeichnende Stellung zukommen. Voraussetzung ist allerdings, dass das betreffende Element die ältere Marke dominiert oder prägt (BGH GRUR 2009, 1055 Rn. 31 – airdsl). Gestünde man auch nicht prägenden bzw. dominierenden Bestandteilen der älteren Marke in der jüngeren Marke eine selbständig kennzeichnende Stellung zu, würde, so der BGH, für die ältere Marke ein selbständiger Elementenschutz begründet, der dem Kennzeichenrecht grundsätzlich fremd ist (BGH GRUR 2009, 1055 Rn. 31 – airdsl; GRUR 2008, 904 Rn. 34 – SIERRA ANTIGUO). 461

Weiterhin muss es sich bei dem Zeichen, welches in die jüngere Marke übernommen wird, nicht notwendigerweise um ein Wortzeichen handeln. Auch Bildelemente können, soweit sie mit der älteren Marken identisch oder ähnlich sind, in dem jüngeren zusammengesetzten Zeichen eine selbständig kennzeichnende Stellung behalten (BGH GRUR 2006, 859 Rn. 21 – Malteserkreuz). 462

Ist die in die jüngere Marke übernommene ältere Marke zugleich das Unternehmenskennzeichen des Inhabers der älteren Marke, steht dies einer selbständig kennzeichnenden Stellung nicht entgegen. Auch ein fremdes Unternehmenskennzeichen kann in einer jüngeren Marke selbständig kennzeichnend wirken. Hält der Verkehr das fremde Unternehmenskennzeichen in der jüngeren Marke für die eigentliche Produktkennzeichnung, liegt diese Annahme sogar nahe (BGH GRUR 2012, 635 Rn. 29 – METRO/ROLLER's Metro). 463

Des Weiteren kann es für die selbständig kennzeichnende Stellung eines Markenbestandteils sprechen, wenn dieser vom Markeninhaber im Sinne eines Serienzeichens für mehrere Modelle eines Produkts verwendet wird. Dadurch wird, so der BGH, die produktkennzeichnende Funktion des Markenbestandteils für den Verkehr erhöht (BGH GRUR 2012, 635 Rn. 31 – METRO/ROLLER's Metro). 464

Eine selbständig kennzeichnende Stellung des in die jüngere Marke übernommenen Zeichens scheidet allerdings aus, wenn der Verkehr diesem Zeichen in der jüngeren Marke lediglich beschreibende Bedeutung beimisst (BGH GRUR 2012, 635 Rn. 29 – METRO/ROLLER's Metro; GRUR 2009, 672 Rn. 36 – OSTSEE-POST). 465

g) Eigenschaften der abweichenden Markenbestandteile. Die Grundlage für die aktuelle Rechtsprechung zur selbständig kennzeichnenden Stellung von Markenbestandteilen bildet das Medion-(auch THOMSON LIFE-)Urteil des EuGH C-120/04, GRUR 2005, 1042). In diesem erklärte der EuGH eine selbständig kennzeichnende Stellung eines Zeichenbestandteils für möglich, wenn eine ältere Marken in eine jüngere zusammengesetzte Marke übernommen wird, welche neben der älteren Marke (a) die Unternehmensbezeichnung eines Dritten, (b) eine bekannte Marke oder (c) einen bekannten Handelsnamen enthält. 466

Der BGH hat eine selbständig kennzeichnende Stellung einer älteren Marke in einem jüngeren zusammengesetzten Zeichen bislang nur dann angenommen, wenn es sich bei dem anderen Bestandteil der jüngeren Marke um das **Unternehmenskennzeichen** oder ein **Serienzeichen** des Inhabers der jüngeren Marke handelt (BGH GRUR 2012, 833 Rn. 50 f. – Culinaria/Villa Culinaria; GRUR 2012, 635 Rn. 37 – METRO/ROLLER'S Metro; GRUR 2012, 64 Rn. 26 – Maalox/Melox-GRY; GRUR 2010, 646 Rn. 15 – OFF-ROAD; GRUR 2009, 909 Rn. 38 – Pantogast; GRUR 2008, 258 Rn. 33 – INTERCONNECT/T-InterConnect) und der Verkehr das Unternehmenskennzeichen bzw. Serienzeichen in dem zusammengesetzten Zeichen erkennt (BGH BeckRS 2011, 29054 Rn. 7 – LIFETEC; GRUR 2008, 905 Rn. 38 – Pantohexal). Aus dem vom BGH an sich zur Prägetheorie entwickelten Erfahrungssatz, dass der Verkehr in einem neben dem erkennbaren Unternehmenszeichen oder Serienzeichen vorhandenen, unterscheidungskräftigen Bestandteil im Allgemeinen die eigentliche Produktkennzeichnung erblickt, folgt laut BGH dessen selbständig kennzeichnende Stellung (BGH GRUR 2012, 635 Rn. 29 – METRO/ROLLER's Metro; GRUR 2008, 905 Rn. 38 – Pantohexal; GRUR 2008, 258 Rn. 33, 35 – INTERCONNECT/T-InterConnect). Unter dieser Voraussetzung kommt eine selbständig kennzeichnende Stellung selbst dann in Betracht, wenn die ältere Marke und das Unternehmenskennzeichen bzw. Serienzeichen des Inhabers der jüngeren Marke in letzterer zu einem 467

Wort verbunden werden (BGH GRUR 2008, 905 Rn. 38 – Pantohexal). Je bekannter das Unternehmens- bzw. Serienkennzeichen, desto stärker ist die selbständig kennzeichnende Stellung des weiteren Markenbestandteils (BGH GRUR 2008, 258 Rn. 35 – INTERCONNECT/T-InterConnect).

468 Der Kombination der älteren Marke mit einem Unternehmenskennzeichen soll es gleichkommen, wenn sich der betreffende Zeichenbestandteil ersichtlich an das Unternehmenskennzeichen des Verwenders anlehnt (BGH BeckRS 2011, 29054 Rn. 7 – LIFETEC).

469 Ist der Markenbestandteil, mit welchem das mit der älteren Marke übereinstimmende Zeichen in der jüngeren Marke kombiniert wird, für die fraglichen Waren bzw. Dienstleistungen glatt beschreibend, kann hingegen grundsätzlich nicht davon ausgegangen werden, dass der Verkehr diesen Markenbestandteil als Unternehmenskennzeichen oder Stammbestandteil einer Zeichenserie versteht. Eine selbständig kennzeichnende Stellung des mit der älteren Marke übereinstimmenden Bestandteils scheidet infolgedessen aus (BGH GRUR 2010, 646 Rn. 17 – OFFROAD). Etwas anderes kann allenfalls gelten, wenn sich der Verkehr daran gewöhnt hat, dass der nicht unterscheidungskräftige Markenbestandteil als Stammbestandteil einer bereits existierenden Zeichenserie verwendet wird (BGH GRUR 2010, 646 Rn. 17 – OFFROAD). Eine Benutzung des Markenbestandteils für nur zwei verschiedene Produkte soll dafür allerdings nicht genügen (BGH GRUR 2010, 646 Rn. 17 – OFFROAD). Führt die glatt beschreibende Eigenschaft des zusätzlichen Bestandteils der jüngeren Marke allerdings dazu, dass der andere, mit der älteren Marke übereinstimmende Bestandteil den Gesamteindruck der jüngeren Marke prägt, wird letzterer regelmäßig auch eine selbständig kennzeichnende Stellung innehaben (→ Rn. 437).

470 Enthält die jüngere Marken neben der älteren Marke und dem Unternehmenskennzeichen des Inhabers bzw. Verwenders weitere, rein beschreibende Bestandteile, stehen diese einer selbständig kennzeichnenden Stellung des mit der älteren Marke übereinstimmenden Bestandteils nicht entgegen (BGH BeckRS 2011, 29054 – LIFETEC).

471 **h) Verhältnis der Bestandteile des jüngeren Zeichens zueinander.** Ist ein Bestandteil einer komplexen Marke durch seine grafische Gestaltung oder Anordnung im Gesamtzeichen besonders hervorgehoben bzw. von dem anderen Bestandteil grafisch abgesetzt, genügt dies für sich genommen nicht, um von einer selbständig kennzeichnenden Stellung des anderen Bestandteils auszugehen (BGH GRUR 2010, 646 Rn. 18 – OFFROAD). Erscheint der mit der älteren Marke übereinstimmende Bestandteil der jüngeren Marke in letzterer jedoch als in sich geschlossene Gestalt, kann dies durchaus als Indiz für dessen selbständig kennzeichnende Stellung gewertet werden. Sind die einzelnen Bestandteile der jüngeren Marke hingegen so aufeinander bezogen, dass der Verkehr von einem einheitlichen Kennzeichen ausgeht, scheidet eine selbständig kennzeichnende Stellung der betreffenden Markenbestandteile aus. Für eine solche Betrachtungsweise spricht es insbesondere, wenn der eine Begriff den anderen konkretisiert (BGH GRUR 2010, 646 Rn. 18 – OFFROAD).

472 Stellt sich die jüngere Marke als Gesamtbegriff mit einer eigenständigen Bedeutung dar, ist keines der Markenelemente selbständig kennzeichnend. Der Verkehr hat keinen Anlass, einen Gesamtbegriff in verschiedene Bestandteile aufzuspalten und einen davon mit der älteren Marke gedanklich in Verbindung zu bringen (BGH GRUR 2009, 484 Rn. 34 – Metrobus). Ob der Verkehr ein Zeichen als Gesamtbegriff wahrnimmt oder ob er in ihm zwei selbständige Zeichen erkennt, kann je nach Art der betroffenen Waren und Dienstleistungen variieren (BGH GRUR 2009, 484 Rn. 80 – Metrobus).

473 Nicht zwingend erforderlich ist, dass das Zeichen, welches in die jüngere zusammengesetzte Marke übernommen wurde, von deren weiteren Bestandteilen optisch getrennt ist. Auch in einer aus einem Wort bestehenden Bezeichnung kann ein Wortbestandteil eine selbständig kennzeichnende Stellung haben (BGH GRUR 2010, 729 Rn. 34 – MIXI; GRUR 2008, 905 Rn. 38 – Pantohexal). Grundsätzlich gilt jedoch, dass der Verkehr bei **Einwortmarken** den einzelnen Wortbestandteilen keine selbständig kennzeichnende Stellung zumisst. Die Zusammenfügung zweier Elemente zu einem Wort entfaltet regelmäßig eine erhebliche Klammerwirkung (BGH GRUR 2010, 729 Rn. 25 – MIXI; GRUR 2008, 909 Rn. 39 – Pantogast). Nur ausnahmsweise kann der Verkehr Veranlassung haben, das zusammengesetzte Zeichen zergliedernd wahrzunehmen und nicht als einheitliche Bezeichnung aufzufassen. Dafür bedarf es besonderer Umstände (BGH GRUR 2010, 729 Rn. 34 –

MIXI; GRUR 2013, 631 Rn. 33 – AMARULA/Marulablu; GRUR 2008, 905 Rn. 38 – Pantohexal).

Solche Umstände sind beispielsweise gegeben, wenn der Inhaber eines bekannten Kennzeichens dieses mit einer älteren Marke zu einem Wort verbindet (BGH GRUR 2010, 729 Rn. 34 – MIXI; GRUR 2008, 905 Rn. 38 – Pantohexal). Ferner sollen besondere Umstände, die zur zergliedernden Wahrnehmung eines Wortes führen, vorliegen, wenn der Verkehr einen Bestandteil des Markenwortes als beschreibende Angabe erkennt (BGH GRUR 2013, 631 Rn. 33 – AMARULA/Marulablu). Wird hingegen eine dem Verkehr nicht bekannte Herstellerangabe mit einer älteren Marke zu einem Wort zusammengefügt, hat der Verkehr keine Veranlassung, die ältere Marke abzuspalten und ihr eine selbständig kennzeichnende Stellung in dem Gesamtzeichen beizulegen (BGH GRUR 2010, 729 Rn. 35 – MIXI).

i) Top-Level-Domains. Handelt es sich bei einem Zeichen erkennbar um einen Domainnamen und versteht der Verkehr eine generische Top-Level-Domain wie .de, .at, .com oder .org als solche, hat die Top-Level-Domain nur funktionale Bedeutung. Daraus folgt nicht nur, dass die Top-Level-Domain für den Gesamteindruck zu vernachlässigen ist (→ Rn. 447), die **Second-Level-Domain** wird auch als selbständig kennzeichnender Bestandteil des Domainnamens wahrgenommen und kann damit eine Verwechslungsgefahr im weiteren Sinn begründen (BGH GRUR 2009, 685 Rn. 26 – ahd.te).

j) Sonstige Faktoren. Ob eine ältere Marke in einem jüngeren zusammengesetzten Zeichen eine selbständig kennzeichnende Stellung behält, kann maßgeblich von dem Produktbereich bzw. Dienstleistungssektor abhängen, in dem die jüngere Marke benutzt wird. Existieren in dem maßgeblichen Waren- bzw. Dienstleistungsgebiet besondere Kennzeichnungsgewohnheiten, können diese die Annahme einer selbständig kennzeichnenden Stellung eines Markenbestandteils fördern oder hemmen. Ist es in einem Sektor beispielsweise üblich, bestimmte Zeichen sowohl in Alleinstellung als auch in Kombination mit dem jeweiligen Unternehmenskennzeichen zu benutzen, spricht vieles dafür, dass die Elemente entsprechend zusammengesetzter Marken jeweils als selbständig kennzeichnend wahrgenommen werden (BGH GRUR 2006, 859 Rn. 22 – Malteserkreuz).

3. Namensmarken

Namensmarken sind Marken, die aus dem Vor- und/oder Nachnamen natürlicher Personen bestehen und als solche wahrgenommen werden. Für den Vergleich von Namensmarken gelten grundsätzlich die allgemeinen Regeln. Besonderheiten können sich jedoch aufgrund geschlechtsspezifischer Unterschiede ergeben. Beispielsweise weichen die Wortmarken „Cordia" und „CORDIUS" nach Auffassung des 29. Senats des BPatG aufgrund der weiblichen bzw. männlichen Endung „-a" bzw. „-US" in klanglicher, bildlicher und begrifflicher Hinsicht so deutlich voneinander ab, dass Markenähnlichkeit ausscheidet (BPatG BeckRS 2014, 01374).

Wie mehrteilige Marken im Übrigen (→ Rn. 416 ff.) stimmen auch Namensmarken in der Praxis häufig nur in einem ihrer Bestandteile, also nur im Vornamen oder nur im Nachnamen überein. Zu unterscheiden sind im Wesentlichen die folgenden Konstellationen:
- Ein Vorname steht einer Kombination aus Vor- und Nachnamen gegenüber; die Vornamen sind identisch oder ähnlich;
- Ein Nachname steht einer Kombination aus Vor- und Nachnamen gegenüber; die Nachnamen sind identisch oder ähnlich;
- Zwei Kombinationen aus Vor- und Nachnamen stehen einander gegenüber; die Vornamen sind identisch oder ähnlich;
- Zwei Kombinationen aus Vor- und Nachnamen stehen einander gegenüber; die Nachnamen sind identisch oder ähnlich.

a) Identischer/ähnlicher Vorname. Eine Markenähnlichkeit aufgrund der Übereinstimmung zweier Namensmarken, von denen mindestens eine auch einen Nachnamen enthält, im Vornamen wurde von den deutschen Gerichten bislang nur in einem einzigen Ausnahmefall angenommen (BPatG GRUR 1998, 1027 – Boris/BORIS BECKER). Diese Entscheidung beruht im Wesentlichen darauf, dass der Vorname „Boris" seinerzeit auch in Alleinstellung zur Identifizierung des Tennisspielers Boris Becker verwendet und allgemein als Hinweis auf diesen verstanden wurde. Hintergrund dürfte die damals überragende Bekanntheit des Sportlers gewesen sein. Richtigerweise hätte jedoch darauf abgestellt werden müssen, ob die Verbraucher den Namen „Boris" im Zusammenhang mit den konkreten Waren und Dienstleistungen als Hinweis auf Boris Becker verstehen.

480   Im Übrigen gehen sowohl die deutschen als auch die europäischen Gerichte und Behörden übereinstimmend davon aus, dass die Ähnlichkeit zweier Namensmarken im Vornamen keine Markenähnlichkeit begründet. Dies kann anders zu sehen sein, wenn der Nachname beschreibend und damit nicht als Name wirkt.

481   **b) Identischer/ähnlicher Nachname.** Stimmen eine Namensmarke und eine Vor- und Nachnamensmarke nur im Nachnamen überein, besteht nach der Rechtsprechung des BGH kein Erfahrungssatz dahin, dass sich der Verkehr bei letzter allein oder auch nur vorrangig am Nachnamen orientiert (BGH GRUR 2005, 513 (514) – MEY/Ella May; GRUR 2000, 1031 – Carl Link/LINX). Hinzu kommt, dass Vornamen grundsätzlich unterscheidungskräftig und daher für den Gesamteindruck nicht ohne weiteres zu vernachlässigen sind.

482   Eine Verwechslungsgefahr nach den Grundsätzen der Prägetheorie scheidet damit in aller Regel aus. Nur unter besonderen Umständen kann der Nachname geeignet sein, den Gesamteindruck einer aus Vor- und Nachnamen zusammengesetzten Marke zu prägen (BGH GRUR 2005, 513 (514) – MEY/Ella May). Derartige Umstände können sich aus einer Übung auf dem betroffenen Waren- bzw. Dienstleistungsgebiet ergeben, die darin besteht, aus Vor- und Nachnamen gebildete Marken auf den Nachnamen zu verkürzen (BGH GRUR 2000, 1031 – Carl Link). Ferner wird eine jüngere Vor- und Nachnamensmarke laut BGH durch den Nachnamen geprägt, wenn die ältere Nachnamensmarke infolge Benutzung über erhöhte Kennzeichnungskraft verfügt (BGH GRUR 2005, 513 (514) – MEY/Ella May).

483   Nicht entschieden hat der BGH bislang, ob bzw. wann der Nachname einer aus Vor- und Nachnamen zusammengesetzten Marke in dieser eine selbständig kennzeichnende Stellung besitzt (→ Rn. 451 ff.). Ersteres ist nach der Rechtsprechung des EuGH zumindest denkbar (→ UMV Art. 8 Rn. 139 ff.).

484   Neue Bedeutung gewinnen könnte in diesem Zusammenhang das früher verbreitete Argument, der Verbraucher könne glauben, dass der Inhaber des alleinstehenden Nachnamens über den Vornamen verfüge, mit welchem der Nachname in der zusammengesetzten Marke kombiniert wurde (BGH GRUR 1961, 628 (630) – Umberto Rosso; GRUR 1985, 389 f. – Familienname; GRUR 1987, 182 (184) – Stoll; nicht so BPatG BeckRS 2013, 09895 – Albert Ballin/Ballin; BeckRS 2012, 14375 – Peter Green/Green's; GR 2014, 389 – Manuel Luciano/Luciano, wobei aber Luciano nicht eindeutig als Nachname angesehen wurde; Onken MarkenR 2011, 141 (143 f.)).

F. Markenverletzung bei Verwechslungsgefahr: Verwechslungsgefahr durch gedankliche Verbindung

I. Grundlagen

485   Gemäß § 9 Abs. 1 Nr. 2, § 14 Abs. 2 Nr. 2 schließt die Verwechslungsgefahr die Gefahr ein, dass die einander gegenüberstehenden Marken gedanklich miteinander in Verbindung gebracht werden. Der **Begriff der gedanklichen Verbindung** stellt daher – wie der EuGH (C-251/95, GRUR 1998, 387 Rn. 18–21 – Sabèl/Puma) explizit betont – keine Alternative zum Begriff der Verwechslungsgefahr dar, sondern bestimmt lediglich deren Umfang, so dass die Gefahr gedanklicher Verbindungen keinen eigenen, über die Verwechslungsgefahr hinausreichenden Markenverletzungstatbestand enthält (BGH GRUR 1999, 735 f. – MONOFLAM/POLYFLAM). Dabei genügt die Möglichkeit bloßer assoziativer gedanklicher Verbindungen zwischen den Marken noch nicht für die Annahme einer Verwechslungsgefahr (EuGH C-251/95, GRUR 1998, 387 Rn. 18 – Sabèl/Puma; BGH GRUR 2009, 772 Rn. 69 – Augsburger Puppenkiste; GRUR 2004, 779 (782) – Zwilling/Zweibrüder; GRUR 2006, 60 (63) – coccodrillo). Bei der Gefahr des gedanklichen Inverbindungbringens erkennt der Verkehr zwar die Unterschiede zwischen den sich gegenüberstehenden Marken, ordnet diese aber aufgrund vorhandener Gemeinsamkeiten in der Markenbildung irrtümlich gleichwohl ein und demselben Unternehmen oder aufgrund besonderer Umstände zumin-

dest wirtschaftlich miteinander verbundenen Unternehmen zu (vgl. BGH GRUR 2000, 608 f. – ARD-1). Die Gefahr des gedanklichen Inverbindungbringens kommt daher nur in Betracht, wenn der Verkehr nicht schon der Gefahr unmittelbarer Verwechslung unterliegt, insbesondere aufgrund der sehr geringen Ähnlichkeit der Zeichen. Diese Art der Verwechslungsgefahr ist daher erst zweitrangig zu prüfen (BGH GRUR 2013, 1239 Rn. 40 – VOLKSWAGEN/Volks.Inspektion; GRUR 2009, 484 Rn. 30, 37, 77 f. – Metrobus; GRUR 2008, 905 Rn. 25, 31–33, 36 f. – Pantohexal; BGH GRUR 2004, 779 (782) – Zwilling/Zweibrüder; GRUR 2002, 544 (547) – Bank 24).

Häufigste Anwendungsfälle der Gefahr des gedanklichen Inverbindungbringens sind **486** die mittelbare Verwechslungsgefahr oder Verwechslungsgefahr unter dem Aspekt des Serienzeichens und die Verwechslungsgefahr im weiteren Sinne. Darüber hinaus sind auch noch andere Fallgestaltungen denkbar, in denen eine Gefahr des gedanklichen Inverbindungbringens angenommen werden kann (dazu Ströbele/Hacker/Hacker § 9 Rn. 520 mit Beispielen). In der Praxis ist es aber bei Einzelfällen geblieben, die keiner eigenen Oberkategorie zugeordnet werden (können).

Wie bei der unmittelbaren Verwechslungsgefahr kommt es bei der Beurteilung der mittel- **487** baren Verwechslungsgefahr wie auch der Verwechslungsgefahr im weiteren Sinne maßgeblich auf die Ähnlichkeit der Waren/Dienstleistungen, die Kennzeichnungskraft der älteren Marke und die Zeichenähnlichkeit an, wobei die Faktoren zueinander in einem **Wechselwirkungsverhältnis** stehen (BPatG GRUR 2005, 773 (776) – Blue Bull/Red Bull; für den Fall der mittelbaren Verwechslungsgefahr vgl. BGH GRUR 2000, 886 f. – Bayer/BeiChem, für den Fall der Verwechslungsgefahr im weiteren Sinne vgl. BGH GRUR 2000, 608 (610) – ARD-1). Daher gilt auch hier, dass eine Bejahung der Voraussetzungen einer mittelbaren Verwechslungsgefahr oder einer Verwechslungsgefahr im weiteren Sinne über ein Fehlen insbesondere der Ähnlichkeit der Waren-/Dienstleistungen nicht hinweghilft. Liegt keine Waren-/Dienstleistungsähnlichkeit vor, scheidet daher auch eine Gefahr des gedanklichen Inverbindungbringens aus. Dasselbe gilt bei absoluter Zeichenunähnlichkeit. Bei der mittelbaren Verwechslungsgefahr ist zu beachten, dass es bei der Kennzeichnungskraft des älteren Zeichens auf den in Frage stehenden Stammbestandteil und nicht auf das Gesamtzeichen ankommt (BGH GRUR 2000, 886 (888) – Bayer/BeiChem).

II. Mittelbare Verwechslungsgefahr

1. Begriff

Die mittelbare Verwechslungsgefahr oder Verwechslungsgefahr unter dem Aspekt des Seri- **488** enzeichens greift begrifflich dann ein, wenn die Zeichen in einem Bestandteil übereinstimmen, den der Verkehr als Stamm mehrerer Zeichen eines Unternehmens sieht und deshalb die nachfolgenden Bezeichnungen, die einen wesensgleichen Stamm aufweisen, dem gleichen Zeicheninhaber zuordnet (BGH GRUR 2010, 729 Rn. 40 – MIXI; GRUR 2009, 672 Rn. 39 – OSTSEE-POST; GRUR 2009, 484 Rn. 38 – Metrobus; GRUR 2007, 1071 Rn. 40 – Kinder II). Die Rechtsprechung zum **Serienzeichen** beruht auf der dem Verkehr bekannten Übung mancher Unternehmen, sich eines Stammzeichens für alle ihre Waren zu bedienen und dieses – dabei als solches erkennbar bleibende – Stammzeichen für einzelne Warenarten zu deren Kennzeichnung abzuwandeln (BGH GRUR 2002, 542 (544) – BIG; GRUR 2002, 544 (547) – BANK 24).

2. Voraussetzungen

An das Vorliegen einer mittelbaren Verwechslungsgefahr werden strenge Anforderungen **489** geknüpft, da andernfalls ein Elementenschutz zuerkannt würde, der dem Markenrecht an sich fremd ist (vgl. BGH GRUR 1974, 93 f. – Räuber).

a) Eignung als Stammbestandteil. Zunächst muss der als Stammbestandteil in Betracht **490** kommende Markenteil in der älteren Zeichenfamilie und in der angegriffenen Bezeichnung (klanglich, schriftbildlich oder begrifflich) **identisch oder zumindest wesensgleich** vorhanden sein, da andernfalls die Annahme einer Markenserie fernliegt, werden die Stammbestandteile von Markenserien von Unternehmen doch regelmäßig unverändert eingesetzt.

Bloße Ähnlichkeit genügt daher nicht, vielmehr genügen umgekehrt bereits geringfügige Abweichungen, um die Annahme eines gemeinsamen Serienzeichens auszuschließen (BGH GRUR 1989, 350 (352) – ABBO/Abo; vgl. auch BGH GRUR 2007, 1066 Rn. 46 – Kinderzeit). Die Wesensgleichheit ist insbesondere zu verneinen, wenn die Zeichenbildungsstruktur voneinander abweicht (zB Nachstellung statt Voranstellung, vgl. BGH GRUR 2010, 729 Rn. 41 – Mixi; OLG München GRUR-RR 2001, 305 f. – FOCUS). Auch nach Ansicht des EuG muss die angegriffene Marke nicht nur zu den Marken der Serie ähnlich sein, sondern auch Merkmale aufweisen, die geeignet sind, sie mit der Markenserie in Verbindung zu bringen (EuG T-63/09, GRUR-RR 2012, 458 Rn. 116 – Swift GTi; T-287/06, GRUR-RR 2009, 167 Rn. 81 – torre albéniz; T-194/03, GRUR Int 2006, 404 Rn. 127 – Bainbridge).

491 Die Anforderung eines identischen oder wesensgleichen Stammbestandteils gilt sowohl im Verhältnis der älteren Zeichenfamilie zur angegriffenen Bezeichnung wie auch für die Feststellung einer Zeichenfamilie selbst. So kann eine unterschiedliche grafischen Gestaltung des als Stammbestandteil in Betracht kommenden Elements in den älteren Marken die Eigenschaft als Stammbestandteil verhindern (zB ist das Element „PROTI" in den Benutzungsformen „PROTI 4-K" und „PROTIPLEX" nicht Stammbestandteil einer Zeichenserie des Klägers, so BGH GRUR 2013, 840 Rn. 24 – PROTI II, zu § 26 Abs. 3 MarkenG).

492 Außerdem ist als Stammbestandteil nur ein Bestandteil geeignet, der nach Art eines **eigenständigen Wortstamms** aus dem Gesamtzeichen hervortritt (Ströbele/Hacker/Hacker § 9 Rn. 502; Eichelberger WRP 2006, 316 ff., jeweils mwN). Dies ist in der Regel der Fall, wenn eine Gliederung des Zeichens in diesen Teil und weitere Elemente naheliegt. Eine Eigenständigkeit ist dagegen zu verneinen, wenn der gemeinsame Bestandteil in der Gesamtbezeichnung aufgeht, zB bei unselbstständigen Lautfolgen. Allerdings kommt es auf die Eigenständigkeit nicht an, wenn der Verkehr durch die Benutzung einer Zeichenserie bereits an einen Wortstamm gewöhnt ist (BGH GRUR 2000, 886 (888) – Bayer/BeiChem: kein isoliertes Hervortreten von „Bay" in „Bayer", aber vorhandene Markenserie mit Bestandteil „Bay").

493 An der Erkennbarkeit eines Bestandteils als Serienzeichen in der angegriffenen Bezeichnung mangelt es auch, wenn der gemeinsame Bestandteil zusammen mit dem abweichenden Markenteil einen **Gesamtbegriff** oder eine Gesamtaussage bildet (so zB das Element „Post" in dem angegriffenen Zeichen „OSTSEE-POST", vgl. BGH GRUR 2009, 672 Rn. 40 – OSTSEE-POST, und das Element „Metro" in dem angegriffenen Zeichen „Metrobus", vgl. BGH GRUR 2009, 484 Rn. 40 – Metrobus; vgl. auch BGH GRUR 1999, 735 (737) – MONOFLAM/POLYFLAM; GRUR 1999, 240 f. – STEPHANSKRONE I).

494 b) Hinweischarakter des Stammbestandteils. Außerdem ist erforderlich, dass dem identischen/wesensgleichen und im Gesamtzeichen hervortretenden Bestandteil ein Hinweischarakter auf den Inhaber der älteren Marke zukommt. Ein Hinweischarakter des Stammbestandteils kann regelmäßig dann angenommen werden, wenn ein Unternehmen bereits mit mehreren eigenen Zeichen, die denselben Wortstamm aufweisen, im Verkehr aufgetreten ist (BGH GRUR 2002, 544 (547) – BANK 24; BPatG GRUR 2002, 345 f. – ASTRO Boy/Boy). Eine derartige **Zeichenserie** muss tatsächlich **benutzt** werden; die bloße Inhaberschaft zahlreicher Markeneintragungen mit einem identischen bzw. wesensgleichen Stammbestandteil genügt nicht (BGH GRUR 2009, 484 Rn. 39 – Metrobus; BPatG GRUR 2008, 174 (177) – EuroPOSTCOM; EuGH C-234/06 P, GRUR 2008, 343 Rn. 64 – Il Ponte Finanziaria Spa/HABM). Der Inhaber der Serie älterer Eintragungen muss den Nachweis der Benutzung aller zu der Serie gehörenden Marken oder zumindest einer Reihe von Marken, die eine Serie bilden können, erbringen (EuG T-63/09, GRUR-RR 2012, 458 Rn. 116 – Swift GTi; T-194/03, GRUR Int 2006, 404 Rn. 126 – Bainbridge).

495 Nicht erforderlich ist aber, dass aus allen Marken, die zu der fraglichen Serie gehören, ein **Widerspruch** eingelegt wurde (BGH GRUR 2000, 886 – Bayer/BeiChem; wohl anders die Rechtsprechung des EuGH, zB EuGH C-16/06 P, GRUR-RR 2009, 356 Rn. 100 – Editions Albert René; C-234/06 P, GRUR 2008, 343 Rn. 62 – Il Ponte Finanziaria Spa/HABM). Der Schutz einer Zeichenserie kann auch dadurch entstehen, dass der Markeninhaber unmittelbar mit der gesamten Markenserie im Markt auftritt und die Serie nicht erst über einen längeren Zeitraum entwickelt (BGH GRUR 2013, 840 Rn. 23 – PROTI II).

Die Frage, wie viele Marken benutzt sein müssen, um von einer Markenserie sprechen zu können, hat der EuGH der Einzelfallbeurteilung überlassen („genügende Anzahl", vgl. EuGH C-234/06 P, GRUR 2008, 343 Rn. 65 – Il Ponte Finanziaria Spa/HABM; im Fall CITI GATE genügten sieben benutzte Marken, vgl. EuG T-301/09, BeckRS 2012, 82217).

496 Wird ein Bestandteil bereits als Stammbestandteil für eine existierende Zeichenserie benutzt, kommt es nicht mehr darauf an, ob sich der fragliche Bestandteil theoretisch als Stammbestandteil eignet, insbesondere, ob er über **Kennzeichnungskraft** verfügt (BGH GRUR 2010, 646 Rn. 17 – OFFROAD; GRUR 2002, 542 (544) – BIG). Selbst kennzeichnungsschwache Zeichenteile können daher Grundlage einer mittelbaren Verwechslungsgefahr sein, wenn sie als Bestandteile einer Markenfamilie benutzt werden (BPatG 2003, 61 (63) – T-control/T-Connect). Anders die europäische Rechtsprechung, die die Kennzeichnungskraft des gemeinsamen Bestandteils auch beim Nachweis einer eingetragenen und benutzten Markenserie in die Prüfung einbezieht (so zB EuG T-63/09, GRUR-RR 2012, 458 Rn. 117 – Swift GTi).

497 Im Einzelfall konnte es nach früherer Ansicht des BGH aber auch ausreichen, dass schon bei **erstmaliger Benutzung einer einzigen Marke** die Nutzung eines gleichen Bestandteils den Eindruck eines Serienzeichens erweckt (BGH GRUR 1996, 200 (202) – Innovadiclophlont; GRUR 1998, 927 (928) – COMPO-SANA). Ob daran in Anbetracht der jüngeren Rechtsprechung des EuGH, wonach eine Verwechslungsgefahr unter dem Gesichtspunkt des Serienzeichens die tatsächliche Benutzung einer Zeichenserie, dh mehrerer älterer Marken mit einem gemeinsamen Stammbestandteil voraussetzt (EuGH C-234/06 P, GRUR 2008, 343 Rn. 64 – Il Ponte Finanziaria Spa/HABM), festgehalten werden konnte, hat der BGH lange offengelassen (BGH GRUR 2008, 905 Rn. 35 – Pantohexal). Im Schrifttum war hierzu die Meinung gespalten (gegen die Rechtsprechung des BGH, nach der unter Umständen ein einzelnes benutztes Zeichen ausreicht, insbesondere Ingerl/Rohnke Rn. 1177 f. und 1184; Lange Marken-/KennzeichenR § 7 Rn. 3504; Goldmann GRUR 2012, 234 (242); Schmidhuber/Torka WRP 2009, 545 (549); dafür hingegen Ströbele/Hacker/Hacker § 9 Rn. 498; Sosnitza GRUR 2011, 867 (871); Eichelberger MarkenR 2008, 7 (9)). Der BGH entschied dann im Jahr 2013, dass er an seiner Rechtsprechung nicht mehr festhalte (BGH GRUR 2013, 1239 Rn. 40 – VOLKSWAGEN/Volks.Inspektion; s. auch BGH GRUR 2013, 840 Rn. 23 – PROTI II, zu § 26 Abs. 3).

498 Nach Ansicht des BPatG kann auch die **Benutzung der älteren Marke als Stammbestandteil** einer jüngeren Zeichenserie eine Verwechslungsgefahr begründen (BPatG GRUR-RR 2009, 96 (99 f.) – Flow Party/flow). Wenn es anerkanntermaßen zur Verwechslungsgefahr führe, dass eine ältere Marke als Abwandlungsbestandteil in eine fremde Zeichenserie integriert werde, so müsse dies erst recht gelten, wenn die ältere Marke zum Stammbestandteil einer fremden Zeichenserie gemacht werde. Verwechslungsgefahr bestehe jedenfalls dann, wenn die ältere Marke bereits in Benutzung sei und zudem als Firmenbestandteil und Firmenschlagwort Hinweischarakter auf das Unternehmen des älteren Markeninhabers gewonnen habe. Voraussetzung für die Annahme einer Verwechslungsgefahr sei allerdings, dass die Zeichenserie des angegriffenen Markeninhabers insgesamt (und nicht nur die angegriffene Marke für sich gesehen) prioritätsjünger als die Widerspruchsmarke sei. Ob eine derartige Fehlzuordnung einer älteren Marke zu einer Zeichenfamilie eines Dritten mit prioritätsjüngeren Kennzeichen eine Verwechslungsgefahr unter dem Aspekt eines Serienzeichens begründen kann, hat der BGH jüngst offen gelassen (vgl. BGH GRUR 2013, 1239 Rn. 43 – VOLKSWAGEN/Volks.Inspektion).

499 Unklar ist nach der jüngeren EuGH-Rechtsprechung weiterhin, ob eine Verwechslungsgefahr unter dem Gesichtspunkt einer Serienmarke nur bei Benutzung mehrerer Marken mit einem gemeinsamen Stammbestandteil möglich ist oder wie bislang ein **Hinweischarakter des Stammbestandteils** auf den Inhaber der älteren Marke **auch unter anderen Voraussetzungen** vorliegen kann. So kommt nach bisheriger Praxis ein solcher auch dann in Betracht, wenn der Stammbestandteil als Unternehmenskennzeichen verwendet wird, es sich um einen charakteristisch besonders hervortretenden Bestandteil handelt oder dieser mit erhöhter Verkehrsgeltung ausgestattet ist, sowie aufgrund der abweichenden Markenteile (vgl. dazu im Einzelnen zB Eichelberger WRP 2006, 316 (318 ff.); Sosnitza GRUR 20111, 867 (870 f.)). Sind die weiteren Bestandteile zB kennzeichnungsschwach oder erinnert die Wortbildung an eine Serienmarke, so kommt dem Stammbestandteil nach der bisherigen

BGH-Rechtsprechung regelmäßig der nötige Hinweischarakter zu (BPatG GRUR 2002, 438 (440 f.) – WISCHMAX/Max).

500 Nach der bisherigen Rechtsprechung kommt **schutzunfähigen und kennzeichnungsschwachen Bestandteilen** der erforderliche Hinweischarakter von vornherein nicht zu (BGH GRUR 2010, 646 Rn. 17 – OFFROAD; GRUR 2003, 1040 (1043) – Kinder; GRUR 2007, 1066 Rn. 47 – Kinderzeit; BPatG GRUR 2004, 433 (435) – OMEGA/OMEGA LIFE; BeckRS 2007, 10928 – 1800 ANTIGUO/SIERRA ANTIGUO), es sei denn, der fragliche Bestandteil wird – wie erwähnt (→ Rn. 496) – aufgrund einer benutzten Zeichenserie tatsächlich als Stammbestandteil aufgefasst. Auch nach der europäischen Rechtsprechung sind beschreibende Elemente mit schwacher Kennzeichnungskraft nicht als Bestandteil zu betrachten, der die Grundlage für eine Markenserie bilden könnte (EuG T-63/09, GRUR-RR 2012, 458 Rn. 117 – Swift GTi; vgl. auch EuGH C-317/10 P, GRUR 2011, 915 Rn. 58 – UNI).

501 Eine mittelbare Verwechslungsgefahr kann sich in besonders gelagerten Fällen auch aus einer **Übereinstimmung der Zeichen im Sinngehalt** ergeben. Dies setzt aber voraus, dass es sich für maßgebliche Teile des Verkehrs aufdrängt, dass die Zeichen wegen ihres Begriffsgehalts und ihrer Zeichenbildung aufeinander bezogen sind (BGH GRUR 1999, 735 (737) – MONOFLAM/POLYFLAM; GRUR 2004, 779 (782) – Zwilling/Zweibrüder).

3. Verwechslungsgefahr im weiteren Sinne

502 Auch bei der Verwechslungsgefahr im weiteren Sinne erkennt der Verkehr die Unterschiede der einander gegenüberstehenden Zeichen, geht wegen ihrer teilweisen Übereinstimmungen aber davon aus, dass (zB lizenz-)vertragliche, (zB konzern-)organisatorische oder wirtschaftliche Verbindungen zwischen den Zeicheninhabern bestehen (BGH GRUR 2010, 729 Rn. 43 – MIXI). Im Unterschied zur mittelbaren Verwechslungsgefahr werden die beiden Kennzeichen aber als solche verschiedener Unternehmen aufgefasst. Eine Verwechslungsgefahr im weiteren Sinne kann jedoch nur bei Vorliegen besonderer Umstände angenommen werden (BGH GRUR 2004, 779 (783) – Zwilling/Zweibrüder; GRUR 2008, 903 Rn. 31 – Sierra Antiguo; GRUR 2009, 772 Rn. 69 – Augsburger Puppenkiste; GRUR 2009, 1055 Rn. 37 – airdsl).

503 Solche **besonderen Umstände** liegen dann vor, wenn sich die ältere Marke zu einem Hinweis auf das Unternehmen der Inhaberin entwickelt hat und daher die ältere Marke zugleich als Unternehmenskennzeichen in Gebrauch ist (BGH GRUR 2002, 171 (175) – Marlboro-Dach; GRUR 2004, 598 f. – Kleiner Feigling; GRUR 2004, 865 (867) – Mustang). Dabei ist zu beachten, dass auch im Rahmen der Verwechslungsgefahr im weiteren Sinne schutzunfähige und kennzeichnungsschwache Bestandteile keinesfalls kollisionsbegründend sein können (BPatG BeckRS 2007, 10928 – 1800 ANTIGUO/SIERRA ANTIGUO). Unter dem Gesichtspunkt, dass die ältere Marke ein im Verkehr bekanntes Unternehmenskennzeichen enthält, ist in der Praxis bislang noch nicht in allzu vielen Fällen eine Verwechslungsgefahr im weiteren Sinne bejaht worden. Dies liegt auch daran, dass im Widerspruchsverfahren die Entwicklung der älteren Marke zu einem bekannten Unternehmenskennzeichen nicht ohne weiteres glaubhaft gemacht werden kann. Jüngst entschied der BGH, dass besondere Umstände auch dann vorliegen würden, wenn die ältere Marke sehr bekannt oder gar berühmt sei: Weist ein Zeichen Ähnlichkeiten mit einer bekannten oder gar berühmten Marke auf, wird das angesprochene Publikum wegen der Annäherung an die bekannte oder berühmte Marke häufig annehmen, zwischen den Unternehmen, die die Zeichen nutzten, lägen wirtschaftliche oder organisatorische Verbindungen vor (BGH GRUR 2013, 1239 Rn. 47 – VOLKSWAGEN/Volks.Inspektion). Da es sich bei „VOLKSWAGEN" auch um ein bekanntes Firmenschlagwort handelt, hätte es freilich keiner neuen Fallgruppe bedurft.

504 Infolge der neuen Rechtsprechung des BGH zu **Bestandteilen mit selbständig kennzeichnender Stellung** (→ Rn. 451 ff.) hat die Verwechslungsgefahr im weiteren Sinne aber nun einen größeren Anwendungsbereich erfahren. Diese kann um eine neue Fallgruppe erweitert werden und umfasst Fälle, in der eine ältere Marke in eine jüngere Marke übernommen wird und dort eine selbständig kennzeichnende Stellung behält. In diesen Fällen ist die Verwendung der älteren Marke als Unternehmenskennzeichen keine zwingende Voraussetzung, sondern im Gegenteil typisch, dass aufseiten des jüngeren Zeichens dem identisch oder ähnlich übernommenen Bestandteil ein Unternehmenskennzeichen hinzugefügt wurde (→ Rn. 467). Eine selbständig kennzeichnende Stellung beinhaltet daher für sich genommen die erforderlichen „besonderen Umstände" (BGH GRUR 2010, 729 Rn. 44 – Mixi).

Der BGH geht aber in seiner neueren Rechtsprechung auch von einer selbständig kennzeichnenden **504.1** Stellung aus, wenn der im jüngeren Zeichen identisch oder ähnlich übernommene Bestandteil zugleich das bekannte oder zumindest erkennbare Unternehmenskennzeichen des Inhabers des älteren Zeichens ist, so BGH GRUR 2009, 672 Rn. 36 – OSTSEE-POST hinsichtlich des Unternehmenskennzeichens „POST"; GRUR-RR 2010, 205 Rn. 47 – Haus & Grund IV hinsichtlich des Unternehmenskennzeichens „Haus & Grund" und GRUR 2009, 484 Rn. 80 – Metrobus hinsichtlich des Unternehmenskennzeichens „Metro". Fraglich ist daher, welche eigenständige Bedeutung dann noch die vormals alleinige Fallgruppe haben soll.

G. Bekanntheitsschutz

I. Allgemeines

1. Grundlagen

Der markenrechtliche Schutz gegen Verwechslungsgefahr endet bei der fehlenden Waren- **505** und Dienstleistungsähnlichkeit. Vor allem bekannten Zeichen kommt ein eigener wirtschaftlicher Wert zu, der von dem der Waren und Dienstleistungen, für die sie eingetragen sind, zu unterscheiden ist (EuG T-2015/03, GRUR Int 2007, 730 (732) Rn. 35 – VIPS). Daher reicht der Verwechslungsschutz bei bekannten Marken nicht aus. Da die Bekanntheit zumeist auf beträchtlichen Anstrengungen und Investitionen des Inhabers beruht (EuG T-2015/03, GRUR Int 2007, 730 (732) Rn. 35 – VIPS), ist ein Schutz gegen die Ausbeutung des wirtschaftlichen Wertes bekannter Marken erforderlich. Dieser Schutz wurde durch den BGH bereits vor Inkrafttreten des § 14 Abs. 2 Nr. 3 auf Grundlage des BGB und des UWG gewährt.

Vor Inkrafttreten des § 14 Abs. 2 Nr. 3 billigte der BGH bekannten Marken einen gewissen Schutz **505.1** aufgrund Eingriffs in den eingerichteten und ausgeübten Gewerbebetrieb gemäß § 823 Abs. 1 BGB zu (vgl. BGH GRUR 1990, 711 (712) – Telefonnummer 4711; GRUR 1987, 711 – Camel Tours; GRUR 1961, 280 (282) – Tosca), der allerdings an strenge Anforderungen geknüpft war. So waren zur Begründung des Bekanntheitsschutzes eine überragende Verkehrsdurchsetzung der bekannten Marke von mindestens 80%, eine einmalige, ungeschwächte Kennzeichnungskraft sowie eine besondere Wertschätzung durch das angesprochene Publikum erforderlich (BGH GRUR 1991, 863 (865) – Avon; GRUR 1990, 711 (712) – Telefonnummer 4711; GRUR 1961, 280 (282) – Tosca).

Bei einem geringeren Durchsetzungsgrad wurde zusätzlich ein wettbewerbsrechtlicher Schutz nach **505.2** § 1 UWG gegen sittenwidrige Rufausbeutung und Rufschädigung gewährt, wenn die Annäherung an eine fremde Kennzeichnung erfolgte, um Gütevorstellungen, die der Verkehr mit der Marke verband, in unlauterer Weise für sich auszunutzen (BGH GRUR 1991, 465 – Salomon; GRUR 1991, 609 (611) – SL; GRUR 1985, 550 (552) – DIMPLE; GRUR 1983, 247 (248) – Rolls-Royce; GRUR 1987, 711 (713) – Camel Tours).

Der Grund für diesen Rückgriff auf das Wettbewerbsrecht und das allgemeine Zivilrecht lag darin, **505.3** dass der Anwendungsbereich des WZG auf gleichartige Waren und Dienstleistungen beschränkt war und darüber hinaus einen warenzeichenmäßigen Kennzeichengebrauch erforderte. Im Rahmen des § 14 Abs. 2 Nr. 3 kann auf diese Rechtsprechung allerdings nur noch eingeschränkt zurückgegriffen werden (vgl. Fammler MarkenR 2004, 89 (91); Ströbele/Hacker/Hacker Rn. 293).

2. Europarechtliche Vorgaben

Mit § 14 Abs. 2 Nr. 3 setzte der Gesetzgeber die Regelung des **Art. 5 Abs. 2 RL 2008/** **506** **95/EG** (künftig Art. 10 Abs. 4 RL (EU) 2015/2436) wortgleich um. Obwohl es sich bei Art. 5 Abs. 2 RL 2008/95/EG um eine Regelung mit fakultativem Charakter handelt, bei der das „Ob" einer Umsetzung in das Ermessen der Mitgliedstaaten gestellt wurde, kommt dem EuGH bindende Auslegungskompetenz zu (BGH GRUR 2002, 340 (341) – Fabergé; Fezer Rn. 757; OLG Hamburg GRUR-RR 2005, 76 (78) – Kinder/Kinderzeit; Eichmann GRUR 1998, 201; Piper GRUR 1996, 429 (430); Kur GRUR 1994, 330 (333)).

MarkenG § 14 Teil 2 Voraussetzungen, Inhalt und Schranken etc.

507 Nach der Rechtsprechung des EuGH sind die Mitgliedstaaten im Falle einer Umsetzung des Art. 5 Abs. 2 RL 2008/95/EG an die Vorgaben der Richtlinie gebunden, weshalb sich die Wahlmöglichkeit der Mitgliedstaaten nur darauf erstreckt, ob bekannten Marken ein stärkerer Schutz eingeräumt werden soll, aber nicht darauf, welche Sachverhalte von diesem Schutz erfasst werden sollen (EuGH C-408/01, GRUR 2004, 58 (59) – Adidas/Fitnessworld). Bei der Anwendung des nationalen Rechts haben sich die nationalen Gerichte an dem Grundsatz der **richtlinienkonformen Auslegung** zu orientieren (EuGH C-408/01, GRUR 2004, 58 (59) – Adidas/Fitnessworld). Dementsprechend hat der BGH die bisherige Rechtsprechung des EuGH zum Bekanntheitsschutz übernommen (BGH GRUR 2002, 340 (341) – Fabergé).

507.1 Nach anderer Auffassung sei die Richtlinienbestimmung und deren Auslegung durch den EuGH aufgrund des fakultativen Charakters auch in ihrer Auslegung für die Mitgliedstaaten nicht bindend (Ströbele/Hacker/Hacker Rn. 295; Hacker GRUR Int 2002, 502 (506); Sack GRUR 1995, 81). Gegebenenfalls komme aber aus gesetzgebungshistorischen Gründen sowie aufgrund des Zusammenspiels mit der UMV eine nach Maßgabe der Richtlinie eingeschränkte Auslegung in Betracht (vgl. Ströbele/Hacker/Hacker Rn. 295; Ingerl/Rohnke Rn. 1247).

3. Konkurrenz zu außerkennzeichenrechtlichen Schutznormen

508 § 14 Abs. 2 Nr. 3 ist eine in sich geschlossene Regelung, die nach dem **Grundsatz der Spezialität** für eine gleichzeitige Anwendung des UWG oder des § 823 BGB grundsätzlich keinen Raum mehr lässt (BGH GRUR 2005, 163 (165) – Aluminiumräder; GRUR 2003, 973 (974) – Tupperwareparty; GRUR 1999, 161 (162) – MAC Dog; Ingerl/Rohnke Rn. 1295; Sack GRUR 1995, 81 (93); Piper GRUR 1996, 429 (435)). Auch eine parallele Anwendung von § 12 BGB kommt nicht ohne Weiteres in Betracht (BGH GRUR 2008, 1099 (1100) Rn. 10 – afilias.de; GRUR 2002, 622 (623) – shell.de; GRUR 2002, 706 (707) – vossius.de). Dasselbe gilt auch für das Verbot der Herabsetzung und Verunglimpfung von Kennzeichen gemäß § 4 Nr. 1 UWG (BGH GRUR 2005, 583 (585) – Lila Postkarte, zu § 4 Nr. 7 UWG aF) sowie den lauterkeitsrechtlichen Nachahmungsschutz gemäß § 4 Nr. 3 UWG (BGH GRUR 2009, 1162 (1165) Rn. 40 – DAX, zu § 4 Nr. 9 UWG aF; GRUR 2006, 329 (332) Rn. 36 – Gewinnfahrzeug mit Fremdemblem).

509 Der danach verbleibende Anwendungsbereich des außerkennzeichenrechtlichen Schutzes beschränkt sich somit im Wettbewerbsrecht auf Fälle, in denen zusätzlich zu der markenrechtlichen Verletzungshandlung noch ein von der markenrechtlichen Regelung nicht erfasster **Unlauterkeitstatbestand** hinzukommt (BGH GRUR 2009, 1162 (1165) Rn. 40 – DAX; GRUR 2008, 793 (795) Rn. 26 – Rillenkoffer; GRUR 2005, 423 (427) – Staubsaugerfiltertüten; GRUR 2005, 163 (165) – Aluminiumräder). Die Einführung des § 5 Abs. 2 UWG in Umsetzung der UGP-Richtlinie, wonach ein Irreführungstatbestand gegeben ist, wenn eine geschäftliche Handlung eine Kennzeichenverwechslungsgefahr hervorruft, lässt allerdings ernsthafte Zweifel daran aufkommen, ob diese Rechtsprechung künftig fortgeführt werden kann, da der bisherige Vorrang des Markenrechts dadurch gerade in seinem Kernbereich aufgegeben wurde (eingehend → § 2 Rn. 10 ff.; → § 2 Rn. 17 ff.; Ingerl/Rohnke Rn. 1298). Zur Vermeidung von Wertungswidersprüchen wird aber von der Anwendung kennzeichenrechtlicher Kriterien auch auf lauterkeitsrechtliche Sachverhalte auszugehen sein (Ingerl/Rohnke Rn. 1298).

509.1 Folgende Fallgruppen der zulässigen Anwendung außerkennzeichenrechtlicher Schutznormen sind nach bislang geltender Rechtsprechung denkbar:
- vorsätzliche Rufschädigung von Kennzeichen, die nicht von dem Bekanntheitsschutz umfasst sind, ohne dass es zu einer Verwechslungsgefahr kommt (OLG München GRUR 2000, 518 (519) – buecherde.com; Ingerl/Rohnke Rn. 1301);
- vorsätzliche sittenwidrige Schädigung des Kennzeicheninhabers gemäß §§ 826, 226 BGB (BGH GRUR 2009, 871 (874) Rn. 38 – Ohrclips);
- Ausnutzung oder Beeinträchtigung eines Kennzeichens durch Handlungen, die nicht unter den kennzeichenrechtlichen Benutzungsbegriff iSv § 14 Abs. 2 fallen (BGH GRUR 2005, 419 (422) – Räucherkate);
- Ausnutzung oder Beeinträchtigung eines Kennzeichens durch Handlungen, die außerhalb des geschäftlichen Verkehrs oder außerhalb der Branche des Kennzeicheninhabers (und somit außerhalb

des verwechslungsfähigen Bereichs) stattfinden (BGH GRUR 2008, 1099 (1100) Rn. 11 – afilias.de; GRUR 2005, 430 (431) – mho.de; GRUR 2002, 622 (624) – shell.de);
- Schutz bekannter ausländischer Kennzeichen, die im Inland nicht geschützt sind (nach BGH GRUR 1988, 549 – Cats, aber nicht bei bloßer Rufausbeutung, sondern nur bei Behinderungswettbewerb; aA Ingerl/Rohnke Rn. 1305);
- Rufausbeutung oder Rufschädigung unter Anlehnung an Produkt- oder Werbemerkmale, die nicht kennzeichenrechtlich geschützt sind (BGH GRUR 1998, 934 (937) – Wunderbaum), sowie an bekannte Werbeslogans, die keinen kennzeichenrechtlichen Schutz genießen (OLG Frankfurt GRUR-RR 2012, 75 – Schönheit von innen).

II. Bekanntheit der Marke

1. Allgemein

Voraussetzung für den erweiterten Schutz einer Marke gegen Ausnutzungen oder Beeinträchtigungen der Unterscheidungskraft oder Wertschätzung ist zunächst das Vorliegen einer **im Inland bekannten Marke** (EuGH C-301/07, GRUR 2009, 1158 Rn. 20 – PAGO). Der Begriff der **„Bekanntheit"** ist dabei eigenständig zu ermitteln und zu unterscheiden von den Begriffen der „Verkehrsgeltung" (→ § 4 Rn. 37 ff.) und der Verkehrsdurchsetzung (→ § 8 Rn. 861 f.). Nach ganz überwiegender Ansicht ist das Merkmal der „Bekanntheit" nicht rein quantitativ im Sinne einer Auswertung demoskopischer Gutachten zu verstehen, sondern es umfasst auch qualitative Aspekte, wobei sämtliche Faktoren in eine wertende Gesamtbeurteilung eingehen (EuGH C-375/97, GRUR Int 2000, 73 Rn. 26, 27 – Chevy; BGH GRUR 2003, 1040 (1044) – Kinder; GRUR 2002, 1067 (1069) – DKV/OKV). 510

2. Bekanntheitsgrad

Der EuGH hat sich gegen eine Festlegung konkreter Prozentsätze als Nachweis für die Bekanntheit einer Marke ausgesprochen (EuGH C-301/07, GRUR 2009, 1158 (1159) Rn. 24 – PAGO; C-375/97, GRUR Int 2000, 73 Rn. 25 – Chevy; BGH GRUR 2011, 1043 – TÜV II). Vielmehr muss die Marke nach der Rechtsprechung des EuGH einem **bedeutenden Teil des Publikums** bekannt sein, welches von den Waren und Dienstleistungen, die von der Marke umfasst sind, „betroffen" ist (EuGH C-375/97, GRUR Int 2000, 73 Rn. 26 – Chevy), wobei das nationale Gericht bei der Prüfung der Bekanntheit alle relevanten Umstände des Falls, also insbesondere den **Marktanteil** der Marke, ihre **geografische Ausdehnung**, die **Intensität** und die **Dauer** ihrer Benutzung sowie den Umfang der **Investitionen,** die das Unternehmen zu ihrer Förderung getätigt hat, zu berücksichtigen hat (EuGH C-301/07, GRUR 2009, 1158 (1159) Rn. 25 – PAGO; C-375/97, GRUR Int 2000, 73 Rn. 26, 27 – Chevy). Erforderlich ist eine Bekanntheit als Kennzeichnungsmittel für bestimmte Waren und Dienstleistungen (BGH GRUR 2004, 235, 238 – Davidoff II). In der Praxis werden Verkehrsbefragungen aber dennoch weiterhin eine wesentliche Rolle spielen (Ingerl/Rohnke Rn. 1252). Die im Rahmen zu § 1 UWG ergangene Rechtsprechung zur Rufausbeutung, welche Bekanntheitsgrade zwischen 30 und 40% (BGH GRUR 1985, 550 – DIMPLE) forderte, wird jedenfalls im Rahmen des § 14 Abs. 2 Nr. 3 nicht mehr zugrunde gelegt werden können. Selbst feste Untergrenzen können nicht angegeben werden (BGH GRUR 2002, 340 (341) – Fabergé). 511

3. Beteiligte Verkehrskreise

Die Bekanntheit der Marke muss nicht in der Gesamtbevölkerung, sondern nur – wie auch bei der Verkehrsdurchsetzung iSd § 8 Abs. 3 (→ § 8 Rn. 882) – innerhalb der beteiligten Verkehrskreise vorliegen (v. Schultz Rn. 185). Ebenso wie im Rahmen des § 4 Nr. 2 (Verkehrsgeltung) und des § 8 Abs. 3 (Verkehrsdurchsetzung) sind dies diejenigen Kreise, die als Abnehmer für die unter der Marke vertriebenen Waren und Dienstleistungen in Betracht kommen (BGH GRUR 2003, 428 (433) – BIG BERTHA). Zwar ist für die Feststellung der Bekanntheit einer Marke nicht erforderlich, dass die Marke in den Abnehmerkreisen über eine gewisse Bekanntheit verfügt, in denen das kollidierende jüngere Zeichen verwendet wird (EuGH C-375/97, GRUR Int 2000, 73 Rn. 24 – Chevy). Letzteres wird aber regelmä- 512

4. Territorium

513 Nach § 14 Abs. 2 Nr. 3 ist es erforderlich, dass es sich um eine im **Inland bekannte Marke** handelt (BGH GRUR 2008, 160 Rn. 25 – CARDARONE). Nicht erforderlich ist dagegen eine Bekanntheit im gesamten Bundesgebiet. Ausreichend, aber auch erforderlich ist vielmehr, dass die Marke in wesentlichen Teilen des Mitgliedstaates Bekanntheit genießt (EuGH C-301/07, GRUR 2009, 1158 (1159) Rn. 28 – PAGO; C-375/97, GRUR Int 2000, 73 Rn. 28 – Chevy).

ßig Voraussetzung sein, um eine Beeinträchtigung der Unterscheidungskraft oder der Wertschätzung annehmen zu können (v. Schultz Rn. 185).

5. Zeitpunkt der Bekanntheit

514 Für welchen Zeitpunkt die Bekanntheit nachgewiesen werden muss, hängt zunächst davon ab, ob das kollidierende Zeichen selbst Kennzeichenschutz genießt und welche Art von Ansprüchen geltend gemacht werden (vgl. im Einzelnen Ströbele/Hacker/Hacker Rn. 320 ff.).

515 Bei Unterlassungsansprüchen und sonstigen in die Zukunft gerichteten Ansprüchen muss die Bekanntheit im Zeitpunkt der Entscheidung im Verletzungsverfahren nachgewiesen werden (BGH GRUR 2003, 1040 (1044) – Kinder; GRUR 2002, 544 (546) – BANK 24). Genießt das Zeichen selbst kennzeichenrechtlichen Schutz, muss die Bekanntheit zusätzlich auch für den Zeitpunkt nachgewiesen werden, in dem das kollidierende Recht begründet wurde (BGH GRUR 2003, 1040 (1044) – Kinder; v. Schultz Rn. 190). Gleiches gilt für den Nachweis der Bekanntheit im Widerspruch- und Löschungsverfahren.

516 Bei Schadensersatzansprüchen kommt es dagegen auf den Kollisionszeitpunkt und ggf. – für den Fall, dass das kollidierende Zeichen selbst Kennzeichenschutz genießt – zusätzlich auf den Zeitpunkt an, in welchem das kollidierende Recht begründet wurde (Ströbele/Hacker/Hacker Rn. 323 f.).

III. Voraussetzungen des Bekanntheitsschutzes

1. Zeichenähnlichkeit

517 Voraussetzung des Bekanntheitsschutzes ist nach § 14 Abs. 2 Nr. 3 die Ähnlichkeit der gegenüberstehenden Zeichen. Nach mittlerweile gefestigter Rechtsprechung des BGH sind an die Zeichenähnlichkeit im Rahmen des Bekanntheitsschutzes keine strengeren Anforderungen zu stellen, sondern es ist vielmehr nach den gleichen Maßstäben wie bei Prüfung der Verwechslungsgefahr nach § 14 Abs. 2 Nr. 2 festzustellen, ob eine **klangliche, schriftbildliche** oder **begriffliche Ähnlichkeit** besteht (BGH GRUR 2009, 672 (677) Rn. 49 – OSTSEE-POST; GRUR 2007, 1071 (1074) Rn. 45 – Kinder II; GRUR 2007, 1066 (1070) Rn. 50) – Kinderzeit; GRUR 2004, 598 (599) – Kleiner Feigling; GRUR 2004, 594 (596) – Ferrari-Pferd; GRUR 2000, 875 (878) – Davidoff; zum Meinungsstreit vgl. Ströbele/Hacker/Hacker Rn. 298 ff.; s. auch EuGH C-487/07, GRUR 2009, 756 Rn. 36 – L'Oréal/Bellure: „Es ist…nicht erforderlich, dass der Grad der Ähnlichkeit zwischen der bekannten Marke und dem von dem Dritten benutzten Zeichen so hoch ist, dass für die beteiligten Verkehrskreise eine Verwechslungsgefahr besteht."). Bei absoluter Zeichenunähnlichkeit kann demzufolge kein Bekanntheitsschutz gewährt werden, selbst wenn das angegriffene Zeichen Assoziationen an die bekannte Marke hervorruft (EuG T-350/04 bis T-352/04, GRUR-RR 2007, 5 (11) Rn. 136 – BUD/BIT; BGH GRUR 2004, 779 (783) – Zwilling/Zweibrüder) oder der Verdacht nahe liegt, dass die Wahl des angegriffenen Zeichens nicht zufällig erfolgte (BGH GRUR 2004, 799 (783) – Zwilling/Zweibrüder).

517.1 Davon zu trennen ist jedoch die Frage, welcher Grad der Zeichenähnlichkeit gegeben sein muss, um die Tatbestandsvoraussetzungen des § 14 Abs. 2 Nr. 3 zu bejahen (BGH GRUR 2004, 594 (597) – Ferrari-Pferd. So kann nämlich die nach dem EuGH für § 14 Abs. 2 Nr. 3 maßgebliche gedankliche Verknüpfung (→ Rn. 518) auch bei einem geringeren Grad der Zeichenähnlichkeit vorliegen (EuGH C-603/14 P, GRUR-RR 2016, 147 (149) Rn. 42 – El Corte Inglés/The English Cut; C-552/09 P, MarkenR 2011, 170 (173) Rn. 53 – TiMi Kinderjoghurt; C-487/07, GRUR 2009, 756 (759) Rn. 36 –

L'Oréal/Bellure). Auch nach dem BGH ist es ausreichend, dass die gegenüberstehenden Zeichen gedanklich miteinander in Verbindung gebracht werden (BGH GRUR 2009, 772 (778) Rn. 71 – Augsburger Puppenkiste; GRUR 2004, 779 (783) – Zwilling/Zweibrüder), mithin dass das angegriffene Zeichen infolge einer teilweisen Übereinstimmung in einem wesensgleichen Kern oder einer Übereinstimmung in ihrem Sinngehalt dem Inhaber der älteren Marke zugeordnet wird (BGH GRUR 2004, 779 (782) – Zwilling/Zweibrüder).

2. Ungeschriebenes Tatbestandsmerkmal der gedanklichen Verknüpfung

Der EuGH legt bei der Beurteilung des Bekanntheitsschutzes anstelle der Verwechslungsgefahr ein ungeschriebenes Tatbestandsmerkmal der gedanklichen Verknüpfung zu Grunde (EuGH C-487/07, GRUR 2009, 756 (759) Rn. 36 – L'Oréal/Bellure; C-252/07, GRUR 2009, 56 (57) Rn. 30 – Intel Corporation/CPM United Kingdom; C-102/07, GRUR 2008, 503 (505) Rn. 41 – adidas/Marca Moda ua; C-408/01, GRUR 2004, 58 (60) Rn. 29 – Adidas/Fitnessworld). Danach kann ein **geringerer Grad** an Zeichenähnlichkeit genügen, als er für die Verwechslungsgefahr erforderlich wäre (EuGH C-603/14 P, GRUR-RR 2016, 147 (149) Rn. 42 – El Corte Inglés/The English Cut; C-552/09 P, MarkenR 2011, 170 (173) Rn. 53 – TiMi KiNDERJOGHURT; C-487/07, GRUR 2009, 756 (759) Rn. 36 – L'Oréal/Bellure), was dazu führt, dass der Begriff der gedanklichen Verknüpfung gegenüber der Verwechslungsgefahr im Weiteren darstellt (EuGH C-552/09 P, MarkenR 2011, 170 (173) Rn. 53 – TiMi KiNDERJOGHURT; C-487/07, GRUR 2009, 756 (759) Rn. 36 – L'Oréal/Bellure; C-102/07, GRUR 2008, 503 (505) Rn. 41 – adidas/Marca Moda ua; C-408/01, GRUR 2004, 58 (60) Rn. 31 – Adidas/Fitnessworld). In der Prüfungsreihenfolge stellt das Tatbestandsmerkmal der gedanklichen Verknüpfung eine Vorstufe der nachfolgenden Prüfung der Beeinträchtigung der Unterscheidungskraft und/oder der Wertschätzung (→ Rn. 19 ff.) dar (Ingerl/Rohnke Rn. 1256), wobei das Vorliegen einer gedanklichen Verknüpfung nicht automatisch zu einer Beeinträchtigung führt (EuGH C-487/07, GRUR 2009, 756 (759) Rn. 37 – L'Oréal/Bellure; C-252/07, GRUR 2009, 56 (57) Rn. 32 – Intel Corporation/CPM United Kingdom). Vielmehr müssen das Tatbestandsmerkmal der gedanklichen Verknüpfung und ein Beeinträchtigungstatbestand **kumulativ** vorliegen. Allerdings gilt eine gewisse Wechselwirkung: Je unmittelbarer und stärker die gedankliche Verknüpfung, desto größer ist die Gefahr von Beeinträchtigungen (EuGH C-252/07, GRUR 2009, 56 (57) Rn. 67 – Intel Corporation/CPM United Kingdom). Inhaltlich liegt eine gedankliche Verknüpfung dann vor, wenn die jüngere Marke dem normal informierten und angemessen aufmerksamen und verständigen Durchschnittsverbraucher die ältere Marke **in Erinnerung ruft** (EuGH C-252/07, GRUR 2009, 56 (59) Rn. 60 – Intel Corporation/CPM United Kingdom). Die Rechtsprechung des EuGH wurde durch den BGH, der lange an dem Merkmal des „gedanklichen in Verbindung bringens" festhielt (BGH GRUR 2004, 779 (783) – Zwilling/Zweibrüder; GRUR 2009, 772 (778) Rn. 71 – Augsburger Puppenkiste), nunmehr rezipiert (BGH GRUR 2011, 1043 (1046) Rn. 54 – TÜV II; GRUR 2015, 1114 – Springender Pudel; vgl. auch OLG Frankfurt GRUR-RR 2012, 340 – Café Merci; OLG Köln GRUR-RR 2012, 341 (343) – Ritter Sport).

In seinem Grundsatzurteil Intel/CPM stellte der EuGH verschiedene Kriterien auf, die für die umfassende Beurteilung der gedanklichen Verknüpfung unter Berücksichtigung aller relevanten Umstände des konkreten Einzelfalls von Bedeutung sind (EuGH C-252/07, GRUR 2009, 56 (58) Rn. 41, 42 – Intel Corporation/CPM United Kingdom):

- Der Grad der Ähnlichkeit der gegenüberstehenden Marken, wobei die Wahrscheinlichkeit, dass die jüngere Marke den maßgeblichen Verkehrskreisen die ältere bekannte Marke in Erinnerung ruft, umso größer ist, je ähnlicher die Marken einander sind (EuGH C-252/07, GRUR 2009, 56 (58) Rn. 44 – Intel Corporation/CPM United Kingdom). Die Identität oder Ähnlichkeit der Zeichen genügt aber noch nicht, um auf eine gedankliche Verknüpfung zu schließen (EuGH C-252/07, GRUR 2009, 56 (58) Rn. 45 – Intel Corporation/CPM United Kingdom).
- Die Art der Waren und Dienstleistungen, für die die sich gegenüberstehenden Marken jeweils eingetragen sind, einschließlich des Grades der Nähe oder der Unähnlichkeit dieser Waren und Dienstleistungen sowie die betreffenden Verkehrskreise, da Waren und Dienstleistungen so unähnlich sein können, dass die jüngere Marke allein deshalb nicht geeignet ist, den maßgeblichen Verkehrskreisen die ältere Marke in Erinnerung zu rufen (EuGH C-252/07, GRUR 2009, 56 (58) Rn. 49 – Intel Corporation/CPM United Kingdom).

MarkenG § 14 Teil 2 Voraussetzungen, Inhalt und Schranken etc.

- Das Ausmaß der Bekanntheit der älteren Marke, da ein hoher Bekanntheitsgrad bewirken kann, dass die angesprochenen Verkehrskreise einen Zusammenhang zwischen den Marken herstellen, obwohl sie ein anderes Publikum sind, als die von den Waren oder Dienstleistungen der älteren Marke angesprochenen Verkehrskreise (EuGH C-252/07, GRUR 2009, 56 (58) Rn. 52 – Intel Corporation/CPM United Kingdom; C-294/12 P, GRUR Int 2013, 921 – Beatles).
- Der Grad der Unterscheidungskraft der älteren Marke, denn es ist umso wahrscheinlicher, dass sich die maßgeblichen Verkehrskreise bei Konfrontation mit einer identischen oder ähnlichen jüngeren Marke die ältere Marke in Erinnerung rufen, je stärker die der älteren Marke innewohnende oder durch Benutzung erworbene Unterscheidungskraft ist (EuGH C-252/07, GRUR 2009, 56 (58) Rn. 54 – Intel Corporation/CPM United Kingdom).
- Das Bestehen einer Verwechslungsgefahr, da eine gedankliche Verknüpfung jedenfalls dann zwangsläufig hergestellt werde (EuGH C-252/07, GRUR 2009, 56 (59) Rn. 57 – Intel Corporation/CPM United Kingdom).

3. Unähnliche Waren und Dienstleistungen

519 Die Regelung des § 14 Abs. 2 Nr. 3 ist nach ihrem Wortlaut in ihrem Anwendungsbereich auf unähnliche Waren und Dienstleistungen beschränkt. Die hier geforderte absolute Unähnlichkeit der Waren und Dienstleistungen liegt dann vor, wenn die Waren und Dienstleistungen so weit voneinander entfernt sind, dass selbst bei unterstellter Zeichenidentität und hoher Kennzeichnungskraft eine Verwechslungsgefahr ausgeschlossen ist (BGH GRUR 2004, 600 (601) – d-c-fix/CD-FIX; GRUR 2004, 594 (596) – Ferrari-Pferd; GRUR 2001, 507 (508) – EVIAN/REVIAN). In Fällen der Waren- und Dienstleistungsähnlichkeit kommt die analoge Anwendung des Bekanntheitsschutzes in Betracht (→ Rn. 16).

4. Bekanntheitsschutz bei ähnlichen Waren und Dienstleistungen?

520 Nach ihrem Wortlaut findet die Regelung des § 14 Abs. 2 Nr. 3 nur auf unähnliche Waren und Dienstleistungen Anwendung. Es kommen aber auch Fälle in Betracht, in denen der Zeichenabstand für die Annahme einer Verwechslungsgefahr iSd § 14 Abs. 2 Nr. 2 zu groß ist, aber dennoch eine gedankliche Verknüpfung mit einer bekannten Marke zu einer Beeinträchtigung führt. Gerade in diesen Fällen der Waren- und Dienstleistungsähnlichkeit kann für den Markeninhaber ein noch größeres Schutzbedürfnis bestehen als im Falle der Waren- und Dienstleistungsunähnlichkeit. Der Bekanntheitsschutz des § 14 Abs. 2 Nr. 3 findet daher bei ähnlichen Waren und Dienstleistungen **analoge Anwendung.** Dies wurde nun in Art. 10 Abs. 2 Buchst. c RL (EU) 2015/2436 (ebenso wie in Art. 9 Abs. 2 Buchst. c UMV) klargestellt.

520.1 Der EuGH legt Art. 5 Abs. 2 RL 2008/95/EG dahingehend aus, dass auch ähnliche Waren und Dienstleistungen von dem Anwendungsbereich der Norm per se umfasst sind, da der Schutz bekannter Marken im Falle der Benutzung eines Zeichens für identische oder ähnliche Waren oder Dienstleistungen nicht geringer sein könne, als im Fall der Benutzung für nichtähnliche Waren und Dienstleistungen (EuGH C-292/00, GRUR 2003, 240 (242) Rn. 30 – Davidoff/Gofkid; C-408/01, GRUR 2004, 58 (59) Rn. 18–22 – Adidas/Fitnessworld; C-102/07, GRUR 2008, 503 (505) Rn. 37 – adidas/Marca Moda ua; C-487/07, GRUR 2009, 756 (759) Rn. 35 – L`Oréal/Bellure; C-301/07, GRUR 2009, 1158 (1159) Rn. 18, 19 – PAGO/Tirolmilch; C-236/08 bis C-238/08, GRUR 2010, 445 (446) Rn. 48 – Google und Google France). Sofern die Mitgliedstaaten von der Möglichkeit des Bekanntheitsschutzes Gebrauch machen möchten, müssen die Mitgliedstaaten den Sonderschutz im Produktähnlichkeitsbereich nach dem EuGH sogar vorsehen, da sich der fakultative Charakter der Richtlinie nur darauf erstrecke, ob bekannte Marken überhaupt stärker geschützt werden sollen, aber nicht darauf, welche Sachverhalte von dem Sonderschutz erfasst werden sollen, wenn er gewährt wird (EuGH C-408/01, GRUR 2004, 58 (59) Rn. 18–22 – Adidas/Fitnessworld).

520.2 Der BGH setzt diese EuGH-Rechtsprechung um, indem er § 14 Abs. 2 Nr. 3 auf Waren und Dienstleistungen im Ähnlichkeitsbereich entsprechend anwendet (BGH GRUR 2004, 235 (238) – Davidoff II; GRUR 2004, 598 (599) – Kleiner Feigling; GRUR 2004, 779 (783) – Zwilling/Zweibrüder; GRUR 2005, 163 (165) – Aluminiumräder; aA Fezer Rn. 785, wonach eine direkte Anwendung der Norm geboten sei, da die Waren- und Dienstleistungsunähnlichkeit kein eigenständiges negatives Tatbestandsmerkmal des § 14 Abs. 2 Nr. 3 darstelle).

5. Benutzung, insbesondere markenmäßige Benutzung

Der Benutzungsbegriff des § 14 Abs. 2 Nr. 3 umfasst alle tatbestandlichen **Benutzungs-** 521
handlungen des § 14 Abs. 3 und 4 (OLG Hamburg GRUR 1999, 339 (342) – Yves
Roche; Ströbele/Hacker/Hacker Rn. 306). Im Rahmen des inhaltsgleichen Tatbestands des
§ 9 Nr. 3 (→ § 9 Rn. 1 ff.) wird die Benutzung des bekannten Kennzeichens fingiert (Ingerl/
Rohnke Rn. 1351).

Ob im Rahmen des § 14 Abs. 2 Nr. 3 über die bloße Zeichennutzung hinaus eine **mar-** 522
kenmäßige Benutzung (→ Rn. 11) erforderlich ist, war lange Zeit umstritten (zustimmend KG GRUR 1997, 295 (296) – Alles wird Teurer; OLG Hamburg GRUR-RR 2005,
258 (259) – Ahoj-Brause; Ingerl/Rohnke Rn. 66, 833; Ingerl WRP 2002, 861 (863); Piper
GRUR 1996, 429 (434); Sack WRP 2004, 1405 (1407); ablehnend Ströbele/Hacker/Hacker
Rn. 111; Kraft GRUR 1991, 339 (342); Sosnitza WRP 2003, 1186 (1189); Ohly GRUR
2007, 926 (927); Bornkamm GRUR 2005, 97 (100)). Diesen Streit hat der EuGH im Sinne
einer vermittelnden Auffassung entschieden, wonach zwar grundsätzlich auch im Rahmen
des Bekanntheitsschutzes ein **markenmäßiger Gebrauch** erforderlich sei (EuGH C-63/
97, GRUR Int 1999, 438 (441) Rn. 38 – BMW/Deenik). Allerdings kann auch eine etwa
nur dekorative Nutzung einer bekannten Marke eine rechtsverletzende Markennutzung darstellen, wenn die beteiligten Verkehrskreise eine **gedankliche Verknüpfung** (→ Rn. 14)
mit der bekannten Marke herstellen (EuGH C-408/01, GRUR 2004, 58 (60) Rn. 39 –
Adidas/Fitnessworld). Nicht ausreichend ist aber, wenn das Zeichen ausschließlich als Verzierung aufgefasst wird, da dann keine gedankliche Verknüpfung mit der bekannten Marke
hergestellt wird (EuGH C-408/01, GRUR 2004, 58 (60) Rn. 40 – Adidas/Fitnessworld).
Eine herkunftshinweisende Zeichennutzung ist nach Rechtsprechung des EuGH also nicht
zwingend erforderlich, wohl aber eine Benutzung, die geeignet ist, eine tatbestandsmäßige
Beeinträchtigung der bekannten Marke hervorzurufen. Der BGH hat sich der Rechtsprechung des EuGH angeschlossen und erachtet grundsätzlich eine markenmäßige Benutzung
der bekannten Marke für erforderlich (BGH GRUR 2005, 583 (584) – Lila Postkarte;
GRUR 2006, 329 (331) Rn. 32 – Gewinnfahrzeug mit Fremdemblem; GRUR 2008, 912
(915) Rn. 33 – Metrosex; vgl. auch OLG Hamburg GRUR-RR 2006, 231 (232) – Bildmarke AOL; anders OLG Frankfurt GRUR-RR 2012, 340 – Café Merci, wonach eine rein
unternehmenskennzeichenmäßige Verwendung ausreichen soll, und BGH GRUR 2015,
1201 (1210) Rn. 76 – Sparkassen-Rot/Santander-Rot, wonach bei Verwendung einer
bekannten Marke als Unternehmenskennzeichen eine entsprechende Anwendung des § 14
Abs. 2 Nr. 3 in Betracht kommt). Für den Sonderschutz nach § 14 Abs. 2 Nr. 3 soll es anstelle
eines herkunftshinweisenden Gebrauchs aber auch ausreichen, wenn eine gedankliche Verknüpfung mit der bekannten Marke entsteht (BGH GRUR 2005, 583 (584) – Lila Postkarte;
vgl. BGH GRUR 2015, 1114 (1118) Rn. 36 – Springender Pudel).

6. Ausnutzung oder Beeinträchtigung der Unterscheidungskraft

a) Unterscheidungskraft. Der Begriff der Unterscheidungskraft iSd § 14 Abs. 2 Nr. 3 523
entspricht nicht demjenigen aus § 3 Abs. 1 (→ § 3 Rn. 10 ff.) oder § 8 Abs. 2 Nr. 1 (→
§ 8 Rn. 95 ff.). Unterscheidungskraft gemäß § 14 Abs. 2 Nr. 3 ist die durch **Bekanntheit**
vermittelte, durch **Originalität** gesteigerte und/oder durch **Benutzung** erlangte oder
gesteigerte **Kennzeichnungs-** und auch **Werbekraft** der Marke (BGH GRUR 2002, 622
(625) – shell.de) und geht daher über die reine Eignung einer Marke als Herkunftshinweis
hinaus. Eine einmalige Originalität der Marke ist für die Annahme der Unterscheidungskraft
iSv § 14 Abs. 2 Nr. 3 nicht erforderlich (EuGH C-252/07, GRUR 2009, 56 (59) Rn. 72 –
Intel Corporation/CPM United Kingdom). Eine fehlende Originalität kann aber dem
Bekanntheitsschutz im Einzelfall entgegenstehen. Eine Schwächung der Unterscheidungskraft aus diesen Gründen kommt auch für einen nur bestimmten Kreis von Waren und
Dienstleistungen in Betracht. Wenn etwa die bekannte Marke für die betroffenen Waren
und Dienstleistungen lediglich beschreibende Anklänge hat, kann aus dieser Marke gegen
deren Nutzung für diese Waren und Dienstleistungen ausnahmsweise nicht vorgegangen
werden (BGH GRUR 1999, 992 (994) – BIG PACK; GRUR 1990, 37 (39) – Quelle;
GRUR 1987, 711 (713) – Camel Tours; GRUR 1957, 87 (88) – Meisterbrand). Ein geringe-

rer Schutz kann auch einer Marke, deren Unterscheidungskraft durch identische oder ähnliche Drittzeichen geschwächt ist, zukommen (OLG Koblenz GRUR-RR 2009, 230 (234) – Fadenkreuz „Tatort"), wobei solche Drittzeichen unschädlich sind, die in völlig unterschiedlichen Geschäftsbereichen oder in vollkommen unterschiedlicher Art und Weise, insbesondere nicht markenmäßig, verwendet werden (BGH GRUR 1991, 863 (865) – Avon).

524 **b) Ausnutzung der Unterscheidungskraft.** Für die Verwirklichung des Tatbestandsmerkmals der Ausnutzung der Unterscheidungskraft ist nicht zwingend die Ausnutzung der Wertschätzung der bekannten Marke erforderlich, sondern es genügt schon eine **Aufmerksamkeitsausbeutung** (BGH GRUR 2005, 583 (584) – Lila Postkarte; OLG Hamburg GRUR-RR 2002, 100 (102) – derrick.de; GRUR-RR 2002, 389 (392) – die tagesschau; GRUR 2001, 838 (841) – 1001 buecher.de; OLG Köln GRUR-RR 2005, 339 (341) – Kleiner Feigling II; vgl. auch OLG Hamburg GRUR-RR 2010, 382 (383) – IPOD/eiPott). Diese Aufmerksamkeitsausbeutung ist immer dann gegeben, wenn aufgrund der Bekanntheit der Marke – etwa aufgrund deren Wiedererkennungswerts – ein **Kommunikationsvorsprung** erreicht wird (OLG Koblenz GRUR-RR 2009, 230 (234) – Fadenkreuz „Tatort", vgl. OLG Hamburg GRUR-RR 2005, 258 (259) – Ahoj-Brause).

524.1 Eine Aufmerksamkeitsausbeutung liegt bei einer ornamentalen Verwendung der bekannten Marke auch dann vor, wenn diese nur zu dekorativen Zwecken ausgenutzt wird (EuGH C-408/01, GRUR 2004, 58 (60) Rn. 39 – Adidas/Fitnessworld; BGH GRUR 1994, 635 (636) – Pulloverbeschriftung; OLG Hamburg 2005 GRUR-RR 2005, 258 (259) – Ahoj-Brause; Berlit GRUR 2002, 572 (577)), ebenso bei einer Markenparodie, durch die der Scherzeffekt oder die Kontrastwirkung der bekannten Marke ausgenutzt wird (BGH GRUR 2005, 583 – Lila Postkarte; GRUR 1994, 808 (811) – Markenverunglimpfung I (Mars); GRUR 1995, 57 (59) – Markenverunglimpfung II (Nivea); Berlit GRUR 2002, 572 (576)). Eine Aufmerksamkeitsausbeutung liegt aber dann eher fern, wenn der Angegriffene selbst ein bekannter Hersteller ist (OLG Hamburg GRUR-RR 2009, 303 (306) – All-in-One).

525 **c) Beeinträchtigung der Unterscheidungskraft.** Der Begriff der Beeinträchtigung der Unterscheidungskraft entspricht dem Begriff der früheren Verwässerung (vgl. EuGH C-487/07, GRUR 2009, 756 (759) Rn. 39 – L`Oréal/Bellure). Eine **Verwässerung** der bekannten Marke liegt dann vor, wenn die Eignung der bekannten Marke, diejenigen Waren und Dienstleistungen zu identifizieren, für die sie eingetragen ist, durch Benutzung identischer oder ähnlicher Zeichen geschwächt wird und dies zu einer **Auflösung** der **Identität** der Marke und ihrer **Bekanntheit** beim Publikum führt (EuGH C-487/07, GRUR 2009, 756 (759) Rn. 39 – L`Oréal/Bellure; C-252/07, GRUR 2009, 56 (57) Rn. 29 – Intel Corporation/CPM United Kingdom). Dies ist etwa dann der Fall, wenn die Marke nicht mehr eine unmittelbare gedankliche Verbindung mit den von ihr erfassten Waren und Dienstleistungen bewirken kann (EuGH C-487/07, GRUR 2009, 756 (759) Rn. 39 – L`Oréal/Bellure; C-252/07, GRUR 2009, 56 (57) Rn. 29 – Intel Corporation/CPM United Kingdom). Der Eintritt dieser Verwässerung oder die ernsthafte Gefahr einer künftigen Beeinträchtigung muss nachgewiesen sein, damit der Tatbestand der Beeinträchtigung der Unterscheidungskraft bejaht werden kann (EuGH C-252/07, GRUR 2009, 56 (59) Rn. 71 – Intel Corporation/CPM United Kingdom; OLG Köln GRUR-RR 2012, 341 (345) – Ritter Sport; aA OLG Hamburg GRUR-RR 2003, 367 (369) – duplo). Jedenfalls verlangt die deutsche Rechtsprechung aber eine „greifbare Beeinträchtigung" der Unterscheidungskraft (OLG Hamburg GRUR-RR 2009, 303 (306) – All-in-One; OLG Köln GRUR-RR 2005, 339 (341) – Kleiner Feigling II; OLG Hamburg GRUR-RR 2003, 367 (369) – duplo; OLG Köln GRUR-RR 2002, 130 (134) – Focus), während nach dem EuGH eine Beeinträchtigung nur bei so wesentlichen Eingriffen vorliegen soll, dass die ernsthafte Gefahr einer künftigen Änderung des wirtschaftlichen Verhaltens des Durchschnittsverbrauchers besteht (EuGH C-252/07, GRUR 2009, 56 (60) Rn. 77 – Intel Corporation/CPM United Kingdom). Allerdings kann eine Beeinträchtigung der Unterscheidungskraft bereits dann vorliegen, wenn dem Publikum suggeriert wird, dass zwischen dem Werbenden und dem Markeninhaber eine wirtschaftliche Verbindung besteht (BGH GRUR 2013, 1239 – VOLKSWAGEN/Volks.Inspektion; EuGH C-236/08 bis C-238/08, GRUR 2010, 445 – Google France/Google; BGH GRUR 2013, 290 Rn. 24 – MOST-Pralinen).

Eine Beeinträchtigung der Unterscheidungskraft ist allerdings abzulehnen, wenn der Verkehr dem angegriffenen Zeichen hinsichtlich der Waren und Dienstleistungen, für die das Zeichen verwendet wird, einen **beschreibenden Aussagegehalt** entnehmen kann, da dann kein Anlass für eine gedankliche Verknüpfung mit der bekannten Marke besteht (OLG Hamburg GRUR-RR 2003, 367 (369) – duplo; GRUR 2004, 600 (602) – d-c-fix/CD-FIX; vgl. aber EuG T-59/08, GRUR Int 2011, 324 (329) Rn. 61 ff. – La Perla).

Für die Beurteilung der Beeinträchtigung der Unterscheidungskraft sind der Bekanntheitsgrad und der Abstand der betroffenen Waren und Dienstleistungen in ein Verhältnis der Wechselwirkung zu setzen (BGH GRUR 2001, 507 (509) – EVIAN/REVIAN). Bei berühmten Marken kann daher auch eine branchenunabhängige Verwendung zu einer Verwässerung führen (OLG Hamburg MarkenR 2003, 401 (407) – VISA). Darüber hinaus sind für die Beurteilung der Verwässerung die Durchschnittsverbraucher derjenigen Waren und Dienstleistungen relevant, für die die jüngere Marke eingetragen ist (EuGH C-252/07, GRUR 2009, 56 Rn. 35 – Intel Corporation/CPM United Kingdom), da diese das jüngere Zeichen zur Kenntnis nehmen und die Beeinträchtigung daher auch bei diesen Verbrauchern eintritt.

7. Ausnutzung oder Beeinträchtigung der Wertschätzung

a) Wertschätzung. Der Begriff der Wertschätzung ist gleichzusetzen mit dem guten Ruf (EuG T-215/03, GRUR Int 2007, 730 (732) Rn. 40 – VIPS; Ingerl/Rohnke Rn. 1366; Ströbele/Hacker/Hacker Rn. 342) oder dem positiven Image einer Marke. Allerdings sind die Begriffe der Verkehrsbekanntheit und der Wertschätzung streng voneinander abzugrenzen, da nicht jede bekannte Marke zugleich ein besonderes Ansehen genießt (EuG T-215/03, GRUR Int 2007, 730 (734) Rn. 57 – VIPS). Für die „Bekanntheit" im Sinne der Voraussetzung des erweiterten Schutzes gilt dies wohl nicht, da diese ohnehin mit qualitativen Aspekten angereichert ist und somit auch von der Verkehrsbekanntheit zu unterscheiden ist; s. Rn. 517. Ein anderes Ergebnis wäre schon im Hinblick auf diejenigen Sprachfassungen der MRL kaum zu vertreten, die „Bekanntheit" und „Wertschätzung" mit dem gleichen Begriff bezeichnen, wie etwa „reputation" im Englischen. Der gute Ruf einer Marke muss durch eigene **Aktivitäten des Markeninhabers** oder seines Rechtsvorgängers entstanden sein (BGH GRUR 1995, 697 (700) – FUNNY PAPER); der Erwerb eines guten Rufes allein durch Anstrengungen Dritter genügt nicht.

Ursachen für den guten Ruf einer Marke können sein: besondere Gütevorstellungen, die mit der Marke in Verbindung gebracht werden (BGH GRUR 1985, 550 (552) – DIMPLE; OLG Stuttgart GRUR-RR 2007, 313 (315) – CARRERA), der Erfolg des mit der Marke gekennzeichneten Produkts auf dem Markt (KG GRUR 2000, 906 (907) – Gute Zeiten, Schlechte Zeiten), Größe, Alter, Tradition und Erfolg des Unternehmens (BGH GRUR 1966, 623 (624) – Kupferberg) oder eine besondere Exklusivität oder Luxus, den die Marke ausstrahlt (BGH GRUR 1983, 247 (248) – Rolls Royce; GRUR 1985, 550 (552) – DIMPLE).

b) Ausnutzung der Wertschätzung (= Rufausbeutung). Nach der Rechtsprechung des EuGH liegt eine Ausnutzung der Wertschätzung der bekannten Marke, die mit dem Begriff der Rufausbeutung gleichzusetzen ist, vor, wenn ein Dritter sich durch die Zeichenverwendung in die **Sogwirkung** der bekannten Marke begibt, um von deren Anziehungskraft, Ansehen und Ruf zu **profitieren,** ohne eine finanzielle Gegenleistung oder eigene Anstrengungen aufzuwenden (EuGH C-487/07, GRUR 2009, 756 (760) Rn. 49 – L'Oréal/Bellure; C-236/08 bis C-238/08, GRUR 2010, 445 (450) Rn. 102 – Google/Google France; EuG T-59/08, GRUR Int 2011, 324 (328) Rn. 44 – La Perla), mithin die Vorteile, den **wirtschaftlichen Wert** der Marke und die Anstrengungen des Inhaber der bekannten Marke zur Schaffung und Aufrechterhaltung des Markenimages **ausnutzt** (EuGH C-487/07, GRUR 2009, 756 (760) Rn. 41, 49 – L'Oréal/Bellure; EuG T-59/08, GRUR Int 2011, 324 (328) Rn. 40 – La Perla), und im Wege des Imagetransfers **Assoziationen** mit der bekannten Marke erweckt und den fremden guten Ruf zugunsten des **eigenen Absatz** und der eigenen Vermarktung anzapft (BGH GRUR 2010, 161 (166) Rn. 33 – Gib mal Zeitung; EuG T-215/03, GRUR Int 2007, 730 (732) Rn. 40 – VIPS). Für die Rufausbeutung ist erforderlich, dass der Ruf auch **übertragbar** ist. Das ältere Zeichen muss daher bei den

MarkenG § 14 Teil 2 Voraussetzungen, Inhalt und Schranken etc.

angesprochenen Verkehrskreisen des jüngeren Zeichen bekannt sein (Ingerl/Rohnke Rn. 1385) und die Waren und Dienstleistungen sowie deren Abnehmer dürfen keinen zu großen Abstand voneinander haben (Beispiele hierzu bei Ingerl/Rohnke Rn. 1385; Ströbele/Hacker/Hacker Rn. 348). Eine besondere Originalität des Zeichens ist aber nicht zwingend erforderlich (EuGH C-252/07, GRUR 2009, 56 (59) Rn. 72 – Intel Corporation/CPM United Kingdom; anders noch BGH GRUR 1991, 465 (466) – Salomon). Liegen die Voraussetzungen einer Rufausbeutung vor, kann ein Imagetransfer allerdings verhindert werden, wenn der Verletzer das bekannte Zeichen mit einem **unterscheidungskräftigen Zusatz** verwendet (BGH GRUR 1999, 992 (994) – BIG PACK; OLG Frankfurt GRUR 2000, 1063 (1065) – Spee-Fuchs).

530 c) **Beeinträchtigung der Wertschätzung (Rufschädigung).** Nach der Rechtsprechung des EuGH ist die Beeinträchtigung der Wertschätzung mit dem Begriff der Rufschädigung gleichzusetzen und ist dann gegeben, wenn die **Anziehungskraft** der bekannten Marke **geschmälert** wird (EuGH C-487/07, GRUR 2009, 756 (760) Rn. 40 – L`Oréal/Bellure). Dies kann sich insbesondere daraus ergeben, dass die von Dritten angebotenen Waren und Dienstleistungen Merkmale oder Eigenschaften aufweisen, die sich auf das Bild der bekannten älteren Marke negativ auswirken können (EuGH C-487/07, GRUR 2009, 756 (760) Rn. 40 – L`Oréal/Bellure).

530.1 Ursachen für eine negative Auswirkung auf die bekannte Marke können sein:
- Vertrieb qualitativ schlechterer Produkte unter dem Verletzerkennzeichen (Sack GRUR 1995, 81 (83));
- Verwendung durch ein Unternehmen mit schlechterem Ansehen (RGZ 74, 308, 311 – Graf Zeppelin);
- Erwecken negativer oder unpassender Assoziationen („inkompatibler Zweitgebrauch") (BGH GRUR 1999, 161 (164) – MAC Dog; GRUR 1994, 808 (811) – Markenverunglimpfung I (Mars); GRUR 1995, 57 (59) – Markenverunglimpfung II (Nivea));
- Verwendung der bekannten Marke in herabsetzender Weise (BGH GRUR 1994, 808 (811) – Markenverunglimpfung I (Mars); GRUR 1995, 57 (59) – Markenverunglimpfung II (Nivea)).

530.2 Eine nur geringe Benutzung des Verletzers kann der Rufbeeinträchtigung entgegenstehen (BGH GRUR 1987, 711 (713) – Camel Tours).

8. In unlauterer Weise

531 Das Tatbestandsmerkmal der Unlauterkeit erfordert nicht das Vorliegen eines Wettbewerbsverhältnisses (LG Hamburg GRUR 2000, 514 – Markenbeeinträchtigung Deutsche Post; BGH GRUR 1957, 342 (347) – Underberg; Piper GRUR 1996, 429 (431)). Vielmehr ist die Unlauterkeit der Zeichenverwendung aufgrund aller Umstände des Einzelfalls zu beurteilen und umso eher zu bejahen, desto höher der Bekanntheitsgrad der bekannten Marke, deren Unterscheidungskraft, Originalität und Werbewert sowie die daraus resultierenden Möglichkeiten einer Beeinträchtigung der Marke sind (EuGH C-375/97, GRUR Int 2000, 73 (75) Rn. 30 – Chevy; Sack GRUR 1995, 81 (85); Piper GRUR 1996, 429 (435)).

532 Den Tatbestandsmerkmalen der **Wertschätzungsbeeinträchtigung** und des **Ausnutzens der Unterscheidungskraft** ist die Unlauterkeit bereits **immanent,** weshalb eine Markennutzung unter Verwirklichung dieser Eingriffstatbestandsmerkmale stets als unlauter zu qualifizieren ist (BGH GRUR 2005, 583 (584) – Lila Postkarte; LG Berlin GRUR-RR 2007, 40 (42) – Stiftung Gentest; Ströbele/Hacker/Hacker Rn. 354; aA OLG Köln GRUR-RR 2005, 339 (341) – Kleiner Feigling II).

533 Bei dem Tatbestandsmerkmal der **Rufausbeutung** ist über die Rufausbeutung hinaus zusätzlich etwas besonders Anstößiges erforderlich (BGH GRUR 1997, 754 (755) – grau/magenta; GRUR 1997, 311 (313) – Yellow Phone; GRUR 1994, 732 (734) – Mc Laren). Dies kann etwa die Behinderung des Markeninhabers in der eigenen Verwertung seines Markenrechts innerhalb der relevanten Branche sein (BGH GRUR 1991, 465 (466) – Salomon; Piper GRUR 1996, 429 (435)) oder die Verwendung der bekannten Marke gerade mit dem Ziel, von deren Ruf zu profitieren (BGH GRUR 1997, 754 (756) – grau/magenta; GRUR 1997, 311 (313) – Yellow Phone; OLG München NJWE-WettbR 2000, 163 (164) – Allianz; OLG Hamburg GRUR 1999, 339 (342) – Yves Roche). Ebenso ist die Rufausbeutung dann unlauter, wenn das bekannte Zeichen in identischer Form verwendet wird und

Ausschließliches Recht des Inhabers; Unterlassung; Schadensersatz § 14 MarkenG

darüber hinaus auf die bekannte Marke durch besondere Hinweise Bezug genommen wird (Ströbele/Hacker/Hacker Rn. 355). Ist eine Anlehnung an die bekannte Marke zwangsläufig erforderlich (wie etwa zum Zwecke einer wirklichkeitsgetreuen Nachbildung von Kraftfahrzeugen als Modell), stellt dies umgekehrt ein Indiz für die fehlende Unlauterkeit dar (BGH GRUR 2010, 726 (729) Rn. 29, 30 – Opel-Blitz II; GRUR 1994, 732 (734) – McLaren).

9. Ohne rechtfertigenden Grund

Eine Rechtfertigung des Zeichenverwenders kommt aus unterschiedlichen Gründen in Betracht: **534**

- Den wichtigsten Grund für eine Rechtfertigung bilden grundrechtliche Wertungen, insbesondere die **Meinungsfreiheit** und die **Kunstfreiheit** gemäß Art. 5 GG (BVerfG GRUR 2001, 170 – Benetton-Werbung; BVerfG GRUR 2001, 1058 (1059) – Therapeutische Äquivalenz; BVerfG WRP 2002, 430 (431) – Tierfreundliche Mode; BGH GRUR 2005, 583 (584) – Lila Postkarte; GRUR 2015, 1114 – Springender Pudel; OLG Hamburg GRUR-RR 2010, 382 (383) – IPOD/eiPott; GRUR-RR 2006, 231 (232) – Bildmarke AOL). Eine Rechtfertigung tritt aber nach der gebotenen Interessenabwägung des Grundrechts mit dem Eigentumsrecht des Markeninhabers nur ein, wenn keine Herabsetzung oder Verunglimpfung der bekannten Marke mit der Zeichennutzung einhergeht (BGH GRUR 2005, 583 (585) – Lila Postkarte; LG Berlin GRUR-RR 2007, 40 (42) – Stiftung Gentest). Auch im Schutzbereich der Kunstfreiheit muss der Inhaber einer bekannten Marke aber nur die Benutzung des jüngeren Zeichens, nicht aber dessen Eintragung für identische oder ähnliche Waren dulden (BGH GRUR 2015, 1114 – Springender Pudel).
- Über grundgesetzliche Wertungen hinaus soll eine Rechtfertigung auch aus der **Waren- und Dienstleistungsfreiheit** innerhalb des gemeinsamen Marktes folgen können (Fezer Rn. 814).
- Einer weiterer Rechtfertigungsgrund kann die **berechtigte Wahrnehmung eigener Interessen** sein (BGH GRUR 2010, 726 (729) Rn. 30 – Opel-Blitz II), etwa wenn der Verletzer bereits vor Eintritt der Bekanntheit einen eigenen wertvollen Besitzstand an dem durch ihn verwendeten Zeichen begründet hat (Ströbele/Hacker/Hacker Rn. 360) oder die Zeichennutzung aufgrund von Marktgewohnheiten erfolgte, die sich bereits seit langer Zeit auf dem Markt verfestigt hatten, wie etwa die jahrzehntelange Üblichkeit von detailgetreuen Miniaturnachbildungen von Fahrzeugen mit Originallogo des Automobilherstellers (BGH GRUR 2010, 726 (729) Rn. 30 – Opel-Blitz II).
- Nach der Rechtsprechung des BGH findet sich darüber hinaus auch der **Freistellungstatbestand des § 23** (→ § 23 Rn. 1 ff.) in dem Tatbestandsmerkmal des rechtfertigenden Grundes wieder, dem im Rahmen des § 14 Abs. 2 Nr. 3 kein eigener Anwendungsbereich zukommt (BGH GRUR 1999, 992 (994) – BIG PACK; zu § 15 Abs. 3 BGH GRUR 2001, 1050 (1053) – Tagesschau; GRUR 2008, 798 (800) Rn. 26 – POST; GRUR 2009, 678 (682) Rn. 34 – POST/RegioPost; GRUR 2009, 1162 (1164) Rn. 37 – DAX; Ingerl/Rohnke Rn. 1363), weshalb die Nutzung eines bekannten Zeichens bei beschreibender Wirkung zulässig ist. Nur beschreibende Anklänge genügen hingegen nicht (BGH GRUR 2004, 600 (602) – d-c-fix/CD-FIX). Gleiches gilt bei den übrigen Freistellungstatbeständen des § 23.
- Nach dem BGH soll außerdem **neuen Wettbewerbern,** die auf solchen Märkten hinzukommen, die bislang durch ein **Monopol** beherrscht wurden, die Nutzung eines beschreibenden Begriffs gestattet sein, selbst wenn dies zu einer Verwechslungsgefahr führen kann, sofern sich der neue Wettbewerber durch unterscheidungskräftige Zusatze von dem ursprünglichen Monopolinhaber abgrenzt (BGH GRUR 2008, 798 (800) Rn. 23 – POST; WRP 2008, 1206 (1208) Rn. 25 – CITY POST; GRUR 2001, 1050 (1053) – Tagesschau).
- Wird eine bekannte Marke im Rahmen einer Adword-Anzeige genannt (zu den Anforderungen an die markenmäßige Benutzung → Rn. 207 ff.), so kann diese Zeichennutzung gerechtfertigt sein, wenn Alternativen zu den Waren oder Dienstleistungen des Inhabers der bekannten Marke vorgeschlagen werden ohne die Funktionen der bekannten Marke zu beeinträchtigen, da eine solche Zeichennutzung einem gesunden und lauteren Wettbewerb im Bereich der betroffenen Waren oder Dienstleistungen entspricht (BGH GRUR 2013, 1044 (1046) – Beate Uhse). Etwas anderes gilt jedoch selbst wenn die fremde Marke

MarkenG § 14 Teil 2 Voraussetzungen, Inhalt und Schranken etc.

in der Adword-Anzeige nicht genannt wird, wenn in der Anzeige die unter der Marke angebotenen Waren oder Dienstleistungen in ein negatives Licht gerückt werden, zB wenn die Anzeige das Angebot des Markeninhabers als stark überteuert darstellt (OLG Frankfurt GRUR-RR 2014, 245 – Beate Uhse II).
- Schließlich kommt ein rechtfertigender Grund in Betracht, wenn ein Zeichen vor Hinterlegung der bekannten Marke benutzt wurde und seine Benutzung in gutem Glauben erfolgte (EuGH C-65/12, GRUR 2014, 280 – Leidseplein (Red Bull/Pitbull)). Bei der Beurteilung sind die Verkehrsdurchsetzung und der Ruf des Zeichens bei den betroffenen Verkehrskreisen, der Grad der Nähe zwischen den Waren und Dienstleistungen, für die das Zeichen ursprünglich benutzt wurde, und der Ware, für die die bekannte Marke eingetragen ist, sowie die wirtschaftliche und handelsmäßige Erheblichkeit der Benutzung des der Marke ähnlichen Zeichens für die fragliche Ware zu berücksichtigen (EuGH C-65/12, GRUR 2014, 280 – Leidseplein (Red Bull/Pitbull)).

10. Beweislast

535   Bei den Eingriffstatbestandsmerkmalen des § 14 Abs. 2 Nr. 3 und der Bekanntheit einer Marke handelt es sich um **Tatsachenfragen** (EuGH C-48/05, GRUR 2007, 318 (320) Rn. 36 – Adam Opel/Autec; C-301/07, GRUR 2009, 1158 Rn. 26 – PAGO/Tirolmilch), für die der **Anspruchsteller** die Beweislast trägt (EuGH C-252/07, GRUR 2009, 56 (58) Rn. 37 – Intel Corporation/CPM United Kingdom). Der Anspruchsteller ist aber nicht verpflichtet, das Vorliegen einer tatsächlichen Beeinträchtigung der Marke nachzuweisen, sondern es reicht aus, wenn er das Vorliegen von Gesichtspunkten dartut, aus denen auf eine ernsthafte Gefahr einer künftigen Beeinträchtigung geschlossen werden kann (EuGH C-252/07, GRUR 2009, 56 (58) Rn. 38 – Intel Corporation/CPM United Kingdom). Auch der Nachweis der **Unlauterkeit** obliegt dem **Anspruchsteller** (OLG Köln GRUR-RR 2005, 339 (341) – Kleiner Feigling II). Das Vorliegen eines **rechtfertigenden Grundes** hat der **Verletzer** nachzuweisen, der sich darauf beruft (EuGH C-252/07, GRUR 2009, 56 (58) Rn. 39 – Intel Corporation/CPM United Kingdom).

H. Unterlassungs- und Schadensersatzanspruch

I. Unterlassungsanspruch (Abs. 5)

1. Allgemeines

536   Der in § 14 Abs. 5 und § 15 Abs. 4 normierte Unterlassungsanspruch dient der Unterbindung künftiger Markenrechtsverletzungen und setzt hinsichtlich ihrer Begehung eine drohende Gefahr voraus (sog. **Begehungsgefahr**). Letztere kann sich entsprechend den beiden Sätzen in § 14 Abs. 5 und § 15 Abs. 4 zum einen daraus ergeben, dass eine bereits begangene Verletzungshandlung künftig wiederholt zu werden droht, zum anderen aber auch daraus, dass überhaupt erst eine Begehung einer Markenverletzung erstmalig droht. Die für den Fall einer bereits begangenen Verletzungshandlung erforderliche **Wiederholungsgefahr** (→ Rn. 541 ff.) begründet den in § 14 Abs. 5 S. 1 normierten **Verletzungsunterlassungsanspruch** (→ Rn. 539 ff.), die für den Fall der noch nicht begangenen Verletzungshandlung erforderliche **Erstbegehungsgefahr** (→ Rn. 587 ff.) den in § 14 Abs. 5 S. 2 normierten sog. **vorbeugenden Unterlassungsanspruch** (→ Rn. 583). Damit setzen sowohl der Verletzungsunterlassungsanspruch als auch der vorbeugende Unterlassungsanspruch die Gefahr der Begehung einer zukünftigen Markenrechtsverletzung voraus. Der Unterschied zwischen den beiden Formen des Unterlassungsanspruchs besteht darin, dass aufgrund der beim Verletzungsunterlassungsanspruch bereits erfolgten Markenverletzung die Wiederholungsgefahr vermutet wird, während die Erstbegehungsgefahr beim vorbeugenden Unterlassungsanspruch anhand objektiver Umstände des Einzelfalls positiv festgestellt werden muss.

537   Der Unterlassungsanspruch besteht in beiden Formen **verschuldensunabhängig**, so dass es nicht darauf ankommt, ob dem Verletzer die verletzte Marke bekannt war oder auch nur hätte bekannt sein können (KG GRUR-RR 2007, 68 (69) – Keyword-Advertising).

538   Die früher umstrittene Frage um die **Rechtsnatur** des Unterlassungsanspruchs als materiell-rechtlicher Anspruch iSd § 241 BGB oder prozessualer Rechtsbehelf ist inzwischen

zugunsten des ersten Ansatzes entschieden, so dass demzufolge davon auszugehen ist, dass der Unterlassungsklage als einer Leistungsklage ein materiell-rechtlicher Anspruch zugrunde liegt (Fezer Rn. 988 mwN).

2. Verletzungsunterlassungsanspruch (Abs. 5 S. 1)

a) Verletzungshandlung. Der Verletzungsunterlassungsanspruch setzt zunächst eine 539 rechtsverletzende Benutzung einer Marke oder geschäftlichen Bezeichnung nach § 14 Abs. 2 bis 4 voraus (zu den konkreten Anforderungen an die Verletzungshandlung → Rn. 551 ff.). Das heißt, dass das verletzte Kennzeichenrecht bereits **zum Zeitpunkt der Vornahme der rechtsverletzenden Handlung bestanden** haben muss (BGH GRUR 2008, 621 Rn. 41 – AKADEMIKS) und der gesetzliche Verletzungstatbestand nicht erst später in Kraft getreten sein darf (Ingerl/Rohnke Vor §§ 14–19d Rn. 82), da dies nur allenfalls eine Erstbegehungsgefahr bei Vorliegen weiterer, über die frühere rechtmäßige Handlung hinausgehender Umstände begründen würde (insoweit → Rn. 587 ff.).

Darlegungs- und ggf. **beweispflichtig** dafür, dass dem auf Wiederholungsgefahr gestütz- 540 ten Unterlassungsanspruch eine entsprechende Verletzungshandlung zugrunde liegt, ist der Inhaber des verletzten Kennzeichenrechts. Der Umstand, dass ihm eine nähere Darlegung eines zum Wahrnehmungsbereich des Verletzers gehörenden Geschehens ggf. nicht möglich ist, führt nicht zu einer Umkehr der Beweislast, sondern allenfalls zu erhöhten Anforderungen an die Erklärungslast des Verletzers. Kommt er diesen nach, ist die weitere Beweisführung wiederum Sache des an sich beweispflichtigen Inhabers des verletzten Kennzeichenrechts (BGH GRUR 2009, 502 Rn. 17 – pcb).

b) Entstehung der Wiederholungsgefahr. aa) Rechtsnatur der Wiederholungsge- 541 **fahr.** Die Wiederholungsgefahr ist eine **materiell-rechtliche Anspruchsvoraussetzung** des in die Zukunft gerichteten **gesetzlichen Unterlassungsanspruchs** und nicht bloß Prozessvoraussetzung als Erfordernis des allgemeinen Rechtsschutzinteresses (zB BGH GRUR 1994, 443 (445) – Versicherungsvermittlung im öffentlichen Dienst; Köhler/Bornkamm/Bornkamm UWG § 8 Rn. 1.10 mwN). Demzufolge wird bei Fehlen der Wiederholungsgefahr **zum Zeitpunkt der letzten mündlichen Verhandlung** in der Tatsacheninstanz die Unterlassungsklage als unbegründet und nicht als unzulässig abgewiesen.

Anders als der gesetzliche setzt der vertragliche Unterlassungsanspruch keine Wiederho- 542 lungsgefahr voraus, da er durch die vertraglich übernommene Unterlassungsverpflichtung hinreichend konkretisiert wird (Köhler/Bornkamm/Bornkamm UWG § 8 Rn. 1.12). Jedoch führt das Fehlen einer Wiederholungsgefahr beim klageweise geltend gemachten vertraglichen Unterlassungsanspruch dazu, dass das Rechtsschutzbedürfnis für die gerichtliche Geltendmachung fehlt (BGH GRUR 1999, 522 (524) – Datenbankabgleich).

bb) Voraussetzungen der Entstehung der Wiederholungsgefahr. Die Gefahr der 543 Wiederholung einer schon einmal begangenen Markenverletzung liegt vor, wenn aufgrund konkreter, äußerlich erkennbarer Anhaltspunkte eine **ernsthafte und greifbare Möglichkeit** besteht, dass die konkrete Verletzungshandlung zukünftig in gleicher oder im Kern gleicher Form erneut begangen wird (BGH GRUR 2008, 702 Rn. 55 – Internet-Versteigerung III; GRUR 1992, 318 (319) – Jubiläumsverkauf).

Die Wiederholungsgefahr ist ein tatsächlicher Umstand, der nach den Verhältnissen in der 544 **Person des in Anspruch Genommenen** zu beurteilen ist. Eine auf Grund des persönlichen Verhaltens des Rechtsvorgängers in seiner Person begründete Wiederholungsgefahr geht somit nicht auf den Rechtsnachfolger über (BGH GRUR 2007, 995 Rn. 10 – Schuldnachfolge; GRUR 2006, 879 Rn. 17 – Flüssiggastank).

cc) Tatsächliche Vermutung der Entstehung der Wiederholungsgefahr. Ist es in 545 der Vergangenheit bereits zu einer, wenn auch nur einmaligen, Kennzeichenverletzung gekommen, spricht nach ständiger Rechtsprechung eine **widerlegliche** tatsächliche Vermutung für die Wiederholungsgefahr (BGH GRUR 2009, 1162 Rn. 64 – DAX mwN), die sich auf die konkrete Verletzungshandlung und auf im Kern gleichartige Verstöße beschränkt (→ Rn. 615).

Ihrer Begründung liegt die allgemeine Lebenserfahrung zugrunde, dass eine schon einmal 546 begangene Kennzeichenverletzung deren Wiederholung befürchten lässt.

547 Der Nachweis des Bestehens einer ernsthaften und greifbaren Möglichkeit, dass die konkrete Verletzungshandlung zukünftig in gleicher oder im Kern gleicher Form erneut begangen wird, braucht demnach vom Anspruchsinhaber nicht mehr erbracht zu werden. Vielmehr ist es nun Aufgabe des **Verletzers,** die für die Wiederholungsgefahr bestehende tatsächliche Vermutung zu **widerlegen** (zu den Anforderungen → Rn. 615 ff.).

548 **c) Umfang der Wiederholungsgefahr. aa) Erstreckung der Wiederholungsgefahr auf im Kern gleichartige Verstöße (sog. „Kerntheorie").** Die durch eine Verletzungshandlung begründete tatsächliche Vermutung der Wiederholungsgefahr erstreckt sich nicht nur auf **identische,** sondern auch auf **im Kern gleichartige Verletzungsformen,** die von der konkreten Verletzungshandlung nur unbedeutend abweichen und bei denen das Charakteristische der Verletzungshandlung noch zum Ausdruck kommt (ständige Rechtsprechung; vgl. BGH GRUR 2009, 772 Rn. 29 – Augsburger Puppenkiste; GRUR 2006, 504 Rn. 36 – Parfümtestkäufe). Damit bedarf es bei Letzteren zur Begründung eines Unterlassungsanspruchs nicht des Rückgriffs auf eine Erstbegehungsgefahr.

548.1 **Beispiele:** Eine Verletzungshandlung, die in der Benutzung eines zusammengesetzten Zeichens besteht, dessen Gesamteindruck durch mehrere Zeichenbestandteile bestimmt wird (im Fall: Leipziger Puppenkiste), ist nach dem BGH (GRUR 2009, 772 Rn. 32 – Augsburger Puppenkiste) nicht mehr im Kern gleichartig mit der Verwendung eines Bestandteils des zusammengesetzten Zeichens (im Fall: Puppenkiste).

549 Ebenso begründet die Verwendung eines Zeichens (im Fall: Cartier) in Bezug auf konkrete Waren nicht auch eine Wiederholungsgefahr für eine isolierte Verwendung der Bezeichnung unabhängig von Waren oder Dienstleistungen (BGH GRUR 2009, 871 Rn. 41 – Ohrclips).

550 Auch wenn die Verletzung eines bestimmten Schutzrechts nicht ohne weiteres die Vermutung begründet, dass auch andere dem Markeninhaber zustehende oder von ihm berechtigt wahrgenommene Schutzrechte durch denselben Täter verletzt werden, kann er nach den Umständen des Einzelfalls dennoch berechtigt sein, gegen denselben Täter ein umfassendes Unterlassungsverbot durchzusetzen (BGH GRUR 2008, 703 Rn. 55 – Internet-Versteigerung III; GRUR 2006, 421 Rn. 39–41 – Markenparfümverkäufe). Letzteres kommt insbesondere in den Fällen des Graumarktvertriebs und der Parallelimporte in Betracht.

550.1 **Beispiele:** So hat der BGH in der Entscheidung „Internet-Versteigerung III" angenommen, dass die Verletzung der Wortmarke „ROLEX" und der Wort-/Bildmarke „ROLEX" mit dem Bildbestandteil einer fünfzackigen Krone die Wiederholungsgefahr hinsichtlich sämtlicher Modellbezeichnungen für ROLEX-Uhren begründet, da auch deren Verwendung bei Internet-Auktionen üblich ist (GRUR 2008, 702 Rn. 55). In der Entscheidung „Markenparfümverkäufe" hat der BGH die Ansicht des Berufungsgerichts bestätigt, wonach die Verletzung des Markenparfüms „Chopard" durch Graumarktvertrieb eine Begehungsgefahr dahin begründet, dass auch die weiteren, im Klageantrag aufgeführten Luxusparfüm-Marken des Klägers von der Beklagten unter Verletzung des Markenrechts vertrieben werden, da dies im Interesse nach einer Sortimentsvervollständigung nach der Lebenserfahrung früher oder später zu erwarten ist (GRUR 2006, 421 Rn. 40; Ingerl/Rohnke Vor §§ 14–19d Rn. 95).

551 **bb) Anforderungen an die Antragsfassung.** Grundsätzlich bestimmt die **konkret vorgekommene oder drohende Verletzungshandlung** Inhalt und Umfang des Unterlassungsanspruchs (materiell-rechtliches Konkretisierungsgebot; Teplitzky, 9. Aufl. 2007, Kap. 5 A II 2 Rn. 5). Jedoch lässt die Rechtsprechung bei seiner Fassung im Interesse eines hinreichenden Rechtsschutzes gewisse **Verallgemeinerungen** zu, sofern auch in dieser Form das **Charakteristische der festgestellten konkreten Verletzungsform** zum Ausdruck kommt. Dies gilt nicht, soweit der Unterlassungsantrag nur unter dem Gesichtspunkt der Erstbegehungsgefahr gegeben ist (BGH BeckRS 2012, 20448 Rn. 15). Begründet wird die Zulässigkeit von Verallgemeinerungen bei einem auf Wiederholungsgefahr gestützten Unterlassungsantrag damit, dass, wie unter → Rn. 545 gesehen, eine Verletzungshandlung die Vermutung der Wiederholungsgefahr nicht nur für die identische Verletzungsform, sondern auch für alle im Kern gleichartigen Verletzungshandlungen begründet (BGH GRUR 2009, 772 Rn. 29 – Augsburger Puppenkiste; GRUR 2008, 702 Rn. 55 – Internet-Versteigerung III; GRUR 2006, 421 Rn. 39 – Markenparfümverkäufe; GRUR 2004, 154 (156) – Farbmarkenverletzung II). Hiernach hat sich nicht nur die Formulierung der Abmahnung mit der Aufforderung zur Abgabe einer strafbewehrten Unterlassungserklärung, sondern auch die des Klageantrags und des Urteilstenors zu richten (Ströbele/Hacker/Hacker Rn. 413). Fasst der Kläger seinen Unterlassungsantrag **zu weit,** riskiert er im Prozess eine vollständige oder zumindest teilweise **Klageabweisung,** wenn das Klagevorbringen dahingehend ausgelegt werden kann, dass sich der Kläger jedenfalls auch gegen die konkrete Verletzungsform wendet (BGH GRUR 1994, 844 (846) – Rotes Kreuz).

Wird die Verwechslungsgefahr nur durch einen Bestandteil einer aus mehreren Teilen 552 zusammengesetzten und nur in dieser Gesamtheit im geschäftlichen Verkehr benutzten **Zeichenkombination** hervorgerufen, ist der Unterlassungsantrag gegen diese in ihrer **Gesamtheit** zu richten. Ein Verbot des einzelnen, die Verwechslungsgefahr auslösenden Bestandteils kommt grundsätzlich nicht in Betracht, weil im Regelfall nicht ausgeschlossen werden kann, dass er, wenn er mit anderen Bestandteilen kombiniert wird, keine Verwechslungsgefahr mit dem Klagezeichen begründet (BGH GRUR 2010, 1020 Rn. 10 – Verbraucherzentrale; GRUR-RR 2010, 205 Rn. 15 – Haus & Grund IV; GRUR 2009, 772 Rn. 29 – Augsburger Puppenkiste). Zudem begründet die Benutzung der Zeichenkombination auch keine Erstbegehungsgefahr für eine isolierte Verwendung des in Rede stehenden Bestandteils (BGH BeckRS 2009, 12968 Rn. 67 – Post/EP Europost). **Ausnahmsweise** kann ein umfassendes Verbot der Verwendung eines Zeichenbestandteils des Kollisionszeichens gerechtfertigt sein, wenn seine zulässige Verwendung, gleichgültig in welcher Kombination, schlechthin ausgeschlossen ist (BGH GRUR 2009, 772 Rn. 29 – Augsburger Puppenkiste). Dieser Ausnahmefall ist jedoch in der Praxis kaum von Bedeutung.

Wie gesehen (→ Rn. 545) kann **ausnahmsweise,** insbesondere in den Fällen des Grau- 553 marktvertriebs und der Parallelimporte, ein Unterlassungsantrag nicht nur auf die konkret vorgekommene Verletzung einer Marke, sondern verallgemeinernd auf die mögliche Verletzung auch weiterer, vergleichbarer Marken des Markeninhabers erstreckt werden (BGH GRUR 2008, 703 Rn. 55 – Internet-Versteigerung III; GRUR 2006, 421 Rn. 39–41 – Markenparfümverkäufe). In diesem Zusammenhang wird auch die Beschränkung des Antrags auf solche Waren, die „nicht vom Kläger oder mit seiner Zustimmung im Inland, in einem der übrigen Mitgliedstaaten der Europäischen Union oder in einem anderen Vertragsstaat des Abkommens über den Europäischen Wirtschaftsraum in den Verkehr gebracht worden sind", als eine zulässige Verallgemeinerung der festgestellten konkreten Verletzungshandlung angesehen (BGH GRUR 2006, 504 Rn. 37 – Parfümtestkäufe).

Wird eine **Produktkennzeichnung** angegriffen, so gehört zur konkreten Verletzungs- 554 form die **Angabe der Waren bzw. Dienstleistungen,** auf die sich die Begehungsgefahr erstreckt (Ingerl/Rohnke Vor §§ 14–19d Rn. 166).

Wird eine **Firmenbezeichnung** durch ein Unternehmen, das unterschiedliche Dienst- 555 leistungen anbietet, rechtsverletzend benutzt, kann der Inhaber prioritätsälterer Rechte nicht Unterlassung schlechthin verlangen, sondern nur für das Angebot von Dienstleistungen, die mit seinem eigenen **Tätigkeitsbereich** so verwandt sind, dass Verwechslungen in Betracht kommen. Der konkrete Tätigkeitsbereich ist im Unterlassungsantrag anzugeben (OLG Hamburg GRUR-RR 2001, 53 (54) – ASCO).

Bei einer rechtsverletzenden Benutzung eines **Zeitschriftentitels** ist der **thematische** 556 **Zuschnitt** des Werkes im Unterlassungsantrag anzugeben, so dass demnach ein Antrag, der darauf gerichtet, dem Antragsgegner zu untersagen, eine Zeitschrift – gleichgültig mit welchen thematischen Zuschnitt – herauszugeben oder zu vertreiben, deren Titel die streitgegenständliche Bezeichnung enthält, mangels Begehungsgefahr als unbegründet abzuweisen ist (BGH GRUR 1999, 235 (237) – Wheels Magazine).

Zu weitgehend formuliert und damit wegen Unbegründetheit stets abzuweisen ist ein 557 Unterlassungsantrag, wenn er eine nach den **§§ 23, 24** markenrechtlich zulässige Verwendungsweise der in Rede stehenden Bezeichnung mitumfasst (BGH GRUR 2003, 436 (439) – Feldenkrais; OLG München GRUR-RR 2006, 363 (366) – BMW-Bildmarke).

Unbedenklich sind **„insbesondere"-Zusätze,** wenn durch sie nicht das beantragte Ver- 558 bot auf ähnliche Verletzungsformen erstreckt, sondern im Rahmen des allgemein gefassten Verbotsantrags am Beispiel der konkreten Verletzungsform das Charakteristische der Verletzung erläutert und verdeutlicht werden soll (BGH GRUR 2008, 702 Rn. 26 – Internet-Versteigerung III; ausführlich Köhler/Bornkamm/Köhler UWG § 12 Rn. 2.46).

MarkenG § 14   Teil 2 Voraussetzungen, Inhalt und Schranken etc.

559   Soll jemand als **Teilnehmer** an verletzenden Handlungen Dritter in Anspruch genommen werden, muss dies auch in der Fassung des Antrags zum Ausdruck gebracht werden (BGH GRUR 2008, 254 Rn. 26 – THE HOME STORE).

560   Bei der Inanspruchnahme als **Störer** müssen im Unterlassungsantrag neben der verbotenen Handlungsform grundsätzlich auch die von der Rechtsprechung zur Störerhaftung aufgestellten **Einschränkungen** (→ Rn. 649) zum Ausdruck kommen, bei der Inanspruchnahme eines Internetauktionshauses als Störer beispielsweise, dass die Anbieter der gefälschten Markenware im geschäftlichen Verkehr gehandelt haben und, dass es die Markenverletzungen mit zumutbaren Kontrollmaßnahmen erkennen konnte (BGH GRUR 2008, 702 Rn. 31 – Internet-Versteigerung III). Letzteres kann sich aber auch ohne ausdrückliche Aufnahme in den Unterlassungsantrag hinreichend aus der Begründung des Unterlassungsbegehrens ergeben (BGH GRUR 2008, 702 Rn. 37 – Internet-Versteigerung III).

561   **cc) Territorialer Umfang der Wiederholungsgefahr.** Die Verletzung einer deutschen Marke begründet die Wiederholungsgefahr **bundesweit**. Dagegen ist das Schutzgebiet einer Gemeinschaftsmarke das Gebiet der gesamten Gemeinschaft, so dass demzufolge eine Verletzungshandlung, die in einem Mitgliedstaat begangen wird, jedenfalls in der Regel eine Begehungsgefahr für das **ganze Gebiet der Europäischen Union** begründet. Es ist somit nicht erforderlich, dass eine Verletzung tatsächlich in allen Mitgliedstaaten der EU erfolgt ist oder droht (BGH GRUR 2008, 254 Rn. 39 – THE HOME STORE).

562   **d) Wegfall der Wiederholungsgefahr. aa) Strafbewehrte Unterlassungserklärung.** In aller Regel ist zur Beseitigung der Wiederholungsvermutung und -gefahr die Abgabe einer strafbewehrten Unterlassungserklärung erforderlich. Dem gleichgestellt ist die Anerkennung eines im Wege der einstweiligen Verfügung ausgesprochenen gerichtlichen Verbots als endgültige Regelung, ein gerichtliches Anerkenntnis (Ströbele/Hacker/Hacker Rn. 387) oder ein rechtskräftiger Unterlassungstitel (ständige Rechtsprechung; vgl. nur BGH GRUR 2009, 1162 Rn. 64 – DAX; GRUR 2008, 1108 Rn. 23 – Haus & Grund III).

563   Die Unterlassungserklärung muss, um die Wiederholungsgefahr auszuräumen, **ernst gemeint**, den **Anspruchsgegenstand** nach Inhalt und Umfang **voll abdeckend, eindeutig und unwiderruflich** sein (Ingerl/Rohnke Vor §§ 14–19d Rn. 86). Zudem muss sie eine Erklärung des Schuldners enthalten, mit der er sich verpflichtet, zum einen das beanstandete Verhalten zukünftig zu unterlassen und zum anderen für jeden Fall der Zuwiderhandlung eine **angemessene Vertragsstrafe** zu zahlen. Nur durch die Abgabe eines solchen sog. **Vertragsstrafeversprechens** kann der Schuldner seinem ernstlichen Willen, die betreffende Verletzung nicht mehr zu begehen, Nachdruck verleihen und die Wiederholungsgefahr zum Entfallen bringen. Grundsätzlich reichen bereits geringe Zweifel an der Ernstlichkeit aus, um der Unterwerfungserklärung ihre die Wiederholungsgefahr ausräumende Wirkung zu nehmen (BGH GRUR 2001, 422 (424) – ZOCOR mwN).

564   Die Frage nach der **Angemessenheit der Vertragsstrafe** kann nicht allgemein, sondern nur unter Berücksichtigung der Umstände des jeweiligen Einzelfalls beantwortet werden. Damit sind für die Geeignetheit des jeweiligen Betrags gerade nicht die Vorstellungen des verletzten Markeninhabers, sondern **objektive Maßstäbe** maßgebend (BGH GRUR 1983, 127 (128) – Vertragsstrafeversprechen; GRUR 146, 147 – Vertragsstrafebemessung).

565   Darüber hinaus muss die Unterlassungserklärung **unbefristet** und grundsätzlich **unbedingt** abgegeben werden. Lediglich der Verpflichtung immanente rechtliche Bedingungen, wie beispielsweise eine auflösende Bedingung der rechtskräftigen Löschung der verletzten Marke, sind unschädlich (Ingerl/Rohnke Vor §§ 14–19d Rn. 89).

566   **Zivilrechtlich** ist die strafbewehrte Unterlassungserklärung zum einen eine **empfangsbedürftige Willenserklärung,** so dass es zu ihrer Wirksamkeit des **Zugangs** bedarf. Dieser ist im Falle des Bestreitens vom Schuldner zu beweisen, wofür aber lediglich ein Nachweis ihrer Absendung durch Übergabe an die Post nicht ausreicht (KG WRP 1990, 415 (417) – Zugang der Unterlassungserklärung). Bei Übermittlung der **Unterlassungserklärung per Telefax** ist zu beachten, dass, solange die Möglichkeit besteht, dass die Datenübertragung trotz „OK"-Vermerks im Sendebericht infolge von Störungen im öffentlichen Netz missglückt ist, der Sendebericht allenfalls ein Indiz zu liefern, nicht aber einen Anscheinsbeweis für den Zugang zu rechtfertigen vermag. Dieser bleibt vom Absender voll nachzuweisen (BGH NJW 1995, 665 (667)). Deshalb empfiehlt es sich, eine per Telefax erklärte Unterlassungserklärung schriftlich zu bestätigen, um jegliche Zweifel am Zugang auszuschließen. Sie muss sogar dann schriftlich bestätigt werden, wenn es der Gläubiger explizit verlangt. Wird eine schriftliche Bestätigung verweigert, bestehen grundsätzlich berechtigte Zweifel an der Ernstlichkeit der per Fax abgegebenen Unterlassungserklärung und erscheint sie ungeeignet, die Wiederholungsgefahr zu beseitigen (BGH GRUR 1990, 530 (532) – Unterwerfung durch Fernschreiben).

Ob es sich bei der strafbewehrten Unterlassungserklärung zum anderen **zivilrechtlich** 567 um ein abstraktes Schuldversprechen oder **abstraktes Schuldanerkenntnis** nach §§ 780, 781 BGB handelt (Köhler/Bornkamm/Bornkamm UWG § 12 Rn. 1.103 mwN), kann letztendlich dahinstehen, da sie in beiden Fällen grundsätzlich dem **Schriftformerfordernis** unterliegt, sofern sie nicht in einem Vergleich (§ 782 BGB) oder von einem Kaufmann (§§ 350, 343 HGB) abgegeben wird (Ströbele/Hacker/Hacker Rn. 390 mwN). Letzteres schließt natürlich nicht die Möglichkeit aus, auch von einem Kaufmann eine schriftliche Unterlassungserklärung verlangen zu können.

Entspricht die Unterlassungserklärung inhaltlich den an sie gestellten Anforderungen, wird 568 die **Wiederholungsgefahr bereits mit ihrem Zugang** unabhängig von einer Annahmeerklärung des Gläubigers und daher ggf. auch schon vor einer solchen beseitigt (BGH GRUR 2006, 878 Rn. 20 – Vertragsstrafevereinbarung mwN). Eine dennoch erfolgte Annahmeerklärung ist insbesondere für die Frage von Bedeutung, ob ein Unterlassungsvertrag zustande gekommen ist, der dem Gläubiger **bei weiteren Verstößen** einen **vertraglichen Vertragsstrafeanspruch** gibt.

bb) Unterlassungsvertrag. Neben der Abgabe einer einseitigen strafbewehrten Unter- 569 lassungserklärung durch den Schuldner kann die Wiederholungsgefahr auch durch Abschluss eines Unterlassungsvertrags zwischen dem Schuldner und dem Gläubiger entfallen. Dieser kommt in der Regel durch eine vorherige **Abmahnung** des Gläubigers verbunden mit einer **vorformulierten Unterlassungserklärung,** der regelmäßig ein Angebot auf Abschluss eines entsprechenden Unterlassungsvertrags zugrunde liegt, und der **Abgabe der geforderten Erklärung** seitens des Schuldners als **Annahmeerklärung** zustande (Köhler/Bornkamm/Bornkamm UWG § 12 Rn. 1.115 mwN).

Liegt der Abmahnung des Gläubigers **kein (konkretes) Angebot zum Abschluss eines** 570 **Unterlassungsvertrags** zugrunde oder hat der Schuldner dieses **unter Abweichungen angenommen,** so stellt die Erklärung des Schuldners (im letzteren Fall nach § 150 Abs. 2 BGB) ihrerseits das Angebot dar, welches für das Zustandekommen eines Unterlassungsvertrags einer Annahme durch den Gläubiger bedarf (Köhler/Bornkamm/Bornkamm UWG § 12 Rn. 1.115). Ein Verzicht auf die Annahmeerklärung (§ 151 Abs. 1 BGB) kann in diesen Fällen nur ausnahmsweise unter Berücksichtigung der Umstände des Einzelfalls angenommen werden (Ströbele/Hacker/Hacker Rn. 391).

Nimmt der Gläubiger das Angebot zum Abschluss eines Unterlassungsvertrags trotz 571 angemessenem Inhalt **nicht an,** so kommt zwar kein Unterlassungsvertrag zustande, jedoch entfällt auch dann die Wiederholungsgefahr (BGH GRUR 2006, 878 – Vertragsstrafevereinbarung; GRUR 1996, 290 – Wegfall der Wiederholungsgefahr I; GRUR 1990, 1051 (1052) – Vertragsstrafe ohne Obergrenze; GRUR 1985, 155 (156) – Vertragsstrafe bis zu … ; GRUR 1984, 214 (216) – Copy-Charge).

Ein **Verzicht durch den Gläubiger auf einen weitergehenden Anspruch** kann darin 572 liegen, dass er eine gegenüber seinem weitergehenden Unterlassungsverlangen eingeschränkte Unterlassungserklärung annimmt (OLG Stuttgart WRP 1997, 1219 (1221)).

Eine auf den durch den Gläubiger zunächst **nur teilweise geltend gemachten Unterlas-** 573 **sungsanspruch** hin abgegebene entsprechend beschränkte Unterlassungserklärung des Schuldners kann die Wiederholungsgefahr auch nur in diesem Umfang zum Entfallen bringen und lässt einen weitergehenden Anspruch unberührt (BGH GRUR 1996, 781 (784) – Verbrauchsmaterialien).

cc) Beispielsfälle nicht ausreichenden Ausräumungsverhaltens. Nach ständiger 574 Rechtsprechung reicht weder ein **bloßes Versprechen,** die beanstandete Handlung nicht erneut zu begehen, noch eine **Geschäftsaufgabe,** die **Aufgabe der Betätigung,** in deren Rahmen die Markenverletzung erfolgt ist, oder der **Eintritt des Unternehmens in die Liquidation** aus, um die Wiederholungsgefahr auszuräumen (BGH GRUR 2009, 1162

Rn. 64 – DAX; GRUR 2000, 605 (608) – comtes/ComTel mwN), sofern nicht jede Wahrscheinlichkeit für eine Wiederaufnahme ähnlicher Tätigkeit durch den Verletzer beseitigt ist.

575 Auch entfällt die Wiederholungsgefahr nicht durch die **bloße Einstellung der Produktion** einer Ware, da nach ständiger Rechtsprechung der Gläubiger allein dadurch noch keine Gewähr dafür hat, dass das beanstandete Verhalten tatsächlich nicht wieder aufgegriffen wird (BGH GRUR 1998, 1045 (1046) – Brennwertkessel; GRUR 1977, 543 (547) – Der 7. Sinn; GRUR 1972, 550 – Spezialsalz II).

576 Ebenso wenig vermag ein **bloßer Austausch gegen eine andere Produktart** die Wiederholungsgefahr auszuräumen (OLG Hamburg MMR 2006, 608 (612) – ahd.de).

577 Die für den Unterlassungsanspruch erforderliche und wegen der begangenen Rechtsverletzung zu vermutende Wiederholungsgefahr entfällt auch nicht dadurch, dass der Schuldner **nicht mehr Geschäftsführer des betroffenen Unternehmens** ist, da dadurch nicht ausgeschlossen ist, dass er das Geschäftsmodell so oder im Kern in gleicher Weise als Einzelkaufmann oder als Verantwortlicher eines anderen Unternehmens weiter betreiben oder wieder aufnehmen wird (BGH GRUR 2009, 845 Rn. 47 – Internet-Videorecorder; GRUR 2000, 605 (608) – comtes/ComTel; GRUR 1976, 579 (582) – Tylosin). Aus demselben Grund, nämlich, dass die angegriffenen Handlungen jederzeit wieder aufgenommen werden können, vermag auch eine **Änderung des Gesellschaftszwecks** nicht die Wiederholungsgefahr auszuräumen (OLG Hamburg GRUR-RR 2001, 79 – German Mail/Germail).

578 Weder die **bloße Aufgabe** gegenüber der Vergabestelle, noch eine **vorbehaltlose Zurverfügungstellung** eines zunächst benutzten **Internet Domain-Namens** an den Berechtigten ohne Geltendmachung von Gegenforderungen reichen aus, eine einmal bestehende Wiederholungsgefahr zu beseitigen. Diese kann auch in diesen Fällen grundsätzlich nur durch Abgabe einer strafbewehrten Unterlassungserklärung ausgeräumt werden (OLG München GRUR 2000, 519 (520) – rollsroyce.de).

579 In Literatur und Rechtsprechung uneinheitlich wird die Zulässigkeit der Verwendung einer **auflösenden Bedingung allgemeinverbindlicher anderweitiger Klärung der Rechtmäßigkeit der Verletzungshandlung** bewertet. Wie erwähnt, muss die strafbewehrte Unterlassungserklärung grundsätzlich unbedingt abgegeben werden (→ Rn. 565). Vorbehalte in der Erklärung sollen allenfalls ausnahmsweise und jedenfalls nur insoweit unschädlich sein, als sie mit Sinn und Zweck einer Unterlassungserklärung vereinbar sind, also eine abschließende (außergerichtliche) Unterbindung rechtswidrigen Verhaltens nicht ausschließen (vgl. BGH GRUR 1993, 677 (679) – Bedingte Unterwerfung). In der Literatur wird überwiegend als ein solcher **zulässiger Vorbehalt** eine **auflösende Bedingung** angesehen, wenn sie in einer **Änderung der Rechtslage** – oder in deren **verbindlicher Klärung** in entsprechendem Sinne – besteht, durch die das zu unterlassende Verhalten rechtmäßig bzw. seine Zulässigkeit verbindlich geklärt wird (BGH GRUR 1993, 677 (679) – Bedingte Unterwerfung mwN). Dem hat sich auch der **BGH angeschlossen.** Seiner Ansicht nach „[stellt] eine solche Bedingung die Ernsthaftigkeit des Willens, ein [rechtsverletzendes] Handeln zu unterlassen, nicht in Frage, weil ein Recht zum erneuten Handeln nur für den Fall vorbehalten wird, dass seine Rechtmäßigkeit zweifelsfrei und allgemein verbindlich feststeht. Gegen einen solchen Vorbehalt ist nichts einzuwenden, da sich auch der vertragliche Unterlassungsanspruch wie der gesetzliche Anspruch, den er ersetzen soll – ausschließlich auf ein wettbewerbswidriges Handeln beziehen muss und deshalb billigerweise keine Verpflichtung besteht, ihn auf ein rechtmäßiges Verhalten zu erstrecken. Dies bereits – durch eine entsprechende auflösende Bedingung – in der Unterlassungsverpflichtungserklärung selbst auszusprechen, statt eine angemessene und billige Problemlösung bei späteren Rechtsänderungen erst auf dem unter Umständen schwierigeren Weg über den Wegfall der Geschäftsgrundlage zu suchen [...], dient der Rechtsklarheit und erscheint daher billigenswert" (BGH GRUR 1993, 677 (679) – Bedingte Unterwerfung). **Gegen ihre Zulässigkeit** wird eingewendet, dass sie zu einer unzumutbaren Verzögerung der endgültigen Klärung führt und diese zudem auf Prozesse verlagert, an denen der Verletzte nicht beteiligt ist (Ingerl/Rohnke Vor §§ 14–19d Rn. 89).

580 In Bezug auf den Wegfall der Wiederholungsgefahr entfaltet keine Wirkung auch eine zu **unbestimmt formulierte Unterlassungserklärung,** da die vorhersehbaren Schwierigkeiten, die sich durch sie ergeben können, wenn der Gläubiger im Fall einer Zuwiderhandlung die vereinbarte Vertragsstrafe geltend machen will, auch ausreichende Zweifel an der Ernstlichkeit der Unterlassungserklärung begründen. Eine solche kann der Gläubiger somit ohne nachteilige Folgen ablehnen (OLG Jena GRUR-RR 2008, 397 (399) – Noch vor der Deutschlandpremiere).

Auch die **Zahlung von Schadensersatz** vermag die Wiederholungsgefahr nicht auszuräumen. Gleiches gilt bei mehreren Verletzern, wenn einer von ihnen Schadensersatz leistet (Götz GRUR 2001, 295 (300)).

e) Wiederaufleben der Wiederholungsgefahr? Ist die Wiederholungsgefahr einmal entfallen, **erlischt** der gesetzliche Unterlassungsanspruch und kann auch **nicht** mehr durch eine erneute Verletzungshandlung **wieder aufleben** (Köhler/Bornkamm/Bornkamm UWG § 8 Rn. 1.45). Vielmehr **begründet** eine identische oder im Kern gleichartige Verletzungshandlung, auch wenn dem Verletzer kein Verschulden zur Last fällt, die **Wiederholungsgefahr neu,** die wiederum durch eine erneute Unterlassungserklärung mit diesmal erheblich höherer Vertragsstrafe ausgeräumt werden kann (BGH GRUR 1990, 543 – Abruf-Coupon; Ströbele/Hacker/Hacker Rn. 394 mwN). Bestand daneben zwischen dem Verletzer und Markeninhaber bereits ein **Unterlassungsvertrag,** kann der Markeninhaber **wahlweise** eine Klage entweder auf seinen vertraglichen Unterlassungsanspruch stützen und außer der Unterlassung insbesondere bei **schuldhafter** Zuwiderhandlung die vereinbarte Vertragsstrafe fordern, oder auf den neuen (gesetzlichen) Unterlassungsanspruch (Köhler/Bornkamm/Bornkamm UWG § 12 Rn. 1.157). Letzterem fehlt wegen der daneben bestehenden Möglichkeit, auch aus dem Unterlassungsvertrag vorgehen zu können, gerade nicht das allgemeine Rechtsschutzinteresse (BGH GRUR 1980, 241 (242) – Rechtsschutzbedürfnis; Köhler/Bornkamm/Bornkamm UWG § 12 Rn. 1.157 mwN).

3. Vorbeugender Unterlassungsanspruch (Abs. 5 S. 2)

a) Voraussetzungen. Nach § 14 Abs. 5 S. 2 besteht ein Anspruch auf Unterlassung auch schon dann, wenn eine Zuwiderhandlung erstmalig droht. Damit regelt § 14 Abs. 5 S. 2 den Fall, dass es noch zu keiner Verletzungshandlung gekommen ist, eine solche aber nach den Umständen des Einzelfalls drohend bevorsteht. Materielle Voraussetzung dieses **vorbeugenden Unterlassungsanspruchs** ist das Vorliegen einer **Erstbegehungsgefahr,** dh die erstmalige Begehung einer Kennzeichenverletzung muss aufgrund **tatsächlicher** Anhaltspunkte **ernsthaft** und **unmittelbar zu besorgen sein** (BGH GRUR 2008, 1002 Rn. 19 – Schuhpark; GRUR 2008, 912 Rn. 17 – Metrosex mwN). Es darf sich somit nicht lediglich nur um subjektive Befürchtungen des Markeninhabers oder vage Vermutungen handeln. Dabei muss sich die Erstbegehungsgefahr auf eine **konkrete Verletzungshandlung** beziehen. Die die Erstbegehungsgefahr begründenden tatsächlichen Umstände müssen die drohende Verletzungshandlung so konkret abzeichnen, dass sich für alle Tatbestandsmerkmale zuverlässig beurteilen lässt, ob sie verwirklicht sind (BGH GRUR 2008, 912 Rn. 17 – Metrosex mwN).

Die Frage, ob eine Erstbegehungsgefahr besteht, ist nach dem **Stand der letzten mündlichen Verhandlung** zu beantworten (BGH GRUR 2001, 1174 (1175) – Berühmungsaufgabe; GRUR 1994, 57 (58) – Geld-zurück-Garantie; GRUR 1993, 53 (55) – Ausländischer Inserent mwN). Diese Beurteilung ist im Revisionsverfahren nur beschränkt darauf nachprüfbar, ob der Tatrichter von richtigen rechtlichen Gesichtspunkten ausgegangen ist und keine wesentlichen Tatumstände außer Acht gelassen hat (BGH GRUR 2001, 1174 (1175) – Berühmungsaufgabe).

Anders als bei der durch eine Verletzungshandlung begründeten Wiederholungsgefahr, die in der Regel durch Abgabe einer strafbewehrten Unterlassungserklärung entfällt, sind an die **Beseitigung der Erstbegehungsgefahr** grundsätzlich **weniger strenge Anforderungen** zu stellen (BGH GRUR 2001, 1174 (1176) – Berühmungsaufgabe; → Rn. 606).

Ein weiterer wesentlicher Unterschied zu der durch eine Verletzungshandlung begründeten Wiederholungsgefahr ist, dass für das Vorliegen einer Erstbegehungsgefahr **keine tatsächliche Vermutung** spricht (BGH GRUR 2009, 912 Rn. 30 – Metrosex mwN). Damit hat der Markeninhaber als Unterlassungsgläubiger alle Umstände im Einzelnen darzulegen und ggf. zu beweisen, aus denen sich im konkreten Fall eine Erstbegehungsgefahr ergeben soll (Teplitzky, 9. Aufl. 2007, Kap. 10 II Rn. 8). Fehlt sie, ist die auf einen vorbeugenden

Unterlassungsanspruch gestützte Klage als unbegründet abzuweisen (BGH GRUR 1990, 687 (689) – Anzeigenpreis II).

587 **b) Die Erstbegehungsgefahr. aa) (Rechts-)Berühmung.** Der wichtigste Fall der Begründung einer Erstbegehungsgefahr ist die Berühmung. Eine Erstbegehungsgefahr aufgrund Berühmung begründet, wer sich des Rechts berühmt, bestimmte dem Markeninhaber vorbehaltene Benutzungen eines Zeichens iSd § 14 Abs. 2 bis 4 vornehmen zu dürfen (Fezer Rn. 999). Den als Berühmung zu qualifizierenden Äußerungen muss die **ernsthafte und greifbare Bereitschaft** zu entnehmen sein, dass sich der Anspruchsgegner in naher Zukunft in der von ihm bezeichneten rechtsverletzenden Weise auch tatsächlich verhalten werde (BGH GRUR 2001, 1174 (1175) – Berühmungsaufgabe).

588 Eine Berühmung, aus der die unmittelbar oder in naher Zukunft ernsthaft drohende Gefahr einer Begehung abzuleiten ist, kann grundsätzlich auch in Erklärungen zu sehen sein, die im Rahmen der **Rechtsverteidigung** in einem Markenverletzungsprozess abgegeben werden, da die Lebenserfahrung grundsätzlich dafür spricht, dass die Verteidigung einer bestimmten Handlungsweise jedenfalls auch den Weg zu ihrer (beabsichtigten) künftigen Fortsetzung eröffnen soll (BGH GRUR 2001, 1174 (1175) – Berühmungsaufgabe; OLG Köln GRUR 2000, 65 – Jaeger-LeCoultre). Insoweit sind jedoch **strenge Anforderungen** zu stellen. Allein die Tatsache der Rechtsverteidigung und der darin geäußerten Auffassung, zu dem beanstandeten Verhalten berechtigt zu sein, reicht nicht aus, um eine Erstbegehungsgefahr zu begründen (BGH GRUR-RR 2009, 299 Rn. 14 – Underberg). Dadurch würde der Beklagten in seinem Recht, in einem gerichtlichen Verfahren die Rechtmäßigkeit bestimmter Verhaltensweisen klären zu lassen, und in seinem Recht auf rechtliches Gehör (Art. 103 GG) beschränkt. Auch kann ihm dadurch, dass er sich gegen einen Anspruch, den er für unbegründet hält, verteidigt, nicht ohne weiteres unterstellt werden, dass er eine gerichtliche Entscheidung, mit der die Rechtslage geklärt worden ist, nicht beachten werde (BGH GRUR 2001, 1174 (1175) – Berühmungsaufgabe). Demzufolge kann eine Rechtsverteidigung erst und nur dann eine Erstbegehungsgefahr begründen, wenn nicht nur der eigene Rechtsstandpunkt vertreten wird, um sich die bloße Möglichkeit eines entsprechenden Verhaltens für die Zukunft offenzuhalten, sondern den Erklärungen bei Würdigung der Umstände des Einzelfalls auch die **Bereitschaft** zu entnehmen ist, **sich unmittelbar oder in naher Zukunft in der betreffenden Weise zu verhalten** (BGH GRUR 2001, 1174 (1175) – Berühmungsaufgabe). Ob dies der Fall ist, kann nur im Einzelfall unter Berücksichtigung aller Umstände geklärt werden (BGH NJW-RR 2006, 1378 Rn. 18 – Flüssiggastank). An einer **Erstbegehungsgefahr fehlt** es jedoch insbesondere dann, wenn der Beklagte **eindeutig klargestellt** hat, dass Ausführungen im Verletzungsprozess ausschließlich zum Zweck der Rechtsverteidigung erfolgen und keine Rechtsverletzungen zu besorgen sind. Jedoch ist es allein seine Sache, zweifelsfrei deutlich zu machen, dass es ihm nur um das Obsiegen im Prozess geht (BGH GRUR 2001, 1174 (1175) – Berühmungsaufgabe; GRUR 1992, 404 (405) – Systemunterschiede).

589 Noch strengere Anforderungen an die Bejahung einer Erstbegehungsgefahr durch prozessuale Erklärungen sind im Rahmen von **Vergleichsgesprächen** zu stellen (BGH GRUR 1992, 627 (630) – Pajero).

590 In einer auf eine markenrechtliche Abmahnung hin abgegebenen Erklärung, eine andere Bezeichnung (im konkreten Fall statt „Herbula" „Herbuland" in Zukunft verwenden zu wollen, liegt die Berühmung, diese Bezeichnung ohne Markenrechtsverletzung des Klägers benutzen zu dürfen. Schon diese Erklärung nebst der Ankündigung, den Entschluss in die Tat umzusetzen, begründet eine Begehungsgefahr für die Verwendung dieser anderen Bezeichnung als Marke (OLG Stuttgart NJWE-WettbR 1999, 182 (183) – Herbula).

591 Eine Berühmung, die so weit formuliert ist, dass sie eine **Vielzahl möglicher Handlungen** und damit auch nicht verletzende Handlungen umfasst, löst keine Erstbegehungsgefahr aus (OLG Köln NJWE-WettbR 2000, 293 (294) – Jaeger-LeCoultre II; aA Ingerl/Rohnke Vor §§ 14–19d Rn. 102).

592 **bb) Anmeldung einer rechtsverletzenden Marke.** Einen weiteren Fall der Begründung einer Erstbegehungsgefahr stellt die Anmeldung einer rechtsverletzenden Marke als typische Vorbereitungshandlung für die markenmäßige Benutzung des angemeldeten Zeichens im inländischen geschäftlichen Verkehr dar. Auf Grund der Anmeldung und Eintra-

Ausschließliches Recht des Inhabers; Unterlassung; Schadensersatz § 14 MarkenG

gung eines Zeichens als Marke ist nach dem **BGH** nunmehr **im Regelfall zu vermuten,** dass eine Benutzung **für die eingetragenen Waren oder Dienstleistungen** in naher Zukunft bevorsteht, wenn keine konkreten Umstände vorliegen, die gegen eine solche Benutzungsabsicht sprechen (BGH GRUR 2010, 838 Rn. 24 – DDR-Logo; BeckRS 2009, 8604 Rn. 54 – MVG Metrobus; BeckRS 2009, 8603 Rn. 66 – BVG Metrobus; GRUR 2009, 1055 Rn. 18 – airdsl; GRUR 2009, 484 Rn. 70 – Metrobus; GRUR-RR 2009, 299 Rn. 12 – Underberg; GRUR 2008, 912 Rn. 30 – Metrosex). Die aufgrund der Markenanmeldung begründete Erstbegehungsgefahr erstreckt sich somit auf alle **angemeldeten Waren und Dienstleistungen,** da dem Markeninhaber grundsätzlich nicht zuzumuten ist, abzuwarten, für welche Waren und Dienstleistungen die Marke dann tatsächlich benutzt wird (v. Schultz Rn. 265). Damit kommt es auch auf die subjektiven **Verwendungsabsichten** des Anmelders nicht an. Diese können sich ändern und beseitigen somit nicht die durch die Registrierung geschaffene objektive Gefahr der Benutzung der Zeichen (BGH BeckRS 2009, 8604 Rn. 55 – MVG Metrobus; BeckRS 2009, 8603 Rn. 66 – BVG Metrobus). Entspricht die Anmeldung in ihrem Wortlaut und Umfang den Oberbegriffen einer amtlichen Klasseneinteilung von Waren und Dienstleistungen, ist zweifelhaft, ob sich die Erstbegehungsgefahr tatsächlich auch auf alle anderen von den Oberbegriffen erfassten Waren erstreckt (verneinend BGH GRUR 1985, 550 (553) – DIMPLE; bejahend OLG München MD 1996, 1017, 1018; Ingerl/Rohnke Vor §§ 14–19d Rn. 106).

Die Erstbegehungsgefahr aufgrund Markenanmeldung besteht **bundesweit** (Ingerl/ **593** Rohnke Vor §§ 14–19d Rn. 113).

Jedoch stellt eine Markenanmeldung an sich noch **keine kennzeichenmäßige Benut- 594 zung** und damit auch keine Verletzung eines prioritätsälteren Kennzeichenrechts im Identitäts- oder Verwechslungsbereich (§ 14 Abs. 2 Nr. 1 und Nr. 2) dar, so dass ein auf eine Wiederholungsgefahr gestützter Unterlassungsanspruch wegen der Markenanmeldung ausscheidet (BGH GRUR 2010, 838 Rn. 22 – DDR-Logo; Köhler/Bornkamm/Bornkamm UWG § 8 Rn. 1.23a mwN; aA Fezer Rn. 1004).

Keinen Umstand, der die Vermutung einer drohenden Benutzung widerlegen würde, **595** stellt die Behauptung des Markenmelders dar, die Anmeldung nur deshalb vorgenommen zu haben, um die **Rechtsansicht des DPMA zur Schutzfähigkeit der Zeichen einzuholen** (BGH GRUR 2010, 838 Rn. 25 – DDR-Logo). Irrelevant ist auch der Umstand, dass auf Grund eines noch nicht beendeten Widerspruchsverfahrens das Ende der **Benutzungsschonfrist noch nicht feststeht,** da die Benutzung der angemeldeten und eingetragenen Marke nicht erst am Ende der Benutzungsschonfrist droht (BGH GRUR 2009, 484 Rn. 70 – Metrobus). Dass der Markenanmelder bereits einen **Betrieb unter einer anderen Bezeichnung** unterhält, steht der Erstbegehungsgefahr für die Benutzung des angemeldeten Zeichens nicht entgegen, da Bezeichnungen von Unternehmen und/oder Waren und Dienstleistungen jederzeit geändert werden oder zu bestehenden Kennzeichen hinzukommen können (BGH GRUR-RR 2008, 370 (371) – Pizza Flitzer). Der Annahme einer Erstbegehungsgefahr steht auch nicht entgegen, dass der Markenanmelder über **keinen eingerichteten Gewerbebetrieb,** der eine alsbaldige Benutzung des streitgegenständlichen Kennzeichenrechts befürchten lassen könnte, verfügt (KG GRUR 2007, 338 – Markenspekulant). Auch dem Satzungszweck des Anmelders kommt keine entscheidungserhebliche Bedeutung zu, so dass dieser nicht die Gefahr einer Lizenzierung der Marken beseitigt (BGH BeckRS 2009, 8603 Rn. 66 – BVG Metrobus). **Uneinheitlich** erfolgt die Bewertung von sog. **„Vorratszeichen"** bzw. **„Vorratsanmeldungen"** (eine Benutzungsgefahr bejahend: Ingerl/Rohnke Vor §§ 14–19d Rn. 110; bezweifelnd v. Schultz Rn. 265). Ebenso uneinheitlich ist die Bewertung von Anmeldungen ausschließlich zu **Behinderungszwecken** (eine Benutzungsgefahr bejahend OLG München WRP 1997, 116, 117 – Deutsche Telekom; Ingerl/Rohnke Vor §§ 14–19d Rn. 110; verneinend v. Schultz Rn. 265; insoweit sollen nur ein Löschungsanspruch nach § 55 und ggf. Schadensersatzansprüche in Betracht kommen).

All die genannten Grundsätze gelten auch für die Beantragung der Schutzerstreckung **596** einer **IR-Marke** auf Deutschland, die eine Erstbegehungsgefahr begründet (BGH GRUR 2003, 428 (431) – BIG BERTHA; GRUR 1990, 361 (363) – Kronenthaler).

Einschränkungen bestehen bei der Übertragung dieser Grundsätze auf die Anmeldung **597** einer **Gemeinschaftsmarke.** Soweit es um die **drohende Verletzung** einer **älteren Gemeinschaftsmarke durch** eine **Gemeinschaftsmarkenanmeldung** geht, wird durch

MarkenG § 14   Teil 2 Voraussetzungen, Inhalt und Schranken etc.

diese eine Begehungsgefahr für die gesamte EU gesetzt (LG Hamburg BeckRS 2009, 23582 – Scout24; Ingerl/Rohnke Vor §§ 14–19d Rn. 119). Insoweit begründet auch eine **Verletzungshandlung,** die in einem Mitgliedstaat begangen wird, regelmäßig eine Begehungsgefahr für das ganze Gebiet der EU, so dass demzufolge ein auf die Verletzung einer Gemeinschaftsmarke in einem Mitgliedstaat gestützter Unterlassungsanspruch jedenfalls in der Regel für das gesamte Gebiet der EU besteht (BGH GRUR 2008, 254 Rn. 39 – THE HOME STORE). Damit ist für einen auf die Verletzung einer Gemeinschaftsmarke in einem Mitgliedstaat gestützten europaweiten Unterlassungsanspruch nicht erforderlich, dass eine Verletzung tatsächlich in allen Mitgliedstaaten der EU erfolgt ist oder droht (BGH GRUR 2008, 254 Rn. 39 – THE HOME STORE).

598   Eine Erstbegehungsgefahr wird jedoch nicht schon durch die **Anmeldung einer Gemeinschaftsmarke** schlechthin begründet, so dass sie allein **nicht ausreicht,** um automatisch **in jedem einzelnen Mitgliedstaat eine Gefahr drohender Verletzungen hinsichtlich der dort geschützten älteren nationalen Rechte** zu begründen. Insoweit kann dem Anmelder einer Gemeinschaftsmarke ohne Vorliegen **zusätzlicher Umstände** (zB Sitz des Anmelders oder Tätigsein im Mitgliedstaat der geschützten älteren Marke) nicht die Absicht zur tatsächlichen Nutzung in allen Mitgliedstaaten unterstellt werden (OLG München MMR 2005, 608 (611) – 800-FLOWERS; LG Hamburg GRUR-RR 2002, 99 (100) – FORIS; Ingerl/Rohnke Vor §§ 14–19d Rn. 119).

599   **cc) Weitere Beispiele.** Die **Übersendung einer Musterpackung** zur Vorabinformation durch den Parallelimporteur begründet grundsätzlich eine Erstbegehungsgefahr für den Vertrieb solcher Verkaufspackungen (OLG Hamburg NJOZ 2004, 475 (477); GRUR-RR 2003, 215 (217) – ZESTRIL). Da der Parallelimporteur nach der EuGH-Rechtsprechung gehalten ist, den Markeninhaber vom „Umpackfall" vorab zu informieren und auf Verlangen Muster zu übersenden, ist ernstlich und unmittelbar im Sinne der Erstbegehungsgefahr zu besorgen, dass er das so bemusterte Produkt in dieser Ausgestaltung herstellen und vertreiben wird (OLG Hamburg NJOZ 2004, 475 (477) mwN). Die so begründete Erstbegehungsgefahr kann auch ohne Abgabe einer strafbewehrten Unterlassungserklärung entfallen, wenn das Muster vom Parallelimporteur noch vor einer Abmahnung zurückgezogen wird (OLG Hamburg NJOZ 2004, 475). Dagegen stellt ein bloßer **Verpackungsentwurf** im Rahmen von Vergleichsgesprächen noch keine Rechtsverletzung im Sinne des Inverkehrbringens dar und begründet auch keine Erstbegehungsgefahr (OLG Köln NJWE-WettbR 1997, 181).

600   Auch der **Erwerb einer rechtsverletzenden Marke** begründet ohne weiteres eine Erstbegehungsgefahr (OLG München GRUR-RR 2007, 211 (214) – Kloster Andechs; Ströbele/Hacker/Hacker Rn. 401).

601   Ferner können auch **Absichtserklärungen** oder **andere vorbereitende Maßnahmen,** die einen künftigen Eingriff unmittelbar befürchten lassen, eine Erstbegehungsgefahr begründen (vgl. insoweit v. Schultz Rn. 266; Ströbele/Hacker/Hacker Rn. 402 f.; Fezer Rn. 1001 f.).

602   **c) Umfang der Erstbegehungsgefahr.** Nach dem BGH begründet die **Begehung einer der in § 14 Abs. 3 aufgezählten Verletzungshandlungen** nicht nur Begehungsgefahr hinsichtlich weiterer **Handlungsarten** des § 14 Abs. 3, sondern hat sogar den **Ausspruch des Verbots aller nach § 14 Abs. 3 geltend gemachten Verwertungshandlungen** zur Folge, sofern nicht nach den Umständen des Einzelfalls durchgreifende rechtliche Erwägungen für die Herausnahme einzelner Verletzungshandlungen sprechen (BGH GRUR 2006, 421 Rn. 42 – Markenparfümverkäufe).

602.1   **Beispiele:** Das „Anbieten" verwechslungsfähig gekennzeichneter Ware auf einer internationalen Messe im Inland rechtfertigt vorbeugend auch die Verurteilung zur Unterlassung des „Inverkehrbringens" (BGH GRUR 1990, 361 (363) – Kronenthaler). Der Vertrieb kennzeichenverletzender Ware begründet eine Begehungsgefahr auch bezüglich der Verwendung in Geschäftspapieren und Werbung (OLG Köln MD 1996, 1114 (1116) – Salzige Heringe). In der Entscheidung „Markenparfümverkäufe" hat der BGH schon den Besitz rechtsverletzender Markenware zum Anlass für den Ausspruch des Verbots aller Verwertungshandlungen nach § 14 Abs. 3 genommen (BGH GRUR 2006, 421 Rn. 42).

603   Eine derartige Erstreckung der Erstbegehungsgefahr erfolgt nicht hinsichtlich anderer Verwendungsformen, so dass die Verwendung einer angegriffenen Bezeichnung als Rubriküberschrift nicht auch Erstbegehungsgefahr hinsichtlich ihrer Verwendung als Haupt-, Neben- oder Untertitel begründet (BGH GRUR 2000, 70 (72) – SZENE). Zum Umfang der Erstbegehungsgefahr aufgrund Anmeldung einer rechtsverletzenden Marke → Rn. 610 ff.

Die **Erstbegehungsgefahr** ist nicht nur hinsichtlich der Person des **Täters** einer zukünf- 604 tigen Verletzungshandlung begründet, sondern erstreckt sich auch auf die **Teilnehmer** der drohenden Verletzungshandlung (BGH GRUR 2009, 841 Rn. 14 – Cybersky; GRUR 2007, 708 Rn. 30 – Internet-Versteigerung II; Ingerl/Rohnke Vor §§ 14–19d Rn. 124 mwN). Damit kann ein vorbeugender Unterlassungsanspruch auch gegen sie gerichtet werden, wenn hinsichtlich der drohenden Beteiligungshandlung die Voraussetzungen einer Teilnahme vorliegen und die vom Vorsatz des Teilnehmers erfasste Haupttat eine Markenverletzung darstellt (BGH GRUR 2007, 708 Rn. 30 – Internet-Versteigerung II mwN).

Auch auf einen potentiellen **Störer** kann die Erstbegehungsgefahr ausgedehnt werden, 605 sofern er nicht nur adäquat kausal an der Markenverletzung mitwirkt, sondern zusätzlich ihm obliegende Prüfungspflichten verletzt (grundlegend BGH GRUR 2007, 708 Rn. 41 – Internet-Versteigerung II; OLG Hamburg GRUR-RR 2007, 350 (351) – YU-GI-OH!-Karten; → Rn. 654).

d) Wegfall der Erstbegehungsgefahr. aa) Weniger strenge Anforderungen. Anders 606 als für die durch eine Verletzungshandlung begründete Wiederholungsgefahr besteht für den Fortbestand der Erstbegehungsgefahr **keine Vermutung** (BGH GRUR 2010, 838 Rn. 27 – DDR-Logo; GRUR-RR 2009, 299 Rn. 12 – Underberg; GRUR 2008, 912 Rn. 30 – Metrosex). Daher sind nach der Rechtsprechung an die Beseitigung einer Erstbegehungsgefahr weniger strenge Anforderungen zu stellen als an den Wegfall der Wiederholungsgefahr. Für die Beseitigung der Erstbegehungsgefahr genügt regelmäßig ein **„actus contrarius"**, also ein der Begründungshandlung entgegengesetztes Verhalten. Einer darüber hinaus gehenden strafbewehrten Unterlassungserklärung bedarf es grundsätzlich nicht (BGH GRUR 2010, 838 Rn. 27 – DDR-Logo; GRUR-RR 2009, 299 Rn. 12 – Underberg; GRUR 2008, 912 Rn. 30 – Metrosex; zum UrhG GRUR 2009, 841 Rn. 23 – Cybersky; Ströbele/Hacker/ Hacker Rn. 406; aA Ingerl/Rohnke Vor §§ 14–19d Rn. 125 f.; Fezer Rn. 1008).

bb) Bei bloßer Rechtsberührung. Eine durch Rechtsberührung geschaffene Erstbe- 607 gehungsgefahr entfällt grundsätzlich mit der **Aufgabe** der Berührung, die jedenfalls in der **uneingeschränkten und eindeutigen Erklärung** zu sehen ist, die beanstandete Handlung in der Zukunft nicht vorzunehmen (BGH GRUR 2001, 1174 (1176) – Berührungsaufgabe mwN; OLG Hamburg GRUR-RR 2007, 309 (311) – INMAS).

Erfolgt die Berührung im Prozess, so obliegt es allein dem Beklagten klarzustellen, dass 608 Ausführungen im Verletzungsprozess ausschließlich zum Zweck der Rechtsverteidigung erfolgen und keine künftigen Rechtsverletzungen zu besorgen sind (→ Rn. 588).

Eine eindeutige und unmissverständliche Erklärung, die beanstandete Handlung in der 609 Zukunft nicht vorzunehmen, wurde etwa bei der Äußerung, von der markenverletzenden Verwendung eines Titels werde „wohl Abstand genommen", verneint (LG Hamburg NJWE-WettbR 2000, 296 (298) – PIXI). Auch die Wendung „rein vorsorglich und zur Wahrung der Rechte" genügte nicht, um eine Erstbegehungsgefahr auszuräumen (AG München ZUM-RD 2009, 362 (364)). Als ausreichend wurde dagegen die Erklärung angesehen, die beanstandete Handlung künftig nicht vornehmen und sich an einer solchen auch nicht beteiligen zu wollen, „es sei denn, diese würde höchstrichterlich für zulässig erachtet" (BGH GRUR 1992, 116 (117) – Topfgucker-Scheck).

cc) Bei Markenanmeldung. Beruht die Erstbegehungsgefahr auf einer Markenanmel- 610 dung oder -eintragung, so führt nach der **Rechtsprechung im Regelfall** bereits die **Rücknahme der Markenanmeldung** oder der **Verzicht auf die Eintragung** der Marke zum Entfallen der Erstbegehungsgefahr (BGH GRUR 2010, 838 Rn. 29 – DDR-Logo; GRUR-RR 2009, 299 Rn. 12 – Underberg; GRUR 2008, 912 Rn. 30 – Metrosex; OLG München BeckRS 2009, 12818; KG GRUR 2007, 338 (339) – Markenspekulant). Ob die Rücknahme bzw. der Verzicht dabei aus prozessökonomischen Gründen oder auf Grund besserer Einsicht erfolgt ist, ist unerheblich (BGH GRUR-RR 2009, 299 Rn. 12 – Underberg).

MarkenG § 14 Teil 2 Voraussetzungen, Inhalt und Schranken etc.

611   Einer Rücknahme steht der Fall gleich, dass eine Markenanmeldung wegen unterbliebener Zahlung der Anmeldegebühr kraft Gesetzes (§ 64a MarkenG, § 6 Abs. 2 PatKostG) als zurückgenommen gilt (BGH GRUR 2010, 838 Rn. 30 – DDR-Logo; Ströbele/Hacker/Hacker Rn. 407).

612   Kein die Erstbegehungsgefahr ausräumendes Verhalten stellt dagegen die Erklärung dar, die Markenanmeldung nicht weiter verfolgen und die angemeldeten Zeichen nicht markenmäßig benutzen zu wollen, solange die Markenanmeldung fortbesteht (BGH GRUR 2010, 838 Rn. 28 – DDR-Logo).

613   Gerade, was die Anforderungen an den Wegfall der durch Markenanmeldung oder -eintragung begründeten Erstbegehungsgefahr angeht, sprechen sich gewichtige Stimmen im Schrifttum dafür aus, im Fall der Markenanmeldung die bloße Rücknahme der Anmeldung bzw. den Verzicht auf die Eintragung nicht ausreichen zu lassen, sondern die Abgabe einer strafbewehrten Unterlassungserklärung zu verlangen (so Ingerl/Rohnke Vor §§ 14–19d Rn. 127; Fezer Rn. 1008; nach vorheriger vergeblicher Abmahnung: Köhler GRUR 2011, 879 mwN).

614   Da für den Fortbestand der Erstbegehungsgefahr, anders als bei der Wiederholungsgefahr, aber gerade keine Vermutung besteht, erscheint es nicht sachgerecht, an das Entfallen der aus einer Markenanmeldung folgenden Erstbegehungsgefahr die gleichen Anforderungen zu stellen, wie sie bei der Beseitigung der Widerholungsgefahr gelten. Gegen das Erfordernis einer zusätzlichen strafbewehrten Unterlassungserklärung spricht zudem, dass die Markenanmeldung selbst noch keine Verletzung eines prioritätsälteren Kennzeichenrechts darstellt, sondern allenfalls die Gefahr einer solchen begründet. Auch wollen die Anmelder zumeist auf diese Weise erst einmal klären lassen, ob der Eintragung ältere Rechte Dritter entgegenstehen könnten. Wird dann aber im Fall der Einlegung eines Widerspruchs oder der Abmahnung des Anmelders auf die Anmeldung seinerseits verzichtet oder diese zurückgenommen, ist kein Bedürfnis mehr erkennbar, dennoch zusätzlich die Abgabe einer strafbewehrten Unterlassungserklärung zu fordern.

II. Schadensersatzanspruch (Abs. 6)

1. Gläubiger einer Markenverletzung

615   Gläubiger einer Markenverletzung und damit aktivlegitimiert ist, wie sich unmittelbar aus § 14 Abs. 5 S. 1 und Abs. 6 ergibt, der **materiell-rechtliche Inhaber** der Marke (materielle Legitimation). Er muss nicht notwendig mit demjenigen identisch sein, der im Markenregister als Inhaber eingetragen ist (formelle Legitimation). Zwar wird nach **§ 28 Abs. 1** zu seinen Gunsten **vermutet,** dass das durch die Eintragung begründete Recht ihm als im Register Eingetragenen auch tatsächlich zusteht. Jedoch ist diese Vermutung **widerleglich** und ist es somit Sache des **Anspruchsgegners zu beweisen,** dass der im Register Eingetragene nicht der materiell Berechtigte, das Register also unrichtig ist (Ströbele/Hacker/Hacker Rn. 336). Entsprechend ist ein bloßes Bestreiten der zur Inhaberschaft des Anspruchstellers führenden Rechtekette mit Nichtwissen als nicht ausreichend angesehen worden, um die durch das Register dokumentierte Inhaberschaft des Anspruchstellers zu erschüttern (OLG München GRUR-RR 2006, 89 (90) – DSI). Als ebenso wenig unschädlich wurde der Umstand bewertet, dass der Registerauszug nicht in deutscher, sondern in französischer Sprache abgefasst war (OLG Frankfurt GRUR-RR 2006, 48 (49) – Cartier als Suchbegriff).

616   Ist der Anspruchsteller dagegen nicht im Markenregister eingetragen, muss er seine materielle Inhaberschaft darlegen und im Fall des Bestreitens beweisen (OLG Koblenz GRUR-RR 2006, 254 – IBC; Ströbele/Hacker/Hacker Rn. 336).

617   Die Aktivlegitimation des Klägers für die Geltendmachung eines Unterlassungsanspruchs entfällt nicht dadurch, dass er nur **Mitinhaber der im Register eingetragenen Marke** ist. Vielmehr steht in einem solchen Fall die Geltendmachung, wie auch das Recht zur Erhebung eines Widerspruchs aus einer Marke, entsprechend § 744 Abs. 2 BGB **jedem Mitinhaber** selbständig zu, unabhängig davon, ob er Mitglied einer Gemeinschaft oder einer Gesellschaft bürgerlichen Rechts ist (BGH GRUR 2000, 1028 (1029) – Ballermann; OLG Köln GRUR-RR 2005, 82 (83) – bit; KG GRUR-RR 2004, 137 (139) – Omen). Diesen kann er **auch gegenüber anderen Mitinhabern** geltend machen, falls sie eigenmächtig die der

Ausschließliches Recht des Inhabers; Unterlassung; Schadensersatz § **14 MarkenG**

Gemeinschaft oder der Gesellschaft bürgerlichen Rechts zustehende Marke benutzen sollten (LG Berlin GRUR-RR 2009, 26 (27) – Pyronale). Jedoch hat der Mitinhaber den Unterlassungsanspruch stets dergestalt zu erheben, dass eine Unterlassungserklärung gegenüber den Mitinhabern der Marke als Gesamtgläubiger oder bei Vorliegen einer Gesellschaft bürgerlichen Rechts ihr gegenüber zu erfolgen hat (§§ 432 Abs. 1, 744 Abs. 1 BGB; OLG Köln GRUR-RR 2005, 82 (83) – bit; Ingerl/Rohnke Vor §§ 14–19d Rn. 12).

Wird die **Klagemarke während des Verletzungsprozesses** an einen Dritten **veräußert**, hat dies keinen Einfluss auf die Aktivlegitimation des Rechtsvorgängers. Vielmehr kann er den geltend gemachten Unterlassungsanspruch nunmehr gemäß §§ 265, 325 ZPO als gesetzlicher Prozessstandschafter **im eigenen Namen** weiterverfolgen (BGH GRUR 2006, 329 Rn. 20 – Gewinnfahrzeug mit Fremdemblem). Einer Umstellung des Klageantrags dahin, dass nunmehr Leistung an den Erwerber begehrt wird, bedarf es nicht (OLG Dresden NJWE-WettbR 1999, 133 (135) – cyberspace.de). Zur anschließenden Durchsetzung des erstrebten Unterlassungstitels ist aber nur noch der Erwerber als materiell berechtigter Markenrechtsinhaber befugt, da es an einer § 265 ZPO entsprechenden Bestimmung im Zwangsvollstreckungsrecht fehlt und das Gesetz auch die Figur einer „gewillkürten Vollstreckungsstandschaft" nicht kennt (OLG Dresden NJWE-WettbR 1999, 133 (135) – cyberspace.de). 618

Eine isolierte **Abtretung** des Unterlassungsanspruchs ohne die ihm zu Grunde liegende Marke ist nicht möglich. Sie ist wegen der mit der Abtretung verbundenen Veränderung des Leistungsinhalts gemäß § 399 Alt. 1 BGB ausgeschlossen (BGH GRUR 2001, 1158 (1160) – Dorf MÜNSTERLAND; GRUR 1993, 151 (152) – Universitätsemblem). 619

Dem **Lizenznehmer** an einer Marke (auch ausschließlichen) steht kein eigener Unterlassungsanspruch zu (Ströbele/Hacker/Hacker Rn. 342). Er kann Ansprüche wegen der Verletzung der Marke gemäß § 30 Abs. 3 nur mit Zustimmung des Markeninhabers geltend machen. Das Gesetz räumt ihm damit die Möglichkeit ein, als gewillkürter Prozessstandschafter das fremde Recht im eigenen Namen durchzusetzen (OLG Köln BeckRS 2009, 26242 – AQUA CLEAN KOI). Die nach § 30 Abs. 3 erforderliche Zustimmung ist auch in einer Bevollmächtigung des Lizenznehmers zur Wahrnehmung der Rechte aus der Marke enthalten (OLG Köln BeckRS 2009, 26242 – AQUA CLEAN KOI). Im Fall des Fehlens einer Zustimmung kann sie noch bis zum Schluss der letzten mündlichen Verhandlung durch den Markeninhaber **rückwirkend** erteilt werden (OLG Stuttgart GRUR-RR 2002, 381, 382 – Hot Chili). Dabei können der Lizenznehmer mit Zustimmung des Markeninhabers und der Markeninhaber selbst **nebeneinander** auf Unterlassung gerichtete Ansprüche geltend machen (BGH GRUR 2005, 427 (429) – Lila-Schokolade; GRUR 2001, 448, 450 – Kontrollnummernbeseitigung II; GRUR 1999, 161 (163) – MAC Dog; aA Ingerl/Rohnke Vor §§ 14–19d Rn. 14). 620

Dritte können aufgrund einer **Ermächtigung** des Rechtsinhabers (gewillkürte Prozessstandschaft) dann auf Unterlassung klagen, wenn sie ein **eigenes schutzwürdiges Interesse** an der Rechtsverfolgung haben, das auch durch ein wirtschaftliches Interesse begründet werden kann (BGH GRUR 2009, 484 Rn. 49 – Metrobus; GRUR 2009, 181 Rn. 18 – Kinderwärmekissen). Bei einem Anspruch aus einer geschäftlichen Bezeichnung kann sich das schutzwürdige Interesse darüber hinaus auch aus einer besonderen Beziehung zum Rechtsinhaber ergeben (BGH GRUR 2008, 1108 Rn. 54 – Haus & Grund III). Die Ermächtigung zur Prozessführung kann formlos und auch durch konkludentes Handeln erteilt werden, wobei sie sich jedoch auf einen bestimmten Anspruch aus einem bestimmten Rechtsverhältnis beziehen muss (BGH GRUR 2008, 1108 Rn. 52 – Haus & Grund III). Ihr Vorliegen ist als Voraussetzung der Zulässigkeit der Klage in jedem Stadium des Verfahrens von Amts wegen zu prüfen (BGH GRUR 1993, 151 (152) – Universitätsemblem). Macht der Markeninhaber selbst die betreffenden Ansprüche geltend, scheidet eine Geltendmachung derselben Rechte im Wege der gewillkürten Prozessstandschaft (sofern der Prozessstandschafter nicht zugleich Lizenznehmer ist) aus (BGH GRUR 2007, 235 Rn. 29 – Goldhase; GRUR 1989, 350 (353) – Abbo/Abo). Ein schutzwürdiges Interesse wurde beispielsweise für die Fälle angenommen, dass eine Konzernmutter von der von ihr beherrschten Konzerntochter ermächtigt wurde oder weil zwischen Ermächtigendem und Ermächtigtem ein Vertriebsvertrag hinsichtlich der gekennzeichneten Produkte bestand (BGH GRUR 2008, 1108 Rn. 54 – Haus & Grund III). Das schutzwürdige Eigeninteresse eines Dachverbandes kann sich aus der Mitgliedschaft eines Landesverbands im Zentralverband ergeben, wenn die verletzte 621

Eckhartt

Bezeichnung des Landesverbands auch vom Dachverband benutzt wird (BGH GRUR 2008, 1108 Rn. 55 – Haus & Grund III). Dies gilt jedoch dann nicht, wenn es sich dabei um eine Tochtergesellschaft des dem Dachverband angehörenden Landesverbandes handelt, auf die der Dachverband keinerlei Einfluss hat (BGH GRUR-RR 2010, 205 Rn. 20 – Haus & Grund IV). Bei einem Gesellschafter einer GmbH ist ein Rechtsschutzinteresse für die Geltendmachung von Ansprüchen der GmbH grundsätzlich dann zu bejahen, wenn er an der Gesellschaft in einem Maße beteiligt ist, dass sich seine wirtschaftlichen Interessen im Wesentlichen mit denen der Gesellschaft decken (BGH GRUR 1995, 54 (57) – Nicoline).

2. Schuldner einer Markenverletzung

622 **a) Täter und Teilnehmer.** Schuldner einer Markenverletzung ist zunächst derjenige, der allein oder mit anderen zusammen in **adäquat-kausaler** Weise den **objektiven Tatbestand der Verbotshandlung verwirklicht** (BGH GRUR 2008, 530 Rn. 21 – Nachlass bei der Selbstbeteiligung; KG GRUR-RR 2007, 68 (70) – Keyword Advertising). Ob er dabei als Täter, Mittäter, Anstifter oder Gehilfe der Markenverletzung anzusehen ist, beurteilt sich nach den im Strafrecht entwickelten Rechtsgrundsätzen (BGH GRUR 2011, 152 Rn. 30 – Kinderhochstühle im Internet).

623 **Täter** ist entsprechend § 25 Abs. 1 StGB, wer die Zuwiderhandlung **selbst** oder in mittelbarer Täterschaft begeht. Danach ist unerheblich, was ein objektiver Betrachter vermuten mag. Allein entscheidend für die Tätereigenschaft ist, wer die angegriffene Handlung **tatsächlich begangen** hat (LG Düsseldorf GRUR-RR 2009, 254 (255) – elena.info).

624 Als **mittelbarer Täter** handelt derjenige, der die Markenverletzung in Auftrag gibt oder sie zumindest im eigenen Interesse veranlasst und dabei die Kontrolle über das Handeln des anderen hat (OLG Jena GRUR-RR 2009, 104 (105) – Prolac; Köhler/Bornkamm/Köhler UWG § 8 Rn. 2.4).

625 **Mittäterschaft** erfordert eine gemeinschaftliche Begehung im Sinne eines bewussten und gewollten Zusammenwirkens (vgl. 830 Abs. 1 S. 1 BGB; BGH GRUR 2011, 617 Rn. 24 – Sedo; GRUR 2011, 152 Rn. 30 – Kinderhochstühle im Internet; GRUR 2009, 597 Rn. 14 – Halzband).

626 Als **Teilnehmer** an einer rechtswidrigen Verhaltensweise eines anderen haftet derjenige, der sie – zumindest bedingt – vorsätzlich **gefördert** und damit Beihilfe geleistet oder dazu **angestiftet** hat. Dabei gehört zum Teilnehmervorsatz neben der Kenntnis der objektiven Tatumstände auch das **Bewusstsein der Rechtswidrigkeit der Haupttat** (BGH GRUR 2009, 597 Rn. 14 – Halzband; GRUR 2008, 810 Rn. 15 – Kommunalversicherer).

627 Nach § 830 Abs. 2 BGB stehen Anstifter und Gehilfen Mittätern gleich, so dass der Täter, Mittäter, Anstifter oder Gehilfe als **Gesamtschuldner** für die begangene Markenverletzung haften (Fezer Rn. 986).

628 Eine **Teilnehmerhaftung** kommt aber nicht nur in den Fällen einer bereits begangenen, sondern auch in Fällen einer erst **drohenden Verletzungshandlung** in Betracht. Für diese haftet neben dem Täter auch der Teilnehmer an einer solchen vorbeugend auf Unterlassung, wenn hinsichtlich der drohenden Beteiligungshandlung die Voraussetzungen einer Teilnahme vorliegen und die vom Vorsatz des Teilnehmers erfasste Haupttat eine Markenverletzung darstellt (BGH GRUR 2007, 708 Rn. 30 – Internet-Versteigerung II).

629 Der BGH erkennt darüber hinaus auch eine Teilnehmerhaftung in Form der **Beihilfe durch Unterlassen** an, die jedoch zusätzlich zu den allgemeinen Anforderungen an die Haftung eines Gehilfen (→ Rn. 626 ff.) voraussetzt, dass ihn eine **Rechtspflicht** trifft, den Verletzungserfolg abzuwenden und ihm die dazu erforderliche Abwehrhandlung auch **möglich und zumutbar** ist (BGH GRUR 2011, 152 Rn. 34 – Kinderhochstühle im Internet; Ströbele/Hacker/Hacker Rn. 351). Ob und unter welchen Voraussetzungen eine Gehilfenhaftung bei nachhaltiger Verletzung von Prüfungspflichten in Betracht kommt, hat er dagegen offengelassen (BGH GRUR 2011, 152 Rn. 33 – Kinderhochstühle im Internet mwN).

630 Unter Berücksichtigung der neuen technischen Entwicklungen hat der BGH (I. Zivilsenat) ferner den Grundsatz fortgeschrieben, wonach derjenige, dem ein rechtlich geschützter Bereich zur Nutzung und ggf. auch zur Gewinnerzielung zugewiesen ist, im Rahmen seiner Verantwortlichkeit für diesen Bereich für Rechtsverletzungen haftet, wenn er pflichtwidrig Sicherungen unterlässt, die im Interesse Dritter oder der Allgemeinheit bestehen, und ein

neues Haftungsmodell für die Fälle begründet, in denen ein Dritter aufgrund **nachlässiger Verwahrung der Zugangsdaten** ein fremdes Mitgliedskonto bei einem Internet-Auktionshaus (eBay) zu Schutzrechtsverletzungen benutzt. Für diese hat der **Inhaber** des Mitgliedskontos gleichermaßen als **Täter** einzustehen, auch wenn er die Verwendung der Zugangsdaten zu seinem Mitgliedskonto weder veranlasst noch geduldet hat (BGH GRUR 2009, 597 Rn. 16 – Halzband). Nach dem BGH muss er sich wegen der so von ihm geschaffenen Gefahr der Unklarheit darüber, wer unter dem betreffenden Mitgliedskonto gehandelt hat und im Fall einer Schutzrechtsverletzung in Anspruch genommen werden kann, so behandeln lassen, wie wenn er selbst gehandelt hätte (BGH GRUR 2009, 597 – Halzband). Eine bei der Verwahrung der Zugangsdaten für das Mitgliedskonto gegebene Pflichtverletzung stellt insoweit nach dem BGH einen eigenen, gegenüber den eingeführten Grundsätzen der Störerhaftung **selbständigen Zurechnungsgrund** dar (BGH GRUR 2009, 597 Rn. 16 – Halzband). Das nach § 14 Abs. 2 erforderliche **Handeln im geschäftlichen Verkehr** sieht der BGH nicht nur in dem Fall als gegeben an, wenn sich das Verhalten des Dritten selbst als ein Handeln im geschäftlichen Verkehr darstellt, sondern auch dann, wenn der Dritte für sich gesehen nur privat gehandelt hat, sich sein Verhalten dem **Verkehr** aber **als nicht unterscheidbarer Teil eines geschäftlichen Handelns des Inhabers des Mitgliedskontos** darstellte (BGH GRUR 2009, 597 Rn. 22 – Halzband). In beiden Fällen muss sich der Inhaber des Mitgliedskontos bereits die **erste** auf der unzureichenden Sicherung der Kontodaten beruhende Rechtsverletzung des Dritten als **eigenes täterschaftliches Handeln** zurechnen lassen und kann sich nicht darauf berufen, dass die betreffende Verhaltensweise des Dritten in seiner Person ein Handeln im privaten Bereich dargestellt hätte (BGH GRUR 2009, 597 Rn. 20 – Halzband). Das für einen Schadensersatzanspruch erforderliche **Verschulden** wird nach dem BGH jedoch grundsätzlich nur dann zu bejahen sein, wenn der Inhaber des Mitgliedskontos zumindest mit der Verwendung der Kontodaten zu einem rechtsverletzenden Handeln hätte rechnen müssen (BGH GRUR 2009, 597 Rn. 20 – Halzband).

Für eine weitergehende, ausdrücklich auch den Schadensersatzanspruch mitumfassende **631** Haftung hat sich der für die technischen Schutzrechte zuständige **Xa. Zivilsenat des BGH** in einem Fall ausgesprochen, bei dem es um die Verantwortlichkeit eines Spediteurs für von ihm transportierte patentverletzende Waren ging. Danach ist als Schuldner der Ansprüche auf Unterlassung, Schadensersatz, Auskunft und Vernichtung der verletzenden Gegenstände auch derjenigen anzusehen, der die Verwirklichung einer Schutzrechtsverletzung durch einen Dritten ermöglicht oder fördert, indem er sich trotz konkreter Anhaltspunkte oder des Verdachts einer Schutzrechtsverletzung nicht mit dem ihm möglichen und zumutbaren Mitteln die Gewissheit über ihr tatsächliches Vorliegen verschafft (BGH GRUR 2009, 1142 Rn. 45 – MP3-Player-Import; s. auch Ingerl/Rohnke Vor §§ 14–19d Rn. 32; Ströbele/Hacker/Hacker Rn. 348).

b) Juristische Personen und Personengesellschaften sowie ihre gesetzlichen Ver- 632 treter. Nach §§ 31, 89 BGB haften juristische Personen, gleich ob öffentlichen oder privaten Rechts, für Kennzeichenverletzungen ihre **Organe** sowie Handelsgesellschaften für solche ihrer **Vertreter,** ohne dass die Möglichkeit einer Entlastung besteht (Ingerl/Rohnke Vor §§ 14–19d Rn. 33). Diese Organ- oder Repräsentantenhaftung schließt eine **Eigenhaftung des Repräsentanten** nicht aus, so dass danach ein GmbH-Geschäftsführer oder AG-Vorstand dann persönlich haftet, wenn er entweder selbst die Rechtsverletzung begangen oder veranlasst hat oder die eines anderen gekannt und pflichtwidrig nicht verhindert hat (BGH GRUR 2009, 685 Rn. 33 – ahd.de; GRUR 1986, 248 (251) – Sporthosen). Dabei steht einer positiven Kenntnis von der Kennzeichenverletzung eine solche aus einer Abmahnung oder auch nur Kennenmüssen im Sinne fahrlässiger Unkenntnis gleich (Ingerl/Rohnke Vor §§ 14–19d Rn. 33).

Unter dem Gesichtspunkt der Organisationspflichtverletzung haftet ein GmbH-Geschäfts- **633** führer sogar dann **unabhängig von einer eigenen Kenntnis** um die Kennzeichenverletzung, wenn er sich bewusst der Möglichkeit zur Kenntnis- und Einflussnahme entzieht, etwa durch einen dauerhaften Aufenthalt im Ausland (OLG Hamburg GRUR-RR 2006, 182 (183) – Miss 17). Auf eine **fehlende Kenntnis** kann sich ein GmbH-Geschäftsführer auch dann **nicht berufen,** wenn er sich seiner Einwirkungsmöglichkeit auf die Gesellschaft selbst begibt, indem er sich in einem bestimmten Bereich nicht um die von ihm vertretene Gesellschaft kümmert, sondern diesen Bereich einem anderen Vertreter überlässt. In einem solchen Fall muss er sich das Wissen der Person, die er bewusst eigenverantwortlich für sich handeln lässt, nach § 166 Abs. 1 BGB analog zurechnen lassen (OLG Frankfurt GRUR-RR 2001, 198 (199); aA Köhler/Bornkamm/Köhler UWG § 8 Rn. 2.20).

634 Einer persönlichen Haftung kann sich der Geschäftsführer auch nicht mit dem Hinweis entziehen, dass er sich im Innenverhältnis gegenüber dem Gesellschafter der GmbH **nicht hat durchsetzen können.** Will er in einem solchen Fall eine persönliche Haftung vermeiden, muss er notfalls sein Amt als Geschäftsführer niederlegen und den Anstellungsvertrag kündigen (OLG Hamburg GRUR-RR 2006, 182 (183) – Miss 17).

635 Der Geschäftsführer haftet als Folge einer Markenverletzung auch auf Ersatz der **Kosten,** die in einem **vorangegangenen Verfügungsverfahren** gegen die GmbH entstanden sind, wenn er nicht nur zum Zeitpunkt der Kennzeichenverletzung, sondern auch noch während der gerichtlichen Inanspruchnahme der GmbH Geschäftsführer war (OLG Hamburg GRUR-RR 2006, 182 – Miss 17).

636 Entsprechendes gilt für die Organe **ausländischer** Gesellschaften, wie beispielsweise dem Direktor einer Ltd (Ingerl/Rohnke §§ 14–19d Rn. 34). Denn auch wenn er kein Organ im Sinne des deutschen Gesellschaftsrechts ist, so obliegen ihm neben umfangreichen Pflichten gegenüber der Gesellschaft auch gesetzliche Pflichten, die die Wahrung fremder Schutzrechte einschließen (OLG Jena GRUR-RR 2009, 104 (105) – Prolac).

637 Für Kennzeichenrechtsverletzungen einer **OHG** oder **KG** haben ihre persönlich haftenden Gesellschafter nach §§ 128, 161 Abs. 2 HGB gleichermaßen einzustehen, da nach herrschender Meinung der Inhalt ihrer Haftungsverbindlichkeit mit der Gesellschaftsverbindlichkeit identisch ist (OLG Nürnberg GRUR 1996, 206 (208) – Leitungsrohre). **Ausgenommen** aus der Haftung nach §§ **128, 161 Abs. 2 HGB** sind allein **Unterlassungsschulden** der Personenhandelsgesellschaft, für die der Gesellschafter persönlich nur in Anspruch genommen werden kann, wenn er die Kennzeichenverletzung als Störer verursacht oder mit verursacht hat (OLG Nürnberg GRUR 1996, 206 (208) – Leitungsrohre).

638 Die Gesellschafter einer **BGB-Gesellschaft** haften jedenfalls ab Kenntniserlangung von der Kennzeichenverletzung als Störer (BGH GRUR 2002, 706 (708) – vossius.de).

639 c) **Betriebsinhaber. aa) Allgemeines.** Nach §§ 14 Abs. 7, 15 Abs. 6 haftet der Betriebsinhaber für die in seinem geschäftlichen Betrieb begangenen Kennzeichenverletzungen eines Angestellten oder Beauftragten, und zwar, anders als bei der allgemeinen deliktsrechtlichen Bestimmung des § 831 BGB, **ohne** eine **Exkulpationsmöglichkeit** und **unabhängig von** einem **eigenen Verschulden** (Fezer Rn. 1055). Damit wird in §§ 14 Abs. 7, 15 Abs. 6 eine **Erfolgshaftung** des Betriebsinhabers für Kennzeichenverletzungen Dritter statuiert, der er sich nicht durch einfaches Berufen darauf, er habe die Kennzeichenverletzung nicht gekannt oder nicht verhindern können, entziehen kann (Köhler/Bornkamm/Köhler UWG § 8 Rn. 2.33). Vielmehr werden ihm die Zuwiderhandlungen seiner Angestellten oder Beauftragten **wie eigene zugerechnet,** weil die arbeitsteilige Organisation seines Betriebs die Verantwortung für die geschäftliche Tätigkeit nicht beseitigen soll. Insbesondere soll sich der Betriebsinhaber, dem die geschäftlichen Handlungen zugutekommen, nicht hinter den von ihm abhängigen Dritten verstecken können (BGH GRUR 2009, 1167 Rn. 21 – Partnerprogramm; GRUR 2009, 597 Rn. 15 – Halzband; zum UWG BGH GRUR 2008, 186 Rn. 22 – Telefonaktion; GRUR 2007, 994 Rn. 19 – Gefälligkeit mwN). Damit schuldet der Betriebsinhaber Unterlassung gleichermaßen wie der Zuwiderhandelnde und hat nicht etwa bloß nur Sorge dafür zu tragen, dass derartige Zuwiderhandlungen künftig nicht mehr geschehen (Köhler/Bornkamm/Köhler UWG § 8 Rn. 2.52).

640 Sind die Voraussetzungen dieser besonderen **Haftungsnorm** gegeben, ist sie vom Richter unabhängig davon anzuwenden, ob sich der Kläger auf sie berufen hat (BGH GRUR 2005, 864 – Meißner Dekor II).

641 Die gegenüber § 831 BGB strengere Haftung des Betriebsinhabers nach §§ 14 Abs. 7, 15 Abs. 6 rechtfertigt sich zum einen daraus, dass er durch den Einsatz von Angestellten und Beauftragten seinen Geschäftsbetrieb erweitert und damit zugleich das Risiko von Zuwiderhandlungen innerhalb seines Betriebes schafft (Köhler/Bornkamm/Köhler UWG § 8 Rn. 2.33). Zum anderen aber auch daraus, dass er Vorteile aus der arbeitsteiligen Organisation

zieht. Damit erscheint es nur sachgerecht, ihn auch für die damit verbundenen und von ihm in gewisser Weise beherrschbaren Risiken einstehen zu lassen (BGH GRUR 2009, 1167 Rn. 21 – Partnerprogramm; Köhler/Bornkamm/Köhler UWG § 8 Rn. 2.33 mwN).
Die Regelung in § 14 Abs. 7 entspricht weitgehend der in § 8 Abs. 2 UWG (bzw. § 13 **642** Abs. 4 UWG aF), so dass damit auch die zu diesen Vorschriften ergangene Rechtsprechung zur **Auslegung** des § 14 Abs. 7 herangezogen werden kann (BGH GRUR 2009, 1167 Rn. 21 – Partnerprogramm). Im Unterschied zum § 8 Abs. 2 UWG erstreckt sich die Haftung des Betriebsinhabers nach §§ 14 Abs. 7, 15 Abs. 6 **auch auf den Schadensersatzanspruch,** sofern der Angestellte oder Beauftragte schuldhaft gehandelt hat. Deren Haftung bleibt von der lediglich zusätzlich nach §§ 14 Abs. 7, 15 Abs. 6 eingreifenden Haftung des Betriebsinhabers unberührt. Darüber hinaus erstreckt sich die Haftung nach §§ 14 Abs. 7, 15 Abs. 6 auch auf Beseitigungs- und Vernichtungsansprüche, die auch einen vorbereitenden Auskunftsanspruch umfassen (BGH GRUR 1995, 427 (428) – Schwarze Liste; Fezer Rn. 1056).

bb) Markenrechtsverletzung. Der Tatbestand des § 14 Abs. 7 setzt eine in einem **643** geschäftlichen Betrieb von einem Angestellten oder Beauftragten begangene Verletzungshandlung voraus. Damit ist eine Markenverletzung iSd § 14 Abs. 2–4 gemeint. § 15 Abs. 6 verweist für den Fall der Verletzung geschäftlicher Bezeichnungen iSd § 15 Abs. 2 und Abs. 3 auf § 14 Abs. 7.

cc) Angestellte oder Beauftragte. Nach § 14 Abs. 7 muss die Markenrechtsverletzung **644** von einem Angestellten oder Beauftragten des Betriebsinhabers begangen werden. **Angestellter** im Sinne dieser Vorschrift ist danach jeder, der aufgrund eines vertraglichen Verhältnisses **weisungsabhängige** Dienste zu leisten hat, wie insbesondere der Arbeitnehmer, Auszubildende, Praktikant, aber auch ein Beamter oder freiberuflicher Mitarbeiter (Köhler/Bornkamm/Köhler UWG § 8 Rn. 2.39). Auf die Wirksamkeit oder Entgeltlichkeit des Vertragsverhältnisses kommt es nicht an. Für die Eigenschaft als Angestellter braucht noch nicht einmal der Dienst angetreten zu sein (Fezer Rn. 1061).
Der Begriff des **Beauftragten** ist, wie in § 8 Abs. 2 UWG, **weit auszulegen** (BGH **645** GRUR 2005, 864 – Meißner Dekor II). Als Beauftragter ist nach der Rechtsprechung des BGH jeder anzusehen, der in die betriebliche Organisation des Betriebsinhabers derart **eingegliedert** ist, dass der Erfolg seiner Geschäftstätigkeit (zumindest auch) dem Betriebsinhaber zugutekommt und auf dessen Tätigkeit, in deren Bereich das beanstandete Verhalten fällt, der Betriebsinhaber einen **bestimmenden und durchsetzbaren Einfluss** hat (BGH GRUR 2009, 1167 Rn. 21 – Partnerprogramm mwN). Dabei kommt es nicht darauf an, welchen Einfluss sich der Betriebsinhaber tatsächlich gesichert hat, sondern welchen er sich sichern konnte und musste, so dass er damit auch für **ohne sein Wissen** oder **gegen seinen Willen** begangene Rechtsverstöße seitens des Beauftragten haftet (BGH GRUR 2009, 1167 Rn. 21 – Partnerprogramm). Unerheblich ist auch, wie die Betroffenen ihre vertraglichen Beziehungen im Einzelnen ausgestaltet haben (BGH GRUR 2009, 1167 Rn. 21, 25 – Partnerprogramm mwN). Beauftragter kann auch ein **selbständiges Unternehmen,** wie etwa eine Werbeagentur, sein (BGH GRUR 2009, 1167 Rn. 21 – Partnerprogramm mwN; weitere Beispiele bei Ingerl/Rohnke Vor §§ 14–19d Rn. 45). Lässt sich nicht klären, in welchem Verhältnis eine für den Betrieb handelnde Person steht, erscheint es jedoch nach der Lebenserfahrung als ausgeschlossen, dass die Person ohne Beauftragung die fraglichen Handlungen vorgenommen hat, kann die Eigenschaft als Beauftragter gleichfalls angenommen werden (OLG München PharmR 2010, 528 (532) – VIAGRA/Viaguara).

dd) Handeln im geschäftlichen Betrieb. Ferner muss nach § 14 Abs. 7 die Verlet- **646** zungshandlung in einem geschäftlichen Betrieb begangen werden. Dieses Tatbestandsmerkmal ist nicht räumlich, sondern **funktional** zu verstehen, so dass es nicht darauf ankommt, ob die Markenrechtsverletzung innerhalb der Räumlichkeiten des Betriebsinhabers erfolgt. Allein entscheidend ist, ob sie in einem unmittelbaren **inneren Zusammenhang** mit dem ihm obliegenden Aufgaben steht, die der Beauftragte oder Angestellte wahrzunehmen hat (BGH GRUR 2008, 186 Rn. 23 – Telefonaktion; Ströbele/Hacker/Hacker Rn. 549). Danach ist eine **Haftung** des Betriebsinhabers für Personen, die er iSv § 14 Abs. 7 mit Tätigkeiten für seinen Betrieb beauftragt hat, zum einen **ausgeschlossen,** wenn sie außerhalb des Auftragsverhältnisses **im privaten Bereich** handeln, auch wenn die Tätigkeit ihrer Art nach derjenigen des Unternehmens entspricht (BGH GRUR 2007, 994 Rn. 19 – Gefälligkeit). Zum anderen, wenn der vom Betriebsinhaber Beauftragte im konkreten Fall zwar geschäftlich tätig geworden ist, das betreffende geschäftliche Handeln jedoch nicht der **Geschäftsorganisation** des Auftraggebers, sondern derjenigen eines **Dritten** oder des **Beauftragten selbst** zuzurechnen ist und der Auftraggeber auch nicht damit rechnen musste, dass der Beauftragte noch anderweitig für ihn tätig wird (BGH GRUR 2009, 1167 Rn. 27 – Partnerprogramm).

647 Die **Darlegungs- und Beweislast** dafür, dass der Angestellte oder Beauftragte die beanstandete Handlung im geschäftlichen Betrieb des Inhabers vorgenommen hat, trägt grundsätzlich der Markeninhaber (BGH GRUR 1963, 434 – Reiseverkäufer). Allerdings ist nach der Rechtsprechung des BGH eine **Einschränkung** von diesem Grundsatz dann geboten, wenn der Darlegungspflichtige selbst außerhalb des Geschehensablaufs steht und von sich aus den Sachverhalt nicht ermitteln kann, während die Gegenseite die erforderlichen Informationen hat oder sich leicht verschaffen kann. Dann soll es nach Treu und Glauben nicht genügen, dass sich die Gegenseite lediglich mit einem einfachen Bestreiten begnügt. Vielmehr hat sie im Einzelnen darzulegen (sog. **sekundäre Darlegungslast**), dass die von ihr bestrittenen Behauptungen unrichtig sind, so dass dann die beweisbelastete Partei den Beweis für deren Richtigkeit antreten kann (OLG München GRUR-RR 2007, 345 (346) – Beweislastverteilung).

648 ee) **Betriebsinhaber.** Betriebsinhaber iSd § 14 Abs. 7 ist derjenige, **in dessen Namen und Verantwortung** das Unternehmen geführt wird (Köhler/Bornkamm/Köhler UWG § 8 Rn. 2.48). Danach ist Betriebsinhaber der Eigentümer, Besitzer, Nießbraucher oder Pächter eines Unternehmens, wie auch eine juristische Person oder Personenhandelsgesellschaft, nicht jedoch deren Organe oder persönlich haftende Gesellschafter (Köhler/Bornkamm/Köhler UWG § 8 Rn. 2.48, 2.50). Allein durch einen nach außen hervorgerufenen **Anschein**, Betriebsinhaber zu sein, wird eine solche Eigenschaft tatsächlich nicht begründet und kommt eine Haftung des vermeintlichen Betriebsinhabers allenfalls unter dem Gesichtspunkt der Mittäterschaft oder Beihilfe in Betracht (Köhler/Bornkamm/Köhler UWG § 8 Rn. 2.49).

649 d) **Störer.** Neben Tätern und Teilnehmern kann bei Markenverletzungen auch der Störer entsprechend **§ 1004 BGB** auf Unterlassung und Beseitigung, mangels einer gesetzlichen Grundlage jedoch nicht auf Schadensersatz, in Anspruch genommen werden (Ingerl/Rohnke Vor §§ 14–19d Rn. 52). Durch die Störerhaftung als auch die deliktsrechtliche Gehilfenhaftung wird im deutschen Recht die in **Art. 9 Abs. 1 Buchst. a und Art. 11 Enforcement-RL** geforderte Haftung von „Mittelspersonen", deren Dienste von einem Dritten zwecks Verletzung eines Rechts des geistigen Eigentums in Anspruch genommen werden, gewährleistet (BGH GRUR 2007, 708 Rn. 37 – Internet-Versteigerung II).

650 **Störer** ist, wer – ohne Täter oder Teilnehmer zu sein – in irgendeiner Weise **willentlich und adäquat kausal** zur Markenverletzung beiträgt, wobei insoweit auch schon die Unterstützung oder Ausnutzung der Handlung eines eigenverantwortlich handelnden Dritten genügen kann (BGH GRUR 2001, 1038 (1039) – ambiente.de). Um die Störerhaftung aber nicht über Gebühr auf Dritte zu erstrecken, die nicht selbst die rechtswidrige Beeinträchtigung vorgenommen haben, wird von der Rechtsprechung zusätzlich als restriktives Korrektiv eine **Verletzung von Prüfungspflichten** vorausgesetzt, deren Umfang sich danach bestimmt, ob und inwieweit dem als Störer in Anspruch Genommenen nach den Umständen eine Prüfung **zuzumuten** ist (BGH GRUR 2011, 152 Rn. 45 – Kinderhochstühle im Internet mwN). Letzteres ist im Einzelfall unter Berücksichtigung der Funktion und Aufgabenstellung des als Störer in Anspruch Genommenen sowie im Blick auf die Eigenverantwortung des unmittelbar handelnden Dritten zu beurteilen (BGH GRUR 2001, 1038 (1040) – ambiente.de mwN).

650.1 **Beispiele:** Ein **Auslieferungsagent** haftet als Störer ab dem Zeitpunkt, wo er Kenntnis davon erhält, dass es sich um markenverletzende Ware handelt, insbesondere durch einen entsprechenden Hinweis des Markeninhabers, nicht jedoch durch den Erhalt einer Mitteilung des Zolls von einer wegen Verdachts der Markenverletzung erfolgten Beschlagnahme (Gleiches gilt für die Haftung von Spediteuren, Frachtführern und Lagerhaltern bei der Einfuhr patentverletzender Ware; OLG Hamburg

Ausschließliches Recht des Inhabers; Unterlassung; Schadensersatz § 15 MarkenG

GRUR-RR 2007, 350 (351) – YU-GI-OH!-Karten). Erst ab diesem Zeitpunkt ist er verpflichtet, alles zu unterlassen, was dazu beiträgt, dass die Ware dennoch eingeführt und in den Verkehr der EU gelangt (OLG Hamburg GRUR-RR 2007, 350 (352) – YU-GI-OH!-Karten).

Eine Störerhaftung von **Presseunternehmen** kommt nur bei **groben,** vom Verleger oder Redakteur **unschwer zu erkennenden Rechtsverstößen** in den bei ihnen in Auftrag gegebenen Anzeigen in Betracht (BGH GRUR 2006, 957 Rn. 14 – Stadt Geldern; GRUR 1992, 618 (619) – Pressehaftung II). **651**

Für die Störerhaftung eines **Internetauktionshauses** hat der BGH in der Entscheidung BGH GRUR 2004, 860 – Internet-Versteigerung I klargestellt, dass eine solche dann in Betracht kommt, wenn für Diensteanbieter **zumutbare Kontrollmöglichkeiten** bestehen, um Markenverletzungen zu unterbinden. Insbesondere hat er bei Kenntniserlangung von einer **im geschäftlichen Verkehr** erfolgten Markenverletzung zur Vermeidung einer Haftung nicht nur das konkrete Angebot unverzüglich zu sperren, sondern darüber hinaus auch Vorsorge dafür zu treffen, dass es möglichst nicht zu weiteren entsprechenden Markenverletzungen kommt (BGH GRUR 2004, 860 (864) – Internet-Versteigerung I). In der weiteren Entscheidung hat der BGH die Grenze des Zumutbaren jedenfalls dann als erreicht angesehen, wenn keine Merkmale zur Verfügung stehen, die sich zur Eingabe in eine **Filtersoftware** eignen (BGH GRUR 2007, 708 – Internet-Versteigerung II). Aber auch wenn eine lückenlose Vorabkontrolle, die sämtliche Rechtsverletzungen sicher erkennt, derzeit technisch nicht möglich ist, hindert dies nicht eine Verurteilung zur Unterlassung. Jedoch kann für Markenverletzungen, die in einem vorgezogenen Filterverfahren nicht erkennbar sind, kein Verschulden angenommen werden (BGH GRUR 2007, 708 Rn. 47 – Internet-Versteigerung II). **652**

Auf die **Betreiber von Suchmaschinen** finden die allgemeinen Grundsätze der Störerhaftung Anwendung, so dass eine Verletzung von Prüfungspflichten frühestens nach Inkenntnissetzung von dem angeblichen Rechtsverstoß denkbar ist (OLG Hamburg GRUR 2007, 241 (244) – Preispiraten). **653**

Auch der Störer kann **vorbeugend** auf Unterlassung in Anspruch genommen werden, sofern er eine Erstbegehungsgefahr für eine Verletzungshandlung begründet (BGH GRUR 2007, 708 Rn. 41 – Internet-Versteigerung II). **654**

e) **Rechtsnachfolger auf Verletzerseite.** Bei Unternehmensveräußerung, Umwandlung und Verschmelzung oder beim Tod des Unternehmers haftet der Rechtsnachfolger nicht nur für vor dem Übergang begründete **Ersatzansprüche,** sondern auch für **vertragliche** Unterlassungsansprüche des früheren Inhabers nach den allgemeinen Regeln (zB § 25 HGB, Schuldübernahme, Universalsukzession; BGH GRUR 1996, 995 – Übergang des Vertragsstrafenversprechens). Damit schuldet er nicht nur Unterlassung, sondern im Fall einer Zuwiderhandlung auch die versprochene Vertragsstrafe. Im Gegensatz zum vertraglichen kommt eine Rechtsnachfolge auf der Verletzerseite beim gesetzlichen Unterlassungsanspruch nicht in Betracht. Die für diesen erforderliche Begehungsgefahr ist als ein tatsächlicher Umstand nach den Verhältnissen vielmehr **in der Person des in Anspruch Genommenen** selbst zu bestimmen und kann nicht allein wegen der Rechtsnachfolge und der Fortführung des Betriebs angenommen werden. Dies gilt nicht nur, wenn der Rechtsvorgänger die Wiederholungsgefahr durch eigenes Verhalten begründet hat, sondern auch dann, wenn der Rechtsverstoß durch dessen Organe, Mitarbeiter oder auch Beauftragte nach §§ 14 Abs. 7, 15 Abs. 6 begangen worden ist (BGH GRUR 2007, 995 – Schuldnernachfolge). **655**

Dieselben Grundsätze gelten auch für den **Insolvenzverwalter** als Beklagten (BGH BeckRS 2010, 8910 Rn. 40 – Modulgerüst II) sowie für den **Erben** als Rechtsnachfolger des Erblassers, in dessen Person die Wiederholungsgefahr auf Grund einer von ihm in der Vergangenheit begangenen Verletzungshandlung begründet worden ist (BGH GRUR 2006, 879 Rn. 17 – Flüssiggastank). **656**

§ 15 Ausschließliches Recht des Inhabers einer geschäftlichen Bezeichnung; Unterlassungsanspruch; Schadensersatzanspruch

(1) **Der Erwerb des Schutzes einer geschäftlichen Bezeichnung gewährt ihrem Inhaber ein ausschließliches Recht.**

Eckhartt

(2) Dritten ist es untersagt, die geschäftliche Bezeichnung oder ein ähnliches Zeichen im geschäftlichen Verkehr unbefugt in einer Weise zu benutzen, die geeignet ist, Verwechslungen mit der geschützten Bezeichnung hervorzurufen.

(3) Handelt es sich bei der geschäftlichen Bezeichnung um eine im Inland bekannte geschäftliche Bezeichnung, so ist es Dritten ferner untersagt, die geschäftliche Bezeichnung oder ein ähnliches Zeichen im geschäftlichen Verkehr zu benutzen, wenn keine Gefahr von Verwechslungen im Sinne des Absatzes 2 besteht, soweit die Benutzung des Zeichens die Unterscheidungskraft oder die Wertschätzung der geschäftlichen Bezeichnung ohne rechtfertigenden Grund in unlauterer Weise ausnutzt oder beeinträchtigt.

(4) [1]Wer eine geschäftliche Bezeichnung oder ein ähnliches Zeichen entgegen Absatz 2 oder Absatz 3 benutzt, kann von dem Inhaber der geschäftlichen Bezeichnung bei Wiederholungsgefahr auf Unterlassung in Anspruch genommen werden. [2]Der Anspruch besteht auch dann, wenn eine Zuwiderhandlung droht.

(5) [1]Wer die Verletzungshandlung vorsätzlich oder fahrlässig begeht, ist dem Inhaber der geschäftlichen Bezeichnung zum Ersatz des daraus entstandenen Schadens verpflichtet. [2]§ 14 Abs. 6 Satz 2 und 3 gilt entsprechend.

(6) § 14 Abs. 7 ist entsprechend anzuwenden.

Überblick

Eine Verletzung iSd § 15 liegt vor, wenn der Anspruchsgegner (→ Rn. 2) unbefugt (→ Rn. 4) im räumlichen Schutzbereich des Kennzeichens (→ Rn. 10) im geschäftlichen Verkehr (→ Rn. 15) eine der in Abs. 2 (→ Rn. 31 ff.) oder Abs. 3 (→ Rn. 61 ff.) genannten Handlungen vorgenommen hat.

Ungeachtet der gemeinsamen Regelung sind die Tatbestandsvoraussetzungen für Unternehmenskennzeichen und Werktitel gesondert zu betrachten. Dies gilt für die tatbestandsmäßige Benutzung (Unternehmenskennzeichen: → Rn. 20); Werktitel: → Rn. 26); Verwechslungsgefahr iSd Abs. 2 (Unternehmenskennzeichen: → Rn. 31 ff.; Werktitel: → Rn. 46 ff.) sowie den erweiterten Schutz bekannter geschäftlicher Bezeichnungen iSd Abs. 3 (Unternehmenskennzeichen: → Rn. 61 f.; Werktitel: → Rn. 64 ff.).

Sowohl beim Tatbestand der Verwechslungsgefahr wie beim Bekanntheitsschutz bestehen inhaltliche Parallelen zum Markenschutz gemäß § 14. Die entsprechenden Kommentierungen können daher ergänzend herangezogen werden, wobei die Besonderheiten geschäftlicher Bezeichnungen zu beachten sind. Solche Besonderheiten gelten etwa für die Ähnlichkeitsprüfung mehrteiliger Unternehmenskennzeichen (→ Rn. 38 ff.). Zu beachten ist, dass bei Unternehmenskennzeichen an die Stelle der Waren- und Dienstleistungsähnlichkeit die Branchennähe (→ Rn. 44 ff.) und bei Werktiteln die Werknähe (→ Rn. 56 ff.) tritt. Bei Werktiteln liegt ein Unterschied zum sonstigen Kennzeichenschutz ferner darin, dass sie jedenfalls grundsätzlich nur der Identifizierung des Werkes, und nicht der Herkunftskennzeichnung dienen; sie sind daher nur gegen eine unmittelbare Verwechslungsgefahr geschützt (→ Rn. 48; zu Ausnahmen → Rn. 50 f.).

Zu den Unterlassungs- und Schadensersatzansprüchen (→ Rn. 68), die denen nach § 14 entsprechen, tritt bei Unternehmenskennzeichen der Anspruch auf Löschung im Handelsregister hinzu (→ Rn. 70).

Abschnitt 5 erörtert die Rechtsnatur von Domainnamen (→ Rn. 74 ff.), die Begründung von Kennzeichenrechten durch Domainnamen (→ Rn. 78 ff.) sowie die Verletzung von Kennzeichen- und/oder Namensrechten durch Domainnamen (→ Rn. 89 ff.; → Rn. 129 ff.).

Übersicht

	Rn.		Rn.
A. Rechtsverletzende Benutzung	1	IV. Ohne eigene ältere Rechte	8
I. Allgemeines	1	V. Im räumlichen Schutzbereich des Kennzeichens	10
II. Dritter im Sinne der Norm	2		
III. Unbefugt	4	VI. Im geschäftlichen Verkehr	15

	Rn.		Rn.
VII. Benutzung iSv § 15	17	D. Rechtsfolgen	68
1. Benutzung des Unternehmenskennzeichens	20	I. Unterlassungs- und Schadensersatzanspruch, Haftung des Betriebsinhabers	68
2. Benutzung des Werktitels	26	II. Antragstellung	69
B. Verwechslungsgefahr (und Identität)	31	III. Löschung von Firmenbezeichnungen	70
I. Schutz des Unternehmenskennzeichens gegen Verwechslungsgefahr	31	**E. Domainrecht**	71
1. Allgemeines	31	I. Allgemeines	71
2. Zeichenähnlichkeit	37	II. Rechtsnatur von Domains	74
3. Kennzeichnungskraft der älteren Bezeichnung	43	1. Allgemeines	74
4. Branchennähe	44	2. Entstehung von Kennzeichen- oder Namensrechten an einer Domain	78
II. Schutz des Werktitels gegen Verwechslungsgefahr	46	III. Verletzung von Kennzeichenrechten	89
1. Allgemeines	46	1. Allgemeine Voraussetzungen	91
2. Zeichenähnlichkeit	52	2. Rechtsverletzende Benutzung	102
3. Kennzeichnungskraft des älteren Titels	54	3. Verletzungstatbestände	111
4. Werknähe	56	4. Besonderheiten bei Einwendungen und Einreden des Domaininhabers	118
C. Bekanntheitsschutz (Abs. 3)	61	5. Rechtsfolgen	124
I. Bekanntheitsschutz bei Unternehmenskennzeichen	61	IV. Verletzung von Namensrechten	129
1. Grundlagen	61	1. Anwendbarkeit des § 12 BGB	129
2. Bekanntheit des Unternehmenskennzeichens	63	2. Allgemeine Voraussetzungen	131
		3. Voraussetzungen namensrechtlicher Ansprüche gegen die Verwendung eines Domainnamens	139
II. Bekanntheitsschutz bei Werktiteln	64	4. Rechtsfolgen	167
1. Grundlagen	64	V. Passivlegitimierter Personenkreis	169
2. Bekanntheit des Werktitels	67	1. Allgemeines	169
		2. Wichtige Fallgruppen	173

A. Rechtsverletzende Benutzung

I. Allgemeines

Ansprüche aus § 15 setzen eine in § 15 Abs. 2, 3 genannte Verletzungshandlung voraus, **1** also das unbefugte Verhalten eines Dritten im geschäftlichen Verkehr, das den räumlichen Schutzbereich des verletzten Schutzrechts betrifft und die Benutzung eines identischen oder ähnlichen Zeichens darstellt, ohne dass sich dieser Dritte auf eigene prioritätsältere Rechte berufen kann.

II. Dritter im Sinne der Norm

Wie auch bei § 14 (→ § 14 Rn. 16 ff.) können Ansprüche aus § 15 nur gegen „Dritte" **2** geltend gemacht werden, also gegen Personen, die nicht Inhaber des dem Anspruch zugrunde liegenden Kennzeichenrechts sind (vgl. Ingerl/Rohnke Rn. 16).

Die Einordnung als Dritter ist insbesondere dann von Bedeutung, wenn nach den Umstän- **3** den des jeweiligen Einzelfalls mehrere Inhaber des in Anspruch genommenen Rechts in Betracht kommen. Wie auch bei § 14 (→ § 14 Rn. 19 zum Fall der Mitinhaberschaft bei Marken) können Mitinhaber eines Zeichens untereinander keine Ansprüche aus § 15 geltend machen. In Betracht kommen dann allenfalls vertragliche Ansprüche. Für den Anspruchssteller wird in solchen Fällen daher ein wesentliches Argument sein, dass der in Anspruch Genommene tatsächlich nicht (Mit-)Inhaber entsprechender Rechte sei.

III. Unbefugt

Unbefugt ist eine Benutzungshandlung – unabhängig von den gesondert zu prüfenden **4** gesetzlichen Ausnahmetatbeständen der §§ 23, 24 – dann, wenn sie ohne Zustimmung des Kennzeichenrechtsinhabers erfolgt.

Eine Zustimmung des Rechtsinhabers wird regelmäßig vertraglicher Natur sein (zu den **5** Anforderungen an die Zustimmung → § 14 Rn. 20 ff.).

MarkenG § 15   Teil 2 Voraussetzungen, Inhalt und Schranken etc.

6   Häufig kann sich die Frage stellen, wie lange von dem **Fortbestand** einer unstreitig erteilten Gestattung auszugehen ist. Nach der höchstrichterlichen Rechtsprechung soll etwa eine schuldrechtliche Gestattung der Verwendung einer Geschäftsbezeichnung, die auf Grund einer Zusammenarbeit der Unternehmen erteilt wurde, nach Beendigung dieser Zusammenarbeit erfahrungsgemäß nicht ohne weiteres erhalten bleiben (BGH GRUR 2001, 1164 (1166) – buendgens). Zwar kann die Firmenführungsberechtigung über das Ende einer Geschäftsbeziehung hinaus fortdauern. Voraussetzung hierfür ist jedoch ein entsprechender Wille beider Vertragsparteien. Ein Indiz kann in diesem Zusammenhang sein, dass die Partner der Geschäftsbeziehung deren Ende als Möglichkeit gesehen, gleichwohl aber für diesen Fall kein Ende der Namensführungsgestattung vereinbart haben (OLG München GRUR-RR 2007, 211 (213) – Kloster Andechs). Es kommt also (wie bei der Gestattung zur Nutzung einer Marke; → § 14 Rn. 20 ff.) auf die jeweiligen Umstände des Einzelfalls an.

7   Gleiches gilt auch für die Frage der **Kündbarkeit** einer solchen Gestattung. Eine außerordentliche Kündigung ist im Regelfall ohne weiteres möglich, wenn die Gestattung lediglich Bestandteil einer – ebenfalls ohne weiteres – kündbaren Geschäftsbeziehung ist. Wenn die Gestattung Bestandteil einer auf Dauer angelegten Abgrenzungsvereinbarung ist, muss hingegen davon ausgegangen werden, dass eine Kündigung nicht ohne weiteres möglich ist

IV. Ohne eigene ältere Rechte

8   Wie bei markenrechtlichen Ansprüchen kommt ein Anspruch aus § 15 nicht in Betracht, wenn sich der in Anspruch genommene Zeichenverwender auf eigene oder – in Ausnahmefällen – auch fremde Gegenrechte berufen kann. Da insoweit keine Unterschiede zu den markenrechtlichen Ansprüchen im engeren Sinne bestehen, wird auf die dortigen Ausführungen verwiesen (→ § 14 Rn. 29 ff.).

9   Soweit Gleichnamigkeit zur Koexistenz berechtigt, ist § 23 Nr. 1 anwendbar, weshalb auf die Voraussetzungen des § 23 Nr. 1 verwiesen wird (→ § 23 Rn. 11).

V. Im räumlichen Schutzbereich des Kennzeichens

10   Voraussetzung des Anspruchs nach § 15 ist ferner, dass das Kennzeichen in seinem räumlichen Schutzbereich betroffen ist.

11   Diese Tatbestandsvoraussetzung ist vor allem im Zusammenhang mit der Frage bedeutend, ob die Verletzungshandlung lediglich Auslands- oder (zumindest auch) Inlandsbezug hat. Dies kann vor allem bei Verletzungshandlungen, die über das Internet erfolgen, problematisch sein. Insoweit wird auf die Kommentierung zu markenrechtlichen Ansprüchen verwiesen (→ § 14 Rn. 47 ff.).

12   Ferner beanspruchen Unternehmenskennzeichenrechte und regional begrenzte Werktitelrechte nicht zwingend landesweiten Schutz. Vielmehr kann diesen **unter Umständen eine rein regionale** Bedeutung und damit ein deutlich begrenzter räumlicher Schutzbereich zukommen. Es sind bei der Prüfung des § 15 daher zunächst der Schutzbereichs selbst (→ § 5 Rn. 9 ff.) und dann die räumlichen Auswirkungen der konkreten Verletzungshandlung festzustellen.

13   Bei sich gegenüberstehenden Zeichen, die jeweils nur einen räumlich begrenzten Schutz beanspruchen können, kommt eine Koexistenz in Betracht, solange sich der räumliche Geltungsbereich dieser Zeichen nicht überschneidet. Dehnt sich jedoch der Schutzbereich des einen Zeichens in den räumlichen Schutzbereich des anderen aus, können aus dem älteren Recht **insoweit** Verbietungsrechte geltend gemacht werden. In der Praxis kann vor allem die Beurteilung problematisch sein, ob eine solche, rechtlich relevante Ausdehnung vorliegt, insbesondere wenn diese aus der Veröffentlichung eines Internetauftritts resultieren soll. Nach der Rechtsprechung des BGH soll alleine die bundesweite Abrufmöglichkeit des Internetauftritts eines regional ausgerichteten Unternehmens nicht ausreichen, um von einer Ausdehnung der Geschäftstätigkeit ausgehen zu können (BGH GRUR 2006, 159 Rn. 18 – hufeland.de). Etwas anderes gilt aber, wenn der neue Internetauftritt zugleich einen Internetshop bereithält, da darin eine räumliche Erweiterung der geschäftlichen Ausrichtung zu sehen ist. Wenn sich aus dem Internetauftritt nicht ohne weiteres die regionale Ausrichtung des Unternehmens ergibt, kann die Veröffentlichung des Internetauftritts trotz regionaler Aus-

richtung eine rechtlich relevante Ausdehnung darstellen (BGH GRUR 2010, 738 Rn. 25 – Peek & Cloppenburg I, zur Störung der Gleichgewichtslage im Rahmen des § 23 Nr. 1).

Umstritten ist, ob und inwieweit aus einem älteren Kennzeichenrecht mit regional **14** begrenztem Schutzbereich Ansprüche gegen ein jüngeres Kennzeichenrecht mit bundesweiter Ausrichtung geltend gemacht werden können. Es kommen hier allenfalls räumlich begrenzte Unterlassungsansprüche in Betracht, wobei sich hier insbesondere die Frage stellt, wie der Umfang dieser Ansprüche konkret zu bestimmen ist. Nach einer älteren Rechtsprechung des BGH wurde im Rahmen einer **Interessenabwägung** auf den Grad der Verwechslungsgefahr und die Auswirkungen eines räumlich beschränkten Verbots auf den Geschäftsbetrieb des in größerem räumlichen Umfang tätigen Unternehmens abgestellt (BGH GRUR 1991, 155 – Rialto) Dies hatte zur Folge, dass dem Inhaber des älteren Kennzeichenrechts nicht in jedem Fall ein räumlich beschränktes Abwehrrecht zugestanden wurde. Ob diese Grundsätze heute noch Anwendung finden können, ist – insbesondere vor dem Hintergrund, dass der Inhaber eines räumlich eingeschränkten Rechts sogar der Benutzung einer Gemeinschaftsmarke entgegen treten kann – fraglich (Ströbele/Hacker/Hacker Rn. 12; Ingerl/Rohnke Rn. 25). Vielmehr wird man daher allenfalls in den Fällen, in denen es sich bei der Verletzungshandlung lediglich um Begleiterscheinungen einer im übrigen Bundesgebiet zulässigen Benutzungshandlung handelt, die technisch nur mit unverhältnismäßig großem Aufwand verhindert werden kann,– unter entsprechender Anwendung der Grundsätze der OSCAR-Entscheidung (BGH GRUR 2012, 621 Rn. 36 – OSCAR) – ein räumlich eingeschränktes Abwehrrecht verneinen können. Folglich wäre ein bundesweiter Fernsehwerbeauftritt eines Unternehmens mit bundesweiter Ausrichtung auch in denjenigen Regionen nicht zu beanstanden, in denen sich ein Unternehmen mit lediglich regionalem Schutz auf ein älteres Unternehmenskennzeichenrecht beruft. Die Eröffnung einer Filiale in dieser Region durch das jüngere, bundesweit auftretende Unternehmen würde hingegen einen Verstoß gegen das ältere, regional beschränkte Unternehmenskennzeichen darstellen.

VI. Im geschäftlichen Verkehr

Ansprüche aus Unternehmenskennzeichen und Werktiteln setzen – wie Ansprüche aus **15** Markenrechten – eine Handlung des Verwenders des Kollisionszeichens im geschäftlichen Verkehr voraus. Ist dies nicht der Fall, kommen allenfalls namensrechtliche Ansprüche aus § 12 BGB in Betracht, die im **Anwendungsbereich** des Kennzeichenrechts von diesem verdrängt werden (vgl. zB BGH GRUR 2009, 685 Rn. 32 – ahd.de; zu den Besonderheiten im Domainrecht → Rn. 129 ff.).

Zu den Kriterien für die Beurteilung des Handelns im geschäftlichen Verkehr, → § 14 **16** Rn. 53 ff.

VII. Benutzung iSv § 15

Bei dem Begriff der Benutzung iSd § 15 ist grundsätzlich zwischen den beiden verschiede- **17** nen Kennzeichenarten, die in § 15 geregelt sind, nämlich dem Unternehmenskennzeichen einerseits und dem Werktitel andererseits, zu unterscheiden.

Im Rahmen der Prüfung der Benutzung des Unternehmenskennzeichens oder des Werkti- **18** tels wird bei der Funktionsbeeinträchtigung nicht nach Zeichenidentität oder Zeichenähnlichkeit differenziert (im Gegensatz hierzu → § 14 Rn. 119 ff.). Denn § 15 Abs. 2 unterscheidet nicht zwischen identischer und ähnlicher Zeichenverwendung, sondern fordert eine Benutzung, die geeignet ist, Verwechslungen hervorzurufen (skeptisch Ingerl/Rohnke Rn. 30).

Soweit es um den Schutz eines bekannten Zeichens iSv § 15 Abs. 3 geht, ist – ebenso wie **19** bei bekannten Marken – die Einbeziehung solcher Benutzungsformen geboten, die eine gedankliche Verknüpfung mit dem bekannten Zeichen hervorrufen, auch wenn darin noch keine klassische kennzeichenmäßige Benutzung zu sehen ist (so auch Ingerl/Rohnke Rn. 30; Ströbele/Hacker/Hacker Rn. 21; OLG Köln GRUR-RR 2015, 292 (296) – Ich bin dann mal weg; → § 14 Rn. 522).

1. Benutzung des Unternehmenskennzeichens

20 Eine Verletzung iSv § 15 Abs. 2 (zu § 15 Abs. 3 → Rn. 26) setzt voraus, dass das Kollisionszeichen **kennzeichenmäßig,** also als individualisierendes Unternehmenskennzeichen verwendet wird.

21 Eine rein titelmäßige Verwendung genügt hingegen nicht, da der Titel grundsätzlich nur der Unterscheidung von Werken dient und daher keine herkunftshinweisende Funktion hat. Nur in den Fällen, in denen dem Werktitel eine darüber hinausgehende Wirkung zukommt, kommt dessen Nutzung als unternehmenskennzeichenverletzende Verwendung in Betracht (→ § 14 Rn. 90 ff.).

22 Ob das Kollisionszeichen seinerseits als Unternehmenskennzeichen oder als Produktkennzeichen aufgefasst wird, ist unerheblich, denn auch die produktkennzeichnende Verwendung wird vom Schutz des § 15 Abs. 2 erfasst (BGH GRUR 2012, 635 Rn. 11 – METRO/ROLLER's Metro; GRUR 2005, 871 (872) – Seicom). Die Céline-Rechtsprechung des EuGH (C-17/06, GRUR 2007, 971), wonach ein rein firmenmäßiger Gebrauch keine markenmäßige Benutzung darstellen kann (ergänzend → § 14 Rn. 85 ff.), ist auf den umgekehrten Fall nicht anwendbar (ausdrücklich BGH GRUR 2011, 623 Rn. 44 – Peek & Cloppenburg II). Allerdings kann es im Rahmen der **Verwechslungsgefahr** (klargestellt in BGH GRUR 2012, 635 Rn. 38 – METRO/ROLLER's Metro; weniger differenzierend noch BGH GRUR 2005, 871 (872) – Seicom) von Bedeutung sein, ob lediglich eine produktbezogene Verwendung vorliegt. Eine Verwechslungsgefahr kann nämlich unter Umständen **ausnahmsweise** zu verneinen sein, wenn durch besondere Umstände **ausgeschlossen** ist, dass die angesprochenen Verkehrskreise in der verwendeten Form der Geschäftsbezeichnung (auch) einen Hinweis auf die betriebliche Herkunft der Ware oder Dienstleistung sehen. Es ist sinnvoll, dies erst im Rahmen der Verwechslungsgefahr zu prüfen und nicht bereits bei der kennzeichenmäßigen Verwendung (so wohl noch Ingerl/Rohnke Rn. 32 unter Bezugnahme auf BGH GRUR 2005, 871 (872) – Seicom), da in diesem Zusammenhang auch der Einfluss der Kennzeichnungskraft sowie der Ähnlichkeitsgrad hinreichend berücksichtigt werden können.

23 Für die Bejahung einer kennzeichenmäßigen Benutzung iSv § 15 genügt es, dass der Verkehr in dem Kollisionszeichen ein reines Unternehmenskennzeichen (wieder)erkennt. Im Übrigen wird auf die Kommentierung zur markenmäßigen Benutzung (→ § 14 Rn. 84 ff.) verwiesen.

24 Im Gegensatz zum Fall der Anmeldung eines Kollisionszeichens als Marke, die lediglich eine Erstbegehungsgefahr begründet (→ § 14 Rn. 77 ff.; BGH GRUR 2008, 912 Rn. 28 – Metrosex), handelt es sich bei der Anmeldung einer Firma zum Handelsregister bereits um einen firmenmäßigen Gebrauch und daher (bei Vorliegen der übrigen Voraussetzungen) um eine Verletzungshandlung (BGH GRUR 2008, 912 Rn. 28 – Metrosex), da der Anmelder hiermit bereits kundtut, dass sein Unternehmen diese Bezeichnung führt.

25 Diese Unterscheidung hat vor allem Auswirkungen auf die Möglichkeiten, die dem Verletzer zur Verfügung stehen, um die Begehungsgefahr zu beseitigen: im Gegensatz zum Markenanmelder, bei dem es – sofern nicht weitere Umstände hinzutreten – bereits ausreichen kann, dass dieser die Anmeldegebühr nicht einbezahlt (so BGH GRUR 2010, 838 Rn. 30 – DDR-Logo), genügt nach Anmeldung einer Firma zum Handelsregister nicht einmal deren Löschung, solange keine strafbewehrte Unterlassungserklärung abgegeben wurde. Denn die durch eine Verletzung begründete Wiederholungsgefahr entfällt nicht, solange nicht jede Wahrscheinlichkeit für eine Wiederaufnahme ähnlicher Tätigkeiten durch den Verletzer beseitigt wurde (BGH GRUR 2008, 702 Rn. 56 – Internetversteigerung III).

2. Benutzung des Werktitels

26 Im Hinblick darauf, dass Werktitel grundsätzlich der Unterscheidung von Werken dienen und **in der Regel** keinen Herkunftshinweis enthalten (BGH GRUR 2005, 264 (265) – Das Telefon-Sparbuch), genügt für die Verletzung eines Werktitels nicht ohne weiteres, dass das Kollisionszeichen kennzeichenmäßig verwendet wird. Für einen Eingriff in den Schutzbereich des betroffenen Werktitels ist vielmehr in der Regel eine **titelmäßige Verwendung** erforderlich (BGH GRUR 2010, 642 Rn. 37 – WM-Marken). Deshalb ist es in der Regel nicht möglich, aus einem Werktitel gegen eine Markenanmeldung vorzugehen (OLG München GRUR-RR 2009, 307 (309) – Der Seewolf; aA Ingerl/Rohnke Rn. 144). Die Gegenauffassung, nach der auch aufgrund der Anmeldung einer Marke für werkidentische Produkte oder deren Herstellung/Herausgabe „ohne weiteres" Unterlassungsansprüche aus einem Werktitel bestehen sollen, negiert die Sonderstellung, die der Werktitel unter den Kennzeichenrechten einnimmt, und die Tatsache, dass einerseits sogar nahezu beschreibenden Begriffen eine hinreichende, für die Eigenschaft als Werktitel erforderliche Unterscheidungskraft zukommen kann, andererseits aber im Regelfall einem Buch-, Lied- oder Filmtitel keine herkunftshinweisende Wirkung zu entnehmen ist.

Nur dann, wenn sich der Werktitel zugleich auch zu einem Hinweis auf die Herkunft des gekennzeichneten Produkts aus einem Unternehmen entwickelt hat (zB bei periodisch erscheinenden Zeitschriften, OLG München GRUR-RR 2011, 466 – Moulin Rouge Story I), kann eine kennzeichenmäßige Verwendung im herkömmlichen Sinne titelverletzend sein (BGH GRUR 2010, 642 Rn. 37 – WM-Marken). Dass hierfür generell eine erhöhte Bekanntheit des Titels erforderlich sein soll (so Ströbele/Hacker/Hacker Rn. 23), ist in dieser Allgemeinheit jedoch zu streng. **27**

Die Abgrenzung zwischen einer titelmäßigen und einer **beschreibenden Bezeichnung** fällt häufig zugunsten des Titelschutzes aus, denn bei Werktiteln ist der Verkehr daran gewöhnt, dass gerade auch beschreibende Angaben zur Kennzeichnung eines Werks verwendet werden (BGH GRUR 2003, 440 (441) – Winnetous Rückkehr). **28**

Besondere Bedeutung kann im Einzelfall der Frage zukommen, aus welchen **Kennzeichnungsbestandteilen** der benutzte Werktitel besteht (zur Beurteilung von Kombinationszeichen in Bezug auf eine markenmäßige Verwendung → § 14 Rn. 170 ff.). Es wird sich nicht selten die Frage stellen, ob der Verkehr in den entgegentretenden Zeichenkombination einen einheitlichen Titel oder aber voneinander getrennt zu betrachtende, eigenständige Titel sieht. In Betracht kommt dies insbesondere bei **Reihentiteln** (vgl. zB OLG München BeckRS 2010, 21651 – Die drei ??? – Das Geheimnis der Geisterinsel) oder **Rubrikentiteln** (vgl. zB OLG München GRUR-RR 2008, 402 – Leichter Leben; OLG Hamburg GRUR-RR 2009, 309 – agenda; LG München I GRUR-RR 2010, 334 – AGENDA II; zum Titelschutz einer Kolumnenbezeichnung BGH GRUR 2012, 1265 – Stimmt's?). **29**

Die **Titelschutzanzeige** ist noch keine Benutzung eines Titels (in Übereinstimmung mit der Rechtsprechung zur Entstehung von Titelschutzrechten, die eine weitgehende Fertigstellung des Werks fordert, BGH GRUR 2009, 1055 Rn. 41 – airdsl), begründet aber eine Erstbegehungsgefahr (zB OLG München GRUR-RR 2009, 307 – Der Seewolf). **30**

B. Verwechslungsgefahr (und Identität)

I. Schutz des Unternehmenskennzeichens gegen Verwechslungsgefahr

1. Allgemeines

§ 15 Abs. 2 gewährt Unternehmenskennzeichen Schutz gegen Verwechslungsgefahr und entspricht damit dem § 14 Abs. 2 Nr. 2 für Marken. Anders als im Markenrecht mit dem Tatbestand des § 14 Abs. 2 Nr. 1 ist die identische Verletzung eines Unternehmenskennzeichens nicht gesondert geregelt, sondern von dem Verwechslungstatbestand umfasst. **31**

a) Begriff der Verwechslungsgefahr. Nach überwiegender Ansicht in Rechtsprechung und Literatur ist im Kennzeichenrecht von einem **einheitlichen Begriff der Verwechslungsgefahr** auszugehen (vgl. zB Ingerl/Rohnke Rn. 45 mwN). Der Begriff der Verwechslungsgefahr ist daher im Unternehmenskennzeichenrecht ähnlich aufgebaut wie im Markenrecht. Gleichwohl gibt es einige Unterschiede, die durch die unterschiedliche Art der Kennzeichen bestimmt sind. **32**

Die Kriterien für das Vorliegen einer Verwechslungsgefahr werden in § 15 Abs. 2 mit Ausnahme der Zeichenähnlichkeit nicht näher aufgeführt. Nach stetiger Rechtsprechung kommt es unter **Berücksichtigung aller maßgeblichen Umstände des Einzelfalls** vornehmlich auf die Ähnlichkeit der sich gegenüberstehenden Bezeichnungen, die Kennzeichnungskraft des älteren Kennzeichens sowie die wirtschaftliche Nähe der Unternehmensbereiche an (BGH GRUR 2010, 738 Rn. 22 – Peek & Cloppenburg; GRUR 2009, 685 Rn. 24 – ahd.de; GRUR 2008, 803 Rn. 17 – HEITEC; GRUR 2008, 1102 Rn. 15 – Haus & Grund **33**

I; GRUR 2007, 888 Rn. 15 – Euro Telekom; GRUR 2005, 61 – CompuNet/ComNet II). Wie beim markenrechtlichen Begriff der Verwechslungsgefahr im Rahmen des § 14 Abs. 2 Nr. 2 stehen auch hier die genannten Faktoren zueinander in einem **Wechselwirkungsverhältnis** dergestalt, dass „ein Weniger in einem Bereich durch ein Mehr in einem anderen Bereich kompensiert werden kann und umgekehrt" (Ströbele/Hacker/Hacker Rn. 35). Dabei gibt es eine absolute Branchenunähnlichkeit, die auch bei einer Identität der sich gegenüberstehenden Bezeichnungen und einer erhöhten Kennzeichnungskraft des älteren Zeichens nicht ausgeglichen werden kann (vgl. BGH GRUR 2011, 831 Rn. 23 – BCC). Dasselbe gilt bei einer absoluten Zeichenunähnlichkeit. Liegt diese vor, so scheidet eine Verwechslungsgefahr aus (zu Marken → § 14 Rn. 259).

34 **b) Arten der Verwechslungsgefahr.** Wie im Markenrecht (→ § 14 Rn. 261) wird auch im Unternehmenskennzeichenrecht zwischen **drei Arten von Verwechslungsgefahr** unterschieden: Neben der unmittelbaren Verwechslungsgefahr existiert die mittelbare Verwechslungsgefahr sowie die Verwechslungsgefahr im weiteren Sinne. Die unmittelbare Verwechslungsgefahr bezeichnet den Fall, dass zwei Zeichen für dieselbe Bezeichnung ein und desselben Unternehmens gehalten werden. Bei der mittelbaren Verwechslungsgefahr werden die Zeichen zwar als unterschiedlich erkannt, der Verkehr geht aufgrund vorhandener Übereinstimmungen aber davon aus, dass beide Kennzeichen vom demselben Unternehmen stammen (vgl. BGH GRUR 1992, 329 (332) – AjS-Schriftenreihe). Eine Verwechslungsgefahr im weiteren Sinne liegt vor, wenn der Verkehr trotz des Erkennens der Unterschiede der sich gegenüberstehenden Zeichen irrigerweise annimmt, dass (lizenz-)vertragliche, organisatorische oder sonstige wirtschaftliche Verbindungen zwischen den Zeicheninhabern vorliegen (vgl. BGH GRUR 2009, 484 Rn. 52 – Metrobus; GRUR 2008, 1104 Rn. 20 – Haus & Grund II; GRUR 2008, 1108 Rn. 35 – Haus & Grund III; GRUR 2004, 865 (867) – Mustang; GRUR 2001, 344 (345) – DB Immobilienfonds; GRUR 1999, 492 (494) – Altberliner; GRUR 1995, 754 (756) – Altenburger Spielkartenfabrik; GRUR 1991, 317 (318 f.) – Volksbank; GRUR 1986, 402 (403, 404) – Fürstenberg).

35 Besondere Bedeutung kommt der **Verwechslungsgefahr im weiteren Sinne** zu, die infolge der neuen Rechtsprechung des BGH zu Bestandteilen mit selbständig kennzeichnender Stellung auch im Recht der Unternehmenskennzeichen einen größeren Anwendungsbereich erfahren hat (vgl. BGH GRUR 2012, 635 Rn. 22, 27–33, 37 – METRO/ROLLER's Metro; GRUR-RR 2010, 205 Rn. 47 – Haus & Grund IV; GRUR 2009, 685 Rn. 26 f. – ahd.de; GRUR 2009, 484 Rn. 79 f. – Metrobus; GRUR 2008, 1108 Rn. 35).

36 Ebenfalls wie im Markenrecht ist die mittelbare Verwechslungsgefahr und die Verwechslungsgefahr im weiteren Sinne erst zu prüfen, wenn eine unmittelbare Verwechslungsgefahr, zB angesichts der sehr geringen Ähnlichkeit der Zeichen, ausscheidet. Dabei ist zu beachten, dass auch hier eine Abwägung der maßgeblichen Faktoren – Ähnlichkeit der Waren/Dienstleistungen, Kennzeichnungskraft der älteren Marke und Markenähnlichkeit – im Sinne der **Wechselwirkung** vorzunehmen ist (BGH GRUR 1990, 1042 (1044) – Datacolor). Eine Bejahung der Voraussetzungen einer mittelbaren Verwechslungsgefahr oder einer Verwechslungsgefahr im weiteren Sinne hilft über ein Fehlen insbesondere der Branchennähe nicht hinweg. Liegt daher keine **Branchennähe** vor, scheidet auch eine mittelbare Verwechslungsgefahr bzw. Verwechslungsgefahr im weiteren Sinne aus (vgl. BGH GRUR 2010, 235 Rn. 25 – AIDA/AIDU).

2. Zeichenähnlichkeit

37 **a) Geltung der markenrechtlichen Grundsätze.** Für die Beurteilung der Zeichenähnlichkeit gelten bei Unternehmenskennzeichen grundsätzlich **dieselben Grundsätze wie bei Marken.** So sind die sich gegenüberstehenden Kennzeichen jeweils als Ganzes zu betrachten und in ihrem Gesamteindruck miteinander zu vergleichen (BGH GRUR 2012, 635 Rn. 22 – METRO/ROLLER's Metro; GRUR 2008, 1102 Rn. 18 – Haus & Grund I). Auch die Prägetheorie bei Zeichen aus mehreren Bestandteilen (zB BGH GRUR 2008, 1104 Rn. 27 – Haus & Grund II; GRUR 2007, 888 Rn. 22 – Euro Telecom) und dabei insbesondere die Rechtsprechung zu Unternehmens- und Serienzeichen als Bestandteil eines mehrteiligen Kennzeichens (zB BGH GRUR 2012, 635 Rn. 25 f. – METRO/ROLLER's

Metro) finden im Rahmen des § 15 Abs. 2 Anwendung. Bestandteile, die den örtlichen Bestätigungsbereich oder den Sitz oder die Rechtsform beinhalten, prägen in der Regel nicht den Gesamteindruck eines Unternehmenskennzeichens (vgl. BGH GRUR 2008, 1104 Rn. 28; GRUR 2007, 888 Rn. 28 – Euro Telekom). Auch die Rechtsprechung zur selbständig kennzeichnenden Stellung der älteren Bezeichnung in dem jüngeren Gesamtzeichen gilt für Unternehmenskennzeichen (vgl. BGH GRUR 2012, 635 Rn. 20 – METRO/ROLLER's Metro; GRUR 2007, 888 Rn. 22 – Euro Telekom).

b) Besonderheiten bei mehrteiligen Unternehmenskennzeichen. aa) Gegenstand der Ähnlichkeitsprüfung. Besondere Regeln gelten bei Unternehmenskennzeichen hinsichtlich der Bestimmung der maßgeblichen geschützten Bezeichnung, die Gegenstand der Ähnlichkeitsprüfung ist. Dabei ist häufig nicht nur auf das Unternehmenskennzeichen in seiner Gesamtheit, insbesondere die Gesamtfirma abzustellen, sondern auch auf **Firmenschlagwörter**, mit denen Unternehmen verkürzend benannt werden. Als Firmenschlagwort wird meistens ein Bestandteil der Gesamtfirma verwendet oder um eine aus den Anfangsbuchstaben von Firmenbestandteilen gebildete Abkürzung. Solche Firmenschlagworte besitzen einen eigenen kennzeichenrechtlichen Schutz, wenn sie tatsächlich in Alleinstellung verwendet werden (zB BGH GRUR 2009, 685 Rn. 17 – ahd.de). Zudem können in der Gesamtfirma enthaltende Firmenschlagworte **selbständiges Objekt eines kennzeichenrechtlichen Schutzes** auch ohne isolierte Verwendung sein, wenn sie Unterscheidungskraft aufweisen und geeignet erscheinen, sich im Verkehr als schlagwortartiger Hinweis auf das Unternehmen durchzusetzen (BGH GRUR 2013, 68 Rn. 28, 33 – Castell/VIN CASTEL; GRUR 2011, 831 Rn. 16 – BCC; GRUR 2009, 772 Rn. 75 – Augsburger Puppenkiste; GRUR 2008, 1102 Rn. 12, 18 – Haus & Grund I; GRUR 2005, 873 (874) – Star Entertainment; GRUR 2004, 865 (867) – Mustang; GRUR 2004, 514 (515) – Telekom; GRUR 2002, 898 – defacto). Auf eine Verkehrsgeltung des Firmenbestandteils kommt es dabei entgegen der früheren Rechtsprechung nicht an. In allen Fällen erübrigt sich eine Prüfung, ob das Unternehmenskennzeichen in seiner Gesamtheit von dem Firmenschlagwort geprägt wird oder dieses eine selbständig kennzeichnende Stellung in dem jüngeren Zeichen einnimmt, weil von vornherein das gesondert geschützte Firmenschlagwort dem Verletzerzeichen gegenüberzustellen ist. Solange aber die eigentliche (nicht abgekürzte)) Firmenbezeichnung verwendet wird, kann der Prüfung, ob sich einer ihrer Bestandteile als Schlagwort eignet, nicht eine daneben in Gebrauch genommene abgekürzte Firmenbezeichnung zu Grunde gelegt werden (BGH GRUR 2013, 68 Rn. 29 – Castell/VIN CASTEL).

Auch im Hinblick auf die angegriffene Bezeichnung kann ein Firmenschlagwort ohne tatsächliche Benutzung in Alleinstellung und ohne Verkehrsgeltung einen selbständigen Schutz genießen (so jedenfalls die neuere Rechtsprechung, zB BGH GRUR 2008, 803 Rn. 19 – HEITEC; GRUR 2002, 898 (899) – defacto; vgl. auch BGH GRUR 2008, 1102 Rn. 18 – Haus & Grund I; GRUR 2008, 1004 Rn. 27 – Haus & Grund II).

bb) Verkürzungsneigung. Im Rahmen der Prägetheorie ist nach der Rechtsprechung des BGH der **allgemeine Erfahrungssatz** zu berücksichtigen, dass der Verkehr dazu neigt, längere Gesamtbezeichnungen in einer die Merkbarkeit und Aussprechbarkeit erleichternden Weise zu verkürzen (zB BGH GRUR 2016, 705 (707) – ConText; GRUR 2008, 803 Rn. 19 – HEITEC; GRUR 2007, 888 Rn. 27 – Euro Telekom; GRUR 2002, 898 (899) – defacto). Dieser Erfahrungssatz hat seine wesentliche Bedeutung im Recht der Unternehmenskennzeichen, da diese, insbesondere Firmennamen oft eine beträchtliche Länge aufweisen, die zum Teil frei gewählt sind, zum Teil aber auch handels- bzw. gesellschaftsrechtlich vorgeschriebene Sach- und Rechtsformangaben enthalten. Dagegen spielt im Markenrecht die tatsächliche Neigung zur Verkürzung aufgrund des Verbots des Elementenschutzes, wonach eine Marke grundsätzlich nur in der Form Schutz genießt, in der sie eingetragen ist, eine geringere Rolle.

Nach der Rechtsprechung des BGH können Bestandteile, die den **Unternehmensgegenstand** beinhalten, nicht ohne weiteres weggelassen werden, da der Verkehr in ihnen wichtige Hinweise auf den Tätigkeitsbereich des so gekennzeichneten Unternehmens sieht (zB BGH GRUR 1995, 507 (508) – City-Hotel; GRUR 1993, 913 (914) – KOWOG). Dieser Ansicht ist nicht zu folgen, da ansonsten die entgegen den allgemeinen Regeln unternehmensbeschreibenden und damit schwach kennzeichnungskräftigen Bestandteile besonde-

MarkenG § 15 Teil 2 Voraussetzungen, Inhalt und Schranken etc.

ren Schutz erlangen (vgl. Ingerl/Rohnke Rn. 68). Die Rechtsprechung ist insoweit aber nicht einheitlich (vgl. BGH GRUR 2002, 898 (899) – defacto).

42   **cc) Vor- und Familiennamen.** Die Rechtsprechung ist früher im Marken- wie im Unternehmenskennzeichenrecht davon ausgegangen, dass bei Kennzeichen, die aus Vor- und Familiennamen zusammengesetzt sind, der Gesamteindruck durch den Familiennamen geprägt wird. Im Markenrecht hat der BGH mittlerweile diesen Grundsatz aufgegeben (→ § 14 Rn. 481). Im Unternehmenskennzeichenrecht hat der BGH diese Wende bislang aber nicht vollzogen. Vielmehr betonte er, dass Familienamen besonders zur Prägung geeignet seien (vgl. BGH GRUR-RR 2010, 205 Rn. 46 – Haus & Grund IV; GRUR 2008, 1102 Rn. 19 – Haus & Grund I).

3. Kennzeichnungskraft der älteren Bezeichnung

43   Die Kennzeichnungskraft einer Firmenbezeichnung wird durch den Grad der Eignung des Zeichens bestimmt, sich auf Grund seiner Eigenart und seines durch Benutzung erlangten Bekanntheitsgrades dem Verkehr als Name des Unternehmensträgers einzuprägen (BGH GRUR 2012, 635 Rn. 18 – METRO/ROLLER's Metro). Auch hier kann daher grundsätzlich auf die im Markenrecht entwickelten Grundsätze (→ § 14 Rn. 264 ff.) verwiesen werden. Wie bei Marken ist auch bei Unternehmenskennzeichen der Grad der Kennzeichnungskraft festzulegen, der den Schutzumfang maßgeblich bestimmt (vgl. BGH GRUR-RR 2010, 205 Rn. 45 – Haus & Grund IV). Für die Bestimmung des Grades der Kennzeichnungskraft kommt es bei einem Unternehmenskennzeichen aber – anders als bei einer Marke – darauf an, ob der Verkehr das fragliche Kennzeichen nicht nur einem bestimmten, sondern gerade dem Unternehmen zuordnet, das für diese Bezeichnung Schutz beansprucht (BGH GRUR 2012, 635 Rn. 18 – METRO/ROLLER's Metro). Die nicht sehr hohen Anforderungen an die Unterscheidungskraft von Unternehmenskennzeichen zu deren Schutzbegründung (→ § 5 → § 5 Rn. 67) hat zur Folge, dass häufig aus einem originär schwachen Unternehmenskennzeichen vorgegangen wird. Trotz des engen Schutzumfangs solcher Unternehmenskennzeichen wird jedoch – jedenfalls bei Branchenidentität – eine Verwechslungsgefahr nicht nur in Fällen identischer Zeichen angenommen (zB BGH GRUR 2008, 1108 Rn. 35–39 – Haus & Grund III; GRUR 2001, 344 (345) – DB Immobilienfond; GRUR 1992, 550 (551) – ac pharma). Führt eine intensive Benutzung zur Verkehrsgeltung, so ist bei originär kennzeichnungsschwachen oder gar schutzunfähigen Unternehmenskennzeichen oder Firmenschlagwörtern regelmäßig von einer durchschnittlichen Kennzeichnungskraft auszugehen (zB BGH GRUR 2008, 1102 Rn. 17 – Haus & Grund I; GRUR 2007, 888 Rn. 19 – Euro Telekom; GRUR 2004, 514 (515) – Telekom).

4. Branchennähe

44   Die Branchennähe tritt bei der Prüfung der Verwechslungsgefahr im Rahmen des § 15 Abs. 2 systematisch an die Stelle der markenrechtlichen Waren- und Dienstleistungsähnlichkeit des § 14 Abs. 2 Nr. 2 (vgl. BGH GRUR 1995, 216 (219) – Oxygenol II), stimmt mit diesem aber nicht überein. Die Annahme einer Branchennähe setzt **keine markenrechtliche Ähnlichkeit** der von den Unternehmen vertriebenen Waren/Dienstleistungen voraus (BGH GRUR 2006, 937 Rn. 38 – Ichthyol II). Auch ein Wettbewerbsverhältnis ist nicht erforderlich. Andererseits kann bei vorliegender Waren- bzw. Dienstleistungsähnlichkeit als dem sachlich engeren Kriterium regelmäßig von einer Branchennähe ausgegangen werden (Ströbele/Hacker/Hacker Rn. 56). Auch ist die Grenzziehung zwischen Branchenähnlichkeit und Branchenunähnlichkeit im Rahmen des § 15 Abs. 2 nicht von der Kennzeichnungskraft des älteren Zeichens abhängig, was den für die Beurteilung der markenrechtlichen Waren- und Dienstleistungsähnlichkeit geltenden Maßstäben entspricht (BGH GRUR 2011, 831 Rn. 24 – BCC).

45   Allgemein formuliert ist das **Vorliegen einer Branchennähe** zu bejahen, wenn ausreichend sachliche Berührungspunkte zwischen den beiden Unternehmen bestehen, so dass der Verkehr mindestens zur Annahme wirtschaftlicher oder organisatorischer Zusammenhänge im Sinne der Verwechslungsgefahr im weiteren Sinne gelangt (vgl. BGH GRUR-RR 2010, 205 Rn. 34 – Haus & Grund IV; GRUR 2008, 1102 Rn. 16 – Haus & Grund I;

GRUR 2008, 801 Rn. 21 – Hansen-Bau; GRUR 2002, 59 (64) – ISCO). Der Begriff entzieht sich bislang aber einer verlässlichen abstrakten Definition (so Ingerl/Rohnke Rn. 88). Auch die Rechtsprechung des BGH ist uneinheitlich (vgl. dazu Falk, GRUR 2012, 348 (350, 351) unter II.4). Nach dessen neuerer Rechtsprechung kommt es für die Beurteilung der Branchennähe in erster Linie auf die Produktbereiche und Arbeitsgebiete an, die nach der Verkehrsauffassung typisch für die sich gegenüberstehenden Unternehmen sind (BGH GRUR 2012, 635 Rn. 14 – METRO/ROLLER's Metro; GRUR 2011, 831 Rn. 23 – BCC). Anhaltspunkte für eine Branchennähe können Berührungspunkte der Waren oder Dienstleistungen der Unternehmen auf den Märkten sowie Gemeinsamkeiten der Vertriebswege und der Verwendbarkeit der Produkte und Dienstleistungen sein (BGH GRUR 2012, 635 Rn. 14 – METRO/ROLLER's Metro; GRUR 2011, 831 Rn. 23 – BCC; GRUR 2009, 484 Rn. 73 – Metrobus; GRUR 2002, 898 (899, 900) – defacto). In die Beurteilung einzubeziehen sind naheliegende und nicht nur theoretische Ausweitungen der Tätigkeitsbereiche der konkurrierenden Unternehmen (BGH GRUR 2012, 635 Rn. 14 – METRO/ROLLER's Metro; GRUR 2011, 831 Rn. 23 – BCC; GRUR 2009, 685 Rn. 27 – ahd.de; GRUR 2008, 801 Rn. 21 – Hansen-Bau; GRUR 2006, 937 Rn. 38 – Ichthyol II; GRUR 2002, 898 (900) – defacto). Auszugehen ist dabei von den Kerntätigkeiten der Unternehmen, dh die typischen Arbeitsgebiete und Waren, nicht aber völlig untergeordnete, untypische und nebenher wahrgenommene Aufgaben einschließlich in Ergänzung zum Kerngeschäftsfeld angebotene Produkte (BGH GRUR 2009, 685 Rn. 27 – ahd.de). In Einzelfällen können auch Überschneidungen in Randbereichen der Unternehmenstätigkeiten zu berücksichtigen sein (BGH GRUR 2011, 831 Rn. 23 – BCC; GRUR 2009, 484 Rn. 74 – Metrobus; GRUR 2002, 898 (900) – defacto). Bestehen die Geschäftsfelder der konkurrierenden Unternehmen in der Erbringung von Dienstleistungen, ist zur Beurteilung der Branchennähe regelmäßig auf diese Dienstleistungen und nicht auf die Mittel (zB Software) abzustellen, derer sich die Unternehmen dabei bedienen (BGH GRUR 2011, 832 Ls. 2 und Rn. 26 – BCC).

45.1 Kritisiert wird der verbreitete Ansatz, aufgrund gemeinsamer Branchen-Oberbegriffe eine Branchennähe zu bejahen (Ströbele/Hacker/Hacker Rn. 58 unter Hinweis auf BGH GRUR-RR 2010, 205 Rn. 34 – Haus & Grund IV; GRUR 2008, 1102 Rn. 16 – Haus & Grund I; GRUR 2008, 1104 Rn. 22 – Haus & Grund II: „Immobilien" genügen als gemeinsamer Bezugspunkt der konkurrierenden Tätigkeiten für eine Branchennähe; ebenso Ingerl/Rohnke Rn. 91 mwN aus der Rechtsprechung). Demgegenüber rechtfertigt der Umstand, dass konkurrierende Unternehmen im Bereich der elektronischen Datenverarbeitung tätig sind, im Hinblick auf die Vielfalt und Differenziertheit des Angebots in diesem Bereich alleine nicht die Annahme einer relevanten Branchennähe (so BGH GRUR 2005, 262 (263) – soco.de). Eine besonders breite branchenmäßige Zuordnung hat der BGH bei Großhandelsmärkten vorgenommen. So besteht eine Branchennähe nicht nur zu anderen Großhandelsmärkten und Kaufhäusern, sondern auch zwischen dem Betrieb eines Großhandelmarktes und der Herstellung und dem Vertrieb der Waren, die dort üblicherweise angeboten werden (BGH GRUR 2009, 484 Rn. 74 – Metrobus). Auch zwischen Fachmärkten und Großhandelsmärkten als Formen des Vertriebs an Gewerbetreibenden besteht eine beträchtliche Branchennähe (BGH GRUR 2012, 635 Ls. und Rn. 15 f. – METRO/Roller's Metro, kritisch hierzu Schmidt-Hern/Endell GRUR-Prax 2013, 75).

II. Schutz des Werktitels gegen Verwechslungsgefahr

1. Allgemeines

46 § 15 Abs. 2 gewährt neben Unternehmenskennzeichen auch Werktiteln Schutz gegen Verwechslungsgefahr. Anders als im Markenrecht mit dem Tatbestand des § 14 Abs. 2 Nr. 1 ist die identische Verletzung eines Werktitels nicht gesondert geregelt, sondern von dem Verwechslungstatbestand umfasst.

47 **a) Begriff der Verwechslungsgefahr.** Für Werktitel gelten grundsätzlich dieselben Grundsätze zur Beurteilung der Verwechslungsgefahr wie für Marken und Unternehmenskennzeichen. Nach stetiger Rechtsprechung kommt es unter **Berücksichtigung aller maßgeblichen Umstände des Einzelfalls** vornehmlich auf die Ähnlichkeit der sich gegenüberstehenden Titel, die Kennzeichnungskraft des älteren Titels sowie die Werknähe an (zB BGH GRUR 2006, 594 Rn. 20 – SmartKey; GRUR 2005, 264 (265) – Telefon-Sparbuch; GRUR

2003, 440 (441) – Winnetous Rückkehr; GRUR 2002, 176 – Auto-Magazin; GRUR 2001, 1050 (1051 f.) – Tagesschau). Wie beim markenrechtlichen Begriff der Verwechslungsgefahr im Rahmen des § 14 Abs. 2 Nr. 2 stehen auch hier die genannten Faktoren zueinander in einem **Wechselwirkungsverhältnis,** so dass der geringe Grad eines Faktors durch eine höheren Grad eines anderen Faktors ausgeglichen werden kann. Dabei gibt es eine absolute Werks- und Produktunähnlichkeit, bei der auch bei einer Identität der sich gegenüberstehenden Titel und einer erhöhten Kennzeichnungskraft des älteren Titels eine Verwechslungsgefahr nicht in Betracht kommt. Dasselbe gilt bei einer absoluten Titelunähnlichkeit (zu Marken → § 14 Rn. 259; zu Unternehmenskennzeichen → Rn. 33).

48 **b) Arten der Verwechslungsgefahr.** Werktitel sind – anders als Marken und Unternehmenskennzeichen – in der Regel nur gegen eine **unmittelbare Verwechslungsgefahr** geschützt (zu den Arten der Verwechslungsgefahr → § 14 Rn. 261). Dies liegt darin begründet, dass Titel grundsätzlich nur der Unterscheidung eines Werkes von einem anderen dienen, ohne einen Hinweis auf den Hersteller oder Inhaber des Werkes und damit einen Hinweis auf die betriebliche Herkunft zu enthalten (BGH GRUR 2012, 1265 Rn. 23 – Stimmt's; GRUR 2005, 264 (265, 266) – Das Telefon-Sparbuch; GRUR 2002, 1083 (1085) – 1, 2, 3 im Sauseschritt; GRUR 2001, 1054 (1056) – Tagesreport; GRUR 2000, 504 (505) – FACTS, GRUR 2000, 70 (72) – SZENE; GRUR 1999, 235 (237) – Wheels Magazine).

49 Es muss demnach für eine Verletzung der Titelschutzrechte die Gefahr bestehen, dass der Verkehr den einen Titel für den anderen hält, dass also ein nicht nur unerheblicher Teil des angesprochenen Verkehrs als Folge der Identität oder Ähnlichkeit der beiden verwendeten Bezeichnungen über die Identität der bezeichneten Werke irrt. Betreffen die zu vergleichenden Titel unterschiedliche Werke, so scheidet die Annahme einer unmittelbaren Verwechslungsgefahr mangels Werknähe regelmäßig aus (BGH GRUR 2005, 264 (266) – Das Telefon-Sparbuch).

50 Die Annahme einer **mittelbare Verwechslungsgefahr** (unter dem Gesichtspunkt des Serientitels) und einer **Verwechslungsgefahr im weiteren Sinne** setzt voraus, dass der Verkehr mit einem Werktitel ausnahmsweise gleichzeitig auch die Vorstellung einer bestimmten betrieblichen Herkunft verbindet (BGH GRUR 2005, 264 (266) – Das Telefon-Sparbuch; GRUR 2002, 1083 (1085, 1086) – 1, 2, 3 im Sauseschritt; GRUR 1999, 235 (237) – Wheels Magazine). Ein solcher herkunftsbezogener Titelschutz kommt nur bei Bekanntheit des Titels in Betracht, woran von der Rechtsprechung hohe Anforderungen gestellt werden. Eine über die normale Werktitelfunktion darüber hinausgehende Herkunftsfunktion eines Titels wird daher nur ausnahmsweise angenommen.

51 Um **herkunftshinweisende Werktitel** handelt es sich nach der Rechtsprechung bei bekannten Titeln periodisch erscheinender Druckschriften wie Zeitschriften oder Zeitungen (BGH GRUR 2003, 342 (343) – Winnetou; GRUR 2002, 1083 (1085) – 1, 2, 3 im Sauseschritt; GRUR 2000, 71 (72) – SZENE; GRUR 2000, 504 (505) – FACTS; verneint zB im Fall der Druckzeitschrift „Kinderstube", OLG Köln GRUR 2015, 596 Rn. 24) und bekannten Fernseh- und Hörfunkserientitel (BGH GRUR 1993, 692 (693) – Guldenburg) sowie bekannte Nachrichtensendungen (BGH GRUR 2001, 1050 (1052) – Tageschau; GRUR 2001, 1054 (1056) – Tagesreport). Bei einem Titel von Einzelwerken (zB Büchern, Spielfilme) kann dagegen auch bei Bekanntheit nicht von einer ausnahmsweise vermittelten Herkunftsvorstellung ausgegangen werden (BGH GRUR 2005, 264 (266) – Das Telefon-Sparbuch; GRUR 2003, 342 (343) – Winnetou; GRUR 2002, 1083 (1085) – 1, 2, 3 im Sauseschritt; OLG München GRUR-RR 2009, 307 (309) – Der Seewolf).

51.1 Diese Rechtsprechung wird mehrheitlich kritisiert, da es zu gewissen Wertungswidersprüchen führen würde, einerseits bei Titeln jeglicher Art auch ohne Bekanntheit die Eintragung als Marke zuzulassen, andererseits aber einen Titelschutz gegen herkunftsbezogene Verwechslungen nur bei Bekanntheit und nur bei bestimmten Arten von Titeln zu gewähren (vgl. Ingerl/Rohnke Rn. 157; Ströbele/Hacker/Hacker Rn. 76, jeweils mwN).

2. Zeichenähnlichkeit

52 Für die Beurteilung der Zeichenähnlichkeit gelten bei Werktiteln grundsätzlich **dieselben Grundsätze wie bei Marken.** So sind die sich gegenüberstehenden Kennzeichen jeweils als Ganzes zu betrachten und in ihrem Gesamteindruck miteinander zu vergleichen (BGH

GRUR 2006, 594 Rn. 23 – SmartKey; GRUR 2005, 264 (265) – Das Telefon-Sparbuch; GRUR 2002, 1082 (1084) – 1, 2, 3 im Sauseschritt; GRUR 2000, 504 (505) – FACTS). Auch die Prägetheorie bei Zeichen aus mehreren Bestandteilen (zB BGH GRUR 2001, 1050 (1052) – Tagesschau; GRUR 2001, 1054 (1056) – Tagesreport; GRUR 1999, 235 (237) – Wheels Magazin) und die Rechtsprechung zur selbständig kennzeichnenden Stellung des älteren Titels in dem jüngeren Gesamtzeichen (zum ersten Mal erwähnt in BGH GRUR 2006, 594 Rn. 23 – SmartKey, s. auch OLG Hamburg GRUR-RR 2009, 309 (312) – agenda) finden im Rahmen des § 15 Abs. 2 Anwendung. Auch hier gilt der Grundsatz, dass der Gesamteindruck mehrteiliger Titel nicht durch glatt beschreibende Bestandteile geprägt werden kann (BGH GRUR 2006, 594 Rn. 23 – SmartKey; GRUR 1999, 235 (237) – Wheels Magazine; OLG München GRUR-RR 2005, 191 (192) – FOCUS MONEY/ MONEY SPECIALIST; OLG Hamburg GRUR-RR 2008, 296 (298, 299) – Heimwerker Test). Daher kommt einem inhaltsbeschreibenden Titelbestandteil regelmäßig keine kollisionsbegründende Bedeutung zu (anders aber BGH GRUR 1988, 638 (639) – Hauer's Auto-Zeitung).

Daneben sind einige titelspezifische Besonderheiten zu beachten. Wie bei Unternehmens- **53** kennzeichen (→ Rn. 40) ist auch bei Titeln die Neigung des Verkehrs zu berücksichtigen, längere Titel in einer die Aussprechbarkeit oder Merkbarkeit erleichternden weise zu verkürzen (BGH GRUR 2000, 504 (505) – FACTS; GRUR 1991, 153 (155) – Pizza & Pasta; GRUR 1988, 638 (639) – Hauer's Autozeitung). Die **Neigung zur Verkürzung** gilt besonders bei Untertiteln (zB BGH GRUR 2000, 504 (505) – FACTS; GRUR 1991, 153 (155) – Pizza & Pasta; OLG München GRUR-RR 2005, 191 (192) – FOCUS MONEY/MONEY SPECIALIST; KG GRUR-RR 2004, 137 (138) – Omen) und bei Serien- und Reihentiteln (zB OLG Hamburg GRUR-RR 2002, 231 (232) – Tigertom) sowie bekannten Dachtiteln (zB OLG Hamburg GRUR-RR 2005, 50 (51, 52) – OFF ROAD), die regelmäßig weggelassen bzw. vernachlässigt werden. Die Neigung zur Verkürzung kann sich auch auf den Haupttitel auswirken, wenn es naheliegt, dass der Verkehr einen Teil eines zusammengesetzten Titels als Abkürzung verwendet (BGH GRUR 1999, 235 (237) – Wheels Magazine; GRUR 1988, 638 (639) – Hauer's Auto-Zeitung).

3. Kennzeichnungskraft des älteren Titels

Im Hinblick auf die Kennzeichnungskraft des älteren Titels als Faktor der Verwechslungs- **54** gefahr kann auf die im Markenrecht entwickelten Grundsätze verwiesen werden (→ § 14 Rn. 264 ff.). Wie bei Marken und Unternehmenskennzeichen ist auch bei Titeln der Grad der Kennzeichnungskraft festzustellen, der den Schutzumfang gegenüber Drittzeichen maßgeblich bestimmt. Die geringen Anforderungen an die Unterscheidungskraft von Titeln zu deren Schutzbegründung (→ § 5 Rn. 194) hat zur Folge, dass häufig aus einem **originär schwachen Titel** vorgegangen wird. Aufgrund des beschränkten Schutzumfangs solcher Titel genügen regelmäßig schon geringfügige Abweichungen bei den sich gegenüberstehenden Zeichen, um eine Verwechslungsgefahr auszuschließen.

Dies gilt insbesondere für Titel von Zeitungen und Zeitschriften (BGH GRUR 2002, **55** 176 (177) – Auto Magazin; GRUR 2000, 504 (505) – FACTS; GRUR 1999, 235 (237) – Wheels Magazine; OLG München GRUR-RR 2008, 400 (401) – Power Systems Design/ Bodo's Power System; OLG Hamburg GRUR-RR 2005, 312 (313 f.) – NEWS) sowie Titel von Nachrichtensendungen (BGH GRUR 2001, 1050 (1052) – Tagesschau; GRUR 2001, 1054 (1056) – Tagesreport). Bei anderen Werkarten ist dies eher einzelfallabhängig.

4. Werknähe

Als dritter Faktor der Verwechslungsgefahr ist die Identität oder Ähnlichkeit der Werke **56** (sog. Werknähe) zu berücksichtigen. Dafür hat die Rechtsprechung spezifisch titelschutzrechtliche Grundsätze ausgestellt. Für die **Beurteilung der Werknähe** sind – so explizit bei Zeitschriften- und Zeitungs- sowie Buchtiteln – die konkreten Marktverhältnisse und zwar insbesondere der Charakter und das Erscheinungsbild der Werke maßgeblich; Gegenstand, Aufmachung, Erscheinungsweise und Vertriebsform der einander gegenüberstehenden Werke haben ebenfalls Einfluss auf die Werknähe (BGH GRUR 2012, 1265 Rn. 23 – Stimmt's; GRUR 2005, 264 (266) – Das Telefon-Sparbuch; GRUR 2002, 176 – Auto

MarkenG § 15 Teil 2 Voraussetzungen, Inhalt und Schranken etc.

Magazin; GRUR 2000, 504 (505) – FACTS). Bei Titeln für Teile einer Zeitung oder Zeitschrift (zB Rubriktitel) kommt es für die Frage der Verwechslungsgefahr maßgeblich auch auf Form und Inhalt der medialen Einbettung der angegriffenen Bezeichnung an, wobei unter anderem die typische Art der Präsentation der Beizträge (zB nur Text oder auch Bilder) erheblich ist (BGH GRUR 2012, 1265 Ls. 2 und Rn. 27 – Stimmt's).

57 Eine Werknähe ist regelmäßig zwischen **Werken derselben Kategorie** (zu den verschiedenen Werkkategorien → § 5 Rn. 169 ff.) gegeben. Dies ist aber – insbesondere bei Zeitschriften- und Zeitungs- sowie Buchtiteln, wo auf die konkreten Marktverhältnisse abzustellen ist (→ Rn. 56) – nicht zwingend. So ist beispielsweise die Werknähe zwischen einem Sachbuch und einer Broschüre, die einer Zeitschrift beigefügt wurde, verneint worden, obgleich es sich in beiden Fällen um Druckwerke handelt (BGH GRUR 2005, 264 (266) – Das Telefon-Sparbuch; das OLG Hamburg, vgl. GRUR-RR 2009, 309 (311) – agenda, nahm dagegen eine – wenn auch nur geringe – Werknähe zwischen dem Titel eines Zeitungsbuchs einer Tageszeitung und dem Sonderheft in Magazinform als Zeitungsbeilage an). Bei einem Rubriktitel einer Wochenzeitung und dem Rubriktitel eines Internetportals ist nach Ansicht des BGH aufgrund der unterschiedlichen medialen Einbettung eine Verwechslungsgefahr eher fernliegend (BGH GRUR 2012, 1265 Rn. 27 – Stimmt's; für unterschiedliche Werkkategorien von gedruckter Zeitschrift und (reinem) Internetportal ebenso OLG Köln GRUR 2015, 596 Rn. 24 – Kinderstube; anders bei Rubriktitel von zwei ähnlichen Zeitschriften, so OLG München GRUR-RR 2008, 402 – Leichter leben), obgleich Zeitschriften und Zeitungen als Printmedien mit entsprechenden Internetinformationsangeboten grundsätzlich als eng benachbart anzusehen sein dürften (vgl. OLG Hamburg GRUR-RR 2004, 104 (107) – ELTERN). Auch bei Software mit unterschiedlicher Ausgestaltung und Verwendungszweck hat der BGH eine nur geringe Werknähe angenommen (BGH GRUR 2006, 594 Rn. 22 – SmartKey). Dabei sind Titel nur als solche auf die Gefahr einer Verwechslung zu prüfen, nicht aber darf auf den Inhalt und Charakter der Werke zurückgegriffen werden (BGH GRUR 1961, 232 (234) – Hobby). Der unterschiedliche sachliche Inhalt von Werken kann nur dann berücksichtigt werden, wenn er wegen der identischen Titel und ihres optisch übereinstimmenden Gesamteindrucks in anderer Weise deutlich hervorgehoben wird, wobei unterschiedliche Untertitel nicht ohne weiteres ausreichend sind (BGH GRUR 2000, 504 (505) – FACTS, zu Zeitschriftentiteln; vgl. auch OLG München GRUR 2006, 686 (687) hinsichtlich „Österreich.de" zur Kennzeichnung eines Internetportals und der Domain „oesterreich.de").

58 Betreffen die zu vergleichenden Titel **unterschiedliche Werke,** so scheidet die Annahme einer unmittelbaren Verwechslungsgefahr mangels Werknähe regelmäßig aus. Ein Schutz gegen mittelbare Verwechslungsgefahr und Verwechslungsgefahr im weiteren Sinne wird von der Rechtsprechung aber nur gewährt, wenn der Verkehr mit dem älteren Titel auch bestimmte betriebliche Herkunftsvorstellungen verbindet. Dies ist nur in Ausnahmefällen der Fall (→ Rn. 50). Dementsprechend kommen Fälle einer mittelbare Verwechslungsgefahr und einer Verwechslungsgefahr im weiteren Sinne nur in selten in Betracht (zB BGH GRUR 2001, 1050 (1052) – Tagesschau; GRUR 2001, 1054 (1057) – Tagesreport; GRUR 1999, 235 (238) – Wheels Magazine; KG GRUR-RR 2004, 303 (305) – automobil TEST; OLG Hamburg GRUR-RR 2003, 281 (282, 283) – DVD & Video Markt, hinsichtlich der mittelbaren Verwechslungsgefahr unter dem Gesichtspunkt des Serienzeichens; BGH GRUR 1977, 543 (546) – Der 7. Sinn; vgl. auch BGH GRUR 2001, 1050 (1052 f.) – Tagesschau; GRUR 2001, 1054 (1057) – Tagesreport, hinsichtlich Verwechslungsgefahr im weiteren Sinne.)

59 Eine **Ausweitung des Begriffs der Werknähe** wird durch die BGH-Entscheidung „Winnetous Rückkehr" bewirkt. Obgleich die Werke „Roman" und „Film" nicht derselben Werkkategorie angehören, sei die Werknähe nicht als gering zu bewerten, weil in Filmen häufig Romanvorlagen umgesetzt werden (BGH GRUR 2003, 440 (441) – Winnetous Rückkehr). Mit dieser Begründung wurde die Gefahr eine unmittelbare Verwechslungsgefahr bejaht. Als Kriterium dient eine besonders enge Beziehung des einen Werks zum anderen und ist insbesondere gegeben, wenn das jüngere Werk als andere Ausgabe, Bearbeitung oder Fortsetzung des älteren Werks erscheint (vgl. BGH GRUR 2005, 264 (266) – Das Telefon-Sparbuch). Neben dem Fall „Verfilmung eines Buches" dürften engste sachliche Berührungspunkte beispielsweise auch bei den Fällen „Buch zum Film", „Spiel zur Fernsehsendung" und „Computerspiel zum Film oder Buch" vorliegen. Solche sachlichen Berührungspunkte

wurden jedoch früher zur Begründung einer Verwechslungsgefahr im weiteren Sinne herangezogen (zB BGH GRUR 1977, 543 (546) – Der 7. Sinn). Der Grund für diese Modifikation des Begriffs der Werknähe wird darin gesehen, dass nach der BGH-Rechtsprechung Einzelwerktitel einem herkunftsbezogenen Verwechslungsschutz auch dann nicht zugänglich sind, wenn sie im Verkehr bekannt sind (vgl. hierzu und zum Folgenden Ströbele/Hacker/Hacker Rn. 83–85). Eine Verwechslungsgefahr im weiteren Sinne scheidet daher von vornherein aus. Um doch eine Verwechslungsgefahr begründen zu können, wird der Begriff der Werknähe innerhalb der unmittelbaren Verwechslungsgefahr ausgeweitet (kritisch ebenfalls Lange MarkenR/KennzeichenR § 7 Rn. 4533, 4592).

Bei der Verwendung eines ähnlichen Zeichens für **werkfremde Produkte und Dienst-** 60 **leistungen oder Unternehmen** kommt nur eine Verwechslungsgefahr im weiteren Sinne in Betracht. Diese setzt voraus, dass das Klagezeichen eine über die normale Werktitelfunktion hinausgehende Kennzeichnungskraft als Hinweis auf den Hersteller des Werks besitzt und zudem ein konkreter sachlicher Zusammenhang zwischen dem unter dem in Frage stehenden Titel veröffentlichten Werk und den gekennzeichneten Waren/Dienstleistungen oder Unternehmen besteht (BGH GRUR 1999, 581 (582, 583) – Max; GRUR 1993, 692 (694) – Guldenburg; OLG Hamburg GRUR-RR 2006, 408 (412, 413) – OBELIX). Fehlt ein solcher Zusammenhang, können keine für das Vorliegen einer Verwechslungsgefahr im weiteren Sinne erforderlichen geschäftlichen, wirtschaftlichen oder organisatorischen (einschließlich lizenzrechtlichen) Beziehungen zwischen dem Inhaber des Titels und dem Unternehmen, das die angegriffene Waren/Dienstleistungs-Kennzeichnung benutzt, angenommen werden. Die Entscheidung für oder gegen das Vorliegen eines sachlichen Zusammenhangs ist stark einzelfallabhängig (vgl. dazu die Beispielsfälle bei Ingerl/Rohnke Rn. 199, 210). Ohne einen konkreten sachlichen Sachzusammenhang kann die Annahme von Beziehungen geschäftlicher, wirtschaftlicher oder organisatorischer Art dann lediglich noch unter besonderen Umständen in Betracht gezogen werden, etwa wenn es sich um Titel von besonderer Originalität und Einprägsamkeit sowie weit überdurchschnittlicher Bekanntheit handelt (wie zB bei der Bambi-Figur, den Mainzelmännchen oder bei Asterix und Obelix) oder wenn überaus bekannte Titel von Sendungen wörtlich übereinstimmend als Waren/Dienstleistungsbezeichnung verwendet werden (BGH GRUR 1993, 692 (694) – Guldenburg).

C. Bekanntheitsschutz (Abs. 3)

I. Bekanntheitsschutz bei Unternehmenskennzeichen

1. Grundlagen

Der Schutz des bekannten Unternehmenskennzeichens entspricht überwiegend demjeni- 61 gen der bekannten Marke aus § 14 Abs. 2 Nr. 3, weshalb ergänzend auf die dortige Kommentierung verwiesen wird (→ § 14 Rn. 505 ff.). Nach § 15 Abs. 3 greift der Bekanntheitsschutz in Abweichung zum Schutz der bekannten Marke, wenn eine Verwechslungsgefahr nach § 15 Abs. 2 (→ Rn. 31 ff.) nicht vorliegt, während § 14 Abs. 2 Nr. 3 bereits an die fehlende Waren- und Dienstleistungsähnlichkeit anknüpft. Die Regelung des § 15 Abs. 3 findet daher nicht nur auf Fälle fehlender Waren- und Dienstleistungsähnlichkeit, sondern auch auf Fälle Anwendung, in denen die Verwechslungsgefahr aus anderen Gründen verneint werden muss (Ingerl/Rohnke Rn. 124; Ströbele/Hacker/Hacker Rn. 69). Der Anwendungsbereich des § 15 Abs. 3 wird aber wiederum durch einen gegenüber der markenrechtlichen Verwechslungsgefahr erweiterten Anwendungsbereich des § 15 Abs. 2 (→ Rn. 1 ff.) eingeschränkt, der auch die Verwechslungsgefahr im weiteren Sinne (sog. „Lizenzvermutung") erfasst.

§ 15 Abs. 3 geht in seinem Anwendungsbereich grundsätzlich dem Namensschutz des § 12 62 BGB vor (BGH GRUR 2002, 622 (623) – shell.de). § 12 BGB kann daher lediglich außerhalb des Anwendungsbereichs des § 15 Abs. 3 – also etwa gegenüber einem Handeln im privaten Verkehr – Anwendung finden (BGH GRUR 2002, 622 (624) – shell.de).

2. Bekanntheit des Unternehmenskennzeichen

Der Bekanntheitsbegriff des § 15 Abs. 3 entspricht grundsätzlich demjenigen der bekann- 63 ten Marke (→ § 14 Rn. 510 ff.). § 15 Abs. 3 setzt aber voraus, dass das Unternehmenskennzeichen gerade in seiner Funktion als Unternehmenskennzeichen Bekanntheit genießt, während eine Bekanntheit des Zeichens nur als Marke nicht ausreicht. Allerdings kann einem Unternehmenskennzeichen die Bekanntheit einer Marke für entsprechende Dienstleistungen zu Gute kommen, da das Publikum in seiner Erinnerung nicht nach der Art der Kennzeichen differenziert (OLG Hamburg BeckRS 2015, 03393 Rn. 111 – Anson's/ASOS).

II. Bekanntheitsschutz bei Werktiteln

1. Grundlagen

64 Der Schutz des bekannten Titels entspricht überwiegend demjenigen der bekannten Marke aus § 14 Abs. 2 Nr. 3, weshalb ergänzend auf die dortige Kommentierung verwiesen wird (→ § 14 Rn. 505 ff.). Anders als § 14 Abs. 2 Nr. 3 findet § 15 Abs. 3 auch in den Fällen Anwendung, in denen trotz identischer oder ähnlicher Zeichennutzung die Verwechslungsgefahr fehlt. Der Anwendungsbereich des § 15 Abs. 3 wird aber durch einen gegenüber der markenrechtlichen Verwechslungsgefahr erweiterten Anwendungsbereich des § 15 Abs. 2 (→ Rn. 1 ff.) eingeschränkt, der auch die Verwechslungsgefahr im weiteren Sinne (sog. „Lizenzvermutung") erfasst.

65 § 15 Abs. 3 findet auch dann Anwendung, wenn der bekannte Werktitel zu anderen Zwecken als in seiner Funktion als Titel eingesetzt wird (OLG München NJW-RR 1998, 984 (985) – freundin.de).

66 Da Titel häufig für den Inhalt des Werkes beschreibend sind und bei Werktiteln daher regelmäßig geringere Anforderungen an die Unterscheidungskraft zu stellen sind (→ § 5 Rn. 194), nimmt das Tatbestandsmerkmal des fehlenden rechtfertigenden Grundes (→ § 14 Rn. 534) im Rahmen des Titelschutzes nach § 15 Abs. 3 eine wesentliche Rolle ein und dient der Gewährleistung des Freihaltungsbedürfnisses.

2. Bekanntheit des Werktitels

67 Die Bekanntheit des Werktitels folgt den Grundlinien der bekannten Marke (OLG Köln GRUR-RR 2015, 292 (295) – Ich bin dann mal weg; → § 14 Rn. 510 ff.). Gegenüber Marken können Werktitel allerdings leichter binnen kürzester Zeit extreme Bekanntheitsgrade erreichen (Ingerl/Rohnke Rn. 213).

D. Rechtsfolgen

I. Unterlassungs- und Schadensersatzanspruch, Haftung des Betriebsinhabers

68 Die Rechtsfolgen bei der Verletzung von geschäftlichen Bezeichnungen hinsichtlich Unterlassung (§ 15 Abs. 4) und Schadensersatz (§ 15 Abs. 5) sind die gleichen wie bei der Verletzung von Marken (→ § 14 Rn. 536 ff.). Zur Haftung des Betriebsinhabers (§ 15 Abs. 6, § 14 Abs. 7) → § 14 Rn. 639 ff.

II. Antragstellung

69 Auch bei einem Unterlassungsanspruch gemäß § 15 Abs. 4 ist dem Verletzer grundsätzlich, wie allgemein im Kennzeichenrecht, die **konkrete Verletzungsform** zu verbieten, und zwar in der Form, wie die verwechslungsfähige Bezeichnung gebraucht wird, auch wenn die Verwechslungsgefahr nur durch einen Bestandteil der Kennzeichnung hervorgerufen wird. Die näheren Umstände, unter denen die verwechslungsfähige Bezeichnung benutzt worden ist, können dagegen grundsätzlich außer Betracht bleiben (BGH GRUR 1995, 825 (828) – Torres). Entsprechendes gilt bei Eingriffen in das Recht an einer Firmenbezeichnung. Auch hier ist das Unterlassungsgebot in der Regel nur gegen die **vollständige Firmenbezeichnung** zu richten, auch wenn die Verwechslungsgefahr nur durch einen Bestandteil des angegriffenen Firmennamens begründet wird (BGH GRUR 2010, 1020 Rn. 10 – Verbraucherzentrale). Ausnahmsweise kann die Benutzung eines Firmenbestandteils schlechthin untersagt werden, wenn der Verletzer diesen von vornherein nur in der Absicht gewählt hat, Verwechslungen mit der Klagekennzeichnung herbeizuführen und damit ihre Werbekraft

unter Täuschung des Publikums über die Herkunftsstätte für sich auszunutzen (BGH GRUR 1958, 189 (196) – Zeiß; GRUR 1954, 457 (459) – Irus/Urus). Gleiches gilt bei der Verwendung des die Verwechslungsgefahr begründenden Bestandteils in Alleinstellung (BGH GRUR 1997, 468 (470) – NetCom).

III. Löschung von Firmenbezeichnungen

Ist eine verletzende Firmenbezeichnung im Handelsregister eingetragen, hat der Verletzte 70 gegen den Verletzer einen Anspruch auf Einwilligung in deren vollständige Löschung. Ob eine Teillöschung hinsichtlich des verwechslungsfähigen Bestandteils möglich ist, wird vom BGH nicht einheitlich beurteilt (bejahend BGH GRUR 2008, 803 Rn. 31 – HEITEC; zum UWG BGH GRUR 2007, 1079 Rn. 41 – Bundesdruckerei; ablehnend BGH GRUR 2008, 1108 Rn. 25 – Haus & Grund III; GRUR 2008, 1104 Rn. 34 mwN – Haus & Grund II).

E. Domainrecht

I. Allgemeines

Der **Begriff „Domainrecht"** ist etwas irreführend, da ein einheitliches Rechtsgefüge, das 71 alle speziell für Domainnamen geltenden Rechtsnormen enthält, nicht existiert. Das folgende Kapitel erörtert die Rechtsnatur von Domainnamen (→ Rn. 74 ff.), die Frage der Begründung von Kennzeichenrechten durch Domainnamen (→ Rn. 78 ff.) sowie die Verletzung von Kennzeichen- und/oder Namensrechten durch Domainnamen (→ Rn. 89 ff., → Rn. 129 ff.). Damit beschränkt sich die Darstellung auf die Behandlung **namens- und kennzeichenrechtlichen Vorschriften.** Dabei zeigt sich, dass es sich bei Domainnamen um keine Namens- oder Kennzeichenrechte handelt und die Vorschriften der §§ 14, 15 und § 12 BGB nicht ohne weiteres auf Domains angewendet werden können bzw. die Besonderheiten von Domains, insbesondere ihre vorrangige Funktion als leicht merkbare Adresse, ihre vielfältige Möglichkeiten der Nutzung sowohl im geschäftlichen als auch im privaten Bereich, die Einzigartigkeit der Vergabe jedes Domainnamens und die weltweite Erreichbarkeit zu berücksichtigen sind.

Daneben kann die Registrierung und Benutzung eines Domainnamens auch **wettbe-** 72 **werbsrechtliche Vorschriften** verletzen. Ein Rückgriff auf wettbewerbsrechtliche Ansprüche ist jedenfalls dann möglich, wenn sie sich gegen ein wettbewerbswidriges Verhalten richten, das als solches nicht Gegenstand einer kennzeichenrechtlichen Regelung ist (BGH GRUR 2009, 685 Rn. 38 – ahd.de; zur Anwendbarkeit des UWG neben den Vorschriften des MarkenG → § 2 Rn. 19). Insbesondere in Fällen von „Tippfehler-Domains" (vgl. insbesondere BGH GRUR 2014, 393 Rn. 25 ff. – wetteronlin.de) und bei „Domaingrabbing" (vgl. insbesondere BGH GRUR 2009, 685 Rn. 37 ff. – ahd.de) kann die Registrierung und Benutzung eines Domainnamens den Tatbestand der gezielten Behinderung eines Mitbewerbers gemäß § 4 Nr. 4 UWG nF (§ 4 Nr. 10 UWG aF) erfüllen.

Kennzeichenverletzungen durch **sonstige internetspezifische Benutzungshandlun-** 73 **gen** (zB Metatags, Keywords) werden im Rahmen von § 14 Abschnitt B (→ § 14 Rn. 199 ff.) und kennzeichenrechtliche **Ansprüche gegen Betreiber von Internetverkaufsplattformen** im Rahmen von § 14 Abschnitt H (→ § 14 Rn. 652 ff.) behandelt.

II. Rechtsnatur von Domains

1. Allgemeines

Bei einem Domainnamen handelt es sich zunächst nur um eine technische Adresse im 74 Internet. Die ausschließliche Stellung, die darauf beruht, dass ein Domainname nur einmal vergeben wird, ist allein technisch bedingt. Eine derartige, rein faktische Ausschließlichkeit begründet **kein absolutes Recht.** Durch die Registrierung eines Domainnamens erwirbt der Inhaber der Internetadresse weder Eigentum am Domainnamen selbst noch ein sonstiges absolutes Recht, das ähnlich der Inhaberschaft an einem Immaterialgüterrecht verdinglicht wäre (BGH GRUR 2012, 417 Rn. 23 – gewinn.de; GRUR 2008, 1099 Rn. 21 – afilias.de; BVerfG GRUR 2005, 261 – ad-acta.de). Der Vertragsschluss mit der Registrierungsstelle begründet allerdings ein relativ wirkendes vertragliches Nutzungsrecht zu Gunsten des Domainnamensinhabers, das ihm ebenso ausschließlich zugewiesen ist wie das Eigentum an einer Sache (BGH GRUR 2008, 1099 Rn. 32 – afilias.de; GRUR 2009, 1055 Rn. 55 – airdsl; BVerfG GRUR 2005, 261 – ad-acta.de).

75 Die Rechtsnatur des Domainnamens als rein schuldrechtliches Nutzungsrecht hat zur Folge, dass allein aufgrund eines (älteren) Domainnamens nicht gegen die Eintragung und/oder Benutzung eines identischen oder ähnlichen Kennzeichens (Marke, Unternehmenskennzeichen, Werktitel) oder Namen vorgegangen werden kann. Auch ein Vorgehen aufgrund einer älteren Domain gegen eine identische oder ähnliche jüngere Domain ist nicht möglich. Eine **Verletzung von Domainnamen** – analog zur Verletzung von Kennzeichen- und Namensrechten – **existiert daher nicht.** Da ein Domainname als solches kein Kennzeichen- oder Namensrecht begründet, kann seine bloße Registrierung auch kein vorrangiges Recht im Rahmen des §§ 14, 15 (→ Rn. 92) begründen und keinen unbefugten Namensgebrauch im Rahmen des § 12 BGB ausschließen (→ Rn. 142).

76 Da eine Domain kein absolutes Recht darstellt, kann sie als solches auch nicht **lizenziert** werden (s. auch Ingerl/Rohnke Nach § 15 Rn. 31). Ebenso wenig kann sie Gegenstand einer **Pfändung** sein; die Gesamtheit der schuldrechtlichen Ansprüche, die dem Inhaber der Domain gegenüber der Vergabestelle aus dem der Domainregistrierung zu Grunde liegenden Vertragsverhältnis zustehen, sind aber pfändbar (BGH GRUR 2005, 969 (970)).

77 Auch wenn ein Domainname als solches kein Kennzeichen- oder Namensrecht darstellt, kann seine Registrierung und/oder Benutzung identische oder ähnliche Kennzeichen- oder Namensrechte verletzen (→ Rn. 89 ff., → Rn. 129 ff.). Voraussetzung ist allerdings, dass dem Domainnamen im konkreten Fall nicht nur eine Adressfunktion, sondern auch eine Namens- (→ Rn. 102 ff.) oder kennzeichnende Funktion (→ Rn. 140) zukommt.

2. Entstehung von Kennzeichen- oder Namensrechten an einer Domain

78 **a) Allgemeines.** Ein Domainnamen als solches stellt zwar kein Kennzeichen- oder Namensrecht dar. Gleichwohl kann aber **durch die Benutzung eines Domainnamens** im Einzelfall kennzeichenrechtlich relevanter Schutz an dem Domainnamen erworben werden. Die Begründung von Kennzeichen- oder Namensrechten gemäß §§ 4, 5 und § 12 BGB durch die Benutzung eines Domainnamens ist dann von Interesse, wenn der Domaininhaber an dem in Rede stehenden Zeichen kein entsprechendes Kennzeichen (Marke, Unternehmenskennzeichen, Werktitel) oder keinen entsprechenden Namen inne hat oder aber Kennzeichenrechte zwar vorhanden, aber jünger als die Kennzeichenrechte des Gegners sind.

79 **b) Erwerb von Markenrechten an einem Domainnamen.** Da es generell möglich ist, dass das angesprochene Publikum in der Verwendung eines Domainnamens zugleich die Verwendung einer Marke als Herkunftshinweis für ein bestimmtes Produkt erkennt (insbesondere bei einer reinen Produktseite unter Verwendung eines die entsprechende Produktmarke enthaltenen Domainnamens) und da Markenschutz an einem Zeichen gemäß § 4 nicht nur durch die Eintragung eines Zeichens in das Register, sondern auch durch Benutzung entstehen kann, ist es **grundsätzlich** möglich, dass der Domaininhaber auch an dem als Domainname verwendeten Zeichen durch Benutzung Markenschutz erlangt.

80 Hierfür sind jedoch die strengen Anforderungen des **§ 4 Nr. 2** für den Schutz durch **Verkehrsgeltung** zu erfüllen (→ § 4 Rn. 26 ff.), was bei einer Verwendung des Zeichens allein in Form eines Domainnamens schwerlich möglich sein dürfte. Denkbar wäre dies allenfalls in den Fällen, in denen das entsprechende Produkt ausschließlich über das Internet erworben und bezogen werden kann oder das Internetangebot selbst die Ware/Dienstleistung darstellt (vgl. hierzu auch Ingerl/Rohnke Nach § 15 Rn. 58). Dass dabei die erforderliche Verkehrsgeltung erworben werden kann, erscheint zwar nicht ausgeschlossen, ist jedoch fraglich und dürfte in der Praxis der Erwerb einer Verkehrsgeltungsmarke durch die Benutzung einer Domain kaum Relevanz haben.

81 **c) Unternehmenskennzeichenrechte an einem Domainnamen.** Durch die Benutzung eines Domainnamens kann grundsätzlich ein entsprechendes Unternehmenskennzeichen erworben werden. Der Schutz eines Unternehmenskennzeichens nach **§ 5 Abs. 2 S. 1** entsteht bei einer von Haus aus unterscheidungskräftigen Bezeichnung mit der Aufnahme

der Benutzung im Inland im geschäftlichen Verkehr zur Kennzeichnung des Geschäftsbetriebs (BGH GRUR 2012, 832 Rn. 44 – ZAPPA). Allein mit der Registrierung eines Domainnamens ist keine **Benutzungsaufnahme** verbunden. Vielmehr ist auch hier – wie bei der rechtsverletzenden Benutzung (→ Rn. 103 ff.) – eine Benutzung für eine aktive Website erforderlich. Auch ein bloßer Baustellenhinweis (BGH GRUR 2009, 1055 Rn. 40 – airdsl) oder das Anbieten der Domain zum Verkauf (BGH GRUR 2009, 685 Rn. 30 – ahd.de) beinhaltet keine Benutzungshandlung, die ein Unternehmenskennzeichen an der Domian entstehen lässt. Begründet wird dies mit dem fehlenden geschäftlichen Verkehr (so BGH GRUR 2009, 1055 Rn. 40 – airdsl; GRUR 2009, 685 Rn. 30 – ahd.de). Überzeugender ist die Begründung, dass es in solchen Fällen an der Benutzung für ein bestimmtes Unternehmen bzw. daran mangelt, dass die Domain nicht zur Kennzeichnung eines Unternehmens benutzt wird (vgl. Ingerl/Rohnke Nach § 15 Rn. 43).

Für den Erwerb eines Unternehmenskennzeichens ist es zudem erforderlich, dass der 82 Verkehr in der als Domainname gewählten Bezeichnung einen **Herkunftshinweis** erkennt (BGH GRUR 2009, 685 Rn. 29 – ahd.de; GRUR 2008, 1099 Rn. 22 – afilias.de). Daran fehlt es, wenn der Domainname rein beschreibend verstanden wird oder ihm nicht die erforderliche Kennzeichnungskraft zukommt (BGH GRUR 2012, 832 Rn. 45 – ZAPPA). Wird der Domainname zudem ausschließlich als Adressbezeichnung verwendet, wird der Verkehr annehmen, es handele sich dabei um eine Angabe, die – ähnlich wie eine Telefonnummer – den Adressaten zwar identifiziert, nicht aber als Hinweis auf die betriebliche Herkunft gedacht ist (BGH GRUR 2005, 262 (263) – soco.de). So ist die Verwendung eines unterscheidungskräftigen Zeichens als Domain nicht kennzeichenmäßig, wenn unter dieser Domainbezeichnung keine Inhalte eingestellt sind, sondern sie nur zur automatischen Weiterleitung auf eine andere Domain dient, und diese Domainbezeichnung nicht nach außen bekannt gemacht wurde. Die Domain ist dann nicht mehr als eine Art technische Durchgangsstation (OLG Hamburg BeckRS 2011, 02047 – patmondial.de).

Ein Schutz als Unternehmenskennzeichen setzt außerdem voraus, dass der Domainname 83 als **Hinweis auf einen Geschäftsbetrieb** verstanden wird (BGH GRUR 2008 1099 Rn. 22 – afilias.de). Nicht ausreichend ist es daher, wenn die Domain als bloßes Produktkennzeichen benutzt wird.

Außerdem müssen auch hier die übrigen allgemeinen Voraussetzungen für den Erwerb 84 eines Unternehmenskennzeichens vorliegen. Demnach muss der Domainname im **geschäftlichen Verkehr** und nicht rein privat benutzt werden (→ § 5 Rn. 109 ff.). Die Benutzungsaufnahme muss **im Inland** erfolgen (→ § 5 Rn. 112 ff.). Allein der Umstand, dass regelmäßig jede Internetseite theoretisch im Inland abrufbar ist, kann für die Begründung entsprechenden kennzeichenrechtlichen Schutzes nicht genügen. Maßgeblich ist vielmehr, dass sich der Internetauftritt bestimmungsgemäß an inländische Verkehrskreise richtet (so auch Ingerl/ Rohnke Nach § 15 Rn. 47; → Rn. 93 ff.).

Schließlich ist die **territoriale Reichweite** des unterstellten Unternehmenskennzeichen- 85 schutzes zu bestimmen. Bei Unternehmen mit einem nur lokalen oder regionalen Wirkungskreis entsteht trotz bundesweit aufrufbarem Internetauftritt kein entsprechend weiter Schutz, solange der Internetauftritt die eigentliche Geschäftstätigkeit des dahinterstehenden Unternehmens nur begleitet und keine Anhaltspunkte bestehen, dass der Internetauftritt den bisherigen räumlichen Wirkungskreis bundesweit ausdehnen soll (BGH GRUR 2005, 262 (263 f.) – soco.de).

d) **Werktitelrechte an einem Domainnamen.** Auch Werktitelrechte können durch 86 die Benutzung eines Domainnamens entstehen, wenn die allgemeinen Anforderungen des § 5 Abs. 3 erfüllt sind (vgl. BGH BeckRS 2016, 12491 Rn. 17 – wetter.de). Insbesondere ist eine Verwendung des Domainnamens im geschäftlichen Verkehr erforderlich.

Ein Werktitelschutz entsteht grundsätzlich erst mit **Aufnahme der Benutzung** eines 87 unterscheidungskräftigen Titels, und auch erst dann, wenn das Werk – hier die unter der Domain aufrufbare Internetseite – weitgehend fertig gestellt ist, was insbesondere die Hinterlegung redaktioneller Inhalte voraussetzt (BGH GRUR 2009, 1055 Rn. 41 f. – airdsl). Auch hier genügt wie bei Unternehmenskennzeichen die bloße Registrierung der Domain zum Entstehen eines Kennzeichenschutzes nicht (→ Rn. 81). Durch eine Titelschutzanzeige kann der Schutz eines Werktitels vorverlagert werden. Die bloße Ankündigung eines zukünftigen Internetauftritts auf der eigenen Website unter der streitgegenständlichen Domain genügt hierfür nicht (BGH GRUR 2009, 1055 Rn. 43–45 – airdsl).

88   Ferner muss die Domain **kennzeichenmäßig** benutzt werden. Dies setzt voraus, dass der Verkehr in der als Domainnamen gewählten Bezeichnung ein Zeichen zur Unterscheidung eines Werkes von einem anderen und nicht nur als Adressbezeichnung sieht (BGH GRUR 2010 156 Rn. 20 – EIFEL-ZEITUNG). Dies bedeutet zu einem, dass der Verkehr die Domain als Bezeichnung der Website selbst in Unterscheidung zu anderen Websites sehen muss. Oftmals dürfte eine Domain aber nur als Bezeichnung für das unter der Domain werbende Unternehmen oder das dort präsentierte Waren/Dienstleistungsangebot verstanden werden. Bei Websites mit redaktionellen Inhalten kann hingegen regelmäßig von einem Verständnis als Titel ausgegangen werden, so insbesondere bei Internetzeitungen (bejaht von BGH GRUR 2010 156 Rn. 21 – EIFEL-ZEITUNG) oder online abrufbaren Datenbanken. An einer kennzeichenmäßigen Benutzung fehlt es auch bei rein beschreibenden oder nicht unterscheidungskräftigen Domainnamen, auch wenn bei Titeln ein großzügiger Maßstab angelegt wird, so z. B. bei „wetter.de", OLG Köln MMR 2014, 830 (→ § 5 Rn. 194).

III. Verletzung von Kennzeichenrechten

89   Eine Domain als Wortzeichen kann typischerweise die im MarkenG geregelten Kennzeichenrechte verletzen. Ob dies der Fall ist, richtet sich nach den bei §§ 14, 15 dargestellten allgemeinen Voraussetzungen, wobei jedoch bei der Verwendung von Domainnamen einige Besonderheiten zu beachten sind, die im Folgenden dargestellt werden. Die §§ 14, 15 sind aber nur dann anwendbar, wenn der Anspruchsteller Inhaber einer Marke (§ 4), eines Unternehmenskennzeichens (§ 5 Abs. 2) oder eines Werktitels (§ 5 Abs. 3) ist und der Verletzer im geschäftlichen Verkehr handelt.

90   **Außerhalb des geschäftlichen Verkehrs** kommt die Anwendung des § 12 BGB (→ Rn. 129 ff.) sowie des § 823 BGB in Betracht. Ein etwaiger **Rückgriff auf § 823 BGB** ist insbesondere dann von Interesse, wenn mangels Handeln im privaten Verkehr Ansprüche aus §§ 14, 15 von vornherein nicht eingreifen und es sich bei dem geschützten Kennzeichen nicht um ein Unternehmenskennzeichen, sondern um ein reines Produktkennzeichen (Marke oder Werktitel) handelt, das nicht als Name im Sinne dieser Vorschrift geschützt ist (→ Rn. 132), so dass auch Ansprüche aus § 12 BGB ausscheiden. Da nach Ansicht des BGH die allgemeinen zivilrechtlichen Vorschriften nur ergänzend herangezogen werden dürfen, wenn der Schutz nach dem MarkenG versagt, der Schutz von Marken und Werktiteln aber auf ein Handeln im geschäftlichen Verkehr zugeschnitten ist, dürfte ein Rückgriff auf § 823 BGB ausgeschlossen sein, wenn es um den Schutz eines reines Produktkennzeichens gegen die Registrierung und/oder Benutzung einer Domain im privaten Bereich geht (so Ingerl/Rohnke Nach § 15 Rn. 68 und 184).

1. Allgemeine Voraussetzungen

91   **a) Bestehender Kennzeichenschutz.** Grundvoraussetzung für Ansprüche aus § 14 oder § 15 wegen der Verwendung eines Domainnamens ist der **Bestand** einer Marke (§ 4) oder geschäftlichen Bezeichnung (§ 5), die in Bezug auf die angegriffene Domain den **Vorrang** hat. Auf den Vorrang kommt es jedoch nur an, wenn sich der in Anspruch genommene Dritte auf relevante eigene Rechte oder auf Rechte Dritter berufen kann (→ § 14 Rn. 29 ff., → Rn. 8). Demgegenüber spielt der Vorrang keine Rolle, wenn ein Zeichen angegriffen wird, an dem kein (eigenes oder fremdes) Gegenrecht besteht.

92   Auch wenn die Registrierung einer Domain zeitlich vor der Anmeldung einer Marke oder der Benutzungsaufnahme einer geschäftlichen Bezeichnung erfolgte, kann dem Inhaber einer Marke oder geschäftlichen Bezeichnung kein prioritätsälteres Recht entgegen gehalten werden, sofern dem Domaininhaber mangels Vorliegens der in → Rn. 78 ff. dargestellten Voraussetzungen gerade kein Kennzeichenrecht an dem Domainnamen zusteht und er auch über die Domain hinaus über kein (älteres) Namens- oder Kennzeichenrecht verfügt (vgl. BGH GRUR 2009, 1055 Rn. 54 f., 39 ff. – airdsl; GRUR 2009, 685 Rn. 28 ff. – ahd.de). Dies ist insbesondere dann der Fall, wenn die Domain nur registriert wurde (→ Rn. 75).

b) Begehung im räumlichen Schutzbereich des Kennzeichenrechts. Grundsätzlich **93** besteht die technische Möglichkeit, Internetseiten unter jedem beliebigen Domainnamen weltweit – und damit auch im Schutzbereich einer deutschen Marke oder einer geschäftlichen Bezeichnung – aufzurufen. Andererseits ist der Schutzbereich einer inländischen Marke/geschäftlichen Bezeichnung aufgrund des **Territorialitätsprinzips** auf das Gebiet der Bundesrepublik Deutschland beschränkt, weshalb entsprechende Ansprüche aus der Marke/geschäftlichen Bezeichnung eine das Kennzeichenrecht verletzende Benutzungshandlung im Inland voraussetzen (BGH GRUR 2012, 621 Rn. 34 – OSCAR; GRUR 2005, 431 (432) – HOTEL MARITIME; → § 14 Rn. 49 ff.).

Die bloße Abrufbarkeit einer Internetseite im Inland stellt nicht zwingend eine Verlet- **94** zungshandlung im Inland dar. Vielmehr ist nach der Rechtsprechung eine für das Inland maßgebliche Verletzungshandlung nur anzunehmen, wenn der unter dem Domainnamen abrufbare Internetauftritt einen hinreichend wirtschaftlich relevanten Inlandsbezug (**„commercial effect"**) aufweist, da andernfalls eine uferlose Ausdehnung des Schutzes nationaler Kennzeichenrechte und eine unangemessene Beschränkung der wirtschaftlichen Entfaltung ausländischer Unternehmen zu befürchten wären (BGH GRUR 2012, 621 Rn. 36 – OSCAR; GRUR 2005, 431 (433) – HOTEL MARITIME).

Dabei ist eine **Gesamtabwägung** vorzunehmen, bei der auf der einen Seite zu berück- **95** sichtigen ist, wie groß die Auswirkungen der Kennzeichenbenutzung auf die inländischen wirtschaftlichen Interessen des Zeicheninhabers sind. Auf der anderen Seite ist maßgebend, ob und inwieweit die Rechtsverletzung eine unvermeidbare Begleiterscheinung technischer oder organisatorischer Sachverhalte ist, auf die der in Anspruch Genommene keinen Einfluss hat, oder aber ob dieser – zB durch das Schaffen von Bestellmöglichkeiten aus dem Inland oder die Lieferung auch ins Inland – zielgerichtet von der inländischen Erreichbarkeit profitiert und die Beeinträchtigung des Zeicheninhabers dadurch nicht nur unwesentlich ist (BGH GRUR 2012, 621 Rn. 36 – OSCAR). Es müssen daher Anhaltspunkte dafür vorliegen, dass das Angebot im Internet auch für den deutschen Markt bestimmt ist bzw. sich an inländische Verkehrskreise wendet, zB weil das Angebot in deutscher Sprache gehalten ist, Bestellmöglichkeiten im Inland bestehen bzw. an inländische Adressen geliefert wird, eine inländische Kontaktadresse genannt wird oder es sich um eine „.de"-Domain handelt. Eine inländische Verletzungshandlung wird demgegenüber zu verneinen sein, wenn die Internetseite ausschließlich in englischer Sprache gehalten und kein Vertrieb nach Deutschland erkennbar ist.

Bei **Unternehmenskennzeichen mit einem räumlich begrenzten Schutzbereich 96** (→ § 5 Rn. 126 ff.) führt die Benutzung einer identischen oder ähnlichen Domain durch ein anderes Unternehmen, das in einer anderen Region tätig ist, nicht notwendigerweise zu einer Rechtsverletzung. Allein die Abrufbarkeit der gegnerischen Domain im räumlichen Schutzbereich des (älteren) Unternehmenskennzeichens genügt hierfür nicht. Insoweit gilt hinsichtlich der Verletzungshandlung dasselbe wie hinsichtlich der Begründung von Unternehmenskennzeichenrechten (→ Rn. 85, → § 5 Rn. 132). Allein die Einrichtung eines bundesweit abrufbaren Internetauftritts führt nicht zur automatischen Ausweitung des räumlichen Tätigkeitsbereichs eines an sich nur regional oder lokal tätigen Unternehmens. Nur wenn sich aus dem Internetauftritt ergeben würde, dass das Unternehmen nun auch außerhalb seines bisherigen Wirkungskreises seine Waren/Dienstleistungen anbietet und dieser räumliche Wirkungskreis in den räumlichen Schutzbereich des (älteren) Unternehmenskennzeichens fallen würde, kann eine relevante Verletzungshandlung vorliegen (→ Rn. 13).

c) Im geschäftlichen Verkehr. Die Verletzung von Kennzeichenrechten nach §§ 14, 15 **97** kommt nur bei einem Handeln im geschäftlichen Verkehr in Betracht. Da Domains auch zahlreich **zu rein privaten Zwecken** verwendet werden, die dem Markenrecht nicht unterfallen, kommt der Feststellung des Handelns im geschäftlichen Verkehr in Bezug auf Domainnamen eine besondere Bedeutung zu. So existiert auch bei der Benutzung eines Domainnamens keine Vermutung für den geschäftlichen Verkehr. Vielmehr bedarf es einer positiven Feststellung, dass er im geschäftlichen Verkehr benutzt wird, wobei im Zweifel von einer rein privaten Nutzung auszugehen ist (BGH GRUR 2008, 1099 Rn. 12 – afilias.de).

Demnach ist es regelmäßig nicht ergiebig, den Domainnamen isoliert zu betrachten; **98** erforderlich ist vielmehr eine Gesamtbetrachtung unter Einbeziehung des darunter aufrufba-

Thalmaier

ren Internetauftritts. Ein Handeln im geschäftlichen Verkehr ist regelmäßig dann anzunehmen, wenn der Domainname zu Internetseiten mit einem kommerziellen Angebot führt (BGH GRUR 2009, 1055 Rn. 61 – airdsl.de) wie beispielsweise bei **aktiven Internetauftritten von Unternehmen.**

99 Problematisch sind die Fälle, in denen es (noch) keinen Internetauftritt unter dem fraglichen Domainnamen gibt. Nimmt etwa eine **Privatperson** eine Domainregistrierung bei der zuständigen Vergabestelle vor, ist dies grundsätzlich als Handlung anzusehen, die dem privaten Bereich zuzuordnen ist (vgl. BGH GRUR 2002, 622 (624) – shell.de).

100 Mit der bloßen Registrierung einer Domain durch eine Privatperson vergleichbar sind die **Fälle nicht benutzter Domainnamen,** da auch hier für die Frage, ob ein Handeln im geschäftlichen Verkehr vorliegt, nicht auf den Inhalt der unter der Domain abrufbaren Seite abgestellt werden kann. Auch in diesem Fall scheint der BGH davon auszugehen, dass konkrete Anhaltspunkte für ein Handeln im geschäftlichen Verkehr vorliegen müssen, und zwar selbst dann, wenn die Domain von einem Unternehmen registriert wurde (vgl. BGH GRUR 2016, 810 Rn. 23 ff. – Profitbricks.es).

101 Dass im geschäftlichen Verkehr gehandelt wird, lässt sich nicht aus dem Umstand schließen, dass die Domain unter der generischen Top-Level-Domain „.com" registriert ist. Dies begründet keine Vermutung für eine Benutzung im geschäftlichen Verkehr. Zwar war die Top-Level-Domain „.com" ursprünglich für die gewerbliche Nutzung vorgesehen. Tatsächlich steht sie aber allen Nutzern offen (BGH GRUR 2016, 810 Rn. 24 – Profitbricks.es).

2. Rechtsverletzende Benutzung

102 Ansprüche aus einer Marke oder einer geschäftlichen Bezeichnung gegen die Verwendung eines Domainnamens setzen voraus, dass die kollidierende Bezeichnung kennzeichenmäßig verwendet wird bzw. eine entsprechende Verwendung zumindest droht (zu den Anforderungen an eine kennzeichenmäßige Benutzung allgemein → § 14 Rn. 84 ff., → Rn. 17 ff.). So fehlt es entsprechend den allgemeinen Regeln am kennzeichenmäßigen Gebrauch, wenn der Domainname aus einer Gattungsbezeichnung besteht oder der Verkehr ihn als beschreibende Angabe versteht (BGH GRUR 2008, 912 Rn. 19 – Metrosex). Bei Domainnamen ist im Hinblick auf eine kennzeichenmäßige Benutzung insbesondere von Bedeutung, ob diese für eine aktive Website genutzt wird oder bislang nur registriert wurde.

103 Domainnamen, die zu einer **aktiv verwendeten Website** führen, kommt in der Regel neben der Adressfunktion eine kennzeichnende Funktion zu. Der Verbraucher sieht in ihnen einen Hinweis auf die betriebliche Herkunft der unter den Bezeichnungen im Internet angebotenen Waren oder Dienstleistungen (BGH GRUR 2009, 1055 Rn. 49 – airdsl.de) bzw. einen Hinweis auf ein bestimmtes Unternehmen (BGH GRUR 2009, 685 Rn. 20 – ahd.de). Regelmäßig liegt daher bei Websites mit einem konkreten Inhalt eine rechtsverletzende Benutzungshandlung vor. Etwas anderes gilt allerdings dann, wenn der Domainname ausnahmsweise eine reine Adressfunktion hat oder wenn er vom Verkehr nur als beschreibende Angabe oder Gattungsbegriff verstanden wird (BGH GRUR 2009, 1055 Rn. 49 und 58 – airdsl.de, zu § 14; GRUR 2008, 912 Rn. 19 – Metrosex, zu §§ 14, 15). Dabei ist das zugrunde zu legende Verkehrsverständnis anhand des Domainnamens und des Inhalts der Domain zu ermitteln (BGH GRUR 2012, 832 Rn. 24 – ZAPPA). So kann letztlich nach Auffassung der angesprochenen Kreise in einem Domainnamen, der als Second Level Domain den Namen eines Künstlers enthält, in der Zusammenschau mit dem konkreten Inhalt der Seite eine ausschließlich beschreibende Angabe zu sehen sein (BGH GRUR 2012, 832 Rn. 20 ff. – ZAPPA betreffend die Domain „zappa.com"). Bei einer Titelverletzung ist es erforderlich, dass die angegriffene Domain als titelmäßige Benutzung für die aktive Website und damit als Bezeichnung eines Werkes zur Unterscheidung von anderen Werken zu verstehen ist. Dies ist insbesondere bei Domains zu bejahen, auf deren Web-Seiten redaktionelle Inhalte und Informationen (zB Internetzeitungen oder Online-Datenbanken) angeboten werden (zB OLG Hamburg, GRUR-RR 2004, 104 (107) – ELTERN).

104 Ein **rein firmenmäßiger Gebrauch** des angegriffenen Domainnamens, der ggf. mangels markenmäßiger Benutzung nicht als Markenverletzung zu werten wäre (→ § 14 Rn. 85 ff.), wird bei aktiv verwendeten Websites regelmäßig nicht vorliegen, da durch die entsprechenden Internetseiten meistens ein für eine markenmäßige Benutzung ausreichender Bezug zu

dem konkreten Waren/Dienstleistungsangebot des Verletzers hergestellt wird (BGH GRUR 2009, 1055 Rn. 59 – airdsl).

In den Fällen, in denen über den Domainnamen keine Inhalte abgerufen werden können, **105** weil dieser **bislang nur registriert** wurde oder sich nur ein „Baustellen-Hinweis" auf der Website befindet, wird allgemein keine rechtsverletzende Benutzung angenommen (zB BGH GRUR 2009, 484 Rn. 64 – Metrobus; GRUR 2008, 912 Rn. 16 – Metrosex; GRUR 2005, 687 (688 f.); anders bei § 12, → Rn. 139). Die Begründung ist allerdings nicht einheitlich. Überzeugend ist das Argument, dass es in Fällen der bloßen Registrierung einer Domain und in vergleichbaren Fällen ohne aktive Website an der erforderlichen Benutzung „für Waren und Dienstleistungen" bei § 14 (→ § 14 Rn. 84 ff.) bzw. an der erforderlichen Benutzung „in einer Branche" bei §§ 15, 5 Abs. 2 bzw. an dem erforderlichen Bezug zu einem titelschutzfähigem Werk bei §§ 15, 5 Abs. 3 als Teil des Begriffs einer kennzeichenmäßigen Benutzung fehlt (Ingerl/Rohnke Nach § 15 Rn. 112, 146). Zudem fehlt es schlichtweg an bestimmten Waren/Dienstleistungen (bei § 14) oder einer bestimmten Branche bzw. einem bestimmten Werk (bei § 15), die der Prüfung der Ähnlichkeit der Waren/Dienstleistungen oder der Branchenähnlichkeit bzw. Werknähe zugrunde gelegt werden müsste(n).

Eine rechtsverletzende Benutzung kann aber dann angenommen werden, wenn die bloße **106** Registrierung einer Domain oder das bloße Halten der Registrierung **für sich genommen schon eine Rechtsverletzung darstellt** und nicht erst die Benutzung der Domain für ein konkretes Internetangebot (vgl. BGH GRUR 2010, 235 Rn. 24 – AIDA/AIDU; GRUR 2008, 912 Rn. 37 – Metrosex; GRUR 2007, 888 Rn. 13 – Euro Telekom), was der Fall ist, wenn jede Verwendung des beanstandeten Domain-Namens die Voraussetzungen für eine Verletzung des älteren Kennzeichenrechts erfüllt. Die Ausnahme kommt daher nur in Betracht bei sehr bekannten Marken, deren Unterscheidungskraft oder Wertschätzung durch jede Benutzung für alle denkbaren Waren und Dienstleistungen ausgenutzt oder beeinträchtigt wird, und bei Marken mit einem sehr breiten Verzeichnis, das Schutz praktisch für alle Waren und Dienstleistungen beansprucht. Auch eine allein mit der Absicht erfolgte Registrierung, eine Domain für einen mit Inhalten versehenen Internetauftritt zu benutzen, stellt keine Verletzungshandlung dar, solange nicht feststeht, dass die Domain für eine mit Inhalten versehenen Internetauftritt benutzt wurde (BGH GRUR 2016, 810 Rn. 28 – Profitbricks.es).

Im Falle der bloßen Registrierung einer Domain besteht allenfalls ein **vorbeugender** **107** **Unterlassungsanspruch** aufgrund Erstbegehungsgefahr wegen drohender Benutzung für eine aktive Website. Dabei muss die Erstbegehungsgefahr auf eine konkrete Verletzungshandlung gerichtet sein (→ § 14 Rn. 583). Die die Erstbegehungsgefahr begründenden Umstände müssen die drohende Verletzungshandlung so konkret abzeichnen, dass sich für alle Tatbestandsmerkmale zuverlässig beurteilen lässt, ob sie verwirklicht sind (BGH GRUR 2008, 912 Rn. 17 – Metrosex), zB weil sich aus Ankündigungen des Domaininhabers erkennen lässt, welche Benutzung der Domain er konkret beabsichtigt. Dagegen fehlt es an einer konkreten Verletzungshandlung, wenn der Domainname in einer Weise verwendet werden kann, dass der Verkehr ihn als beschreibende Angabe versteht (BGH GRUR 2009, 484 Rn. 64 – Metrobus).

Kein in diese Gruppe einzuordnender Fall ist die Verwendung eines Domainnamens zum **108** sofortigen Weiterleiten auf eine andere Website. Zwar ist unter der **weiterleitenden Domain** an sich kein (eigener) Inhalt abrufbar, durch die Weiterleitung wird jedoch der dabei verwendete Domainname zur Bezeichnung und damit auch zur markenmäßigen Kennzeichnung des im Ergebnis durch Eingabe der Domain abrufbaren Inhalts verwendet. Bei der automatischen Weiterleitung von einer Domain zu einer anderen wird der Verkehr daher in einem unterscheidungskräftigen Domainnamen einen Hinweis auf die betriebliche Herkunft der angebotenen Leistungen sehen (BGH GRUR 2009, 1055 Rn. 60 – airdsl, zu § 14), sofern unter der zweiten Domain ein Waren- oder Dienstleistungsangebot abrufbar ist.

In gleicher Weise ist es eine markenmäßige Benutzung, wenn – wie beispielsweise beim **109** sog. **Domain-Parking** – auf der unter dem fraglichen Domainnamen erreichbaren Internetseite elektronische Werbeverweise zu einem entsprechenden Produktangebot Dritter führen. Dann versteht der Verbraucher den Domainnamen im Regelfall als Hinweis auf die Herkunft der Produkte, die unter den auf der Internetseite befindlichen Werbeverweisen angeboten werden. Die Verwendung einer vermeintlich aufklärenden Überschrift wie „Gesponserte Links" ändert daran nichts (BGH GRUR 2011, 617 Rn. 19 – Sedo; vgl. aber auch LG Frankfurt a.M. BeckRS 2013, 11641).

110 Das **Anbieten eines Domainnamens zum Verkauf** hingegen stellt keine rechtsverletzende Benutzung dar, da dieser dabei nicht zur Kennzeichnung eines Unternehmens oder der von ihm angebotenen Waren oder Dienstleistungen verwendet wird. Vielmehr handelte es sich lediglich um ein Angebot zum Erwerb des Domainnamens, jedoch nicht um ein geschäftliches Handeln unter dem Domainnamen (BGH GRUR 2009, 685 Rn. 30 – ahd.de; bestätigt durch BGH GRUR 2016, 810 Rn. 25 – Profitbricks.es).

3. Verletzungstatbestände

111 **a) Doppel-Identität bei Markenverletzung.** § 14 Abs. 2 Nr. 1 kommt nur in Betracht, wenn ein Fall der Doppel-Identität vorliegt. Fraglich ist, ob die Top Level Domain in die Beurteilung der Ähnlichkeit der Zeichen einzubeziehen ist. Dies hat der BGH bejaht. So stelle der angegriffene Domainname „soco.de" gegenüber dem Kennzeichen „SoCo" keine identische Verletzungsform dar (BGH GRUR 2005, 262 (263) – soco.de zu § 15 Abs. 2; vgl. auch BGH GRUR 2009, 1055 Rn. 66 – airdsl, wo zwischen der Klagemarke air-dsl und den Domainnamen airdsl.de und air-dsl.de eine hochgradige Ähnlichkeit im Rahmen des § 14 Abs. 2 Nr. 2 angenommen wird, ohne auf § 14 Abs. 2 Nr. 1 einzugehen). Wohl wird man aber angesichts der **Lockerung des Begriffs der Zeichenidentität** (→ § 14 Rn. 251) bei der bloßen Hinzufügung einer Top Level Domain den Tatbestand einer identischen Verletzung zu bejahen haben, wenn die Second Level Domain für sich genommen identisch mit der Marke ist (so Ingerl/Rohnke Nach 15 Rn. 127).

112 **b) Verwechslungsgefahr.** Die Beurteilung, ob Verwechslungsgefahr zwischen einem Domainnamen als Kollisionszeichen und der Marke/geschäftlichen Bezeichnung gemäß § 14 Abs. 2 Nr. 2 bzw. § 15 Abs. 2 besteht, erfolgt nach den allgemeinen Grundsätzen. Maßgeblich ist auch hier, dass die einzelnen zu berücksichtigenden Faktoren (insbesondere Kennzeichnungskraft der Marke/geschäftlichen Bezeichnung, Waren-/Dienstleistungsähnlichkeit, Zeichenähnlichkeit) zueinander in einer **Wechselbeziehung** stehen mit der Folge, dass ein geringerer Grad eines Faktors durch den höheren Grad eines anderen Faktors ausgeglichen werden kann.

113 Fraglich ist, ob man bei der Prüfung der Verwechslungsgefahr auf ein spezielles **Verkehrs- und/oder Internetverständnis** abstellen muss. Dies ist grundsätzlich zu verneinen: da die Nutzung des Internet inzwischen in allen Bevölkerungsgruppen zum Alltag gehört (so auch Ingerl/Rohnke Nach § 15 Rn. 129), kommt es für die Bestimmung der maßgeblichen Verkehrskreise wie bei sonstigen Fällen auch auf die vom jeweiligen konkreten Auftritt angesprochenen Verkehrskreise an. Dies können im Einzelfall auch (nur) Fachkreise sein.

114 Hinsichtlich der **Zeichenähnlichkeit** gelten die allgemeinen Grundsätze und damit insbesondere die Prägetheorie. So sind der Header „www" und die Top Level Domain bei der Beurteilung der Ähnlichkeit einer Marke/geschäftlichen Bezeichnung und einer Domain regelmäßig zu vernachlässigen, da diese eine rein funktionale Bedeutung haben (BGH GRUR 2009, 1055 Rn. 66 – airdsl; GRUR 2009, 685 Rn. 26 – ahd.de). Geringfügige Abweichungen in der Schreibweise wie zB Groß- oder Kleinschreibung und mit oder ohne Bindestrich ändern wie auch sonst nichts an einer im Übrigen bestehenden Ähnlichkeit. Dies gilt auch bei sog. „Tippfehler-Domains", die sich absichtlich eng an den Namen bekannter Webseiten anhängen, um die Internetnutzer umzuleiten (vgl. LG Hamburg GRUR-RR 2007, 44 (45) – bundesliga.de, zu § 12 BGB).

115 Im Domainrecht kann die Beurteilung der **Waren-/Dienstleistungsähnlichkeit** bzw. der **Branchennähe** im Einzelfall Schwierigkeiten bereiten. Grundsätzlich sind die unter der Domain auf der Website angebotenen Waren/Dienstleistungen bzw. die angebotene Tätigkeit maßgeblich. Der Betrieb einer Website als solches ist daher nicht die maßgebliche Dienstleistung, da sonst zwischen allen Websites unabhängig von deren Inhalt eine Dienstleistungsähnlichkeit/Branchennähe bestünde. Zwar kann eine Dienstleistung durchaus nur über das Internet erfolgen und die dort angebotenen Inhalte das Angebot darstellen wie zB bei reinen Internetzeitungen oder Online-Datenbanken. Auch dann ist aber nicht die Website als solches die Dienstleistung, sondern stellen die dort angebotenen Inhalte das Angebot dar (vgl. zB BGH GRUR 2009, 685 Rn. 27 – ahd.de). Bei geparkten Domains, die eine große Anzahl an „sponsored links" zu einem bestimmten Themenkreis beinhalten, wird es sich in der Regel um eine Informationsdienstleistung zum betroffenen Sachgebiet handeln (so Ingerl/Rohnke Nach § 15 Rn. 139).

Bei der Beurteilung der **Werknähe** steht einem Angebot unter der angegriffenen Domain häufig ein Werk in Printform gegenüber. In diesen Fällen kommt es nach der Rechtsprechung entscheidend auf die inhaltlichen Übereinstimmungen an. Handelt es sich um Werke mit identischem oder ähnlichem Inhalt, ist eine Werknähe regelmäßig zu bejahen, wie zB zwischen dem älteren Titel „ELTERN" für eine Zeitschrift und einem Informationsangebot zu diesem Thema unter der Domain „eltern-online.de" (vgl. OLG Hamburg GRUR-RR 2004, 104 (107) – ELTERN; weitere Beispiele unter Ingerl/Rohnke Nach § 15 Rn. 157). **116**

c) **Bekannte Kennzeichen.** Ob die Verwendung eines Domainnamens eine Verletzung einer bekannten Marke begründen kann, ist nach den allgemeinen Kriterien zu prüfen. Nach der „shell.de"-Entscheidung des BGH beeinträchtigt regelmäßig bereits die Verwendung einer bekannten Marke als Domainname für das eigene Angebot die Unterscheidungskraft iSv § 14 Abs. 2 Nr. 3 (BGH GRUR 2002, 622 (625) – shell.de). Auch wenn es um den Schutz bekannter Kennzeichen geht, stehen dem Inhaber eines derartigen Kennzeichens dieselben Ansprüche zu wie beim Bestehen „bloßer" Verwechslungsgefahr zwischen Domainname und nicht bekanntem Kennzeichen und daher besteht insbesondere kein Anspruch auf Verzicht einer Domain (→ Rn. 128). **117**

4. Besonderheiten bei Einwendungen und Einreden des Domaininhabers

Der Domaininhaber kann sich gegenüber dem Markeninhaber ggf. auf § 23 bzw. § 24 berufen, soweit deren Voraussetzungen bezüglich der Verwendung des Domainnamens vorliegen. Insoweit gelten die allgemeinen Anforderungen. Ferner kommen Verjährung oder Verwirkung in Betracht, was an dieser Stelle mangels domainrechtstypischer Besonderheiten keiner Vertiefung bedarf. **118**

a) **Besonderheiten in Bezug auf § 23.** Auf § 23 Nr. 1 kann sich der Domaininhaber berufen, wenn er über ein eigenes Namensrecht verfügt und der Domainname diesem Namen entspricht. Der Begriff des „Namens" umfasst dabei nicht nur den bürgerlichen Namen, sondern auch jedes Unternehmenskennzeichen (→ § 23 Rn. 13). Die Vorschrift hat vor allem im Gleichnamigenrecht ihren Anwendungsbereich (→ Rn. 163 ff., → § 23 Rn. 14 ff.). **119**

§ 23 Nr. 2 erfasst die Fälle, in denen der angegriffene Domainname zwar prinzipiell kennzeichenmäßig benutzt wird, aber gleichwohl als beschreibende Angabe zu verstehen ist. Relevant wird diese Vorschrift, wenn der Domaininhaber ein fremdes Kennzeichen in die Domain aufgenommen hat und sich dabei darauf beruft, er verwende das Kennzeichen lediglich zur Beschreibung der Art und Beschaffenheit seines eigenen Angebots. Soweit eine gezielte kennzeichenmäßige Verwendung des fremden Kennzeichens erfolgt, wird jedoch in der Regel ein Verstoß gegen die guten Sitten vorliegen (so Ingerl/Rohnke Nach § 15 Rn. 166 mit Verweis auf BGH GRUR 2009, 1162 Rn. 62 – DAX; → § 23 Rn. 33 ff.). **120**

Von größerer Bedeutung in Bezug auf Domainnamen ist § 23 Nr. 3. Derjenige, der Zubehör oder Ersatzteile für Markenprodukte eines Dritten vertreibt, hat naturgemäß ein Interesse daran, die bestimmungsgemäße Verwendung der eigenen Produkte herauszustellen, wofür sich auch die Aufnahme des fremden Kennzeichens in den eigenen Domainnamen eignet. Die Schutzschranke des § 23 Nr. 3 greift aber nur dann ein, wenn gerade die Aufnahme in die Domain „notwendig" ist (→ § 23 Rn. 43), was wohl nur ausnahmsweise der Fall sein dürfte und zu verneinen ist, wenn das fremde Kennzeichen der einzige unterscheidungskräftige Bestandteil in der Internetadresse ohne jeglichen Zusatz ist, der darauf schließen lässt, dass es sich nur um eine Bestimmungsangabe der angebotenen Waren/Dienstleistungen handelt (OLG Düsseldorf GRUR-RR 2007, 102 (103) – Peugeot-Tuning). **121**

b) **Besonderheiten in Bezug auf § 24.** Auf Erschöpfung gemäß § 24 Abs. 1 kann sich nur derjenige berufen, der Waren unter Verwendung der Marke des Markeninhabers ver- **122**

MarkenG § 15 Teil 2 Voraussetzungen, Inhalt und Schranken etc.

treibt, da die Vorschrift nach ihrem eindeutigen Wortlaut auf Dienstleistungen keine Anwendung findet (→ § 24 Rn. 1).

123 Da jedoch bei erschöpften Waren auch ein Ankündigungsrecht besteht und Waren bei ihrem Weitervertrieb durch Dritte daher grundsätzlich unter ihrer Marke beworben werden können (vgl. zB BGH GRUR 2007, 784 Rn. 20 – AIDOL), kann uU auch die Aufnahme der Marke in einen Domainnamen vom Einwand der Erschöpfung gedeckt sein (Ingerl/Rohnke Nach § 15 Rn. 168). Dies setzt allerdings voraus, dass der Domainname eine konkrete Bezugnahme auf die entsprechenden Originalprodukte darstellt, was nicht mehr der Fall ist, wenn der Domainname nicht mehr nur produktbezogen, sondern auch unternehmensbezogen ist oder unter dem Domainnamen auch andere als die entsprechenden Originalprodukte angeboten werden (BGH GRUR 20007, 784 – AIDOL zur Verwendung von Metatags und Weiß-auf-Weiß-Schrift).

5. Rechtsfolgen

124 **a) Ansprüche auf Unterlassung, Auskunft und Schadensersatz.** Im Falle des Bestehens einer Wiederholungs- oder Erstbegehungsgefahr steht dem Markeninhaber gegen die Verwendung des Domainnamens als Kollisionszeichen gemäß §§ 14 Abs. 5, 15 Abs. 4 ein entsprechender **Unterlassungsanspruch** zu (zu den allgemeinen Voraussetzungen → § 14 Rn. 536 f.). Ein Anspruch aus §§ 14, 15 auf Unterlassung kann aber regelmäßig nicht auf das – unbeschränkte – Verbot der Benutzung eines bestimmten Domainnamens gerichtet sein und damit nicht die Verwendung für jedwede Waren/Dienstleistungen bzw. jede erdenkliche Branche oder jedes erdenkliche Werk verboten werden (anders bei § 12 BGB, → Rn. 167). Ein entsprechender Klageantrag wäre daher zum Teil unbegründet. So besteht gemäß §§ 14, 15 ein Anspruch auf Unterlassung nur innerhalb des geschäftlichen Verkehrs und auch nur bezogen auf die identischen und/oder ähnlichen Waren und Dienstleistungen. Ein Anspruch auf ein uneingeschränktes Verbot der Benutzung einer Domain (im geschäftlichen Verkehr) ist nur gegeben, wenn schon die Registrierung der Domain oder das Halten der Registrierung als solches die Rechtsverletzung begründet (vgl. BGH GRUR 2009, 685 Rn. 36 – ahd.de; GRUR 2008, 912 Rn. 37 – Metrosex; GRUR 2007, 888 Rn. 13 – Euro Telekom; → Rn. 106).

125 Besonderes Augenmerk ist bei der gerichtlichen Geltendmachung auf die **Antragsfassung** zu richten. Häufig anzutreffende Anträge wie „... es zu unterlassen, Domainnamen mit dem Bestandteil „xy" zu verwenden" können keinen Erfolg haben, da sie auch solche Verwendungen beinhalten, die ohne weiteres zulässig wären. Allerdings dürfte sich ein Unterlassungsanspruch wohl nicht nur gegen die konkret verwendete Second Level Domain mit einer bestimmten Top Level Domain (zB .de), sondern auch gegen die identische Second Level Domain mit anderen Top Level Domains, sofern hinsichtlich weiterer Top Level Domains, insbesondere.com oder .org eine Erstbegehungsgefahr angenommen wird. Auch muss der Unterlassungsantrag eine Beschränkung auf den geschäftlichen Verkehr und – jedenfalls im Normalfall (zur Ausnahme → Rn. 125 aE) – die unter der streitgegenständlichen Domain konkret angebotenen Waren/Dienstleistungen oder die darunter ausgeübten Tätigkeiten oder das damit gekennzeichnete Werk enthalten.

126 Hinsichtlich der **Ansprüche auf Schadensersatz und Auskunft** bestehen keine Besonderheiten (BGH GRUR 2009, 685 Rn. 34 – ahd.de). Zu betonen ist, dass in den Ausnahmefällen, in denen bereits aufgrund der Registrierung eines Domainnamens zwar eine Erstbegehungsgefahr für eine Kennzeichenverletzung besteht, Auskunfts- und Schadensersatzansprüche mangels erfolgter Verletzung gleichwohl nicht in Betracht kommen.

127 **b) Anspruch auf Übertragung oder Verzicht bzw. Löschung der Domain.** Der Markeninhaber wird primär daran interessiert sein, den Domainnamen auf sich übertragen zu lassen oder zumindest den Benutzer des Domainnamens zu einem Verzicht zu verpflichten. Entsprechende Ansprüche gibt es – jedenfalls aufgrund einer Kennzeichenverletzung (anders bei einer Namensverletzung; → Rn. 168) – aber nicht.

128 Für einen **Übertragungsanspruch** fehlt es bereits an einer Anspruchsgrundlage (BGH GRUR 2002, 622 (626) – shell.de). Aber auch ein **Anspruch auf Verzicht oder Löschung** eines rechteverletzenden Domainnamens – vergleichbar mit der Löschung einer Firma aus dem Handelsregister – als Teil des allgemeinen Störungsbeseitigungsanspruchs kommt nur ausnahmsweise in Betracht. Voraussetzung ist nämlich, dass schon die Registrierung der Domain oder das Halten der Registrierung für sich gesehen eine Rechtsverletzung darstellt (grundlegend BGH GRUR 2007, 888 Rn. 13 – Euro Telekom; entsprechend zB auch BGH GRUR 2012, 304 Rn. 236 – Basler Haarkosmetik; GRUR 2008, 912 Rn. 37 – Metrosex). Dies ist bei den §§ 14, 15 aber nur dann der Fall, wenn jede Benutzung der Domain zugleich den Verletzungstatbestand der § 14 bzw. § 15 erfüllen würde und damit auch eine Verwendung für Waren/Dienstleistungen, die unähnlich sind, oder eine Verwendung außerhalb der Branchennähe bzw. Werknähe eine Verletzungshandlung begründen würde. Daran wird es aber in der Regel fehlen (→ Rn. 106). Auf der Basis der §§ 14, 15 kann daher ein Verzicht gegenüber der Vergabestelle bzw. eine Löschung der Domain grundsätzlich nicht verlangt werden (anders bei § 12 BGB; → Rn. 168). Diese Rechtsfolge ist logische Konsequenz allgemeiner Rechtsgrundsätze, da die Beseitigung des rechtswidrigen Zustands nicht die Löschung der Domain erfordert, sondern nur die Einstellung der Benutzung der Domain für identische/ähnliche Waren/Dienstleistungen, für eine identische/ähnliche Branche bzw. für ein identisches/ähnliches Werk. Durch die Gewährung eines Anspruchs auf Verzicht bzw. Löschung würden auch zulässige Benutzungshandlungen (nämlich solche für nicht ähnliche Waren/Dienstleistungen, Branchen bzw. Werke) ausgeschlossen, so dass der Anspruch über das hinausgehen würde, was zur Beseitigung der Störung erforderlich ist.

IV. Verletzung von Namensrechten

1. Anwendbarkeit des § 12 BGB

Der Inhaber eines Namensrechts kann auch nach § 12 BGB gegen die Registrierung und **129** Benutzung eines Domainnamens vorgehen. Unproblematisch ist die Anwendbarkeit des § 12 BGB eröffnet, wenn der Anspruchsteller nicht die Verletzung eines nach den Vorschriften des Markenrechts geschützten Kennzeichens geltend macht, sondern eines nicht-geschäftlichen Namens wie zB den Namen natürlicher Personen oder von Gebietskörperschaften. Geht es hingegen um den Schutz eines nach den Vorschriften des Markenrechts geschützten Kennzeichens, so stellt sich die **Frage der Anwendbarkeit des § 12 BGB neben den §§ 14, 15.** Allerdings wird das Verhältnis nur dann relevant, wenn es sich bei dem älteren Kennzeichen um ein Unternehmenskennzeichen gemäß § 5 Abs. 2 handelt, da nur dieses zugleich als Name gemäß § 12 BGB geschützt sein kann. Handelt es sich hingegen bei dem älteren Kennzeichen um ein reines Produktkennzeichen, das als Marke (§ 4) oder Werktitel (§ 5 Abs. 3) geschützt ist, scheiden Ansprüche aus § 12 BGB von vornherein aus.

Der kennzeichenrechtliche Schutz nach § 15 geht in seinem Anwendungsbereich grund- **130** sätzlich dem Namensschutz des § 12 BGB vor (BGH GRUR 2002, 622 (623) – shell.de). Die Bestimmung des **§ 12 BGB bleibt jedoch anwendbar,** wenn der Funktionsbereich des Unternehmens ausnahmsweise durch eine Verwendung der Unternehmensbezeichnung außerhalb des Anwendungsbereichs des Kennzeichenrechts berührt wird. Nach der Rechtsprechung des BGH (GRUR 2014, 506 Rn. 8 – sr.de; GRUR 2012, 304 Rn. 32 – Basler Haarkosmetik; GRUR 2008, 1099 Rn. 10 – afilias.de; GRUR 2005, 430 f. – mho.de) ist dies der Fall,
- wenn die Unternehmensbezeichnung außerhalb des geschäftlichen Verkehrs benutzt wird,
- wenn die Unternehmensbezeichnung zwar im geschäftlichen Verkehr, aber außerhalb der Branche und damit außerhalb der kennzeichenrechtlichen Verwechslungsgefahr verwendet wird,
- oder wenn mit der Löschung des Domainnamens eine Rechtsfolge begehrt wird, die aus kennzeichenrechtlichen Vorschriften grundsätzlich nicht hergeleitet werden kann. In solchen Fällen kann der Namensschutz ergänzend gegen Beeinträchtigungen der Unternehmensbezeichnung herangezogen werden, die nicht mehr im Schutzbereich des Unternehmenskennzeichens liegen.

Das Namensrecht aus § 12 BGB ist daher von großer praktischer Bedeutung, da es dem Inhaber ein Vorgehen gegen einen Domainnamen auch dann ermöglicht, wenn dieser für eine private Website verwendet wird oder wenn der Verzicht auf den Domainnamen angestrebt wird.

2. Allgemeine Voraussetzungen

131 Registriert oder verwendet ein Nichtberechtigter ein fremdes Kennzeichen als Domainnamen, liegt darin eine **Namensanmaßung,** nicht eine Namensleugnung (BGH GRUR 2001, 622 (624) – shell.de). Anders als die Namensleugnung gemäß § 12 S. 1 Alt. 2 BGB ist die Namensanmaßung an weitere Voraussetzungen gebunden. Sie liegt nur vor, wenn ein Dritter unbefugt den gleichen Namen gebraucht, dadurch eine Zuordnungsverwirrung auslöst und schutzwürdige Interessen des Namensträgers verletzt werden (BGH GRUR 2008, 1099 Rn. 18 – afilias.de; → Rn. 139 ff.).

132 Ansprüche nach § 12 S. 1 Alt. 2 BGB gegen die Registrierung und Benutzung eines Domainnamens setzen außerdem voraus, dass der Anspruchsteller **Inhaber eines Namensrechts** ist. Insoweit kann auf die Ausführungen bei § 5 verwiesen werden. Das Namensrecht muss (noch) bestehen, dh es muss entstanden und darf nicht erloschen sein (→ § 5 Rn. 103 ff., → § 5 Rn. 134 ff.).

133 Geschützt ist zunächst der bürgerliche Name (vgl. BGH GRUR 2003, 897 f. – maxem.de) einer noch lebenden (vgl. BGH GRUR 2007, 168 – kinski.klaus.de) natürlichen Person, wobei **vor allem** der regelmäßig zur Unterscheidung dienende **Nachname** die weitaus gewichtigere Rolle spielt, denn die für einen eigenständigen Schutz des Vornamens erforderliche Individualisierung setzt nach der Rechtsprechung entweder eine überragende Bekanntheit der betreffenden Person voraus oder aber eine erhebliche Kennzeichnungskraft des Vornamens (BGH GRUR 1983, 262 f. – Uwe). Folglich kann der **Vorname** nur als Teil eines bekannten Künstlernamens uU entsprechenden Schutz genießen oder dann, wenn er außergewöhnlich oder gar einzigartig ist (BGH GRUR 2009, 608 Rn. 12 – raule.de).

134 Daneben kommt auch ein Schutz für **Pseudonyme** in Betracht, jedoch nur bei Verkehrsgeltung (BGH GRUR 2003, 897 f. – maxem.de). Hinsichtlich des Nachnamens gelten diese Einschränkungen nicht; auch Allerweltsnamen (BGH GRUR 2008, 801 Rn. 14 – Hansen-Bau, zur Unterscheidungskraft eines aus einem Namen gebildeten Firmenkennzeichens) sowie Nachnamen, die zugleich generische Bezeichnungen darstellen (Müller), sind nach zutreffender Auffassung (so auch Ingerl/Rohnke Nach § 15 Rn. 76) durch § 12 BGB geschützt; der Ausgleich erfolgt hier im Rahmen der Interessenabwägung.

135 Praxisrelevant ist zudem der Umstand, dass ein Unternehmenskennzeichen nicht nur ein Kennzeichenrecht nach §§ 5, 15 beinhaltet, sondern auch ein Namensrecht nach § 12 BGB. Nach § 12 BGB ist daher sowohl die Firma als auch kennzeichnungskräftige Firmenbestandteile und sonstige Unternehmensbezeichnungen geschützt (BGH GRUR 2002, 622 (624) – shell.de). Auch **ausländische Unternehmen** können diesen Schutz grundsätzlich in Anspruch nehmen, allerdings erst nach einer Ingebrauchnahme des Firmennamens im Inland (BGH GRUR 2008, 1099 Rn. 16 – afilias.de). Namensschutz für ein Unternehmenskennzeichen setzt allerdings hinreichende Unterscheidungskraft voraus (BGH GRUR 2012, 304 Rn. 35 – Basler Haarkosmetik); ebenso wie ein Unternehmenskennzeichenrecht an rein beschreibenden Begriffen nicht entsteht, gilt dies auch für das entsprechende Namensrecht.

136 Auch **Stiftungen** können sich auf Namensrechte gemäß § 12 BGB berufen. Dabei ist jedoch nach OLG Jena BeckRS 2013, 06043 (Nichtzulassungsbeschwerde anhängig unter I ZR 213/12) zwischen einer rechtsfähigen Stiftung und einer unselbständigen Stiftung zu unterscheiden. Während bei ersterer im Hinblick auf § 80 BGB bereits die Anerkennung als rechtsfähige Stiftung zum Entstehen des Namensschutzes ausreiche, entstehe das Namensrecht einer unselbständigen Stiftung erst mit der Benutzung des Namens im Verkehr.

137 Auf § 12 BGB können sich außerdem **Gebietskörperschaften** berufen, wenn ihr Name als Domainname verwendet wird (BGH GRUR 2007, 259 Rn. 14 – solingen.info; GRUR 2006, 158 Rn. 13 – segnitz.de; KG GRUR-RR 2013, 487 – berlin.com). Dies soll nach KG GRUR-RR 2013, 490 – aserbaidschan.de – auch für ausländische Gebietskörperschaften hinsichtlich der für diese im Inland gemeinhin benutzte Bezeichnung (in Abgrenzung zu ihrer offiziellen Bezeichnung) gelten.

138 Nicht als Name geschützt sind hingegen **reine Produktkennzeichen,** insbesondere Marken. Ansprüche aus § 12 BGB scheiden daher immer dann aus, wenn der Anspruchsteller lediglich Inhaber eines Markenrechts ist. In diesem Fall kommen allenfalls Ansprüche gemäß § 823 BGB in Betracht (→ Rn. 90).

3. Voraussetzungen namensrechtlicher Ansprüche gegen die Verwendung eines Domainnamens

a) Unberechtigte Namensanmaßung. aa) Namensgebrauch durch einen Dritten. 139
Grundsätzlich liegt schon in der **Registrierung eines Domainnamens** ein Namensgebrauch. Denn der berechtigte Namensträger wird dadurch, dass ein Dritter den Namen als Domainnamen unter einer bestimmten Top-Level-Domain registriert und registriert hält, von der eigenen Nutzung des Namens als Domainname unter dieser Top-Level-Domain ausgeschlossen (BGH GRUR 2008, 1099 Rn. 19 – afilias; GRUR 2002, 622 (624) – shell.de). Es ist daher für einen Schutz nach § 12 BGB nicht erforderlich, dass der Domainname zu einer aktiven Website führt, auf der konkrete Inhalte abrufbar sind. Dies gilt unabhängig von der Top-Level-Domain und damit nicht nur bei der Top-Level-Domain „de", sondern auch bei „.com", „.org" und „.us" sowie „.es" etc. (BGH GRUR 2016, 810 Rn. 41 – Profitbricks.es).

Ein Namensgebrauch durch eine bloße Registrierung ist aber zu verneinen, wenn die 140 Domain selbst keine namensmäßige Unterscheidungskraft aufweist und ein Hinweis auf eine bestimmte Person oder ein bestimmtes Unternehmen erst über den Seiteninhalt festgestellt werden kann. Dies ist regelmäßig der Fall bei rein **beschreibenden Sachangaben** (vgl. zB BGH GRUR 2014, 506 Rn. 17 – sr.de; GRUR 2012, 832 Rn. 20 ff. – ZAPPA; LG Köln GRUR-RR 2009, 260 – welle.de).

bb) Unbefugter Gebrauch des Namens. Nur ein unbefugter Namensgebrauch kann 141 untersagt werden. Der Gebrauch eines Namens ist unbefugt, wenn dem Domaininhaber **keine eigenen Rechte** an ihm zustehen (BGH GRUR 2014, 506 Rn. 21 – sr.de; GRUR 2008 Rn. 20 – afilias) und er sich auch nicht auf fremde Rechte berufen kann. Verfügt der Domaininhaber über ein solches Recht, so ist § 12 BGB ausgeschlossen und es greift das sog. Recht der Gleichnamigen ein (→ Rn. 163 ff.).

Bei dem eigenen oder fremden Recht muss es sich um ein **Kennzeichen- oder Namens-** 142 **recht** an dem angegriffenen Zeichen handeln. Als Recht kommt der eigene Name in Betracht, aber auch Unternehmenskennzeichen, Marke oder Werktitel. Hingegen genügt eine Domain, dh ihre bloße Registrierung, nicht, da eine Domain als solches kein Kennzeichenrecht ist (BGH GRUR 2008, 1099 Rn. 21 f. – afilias; → Rn. 74). Durch die konkrete Benutzung kann aber ggf. ein Kennzeichenrecht des Domaininhabers entstanden sein (→ Rn. 78 ff.).

Nicht zwingend erforderlich ist, dass sich der Domaininhaber auf **deutsche Kennzei-** 143 **chen- oder Namensrechte** beruft. Ausreichen kann es, dass sich der Domaininhaber auf im Ausland bestehende Namens- oder Kennzeichenrechte berufen kann, die im Ausland begründet wurden. Bei einem Domainnamen, der mit einer länderspezifischen Top-Level-Domain wie „.de" gebildet ist, gilt dies aber nur, wenn der Domaininhaber für die Registrierung des (länderspezifischen) Domainnamens ein berechtigtes Interesse vorweisen kann (BGH GRUR 2013, 294 Rn. 24 – dlg.de).

Der Domaininhaber kann sich nach den allgemeinen Grundsätzen **auf Rechte Dritter** 144 **berufen** (→ Rn. 8, → § 14 Rn. 42 ff.). Denkbar ist insbesondere die Berufung auf ein Unternehmenskennzeichen eines Dritten aufgrund Gestattung oder eine Marke aufgrund einer Lizenz. Ein Fall der Gestattung liegt auch vor, wenn die Domainregistrierung mit Zustimmung eines verbundenen Unternehmens erfolgte (BGH GRUR 2006, 158 Rn. 16 – segnitz.de) oder der Domaininhaber hierzu ausdrücklich von dem Inhaber des Kennzeichenrechts beauftragt wurde wie zB bei einer Agentur (BGH GRUR 2007, 811 Rn. 12 – grundke.de). Eine solche Gestattung ist jedoch nicht schrankenlos zulässig. So hat der BGH eine Gestattung nach § 134 BGB, § 5 UWG für unwirksam gehalten, wenn sie zu einer Täuschung der Allgemeinheit und einer Verwirrung des Verkehrs führt (BGH GRUR 2002, 703 (704 f.) – VOSSIUS & PARTNER). Außerdem muss eine einfache und zuverlässige Möglichkeit bestehen, zu überprüfen, ob die Registrierung des Domainnamens tatsächlich im Auftrag des Namensträgers erfolgt ist (BGH GRUR 2009, 608 Rn. 9 – raule.de; GRUR 2007, 811 Rn. 19 – grundke.de). Hierdurch soll verhindert werden, dass sich der Domaininhaber erst im Falle der Inanspruchnahme durch einen Namensinhaber auf die Suche nach einem Gleichnamigen macht, der – zum Schein – ein Treuhandverhältnis bestätigt, um auf diese Weise dem Namensinhaber die Domain ohne schutzwürdige Interessen vorenthalten zu können.

145 Der Domaininhaber muss bereits **im Zeitpunkt der Registrierung der Domain** über ein (eigenes oder fremdes) Kennzeichenrecht verfügen (vgl. BGH GRUR 2008, 1099 Rn. 23 – afilias.de). Andernfalls ist der Namensgebrauch unbefugt, auch wenn der Domaininhaber später ggf. ein Kennzeichenrecht erwirbt. Der nachträgliche Erwerb eines Rechts am Domainnamen kann aber im Rahmen der Interessenabwägung zu berücksichtigen sein (→ Rn. 161 ff.).

146 **b) Durch den Namensgebrauch verursachte Zuordnungswirrung.** Nach der Rechtsprechung des BGH verursacht die Verwendung eines fremden Namens als Internet-Adresse regelmäßig auch eine **Zuordnungsverwirrung,** weil der Verkehr in der Verwendung eines unterscheidungskräftigen, nicht sogleich als Gattungsbegriff verstandenen Zeichens als Internet-Adresse einen Hinweis auf den Namen des Betreibers des jeweiligen Internet-Auftritts sieht (BGH GRUR 2012, 304 Rn. 39 – Basler Haarkosmetik; GRUR 2008, 1099 Rn. 25 – afilias.de). Dass es zu Verwechslungen mit dem Namensträger kommt, ist demgegenüber nicht erforderlich (BGH GRUR 2003, 897 (898) – maxem.de). Wie beim Namensgebrauch (→ Rn. 139) genügt auch hier die **bloße Registrierung des Domainnamen**s. Die Zuordnungsverwirrung ist folglich nicht vom Inhalt der Website abhängig, sofern ein solcher überhaupt vorhanden ist. Daher können aufklärende Hinweise auf einer über die Domain abrufbaren Website eine durch den Namensgebrauch verursachte Zuordnungsverwirrung auch nicht aufheben, da sie bereits mit dem Aufrufen der Website eingetreten ist (vgl. BGH GRUR 2014, 506 Rn. 25 – sr.de; GRUR 2003, 897 (898) – maxem.de).

147 Die Namensanmaßung setzt nicht voraus, dass es um die Verwendung eines identischen Namens geht, der Name also mit der Second-Level-Domain des angegriffenen Domainnamens komplett oder nahezu übereinstimmt. Erforderlich ist lediglich, dass durch den Namensgebrauch eine Zuordnungsverwirrung eintritt. Sofern keine Identität besteht, ist dies aber bei der Interessenabwägung (→ Rn. 156) zu berücksichtigen.

148 Nicht gänzlich entschieden – und wohl eine Frage des Einzelfalls – ist, ob eine durch den Namensgebrauch in der Second Level Domain zu bejahende Zuordnungsverwirrung durch den Domainnamen selbst ausgeräumt werden kann. Dies kann zum einen der Fall sein, wenn die **Second Level Domain** neben dem geschützten Namen noch weitere Bestandteile enthält, die allerdings den Namen als solchen noch erkennen lassen. Hier kommt es maßgeblich auf den jeweiligen Zusatz und die damit verbundenen Erwartungen der angesprochenen Kreise an. Sofern der Eindruck vermittelt wird, es handle sich um einen vom Namensinhaber veranlassten oder zumindest autorisierten Domainnamen, ist eine Zuordnungsverwirrung zu bejahen (vgl. OLG Hamburg MMR 2008, 118 – m-blog; OLG München Magazindienst 2012, 425 = BeckRS 2012, 07095 – edw-info.de; offengelassen für dsds-news.de in OLG Köln BeckRS 2010, 9162).

149 Zwar ist nach Ansicht des BGH nicht auszuschließen, dass allgemeine, nicht länderspezifische **Top-Level-Domains** eine Zuordnung zu bestimmten Namensträgern durch die Second Level Domain entgegenwirken, wenn diese nicht den typischen Nutzern derartiger Top-Level-Domains zuzurechnen sind. Nicht von vornherein auszuschließen könnte dies etwa bei Top-Level-Domains wie „biz" (für business) oder „pro" (für professions) sein. Zu derartigen Domains gehört die Top-Level-Domain „info" jedoch nicht. Sie ist weder branchen- noch länderbezogen und grenzt auch anhand anderer Kriterien den Kreis der Namensträger nicht ein. Die allgemeine Top-Level-Domain „info" ist daher nicht geeignet, an der Zuordnung der Bezeichnung „solingen" zu der gleichnamigen deutschen Stadt als Namensträger etwas zu ändern (BGH GRUR 2007, 259 Rn. 18 f. – solingen.info).

150 **c) Verletzung schutzwürdiger Interessen des Namensinhabers.** Die Verletzung schutzwürdiger Interessen des Namensinhabers ist regelmäßig zu bejahen, wenn ein fremder Name als Internet-Adresse benutzt wird (vgl. BGH GRUR 2007, 259 Rn. 14 – solingen.info), allerdings vorbehaltlich einer stets durchzuführenden **Abwägung der beiderseitigen Interessen** (BGH GRUR 2008, 1099 Rn. 27 – afilias.de; GRUR 2005, 430 (431) – mho.de). Bei der Interessenabwägung spielen die folgenden Gesichtspunkte eine Rolle:

151 **aa) Erhebliche Beeinträchtigung der Interessen des Namensträgers.** Eine Verletzung schutzwürdiger Interessen ist nur dann zu bejahen, wenn mit der Registrierung des

Domainnamens eine erhebliche Beeinträchtigung der aus dem Kennzeichenrecht fließenden namensrechtlichen Befugnisse verbunden ist (vgl. BGH GRUR 2008, 912 Rn. 36 – Metrosex; GRUR 2005, 687 – weltonline.de). Andernfalls ist ein Anspruch aus § 12 BGB zu verneinen.

Wird der eigene Name durch einen Nichtberechtigten als Domainname unter der in Deutschland üblichen **Top-Level-Domain „.de"** registriert, sind die Interessen des Namensträgers erheblich beeinträchtigt, da die mit dieser Bezeichnung gebildete Internet-Adresse nur einmal vergeben werden kann (BGH GRUR 2012, 304 Rn. 39 – Baasler Haar-Kosmetik; GRUR 2008, 1099 Rn. 25 – afilias.de). Denn gemäß BGH habe jeder Träger eines unterscheidungskräftigen Namens das berechtigte, in der Regel mit einer größeren Zahl gleichnamiger Namensträger geteilte Interesse, mit dem eigenen Namen unter der im Inland üblichen und am meisten verwendeten Top-Level-Domain „.de" im Internet aufzutreten. Zwar müsse jeder Namensträger hinnehmen, dass ein anderer Träger dieses Namens ihm zuvorkommt und den Namen als Internet-Adresse für sich registrieren lässt. Er brauche aber nicht zu dulden, dass er auf Grund der Registrierung durch einen Nichtberechtigten von der Nutzung seines eigenen Namens ausgeschlossen wird (BGH GRUR 2003, 897 (898) – maxem.de). Von der Beeinträchtigung schutzwürdiger Interessen ist im Fall eines auf dem inländischen Markt tätigen deutschen Unternehmens, das von der Verwendung seines Namens als Domainnamen durch die Registrierung durch einen Nichtberechtigten ausgeschlossen wird, ohne weiteres auszugehen. Ein berechtigtes Interesse zur Verwendung der Top-Level-Domain „.de" kann aber auch bei einem ausländischen Unternehmen bestehen, das etwa unter diesem Domainnamen deutschsprachige Inhalte zugänglich machen möchte. Dies setzt allerdings voraus, dass entsprechende Interessen dargelegt werden (BGH GRUR 2016, 810 Rn. 45 – Profitbricks.es). 152

Wie die Interessen des Namensträgers bei **anderen Top-Level-Domains** zu gewichten sind, insbesondere bei international tätigen Unternehmen, für die eine .com oder die .eu-Domain ebenso oder sogar wichtiger als eine nationale Domain sein kann, ist bislang höchstrichterlich nicht entschieden. Gemäß einer Entscheidung des BGH kann auch ein schutzwürdiges Interesse für ein deutsches Unternehmen an der Verwendung von auf das Ausland bezogener länderspezifischer Top-Level-Domains (zB „.es") bestehen. Dies setzt allerdings voraus, dass das entsprechende Interesse konkret dargelegt und ggf. nachgewiesen wird (BGH GRUR 2016, 810 Rn. 45 – Profitbricks.es). Dasselbe gilt für Top-Level-Domains wie „.org" (vgl. BGH GRUR 2016, 810 Rn. 51 – Profitbricks.es). 153

Einer erheblichen Beeinträchtigung der Interessen des Namensträgers steht nicht entgegen, dass dieser **bereits unter einer anderen Top-Level-Domain** als einer .de-Domain im Internet erreichbar ist. Dies gilt nach der Rechtsprechung des BGH jedenfalls dann, wenn die es sich um die Top-Level-Domain „info" handelt. So erwarte der Verkehr, dass Unternehmen, die auf dem deutschen Markt tätig und im Internet präsent sind, unter der mit ihrem eigenen Namen als Second-Level-Domain und der Top-Level-Domain „.de" gebildeten Internet-Adresse auf einfache Weise aufgefunden werden können (BGH GRUR 2008, 1099 Rn. 25 – afilias.de). 154

Der Schutzwürdigkeit der Belange des Namensträgers steht auch nicht entgegen, dass er bereits Inhaber einer Domain ist, die eine der **üblichen Eingabevarianten** seines Namens enthält. Nach Ansicht des BGH entspricht es der Lebenserfahrung, dass Namen, insbesondere Unternehmensbezeichnungen, die aus mehreren Wörtern bestehen, als Domainnamen sowohl in der mit Bindestrich getrennten Schreibweise als auch zusammengeschrieben verwendet werden. Es existiert daher ein berechtigtes Interesse, unter den beiden üblichen Eingabevarianten eines Namens im Internet aufgefunden zu werden (BGH GRUR 2012, 304 Rn. 41 – Baasler Haar-Kosmetik; Kläger war bereits Inhaber der Domain „basler-haarkosmetik.de" und begehrte eine Löschung der Domain „baslerhaarkosmetik.de"). 155

Eine erhebliche Beeinträchtigung der Interessen dürfte hingegen regelmäßig in Fällen fehlen, in denen der angegriffene Domainname nicht den Namen (insbesondere das Firmenschlagwort) in identischer Form als Second-Level-Domain enthält, sondern wenn es lediglich um **ähnliche Domainnamen** geht. Dies gilt vor allem dann, wenn der Name des Berechtigten mit weiteren Bestandteilen kombiniert wird (vgl. BGH GRUR 2008, 912 Rn. 36 – Metrosex: Berechtigter an dem Firmenschlagwort „Metro" begehrt Löschung der Domain „metrosex.de"; GRUR 2005, 687 (689) – weltonline.de: Berechtigter an dem möglichen 156

Namen „DIE WELT" begehrt Löschung der Domain „weltonline.de") oder wenn eine Domain registriert wird, die aus einer fehlerhaften Schreibweise einer bereits zuvor registrierten Internetadresse gebildet ist (BGH GRUR 2016, 810 Rn. 48 – Profitbricks.es: profitbrick.de statt profitbricks.de). In diesen Fällen ist der Berechtigte nicht auf die angegriffene Domain angewiesen.

157 An einer Interessenbeeinträchtigung fehlt es auch bei der Registrierung eines Domainnamens, der aus der fehlerhaften Schreibweise einer bereits zuvor registrierten Internetadresse gebildet ist (sog. **Tippfehlerdomains**). Nach Ansicht des BGH hindert eine solche Registrierung den Namensinhaber nicht daran, seinen Namen in der richtigen Schreibweise als Internetadresse weiter zu benutzen (BGH GRUR 2014, 393 Rn. 22 – wetteronline.de). In solchen Fällen kommen aber wettbewerbsrechtliche Ansprüche in Betracht (→ Rn. 72).

158 Außerdem kann eine erhebliche Beeinträchtigung der Interessen des Namensinhabers zu verneinen sein, wenn der **Berechtigte gar kein Interesse hat, den angegriffenen Domainnamen selbst zu benutzen** (BGH GRUR 2014, 393 Rn. 22 – wetteronline.de). Mangels einer eigenen Nutzungsabsicht wird er nicht schon dadurch in seinen schutzwürdigen Interessen beeinträchtigt, dass die Internet-Adresse wie jede andere nur einmal vergeben werden kann und er daher von einer entsprechenden Nutzung ausgeschlossen wird, selbst wenn die Domain mit dem Namen identisch ist (BGH GRUR 2004, 619 (621) – kurtbiedenkopf.de). In diesen Fällen kann insbesondere keine Einwilligung in die Löschung der Domain verlangt werden (→ Rn. 168).

159 **bb) Schutzwürdige Belange des Nichtberechtigten.** Der Nichtberechtigte kann nur **ausnahmsweise** auf schützenswerte Belange verweisen, die im Rahmen der Interessenabwägung zu seinen Gunsten zu berücksichtigen sind (BGH GRUR 2014, 506 Rn. 28 – sr.de). Dies ist etwa der Fall, wenn die Registrierung des Domainnamens durch den Nichtberechtigten nur der erste Schritt im Zuge der für sich genommen rechtlich unbedenklichen Aufnahme einer entsprechenden Benutzung als Unternehmenskennzeichen ist (→ Rn. 160) oder aber wenn das Kennzeichen- bzw. Namensrecht des Berechtigten erst nach der Registrierung des Domainnamens durch den Domaininhaber entstanden ist (→ Rn. 161; BGH GRUR 2012, 304 Rn. 40 – Baasler Haar-Kosmetik). Ansprüche aus § 12 BGB bestehen dann nicht.

160 Eine **erste Ausnahme** wird für den **Fall der Registrierung einer Domain als Vorbereitungshandlung für einen Rechtserwerb des Domaininhabers** gemacht. Die Registrierung des Domainnamens durch den Nichtberechtigten ist dabei nur der erste Schritt im Zuge der – für sich genommen rechtlich unbedenklichen – Aufnahme einer entsprechenden Benutzung als Unternehmenskennzeichen. Dem liegt die Erwägung zu Grunde, dass es der Inhaber eines identischen Unternehmenskennzeichens im Allgemeinen nicht verhindern kann, dass in einer anderen Branche durch Benutzungsaufnahme ein Kennzeichenrecht an dem gleichen Zeichen entsteht. Ist ein solches Recht erst einmal entstanden, muss auch die Registrierung des entsprechenden Domainnamens hingenommen werden. Da es vernünftiger kaufmännischer Praxis entspricht, sich bereits vor der Benutzungsaufnahme den entsprechenden Domainnamen zu sichern, führt die gebotene Interessenabwägung dazu, dass eine der Benutzungsaufnahme unmittelbar vorausgehende Registrierung nicht als Namensanmaßung und damit als unberechtigter Namensgebrauch anzusehen ist (BGH GRUR 2005, 430 (431) – mho.de; bestätigt durch BGH GRUR 2008, 1099 Rn. 28 – afilias.de). Ob diese Grundsätze auch dann gelten, wenn der Registrierung des Domainnamens die Anmeldung und Eintragung einer entsprechenden Marke alsbald nachfolgt und der Domainname das Markenprodukt im Marktauftritt online begleiten soll, hat der BGH ausdrücklich offengelassen (BGH GRUR 2008, 1099 Rn. 28 – afilias.de, dort mit Nachweisen zum Diskussionsstand). Wann eine der Benutzungsaufnahme unmittelbar vorausgehende Registrierung anzunehmen ist, hat der BGH ebenfalls nicht abschließend geklärt (BGH GRUR 2008, 1099 Rn. 29 – afilias.de: drei Jahre jedenfalls zu lange).

161 Eine **weitere Ausnahme** ist geboten, wenn das Kennzeichen- bzw. Namensrecht des Berechtigten erst nach der Registrierung des Domainnamens durch den Domaininhaber entstanden ist (BGH GRUR 2008, 1099 Rn. 30 – afilias.de). Dabei wird sich der Anspruchsteller, der den angegriffenen Domainnamen als Unternehmenskennzeichen verwenden möchte, regelmäßig nicht auf ein schutzwürdiges Interesse berufen können. Er kann vor der

Wahl einer Unternehmensbezeichnung, die er auch als Internet-Adresse verwenden möchte, unschwer prüfen, ob der entsprechende Domainname noch verfügbar ist; ist der gewünschte Domainname bereits vergeben, wird es ihm oft möglich und zumutbar sein, auf eine andere Unternehmensbezeichnung auszuweichen. Die Interessenabwägung geht dann in aller Regel zu Gunsten des Domaininhabers aus. Anders ist aber zu entscheiden, wenn der Domaininhaber sich rechtsmissbräuchlich verhält; dann ist es ihm versagt, sich auf seine Rechte aus der Registrierung des Domainnamens zu berufen. Dies ist insbesondere der Fall, wenn der Domaininhaber den Domainnamen ohne ernsthaften Benutzungswillen in der Absicht registrieren ließ, diesen von dem Inhaber eines entsprechenden Kennzeichen- oder Namensrechts abkaufen zu lassen (BGH GRUR 2008, 1099 Rn. 33 – afilias.de). Aus einem Kennzeichen- bzw. Namensrecht kann daher regelmäßig nicht gegen eine zeitlich vorher vorgenommene Domainregistrierung vorgegangen werden.

Hat der Nichtberechtigte kein Interesse, die angegriffene Domain selbst nutzen zu wollen, **162** sondern beschränkt sich sein Interesse darauf, diesen zu veräußern, ist dieses im Rahmen der **Abwägung namenrechtlich relevanter Interessen** nicht schutzwürdig (BGH GRUR 2014, 506 Rn. 30 – sr.de).

d) **Gleichnamigenrecht.** Verfügt der Domaininhaber über ein eigenes Recht, ist der **163** Gebrauch des Namens nicht unbefugt (→ Rn. 141). Vielmehr stehen sich Gleichnamige gegenüber, die sich beide jeweils auf ein eigenes Kennzeichen- oder Namensrecht berufen können. Wie im allgemeinen Recht der Gleichnamigen (→ § 23 Rn. 14 ff.) ist auch hier eine **umfassende Abwägung der Interessen der Namensträger** vorzunehmen. Im Domainrecht sind die folgenden Besonderheiten zu beachten:

Kommen mehrere Personen als berechtigte Namensträger für einen Domain-Namen in **164** Betracht, gilt für die hinsichtlich der Registrierung ihres Namens als Internet-Adresse grundsätzlich das **Gerechtigkeitsprinzip der Priorität** (BGH GRUR 2007, 811 Rn. 16 – grundke.de; GRUR 2006, 159 Rn. 20 – hufeland.de). Diesen Grundsatz rechtfertigt der BGH mit der Fülle möglicher Konfliktfälle, die eine einfach zu handhabende Grundregel erfordern (BGH GRUR 2002, 622 (625) – shell.de). Es kommt für die Berechtigung, eine Domain registrieren zu lassen, folglich nicht auf den Zeitrang der sich gegenüberstehenden Kennzeichen- oder Namensrechte an. Wer den eigenen Namen oder das eigene Firmenschlagwort registriert, braucht daher anderen Trägern desselben Namens oder Firmenbestandteils in aller Regel nicht zu weichen.

Das Gebot der Rücksichtnahme kann es allerdings gebieten, dass der Domaininhaber **165** durch **aufklärende Hinweise** auf der ersten Internetseite, die sich für den Besucher öffnet, deutlich macht, dass es sich nicht um das Angebot des Anspruchstellers handelt (BGH GRUR 2002, 706 (708) – vossius.de).

Das Gerechtigkeitsprinzip der Priorität der Registrierung tritt nur unter besonderen **166** Umständen zurück (BGH GRUR 2006, 158 Rn. 13 – segnitz.de). So kann es dem Domaininhaber zugemutet werden, seiner Internet-Adresse einen **individualisierenden Zusatz** beizufügen, wenn der Name des Anspruchsteller eine überragende Bekanntheit genießt (BGH GRUR 2002, 622 (625) – shell.de). Derjenige, der den Namen eines berühmten Unternehmens eingibt, darf im Allgemeinen erwarten, dass er auf diese Weise relativ einfach an sein Ziel gelangt. Denn erfahrungsgemäß sind berühmte Unternehmen häufig unter dem eigenen Namen im Internet präsent und können – wenn sie auf dem deutschen Markt tätig sind – unter der mit der Top-Level-Domain „de" gebildeten Internet-Adresse auf einfache Weise aufgefunden werden. Das Interesse des Inhabers eines berühmten Namens, unter einer entsprechenden Domain auch im Internet erreichbar zu sein, überwiegt hier. Ungeklärt ist, ob auch in anderen Konstellationen einer besonderen Ungleichgewichtigkeit der Interessenlagen eine Ausnahme vom Gerechtigkeitsprinzip der Priorität der Registrierung angezeigt ist. Der BGH hat aber betont, dass ein Anspruch auf Einwilligung in die Löschung des Domainnamens nur besteht, wenn die Interessen des Domaininhabers an der Benutzung des streitgegenständlichen Domainnamens eindeutig hinter denjenigen des Antragstellers zurücktreten müssen (BGH GRUR 2011, 831 Rn. 36 – BBC).

4. Rechtsfolgen

Hinsichtlich der Rechtsfolgen gilt grundsätzlich dasselbe wie bei den §§ 14, 15 **167** (→ Rn. 124 ff.). Im Unterschied dazu kann der **Anspruch auf Unterlassung** gemäß § 12

MarkenG § 15 Teil 2 Voraussetzungen, Inhalt und Schranken etc.

BGB jedoch auf ein uneingeschränktes Verbot der Benutzung des angegriffenen Domainnamens gerichtet sein, da hier schon die Registrierung als solche oder das Halten der Registrierung die Namensverletzung begründet (vgl. die unbeanstandet gebliebenen Antragsfassungen in den Fällen BGH GRUR 2008, 1099 – afilias.de und GRUR 2007, 259 – solingen.info). Aus diesem Grund entstehen bei § 12 BGB auch bereits durch die bloße Registrierung oder dem Halten der Registrierung **Schadensersatzansprüche**.

168 Ein **Verzicht bzw. eine Löschung eines rechtsverletzenden Domainnamens** kann gemäß § 12 BGB stets verlangt werden, weil – anders als bei §§ 14, 15 (→ Rn. 128) – die den Berechtigten ausschließende Wirkung bei der unbefugten Verwendung eines fremden Namens als Domainnamen nicht erst mit der Benutzung der Domain, sondern bereits mit der Registrierung eintritt (BGH GRUR 2012, 304 Rn. 29 – Basler Haarkosmetik; GRUR 2002, 622 (626) – shell.de).

V. Passivlegitimierter Personenkreis

1. Allgemeines

169 Ob jemand als Täter, Mittäter, Teilnehmer oder Störer zu qualifizieren ist, richtet sich nach den allgemeinen Grundätzen (→ § 14 Rn. 622 ff.). Bei einer Rechtsverletzung durch die Registrierung und Benutzung eines Domainnamens kommen als passivlegitimierter Personenkreis insbesondere der Inhaber sowie der tatsächliche Benutzer des Domainnamens in Betracht, wenn dieser nicht zugleich Domaininhaber ist.

170 Der **tatsächliche Betreiber einer Internetseite** kann regelmäßig auch dann für eine von ihm zu verantwortende Verletzung von Kennzeichen- und Namensrechten in Anspruch genommen werden, wenn er nicht zugleich Domaininhaber ist. Liegen die Voraussetzungen einer Kennzeichen- oder Namensverletzung in seiner Person vor, ist der Betreiber daher ohne weiteres zu **Unterlassung der Benutzung des Domainnamens, Auskunft, Schadensersatz** und – soweit dem Betreiber möglich – zur Beseitigung verpflichtet. Eine Inanspruchnahme des (bloßen) Betreibers **auf Löschung einer Domain** dürfte indes regelmäßig ausgeschlossen sein, da er nicht in einer Vertragsbeziehung zur Domainvergabestelle steht und daher weder die erforderliche rechtliche noch tatsächliche Möglichkeit hat, eine aufgrund der Registrierung eines Domainnamens bestehende Verletzung zu unterbinden (vgl. BGH GRUR 2012, 304 Rn. 49 – Basler Haar-Kosmetik). Die Prüfung der rechtlichen Zulässigkeit einer bestimmten Domainbezeichnung fällt vielmehr grundsätzlich allein in den Verantwortungsbereich des jeweiligen Domainanmelders (BGH GRUR 2012, 304 Rn. 54 – Basler Haar-Kosmetik).

171 Für die Haftung des **Domaininhabers** ist zu unterscheiden: Wird eine **Rechtsverletzung bereits durch die Registrierung** der Domain begründet (so bei der Verletzung von Namensrechten, → Rn. 139), so kann der Domaininhaber als Täter auf Unterlassung der Benutzung des Domainnamens, Auskunft, Schadensersatz sowie auf Löschung der Domain (vgl. zB BGH GRUR 2007, 811 – grundke.de) in Anspruch genommen werden. Tritt eine Rechtsverletzung dagegen erst bei einer **Benutzung der Domain für eine aktive Website** ein (so bei der Verletzung von Kennzeichenrechten → Rn. 103) und hat der Domaininhaber den Inhalt der Seite nicht selbst gestaltet, kommt seine Inanspruchnahme außer in Fällen der Mittäterschaft oder Teilnahme nur als Störer (zum Begriff → § 14 Rn. 649 ff.) in Betracht. Die Störerhaftung ist von vornherein auf Ansprüche auf Unterlassung und Beseitigung beschränkt. Hat der Domaininhaber einem Dritten vertraglich die Nutzung seiner Domain überlassen (sog. **Domainpacht**), so kommen Ansprüche auf Unterlassung der Benutzung sowie auf Löschung des Domainnamens gemäß den Grundsätzen der Störerhaftung nur dann in Betracht, wenn ihm eine Verletzung zumutbarer Prüfungspflichten vorzuwerfen ist. Solche Prüfungspflichten setzen jedoch erst beim Vorliegen konkreter Anhaltspunkte für eine (drohende) Rechtsverletzung ein (BGH GRUR 2009, 1093 Rn. 20 ff. – Focus Online).

172 Wer Domaininhaber ist, lässt sich regelmäßig dem von der Vergabestelle geführten Register entnehmen (bezogen auf .de-Domains die von der DENIC geführte und auf der Website der DENIC einsehbare **„WHOIS-Datenbank"**). Die dortigen Einträge haben nach der Rechtsprechung des BGH zumindest eine deklaratorische Wirkung für die Frage, wer nach

außen als Vertragspartner der DENIC und damit als Inhaber des Domainnamens angesehen wird (BGH GRUR 2012, 417 Rn. 17 – gewinn.de). In materieller Hinsicht kann dieser Eintrag jedoch falsch sein, was zu **Berichtigungsansprüchen** des tatsächlich Berechtigten führen kann (BGH GRUR 2012, 417 Rn. 19 – gewinn.de).

2. Wichtige Fallgruppen

a) Admin-C. Nach Ziff. VIII. der DENIC-Domainrichtlinien (abrufbar unter http://www.denic.de/fileadmin/public/documents/DENIC-Domainrichtlinien.pdf), ist der administrative Ansprechpartner (kurz Admin-C) die vom Domaininhaber benannte natürliche Person, die als **Bevollmächtigter des Domaininhabers** berechtigt und gegenüber DENIC auch verpflichtet ist, sämtliche die Domain betreffenden Angelegenheiten verbindlich zu entscheiden. Dem Admin-C kommt eine besondere Bedeutung zu bei Domaininhabern, die ihren Sitz nicht in Deutschland haben, da er dann nach den DENIC-Richtlinien **Zustellungsbevollmächtigter** des Domaininhabers iSv § 184 ZPO ist, was voraussetzt, dass er in Deutschland ansässig ist und mit seiner Straßenanschrift angegeben sein muss.

Ein Anspruch gegen den Admin-C auf Löschung einer Domain kommt regelmäßig nur dann in Betracht, wenn eine Verantwortlichkeit als **Störer** (zum Begriff → § 14 Rn. 649 ff.) bejaht werden kann (eine Verantwortlichkeit als Täter oder Teilnehmer kommt regelmäßig nicht in Betracht, vgl. BGH GRUR 2012, 304 Rn. 43–47 – Basler Haar-Kosmetik). Allein aus der Funktion und Aufgabenstellung als Admin-C ergibt sich jedoch keine Störerhaftung (BGH GRUR 2012, 304 Rn. 52 – Basler Haar-Kosmetik). Eine **Prüfungspflicht** kann sich jedoch aus besonderen gefahrerhöhenden Umständen des Einzelfalls ergeben (BGH GRUR 2012, 304 Rn. 59 f. – Basler Haar-Kosmetik, bestätigt von BGH GRUR 2013, 294 Rn. 20 – dlg.de). Solche die Prüfungspflicht des Admin-C auslösende gefahrerhöhende Umstände sieht der BGH dann als gegeben an, wenn ein Domaininhaber zahlreiche freiwerdende Domains in einem automatisierten Verfahren ermittelt und registriert und daher keinerlei Prüfung hinsichtlich etwaiger Rechtsverletzungen vornimmt und sich der Admin-C vorher pauschal bereit erklärt hat, diese Funktion für eine große Zahl von Registrierungen zu übernehmen (BGH GRUR 2012, 304 Rn. 63 – Basler Haar-Kosmetik). Die abstrakte Gefahr einer Rechtsverletzung, die mit der Registrierung einer Vielzahl von Domainnamen verbunden sein kann, reicht insoweit aber nicht aus (BGH GRUR 2013, 294 Ls. 3 – dlg.de).

b) Domainvergabestelle. Die für die Registrierung von Domain-Namen unter der Top-Level-Domain „.de" zuständige DENIC ist vor der Registrierung nicht zur Prüfung verpflichtet, ob ein angemeldeter Domainname Rechte Dritter verletzt. Eine **Störerhaftung** besteht daher nicht (grundlegend BGH GRUR 2001, 1038 (1039 f.) – ambiente.de). Auch wenn die DENIC von einem Dritten nach der Registrierung darauf hingewiesen wird, dass ein registrierter Domainname seiner Ansicht nach ein ihm zustehendes Kennzeichenrecht verletzt, führt dies nach Ansicht des BGH zu **keiner generellen Prüfungspflicht**. Vielmehr ist ihre Prüfpflicht auf Fälle beschränkt, in denen die Rechtsverletzung offenkundig und für die DENIC ohne weiteres feststellbar ist. Dies ist befürwortet worden, wenn ihr ein rechtskräftiger gerichtlicher Titel vorliegt oder wenn die Rechtsverletzung derart eindeutig ist, dass sie sich ihr aufdrängen muss, weil es um die Verletzung einer berühmten Marke geht (BGH GRUR 2001, 1038 (1040 f.) – ambiente.de; bestätigt von BGH GRUR 2012, 651 – regierung-oberfranken.de). Eine offenkundige Namensrechtsverletzung liegt auch dann vor, wenn es sich bei dem als verletzt geltend gemachten Namen um die offizielle Bezeichnung der für die Verwaltung eines Regierungsbezirks zuständigen Behörde handelt und der beanstandete Domainname von einem in Panama ansässigen Unternehmen registriert worden ist (BGH GRUR 2012, 651 – regierung-oberfranken.de). Nachdem der BGH zunächst sehr hohe Anforderungen an eine Haftung der DENIC gestellt hat, hat sie praktisch keine Bedeutung erlangt. Mit dem letzten Urteil (BGH GRUR 2012, 651 – regierung-oberfranken.de) könnte die Rechtsprechung wieder eine andere Richtung einnehmen; auch ist nicht klar, in welchen Fällen von einer offenkundige Namensverletzung auszugehen ist.

Die genannten Grundsätze gelten auch für den Fall, dass es nach der Löschung einer rechteverletzenden Domain zu einer neuen Anmeldung derselben Domain kommt. So steht gemäß BGH dem Namensinhaber, der die Löschung eines Domain-Namens wegen Verletzung seiner Rechte veranlasst hat, ein Anspruch auf „Sperrung" des Domainnamens für jede zukünftige Eintragung eines Dritten nicht zu. Die für die Vergabe von Domain-Namen zuständige DENIC sei auch bei weiteren Anträgen Dritter auf Registrierung desselben Domainnamens grundsätzlich nicht zu der Prüfung verpflichtet, ob die angemeldete Bezeichnung Rechte des Namensinhabers verletzt (BGH GRUR 2004, 619 (621) – kurt-biedenkopf.de). Von einer entsprechend eingeschränkten Haftung dürfte auch bei **anderen Registrierungsstellen für Domains** auszugehen sein.

177 **c) Betreiber von Domain-Parking-Programmen.** Bietet ein Host-Provider seinen Kunden ein so genanntes Domain-Parking-Programm an, in das der Kunde unter seinem Domainnamen eine Internetseite mit elektronischen Werbeverweisen (Werbelinks) einstellen kann, bei deren Aufruf auf Grund vorher bestimmter Schlüsselwörter Werbung von Drittunternehmen erscheint, haftet der Diensteanbieter gemäß der Rechtsprechung des BGH **weder als Täter noch als Teilnehmer** von Kennzeichenverletzungen, wenn die Auswahl des Schlüsselworts ohne seine Mitwirkung oder Kenntnis erfolgt und dem Diensteanbieter die Kennzeichenverletzungen seines Kunden auch nicht bekannt sind (BGH GRUR 2011, 617 Rn. 23–34 – Sedo).

178 Den Anbieter trifft auch im Rahmen einer **Störerhaftung** nach Ansicht des BGH grundsätzlich keine allgemeine Pflicht, die in sein System von Kunden eingestellten Domainnamen auf Kennzeichenverletzungen zu prüfen, es sei denn, mit dem entsprechenden Programm des Diensteanbieters ist eine besondere Gefahr für die Verletzung von Kennzeichenrechten Dritter verbunden (BGH GRUR 2011, 617 Rn. 43 – Sedo). Ist das Geschäftsmodell eines Gewerbetreibenden von vornherein auf Rechtsverletzungen durch die Nutzer seiner Leistung angelegt oder fördert der Gewerbetreibende durch eigene Maßnahmen die Gefahr einer Nutzung, die in Rechte Dritter eingreift, ist er verpflichtet, die Gefahr auszuräumen Handelt es sich hingegen – wie bei dem (streitgegenständlichen Sedo-) Parking-Programm – um ein von der Rechtsordnung gebilligtes Geschäftsmodell, dürften dem Diensteanbieter keine Kontrollmaßnahmen auferlegt werden, die sein Geschäftsmodell gefährden oder seine Tätigkeit unverhältnismäßig erschweren (BGH GRUR 2011, 617 Rn. 45 – Sedo).

179 Der BGH verneint damit eine Haftung des Betreibers des Domain-Parking-Programms für eine Kennzeichenrechtsverletzung vor Kenntniserlangung. Da der Domain-Parking-Betreiber faktisch an der Gestaltung der geparkten Website durch die Setzung der Werbelinks mitwirkt, wird dessen Haftung bereits vor Kenntniserlangung aber teilweise bejaht (vgl. Ingerl/Rohnke Nach § 15 Rn. 227).

§ 16 Wiedergabe einer eingetragenen Marke in Nachschlagewerken

(1) Erweckt die Wiedergabe einer eingetragenen Marke in einem Wörterbuch, einem Lexikon oder einem ähnlichen Nachschlagewerk den Eindruck, daß es sich bei der Marke um eine Gattungsbezeichnung für die Waren oder Dienstleistungen handelt, für die die Marke eingetragen ist, kann der Inhaber der Marke vom Verleger des Werkes verlangen, daß der Wiedergabe der Marke ein Hinweis beigefügt wird, daß es sich um eine eingetragene Marke handelt.

(2) Ist das Werk bereits erschienen, so beschränkt sich der Anspruch darauf, daß der Hinweis nach Absatz 1 bei einer neuen Auflage des Werkes aufgenommen wird.

(3) Die Absätze 1 und 2 sind entsprechend anzuwenden, wenn das Nachschlagewerk in der Form einer elektronischen Datenbank vertrieben wird oder wenn zu einer elektronischen Datenbank, die ein Nachschlagewerk enthält, Zugang gewährt wird.

Überblick

§ 16 Abs. 1 gewährt dem Inhaber einer eingetragenen Marke die Möglichkeit, den Verleger eines Lexikons, Nachschlagewerks oder einer elektronischen Datenbank zu verpflichten einen Hinweis auf seine Inhaberschaft einzufügen, wenn die Marke in dem Werk genannt wird und ohne den Hinweis zu befürchten ist, dass die Marke im Verkehr als Gattungsbezeichnung wahrgenommen wird. Die Hinweispflicht bezieht sich entweder auf die laufende Redaktion der Erstauflage (Abs. 1) oder nach Erscheinen des Werkes auf die Folgeauflage (Abs. 2; → Rn. 12 ff.). Elektronische Nachschlagewerke werden über Abs. 3 erfasst (→ Rn. 9).

Übersicht

	Rn.		Rn.
A. Allgemeines	1	VII. Eindruck einer Gattungsbezeichnung	10
B. Anspruchsvoraussetzungen	4	C. Rechtsfolgen	11
I. Aktivlegitimation	4	I. Hinweis	11
II. Passivlegitimation	5	II. Zeitpunkt der Einfügung	12
III. Eingetragene Marke	6	D. Prozessuales	16
IV. Wiedergabe im Werk	7	I. Klageweises Vorgehen	16
V. Lexikon, Nachschlagewerk, Datenbank	8	II. Einstweiliger Rechtsschutz	17
VI. Elektronische Werke	9		

A. Allgemeines

Eingetragenen Marken droht gemäß § 49 Abs. 2 Nr. 1 der Verfall, wenn sie im Verkehr 1 zu einer üblichen **Gattungsbezeichnung** werden. Sie sind dann **löschungsreif** und damit kommerziell nicht mehr verwertbar. Der Markeninhaber hat somit ein berechtigtes Interesse seine Marke vor dieser Form des Verfalls zu bewahren. Der Gesetzgeber geht davon aus, dass die Gefahr des Verfalls insbesondere dann besteht, wenn eine Marke in Lexika oder sonstigen physischen oder elektronischen Nachschlagewerken wiedergegeben wird und ohne **Registriermarkenhinweis** für den Verkehr im **Kontext** als Gattungsbezeichnung erscheint. Der Verkehr erwartet bei der Erläuterung von Worten und Begriffen in derartigen Nachschlagewerken eine **abgesicherte Erklärung** von Begriffen des allgemeinen oder fachspezifischen Sprachgebrauchs (OLG Frankfurt GRUR 2000, 1066 f. – Abkürzung ACC). Der Inhaber soll in diesen Fällen gegen den Verleger vorgehen können, um seine Marke vor dieser Form des Verfalls zu schützen. Um den Verleger nicht in seiner gestalterischen Freiheit zu beschränken, kann nicht die Abänderung des Textes, sondern nur ein **zusätzlicher Hinweis** auf den Status der Marke als eingetragene Marke verlangt werden. Eine Fehlinterpretation des Verkehrs soll so ausgeschlossen werden. Da die Nennung der Marke in einem Nachschlagewerk **keine Markenrechtsverletzung** darstellt, kommen sonstige markenrechtliche Rechtsbehelfe wie etwa ein Unterlassungsanspruch nicht in Betracht. Eine **analoge Anwendung** von § 16 auf andere Medien ist ausgeschlossen. Das wird zum einen damit begründet, dass der Verkehr in sonstigen Presseerzeugnissen gerade nicht von abgesicherten Erläuterungen ausgehe (OLG Frankfurt GRUR 2000, 1066 f. – Abkürzung ACC), und zum anderen damit, dass § 16 einen spezifischen Interessenkonflikt zwischen Markeninhaber und Verleger löse und daher auf Grund seines **Ausnahmecharakters** nicht auf andere Konstellationen angewandt könne (Hauck/Fischoeder GRUR 2004, 185 (189)).

§ 16 entspricht inhaltlich Art. 10 UMV. Die RL 2004/48/EG und die RL 2008/95/EG 2 enthalten keine entsprechenden Vorgaben.

Da die meisten bekannten Nachschlagewerke entsprechende Hinweise standardmäßig enthalten, 3 ist der Anwendungsbereich von § 16 in der Praxis gering. Indes mahnt schon seine reine Existenz, die Interessen der Inhaber eingetragener Marken durch entsprechende Hinweise zu wahren.

B. Anspruchsvoraussetzungen

I. Aktivlegitimation

Aktivlegitimiert ist der **Inhaber** einer eingetragenen Marke. Für den **Lizenznehmer** 4 gelten die allgemeinen Regeln der gewillkürten Prozessstandschaft. Er kann sich mangels tatbestandlicher Kennzeichenverletzung nicht über § 30 Abs. 3 zur Klage ermächtigen lassen.

II. Passivlegitimation

5   Passivlegitimiert ist der **Verleger** eines Nachschlagewerks. Der Verleger ist der Eigentümer oder Geschäftsführer eines Verlages und für die **Herausgabe** eines Werkes **verantwortlich**. Er entscheidet abschließend über die Veröffentlichung und das Lektorat jedes publizierten Werkes. Nicht passivlegitimiert sind sonstige für den Text, das Werk oder den Vertrieb Verantwortliche, namentlich Autoren, Herausgeber oder Händler.

III. Eingetragene Marke

6   Erfasst werden gemäß § 4 Nr. 1 **eingetragene** Marken und über § 107 geschützte **IR-Marken**. Auf gemäß § 4 Nr. 2 und 3 gestützte Marken ist § 16 nicht analog anwendbar. Die Marke muss rechtswirksam eingetragen worden sein; die bloße **Anmeldung** zur Eintragung genügt noch nicht. Ob die Marke nach der Eintragung auch tatsächlich **benutzt** wird, spielt dagegen keine Rolle; § 25 ist auf § 16 nicht anwendbar.

IV. Wiedergabe im Werk

7   Die Marke muss im eigenen Werk selbst wiedergegeben werden. Im Werk enthaltene **Drittveröffentlichungen** werden nicht erfasst. Den Verleger trifft insoweit auch keine Pflicht, übernommene Drittveröffentlichungen auf ihre Vereinbarkeit mit § 16 zu prüfen. Dies würde zu einer praxisfernen und unverhältnismäßigen Belastung des Verlegers führen.

V. Lexikon, Nachschlagewerk, Datenbank

8   Erfasst wird nur die Wiedergabe in einem Lexikon, einer Datenbank oder sonstigem Nachschlagewerk. In Abgrenzung zu allgemeinen Presseerzeugnissen kommt es entscheidend darauf an, dass das Werk gerade die Funktion hat, Begriffe in **gesicherter recherchierter Weise** zu erklären und zu definieren. Erfasst werden daher sämtliche Lexika, Enzyklopädien, wissenschaftliche Kommentare und Wörterbücher. Nicht erfasst werden Hand- und Lehrbücher, soweit sie einem Nachschlagewerk nicht insoweit entsprechen, dass der Eindruck erweckt wird, das Werk sei dazu da, Begriffe in gesicherter Form zu erklären und zu definieren.

VI. Elektronische Werke

9   Über Abs. 3 werden auch **elektronische Werke** erfasst. Betroffen sind dabei Nachschlagewerke, die auf **Datenträgern** vertrieben werden, und vor allem **internetbasierte Werke**. Das elektronische Werk muss einen den konventionellen Nachschlagewerken entsprechenden **Nachschlagezweck** verfolgen. Die Frage der Passivlegitimation für elektronische Werke regelt Abs. 3 nicht gesondert. Aus der angeordneten entsprechenden Anwendung von Abs. 1 geht aber hervor, dass derjenige passivlegitimiert ist, der die **redaktionelle Verantwortung** trägt (Ingerl/Rohnke Rn. 16). Nach einer anderen Ansicht soll es darauf ankommen, wer die tatsächliche „Verfügungsgewalt" über die Datensätze hat, denn nur dieser sei auch tatsächlich in der Lage das Werk anzupassen (Fezer Rn. 25). Diese Ansicht verkennt indes, dass in Abs. 1 eindeutig das **Verantwortungsprinzip** angeordnet wird. Der Aktivlegitimierte muss nicht erst herausfinden, wer tatsächlich in der Lage ist, den Datensatz zu bearbeiten, sondern kann sich stets unmittelbar an den **Anbieter** wenden. Der Anbieter ist das im Impressum genannte, redaktionell verantwortliche Unternehmen.

VII. Eindruck einer Gattungsbezeichnung

10   Durch die Wiedergabe der Marke in dem Nachschlagewerk muss für den im Markenrecht maßgeblichen aufmerksamen, durchschnittlich verständigen Verbraucher (Ingerl/Rohnke § 14 Rn. 453) der Eindruck entstehen, dass es sich nicht um eine Marke, sondern um eine Gattungsbezeichnung handelt. Mit Gattungsbezeichnung ist die allgemein übliche Benennung einer Produktkategorie im Verkehr gemeint. Der Verbraucher muss beim Lesen des Werkes also davon ausgehen, dass die Marke im Verkehr ganz allgemein für das Produkt steht, ohne auf einen bestimmten Hersteller hinzuweisen.

C. Rechtsfolgen

I. Hinweis

Rechtsfolge ist ein Anspruch auf Einfügung eines Hinweises, aus dem für den Verkehr 11 klar hervorgeht, dass es sich um eine eingetragene Marke handelt. Wie der Hinweis im Einzelnen ausgestaltet wird, bleibt dem Verleger überlassen. Der Inhaber bleibt aber solange Anspruchsberechtigt, bis der Hinweis seinem **Zweck** hinreichend gerecht wird. Die einfachste und in der Praxis häufigste Variante ist die Einfügung des bekannten Symbols ® für engl. „registered" also „eingetragen". Darüber hinaus genügt auch jeder andere verständliche Hinweis wie „eingetragene Marke" oder „Schutzmarke".

II. Zeitpunkt der Einfügung

Das Gesetz unterscheidet zwischen der noch **laufenden Redaktion** eines noch zu publi- 12 zierenden Werkes und **bereits erschienenen** Werken. Nur in der noch laufenden Redaktionszeit kann der nach § 16 aktivlegitimierte Inhaber unmittelbar die Einfügung des Hinweises verlangen. Ist das Werk bereits erschienen, beschränkt Abs. 2 den Anspruch auf die **zukünftige Folgeauflage.** Damit soll verhindert werden, dass ein bereits publiziertes Werk wieder vom Markt genommen werden muss, nur weil der Hinweispflicht nicht nachgekommen wurde. Gibt es keine Folgeauflage oder liegen einige Jahre zwischen den Auflagen, hat der Inhaber der Marke das Nachsehen.

Welcher Zeitpunkt genau mit dem **Erscheinen** in Abs. 2 gemeint ist, ist nicht unumstrit- 13 ten. Einigkeit herrscht bisweilen dahingehend, dass jedenfalls die Legaldefinition des § 6 Abs. 2 UrhG nicht herangezogen werden kann. Müsste das Werk erst in hinreichender Zahl in den Verkehr gebracht werden, wären die Produktionskosten schon angefallen. Zum Teil wird daher der **Beginn der Produktion** des Werkes genannt (Ingerl/Rohnke Rn. 13), zum anderen der Zeitpunkt, in welchem dem Hinweisbegehren des Markeninhabers **tatsächlich unverhältnismäßige Kosten** des Verlegers zur Realisierung entgegenstehen. Dies sei oft viel später, da in die laufende Produktion oft noch eingegriffen werden könne (Ströbele/Hacker/Hacker Rn. 12; Fezer Rn. 18). Letztgenannter Ansicht ist abzugewinnen, dass sich der Verleger nicht hinter der nur formell angelaufenen Produktion oder Auftragsvergabe verstecken können soll. Der Hinweis soll noch so lange eingefügt werden, wie das ohne unverhältnismäßige wirtschaftliche Verluste für den Verleger möglich ist. Allerdings wird es in der Praxis schwierig sein, genau dies zu beweisen. Aus praktischen Erwägungen heraus bietet sich daher der **offizielle Redaktionsschluss** als einfach zu bestimmende Grenze an.

Da der Markeninhaber die Einfügung ausdrücklich **einfordern** muss und er in der Regel 14 erst nach Erscheinen des Werkes **Kenntnis** von der Nennung seiner Marke erhalten dürfte, handelt es sich hier in erster Linie um ein theoretisches Problem.

Bei elektronischen Werken, die auf Datenträgern vertrieben werden, gilt das oben Gesagte 15 entsprechend. Bei Internetbasierten Nachschlagewerken oder Datenbanken ist der Hinweis unverzüglich, also ohne schuldhaftes Zögern einzufügen. Technisch bedingte Verzögerungen sind dabei aber hinzunehmen.

D. Prozessuales

I. Klageweises Vorgehen

Der Anspruch auf Hinweiseinfügung kann auf dem Klageweg erstritten werden. Als 16 **unvertretbare Handlung** kommen zur Vollstreckung aber nur Zwangsmittel nach § 888 ZPO in Betracht.

II. Einstweiliger Rechtsschutz

Steht das Erscheinen des Werkes unmittelbar bevor, ist die Durchsetzung der Hinweis- 17 pflicht auch durch einstweilige Verfügung möglich. Kommt das Gericht zu der Überzeugung, dass ein entsprechender **Verfügungsanspruch** besteht, stellt die Regelung aus Abs. 2 bei bevorstehendem Erscheinen einen hinreichenden **Verfügungsgrund** dar.

§ 17 Ansprüche gegen Agenten oder Vertreter

(1) Ist eine Marke entgegen § 11 für den Agenten oder Vertreter des Inhabers der Marke ohne dessen Zustimmung angemeldet oder eingetragen worden, so ist der Inhaber der Marke berechtigt, von dem Agenten oder Vertreter die Übertragung des durch die Anmeldung oder Eintragung der Marke begründeten Rechts zu verlangen.

(2) ¹Ist eine Marke entgegen § 11 für einen Agenten oder Vertreter des Inhabers der Marke eingetragen worden, so kann der Inhaber die Benutzung der Marke im Sinne des § 14 durch den Agenten oder Vertreter untersagen, wenn er der Benutzung nicht zugestimmt hat. ²Handelt der Agent oder Vertreter vorsätzlich oder fahrlässig, so ist er dem Inhaber der Marke zum Ersatz des durch die Verletzungshandlung entstandenen Schadens verpflichtet. ³§ 14 Abs. 7 ist entsprechend anzuwenden.

Überblick

§ 17 ergänzt den Löschungsanspruch gemäß § 11 und den Widerspruchsgrund gemäß § 42 Abs. 2 Nr. 3, § 51. § 17 gewährt über den Löschungsanspruch hinaus einen Anspruch auf Übertragung der Marke des Agenten unter Erhaltung der Priorität dieser Marke. Ferner stehen dem Geschäftsherrn nach § 17 Unterlassungs- und Schadensersatzansprüche sowie markenrechtliche Nebenansprüche iVm §§ 18, 19 zu.

Übersicht

	Rn.		Rn.
A. Entstehung, Allgemeines, Verhältnis zu internationalen Normen	1	3. Sicherung	13
		4. Rechtsnachfolger	14
		5. Geltendmachung gegen Strohmann	17
B. Rechtsnatur, Normzweck, Verhältnis zu anderen Vorschriften/Rechtsgründen	4	6. Einrede des Geschäftsherrn gegen Verletzungsansprüche	18
I. Rechtsnatur	4	7. Wirkung der Übertragung	19
II. Normzweck	6	II. Unterlassungs- und Schadensersatzansprüche, Nebenansprüche	21
III. Verhältnis zu anderen Bestimmungen	8	1. Unterlassungsanspruch	21
C. Voraussetzungen der Anwendung	9	2. Schadensersatzanspruch	25
D. Rechtsfolgen, Verfahren	10	3. Hilfsanspruch auf Auskunft	26
I. Übertragungsanspruch	10	4. Haftung für Angestellte Beauftragte	27
1. Inhalt	10	5. Beseitigungsanspruch	28
2. Verfahren	11	6. Schutz vor nicht eingetragenen Kennzeichenrechten eines Agenten	29

A. Entstehung, Allgemeines, Verhältnis zu internationalen Normen

1 § 17 setzt ebenso wie § 11 eine Regelung des internationalen Vertragswerks der **PVÜ** in deutsches Recht um. Zur Entstehungsgeschichte → § 11 Rn. 1. § 17 entspricht den Vorgaben Art. 6^{septies} PVÜ. Dort ist der Übertragungsanspruch optional vorgesehen. Der deutsche Gesetzgeber hat von dieser Möglichkeit in § 17 Gebrauch gemacht. § 17 gilt für rein inländische Fälle ebenso wie für Fälle mit Auslandsbezug (Geschäftsherr mit Marke im Ausland). Bei **Auslandsbezug** ist zu beachten, dass ggf. ausländisches Recht für den Vertrag gilt.

2 Die **Markenrechtsrichtlinie** (RL 2008/95/EG) regelt das Recht der Agentenmarke nicht, vielmehr lässt sie die Regelung zur Erfüllung von Verpflichtungen aus der PVÜ unberührt (Erwägungsgrund 13). Soweit § 17 über die Regelung der PVÜ hinausgeht, handelt es sich um einen (optionalen, s. Erwägungsgrund 8 MRL) Ungültigkeitsgrund außerhalb des harmonisierten Markenrechts der EU-Mitgliedstaaten.

3 Der Schutz erfolgt nach Vorgaben des Art. 6^{septies} PVÜ. § 17 entspricht **Art. 18 UMV** hinsichtlich des Übertragungsanspruchs und **Art. 11 UMV** hinsichtlich des Unterlassungsanspruchs („Untersagungstatbestand") betreffend Unionsmarken. Schadensersatzansprüche regelt die UMV nicht; deutsches Recht ist hierfür in § 125b nicht als anwendbar erklärt worden (→ § 125b Rn. 9).

B. Rechtsnatur, Normzweck, Verhältnis zu anderen Vorschriften/ Rechtsgründen

I. Rechtsnatur

Es finden sich im **Übertragungsanspruch** Elemente schuldrechtlicher (Ströbele/Hacker/ 4
Hacker Rn. 1), dinglicher (Vindikation, vgl. Ingerl/Rohnke Rn. 6) und bereicherungsrechtlicher Ansprüche (Herausgabe des Erlangten) in der gesetzlichen Regelung. Es dürfte sich um einen **Anspruch sui generis** handeln, der dem Vindikationsanspruch am nächsten steht, denn die Regelungen der §§ 11, 17 gewähren Ansprüche unabhängig von der Vertragslage und sind daher quasi-dinglicher Natur. Daran ändert es nichts, dass die Ansprüche letztlich aus der vertraglichen Treuepflicht herrühren (aA Ströbele/Hacker/Hacker Rn. 1). Die Etablierung eines Übertragungsanspruchs geht offenbar von der Vorstellung aus, dass die Marke gegenüber Treueverpflichteten wie ein überterritoriales sachliches Recht wirken soll. Insoweit folgt die Vorschrift zur Übertragung der Agentenmarke einem der patentrechtlichen Vindikation ähnlichen Rechtsgedanken.

Zur Rechtsnatur des **Unterlassungsanspruchs** gilt das Gleiche wie beim Unterlassungs- 5
anspruch auf Grundlage eines inländischen älteren Rechts, nur ist Grundlage die dem Geschäftsherrn zugeordnete Marke, dh im Regelfall das ausländische Recht an der Marke oder – nach hier vertretener Ansicht auch – Unternehmenskurzbezeichnung („Hausmarke"), das einer hypothetischen Kollisionsprüfung zugrunde gelegt wird (→ Rn. 21).

II. Normzweck

§ 17 will betreffend den **Übertragungsanspruch** dem Geschäftsherrn die Stellung ver- 6
schaffen, die er hätte, wenn die Marke im Namen des Geschäftsherrn angemeldet worden wäre. § 17 will also die Marke dem Geschäftsherrn mit ihrer Priorität gegenüber eventuellen Zwischenrechten erhalten. Der Grund für diese Regelung dürfte vor allem darin liegen, dass es nicht sachgerecht wäre, die Rechtsposition des Agenten als Inhaber der durchgreifenden Markenrechte einem beliebigen dritten Zwischenrechtsinhaber zufallen zu lassen, wenn der Geschäftsherr die Marke des Agenten löschen lässt.

Der **Unterlassungsanspruch** soll die Rechtsposition des Geschäftsherrn weiter absi- 7
chern, insbesondere solange der Übertragungsanspruch noch nicht durchgesetzt werden konnte bzw. falls dieser etwa bei Verzicht des Agenten auf die Markeneintragung nicht zum Erfolg führt.

III. Verhältnis zu anderen Bestimmungen

Ein Übertragungsanspruch kann sich auch aus Geschäftsführung ohne Auftrag ergeben. 8
Neben §§ 11, 17 kann auch § 8 Abs. 2 Nr. 10 (bösgläubige Anmeldung) anzuwenden sein, wenn Agent, wie häufig, bösgläubig ist (→ § 8 Rn. 759 ff.); zu wettbewerbsrechtlichen und vertraglichen Ansprüchen → § 11 Rn. 11, → § 11 Rn. 13.

C. Voraussetzungen der Anwendung

Zu den Voraussetzungen von § 17 → § 11 Rn. 15 ff. Der Übertragungsanspruch ist aus- 9
drücklich gegen eine angemeldete und gegen eine eingetragene Marke des Agenten gegeben.

D. Rechtsfolgen, Verfahren

I. Übertragungsanspruch

1. Inhalt

Der Anspruch ist gerichtet auf rechtsgeschäftliche Übertragung der Agentenmarke (als 10
Gegenstand des Vermögens gemäß §§ 27, 31), ggf. auf Teilübertragung für einen Teil der Waren bzw. Dienstleistungen (nach §§ 27 Abs. 4, 46 Abs. 2 und 3 S. 2 und 3). Bei eigenmächtiger Führung und Rechtserwerb hinsichtlich geschäftlicher Bezeichnungen ist keine Übertragung möglich.

MarkenG § 17 Teil 2 Voraussetzungen, Inhalt und Schranken etc.

2. Verfahren

11   Die **Klage** ist zu erheben auf Abgabe der Erklärung in der nach § 27 Abs. 3 MarkenG, §§ 33 ff. MarkenV zum Nachweis erforderlichen Form (Ströbele/Hacker/Hacker Rn. 5: § 28 Abs. 3 Nr. 1 DPMAV), dh auf Einwilligung in die Übertragung der Marke und in die Umschreibung im Register. Es besteht kein Anspruch auf Mitwirkung bei der Übertragung, daher ist auch bei der Übertragung einer Anmeldung der Antrag auf Einwilligung in die Übertragung zu richten, sowie den Rechtsübergang in der Anmeldeakte zu vermerken (vgl. § 34 Abs. 1 MarkenV).

12   Die **Vollstreckung** erfolgt gemäß § 894 ZPO mit Eintritt der Rechtskraft (Fiktion der Abgabe der Willenserklärung), wodurch die rechtsgeschäftliche Übertragung als erfolgt gilt, und die Einwilligung zur Umschreibung als abgegeben, sowie durch Vorlage des Urteils mit Rechtskraftvermerk zum Nachweis beim DPMA.

3. Sicherung

13   Vereitelung des Anspruchs ist durch Rücknahme oder Verzicht, sowie Erschwerung bei Übertragung auf Dritte oder Lizenzerteilung möglich, daher Sicherung durch Verfügungsverbot per einstweiliger Verfügung möglich, regelmäßig erforderlich und zu empfehlen; Sequestration, dh Übertragung der Marke auf Treuhänder ist besonders sicher, allerdings aufwendig. Vorherige Abmahnung darf nicht verlangt werden, da sie die Wirkung der Sicherungsmaßnahme vereiteln kann.

4. Rechtsnachfolger

14   Vor der Eintragung besteht der Übertragungsanspruch bei Rechtsnachfolge vor Eintragung auch (zw.), entgegen dem Wortlaut des § 11 (Ingerl/Rohnke Rn. 21, § 11 Rn. 12); Anspruch auf Rücknahme der Anmeldung kann jedenfalls aber auch als vorbeugender Beseitigungsanspruch gegen den Rechtsnachfolger gerichtet werden; zum maßgeblichen Zeitpunkt → § 11 Rn. 35.

15   Nach der Eintragung besteht der Übertragungsanspruch gegen den Rechtsnachfolger (→ § 27 Rn. 57; → § 11 Rn. 52; BGH GRUR 2008, 611, Rn. 18 – audison und GRUR Int 2010, 1088 Rn. 33 – DISC: Marke zum Zeitpunkt des Erwerbs bereits mit den Ansprüchen des Geschäftsherrn belastet; Ingerl/Rohnke § 11 Rn. 21: Schutzhindernis haftet der Marke als solcher an und kein gutgläubiger Erwerb im Markenrecht möglich; aA Ströbele/Hacker/Hacker § 17 Rn. 4: nur Anspruch auf Löschung nach §§ 11, 51).

16   Bei Rechtsnachfolge nach Rechtshängigkeit: Rechtskrafterstreckung nach § 325 ZPO.

5. Geltendmachung gegen Strohmann

17   Die Anmeldung durch einen Strohmann oder einen Treuhänder steht der Anmeldung durch den Agenten gleich, wenn diese für den Agenten tätig werden, ggf. auch in mehrstufiger Weise (BGH GRUR 2008, 611 Rn. 17 – audison; Ströbele/Hacker/Hacker Rn. 9; Ingerl/Rohnke Rn. 9; Lange MarkenR/KennzeichenR Rn. 2402); der Anspruch kann dementsprechend auch gegen den Strohmann oder den Treuhänder geltend gemacht werden.

6. Einrede des Geschäftsherrn gegen Verletzungsansprüche

18   Vor der Übertragung besteht eine Einrede des Geschäftsherrn gegenüber Verletzungsansprüchen des Agenten aufgrund der noch bestehenden Markeninhaberschaft gemäß § 242 BGB (dolo agit, qui petit, quod statim redditurus est). Die Einrede kann mit der Ermächtigung des Geschäftsherrn auch vom neuen Agenten des Geschäftsherrn erhoben werden.

7. Wirkung der Übertragung

19   Der Anspruchsberechtigte erwirbt die Marke mit der ursprünglichen Priorität. Die Wirkung der Übertragung gegenüber zuvor eingeräumten dinglichen Rechten oder Lizenzen gemäß §§ 29, 30 ist nicht geregelt. Die Marke des Agenten unterliegt von Anfang an den Ansprüchen des Geschäftsherrn gemäß §§ 11, 17 (BGH GRUR Int 2010, 1088 Rn. 33 –

Ansprüche gegen Agenten oder Vertreter § 17 MarkenG

DISC). Weitergehende Rechte kann der Agent einem Dritten nicht einräumen (→ § 11 Rn. 52). Lizenznehmern des Agenten kommt kein Sukzessionsschutz gemäß § 30 Abs. 5 zu, da der Agent als Nichtberechtigter anzusehen ist, dessen Verfügung gegenstandslos ist (aA Ströbele/Hacker/Hacker Rn. 4). Ein gutgläubiger und lastenfreier Erwerb ist bei Markenrechten nicht vorgesehen und daher nicht möglich.

Zum Verfahren der Übertragung → Rn. 11, → Rn. 13. 20

II. Unterlassungs- und Schadensersatzansprüche, Nebenansprüche

1. Unterlassungsanspruch

Der Unterlassungsanspruch entspricht weitgehend dem Verletzungsanspruch. Es erfolgt 21
eine hypothetische Prüfung der Kollisionstatbestände nach § 14 Abs. 2 (→ § 11 Rn. 37 ff.). Es besteht kein Anspruch gegenüber Weitervertrieb von Originalware bei eingetretener Erschöpfung.

Verletzungsansprüche setzen nach Wortlaut des § 17 Abs. 2 S. 1 voraus, dass die Marke 22
entgegen § 11 eingetragen wurde. Dieser Wortlaut zielt nicht darauf ab, angemeldete Marken auszuschließen, auch wenn das im Vergleich zu Abs. 1 so scheinen kann. Es handelt sich um eine Wiederholung des Wortlauts von § 11, der wiederum auf der PVÜ-Regelung beruht. Für das Schutzbedürfnis des Geschäftsherrn bezüglich des Unterlassungsanspruchs ist es irrelevant, ob die Marke eingetragen ist oder sich noch im Anmeldestadium befindet. Für den Löschungsanspruch geht die PVÜ-Regelung ersichtlich davon aus, dass eine Gefahr erst durch die Eintragung der Agentenmarke besteht; für den in der PVÜ nicht geregelten Unterlassungsanspruch gilt das nicht, es sei denn, der Gesetzgeber wollte nur die Berufung des Agenten auf ein positives Benutzungsrecht ausschließen. Es scheint sich somit um eine Regelungslücke zu handeln, die durch eine entsprechende Anwendung des § 17 Abs. 1 S. 1 auf den Fall der lediglich angemeldeten Agentenmarke geschlossen werden kann.

Unterlassung kann vom Agenten (oder dem Strohmann) selbst und den an dessen eigener 23
Verletzungshandlung mitwirkenden Störern verlangt werden (vgl. Ingerl/Rohnke Rn. 16).

Es wird dagegen angezweifelt, ob ein Unterlassungsanspruch gegenüber Rechtsnachfol- 24
gern und Lizenznehmern des Agenten geltend gemacht werden kann, mit der Begründung, dass derjenige, der Rechte vom Agenten ableitet und eigenständig verletzt, nicht schlechter gestellt sein darf als ein beliebiger Dritter (OLG Schleswig NJWE-WettbR 2000, 119 (121) – LUXIS; Ingerl/Rohnke Rn. 16). Dies erscheint jedenfalls dann nicht als zwingend, wenn Rechtsnachfolger oder Lizenznehmer mit dem Agenten wissentlich zum Schaden des Geschäftsherrn zusammenwirken.

2. Schadensersatzanspruch

Der Schadensersatzanspruch entspricht weitgehend dem des Verletzungsanspruchs und 25
setzt Verschulden, dh mindestens Fahrlässigkeit voraus; der Anspruch ist gegenüber dem Agenten und seinem Strohmann gegeben; hinsichtlich des Rechtsnachfolgers und Lizenznehmern des Agenten ist der Schadensersatzanspruch zweifelhaft, soweit auch ein Unterlassungsanspruch zweifelhaft wäre (→ Rn. 24). Der Agent wird sich nur in Ausnahmefällen auf fehlendes Verschulden berufen können. Unkenntnis der Marke des Geschäftsherrn schließt Ansprüche nicht aus, wenn Erkundigungen beim Geschäftsherrn möglich und zumutbar waren. Der Anspruch richtet sich gegen Benutzungshandlungen der Marke, gegen welche auch Unterlassungsansprüche nach § 17 Abs. 2 S. 1 gegeben sind.

3. Hilfsanspruch auf Auskunft

Zu Beseitigungs- und Auskunftsansprüchen insgesamt vgl. §§ 18 bis 19c, die auf § 17 26
Bezug nehmen; zu Hilfsansprüchen auf Auskunft → § 19 Rn. 1 ff.

4. Haftung für Angestellte Beauftragte

§ 14 Abs. 7 ist auch für Agentenverhältnisse anwendbar (§ 17 Abs. 2 S. 3). 27

Munzinger

5. Beseitigungsanspruch

28 Zu Beseitigungs- und Auskunftsansprüchen vgl. §§ 18–19c, die auf § 17 Bezug nehmen; kann nicht auf Gemeinschaftsmarke angewendet werden (Ingerl/Rohnke § 55 Rn. 52). Der Geschäftsherr kann auch eine Rücknahme der frühzeitig entdeckten Anmeldung mindestens als **vorbeugende Beseitigung** verlangen. Laut der Amtlichen Begründung zu § 17 werden Agenturverhältnisse auch mit Unternehmen begründet, die sich zur Erledigung von Geschäften Dritter bedienen (Begr. RegE, BT-Drs. 12/6581, 77).

6. Schutz vor nicht eingetragenen Kennzeichenrechten eines Agenten

29 § 17 gilt nicht unmittelbar für **Benutzungsmarken**.

30 Die Zuordnung einer Benutzungsmarke zu Agent oder Geschäftsherrn mag fraglich sein. Es entscheidet die Verkehrsauffassung, wie im Verhältnis zwischen Lizenzgeber und -nehmer (→ § 4 Rn. 120).

31 Zwar werden Benutzungshandlungen des Agenten in der Regel nicht ohne Zustimmung, erfolgt sein, aber regelmäßig keine Zustimmung zu endgültigem Rechtserwerb; der Geschäftsherr ist im Fall der Benutzungsmarke vergleichbar schutzbedürftig, da Marke gegen ihn eingesetzt werden könnte und die Verkehrsgeltung sogar nach einer Vertragsbeendigung durch von Dritten bezogene Waren aufrechterhalten werden könnte. Eine **analoge Anwendung** des § 17 ist daher geboten (vgl. Ingerl/Rohnke § 17 Rn. 23).

32 Der Schutz des Geschäftsherrn sollte entsprechend dem Rechtsgedanken der §§ 11 und 17 auch gegen Rechte gemäß § 5 (geschäftliche Bezeichnungen) gelten, da die Interessenlage vergleichbar ist (Ingerl/Rohnke Rn. 24). Für die Unternehmenskurzbezeichnung gelten nach der hier vertretenen Auffassung §§ 11 und 17 unmittelbar (→ § 11 Rn. 31). Analoge Anwendung der §§ 11, 17 ist hinsichtlich Übertragungsanspruchs allerdings nicht möglich, da nach hM eine isolierte Übertragung des Unternehmenskennzeichens nicht möglich ist (→ § 5 Rn. 148, → § 27 Rn. 76), jedoch kann der Unterlassungsanspruch analog angewendet werden.

§ 18 Vernichtungs- und Rückrufansprüche

(1) ¹Der Inhaber einer Marke oder einer geschäftlichen Bezeichnung kann den Verletzer in den Fällen der §§ 14, 15 und 17 auf Vernichtung der im Besitz oder Eigentum des Verletzers befindlichen widerrechtlich gekennzeichneten Waren in Anspruch nehmen. ²Satz 1 ist entsprechend auf die im Eigentum des Verletzers stehenden Materialien und Geräte anzuwenden, die vorwiegend zur widerrechtlichen Kennzeichnung der Waren gedient haben.

(2) Der Inhaber einer Marke oder einer geschäftlichen Bezeichnung kann den Verletzer in den Fällen der §§ 14, 15 und 17 auf Rückruf von widerrechtlich gekennzeichneten Waren oder auf deren endgültiges Entfernen aus den Vertriebswegen in Anspruch nehmen.

(3) ¹Die Ansprüche nach den Absätzen 1 und 2 sind ausgeschlossen, wenn die Inanspruchnahme im Einzelfall unverhältnismäßig ist. ²Bei der Prüfung der Verhältnismäßigkeit sind auch die berechtigten Interessen Dritter zu berücksichtigen.

Überblick

§ 18 begründet drei zivilrechtliche Folgen von Markenrechtsverletzungen: die Ansprüche auf Vernichtung, auf Rückruf und auf Entfernen aus den Vertriebswegen. Alle diese Ansprüche zielen auf eine Beseitigung der Verletzungsfolgen ab, gehen dabei aber teilweise über das zur Folgenbeseitigung unmittelbar Notwendige hinaus.

Die Vernichtung (→ Rn. 8 ff.), also die physische Zerstörung, findet Anwendung auf widerrechtlich gekennzeichnete Gegenstände, die sich noch im Besitz oder Eigentum des Verletzers befinden (→ Rn. 33 ff.). Die Ansprüche auf Rückruf und Entfernen aus den Vertriebswegen greifen hingegen auf Ware zu, die der Verletzer bereits an Dritte weitergege-

Vernichtungs- und Rückrufansprüche **§ 18 MarkenG**

ben hat (→ Rn. 57). Alle drei Ansprüche unterliegen nach Abs. 3 einer Prüfung auf Unverhältnismäßigkeit (→ Rn. 71 ff.). Zur prozessualen Handhabung der Ansprüche → Rn. 82 ff.; zur Möglichkeit einstweiligen Rechtsschutzes → Rn. 91 ff.

Der allgemeine Beseitigungsanspruch ist seit dem 1.9.2008 nicht mehr in § 18 normiert. Er kann jedoch weiterhin auf § 1004 BGB gegründet werden, vgl. § 19d.

Die drei Ansprüche existieren parallel in sämtlichen Rechtsgebieten des Immaterialgüterrechts; der Gesetzgeber hat nur den Wortlaut jeweils geringfügig angepasst (zB „Waren" im MarkenG; „Erzeugnisse" im PatG). Der immaterialgüterrechtliche Vernichtungsanspruch geht zurück auf das Produktpirateriegesetz (→ Rn. 1); Rückruf und Entfernen sind durch die RL 2004/48/EG ins deutsche Recht gelangt (→ Rn. 2). Bei der Auslegung des § 18 kann wegen der parallelen Struktur oft auch die Rechtsprechung zu den entsprechenden Ansprüchen in anderen Gebieten des Immaterialgüterrechts herangezogen werden.

Übersicht

	Rn.		Rn.
A. Allgemeines	1	III. Anspruchsvoraussetzungen	54
I. Entwicklungsgeschichte	1	1. Schutzrechtsverletzung	54
1. Vernichtung	1	2. Aktiv- und Passivlegitimation	55
2. Rückruf und Entfernen aus den Vertriebswegen	2	3. Verfügungsmacht	57
		4. Keine Unverhältnismäßigkeit	58
II. Anwendungsbereich	5	IV. Durchführung	59
1. Sachlicher Anwendungsbereich	5	1. Art der Kontaktaufnahme	59
2. Internationaler Anwendungsbereich	6	2. Erstattung der Kosten	61
3. Zeitlicher Anwendungsbereich	7	3. Abnehmer auf nachgelagerten Vertriebsstufen	63
B. Der Vernichtungsanspruch	8	4. Erstreckung auf private Endabnehmer	64
I. Anspruchsvoraussetzungen	8	5. Kombination mit anderen Ansprüchen	68
1. Rechtsverletzung	8	V. Rechtsnatur der Ansprüche	70
2. Aktiv- und Passivlegitimation	9		
3. Betroffene Gegenstände: „widerrechtlich gekennzeichnete Waren"	12	**D. Unverhältnismäßigkeit (Abs. 3)**	71
		I. Rechtsnatur und Wesen der Abwägung	71
4. Besitz oder Eigentum des Verletzers	16	II. Denkbare mildere Mittel	76
5. Materialien und Geräte (Abs. 1 S. 2)	21	III. Abwägungsfaktoren	80
II. Inhalt des Anspruchs	26	**E. Prozessrecht**	82
1. Vernichtung der Ware	26	I. Klageerhebung	82
2. Mit der Durchführung betraute Person	29	1. Antragstellung	82
3. Kosten	32	2. Darlegungs- und Beweislast	86
C. Rückruf und endgültiges Entfernen aus den Vertriebswegen	33	3. Kombination mit anderen Ansprüchen oder Vorgehensweisen	88
I. Inhalt des Rückrufanspruchs	34	II. Einstweiliger Rechtsschutz	90
1. Erfasste Gegenstände	35	1. Vernichtung	90
2. Geschuldete Handlung	39	2. Rückruf und Entfernen	96
II. Inhalt des Entfernungsanspruchs	47	III. Zwangsvollstreckung	100
1. Erfasste Gegenstände	48	IV. Streitwert und Kosten	103
2. Geschuldete Leistung	49		

A. Allgemeines

I. Entwicklungsgeschichte

1. Vernichtung

Der immaterialgüterrechtliche Vernichtungsanspruch wurde zum 1.7.1990 durch das **Pro-** 1 **duktpirateriegesetz** (ProdPG) vom 3.7.1990 (BGBl. I 422) eingeführt. Dieses Gesetz geht auf die VO (EWG) Nr. 3842/86 zurück (sog. **ProduktpiraterieVO;** mittlerweile ersetzt durch VO Nr. 1383/2003). Die Pflicht, bei Immaterialgüterrechtsverletzungen die Möglichkeit einer Vernichtung vorzusehen, ergibt sich zudem aus Art. 46 S. 1 **TRIPS.** Das Umsetzungsgesetz zur **Durchsetzungsrichtlinie (RL 2004/48/EG)** vom 7.7.2008 (BGBl. I 1191) hat mit Wirkung zum 1.9.2008 den Vernichtungsanspruchs geringfügig umformuliert (zu den Änderungen insbesondere → Rn. 14; → Rn. 73).

2. Rückruf und Entfernen aus den Vertriebswegen

2 Die Ansprüche nach Abs. 2 wurden mit Wirkung zum 1.9.2008 bei Umsetzung der **Durchsetzungsrichtlinie** (RL 2004/48/EG) inhaltsgleich in die deutschen immaterialgüterrechtlichen Gesetze eingefügt.

2.1 Der deutsche Gesetzgeber wollte dabei vor allem seiner in Art. 10 Abs. 1, 3 **Durchsetzungsrichtlinie** (RL 2004/48/EG) begründeten **Pflicht zur Einführung** solcher Instrumente nachkommen (BT-Drs. 16/5048, 38, 62). Bei der Umsetzung orientierte er sich stark an Aufbau und Wortlaut der Richtlinie. Im Einklang mit der deutschen Rechtsordnung gestaltete er Rückruf und Entfernen, die in der Richtlinie neutral als „Maßnahmen" bezeichnet werden, als materiell-rechtliche Ansprüche aus.

2.2 Die Erläuterungen zum Richtlinienentwurf von 2003 weisen darauf hin, dass die Idee eines Rückrufs immaterialgüterrechtsverletzender Gegenstände auf die **niederländische Rechtsprechung** zurückgeht (KOM (2003) 46 endg., Teil IV, Art. 12). Danach konnten die Gerichte Verletzer von Immaterialgüterrechten verpflichten, ihre Abnehmer mittels Rundschreibens um die Rückgabe bereits in den Verkehr gebrachter Ware zu bitten (etwa Hoge Raad Nederlandse Jurisprudentie 1990, 2675 (2680) – Hameco).

2.3 Die deutsche **Rechtsprechung** hat teilweise bereits **vor der Richtlinie** aus den allgemeinen Beseitigungs- oder Unterlassungsansprüchen im UWG sowie vereinzelt im Immaterialgüterrecht einen Anspruch auf Rückruf solcher rechtsverletzender Gegenstände abgeleitet, die bereits an die Abnehmer gelangt waren (zum UWG etwa OLG Hamburg NJW-RR 1996, 1449 (1450) – Patienten-Informationsblätter; einschränkend OLG Hamburg NJWE-WettbR 2000, 15 (16) – Spice Girls zum Markenrecht).

3 Auch im Medienrecht sind Rückrufansprüche aus Gründen des effektiven Schutzes der Persönlichkeitsrechte anerkannt (etwa OLG München WRP 1992, 809 – Fotoberichterstattung; LG München I ZUM 2006, 79 (81)).

4 Im Immaterialgüterrecht waren die Existenz wie auch die Voraussetzungen von Rückrufansprüchen vor Einführung der heutigen Regelung stark umstritten (ausführlich Miosga, Die Ansprüche auf Rückruf und Entfernen im Recht des geistigen Eigentums, 2010, 14 ff.). Als Anspruchsvoraussetzung wurde meist verlangt, dass der Verletzer noch eine Verfügungsgewalt über die zurückzurufenden Gegenstände ausübt. Da diese meist fehlt, blieb der Anwendungsbereich der Ansprüche gering.

II. Anwendungsbereich

1. Sachlicher Anwendungsbereich

5 Die Ansprüche aus § 18 finden über Art. 101 Abs. 2 UMV, § 125b Nr. 2 auch auf Verletzungen von **Unionsmarken** Anwendung. Gemäß § 128 Abs. 1 gelten sie ebenso für Verletzungen **geographischer Herkunftsangaben** (so ausdrücklich BGH GRUR 2016, 741 (742) – Himalaya Salz).

2. Internationaler Anwendungsbereich

6 Der **Vernichtungsanspruch** ist nur auf Vervielfältigungsstücke anwendbar, die sich **im Inland** befinden (so zum Urheberrecht OLG München GRUR-RR 2010, 161 f. – Bronzeskulptur; zum Patentrecht OLG Düsseldorf BeckRS 2011, 7499 = InstGE 12, 261 – Fernsehmenüsteuerung). Dies folgt aus der territorialen Begrenztheit des Schutzrechts, die auch auf der Rechtsfolgenseite zu berücksichtigen ist (vgl. zum Anspruch auf Schadensersatz MüKoBGB/Drexl IntImmGR Rn. 278).

3. Zeitlicher Anwendungsbereich

7 Für die Zeit zwischen dem Ablauf der Umsetzungsfrist der Durchsetzungsrichtlinie am 30.4.2006 und ihrer tatsächlichen Umsetzung in das deutsche Recht am 1.9.2008 lässt sich die Rechtsfolge des Rückrufs im Wege **richtlinienkonformer Auslegung aus §§ 823, 1004 BGB analog** herleiten (OLG Düsseldorf BeckRS 2011, 20932 – L-Lysin; BeckRS 2011, 8380; aA im Hinblick auf den Entfernungsanspruch LG Mannheim GRUR-RR 2011, 49 (53) – Stickstoffmonoxid-Nachweis).

B. Der Vernichtungsanspruch

I. Anspruchsvoraussetzungen

1. Rechtsverletzung

Der Vernichtungsanspruch besteht „in den Fällen der §§ 14, 15 und 17". Dies ist dahingehend zu verstehen, dass die in §§ 14 Abs. 2–4, 15 Abs. 2 und 3 sowie in § 17 Abs. 2 S. 1 normierten **Verletzungstatbestände** erfüllt sein müssen. Nicht erforderlich ist dagegen, dass die Voraussetzungen eines Unterlassungs- oder Schadensersatzanspruchs vorliegen. Insbesondere setzt demnach der Vernichtungsanspruch **kein Verschulden** voraus, wie es für den Anspruch auf Schadensersatz erforderlich ist (Begr. RegE ProdPG, Bl. 1990, 189; BGH GRUR 2006, 504 (508) – Parfümtestkäufe; vgl. auch OLG Köln GRUR RR 2005, 342 f. – Lagerkosten nach Grenzbeschlagnahme zum Fall eines mutmaßlich gutgläubigen Spediteurs). Auch eine **Wiederholungsgefahr** ist nicht erforderlich (Ingerl/Rohnke Rn. 6; Ströbele/Hacker/Hacker Rn. 16).

Zum Tragen kommen diese Aspekte allenfalls im Einzelfall im Rahmen der Prüfung auf eine ausnahmsweise Unverhältnismäßigkeit der Vernichtung (→ Rn. 71 ff.).

2. Aktiv- und Passivlegitimation

Neben dem im Anspruch genannten **Rechtsinhaber** kann nach allgemeinen Regeln auch ein **Prozessstandschafter,** etwa ein Lizenznehmer, den Anspruch in eigenem Namen geltend machen (so auch OLG Düsseldorf BeckRS 2015, 03253 Rn. 26). Zur Aktivlegitimation bei Verstößen gegen das Recht der geographischen Herkunftsangaben → § 128 Rn. 9. **Anspruchsschuldner** ist zunächst der **Verletzer,** also derjenige, der eine Verletzungshandlung iSd §§ 14, 15 oder § 17 begangen hat. Dies kann auch eine mittelbare Markenverletzung gemäß § 14 Abs. 4 sein. Da die Anknüpfungstatbestände ein Handeln im geschäftlichen Verkehr voraussetzen, können **private Endabnehmer** – also Personen, die die Ware zum eigenen privaten Gebrauch besitzen, erwerben oder einführen – nicht zur Vernichtung verpflichtet werden (vgl. zum Beseitigungsanspruch BGH GRUR 1998, 696 f. – Rolex-Uhr mit Diamanten; LG Düsseldorf Mitt 1996, 22 – Windsurfing Chiemsee); aber → Rn. 10).

§ 18 Abs. 1 S. 1 verlangt alternativ Eigentum oder Besitz des Verletzers. Fallen Eigentum und Besitz auseinander, so kann die Vernichtung auch **Unbeteiligte** treffen. Dies ist etwa der Fall, wenn der Rechtsverletzer Eigentümer ist und die Ware einem unbeteiligten Besitzer übergibt, etwa einem gutgläubigen Auslieferungsagenten (BGH GRUR 2009, 1142 – MP3-Player-Import; obiter dictum OLG Hamburg GRUR-RR 2007, 350 (352) – YU-GI-OH!-Karten). Auf der anderen Seite kann auch ein nichtverletzender Eigentümer betroffen sein, etwa eine Privatperson, die einem gewerblich Handelnden einen widerrechtlich gekennzeichneten Gegenstand zum kommissarischen Weiterverkauf übergibt (OLG München InstGE 1, 201 (207 f.) – Fremde Lünette). Da der Vernichtungsanspruch sich nach dem Wortlaut des § 18 nur gegen den Verletzer richtet, sind diese Unbeteiligten lediglich zur **Duldung der Vernichtung** verpflichtet. Sie müssen also selbst weder Vernichtungsmaßnahmen ergreifen noch deren Kosten tragen (ähnlich OLG Düsseldorf BeckRS 2008, 88 – Anspruch auf Einwilligung in die Vernichtung).

Keine Besitzer in diesem Sinne – und damit nicht passiv legitimiert – sind die **Vertreter juristischer Personen** (OLG Düsseldorf InstGE 10, 129 (137) – Druckerpatrone II). Die Besitzerstellung liegt bei der juristischen Person selbst (vgl. BGH NJW 1971, 1358). Eigener Besitz des Vertreters und damit Passivlegitimation tritt erst ein, wenn dieser den Entschluss fasst, die Gegenstände für sich selbst besitzen zu wollen (Staudinger/Gutzeit BGB § 866 Rn. 16, 59).

3. Betroffene Gegenstände: „widerrechtlich gekennzeichnete Waren"

Der Anspruch erfasst widerrechtlich gekennzeichnete Waren, also Waren, die aus der Verwirklichung einer Verletzungshandlung entstanden sind. Der BGH fasst darunter auch unzulässig **parallel importierte Ware,** also Originalware, die unter Verstoß gegen § 24

MarkenG § 18 Teil 2 Voraussetzungen, Inhalt und Schranken etc.

Abs. 1 aus dem Ausland eingeführt wurde (vgl. BGH GRUR 2006, 504 Rn. 52 – Parfümtestkäufe). Gleiches gilt für Ware, an der Veränderungen iSd § 24 Abs. 2 vorgenommen wurden (BGH GRUR 1996, 271 (275) – Gefärbte Jeans; BFH GRUR Int 2000, 780 f. – Jockey). Zur Frage der Verhältnismäßigkeit nach Abs. 3 → Rn. 81.

13 Der Begriff der widerrechtlich gekennzeichneten **„Waren"** unterscheidet sich von der alten Fassung des Anspruchs. Vor dem 1.9.2008 bezog sich die Vernichtung auf widerrechtlich gekennzeichnete „Gegenstände". Dem Wortlaut nach umfasst der Vernichtungsanspruch demnach keine **Werbe- oder Verpackungsmaterialien** und keine Geschäftspapiere oder anderen Büromaterialien mehr, wie sie insbesondere im Fall geschäftlicher Kennzeichnungen relevant wären (so auch Ströbele/Hacker/Hacker Rn. 20; Dörre/Maaßen GRUR-RR 2008, 217 (218) Fn. 22). Will man den Anspruch auch auf sie anwenden, so ist eine **Analogie** erforderlich (Dörre/Maaßen GRUR-RR 2008, 217 (218) Fn. 22; ebenso im Ergebnis Ingerl/Rohnke Rn. 11; Fezer Rn. 33, die eine extensive Auslegung vornehmen; → § 128 Rn. 19; vgl. zur Rechtsprechung auch OLG München BeckRS 2011, 25540 – Volks-Inspektion; LG Düsseldorf BeckRS 2010, 3259, die jeweils einen Vernichtungsanspruch für Werbematerialien bejahen, ohne allerdings die hier dargelegte Frage zu problematisieren). Es ist nicht davon auszugehen, dass der Gesetzgeber die Ansprüche bewusst einschränken wollte (aA Ströbele/Hacker/Hacker Rn. 20; → Rn. 15); schließlich sollte das Durchsetzungsgesetz die Stellung des Rechtsinhabers im Kampf gegen die Produktpiraterie stärken (so BT-Drs. 16/5048, 1). Näher liegt, dass der Gesetzgeber schlicht die Formulierung der Durchsetzungsrichtlinie übernommen hat. Diese berücksichtigt Werbematerialien nicht, weil diese vorwiegend im Markenrecht relevant sind, während die Richtlinie für das gesamte Immaterialgüterrecht gilt. Es ist nicht ersichtlich, warum rechtsverletzende Werbe- oder Verpackungsmaterialien gegenüber der Ware selbst privilegiert werden sollten. Gerade im Fall einer Dienstleistungsmarke entstünde dadurch eine empfindliche Schutzlücke, da in dieser Konstellation typischerweise keine Ware, sondern nur die oben genannten Werbematerialien oder Briefköpfe vorhanden sein dürften (Ingerl/Rohnke Rn. 11). Zur bereits verpackten Ware → Rn. 14, → Rn. 76.

13.1 Hacker bringt als Argument gegen eine Regelungslücke vor, dass im Rahmen des Auskunftsanspruchs gleichzeitig die Pflicht zur Auskunft über Auftraggeber entfallen sei; diese ergebe insbesondere dann Sinn, wenn keine rechtsverletzende Ware, sondern beispielsweise Werbemittel gefunden werden, da diese häufig um Auftragsarbeiten seien (Ströbele/Hacker/Hacker Rn. 20). Dies würde jedoch implizieren, dass der Gesetzgeber die Rechtsfolgen für markenrechtswidriges Werbematerial verkürzen wollte, was nach dem oben Gesagten nicht naheliegend erscheint.

14 Auch wenn nur die Verpackung eine widerrechtliche Kennzeichnung aufweist, nicht aber das Produkt selbst, gilt der Vernichtungsanspruch für die **verpackte Ware im Ganzen.** Würden nur die rechtsverletzende Etiketten entfernt und die Ware dem Verletzer wieder zurückgegeben, würde dies die alte Rechtslage weiterführen. Von dieser Rechtslage wollte sich das Produktpirateriegesetz sich mit Einführung des Vernichtungsanspruchs bewusst entfernen (Begr. RegE ProdPG, BT-Drs. 11/4792, 27; ebenso etwa Fezer Rn. 466; Thun, Der immaterialgüterrechtliche Vernichtungsanspruch, 1998, 79).

15 „Widerrechtlich gekennzeichnet" sind auch solche Gegenstände, deren Kennzeichnung erst unter Zuhilfenahme **technischer Mittel** wahrnehmbar wird, also zum Beispiel beim Öffnen einer Datei oder Abspielen eines Computerprogramms (vgl. LG München I CR 1993, 698 (701 f.)). Die Löschung widerrechtlicher Kennzeichenbenutzungen auf einer **Internet-Seite** fällt dem Wortlaut nach hingegen nicht unter den Begriff der Vernichtung von „Waren". Allerdings ist der Verletzer bereits durch Unterlassungs- oder jedenfalls den allgemeinen Beseitigungsanspruch verpflichtet, eine widerrechtliche Kennzeichnung nicht weiter in seinem Internetauftritt zu verwenden.

4. Besitz oder Eigentum des Verletzers

16 Der Verletzer muss Besitz oder Eigentum an der Ware haben. Es genügt **mittelbarer Besitz.** Im Fall einer **Zollbeschlagnahme** besteht der Vernichtungsanspruch fort, da die Zollbehörde dem Eigentümer den Besitz vermittelt (BGH GRUR 2009, 1142 (1147) – MP3-Player-Import).

Nachdem bereits das Eigentum eines Nichtverletzers dem Anspruch nicht entgegensteht, haben Eigentumsvorbehalte oder dingliche Sicherungsrechte erst recht keine solche Wirkung (Ingerl/Rohnke Rn. 18).

Für die Vernichtung von Materialien und Geräten nach § 18 Abs. 1 S. 2 muss der Verletzer hingegen Eigentümer (und nicht nur Besitzer) der Produktionsmittel sein. Eine Vernichtung kommt jedoch weiterhin in Betracht, soweit der Eigentümer als Gehilfe des Besitzers selbst Verletzer ist.

Sind dem Rechtsinhaber die Eigentums- oder Besitzverhältnisse unbekannt, so kann er sie im Wege eines zum Vernichtungsanspruch akzessorischen **Auskunftsanspruchs** ermitteln (vgl. zum UrhG KG GRUR-RR 2001, 292 (294) – Bachforelle). Sinnvoll kann es für ihn auch sein, den Antrag auf Auskunft hilfsweise für den Fall zu stellen, dass der Vernichtungsanspruch am Nachweis der Eigentums- oder Besitzlage scheitert (vgl. KG GRUR-RR 2001, 292 (294)). Wie alle Anspruchsvoraussetzungen müssen Besitz oder Eigentum im Zeitpunkt der letzten mündlichen Verhandlung vorliegen. Soweit sie zumindest an einem Teil der Waren nachgewiesen sind, kann die abschließende **Klärung** bezüglich sämtlicher Stücke allerdings auf das **Vollstreckungsverfahren** verschoben werden (BGH GRUR 2003, 228 (229 f.) – P-Vermerk; vgl. auch BGH GRUR 1997, 899 (902) – Vernichtungsanspruch).

Kommt es nach Klageerhebung zu einem Eigentums- oder Besitzerwechsel, so gelten die Vorschriften der §§ 265, 325 ZPO (Ingerl/Rohnke Rn. 19).

5. Materialien und Geräte (Abs. 1 S. 2)

Ein Vernichtungsanspruch besteht gemäß § 18 Abs. 1 S. 2 auch bezüglich der Materialien und Geräte, die vorrangig zur widerrechtlichen Kennzeichnung der rechtsverletzenden Ware gedient haben. Hierunter fallen Gegenstände, die selbst unmittelbar der Kennzeichnung gedient haben; verneint wird also keineswegs die Produktionsstätte als Ganzes (so auch Thun, Der immaterialgüterrechtliche Vernichtungsanspruch, 1998, 98). Auch ein Produktionsmittel, das lediglich **neutrale Ware herstellt,** die in einem weiteren Schritt noch gekennzeichnet werden muss, unterliegt nicht dem Vernichtungsanspruch (so auch Ströbele/Hacker/Hacker Rn. 22).

Im Gegensatz zur alten Fassung der Vorschrift genügt es bereits, wenn die Materialien und Geräte nur **„vorwiegend"** (und nicht ausschließlich oder nahezu ausschließlich) dem entsprechenden Zweck gedient haben.

Materialien und Geräte iSd § 18 Abs. 1 S. 2 müssen, anders als die Waren nach S. 1, im **Eigentum** des Verletzers stehen.

Dem Wortlaut nach (**„gedient haben"**) müssen die Materialien und Geräte zudem tatsächlich zur rechtswidrigen Kennzeichnung eingesetzt worden sein; es genügt nicht, wenn sie dafür nur geeignet oder bestimmt sind. Teilweise wird vertreten, die Vorschrift sei dennoch auch auf Produktionsmittel anzuwenden, die nur zur Kennzeichnung bestimmt sind (Fezer Rn. 41; HK-MarkenR/Wüst/Jansen Rn. 18). Dafür spricht zwar, dass die neue Formulierung wörtlich aus der Durchsetzungsrichtlinie übernommen wurde und der Gesetzgeber möglicherweise keine inhaltliche Änderung beabsichtigte. Im Hinblick auf den Wortlaut erscheint eine Ausweitung allerdings nicht möglich (so auch Ingerl/Rohnke Rn. 15; Ströbele/Hacker/Hacker Rn. 23).

Eine mögliche **Nutzungsänderung** für die Zukunft schließt die Vernichtung nicht aus; anders als beim Unterlassungsanspruch ist die Wiederholungsgefahr keine Tatbestandsvoraussetzung des Vernichtungsanspruchs (→ Rn. 8).

II. Inhalt des Anspruchs

1. Vernichtung der Ware

Vernichtung ist die physische Zerstörung einer Sache (Fezer Rn. 63; Fromm/Nordemann UrhG §§ 98, 99 Rn. 4). Die konkrete Vernichtungsmaßnahme richtet sich nach der Art der betroffenen Gegenstände. Vernichtungsmaßnahmen sind etwa das Verbrennen, Einschmelzen, Verschrotten, Einstampfen oder Zerreißen.

Das bloße Entfernen oder Unkenntlichmachen eines **rechtsverletzenden Bestandteils** reicht zur Erfüllung des Vernichtungsanspruchs nicht aus, soweit die Funktion der verletzen-

MarkenG § 18 Teil 2 Voraussetzungen, Inhalt und Schranken etc.

den Waren erhalten bleibt. Denn bei der bloßen Beseitigung von Kennzeichnungen besteht die Gefahr, dass diese später erneut angebracht werden (BGH GRUR 1997, 899 (900 f.) – Vernichtungsanspruch; vgl. auch Begr. RegE ProdPG, BT-Drs. 11/4792, 27).

28 Kommen **mehrere** technisch verlässliche **Methoden** der Vernichtung in Betracht, so besteht kein Anspruch auf Anwendung einer bestimmten Technik (→ Rn. 84).

2. Mit der Durchführung betraute Person

29 Hinsichtlich der Person, die die Vernichtung durchführt, ist das Gesetz offen formuliert; es regelt lediglich die Frage nach dem „Ob" der Vernichtung, nicht aber die nach ihrem „Wie". Aus **Wertungsgesichtspunkten** kann der Rechtsinhaber die Vernichtung auch in der Form verlangen, dass die Ware an einen zur Vernichtung bereiten **Gerichtsvollzieher herausgegeben** wird (BGH GRUR 2003, 228 (229 f.) – P-Vermerk; zurückhaltender hingegen noch BGH GRUR 1997, 899 (902) – Vernichtungsanspruch, der die Pflicht zur Herausgabe an den Gerichtsvollzieher nur angesichts der konkreten Umstände bejahte; vgl. aber auch die neueren Urteile BGH GRUR 2012, 512 – Kinderwagen, zum GeschmMG; GRUR 2007, 685 (688) Rn. 28 iVm Klageantrag zu 4 – Gedichttitelliste I, zum UrhG; dort bestätigt der BGH Entscheidungen, die eine Herausgabe an einen vom Kläger zu beauftragenden Gerichtsvollzieher zum Zweck der Vernichtung vorsehen, ohne dies gesondert zu begründen).

30 Für diese Option spricht, dass sie **am wirksamsten** die tatsächliche Durchführung der Vernichtung **sicherstellt**. Der Anspruch auf Vernichtung wurde aus der Erfahrung heraus eingeführt, dass Gegenstände, die in der Hand des Verletzers verbleiben, häufig zurück in den Verkehr gelangten (vgl. Begr. RegE ProdPG, BT-Drs. 11/4792, 27). Vor diesem Hintergrund widerspräche es dem Sinn des Gesetzes, wenn die Vernichtung dem Verletzer überlassen bliebe, der die Ware womöglich beiseite schafft. Auch droht weiterer **Prozessaufwand**, wenn Rechtsinhaber und Verletzer darüber streiten, ob die Vernichtung vollständig durchgeführt wurde. Dieser Aufwand kann vermieden werden, wenn eine neutrale Person die Vernichtung durchführt.

31 Die Pflicht zur Herausgabe der Ware steht auch im Einklang mit den allgemeinen Grundsätzen des Immaterialgüterrechts. Wer ein Immaterialgüterrecht hat, kann daraus keinen Anspruch auf die Gegenstände ableiten, die dieses Recht verletzen; Sacheigentum und Immaterialgüterrecht sind getrennt (vgl. etwa Pahlow in: Grundlagen und Grundfragen des geistigen Eigentums, 2008, 251, 264). Die Herausgabe an den Gerichtsvollzieher dient jedoch nur nicht der Eigentumsübertragung, sondern nur dem Zweck, die Vernichtung besser sicherzustellen.

31.1 Auch in der **Literatur** spricht sich demnach die Mehrheit für eine Vernichtung durch den Gerichtsvollzieher aus (zum Markenrecht etwa Fezer Rn. 62; Ströbele/Hacker/Hacker Rn. 38; aA allerdings Ingerl/Rohnke Rn. 30, 34: grundsätzlich Vernichtung durch den Verletzer selbst, nur in Ausnahmefällen Herausgabe an den Gerichtsvollzieher).

31.2 Dem steht der **seit dem 1.9.2008 geltende Wortlaut** des § 18 Abs. 1 nicht entgegen. Wenn der Rechtsinhaber „den Verletzer" auf Vernichtung in Anspruch nehmen kann, bedeutet dies nur, dass der Anspruch gegenüber dem Verletzer besteht, nicht aber, dass dieser notwendig eigenhändig die Vernichtung herbeiführt (aA Kern, Vernichtungs- und Rückrufansprüche, 2011, 120 f.; vgl. aber etwa OLG Düsseldorf BeckRS 2012, 9387 Tenor Ziff. 4, zum Patentrecht; BeckRS 2012, 10832 Tenor Ziff. 4, zum Patentrecht; LG Hamburg BeckRS 2012, 13486 Tenor, zum Patentrecht, die auch nach neuer Rechtslage zur Herausgabe an den Gerichtsvollzieher verurteilen).

31.3 Gegen die Herausgabe an den Rechtsinhaber zum Zweck der Vernichtung (OLG München ZUM 1994, 515 (518); Diekmann, Der Vernichtungsanspruch, 1993, 140 ff.) spricht, dass auch bei diesem ein Risiko besteht, dass er die Ware verwertet statt sie zu zerstören.

31.4 Vernichtet der Verletzer die Ware selbst, so trifft ihn eine schuldrechtliche Nebenpflicht, die Vernichtungsmaßnahmen **nachzuweisen** (Thun, Der immaterialgüterrechtliche Vernichtungsanspruch, 1998, 158; Fezer Rn. 62).

3. Kosten

32 Der **Verletzer** trägt als Anspruchsschuldner die **Kosten der Vernichtung** (BGH GRUR 1997, 899 (902) – Vernichtungsanspruch; OLG Köln GRUR-RR 2005, 342 (342) – Lagerkosten nach Grenzbeschlagnahme). Dies entspricht auch der Vorgabe des Art. 10 Abs. 2 Durchsetzungsrichtlinie.

C. Rückruf und endgültiges Entfernen aus den Vertriebswegen

Sowohl der Rückruf als auch das Entfernen aus den Vertriebswegen dienen dazu, den Markt von rechtsverletzenden Gegenständen zu bereinigen. Im Fall des Rückrufs geschieht dies dadurch, dass der Verletzer versucht, die Gegenstände zurückzuholen. Im Fall des Entfernens finden am jeweiligen Ort der Ware Maßnahmen zur Störungsbeseitigung statt. 33

I. Inhalt des Rückrufanspruchs

Der Rückruf besteht – abstrakt formuliert – darin, dass der Verletzer ernsthaft versucht, die bereits an Dritte weitergegebene Ware zurückzuerlangen. Typischerweise geschieht dies dadurch, dass er seine Abnehmer **zur freiwilligen Rückgabe** der widerrechtlich gekennzeichneten Ware **auffordert** (so etwa OLG Düsseldorf BeckRS 2011, 20934 – Seilzugvorrichtung; LG Düsseldorf BeckRS 2009, 19434; Fezer Rn. 75 f.; Ströbele/Hacker/Hacker Rn. 54; Ingerl/Rohnke Rn. 42, 46). 34

1. Erfasste Gegenstände

Zum Begriff der **widerrechtlich gekennzeichneten Ware** gilt das zur Vernichtung Gesagte → Rn. 12 ff. 35

Die Ansprüche auf Rückruf und Entfernen aus den Vertriebswegen beziehen sich auf Gegenstände, die der **Verletzer bereits an Dritte weitergegeben** hat (vgl. etwa Tenor OLG Düsseldorf BeckRS 2011, 20945 – Fräsmaschine; BeckRS 2011, 20934 – Seilzugvorrichtung; ebenso etwa Ströbele/Hacker/Hacker Rn. 51; Ingerl/Rohnke Rn. 45; Jestaedt GRUR 2009, 102 (103); Kühnen GRUR 2009, 288 (292)). Dies ergibt sich aus dem Ausdruck „aus den Vertriebswegen", der sich nach richtlinienkonformer Auslegung sowohl auf den Rückruf- als auch auf den Entfernungsanspruch bezieht. Auch der niederländische Rückruf, der das Vorbild der Vorschrift war (→ Rn. 2), erfasst solche bereits weitergegebenen Gegenstände (zB Hoge Raad Nederlandse Jurisprudentie 1990, 2675 (2680) – Hameco). Gleiches ergibt sich aus dem systematischen **Vergleich mit** dem benachbarten **Vernichtungsanspruch:** Im Gegensatz zu diesem setzen die Ansprüche auf Rückruf und Entfernung ihrem Wortlaut nach kein Eigentum und keinen Besitz des Verletzers an der widerrechtlich gekennzeichneten Ware voraus. 36

Auch im **Produktsicherheitsrecht** zielt der Rückruf nach § 2 Abs. 17 GPSG, Art. 2 lit. g RL 2001/95/EG (Produktsicherheitsrichtlinie) auf die Rückgabe der bereits gelieferten oder zur Verfügung gestellten Gegenstände. 36.1

Im Übrigen wäre ein Anspruch auf einen Rückruf aus der eigenen Sphäre wenig sinnvoll; neben dem Unterlassungs- und dem Beseitigungsanspruch bliebe ihm **kaum ein eigener Anwendungsbereich.** Wer einen Gegenstand nicht vertreiben darf, ist ohnehin verpflichtet, ihn aus den eigenen Regalen oder Verkaufsstellen zurückzuziehen (vgl. BGH GRUR 1974, 666 (669) – Reparaturversicherung; OLG Köln GRUR-RR 2008, 365 – Möbelhandel). 37

Anders als der Vernichtungsanspruch finden die Ansprüche auf Rückruf und Entfernen nach dem deutschen Recht **keine Anwendung auf Produktionsmittel** iSd § 18 Abs. 1 S. 2. Es erscheint zwar zweifelhaft, ob dies der Durchsetzungsrichtlinie entspricht, wonach die Ansprüche „gegebenenfalls"/„dans les cas appropriés"/„in appropriate cases" für Produktionsmittel zur Verfügung stehen sollen. Allerdings dürften die Ansprüche auf Rückruf und Entfernen aus den Vertriebswegen in diesem Zusammenhang ohnehin wenig attraktiv sein. Es erscheint einfacher, die Produktionsmittel direkt beim Hersteller der rechtswidrig gekennzeichneten Waren zu vernichten, statt Rückruf- oder Entfernungsansprüche gegen dessen Lieferanten geltend zu machen. 38

2. Geschuldete Handlung

Der Rückruf besteht darin, dass der Verletzer seine Abnehmer **auffordert,** die widerrechtlich gekennzeichnete Ware **zurückzugeben.** Im Gegenzug bietet er ihnen die **Rückerstat-** 39

MarkenG § 18 Teil 2 Voraussetzungen, Inhalt und Schranken etc.

tung des **Kaufpreises** an (vgl. OLG Düsseldorf BeckRS 2011, 20945 – Fräsmaschine; BeckRS 2011, 20934 – Seilzugvorrichtung; Ingerl/Rohnke Rn. 46; Ströbele/Hacker/ Hacker Rn. 55). Dies entspricht dem allgemeinen Sprachgebrauch: „Zurückrufen" impliziert, dass der Verletzer durch Kommunikation versucht, die Gegenstände zurückzuholen.

40 In den meisten Fällen wird der Verletzer seine Abnehmer nur um eine **freiwillige Herausgabe** bitten können. Ein **Anspruch** des Verletzers auf Herausgabe der rechtsverletzenden Ware folgt weder aus § 18 noch aus allgemeinen Vorschriften.

40.1 Der Vergleich zu anderen Regelungen der Richtlinie, die in die Rechte Dritter eingreifen – etwa zu den Auskunftspflichten mittelbarer Verletzer – zeigt, dass die Richtlinie solche Eingriffe eindeutig regelt. Eine implizite Herausgabepflicht kann deshalb nicht in die neuen Ansprüche hineingelesen werden.

40.2 Auch nach allgemeinen Vorschriften hat derjenige, der immaterialgüterrechtsverletzender Ware in den Verkehr bringt, keinen Herausgabeanspruch bezüglich dieser Ware (zum Nichtbestehen von Herausgabeansprüchen wegen Nichtigkeit nach § 134 BGB s. Miosga, Die Ansprüche auf Rückruf und Entfernen im Recht des geistigen Eigentums, 2010, 33 ff.). Allenfalls für die Konstellationen eines **Kommissionsvertrags**, der Geschäftsbesorgung, des **Franchising** oder möglicherweise einer Konzernstruktur ist es nach allgemeinen Regeln möglich, dass dem Verletzer auch gegenüber seinen Abnehmern noch rechtliche Einwirkungsmöglichkeiten zustehen.

41 Stehen dem Verletzer keine rechtlichen Einwirkungsmöglichkeiten auf die Ware mehr zur Verfügung, so muss er seine Abnehmer um **freiwillige Mitwirkung bitten.** Im Regelfall wird dabei mit einer Kooperation zumindest der gutgläubigen Abnehmer zu rechnen sein – andernfalls müssten diese befürchten, selbst in Anspruch genommen zu werden. Auch wenn ein Abnehmer die rechtsverletzende Ware nicht zurückgibt, hat die **Aufforderung doch den positiven Effekt,** dass er eine etwaige schlechte Qualität der Ware nicht dem Rechteinhaber zuschreibt (Peukert/Kur GRUR Int 2006, 292 (296)).

42 Soweit der Verletzer im Einzelfall **rechtliche Einwirkungsmöglichkeiten** gegenüber seinen Abnehmern hat, muss er sie geltend machen (so auch zum Medienrecht Dörre, Rechtsschutz gegen „Reality-Literatur", 2008, 167; zum UrhG Fromm/Nordemann UrhG § 98 Rn. 25; Hildebrandt, Marken und andere Kennzeichen, 2. Aufl. 2009, § 27 Rn. 81; Jänich MarkenR 2008, 413 (415)). Dies ergibt sich aus dem Sinn des Anspruchs, in möglichst zuverlässiger Weise den Markt von den entsprechenden Gegenständen zu bereinigen.

43 Das **bloße Informieren der Abnehmer** genügt den Rückrufpflichten nicht. Bereits das im Begriff des „Rückrufs" enthaltene Element „zurück" zeigt, dass die Maßnahme auf eine Rückbewegung abzielt. Dies gilt gleichermaßen für die anderssprachige Versionen der Durchsetzungsrichtlinie (ausführlicher Miosga, Die Ansprüche auf Rückruf und Entfernen im Recht des geistigen Eigentums, 2010, 57 f.). Neben der Aufforderung zur Rückgabe ist der Verletzer aber auch zur Information verpflichtet; er muss seine Abnehmer **auf die Rechtsverletzung hinweisen** (etwa OLG Düsseldorf BeckRS 2011, 20945 unter I.).

44 Das LG Düsseldorf fasst auch die **Bitte, den Gegenstand nicht weiter zu vertreiben und zur Verfügung zu halten** unter den Rückruf (LG Düsseldorf BeckRS 2009, 19434; dafür auch Schulte/Kühnen PatG § 140a Rn. 22; sowie für Ausnahmefälle Künzel, FS Mes, 2009, 241 (244)). Diese Methode erscheint insofern riskant, als die Gegenstände drohen, wieder in den Verkehr zu gelangen (vgl. auch Begr. RegE PrPG, BT-Drs. 11/4792, 27 zur Einführung eines Vernichtungsanspruchs). Auch entspricht eine solche Bitte nicht dem Wortlaut eines „Rück"-rufs. Anders entscheidet dementsprechend das OLG Düsseldorf BeckRS 2011, 20934 – Seilzugvorrichtung.

45 Einen **Rückerlangungserfolg** schuldet der Verletzer nicht (so ausdrücklich LG Mannheim GRUR-RR 2011, 49 (53); Jestaedt GRUR 2009, 102 (104)). Dies ergibt sich einerseits aus dem Wortlaut; das Zurück**rufen** bezeichnet lediglich eine Handlung. In die gleiche Richtung weist der niederländische Ursprung des Anspruchs (vgl. Hoge Raad Nederlandse Jurisprudentie 1990, 2675 (2681) – Hameco; zur Entwicklungsgeschichte des Rückrufs → Rn. 2.). Andernfalls verbliebe auch kaum ein Anwendungsbereich für die Maßnahme, da ein Rückerlangungserfolg meist wegen Unmöglichkeit nicht durchsetzbar wäre.

45.1 AA Skauradsun/Majer, die den Rechtsinhaber verpflichten wollen, dem Verletzer seine Abwehransprüche abzutreten, so dass dieser mit ihrer Hilfe gegen seine Abnehmer vorgehen kann (Skauradsun/ Majer ZUM 2009, 199 (203)). Allerdings scheint es nicht im Interesse des Rechtsinhabers zu liegen, einem Verletzer die Durchsetzung seiner Ansprüche anzuvertrauen; dies gilt auch für die Ermächtigung bzw. gewillkürte Prozessstandschaft.

Zu weiteren Einzelfragen hinsichtlich der praktischen Durchführung → Rn. 59 ff. **46**

II. Inhalt des Entfernungsanspruchs

Rückruf und Entfernen unterscheiden sich in der Methode, mit der sie den Markt von **47** rechtsverletzenden Waren bereinigen. Während der Rückruf auf eine (Rück-)Bewegung der Ware gerichtet ist, zielt der Entfernungsanspruch darauf ab, dass **vor Ort** Maßnahmen zur **endgültigen Beseitigung** des rechtsverletzenden Zustandes stattfinden (→ Rn. 50).

1. Erfasste Gegenstände

In Bezug auf die vom Entfernungsanspruch erfasste Ware gelten sinngemäß die bereits **48** zum Rückruf angestellten Überlegungen (→ Rn. 35 ff.). Auch der Entfernungsanspruch betrifft folglich Gegenstände, die der Verletzer **bereits an Dritte weitergegeben** hat (so etwa auch Fezer Rn. 74; Jänich MarkenR 2008, 416; Jestaedt GRUR 2009, 102 (103); Ströbele/Hacker/Hacker Rn. 63; aA etwa Mestmäcker/Schulze/Backhaus UrhG § 98 Rn. 47). Dies ergibt sich insbesondere aus dem Wortlaut „aus den Vertriebswegen" sowie aus dem Vergleich mit dem Vernichtungsanspruch, der explizit Eigentum oder Besitz voraussetzt.

2. Geschuldete Leistung

a) Grundsätzlicher Inhalt der geschuldeten Leistung. Nach der vorzugswürdigen **49** Auffassung liegt der Unterschied zwischen Rückruf und Entfernen darin, dass beim Rückruf der Gegenstand zum Verletzer zurückkehrt während **beim Entfernen eine Beseitigungsmaßnahme, typischerweise die Vernichtung, am aktuellen Ort des Gegenstandes** stattfindet (ebenso Ströbele/Hacker/Hacker Rn. 63; angesprochen auch bei Dörre/Maaßen GRUR-RR 2008, 217 (219); Schulte/Kühnen PatG § 140a Rn. 23; Künzel, FS Mes, 2009, 241 (249); vgl. auch OLG Düsseldorf BeckRS 2011, 20945 unter II.3, wo ein Antrag, die Vernichtung der Gegenstände bei den Abnehmern zu veranlassen, allein wegen Unbestimmtheit abgewiesen wird; grundsätzlich scheint das OLG Düsseldorf ihn unter den Entfernungsanspruch zu fassen; aA etwa LG Düsseldorf BeckRS 2009, 19434 – Olanzapin II; → Rn. 50). Während nämlich die Vorsilbe „Rück-" auf eine Bewegung hindeutet, ist der Begriff des Entfernens in dieser Hinsicht neutral; er beschreibt lediglich das Ergebnis, dass der entsprechende Gegenstand sich nicht mehr in den Vertriebswegen befindet. Gleiches gilt für die ganz große Mehrheit der anderen Sprachversionen der Richtlinie (ausführlich Miosga, Die Ansprüche auf Rückruf und Entfernen im Recht des geistigen Eigentums, 2010, 80 f.). Auf diese Weise hat der Anspruch einerseits gegenüber Rückruf und Vernichtung einen eigenen Inhalt und entspricht damit der dreigliedrigen Formulierung des Art. 10 Durchsetzungsrichtlinie. Andererseits gibt diese Auslegung seine systematische Stellung zwischen diesen beiden Anspruchsnormen wieder, indem sie Elemente beider Vorschriften miteinander vereint. Auch das zwischen Rückruf und Entfernen stehende „oder" wird umgesetzt, da die Maßnahmen bei dieser Auslegung nur alternativ zueinander denkbar sind. Darüber hinaus ist der Entfernungsanspruch bei dieser Deutung sinnvoll einsetzbar. Wenn sich etwa der **Rücktransport aufwändig** gestaltet, kann es wirtschaftlich sinnvoll sein, die Ware vor Ort zu vernichten. Auch mag es vorkommen, dass der Anspruchsinhaber die Abnehmer des Verletzers als vertrauenswürdiger erachtet als diesen selbst und sich von ihnen deshalb die zuverlässigeren Beseitigungsmaßnahmen erhofft.

Nach einer **anderen Ansicht** schuldet der Verletzer beim Rückruf lediglich ein Tätigwer- **50** den, beim Entfernen dagegen einen **Erfolg** (so LG Düsseldorf BeckRS 2009, 19434 – Olanzapin II; LG Mannheim BeckRS 2011, 4156 – Mobilstation; Ingerl/Rohnke Rn. 48; Jänich MarkenR 2008, 413 (416); Peukert/Kur GRUR Int 2006, 292 (295); Ullrich, Der Schutz des geistigen Eigentums durch die Enforcement-Richtlinie, 2008, 14; Künzel, FS Mes, 2009, 241 (248)). Für diese Auslegung kann der Wortlaut angeführt werden, der auf eine Erfolgspflicht hindeutet. Allerdings ist bei dieser Auslegung der **praktische Nutzen des Entfernungsanspruchs gering** (so auch Fezer Rn. 75). Da sich der Anspruch auf weitergegebene Gegenstände bezieht (→ Rn. 48), fehlt dem Verletzer typischerweise die rechtliche Handhabe, einen Erfolg herbeizuführen. Der Entfernungsanspruch steht insofern unter der **immanenten Tatbestandsvoraussetzung,** dass dem Verletzer ein **Anspruch auf Herausgabe** beziehungsweise Rückabwicklung oder eine anderes Einwirkungsrecht zusteht (LG Düsseldorf BeckRS 2009, 19434 – Olanzapin II). Solche Einwirkungsmöglichkeiten sind selten (→ Rn. 40). Sollte der Verletzer sie ausnahmsweise haben, lässt sich ihre Geltendmachung bereits unter den Begriff des Rückrufs subsumieren (→ Rn. 42). Der Entfernungsanspruch wäre also nach dieser Auslegung gegenstandslos.

50.1 Noch problematischer erscheint die Idee, auf das immanente Tatbestandsmerkmal des Herausgabeanspruchs zu verzichten und dem Verletzer auch bei Verweigerung der Rücksendung ggf. deren **Rückkauf zu einem höheren Preis** aufzuerlegen (so Jestaedt GRUR 2009, 102 (103)). Den ggf. vorsatzlos handelnden Verletzer würde ein sehr hoher Aufwand treffen und ihm obläge zudem das Einschätzungsrisiko, welche Aufwendungen er noch schuldet ist und ab wann Unverhältnismäßigkeit eintritt.

51 Nicht ganz zu überzeugen vermag auch Fezers Auslegung, wonach der **Rückruf** alle **kommunikativen Elemente** erfasst, das **Entfernen** hingegen die Handlungen, die der **Zurückführung** dienen (Fezer Rn. 75 f.). Der Gesetzeswortlaut geht von einem Alternativverhältnis der beiden Ansprüche aus, während sie nach dieser Auslegung kumulativ angewendet werden müssten. Auch zielt bereits der Begriff des „Rückrufs" auf eine Rückführung und nicht nur eine Informationsübermittlung ab.

52 **b) Erfolgs- oder Handlungsschuld.** Grundsätzlich ist der Entfernungsanspruch als Erfolgsschuld formuliert. Der Verletzer muss also die ihm zur Verfügung stehenden rechtlichen Mittel einsetzen, um einen Entfernungserfolg zu erreichen. Dazu gehört notfalls auch die gerichtliche Durchsetzung vorhandener Zugriffsmöglichkeiten (so auch LG Düsseldorf BeckRS 2009, 19434 Tenor I 3 – Olanzapin II). Typischerweise fehlt es allerdings an solchen rechtlichen Optionen. Als **nächst wirksames Mittel** muss der Verletzer dann seine Abnehmer **auffordern, freiwillig** so auf die Gegenstände einzuwirken, dass diese endgültig nicht mehr in den Rechtsverkehr gelangen.

53 **c) Angeforderte Entfernungsmaßnahme.** Das Gesetz verlangt ein „endgültiges" Entfernen, es muss sich also eine dauerhafte und zuverlässige Methode verwendet werden. Typischerweise wird der Verletzer seine Abnehmer zur **Vernichtung** der widerrechtlich gekennzeichneten Ware auffordern. Das **Verbringen ins schutzrechtsfreie Ausland** erscheint im Rahmen des Entfernungsanspruchs nicht als geeignetes Mittel, da das Risiko eines Reimports besteht.

III. Anspruchsvoraussetzungen

1. Schutzrechtsverletzung

54 Die Ansprüche nach Abs. 2 bestehen „in den Fällen der §§ 14, 15 und 17". Hier gilt das oben zum Vernichtungsanspruch Gesagte (→ Rn. 8). Insbesondere setzen auch die Ansprüche auf Rückruf und Entfernen **nicht** voraus, dass der Verletzer **vorsätzlich** gegen das Markenrecht verstoßen hat.

54.1 Dies ergibt sich auch aus Art. 12 Durchsetzungsrichtlinie, wonach ein Mitgliedstaat vorsehen kann, dass die Abhilfemaßnahme durch Zahlung eines Geldbetrages abwendbar ist, falls der Verletzer weder vorsätzlich noch fahrlässig gehandelt hat. Im Umkehrschluss stehen Rückruf und Entfernen auch ohne schuldhafte Verletzungshandlung zur Verfügung.

2. Aktiv- und Passivlegitimation

55 Zur **Aktivlegitimation** → Rn. 9.
56 **Passivlegitimiert** ist allein der Verletzer selbst; die Rückrufverpflichtung begründet keine Pflichten für seine Abnehmer (ausführlich Miosga, Die Ansprüche auf Rückruf und Entfernen im Recht des geistigen Eigentums, 2010, 28 ff. mwN; aA Dreier GRUR Int 2004, 707 (712)). Allerdings kann der Rechtsinhaber innerhalb einer Vertriebskette auswählen, gegenüber welchem Verletzer er die Ansprüche geltend macht (so auch Jestaedt GRUR 2009, 102 (104)).

3. Verfügungsmacht

Weder der Rückruf- noch der Entfernungsanspruch setzt voraus, dass der Verletzer eine **57** Verfügungsmacht über die widerrechtlich gekennzeichnete Ware hat. Für den Rückruf ist dies weitgehend anerkannt (Ströbele/Hacker/Hacker Rn. 51; Ingerl/Rohnke Rn. 42; Fezer Rn. 70; Jänich MarkenR 2008, 413 (415); Kitz NJW 2008, 2374 (2375); zum Urheberrecht etwa Fromm/Nordemann UrhG § 98 Rn. 25; aA noch Dörre/Maaßen GRUR-RR 2008, 217 (219)). Wie unter → Rn. 48 ausgeführt, gelten für den Entfernungsanspruch die gleichen Erwägungen. Dies ergibt sich auch aus der **Systematik des Gesetzes**. Der Anspruch auf Vorlage von Beweismitteln erfordert nach §§ 19a Abs. 1, 19b Abs. 1 explizit eine Verfügungsmacht; § 18 Abs. 2 stellt dagegen kein solches Kriterium auf. Auch fällt das Zurückziehen eigener Gegenstände aus den Filialen bereits unter den Unterlassungsanspruch; die Ansprüche nach § 18 hätten also keinen eigenen Anwendungsbereich. Eine rechtliche Einflussmöglichkeit des Verletzers kann sich allerdings auf der Rechtsfolgenseite auswirken (→ Rn. 42).

4. Keine Unverhältnismäßigkeit

Über die genannten Voraussetzungen hinaus darf die Maßnahme nicht nach Art. 18 Abs. 3 **58** im Einzelfall unverhältnismäßig sein (ausführlich zur Unverhältnismäßigkeit → Rn. 71 ff.).

IV. Durchführung

1. Art der Kontaktaufnahme

Vorzugsweise nimmt der Verletzer mit seinen Abnehmern Kontakt auf, indem er ihnen **59** ein **persönliches Anschreiben** zukommen lässt. Wenn die Voraussetzungen des § 19c S. 1 vorliegen, wäre auch ein **öffentliches** Rückruf- oder Entfernungsschreiben denkbar; ein persönliches Kontaktieren scheint jedoch wegen der besseren Wirksamkeit vorzugswürdig.

Der Rückrufende muss in der Benachrichtigung die **Konditionen** der Rückruf- oder **60** Entfernungsaktion mitteilen, also beispielsweise Ansprechpartner benennen, einen Rückgabeweg mitteilen und klarstellen, dass er den Kaufpreis rückerstattet (→ Rn. 61). Soweit der Schuldner – wie meistens – nur eine Bitte ausspricht, soll das Schreiben so formuliert sein, dass es nicht den falschen Eindruck einer Verpflichtung erweckt. Darüber hinaus muss der Rückrufverpflichtete seine Abnehmer über die **Sach- und Rechtslage** in Kenntnis setzen (vgl. OLG Düsseldorf BeckRS 2011, 20934 – Seilzugvorrichtung; ebenso Ströbele/Hacker/Hacker Rn. 54).

2. Erstattung der Kosten

Der Rückrufende muss anbieten, den **Kaufpreis** zurückzuerstatten und für die nötigen **61** Kosten von **Transport, Lager und Zoll** aufzukommen (OLG Düsseldorf BeckRS 2011, 20945 unter I.; BeckRS 2011, 20934 – Seilzugvorrichtung).

Im Einzelfall mag aus Gründen der Verhältnismäßigkeit ein Abzug für die bereits gezogenen **Nut-** **61.1** **zungsvorteile** zulässig sein. Der Verletzer ist – anders als von Skauradszun/Majer ZUM 2009, 199 (202 f.) vertreten – nicht verpflichtet, einen höheren Preis anzubieten, als die Abnehmer ursprünglich gezahlt haben; dies wäre für einen möglicherweise schuldlos handelnden Verletzer unangemessen (so auch Schulte/Kühnen PatG § 140a Rn. 22).

Gleiches gilt sinngemäß für den **Entfernungsanspruch.** Nach der hier vertretenen Auslegung **62** muss der Verletzer im Gegenzug für einen Nachweis der Störungsbeseitigungsmaßnahme die Rückerstattung des Kaufpreises und der Beseitigungskosten anbieten.

3. Abnehmer auf nachgelagerten Vertriebsstufen

Die Ansprüche auf Rückruf und Entfernen beziehen sich grundsätzlich nicht nur auf den **63** unmittelbaren Abnehmer des Verletzers, sondern auf die gesamte **Abnehmerkette** (Ströbele/Hacker/Hacker Rn. 57; Jestaedt GRUR 2009, 102 (104); Fromm/Nordemann UrhG § 98 Rn. 25; vgl. zum alten Recht OLG Hamburg MD 2007, 819 (824) – Original russischer

Wodka). Der Begriff der Vertriebswege geht über die unmittelbaren Abnehmer hinaus; auch würde der Anspruch sonst zu leicht ausgehebelt, indem ein weiterer Käufer nominell zwischengeschaltet wird. Die vorzugswürdige Durchführungsweise für einen mehrstufigen Rückruf besteht darin, dass der Verletzer seine unmittelbaren Abnehmer bittet, die Rückrufbitte an ihre jeweiligen Kunden weiterzugeben (so auch Ströbele/Hacker/Hacker Rn. 57; ähnlich Fromm/Nordemann UrhG § 98 Rn. 25; zum medienrechtlichen Rückruf LG München AfP 1975, 88). Alternativ ist ein öffentlicher Rückruf denkbar. Dabei müssen die Voraussetzungen des § 19c S. 1 erfüllt sein, um Wertungswidersprüche zu vermeiden.

4. Erstreckung auf private Endabnehmer

64 Nach der **Rechtsprechung** erstrecken sich Rückruf- oder Entfernungsaktionen **nicht auf private Endabnehmer** der rechtsverletzenden Ware; dies wird zumeist mit dem Ausdruck „aus den Vertriebswegen" begründet (OLG Düsseldorf BeckRS 2011, 20934 – Seilzugvorrichtung, zum Patentrecht; LG Mannheim GRUR-RR 2011, 49 (53)).

64.1 Auch in der **Literatur** äußert sich eine Mehrheit gegen eine Erfassung der Endabnehmer, so etwa Ströbele/Hacker/Hacker Rn. 52; Fezer Rn. 72; Stellungnahme GRUR zum Vorschlag der Kommission GRUR 2003, 682 (683); Jänich MarkenR 2008, 413 (416); Jestaedt GRUR 2009, 102, 103 (105); aA allerdings Czychowski GRUR-RR 2008, 265 (267); Fromm/Nordemann UrhG § 98 Rn. 25; HK-MarkenR/Wüst/Jansen Rn. 19.

65 Wenig überzeugend erscheint es, unter Hinweis auf den Begriff der „Vertriebswege" private Endabnehmer auszuschließen, nicht aber gewerbliche Endkunden (so aber zum Patentrecht OLG Düsseldorf BeckRS 2011, 20934 – Seilzugvorrichtung); auch diese besitzen schließlich den Gegenstand zum Zweck des Gebrauchs und nicht zum Zweck eines weiteren Vertriebs.

66 Nach Erwägungsgrund 24 S. 3 der Durchsetzungsrichtlinie sind im Rahmen von Vernichtung, Rückruf und Entfernen die Interessen privater Endabnehmer zu berücksichtigen. Dies spricht für deren Einbeziehung in die Rückruf- oder Entfernungsaktionen: Immerhin entstehen ihnen durch die Rückruf- oder Entfernungsaktion keine Pflichten. Vielmehr können sie den Kaufpreis zurückerhalten und erfahren möglicherweise erstmals von der rechtswidrigen Kennzeichnung des erworbenen Gegenstandes. Ein Störungszustand besteht im Übrigen auch beim privaten Endabnehmer; dieser ordnet womöglich seine schlechten Erfahrungen mit der widerrechtlich gekennzeichneten Ware irrtümlich dem Markeninhaber zu, so dass der Ruf der Marke geschädigt und ihre Bindungswirkung beeinträchtigt wird.

67 Auch wenn man einen Rückruf oder ein Entfernen vom Endverbraucher abstrakt für möglich hält, werden sie allerdings wegen des unvorteilhaften Aufwand-Nutzen-Verhältnisses **typischerweise als unverhältnismäßig** ausscheiden. Der Aufwand ist ungleich höher, wenn Endverbraucher einzelne Gegenstände zurückschicken, als wenn Zwischenhändler, womöglich sogar im Rahmen regelmäßiger Lieferbeziehungen, größere Warenmengen zurückgeben. Auch dürfte bei privaten Abnehmern die Erfolgsquote gering ausfallen.

5. Kombination mit anderen Ansprüchen

68 Rückruf und Entfernen können mit dem **Auskunftsanspruch** nach § 19 (insbesondere Abs. 3 Nr. 1, Menge der abgegebenen Waren und Preise) kombiniert werden, um die Rücklaufquote besser nachvollziehen zu können.

69 Nach Art. 10 Abs. 1 S. 1 Durchsetzungsrichtlinie wirken sich Rückruf und Entfernen auf die Höhe des **Schadensersatzes** nicht aus. Gleiches ergibt sich im deutschen Recht aus den allgemeinen Grundsätzen (vgl. zur Vernichtung im Rahmen der Lizenzanalogie BGH GRUR 1993, 899 (900) – Dia-Duplikate; ebenso OLG Hamburg ZUM-RD 1997, 53; vgl. auch BGH GRUR 2002, 532 (535) – Unikatrahmen). Demnach haben Rückruf und Entfernen auch explizite Umsetzung der Richtlinienvorgabe keine Auswirkungen auf den Schadensersatz (aA Jestaedt GRUR 2009, 102 (106)).

V. Rechtsnatur der Ansprüche

70 Rückruf und Entfernen sind **Beseitigungsansprüche** (so etwa auch Dreier/Schulze UrhG § 98 Rn. 17; Fromm/Nordemann UrhG § 98 Rn. 23; Kraßer Patentrecht § 2 IV,

S. 33). Soweit die Verletzung schuldhaft erfolgt ist, laufen sie mit dem Anspruch auf Schadensersatz in Form der **Naturalrestitution** parallel (vgl. auch OLG Düsseldorf BeckRS 2011, 20932 – L-Lysin; BeckRS 2011, 8380; LG Mannheim GRUR-RR 2011, 49 (53), die den Rückruf für die Zeit vor der Umsetzung aus §§ 823, 1004 BGB herleiten).

Anders als von Kern (Vernichtungs- und Rückrufansprüche, 2011, 199 ff.) vertreten, handelt es sich beim Rückruf nicht um eine Maßnahme des einstweiligen Rechtsschutzes. Er dient nicht nur der Sicherung eines Vernichtungsanspruchs, sondern vielmehr dessen Ermöglichung, da er erst den Besitz bzw. das Eigentum schafft. **70.1**

D. Unverhältnismäßigkeit (Abs. 3)

I. Rechtsnatur und Wesen der Abwägung

Gemäß § 18 Abs. 3 sind die Ansprüche ausgeschlossen, wenn die Inanspruchnahme **im Einzelfall unverhältnismäßig** ist. Bereits nach der Formulierung und dem Aufbau des § 18 ist das Eingreifen der Ansprüche aus Abs. 1 bzw. 2 der **Regelfall,** die Unverhältnismäßigkeit dagegen die Ausnahme (so auch Ingerl/Rohnke Rn. 21, 49; Ströbele/Hacker/Hacker Rn. 36). Dies bestätigt der Zusatz „im Einzelfall". Im Übrigen war es Ziel des Produktpirateriegesetzes, den neu eingeführten Vernichtungsanspruch zum Regelfall zu machen (Begr. RegE PrPG, BT-Drs. 11/4792, 39), woran das Durchsetzungsgesetz bewusst nichts ändern sollte (vgl. BT-Drs. 16/5048, 32). Im Patentrecht will das OLG Düsseldorf die Unverhältnismäßigkeit des Rückrufanspruchs in einer Entscheidung sogar auf „extreme Ausnahmefälle" beschränken (OLG Düsseldorf BeckRS 2015, 06710 Rn. 45). **71**

Vor diesem Hintergrund steht es dem Vernichtungsanspruch nicht entgegen, wenn der Störungszustand auch mit Hilfe eines **milderen Mittels,** etwa der Entfernung oder Unkenntlichmachung des Kennzeichens, beseitigt werden könnte. Dies gibt Art. 46 S. 4 TRIPS ausdrücklich vor. Als Abwägungsfaktor kann das Vorhandensein milderer Mittel jedoch durchaus eine Rolle spielen (→ Rn. 80; zum Urheberrecht Mestmäcker/Schulze/Backhaus UrhG § 98 Rn. 45). Gleiches gilt nach der oben beschriebenen Regelungssystematik für Rückruf und Entfernen. Die Prüfung auf Unverhältnismäßigkeit findet dementsprechend nicht dreigeteilt als Prüfung der Geeignetheit, Erforderlichkeit und Angemessenheit statt, sondern als **Interessenabwägung,** die **alle Faktoren des Einzelfalls** berücksichtigt (→ Rn. 80). Eine Prüfung der Erforderlichkeit würde schließlich bedeuten, dass man mildere Mittel vorzieht; aus den oben dargelegten Gründen darf dies nicht der Fall sein. **72**

Im Gegensatz zur Fassung vor dem 1.9.2008 können die Ansprüche auch dann als unverhältnismäßig ausscheiden, wenn **keine alternative Möglichkeit** der Störungsbeseitigung zur Verfügung steht. **73**

Im Rahmen der Ansprüche auf **Rückruf und Entfernen** bezieht sich die Prüfung der Unverhältnismäßigkeit sowohl auf die Frage, **ob die Ansprüche überhaupt** bestehen, als auch auf die Frage, **welche konkreten Maßnahmen** als Rechtsfolge geschuldet sind. Da die Ansprüche auf der Rechtsfolgenseite sehr offen formuliert sind, kommt der Abstufung hier eine besonders wichtige Rolle zu (noch weitergehend Jestaedt GRUR 2009, 102 (106): Prüfung der Verhältnismäßigkeit allein auf der Rechtsfolgenseite). So mag zB in einem konkreten Fall der Verletzer verpflichtet sein, sich mit einem Rückruf nur an seine unmittelbaren Abnehmer zu wenden, während ein Kontaktieren weiterer Mitglieder der Vertriebskette im konkreten Fall als unverhältnismäßig ausscheidet. Dies ergibt sich auch aus der in dieser Hinsicht weiter formulierten Vorgabe des Art. 10 Durchsetzungsrichtlinie und entspricht im Übrigen der Praxis beim allgemeinen Beseitigungsanspruch (Teplitzky, Wettbewerbsrechtliche Ansprüche, 10. Aufl. 2012, Kap. 25 Rn. 9). Auf der Stufe der **Rechtsfolgen** gilt allerdings **nicht** das oben dargestellte **Regel-Ausnahme-Verhältnis:** Es würde wenig Sinn ergeben, grundsätzlich die am stärksten eingreifende Rechtsfolge zu wählen, wenn andere Mittel gleich wirksam sind. **74**

Entsprechend dem Regel-Ausnahme-Verhältnis liegt die **Darlegungs- und Beweislast** für die Unverhältnismäßigkeit beim Verletzer (vgl. etwa LG Mannheim GRUR-RR 2011, 49 (53); LG Düsseldorf BeckRS 2010, 24511). **75**

II. Denkbare mildere Mittel

76 In Einzelfällen kann es vorkommen, dass der Anspruch auf Vernichtung, Rückruf oder Entfernung auf einzelne **rechtsverletzende Bestandteile begrenzt** ist, zB auf die widerrechtlich gekennzeichnete Verpackung (zur Vernichtung OLG Bremen WRP 2002, 460 (464) – Lila Verpackung; zum Entfernungsanspruch Spindler/Weber ZUM 2007, 257 (259); vgl. zum Patentrecht auch OLG Düsseldorf BeckRS 2010, 31125 – Verschütteten-Suchgerät). Im Verhältnis zur Vernichtung des gesamten widerrechtlich gekennzeichneten Gegenstandes stellt dies eine mildere Alternative dar, bezüglich Rückruf und Entfernen handelt es sich um eine der unter die Ansprüche selbst fallenden Ausführungsmethode. Es gilt aber zu berücksichtigen, dass das MarkenG, anders als § 98 Abs. 5 UrhG und § 43 Abs. 5 GeschmMG, keine Regelung kennt, die ausscheidbare nichtverletzende Bestandteile von den Ansprüchen ausnehmen würde. Auch bezieht sich der Begriff der „Ware" eher auf das Produkt als Ganzes, nicht nur auf einen rechtsverletzenden Bestandteil. Ein entsprechendes Vorgehen sollte deshalb **die Ausnahme bleiben** (aA zum Patentrecht Jestaedt GRUR 2009, 102 (104); für einen Rückruf des Gesamtprodukts auch OLG Düsseldorf BeckRS 2010, 15888 unter II.C.2.a – Steckverbinder). Die Maßnahme muss zudem **dauerhaften und zuverlässigen Erfolg** versprechen. Für Rückruf und Entfernen ergibt sich dies bereits aus dem Zusatz „endgültig". Eine Abdeckung des widerrechtlichen Kennzeichens darf also beispielsweise nicht entfernt werden können (Ingerl/Rohnke Rn. 23). Wenn ein rechtsverletzender Bestandteil leicht entfernt werden kann, gilt es etwa zu bedenken, dass er womöglich ebenso leicht erneut angebracht werden kann (OLG Düsseldorf BeckRS 2011, 20934 unter II.8 – Seilzugvorrichtung). Unzureichend erscheint es auch, als milderes Mittel ein Importverbot auszusprechen, da dies eine erneute Einfuhr nicht zuverlässig ausschließt und zudem dem Absatzinteresse des Rechtsinhabers entgegensteht (so auch Ingerl/Rohnke Rn. 32; anders LG Düsseldorf GRUR 1996, 66 (68) – adidas-Import).

77 Die Möglichkeit, an Stelle eines Rückrufs **direkt gegen die einzelnen Abnehmer des Verletzers vorzugehen,** darf in der Abwägung nicht berücksichtigt werden; diese Option besteht praktisch immer, so dass sich das Regel-Ausnahme-Verhältnis umkehren würde. Gerade im Hinblick auf das Ziel einer effizienten Rechtsdurchsetzung (Art. 3 Abs. 2 Durchsetzungsrichtlinie), muss es möglich sein, dass der Verletzer einen Inverkehrbringer auf Rückruf oder Entfernen in Anspruch nimmt, ohne nachweisen zu müssen, aus welchen Gründen die Ansprüche gegen die einzelnen Abnehmer für ihn weniger attraktiv sind.

78 Ebenfalls nicht in Betracht kommt die Abwendung der Ansprüche durch Geldzahlung. Da das MarkenG eine dem § 100 UrhG entsprechende Regelung nicht kennt, ergibt sich im Umkehrschluss, dass eine entsprechende Regelung nicht gewünscht ist (ebenso etwa Ingerl/Rohnke Rn. 22; Ströbele/Hacker/Hacker Rn. 43; aA Fezer Rn. 108). Eine solche Quasi-Zwangslizenz würde auch den Interessen des wirksamen Immaterialgüterrechtsschutzes widersprechen.

79 Es macht die Ansprüche nicht unverhältnismäßig, wenn der Verletzer die Ware alternativ an gemeinnützige Organisationen abgeben könnte. Der Gesetzgeber hat diese Option bewusst nicht vorgesehen (Beschlussempfehlung des Rechtsausschusses zum PrPG Bl. 1990, 196). Es erscheint auch zweifelhaft, inwieweit eine solche Pflicht mit Art. 5 MRL vereinbar wäre (so auch Ingerl/Rohnke Rn. 32; aA Fezer Rn. 110).

III. Abwägungsfaktoren

80 § 18 erwähnt als einziges Prüfungskriterium im Rahmen des Abs. 3 die „berechtigten Interessen Dritter". Gemäß Art. 10 Durchsetzungsrichtlinie kommt es daneben auf die Schwere der Verletzung an. Über diese Punkte hinaus müssen – wie auch der Zusatz „im Einzelfall" andeutet – **alle Umstände des konkreten Falles** in die Prüfung einfließen (zur Vernichtung BGH GRUR 2006, 504 – Parfümtestkäufe; GRUR 1997, 899 (901) – Vernichtungsanspruch; BT-Drs. 16/5048, 38; Ingerl/Rohnke Rn. 38; Ströbele/Hacker/ Hacker Rn. 37).

80.1 Zu den relevanten Faktoren zählen **insbesondere** die folgenden Punkte:

80.2 Unter anderem kommt es auf die **Schwere der Verletzung** an, beispielsweise den Umfang des Schadens (zur Vernichtung Begr. RegE PrPG, BT-Drs. 11/4792, 182; BGH GRUR 2006, 504 Rn. 52 – Parfümtestkäufe; GRUR 1997, 899 – Vernichtungsanspruch vgl. auch OLG Düsseldorf BeckRS 2014,

Vernichtungs- und Rückrufansprüche **§ 18 MarkenG**

12143: hohe „Eingriffsintensität"). Eine Rolle spielen kann dementsprechend auch der **Anteil,** den ein schutzrechtsverletzendes Element **innerhalb eines Gesamtgegenstandes** ausmacht. Dies folgt bereits aus Art. 10 Abs. 3 Durchsetzungsrichtlinie. Daneben kann es darauf ankommen, ob ein Schutzrecht im zentralen oder nur im Randbereich betroffen ist (→ Rn. 36; ebenso zum Urheberrecht Fromm/Nordemann UrhG § 98 Rn. 29). So mögen beispielsweise bei der bloßen Ausnutzung einer bekannten Marke iSd § 14 Abs. 2 Nr. 3 Alt. 1, die die Marke nicht zugleich auch schädigt, die Anforderungen an Rückruf und Entfernen höher sein als im Fall einer klassischen Nachahmung.

Vor allem bei Rückruf und Entfernung können die **Erfolgschancen** der Maßnahme eine Rolle **80.3** spielen. So kann ein Rückruf unverhältnismäßig sein, wenn nur noch wenige rechtsverletzende Produkte im Verkehr sind (OLG Düsseldorf BeckRS 2015, 20135 Rn. 28 mit der Begründung, liefe andernfalls auf eine „reine Selbstbezichtigung" hinaus). In einer patentrechtlichen Entscheidung ging das OLG Düsseldorf allerdings davon aus, dass geringe Erfolgschancen durch eine generalpräventive Wirkung ausgeglichen werden (OLG Düsseldorf BeckRS 2015, 06710 Rn. 45).

Auf der anderen Seite kann der prognostizierte **Aufwand** eine Rolle spielen, insbesondere wenn **80.4** der Verletzer keinen Vorsatz hatte (Ströbele/Hacker/Hacker Rn. 37; noch zum UWG Ernst-Moll, FS Klaka, 1987, 16 (22)). Mögliche negative Auswirkungen auf die **Kundenbeziehung** sollen hingegen bei Rückruf und Entfernen nicht berücksichtigungsfähig sein da dieses Risiko den Ansprüchen immanent ist (OLG Düsseldorf BeckRS 2011, 20934 Rn. 5 – Seilzugvorrichtung).

Weist ein Nachahmerprodukt eine besonders **schlechte Qualität** auf, so spricht dies für die Ansprüche, da seine Verbreitung den Ruf der Marke besonders gefährdet (vgl. bereits zum Rückruf nach alter **80.5** Rechtslage Ströbele/Hacker/Hacker 8. Aufl. Rn. 46; Lange, Marken- und Kennzeichenrecht, 2. Aufl. 2012, Rn. 3345, 888).

Als relevante **Interessen Dritter** kommt etwa eine vom Produkt ausgehende Gefahr in Frage. Die **80.6** Interessen der Abnehmer des Verletzers werden typischerweise nicht gegen Rückruf und Entfernen sprechen, da diese Maßnahmen ihnen meist nur zusätzliche Optionen eröffnen (→ Rn. 39 ff.). Im Rahmen des Vernichtungsanspruchs können etwa die Interessen des unbeteiligten Eigentümers oder Besitzers berücksichtigungsfähig sein.

Rechtsverstöße außerhalb des MarkenG (etwa im UWG) können berücksichtigt werden, wenn **80.7** sie in dem betreffenden Gebiet zu Unterlassungsansprüchen führen (so auch Ingerl/Rohnke Rn. 25; Ströbele/Hacker/Hacker Rn. 39).

Darüber hinaus kann berücksichtigt werden, ob der Verletzer **schuldhaft** handelte (zur Vernichtung **80.8** BGH GRUR 2006, 504 – Parfümtestkäufe; OLG Düsseldorf BeckRS 2014, 12143; zur Fahrlässigkeit BGH GRUR 1997, 899 – Vernichtungsanspruch; zum Vorsatz als Argument für einen Rückruf nach alter Rechtslage OLG München WRP 1992, 809 – Fotoberichterstattung).

Die frühere Rechtsprechung teilweise im Rahmen des Unterlassungsanspruchs eine **Aufbrauchfrist** **80.9** zum Abverkauf rechtsverletzender Gegenstände vor (BGH GRUR 1960, 563 (567) – Sektwerbung; GRUR 1982, 420 (423) – BBC/DDC; GRUR 1982, 425 (431) – Brillen-Selbstabgabestellen; kritisch OLG München WRP 1985, 364 (365)). Es sollte sich dabei um eine Anwendung des Verhältnismäßigkeitsgrundsatzes handeln. Spätestens nach Einführung von Rückruf und Entfernen als Regelmaßnahmen ist diese Rechtsprechung äußerst **kritisch** zu sehen, da sie im Gegensatz zum Rechtsgedanken dieser Ansprüche steht. Immerhin greifen die neuen Ansprüche sogar noch auf die Waren zu, die der Verletzer bereits vor deren Geltendmachung verkauft hat, während eine Aufbrauchfrist auch nach Durchsetzung der Ansprüche noch einen Abverkauf erlauben würde.

Auch wenn es sich um **Originalware** handelt, bei der lediglich wegen **Parallelimports** **81** keine Erschöpfung eingetreten ist, sind die Maßnahmen nach § 18 nicht notwendig unverhältnismäßig. Der BGH hat die Vernichtung jedenfalls im Fall einer nicht geringen Schuld (BGH GRUR 2006, 504 Rn. 52 – Parfümtestkäufe) sowie im Fall von Veränderungen an der Originalware (BGH GRUR 1996, 271 (275) – Gefärbte Jeans) als verhältnismäßig angesehen (aA hingegen LG Düsseldorf NJW-RR 1995, 1511 – adidas-Import, das im konkreten Fall ein Einfuhrverbot bezüglich beschlagnahmter Ware als milderes Mittel anordnet). Eine von Trube (MarkenR 2001, 228) vorgeschlagene differenzierende Lösung, bei der der Rechtsinhaber die parallel importierte Ware gegen Abschlagszahlung erhält und im Ausland vertreibt, erscheint problematisch, da dem Rechtsinhaber möglicherweise die geeigneten Vertriebskanäle fehlen (so auch Ingerl/Rohnke Rn. 26; Ströbele/Hacker/Hacker Rn. 42).

E. Prozessrecht

I. Klageerhebung

1. Antragstellung

82 Um dem **Bestimmtheitsgebot** zu genügen, muss der Antrag die zu vernichtenden, zurückzurufenden oder zu entfernenden **Gegenstände gattungsmäßig** bezeichnen. Daneben muss er die konkrete **Art der Verletzung** benennen (etwa Ingerl/Rohnke Rn. 34, 50; Mes PatG § 140a Rn. 12).

82.1 Der Antrag darf nur die **konkret festgestellten Verletzungen** erfassen, nicht aber andere, ähnliche Verletzungshandlungen, da für diese die Einzelfallprüfung der Unverhältnismäßigkeit nicht durchgeführt werden kann (BGH GRUR 2006, 504 Rn. 52 – Parfümtestkäufe; kritisch Ingerl/Rohnke Rn. 12 unter Hinweis darauf, dass die Vernichtung den gesetzlichen Regelfall darstellt).

83 Der Anspruchsinhaber kann Antrag auf **Vernichtung** aller „im **Besitz oder im Eigentum befindlichen**" Waren stellen (vgl. BGH GRUR 2003, 228 – P-Vermerk: „die im Eigentum befindlichen"). Im Fall des Abs. 2 kann er schlicht **Rückruf oder Entfernen** der **„in den Verkehr gelangten Ware"** verlangt werden, ohne dass Abnehmer oder Anzahl genauer bezeichnet werden müssten (vgl. OLG Düsseldorf BeckRS 2011, 20934 – Seilzugvorrichtung).

84 Bezüglich der **geschuldeten Handlung** kann der Anspruchsinhaber den Vernichtungsantrag in der Regel nicht auf eine bestimmte **Art der Vernichtung** begrenzen, da der Verletzer grundsätzlich in der technischen Art der Vernichtung frei ist (so auch Ingerl/Rohnke Rn. 30). Es ist jedoch möglich, alternativ verschiedenen Vernichtungsmaßnahmen zu beantragen (vgl. zum allgemeinen Beseitigungsanspruch BGH GRUR 1954, 337 (338) – Radschutz), wobei alle dem Schuldner erlaubten Varianten erfasst sein müssen (Ingerl/Rohnke Rn. 31). Sicherer ist insofern die Verwendung von **Hilfsanträgen**. Soweit eine **mildere Form der Beseitigung** als die Vernichtung in Frage kommt, ist sie bereits als Minus im Vernichtungsantrag enthalten (vgl. etwa OLG Düsseldorf BeckRS 2010, 31125 – Verschütteten-Suchgerät).

85 Die Anforderungen an die Bezeichnung der im Fall eines **Rückruf- oder Entfernungsanspruchs geschuldeten Maßnahmen** sind strittig: Das OLG Düsseldorf neigt zumindest beim Rückruf zu einer genauen Beschreibung der geschuldeten Handlungen im Tenor (vgl. OLG Düsseldorf BeckRS 2011, 20934 – Seilzugvorrichtung). Das LG Mannheim geht hingegen davon aus, dass der Antrag beziehungsweise der Tenor nur den Gesetzeswortlaut wiedergeben dürfe; die Wahl der einzusetzenden Mittel sei Sache des Verletzers (LG Mannheim GRUR-RR 2011, 49, 53; BeckRS 2011, 4156 – Mobilstation; ebenso Ingerl/Rohnke Rn. 50; Jestaedt GRUR 2009, 102 (104)). Den **Entfernungsanspruch** hat auch das OLG Düsseldorf bereits tenoriert, indem es schlicht den Gesetzeswortlaut wiedergab (OLG Düsseldorf BeckRS 2011, 20934 – Seilzugvorrichtung). In einem anderen Urteil betrachtete es hingegen einen Entfernungsantrag, nach dem der Verletzer die Vernichtung der Waren bei den jeweiligen Besitzern veranlassen sollte, als zu unbestimmt, weil er keine konkreten Maßnahmen enthielt, die der Verletzer hätte ergreifen sollen (OLG Düsseldorf BeckRS 2011, 20945 unter II.3; ebenso LG Düsseldorf BeckRS 2013, 15651). Im Sinne einer konfliktfreieren Zwangsvollstreckung erscheint es vorzugswürdig, die geschuldeten Maßnahmen im Tenor möglichst **genau zu benennen**. Empfehlenswert ist es jedenfalls, entweder im Wege einer **„insbesondere"-Formulierung** Beispiele zu nennen oder mehrere **Hilfsanträge** zu stellen, die verschiedene Varianten nennen.

85.1 Sinnvollerweise sollte auch der Zusatz „aus den Vertriebswegen" aufgenommen werden; nach dem LG Mannheim ist ein Antrag zu weit, wenn er nicht klarstellt, dass private Endabnehmer nicht erfasst sein sollen, was sich aus diesem Zusatz ergebe (LG Mannheim GRUR-RR 2011, 49 (53)).

85.2 **Tenorierungsbeispiele:**
LG Hamburg BeckRS 2012, 13486: „Die Beklagten werden verurteilt, die vorstehend zu 1. bezeichneten im Besitz Dritter befindlichen Erzeugnisse aus den Vertriebswegen zurückzurufen und, soweit sie seit dem 24.11.2011 in die Vertriebswege gelangt sind, aus diesen endgültig zu entfernen, wobei

sich die Verpflichtung zum Rückruf und ggf. Entfernung aus den Vertriebswegen nicht auf Dritte erstreckt, soweit es sich bei diesen um Endkunden handelt."

OLG Düsseldorf BeckRS 2011, 20934 – Seilzugvorrichtung: „Die Beklagte zu 1. wird verurteilt, (..) die (...) bezeichneten, im Besitz gewerblicher Abnehmer befindlichen und seit dem 1.9.2008 in den Verkehr gelangten Erzeugnisse

a) zurückzurufen, indem diejenigen gewerblichen Abnehmer, die sich im Besitz dieser Erzeugnisse befinden, darüber schriftlich informiert werden, dass das Gericht mit dem hiesigen Urteil auf eine Verletzung des deutschen Gebrauchsmusters ... erkannt hat, ihnen ein Angebot zur Rücknahme dieser Erzeugnisse durch die Beklagte zu 1. unterbreitet und den gewerblichen Abnehmern für den Fall der Rückgabe der Erzeugnisse eine Erstattung des ggf. bereits zurückgezahlten Kaufpreises bzw. eines sonstigen Äquivalentes für die zurückgerufenen Erzeugnisse sowie die Übernahme der Verpackungs- und Transport- bzw. Versendungskosten für die Rückgabe zugesagt wird,

b) aus den Vertriebswegen endgültig zu entfernen.

2. Darlegungs- und Beweislast

Behauptet der Verletzer, er habe bereits freiwillig einen Rückruf vorgenommen und so **86** den Anspruch erfüllt, so obliegt ihm dafür die Beweislast; er muss die Anspruchserfüllung für jeden einzelnen Kunden darlegen (OLG Düsseldorf BeckRS 2010, 15888 unter C.2.b – Steckverbinder).

Die Klärung, welche Gegenstände sich im Einzelnen noch im Besitz des Verletzers befin- **87** den, kann dem **Vollstreckungsverfahren** vorbehalten bleiben (BGH GRUR 2003, 228 (230) – P-Vermerk; OLG Hamburg GRUR 1955, 253 (254)). Dem Rechtsinhaber soll es offenstehen, zunächst den Anspruch geltend zu machen und sich dann im Rahmen des Vollstreckungsverfahrens selbst zu überzeugen, welche Gegenstände im Besitz des Verletzers befinden.

3. Kombination mit anderen Ansprüchen oder Vorgehensweisen

Der Anspruch auf Vernichtung ist unabhängig vom Anspruch auf **Schadensersatz** und **88** kann deshalb neben diesem verlangt werden (KG GRUR 1992, 168 – Dia-Kopien); vgl. auch Art. 10 Durchsetzungsrichtlinie. Gleiches gilt für Rückruf und Vernichtung.

Die Ansprüche können im **Adhäsionsverfahren** (§§ 403 ff. StPO) im Rahmen eines **89** Strafprozesses geltend gemacht werden.

II. Einstweiliger Rechtsschutz

1. Vernichtung

Die **Vernichtung selbst** kann **nicht** als Maßnahme des einstweiligen Rechtsschutzes **90** angeordnet werden, da sie den Anspruch nicht nur sichert, sondern bereits erfüllt; sie kann auch nicht rückgängig gemacht werden (etwa OLG Hamburg WRP 1997, 106 (112) – Gucci; OLG Koblenz GRUR 1987, 730 (731) – GS-Zeichen).

Damit der Vernichtungsanspruch nicht Verhinderungsmaßnahmen des Verletzers zum **91** Opfer fällt, muss er regelmäßig durch Maßnahmen des einstweiligen Rechtsschutzes **gesichert** werden. Es kann deshalb angeordnet werden, dass der Verletzer die Waren zum Zweck der **Verwahrung oder Sequestration** herausgibt. Die Sequestration schließt eine treuhänderische Verwaltung mit ein, die bei der kostengünstigeren Verwahrung nicht stattfindet (OLG Frankfurt GRUR-RR 2003, 96 – Uhrennachbildungen; ausführlicher zum Unterschied Fezer Rn. 67).

Soweit nicht ein Gerichtsvollzieher die Vernichtung durchführt (→ Rn. 29 ff.), muss im **92** Fall der rechtskräftigen Verurteilung die Sequestration jedenfalls bis zum Vollzug der Vernichtung anhalten. Die Vernichtung sollte also zumindest unter Aufsicht des Gerichtsvollziehers stattfinden (Ingerl/Rohnke Rn. 38). Zusätzlich kann im Wege der einstweiligen Verfügung ein **Verbot der Rückgabe der** rechtswidrig gekennzeichneten Ware an den Lieferanten erlassen werden (OLG Frankfurt GRUR-RR 2003, 96 – Uhrennachbildungen).

Die Möglichkeit **milderer Beseitigungsmittel** als der Vernichtung kann dem Siche- **93** rungsantrag nicht entgegengehalten werden, da auch für andere Beseitigungsansprüche ein

Sicherungsbedürfnis bestünde (OLG Hamburg NJOZ 2004, 2455 (2462 f.); Retzer, FS Piper 1996, 421 (429)).

94 Eine **Abmahnung** des Verletzers vor Beantragung der Sicherheitsmaßnahmen wird regelmäßig **unzumutbar** sein; ihr Fehlen zieht deshalb keine Kostentragung gemäß § 93 ZPO nach sich. Grund dafür ist aufgrund die Vereitelungsgefahr: die Abmahnung bringt das Risiko mit sich, dass Verletzer die Ware beiseite schafft und so ihre Vernichtung verhindert (OLG Hamburg GRUR-RR 2007, 29 (30) – Cerebro Card; LG Hamburg GRUR-RR 2004, 191 (192) – Flüchtige Ware; vgl. auch zum Wettbewerbsrecht OLG Düsseldorf NJW-RR 1997, 1064 (1065) – Ohrstecker; OLG Frankfurt GRUR 2006, 264 – Abmahnerfordernis; Ingerl/Rohnke Rn. 41; Mes PatG § 140a Rn. 15; **aA** hingehen OLG Hamburg GRUR-RR 2007, 350 (352) – YU-GI-OH!-Karten, wonach auch im Fall von Pirateriware eine „**sehr kurze, ggf. nach Stunden bemessenen Frist**" im Zeitalter von Fax und E-Mail nur in Ausnahmefällen unzumutbar sein wird; ähnlich auch OLG Braunschweig GRUR-RR 2005, 103 – Flüchtige Ware, das ebenfalls von einem grundsätzlich bestehenden Abmahnungserfordernis ausgeht).

94.1 Gegen eine Abmahnung spricht es, wenn die **Verletzung vorsätzlich** erfolgte (OLG Stuttgart BeckRS 2000, 3586; vgl. aber auch OLG Hamburg GRUR-RR 2007, 350 (352) – YU-GI-OH!-Karten). Auch wenn der Verletzer bereits in der Vergangenheit Abmahnungen oder Verbotsanordnungen nicht beachtet hat, ist dies wegen zu erwartender Erfolglosigkeit ein Argument gegen die Abmahnung (OLG Stuttgart BeckRS 2000, 3586; OLG Frankfurt GRUR 1983, 753 (756 f.)).

94.2 Zumutbar ist die Abmahnung aber jedenfalls, wenn konkrete Anhaltspunkte vorliegen, die die Gefahr des Beseitschaffens der Waren oder anderer Vernebelungsaktionen ausnahmsweise ausschließen (zum Wettbewerbsrecht OLG Düsseldorf NJW-RR 1997, 1064 (1065) – Ohrstecker).

95 Der Rechtsinhaber muss nach den allgemeinen Regeln zur Vereitelungsgefahr vortragen und sie **glaubhaft machen** (zB OLG Braunschweig GRUR-RR 2005, 103 – Flüchtige Ware), wobei allerdings an die Glaubhaftmachung nach dem oben Gesagten keine allzu hohen Anforderungen gestellt werden dürfen (so auch Ingerl/Rohnke Rn. 41). Der **Verdacht der Rechtsverletzung** soll für eine Verwahrung oder Sequestration bereits ausreichend sein (Ströbele/Hacker/Hacker Rn. 46; Ingerl/Rohnke Rn. 38).

2. Rückruf und Entfernen

96 In **eindeutigen oder bereits gut aufgeklärten Fällen** sollten Rückruf- und Entfernungsmaßnahmen auch im **einstweiligen Rechtsschutz** angeordnet werden können. Rückruf und Entfernen sind durch den Zeitablauf in besonderem Maße bedroht: Je weiter sich widerrechtlich gekennzeichnete Ware im Markt verbreitet, desto aufwändiger wird eine Rückruf- oder Entfernungsaktion. Das beste Aufwand-Nutzen-Verhältnis besteht zu einem möglichst frühen Zeitpunkt, in dem die Ware erst wenige große Zwischenhändler erreicht hat. Es ist allerdings **strittig**, ob Rückruf und Entfernen im einstweiligen Rechtsschutz angeordnet werden können (dafür Ingerl/Rohnke Rn. 50; Stellungnahme GRUR zum Richtlinienentwurf GRUR 2003, 682 (684); Heinze, Einstweiliger Rechtsschutz im europäischen Immaterialgüterrecht, 2008, 95; Mes PatG § 140a Rn. 34; sowie grundsätzlich Kühnen, Handbuch der Patentverletzung, 6. Aufl. 2012, Rn. 110; dagegen etwa Wandtke/Bullinger/Kefferpütz UrhG Vor §§ 97 ff. Rn. 119 f.; Jestaedt GRUR 2009, 102 (106) sowie „grundsätzlich" Fromm/Nordemann UrhG § 98 Rn. 38). Nach **alter Rechtslage** haben die Gerichte im Rahmen des allgemeinen Beseitigungsanspruchs **teilweise** einen Rückruf im einstweiligen Rechtsschutz zugesprochen (zum Medienrecht OLG Stuttgart AfP 1964, 105; LG München I ZUM 2007, 577 (580); ZUM 2006, 79 (81); OLG München WRP 1992, 809, 810 – Fotoberichterstattung; LG München I AfP 1975, 88 – Briefwechsel; zum Wettbewerbsrecht OLG Köln WRP 1985, 294 (295) linke Spalte aE).

97 Auch wenn man Rückruf und Entfernen aus Gründen des effektiven Rechtsschutzes im Eilrechtsschutz zur Verfügung stellt, müssen **hohe Anforderungen an die Schlüssigkeit und die Glaubhaftmachung** der Anträge gestellt werden. Für eine zurückhaltende Handhabung spricht die Tatsache, dass sie immer zu einem gewissen Grad bereits eine **Erfüllung** des Anspruchs bewirken, wie sie das Eilrechtsverfahren grundsätzlich nicht mit sich bringen soll. Ist erst einmal die Bitte um Rückgabe oder Beseitigung ausgesprochen, so setzt dies eine volle Rückruf- bzw. Entfernungsaktion in Gang. Insbesondere gilt dies für den Entfernungsanspruch, bei dem im Gegensatz zum Rückruf nicht einmal ein erneuter Verkauf in Frage kommt, wenn erst einmal Beseitigungsmaßnahmen vorgenommen wurden (dennoch zugesprochen in Form der Bitte um Beseitigung einer irreführenden Angabe in OLG Koblenz GRUR 1987, 730 (731) – GS-Zeichen). Insofern sind die Folgen für den Verletzer oft irreversibel, auch wenn sich später herausstellt, dass der Anspruch nicht bestand. Würde man andererseits generell darauf verzichten, Rückruf und Entfernen im einstweiligen Rechtsschutz zuzulassen, würde dies oft für den Rechtsinhaber zu irreversiblen Folgen führen, da die Ware oft den Endverbraucher erreicht hat, bis es zum Hauptsacheverfahren kommt. Das Gebot effektiven Rechtsschutzes steht somit auf beiden Seiten; das Risiko einer Fehlentscheidung sollte deshalb derjenigen Partei auferlegt werden, die mit höherer Wahrscheinlichkeit in der Hauptsache unterliegen wird (so allgemein zur Leistungsverfügung Stein/Jonas/Grunsky ZPO Vor § 935 Rn. 49).

Es handelt sich folglich dogmatisch um eine sog **Leistungsverfügung/Befriedigungsverfügung**, 97.1 die als Ausnahme zum Verbot der Vorwegnahme der Hauptsache zulässig, wenn der zugrunde liegende Anspruch seinem Inhalt oder Zweck nach nur in einem bestimmten Zeitraum erfüllt werden können (Stein/Jonas/Grunsky ZPO Vor § 935 Rn. 3 ff.; OLG Frankfurt NJW 2007, 851; OLG Hamburg GRUR-RR 2007, 29).

In **anderen Rechtsordnungen** spielt der Eilrechtsschutz für den Rückruf eine bedeutende Rolle. 97.2 So ließ die belgische und niederländische Rechtsprechung auch nach alter Rechtslage einen Rückruf im einstweiligen Rechtsschutz zu (vgl. zB Pres. Arr. 's-Gravenhage BIE 2000, 189, 191; Pres. Arr. Amsterdam Nederlandse Jurisprudentie 1934, 285, 285; Frequin Auteursrechtsgids voor de Nederlandse praktijk 2005, 213; Prins/Dauwe in Harte-Bavendamm, Handbuch van Markpiraterie in Europa, 1999, § 7 Rn. 65; Pansch, Die einstweilige Verfügung zum Schutze des geistigen Eigentums, 2003, 116; Spoor/Verkade/Vissner Auteursrecht: Auteursrecht, naburige rechten en datenbankenrecht, 3. Aufl. 2005, 530). Der amerikanische Rückruf immaterialgüterrechtsverletzender Gegenstände findet sogar fast ausschließlich im Rahmen des einstweiligen Rechtsschutzes statt (vgl. etwa Cherry River Music Co. v. Simitar Entertainment, Inc., 38 F.Supp.2d 310, 51 U.S.P.Q.2d 1897 (S.D.N.Y., 1999); Chere Amie, Inc. v. Windstar Apparel, Corp., 191 F.Supp.2d 343, 344 (S.D.N.Y. 2001).

Ähnlich wie dies § 19 Abs. 7 für die auf Auskunft gerichtete einstweilige Verfügung ver- 98 langt, muss die Rechtsverletzung so eindeutig sein, dass eine **Fehlentscheidung kaum möglich** ist. Dafür sollte regelmäßig eine **mündliche Verhandlung** stattfinden, um eine besonders sorgfältigen Abwägung der Interessen des Antragsgegners zu ermöglichen (so zum Medienrecht Paschke/Busch NJW 2004, 2620 (2626); für die grundsätzliche Möglichkeit einer einstweiligen Rückrufsverfügung auch ohne mündliche Verhandlung hingegen LG München I ZUM 2006, 79 (81)). Dies würde auch dem allgemeinen Gedanken des MarkenG entsprechen, wonach bestimmte Ansprüche bereits im einstweiligen Rechtsschutz gewährt werden können, wenn die Rechtsverletzung offensichtlich ist (§ 19 Abs. 7: Auskunft; § 19b Abs. 3: Vorlage von Bank-, Finanz- oder Handelsunterlagen).

Die Möglichkeit, den Rückruf im einstweiligen Rechtsschutz anzuordnen, ist nicht notwendig im 98.1 Umkehrschluss aus den genannten Ansprüchen ausgeschlossen; wie beim markenrechtlichen Unterlassungsanspruch, dessen Anwendung im einstweiligen Rechtsschutz ebenfalls nicht spezialgesetzlich geregelt ist, finden vielmehr die allgemeinen Vorschriften Anwendung. Denkbar wäre es alternativ, das oben gefundene Ergebnis mit einer **Analogie** zu §§ 19 Abs. 7, 19b Abs. 3 zu begründen.

Als mildere Variante kann der Verletzer dazu verpflichtet werden, dass er seine **Abnehmer** 99 **bittet,** die Ware vorerst **nicht mehr weiterzuvertreiben** (zum Wettbewerbsrecht OLG Köln GRUR 1962, 543; KG WRP 1976, 176 (177) – Filmpackung; OLG Hamburg NJW-RR 1996, 1449 (1451) – Patienten-Informationsblätter). Auch wenn damit technisch betrachtet nur die spätere Rückruf- oder Entfernungsaktion gesichert wird, wird diese Variante allerdings oft unpraktikabel sein, da die Abnehmer wenig Interesse an einer längeren Zwischenlagerung haben und die Ware entweder abverkaufen oder zurückschicken werden.

III. Zwangsvollstreckung

Für die **vorläufige Vollstreckbarkeit** gelten die allgemeinen Regeln. Im Grundsatz sind 100 demnach die Ansprüche auf Vernichtung, Rückruf und Entfernen aus den Vertriebswegen vorläufig vollstreckbar (vgl. zur Vernichtung BGH GRUR 2009, 403 (406) – Metall auf

Metall; zum Rückruf OLG Düsseldorf BeckRS 2011, 20934 – Seilzugvorrichtung; LG Mannheim BeckRS 2011, 4156 – Mobilstation).

101 Die **Vernichtung** wird als **vertretbare Handlung** nach §§ 887, 892 ZPO vollstreckt, also im Wege der Wegnahme durch einen Gerichtsvollzieher, der anschließend die Ware per Ersatzvornahme zerstört (OLG Düsseldorf InstGE 10, 301 Rn. 2 – Metazachlor; Ingerl/Rohnke Rn. 36; ähnlich Ströbele/Hacker/Hacker Rn. 45: §§ 887, 892, 883 ZPO).

102 Die Ansprüche auf **Rückruf und Entfernen** können sowohl nach § 887 ZPO als auch nach § 888 ZPO vollstreckt werden (für eine Vollstreckung nach § 888 ZPO Ingerl/Rohnke Rn. 50; Jänich MarkenR 2008, 417; Ströbele/Hacker/Hacker Rn. 56; für § 887 ZPO Fezer Rn. 79; Jestaedt GRUR 2009, 104; Wandtke/Bullinger/Kefferpütz UrhG Vor §§ 97 ff. Rn. 64). Die Vollstreckung im Wege der Ersatzvornahme nach § 887 ZPO bietet zwar den Vorteil, dass der Rechteinhaber nicht das Tätigwerden des Verletzers abwarten muss, wird aber oft dadurch erschwert, dass ihm Informationen über dessen Abnehmer fehlen, wenn er nicht bereits im Hauptverfahren Auskunftsansprüche geltend gemacht hat. Auch müsste er, da er den Schuldner nicht vertreten kann, zunächst die Kosten der Rückerstattung des Kaufpreises tragen; er kann zwar sämtliche Kosten der Ersatzvornahme später über § 788 ZPO vom Schuldner verlangen, trägt allerdings das Insolvenzrisiko. Insofern dürfte oft § 888 ZPO der vorteilhaftere Weg sein. Die Zwangsmittel zur Durchsetzung der Rückrufs- oder Entfernungsaktion können sich aber immer **nur gegen den Verletzer** richten, nicht gegen seine Abnehmer (→ Rn. 40).

IV. Streitwert und Kosten

103 Nach den allgemeinen Regeln hängt der **Streitwert** der **Vernichtung** vom wirtschaftlichen Interesse ab, das der Antragsteller an ihr hat. Dieses korreliert weniger mit dem Wert der rechtswidrig gekennzeichneten Ware als vielmehr mit deren Störungspotential (Ingerl/Rohnke Rn. 35; vgl. auch OLG Stuttgart BeckRS 2010, 7250 unter III – Geschlossenes Vertriebssystem auf Grund tatsächlichen Verhaltens). Gleiches gilt sinngemäß für die Ansprüche auf Rückruf und Entfernen.

104 Zur **materiellrechtlichen** Pflicht zur Kostentragung → Rn. 32 (Vernichtung) und → Rn. 61 (Rückruf Entfernen). Soweit Kosten im Rahmen der Zwangsvollstreckung entstanden sind, muss sie der Verletzer nach § 788 ZPO tragen. Lagerkosten, die im Zuge der zivilrechtlichen Durchsetzung des Vernichtungsanspruchs entstanden sind, können je nach Situation aus § 18 erstattet werden, nicht aber die Kosten, die auf die zollbehördliche Grenzbeschlagnahme zurückzuführen sind (OLG Köln GRUR-RR 2005, 342 – Lagerkosten nach Grenzbeschlagnahme).

105 Konflikte über Höhe der Vernichtungskosten können über § 793 ZPO im Vollstreckungsverfahren entschieden werden. Die Kosten der Sequestration können als Zwangsvollstreckungskosten im **Kostenfestsetzungsverfahren** nach §§ 103, 104 ZPO festgesetzt werden (BGH NJW 2006, 3010).

106 Zur **Abmahnung** vor dem Antrag auf einstweilige Verfügung und zur damit zusammenhängenden **Kostenlast nach 93 ZPO** → Rn. 94.

§ 19 Auskunftsanspruch

(1) Der Inhaber einer Marke oder einer geschäftlichen Bezeichnung kann den Verletzer in den Fällen der §§ 14, 15 und 17 auf unverzügliche Auskunft über die Herkunft und den Vertriebsweg von widerrechtlich gekennzeichneten Waren oder Dienstleistungen in Anspruch nehmen.

(2) ¹In Fällen offensichtlicher Rechtsverletzung oder in Fällen, in denen der Inhaber einer Marke oder einer geschäftlichen Bezeichnung gegen den Verletzer Klage erhoben hat, besteht der Anspruch unbeschadet von Absatz 1 auch gegen eine Person, die in gewerblichem Ausmaß
1. rechtsverletzende Ware in ihrem Besitz hatte,
2. rechtsverletzende Dienstleistungen in Anspruch nahm,
3. für rechtsverletzende Tätigkeiten genutzte Dienstleistungen erbrachte oder

4. nach den Angaben einer in Nummer 1, 2 oder Nummer 3 genannten Person an der Herstellung, Erzeugung oder am Vertrieb solcher Waren oder an der Erbringung solcher Dienstleistungen beteiligt war,

es sei denn, die Person wäre nach den §§ 383 bis 385 der Zivilprozessordnung im Prozess gegen den Verletzer zur Zeugnisverweigerung berechtigt. ²Im Fall der gerichtlichen Geltendmachung des Anspruchs nach Satz 1 kann das Gericht den gegen den Verletzer anhängigen Rechtsstreit auf Antrag bis zur Erledigung des wegen des Auskunftsanspruchs geführten Rechtsstreits aussetzen. ³Der zur Auskunft Verpflichtete kann von dem Verletzten den Ersatz der für die Auskunftserteilung erforderlichen Aufwendungen verlangen.

(3) Der zur Auskunft Verpflichtete hat Angaben zu machen über
1. Namen und Anschrift der Hersteller, Lieferanten und anderer Vorbesitzer der Waren oder Dienstleistungen sowie der gewerblichen Abnehmer und Verkaufsstellen, für die sie bestimmt waren, und
2. die Menge der hergestellten, ausgelieferten, erhaltenen oder bestellten Waren sowie über die Preise, die für die betreffenden Waren oder Dienstleistungen bezahlt wurden.

(4) Die Ansprüche nach den Absätzen 1 und 2 sind ausgeschlossen, wenn die Inanspruchnahme im Einzelfall unverhältnismäßig ist.

(5) Erteilt der zur Auskunft Verpflichtete die Auskunft vorsätzlich oder grob fahrlässig falsch oder unvollständig, ist er dem Inhaber einer Marke oder einer geschäftlichen Bezeichnung zum Ersatz des daraus entstehenden Schadens verpflichtet.

(6) Wer eine wahre Auskunft erteilt hat, ohne dazu nach Absatz 1 oder Absatz 2 verpflichtet gewesen zu sein, haftet Dritten gegenüber nur, wenn er wusste, dass er zur Auskunftserteilung nicht verpflichtet war.

(7) In Fällen offensichtlicher Rechtsverletzung kann die Verpflichtung zur Erteilung der Auskunft im Wege der einstweiligen Verfügung nach den §§ 935 bis 945 der Zivilprozessordnung angeordnet werden.

(8) Die Erkenntnisse dürfen in einem Strafverfahren oder in einem Verfahren nach dem Gesetz über Ordnungswidrigkeiten wegen einer vor der Erteilung der Auskunft begangenen Tat gegen den Verpflichteten oder gegen einen in § 52 Abs. 1 der Strafprozessordnung bezeichneten Angehörigen nur mit Zustimmung des Verpflichteten verwertet werden.

(9) ¹Kann die Auskunft nur unter Verwendung von Verkehrsdaten (§ 3 Nr. 30 des Telekommunikationsgesetzes) erteilt werden, ist für ihre Erteilung eine vorherige richterliche Anordnung über die Zulässigkeit der Verwendung der Verkehrsdaten erforderlich, die von dem Verletzten zu beantragen ist. ²Für den Erlass dieser Anordnung ist das Landgericht, in dessen Bezirk der zur Auskunft Verpflichtete seinen Wohnsitz, seinen Sitz oder eine Niederlassung hat, ohne Rücksicht auf den Streitwert ausschließlich zuständig. ³Die Entscheidung trifft die Zivilkammer. ⁴Für das Verfahren gelten die Vorschriften des Gesetzes über das Verfahren in Familiensachen und in den Angelegenheiten der freiwilligen Gerichtsbarkeit entsprechend. ⁵Die Kosten der richterlichen Anordnung trägt der Verletzte. ⁶Gegen die Entscheidung des Landgerichts ist die Beschwerde statthaft. ⁷Die Beschwerde ist binnen einer Frist von zwei Wochen einzulegen. ⁸Die Vorschriften zum Schutz personenbezogener Daten bleiben im Übrigen unberührt.

(10) Durch Absatz 2 in Verbindung mit Absatz 9 wird das Grundrecht des Fernmeldegeheimnisses (Artikel 10 des Grundgesetzes) eingeschränkt.

Überblick

§ 19 gehört mit zehn Absätzen zu den eher umfangreich ausgestalteten Regelungen. Abs. 1 begründet den Auskunftsanspruch gegen den Verletzer (→ Rn. 4), Abs. 2 erweitert den Kreis der Passivlegitimierten unter weiteren Voraussetzungen auch auf Dritte (→ Rn. 8).

Abs. 3 enthält den genauen Anspruchsinhalt (→ Rn. 24), Abs. 4 dagegen einen Anspruchsausschluss nach dem Verhältnismäßigkeitsprinzip (→ Rn. 32). Die Abs. 5 und 6 enthalten Haftungsregeln. Abs. 5 den Schadensersatzanspruch bei vorsätzlicher oder fahrlässiger Falschauskunft (→ Rn. 33), Abs. 6 Haftungsprivilegien des redlichen nur vermeintlich zur Auskunft Verpflichteten gegenüber Dritten (→ Rn. 39). Die Abs. 7 bis 9 sind prozessrechtliche Regeln. Abs. 7 regelt die einstweilige Anspruchsdurchsetzung (→ Rn. 41), Abs. 8 enthält ein Verwertungsverbot der erlangen Informationen im Strafverfahren (→ Rn. 45) und Abs. 9 ermöglicht die Verwendung von Verkehrsdaten, wenn Dritten eine Auskunft nicht ohne deren Verwendung möglich ist (→ Rn. 46). Abs. 10 schließlich erfüllt das verfassungsrechtliche Zitiergebot aus Art. 19 GG, da durch Abs. 9 in das durch Art. 10 Abs. 1 GG geschützte Fernmeldegeheimnis eingegriffen werden kann (→ Rn. 50).

Übersicht

	Rn.
A. Allgemeines	1
B. Anspruch gegen den Verletzer (Abs. 1)	4
I. Aktivlegitimation	4
II. Passivlegitimation	5
1. Verletzer	5
2. Störer	6
C. Anspruch gegen Dritte (Abs. 2)	8
I. Aktivlegitimation	8
II. Passivlegitimation	9
III. Anspruchsvoraussetzungen	10
1. Offensichtliche Rechtsverletzung oder Rechtshängigkeit	10
2. Gewerbliches Ausmaß	12
3. Besitz rechtsverletzender Ware (Nr. 1)	18
4. Inanspruchnahme rechtsverletzender Dienstleistungen (Nr. 2)	19
5. Erbringung von Dienstleistungen für rechtsverletzende Tätigkeiten (Nr. 3)	20
6. Bezichtigung an der Beteiligung (Nr. 4)	21
IV. Auskunftsverweigerungsrecht	22
V. Aufwendungsersatzanspruch	23
D. Anspruchsinhalt (Abs. 3)	24
I. Geschuldete Informationen	25
1. Herkunft und Vertriebsweg	25
2. Quantität und Preis	26
II. Reichweite des Anspruchs	27
III. Zeitpunkt und Form	30
E. Anspruchsausschluss (Abs. 4)	32
F. Schadensersatzanspruch bei fehlerhafter oder unvollständiger Auskunft (Abs. 5)	33
I. Objektiver Tatbestand	34
II. Subjektiver Tatbestand	37
III. Rechtsfolge	38
G. Haftungsprivilegierung des Auskunftsschuldners gegenüber Dritten bei vermeintlicher Auskunftspflicht (Abs. 6)	39
H. Einstweilige Verfügung (Abs. 7)	41
I. Offensichtliche Rechtsverletzung	42
II. Rechtsfolgen	44
I. Verwertungsverbot im Strafverfahren (Abs. 8)	45
J. Verwendung von Verkehrsdaten (Abs. 9)	46
I. Verkehrsdaten	47
II. Richtervorbehalt	48
III. Kosten	49
IV. Zitiergebot (Abs. 10)	50
K. Konkurrenzen	51
I. Allgemeiner zivilrechtlicher Auskunftsanspruch	51
II. Vertragliche Auskunftsansprüche	52
L. Verjährung	53

A. Allgemeines

1 Der in § 19 normierte **Auskunftsanspruch** soll es dem Verletzten ermöglichen, im Falle einer Kennzeichenverletzung an die zur adäquaten rechtlichen Ahndung der Verletzung nötigen **Informationen** zu gelangen. Denn ohne genaue Informationen über **Herkunft** und **Vertriebsweg** der widerrechtlich gekennzeichneten Waren oder Dienstleistungen ist es dem Verletzten nahezu unmöglich, die weitere Produktion und den Vertrieb zu stoppen. Die Auskunft ist **unverzüglich** zu erteilen. Falsche oder unvollständige Informationen können zu sekundären Schadensersatzansprüchen führen.

2 Der Auskunftsanspruch geht weder aus der MRL noch aus der UMV hervor, sondern stellt die rechtliche Umsetzung von Art. 8 RL 2004/48/EG dar und wurde zuletzt durch Art. 4 des Gesetzes zur Verbesserung der Durchsetzung von Rechten des geistigen Eigentums (GEigDuVeG) vom 17.12.2008 (BGBl. I 2586) mWv 1.9.2008 geändert und erweitert (dazu im Einzelnen Fezer Rn. 19).

3 Das deutsche Recht kennt grundsätzlich nur Auskunftsansprüche über **haftungsausfüllende** Tatsachen, etwa über § 242 BGB, wenn ein Geschädigter einen in Rede stehenden

Schaden nicht ohne weitere Informationen beziffern kann (→ Rn. 51). Der markenrechtliche Auskunftsanspruch geht darüber hinaus und verpflichtet den Schuldner unter Umständen auch dazu **haftungsbegründende** Tatsachen zu benennen. Ein Anspruch auf Selbstbezichtigung ist dem deutschen Recht insofern fremd, als eigentlich gerade diese Tatsachen von dem Gläubiger nach dem zivilprozessualen **Beibringungsgrundsatz** darzulegen und zu beweisen sind (Peukert/Kur, Stellungnahme des Max-Planck-Instituts für Immaterialgüter- und Wettbewerbsrecht zur Umsetzung der RL 2004/48/EG, 5). Verfassungsrechtlichen Bedenken gegen einen so weitreichenden Auskunftsanspruch wird hinreichend über das strafprozessuale **Verwertungsverbot** in Abs. 8 Rechnung getragen (→ Rn. 48 ff.; BVerfGE 56, 37 = NJW 1981, 1431).

B. Anspruch gegen den Verletzer (Abs. 1)

I. Aktivlegitimation

Anspruchsberechtigt ist gemäß § 19 Abs. 1 der **Verletzte**. Verletzter kann jeder **Inhaber** 4
oder **Rechtsnachfolger** einer nach § 4 geschützten Marke oder einer nach § 5 geschützten geschäftlichen Bezeichnung sein. Einem **Lizenznehmer** dagegen steht ein eigener Auskunftsanspruch grundsätzlich nicht zu. Selbst klagen kann er wie jeder andere Dritte nur im Wege der gewillkürten **Prozessstandschaft,** soweit er gemäß § 30 Abs. 3 von dem Inhaber berechtigt wurde und ihm nach allgemeinen Regeln ein **eigenes rechtliches Interesse** an der eigenständigen klageweisen Geltendmachung des Anspruchs zuzusprechen ist (→ § 30 Rn. 87 ff.). Das wird bei einem Lizenznehmer regelmäßig der Fall sein.

II. Passivlegitimation

1. Verletzer

Anspruchsverpflichtet ist gemäß § 19 Abs. 1 der **Verletzer** einer nach § 4 und § 5 geschütz- 5
ten Marke oder Dienstleistung und über § 830 Abs. 1 BGB auch jeder **Mittäter.** Unabhängig davon, ob er Produzent, Zwischenhändler oder Verkäufer bzw. Anbieter der tatbestandlichen Ware oder Dienstleistung ist. Um dem Auskunftsanspruch nicht von vornherein die Schlagkraft zu nehmen, wurde er bewusst **verschuldensunabhängig** ausgestaltet. Vorliegen muss nur eine Verletzungshandlung nach den §§ 14 Abs. 2 Nr. 1 bis 3, Abs. 3, Abs. 4, 15 Abs. 2, Abs. 3 oder 17. Der Verletzer ist daher ohne Verschuldensnachweis unmittelbar anspruchsverpflichtet. Anspruchsverpflichtet sind darüber hinaus auch der **Anstifter** oder **Gehilfe** der Rechtsverletzung, soweit ihnen eine vorsätzliche Teilnahme zur Last gelegt werden kann (Fezer Rn. 22). Zu Täterschaft und Teilnahme → § 14 Rn. 622 ff.

2. Störer

Die Passivlegitimation des Störers als Auskunftsschuldner war schon im Gesetzgebungsver- 6
fahren eine umstrittene Frage (BT-Drs. 16/5048, 29 f.). **Störer** ist wer – ohne Täter oder Teilnehmer zu sein – in irgendeiner Weise willentlich und adäquat kausal zur Verletzung eines geschützten Gutes oder zu einer verbotenen Handlung beigetragen hat (BGH NJW-RR 2002, 832 (833) – Meißner Dekor). Voraussetzung für die Haftung als Störer ist jedoch, dass insofern eine **Prüfungspflicht** verletzt wurde (BGH NJW 2001, 3265 (3266) – ambiente.de).

Die Störerhaftung findet ihre Grundlage im Deliktsrecht und betrifft daher grundsätzlich 7
nur **Abwehransprüche** (OLG Frankfurt GRUR-RR 2005, 147 (148); BT-Drs. 16/5048, 29 f.). Obwohl seit der Umsetzung von Art. 8 Abs. 1 Buchst. a bis d RL 2004/48/EG durch § 19 Abs. 2 besondere Fälle der Störerhaftung gesetzlich normiert wurden, verlagert sich der Streit nun auf die Frage, ob eine Haftung des Störers auf Auskunft dennoch weiterhin über Abs. 1, also verschuldensunabhängig und ohne die zusätzlichen Bedingungen aus Abs. 2 möglich ist. Dies wird zum Teil mit dem Argument des Interesses an einer effektiven Rechtsdurchsetzung (Fezer Rn. 23), zum anderen mit dem ausdrücklichen Willen des Gesetzgebers in Bezug auf die Parallelvorschrift § 140b im PatG (Ströbele/Hacker/Hacker Rn. 17; BT-Drs. 16/5048, 38) bejaht. Dem kann entgegengehalten werden, dass der Gesetzgeber die

Störerhaftung in den unterschiedlichen Rechtsgebieten des gewerblichen Rechtsschutzes differenziert betrachtet (BT-Drs. 16/5048, 30) und eben für das Patenrecht in der Parallelvorschrift den Störer als Auskunftsschuldner eindeutig unter § 140b Abs. 1 PatG verortet, für das Markenrecht die Frage aber den Gerichten überlassen wollte (BT-Drs. 16/5048, 30).

C. Anspruch gegen Dritte (Abs. 2)

I. Aktivlegitimation

8   Anspruchsberechtigt ist gemäß § 19 Abs. 1 der **Verletzte** (→ Rn. 4).

II. Passivlegitimation

9   Abs. 2 weitet den Kreis der Auskunftsschuldner auf jeden Dritten aus, sofern er in offenkundig rechtsverletzenden, oder bereits rechtshängigen Fällen in gewerblichem Ausmaß rechtsverletzende Waren in seinem Besitz hatte (Nr. 1), rechtsverletzende Dienstleistungen in Anspruch genommen (Nr. 2) oder für rechtsverletzende Tätigkeiten erbracht hat (Nr. 3), oder von einer in den Nr. 1 bis 3 genannten Person bezichtigt wird an der Herstellung, Erzeugung oder dem Vertrieb von rechtsverletzenden Waren oder Dienstleistungen beteiligt zu sein. Dieser erweiterte Kreis von Auskunftsschuldnern geht unmittelbar aus Art. 8 Abs. 1 Buchst. a bis d RL 2004/48/EG hervor und gemäß Art. 8 Abs. 3 Buchst. a RL 2004/48/EG zulässigerweise an einigen Stellen auch darüber hinaus.

III. Anspruchsvoraussetzungen

1. Offensichtliche Rechtsverletzung oder Rechtshängigkeit

10 Damit Dritte nicht nach § 19 Abs. 2 für eine normzweckwidrige Ausforschung in Anspruch genommen werden können, muss die Rechtssache entweder nach den allgemeinen zivilprozessualen Vorschriften bereits **rechtshängig**, oder zumindest die anspruchsbegründende Rechtsverletzung **offensichtlich** sein. Nach Rechtshängigkeit bzw. in einem offensichtlich gelagerten Fall müssen sowohl der Verletzer als auch der Dritte gewissermaßen mit Auskunftsansprüchen des Kennzeicheninhabers rechnen. **Rechtshängig** ist die Klage, wenn sie ordnungsgemäß erhoben wurde. Erhoben ist die Klage gemäß § 261 Abs. 1 ZPO, wenn dem Beklagten die verfahrensbestimmenden Schriftsätze gemäß § 253 Abs. 1 ZPO ordnungsgemäß zugestellt wurden.

11 Durch die Alternative der **offensichtlichen Rechtsverletzung** kann der Auskunftsanspruch gegen Dritte auch schon **vor Rechtshängigkeit** der Klage geltend gemacht werden. Offensichtlichkeit in diesem Sinne liegt vor, wenn sowohl unter dem Aspekt der rechtlichen, als auch der tatsächlichen Beurteilung des Streitstoffs eine Fehlbeurteilung oder eine **abweichende Beurteilung** durch eine übergeordnete Instanz **kaum möglich** ist (OLG Hamburg GRUR-RR 2003, 101 (103); LG Mannheim NJOZ 2010, 1778). Anders ausgedrückt, dürfen an der Tatbestandsmäßigkeit der Kennzeichenverletzung keine vernünftigen Zweifel bestehen. Es handelt sich nur um eine **zeitliche Vorverlagerung** des Anspruchs gegen Dritte vor Rechtshängigkeit der Klage gegen den Verletzer, nicht um eine qualitative Anspruchserleichterung. Hätte der Gesetzgeber dies gewollt, hätte er nur von einer hohen Wahrscheinlichkeit einer Rechtsverletzung gesprochen.

2. Gewerbliches Ausmaß

12 Der Begriff des gewerblichen Ausmaßes hat der deutsche Gesetzgeber aus Art. 8 Abs. 1 RL 2004/48/EG übernommen, so dass die aus den dazugehörigen Erwägungsgründen stammende Definition maßgeblich ist. Nach Erwägungsgrund 14 der RL 2004/48/EG ist von einem gewerblichen Ausmaß in der Regel dann auszugehen, wenn die Handlung die Erlangung eines unmittelbaren oder mittelbaren wirtschaftlichen oder kommerziellen Vorteils zum **Zweck** hat. Ausgeschlossen werden sollen danach vor allem Handlungen, die **in gutem Glauben** von Endverbrauchern vorgenommen werden. Es stellt sich folglich die Frage, wann eine Handlung einen wirtschaftlichen oder kommerziellen Zweck hat. Für den Begriff des

Auskunftsanspruch § 19 MarkenG

gewerblichen Zwecks schlug das Europäische Parlament in einem Bericht zur RL 2004/48/EG vor mit einer Vermutungsregel zu arbeiten. Ein gewerblicher Zweck wäre dann anzunehmen, wenn jemand eine solche **Menge** und **Vielfalt** an gefälschten Waren besitzt, dass dieser Besitz vernünftigerweise nicht anders erklärbar ist (Bericht des Parlaments A5-0468/2003, 51).

Maßgeblich ist demnach grundsätzlich die **Motivation** die zur Kennzeichenverletzung 13 führte. Da sich diese aber in der Praxis kaum beweisen lässt, dienen **Art** und **Umfang** der Kennzeichenverletzung als objektivierende Kriterien. Verfügt jemand über einen ersichtlich nicht für den privaten Gebrauch bestimmten Umfang an Waren oder Dienstleistungen, die eine Kennzeichenverletzung darstellen, trifft ihn die widerlegliche Vermutung in gewerblichem Ausmaß zu handeln. Das OLG Zweibrücken spricht dabei von einer Rechtsverletzung in **erheblicher Qualität** (OLG Zweibrücken GRUR-RR 2009, 12 (13)).

Strittig ist die **Abgrenzung** zum Begriff des Handelns im geschäftlichen Verkehr (zum 14 Begriff → § 14 Rn. 630 ff.). Schon im Gesetzgebungsverfahren wurde die Frage aufgeworfen, ob beide Begriff nebeneinander bestehen müssten, oder ob nicht ein gemeinsamer Begriff ausreiche (BT-Drs. 16/5048, 55). Teile der Literatur gehen davon aus, dass sich die Begriffe entsprechen (HK-MarkenR/Wüst/Jansen Rn. 16 mwN). Eine andere Ansicht verneint eine Kongruenz der Begriffe und macht dies vor allem am Normzweck fest. Das Handeln im geschäftlichen Verkehr unterscheide den Erwerbstätigen vom rein privaten Handelnden, das gewerbliche Ausmaß dagegen trenne den kommerziell Handelnden vom gutgläubigen Endverbraucher (Fezer Rn. 33).

Der eigentliche Unterschied zwischen den Begriffen ist also nicht so sehr in ihrem materi- 15 ellen Regelungsgehalt zu sehen. Es geht vielmehr um die uralte Unterscheidung zwischen Verbraucher und Unternehmer. Gewerbliche Schutzrechte sind vor allem **wirtschaftliche Schutzrechte.** Nur derjenige, der mit dem geistigen Eigentum eines anderen ohne Berechtigung in den **Wirtschaftsverkehr** eintritt, soll auch rechtlich belangt werden können, nicht aber der gutgläubige Endverbraucher.

Der Unterschied liegt richtigerweise vielmehr in der Systematik. Geht es um Ansprüche 16 gegen den Schädiger selbst, trennt den Verbraucher vom Unternehmer die Frage, ob er in den **Geschäftsverkehr** eingetreten ist, oder eben nicht. Geht es dagegen – wie Abs. 2 erstmalig im deutschen Recht einführt – um Auskunftsansprüche gegenüber **Dritten,** also Nicht-Schädigern, ist zu fragen, ob diese aufgrund der konkreten Umstände hätten wissen müssen, dass sie mit kennzeichenverletzenden Waren oder Dienstleistungen in Kontakt waren. Das Kriterium des gewerblichen Ausmaßes stellt also gewissermaßen eine objektivierte **Legitimationsgrundlage** für ein Vorgehen gegen den Dritten dar.

Entscheidend ist, dass der Besitz von Waren, oder die Nutzung oder Erbringung von 17 Dienstleistungen einen derartigen Umfang erreicht haben, dass der Dritten davon ausgehen musste, dass er Teil einer Kennzeichenverletzung geworden ist. Ob er dies tatsächlich wusste oder wollte spielt keine Rolle. So wird klar, dass wie der Erwägungsgrund 14 der RL 2004/48/EG zu verstehen ist. In der Regel handelt der **gutgläubige Verbraucher** nicht in einem entsprechenden Umfang. Tut er dies doch, kommt es auf seine Gutgläubigkeit nicht mehr an, da dann das Interesse des Geschädigten auf Auskunft in jedem Fall überwiegt.

3. Besitz rechtsverletzender Ware (Nr. 1)

Anknüpfungspunkt ist nach dem eindeutigen Wortlaut der **Vorbesitz.** Der Besitz ist ein 18 objektives und wertneutrales Kriterium. Wer eine Ware in den Händen hatte muss Auskunft darüber geben können, vom wem er die Ware erhalten und wohin er sie gegeben hat. Folgt der Verletzte der Spur wird er schließlich den Produzenten finden. Insofern ist der Besitz ein denkbar logischer Anknüpfungspunkt. Eine ausufernde Zahl von Schuldnern wird dabei hinreichend über die weiteren Voraussetzungen verhindert.

4. Inanspruchnahme rechtsverletzender Dienstleistungen (Nr. 2)

Empfänger von Dienstleistungen, die selbst nicht im geschäftlichen Verkehr handeln, kön- 19 nen nicht als Störer, sondern nur als Dritter gemäß Abs. 2 Nr. 2 in Anspruch genommen werden. Voraussetzung ist, dass Sie **bewusst,** nicht notwendiger Weise **entgeltlich** kennzei-

MarkenG § 19 Teil 2 Voraussetzungen, Inhalt und Schranken etc.

chenverletzende Dienstleistungen in Anspruch genommen haben (Ingerl/Rohnke Rn. 19; Fezer Rn. 28).

5. Erbringung von Dienstleistungen für rechtsverletzende Tätigkeiten (Nr. 3)

20   Abs. 2 Nr. 3 betrifft typische Konstellationen der **Störerhaftung.** Erfasst werden hier beispielsweise Banken, die den Zahlungsverkehr des Schädigers abwickeln, Transportunternehmer, die die kennzeichenverletzenden Waren transportiert haben, oder Provider, soweit diese nicht schon als Störer nach Abs. 1 haften (Ingerl/Rohnke Rn. 20).

6. Bezichtigung an der Beteiligung (Nr. 4)

21   Auskunftsschuldner ist ferner, wer von einer in den Nr. 1 bis 3 genannten Personen **benannt** wird an der Herstellung, Erzeugung oder am Vertrieb kennzeichenverletzender Waren oder an der Erbringung kennzeichenverletzender Dienstleistungen beteiligt gewesen zu sein. Die Beteiligung ist substantiiert **darzulegen,** muss aber nicht **bewiesen** werden (Ingerl/Rohnke Rn. 21). Der Anwendungsbereich ist eher gering, da diese Personen meist selbst unter den Anwendungsbereich der Nr. 1 bis 3 fallen werden. Praktische Relevanz besteht aber immer dann, wenn eine Verknüpfung der benannten Person zu der Kennzeichenverletzung gerade erst durch die Benennung zu Tage tritt, die Verknüpfung aber nicht ohne weiteres nachgewiesen werden kann.

IV. Auskunftsverweigerungsrecht

22   Von der Auskunftspflicht ausgenommen ist gemäß Abs. 2 S 1 Hs. 2 eine Person, die nach den §§ 383–385 ZPO im Prozess gegen den Verletzer ein **Zeugnisverweigerungsrecht** hätte. Betroffen sind also unter anderem Verlobte, Ehegatten, Lebenspartner und nahe Verwandte, aber auch Geistliche, Journalisten und sonstige beruflich zur Verschwiegenheit Verpflichtete. Ferner genügen eigene in der Person des Dritten liegende Sachgründe, wie etwa eine drohende Selbstbezichtigung oder die Wahrung von Geschäftsgeheimnissen. Ausgenommen sind dabei jedoch solche Geschäftsgeheimnisse, die gerade die Kennzeichenverletzung betreffen (Ingerl/Rohnke Rn. 26). Die Regelung geht zurück auf die Möglichkeit aus Art. 8 Abs. 3 Buchst. d RL 2004/48/EG und soll den auskunftspflichtigen Dritten nicht schlechter stellen, als er in einem Prozess gegen den Verletzer stünde (BT-Drs. 16/5048, 39).

V. Aufwendungsersatzanspruch

23   Dritte, die nach Abs. 2 in Anspruch genommen werden, können ihre für die Auskunft erbrachten Auslagen gegenüber dem Auskunftsgläubiger geltend machen. Die Auslagen müssen allerdings für die Erbringung der Auskunft **notwendig** gewesen sein. Die Notwendigkeit hat der Auskunftsschuldner nachzuweisen. Notwendige Auslagen sind beispielsweise die Kosten eigener Mitarbeiter, oder beauftragter Dritter, etwa Wirtschaftsprüfer (Ingerl/Rohnke Rn. 27). Nicht gemeint sind hier aber Kosten für eine Rechtsverteidigung gegen das Auskunftsbegehren (Ingerl/Rohnke Rn. 27).

D. Anspruchsinhalt (Abs. 3)

24   Der schon in Abs. 1 genannte Anspruchsgegenstand wird in Abs. 3 näher konkretisiert. Der Auskunftsanspruch ist entsprechen der Vorgaben der Richtlinie umfassend ausgestaltet. Er betrifft zum einen Informationen über die **Herkunft** und den **Vertriebsweg,** zum anderen Informationen über die **Quantität** und den **Preis** der betreffenden Waren oder Dienstleistungen. Aufgrund der präzisen Aufzählung der zum Anspruch gehörenden Informationen ist davon auszugehen, dass der Anspruch seinem Inhalt nach **abschließend** geregelt ist. Dennoch ist er im Rahmen des Wortlauts weit auszulegen. Die inhaltliche Grenze stellt erst das in § 19 Abs. 4 kodifizierte Verhältnismäßigkeitsgebot dar. Eine **zeitliche Begrenzung** des Anspruchs besteht grundsätzlich nicht (Fezer Rn. 56 f.).

I. Geschuldete Informationen

1. Herkunft und Vertriebsweg

Nach Art. 8 Abs. 2 Buchst. a RL 2004/48/EG hat der Auskunftsschuldner vollständig 25
offen zu legen, woher die Ware oder Dienstleistung stammt und wohin der weitere Vertriebsweg geführt hätte. Dies beinhaltet Informationen über jeden bekannten Vorbesitzer, den Hersteller, Lieferanten und jeden weiteren, der Teil des weiteren Vertriebsweges ist. Geschuldet werden **Name** und **Adresse** der jeweiligen Person oder des Unternehmens.

2. Quantität und Preis

Geschuldet werden ferner vollständige Informationen über den **Umfang** der Produktion 26
von bereits hergestellten oder bisher nur geplanten Waren und die bezahlten **Preise**. Ein Anspruch auf Auskunft über bezahlte Einkaufs- und Verkaufspreise wurde noch wenige Monate vor Inkrafttreten des GEigDuVeG durch den BGH abgelehnt (BGH NJW-RR 2008, 1364), obwohl der deutsche Gesetzgeber mit der Umsetzung der Richtlinienvorgaben bereits im Verzug war. Eine richtlinienkonforme Auslegung des bisherigen Rechts wurde in dem Fall abgelehnt (kritisch dazu Fezer Rn. 55). Seit dem 1.9.2008 ist die Rechtslage dahingehend geklärt.

II. Reichweite des Anspruchs

Der Auskunftsanspruch ist auf eine reine **Wissenserklärung** gerichtet. Der Schuldner ist 27
verpflichtet über alle ihm **bekannten Tatsachen** Auskunft zu geben. Dies beinhaltet auch sämtliche Informationen, die sich aus Aufzeichnungen und seinen **Geschäftsunterlagen** ergeben. Diese sind in zumutbarem Umfang auf relevante Informationen durchzusehen. Die Grenze stellt das in Abs. 4 normierte Verhältnismäßigkeitsgebot dar. Im Einzelfall kann der Schuldner sogar dazu verpflichtet sein, bestehende Unsicherheiten oder Zweifel durch Nachfrage bei Lieferanten oder sonstigen Geschäftspartnern einzuholen. Eine echte **Nachforschungspflicht** besteht aber nicht (BGH NJW-RR 2003, 910 – Cartier-Ring; NJW-RR 2006, 1048 (1052) – Parfümtestkäufe). Ein zur Auskunft verpflichteter gesetzlicher Vertreter muss nach seinem Ausscheiden aus dem Unternehmen nur seine Erinnerung preisgeben (Ingerl/Rohnke Rn. 10).

Dem Auskunftsanspruch ist auch dann genüge getan, wenn der Schuldner die **negative** 28
Erklärung abgibt über keine Informationen zu verfügen (BGH NJW-RR 2003, 910 – Cartier-Ring).

Ob auch die **Herausgabe** von Belegen über § 19 verlangt werden kann, war lange Zeit 29
umstritten (Ingerl/Rohnke Rn. 10). Der Streit hat sich indes mit der Einführung von § 19a insoweit erledigt als das dieser ausdrücklich die Herausgabe von Handelsunterlagen ermöglicht (→ § 19a Rn. 13, → § 19a Rn. 1 ff.).

III. Zeitpunkt und Form

Der Anspruchsverpflichtete muss die Auskunft nicht unbedingt selbst abgeben. Er kann 30
auch einen **Vertreter**, zB einen Rechtsanwalt einsetzen. Es handelt sich insofern um keine höchstpersönliche Pflicht (Ingerl/Rohnke Rn. 13). Die Erklärung ist aber **schriftlich** abzugeben, um der Beweisfunktion gerecht zu werden (Ingerl/Rohnke Rn. 16).

Da der Geschädigte häufig ein Interesse daran haben wird die benötigten Auskünfte mög- 31
lichst zeitnah zu bekommen, ist die Auskunft **unverzüglich,** also iSv § 121 Abs. 1 S. 1 BGB ohne schuldhaftes Zögern nach Aufforderung des Gläubigers zu erteilen (Ingerl/Rohnke Rn. 16).

E. Anspruchsausschluss (Abs. 4)

Als Korrektiv für den umfassend ausgestalteten Anspruch nach Abs. 1 und 2 enthält Abs. 4 32
eine **Verhältnismäßigkeitsgrenze**. Die Verhältnismäßigkeit der widerstreitenden Interessen, namentlich das Auskunftsinteresse des Gläubigers und das Geheimhaltungsinteresse des Schuldners muss für den **Einzelfall** bewertet und abgewogen werden (Fezer Rn. 44). Der

Gläubiger hat regelmäßig ein Interesse daran möglichst viele Informationen über die Schädiger, den Vertriebsweg und das kennzeichenverletzende Produkt zu erhalten. Er soll über den markenrechtlichen Auskunftsanspruch aber gerade nur diejenigen Informationen erhalten die bezogen auf die maßgebliche Kennzeichenverletzung bzw. deren Verfolgung relevant sind. Der Anspruchsschuldner ist vor einer **unlauteren Ausforschung** zu schützen. Er kann die Auskunft daher nach Abs. 4 verweigern, wenn Informationen gefordert werden, die für die rechtliche Verfolgung der in Rede stehenden Kennzeichenverletzung nicht erkennbar sachdienlich sind. Hierfür trägt jedoch der Verletzer auch die **Darlegungs- und Beweispflicht** (HK-MarkenR/Wüst/Jansen Rn. 33; Fezer Rn. 45).

F. Schadensersatzanspruch bei fehlerhafter oder unvollständiger Auskunft (Abs. 5)

33   In der RL 2004/48/EG nicht vorgesehen, aber vom deutschen Gesetzgeber eingefügt, wurde ein Schadensersatzanspruch des Gläubigers gegen den zur Auskunft Verpflichteten, falls dieser **vorsätzlich** oder **grob fahrlässig** eine **falsche** oder **unvollständige** Auskunft gibt. Die Regelung dient vor allem der Verbesserung der Auskunftspflicht, da nach alter Rechtslage fehlerhafte Auskünfte weitgehend Folgenlos blieben (Fezer Rn. 64).

I. Objektiver Tatbestand

34   Der Schuldner muss nach Abs. 1 oder Abs. 2 zur Auskunft tatsächlich **verpflichtet** sein. Nur dann haftet er für die Richtigkeit seiner Angaben nach Abs. 5.

35   Die erteilte Auskunft muss objektiv **falsch** oder **unvollständig** sein. Erfasst wird jede wörtliche oder schriftliche Äußerung, die aus Sicht des objektiven Empfängerhorizontes als Auskunft zur Erfüllung des Auskunftsanspruchs anzusehen ist. Die Auskunft ist falsch, wenn das Erklärte objektiv nicht mit den tatsächlichen Umständen übereinstimmt. Unvollständig ist eine Auskunft, wenn nicht alle verfügbaren geschuldeten Informationen übermittelt wurden.

36   Durch die fehlerhafte oder unvollständige Auskunft müsste schließlich ein **adäquat-kausaler Schaden** iSd §§ 249 ff. BGB entstanden sein. Ein Schaden aufgrund fehlerhafter oder unvollständiger Auskunft entsteht zum Beispiel dann, wenn der Verletzte gerade aufgrund mangelnder oder mangelhafter Informationen nicht, nicht ausreichend oder verzögert gegen eine Kennzeichenverletzung vorgeht (Fezer Rn. 65), oder auch dann, wenn er gegen einen zu Unrecht bezichtigten Verletzer gerichtlich vorgeht und dafür die Kosten trägt (Ingerl/Rohnke Rn. 45). Der Schaden ist in jedem Fall vom Gläubiger darzulegen und zu beweisen.

II. Subjektiver Tatbestand

37   Als Korrektiv für die Weite des objektiven Tatbestandes muss der Schuldner vorsätzlich oder wenigstens grob fahrlässig gehandelt haben. **Vorsatz** liegt vor, wenn der Schuldner eine falsche oder unvollständige Auskunft abgeben wollte, oder er zumindest wusste, dass die Auskunft falsch oder unvollständig ist. **Grobe Fahrlässigkeit** dagegen liegt vor, wenn sich dem Schuldner die Unrichtigkeit oder Unvollständigkeit seiner Auskunft geradezu aufgedrängt hat und er dies in schuldhafter Weise unberücksichtigt lies.

III. Rechtsfolge

38   Liegen alle Tatbestandsvoraussetzungen vor, so hat der Auskunftsschuldner dem Gläubiger **jeden** adäquat-kausalen Schaden zu ersetzen. Der Schaden berechnet sich nach den allgemeinen zivilrechtlichen Grundsätzen (BeckOK BGB/Flume BGB § 249 Rn. 1 ff.). Zivilrechtliche Ersatzansprüche auf der Basis von §§ 823 Abs. 1, 824 und 826 BGB bleiben gemäß § 19d unberührt (Ingerl/Rohnke Rn. 45).

G. Haftungsprivilegierung des Auskunftsschuldners gegenüber Dritten bei vermeintlicher Auskunftspflicht (Abs. 6)

39   Insbesondere nach Abs. 2 in Anspruch genommene Dritte fällt es häufig aus tatsächlichen oder rechtlichen Gründen schwer festzustellen, ob sie zur Auskunft verpflichtet sind. Geben

sie Informationen über ihre Geschäftspartner weiter ohne dazu verpflichte gewesen zu sein, drohen ihnen unter Umständen kostspielige Schadensersatzklagen. Abs. 6 **privilegiert** daher den Auskunftsschuldner für den Fall, dass dieser zu Unrecht nach Abs. 1 oder Abs. 2 in Anspruch genommen wird und in seiner vermeintlichen Pflicht sensible Informationen über Geschäfts- und Handelspartner preisgibt.

Privilegiert wird nur der **redliche** vermeintliche Auskunftsschuldner. Er bleibt von 40 Ansprüchen Dritter nur verschont, solange er nicht positiv wusste, dass er zur Auskunft tatsächlich nicht verpflichtet ist und soweit er nur objektiv wahre Auskünfte erteilt hat.

H. Einstweilige Verfügung (Abs. 7)

Auskunftsansprüche sind auf Grund des Verbotes der **Vorwegnahme der Hauptsache** 41 grundsätzlich nicht statthafter Verfügungsanspruch im Wege des einstweiligen Rechtsschutzes. Denn der einstweilig durchgesetzte Auskunftsanspruch bedeutet häufig eine vollständige **Erfüllung** des Anspruchs und nicht nur eine vorläufige Sicherung der späteren Vollstreckung (HK-MarkenR/Wüst/Jansen Rn. 43). Abs. 7 macht hiervon unter den Voraussetzungen eine Ausnahme, dass eine **offensichtliche Rechtsverletzung** vorliegt und die Anspruchsdurchsetzung daher besonders dringlich ist.

I. Offensichtliche Rechtsverletzung

Die Durchsetzung von Auskunftsansprüchen im Wege der einstweiligen Verfügung kommt 42 nur in Betracht, wenn eine Rechtsverletzung **offensichtlich** vorliegt. Dies ist anzunehmen, wenn sowohl unter dem Aspekt der rechtlichen, als auch der tatsächlichen Beurteilung des Streitstoffs eine Fehlbeurteilung oder eine **abweichende Beurteilung** durch eine übergeordnete Instanz **kaum möglich** ist (OLG Hamburg GRUR-RR 2003, 101 (103); LG Mannheim NJOZ 2010, 1778). Nicht aber schon dann, wenn nach Abwägung sich widersprechender eidesstattlicher Versicherungen eine Rechtsverletzung nur glaubhaft gemacht wurde und damit nur **wahrscheinlich** ist (OLG Frankfurt BeckRS 2002, 30247035 = GRUR-RR 2003, 32 Ls.). Insbesondere dürfen **keine Zweifel** über die Schutzfähigkeit und den besseren Zeitrang des klägerischen Kennzeichens bestehen (Ingerl/Rohnke Rn. 52). Offensichtlichkeit ist vor allem bei massenhaften Kennzeichenverletzungen in der Produktpiraterie anzunehmen (Fezer Rn. 71 f.).

Besondere **Dringlichkeit** als **Antragsgrund** ist gegeben, wenn ohne den Erlass der 43 einstweiligen Verfügung die Verwirklichung eines Rechts des Antragstellers vereitelt oder wesentlich erschwert werden könnte (Fezer Rn. 73). Die Dringlichkeitsvermutung aus § 12 Abs. 2 UWG ist dabei nicht anzuwenden (Ingerl/Rohnke Rn. 54).

II. Rechtsfolgen

Liegen die Voraussetzungen vor, gewährt Abs. 7 dem Verletzten einen Auskunftsanspruch 44 per einstweiliger Verfügung nach den §§ 935 ff. ZPO gegen den **Verletzer** und jeden **Dritten** nach Abs. 2. Die Offensichtlichkeit des **Verfügungsanspruchs,** sowie die Dringlichkeit seines Auskunftsbegehrens als **Verfügungsgrund** muss der Gläubiger dabei nach den §§ 935, 936, 920 Abs. 2 ZPO **glaubhaft** machen; § 12 Abs. 2 UWG ist nicht entsprechend anzuwenden (Fezer Rn. 71, 73).

I. Verwertungsverbot im Strafverfahren (Abs. 8)

Um den Auskunftsanspruch nicht in seiner Wirksamkeit zu beschränken, wurde bewusst 45 auf ein Schweigerecht bei drohender **Selbstbelastung** verzichtet. Um aber dennoch dem verfassungsrechtlichen Verbot der Pflicht zur Selbstbezichtigung gerecht zu werden, verbietet sich nach Abs. 8 die Verwendung der Informationen in einem **Straf- oder Ordnungswidrigkeitsverfahren** gegen den Auskunftspflichtigen (BVerfGE 56, 37 = NJW 1981, 1431). Das **Verwertungsverbot** schützt auch Angehörige gemäß § 52 Abs. 1 StPO, sofern der Auskunftspflichtige der Verwendung nicht ausdrücklich zustimmt. Nicht gewahrt bleibt der Auskunftspflichtige dagegen vor **Ordnungsmitteln** in der Zwangsvollstreckung oder **Vertragsstrafen** (Fezer Rn. 83).

MarkenG § 19   Teil 2 Voraussetzungen, Inhalt und Schranken etc.

J. Verwendung von Verkehrsdaten (Abs. 9)

46   Sind Dritte dem Auskunftsanspruch des Verletzten ausgesetzt und kann die Auskunft nur unter Verwendung von Verkehrsdaten erfolgen, so ermöglicht Abs. 9 die Verwendung der Daten. Typischer Fall ist der **Provider,** der über Verbindungsdaten des Schädigers Auskunft geben soll.

I. Verkehrsdaten

47   Eine eigene Definition, was unter dem Begriff Verkehrsdaten zu verstehen ist, enthält das MarkenG nicht. Herangezogen werden kann aber die Legaldefinition aus § 3 Nr. 30 TKG. Danach sind **Verkehrsdaten** Daten, die bei der Erbringung eines Telekommunikationsdienstes erhoben, verarbeitet oder genutzt werden. Verkehrsdaten sind somit alle Informationen darüber, von welchem Anschluss wann mit wem und wie lange kommuniziert wurde (Beck'scher TKG-Kommentar/Braun, 4. Aufl. 2013, TKG § 3 Rn. 93, 94; BeckOK TKG/ Graf TKG § 3 Rn. 20). Eine genaue Auflistung welche Informationen unter den Begriff der Verkehrsdaten findet sich in § 96 Abs. 1 TKG. Die Informationen sind mitunter äußerst sensibel und genießen den grundrechtlichen Schutz des Fernmeldegeheimnisses aus Art. 10 Abs. 1 GG.

II. Richtervorbehalt

48   Die Herausgabe von Verkehrsdaten durch Dritte unterliegt dem **Richtervorbehalt.** Den **Antrag** hat der Verletzte selbst zu stellen. Das Gericht wird die Voraussetzungen des Auskunftsanspruchs gegen den Dritten und die Notwendigkeit der Verwendung der Daten von Amts wegen überprüfen und gegebenenfalls eine **Abwägungsentscheidung** treffen (BT-Drs. 16/5048, 65).

III. Kosten

49   Die Kosten für die richterliche Überprüfung betragen gemäß KV 15213 GNotKG (früher § 128e KostO) 200 Euro und sind zunächst durch den Anspruchssteller zu bezahlen. Im Folgeprozess gegen den Schädiger kann er diese Kosten dann als Schaden geltend machen (BT-Drs. 16/5048, 65).

IV. Zitiergebot (Abs. 10)

50   Das Fernmeldegeheimnis ist in Art. 10 Abs. 1 GG grundrechtlich geschützt. Jedes dieses Recht einschränkende Gesetz unterliegt daher dem **Zitiergebot** aus § 19 Abs. 1 S. 2 GG. Da § 19 Abs. 9 die Verwendung der Verkehrsdaten prinzipiell zulässt, ist der Gesetzgeber durch den Verweis auf Art. 10 GG seiner verfassungsrechtlichen Obliegenheit nachgekommen.

K. Konkurrenzen

I. Allgemeiner zivilrechtlicher Auskunftsanspruch

51   Der durch Richterrecht entwickelte **allgemeine Auskunftsanspruch** gemäß § 242 BGB (BeckOK BGB/Sutschet BGB § 242 Rn. 53) besteht gemäß § 19d neben dem Anspruch aus § 19. Die §§ 19 ff. stellen danach ausdrücklich keine abschließende, sondern nur eine die allgemeinen Regeln ergänzende und erweiternde Regelung dar. Wichtigster Unterschied ist, dass der markenrechtliche Auskunftsanspruch selbstständig und verschuldensunabhängig besteht, der allgemeine zivilrechtliche Auskunftsanspruch dagegen als **unselbstständiger Hilfsanspruch** verschuldensabhängig sein kann (Ingerl/Rohnke Rn. 6).

II. Vertragliche Auskunftsansprüche

52   Neben den gesetzlichen Auskunftsansprüchen kann auch zB ein **Lizenzvertrag** eine entsprechende Klausel enthalten, die bei einer Rechtsübertretung zu vertraglichen Auskunftsansprüchen führt.

Vorlage- und Besichtigungsansprüche § 19a MarkenG

L. Verjährung

Ansprüche aus § 19 unterliegen einer selbstständigen Verjährung gemäß § 20 (→ § 20 Rn. 1 ff.). **53**

§ 19a Vorlage- und Besichtigungsansprüche

(1) ¹Bei hinreichender Wahrscheinlichkeit einer Rechtsverletzung nach den §§ 14, 15 und 17 kann der Inhaber einer Marke oder einer geschäftlichen Bezeichnung den vermeintlichen Verletzer auf Vorlage einer Urkunde oder Besichtigung einer Sache in Anspruch nehmen, die sich in dessen Verfügungsgewalt befindet, wenn dies zur Begründung seiner Ansprüche erforderlich ist. ²Besteht die hinreichende Wahrscheinlichkeit einer in gewerblichem Ausmaß begangenen Rechtsverletzung, erstreckt sich der Anspruch auch auf die Vorlage von Bank-, Finanz- oder Handelsunterlagen. ³Soweit der vermeintliche Verletzer geltend macht, dass es sich um vertrauliche Informationen handelt, trifft das Gericht die erforderlichen Maßnahmen, um den im Einzelfall gebotenen Schutz zu gewährleisten.

(2) Der Anspruch nach Absatz 1 ist ausgeschlossen, wenn die Inanspruchnahme im Einzelfall unverhältnismäßig ist.

(3) ¹Die Verpflichtung zur Vorlage einer Urkunde oder zur Duldung der Besichtigung einer Sache kann im Wege der einstweiligen Verfügung nach den §§ 935 bis 945 der Zivilprozessordnung angeordnet werden. ²Das Gericht trifft die erforderlichen Maßnahmen, um den Schutz vertraulicher Informationen zu gewährleisten. ³Dies gilt insbesondere in den Fällen, in denen die einstweilige Verfügung ohne vorherige Anhörung des Gegners erlassen wird.

(4) § 811 des Bürgerlichen Gesetzbuchs sowie § 19 Abs. 8 gelten entsprechend.

(5) Wenn keine Verletzung vorlag oder drohte, kann der vermeintliche Verletzer von demjenigen, der die Vorlage oder Besichtigung nach Absatz 1 begehrt hat, den Ersatz des ihm durch das Begehren entstandenen Schadens verlangen.

Überblick

§ 19a enthält Vorlage- und Besichtigungsansprüche von potentiell kennzeichenverletzenden Erzeugnissen und dazugehörigen Urkunden und Unterlagen. Dem vermeintlich Verletzten soll es nach Abs. 1 ermöglicht werden ein fremdes Erzeugnis auf kennzeichenverletzende Umstände zu überprüfen. Eine Kennzeichenverletzung muss nur hinreichend wahrscheinlich sein. Neben der Besichtigung des Erzeugnisses kann der Schuldner auch zu der Vorlage von Urkunden und Geschäftsunterlagen verpflichtet werden (→ Rn. 2). Abs. 2 beinhaltet einen Anspruchsausschluss nach dem Verhältnismäßigkeitsprinzip (→ Rn. 16), Abs. 3 die einstweilige Anspruchsdurchsetzung (→ Rn. 18). Abs. 4 verweist zum einen in das BGB Leistungsort, Gefahr- und Kostentragung (→ Rn. 20) und zum anderen auf § 19 Abs. 8 bezüglich des Verwertungsverbotes im Strafverfahren (→ Rn. 23). Abs. 5 schließlich enthält einen Schadensersatzanspruch des Vorlageschuldners für den Fall einer unrechtmäßigen Inanspruchnahme nach Abs. 1 (→ Rn. 24).

Übersicht

	Rn.		Rn.
A. Allgemeines	1	**C. Anspruchsinhalt**	10
B. Anspruchsvoraussetzungen	2	I. Besichtigung von Sachen (Abs. 1 S. 1 Alt. 2)	11
I. Aktiv- und Passivlegitimation	2	II. Vorlage von Urkunden (Abs. 1 S. 1 Alt. 1)	12
II. Hinreichende Wahrscheinlichkeit einer Kennzeichenverletzung	4	III. Vorlage von Bank-, Finanz-, und Handelsunterlagen (Abs. 1 S. 2)	13
III. Tatsächliche Verfügbarkeit der Sachen und Unterlagen	7	IV. Schutz vertraulicher Informationen (Abs. 1 S. 3)	15
IV. Genaue Bezeichnung	8		
V. Erforderlichkeit	9	**D. Anspruchsausschluss (Abs. 2)**	16

Eckhartt 701

	Rn.		Rn.
E. Einstweilige Verfügung (Abs. 3)	18	II. Gefahr- und Kostentragung	22
I. Voraussetzungen	18	G. Verwertung im Strafverfahren (Abs. 4)	23
II. Schutz vertraulicher Informationen (Abs. 3 S. 2, S. 3)	19	H. Schadensersatzanspruch des Schuldners im Fall der unrechtmäßigen Inanspruchnahme (Abs. 5)	24
F. Leistungsort, Gefahr- und Kostentragung (Abs. 4)	20	I. Konkurrenzen	26
I. Leistungsort	21		

A. Allgemeines

1 § 19a dient der Umsetzung von Art. 6 und 7 RL 2004/48/EG und ergänzt den Auskunftsanspruch nach § 19 um die Vorlage und Besichtigung kennzeichenverletzender Erzeugnisse, dazugehöriger Urkunden und unter Umständen auch allen Geschäftsunterlagen. Im Gegensatz zu § 19 genügt für den Vorlage- und Besichtigungsanspruch also bereits die hinreichende **Wahrscheinlichkeit** einer Kennzeichenverletzung. Die Vorschrift dient somit primär der **Informationsgewinnung** und **Beweissicherung** (Fezer Rn. 4).

B. Anspruchsvoraussetzungen

I. Aktiv- und Passivlegitimation

2 **Anspruchsberechtigt** ist gemäß § 19 Abs. 1 der **potentiell Verletzte**. Verletzter kann jeder Inhaber oder Rechtsnachfolger einer nach § 4 geschützten Marke oder einer nach § 5 geschützten geschäftlichen Bezeichnung sein.

3 **Anspruchsverpflichtet** ist jeder, der als **Verletzer** oder zumindest als **Störer** in Frage kommt. Sonstige Dritte sind nicht anspruchsverpflichtet.

II. Hinreichende Wahrscheinlichkeit einer Kennzeichenverletzung

4 Jede mögliche **Rechtsverletzung** nach den §§ 14, 15 und 17 ist prinzipiell ausreichend. Nicht erheblich ist, ob der vermeintliche Verletzer dabei **schuldhaft** handelt. Entscheidend ist, ob das Tatbestandsmerkmal der **hinreichenden Wahrscheinlichkeit** gegeben ist.

5 Es handelt sich dabei um einen unbestimmten Rechtsbegriff, der eine **Einzelfallbewertung** durch den Richter unerlässlich macht. Es müssen sich **konkrete Anhaltspunkte** auf eine Kennzeichenverletzung objektiv feststellen lassen. Dabei hat der vermeintlich Verletzte alle vernünftigerweise verfügbaren Beweismittel zur Begründung des Anspruchs vorzulegen (Art. 6 Abs. 1 RL 2004/45/EG). **Indizien** für eine Rechtsverletzung können beispielsweise Aussagen Dritter, Informationen aus dem Internet, Bilder oder Beschreibungen sein (ähnlich Ingerl/Rohnke Rn. 8). Letztlich sind alle solche Informationen geeignet, die in der Lage sind den Richter von dem Bestehen einer Kennzeichenverletzung zu **überzeugen.** Die bloße eigene Überzeugung ohne weitergehendes Informationsmaterial wird hierfür gerade nicht ausreichen.

6 Hinreichende Wahrscheinlichkeit genügt nur für die Frage, ob tatsächlich eine Verletzung von Kennzeichenrecht vorliegt. Alle beweisbaren Voraussetzungen, insbesondere das Bestehen des eigenen Kennzeichenschutzes müssen **bewiesen** bzw. im einstweiligen Verfahren zumindest **glaubhaft** gemacht werden (Ströbele/Hacker/Hacker Rn. 8).

III. Tatsächliche Verfügbarkeit der Sachen und Unterlagen

7 Die Vorlage- bzw. Besichtigungsobjekte müssen in der **tatsächlichen Verfügungsgewalt** des Schuldners stehen. Anknüpfungspunkt ist nicht das Eigentum oder der Besitz, sondern allein die tatsächliche oder rechtliche Möglichkeit auf die Gegenstände zuzugreifen (Ströbele/Hacker/Hacker Rn. 11).

IV. Genaue Bezeichnung

8 Der Gläubiger muss die Sachen, Urkunden und sonstigen Unterlagen **genau bezeichnen.** Ein generelles Untersuchungsgesuch darf der Schuldner zurückweisen und kann nicht gerichtlich durchgesetzt werden.

V. Erforderlichkeit

Der nur auf einer hinreichend **wahrscheinlichen** Kennzeichenverletzung basierende Vorlage- und Besichtigungsanspruch birgt die Gefahr einer unlauteren **Ausforschung** von Konkurrenten. Daher ist einschränkende Anspruchsvoraussetzung, dass die Vorlage bzw. Besichtigung für ein späteres in Frage stehendes Verletzungsverfahren **erforderlich** ist. Da sich eine Kennzeichenverletzung in der Praxis zumeist auch durch **Testkäufe** und Untersuchung der **Werbemittel** des Schädigers beweisen lässt, ist die Erforderlichkeit einer Vorlage oder Besichtigung anders als im Urheber- und Patentrecht zumeist nicht gegeben (Fezer Rn. 60). Dem Kriterium kommt daher eine wichtige **Einschränkungsfunktion** zu.

C. Anspruchsinhalt

Der Anspruch ist inhaltlich auf die Vorlage von Urkunden und Geschäftsunterlagen und die Besichtigung von Sachen gerichtet. Für die **Vorlage** sind alle geforderten Unterlagen am Aufbewahrungsort (→ Rn. 21) zur Einsichtnahme bereit zu halten. Je nach Sachlage und im Rahmen der Verhältnismäßigkeit kann nur die Einsicht vor Ort, das Anfertigen von Kopien, oder im Einzelfall sogar die Mitnahme der Originale verlangt werden (Fezer Rn. 27). Die **Besichtigung** umfasst nicht nur die Inaugenscheinnahme, sondern auch erforderlichenfalls (→ Rn. 16) eine genaue Untersuchung, bis hin zu Substanzeingriffen (Fezer Rn. 27). Es müssen nur diejenigen Objekte vorgelegt beziehungsweise zur Besichtigung bereitgehalten werden, die der Antragssteller in seinem Antrag **bezeichnet** hat. Fallen diesem während der Besichtigung noch weitere beweisrelevante Gegenstände auf oder findet er in Unterlagen Hinweise auf weitere für die Beweisführung geeignete Schriftstücke, so muss er einen gesonderten Antrag stellen.

I. Besichtigung von Sachen (Abs. 1 S. 1 Alt. 2)

Sachen die dem Besichtigungsanspruch nach Abs. 1 S. 1 zugänglich sind, sind alle körperlichen Gegenstände gemäß § 90 BGB, welche durch eine Inaugenscheinnahme oder Untersuchung – ggf. auch durch Sachverständige – als **Beweis** für das Vorliegen einer Kennzeichenverletzung dienen können (Fezer Rn. 21). Erfasst werden nicht nur die Verletzungsgegenstände selbst, sondern auch alle mit der Produktion zusammenhängenden Gegenstände. Zudem werden auch Computer und sonstige Datenträger erfasst, obwohl die darauf befindlichen Informationen gerade keine körperlichen Gegenstände sind (Ingerl/Rohnke Rn. 10).

II. Vorlage von Urkunden (Abs. 1 S. 1 Alt. 1)

Urkunde iSv Abs. 1 S. 1 ist jede dauerhafte Verkörperung von Gedanken durch Zeichen (Ingerl/Rohnke Rn. 10). Erfasst werden mithin nicht nur alle Schriftstücke, die nach den §§ 415 ff. ZPO in einem späteren Verfahren als Urkundenbeweis dienen können, sondern auch Schriftstücke, die geeignet sind im Rahmen einer **freien Beweiswürdigung** eine Kennzeichenverletzung darzulegen und zu beweisen. Ausgenommen sind nur Bank-, Finanz- und Handelsunterlagen, die nur nach Abs. 1 S. 2 der Vorlagepflicht unterliegen.

III. Vorlage von Bank-, Finanz-, und Handelsunterlagen (Abs. 1 S. 2)

Besteht die hinreichende Wahrscheinlichkeit einer in gewerblichem Ausmaß begangenen Rechtsverletzung, erstreckt sich der Anspruch auch auf die Vorlage von **Bank-, Finanz-, und Handelsunterlagen.** Hierunter fallen unter anderem Kontoauszüge, Kreditverträge, Bilanzen, Rechnungen, Bestellscheine, sowie auch Verträge mit Handelspartnern und interner wie externer Schriftverkehr.

Von einem **gewerblichen Ausmaß** ist auszugehen, wenn die Handlung die Erlangung eines unmittelbaren oder mittelbaren wirtschaftlichen oder kommerziellen Vorteils zum Zweck hat. Verfügt jemand über einen ersichtlich nicht für den privaten Gebrauch bestimmten Umfang an Waren oder Dienstleistungen, die eine Kennzeichenverletzung darstellen, trifft ihn die widerlegliche Vermutung in gewerblichem Ausmaß zu handeln (→ § 19 Rn. 12 f.). Diese Umstände sind vom Antragssteller darzulegen und zu beweisen.

IV. Schutz vertraulicher Informationen (Abs. 1 S. 3)

15 Macht der zur Auskunft Verpflichtete geltend, dass die geforderten Geschäftsunterlagen vertraulich sind, hat das Gericht nach Abs. 1 S. 3 geeignete Maßnahmen zu treffen, um den Schutz der Informationen zu gewährleisten. Beispielsweise wird es den Schuldner Dokumente teilweise schwärzen lassen und nur als Kopie aushändigen lassen (Ströbele/Hacker Rn. 24).

D. Anspruchsausschluss (Abs. 2)

16 Der Anspruch ist nach Abs. 2 ausgeschlossen, wenn sich die Inanspruchnahme im Einzelfall als **unverhältnismäßig** darstellt. Zu beachten ist, dass im Rahmen von § 19a grundsätzlich nur die hinreichende Wahrscheinlichkeit einer Kennzeichenverletzung bestehen muss, um eine Vorlage bzw. Besichtigung verlangen zu können. Insofern müssen die widerstreitenden Interessen im **Einzelfall** genauestens abgewogen werden, um einer zu weit gehenden Ausforschung des Schuldners Einhalt zu gebieten. Den Unverhältnismäßigkeitseinwand muss der potentielle Verletzer erheben und die Sachgründe hierfür **darlegen** und **beweisen**.

17 Zu beachten ist dabei, dass der Vorlageschuldner im Fall der unrechtmäßigen einstweilig durchgesetzten Inanspruchnahme durch den **Schadensersatzanspruch** nach Abs. 5 zumindest vor ökonomischen Schäden geschützt ist (→ Rn. 24).

E. Einstweilige Verfügung (Abs. 3)

I. Voraussetzungen

18 Steht eine Kennzeichenverletzung in Rede, ist der Inhaber der Marke in besonderem Maße daran interessiert eine **schnelle Klärung** über das Bestehen und den Umfang der Verletzung herbeizuführen. Die einstweilige Durchsetzung des Vorlage- bzw. Besichtigungsanspruchs ist daher vielmehr die **Regel** als die Ausnahme. Da regelmäßig die Gefahr bestehen wird, dass der Verletzer nach Kenntnis der Verfahrenseinleitung mögliche Beweise beseitigt oder manipuliert, erfolgt die einstweilige Verfügung meist im **Beschlusswege** ohne mündliche Verhandlung (Ingerl/Rohnke § 19 Rn. 22). Der **Antragsgrund** ist somit indiziert. Als **Antragsanspruch** genügt die hinreichende **Wahrscheinlichkeit** einer Kennzeichenverletzung nach den §§ 14, 15 und 17 (→ Rn. 4).

II. Schutz vertraulicher Informationen (Abs. 3 S. 2, S. 3)

19 Gerade da bei § 19a die hinreichende **Wahrscheinlichkeit** einer Rechtsverletzung als **Antragsanspruch** genügt, hat das zuständige Gericht nach Abs. 3 S. 2 alle erforderlichen Maßnahmen zu treffen um einen **Missbrauch** der gewonnenen Informationen zu verhindern. Insbesondere wenn im Beschlusswege ohne mündliche Verhandlung entschieden wird, ist der Schuldner bzw. sein Geschäftsbetrieb nach Abs. 3 S. 3 vor unlauterer Ausforschung zu schützen. Das Gericht hat dem Schuldner daher in der Verfügung zu gestatten alle Gegenstände und Urkunden, die der Besichtigungs- bzw. Vorlagepflicht nicht unterliegen, entsprechend durch Abdeckungen bzw. Schwärzungen einer Einsichtnahme vorzuenthalten.

F. Leistungsort, Gefahr- und Kostentragung (Abs. 4)

20 Mit dem Verweis auf § 811 BGB in Abs. 4 werden die allgemeinen zivilrechtlichen Regeln hinsichtlich Leistungsort, Gefahr- und Kostentragung für das Markenrecht übernommen.

I. Leistungsort

21 § 811 Abs. 1 BGB regelt die Frage an welchem Ort die Besichtigung von Sachen und die Vorlage von Unterlagen zu erfolgen hat. Bestimmt wird also der Leistungsort für den **Vorlageschuldner.** Der Leistungsort ist nach § 811 Abs. 1 S. 1 BGB der Ort, an dem sich die vorzulegende Sache tatsächlich befindet. Mit **Ort** ist dabei die jeweilige **politische Gemeinde** zu verstehen, innerhalb derer der Schuldner die genauen Räumlichkeiten – meist seine Wohn- oder Geschäftsräume – frei bestimmen kann (BeckOK BGB/Gehrlein

Sicherung von Schadensersatzansprüchen **§ 19b MarkenG**

BGB § 811 Rn. 1). Abweichend davon kann nach § 811 Abs. 1 S. 2 BGB **jeder Teil** die Vorlegung an einem **anderen Ort** verlangen, wenn hierfür ein **wichtiger Grund** vorliegt.

II. Gefahr- und Kostentragung

Die Gefahr des **zufälligen Untergangs** der vorzulegenden Sachen und sämtliche **Kosten**, die im Rahmen der Vorlage entstanden sind, sind gemäß § 811 Abs. 2 S. 1 BGB vom Antragssteller zu tragen. Erfasst sind dabei jedoch nicht Verluste, die durch die vorlagebedingte **Sachentziehung** bedingt sind (BeckOK BGB/Gehrlein BGB § 811 Rn. 2). Nach § 811 Abs. 2 S. 2 BGB kann der Besitzer **Kostenvorschuss** und **Sicherheitsleistung** verlangen, sofern er situationsbedingt in Vorleistung treten müsste und die Kosten bereits hinreichend konkretisierbar sind (BeckOK BGB/Gehrlein BGB § 811 Rn. 2). 22

G. Verwertung im Strafverfahren (Abs. 4)

Mit dem Verweis auf § 19 Abs. 8 verbietet sich auch im Rahmen des Vorlage- und Besichtigungsanspruchs die Verwertung gewonnener Informationen in einem späteren Strafverfahren gegen den Vorlageschuldner (→ § 19 Rn. 45). 23

H. Schadensersatzanspruch des Schuldners im Fall der unrechtmäßigen Inanspruchnahme (Abs. 5)

Für den Fall, dass sich nach erfolgter Besichtigung von Erzeugnissen oder Vorlage von Geschäftsunterlagen herausstellt, dass eine Kennzeichenverletzung weder **vorlag** noch **drohte**, kann der in Anspruch genommene den ihm durch die **Inanspruchnahme** entstandenen Schaden geltend machen. Der Schadensersatzanspruch nach Abs. 5 ist **verschuldensunabhängig.** Handelte der Anspruchsgläubiger aber **vorsätzlich,** kommen zusätzlich Ansprüche aus §§ 823 und 826 BGB in Betracht. Der Schadensersatzanspruch nach Abs. 5 betrifft nur den **einstweilig** durchgesetzten Vorlage- bzw. Besichtigungsanspruch (Fezer § 19 Rn. 49). Eine Regelung neben § 945 ZPO war deshalb nötig, weil dieser nur eingreift, wenn sich die einstweilige Verfügung als von Anfang an ungerechtfertigt herausstellt. Für den Anspruch nach Abs. 5 dagegen genügt gerade, dass der Anschein einer Rechtsverletzung zunächst bestand, tatsächlich aber keine Rechtsverletzung bestand oder wenigstens drohte. 24

Der Schaden muss gerade durch das Vorlage- bzw. Besichtigungsbegehren adäquat-kausal entstanden sein. Erfasst werden insbesondere die dem Schuldner entstandenen **Verfahrenskosten** und mögliche Schäden durch die erzwungene Preisgabe von **Geschäftsgeheimnissen.** 25

I. Konkurrenzen

Neben dem speziellen kennzeichenrechtlichen Anspruch bestehen auch allgemeine zivilrechtliche Vorlage- und Besichtigungsansprüche gemäß §§ 809, 810 BGB. Diese bleiben gemäß § 19d **neben** § 19a anwendbar, treten jedoch als **lex generalis** hinter dem spezielleren Anspruch aus § 19a zurück. Insbesondere dürfen die prozessualen Besonderheiten des § 19a nicht durch Rückgriff auf die allgemeinen Vorschriften unterlaufen werden (Ingerl/Rohnke Rn. 4). 26

§ 19b Sicherung von Schadensersatzansprüchen

(1) ¹Der Inhaber einer Marke oder einer geschäftlichen Bezeichnung kann den Verletzer bei einer in gewerblichem Ausmaß begangenen Rechtsverletzung in den Fällen des § 14 Abs. 6, § 15 Abs. 5 sowie § 17 Abs. 2 Satz 2 auch auf Vorlage von Bank-, Finanz- oder Handelsunterlagen oder einen geeigneten Zugang zu den entsprechenden Unterlagen in Anspruch nehmen, die sich in der Verfügungsgewalt des Verletzers befinden und die für die Durchsetzung des Schadensersatzanspruchs erforderlich sind, wenn ohne die Vorlage die Erfüllung des Schadensersatzanspruchs fraglich ist. ²Soweit der Verletzer geltend macht, dass es sich um vertrauli-

che Informationen handelt, trifft das Gericht die erforderlichen Maßnahmen, um den im Einzelfall gebotenen Schutz zu gewährleisten.

(2) Der Anspruch nach Absatz 1 ist ausgeschlossen, wenn die Inanspruchnahme im Einzelfall unverhältnismäßig ist.

(3) ¹Die Verpflichtung zur Vorlage der in Absatz 1 bezeichneten Urkunden kann im Wege der einstweiligen Verfügung nach den §§ 935 bis 945 der Zivilprozessordnung angeordnet werden, wenn der Schadensersatzanspruch offensichtlich besteht. ²Das Gericht trifft die erforderlichen Maßnahmen, um den Schutz vertraulicher Informationen zu gewährleisten. ³Dies gilt insbesondere in den Fällen, in denen die einstweilige Verfügung ohne vorherige Anhörung des Gegners erlassen wird.

(4) § 811 des Bürgerlichen Gesetzbuchs sowie § 19 Abs. 8 gelten entsprechend.

Überblick

Über § 19b Abs. 1 kann sich der nach § 14 Abs. 6, § 15 Abs. 5 oder § 17 Abs. 2 S. 2 verletzte Kennzeicheninhaber Bank-, Finanz-, oder Handelsunterlagen vorlegen lassen oder zumindest geeigneten Zugang zu ihnen verlangen (→ Rn. 2). Abs. 2 enthält den aus den §§ 19 und 19a bereits bekannten Anspruchsausschluss wegen Unverhältnismäßigkeit (→ Rn. 12), Abs. 3 die einstweilige Anspruchsdurchsetzung (→ Rn. 13) und Abs. 4 die parallel zu § 19a Abs. 4 gehaltenen Verweise zum einen in das BGB bezüglich Leistungsort, Gefahr- und Kostentragung (→ Rn. 16) und zum anderen auf § 19 Abs. 8 bezüglich des Verwertungsverbotes im Strafverfahren (→ Rn. 17).

Übersicht

	Rn.		Rn.
A. Allgemeines	1	III. Schutz vertraulicher Informationen (Abs. 1 S. 2)	11
B. Anspruchsvoraussetzungen	2	**D. Anspruchsausschluss (Abs. 2)**	12
I. Aktiv- und Passivlegitimation	2	**E. Einstweilige Verfügung (Abs. 3)**	13
II. Rechtsverletzung	3	I. Voraussetzungen	13
III. Gewerbliches Ausmaß	4	II. Schutz vertraulicher Informationen (Abs. 3 S. 2, S. 3)	15
IV. Verfügungsgewalt des Verletzers	5	**F. Leistungsort, Gefahr- und Kostentragung (Abs. 4)**	16
V. Erforderlichkeit zur Sicherung eines Schadensersatzanspruchs	6		
C. Anspruchsinhalt	7	**G. Verwertungsverbot im Strafverfahren (Abs. 4)**	17
I. Bank-, Finanz- und Handelsunterlagen	8		
II. Vorlage oder geeigneter Zugang	9		

A. Allgemeines

1 § 19b setzt Art. 9 Abs. 2 S. 2 RL 2004/48/EG um und ist § 19a strukturell sehr ähnlich. Er hat ebenso die **Einsichtsmöglichkeit** in Bank-, Finanz-, und Handelsunterlagen des Verletzers zum Inhalt. § 19a und § 19b unterscheiden sich aber grundlegend im Normzweck. Während § 19a der Beschaffung von Informationen zur **Begründung** möglicher Folgeansprüche gegen den potentiellen Verletzer zum Zweck hat, dient § 19b der **Sicherung** eines bereits bestehenden Schadensersatzanspruchs. Von der Richtlinie abweichend unterscheidet die deutsche Umsetzung zwischen der Vorlage und

B. Anspruchsvoraussetzungen

I. Aktiv- und Passivlegitimation

2 Aktivlegitimiert ist der nach den §§ 14 Abs. 6, 15 Abs. 5 oder § 17 Abs. 2 S. 2 verletzte **Kennzeicheninhaber** (→ § 19 Rn. 4). Passivlegitimiert ist nur der **schuldhafte Verletzer**, der Störer wird nicht erfasst.

II. Rechtsverletzung

Der Gläubiger muss Inhaber eines Schadensersatzanspruchs sein, die **Kennzeichenverlet-** 3
zung also **tatsächlich** bestehen. Anders als bei § 19a genügt eine hinreichende Wahrscheinlichkeit gerade nicht. Allerdings ist nicht erforderlich, dass der Schadensersatzanspruch bereits gerichtlich festgestellt ist. Der Richter wird das Vorliegen des Schadensersatzanspruches vielmehr selbstständig prüfen wenn er über eine Vorlage bzw. Zugänglichmachung von Unterlagen nach § 19b zu entscheiden hat. In der Regel wird der Verletzte beide Ansprüche im gleichen Verfahren **kombiniert** geltend machen, da er zwar das Bestehen seines Schadensersatzanspruches darlegen, nicht aber die genaue Höhe beziffern kann.

III. Gewerbliches Ausmaß

Von einem gewerblichen Ausmaß ist auszugehen, wenn die Handlung die Erlangung eines 4
unmittelbaren oder mittelbaren wirtschaftlichen oder kommerziellen Vorteils zum Zweck hat. Verfügt jemand über einen ersichtlich nicht für den privaten Gebrauch bestimmten Umfang an Waren oder Dienstleistungen, die eine Kennzeichenverletzung darstellen, trifft ihn die widerlegliche Vermutung in gewerblichem Ausmaß zu handeln (→ § 19 Rn. 12 f.). Diese Umstände sind vom Antragssteller darzulegen und zu beweisen.

IV. Verfügungsgewalt des Verletzers

Die zur Einsicht geforderten Unterlagen müssen sich nach dem Wortlaut der Norm in 5
der Verfügungsgewalt des Schadensersatzschuldners befinden. Eine solche Einschränkung sieht Art. 9 Abs. 2 S. 2 RL 2004/48/EG allerdings nicht vor. Das Kriterium der Verfügungsgewalt ist daher richtlinienkonform dahingehend auszulegen, dass es sich nur auf die Vorlagepflicht des Schuldners bezieht. Stehen die geforderten Unterlagen in der Verfügungsgewalt eines **Dritten,** so verbleibt die Variante des Zugänglichmachens (→ Rn. 9 f.).

V. Erforderlichkeit zur Sicherung eines Schadensersatzanspruchs

Der Anspruch auf Vorlage bzw. Zugänglichmachung der Unterlagen besteht nur, wenn 6
die darin enthaltenen Informationen bzw. deren Kenntnisnahme durch den Verletzten für die Durchsetzung seines bestehenden kennzeichenrechtlichen **Schadensersatzanspruchs erforderlich** sind. Das ist dann der Fall, wenn der Verletzer einerseits seiner Schadensersatzpflicht nicht nachkommt und für den Verletzten andererseits keine andere Möglichkeit besteht die Vollstreckung durchzusetzen. Die Zwangsvollstreckung muss ohne die Einsichtnahme in die Dokumente also **gefährdet** sein (Fezer Rn. 10).

C. Anspruchsinhalt

Der Anspruch ist inhaltlich gerichtet auf die Vorlage bzw. Zugänglichmachung von Bank-, 7
Finanz- und Handelsunterlagen. Den **Leistungsort** regelt Abs. 4 (→ Rn. 16).

I. Bank-, Finanz- und Handelsunterlagen

Unter die Begriffe fallen vor allem solche Dokumente, die Rückschlüsse auf die **Finanz-** 8
lage des Schuldners zulassen. Also insbesondere Kontoauszüge, Kreditverträge, Bilanzen, Rechnungen, Bestellscheine und Lieferpapiere. Zu beachten ist, dass über § 19b eben nur jene Dokumente eingesehen werden dürfen, die zur Durchsetzung des Schadensersatzanspruchs erforderlich sind (→ Rn. 6). Daher werden in der Regel Verträge, Schriftverkehr oder technische Aufzeichnungen nicht erfasst. Gerade hier zeigt sich der funktionelle Unterschied zwischen § 19a und § 19b.

II. Vorlage oder geeigneter Zugang

Nach § 19b kann der Gläubiger entweder die Vorlage oder geeigneten Zugang der zur 9
Einsicht geschuldeten Unterlagen verlangen. Für die **Vorlage** sind alle geforderten Urkunden am Aufbewahrungsort (→ Rn. 16) zur Einsichtnahme bereit zu halten. Je nach Sachlage

und im Rahmen der Verhältnismäßigkeit kann nur die Einsicht vor Ort, das Anfertigen von Kopien, oder im Einzelfall sogar die Mitnahme der Originale verlangt werden (Fezer Rn. 13).

10 **Geeigneter Zugang** zu Urkunden ist dem Gläubiger zu verschaffen, wenn der Schuldner die geschuldeten Unterlagen gerade **nicht selbst** zur Vorlage bereithalten kann. Das ist zum Beispiel der Fall, wenn sich die Unterlagen bei einem Steuerberater, einer Bank, einer Behörde oder einem sonstigen **Dritten** befinden. Soweit dem Schuldner **rechtlich und tatsächlich möglich,** hat er es dem Gläubiger durch Anweisung des Dritten zu ermöglichen **Zugang** zu den Unterlagen zu erhalten. Der Zugang ist **geeignet,** wenn der Gläubiger die Unterlagen bei dem Dritten ebenso sichten und auswerten kann wie beim Schuldner selbst.

III. Schutz vertraulicher Informationen (Abs. 1 S. 2)

11 Macht der zur Auskunft Verpflichtete geltend, dass die geforderten Geschäftsunterlagen vertraulich sind, hat das Gericht nach Abs. 1 S. 2 geeignete Maßnahmen zu treffen, um den Schutz der Informationen zu gewährleisten. Beispielsweise wird es den Schuldner Dokumente teilweise schwärzen lassen und nur als Kopie aushändigen lassen (Ströbele/Hacker/Hacker § 19a Rn. 24). Ob und wie besonders vertrauliche Informationen zu schützen sind, hat der Schuldner dabei zur freien Überzeugung des Gerichts darzulegen.

D. Anspruchsausschluss (Abs. 2)

12 Liegen alle Anspruchsvoraussetzungen vor, kann der Anspruch nur noch im **Ausnahmefall** wegen Unverhältnismäßigkeit zurückgewiesen werden. **Unverhältnismäßigkeit** kann unter Umständen vorliegen, wenn der Schadensersatzanspruch nur in sehr kleiner Höhe besteht, die geforderten Unterlagen dieser Höhe auch grundsätzlich entsprechen, der Aufwand für die Bereitstellung der Unterlagen für den Schuldner aber in keinem Verhältnis mehr zu der geforderten Summe steht. Zu beachten ist dabei jedoch, dass sich der Schuldner nicht auf die Unverhältnismäßigkeit berufen kann, wenn er den bestehenden Schadensersatzanspruch schuldhaft nicht erfüllt. Auch Geheimnisschutz kann in seltenen Fällen ein Grund sein den Anspruch auszuschließen, jedoch nur wenn Maßnahmen nach Abs. 1 S. 2 (→ Rn. 11) keinen ausreichenden Schutz ermöglichen.

E. Einstweilige Verfügung (Abs. 3)

I. Voraussetzungen

13 Nach Abs. 3 kann der Anspruch auf Vorlage der in Abs. 1 bezeichneten Urkunden auch im Wege einer einstweiligen Verfügung durchgesetzt werden. Soweit das Gesetz jetzt also von **Urkunden** spricht, sind damit die **Bank-, Finanz- und Handelsunterlagen** in Abs. 1 gemeint (→ Rn. 8).

14 Da im Fall der einstweiligen Durchsetzung der den **Antragsanspruch** begründende **Schadensersatzanspruch** in der Regel noch nicht gerichtlich festgestellt ist, muss er **offensichtlich** vorliegen. Offensichtlichkeit in diesem Sinne ist gegeben, wenn anhand der tatsächlichen und rechtlichen Faktenlage eine andere rechtliche Beurteilung kaum möglich ist (→ § 19 Rn. 42). Alle Tatbestandsmerkmale des zu sichernden Schadensersatzanspruchs sind dem Gericht zu seiner vollen Überzeugung nachzuweisen. Als **Antragsgrund** gemäß § 935 ZPO ist das Gericht davon zu überzeugen, dass die Durchsetzung des offensichtlich bestehenden Schadensersatzanspruchs ohne die sofortige Einsicht in die Urkunden vereitelt oder wesentlich erschwert würde.

II. Schutz vertraulicher Informationen (Abs. 3 S. 2, S. 3)

15 Gerade im einstweiligen Verfahren muss das zuständige Gericht nach Abs. 3 S. 2 dafür sorgen, dass trotz der Eile sensible Informationen nicht zu Unrecht ausgeforscht werden (→ Rn. 11). Dies gilt gemäß Abs. 3 S. 3 **insbesondere,** falls das Gericht ohne vorherige **Anhörung** des Antragsgegners entscheidet.

F. Leistungsort, Gefahr- und Kostentragung (Abs. 4)

Mit dem Verweis auf § 811 BGB in Abs. 4 werden die allgemeinen zivilrechtlichen Regeln 16
hinsichtlich **Leistungsort, Gefahr- und Kostentragung** für das Markenrecht übernommen (→ § 19a Rn. 20 zu § 19a Abs. 4).

G. Verwertungsverbot im Strafverfahren (Abs. 4)

Da die gesetzliche Pflicht zur strafrechtlichen Selbstbelastung verfassungswidrig wäre 17
(BVerfGE 56, 37), verbietet Abs. 4 die Verwendung der durch die Vorlage bzw. Zugänglichmachung der Unterlagen erlangten Informationen in einem Straf- oder Ordnungswidrigkeitsverfahren gegen den Auskunftspflichtigen. Das Verwertungsverbot schützt auch Angehörige gemäß § 52 Abs. 1 StPO, sofern der Auskunftspflichtige der Verwendung nicht ausdrücklich zustimmt (→ § 19 Rn. 45).

§ 19c Urteilsbekanntmachung

¹Ist eine Klage auf Grund dieses Gesetzes erhoben worden, kann der obsiegenden Partei im Urteil die Befugnis zugesprochen werden, das Urteil auf Kosten der unterliegenden Partei öffentlich bekannt zu machen, wenn sie ein berechtigtes Interesse darlegt. ²Art und Umfang der Bekanntmachung werden im Urteil bestimmt. ³Die Befugnis erlischt, wenn von ihr nicht innerhalb von drei Monaten nach Eintritt der Rechtskraft des Urteils Gebrauch gemacht wird. ⁴Der Ausspruch nach Satz 1 ist nicht vorläufig vollstreckbar.

Überblick

§ 19c gibt der obsiegenden Partei eines markenrechtlichen Gerichtsverfahrens das Recht das Urteil innerhalb von drei Monaten nach Eintritt der Rechtskraft (→ Rn. 6) auf Kosten der unterliegenden Partei (→ Rn. 11) zu veröffentlichen, wenn sie zur Überzeugung des erkennenden Gerichts ein berechtigtes Interesse (→ Rn. 5) an einer Veröffentlichung darlegen kann. Art und Umfang der Veröffentlichung bestimmt das Gericht nach eigenem Ermessen (→ Rn. 9).

A. Allgemeines

§ 19c setzt Art. 15 RL 2004/48/EG um. Er bezweckt die Beseitigung fortdauernder 1
Beeinträchtigungen auf Grund eines kennzeichenrechtlichen Prozesses durch Veröffentlichung des Urteils. Sowohl durch begründete als auch durch unbegründete Klagen und den damit verbundenen Anschuldigungen können erhebliche wirtschaftliche Schäden entstehen, wenn Streitigkeiten in die Öffentlichkeit gelangen. So besteht häufig nach geführtem Prozess ein erhebliches Rehabilitierungsinteresse, obwohl der Prozess vor Gericht gewonnen wurde. Dem wird nur die Veröffentlichung des Urteils in den Medien gerecht. Eine Veröffentlichung von Urteilen auf eigene Faust ohne richterlich zugesprochene Befugnis kann jedoch isoliert betrachtet ihrerseits als rufschädigende Handlung rechtliche Folgen haben. Zudem müssten die Kosten der Veröffentlichung selbst getragen werden. Die nach § 19c beantragte Veröffentlichung ist dagegen rechtlich ohne negative Folgen und ermöglicht es die Kosten der unterliegenden Partei aufzubürden.

B. Anspruchsvoraussetzungen

I. Aktivlegitimation

Aktivlegitimiert ist die **obsiegende Partei** eines kennzeichenrechtlichen Gerichtsverfahrens. Es kommt also nicht darauf an ob die Partei **Kläger** oder **Beklagter** des Verfahrens war. Entscheidend ist allein, dass sie den Rechtsstreit gewonnen hat. Endet das Verfahren in einem **Vergleich** ist ein Veröffentlichungsrecht nach § 19c daher ausgeschlossen. Die obsiegende Partei hat das Veröffentlichungsrecht zu **beantragen**.

II. Markenrechtliches Verfahren

3   Erfasst werden nur Klagen auf **Grundlage** des MarkenG, namentlich Unterlassungs-, Beseitigungs-, Schadensersatz- und Löschungsklagen. Über § 125b Nr. 2 sind jedoch auch Klagen auf Grundlage der **GMV** und über die §§ 128 Abs. 1 S. 3, 135 Abs. 1 S. 3 auch **geografische Herkunftsangaben** einbezogen.

4   Schon der Wortlaut von S. 1 erfasst ausdrücklich nur **Klagen**; S. 4 schließt noch deutlicher **einstweilige Verfahren** von dem Veröffentlichungsrecht nach § 19c aus. Dem widerspricht indes der Wortlaut der Richtlinie, welcher jede Form von **Verfahren** erfasst. Die deutsche Umsetzung der Richtlinienvorgaben enthält mithin eine **unzulässige Einschränkung**, indem sie einstweilige Verfahren aus dem Anwendungsbereich von § 19c ausnimmt. Diese mit der Richtlinie unvereinbare Einschränkung lässt sich kaum über eine richtlinienkonforme Auslegung erreichen (aA Fezer Rn. 6), denn ließen sich in S. 1 noch andere Verfahren hereinlesen, schließt S. 4 das einstweilige Verfahren so deutlich aus, dass eine **richtlinienkonforme Auslegung** nicht möglich ist. Nach derzeitiger Rechtslage ist ein Veröffentlichungsrecht nach § 19c im Fall einer erfolgreichen einstweiligen Verfügung in Deutschland daher ausgeschlossen (ebenso Ingerl/Rohnke Rn. 4; Ströbele/Hacker/Hacker Rn. 5).

III. Berechtigtes Interesse

5   Anders als der Wortlaut der Richtlinie verlangt § 19c ein **berechtigtes Interesse** des Antragsstellers an der Veröffentlichung. Darin ist in richtlinienkonformer Auslegung jedoch nur eine Ermessensentscheidung des erkennenden Gerichts über die Frage zu sehen, ob die Veröffentlichung im konkreten Fall zweckmäßig und in der Zweck-Mittel-Relation auch angermessen ist. Es hat dabei die widerstreitenden Interessen der Parteien gegeneinander **abzuwägen** und auf dieser Grundlage zu entscheiden (BT-Drs. 16/5048, 42). Gerade in dem Fall, dass ein Verletzer rechtskräftig verurteilt wurde, ist davon auszugehen, dass das Interesse des Verletzten auf Veröffentlichung das Geheimhaltungsinteresse des Verletzers überwiegt. Auch dem zu Unrecht Verklagten kann ein berechtigtes Interesse an der Veröffentlichung der Entscheidung kaum abgesprochen werden, wenn die angebliche Kennzeichenverletzung vorher in die Öffentlichkeit gelangt und so mit einem Ansehensverlust zu rechnen ist. Demgegenüber ist aber auch der Fall denkbar, dass der Inhaber einer Marke in einem kennzeichenrechtlichen Grenzfall klagt, das Gericht gegen ihn entscheidet und der Beklagte das Veröffentlichungsrecht offenkundig gerade nur dafür nutzen will dem redlichen Kläger Schaden zuzufügen. In einem solchen Fall wird das Gericht ein berechtigtes Interesse wohl eher verneinen. Letztlich handelt es sich bei dem Merkmal also in erster Linie um eine **Missbrauchskontrolle** als um ein einschränkendes Tatbestandsmerkmal.

IV. Frist

6   Das Recht auf Veröffentlichung erlischt **drei Monate** nach Eintritt der **Rechtskraft** des Urteils. Bis dahin muss der Antragsteller die Veröffentlichung in der vom Gericht bestimmten Art und Weise in die Wege geleitet haben.

7   Ein Urteil wird nach allgemeinen Regeln formell Rechtskräftig wenn es **unanfechtbar** geworden ist. Das ist bei nicht letztinstanzlichen Urteilen der Fall, wenn entweder die Rechtsmittelfrist abgelaufen ist oder die Parteien ausdrücklich auf Rechtsmittel verzichtet haben.

C. Rechtsfolge

I. Öffentliche Bekanntmachung

8   Liegen alle Anspruchsvoraussetzungen vor, hat der Antragssteller einen Anspruch auf die gerichtlich zu erteilende **Befugnis zur Veröffentlichung** des Urteils.

II. Art und Umfang

Art und Umfang der Veröffentlichung bestimmt das erkennende Gericht nach eigenem **Ermessen**. Mit Art und Umfang sind der Veröffentlichungsort, die Veröffentlichungsdauer und die Veröffentlichungsintensität gemeint. Je nach dem welchen **Zweck** die Veröffentlichung im konkreten Einzelfall haben und welches **Publikum** erreicht werden soll, bietet sich die Veröffentlichung in **unterschiedlichen Medien** an. Denkbar ist zB die Veröffentlichung über Printwerke, den Rundfunk oder auch über das Internet (Ingerl/Rohnke Rn. 9). 9

In **Printmedien** wird in der Regel eine einmalige Anzeige in angemessener Größe erscheinen. Im Fall der Veröffentlichung des Urteils über den **Rundfunk** werden dagegen ein zeitlicher Rahmen und eine bestimmte Frequenz der Ausstrahlung festgelegt werden müssen. Im **Internet** schließlich bietet sich eine Anzeige für eine bestimmte Zeit auf der eigenen Website an. Das Urteil kann vollständig oder auch nur auszugsweise veröffentlicht werden. Häufig wird auch der Urteilstenor bereits genügen, um dem Veröffentlichungsgedanken gerecht zu werden (Ingerl/Rohnke Rn. 10). 10

III. Kostentragung

Die Kosten der Veröffentlichung sind von der unterliegenden Partei zu tragen. Sie werden aber regelmäßig nicht vorab genau zu beziffern sein, da gerade Gebühren für Anzeigen in Rundfunk- und Printmedien stark **variieren** können. Der Antragsteller wird die Kosten daher zunächst auslegen und im Anschluss gegenüber der unterliegenden Partei gemäß § 788 ZPO geltend machen müssen (Ingerl/Rohnke Rn. 11). 11

§ 19d Ansprüche aus anderen gesetzlichen Vorschriften

Ansprüche aus anderen gesetzlichen Vorschriften bleiben unberührt.

Überblick

§ 19d erklärt andere gesetzliche Vorschriften neben den §§ 19 ff. für uneingeschränkt anwendbar.

A. Allgemeines

§ 19d hat rein deklaratorische Funktion und stellt klar, dass das MarkenG kein abschließendes Regelungswerk darstellt. Schon § 2 ordnet an, dass durch das MarkenG andere gesetzliche Normen keinesfalls verdrängt werden. 1

B. Andere gesetzliche Vorschriften

Andere gesetzliche Vorschriften, die insbesondere neben den Vorschriften des MarkenG zur Anwendung kommen, sind beispielsweise die Vorschriften aus dem **Bereicherungsrecht**, die Grundsätze der **Geschäftsführung ohne Auftrag** in Bezug auf Abmahnkosten und der allgemeine **zivilrechtliche Auskunftsanspruch**. 2

Abschnitt 4 Schranken des Schutzes

§ 20 Verjährung

¹Auf die Verjährung der in den §§ 14 bis 19c genannten Ansprüche finden die Vorschriften des Abschnitts 5 des Buches 1 des Bürgerlichen Gesetzbuchs entsprechende Anwendung. ²Hat der Verpflichtete durch die Verletzung auf Kosten des Berechtigten etwas erlangt, findet § 852 des Bürgerlichen Gesetzbuchs entsprechende Anwendung.

Überblick

Kennzeichenrechtliche Ansprüche verjähren nach den allgemeinen Verjährungsregeln des BGB (→ Rn. 1 ff.). Der Anwendungsbereich des § 20 (→ Rn. 4 ff.) und die Verjährung konkurrierender Ansprüche (→ Rn. 7 f.) werden im Folgenden kurz dargestellt. Einen Schwerpunkt bilden die Verjährungsfristen und der Verjährungsbeginn. Die Anknüpfungspunkte für den Beginn der regelmäßigen Verjährungsfrist – die Entstehung des Anspruchs (→ Rn. 10 ff.) und die Kenntnis oder grob fahrlässige Unkenntnis des Gläubigers (→ Rn. 21 ff.) – werden eingehend erläutert. Es folgen Ausführungen zu Verjährungshöchstfristen (→ Rn. 29 ff.), der Verjährung titulierter Ansprüche (→ Rn. 32 ff.) und der Verjährung des Herausgabeanspruchs nach § 20 S. 2 iVm § 852 BGB (→ Rn. 35). Ein weiterer Schwerpunkt ist die Hemmung der Verjährung. Die Hemmungsgründe, die im Kennzeichenrecht relevant sind – Verhandlungen zwischen den Parteien (→ Rn. 37 ff.), die Klage (→ Rn. 43 ff.) und der Antrag auf Erlass einer einstweiligen Verfügung (→ Rn. 46 ff.) –, werden ausführlich dargestellt. Ebenfalls praxisrelevant ist der Neubeginn der Verjährung, der ein Anerkenntnis (→ Rn. 53 ff.), eine Vollstreckungshandlung oder einen Vollstreckungsantrag (→ Rn. 56 f.) voraussetzt. Nach dem Überblick über die Verjährungsregeln im BGB wird dargelegt, inwieweit die Parteien von den gesetzlichen Vorgaben abweichen dürfen (→ Rn. 58 f.). Abschließend werden die materiellrechtlichen und prozessualen Wirkungen der Verjährung (→ Rn. 60 ff.) und die Beweislastverteilung (→ Rn. 65 f.) erörtert.

Übersicht

	Rn.		Rn.
A. Verweis auf Verjährungsregeln des BGB	1	I. Verhandlungen zwischen den Parteien	37
B. Anwendungsbereich	4	II. Rechtsverfolgung	42
I. Kennzeichenrechtliche Ansprüche iSd § 20	4	1. Klage	43
II. Sonstige Ansprüche	7	2. Antrag auf Erlass einer einstweiligen Verfügung	46
C. Verjährungsfristen und Verjährungsbeginn	9	3. Zustellung des Mahnbescheids	49
I. Regelmäßige Verjährungsfrist	9	4. Ende der Hemmung	50
1. Entstehung des Anspruchs	10	E. Neubeginn der Verjährung	52
2. Kenntnis oder grob fahrlässige Unkenntnis	21	I. Anerkenntnis	53
3. Ultimo-Verjährung	28	II. Vollstreckungshandlung	56
II. Verjährungshöchstfristen	29	F. Vereinbarungen zur Verjährung	58
III. Verjährung titulierter Ansprüche	32	G. Wirkung der Verjährung	60
IV. Verjährung des Herausgabeanspruchs nach § 852 BGB	35	I. Leistungsverweigerungsrecht	60
		II. Prozessuale Folgen	63
		III. Unzulässige Rechtsausübung	64
D. Hemmung der Verjährung	36	H. Beweislast	65

A. Verweis auf Verjährungsregeln des BGB

1 Kennzeichenrechtliche Ansprüche gemäß §§ 14 bis 19c verjähren nach den allgemeinen Verjährungsregeln in §§ 194 ff. BGB. Die **Rechtsgrundverweisung** in § 20 S. 1 bezieht sich auf die Frist, den Beginn, die Hemmung, den Neubeginn und die Wirkung der Verjährung.

2 § 852 BGB ist entsprechend anwendbar. Nach § 20 S. 2 iVm § 852 S. 1 BGB hat der Verpflichtete einen Vermögensvorteil, den er durch die Rechtsverletzung auf Kosten des Berechtigten erlangt hat, auch nach dem Verjährungseintritt herauszugeben. Der Umfang der Herausgabepflicht richtet sich nach §§ 812 ff. BGB (Rechtsfolgenverweisung; BGH GRUR 1999, 751 (754) – Güllepumpen). Im Kennzeichenrecht beansprucht der Berechtigte regelmäßig die Zahlung einer angemessenen Lizenzgebühr (OLG Hamburg GRUR-RR 2006, 219 (223 f.)).

3 Wenn die Verjährungsfrist bereits vor Inkrafttreten der Schuldrechtsreform am 1.1.2002 begonnen hat, gilt gemäß § 165 die Übergangsvorschrift des Art. 229 § 6 EGBGB entsprechend.

B. Anwendungsbereich

I. Kennzeichenrechtliche Ansprüche iSd § 20

§ 20 gilt unmittelbar für Unterlassungs-, Schadensersatz-, Auskunfts-, Vernichtungsansprü- 4
che und sonstige **Ansprüche gemäß §§ 14–19c**, die an die Verletzung einer Marke (§ 4)
oder geschäftlichen Bezeichnung (§ 5) knüpfen. Der Verweis auf §§ 194 ff. BGB bezieht sich
auch auf **Vorlage- und Besichtigungsansprüche** gemäß § 19a, was gegen die teilweise zu
§ 809 BGB vertretene Auffassung spricht, Vorlage- und Besichtigungsansprüche könnten
nicht verjähren (zu § 809 BGB: OLG Karlsruhe NJW-RR 2002, 951; Staudinger/Marburger
BGB Vor §§ 809 ff. Rn. 4; Erman/Wilhelmi BGB § 809 Rn. 6; aA Palandt/Sprau BGB § 809
Rn. 12; MüKoBGB/Habersack BGB § 809 Rn. 15). Jedenfalls sind Vorlage- und Besichtigungsansprüche nicht erforderlich iSd § 19a Abs. 1 S. 1, wenn der Hauptanspruch nicht mehr
durchsetzbar ist. Das gilt auch für den Sicherungsanspruch gemäß § 19b (Ströbele/Hacker/
Hacker § 19b Rn. 13).

Auch Ansprüche, die an die Verletzung einer geographischen Herkunftsangabe (§ 126), 5
einer Ursprungsbezeichnung oder einer geographischen Angabe (Art. 2 VO (EG) Nr. 510/
2006) knüpfen, verjähren nach § 20 (§§ 129, 136).

Umstritten ist, ob der **vorbeugende Unterlassungsanspruch** (§ 14 Abs. 5 S. 2, § 15 6
Abs. 4 S. 2) gemäß § 20 iVm §§ 194 ff. BGB verjähren kann. Die früher herrschende Auffassung hat diese Frage verneint (BGH GRUR 1979, 121 (122) – Verjährungsunterbrechung;
OLG Koblenz NJW-RR 1998, 558; OLG Stuttgart NJWE-WettbR 1996, 31 (32)). Überzeugender ist die – heute wohl herrschende – Gegenauffassung, wonach unbeachtlich ist,
ob die Rechtsverletzung bereits erfolgt ist oder ernsthaft droht (Fezer Rn. 12; Fezer/Büscher
UWG § 11 Rn. 9; Köhler/Bornkamm/Köhler UWG § 11 Rn. 1.3; Teplitzky, Wettbewerbsrechtliche Ansprüche und Verfahren, Kap. 16 Rn. 5). Die Erstbegehungsgefahr setzt konkrete
Anhaltspunkte für eine Rechtsverletzung voraus, unterscheidet sich also nicht erheblich von
der Wiederholungsgefahr, die auf einer eingetretenen Verletzung beruht (Fezer/Büscher
UWG § 11 Rn. 9).

II. Sonstige Ansprüche

Ansprüche, die neben kennzeichenrechtlichen Ansprüchen in Betracht kommen, verjäh- 7
ren grundsätzlich nach den Regeln, die für sie gelten (BGH GRUR 1984, 820 (822) –
Intermarkt II; vgl. BGH GRUR 2011, 444 Rn. 55 f. – Flughafen Frankfurt Hahn). In
der Praxis spielt dieser Punkt keine Rolle, wenn die Verjährung sich ebenfalls nach den
Verjährungsregeln des BGB richtet. §§ 194 ff. BGB sind zB auf lizenzvertragliche Ansprüche,
Ansprüche auf Erstattung der Abmahnkosten, Ansprüche auf Zahlung einer Vertragsstrafe,
bereicherungsrechtliche und deliktische Ansprüche unmittelbar anwendbar.

Ein Konkurrenzproblem besteht, wenn **wettbewerbsrechtliche Ansprüche** gemäß §§ 8, 8
9, 12 Abs. 1 S. 2 UWG, die – abweichend von § 195 BGB – in sechs Monaten verjähren
(§ 11 Abs. 1 UWG), mit markenrechtlichen Ansprüchen zusammentreffen. So kann eine
Markenrechtsverletzung zugleich ein Verstoß gegen § 5 Abs. 1 S. 2 Nr. 1 UWG (Irreführung
über die betriebliche Herkunft) oder § 5 Abs. 2 UWG sein (hierzu Köhler GRUR 2007,
548, 550 f.). Die kennzeichenrechtlichen Ansprüche verjähren auch in diesen Fällen nach
§ 20 S. 1 iVm §§ 194 ff. BGB (BGH GRUR 2009, 678 Rn. 40 – Post/RegioPost; Fezer
Rn. 9; Köhler/Bornkamm/Köhler UWG § 11 Rn. 1.5; Ströbele/Hacker/Hacker Rn. 4).

C. Verjährungsfristen und Verjährungsbeginn

I. Regelmäßige Verjährungsfrist

Die regelmäßige Verjährungsfrist beträgt drei Jahre (§ 195 BGB) und beginnt gemäß § 199 9
Abs. 1 BGB mit dem Schluss des Jahres, in dem der Anspruch entstanden ist und der Gläubiger von den anspruchsbegründenden Umständen und der Person des Schuldners Kenntnis
erlangt oder ohne grobe Fahrlässigkeit erlangen müsste.

1. Entstehung des Anspruchs

10 Ein Anspruch ist entstanden, sobald er gerichtlich geltend gemacht werden kann (BGHZ 151, 47 (51) = NJW 2002, 2707; BGHZ 55, 340 (341); Palandt/Ellenberger BGB § 199 Rn. 3). Der Entstehungszeitpunkt richtet sich nach der Art des Anspruchs. Zudem ist zwischen Einzel- und Dauerhandlungen zu unterscheiden.

11 Ein **Unterlassungsanspruch** (§ 4 Abs. 5, § 15 Abs. 4, § 17 Abs. 2 S. 1) entsteht mit der Zuwiderhandlung (vgl. § 199 Abs. 5 BGB). Maßgeblich ist der Abschluss, nicht der Beginn der Verletzungshandlung (Ingerl/Rohnke Rn. 10). Der vorbeugende Unterlassungsanspruch entsteht, sobald die Zuwiderhandlung ernsthaft droht, eine Erstbegehungsgefahr also gegeben ist (Köhler/Bornkamm/Köhler UWG § 11 Rn. 1.19).

12 Die Verjährung eines **Schadensersatzanspruchs** (§ 14 Abs. 6, § 15 Abs. 5, § 17 Abs. 2 S. 2) setzt zusätzlich voraus, dass ein Schaden eingetreten ist. Jedoch ist nicht erforderlich, dass der Schaden beziffert werden kann (BGHZ 79, 176 (178) = JR 1981, 235). Der Anspruch ist entstanden, sobald der Berechtigte eine Klage auf Feststellung der Ersatzpflicht oder eine Stufenklage erheben kann (BGH GRUR 1974, 99 (100) – Brünova). Ein Hilfsanspruch auf Auskunft (§ 242 BGB), der die Schadensberechnung ermöglichen soll, verjährt wie der Schadensersatzanspruch (BGH GRUR 2009, 678 Rn. 42 – Post/RegioPost; Ströbele/Hacker/Hacker Rn. 16).

13 Der **selbständige Auskunftsanspruch** gemäß § 19 entsteht, sobald die Verletzungshandlung abgeschlossen ist.

14 **Vorlage- und Besichtigungsansprüche** (§ 19a) entstehen, sobald die Rechtsverletzung hinreichend wahrscheinlich ist. Der Sicherungsanspruch gemäß § 19b entsteht, sobald die Rechtsverletzung abgeschlossen und die Erfüllung des Schadensersatzanspruchs fraglich geworden ist.

15 Die Verjährung eines **Beseitigungsanspruchs** beginnt, sobald die Rechtsverletzung abgeschlossen und die fortdauernde Beeinträchtigung vorauszusehen ist (BGH GRUR 1974, 99, 100 – Brünova). Besondere Formen des Beseitigungsanspruchs sind die Ansprüche auf Veröffentlichung eines Hinweises (§ 16), Übertragung (§ 17 Abs. 1), Vernichtung (§ 18 Abs. 1, 3), Rückruf (§ 18 Abs. 2, 3) und Urteilsbekanntmachung (§ 19c). Die Verjährung des Anspruchs nach § 19c spielt in der Praxis keine Rolle, da die Befugnis, das Urteil öffentlich bekannt zu machen, erlischt, wenn der Berechtigte sie nicht innerhalb von drei Monaten nach der Rechtskraft des Urteil ausgeübt hat (§ 19c S. 3).

16 Besonderheiten sind zu beachten, wenn die Rechtsverletzung auf einer **Dauerhandlung** beruht. Eine Dauerhandlung verletzt das Recht fortwährend, ohne dass es neuer Handlungen des Verletzers bedarf (Fezer Rn. 33; Ingerl/Rohnke Rn. 13). Der Verletzer hält die Störung über einen längeren Zeitraum willentlich aufrecht (OLG Köln NJOZ 2008, 2387 (2388); Neu GRUR 1985, 335 (338); Ströbele/Hacker/Hacker Rn. 10). Beispiele für Dauerhandlungen sind das Führen einer Firma (vgl. BGH GRUR 2003, 448 (450) – Gemeinnützige Wohnungsgesellschaft), die Registrierung einer Domain oder die Internetwerbung (vgl. OLG Köln NJOZ 2008, 2387 (2390)).

17 Die Verjährung eines **Unterlassungsanspruchs,** der sich gegen eine Dauerhandlung richtet, beginnt erst, wenn die Zuwiderhandlung beendet ist (BGH GRUR 2003, 448 (450) – Gemeinnützige Wohnungsgesellschaft; BGH GRUR 1974, 99 (100) – Brünova; OLG Düsseldorf GRUR-RR 2011, 10 (12); OLG Köln NJOZ 2008, 2387 (2388)). Das gilt auch für den vorbeugenden Unterlassungsanspruch, wenn die Erstbegehungsgefahr aus einer Dauerhandlung – zB der Anmeldung einer rechtsverletzenden Marke – folgt (Ingerl/Rohnke Rn. 16; Köhler JZ 2005, 489 (490); Ströbele/Hacker/Hacker Rn. 11).

18 Die Verjährung eines **Beseitigungsanspruchs** beginnt wie die Verjährung eines Unterlassungsanspruchs nicht, solange die Störung andauert (OLG Zweibrücken GRUR-RR 2007, 89 (90); Ingerl/Rohnke Rn. 14; Köhler/Bornkamm/Köhler UWG § 11 Rn. 1.21).

19 Hingegen zögert eine Dauerhandlung den Beginn der Verjährung eines **Schadensersatzanspruchs** nicht bis zum Ende des Eingriffs hinaus. Ein Schadensersatzanspruch verjährt in Abschnitten. Die schadensbegründende Dauerhandlung, die fortlaufend weitere Schäden erzeugt, wird zeitlich aufgespalten; es wird fingiert, dass der Verletzer jeden Tag eine Einzelhandlung begeht, für die jeweils eine gesonderte Verjährungsfrist beginnt (BGH WRP 2015, 972 Rn. 23 – Motorradteile; GRUR 2013, 1161 Rn. 44; GRUR 1999, 751 (754) – Gülle-

pumpen; GRUR 1978, 492 (495) – Fahrradgepäckträger II; OLG Zweibrücken GRUR-RR 2007, 89 (90); Fezer Rn. 43; Ströbele/Hacker/Hacker Rn. 13). Allerdings muss nicht für jeden Tag innerhalb eines Jahres die Verjährungsfrist einzeln berechnet werden, da die Verjährung nach § 199 Abs. 1 BGB erst mit dem Schluss des Jahres beginnt.

Im Einzelfall kann es schwierig sein, eine **Einzelhandlung oder wiederholte Einzel-** 20 **handlungen** von einer Dauerhandlung abzugrenzen (hierzu OLG Köln NJOZ 2008, 2387 (2388f.); Neu GRUR 1985, 335 (341f.)). Denn auch eine Einzelhandlung kann in der Zukunft fortwirken. So kann eine kennzeichenrechtsverletzende Werbemaßnahme Verbraucherentscheidungen beeinflussen, nachdem sie beendet worden ist. Das entscheidende Abgrenzungskriterium ist, ob die Störungsursache willentlich aufrechterhalten wird (OLG Köln NJOZ 2008, 2387 (2389)). Nachwirkungen der Tat, die nicht vom Willen des Täters abhängen, begründen keine Dauerhandlung. Eine „Einzelhandlung mit Nachwirkungen" verjährt, sobald der Eingriff abgeschlossen ist (BGH GRUR 1974, 99 (100) – Brünova; Ingerl/Rohnke Rn. 10; Köhler/Bornkamm/Köhler UWG § 11 Rn. 1.20). Auch wiederholte Verletzungshandlungen (zB der wiederholte Anzeigenauftrag) oder fortgesetzte Verletzungshandlungen (zB das Angebot oder der Vertrieb einer Ware, die zuvor markenrechtsverletzend gekennzeichnet worden ist) sind nicht als rechtliche Einheit zusammenzufassen, sondern verjähren selbständig (BGH GRUR 1974, 99 (100) – Brünova; Ströbele/Hacker/Hacker Rn. 8; Köhler/Bornkamm/Köhler UWG § 11 Rn. 1.22). Unbeachtlich ist, ob die einzelnen Verletzungshandlungen auf einem einheitlichen Verletzerwillen beruhen (Fezer Rn. 34; Ingerl/Rohnke Rn. 11).

2. Kenntnis oder grob fahrlässige Unkenntnis

§ 199 Abs. 1 Nr. 2 BGB regelt die subjektiven Voraussetzungen für den Beginn der regel- 21 mäßigen Verjährungsfrist: Der Gläubiger kennt die anspruchsbegründenden Umstände und die Person des Schuldners oder müsste sie ohne grobe Fahrlässigkeit kennen. Der Gläubiger eines Schadensersatzanspruchs muss wissen oder grob fahrlässig verkennen, dass ein Schaden entstanden ist. Jedoch muss er die Schadenshöhe nicht beziffern können; es gilt der Grundsatz der Schadenseinheit (Köhler/Bornkamm/Köhler UWG § 11 Rn. 1.31).

Positive Kenntnis setzt voraus, dass der Gläubiger in der Lage ist, eine „erfolgverspre- 22 chende, wenn auch nicht risikolose" Klage zu erheben (BGH GRUR 2009, 1186 Rn. 22 – Mecklenburger Obstbrände). Nicht erforderlich ist, dass er die anspruchsbegründenden Umstände lückenlos im Einzelnen kennt oder bereits hinreichend sichere Beweismittel hat (BGH NJW-RR 2008, 1495 Rn. 32).

Der Gläubiger muss die **anspruchsbegründenden Tatsachen** kennen. Eine fehlerhafte 23 rechtliche Würdigung des Sachverhalts ist grundsätzlich unbeachtlich (BGH NJW 2008, 1729 Rn. 26). Rechtsunkenntnis beeinflusst den Verjährungsbeginn nur ausnahmsweise, wenn eine Klageerhebung unzumutbar wäre, da die Rechtslage so unübersichtlich oder zweifelhaft ist, dass selbst ein rechtskundiger Berater sie nicht einschätzen kann (BGH NJW 2009, 984 Rn. 14; 1999, 2041 (2042)). Tatsachen, die der Schuldner darzulegen und zu beweisen hat, sind keine anspruchsbegründenden Umstände iSd § 199 Abs. 1 Nr. 2 BGB. Die Unkenntnis dieser Tatsachen kann den Verjährungsbeginn daher grundsätzlich nicht hinauszögern. Eine Ausnahme gilt nach Auffassung des BGH, wenn konkrete Anhaltspunkte für eine den Anspruch ausschließende Einwendung des Schuldners bestehen, der Gläubiger aber keine hinreichende Kenntnis von den Umständen hat, die die Einwendung begründen (BGH GRUR 2009, 1186 Rn. 22 – Mecklenburger Obstbrände).

Die Kenntnis der **Person des Schuldners** bezieht sich auf den Namen und die Anschrift 24 des Schuldners (BGH NJW 2001, 1721 (1722)). Richtet sich der Anspruch gegen mehrere Personen, ist die Kenntnis für jeden Anspruchsgegner einzeln zu prüfen; der Verjährungsbeginn kann also unterschiedlich sein.

Die **grob fahrlässige Unkenntnis** steht der positiven Kenntnis gleich (§ 199 Abs. 1 Nr. 2 25 BGB). Grob fahrlässig handelt, wer „die im Verkehr erforderliche Sorgfalt in ungewöhnlich grobem Maße verletzt und auch ganz naheliegende Überlegungen nicht angestellt oder das nicht beachtet hat, was jedem hätte einleuchten müssen" (BGH NJW-RR 2010, 681 Rn. 13). Zwar besteht keine generelle Obliegenheit des Gläubigers, Nachforschungen zu betreiben (BGH NJW 2012, 1789 Rn. 17). Wenn er den konkreten Verdacht einer Rechtsverletzung hat, muss er jedoch die üblichen Informationsquellen (zB öffentliche Nachschlagewerke, Anfragen bei Behörden) nutzen, um die erforderliche Tatsachenkenntnis zu erlangen. Es wäre grob fahrlässig, solche Nachforschungen zu unterlassen (BGH NJW-RR 2010, 681 Rn. 16). Der Gläubiger ist nicht verpflichtet, außergewöhnliche und kostspielige Ermittlungen durchzuführen, zB einen Detektiv einzuschalten (Köhler/Bornkamm/Köhler § 11 Rn. 1.28). Es besteht auch **keine allgemeine Marktbeobachtungspflicht** (Ingerl/Rohnke Rn. 18). Jedoch ist es größeren Unternehmen mit einer eigenen Rechtsabteilung grundsätzlich zuzumuten, Markenanmeldungen zu überwachen (Ströbele/Hacker/Hacker Rn. 28; aA Ingerl/Rohnke Rn. 18).

26 Ein Unternehmen, eine Behörde oder eine öffentliche Körperschaft muss sich nicht die Kenntnis oder grob fahrlässige Unkenntnis jedes Mitarbeiters oder Bediensteten zurechnen lassen. Die subjektiven Voraussetzungen müssen in der Person des **Wissensvertreters** erfüllt sein (BGH NJW 2012, 1789 Rn. 13). Wissensvertreter ist, wer nach der internen Aufgabenverteilung für die Vorbereitung und Verfolgung der geltend gemachten Ansprüche zuständig ist. Der Mitarbeiter oder Bedienstete muss diese Aufgabe – in Anwendung des Rechtsgedankens in § 166 Abs. 1 BGB – eigenverantwortlich wahrnehmen (BGH NJW 2012, 1789 Rn. 13). Wissensvertreter kann zB ein Mitarbeiter in der Rechtsabteilung oder ein Testkäufer (OLG Stuttgart WRP 1985, 242 (243)) sein. Der gesetzliche Vertreter einer juristischen Person ist zumeist, aber nicht zwingend Wissensvertreter; die Abwehr und Verfolgung von Kennzeichenrechtsverstößen muss zu seinen Aufgaben gehören (Köhler/Bornkamm/Köhler UWG § 11 Rn. 1.27; Ingerl/Rohnke Rn. 19). Auch ein rechtsgeschäftlicher Vertreter, zB ein Rechtsanwalt, kann nur Wissensvertreter sein, wenn sein Aufgabenkreis betroffen ist (Erman/Schmidt-Räntsch BGB § 199 Rn. 15). Keine Wissenszurechnung erfolgt, wenn der Wissensvertreter selbst Schuldner der Forderung ist (BGH WM 2011, 794 Rn. 10).

27 Der **Rechtsnachfolger des Gläubigers** muss sich die Kenntnis oder grob fahrlässige Unkenntnis seines Rechtsvorgängers zurechnen lassen (Palandt/Ellenberger BGB § 199 Rn. 26).

3. Ultimo-Verjährung

28 Die regelmäßige Verjährung beginnt mit dem Schluss des Jahres, in dem die Voraussetzungen des § 199 Abs. 1 Nr. 1, 2 BGB erfüllt worden sind. Es spielt keine Rolle, ob der Gläubiger am 1.1., 1.7. oder 31.12. Kenntnis von den anspruchsbegründenden Umständen und der Person des Schuldners erlangt hat. Die Verjährung beginnt in allen Fällen mit Ablauf des 31.12. Die Ultimo-Regel betrifft alle Ansprüche, die der Regelverjährung unterliegen. Sie gilt aber nur für den ersten Beginn der Verjährungsfrist, nicht für die Fortsetzung nach einer Hemmung oder den Neubeginn der Verjährung (Erman/Schmidt-Räntsch BGB § 199 Rn. 30).

II. Verjährungshöchstfristen

29 Im Interesse des Schuldners regeln § 199 Abs. 2–4 BGB Verjährungshöchstfristen ohne subjektive Anknüpfungspunkte. In Kennzeichenrechtssachen sind § 199 Abs. 3 und 4 BGB relevant. Die Ultimo-Regel in § 199 Abs. 1 BGB gilt nicht für die Höchstfristen (BGH NJW 2010, 1956 Rn. 17). Diese Fristen beginnen taggenau und sind gemäß §§ 187, 188 BGB zu bestimmen (Palandt/Ellenberger BGB § 199 Rn. 42).

30 Gemäß § 199 Abs. 4 BGB verjähren **alle Ansprüche – außer Schadensersatzansprüche –** ohne Rücksicht auf die Kenntnis oder grob fahrlässige Unkenntnis in zehn Jahren von ihrer Entstehung an. Zur Verjährungsvoraussetzung „Entstehung des Anspruchs" → Rn. 10 ff.

31 Für **Schadensersatzansprüche** (§ 14 Abs. 5, § 15 Abs. 4, § 17 Abs. 2 S. 2) regelt § 199 Abs. 3 S. 1 BGB zwei Fristen. Maßgeblich ist die Frist, die früher endet (§ 199 Abs. 3 S. 2 BGB). Nach § 199 Abs. 3 S. 1 Nr. 1 BGB verjähren Schadensersatzansprüche – wie sonstige Ansprüche iSd § 199 Abs. 4 BGB (→ Rn. 30) – ohne Rücksicht auf die Kenntnis oder grob fahrlässige Unkenntnis in zehn Jahren von ihrer Entstehung an. Diese Frist kann erst beginnen, sobald der Schaden eingetreten ist. Jedoch kann der noch nicht erfolgte Schadenseintritt die Verjährung nicht unbegrenzt hinauszögern. Nach § 199 Abs. 3 S. 1 Nr. 2 BGB gilt eine Höchstfrist von 30 Jahren ohne Rücksicht auf die Anspruchsentstehung und die Kenntnis

oder grob fahrlässige Unkenntnis. Diese Frist beginnt mit der Verletzungshandlung, die den Schaden auslöst.

III. Verjährung titulierter Ansprüche

Rechtskräftig festgestellte Ansprüche, Ansprüche aus vollstreckbaren Vergleichen (§ 794 Abs. 1 Nr. 1 ZPO) oder vollstreckbaren Urkunden (§ 794 Abs. 1 Nr. 5 ZPO) verjähren gemäß § 197 Abs. 1 Nr. 3, 4 BGB in 30 Jahren. Diese Frist ersetzt die Verjährungsfrist, die bis zur Titulierung maßgeblich war. Eine vertraglich vereinbarte kürzere Verjährungsfrist ist unbeachtlich (Palandt/Ellenberger BGB § 197 Rn. 9). 32

Gemäß § 201 S. 1 BGB beginnt die Verjährung mit der **formellen Rechtskraft** der Entscheidung oder der Errichtung des vollstreckbaren Titels, nicht jedoch vor der Entstehung des Anspruchs. Die Verjährung eines titulierten Unterlassungsanspruchs beginnt frühestens mit der **Zuwiderhandlung** (§ 201 S. 2 BGB iVm § 199 Abs. 5 BGB). Aus dem Gesetz geht jedoch nicht hervor, ob allein die erste Zuwiderhandlung maßgeblich ist oder die Verjährung mit jeder Zuwiderhandlung neu beginnt. Gerichte haben sich mit dieser Frage – soweit ersichtlich – bislang nicht befasst. Nach Köhler ist im Einklang mit § 890 Abs. 1 S. 1 ZPO (Vollstreckung „wegen einer jeden Zuwiderhandlung") auf die jeweilige Zuwiderhandlung abzustellen (Köhler JZ 2005, 489 (495); Köhler/Bornkamm/Köhler UWG § 11 Rn. 1.18). Solange der Schuldner den Unterlassungstitel beachtet, kann die titulierte Forderung nicht verjähren – auch wenn der Titel älter als 30 Jahre ist (Ströbele/Hacker/Hacker Rn. 7; Erman/Schmidt-Räntsch BGB § 201 Rn. 6). 33

Auch die **zwangsweise Durchsetzung eines Unterlassungstitels** gemäß § 890 Abs. 1 ZPO unterliegt der Verjährung (Art. 9 Abs. 1 S. 1 EGStGB). Die Verjährungsfrist beträgt zwei Jahre (Art. 9 Abs. 1 S. 2 EGStGB) und beginnt, sobald die Zuwiderhandlung beendet ist (Art. 9 Abs. 1 S. 3 EGStGB). Jede Zuwiderhandlung löst eine gesonderte Verjährungsfrist aus (Köhler JZ 2005, 489 (495)). Die **Vollstreckung des Ordnungsmittels** verjährt gemäß Art. 9 Abs. 2 S. 2 EGStGB ebenfalls in zwei Jahren. 34

IV. Verjährung des Herausgabeanspruchs nach § 852 BGB

§ 20 S. 2 verweist auf den Herausgabeanspruch nach Eintritt der Verjährung gemäß § 852 BGB (→ Rn. 2). Die Verjährung dieses Anspruchs richtet sich nach der Sonderregel in § 852 S. 2 BGB, die inhaltlich § 199 Abs. 3 S. 1 BGB (→ Rn. 31) angeglichen ist: Der Herausgabeanspruch verjährt in zehn Jahren von seiner Entstehung, ohne Rücksicht auf die Entstehung in 30 Jahren von der Begehung der Verletzungshandlung an (§ 852 S. 2 BGB). Relevant wird der Anspruch vor allem, wenn die Regelverjährung des Schadensersatzanspruchs (§ 14 Abs. 5, § 15 Abs. 4, § 17 Abs. 2 S. 2) bereits abgelaufen ist. Der Gläubiger kann in diesem Fall innerhalb der Frist des § 852 BGB noch das heraus verlangen, was der Schuldner auf seine Kosten erlangt hat (hierzu BGH WRP 2015, 972 Rn. 29 ff. – Motorradteile; OLG Hamburg GRUR-RR 2006, 219 (223 f.)). Der Anspruch nach § 852 BGB setzt nicht voraus, dass der Verletzer einen Gewinn erzielt hat (BGH WRP 2015, 972 Rn. 34 – Motorradteile). Der Verletzte kann mit dem „Restschadensersatzanspruch" gemäß § 852 BGB „die Herausgabe des durch die Verletzung eines Schutzrechts erlangten Gebrauchsvorteils im Wege der Zahlung einer fiktiven Lizenzgebühr" verlangen (BGH WRP 2015, 972 Rn. 34 – Motorradteile). 35

D. Hemmung der Verjährung

Die Verjährung kann gemäß § 20 S. 1 iVm §§ 203 ff. BGB gehemmt sein. Die Hemmungszeit wird nicht in die Verjährungsfrist eingerechnet (§ 209 BGB). Fällt der Hemmungsgrund fort, läuft die Verjährungsfrist mit Beginn des nächsten Tags weiter (Palandt/Ellenberger BGB § 209 Rn. 1). Im Markenrecht sind vor allem folgende Hemmungstatbestände relevant: 36

I. Verhandlungen zwischen den Parteien

Wenn zwischen dem Schuldner und dem Gläubiger **Verhandlungen über den Anspruch oder die anspruchsbegründenden Umstände** schweben, ist die Verjährung 37

MarkenG § 20 Teil 2 Voraussetzungen, Inhalt und Schranken etc.

gehemmt, bis eine der Parteien die Fortsetzung der Verhandlungen verweigert (§ 203 S. 1 BGB). Dieser Hemmungstatbestand soll eine gerichtliche Auseinandersetzung vermeiden, wenn eine außergerichtliche Einigung möglich erscheint. Der Gläubiger soll nicht gezwungen sein, gerichtliche Schritte einzuleiten, um die Verjährung zu hemmen (BGH NJW 2008, 576 Rn. 19).

38 Der Begriff „Verhandlungen" ist weit zu verstehen. Es genügt jeder Meinungsaustausch über den Anspruch oder seine tatsächlichen Grundlagen, nachdem der Gläubiger klargestellt hat, dass er einen Anspruch geltend macht und worauf er den Anspruch stützt (BGH WM 2009, 1597 Rn. 16; Palandt/Ellenberger BGB § 203 Rn. 2). Die Abmahnung allein bewirkt keine Hemmung (Köhler/Bornkamm/Köhler UWG § 11 Rn. 1.44 f.). Verhandlungen schweben, wenn der Gläubiger aus einer Äußerung des Schuldners schließen darf, dass er bereit ist, den Anspruch zu erörtern, der Schuldner also nicht sofort und eindeutig eine Verpflichtung ablehnt (BGH GRUR 2009, 1186 Rn. 27 – Mecklenburger Obstbrände). Ein Anhaltspunkt für die Verhandlungsbereitschaft des Schuldners kann eine Nachfrage zu den Ansprüchen, den tatsächlichen Grundlagen oder die Ankündigung sein, den Sachverhalt zu recherchieren. Auch die Bitte des Schuldners, die Frist zu verlängern, um auf eine Abmahnung zu erwidern, kann ausreichen (Köhler/Bornkamm/Köhler UWG § 11 Rn. 1.44). Nicht erforderlich ist, dass der Schuldner erklärt, zu einer gütlichen Einigung bereit zu sein (BGH WM 2009, 1597 Rn. 16).

39 Der **Gegenstand der Verhandlungen** ergibt sich aus dem Lebenssachverhalt, der Grundlage für die Ansprüche des Gläubigers ist. Wenn die Verhandlungen nicht ausdrücklich auf bestimmte Ansprüche beschränkt sind, ist davon auszugehen, dass sie sich auf alle Ansprüche erstrecken, die sich aus dem mitgeteilten Lebenssachverhalt ergeben können (Palandt/Ellenberger BGB § 203 Rn. 3).

40 Die Hemmung endet, sobald eine Partei klar und eindeutig zu erkennen gibt, dass sie die Verhandlungen nicht fortsetzt (BGH GRUR 2009, 1186 Rn. 30 – Mecklenburger Obstbrände). Wenn die Parteien über mehrere Ansprüche verhandelt haben, kann das Verhandlungsende auf einen Anspruch oder einzelne Ansprüche beschränkt sein (Palandt/Ellenberger BGB § 203 Rn. 4). Lässt der Gläubiger die Verhandlungen „einschlafen", sind sie in dem Zeitpunkt beendet, in dem der nächste Schritt nach Treu und Glauben zu erwarten gewesen wäre (BGH NJW 2009, 1806 Rn. 10 f.; Palandt/Ellenberger BGB § 203 Rn. 4).

41 Die Verjährung tritt frühestens drei Monate nach dem Ende der Hemmung ein (§ 203 S. 2 BGB). Diese **Ablaufhemmung** stellt sicher, dass der Gläubiger ausreichend Zeit hat, um weitere verjährungshemmende Maßnahmen einzuleiten.

II. Rechtsverfolgung

42 Der Gläubiger kann die Verjährung verhindern, indem er den Anspruch gemäß § 204 BGB geltend macht. Die wichtigsten Hemmungsgründe im Markenrecht sind die Klageerhebung (§ 204 Abs. 1 Nr. 1 BGB) und die Zustellung bzw. Einreichung eines Antrags auf Erlass einer einstweiligen Verfügung (§ 204 Abs. 1 Nr. 9 BGB).

1. Klage

43 Gemäß § 204 Abs. 1 Nr. 1 Alt. 1 BGB hemmt eine **Leistungsklage** die Verjährung. Die Verjährung eines Leistungsantrags, der Teil einer Stufenklage ist, ist nur in Höhe des anschließend bezifferten Betrags gehemmt (BGH NJW 1992, 2563 (2564); Palandt/Ellenberger BGB § 204 Rn. 2). Eine **Klage auf Feststellung des Anspruchs** hemmt die Verjährung ebenfalls (§ 204 Abs. 1 Nr. 1 Alt. 2 BGB). Jedoch genügt weder eine negative Feststellungsklage des Schuldners noch die Verteidigung des Gläubigers gegenüber einer negativen Feststellungsklage (BGH NJW 2012, 3633 Rn. 27; WRP 1994, 810 (812) – Parallelverfahren II); der Gläubiger müsste eine Widerklage erheben, um die Verjährung zu hemmen.

44 Die Klage ist mit der **Zustellung der Klageschrift** erhoben (§ 253 Abs. 1 ZPO). Wenn die Zustellung „demnächst" erfolgt, beginnt die Hemmung bereits mit der Klageeinreichung (§ 167 ZPO). Die Klage muss wirksam sein, insbesondere hinreichend bestimmt gemäß § 253 Abs. 2 Nr. 2 ZPO. Der richtige Gläubiger muss die Klage an den richtigen Schuldner richten (hierzu Palandt/Ellenberger BGB § 204 Rn. 9 ff.). Nicht erforderlich ist, dass die Klage subs-

tantiiert und schlüssig ist (BGH NJW-RR 1996, 1409). Auch eine unzulässige Klage hemmt die Verjährung (BGH NJW 2011, 2193 Rn. 13).

Der **Streitgegenstand der Klage** bestimmt den Umfang der Hemmung (BGH GRUR 45 1990, 221 (223) – Forschungskosten). So kann eine Unterlassungsklage nicht die Verjährung eines Beseitigungsanspruchs hemmen (BGH GRUR 1974, 99 (101) – Brünova) und eine Klage, die auf einen Bereicherungsanspruch gestützt ist, berührt nicht die Verjährung eines Schadensersatzanspruchs (BGH GRUR 1990, 221 (223) – Forschungskosten). Die Hemmung erfasst Ansprüche, die hilfsweise geltend gemacht werden (Palandt/Ellenberger BGB § 204 Rn. 13) und erstreckt sich auf alle Anspruchsgrundlagen, die im konkreten Fall in Betracht kommen (BGH GRUR 1990, 221 (223) – Forschungskosten). Gemäß § 213 BGB gilt die Hemmung für Ansprüche, die wahlweise neben dem Anspruch oder an seiner Stelle gegeben sind.

2. Antrag auf Erlass einer einstweiligen Verfügung

Die **Zustellung des Antrags** auf Erlass einer einstweiligen Verfügung hemmt die Verjäh- 46 rung gemäß § 204 Abs. 1 Nr. 9 Alt. 1 BGB. Wenn die Zustellung „demnächst" erfolgt, beginnt die Hemmung gemäß § 167 ZPO bereits mit dem Eingang des Antrags (Maurer GRUR 2003, 208 (209)). Wird der Antrag nicht zugestellt, hemmt die **Antragseinreichung** die Verjährung, wenn die einstweilige Verfügung dem Schuldner innerhalb eines Monats seit der Verkündung oder Zustellung an den Gläubiger zugestellt wird (§ 204 Abs. 1 Nr. 9 Alt. 2 BGB). Die Monatsfrist orientiert sich an der Vollziehungsfrist gemäß §§ 936, 929 Abs. 2 ZPO. Ein nicht zugestellter Antrag, den das Gericht zurückgewiesen hat, bewirkt keine Hemmung (Maurer GRUR 2003, 208 (210)).

Der Antrag muss weder begründet noch zulässig, darf aber nicht missbräuchlich sein 47 (Palandt/Ellenberger BGB § 204 Rn. 24).

Die Hemmung erfasst den materiellen Anspruch, den die einstweilige Verfügung sichern 48 soll (Maurer GRUR 2003, 208 (211)). Eine Unterlassungsverfügung hemmt daher nicht die Verjährung eines Auskunfts- oder Schadensersatzanspruchs (Schabenberger WRP 2002, 293 (299)). Um die Verjährung dieser Ansprüche zu hemmen, müsste der Gläubiger eine Klage erheben.

3. Zustellung des Mahnbescheids

Auch die Zustellung eines Mahnbescheids kann die Verjährung hemmen (§ 204 Abs. 1 49 Nr. 3 BGB). Voraussetzung ist jedoch, dass der Anspruch im Antrag auf Erlass eines Mahnbescheids hinreichend bestimmt iSd § 690 Abs. 1 Nr. 3 ZPO ist. Der Anspruch muss so beschrieben sein, dass er von anderen Ansprüchen abgegrenzt werden kann, Grundlage einer der materiellen Rechtskraft fähigen Vollstreckungstitels sein kann und den Schuldner in die Lage versetzt zu beurteilen, ob er sich gegen den Anspruch verteidigen möchte (BGH WRP 2015, 972 Rn. 25 – Motorradteile). Ob diese Voraussetzungen erfüllt sind, ist im Einzelfall zu entscheiden. Es kann ausreichend sein, auf Unterlagen Bezug zu nehmen, die dem Mahnbescheid nicht beigefügt sind, wenn der Antragsgegner diese Unterlagen kennt (BGH WRP 2015, 972 Rn. 25 – Motorradteile).

4. Ende der Hemmung

Gemäß § 204 Abs. 2 S. 1 BGB endet die Hemmung sechs Monate nach der rechtskräftigen 50 Entscheidung oder anderweitigen Beendigung des eingeleiteten Verfahrens. Maßgeblich ist die **formelle Rechtskraft** der Entscheidung (Palandt/Ellenberger BGB § 204 Rn. 34). Sonstige Beendigungsgründe sind zB der Vergleich, die Erledigung der Hauptsache oder die Rücknahme der Klage bzw. des Antrags auf Erlass einer einstweiligen Verfügung. Wenn das **Verfahren in Stillstand** gerät, weil die Parteien es nicht betreiben (hierzu Palandt/Ellenberger BGB § 204 Rn. 47), tritt an die Stelle der Verfahrensbeendigung die letzte Verfahrenshandlung der Parteien oder des Gerichts (§ 204 Abs. 2 S. 2 BGB). Die Hemmung beginnt erneut, wenn eine der Parteien das Verfahren fortsetzt (§ 204 Abs. 2 S. 3 BGB).

Im Verfügungsverfahren richtet sich das Ende der Hemmung danach, ob das Gericht eine 51 Urteils-, eine Beschlussverfügung oder einen Zurückweisungsbeschluss erlässt. Die Frist des

§ 204 Abs. 2 S. 1 BGB beginnt mit der formellen Rechtskraft des **Urteils** oder des **Zurückweisungsbeschlusses**. Da der Antragsgegner gegen eine **Beschlussverfügung** unbefristet Widerspruch (§§ 936, 924 Abs. 1 BGB) einlegen kann, wird die Entscheidung nicht formell rechtskräftig. Die Zustellung der Beschlussverfügung an den Gläubiger ist eine anderweitige Verfahrensbeendigung (Schabenberger WRP 2002, 293 (300); Maurer GRUR 2003, 208 (211): „formlose Aushändigung des Verfügungsbeschlusses an den Gläubiger genügt"). Gibt der Schuldner keine Abschlusserklärung ab, muss der Gläubiger seinen Anspruch im Hauptsacheverfahren verfolgen, um die Verjährung zu verhindern (Köhler/Bornkamm/Köhler UWG § 11 Rn. 1.41). Legt der Schuldner innerhalb der Sechsmonatsfrist Widerspruch ein, beginnt die Hemmung gemäß § 204 Abs. 2 S. 3 BGB erneut.

E. Neubeginn der Verjährung

52   Der Neubeginn der Verjährung verlängert – anders als die Hemmung – die Gesamtdauer der Verjährung. Die Verjährungsfrist beginnt erneut, wenn der Schuldner den Anspruch anerkennt (§ 20 S. 1 iVm § 212 Abs. 1 Nr. 1 BGB) oder eine Vollstreckungshandlung vorgenommen oder beantragt wird (§ 20 S. 1 iVm § 212 Abs. 1 Nr. 2 BGB). Die neue Frist startet an dem Tag, der auf das Anerkenntnis oder die Vollstreckungshandlung folgt (Palandt/Ellenberger BGB § 212 Rn. 8, 11). Die Verjährung kann auch während einer Hemmungszeit neu beginnen (BGH NJW-RR 1988, 730 (731)), nicht aber nach Ablauf der Verjährungsfrist (BGH NJW 1997, 516 (517)). Ein Anerkenntnis nach Ablauf der Verjährungsfrist kann im Einzelfall als Verzicht auf die Verjährungseinrede ausgelegt werden (Staudinger/Peters/Jacoby BGB § 212 Rn. 32).

I. Anerkenntnis

53   Gemäß § 212 Abs. 1 Nr. 1 BGB beginnt die Verjährungsfrist neu, wenn der Schuldner den Anspruch gegenüber dem Gläubiger durch Abschlagszahlung, Zinszahlung, Sicherheitsleistung oder in anderer Weise anerkennt. Ein Anerkenntnis ist jedes tatsächliche Verhalten des Schuldners, aus dem sich zweifelsfrei ergibt, dass ihm das Bestehen des Anspruchs bewusst ist (Palandt/Ellenberger BGB § 212 Rn. 2). Der Gläubiger muss darauf vertrauen dürfen, dass der Schuldner sich nicht auf den Ablauf der Verjährung berufen wird (BGH NJW-RR 2005, 1044 (1047)).

54   Ein Anerkenntnis, das ausdrücklich, schlüssig, ausnahmsweise sogar stillschweigend erklärt werden kann (BGH NJW-RR 2002, 1433 (1434)), ist eine geschäftsähnliche Handlung, die gemäß §§ 133, 157 BGB auszulegen ist (BGH NJW 2002, 2872 (2873)). Die **Abgabe einer strafbewehrten Unterlassungserklärung** ist ein Anerkenntnis (KG GRUR 1990, 546 (547)). Wenn die Unterlassungserklärung die Wiederholungsgefahr nicht beseitigen kann, weil zB die Vertragsstrafe zu gering ist und der Gläubiger die Erklärung nicht annimmt, beginnt also jedenfalls die Verjährung gemäß § 212 Abs. 1 Nr. 1 BGB neu. Hingegen ist ein Vergleichsangebot kein Anerkenntnis, es sei denn, der Schuldner hat in den Vergleichsverhandlungen erklärt, er gebe seinen Rechtsstandpunkt auf. Andernfalls hat das Vergleichsangebot keine rechtliche Wirkung mehr, nachdem der Vergleich gescheitert ist (BGH NJW-RR 2002, 1433 (1434)). Indem der Schuldner die Kosten des Verfügungsverfahrens zahlt, erkennt er nicht den Hauptanspruch an (BGH GRUR 1981, 447 (448) – Abschlussschreiben). Auch genügt es nicht, dass der Schuldner ein Unterlassungsgebot beachtet, wenn keine weiteren Anhaltspunkte für ein Anerkenntnis hinzutreten (OLG Hamm WRP 1977, 345 (346)).

55   Der **Umfang eines Anerkenntnisses** ist durch Auslegung zu ermitteln. So betrifft eine Unterlassungserklärung des Schuldners nur den Unterlassungsanspruch, nicht aber Auskunfts- und Schadensersatzansprüche des Gläubigers (BGH GRUR 1992, 61 (63) – Preisvergleichsliste; Hess WRP 2003, 353 (354)).

II. Vollstreckungshandlung

56   Ein Neubeginn der Verjährung gemäß § 212 Abs. 1 Nr. 2 BGB setzt voraus, dass eine gerichtliche oder behördliche Vollstreckungshandlung vorgenommen oder beantragt wird. Beispiele sind die **Festsetzung eines Ordnungsgeldes** gemäß § 890 Abs. 1 ZPO oder die nachträgliche **Androhung eines Ordnungsmittels** gemäß § 890 Abs. 2 ZPO (BGH

GRUR 1979, 121 (122) – Verjährungsunterbrechung). Jedoch beginnt die Verjährung nicht neu, wenn der Gläubiger dem Schuldner eine Unterlassungsverfügung zustellt, die bereits eine Ordnungsmittelandrohung enthält (BGH GRUR 1981, 447 (448) – Abschlussschreiben; GRUR 1979, 121 – Verjährungsunterbrechung). Diese Zustellung ist keine Vollstreckungshandlung iSd § 212 Abs. 1 Nr. 2 BGB.

Der Neubeginn der Verjährung gilt als nicht eingetreten, wenn die Vollstreckungshandlung 57 aufgehoben wird, weil die gesetzlichen Voraussetzungen nicht vorliegen oder der Gläubiger die Aufhebung beantragt hat (§ 212 Abs. 2 BGB). Wenn der Antrag auf Vornahme einer Vollstreckungshandlung erfolglos ist, vor der Vollstreckungshandlung zurückgenommen wird oder die Vollstreckungshandlung gemäß § 212 Abs. 2 BGB aufgehoben wird, entfällt der Neubeginn der Verjährung ebenfalls rückwirkend (§ 212 Abs. 3 BGB).

F. Vereinbarungen zur Verjährung

Die gesetzlichen Verjährungsregeln sind grundsätzlich **dispositiv** (§ 20 S. 1 iVm § 202 58 BGB). Die Parteien können die Verjährungsfrist verkürzen oder verlängern, den Verjährungsbeginn verschieben oder besondere Gründe für die Hemmung oder den Neubeginn der Verjährung vereinbaren (Palandt/Ellenberger BGB § 202 Rn. 4). Der Schuldner kann einseitig **auf die Einrede der Verjährung verzichten.** Diese Erklärungen sind nach Ablauf der Verjährungsfrist, aber auch vor dem Verjährungseintritt möglich (BGH BB 2007, 2591 Rn. 15). Verjährungsabreden vor dem Ablauf der Verjährungsfrist können sinnvoll sein, um verjährungshemmende Rechtsverfolgungsmaßnahmen zu vermeiden. So kann der Schuldner auf die Einrede der Verjährung eines Schadensersatzanspruchs verzichten, bis in einem Verfügungsverfahren über einen Unterlassungsanspruch entschieden ist. Verjährungsabreden sind nicht an eine bestimmte Form geknüpft (MüKoBGB/Grothe BGB § 202 Rn. 5).

§ 202 BGB begrenzt die Dispositionsfreiheit der Parteien in zwei Fällen. Die Verjährung 59 eines Anspruchs, der ein vorsätzliches Verhalten voraussetzt, darf nicht im Voraus durch Rechtsgeschäft erleichtert werden (§ 202 Abs. 1 BGB). Jedoch sind Vereinbarungen zulässig, sobald der Schadensersatzanspruch entstanden ist. Gemäß § 202 Abs. 2 BGB darf die Verjährung nicht durch Rechtsgeschäft über eine Verjährungsfrist von 30 Jahren ab dem gesetzlichen Verjährungsbeginn verlängert werden. An die Stelle einer unwirksamen Verjährungsabrede tritt die gesetzliche Regelung; im Übrigen bleibt der Vertrag wirksam (Palandt/Ellenberger BGB § 202 Rn. 11).

G. Wirkung der Verjährung

I. Leistungsverweigerungsrecht

Der Verjährungseintritt lässt den Anspruch nicht entfallen (BGH NJW 2010, 2422 60 Rn. 27). Der Schuldner ist ab diesem Zeitpunkt aber berechtigt, die Leistung dauerhaft zu verweigern (§ 20 S. 1 iVm § 214 Abs. 1 BGB). Der Unterlassungsschuldner kann gemäß § 214 Abs. 1 BGB die **Durchsetzung eines Unterlassungsanspruchs** verhindern, der auf eine bereits erfolgte Verletzungshandlung gestützt ist. Auch kann eine Verletzungshandlung, die „in verjährter Zeit liegt", keine Erstbegehungsgefahr begründen (BGH GRUR 1994, 57 (58) – Geld-zurück-Garantie). Jedoch darf der Unterlassungsschuldner nicht weitere Verletzungshandlungen begehen (Köhler JZ 2005, 489 (496)). Eine neue Verletzungshandlung begründet einen neuen Unterlassungsanspruch.

Der verjährte **Anspruch bleibt erfüllbar.** Der Schuldner kann seine Leistung nicht 61 zurückfordern, unabhängig davon, ob er im Leistungszeitpunkt wusste, dass der Anspruch verjährt ist (§ 214 Abs. 2 S. 1 BGB). Das gilt gemäß § 214 Abs. 2 S. 2 BGB auch für ein vertragsmäßiges Anerkenntnis, zB eine Unterlassungserklärung. Da die Forderung fortbesteht, schließt die Verjährung die Aufrechnung nicht aus, wenn der Anspruch in dem Zeitpunkt noch nicht verjährt war, in dem erstmals aufgerechnet werden konnte (§ 215 BGB).

Im Prozess ist die Verjährung nicht von Amts wegen zu berücksichtigen, sondern der 62 Schuldner muss die **Einrede der Verjährung** erheben. Der Schuldner kann sich in den Tatsacheninstanzen, nicht aber in der Revisionsinstanz auf die Verjährung berufen, da die Verjährungseinrede zum Tatsachenvortrag gehört (BGH NJW-RR 2004, 275 (276)). In der

Berufungsinstanz gelten die Beschränkungen gemäß § 531 Abs. 2 ZPO, es sei denn, der Sachverhalt ist insoweit unstreitig (BGH NJW 2008, 1312 Rn. 34; 2005, 291 (292)). Der Verwirkungseinwand ist grundsätzlich nicht als Verjährungseinrede auszulegen (BGH NJW-RR 2009, 1040 Rn. 28).

II. Prozessuale Folgen

63 Die Klage oder der Antrag auf Erlass einer einstweiligen Verfügung ist unbegründet, wenn der Schuldner sich bereits zuvor rechtmäßig auf die Verjährung berufen hat. Eine ursprünglich zulässige und begründete Klage wird unbegründet, wenn der Schuldner erstmals während des Prozesses erfolgreich die Verjährungseinrede erhebt. Die Einrede der Verjährung führt zur **Erledigung des Rechtsstreits in der Hauptsache** (BGH NJW 2010, 2422 Rn. 28 f.). Umstritten ist, ob im Rahmen der **Kostenentscheidung gemäß § 91a Abs. 1 ZPO** zulasten des Klägers zu berücksichtigen ist, dass er geklagt hat, obwohl er gewusst hat, dass Verjährung eingetreten ist (so Köhler/Bornkamm/Köhler UWG § 11 Rn. 1.53; zweifelnd Peters NJW 2001, 2289 (2290 f.)). Der BGH betont im Urteil vom 27.1.2010, für die Bewertung der Verjährungseinrede als erledigendes Ereignis spiele es keine Rolle, ob der Kläger einen verjährten Anspruch gerichtlich geltend macht; Billigkeitsgesichtspunkte könnten aber im Rahmen des § 91a ZPO bedeutend sein (BGH NJW 2010, 2422 Rn. 30). Der Kläger hat jedenfalls dann einen Teil der Kosten zu tragen, wenn der Ausgang des Verfahrens ohne die Verjährungseinrede offen gewesen wäre.

III. Unzulässige Rechtsausübung

64 Ausnahmsweise kann die Einrede der Verjährung eine unzulässige Rechtsausübung (§ 242 BGB) sein. Dieser **Arglisteinwand** setzt nicht voraus, dass der Schuldner den Gläubiger absichtlich abgehalten hat, seinen Anspruch gerichtlich geltend zu machen (BGH GRUR 1978, 492 (495) – Fahrradgepäckträger II). Ausreichend ist, dass der Gläubiger aus dem Verhalten des Schuldners schließen durfte, dass der Schuldner den Anspruch allenfalls mit sachlichen Einwänden bekämpfen wird (BGHZ 93, 64 (66) = NJW 1985, 798). Der Schuldner muss dem Gläubiger „nach verständigem Ermessen, also nach objektiven Kriterien" Anlass gegeben haben, die Verjährung nicht zu hemmen (BGH GRUR 1978, 492 (495) – Fahrradgepäckträger II). Der Gläubiger kann sich nicht auf eine unzulässige Rechtsausübung berufen, wenn der Schuldner zu erkennen gegeben hat, dass er sich rechtliche Möglichkeiten vorbehält, gegen den Anspruch vorzugehen, indem er auf ein Abschlussschreiben des Gläubigers nicht reagiert hat (BGH GRUR 1981, 447 (448) – Abschlussschreiben). Sobald die Voraussetzungen für den Arglisteinwand weggefallen sind, muss der Gläubiger die Verjährung „binnen angemessener – in der Regel kurz bemessener – Frist" hemmen (BGHZ 93, 64 (66) = NJW 1985, 798).

H. Beweislast

65 Der Schuldner muss den Verjährungsbeginn und -ablauf, vor allem die Kenntnis oder grob fahrlässige Unkenntnis des Gläubigers (§ 199 Abs. 1 BGB), darlegen und beweisen (BGH NJW 2007, 1584 Rn. 32). Allerdings hat der Gläubiger Mitwirkungspflichten; er muss darlegen, was er getan hat, um die Anspruchsvoraussetzungen und den Schuldner zu ermitteln (Palandt/Ellenberger BGB § 199 Rn. 50).

66 Der Gläubiger muss die Voraussetzungen für die Hemmung, den Neubeginn der Verjährung, den Verzicht auf die Verjährungseinrede und die unzulässige Rechtsausübung darlegen und beweisen (BGH NJW-RR 2010, 1604 Rn. 28; Köhler/Bornkamm/Köhler UWG § 11 Rn. 1.54).

§ 21 Verwirkung von Ansprüchen

(1) Der Inhaber einer Marke oder einer geschäftlichen Bezeichnung hat nicht das Recht, die Benutzung einer eingetragenen Marke mit jüngerem Zeitrang für die Waren oder Dienstleistungen, für die sie eingetragen ist, zu untersagen, soweit

er die Benutzung der Marke während eines Zeitraums von fünf aufeinanderfolgenden Jahren in Kenntnis dieser Benutzung geduldet hat, es sei denn, daß die Anmeldung der Marke mit jüngerem Zeitrang bösgläubig vorgenommen worden ist.

(2) Der Inhaber einer Marke oder einer geschäftlichen Bezeichnung hat nicht das Recht, die Benutzung einer Marke im Sinne des § 4 Nr. 2 oder 3, einer geschäftlichen Bezeichnung oder eines sonstigen Rechts im Sinne des § 13 mit jüngerem Zeitrang zu untersagen, soweit er die Benutzung dieses Rechts während eines Zeitraums von fünf aufeinanderfolgenden Jahren in Kenntnis dieser Benutzung geduldet hat, es sei denn, daß der Inhaber dieses Rechts im Zeitpunkt des Rechtserwerbs bösgläubig war.

(3) In den Fällen der Absätze 1 und 2 kann der Inhaber des Rechts mit jüngerem Zeitrang die Benutzung des Rechts mit älterem Zeitrang nicht untersagen.

(4) Die Absätze 1 bis 3 lassen die Anwendung allgemeiner Grundsätze über die Verwirkung von Ansprüchen unberührt.

Überblick

Die Verwirkung ist im Kennzeichenrecht teilweise spezialgesetzlich geregelt, im Übrigen gelten die allgemeinen Verwirkungsgrundsätze. Einleitend werden der Begriff (→ Rn. 1), die Rechtsgrundlagen der Verwirkung (→ Rn. 2) und die Unterschiede zwischen der Verwirkung, dem Verzicht und der Verjährung dargestellt (→ Rn. 3). Die Verwirkung nach § 21 Abs. 1 und Abs. 2 ist im zweiten Teil zusammengefasst. Die Voraussetzungen der besonderen Verwirkungsregeln – die Benutzung eines prioritätsjüngeren (Kennzeichen-)Rechts (→ Rn. 5 f.), die fünfjährige Benutzung (→ Rn. 7 f.), die Kenntnis der Benutzung (→ Rn. 9 f.), die Duldung der Benutzung (→ Rn. 11 f.) und die fehlende Bösgläubigkeit (→ Rn. 13) – werden erörtert, wobei die Unterschiede zwischen § 21 Abs. 1 und Abs. 2 hervorgehoben sind. Neben § 21 Abs. 1, 2 gelten gemäß § 21 Abs. 4 die allgemeinen Grundsätze der Verwirkung. Der Anwendungsbereich (→ Rn. 16 f.) und die Voraussetzungen der Verwirkung gemäß § 21 Abs. 4 iVm § 242 BGB – die länger andauernde Zeichennutzung (→ Rn. 21 ff.), der Duldungsanschein (→ Rn. 26 ff.), die Schutzwürdigkeit des Anspruchsgegners (→ Rn. 32), der wertvolle Besitzstand des Anspruchsgegners (→ Rn. 33 ff.) und das Fehlen überwiegender öffentlicher Interessen (→ Rn. 37) – bilden einen Schwerpunkt. Die Rechtsfolgen (→ Rn. 38) und die Grenzen der Verwirkung (→ Rn. 39 ff.) werden für die spezialgesetzlichen und allgemeinen Verwirkungsregeln gemeinsam dargestellt. Abschließend werden die Regelung zur Koexistenz der Rechte in § 21 Abs. 3 (→ Rn. 43) und die Beweislastverteilung (→ Rn. 44 f.) erörtert.

Übersicht

	Rn.		Rn.
A. Allgemeines	1	1. Länger andauernde Zeichennutzung	21
B. Verwirkung gemäß Abs. 1, 2	4	2. Duldungsanschein	26
I. Benutzung eines prioritätsjüngeren (Kennzeichen-)Rechts	5	3. Schutzwürdigkeit des Anspruchsgegners	32
		4. Wertvoller Besitzstand des Anspruchsgegners	33
II. Fünfjährige Benutzung	7	5. Keine überwiegenden öffentlichen Interessen	37
III. Kenntnis der Benutzung	10	D. Rechtsfolgen und Grenzen der Verwirkung	38
IV. Duldung der Benutzung	12		
V. Keine Bösgläubigkeit	14	I. Verwirkungsfolgen	38
C. Allgemeine Grundsätze der Verwirkung	15	II. Grenzen der Verwirkung	39
I. Anwendungsbereich	16	E. Koexistenz der Rechte	43
II. Voraussetzungen	18	F. Beweislast	44

A. Allgemeines

Die Verwirkung ist ein Fall **unzulässiger Rechtsausübung** wegen widersprüchlichen Verhaltens (BGH GRUR 2012, 928 Rn. 22; BGHZ 25, 47 (51 ff.) = NJW 1957, 1358). **1**

Wenn der Gläubiger über einen gewissen Zeitraum untätig gewesen ist, der Schuldner daher darauf vertrauen darf, dass der Gläubiger sein Recht nicht mehr geltend machen wird, verstößt die „illoyal verspätete Rechtsausübung" gegen Treu und Glauben gemäß § 242 BGB (BGH GRUR 2014, 363 Rn. 38 – Peter Fechter; GRUR 2012, 928 Rn. 22; WRP 2006, 114 (116)).

2 § 21 Abs. 1, 2 und § 51 Abs. 2 S. 1, 2 regeln die Verwirkung für einen kennzeichenrechtlichen Teilbereich. Im Übrigen gelten die allgemeinen Verwirkungsgrundsätze (§ 21 Abs. 4). Die kennzeichenrechtlichen Sondervorschriften orientieren sich an Art. 9 RL (EU) 2015/2436 (vgl. BT-Drs. 12/6581, 78 f. zu Art. 9 RL 2008/95/EG). § 21 Abs. 1 und § 51 Abs. 2 S. 1, 2 setzen die zwingende Vorgabe in Art. 9 Abs. 1 RL (EU) 2015/2436 um. Hingegen ist § 21 Abs. 2 eine ausschließlich nationale Vorschrift (OLG München GRUR-RR 2004, 14; Hacker WRP 2012, 266 (267)). Art. 9 RL (EU) 2015/2436 erfasst diese Konstellation nicht. Verwirkungsregeln zur Unionsmarke enthalten Art. 54, 110 Abs. 1 S. 2 UMV und Art. 111 Abs. 2, 3 UMV. Gemäß § 125b Nr. 3 ist § 21 Abs. 1 entsprechend anzuwenden, wenn eine ältere Unionsmarke mit einer jüngeren nationalen Marke kollidiert. § 125b Nr. 5 lit. a verweist auf § 51 Abs. 1 S. 1.

3 Die Verwirkung begrenzt – wie der Verzicht und die Verjährung – die Rechtsausübung des Gläubigers, die Voraussetzungen unterscheiden sich jedoch. Während der Verzicht auf einen Anspruch einen Erlassvertrag (§ 397 BGB) voraussetzt, tritt die Verwirkung unabhängig vom Willen des Gläubigers ein (Palandt/Grüneberg BGB § 242 Rn. 89). Der Einwand der Verwirkung ist – anders als die Einrede der Verjährung – von Amts wegen zu berücksichtigen (BGH GRUR 1966, 623 (625) – Kupferberg). Die Regelverjährung (§ 20 S. 1 iVm § 195 BGB) tritt grundsätzlich früher ein als die Verwirkung (BGH GRUR 2014, 363 Rn. 50 – Peter Fechter). Eine Besonderheit gilt bei einem Unterlassungsanspruch, der auf eine Dauerhandlung gestützt ist. Da dieser Anspruch erst mit dem Ende der Handlung zu verjähren beginnt, ist eine Verwirkung vor der Verjährung möglich (hierzu Fezer Rn. 21).

B. Verwirkung gemäß Abs. 1, 2

4 Gemäß § 21 Abs. 1, 2 hat der Inhaber einer Marke (§ 4) oder einer geschäftlichen Bezeichnung (§ 5) nicht das Recht, die Benutzung einer prioritätsjüngeren eingetragenen Marke (Abs. 1) oder eines sonstigen (Kennzeichen-)Rechts mit jüngerem Zeitrang (Abs. 2) zu untersagen, soweit er die Benutzung dieses Rechts während eines Zeitraums von fünf aufeinanderfolgenden Jahren in Kenntnis dieser Benutzung geduldet hat, es sei denn, der Inhaber dieses Rechts war im Zeitpunkt des Rechtserwerbs bösgläubig. Diese besonderen Verwirkungsregeln sind nach dem Wortlaut („Recht [...] zu untersagen") auf Unterlassungsansprüche (§ 14 Abs. 5, § 15 Abs. 4) beschränkt. Um Rechtssicherheit zu gewährleisten, verwirken jedoch alle Ansprüche gemäß §§ 14 bis 19c innerhalb der Fünfjahresfrist (Ströbele/Hacker/Hacker Rn. 26; Fezer Rn. 6). Ansprüche des Inhabers einer geographischen Herkunftsangabe (§ 126) können allenfalls gemäß § 21 Abs. 4 verwirken (Ingerl/Rohnke Rn. 5).

I. Benutzung eines prioritätsjüngeren (Kennzeichen-)Rechts

5 § 21 Abs. 1 betrifft Ansprüche, die sich gegen die Benutzung einer eingetragenen Marke (§ 4 Nr. 1) mit jüngerem Zeitrang richten. Prioritätsjüngere Rechte iSd § 21 Abs. 2 sind die Benutzungsmarke (§ 4 Nr. 2), die notorisch bekannte Marke (§ 4 Nr. 3), geschäftliche Bezeichnungen (§ 5) und sonstige Ausschließlichkeitsrechte gemäß § 13, zB Namens- und Urheberrechte. § 21 Abs. 1, 2 greift nicht, wenn kein **Ausschließlichkeitsrecht** für das prioritätsjüngere Zeichen besteht (Fezer Rn. 7). So kann ein Anspruch gegen die Benutzung eines nicht eingetragenen Produktkennzeichens, das noch keine Verkehrsgeltung als Marke erworben hat, nur nach den allgemeinen Grundsätzen (§ 21 Abs. 4 iVm § 242 BGB) verwirken (BGH GRUR 2000, 605 (607) – comtes/ComTel).

6 Nach § 21 Abs. 1 genügt nicht jede **Benutzung** der prioritätsjüngeren Marke. Die Marke muss für die **Waren oder Dienstleistungen** benutzt worden sein, für die sie eingetragen ist. Eine Benutzung für ähnliche Waren oder Dienstleistungen reicht nicht (BT-Drs. 12/6581, S. 79; Ströbele/Hacker/Hacker Rn. 11). Ist die Marke nur für einen Teil der eingetragenen Waren oder Dienstleistungen benutzt worden, kann sich die Verwirkung nur auf diesen Bereich beziehen (BT-Drs. 12/6581, 79; Ingerl/Rohnke Rn. 9). Im Rahmen des

§ 21 Abs. 2 ist auf den Schutzbereich des prioritätsjüngeren Rechts abzustellen, der im Einzelfall zu ermitteln ist (Ingerl/Rohnke Rn. 17; Kochendörfer WRP 2005, 157 (162)). So muss eine Benutzungsmarke (§ 4 Nr. 2) für die Waren oder Dienstleistungen benutzt worden sein, für die sie Verkehrsgeltung erlangt hat. Das prioritätsjüngere Zeichen muss **ernsthaft** iSd § 26 Abs. 1 benutzt worden sein (Kochendörfer WRP 2005, 157 (162 f.); Fezer Rn. 11; Ströbele/Hacker/Hacker Rn. 11).

II. Fünfjährige Benutzung

Die Verwirkung nach § 21 Abs. 1, 2 setzt voraus, dass das prioritätsjüngere Zeichen mindestens **fünf Jahre ununterbrochen** benutzt worden ist. Die Fünfjahresfrist ist starr (Ströbele/Hacker/Hacker Rn. 12). Der Zeitraum bis zur Verwirkung kann nicht im Einzelfall kürzer sein. Insoweit unterscheidet sich die Verwirkung gemäß § 21 Abs. 1, 2 von der Verwirkung gemäß § 21 Abs. 4 iVm § 242 BGB. 7

Die Frist gemäß § 21 Abs. 1 kann nicht beginnen, bevor die prioritätsjüngere Marke registriert ist (EuGH GRUR 2012, 519 Rn. 54 – Budvar/Anheuser-Busch). Jedoch ist die Eintragung der prioritätsälteren Marke nicht zwingend erforderlich (EuGH GRUR 2012, 519 Rn. 60 – Budvar/Anheuser-Busch; Kodek MarkenR 2011, 502 (506); aA Hacker WRP 2012, 266 (268)). Die Fünfjahresfrist kann erst beginnen, sobald das prioritätsjüngere Zeichen **unberechtigt benutzt** wird. Ist das Zeichen zunächst mit Einwilligung des Berechtigten benutzt worden, ist auf das Ende der Nutzungsberechtigung abzustellen (BGH GRUR 2006, 56 Rn. 41, 43 – BOSS-Club). Gemäß § 153 Abs. 2 kann die Fünfjahresfrist frühestens am 1.1.1995 beginnen. 8

Das prioritätsjüngere Zeichen muss in „fünf aufeinanderfolgenden Jahren" benutzt worden sein. Eine Nutzung innerhalb von fünf Jahren (vgl. § 25, § 43 Abs. 1 S. 1, 2, § 55 Abs. 3 S. 1, 2) genügt nicht. Nutzungszeiträume, die nicht unmittelbar aufeinander folgen, dürfen nicht addiert werden (Kochendörfer WRP 2005, 157 (162)). Wenn die Benutzung innerhalb der Fünfjahresfrist eingestellt wird, darf der Inhaber des älteren Rechts grundsätzlich annehmen, dass die Rechtsverletzung beendet ist (Ingerl/Rohnke Rn. 13). Die Frist beginnt neu, sobald das prioritätsjüngere Zeichen wieder benutzt wird. Eine Ausnahme gilt, wenn die Benutzung nur **geringfügig unterbrochen** wird (Fezer Rn. 12), was im Einzelfall zu ermitteln ist. Geringfügig kann zB eine Nutzungsunterbrechung von wenigen Wochen sein, die auf einem Streik beruht (Kochendörfer WRP 2005, 157 (162)). 9

III. Kenntnis der Benutzung

Der Inhaber des prioritätsälteren Kennzeichens muss gewusst haben, dass das prioritätsjüngere Zeichen mindestens fünf Jahre ununterbrochen benutzt worden ist. § 21 Abs. 1, 2 setzt die **positive Kenntnis** voraus. Die (grob) fahrlässige Unkenntnis genügt nicht (Ingerl/Rohnke Rn. 10). § 21 Abs. 1, 2 enthält keine § 20 S. 1 iVm § 199 Abs. 1 Nr. 2 entsprechende Regelung. Allerdings darf sich der Inhaber des prioritätsälteren Kennzeichens nicht treuwidrig der Kenntnis verschließen (vgl. § 162 Abs. 1 BGB). Wenn Tatsachen so offenkundig sind, dass der Anspruchsberechtigte sich die Kenntnis ohne besondere Mühe beschaffen kann, ist die tatsächliche Kenntnis nicht erforderlich (Kochendörfer WRP 2005, 157 (165); Kodek MarkenR 2011, 502 (506); Ströbele/Hacker/Hacker Rn. 18; vgl. BGH NJW 1973, 1496). 10

Die Kenntnis gemäß § 21 Abs. 1, 2 bezieht sich auf die Benutzung. Es reicht nicht, der Inhaber des prioritätsälteren Kennzeichens das prioritätsjüngere Zeichen kennt (Kochendörfer WRP 2005, 157 (163)). Nicht erforderlich ist aber, dass der Kennzeicheninhaber weiß, wer der Verletzer ist. Sobald er Kenntnis von der Verletzungshandlung hat, beginnt die Fünfjahresfrist (Ströbele/Hacker/Hacker Rn. 17). 11

IV. Duldung der Benutzung

Der Inhaber des prioritätsälteren Kennzeichens muss die Benutzung während eines Zeitraums von fünf aufeinanderfolgenden Jahren geduldet haben. Der Begriff „Duldung" iSd Art. 9 Abs. 1 RL (EU) 2015/2436 ist einheitlich in den Mitgliedstaaten der Europäischen Union auszulegen (EuGH GRUR 2012, 519 Rn. 37 – Budvar/Anheuser-Busch). Der Anspruchsberechtigte muss die Rechtsverletzung untätig hinnehmen (EuGH GRUR 2012, 12

519 Rn. 44 – Budvar/Anheuser-Busch). Nicht erforderlich ist eine ausdrückliche oder konkludente Gestattung der Zeichennutzung (BT-Drs. 12/6581, 79). Ausreichend ist, dass der Kennzeicheninhaber keine (ausreichenden) Maßnahmen gegen die Zeichennutzung ergriffen hat (Ströbele/Hacker/Hacker Rn. 20; Kochendörfer WRP 2005, 157 (163)). Um den Verwirkungseinwand auszuschließen, muss der Anspruchsberechtigte ernsthaft gegen die Rechtsverletzung vorgehen (Fezer Rn. 15). Zwar muss er nicht unmittelbar gerichtliche Schritte einleiten. Er kann zunächst außergerichtlich mit dem Inhaber des prioritätsjüngeren Zeichens verhandeln und/oder ihn abmahnen. Wenn diese Maßnahmen erfolglos sind, muss der Anspruchsberechtigte sein Recht aber unverzüglich gerichtlich geltend machen. Er muss klagen und ggf. Rechtsmittel einlegen (Ingerl/Rohnke Rn. 11; Ströbele/Hacker/Hacker Rn. 20). Der Anspruchsberechtigte muss die **ernsthafte Rechtsverfolgung** während der Fünfjahresfrist beginnen. Nicht erforderlich ist jedoch, dass die Rechtsverfolgung in diesem Zeitraum abgeschlossen ist (EuGH GRUR 2012, 519 Rn. 49 – Budvar/Anheuser-Busch; Fezer Rn. 15; Ströbele/Hacker/Hacker Rn. 20).

13 Eine Duldung setzt voraus, dass der Inhaber des prioritätsälteren Kennzeichens rechtlich gegen die Zeichennutzung vorgehen kann (EuGH GRUR 2012, 519 Rn. 45 – Budvar/Anheuser-Busch). Die Fünfjahresfrist beginnt nicht, solange der Inhaber des prioritätsjüngeren Zeichens **zur Nutzung berechtigt** ist (BGH GRUR 2006, 56 Rn. 41, 43 – BOSS-Club; OLG Jena GRUR-RR 2012, 113 (117); OLG Stuttgart GRUR-RR 2004, 8 (11)). Das gleiche gilt nach Auffassung des OLG Stuttgart, wenn der Anspruchsgegner den Anspruchsberechtigten abhält, gerichtliche Schritte einzuleiten, indem er „eine als rechtsgeschäftliches Gestattungsverhältnis jedenfalls deutbare Sachlage für sich ständig in Anspruch nimmt" (OLG Stuttgart GRUR-RR 2004, 8 (12)).

V. Keine Bösgläubigkeit

14 Die Verwirkung tritt nicht ein, wenn die prioritätsjüngere Marke bösgläubig angemeldet worden (§ 21 Abs. 1 aE) oder der Inhaber des prioritätsjüngeren (Kennzeichen-)Rechts im Zeitpunkt des Rechtserwerbs bösgläubig gewesen ist (§ 21 Abs. 2 aE). Der Begriff „Bösgläubigkeit", der aus der MRL (zB Art. 3 Abs. 2 lit. d, 9 Abs. 1 RL (EU) 2015/2436) übernommen ist, ist richtlinienkonform auszulegen. Jedoch ist er weder im MarkenG noch in der MRL definiert. Inhaltlich entspricht die Bösgläubigkeit iSd § 21 Abs. 1, 2 der Bösgläubigkeit iSd § 8 Abs. 2 Nr. 10. Um zu bestimmen, ob die Markenanmeldung oder der Rechtserwerb bösgläubig erfolgt ist, sind alle „erheblichen Faktoren" des konkreten Falls abzuwägen (EuGH GRUR 2009, 763 Rn. 53 – Lindt & Sprüngli/Franz Hauswirth). Nicht ausreichend ist, dass der Inhaber des prioritätsjüngeren Zeichens das prioritätsältere Kennzeichen kannte oder kennen musste (BGH GRUR 2005, 581 – The Colour of Elégance; Ströbele/Hacker/Hacker Rn. 24). Hinzukommen muss eine **Behinderungsabsicht** oder ein anderes nicht vom Markenrecht gedecktes Motiv (Ingerl/Rohnke Rn. 14). Die Anmeldung bzw. der Rechtserwerb muss **rechtsmissbräuchlich** oder **sittenwidrig** sein (BGH GRUR 2005, 581 (582) – The Colour of Elégance; Klaka GRUR 1994, 321 (330)). Rechtsprechung und Literatur haben hierzu – im Rahmen des § 8 Abs. 2 Nr. 10 – Fallgruppen entwickelt.

C. Allgemeine Grundsätze der Verwirkung

15 Gemäß § 21 Abs. 4 bleiben die allgemeinen Grundsätze der Verwirkung unberührt. Im Kennzeichenrecht spielt die Verwirkung nach § 21 Abs. 4 iVm § 242 BGB eine wichtige Rolle. Obwohl die Verwirkung in § 21 Abs. 1, 2 besonders geregelt ist, werden oftmals die allgemeinen Verwirkungsgrundsätze bemüht; denn sie sind deutlich **flexibler** als die starre Regelung in § 21 Abs. 1, 2 (hierzu Kochendörfer WRP 2005, 157 (158 f.)). So setzt die Verwirkung gemäß § 242 BGB nicht voraus, dass das angegriffene Zeichen als Marke, geschäftliche Bezeichnung oder sonstiges Recht iSd § 13 geschützt ist. Daher kann zB die Nutzung eines Produktkennzeichens, das noch keine Verkehrsgeltung als Marke erworben hat, den Verwirkungseinwand gemäß § 242 BGB begründen. Das „Zeitmoment" ist nicht wie in § 21 Abs. 1, 2 auf mindestens fünf Jahre festgelegt, sondern richtet sich nach den **Einzelfallumständen** (BGH GRUR 2016, 705 Rn. 50 – ConText). Zudem setzt die Verwirkung gemäß § 242 BGB nicht zwingend voraus, dass der Anspruchsberechtigte die rechts-

verletzende Handlung positiv kennt. Die Dauer der Untätigkeit und die Kenntnis sind nur einzelne Aspekte, die in der **Gesamtabwägung** zu berücksichtigen sind.

I. Anwendungsbereich

Die allgemeinen Grundsätze der Verwirkung gelten, wenn das angegriffene Zeichen nicht kennzeichenrechtlich geschützt, § 21 Abs. 1, 2 daher nicht einschlägig ist (BT-Drs. 12/6581, 79). **16**

Umstritten ist, ob eine Verwirkung gemäß § 242 BGB in Betracht kommt, wenn der Anwendungsbereich des § 21 Abs. 1, 2 eröffnet ist. Diese Frage ist in Fällen relevant, in denen die strengen Voraussetzungen des § 21 Abs. 1, 2 – Fünfjahresfrist, positive Kenntnis des Anspruchsberechtigten – nicht erfüllt sind. Die bislang herrschende Auffassung in Rechtsprechung (BGH GRUR 2016, 705 Rn. 47 – ConText, zu Unternehmenskennzeichen; GRUR 2008, 1104 Rn. 33 – Haus & Grund II; GRUR 2006, 56 Rn. 41 ff. – BOSS-Club; GRUR 2000, 605 (607) – comtes/ComTel; OLG Düsseldorf BeckRS 2012, 15005; OLG Jena GRUR-RR 2012, 113 (116 f.); OLG Köln BeckRS 2011, 27032; OLG München GRUR-RR 2004, 14; OLG Stuttgart GRUR-RR 2004, 8 (13)) und Literatur (Fezer Rn. 22; Ingerl/Rohnke Rn. 21; Klaka GRUR 1994, 321 (330); Kochendörfer WRP 2005, 157 (160)) wendet die allgemeinen Verwirkungsgrundsätze **uneingeschränkt neben § 21 Abs. 1, 2** an. Für die herrschende Auffassung spricht der Wortlaut des § 21 Abs. 4, der keine Einschränkung enthält. Zudem sind flexible Einzelfallentscheidungen sach- und interessengerechter als starre Verwirkungsgrundsätze (Ingerl/Rohnke Rn. 21). Allerdings benachteiligt die uneingeschränkte Anwendbarkeit der allgemeinen Verwirkungsgrundsätze den Inhaber des prioritätsälteren Kennzeichenrechts. Zudem gefährden die flexiblen Verwirkungsregeln gemäß § 242 BGB die **Rechtssicherheit**, die die starren Vorgaben in § 21 Abs. 1, 2 anstreben. Hacker begrenzt den Anwendungsbereich des § 21 Abs. 4 iVm § 242 BGB daher auf faktische Benutzungslagen (Ströbele/Hacker/Hacker Rn. 64 ff.; Hacker WRP 2012, 266 (267)). Zweifelhaft erscheint ein Nebeneinander der allgemeinen und spezialgesetzlichen Verwirkungsregeln jedenfalls im Anwendungsbereich des § 21 Abs. 1/Art. 9 Abs. 1 RL (EU) 2015/2436. Denn die Verwirkungsvoraussetzungen in Art. 9 Abs. 1 RL (EU) 2015/2436 sind **„umfassend harmonisiert"** (EuGH GRUR 2012, 519 Rn. 33 – Budvar/Anheuser-Busch). Da § 21 Abs. 2 eine ausschließlich nationale Vorschrift ist, können die allgemeinen Verwirkungsgrundsätze in diesem Bereich ergänzend greifen (OLG München GRUR-RR 2004, 14; Hacker WRP 2012, 266 (267)). **17**

II. Voraussetzungen

Die Voraussetzungen der Verwirkung unterscheiden sich im Hinblick auf die einzelnen kennzeichenrechtlichen Ansprüche. Ein **Abwehranspruch** ist gemäß § 21 Abs. 4 iVm § 242 BGB verwirkt, wenn „in Folge eines länger andauernden ungestörten Gebrauchs der angegriffenen Bezeichnung bei dem Anspruchsgegner ein schutzwürdiger Besitzstand entstanden ist, der ihm nach Treu und Glauben erhalten bleiben soll, weil er auf Grund des Verhaltens des Rechtsinhabers darauf vertrauen konnte, dieser dulde die Verwendung des Zeichens" (BGH GRUR 2008, 1108 Rn. 58 – Haus & Grund III; GRUR 2008, 1104 Rn. 33 – Haus & Grund II; ähnlich BGH GRUR 2006, 56 Rn. 45 – BOSS-Club; OLG Jena GRUR-RR 2012, 113 (117)). Außerdem dürfen der Verwirkung keine überragenden öffentlichen Interessen entgegenstehen (BGH GRUR 1994, 844 (846) – Rotes Kreuz; OLG Düsseldorf GRUR-RR 2011, 10 (12)). **18**

Die Verwirkung eines **Schadensersatz- oder Bereicherungsanspruchs** setzt keinen schutzwürdigen Besitzstand voraus, da diese Ansprüche nicht auf die Zukunft bezogen sind (BGH GRUR 2004, 783 (785) – NEURO-VIBOLEX/NEURO-FIBRAFLEX; GRUR 2001, 323 (325); GRUR 1988, 776 (778) – PPC). Ausreichend ist, dass der Schuldner darauf vertrauen darf, keine Zahlung an den Gläubiger mehr leisten zu müssen (BGH GRUR 2004, 783 (785) – NEURO-VIBOLEX/NEURO-FIBRAFLEX; GRUR 2001, 323 (325)). Die unterschiedlichen Voraussetzungen können dazu führen, dass ein Unterlassungsanspruch verwirkt sein kann, da ein wertvoller Besitzstand besteht, ein Schadensersatzanspruch aber nicht (BGH GRUR 2001, 323 (325)). Die Verwirkung ist daher für jeden Anspruch gesondert zu prüfen. **19**

MarkenG § 21 Teil 2 Voraussetzungen, Inhalt und Schranken etc.

20   Die Voraussetzungen der Verwirkung – die länger andauernde Zeichennutzung, der Duldungsanschein, die Schutzwürdigkeit des Anspruchsgegners, der wertvolle Besitzstand des Anspruchsgegners und das Fehlen überwiegender öffentlicher Interessen – stehen in einer **Wechselwirkung** zueinander (BGH GRUR 2016, 705 Rn. 50 – ConText; GRUR 1993, 913 (915) – KOWOG; GRUR 1993, 151 (154) – Universitätsemblem; GRUR 1992, 45 (48) – Cranpool; OLG Hamburg GRUR-RR 2004, 5 (7)). So kann eine sehr lange Zeichennutzung einen weniger wertvollen Besitzstand ausgleichen. Je länger der Rechtsinhaber wartet, seinen Anspruch geltend zu machen, desto schutzwürdiger ist der Anspruchsgegner (BGH GRUR 2003, 323 (327)). Die Verwirkung gemäß § 242 BGB setzt eine **umfassende Abwägung der Interessen** des Rechtsinhabers und des Anspruchsgegners voraus (BGH GRUR 1966, 427 (429) – Prince Albert; OLG Koblenz GRUR-RR 2006, 184 (185)).

1. Länger andauernde Zeichennutzung

21   Das prioritätsjüngere Kennzeichen muss „länger andauernd" benutzt worden sein. Der Zeitraum ist nicht starr (vgl. § 21 Abs. 1, 2), sondern **einzelfallabhängig** zu bestimmen (OLG Stuttgart GRUR-RR 2004, 8 (13)). Anhaltspunkte sind die Fünfjahresfrist gemäß § 21 Abs. 1, 2 und die dreijährige Verjährungsfrist gemäß § 20 S. 1 iVm § 195 BGB. Nur ausnahmsweise unterschreitet das „Zeitmoment" nach den allgemeinen Verwirkungsgrundsätzen diese Fristen (BGH WRP 2015, 972 Rn. 43 – Motorradteile; Ingerl/Rohnke Rn. 28).

22   Nach der Rechtsprechung reicht ein Nutzungszeitraum von mindestens fünf Jahren zumeist aus (BGH GRUR 1989, 449 (453) – Maritim; GRUR 1985, 72 (73) – Consilia; OLG München GRUR-RR 2004, 14 (15)). Vier Jahre können genügen, wenn **Geschäftsbeziehungen** zwischen den Parteien bestanden haben (BGH GRUR 1988, 776 (778) – PPC); denn ein Geschäftspartner kann eine Kennzeichenrechtsverletzung schneller erkennen als ein unbeteiligter Dritter (BGH GRUR 2000, 605, 607 – comtes/ComTel). Vier Jahre können aber zu kurz sein, wenn der Rechtsinhaber keine **positive Kenntnis** hat (BGH GRUR 2001, 1161 (1163) – CompuNet/ComNet). Hat der Rechtsinhaber gewusst, dass der Anspruchsgegner sein Zeichen nutzt, können seine Ansprüche bereits nach drei Jahren verwirkt sein (OLG Koblenz GRUR-RR 2006, 184 (185)). Jedoch verneint das OLG Hamburg eine Verwirkung, wenn der Rechtsinhaber den Anspruchsgegner abgemahnt hat, bevor er ca. drei Jahre untätig geblieben ist (GRUR-RR 2008, 239 (242)). Die ein- bis zweijährige Zeichennutzung genügt regelmäßig nicht (BGH GRUR 2001, 1164 (1166) – buendgens; GRUR 1998, 1034 (1037) – Makalu; OLG Hamburg GRUR-RR 2004, 71 (72 f.); KG WRP 1999, 339 (341)).

23   Der maßgebliche Nutzungszeitraum kann erst beginnen, sobald das Zeichen **unberechtigt benutzt** wird. Ist das Zeichen zunächst mit Einwilligung des Berechtigten benutzt worden, ist auf das Ende der Nutzungsberechtigung abzustellen (BGH GRUR 2006, 56 Rn. 45 – BOSS-Club; GRUR 2001, 1164 (1166) – buendgens).

24   Die Verwirkung nach § 21 Abs. 4 iVm § 242 BGB knüpft an eine zeitlich ununterbrochene Verletzungshandlung an. Ein Unterlassungsanspruch kann daher regelmäßig nur verwirken, wenn er auf eine **Dauerhandlung** gestützt ist (Köhler/Bornkamm/Köhler UWG § 11 Rn. 2.14). **Wiederholte, gleichartige Verletzungshandlungen** begründen jeweils neue Unterlassungsansprüche, die die „Verwirkungsfrist" jeweils neu beginnen lassen (BGH GRUR 2014, 363 Rn. 16 – Peter Fechter; GRUR 2013, 1161 Rn. 19 – Hard Rock Cafe; GRUR 2012, 928 Rn. 22 – Honda-Grauimport). Nach Auffassung des BGH kann die „längere Untätigkeit des Markeninhabers gegenüber bestimmten gleichartigen Verletzungshandlungen kein berechtigtes Vertrauen eines Händlers begründen, der Markeninhaber dulde auch künftig sein Verhalten und werde weiterhin nicht gegen solche – jeweils neuen – Rechtsverletzungen vorgehen" (GRUR 2012, 928 Rn. 23 – Honda-Grauimport; ebenso BGH GRUR 2014, 363 Rn. 16 – Peter Fechter; GRUR 2013, 1161 Rn. 21 – Hard Rock Cafe). Die Verwirkung verschafft dem rechtsverletzend importierenden Händler kein „Recht auf immer neue Verletzungshandlungen" (BGH GRUR 2012, 928 Rn. 25 – Honda-Grauimport). Die Verwirkung soll den Verletzer nicht besser stellen als einen Lizenznehmer, der das Risiko trägt, dass der Lizenzvertrag für die Zukunft gekündigt wird (BGH GRUR 2012, 928 Rn. 25 – Honda-Grauimport). Ob wiederholte Rechtsverletzungen erfolgt sind oder eine einheitliche Verletzungshandlung vorliegt, ist im Einzelfall zu bestimmen. Der BGH

wertet die wiederholte Einfuhr von Motorrädern, die mit der Marke „HONDA" gekennzeichnet sind (GRUR 2012, 928 Rn. 26 – Honda-Grauimport), und auch neue Werbemaßnahmen für ein Restaurant mit der Bezeichnung „Hard Rock" (GRUR 2013, 1161 Rn. 22 – Hard Rock Cafe) als separate Verletzungshandlungen.

Zwar begründen wiederholte, gleichartige Verletzungshandlungen auch jeweils neue 25 Ansprüche auf Schadensersatz und Bereicherungsausgleich. Die „Verwirkungsfrist" beginnt in diesen Fällen jedoch nicht neu. Die längere Untätigkeit des Rechtsinhabers kann zwar kein berechtigtes Vertrauen des Verletzers begründen, der Rechtsinhaber dulde auch künftig die Rechtsverletzung. Der Verletzer darf aber darauf vertrauen, dass der Rechtsinhaber keine Ansprüche auf Schadensersatz und Bereicherungsausgleich mehr geltend macht, die an bereits eingetretene geduldete Rechtsverletzungen knüpfen (BGH GRUR 2014, 363 Rn. 42 – Peter Fechter).

2. Duldungsanschein

Der Anspruchsgegner muss darauf vertrauen dürfen, dass der Rechtsinhaber die Verwen- 26 dung des Zeichens duldet. Das Verhalten des Rechtsinhabers muss objektiv als Duldung zu verstehen sein. Eine Duldung setzt voraus, dass der Verletzte keine (ausreichenden) Maßnahmen gegen die Rechtsverletzung ergriffen hat, obwohl die Rechtsverfolgung möglich gewesen ist. Hinzu kommt in der Regel ein subjektives Element: Der Rechtsinhaber muss die Verletzungshandlung kennen oder (grob) fahrlässig verkennen.

Um den Verwirkungseinwand auszuschließen, muss der Anspruchsberechtigte **ernsthaft** 27 **gegen die Rechtsverletzung vorgehen** (→ Rn. 12). Nach einer erfolglosen Abmahnung oder gescheiterten Vergleichsverhandlungen muss er unverzüglich gerichtliche Schritte einleiten (Ingerl/Rohnke Rn. 39). Hat der Anspruchsberechtigte zunächst Widerspruch gegen die Eintragung einer prioritätsjüngeren Marke erhoben, darf er den Ausgang des Widerspruchsverfahrens abwarten, bevor er einen Unterlassungsanspruch geltend macht. Während des Widerspruchsverfahrens kann sich kein Vertrauenstatbestand aufbauen (BGH GRUR 2004, 783 (785) – NEURO-VIBOLEX/NEURO-FIBRAFLEX; GRUR 1963, 478 (481) – Bleiarbeiter). Beanstandet der Anspruchsberechtigte nach einem erfolgreichen Widerspruch die weitere Zeichennutzung nicht, können seine Ansprüche verwirken (BGH GRUR 1966, 427 (431) – Prince Albert. Ein Vertrauenstatbestand kann aber erst nach einem längeren Zeitraum entstehen (Ströbele/Hacker/Hacker Rn. 48; BGH GRUR 1966, 427 (431) – Prince Albert: zehn Jahre). Ist der Widerspruch zurückgewiesen worden, hat der Rechtsinhaber einen Unterlassungsanspruch „in angemessener Frist" zu erheben; er darf nicht über drei Jahre untätig bleiben, selbst wenn er sich seine Rechte vorbehalten hat (BGH GRUR 1963, 478 (481) – Bleiarbeiter).

Die Verwirkung setzt voraus, dass der Rechtsinhaber gegen die Verletzungshandlung vor- 28 gehen kann. Der Rechtsinhaber duldet die Zeichennutzung nicht, wenn tatsächliche oder rechtliche Gründe eine Rechtsverfolgung ausschließen (Ingerl/Rohnke Rn. 38). Die „Verwirkungsfrist" beginnt nicht, solange der Anspruchsgegner **zur Nutzung berechtigt** ist (BGH GRUR 2006, 56 Rn. 41, 43 – BOSS-Club; OLG Jena GRUR-RR 2012, 113 (117); OLG Stuttgart GRUR-RR 2004, 8 (11)).

Der Anspruchsberechtigte duldet die Rechtsverletzung grundsätzlich nur, wenn er sie 29 kennt oder kennen müsste. Die Verwirkung gemäß § 21 Abs. 4 iVm § 242 BGB setzt – anders als die Verwirkung gemäß § 21 Abs. 1, 2 – nicht zwingend **positive Kenntnis** des Rechtsinhabers voraus. **Fahrlässige Unkenntnis** kann ausreichen (BGH GRUR 1989, 449 (452) – Maritim; GRUR 1985, 72 (73) – Consilia; OLG Jena GRUR-RR 2012, 113 (117)). Die Rechtsverfolgung kann treuwidrig sein, „wenn die längere Untätigkeit des Verletzten zwar auf seiner Unkenntnis beruht, er bei einer zur Wahrung eigener Interessen gebotenen und zumutbaren Beobachtung des Marktes oder des ‚Umfeldes' seiner Bezeichnung diese Verletzungen hätte erkennen müssen" (BGH GRUR 1993, 913 (915) – KOWOG; OLG Düsseldorf BeckRS 2012, 15005). Welche **Beobachtungspflichten** geboten und zumutbar sind, ist im Einzelfall zu ermitteln. Für ein (grob) fahrlässiges Verhalten des Rechtsinhabers kann sprechen, dass eine große Branchennähe und örtliche Nähe der Betätigungsfelder besteht, die Firma des Rechtsinhabers und die angegriffene Firma in demselben Handelsregister (BGH GRUR 1993, 913 (915) – KOWOG) und/oder in unmittelbarer Nähe zueinander im Telefonbuch eingetragen sind (OLG München GRUR-RR 2004, 14 (15)). Es besteht aber keine Pflicht, bundesweit Handelsregister und Firmenverzeichnisse durchzusehen, wenn der Anspruchsgegner eine reine Vorratsgesellschaft ist, die nie am Markt tätig gewesen ist (OLG Düsseldorf BeckRS 2012, 15005). Auch eine Internetrecherche nach dem angegriffenen Zeichen ist nicht in jedem Fall zumutbar (OLG Köln BeckRS 2011, 27032). Die Bekanntheit, der wirtschaftliche Erfolg und eine intensive Werbung des Anspruchsgegners können Anhaltspunkte dafür sein, dass der Rechtsinhaber die Verletzungshandlung hätte wahrnehmen müssen. Eine jedenfalls fahrlässige Unkenntnis des Rechtsinhabers liegt nahe, wenn der Rechtsinhaber weiß, dass der Rechtsvorgänger des Anspruchsgegners die beanstandete Bezeichnung genutzt hat, und eine Tochtergesellschaft des Rechtsinhabers diese Nutzung beanstandet hat (BGH GRUR 1989, 449 (452) – Maritim). Ein weiteres Indiz für die fahrlässige Unkenntnis des Rechtsinhabers kann die ständige Geschäftsbeziehung zwischen den Parteien sein (vgl. BGH GRUR 1988, 776 (778) – PPC).

30 Wenn der Rechtsinhaber die Verletzungshandlung weder kennt noch fahrlässig verkennt, kommt eine Verwirkung nur ausnahmsweise in Betracht (vgl. BGH GRUR 2001, 1161 (1163) – CompuNet/ComNet). Eine **„unbewusste Duldung"** setzt eine besonders lang andauernde Zeichennutzung voraus. Zumeist ist dem Anspruchsberechtigten in diesen Fällen jedoch mindestens leichte Fahrlässigkeit vorzuwerfen.

31 Ob der Rechtsinhaber die Verletzungshandlung kennt, (grob) fahrlässig verkennt oder nicht kennt, ist in der **Einzelfallabwägung** zu berücksichtigen. So kann Verwirkung bereits nach einer kürzeren Zeit der Untätigkeit eintreten, wenn der Anspruchsberechtigte die Rechtsverletzung wissentlich duldet (→ Rn. 22). Deutlich länger muss der Nutzungszeitraum sein, wenn der Rechtsinhaber die Verletzungshandlung nicht kennt oder fahrlässig verkennt. Ohne Kenntnis des Rechtsinhabers genügt eine vierjährige Nutzung nicht (BGH GRUR 2001, 1161 (1163) – CompuNet/ComNet).

3. Schutzwürdigkeit des Anspruchsgegners

32 Der Anspruchsgegner muss schutzwürdig sein, was in einer **Gesamtbetrachtung** der Einzelfallumstände zu ermitteln ist. Relevant ist insbesondere, ob der Anspruchsgegner das Zeichen **„redlich"** genutzt hat (vgl. BGH GRUR 1993, 913 (914) – KOWOG). Der Verletzer handelt fahrlässig, wenn er die fremde Marke mit einer Markenrecherche hätte entdecken können (BGH GRUR 1975, 434 (437) – BOUCHET; GRUR 1960, 183 (186) – Kosaken-Kaffee). Die Kenntnis berühmter Marken und geschäftlicher Bezeichnungen wird vorausgesetzt (BGH GRUR 1966, 623 (626) – Kupferberg). Zwar schließt ein Verschulden des Verletzers die Verwirkung gemäß § 21 Abs. 4 iVm § 242 BGB nicht aus (BGH GRUR 1981, 60 (62) – Sitex; GRUR 1989, 449 (453) – Maritim; OLG Jena GRUR-RR 2012, 113 (117)). Der Anspruchsgegner kann schutzwürdig sein, obwohl er gewusst oder jedenfalls fahrlässig verkannt hat, dass er ein Kennzeichenrecht verletzt. Er kann das Zeichen „redlich" verwenden, obwohl er im Zeitpunkt der Benutzungsaufnahme „bösgläubig" war (BGH GRUR 1993, 913 (914) – KOWOG). Jedoch beeinflusst der Verschuldensgrad die Verwirkungsdauer (BGH GRUR 1993, 913 (914) – KOWOG; GRUR 1989, 449 (453) – Maritim; GRUR 1975, 434 (437) – BOUCHET). Hat der Anspruchsgegner das prioritätsältere Recht vorsätzlich oder grob fahrlässig verletzt, kann ein Vertrauenstatbestand allenfalls nach einem längeren Zeitraum entstehen (BGH GRUR 2013, 1161 Rn. 27 – Hard Rock Cafe; GRUR 1999, 161 (164) – MAC Dog; OLG Jena GRUR-RR 2012, 113 (117)). Bei einer vorsätzlichen Rechtsverletzung kommt eine Verwirkung nur ausnahmsweise in Betracht (Ingerl/Rohnke Rn. 32; Ströbele/Hacker/Hacker Rn. 51).

4. Wertvoller Besitzstand des Anspruchsgegners

33 Die Verwirkung eines **Unterlassungsanspruchs** gemäß § 21 Abs. 4 iVm § 242 BGB setzt – anders als die Verwirkung eines Schadensersatz- oder Bereicherungsanspruchs (→ Rn. 19) – voraus, dass der Anspruchsgegner einen wertvollen Besitzstand mit der rechtsverletzenden Kennzeichnung erworben hat. Der Besitzstand ist die „sachlich-wirtschaftliche Basis für die künftige wirtschaftliche Betätigung des Verletzers" (BGH GRUR 2001, 323 (325)). Diese Basis ist schutzwürdig, wenn sie einen „beachtlichen Wert" für den Verletzer hat (BGH GRUR 1993, 913 (915) – KOWOG; GRUR 1993, 151 (154) – Universitätsemblem).

Der **Wert** des Besitzstands ist **einzelfallabhängig** zu ermitteln, wobei nicht auf seine 34
absolute Größe, sondern seine objektive Bedeutung für den Verletzer abzustellen ist (BGH
GRUR 1993, 913 (915) – KOWOG; GRUR 1993, 151 (154) – Universitätsemblem; GRUR
1990, 1042 (1046) – Datacolor). Ein Wertfaktor ist der **Umsatz**, den der Verletzer mit der
rechtsverletzenden Kennzeichnung erzielt hat. Der Umsatz ist in Relation zur Betriebsgröße
zu bewerten (BGH GRUR 1993, 913 (915) – KOWOG). Die Kundenanzahl ist nicht in
jedem Fall aussagekräftig. Je nach Verkaufsobjekt können bereits wenige Umsatzgeschäfte
einen wertvollen Besitzstand begründen (BGH GRUR 1993, 913 (915) – KOWOG; OLG
München GRUR-RR 2004, 14 (15)). Ein weiterer Wertfaktor ist die **Bekanntheit** der
rechtsverletzenden Kennzeichnung in den maßgeblichen Verkehrskreisen (BGH GRUR
1990, 1042 (1046) – Datacolor; GRUR 1981, 60 (62) – Sitex). Die Bekanntheit im Kreis
gewerblicher Abnehmer kann genügen, selbst wenn die Produkte auch für Verbraucher
bestimmt sind (BGH GRUR 1981, 60 (62) – Sitex; vgl. BGH GRUR 1989, 449 (451) –
Maritim). Indizien für die Bekanntheit können die langjährige Tätigkeit des Verletzers,
intensive Werbemaßnahmen und/oder ein erheblicher Werbeaufwand sein (BGH GRUR
2008, 1104 (1107) – Haus & Grund II). Auskünfte von Industrie- und Handelskammern
oder demoskopische Umfragen können die Bekanntheit belegen (BGH GRUR 1966, 427
(430) – Prince Albert; Ströbele/Hacker/Hacker Rn. 41). Ein wertvoller Besitzstand setzt
nicht voraus, dass die angegriffene Bezeichnung Verkehrsgeltung iSd § 4 Nr. 2 erlangt hat
(BGH GRUR 1957, 25 (28) – Hausbücherei). Jedoch kann ein Besitzstand nicht entstehen,
wenn der Anspruchsgegner das angegriffene Zeichen für eine Vorratsgesellschaft nutzt, die
nicht am Markt tätig gewesen ist (OLG Düsseldorf BeckRS 2012, 15005).

Der wertvolle Besitzstand muss im **Inland** bestehen (Ingerl/Rohnke Rn. 48; Ströbele/ 35
Hacker/Hacker Rn. 43). Wertfaktoren im Ausland können aber berücksichtigt werden
(BGH GRUR 1966, 427 (431) – Prince Albert; OLG Köln NJWE-WettbR 1999, 60 (63)).

Der Verletzer muss den Besitzstand aufgebaut haben, als der Rechtsinhaber die Zeichen- 36
nutzung geduldet hat. Ein Besitzstand, der während einer außergerichtlichen oder gerichtlichen Auseinandersetzung mit dem Rechtsinhaber entstanden ist, ist nicht zu berücksichtigen
(BGH GRUR 2004, 783 (785) – NEURO-VIBOLEX/NEURO-FIBRAFLEX). Im Einzelfall kann eine Umsatzsteigerung in dieser Zeit jedoch einen Rückschluss auf den Wert des
Besitzstands vor der Abmahnung oder Klageerhebung ermöglichen (BGH GRUR 1966,
427 (431) – Prince Albert). Der Besitzstand muss bis zur letzten mündlichen Verhandlung
fortbestehen (Fezer Rn. 46). Unbeachtlich ist ein Besitzstand, der während einer berechtigten
Zeichennutzung entstanden ist (BGH GRUR 2006, 56 Rn. 45 – BOSS-Club; → Rn. 28).
Der Besitzstand muss auf der Verletzungshandlung beruhen (BGH GRUR 1988, 776 (778) –
PPC).

5. Keine überwiegenden öffentlichen Interessen

Der Verwirkung dürfen keine überwiegenden öffentlichen Interessen entgegenstehen. Das 37
Interesse der Allgemeinheit hat **grundsätzlich Vorrang** vor den betroffenen Individualinteressen (BGH GRUR 1994, 844 (846) – Rotes Kreuz; GRUR 1985, 930 (931) – JUS-Steuerberatungsgesellschaft; OLG Düsseldorf GRUR-RR 2011, 10 (12); ausführlich zum
Wettbewerbsrecht Köhler/Bornkamm/Köhler UWG § 11 Rn. 2.33 f.). Daher kann zB kein
schutzwürdiger Besitzstand an einem Zeichen entstehen, das mit dem Wahrzeichen des
Roten Kreuzes verwechslungsfähig ist (BGH GRUR 1994, 844 (846) – Rotes Kreuz; OLG
Nürnberg GRUR 1999, 68 (69)). Nur ausnahmsweise kann das Individualinteresse das Allgemeininteresse überwiegen, wenn das angegriffene Zeichen seit vielen Jahren benutzt worden
ist und der Verkehr sich an die Koexistenz des prioritätsälteren und des angegriffenen Zeichens gewöhnt hat, die Irreführungsgefahr also gering ist (BGH GRUR 1952, 577 (581) –
Fischermännchen-Zwilling-Illing).

D. Rechtsfolgen und Grenzen der Verwirkung

I. Verwirkungsfolgen

Die Verwirkung hat zur Folge, dass der Kennzeicheninhaber nicht mehr gemäß §§ 14– 38
19c gegen die rechtsverletzende Benutzung vorgehen kann. Sie lässt den Anspruch – anders

als die Verjährung – erlöschen. Der Anspruchsgegner muss sich nicht auf die Verwirkung berufen. Wenn er Tatsachen darlegt und beweist, die die Verwirkung begründen, hat das Gericht diesen Einwand **von Amts wegen** zu berücksichtigen (BGH GRUR 1966, 623 (625) – Kupferberg). Der Tatrichter prüft eigenverantwortlich, ob die Voraussetzungen der Verwirkung erfüllt sind (BGH GRUR 2005, 567 (569) – Schweißbrennerreinigung; GRUR 2001, 323 (325)).

II. Grenzen der Verwirkung

39 Die Verwirkung bezieht sich auf eine **konkrete Verletzungshandlung** (BGH GRUR 2008, 803 Rn. 29 – HEITEC). Wenn der Rechtsinhaber duldet, dass der Anspruchsgegner ein bestimmtes Produkt oder Unternehmen mit dem streitgegenständlichen Zeichen kennzeichnet, können Ansprüche gegen diese Benutzungsform verwirkt sein. Jedoch darf die Verwirkung nicht dazu führen, „dass dem Benutzer eine zusätzliche Rechtsposition eingeräumt wird und die Rechte des nach Treu und Glauben nur ausnahmsweise und in engen Grenzen schutzwürdigen Rechtsverletzers über diese Grenzen hinaus erweitert werden" (BGH GRUR 2012, 928 Rn. 23 – Honda-Grauimport; vgl. BGH GRUR 2008, 803 Rn. 29 – HEITEC).

40 Der Verletzer darf den Besitzstand weder inhaltlich noch räumlich ausdehnen. Wenn die Verwirkung sich auf die markenmäßige Zeichennutzung erstreckt, darf er das Zeichen nicht auch als Firma verwenden (BGH GRUR 1981, 66 (68) – MAN/G-man). Der Verletzer darf weder den Abnehmerkreis (BGH GRUR 1969, 694 (697) – Brillant) noch das Absatzgebiet (BGH GRUR 1955, 406 (408) – Wickelsterne) erweitern, es sei denn, die Erweiterung ist geringfügig (Köhler/Bornkamm/Köhler UWG § 11 Rn. 2.35). Er darf das angegriffene Zeichen nicht für andere Waren oder Dienstleistungen verwenden (BGH GRUR 1970, 315 (319) – Napoléon III). Die Verwirkung beschränkt sich auf die konkrete Form des angegriffenen Zeichens und „**geringfügige Abwandlungen**, sofern diese dem verletzten Kennzeichen nicht näher kommen" (BGH GRUR 2008, 803 Rn. 29 – HEITEC). Der Fortfall beschreibender Bestandteile eines Zeichens kann genügen, um den Verwirkungseinwand auszuschließen. So erstreckt sich der Verwirkungseinwand, der sich auf die Firma „HAITEC Gesellschaft für Entwicklung und Vertrieb EDV-gestützter Lösungen mbH" bezieht, nicht auf die Firma „HAITEC AG" (BGH GRUR 2008, 803 Rn. 30 – HEITEC).

41 Die Verwirkung berechtigt den Verletzer nicht, seinen Besitzstand zu sichern, indem er das Zeichen als Marke oder Firma eintragen lässt (BGH GRUR 1993, 576 (578) – Datatel; GRUR 1992, 45 (47) – Cranpool; GRUR 1969, 694 (697) – Brillant). Der Rechtsinhaber kann gegen diese Maßnahmen vorgehen. Denn die Verwirkung begründet kein Gegenrecht des Verletzers, sondern bewirkt nur, dass der Rechtsinhaber einen bestimmten Anspruch nicht mehr geltend machen darf (BGH GRUR 1969, 694 (697) – Brillant; → Rn. 43).

42 Der Verwirkungseinwand ist nicht übertragbar (Köhler/Bornkamm/Köhler UWG § 11 Rn. 2.36). Allerdings kann sich der **Rechtsnachfolger** des Verletzers auf die eingetretene Verwirkung berufen (Ingerl/Rohnke Rn. 30; Palandt/Grüneberg BGB § 242 Rn. 96; Ströbele/Hacker/Hacker Rn. 16, 36, 55). Nach Auffassung des BGH „kommen die für den Rechtsvorgänger aufgelaufene Zeitdauer und der von diesem erworbene Besitzstand dem Rechtsnachfolger zugute, soweit mit der Rechtsnachfolge keine zeichenrechtlich relevante Veränderung des bis dahin bestehenden Zustands verbunden ist" (BGH GRUR 2008, 803 Rn. 27 – HEITEC).

E. Koexistenz der Rechte

43 § 21 Abs. 3 (vgl. Art. 9 Abs. 3 RL (EU) 2015/2436) stellt zu § 21 Abs. 1, 2 klar: Der Inhaber des prioritätsjüngeren Rechts kann die Benutzung des prioritätsälteren Rechts nicht untersagen. Er kann weder einen Unterlassungsanspruch noch einen sonstigen kennzeichenrechtlichen Anspruch gegen den Inhaber des prioritätsälteren Rechts durchsetzen. Der Verwirkungseinwand dient der Anspruchsabwehr, begründet aber **kein subjektives Recht des Anspruchsgegners** (Fezer Rn. 19). Verwirken können nur Ansprüche, nicht das Recht selbst (Ingerl/Rohnke Rn. 1, 18). Dieser Grundsatz gilt auch im Rahmen des § 21 Abs. 4 iVm § 242 BGB.

Ausschluß von Ansprüchen bei Bestandskraft § 22 MarkenG

F. Beweislast

Der Anspruchsgegner hat die Voraussetzungen der Verwirkung darzulegen und zu bewei- 44
sen. Im Rahmen des § 21 Abs. 1, 2 muss er nachweisen, dass das prioritätsjüngere Zeichen
während eines Zeitraums von fünf aufeinanderfolgenden Jahren benutzt worden ist, was der
Inhaber des prioritätsälteren Kennzeichens gewusst und geduldet hat. Die Kenntnis des
Anspruchsberechtigten ist regelmäßig schwierig zu beweisen (hierzu Kochendörfer WRP
2005, 157 (165)). Die hM wendet daher die Regeln des **Anscheinsbeweises** an, wonach
es genügt, dass Umstände vorliegen, die typischerweise auf die Kenntnis schließen lassen
(Fezer Rn. 14; Ströbele/Hacker/Hacker Rn. 19; Klaka GRUR 1994, 321 (329); Kodek
MarkenR 2011, 502 (506)). So kann die Werbung des Anspruchsberechtigten und
Anspruchsgegners in derselben Zeitschrift oder die Ausstellung auf derselben Messe auf die
Kenntnis des Anspruchstellers hindeuten (Klaka GRUR 1994, 321 (329); Kochendörfer
WRP 2005, 157 (166); Ströbele/Hacker/Hacker Rn. 19). In diesen Fällen muss der
Anspruchsberechtigte die Vermutung seiner Kenntnis widerlegen.

Im Rahmen des § 21 Abs. 4 iVm § 242 BGB muss der Verletzer substantiiert darlegen und 45
beweisen, dass er einen wertvollen Besitzstand mit der rechtsverletzenden Kennzeichnung
erworben hat (BGH GRUR 2008, 1104 Rn. 33 – Haus & Grund II). Ein „gewisser Besitzstand" liegt nahe, wenn der Verletzer das Zeichen langjährig ungestört genutzt hat (BGH
GRUR 1993, 913 (915) – KOWOG).

Der Inhaber des prioritätsälteren Kennzeichenrechts muss beweisen, dass die prioritätsjün- 46
gere Marke bösgläubig angemeldet worden (§ 21 Abs. 1 aE) oder der Inhaber des prioritätsjüngeren (Kennzeichen-)Rechts im Zeitpunkt des Rechtserwerbs bösgläubig gewesen ist
(§ 21 Abs. 2 aE). Das Gleiche gilt, wenn der Rechtsinhaber sich im Rahmen des § 21 Abs. 4
iVm § 242 BGB auf eine „unredliche" Zeichennutzung beruft.

§ 22 Ausschluß von Ansprüchen bei Bestandskraft der Eintragung einer Marke mit jüngerem Zeitrang

(1) Der Inhaber einer Marke oder einer geschäftlichen Bezeichnung hat nicht
das Recht, die Benutzung einer eingetragenen Marke mit jüngerem Zeitrang für
die Waren oder Dienstleistungen, für die sie eingetragen ist, zu untersagen, wenn
ein Antrag auf Löschung der Eintragung der Marke mit jüngerem Zeitrang zurückgewiesen worden ist oder zurückzuweisen wäre,
1. weil die Marke oder geschäftliche Bezeichnung mit älterem Zeitrang an dem
   für den Zeitrang der Eintragung der Marke mit jüngerem Zeitrang maßgeblichen Tag noch nicht im Sinne des § 9 Abs. 1 Nr. 3, des § 14 Abs. 2 Nr. 3 oder
   des § 15 Abs. 3 bekannt war (§ 51 Abs. 3),
2. weil die Eintragung der Marke mit älterem Zeitrang am Tag der Veröffentlichung der Eintragung der Marke mit jüngerem Zeitrang wegen Verfalls oder
   wegen absoluter Schutzhindernisse hätte gelöscht werden können (§ 51 Abs. 4).

(2) In den Fällen des Absatzes 1 kann der Inhaber der eingetragenen Marke mit
jüngerem Zeitrang die Benutzung der Marke oder der geschäftlichen Bezeichnung
mit älterem Zeitrang nicht untersagen.

Überblick

Gemäß § 22 Abs. 1 sind Verletzungsansprüche des Inhabers einer Marke oder einer
geschäftlichen Bezeichnung ausgeschlossen, die sich gegen prioritätsjüngere, aber bestandskräftig eingetragene Marken richten. Einleitend werden der Inhalt und Zweck des § 22
dargestellt (→ Rn. 1 ff.), bevor ausführlich die Voraussetzungen für den Bestandsschutz prioritätsjüngerer Registermarken (→ Rn. 5 ff.) erörtert werden. Die Bestandskraft der prioritätsjüngeren Marke kann entweder auf der nachträglichen Bekanntheit des prioritätsälteren
Kennzeichens (→ Rn. 8 f.) oder der Löschungsreife der prioritätsälteren Marke
(→ Rn. 10 ff.) beruhen. Der dritte Abschnitt betrifft den Bestandsschutz prioritätsjüngerer
Kennzeichen, die nicht eingetragen sind. In diesen Fällen ist § 22 entsprechend anwendbar

Dörre

MarkenG § 22 Teil 2 Voraussetzungen, Inhalt und Schranken etc.

(→ Rn. 16 ff.). Abschließend werden die Rechtsfolgen des Bestandsschutzes gemäß § 22 Abs. 1 (→ Rn. 19 ff.), die Regelung zur Koexistenz der Rechte in § 22 Abs. 2 (→ Rn. 22 f.) und die Beweislastverteilung (→ Rn. 24 ff.) erörtert.

Übersicht

	Rn.		Rn.
A. Allgemeines	1	2. Löschungsreife der prioritätsälteren Marke	10
B. Bestandsschutz prioritätsjüngerer Registermarken	4	C. Bestandsschutz nicht eingetragener Kennzeichen	16
I. Prioritätsjüngere eingetragene Marke	5	D. Rechtsfolgen	19
II. Bestandskraft	7	E. Koexistenz der Rechte	22
1. Nachträgliche Bekanntheit des prioritätsälteren Kennzeichens	8	F. Beweislast	24

A. Allgemeines

1 § 22 Abs. 1 sichert die **Bestandskraft** prioritätsjüngerer eingetragener Marken: Der Inhaber einer prioritätsälteren Marke oder geschäftlichen Bezeichnung darf die Benutzung einer prioritätsjüngeren eingetragenen Marke nicht untersagen, wenn die prioritätsjüngere Marke nicht gelöscht werden kann, da ein Löschungshindernis gemäß § 51 Abs. 3, 4 vorliegt. Die Bestandskraft der prioritätsjüngeren eingetragenen Marke begrenzt – wie die Verwirkung – die Rechtsausübung des Inhabers des prioritätsälteren Kennzeichens und bildet eine Ausnahme zum Prioritätsprinzip (Fezer Rn. 1). § 22 Abs. 1 ist eine notwendige Ergänzung der Regeln zur Bestandskraft prioritätsjüngerer Marken in § 51 Abs. 3, 4. Damit ist sichergestellt, dass der Löschungsanspruch gemäß § 51 Abs. 1 und Verletzungsansprüche einheitlich beurteilt werden (BT-Drs. 12/6581, 79).

2 Anders als die RL 2008/95/EG regelt nun auch die RL (EU) 2015/2436 (MRL) in Art. 18 RL (EU) 2015/2436 das Zwischenrecht des Inhabers einer später eingetragenen Marke als Einrede in Verletzungsverfahren.

3 Art. 13a Abs. 2 UMV regelt den Fall, dass eine prioritätsältere Unionsmarke mit einer prioritätsjüngeren nationalen Marke kollidiert (näher → UMV Art. 13a Rn. 1 ff.).

B. Bestandsschutz prioritätsjüngerer Registermarken

4 Gemäß § 22 Abs. 1 darf der Inhaber einer Marke oder einer geschäftlichen Bezeichnung die Benutzung einer prioritätsjüngeren Marke für die Waren oder Dienstleistungen, für die sie eingetragen ist, nicht untersagen, wenn die prioritätsjüngere Marke bestandskräftig geworden ist, also ein Antrag auf Löschung der Eintragung dieser Marke zurückgewiesen worden ist oder zurückzuweisen wäre, weil ein Löschungshindernis gemäß § 51 Abs. 3, 4 vorliegt. § 22 Abs. 1 ist nach dem Wortlaut („Recht [...] zu untersagen") auf Unterlassungsansprüche (§ 14 Abs. 5, § 15 Abs. 4) beschränkt. Um Rechtssicherheit zu gewährleisten, sind die Ausschlussgründe aber auf alle Ansprüche gemäß §§ 14 bis 19c anwendbar (vgl. Ingerl/Rohnke Rn. 1).

I. Prioritätsjüngere eingetragene Marke

5 § 22 Abs. 1 betrifft Ansprüche, die sich gegen die Benutzung einer **eingetragenen Marke** (§ 4 Nr. 1) mit jüngerem Zeitrang richten. Nicht geregelt ist der Bestandsschutz nicht eingetragener Marken (§ 4 Nr. 2, 3) und geschäftlicher Bezeichnungen (§ 5; → Rn. 16 ff.). Der Schutzbereich des § 22 Abs. 1 entspricht § 51 Abs. 3, 4.

6 § 22 Abs. 1 bezieht sich auf die Benutzung der prioritätsjüngeren Marke für die **Waren oder Dienstleistungen,** für die sie eingetragen ist. Der Inhaber des prioritätsälteren Kennzeichens kann weiterhin gegen die Benutzung für andere, auch ähnliche Waren oder Dienstleistungen vorgehen.

Ausschluß von Ansprüchen bei Bestandskraft § 22 MarkenG

II. Bestandskraft

§ 22 Abs. 1 setzt voraus, dass die prioritätsjüngere eingetragene Marke bestandskräftig ist, 7 was anzunehmen ist, wenn ein Antrag auf Löschung der Eintragung dieser Marke zurückgewiesen worden ist oder zurückzuweisen wäre, weil ein Löschungshindernis gemäß § 51 Abs. 3, 4 vorliegt. Löschungshindernisse sind die nachträgliche Bekanntheit des prioritätsälteren Kennzeichens (§ 22 Abs. 1 Nr. 1 iVm § 51 Abs. 3) und die Löschungsreife der prioritätsälteren Marke wegen Verfalls oder absoluter Schutzhindernisse (§ 22 Abs. 1 Nr. 2 iVm § 51 Abs. 4).

1. Nachträgliche Bekanntheit des prioritätsälteren Kennzeichens

§ 22 Abs. 1 Nr. 1 iVm § 51 Abs. 3 bezieht sich auf den besonderen Schutz **bekannter** 8 **Kennzeichen** iSd § 9 Abs. 1 Nr. 3, § 14 Abs. 2 Nr. 3 und § 15 Abs. 3. Gemäß § 51 Abs. 3 kann die Eintragung einer prioritätsjüngeren Marke „aufgrund einer bekannten Marke oder einer bekannten geschäftlichen Bezeichnung mit älterem Zeitrang" nicht gelöscht werden, wenn das prioritätsältere Recht an dem Tag, der für den Zeitrang der Eintragung der prioritätsjüngeren Marke maßgeblich ist, noch nicht iSd § 9 Abs. 1 Nr. 3, § 14 Abs. 2 Nr. 3 oder § 15 Abs. 3 bekannt gewesen ist. Gemäß § 22 Abs. 1 Nr. 1 sind in diesem Fall auch Verletzungsansprüche ausgeschlossen. § 22 Abs. 1 Nr. 1 iVm § 51 Abs. 3 ist nach dem Sinn und Zweck dieser Vorschrift **restriktiv auszulegen** (Fezer Rn. 6). Der Inhaber des prioritätsälteren Kennzeichens soll sich gegenüber der prioritätsjüngeren Marke nicht auf den erweiterten Schutz nach § 14 Abs. 2 Nr. 3 oder § 15 Abs. 3 berufen können, wenn er am **Anmelde- bzw. Prioritätstag** (§ 6 Abs. 2) der prioritätsjüngeren Marke noch nicht den erweiterten **Bekanntheitsschutz,** sondern nur den „normalen" Schutz gemäß § 14 Abs. 2 Nr. 1, 2 oder § 15 Abs. 2 beanspruchen konnte (LG Hamburg NJOZ 2009, 967 (971)). Nach der Gesetzesbegründung soll sich „ein erst nach Begründung des konkurrierenden jüngeren Rechts entstandener ‚Rechtszuwachs' (...) nicht zum Nachteil eines rechtmäßig begründeten Markenrechts auswirken" (BT-Drs. 12/6581, 96 f.). § 22 Abs. 1 Nr. 1 iVm § 51 Abs. 3 setzt daher voraus, dass die Benutzung der prioritätsjüngeren Marke in den erweiterten Schutzbereich des § 14 Abs. 2 Nr. 3 oder § 15 Abs. 3 eingreift, das prioritätsältere Kennzeichen aber erst nach dem Anmelde- bzw. Prioritätstag der prioritätsjüngeren Marke bekannt geworden ist. Der Ausschlussgrund greift nicht, wenn lediglich ein Kollisionstatbestand gemäß § 14 Abs. 2 Nr. 1, 2 oder § 15 Abs. 2 vorliegt (Fezer Rn. 6; Ströbele/Hacker/Hacker Rn. 3). Im Fall des § 22 Abs. 1 Nr. 1 iVm § 51 Abs. 3 ist nicht der Zeitrang des prioritätsälteren Kennzeichens gemäß § 6 Abs. 2, 3, sondern der Zeitpunkt maßgeblich, in dem das prioritätsältere Kennzeichen bekannt geworden ist (BGH GRUR 2008, 160 Rn. 25 – CORDARONE; GRUR 2003, 428 (433) – BIG BERTHA; OLG Hamburg NJOZ 2005, 133 (134)). Dieses Ergebnis folgt „auch ohne gesetzliche Regelung aus einer ‚vernünftigen' Auslegung des Prioritätsgrundsatzes" (BT-Drs. 12/6581, 97). Die Regelung in § 22 Abs. 1 Nr. 1 iVm § 51 Abs. 3 dient nur der Klarstellung (BT-Drs. 12/6581, 80, 97).

Dieser Auslegungsgrundsatz ist auch im Rahmen der § 9 Abs. 1 Nr. 2, § 14 Abs. 2 Nr. 2 9 und § 15 Abs. 2 zu berücksichtigen (Ingerl/Rohnke Rn. 5; Ströbele/Hacker/Hacker Rn. 4). Die Bekanntheit des prioritätsälteren Kennzeichens kann für die Frage relevant sein, ob Verwechslungsgefahr vorliegt. Sie spielt aber keine Rolle, wenn das prioritätsältere Kennzeichen erst nach dem Anmelde- bzw. Prioritätstag der prioritätsjüngeren Marke bekannt geworden ist (Ströbele/Hacker/Hacker Rn. 4).

2. Löschungsreife der prioritätsälteren Marke

Gemäß § 22 Abs. 1 Nr. 2 iVm § 51 Abs. 4 sind Verletzungsansprüche ausgeschlossen, wenn 10 die Eintragung der prioritätsälteren Marke an dem Tag, an dem die Eintragung der prioritätsjüngeren Marke veröffentlicht worden ist, gemäß § 49 (Verfall) oder § 50 (absolute Schutzhindernisse) hätte gelöscht werden können. Die prioritätsältere Marke muss am **Tag der Veröffentlichung der Eintragung** (§ 41 S. 2) der prioritätsjüngeren Marke löschungsreif sein. Nach dem eindeutigen Gesetzeswortlaut darf nicht auf den Anmelde- oder Prioritätstag (§ 6 Abs. 2) abgestellt werden (kritisch Ingerl/Rohnke Rn. 9; Ströbele/Hacker/Hacker Rn. 7). Unbeachtlich ist, ob die Löschungsreife der prioritätsälteren Marke wieder entfällt, nachdem

MarkenG § 22 Teil 2 Voraussetzungen, Inhalt und Schranken etc.

die Eintragung der prioritätsjüngeren Marke veröffentlicht worden ist (BGH GRUR 2012, 930 Rn. 74 – Bogner B/Barbie B; GRUR 2003, 1040 (1042) – Kinder; GRUR 2002, 967 (969) – Hotel Adlon).

11 § 22 Abs. 1 Nr. 2 iVm § 51 Abs. 4 ist entsprechend anzuwenden, wenn die prioritätsältere Marke löschungsreif wird, nachdem die Eintragung der prioritätsjüngeren Marke veröffentlicht worden ist (Ingerl/Rohnke Rn. 10; Ströbele/Hacker/Hacker Rn. 8). Die prioritätsjüngere Marke, die zunächst gemäß § 51 Abs. 1 hätte gelöscht werden können, wird bestandskräftig, sobald die prioritätsältere Marke löschungsreif wird (Ingerl/Rohnke Rn. 10; Ströbele/Hacker/Hacker Rn. 8; vgl. BGH GRUR 2002, 59 (61 f.) – ISCO).

12 § 22 Abs. 1 Nr. 2 Alt. 1 betrifft den Fall, dass die prioritätsältere Marke wegen **Verfalls** gemäß § 49 löschungsreif gewesen ist, als die Eintragung der prioritätsjüngeren Marke veröffentlicht worden ist. Relevant ist vor allem § 49 Abs. 1. Gemäß § 49 Abs. 1 S. 1 kann die Eintragung einer Marke gelöscht werden, wenn die Marke nach dem Tag der Eintragung innerhalb eines ununterbrochenen Zeitraums von fünf Jahren nicht gemäß § 26 benutzt worden ist. Allerdings kann der Verfall gemäß § 49 Abs. 1 S. 2–4 geheilt werden, indem die Marke vor dem Löschungsantrag (wieder) benutzt wird. Ist der Verfall nicht geheilt worden, kommt neben § 22 Abs. 1 Nr. 2 Alt. 1 die Einrede gemäß § 25 in Betracht, die ebenfalls an die Nichtbenutzung der prioritätsälteren Marke knüpft (hierzu Ingerl/Rohnke Rn. 11). § 49 Abs. 2 nennt als weitere Verfallsgründe: die Entwicklung zur gebräuchlichen Bezeichnung (Nr. 1), die Täuschungseignung (Nr. 2) und den Fortfall der Inhaberschaft gemäß § 7 (Nr. 3).

13 Gemäß § 22 Abs. 1 Nr. 2 Alt. 2 sind Ansprüche des Inhabers der prioritätsälteren Marke ausgeschlossen, wenn die prioritätsältere Marke am Tag der Veröffentlichung der Eintragung der prioritätsjüngeren Marke löschungsreif gewesen ist, weil ein **absolutes Schutzhindernis** iSd § 50 vorgelegen hat. Die prioritätsältere Marke kann gemäß § 50 Abs. 1 auf Antrag gelöscht werden, wenn sie entgegen §§ 3, 7 oder § 8 eingetragen worden ist.

14 Ob die prioritätsältere Marke nach § 50 löschungsreif ist, entscheiden das DPMA (§ 54 Abs. 1 S. 1) und das BPatG (§ 66 Abs. 1 S. 1). Nach dem Wortlaut des § 22 Abs. 1 Nr. 2 Alt. 2 kann diese Frage aber auch im Verletzungsverfahren geklärt werden. Es wäre also möglich, dass zunächst das DPMA und das BPatG und sodann die ordentlichen Gerichte prüfen, ob ein Löschungstatbestand erfüllt ist. Eine doppelte Inanspruchnahme – der Eintragungsinstanzen einerseits und der Verletzungsgerichte andererseits – birgt jedoch die Gefahr widersprüchlicher Entscheidungen. Zudem erschwere sie, so der BGH, die Rechtsdurchsetzung der prioritätsälteren Marke „über Gebühr" (BGH GRUR 2003, 1040 (1042) – Kinder). Der BGH legt § 22 Abs. 1 Nr. 2 Alt. 2 daher „im Wege der **teleologischen Reduktion**" einschränkend dahin aus, dass im Verletzungsprozess das Vorliegen der Eintragungsvoraussetzungen der prioritätsälteren Marke nicht zur Überprüfung gestellt werden [kann], wenn dies (...) (noch) im Löschungsverfahren vor dem DPMA nach §§ 50, 54 und im Verfahren vor dem BPatG erfolgen kann" (BGH GRUR 2003, 1040 (1042) – Kinder; GRUR 2007, 448 Rn. 17 – LottoT.; BeckRS 2007, 4558 Rn. 18; ebenso OLG Saarbrücken GRUR-RR 2007, 274 (276)). Die Verletzungsgerichte sind in diesen Fällen an die Eintragungsentscheidung des DPMA gebunden (BGH GRUR 2003, 1040 (1042) – Kinder). Diese Einschränkung gilt nicht, wenn das Löschungsverfahren keine Aussicht auf Erfolg hat, weil das absolute Schutzhindernis gemäß §§ 3, 7 oder § 8 Abs. 2 Nr. 1–9 nachträglich entfallen (§ 50 Abs. 2 S. 1) oder die zehnjährige Frist gemäß § 50 Abs. 2 S. 2 für den Löschungsantrag nach § 50 Abs. 1 iVm § 8 Abs. 2 Nr. 1–3 abgelaufen ist (BGH GRUR 2003, 1040 (1042) – Kinder; zu § 50 Abs. 2 S. 2 OLG Jena GRUR-RR 2012, 113 (118)). Eine weitere Ausnahme gilt für das absolute Schutzhindernis gemäß § 8 Abs. 2 Nr. 10, wonach eine **bösgläubig angemeldete Marke** nicht eingetragen werden darf. Der Anspruchsgegner darf die Löschungsreife gemäß § 22 Abs. 1 Nr. 2 Alt. 2 iVm § 51 Abs. 4 Nr. 2, § 50 Abs. 1, § 8 Abs. 2 Nr. 10 unbeschränkt im Verletzungsverfahren geltend machen (Fezer Rn. 19; Ingerl/Rohnke Rn. 12; Ströbele/Hacker/Hacker Rn. 13; vgl. BGH GRUR 2000, 1032 (1034) – EQUI 2000). In den sonstigen Fällen muss der Inhaber der prioritätsjüngeren Marke zunächst das patentamtliche Löschungsverfahren einleiten (BGH GRUR 2003, 1040 (1042) – Kinder). Zugleich kann er die Aussetzung des Verletzungsverfahrens nach § 148 ZPO anregen (BGH GRUR 2003, 1040, 1042 – Kinder; GRUR 2000, 888 (889) – MAG-LITE). Nach Auffassung des BGH schränkt diese Verfahrensweise die Rechtsverteidigung für den Inhaber der prioritätsjüngeren Marke nicht unangemessen ein (BGH GRUR 2003, 1040 (1042) – Kinder).

Liegt ein Verfallsgrund oder ein Nichtigkeitsgrund gemäß § 50 Abs. 1 nur für einen Teil 15
der Waren oder Dienstleistungen vor, für die die prioritätsältere Marke eingetragen ist, ist
die Marke nur insoweit löschungsreif (§ 49 Abs. 3, § 50 Abs. 4). Im Übrigen sind Verletzungsansprüche des Inhabers der prioritätsälteren Marke nicht gemäß § 22 Abs. 1 Nr. 2 ausgeschlossen.

C. Bestandsschutz nicht eingetragener Kennzeichen

§ 22 Abs. 1 sichert im Einklang mit § 51 Abs. 3, 4 die Bestandskraft prioritätsjüngerer 16
Registermarken. Der Bestandsschutz prioritätsjüngerer sonstiger Kennzeichen ist nicht
gesetzlich geregelt. Jedoch folgt aus dem **allgemeinen Prioritätsgrundsatz,** dass der
Rechtsgedanke des § 22 auch im Verhältnis des Inhabers eines prioritätsälteren Kennzeichens
zum Inhaber einer prioritätsjüngeren Benutzungsmarke (§ 4 Nr. 2), notorisch bekannten
Marke (§ 4 Nr. 3) oder geschäftlichen Bezeichnung (§ 5) gilt (Fezer Rn. 21; Ingerl/Rohnke
Rn. 7, 16; Ströbele/Hacker/Hacker Rn. 5, 9).

Analog § 21 Abs. 1 Nr. 1 sind Verletzungsansprüche ausgeschlossen, wenn die Benutzung 17
des prioritätsjüngeren Kennzeichens in den erweiterten Schutzbereich des § 14 Abs. 2 Nr. 3
oder § 15 Abs. 3 eingreift, das prioritätsältere Kennzeichen aber erst nach dem **Erwerb des
prioritätsjüngeren Kennzeichens** (§ 6 Abs. 3) iSd § 9 Abs. 1 Nr. 3, § 14 Abs. 2 Nr. 3 oder
§ 15 Abs. 3 bekannt geworden ist (BGH GRUR 2003, 428 (433) – BIG BERTHA; Ingerl/
Rohnke Rn. 7; Ströbele/Hacker/Hacker Rn. 5). Analog § 21 Abs. 1 Nr. 2 ist das prioritätsjüngere Kennzeichen bestandskräftig, wenn die Eintragung der prioritätsälteren Marke gemäß
§ 49 (Verfall) oder § 50 (absolute Schutzhindernisse) hätte gelöscht werden können, als das
prioritätsjüngere Kennzeichen gemäß § 6 Abs. 3 entstanden ist (Ingerl/Rohnke Rn. 16; zum
WZG BGH GRUR 1994, 288 (291) – Malibu).

Der Bestandsschutz greift nicht, wenn **kein Ausschließlichkeitsrecht** für das jüngere 18
Zeichen besteht (OLG Frankfurt BeckRS 2009, 88691). So kann ein Anspruch gegen die
Benutzung eines nicht eingetragenen Produktkennzeichens, das noch keine Verkehrsgeltung
als Marke erworben hat, nicht analog § 22 Abs. 1 ausgeschlossen sein.

D. Rechtsfolgen

Der Bestandsschutz gemäß § 22 Abs. 1 (analog) hat – wie die Verwirkung gemäß § 21 – 19
zur Folge, dass der Inhaber des prioritätsälteren Kennzeichens nicht mehr gemäß §§ 14 bis
19c gegen die rechtsverletzende Benutzung vorgehen kann. Die Verletzungsansprüche erlöschen. Der Anspruchsgegner muss sich nicht auf § 22 Abs. 1 berufen. Wenn er Tatsachen
darlegt und beweist, die die Bestandskraft der prioritätsjüngeren Marke belegen, hat das
Gericht diesen Einwand **von Amts wegen** zu berücksichtigen.

Der Bestandsschutz gemäß § 22 Abs. 1 erstreckt sich auf die prioritätsjüngere Marke in 20
der eingetragenen Form und **Abwandlungen,** die den kennzeichnenden Charakter der
Marke nicht verändern (§ 26 Abs. 3 S. 1). § 22 Abs. 1 ist – anders als die Verwirkung (§ 21) –
nicht auf eine konkrete Verletzungshandlung beschränkt, sondern betrifft jede Benutzung
der prioritätsjüngeren Marke für die Waren oder Dienstleistungen, für die sie eingetragen
ist (Ingerl/Rohnke Rn. 15; Ströbele/Hacker/Hacker Rn. 15).

Der Bestandsschutz prioritätsjüngerer sonstiger Kennzeichen bezieht sich auf die konkrete 21
Form des angegriffenen Kennzeichens und geringfügige Abwandlungen (vgl. BGH GRUR
2008, 803 Rn. 29 – HEITEC zu § 21). Ob der Inhaber des prioritätsälteren Kennzeichens die
Benutzung der Abwandlung hinzunehmen hat, ist in einer Interessenabwägung zu ermitteln
(Ingerl/Rohnke Rn. 16).

E. Koexistenz der Rechte

§ 22 Abs. 2 stellt zu § 22 Abs. 1 Nr. 1, 2 klar: Der Inhaber der prioritätsjüngeren eingetra- 22
genen Marke kann die Benutzung der prioritätsälteren Marke oder geschäftlichen Bezeichnung nicht untersagen. Er kann weder einen Unterlassungsanspruch noch einen sonstigen
kennzeichenrechtlichen Anspruch gegen den Inhaber des prioritätsälteren Kennzeichens
durchsetzen. Die Bestandskraft der prioritätsjüngeren Marke begründet **kein subjektives**

Recht des Inhabers der prioritätsjüngeren Marke. § 22 Abs. 2 entspricht der Koexistenz-Regelung zur Verwirkung in § 21 Abs. 3.

23 Die Regelung zur Koexistenz der Rechte gilt im Verhältnis des Inhabers eines prioritätsälteren Kennzeichens zum Inhaber einer prioritätsjüngeren Benutzungsmarke (§ 4 Nr. 2), notorisch bekannten Marke (§ 4 Nr. 3) oder geschäftlichen Bezeichnung (§ 5) entsprechend (Fezer Rn. 22; Ingerl/Rohnke Rn. 7, 16; zum WZG BGH GRUR 1994, 288 (291) – Malibu).

F. Beweislast

24 Der Anspruchsgegner hat darzulegen und zu beweisen, dass der Anspruch ausgeschlossen ist, da seine Marke gemäß § 21 Abs. 1 bestandskräftig geworden ist (Ingerl/Rohnke Rn. 11). § 22 Abs. 1 regelt – anders als § 25 Abs. 2 – **keine Beweislastumkehr**.

25 Allerdings kann sich der Inhaber der prioritätsjüngeren Marke auf **Beweiserleichterungen** berufen. Da es für ihn schwierig sein kann nachzuweisen, dass das prioritätsältere Kennzeichen am Anmelde- bzw. Prioritätstag der prioritätsjüngeren Marke noch nicht bekannt gewesen ist iSd § 21 Abs. 1 Nr. 1, trifft den Anspruchsteller insoweit eine sekundäre Darlegungs- und Beweislast (weitergehender Ströbele/Hacker/Hacker Rn. 6). Der Grundsatz der sekundären Darlegungs- und Beweislast gilt zudem für die Frage, ob die prioritätsältere Marke löschungsreif gemäß § 22 Abs. 1 Nr. 2 Alt. 1 iVm § 49 Abs. 1 gewesen ist (Kochendörfer WRP 2007, 258 (263); vgl. BGH GRUR 2009, 60 Rn. 19 – LOTTOCARD; Ingerl/Rohnke § 55 Rn. 12; für eine entsprechende Anwendung des § 55 Abs. 3 S. 3 Fezer Rn. 10; Ströbele/Hacker/Hacker Rn. 10).

26 Der Anspruchsgegner muss im Rahmen des § 22 Abs. 1 Nr. 2 Alt. 2 substantiiert vortragen und beweisen, dass die prioritätsältere Marke entgegen §§ 3, 7 oder § 8 eingetragen worden ist und das absolute Schutzhindernis vorgelegen hat, als die Eintragung der prioritätsjüngeren Marke veröffentlicht worden ist. Zudem muss er nachweisen, dass ein Löschungsantrag gemäß §§ 50, 54 keine Aussicht auf Erfolg hat; erforderlich ist insbesondere ein substantiierter Hinweis auf Umstände, die den späteren Fortfall des absoluten Schutzhindernisses belegen (BGH GRUR 2003, 1040 (1042) – Kinder).

§ 23 Benutzung von Namen und beschreibenden Angaben; Ersatzteilgeschäft

Der Inhaber einer Marke oder einer geschäftlichen Bezeichnung hat nicht das Recht, einem Dritten zu untersagen, im geschäftlichen Verkehr
1. dessen Namen oder Anschrift zu benutzen,
2. ein mit der Marke oder der geschäftlichen Bezeichnung identisches Zeichen oder ein ähnliches Zeichen als Angabe über Merkmale oder Eigenschaften von Waren oder Dienstleistungen, wie insbesondere ihre Art, ihre Beschaffenheit, ihre Bestimmung, ihren Wert, ihre geographische Herkunft oder die Zeit ihrer Herstellung oder ihrer Erbringung, zu benutzen, oder
3. die Marke oder die geschäftliche Bezeichnung als Hinweis auf die Bestimmung einer Ware, insbesondere als Zubehör oder Ersatzteil, oder einer Dienstleistung zu benutzen, soweit die Benutzung dafür notwendig ist,

sofern die Benutzung nicht gegen die guten Sitten verstößt.

Überblick

§ 23 begrenzt die Rechte aus §§ 14, 15 und 17 Abs. 2, die dem Kennzeicheninhaber gegen Verletzungen seines Schutzrechts zustehen (→ Rn. 1 ff.). Es handelt sich um eine gesetzlich normierte Schutzschranke, die den Schutzumfang der Marke oder der geschäftlichen Bezeichnung aus bestimmten wettbewerbspolitischen Erwägungen beschränkt.

Voraussetzung für die Anwendbarkeit des § 23 ist stets, dass dem Rechteinhaber Ansprüche aus einer Kennzeichenverletzung zustehen (→ Rn. 5 ff.). Denn § 23 ist systematisch in Abschnitt 4 des Markengesetzes angesiedelt, der mit „Schranken des Schutzes" betitelt ist. Der Gesetzgeber hat den Schutzumfang von Kennzeichen hinsichtlich bestimmter Benut-

Benutzung von Namen und beschreibenden Angaben; Ersatzteilgeschäft § 23 MarkenG

zungshandlungen eingeschränkt. So darf ein Inhaber einer Marke oder einer geschäftlichen Bezeichnung es Dritten im geschäftlichen Verkehr nicht untersagen, seinen Namen oder seine Anschrift (→ Rn. 11 ff.) zu benutzen, oder das geschützte Kennzeichen als beschreibende Angabe (→ Rn. 24 ff.) oder notwendige Bestimmungsangabe (→ Rn. 39 ff.) zu benutzen. Dies steht allerdings stets unter dem Vorbehalt, dass die jeweilige Benutzung keinen Verstoß gegen die guten Sitten (→ Rn. 21 ff.) darstellt.

Übersicht

	Rn.		Rn.
A. Normzweck, Entstehungsgeschichte	1	I. Name	12
		II. Anschrift	19
B. Anwendbarkeit	5	III. Schranke: Verstoß gegen die guten Sitten	21
I. Anwendung auf Verletzungsansprüche aus dem Markengesetz	5	E. Beschreibende Angaben (Nr. 2)	24
II. Keine Anwendung beim Schutz bekannter Kennzeichen	6	I. Anwendungsbereich	24
III. Keine Anwendung im Widerspruchs- bzw. Löschungsverfahren	7	II. Schranke: Verstoß gegen die guten Sitten	33
IV. Anwendung bei Handeln im geschäftlichen Verkehr	8	F. Notwendige Bestimmungsangaben (Nr. 3)	39
C. Beweislastregeln	9	I. Anwendungsbereich	39
D. Name und Anschrift (Nr. 1)	11	II. Schranke: Verstoß gegen die guten Sitten	45

A. Normzweck, Entstehungsgeschichte

Wettbewerbspolitisches Ziel der Norm ist es, einen Ausgleich zwischen den Individualinteressen des Kennzeicheninhabers an der Monopolisierung seiner Schutzrechte auf der einen Seite, und den Interessen des freien Wettbewerbs auf der anderen Seite zu schaffen. Diese Interessen bestehen darin, persönliche oder beschreibende Angaben in Bezug auf Merkmale eigener Waren oder Dienstleistungen ungehindert benutzen zu können, soweit dies für eine freie wirtschaftliche Entfaltung notwendig ist (BGH GRUR 2009, 678 (681) Rn. 27 – POST/RegioPost). Insbesondere darf der Markenschutz nicht zu einem Verbot der Verwendung beschreibender Angaben führen, die Wettbewerber zur Bezeichnung von Merkmalen ihrer Waren oder Dienstleistungen benötigen (BGH GRUR 2009, 678 (681) Rn. 27 – POST/RegioPost; EuGH C-48/05, GRUR 2007, 318 – Opel/Autec; C-102/07, GRUR 2008, 503 Rn. 46 – adidas). Bestimmte Benutzungshandlungen sind also nach dem Willen des Gesetzgebers freigestellt (freie Benutzung), obwohl sie an sich eine Verletzung geschützter Kennzeichen darstellen. 1

Zudem trägt die Schutzschranke des § 23 faktisch dazu bei, Auswirkungen von Fehlern im Anmeldeverfahren faktisch abzumildern (HK-MarkenR/Bender GMV Art. 12 Rn. 1). Durch die Vorschriften der freien Benutzung wird die Schutzfähigkeit des betroffenen Kennzeichens nicht grundsätzlich in Frage gestellt, es handelt sich lediglich um eine Begrenzung des Schutzumfangs zugunsten einer freien Benutzung durch Mitbewerber (EuGH verb. Rs. C-108/97 und C-109/9, GRUR Int 1999, 727 (730) – Windsurfing Chiemsee). 2

Mit § 23 hat der Gesetzgeber die Vorgaben aus **Art. 6 Abs. 1 RL 2008/95/EG** (vgl. auch Art. 17 TRIPS-Abkommen) in nationales Recht umgesetzt. Allerdings wurde diese Norm nicht wortlautgetreu umgesetzt, sondern enthält **zwei kleinere Abweichungen**. Die erste Abweichung betrifft das Fehlen des Merkmals „Mengenangaben" in § 23 Nr. 2. Dies scheint einem Redaktionsversehen geschuldet zu sein. Die Norm ist daher richtlinienkonform auszulegen, dh Mengenangaben sind als Merkmal bzw. Eigenschaft einer Ware oder Dienstleistung iSd § 23 Nr. 2 zu berücksichtigen (bestätigt durch Art. 14 Abs. 1 Buchst. b RL (EU) 2015/2436). 3

Eine zweite Abweichung betrifft den Begriff der „guten Sitten", der in § 23 abweichend vom Wortlaut der RL 2008/95/EG verwendet wurde, der auf die „anständigen Gepflogenheiten in Handel und Gewerbe" abstellt (bestätigt durch Art. 14 Abs. 2 RL (EU) 2015/ 2436). Diese Abweichung ist allerdings in der Praxis bisher ohne Einfluss gewesen, da der 4

MarkenG § 23   Teil 2 Voraussetzungen, Inhalt und Schranken etc.

Begriffsgehalt der Normen inhaltlich übereinstimmt (BGH GRUR 2011, 134 (140) Rn. 59 – Perlentaucher).

4.1   Im Gegensatz zu Art. 6 RL 2008/95/EG und Art. 14 RL (EU) 2015/2436 bezieht sich § 23 sowohl auf Marken als auch auf die nach § 5 geschützten geschäftlichen Bezeichnungen, für welche die Vorgaben der RL nicht gelten, die aber aufgrund der Einheitlichkeit des Kennzeichenrechts dennoch den gleichen Grundsätzen unterworfen werden.

B. Anwendbarkeit

I. Anwendung auf Verletzungsansprüche aus dem Markengesetz

5   § 23 begrenzt den Schutzumfang einer Marke oder einer geschäftlichen Bezeichnung, indem er Dritten unter bestimmten Voraussetzungen die Benutzung des geschützten Kennzeichens gestattet, obwohl dem Kennzeicheninhaber gegen diese Benutzung an sich Ansprüche aus §§ 14, 15 bzw. § 17 Abs. 2 zustehen. Auf wettbewerbsrechtliche bzw. deliktsrechtliche Ansprüche hingegen findet § 23 keine Anwendung (Ingerl/Rohnke Rn. 6). § 23 findet sowohl Anwendung auf eingetragene Marken (§ 4 Nr. 1) als auch auf Rechte aus Benutzungs- und notorisch bekannten Marken (§ 4 Nr. 2 und 3) sowie auf geschäftliche Bezeichnungen (§ 5).

II. Keine Anwendung beim Schutz bekannter Kennzeichen

6   Auf Ansprüche aus bekannten Kennzeichen (§ 14 Abs. 2 Nr. 3 bzw. § 15 Abs. 3) findet § 23 keine Anwendung. Denn die vorgenannten Normen verfügen jeweils über eine eigene, tatbestandsimmanente Schrankenregelungen, welche die Anwendung des § 23 obsolet machen. Die Bejahung von Ansprüchen aus bekannten Marken bzw. bekannten geschäftlichen Bezeichnungen erfordert eine normimmanente Unlauterkeitsprüfung, die sich jeweils aus den Tatbestandsmerkmalen „ohne rechtfertigenden Grund in unlauterer Weise" ergibt. Nach der Rechtsprechung des BGH gelten für diese Unlauterkeitsprüfung dieselben Maßstäbe, wie für die Prüfung eines Verstoßes gegen die guten Sitten im Rahmen des § 23 (BGH GRUR 2009, 1162 (1165) Rn. 37 – DAX; GRUR 1999, 992 – BIG PACK).

III. Keine Anwendung im Widerspruchs- bzw. Löschungsverfahren

7   Aufgrund des Wortlauts der Norm, der sich ausdrücklich auf die „Benutzung" des geschützten Kennzeichens bezieht, sowie aufgrund der Stellung des § 23 im Gesetz – Abschnitt 4. Schranken des Schutzes – ist ersichtlich, dass lediglich Ansprüche aus bereits existenten Kennzeichen also zB einer eingetragenen Marke beschränkt werden können. Dementsprechend findet § 23 weder im markenrechtlichen Eintragungsverfahren (EuGH C-217/13, GRUR 2004, 946 Rn. 33 – Nichols), noch im markenrechtlichen Widerspruchsverfahren Anwendung. Nichts anderes gilt für das Löschungsklageverfahren (BGH GRUR 2013, 631 Rn 41 – Amarula).

IV. Anwendung bei Handeln im geschäftlichen Verkehr

8   Privilegiert ist eine Benutzungshandlung nach § 23 nur hinsichtlich einer Verwendung im geschäftlichen Verkehr. Dieser Klarstellung hätte es nicht bedurft, da § 23 systematisch nur dort Anwendung finden kann, wo eine rechtsverletzende Benutzung des geschützten Kennzeichens zuvor bejaht wurde. Eine rechtsverletzende Benutzung setzt stets ein Handeln im geschäftlichen Verkehr voraus.

C. Beweislastregeln

9   Bei § 23 handelt es sich um eine Ausnahmevorschrift, die die Rechte des Kennzeicheninhabers nur in besonderen Fällen beschränkt (BGH GRUR 2004, 156 (157) – stüssy II). Grundsätzlich trägt damit derjenige, der sich auf die freie Benutzung des geschützten Kennzeichens beruft, die Darlegungs- und Beweislast für das Vorliegen der Tatbestandsvoraussetzungen des § 23.

Der Kennzeicheninhaber ist hingegen für den Nachweis der Unlauterkeit darlegungs- und beweispflichtig, dh er trägt die Beweislast dafür, dass die von dem Dritten begangene Benutzungshandlung trotz ihrer gesetzlichen Privilegierung gegen die guten Sitten verstößt (Ingerl/Rohnke Rn. 127).

D. Name und Anschrift (Nr. 1)

Der Gebrauch des eigenen Namens bzw. der eigenen Anschrift kann mit bereits existierenden Markenrechten bzw. geschäftlichen Bezeichnungen kollidieren. Dies betrifft insbesondere den Modesektor, wo Marken traditionell aus den Namen der Modeschöpfer gebildet werden (Christian Dior, Hugo Boss, Calvin Klein, Wolfgang Joop etc). Dem Interesse des Kennzeicheninhabers an der Monopolisierung seiner Schutzrechte steht das Interesse anderer Marktteilnehmer gegenüber, ihren eigenen Namen bzw. ihre eigene Anschrift im geschäftlichen Verkehr frei verwenden zu dürfen.

I. Name

§ 23 Nr. 1 ist Ausdruck des allgemeinen Grundsatzes, dass niemand an der lauteren Führung seines Namens im geschäftlichen Verkehr gehindert werden soll (BGH GRUR 2011, 623 (627) Rn. 43 – PEEK & Cloppenburg II). Das Vorliegen der Schutzschranke des § 23 Nr. 1 ist nach dem Wortlaut der Norm nicht nur bei Ansprüchen des Markeninhabers, sondern auch bei Verletzung älterer Unternehmenskennzeichenrechte gemäß § 15 zu prüfen (Ingerl/Rohnke Rn. 18).

§ 23 Nr. 1 stellt nicht nur die Benutzung des Namens natürlicher Personen, sondern auch die Benutzung von Handelsnamen, also Unternehmenskennzeichen iSv § 5 Abs. 2 frei (EuGH C-245/02, GRUR 2005, 153 (156) Rn. 81 – Anheuser-Busch/Budvar). Durch Art. 14 Abs. 1 Buchst. a RL (EU) 2015/2436 wird diese Schranke künftig nur für die Benutzung des Namens natürlicher Personen gelten. Zwingend ist das aber nur für Marken, nicht für Unternehmenskennzeichen; hier wäre – theoretisch – eine abweichende Regelung denkbar. Art. 12 Abs. 1 Buchst. a UMV enthält bereits diese Einschränkung (→ UMV Art. 12 Rn. 1).

Die vom BGH entwickelten Grundsätze zum Recht der Gleichnamigen bleiben im Rahmen des § 23 Nr. 1 unverändert anwendbar (BGH GRUR 2011, 623 (627) Rn. 43 – PEEK & Cloppenburg II; GRUR 2008, 801 Rn. 25 – Hansen-Bau). Nach diesen Grundsätzen darf niemand daran gehindert werden, sich unter seinem Familiennamen im geschäftlichen Verkehr zu betätigen. Im Regelfall ist jedoch der Prioritätsjüngere gehalten, alles Erforderliche und Zumutbare zu tun, um eine Verwechslungsgefahr zwischen den gegenüberstehenden Zeichen auszuschließen oder zumindest auf ein hinnehmbares Maß zu vermindern (BGH GRUR 2008, 801 Rn. 25 – Hansen-Bau; GRUR 1993, 579 (580) – Römer GmbH).

Die für die Fälle der Gleichnamigkeit vom BGH entwickelten Grundsätze gelten entsprechend bei verwechslungsfähigen Unternehmensbezeichnungen, die jahrelang unbeanstandet zwischen gleichnamigen Handelsunternehmen an verschiedenen Standorten bestanden haben. Auch in derartigen Fällen muss der Inhaber des prioritätsälteren Kennzeichenrechts die Benutzung des prioritätsjüngeren Zeichens trotz bestehender Verwechslungsgefahr grundsätzlich dulden (BGH GRUR 2010, 738 (742) – PEEK & Cloppenburg I), sofern der Inhaber des prioritätsjüngeren Kennzeichenrechts ein schutzwürdiges Interesse an der Benutzung hat und alles Erforderliche und Zumutbare tut, um einer Erhöhung der Verwechslungsgefahr weitestgehend entgegenzuwirken (BGH GRUR (BGH GRUR 1995, 754 (759) – Altenburger Spielkartenfabrik).

Die Grundsätze des Rechts der Gleichnamigen rechtfertigen es regelmäßig nicht, dass der Name oder die Unternehmensbezeichnung auch zur Kennzeichnung von Waren oder Dienstleistungen verwendet wird (BGH GRUR 2011, 623 (626) – PEEK & Cloppenburg II). Zwar mag der Inhaber des prioritätsjüngeren Kennzeichens ein schutzwürdiges Interesse daran haben, seinen eigenen Namen als Unternehmenskennzeichen im geschäftlichen Verkehr zu führen. Ein vergleichbares rechtlich schützenswertes Interesse besteht für die Kennzeichnung von Waren oder Dienstleistungen mit einem Familien- oder Unternehmensnamen allerdings nicht. Grundsätzlich ist es daher ungeachtet der Prioritätslage nicht gerechtfertigt, eine zwischen zwei Unternehmen eingetretene Gleichgewichtslage dadurch zu stören, dass eines der Unternehmen einseitig Marken eintragen lässt, bei denen eine Verwechslungsgefahr mit der Unternehmensbezeichnung der Gegenseite besteht (BGH GRUR 2011, 623 (626) Rn. 40 – PEEK & Cloppenburg II). Ob diese „strenge" Auffassung auch in Fällen gerechtfertigt ist, in denen die geschäftliche Tätigkeit des Namensinhabers mit einer bereits bestehenden ähnlichen Marke kollidiert, ohne dass eine zB über Jahre gewachsene Gleichgewichtslage wie in der typischen Konstellation des Rechts der Gleichnamigen vorliegt, ist fraglich. Denn hier besteht ja gerade nicht die Gefahr, dass eine für beide Parteien bestehende Gleichgewichtslage etwa durch die Benutzung des Namens auf Produkten gestört wird. Für solche Fälle ist eine Beschränkung der Namensführung auf den rein namens- und firmenmäßigen Gebrauch nicht angebracht, auch ein markenmäßiger Gebrauch steht der Anwendung der Schrankenregelung nach der hier vertretenen Auffassung grundsätzlich nicht entgegen (Ströbele/Hacker/Hacker Rn. 12). Der neu Hinzutretende hat aber – etwa durch Hinzufügung eines Logos – alle erforderlichen Maßnahmen zu treffen, um eine Beeinträchtigung der Interessen des Markeninhabers nach Möglichkeit zu vermeiden (→ Rn. 21 f.).

17 In den „klassischen" Fallkonstellationen der Gleichnamigen hingegen kann nur ausnahmsweise und unter sehr engen Voraussetzungen die Unternehmensbezeichnung von einem der Unternehmen auch als Marke eingetragen werden. Möglich ist eine solche Ausnahme nur, wenn besondere, gewichtige Tatsachen vorliegen, die eine so enge Beziehung zwischen den betroffenen Waren/Dienstleistungen und der Unternehmensbezeichnung begründen, dass es für den Namensträger unzumutbar wäre, auf die Benutzung seines Namens als Marke zu verzichten. Solche Gründe können vorliegen, wenn ein Namensträger bei der Schaffung oder Gestaltung einer bestimmten Ware unter seinem Namen etwa besondere schöpferische Leistungen vollbracht hat und der Verkehr die Ware daher ohnehin mit dem Namensträger identifiziert (BGH GRUR 2011, 623 (627) Rn. 44 – PEEK & Cloppenburg II). Allein der Umstand, dass die markenmäßige Verwendung des Namens oder Unternehmenskennzeichens zweckmäßig oder wirtschaftlich sinnvoll erscheint, reicht jedoch nicht aus, ebenso wenig wie das Interesse, den Namen für andere Waren und Dienstleistungen oder im Rahmen eines Merchandising-Konzeptes durch Lizenzerteilung wirtschaftlich zu verwerten (BGH GRUR 2011, 623 (627) Rn. 44 – PEEK & Cloppenburg II).

18 Auch die Verwendung einer Internetadresse, die aus einer verwechslungsfähigen Unternehmensbezeichnung gebildet ist, kann die Gleichgewichtslage zwischen zwei – an unterschiedlichen Orten angesiedelten – Unternehmen derselben Branche stören. Dies kann der Fall sein, wenn eines der Unternehmen das übereinstimmende Unternehmenskennzeichen als Internetadresse oder auf seinen Internetseiten verwendet, ohne dabei ausreichend deutlich zu machen, dass es sich nicht um den Internetauftritt des anderen Unternehmens handelt (BGH GRUR 2010, 738 – Peek & Cloppenburg I). Diese Entscheidung erging in Abgrenzung zu einer vorangegangenen Entscheidung, in welcher der BGH ausgeführt hatte, dass allein die Selbstdarstellung eines lokal oder regional tätigen Unternehmens im Internet nicht darauf schließen lässt, dass das Unternehmen seinen räumlichen Tätigkeitsbereich auf das gesamte Bundesgebiet oder darüber hinaus ausgedehnt hat (BGH GRUR 2006, 159 – hufeland.de).

II. Anschrift

19 Neben der Verwendung des Namens wird auch die Benutzung der eigenen Anschrift, die mit bestehenden Kennzeichenrechten kollidiert von § 23 privilegiert, da die Anschrift in der Regel nicht frei wählbar ist (vgl. auch Jonas/Schmitz GRUR 2005, 183 (185)). Die eigene Anschrift umfasst die geographische Angabe des eigenen Wohnorts, der geschäftlichen Niederlassung oder des Unternehmenssitzes durch die Angabe von Ort, Straße und Hausnummer oder vergleichbarer Anschriftsdaten. Durch Art. 14 Abs. 1 Buchst. a RL (EU) 2015/2436 wird diese Schranke nur für die Benutzung der Anschrift natürlicher Personen gelten. Grundsätzlich nicht privilegiert ist die Übernahme bloßer Adressbestandteile zur Verwendung in Marken oder Handelsnamen (OLG Hamburg GRUR-RR 2006, 228 (231) – Weingarten Eden/Eden).

20 Die Benutzung von Domainnamen ist nicht nach § 23 privilegiert. Mit anderen Worten: Ein Dritter kann sich gegenüber einem Kennzeicheninhaber nicht mit dem Argument verteidigen, die Benutzung des gewählten Domainnamens stelle eine freie Benutzung seines

Namens bzw. seiner Anschrift dar, die den Schutzumfang des geltend gemachten Kennzeichenrechts beschränke. Durch die Registrierung eines Domainnamens erwächst dem Domaininhaber lediglich ein vertraglicher Anspruch auf Nutzung des Domainnamens gegenüber der Registrierungsstelle, er erwirbt aber weder Namens- noch Kennzeichenrechte an dem Domainnamen (BGH GRUR 2012, 417 (419) – gewinn.de). Zwar können Domainnamen mit Namen natürlicher Personen oder Handelsnamen übereinstimmen, doch sind sie – ebenso wie E-Mail-Adressen und sog. Vanity-Telefonnummern grundsätzlich frei wählbar (Jonas/Schmitz GRUR 2005, 183 (185)), und daher gegenüber Inhabern älterer Kennzeichenrechte nicht nach § 23 Nr. 1 privilegiert (Ingerl/Rohnke Rn. 25).

III. Schranke: Verstoß gegen die guten Sitten

Der Vorbehalt des Verstoßes gegen die guten Sitten, wurde in Umsetzung von Art. 6 Abs. 1 RL 2008/95/EG geschaffen und ist daher richtlinienkonform auszulegen (→ Rn. 3 f.). Das Verständnis des Verstoßes „gegen die guten Sitten" iSv § 23 hat sich an der zugrundeliegenden Begriffsbildung der Richtlinienvorschrift zu orientieren, die lautet: „sofern die Benutzung den anständigen Gepflogenheiten in Gewerbe oder Handel entspricht" (bestätigt durch Art. 14 Abs. 2 RL (EU) 2015/2436). Der Dritte darf den berechtigten Interessen des Markeninhabers also nicht in unlauterer Weise zuwiderhandeln (EuGH C-63/97, GRUR Int 1999, 438 – BMW/Deenik). Im Gegenteil – derjenige, der sich auf die privilegierte Benutzung beruft, muss alles getan haben, um eine Beeinträchtigung der Interessen des Markeninhabers nach Möglichkeit zu vermeiden (BGH GRUR 2005, 163 (164) – Aluminiumräder), etwa durch geeignete Firmierungsmaßnahmen (BGH GRUR 1957, 342 – Underberg). Der jeweiligen Beurteilung sind alle Umstände des Einzelfalls zugrunde zu legen (BGH GRUR 1999, 992 (995) – BIG PACK). **21**

Der EuGH hat vier Fallgruppen entwickelt, nach denen die Benutzung eines geschützten Zeichens durch Dritte im Rahmen der Schutzschranke des § 23 unlauter sein kann. Eine Benutzung ist insbesondere dann unlauter, wenn sie (1.) in einer Weise erfolgt, die glauben machen kann, dass eine Handelsbeziehung zwischen dem Dritten und dem Markeninhaber besteht, (2.) wenn die Benutzung den Wert der Marke dadurch beeinträchtigt, dass sie deren Unterscheidungskraft oder deren Wertschätzung in unlauterer Weise ausnutzt, (3.) wenn die Benutzung geeignet ist, die Marke herabzusetzen bzw. schlecht zu machen oder (4.) wenn die Benutzung eine Ware als Imitation oder Nachahmung der Ware mit der geschützten Marke darstellt (EuGH C-228/03, GRUR 2005, 509 Rn. 49 – Gillette). Auf diese Umstände ist das Merkmal der anständigen Gepflogenheiten jedoch nicht beschränkt. Zwar werden durch dieses Merkmal nicht Rechtsverstöße jeglicher Art erfasst, so dass etwa eine Urheberrechtsverletzung im Zusammenhang mit einer Zeichenbenutzung der Anwendung der Schutzschranke nicht entgegensteht (BGH GRUR 2011, 134 Rn. 60 – Perlentaucher; GRUR 2013, 631 – AMARULA). Zu berücksichtigen sind jedoch wettbewerbsrechtliche Gesichtspunkte, die Auswirkungen auf die berechtigten Interessen des Markeninhabers haben können (BGH GRUR 2013, 631 – AMARULA). Wenn etwa eine Irreführung über eben jenen Umstand vorliegt, der die Anwendung der markenrechtlichen Schutzschranke des § 23 erst ermöglicht, ist die Benutzung des Dritten unlauter, da sie berechtigten Interessen des Markeninhabers zuwider läuft (BGH GRUR 2013, 631 – AMARULA). **22**

Für die Praxis am relevantesten sind die Fälle der Vorspiegelung einer wirtschaftlichen Verbindung zwischen dem Benutzer des durch § 23 privilegierten Zeichens mit dem Markeninhaber. Maßgeblich ist, inwieweit die Benutzung des privilegierten Kennzeichens zumindest von einem erheblichen Teil der beteiligten Verkehrskreise als Hinweis auf eine Verbindung zwischen den Waren oder Dienstleistungen des Dritten und dem Markeninhaber aufgefasst wird, und inwiefern sich der Dritte dessen hätte bewusst sein müssen. Weiteres Beurteilungskriterium ist eine etwaige Bekanntheit der Marke, die der Dritte beim Vertrieb seiner Waren oder Dienstleistungen ausnutzen könnte (EuGH C-245/02, GRUR 2005, 153 Rn. 83 – Anheuser-Busch; C-17/06, GRUR 2007, 971 Rn. 34 – Céline). **23**

E. Beschreibende Angaben (Nr. 2)

I. Anwendungsbereich

24 Nach § 23 Nr. 2 gewährt die Marke ihrem Inhaber nicht das Recht, einem Dritten zu verbieten, ein mit der Marke identisches oder ähnliches Zeichen als Angabe über Merkmale oder Eigenschaften der Waren oder Dienstleistungen, insbesondere ihre Art oder ihre Beschaffenheit, im geschäftlichen Verkehr zu benutzen, sofern die Benutzung nicht gegen die guten Sitten verstößt. Durch Art. 14 Abs. 1 Buchst. b RL (EU) 2015/2436 wird diese Schranke künftig auch Zeichen oder Angaben ohne Unterscheidungskraft erfassen. Art. 12 Abs. 1 Buchst. b UMV enthält bereits diese Änderung (→ UMV Art. 12 Rn. 4). Die Bestimmung des § 23 Nr. 2 ist jedoch in Fällen nicht anwendbar, in denen ein Dritter die Marke für erschöpfte Waren benutzt, dh für Waren, die vom Inhaber der Marke oder mit dessen Zustimmung im Inland bzw. in der Gemeinschaft in den Verkehr gebracht worden sind. Die Bestimmung des § 24 Abs. 1 stellt in ihrem Anwendungsbereich gegenüber der Vorschrift des § 23 Nr. 2 eine vorrangige Sonderregelung dar (BGH MMR 2014, 232 – UsedSoft II; GRUR 2011, 1135 – GROSSE INSPEKTION FÜR ALLE).

25 Die Regelung des § 23 Nr. 2 ist Ausprägung des Freihaltebedürfnisses an beschreibenden Angaben. Zweck der in § 23 Nr. 2 normierten Schutzschranke ist es, allen Wirtschaftsteilnehmern die Möglichkeit zu eröffnen, beschreibende Angaben zur Bezeichnung von Merkmalen oder Eigenschaften ihrer Waren/Dienstleistungen benutzen zu können (BGH GRUR 2009, 678 – POST/RegioPost).

26 Die Vorschrift unterscheidet nicht nach verschiedenen Möglichkeiten der Verwendung der in § 23 Nr. 2 genannten Angaben über Merkmale oder Eigenschaften der Waren. Sie ist nur anwendbar, wenn ein Dritter das geschützte Kennzeichen markenmäßig, also zur Unterscheidung von Waren oder Dienstleistungen benutzt (EuGH C-100/02, GRUR 2004, 234 Rn. 15 – Gerolsteiner Brunnen; BGH GRUR 2009, 1162 (1164) – DAX; GRUR 2004, 600 (602) – d-c-fix/CD-FIX; GRUR 2004, 949 (950) – Regiopost/Regional Post). Entscheidend ist, ob das beanstandete Zeichen als Angabe über Merkmale oder Eigenschaften der Waren/Dienstleistungen verwendet wird, und ob die Benutzung den anständigen Gepflogenheiten in Gewerbe oder Handel entspricht (BGH GRUR 2009, 1162 (1164) – DAX; GRUR 2009, 789 (799) – POST I). Es gibt keinen allgemeinen Grundsatz, der es erfordern würde, die Schutzschranke des § 23 Nr. 2 eng auszulegen (BGH GRUR 2009, 678 (681) – POST/RegioPost).

26.1 Der Betonung dieses Grundsatzes durch den BGH hätte es an sich nicht bedurft. Grundsätzlich ist die markenrechtsverletzende Benutzung nach § 14 Abs. 2 Nr. 1 und 2 von der Prüfung der Anwendbarkeit von § 23 Nr. 2 abzugrenzen und vorrangig zu prüfen, dh systematisch kann § 23 nur dort Anwendung finden, wo eine rechtsverletzende Benutzung des geschützten Kennzeichens zuvor bejaht wurde. In der Praxis werden die Prüfungsschritte aber oft nicht klar getrennt (→ § 14 Rn. 104).

27 Die Schutzschranke des § 23 Nr. 2 greift nur dort ein, wo ein Dritter das verletzte Kennzeichen konkret als Angabe über ein Produktmerkmal benutzt (BGH GRUR 2009, 678, 681 Rn. 27 – POST/RegioPost). Nach der RL (EU) 2015/2436 wird sich diese Schranke auch auf nicht unterscheidungskräftigen Zeichen oder Angaben beziehen (→ Rn. 24). Hierbei kommt es maßgeblich auf das Verständnis des inländischen Verkehrs an (BGH GRUR 1999, 238, 240 – Tour de culture). So hat der BGH etwa die Benutzung des Zeichens „POST" als beschreibende Angabe für die Dienstleistungen der Beförderung und Zustellung von Briefen und Paketen erachtet (BGH GRUR 2009, 672 (677) Rn. 44 – OSTSEEPOST; GRUR 2008, 798 Rn. 19 – POST I; WRP 2008, 1206 Rn. 21 – CITY POST).

28 Der Verletzer kann sich hingegen nicht damit verteidigen, das geschützte Kennzeichen sei generell freihaltebedürftig und daher in seinem Schutzumfang zu beschränken (EuGH C-102/07, GRUR 2008, 503 Rn. 47 – adidas). Unerheblich ist, ob derjenige, der das fremde Zeichen beschreibend benutzt, auf diese Benutzung angewiesen ist (BGH GRUR 2008, 789 – POST I). Dies unterscheidet die Norm von der Schutzschranke des § 23 Nr. 3, der die Notwendigkeit der Benutzung der Marke als Hinweis auf die Bestimmung einer Ware oder Dienstleistung tatbestandsmäßig voraussetzt. Entscheidend ist allein, dass das angegriffene Zeichen als Angabe über Merkmale oder Eigenschaften der Waren oder Dienstleistungen

Benutzung von Namen und beschreibenden Angaben; Ersatzteilgeschäft § 23 MarkenG

verwendet wird und die Benutzung nicht gegen die guten Sitten verstößt (BGH GRUR 2009, 1162 (1164) – DAX).

Nach der Auffassung des EuGH ist der Anwendungsbereich der Schrankenregelung aber nicht auf Fälle beschränkt, in denen die geschützte Marke eines Dritten verwendet wird, um auf Merkmale eigener Waren hinzuweisen (EuGH C-48/05, GRUR 2007, 318 (320) – Opel). Vielmehr erfasst sie auch Fälle, in denen der Dritten eine kennzeichnungskräftige Marke benutzt, sofern diese Benutzung (allein) darin besteht, eine Angabe über die Art, die Beschaffenheit oder über andere Merkmale der von dem Dritten vertriebenen Waren zu machen. Nach der Neufassung des Art. 12 Abs. 1 Buchst. b UMV ist der Anwendungsbereich der Schrankenregelung deutlicher geworden, da er nicht nur die Benutzung der Marke eines Dritten als Zeichen oder Angabe ohne Unterscheidungskraft umfasst, sondern ausdrücklich auch die Benutzung als unterscheidungskräftige Angabe über die Art, die Beschaffenheit, die Menge etc der Ware. **29**

Im „Opel"-Fall etwa hatte der EuGH eine Anwendung der Schranke des Art. 12 Abs. 1 Buchst. b UMV verneint, da die Anbringung des Opel Blitzes auf verkleinerten Modellen, nicht dazu diene, eine Angabe über ein Merkmal der genannten Modelle zu machen. Der Opel Blitz sei lediglich ein Teil der originalgetreuen Nachbildung der Originalfahrzeuge (EuGH C-48/05, GRUR 2007, 318, 320 – Opel). Der EuGH hätte allerdings auch eine rechtsverletzende Benutzung nach Art. 9 Abs. 2 Buchst. a und Buchst. c bejahen können, um diese Benutzung dann ggf. über die Schranke des Art. 12 Abs. 1 Buchst. b UMV freizustellen. Denn es kann durchaus argumentiert werden, dass der Grad der Detailtreue bei Modellen ein für die angesprochenen Verkehrskreise wesentliches Merkmal dieser Waren darstellt, und eine derartige Benutzung auch einem weiteres den im Gewerbe oder Handel üblichen Gepflogenheiten entspricht. Letzlich stehen den Verletzungsgerichten mit der Schrankenregelung des § 23 Nr. 2 (bzw. Art. 12 Abs. 1 Buchst. b UMV) ein ganzes „Arsenal" an Stellschrauben zur Begrenzung des Schutzumfangs von Marken zur Verfügung. **29.1**

Ein Fall der von Art. 12 Abs. 1 Buchst. b UMV freigestellten Markenbenutzung liegt allerdings nicht vor, wenn der Dritte ein zu der geschützten Marke identisches oder ähnliches Zeichen mit dem Argument benutzt, das Zeichen sei kein Herkunftshinweis, sondern lediglich eine Dekoration der Ware (EuGH C-102/07, GRUR 2008, 503 (505) – adidas). Die adidas AG, die Schutz für die bekannten „Drei Streifen" als Bildmarken beansprucht, wandte sich gegen Hersteller von Freizeitbekleidung, welche mit zwei parallel verlaufenden Streifen versehen war, deren Farbe mit der Grundfarbe der Kleidung kontrastierte. Die Hersteller argumentierten, die Benutzung der zwei Streifen habe lediglich dekorative Funktion. Zudem bestehe ein Freihaltebedürfnis an der Verwendung solcher Streifen, so dass der Markeninhaber eine solche Benutzung nicht untersagen könne (EuGH C-102/07, GRUR 2008, 503 – adidas). Hierzu führte der EuGH aus, dass eine Verwechslungsgefahr nach Art. 9 Abs. 2 Buchst. b jedenfalls dann zu bejahen sei, wenn das Zeichen trotz seines dekorativen Charakters eine solche Ähnlichkeit mit der eingetragenen Marke aufweise, dass das betroffene Publikum glauben könnte, die beiderseitigen Waren stammten aus demselben oder ggf. aus wirtschaftlich miteinander verbundenen Unternehmen (EuGH C-102/07, GRUR 2008, 505 – adidas). Darüber hinaus müsse das nationale Gericht auch das Vorliegen der Voraussetzungen des Art. 9 Abs. 2 Buchst. c prüfen (→ UMV Art. 9 Rn. 1 ff.). Ein etwaiges Freihaltebedürfnis sei jedenfalls kein relevanter Gesichtspunkt für die Prüfung, ob die Benutzung des Zeichens die Unterscheidungskraft oder die Wertschätzung der Marke in unlauterer Weise ausnutze oder beeinträchtige. Zwar könne ein Freihaltebedürfnis im Rahmen der Prüfung der Schutzschranke des Art. 12 Abs. 1 Buchst. b UMV berücksichtigt werden, der eine Ausprägung des Freihaltebedürfnisses sei (EuGH C-102/07, GRUR 2008, 503 (505) – adidas). Allerdings sei das Freihaltebedürfnis keine selbstständige Beschränkung der Wirkungen der Marke, sondern liege dieser Vorschrift nur zugrunde (EuGH C-102/07, GRUR 2008, 503 (505) – adidas). **29.2**

Die Schutzschranke des § 23 Nr. 2 privilegiert sowohl die Benutzung beschreibender Angaben in Alleinstellung, als auch als Teil eines Gesamtzeichens (EuGH C-48/05, GRUR 2007, 318 Rn. 42 – Adam Opel; BGH GRUR 2009, 672 – Ostsee-Post; GRUR 2013, 631 – AMARULA). Allerdings muss der beschreibende Bestandteil in dem Gesamtzeichen für die angesprochenen Verkehrskreise noch als eigenständige, beschreibende Angabe erkennbar sein (BGH GRUR 2009, 672 (677) Rn. 44 – OSTSEEPOST), und nicht lediglich als Element zur Bildung einer Kennzeichnung aufgefasst werden, die nach ihrem Gesamteindruck nicht mehr als beschreibende Angabe verstanden wird (BGH GRUR 2013, 631 – AMARULA). Eine Angabe über Merkmale oder Eigenschaften von Waren und Dienstleistungen iSv Art. 12 Abs. 1 Buchst. b UMV liegt nur bei glatt beschreibenden Bezeichnungen **30** vor. Abgewandelte oder an eine beschreibende Angabe angelehnte Bezeichnungen werden grundsätzlich nicht erfasst (BGH GRUR 2013, 631 – AMARULA).

31 Nach der Rechtsprechung des BGH erfasst § 23 Nr. 2 auch Fälle der Markennennung, also Fälle, in denen eine geschützte Marke nicht als Herkunftshinweis für die eigenen Waren oder Dienstleistungen des Dritten verwendet wird, sondern zur Benennung fremder Originalprodukte. Hierbei wird nicht auf den beschreibenden Bedeutungsgehalt der verwendeten Zeichens selbst abgestellt, sondern auf die Beziehung zwischen der Marke und den gekennzeichneten Produkten. So sah der BGH eine Benutzung des geschützten Zeichens DAX als Bezugsgröße auf den Aktienindex als nach § 23 Nr. 2 privilegiert an, sofern die Bezugnahme sachlich und informativ geschieht und der Eindruck vermieden wird, es bestünden Handelsbeziehungen zwischen den Beteiligten (BGH GRUR 2009, 1162 – DAX). In der Bezeichnung DAX liege ein Hinweis auf die Berechnungsmethode zur Wertermittlung der Papiere, und damit eine beschreibende Angabe über eine wesentliche Eigenschaft der streitgegenständlichen Produkte (BGH GRUR 2009, 1162 (1164) – DAX).

32 Auch in einem weiteren Urteil hat der BGH deutlich gemacht, dass die Anwendung der Schutzschranke des § 23 Nr. 2 nicht auf eine rein beschreibende Verwendung der Originalmarke beschränkt ist. Von der Schutzschranke des § 23 Nr. 2 wird auch eine Verwendung einer kennzeichnungskräftigen Herstellermarke (hier: Porsche) erfasst, durch die ein Dritter darauf hinweist, dass er Veränderungen (Tuning) an dem mit der Originalmarke gekennzeichneten Produkt vorgenommen hat. Die Verwendung der „Originalmarke" kann nach Rechtsprechung des BGH eine „beschreibende" Funktion dahingehend aufweisen, dass sie allein auf das ursprüngliche Objekt hinweist, an dem der Dritte die Veränderungen vorgenommen hat. Diese Konstellation betrifft also Fälle, in denen eine mit der Marke des Herstellers versehene Ware nach ihrem Inverkehrbringen von einem Dritten verändert und die veränderte, allerdings immer noch mit der Marke des Herstellers („Originalmarke") versehene Ware unter Anbringung der Marke des Dritten („Neumarke") angeboten wird. Dem Verkehr muss aber deutlich werden, dass die Originalmarke ein fremdes Zeichen ist, das lediglich die Ware in ihrem Ursprungszustand kennzeichnet (vgl. BGH GRUR 2007, 705 Rn. 23 f. – Aufarbeitung von Fahrzeugkomponenten).

32.1 Diese Grundsätze beruhen auf der Erwägung, dass die herkunftshinweisende Funktion einer Marke teilweise dadurch aufgehoben werden kann, dass unter Beibehaltung der Originalmarke auf der Ware eine Neumarke angebracht und damit deutlich gemacht wird, dass die herkunftshinweisende Wirkung der Originalmarke beschränkt ist (BGH GRUR 2005, 162 – SodaStream). Wird auf einer umgebauten Ware – neben der Originalmarke – eine zweite Neumarke angebracht, durch die auf den Umbau hingewiesen wird, wird dem Verkehr verdeutlicht, dass die Originalmarke ein fremdes Zeichen ist, das die Ware lediglich in ihrem Ursprungszustand kennzeichnet. Durch die Gegenüberstellung der eigenen Neumarke als neue Kennzeichnung der veränderten Ware ist es nach dem BGH ausgeschlossen, dass der Verkehr die Originalmarke als Mittel der Kennzeichnung des nunmehr in Verkehr gebrachten veränderten Erzeugnisses ansieht. Die Erwähnung der Originalmarke hält sich in diesem Fall im Rahmen der den Markenschutz ausschließenden Schrankenbestimmung des § 23 Nr. 2 (BGH GRUR 2015, 1121 Rn. 19 – Tuning). Die Wiedergabe der Originalmarke beschreibt also lediglich die ursprüngliche Herkunft des Produkts, das der Dritte verändert hat. Die Originalmarke hat damit ihre originäre Funktion als Herkunftshinweis verloren. Der BGH bezeichnet dies als Neutralisierung der Kennzeichnungsfunktion der Originalmarke. Ob eine solche Neutralisierung der Originalmarke durch Aufbringen einer weiteren „Neumarke" zu bejahen ist, hängt davon ab, ob die angesprochenen Verkehrskreise erkennen, dass die Ware zwar vom ursprünglichen Hersteller stammt, aber unabhängig von dessen Produktverantwortung von einem Dritten verändert worden ist (BGH GRUR 2015, 1121 Rn. 19 – Tuning). Diese Grundsätze gelten nach dem BGH nicht nur, wenn die Neumarke neben der Originalmarke auf der Ware selbst oder deren Verpackung angebracht ist, sondern für alle von § 14 Abs. 3 erfassten Handlungen. Also auch für das Anbieten, Inverkehrbringen und das Benutzen in der Werbung (BGH GRUR 2015, 1121 Rn. 20 – Tuning). Vor diesem Hintergrund kann den Anbietern von Kraftfahrzeugen, an denen sie Tuningmaßnahmen vorgenommen haben, grundsätzlich nicht verwehrt werden, im Angebot der von ihnen veränderten Fahrzeuge die Originalmarke des Herstellers des Fahrzeugs zu nennen. Auch eine detaillierte Angabe jeglicher Änderungen im Detail ist nicht notwendig. Denn dies würde es derartigen Anbietern sonst unzumutbar erschweren, ihre Leistungen gegenüber dem angesprochenen Verkehr im Rahmen von Verkaufsportalen im Internet angemessen zu präsentieren.

II. Schranke: Verstoß gegen die guten Sitten

Das Tatbestandsmerkmal des Verstoßes gegen die guten Sitten im Sinne dieser Bestimmung 33
ist richtlinienkonform auszulegen (→ Rn. 3 f.). Der EuGH hat vier Fallgruppen entwickelt,
nach denen die Benutzung eines geschützten Zeichens durch Dritte im Rahmen der Schutzschranke des § 23 unlauter sein kann (→ Rn. 22).

Das Interesse von Wettbewerbern an der Benutzung eines beschreibenden Begriffs ist im 34
Rahmen der Prüfung der Schutzschranke des § 23 Nr. 2 zu berücksichtigen, und nicht bei
der Beurteilung der Kennzeichnungskraft des Klagekennzeichens (BGH GRUR 2009, 672 – OSTSEE-POST).

Die Beschränkung des Schutzumfangs einer aus einer beschreibenden Angabe bestehenden 35
Marke nach § 23 Nr. 2 verletzt den Markeninhaber nicht in seinem verfassungsrechtlich
geschützten Eigentumsrecht an der Marke (BGH GRUR 2009, 678 – POST/RegioPost).
Denn die Kennzeichenrechte stehen ihrem Inhaber nicht schrankenlos zu. Der Schutzumfang
wird erst durch die im Markengesetz vorgesehenen Bestimmungen konkretisiert, wozu auch
die jeweils vorgesehenen Schrankenbestimmungen zählen (BGH GRUR 2009, 678 (681) – POST/RegioPost).

Das Vorliegen von Verwechslungsgefahr zwischen einem prioritätsjüngeren Zeichen und 36
einer älteren Marke, die aus einem beschreibenden Begriff besteht, erlaubt nicht zwangsläufig
die Annahme eines Verstoßes gegen die guten Sitten iSv § 23 Nr. 2. In die Abwägung sind
auch weitere Umstände des Einzelfalls mit einzubeziehen. So kann etwa ein Sittenverstoß
vorliegen, wenn ein Markeninhaber eine Verkehrsdurchsetzung seiner Marke in erster Linie
durch eine bestehende Monopolisierung des Postmarkts erreichen konnte. Daher ist Wettbewerbern, die neu auf einem bisher durch Monopolstrukturen gekennzeichneten Markt auftreten, die Benutzung eines beschreibenden Begriffs wie „POST" auch dann zu gestatten,
wenn eine Verwechslungsgefahr mit einem gleich lautenden prioritätsälteren Kennzeichen
besteht (BGH GRUR 2009, 672 (677) Rn. 45 – OSTSEE-POST). Erforderlich ist allerdings,
dass das übernommene Kennzeichen sich durch Zusätze dem älteren Zeichen abhebt und
sich insbesondere nicht an weitere Kennzeichen des Markeninhabers anlehnt. Die Übernahme weiterer Kennzeichen wie zB von Bildmarken (Posthorn) oder Farbmarken (Farbe
Gelb) stellt einen Verstoß gegen die guten Sitten dar, und ist nicht mehr von § 23 gedeckt
(BGH GRUR 2008, 798 – Post I).

Der Markenschutz darf nur im erforderlichen Maße beschränkt werden, d.h. das übernom- 37
mene Zeichen darf an sich nur in beschreibender Weise und nicht als Herkunftsbezeichnung
eigener Waren/Dienstleistungen verwendet werden. So sah der BGH etwa in der markenmäßigen Benutzung des Zeichens DivDAX® einen nicht durch § 23 Nr. 2 gedeckten Verstoß
gegen die guten Sitten, da die Klägerin den berechtigten Interessen der Kennzeicheninhaberin in unlauterer Weise zuwiderhandle, wenn sie das markenrechtlich geschützte Zeichen
als Herkunftsbezeichnung eigener Wertpapiere verwende (BGH GRUR 2009, 1162 (1166) – DAX). Im Hinblick auf die berechtigten Interessen des Kennzeicheninhabers muss die Bezugnahme auf die geschützte Marke sich auf das Maß beschränken, das zur Benutzung auch
tatsächlich erforderlich ist (BGH GRUR 2009, 1162 (1164) – DAX). Hingegen ist es für
die Beurteilung, ob die Benutzung eines Zeichens gegen die guten Sitten verstößt oder den
anständigen Gepflogenheiten in Gewerbe oder Handel entspricht nicht relevant, ob die
Zeichenbenutzung im Zusammenhang mit einer Urheberrechtsverletzung steht (BGH
MMR 2014, 232 – UsedSoft II; GRUR 2011, 134 – Perlentaucher; GRUR 2013, 631 – AMARULA/Marulablu).

In einer vom EuGH zu entscheidenden Vorlagefrage (EuGH C-100/02, GRUR 2004, 234 (235) – 37.1
Gerolsteiner Brunnen) ging es um den Mineralwasserhersteller Gerolsteiner, der Inhaber der Wortmarke
„Gerri" war, und der gegen die Benutzung der Bezeichnung „KERRY Spring" durch einen Konkurrenten für Erfrischungsgetränke vorging. Die angegriffenen Produkte wurden unter Verwendung von
Wasser aus der Quelle „KERRY Spring" in Irland hergestellt und abgefüllt. Für den EuGH stellte sich
die Frage, ob der Markeninhaber dem Dritten bei unterstellter Verwechslungsgefahr untersagen kann,
eine geografische Herkunftsangabe für seine Produkte zu benutzen. Dies hätte der EuGH bereits auf
der „ersten Stufe" verneinen können, mit dem Argument, die Benutzung der Bezeichnung „KERRY
Spring" beeinträchtige nicht die Herkunftsfunktion der älteren Marke, da sie vom Verkehr nur als
geografischer und nicht als betrieblicher Herkunftshinweis verstanden werde. Der EuGH beschränkte

MarkenG § 23 Teil 2 Voraussetzungen, Inhalt und Schranken etc.

sich im vorliegenden Fall aber auf die Freistellung dieser Benutzung auf der „zweiten Stufe", also nach den Regeln des Art. 12 Abs. 1 Buchst. b UMV. Somit war danach zu fragen, ob die Benutzung der geografischen Herkunftsangabe den anständigen Gepflogenheiten in Gewerbe oder Handel entsprach, der Dritte durch die Benutzung der geografischen Herkunftsangabe also nicht berechtigten Interessen des Markeninhabers in unlauterer Weise zuwider handelte (EuGH C-100/02, GRUR 2004, 234 (235) – Gerolsteiner Brunnen). Der EuGH führte aus, dass sich ein Zuwiderhandeln gegen berechtigte Interessen nicht allein aus dem Umstand ergeben könne, dass Verwechslungsgefahr zwischen der geografischen Herkunftsangabe und der Marke des Inhabers bestehe. Denn in der EU mit ihren zahlreichen Mitgliedstaaten und einer entsprechend großen Sprachenvielfalt sei die Wahrscheinlichkeit, dass eine gewisse klangliche Ähnlichkeit zwischen einer in einem Mitgliedstaat eingetragenen Wortmarke und einer geografischen Herkunftsangabe eines anderen Mitgliedstaats bestehe, bereits sehr groß (EuGH C-100/02, GRUR 2004, 234 (235) – Gerolsteiner Brunnen). Daher müssten weitere Anhaltspunkte hinzukommen, aus denen sich ein Zuwiderhandeln gegen berechtigte Interessen des Markeninhabers ergeben könne, und die von dem nationalen Gericht zu beurteilen seien. Der EuGH nannte als Anhaltspunkte insbesondere die von dem Dritten konkret verwendete Flaschenform und Etikettierung. Es obliegt also dem Dritten sicherzustellen, dass die konkrete Art und Weise der Benutzung des Zeichens nicht als unlautere Zuwiderhandlung gegen berechtigte Interessen des Markeninhabers gewertet werden muss (vgl. SBK/Knaak Teil D Rn. 222). Dies dürfte etwa durch eine deutlich abweichende Verpackung und Etikettierung der betroffenen Waren zu erreichen sein.

38 Die beschreibende Benutzung darf auch nicht irreführend sein. Die beschreibende Benutzung einer Bezeichnung, die an sich die Anwendung der Schutzschranke des § 23 Nr. 2 eröffnet, nämlich die Benutzung des Zeichens „Marulablu" als Bezeichnung für einen aus der afrikanischen Marula-Frucht hergestellten Likör, entspricht nicht den anständigen Gepflogenheiten in Gewerbe oder Handel, wenn der beschreibende Inhalt der Bezeichnung gar nicht den Tatsachen entspricht. Im konkreten Fall enthielt der von der Beklagten hergestellte Likör gar keine Marula-Frucht, obwohl sie zuvor geltend gemacht hatte, der Verkehr werde in „Marula" lediglich einen beschreibenden Hinweis auf den Inhaltsbestandteil entnehmen, nach dem der Likör schmeckt. Der BGH sah hierin eine Irreführung über eben jenen Umstand, der die Anwendung der markenrechtlichen Schutzschranke des § 23 Nr. 2 gerade eröffnete und damit den berechtigten Interessen des Markeninhabers zuwiderlief (BGH GRUR 2013, 631 – AMARULA).

F. Notwendige Bestimmungsangaben (Nr. 3)

I. Anwendungsbereich

39 Nach § 23 Nr. 3 hat der Inhaber einer Marke oder einer geschäftlichen Bezeichnung nicht das Recht, einem Dritten zu untersagen, im geschäftlichen Verkehr die Marke oder die geschäftliche Bezeichnung als Hinweis auf die Bestimmung einer Ware, insbesondere als Zubehör oder Ersatzteil, oder einer Dienstleistung zu benutzen, soweit die Benutzung dafür notwendig ist und nicht gegen die guten Sitten verstößt.

40 Aus dem Wortlaut der Vorschrift wird deutlich, dass der „Hinweis auf die Bestimmung einer Ware oder Dienstleistung" als Oberbegriff definiert wurde, während die Benutzung des Zeichens „insbesondere als Zubehör oder Ersatzteil" eine beispielhafte – nicht abschließende – Aufzählung darstellt (EuGH C-228/03, GRUR 2005, 310 (311) Rn. 32 – Gilette; Hildebrandt, Marken und andere Kennzeichen, 2006, § 15 Rn. 17).

41 Unter die Vorschrift des § 23 Nr. 3 fällt nach der Rechtsprechung des EuGH auch eine Benutzung der Marke als Hinweis darauf, dass der Werbende auf den Verkauf von Waren mit dieser Marke spezialisiert ist oder solche Waren instand setzt oder wartet (EuGH C-63/97, GRUR Int 1999, 38 – BMW/Deenik).

42 So konnte beispielsweise der Markeninhaber „Gillette" es einem Dritten nicht verbieten, Rasierklingen mit einem Verpackungsetikett mit der Aufschrift „diese Klinge passt für alle (...) Gillette Sensor Apparate" zu benutzen. Denn eine solche Benutzung der Marken „Gillette" durch den Wettbewerber mit dem Ziel der verständlichen und vollständigen Information der Öffentlichkeit über die Bestimmung der von dem Dritten vertriebenen Waren, dh darüber, dass diese Waren zu der Originalware mit den genannten Marken passt, fällt unter Art. 6 Abs. 1 Buchst. c RL 2008/95/EG (bzw. § 23 Nr. 3; EuGH C-228/03, GRUR 2005,

310 (312) Rn. 34 – Gilette). In der „Opel"-Entscheidung hingegen verneinte der EuGH das Vorliegen der Schranke des § 23 Nr. 3 mit der Begründung, dass die Anbringung des Opel-Blitzes auf den verkleinerten Modellen nicht dem Zweck dient, auf die Bestimmung dieses Spielzeugs hinzuweisen (EuGH C-48/05, GRUR 2007, 318 (320) Rn. 39 – Opel/Autec).

Der BGH hingegen bejahte eine freie Benutzung in einem Fall, in dem ein Dritter **43** seine Staubsaugerfiltertüten unter Verwendung einer eigenen Marke mit dem zusätzlichen Aufdruck „Filtertüte passend für VORWERK KOBOLD 130" versah, da dieser Hinweis notwendig sei, den Verkehr darüber zu informieren, für welchen Staubsaugertyp die Ware verwendet werden könne (BGH GRUR 2005, 423 (425) – Staubsaugerfiltertüten). Kein Hinweis auf die Bestimmung einer Ware liegt aber vor, wenn zB ein Dritter eigene Waren zum Einfüllen in markenrechtlich geschützte Behältnisse (zB Handtuchspender oder Pflasterspender) liefert und der Verkehr davon ausgeht, die Marke auf dem Spender kennzeichne auch die ausgegebene Ware, also das ausgegebene Papier bzw. Pflaster (BGH GRUR 1987, 438 – Handtuchspender; OLG Hamburg GRUR-RR 2003, 101 – Pflasterspender). In einem solchen Fall tritt zwar bei einem Verbrauch der Handtücher bzw. Pflaster regelmäßig ein Ersatzbedarf ein, gleichwohl ist der Verbindung zwischen Verpackung (Spender) und Ware (also Handtücher bzw. Pflaster) der Vorrang zu geben und die eigentliche Ware nicht mit einem bloßen Ersatzteil oder Zubehör gleichzusetzen. Sonst wäre ja die Verpackung (also der Spender) die Hauptware. Eine solche Betrachtungsweise wäre nach zutreffender Ansicht des OLG Hamburg gekünstelt und wird vom Verkehr nicht vorgenommen.

Allerdings steht die Freistellung einer solchen Benutzung stets unter dem Vorbehalt, dass **44** sie auch notwendig ist. Die Benutzung einer Marke ist notwendig, wenn die Information über den Zweck der Dienstleistung anders nicht sinnvoll übermittelt werden kann (EuGH C-63/97, GRUR Int 1999, 38 – BMW/Deenik). Diese konkrete Benutzung muss praktisch das einzige Mittel darstellen, um eine solche Information zu liefern (EuGH C-228/03, GRUR 2005, 310 (312) Rn. 34 – Gilette). Hiervon umfasst sind also nur Fälle, in denen diese Information – also etwa die Kompatibilität mit einer Originalware – praktisch nicht übermittelt werden kann, ohne die Marke zu benutzen. Um dies zu beurteilen, ist zu prüfen, ob es ggf. technische Standards oder Normen gibt, die geeignet sind, den angesprochenen Verkehrskreisen eine verständliche und vollständige Information über die Bestimmung der von dem Dritten vertriebenen Ware zu liefern (EuGH C-228/03, GRUR 2005, 310 (312) Rn. 36 – Gilette), wie etwa Größenangaben, DIN-Normen etc. Gibt es für den betreffenden Warentyp solche Standards oder Normen, die der Dritte verwenden kann, um auf die Bestimmung seiner Ware hinzuweisen, ist die Benutzung der Marke also gerade nicht notwendig, und nicht von § 23 Nr. 3 freigestellt. Durch Art. 14 Abs. 1 Buchst. c RL (EU) 2015/2436 wird diese Schranke künftig auf die rein referierende Benutzung erweitert. Art. 12 Abs. 1 Buchst. c UMV enthält bereits diese Erweiterung (→ UMV Art. 12 Rn. 10).

II. Schranke: Verstoß gegen die guten Sitten

Das Tatbestandsmerkmal des Verstoßes gegen die guten Sitten im Sinne dieser Bestimmung **45** ist richtlinienkonform auszulegen (→ Rn. 3). Der EuGH hat vier Fallgruppen entwickelt, nach denen die Benutzung eines geschützten Zeichens durch Dritte im Rahmen der Schutzschranke des § 23 unlauter sein kann (→ Rn. 22).

Das Vorliegen von Verwechslungsgefahr zwischen einem prioritätsjüngeren Zeichen als **46** Hinweis auf die Bestimmung der eigenen Ware und einer älteren Marke, erlaubt nicht zwangsläufig die Annahme eines Verstoßes gegen die guten Sitten iSv § 23 Nr. 3. Maßgeblich ist vielmehr, ob unter Würdigung aller Umstände des Einzelfalls den berechtigten Interessen des Markeninhabers unlauterer Weise zuwidergehandelt wird. Im Rahmen der entsprechenden Beurteilung ist insbesondere die Aufmachung zu berücksichtigen, innerhalb derer die fremde Marke zur Angabe der Bestimmung der eigenen Waren verwendet wird (BGH GRUR 2005, 423 (426) – Staubsaugerfiltertüten; EuGH C-100/02, GRUR 2004, 234 (235) Rn. 26 – Gerolsteiner). Zu berücksichtigen sind auch Begleitumstände, die außerhalb der eigentlichen Zeichengestaltung liegen (EuGH C-228/03, GRUR 2005, 509 – Gillette). Die fremde Marke darf insbesondere nicht für Werbezwecke eingesetzt werden, die über die mit der notwendigen Leistungsbestimmung einhergehende Werbewirkung hinausgehen. Hält sich die Benutzung dagegen in den Grenzen der notwendigen Leistungsbestimmung, muss es der Markeninhaber hinnehmen, wenn sich nicht ausschließen lässt, dass der Dritte auch von dem hohen Prestigewert der bekannten Marke profitiert (BGH GRUR 2005, 163 (165) – Aluminiumräder; GRUR 2009, 1162 – DAX).

47 Wird geltend gemacht, dass die Unlauterkeit in einer Irreführung über die Herkunft der angebotenen Waren oder über besondere Beziehungen zwischen dem Anbietenden und dem Kennzeicheninhaber besteht, so sind erhöhte Anforderungen an den Nachweis einer einen Verstoß gegen die guten Sitten iSv § 23 Nr. 3 begründenden Täuschungsgefahr zu stellen (BGH GRUR 2005, 423 (426) – Staubsaugerfiltertüten). Als Bestimmungsangabe iSd § 23 Nr. 3 privilegiert ist eine Produktwerbung, die den erkennbaren Zweck hat, das Produkt in seiner bestimmungsgemäßen Verwendung zu zeigen (BGH GRUR 2005, 163 – Aluminiumräder). In diesem Fall hatte ein Hersteller von Aluminiumrädern in seiner Produktwerbung einen exklusiven Sportwagen abgebildet, an dem die betreffenden Aluminiumrädern montiert waren. Hingegen kann die Verwendung einer bekannten Wort-/Bildmarke eines Automobilherstellers in einer Werbeanzeige für eine Kfz-Werkstatt gegen die guten Sitten iSv § 23 Nr. 3 verstoßen, wenn die Benutzung der Wortmarke des Autoherstellers die schützenswerten Interesse des Markeninhabers weniger beeinträchtigt (BGH GRUR 2011, 1135 – GROSSE INSPEKTION FÜR ALLE). Der BGH argumentiert nachvollziehbar, dass etwa die Wirkung einer Wortmarke „VW" in einem Fließtext im Zusammenhang mit der angebotenen Kfz-Reparaturdienstleistung darauf beschränkt wäre, nur über die Bestimmung der Leistung des Dritten zu informieren. Das bekannte Wort-/Bildzeichen „VW" hingegen würde eine darüber hinausgehende Aufmerksamkeit erzeugen und deshalb eher die Gefahr der Rufausbeutung in sich bergen.

§ 24 Erschöpfung

(1) Der Inhaber einer Marke oder einer geschäftlichen Bezeichnung hat nicht das Recht, einem Dritten zu untersagen, die Marke oder die geschäftliche Bezeichnung für Waren zu benutzen, die unter dieser Marke oder dieser geschäftlichen Bezeichnung von ihm oder mit seiner Zustimmung im Inland, in einem der übrigen Mitgliedstaaten der Europäischen Union oder in einem anderen Vertragsstaat des Abkommens über den Europäischen Wirtschaftsraum in den Verkehr gebracht worden sind.

(2) Absatz 1 findet keine Anwendung, wenn sich der Inhaber der Marke oder der geschäftlichen Bezeichnung der Benutzung der Marke oder der geschäftlichen Bezeichnung im Zusammenhang mit dem weiteren Vertrieb der Waren aus berechtigten Gründen widersetzt, insbesondere wenn der Zustand der Waren nach ihrem Inverkehrbringen verändert oder verschlechtert ist.

Überblick

Der Erschöpfungsgrundsatz setzt voraus, dass unter der jeweiligen Marke vermarktete konkrete Exemplare der Ware durch den Markeninhaber selbst (→ Rn. 18 ff.) oder mit seiner Zustimmung (→ Rn. 28 ff.) im EWR in Verkehr gebracht werden. Unter Umständen kann Erschöpfung auch dann eintreten, wenn die konkrete Ware zwar nicht so vom Markeninhaber unter der Marke in Verkehr gebracht wurde, die Ausübung der Markenrechte aber dennoch zu einer Abschottung nationaler Märkte führen würde. Die Erschöpfung folgt dann unmittelbar aus Art. 36 AEUV und nicht aus § 24 (→ Rn. 40). Sind diese Voraussetzungen erfüllt, kann jeder Dritte die Marke uneingeschränkt benutzen und wird nicht mehr wegen einer Verletzung der Markenrechte verfolgt (→ Rn. 14 ff.). Liegen allerdings berechtigte Gründe iSd § 24 Abs. 2 vor oder treten solche Gründe nach Inverkehrbringen der Ware auf, kann der Markeninhaber gegen die Benutzung der Marke vorgehen (→ Rn. 35 ff.).

Erschöpfung § 24 MarkenG

Übersicht

	Rn.		Rn.
A. Allgemeines	1	II. Inverkehrbringen mit Zustimmung des Inhabers	28
I. Rechtsnatur	1	1. Begriff der Zustimmung	28
II. Normzweck	6	2. Zurechnung des Inverkehrbringens durch mit dem Markeninhaber wirtschaftliche verbundene Unternehmen	31
III. Rechtsquellen	8		
B. Anwendungsbereich und Rechtsfolgen	11	III. Beweislast	32
I. Räumlicher Anwendungsbereich	11	**D. Ausschluss der Erschöpfung – berechtigte Gründe (Abs. 2)**	35
II. Sachlicher Anwendungsbereich	12	I. Produktveränderungen	37
III. Konkretes Warenexemplar	13	II. Parallelimport von Arzneimitteln	41
IV. Rechtsfolgen	14	1. Begriff des Umpackens von Arzneimitteln	41
1. Ansprüche	14		
2. Erfasste Handlungen	15	2. Voraussetzungen des Umpackens: Bristol-Myers Squibb Kriterien	44
C. Inverkehrbringen im EWR	18	3. Ergänzung durch Boehringer Ingelheim I und II	60
I. Inverkehrbringen durch den Markeninhaber	18	4. Keine Anwendung des Verhältnismäßigkeitsgrundsatzes/Kriterium der Erforderlichkeit	70
1. Grundsatz	18		
2. Unionsweite Erschöpfung	19		
3. Begriff des Inverkehrbringens	22	III. Weitere Fallgestaltungen	76

A. Allgemeines

I. Rechtsnatur

§ 24 kodifiziert eine wichtige **Schrankenbestimmung** des Markenrechts. Er setzt Art. 7 RL 2008/95/EG (ab 15.1.2019: Art. 15 RL (EU) 2015/2436) wörtlich in nationales Recht um. Abs. 1 enthält die Schrankenbestimmung (→ Rn. 18 ff.), Abs. 2 regelt die Ausnahmen (→ Rn. 35 ff.). 1

Der Erschöpfungsgrundsatz wurde richterrechtlich entwickelt (→ Rn. 8 ff.), ist aber heute in § 24 bzw. Art. 7 RL 2008/95/EG (ab 15.1.2019: Art. 15 RL (EU) 2015/2436) geregelt, der Art. 13 UMV vollständig entspricht. Die PVÜ sowie das TRIPS-Abkommen äußern sich zur Erschöpfung der Kennzeichenrechte nicht. 1.1

Sobald der Markeninhaber selbst oder ein Dritter mit seiner Zustimmung ein mit der Marke versehenes Exemplar der Ware in Verkehr gebracht hat, verliert der Markeninhaber die Befugnis, die weitere Vermarktung dieses Exemplars mit Hilfe des Markenrechts zu kontrollieren. Seine Rechte sind „erschöpft". 2

§ 24 Abs. 1 liegt eine **Interessenabwägung** zugrunde, die sich in den Tatbestandsmerkmalen „Inverkehrbringen" und „Zustimmung" kristallisiert. Dem Markeninhaber ist die Entscheidung über das erstmalige Inverkehrbringen der Ware zugewiesen (EuGH C-414/99, GRUR 2002, 156 Rn. 33 – Davidoff). Danach gehen die Interessen der anderen Wirtschaftsteilnehmer, die an der Verwertung der Ware beteiligt sind, vor. Damit dem Markeninhaber ein Rest an Kontrolle verbleibt, sieht Abs. 2 eine **Ausnahme** von der Erschöpfung vor (→ Rn. 35 ff.), insbesondere für den Fall, dass die Ware verändert wird. 3

Erschöpfung tritt zu keinem Zeitpunkt endgültig ein. Die Verletzungsansprüche des Markeninhabers können jederzeit wieder aufleben, wenn ein beteiligter Händler in der Verwertungskette auf die Ware in einer Weise einwirkt, die die Erschöpfung nach Abs. 2 entfallen lässt. Das kann zB der Fall sein, wenn die Ware im Weitervertrieb von einem der Händler beeinträchtigt oder erheblich verändert wird. Ein Zeitmoment gibt es hier nicht, es spielt keine Rolle, wann die Erschöpfung und die Voraussetzungen des § 24 Abs. 2 eingetreten sind. 4

Abs. 1 ist als **Einrede** ausgestaltet, dh der als Verletzer in Anspruch Genommene hat die Darlegungs- und Beweislast für die Voraussetzungen der Erschöpfung (→ Rn. 32 ff.). 5

II. Normzweck

6 Zweck der Erschöpfung ist, das Markenrecht angemessen zu begrenzen. Mit den Interessen des Wirtschaftsverkehrs – gleich ob auf nationaler oder europäischer Ebene – ist es unvereinbar, den weiteren Vertrieb von Waren, die mit Zustimmung des Zeicheninhabers gekennzeichnet und in den Verkehr gebracht worden sind, markenrechtlich zu behindern. Ein „Vertriebskontrollrecht" würde aber auch – und dies ist die europäische Dimension – der Zielsetzung des AEUV zuwiderlaufen, auf dem Gebiet der Mitgliedstaaten einen einheitlichen Wirtschaftsraum zu schaffen. Die Erschöpfung dient also dazu, das Spannungsverhältnis zwischen territorial begrenzten Markenrechten und dem durch Unionsrecht geschützten Warenverkehr im gemeinsamen Markt aufzulösen (vgl. EuGH C-427/93, GRUR Int 1996, 1144 Rn. 40 – Bristol-Myers Squibb).

7 An einer Kontrolle des Vertriebswegs der Ware kann der Markeninhaber zwar durchaus Interesse haben. Hierfür steht ihm aber nicht das Markenrecht zur Verfügung, sondern ggf. das Vertragsrecht.

III. Rechtsquellen

8 Das bis 1994 gültige Warenzeichengesetz (WZG) enthielt keine ausdrückliche Regelung der Erschöpfung des Warenzeichens. Die deutsche Rechtsprechung hat aber anerkannt, dass die Verbotsrechte des Markeninhabers ihren Zweck, auf die betriebliche Herkunft der mit der Marke versehenen Ware hinzuweisen, erfüllt oder sich „erschöpft" haben, wenn der Markeninhaber die mit dem Warenzeichen versehene Ware in den Verkehr gebracht hat (Fezer Rn. 7 mwN, unter anderem zur Rechtsprechung des RG).

9 Seit der Entscheidung Grundig/Consten (EuGH C-56/64 – C-58/64, GRUR Ausl 1966, 580 – Grundig/Consten) wurde die Rechtsprechung der deutschen Gerichte zur Erschöpfung des Markenrechts zunehmend durch die Entscheidungen des EuGH überlagert. Aus Sicht des EuGH war die Erschöpfung ein Mittel, die Territorialität des Markenrechts und die Binnenmarktstruktur des Europäischen Wirtschaftsraums (EWR) zum Ausgleich zu bringen, also das Markenrecht dort einzudämmen, wo aus Sicht des Gerichtshofs der freie Warenverkehr vorging (→ MarkenR Einleitung Rn. 42 f.).

9.1 Nach anfänglichen Versuchen, die Problematik mit Hilfe des Kartellrechts zu lösen, verlagerte der EuGH die Diskussion mehr und mehr hin zu Art. 28, 30 EG-Vertrag (nunmehr Art. 34, 36 AEUV; grundlegend vgl. EuGH 78/70, GRUR Int 1971, 450 – Polydor; vgl. zum Kartellrecht Fezer Rn. 132 ff.). Kristallisationspunkt der Abwägung der Interessen des Markeninhabers mit denjenigen der übrigen Wirtschaftsteilnehmer war der sog. „spezifische Gegenstand" des Markenrechts. Dieser vom EuGH in die Rechtsdiskussion eingeführte Begriff definierte den Inhalt des Rechtfertigungsgrundes des gewerblichen und kommerziellen Eigentums (Art. 30 EG-Vertrag [nunmehr Art. 36 AEUV]). Verbote oder Beschränkungen des freien Warenverkehrs waren nur soweit gerechtfertigt, als sie zur Wahrung der Rechte berechtigt waren, die den spezifischen Gegenstand des Markenrechts ausmachten.

9.2 Die Wahrnehmung von Markenrechten gegen Dritte ordnete der EuGH als Maßnahmen gleicher Wirkung iSd Art. 28 EG-Vertrag (nunmehr Art. 34 AEUV) ein, die grundsätzlich verboten waren. Die Rechte des Markeninhabers mussten also den Interessen eines freien Warenverkehrs weichen. Die in Art. 30 EG-Vertrag (nunmehr Art. 36 AEUV) vorgesehene Ausnahme griffen nur ein, wenn der „spezifische Gegenstand" des Markenrechts betroffen war. Im Rahmen des Art. 30 EG-Vertrag (nunmehr Art. 36 AEUV) war also stets eine Interessenabwägung vorzunehmen.

9.3 Im Lauf der Zeit präzisierte der EuGH immer mehr, was als „spezifischer Gegenstand" des Markenrechts zu verstehen war (detaillierte Übersicht bei Fezer Rn. 141), und formulierte spezifische Kriterien für die Interessenabwägung und Prüfung der Rechtslage im Einzelfall, die sogenannten „Erschöpfungskriterien" der Bristol-Myers Squibb-Entscheidung (→ Rn. 44 ff.).

10 Nachdem der Gesetzgeber entsprechend der MRL den Grundsatz der Erschöpfung in § 24 geregelt hatte, wurde der Rückgriff auf Art. 28, 30 EG-Vertrag (nunmehr Art. 34, 36 AEUV) im Anwendungsbereich der Vorschrift (→ Rn. 10.1) obsolet. Die Vorschriften der MRL und des MarkenG sind insoweit abschließend (zum Vorrang Art. 7 RL 2008/95/EG (ab 15.1.2019: Art. 15 RL (EU) 2015/2436) gegenüber Art 36 AEUV vgl. EuGH C-427/93, GRUR Int 1996, 1144 Rn. 25–28 – Bristol-Myers Squibb). Der EuGH hat die oben dargestellte Rechtsprechung bruchlos auf Art. 7 RL 2008/95/EG (ab 15.1.2019: Art. 15 RL (EU) 2015/2436) übergeleitet (EuGH C-427/93, GRUR Int 1996, 1144 Rn. 34 – Bristol-

Myers Squibb). Die MRL ist unionsrechtskonform, also im Lichte der Art. 34, 36 AEUV (früher Art. 28, 30 EG-Vertrag), auszulegen. Da § 24 wiederum an der MRL zu messen ist, ist die zu Art. 34, 36 AEUV (früher Art. 28, 30 EG-Vertrag) ergangene Rechtsprechung des EuGH vollumfänglich weiter anwendbar. Der EuGH bekräftigt dies regelmäßig, in dem er feststellt, die Erschöpfung sei auf „Grundlage des nationalen Markenrechts in Verbindung mit dem im Lichte von Art. 36 EG-Vertrag ausgelegten Artikel 7 der Richtlinie zu beurteilen" (EuGH C-427/93, GRUR Int 1996, 1144, 1146 Rn. 28 – Bristol-Myers Squibb).

Auf das Primärrecht (Art. 34, 36 AEUV) muss jedoch nach wie vor zurückgegriffen werden, soweit die betroffene Konstellation nicht vom Wortlaut des § 24 bzw. von Art. 7 RL 2008/95/EG (ebenso Art. 13 RL (EU) 2015/2436) erfasst wird. Dies ist etwa dann der Fall, wenn der Parallelimporteur die Marke, unter der die Ware im Ursprungsland vertrieben wurde, durch eine (leicht) abweichende, im Importstaat für dasselbe Produkt benutzte Marke ersetzt (EuGH C-379/97, GRUR Int 2000, 159; → Rn. 40). **10.1**

B. Anwendungsbereich und Rechtsfolgen

I. Räumlicher Anwendungsbereich

Gemäß § 24 tritt Erschöpfung immer dann ein, wenn die betreffende Ware im Territorium des EWR in Verkehr gebracht wird. Der Ort des Inverkehrbringens muss nicht in Deutschland liegen, wie sich aus dem Wortlaut klar ergibt. Ein Inverkehrbringen außerhalb des EWR führt hingegen nicht zur Erschöpfung der markenrechtlichen Befugnisse (Grundsatz der unionsweiten Erschöpfung; → Rn. 19). **11**

II. Sachlicher Anwendungsbereich

Anders als Art. 7 RL 2008/95/EG (ab 15.1.2019: Art. 15 RL (EU) 2015/2436), der nur die eingetragene Marke betrifft, ist § 24 nicht nur auf eingetragene Marken, sondern auch auf alle sonstigen Marken nach § 4 Nr. 2 und 3 sowie geschäftliche Bezeichnungen nach § 5 anwendbar. Im Bereich des § 5 gibt es allerdings kaum praktische Anwendungsfälle und diese sind auch nur schwer vorstellbar (zu den wenigen Ausnahmefällen s. BGH GRUR 1984, 545 – Schamotte-Einsätze). **12**

III. Konkretes Warenexemplar

Die Erschöpfung kann nur am konkreten Warenexemplar eintreten (EuGH C-173/98, GRUR Int 1999, 870 Rn. 19 – Sebago). Ansonsten könnte nicht rechtssicher festgestellt werden, in welchem Umfang die Rechte des Markeninhabers erschöpft sind. Die saubere Erfassung der von der Erschöpfung betroffenen Waren entscheidet darüber, an welchen Waren dem Markeninhaber die markenrechtlichen Befugnisse zustehen. § 24 gilt ausweislich seines Wortlauts (die Vorschrift spricht vom „weiteren Vertrieb der Waren") nicht für Dienstleistungen, für die ein Erschöpfungssachverhalt der Natur nach auch schwer denkbar ist. **13**

IV. Rechtsfolgen

1. Ansprüche

Erschöpfung erfasst nicht nur das Recht, die Ware weiter zu vertreiben, sondern verhindert alle Ansprüche der §§ 14 ff. (EuGH C-16/03, GRUR 2005, 507 Rn. 40 – Peak Holding). Unterlassung, Schadensersatz und Auskunft können nur für diejenigen Waren verlangt werden, die von der Erschöpfung nicht erfasst sind (klarstellend zum Auskunftsanspruch BGH GRUR 2006, 504 Rn. 33 ff. – Parfümtestkäufe/Auskunftsanspruch bei Reimport in den EWR). **14**

2. Erfasste Handlungen

Die Erschöpfung erfasst alle Handlungen, die nach § 14 Abs. 3 eine Markenverletzung darstellen. **15**

MarkenG § 24 Teil 2 Voraussetzungen, Inhalt und Schranken etc.

16 Zu erwähnen sind hier vor allem der Vertrieb nach § 14 Abs. 3 Nr. 2 Alt. 2 und die Ein- und Ausfuhr von Waren nach Nr. 4. So kann die Ware ohne weitere Kontrollmöglichkeit des Markeninhabers frei weitervertrieben werden, was der Sinn und Zweck der Erschöpfung ist (→ Rn. 6). Erwähnenswert ist zudem das Recht zur Neukennzeichnung nach § 14 Abs. 3 Nr. 1, weil es um diese Handlungsform oft im Rahmen der Fälle zum Parallelimport von Arzneimitteln geht. Hier ist der Parallelimporteur befugt, die Marke der Originalware (identisch) auf der importierten Ware (bzw. deren Verpackung) anzubringen (vgl. EuGH C-427/93, GRUR Int 1996, 1144 Rn. 34 – Bristol-Myers Squibb; BGH GRUR 2007, 1075 Rn. 14 – STILNOX).

17 Praktisch relevant ist zudem das Recht, mit der Marke Werbung zu treiben (§ 14 Abs. 3 Nr. 5 Alt. 2). Die Erschöpfung erfasst grundsätzlich auch die Benutzung der Marke durch Händler in der Werbung. Der Händler hat also das Recht, die Marke zu benutzen, um in der Öffentlichkeit für die betroffenen Waren zu werben. Dies gilt auch dann, wenn ein Wiederverkäufer, der gewöhnlich Artikel gleicher Art, aber nicht unbedingt gleicher Qualität vertreibt, für die mit der Marke versehenen Waren in seiner Branche übliche Werbeformen benutzt, selbst wenn diese nicht denen entsprechen, die der Markeninhaber selbst oder die von ihm ausgewählten Wiederverkäufer verwenden, solange nicht erwiesen ist, dass die Benutzung der Marke in der Werbung des Wiederverkäufers den Ruf der Marke im konkreten Fall erheblich schädigt (EuGH C-337/95, EuZW 1998, 22 Rn. 46 – Dior/Evora). Weiterhin darf nach der Rechtsprechung des BGH der Händler unter der Marke für die jeweilige Ware schon vorab Werbung betreiben, wenn er über die Ware, auf die sich die Werbung bezieht, im vorgesehenen Zeitpunkt ihres Absatzes ohne Verletzung des Rechts des Markeninhabers verfügen kann (BGH GRUR 2007, 784 Rn. 21 – Aidol). Es ist nach dieser Rechtsprechung nicht erforderlich, dass der Werbende die Waren im Zeitpunkt der Werbung bereits vorrätig hat oder dass die Waren zu diesem Zeitpunkt bereits vom Markeninhaber oder mit seiner Zustimmung im EWR in den Verkehr gebracht worden sind (BGH GRUR 2003, 878, 880 – Audi). Dies bricht mit dem Grundsatz, dass die Erschöpfung sich stets auf ein konkretes Warenexemplar bezieht, wird vom BGH aber toleriert.

C. Inverkehrbringen im EWR

I. Inverkehrbringen durch den Markeninhaber

1. Grundsatz

18 Der Markeninhaber muss die Ware in den Verkehr gebracht haben (→ Rn. 22). Hat der Markeninhaber die Ware nicht selbst in Verkehr gebracht, sondern ein Dritter, muss der Markeninhaber dem zugestimmt haben (→ Rn. 28).

2. Unionsweite Erschöpfung

19 Da der EuGH die markenrechtliche Erschöpfung aus dem Grundsatz des freien Warenverkehrs folgerte (und ab 1994 auf Art. 7 RL 2008/95/EG stützte), war sie in der Rechtsprechung des EuGH seit jeher auf das Territorium der EWG (später EG, nunmehr EWR) beschränkt, sog. Prinzip der unionsweiten Erschöpfung (ständige Rechtsprechung seit EuGH 192/73, GRUR Int 1974, 338 – HAG I). Das bedeutet, dass das Warenexemplar im Territorium des EWR in Verkehr gebracht werden muss, um die Erschöpfung auszulösen. Ein Inverkehrbringen in einem (einzigen) der Mitgliedstaaten reicht für den Eintritt der Erschöpfungswirkungen aus. Ist der Staat, in dem die Ware in Verkehr gebracht wurde, der EU erst zu einem späteren Zeitpunkt beigetreten, kommt es auf den Zeitpunkt des Inverkehrbringens an.

19.1 Nach der alten deutschen Rechtsprechung kam es wegen der anderen Herleitung der Erschöpfung als markenrechtsimmanenter Schranke auf den Ort des Inverkehrbringens nicht an, sog. Grundsatz der internationalen Erschöpfung. Auch der BGH hat dem Grundsatz der internationalen Erschöpfung aber schließlich eine Absage erteilt (BGH GRUR 1996, 271 (273) – Gefärbte Jeans). Damit vollzog der BGH die gesetzgeberische Entscheidung, unter der Geltung des MarkenG von 1994 die Erschöpfung nur mehr bei einem Inverkehrbringen im Territorium des EWR eintreten zu lassen (Begr. RegE zum MarkenG, BT-Drs. 12/6581, 81).

Der EuGH hat die alleinige Geltung des Grundsatzes der unionsweiten Erschöpfung im Jahr 1998 **19.2** ausdrücklich bestätigt (EuGH C-355/96, GRUR 1998, 919 Rn. 26 – Silhouette). Dies war notwendig, weil nicht klar war, ob es sich bei Art. 7 Abs. 1 RL 2008/95/EG (ab 15.1.2019: Art. 15 Abs. 1 RL (EU) 2015/2436) nur um eine Mindestvorgabe handelte, so dass der nationale Gesetzgeber die internationale Erschöpfung hätte einführen oder beibehalten können (so fasste man die Vorschrift in Österreich auf, was zur Vorlage der Frage durch den Obersten Gerichtshof an den EuGH führte, aber auch in Deutschland, sogar nach der Entscheidung „Gefärbte Jeans" des BGH, vgl. Wichard GRUR 1997, 711 (712)). Die Argumente für und wider eine nur unionsweite Erschöpfung sollen hier nicht wiedergegeben werden, weil der Streit heute nicht mehr aktuell ist (vgl. ausführlich Wichard GRUR 1997, 711 (712); Beckmann GRUR Int 1998, 836 (839); Renck EuZW 1998, 563 mit Ausführungen zur damals noch anderen Ansicht des EFTA-Gerichtshofs; dazu auch → MarkenR Einleitung Rn. 100.3).

Das europäische Recht verhindert damit den Import von Originalware aus dem EU-Ausland, auch **19.3** wenn diese qualitätsmäßig identisch ist und nach dem Inverkehrbringen nicht verändert wurde. Dies läuft der Herkunftsfunktion gerade nicht zuwider. Genau darin lag ja der Kern der in Deutschland vom RG entwickelten Lehre von der internationalen Erschöpfung. Inwieweit die Begrenzung auf den europäischen Markt durch die Verletzung der weiteren Markenfunktionen gerechtfertigt werden könnte, ist unklar.

Aus vorgenannten Gründen führt die reine Durchfuhr durch einen oder mehrere Mitglied- **20** staaten nicht zur Erschöpfung.

Der EuGH hat klargestellt, dass eine Ausweitung der Erschöpfung durch eine weite Ausle- **21** gung des Zustimmungsbegriffs unionsrechtswidrig ist (EuGH C-173/98, GRUR Int 1999, 870 Rn. 19 – Sebago). Hier ging es um Sachverhalte, in denen der Markeninhaber die Waren außerhalb der EWG in Verkehr gebracht hatte, die jeweiligen als Verletzter in Anspruch genommenen Händler aber behaupteten, der Markeninhaber habe durch Unterlassen ausdrücklicher Verbotsmaßnahmen dem Inverkehrbringen in den EWR konkludent zugestimmt (→ Rn. 30). Der EuGH hat dieser „internationalen Erschöpfung durch die Hintertür" über eine sehr breite Auslegung des Begriffs der Zustimmung eine klare Absage erteilt (EuGH C-173/98, GRUR Int 1999, 870 Rn. 21 – Sebago).

3. Begriff des Inverkehrbringens

Der Begriff des Inverkehrbringens ist für alle Mitgliedstaaten einheitlich, dh anhand des **22** Wortlauts, des Aufbaus und der Ziele der Richtlinie, auszulegen (EuGH C-176/03, GRUR 2005, 507 Rn. 32 – Peak Holding). Er erfasst jede Handlung, die es dem Inhaber erlaubt, den wirtschaftlichen Wert seiner Marke zu realisieren (EuGH C-173/98, GRUR 2005, 507 Rn. 40 – Peak Holding).

a) Eigentumsübertragung. Der EuGH verlangt, dass der Markeninhaber das Recht, **23** über die mit der Marke versehenen Waren zu verfügen, auf Dritte überträgt (EuGH C-16/63, GRUR 2005, 507 Rn. 42 – Peak Holding). Dies kann man im Sinne einer Übertragung des Eigentums verstehen. Der Rechtsprechung des EuGH sowie des BGH ist nicht klar zu entnehmen, ob für ein Inverkehrbringen die Übertragung des Besitzes ausreicht oder ob auch das Eigentum an der konkreten Ware übergehen muss (vgl. BGH GRUR 2006, 863 Rn. 15, 17 – ex works, wo die Übertragung des Eigentums geprüft wird; anders allerdings BGH GRUR 2007, 882 Rn. 16 – Parfümtester; ebenso wohl auf die Übertragung des Besitzes abstellend BGH GRUR 2011, 820 Rn. 17 – Kuchenbesteck-Set). Die Übertragung des Eigentums ist nach hiesiger Ansicht eine Mindestbedingung für die Erfüllung des Tatbestandsmerkmals des Inverkehrbringens (so auch Ingerl/Rohnke Rn. 19 – noch anders in der 3. Aufl. 2003 Rn. 7; anders Fezer Rn. 11, der die Übertragung des Eigentums bzw. des Besitzes lediglich als „Indiz" für das Inverkehrbringen wertet). Ein Markeninhaber, der nicht das Eigentum an der Ware überträgt, bringt zum Ausdruck, dass er sich nicht der Kontrolle über diese Ware begeben will. Dies hat der EuGH in der Parfümtester-Entscheidung von 2010 bestätigt (vgl. EuGH C-127/09, GRUR 2010, 723 – Parfümtester). Der EuGH verneint hier das Inverkehrbringen durch den Markeninhaber, wenn dieser klar zum Ausdruck gebracht hat, dass die Ware unverkäuflich ist und er das Eigentum an ihr nicht überträgt (EuGH C-127/09, GRUR 2010, 723 Rn. 45 – Parfümtester).

MarkenG § 24 Teil 2 Voraussetzungen, Inhalt und Schranken etc.

23.1 Der BGH hatte ein Inverkehrbringen in einem Fall bejaht, in dem der Markeninhaber seinen Vertragshändlern sich äußerlich von den zum Verkauf bestimmten regulären Parfümflakons unterscheidende Parfümtester, die mit Hinweisen auf die Unverkäuflichkeit des Produkts versehen waren, allein zum Zwecke der Werbung überließ und sich das Eigentum an den Testern vorbehielt (BGH GRUR 2007, 882 Rn. 16 – Parfümtester). Die lässt den Schluss zu, dass der BGH jedenfalls in dieser Entscheidung die Eigentumsübertragung lediglich als Indiz dafür auffasste, dass die betroffene Ware in Verkehr gebracht wurde. Die Entscheidung ist allerdings schwer in Einklang zu bringen mit der Parfümtester-Entscheidung des EuGH aus dem Jahr 2010, die in einem sehr ähnlich gelagerten Fall erging, und dürfte damit überholt sein (EuGH C-127/09, GRUR 2010, 723 Rn. 45 – Parfümtester).

23.2 Auch im Fall einer Übergabe der Ware an eine Transportperson wird die Ware nur dann in den Verkehr gebracht, wenn dabei zum Ausdruck kommt, dass der Markeninhaber sich ihrer wirklich entäußert und sie aus seiner Sphäre entlässt, so dass sie seinem Einfluss nicht mehr unterliegt. Die Übergabe an einen Frachtführer im Territorium des EWR soll nach BGH die Erschöpfung auch dann eintreten lassen, wenn der Käufer seinen Sitz außerhalb des EWR hat (BGH GRUR 2006, 863 Rn. 17 – ex works). Im zugrunde liegenden Fall war die Ware ab Werk verkauft worden und mit Übergabe an die Transportperson war die rechtliche Verfügungsgewalt auf den Käufer übergegangen. Die Entscheidung ist nach dem oben Ausgeführten richtig, weil mit dem Verlust der rechtlichen Verfügungsgewalt, also des Eigentums, der wirtschaftliche Wert der Ware potentiell auch im EWR realisiert werden kann, auch wenn der Käufer dies nicht beabsichtigt.

24 Bietet der Markeninhaber seine Ware im EWR nur an, ist Erschöpfung nicht eingetreten (EuGH C-16/03, GRUR 2005, 507 Rn. 42 – Peak Holding; die Vorlagefrage lautete hier, ob Erschöpfung dadurch eingetreten war, dass die Waren in eigenen Geschäften des Markeninhabers oder in Geschäften verbundener Unternehmen im EWR zum Verkauf angeboten worden waren). In solchen Fällen wurde auch das Eigentum in der Regel nicht übertragen. Aus diesem Grund hat der EuGH in der Peak Holding-Entscheidung auch ein Inverkehrbringen durch die reine Einfuhr der Ware in den EWR verneint (dem EuGH war in diesem Fall unter anderem auch noch die Frage vorgelegt worden, ob eine Ware dadurch in den Verkehr gebracht worden war, dass sie vom Markeninhaber in den EWR importiert und zollamtlich abgefertigt worden war, um sie dort zu verkaufen; vgl. EuGH C-16/03, GRUR 2005, 507 Rn. 42 – Peak Holding).

25 b) Wirtschaftliche Betrachtungsweise. Damit Erschöpfung eintritt, muss sich der Markeninhaber zumindest des Besitzes der Ware, wohl auch des Eigentums an ihr (→ Rn. 23), begeben. Im Übrigen ist anhand einer wirtschaftlichen Betrachtungsweise zu bestimmen, ob ein Inverkehrbringen vorliegt. Die folgt aus der Formulierung des EuGH, dass der Markeninhaber den „wirtschaftlichen Wert" seiner Marke realisieren müsse (vgl. EuGH C-16/03, GRUR 2005, 507 Rn. 40 – Peak Holding). Der Markeninhaber muss sich in einer Weise der Ware entäußern, dass ihm der wirtschaftliche Wert endgültig verbleibt, und die Möglichkeit, den weiteren Vertrieb der Markenware innerhalb des EWR zu kontrollieren, verlieren (BGH GRUR 2011, 820 Rn. 14, 17 – Kuchenbesteck-Set). Hier sind alle Aspekte des Sachverhalts zu berücksichtigen, einen feststehenden, klaren Kriterienkatalog gibt es nicht (vgl. OLG Hamburg GRUR-RR 2002, 96 – Paco Rabanne, das im Jahr 2002 die Frage, wann Waren als in den Verkehr gebracht anzusehen sind, als „umstritten" bezeichnete).

26 c) Vereinbarungen zwischen den Parteien. In der „Peak Holding"-Entscheidung hat der EuGH festgestellt, dass vertragliche Bestimmungen, die einen Wiederverkauf im EWR verbieten, ein Inverkehrbringen im EWR nicht ausschließen (EuGH C-16/03, GRUR 2005, 507 Rn. 56 – Peak Holding). Vertragliche Beschränkungen des Vertriebs sind für die Erschöpfung demnach unbeachtlich. Dies kann man dahingehend verallgemeinern, dass jegliche subjektiven Beweggründe des Markeninhabers außer Betracht zu lassen sind, was die zwischen den Beteiligten abgeschlossenen Verträge einschließt (EuGH C-16/03, GRUR 2005, 507 Rn. 42 – Peak Holding; BGH GRUR 2007 882 Rn. 14 – Parfümtester). Dies entspricht der Rechtsnatur der Erschöpfungseinrede als zwingendem Recht. Ihr Eingreifen sollte nicht von den Vereinbarungen zwischen den im jeweiligen Fall betroffenen Parteien abhängig gemacht werden.

26.1 Die Parfümtester-Entscheidung von 2010 (EuGH C-127/09, GRUR 2010, 723 Rn. 45 – Parfümtester) legt nahe, dass der EuGH die Berücksichtigung subjektiver Beweggründe dann für zulässig hält, wenn sich diese anhand objektiver Tatsachen zweifelsfrei feststellen lassen. Das wurde in der Parfümtester Entscheidung so allgemein allerdings nicht bestätigt. Der EuGH musste zur Frage des Inverkehrbringens nicht Stellung nehmen, weil der Sachverhalt so gelagert war, dass der Markeninhaber die Ware außerhalb des EWR in Verkehr gebracht hatte, und sich somit die Frage stellte, ob er seine Zustimmung zum Import der Ware in den EWR gegeben hatte (es ging um die Auslieferung der Waren an Depositäre innerhalb des EWR). Der EuGH hat die Zustimmung des Markeninhabers zum Inverkehrbringen durch einen Dritten verneint. Das ist eine andere Fallkonstellation als das Inverkehrbringen durch den Markeninhaber selbst. Unter Rn. 44 führt der Gerichtshof allerdings aus: „Sollte das Vorabentscheidungsersuchen, [...], in dem Sinne zu verstehen sein, dass es neben dem in Rn. 34 des vorliegenden Urteils beschriebenen Fall auch den Fall umfasst, dass Coty Prestige [der Markeninhaber, Anm. d. V.] die im Ausgangsverfahren fraglichen Tester anfänglich an einen ihrer im EWR ansässigen Depositäre geliefert hat, **„würde sich außerdem die Frage stellen, ob diese Lieferung als „Inverkehrbringen" im Sinne von Art. 7 Abs. 1 der Richtlinie 89/104 anzusehen ist"** (Hervorhebung durch den Verf.). In Rn. 45 heißt es dann, dies sei wegen des Hinweises „Unverkäuflich" ausgeschlossen. Der EuGH würde diesen Hinweis augenscheinlich als Äußerung des subjektiven Willens des Markeninhabers berücksichtigen und sogar ein Inverkehrbringen durch diesen selbst verneinen.

Es ist, auch wenn man die Parfümtester-Entscheidung von 2010 berücksichtigt, nicht generell zu erkennen, dass der EuGH von dem Grundsatz, dass vertragliche Abreden zwischen Markeninhaber und Dritten auf das Tatbestandmerkmal des Inverkehrbringens keinen Einfluss haben, abweichen möchte. Jedenfalls für den Fall, dass Testware den Hinweis der Unverkäuflichkeit aufweist, wird aber künftig anzunehmen sein, dass keine Erschöpfung eingetreten ist. Der EuGH hat dies in einem weiteren ähnlich gelagerten Fall bestätigt (EuGH C-324/09, GRUR 2011, 1025 Rn. 68–73 – L'Oréal/eBay). Im Ergebnis ist das richtig, weil im konkreten Fall das Eigentum nicht übertragen wurde. Die Aussagen des EuGH in der Parfümtester Entscheidung von 2010 sind aber nicht zu verallgemeinern und insbesondere nicht auf territoriale Beschränkungen zu übertragen. **26.2**

d) Lieferung innerhalb konzernverbundener Unternehmen. Eine Lieferung **inner-** **27** **halb** konzernverbundener Unternehmen oder eine Warenbewegung zwischen verschiedenen Betrieben des Markeninhabers stellt grundsätzlich kein Inverkehrbringen dar (EuGH C-16/03, GRUR 2005, 507 Rn. 44 – Peak Holding; BGH GRUR 2007, 882 f. Rn. 15 – Parfümtester; GRUR 2006, 863 Rn. 15 – ex works). Besteht mittels der konzerninternen „Leitungsmacht" eine gesellschaftsrechtliche Kontrolle über einen Konzernbetrieb, ist eine Übergabe der Ware an diesen kein Inverkehrbringen.

II. Inverkehrbringen mit Zustimmung des Inhabers

1. Begriff der Zustimmung

Erfolgt das Inverkehrbringen durch einen Dritten, kann Erschöpfung eintreten, wenn die **28** Zustimmung des Markeninhabers vorliegt.

Ebenso wie das Inverkehrbringen ist auch der Begriff der Zustimmung einheitlich für die **29** gesamte Union auszulegen (EuGH C-414/99, GRUR 2002, 156 Rn. 43 – Davidoff). Die Zustimmung des Markeninhabers kann ausdrücklich oder konkludent erteilt werden (EuGH C-414/99, GRUR 2002, 156 Rn. 45, 46 – Davidoff). Die konkludente Zustimmung muss auf eine Weise geäußert werden, die einen Willen zum Verzicht auf die markenrechtlichen Befugnisse mit Bestimmtheit erkennen lässt (EuGH C-414/99, GRUR 2002, 156 Rn. 45 – Davidoff). Hierzu sind alle Aspekte des Sachverhalts bei oder nach dem Inverkehrbringen zu prüfen. Die Zustimmung muss sich dabei immer auf einzelne Exemplare einer Ware beziehen (EuGH C-173/98, GRUR Int 1999, 870 Rn. 19 – Sebago).

Der EuGH stellte in diesem Zusammenhang auch klar, dass aus dem Schweigen des **30** Markeninhabers bzw. dem schlichten Unterlassen einer Handlung keine Zustimmung gefolgert werden kann (EuGH C-414/99, GRUR 2002, 156 Rn. 56, 57, 64 – Davidoff, so hatte aber der vorlegende britische High Court argumentiert, vgl. Anm. Ohly (C-414/99 bis C-416/99) GRUR Int 2002, 147 (152) zu Davidoff).

Dass reines Schweigen bzw. das Unterlassen einer Handlung keine Zustimmung beinhaltet, ergibt **30.1** sich bereits daraus, dass es dem vermeintlichen Verletzter obliegt, darzulegen und zu beweisen, dass der Markeninhaber seine Zustimmung erteilt hat. Hier kann der Vortrag, der Markeninhaber habe schlicht geschwiegen, nicht genügen. Es müssen zusätzliche Umstände vorgetragen und bewiesen werden, die

die Feststellung einer Zustimmung tragen. Ansonsten würde eine (richterrechtlich geschaffene) Zustimmungsvermutung aufgestellt, die mit dem Erfordernis der erkennbaren Zustimmung unvereinbar wäre (EuGH C-414/99, GRUR 2002, 156 Rn. 58 – Davidoff, zu den Einzelheiten vgl. GRUR 2002, 156 Rn. 60 und 66; zu den hiermit verbundenen Problemen Anm. Ohly (C-414/99 bis C-416/99) GRUR Int 2002, 147, 152 zu Davidoff). Zudem würde eine Zustimmung durch reines Schweigen den Grundsatz der unionsweiten Erschöpfung in Frage stellen (vgl. EuGH C-173/98, GRUR Int 1999, 870 – Sebago).

2. Zurechnung des Inverkehrbringens durch mit dem Markeninhaber wirtschaftliche verbundene Unternehmen

31   Nach der Rechtsprechung des EuGH und des BGH kann das Inverkehrbringen der Ware durch einen Dritten dem Markeninhaber zugerechnet werden. Zurechnungskriterium ist nach BGH die wirtschaftliche Verbundenheit zwischen dem Markeninhaber und derjenigen Person, die innerhalb des Europäischen Wirtschaftraums die tatsächliche Verfügungsgewalt über die mit der Marke versehenen Waren dergestalt an Dritte überträgt, dass der Markeninhaber den weiteren Vertrieb der Ware nicht mehr kontrollieren kann (BGH GRUR 2011, 820 Rn. 17 – Kuchenbesteck-Set; EuGH C-9/93, GRUR Int 1994, 614 Rn. 34 – Ideal Standard II; C-59/08, GRUR 2009, 593 Rn. 43 – Copad; C-324/08, GRUR 2009, 1159 Rn. 24 – Makro). Mit dem Markeninhaber in diesem Sinne wirtschaftlich verbunden sind beispielsweise ein Lizenznehmer, die Mutter- oder die Tochtergesellschaft desselben Konzerns oder aber ein Alleinvertriebshändler (BGH GRUR 2011, 820 Rn. 17 – Kuchenbesteck-Set). In all diesen Fällen wird eine (zumindest konkludente) Zustimmung des Markeninhabers vorliegen (vgl. Eisenführ/Schennen/Schennen GMV Art. 13 Rn. 18; für die Annahme einer normativen Zurechnung ist kein Platz, vgl. insofern aber Ingerl/Rohnke Rn. 28).

III. Beweislast

32   Gemäß § 24 Abs. 1 ist Erschöpfung eine Einrede. Grundsätzlich trägt der als Verletzter in Anspruch Genommene im Verletzungsprozess die Darlegungs- und Beweislast dafür, dass die Voraussetzungen der Erschöpfung vorliegen (BGH GRUR 2000, 879 f. – Stüssy). Er muss darlegen und beweisen, dass die Ware vom Markeninhaber oder mit dessen Zustimmung durch einen Dritten im EWR in den Verkehr gebracht wurde (§ 24 Abs. 1). Der EuGH hat für das deutsche Recht ausdrücklich bestätigt, dass diese Beweislastverteilung mit Art. 5 und 7 MRL aF vereinbar ist (EuGH C-244/00, GRUR 2003, 512 Rn. 36 – Van Doren Q; vgl. hierzu auch BGH GRUR 2004, 156 (157) – stüssy II).

33   In bestimmten **Ausnahmefällen** können die Regeln der Vortrags- und Beweislastverteilung allerdings modifiziert werden (EuGH C-244/00, GRUR 2003, 507 Rn. 42 – Van Doren Q). Zu diesen Ausnahmefällen gehören insbesondere Fälle, die exklusive oder selektive Vertriebssysteme zum Gegenstand haben, die Außenseiter ausschließen und eine Marktabschottung bewirken sollen (vgl. BGH GRUR 2004, 156 – stüssy II).

33.1   In der Regel ist in solchen Systemen in jedem Mitgliedstaat ein Alleinvertriebsberechtigter eingesetzt, der vertraglich verpflichtet ist, die Ware nicht an Zwischenhändler zum Weitervertrieb außerhalb seines jeweiligen Vertragsgebiets abzugeben. Der als Verletzter in Anspruch genommene (in der Regel ein nicht zum Vertriebssystem gehörender Außenseiter) muss im Verletzungsprozess beweisen, an welchem Ort die Waren vom Markeninhaber oder mit seiner Zustimmung erstmals in den Verkehr gebracht wurden. Dadurch erfährt der Markeninhaber, von welchem Mitglied des ausschließlichen Vertriebsnetzes des Markeninhabers im EWR der vermeintliche Verletzer beliefert wurde. Das ermöglicht dem Markeninhaber, auf dieses Mitglied, quasi das „Schlupfloch", einzuwirken, den vermeintlichen Verletzer nicht mehr zu beliefern (EuGH C-244/00, GRUR 2003, 507 Rn. 40 – Van Doren Q). Das würde die Marktabschottung bestärken. Den Beweis für das Inverkehrbringen im EWR hat der EuGH aus diesem Grund dem Markeninhaber aufgebürdet, wenn der vermeintliche Verletzter beweist, dass das Vertriebssystem des Markeninhabers eine Marktabschottung bewirkt.

33.2   Die vom EuGH aufgestellte Regel dürfte dabei alle Vertriebssysteme, die den Verkauf an nicht zum System gehörige Dritte beschränken, erfassen (vgl. EuGH C-244/00, GRUR 2003, 512 Rn. 42 – Van Doren, Q). Gleiches gilt nach BGH, wenn die Abschottung durch ein tatsächliches Verhalten erreicht wird, etwa wenn dem Vertriebspartner, der vertraglich gestattete Lieferungen an Außenseiter vornimmt, in Aussicht gestellt wird, nach Ablauf der Vertragszeit keine Vertragsverlängerung zu erhalten, der Warenbezug erschwert wird oder auf andere Weise Druck auf ihn ausgeübt wird (BGH GRUR 2012, 626 Rn. 35 – Converse).

Hieraus resultiert eine dreistufige Beweislastregel: Der als Verletzer in Anspruch Genommene muss zunächst beweisen, dass eine tatsächliche Gefahr der Abschottung der nationalen Märkte besteht. Gelingt dem vermeintlichen Verletzer der Nachweis einer drohenden Marktabschottung, muss der Markeninhaber nachweisen – zB mittels eines auf Regionen oder Empfänger geeichten Codierungs- oder Nummerierungssystems –, dass die Waren ursprünglich von ihm selbst oder mit seiner Zustimmung außerhalb des EWR in den Verkehr gebracht wurden. Bei unstreitig weltweitem Vertrieb von Waren, die keine Merkmale enthalten, aus denen erkennbar wird, in welchem Gebiet sie erstmals in den Verkehr gebracht worden, geht der BGH von Erschöpfung aus (BGH GRUR 2004, 156 (157) – stüssy II). Gelingt dem Markeninhaber der Beweis, obliegt es wiederum dem Dritten, nachzuweisen, dass der Markeninhaber dem weiteren Vertrieb der Waren im EWR zugestimmt hat (vgl. zu allen Punkten EuGH C-244/00, GRUR 2003, 512 Rn. 41 – Van Doren, Q). 34

D. Ausschluss der Erschöpfung – berechtigte Gründe (Abs. 2)

§ 24 Abs. 2 regelt, unter welchen Voraussetzungen der Erschöpfungsgrundsatz ausnahmsweise nicht eingreift. Der Markeninhaber kann sich dem Vertrieb der Ware widersetzen, wenn er hierfür „berechtigte Gründe" hat. 35

§ 24 Abs. 2 ist eine Generalklausel. Eine Definition der „berechtigten Gründe" gibt es nicht, es muss von Fall zu Fall anhand der Verkehrsauffassung festgestellt werden, ob Erschöpfung vorliegt. Hier sind die Interessen des Markeninhabers an der Kontrolle der Ware bzw. des Umgangs mit ihr und die Interessen der übrigen Wirtschaftsteilnehmer an einem freien Warenverkehr gegeneinander abzuwägen. In der Praxis haben sich Fallgruppen herausgebildet. 36

I. Produktveränderungen

§ 24 Abs. 2 nennt die Beispielsfälle „Veränderung" und „Verschlechterung" der Ware. Eine Verschlechterung stellt zwingend auch eine Veränderung der Ware dar, anders herum gilt dies nicht (vgl. BGH GRUR 2005, 160 f. – SIM-Lock). 37

Nicht jede Änderung der Ware ist eine „Veränderung" iSd Art. 24 Abs. 2. Hierzu muss eine bestimmte Schwelle überschritten werden. Eine Produktveränderung liegt vor, wenn die Ware in ihren charakteristischen Sacheigenschaften, dh ihrer Eigenart, verändert wird, unabhängig davon, ob die Veränderung sichtbar ist oder nicht (ständige Rechtsprechung, BGH GRUR 1982, 115 – Öffnungshinweis; GRUR 1988, 213 f. – Griffband; GRUR 1990, 678 – Herstellerkennzeichen auf Unfallwagen; GRUR 1996, 271 (274) – Gefärbte Jeans; GRUR 2005, 150 – SIM-Lock; GRUR 2012, 392 Rn. 19, 21 – Echtheitszertifikat). Nach BGH werden mit dem Begriff der Eigenart solche Eigenschaften der Ware beschrieben, deren Veränderung der Herkunfts- und der daraus abgeleiteten Gewährfunktion der Marke zuwiderläuft (BGH GRUR 1996, 271 (274) – Gefärbte Jeans). Die Änderung kann dabei die Beschaffenheit, den Verwendungszweck, die Funktionsweise oder das Konstruktionsprinzip der Ware betreffen. Die Eigenart ist nicht auf die physische Ware beschränkt, darf aber auch nicht zu abstrakt verstanden werden. Ob ein Eingriff vorliegt oder nicht, beurteilt sich stets aus Sicht der betroffenen Verbraucher (BGH GRUR 2005, 150 – SIM-Lock, S. 9). Grundsätzlich irrelevant sind daher geringfügige Eingriffe, die weder äußerlich wahrnehmbar sind noch objektiv Einfluss auf die Funktionstüchtigkeit der Ware haben. 38

Das Umfärben von Jeans mit Farbstoffen, die sich mit der Stoffstruktur fest verbinden und das Aussehen der Jeans dauerhaft ändern und ihr ein vom Design der Originale deutlich abweichendes Aussehen verleihen, hielt der BGH für unzulässig (BGH GRUR 1996, 271 – Gefärbte Jeans). Auch das Entfernen der Sperre von Mobiltelefonen ist nach BGH eine unzulässige Produktveränderung (BGH GRUR 2005, 150 (161) – SIM-Lock). 39

Ein Beispiel für einen etwas „abstrakteren" Eingriff in die Produktintegrität stellt die Verbindung eines von Computern abgelösten Echtheitszertifikats mit den Sicherungs-CDs dar. Im konkreten Fall ging es um sogenannte Echtheitszertifikate, die die Klägerin Microsoft auf jedem ihrer PCs aufbrachte. 39.1

Diese Zertifikate enthielten Nummern, die man zum Aufspielen der zum jeweiligen PC gehörigen Software benötigte. Die Beklagte hatte Microsoft Software ohne die jeweiligen PCs mit von diesen PCs abgelösten Echtheitszertifikaten vertrieben, um Verbrauchern zu ermöglichen, die Software auch ohne Erwerb eines PCs zu erwerben. Dies rief nach BGH den unzutreffenden Eindruck hervor, der Markeninhaber stünde durch die Verbindung von Datenträger und Zertifikat für die Echtheit des Produkts ein (BGH GRUR 2012, 392 Rn. 21 – Echtheitszertifikat). Die Verbraucher würden die Verbindung dahin verstehen, dass der konkrete Datenträger vom allein zur Erstkennzeichnung von Produkten berechtigten Markeninhaber selbst oder durch einen von ihm beauftragten Dritten als echt zertifiziert worden ist. In der Verknüpfung von Zertifikat und Software kam nach BGH die Herkunftsgarantie zum Ausdruck. Eine Zustimmung von Microsoft lag im konkreten Fall aber nicht vor. Der BGH sah ein berechtigtes Interesse des Markeninhabers, diese Zuordnungsverwirrung zu verhindern (BGH GRUR 2012, 392 f. Rn. 24 – Echtheitszertifikat).

39.2 Ein weiteres Beispiel für eine im landläufigen Sinne nicht sofort als solche erkennbare Produktveränderung ist das Wiederbefüllen von Gaszylindern, die in einem Besprudelungsgerät eingesetzt werden. Der Hersteller des zur Besprudelung verwendeten Gases hatte seine Marke auf den Gaszylindern angebracht und die Zylinder so in den Verkehr gebracht. Das als Verletzer in Anspruch genommene Unternehmen füllte leere Gaszylinder wieder auf und brachte dabei seine eigene Marke auf den Zylindern an, wobei die Marken des Gasherstellers nicht überdeckt wurden. Der EuGH hat in solchen Fällen auf Erschöpfung erkannt und auch einen berechtigten Grund, den Weitervertrieb zu verbieten, verneint (EuGH C-46/10, GRUR Int 2011, 827 Rn. 40, 41 – Viking Gas). Ein Unternehmen, das seine Marke auf einer wieder befüllbaren Gasflasche des Markeninhabers anbringt, ohne die ursprüngliche Marke zu entfernen, kann sich auf Erschöpfung berufen. Im konkreten Fall konnte der EuGH nicht erkennen, dass die Etikettierung der Kompositflaschen und die Bedingungen, unter denen sie ausgetauscht werden, den normal informierten, angemessen aufmerksamen und verständigen Durchschnittsverbraucher zu der Annahme veranlassen, dass zwischen den betroffenen Unternehmen eine Verbindung besteht oder dass das für die Befüllung dieser Flaschen verwendete Gas vom Markeninhaber stammt (EuGH C-46/10, GRUR Int 2011, 827 Rn. 41 – Viking Gas). Bei der Beantwortung der Frage, ob ein solcher irriger Eindruck anzunehmen ist, waren nach EuGH die Praktiken in diesem Wirtschaftszweig und insbesondere die Frage zu berücksichtigen, ob die Verbraucher es gewohnt sind, dass Gasflaschen von anderen Händlern befüllt werden (EuGH C-46/10, GRUR Int 2011, 827 Rn. 40 – Viking Gas).

40 Einen Unterfall der Produktveränderung bilden die Sachverhalte, in denen der Markeninhaber für den Vertrieb derselben Ware in verschiedenen Märkten jeweils eine spezielle, für den jeweiligen Markt vorgesehene Marke und dazugehörige Verpackung benutzt. Wenn der Parallelimporteur die Ware von einem Markt in den anderen importieren will, ist er gezwungen, die Marken (und ggf. die Verpackung) auszutauschen. In einem solchen Fall der **Markenersetzung** findet § 24 Abs. 2 dem Wortlaut nach keine Anwendung, weil der Importeur die Ware nicht unter der Marke vertreibt, unter der der Markeninhaber sie in Verkehr gebracht hat. Allerdings kann der Markeninhaber mit dieser Strategie ebenfalls die nationalen Märkte abschotten, wenn insbesondere im Importland nur die andere Marke zugelassen ist oder die Verbraucher im Importland die Ware nur unter der vom Markeninhaber dort benutzten Marke kennen und unter der Auslandsmarke angebotene Produkte nicht erwerben. Hier ist die Geltendmachung markenrechtlicher Ansprüche an Art. 34, 36 AEUV zu messen. Die markenrechtliche Zulässigkeit der Neukennzeichnung importierter Ware ist dann nach denselben Maßstäben zu beurteilen wie das Wiederanbringen der ursprünglichen Marke (EuGH C-379/97, GRUR Int 2000, 159 Rn. 37–40 – Upjohn/Paranova). Der Prüfungskatalog ist derselbe, es sind auch hier die fünf Erschöpfungsvoraussetzungen (→ Rn. 44) abzuprüfen.

II. Parallelimport von Arzneimitteln

1. Begriff des Umpackens von Arzneimitteln

41 Das Umpacken von Arzneimitteln ist ein Unterfall der Produktveränderung. Diese Fallgruppe ist Gegenstand einer großen Anzahl von Gerichtsentscheidungen, sowohl der deutschen Gerichte als auch des EuGH. Seit mittlerweile über vier Jahrzehnten blüht der grenzüberschreitende Handel mit Arzneimitteln im EWR. Hierauf spezialisierte Unternehmen („Parallelimporteure") erwerben die Arzneimittel in einem Mitgliedstaat, in dem sie billig angeboten werden, packen diese in eine neu gestaltete Verpackung und bieten sie in einem anderen Mitgliedstaat, in dem der Preis für das gleiche Mittel deutlich höher ist, zum Verkauf an. Das Preisgefälle resultiert aus der unterschiedlichen Kostenerstattungspraxis der staatlichen Gesundheitssysteme. Der hieraus resultierende Gewinn ist so hoch, dass sich der für den Parallelimport betriebene Aufwand lohnt.

In den „Umpackfällen" zeigt sich besonders stark die enge Verzahnung zwischen Unionsrecht und **41.1** den nationalen Markenrechtsordnungen. Der EuGH bemüht sich in all seinen Entscheidungen, die Errichtung künstlicher Handelsschranken zwischen den Mitgliedstaaten unter Respektierung der Territorialität und Nationalität des Markenrechts zu verhindern. Der EuGH hat kraft Richterrechts auf der Grundlage von Art. 36 S. 2 AEUV einen besonderen markenrechtlichen Sondertatbestand geschaffen, der regelt, unter welchen Voraussetzungen dem Parallelimporteur Zutritt zum Markt gewährt wird (so zutreffend Immenga/Mestmäcker, EU-Wettbewerbsrecht, A. Gewerblicher Rechtsschutz und Urheberrecht im Binnenmarkt, Rn. 61).

Eingriffe seitens des Importeurs sind in vielfältiger Hinsicht denkbar: typischerweise wird **42** die Originalpackung geöffnet, die Arzneimittel aus der Packung entfernt und in eine neue Verpackung umgepackt. Oder der Importeur umhüllt die alte Verpackung mit einer neuen Umpackung und bringt in dieser Fenster an, die den Blick auf die Marke auf der Originalverpackung freigeben („Fensterpackungen"). Alternativ werden die Originalpackungen vom Importeur zu größeren Packungen gebündelt. Blisterstreifen werden aus den Originalpackungen herausgenommen („Abstocken") und in neuen Packungen zusammengebündelt (die Blisterstreifen werden mittels einer Banderole miteinander verbunden) oder zu den in der Originalpackungen bereits vorhandenen Blisterstreifen hinzugefügt („Aufstocken"). Mitunter werden dabei Blisterstreifen zerschnitten. Auf den Blisterpackungen werden Beschriftungen angebracht. Gegebenenfalls werden auf der Verpackung Hinweise angebracht (zB durch Aufkleber) oder die Packung wird mit einem Etikett überklebt, auf dem der Gattungsname des Erzeugnisses und Angaben zum Hersteller und zum Lizenzinhaber für den Parallelimport stehen. Das Erzeugnis wird in Packungen umgepackt, die vom Parallelimporteur gestaltet wurden. Hier bringt der Importeur häufig seine eigene Marke auf der Packung an (vgl. als Beispiel den Sachverhalt von EuGH C-143/00, GRUR Int 2002, 739 – Boehringer Ingelheim I). Auch wenn ein Umpacken im strikten Wortsinn nicht vorliegt, also beispielsweise statt der Verpackung nur der Beipackzettel betroffen ist, kommen die hierzu entwickelten Grundsätze zur Anwendung (BGH GRUR 2003, 336 (338) – Beloc).

Die Schwere des Eingriffs ist für den Begriff des Umpackens nicht relevant, nur für die **43** Frage, ob damit eine Beeinträchtigung des Rufs der Marke oder der Qualität der Ware verbunden ist. Für das Umpacken von Waren hat die Rechtsprechung spezielle Voraussetzungen entwickelt, die die Handhabung von § 24 Abs. 2 erleichtern (→ Rn. 45).

2. Voraussetzungen des Umpackens: Bristol-Myers Squibb Kriterien

In der Leitentscheidung Bristol-Meyer Squibb hat der EuGH die fünf Voraussetzungen, **44** unter denen ein Umpacken zulässig ist, aufgestellt („Erschöpfungsvoraussetzungen", EuGH C-427/93, GRUR Int 1996, 1144 – Bristol-Myers Squibb, vier der fünf Voraussetzungen galten bereits nach EuGH C-102/77, GRUR Int 1978, 291 (298) – Hoffmann-La Roche):
- Es droht eine Abschottung der Märkte (→ Rn. 46).
- Der Originalzustand der in der Verpackung enthaltenen Ware wird nicht beeinträchtigt (→ Rn. 48).
- Das umpackende Unternehmen wird auf der Verpackung angegeben (→ Rn. 50).
- Der Ruf der Marke wird nicht beschädigt (→ Rn. 52).
- Der Importeur unterrichtet den Markeninhaber vorab vom Angebot des umgepackten Erzeugnisses (→ Rn. 56).

Diese fünf Voraussetzungen müssen kumulativ vorliegen. Fehlt eine der Voraussetzungen, **45** kann der Markeninhaber seine markenrechtlichen Ansprüche gegen den Importeur geltend machen.

Die deutschen Gerichte haben diese Vorgaben in ständiger Rechtsprechung übernommen: BGH **45.1** GRUR 2001, 422 f. – ZOCOR; GRUR 2002, 1059 (1061) – Zantac/Zantic; GRUR 2002, 1063 (1065) – Aspirin I; GRUR 2003, 338, 339 – Bricanyl I; GRUR 2003, 434 f. – Pulmicort; GRUR 2007, 1075 Rn. 17 ff. – STILNOX; GRUR 2008, 156 Rn. 19 – Aspirin II; GRUR 2008, 160 Rn. 31 –

CORDARONE; GRUR 2008, 614 Rn. 20 – ACERBON; GRUR 2008, 1087 Rn. 16 – Lefax/Lefaxin; GRUR 2008, 1089 Rn. 23 – KLACID PRO).

46 **a) Abschottung der Märkte.** Von einer künstlichen Marktabschottung im Sinne der Bristol-Meyer Squibb Entscheidung ist auszugehen, wenn im Zeitpunkt des Vertriebs bestehende Umstände den Importeur zu einem Umpacken des Arzneimittels zwingen, um diese im Einfuhrmitgliedstaat in Verkehr bringen zu können (EuGH C-379/97, GRUR Int 2000, 159 Rn. 43 – Upjohn/Paranova). Es muss mit anderen Worten eine objektive Zwangslage vorliegen. Subjektive Beweggründe des Markeninhabers spielen keine Rolle.

46.1 Ein Hindernis, das ein Umpacken objektiv erforderlich macht, liegt zB dann vor, wenn die vom Parallelimporteur erworbenen Arzneimittel im Einfuhrmitgliedstaat nicht in ihrer Originalpackung vertrieben werden können, weil nationale Vorschriften andere Verpackungsgrößen vorschreiben oder nur bestimmte Größen von den Verbrauchern akzeptiert werden. Das kann auf krankenversicherungsrechtliche Vorschriften, die die Erstattung der Krankheitskosten von einer bestimmten Verpackung abhängig machen, zurückzuführen sein. Mitunter empfehlen Berufsverbände und Krankenversicherungsträger Normgrößen, woraus sich feste ärztliche Verschreibungsgewohnheiten entwickeln (vgl. EuGH C-427/93, GRUR Int 1996, 1144 Rn. 53, 54 – Bristol-Myers Squibb). Ein Hindernis kann auch darin bestehen, dass eine Rechtsvorschrift die Benutzung der im Ausfuhrmitgliedstaat angebrachten Marke im Einfuhrmitgliedstaat verbietet, weil sie zur Irreführung der Verbraucher geeignet ist (EuGH C-379/97, GRUR Int 2000, 159 Rn. 43 – Upjohn/Paranova), oder dass Markenrechte Dritter entgegenstehen.

47 Eine Zwangslage liegt dagegen nicht vor, wenn der Parallelimporteur sich darauf beruft, dass eine andere Verpackung besonders werbewirksam und absatzfördernd wirke (ständige Rechtsprechung, EuGH C-348/04, GRUR 2007, 586 Rn. 36 f. – Boehringer Ingelheim II; C-143/00, GRUR 2002, 879 Rn. 46 ff. – Boehringer Ingelheim I; C-379/97, GRUR Int 2000, 159 Rn. 44 – Upjohn/Paranova; BGH GRUR 2008, 1098 Rn. 30 – KLACID PRO; GRUR 2008, 156 Rn. 22 – Aspirin II; GRUR 2005, 52 (53) – Topinasal; GRUR 2002, 1059 (1061) – Zantac/Zantic).

47.1 Es ist den nationalen Gerichten überlassen, das Vorliegen einer objektiven Zwangslage als Tatfrage festzustellen (EuGH C-379/97, GRUR Int 2000, 159 Rn. 41 – Upjohn/Paranova; EuGH C-348/04, GRUR 2007, 586 Rn. 46 – Boehringer Ingelheim II).

47.2 Der Importeur muss vortragen und beweisen, dass die Geltendmachung einer Marke durch den Markeninhaber zu dem Zweck, sich dem Vertrieb der umgepackten Waren unter der Marke zu widersetzen, zu einer künstlichen Abschottung der Märkte zwischen Mitgliedstaaten beitragen würde (EuGH C-427/93, GRUR Int 1996, 1144 – Bristol-Myers Squibb).

47.3 Der Importeur kann im Rahmen der Prüfung der objektiven Zwangslage nicht auf einen sog. Teilmarkt verwiesen werden (EuGH C-427/93, GRUR Int 1996, 1144 Rn. 54 – Bristol-Myers Squibb). Wenn im Ausfuhrmitgliedstaat nur eine Packungsgröße in Verkehr gebracht wird, während im Einfuhrmitgliedstaat neben dieser Packungsgröße eine weitere Packungsgröße vom Markeninhaber vertrieben wird, muss der Parallelimporteur die Möglichkeit haben, die Ware in allen Packungsgrößen zu vertreiben. Der Markeninhaber kann dem Importeur nicht vorhalten, dass dieser zumindest eine (einzige) verkehrsfähige Packungsgröße auf dem Markt des Einfuhrmitgliedstats absetzen könne (BGH GRUR 2008, 1089 Rn. 34 – KLACID PRO, unter Bezugnahme auf EuGH C-427/93, GRUR Int 1996, 1144 Rn. 52, 54 – Bristol-Myers Squibb). Dies folgt aus dem Grundsatz, dass beim Erschöpfungsgrundsatz nach § 24 nur auf das konkrete im EWR in Verkehr gebrachte Warenexemplar und nicht auf mit diesem identische oder ähnliche Waren abzustellen ist (BGH GRUR 2008, 160 Rn. 33 – Cordarone).

48 **b) Keine Beeinträchtigung des Originalzustands der in der Verpackung enthaltenen Ware.** Das Umpacken darf den Originalzustand der in der Verpackung enthaltenen Ware nicht beeinträchtigen. Ob eine Beeinträchtigung vorliegt, ist anhand der Umstände des Einzelfalls durch das nationale Gericht zu bestimmen (EuGH C-102/77, GRUR 1978, 599 Rn. 10 – Hoffmann-La Roche). Die Beeinträchtigung ist dabei stets in Bezug auf die Ware, die in der Verpackung enthalten ist, zu prüfen (EuGH C-427/93, GRUR Int 1996, 1144 Rn. 58 – Bristol-Myers Squibb). Bei der Prüfung der Frage, ob eine Beeinträchtigung der Ware vorliegt, sind die Art der Ware und das beim Umpacken angewandte Verfahren zu berücksichtigen (EuGH C-427/93, GRUR Int 1996, 1144 Rn. 59 – Bristol-Myers Squibb).

Das Umpacken an sich stellt noch keine Beeinträchtigung dar (EuGH C-427/93, GRUR Int 1996, 1144 Rn. 61 – Bristol-Myers Squibb).

Eine Beeinträchtigung liegt beispielsweise vor, wenn die äußere oder innere Verpackung der umge- **48.1** packten Ware oder ein neuer Beipack- oder Informationszettel bestimmte wichtige Angaben nicht enthalten oder aber unzutreffende Angaben über die Art der Ware, ihre Zusammensetzung, ihre Wirkung, ihren Gebrauch oder ihre Aufbewahrung enthalten, oder wenn ein vom Importeur in die Verpackung eingelegter zusätzlicher Artikel, der zur Einnahme und zur Dosierung des Arzneimittels dient, nicht der Gebrauchsanweisung und den Dosierungsempfehlungen des Herstellers entspricht (EuGH C-427/93, GRUR Int 1996, 1144 Rn. 65 – Bristol-Myers Squibb). Ob das Zerschneiden von Blisterstreifen oder das Aufstempeln von Chargennummern auf diese ein konkretes Risiko einer Beeinträchtigung des Originalzustands der darin befindlichen Tabletten bildet, hängt vom Einzelfall ab. Dies ist unter anderem dann anzunehmen, wenn diese Handlungen von einer Behörde genehmigt und daraufhin überwacht werden, dass die einwandfreie Beschaffenheit der Ware gewährleistet ist (EuGH C-427/93, GRUR Int 1996, 1150 Rn. 70 – Bristol-Myers Squibb).

Allerdings genügt nicht jedes hypothetische Risiko eines isolierten Fehlers, um dem Mar- **49** keninhaber das Recht zuzugestehen, sich dem Umpacken von Arzneimitteln in neue äußere Verpackungen zu widersetzen. Auch die Beeinträchtigung des Originalzustands muss also eine gewisse Schwelle überschreiten (EuGH C-427/93, GRUR Int 1996, 1144 Rn. 63 – Bristol-Myers Squibb).

c) Angabe des umpackenden Unternehmens. Der Importeur muss dafür sorgen, **50** dass die Verbraucher die von ihm in Verkehr gebrachten Waren nicht mit den Waren des Markeninhabers verwechseln. Auf der neuen Verpackung ist daher klar anzugeben, von wem das Arzneimittel umgepackt worden ist und wer der Hersteller ist. Diese Angaben müssen laut EuGH so aufgedruckt sein, dass sie ein normalsichtiger Verbraucher bei Anwendung eines normalen Maßes an Aufmerksamkeit verstehen kann (EuGH C-427/93, GRUR Int 1996, 1144 Rn. 71 – Bristol-Myers Squibb). Auch dies hat das nationale Gericht zu beurteilen. Es ist aber nicht notwendig, dass auf der Verpackung außerdem ausdrücklich angegeben wird, dass das Umpacken der Ware ohne Zustimmung des Markeninhabers erfolgt ist (EuGH C-427/93, GRUR Int 1996, 1144 Rn. 72 – Bristol-Myers Squibb).

Ausreichend ist die Angabe, wenn auf der Verpackung der umgepackten Ware klar ersicht- **51** lich der Name des Unternehmens angegeben ist, in dessen Auftrag und nach dessen Anweisungen das Umpacken vorgenommen wurde und das letzteres verantwortet (EuGH C-400/09, GRUR 2011, 814 Rn. 29 – Orifarm). In der Praxis geschieht dies meist mit dem Hinweis „Import, Umpackung und Vertrieb durch XY".

Das umpackende Unternehmen, sofern es sich hier um eine vom Importeur separate Einheit handelt, **51.1** muss nicht angegeben werden (EuGH C-400/09, GRUR 2011, 814 Rn. 32 – Orifarm). Das Argument, dies sei notwendig zum Schutz der Verbraucher, damit diese auch gegen das Unternehmen, das die Ware tatsächlich umpackt, vorgehen könnten, hat der EuGH zurückgewiesen mit dem Hinweis darauf, dass das Markenrecht nicht dem Verbraucherschutz diene (EuGH C-400/09, GRUR 2011, 814 Rn. 34 – Orifarm). Der Importeur haftet grundsätzlich für alle Schäden, die vom tatsächlichen Umpacker verursacht wurden. Er kann sich von seiner Haftung nicht mit der Behauptung befreien, letzterer habe gegen seine Anweisungen verstoßen (EuGH C-400/09, GRUR 2011, 814 Rn. 30 – Orifarm).

Die Herkunft eines zusätzlichen Artikels, der nicht vom Markeninhaber stammt, muss in einer Weise **51.2** angegeben werden, die den Eindruck ausschließt, dass der Markeninhaber dafür verantwortlich ist (EuGH C-427/93, GRUR Int 1996, 1144 Rn. 73 – Bristol-Myers Squibb).

d) Keine Schädigung des Rufs der Marke und ihres Inhabers. Das umgepackte **52** Arzneimittel darf nicht so aufgemacht sein, dass dadurch der Ruf der Marke und ihres Inhabers geschädigt werden kann. Allgemein wird der Ruf einer Marke immer dann geschädigt, wenn das Umpacken das mit einer Ware verbundene Image der Zuverlässigkeit und Qualität sowie das Vertrauen, das sie bei den betroffenen Verkehrskreisen wecken kann, beeinträchtigt (EuGH C-427/93, GRUR Int 1996, 1144 Rn. 76 – Bristol-Myers Squibb). Die Verpackung darf jedenfalls nicht schadhaft, von schlechter Qualität oder unordentlich sein (EuGH C-427/93, GRUR Int 1996, 1144 Rn. 76 – Bristol-Myers Squibb; vgl. hierzu EuGH C-349/95, GRUR Int 1998, 145 Rn. 33 – Loendersloot/Ballantine).

53 Auch die Frage, ob das Umpacken konkret den Ruf der Marke schädigt, ist eine Sachfrage, die vom nationalen Gericht zu entscheiden ist. Es sind dabei die Art der Ware und der Markt, für den sie bestimmt ist, zu berücksichtigen (EuGH C-102/77, GRUR 1978, 599 Rn. 12 – Hoffmann-La Roche).

54 Wenn für den Verkehr klar erkennbar ist, dass nicht der Markeninhaber, sondern der Importeur für die umgepackte Ware verantwortlich ist, ist eine Rufschädigung in der Regel zu verneinen. Deshalb ist die Tatsache, dass durch den Parallelimport ein uneinheitlicher Marktauftritt entsteht, insbesondere, wenn die neuen Packungen den Originalpackungen in ihrer Aufmachung ähneln, kein Grund, eine Rufschädigung anzunehmen. In der Regel genügt der auf der neuen Packung aufgedruckte Hinweis auf den Importeur, zu dem der Importeur nach Bristol-Myers Squibb verpflichtet ist. Mittlerweile räumt der BGH hier den Importeuren eine große Freiheit ein (vgl. zB BGH GRUR 2008, 1089 Rn. 31 – KLACID PRO; GRUR 2008, 1087 Rn. 22 – Lefax/Lefaxin; GRUR 2007, 1075 Rn. 31 – STILNOX; GRUR 2008, 707 Rn. 19 – Micardis).

55 Ob die Verpackung eines Arzneimittels, das von den Verbrauchern über Apotheken bezogen wird, geeignet ist, den Ruf des Markeninhabers zu schädigen, ist grundsätzlich aus Sicht der Verbraucher zu beurteilen, nicht aus der Sicht der Apotheker oder verschreibenden Ärzte (EuGH C-427/93, GRUR Int 1996, 1144 Rn. 77 – Bristol-Myers Squibb). Maßgebend ist die Sichtweise eines normal informierten, durchschnittlich verständigen und situationsadäquat aufmerksamen Durchschnittsverbrauchers, dem das konkrete Arzneimittel nach Verordnung durch den Arzt vom Apotheker ausgehändigt wird. Das folgt daraus, dass es hier um das Vertrauen in die Unversehrtheit der Ware geht in einem sensiblen Bereich, in dem die Öffentlichkeit besonderen Wert auf die Qualität und die einwandfreie Beschaffenheit der Ware legt (BGH GRUR 2008, 1089 Rn. 26 – KLACID PRO; EuGH C-427/93, GRUR Int 1996, 1144 Rn. 77 – Bristol-Myers Squibb).

56 **e) Unterrichtung des Markeninhabers.** Der Importeur muss den Markeninhaber vorab über seine Absicht, das umgepackte Arzneimittel anzubieten und zu verkaufen, unterrichten und ihm auf Verlangen ein Muster der umgepackten Ware liefern (EuGH C-427/93, GRUR Int 1996, 1144 Rn. 78 – Bristol-Myers Squibb).

57 Zweck der Vorabunterrichtung zwischen den Beteiligten ist es, in kurzer Zeit Klarheit darüber zu schaffen, ob die von dem Parallelimporteur angekündigte Art und Weise der Vermarktung des importierten Arzneimittels vom Markeninhaber beanstandet wird und dem Markeninhaber vor Inverkehrbringen der Ware die Möglichkeit zu geben, zu prüfen, ob die oben genannten Voraussetzungen erfüllt sind (BGH GRUR 2008, 614 Rn. 24 – ACERBON).

58 Die Obliegenheit des Importeurs, den Markeninhaber zu unterrichten und auf Verlangen ein Muster der umgepackten Ware zu liefern, begründet eine Sonderbeziehung in Form eines gesetzlichen Schuldverhältnisses zwischen dem Markeninhaber und dem Parallelimporteur (BGH GRUR 2008, 614 Rn. 23 – ACERBON). Im Rahmen dieser Sonderbeziehung darf der Parallelimporteur auf die Reaktion des Markeninhabers vertrauen. Beanstandet dieser das beabsichtigte Umverpacken in der angezeigten Form nicht oder nur unter einem bestimmten Gesichtspunkt, kann der Parallelimporteur sich darauf verlassen, dass der Markeninhaber ansonsten keine Ansprüche gegen ihn geltend machen wird. Ein gleichwohl geltend gemachter markenrechtlicher Anspruch ist für den Zeitraum, für den das angegriffene Verhalten zunächst unbeanstandet geblieben ist, wegen widersprüchlichen Verhaltens gemäß § 242 BGB ausgeschlossen, weil der Markeninhaber durch sein Verhalten auf die Vorabunterrichtung auf Seiten des Parallelimporteurs einen Vertrauenstatbestand geschaffen hat, zu dem er sich nicht entgegen Treu und Glauben in Widerspruch setzen darf (vgl. hierzu BGH GRUR 2008, 156 Rn. 30 – Aspirin II; GRUR 2008, 614 Rn. 24 – ACERBON).

59 Es ist Sache des Importeurs, dafür zu sorgen, dass die dem Markeninhaber übermittelten Angaben ausreichen, dass dieser überprüfen kann, ob das Umpacken der durch die Marke geschützten Ware für deren Vertrieb im Einfuhrmitgliedstaat erforderlich ist (EuGH C-276/05, GRUR 2009, 154 Rn. 35 – The Wellcome Foundation). Zum Inhalt der Angaben äußert sich der EuGH nicht, sondern verweist insofern auf die Entscheidungsbefugnis der nationalen Gerichte. Ein Muster der umgepackten Ware sollte nach EuGH aber zur Überprüfung der Aufmachung in jedem Fall genügen.

Erschöpfung § 24 MarkenG

3. Ergänzung durch Boehringer Ingelheim I und II

Die in der Entscheidung Bristol-Myers Squibb aufgestellten Grundsätze hat der EuGH 60
in der Folge weiter verfeinert.

In seiner Boehringer Ingelheim I Entscheidung aus dem Jahr 2002 hat der EuGH insbeson- 61
dere das Erfordernis der vorherigen Unterrichtung des Markeninhabers konkretisiert. Der Gerichtshof hat klargestellt, dass der Erschöpfungsgrundsatz auch dann nicht eingreift, wenn „nur" die Voraussetzung der vorherigen Unterrichtung fehlt, dass es sich bei diesem Kriterium also um eine echte Voraussetzung handelt. Wenn der Importeur den Markeninhaber nicht vor Inverkehrbringen der Ware unterrichtet, ist er nicht zum Umpacken der mit einer Marke versehenen Waren berechtigt und begeht eine Markenrechtsverletzung (EuGH C-143/00, GRUR Int 2002, 739 Rn. 64 – Boehringer Ingelheim I; BGH GRUR 2010, 237 Rn. 13 – Zoladex; GRUR 2008, 156 Rn. 30 – Aspirin II).

Weiter hat der Gerichtshof klargestellt, dass es nicht genügt, dass der Markeninhaber über 62
die geplante Vermarktung des jeweiligen Produkts von anderer Seite unterrichtet wird, zB von der Behörde, die den Parallelimport genehmigt. Er muss vom Importeur selbst informiert werden (EuGH C-143/00, GRUR Int 2002, 739 Rn. 64 – Boehringer Ingelheim I).

Weiterhin ist dem Markeninhaber eine angemessene Frist zur Reaktion auf das Umpack- 63
vorhaben zuzugestehen. Diese Frist ist nach Ansicht des Gerichtshofs unter Berücksichtigung aller relevanten Umstände des Einzelfalls zu bemessen. Im konkreten Fall (zu dem sich der Gerichtshof dann doch noch geäußert hat) hat der Gerichtshof eine Frist von 15 Arbeitstagen für die Reaktion des Markeninhabers als angemessen angesehen, zugleich aber betont, dass diese Frist keine strikte Ausschlussfrist sein kann, sondern lediglich Hinweischarakter hat (EuGH C-143/00, GRUR Int 2002, 739 Rn. 67 – Boehringer Ingelheim I).

Die Boehringer Ingelheim I Entscheidung brachte auch eine Präzisierung des Kriteriums 64
der künstlichen Marktabschottung: eine einfache Abneigung der Verbraucher gegen mit Etiketten überklebte Arzneimittelpackungen stellt nicht stets ein Hindernis für den tatsächlichen Zugang zum Markt, das ein Umpacken in eine neue Verpackung erforderlich macht, dar. Wenn aber auf einem Markt oder einem beträchtlichen Teil dieses Marktes ein so starker Widerstand eines nicht unerheblichen Teils der Verbraucher gegen mit Etiketten überklebte Arzneimittelpackungen besteht, dass von einem Hindernis für den tatsächlichen Zugang zum Markt auszugehen ist, wird mit dem Umpacken der Arzneimittel nicht ausschließlich ein wirtschaftlicher Vorteil angestrebt, sondern es dient zur Erlangung des tatsächlichen Zugangs zum Markt (EuGH C-143/00, GRUR Int 2002, 739 Rn. 67 – Boehringer Ingelheim I; zum Kriterium der Erforderlichkeit → Rn. 70 ff.).

Weitere Präzisierungen der Bristol-Myers Squibb-Kriterien brachte die Boehringer Ingel- 65
heim II Entscheidung im Jahr 2007. Hier stellte der EuGH zunächst klar, dass das Anbringen eines Etiketts auf der Originalverpackung auch unter den Begriff des Umpackens fällt (EuGH C-348/04, GRUR 2007, 586 Rn. 63, 64 – Boehringer Ingelheim II).

Weiterhin stellt der Gerichtshof klar, dass das Kriterium der Qualitätsbeeinträchtigung 66
nicht auf die Fälle beschränkt ist, in denen die durch das Umpacken geschaffenen Verpackung schadhaft, von schlechter Qualität oder unordentlich ist (EuGH C-348/04, GRUR 2007, 586 Rn. 44 – Boehringer Ingelheim II). Dies Formel war in der Bristol-Myers Squibb Entscheidung genannt worden, bezeichnete aber nur Beispiele.

Die Entscheidung brachte schließlich auch Klarheit dahingehend, dass „co-branding" (der 67
Importeur verwendet sein eigenes Logo oder Firmenmarkenzeichen, eine Firmenaufmachung oder eine für eine Reihe verschiedener Waren verwendete Aufmachung für den neuen äußeren Karton), „de-branding" (der Parallelimporteur bringt die Marke nicht auf dem neuen äußeren Karton an, sie verbleibt aber auf der Ware) sowie das Anbringen eines Aufklebers, der die Marke ganz oder teilweise überklebt, den Ruf der Marke und des Markeninhabers beeinträchtigen können (EuGH C-348/04, GRUR 2007, 586 Rn. 45 – Boehringer Ingelheim II). Der EuGH betonte in diesem Zusammenhang, dass es den nationalen Gerichten überlassen bleibt, darüber zu entscheiden, ob bestimmte Formen des Umpackens eine Rufschädigung verursachen und ob die Schädigung hinreichend schwer wiegt, um einen „berechtigten Grund" iSv Art. 7 Abs. 2 RL 2008/95/EG (ab 15.1.2019: Art. 15 Abs. 2 RL (EU) 2015/2436) darzustellen (EuGH C-348/04, GRUR 2007, 586 Rn. 31 – Boehringer Ingelheim II). „Co-branding" und „de-branding" stellen also nicht zwangsläufig eine Schädigung des Rufs einer Marke dar.

MarkenG § 24 Teil 2 Voraussetzungen, Inhalt und Schranken etc.

68 Eine weiter wichtige Präzisierung oder Ergänzung betraf die Beweislastverteilung in Bezug auf die Bristol-Myers Squibb Kriterien. Diese obliegt grundsätzlich dem Importeur für alle Kriterien. Hinsichtlich der Voraussetzung, dass das Umpacken den Originalzustand der in der Verpackung enthaltenen Ware nicht beeinträchtigen kann, genügt es nach EuGH jedoch, wenn der Parallelimporteur Beweise erbringt, die „vernünftigerweise vermuten lassen, dass diese Voraussetzung erfüllt ist" (EuGH C-348/04, GRUR 2007, 586 Rn. 53 – Boehringer Ingelheim II). Dies gilt nach EuGH auch für die Voraussetzung, dass die Aufmachung der Ware nicht so sein darf, dass sie den Ruf der Marke und ihres Inhabers schädigen kann. Sobald der Importeur einen solchen Anfangsbeweis dafür erbringt, dass diese Voraussetzung erfüllt ist, ist muss der Markeninhabers beweisen, dass das Umpacken seinen Ruf und den der Marke schädigt (EuGH C-348/04, GRUR 2007, 586 Rn. 53 – Boehringer Ingelheim II).

69 Der EuGH hat zudem in der Boehringer Ingelheim II Entscheidung grundsätzlich eine finanzielle Entschädigung für den Fall zugelassen, dass der Importeur ohne vorherige Unterrichtung des Markeninhabers nicht gefälschte Waren vertreibt, und zwar auf derselben Grundlage wie im Fall gefälschter Ware. Im deutschen Markenrecht sind dies Schadensersatzansprüche nach § 14 Abs. 6.

4. Keine Anwendung des Verhältnismäßigkeitsgrundsatzes/Kriterium der Erforderlichkeit

70 **a) Rechtsprechung des EuGH.** Jedenfalls bis in das Jahr 2007 galt für das Umpacken von Arzneimitteln der Grundsatz der Erforderlichkeit (so bereits ausdrücklich EuGH C-427/93, GRUR Int 1996, 1144 Rn. 55, 56 – Bristol-Myers Squibb, hier allerdings noch in Bezug auf das Umpacken der Ware in eine neue äußere Verpackung im Gegensatz zum Vertrieb der veränderten äußeren oder inneren Originalverpackung). Laut Bristol-Myers Squibb musste die objektive Zwangslage das Umpacken „erforderlich" machen. Demnach hatte der Importeur beim Umpacken von Arzneimitteln grundsätzlich das mildeste Mittel zu wählen, um diese verkehrsfähig zu machen. Eine Neuverpackung war nur erlaubt, wenn das Arzneimittel nicht in anderer Form angeboten werden konnte. Denkbare Alternativen waren das Anbringen von Etiketten auf der Originalpackung, das Herstellen von sogenannten Bündelpackungen, auf- oder abgestockten Packungen, die Entfernung nicht zugelassener Artikel und Ersetzung durch zugelassene Artikel oder Füllkörper oder die Beilegung eines neuen Beipackzettels in der Sprache des Einfuhrmitgliedstaats.

71 In der Entscheidung Boehringer Ingelheim I präzisierte der EuGH das Kriterium der Erforderlichkeit. Im zugrundeliegenden Fall hatte der Parallelimporteur die Verpackung und den Inhalt der Packung teilweise mit Etiketten, auf denen der Gattungsname des Erzeugnisses und Angaben zum Hersteller und zum Lizenzinhaber für den Parallelimport standen, überklebt. Der Gerichtshof führte aus, dass eine Abneigung der betroffenen Verbraucher gegen mit Etiketten überklebte Arzneimittelpackungen nicht stets ein Hindernis für den tatsächlichen Zugang zum Markt darstellte, das ein Umpacken in eine neue Verpackung erforderlich macht. Ein Umpacken in eine neue Verpackung konnte aber dann gerechtfertigt sein, wenn kann ein sehr starker Widerstand eines nicht unerheblichen Teils der Verbraucher gegen mit Etiketten überklebte Arzneimittelpackungen bestand (EuGH C-143/00, GRUR 2002, 879 Rn. 52 – Boehringer Ingelheim I). Darin konnte ein Hindernis für den tatsächlichen Zugang zum Markt gesehen werden. Unter diesen Umständen würde mit dem Umpacken der Arzneimittel nicht ausschließlich ein wirtschaftlicher Vorteil angestrebt, sondern es diente zur Erlangung des tatsächlichen Zugangs zum Markt. Ob dies der Fall war, hatte laut Gerichtshof das nationale Gericht anhand der Beweislage zu beurteilen. Wenn der Importeur besagte Abneigung nicht nachweisen konnte, waren ihm neue Verpackungen verwehrt. Er musste grundsätzlich Originalpackungen bündeln, wenn er in einen anderen Mitgliedstaat importieren wollte. Andernfalls konnte der Importeur auf der neuen Verpackung die Marke (wieder) anbringen und durfte auch die durch die Ausstattungsmarken der Klägerin geschützte Gestaltung übernehmen.

72 Eine Änderung dieser Grundsätze brachte die Entscheidung Boehringer Ingelheim II des EuGH. Hier stellte der Gerichtshof fest, dass das Kriterium der Erforderlichkeit „nur das Umpacken als solches betrifft und nicht die Art und Weise, in der es vorgenommen wird"

(EuGH C-348/04, GRUR 2007, 586 Rn. 38 – Boehringer Ingelheim II). Damit war zumindest angedeutet, dass jedenfalls das Packungsdesign nicht am Kriterium der Erforderlichkeit zu messen sei. Das „Umpacken als solches" war zu verstehen als Prüfung, ob ein Umpacken überhaupt erforderlich war, also ob eine objektive Zwangslage vorlag. Auch die Wahl zwischen Neuverpackung und Überkleben ist noch eine Frage des „ob". Das Packungsdesign ist nur noch eine Frage des „wie" und unterliegt damit nicht mehr der Erforderlichkeitsprüfung.

Diese neue Linie hat der EuGH dann im Fall The Wellcome Foundation ausdrücklich **73** bestätigt (EuGH C-276/05, GRUR 2009, 159 Rn. 30 – The Wellcome Foundation; dem sich anschließend BGH GRUR 2011, 817 Rn. 20 – RENNIE; vgl. auch Ingerl/Rohnke Rn. 73; Slopek GRUR Int 2011, 1009 (1015)). Hier stellt der Gerichtshof klar, dass die Voraussetzung der Erforderlichkeit nur das Umpacken der Ware insbesondere durch deren Neuverpackung und nicht die Art der Gestaltung dieser neuen Verpackung betrifft (EuGH C-276/05, GRUR 2009, 159 Rn. 26 – The Wellcome Foundation). Der EuGH sah den Schutz des Markeninhabers hinsichtlich des von dem Parallelimporteur gewählten Packungsdesigns grundsätzlich durch die Einhaltung der Voraussetzung sichergestellt, dass das umgepackte Arzneimittel nicht so aufgemacht sein darf, dass dadurch der Ruf der Marke und ihres Inhabers geschädigt werden kann (EuGH C-276/05, GRUR 2009, 159 Rn. 30 – The Wellcome Foundation).

Wenn das nationale Gericht also einmal das Vorliegen einer objektiven Zwangslage bejaht **74** hat, darf der Importeur die Ware umpacken, dh das konkret betroffene Exemplar der Ware bleibt erschöpft. Das Gericht prüft dann nur noch, ob das Design der Verpackung den Ruf der Marke oder des Markeninhabers beschädigt. Das ist ein weniger strenger Maßstab als das Kriterium der Erforderlichkeit, das verlangt, dass die Änderung der Verpackung so geringfügig wie möglich ausfallen muss.

b) Deutsche Rechtsprechung. Die Rechtsprechung des BGH ist in Bezug auf das **75** Kriterium der Erforderlichkeit bislang nicht ganz einheitlich. In den seit 2007 ergangenen Entscheidungen ist der BGH der neuen Linie des EuGH in den Fällen „Stilnox", „Micardis" und „Lefax" gefolgt (BGH GRUR 2007, 1075 Rn. 33 – Stilnox; GRUR 2008, 707 Rn. 19 – Micardis; GRUR 2008, 1087 Rn. 22 – Lefax). Hier ging es jeweils um die Frage, ob die betroffenen Packungen abgestockt werden müssen oder die Arzneimittel in neuen Packungen auf den Markt gebracht werden können. In den Fällen „Aspirin II" und „Rennie", in denen es jeweils um das Aufstocken der Originalpackungen ging, schien der BGH hingegen auf der alten Linie zu bleiben (BGH GRUR 2008, 156 – Aspirin II; GRUR 2011, 817 Rn. 22 – Rennie).

In „Stilnox" wurden Blister aus der Originalverpackung herausgenommen und in neuen mit eigener **75.1** Gestaltung versehenen Verpackungen vertrieben. Der BGH hat hier ausdrücklich festgestellt, dass die Gestaltung nunmehr nur noch darauf hin überprüft wird, ob sie den Ruf der Marke oder des Markeninhabers beeinträchtigt (BGH GRUR 2007, 1075 Rn. 28 – Stilnox). Der BGH bejahte die Erforderlichkeit des Umpackens hinsichtlich des gesamten Inhalts der importierten Originalpackung, nicht nur für die aus der Originalpackung herausgenommenen Blister. Der BGH stellte in diesem Zusammenhang auch klar, dass eine Rufbeeinträchtigung nicht darin liegt, dass durch die abweichende Gestaltung der neuen Verpackung der Eindruck eines uneinheitlichen Marktauftritts des Markeninhabers erweckt wird (BGH GRUR 2007, 1075 Rn. 33 – Stilnox). Damit wird dem Importeur weitgehend freie Hand gelassen, mittels der neu gestalteten Verpackung sein eigenes Markenimage aufzubauen. Somit ist jedenfalls klar, dass der Importeur in Fällen des „Abstockens" für die übriggebliebenen Blisterstreifen nicht mehr die Originalverpackungen und für die neuen Verpackungen nicht das Originaldesign verwenden muss. Der BGH hat trotz des sich an das Originaldesign stark anlehnenden Designs der neuen Verpackungen eine Rufschädigung verneint. Er sah den Aufdruck des Hinweises, dass der Importeur für das Umpacken verantwortlich ist, als ausreichend dafür an, dass der einheitliche Marktauftritt des Markeninhabers gewahrt wird. Im Übrigen muss der Originalhersteller nach BGH einen uneinheitlichen Marktauftritt durch eine unterschiedliche Gestaltung seiner Verpackungen sowie der von Parallelimporteuren verwendeten Verpackungen hinnehmen, soweit dies lediglich eine Folge dessen ist, dass seine Marke für erschöpfte Waren unter den Voraussetzungen der Rechtsprechung des EuGH auch von Parallelimporteuren verwendet werden darf (BGH GRUR 2007, 1075 Rn. 32 – Stilnox). Ebenso fand der BGH unerheblich, ob die gewählte Verpackungsgestaltung des Parallelimporteurs dem Aufbau eines eigenen Markenimages dient, da der Ruf der Marke hierdurch nicht geschädigt werde (BGH GRUR 2007, 1075 Rn. 33 – Stilnox).

MarkenG § 24 Teil 2 Voraussetzungen, Inhalt und Schranken etc.

75.2 Im Fall „Micardis" und „Lefax" folgte der BGH derselben Linie wie in „Stilnox" (BGH GRUR 2008, 707 Rn. 19 – Micardis; GRUR 2008, 1087 Rn. 22 – Lefax). Die Anbringung der eigenen Marke des Importeurs beeinträchtigte nach Ansicht des Gerichts nicht den Ruf der Marke des Markeninhabers, wenn sie sich in unmittelbarem räumlichem Zusammenhang mit dem Aufdruck „Import, Umverpackung und Vertrieb" befindet. Der BGH hat im konkreten Fall eine Rufschädigung wie eine Beeinträchtigung der Herkunftsfunktion verneint. Einmal mehr wurde klargestellt, dass die Packungsgestaltung, die sich an die originale Gestaltung anlehnt oder diese übernimmt, nicht per se eine Rufbeeinträchtigung auslöst.

75.3 Auch im Fall „Cordarone" scheint der BGH die neue Linie zu bejahen, auch wenn das Packungsdesign in diesem Fall gar nicht beanstandet wurde und der BGH zum Kriterium der Erforderlichkeit gar nicht Stellung nehmen musste (BGH GRUR 2008, 164 Rn. 34 – Cordarone). Die „Aspirin II" Entscheidung, der ein Fall des Aufstockens zugrundlag, folgt noch ganz der alten Linie, ohne dass der BGH hierfür eine Erklärung gibt (BGH GRUR 2008, 156 – Aspirin II). Ebenso hat der BGH im Fall Rennie für einen Fall des Aufstockens die Erforderlichkeit geprüft für die Entscheidung darüber, ob neue Packungen verwendet werden dürfen oder die Originalpackungen aufgestockt werden müssen (BGH GRUR 2011, 817 Rn. 22 – Rennie). Aus dieser Entscheidung ergibt sich, dass das Kriterium der Erforderlichkeit sich jedenfalls nicht darauf beschränkt, dass nur festgestellt wird, ob überhaupt ein Grund besteht, die Ware umzupacken, sondern auch das „Wie" des Umpackens möglichst schonend erfolgen muss, also die Originalpackung soweit möglich verwendet werden muss. In welcher Weise der insoweit bestehende Widerspruch zu Stilnox aufgelöst werden kann, ist bislang unklar (hierzu Anm. Römhild zu BGH GRUR 2011, 817 – Rennie, der für eine differenzierte Lösung plädiert).

III. Weitere Fallgestaltungen

76 Die fünf Erschöpfungsvoraussetzungen (→ Rn. 43), die ursprünglich für das Umpacken und Neuetikettieren von Arzneimitteln entwickelt wurden, werden von EuGH und BGH auch auf das Umetikettieren anderer Waren angewandt. Konkret betraf dies bisher die Änderung der Verpackung von Whiskyflaschen (EuGH C-349/95, GRUR Int 1998, 145 Rn. 45 – Loendersloot/Ballantine) sowie die Änderung von Nudelverpackungen (BGH GRUR Int 2013, 658 – Barilla).

77 Die Angabe „pure" auf Whiskyflaschen und deren Verpackung können entfernt werden, wenn die Ware damit auf den fraglichen Märkten verkehrsfähig gemacht wird. Hieran hat der Importeur ein Interesse, wenn die Angabe „pure" gegen Etikettierungsvorschriften des Importlandes verstößt (vgl. EuGH C-349/95, GRUR Int 1998, 145 Rn. 45 – Loendersloot/Ballantine). Ebenso können Nudelverpackungen geändert werden, wenn dies notwendig ist, um zum Importmarkt Zugang zu erhalten (BGH GRUR Int 2013, 658 Rn. 39 ff. – Barilla). Im konkreten Fall entschied der BGH, dass durch die Art und Weise der Etikettierung für den Durchschnittsverbraucher der Eindruck entstehe, die Klägerin als Herstellerin lege keinen Wert auf eine ordentliche Verpackung. Die Etiketten waren vom Importeur teilweise schief und zum Teil auf dem Kopf oder über den Rand der Verpackung stehend angebracht worden. Manche Etiketten verdeckten ganz oder teilweise die in Rede stehende Marke. Der dadurch hervorgerufene Eindruck über den Umgang der Klägerin mit ihren Waren wirkte sich nach Auffassung des BGH nachteilig auf das Image der Marke und auf deren Ruf aus (BGH GRUR Int 2013, 658 Rn. 50 – Barilla).

78 Allerdings sind die fünf Erschöpfungsvoraussetzungen auf andere Waren als Arzneimittel nicht uneingeschränkt zu übertragen. Der Importeur muss dem Markeninhaber nicht ein Musterexemplar der umgepackten bzw. veränderten Ware zur Verfügung stellen. Diese Voraussetzung gilt nur für Arzneimittel, nicht auch für sonstige Waren. Hier genügt, dass der Importeur den Markeninhaber über den Verkauf der Ware vorab in Kenntnis setzt (BGH GRUR Int 2013, 658 Rn. 51 – Barilla).

79 Der Markeninhaber kann sich auch dann, wenn er gegen den Vertrieb der Waren selbst nicht vorgehen kann, sich gegen die Präsentation in der Werbung wehren, wenn etwa „der Wiederverkäufer nicht dafür sorgen würde, dass die Marke in seinem Werbeprospekt nicht in einer Umgebung erscheint, die das Image, das der Inhaber seiner Marke hat verschaffen können, erheblich beeinträchtigen könnte" (EuGH C-337/95, GRUR Int 1998, 140 Rn. 47 – Dior/Evora).

§ 25 Ausschluß von Ansprüchen bei mangelnder Benutzung

(1) Der Inhaber einer eingetragenen Marke kann gegen Dritte Ansprüche im Sinne der §§ 14 und 18 bis 19c nicht geltend machen, wenn die Marke innerhalb der letzten fünf Jahre vor der Geltendmachung des Anspruchs für die Waren oder Dienstleistungen, auf die er sich zur Begründung seines Anspruchs beruft, nicht gemäß § 26 benutzt worden ist, sofern die Marke zu diesem Zeitpunkt seit mindestens fünf Jahren eingetragen ist.

(2) [1]Werden Ansprüche im Sinne der §§ 14 und 18 bis 19c wegen Verletzung einer eingetragenen Marke im Wege der Klage geltend gemacht, so hat der Kläger auf Einrede des Beklagten nachzuweisen, daß die Marke innerhalb der letzten fünf Jahre vor Erhebung der Klage für die Waren oder Dienstleistungen, auf die er sich zur Begründung seines Anspruchs beruft, gemäß § 26 benutzt worden ist, sofern die Marke zu diesem Zeitpunkt seit mindestens fünf Jahren eingetragen ist. [2]Endet der Zeitraum von fünf Jahren der Nichtbenutzung nach Erhebung der Klage, so hat der Kläger auf Einrede des Beklagten nachzuweisen, daß die Marke innerhalb der letzten fünf Jahre vor dem Schluß der mündlichen Verhandlung gemäß § 26 benutzt worden ist. [3]Bei der Entscheidung werden nur die Waren oder Dienstleistungen berücksichtigt, für die die Benutzung nachgewiesen worden ist.

Überblick

Die Vorschrift des § 25 regelt den Benutzungszwang (→ Rn. 7) und schließt die außergerichtliche (→ Rn. 13) und gerichtliche (→ Rn. 16) Geltendmachung von verschiedenen Ansprüchen (→ Rn. 5) aus (→ Rn. 39), wenn die ältere Marke nicht rechterhaltend benutzt wurde. Dabei sind für den Nachweis der Benutzung (→ Rn. 36) zwei unterschiedliche Zeiträume maßgeblich (→ Rn. 19 ff.). Im Klageverfahren wird der Ausschlussgrund nur auf Einrede des in Anspruch Genommenen (→ Rn. 27) berücksichtigt.

Wann eine rechtserhaltende Benutzung vorliegt, regelt § 26.

Übersicht

	Rn.		Rn.
A. Allgemeines	1	2. Nichtbenutzungseinrede nach Abs. 2 S. 2	23
B. Ausgeschlossene Ansprüche	5	3. Verhältnis der Einreden zueinander	26
C. Allgemeiner Ausschluss der Geltendmachung von Ansprüchen	6	III. Erklärung der Einrede der Nichtbenutzung	27
I. Fünfjährige Benutzungsschonfrist	7	1. Erklärung der Einrede	28
II. Anwendungsbereich der allgemeinen Vorschrift des § 25 Abs. 1	13	2. Einrede trotz Kenntnis der Benutzung	30
		3. Zeitpunkt	32
III. Relevanter Benutzungszeitraum	15	4. Beschränkung, Erweiterung, Verzicht	34
D. Nichtbenutzungseinrede im Verletzungsprozess	16	IV. Beweislastverteilung und Nachweis	36
		V. Rechtsfolgen	39
I. Begriff des Verletzungsprozesses	17	1. Ausschluss der Rechte	39
II. Zwei Einreden, maßgeblicher Benutzungszeitraum	19	2. Zwischenrechte	42
		3. Keine Heilung durch bloße Wiederaufnahme der Benutzung vor Schluss der mündlichen Verhandlung	43
1. Nichtbenutzungseinrede nach Abs. 2 S. 1	21	4. Kenntnis des möglichen Löschungsantrags iSd § 49 Abs. 1 S. 3	44

A. Allgemeines

Der Schutz eingetragener Marken soll nicht zu einer Monopolisierung und damit Blockade von Zeichen führen, die ihr Inhaber nicht nutzt. Daher regelt § 25 den Ausschluss bestimmter Ansprüche bei mangelnder Benutzung der älteren Marke. Die materiell-rechtliche Regelung zum Benutzungszwang (→ Rn. 7) in Abs. 1 ist allgemeiner Natur und nur im Falle der außergerichtlichen Geltendmachung von Ansprüchen relevant. In Abs. 2 findet sich eine speziellere Regelung hinsichtlich der Nichtbenutzungseinrede bei im Verletzungs-

MarkenG § 25

verfahren geltend gemachten Ansprüchen. Diese ist vergleichbar mit den Regelungen des § 43 Abs. 1 für das Widerspruchsverfahren (→ § 43 Rn. 1 ff.) und des § 55 Abs. 3 für das Löschungsverfahren (→ § 55 Rn. 26 ff.).

2 Die Regelungen des Abs. 2 stehen im Einklang mit Art. 11 Abs. 3, 4 RL 2008/95/EG. Die Neuregelung in Art. 17 RL (EU) 2015/2436 ist deutlich klarer formuliert und enthält eine abweichende Regelung zum relevanten Benutzungszeitraum.

3 Für IR-Marken, deren Schutz auf Deutschland erstreckt wurde, findet § 25 nach §§ 107, 117, 124 ebenfalls Anwendung. Zur abweichenden Berechnung der Benutzungsschonfrist → § 117 Rn. 3, → § 115 Rn. 1 ff.

4 Für Unionsmarken enthält Art. 99 Abs. 3 UMV eine vergleichbare Regelung → UMV Art. 99 Rn. 7 ff.

B. Ausgeschlossene Ansprüche

5 Nach § 25 sind nicht nur der Unterlassungsanspruch und der Schadensersatzanspruch gemäß § 14 ausgeschlossen, sondern auch der Vernichtungsanspruch und der Rückrufanspruch gemäß § 18, der Auskunftsanspruch gemäß § 19, der Vorlageanspruch und der Besichtigungsanspruch gemäß § 19a, sowie die Sicherung von Schadensersatzansprüchen gemäß § 19b und der Anspruch auf Urteilsbekanntmachung gemäß § 19c.

5.1 Hingegen soll § 25 keine Anwendung finden auf Ansprüche gegen den Verleger von Nachschlagewerken gemäß § 16 sowie auf Ansprüche gegen Agenten oder Vertreter gemäß § 17. Laut der Amtlichen Begründung zum Markengesetz käme § 16 sowieso nur bei verkehrsbekannten und damit benutzten Marken in Betracht und § 17 regele zumeist Fälle, in denen der Markeninhaber bislang keinen Schutz im Inland, sondern nur im Ausland genieße (vgl. Begründung zum MarkenG, BT-Drs. 12/6581 vom 14.1.1994, 82).

5.2 In der Literatur wird eine analoge Anwendung auf § 16 und § 17 erörtert und damit begründet, dass der Markeninhaber ungeachtet der Besonderheiten der dort geregelten Konstellationen kein schutzwürdiges Interesse an der Durchsetzbarkeit der Ansprüche haben könne (vgl. Fezer MarkenG, Rn. 4; differenziert Ströbele/Hacker/Hacker Rn. 6 und Ingerl/Rohnke Rn. 28 ff.).

C. Allgemeiner Ausschluss der Geltendmachung von Ansprüchen

6 Abs. 1 regelt den Grundtatbestand der Benutzungsschonfrist. Danach kann der Inhaber einer seit mindestens fünf Jahren eingetragenen Marke gegen Dritte bestimmte Ansprüche nicht geltend machen, wenn die Marke innerhalb der letzten fünf Jahre vor der Geltendmachung des Anspruchs für die relevanten Waren oder Dienstleistungen, auf die er sich zur Begründung seines Anspruchs beruft, nicht gemäß § 26 benutzt worden ist.

I. Fünfjährige Benutzungsschonfrist

7 Nach Abs. 1 aE, Abs. 2 S. 1 aE unterliegen deutsche Marken dem Benutzungszwang erst fünf Jahre nach ihrer Eintragung. Diese Benutzungsschonfrist soll es dem Markeninhaber ermöglichen, betriebsintern alle Planungen und Vorbereitungshandlungen vorzunehmen, die vor dem Produktions- und Vertriebsbeginn erforderlich sind.

8 Bei der Benutzungsschonfrist handelt es sich nicht um eine Frist iSd §§ 186 ff. ZPO, sondern vielmehr um einen **relevanten Zeitraum,** in dem die Marke grundsätzlich nicht dem Benutzungszwang unterliegt. Das bedeutet, der Benutzungszwang kann während dieser Phase dem Inhaber bei der Geltendmachung von Rechten nicht entgegen gehalten werden. Bereits einen Tag nach Ablauf der Benutzungsschonfrist hat der Markeninhaber jedoch bei der Geltendmachung von Rechten aus der Marke ggf. deren Benutzung auch während der Benutzungsschonfrist nachzuweisen.

9 Die Benutzungsschonfrist beginnt für **deutsche Marken** grundsätzlich mit deren Eintragung (§ 41 S. 1), im Falle eines Widerspruchsverfahrens mit dessen Abschluss (§ 26 Abs. 5). Beide Daten sind explizit im Markenregister vermerkt.

10 Bei **IR-Marken** mit Schutz in Deutschland beginnt die Benutzungsschonfrist nach §§ 124, 117, 115 Abs. 2 entweder

- am Tag des Zugangs der Schlussmitteilung des DPMA über die Schutzbewilligung bei der WIPO (ohne vorherige vorläufige Schutzverweigerung oder wenn die ursprüngliche

Beanstandung fallen gelassen wurde) gemäß Regel 18ter Abs. 2 GAusfO MMA/PMMA, oder
- nach Ablauf der Jahresfrist nach Art. 5 Abs. 2 MMA/Art. 5 Abs. 2 PMMA, wenn das DPMA der WIPO bis dahin weder eine Schutzbewilligung noch eine vorläufige Schutzverweigerung mitgeteilt hat.

Einzelheiten hierzu finden sich unter → § 115 Rn. 4. **11**

Bei IR-Marken, welche die EU benennen, beginnt die Benutzungsschonfrist hingegen **12** nach Art. 160, 152 Abs. 2 UMV mit der zweiten Nachveröffentlichung der Eintragung durch das EUIPO (BPatG GRUR-RR 2013, 64 (65) – Trigon Detektei/TRIGION). Details hierzu finden sich unter → UMV Art. 160 Rn. 1, → UMV Art. 152 Rn. 5 ff.

II. Anwendungsbereich der allgemeinen Vorschrift des § 25 Abs. 1

Aufgrund der Spezialvorschriften für das Verletzungs- (Abs. 2), das Widerspruchs- (§ 43 **13** Abs. 1) und das Löschungsverfahren (§ 55 Abs. 3) findet Abs. 1 faktisch nur auf die **außergerichtliche Geltendmachung** von Ansprüchen Anwendung. Der Ausschluss der Geltendmachung ist hierbei nicht vom Bestreiten der rechtserhaltenden Benutzung abhängig.

Manche Stimmen in der Literatur sehen die Geltendmachung von Ansprüchen aus einer **14** löschungsreifen Marke sogar als unzulässig an mit der Folge, dass die Kosten für eine auf solche Ansprüche gestützte Abmahnung als nicht erstattungsfähig gelten (so zB Ströbele/Hacker/Hacker Rn. 14). Dies ist jedoch umstritten.

III. Relevanter Benutzungszeitraum

Im Falle der außergerichtlichen Geltendmachung von Ansprüchen hat der Markeninhaber **15** nach Abs. 1 die rechtserhaltende Benutzung der älteren Marke **rückwirkend** für die **vergangenen fünf Jahre vor der Geltendmachung** der Ansprüche nachzuweisen (→ Rn. 8).

D. Nichtbenutzungseinrede im Verletzungsprozess

In Abs. 2 ist die Einrede der mangelnden rechterhaltenden Benutzung im Verletzungsver- **16** fahren geregelt. Diese Verteidigungsmöglichkeit des Beklagten ist vergleichbar mit den Regelungen des § 43 Abs. 1 für das Widerspruchsverfahren (→ § 43 Rn. 1 ff.) und des § 55 Abs. 3 für das Löschungsverfahren (→ § 55 Rn. 26 ff.).

I. Begriff des Verletzungsprozesses

Der Wortlaut des Abs. 2 bezieht sich nur auf Klageverfahren aufgrund (vermeintlicher) **17** Verletzung einer Marke. Nach der amtlichen Begründung finden die Regelungen jedoch ebenfalls auf eine **negative Feststellungsklage** eines (vermeintlichen) Verletzers (→ § 44 Rn. 6) Anwendung (vgl. Begründung zum MarkenG, BT-Drs. 12/6581 vom 14.1.1994, 83).

Auch im **einstweiligen Verfügungsverfahren** ist Abs. 2 analog anwendbar, wobei hier **18** dann anstelle des Nachweises der rechtserhaltenden Benutzung die bloße Glaubhaftmachung nach § 920 Abs. 2 ZPO, §§ 936, 294 ZPO tritt (vgl. Begründung zum MarkenG, BT-Drs. 12/6581 vom 14.1.1994, 83).

Diskutiert wird, inwiefern das Gericht die Frage der rechtserhaltenden Benutzung einer Verfügungs- **18.1** marke berücksichtigen muss, wenn diese bei Eingang des Antrages seit mehr als fünf Jahren eingetragen ist.

Wenn der Verfügungsantrag keinerlei Glaubhaftmachung zur rechtserhaltenden Benutzung der Ver- **18.2** fügungsmarke enthält, wird regelmäßig eine mündliche Verhandlung anzuberaumen sein, um dem Verfügungsbeklagten die Möglichkeit der Erhebung der Nichtbenutzungseinrede einzuräumen (so auch Ströbele/Hacker/Hacker Rn. 36).

Die Einrede der Nichtbenutzung kann insbesondere auch bereits in einer Schutzschrift erhoben **18.3** werden. Wenn diese jedoch in der Schutzschrift fehlt, soll ggf. ohne mündliche Verhandlung entschieden werden (ebenso Ingerl/Rohnke Rn. 30).

II. Zwei Einreden, maßgeblicher Benutzungszeitraum

19 Im Verletzungsprozess stehen dem Beklagten zwei unterschiedliche Einreden der Nichtbenutzung zur Verfügung:
- § 25 Abs. 2 S. 1 betrifft den Fall, dass die Klagemarke bei Klageerhebung bereits benutzungspflichtig ist, und
- § 25 Abs. 2 S. 2 regelt den Fall, dass die Klagemarke erst nach Klageerhebung benutzungspflichtig wird.

20 Je nach erhobener Einrede hat der Markeninhaber die rechtserhaltende Benutzung der Klagemarke in den fünf Jahren vor Klageerhebung oder vor Schluss der mündlichen Verhandlung nachzuweisen.

1. Nichtbenutzungseinrede nach Abs. 2 S. 1

21 Nach Abs. 2 S. 1 hat der Markeninhaber auf Einrede die Benutzung der Marke nachzuweisen, wenn diese im Zeitpunkt der Klageerhebung seit mehr als fünf Jahren eingetragen ist bzw. die Beendigung des Widerspruchsverfahrens oder der für IR-Marken relevante Zeitpunkt mehr als fünf Jahre zurückliegen.

21.1 Der Zeitpunkt der Klageerhebung bestimmt sich nach § 253 Abs. 1 ZPO und stellt auf die Zustellung der Klage ab.

22 Da die rechtserhaltende Benutzung nicht für den ganzen Fünfjahreszeitraum nachgewiesen werden muss (→ § 26 Rn. 87), kann eine Klage auch erfolgreich sein, wenn die Benutzung der zum Zeitpunkt der Verletzungshandlung löschungsreifen Marke rechtzeitig **vor Klageerhebung** (erstmals oder wieder) aufgenommen wurde (vgl. Ströbele/Hacker/Hacker Rn. 12). Nimmt der Kläger hingegen die Benutzung der Klagemarke erst **nach Klageerhebung** (wieder) auf, findet diese Benutzung keine Berücksichtigung. Hier müsste der Kläger dann eine neue Klage einreichen. Der Beklagte kann dem durch einen eigenen Löschungsantrag (auch in Form einer Widerklage) zuvorkommen.

2. Nichtbenutzungseinrede nach Abs. 2 S. 2

23 Nach Abs. 2 S. 2 sind dem Wortlaut nach Nichtbenutzungseinreden unter folgenden Bedingungen möglich:
- die Benutzungsschonfrist läuft erst nach Klageerhebung ab,
- die Marke war zwar bei Klageerhebung bereits benutzungspflichtig und wurde im für § 25 Abs. 2 S. 1 maßgeblichen Zeitraum von fünf Jahren vor Klageerhebung rechtserhaltend benutzt, zwischenzeitlich wurde jedoch die Benutzung eingestellt, so dass ein neuer Fünfjahreszeitraum der Nichtbenutzung abgelaufen ist.

24 Maßgeblich ist nach derzeitigem Recht, dass die Marke in den fünf Jahren vor **Schluss der mündlichen Verhandlung** rechtserhaltend benutzt wurde (ggf. vor dem Berufungsgericht: BGH GRUR 2003, 428 (430) – BIG BERTHA; nicht vor dem Revisionsgericht: BGH GRUR 2012, 930 (932) Rn. 20 – Bogner B/Barbie B). Das bedeutet, dass der jeweils maßgebliche Zeitraum sich im Verlaufe des Verfahrens verschiebt (sog. „wandernde Benutzungsschonfrist") und der Kläger im Falle eines lange andauernden Prozesses seine vorgelegten Benutzungsunterlagen ggf. aktualisieren muss.

25 Nach Anpassung der gesetzlichen Regelung an die Vorgaben des Art. 17 RL (EU) 2015/2436 wird voraussichtlich ab dem 15.1.2019 nicht mehr auf den Schluss der mündlichen Verhandlung abzustellen sein, sondern allein auf den Zeitpunkt der **Erhebung der Verletzungsklage**.

3. Verhältnis der Einreden zueinander

26 Der reine Wortlaut suggeriert eine alternative Anwendung der beiden Einreden. Laut der Rechtsprechung des BGH ist der Anwendungsbereich des Abs. 2 S. 2 jedoch nicht auf Fälle beschränkt, in denen die Klagemarke nachträglich benutzungspflichtig wird (zur Parallelvorschrift des § 43 vgl. BGH GRUR 2006, 150 Rn. 8 – NORMA). Vielmehr können bei einer zum Zeitpunkt der Klageerhebung benutzungspflichtigen Marke **beide Einreden nebeneinander** erhoben werden. Wird die Benutzung im Verletzungsverfahren nur allge-

mein bestritten, wird nach ständiger Rechtsprechung angenommen, dass kumulativ beide Nichtbenutzungseinreden erhoben sind (zur Parallelvorschrift des § 43 vgl. BGH GRUR 2008, 719 Rn. 20 – idw Informationsdienst Wissenschaft).

III. Erklärung der Einrede der Nichtbenutzung

Abs. 2 stellt ausdrücklich klar, dass die Frage der rechtserhaltenden Benutzung der Klagemarke und damit eines möglichen Ausschlusses der Geltendmachung bestimmter Ansprüche **nicht von Amts wegen**, sondern ausschließlich auf Einrede im Prozess hin berücksichtigt wird. 27

1. Erklärung der Einrede

Die Einrede der Nichtbenutzung muss der Beklagte im gerichtlichen Verfahren erheben, ein Geltendmachen in vor- oder außergerichtlicher Korrespondenz ist nicht ausreichend. 28

Zudem muss die Nichtbenutzungseinrede **ausdrücklich und unmissverständlich** erfolgen (OLG München GRUR-RR 2006, 130 (131 f.) – UltraMind). Dies kann auch durch eine Bezugnahme auf § 25 geschehen. Sie kann sich auf alle eingetragenen Waren und Dienstleistungen der Klagemarke beziehen oder auf einen Teil der Waren und Dienstleistungen beschränken. Nicht erforderlich sind allerdings Angaben zum Zeitraum oder die Angabe, auf welche der beiden Alternativen sich die Einrede bezieht (Abs. 2 S. 1 oder Abs. 2 S. 2). 29

2. Einrede trotz Kenntnis der Benutzung

Die rechtserhaltende Benutzung ist eine Rechtsfrage und keine Tatsachenfrage. Daher unterliegt sie nicht dem Wahrheitsgebot des § 138 ZPO und kann grundsätzlich auch dann erhoben werden, wenn dem Beklagten die Benutzung der Klagemarke bekannt ist. 30

Ausnahmsweise kann die Erhebung der Nichtbenutzungseinrede im Einzelfall wegen Rechtsmissbrauchs unzulässig sein, wenn der Beklagte aufgrund besonderer Umstände genaue Kenntnis hinsichtlich der Benutzung der Klagemarke im relevanten Zeitraum hat. Dies ist beispielsweise der Fall, wenn der Beklagte selbst die Marke als Rechtsvorgänger des Klägers oder mit dessen Zustimmung genutzt hat (vgl. OLG Hamburg GRUR-RR 2004, 175 (176) – Löwenkopf). Hierbei handelt es sich jedoch um einen äußerst seltenen Ausnahmefall. 30.1

Nach substantiiertem Vortrag durch den Kläger darf der Beklagte nicht wider besseres Wissen die rechtserhaltende Benutzung bestreiten. 31

3. Zeitpunkt

Wenn die Einrede zu früh, dh noch innerhalb der Benutzungsschonfrist und damit unwirksam erhoben wurde, wirkt sie nach hM nicht fort, sondern muss zum späteren zulässigen Zeitpunkt erneut und unmissverständlich erklärt werden (zur Parallelvorschrift des § 43 → § 43 Rn. 7). 32

Hinsichtlich einer möglichen Verspätung gelten die allgemeinen Vorschriften der ZPO, insbesondere §§ 282, 296 und 531 ZPO. 33

4. Beschränkungen, Erweiterung, Verzicht

Eine **Beschränkung** der Nichtbenutzungseinrede ist grundsätzlich möglich. In Betracht kommen neben der Eingrenzung auf nur einen Benutzungszeitraum insbesondere ein Bestreiten der Benutzung nur in Bezug auf einzelne Waren bzw. Dienstleistungen. Grundsätzlich kann auch eine bestimmte Benutzung der Marke nach § 138 Abs. 3 ZPO, § 288 ZPO zugestanden und insofern (teilweise oder vollständig) auf die Nichtbenutzungseinrede verzichtet werden. 34

Eine **Erweiterung** ist im Rahmen der Grundsätze zum verspäteten Vorbringen sowie des fairen Verfahrens möglich. Sofern die Erweiterung aus Sicht des Klägers neu oder überraschend erscheint, ist ihm eine Äußerungsmöglichkeit einzuräumen. Andernfalls wäre sein Anspruch auf rechtliches Gehörs gemäß Art. 6 EMRK, Art. 103 GG verletzt (zur Parallelvorschrift des § 43 vgl. BGH GRUR 2003, 903 – Katzenstreu). 35

IV. Beweislastverteilung und Nachweis

36 Nach Abs. 2 trägt der Kläger die Beweislast für die rechtserhaltende Benutzung der Klagemarke.

36.1 Gemäß Art. 11 Abs. 3 RL 2008/95/EG, der erst mit Wirkung vom 15.1.2019 aufgehoben wird, können die Rechte nicht geltend gemacht werden, „wenn im Wege der Einwendung Nachweise erbracht werden, dass die Marke [...] für verfallen erklärt werden könnte". Daher äußerten Stimmen in der Literatur (Kunz-Hallstein GRUR 2001, 643 (644 ff.)) Bedenken gegen die Richtlinienkonformität des Abs. 2. Dagegen wird jedoch zurecht eingewandt, dass es sich bei Art. 11 Abs. 3 RL 2008/95/EG um eine fakultative Regelung handele und die Richtlinie die Beweislast als Verfahrensfrage ansieht, die nicht harmonisiert werden soll (vgl. Erwägungsgründe 11 und 9).

37 Die neue Regelung in Art. 17 RL (EU) 2015/2436 sieht nun ausdrücklich vor, dass der Markeninhaber den Nachweis der rechtserhaltenden Benutzung zu erbringen hat. Die Beweislast wird in der Literatur so verstanden, dass den Kläger auf Einrede des Beklagten zunächst die Substantiierungslast trifft. Nur wenn der Beklagte sodann diesen Vortrag substantiiert bestreite, sei in einer Beweisaufnahme einzutreten (vgl. Ströbele/Hacker/Hacker Rn. 27; Ingerl/Rohnke Rn. 20).

38 Anders als im Widerspruchsverfahren (→ § 43 Rn. 40) muss der Kläger den vollen Beweis führen; bloße Glaubhaftmachung reicht hier nicht aus. Ihm stehen hierfür alle Beweismittel der ZPO zur Verfügung. Eine Ausnahme bildet lediglich das Einstweilige Verfügungsverfahren, in dem eine Glaubhaftmachung iSd § 920 Abs. 2 ZPO, §§ 936, 294 ZPO genügt.

V. Rechtsfolgen

1. Ausschluss der Rechte

39 War die ältere Marke, aufgrund derer Ansprüche gegenüber Dritten geltend gemacht werden, im relevanten Zeitraum nicht rechtserhaltend benutzt, können die Ansprüche ggf. nicht mehr geltend gemacht werden.

40 Nach Abs. 2 S. 3 werden bei der Entscheidung im Kollisionsfall nur diejenigen Waren und Dienstleistungen berücksichtigt, für welche der Inhaber der älteren Marke die rechtserhaltende Benutzung glaubhaft gemacht hat. Ähnliche Regelungen für das Widerspruchsverfahren finden sich in § 43 Abs. 1 S. 3 (→ § 43 Rn. 54) und für das Löschungsverfahren in § 55 Abs. 3 S. 4 (→ § 55 Rn. 29).

41 Ausführlich zum Nachweis der rechtserhaltenden Benutzung eines eingetragenen Oberbegriffs durch verschiedene Spezialwaren, etc → § 26 Rn. 106 ff.

2. Zwischenrechte

42 Unabhängig von den Regelungen des Abs. 2 kann der Kläger seine Rechte auch dann nicht geltend machen, wenn der (vermeintliche) Verletzer an dem vom ihm verwendeten Zeichen zwischenzeitlich ein Zwischenrecht nach § 22 Abs. 1 Nr. 2 erworben hat (→ § 22 Rn. 10). Aufgrund der Koexistenz können sich dann Kläger und Beklagter nicht gegenseitig die Benutzung der Marken untersagen (BGH GRUR 2012, 930 Rn. 74 – Bogner B/Barbie B).

3. Keine Heilung durch bloße Wiederaufnahme der Benutzung vor Schluss der mündlichen Verhandlung

43 Nimmt der Kläger nach Erhebung der Nichtbenutzungseinrede nach Abs. 2 S. 2 eine fehlende rechtserhaltende Benutzung im Laufe des Verletzungsprozesses in dem nach Klageerhebung endenden maßgeblichen Zeitraum wieder auf, führt dies nicht in jedem Fall zu einer Heilung. Vielmehr wäre auch hier zu prüfen, ob die Benutzung der Marke in den fünf Jahren vor Schluss der mündlichen Verhandlung im Einzelfall als rechtserhaltend angesehen werden kann. Allerdings kann der Kläger ggf. seine Klage jederzeit neu erheben. Daher ist es aus Beklagtensicht unumgänglich, neben der Nichtbenutzungseinrede auch rechtzeitig einen Antrag auf Erklärung des Verfalls nach § 49 Abs. 1 einzureichen (ggf. im Wege der Widerklage, → § 49 Rn. 4).

4. Kenntnis des möglichen Löschungsantrags iSd § 49 Abs. 1 S. 3

Der Markeninhaber hat nach § 49 Abs. 1 S. 2 unter bestimmten Voraussetzungen die 44 Möglichkeit, den Eintritt der Löschungsreife durch Aufnahme bzw. Wiederaufnahme der Benutzung zu heilen und damit eine Löschung zu verhindern (→ § 49 Rn. 16 ff.). Nach § 49 Abs. 1 S. 3 bleibt jedoch eine Benutzungshandlung unberücksichtigt, wenn sie erst innerhalb von drei Monaten vor der Stellung des Löschungsantrags begonnen oder wieder aufgenommen wurde, nachdem der Inhaber der Marke Kenntnis davon erhalten hat, dass ein Antrag auf Löschung gestellt werden könnte. Eine solche Androhung eines Löschungsantrages kann auch durch die Erhebung der Einrede der Nichtbenutzung im Rahmen eines Verletzungs- oder Widerspruchsverfahrens erfolgen (vgl. Ströbele/Hacker/Hacker Rn. 20; aA Ingerl/Rohnke Rn. 19; HK-MarkenR/Hoppe Rn. 23).

§ 26 Benutzung der Marke

(1) Soweit die Geltendmachung von Ansprüchen aus einer eingetragenen Marke oder die Aufrechterhaltung der Eintragung davon abhängig ist, daß die Marke benutzt worden ist, muß sie von ihrem Inhaber für die Waren oder Dienstleistungen, für die sie eingetragen ist, im Inland ernsthaft benutzt worden sein, es sei denn, daß berechtigte Gründe für die Nichtbenutzung vorliegen.

(2) Die Benutzung der Marke mit Zustimmung des Inhabers gilt als Benutzung durch den Inhaber.

(3) ¹Als Benutzung einer eingetragenen Marke gilt auch die Benutzung der Marke in einer Form, die von der Eintragung abweicht, soweit die Abweichung den kennzeichnenden Charakter der Marke nicht verändert. ²Satz 1 ist auch dann anzuwenden, wenn die Marke in der Form, in der sie benutzt worden ist, ebenfalls eingetragen ist.

(4) Als Benutzung im Inland gilt auch das Anbringen der Marke auf Waren oder deren Aufmachung oder Verpackung im Inland, wenn die Waren ausschließlich für die Ausfuhr bestimmt sind.

(5) Soweit die Benutzung innerhalb von fünf Jahren ab dem Zeitpunkt der Eintragung erforderlich ist, tritt in den Fällen, in denen gegen die Eintragung Widerspruch erhoben worden ist, an die Stelle des Zeitpunkts der Eintragung der Zeitpunkt des Abschlusses des Widerspruchsverfahrens.

Überblick

Die Regelung des § 26 befasst sich mit der Frage, ob die Benutzung einer Marke als rechtserhaltend anzusehen ist. Nach Abs. 1 muss die Marke für die eingetragenen Waren und Dienstleistungen (→ Rn. 53 ff., → Rn. 105 ff.) im geschäftlichen Verkehr (→ Rn. 51) im Inland (→ Rn. 93 ff.) ernsthaft (→ Rn. 73 ff.) benutzt werden. Nach Abs. 2 gelten auch Benutzungshandlungen eines autorisierten Dritten als Benutzung durch den Markeninhaber (→ Rn. 166 ff.). Ferner bezieht Abs. 3 auch Benutzungen abweichender Zeichen (→ Rn. 119 ff.) unter bestimmten Voraussetzungen (→ Rn. 122 ff.) mit ein, unabhängig davon, ob diese separaten Markenschutz genießen (→ Rn. 162 ff.).
Abs. 4 enthält eine Regelung für nicht für das Inland bestimmte Waren (→ Rn. 93 ff.).
Abs. 5 bestimmt, dass die fünfjährige Benutzungsschonfrist erst ab Abschluss etwaiger Widerspruchsverfahren zu laufen beginnt, nicht bereits ab Eintragung (→ Rn. 15).
Die prozessualen Fragen und Rechtsfolgen ergeben sich aus einer Reihe von ergänzenden Vorschriften (→ Rn. 3).
Zu den Besonderheiten der rechtserhaltenden Benutzung von Kollektivmarken → § 100 Rn. 16 und den Parallelvorschriften für die Unionsmarke → UMV Art. 15 Rn. 1.

Übersicht

	Rn.		Rn.
A. Allgemeines	1	II. Internet	95
I. Rechtliche Grundlagen	6	III. Exportmarken, Transit	96
II. Rechts- oder Tatsachenfrage	9	IV. Sonderfall: Deutsch-Schweizer-Abkommen	98
III. Objektiver Maßstab	11	G. Benutzung für bestimmte Waren/Dienstleistungen	105
IV. Verwendung von Schutzrechtshinweisen	12	I. Subsumtion unter Begriffe im Warenverzeichnis	107
B. Benutzungszwang und Benutzungsschonfrist	13	II. Integration bei teilweiser Benutzung des Oberbegriffs	112
I. Begriff des Benutzungszwangs	13	1. Löschungsverfahren	114
II. Benutzungsschonfrist	15	2. Kollisionsverfahren	118
III. Umgehung der Benutzungsschonfrist durch Wiederholungsanmeldung	20	H. Benutzung in abweichender Form (Abs. 3)	119
1. Definition der Wiederholungmarke	22	I. Allgemeines	120
2. Behandlung einer möglichen Wiederholungsmarke	26	II. Änderung des kennzeichnenden Charakters	122
C. Art der Benutzung	40	III. Fallgruppen	126
I. Markenmäßige Benutzung	40	1. Veränderung des Zeichens	126
1. Abgrenzung zur rechtsverletzenden Benutzung	41	2. Weglassen von Bestandteilen	139
2. Keine rein firmenmäßige Benutzung	43	3. Hinzufügen von Bestandteilen	145
3. Keine rein titelmäßige Benutzung	45	IV. Mehrfachkennzeichnung/Kombinationsmarken	154
4. Keine dekorative oder beschreibende Benutzung	47	V. Rechtserhaltende Wirkung für mehrere Marken	162
5. Domainnamen	50	I. Benutzung durch den Inhaber oder mit dessen Zustimmung	166
II. Benutzung im geschäftlichen Verkehr	51	I. Zustimmungserklärung	167
III. Benutzung zur Kennzeichnung von Waren/Dienstleistungen	53	II. Nachweis	173
1. Warenmarken	54	J. Berechtigte Gründe für die Nichtbenutzung	177
2. Dienstleistungsmarken	59	I. Berechtigte Gründe	178
3. Marke für Einzelhandelsdienstleistungen	61	II. Beispielfälle	184
4. Nebenwaren- und Dienstleistungen	65	1. Rechte Dritter	185
5. Benutzung als Gütezeichen	68	2. Arzneimittelzulassungsverfahren	187
IV. Internetspezifische Benutzungsformen	69	3. Produktions-, Vertriebs- oder Exportverbote; gesetzliche Werbeverbote	189
D. Ernsthaftigkeit und Umfang der Benutzung	73	III. Rechtsfolge	190
E. Relevanter Benutzungszeitraum und Dauer	81	K. Glaubhaftmachung bzw. Nachweis der Benutzung	193
F. Ort der Benutzung	93		
I. Inland	93		

A. Allgemeines

1 Eine deutsche Marke gibt ihrem Inhaber gemäß § 14 Abs. 1 grundsätzlich ein unbefristetes Ausschließlichkeitsrecht. Dieses wird unter anderem durch den sogenannten Benutzungszwang begrenzt. Danach sind nach Ablauf der fünfjährigen Benutzungsschonfrist (→ Rn. 15) sowohl der Fortbestand als auch die Durchsetzung der Rechte aus der Marke von der rechtserhaltenden Benutzung der Marke abhängig.

2 § 26 regelt dabei die relevanten materiell-rechtlichen Regelungen, während sich die prozessualen Fragen und Rechtsfolgen aus anderen Regelungen ergeben.

3 In gerichtlichen und behördlichen Verfahren wird die Benutzung der älteren Marke lediglich auf Einrede der jeweils anderen Partei berücksichtigt (→ § 25 Rn. 27, → § 43 Rn. 3 ff., → § 55 Rn. 26 ff.). Gelingt es dem Inhaber nicht, die rechtserhaltende Benutzung seiner Marke glaubhaft zu machen bzw. nachzuweisen, dann kann er keine Rechte aus seiner Marke geltend machen (→ § 25 Rn. 39, → § 43 Rn. 54 f., → § 55 Rn. 29).

Benutzung der Marke § 26 MarkenG

Zudem kann die Marke im Falle der Nichtbenutzung auf Antrag eines Dritten gelöscht 4
werden (→ § 49 Rn. 9 ff.).

Inhaltlich abzugrenzen ist die rechtserhaltende Benutzung zum Einen von der rechtsbe- 5
gründenden Benutzung, die bei Vorliegen von Verkehrsgeltung zur Entstehung von Rechten
an einer Benutzungsmarke nach § 4 Nr. 2 führen kann (→ § 4 Rn. 17 ff.). Zum anderen
können die rechtserhaltende und die rechtsverletzende Benutzung nicht gleichgesetzt werden
(→ Rn. 41).

I. Rechtliche Grundlagen

§ 26 stellt den gesetzlichen Grundtatbestand der rechtserhaltenden Benutzung dar und 6
enthält die relevanten materiell-rechtlichen Regelungen sowie eine Bestimmung zum Beginn
der Benutzungsschonfrist im Falle eines Widerspruchsverfahrens gegen die eingetragene
Marke. § 26 setzt insofern die Bestimmungen der Art. 10, 11 Abs. 1–4, 12 Abs. 1 RL 2008/
95/EG bzw. Art. 16 Abs. 1, Abs. 2, Abs. 5 und Abs. 6 RL (EU) 2015/2436 um.

Aufgrund der harmonisierten Vorgaben der MRL und der parallelen Vorschrift für Uni- 7
onsmarken in Art. 15 UMV ist der Begriff der rechtserhaltenden Benutzung einheitlich
auszulegen (EuGH C-40/01, GRUR 2003, 425 Rn. 25–31 – Ansul/Ajax; BGH GRUR
2013, 925 Rn. 36 – VOODOO).

Ergänzt wird § 26 durch verschiedene Spezialvorschriften, die ua die Folgen der Nichtbe- 8
nutzung einer Marke regeln.

§ 22 Abs. 1 Nr. 2: Entstehung von Zwischenrechten (→ § 22 Rn. 10); 8.1
§ 25 Abs. 1, 2: Ausschluss von Ansprüchen (→ § 25 Rn. 6, → § 25 Rn. 39); 8.2
§ 43 Abs. 1: Einrede der Nichtbenutzung im Widerspruchsverfahren (→ § 43 Rn. 2); 8.3
§ 49 Abs. 1: Verfall einer Marke (→ § 49 Rn. 9); 8.4
§ 51 Abs. 4: Einrede der Nichtbenutzung im Löschungsverfahren (→ § 51 Rn. 11). 8.5

II. Rechts- oder Tatsachenfrage

Die **deutsche Rechtsprechung** geht davon aus, dass die rechtserhaltende Benutzung 9
einer Marke eine revisible **Rechtsfrage** darstellt (BGH GRUR 2000, 886 (887) – Bayer/
BeiChem). Die verbindliche Auslegung dieser Rechtsfrage ist dem EuGH vorbehalten
(EuGH C-40/01, GRUR 2003, 425 Rn. 25–31 – Ansul/Ajax).

Grundlage für diese Rechtsfrage bildet jedoch die jeweils **vorgelagerte tatsächliche Bewertung** 9.1
der Branchenüblichkeit und der Verkehrsauffassung durch den Tatrichter (BGH GRUR 2009, 60
Rn. 25 – LOTTOCARD). In der Revisionsinstanz wird dann nur noch überprüft, ob der Tatrichter
den Prozessstoff verfahrensfehlerfrei ausgeschöpft und seine Beurteilung frei von Widersprüchen mit
den Denkgesetzen und den Erfahrungssätzen vorgenommen hat (BGH GRUR 2006, 937 Rn. 27 –
Ichthyol II).

Für die **Unionsmarke** scheint der EuGH hingegen zumeist davon auszugehen, dass es 10
sich um eine Tatsachenfrage handelt (EuGH C-131/06 P, BeckEuRS 2007, 453299 Rn. 31 –
Castellblanch; C-416/04 P, GRUR 2006, 582 Rn. 78 – Sunrider). Bislang wurde die Übernahme dieser Bewertung ins deutsche Recht damit abgelehnt, dass das Verfahrensrecht durch
die RL 2008/95/EG nicht harmonisiert wurde.

Allerdings beabsichtigt die RL (EU) 2015/2436 nach ihrem Erwägungsgrund 9 nun auch explizit 10.1
eine Angleichung des Verfahrensrechts. Ob dies zu einer anderen Bewertung durch die deutsche Rechtsprechung führen wird, bleibt abzuwarten.

III. Objektiver Maßstab

Bei der Bewertung der rechtserhaltenden Benutzung und der einzelnen Faktoren ist ein 11
objektiver Maßstab des aus Sicht eines durchschnittlichen Betrachters aus dem angesprochenen Verkehr sowie nach dem jeweils Verkehrsüblichen wirtschaftlich Angebrachten anzuwenden (BGH GRUR 2002, 59 (63) – ISCO; GRUR 2003, 1047 (1048) – Kellogg's/Kelly's;
GRUR 2012, 1261 Rn. 17 – Orion). Die subjektiven Vorstellungen des Markeninhabers
sind insoweit irrelevant (BGH GRUR 2013, 725 – Duff Beer).

MarkenG § 26 Teil 2 Voraussetzungen, Inhalt und Schranken etc.

IV. Verwendung von Schutzrechtshinweisen

12 Für die Frage der rechtserhaltenden Benutzung ist es weder erforderlich noch ausreichend, dass bei Verwendung der Marke auf deren Schutz beispielsweise durch die Symbole „R im Kreis" (®) oder „TM" gesondert hingewiesen wird (so auch Ströbele/Hacker/Ströbele Rn. 16). Allerdings kann es unter Umständen für den Nachweis der markenmäßigen Verwendung (zB bei einer Verwendung als Bestandteil in Kombinationszeichen) hilfreich sein, einen Schutzrechtshinweis zu verwenden (BGH GRUR 2014, 662 Rn. 25 – Probiotik).

B. Benutzungszwang und Benutzungsschonfrist

I. Begriff des Benutzungszwangs

13 Der „Benutzungszwang" ist als solcher nicht im MarkenG definiert. Hierbei handelt es sich streng genommen nicht um eine Verpflichtung des Markeninhabers. Vielmehr kann dieser seine unbenutzte Marke nach Ablauf der Benutzungsschonfrist (→ Rn. 15) unter Umständen nicht mehr verteidigen oder er läuft Gefahr, sie aufgrund eines Löschungsantrages zu verlieren.

14 Sinn und Zweck des Benutzungszwangs ist es, reine Defensivmarken zu verhindern, die nur eingetragen wurden, um eine Nutzung eines identischen oder ähnlichen Zeichens durch Dritte zu vermeiden.

II. Benutzungsschonfrist

15 Grundsätzlich beginnt die Benutzungsschonfrist mit der Eintragung der Marke. Ist jedoch ein zeitlich der Eintragung nachgeschalteter **Widerspruch** anhängig, so beginnt gemäß Abs. 5 die Benutzungsschonfrist erst mit Abschluss des Widerspruchsverfahrens.

15.1 Während früher die Richtlinienkonformität dieser Regelung in Frage stand, sieht nunmehr Art. 16 Abs. 2 RL (EU) 2015/2436 eine entsprechende Regelung vor.

15.2 Zusätzlich verlangt Art. 16 Abs. 2 RL (EU) 2015/2436, dass die Benutzungsschonfrist erst ab dem Tag berechnet wird, ab dem kein Widerspruch mehr gegen die Marke möglich ist. Damit wird der Beginn der Benutzungsschonfrist auf den Ablauf der Widerspruchsfrist verlegt. Dies bedarf freilich erst noch der Umsetzung ins deutsche Recht.

16 Diese Verschiebung des Beginns der Benutzungsschonfrist findet Anwendung unabhängig von den Erfolgsaussichten des Widerspruchs. Ferner ist irrelevant, ob sich der Widerspruch nur gegen einzelne oder alle von der Marke beanspruchten Waren oder Dienstleistungen richtet (OLG München GRUR-RR 2002, 351 (352) – MICRO FOCUS).

16.1 Dies bedeutet in der Praxis, dass der Beginn der Benutzungsschonfrist auch für nicht angegriffene Waren und Dienstleistungen um Jahre oder gar Jahrzehnte verzögert werden kann. Gerade bei Marken, die viele Klassen abdecken – auch solche, an denen ihr Inhaber offensichtlich nicht einmal ein langfristiges Geschäftsinteresse hat – führt dies zu einer sinnwidrigen Verlängerung der Sperrfunktion der Marke. In extremen Fällen könnte man hier daran denken, einen Widerspruch aus solchen jahre- oder jahrzehntelang nicht benutzten Marken, deren Benutzungsschonfrist künstlich verlängert worden war, für rechtsmissbräuchlich zu erklären.

17 Zur Berechnung der Benutzungsschonfrist bei IR-Marken mit Schutzerstreckung auf Deutschland und der vereinfachten Neuregelung des Art. 16 Abs. 3 S. 1, 2 RL (EU) 2015/2436 → § 117 Rn. 3, → § 115 Rn. 1 ff.

18 Zur Benutzungsschonfrist bei Unionsmarken → UMV Art. 15 Rn. 26 sowie bei IR-Marken mit Schutzerstreckung für die EU → UMV Art. 160 Rn. 1, → UMV Art. 160 Rn. 1.

19 Bei umgewandelten Unionsmarkenanmeldungen läuft die Benutzungsschonfrist nach § 125d Abs. 2 ab der Eintragung der Marke in Deutschland. Gegen deutsche Anmeldungen, die aus der Umwandlung von eingetragenen Unionsmarken resultieren, ist nach § 125 Abs. 3 kein Widerspruch möglich. Ob hier dennoch eine neue Benutzungsschonfrist zu laufen beginnt, was im Ergebnis zu einer „Flucht in die Umwandlung" führen könnte, ist noch nicht entschieden (vgl. Lange MarkenR/KennzeichenR Rn. 1312; → § 125d Rn. 7).

Der Flucht in die Umwandlung hat der neue Art. 50 Abs. 2 UMV jedenfalls im Falle anhängiger Verfallsverfahren gegen Unionsmarken einen Riegel vorgeschoben, indem der Verzicht erst nach Abschluss des Verfallsverfahrens wirksam wird. Er tritt zwar erst zum 1.10.2017 in Kraft, entspricht aber bereits jetziger Praxis des Amtes (→ UMV Art. 50 Rn. 22). **19.1**

Man könnte im Übrigen daran denken, aus solchen Umwandlungen hervorgehende Eintragungen wie solche aufgrund von Ketten- oder Wiederholungsanmeldungen zu behandeln. **19.2**

III. Umgehung der Benutzungsschonfrist durch Wiederholungsanmeldung

Das MarkenG selbst kennt den Begriff der Wiederholungsmarke nicht. Es gilt vielmehr der Grundsatz, dass jeder Markeninhaber ohne gesetzliche Beschränkungen beliebig viele (auch identische) Marken anmelden kann. Auch der EuGH hat sich grundsätzlich gegen ein Verbot von Defensivmarken ausgesprochen (EuGH C-553/11, GRUR 2012, 1257 Rn. 32, 33 – Rintisch). **20**

Ausführlich zur Behandlung der Wiederholungsmarke im Eintragungsverfahren und zum Diskussionsstand → § 8 Rn. 847. Zur Behandlung der Wiederholungsmarke im Unionsmarkenrecht → UMV Art. 15 Rn. 34 ff. **21**

Nutzt der Markeninhaber seine Marken nicht, führen diese unbenutzten Marken grundsätzlich nur zu einer „Verstopfung" des Registers. Problematisch ist jedoch, wenn ein und dieselbe unbenutzte Marke regelmäßig für die gleichen Waren oder Dienstleistungen neu angemeldet wird mit dem einzigen Ziel, die Benutzungsschonfrist erneut in Gang zu setzen. Dann stellt sich die Frage, welche juristischen Konsequenzen eine solche Blockade haben kann. **21.1**

1. Definition der Wiederholungmarke

Die erste Schwierigkeit betrifft die Definition der Wiederholungsmarke, denn weder in der Rechtsprechung noch in der Literatur wird hierzu ein einheitlicher Ansatz vertreten. **22**

Eine Wiederholungsmarke liegt jedenfalls dann vor, wenn sowohl das neue und das ältere Zeichen als auch die jeweils beanspruchten Waren und Dienstleistungen **identisch** sind. **23**

Im Einzelfall kann jedoch auch die Anmeldung eines **ähnlichen** Zeichens als Wiederholungsmarke gelten, da andernfalls der Benutzungszwang bereits durch geringfügige Änderungen umgangen werden könnte (→ § 8 Rn. 852). Der Grad der erforderlichen Ähnlichkeit ist dabei umstritten. **24**

Die Mehrheit der Stimmen in der Literatur orientiert sich an der Regelung des Abs. 3 S. 1 (→ Rn. 119 ff.) und stellt darauf ab, ob der kennzeichnende Charakter der älteren Marke verändert wird oder nicht. Wird er nicht verändert, so soll eine Wiederholungsmarke vorliegen (Ströbele/Hacker/Ströbele Rn. 287; Sosnitza GRUR 2013, 105 (112)). Allerding muss hierbei auch berücksichtigt werden, dass die Regelung des Abs. 3 S. 1 gerade Neugestaltungen und Modernisierungen des Firmenlogos zulassen soll. Daher soll ein Rechtsmissbrauch verneint werden, wenn der Markeninhaber berechtigte Gründe für die Veränderung vorträgt (EuG T-136/11, GRUR Int 2013, 144 Rn. 41 – Pelikan). **24.1**

Im Hinblick auf die vom Zeichen beanspruchten Waren und Dienstleistungen wird man hingegen eine Identität zu fordern haben (so auch Ströbele/Hacker/Ströbele Rn. 290). **25**

2. Behandlung einer möglichen Wiederholungsmarke

Auch die Behandlung einer möglichen Wiederholungsmarke ist noch nicht höchstrichterlich geklärt. Es werden daher in der Literatur verschiedene Lösungsmöglichkeiten diskutiert. **26**

In Betracht kommt zunächst eine Einstufung als **bösgläubige Markenanmeldung** nach § 8 Abs. 2 Nr. 10, die im deutschen Recht sowohl im Anmelde- als auch im Löschungsverfahren Berücksichtigung finden kann. Allerdings kann man nicht automatisch bei einer wiederholten Markenanmeldung von einer Bösgläubigkeit des Anmelders ausgehen. Vielmehr sind hier verschiedene (weitere) Faktoren zu berücksichtigen. **27**

So wird beispielsweise diskutiert, ob der **Anmeldezeitpunkt** einen Einfluss auf die Bewertung der Wiederholungsmarke hat. Wenn die Anmeldung innerhalb bzw. kurz vor Ablauf der Benutzungsschonfrist der älteren Marke erfolgt, so soll dies ein Indiz für einen Rechtsmissbrauch darstellen (Klein GRUR Int 2015, 539 (545)). Hingegen wird bei Anmeldungen nach Ablauf der Benutzungsschonfrist der älteren Marke geprüft, ob Dritte die **28** theoretische Möglichkeit hatten, das Zeichen für sich selbst anzumelden. Einige Stimmen in der Literatur sprechen von einer Sperrfrist für den Markeninhaber, wobei die zeitlichen Vorstellungen weit auseinanderliegen (Ingerl/Rohnke § 25 Rn. 44: zwischen sechs Monaten und einem Jahr; Hackbarth, Grundfragen des Benutzungszwangs im Gemeinschaftsrecht, 1993, 197: fünf Jahre). Andere Stimmen in der Literatur lehnen hingegen eine solche **Sperrfrist** ab und beurteilen, ob eine Dritter die Möglichkeit des Erwerbs von Zwischenrechten hatte (Ströbele/Hacker/Ströbele Rn. 291, 292; Fuchs-Wissemann MarkenR 2015, 469 (473)).

29 Zudem wird auch der **territoriale Schutzbereich** der älteren Marke und der neueren Markenanmeldung thematisiert:

30 • Eine Wiederholungsmarke auf nationaler Ebene ist nach dem deutschen MarkenG grundsätzlich zulässig, es sei denn, der generelle Benutzungswille des Markeninhabers fehlt völlig (OLG Frankfurt GRUR 1992, 445 (446) – Wiederholungszeichen).

31 • Folgt eine Unionsmarke auf eine nationale ältere Marke, ist eine Wiederholungsmarke auch bei identischen Zeichen sowie Waren- und Dienstleistungsverzeichnis zu verneinen, denn es handelt es sich um autonome Schutzsysteme und die Unionsmarke bietet einen erweiterten Schutzbereich (BGH GRUR 2006, 333 – GALILEO; HABM Entsch. v. 23.6.2010 – R-993/2009-1 Rn. 22 – SLIME; Ströbele/Hacker/Ströbele Rn. 289; Fezer § 25 Rn. 30; Sosnitza GRUR 2013, 105 (111)).

32 • Folgt hingegen eine nationale Marke auf eine löschungsreife Unionsmarke, so soll dies laut einigen Stimmen in der Literatur nicht möglich sein. Begründet wird dies damit, dass eine Umwandlung der Unionsmarke in eine nationale Marke bei Verfall nach Art. 112 UMV ausgeschlossen wäre und durch eine autonome nationale Marke diese Regelung – abgesehen vom Prioritätsrang – ausgehebelt würde (vgl. Hackbarth, Grundfragen des Benutzungszwangs im Gemeinschaftsrecht, 1993, 204; Loschelder, FS Bornkamm, 2014, 637 (649 f.)). Hingegen wenden andere Stimmen in der Literatur zu Recht ein, dass bei einer Unionsmarke kein Benutzungszwang für Deutschland bestehe und die Unionsmarke ggf. außerhalb Deutschlands benutzt worden sein kann (→ § 8 Rn. 852; Klein GRUR Int 2015, 539 (544)).

33 • Eine wiederholte Anmeldung einer Unionsmarke kann im Einzelfall unter Umständen ein Indiz für die Bösgläubigkeit darstellen (EuG T-136/11, GRUR Int 2013, 144 Rn. 27 ff. – Pelikan).

34 Zudem sind für die Gesamtabwägung auch noch **weitere Unlauterkeitsfaktoren zu berücksichtigen,** um von einer Bösgläubigkeit ausgehen zu können (→ § 8 Rn. 759 ff.).

35 Soweit ersichtlich berücksichtigt das **DPMA** von Amts wegen bislang **im Eintragungsverfahren** nicht, ob es sich um eine Wiederholungsmarke handelt und das absolute Schutzhindernis der Bösgläubigkeit nach § 8 Abs. 2 Nr. 10 vorliegt. Begründet wird dies für das Eintragungsverfahren mit einer beschränkten Prüfungskompetenz des DPMA, wonach die Bösgläubigkeit ersichtlich iSd § 37 Abs. 3 und damit ohne Prüfungs- und Recherchearbeit offensichtlich sein muss (→ § 37 Rn. 6 ff.; vgl. Ströbele/Hacker/Ströbele § 8 Rn. 857; Ingerl/Rohnke § 25 Rn. 37; Fezer § 25 Rn. 40).

36 Im **Löschungsverfahren** vor dem DPMA nach §§ 50, 55 kann dann die Bösgläubigkeit der Markenanmeldung grundsätzlich geprüft werden (so Loschelder, FS Bornkamm, 2014, 637 (653); Fezer § 25 Rn. 41; aA Ströbele/Hacker/Ströbele § 8 Rn. 858 und § 26 Rn. 284; Sosnitza GRUR 2013, 105 (112): nur Löschung wegen Verfalls möglich). Schwierig ist hier allerdings der Nachweis, dass der Anmelder im Zeitpunkt der Anmeldung bösgläubig war und alle anderen Voraussetzungen vorliegen.

37 Hinsichtlich des summarischen **Widerspruchsverfahrens** wird zum Teil darauf verwiesen, dass die Benutzung einer Marke nur im Rahmen des § 43 Abs. 1 Berücksichtigung finden könne (BGH GRUR 2000, 890 (892) – IMMUNINE/IMUKIN; BPatG GRUR 2005, 773 (775) – Blue Bull/RED BULL; aA Fezer § 25 Rn. 40).

38 Neben der Bösgläubigkeit könnte zudem beispielsweise im Gerichts- oder Widerspruchsverfahren auch der **Einwand des Rechtsmissbrauchs bzw. der Behinderungsabsicht** wegen Fehlens des generellen Benutzungswillens geltend gemacht werden. Problematisch ist allerdings, dass der fehlende Benutzungswille als subjektives Tatbestandsmerkmal oft nur schwer feststellbar ist (so auch Loschelder, FS Bornkamm, 2014, 637 (651)). Sofern der Nachweis der strengen Voraussetzungen gelingt, kann im Einzelfall ein Rechtsmissbrauch bejaht werden.

Das OLG Frankfurt hat einen Rechtsmissbrauch angenommen bei einer Vielzahl von Spekulations- **38.1**
marken und damit einem unzulässigen Geschäftsmodell (OLG Frankfurt GRUR-RR 2013, 211 –
Spekulationsmarken; GRUR 1992, 445 – Wiederholungszeichen).

Hingegen hat das EuG in der „Pelikan"-Entscheidung mit Blick auf das Modernisierungsbedürfnis **38.2**
des Markeninhabers eine Bösgläubigkeit verneint, wobei hier auch das Warenverzeichnis modifiziert
war, so dass nach Auffassung des EuG keine deckungsgleiche Marke vorlag (EuG T-136/11, GRUR
Int 2013, 144 – Pelikan).

In Rechtsprechung und Literatur wird zum Teil vertreten, dass einer Wiederholungsmarke **39**
keine eigene Benutzungsschonfrist zustehe und daher auf Einrede der jeweiligen Gegenseite bereits in den ersten fünf Jahren der Nachweis der rechtserhaltenden Benutzung zu
erbringen sei. Zwar sei die Nichtbenutzungseinrede bei wörtlicher Auslegung des § 43 Abs. 1
in einem solchen Fall unzulässig, allerdings habe der Markeninhaber seine formell bestehende
Benutzungsschonfrist tatsächlich bereits verbraucht (BPatG BeckRS 2014, 09353 – Peak
Elements; → § 8 Rn. 848, → § 70 Rn. 12). Diese Lösung erscheint im Einzelfall pragmatisch
und gerecht.

Zur Behandlung der Wiederholungsmarke im Unionsmarkenrecht und insbesondere den relevanten **39.1**
Entscheidungen des EuG und der Beschwerdekammern des EUIPO → UMV Art. 15 Rn. 34 ff.

C. Art der Benutzung

I. Markenmäßige Benutzung

Der Begriff der „Benutzung" iSd § 26 ist nicht legaldefiniert. Nach ständiger Rechtspre- **40**
chung ist er grundsätzlich unabhängig vom Begriff der „rechtsverletzenden Benutzung"
auszulegen. Entscheidend ist, ob die Benutzung der Marke funktionsgerecht erfolgt, dh ob
die Marke dabei der Unterscheidung von Waren oder Dienstleistungen des Markeninhabers
von denjenigen Dritter dient und damit ihrer **Herkunftsfunktion** nachkommt (BGH
GRUR 2009, 60 Rn. 22 – LOTTOCARD).

1. Abgrenzung zur rechtsverletzenden Benutzung

Nach ständiger Rechtsprechung des BGH und des EuGH können die beiden Begriffe **41**
rechtserhaltende Benutzung und rechtsverletzende Benutzung **nicht gleichgesetzt** werden
(BGH GRUR 1980, 52 (53) – Contiflex; GRUR 2000, 1038 (1039) – Kornkammer; EuGH
C-40/01, GRUR 2003, 425 Rn. 32–43 – Ansul/Ajax).

Allerdings darf der Begriff der rechtserhaltenden Benutzung grundsätzlich nicht weiter **42**
gehen als der Begriff der rechtsverletzenden Benutzung (BGH GRUR 2012, 1261 Rn. 13 –
Orion).

2. Keine rein firmenmäßige Benutzung

Wird eine Marke nicht zur Kennzeichnung eines Produktes, sondern ausschließlich fir- **43**
menmäßig als Hinweis auf ein bestimmtes Unternehmen verwendet, liegt nach ständiger
Rechtsprechung keine Benutzung iSd § 26 vor (EuGH C-245/02, GRUR 2005, 153
Rn. 64 – Anheuser-Busch/Budvar; C-17/06, GRUR 2007, 971 Rn. 21 – Céline; BGH
GRUR 2003, 428 (430) – BIG BERTHA; GRUR 2005, 1047 (1049) – Otto; GRUR 2013,
925 Rn. 47 – VOODOO).

Eine eindeutige **Abgrenzung** zwischen marken- und firmenmäßiger Benutzung kann **44**
im Einzelfall schwierig sein, insbesondere wenn eine Kennzeichnung zugleich als Unternehmenskennzeichen und als Herkunftshinweis für bestimmte Waren oder Dienstleistungen
verstanden wird (→ § 14 Rn. 85 ff.; BGH GRUR 2004, 512 (513 f.) – Leysieffer; GRUR
2008, 254 Rn. 28 – THE HOME STORE; GRUR 2010, 270 Rn. 17 – ATOZ III; EuGH
C-17/06, GRUR 2007, 971 Rn. 16, 23, 26, 27 – Céline).

Eine markenmäßige Benutzung ist in der Regel anzunehmen im Falle einer besonderen grafischen **44.1**
Hervorhebung oder bei einer räumlichen Trennung von weiteren Angaben zum Unternehmen (BGH
GRUR 2008, 616 Rn. 16 – AKZENTA).

44.2 Hingegen ist regelmäßig von einer rein firmenmäßigen Benutzung auszugehen, wenn innerhalb einer vollständigen Unternehmensbezeichnung keine Hervorhebungen erfolgen (OLG Köln BeckRS 2008, 05543 – Schutzengel; BPatG BeckRS 2012, 08794 – Biofin/biovin; aA wohl EuGH T-482/08, GRUR Int 2011, 60 Rn. 40 f. – ATLAS TRANSPORT). Die Verwendung des Schutzrechtshinweises „R im Kreis" vermag dies nicht zu ändern (BGH GRUR 2013, 925 Rn. 47 – VOODOO).

44.3 Werden zusätzlich noch weitere Marken des Markeninhabers oder Dritter verwendet, spricht ebenfalls viel für eine rein firmenmäßige Benutzung (BGH GRUR 2003, 428 (430) – BIG BERTHA; GRUR 2005, 1047 (1049) – OTTO).

3. Keine rein titelmäßige Benutzung

45 Schwieriger ist die Abgrenzung zwischen einer markenmäßigen Benutzung und der Verwendung von Werktiteln, da diese stets produktbezogen und damit für das Publikum von der Verwendung einer Marke kaum unterscheidbar sind (→ § 14 Rn. 90 ff.). Der Werktitel soll verschiedene Werke voneinander unterscheiden und kann unter Umständen auch als Herkunftshinwies verstanden werden (BGH GRUR 2006, 152 Rn. 23–25 – GALLUP; GRUR 2003, 440 (441) – Winnetous Rückkehr).

46 Erforderlich ist dafür, dass der maßgebliche angesprochene Verkehr in dem Titel zugleich auch einen Hinweis unmittelbar auf ein bestimmtes Unternehmen oder mittelbar über dessen Waren oder Dienstleistungen sieht. Anhaltspunkte hierfür sind beispielsweise die Verwendung von Schutzrechtshinweisen wie „R im Kreis" (OLG Hamburg GRUR-RR 2012, 154 (156) – Luxor).

4. Keine dekorative oder beschreibende Benutzung

47 Eine rein **dekorative Verwendung** eines Zeichens ist in der Regel nicht rechtserhaltend (OLG München NJW-RR 1996, 1260 – THE BEATLES; BPatG GRUR 1998, 148 (151) – SAINT MORIS/St. Moritz). Es gilt daher im Einzelfall zu prüfen, ob der Verkehr in dem Zeichen möglicherweise auch einen Herkunftshinweis sieht (OLG Düsseldorf GRUR-RR 2016, 153 – Pippi; KG GRUR-RR 2003, 310 – Fertigzigaretten).

47.1 Das OLG Düsseldorf merkt in seiner Entscheidung „Pippi" colorandi causa an, dass die Verwertung von Roman- oder Filmfiguren als Marke interessante, nicht abschließend zu beantwortende Fragen aufwerfe. Fraglich sei, ob der Verkehr das Zeichen als Herkunftshinweis auffasse oder lediglich dekorativ im Sinne einer Identifizierung der Trägerin des Kleidungsstücks mit der Romanfigur. Zwar sei der Verkehr heutzutage an das Merchandising von neueren populären literarischen und filmischen Werken gewöhnt und wisse, dass dahinter zumindest mittelbar der Inhaber der Rechte am Werk stehe. Fraglich sei aber, ob dies auch für ältere Figuren wie „Pippi Langstrumpf" gelte.

48 Erscheint die Verwendung eines Zeichens eher **beschreibend,** kann in der Regel die markenmäßige Verwendung nicht allein deshalb verneint werden (→ § 14 Rn. 95). Schließlich ist die Klärung der Frage, ob eine eingetragene Marke generell für die fraglichen Waren und Dienstleistungen beschreibend und daher löschungsreif ist, dem Löschungs- und Nichtigkeitsverfahren vorbehalten (vgl. BGH GRUR 2009, 60 Rn. 11, 17 ff. – LOTTOCARD).

48.1 **Beispiele aus der Rechtsprechung:**
„LOTTO" herkunftshinweisend gebraucht für Chip- und Magnetkarten für Zahlungsverkehr mit Lottospielern (BGH GRUR 2009, 60 Rn. 24 ff. – LOTTOCARD);
„Ysat(e)" beschreibend für Arzneimittel bei Erläuterung beschreibender Bedeutung in der Werbung (BPatG GRUR 2005, 592 (593) – Lisat/Ysat);
Angabe der Interpreten auf Titelfoto eines Tonträgers nur inhaltsbeschreibend (BGH GRUR 2012, 832 Rn. 29, 32, 35 – ZAPPA; OLG Frankfurt GRUR Int 1993, 872 – Beatles);
Abgrenzung betriebliche bzw. geografische Herkunft (EuGH C-96/09 P, BeckEuRS 2011, 562 Rn. 149 f. – BUD).

49 Für die Annahme einer markenmäßigen und nicht beschreibenden Benutzung kann die Verwendung des „R im Kreis"-Symbols sprechen, denn dann vermuten die angesprochenen Verbraucher, dass das so gekennzeichnete Zeichen als Marke Schutz genießt (BGH GRUR 2014, 662 Rn. 29 – Probiotik).

5. Domainnamen

Bei Domainnamen, die zu einer aktiven, im Geschäftsverkehr benutzten Internetpräsenz führen, ist in der Regel anzunehmen, dass diese im Rahmen des Waren- oder Dienstleistungsabsatzes jedenfalls auch der Unterscheidung der Waren oder Dienstleistungen eines Unternehmens von denen anderer dienen und damit eine markenmäßige Benutzung vorliegt. Solchen Domainnamen kommt normalerweise neben der Adressfunktion eine kennzeichnende Funktion zu, weil der Verkehr in ihnen einen Hinweis auf die betriebliche Herkunft der unter diesen Domainnamen im Internet angebotenen Waren oder Dienstleistungen sieht (BGH GRUR 2012, 832 Rn. 11, 17, 19 – ZAPPA; allgemein zur kennzeichenrechtlichen Verwendung von Domainnamen → § 15 Rn. 102 ff.). Dies ist aber nicht der Fall, wenn der Domainname reine Adressfunktion hat oder wenn er von den angesprochenen Verkehrskreisen ausschließlich als beschreibende Angabe aufgefasst wird. Dabei ist auch der Inhalt der Internetseite zu berücksichtigen (BGH GRUR 2012, 832 Rn. 19, 20, 24 – ZAPPA). 50

Der BGH hat in der Verwendung des Domainnamens zappa.com keine rechtserhaltende Benutzung der Wortmarke ZAPPA gesehen, da der Verkehr diesem Domainnamen nur den beschreibenden Hinweis entnehme, dass auf der unter zappa.com betriebenen Internetseite Informationen über Werk und Leben des Künstlers Frank Zappa zu finden sind. In jenem Fall entsprach der Inhalt der Internetseite mit eben diesen Informationen auch der Erwartung des Verkehrs (BGH GRUR 2012, 832 Rn. 11, 23 – ZAPPA). Zwar stelle ein Name ein klassisches Kennzeichnungsmittel dar – daraus folge aber nicht, dass die angesprochenen Verkehrskreise einen Namen, der ihnen in einem Domainnamen begegne, grundsätzlich auch als Marke auffassten (BGH GRUR 2012, 832 Rn. 22 – ZAPPA). 50.1

II. Benutzung im geschäftlichen Verkehr

Die Marke kann ihrer Herkunftshinweisfunktion nur gerecht werden, wenn sie als Hinweis auf die betriebliche Herkunft der gekennzeichneten Waren oder Dienstleistungen verwendet wird. Dies erfordert, dass die Marke **nicht nur privat oder innerhalb des eigenen Unternehmens,** sondern im geschäftlichen Verkehr benutzt wird (EuGH C-40/01, GRUR 2003, 425 Rn. 37 – Ansul/Ajax; C-442/07, GRUR 2009, 156 Rn. 14 – Radetzky-Orden). 51

Daher sind grundsätzlich alle **rein innerbetrieblichen Benutzungsformen irrelevant,** egal ob es sich um interne Vorbereitungsmaßnahmen handelt (BGH GRUR 1980, 289 (290) – Trend) oder um einen Warenvertrieb innerhalb konzernmäßig verbundener Unternehmen (BGH GRUR 1979, 551 (552) – lamod). 52

Im Einzelfall kann die Präsentation von Prototypen, eine zukünftige Werbekampagne oder die Veranstaltung einer Musterschau ausreichen (EuGH C-40/01, GRUR 2003, 425 (428) Rn. 37 – Ansul/Ajax; BPatG 27 W (pat) 248/84, BPatGE 28, 235 – Belmare). 52.1

Auch Testverkäufe können eine ausreichende Benutzungshandlung darstellen, wenn sie nach Art, Umfang und Dauer eine ernsthafte wirtschaftliche Betätigung darstellen (BGH GRUR 1978, 642 (644) – SILVA). 52.2

III. Benutzung zur Kennzeichnung von Waren/Dienstleistungen

Die angesprochenen Verkehrskreise müssen in der Benutzung einer Marke einen Hinweis auf die Herkunft der jeweiligen Ware oder Dienstleistung aus einem bestimmten Unternehmen sehen (EuGH C-40/01, GRUR 2003, 425 (428) Rn. 38 – Ansul/Ajax; BGH GRUR 2008, 616 Rn. 10 – AKZENTA). 53

1. Warenmarken

Die konkret geforderte Art der Benutzung bestimmt sich nach der jeweils **branchenüblichen Verwendungsform** von Marken (BGH GRUR 2014, 662 Rn. 12 – Probiotik mwN). Für die rechtserhaltende Benutzung ist es grundsätzlich **nicht** erforderlich, die **Marke unmittelbar an der Ware anzubringen** oder Marke und Ware unmittelbar zu verbinden. Jede übliche und wirtschaftlich sinnvolle Verwendung der Marke für die eingetragenen Waren genügt. Ein konkreter Produktbezug ist dabei allerdings nötig (BGH GRUR 2006, 150 Rn. 9 – NORMA). 54

MarkenG § 26   Teil 2 Voraussetzungen, Inhalt und Schranken etc.

54.1 Bei Flüssigkeiten oder Schüttgut scheidet eine Anbringung der Marke auf der Ware aus. Auch bei kleinen Waren (zB Schmuck oder Schrauben) wird man häufig keine Möglichkeit haben, eine Marke anzubringen. Hier ist die Marke dann auf der jeweiligen Verpackung anzubringen (BGH GRUR 1995, 347 (349) – TETRASIL).

54.2 Im Bereich der Bekleidung ist der angesprochene Verkehr daran gewöhnt, Herkunftshinweis und Warenindividualisierung „insbesondere auch in dem Unternehmenskennzeichen zu sehen" (BGH GRUR 2011, 623 Rn. 24 – Peek & Cloppenburg II).

55 In der Regel wird eine bloße Verwendung in Geschäftspapieren, Preislisten, in der Werbung, im Geschäftslokal, auf Preisetiketten, auf Versandtaschen etc allein nicht ausreichen (Ströbele/Hacker/Ströbele Rn. 36 f.; BGH GRUR 2006, 150 Rn. 11, 12, 17 – NORMA; GRUR 2009, 772 Rn. 53 – Augsburger Puppenkiste; GRUR 2005, 1047 (1049); BPatG GRUR 1998, 1032 (1033) – MAPAX/MAPAG; GRUR 1996, 981 (982) – ESTAVITAL).

56 Bei **Katalogen** ist zu differenzieren: Ist hier eine Anbringung der Marke auf der Ware ersichtlich, kann eine rechtserhaltende Benutzung angenommen werden. Wenn der Katalog jedoch nur Waren zeigt, die nicht erkennbar mit der Marke gekennzeichnet sind oder gar ein anderes Kennzeichen tragen, dann wird nur von einer firmenmäßigen Verwendung auszugehen sein (BGH GRUR 2005, 1047 (1049) – OTTO; GRUR 2006, 150 Rn. 12, 13 – NORMA).

57 Wenn eine Marke ausschließlich als **Sorten-, Artikel- oder Bestellzeichen** verwendet wird, dient sie in der Regel nicht der Unterscheidung der eigenen Waren von denen Dritter (BGH GRUR 1980, 52 (53) – Contiflex).

58 Eine Besonderheit stellen **„begleitende Marken"** für **Rohstoffe oder Vorprodukte** (zB Intel und Gore-Tex) dar, die häufig auch auf dem Endprodukt angebracht sind. Die Benutzung einer Marke als Hinweis auf einen Ausgangsstoff stellt laut EuG aufgrund der Unterschiede in Art, Zweck und Bestimmung nicht automatisch zugleich die Benutzung der Marke für Endprodukte dar, die diesen Ausgangsstoff enthalten (EuG T-660/11, GRUR-Prax 2015, 402 – POLYTETRAFLON/TEFLON; T-270/10, BeckRS 2012, 81116 – Karra).

2. Dienstleistungsmarken

59 Bei Dienstleistungen scheidet naturgemäß ein Anbringen der Marke aus. Stattdessen sind hier indirekte branchenübliche Verwendungsformen zu berücksichtigen, wie beispielsweise die Verwendung der Marke in Werbemaßnahmen, auf Geschäftspapieren sowie Berufsbekleidung und Gegenständen, die bei der Erbringung der Dienstleistung zum Einsatz gelangen, wie Auto, Verpackungsmaterial etc (BGH GRUR 2008, 616 Rn. 13 – AKZENTA; GRUR 2010, 270 Rn. 17 – ATOZ III; BPatG GRUR 1992, 392 (393) – Parkhotel Landenberg).

60 Der Verkehr muss allerdings erkennen können, dass ein Zeichen nicht nur den Geschäftsbetrieb, sondern zumindest auch eine von diesem angebotene Dienstleistung kennzeichnet (BGH GRUR 2008, 616 Rn. 13 – AKZENTA; GRUR 2010, 270 Rn. 17 – ATOZ III).

3. Marke für Einzelhandelsdienstleistungen

61 Zur rechtserhaltenden Benutzung einer Einzelhandelsdienstleistungsmarke genügt grundsätzlich die Anbringung der Marke am Geschäftslokal, auf Geschäftspapieren sowie auf Gegenständen, die zur Erbringung der Dienstleistung verwendet werden (OLG Hamm BeckRS 2015, 16121 Rn. 33 – grillstar).

62 Umfasst werden dabei alle in direkten Zusammenhang mit der Einzelhandelstätigkeit stehende Dienstleistungen (zB Auswahl und Zusammenstellung des Sortiments), nicht jedoch alle sonstigen vom Markeninhaber erbrachten Leistungen wie zB Kredit- oder Reisevermittlung, Reparaturdienstleistungen etc. (EuGH C-418/02, GRUR 2005, 764 (766 f.) Rn. 34– 36 – Praktiker; BPatG GRUR 2006, 63 (65) – Einzelhandelsdienstleistungen II).

63 Eine rechtserhaltende Benutzung für die konkreten Waren selbst kann hingegen grundsätzlich keine rechtserhaltende Benutzung für die Einzelhandelsdienstleistungsmarke begründen (BPatG GRUR 2003, 152 (156) – Einzelhandelsdienstleistungen).

64 Bietet ein Einzelhandelsunternehmen – neben den Produkten Dritter – jedoch unter der gleichen „Hausmarke" auch Waren an, dann kommt eine rechtserhaltende Benutzung auch für die Waren in Betracht (BGH GRUR 2011, 623 Rn. 23–26 – Peek & Cloppenburg II).

4. Nebenwaren- und Dienstleistungen

Viele Unternehmen bringen neben ihren eigentlichen Waren und Dienstleistungen – 65
meist zu Werbezwecken – noch weitere Waren und Dienstleistungen auf den Markt. Zu
solchen meist kostenlos verteilten Werbeartikeln gehören beispielsweise Kugelschreiber, T-Shirts, etc. In der Regel hat der Markeninhaber hierbei keine Gewinn- oder Umsatzerzielungsabsicht, sondern möchte lediglich den Absatz des Hauptproduktes fördern. Ist eine Marke auch für solche Nebenwaren oder -dienstleistungen eingetragen, ist bei der Frage ihrer rechtserhaltenden Benutzung zu prüfen, ob hier lediglich das Hauptprodukt beworben werden soll oder ob die Marke auch als Herkunftshinweis für die Nebenware dient und ein eigener Absatzmarkt erschlossen werden soll (EuGH C-442/07, GRUR 2009, 156 Rn. 14 – Radetzky-Orden; C-495/07, GRUR 2009, 410 Rn. 18 – Silberquelle; BGH GRUR 2012, 180 Rn. 42 – Werbegeschenke).

Die **kostenlose Verteilung von Werbegeschenken** steht der Annahme einer rechtser- 66
haltenden Benutzung nicht prinzipiell entgegen. Sie kann im Einzelfall auch der Erschließung eines eigenen Absatzmarktes dienen, nicht jedoch, wenn es branchenüblich tatsächlich nur um eine Verteilung zu Werbezwecken geht, ohne dass hierfür ein eigener Absatzmarkt erschlossen werden soll (EuGH C-495/07, GRUR 2009, 410 Rn. 18–22 – Silberquelle; BGH GRUR 2012, 180 Rn. 42 – Werbegeschenke; OLG Hamburg GRUR-RR 210, 379 (380) – Metro I und II).

Bei **Fanartikeln** und Andenken erscheint eine rechtserhaltende Benutzung für die Waren- 67
gattung des Artikels selbst möglich (EuGH C-495/07, GRUR 2009, 410 Rn. 13 – Silberquelle). Gleiches gilt für klassische **Merchandising-Waren,** die zwar vielleicht aufgrund eines jenseits der Ware selbst liegenden „Brand Value" gekauft werden (Coca-Cola Untersetzer, Guinness Poster, Porsche-Uhr, Trikot eines bekannten Fußballvereins etc), sich aber einen eigenen Absatzmarkt erschließen und eine selbständige Umsatzquelle darstellen.

5. Benutzung als Gütezeichen

Fraglich ist, ob die Verwendung einer Individualmarke als Gütezeichen eine markenmä- 68
ßige Benutzung für die entsprechenden Waren darstellen kann. Nach Auffassung des OLG Düsseldorf in der Vorlageentscheidung zum EuGH sei dies der Fall, wenn die Verkehrskreise mit diesem Zeichen „die Erwartung einer Qualitätskontrolle durch den Zeicheninhaber" verbinden. Denn eine Marke, in der die Verkehrskreise einen Hinweis auf eine unter der Kontrolle ihres Inhabers stehende Ware erblicken, diene der Unterscheidung der so gekennzeichneten Ware von Waren anderer, nicht unter dieser Kontrolle stehender Unternehmen (OLG Düsseldorf GRUR 2016, 386 – Gütezeichen/Internationales Baumwollzeichen; Verfahren vor dem EuGH anhängig unter Az. C-689/15).

IV. Internetspezifische Benutzungsformen

Bei Benutzungshandlungen im Internet ist ebenfalls zu untersuchen, ob die Marke im 69
Einzelfall ihrer Herkunftshinweisfunktion nachkommt.

Domainnamen, die zu einer aktiv im Geschäftsverkehr benutzten Internetpräsenz füh- 70
ren, kommt in der Regel sowohl eine Adressfunktion als auch eine kennzeichnende Funktion zu (→ § 15 Rn. 102 ff.; BGH GRUR 2012, 832 Rn. 19 – ZAPPA; GRUR 2009, 685 Rn. 20 – ahd.de). Erforderlich ist jedoch, dass die mit der Ware beworbenen Waren oder Dienstleistungen auf der unter dem Domainnamen abrufbaren Webseite angeboten werden (EuG T-514/10, GRUR Int 2013, 48 Rn. 62 ff. – FRUIT).

Dies ist nicht der Fall, wenn der Domainname lediglich als Unternehmensbezeichnung 71
verstanden wird oder wenn eine markenmäßige Verwendung aufgrund eines beschreibenden sachbezogenen Aussagegehalts verneint wird (BGH GRUR 2012, 832 Rn. 19–24 – ZAPPA).

Wird ein Personenname in einem Domainnamen verwendet, kann sich daraus nicht immer eine **71.1**
rechtserhaltende Benutzung ergeben. Dies wird von der Rechtsprechung verneint, wenn der aus dem **Namen einer Person** (sowie einer Top-Level-Domain) gebildete Domainname von den angesprochenen Verkehrskreisen als ausschließlich den Inhalt der Internetpräsenz beschreibender oder rein firmenmäßiger Hinweis angesehen wird (BGH GRUR 2012, 832 Rn. 22 – ZAPPA).

72 Wird eine Marke lediglich als **Keyword** verwendet, scheidet eine rechtserhaltende Benutzung bereits deshalb aus, weil Keywords nicht auf der Webseite, sondern lediglich bei der Eingabe in Suchmaschinen verwendet werden (so auch Ingerl/Rohnke Rn. 57). Bei Metatags, die sich im Quelltext einer bestimmten Webseite befinden, wird es regelmäßig am erforderlichen Produktbezug fehlen (so auch HK-MarkenR/Spuhler Rn. 52).

D. Ernsthaftigkeit und Umfang der Benutzung

73 Unter ernsthafter Benutzung versteht der EuGH eine tatsächliche und nicht nur symbolische Benutzung allein zum Zweck der Wahrung der durch die Marke verliehenen Rechte.

74 Eine Marke muss für die Annahme der Ernsthaftigkeit ihrer Benutzung in einer **üblichen und wirtschaftlich sinnvollen** Art und Weise benutzt werden (BGH GRUR 2013, 725 Rn. 38 – Duff Beer). Nach ständiger Rechtsprechung des EuGH ist dazu erforderlich, dass der Inhaber die Marke benutzt, um für die jeweiligen Waren oder Dienstleistungen einen **Marktanteil zu gewinnen oder zu behalten** (EuGH C-40/01, GRUR 2003, 425 Rn. 37, 43 – Ansul/Ajax; BGH GRUR 2012, 180 Rn. 42 – Werbegeschenke; GRUR 2012, 1261 Rn. 12 – Orion).

75 Ob eine Benutzung als ernsthaft einzustufen ist, wird anhand **verschiedener Kriterien** geprüft. Dazu zählen insbesondere die Umsatz- und Verkaufszahlen, der Geschäftsumfang, die Frequenz und Dauer der Benutzungshandlungen, die Herstellungs- und Vermarktungskapazität, die Diversifikation des Geschäfts, und die Natur der relevanten Waren und Dienstleistungen. Das alles steht in einer **Wechselwirkung** (EuG T-203/02, GRUR Int 2005, 47 – Vitafruit; T-638/14, GRUR-Prax 2016, 237 – Frisa).

76 Der EuGH verlangt, dass die Marke „tatsächlich, stetig und mit stabilem Erscheinungsbild auf dem Markt präsent" ist. Eine bloß symbolische **Scheinbenutzung** ist daher nicht als rechtserhaltend anzusehen (EuGH C-234/06 P, GRUR 2008, 343 Rn. 72, 74 – Il Ponte Finanziaria; BGH GRUR 2012, 832 Rn. 49 – ZAPPA).

77 Allerdings kann auch eine **geringfügige Verwendung** der Marke unter Umständen ausreichend sein (EuGH C-40/01, GRUR 2003, 425 Rn. 38, 39 – Ansul/Ajax; C-416/04 P, GRUR 2006, 582 Rn. 72–74 – VITAFRUIT; BGH GRUR 2006, 152 Rn. 24 – GALLUP). Es gibt zwar keine De-minimis-Regel (EuGH C-259/02, BeckRS 2004, 75764 Rn. 25 – La Mer Technology), allerdings muss die Benutzung einer Marke nicht immer umfangreich sein (EuGH C-40/01, GRUR 2003, 425 Rn. 35, 39 – Ansul/Ajax).

78 Ob die Benutzung **mengenmäßig** den Anforderungen an die Ernsthaftigkeit genügt, um Marktanteile zu behalten oder zu gewinnen, hängt von mehreren Faktoren und einer Einzelfallbeurteilung ab (BGH GRUR 2013, 725 Rn. 38 – Duff Beer).

78.1 Zu den Faktoren zählen unter anderen:
- die Eigenschaft der Waren und Dienstleistungen (preiswerte Waren des täglichen Lebens oder Luxusprodukte, saisonale Produkte, spezielle Waren mit begrenztem Abnehmerkreis),
- Art des Unternehmens (Großkonzern oder Kleinbetrieb),
- Häufigkeit/Regelmäßigkeit/Umfang der Benutzung,
- Benutzung der Marke für alle oder nur für manche Waren/Dienstleistungen des Inhabers, sowie
- die vorhandenen Beweise.

78.2 Für ausreichend erachtet wurden beispielsweise:
- 13.500 bzw. 15.000 Flaschen Bier pro Jahr (BGH GRUR 2013, 725 Rn. 38 – Duff Beer),
- 2.316 Fernsehgeräte in einem einzigen Liefervertrag mit einem einzelnen Kunden (BGH GRUR 2012, 1261 – Orion),
- Etiketten in 43.000 bzw. 51.000 Bekleidungsstücken pro Jahr, mit denen jeweils ein Umsatz von 732.000 Euro bzw. 1.194.000 Euro erzielt wurde (BGH GRUR 2011, 623 Rn. 33 – Peek & Cloppenburg II),
- zwischen 300 und 420 hochpreisige Küchenmaschinen (Stückpreis 1.100 Euro) pro Jahr über drei Jahre (BGH GRUR 2010, 729 – MIXI),
- Lieferung von 293 Kisten zu je zwölf Flaschen nichtalkoholischer Getränke im Wert von höchstens 4800 Euro an einen einzigen Kunden in einem Jahr (EuGH C-416/04 P, GRUR 2006, 582 – Vitafruit),
- Lieferung von einem bis sechs seltenen Rennsportwagen pro Jahr (glaubhaft gemacht für den Zeitraum von fünf Jahren) nach Deutschland, jeweils zum Preis zwischen 40.000 und 85.000 Englischen Pfund,

Benutzung der Marke § 26 MarkenG

bei einer Gesamtproduktion von 400 Stück in zehn Jahren; dabei spricht der Senat selbst von „diesem besonderen Fall" (BGH GRUR 2001, 58 – COBRA CROSS),
- Verkauf eines Zentrierprüfgeräts (Spezialprodukt für industrielle Hersteller zum Preis von 81500 DM zzgl. Umsatzsteuer) im Inland sowie von drei Zentrierprüfgeräten für den Export (BGH GRUR 2002, 59 (63) – ISCO),
- zehn jährlich bzw. monatlich erscheinende Druckschriften für einen sehr speziellen Abnehmerkreis (BGH GRUR 2006, 152 Rn. 24 – GALLUP),
- Veranstaltung einer Messe alle zwei Jahre (OLG Frankfurt GRUR-RR 2007, 277 (279) – ISH),
- Bewerbung und Durchführung einer Musikveranstaltung zu einem etablierten (Weihnachts-)Termin im Zweijahresrhythmus mit einem nicht unerheblichen Werbeaufwand (OLG Jena GRUR-RR 2012, 113 (115 f.) – Musikveranstaltung).

Für nicht ausreichend erachtet wurden unter anderem: **78.3**
- Verkauf von 40–60 Kilogramm handgefertigter Pralinen pro Jahr in einer einzigen Verkaufsstelle, nachgewiesen für einen Zeitraum von etwas unter zwei Jahren (EuGH C-141/13 P, GRUR Int 2014, 956 – Walzertraum),
- Belieferung allein des Münchner Olympiastadions mit Knabberartikeln und wöchentlichen Umsätzen von rund 1.100 Euro (BGH GRUR 2003, 1047 – Kellogg's/Kelly's),
- Vertrieb von 270 Polohemden an nur sieben Kunden innerhalb von drei Tagen kurz vor Ablauf der Benutzungsschonfrist (BGH GRUR 2003, 428 (430) – BIG BERTHA),
- Rechnungen nur hinsichtlich 0,03% des Gesamtumsatzes, der laut Erklärung des Geschäftsführers durch den Verkauf der Waren erzielt wurde und die sich nur auf einen sehr kurzen Zeitraum beziehen (EuG T-434/09, GRUR Int 2012, 356 Rn. 36 – Centrotherm).

Nach ständiger Rechtsprechung ist grundsätzlich **keine unmittelbare Absicht auf** **79** **Gewinn oder Umsatzerzielung** erforderlich. Daher kann im Einzelfall auch eine unentgeltliche Abgabe von Waren oder Erbringung von Dienstleistungen eine rechtserhaltende Benutzung darstellen. Voraussetzung ist jedoch, dass ein hinreichender Bezug zur eigentlichen geschäftlichen Tätigkeit besteht (EuGH C-442/07, GRUR 2009, 156 Rn. 16–21 – Radetzky Orden; BGH GRUR 2006, 152 Rn. 25 – Gallup; GRUR 2012, 180 Rn. 42 – Werbegeschenke).

In Ausnahmefällen erkennt der EuGH auch folgende Handlungen als weitere Benutzung **80** von in der Vergangenheit benutzten Marken an: Verkauf von Einzelteilen, Kundendienst, Verkauf von Zubehör, Wartungs- oder Reparaturdienstleistungen (EuGH C-40/01, GRUR 2003, 425 – Ansul/Ajax).

Im konkreten Fall nahm der EuGH eine ernsthafte Benutzung an, obwohl die mit der Marke **80.1** gekennzeichneten der Waren nicht mehr auf den Markt gebracht wurden. Vielmehr hatte der Markeninhaber nur noch Einzelteile verkauft, die zur Zusammensetzung oder Struktur der bereits vertriebenen Waren gehören und für die er dieselbe Marke unter bestimmten Bedingungen damit tatsächlich benutzt. Der EuGH begründet dies damit, dass diese Einzelteile Bestandteil der geschützten Waren seien und unter derselben Marke verkauft würden und daher eine ernsthafte Benutzung der Marke für diese Teile auf die bereits vertriebenen Waren selbst zu beziehen sei. Dies führe zur Wahrung der Rechte des Inhabers in Bezug auf diese Waren.

Das Gleiche könne laut EuGH gelten, wenn der Inhaber der Marke diese unter den gleichen **80.2** Bedingungen tatsächlich für Waren oder Dienstleistungen benutze, die nicht zur Zusammensetzung oder Struktur bereits vertriebener Waren gehörten, aber in unmittelbarem Zusammenhang mit diesen Waren stünden und die Bedürfnisse der Abnehmer der Waren befriedigen sollten, zB Kundendienst, Verkauf von Zubehör oder verwandten Erzeugnissen, Wartungs- oder Reparaturdienstleistungen.

E. Relevanter Benutzungszeitraum und Dauer

Der relevante Fünfjahreszeitraum, für den der Markeninhaber die rechtserhaltende Benut- **81** zung nachweisen muss, variiert in den verschiedenen Verfahren.

Als **Grundregel** sieht § 25 Abs. 1 vor, dass der Inhaber einer eingetragenen Marke gegen **82** Dritte bestimmte Ansprüche nicht geltend machen kann, wenn die Marke innerhalb der letzten fünf Jahre vor der Geltendmachung des Anspruchs nicht rechtserhaltend benutzt wurde (→ § 25 Rn. 6 ff.).

Im **Verletzungsverfahren** sind nach § 25 Abs. 2 S. 1, 2 zwei Einreden kumulativ zulässig **83** und stellen auf unterschiedliche Benutzungszeiträume ab:

MarkenG § 26 Teil 2 Voraussetzungen, Inhalt und Schranken etc.

- Abs. 2 S. 1: die letzten fünf Jahre vor Erhebung einer Klage aus der eingetragenen Marke (→ § 25 Rn. 21 f.),
- Abs. 2 S. 2: die letzten fünf Jahre vor dem Schluss der mündlichen Verhandlung (→ § 25 Rn. 23 ff.).

84 Im **Widerspruchsverfahren** sind nach § 43 Abs. 1 S. 1, 2 ggf. zwei Einreden kumulativ zulässig und stellen auf unterschiedliche Benutzungszeiträume ab:
- § 43 Abs. 1 S. 1: die letzten fünf Jahre vor Veröffentlichung der Eintragung der jüngeren Marke (→ § 43 Rn. 23 ff.),
- § 43 Abs. 1 S. 2: die letzten fünf Jahre vor der Entscheidung im Widerspruchsverfahren (→ § 43 Rn. 27 ff.).

85 Im Löschungsverfahren aufgrund älterer Rechte nach § 55 Abs. 3 S. 1, 2, 3 sind ebenfalls verschiedene Einreden kumulativ zulässig und stellen auf unterschiedliche Benutzungszeiträume ab:
- § 55 Abs. 3 S. 1: die letzten fünf Jahre vor Erhebung der Klage (→ § 55 Rn. 26),
- § 55 Abs. 3 S. 2: die letzten fünf Jahre vor dem Schluss der mündlichen Verhandlung (→ § 55 Rn. 26),
- § 55 Abs. 3 S. 3: die letzten fünf Jahre vor Veröffentlichung der jüngeren Marke (→ § 55 Rn. 28).

86 Im **Löschungsverfahren wegen Verfalls** nach § 49 Abs. 1 wird eine Marke gelöscht, wenn sie in einem Zeitraum von fünf Jahren nach der Eintragung ununterbrochen nicht benutzt und die Benutzung nicht vor Stellung des Löschungsantrags wieder aufgenommen wurde (→ § 49 Rn. 9 ff.).

87 Die einzelnen Regelungen verlangen – mit Ausnahme von § 49 Abs. 1 – **keine kontinuierliche Benutzung** innerhalb des gesamten ununterbrochenen Fünfjahreszeitraums. Daher kann auch eine Benutzung während eines Teils des relevanten Benutzungszeitraums ausreichend sein. Entscheidend ist dann, ob unter Berücksichtigung aller Umstände (insbesondere des Umfangs der Benutzung) und deren Wechselwirkung eine ernsthafte Benutzung und nicht nur eine Scheinbenutzung stattfindet (EuGH C-40/01, GRUR 2003, 425 Rn. 38 – Ansul/Ajax; BGH GRUR 2008, 616 Rn. 23 – AKZENTA; GRUR 2000, 1038 (1039) – Kornkammer).

87.1 **Beispiele aus der Rechtsprechung:**
- Benutzungszeitraum von viereinhalb Monaten ausreichend (EuG T-334/01, GRUR Int 2004, 955 Rn. 45–50 – HIPOVITON),
- Benutzungszeitraum von elfeinhalb Monaten ausreichend (EuG T-203/02, GRUR Int 2005, 47 – VITAFRUIT).

88 Bei der Gesamtbewertung der Ernsthaftigkeit darf auch das **Benutzungsverhalten vor und nach diesem Zeitraum als Indiz** zur Beurteilung der Ernsthaftigkeit der innerhalb des maßgeblichen Zeitraums vorgenommenen Benutzungshandlungen herangezogen werden (EuGH C-259/02, BeckRS 2004, 75764 Rn. 31 – La Mer Technology; BPatG GRUR 2009, 64 (67) – GALLUP II; GRUR 1999, 1002 (1005) – Sapen II).

89 Auch Umstände außerhalb des Benutzungszeitraums können im Einzelfall relevant sein (EuG T-39/10, BeckRS 2012, 82134 – Pucci; T-638/14, GRUR-Prax 2016, 237 – Frisa; BPatG GRUR 2009, 64 (66) – GALLUP II; OLG München GRUR-RR 2003, 172 (173) – König Ludwig).

90 Nimmt der Markeninhaber die Benutzung erst **kurz vor Ablauf** des maßgeblichen Benutzungszeitraums auf, spricht dies nicht bereits gegen die Ernsthaftigkeit der Benutzungshandlung, denn schließlich soll er die gesetzlich zugebilligten Zeiträume ausschöpfen können (BGH GRUR 1985, 926 (927) – topfitz/topfit; OLG München GRUR-RR 2003, 172 (173) – König Ludwig; aA EuG T-495/12 BeckRS 2014, 81641 Rn. 41 – Dracula). In solch einem Fall kann die späte Benutzung der Marke den Beginn der ernsthaften Benutzung darstellen (BGH GRUR 2013, 925 Rn. 40 – VOODOO). Wird die Benutzung allerdings umgehend wieder eingestellt, stellt sich die Frage einer **Scheinbenutzung** (BGH GRUR 2003, 428 – BIG BERTHA).

91 Bei einigen **saisonalen Produktgruppen** (zB Weihnachtsgeschäft oder spezielle Verkaufsaktionen) sind die besonderen Umstände des Einzelfalls zu berücksichtigen, welche eine nur punktuelle Verwendung dennoch als rechtserhaltende Benutzung ansehen lassen (BPatG

GRUR 2011, 68 (72 f.) – Goldhase in neutraler Aufmachung). Wenn Waren unter einer Marke immer nur kurze Zeit im Jahr angeboten werden, liegt in der Regel eine nachhaltige Benutzung vor, wenn jeweils große Stückzahlen abgesetzt werden (BPatG BeckRS 2009, 15883 – Tukan).

Das Gleiche gilt für Dienstleistungen, die jeweils zu bestimmten Anlässen (zB Fachmesse) **92** erbracht werden (OLG Frankfurt GRUR-RR 2007, 277 (279) – ISH; OLG Jena GRUR-RR 2012, 113 (115) – Musikveranstaltung).

F. Ort der Benutzung

I. Inland

Abs. 1 verlangt eine Benutzung der Marke im **Inland,** denn nur so kann der Markeninha- **93** ber im Inland Marktanteile für die durch die Marke geschützten Waren oder Dienstleistungen behalten oder gewinnen. Ausschließlich im Ausland erfolgte Benutzungshandlungen sind daher grundsätzlich nicht relevant (BGH GRUR 2012, 1261 Rn. 12 – Orion).

Eine Benutzung des Zeichens im Ausland kann jedoch bei einer geringen Benutzung im Inland **93.1** Bedeutung für die Ernsthaftigkeit der Benutzung haben (BGH GRUR 1980, 52 – Contiflex).

Eine Benutzung im ganzen **Bundesgebiet** ist nicht erforderlich, vielmehr kann im Einzel- **94** fall (abhängig u.a. von den Waren und Dienstleistungen sowie den Branchengewohnheiten) auch eine örtlich begrenzte Benutzung genügen (BGH GRUR 2013, 925 Rn. 38 – VOODOO).

Zur Parallelproblematik der Benutzung „in der Union" bei Unionsmarken → UMV Art. 15 Rn. 39. **94.1**

II. Internet

Bei einer Benutzung im Internet ist ein **wirtschaftlich relevanter Inlandsbezug** erfor- **95** derlich, um eine rechtserhaltende Benutzung anzunehmen. Die bloße Abrufbarkeit eines Internetangebots im Inland ist hierfür nicht ausreichend (BPatG BeckRS 2011, 21622 – SCORPIONS). Ähnlich wie bei der Frage der rechtsverletzenden Benutzungshandlung (→ § 14 Rn. 47) gibt es auch hier eine Reihe von Indizien, die für oder gegen einen relevanten Inlandsbezug sprechen. Eine rechtserhaltende Benutzung kann nur angenommen werden bei Internet-Auftritten mit spürbarem kommerziellen Effekt im Inland (Glöckner/Kur GRUR-Beilage 2014, 29).

Indizien Pro: Webseite in deutscher Sprache, Waren und Dienstleistungen erkennbar an deutsche **95.1** Abnehmer gerichtet, Vereinbarung der Geltung deutschen Rechts, Hinweis auf inländische Vertriebsstätten, Angebot weiterer Leistungen wie Kundendienst und Gewährleistung, inländische Kontaktdaten, inländische Währung (BGH GRUR 2003, 428 (430) – BIG BERTHA; BPatG BeckRS 2011, 21622 – SCORPIONS; GRUR 2001, 166 (168) – VISION).

Indizien Contra: Disclaimer bezüglich Nichtleistung in Deutschland, ausschließlich fremdsprachi- **95.2** ges Angebot, Preisangaben in ausländischer Währung, nur allgemeine Informationen über Markeninhaber ohne Angebot der speziellen Ware (OLG München GRUR-RR 2005, 375 (377) – 800-FLOWERS; EuG T-355/09, GRUR Int 2013, 340 – Walzertraum; bestätigt durch EuGH C-141/13 P, GRUR Int 2014, 956).

III. Exportmarken, Transit

Nach Abs. 4 gilt bei ausschließlich für den **Export** bestimmten Waren bereits das Anbrin- **96** gen der Marke auf Waren oder deren Aufmachung oder Verpackung im Inland als Benutzung der Marke im Inland. Mit dieser Erleichterung sollen Unternehmen geschützt werden, die Waren für den Export herstellen und nicht auch ausreichend auf dem deutschen Markt anbieten (BGH GRUR 2015, 685 Rn. 26 – STAYER).

Die bloße Durchfuhr von Waren (**Transit**), die nicht in Deutschland vermarktet werden **97** sollen, ist nicht darauf ausgerichtet, im Inland Marktanteile für die jeweiligen Waren zu generieren (BGH GRUR 2015, 685 (687) Rn. 28 – STAYER; GRUR 2012, 1261 Rn. 12, 13, 22 – Orion). Daher wird sie nicht als rechtserhaltend anzusehen sein.

97.1 In der Vergangenheit wurde dieses Ergebnis auch damit begründet, dass der Begriff der rechtserhaltenden nicht weiter sein darf als der der rechtsverletzenden Benutzung. Nach der Rechtsprechung des EuGH (EuGH C-281/05, GRUR 2007, 146 Rn. 23, 24 – Montex Holdings/Diesel) und des BGH (BGH GRUR 2007, 875 Rn. 13 – Durchfuhr von Originalware; GRUR 2012, 1263 Rn. 11–19 – Clinique happy) wurde die reine Durchfuhr von Waren als nicht rechtsverletzend angesehen. Daher konnte der Transit von Waren auch keine rechtserhaltende Benutzung darstellen (BGH GRUR 2012, 1261 Rn. 13; Ströbele/Hacker/Ströbele Rn. 241). Durch die Neuregelung in Art. 10 Abs. 4 RL (EU) 2015/2436 wird die Durchfuhr von Waren allerdings nunmehr als rechtsverletzend angesehen. Daher ist dieses Argument nun obsolet.

IV. Sonderfall: Deutsch-Schweizer-Abkommen

98 Im Verhältnis zur Schweiz besteht eine Sonderregelung aufgrund eines bilateralen völkerrechtlichen Vertrages, des Übereinkommens zwischen dem Deutschen Reich und der Schweiz betreffend den gegenseitigen Patent-, Muster- und Markenschutz vom 13.4.1892 (RGBl. 1894, 511) in der Fassung des Änderungsabkommens vom 26.5.1902 (RGBl. 1903, 1819).

99 Nach Art. 5 S. 1 des Übereinkommens gilt die **Benutzung einer deutschen Marke in der Schweiz** als rechtserhaltend (OLG Hamburg BeckRS 2008, 22236 – PADMASSINI/PADMA; BGH GRUR 2000, 1035 (1037) – Playboy).

99.1 Der Text von Art. 5 S. 1 lautet wie folgt:
Die Rechtsnachteile, welche nach den Gesetzen der vertragsschließenden Teile eintreten, wenn eine Erfindung, ein Muster oder ein Modell, eine Handels- oder Fabrikmarke nicht innerhalb einer bestimmten Frist ausgeführt, nachgebildet oder angewendet wird, sollen auch dadurch ausgeschlossen werden, daß die Ausführung, Nachbildung oder Anwendung in dem Gebiet des anderen Teiles erfolgt.

100 Die **Beurteilung,** ob eine Verwendung des Zeichens in der Schweiz für eine deutsche Marke hinsichtlich aller anderen Kriterien als rechtserhaltend anzusehen ist, richtet sich ausschließlich nach deutschem Recht (BGH GRUR 2000, 1035 (1038) – PLAYBOY).

101 Es ist **nicht** erforderlich, dass die **Marke in beiden Staaten** geschützt ist.

102 Die **Anwendung** dieser Vergünstigung ist in Deutschland nicht auf deutsche und Schweizer Staatsangehörige und Angehörige aus Drittstaaten mit Sitz oder Niederlassung in einem der beiden Länder beschränkt (zur eingeschränkten schweizerischen Handhabung siehe Bundi/Schmidt GRUR Int 2013, 617 (618); Ebert-Weidenfeller/Noth GRUR-Prax 2013, 415 III.).

102.1 Aufgrund des Grundsatzes der Inländerbehandlung nach Art. 2, 3 PVÜ gilt diese Vergünstigung auch für Angehörige anderer PVÜ-Verbandsländer (BGH GRUR 2000, 1035 (1037) – Playboy). Das Gleiche folgt aus Art. 2 Abs. 1, 3 Abs. 1 TRIPS für Angehörige der WTO-Vertragsstaaten (Ströbele/Hacker/Ströbele Rn. 234).

103 In der Literatur wird zum Teil die Richtlinienkonformität des Übereinkommens diskutiert; soweit ersichtlich gibt es hierzu jedoch noch keine Entscheidung.

103.1 Gegen die weitere Anwendung des Übereinkommens wird unter anderem angeführt, dass der Wortlaut der RL 2008/95/EG (bzw. jetzt RL (EU) 2015/2436) eindeutig von einer Benutzung im jeweiligen Mitgliedsland spricht.

104 Soweit in Deutschland eingetragene, aber in der Schweiz benutzte Marken einer Unionsmarke entgegengehalten werden, entfaltet das Übereinkommen jedoch keine Wirkung (EuGH C-445/12 P, GRUR-RR 2014, 59 – BASKAYA; → UMV Art. 15 Rn. 43.1).

G. Benutzung für bestimmte Waren/Dienstleistungen

105 Nach Abs. 1 muss eine Marke für diejenigen Waren und Dienstleistungen benutzt werden, für die sie eingetragen ist.

105.1 In den Regelungen der § 25 Abs. 2 S. 3, § 43 Abs. 1 S. 3, § 49 Abs. 3 und § 55 Abs. 3 S. 4 wird klargestellt, dass auch eine Teilbenutzung der Marke möglich ist. Allerdings wird die Marke dann teilweise löschungsreif, und ihr Schutzbereich beschränkt sich auf die benutzten Waren und Dienstleistungen.

Benutzung der Marke § 26 MarkenG

Bei der Prüfung der Benutzung für bestimmte Waren und Dienstleistungen sind zwei Fragen relevant: **106**
- Sind die mit einer Marke gekennzeichneten und benutzten Waren oder Dienstleistungen einem Begriff des Warenverzeichnisses zuzuordnen (sog. **Subsumtionsfrage,** → Rn. 107 ff.)
- Stellt die Verwendung der Marke für eine spezielle Ware oder Dienstleistung nur eine Benutzung für diese Einzelware bzw. -dienstleistung dar oder auch für weitere Waren oder Dienstleistungen (sog. **Integrationsfrage,** → Rn. 112 ff.)

I. Subsumtion unter Begriffe im Warenverzeichnis

Die Frage, ob die mit einer Marke gekennzeichneten Waren oder Dienstleistungen unter einen Begriff des Warenverzeichnisses fallen, ist grundsätzlich aus Sicht der angesprochenen Verkehrskreise zu beurteilen (BGH GRUR 1990, 39 (41) – Taurus). **107**

Zudem ist die im **Zeitpunkt der Eintragung** der Marke gültige Nizza-Klassifikation zu berücksichtigen, dh spätere Änderungen der Klassifikation können nicht zur Bestimmung des Schutzbereichs der Marke herangezogen werden (BGH GRUR 2014, 662 Rn. 36 – Probiotik). **108**

Beispielfälle aus der Rechtsprechung: **108.1**
- „Schuhe" fallen nicht unter „Bekleidungsstücke" (OLG München GRUR-RR 2008, 300 – ODDSET Die Sportwette),
- „Kunststofffolien für direkte Beschriftung (Offsetdruckfolien)" sind keine „Papier- und Pappwaren" (BPatG BPatGE 22, 204 – Polychroma),
- „EDV-Programmiersysteme zur problemorientierten Einzelfalllösung" in Klasse 42 sind nicht gleichzusetzen mit „Datenträger für Datenverarbeitungsanlagen mit gespeicherten Standardprogrammen" in Klasse 9 (BPatG 24 W (pat) 229/82, BlPMZ 1984, 178 – INFOS),
- „Vitaminpräparate für Tiere" fällt unter „pharmazeutische Präparate für veterinärmedizinische Zwecke" (BPatG GRUR 1998, 727 (728) – VITACOMBEX).

Wenn eine Marke bestimmte Waren oder Dienstleistungen im Warenverzeichnis **ausdrücklich vom Schutz ausnimmt,** kann eine Benutzung für diese ausgenommenen Waren oder Dienstleistungen nicht unter den eingetragenen Begriff subsumiert werden (BPatG BeckRS 1978, 00306 – Storella/Corella). **109**

Wenn die Waren oder Dienstleistungen im Warenverzeichnis **spezifiziert** sind und dann anderweitig benutzt werden, kann keine rechtserhaltende Benutzung angenommen werden. **110**

Beispielsweise wurde eine rechtserhaltende Benutzung verneint, wenn eine Marke für Nahrungsergänzungsmittel auf der Basis besonders genannter Stoffe eingetragen war und dann lediglich für Nahrungsergänzungsmittel auf der Basis anderer Stoffe benutzt wurde. **110.1**

Auch die Verschreibungspflicht von Arzneimitteln stellt eine wesentliche Eigenschaft dar, so dass frei verkäufliche Arzneimittel keine rechtserhaltende Benutzung darstellen (BPatG PharmR 2000, 217 – Taxanil/Taxilan). **110.2**

Ganz selten wurde eine Abweichung von Spezifizierungen der registrierten Waren oder Dienstleistungen als rechtserhaltende Benutzung angesehen, wenn der Wesensgehalt der Waren oder Dienstleistungen unverändert bleibt. Ein solcher Einzelfall wurde angenommen bei einer für „konservierte Kartoffelchips" eingetragenen Marke und der Benutzung für „unkonservierte Kartoffelchips" (BPatG Beschl. v. 23.10.1996 – 28 W (pat) 214/95 – Riffels the chip/Ruffles). **110.3**

Es ist möglich, dass die Benutzung der Marke für eine Ware oder Dienstleistung unter **mehrere Begriffe des Warenverzeichnisses** fällt (BGH GRUR 2002, 59 (63) – ISCO). **111**

II. Integration bei teilweiser Benutzung des Oberbegriffs

Ist eine Marke für breite Oberbegriffe registriert und wird sie nur für eine spezielle Ware oder Dienstleistung benutzt, stellt sich die Frage, für welche Waren oder Dienstleistungen eine Benutzung vorliegt. Man könnte annehmen, dass die rechtserhaltende Benutzung ausschließlich für die konkret benutzten Waren oder Dienstleistungen nachgewiesen ist („strenge Minimallösung") oder für den gesamten Oberbegriff, unter den die konkreten Waren oder Dienstleistungen fallen. („Maximallösung"). **112**

112.1 Die **Maximallösung** wurde früher vom BPatG vertreten (BPatG GRUR 1976, 591 – Ceresan) und wurde zuletzt noch von einigen Stimmen in der Literatur für das Löschungsverfahren angenommen (Ingerl/Rohnke § 29 Rn. 30 ff.; OLG Köln GRUR 2002, 264 (268) – DONA/PROGONA). Sie wird heute von der herrschenden Meinung abgelehnt, weil die Benutzung einer speziellen Einzelware nicht einen ganzen Oberbegriff blockieren können soll (BGH GRUR 2009, 60 Rn. 32, 33 – LOTTOCARD; GRUR 2013, 833 Rn. 61 – Culinaria/Villa Culinaria; GRUR 2014, 662 Rn. 12 – Probiotik).

112.2 Die **strenge Minimallösung** wird hingegen vom BGH abgelehnt, da sie gegen die gebotene wirtschaftliche Betrachtungsweise verstoße und das Interesse des Markeninhabers an einer angemessenen wirtschaftlichen Bewegungsfreiheit beschneide (BGH GRUR 2014, 662 Rn. 12 – Probiotik; GRUR 2009, 60 Rn. 32, 33 – LOTTOCARD; GRUR 2013, 833 Rn. 61 – Culinaria/Villa Culinaria).

113 Eine differenzierte Anwendung der verschiedenen Integrationsansätze im Löschungs- oder Kollisionsverfahren ergibt sich nicht aus dem Gesetz und kann unter Umständen zu Rechtsunsicherheit führen. Dennoch unterscheidet die Rechtsprechung wie folgt:

1. Löschungsverfahren

114 Die Rechtsprechung geht heutzutage jedenfalls im **Löschungsverfahren** von der vermittelnden sogenannten „**erweiterten Minimallösung**" aus (BGH GRUR 2012, 64 Rn. 10, 11 – Maalox/Melox-GRY). Hier wird bei weiten Oberbegriffen lediglich die zwischen der konkreten Ware oder Dienstleistung und dem Oberbegriff liegende **Untergruppe** von Waren oder Dienstleistungen berücksichtigt. Damit soll der Markeninhaber nicht zu sehr in seiner wirtschaftlichen Bewegungsfreiheit beschränkt werden.

115 Bei der Prüfung ist zunächst aufgrund der objektiven Verkehrsauffassung zu bestimmen, welche konkreten Waren oder Dienstleistungen betroffen sind und welche „**gleichen**" **Waren oder Dienstleistungen** (mit übereinstimmenden Eigenschaften oder Zweckbestimmungen) es gibt (BGH GRUR 1990, 39 (40 f.) – Taurus; GRUR 2013, 833 Rn. 61 – Culinaria/Villa Culinaria; GRUR 2014, 662 Rn. 12, 14 – Probiotik).

116 Im Falle eines breiten Oberbegriffs muss innerhalb des Oberbegriffs eine **angemessene Untergruppe** bestimmt werden, für welche die Zuerkennung der rechtserhaltenden Benutzung gerechtfertigt erscheint (BGH GRUR 2002, 59 (63) – ISCO; GRUR 2008, 616 Rn. 22 – AKZENTA; GRUR 2012, 64 Rn. 10, 11 – Maalox/Melox-GRY).

116.1 Bei Arzneimitteln orientiert sich die Rechtsprechung beispielsweise an den jeweiligen Arzneimittelhauptgruppen der „Roten Liste" (BGH GRUR 2012, 64 Rn. 10, 11 – Maalox/Melox-GRY; GRUR 2002, 65 (67) – Ichthyol).

116.2 Weitere Beispiele aus der Rechtsprechung:
- Laut dem OLG Köln fallen „Schaumbäder und Seifen" mangels engerer Untergruppe unter den Begriff „Mittel zur Körper- und Schönheitspflege" (OLG Köln BeckRS 2010, 03704).
- Der BGH verneint aufgrund anderer Beschaffenheit und Eigenschaften eine rechtserhaltende Benutzung von „tiefgekühlter Pizza" für „tiefgekühlte Snacks" (BGH GRUR 2013, 833 Rn. 64, 65 – Culinaria/Villa Culinaria).

117 Wird die Ware, für die die Marke rechtserhaltend benutzt wird, von **mehreren Oberbegriffen** des Warenverzeichnisses erfasst, so ist im Löschungsklageverfahren wegen Verfalls nach § 49, § 55 einer der Oberbegriffe ersatzlos zu löschen (BGH GRUR 2015, 685 Rn. 36 – Stayer; GRUR 2013, 833 Rn. 66 – Culinaria/Villa Culinaria).

2. Kollisionsverfahren

118 Im Falle einer Markenkollision (zB Verletzungs- oder Widerspruchsverfahren) wendet die Rechtsprechung hingegen wohl die strengere „**Minimallösung**" an. Wird die ältere Marke nur für einen Teil der Waren oder Dienstleistungen benutzt, für die sie eingetragen ist, so gilt sie im Kollisionsfall lediglich für diesen benutzten Teil als eingetragen. Ist die Marke für einen weiten Warenoberbegriff eingetragen, ist sie so zu behandeln, als sei sie nur für die konkret benutzten Waren registriert (vgl. BGH GRUR 2006, 937 Rn. 22 – Ichthyol II). Unerheblich ist dann, in welchem Umfang die mangelnde Benutzung zu einer Löschung führen müsste (BGH GRUR 2012, 64 Rn. 10, 11 – Maalox/Melox-GRY; GRUR 2009, 60 Rn. 32 – LOTTOCARD).

H. Benutzung in abweichender Form (Abs. 3)

Grundsätzlich muss eine Marke in der eingetragenen Form benutzt werden. Abs. 3 sieht 119
jedoch ausnahmsweise eine Anerkennung abgewandelter Benutzungsformen vor, wenn dabei
der kennzeichnende Charakter der Marke nicht verändert wird. Damit soll dem Markeninhaber ermöglicht werden, geringfügige Anpassungen und Modernisierungen vorzunehmen,
wenn er dies zur Vermarktung und Förderung des Absatzes der betreffenden Waren oder
Dienstleistungen für erforderlich erachtet.

I. Allgemeines

Die Regelung des Abs. 3 S. 1 zur Benutzung in abweichender Form setzte die obligatorische Vorschrift des Art. 10 Abs. 1 UAbs. 2 Buchst. a RL 2008/95/EG in nationales Recht 120
um, welche ihrerseits auf Art. 5 C Abs. 2 PVÜ zurückgeht. Die Klarstellung in § 26 Abs. 3
S. 2 zur rechtserhaltenden Wirkung für mehrere Marken war in der RL 2008/95/EG nicht
vorgesehen, hat aber nunmehr in Art. 16 Abs. 5 Buchst. a RL (EU) 2015/2436 Einzug
gehalten.

Der deutsche Wortlaut weicht geringfügig vom Text der RL (EU) 2015/2436 und der 121
UMV ab, denn diese sprechen jeweils von der Beeinflussung der Unterscheidungskraft und
nicht von Veränderungen des kennzeichnenden Charakters. Laut der amtlichen Begründung
zur RL 2008/95/EG sollten dadurch Missverständnisse vermieden werden (Amtliche
Begründung S. 77; BGH GRUR 1997, 744 (746) – ECCO; GRUR 1999, 167 – Karolus
Magnus; im Detail Ingerl/Rohnke Rn. 131–134).

II. Änderung des kennzeichnenden Charakters

Die Veränderung des kennzeichnenden Charakters einer Marke wird danach beurteilt, ob 122
die beteiligten Verkehrskreise unter Berücksichtigung der branchenüblichen Verwendung
von Marken die registrierte und die benutzte Form trotz ihrer Unterschiede dem **Gesamteindruck** nach als **dieselbe Marke** ansehen (BGH GRUR 2013, 840 Rn. 20 – PROTI II;
GRUR 2014, 662 Rn. 18 – Probiotik).

Bei der Frage, ob die Verkehrskreise in der registrierten und der benutzten Form dieselbe 123
Marke sehen, ist zunächst auf die **tatsächliche Verkehrsauffassung** abzustellen. Hierbei
kann zur Bestimmung der angesprochenen Verkehrskreise, zum Maßstab des normal informierten und angemessen aufmerksamen und verständigen Durchschnittsverbrauchers und zu
den Regeln über die Feststellung der Verkehrsauffassung auf die zur Verwechslungsgefahr
entwickelten Grundsätze zurückgegriffen werden (BGH GRUR 2013, 725 Rn. 31 – Duff
Beer; GRUR 2015, 587 Rn. 21 – PINAR).

Zur Bestimmung der **angesprochenen Verkehrskreise** ist auf diejenigen Abnehmer abzustellen, 123.1
die die konkret beanspruchten Waren oder Dienstleistungen nachfragen. Dabei sind die Waren oder
Dienstleistungen ihrer gattungsmäßigen Art nach und nach ihren objektiven Merkmalen zu Grunde zu
legen (BGH GRUR 2015, 587 Rn. 21 – PINAR; GRUR 2013, 725 Rn. 32 – Duff Beer).

Ausnahmsweise können auch die für die Beurteilung der Verwechslungsgefahr entwickelten Grund- 123.2
sätze zu einer **gespaltenen Verkehrsauffassung** herangezogen werden. Dies ist gerechtfertigt, wenn
feststellbar ist, dass der Gebrauch des Kennzeichens gegenüber einem objektiv abgrenzbaren Verkehrskreis (zB bestimmter Sprachkreis) erfolgt (BGH GRUR 2015, 587 Rn. 23 – PINAR).

Die Beurteilung der Veränderung des kennzeichnenden Charakters der Marke ist eine 124
Rechtsfrage (BGH GRUR 2014, 662 Rn. 17 – Probiotik; GRUR 2000, 886 – Bayer/
BeiChem; BPatG GRUR 2005, 592 (593) – Lisat/Ysat; Ströbele/Hacker/Ströbele Rn. 145).
Hierbei stellt die Rechtsprechung sehr stark auf den Einzelfall ab.

Eine Identität der registrierten und der benutzten Form ist für die Annahme eines gleichen 125
Gesamteindrucks nicht erforderlich (Ingerl/Rohnke Rn. 138; BGH GRUR 2010, 270
Rn. 18 – ATOZ III). Vielmehr ist entscheidend, ob der Verkehr – trotz erkennbarer Unterschiede – die registrierte und die benutzte Form im **direkten Vergleich** als dieselbe Marke
ansieht.

III. Fallgruppen

1. Veränderung des Zeichens

126 Ausgangslage für die Beurteilung der Veränderung ist stets die eingetragene Marke (BGH GRUR 2013, 68 Rn. 17 – Castell/VIN CASTEL) und deren Schutzbereich. Wenn eine Marke beispielsweise nur aufgrund ihrer grafischen Ausgestaltung oder der Kombination verschiedener Zeichenteile als eintragungsfähig angesehen wurde, so sollen bereits geringfügige Änderungen den kennzeichnenden Charakter ändern können (Ströbele/Hacker/Ströbele Rn. 148; BPatG BeckRS 2013, 03369 – OMEGA).

127 Bei **Wortmarken** werden beispielsweise folgende Veränderungen für unschädlich erachtet:
- Abweichungen bezüglich Groß-/Kleinschreibung (BGH GRUR 2000, 1038 (1039) – Kornkammer),
- Binnengroßschreibungen (BPatG GRUR 2008, 77 (78) – QUELLGOLD/Goldquell),
- abweichender Schrifttyp (BGH GRUR 1999, 164 – JOHN LOBB),
- Weglassen oder Hinzufügen eines einzigen Buchstaben, wenn diesem weder phonetische noch begriffliche Bedeutung zukommt (BGH GRUR 2009, 888 Rn. 16 – Thermoroll; BPatG GRUR 2005, 592 (593) – Lisat/Ysat),
- Buchstabenverdoppelungen (BPatG GRUR 1995, 588 – Jeannette/Annete),
- sprachliche Modernisierung (BGH GRUR 1989, 510 (512) – Teekanne II),
- Wegfall von Bindestrichen (BGH BeckRS 2015, 08906 Rn. 12 ff. – Power Horse; GRUR 1999, 167 (168) – Karolus Magnus),
- Hinzufügen oder Weglassen eines Plural-S oder Genitiv-S, soweit sich dies nicht nennenswert auf die Wortbedeutung im spezifischen Zusammenhang auswirkt (Ingerl/Rohnke Rn. 151; aA BGH GRUR 2003, 1047 (1048) – Kellogg's/Kelly's),
- Aufspaltung von Wörtern des normalen Sprachgebrauchs in zwei Wörter in zwei Zeilen (BGH GRUR 2000, 1038 (1039) – Kornkammer),
- zweizeilige Darstellung von einzeilig, aber getrennt eingetragenen Wörtern (BGH GRUR 2000, 1038 (1039) – Kornkammer; GRUR 1999, 167 (168) – Karolus-Magnus).

128 Wortmarken sind grundsätzlich rechtserhaltend benutzt in jeder Schreibweise (EuG v. 3.12.2015 – T-105/14, MarkenR 2016, 179 – iDRIVE/IDRIVE). Hingegen kann eine abweichende Schreibweise nicht als rechtserhaltende Benutzung angesehen werden, wenn die Schutzfähigkeit der Marke gerade auf der besonderen Schreibweise beruhte (BPatG GRUR 1998, 64 – bonjour).

129 Bei **Bildmarken und Wort-/Bildmarken** wurden beispielsweise folgende Veränderungen als unschädlich angesehen:
- geringfügige grafische Abweichungen (BGH GRUR 2008, 719 Rn. 41 – idw Informationsdienst Wissenschaft),
- stilistische Modernisierungen, wenn das unveränderte Motiv oder beibehaltene grafische Gestaltungselemente im Vordergrund stehen (BGH GRUR 1989, 510 (512) – Teekanne II),
- Unterschiede in der grafischen Gestaltung, wenn sie nur verzierender Natur sind oder der Verkehr ihnen aus anderen Gründen keine Bedeutung für den kennzeichnenden Charakter beimisst (BGH GRUR 2013, 725 Rn. 19 – Duff Beer),
- Änderung der Größenverhältnisse, wenn dabei die begriffliche Einheit zerstört oder der kennzeichnende Schwerpunkt der Gesamtmarke verschoben wird, zB vom optisch dominierenden Bildelement auf das Wortelement (BGH GRUR 1990, 364 (365) – BAELZ; BeckRS 2006, 00423 Rn. 14, 16 – Mars),
- Änderung der in der Marke genannten Adresse des Markeninhabers (zB auf einem Etikett oder einer Verpackung, vgl. BPatG GRUR 1997, 836 (837) – Apfelbauer).

130 Ändert sich hingegen der in der Marke genannte **Inhabername,** dann kann dies schädlich sein (OLG München 29 U 2590/02, InstGE 3, 125 (129 f.) – Christkindl-Glühwein), es sei denn, der Name hat nur eine völlig untergeordnete Bedeutung, insbesondere als zB gesetzlich vorgeschriebene, unauffällige Herstellerangabe am Rande eines Flaschenetiketts oä (BPatG GRUR 2003, 530 (532) – Waldschlösschen).

Bei Unionsmarken ist eine Änderung der eingetragenen Marke zur Berücksichtigung von Änderungen von Namen/Adresse des Markeninhabers in Art. 48 Abs. 2, 43 Abs. 2 UMV gestattet. Macht der Markeninhaber hiervon Gebrauch, stellt sich die Frage im Rahmen der rechtserhaltenden Benutzung nicht. **130.1**

Eine **schwarz-weiß** oder in Graustufen eingetragene (Bild)Marke kann grundsätzlich durch die Benutzung in irgendeiner anderen Farbe rechtserhaltend benutzt werden. Entscheidend ist, dass die Unterscheidungskraft der Marke nicht beeinflusst wird. Wann dies der Fall ist, haben das EUIPO und eine Reihe nationaler Markenämter in der EU im Konvergenzprogramm CP4 zum Schutzbereich von Schwarz-Weiß Marken (v. Bomhard/Nicolás GRUR-Prax 2014, 343) wie folgt zusammengefasst: **131**
- die Wort- und Bildbestandteile stimmen überein und bilden die unterscheidungskräftigen Elemente,
- der Farbkontrast bleibt erhalten,
- die Farbe oder die Farbkombination hat selbst keine Unterscheidungskraft und
- die Farbe trägt nicht maßgeblich zur allgemeinen Unterscheidungskraft des Zeichens bei.

Diese Voraussetzungen stehen im Einklang mit der bisherigen Rechtsprechung des EuG (zB EuG T-152/11, BeckRS 2012, 81704 Rn. 41, 45 – MAD) und des BGH (BGH GRUR 2006, 859 Rn. 34 – Malteserkreuz). **132**

Einer in schwarz-grau-weiß eingetragenen Bildmarke kann zudem die durch farbige Benutzung erworbene Kennzeichnungskraft zugerechnet werden, wenn sich durch die Farbe die Charakteristik der Marke nicht ändert (BPatG BeckRS 2016, 07473 – Buy Tube/You Tube; BGH GRUR 2006, 859 Rn. 34 – Malteserkreuz; GRUR 2015, 1009 Rn. 22 – BMW-Emblem). **133**

Bei abstrakten **Farbmarken** wird man schon bei geringfügigeren Abweichungen des Farbtons nicht mehr von ein und demselben Zeichen sprechen können, soweit dies nicht technisch bedingt ist (zB durch unterschiedliche Wiedergabemedien) oder auf unvermeidliche natürliche Veränderungen (zB bei einer Benutzung im Freien) zurückzuführen ist (Ingerl/Rohnke Rn. 159; Ströbele/Hacker/Ströbele Rn. 199 ff.). **134**

Bei **Mehrfarbenmarken** ist das Verhältnis der einzelnen Farben zueinander beizubehalten (EuGH C-49/02, GRUR 2004, 858 Rn. 33–35, 42 – Heidelberger Bauchemie; Ströbele/Hacker/Ströbele Rn. 204). **135**

Im Zusammenhang mit der rechtserhaltenden Benutzung von **dreidimensionalen Marken** wurde beispielsweise folgendes diskutiert: **136**
- zweidimensionale Darstellung einer dreidimensionalen Marke ist oft nicht rechtserhaltend, da die Markenform den kennzeichnenden Charakter maßgeblich mitbestimmt (so auch Ingerl/Rohnke Rn. 191; differenzierter Ströbele/Hacker/Ströbele Rn. 198).
- Benutzung einer zweidimensionalen Bildmarke durch eine dreidimensionale Gestaltung ist rechtserhaltend, wenn der Dimensionswechsel den Gesamteindruck des Zeichens nicht verändert (BGH GRUR 1998, 934 (936) – Wunderbaum).

Bei **Positionsmarken** ist die genaue Positionierung Teil der Marke; daher haben Veränderungen einen Einfluss auf den kennzeichnenden Charakter (so auch Ingerl/Rohnke Rn. 192). **137**

Hörmarken können nicht durch die Wiedergabe in der Notenschrift oder anderer Darstellungen rechtserhaltend benutzt werden (so auch Ingerl/Rohnke Rn. 193; Ströbele/Hacker/Ströbele Rn. 207). **138**

2. Weglassen von Bestandteilen

Werden Bestandteile einer Marke weggelassen, ist zu prüfen, ob der Verkehr den weggelassenen Bestandteilen eine maßgebliche kennzeichnende Wirkung beimisst oder nicht (BGH GRUR 2008, 616 Rn. 12 – AKZENTA). Dabei ist zu beachten, dass der kennzeichnende Charakter auch durch per se kennzeichnungsschwache oder sogar schutzunfähige Bestandteile mitbestimmt werden kann. **139**

Wortelemente dürfen grundsätzlich nicht weggelassen werden (BGH GRUR 1997, 744 (746) – ECCO I). Von der Rechtsprechung wurden jedoch beispielsweise folgende Weglassungen als unschädlich angesehen: **140**

- glatt beschreibende Angaben (BGH GRUR 1997, 744 (746) – ECCO I; GRUR 1999, 167 (168) – Karolus-Magnus),
- Artikel (BPatG 29 W (pat) 172/84, BlPMZ 1986, 227 – Der Photo Porst),
- Artikel im Singular statt Plural und umgekehrt (so auch Ingerl/Rohnke Rn. 164).

141 Das Weglassen von **Ziffern** kann im Zweifelsfall problematisch sein, es sei denn es handelt sich um eine austauschbare Typenbezeichnung oder eine beschreibende Angabe, wie zB Dossierung (BGH GRUR 1979, 468 – audio 1).

142 Bei **Bildmarken** ist ebenfalls zu prüfen, ob der weggelassene Bestandteil eine eigene kennzeichnende Wirkung entfaltet (BGH GRUR 2008, 616 Rn. 12 – AKZENTA).

143 Bei **Wort-/Bildmarken** kann der Wegfall des Bildelements unschädlich sein, wenn dieses nur als Verzierung, werbeübliche Verstärkung eines dominierenden Wortelements oder als beschreibende Angabe verstanden wird (BGH GRUR 2013, 725 Rn. 19 – Duff Beer; GRUR 2010, 729 Rn. 20 – MIXI; BPatG GRUR 1997, 836 (837 f.) – Apfelbauer). Wenn das Bildelement hingegen den Gesamteindruck mitprägt, wird sein Wegfall eher den Gesamteindruck beeinflussen (BGH GRUR 1999, 498 (499 f.) – Achterdiek; GRUR 2010, 270 – ATOZ III).

144 Wenn ein für Waren bestimmtes **Etikett** in seiner Gesamtheit Gegenstand einer Markeneintragung ist, dann ist dieses Etikett mit all seinen Bestandteilen zu benutzen, auch wenn der Verkehr manche der Angaben gewöhnlich nicht als Markenbestandteile ansieht (BGH GRUR 2013, 68 Rn. 17 – Castell/VIN CASTEL).

3. Hinzufügen von Bestandteilen

145 Zeigt das verwendete Zeichen neben der eingetragenen Marke noch zusätzliche Wortelemente, dann ist für die Beurteilung entscheidend, welche **Kennzeichnungskraft** beide Bestandteile haben und ob ein Gesamtbegriff entsteht (so auch Ströbele/Hacker/Ströbele Rn. 163).

146 Hat das zusätzliche Wortelement eine **eigene maßgebende kennzeichnende Wirkung,** kann keine rechtserhaltenden Benutzung angenommen werden (BGH GRUR 2009, 772 Rn. 45 – Augsburger Puppenkiste; GRUR 2005, 515 – FERROSIL) – es sei denn, der Verkehr erkennt hierin eine Mehrfachkennzeichnung (→ Rn. 154 ff.).

147 Werden **Ziffern, Buchstaben** oder alphanumerische Kombinationen (nicht beschreibend) hinzugefügt, so wird dies in der Regel als schädlich angesehen (BGH GRUR 2013, 840 Rn. 21–25 – PROTI II).

148 Unschädlich ist hingegen die Hinzufügung **beschreibender** oder sonst eindeutig nicht herkunftskennzeichnender Begriffe, die mit dem eingetragenen Wortzeichen zu einem einheitlichen Zeichen verschmelzen (BGH GRUR 2013, 840 Rn. 25 – PROTI II; GRUR 2010, 729 Rn. 18 – MIXI; GRUR 2006, 152 Rn. 25 – GALLUP; BPatG BeckRS 2009, 15437 – JUVITAL/Juvental-Henning). Hierzu zählen auch Begriffe, die in einer anderen Sprache das Produkt beschreiben (BGH GRUR 2015, 587 Rn. 31, 32 – PINAR).

149 **Verschmelzung** des eingetragenen Zeichens und Hinzufügung zu einem einheitlichen Zeichen sind nur unschädlich, wenn der Zusatz keine eigene herkunftskennzeichnende Bedeutung hat und insbesondere wenn er glatt beschreibender Natur ist (BGH GRUR 2012, 832 Rn. 35 – ZAPPA; GRUR 2009, 772 Rn. 45 – Augsburger Puppenkiste; GRUR 2006, 152 Rn. 25 – GALLUP).

150 Wenn die eingetragene Marke aufgrund der konkreten Gestaltung mit dem zusätzlichen Bestandteil verschmilzt (einheitliche typografische Gestaltung, Bindestrich, „R im Kreis"-Symbol am Gesamtzeichen) und sich die Bestandteile auch inhaltlich ergänzen (zB Hinweis auf Wirkstoff und auf Indikation), kann keine rechtserhaltende Benutzung der eingetragenen Marke angenommen werden (BPatG GRUR 2016, 503 (505 f.) – Dorzo).

151 Ausnahmsweise können auch zusätzlich **beschreibende** Wortbestandteile oder Bestandteile ohne eigene Kennzeichnungskraft zur Ablehnung der rechtserhaltenden Benutzung führen, wenn sie den Gesamteindruck des Zeichens beeinflussen (BGH GRUR 2013, 840 Rn. 25 – PROTI II; GRUR 2011, 623 Rn. 55 – Peek & Cloppenburg II).

152 Bei der **Hinzufügung von Bildelementen** hat die Rechtsprechung beispielsweise folgende Fälle als unschädlich angesehen:

- das zusätzliche Bildelement illustriert das Bedeutungsmotiv des eingetragenen Wortbestandteils (BGH GRUR-RS 2015, 08906 – PowerHorse; GRUR 2001, 58 (59) – COBRA CROSS; GRUR 2000, 1038 (1039) – Kornkammer; GRUR 1999, 167 (168) – Karolus-Magnus),
- das andersartige, nicht begriffsverstärkende Bildelement beeinträchtigt die Eigenständigkeit des Wortelements nicht (BGH GRUR 1999, 995 (996) – HONKA),
- Emblemwirkung durch zusätzliches Bildelement stellt rechtserhaltende Benutzung von Marke dar, sofern keine Wahrnehmung als einheitliches Zeichen erfolgt (BGH GRUR 2013, 725 Rn. 24 – Duff Beer; GRUR 2000, 1038 (1040) – Kornkammer).

Enthält die eingetragene Marke bereits eine herkunftskennzeichnende bildliche Ausgestaltung, kann die Hinzufügung eines weiteren Bildelements schädlich sein (BGH GRUR 1999, 498 (499 f.) – Achterdiek). 153

IV. Mehrfachkennzeichnung/Kombinationsmarken

In der Praxis wird eine Marke oft nicht isoliert, sondern zusammen mit weiteren Marken verwendet. Der Verkehr ist in vielen Branchen daher an die Verwendung von **Zweitkennzeichen** gewöhnt, beispielsweise bei Verwendung einer Hauptmarke in Kombination mit verschiedenen Spezialmarken für die einzelnen Waren. 154

Wenn der Verkehr die Zeichen noch als **eigenständige Marken** ansieht und alle gleichzeitig genutzten Marken jeweils ihre betriebliche Herkunftsfunktion erfüllen, können sie allesamt als rechtserhaltend benutzt angesehen werden (BGH GRUR 2007, 592 Rn. 14–16 – bodo Blue Night; GRUR 2011, 623 Rn. 20, 28–30 – Peek & Cloppenburg II). Auch der Gebrauch einer Bezeichnung als **Zweitmarke** reicht für eine rechtserhaltende Benutzung aus (BGH GRUR 2014, 662 Rn. 23 – Probiotik). 155

Die **eigenständige kennzeichnende Bedeutung** der einzelnen Marken kann sich beispielsweise aus räumlicher Trennung, grafischer Unterscheidung (BGH GRUR 2008, 254 Rn. 33 – THE HOME STORE) oder Verwendung des Schutzrechtshinweises „R im Kreis" ergeben (BGH GRUR 2013, 840 Rn. 35 – ProtI II; GRUR 2014, 662 Rn. 25 – Probiotik). 156

Wird eine **Bildmarke** stets nur in unmittelbarem Zusammenhang mit einem Wortbestandteil verwendet, der als bekannte Unternehmensbezeichnung erhöhte Kennzeichnungskraft hat, wird in der Regel keine rechtserhaltende Benutzung anzunehmen sein, da die angesprochenen Verkehrskreise die eingetragene Marke nur als zusätzliches grafisches Ausgestaltungselement eines einheitlichen Herkunftshinweises wahrnehmen (OLG Köln GRUR-RR 2015, 471 – Roter Punkt). Eine Bildmarke kann an Stelle eines Buchstabens in ein Wort integriert werden (zB rundes Zeichen statt dem Buchstaben „o"), auch wenn die Wörter zusätzlich Wortmarken sind (EuG T-215/13, BeckRS 2016, 82021 – Lambda). 157

Wird eine Marke als Stammbestandteil einer **Markenserie** verwendet, ist eine rechtserhaltende Benutzung anzunehmen, wenn die eine Marke die Produktfamilie und die andere das konkrete Produkt bezeichnet. Eine solche Markenserie setzt die Benutzung mehrerer Marken mit dem Stammbestandteil voraus; eine einzelne Verwendung der Marke kann hingegen keine Markenserie begründen (BGH GRUR 2013, 840 Rn. 23 – PROTI II). 158

In Abgrenzung dazu jedoch BPatG GRUR 2016, 503 – Dorzo: Hat der Verkehr auf Grund der Umstände des Falls jedoch keine Veranlassung, in dem Abwandlungs- und dem Stammbestandteil zwei getrennte Zeichen zu erkennen, so verändert die Hinzufügung des Stammbestandteils den kennzeichnenden Charakter der Marke. 158.1

Bei **dreidimensionalen Marken** wird der Verkehr die Form in der Regel nur dann als Herkunftshinweis verstehen, wenn diese sehr stark von der üblichen Gestaltung in der Branche abweichen oder eine intensive Benutzung zu einem entsprechenden Verkehrsverständnis führen (BGH GRUR 2007, 235 Rn. 24 – Goldhase; EuG T-317/14, BeckRS 2015, 81230 Rn. 37, 38, 41 – Voxka). 159

Neutralisiert eingetragene dreidimensionale Warenform- oder Verpackungsmarken, die nur in Verbindung mit Wortzeichen oder weiteren Bild- und Farbelementen verwendet werden, können im Einzelfall als rechtserhaltend benutzt angesehen werden. Entscheidend ist jedoch, dass die Form als selbständige Herkunftskennzeichnung fungiert und dies auch nachgewiesen werden kann (so auch Ingerl/Rohnke Rn. 172; LG München I 21 O 9659/06, InstGE 8, 78 (85) – Kutscherglas). 160

161 Bei **abstrakten Farbmarken** ist ebenfalls zu prüfen, ob die Farbe an sich nur als Gestaltungsmittel oder als Herkunftshinweis verstanden wird (so auch Ströbele/Hacker/Ströbele Rn. 205).

V. Rechtserhaltende Wirkung für mehrere Marken

162 Abs. 3 S. 2 lässt eine Benutzung in abweichender Form auch dann als rechtserhaltend zu, wenn die **abweichende Form ihrerseits auch als Marke** für die betroffenen Waren/Dienstleistungen **eingetragen** ist. Daher können mehrere, nicht identische Marken durch ein und dasselbe Zeichen rechtserhaltend benutzt werden. Dies ist beispielsweise dann relevant, wenn der Markeninhaber die ursprünglich eingetragene Marke weiterhin verteidigt, sicherheitshalber aber zusätzlich noch die veränderte Form als Marke eintragen lässt.

163 Die **Richtlinienkonformität** dieser Regelung war Gegenstand diverser Diskussionen, weil sie weder von der RL 2008/95/EG noch von der GMV vorgesehen war.

163.1 Insbesondere der EuGH hatte zunächst im obiter dictum seiner „Bainbridge"-Entscheidung (EuGH C-234/06 P, GRUR 2008, 343 – Il Ponte Finanziaria) die rechtserhaltende Benutzung verschiedener eingetragener Marken durch ein und dasselbe Zeichen abgelehnt.

163.2 Später hat der EuGH dann in der „Proti"-Entscheidung klargestellt, dass sich der Markeninhaber zum Nachweis der Benutzung einer Marke auch auf ein abweichendes ebenfalls als Marke eingetragenes Zeichen berufen kann, wenn die Unterschiede zwischen diesen beiden Formen die Unterscheidungskraft der Marke nicht beeinflussen (EuGH C-553/11, GRUR 2012, 1257 Rn. 20–24, 30 – Rintisch). Dies wurde in der „Specsavers"-Entscheidung bestätigt (EuGH C-252/12, GRUR 2013, 922 Rn. 27–30).

164 Im neuen Art. 16 Abs. 5 Buchst. a RL (EU) 2015/2436 ist nunmehr ausdrücklich vorgesehen, dass eine Benutzungshandlung mehreren Markeneintragungen zugeordnet werden kann.

164.1 Die entsprechende Parallelvorschrift für Unionsmarken findet sich in Art. 15 Abs. 1 UAbs. 2 Buchst. a UMV.

165 Eine andere Frage betrifft „überlappende" **Verwendung verschiedener Marken zur gleichen Zeit,** dh als Teil oder in Verbindung mit anderen Marken. Auch hier nimmt der EuGH eine rechtserhaltende Benutzung einer Marke an, die nur als Teil einer zusammengesetzten Marke benutzt wird, wenn die fragliche Marke weiterhin als (eigenständiger) betrieblicher Herkunftshinweis verstanden wird (EuGH C-12/12, GRUR 2013, 722 Rn. 29–36 – Colloseum; C-252/12, GRUR 2013, 922 Rn. 23–31 – Specsavers; BGH GRUR 2014, 483 Rn. 43 – test; → Rn. 157).

165.1 Ausführlich zum Sachverhalt der „Colloseum"- und „Specsavers"-Entscheidungen → UMV Art. 15 Rn. 55.1 und → UMV Art. 15 Rn. 56.1.

I. Benutzung durch den Inhaber oder mit dessen Zustimmung

166 Grundsätzlich soll der Markeninhaber die Marke selbst benutzen. Nach Abs. 2 gilt jedoch auch die Benutzung der Marke mit Zustimmung des Inhabers als Benutzung durch den Inhaber.

I. Zustimmungserklärung

167 Die Zustimmung des Markeninhabers **(Einwilligung)** muss vor der zuzurechnenden Benutzungshandlung erfolgen (zB im Wege einer Lizenzvereinbarung).

168 Wird die Zustimmung erst nach Benutzungsaufnahme erklärt, so kann die Drittbenutzung auch erst ab dem Zeitpunkt der Einwilligung dem Inhaber zugerechnet werden. Eine nachträgliche Genehmigung kann daher keine rechtserhaltende Benutzung einer Marke für einen in der Vergangenheit liegenden Zeitraum begründen (BGH GRUR 1985, 385 – FLUOSOL; GRUR 2013, 925 Rn. 53 f. – VOODOO).

169 Auch die bloße Duldung der Benutzung der Marke durch einen Dritten ist nicht als Zustimmung anzusehen (OLG Hamburg GRUR 1997, 843 (844) – MATADOR).

170 Für die Frage der rechtserhaltenden Benutzung ist es irrelevant, ob der Verkehr die Benutzungshandlung dem Markeninhaber oder dem Dritten richtig zuordnet. Entscheidend ist allein, dass der Dritte mit **Fremdbenutzungswillen** handelt und nicht für sich selbst tätig werden möchte. Im Rahmen eines Lizenzverhältnisses muss der Lizenznehmer daher die Marke für den Markeninhaber benutzen (BGH GRUR 2008, 616 Rn. 21 – AKZENTA).

Die Zustimmung des Markeninhabers kann auf bestimmte Produkte beschränkt sein, so 171 dass eine darüberhinausgehende Benutzung durch den Dritten nicht von der Zustimmung umfasst ist (BGH GRUR 2008, 616 Rn. 21 – AKZENTA).

Auch die Zurechnung im Rahmen von Unterlizenzen ist grundsätzlich möglich, wenn 172 die Benutzung mit Zustimmung des Markeninhabers erfolgte (BGH GRUR 2013, 925 Rn. 43 – VOODOO). Für die Wirksamkeit der Zustimmung des Markeninhabers und des Hauptlizenznehmers zur Benutzung durch einen Dritten ist es irrelevant, ob eine (Unter-)Lizenzvereinbarung erst aufgrund einer Abmahnung des Markeninhabers oder des Hauptlizenznehmers zustande gekommen ist (BGH GRUR 2013, 925 Rn. 44 – VOODOO).

II. Nachweis

Die Zustimmung nach Abs. 2 unterliegt keinen Formerfordernissen und kann daher auch 173 mündlich oder konkludent erfolgen. Daher dürfen keine zu strengen Anforderungen an den Nachweis der Zustimmung gestellt werden. (Ströbele/Hacker/Ströbele Rn. 133 f.; BPatG GRUR 1997, 836 (837) – Apfelbauer; EuGH C-416/04 P, GRUR 2006, 582 Rn. 46 f. – VITAFRUIT).

Laut EuGH spricht sogar eine deutliche Vermutung für eine Benutzung mit Zustimmung des Markeninhabers, wenn sich dieser ausdrücklich auf die Verwendung seiner Marke durch einen Dritten beruft und diese Benutzung auch belegt (EuGH C-416/04 P, GRUR 2006, 582 Rn. 46 f. – VITAFRUIT). 173.1

Eine Zustimmung wird auch angenommen im Fall enger wirtschaftlicher Verbindungen zwischen 173.2 dem Markeninhaber und dem die Marke benutzenden Dritten, zB innerhalb eines Konzerns (BGH GRUR 1985, 385 – FLUOSOL).

Die **Beweislast** für die Zustimmung liegt bei der hinsichtlich der rechtserhaltenden Benut- 174 zung darlegungs- und beweislastpflichtigen Partei.

Nach hM in der Rechtsprechung muss die Zustimmungserklärung **rechtswirksam** sein 175 (so BGH GRUR 1985, 385 – FLUOSOL). War der Lizenzvertrag nichtig, ist die Benutzung durch den Lizenznehmer dem Markeninhaber nicht zuzurechnen (OLG Karlsruhe GRUR 1981, 198 (200) – Familia).

Ein Lizenznehmer kann sich im Übrigen nach Beendigung eines Lizenz- oder Gestat- 176 tungsvertrages gegenüber dem Lizenzgeber nicht darauf berufen, dass er eigene Kennzeichenrechte an dem lizenzierten Zeichen erworben habe. Dagegen genügt eine konkludente Gestattung der Zeichenbenutzung nicht, um zu verhindern, dass der Gestattungsempfänger im Verhältnis zum Gestattenden eigene Kennzeichenrechte an dem betreffenden Zeichen erwirbt (BGH GRUR 2016, 201 Rn. 31 – Ecosoil).

J. Berechtigte Gründe für die Nichtbenutzung

Abs. 1 sieht vor, dass ausnahmsweise keine Benutzungspflicht besteht und eine Marke trotz 177 Nichtbenutzung nicht verfällt, wenn der Markeninhaber berechtigte Gründe hierfür hat.

I. Berechtigte Gründe

Der Begriff „berechtige Gründe für die Nichtbenutzung" geht auf Art. 10 Abs. 1 178 RL 2008/95/EG bzw. Art. 16 Abs. 1 RL (EU) 2015/2436 zurück und ist daher richtlinienkonform und im Lichte der EUGH-Rechtsprechung auszulegen (EuGH C-246/05, GRUR 2007, 703 Rn. 42–45 – Armin Häupl/Lidl). Dabei ist der Ausnahmecharakter der Vorschrift zu berücksichtigen, welcher eine restriktive Auslegung rechtfertigt (EuGH C-246/05, GRUR 2007, 703 Rn. 51 – Armin Häupl/Lidl).

Ob ein berechtigter Grund für die Nichtbenutzung vorliegt, ist im Einzelfall zu prüfen. 179 Die Rechtsprechung hat folgende Voraussetzung für die Annahme der Ausnahme festgesetzt:
• Die Umstände sind nicht vom Willen des Markeninhabers abhängig. 180

180.1 Die Umstände dürfen nicht vom Markeninhaber beeinflussbar oder bei gebotener unternehmerischer Sorgfalt zu verhindern gewesen sein. Daher wird alles für unbeachtlich erachtet, was das normale unternehmerische Risiko (einschließlich zB rein wirtschaftlicher Probleme des Markeninhabers) betrifft und in die Risikosphäre des Markeninhabers fällt (so auch Ströbele/Hacker/Ströbele Rn. 103, 107; Fuchs-Wissemann MarkenR 2015, 469 (471)).

180.2 Gesetzliche Werbeverbote oder andere staatliche Maßnahmen (zB Einfuhrhindernisse, Beschränkung der Verkehrsfähigkeit des Produktes) sowie schwebende Lizenzverhandlungen gehören beispielsweise nicht zur Risikosphäre des Markeninhabers (BGH GRUR 2007, 321 Rn. 32 ff. – COHIBA; GRUR 1974, 276 (277) – King I; BPatG BeckRS 2013, 17748 – ZEUS-RENTENSCHUTZBRIEF/DRSB DEUTSCHER RENTENSCHUTZBRIEF – VORSORGE WOHLSTAND SICHERHEIT).

181 • Die Umstände haben einen unmittelbaren Bezug zur Markenverwendung.

181.1 Hierzu gehören beispielsweise staatliche Einfuhrverbote oder behördliche Benutzungsverbote (so auch Ströbele/Hacker/Ströbele Rn. 104).

181.2 Hingegen sind allgemeine behördliche Verzögerungen und Hindernisse irrelevant (EuGH C-246/05, GRUR 2007, 703 Rn. 52 – Armin Häupl/Lidl).

182 • Die Umstände lassen eine Benutzung der Marke als unmöglich oder unzumutbar erscheinen.

182.1 Bereits eine Unzumutbarkeit der Benutzung wird als ausreichend angesehen (EuGH C-246/05, GRUR 2007, 703 Rn. 53 – Armin Häupl/Lidl).

182.2 Gesetzliche Werbeverbote können nach ihrem Inkrafttreten eine Benutzung der Marke unzumutbar machen (BGH GRUR 2007, 321 Rn. 32 ff. – COHIBA).

183 Auch Fälle höherer Gewalt (zB Naturkatastrophen) werden als berechtigte Gründe für eine Nichtbenutzung angesehen (BGH GRUR 1997, 747 (749) – Cirkulin; GRUR 2000, 890 (891) – IMMUNINE/IMUKIN; GRUR 2007, 321 Rn. 30 – COHIBA; BPatG BeckRS 1997, 14405 – SACHSENGOLD).

II. Beispielfälle

184 In der Rechtsprechung und Literatur werden beispielsweise die nachfolgenden Gründe erörtert:

1. Rechte Dritter

185 Die Möglichkeit, dass Dritte ihre Rechte in Verletzungs- oder Löschungsverfahren geltend machen könnten, fällt grundsätzlich unter das allgemeine Unternehmensrisiko. Sie kann daher die Nichtbenutzung einer Marke nicht pauschal rechtfertigen (OLG Hamburg GRUR 1988, 914 (916) – Lip-Kiss).

186 Vertragliche Vereinbarungen mit Dritten hinsichtlich der Nichtbenutzung einer Marke stellen keinen Rechtfertigungsgrund dar (BGH GRUR 1997, 747 – Cirkulin).

2. Arzneimittelzulassungsverfahren

187 Arzneimittelspezialitäten müssen vor ihrem Markteintritt ein komplexes behördliches Registrierungs- und Zulassungsverfahren durchlaufen, andernfalls ist der Vertrieb verboten. Dies stellt einen berechtigen Grund für die Nichtbenutzung der Marke dar (BGH GRUR 2000, 890 (891) – IMMUNINE/IMUKIN; Ströbele/Hacker/Ströbele Rn. 112).

188 Im Verfahren, in dem die rechtserhaltende Benutzung der Marke in Frage steht, muss der Markeninhaber substantiieren und ggf. nachweisen oder glaubhaft machen, dass er das Zulassungsverfahren ordnungsgemäß betrieben und nicht verzögert hat (LG Hamburg GRUR-RR 2011, 370 Ls. – Verschlepptes Zulassungsverfahren; LG München BeckRS 2016, 01275).

188.1 Anders stellt sich laut LG München die Situation dar bei klinischen Studien, die einem arzneimittelrechtlichen Zulassungsverfahren vorgeschaltet sind. Hier sei die Angabe eines Markennamens noch nicht erforderlich. Zudem liege die Durchführung der Studie – im Gegensatz zum nachfolgenden Zulassungsverfahren – allein in der Hand des Markeninhabers (LG München BeckRS 2016, 01275).

3. Produktions-, Vertriebs- oder Exportverbote; gesetzliche Werbeverbote

Im Falle von staatlichen Produktions-, Vertriebs- oder Exportverboten (BGH GRUR 1994, 512 (514 f.) – Simmenthal; BPatG BeckRS 2013 17748 – ZEUS-RENTENSCHUTZBRIEF/DRSB DEUTSCHER RENTENSCHUTZBRIEF – VORSORGE WOHLSTAND SICHERHEIT) hat die Rechtsprechung angenommen, dass die Nichtbenutzung gerechtfertigt war. Das gleiche gilt für gesetzliche Werbeverbote (BGH GRUR 2007, 321 Rn. 32 – COHIBA). **189**

III. Rechtsfolge

Liegen berechtigte Gründe für die Nichtbenutzung einer Marke vor, wird die Benutzungsschonfrist weder ersetzt noch unterbrochen. Schließlich handelt es sich nicht um eine Frist iSd §§ 186 ff. ZPO (so auch Ströbele/Hacker/Ströbele Rn. 125; BGH GRUR 2007, 321 Rn. 36 – COHIBA). Vielmehr wird lediglich der Ablauf der Fünfjahresfrist im Löschungsverfahren nach § 49 Abs. 1 gehemmt (BPatG GRUR 1999, 1002 (1004 ff.) – SAPEN). Für alle anderen Verfahren mit rückwirkenden Benutzungszeiträumen ist eine solche Hemmung nicht möglich (BGH GRUR 2007, 321 Rn. 36 – COHIBA). **190**

In allen anderen Fällen findet im Einzelfall lediglich eine **wertende Gesamtbetrachtung** des Verhaltens des Markeninhabers in Relation zum gesamten maßgeblichen Fünfjahreszeitraum statt (Ingerl/Rohnke Rn. 262; Ströbele/Hacker/Ströbele Rn. 126). **191**

Anders wird dies bei Unionsmarken beurteilt, wo eine Hemmung der Benutzungsschonfrist angenommen wird (→ UMV Art. 15 Rn. 68). **192**

K. Glaubhaftmachung bzw. Nachweis der Benutzung

Dazu → § 43 Rn. 40 ff., → § 25 Rn. 36 ff. **193**

Abschnitt 5 Marken als Gegenstand des Vermögens

§ 27 Rechtsübergang

(1) Das durch die Eintragung, die Benutzung oder die notorische Bekanntheit einer Marke begründete Recht kann für alle oder für einen Teil der Waren oder Dienstleistungen, für die die Marke Schutz genießt, auf andere übertragen werden oder übergehen.

(2) Gehört die Marke zu einem Geschäftsbetrieb oder zu einem Teil eines Geschäftsbetriebs, so wird das durch die Eintragung, die Benutzung oder die notorische Bekanntheit der Marke begründete Recht im Zweifel von der Übertragung oder dem Übergang des Geschäftsbetriebs oder des Teils des Geschäftsbetriebs, zu dem die Marke gehört, erfasst.

(3) Der Übergang des durch die Eintragung einer Marke begründeten Rechts wird auf Antrag eines Beteiligten in das Register eingetragen, wenn er dem Patentamt nachgewiesen wird.

(4) Betrifft der Rechtsübergang nur einen Teil der Waren oder Dienstleistungen, für die die Marke eingetragen ist, so sind die Vorschriften über die Teilung der Eintragung mit Ausnahme von § 46 Abs. 2 und 3 Satz 1 entsprechend anzuwenden.

Überblick

Die Vorschrift regelt den Übergang von Rechten an einer Marke. In ihren Regelungsbereich fallen gemäß § 27 Abs. 1 alle nationalen Marken mit einem Schutztatbestand für die Bundesrepublik Deutschland, dh die Vorschrift gilt unabhängig von dem Entstehungsgrund des Markenschutzes gemäß (→ § 4 Rn. 2 ff.) Die Vorschrift sieht einen Rechtsübergang der Marke alternativ hinsichtlich aller Waren und Dienstleistungen oder nur für einen Teil derselben vor. Für letzteren Fall wird in Abs. 4 auf die wesentlichen Regelungen über die Teilung einer Eintragung verwiesen (→ Rn. 52). Soweit die Rechte an der betroffenen Marke gemäß § 4 Nr. 1 durch Eintragung entstanden sind, kann die Änderung der Inhaberschaft gemäß Abs. 3 im Register vermerkt werden (→ Rn. 30). Für Fälle, in denen die Marke zu einem Geschäftsbetrieb(-steil) gehört, der auf einen Rechtsnachfolger übergeht, begründet § 4 Abs. 2 die Vermutung des Rechtsübergangs auch der zu dem Geschäftsbetrieb(-steil) gehörenden Marke (→ Rn. 22). Nicht geregelt ist der Übergang des Rechts an einer geschäftlichen Bezeichnung (→ Rn. 76).

Übersicht

	Rn.		Rn.
A. Allgemeines	1	7. Besonderheiten bei Teilrechtsübergang	52
I. Einleitende Bemerkungen	1	D. Rechtsfolgen	56
II. Die Marke als Wirtschaftsgut	5	I. Übergang von Rechten und Pflichten	56
1. Relevanz der Marke als Wirtschaftsgut	5	II. Haftung und Gewährleistung des Veräußerers	61
2. Handels- und steuerrechtliche Relevanz	7		
3. Markenbewertung	8	E. Übergang von Markenanmeldungen	65
B. Rechtsübergang	13		
I. Rechtsgeschäftliche Übertragung	15	F. Übertragung von international registrierten Marken	68
1. Allgemeine Erwägungen	15	I. Allgemeines	68
2. Geltung deutschen Rechts	16	II. Anforderungen an den neuen Rechtsinhaber	72
3. Kausalgeschäft	18		
4. Verfügungsgeschäft	19		
II. Rechtsübergang per Gesetz	20	G. Unwirksamkeitsgründe für eine rechtsgeschäftliche Markenübertragung	75
III. Übergang des Rechts an der Marke durch Übergang des Geschäftsbetriebs	22		
1. Allgemeine Erwägungen	22	H. Übergang einer geschäftlichen Bezeichnung	76
2. Übergang des Geschäftsbetriebs	23	I. Übergang eines Unternehmenskennzeichens	77
3. Konsequenzen im Hinblick auf unterschiedliche Arten der Markennutzung im Unternehmen vor Rechtsübergang	26	1. Übergang der Firma	77
		2. Übergang sonstiger Unternehmenskennzeichen	82
C. Eintragung des Rechtsübergangs im Register	30	II. Übergang eines Titels	84
I. Allgemeine Erwägungen	30		
II. Verfahren	37	I. Kartellrechtliche Schranken	87
1. Rechtsgrundlagen	37	J. Markenübertragung durch den Insolvenzverwalter	89
2. Antragsberechtigung	39		
3. Nachweis des Rechtsübergangs	42		
4. Beweiswürdigung durch das Amt	45	K. Markenübertragungen vor Inkrafttreten des Markengesetzes und des ErstrG	90
5. Rückgängigmachung einer unrichtigen Änderung	49		
6. Rechtsmittel	51		

A. Allgemeines

I. Einleitende Bemerkungen

1 § 27 findet auf alle Marken **Anwendung,** deren Schutztatbestand durch eine der gemäß § 4 bezeichneten Formen entstanden ist, dh durch Eintragung, Benutzung oder notorische Bekanntheit der Marke. Die Vorschrift gilt gemäß § 97 Abs. 2 auch für Kollektivmarken sowie gemäß § 31 für Markenanmeldungen. Eine Anwendung auf geographische Herkunftsangaben ist ausgeschlossen (vgl. Fezer Rn. 13).

2 Die RL 2008/95/EG, die bis zum 12.1.2016 Gültigkeit hatte, enthielt keine Regelung zum Übergang des Rechts an einer Marke. Die nunmehr geltende RL (EU) 2015/2436 (ABl. L 336, 1) enthält in Art. 22 erstmals eine solche Regelung. Da die Richtlinie jedoch gemäß Art. 1 nur auf eingetragene und angemeldete Marken Anwendung findet, ist die Übertragung von durch Benutzung oder notorische Bekanntheit entstandenen Markenrechten nach wie vor nicht erfasst. Der Gegenstand der RL (EU) 2015/24 betrifft, wie auch schon zuvor der Gegenstand der RL 2008/95/EG, des Weiteren nur die Harmonisierung des Markenrechts, nicht jedoch weiterer Kennzeichnungsrechte wie des Rechts an einer geschäftlichen Bezeichnung. Soweit Art. 22 RL (EU) 2015/2436 den Rechtsübergang eingetragener sowie Art. 26 RL (EU) 2015/2436 den Rechtsübergang angemeldeter Marken regeln, entsprechen §§ 27, 31 diesen Vorgaben bereits: Art. 22 Abs. 1 RL (EU) 2015/2436 statuiert die freie Übertragbarkeit der Marke unabhängig von der Übertragung eines zugehörigen Unternehmens → Rn. 3 sowie die Möglichkeit zur vollständigen oder teilweisen Übertragung der Marke → Rn. 14. Art. 22 Abs. 2 RL (EU) 2015/2436 regelt den grundsätzlichen Übergang der Marke bei Übertragung des zugehörigen Unternehmens in seiner Gesamtheit → Rn. 22. Art. 22 Abs. 3 RL (EU) 2015/2436 verpflichtet die Mitgliedstaaten zur Einführung von Verfahren für die Erfassung von Rechtsübergängen in ihren Registern. Soweit § 27 über die Vorgaben der Richtlinie hinausgeht, stellt die Vorschrift keine Umsetzung europarechtlicher Vorgaben in nationales Recht dar. Einschränkungen aus europarechtlichen Vorgaben bestehen insoweit nicht. Es hätte deshalb nahegelegen, mit § 27 den Rechtsübergang für alle Zeichenrechte zu regeln, die Gegenstand des Markengesetzes sind, dh auch den Rechtsübergang von geschäftlichen Bezeichnungen. Dies gilt umso mehr, als sich der nationale Gesetzgeber bei der Ausgestaltung der Regelung noch vor Einführung des nun gültigen Art. 22 RL (EU) 2015/2436 vor dem dargestellten Hintergrund ausdrücklich ungebunden sah (BT-Drs. 12/6581, 53). Dennoch hat er von einer ausdrücklichen Regelung der Übertragung geschäftlicher Bezeichnungen Abstand genommen und auf das bereits zum Zeitpunkt des Regierungsentwurfs geltende Recht verwiesen (BT-Drs. 12/6581, 84).

§ 27 bestimmt die freie Übertragbarkeit der Rechte an einer Marke. Diese ist insbesondere **3** nicht an die gleichzeitige Übertragung eines Geschäftsbetriebs geknüpft. Die Annahme bestehender **Akzessorietät** zwischen Marke und Geschäftsbetrieb wurde hinsichtlich der freien Übertragbarkeit der Marke mit Inkrafttreten des ErstrG am 1.5.1992 **aufgegeben** (zur Entwicklung der Rechtslage vgl. ausführlich Fezer Rn. 7 ff.).

Auch soweit § 27 MarkenG keinen direkten europarechtlichen Vorgaben der RL (EU) **4** 2015/2436 unterliegt, ist bei seiner Auslegung der **Grundsatz der Einheitlichkeit des gesamten Kennzeichenrechts** zu wahren. Dieser Grundsatz wird von der Rechtsprechung seit jeher betont (BGH GRUR 2001, 344 – DB Immobilienfonds). Dies gilt erst Recht nach Einführung des Art. 22 RL (EU) 2015/2436.

II. Die Marke als Wirtschaftsgut

1. Relevanz der Marke als Wirtschaftsgut

Die Marke stellt heute ein Wirtschaftsgut dar, dessen Wert bei entsprechender Pflege **5** sowohl in rechtlicher wie auch in werblich/kommunikativer Hinsicht den Unternehmenswert erheblich und dynamisch (mit-) bestimmt. Die Pflege in rechtlicher Hinsicht erfolgt durch die Absicherung von Bestand und (erstrebenswerter) Alleinstellung. Die Pflege in werblich/kommunikativer Hinsicht wird durch die Platzierung und Verankerung der Marke und des mit ihr erstrebten Images im Markt erreicht. Werbe- und Investitionsfunktion einer Marke werden neben der Herkunftsgarantiefunktion, die die Hauptfunktion der Marke darstellt, vom EuGH ausdrücklich in den Schutzbereich der Marke einbezogen (EuGH C-323/09, GRUR 2011, 1124 Rn. 40 – Interflora/M&S).

Der **bezifferbare Wert** einer Marke ist in vielfacher Hinsicht von Bedeutung, so etwa **6** bei dem Verkauf der Marke oder des Unternehmens(-teils), bei Streitwertbestimmungen, bei der Aufdeckung des Markenwerts als stille Reserve, bei der Kapitalbeschaffung von Unternehmen (zB im Wege des sales und lease back Verfahrens) sowie bei erb- und familienrechtlichen Auseinandersetzungen.

2. Handels- und steuerrechtliche Relevanz

Gemäß § 248 Abs. 2 S. 2 HGB besteht das **Verbot der Bilanzierung** einer selbst geschaf- **7** fenen Marke. Selbst geschaffen ist eine Marke, deren Schutztatbestand durch ihren aktuellen Eigentümer gemäß § 4 begründet wurde. Dagegen besteht die **Bilanzierungspflicht** für derivativ erworbene Marken gemäß §§ 246 f. HGB. Daraus ergibt sich oftmals das Problem der stillen Reserven. Eine Marke erfährt bei guter Pflege einen beständigen Wertzuwachs, der als stille Reserve zu werten ist, solange der Markenwert nicht in der Bilanz aktiviert ist.

Taxhet

MarkenG § 27 Teil 2 Voraussetzungen, Inhalt und Schranken etc.

Sobald die Bilanzierungspflicht entsteht, ist der angewachsene Vermögenswert zu aktivieren und damit in die Bilanz zu übernehmen. Der Veräußerer hat daher den Wert der stillen Reserven zu versteuern. Der Erwerber hat seine Anschaffungskosten zu aktivieren. Zur steuerrechtlichen Relevanz entgeltlich und unentgeltlich erteilter Lizenzen innerhalb eines Konzerns → § 30 Rn. 122 ff.

3. Markenbewertung

8   Es gibt heute zahlreiche Anbieter von Markenbewertungen, deren Verfahren zur Ermittlung des Markenwertes nicht einheitlich sind. Ein exakt wiederholbares Ergebnis wird daher bei der Ermittlung des Wertes ein und derselben Marke durch die Begutachtung unterschiedlicher Anbieter kaum zu erzielen sein. Man unterscheidet quantitative von qualitativen Ansätzen. Auch gibt es Mischformen von beidem. Je nach Anlass der Markenbewertung sowie nach Marktumfeld der Marke ist die Wahl eines der existierenden Ansätze angezeigt (zu den Verfahren im Einzelnen vgl. Lange „Internationales Handbuch des Marken- und Wettbewerbsrechts", dritter Teil sowie Schimansky, Der Wert der Marke, Verlag Franz Vahlen, München).

9   Der **quantitative Ansatz** berücksichtigt betriebswirtschaftliche Kennziffern. Erneut je nach tatsächlichem Umfeld der Marke kommen alternativ oder kumulativ das marktpreisorientierte Verfahren (Vergleich mit Preisen anderer Produkte auf demselben Markt), das kapitalwertorientierte Verfahren (Ermittlung des Ertrags, der aus der Marke generiert werden kann) und/oder das kostenorientierte Verfahren (Ermittlung der Wiederbeschaffungskosten für dies Marke) zur Anwendung. Die **Bewertungsgrundsätze** sind in dem **IDW Standard** „Grundsätze zur Bewertung immaterieller Vermögenswerte" (IDW S 5) niedergelegt.

10 Der **qualitative Ansatz** ermittelt in vorwiegend demoskopischer Art und Weise die Präsenz und Akzeptanz der Marke bei den angesprochenen Verkehrskreisen.

11 Seit 2010 sind bei der Bewertung von Marken neben dem IDW S 5 Standard die Vorgaben der **ISO/DIS 10668** zu beachten, die durch die derzeit aktuelle Fassung der Norm DIN ISO 10668:2011-10 ersetzt wurde. Die Vorschriften verlangen neben qualitativen und quantitativen Kennziffern die **Einbeziehung rechtlicher Parameter.** Der Gutachter soll die rechtliche Absicherung der Marke berücksichtigen, indem insbesondere Schutztatbestand, Inhaber, jeder rechtliche Aspekt, der den Wert der Marke positiv oder negativ betreffen kann, (Unwägbarkeiten ausländischer Rechtsordnungen, Urheberrechte, wettbewerbsrechtliche Schutztatbestände), Unterscheidungskraft, Benutzungsumfang und Gefahr der Löschung in die Bewertung der Marke einfließen.

12 Um zu einem belastbaren Markenwert zu gelangen, sollte sichergestellt werden, dass der Prüfer sowohl die durch IDW S 5 als auch durch ISO/DIS 10668 vorgegebenen Parameter berücksichtigt. Das gilt für qualitative, quantitative und rechtliche Kennziffern in gleicher Weise. Im Rahmen einer neutralen Prüfung sind die Bewertungsgrundlagen ggf. durch eigene Nachforschungen zu ermitteln und die Bewertungskennziffern in einer nicht nur generellen sondern auf das konkrete Markt- und Markenumfeld bezogenen Art und Weise anzuwenden.

B. Rechtsübergang

13 Das durch eine Marke begründete Recht kann gemäß § 27 Abs. 1 auf einen neuen Inhaber durch Rechtsgeschäft übertragen werden oder per Gesetz übergehen. § 27 MarkenG stellt eine spezialgesetzliche Vorschrift zu § 413 BGB dar (BeckOK BGB/Rohe BGB § 413 Rn. 6).

14 Sowohl bei einer rechtsgeschäftlichen Übertragung als auch bei einem Rechtsübergang per Gesetz kann das Recht an der Marke ganz oder teilweise übergehen. Da sich der gemäß § 4 begründete Schutzbereich einer Marke geographisch immer auf das gesamte Bundesgebiet bezieht und durch einen Rechtsübergang keine Rechtsvermehrung entstehen darf (zu dem entsprechenden Problem beim Übergang der geschäftlichen Bezeichnung vgl. BGH NJW 1991, 1353 – Ott International), kann der teilweise erfolgende Übergang des Rechts an einer Marke immer nur bezogen auf einen Teil der von dem Verzeichnis erfassten Waren und Dienstleistungen erfolgen. Dagegen ist ein auf den geographischen Schutzbereich bezogener anteiliger Rechtsübergang nicht möglich. Soll der geographische Schutzbereich einer Marke hinsichtlich der Markennutzung zwischen verschiedenen Personen aufgeteilt werden, ist dies

nur im Wege einer vertraglichen Vereinbarung möglich, die kartellrechtliche Grenzen zu beachten hat (→ Rn. 87). Zur Änderung des Registers aufgrund teilweisen Rechtsübergangs → Rn. 52.

I. Rechtsgeschäftliche Übertragung

1. Allgemeine Erwägungen

Die rechtsgeschäftliche Übertragung des durch eine Marke begründeten Rechts erfordert, 15 wie jede Vermögensverfügung, ein schuldrechtliches und ein dingliches Geschäft. Die RL (EU) 2015/2436 enthält keine Formvorschriften für die rechtsgeschäftliche Übertragung. Der deutsche Gesetzgeber hat ebenfalls keine Formvorschriften erlassen. Insbesondere ist die Eintragung des Rechtsübergangs im Register nicht konstitutiv. Sie folgt dem Übertragungsakt gemäß § 27 Abs. 3 zeitlich nach (BPatG GRUR-RR 2008, 414 – Umschreibungsverfahren). Kausalgeschäft und dinglicher Übertragungsakt fallen daher in der Regel zeitlich zusammen, sofern vertraglich nicht ausdrücklich etwas anderes vorgesehen ist.

2. Geltung deutschen Rechts

Die Übertragung einer deutschen Marke (BGH GRUR Int 2003, 71 – FROMMIA; 16 GRUR 2005, 431 – HOTEL MARITIME) sowie anderer inländischer Kennzeichenrechte (OLG München GRUR 2006, 130 – UltraMind) unterfällt nach dem im Immaterialgüterrecht geltenden Territorialitätsprinzip stets deutschem Recht. Dies gilt auch dann, wenn an der Übertragung ausschließlich ausländische Personen beteiligt sind. Dies gilt ebenfalls dann, wenn die Übertragung im Rahmen eines Sammelvertrages erfolgt, mit dem auch ausländische Schutzrechte übertragen werden (OLG München GRUR 2006, 130 – UltraMind).

Die ausschließliche Anwendbarkeit deutschen Rechts hat der BGH jedenfalls für das 17 Verfügungsgeschäft angenommen (BGH GRUR 2002, 972 – FROMMIA). Hinsichtlich des Kausalgeschäfts geht die Literatur einstimmig von der Anwendbarkeit der Regeln des internationalen Privatrechts aus (Ingerl/Rohnke Rn. 6; Fezer Rn. 22; Ströbele/Hacker/Hacker Rn. 11). Der BGH hat in seiner Entscheidung FROMMIA im Zusammenhang mit der Bestimmung des anwendbaren Rechts jedoch nicht ausdrücklich zwischen Verpflichtungs- und Verfügungsgeschäft differenziert. Dies spricht zunächst gegen eine seitens des BGH erkannte Notwendigkeit zur Differenzierung und für eine ausschließliche Anwendbarkeit deutschen Rechts auch auf das Kausalgeschäft. Folgt man der Literatur stellt sich die Frage, wie für den Fall der Anwendbarkeit einer Rechtsordnung auf das Kausalgeschäft zu verfahren ist, die eine Differenzierung zwischen Verpflichtungs- und Verfügungsgeschäft nicht kennt. In diesem Falle kann es zu Kollisionen zwischen deutscher und fremder Rechtsordnung kommen. Der deutschen Rechtsordnung gebührt in einem solchen Fall aufgrund des geltenden Territorialitätsprinzip (→ Rn. 16) der Vorrang.

3. Kausalgeschäft

Der schuldrechtliche Vertrag ist auf die Übertragung von Rechten gerichtet und stellt bei 18 Entgeltlichkeit einen Rechtskauf gemäß § 453 BGB dar (für die Übertragung von Patenten BGH GRUR 1982, 481 – Hartmetallkopfbohrer). Im Falle der Sicherungsabtretung einer Marke ist das Kausalgeschäft typischer Weise ein Darlehensvertrag (§ 607 BGB).

4. Verfügungsgeschäft

Nach allgemM finden auf das dingliche Verfügungsgeschäft gemäß § 413 BGB die Vor- 19 schriften über die Abtretung (§§ 398 ff. BGB) entsprechende Anwendung (vgl. etwa Ströbele/Hacker/Hacker Rn. 18).

II. Rechtsübergang per Gesetz

Gemäß § 27 Abs. 1 kann das Recht an einer Marke per Gesetz übergehen. Denkbar ist 20 neben der gesetzlichen Vermutung eines Rechtsübergangs gemäß § 27 Abs. 2 (→ Rn. 22 ff.) jede Art der Gesamtrechtsnachfolge, die etwa im Wege des Erbfalls gemäß § 1922 BGB oder

Taxhet

in gesellschaftsrechtlichen Zusammenhängen (BPatGE 37, 143 – Umschreibungsgebühr) stattfinden kann.

21 Ein automatischer gesetzlicher Rechtsübergang an einer Benutzungsmarke, die der Lizenznehmer durch rechtswidrige Benutzung der Marke erlangt hat, findet nach Beendigung des Lizenzvertrags nicht statt. Der Lizenzgeber hat aber einen Anspruch auf Übertragung der Benutzungsmarke (OLG Köln GRUR-RR 2010, 433 (435) – Oerlikon).

III. Übergang des Rechts an der Marke durch Übergang des Geschäftsbetriebs

1. Allgemeine Erwägungen

22 Gemäß § 27 Abs. 2 folgt die Inhaberschaft des Rechts an der Marke im Zweifel dem Geschäftsbetrieb(steil), zu dem die Marke gehört. Die Regelung stellt den letzten Rest des einstmals im Warenzeichenrecht geltenden Akzessorietätsgrundsatzes dar (→ Rn. 3, → Rn. 91). Sie stellt eine widerlegliche Vermutung auf. Für eine Widerlegung müssen besondere Anhaltspunkte zB innerhalb des Übertragungsvertrags der Geschäftsanteile sprechen (OLG Köln GRUR-RR 2003, 187 – Weinbrandpraline).

2. Übergang des Geschäftsbetriebs

23 Für den Übergang eines Geschäftsbetriebs ist es nicht in jedem Falle erforderlich, dass das gesamte Betriebsvermögen übergeht. Entscheidend ist vielmehr, dass der Erwerber für die angesprochenen Verkehrskreise erkennbar die Geschäftstradition fortsetzt (BGH GRUR 2004, 790 – Gegenabmahnung; GRUR 2002, 972 – FROMMIA).

24 Kein Rechtsübergang gemäß § 27 Abs. 2 erfolgt bei bloßer Pacht des Geschäftsbetriebs, denn die Verpachtung räumt dem Pächter lediglich ein Nutzungsrecht ein (BGH GRUR 2004, 868 – Dorf MÜNSTERLAND II; GRUR 2002, 967 – Hotel Adlon).

25 Ebenfalls kein Übergang des Geschäftsbetriebs gemäß § 27 Abs. 2 erfolgt durch den Zuschlagsbeschluss innerhalb der Zwangsvollstreckung. Dieser bezieht sich nur auf einzelne Vermögensgegenstände, soweit der Geschäftsbetrieb als solcher nicht auch von der Beschlagnahme erfasst ist (BGH GRUR 2004, 868 – Dorf MÜNSTERLAND II).

3. Konsequenzen im Hinblick auf unterschiedliche Arten der Markennutzung im Unternehmen vor Rechtsübergang

26 Die Regelung führt nicht in allen denkbaren Fällen zu klaren Ergebnissen.

27 Weitgehend unproblematisch ist die Anwendung des § 27 Abs. 2 bei der Übertragung eines Geschäftsbetriebs im Ganzen (im Unterschied zu der Übertragung eines Geschäftsbetriebsteils). Dies kann wahlweise im Wege des Erwerbs der Gesellschaft insgesamt (Share Deal) oder aber durch Erwerb einzelner Vermögensgegenstände (Asset Deal) erfolgen. Wird ein Geschäftsbetrieb insgesamt im Wege eines Share Deals übertragen, weist die Regelung des § 27 Abs. 2 die Rechte an der Marke klar dem Rechtsnachfolger zu. Im Rahmen eines Asset Deals, bei dem nicht ein Unternehmen als Ganzes sondern einzelne Vermögenswerte des Unternehmens übertragen werden, ist auch die Marke als zu übertragender Vermögenswert einzeln zu bezeichnen. Geschieht dies nicht, stellt sich die Frage, ob die Nichtbenennung der Marke erfolgte, um sie von der Übertragung der Assets auszunehmen. Gemäß § 27 Abs. 2 und der hierzu ergangenen Rechtsprechung (→ Rn. 23) kommt es insoweit dann darauf an, ob die übertragenen Vermögenswerte darauf schließen lassen, dass der Erwerber die Tradition des Geschäftsbetriebs fortsetzen wird. Sollen die Marken in dem ursprünglichen Inhaber-Unternehmen verbleiben, empfiehlt sich eine ausdrückliche Klarstellung innerhalb des Vertrags.

28 Wird lediglich ein Teil eines Geschäftsbetriebs übertragen, kommt es darauf an, ob die Marke diesem Teil zugehörig ist. Das ist überprüfbar, solange das Unternehmen einzelne Marken jedenfalls hinsichtlich eines abgeschlossenen Teils des Verzeichnisses nur für einen einzigen Teil des Geschäftsbetriebs genutzt hat. Wird eine Marke bezüglich eines jeweiligen *Teils* ihres Verzeichnisses durch verschiedene, aber jeweils alleine nutzende Geschäftsbereiche verwendet, greift § 27 Abs. 4.

Probleme treten jedoch dann auf, wenn eine Marke für dieselben Waren und Dienstleistungen von verschiedenen Teilen des Geschäftsbetriebs genutzt wird. Das kann insbesondere bei Dachmarken der Fall sein, die häufig mit dem Unternehmensnamen identisch sind, sowie bei Serienmarken, die als Stammbestandteil einen Teil der Firma enthalten. In diesen Fällen wird es jedenfalls vielfach nicht möglich sein, in einem Alternativverhältnis festzustellen, ob der verbleibende Unternehmensteil oder das erwerbende Unternehmen diejenige Unternehmenstradition fortsetzt, der die Marke zuzurechnen ist. Zur Vermeidung von Rechtsunsicherheiten ist eine klarstellende Regelung zum Verbleib der Marken in den Vertrag dringend empfohlen. 29

C. Eintragung des Rechtsübergangs im Register

I. Allgemeine Erwägungen

Gemäß § 27 Abs. 3 wird der Übergang des durch die Eintragung einer Marke begründeten Rechts auf Antrag eines Beteiligten in das Register eingetragen, wenn der Rechtsübergang dem Amt nachgewiesen wurde. 30

Da lediglich das gemäß § 4 Nr. 1 durch Eintragung erwirkte Recht an einer Marke im Register geführt wird, gilt die Regelung nicht für das durch die Benutzung oder die notorische Bekanntheit einer Marke begründete Recht. 31

Die Änderung des Registers hat ausschließlich deklaratorische Funktion. Sie folgt der materiellrechtlichen Änderung der Inhaberschaft zeitlich nach und erfolgt lediglich auf Antrag eines Beteiligten. Das Register ist insoweit auch kein Rechtsscheinträger (Ströbele/Hacker/Hacker Rn. 19). Der gutgläubige Erwerb des Rechts an einer Marke ist ausgeschlossen. Etwas anderes gilt auch nicht aufgrund der Vermutungsregelung gemäß § 28 Abs. 1, die lediglich Beweislastregel ist (BGH GRUR 1998, 699 – SAM; Ströbele/Hacker/Hacker Rn. 19; Fezer § 28 Rn. 15). 32

Obschon die Änderung des Registers keine Voraussetzung für die Änderung der Rechtsinhaberschaft ist, gehen mit einer fehlenden Eintragung des neuen Rechtsinhabers im Register verfahrensrechtliche Nachteile einher (→ § 28 Rn. 9 ff.). 33

Zuständig für die Änderung des Registers ist gemäß § 56 Abs. 3 die Markenabteilung nicht die Markenstelle. 34

Zur Antragstellung ist gemäß § 96 Abs. 1 für Personen, die im Inland weder einen Wohnsitz noch eine Niederlassung haben, die Bestellung eines Inlandsvertreters erforderlich (aA Ströbele/Hacker/Hacker Rn. 36, der für eine Antragstellung, der ohne weiteres entsprochen werden kann, keine Bestellung eines Inlandsvertreters für erforderlich hält). 35

Der Antrag auf Änderung des Registers löst, soweit er sich auf das gesamte Recht an der Marke bezieht, seit dem 1.1.2002 keine Amtsgebühr mehr aus (vgl. DPMA-Mitteilung Nr. 04/02), denn die „tatsächliche Richtigkeit der Registerangaben über Person, Namen, Sitz usw des Markeninhabers (liegt) auch im öffentlichen Interesse" (BT-Drs. 12/6581, 84). Lediglich die Änderung der Rechtsinhaberschaft im Register, die nur einen Teil der Waren oder Dienstleistungen betrifft, löst Amtsgebühren aus, da hiermit ein besonderer Verwaltungsaufwand, wie die Anlegung neuer Akten und die Zuteilung einer neuen Registrierungsnummer, verbunden ist (BT-Drs. 12/6581, 84). Dies gilt sowohl für die Änderung des Registers zu Teilen einer Markenregistrierung als auch zu Teilen einer Markenanmeldung. 36

II. Verfahren

1. Rechtsgrundlagen

Das Verfahren zur Änderung des Registers regeln § 27 Abs. 3 MarkenG, § 65 Abs. 1 Nr. 7 MarkenG iVm § 28 DPMAV und den von dem Präsidenten des DPMA erlassenen Umschreibungsrichtlinien, die veröffentlicht sind in BlPMZ 2002, 11 ff. (BPatG GRUR-RR 2008, 261 – Markenumschreibung). Für den Fall des teilweisen Rechtsübergangs sind darüber hinaus §§ 33, 35 MarkenV zu beachten. 37

Einzelheiten zu Maßgaben der Umschreibungsrichtlinien des Deutschen Patent- und Markenamtes: 37.1
Zu Nachweiszwecken eingereichte fremdsprachige Unterlagen, die in englischer, französischer, italienischer oder spanischer Sprache abgefasst sind, sind auf Verlangen des Amtes in Übersetzung vorzule-

gen, welche je nach weiterem Verlangen des Amtes von einem Rechts- oder Patentanwalt beglaubigt oder von einem öffentlich bestellten Übersetzer anzufertigen ist.

Zu Nachweiszwecken eingereichte fremdsprachige Unterlagen in einer sonstigen Sprache sind stets, dh auch ohne gesondertes Verlangen des Amtes in einer Übersetzung vorzulegen, die von einem Rechts- oder Patentanwalt beglaubigt oder von einem öffentlich bestellten Übersetzer anzufertigen ist.

Die Wirksame Bevollmächtigung eines Rechts- oder Patentanwalts wird vom Amt nur auf Rüge eines Dritten überprüft.

Beschränkungen des § 181 BGB werden durch das Amt nicht geprüft.

Zum Nachweis des Rechtsübergangs durch Erbschein genügt grundsätzlich die Vorlage einer Ausfertigung.

Zum Nachweis des Rechtsübergangs durch zivilrechtliches Urteil oder Vergleich ist eine vollstreckbare Ausfertigung des rechtskräftigen Titels vorzulegen.

38 Die Antragstellung soll gemäß § 28 Abs. 1 DPMAV durch das amtsseitig zur Verfügung gestellte Formblatt erfolgen (derzeit W 7616/5.16 für eine vollständige Übertragung, W 7617/5.16 für einen Teilrechtsübergang). Die dem Amt notwendiger Weise mitzuteilenden Angaben über das betroffene Schutzrecht, den früheren Inhaber und den Rechtsnachfolger gibt § 28 Abs. 2 DPMAV vor.

2. Antragsberechtigung

39 Antragsberechtigt für die Änderung des Registers bei einem Übergang des gesamten Markenrechts sind sowohl der frühere als auch der neue Rechtsinhaber. Bei einem Teilrechtsübergang ergibt sich aus der Verweisung des § 27 Abs. 4 auf § 46, dass nur der registrierte Inhaber antragsberechtigt ist.

40 Ist der Antrag gemäß § 28 Abs. 3 Nr. 2 DPMAV durch den Rechtsnachfolger gestellt worden, hat das Amt dem registrierten Inhaber vor einer Entscheidung rechtliches Gehör zu gewähren und zwar auch dann, wenn keine begründeten Zweifel an dem materiellen Rechtsübergang bestehen (BPatG GRUR-RR 2008, 261 – Markenumschreibungsverfahren). Ungeachtet dessen handelt es sich bei dem Umschreibungsverfahren um ein einseitiges Verfahren des Antragstellers und nicht um ein kontradiktorisches Verfahren zwischen aktuellem und ggf. zukünftig registriertem Rechtsinhaber (BPatG Beschl. v. 14.10.2004 – 25 W (pat) 19/04 – MEYER LANSKY's).

41 Der Antrag auf Änderung des Registers ist eine reine Verfahrenserklärung und als solche nicht anfechtbar (BPatG BeckRS 2008, 25954 – Solideal).

3. Nachweis des Rechtsübergangs

42 Die Änderung des Registers hängt von dem Nachweis der zuvor bereits erfolgten Rechtsänderung ab.

43 Über die Richtigkeit der vorgetragenen Änderungen entscheidet das Amt in freier Beweiswürdigung (vgl. Präambel der Umschreibungsrichtlinien). Der Nachweis kann dem Amt gegenüber gemäß § 28 Abs. 7 DPMAV in jeder möglichen Form geführt werden. Die Markenstelle hat sowohl die Berechtigung des bisherigen Inhabers als auch die Existenz des Übernehmers sowie die Vertretungsbefugnis der für sie jeweils handelnden Personen zu überprüfen. Die Prüfung bezieht sich auch auf die Frage, ob der für die jeweils antragstellende Partei Handelnde zur Vertretung berechtigt war (BPatG GRUR-RR 2008, 414 – Umschreibungsverfahren). Es entspricht aber dem Wesen des Registerverfahrens, dass das Amt keine umfassende materielle Prüfung der Frage des Rechtsübergangs durchführt (BPatG BeckRS 2014, 13882 „et Kabüffke Killepitsch"; GRUR-RR 2008, 261 – Markenumschreibungsverfahren). Vor diesem Hintergrund können nur solche Beweismittel beachtet werden, die der registerrechtlichen Natur des Umschreibungsverfahrens Rechnung tragen (BPatG BeckRS 2014, 13882 – „et Kabüffke Killepitsch"). Es empfiehlt sich daher, die Möglichkeiten des Nachweises zu nutzen, die § 28 DPMAV definiert.

43.1 Diese Nachweismöglichkeiten sind:
Unterzeichnung des Antrags auf Änderung des Registers durch beide Beteiligten oder deren Vertreter (§ 28 Abs. 3 Nr. 1 DPMAV),

808 *Taxhet*

bei Antragstellung durch den Rechtsnachfolger Einreichung einer gesonderten schriftlichen Zustimmungserklärung des noch registrierten Rechtsinhabers oder dessen Vertreters (§ 28 Abs. 3 Nr. 2 lit. a DPMAV),

bei Antragstellung durch den Rechtsnachfolger Einreichung sonstiger Unterlagen, aus denen sich die Änderung der Rechtsinhaberschaft ergibt, etwa des Übertragungsvertrags oder – wegen der Rechtswirkung des § 894 ZPO (Ströbele/Hacker/Hacker Rn. 31) – auch eines rechtskräftigen Urteils (§ 28 Abs. 3 Nr. 2 lit. b DPMAV).

Bei der Wahl der einzureichenden Unterlagen sollte beachtet werden, dass alle eingereichten Unterlagen von jedermann gemäß § 62 eingesehen werden können. Gemäß § 28 Abs. 5 DPMAV genügt die Einreichung der Unterlagen als Kopie. Originale sind nicht erforderlich, insbesondere nicht in beglaubigter Form. **44**

4. Beweiswürdigung durch das Amt

Der Antragsteller hat keinen Vollbeweis zu erbringen, es genügt grundsätzlich die Einreichung der gemäß MarkenV und Umschreibungsrichtlinien benannten Unterlagen (BPatG BeckRS 2002, 15856). **45**

Führt die pflichtgemäße Prüfung zu begründeten Zweifeln des Amtes an einer wirksamen Rechtsübertragung, so kann das Amt zunächst gemäß § 28 Abs. 6 DPMAV weitere Nachweise verlangen. Führen auch diese nicht zur Ausräumung der begründeten Zweifel, muss das Amt die Änderung des Registers verweigern (BPatG GRUR-RR 2008, 261 – Markenumschreibungsverfahren). **46**

Bei der Frage, welche möglichen Zweifel des Amtes als „begründet" gelten können, sind die gesetzlichen Vermutungen zB des § 27 Abs. 2 MarkenG, des § 28 Abs. 1 MarkenG und des § 2365 BGB zu berücksichtigen (BPatG BeckRS 2002, 15856; Beschl. v. 14.10.2004 – 25 W (pat) 19/04 – MEYER LANSKY's). **47**

Um begründete Zweifel des Amtes zu vermeiden, empfiehlt es sich, den Antrag unter Berücksichtigung der Maßgaben der Umschreibungsrichtlinie zu stellen. **48**

5. Rückgängigmachung einer unrichtigen Änderung

Ein Antrag auf Rückgängigmachung einer unrichtig vorgenommenen Änderung des Registers auf dem Verwaltungsrechtsweg kommt (nur) in Ausnahmefällen in Betracht. Nicht ausreichend ist es, wenn der Registerstand nicht der materiellen Rechtslage entspricht. Dagegen ist ein Antrag auf Rückgängigmachung einer fehlerhaften Eintragung der Markeninhaberschaft dann begründet, wenn der unrichtigen Eintragung ein schwerwiegender Verfahrensfehler zugrunde liegt, zB wenn rechtliches Gehör versagt wurde, oder wenn ein Fall vorliegt, nach dem gemäß § 578 ZPO eine Wiederaufnahme des Verfahrens möglich ist (BGH NJW 1968, 2188 – Marzipan; BPatG GRUR-RR 2008, 261 – Markenumschreibungsverfahren; BeckRS 2009, 16998; zur Rechtslage nach WZG BGH GRUR 1969, 43 – Marzipan). **49**

In anderen Fällen ist der Klageweg zu beschreiten (BGH NJW 1968, 2188 – Marzipan). Das rechtskräftige Urteil ersetzt gemäß § 894 ZPO die Bewilligungserklärung des zu Unrecht als Inhaber Registrierten. Bei Vorlage des Urteils kann das Amt die Änderung im Register gemäß § 28 Abs. 3 Nr. 2 lit. b, Abs. 7 DPMAV vornehmen. **50**

6. Rechtsmittel

Gegen die auf dem Beschlusswege ergehende Entscheidung des DPMA sind die Erinnerung bzw. die Beschwerde möglich. Dies gilt sowohl für stattgebende wie auch für ablehnende Entscheidungen des Amtes (BPatG BeckRS 2007, 18709 – MASTER TENT). Gegen die dann erfolgende Beschlussentscheidung des BPatG ist unter den Voraussetzungen des § 83 die Rechtsbeschwerde zum BGH möglich. Daneben steht die Erzwingung der Änderung des Registers auf dem ordentlichen Klageweg vor den Zivilgerichten offen. **51**

7. Besonderheiten bei Teilrechtsübergang

Soweit das Recht an der Marke nur bezüglich eines Teils der betroffenen Waren und Dienstleistungen auf den Rechtsnachfolger übergegangen ist, sind auf die Änderung des **52**

MarkenG § 27 Teil 2 Voraussetzungen, Inhalt und Schranken etc.

Registers gemäß § 27 Abs. 4 die Vorschriften des § 46 jedoch mit Ausnahme von § 46 Abs. 2 und 3 S. 1 und 2 entsprechend anzuwenden. Ergänzend gelten §§ 33, 35, 36 MarkenV. Die Änderung des Registers zu einem teilweise erfolgten Rechtsübergang ist damit vor Ablauf der Widerspruchsfrist möglich und kann damit durch einen Widerspruch gegen die Eintragung der Marke nicht blockiert werden. Des Weiteren gilt nicht die dreimonatige Ausschlussfrist des § 46 Abs. 3, zur Einreichung notwendiger Unterlagen und zur Einzahlung der Gebühren. Bei nicht rechtzeitiger Einzahlung der Gebühren oder Einreichung der Unterlagen wird nicht, wie in § 46 Abs. 3 vorgesehen, der Verzicht auf die Eintragung des abgetrennten Teils fingiert. Vielmehr gilt der Antrag auf Eintragung des Teilübergangs nur als so lange nicht gestellt, wie die Säumnis vorliegt. Der Gesetzgeber trägt damit der besonderen Interessenlage des begünstigten Dritten Rechnung, die im Falle einer Teilung der Eintragung ohne gleichzeitigen Übertragungsakt nicht existiert (BT-Drs. 13/3841, 9). Vor dem Hintergrund der ausdrücklich formulierten Intention des Gesetzgebers muss diese Rechtsfolge auch der Verweisung des § 64a MarkenG auf § 6 Abs. 2 PatKostG vorgehen, da sie andernfalls ausgehöhlt würde (aA Fezer Rn. 49).

53 Gemäß § 36 Abs. 3 MarkenV muss die Summe der nach der Markenteilung verzeichneten Waren und Dienstleistungen mit dem Inhalt des ursprünglichen Verzeichnisses übereinstimmen. Betrifft der Teilrechtsübergang einen Oberbegriff, so ist derselbe in den Verzeichnissen beider Teilverzeichnisse zu verwenden und zwar unter Verwendung solcher Einschränkungen, die eine Dopplung von Waren oder Dienstleistungen ausschließen.

54 Die Markenteilung selbst kann gemäß § 46 Abs. 1 nicht durch den Rechtsnachfolger sondern nur durch den eingetragenen Inhaber beantragt werden.

55 Der aus einer Marke erhobene Widerspruch besteht nach der teilweisen Übertragung dieser Marke aufgrund des Rechtsgedankens des § 46 Abs. 1 auch für die abgetrennte Eintragung fort. Der neue Rechtsinhaber tritt dem Widerspruchsverfahren im Wege der Nebenintervention bei (BPatG GRUR 2003, 1070 – KYRA).

D. Rechtsfolgen

I. Übergang von Rechten und Pflichten

56 Die Rechte und Pflichten des neuen Markeninhabers folgen gemäß § 413 BGB den allgemeinen zivilrechtlichen Vorschriften der §§ 398 ff. BGB (→ Rn. 13, → Rn. 19), darüber hinaus den markenrechtlichen Spezialvorschriften (§§ 27 ff. MarkenG).

57 Der neue Rechtsinhaber erwirbt die Rechte an der Marke in demselben Zustand, in dem sie der frühere Rechtsinhaber innehatte. Dies gilt auch für Einschränkungen des Rechts, die aus Verwirkung oder Nichtbenutzung des Zeichens resultieren können (vgl. Ingerl/Rohnke Rn. 15).

58 Gemäß §§ 402, 413 BGB ist der frühere Markeninhaber zur Herausgabe derjenigen Urkunden verpflichtet, die zum Nachweis des Rechts an der Marke dienen, soweit sie sich in seinem Besitz befinden. Die Pflicht bezieht sich auf alle Urkunden, aus denen sich etwas Beweiserhebliches hinsichtlich des Rechts an der Marke ergibt (vgl. Palandt/Grüneberg BGB § 402 Rn. 3). Hiervon dürften jedenfalls die Registrierungsurkunde sowie der Registerauszug erfasst sein, jedoch auch Mitteilungen des Amtes zu möglichen Zweifeln an der Eintragungsfähigkeit der Marke sowie der Beseitigung dieser Zweifel.

59 Rein schuldrechtlich wirkende Einwendungen aus Vorrechts- oder Abgrenzungsvereinbarungen kann der neue Rechtsinhaber einem Inhaber älterer Rechte, der sich dem früheren Markeninhaber gegenüber verpflichtet hatte, nicht entgegen halten. §§ 407 ff. BGB kommen bei einer Übertragung „anderer Rechte" gemäß § 413 BGB nur in Betracht, wenn zu dem übertragenen Recht eine Person vergleichbar einem Schuldner verpflichtet ist. Dies ist bei der Übertragung gewerblicher Schutzrechte nicht der Fall (für das Urheberrecht BGH NJW 1993, 1468; iE Ingerl/Rohnke Rn. 16).

60 Gemäß § 30 eingeräumte Markenlizenzen werden gemäß § 30 Abs. 5 von einem Rechtsübergang gemäß § 27 nicht berührt, bleiben also auch dem neuen Rechtsinhaber gegenüber wirksam (→ § 30 Rn. 164). Entsprechend dem Wortlaut des § 30 Abs. 5 gilt dies sowohl für einen rechtsgeschäftlichen als auch für einen gesetzlichen Rechtsübergang. Etwas anderes gilt gemäß § 155 jedoch für Lizenzen, die vor dem 1.1.1995 erteilt wurden, soweit der

Rechtsübergang an der Marke ebenfalls vor dem 1.1.1995 erfolgte. In diesen Fällen wirkt der dingliche Sukzessionsschutz des § 30 Abs. 5 nicht zu Gunsten des Lizenznehmers. Die Situation des Lizenznehmers beurteilt sich ausschließlich nach schuldrechtlichen Gesichtspunkten (→ § 155 Rn. 3).

II. Haftung und Gewährleistung des Veräußerers

Sofern die veräußerte Marke nicht besteht, haftet der Veräußerer gemäß §§ 275, 280, 311a **61** BGB (Ströbele/Hacker/Hacker Rn. 14). Die grundsätzliche Möglichkeit der neuerlichen Anmeldung eines identischen Zeichens mit identischem Waren- und Dienstleistungsverzeichnis lässt die Unmöglichkeit nicht entfallen, da es sich bei dem neuen Zeichen um ein anderes Markenrecht handelt. Dies wird bereits durch die unterschiedliche Priorität der Rechte deutlich.

Eine verschuldensunabhängige Haftung auch für die Nichtexistenz von Verfallsgründen **62** gemäß § 49, die das Markenrecht de facto zu einem Scheinrecht abqualifizieren, besteht dagegen nicht (aA Ströbele/Hacker/Hacker Rn. 14). Solange die registrierte Markenrecht besteht, kann dasselbe auch übertragen werden und ist seine Übertragung insbesondere nicht unmöglich. Sein Inhaber kann aus dem Recht gegen Dritte vorgehen. Die materiellrechtliche Entscheidung über das Vorliegen von Verfallsgründen gemäß § 49 ist in der Regel erst nach intensiver Prüfung möglich und insbesondere ist das Ergebnis oftmals nicht vorhersehbar. Verfallsgründe stellen daher einen Rechtsmangel dar, für den gemäß §§ 453 435, 437 BGB die Gewährleistungsregeln gelten, sofern der Übertragungsvertrag keine abweichende Regelung vorsieht.

Entsprechendes gilt für die Belastung der Marke mit Rechten gemäß § 29 (Ströbele/ **63** Hacker/Hacker Rn. 15).

Nach richtiger allgM fällt die Beständigkeit der Marke gegenüber absoluten und relativen **64** Schutzhindernissen grundsätzlich in die Risikosphäre des Erwerbers (Ströbele/Hacker/ Hacker Rn. 16). Dies gilt jedoch nicht hinsichtlich älterer Rechte Dritter, wenn der ursprüngliche Markeninhaber die Marke vor Registrierung nicht ausreichend recherchiert hat und den Erwerber hierüber nicht in Kenntnis setzt. Die eigene Verantwortlichkeiten des Markeninhabers gegenüber Dritten darf nicht strenger beurteilt werden, als Verantwortlichkeiten gegenüber einem Rechtserwerber.

E. Übergang von Markenanmeldungen

Gemäß § 31 **gilt § 27** für den Übergang des Rechts an **Markenanmeldungen** sowie für **65** den Übergang des Rechts an Teilen einer Markenanmeldung **entsprechend.**

Auch die Abtretung **zukünftiger Markenrechte,** die zum Zeitpunkt der Abtretung noch **66** nicht angemeldet sind, ist möglich. Entsprechend den von der Rechtsprechung für solche Fälle im Geschmacksmusterrecht entwickelten Grundsätzen (BGH NJW-RR 1998, 1057 – Geschmacksmusterrechtliche Anwartschaften im Konkursverfahren; der Zeitpunkt des Rechtsübergangs wird an die Übergabe/das Entstehen des Musters geknüpft) ist im Markenrecht der Zeitpunkt des Rechtsübergangs in solchen Fällen im Zeitpunkt der Anmeldung zu sehen (Ingerl/Rohnke Rn. 9).

Bei der Übertragung von Teilen einer Anmeldung gilt gemäß § 27 Abs. 4 die Verweisung **67** auf § 40.

F. Übertragung von international registrierten Marken

I. Allgemeines

Der Inhaber einer nationalen Marke kann den Schutz dieser Marke nach dem MMA **68** sowie dem PMMA auf andere Länder ausdehnen, die mindestens einem dieser völkerrechtlichen Verträge beigetreten sind. In jedem dieser Länder ist dann eine eigene nationale Marke geschützt. Die in diesem Zusammenhang bei der WIPO hinterlegte internationale Registrierung stellt die Bündelung der einzelnen nationalen Registrierungen dar, die zum Zwecke einer vereinfachten Administration erfolgt.

Taxhet

MarkenG § 27 Teil 2 Voraussetzungen, Inhalt und Schranken etc.

69 Soweit die deutsche Registrierung die **Basismarke** der internationalen Registrierung ist, erfolgt ihre Übertragung in derselben Weise, wie die jeder anderen nationalen Marke (→ Rn. 15 ff.).

70 Soweit die deutsche Registrierung im Wege der Ausdehnung eines anderen Basisrechts erfolgt ist, vollzieht sich ihre Übertragung in materiell rechtlicher Hinsicht ebenfalls nach den dargestellten Grundsätzen des deutschen Rechts (→ Rn. 15 ff.). Auch bei dem deutschen Teil einer internationalen Registrierung handelt es sich um eine nationale deutsche Marke (BGH GRUR Int 2010, 1008 Rn. 17). Die **Änderung des Registers** erfolgt jedoch auf Antrag **durch die WIPO**. Der Antrag auf Änderung des Registers kann von dem Antragsteller unmittelbar gegenüber der WIPO oder – sofern der Antragsteller in Deutschland eine Niederlassung oder einen (Wohn-) Sitz unterhält oder deutscher Nationalität ist – über das Deutsche Patent- und Markenamt eingereicht werden (vgl. Regel 25 Abs. 1 Buchst. a (i) GAusfO MMA/PMMA). Etwas anderes gilt für die Anmeldung der internationalen Registrierung selbst, die immer über das Deutsche Patent- und Markenamt zu erfolgen hat (vgl. Art. 1 Abs. 2 MMA, Art. 2 Abs. 2 PMMA). Das Deutsche Patent- und Markenamt erteilt gemäß § 118 seine Zustimmung zu der Änderung des Registers.

71 Eine internationale Markenregistrierung mit Schutztatbestand für Deutschland kann – wie jede andere deutsche Marke auch – ganz oder teilweise sowohl hinsichtlich der betroffenen Waren und Dienstleistungen als auch hinsichtlich der betroffenen Länder auf einen neuen Rechtsinhaber übertragen werden.

II. Anforderungen an den neuen Rechtsinhaber

72 Voraussetzung für die Eintragung einer Person als neuer Inhaber einer internationalen Registrierung in das Register der WIPO ist es, dass diese Person in einem solchen Land eine tatsächliche operative Niederlassung eines Handels- oder Herstellungsbetriebs („real and effective industrial or commercial establishment") oder ihren (Wohn-) Sitz unterhält oder die Nationalität eines solchen Landes besitzt, welches demselben Abkommen beigetreten ist (MMA/PMMA), wie diejenigen Länder, die Teil der internationalen Registrierung sind.

73 Da heute alle Länder bzw. Ländervereinigungen, die dem Madrider System angehören jedenfalls auch dem PMMA beigetreten sind, stellt diese Voraussetzung kein Hindernis mehr für die Eintragung dar.

74 Zu weiteren Einzelheiten vgl. „Guide to the international registration of marks under the Madrid Agreement and the Madrid Protocoll" der WIPO, veröffentlicht unter www.wipo.int.

G. Unwirksamkeitsgründe für eine rechtsgeschäftliche Markenübertragung

75 Die rechtsgeschäftliche Übertragung der Rechte an einer Marke kann in Ausnahmefällen gemäß **§ 134 BGB iVm § 5 UWG** nichtig sein. Das ist der Fall, wenn der Verkehr mit der Herkunft der Waren oder Dienstleistungen aus einem ganz bestimmten Betrieb bestimmte Qualitätsvorstellungen verbindet, die nach der Übertragung der Rechte an der Marke nicht mehr zutreffend sind (zur parallelen Problematik für Fälle der Lizenzierung → § 30 Rn. 131 ff.; vgl. ebenso Ingerl/Rohnke Rn. 17 mwN).

H. Übergang einer geschäftlichen Bezeichnung

76 Für den Übergang einer geschäftlichen Bezeichnung findet sich im Markengesetz keine Regelung (→ Rn. 2). Mangels einer dem § 27 MarkenG geltenden Spezialregelung findet **§ 413 BGB** Anwendung (LG Hamburg BeckRS 2012, 11646). Die Aufspaltung oder Vervielfältigung einer geschäftlichen Bezeichnung anlässlich ihres Übergangs auf einen anderen Rechtsträger ist verboten (BGH GRUR 2004, 790 – Gegenabmahnung).

I. Übergang eines Unternehmenskennzeichens

1. Übergang der Firma

77 Gemäß § 23 HGB ist die **Firma akzessorisch** mit dem Handelsbetrieb verbunden und kann nicht ohne denselben veräußert werden. Erforderlich ist die Übertragung der Firma

„in zeitlichem und wirtschaftlichem Zusammenhang mit dem zugehörigen Geschäftsbetrieb" (BGH NJW 1991, 1353 – Ott International). In diesem Falle kann sich der neue Firmeninhaber auf die Priorität der älteren Firma berufen (BGH GRUR 1985, 567 – Hydair). Umgekehrt ist bei Übertragung des Geschäftsbetriebs im Zweifel auch von der Übertragung der geschäftlichen Bezeichnung auszugehen. Dies gilt jedenfalls dann, wenn die markenrechtliche Nutzung eines der Firma entsprechenden Zeichens erlaubt wird. Ein auf Fortsetzung des Geschäftsbetriebs gerichteter Wille des Erwerbers ist dabei nicht erforderlich. Von einer Übertragung der geschäftlichen Bezeichnung in solchen Fällen ist im Zweifel auszugehen, da die geschäftliche Bezeichnung ohne den Geschäftsbetrieb erlischt (BGH GRUR Int 2003, 71 – FROMMIA).

Für die Übertragung der Firma ist es nicht in jedem Falle erforderlich, den gesamten Geschäftsbetrieb zu übertragen. Vielmehr genügt die Übertragung derjenigen Werte, die nach wirtschaftlichen Gesichtspunkten den Schluss darauf zulassen, dass die **Geschäftstradition** durch den Erwerber **fortgeführt** wird (BGH GRUR Int 2003, 71 – FROMMIA; NJW 1991, 1353 – Ott International). **78**

Sofern das übertragende Unternehmen entweder liquidiert wird oder Insolvenzantrag stellt, sind sowohl an den Umfang des zu übertragenden Vermögens als auch an die zeitliche Nähe zu einer Übertragung desselben nur geringe Anforderungen zu stellen (BGH NJW 1991, 1353 – Ott International; GRUR 1973, 363 – Baader; GRUR 1967, 89 – Rose). Dabei ist jedoch stets darauf zu achten, dass **keine längerfristige Aufspaltung** der Firma erfolgt, die zu einer irreführenden Doppelnutzung desselben Unternehmensnamens führen würde (BGH NJW 1991, 1353 – Ott International). **79**

Ohne gleichzeitige Übertragung des Geschäftsbetriebes erlaubt ist jedoch eine nur **schuldrechtlich,** alleine zwischen den Parteien wirkende **Zustimmung** zur weiteren Nutzung der Firma auch durch den ursprünglichen Unternehmensinhaber (BGH NJW 1991, 1353 – Ott International). Eine solche Zustimmung ist darauf gerichtet, dass der neue gegenüber dem alten Rechtsinhaber auf die Geltendmachung von Ansprüchen verzichtet (BGH 1970, 528 – Migrol). Entsprechende schuldrechtliche Gestattungen können auch in anderen Konstellationen etwa in zeichenrechtlichen Kollisionsfällen ausgesprochen werden (zB BGH GRUR 2002, 967, 970 – Hotel Adlon; GRUR 2002, 703 – VOSSIUS & PARTNER). Der Gestattungsempfänger erhält hierdurch jedoch **kein eigenes, der Priorität des Gestattungsgebers entsprechendes Recht.** Er begründet durch die Aufnahme der eigenen geschäftlichen Bezeichnung vielmehr ein neues, originäres Recht, das die spätere Priorität der eigenen Benutzungsaufnahme enthält. Die Priorität des Gestattungsgebers ermöglicht es ihm nicht, gegen fremde Dritte vorzugehen (BGH GRUR 1985, 567 – Hydair), sofern er nicht die Rechte des Gestattungsgebers im Wege der gewillkürten Prozessstandschaft geltend macht (BGH GRUR 1990, 361 – Kronthaler). **80**

Sofern ein Unternehmen, welches die Firma eines Dritten lediglich als Repräsentant für diesen Dritten nutzt, von dem Inhaber eines Kennzeichens mit besserer Priorität auf Unterlassung in Anspruch genommen wird, so kann das nutzende Unternehmen diesem Inhaber älterer Rechte die Priorität des Dritten in **analoger Anwendung** des Rechtsgedankens des **§ 986 Abs. 1 BGB** entgegenhalten (BGH BeckRS 2015, 20721; GRUR 2002, 967 – Hotel Adlon; GRUR 1994, 652 – Virion). **81**

2. Übergang sonstiger Unternehmenskennzeichen

Die Regelungen des § 23 HGB gelten ausdrücklich nur für die Firma, dh für den Namen eines Handelsbetriebs (vgl. § 17 HGB). Das Akzessorietätsprinzip ist jedoch in gleicher Weise für sonstige Unternehmenskennzeichen anwendbar (Ullmann, FS Mühlendahl, 2005, 145 (151 f.); Ströbele/Hacker/Hacker Rn. 72; aA Bonus/Eisfeld/Pahlow Vor §§ 27–31 Rn. 9 ff.). **82**

Die Akzessorietät zwischen geschäftlicher Bezeichnung und Geschäftsbetrieb einerseits und die freie Übertragbarkeit des Rechts an einer Marke andererseits führen in solchen Fällen zu einer **Diskrepanz,** in denen ein bestimmtes Zeichen sowohl geschäftliche Bezeichnung eines Geschäftsbetriebs ist als auch geschützte Marke. In solchen Fällen fallen **Marke und geschäftliche Bezeichnung** nach Übertragung der Marke auf einen neuen Inhaber **auseinander,** was jedenfalls zu einer Irritation der Verkehrskreise führen kann. Die aufgezeigte Diskrepanz entspricht der Gesetzeslage. Sie ist damit nach geltendem Recht hinzuneh- **83** men und im Übrigen von der Rechtsprechung gesehen und toleriert (zB BGH GRUR 2002, 972 – FROMMIA). Teile der Literatur fordern für solche Fälle dennoch eine schuldrechtliche Regelung, die dem Veräußerer die Nutzung der geschäftlichen Bezeichnung für bestimmte Unternehmensteile untersagen soll (vgl. Ingerl/Rohnke Vor §§ 27–31 Rn. 8). Dergleichen scheint wenig praktikabel und würde den Veräußerer in vielen Fällen unbillig in seinen Eigentumsrechten verletzen. Dies gilt insbesondere in Fällen, in denen große Konzerne ihre Markenstrategien in der Weise einer Serienmarke gestalten, deren Serienbestandteil auf den Unternehmensnamen verweist oder sogar den vollständigen Unternehmensnamen, jedenfalls aber eine besondere Bezeichnung des Geschäftsbetriebs enthält. Es stellt den üblichen Regelfall dar, dass solche Unternehmungen ganze Geschäftsbereiche im Wege eines Share Deals und damit inklusive der zugehörigen Marken veräußern. Ein an das veräußernde Unternehmen gerichtetes Verbot einer weiteren Nutzung der eigenen geschäftlichen Bezeichnung wäre nicht praktikabel und würde den Veräußerer in seinen Eigentumsrechten unverhältnismäßig und damit unbillig einschränken.

II. Übergang eines Titels

84   Die Frage, ob ein Titel ebenso wie die Marke frei übertragen werden kann, oder entsprechend dem Unternehmenskennzeichen akzessorisch mit dem Werk selbst verbunden ist, ist umstritten. Nach der älteren Rechtsprechung des BGH zu § 16 UWG entsteht der kennzeichenrechtliche (vormals wettbewerbsrechtliche) Titelschutz beim Verfasser des Werkes und kann hiernach von diesem frei sowohl ausdrücklich als auch stillschweigend übertragen werden. Anders als die Übertragung des urheberrechtlichen oder geschmacksmusterrechtlichen Titelschutzes ist die **Übertragung** des kennzeichenrechtlichen **Titelschutzes** jedoch **nur zusammen mit dem** zugehörigen **Werk** möglich (vgl. noch nach altem Recht BGH GRUR 1990, 218 – Verschenktexte). Da der deutsche Gesetzgeber beim Gesetzesentwurf des Markengesetzes ausdrücklich auf die Fortgeltung des bis dahin geltenden Rechts für die Übertragung geschäftlicher Bezeichnungen hingewiesen hat (BT-Drs. 12/6581, 84), ist von der Fortgeltung der insoweit aufgestellten Grundsätze auszugehen.

85   Die Literatur kommt teilweise zu demselben Ergebnis mit dem Argument, Grundlage des Titelschutzes sei die namensmäßige Individualisierung des betroffenen Werks, die von letzterem nicht losgelöst werden dürfe (Ströbele/Hacker/Hacker Rn. 74 mwN).

86   Die Gegenmeinung spricht sich für eine losgelöste Übertragung des Titels vom Werk aus, da der Titel – ebenso wie die Produktmarke – eine Ware, nämlich das Werk kennzeichne, und deshalb gerade nicht als Unternehmensnamen fungiere (Ingerl/Rohnke Vor §§ 27–31 Rn. 7; Fezer § 15 Rn. 334 mwN).

I. Kartellrechtliche Schranken

87   Der Erwerb einer Marke kann zu einem **fusionskontrollrechtlich** relevanten **Zusammenschlusstatbestand** führen, der bei den Kartellbehörden anzumelden ist. Die Anmeldung ist erforderlich, wenn die betroffenen Marken einen wesentlichen Teil des Vermögenswertes des veräußernden Unternehmens darstellen. Die Prüfung, ob die Marken einen wesentlichen Vermögensteil des Veräußerers darstellen, ist markt- und nicht erwerberbezogen vorzunehmen. Es kommt darauf an, ob der Erwerb der Marke abstrakt geeignet ist, die Position des Erwerbers, der bereits auf dem Markt tätig ist, zu verändern (BGH GRUR 1992, 877 – Warenzeichenerwerb; Anm. Fezer GRUR 1993, 847). Zu der Frage eines kartellrechtsrelevanten Zusammenschlusses durch Einräumung einer Lizenz → § 30 Rn. 49 ff.

88   Es stellt **keine Behinderung** des innergemeinschaftlichen Handels iSd Art 36 AEUV (Art. 30 EWG-Vertrag) dar, wenn sich die Tochtergesellschaft innerhalb eines Landes A, in dem sie selbst Markenrechte hält, auf diese Markenrechte gegenüber einem Dritten beruft, der ähnliche Produkte unter derselben Marke in den Schutzbereich des Landes A einführen will, und diese Produkte unter Billigung der Muttergesellschaft hergestellt, gekennzeichnet und eingeführt werden. Entsprechendes gilt für den Fall, in dem die Aufspaltung der Marke in verschiedenen Ländern auf verschiedene Rechtsträger per Hoheitsakt erfolgt (EuGH C-9/93, GRUR Int 1996, 614 – Ideal Standard II).

J. Markenübertragung durch den Insolvenzverwalter

Die Marke ist ein Vermögenswert und kann durch den Insolvenzverwalter grundsätzlich **89** frei übertragen werden. Zu Ausnahmen und Einzelheiten → § 29 Rn. 1 ff.

K. Markenübertragungen vor Inkrafttreten des Markengesetzes und des ErstrG

Gemäß § 152 finden die Vorschriften des Markengesetzes auch auf Marken Anwendung, **90** die vor Inkrafttreten des Markengesetzes, dh vor dem 1.1.1995, eingetragen wurden, soweit in den nachfolgenden Vorschriften nichts anderes bestimmt ist.

Dies führt nicht dazu, dass nach altem Recht unwirksame „Leerübertragungen" nach **91** Inkrafttreten des Markengesetzes geheilt würden.

Bis zum Inkrafttreten des ErstrG am 1.5.1992 war aufgrund des bis dahin geltenden strengen Akzesso- **91.1** rietätsgrundsatzes die Übertragung einer Marke nur bei gleichzeitiger Übertragung des Geschäftsbetriebsteils möglich, zu dem das Warenzeichen gehörte. Gemäß § 47 Nr. 3 ErstrG wurde § 8 WZG insoweit geändert, als sowohl die rechtsgeschäftliche Übertragung einer Marke als auch deren Rechtsübergang durch Gesetz ohne gleichzeitige Übertragung des entsprechenden Geschäftsbetriebs(-teils) möglich wurde. Die Anmeldung eines Warenzeichens erforderte bis zum Inkrafttreten des MarkenG dagegen weiterhin einen Geschäftsbetrieb. Markenübertragungen ohne gleichzeitigen Übergang des zugehörigen Geschäftsbetriebs (-teils) waren bis zu diesem Zeitpunkt als sogenannte „Leerübertragungen" unwirksam.

§ 152 ändert an dieser Rechtsfolge nichts und führt insbesondere nicht dazu, dass vor dem **92** 1.5.1992 vorgenommene Leerübertragungen rückwirkend geheilt werden.

Bereits § 47 Buchst. e ErstrG führte lediglich zu einer Heilung des Löschungsgrundes ex nunc **92.1** jedoch nicht zu einem rückwirkenden Wegfall des Löschungsgrundes (BGH GRUR 1995, 119 – NEUTREX; GRUR 1994, 288 – Malibu). Es sind keine Anhaltspunkte dafür ersichtlich, dass § 152 diese Rechtslage geändert hat.

Der gemäß § 8 Abs. 1 S. 1–3 WZG aF für die Übertragung eines Warenzeichens erforderliche **92.2** Übergang des Geschäftsbetriebs(-teils) wurde anhand einer wirtschaftlichen Betrachtungsweise beurteilt. Entscheidend war, ob diejenigen Vermögenswerte auf den neuen Rechtsinhaber übergegangen waren, die die Fortführung der Geschäftstradition ermöglichten. Ob die Fortführung der Geschäftstradition dann auch tatsächlich erfolgte, war dagegen nicht entscheidend (BGH NJW 1972, 2123 – Baader). Im Interesse der Erhaltung wirtschaftlicher Werte etwa bei der Einstellung des Betriebs des Veräußerers wurden die Anforderungen an den Umfang des mit zu übertragenden Betriebsteils niedrig angesetzt (vgl. BGH GRUR 1992, 45 – Cranpool mwN). Zu weiteren Einzelheiten wird auf die Kommentierungen des § 8 WZG in der Fassung vor dem 1.5.1992 verwiesen.

Inhalte eines Markenübertragungsvertrags: **92.3**

Neben üblichen Regelungen zu Kaufpreiszahlungen und Fälligkeiten sollten jedenfalls folgende Punkte innerhalb eines Vertrags geregelt werden:

Fragen einer Verantwortlichkeit des Veräußerers für eine bisherige rechtserhaltende Nutzung der Vertragsmarke. Soweit die Marke vor ihrer Übertragung nicht in ausreichender Form rechtserhaltend genutzt wurde, stellen sich andernfalls Gewährleistungs- und Haftungsfragen.

Umfang der von der Übertragung betroffenen Waren und Dienstleistungen aus Gründen der Klarstellung (§ 27 Abs. 1).

Zeitpunkt des Übergangs der Gefahr hinsichtlich möglicher Kollisionsüberwachungen und Fristenkontrollen sowie damit einhergehender Kostenlasten.

Pflichten des ursprünglichen Rechtsinhabers zum Führen von Verfahren vor dem DPMA, dem BPatG und/oder dem BGH für einen Übergangszeitraum (§ 28 Abs. 2).

Pflicht zur Weiterleitung empfangener Verfügungen und Beschlüssen des Amtes durch den ursprünglichen Rechtsinhaber (§ 28 Abs. 3).

Pflicht zur Kostentragung der für die Übertragung des Rechts und die Änderung im Register anfallenden Kosten (§ 453 Abs. 2 BGB).

Pflicht zur Übergabe der Handakten des Markenregistrierungsverfahrens unter Bezeichnung des Umfangs (§ 402 BGB) und einer Frist. Insbesondere für die Anmeldung nationaler Marken in anderen Ländern unter Inanspruchnahme der Priorität einer älteren deutschen Marke kann zur Erwirkung notwendiger Apostillen oder zur Erfüllung ähnlicher Formerfordernisse die Vorlage der Registrierungsunterlagen im Original erforderlich sein.

Übernahme von Verpflichtungen aus Vorrechts- und Abgrenzungsvereinbarungen, für die eine Regelung entsprechend § 30 Abs. 5 MarkenG nicht existiert. § 404 BGB findet keine Anwendung.

Pflicht zur Unterzeichnung einer gesonderten Umschreibungsbewilligungserklärung. Gemäß § 27 Abs. 3 ist der Rechtsübergang dem Amt zur Änderung des Registers nachzuweisen. Wegen der Möglichkeit zur Akteneinsicht für jedermann (Popularantragsrecht) gemäß § 62 empfiehlt sich die Einreichung des Übertragungsvertrags in Gänze nicht.

§ 28 Vermutung der Rechtsinhaberschaft; Zustellungen an den Inhaber

(1) Es wird vermutet, daß das durch die Eintragung einer Marke begründete Recht dem im Register als Inhaber Eingetragenen zusteht.

(2) ¹Ist das durch die Eintragung einer Marke begründete Recht auf einen anderen übertragen worden oder übergegangen, so kann der Rechtsnachfolger in einem Verfahren vor dem Patentamt, einem Beschwerdeverfahren vor dem Patentgericht oder einem Rechtsbeschwerdeverfahren vor dem Bundesgerichtshof den Anspruch auf Schutz dieser Marke und das durch die Eintragung begründete Recht erst von dem Zeitpunkt an geltend machen, in dem dem Patentamt der Antrag auf Eintragung des Rechtsübergangs zugegangen ist. ²Satz 1 gilt entsprechend für sonstige Verfahren vor dem Patentamt, Beschwerdeverfahren vor dem Patentgericht oder Rechtsbeschwerdeverfahren vor dem Bundesgerichtshof, an denen der Inhaber einer Marke beteiligt ist. ³Übernimmt der Rechtsnachfolger ein Verfahren nach Satz 1 oder 2, so ist die Zustimmung der übrigen Verfahrensbeteiligten nicht erforderlich.

(3) ¹Verfügungen und Beschlüsse des Patentamts, die der Zustellung an den Inhaber der Marke bedürfen, sind dem als Inhaber Eingetragenen zuzustellen. ²Ist dem Patentamt ein Antrag auf Eintragung eines Rechtsübergangs zugegangen, so sind die in Satz 1 genannten Verfügungen und Beschlüsse auch dem Rechtsnachfolger zuzustellen.

Überblick

Bei dem rechtsgeschäftlichen oder gesetzlichen Übergang des Rechts an einer Marke kommt es für ein bestimmtes Zeitintervall dazu, dass materielle und formelle Rechtsinhaberschaft auseinanderfallen, weil die Änderung des Registers dem materiellen Rechtsübergang zeitlich nachfolgt. § 28 regelt in diesem Zusammenhang die Wirkung der Eintragung der Rechtsinhaberschaft eines (vermeintlichen) Markeninhabers im Register.

Abs. 1 enthält eine gesetzliche Vermutung zu Gunsten desjenigen, der als Markeninhaber registriert ist. Es wird vermutet, dass demjenigen, der als Inhaber der Marke im Register vermerkt ist, auch tatsächlich die materiellen Rechte an der Marke zustehen (→ Rn. 9).

Für das Registerverfahren vor dem DPMA und für anschließende Rechtsmittelverfahren enthält **Abs. 2** eine Einschränkung der Rechte des Rechtsnachfolgers. Er kann seine Rechte als Markeninhaber in solchen Verfahren erst geltend machen, wenn ein Antrag auf Änderung des Registers bezüglich seiner Inhaberschaft dem Amt bereits zugegangen ist (→ Rn. 17).

Abs. 3 legt fest, dass alle Zustellungen seitens des Amtes an die im Register als Inhaber eingetragene Person vorzunehmen sind (→ Rn. 31). Für den Zeitraum zwischen Zugang eines Antrags auf Änderung des Registers bezüglich der Inhaberschaft bis zur tatsächlichen Änderung des Registers nimmt das Amt gemäß § 28 Abs. 3 S. 2 eine Doppelzustellung sowohl an den registrierten Inhaber als auch an dessen Rechtsnachfolger vor (→ Rn. 31).

Übersicht

	Rn.		Rn.
A. Allgemeine Erwägungen	1	1. Allgemeine Erwägungen	10
		2. Beweislastregeln	11
B. Stellung des Rechtsnachfolgers im Verfahren	9	3. Parteiwechsel	14
		II. Stellung des Rechtsnachfolgers im Registerverfahren	17
I. Stellung des Rechtsnachfolgers im Verletzungsverfahren	10	1. Allgemeine Erwägungen	17

Vermutung der Rechtsinhaberschaft; Zustellungen an den Inhaber § 28 MarkenG

	Rn.		Rn.
2. Beweislastregeln	21	4. Stellung des Rechtsnachfolgers im Widerspruchsverfahren	27
3. Parteiwechsel	25	C. Zustellungen durch das DPMA	31

A. Allgemeine Erwägungen

§ 28 regelt die **Wirkung,** die von der **Registereintragung** einer Person als Markeninhaber ausgeht. Marken, die ihren Schutztatbestand gemäß § 4 Nr. 2 und 3 durch Verkehrsgeltung oder notorische Bekanntheit erlangt haben, sind von der Regelung daher nicht betroffen. 1

§ 28 MarkenG hat keine Entsprechung in der RL (EU) 2015/2436. Der Vorschlag der Europäischen Kommission zur Neufassung der RL 2008/95/EG (COM (2013) 162 final/2 vom 3.5.2013) sah zwar noch einen Abs. 6 innerhalb des Art. 22 vor, der Art. 17 Abs. 6 UMV entsprochen hätte. Dem Rechtsnachfolger wäre es hiernach solange nicht möglich gewesen, seine Rechte aus der Eintragung der Marke Dritten gegenüber geltend zu machen, wie der Rechtsübergang nicht in das Register eingetragen gewesen wäre (→ UMV Art. 17 Rn. 49). Die Regelung hat jedoch keinen Eingang in die RL (EU) 2015/2436 gefunden. 2

§ 28 Abs. 1 enthält eine **gesetzliche Vermutung** zugunsten des im Register eingetragenen Inhabers. Es wird vermutet, dass das durch die Eintragung der Marke begründete Recht ihm zusteht. Das Markenregister ist deshalb jedoch **kein Rechtsscheinträger,** und ermöglicht keinen gutgläubigen Erwerb einer Marke (str.; → § 27 Rn. 32). Die Regelung gilt sowohl für das Verletzungsverfahren vor den ordentlichen Gerichten als auch für das Registerverfahren. Sie gilt für Fragen der Aktiv- wie auch der Passivlegitimation. 3

§ 28 Abs. 2 enthält hinsichtlich des Registerverfahrens eine **Einschränkung** der Rechte **des Inhabers** für den Zeitraum, in dem er noch nicht als Markeninhaber im Register vermerkt ist. Er kann die aus seiner Marke resultierenden Rechte in Verfahren vor dem DPMA und in hierauf folgenden Rechtsmittelverfahren vor dem BPatG und dem BGH erst ab dem Zeitpunkt geltend machen, in welchem dem Amt ein Antrag auf Änderung des Registers bezüglich seiner Rechtsinhaberschaft zugegangen ist. 4

§ 28 Abs. 3 S. 3 MarkenG wurde durch das Kostenbereinigungsgesetz (Gesetz zur Bereinigung von Kostenregelungen auf dem Gebiet des geistigen Eigentums vom 13.12.2001, BlPMZ 2002, 14 ff.) eingefügt und ist seit dem 1.1.2002 wirksam. 5

§ 28 **gilt auch für international registrierte Marken** mit Schutztatbestand für Deutschland (§§ 107 Abs. 1, 119 Abs. 1). Wird der Antrag auf Änderung des Registers über das DPMA bei der WIPO eingereicht, ist für die formelle Berechtigung des Rechtsnachfolgers der Zeitpunkt des Zugangs des Umschreibungsantrags bei dem DPMA nicht dagegen der Zugang bei der WIPO maßgeblich (ebenso, jedoch ohne Differenzierung nach dem Amt, bei dem der Antrag eingereicht wird, Ströbele/Hacker/Kirschneck Rn. 11 mwN). 6

Allerdings muss der Antrag auf Änderung des Registers im Falle eines erfolgten Inhaberwechsels der WIPO nicht notwendigerweise über das nationale Markenamt zugehen. Der Antrag kann zB auch durch den noch registrierten Inhaber unmittelbar bei der WIPO eingereicht werden (vgl. Regel 25 GAusfO MMA/PMMA, einsehbar auf der Website der WIPO unter www.wipo.int). Da die internationale Registrierung einer Marke ihren Schutztatbestand bereits mit Registrierung bei der WIPO und nicht erst nach anschließender Prüfung durch die nationalen Ämter erhält, reicht im Falle eines unmittelbar bei der WIPO eingereichten Antrags auf Änderung des Registers der Zugang bei der WIPO aus, um die Rechtsfolgen des Abs. 2 zu begründen. Ungeachtet dessen empfiehlt es sich, in Fällen, in denen der Antrag auf Änderung des Registers bei der WIPO unmittelbar eingereicht wird, dem nationalen Amt parallel eine entsprechende Mitteilung zukommen zu lassen. Das DPMA hat wegen des geltenden Amtsermittlungsgrundsatzes eine solche Mitteilung zu beachten. 7

Zur Wirkung der Eintragung eines Rechtsübergangs bei Unionsmarken → UMV Art. 23 Rn. 1 ff. 8

B. Stellung des Rechtsnachfolgers im Verfahren

Aus den Regelungen des § 28 ergibt sich eine **unterschiedliche Stellung** des Rechtsnachfolgers einerseits **in Verletzungsverfahren** vor den ordentlichen Gerichten und ande- 9

Taxhet

817

rerseits in Verfahren **vor dem DPMA** mit anschließenden Rechtsmittelverfahren. Als Inhaber des materiellen Rechts ist der Rechtsnachfolger vor den ordentlichen Gerichten keinerlei Einschränkungen unterworfen. Bis zu einer Änderung des Registers kann er sich nur nicht auf die gesetzliche Vermutung des § 28 Abs. 1 berufen. Im Registerverfahren sind seine Rechte bis zur Änderung des Registers stark eingeschränkt.

I. Stellung des Rechtsnachfolgers im Verletzungsverfahren

1. Allgemeine Erwägungen

10 Wie sich bereits aus den §§ 14 ff. und für die Löschungsklage aus § 55 Abs. 2 Nr. 2 ergibt, ist die **Eintragung** des Inhabers im Register für dessen Aktivlegitimation in Verfahren vor den ordentlichen Gerichten **nicht erforderlich.** Seine Berechtigung ergibt sich allein aus seiner materiellen Rechtsinhaberschaft (BT-Drs. 12/6581, 85). Entsprechendes gilt, soweit sich der Markeninhaber zu Verteidigungszwecken auf seine gemäß § 6 vorrangigen Rechte einem Angreifer gegenüber beruft.

2. Beweislastregeln

11 Aufgrund der **Vermutungswirkung** des Abs. 1 genügt für die Legitimation des Inhabers die Vorlage des Registereintrags. Ein weiterer Nachweis für seine Stellung als Inhaber ist grundsätzlich nicht erforderlich (BGH GRUR 2002, 967 – Hotel Adlon; GRUR 2002, 190 – DIE PROFIS; GRUR 1999, 498 – Achterdiek; GRUR 1998, 699 – SAM). Etwas anderes gilt erst dann, wenn die Gegenseite die Vermutung des Abs. 1 gemäß § 292 ZPO entkräftet (BGH GRUR 2002, 190 – DIE PROFIS; GRUR 1998, 699 – SAM) oder (noch) keine Eintragung des Inhabers im Register erfolgt ist. In solchen Fällen muss der Inhaber seine Stellung weitergehend nachweisen zB durch Vorlage eines Markenübertragungsvertrags (BT-Drs. 12/6581, 85). Je nach Vortrag der Gegenseite ist dann eine lückenlose Erwerbskette darzulegen und nachzuweisen.

12 Es gelten die **Beweisregeln** des jeweiligen Verfahrens.

13 Soweit Ansprüche gegen den Markeninhaber geltend gemacht werden, weil eine Marke, die zu seinen Gunsten im Register eingetragen ist, die Rechte von Inhabern älterer Kennzeichen verletzt, gilt die Vermutung des § 28 Abs. 1 zu Lasten des registrierten Inhabers (aA Fezer Rn. 14, jedoch ohne Begründung). Wird gegen ihn ein Löschungsverfahren gemäß § 55 geführt, ist ihm ein Vortrag und Nachweis zu seiner nicht bestehenden Rechtsinhaberschaft naturgemäß nur schwer möglich. Es greift daher eine **Erleichterung** seiner **Darlegungs- und Beweislast über** die **negative Tatsache,** dass er trotz seiner Eintragung als Inhaber nicht der materiell Berechtigte ist. Die an sich nach den allgemeinen Beweislastregeln nicht darlegungs- und beweispflichtige angreifende Partei muss deshalb vortragen, was für eine Rechtsinhaberschaft des vermeintlichen Markeninhabers spricht. Die darlegungspflichtige Partei hat diesem Vortrag substantiiert entgegen zu treten (für den Fall des Nachweises eines nicht existierenden Geschäftsbetriebs BGH GRUR 1994, 288 – Malibu. Der Beklagte hatte hier den Negativbeweis zu einem nicht existierenden Geschäftsbetrieb auf Klägerseite zu führen. Zwar war die Beweislast hier doppelt erschwert, weil der beweisbelastete Beklagte nicht nur einen Negativbeweis zu führen hatte sondern die zu beweisenden Tatsachen überdies dem Lager des Klägers entstammten. Der BGH hat bei seiner Entscheidung die letztgenannte ergänzende Beweisschwierigkeit jedoch nicht thematisiert. Im Ergebnis wohl aA Fezer Rn. 13, der eine fehlende allgemeine Aufklärungspflicht der nicht beweisbelasteten Partei ausdrücklich betont).

3. Parteiwechsel

14 Gemäß § 55 Abs. 1 kann die **Löschungsklage** sowohl gegen den (noch) als Markeninhaber eingetragenen früheren Rechtsinhaber als auch gegen dessen (noch nicht eingetragenen) Rechtsnachfolger erhoben werden (BGH GRUR 1998, 699 – SAM). Löschungsurteile, die gegen den (noch eingetragenen Rechtsvorgänger) eingeleitet worden sind, wirken gemäß § 55 Abs. 4 auch gegen den tatsächlichen Inhaber.

Vermutung der Rechtsinhaberschaft; Zustellungen an den Inhaber § 28 MarkenG

Tritt während eines laufenden Löschungsverfahrens eine Rechtsnachfolge auf Aktiv- und/ 15
oder auf Passivseite ein, gelten die Vorschriften der §§ 265, 325 ZPO (BT-Drs. 12/6581,
85; OLG Frankfurt GRUR-RR 2015, 204 – SAM CREME). Das Verfahren wird grundsätzlich von den ursprünglichen Prozessparteien fortgeführt. Nur im Falle der Zustimmung
sowohl durch die jeweilige Gegenseite gemäß § 265 Abs. 2 ZPO als auch nach Zustimmung
des Rechtsvorgängers gemäß § 263 ZPO entsprechend den Regeln des Parteiwechsels (vgl.
Zöller/Greger ZPO § 265 Rn. 7) kann der Rechtsnachfolger den Prozess an der Stelle seines
Rechtsvorgängers übernehmen. Ansonsten kann er dem Rechtsstreit nur als Nebenintervenient beitreten.

Wird das Verfahren nach dem Übergang der Rechte an einer Marke zwischen den 16
ursprünglichen Parteien fortgesetzt, wirkt das rechtskräftige Urteil gemäß § 325 ZPO auch
gegen den Rechtsnachfolger.

II. Stellung des Rechtsnachfolgers im Registerverfahren

1. Allgemeine Erwägungen

An Verfahren vor dem DPMA sowie an anschließenden Rechtsmittelverfahren vor dem 17
BPatG und dem BGH kann der Rechtsnachfolger gemäß § 28 Abs. 2 erst mitwirken, wenn
der **Antrag auf Eintragung der Rechtsnachfolge** dem Amt bereits **zugegangen** ist. Die
Regelung gilt für alle Verfahren vor dem DPMA, in denen die Ansprüche von Markeninhabern Verfahrensgegenstand sind, zB für Widerspruchsverfahren, Teilung, Verzicht, Akteneinsicht und Wiedereinsetzung sowie für die Fortführung dieser Verfahren in ihrer jeweiligen
Rechtsmittelinstanz. Sie gilt auch im Falle der gesetzlichen Gesamtrechtsnachfolge (BPatG
GRUR 1999, 349 – Umschreibungsantrag). Auf den Testamentsvollstrecker findet § 28 Abs. 2
keine Anwendung. Er ist nicht Rechtsnachfolger, sondern kraft Amtes mit der Verwaltung
des Vermögen des Erblassers betraut (BPatG 17.6.2015 – 29 W (pat) 67/12).

Das **formale Erfordernis** eines Umschreibungsantrags gilt **ausnahmslos** als Vorausset- 18
zung einer Beteiligung des Rechtsnachfolgers an dem Registerverfahren. Es entfällt auch
dann nicht, wenn der Nachweis der Rechtsnachfolge auf andere Weise erbracht wird.

Da der frühere Markeninhaber seine Rechtsinhaberschaft bereits verloren hat, sind ihm 19
die Möglichkeiten zur Einleitung der entsprechenden Verfahren ebenfalls genommen. Für
ihn streitet zwar zunächst noch die Vermutungsregelung des § 28 Abs. 1. Gelingt jedoch die
Widerlegung der Vermutung durch den Verfahrensgegner, steht die fehlende Aktivlegitimation des früheren Inhabers für das Verfahren fest. Es empfiehlt sich deshalb, den Antrag auf
Änderung des Registers unverzüglich im Anschluss an den Rechtsübergang zu stellen, damit
Fristen (zB Widerspruchsfristen) durch den Rechtsnachfolger gewahrt werden können.

Sobald der Antrag auf Änderung des Registers bezüglich des Inhaberwechsels beim Amt 20
eingegangen ist und sich der **Rechtsnachfolger** daher an dem Verfahren beteiligen kann,
ist im Falle **kollidierender Erklärungen** seiner Erklärung der **Vorrang** vor derjenigen des
noch registrierten Inhabers zu geben. Dies folgt bereits aus der Tatsache, dass es ihm frei
steht, gemäß § 28 Abs. 2 S. 3 ohne Zustimmung des früheren Inhabers das Verfahren zu
übernehmen und den früheren Rechtsinhaber damit aus seiner Parteirolle zu drängen.

2. Beweislastregeln

Die Beweislastregel des § 28 Abs. 1 gilt ebenfalls für das Registerverfahren. Solange der 21
Rechtsnachfolger noch nicht als neuer Inhaber eingetragen ist, hat er auch nach Zugang des
Antrags auf Änderung des Registers seine Rechtsinhaberschaft – je nach Verfahrensart –
glaubhaft zu machen oder nachzuweisen (BT-Drs. 12/6581, 85; aA Ingerl/Rohnke Rn. 4,
die die Vermutungsregelung in Verfahren vor dem DPMA bereits für widerlegt halten, wenn
dem Amt der Umschreibungsantrag zugegangen ist. Verwechselt wird hier die Aktivlegitimation mit dem notwendigen Nachweis der Rechtsinhaberschaft).

Hat der neue Markeninhaber den Nachweis seiner Rechtsnachfolge bereits in ausreichen- 22
der Form innerhalb des parallelen Verfahrens auf Eintragung seiner Rechtsinhaberschaft
erbracht, muss er den entsprechenden Vortrag und Nachweis innerhalb der gemäß § 28
Abs. 2 genannten Verfahren nicht noch einmal erbringen.

Taxhet

MarkenG § 28 Teil 2 Voraussetzungen, Inhalt und Schranken etc.

23   Ein **Vollbeweis** muss gemäß § 27 Abs. 3 für den Übergang des Rechts an der Marke **nicht** geführt werden. Es genügt grundsätzlich die Einreichung der gemäß MarkenV und Umschreibungsrichtlinien benannten Unterlagen (zu Fragen der Beweiswürdigung durch das Amt → § 27 Rn. 43). Ist der Nachweis des Rechtsübergangs innerhalb des Registerverfahrens auf Eintragung jedoch noch nicht erbracht, muss er innerhalb der weiteren Registerverfahren gesondert geführt werden.

24   Innerhalb der gemäß § 28 Abs. 2 genannten Verfahren ist für eine **Fristwahrung** der **Zugang des Antrags** auf Änderung des Registers ausreichend. Die gemäß § 27 Abs. 3 notwendigen Nachweise des Rechtsübergangs können im Laufe des Verfahrens nachgereicht werden (BPatG GRUR 1999, 349 – Umschreibungsantrag).

3. Parteiwechsel

25   Auch im Registerverfahren **gelten die §§ 265, 325, 66 ff. ZPO entsprechend** (BT-Drs. 12/6581, 85; für das Widerspruchsverfahren BGH GRUR 1998, 940 – Sanopharm; für das Verfahren der Anmelderbeschwerde BGH GRUR 2000, 892 – MTS; zusammenfassend BGH GRUR 2008, 87 – Rechtsstellung des Einzelrechtsnachfolgers). Gemäß § 265 Abs. 2 S. 1 ZPO analog haben daher weder der Zugang eines Umschreibungsantrags beim Amt noch der materiell rechtlich wirkende Inhaberwechsel auf ein bereits laufendes Registerverfahren vor einer entsprechenden Übernahmeerklärung durch den Rechtsnachfolger irgendeinen Einfluss (BGH GRUR 2000, 892 – MTS; BPatG GRUR-RR 2008, 414 – Umschreibungsverfahren).

26   Anders als im Verletzungsverfahren ist nach einer Übernahmeerklärung des Rechtsnachfolgers gemäß § 28 Abs. 2 S. 3 eine Zustimmung der übrigen Verfahrensbeteiligten jedoch nicht mehr erforderlich. Die Regelung wurde durch das Gesetz zur Bereinigung von Kostenregelungen auf dem Gebiet des geistigen Eigentums (KostenberG) mit Wirkung zum 1.1.2002 eingefügt. Sie dient der Beseitigung der praktischen Schwierigkeiten, die insbesondere innerhalb des Widerspruchsverfahrens auftraten, wenn ein Verfahrensbeteiligter der Übernahme des Verfahrens durch den Rechtsnachfolger der anderen Partei nicht gemäß § 265 Abs. 2 ZPO zustimmte (BT-Drs. 14/6203, 66).

4. Stellung des Rechtsnachfolgers im Widerspruchsverfahren

27   Gemäß § 28 Abs. 2 kann der neue Markeninhaber bereits **nach Zugang des Antrags** auf Änderung des Registers **fristwahrend Widerspruch** gemäß § 42 gegen prioritätsjüngere Eintragungen einlegen.

28   Hat der Rechtsnachfolger mit einem gemäß § 27 Abs. 3 zu stellenden Antrag auf Änderung der Inhaberschaft im Register bereits die hierfür erforderlichen Nachweise (→ § 27 Rn. 42 ff.) erbracht, ist keine weitere diesbezügliche Glaubhaftmachung innerhalb des Widerspruchsverfahrens mehr erforderlich. Andernfalls hat der Widerspruchsführer seine Inhaberschaft bezüglich der Widerspruchsmarke glaubhaft zu machen (BT-Drs. 12/6581, 85).

29   Nach Übertragung der Rechte an der Marke kann der frühere Inhaber mangels materieller Berechtigung keinen Widerspruch mehr einlegen (BT-Drs. 12/6581, 85).

30   Findet die Übertragung der Rechte an der Widerspruchs- und/oder der Inhabermarke nach Einleitung des Widerspruchsverfahrens statt, gelten §§ 265, 325 ZPO analog (BT-Drs. 12/6581, 85). Seit Einführung des § 28 Abs. 2 S. 3 bedarf die **Übernahme** des Verfahrens durch den Rechtsnachfolger **nicht** mehr der **Zustimmung** der übrigen Verfahrensbeteiligten (anders noch BGH GRUR 1998, 940 – Sanopharm). Übernimmt der Rechtsnachfolger das Verfahren nicht, wirken die Entscheidung des DPMA sowie nachfolgende Entscheidungen der Rechtsmittelinstanzen gemäß § 325 ZPO für und gegen ihn.

C. Zustellungen durch das DPMA

31   Gemäß § 28 Abs. 3 stellt das Amt alle Verfügungen und Beschlüsse, die der Zustellung bedürfen, an die als Markeninhaber registrierte Person zu. Nach Zugang eines Antrags auf Änderung des Registers erfolgt eine zusätzliche Zustellung an den Rechtsnachfolger. Damit

Dingliche Rechte; Zwangsvollstreckung; Insolvenzverfahren § 29 MarkenG

wird der Rechtsnachfolger in die Lage versetzt, die ihm gemäß § 28 Abs. 2 eingeräumten Rechte auch tatsächlich wahrnehmen zu können.

Mit der Regelung des § 28 wollte der Gesetzgeber ein temporäres Vakuum schließen, das § 8 Abs. 2 WZG hinsichtlich der Geltendmachung von Rechten an der Marke während des Zeitraums ab Übertragung der materiellen Rechte bis zur Änderung der diesbezüglichen Registerlage noch zeitigte. § 8 Abs. 2 WZG lautete: „Solange der Übergang in der Zeichenrolle nicht vermerkt ist, kann der Rechtsnachfolger sein Recht aus der Eintragung des Warenzeichens nicht geltend machen." Diese Regelung führte dazu, dass im Falle eines Rechtsübergangs bis zur Änderung des Registers niemand die Rechts aus der Marke geltend machen konnte: Dem früheren Inhaber war dies verwehrt, weil er keine materielle Berechtigung mehr besaß, dem Rechtsnachfolger war die formale Berechtigung noch nicht zuerkannt. Um dieser Situation abzuhelfen, wurde mit der Regelung des § 28 die Wirkung der Registerlage hinsichtlich der Aktivlegitimation innerhalb des Verletzungsverfahrens vor den ordentlichen Gerichten auf die Vermutung des Abs. 1 beschränkt. Für das Registerverfahren wurde der Zeitraum, in dem nach Übertragung der Marke weder ursprünglicher Markeninhaber noch Rechtsnachfolger tätig werden können, auf den Zeitraum bis zum Eingang des Antrags auf Änderung des Registers verkürzt (BT-Drs. 12/6581, 85; BPatG GRUR 1999, 349 – Umschreibungsantrag). **31.1**

§ 29 Dingliche Rechte; Zwangsvollstreckung; Insolvenzverfahren

(1) Das durch die Eintragung, die Benutzung oder die notorische Bekanntheit einer Marke begründete Recht kann
1. verpfändet werden oder Gegenstand eines sonstigen dinglichen Rechts sein oder
2. Gegenstand von Maßnahmen der Zwangsvollstreckung sein.

(2) Betreffen die in Absatz 1 Nr. 1 genannten Rechte oder die in Absatz 1 Nr. 2 genannten Maßnahmen das durch die Eintragung einer Marke begründete Recht, so werden sie auf Antrag eines Beteiligten in das Register eingetragen, wenn sie dem Patentamt nachgewiesen werden.

(3) ¹Wird das durch die Eintragung einer Marke begründete Recht durch ein Insolvenzverfahren erfaßt, so wird dies auf Antrag des Insolvenzverwalters oder auf Ersuchen des Insolvenzgerichts in das Register eingetragen. ²Im Falle der Eigenverwaltung (§ 270 der Insolvenzordnung) tritt der Sachwalter an die Stelle des Insolvenzverwalters.

Überblick

Eine Marke kann als nichtakzessorisches, selbstständiges Immaterialgut durch rechtsgeschäftliche Vereinbarung dinglich belastet (→ Rn. 1), hoheitlich Gegenstand der Zwangsvollstreckung (→ Rn. 26) sein oder von einem Insolvenzverfahren (→ Rn. 56) erfasst werden. Dies gilt für alle nach § 4 Nr. 1 bis 3 existierenden Markenformen, dh sowohl für Registermarken, als auch für Benutzungsmarken und Notoritätsmarken. Bei eingetragenen Marken werden auf Antrag eines Beteiligten die dinglichen Rechte oder die vorgenommenen Zwangsvollstreckungsmaßnahmen in das Register eingetragen (→ Rn. 55). Wird eine eingetragene Marke durch ein Insolvenzverfahren erfasst, so wird auf Antrag des Insolvenzverwalters oder des Insolvenzgerichts in das Register ein Insolvenzvermerk eingetragen (→ Rn. 55). Es handelt sich jeweils um fakultative Eintragungen.

Übersicht

	Rn.		Rn.
A. Rechtsgeschäftliche dingliche Belastung (Abs. 1 Nr. 1)	1	III. Sonstige dingliche Rechte – Nießbrauch	16
I. Allgemeines	1	1. Bestellung und Erlöschen des Nießbrauchs	17
II. Vertragspfandrecht	7	2. Rechtsstellung des Nießbrauchberechtigten	19
1. Bestellung des Pfandrechts	8	3. Rechtsstellung des Markeninhabers	25
2. Rechtsstellung des Pfandgläubigers	9	B. Zwangsvollstreckung (Abs. 1 Nr. 2)	26
3. Rechtsstellung des Markeninhabers	12	I. Vollstreckungsgegenstand	26
4. Verwertung des Pfandrechts	13		

	Rn.		Rn.
II. Wirkung der Pfändung	29	VI. Rechtsstellung des Markeninhabers	53
III. Durchführung der Zwangsvollstreckung	31	C. Registereintragung (Abs. 2 und 3)	55
1. Pfändung einer Marke	33	D. Das Markenrecht im Insolvenzverfahren	56
2. Pfändung einer Markenlizenz	36		
3. Pfändung der Ausübung eines Markennießbrauchs	38	I. Gegenstand der Insolvenzmasse	56
IV. Verwertung	40	II. Rechtsstellung des Insolvenzverwalters	59
V. Rechtsstellung des Pfändungspfandgläubigers	48	III. Rechtsstellung des Markeninhabers	62

A. Rechtsgeschäftliche dingliche Belastung (Abs. 1 Nr. 1)

I. Allgemeines

1 Die Marke wie auch das aus der Markenanmeldung folgende Anwartschaftsrecht (§ 31); vgl. Fezer MarkenG § 31 Rn. 1; Ströbele/Hacker/Hacker § 31 Rn. 1: anwartschaftsähnliches Recht; aA → § 31 Rn. 2 (Taxhet)) sind infolge des in § 27 festgeschriebenen Grundsatzes der freien Übertragbarkeit (→ § 27 Rn. 3) selbstständige Wirtschaftsgüter, die unabhängig von dem Unternehmen veräußert, sicherungsübereignet oder dinglich belastet werden können. Diese sind somit eigenständige Vermögenswerte eines Unternehmens und wirtschaftliche Ressourcen.

2 Abs. 1 Nr. 1 enthält eine **Rechtsgrundverweisung** auf die anwendbaren zivilrechtlichen Vorschriften für die Verpfändung von Rechten und deren Belastung mit sonstigen dinglichen Rechten. Es gelten der gesetzliche **Typenzwang und die Typenfixierung** des Sachenrechts, wonach nur solche dinglichen Rechte eingeräumt werden können, die vom Gesetz ausdrücklich zugelassen sind. Sowohl der Typ, als auch der Inhalt der dinglichen Rechte sind abschließend durch das Gesetz bestimmt (vgl. Ingerl/Rohnke Rn. 3; HK-MarkenR/Pahlow Rn. 5; Kurz GRUR 2007, 292 (294)).

3 Bei einer Marke handelt es sich um ein **absolutes Recht** und nicht um eine Forderung (vgl. Ingerl/Rohnke Rn. 5). Neben dem ausdrücklich in Abs. 1 Nr. 1 genannten Vertragspfandrecht (§§ 1273–1278 BGB) kommt bei Rechten aufgrund des Typenzwangs als „sonstiges dingliches Recht" nur noch der Nießbrauch (§§ 1068 ff. BGB) in Betracht (vgl. Ingerl/Rohnke Rn. 3; HK-MarkenR/Pahlow Rn. 5; Fezer Rn. 10 ff.; Ströbele/Hacker/Hacker Rn. 8).

4 Bei der in der Praxis bedeutenden **Sicherungsabtretung** handelt es sich nicht um eine Belastung mit einem dinglichen Recht, sondern um eine Änderung der Rechtsinhaberschaft an der Marke (vgl. Fezer Rn. 11; Ingerl/Rohnke Rn. 7; Eisenführ/Schennen/Schennen GMV Art. 19 Rn. 11).

5 Bei der Bestellung des Pfandrechts und des Nießbrauchs ist, wie auch bei Zwangsvollstreckungsmaßnahmen, der **Bestimmtheitsgrundsatz** zu beachten. Der Gegenstand, der mit einem Pfandrecht oder Nießbrauch belastet werden soll, muss eindeutig bezeichnet werden. Dies gilt zunächst im Hinblick darauf, ob es sich um ein bereits bestehendes Markenrecht handelt oder nur um eine anwartschaftsähnliche Position infolge der Anmeldung einer Marke in Form eines Rechts auf die Marke (vgl. Fezer § 31 Rn. 1; Ströbele/Hacker/Hacker § 31 Rn. 1 anwartschaftsähnliches Recht). Jede einzelne Marke ist genau zu benennen. Dies gilt in besonderem Maße bei nicht eingetragenen Marken. Bei registrierten Marken empfiehlt sich neben der Nennung der Marke auch die Angabe der Registrierungsnummer, bei angemeldeten Marken das jeweilige Aktenzeichen.

6 Wird eine **Markenanmeldung** mit einem Pfandrecht oder Nießbrauchrecht belastet, so setzen sich diese nach der Eintragung der Marke an dieser fort (für Pfändungspfandrecht an einem Patent s. BGH GRUR 1994, 602 (604) – Rotationsbürstenwerkzeug; Ingerl/Rohnke Rn. 4; HK-MarkenR/Pahlow Rn. 5).

II. Vertragspfandrecht

7 Die Verpfändung einer Marke richtet sich nach den **Vorschriften über das Pfandrecht an Rechten (§§ 1273–1278 BGB),** nicht jedoch nach den für die Verpfändung von Forderungen geltenden Vorschriften (§§ 1279–1290 BGB), denn bei einer **Marke handelt es sich nicht um eine Forderung, sondern um ein absolutes Recht.**

1. Bestellung des Pfandrechts

Die Bestellung des Pfandrechts erfolgt nach **§ 1274 Abs. 1 S. 1 BGB** nach den für die Übertragung des Markenrechts geltenden **Vorschriften des § 27 MarkenG iVm §§ 413, 398 ff. BGB.** Erforderlich ist lediglich eine **formlose Einigung der Parteien.** Eine Eintragung der Verpfändung ins Register ist nicht erforderlich, ebenso wenig eine Übergabe der Eintragungsurkunde (vgl. Ingerl/Rohnke Rn. 5; HK-MarkenR/Pahlow Rn. 6). 8

2. Rechtsstellung des Pfandgläubigers

Durch das Pfandrecht erlangt der Pfandgläubiger das Recht, das **gepfändete Markenrecht nach Eintritt der Pfandreife zu verwerten (§ 1273 Abs. 2 S. 1, §§ 1228, 1277 BGB)** und sich **aus dem Erlös zu befriedigen (§ 1273 Abs. 2 S. 1, § 1247 BGB;** vgl. Fezer Rn. 10). Der Pfandgläubiger erhält **kein Benutzungsrecht an der Marke,** sondern nur ein Sicherungsrecht (vgl. für Patente BGH GRUR 1994, 602 (604) – Rotationsbürstenwerkzeug). Er ist weder berechtigt, die Marke zu benutzen, noch berechtigt, an ihr Lizenzen zu erteilen. Ihm können jedoch schuldrechtlich Informations-, Kontroll- und Mitwirkungsrechte eingeräumt werden (vgl. HK-MarkenR/Pahlow Rn. 8; Fezer Rn. 10). 9

Im Fall der **Beeinträchtigung des Pfandrechts** kann der Pfandgläubiger nach **§ 1273 Abs. 2 S. 1 iVm § 1227 BGB** sowohl gegenüber dem Markeninhaber als auch gegenüber Dritten die **Ansprüche aus der Marke geltend machen,** dh der Pfandgläubiger kann zum Schutze seines Pfandrecht an einer Marke aus eigenem Recht neben dem Markeninhaber die Ansprüche aus §§ 14 ff. durchsetzen (vgl. Fezer Rn. 11; Ingerl/Rohnke Rn. 5; HK-MarkenR/Pahlow Rn. 7; Ströbele/Hacker/Hacker Rn. 4). Eine **Zustimmung des Markeninhabers nach § 30 Abs. 3 ist nicht erforderlich.** Dem Pfandgläubiger stehen unter anderem Unterlassungs- und Schadensersatzansprüche zu. Liegt noch keine Pfandreife vor, so umfasst der Schadensersatzanspruch des Pfandgläubigers nur ein Pfandrecht an der Schadensersatzforderung. Nach Eintritt der Pfandreife kann der Pfandgläubiger Schadensersatz bis zur Höhe seines Pfandinteresses, dh bis zur Höhe der gesicherten Forderung in deren jeweiligem Bestand verlangen. Dies umfasst auch etwaige Zinsen und Vertragsstrafen (§ 1273 Abs. 2 S. 1, § 1210 Abs. 1 S. 1 BGB; vgl. Fezer Rn. 11; HK-MarkenR/Pahlow Rn. 7). 10

Der Pfändungspfandgläubiger ist zur **Teilnahme am patentamtlichen Verfahren** nur insoweit berechtigt, als es um die Erhaltung des gepfändeten Rechts geht (vgl. BPatG BeckRS 2011, 27833 Rn. 19; Fezer Rn. 23, 24). 11

3. Rechtsstellung des Markeninhabers

Der **Markeninhaber bleibt alleiniger Nutzungsberechtigter der verpfändeten Marke.** Im Außenverhältnis bleibt er als materieller Rechtsinhaber gegenüber Dritten und gegenüber dem DPMA legitimiert (vgl. Ingerl/Rohnke Rn. 5; HK-MarkenR/Pahlow Rn. 8). Die Zahlung der Verlängerungsgebühren zur Aufrechterhaltung der Marke obliegt nach wie vor dem Markeninhaber, nicht dem Pfandgläubiger (vgl. Ströbele/Hacker/Hacker Rn. 16). Da die Zahlung der Verlängerungsgebühr aber der Erhaltung des gepfändeten Rechts dient, kann auch der Pfandgläubiger die Verlängerungsgebühr bezahlen (vgl. BPatG BeckRS 2011, 27833 Rn. 19 zur Zahlung einer Verlängerungsgebühr für eine gepfändete Patentanmeldung; Fezer Rn. 23, 24). 12

4. Verwertung des Pfandrechts

Anders als beim Sachpfandrecht, bei dem die Verwertung regelmäßig durch öffentliche Versteigerung stattfindet (§ 1235 Abs. 1 BGB), erfolgt die **Verwertung des Pfandrechts im Wege der Zwangsvollstreckung (§ 1277 S. 1 Alt. 1 BGB),** soweit die Vertragsparteien nicht eine bestimmte Verwertungsart vereinbart haben (§ 1277 S. 1 Alt. 2 BGB). Der Pfandgläubiger kann sein **Pfandrecht erst dann verwerten, wenn Pfandreife eingetreten** ist. Hierzu muss die gesicherte Forderung fällig oder in eine fällige Geldforderung übergegangen sein **(§ 1273 Abs. 2 iVm § 1228 Abs. 2 BGB).** Nach Eintritt der Pfandreife muss der 13

Pfandgläubiger die **Verwertung zunächst androhen (§ 1234 Abs. 1 BGB)**, soweit dies nicht aufgrund besonderer Umstände untunlich ist. Die Verwertung darf **erst einen Monat nach der Androhung,** bzw. soweit dies untunlich ist, einen Monat **nach Eintritt der Pfandreife** erfolgen (**§ 1234 Abs. 2 BGB**), es sei denn, es liegt ein beiderseitiges Handelsgeschäft vor. In diesem Fall beträgt die **Wartefrist** eine Woche (§ 368 Abs. 1 HGB).

14 Erfolgt die Verwertung im Wege der Zwangsvollstreckung, so benötigt der Pfandgläubiger gegen den Schuldner zunächst einen **vollstreckbaren Titel auf Duldung der Zwangsvollstreckung in das Markenrecht mit Angabe der gesicherten Forderung** (vgl. BGH NJW 1977, 1240 (1242); Fezer Rn. 11; HK-MarkenR/Pahlow Rn. 9; Ströbele/Hacker/Hacker Rn. 5). **Abweichend hiervon** können die Parteien auch eine Verwertung durch Pfandverkauf ohne Vollstreckungstitel vereinbaren (§ 1273 Abs. 2 S. 1, §§ 1229, 1245 Abs. 2 BGB; vgl. HK-MarkenR/Pahlow Rn. 9; Fezer Rn. 11).

15 **Liegt ein vollstreckbarer Titel vor,** so erfolgt die **Zwangsvollstreckung nach den Vorschriften über die Pfändung eines Rechts (§§ 828 ff., § 857 ZPO;** → Rn. 29 f.). Danach muss nach §§ 828, 829 Abs. 1 S. 2, § 857 Abs. 2 ZPO gepfändet werden. Zunächst muss durch das Amtsgericht als **Vollstreckungsgericht ein Pfändungsbeschluss erlassen** werden, durch den dem Markeninhaber bzw. Markenanmelder aufgegeben wird, sich jeder Verfügung über die Marke bzw. Markenanmeldung zu enthalten. Da ein Drittschuldner bei einem Markenrecht nicht vorhanden ist, bedarf es nach § 857 Abs. 2 ZPO allein der **Zustellung des Pfändungsbeschlusses an den Markeninhaber bzw. Markenanmelder. Das DPMA ist nicht Drittschuldner** (→ Rn. 34). Einer Zustellung des Pfändungsbeschlusses an das DPMA bedarf es daher nicht (vgl. HK-MarkenR/Pahlow Rn. 15; Fezer Rn. 18). Anschließend erfolgt durch das Vollstreckungsgericht die **Verwertung** der Marke zum Zwecke der Befriedigung des Pfandgläubigers **durch Veräußerung der Marke (§ 857 Abs. 5 ZPO)** oder **auf andere Weise (§ 844 Abs. 1 ZPO),** insbesondere durch öffentliche Versteigerung oder Lizenzierung (vgl. Ingerl/Rohnke Rn. 5; Ströbele/Hacker/Hacker Rn. 17). Aus dem Erlös kann sich der Pfandgläubiger befriedigen (§ 1273 Abs. 2 S. 1, § 1247 BGB).

III. Sonstige dingliche Rechte – Nießbrauch

16 Aufgrund des sachenrechtlichen Typenzwangs kommt als sonstiges dingliches Recht an einer Marke nur der Nießbrauch in Betracht. Die Bestellung eines Nießbrauchs an einer Marke richtet sich nach den **Vorschriften über den Nießbrauch an Rechten (§§ 1068 bis 1272 BGB),** nicht jedoch nach den Vorschriften über den Nießbrauch an Forderungen (§§ 1074 ff. BGB), denn bei einer Marke handelt es sich nicht um eine Forderung, sondern um ein absolutes Recht.

1. Bestellung und Erlöschen des Nießbrauchs

17 Die **Bestellung des Nießbrauchs** erfolgt nach **§ 1069 Abs. 1 BGB** nach den für die Übertragung des Markenrechts geltenden **Vorschriften des § 27 MarkenG iVm §§ 413, 398 ff. BGB.** Erforderlich ist lediglich eine **formlose Einigung der Parteien.** Eine Eintragung der Bestellung eines Nießbrauchs ins Register ist nicht erforderlich, ebenso wenig eine Übergabe der Eintragungsurkunde (vgl. Fezer Rn. 13; Ingerl/Rohnke Rn. 8; HK-MarkenR/Pahlow Rn. 10).

18 Der Nießbrauch erlischt entweder mit dem Tod des Nießbrauchberechtigten (§ 1068 Abs. 2, § 1061 BGB), durch einen zwischen den Parteien geschlossenen Aufhebungsvertrag, durch Kündigung oder Zeitablauf oder mit Eintritt einer vertraglich vereinbarten Bedingung (vgl. Fezer Rn. 13).

2. Rechtsstellung des Nießbrauchberechtigten

19 Durch den Nießbrauch erlangt der **Nießbrauchberechtigte das dingliche Recht, die Nutzungen aus dem Markenrecht zu ziehen (§ 1068 Abs. 2, § 1030 Abs. 1 BGB).** Anders als der Pfandgläubiger erhält der Nießbrauchberechtigte das **Recht unter Ausschluss des Markeninhabers,** dh der Markeninhaber darf die Marke weder selbst benutzen noch Lizenzen erteilen und die Lizenzgebühren einziehen (vgl. Fezer Rn. 13; Ingerl/Rohnke

Rn. 8; HK-MarkenR/Pahlow Rn. 10; → Rn. 25). Ist die Marke bereits lizenziert, so stehen die Lizenzgebühren dem Nießbrauchberechtigten zu.

Fraglich ist, **ob der Nießbrauchberechtigte für die Erhaltung des Markenrechts 20 in seinem wirtschaftlichen Bestand zu sorgen hat.** Da es sich beim Markennießbrauch um ein Nießbrauch an einem Recht und nicht an einer Sache handelt, sind die Vorschriften über die Ausübung des Nießbrauchrechts, § 1036 Abs. 2 BGB, und über die Erhaltung der Sache durch den Nießbrauchberechtigten, § 1041 BGB, nicht unmittelbar anwendbar. Jedoch erklärt § 1068 Abs. 2 BGB die Vorschriften über den Nießbrauch an Sachen für entsprechend anwendbar, soweit sich nicht aus den §§ 1069 bis 1084 BGB etwas anderes ergibt. Zur Erhaltung des Markenrechts gehören deren rechtserhaltende Benutzung und bei eingetragenen Marken die fristgerechte Zahlung der Verlängerungsgebühren sowie die Verteidigung gegen Löschungsanträge Dritter.

Nach **§ 1036 Abs. 2 BGB** hat der Nießbrauchberechtigte bei der Ausübung des Nut- 21 zungsrechts nach den **Regeln einer ordnungsgemäßen Bewirtschaftung** zu verfahren. Diese Vorschrift ist entsprechend auf den Nießbrauch an Rechten anwendbar (vgl. MüKoBGB/Pohlmann BGB § 1068 Rn. 18; aA BeckOK BGB/Wegmann BGB § 1068 Rn. 7). Im Rahmen eines Nießbrauchs an einem Markenrecht **dürfte sich hieraus die Verpflichtung des Nießbrauchberechtigten zur rechtserhaltenden Benutzung ergeben.** Nach § 1041 Abs. 1 BGB hat der Nießbrauchberechtigte für die Erhaltung der Sache in ihrem wirtschaftlichen Bestand zu sorgen. Anders als bei den in §§ 1070 ff. BGB genannten Rechten, bedarf das Recht an einer eingetragenen Marke der Aufrechterhaltung durch Zahlung der Verlängerungsgebühren. § 1041 BGB dürfte daher gemäß § 1068 Abs. 2 BGB analog auf den Nießbrauch an einem Markenrecht anwendbar sein (aA BeckOK BGB/Wegmann BGB § 1068 Rn. 7; MüKoBGB/Pohlmann BGB § 1068 Rn. 18), mit der Folge, dass den Nießbrauchberechtigten die Pflicht zur Zahlung der regelmäßig anfallenden Verlängerungsgebühren obliegt. Allerdings dürfte den Nießbrauchberechtigten darüber hinaus keine Pflicht zur Verteidigung der Marke gegen Löschungsanträge treffen, da es sich hierbei um außergewöhnliche, nicht regelmäßig vorzunehmende Maßnahmen handelt (§ 1041 Abs. 2 BGB).

Ungeachtet dessen können der Markeninhaber und der Nießbrauchberechtigte bei der 22 Bestellung des Nießbrauchs die **Verpflichtung zur Aufrechterhaltung des Markenrechts sowie die Berechtigung bzw. Verpflichtung zur Benutzung der Marke rechtsgeschäftlich regeln.** So kann der Nießbrauchberechtigte rechtsgeschäftlich zu einer rechtserhaltenden Benutzung der Marke verpflichtet werden. Gleiches gilt für den Markeninhaber, der abweichend vom gesetzlichen Inhalt des Nießbrauchs zur Benutzung der Marke berechtigt und in diesem Rahmen zur rechtserhaltenden Benutzung der Marke verpflichtet werden kann (vgl. Fezer Rn. 13).

Der **Nießbrauch ist nicht übertragbar (§ 1059 S. 1 BGB).** Der Nießbrauchberechtigte 23 kann daher weder sein Nutzungsrecht noch die Marke veräußern. Der Nießbrauchberechtigte kann jedoch die **Ausübung des Nießbrauchs einem anderen überlassen (§ 1059 S. 2 BGB).** Der Nießbrauchberechtigte kann die Marke selbst benutzen oder Lizenzen an der Marke an Dritte erteilen und die Lizenzgebühren einziehen (vgl. Ingerl/Rohnke Rn. 8). Durch den **Markeninhaber kann das Markenrecht ohne Zustimmung des Nießbrauchberechtigten weder rechtsgeschäftlich aufgehoben (§ 1071 Abs. 1 BGB) noch nießbrauchschädlich geändert werden (§ 1071 Abs. 2 BGB).** Solche Rechtsgeschäfte sind ohne Zustimmung des Nießbrauchberechtigten diesem gegenüber relativ unwirksam, jedoch nach hM im Verhältnis zwischen Markeninhaber und dem Dritten als dessen Vertragspartner nicht absolut unwirksam (vgl. BeckOK BGB/Wegmann BGB § 1071 Rn. 7; MüKoBGB/Pohlmann BGB § 1071 Rn. 12). Der Markeninhaber haftet bei Nichterfüllung gegenüber dem Dritten daher auf Schadensersatz.

Im Fall der **Beeinträchtigung des Nießbrauchrechts** kann der Nießbrauchberechtigte 24 **nach § 1068 Abs. 2 iVm § 1065 BGB** sowohl gegenüber dem Markeninhaber als auch gegenüber Dritten die **Ansprüche aus der Marke geltend machen,** dh der Nießbrauchberechtigte kann zum Schutz seines Markennießbrauchrechts aus eigenem Recht neben dem Markeninhaber die Ansprüche aus §§ 14 ff. durchsetzen (vgl. Fezer Rn. 13; Ingerl/Rohnke Rn. 8; HK-MarkenR/Pahlow Rn. 12; Ströbele/Hacker/Hacker Rn. 10). Eine Zustimmung des Markeninhabers nach § 30 Abs. 3 ist nicht erforderlich. Dem Nießbrauchberechtigten stehen unter anderem Unterlassungs- und Schadensersatzansprüche in Höhe seines Nießbrauchschadens zu (vgl. Fezer Rn. 13).

3. Rechtsstellung des Markeninhabers

25 Soweit rechtsgeschäftlich nichts anderes vereinbart ist, **verliert der Markeninhaber mit der Bestellung des Nießbrauchs das Recht zur Benutzung der Marke.** Der Markeninhaber ist auch nicht berechtigt ohne Zustimmung des Nießbrauchberechtigten Lizenzen an der Marke zu erteilen, diese rechtsgeschäftlich aufzuheben (§ 1071 Abs. 1 BGB) oder nießbrauchschädlich zu ändern (§ 1071 Abs. 2 BGB). Der **Markeninhaber bleibt jedoch berechtigt, die Marke an einen Dritten zu veräußern oder mit weiteren dinglichen Rechten zu belasten,** da hierdurch das Nießbrauchrecht an der Marke nicht beeinträchtigt wird (vgl. Fezer Rn. 13). Der Markeninhaber bleibt jedoch als Eigentümer der Marke sowohl gegenüber dem DPMA, als auch im Fall von Markenverletzungen aktivlegitimiert.

B. Zwangsvollstreckung (Abs. 1 Nr. 2)

I. Vollstreckungsgegenstand

26 Gegenstand der Zwangsvollstreckung können folgende **Rechte** sein:
- alle nach **§ 4 Nr. 1 bis 3 existierenden Markenformen,** dh Registermarken, Benutzungsmarken und Notorietätsmarken;
- **Kollektivmarken** (§ 97);
- das **durch die Markenanmeldung begründete Recht** (vgl. § 31, Markenanwartschaft);
- eine **frei übertragbare ausschließliche (absolute) Lizenz** (§ 857 Abs. 1, § 851 Abs. 1 ZPO);
- **Ausübung eines Markennießbrauchs** (§ 1059 S. 2, § 1068 Abs. 2 BGB) wegen seiner Unübertragbarkeit, jedoch nicht der Markennießbrauch selbst (§ 851 Abs. 1 ZPO, § 1059 Abs. 1, § 1068 Abs. 2 BGB; → Rn. 38).

27 Daneben können auch **Forderungen** des Markeninhabers gegen Dritte Vollstreckungsgegenstand sein, zB der Anspruch des Markeninhabers gegen Lizenznehmer auf Zahlung der Lizenzgebühr oder Schadensersatzansprüche wegen Verletzung des Markenrechts.

28 Zwischen dem Vollstreckungsschuldner und dem Markeninhaber bzw. dem Inhaber der vorgenannten Rechte oder Forderungen muss Personenidentität bestehen.

II. Wirkung der Pfändung

29 Die Zwangsvollstreckung in das Markenrecht bzw. das durch die Markenanmeldung begründete Recht und andere an diesen bestehende Vermögensrechte erfolgt, da es sich bei diesen nicht um Forderungen, sondern um Rechte handelt, nach den **Vorschriften über die Vollstreckung in andere Vermögensrechte (§§ 857, 828 ZPO) durch Pfändung.** Der staatliche **Hoheitsakt der Pfändung** bewirkt die Verstrickung des Vermögensrechts und führt zu einem **behördlichen Veräußerungsverbot nach §§ 135, 136 BGB.** Der Pfändungspfandgläubiger erwirbt nach **§ 857 Abs. 1, § 804 Abs. 2 ZPO** durch die Pfändung ein **Pfändungspfandrecht an dem Markenrecht oder dem sonstigen Vermögensrecht,** welches ihm im Verhältnis zu anderen Gläubigern dieselben Rechte gewährt wie ein vertragliches Pfandrecht.

30 Das Pfändungspfandrecht an einer Marke erstreckt sich im Fall einer Verletzung des Markenrechts auch auf die hieraus resultierenden Ansprüche des Markeninhabers, insbesondere Schadensersatzansprüche, als Nebenrechte zu dem gepfändeten Markenrecht (vgl. Fezer Rn. 19). Dies gilt jedoch nur dann, wenn diese Ansprüche nach dem Eintritt der Verstrickung, dh nach wirksam erfolgter Zustellung des Pfändungsbeschlusses an den Markeninhaber, entstanden sind. Verletzungsansprüche, die davor entstanden sind, müssen im Wege einer separaten Zwangsvollstreckung in die Forderung des Markeninhabers gegen den Verletzer nach § 829 ZPO gepfändet werden. Hierzu bedarf es der Zustellung des Pfändungsbeschlusses an den Verletzer als Drittschuldner (§ 829 Abs. 3 ZPO; vgl. Fezer Rn. 19).

III. Durchführung der Zwangsvollstreckung

31 Zuständig für die Zwangsvollstreckung in andere Vermögensrechte ist nicht das Kennzeichengericht, sondern nach **§ 857 Abs. 1, §§ 802, 828 Abs. 2 ZPO** ausschließlich das

Amtsgericht am allgemeinen inländischen Gerichtsstand des Schuldners, andernfalls am besonderen Gerichtsstand des Vermögens (§ 23 ZPO).
Die **Zwangsvollstreckung erfolgt nach § 857 Abs. 2, §§ 828 ff. ZPO durch Pfän- 32 dung.** Hierzu bedarf es eines vollstreckbaren, **auf Zahlung eines Geldbetrags gerichteten Titels** (vgl. Fezer Rn. 18). Das Amtsgericht erlässt als Vollstreckungsgericht einen **Pfändungsbeschluss (§§ 857, 829 S. 2 ZPO).** Durch diesen wird dem Markeninhaber bzw. Markenanmelder aufgegeben, sich jeder Verfügung über die Marke bzw. Markenanmeldung zu enthalten. Der **Pfändungsbeschluss muss sich konkret auf die zu pfändenden Marken- bzw. Vermögensrechte beziehen,** damit an diesen Verstrickung eintritt und ein Pfändungspfandrecht entsteht (vgl. HK-MarkenR/Pahlow Rn. 14; Fezer Rn. 21). Aus Gründen der Rechtssicherheit muss der Pfändungsbeschluss das zu pfändende Recht so bestimmt bezeichnen, dass bei verständiger Auslegung des Beschlusses unzweifelhaft feststeht, welches Recht Gegenstand der Zwangsvollstreckung sein soll (vgl. BGH NJW 1990, 2931 (2933)).

1. Pfändung einer Marke

Bei einer Markenpfändung sollte der **Pfändungsbeschluss alle zu pfändenden Marken 33 und Markenanmeldungen im Einzelnen konkret benennen,** unter Angabe, ob es sich (jeweils) um eine Registermarke, Benutzungsmarke, Notorietätsmarke oder Markenanmeldung handelt, sowie **genauer Wiedergabe des Zeichens und der geschützten Waren/Dienstleistungen.** Bei eingetragenen Marken oder Markenanmeldungen ist ferner die **Register- bzw. Anmeldenummer** anzugeben. Sollten die einzelnen an einer Marke bestehenden Markenrechte, zB Register-, Benutzungs- und Notorietätsmarken, nicht konkret benannt worden sein, so dürfte der Pfändungsbeschluss dahingehend auszulegen sein, dass er alle an der Marke bestehenden Markenrechte umfasst (vgl. Fezer Rn. 21). Aufgrund der mit einer Auslegung verbundenen Unsicherheiten sollte dies jedoch durch konkrete Benennung der einzelnen Markenrechte vermieden werden.

Ein **Drittschuldner existiert bei der Pfändung eines Markenrechts nicht,** denn die 34 Marke ist keine Forderung, sondern ein absolutes Immaterialgüterrecht. Das DPMA ist daher kein Drittschuldner. **Einer Zustellung des Pfändungsbeschlusses an das DPMA bedarf es nicht** (vgl. HK-MarkenR/Pahlow Rn. 15; Fezer Rn. 18). Da es sich bei der Marke nicht um eine Forderung, sondern um ein absolutes Recht handelt, sind **auch Lizenznehmer** der zu pfändenden Marke und **Dritte, gegen die der Markeninhaber Ansprüche wegen Verletzung des Markenrechts besitzt,** bei der Pfändung der Marke **keine Drittschuldner.** Diese sind vielmehr ausschließlich Drittschuldner bei einer Pfändung der Forderung des Markeninhabers resultierend aus dem Lizenzvertrag bzw. den im Fall der Verletzung der Marke bestehenden gesetzlichen Ansprüchen. **Es muss daher streng zwischen den einzelnen Pfändungsgegenständen unterschieden werden.** Der ausschließlich berechtigte Lizenznehmer ist auch nicht nach § 771 ZPO widerspruchsberechtigt, da diesem aufgrund der ausschließlichen Lizenz kein die Veräußerung hinderndes Recht zusteht, sondern nur ein Sukzessionsschutz (§ 30 Abs. 5; aA HK-MarkenR/Pahlow Rn. 17).

Der **Pfändungsbeschluss muss,** damit die Pfändung wirksam ist, **einzig dem Marken- 35 inhaber bzw. Markenanmelder zugestellt werden (§ 857 Abs. 2 ZPO).** Wird eine eingetragene Marke gepfändet, bedarf es **keiner Pfändung der Markenurkunde,** denn die Inhaberschaft an der Urkunde ist keine Voraussetzung für die Geltendmachung des Markenrechts, ihr kommt lediglich Beweisfunktion zu (vgl. Fezer Rn. 18).

2. Pfändung einer Markenlizenz

Eine Markenlizenz kann nur dann gepfändet werden, wenn es sich um eine **frei übertrag- 36 bare Lizenz handelt (§§ 857 Abs. 1, 851 Abs. 1 ZPO).** Der Pfändung unterworfen ist daher nur eine ausschließliche Lizenz hinsichtlich derer die Lizenzvertragsparteien die Übertragbarkeit nicht vertraglich ausgeschlossen haben (vgl. HK-MarkenR/Pahlow Rn. 13, 18; Fezer Rn. 16). Der Pfändungsbeschluss muss das zu pfändende Lizenzrecht konkret benennen.

Der **Markenlizenzgeber ist nach hM nicht Drittschuldner** iSd §§ 857 Abs. 1, 829 37 Abs. 2 S. 1 ZPO, so dass es zur Wirksamkeit der Pfändung eines Lizenzrechts somit nicht der Zustellung des Pfändungsbeschlusses an diesen bedarf (HK-MarkenR/Pahlow Rn. 18; Fezer Rn. 26; Stein/Jonas/Brehm ZPO § 857 Rn. 99; Benkard/Ullmann PatG § 15 Rn. 48; offengelassen in BGH NJW 1990, 2931 (2933)). **Anders ist dies bei der Pfändung des Nießbrauchsrechts** (→ Rn. 39).

3. Pfändung der Ausübung eines Markennießbrauchs

38 Aufgrund der Unübertragbarkeit des Nießbrauchs (§ 1059 S. 1 BGB) ist ein **Markennießbrauch nicht pfändbar (§§ 857 Abs. 1, 851 Abs. 1 ZPO).** Übertragbar und damit pfändbar ist jedoch **die Ausübung des Markennießbrauchs (§§ 1068 Abs. 2, 1059 S. 2 BGB, § 857 Abs. 3 ZPO).** Der Pfändungsbeschluss muss die zu pfändende Ausübung des Markennießbrauchs konkret benennen. In Betracht kommt das Recht zur Benutzung der Marke, zur Erteilung von Lizenzen und zur Einziehung von Lizenzgebühren aus einer Lizenz an der Marke.

39 Der **Markeninhaber,** der an seiner Marke zugunsten des Nießbrauchberechtigten einen Nießbrauch bestellt hat, **ist Drittschuldner** (vgl. Fezer Rn. 26 mwN). Wirksamkeitsvoraussetzung der Pfändung ist daher – anders als bei der Pfändung einer Lizenz (→ Rn. 37) – eine Zustellung des Pfändungsbeschlusses an den Markeninhaber.

IV. Verwertung

40 Die Verwertung wird auf Antrag des Pfändungspfandgläubigers durch Gerichtsbeschluss angeordnet. Der Beschluss muss das betroffene Recht und den Umfang der Überweisung bzw. der anderen Art der Verwertung konkret bezeichnen. Es gelten die zur Bestimmtheit des Pfändungsbeschlusses gemachten Ausführungen (→ Rn. 33) entsprechend.

40.1 Der Pfändungsbeschluss und der Beschluss, durch den die Art der Verwertung angeordnet wird, werden in der Praxis regelmäßig zusammen beantragt und erlassen (vgl. BeckOK ZPO/Riedel ZPO § 835 Rn. 5.1). Wird der Beschluss, durch den die Verwertung angeordnet wird, getrennt vom Pfändungsbeschluss erlassen, so muss zuvor wirksam gepfändet worden sein, und der Schuldner ist zuvor zu hören, da insoweit der Ausschluss der Schuldneranhörung gemäß § 834 ZPO nicht greift (vgl. BeckOK ZPO/Riedel ZPO § 835 Rn. 5.2).

41 **Gesetzlicher Regelfall ist die Verwertung durch Überweisung (§ 835 Abs. 1 ZPO).** Bei der Verwertung eines gepfändeten Markenrechts bedarf es hierzu der **Bestimmung des Markenwertes.** Auf Antrag einer der Parteien kann das Vollstreckungsgericht anordnen, dass die **Markenbewertung durch einen Sachverständigen erfolgt (§ 813 Abs. 1 S. 3 ZPO;** vgl. HK-MarkenR/Pahlow Rn. 22; Repenn NJW 1994, 175 f.). Die Kosten für die Markenbewertung sind solche der Zwangsvollstreckung.

42 Da sich die Markenbewertung regelmäßig als kompliziert und aufwändig erweist, kann sowohl von dem Pfändungspfandgläubiger als auch dem Markeninhaber **beantragt werden, anstelle der Überweisung eine andere Verwertungsart anzuordnen (§ 844 Abs. 1 ZPO;** vgl. Fezer Rn. 28). Vor Stattgabe eines solchen Antrags muss der Gegner jedoch gehört werden, es sei denn die Zustellung erfolgt im Ausland oder im Wege der öffentlichen Zustellung (§ 844 Abs. 2 ZPO).

42.1 Der Gläubiger kann die Anordnung einer anderen Verwertungsart bereits mit dem Antrag auf Erlass des Pfändungsbeschlusses beantragen. Da der Schuldner nach § 844 Abs. 2 ZPO jedoch zu dem Antrag zu hören ist und § 834 ZPO die Anhörung des Schuldners vor Erlass des Pfändungsbeschlusses ausschließt, kann das Vollstreckungsgericht über die Anordnung einer anderen Verwertungsart erst entscheiden, wenn der Pfändungsbeschluss erlassen und wirksam zugestellt wurde (vgl. BeckOK ZPO/Riedel ZPO § 844 Rn. 4).

42.2 Die mit einer Verwertung durch Überweisung verbundenen Schwierigkeiten sind im Antrag auf Anordnung einer anderen Verwertung im Einzelnen darzulegen. Ebenso sind Angaben darüber zu machen, welche andersartige Verwertung sinnvoller bzw. wirtschaftlicher wäre (vgl. BeckOK ZPO/Riedel ZPO § 844 Rn. 5).

43 Das Vollstreckungsgericht ist bei der Entscheidung, welche andere Art der Verwertung anzuordnen ist, grundsätzlich frei. Es hat die Entscheidung unter Abwägung der schutzwürdigen Interessen des Schuldners und des Gläubigers nach pflichtgemäßem Ermessen zu treffen

(vgl. BGH NJW 2010, 2346 Rn. 18; BeckOK ZPO/Riedel ZPO § 844 Rn. 9). Als **andere Verwertungsarten** in Betracht kommen unter anderem:
- die **Versteigerung** oder der **freihändige Verkauf** (§§ 857 Abs. 5, 844 Abs. 1 ZPO; Ingerl/Rohnke Rn. 9; HK-MarkenR/Pahlow Rn. 21; Fezer Rn. 28);
- die **Überweisung an Zahlungs Statt zu einem Schätzwert,** der unter dem Nennwert liegt (vgl. BGH NJW 2005, 3353 zu Ansprüchen aus einer Internet-Domain; BeckOK ZPO/Riedel ZPO § 844 Rn. 7; HK-MarkenR/Pahlow Rn. 21);
- die **Überlassung des Rechts zur Ausübung an einen Dritten gegen Entgelt,** insbesondere die Erteilung von Lizenzen durchs Gericht (BeckOK ZPO/Riedel § 844 Rn. 7; Fezer Rn. 28; Ströbele/Hacker/Hacker Rn. 17);
- die **Sequestration** (§ 857 Abs. 4 S. 2 ZPO; vgl. Fezer Rn. 28).

Eine **Markenanwartschaft** wird regelmäßig durch Veräußerung verwertet, in der Weise, 44 dass der Erwerber den Anspruch auf Eintragung der Marke erwirbt (Fezer Rn. 28).

Aus dem Erlös kann sich der Pfandgläubiger nach Abzug der Kosten befriedigen (§ 1273 45 Abs. 2 S. 1, § 1247 BGB).

Der **Erwerber der Marke** hat dem DPMA zwecks **Umschreibung der Marke** neben 46 dem **Umschreibungsantrag** eine **Ausfertigung des Verwertungsbeschlusses und des Versteigerungs- bzw. Veräußerungsprotokolls** vorzulegen. Erfolgt dies, so bedarf es keiner gesonderten Übertragungserklärung (vgl. Repenn NJW 1994, 175 f.; HK-MarkenR/Pahlow Rn. 23).

Erfolgt die Verwertung durch **gerichtliche Lizenzierung** der gepfändeten Marke, so 47 **erlischt die Lizenz,** wenn der **Pfändungspfandgläubiger durch die Zahlung der Lizenzgebühren vollständig befriedigt ist.** Gleiches gilt, wenn der Markeninhaber den Pfändungspfandgläubiger vorzeitig befriedigt. Jedoch können vertraglich ergänzende Regelungen getroffen werden (vgl. Fezer Rn. 28).

V. Rechtsstellung des Pfändungspfandgläubigers

Der Pfändungspfandgläubiger **erwirbt nach § 857 Abs. 1, § 804 Abs. 2 ZPO eine dem** 48 **vertraglichen Pfandrecht entsprechende Rechtsstellung.** Der Pfändungspfandgläubiger erhält **kein Benutzungsrecht an der Marke,** sondern nur ein der Sicherung seines titulierten Anspruchs dienendes Pfandrecht, aufgrund dessen er berechtigt ist, Befriedigung aus dem gepfändeten Recht zu suchen. Er ist auch **nicht berechtigt, an der Marke Lizenzen zu erteilen.**

Der Pfändungspfandgläubiger kann zur Sicherung des Markenrechts und des an der Marke 49 bestehenden Pfändungspfandrechts nach § 1273 Abs. 2 S. 1 BGB analog iVm § 1227 BGB analog sowohl gegenüber dem Markeninhaber als auch gegenüber Dritten die **Ansprüche aus §§ 14 ff. neben dem Markeninhaber aus eigenem Recht geltend machen** (vgl. Fezer Rn. 20; Ingerl/Rohnke Rn. 10). Eine **Zustimmung des Markeninhabers nach § 30 Abs. 3 ist nicht erforderlich.**

Aufgrund des durch die Pfändung bewirkten Veräußerungsverbotes (§§ 135, 136 BGB) 50 kann der **Markeninhaber über das Markenrecht nicht ohne Zustimmung des Pfändungspfandgläubigers verfügen.** Ohne Zustimmung des Pfändungspfandgläubigers vorgenommene Verfügungen sind diesem gegenüber relativ unwirksam, aber wirksam gegenüber Dritten (vgl. HK-MarkenR/Pahlow Rn. 19; BeckOK BGB/Wendtland BGB § 135 Rn. 8). Ein gutgläubiger Erwerb des Markenrechts oder der Markenanwartschaft ist nicht möglich (vgl. Fezer Rn. 22; → § 41 Rn. 4). Dem Pfändungspfandgläubiger steht **in der Insolvenz des Schuldners ein Absonderungsrecht** zu (§ 50 Abs. 1 InsO).

Der Pfändungspfandgläubiger erlangt **keine verfahrensrechtliche Stellung als Beteilig-** 51 **ter** in Markenverfahren vor dem DPMA oder vor Gericht (vgl. HK-MarkenR/Pahlow Rn. 20; Fezer Rn. 23, 24). Allerdings kann es das Sicherungsinteresse des Pfändungspfandgläubigers **in Ausnahmefällen erforderlich machen, diesen in Verfahren zu beteiligen,** die die Entstehung und den Erhalt des Markenrechts betreffen, jedoch nur in einem solchen Umfang, als dies zur Sicherung des gepfändeten Rechts erforderlich ist (vgl. Fezer Rn. 23, 24). So kann der Pfändungspfandgläubiger **im Eintragungsverfahren** berechtigt sein, Angaben und Unterlagen zu ergänzen, falls diese vom Markeninhaber nicht beigebracht worden sind und andernfalls die Entstehung des Markenrechts gefährdet wäre (vgl. Fezer Rn. 23).

MarkenG § 29 Teil 2 Voraussetzungen, Inhalt und Schranken etc.

Jedoch darf der Pfändungspfandgläubiger keinen Einfluss auf den Inhalt des Markenrechts nehmen, etwa durch Veränderung des Waren-/Dienstleistungsverzeichnisses. Zum Erhalt des Markenrechts ist der Pfändungspfandgläubiger auch zur **Zahlung der Verlängerungsgebühr** berechtigt (vgl. Fezer Rn. 24; Ingerl/Rohnke Rn. 10), aber nicht verpflichtet (vgl. Ströbele/Hacker/Hacker Rn. 16). Die Aufwendungen des Pfändungspfandgläubigers sind Kosten der Zwangsvollstreckung iSd § 788 ZPO (vgl. Fezer Rn. 24).

52   Der Pfändungspfandgläubiger kann vom Markeninhaber oder Markenanmelder nach § 836 Abs. 3 ZPO **Auskunft über den Bestand des Markenrechts oder der Markenanwartschaft** und Herausgabe der diese betreffenden Urkunden verlangen (→ Rn. 54).

VI. Rechtsstellung des Markeninhabers

53   Die **Rechtsinhaberschaft an der Marke oder Markenanmeldung** bleibt durch die Pfändung **unangetastet.** Der **Markeninhaber bleibt gegenüber dem DPMA oder Dritten aktivlegitimiert.** Aufgrund des mit der Pfändung verbundenen gerichtlichen Verfügungsverbots darf der **Markeninhaber bzw. Markenanmelder** über das Markenrecht bzw. die Markenanwartschaft **nicht mehr verfügen,** etwa durch Veräußerung, Lizenzierung oder dingliche Belastung. Solche Verfügungen sind gegenüber dem Pfändungspfandgläubiger ohne dessen Zustimmung relativ unwirksam, jedoch gegenüber Dritten wirksam (vgl. HK-MarkenR/Pahlow Rn. 19; BeckOK BGB/Wendtland BGB § 135 Rn. 8). Der Markeninhaber haftet bei Nichterfüllung dem Dritten gegenüber auf Schadensersatz. Der Markeninhaber bzw. Anmelder ist nicht berechtigt, die Markenanmeldung zurückzunehmen oder auf das Markenrecht zu verzichten. Jedoch bleibt eine **Teilung des Markenrechts möglich,** da sich das Pfändungspfandrecht an den Teilmarkenrechten bzw. Teilmarkenanwartschaften fortsetzt (vgl. Fezer Rn. 25).

54   Der Markeninhaber oder Anmelder ist dem Pfändungspfandgläubiger gegenüber verpflichtet, die **zur Verwertung des Markenrechts oder der Markenanwartschaft erforderlichen Auskünfte zu erteilen** und die vorhandenen Urkunden herauszugeben (§ 836 Abs. 3 ZPO). Hierzu gehört bei einer Markenanwartschaft die Auskunft über den Stand des Eintragungsverfahrens und bei einem existierenden Markenrecht die Auskunft über dessen Bestand, wie etwa den Umfang der Benutzung, erteilte Lizenzen, eine etwaige Verkehrsgeltung und Bekanntheit sowie Angaben, die zur Ermittlung des Markenwertes erforderlich sind (vgl. Fezer Rn. 20).

C. Registereintragung (Abs. 2 und 3)

55   Die an einer eingetragenen Marke nach § 29 Abs. 1 Nr. 1 bestellten dinglichen Rechte sowie die in § 29 Abs. 1 Nr. 2 genannten Zwangsvollstreckungsmaßnahmen können auf Antrag eines Beteiligten nach § 29 Abs. 2 in das Register eingetragen werden, wenn sie dem DPMA nachgewiesen werden. Gleiches gilt nach § 29 Abs. 3 auf Antrag des Insolvenzverwalters oder des Insolvenzgerichts für einen Insolvenzvermerk, wenn das Recht an einer eingetragenen Marke durch ein Insolvenzverfahren erfasst ist. Die Eintragung ist rein fakultativ und entfaltet keine Rechtswirkungen (vgl. Ingerl/Rohnke Rn. 11 f.). Die Eintragung empfiehlt sich jedoch vor allem für den Pfandgläubiger, um einer Umschreibung der Marke ohne seine Zustimmung auf einen Dritten oder einem Verzicht des Markeninhabers auf das Markenrecht vorzubeugen (vgl. HK-MarkenR/Pahlow Rn. 24).

D. Das Markenrecht im Insolvenzverfahren

I. Gegenstand der Insolvenzmasse

56   Das Markenrecht fällt in der Insolvenz des Markeninhabers **als selbstständiges Vermögensrecht in die Insolvenzmasse (§ 35 InsO).** Von der Insolvenz des Markeninhabers erfasst werden alle Markenrechte iSd § 4 Nr. 1–3, dh sowohl Registermarken, als auch Benutzungs- und Notorietätsmarken. Gleiches gilt für das durch eine Markenanmeldung begründete Markenanwartschaftsrecht in der Insolvenz des Anmelders (vgl. zum Geschmacksmuster BGH NJW-RR 1998, 1057). Diese Rechtslage setzt § 29 Abs. 3 voraus. Das MarkenG selbst

Dingliche Rechte; Zwangsvollstreckung; Insolvenzverfahren § 29 MarkenG

regelt die Behandlung der Marke bzw. des Markenanwartschaftsrechts in der Insolvenz nicht näher.

Auch die **Markenlizenz** wird bei einer Insolvenz des Lizenzgebers bzw. Lizenznehmers 57 von dem Insolvenzverfahren erfasst (im Einzelnen → § 30 Rn. 169 ff.).

Wurde die Marke vor Eröffnung des Insolvenzverfahrens durch den Markeninhaber an 58 einen Gläubiger verpfändet oder zur Sicherheit übertragen, so ist dieser nach §§ 50 Abs. 1, 51 Nr. 1 InsO zur abgesonderten Befriedigung berechtigt (vgl. Ingerl/Rohnke Rn. 15; Fezer Rn. 34; zum Geschmacksmuster BGH NJW-RR 1998, 1057 f.).

II. Rechtsstellung des Insolvenzverwalters

Mit Eröffnung des Insolvenzverfahrens **erlangt der Insolvenzverwalter die alleinige** 59 **Verfügungs- und Verwaltungsbefugnis über eine Marke (§§ 80, 81 InsO)**. Ab diesem Zeitpunkt ist allein er befugt, Lizenzen an der Marke zu vergeben (vgl. Ingerl/Rohnke Rn. 13). Dem Insolvenzverwalter steht das Recht zur Benutzung der zur Insolvenzmasse gehörenden Marke zu (vgl. Fezer Rn. 34).

Mit Eröffnung des Insolvenzverfahrens ist **allein der Insolvenzverwalter befugt, die** 60 **Verletzungsansprüche der §§ 14 ff. gegen Dritte geltend zu machen** (vgl. Ingerl/ Rohnke Rn. 13). Verletzungsansprüche des Markeninhabers gegen Dritte gehören unabhängig davon, ob sie vor oder nach Eröffnung des Insolvenzverfahrens entstehen, zur Insolvenzmasse (vgl. HK-MarkenR/Pahlow Rn. 27; Fezer Rn. 34). Dies gilt jedoch nicht, wenn diese vor Eröffnung des Insolvenzverfahrens wirksam an einen Dritten, zB dem Lizenznehmer, abgetreten wurden. **Ist bereits ein Rechtsstreit anhängig, in dem der Markeninhaber Partei ist, so wird dieser nach § 240 ZPO unterbrochen** (zur streitigen Frage der Unterbrechung des Widerspruchsverfahrens → § 42 Rn. 33 und des Beschwerdeverfahrens → § 66 Rn. 122 ff.). Hat der Markeninhaber einen **Dritten ermächtigt, die Verletzungsansprüche aus der Marke in gewillkürte Prozessstandschaft** im eigenen Namen geltend zu machen, tritt wegen des formellen Parteibegriffs des § 240 ZPO **keine Unterbrechung** ein, wenn das Insolvenzverfahren über das Vermögen des Markeninhabers eröffnet wird (vgl. BeckOK ZPO/Jaspersen ZPO § 240 Rn. 6.3; MüKoZPO/Gehrlein ZPO § 240 Rn. 15; aA MüKoInsO/Schumacher InsO Vor §§ 85–87 Rn 15; Musielak/Stadler ZPO § 240 Rn. 2 mwN). **Mit Eröffnung des Insolvenzverfahrens erlischt jedoch die Prozessführungsermächtigung analog § 117 InsO** (vgl. Andres/Leithaus/Andres InsO § 117 Rn. 5; MüKoInsO/Ott/Vuia InsO § 117 Rn. 8 mwN), infolgedessen die Klage als unzulässig abzuweisen ist, es sei denn der Insolvenzverwalter hat dem Prozessstandschafter eine neue Ermächtigung erteilt (vgl. BGH NJW 2000, 738 zu § 23 KO; BeckOK ZPO/Jaspersen ZPO § 240 Rn. 6.3). Wird das **Insolvenzverfahren über das Vermögen des Prozessstandschafters** eröffnet, tritt nur dann eine Unterbrechung ein, wenn die Insolvenzmasse zumindest mittelbar betroffen ist (vgl. MüKoInsO/Schumacher InsO Vor §§ 85–87 Rn 35 mwN; aA MüKoZPO/Gehrlein ZPO § 240 Rn. 15).

Der **Insolvenzverwalter hat das Markenrecht nach § 159 InsO zu verwerten**. Dies 61 kann unter anderem durch Verkauf, Lizenzierung oder Benutzung der Marke erfolgen (vgl. Ingerl/Rohnke Rn. 14; Fezer Rn. 37). Wie das Markenrecht verwertet wird, entscheidet der Insolvenzverwalter nach pflichtgemäßem Ermessen, mit dem Ziel einer für die Insolvenzmasse möglichst vorteilhaften Verwertung (vgl. Fezer Rn. 37).

III. Rechtsstellung des Markeninhabers

Der Markeninhaber bzw. Anmelder verliert mit Eröffnung des Insolvenzverfahrens die 62 Befugnis, über das Markenrecht bzw. die Markenanwartschaft zu verfügen und diese zu verwalten. Er verliert insbesondere das Recht zur Benutzung der Marke, das Recht an der Marke Lizenzen zu erteilen und diese zu veräußern oder dinglich zu belasten. Er bleibt jedoch Inhaber der Marke bzw. Markenanwartschaft (vgl. Fezer Rn. 33).

Sämtliche Rechtshandlungen, die der Markeninhaber oder Anmelder nach Eröffnung des 63 Insolvenzverfahrens betreffend das Markenrecht bzw. die Markenanwartschaft vornimmt, sind gegenüber jedermann unwirksam (§ 81 InsO). Dies betrifft auch die Anmeldung neuer Marken für das in der Insolvenz befindliche Unternehmen (vgl. Fezer Rn. 33).

Grüger 831

§ 30 Lizenzen

(1) Das durch die Eintragung, die Benutzung oder die notorische Bekanntheit einer Marke begründete Recht kann für alle oder für einen Teil der Waren oder Dienstleistungen, für die die Marke Schutz genießt, Gegenstand von ausschließlichen oder nicht ausschließlichen Lizenzen für das Gebiet der Bundesrepublik Deutschland insgesamt oder einen Teil dieses Gebiets sein.

(2) Der Inhaber einer Marke kann die Rechte aus der Marke gegen einen Lizenznehmer geltend machen, der hinsichtlich
1. der Dauer der Lizenz,
2. der von der Eintragung erfaßten Form, in der die Marke benutzt werden darf,
3. der Art der Waren oder Dienstleistungen, für die die Lizenz erteilt wurde,
4. des Gebiets, in dem die Marke angebracht werden darf, oder
5. der Qualität der von ihm hergestellten Waren oder der von ihm erbrachten Dienstleistungen

gegen eine Bestimmung des Lizenzvertrages verstößt.

(3) Der Lizenznehmer kann Klage wegen Verletzung einer Marke nur mit Zustimmung ihres Inhabers erheben.

(4) Jeder Lizenznehmer kann einer vom Inhaber der Marke erhobenen Verletzungsklage beitreten, um den Ersatz seines Schadens geltend zu machen.

(5) Ein Rechtsübergang nach § 27 oder die Erteilung einer Lizenz nach Absatz 1 berührt nicht die Lizenzen, die Dritten vorher erteilt worden sind.

Überblick

Die Vorschrift regelt den Umgang mit Benutzungsrechten/Lizenzen, die der Inhaber einer Marke einem Dritten an dem eigenen Recht erteilen kann. Der Regelungsbereich der Vorschrift erfasst alle Arten nationaler Marken, gleich auf welchem Wege ihr Schutztatbestand gemäß § 4 begründet wurde (→ § 4 Rn. 2 ff.). § 30 Abs. 1 erläutert den Umfang der Rechtsposition, die dem Lizenznehmer mit einer solchen Lizenz erteilt werden kann (→ Rn. 34).

§ 30 Abs. 2 räumt dem Markeninhaber/Lizenzgeber gegen den Lizenznehmer in bestimmten, enumerativ aufgeführten Fällen der Verletzungen eines Lizenzvertrags neben den vertraglichen Rechten auch Rechte aus der Marke ein (→ Rn. 64).

§ 30 Abs. 3 und Abs. 4 definieren, in welcher Weise der Lizenznehmer seine Rechte aus der Marke bzw. aus dem Lizenzvertrag gegenüber Dritten auf dem Gerichtswege geltend machen kann. Eine Klage des Lizenznehmers wegen Verletzung der Marke ist gemäß § 30 Abs. 3 nur mit Zustimmung des Markeninhabers möglich (→ Rn. 87). Jedoch kann der Lizenznehmer gemäß § 30 Abs. 4 einer Verletzungsklage des Markeninhabers jederzeit beitreten (→ Rn. 101).

§ 30 Abs. 5 gewährt dem Lizenznehmer Sukzessionsschutz für Fälle eines Übergangs des Markenrechts auf Dritte sowie für Fälle später erteilter Lizenzen (→ Rn. 164).

Übersicht

	Rn.		Rn.
A. Allgemeines	1	2. Auslegungsgrundsätze	27
		3. Sachlicher Umfang der Markenlizenz	34
B. Rechtsnatur der Lizenz	9	4. Räumlicher Umfang der Markenlizenz	39
I. Dinglicher Charakter der Lizenz an einer Marke	10	5. Unterlizenz	40
II. Schuldrechtlicher Charakter der Lizenz an einer geschäftlichen Bezeichnung	16	II. Gegenstand der Lizenz an einer geschäftlichen Bezeichnung	43
C. Gegenstand der Lizenz	19	**D. Kartellrechtliche Schranken**	47
I. Gegenstand der Lizenz an einer Marke	19	I. Allgemeines	47
		II. Zusammenschlusskontrolle bei Lizenzverträgen	49
1. Beschränkungen der Lizenz auf den Gegenstand des geschützten Markenrechts	19	III. Voraussetzungen kartellrechtlicher Schranken wettbewerbsbeschränkender Vereinbarungen	52

Lizenzen   § 30 MarkenG

	Rn.		Rn.
1. Bewirkung einer Verhinderung, Einschränkung oder Verfälschung des Wettbewerbs	53	I. Hauptpflichten – Zahlung von Lizenzgebühren	114
2. Keine Freistellung	56	1. Arten von Lizenzgebühren	114
3. Spürbarkeit	57	2. Steuerliche Aspekte	122
4. Sonderfall Abgrenzungsvereinbarung	58	II. Nebenpflichten	126
5. Rechtsfolgen	62	1. Ausübungspflicht	126
		2. Weitere Nebenpflichten	128
E. Rechte des Lizenzgebers	63		
I. Rechte aus der Marke gemäß Abs. 2	64	I. Kollision zwischen § 30 MarkenG und §§ 5 f. UWG	131
1. Dauer der Lizenz (Abs. 2 Nr. 1)	67	I. Irreführung durch Markennutzung	131
2. Die von der Eintragung erfasste Form; Nutzung ® und TM (Abs. 2 Nr. 2)	70	II. Irreführung durch Nutzung einer geschäftlichen Bezeichnung	135
3. Art der Waren und Dienstleistungen (Abs. 2 Nr. 3)	75	J. Übertragbarkeit der Lizenz/Unterlizenzen	136
4. Lizenzgebiet (Abs. 2 Nr. 4)	76		
5. Qualität der Waren und Dienstleistungen (Abs. 2 Nr. 5)	79	K. Anpassung/Beendigung des Lizenzvertrags	139
II. Rechte aus dem Lizenzvertrag	82	I. Anpassung	139
F. Rechte des Lizenznehmers	85	II. Kündigung	141
I. Inanspruchnahme der Priorität	85	1. Ordentliche Kündigung	142
II. Verletzungsklage durch den Lizenznehmer im eigenen Namen (Abs. 3)	87	2. Außerordentliche Kündigung	146
1. Prozessrechtliche Gesichtspunkte	87	3. Teilkündigung	151
2. Materiellrechtliche Gesichtspunkte	92	III. Nichtigkeit gemäß § 138 BGB	152
		IV. Das Schicksal der Unterlizenz	153
III. Beitritt des Lizenznehmers zu einer Verletzungsklage des Markeninhabers (Abs. 4)	101	V. Abwicklung nach Beendigung des Lizenzvertrags	157
G. Pflichten des Lizenzgebers	102	L. Sukzessionsschutz (Abs. 5)	164
I. Hauptpflichten	102	M. Lizenzverträge in der Insolvenz	169
II. Nebenpflichten	103	N. Anzuwendendes Recht und gerichtliche Zuständigkeit bei internationalen Lizenzverträgen	174
1. Allgemeines	103		
2. Gewährleistung	108	I. Anzuwendendes Recht	174
H. Pflichten des Lizenznehmers	114	II. Gerichtliche Zuständigkeit	175

A. Allgemeines

§ 30 MarkenG setzt das materielle Lizenzvertragsrecht der RL (EU) 2015/2436 um. § 30 Abs. 2 MarkenG hatte bereits den Wortlaut des Art. 8 Abs. 2 RL 2008/95/EG übernommen. § 30 Abs. 3–5 MarkenG gingen bis zur Neufassung der MRL über die europarechtlichen Vorgaben hinaus. Erst die RL (EU) 2015/2436 enthält nun mit der aktuellen Regelung des Art. 25 europarechtliche Vorgaben zu Prozessführungsmöglichkeiten des Lizenznehmers sowie die Aufforderung an die Mitgliedstaaten zur Einführung eines Registrierungsverfahrens für Lizenzen. Art. 25 RL (EU) 2015/2436 orientiert sich dabei an Art. 22 Abs. 3–5 UMV (→ UMV Art. 22 Rn. 21 ff.). § 30 erfüllt diese Vorgaben bereits weitestgehend. Hiervon gelten zwei Ausnahmen: Das nationale Markenrecht kennt (noch) keine Möglichkeit des Inhabers einer ausschließlichen Lizenz zur Erhebung einer Verletzungsklage ohne Zustimmung des Markeninhabers, wenn letzterer nach förmlicher Aufforderung nicht selbst innerhalb einer angemessenen Frist Verletzungsklage erhoben hat, → Rn. 87. Des Weiteren ist dem deutschen Markenrecht bislang die Erfassung von Lizenzen innerhalb des Markenregisters nicht bekannt → Rn. 7. Gemäß Art. 54 RL (EU) 2015/2436 endet die Umsetzungsfrist für den nationalen Gesetzgeber am 14.1.2019. **1**

Der **Anwendungsbereich** der RL (EU) 2015/2436 erstreckt sich gemäß Art. 1 nur auf durch Registrierung entstandene Marken. Darüber hinausgehend bezieht § 30 **alle Marken** in seinen Regelungsbereich ein, deren Schutz durch einen der in **§ 4 genannten Entstehungstatbestände** begründet wurde. § 30 gilt daher auch für durch Benutzung oder notorische Bekanntheit entstandene Marken. **2**

Lizenzen an geschäftlichen Bezeichnungen sind nicht in den Regelungsbereich des § 30 einbezogen. Eine Aussage darüber, ob Lizenzen an geschäftlichen Bezeichnungen nur schuld- **3** rechtlicher oder auch dinglicher Natur sein können, ist hiermit jedoch nicht verbunden (BT-Drs. 12/6581, 86). Zur Frage der Rechtsnatur einer gemäß § 30 erteilten Markenlizenz → Rn. 9. Zur Frage steuerrechtlicher Konsequenzen von unentgeltlich erteilten Zustimmungen zur Nutzung einer Marke als geschäftliche Bezeichnung innerhalb eines Konzerns → Rn. 124.

4   § 30 gilt gemäß § 31 auch für angemeldete Marken.
5   Unzulässig ist die Lizenzierung einer geographischen Herkunftsangabe (BGH GRUR 2007, 884 – Cambridge Institut). Ungeachtet dessen ist es jedem insoweit Berechtigten unbenommen, im Sinne einer schuldrechtlichen Gestattung auf die Geltendmachung seiner Rechte zu verzichten.
6   Die Markenlizenz ermöglicht dem Lizenznehmer eine selbständige Nutzung des Zeichens für eigene Produkte. Sie ist deshalb von derjenigen Nutzung einer Marke **zu unterscheiden,** die ein **bloßer Lohnfertiger** des Markeninhabers vornimmt, der die Marke nicht im eigenen Namen nutzt, sondern lediglich einen Fertigungsprozess auf Anweisung des Markeninhabers durchführt.
7   Der Markenlizenzvertrag kann **formfrei** wirksam abgeschlossen werden. Allerdings ist für den **Nachweis des Zustandekommens** eines Lizenzvertrags im kaufmännischen Geschäftsverkehr im Regelfall die Vorlage einer **schriftlichen Dokumentation** erforderlich, die durch Vorlage eines schriftlichen Lizenzvertrags, einer schriftlichen Dokumentation des Vertragsschlusses oder durch Vorlage von Besprechungsprotokollen erbracht werden kann (BGH BeckRS 2015, 20721). Für die Wirksamkeit des Lizenzvertrags ist seine Eintragung in das Markenregister nicht erforderlich. Anders als im Unionsmarkenrecht (→ UMV Art. 22 Rn. 33 ff.) ist die Eintragung der Lizenz im Register durch das MarkenG auch (noch) nicht optional vorgesehen. Art. 25 Abs. 6 RL (EU) 2015/2436 legt den Mitgliedstaaten jedoch die Verpflichtung auf, ein Verfahren für die Erfassung von Lizenzen im Register vorzusehen. Eine Umsetzung dieser Verpflichtung hat gemäß Art. 54 RL (EU) 2015/2436 bis zum 14.1.2019 zu erfolgen. Bei dem Abschluss eines Lizenzvertrags zu nationalen deutschen Marken sind Formerfordernisse zu beachten, die sich aus mit der Markenlizenz kombinierten, formbedürftigen Rechtsgeschäften ergeben können. Zu diesen gehören zB der Grundstückserwerb (§ 873 BGB) und die Schenkung (§ 518 BGB). Kartellrechtsrelevante Verträge unterliegen nach Wegfall des Schriftformerfordernisses in § 34 GWB aF keinem Formzwang mehr. Zu Altverträgen, die vor Wegfall des § 34 GWB aF geschlossen wurden, vgl. BGH GRUR 2002, 647 – Sabet/Massa.
8   Überwiegend wird für die Auslegung des § 30 auf die Rechtsprechung zu patentrechtlichen (vgl. Ströbele/Hacker/Hacker Rn. 2; Ingerl/Rohnke Rn. 2) und auch zu urheberrechtlichen Lizenzen (vgl. Ingerl/Rohnke Rn. 2) Bezug genommen. Bei einer Heranziehung der Rechtsprechung insbesondere zu urheberrechtlich erteilten Lizenzen ist jedoch die unterschiedliche Natur sowie die unterschiedliche Ratio von Markenrecht und Urheberrecht zu beachten (→ Rn. 33).

B. Rechtsnatur der Lizenz

9   Der Lizenzvertrag ist Dauerschuldverhältnis und als solches ein Vertrag eigener Art, der je nach Ausgestaltung Elemente unterschiedlicher Vertragstypen beinhalten kann (vgl. OLG Stuttgart GRUR-RR 2004, 8 (11) – BOSS; iE Ingerl/Rohnke Rn. 52 mwN).

I. Dinglicher Charakter der Lizenz an einer Marke

10 Nachdem mit dem Markengesetz die frühere Bindung des Warenzeichens an den Geschäftsbetrieb aufgegeben wurde (→ § 27 Rn. 3, → § 27 Rn. 91), geht die heute hM von einer **dinglichen Rechtsnatur** einer gemäß § 30 erteilten Lizenz **jedenfalls für** Fälle einer **ausschließlich wirkenden Lizenz** aus (für das Urheberrecht bezüglich ausschließlicher wie einfacher Lizenzen BGH WRP 2009, 1278 Rn. 20 – Reifen Progressiv; wohl auch GRUR 2007, 877 – Windsor Estate; OLG Hamburg GRUR-RR 2005, 181 – ZOMIG/AscoTop; GRUR-RR 2004, 175 – Löwenkopf; weitergehend Ingerl/Rohnke Rn. 12 ff.; Fezer Rn. 7, 8, die auch die Erteilung einer einfachen Lizenz als dingliches Rechtsgeschäft ansehen; aA Ströbele/Hacker/Hacker Rn. 21 ff.).

§ 30 MarkenG

Geht man mit der hM von der dinglichen Rechtsnatur der gemäß § 30 erteilten Lizenz 11
aus, ist es den Vertragspartnern vor dem Hintergrund der Vertragsfreiheit gleichwohl unbenommen, eine **lediglich schuldrechtliche Wirkung** der Lizenz zu vereinbaren. Die Regelungen des § 30 finden dann keine Anwendung. Für solche Fälle kann auf die Rechtsprechung aus der Zeit des WZG zurückgegriffen werden. Der Lizenzierung eines Warenzeichens kam aufgrund des damals akzessorischen Charakters des Warenzeichens bezogen auf den Geschäftsbetrieb ebenfalls nur eine schuldrechtliche Wirkung zu (vgl. Fezer Rn. 9 f.).

Die **Rechtsfolgen,** die sich **aus dem dinglichen Charakter** der gemäß § 30 erteilten 12
Lizenz ergeben, gehen allerdings nicht sehr weit. Ein eigener Schadensersatzanspruch gegen Dritte steht dem Lizenznehmer aus der Markenverletzung trotz des dinglichen Charakters der ihm erteilten Lizenz nicht zu. Ein solcher kann nur gemäß § 14 und damit zugunsten des Markeninhabers entstehen. Begründet wird dies mit dem Wortlaut des § 14 Abs. 6, der ausdrücklich nur dem Markeninhaber einen Schadensersatzanspruch zuspricht. Die Argumentation überzeugt nicht (→ Rn. 94). Auch einen dem Lizenznehmer ggf. entstandenen weiteren Schaden kann nur der Lizenzgeber als Markeninhaber im Wege der Drittschadensliquidation im eigenen Namen geltend machen (BGH GRUR 2007, 877 – Windsor Estate; → Rn. 95 ff.). Der Lizenznehmer kann lediglich der Verletzungsklage des Markeninhabers gemäß § 30 Abs. 4 beitreten oder mit Zustimmung des Markeninhabers Zahlung an diesen verlangen. Der gemäß § 30 Abs. 5 geregelte **Sukzessionsschutz** steht dem Lizenznehmer de lege lata ungeachtet der Rechtsnatur der Lizenz zu. Darüber hinaus entfaltet sich der **dingliche Charakter** der Lizenz nur auf Zeit, nämlich **bis zum Ende des Lizenzvertrags.** Insbesondere im Falle der Insolvenz eines der Vertragspartner macht das dem Insolvenzverwalter gemäß § 103 InsO zustehende Wahlrecht über das Fortbestehen der Lizenz dies oft schmerzlich deutlich (→ Rn. 169 ff.).

Ein wesentlicher Unterschied zwischen dinglichen Lizenzen und schuldrechtlichen 13
Gestattungen wirkt sich jedoch bei **Prioritätsfragen** aus. Sofern die Lizenz dinglich wirkt, kann sich der Lizenznehmer gegenüber Dritten auf die Priorität der lizenzierten Marke auch als Anspruchsteller berufen. Sofern die Lizenz lediglich schuldrechtlicher Natur ist, ist dem Lizenznehmer dies gemäß § 986 BGB nur einredeweise möglich (→ Rn. 85).

Die dingliche Rechtsnatur der Lizenz schließt deren rückwirkende Erteilung aus (OLG 14
Hamburg GRUR-RR 2005, 181 – ZOMIAG/AscoTop). Jedoch ist eine schuldrechtlich wirkende Gestattung auch für die Vergangenheit möglich.

Zu weitergehenden Unterschieden vgl. Ingerl/Rohnke Rn. 14 ff. 15

II. Schuldrechtlicher Charakter der Lizenz an einer geschäftlichen Bezeichnung

Die Lizenz an einer geschäftlichen Bezeichnung unterfällt nicht § 30. Eine solche Rege- 16
lung stellt eine nur **schuldrechtlich wirkende Gebrauchsüberlassung** dar, die den Begünstigten lediglich in die Lage versetzt, sich gegenüber Ansprüchen, die der Inhaber einer Marke oder geschäftlichen Bezeichnung stellen könnte, auf die Gestattung zu berufen (BGH GRUR 1991, 780 (781) – TRANSATLANTISCHE; LG Hamburg BeckRS 2012, 11646). Ein hierüber hinausgehender Gehalt, der insbesondere den Gestattungsgeber in der weiteren Nutzung oder Entwicklung seines eigenen Rechts einschränken würde, kann einer Gestattung grundsätzlich nicht entnommen werden (BGH GRUR 1991, 780 (781) – TRANSATLANTISCHE).

Die Gestattung der Nutzung einer Marke als Firma enthält grundsätzlich nicht gleichzeitig 17
das Recht zur markenmäßigen Nutzung des Zeichens und zwar weder in schuldrechtlicher noch in dinglicher Hinsicht. Der unterschiedliche Inhalt der Nutzungsarten, der zum einen die Kennzeichnung des Unternehmens und zum anderen die Kennzeichnung von Waren oder Dienstleistungen betrifft, steht dem entgegen (im Ergebnis ebenso Fezer Rn. 21).

Ungeachtet dessen ist zu beachten, dass der insoweit Begünstigte mit der Benutzungsauf- 18
nahme der geschäftlichen Bezeichnung eigene **originäre** und nicht etwa nur derivative **Rechte** durch den Lizenzgeber erwirbt. Über diese kann er grundsätzlich nach eigenem Belieben verfügen. Aus Sicht des Gestattungsgebers sollte daher innerhalb des Gestattungsvertrags geregelt werden, was mit diesem originären Recht nach Ablauf des Vertrags geschehen soll. Sinnvoll ist die Regelung einer Unterlassungspflicht des Gestattungsnehmers bezüglich der Nutzung der geschäftlichen Bezeichnung nach Beendigung des Gestattungsvertrages.

Taxhet

MarkenG § 30 Teil 2 Voraussetzungen, Inhalt und Schranken etc.

C. Gegenstand der Lizenz

I. Gegenstand der Lizenz an einer Marke

1. Beschränkungen der Lizenz auf den Gegenstand des geschützten Markenrechts

19   Gegenstand der Lizenz an einer Marke ist die **Gebrauchsüberlassung** des durch die Eintragung, Benutzung oder notorischen Bekanntheit einer Marke begründeten Rechts gegenüber einem Dritten in einem definierten Umfang.

20   Eine Lizenz iSd § 30 kann daher nur an demjenigen Gegenstand erteilt werden, der Teil des dinglichen Rechts selbst ist. Abzugrenzen ist die Lizenz iSd § 30 von der bloßen Gestattung einer bestimmten Zeichennutzung. Diese geht zwar mit dem Verzicht des Gestattenden auf die Geltendmachung seiner aus der Marke resultierenden Verbotsrechte einher. Sie gewährt aber nicht die Teilhabe an dem Markenrecht selbst. Nur vor diesem Hintergrund versteht sich die Regelung des § 26 Abs. 2, nach der die berechtigte Benutzung der Marke durch einen Dritten als rechtserhaltende Benutzung der Marke durch deren Inhaber gilt. Diese Abgrenzung ergibt sich iÜ auch aus dem Wortlaut des § 30. Dieser definiert „das durch die Eintragung, die Benutzung oder die notorische Bekanntheit einer Marke begründete Recht" als lizenzfähig, nicht jedoch hiervon abweichende Zeichen (BGH GRUR 2001, 54 – SUBWAY/Subwear).

21   Die Erteilung der Lizenz an einer gemäß § 4 Nr. 1 durch Registrierung entstandenen Marke ist **auf den Umfang des Registerrechts beschränkt.** Dies gilt sowohl bezüglich des Zeichens selbst als auch bezüglich der durch das Waren- und Dienstleistungsverzeichnis definierten Leistungen. Nicht möglich ist es daher, Lizenzen an verwechselbaren Zeichen (BGH GRUR 2001, 54 – SUBWAY/Subwear; OLG München GRUR-RR 2006, 130 – UltraMind) oder an Zeichenbestandteilen (OLG Hamburg GRUR-RR 2004, 175 – Löwenkopf) zu erteilen. Soweit die Ansicht vertreten wird, auch diejenige Form einer Marke könne Gegenstand einer Lizenz sein, die nicht der eingetragenen Form entspricht jedoch den kennzeichnenden Charakter der Marke nicht verändere (vgl. Ströbele/Hacker/Hacker Rn. 45) kann eine solche Regelung aufgrund der Vertragsfreiheit selbstverständlich auch innerhalb eines Lizenzvertrags vereinbart werden. Sie ist dann aber kein Teil der dinglichen Lizenz, sondern lediglich der schuldrechtlich Gestattung, bezüglich derer sich ein Lizenznehmer insbesondere nicht auf die Priorität der Marke berufen kann (→ Rn. 85).

22   Möglich ist die Lizenzierung einer registrierten Marke, die jedoch nur zur Nutzung der Marke in einem Gesamtzeichen berechtigt, welches selbst auch noch andere, zB beschreibende Elemente enthält (OLG Karlsruhe NJOZ 2010, 2512 (2513)).

23   Die übereinstimmende Fehlvorstellung der Vertragspartner über den Schutzumfang der Marke führt nicht zu einem erweiterten Lizenzgegenstand (OLG Hamburg BeckRS 2005, 30355325).

24   Gegenstand einer Lizenz iSd § 30 können **nur markenmäßige Benutzungshandlungen** sein (vgl. Ingerl/Rohnke Rn. 22). Keine Lizenz iSd § 30 ist deshalb auch die Zustimmung zur Nutzung eines mit der Marke identischen Zeichens als geschäftliche Bezeichnung, wenn hierin nicht gleichzeitig auch eine markenmäßige Nutzung liegt (zur Frage einer auch markenmäßigen Nutzung einer geschäftlichen Bezeichnung vgl. BGH GRUR 2008, 616 – Akzenta mwN).

25   In allen Fällen einer Erlaubnis zur Markennutzung, die keine Lizenz iSd § 30 darstellen, kommt eine nur **schuldrechtlich wirkende Gestattung** in Betracht (vgl. für die Gestattung der Nutzung einer geschäftlichen Bezeichnung BGH GRUR 1991, 780 – TRANSATLANTISCHE). Dieser wohnt die Erklärung des Gestattenden inne, gegen eine Nutzung der Marke nicht aus dem eigenen Recht vorgehen zu wollen. Auch eine solche schuldrechtlich wirkende Gestattung kann von dem Berechtigten zum Gegenstand von wirtschaftlichen Gegenleistungen gemacht werden (vgl. BGH GRUR 2004, 594 – Ferrari-Pferd).

26   Ob eine Marke, deren Schutztatbestand zwar durch Registrierung gemäß § 4 Nr. 1 begründet wurde, die aber darüber hinaus auch eine im Inland bekannte Marke gemäß § 14 Abs. 1 Nr. 3 darstellt, für Waren und Dienstleistungen lizenziert werden kann, die nicht Gegenstand des registrierten Verzeichnisses der Marke sind, ist streitig. Nach OLG Hamburg

(OLG Hamburg GRUR-RR 2005, 258 – Ahoj-Brause) kann eine bekannte Marke iSd § 14 Abs. 2 Nr. 3 auch für außerhalb des Ähnlichkeitsbereichs liegende Waren und Dienstleistungen lizenziert werden (aA Ingerl/Rohnke Rn. 21). Richtigerweise ist das dingliche Recht der registrierten Marke durch die Registerlage abschließend definiert. Eine weitergehende dingliche Lizenzierung ist nicht möglich. Der gemäß § 14 Abs. 2 Nr. 3 weitergehende Schutz beschreibt nur ein Abwehrrecht, welches aus der Summe von Registerrecht und Bekanntheit der Marke resultiert. Diesbezüglich kann der Markeninhaber nur eine schuldrechtliche Gestattung aussprechen. Die Erteilung einer dinglichen Lizenz für Waren und Dienstleistungen außerhalb des registrierten Verzeichnisses ist jedoch und nur dann möglich, wenn der Markeninhaber für diese Waren und Dienstleistungen gemäß § 4 Nr. 2 Markenschutz durch Verkehrsgeltung erworben hat.

2. Auslegungsgrundsätze

Der **Umfang** des durch Lizenz erteilten Rechts kann sowohl in sachlicher (dh bezogen auf die betroffenen Waren/Dienstleistungen) als auch in räumlicher (dh geographischer) Hinsicht unterschiedlich ausfallen. Die Lizenz kann entweder vollständig oder nur teilweise und zwar jeweils in ausschließlicher oder in einfacher Form erteilt werden. Der Umfang der Lizenz wird durch den Inhalt des Lizenzvertrags bestimmt. 27

Der Umfang einer erteilten Lizenz bestimmt sich gemäß den allgemeinen Grundsätzen zur Vertragsauslegung gemäß §§ 133, 157 BGB. Zu berücksichtigen sind in erster Linie der **Wortlaut** und der diesem zu entnehmende **objektive Wille** der Vertragsparteien. Des Weiteren gilt das Gebot, eine zugunsten beider Vertragsparteien **interessengerechte Vertragsauslegung** vorzunehmen sowie den **Vertragszweck** zu berücksichtigen. Auslegungsfehler unterliegen – unabhängig davon, ob sie von der Revision gerügt sind – der revisionsrechtlichen Kontrolle (BGH GRUR 2011, 946 Rn. 18, 25 – KD). 28

§ 313 BGB ist anwendbar. Es kann eine **Vertragsanpassung** verlangt werden, wenn sich die Umstände, die von beiden Vertragspartnern als Grundlage für den Abschluss des Lizenzvertrags erkannt werden, seit Vertragsbeginn geändert haben, die Parteien den Lizenzvertrag unter diesen neuen Umständen nicht abgeschlossen hätten, und ein Festhalten an dem Vertrag wie abgeschlossen nicht zumutbar ist (vgl. BGH GRUR 2009, 1162 Rn. 69 ff. – DAX; → Rn. 139 f.). 29

Die grundsätzliche **Vermutung der Richtigkeit und Vollständigkeit von Urkunden**, die bezüglich eines Rechtsgeschäfts errichtet werden, gilt auch für Lizenzverträge (vgl. für die Gestattung der Nutzung von geschäftlichen Bezeichnungen BGH GRUR 2001, 1164 – buendgens). 30

Umfang und Qualität des Rechtsbindungswillens zweier Vertragsparteien sind nach Treu und Glauben unter Berücksichtigung der Verkehrssitte durch den Tatrichter zu ermitteln. Abzustellen ist hierbei insbesondere auf die wirtschaftliche und rechtliche Bedeutung der Angelegenheit sowie auf die Interessenlage der Vertragspartner (BGH GRUR 2006, 56 – BOSS-Club; vgl. zum Patentrecht BGH GRUR 1998, 561 – Umsatzlizenz). 31

Die Einräumung einer nicht exklusiven, weltweiten, gebührenfreien „Lizenz zur Verwendung aller eingetragenen Markenzeichen, Handelsnamen (…)", die der Verwender einer Internetplattform deren Betreiber gemäß AGB einräumt, ist wegen Verstoßes gegen **AGB-Recht** unwirksam (LG Nürnberg-Fürth BeckRS 2011, 18563). 32

Es wird vertreten, im Zusammenhang mit der Auslegung eines Markenlizenzvertrags seien die durch die Rechtsprechung im Urheberrecht entwickelten Grundsätze zur **Zweckübertragungstheorie** zu berücksichtigen (Ingerl/Rohnke Rn. 26; HK-MarkenR/Pahlow Rn. 43). Dem kann **nicht uneingeschränkt** gefolgt werden. Zwar ist der Zweck einer erteilten Lizenz im Rahmen der Vertragsauslegung bei der Berücksichtigung der Begleitumstände eines Vertragsschlusses zu berücksichtigen. Dem Urheberrecht wohnt jedoch die Tendenz inne, beim Urheber zu verbleiben (BGH ZUM 1998, 497 – Comic-Übersetzungen). Dieser Grundsatz ist auf das Markenrecht nicht übertragbar. Anders als das Urheberrecht schützt das Markenrecht keine persönliche geistige Schöpfung des Urhebers, die auch Persönlichkeitsrechte des Inhabers berücksichtigt. Auch ist die Inhaberschaft beim Markenrecht nicht an den originären Entstehungstatbestand des Schutzrechts geknüpft. Das Markenrecht stellt lediglich ein im Wirtschaftsverkehr wirkendes Monopol dar, das regelungstechnische 33

MarkenG § 30 Teil 2 Voraussetzungen, Inhalt und Schranken etc.

Zuordnungsfunktionen erfüllt, und dessen Inhaberschaft beliebig wechseln kann. Ein besonderer Schutz des Rechtsinhabers vergleichbar dem Urheber ist für den Markeninhaber daher weder erforderlich noch geboten.

3. Sachlicher Umfang der Markenlizenz

34 Dem Inhalt des Lizenzvertrags muss entsprechend den unter → Rn. 27 ff. dargestellten Grundsätzen entnommen werden, welche Waren und/oder Dienstleistungen die Lizenz der Marke umfassen soll. Hierbei kann es sich um einige oder um alle Waren und/oder Dienstleistungen handeln, die von dem Schutztatbestand der Marke erfasst sind.

35 Die Lizenz kann als **ausschließliche** (auch exklusive), Allein- **oder einfache Lizenz** erteilt werden.

36 Eine **ausschließliche (auch exklusive) Markenlizenz** beinhaltet die Verpflichtung für den Lizenzgeber, eine Lizenz des (auch teilweise) selben Inhalts zukünftig nicht an sonstige Dritte zu vergeben und sich auch selbst einer solchen Markennutzung in Zukunft zu enthalten. Des Weiteren gewährleistet eine ausschließliche Lizenz dem Lizenznehmer, dass eine Lizenz des (auch teilweise) selben Inhalts nicht bereits zu einem früheren Zeitpunkt gegenüber Dritten erteilt wurde. Bestehen jedoch bereits inhaltsgleiche frühere Lizenzrechte Dritter, so werden diese wegen § 30 Abs. 5 nicht berührt und ist der neue Lizenznehmer, dem ein Umfang des Rechts in dem lizenzvertraglich zugesagten Umfang nicht eingeräumt werden kann, auf Gewährleistungs- und Schadensersatzansprüche gegen den Lizenzgeber verwiesen. Ist eine Marke für den Geschäftsführer einer klagenden Gesellschaft registriert, und wird die Marke durch die Gesellschaft genutzt, so liegt die Annahme einer Exklusivlizenz als Grundlage für die Nutzung zwar nahe. Im Bestreitensfalle ist die Gesellschaft aber beweisbelastet (LG München I GRUR-RR 2009, 238).

37 Von der ausschließlichen Lizenz zu unterscheiden ist die sog. **Alleinlizenz.** Bei dieser verpflichtet sich der Markeninhaber, inhaltsgleiche Lizenzen nicht gegenüber Dritten zu erteilen. Er bleibt jedoch in eigener Person zur Markennutzung weiter berechtigt.

38 Die einfache Lizenz lässt das Recht des Markeninhabers zur Erteilung weiterer inhaltsgleicher Lizenzen auch gegenüber Dritten unberührt. Er kann die Marke auch selbst in dem lizenzierten Umfang weiterhin nutzen.

4. Räumlicher Umfang der Markenlizenz

39 Der Lizenzvertrag benennt dasjenige Gebiet, für welches die sachlich eingeräumte Lizenz an der Marke gelten soll. Da Regelungsgegenstand des § 30 nur Marken mit Schutztatbestand für die Bundesrepublik Deutschland sind, ist auch das **Lizenzgebiet** auf diesen geographischen Geltungsbereich beschränkt, der ganz oder teilweise vereinbart werden kann.

5. Unterlizenz

40 Der Lizenznehmer kann selbst Unterlizenzen erteilen, sofern er hierzu ermächtigt ist und seine eigene Lizenz den Umfang er erteilten Unterlizenz abdeckt. Für die Unterlizenzierung gelten die Regelungen des **§ 30 analog.**

41 Eine Unterlizenz kann nicht wirksam erteilt werden, wenn der Lizenznehmer hierzu entweder nicht ermächtigt ist oder der Umfang der ihm erteilten Hauptlizenz die Unterlizenz nicht abdeckt. Ein **gutgläubiger Rechtserwerb** auch des Unterlizenznehmers ist **ausgeschlossen** (zur fehlenden Möglichkeit des gutgläubigen Erwerbs des Rechts an einer Marke → § 27 Rn. 32). Der Lizenznehmer, der unzulässig und unwirksam eine Unterlizenz vergibt, ist dem Unterlizenznehmer, der vertragswidrig leer ausgeht, zum Schadensersatz verpflichtet. Dem Lizenzgeber gegenüber ist er zum Schadensersatz aus dem Lizenzvertrag verpflichtet (Fezer Rn. 24), sofern dem Lizenzgeber trotz Unwirksamkeit der Unterlizenz ein Schaden entstanden ist.

42 Die Rechte gemäß **§ 30 Abs. 2** stehen dem Markeninhaber auch gegen den Unterlizenznehmer zu. Dies gilt auch dann, wenn der Unterlizenznehmer lediglich einen Teil des dem Hauptlizenznehmer eingeräumten Rechts ausübt. Dagegen stehen dem Hauptlizenznehmer solche Ansprüche nicht gegen den Unterlizenznehmer zu (aA Fezer Rn. 25). Der Wortlaut der Vorschrift räumt die Rechtsposition ausdrücklich nur dem Markeninhaber ein. § 30

Abs. 3 gewährt dem Lizenznehmer darüber hinaus keine materiellrechtlichen Ansprüche (→ Rn. 92).

II. Gegenstand der Lizenz an einer geschäftlichen Bezeichnung

Das MarkenG enthält keine Regelung zur Lizenzierung einer geschäftlichen Bezeichnung. 43
§ 30 findet **keine Anwendung.**

Die Lizenzierung einer geschäftlichen Bezeichnung unterscheidet sich von der Lizenzie- 44
rung einer Marke grundsätzlich. Dies folgt aus dem **originären Rechtserwerb,** der mit der Benutzungsaufnahme einer geschäftlichen Bezeichnung verbunden ist. Der Nutzer einer geschäftlichen Bezeichnung erwirbt mit Benutzungsaufnahme ein Recht, das originär entsteht, und das nicht derivativ von einem lizenzierten Hauptrecht abgeleitet werden muss. Es besteht daher auch nach Ende der Lizenz zunächst fort. Es endet erst, wenn seine Benutzung tatsächlich aufgegeben wird.

Da der Schutztatbestand der geschäftlichen Bezeichnung originär entsteht, handelt es sich 45
bei der diese Benutzungsaufnahme legitimierenden Lizenz eines Inhabers älterer Rechte der Sache nach um eine schuldrechtliche Gestattung. Diese wirkt allein inter partes (BGH NJW 1991, 1353 – Ott International; GRUR 1970, 528 – Migrol). Der Inhaber des älteren Rechts erklärt dem prioritätsjüngeren Inhaber der geschäftlichen Bezeichnung, dass er gegen die Nutzung der geschäftlichen Bezeichnung das eigene ältere Recht nicht geltend machen werde. Als Inhaber des älteren Rechts kommen sowohl ein Markeninhaber als auch der Inhaber einer älteren geschäftlichen Bezeichnung in Betracht. Der Gestattungsempfänger kann sich nicht auf die Priorität des Gestattungsgebers berufen. Er begründet durch die Aufnahme der eigenen geschäftlichen Bezeichnung ein eigenes Recht, das die spätere **Priorität der eigenen Benutzungsaufnahme** vermittelt. Die Priorität des Gestattungsgebers ermöglicht es ihm nicht, gegen fremde Dritten vorzugehen (BGH GRUR 1985, 567 – Hydair). Etwas anderes gilt, sofern er die Rechte des Gestattungsgebers im Wege der gewillkürten Prozessstandschaft geltend macht (BGH GRUR 1990, 361 – Kronthaler).

Der Gestattungsgeber sollte in einem Gestattungsvertrag regeln, wie bei einer Vertragsbe- 46
endigung mit der Nutzung der geschäftlichen Bezeichnung durch deren Inhaber verfahren werden soll, insbesondere, ob eine Unterlassungspflicht für den Inhaber nach Vertragsbeendigung besteht, und ob Aufbrauchfristen gewährt werden. Ohne ausdrückliche vertragliche Regelung ist anhand einer Vertragsauslegung sowie den begleitenden Umständen des Einzelfalls festzustellen, was mit den originären Rechten des Gestattungsempfängers nach Ende des Gestattungsvertrags geschehen soll. Wird die Verwendung einer geschäftlichen Bezeichnung im Rahmen einer Zusammenarbeit gestattet, so ist davon auszugehen, dass die Gestattung mit Ende der Zusammenarbeit enden soll (BGH GRUR 2001, 1164 (1166) – buendgens).

D. Kartellrechtliche Schranken

I. Allgemeines

Markenlizenzverträge unterliegen den kartellrechtlichen Schranken wettbewerbsbeschrän- 47
kender Vereinbarungen. Dies gilt sowohl hinsichtlich der Fusionskontrolle als auch hinsichtlich wettbewerbsbeschränkender Vereinbarungen.

Es gelten für das deutsche Kartellrecht die §§ 1 ff. GWB sowie § 35 GWB. Für das europä- 48
ische Kartellrecht gelten Art. 101 AEUV sowie die FKVO. Das Verbot eines Lizenzvertrags nach deutschem Kartellrecht ist nicht möglich, sofern das Unionskartellrecht ebenfalls anwendbar ist (BGH MarkenR 2011, 210 Rn. 58 – Jette Joop).

II. Zusammenschlusskontrolle bei Lizenzverträgen

Durch eine Markenlizenz erhält der Lizenznehmer mangels Vollrechtserwerb nicht das 49
Vermögen des Lizenzgebers ganz oder zu einem wesentlichen Teil. Die Voraussetzungen des **§ 37 Abs. 1 Nr. 1 GWB** sind daher **nicht** erfüllt (BGH GRUR 2007, 517 Rn. 9 – National Geographic I).

50 § 37 Abs. 1 Nr. 2 GWB (Erwerb der mittelbaren oder unmittelbaren Kontrolle über andere Unternehmen) ist anwendbar, wenn der Lizenznehmer mit der Lizenz das **Vermögen des Lizenzgebers zu einem wesentlichen Teil** erhält. Dies ist dann der Fall, wenn das im Rahmen der Lizenz eingeräumte Recht die tragende Grundlage einer bereits vorhandenen Marktstellung des Lizenzgebers ist, in die der Lizenznehmer mit Erteilung der Lizenz einrückt (BGH GRUR 2007, 517 Rn. 12 – National Geographic I). Die Anwendung des § 37 Abs. 1 Nr. 2 GWB kommt also nur dann in Betracht, wenn der Lizenzgeber bereits zuvor auf dem betroffenen Markt tätig war, und wenn die eingeräumte Lizenz eine exklusive oder auch ausschließliche Lizenz (→ Rn. 35) darstellt (vgl. auch Strohmayr GRUR 2010, 583).

51 Zu der Frage eines kartellrechtsrelevanten Zusammenschlusses von Unternehmen durch die Übertragung einer Marke → § 27 Rn. 87.

III. Voraussetzungen kartellrechtlicher Schranken wettbewerbsbeschränkender Vereinbarungen

52 Eine Lizenzvertragsklausel verstößt gegen § 1 GWB bzw. Art. 101 AEUV, wenn sie
- eine Verhinderung, Einschränkung oder Verfälschung des Wettbewerbs bewirkt, und
- nicht freigestellt ist, und
- spürbar ist.

1. Bewirkung einer Verhinderung, Einschränkung oder Verfälschung des Wettbewerbs

53 Beschränkungen, die sich aus der Rechtsnatur der Marke selbst ergeben, fallen nicht unter das Kartellverbot. Die rechtmäßige Ausübung von Rechten aus einer Marke ist grundsätzlich kartellrechtskonform und stellt insbesondere keine Behinderung dar (BGH GRUR 1987, 438 (440) – Handtuchspender). Die Vertragliche Pflicht im Rahmen einer ausschließlich erteilten Lizenz zur Zahlung einer Lizenzgebühr auch für den Fall, dass das lizenzierte Recht ex tunc entfällt, schränkt die Handlungsfreiheit des Lizenznehmers dann nicht kartellrechtswidrig ein, wenn der Lizenznehmer den Vertrag kündigen kann (für das Patentrecht vgl. EuGH BeckEuRS 2016, 479298).

54 Ein exklusiver Nießbrauch, der als Ersatz für die Übertragung einer Marke bestellt wird, und dessen Laufzeit 30 Jahre betragen soll, verstößt nicht gegen § 1 GWB (LG Hamburg BeckRS 2011, 9412).

55 Zu weiteren kartellrechtsrelevanten und kartellrechtsneutralen Klauseln vgl. Ingerl/Rohnke Rn. 122 f.; Fezer Rn. 63 ff.

2. Keine Freistellung

56 Für Markenlizenzverträge existiert **keine Gruppenfreistellungsverordnung**. Auch auf europäischer Ebene kommt daher nur eine Einzelfreistellung gemäß Art. 101 Abs. 3 AEUV in Betracht. Etwas anderes kann gelten, wenn die Markenlizenz nicht Hauptgegenstand des Vertrags ist (vgl. die Darstellung bei Ingerl/Rohnke Rn. 123 mwN). Für Technologietransfervereinbarungen gelten seit dem 1.5.2014 bis zum 30.4.2026 die VO (EU) Nr. 316/2014, ABl. EU L 93, 17 sowie die neuen Leitlinien der Kommission zur Anwendung von Art. 101 AEUV auf Technologietransfer-Vereinbarungen (ABl. EU 2014 C 89, 03).

3. Spürbarkeit

57 Die Spürbarkeit ist ungeschriebenes Tatbestandsmerkmal des § 1 GWB und des Art 101 AEUV. Zu prüfen ist die Spürbarkeit der Klausel sowohl für den Wettbewerb als auch für den zwischenstaatlichen Handel. Die sog. „de-minimis Bekanntmachung" der Kommission (ABl. EG 2001 C 368, 13) definiert insoweit Marktanteilsschwellen, deren Einhaltung dazu führt, dass die Kommission nicht von einer „Spürbarkeit" ausgeht. Allerdings bindet diese Bekanntmachung nur die Kommission. Die nationalen Gerichte sowie der EuGH sind an die dort definierten Grenzen nicht gebunden.

4. Sonderfall Abgrenzungsvereinbarung

Abgrenzungsvereinbarungen sind gemäß § 1 GWB nur dann verboten, wenn sie entweder 58 eine Wettbewerbsbeschränkung bezwecken oder wenn bei ihrem Abschluss kein ernsthafter, objektiv begründeter Anlass zu der Annahme besteht, dem begünstigten Vertragspartner stehe ein entsprechender Unterlassungsanspruch zu (BGH GRUR 2011, 641 f. Rn. 19 – Jette Joop, mit Anm. Fammler/Niebel; OLG Düsseldorf BeckRS 2015, 04601; LG Braunschweig BeckRS 2013, 15286). Bei der Auslegung des Inhalts einer Abgrenzungsvereinbarung ist im Zweifel davon auszugehen, dass die Parteien Vernünftiges gewollt haben und sich gesetzeskonform verhalten möchten (OLG Düsseldorf BeckRS 2015, 04601).

Eine fehlende zeitliche Beschränkung von Unterlassungsverpflichtungen, die in Abgren- 59 zungsvereinbarungen von einer oder beiden Vertragspartnern typischer Weise hinsichtlich einer bestimmten sachlichen oder räumlichen Nutzung der Marke übernommen werden, und die einem Wettbewerbsverbot gleich kommen, führt nicht zur Annahme der Kartellrechtswidrigkeit. Da Markenrechte unbegrenzt verlängert werden können, besteht ein berechtigtes Bedürfnis nach einer zeitlich unbegrenzten Regelung (OLG Düsseldorf BeckRS 2015, 04601). Entsprechendes gilt für das Fehlen einer räumlichen Begrenzung der Geltung einer Abgrenzungsvereinbarung (BGH GRUR 2011, 641 (644) Rn. 47, 48 – Jette Joop). Kartellrechtswidrig sind Nichtangriffsabreden, die einen Verzicht auf einen Antrag bzw. eine Klage auf Löschung wegen Verfalls aufgrund nachträglicher absoluter Schutzhindernisse oder einen Antrag auf Löschung wegen Nichtigkeit aufgrund anfänglicher absoluter Schutzhindernisse beinhalten. Die betroffene Marke, ist in diesen Fällen löschungsreif ist, gibt die vereinbarte Rechtslage nicht her (OLG Düsseldorf BeckRS 2015, 04601).

Für die Prüfung eines Unterlassungsanspruchs ist allein die Rechtslage zum **Zeitpunkt** 60 **des Vertragsschlusses** maßgeblich (BGH GRUR 2011, 641 Rn. 17, 60 – Jette Joop).

Sofern einzelne Unterlassungspflichten einer Abgrenzungsvereinbarung gemäß § 1 GWB iVm § 134 BGB unwirksam sein sollten, findet hinsichtlich der Wirksamkeit aller übrigen Regelungen eine **geltungserhaltende Reduktion** der Gesamtabsprache statt (BGH GRUR 2011, 641 (645) Rn. 53, 55 – Jette Joop; OLG Düsseldorf BeckRS 2015, 04601).

Nach europäischem Kartellrecht sind Abgrenzungsvereinbarungen zulässig, sofern mit 61 ihnen nicht zugleich auch Marktaufteilungen oder andere Wettbewerbsbeschränkungen bezweckt werden (EuGH Slg. 1985, 363 – Toltecs/Dorcet II).

5. Rechtsfolgen

Klauseln, die gegen Art. 101 AEUV verstoßen, sind gemäß Art. 101 Abs. 2 AEUV nichtig. 62 Entsprechendes gilt gemäß § 134 BGB auch für Klauseln, die gegen § 1 GWB verstoßen.

E. Rechte des Lizenzgebers

Rechte des Lizenzgebers gegen den Lizenznehmer bestehen in zweifacher Hinsicht: Zum 63 einen gewährt § 30 Abs. 2 Rechte aus der Marke. Zum anderen stehen dem Lizenzgeber die vertraglichen Ansprüche zu, die sich aus dem Lizenzvertrag ergeben. Rechte, die dem Markeninhaber gegen Dritte wegen einer Markenrechtsverletzung zustehen, bestehen hiervon unberührt.

I. Rechte aus der Marke gemäß Abs. 2

§ 30 Abs. 2 MarkenG und Art 8 Abs. 2 RL (EU) 2015/2436 sind ihrem Wortlaut nach 64 nahezu identisch. § 30 Abs. 2 setzt damit die Vorgaben der Richtlinie um. In den hier enumerativ genannten Fällen einer Verletzung des Lizenzvertrags durch den Lizenznehmer stehen dem Lizenzgeber neben vertraglichen Ansprüchen auch solche aus der Verletzung seines Markenrechts zu (BT-Drs. 12/6581, 86). Insoweit **abschließenden Charakter** hatte bereits Art. 8 Abs. 2 RL 2008/95/EG, was sich aus dessen Wortlaut ergibt, der die vorgenommene Aufzählung nicht etwa „insbesondere" zu Fällen erklärt, in denen markenrechtliche Ansprüche entstehen (EuGH GRUR 2009, 593 – Copad). Der Wortlaut der Vorschrift hat sich in Art. 8 Abs. 2 RL (EU) 2015/2436 nicht geändert.

MarkenG § 30 Teil 2 Voraussetzungen, Inhalt und Schranken etc.

65 Über die Regelung des Art. 8 Abs. 2 RL (EU) 2015/2436 hinausgehend betrifft § 30 Abs. 2 auch Verletzungen des Lizenzvertrags durch den Lizenznehmer an nicht eingetragenen Marken.

66 In Fällen des § 30 Abs. 2 finden die Rechtsverletzungsvorschriften der §§ 14 ff. Anwendung. Des Weiteren findet in solchen Fällen **keine Erschöpfung** des Markenrechts gemäß § 24 bezüglich solcher Waren statt, die durch die genannten Verletzungstatbestände in den Verkehr gelangt sind (BT-Drs. 12/6581, 86). Sofern ein Lizenznehmer also gegen die in § 30 Abs. 2 genannten Bestimmungen des Lizenzvertrags verstößt, kann der Markeninhaber auch gegen die Abnehmer des Lizenznehmers vorgehen.

1. Dauer der Lizenz (Abs. 2 Nr. 1)

67 Die Dauer der Lizenz definiert den Zeitraum, in welchem dem Lizenznehmer der Gebrauch der Marke in dem festgelegten sachlichen Umfang überlassen wird.

68 **Nach Ablauf** des Lizenzvertrags darf die Marke durch den (ehemaligen) Lizenznehmer nicht mehr verwendet werden. Auch bei Verwendung des Hinweises „früher …" erfolgt eine rechtswidrige Markennutzung, weil hierdurch bei den Verkehrskreisen der irreführende und damit wettbewerbswidrige Eindruck entstehen kann, kann, das Produkt sei unter der ehemals lizenzierten Marke nicht mehr erhältlich (BGH GRUR 1963, 485 – Mickey-Mouse-Orangen; OLG Köln GRUR-RR 2007, 390 – Neuer Name – dasselbe Geschoss). Darüber hinaus stellt die Nutzung der Marke unter Hinzufügung von „früher …" eine markenmäßige Kennzeichnung der Ware dar, die nach Ablauf des Lizenzvertrags unzulässig ist.

69 Andererseits muss es dem Lizenznehmer möglich sein, seine Kunden darüber zu informieren, dass und unter welcher Kennzeichnung die während der Dauer des Lizenzvertrags mit der Marke gekennzeichneten Produkte auch nach Ablauf des Lizenzvertrags weiterhin erhältlich sind. Erlaubt ist ihm dies bis zur Beendigung des Lizenzvertrags, indem er bereits während der Vertragslaufzeit **auf eine bevorstehende Änderung der Kennzeichnung hinweist.** Der Hinweis darf die Grenzen eines sachlichen Hinweises nicht überschreiten (OLG Köln GRUR-RR 2007, 390 – Neuer Name – dasselbe Geschoss).

2. Die von der Eintragung erfasste Form; Nutzung ® und TM (Abs. 2 Nr. 2)

70 Der Markeninhaber hat ein Interesse daran in dem Lizenzvertrag zu regeln, in welcher Weise die Marke genutzt werden darf. Dieses Interesse resultiert aus der gemäß § 26 bestehenden Notwendigkeit, die Marke in der registrierten Form **rechtserhaltend zu nutzen** und eine **verwässernde Nutzung zu vermeiden.** Die Nutzung der Marke durch den Lizenznehmer wird dem Markeninhaber gemäß § 26 Abs. 2 zugerechnet. Das Interesse des Markeninhabers liegt deshalb darin, vertraglich sowohl die Pflicht zur markenmäßigen Nutzung als auch die Art und Weise der Nutzung zu regeln. Verstößt der Lizenznehmer gegen diese Pflicht, stehen dem Markeninhaber neben den vertraglichen Ansprüchen auch die Ansprüche aus der Marke gemäß §§ 14 ff. zu.

71 Soweit die lizenzierte Marke eine begleitende Marke ist, die nicht das Endprodukt sondern die in diesem enthaltenen Materialien kennzeichnet, ist die Art der Anordnung von begleitender Marke und Marke des Endproduktes gesondert zu regeln. Entsprechendes gilt für das Verhältnis der Nutzung von Dachmarken und untergeordneten Marken sowie von Marken und geschäftlichen Bezeichnungen.

72 § 30 Abs. 2 Nr. 2 ist entsprechend auf Ansprüche des Inhabers einer Kollektivmarke gegen die Verbandsmitglieder anzuwenden. Die Vorschrift verleiht dem Markeninhaber insoweit seine Aktivlegitimation (BGH GRUR 2003, 242 – Dresdner Christstollen).

73 Der Marke und damit dem Lizenzgeber schadet eine den Schutztatbestand verwässernde Nutzung. Insbesondere bei Wortmarken besteht oftmals das vermeintliche Bedürfnis des Nutzers, diese in beschreibender Art und Weise in Fließtexte einzubinden. Dem Lizenznehmer kann zur Vermeidung einer verwässernden Nutzung vertraglich geboten werden, Wortmarken nicht mit Deklinations- oder Pluralendungen zu versehen und sie bei Nutzung innerhalb eines Fließtextes in Großbuchstaben zu verwenden.

74 Es kann die Verpflichtung für den Lizenznehmer ausgesprochen werden, die Marke jedenfalls bei ihrer ersten Nennung der Marke im Text mit dem Registrierungszeichen „®" zu versehen, dieses Zeichen als Fußnote zu wiederholen und im Text der Fußnote auf den

Markeninhaber zu verweisen. Sofern sich die Marke zum Zeitpunkt des Vertragsschlusses noch im Anmeldestatus befindet, kann die Nutzung des Registrierungszeichens „®"eine Irreführungsgefahr iSd § 5 Abs. 1 Nr. 1 UWG hervorrufen; dabei ist jedoch die Erheblichkeitsschwelle des § 3 Abs. 1 UWG zu beachten (BGH GRUR 2009, 888 – Thermoroll; OLG Düsseldorf NJWE-WettbR 1997, 5).

Sofern die Marke noch nicht registriert, aber bereits angemeldet ist, führt die Nutzung des Zeichens **74.1**
„TM" nicht zu einer Irreführung der angesprochenen Verkehrskreise über die Registrierung der Marke. Die Zeichen ® und TM sind insoweit nicht gleichbedeutend (aA Köhler/Bornkamm/Bornkamm UWG § 5 Rn. 5.122). Der Ursprung der Zeichen „®" und „TM" liegt im angloamerikanischen Recht. Ausschließlich für das Zeichen „®" bestimmt § 1111 U.S. Trademark Act: „Notwithstanding the provisions of section 1072 of this title, a registrant of a mark registered in the Patent and Trademark office, may give notice that his mark is registered by displaying with the mark the words „Registered in U.S. Patent and Trademark Office" or „Reg. U.S. Pat. & Tm. Off" or the letter R enclosed within a circle (…)". Das Zeichen „TM" ist in der zitierten Vorschrift gerade nicht genannt. Als Abkürzung für das Wort „Trademark" nimmt auch der Wortlaut keinen Registrierungsstatus für sich in Anspruch. Nach erfolgter Anmeldung der Marke kommt dem Zeichen bereits gemäß § 31 ein erhöhter Schutzstandard zu. Soweit man der Nutzung des Zeichens „TM" eine Erklärung des Inhalts entnehmen möchte, die so gekennzeichnete Marke nehme ungeachtet der fehlenden Registrierung einen erhöhten Schutzstandard für sich in Anspruch, ist auch diese Aussage nach erfolgter Anmeldung zutreffend und nicht irreführend. Auch die deutschen Verkehrskreise verstehen das Zeichen „TM" als Hinweis darauf, dass eine Markeneintragung beantragt worden ist (KG GRUR-RR 2013, 397). Für Marken, die nicht zur Registrierung angemeldet sind, ist ein erhöhter Schutztatbestand im Streitfall durch die Höhe des Bekanntheitsgrades nachzuweisen.

3. Art der Waren und Dienstleistungen (Abs. 2 Nr. 3)

Der Markeninhaber kann den Lizenznehmer in seiner Markennutzung auch hinsichtlich **75**
der Art der Waren, die mit der Marke gekennzeichnet werden dürfen, reglementieren. ZB kann die Lizenz auf die Kennzeichnung von Waren einer bestimmten Größe, Form oder Farbe beschränkt werden. Mengenmäßige Beschränkungen unterfallen der Regelung des § 30 Abs. 2 Nr. 3 nicht (Ströbele/Hacker/Hacker Rn. 49).

4. Lizenzgebiet (Abs. 2 Nr. 4)

Das Merkmal „des Gebiets" des § 30 Abs. 2 Nr. 4 ist **geographisch** zu verstehen und **76**
bezieht sich nicht auf eine Gesamtheit von zugelassenen Marktteilnehmern (EuGH C-59/08, GRUR 2009, 593 – Copad).

Da sich die Vorschrift ihrer Natur nach nur auf die Lizenzierung von deutschen nationalen **77**
Marken beziehen kann, die ihren Schutztatbestand immer nur innerhalb der Bundesrepublik Deutschland entfalten können, kann auch das von der Regelung des § 30 Abs. 2 Nr. 4 betroffene **Lizenzgebiet** immer **nur in Deutschland** liegen. Ein aus der Vorschrift resultierender deliktischer Anspruch kann sich daher niemals gegen einen Lizenznehmer richten, dessen Lizenzgebiet aufgrund sonstiger Markenrechte des Inhabers nicht in Deutschland liegt. Sofern keine Regelung zu einem bestimmten Teilgebiet der Bundesrepublik als Lizenzgebiet getroffen ist, gilt **im Zweifel das gesamte Gebiet der Bundesrepublik Deutschland** als Lizenzgebiet (ebenso Ströbele/Hacker/Hacker Rn. 50).

Entsprechend dem Wortlaut „des Gebiets, in dem die Marke angebracht werden darf" **78**
erfasst § 30 Abs. 2 Nr. 4 nur Reglementierungen zu dem Gebiet, in dem die Marke an der Ware angebracht oder in den Zusammenhang mit der Dienstleistung gestellt werden darf. Insbesondere **nicht erfasst** von markenrechtlichen Ansprüchen des Lizenznehmers nach dieser Vorschrift ist danach ein **Inverkehrbringen** gekennzeichneter Waren in einem anderen geographischen Raum als dem Lizenzgebiet. In einem solchen Fall liegt lediglich eine Verletzung des Lizenzvertrags, nicht jedoch eine Markenverletzung vor. Dies hat zur Folge, dass der Markeninhaber den Weitervertrieb außerhalb des Lizenzgebiets in Verkehr gesetzter Waren durch Dritte nicht untersagen kann, da insoweit Erschöpfung eintritt.

5. Qualität der Waren und Dienstleistungen (Abs. 2 Nr. 5)

79 Vor dem Hintergrund der Herkunftsfunktion, die die Marke erfüllt, gewährleistet sie auch, dass die mit der Marke gekennzeichneten Leistungen unter „der Kontrolle eines einzigen Unternehmens hergestellt sind, das für die Qualität verantwortlich gemacht werden kann (EuGH C-59/08, GRUR 2009, 593 – Copad; C-9/93, GRUR Int 1994, 614 – IHT Internationale Heiztechnik und Danzinger). Der Lizenzgeber kann dem Lizenznehmer daher **Qualitätsvorgaben** machen, um seiner diesbezüglichen Verantwortung zu genügen. Hierzu zählen zB Vorgaben zu bestimmten Herstellungsprozessen, zu verwendenden Materialien, Qualitätsmanagementvorgaben insbesondere im Dienstleistungsbereich und zu bestimmten Merkmalseigenschaften des Endproduktes.

80 Zu dem Merkmal „der Qualität" der Ware oder Dienstleistung gemäß § 30 Abs. 2 Nr. 5 gehören auch die Besonderheiten und Modalitäten eines **selektiven Vertriebssystems,** das das Prestige einer Ware sichern soll (EuGH C-59/08, GRUR 2009, 593 – Copad).

81 Je nach Marketingstrategie und Vertriebssystem gehören zu dem Merkmal der „Qualität" auch Regelungen des **Produktangebots,** der **Produktwerbung,** des **Produktvertriebs** sowie der **Produktentsorgung.** Dies gilt jedenfalls dann, wenn solche Merkmale nach der Anschauung des Verkehrs die Qualität der Leistung mit begründen (Fezer Rn. 30).

II. Rechte aus dem Lizenzvertrag

82 Soweit der Lizenzgeber in dem Lizenzvertrag Regelungen zu Sachverhalten gemäß § 30 Abs. 2 getroffen hat, stehen ihm neben den markenrechtlichen auch **vertragliche Ansprüche** zu. Darüber hinaus können die Vertragspartner weitergehende Verpflichtungen des Lizenznehmers vereinbaren. Zu solchen zählen zB Beschränkungen auf die Produktion in oder den Vertrieb aus bestimmten Betriebsstätten des Lizenznehmers, sofern hiermit nicht gleichzeitig Qualitätsfragen gemäß § 30 Abs. 2 Nr. 5 verbunden sind, Fragen von Zahlungsmodalitäten, die Möglichkeit zur Erteilung von Unterlizenzen oder die Erlaubnis zur Übertragung der Lizenz auf einen Dritten.

83 Ein Verstoß gegen vertragliche Verpflichtungen führt zu Unterlassungs- bzw. Leistungsansprüchen, Schadensersatzansprüchen gemäß §§ 280 ff. BGB sowie ggf. zu einem Kündigungsrecht des Lizenzgebers.

84 Ein Verstoß des Lizenznehmers gegen bloß vertraglich wirkende Pflichten nimmt auf die **Erschöpfung des Markenrechts** gemäß § 24 Abs. 1 **keinen Einfluss.**

F. Rechte des Lizenznehmers

I. Inanspruchnahme der Priorität

85 Der Lizenznehmer kann sich gegenüber Dritten auf die Priorität der Marke berufen. Bei einer dinglichen Markenlizenz folgt dies gerade aus deren **dinglichem Charakter** und gilt für die Aktiv- wie für die Passivlegitimation des Lizenznehmers. Bei einer schuldrechtlichen Gestattung folgt dies aus dem Rechtsgedanken des **§ 986 Abs. 1 BGB,** der dem Lizenznehmer jedoch nur **einredeweise** die Berufung auf die Priorität der älteren Marke ermöglicht (BGH GRUR 1998, 1034 (1036) – Makalu; OLG Karlsruhe NJOZ 2010, 2512).

86 Auf die Priorität einer älteren geschäftlichen Bezeichnung kann sich ein Gestattungsempfänger gemäß § 986 Abs. 1 BGB einredeweise nur in dem Umfang berufen, in dem die ältere geschäftliche Bezeichnung selbst Schutz genießt. Dies gilt insbesondere hinsichtlich des geographischen Schutzbereichs der älteren geschäftlichen Bezeichnung.

II. Verletzungsklage durch den Lizenznehmer im eigenen Namen (Abs. 3)

1. Prozessrechtliche Gesichtspunkte

87 Gemäß § 30 Abs. 3 kann ein Lizenznehmer Klage gegen einen Dritten wegen Verletzung der lizenzierten Marke nur mit **Zustimmung** des Lizenzgebers erheben. Da der Wortlaut der Regelung insoweit keine Differenzierung vornimmt, ist auch der Inhaber einer ausschließlichen Lizenz nicht ohne Zustimmung des Markeninhabers prozessführungsbefugt.

Nach der Novellierung der RL 2008/95/EG → Rn. 1 steht die Änderung dieser Regelung zu erwarten. Gemäß Art. 25 Abs. 3 S. 2 RL (EU) 2015/2436 soll der Inhaber einer ausschließlichen Lizenz zur Erhebung einer Verletzungsklage ohne Zustimmung des Markeninhabers berechtigt sein, wenn letzterer nach förmlicher Aufforderung nicht selbst innerhalb einer angemessenen Frist Verletzungsklage erhoben hat. Die Regelung entspricht Art. 22 Abs. 3 S. 2 UMV (→ UMV Art. 22 Rn. 23). Die Pflicht zur Umsetzung besteht für den nationalen Gesetzgeber gemäß Art. 54 RL (EU) 2015/2436 bis zum 14.1.2019. Zur vertraglichen Nebenpflicht des Lizenzgebers gegen Verletzer vorzugehen → Rn. 106. Erteilt der Markeninhaber erst nach Rechtshängigkeit einer durch ihn eingereichten Klage eine Markenlizenz an einen Dritten, so kann der Lizenznehmer auch mit Zustimmung des Markeninhabers gemäß § 265 ZPO den Prozess nicht ohne Zustimmung des Beklagten übernehmen (für das Patentrecht vgl. BGH GRUR 2013, 1269 Rn. 13 ff. – Wundverband).

Mit Zustimmung des Markeninhabers kann der Lizenznehmer sowohl Verletzungs- als auch Löschungsklage erheben, erstere auch wegen Verletzung einer bekannten Marke gemäß § 14 Abs. 2 Nr. 3 (BGH GRUR 1999, 161 – MAC Dog). Das Zustimmungserfordernis gilt auch bereits für eine **außergerichtliche Abmahnung** (OLG Hamburg BeckRS 2005, 30355325). Es gilt nicht für Schadensersatzansprüche, die nicht „wegen der Verletzung einer Marke", sondern aus anderen Rechtsgründen, zB aus UWG geltend gemacht werden (Ströbele/Hacker/Hacker Rn. 92). Der Anspruch aus UWG darf sich in diesem Fall nicht in der Verletzung der Marke erschöpfen, sondern es müssen zusätzliche wettbewerbswidrige Aspekte hinzukommen. 88

Die Aktivlegitimation und eigene Prozessführungsbefugnis des Markeninhabers wird durch die Zustimmung zur Prozessführung durch den Lizenznehmer nicht berührt (BGH GRUR 1999, 161 – MAC Dog). Die Regelung ist **dispositiv** (BT-Drs. 12/6581, 86). Sie betrifft jede Art des Anspruchs aus der verletzten Marke insbesondere sowohl Unterlassungs- wie Schadensersatzansprüche. 89

§ 30 Abs. 3 regelt eine spezielle Form der **gewillkürten Prozessstandschaft.** Anders als im Regelfall der Prozessstandschaft (vgl. insoweit Zöller/Vollkommer ZPO Vor § 50 Rn. 42 ff.) muss das rechtliche Interesse des Ermächtigten nicht gesondert dargelegt und nachgewiesen werden. Auf Fälle nur schuldrechtlich erteilter Gestattungen (→ Rn. 10 ff.) ist § 30 Abs. 3 nicht anwendbar (OLG Köln GRUR 2000, 66 (67) – Michael-Jackson-Kalenderfoto. In solchen Fällen ist ein erforderliches rechtliches Interesse aber bereits jedes wirtschaftliche Interesse des Gestattungsempfängers (BGH GRUR 1995, 505 (506) – APISERUM). 90

Die Zustimmung zur Prozessführung kann dem Lizenznehmer **bis zum Schluss der letzten mündlichen Verhandlung** als Genehmigung erteilt werden (BGH WRP 2012, 825 Rn. 24 – Converse II; OLG Stuttgart GRUR-RR 2002, 381 (382) – Hot Chili). 91

2. Materiellrechtliche Gesichtspunkte

§ 30 Abs. 3 eröffnet dem Lizenznehmer die Prozessführungsbefugnis; die Vorschrift verleiht nach hM jedoch **keine Aktivlegitimation.** Insbesondere steht dem Lizenznehmer kein eigener Schadensersatzanspruch zu (BGH GRUR 2012, 630 Rn. 49 – Converse II; GRUR 2007, 877 Rn. 27 ff. – Windsor Estate; OLG Köln WRP 2009, 1290 (1295) – AQUA CLEAN KOI; aA Fezer Rn. 34 ff., der aufgrund des dinglichen Charakters der Markenlizenz in der Vorschrift die Vermittlung eines eigenen Rechts des Lizenznehmers erkennt. Ebenso im Ergebnis für den Unterlassungsanspruch und zwar ohne Unterscheidung zwischen einfacher und ausschließlicher Lizenz OLG Hamm BeckRS 2010, 10782). 92

Der BGH begründet das Fehlen eines eigenen Schadensersatzanspruchs auf Seiten des Lizenznehmers mit dem **Wortlaut** des § 14 Abs. 6 („... ist dem Inhaber der Marke zum Ersatz des durch die Verletzungshandlung entstandenen Schadens verpflichtet"). Mit dieser Begründung müssen dann aber auch alle übrigen markenrechtlichen Ansprüche gemäß § 14 Abs. 5, §§ 18, 19, 19a und 19b zum Nachteil des Lizenznehmers abgelehnt werden (ebenso jedoch kritisch Ingerl/Rohnke Rn. 95). In seiner Entscheidung „Converse II" spricht der BGH dem Lizenznehmer jedoch einen Anspruch auf Drittauskunft an sich selbst zu, „um gegen weitere Verletzer vorgehen zu können" (BGH WRP 2012, 825 Rn. 46 – Converse II). 93

MarkenG § 30

94 Dass der BGH auch dem Inhaber einer ausschließlichen Lizenz einen eigenen Schadensersatzanspruch abspricht, widerspricht dem **Willen des Gesetzgebers.** Dieser ging entsprechend der Begründung des Regierungsentwurfs des Markenrechtsreformgesetzes jedenfalls von einem eigenen Schadensersatzanspruch des Inhabers einer ausschließlichen Lizenz aus. Nur „in anderen Fällen" sollte die „Zuerkennung eines eigenen Schadensersatzanspruchs (...) der Rechtsprechung überlassen bleiben" (BT-Drs. 12/6581, 86).

95 Sofern dem Lizenznehmer ein eigener Schaden entstanden ist, kann der Markeninhaber diesen nach Ansicht des BGH lediglich im Wege der **Drittschadensliquidation** geltend machen (BGH WRP 2012, 825 Rn. 51 – Converse II; GRUR 2007, 877 Rn. 32 – Windsor Estate; OLG Köln GRUR-RR 2014, 329 – Converse AllStar).

96 Die Rechtsprechung des BGH hat zur Folge, dass der Lizenznehmer auch mit Zustimmung des Markeninhabers nur auf Zahlung an den Markeninhaber klagen kann, es sei denn, der Markeninhaber hat ihn ebenfalls materiell zum Einzug der eigenen Forderung berechtigt oder die eigenen Forderungen bereits an den Lizenznehmer abgetreten (OLG Köln WRP 2009, 1290 (1295) – AQUA CLEAN KOI). In der Ermächtigung zur Klageerhebung gemäß § 30 Abs. 3 liegt aber nicht zugleich eine konkludent erteilte materiell-rechtlich wirkende Einziehungsermächtigung (BGH WRP 2012, 825 Rn. 51 – Converse II).

97 Der Lizenznehmer, der gemäß § 30 Abs. 3 eine Markenverletzung mit Zustimmung des Markeninhabers verfolgt, kann nicht dagegen vorgehen, dass eine von ihm in den Markt gebrachte und als dreidimensionale Marke geschützte Umverpackung einer Ware (hier Kompositgasflasche) nach ihrem Erwerb durch den Kunden einem Wettbewerber zur Neubefüllung überlassen wird. Das Recht an der Marke ist mit dem Inverkehrbringen der Ware erschöpft (EuGH C-46/10, MarkenR 2011, 313 = GRURInt 2011, 827 – Viking Gas).

98 Die **Höhe eines eigenen Schadens** auf Seiten des Lizenznehmers hängt nicht zuletzt von der Art der ihm erteilten Lizenz ab. Dem Inhaber einer einfachen Lizenz kann durch rechtsverletzende Benutzungshandlungen Dritter kein Schaden entstehen, weil er mit der Nutzung des Zeichens durch weitere Dritte rechnen muss (OLG Köln GRUR 2000, 66 (67) – Michael-Jackson-Kalenderfoto). Etwas anderes gilt, wenn durch die Verletzungshandlung der gute Ruf der Marke und hierdurch auch die Gewinne des Lizenznehmers beeinträchtigt werden (Ingerl/Rohnke Rn. 106).

99 Eine **Berechnung** des Schadens ist auch für den Lizenznehmer auf drei Wegen möglich und kann auch von ihm in Lizenzanalogie erfolgen. Ebenso wenig wie für den Markeninhaber der Abschluss eines Lizenzvertrags Voraussetzung für eine Berechnung seines Schadens nach Lizenzanalogie ist, ist für den Lizenznehmer der Abschluss eines Unterlizenzvertrags Voraussetzung für die Zulässigkeit einer entsprechenden Berechnung (aA Ingerl/Rohnke Rn. 106). Die Lizenzanalogie stellt nur eine von mehreren objektiven Methoden für die Berechnung eines gleichen, einheitlichen Schadens dar.

100 Der Lizenznehmer ist nicht Rechteinhaber iSd § 48 Abs. 2 (OLG Zweibrücken GRUR-RR 2004, 141). Eine Löschung der Marke ist auch ohne Zustimmung des Lizenznehmers möglich.

III. Beitritt des Lizenznehmers zu einer Verletzungsklage des Markeninhabers (Abs. 4)

101 Gemäß § 30 Abs. 4 ist es dem Lizenznehmer möglich, einer vom Markeninhaber erhobenen Verletzungsklage beizutreten, um den Ersatz eines eigenen Schadens geltend zu machen. Die Regelung stellt **keine eigene Anspruchsgrundlage** des Lizenznehmers dar. Sie hat ausschließlich verfahrensrechtliche Bedeutung. Nach dem Beitritt stehen Lizenznehmer und Markeninhaber als **einfache Streitgenossen** gemäß § 59 ZPO nebeneinander (BGH GRUR 2007, 877 Rn. 31 – Windsor Estate). Nach seinem Beitritt ist der Lizenznehmer daher selbst Prozesspartei und kann diejenigen Rechte geltend machen, die er mit Zustimmung des Markeninhabers auch in einem alleine geführten Verfahren geltend machen könnte (→ Rn. 87).

G. Pflichten des Lizenzgebers

I. Hauptpflichten

Die Hauptpflicht des Lizenzgebers besteht darin, dem Lizenznehmer den **Gebrauch** der 102
Marke in dem Umfang zu **überlassen,** den er dem Lizenznehmer vertraglich zugestanden
hat. Bei einer Alleinlizenz schließt dies die Pflicht ein, sich der Erteilung weiterer Lizenzen
gegenüber Dritten zu enthalten. Bei einer exklusiven Lizenz ist der Lizenzgeber darüber
hinaus verpflichtet, keine eigene Markennutzung vorzunehmen (→ Rn. 35 ff.).

II. Nebenpflichten

1. Allgemeines

Der Lizenzgeber unterliegt einer grundsätzlichen **Leistungstreuepflicht** gemäß § 242 103
BGB (ausführlich Traumann GRUR 2008, 470 mwN). Er hat alles zu unterlassen, was den
Lizenznehmer in der Ausübung der vertragskonformen Markennutzung behindern könnte.

Der Lizenzgeber darf den Schutzbereich der Marke nicht ungerechtfertigt einschränken. 104
Andernfalls macht er sich schadensersatzpflichtig (OLG Zweibrücken GRUR-RR 2004,
141). In gleicher Weise ist er zur **Erhaltung der Marke** für die Dauer der Lizenzzeit
verpflichtet.

Bei fortgesetzten Rechtsverletzungen ist der Lizenzgeber auch ohne ausdrücklich in den 105
Vertrag aufgenommene Verpflichtung zum **Vorgehen gegen den Verletzer** verpflichtet
(vgl. zum PatG BGH GRUR 1965, 591 – Wellplatten). Dies gilt insbesondere, wenn dem
Lizenznehmer nicht gemäß § 30 Abs. 3 gestattet ist, Rechtsverletzungen selbst zu begegnen
(Ströbele/Hacker/Hacker Rn. 58).

Die Erteilung der Lizenz an einer bestimmten Marke schließt als vertragliche Sorgfalts- 106
pflicht des Lizenzgebers dessen Verpflichtung ein, gegen den Lizenznehmer nicht aus weiteren
Rechten, die nicht Gegenstand der Lizenz sind, vorzugehen. Dies gilt solange, wie die
Nutzung der lizenzierten Marke durch den Lizenznehmer dem Umfang der erteilten Lizenz
entspricht (zum PatG vgl. BGH GRUR 2005, 406 – Leichtflüssigkeitsabscheider).

Den Lizenzgeber einer einfachen Lizenz trifft **keine** sog. **„Meistbegünstigungspflicht"** 107
gemäß § 242 BGB, dh keine Pflicht, einen Lizenznehmer nicht schlechter zu stellen, als
andere Lizenznehmer (aA HK-MarkenR/Pahlow Rn. 24. Diese Ansicht lässt sich jedoch
nicht aus der zitierten Entscheidung BGH GRUR 1965, 591 – Wellplatten – herleiten, die
sich lediglich mit den Pflichten des Lizenzgebers im Falle erteilter Meistbegünstigung
auseinandersetzt). Die Annahme einer Meistbegünstigungspflicht schränkt die Vertragsfreiheit
des Markeninhabers unzulässig ein und kommt ggf. einer kartellrechtlich relevanten Preisabsprache gleich.

2. Gewährleistung

Es gelten die gesetzlichen Gewährleistungsregelungen aus den Vorschriften zum **Rechts-** 108
kauf (vgl. zum Urheberrecht BGH GRUR 1991, 332 – Lizenzmangel; aA Ingerl/Rohnke
Rn. 60 und Ströbele/Hacker/Hacker Rn. 26, die die Regelungen der Rechtspacht für passender halten). Aufgrund des dinglichen Charakters der Lizenz ist die Anwendung der Regelungen zum Rechtskauf angemessener als ein Rückgriff auf die Regeln der Rechtspacht. In
beiden Fällen hat der Lizenzgeber entweder gemäß § 581 Abs. 2 BGB oder gemäß §§ 453
435 BGB verschuldensunabhängig dafür Sorge zu tragen, dass die Ausübung der erteilten
Lizenz nicht durch frühere Lizenzen, die gemäß § 30 Abs. 5 geschützt sind, beeinträchtigt
ist.

Die Gewährleistungsregeln sind **dispositiv.** Es ist möglich, Gewährleistungspflichten des 109
Lizenzgebers vollständig auszuschließen, soweit das Recht der Allgemeinen Geschäftsbedingungen nicht entgegensteht.

Der Lizenzierung einer Marke ist grundsätzlich **keine** rechtsverbindliche **Zusage des** 110
Rechtsbestandes der Marke zu entnehmen. Das Interesse des Lizenznehmers an der erteilten Lizenz liegt regelmäßig nicht in der Schutzfähigkeit der Marke, sondern in der Teilhabe
an dem Monopol, welches für die Dauer der Registrierung in Kraft ist. Stellt sich im

Taxhet

Nachhinein die Schutzunfähigkeit der lizenzierten Marke heraus, nimmt dies grundsätzlich weder Einfluss auf die Rechtsverbindlichkeit der erteilten Lizenz noch auf die vereinbarte Pflicht zur Zahlung von Lizenzgebühren (für den gewerblichen Rechtsschutz allgemein BGH GRUR 2012, 910 Rn. 13 f. – Delcantos Hits mwN). Soweit in Fällen einer sog. „**Leerübertragung**" eine Haftung des Lizenzgebers nur bei ausdrücklichen Anhaltspunkten im Vertrag angenommen wird (so Ingerl/Rohnke Rn. 62; HK-MarkenR/Pahlow Rn. 23), ist hinsichtlich eines möglichen Verschuldens auf Seiten des Lizenzgebers zu differenzieren. Ein Verschulden des Lizenzgebers ist an denselben **Sorgfaltspflichten** zu messen, die dem Markeninhaber gegenüber dritten Inhabern älterer Rechte obliegen. Sie sind erfüllt, wenn der Markeninhaber vor der Markenanmeldung eine sorgfältige Kollisionsrecherche durchgeführt hat (BGH GRUR 2008, 1104 Rn. 35 – Haus & Grund II). Darüber hinaus hat der Lizenzgeber eine fortlaufende Kollisionsüberwachung durchzuführen, um eine Verwässerung der Marke durch spätere Drittanmeldungen auszuschließen.

111 Handelt es sich bei der lizenzierten Marke um ein **Scheinrecht,** so endet die Pflicht zur Zahlung von Lizenzgebühren mit der Löschung der Marke im Register (BGH GRUR 2012, 910 Rn. 19 – Delcantos Hits).

112 Keinen Mangel des überlassenen Rechts stellt es dar, wenn sich die wirtschaftlichen Erwartungen, die die Vertragspartner in die Ausübung der Lizenz gestellt haben, nicht erfüllen.

113 Im Rahmen der **Vertragsanbahnung** ist der Lizenzgeber verpflichtet, dem Lizenznehmer keine wesentlichen Tatsachen zu verschweigen oder solche falsch darzustellen. So darf eine erst im Anmeldestatus befindliche Marke nicht als bereits registriertes Recht dargestellt werden (vgl. zum PatG BGH GRUR 1998, 650 – Krankenhausmüllentsorgungsanlage). Jedoch ist die Lizenzierung einer angemeldeten Marke bei entsprechender Bezeichnung als solche gemäß § 31 zulässig.

H. Pflichten des Lizenznehmers

I. Hauptpflichten – Zahlung von Lizenzgebühren

1. Arten von Lizenzgebühren

114 Eine Lizenz kann gebührenpflichtig oder gebührenfrei erteilt werden. Bei einer gebührenpflichtigen Lizenz besteht die Hauplicht des Lizenznehmers in der Zahlung der Lizenzgebühren. In Betracht kommen verschiedene **Berechnungsarten,** die branchen- und marktspezifische Vor- und Nachteile aufweisen.

115 Die am öftesten praktizierte Form der Lizenzberechnung ist die **Umsatzlizenz.** Der Lizenznehmer zahlt an den Lizenzgeber einen vereinbarten Prozentsatz des von ihm mit den gekennzeichneten Waren bzw. Dienstleistungen erzielten Umsatzes. Der Begriff des Umsatzes ist im Vertrag zu definieren. Er bildet die Bemessungsgrundlage für die zu zahlenden Lizenzbeträge. Die Höhe des Prozentsatzes liegt üblicher Weise zwischen 2–5% je nach Bekanntheit und Werbewirksamkeit der Marke. Sie kann im Einzelfall aber auch deutlich höher ausfallen. Ob eine Pflicht zur Zahlung einer Umsatzlizenz auch dann besteht, wenn die Abnahme der Ware verweigert, das Grundgeschäft rückabgewickelt oder der Kaufpreis nicht gezahlt wird, ist im Einzelfall eine Frage der Auslegung des Lizenzvertrags (zum PatG BGH GRUR 1998, 561 (562 f.) – Umsatzlizenz).

116 Anstelle der Umsatzlizenz kann eine **Stücklizenz** vereinbart werden. Der Lizenznehmer entrichtet die Lizenzgebühr in Höhe eines bestimmten Betrags je ausgeliefertem Stück.

117 Ebenfalls ist es möglich, eine **Pauschallizenz** zB durch Einmalzahlung oder je Zeiteinheit (zB für jedes Kalenderjahr, in dem der Lizenzvertrag in Kraft ist) zu vereinbaren.

118 Möglich ist auch die Vereinbarung einer **Gewinnlizenz.** Dies ist jedoch wenig praktikabel, weil der unter einer Marke erzielte Gewinn schwierig zu berechnen und durch den Lizenzgeber noch schwieriger zu kontrollieren ist.

119 Die dargestellten Formen der Lizenzgebühren können als **Mindestlizenzgebühr** vereinbart werden. Das wirtschaftliche Risiko trifft dann im Umfang der Mindestlizenzgebühr den Lizenznehmer, der einen vereinbarten Mindestbetrag auch ohne entsprechenden wirtschaftlichen Erfolg zu zahlen hat.

Im Einzelfall kann es möglich sein, die Mindestlizenzgebühr über die Regelungen der **Störung der Geschäftsgrundlage** gemäß § 313 BGB anzupassen, wenn sich das Preisgefüge nach Abschluss des Lizenzvertrags ändert (zum PatG vgl. BGH GRUR 2001, 223 (225) – Bodenwaschanlage). Ob im Einzelfall eine Anpassung der vereinbarten Lizenzgebühr nach den Grundsätzen der Störung der Geschäftsgrundlage gemäß § 313 BGB in Betracht kommen kann, ist Frage des Einzelfalls. 120

Sofern der Lizenzvertrag keine Regelung zur Zahlung von Lizenzgebühren enthält, ist eine Lizenzgebühr gemäß **§§ 612, 653, 689 BGB analog** geschuldet, wenn nach den Umständen des Einzelfalls nur eine entgeltliche Lizenzierung zu erwarten war. Deren Höhe bestimmt sich ebenfalls aufgrund der vorzitierten Vorschriften nach der allgemeinen Üblichkeit. Dabei sind die jeweiligen Marktverhältnisse ebenso von Bedeutung wie die inter partes wirkenden vertraglichen Umstände. 121

2. Steuerliche Aspekte

Die Vertragspartner können vereinbaren, dass die Lizenz lizenzgebührenpflichtig oder kostenlos erteilt wird. Sie sind in ihrer diesbezüglichen Vertragsgestaltung frei. Jedoch sind die einschlägigen steuerrechtlichen Gesichtspunkte zu beachten. 122

Die entgeltliche Lizenzierung einer Marke sowie die entgeltliche Gestattung der Nutzung einer geschäftlichen Bezeichnung im Konzernverbund kann als **verdeckte Gewinnausschüttung** gemäß § 8 Abs. 3 S. 2 KStG zu werten sein. Eine verdeckte Gewinnausschüttung und keine Betriebsausgabe liegt nach der Rechtsprechung des BFH dann vor, wenn „die Kapitalgesellschaft ihrem Gesellschafter einen Vermögensvorteil zuwendet, den sie bei der Sorgfalt eines ordentlichen und gewissenhaften Geschäftsleiters einem Nichtgesellschafter nicht gewährt hätte" (BFH IStR 2001, 54 – Firmennamensgleiches Warenzeichen hat vermarktungsfähigen Eigenwert). 123

Es ist zu unterscheiden zwischen einerseits der Lizenzierung einer Marke und andererseits der Gestattung zur Nutzung einer geschäftlichen Bezeichnung, und zwar auch dann, wenn Marke und geschäftliche Bezeichnung gleichlautend sind. Lizenzgebühren, die von dem Lizenznehmer zu zahlen sind, können als Betriebsausgabe gewertet werden, soweit sie den Lizenzgebühren entsprechen, die auch von einem fremden Dritten zu zahlen gewesen wären. Die entgeltliche Gestattung der Nutzung einer geschäftlichen Bezeichnung wird dagegen nur dann als Betriebsausgabe gewertet, wenn die geschäftliche Bezeichnung zugleich als Marke geschützt und auch insoweit Gegenstand der erteilten Lizenz ist (BFH IStR 2001, 54 – Firmennamensgleiches Warenzeichen hat vermarktungsfähigen Eigenwert; DStR 2016, 1155 – Unentgeltliche Namensnutzung im Konzern keine Geschäftsbeziehung iSd § 1 Abs. 4 AStG aF). 124

Zur ertragsteuerlichen Behandlung von Lizenzgebühren an ausländische Lizenzgeber vgl. Cordewener/Dörr GRUR Int 2005, 674; dies. GRUR Int 2006, 447; Dietz/Bärsch IStR 2014, 492; Krüger IStR 2015, 650 ff. 125

II. Nebenpflichten

1. Ausübungspflicht

Soweit eine Ausübungspflicht des Lizenznehmers nicht ausdrücklich vertraglich vereinbart ist, ist durch Vertragsauslegung zu ermitteln, ob und in welchem Umfang den Lizenznehmer eine **Pflicht zur rechtserhaltenden Nutzung** der Marke trifft. Für die Beurteilung sind die gemäß § 242 BGB bestehenden Fürsorgepflichten der Vertragsparteien heranzuziehen (vgl. zum PatG BGH GRUR 2000, 138 – Knopflochnähmaschinen). In eine Interessenabwägung ist einzubeziehen, dass eine Markennutzung durch den Lizenznehmer als gemäß § 25 erforderliche rechtserhaltende Benutzung durch den Lizenzgeber gilt, und dass die Verkehrsgeltung, die im Rahmen der Benutzung einer Marke durch den Lizenznehmer entsteht, dem Lizenzgeber zusteht (vgl. BPatG Beschl. v. 15.7.2014 – 27 W (pat) 103/12). 126

Auch ohne ausdrückliche Vereinbarung ist eine Nutzungspflicht des Lizenznehmers jedenfalls **bei Vereinbarung einer ausschließlichen Stücklizenz** anzunehmen (vgl. zum PatG BGH GRUR 2000, 138 – Knopflochnähmaschinen). Weitergehend wurde für das UrhG eine Ausübungspflicht wohl auch unabhängig von dem Bestehen einer ausschließlichen 127

MarkenG § 30   Teil 2 Voraussetzungen, Inhalt und Schranken etc.

Lizenz (die im zu entscheidenden Fall aber vorgelegen hatte) angenommen, **wenn jedenfalls die Höhe der zu zahlenden Lizenzgebühren an die Nutzung gekoppelt ist** (BGH GRUR 2003, 173 – Filmauswertungspflicht). Der Umfang der Ausübungspflicht bezieht sich dabei zwar nicht auf eine bestmögliche Ausübung aber jedenfalls darauf, alle zumutbaren Anstrengungen für eine erfolgreiche Auswertung zu unternehmen (für das UrhG BGH GRUR 2003, 173 „Filmauswertungspflicht"; für das PatG BGH GRUR 200, 138 – Knopflochnähmaschinen). Diese Grundsätze sind auf das Markenrecht zu übertragen. Dies gilt umso mehr im Hinblick auf die im Markenrecht gemäß § 26 zusätzlich bestehende Abhängigkeit des Bestands der Marke von ihrer Benutzung, die gemäß § 26 Abs. 2 auch durch den Lizenznehmer erfolgen kann (aA Ströbele/Hacker/Hacker Rn. 69; HK-MarkenR/Pahlow Rn. 32 ff., die eine Ausübungspflicht nur für die ausschließliche Lizenz annehmen).

2. Weitere Nebenpflichten

128 Aus den **Vertragstreuepflichten** gemäß § 242 BGB ergibt sich auch die Pflicht des Lizenznehmers zu einer **Rechnungslegung** in dem Umfang, der dem Lizenzgeber die Nachprüfbarkeit der Höhe seines Zahlungsanspruchs ermöglicht. Hierzu kann auch die Benennung der Abnehmer des Lizenznehmers gehören. Diese ist jedoch auf die Benennung gegenüber einem zur Verschwiegenheit verpflichteten Wirtschaftsprüfer beschränkt, wenn die Vertragsparteien im Wettbewerb zueinander stehen (vgl. zum PatG im Falle der Verletzerlizenz als Schadensersatz BGH GRUR 1962, 352 – Furniergitter; RGZ 127, 243 (245)).

129 Ebenso wie jedem anderen Dritten ist es auch dem Lizenznehmer grundsätzlich möglich, die Löschung der lizenzierten Marke gemäß §§ 49 ff. zu betreiben (BPatG v. 12.6.2012 – 33 W (pat) 58/10; zur Nichtigkeitsklage in Patentstreitigkeiten vgl. BGH GRUR Int 1969, 31 – Gewindeschneideapparat). Etwas anderes gilt nur dann, wenn dies zwischen den Vertragspartnern vereinbart ist, oder sich eine **Nichtangriffsverpflichtung** aus dem Zweck der weiteren vertraglichen Bindung ergibt, die zwischen den Vertragspartnern besteht. Die Nichtangriffsverpflichtung kann sich zB aus Kauf-, Lizenz-, Einstellungs- oder Gesellschaftsvertrag ergeben, wenn sich ein Angriff als Verstoß gegen Treu und Glauben gemäß § 242 BGB darstellt (vgl. zum PatG BGH GRUR 1989, 39 – Flächenlüftung). Eine vertragliche Nichtangriffsverpflichtung kann auch konkludent vereinbart werden (vgl. zum PatG BGH GRUR Int 1969, 31 – Gewindeschneideapparat).

130 Sofern vertraglich vereinbart kann den Lizenznehmer ebenfalls eine Pflicht zu einer **besonderen Benutzungsform** der Marke treffen (etwa in Kombination mit dem Zeichen „®" oder „TM"), sowie die Pflicht, konkrete andere Benutzungsformen zu unterlassen, die zu einer Verwässerung der Marke beitragen würden (→ Rn. 70 ff.). Desweiteren ist es möglich, den Lizenznehmer mit bestimmten Maßnahmen der **Qualitätssicherung** zu belegen (→ Rn. 79).

I. Kollision zwischen § 30 MarkenG und §§ 5 f. UWG

I. Irreführung durch Markennutzung

131 Jede Nutzung einer Marke in Lizenz birgt die Gefahr eines **Irrtums** bei den angesprochenen Verkehrskreisen **über die betriebliche Herkunft** der gekennzeichneten Ware. Die gekennzeichnete Ware wird grundsätzlich als aus dem Betrieb des Markeninhabers stammend verstanden. Sie kommt im Falle der erteilten Lizenz jedoch aus dem Betrieb des Lizenznehmers. § 30 lässt dennoch die Erteilung von Lizenzen an einer Marke ausdrücklich zu. Die Rechtsprechung erkennt eine relevante Irreführung daher nicht bereits dann, wenn mit der Zeichennutzung lediglich betriebliche Verwechslungsgefahren einhergehen. Vielmehr muss die Gefahr einer **Irreführung über weitere Umstände** hinzutreten. Weitere Umstände können insbesondere in dem Eindruck eines **besonders günstigen Angebots** liegen. Ein solches wird angenommen, wenn die Ware des Lizenznehmers minderer Qualität ist als die Ware, die von dem Markeninhaber unter derselben Marke vertrieben wird oder wurde (BGH GRUR 1984, 737 – Ziegelfertigstürze; GRUR 1970, 528 (531) – Migrol; GRUR 1965, 676 – Nevada-Skibindung). Zu dem ähnlich gelagerten Fall der Irreführung nach Übertragung einer Marke vgl. EuGH GRUR 2006, 416 Rn. 48 ff. – Elisabeth Emanuel.

Ein zutreffender Herkunftshinweis ist der in Lizenz genutzten Marke zu entnehmen, wenn 132
der Lizenzvertrag die **Möglichkeit zur Qualitätskontrolle** durch den Lizenzgeber enthält.
In diesem Falle ist gewährleistet, dass „alle mit der Marke gekennzeichneten Produkte unter
der Kontrolle eines einzigen Unternehmens hergestellt worden sind, welches für die Qualität
verantwortlich gemacht werden kann" (EuGH GRUR 2009, 593 Rn. 44 f. – Copad).

Für die Frage einer Irreführung kommt es nicht darauf an, ob die Qualitätskontrolle 133
tatsächlich ausgeübt wird (EuGH GRUR Int 1994, 614 Rn. 38 – Ideal Standard II). Ebenso
wie der Markeninhaber selbst unter der Marke Produkte minderer Qualität in den Verkehr
bringen könnte, kann er den Vertrieb derselben durch den Lizenznehmer dulden.

Enthält ein Lizenzvertrag keine Möglichkeit zur Qualitätskontrolle für den Lizenzgeber, 134
und liegt eine vorbezeichnete Irreführungsgefahr für die angesprochenen Verkehrskreise deshalb vor, ging die frühere Rechtsprechung von der Nichtigkeit des Vertrags gemäß § 134
BGB aus (BGH GRUR 1966, 375 (377) – Meßmer Tee II; GRUR 1970, 528 (532) –
Migrol). Nachdem die heutige Rechtsprechung (→ Rn. 133) eine Irreführungsgefahr unabhängig von der tatsächlichen Durchführung einer Qualitätskontrolle annimmt, erscheint die
Angemessenheit der Sanktion fraglich. Jedenfalls Wettbewerbern verbleibt die Möglichkeit,
gegen eine Irreführung gemäß § 5 UWG vorzugehen. Eine ursprünglich wirksame Zeichennutzung wird unzulässig und damit durch den Lizenzgeber angreifbar, wenn die Zeichennutzung in Folge einer Veränderung der tatsächlichen Verhältnisse zu einer Täuschung der
Allgemeinheit führen kann (BGH GRUR 1970, 528 (532) – Migrol; GRUR 1954, 271
(273)).

II. Irreführung durch Nutzung einer geschäftlichen Bezeichnung

Auch die Nutzung einer geschäftlichen Bezeichnung aufgrund einer Gestattung 135
(→ Rn. 43 ff.) ist nur dann irreführend im wettbewerbsrechtlichen Sinne, wenn täuschende
Angaben über die geschäftlichen Verhältnisse, die mit der Nutzung einer bestimmten
geschäftlichen Bezeichnung verbunden sind, hinzutreten. Solche sind anzunehmen, wenn mit
der Nutzung der geschäftlichen Bezeichnung Gütevorstellungen einhergehen, die tatsächlich
durch den Geschäftsbetrieb nicht erfüllt werden (BGH GRUR 2002, 703 – VOSSIUS &
PARTNER mwN), oder wenn sich die geschäftlichen Verhältnisse eines Firmenträgers so
verändern, dass sie im Widerspruch zum Inhalt der Firma treten. Dies kann der Fall sein,
wenn die Firma den Schluss auf die Zusammenarbeit des Namensträgers mit einem Dritten
zulässt, die tatsächlich nicht (mehr) gegeben ist (BGH GRUR 1954, 271 (273)).

J. Übertragbarkeit der Lizenz/Unterlizenzen

Die Übertragung einer Lizenz und die Erteilung einer Unterlizenz durch den Lizenzneh- 136
mer gegenüber einem Dritten werden durch § 30 nicht geregelt. Auch die RL (EU) 2015/
2436 enthält keine diesbezüglichen Vorgaben. Der dingliche Charakter der Lizenz
(→ Rn. 10 ff.) führt jedoch zu ihrer grundsätzlichen Übertragbarkeit sowie zu der grundsätzliche Möglichkeit, Dritte im Wege einer Unterlizenz an dem eigenen dinglichen Recht
partizipieren zu lassen. Ob von dieser Möglichkeit Gebrauch gemacht werden darf, unterfällt
der Vertragsfreiheit der Parteien.

Soweit der Lizenzvertrag keine ausdrücklichen Regelungen vorsieht, sind diesbezügliche 137
Rechte des Lizenznehmers im Wege der Auslegung zu ermitteln. **Im Zweifel** ist von einer
ausschließlichen Lizenz das **Recht zur Übertragung und zur Erteilung von Unterlizenzen erfasst** (Ingerl/Rohnke Rn. 49 unter Hinweis auf BGH GRUR 1987, 37 – Video-Lizenzvertrag, zum UrhG; HK-MarkenR/Pahlow Rn. 49; aA Bühling GRUR 1998, 198 f.;
Kurtz GRUR 2007, 294 f.). Dem einfachen Lizenznehmer steht ein solches Recht nicht zu
(Ingerl/Rohnke Rn. 49 unter Hinweis auf BGH GRUR 1974, 463 – Anlagengeschäft, zum
PatG; HK-MarkenR/Pahlow Rn. 50).

Aufgrund des dinglichen Charakters der Lizenz bleibt eine wirksam erteilte Unterlizenz 138
auch nach Wegfall der Hauptlizenz grundsätzlich bestehen (→ Rn. 153 ff.).

K. Anpassung/Beendigung des Lizenzvertrags

I. Anpassung

139 § 313 BGB ist anwendbar. Es kann eine Vertragsanpassung verlangt werden, wenn sich die Umstände, die von beiden Vertragspartnern als Grundlage für den Abschluss des Lizenzvertrags erkannt werden, nach Vertragsbeginn ändern, die Parteien den Lizenzvertrag unter diesen neuen Umständen nicht abgeschlossen hätten, und ein Festhalten an dem Vertrag in der abgeschlossenen Form nicht zumutbar ist. Diejenige Vertragspartei, die die Änderung der Umstände bewirkt, kann eine Vertragsanpassung nicht verlangen (BGH GRUR 2002, 703 – VOSSIUS & PARTNER).

140 Ob ein unerwarteter Anstieg von Lizenzgebühren die Rechtsfolge des § 313 BGB auslösen kann, ist im Einzelfall innerhalb einer Interessenabwägung zu beantworten. Hierbei ist der Anstieg der Lizenzgebühren dem aus der Vermarktung der Lizenzprodukte erwirtschaftete Gewinn gegenüber zustellen (BGH GRUR 2009, 1162 Rn. 69 ff. – DAX).

II. Kündigung

141 Die Laufzeit des Lizenzvertrags unterliegt ebenso wie die Dauer jedes anderen Vertrags der Vertragsfreiheit der Parteien. Ist der Lizenzvertrag **auf bestimmte Zeit** geschlossen, endet er mit Zeitablauf automatisch. Darüber hinaus endet der Lizenzvertrag durch wirksam ausgesprochene Kündigung.

1. Ordentliche Kündigung

142 Die Vertragsparteien können ordentliche Kündigungsfristen in dem Lizenzvertrag vereinbaren. Ein Gestattungsvertrag über die Nutzung einer geschäftlichen Bezeichnung, der **keine Laufzeitregelungen** enthält, gilt **im Zweifel zeitlich unbefristet.** Er ist jedoch für beide Seiten mit angemessener Frist **kündbar.** §§ 624, 723 BGB gelten analog (BGH GRUR 2006, 56 – BOSS-Club; aA für Abgrenzungsvereinbarungen LG Braunschweig BeckRS 2013, 15286).

143 Die Interessenlage bei Markenlizenzverträgen ist vergleichbar. Für Markenlizenzverträge ohne Laufzeitregelung gilt daher Entsprechendes.

144 Die **Kündigungsfrist** ist in solchen Fällen **durch Vertragsauslegung** zu ermitteln (OLG Stuttgart GRUR-RR 2004, 8 – BOSS). Die Vertragsauslegung ist an den Regelungen der § 584 Abs. 1 BGB (Ingerl/Rohnke Rn. 83; Ströbele/Hacker/Hacker Rn. 73) und § 624 BGB zu orientieren. Mangels gegenteiliger Anhaltspunkte ist daher von einer **sechsmonatigen Kündigungsfrist** auszugehen. Die Vertragsauslegung kann jedoch auch Anhaltspunkte dafür zeigen, dass eine ordentliche Kündigung zwischen den Vertragspartnern ausgeschlossen sein soll (BGH GRUR 2002, 703 – VOSSIUS & PARTNER). In Fällen, in denen eine ordentliche Kündigung ausgeschlossen sein soll, kann jedoch eine Kündigung nach Ablauf von dreißig Jahren gemäß §§ 581 Abs. 2, 544 BGB analog ausgesprochen werden (vgl. Ströbele/Hacker/Hacker Rn. 75).

145 Das **Nachschieben von Kündigungsgründen,** die bereits zum Zeitpunkt der Kündigung existierten, ist zulässig. Sofern im Nachhinein Kündigungsgründe benannt werden, die erst nach der Kündigung entstanden sind, wird die Kündigung erst mit Benennung der neuen Gründe wirksam (BGH GRUR 1997, 610 – Tinnitus-Masker). In solchen Fällen sollte eine hilfsweise zusätzliche Kündigung gestützt auf die neuen Gründe ausgesprochen werden.

2. Außerordentliche Kündigung

146 Die Möglichkeit zur außerordentlichen Kündigung besteht gemäß § 314 BGB von Gesetzes wegen, wenn dem kündigenden Teil das **Festhalten am Vertrag** bis zu dessen ordentlicher Beendigung **nicht zugemutet** werden kann (vgl. zum Know-How-Vertrag BGH GRUR 2011, 455 – Flexitanks; vgl. zum PatG BGH GRUR 1959, 616 – Metallabsatz; LG Braunschweig BeckRS 2013, 15286). Entsprechend den Grundsätzen des § 723 Abs. 3 BGB ist ein vertraglicher Ausschluss der Möglichkeit zur außerordentlichen Kündigung nicht möglich.

Als Frist für eine außerordentliche Kündigung **gilt nicht die zweiwöchige Ausschluss-** 147
frist des § 626 Abs. 2 BGB. Vielmehr kommt es darauf an, ob der Kündigende dem
anderen Teil in angemessener Zeit Klarheit darüber verschafft hat, dass er von der Kündi-
gungsmöglichkeit Gebrauch macht (vgl. zum Know-How-Vertrag BGH GRUR 2011, 455
Rn. 28 – Flexitanks).

Ein **Grund zur fristlosen Kündigung** besteht zB dann, wenn der Lizenznehmer ohne 148
Zustimmung des Lizenzgebers eine die Marke beinhaltende Domain, die gleichlautend mit
der geschäftlichen Bezeichnung des Lizenzgebers ist, auf den eigenen Namen registrieren
lässt, und auf der konnektierten Seite neben den Lizenzprodukten weitere eigene Leistungen
vorstellt (OLG Düsseldorf BeckRS 2008, 8631). Eine Zusammenfassung denkbarer Gründe
für eine außerordentliche Kündigung geben Ingerl/Rohnke Rn. 84 ff. Auf die Unterscheidung zwischen Haupt- und Nebenpflichten, die durch eine Vertragspartei verletzt werden,
kommt es in diesem Zusammenhang nicht an. Auch Nebenpflichten können für eine Vertragspartei von besonderer Bedeutung sein (BGH NJW-RR 1996, 1108).

Eine außerordentliche Kündigung kommt grundsätzlich **erst** dann in Betracht, wenn der 149
zu kündigende Vertragspartner zuvor auf sein vertragswidriges Verhalten **erfolglos hingewiesen** wurde, es sei denn eine solche Abmahnung ist im Einzelfall nicht unzumutbar. Dies
gilt auch, wenn die Pflicht zur Abmahnung nicht ausdrücklich im Vertrag geregelt ist (BGH
GRUR 1992, 112 – pulp-wash). Im Rahmen der Zumutbarkeitsprüfung sind auch frühere
Vertragsverletzungen in die Beurteilung einzubeziehen (BGH GRUR 1955, 338 – Brillen-
gläser).

Im Falle der außerordentlichen Kündigung steht dem kündigenden Teil außerdem **ein** 150
Anspruch auf Schadensersatz wegen schuldhafter Veranlassung der Vertragsbeendigung
gemäß § 280 BGB zu (vgl. zum Know-How-Vertrag BGH GRUR 2011, 455 – Flexitanks;
vgl. zum PatG BGH GRUR 1959, 616 – Metallabsatz). Der Anspruch besteht für die Zeit
bis zum ersten Termin, zu dem der Vertrag durch ordentliche Kündigung hätte beendet
werden können (vgl. zum Know-How-Vertrag BGH GRUR 2011, 455 Rn. 32 – Flexitanks).

3. Teilkündigung

Inwieweit die Teilkündigung eines Lizenzvertrags möglich ist, ist **Frage des Einzelfalls**. 151
Sofern eine außerordentliche Kündigung auf die Unzumutbarkeit der Fortführung eines
Lizenzvertragsteils gestützt wird, betrifft sie im Zweifel auch den verbleibenden Teil. Zu
prüfen ist ebenso, inwieweit die rechtliche Einheit des Vertrags sowie die Verknüpfung von
Leistung und Gegenleistung eine Teilkündigung zulassen (vgl. zum Verlagsrecht BGH
GRUR 1964, 326 – Subverleger).

III. Nichtigkeit gemäß § 138 BGB

Für die Bewertung eines Vertrags als sittenwidrig ist auch der Inhalt solcher weiterer 152
Rechtsgeschäfte heranzuziehen, von denen erkennbar ist, dass der zur Beurteilung stehende
Vertrag nicht ohne diese abgeschlossen worden wäre (für die Übertragung eines 30 Jahre
andauernden exklusiven Nießbrauchs LG Hamburg BeckRS 2011, 9412 – nicht rechtskräftig – Berufungsverfahren am OLG unter dem Az. 3 U 38/11).

IV. Das Schicksal der Unterlizenz

Weder das MarkenG noch die RL (EU) 2015/2436 enthalten Regelungen zu der Frage, 153
welches Schicksal eine wirksam erteilte Unterlizenz ereilen soll, wenn die Hauptlizenz entfällt. Der Lizenzgeber vermittelt dem Lizenznehmer aufgrund seines dinglichen Charakters
nicht fortwährend über die gesamte Dauer des Lizenzverhältnisses das Nutzungsrecht, sondern überträgt es zum Zeitpunkt des Lizenzbeginns. Die **Unterlizenz bleibt daher auch
nach Wegfall der Hauptlizenz bestehen** (für das UrhG aber mit allgemeiner, für den
gesamten gewerblichen Rechtsschutz geltender Begründung, BGH GRUR 2012, 914 –
Take Five; 2012, 916 – M2Trade; sowie bereits zuvor für den Fall des Rückrufs gemäß
§ 41 UrhG BGH WRP 2009, 1278 Rn. 20 – Reifen Progressiv; Ströbele/Hacker/Hacker
Rn. 83 ff.; Dieselhorst CR 2010, 69 (71); aA Ingerl/Rohnke Rn. 80; HK-MarkenR/Pahlow

Rn. 58, die mit dem Ende des Hauptlizenzvertrags grundsätzlich auch das Benutzungsrecht des Unterlizenznehmers enden lassen wollen).

154 Jedoch kann die Unterlizenz als dingliches Recht mangels einer Möglichkeit zum gutgläubigen Erwerb nicht weitergehend übertragen werden, als dem Hauptlizenznehmer das Recht zur Erteilung einer Unterlizenz zusteht. Diese **mangelnde Möglichkeit eines gutgläubigen Lizenzerwerbs** wirkt sich auch auf **Laufzeitbeschränkungen** aus. Sofern deshalb das Ende der Hauptlizenz seinen Grund in einer nur limitierten Einräumung von Rechten des Lizenzgebers gegenüber dem Hauptlizenznehmer findet, führt die insoweit ebenfalls nur limitiert mögliche Einräumung einer Unterlizenz zum Ende auch des Unterlizenzvertrags. Ein solcher Fall liegt etwa dann vor, wenn die Hauptlizenz lediglich zeitlich befristet erteilt wurde (aA McGuire/Kunzmann GRUR 2014, 28 (30), die offenbar auch in solchen Fällen ein Ende der Unterlizenz nur annehmen, wenn die Befugnis des Hauptlizenznehmers zur Erteilung von Unterlizenzen daran geknüpft wird, dass im Unterlizenzvertrag die Dauer des Unterlizenzvertrags an die Dauer der Hauptlizenz geknüpft wird).

155 Beim Erlöschen der Hauptlizenz hat der Hauptlizenzgeber gegen den Hauptlizenznehmer einen **Anspruch auf Abtretung** des gegen den Unterlizenznehmer bestehenden Anspruchs **auf ausstehende Lizenzzahlungen** gemäß § 812 Abs. 1 S. 1 Alt. 2 BGB (BGH GRUR 2012, 916 – M2Trade).

156 Auch bei schuldrechtlich wirkenden **Gestattungsverträgen** nimmt der Wegfall des Hauptgestattungsvertrags grundsätzlich keinen Einfluss auf nachfolgende Gestattungen des Gestattungsempfängers gegenüber Dritten. Die schuldrechtlich wirkenden Verpflichtungen des jeweiligen Gestattungsgebers, keine eigenen Rechte gegenüber dem Gestattungsempfänger geltend zu machen, wirken jeweils inter partes fort. Etwas anderes gilt nur dann, wenn die Untergestattung auflösend bedingt von der Hauptgestattung abhängig gemacht wurde.

V. Abwicklung nach Beendigung des Lizenzvertrags

157 Trotz des dinglichen Charakters der Markenlizenz (→ Rn. 10 ff.) fällt diese mit Beendigung des Lizenzvertrags **ipso iure** an den Lizenzgeber zurück, sofern die Vertragsparteien nichts anderes vereinbart haben. Ein **Rückübertragungsakt** ist **nicht erforderlich.** Die Fortsetzung der Markennutzung nach Ende des Lizenzvertrags stellt deshalb eine Schutzrechtsverletzung dar (BGH GRUR 2012, 916 – M2Trade).

158 Sofern keine vertragliche Aufbrauchfrist für einen bestimmten Zeitraum nach Vertragsende vereinbart wurde, stehen dem Markeninhaber nach Beendigung des Lizenzvertrags gegen den früheren Lizenznehmer die gesetzlichen markenrechtlichen Ansprüche zu.

159 Folgende Sachverhalte sollten jedenfalls vertraglich geregelt werden, um nach Ende der Vertragslaufzeit nicht auf die Grundsätze des § 242 BGB zurückgreifen zu müssen: Herausgabepflichten zu Unterlagen, nachvertragliche Geheimhaltungspflichten, die Übertragung von während der Lizenzzeit durch den Lizenznehmer erworbenen Schutzrechten (→ Rn. 162).

160 Der Lizenzvertrag ist **Dauerschuldverhältnis.** Er kann in der Regel gekündigt werden. Ein **Rücktritt** von dem Lizenzvertrag ist jedoch in der Regel **ausgeschlossen.** Er endet damit ex nunc. In den seltenen Fällen, in denen eine Beendigung zB nach Anfechtung ex tunc wirkt, erfolgt die Rückabwicklung nach den Grundsätzen des Bereicherungsausgleichs gemäß § 818 BGB (vgl. Ingerl/Rohnke Rn. 78; Ströbele/Hacker/Hacker Rn. 82).

161 Dem Lizenznehmer kann nach Beendigung des Lizenzvertrages in entsprechender Anwendung des **§ 89b HGB ein Ausgleichsanspruch** zustehen. Dies setzt voraus, dass er in die Absatzorganisation des Lizenzgebers entsprechend einem Handelsvertreter eingebunden war, und dass eine Verpflichtung des Lizenznehmers besteht, nach Vertragsende seinen Kundenstamm an den Lizenzgeber zu übertragen. Erstere Voraussetzung ist dann nicht gegeben, wenn der Lizenzgeber selbst keinen eigenen Warenvertrieb auf dem betroffenen Markt unterhält (BGH WRP 2010, 1512 Rn. 24 ff. – JOOP!).

162 Der Lizenznehmer kann während der Dauer des Lizenzvertrags **in Folge der Benutzung** ein **eigenes Kennzeichen** zB eine Benutzungsmarke oder eine geschäftliche Bezeichnung erlangen. Die Erlangung solcher Rechte kann auch aufgrund einer Zeichennutzung entstehen, die über die Grenzen des vertraglich Zulässigen hinausging bzw. hinausgeht. Ein Übergang der insoweit erlangten Benutzungsmarke eo ipso nach Beendigung des Lizenzvertrags auf den Lizenznehmer findet nicht statt. Der Lizenzgeber hat aber einen Anspruch auf

Übertragung der Benutzungsmarke (OLG Köln GRUR-RR 2010, 433 – Oerlikon). Der Lizenznehmer kann dem Lizenzgeber das erlangte Recht im Innenverhältnis regelmäßig nicht entgegenhalten BGH GRUR 2013, 1150 Rn. 43 – Baumann; GRUR 2006, 56 Rn. 26 – Boss-Club; KG GRUR-RR 2011, 67 (69) – Ring Deutscher Makler; aA OLG Köln GRUR-RR 2010, 433 – Oerlikon). Dies gilt auch dann, wenn ein prioritätsälteres Recht des Lizenzgebers, welches im Rahmen mehrerer Rechte und Gegenrechte der Vertragsparteien die ursprünglich bessere Rechtsposition des Lizenzgebers begründet hat, ohne jedoch Lizenzgegenstand zu sein, während der Vertragslaufzeit entfällt. Die Beweislast für das Vorliegen eines Lizenzvertrags obliegt dem Lizenzgeber und erfordert im Regelfall eine Dokumentation des Vertragsschlusses (BGH GRUR 2013, 1150 Rn. 44, 51 – Baumann).

Zur Möglichkeit des Hinweises auf eine früher bestehende Lizenz nach Ablauf des Lizenzvertrags → Rn. 68. **163**

L. Sukzessionsschutz (Abs. 5)

§ 30 Abs. 5 stellt klar, dass weder die Übertragung der lizenzierten Marke gemäß § 27 **164** noch eine später folgende Lizenzerteilung an derselben Marke gegenüber einem Dritten die Rechte des Lizenznehmers beeinträchtigen. Dies gilt auch bei Erteilung einer späteren ausschließlichen Lizenz. Die spätere exklusive Lizenz bleibt im Stadium des Versuchs ihrer Erteilung stecken. Der Lizenznehmer, der zu einem späteren Zeitpunkt eine ausschließliche Lizenz nicht mehr erhalten kann, ist gegenüber dem Markeninhaber auf Gewährleistungs- und Schadensersatzansprüche verwiesen.

Auch nach dem Rechtsübergang an der betroffenen Marke besteht der Lizenzvertrag **165** zwischen den ursprünglichen Vertragspartnern fort. Der neue Markeninhaber kann ohne Zustimmung des Lizenznehmers nicht in den Lizenzvertrag eintreten; er kann den Lizenzvertrag daher insbesondere auch nicht kündigen (BGH BeckRS 2015, 20721).

§ 30 Abs. 5 ist dispositiv. Der Lizenznehmer kann auf den Sukzessionsschutz verzichten. **166**
Gemäß § 155 gilt § 30 Abs. 5 für vor dem 1.1.1995 erteilte Lizenzen nicht. **167**
Rein schuldrechtlich wirkende Einwendungen aus Vorrechts- oder Abgrenzungsvereinba- **168** rungen kann der neue Rechtsinhaber einem Inhaber älterer Rechte, der sich dem früheren Markeninhaber gegenüber verpflichtet hatte, nicht entgegen halten. Rechte und Pflichten aus Vorrechts- und Abgrenzungsvereinbarungen wirken nur zwischen den vertragschließenden Parteien (BGH GRUR-RR 2014, 21 Rn. 9 – Intensa). §§ 404 ff. BGB finden neben § 30 Abs. 5 MarkenG Anwendung, jedoch kommen §§ 407 ff. BGB nicht zur Anwendung (→ § 27 Rn. 59).

M. Lizenzverträge in der Insolvenz

Der Lizenzvertrag ist in aller Regel ein gegenseitiger Vertrag, dessen „Nutzungsrechtsüber- **169** lassung **Dauerleistungscharakter** hat" (BGH BeckRS 2015, 20721 „Ecosoil"; WRP 2009, 1278 Rn. 20). Dies gilt jedenfalls, sofern der Lizenznehmer ebenfalls Dauerverpflichtungen übernommen hat, die zB in der Zahlung von Lizenzgebühren oder einer Ausübungspflicht bestehen können. In solchen Fällen steht dem Insolvenzverwalter gemäß **§ 103 InsO** ein **Wahlrecht** darüber zu, ob er anstelle des Insolvenzschuldners die Fortführung des Vertrags wählt oder ablehnt. Dagegen ist § 103 InsO nicht anwendbar und steht dem Insolvenzverwalter folglich kein entsprechendes Wahlrecht zu, wenn der Lizenzvertrag zum Zeitpunkt der Insolvenzeröffnung bereits vollständig erfüllt war (BGH BeckRS 2015, 20721). Eine solche vollständige Erfüllung ist stets eine Frage des Einzelfalls und kann auch bei der Erteilung einfacher Lizenzen vorliegen, obschon diese nach teilweise vertretener Meinung keinen dinglichen Charakter haben (→ Rn. 10).

Optiert der Insolvenzverwalter für eine Nichterfüllung des Vertrages, führt dies nicht dazu, **170** dass der Lizenzvertrag erlischt. Die **Ansprüche** aus dem Lizenzvertrag sind aber bis zur Beendigung des Insolvenzverfahrens **nicht durchsetzbar** (BGH BeckRS 2015, 20721; für das UrhG BGH GRUR 2006, 435 Rn. 22). Dem Insolvenzgläubiger steht gemäß § 103 Abs. 2 InsO ein Anspruch auf Schadensersatz wegen Nichterfüllung zu, der zur Insolvenztabelle anzumelden ist.

Teilweise wird eine analoge Anwendung des § 108 Abs. 1 InsO vertreten (Fezer WRP **171** 2004, 793 (800 ff.); Koehler/Ludwig NZI 2007, 79 (81)). Die Vorschrift entzieht Miet-

und Pachtverhältnisse des Schuldners über unbewegliche Gegenstände oder Räume dem Anwendungsbereich des § 103 InsO und sichert den Fortbestand solcher Rechtsverhältnisse auch im Insolvenzfall. Die hM verneint die Analogiefähigkeit der Vorschrift jedoch mangels Regelungslücke (vgl. für das UrhG ausdrücklich BGH GRUR 2006, 435 Rn. 21 – Softwarenutzungsrechte; für das Patentrecht LG München I BeckRS 2014, 16898. Zum Meinungsstreit vgl. Slopek WRP 2010, 616).

172 Dem Insolvenzgläubiger, der Vertragspartner eines Lizenzvertrags mit dinglichem Charakter ist (→ Rn. 10 ff.), steht ein **Aussonderungsrecht** gemäß § 47 InsO zu (str., ebenso Scholz GRUR 2009, 1107 (1111); aA Slopek WRP 2010, 616; Dieselhorst CR 2010, 69 (74 f.); Fezer WRP 2004, 793 plädiert für ein Absonderungsrecht gemäß §§ 49 ff. InsO).

172.1 Der **Referentenentwurf** eines Gesetzes zur Verkürzung des Restschuldbefreiungsverfahrens, zur Stärkung der Gläubigerrechte und zur Insolvenzfestigkeit von Lizenzen vom 18.1.2012 sah noch einen neuen § 108a InsO vor. Dieser sollte dem Lizenznehmer für Fälle, in denen Insolvenzschuldner der Lizenzgeber ist, und in denen der Insolvenzverwalter gemäß § 103 InsO die Nichterfüllung des Vertrages wählt, einen Anspruch auf Abschluss eines neuen Lizenzvertrags zubilligen. Bis zu dessen Abschluss sollte der Lizenznehmer berechtigt sein, die Marke gemäß dem bisherigen Lizenzvertrag zu nutzen. Wäre innerhalb von drei Monaten seit Zugang der Aufforderung des Lizenznehmers an den Lizenzgeber kein neuer Lizenzvertrag geschlossen worden, sollte die fortgeführte Nutzung der Marke gemäß dem alten Vertrag weiter zulässig bleiben, wenn der Lizenznehmer Klage auf Abschluss eines neuen Lizenzvertrags erhoben hätte. Der Referentenentwurf ist jedenfalls bezüglich § 108a InsO gescheitert. Das am 1.7.2014 in Kraft getretene Gesetz zur Verkürzung des Restschuldbefreiungsverfahrens und zur Stärkung der Gläubigerrechte enthält den Vorschlag eines neuen § 108a InsO nicht mehr.

173 Vereinbaren die Vertragspartner aufschiebend bedingt durch eine Kündigung des Vertrages wegen Unzumutbarkeit der Fortführung desselben die Übereignung eines urheberrechtsfähigen Werkes nebst aller zugehörigen Nutzungsrechte auf den Lizenznehmer, so ist vom Eintritt der Unzumutbarkeit auch bei Eintritt der Insolvenz des Lizenzgebers auszugehen, wenn der Insolvenzverwalters sich gemäß § 103 InsO gegen eine Fortführung des Vertrags entscheidet. Eine solche Vereinbarung ist insolvenzfest und verstößt insbesondere nicht gegen §§ 91, 119 InsO. Durch die aufschiebend bedingte Verfügung sind die Nutzungsrechte bereits zum Zeitpunkt des Vertragsschlusses der späteren Insolvenzmasse entzogen. Die Anwendbarkeit des § 91 InsO ist damit ausgeschlossen (BGH GRUR 2006, 435). Diese Erwägungen sind aufgrund vergleichbarer Interessenlagen auch auf eine Vereinbarung anwendbar, in der die Vertragspartner aufschiebend bedingt durch die Kündigung eines Lizenzvertrags wegen Unzumutbarkeit der Fortführung desselben die Übertragung einer Marke auf den Lizenznehmer vereinbaren. Zu weiteren vertraglichen Gestaltungsmöglichkeiten insolvenzfester Lizenzen vgl. Rieken/Conraths MarkenR 2013, 63.

N. Anzuwendendes Recht und gerichtliche Zuständigkeit bei internationalen Lizenzverträgen

I. Anzuwendendes Recht

174 Innerhalb der EU mit Ausnahme von Dänemark gilt für Lizenzverträge, die ab dem 17.12.2009 geschlossen wurden, die **VO (EG) Nr. 593/2008 (Rom I-VO)**. Sie löst die in Deutschland bis dahin geltenden Kollisionsnormen der Art. 27 bis 37 EGBGB ab (zu Einzelheiten vgl. Stimmel GRUR Int 2010, 783 ff.). Nach Art. 3 Rom I-VO können die Parteien das auf den Vertrag anwendbare Recht grundsätzlich frei wählen. Mangels Rechtswahl findet gemäß Art. 4 Abs. 2 Rom I-VO das Recht des Staates Anwendung, in dem die Partei, welche die für den Vertrag charakteristische Leistung zu erbringen hat, ihren gewöhnlichen Aufenthalt hat. Ob die charakteristische Leistung vom Lizenzgeber oder vom Lizenznehmer zu erbringen ist, kann je nach der Ausgestaltung des Vertrages und der jeweiligen Pflichten unterschiedlich zu beurteilen sein; Lizenzverträge über Immaterialgüterrechte wurden daher nicht in den Katalog der Vertragstypen aufgenommen, für die das anwendbare Recht bei fehlender Rechtswahl durch Art. 4 Abs. 1 Rom I-VO bestimmt wird.

II. Gerichtliche Zuständigkeit

Die nationale gerichtliche Zuständigkeit für Streitigkeiten aus Lizenzverträgen ergibt sich **175** aus der **VO (EU) Nr. 1215/2012.** Sie ist ab dem 10.1.2013 an die Stelle der VO (EG) Nr. 22/2001 (EuGVO) getreten. In ihrer neuen Fassung gilt die Verordnung für Verfahren, die nach dem 10.1.2015 eingeleitet werden. Der Lizenzvertrag ist kein Dienstleistungsvertrag iSd VO (EU) Nr. 1215/2012. Die nationale Zuständigkeit des Gerichts für Klagen aus einem Lizenzvertrag folgt daher neben Art. 4 VO (EU) Nr. 1215/2012 (Beklagtenwohnsitz) aus Art. 7 Nr. 1 Buchst. a VO (EU) Nr. 1215/2012, der iVm Art. 7 Nr. 1 Buchst. a Spiegelstrich 2 auf den Ort der Leistungserbringung verweist (für die frühere Fassung der EuGVO vgl. EuGH GRUR Int 2009, 848 – Falco Privatstiftung/Gisela Weller-Lindhorst (Falco)). Dies kann zu dem widersprüchlichen Ergebnis führen, dass deliktische Ansprüche auf Unterlassung aus der Marke gemäß Art. 7 Nr. 2 VO (EU) Nr. 1215/2012 am Ort der unerlaubten Handlung geltend gemacht werden können, während Verletzungen des Lizenzvertrags gemäß Art. 7 Nr. 1 VO (EU) Nr. 1215/2012 am Ort der Leistungserbringung geltend zu machen sind. Insbesondere für Ansprüche des Lizenzgebers aus der Marke gemäß § 30 Abs. 2, die teilweise deckungsgleich mit vertraglichen Ansprüchen aus dem Lizenzvertrag sein können, ist dieses Ergebnis misslich. Ungeachtet dessen können alle Ansprüche gemäß Art. 4 VO (EU) Nr. 1215/2012 am (Wohn-)Sitz des Schuldners geltend gemacht werden.

§ 31 Angemeldete Marken

Die §§ 27 bis 30 gelten entsprechend für durch Anmeldung von Marken begründete Rechte.

Überblick

§ 31 erklärt die §§ 27–30 für analog anwendbar auf Markenanmeldungen.

Die **Anmeldung** einer Marke wirkt sich bereits auf die Situation des Anmelders im Markt **1** aus. Sie begründet die **Priorität** und damit nicht zuletzt die wirtschaftliche Stellung, die der spätere Inhaber und seine Leistungen durch die spätere Registrierung auf dem Markt erlangen können.

Die Markenanmeldung begründet **kein Anwartschaftsrecht.** Voraussetzung hierfür **2** wäre, dass die Registrierung nach erfolgter Anmeldung nur noch von dem Willen des Anmelders abhängig wäre. Dem ist nicht so. Die Registrierung ist sowohl von der Beurteilung der Eintragungsfähigkeit durch den Prüfer als auch von der Existenz und der Geltendmachung prioritätsälterer Rechte Dritter abhängig.

Da bereits die Anmeldung selbst einen bedeutenden **wirtschaftlichen Wert** begründen **3** und Gegenstand von Rechtsgeschäften sein kann (EGMR GRUR 2007, 696 (699) – Anheuser-Busch Inc./Portugal), ist es jedoch folgerichtig, dass das Gesetz diejenigen Vorschriften, die die Marke in ihrer Eigenschaft als Gegenstand des Vermögens betreffen, auf Markenanmeldungen für **analog anwendbar** erklärt.

Zu Fragen der **Übertragung** von Markenanmeldungen → § 27 Rn. 65 ff. **4**

Teil 3 Verfahren in Markenangelegenheiten

Abschnitt 1 Eintragungsverfahren

§ 32 Erfordernisse der Anmeldung

(1) ¹Die Anmeldung zur Eintragung einer Marke in das Register ist beim Patentamt einzureichen. ²Die Anmeldung kann auch über ein Patentinformationszentrum eingereicht werden, wenn diese Stelle durch Bekanntmachung des Bundesministeriums der Justiz und für Verbraucherschutz im Bundesgesetzblatt dazu bestimmt ist, Markenanmeldungen entgegenzunehmen.

(2) Die Anmeldung muß enthalten:
1. Angaben, die es erlauben, die Identität des Anmelders festzustellen,
2. eine Wiedergabe der Marke und
3. ein Verzeichnis der Waren oder Dienstleistungen, für die die Eintragung beantragt wird.

(3) Die Anmeldung muß den weiteren Anmeldungserfordernissen entsprechen, die in einer Rechtsverordnung nach § 65 Abs. 1 Nr. 2 bestimmt worden sind.

Überblick

Mit der Markenanmeldung wird die Eintragung eines bestimmten Zeichens für bestimmte Waren und/oder Dienstleitungen beantragt. Die Anmeldung allein begründet noch keine Ausschließlichkeitsrechte. Diese entstehen erst durch die Eintragung der Marke in das Markenregister (§ 41).

§ 32 legt die formalen Anforderungen an die Markenanmeldung fest, die insbesondere Angaben zum Anmelder (→ Rn. 4), die Wiedergabe der Marke (→ Rn. 9) und das Waren- und Dienstleistungsverzeichnis (→ Rn. 41) betreffen. Dabei wird zwischen Mindestanforderungen, die zur Zuerkennung eines Anmeldetags erforderlich sind, und weiteren Erfordernissen unterschieden.

Erfüllt die Anmeldung die formalen Anforderungen nicht, teilt das DPMA dem Anmelder die festgestellten Mängel mit und gibt ihm ggf. Gelegenheit diese zu beseitigen. Werden die Mängel der Anmeldung nicht behoben, gilt sie als zurückgenommen (§ 36 Abs. 2; → § 36 Rn. 1 ff.) oder wird durch das Amt zurückgewiesen (§ 36 Abs. 4; → § 36 Rn. 6 ff.).

Mit Einreichen der Marke werden eine Anmeldegebühr und ggf. Klassengebühren fällig (§ 64a; § 3 Abs. 1, § 2 Abs. 1 PatKostG; → § 36 Rn. 10). Entrichtet der Anmelder diese nicht, gilt die Anmeldung als zurückgenommen. Der Anmeldetag bleibt hiervon aber unberührt (→ § 36 Rn. 13).

Übersicht

	Rn.		Rn.
A. Einreichen der Anmeldeunterlagen	1	1. Wortmarken	17
		2. Bildmarke/Wort-Bildmarke	19
B. Angaben zum Anmelder	4	3. Einzelfarbmarke	22
I. Mindestanforderung zur Zuerkennung eines Anmeldetags (Abs. 2 Nr. 1)	5	4. Mehrfarbenmarke	26
		5. Dreidimensionale Marke	29
II. Weitere Erfordernisse (Abs. 3 iVm § 5 MarkenV)	6	6. Hörmarke	34
		7. Tast-/Fühlmarke	37
C. Wiedergabe der Marke	9	8. Olfaktorische Marken (Riech-/ Geruchsmarken)	39
I. Mindestanforderung zur Zuerkennung eines Anmeldetags (Abs. 2 Nr. 2)	10	9. Positionsmarke	40
II. Weitere Erfordernisse (Abs. 3 iVm §§ 6–12 MarkenV)	16	D. Waren- und Dienstleistungsverzeichnis	41
		I. Mindestanforderung zur Zuerkennung eines Anmeldetags (Abs. 3 Nr. 3)	43
III. Besonderheiten einzelner Markenformen	17	II. Weiteren Erfordernisse	46

Erfordernisse der Anmeldung   § 32 MarkenG

	Rn.		Rn.
1. Gruppierung	48	F. Angaben zur Priorität	58
2. Bestimmtheit des Waren- und Dienstleistungsverzeichnis	51		
E. Angaben zum Vertreter	56	G. Gebühren	59

A. Einreichen der Anmeldungsunterlagen

Die Markenanmeldung kann direkt beim DPMA, bei dessen Außenstelle in Jena oder bei einem Patentinformationszentrum eingereicht werden. Sie kann in Papierform, per Telefax (§ 11 DPMAV) oder elektronisch über eine Signaturkarte (§ 12 DPMAV) eingereicht werden, jedoch nicht per E-Mail. 1

Für die Anmeldung ist das vom DPMA zur Verfügung gestellte Formblatt (abrufbar unter http://www.dpma.de/docs/service/formulare/marke/w7005.pdf) zu verwenden (§ 2 MarkenV). Der Antrag auf Eintragung muss durch den Anmelder oder dessen Vertreter unterschrieben werden (§ 10 Abs. 1 DPMAV). Hat der Anmelder weder Sitz noch Wohnsitz in der Bundesrepublik, kann er die Anmeldung zunächst selbst einreichen, muss aber für das weitere Verfahren einen Inlandsvertreter bestellten (§ 96). 2

Der Anmeldung ist ein Waren- und Dienstleistungsverzeichnis beizufügen, das entsprechend den Formvorschriften des § 20 Abs. 4 MarkenV abgefasst werden muss. Wird die Anmeldung schriftlich eingereicht, muss das Verzeichnis in Schriftgrad 11 Punkt mit 1.5-fachen Zeilenabstand abgefasst sein. Eine doppelte Ausführung ist seit Änderung der MarkenV mit 24.6.2016 nicht mehr notwendig. 3

B. Angaben zum Anmelder

Die Angaben zum Anmelder dienen seiner Identifizierung und der Prüfung, ob der Anmelder markenfähig iSv § 7 ist. 4

I. Mindestanforderung zur Zuerkennung eines Anmeldetags (Abs. 2 Nr. 1)

Die Informationen über den Anmelder müssen zumindest ausreichen, um diesen zweifelsfrei zu identifizieren, wobei sich die Anforderungen hierfür auch danach richten, ob es sich bei dem Anmelder um eine natürliche oder juristische Person handelt (→ Rn. 5.1). Andernfalls gilt die Anmeldung als zurückgenommen und erhält keinen Anmeldetag (§ 36 Abs. 2; → § 36 Rn. 1). 5

Welche Angaben nötig sind, um diese Mindestanforderung zu erfüllen, richtet sich nach der Art des Anmelders. Bei natürlichen Personen werden regelmäßig Name, Vorname und Anschrift als ausreichend angesehen. Unter Umständen kann auch die Initiale des Vornamens oder die alleinige Angabe des Wohnorts genügen (Ingerl/Rohnke Rn. 6). Bei juristischen Personen muss hingegen eine eindeutige Identifizierung gewährleistet und eine Verwechslung mit persönlichen Gesellschaftern oder Tochterfirmen ausgeschlossen sein (Ingerl/Rohnke Rn. 6). Hierzu ist häufig die Angabe der Rechtsform notwendig. Gleiches gilt, sofern Anmelder der Marke eine Gesellschaft bürgerlichen Rechts (BGB-Gesellschaft) ist. 5.1

II. Weitere Erfordernisse (Abs. 3 iVm § 5 MarkenV)

Soweit nähere Angaben zu Sitz und Rechtsform nicht schon zur Identifizierung notwendig sind (→ Rn. 5.1), zählen sie jedenfalls zu den weiteren Erfordernissen der Anmeldung (§ 5 MarkenV). Für alle Anmelder ist Name oder Firma, Anschrift und bei juristischen Personen und Personengesellschaften die Rechtsform anzugeben. Letztere sind entsprechend ihrem Eintrag in den jeweiligen öffentlichen Registern (Handelsregister, Partnerschaftsregister) zu benennen. Für den Fall, dass die Anmelderin eine GbR ist, muss zudem der Name mindestens eines vertretungsberechtigten Gesellschafters angegeben werden. Dies ergibt sich unmittelbar aus § 5 Abs. 1 Nr. 2 S. 3 MarkenV. Die Benennung eines vertretungsberechtigten Gesellschafters kann aber auch noch im Beschwerdeverfahren nachgeholt werden (BPatG GRUR 2014, 20 – GbR Vertreter). 6

7 Sind mehrere Personen Anmelder, müssen die genannten Angaben für alle Personen gemacht werden (§ 5 Abs. 3 MarkenV). Darüber hinaus muss ein Zustellungsbevollmächtigter benannt werden, sofern nicht ein gemeinsamer Vertreter bestellt ist.

8 Werden Mängel in den Angaben zum Anmelder nicht beseitigt, wird die Anmeldung zurückgewiesen (→ § 36 Rn. 8).

C. Wiedergabe der Marke

9 Die Wiedergabe der Marke legt gemeinsam mit dem Waren- und Dienstleistungsverzeichnis (→ Rn. 41) den Schutzgegenstand der Registermarke fest. Sie muss zweifelsfrei erkennen lassen, wofür Schutz begehrt wird (BPatG BeckRS 2014, 12874 – Gelber Sartorius-Bogen). Hierzu bedarf es, jedenfalls bislang noch, einer graphischen Darstellung. Das ergibt sich auch aus § 8 Abs. 1 (→ § 8 Rn. 18). Im Gegensatz zum Waren- und Dienstleistungsverzeichnis kann die Wiedergabe der Marke, einschließlich der Markenform, nachträglich nicht geändert werden, selbst wenn dadurch der Schutzumfang der Marke verringert würde (BGH GRUR 2001, 239 – Zahnpastastrang; GRUR 2007, 55 – Farbmarke gelb/grün II). Will der Anmelder die Marke in veränderter Darstellung weiterverfolgen, so ist das ausschließlich über eine Neuanmeldung möglich (BeckRS 2015, 00685 – coach4u).

9.1 Wird in einer Eingabe an das Amt unmissverständlich zum Ausdruck gebracht, dass weiterhin ausschließlich ein gegenüber der ursprünglichen Anmeldung geändertes Zeichen als Markenanmeldung weiter verfolgt werden soll, so kann darin eine Rücknahme der Markenanmeldung liegen (BPatG BeckRS 2015, 00685 – coach4u).

I. Mindestanforderung zur Zuerkennung eines Anmeldetags (Abs. 2 Nr. 2)

10 Obwohl § 32 Abs. 2 Nr. 2 lediglich davon spricht, dass die Anmeldung eine Wiedergabe der Marke enthalten muss, stellt die Rechtsprechung spezifische Anforderungen an diese Wiedergabe. So muss sie klar, in sich abgeschlossen und für den Verkehr verständlich sein (EuGH C-273/00, GRUR 2003, 145 – Sieckmann; BGH GRUR 2007, 148 – Tastmarke). Insbesondere für die Riech- und Tastmarke hat der EuGH sehr hohe Erfordernisse aufgestellt, die jedenfalls die Anmeldung einer Riechmarke nahezu unmöglich erscheinen lassen (EuGH C-273/00, GRUR 2003, 145 – Sieckmann; BGH GRUR 2007, 148 – Tastmarke). Für konventionellere Markenformen hingegen erscheinen die Anforderungen des EuGH weniger drastisch. So hat er in seiner Entscheidung zur Darstellung der Ausstattung eines Ladengeschäfts ausgeführt, dass eine Abbildung mit Linien, Konturen und Formen jedenfalls die Voraussetzungen eines Zeichens sowie einer graphischen Darstellung erfüllt. Auf die Größenverhältnisse und Proportionen käme es hingegen nicht an (EuGH C-421/13, BeckRS 2014, 81150 – Apple Store).

11 Die deutsche Rechtsprechung geht hingegen, zumindest bisher, davon aus, dass die Wiedergabe zweifelsfrei bestimmen muss, was nach dem Willen des Anmelders Gegenstand der Markenanmeldung sein soll, so dass eine nachträgliche Änderung des Schutzgegenstands ausgeschlossen ist. Insbesondere darf sie keinen Raum für verschiedene Ausgestaltungen der Marke lassen (BGH GRUR 2013, 929 – Schokoladenstäbchen II; GRUR 2004, 502 – Gabelstapler II; BPatG GRUR 2007, 63 – KielNET). Daran anknüpfend wurden vor allem für die 3D-Marke und die Positionsmarke umfangreiche Angaben zu räumlicher Ausdehnung, Größe und Proportion gefordert (→ Rn. 29 ff., → Rn. 40 ff.).

11.1 Die Anforderung der Bestimmtheit des Zeichens wurde nunmehr auch explizit in die neugefasste MRL aufgenommen. Darüber hinaus ist ausdrücklich vorgesehen, dass die Darstellung der Marke nicht notwendigerweise graphisch sein muss. Vielmehr soll für jedes Zeichen die geeignetste Form der Darstellung gewählt werden (Erwägungsgrund 13 der RL (EU) 2015/2436). Sollten die Bestimmungen wie vorgeschlagen umgesetzt werden, dürfte der EuGH gezwungen sein sich genauer mit der Frage zu beschäftigen, wann eine Marke klar und eindeutig bestimmt ist. Damit ist aber auch die Chance verbunden, dass die bisher, auch beim EuGH selbst, durchaus widersprüchliche Rechtsprechung zur graphischen Darstellung im Allgemeinen und den Anforderungen an die Wiedergabe der Marke im Besonderen angeglichen wird. Dies sollte vor allem für jene Anmelder mehr Rechtssicherheit bringen, die kein Interesse haben derartige Fragen bis in die höchsten Instanzen zu tragen.

11.2 Der Bestimmtheitsgrundsatz ist auch auf internationale Marken (IR-Marken), die auf Deutschland erstreckt werden anzuwenden. Er dient dazu das Zeichen der Marke festzulegen, sowohl für das Eintragungsverfahren als auch für die Veröffentlichung der Marke, mit der die Öffentlichkeit über den Schutzbereich der Marke informiert wird. Damit stellt der Bestimmtheitsgrundsatz ein wesentliches Prinzip des deutschen Markenrechts dar und ist Teil der öffentlichen Ordnung iSv Art. 6^{quinquies} B S. 1 Abs. 3 PVÜ (BGH GRUR 2013, 929 – Schokoladenstäbchen II). Bei der Beurteilung der Bestimmtheit der Marke ist allerdings die nationale Ausgangseintragung zu Grunde zu legen (BGH GRUR 2013, 929 – Schokoladenstäbchen II).

Erfüllt die Wiedergabe die Anforderungen an eine klare und eindeutige Bestimmung der Marke nicht, ist die Anmeldung nicht wirksam und erhält damit auch keinen Anmeldetag (BGH GRUR 2004, 502 – Gabelstapler II; BPatG GRUR 2001, 521 – Penta Kartusche; GRUR 2007, 63 – KielNET; BeckRS 2012, 13224 – Verpackungs-Füllkörper; anders BPatG BeckRS 2009, 1391 – Aqua Thron; BeckRS 2010, 20925 – Farbfläche auf Maschinengehäuse). Gemäß § 36 Abs. 2 gilt die Anmeldung als zurückgenommen (→ § 36 Rn. 3). **12**

In Rechtsprechung und Literatur besteht Einigkeit darüber, dass die Wiedergabe die Marke, aus Gründen der Rechtssicherheit, eindeutig bestimmen muss. Welche Voraussetzungen die Wiedergabe erfüllen muss, um dieser Anforderung gerecht zu werden, ist jedoch umstritten. Insbesondere bezüglich der Abgrenzung der Anforderungen an die Wiedergabe gemäß § 32 Abs. 2 und der graphischen Darstellbarkeit gemäß § 8 Abs. 1 einerseits, und den weiteren Erfordernissen gemäß § 32 Abs. 3 anderseits, bestehen divergierende Ansichten (zur Anwendung des Bestimmtheitsgrundsatzes durch den EuGH s. Jänich MarkenR 2012, 404). **12.1**

Zum Teil wird davon ausgegangen, dass die Anforderungen an die Darstellung der Marke (EuGH C-104/01, GRUR 2003, 604 – Libertel) sowohl für die graphische Darstellbarkeit (§ 8 Abs. 1) als auch für die Wiedergabe (§ 32 Abs. 2) gelten (BGH GRUR 2007, 148 – Tastmarke; BPatG GRUR 2005, 1056 – Dunkelblau/Hellblau; zustimmend auch Ingerl/Rohnke Rn. 8). Andererseits gehen sowohl BPatG als auch BGH davon aus, dass die Anforderungen an die graphische Darstellbarkeit (§ 8 Abs. 1) über jene an die Wiedergabe (§ 32 Abs. 2) hinausgehen können. Dies wird unter anderem damit begründet, dass § 8 Abs. 1 die Eintragung der Marke ins Register und deren Veröffentlichung bezweckt (Ströbele/Hacker/Kirschneck Rn. 13). Dementsprechend sei es möglich, dass die Wiedergabe eine Marke entsprechend § 32 Abs. 2 ausreichend bestimmt, ohne jedoch graphisch darstellbar iSv § 8 Abs. 1 zu sein, wenn ihre Abbildung im Register nicht möglich ist. Dies wurde beispielsweise für eine konturlose Mehrfarbenmarke (BGH GRUR 2007, 55 – Farbmarke gelb/grün II), für variable Marken wie Hologramme (BPatG GRUR 2005, 594 – Hologramm) und für variable Strichcodes (BPatG GRUR 2008, 416 – Variabler Strichcode) angenommen. Allerdings zeigt gerade der zuletzt genannte Fall, wie schwierig eine Abgrenzung im Einzelfall sein kann. Denn die bildliche Wiedergabe eines einzigen oder auch einiger weniger Strichcodes kann niemals alle denkbaren Varianten des Strichcodes zeigen und somit eine nachträgliche Änderung der Marke nicht ausschließen (BGH GRUR 2004, 502 – Gabelstapler II). Das kann auch nicht durch eine entsprechende Beschreibung erfolgen, da es letztlich stets der Vorstellungskraft des Lesers überlassen bleibt, welche Varianten er als unter den Gegenstand der Markenanmeldung fallend erachtet. In einem solchen Fall ist der Schutzgegenstand letztlich nicht eindeutig bestimmt, so dass konsequenterweise kein Anmeldetag vergeben werden dürfte. Da eine Behebung des Mangels in einem solchen Fall zudem ausgeschlossen erscheint, hätte dies zur Folge, dass die Anmeldung letztlich als zurückgenommen gilt (§ 36 Abs. 2). Gegen eine solche Auslegung wird argumentiert, dass die weitgehende Angleichung der Voraussetzungen für § 32 Abs. 2 und § 8 Abs. 1 zu einer Vorverlagerung der Prüfung der graphischen Darstellbarkeit in die Formalprüfung der Markenanmeldung führen würde (Ströbele/Hacker/Kirschneck Rn. 13). Das ist zwar faktisch zutreffend, ergibt sich aber nahezu zwangsläufig, wenn man fordert, dass der Gegenstand der Markenanmeldung an dem Tag, der als Anmeldetag festgesetzt wird, zweifelsfrei feststehen muss. Zudem erscheint dies vom Gesetzgeber der neuen MRL auch beabsichtigt, denn Art. 37 Abs. 1 Buchst. d RL (EU) 2015/2436 (Erfordernisse der Anmeldung) verweist explizit auf Art. 3 Buchst. b RL (EU) 2015/2436 (Markenformen). **12.2**

Für den Anmelder ist die Frage, ob die Marke wegen einer mangelnden Wiedergabe (§ 32 Abs. 2) oder wegen mangelnder graphischer Darstellbarkeit (§ 8 Abs. 1) beanstandet wird auf Grund der unterschiedlichen Rechtsfolgen durchaus entscheidend. Die mangelnde graphische Darstellbarkeit (§ 8 Abs. 1) führt nämlich zur Zurückweisung der Anmeldung (§ 37), der der Anmelder regelmäßig wenig entgegenzusetzen hat, weil er die Marke nach Zuerkennung des Anmeldtags nicht mehr ändern kann. Wird die Anmeldung hingegen auf der Basis von § 32 Abs. 2 beanstandet, hat der Anmelder grundsätzlich die Möglichkeit, die Wiedergabe im Rahmen der ursprünglich eingereichten Unterlagen und unter Zuerkennung eines späteren Anmeldetags (§ 36 Abs. 2) anzupassen, um den Mangel zu beheben (BPatG GRUR 2007, 63 – KielNET). In diesem Sinne ist wohl auch die Entscheidung des BPatG zu verstehen, in der festgestellt wurde, das DPMA hätte den Anmelder auffordern müssen Unklarheiten bezüglich der **12.3**

MarkenG § 32 Teil 3 Verfahren in Markenangelegenheiten

graphischen Gestaltung der Marke auszuräumen, ehe es über die Unterscheidungskraft hätte entscheiden dürfen (BPatG BeckRS 2014, 02053 – Urologie am Dom). Dies ist aber nur möglich, solange kein Anmeldetag zuerkannt wurde, da die Marke anschließend nicht mehr geändert werden kann.

12.4 Ähnlich schwierig gestaltet sich die Abgrenzung der Mindestanforderung (§ 32 Abs. 2 Nr. 2) und der weiteren Erfordernisse (§ 32 Abs. 3 MarkenG iVm §§ 6–12 MarkenV). Auch hier unterscheiden sich die Rechtsfolgen entsprechender Mängel erheblich. Eine Behebung von Mängeln im Rahmen des § 32 Abs. 2 ist nur unter Zuerkennung eines späteren Anmeldetags möglich (§ 36 Abs. 2), wohingegen der Anmeldetag vom Nachholen weiterer Erfordernisse unberührt bleibt (§ 36 Abs. 4). Erachtet man nun die Bestimmtheit der Marke als Bestandteil der Mindesterfordernisse gemäß § 32 Abs. 2, wird solange kein Anmeldetag vergeben, als Zweifel über den tatsächlichen Gegenstand der Markenanmeldung bestehen (so unter anderem BPatG GRUR 2001, 521 – Penta Kartusche; BeckRS 2009, 340 – Zitzengummis für Melkanlagen). Dies kann dazu führen, dass Angaben, welche eigentlich zu den weiteren Erfordernissen (§ 32 Abs. 3 MarkenG iVm §§ 6–12 MarkenV) zählen, für die Zuerkennung eines Anmeldetags essentiell werden, zB die Angabe der Markenkategorien bei 3D-Marken (→ Rn. 30) oder die Beschreibung bei abstrakten Farbmarken (→ Rn. 23) und Positionsmarken (→ Rn. 40). Allerdings erscheint die Zuordnung dieser Angaben zu den weiteren Erfordernissen gemäß § 32 Abs. 3 ohnehin eher den traditionellen Markenkategorien, wie Wort- und Bildmarken, als modernen Erscheinungen, wie 3D-, Hör- und Positionsmarken, gerecht zu werden.

12.5 Trotz der Abgrenzungsschwierigkeiten spricht jedoch einiges dafür, die zweifelsfreie Bestimmung der Marke als Mindestvoraussetzung iSv § 32 Abs. 2 Nr. 2 zu erachten. Denn die Anmeldung muss den Gegenstand, für den Markenschutz begehrt wird, eindeutig festlegen. Sie bildet die Basis für die Prüfung der absoluten Schutzhindernisse im Eintragungsverfahren, für die Prüfung relativer Schutzhindernisse im Widerspruch- oder Löschungsverfahren, und für die Festlegung des Schutzbereichs im Verletzungsfall. Aus Gründen der Rechtssicherheit darf weder für den Anmelder (im Eintragungsverfahren) noch für die Allgemeinheit Unklarheit darüber bestehen, was tatsächlich Gegenstand der amtlichen oder gerichtlichen Prüfung ist. Insofern erscheint es konsequent, die Zuerkennung des Anmeldetags an das Vorliegen einer eindeutigen Wiedergabe der Marke zu binden (BGH GRUR 2004, 502 – Gabelstapler II; BPatG GRUR 2007, 63 – KielNET), nicht zuletzt auch deshalb, weil der Anmeldetag den für die Beurteilung der absoluten (§ 37 Abs. 2) sowie der relativen Schutzhindernisse (§ 9 Abs. 1) maßgeblichen Zeitpunkt bestimmt.

13 Für eine eindeutige und hinreichend bestimmte Wiedergabe ist in der Regel eine einzige klare graphische Darstellung erforderlich und ausreichend. Die Wiedergabe der Marke kann mittels Zeichnung oder Fotografie erfolgen, nicht jedoch durch Muster oder Modelle (§ 13 MarkenV).

13.1 Vor allem bei fotografischen Darstellungen ist zu beachten, dass Gegenstand der Anmeldung und später der eingetragenen Marke stets die gesamte Abbildung ist. Die Abbildung sollte daher nur den Gegenstand zeigen, für den auch tatsächlich Markenschutz gewollt ist.

14 Bei außergewöhnlichen Markenformen kann es, neben der graphischen Darstellung, auch der Angabe der Markenform (zB Bildmarke vs. 3D-Marke, → Rn. 30), mehrerer Abbildungen (zB 3D-Marke, → Rn. 30) oder einer zusätzlichen Beschreibung (zB Positionsmarke, → Rn. 40) bedürfen, um den Gegenstand der Anmeldung hinreichend zu bestimmen. Es besteht aber keine Notwendigkeit mehrere Abbildungen einzureichen, sofern eine einzige ausreicht, die Marke zweifelsfrei wiederzugeben (BGH GRUR 2013, 929 – Schokoladenstäbchen II).

15 Entscheidend ist, dass die Anmeldung keine widersprüchlichen Angaben enthält, da ihr sonst kein Anmeldetag zuerkannt wird.

15.1 Widersprüche können sich beispielsweise aus mehreren, nicht konsistenten Darstellungen einer Marke (BPatG GRUR 2007, 63 – KielNET) oder aus einer Beschreibung der Marke, die mit der Abbildung nicht korrespondiert (BPatG BeckRS 2009, 340 – Gelb, RAL-Nummer 1021), ergeben. Ob auch ein Widerspruch zwischen der Angabe über die Markenform und der Widergabe der Marke die Zuerkennung eines Anmeldetags verhindert, ist nicht eindeutig entschieden. Bei der Anmeldung einer Schriftfolge mit Binnengroßschreibung als Wortmarke wurde die Angabe zur Markenform als entscheidend angesehen und die Gestaltung der Schrift für die weitere Prüfung außer Acht gelassen (BPatG BeckRS 2013, 11074 – FrancoMusiques; BeckRS 2013, 17749 – GoldHouSe24; → Rn. 18 ff.).

II. Weitere Erfordernisse (Abs. 3 iVm §§ 6–12 MarkenV)

Die weiteren Erfordernisse an die Wiedergabe der Marke richten sich nach der Art der **16** Marke und sind für jede Markenform separat geregelt. Sie können im Laufe das Anmeldeverfahrens, ohne Verschiebung des Anmeldetags, nachgeholt werden (§ 36 Abs. 4).

III. Besonderheiten einzelner Markenformen

1. Wortmarken

Als Wortmarke können angemeldet werden: Wörter, Buchstaben- und/oder Zahlenfolgen, aber auch einzelne Buchstaben oder Zahlen, sowie Kombinationen mehrerer Wörter (zB Slogans). Wortmarken können jedoch nur Zeichen enthalten, die sich in der vom DPMA verwendeten Druckschrift darstellen lassen (abrufbar unter http://www.dpma.de/docs/service/formulare/marke/w7731.pdf). **17**

In der Anmeldung selbst kann die Wortmarke in einer beliebigen Schriftart wiedergegeben werden, **17.1** solange sie geeignet ist den Schutzgegenstand eindeutig erkennen zu lassen. Die Wortmarke wird allein durch die Wiedergabe auf der Anmeldung bestimmt, eine zusätzliche Beschreibung der Marke ist weder vorgesehen noch zulässig (§ 7 MarkenV).

Soll die Marke in einer bestimmten Schrift, dh mit einem bestimmten äußeren Erscheinungsbild eingetragen werden, muss sie als Wort/Bildmarke (→ Rn. 19) angemeldet werden. **18** Dies gilt beispielsweise für besondere Schreibweisen, aber auch für alle Marken, die Schriftzeichen enthalten, die nicht der lateinischen Schrift angehören, wie beispielsweise russische, hebräische oder chinesische Schriftzeichen (→ Rn. 21). Augenmerk ist diesbezüglich auch auf Zeichen mit einer oder mehreren Binnenmajuskel zu legen. Diese werden, wie auch die Großschreibung am Anfang eines Wortes, bei der Beurteilung der Unterscheidungskraft nicht berücksichtigt, sofern die Marke als Wortmarke angemeldet wurde (BPatG BeckRS 2013, 11074 – FrancoMusiques; BeckRS 2013, 17749 – GoldHouSe24; GRUR-RR 2015, 333 – AppOtheke).

Regelmäßig werden Marken, die ausschließlich aus Wörtern bestehen aber eine spezifische schriftliche Gestaltung haben (insbesondere einzelne oder mehrere Großbuchstaben) als Wortmarken angemeldet. Hinzu kommt, dass die Marken regelmäßig auch in der spezifischen Schreibweise vom Amt als Wortmarken eingetragen werden, obwohl dies dem Wortlaut des Antragsformulars („in der vom DPMA verwendeten Druckschrift") widerspricht. Dies führt bei Anmeldern wie bei Wettbewerbern zu Missverständnissen, die sich immer wieder in der Rechtsprechung zur Eintragungsfähigkeit und zur Markenverletzung niederschlagen. **18.1**

Die Wortmarke ist grundsätzlich von ihrer graphischen Gestaltung unabhängig, und zwar sowohl hinsichtlich ihrer Unterscheidungskraft (BPatG BeckRS 2013, 11074 – FrancoMusiques; BeckRS 2013, 17749 – GoldHouSe24) als auch ihres Schutzbereichs (→ § 14 Rn. 348). Auf die spezifische Gestaltung der Schrift kommt es in der Regel allerdings ohnehin nicht an, weil diese regelmäßig nicht über das Übliche hinausgeht, und somit nicht zur Unterscheidungskraft beitragen kann. Führt die Einfügung einer Binnenmajuskel jedoch zu einer Änderung des Sinngehalts der Marke (zB FreiSing, VoRWEg) kann sich eine maßgeblich andere Beurteilung der Unterscheidungskraft ergeben, je nachdem ob die Marke als Wortmarke oder als Wort/Bildmarke angemeldet wurde (BPatG GRUR-RR 2015, 333 – AppOtheke). Bei einer Wortmarke wäre die Binnengroßschreibung nämlich außer Acht zu lassen (BPatG BeckRS 2013, 11074 – FrancoMusiques; BeckRS 2013, 17749 – GoldHouSe24). **18.2**

Allerdings stellt sich die Frage, ob die Marke bei einer offensichtlichen Diskrepanz zwischen der Angabe zur Markenform (Wortmarke) und der Widergabe (zB mit besonderer Groß- und Kleinschreibung) ausreichend eindeutig bestimmt ist, um einen Anmeldetag zu erhalten. Bisher wurde diese Frage nicht näher thematisiert, sondern die Angabe zur Markenform als ausschlaggebend angesehen, so dass die Schreibweise bei der Beurteilung der Unterscheidungskraft keine Berücksichtigung fand (BPatG BeckRS 2013, 11074 – FrancoMusiques; BeckRS 2013, 17749 – GoldHouSe24). Bei anderen Markenkategorien (zB 3D-Marke und Positionsmarke) wurde die Zuerkennung eines Anmeldetags hingegen abgelehnt (→ Rn. 32.1, → Rn. 40, → Rn. 40.2) und die inhaltliche Prüfung von der Ausräumung der bestehenden Widersprüche abhängig gemacht. Sollte es dem Anmelder auf die Berücksichtigung der Schreibweise ankommen, könnte daher unter Verweis auf die Rechtsprechung zu anderen Markenformen versucht werden die Zuerkennung des Anmeldetags anzugreifen und so eine Änderung der **18.3**

MarkenG § 32 Teil 3 Verfahren in Markenangelegenheiten

Markenform zu erlangen. Denn solange der Gegenstand der Anmeldung nicht hinreichend bestimmt und deshalb kein Anmeldetag vergeben ist, kann die Anmeldung noch geändert werden (BGH GRUR 2004, 502 – Gabelstapler II; BPatG GRUR 2007, 63 – KielNET. Andererseits mag es einfacher sein eine neue Markenanmeldung einzureichen, da der ursprüngliche Tag der Einreichung der ersten Anmeldung ohnehin nicht als Anmeldetag zu erhalten wäre.

2. Bildmarke/Wort-Bildmarke

19 Als Bildmarke werden zwei-dimensionale Marken bezeichnet, die graphische Elemente, ggf. in Kombination mit Wortbestandteilen (sog. Wort/Bildmarken), beinhalten. Hierzu zählen aber auch alle Marken, die Worte in einer nicht-lateinischen Schrift zum Gegenstand haben. Im Gegensatz zu Wortmarken, wird der Schutzgegenstand der (Wort-/) Bildmarke durch ihre grafischen Gestaltung (mit-) bestimmt (§ 14 Abs. 2).

20 Die **Mindestanforderungen** an die Wiedergabe der Marke sind in der Regel mit der Vorlage der Abbildung der Marke erfüllt. Die Wiedergabe der Marke muss der Art und Weise entsprechen wir sie eingetragen werden soll. Je nachdem, ob die Marke in schwarz/weiß oder in Farbe eingetragen werden soll, ist eine entsprechende Wiedergabe einzureichen und es sind entsprechende Angaben über die Farben (zB auf dem Anmeldeformular) zu machen. Erfolgt die Anmeldung per Fax, kann die farbige Darstellung später nachgereicht werden, ohne dass es zu einer Verschiebung des Anmeldetags kommt. Dies gilt jedoch nur, sofern die Wiedergabe innerhalb der vom DPMA gesetzten Frist nachgereicht wird. Wird der Mangel erst später behoben, wird der Anmeldung der Tag als Anmeldetag zuerkannt, an dem die Unterlagen vollständig vorlagen. Nach Ablauf der Frist beruht der Mangel nämlich nicht länger auf den Besonderheiten der (Fax-) Übermittlung (BPatG BeckRS 2014, 23672 – Route64). Reicht der Anmelder keine farbige Widergabe nach, gilt die Anmeldung als zurückgenommen (§ 36 Abs. 4). Zu beachten ist hierbei, dass die Anmeldung keinen Anmeldetag erhält, weil ohne Vorliegen der farbigen Abbildung der Gegenstand der Anmeldung nicht ausreichend bestimmt ist (BPatG BeckRS 2014, 23672 – Route64).

21 Die **weiteren Erfordernisse** der Anmeldung einer (Wort-/)Bildmarke umfassen:
- Angabe der Markenform: Diese wird sich häufig schon aus der Abbildung der Marke ergeben. In Abgrenzung zur immer häufiger vorkommenden 3D-Marke (Formmarke) empfiehlt es sich aber, bereits bei der Anmeldung die Form der Marke anzugeben.
- Angabe der Farben: Soll die Marke farbig eingetragen werden, sind die Farben durch ihre herkömmlichen Bezeichnungen (zB gelb, rot, blau) anzugeben. Diese Angaben sind der Anmeldung als Beschreibung beizufügen.
- Weitere Angaben bei nicht-lateinischen Worten: Enthält die Wiedergabe der Marke nicht-lateinische Schriftzeichen, sind sowohl eine Übersetzung in die deutsche Sprache, eine buchstabengetreue Transliteration und eine Transkription (phonetische Wiedergabe in lateinischen Schriftzeichen) anzugeben.
- Form der Wiedergabe: Mit Änderung der MarkenV zum 24.6.2016 muss nur noch eine Wiedergabe der Marke eingereicht werden. Allerdings soll hierzu in Zukunft das vom DPMA zur Verfügung gestellte Formular verwendet werden, in das die Wiedergabe elektronisch eingefügt oder aufgeklebt werden kann, wobei die Abbildung nicht kleiner als 8 x 8 cm sein darf. Zu den Abmessungen der Wiedergabe bei Einreichung der Marke ohne Verwendung des Formblatts s. § 8 Abs. 4 MarkenV. Zu den Anforderungen bei Einreichen der Wiedergabe auf einem Datenträger s. § 8 Abs. 6 und 7 MarkenV (→ Rn. 25.1).
- Beschreibung: Der (Wort-/) Bildmarke kann eine Beschreibung beigefügt werden, die neben Angaben über die Farbgebung auch Erläuterungen zur Gestaltung der Marke enthalten kann (zB eine Aufzählung der einzelnen graphischen Bestandteile).

3. Einzelfarbmarke

22 Gegenstand der Einzelfarbmarke ist eine einzelne abstrakte Farbe. Sie kann nicht allein durch eine graphische Darstellung (zB ein Farbmuster) wiedergegeben werden, weil eine Abbildung der Farbe auf Papier nicht auf Dauer unverändert bleibt (EuGH GRUR 2003, 604 – Libertel).

23 Im Rahmen der **Mindestanforderungen** für die Wiedergabe muss daher nicht nur ein Farbmuster eingereicht, sondern die Farbe auch durch einen international anerkannten Farb-

code (zB RAL, Pantone, HKS) bezeichnet werden (EuGH GRUR 2003, 604 – Libertel). Seit Änderung der MarkenV mit 24.6.2016 ist dies nun auch gemäß § 10a MarkenV explizit gesetzlich geregelt. Zudem ist die Markenform anzugeben, um die abstrakte Farbmarke von einer einfachen Bildmarke abzugrenzen.

Der EuGH hat in seiner Entscheidung Libertel keine Aussage dazu getroffen, welche Farbcodes **23.1** seiner Ansicht nach eine eindeutige und dauerhafte Darstellung der Marke gewährleisten. In der Praxis haben sich vor allem die System Pantone, HKS und RAL durchgesetzt. Allerdings sind auch diese international verwendeten Farbcodes nicht absolut dauerhaft, denn sie werden in regelmäßigen Abständen überarbeitet (Theißen GRUR 2004, 729). Welches System der Anmelder wählt, ist ihm überlassen, er sollte aber stets nur Angaben nach einem einzigen Farbcode machen, um Unklarheiten in der Anmeldung und damit eine Verschiebung des Anmeldetags zu verhindern.

Wird bei Einreichen der Markenanmeldung nur ein Farbmuster vorgelegt, kann die **24** Beschreibung mit der Angabe des Farbcodes auch zu einem späteren Zeitpunkt nachgereicht werden (EuGH C-104/01, GRUR 2003, 604 – Libertel). Zu einer Verschiebung des Anmeldetags kommt es dabei nicht, weil die Angabe des Farbcodes lediglich als Konkretisierung des bereits bestimmten Schutzgegenstands angesehen wird (BPatG BeckRS 2007, 8028 – Braun).

Ob im umgekehrten Fall auch nur die Angabe des Farbcodes für die Zuerkennung eines Anmeldetags **24.1** ausreicht, wurde bisher nicht entschieden, wird in der Literatur aber befürwortet (Ströbele/Hacker/Kirschneck Rn. 38). Sofern das Farbmuster keine Informationen enthält, die nicht bereits durch den Farbcode offenbart wurden, ist dieser Ansicht zuzustimmen. Die derzeit gängigen Farbcodes sind aber nur beschränkt in der Lage, die Farbe abschließend zu definieren. So sind beispielsweise bei RAL der Deckungsgrad und die Schwarzbeimischung nicht verbindlich festgesetzt (Theißen GRUR 2004, 729). Die Frage ob ein nachträglich eingereichtes Farbmuster den Gegenstand der Anmeldung in unzulässiger Weise ändert, wird daher am Einzelfall entschieden werden müssen.

Die **weiteren Erfordernisse** der Anmeldung einer Einzelfarbmarke umfassen: **25**
- Angabe der Farben: In der Beschreibung sind neben den Farbcodes auch die herkömmlichen Bezeichnungen (zB gelb, rot, blau) der Farben anzugeben (§ 12 Abs. 2 MarkenV).
- Graphische Darstellung: Seit Änderung der MarkenV ist es ausreichend, wenn ein Farbmuster der Marke eingereicht wird. Dieses ist in das vom DPMA bereit gestellte Formular einzufügen (→ Rn. 21). Bei einer Mehrfarbenmarke (→ Rn. 26) muss aus der Abbildung auch das räumliche Verhältnis der Farben zueinander ersichtlich sein (§ 10a Abs. 2 MarkenV). In diesen Zusammenhang ist auf die Möglichkeit einer Einreichung der Wiedergabe auf einem Datenträger hinzuweisen (→ Rn. 25.1).

Im Fall einer Farbmarke kann die korrekte Wiedergabe der Farbe von entscheidender Bedeutung **25.1** sein, denn eine nachträgliche Änderung scheidet aus. Allerdings ist auch die Wiedergabe von durch Farbcodes eindeutig definierten Farben von dem jeweiligen Drucker abhängig, der zur Wiedergabe verwendet wird. Hinzukommt, dass das DPMA heutzutage online veröffentlicht, so dass ein auf Papier eingereichtes Farbmuster beim Scannen eine Veränderung erfahren kann. Kommt es dem Anmelder auf die exakte Wiedergabe des Farbtons an, ist über die Einreichung der Wiedergabe in elektronischer Form nachzudenken. Dies kann entweder online geschehen, oder durch Einreichen eines Datenträgers, der die Wiedergabe als jpeg-Datei (945 x 945 – 1890 x 1890 pixel, 42 Bit/p, RGB) enthält (§ 8 Abs. 6 MarkenV). Wird die Wiedergabe sowohl auf Papier als auch auf einem Datenträger eingereicht, ist letztere maßgeblich (§ 8 Abs. 6 MarkenV).

- Beschreibung: Die neben dem Farbmuster notwendigen Angaben sind der Anmeldung als Beschreibung beizufügen. Sie bestimmen den Schutzgegenstand mit und werden demzufolge Teil der graphischen Darstellung der Marke.

4. Mehrfarbenmarke

Gegenstand der Mehrfarbenmarke ist eine Kombination mehrerer abstrakter Farben in **26** einer konkreten Anordnung zueinander. Zu den **Mindestanforderungen** zählen daher neben der Markenform, einem Farbmuster und dem entsprechenden Farbcode auch Angaben zum Verhältnis der Farben und ihrer Anordnung zueinander (EuGH GRUR 2004, 858 – Heidelberger Bauchemie).

27 Das Flächenverhältnis der Farben (zB „im Verhältnis 1:1") und ihre räumliche Anordnung (zB „übereinander angeordnet") können sich unmittelbar aus dem Farbmuster ergeben (BPatG GRUR 2005, 1056 – Dunkelblau/Hellblau). Sie können aber auch in einer separaten Beschreibung enthalten sein. Wird die Beschreibung bereits mit der Anmeldung eingereicht, wird sie Bestandteil der graphischen Darstellung der Marke und kann nachträglich nicht mehr geändert werden (BGH GRUR 2007, 55 – gelb/grün II).

27.1 Die Frage, ob schriftliche Angaben über die Anordnung der Farben auch zu einem späteren Zeitpunkt nachgereicht werden können, wurde bisher davon abhängig gemacht, ob die Beschreibung lediglich klarstellenden Charakter hatte oder Teil der graphischen Darstellung der Marke war. Ergibt sich die Anordnung der Farben bereits aus dem Farbmuster und gibt die nachgereichte Beschreibung dieselbe Anordnung lediglich wörtlich wieder (zB Dunkelblau und Hellblau im Verhältnis 1:1 nebeneinander angeordnet), wurde diese als Konkretisierung und damit als zulässig erachtet (BPatG GRUR 2005, 1056 – Dunkelblau/Hellblau). Im Gegensatz dazu wurde die nachträgliche Korrektur einer bereits mit der Anmeldung eingereichten Beschreibung als unzulässige Änderung des Schutzgegenstands angesehen (BGH GRUR 2007, 55 – Farbmarke gelb/grün II).

27.2 Wird also eine Beschreibung über die Anordnung der Farben mit der Anmeldung eingereicht, kann sie nachträglich nicht mehr geändert werden, weil sie Teil der graphischen Darstellung geworden ist. Ist jedoch noch gar keine Beschreibung eingereicht worden, sollte es möglich sein, diese nachzureichen. Die Beschreibung darf aber in keinem Fall in Widerspruch zum Farbmuster stehen.

28 Die **weiteren Erfordernisse** der Anmeldung einer Mehrfarbenmarke umfassen:
- Angabe der Farben: In der Beschreibung sind die Farben mit der Nummer eines internationalen Farbcodes und deren systematische Anordnung zueinander anzugeben (§ 10a Abs. 2 MarkenV).
- Graphische Darstellung: Seit Änderung der MarkenV ist es ausreichend, wenn ein einziges Farbmuster der Marke eingereicht wird. Dieses ist in das vom DPMA zu Verfügung gestellte Formular einzufügen (→ Rn. 21). Alternativ oder zusätzlich dazu kann die Wiedergabe auch auf einem Datenträger eingereicht werden (→ Rn. 25.1). Bei einer Mehrfarbenmarke muss aus der Abbildung auch das räumliche Verhältnis der Farben zueinander ersichtlich sein.

5. Dreidimensionale Marke

29 Als 3D-Marke (oder Formmarke) können Formen und Gestaltungen einschließlich der Form einer Ware oder Verpackung angemeldet werden. Die Anmeldung kann schwarz/weiß oder farbig erfolgen.

30 Um die **Mindestanforderungen** des § 32 Abs. 2 Nr. 2 zu erfüllen, muss die 3D-Marke in ihrer Gestaltung und Dimensionalität klar und eindeutig dargestellt sein. Dazu ist mindestens eine, in der Regel aber mehrere, zweidimensionale graphische Darstellungen einzureichen und die Markenkategorie auf dem Anmeldeformular anzugeben. Darüber hinaus ist eine Beschreibung, die den Schutzgegenstand in objektiver Weise konkretisiert beizufügen, sofern sich dieser durch die graphische Wiedergabe alleine nicht ausreichend darstellen lässt (§ 6a Abs. 2 und 3 MarkenV, → Rn. 33). Es können keine Muster oder Modelle der Marke eingereicht werden (§ 13 MarkenV).

30.1 Grundsätzlich reicht auch für die Wiedergabe einer 3D-Marke eine einzige graphische Darstellung aus, vorausgesetzt sie ist geeignet die Marke in ihrer vollständigen räumlichen Gestaltung wiederzugeben (BGH GRUR 2013, 929 – Schokoladenstäbchen II; BPatG BeckRS 2009, 15266 – Perle; Ströbele/Hacker/Kirschneck Rn. 29). Das trifft beispielsweise bei Gegenständen zu, die nach allen Seiten gleich geformt sind. Aber auch die zweidimensionale Abbildung einer Verkaufsstätte mittels Linien, Konturen und Formen wurde als ausreichend bestimmt erachtet (EuGH BeckRS 2014, 81150 – Apple Store). In den meisten Fällen, insbesondere bei komplexen Gegenständen, empfiehlt es sich dennoch mehrere Abbildungen aus verschiedenen Perspektiven einzureichen, um den Schutzgegenstand in seiner Gesamtheit darzustellen (BPatG GRUR 2001, 521 – Penta Kartusche; LSK 2002, 80633 – Tablettenform). Die Darstellungen können auch Detailansichten der Marke enthalten, es muss jedoch eindeutig sein, dass alle Abbildungen zur selben Marke gehören (BPatG BeckRS 2009, 10527 – Bleistift mit Kappe).

31 Ist der Gegenstand der Anmeldung einmal bezeichnet, und damit ein Anmeldetag festgelegt, ist eine nachträgliche Änderung der Marke, zB durch Austausch oder Weglassen einzelner Abbildungen, nicht mehr möglich (BPatG Beschl. v. 10.1.2006 – 24 W (pat) 251/03 – Filterkörper).

Ergibt sich die Dreidimensionalität der Marke bereits zweifelsfrei aus deren Abbildung, kann die Angabe der Markenkategorie als weiteres Erfordernis ohne Verschiebung des Anmeldetags nachgeholt werden. In diesem Fall ist der Gegenstand der Marke nämlich hinreichend bestimmt. Dennoch sollte hier auf Vollständigkeit und Klarheit geachtet werden, denn eine nachträgliche Änderung der Markenkategorie ist nicht möglich (BGH GRUR 2001, 239 – Zahnpastastrang; abweichende Praxis des HABM und EuG: EuG BeckRS 2014, 80143 – Farben Windkraftanlage; BeckRS 2014, 81186 – Echte Kroatzbeere). **32**

Stehen die graphischen Darstellungen zueinander oder zu der Angabe der Markenkategorie in Widerspruch (zB Angabe 3D-Marke aber Darstellung einer Wort-Kombination) ist mit der neueren Rechtsprechung wohl vom Fehlen der Mindestanforderungen des § 32 Abs. 2 auszugehen. Als Anmeldetag wäre daher erst der Tag zuzuerkennen, an dem der Gegenstand der Anmeldung eindeutig festgelegt ist (BPatG BeckRS 2009, 340 – Zitzengummis für Melkanlagen; anders noch BPatG BeckRS 2009, 1391 – Aqua Thron). Weil noch kein Anmeldetag besteht, wäre in diesem Fall Änderungen der Anmeldung zu zulassen, allerdings nur im Rahmen der ursprünglich eingereichten Unterlagen (BPatG GRUR 2007, 63 – KielNET). Wie weit die Änderungen gehen können, ist stets eine Frage des Einzelfalls. Ein vollständiger Ersatz der Wiedergabe dürfte als aliud aber in jedem Fall unzulässig sein. Die gleichen Überlegungen sollten auch für etwaige Widersprüche zwischen Wiedergabe und Beschreibung gelten. **32.1**

Die **weiteren Erfordernisse** der Anmeldung einer 3D-Marke umfassen: **33**
- Angabe der Markenkategorie, sofern diese nicht zur Bestimmung des Schutzgegenstands bereits zwingend notwendig ist (→ Rn. 30).
- Graphische Darstellung: Seit Änderung der MarkenV ist es ausreichend, wenn eine einzige Wiedergabe der Marke eingereicht wird. Soll die Marke in schwarz/weiß eingetragen werden, so muss auch die Wiedergabe in schwarz/weiß gehalten sein. Die Wiedergabe kann bis zu sechs Abbildungen der Marke enthalten, wobei alle Abbildungen entweder auf dem dafür vorgesehenen Formblatt des DPMA oder auf einem zusätzlichen DIN A4 Blatt wiederzugeben sind. Die einzelnen Abbildungen können zwischen 8 x 8 und 26,2 x 17 cm groß sein (§ 9 Abs. 2 iVm § 8 Abs. 2 und 3 MarkenV). Muster oder Modelle können nicht eingereicht werden (§ 13 MarkenV). Die Wiedergabe kann auch auf einem Datenträger eingereicht werden, dann ist allerdings darauf zu achten, dass alle Abbildungen auf einer einzigen Bilddatei enthalten sind (§ 9 Abs. 4 MarkenV).
- Angabe der Farben: Soll die Marke farbig eingetragen werden, sind die Farben durch ihre herkömmlichen Bezeichnungen (zB gelb, rot, blau) anzugeben.
- Beschreibung: Der 3D-Marke kann eine Beschreibung beigefügt werden, die dazu dienen soll den Schutzgegenstand zu konkretisieren (§ 6a Abs. 1 MarkenV). Lässt sich die Marke zweidimensional nicht ausreichend wiedergeben, ist die Beschreibung sogar obligatorisch (§ 6a Abs. 2 MarkenV). Diese war bereits vor Änderung der MarkenV als Bestandteil der graphischen Darstellung iSv § 32 Abs. 2 erachtet und für die Bestimmung der Schutzfähigkeit und des Schutzumfangs herangezogen worden (vgl. BGH GRUR 2007, 55 – gelb/grün II; EuGH GRUR 2003, 604 – Libertel).

6. Hörmarke

Als Hörmarke können beim DPMA Tonfolgen und Melodien angemeldet werden, sofern sie sich durch ein Notensystem darstellen lassen. Andere akustisch wahrnehmbare Zeichen, insbesondere Geräusche, die nicht in Noten ausgedrückt werden können, sind von der Anmeldung hingegen ausgeschlossen. Die Einreichung von Sonagrammen ist unzulässig (Richtlinie für die Prüfung von Markenanmeldungen, IV 4.3.4). Ähnliches galt für die Anmeldung einer Unionsmarke bis zum Inkrafttreten des Art. 26 Abs. 1 Buchst. d und Abs. 3 VO (EU) 2015/242 am 1.10.2017 (→ UMV Art. 26 Rn. 21). Mit der Revidierung der MRL (künftig RL (EU) 2015/2436) und der Abschaffung des Erfordernisses der graphischen Darstellung sollte jedoch auch die Anmeldung von Geräuschen, kurzen Jingles und anderen akustischen Signalen möglich werden (→ UMV Art. 26 Rn. 22). Gemessen an der Bedeutung, die akustische Signale auf Grund der multimedialen Präsenz von Unternehmen mittlerweile gewonnen haben (s. zB Thomas Müller zum Soundbranding: www.youtube.com/watch?v=l_JNmvcn7dg), wäre dies durchaus zeitgemäß. **34**

MarkenG § 32

35 Die **Mindestanforderungen** an die Wiedergabe einer Hörmarke umfassen eine graphische Darstellung und die Angabe, dass es sich um eine Hörmarke handelt. Die graphische Darstellung muss die Tonfolge oder Melodie der Marke mittels einer Notenschrift, einschließlich Notenschlüssel und Pausenzeichen, vollständig wiedergeben (§ 11 Abs. 2 MarkenV). Beinhaltet die Marke neben einer Melodie auch einen Text, ist dieser ebenfalls vollständig anzugeben. Auslassungen oder Platzhalter, zB in Form von Punkten, lassen den genauen Inhalt der Marke im Ungewissen und erfüllen daher nicht die Anforderungen an die Wiedergabe der Marke gemäß § 32 Abs. 2 Nr. 2 (BPatG GRUR 1997, 62 – INDIKATIV SWF-3). Im Gegensatz zu einer graphischen Darstellung, ist eine rein akustische Wiedergabe der Marke, nach aktueller Praxis des DPMA und des BPatG für die Zuerkennung eines Anmeldetags nicht ausreichend (BPatG BeckRS 2014, 16370, zitiert nach Grabrucker GRUR 2001, 373 Rn. 3). Mit der weiteren Harmonisierung des Markenrechts auf europäischer Ebene und der hierbei vorgesehenen Aufgabe der obligatorischen graphischen Darstellung der Marke wird sich diese Problematik aber voraussichtlich erledigen (RL (EU) 2015/2436, → UMV Art. 26 Rn. 22). Bestehen bleiben könnte jedoch die auch bisher diskutierte Frage, welche Darstellungsform tatsächlich geeignet ist, eine Hörmarke eindeutig zu bestimmen (Art. 3 RL (EU) 2015/2436; → Rn. 35.1 ff.).

35.1 Weder aus § 32 Abs. 2 noch aus § 11 MarkenV ergibt sich unmittelbar, welche der beiden Darstellungsformen, einer Hörmarke, die graphische oder die akustische, für die Erfüllung der Mindestanforderung an die Wiedergabe gemäß § 32 Abs. 2 notwendig, respektive ausreichend ist. § 32 Abs. 2 selbst definiert die Art der Wiedergabe überhaupt nicht. Nach der Rechtsprechung zur Wiedergabe der Marke im Allgemeinen, muss die Darstellung jedoch geeignet sein, den Gegenstand, für den Schutz begehrt wird, eindeutig zu bestimmen (EuGH C-273/00, GRUR 2003, 145 – Sieckmann). Hier ergibt sich ein gewisser Widerspruch zwischen den Anforderungen der Rechtsprechung an die Bestimmtheit der Wiedergabe der Marke und der Praxis des DPMA. Das musikalische Notensystem scheint nämlich nur beschränkt geeignet, die tatsächliche akustische Wahrnehmung der Hörmarke zweifelsfrei zu vermitteln. Es definiert durch Noten, Notenschlüssel und Pausenzeichen zwar die Länge und Höhe der Töne sowie die zeitliche Beziehung der Töne zu einander, enthält aber keine Information zu Tempo, Dynamik oder Instrumentation (BPatG GRUR 1997, 62 – INDIKATIV SWF-3). Eine lediglich als Abfolge einzelner Töne dargestellte Melodie lässt sich aber in unzähligen Varianten musikalisch wiedergeben. Aus der graphischen Darstellung einer Hörmarke mittels eines Notensystems ergibt sich daher nicht zwangsläufig ein einziges eindeutiges Zeichen, sondern ggf. mehrere alternative Gestaltungsvarianten. Eine solche Wiedergabe entspricht nach neuerer Rechtsprechung des BPatG aber weder den Anforderungen des § 32 Abs. 2, noch denen der § 3 Abs. 1 und § 8 Abs. 1 (BPatG BeckRS 2010, 20925 – Clip; GRUR 2012, 283 – Schokoladenstäbchen; → § 3 Rn. 1 ff..; → § 8 Rn. 20).

35.2 Im Gegensatz dazu lässt eine akustische Wiedergabe keinen Zweifel über den exakten Gegenstand der Marke. In ihr sind notwendigerweise alle Merkmale der individuellen Ausgestaltung der Melodie enthalten, einschließlich Tempo, Tonfärbung, und ggf. Liedtext. Letztlich wird die akustische Wiedergabe auch für die Beurteilung der Unterscheidungskraft und Verwechslungsgefahr entscheidend sein. Denn neben der Fähigkeit, ein Notensystem überhaupt lesen zu können, bestimmt auch die individuelle Musikalität darüber, welche Vorstellung sich ein Mensch von einer Melodie macht, die er lediglich geschrieben sieht. Ähnliches gilt für die Darstellung eines Sonagramms, dessen Inhalt ein Betrachter letztlich nur unter Zuhilfenahme technischer Geräte erschließen kann (Eisenführ, FS Bornkamm, 2014, 553 ff.).

35.3 Insofern können bei einer rein graphischen Darstellung mittels eines Notensystems ggf. Zweifel über den Gegenstand einer Hörmarke bleiben. Die akustische Wiedergabe ist hingegen geeignet, die Anforderungen des Bestimmtheitsgrundsatzes zu erfüllen. Daher sollte zumindest jede der Darstellungsformen als für die Zuerkennung eines Anmeldetages ausreichend angesehen werden (so auch v. Schultz/Schweyer Rn. 14; anders Ströbele/Hacker/Kirschneck Rn. 31; BPatG BeckRS 2014, 16370). Das Argument, dass die akustische Wiedergabe zur Veröffentlichung durch das DPMA ungeeignet sei, überzeugt in Anbetracht der mittlerweile ausschließlich elektronischen Publikation jedenfalls nicht mehr.

36 Die **weiteren Erfordernisse** der Anmeldung einer Hörmarke umfassen:
- graphische Darstellung: Seit Änderung der MarkenV ist es ausreichend, wenn eine einzige Wiedergabe der Marke eingereicht wird. Für die Wiedergabe soll das vom DPMA zur Verfügung gestellte Formblatt verwendet werden (§ 11 Abs. 2, § 8 Abs. 3 und 4).
- akustische Wiedergabe: Zusätzlich zur graphischen Wiedergabe der Marke, ist eine akustische Wiedergabe auf einem Datenträger einzureichen (§ 11 Abs. 3 MarkenV). Die Wieder-

gabe hat im WAVE- oder MP3-Format zu erfolgen (44.1 KHz, 16 Bit). Ansonsten verweist § 11 Abs. 4 MarkenV auf § 8 Abs. 6 S. 2–4 und S. 5 Nr. 2 MarkenV. Von den Verweisungen auf § 8 MarkenV explizit ausgenommen ist jedoch § 8 Abs. 7, so dass sich auch nach der Änderung der MarkenV kein Vorrang der akustischen, auf Datenträger eingereichten Wiedergabe ergibt. Bei der akustischen Wiedergabe handelt es sich lediglich um ein weiteres Erfordernis, welches für die Zuerkennung des Anmeldetags unerheblich ist (BPatG GRUR 1997, 134 – Anmeldetag). Dementsprechend stehen Diskrepanzen zwischen der graphischen und der akustischen Wiedergabe der Zuerkennung des Anmeldetags nicht entgegen BPatG GRUR 1997, 62 – INDIKATIV SWF-3).

- Beschreibung: Der Hörmarke kann eine Beschreibung beigefügt werden (§ 11 Abs. 4 MarkenV).

7. Tast-/Fühlmarke

Als Tast- oder Fühlmarken kommen Zeichen in Frage, die über den Tastsinn wahrgenommen werden und deren haptische Eigenschaften der Verkehr als Herkunftshinweis auffasst (→ § 3 Rn. 48). **37**

Zu den **Mindestanforderungen** an die Wiedergabe der Tastmarke gehört neben der Angabe der Markenform eine graphische Darstellung des Zeichens, die in diesem Fall aber regelmäßig eine wörtliche Beschreibung sein wird. Die Wiedergabe der Marke muss die haptisch wahrnehmbaren Eigenschaften des Zeichens klar und eindeutig angegeben, wobei eine objektive Darstellung verlangt wird und keine Beschreibung des subjektiven Empfindens (BGH GRUR 2007, 148 – Tastmarke). Eine bildliche Darstellung des zu ertastenden Gegenstands kann zur Wiedergabe der Marke beitragen, wird aber nicht als ausreichend erachtet (BGH GRUR 2007, 148 – Tastmarke). **38**

8. Olfaktorische Marken (Riech-/ Geruchsmarken)

Obwohl der EuGH die grundsätzliche Eignung von Gerüchen als Herkunftshinweis anerkannt hat (→ § 3 Rn. 43), scheitert die Anmeldung einer Riechmarke regelmäßig an der mangelnden graphischen Darstellbarkeit gemäß § 8 Abs. 1 (→ § 8 Rn. 19.1) bzw. der ausreichenden Wiedergabe der Marke bei der Anmeldung. Der EuGH hat weder eine chemische (Struktur)Formel, noch eine wörtliche Beschreibung, oder die Hinterlegung des Geruchs als geeignet angesehen (EuGH GRUR 2003, 145 – Sieckmann), um den Anmeldegegenstand darzustellen (zu olfaktorischen Marken → § 8 Rn. 506 ff.). **39**

9. Positionsmarke

Der Herkunftshinweis der Positionsmarke ergibt sich aus der Kombination des Zeichens und dessen konkreter Anordnung auf der Ware. Zur Erfüllung der **Mindestanforderungen** an die Wiedergabe der Marke muss daher beides eindeutig bestimmt werden. Dazu bedarf es der Angabe, dass es sich um eine Positionsmarke handelt, da sonst eine Bildmarke vorliegen könnte. Des Weiteren muss eine graphische Darstellung in Form einer bildlichen Wiedergabe eingereicht werden, auf der auch der Träger der Marke abgebildet ist (BPatG BeckRS 1999, 15292; 2009, 25613 – Schultüte). Allerdings muss nicht notwendigerweise die vollständige Ware abgebildet werden. Als Bezugspunkt für die Position und Größenverhältnisse der Marke kann auch nur ein Teil der Ware geeignet sein (BPatG BeckRS 2014, 12874 – Gelber Sartorius-Bogen). Insbesondere ist die Größe bzw. die Größenrelation zwischen Positionsmarke und Ware nicht zwingend erforderlich (BPatG BeckRS 2014, 12874 – Gelber Sartorius-Bogen, insofern in Übereinstimmung mit EuGH BeckRS 2014, 81150 – Apple Store). Seit Änderung der MarkenV mit 24.6.2016 ist nunmehr eine Beschreibung für sonstige Markenformen, zu denen auch die Positionsmarke zu zählen ist, obligatorisch (§ 6a Abs. 2 MarkenV, bereits zuvor in diesem Sinne BPatG BeckRS 2010, 20925 – Farbfläche auf Maschinengehäuse; ablehnend BPatG BeckRS 2013, 5980 – Telefonbuch/rot). Die Beschreibung muss den Schutzgegenstand in objektiver Weise konkretisieren. Dazu dürften vor allem jene Eigenschaften gehören, die sich aus der graphischen Darstellung alleine nicht notwendigerweise zweifelsfrei ergeben, wie beispielsweise die Platzierung des Zeichens auf dem Träger, die Größe des Zeichens und die Größenverhältnisse zwischen Zeichen und Träger (BPatG **40**

MarkenG § 32 Teil 3 Verfahren in Markenangelegenheiten

BeckRS 2010, 20925 – Farbfläche auf Maschinengehäuse). Ohne diese Angaben wurde der Schutzgegenstand der Positionsmarke als nicht ausreichend bestimmt angesehen und kein Anmeldetag zuerkannt (BPatG BeckRS 2009, 25613 – Schultüte; in BPatG BeckRS 2010, 20925 – Farbfläche auf Maschinengehäuse – wurde der Anmeldetag jedoch trotz fehlender Bestimmtheit der Marke zuerkannt).

40.1 Kurz nach der Einführung der neuen Markenformen wurde noch davon ausgegangen, dass die Beschreibung für die Positionsmarke zwar ein weiteres Erfordernis iSv § 32 Abs. 2 ist, nicht aber zum Gegenstand der Marke selbst gehört (BPatG BeckRS 2009, 4047 – Hose). Mittlerweile sieht die Rechtsprechung die Beschreibung bei der Positionsmarke aber als integralen Bestandteil der graphischen Darstellung an, die nach Festlegung des Anmeldetags auch nicht mehr geändert werden kann (BPatG BeckRS 2009, 25613 – Schultüte; BeckRS 2010, 20925 – Farbfläche auf Maschinengehäuse). Mit Änderung der MarkenV scheint der Gesetzgeber sich dieser Auffassung angeschlossen zu haben.

40.2 Umstritten ist aber nach wie vor, welche Anforderungen an die Wiedergabe iSv § 32 Abs. 2 Nr. 2, dh an die bildliche Darstellung und die Beschreibung, zu stellen sind. Der 28. Senat des BPatG hat die Darstellung und die Beschreibung einer Positionsmarke für eine ausreichende Wiedergabe iSv § 32 Abs. 2 angesehen, obwohl beide nicht geeignet waren, den Schutzgegenstand eindeutig zu bestimmen. Eine Anpassung der Beschreibung wurde dementsprechend als unzulässige nachträgliche Änderung des Anmeldegegenstands abgelehnt (BPatG BeckRS 2010, 20925 – Farbfläche auf Maschinengehäuse). Dagegen waren der 29. und der 30. Senat der Ansicht, dass solange Abbildung und/oder Beschreibung den Gegenstand der Anmeldung nicht eindeutig bestimmen, keine wirksame Anmeldung vorliegt (BPatG BeckRS 2014, 12784 – Gelber Sartoriusbogen; BeckRS 2009, 25613 – Schultüte). Dementsprechend wurde kein Anmeldetag zuerkannt, und der Anmelder konnte die Beschreibung der Marke anpassen (BPatG BeckRS 2009, 25613 – Schultüte; BeckRS 2013, 5980 – Telefonbuch/rot). Der Senat vertrat die Ansicht, dass erst wenn der Anmeldegegenstand eindeutig bestimmt oder bestimmbar ist auch ein Anmeldetag zuerkannt werden kann. Diese Auffassung steht in Einklang mit der zu anderen Markenformen ergangenen Rechtsprechung, die ebenfalls davon ausgeht, dass keine wirksame Anmeldung vorliegt, solange der Gegenstand der Anmeldung nicht zweifelsfrei feststeht (BGH GRUR 2004, 502 – Gabelstapler II; BPatG GRUR 2007, 63 – KielNet).

D. Waren- und Dienstleistungsverzeichnis

41 Das Waren- und Dienstleistungsverzeichnis legt gemeinsam mit der graphischen Wiedergabe der Marke (→ Rn. 9) den Schutzgegenstand der Registermarke fest. Insbesondere wird durch das Waren- und Dienstleistungsverzeichnis bestimmt, auf welche wirtschaftlichen Güter und Leistungen sich der Schutz der Marke erstreckt (§ 14). Das Verzeichnis kann sowohl Oberbegriffe, die ganze Waren/Dienstleistungsgruppen abdecken, als auch einzelne konkrete Waren oder Dienstleistungen enthalten.

41.1 Seit Einführung des Markengesetztes und dem damit verbundenen Wegfall der Akzessorietät der Marke zum Geschäftsbetrieb, können Marken für beliebige Waren und Dienstleitungen angemeldet werden. Insbesondere in Betracht kommen auch Waren oder Dienstleitungen, für die die Marke lediglich lizenziert werden soll (§ 8 Abs. 2; → § 8 Rn. 796).

42 Im Gegensatz zur graphischen Wiedergabe ist das Waren- und Dienstleistungsverzeichnis allerdings keine unteilbare Einheit. Es kann sowohl beschränkt (§ 39) als auch geteilt (§ 40) werden. Einzig das Hinzufügen von Waren bzw. Dienstleistungen ist ausgeschlossen, da hierdurch der Schutzbereich der Marke gegenüber der ursprünglichen Anmeldung erweitert würde (→ § 37 Rn. 12).

I. Mindestanforderung zur Zuerkennung eines Anmeldetags (Abs. 3 Nr. 3)

43 Das Waren- und Dienstleistungsverzeichnis muss bestimmt und unmissverständlich sein. Für die Zuerkennung eines Anmeldetags ist es jedoch ausreichend, wenn die Waren bzw. Dienstleistungen formlos aufgezählt werden. Ebenso wurde es als ausreichend erachtet, einzelne Klassen zu benennen, womit – zunächst – alle unter die jeweilige Klasse fallenden Waren oder Dienstleistungen beansprucht werden (BPatG BeckRS 2009, 1144 – what's live).

43.1 An dieser Ansicht dürfte sich auch mit der Entscheidung IP-Translator des EuGH (EuGH C-307/10, BeckRS 2012, 81267 – IP-Translator) und der daran anschließenden Mitteilung des DPMA zur Amtspraxis (Mitteilung der Präsidentin 16/12) Nichts geändert haben. Für die Eintragung der Marke

Erfordernisse der Anmeldung   § 32 MarkenG

wurde in der deutschen Praxis nämlich bereits vor der Entscheidung des EuGH stets ein vollständiges und klassifiziertes Waren- und Dienstleistungsverzeichnis verlangt (→ Rn. 48). Allerdings fällt auf, dass der EuGH explizit ausführt, dass eine Anmeldung bei der nicht feststehe, ob die Klassenüberschrift alle oder nur einige der in der Klasse enthaltenen Waren bzw. Dienstleistungen umfassen soll, nicht als hinreichend klar und eindeutig angesehen werden kann (EuGH C-307/10, BeckRS 2012, 81267 – IP-Translator; AG Köln BeckRS 2014, 869 – Netto). Dabei verweist der EuGH auf seine Rechtsprechung zur Bestimmtheit der Marke (EuGH C-273/00, GRUR 2003, 145 – Sieckmann; s. auch BGH GRUR 2007, 148 – Tastmarke), hinsichtlich ihres Zeichens. Dies legt nahe, dass der EuGH letztlich dieselben Maßstäbe für die Bestimmtheit des Waren- und Dienstleistungsverzeichnisses und des Zeichens anlegt. Mit der Revidierung der Markenrichtlinie (RL (EU) 2015/2436) wurde nun auch das Erfordernis der Bestimmtheit des Waren- und Dienstleistungsverzeichnisses explizit verankert (Art. 39 Abs. 2 RL (EU) 2015/2436). Nach derzeitiger Rechtsprechung gilt die Gruppierung jedenfalls (noch) nicht als Voraussetzung für die Bestimmtheit des Waren- und Dienstleistungsverzeichnisses (BPatG BeckRS 2012, 21978 – Sage Shop).

Ergeben sich jedoch Widersprüche über den Inhalt des Waren- und Dienstleistungsverzeichnis, wird kein Anmeldetag zuerkannt, solange diese nicht ausgeräumt wurden (BPatG BeckRS 2010, 26253 – Mr. Tuning). **44**

Widersprüche können sich beispielsweise auf Grund von Diskrepanzen zwischen einer fehlerhaft übermittelten Faxkopie und dem später nachgereichen Original ergeben. Das DPMA hat den Anmelder in diesem Fall zur Behebung der entsprechenden Mängel gemäß § 36 Abs. 2 S. 2 aufzufordern (BPatG BeckRS 2010, 26253 – Mr. Tuning). Kommt der Anmelder dieser Aufforderung nicht nach, gilt die Anmeldung als zurückgenommen (§ 36 Abs. 2 S. 1). Bestimmt der Anmelder die später eingegangene Version der Anmeldung zu Grunde zu legen, kommt es zur Verschiebung des Anmeldetags auf den Eingang des späteren Waren- und Dienstleistungsverzeichnisses. **44.1**

Ist der Anmeldung ein Anmeldetag zuerkannt worden, kommt eine Änderung des Waren- und Dienstleistungsverzeichnis nur noch durch eine Beschränkung in Betracht (→ § 39 Rn. 7 ff.). **45**

II. Weiteren Erfordernisse

Das Verzeichnis muss die beanspruchten Waren und Dienstleistungen eindeutig identifizieren und entsprechend der Nizzaer Klassifikation gruppiert sein. Ist das DPMA der Ansicht, dass das Waren- und Dienstleistungsverzeichnis die Anforderungen an die Gruppierung und/oder die Klarheit nicht erfüllt, erlässt es einen Beanstandungsbescheid gemäß § 36 Abs. 4. **46**

Die Prüfung auf Schutzhindernisse (allgemein → § 8 Rn. 25 ff.) findet mit unmittelbaren Bezug auf die angemeldeten Waren- und Dienstleistungen statt. Steht nicht zweifelsfrei fest für welche Waren oder Dienstleistungen der Schutz der Marke beansprucht wird, kann auch keine Prüfung auf absolute Schutzhindernisse erfolgen (BPatG BlPMZ 1995, 418 – hotshower; GRUR 2006, 1039 – Rätsel total; BeckRS 2010, 26253 – Mr. Tuning). Dennoch erlässt das DPMA aus verfahrensökonomischen Gründen in der Regel keinen separaten Beanstandungsbescheid, wenn das Waren- und Dienstleistungsverzeichnis ausreichend eindeutig ist, um festzustellen, dass absolute Schutzhindernisse vorliegen (Richtlinien für die Markenprüfung IV 4.4). **46.1**

Das DPMA kann das Waren- und Dienstleistungsverzeichnis nicht selbstständig ändern. Dies obliegt allein dem Anmelder (BPatG GRUR 2007, 601 – DATE24; BeckRS 2007, 19369 – natocorner; BGH GRUR 2005, 326 – il Patrone/il Portone), den allerdings eine Pflicht zur Förderung des Verfahrens trifft. Er ist daher gehalten, Unklarheiten im Waren- und Dienstleistungsverzeichnis auszuräumen (BPatG GRUR 2006, 1039 – Rätsel total). Dies kann ggf. durch die Wahl alternativer Begriffe geschehen, soweit der sachliche Umfang des Verzeichnisses durch die Änderungen nicht erweitert wird. Unmittelbare oder nachträgliche Einschränkungen sind möglich, jedoch nur soweit sie eine tatsächliche sachliche Beschränkung bewirken (→ § 39 Rn. 7 ff.). Einschränkungen auf bestimmte Verwendungszwecke, Abnehmerkreise oder Absatzgebiete sind nicht zulässig (BPatG GRUR 2008, 237 – Bernstein). Auch bei einer Einschränkung des Waren- und Dienstleistungsverzeichnis muss allerdings zweifelsfrei feststehen, welche Waren bzw. Dienstleistungen noch Gegenstand des Verfahrens sind. Andernfalls kann kein Beschluss über das Bestehen von Schutzhindernissen ergehen (BPatG BeckRS 2010, 26253 – Mr. Tuning). **47**

1. Gruppierung

48 Die Waren und Dienstleistungen werden in insgesamt 45 Klassen entsprechend der Nizzaer Klassifikation (zuletzt geändert zum 1.1.2016 – „Version 2016" der 10. Nizza-Klassifikation) eingeteilt. Im Waren- und Dienstleistungsverzeichnis sind die Waren und/oder Dienstleistungen, für welche die Marke eingetragen werden soll, jeweils unter der Nummer ihrer Klassen aufzulisten, wobei jeder Klasse eine überschaubare Anzahl von Oberbegriffen zugeordnet ist, welche die Art der Waren bzw. Dienstleistungen, die in die besagte Klasse fallen, umreißen. Bei der Erstellung des Waren- und Dienstleistungsverzeichnisses können sowohl Oberbegriffe verwendet, als auch konkrete Waren bzw. Dienstleistungen aufgezählt werden. Werden alle Oberbegriffe einer Klasse aufgeführt, ist damit aber noch nicht die gesamte Klasse als solches beansprucht, sondern lediglich Waren bzw. Dienstleistungen, die sich unter die Oberbegriffe tatsächlich subsumieren lassen. Diese Praxis des DPMA entspricht bereits der neuesten EuGH Rechtsprechung und wird dementsprechend beibehalten (Mitteilung der Präsidentin 16/12; → Rn. 48.1). Sollen alle Waren bzw. Dienstleistungen einer Klasse beansprucht werden müssen daher alle Begriffe entsprechend der Nizza Klassifikation aufgezählt werden. Dabei sollten nach Möglichkeit nur in der Nizzaer Klassifikation enthaltene Begriffe verwendet werden. Finden sich Bezeichnungen spezifischer Waren oder Dienstleistungen nicht in der Klassifikation, steht das einer Eintragung per se nicht entgegen, denn die Waren- und Dienstleistungsklassen umfassen in ihrer Gesamtheit theoretisch alle gewerblich verkehrsfähigen Waren und Dienstleitungen (BPatG BeckRS 2012, 21978 – Sage Shop; BeckRS 2009, 17229 – Auftakt). Insbesondere verkehrsübliche Begriffe sowie Fachtermini erfüllen regelmäßig das Erfordernis der Bestimmtheit (BPatG BeckRS 2012, 21978). Nichtsdestotrotz muss die Zuordnung der Waren/Dienstleistungen eindeutig sein, und es dürfen keine Zweifel über die Bedeutung der verwendeten Begriffe bestehen (→ Rn. 51 ff.).

48.1 Hinsichtlich der Auslegung von Waren- und Dienstleistungsverzeichnissen gab es bislang divergierende Praktiken zwischen dem DPMA bzw. anderen nationalen Ämtern und dem HABM, welches die Aufzählung der Oberbegriffe als Beanspruchung aller Waren bzw. Dienstleistungen einer Klasse erachtete. Der EuGH hat in seiner Entscheidung IP-Translator (EuGH C-307/10, BeckRS 2012, 81267 – IP-Translator) nun klargestellt, dass dies nur möglich ist, wenn das Verzeichnis einen entsprechend eindeutigen Hinweis enthält. Andernfalls genügt das Waren- und Dienstleistungsverzeichnis ggf. nicht den Anforderungen an Klarheit und Eindeutigkeit. Das DPMA hatte bei einer Aufzählung der Oberbegriffe einer Klasse stets nur die Waren bzw. Dienstleistungen als beansprucht erachtet, die sich tatsächlich unter die Oberbegriffe subsumieren ließen. An dieser Praxis wird das Amt auch weiter festhalten. Zusätzliche Hinweise, die die Beanspruchung der gesamten Klasse unter Nennung der Oberbegriffe ermöglichen sind nach wie vor unzulässig (Mitteilung der Präsidentin 16/12). Mit der gemeinsamen Erklärung des HABM und der nationalen Ämter, unter anderem zur Verwendung von Oberbegriffen im Waren- und Dienstleistungsverzeichnis, sollte hier mehr Klarheit geschaffen worden sein (→ Rn. 51, Mitteilung der Präsidentin 09/13).

48.2 Die Nizza Klassifikation wird mittlerweile nur noch im Bundesanzeiger bekannt gemacht und ist nicht mehr Teil der MarkenV (Dritte Verordnung zur Änderung der MarkenV vom 10.12.2012 (BGBl. I 2630).

49 Die Klassenziffer selbst ist mittlerweile ebenfalls Bestandteil des Waren- und Dienstleistungsverzeichnisses, so dass spezifische Angaben zu Verwendungszweck (zB „zu medizinischen Zwecken") bzw. Hinweise wie „soweit in Klasse ... enthalten" nicht mehr notwendig sind (Mitteilung der Präsidentin des DPMA 12/10). Dementsprechend weist das DPMA auch nicht mehr auf alternative Gruppierungsmöglichkeiten hin.

50 Über die Klassifizierung entscheidet letztlich das DPMA, wobei es eine Umklassifizierung vornehmen kann (§ 20 MarkenV). Das Waren- und Dienstleistungsverzeichnis darf aber nicht von Amtswegen geändert werden (BPatG BeckRS 2010, 26253 – Mr. Tuning; GRUR 2006, 1039 – Rätsel total; BlPMZ 1995, 418 – hotshower). Im Zuge der Klassifizierung legt das DPMA auch die Leitklasse der Markenanmeldung fest, die darüber entscheidet, welche Abteilung innerhalb des DPMA mit der Prüfung der Anmeldung betraut wird. Schlägt der Anmelder eine Leitklasse vor, wird diese aber in der Regel beibehalten. Zudem kann das DPMA Verzeichnisse von Marken, die vor dem 1.6.2004 angemeldet wurden und nach wie vor nicht klassifiziert sind, selbständig nach Klassen ordnen (§ 22 Abs. 2 MarkenV). Es ist davon auszugehen, dass dies vor allem im Zuge der Markenverlängerung passieren wird, wie es bereits vor Änderung der MarkenV üblich war (§ 22 Abs. 1 MarkenV, Mitteilung der Präsidentin Nr. 17/11). Bezüglich der Erhöhung der Anzahl der Klassen durch Umklassifizierung → § 47 Rn. 10.

2. Bestimmtheit des Waren- und Dienstleistungsverzeichnis

Die im Verzeichnis enthaltenen Begriffe müssen die beanspruchten Waren und Dienstleistungen eindeutig identifizieren. Es darf kein Zweifel darüber bestehen, für welche Waren und/oder Dienstleistungen die Marke Schutz genießt. Dies gilt für konkrete Waren bzw. Dienstleistungen ebenso wie für Oberbegriffe (EuGH C-307/10, BeckRS 2012, 81267 – IP Translator; AG Köln BeckRS 2014, 869 – Netto). Insbesondere bei sehr weiten (Ober-) Begriffen, kann aber unklar sein, welche Waren und Dienstleistungen sie im Einzelnen umfassen (zB „Betrieb eines Flughafens", BPatG BeckRS 2011, 18620 – Frankfurt-Hahn). Im Zuge der Entscheidung IP-Translator des EuGH haben sich die nationalen Ämter und das HABM auf eine einheitliche Beurteilung der Klarheit der in der Nizza Klassifikation enthaltenen Oberbegriffen verständigt (Mitteilung der Präsidentin 09/13). Dabei wurden Oberbegriffe in insgesamt elf Klassen als unzureichend klar und eindeutig identifiziert, so dass deren alleinige Verwendung nicht ausreicht, um den Schutzbereich des Waren- und Dienstleistungsverzeichnisses eindeutig zu bestimmen. Darüber hinaus wurden sogenannte „class scopes" entworfen, die es dem Anmelder ermöglichen sollen, alle in eine Klasse fallenden Waren bzw. Dienstleistungen abzudecken (abrufbar unter www.dpma.de). Fremdsprachige Begriffe sollten nur verwendet werden, sofern sie in die deutsche Alltagssprache Eingang gefunden haben, was vor allem bei hoch technischen und sich schnell entwickelnden Gebieten zu Schwierigkeiten führen kann. Allerdings werden verkehrsübliche Fachbegriffe das Erfordernis der Bestimmtheit regelmäßig erfüllen (BPatG BeckRS 2012, 21978 – Sage Shop). Eingetragene Marken dürfen im Waren- und Dienstleistungsverzeichnis nicht enthalten sein (Richtlinien für die Prüfung von Markenanmeldungen IV 4.4). **51**

Das Waren- und Dienstleistungsverzeichnis kann konkrete Waren oder Dienstleistungen ebenso umfassen wie weite, mehrere Waren/Dienstleistungsarten umfassende, Oberbegriffe. Dabei ist jedoch darauf zu achten, dass eindeutig ist, welche Waren/Dienstleistungen durch die Oberbegriffe erfasst werden. Einige Oberbegriffe (zB „Maschinen") genügen nach neuester Rechtsprechung nicht dem Bestimmtheitsgebot (BPatG BeckRS 2014, 20248 – protube). Hier kann ggf. das Merkblatt des DPMA („Klasseneinteilungen der Waren und Dienstleistungen") zu Rate gezogen werden. Darüber hinaus können Oberbegriffe näher erläutert werden, indem eine beispielhafte Aufzählung nachgestellt wird (zB Kleidung, insbesondere Hemden, Blusen, T-Shirts). Wird die Aufzählung hingegen mit „nämlich" eingeleitet, wird sie abschließend verstanden und beschränkt das Verzeichnis auf die konkret genannten Waren bzw. Dienstleistungen. Hinweisen wie „zu medizinischen Zwecken" oder „soweit in Klasse X enthalten" bedarf es nicht mehr, seit das DPMA die Klassenziffern bei der Auslegung des Verzeichnisses berücksichtigt (Mitteilung der Präsidentin des DPMA Nr. 12/10; → Rn. 49). **51.1**

Es können auch einzelne Waren oder Dienstleistungen aus dem Verzeichnis ausgenommen werden. Dies kommt vor allem bei nachträglichen Einschränkungen auf Grund von Kollisionen mit älteren Marken in Betracht. Wird das Waren- und Dienstleistungsverzeichnis hingegen eingeschränkt, um dem Einwand mangelnder Unterscheidungskraft bei Marken mit beschreibendem Inhalt zu begegnen, ist darauf zu achten, dass die Ausnahme einzelner Waren/Dienstleistungen nicht zu einer ersichtlichen Täuschungsgefahr führt (→ § 39 Rn. 14; § 8 Abs. 2 Nr. 4; → § 8 Rn. 567). **51.2**

Besonderheiten ergeben sich hinsichtlich der Abgrenzung von Waren und Dienstleistungen beim Einzelhandelsgewerbe, bei Produktionen für Dritte und bei Immobilien. **52**

Weder das MarkenG noch die ihm zu Grunde liegende MRL (RL 2008/95/EG, künftig RL (EU) 2015/2436) definieren die Begriffe „Waren" bzw. „Dienstleistungen". Unter Waren werden grundsätzlich alle gewerblich verkehrsfähigen Wirtschaftsgüter, mit der Ausnahme von Immobilien (→ Rn. 55) verstanden, wobei vom Markenschutz für eine Ware auch deren Herstellung und Vertrieb erfasst werden. Dienstleistungen hingegen bezeichnen gegen Entgelt für Dritte erbrachte Leistungen, wobei regelmäßig nur oder jedenfalls auch Waren anderer Hersteller zum Einsatz kommen (zB Bauwesen, Unterhaltung, Transportwesen). **52.1**

Unter **Einzelhandelsdienstleistungen** (Klasse 35) werden Dienstleistungen, die im Rahmen des wirtschaftlichen Handels mit Waren erbracht werden (zB Zusammenstellung von **53**

MarkenG § 32   Teil 3 Verfahren in Markenangelegenheiten

Waren), zusammengefasst. Seit einer entsprechenden Entscheidung des EuGH ist nunmehr klargestellt, dass davon auch der Handel mit Dienstleistungen erfasst wird (→ Rn. 53.2). Dadurch wird die Eintragung von Marken für Unternehmen des Einzelhandels, die ausschließlich Produkte oder Dienstleistungen fremder Hersteller unter deren jeweiligen Marken vertreiben, ermöglicht. Eine Aufzählung der einzelnen Dienstleistungen, die im Zuge des Einzelhandels erbracht werden (zB Zusammenstelle eines Sortiments) ist nicht erforderlich, es müssen jedoch die gehandelten Waren und/oder Dienstleistungen, jedenfalls ihrer Art nach, aufgeführt werden, zB durch Angabe der entsprechenden Warenklasse, zB Lebensmittel, Kleidung, Waren der Klasse 25, etc (EuGH C-418/02, GRUR 2005, 764 – Praktiker; Mitteilung des Präsidenten des DPMA 34/05). Eine nur beispielhafte Aufzählung („Waren wie …") genügt den Anforderungen an die Bestimmtheit nicht (BPatG BeckRS 2013, 7047 – Granidur), „denn eine nicht ausreichend klare und eindeutige Waren- oder Dienstleistungsangabe wir nicht dadurch präziser, dass sie „nur" als gehandeltes Sortiments beansprucht wird" (BPatG GRUR 2016, 509 – Netto). Die Anforderungen gelten gleichermaßen für Groß- und Versandhandel.

53.1   Anmelder, deren Tätigkeit im Einzelhandel liegt, dh im Vertrieb von Waren fremder Herkunft unter der Herstellermarke, sollten ihre eigene Marke daher für Einzelhandelsdienstleistungen (Klasse 35) anmelden, und nicht für die einzelnen vertriebenen Waren, da sie für diese ggf. den notwendigen Benutzungsnachweis nicht erbringen können (§ 26). Für spezifische Waren bzw. Warenarten sollte eine Marke hingegen angemeldet werden, wenn die Waren unter dieser Marke hergestellt und in den Handel gebracht werden.

53.2   Nach der Anerkennung der Einzelhandelsdienstleistungen für Waren (EuGH C-418/02, GRUR 2005, 764 – Praktiker), hat der EuGH nunmehr auch den Handel mit Dienstleistungen (zB Fotoentwicklung, Veranstaltung von Reisen etc) als Dienstleistung im Sinne der Markenrichtlinie anerkannt (EuGH C-420/13, GRUR 2014, 869 – Netto). Ähnlich wie bei Einzelhandlungsdienstleistungen für Waren sind die von der Dienstleistung betroffenen Dienstleitungen konkret zu benennen, wobei der EuGH unter Verweis auf die Entscheidung IP-Translator nochmals klarstellt, dass die alleinige Aufzählung von Oberbergriffen einzelner Klassen hierfür ggf. nicht ausreicht (EuGH C-420/13, GRUR 2014, 869 – Netto). Im Nachgang zur Entscheidung des EuGH hat das BPatG zur Klarheit von Dienstleistungsangaben weiter präzisiert: die Angaben müssen eine eindeutige Abgrenzung des Sortiments ermöglichen. Dies war für „Ausgaben von Gutscheinen, Wertmarken" und „Veranstaltung von Reisen" als erfüllt angesehen worden. Angaben wie „Dienstleistungen aus dem medizinischen Bereich" und „Einzelhandelsdienstleistungen im Zusammenhang mit Gesundheit, Lifestyle Wellness" wurden hingegen als nicht ausreichend klar und eindeutig erachtet (BPatG GRUR 2016, 509 – Netto).

54   Die **Herstellung von Produkten für Dritte** (Auftragsproduktion) wird mittlerweile ebenfalls als eigenständige Dienstleistung anerkannt (BPatG GRUR-RR 2009, 56 roduktion für Dritte; anders noch BPatG BeckRS 2007, 13784 – Teuton). Um eine ungerechtfertigte Ausdehnung des Schutzbereichs zu vermeiden muss die Art der Produktions-Dienstleistung jedoch konkretisiert werden. Dies kann beispielsweise durch Angaben zu Material und Bearbeitung oder zu spezifischen herzustellenden Waren erfolgen (BPatG GRUR-RR 2009, 56 – Produktion für Dritte).

55   Bezüglich **Immobilien** ist zu beachten, dass diese zwar Sachen iSv §§ 90, 93, 94 BGB sind, in der Nizzaer Klassifikation als solche aber nicht genannt werden. Ein Schutz kommt hier nur im Rahmen von Dienstleistungen des Immobilienwesens (Klasse 36) in Betracht (BPatG BeckRS 2009, 17229 – Auftakt). Fertighäuser werden hingegen nicht zu Immobilien gezählt, da es sich hierbei um eine (vor Verbindung mit einem Grundstück) verkehrsfähige Ware handelt (BPatG BeckRS 2013, 9888 – Fertighäuser).

E. Angaben zum Vertreter

56   Soll die Anmeldung durch einen Vertreter geführt werden, so sind Name und Anschrift des Vertreters anzugeben (§ 5 Abs. 6 MarkenV).

57   Hat der Anmelder keinen Sitz oder Wohnsitz in der Bundesrepublik, muss ein Inlandsvertreter bestellt werden (§ 96).

F. Angaben zur Priorität

Soll eine Priorität in Anspruch genommen werden, sollte dies, wenn möglich, bereits 58
bei Einreichung und unter Nennung des Anmeldetags und Anmeldestaates der früheren
Anmeldung, erklärt werden. Die Prioritätserklärung kann aber auch noch innerhalb von
zwei Monaten nach der Einreichung der Anmeldung abgegeben werden (→ § 34 Rn. 15).
Darüber hinaus ist für die wirksame Inanspruchnahme der Priorität das Aktenzeichen der
früheren Anmeldung anzugeben und eine Abschrift derselben einzureichen (→ § 34 Rn. 18).

G. Gebühren

Mit Einreichen der Markenanmeldung wird eine Anmeldegebühr in Höhe von 300 Euro 59
und gegebenenfalls Klassengebühren für jede Waren- bzw. Dienstleistungsklasse über drei in
Höhe von 100 Euro fällig (§ 64a; § 3 Abs. 1 PatKostG). Es bleibt abzuwarten, ob sich daran
mit Umsetzung der MRL (RL (EU) 2015/2436) etwas ändern wird, die es den Mitgliedstaaten
freistellt, bereits ab der zweiten Klasse Klassengebühren zu verlangen. Dies sollte eine
Angleichung an das nunmehr für die EU-Marke geänderte Gebührensystem fördern. Zu
den Rechtsfolgen mangelnder Gebührenzahlung → § 36 Rn. 10).

§ 33 Anmeldetag; Anspruch auf Eintragung; Veröffentlichung der Anmeldung

(1) Der Anmeldetag einer Marke ist der Tag, an dem die Unterlagen mit den
Angaben nach § 32 Abs. 2
1. beim Patentamt
2. oder, wenn diese Stelle durch Bekanntmachung des Bundesministeriums der
Justiz und für Verbraucherschutz im Bundesgesetzblatt dazu bestimmt ist, bei
einem Patentinformationszentrum eingegangen sind.

(2) ¹Die Anmeldung einer Marke, deren Anmeldetag feststeht, begründet einen
Anspruch auf Eintragung. ²Dem Eintragungsantrag ist stattzugeben, es sei denn,
daß die Anmeldungserfordernisse nicht erfüllt sind oder daß absolute Schutzhindernisse der Eintragung entgegenstehen.

(3) Die Anmeldung einer Marke, die sämtliche Angaben nach § 32 Absatz 2
enthält, wird einschließlich solcher Angaben veröffentlicht, die es erlauben, die
Identität des Anmelders festzustellen.

Überblick

Erfüllt die Anmeldung die Mindestvoraussetzungen gemäß § 32 Abs. 2, erhält sie ihren
Anmeldetag (→ Rn. 1) und damit ihren Zeitrang (§ 6), sofern nicht ein Prioritätsrecht in
Anspruch genommen wird (§ 34).

Mit der Zuerkennung des Anmeldetags entsteht dem Anmelder ein Anspruch auf Eintragung der Marke (→ Rn. 5), der jedoch unter dem Vorbehalt steht, dass die Anmeldung alle
formalen und materiellen Voraussetzungen für die Eintragung erfüllt.

Erfüllt die Anmeldung die Voraussetzungen des § 32 Abs. 2, wird sie im Markenregister
des DPMA veröffentlicht (→ Rn. 6).

A. Anmeldetag

Der Anmeldetag bestimmt den Zeitrang der Marke (§ 6), ihre Schutzdauer (§ 47 Abs. 1) 1
und ihre Priorität (§ 34). Er ist zudem der für die Beurteilung der Verkehrsdurchsetzung
maßgebliche Zeitpunkt (BGH GRUR 2014, 483 – test; Zur Prüfung der Verkehrsdurchsetzung im Eintragungsverfahren → § 8 Rn. 867 ff.). Vom Anmeldetag ist der Tag der Einreichung der Anmeldung beim DPMA zu unterscheiden. Der Anmeldung wird nämlich erst
der Tag als Anmeldetag zuerkannt, an dem die beim DPMA eingegangenen Anmeldungsunterlagen den in § 32 Abs. 2 festgelegten Mindestanforderungen bezüglich der Angaben zum
Anmelder (→ § 32 Rn. 5), der Wiedergabe der Marke (→ § 32 Rn. 10) und dem Waren-

MarkenG § 34 Teil 3 Verfahren in Markenangelegenheiten

und Dienstleistungsverzeichnis (→ § 32 Rn. 43) entsprechen. Die Zahlung der Anmeldegebühren ist hingegen keine Voraussetzung für die Zuerkennung des Anmeldetags (§ 36).

2 In der Regel wird der Anmeldetag dem Tag der Einreichung der Anmeldungsunterlagen beim DPMA entsprechen. Erfüllt die Anmeldung bei Einreichung allerdings (noch) nicht die Mindestanforderungen des § 32, wird als Anmeldetag der Tag zuerkannt, an welchem dem DPMA die vollständigen mängelfreien Unterlagen vorliegen (§ 36 Abs. 2; → § 36 Rn. 1).

3 Für den Eingang der Unterlagen beim DPMA finden die allgemeinen Grundsätze über den Zugang (§ 130 BGB) Anwendung (Fezer Rn. 1). Wird die Anmeldung per Telefax übermittelt, kann das DPMA verlangen, dass das Original nachgereicht wird. Der Anmeldetag bleibt hiervon aber unberührt, sofern Faxkopie und Original übereinstimmen (zu Unstimmigkeiten beim Waren- und Dienstleistungsverzeichnis → § 32 Rn. 44.1). Sobald die Anmeldung beim DPMA eingegangen ist, erhält der Anmelder eine Empfangsbestätigung, in der ihm auch das Aktenzeichen mitgeteilt wird. Die Empfangsbescheinigung wird ohne vorherige Prüfung der Unterlagen erstellt und besagt daher nicht, ob die Anmeldungsunterlagen die formalen Anforderungen erfüllen, bzw. ob ein Anmeldetag zuerkannt wurde.

3.1 Das DPMA trifft keine Verpflichtung ggf. auf das Fehlen von Unterlagen, zB des Waren- und Dienstleistungsverzeichnisses, hinzuweisen (OLG München FHZivR 49 Nr. 2316 Ls.).

4 Der Anmeldetag bestimmt gewöhnlich den Zeitrang der Anmeldung (§ 6). Allerdings können Anmeldetag und Zeitrang auseinanderfallen, wenn eine Priorität beansprucht wird (§ 34) oder der Zeitrang der Anmeldung auf Grund des nachträglichen Wegfalls eines absoluten Schutzhindernisses verschoben wird (§ 37 Abs. 2; → § 37 Rn. 15).

B. Anspruch auf Eintragung

5 § 33 Abs. 2 gewährt einen öffentlich-rechtlichen Anspruch auf Eintragung der Marke für Anmeldungen, denen ein Anmeldetag zuerkannt wurde. Ob dieser Anspruch eine eigentumswerte Anwartschaft auf eine Rechtsposition iSv Art. 14 GG darstellt, wird unterschiedlich beurteilt (ausführlich zur dogmatischen Einordnung → § 4 Rn. 13). Unabhängig davon ergibt sich aus dem rechtlichen Anspruch auf Eintragung jedenfalls keine Vermutung für die Eintragbarkeit zu Gunsten des Anmelders. Der Anspruch steht vielmehr unter dem Vorbehalt, dass die Anmeldung alle formalen (§ 36) und materiell-rechtlichen (§ 37) Voraussetzungen erfüllt (Fezer Rn. 8; Ströbele/Hacker/Kirschneck Rn. 2). Die Feststellung darüber bedarf einer umfassenden Prüfung durch das DPMA, die alle Waren und Dienstleistungen, für die die Marke angemeldet wurde, zu berücksichtigen hat. Eine rein summarische Prüfung ist hierbei nicht zulässig (EuGH GRUR 2004, 674 – Postkantoor; BGH GRUR 2004, 674 – Berlin Card; BPatG BeckRS 2008, 22638 – Flashnet). Die Darlegungslast für das Bestehen von Eintragungshindernissen liegt beim DPMA (BPatG GRUR 2003, 1063 – Nettpack).

5.1 Der anwartschaftliche Charakter der Markenanmeldung kommt auch dadurch zum Ausdruck, dass bereits die Anmeldung Gegenstand von Übertragungen sowie von dinglichen Rechten und Lizenzen sein kann (§ 31). Auf ihrer Basis kann auch ein Widerspruch gegen eine jüngere Marke geführt werden (§ 9 Abs. 2, § 42 Abs. 2 Nr. 1; Ingerl/Rohnke Rn. 1).

C. Veröffentlichung der Anmeldung

6 Die Veröffentlichung der Anmeldung dient der Information der Allgemeinheit und soll Kollisionsfälle verhindern, die auf Grund der zum Teil erheblichen zeitlichen Differenz zwischen dem Einreichen der Anmeldung und der Eintragung der Marke entstehen können (Fezer Rn. 11). Darüber hinaus führt die Veröffentlichung der Markenanmeldung dazu, dass auch nicht eingetragene Marken in das Register aufgenommen werden (§ 23 MarkenV). Wird die Marke letztlich zurückgewiesen, wird dies ebenfalls im Register vermerkt, wodurch ein gewisser Einblick in die Erteilungspraxis des DPMA möglich ist.

§ 34 Ausländische Priorität

(1) Die Inanspruchnahme der Priorität einer früheren ausländischen Anmeldung richtet sich nach den Vorschriften der Staatsverträge mit der Maßgabe, daß die

Priorität nach der Pariser Verbandsübereinkunft auch für Dienstleistungen in Anspruch genommen werden kann.

(2) Ist die frühere ausländische Anmeldung in einem Staat eingereicht worden, mit dem kein Staatsvertrag über die Anerkennung der Priorität besteht, so kann der Anmelder ein dem Prioritätsrecht nach der Pariser Verbandsübereinkunft entsprechendes Prioritätsrecht in Anspruch nehmen, soweit nach einer Bekanntmachung des Bundesministeriums der Justiz und für Verbraucherschutz im Bundesgesetzblatt der andere Staat aufgrund einer ersten Anmeldung beim Patentamt ein Prioritätsrecht gewährt, das nach Voraussetzungen und Inhalt dem Prioritätsrecht nach der Pariser Verbandsübereinkunft vergleichbar ist.

(3) ¹ Wer eine Priorität nach Absatz 1 oder 2 in Anspruch nimmt, hat innerhalb von zwei Monaten nach dem Anmeldetag Zeit und Staat der früheren Anmeldung anzugeben. ²Hat der Anmelder diese Angaben gemacht, fordert ihn das Patentamt auf, innerhalb von zwei Monaten nach der Zustellung der Aufforderung das Aktenzeichen der früheren Anmeldung anzugeben und eine Abschrift der früheren Anmeldung einzureichen. ³Innerhalb dieser Fristen können die Angaben geändert werden. ⁴Werden die Angaben nicht rechtzeitig gemacht, so wird der Prioritätsanspruch für diese Anmeldung verwirkt.

Überblick

Durch die Inanspruchnahme der Priorität einer früheren ausländischen Markenanmeldung wird die deutsche nationale Nachanmeldung so behandelt, als wäre sie zum Zeitpunkt der Prioritätsanmeldung eingereicht worden (§ 6 Abs. 2).

Die Priorität kann nur von einer identischen Voranmeldung, deren Zeichen und Waren- und Dienstleistungsverzeichnis mit denen der Nachanmeldung übereinstimmen, in Anspruch genommen werden (→ Rn. 8).

Die Prioritätsfrist, innerhalb der die Nachanmeldung beim DPMA eingereicht werden muss, beträgt sechs Monate ab dem Anmeldetag der Voranmeldung. Zur Inanspruchnahme der Priorität ist eine Prioritätserklärung abzugeben, in der Tag und Staat (→ Rn. 15) der früheren Anmeldung sowie deren Aktenzeichen zu nennen sind. Zudem muss eine Abschrift der Voranmeldung eingereicht werden (→ Rn. 19).

Übersicht

	Rn.		Rn.
A. Prioritätsrecht	1	II. Inhaber des Prioritätsrechts	12
I. Prioritätsrecht aus PVÜ	2	III. Prioritätsfrist	13
II. Prioritätsrecht aus Internationalen Markenanmeldungen (IR-Marke)	6	IV. Prioritätserklärung (Abs. 3 S. 1)	15
III. Prioritätsrecht auf Grund einer Gegenseitigkeitsbekanntmachung	7	V. Abschrift der Prioritätsanmeldung (Abs. 3 S. 2)	18
B. Nachanmeldung beim DPMA	8	VI. Berichtigung der Priorität (Abs. 3 S. 3)	22
I. Identität von Vor- und Nachanmeldung	8	**C. Prüfung durch das Amt**	23

A. Prioritätsrecht

Das Prioritätsrecht aus der früheren ausländischen Anmeldung basiert in der Regel auf **1** bi- oder multilateralen Staatsverträgen, in den wohl meisten Fällen auf der PVÜ (§ 34 Abs. 1). Es kann aber auch auf Grund zwischenstaatlicher Gegenseitigkeitsabkommen gewährt werden, die vom Bundesministerium für Justiz explizit bekannt gegeben (§ 34 Abs. 2) werden. Auch in diesen Fällen richtet sich das Prioritätsrecht aber nach den Regeln der PVÜ (§ 34 Abs. 2). Die Inanspruchnahme der Priorität einer inländischen früheren Anmeldung ist vom Gesetz nicht vorgesehen (anders im Patent- und Gebrauchsmusterrecht, § 40 PatG, § 6 GebrMG).

MarkenG § 34

I. Prioritätsrecht aus PVÜ

2 Das in Art. 4 PVÜ geregelte Prioritätsrecht (Unionspriorität) entsteht unmittelbar Kraft Staatsvertrag und nicht durch einen Verwaltungsakt des DPMA (BPatG BeckRS 1998, 10198 – SMP). Daraus folgt auch, dass die Eintragung der Marke (§ 41) für das Prioritätsrecht nicht konstitutiv ist, und dieses jederzeit in Widerspruchs-, Löschungs-, und Verletzungsverfahren umfassend geprüft werden kann (BPatG BeckRS 1998, 10198 – SMP).

2.1 Art. 4 PVÜ ist zudem in das TRIPS Abkommen integriert (Art. 2 TRIPS) und gilt somit auch für alle Staaten der Welthandelsorganisation.

3 § 34 Abs. 1 erweitert das Prioritätsrecht explizit auch auf Dienstleistungsmarken, da Art. 4 PVÜ nur für Fabrik- und Handelsmarken gilt. Somit besteht auch bezüglich des Prioritätsrechts kein Unterschied zwischen Waren- und Dienstleistungsmarken.

4 Um ein Prioritätsrecht zu begründen, muss die ausländische Voranmeldung in einem PVÜ-Mitgliedstaat hinterlegt und ihr ein Anmeldetag zuerkannt worden sein (Art. 4 C Abs. 2, Abs. 3 PVÜ). Das weitere Schicksal der Anmeldung ist hingegen unerheblich. Die Zuerkennung des Anmeldetags richtet sich dabei ausschließlich nach dem nationalen Recht des PVÜ-Mitgliedstaats, in dem die Voranmeldung hinterlegt wurde. Prioritätsbegründend ist darüber hinaus auch die Anmeldung einer Unionsmarke, da sie einer Hinterlegung in jedem EU-Staat gleich kommt (Ingerl/Rohnke Rn. 5).

5 Für eine Nachanmeldung können auch mehrere Prioritäten unterschiedlicher Voranmeldungen in Anspruch genommen werden. Das empfiehlt sich insbesondere, wenn verschiedene Voranmeldungen mit identischen Zeichen (→ Rn. 8), aber unterschiedlichen Waren- und Dienstleistungsverzeichnissen bestehen (zu Teilprioritäten → Rn. 9).

II. Prioritätsrecht aus Internationalen Markenanmeldungen (IR-Marke)

6 Der Zeitrang einer ausländischen Voranmeldung kann auch über die Anmeldung einer internationalen Marke nach MMA oder PMMA mit Wirkung für Deutschland in Anspruch genommen werden. Dazu muss die internationale Marke innerhalb der Prioritätsfrist auf Basis der prioritätsbegründenden nationalen Marke angemeldet und Deutschland benannt werden.

III. Prioritätsrecht auf Grund einer Gegenseitigkeitsbekanntmachung

7 § 34 Abs. 2 sieht zusätzlich zu dem in § 34 Abs. 1 genannten Prioritätsrecht die Gewährung der Priorität für Voranmeldungen aus Staaten vor, die im Gegenzug deutschen Voranmeldungen ein Prioritätsrecht einräumen (Gegenseitigkeitsprinzip). Für welche Staaten ein solches Prioritätsrecht gewährt wird, wird durch das Bundesministerium für Justiz festgelegt und veröffentlicht (Gegenseitigkeitsbekanntmachung; Fezer Rn. 8, 9).

B. Nachanmeldung beim DPMA

I. Identität von Vor- und Nachanmeldung

8 Die deutsche Nachanmeldung muss mit der Prioritätsanmeldung identisch sein, wobei insbesondere die Wiedergabe der Marke in beiden Anmeldungen übereinstimmen muss.

8.1 Unter Heranziehung der Grundsätze von Telle-Quelle Schutz gemäß Art. 6^{quinquies} PVÜ, werden geringfügige Abwandlungen, die weder die Unterscheidungskraft noch die Identität der Marke beeinflussen, als zulässig erachtet (Ingerl/Rohnke Rn. 6). Zur Beurteilung der Identität von Marken, die in schwarz/weiß bzw. in Graustufen eingereicht wurde, haben das HABM und die nationalen Ämter in einer gemeinsamen Stellungnahme im Rahmen des Konvergenzprogramms, neue Richtlinien veröffentlicht. Dies betrifft auch die Bewertung der Wirksamkeit der Priorität, wonach eine schwarz/weiße bzw. graustufige Abbildung einer Marke mit der farbigen Abbildung derselben Marke grundsätzlich nicht identisch ist. Dies gilt nicht, wenn die Unterschiede so geringfügig sind, dass der Durchschnittsverbraucher sie im direkten Vergleich nicht bemerken würde (OHIM International Cooperation Legal Affairs Department, Project brief, Convergence Programme – Scope of protectiopn of B&W Marks – 24.11.2011; s. auch v. Bomhard GRUR Prax 2014, 343). Insofern ist vor allem bei der Einreichung von Nachanmeldungen per Fax Vorsicht geboten. Ist die Prioritätsmarke farbig, kann auch durch schriftliche Hinweise auf die Farbigkeit einzelner Teile des Zeichens die Identität nicht hergestellt werden (BPatG BeckRS 2014, 01380).

Darüber hinaus kann die Priorität nur für Waren bzw. Dienstleutungen beansprucht werden, die bereits im Verzeichnis der Prioritätsanmeldung enthalten waren. Dennoch können in die Nachanmeldung weitere Waren oder Dienstleistungen aufgenommen. Diesen kommt dann jedoch lediglich der Zeitrang des Anmeldetags der Nachanmeldung gemäß § 33 Abs. 1 zu. Dementsprechend kann eine Anmeldung Waren bzw. Dienstleistungen mit unterschiedlichen Zeiträngen (sog. Teilpriorität) enthalten (BPatG BeckRS 1998, 10198 – SMP). 9

Daneben können für eine Nachanmeldung auch mehrere Prioritäten unterschiedlicher Voranmeldungen in Anspruch genommen werden, sofern alle Voranmeldungen dasselbe Zeichen betreffen. Haben die Voranmeldungen unterschiedliche Zeiträge und umfassen sie unterschiedliche Waren bzw. Dienstleistungen, erhält die Nachanmeldung für die jeweiligen Waren bzw. Dienstleistungen verschiedene Teilprioritäten. 10

Aus anderen Schutzrechten, beispielsweise aus Patent- oder Gebrauchsmusteranmeldungen, kann Mangels Identität der Vor- und Nachanmeldung kein Prioritätsrecht hergeleitet werden (BPatG BeckRS 2009, 2551 – PRIOCHECK). 11

II. Inhaber des Prioritätsrechts

Das Prioritätsrecht steht originär dem Inhaber der Voranmeldung zu, oder dessen Rechtsnachfolger. Es kann aber auch als solches, dh losgelöst von der Anmeldung übertragen werden (zu § 40 PatG BPatG BeckRS 2011, 7318 – Prioritätsrecht als selbstständiges frei übertragbares Recht). 12

III. Prioritätsfrist

Die Prioritätsfrist beträgt sechs Monate ab dem Tag der Hinterlegung, dh ab dem Anmeldetag der ausländischen Voranmeldung (Art. 4 C Abs. 1, Abs. 2 PVÜ). Während dieser sechs Monate muss die Nachanmeldung beim DPMA eingereicht werden. Andernfalls ist das Prioritätsrecht verwirkt. 13

In die Prioritätsfrist kann Wiedereinsetzung (§ 91) gewährt werden (Begr. RegE, BT-Drs. 12/6581, 89). 14

Wird die Markenanmeldung durch einen Anwalt getätigt, wird eine Wiedereinsetzung regelmäßig nicht gewährt, weil sich der Anmelder das Verschulden seines Vertreters zurechnen lassen muss (§ 82 iVm § 85 Abs. 2 ZPO). Eine Exkulpation des Anwalts wird in der Regel mit der Begründung abgelehnt, dass die Markenanmeldung keine einfache Tätigkeit ist, die an (geschultes) Fachpersonal delegiert werden könnte. Insbesondere bei Inanspruchnahme einer Priorität umfasse die Anmeldung spezifische Rechtsfragen, wie die Identität der Anmeldung und die Prioritätsfrist, und falle daher in den persönlichen Tätigkeitsbereich des Anwalts (BPatG GRUR 1997, 657 – Anwaltlicher Verantwortungsbereich). Delegiere der Anwalt die Erstellung der Anmeldungsunterlagen, obliege es seiner Sorgfaltspflicht, vor dem Unterzeichnen die Richtigkeit aller Angaben, insbesondere die Einhaltung der Prioritätsfrist zu prüfen. Aus diesem Grund beginne auch die Frist für die Wiedereinsetzung bereits im Zeitpunkt der Anmeldung zu laufen (BPatG BeckRS 2009, 23896 – GameDuell). 14.1

IV. Prioritätserklärung (Abs. 3 S. 1)

Der Anmelder muss die Inanspruchnahme der Priorität nicht bereits mit der Nachanmeldung erklären, sondern kann dies noch zwei Monate nach dem Einreichen der Anmeldung nachholen. In der Prioritätserklärung hat der Anmelder sowohl den Anmeldetag als auch den Staat der Voranmeldung zu nennen (§ 3 Abs. 2 Nr. 1 MarkenV). 15

Wird die Frist für die Einreichung der Prioritätserklärung versäumt, ist das Prioritätsrecht verwirkt und die Anmeldung erhält den Zeitrang ihres eigenen Anmeldetags gemäß § 33 Abs. 1. 16

§ 34 Abs. 3 S. 4 spricht von der Verwirkung des Prioritätsrechts für „diese Anmeldung", wobei nicht eindeutig ist, ob damit die ausländische Voranmeldung oder die deutsche Nachanmeldung gemeint ist (uneindeutig insofern auch Fezer Rn. 14). In Anbetracht dessen, dass das Prioritätsrecht sich aber 16.1

MarkenG § 34 Teil 3 Verfahren in Markenangelegenheiten

unmittelbar aus PVÜ ergibt, kann die Versäumnis nationaler Verfahrensvoraussetzungen keinen Einfluss auf den Bestand dieses Rechts haben. Ebenso bleibt das Prioritätsrecht für Nachanmeldungen in anderen Ländern unberührt. Dafür, dass das Prioritätsrecht nur für die betroffene Nachanmeldung verwirkt ist, spricht auch, dass § 34 Abs. 3 S. 4 mit § 35 Abs. 4 S. 5 (Ausstellungspriorität), der sich eindeutig nur auf die deutsche Nachanmeldung beziehen kann, identisch ist. Das Prioritätsrecht selbst, welches sich aus der Hinterlegung der ausländischen Anmeldung ergibt, bleibt dementsprechend erhalten, so dass es möglich sein muss, eine erneute Nachanmeldung unter Inanspruchnahme der Priorität derselben ausländischen Voranmeldung einzureichen, sofern die sechsmonatige Prioritätsfrist noch offen ist.

17 In die Frist kann Wiedereinsetzung (§ 91) gewährt werden (→ Rn. 14.1).

V. Abschrift der Prioritätsanmeldung (Abs. 3 S. 2)

18 Erklärt der Anmelder die Inanspruchnahme der Priorität, wird ihm vom DPMA eine Frist von zwei Monaten gesetzt, um das Aktenzeichen und eine Abschrift der Voranmeldung nachzureichen (§ 34 Abs. 3 S. 2). Diese Frist ist von der Zweimonatsfrist gemäß § 34 Abs. 3 S. 1 unabhängig und kann sich mit dieser überschneiden.

18.1 Entsprechend der Richtlinie für die Prüfung von Markenanmeldungen (IV 4.6.1) soll dem Anmelder diese Frist jedoch nur gesetzt werden, sofern das Aktenzeichen und die Abschrift nicht bereits mit Einreichen der Anmeldung beim DPMA eingegangen sind. Um allerdings die Frist zur Änderung der Prioritätserklärung (§ 34 Abs. 3 S. 3) in Gang zu setzen (→ Rn. 22), bedarf es wohl in jedem Fall einer entsprechenden Mitteilung des Amts (Fezer Rn. 12).

19 Als Abschrift genügt eine einfache Kopie der Voranmeldung, wobei es keiner durch das ausländische Amt beglaubigten Ausfertigung bedarf (sog. Prioritätsbeleg) (Richtlinie für die Prüfung von Markenanmeldungen IV 4.6.1). Ist die Wirksamkeit der Priorität im Anmeldeverfahren oder in einem späteren zweiseitigen Verfahren strittig, kann jedoch die Vorlage eines Prioritätsbelegs notwendig werden. Keine Abschrift iSv § 34 Abs. 3 S. 2 ist eine Übersetzung der Prioritätsanmeldung. Hält das DPMA eine Übersetzung fremdsprachiger Unterlagen für erforderlich, fordert es den Anmelder ggf. auf, diese nachzureichen (Ingerl/Rohnke Rn. 12).

20 Wird die Frist für die Einreichung des Aktenzeichens und der Abschrift versäumt, ist das Prioritätsrecht verwirkt und die Anmeldung erhält den Zeitrang ihres eigenen Anmeldetags gemäß § 33 Abs. 1 (→ Rn. 16.1).

21 In die Frist kann Wiedereinsetzung (§ 91) gewährt werden (→ Rn. 14.1).

VI. Berichtigung der Priorität (Abs. 3 S. 3)

22 Innerhalb der Fristen des § 34 Abs. 3, dh innerhalb von zwei Monaten ab Einreichen der Anmeldung (→ Rn. 15) bzw. nach Aufforderung durch das Amt (→ Rn. 18), kann die Priorität berichtigt werden. Das schließt die Änderung sowohl der Angaben der Prioritätserklärung, dh Anmeldetag und -staat, als auch des Aktenzeichens und der Abschrift der Voranmeldung ein. Darüber hinaus soll es auch möglich sein, den Gegenstand der Prioritätserklärung durch eine andere ausländische Voranmeldung zu ersetzen (Fezer Rn. 13). Sind die Fristen abgelaufen, ist eine Änderung der Angaben zur Priorität nur noch im engen Rahmen von § 45 möglich.

C. Prüfung durch das Amt

23 Auch wenn sich das Prioritätsrecht unmittelbar nach den Vorschriften von Staatsverträgen richtet, hat das DPMA dennoch die Befugnis und die Pflicht, das Prioritätsrecht, insbesondere die Berechtigung des Anmelders und die Übereinstimmung der Vor- und Nachanmeldungen, im Anmeldeverfahren zu prüfen (BPatG BeckRS 1998, 10198 – SMP).

24 Daraus folgt aber nicht, dass das DPMA verpflichtet wäre, den Anmelder auf fehlende Angaben in der Prioritätserklärung oder fehlende Unterlagen hinzuweisen. Insbesondere kann der Anmelder aus der unterbliebenen Prüfung durch das DPMA keine Rechte herleiten, weil es alleine ihm obliegt, alle Anforderungen für eine wirksame Prioritätsinanspruchnahme zu erfüllen (zu § 40 PatG BGH GRUR 1974, 212 – Spiegelreflexkamera; BPatG GRUR 1987, 286 – Unvollständige Anmeldung). Reichen die dem DPMA vorliegenden Unterlagen

allerdings aus, um ggf. fehlende Angaben (zB den Staat der Prioritätsanmeldung) mit an Sicherheit grenzender Wahrscheinlichkeit korrekt zu ergänzen, sollte das DPMA die Prioritätserklärung von Amts wegen vervollständigen (BGH GRUR 1974, 212 – Spiegelreflexkamera).

Kommt das DPMA zu dem Ergebnis, dass das Prioritätsrecht nicht wirksam ist oder nicht wirksam in Anspruch genommen wurde und verwirkt ist, stellt es dies in einem rein deklaratorischen Beschluss fest. Dieser kann eigenständig mit der Erinnerung (§ 64) bzw. der Beschwerde (§ 66) angegriffen werden (Fezer Rn. 14). Die Eintragung der Marke erfolgt dann, sofern keine Schutzhindernisse vorliegen, mit dem Anmeldetag gemäß § 33 Abs. 1. Besteht der Anmelder jedoch auf der Eintragung der Anmeldung mit dem Zeitrang der Prioritätsanmeldung, weist das DPMA die Anmeldung als Ganzes zurück. Ist die Wirksamkeit der Priorität fraglich, bietet es sich an, hilfsweise die Eintragung der Anmeldung mit deren eigenem Anmeldetag gemäß § 33 Abs. 1 zu beantragen. Auf diese Weise erhält der Anmelder unmittelbar eine eingetragene Marke, kann aber die Frage des Zeitrangs im Rechtsmittelverfahren überprüfen lassen. 25

§ 35 Ausstellungspriorität

(1) Hat der Anmelder der Marke Waren oder Dienstleistungen unter der angemeldeten Marke
1. auf einer amtlichen oder amtlich anerkannten internationalen Ausstellung im Sinne des am 22. November 1928 in Paris unterzeichneten Abkommens über internationale Ausstellungen oder
2. auf einer sonstigen inländischen oder ausländischen Ausstellung

zur Schau gestellt, kann er, wenn er die Anmeldung innerhalb einer Frist von sechs Monaten seit der erstmaligen Zurschaustellung der Waren oder Dienstleistungen unter der angemeldeten Marke einreicht, von diesem Tag an ein Prioritätsrecht im Sinne des § 34 in Anspruch nehmen.

(2) Die in Absatz 1 Nr. 1 bezeichneten Ausstellungen werden vom Bundesministerium der Justiz und für Verbraucherschutz im Bundesanzeiger bekanntgemacht.

(3) Die Ausstellungen nach Absatz 1 Nummer 2 werden im Einzelfall vom Bundesministerium der Justiz und für Verbraucherschutz bestimmt und im Bundesanzeiger bekanntgemacht.

(4) ¹Wer eine Priorität nach Absatz 1 in Anspruch nimmt, hat innerhalb von zwei Monaten nach dem Anmeldetag den Tag der erstmaligen Zurschaustellung sowie die Ausstellung anzugeben. ²Hat der Anmelder diese Angaben gemacht, fordert ihn das Patentamt auf, innerhalb von zwei Monaten nach der Zustellung der Aufforderung die Nachweise für die Zurschaustellung der Waren oder Dienstleistungen unter der angemeldeten Marke einzureichen. ³Werden die Nachweise nicht rechtzeitig eingereicht, so wird der Prioritätsanspruch für diese Anmeldung verwirkt.

(5) Die Ausstellungspriorität nach Absatz 1 verlängert nicht die Prioritätsfrist nach § 34.

Überblick

§ 35 gewährt ein eigenständiges Prioritätsrecht, das auf der erstmaligen öffentlichen Vorstellung von Waren und/oder Dienstleistungen unter der angemeldeten Marke basiert. Die Marke erhält als Zeitrang den Tag, an dem sie erstmals iSv § 35 zur Schau gestellt wurde.

Die Zurschaustellung muss auf einer amtlichen oder amtlich anerkannten Ausstellung erfolgt sein, die vom Bundesministerium für Justiz und Verbraucherschutz im Bundesgesetzblatt bekannt gemacht wurde (→ Rn. 1).

Die Markenanmeldung muss spätestens sechs Monate nach der erstmaligen Zurschaustellung eingereicht werden (→ Rn. 7). In der Prioritätserklärung hat der Anmelder die Ausstellung und den Tag der erstmaligen Zurschaustellung anzugeben (→ Rn. 10). Des Weiteren hat er den Nachweis zu erbringen, welche Waren bzw. Dienstleistungen unter der fraglichen Marke ausgestellt wurden (→ Rn. 13).

A. Ausstellungen

1 Nicht jede Zurschaustellung von Waren und/oder Dienstleistungen begründet ein Prioritätsrecht gemäß § 35. Nur wenn die Waren bzw. Dienstleistungen auf einer amtlichen oder amtlich anerkannten Ausstellung gemäß dem Übereinkommen über Internationale Ausstellungen oder auf einer explizit durch das Bundesministerium für Justiz und Verbraucherschutz bekanntgemachten Ausstellungen gezeigt wurden, kann eine Ausstellungspriorität in Anspruch genommen werden.

I. Amtliche und amtlich anerkannte Ausstellungen (Abs. 1 Nr. 1, Abs. 2)

2 Welche Ausstellungen als amtlich bzw. amtlich anerkannt gelten, richtet sich nach dem Übereinkommen über Internationale Ausstellungen vom 22.11.1928 in der Fassung des Protokolls vom 30.11.1972. Die Bekanntmachung der einzelnen Ausstellungen durch das Bundesministerium für Justiz ist diesbezüglich rein deklaratorisch (Fezer Rn. 6). Die Ausstellungen können der Homepage des Internationalen Ausstellungsbüros entnommen werden (abrufbar unter http://www.bie-paris.org/site/en.html).

II. Sonstige in- und ausländische Ausstellungen (Abs. 1 Nr. 2, Abs. 3)

3 Neben den durch das Übereinkommen über Internationale Ausstellungen festgesetzten Ausstellungen, kann das Bundesministerium für Justiz weitere Ausstellungen als prioritätsbegründend festlegen. Die Bekanntmachung dieser Ausstellungen im Bundesgesetzblatt ist dementsprechend konstitutiv (Fezer Rn. 7).

4 Die prioritätsbegründenden Ausstellungen für 2013 und 2014 wurden in BGBl. 2012 I 1488 (Nr. 32), BGBl. 2013 I 726 (Nr. 16), BGBl. 2013 I 1271 (Nr. 24), BGBl. 2013 I 3244 (Nr. 49), BGBl. 2013 I 4065 (Nr. 69) und BGBl. 2013 I 4089 (Nr. 70) bekannt gemacht.

III. Zurschaustellung

5 Um eine Ausstellungspriorität zu begründen, müssen die mit der Marke gekennzeichneten Waren und/oder Dienstleistungen öffentlich präsentiert und damit weiten Publikumskreisen zugänglich gemacht werden. Das Verteilen von Produkten an eine begrenzte Personengruppe (zB potentielle Zwischenhändler) gilt nicht als Zurschaustellung iSv § 35 Abs. 4 (zum GeschmMG BGH GRUR 1983, 31 – Klarsichtbehälter; Ingerl/Rohnke Rn. 3).

6 Auch kann die Priorität nur für solche Waren und Dienstleistungen in Anspruch genommen werden, welche auf der Ausstellung tatsächlich unter der Marke gezeigt wurden.

B. Nachanmeldung beim DPMA

I. Prioritätsfrist

7 Die Prioritätsfrist beträgt sechs Monate ab dem Tag, an dem die mit der Marke gekennzeichneten Waren bzw. Dienstleistungen auf der Ausstellung erstmals gezeigt wurden. Während dieser sechs Monate muss die Nachanmeldung beim DPMA eingereicht werden. Andernfalls ist das Prioritätsrecht verwirkt.

8 In die Frist kann Wiedereinsetzung (§ 91) gewährt werden (→ § 34 Rn. 14.1).

9 Wurde eine Ausstellungspriorität in Anspruch genommen verlängert sich dadurch nicht die Prioritätsfrist der nationalen Anmeldung gemäß Art. 4 PVÜ. Die Prioritätsfrist der Markenanmeldung für ausländische Nachanmeldungen berechnet sich vielmehr vom Tag der ersten Zurschaustellung (§ 35 Abs. 5).

II. Prioritätserklärung (Abs. 3 S. 1)

10 Hat der Anmelder die Inanspruchnahme der Ausstellungspriorität nicht bereits mit der Anmeldung der Marke erklärt, kann er dies noch bis zwei Monate nach dem Einreichen der

Anmeldung nachholen. Mit der Prioritätserklärung hat der Anmelder den Namen und den Ort der Ausstellung, sowie den Tag der ersten Zurschaustellung zu nennen (§ 3 Abs. 2 Nr. 2 MarkenV; Richtlinien für die Prüfung von Markenanmeldungen IV 4.6.2).

Wird die Frist für die Einreichung der Prioritätserklärung versäumt, ist das Prioritätsrecht verwirkt, und die Anmeldung erhält den Zeitrang ihres eigenen Anmeldetags gemäß § 33 Abs. 1. **11**

In die Frist kann Wiedereinsetzung (§ 91) gewährt werden (→ § 34 Rn. 14.1). **12**

III. Nachweis der Zurschaustellung

Die Zurschaustellung der mit der Marke gekennzeichneten Waren bzw. Dienstleistungen muss dem DPMA nachgewiesen werden. Dazu sollte möglichst ein Beleg eingereicht werden, der die Zurschaustellung bestätigt und von der Ausstellungsleitung oder der für geistiges Eigentum zuständigen Stelle der Messe bzw. Ausstellung unterzeichnet wurde. Als Nachweis kann aber auch die Vorlage der Standrechnung und Messeunterlagen bzw. -prospekte akzeptiert werden (Richtlinien für die Prüfung von Markenanmeldungen IV 4.6.2). **13**

Wird der Nachweis nicht bereits mit der Anmeldung eingereicht, setzt das DPMA dem Anmelder eine Frist von zwei Monaten, um den Nachweis der Zurschaustellung zu erbringen. Wird diese Frist versäumt, ist das Prioritätsrecht verwirkt, und die Anmeldung erhält den Zeitrang ihres eigenen Anmeldetags gemäß § 33 Abs. 1. **14**

In die Frist kann Wiedereinsetzung (§ 91) gewährt werden (→ § 34 Rn. 14.1). **15**

§ 36 Prüfung der Anmeldungserfordernisse

(1) Das Patentamt prüft, ob
1. die Anmeldung der Marke den Erfordernissen für die Zuerkennung eines Anmeldetages nach § 33 Abs. 1 genügt,
2. die Anmeldung den sonstigen Anmeldungserfordernissen entspricht,
3. die Gebühren in ausreichender Höhe gezahlt worden sind und
4. der Anmelder nach § 7 Inhaber einer Marke sein kann.

(2) ¹Werden nach Absatz 1 Nr. 1 festgestellte Mängel nicht innerhalb einer vom Patentamt bestimmten Frist beseitigt, so gilt die Anmeldung als zurückgenommen. ²Kommt der Anmelder der Aufforderung des Patentamts nach, so erkennt das Patentamt als Anmeldetag den Tag zu, an dem die festgestellten Mängel beseitigt werden.

(3) ¹Werden innerhalb einer vom Patentamt bestimmten Frist Klassengebühren nicht oder in nicht ausreichender Höhe nachgezahlt oder wird vom Anmelder keine Bestimmung darüber getroffen, welche Waren- oder Dienstleistungsklassen durch den gezahlten Gebührenbetrag gedeckt werden sollen, so werden zunächst die Leitklasse und sodann die übrigen Klassen in der Reihenfolge der Klasseneinteilung berücksichtigt. ²Im Übrigen gilt die Anmeldung als zurückgenommen.

(4) Werden sonstige Mängel innerhalb einer vom Patentamt bestimmten Frist nicht beseitigt, so weist das Patentamt die Anmeldung zurück.

(5) Kann der Anmelder nicht nach § 7 Inhaber einer Marke sein, so weist das Patentamt die Anmeldung zurück.

Überblick

§ 36 bestimmt den Umfang und die Rechtsfolgen der formalen Prüfung der Markenanmeldung durch das DPMA. Die materielle Prüfung wird durch § 37 festlegt.

Im Rahmen der Formalprüfung stellt das DPMA fest, ob die Anmeldung die Mindestanforderungen sowie die weiteren Erfordernisse gemäß § 32 erfüllt, und ob die Anmeldegebühr und ggf. fällige Klassengebühren gezahlt wurden. Bestehen Mängel an der Anmeldung, wird der Anmelder unterrichtet und erhält Gelegenheit, zu den Einwänden Stellung zu nehmen und die Mängel ggf. zu beheben.

MarkenG § 36   Teil 3 Verfahren in Markenangelegenheiten

Werden formale Mängel der Anmeldung nicht behoben, führt dies je nach Art des Mangels zu unterschiedlichen Rechtsfolgen: Erfüllt die Anmeldung die Mindestanforderungen (→ Rn. 1) nicht, gilt sie als zurückgenommen. Fehlen hingegen weitere Erfordernisse (→ Rn. 6) oder fehlt dem Anmelder die Befähigung zur Inhaberschaft iSv § 7 (→ Rn. 31), weist das DPMA die Anmeldung durch Beschluss zurück. Die Rechtsfolgen fehlender oder unvollständiger Gebührenzahlung unterscheiden sich danach ob die Anmeldegebühr (→ Rn. 12) oder ggf. fällige Klassengebühren (→ Rn. 15) nicht entrichtet wurden.

Übersicht

	Rn.		Rn.
A. Rechtsfolgen fehlender Mindestanforderungen	1	II. Nicht oder nicht vollständig gezahlte Klassengebühren	15
		1. Waren- und Dienstleistungsverzeichnis mit mehr als drei Klassen	18
B. Rechtsfolgen fehlender weiterer Erfordernisse	6	2. Erhöhung der Anzahl der Klassen bei korrekter Zuordnung	23
C. Rechtsfolgen fehlender und unzureichender Gebührenzahlung	10	3. Erhöhung der Anzahl der Klassen während des Prüfungsverfahrens	28
I. Nicht oder nicht vollständig gezahlte Anmeldegebühr	12	**D. Rechtsfolgen fehlender Markenrechtsfähigkeit**	31

A. Rechtsfolgen fehlender Mindestanforderungen

1   Die Mindestanforderungen, die an die Markenanmeldung gestellt werden, richten sich nach § 32 Abs. 2 und betreffen Angaben zum Anmelder (→ § 32 Rn. 4), die Wiedergabe der Marke (→ § 32 Rn. 9) und das Waren- und Dienstleistungsverzeichnis (→ § 32 Rn. 41). Erfüllt die Anmeldung mindestens eine dieser Voraussetzungen nicht, wird ihr vorläufig kein Anmeldetag zuerkannt. Das DPMA teilt dem Anmelder die festgestellten Mängel mit und setzt eine Frist, innerhalb der die Mängel beseitigt werden können.

1.1   Die vom DPMA gesetzten Fristen betragen bei Anmeldern mit Sitz oder Wohnsitz im Inland in der Regel einen Monat, ansonsten zwei Monate (§ 18 DPMAV), können bei beschleunigter Prüfung (§ 38) aber auch kürzer sein (Richtlinie für die Prüfung von Markenanmeldungen, IV 1.2). Vom DPMA bestimmte Fristen sind grundsätzlich verlängerbar (§ 18 Abs. 2 DPMAV); allerdings bedürfen weitere Fristverlängerungen der Glaubhaftmachung eines berechtigten Interesses des Anmelders (§ 18 Abs. 3 DPMAV).

2   Werden die Mängel behoben, wird der Anmeldung ein Anmeldetag zuerkannt, und zwar der Tag, an dem die vollständigen und den Mindestanforderungen entsprechenden Unterlagen beim DPMA eingegangen sind (§ 36 Abs. 2 S. 2; → § 33 Rn. 2).

3   Werden die Mängel nicht fristgerecht behoben, gilt die Anmeldung als zurückgenommen (§ 36 Abs. 2 S. 1). Die Rücknahmefiktion tritt von Gesetzes wegen ein und bedarf keines Beschlusses des DPMA (Ingerl/Rohnke Rn. 3; Fezer Rn. 6).

3.1   Sofern die Rücknahmefiktion lediglich mit einem formlosen Schreiben mitgeteilt wurde, kann der Anmelder einen Feststellungsbeschluss beantragen, der dann wiederum mit der Beschwerde (§ 66) angegriffen werden kann.

4   Ob eine Nachholung der Mindestvoraussetzungen auch im Rechtsmittelverfahren noch zulässig ist, ist umstritten (zustimmend Ingerl/Rohnke Rn. 3; ablehnend v. Schultz/Schweyer § 32 Rn. 4). Für den Fall, dass das DPMA es im Erteilungsverfahren versäumt hat dem Anmelder eine Frist zur Beseitigung der Mängel zu setzen, können die Mindesterfordernisse jedenfalls noch in der Beschwerde nachgeholt werden (BPatG GRUR 2007, 63 – KielNET; Ströbele/Hacker/Kirschneck Rn. 2).

5   In die vom DPMA gemäß § 36 Abs. 2 S. 1 bestimmte Frist kann Wiedereinsetzung gemäß § 91 beantragt werden. Eine Weiterbehandlung gemäß § 91a kommt hier nicht in Betracht, da die Anmeldung nicht auf Grund eines Zurückweisungsbeschlusses, sondern auf Grund der gesetzlichen festgelegten Rechtsfolge untergegangen ist (so auch Ströbele/Hacker/Kirschneck Rn. 4; aA Fezer Rn. 6). Ausführlich zum Zusammenspiel von Wiedereinsetzung und Weiterbehandlung Braitmayer MarkenR 2011, 373.

Prüfung der Anmeldungserfordernisse § 36 MarkenG

B. Rechtsfolgen fehlender weiterer Erfordernisse

Die weiteren Erfordernisse bestimmen sich nach § 32 Abs. 3 iVm §§ 2–12 MarkenV und 6
können je nach Art der Marke (Wort-, Bild, oder 3D-Marke) unterschiedlich sein (→ § 32
Rn. 17 ff.). Erfüllt die Anmeldung eines dieser Erfordernisse nicht, teilt das DPMA dem
Anmelder die festgestellten Mängel mit und setzt ihm eine Frist, innerhalb der er diese
beseitigen kann (zu vom DPMA gesetzten Fristen → Rn. 1.1).

Werden die Mängel behoben und bestehen keine materiellen Schutzhindernisse (§ 37), 7
wird die Marke in das Register eingetragen (§ 41).

Werden die Mängel nicht fristgerecht behoben, weist das DPMA die Anmeldung durch 8
Beschluss zurück (§ 36 Abs. 4). Gegen den Zurückweisungsbeschluss des DPMA ist die
Erinnerung gemäß § 64 sowie die Beschwerde gemäß § 66 statthaft.

Wurde die vom DPMA gemäß § 36 Abs. 4 bestimmte Frist versäumt, kann Weiterbehand- 9
lung gemäß § 91a beantragt und die versäumt Handlung nachgeholt werden (zustimmend
Fezer Rn. 8; Ströbele/Hacker/Kirschneck Rn. 6; ablehnend Ingerl/Rohnke § 91a Rn. 3).
Ob Wiedereinsetzung möglich ist, ist hingegen umstritten. Gegen die Möglichkeit einer
Wiedereinsetzung spricht der Umstand, dass nicht die Versäumung der Frist selbst, sondern
die inhaltliche Entscheidung des Prüfers die Zurückweisung auslöst (zustimmend Fezer
Rn. 7; Ströbele/Hacker/Kirschneck Rn. 6; Braitmayer MarkenR 2011, 373; aA → § 91
Rn. 14.1 (Gruber); Schweyer § 36 Rn. 6). Dem entspricht auch, dass falls die Frist versäumt
wurde, aber noch kein Zurückweisungsbeschluss ergangen ist, verspätete Mängelbeseitigun-
gen berücksichtigt werden. Ausführlich zum Zusammenspiel von Wiedereinsetzung und
Weiterbehandlung Braitmayer MarkenR 2011, 373.

C. Rechtsfolgen fehlender und unzureichender Gebührenzahlung

Mit Einreichen der Anmeldung wird eine Anmeldegebühr in Höhe von 300 Euro, bei 10
Einreichungen über das Online-Portal des DPMA in Höhe von 290 Euro, fällig (§ 3 Abs. 1
S. 1, § 2 Abs. 1 PatKostG iVm GV 331100 PatKostG bzw. GV 331000 PatKostG). Von der
Anmeldegebühr sind auch die Gebühren für bis zu drei Waren- und Dienstleistungsklassen
abgedeckt. Umfasst das Waren- und Dienstleistungsverzeichnis mehr als drei Klassen werden
mit Einreichen der Anmeldung Klassengebühren in Höhe von 100 Euro für jede weitere
Klasse fällig (§ 2 Abs. 1 PatKostG iVm GV 331300 PatKostG).

Mit Änderung der Markenrichtlinie (RL (EU) 2015/2436) können die Mitgliedstaaten vorsehen, 10.1
dass mit der Anmeldegebühr nur eine Waren- bzw. Dienstleistungsklasse abgedeckt ist (Art. 42 RL (EU)
2015/2436). Dies soll zu einer Angleichung an die neue Gebührenstruktur des EUIPO führen. Ob
und wie weit die Mitgliedstaaten und somit auch Deutschland von dieser Möglichkeit Gebrauch machen
werden, bleibt abzuwarten. Anmeldern mit einem engen nur unter eine Klasse fallenden Tätigkeitsbereich würde eine solche Regelung sicher entgegenkommen, vorausgesetzt, dass die Anmeldegebühr
entsprechend reduziert wird. Für Anmelder, die am Anfang Ihrer Tätigkeit stehen und die ggf. noch
an der Ausrichtung ihres Geschäfts arbeiten, würde diese Regelung eher Nachteile bringen.

Die Anmeldegebühr sowie ggf. fällige Klassengebühren sind innerhalb von drei Monaten 11
ab dem Einreichen der Anmeldung an das DPMA zu zahlen (§ 6 Abs. 1 S. 2 PatKostG).

Die Gebühren können mittels SEPA-Lastschrift (Formulars A 9530/A 9532, die notwendige Man- 11.1
datsreferenznummer wird beim Herunterladen des Formulars automatisch zugewiesen; abrufbar unter
http://www.dpma.de/marke/formulare/index.html), durch SEPA-Überweisung oder durch Bareinzahlung auf das Konto des DPMA (Bundeskasse Halle/DPMA) gezahlt werden. Bei Überweisungen ist zu
beachten, dass als Tag des Zahlungseingangs erst der Tag gilt, an dem der Betrag dem Konto des DPMA
gutgeschrieben wird.

Die Höhe der Anmelde- und Klassengebühren richtet sich stets nach dem Tag ihrer Fälligkeit, dh 11.2
dem Tag der Einreichung der Anmeldung und wird durch die an diesem Tag in Kraft befindlichen
gesetzlichen Regelungen bestimmt. Eine Nachforderung von Gebühren auf Grund später erfolgter
Gebührenerhöhungen ist nicht zulässig (BPatG BlPMZ 1999, 319 – TTS).

I. Nicht oder nicht vollständig gezahlte Anmeldegebühr

Wird die Anmeldegebühr nicht rechtzeitig oder nicht vollständig gezahlt, gilt die Anmel- 12
dung als zurückgenommen (§ 6 Abs. 2 Alt. 1 PatKostG). Zu spät oder unvollständig gezahlte

Gebühren werden dem Anmelder zurückerstattet (§ 10 Abs. 2 PatKostG). Wurden die Gebühren jedoch fristgerecht und in ausreichender Höhe entrichtet, sind sie verfallen und werden auch für den Fall, dass die Anmeldung aus anderen Gründen untergeht, nicht zurückerstattet.

13 Die Zahlung der Gebühren hat keinen Einfluss auf die Wirksamkeit der Anmeldung, so dass diese auch ohne Gebührenzahlung einen Anmeldetag erhält (§ 33).

14 In die Zahlungsfrist gemäß § 6 Abs. 1 S. 2 PatKostG kann Wiedereinsetzung (§ 91) gewährt werden.

II. Nicht oder nicht vollständig gezahlte Klassengebühren

15 Umfasst das Waren- und Dienstleistungsverzeichnis mehr als drei Klassen sind für jede Klasse über drei zusätzliche Klassengebühren zu entrichten (§ 2 Abs. 1 PatKostG iVm GV 331300 PatKostG). Die für die Anmeldung zu zahlenden Klassengebühren sind auch in der Empfangsbestätigung, welche der Anmelder vom DPMA erhält, aufgeführt.

16 Werden die zusätzlichen Klassengebühren mit Einreichen der Anmeldung nicht oder nicht vollständig gezahlt, die Anmeldegebühr aber entrichtet, gilt die Anmeldung nicht als zurückgenommen. Vielmehr ist die Anmeldegebühr mit der Zahlung verfallen und kann nicht zurückerstattet werden (BPatG BeckRS 2009, 24786 – Anmeldegebühr).

17 Die Rechtsfolgen mangelnder Klassengebühren richten sich nach § 36 Abs. 3, wobei drei Fälle unzureichender Gebührenzahlung unterschieden werden müssen:
- Das mit der Anmeldung eingereichte Waren- und Dienstleistungsverzeichnis umfasst, entsprechend seiner Klassifizierung, mehr Waren- oder Dienstleistungsklassen als Gebühren entrichtet wurden (→ Rn. 18);
- Die in der Anmeldung enthaltenen Waren bzw. Dienstleistungen umfassen bei korrekter Zuordnung mehr Klassen als im Waren- und Dienstleistungsverzeichnis aufgeführt sind und für die folglich Gebühren gezahlt wurden (→ Rn. 23);
- Das Waren- und Dienstleistungsverzeichnis umfasst nach Anpassungen im Laufe des Prüfungsverfahrens mehr Klassen als ursprünglich eingereicht und bezahlt wurden (→ Rn. 28).

1. Waren- und Dienstleistungsverzeichnis mit mehr als drei Klassen

18 Umfasst die Anmeldung bereits beim Einreichen der Anmeldungsunterlagen mehr als drei Waren- oder Dienstleistungsklassen, werden die weiteren Klassengebühren, wie auch die Anmeldegebühr, mit Einreichen der Anmeldung fällig. Die Zahlungsfrist beträgt für alle Gebühren drei Monate ab Fälligkeit (§ 6 Abs. 1 S. 2 PatKostG).

19 Werden die Klassengebühren nicht rechtzeitig gezahlt, setzt das DPMA dem Anmelder eine Frist um zu bestimmen, für welche der im Waren- und Dienstleistungsverzeichnis enthaltenen Klassen die von ihm gezahlten Gebühren verwendet werden sollen. Im Umfang der übrigen Klassen gilt die Anmeldung als zurückgenommen.

20 Trifft der Anmelder keine Bestimmung, setzt das DPMA die Leitklasse (→ § 32 Rn. 50) des Waren- und Dienstleistungsverzeichnisses fest und berücksichtigt die restlichen Klassen, soweit sie von den gezahlten Gebühren abgedeckt sind, in der Reihenfolge ihrer Klassennummern.

20.1 Unter besonderen Umständen wurde allerdings auch das ursprünglich eingereichte Waren- und Dienstleistungsverzeichnis als Bestimmung durch den Anmelder anerkannt (BPatG GRUR 2006, 172 – unzureichende Klassengebühren).

21 Eine Frist zur Nachzahlung versäumter Klassengebühren gewährt das DPMA nicht (zustimmend Ströbele/Hacker/Kirschneck Rn. 8 ff.; BPatG GRUR 2006, 172 – unzureichende Klassengebühr). In der Literatur wird dagegen weithin die Ansicht vertreten, dass stets eine gemeinsame Frist zur Nachzahlung von Klassengebühren und zur Bestimmung der zu berücksichtigenden Klassen zu setzen ist (Ingerl/Rohnke Rn. 4; Fezer Rn. 11; v. Schulz/Schweyer Rn. 8).

22 In die Frist gemäß § 36 Abs. 3 S. 1 kann Wiedereinsetzung (§ 91) gewährt werden. Auch soll der Anmelder Weiterbehandlung (§ 91a) beantragen können (Fezer Rn. 11).

Prüfung der Anmeldungserfordernisse § 36 MarkenG

2. Erhöhung der Anzahl der Klassen bei korrekter Zuordnung

Nach dem Eingang der Anmeldung überprüft das DPMA die Klassifizierung des beigefügten Waren- und Dienstleistungsverzeichnisses und vermerkt in der Empfangsbestätigung, die es dem Anmelder zukommen lässt, wie viele Klassen die Anmeldung umfasst. Das DPMA weist jedoch nicht explizit darauf hin, wenn die Anzahl der Klassen durch die korrekte Zuordnung der Waren bzw. Dienstleistungen steigt und dadurch weitere Klassengebühren zu zahlen sind. 23

Beispielsweise kann das eingereichte Warenverzeichnis lediglich drei Klassen umfassen, wobei aber einige der Waren falschen Klassen zugeordnet sind, so dass bei einer korrekten Zuordnung das Verzeichnis vier oder mehr Klassen umfasst. In diesem Fall ist neben der mit Einreichen der Anmeldung bezahlten Anmeldegebühr nachträglich noch eine Klassengebühr zu entrichten. 23.1

Es obliegt allein dem Anmelder die vollständigen Klassengebühren innerhalb der regulären Zahlungsfrist, dh drei Monate ab dem Tag der Einreichung (§ 6 Abs. 1 S. 2 PatKostG), zu entrichten. 24

Werden die Klassengebühren nicht rechtzeitig gezahlt, setzt das DPMA dem Anmelder eine Frist, um zu bestimmen, für welche der angemeldeten Klassen die gezahlten Gebühren verwendet werden sollen. Im Umfang der übrigen Klassen gilt die Anmeldung als zurückgenommen. Trifft der Anmelder keine Bestimmung, setzt das DPMA die Leitklasse (→ § 32 Rn. 50) des Waren- und Dienstleistungsverzeichnis fest und berücksichtigt die restlichen Klassen, soweit sie von den gezahlten Gebühren abgedeckt sind, in der Reihenfolge ihrer Klassennummern. 25

Auch in diesem Fall gewährt das DPMA keine Frist zur Nachzahlung der zusätzlichen Klassengebühren (→ Rn. 21). 26

In die Frist gemäß § 36 Abs. 3 S. 1 kann Wiedereinsetzung (§ 91) gewährt werden. Auch soll der Anmelder Weiterbehandlung (§ 91a) beantragen können (Fezer Rn. 11). 27

3. Erhöhung der Anzahl der Klassen während des Prüfungsverfahrens

Im Zuge der Klärung des Waren- und Dienstleistungsverzeichnis im Prüfungsverfahren kann die Konkretisierung einzelner Waren oder Dienstleistungen notwendig sein. Das kann unter Umständen dazu führen, dass eine Ware oder Dienstleitung einer anderen Klasse zugeordnet wird als bisher. In diesem Fall gibt das DPMA dem Anmelder Gelegenheit, innerhalb einer vom Amt zu bestimmenden Frist, die nunmehr mit Einreichen des neuen Waren- und Dienstleistungsverzeichnisses fälligen Gebühren nachzuzahlen oder zu bestimmen, welche Klassen im Rahmen der bereits geleisteten Gebühren berücksichtigt werden sollen. 28

Beispiel: Während des Prüfungsverfahrens wird eine Ware näher konkretisiert (zB zu medizinischen Zwecken) und dadurch einer anderen Warenklasse zugeordnet. Darin liegt keine Erweiterung des Waren- und Dienstleistungsverzeichnisses, sofern ursprünglich alle Verwendungen der Ware umfasst waren (BPatG BeckRS 2013, 14388 – JamJam). Seit die Klassenziffern bei der Auslegung des Waren- und Dienstleistungsverzeichnisses berücksichtigt werden (Mitteilung des DPMA Nr. 12/10), dürften solche Fälle jedoch die Ausnahme sein. 28.1

Versäumt der Anmelder beides, setzt das DPMA die Leitklasse (→ § 32 Rn. 50) des Waren- und Dienstleistungsverzeichnisses fest und berücksichtigt die restlichen Klassen, soweit sie von den gezahlten Gebühren abgedeckt sind, in der Reihenfolge ihrer Klassennummern. 29

In die Frist gemäß § 36 Abs. 3 S. 1 kann Wiedereinsetzung (§ 91) gewährt werden. Auch soll der Anmelder Weiterbehandlung (§ 91a) beantragen können (Fezer Rn. 11). 30

D. Rechtsfolgen fehlender Markenrechtsfähigkeit

Ist das DPMA der Ansicht, dass der Anmelder nicht Inhaber einer Marke iSv § 7 sein kann, teilt es dies dem Anmelder mit und gibt ihm Gelegenheit Stellung zu nehmen (zu den Voraussetzungen der Markenrechtsfähigkeit → § 7 Rn. 2, → § 7 Rn. 8 ff.). Kann der Anmelder die Beanstandung nicht ausräumen, wird die Anmeldung zurückgewiesen (§ 36 Abs. 5). 31

Eine echte nachträgliche Herstellung der Markenrechtsfähigkeit des Anmelders ist wohl nur selten gegeben, weil sie letztlich nur durch die Änderung der Identität des Anmelders möglich wäre. In diesem Fall kann die Markenanmeldung aber auf den neuen Anmelder übertragen werden. Die Eintragung der 31.1

MarkenG § 37 Teil 3 Verfahren in Markenangelegenheiten

Marke erfolgt dann analog zu § 37 Abs. 2 aber unter Verschiebung des Zeitrangs auf den Zeitpunkt, zu dem die Markenrechtsfähigkeit hergestellt wurde (BPatG GRUR 2005, 955 – Courage; ablehnend Ströbele/Hacker/Kirschneck § 37 Rn. 11).

32 Eine Rückerstattung der Anmeldungsgebühren wird auch in diesem Fall nicht gewährt, weil die Gebühr bereits verfallen ist (→ Rn. 12).

§ 37 Prüfung auf absolute Schutzhindernisse

(1) Ist die Marke nach § 3, 8 oder 10 von der Eintragung ausgeschlossen, so wird die Anmeldung zurückgewiesen.

(2) Ergibt die Prüfung, daß die Marke zwar am Anmeldetag (§ 33 Abs. 1) nicht den Voraussetzungen des § 8 Abs. 2 Nr. 1, 2 oder 3 entsprach, daß das Schutzhindernis aber nach dem Anmeldetag weggefallen ist, so kann die Anmeldung nicht zurückgewiesen werden, wenn der Anmelder sich damit einverstanden erklärt, daß ungeachtet des ursprünglichen Anmeldetages und einer etwa nach § 34 oder § 35 in Anspruch genommenen Priorität der Tag, an dem das Schutzhindernis weggefallen ist, als Anmeldetag gilt und für die Bestimmung des Zeitrangs im Sinne des § 6 Abs. 2 maßgeblich ist.

(3) Eine Anmeldung wird nach § 8 Abs. 2 Nr. 4 oder Nr. 10 nur zurückgewiesen, wenn die Eignung zur Täuschung oder die Bösgläubigkeit ersichtlich ist.

(4) Eine Anmeldung wird nach § 10 nur zurückgewiesen, wenn die Notorietät der älteren Marke amtsbekannt ist und wenn die weiteren Voraussetzungen des § 9 Abs. 1 Nr. 1 oder 2 gegeben sind.

(5) Die Absätze 1 bis 4 sind entsprechend anzuwenden, wenn die Marke nur für einen Teil der Waren oder Dienstleistungen, für die sie angemeldet worden ist, von der Eintragung ausgeschlossen ist.

Überblick

§ 37 bestimmt den Umfang und die Rechtsfolgen der inhaltlichen Prüfung der Markenanmeldung durch das DPMA. Die formale Prüfung wird durch § 36 festgelegt.

Im Rahmen der materiellen Prüfung der Markenanmeldung stellt das DPMA fest, ob der Eintragung der Marke Schutzhindernisse gemäß §§ 3, 8 oder 10 entgegenstehen. Liegen keine Schutzhindernisse vor und entspricht die Anmeldung den formalen Anforderungen, wird die Marke ins Register eingetragen (§ 41). Andernfalls weist das DPMA die Anmeldung zurück (→ Rn. 11 ff.).

Auf Grund von Täuschungsgefahr (§ 8 Abs. 1 Nr. 4) oder Bösgläubigkeit (§ 8 Abs. 2 Nr. 10) werden Marken im Eintragungsverfahren nur zurückgewiesen, sofern das jeweilige Schutzhindernis ersichtlich vorliegt. Eine weitergehende Prüfungspflicht besteht bei diesen Schutzhindernissen nicht (→ Rn. 6).

Fehlt der Marke am Anmeldetag die nötige Unterscheidungskraft (§ 8 Abs. 2 Nr. 1) oder handelt es sich bei dem angemeldeten Zeichen um eine beschreibende Angabe (§ 8 Abs. 2 Nr. 2) oder einen allgemeinen Ausdruck (§ 8 Abs. 2 Nr. 3), kann der Anmelder eine Eintragung der Marke ggf. unter Verschiebung des Zeitrangs erwirken, sofern er dem Amt die Verkehrsdurchsetzung des Marke nachweist (→ Rn. 15).

Übersicht

	Rn.		Rn.
A. Umfang der materiellen Prüfung ...	1	B. Rechtsfolgen fehlender Eintragungs-	
I. Maßgeblicher Zeitpunkt der Prüfung	1	fähigkeit	11
II. Inhalt der Prüfung	3		
1. Täuschungsgefahr und Bösgläubigkeit		C. Zeitrangverschiebung bei Wegfall	
(§ 8 Abs. 2 Nr. 4, Nr. 10)	6	eines Schutzhindernisses gemäß § 8	
2. Notorisch bekannte Marken (§ 10)	10	Abs. 2 Nr. 1–3	15

A. Umfang der materiellen Prüfung

I. Maßgeblicher Zeitpunkt der Prüfung

Wurde für die Beurteilung darüber, ob Schutzhindernisse gegen eine Markeneintragung vorliegen, im deutschen Verfahren bisher auf den Tag der Eintragung abgestellt, hat der BGH sich nunmehr der Ansicht des EuGH angeschlossen und den Anmeldetag als relevanten Zeitpunkt bestimmt (BGH GRUR 2013, 1143 – Aus Akten werden Fakten; GRUR 2014, 483 – test; EuGH BeckRS 2010, 91251 – Flugbörse). 1

Bis zu seinem Beschluss vom 18.4.2013 (BGH GRUR 2013, 1143 – Aus Akten werden Fakten; zur Verkehrsdurchsetzung: BGH GRUR 2014, 483 – test) hatte der BGH den Tag der Eintragung als für die Beurteilung der Schutzfähigkeit der Marke relevant erachtet (BGH GRUR 2009, 411 – Streetball; GRUR 20120, 138 – Rocher-Kugel). Dies geschah insbesondere mit Hinweis auf die Begründung zur Einführung des Markengesetztes (Begr. RegE, BT-Drs. 12/6581, 90). Außerdem sieht § 37 Abs. 2 ausdrücklich vor, dass es jedenfalls für die Beurteilung der Schutzhindernisse nach § 8 Abs. 2 Nr. 1–3 unter Umständen gerade nicht auf den Anmeldetag ankommt (BPatG BeckRS 2009, 15062 – Tabs (weiß/pink). Die alte Rechtsprechung hatte zur Folge, dass sofern am Anmeldetag ein Schutzhindernis vorlag, dieses aber nachträglich weggefallen war, zB weil die Täuschungsgefahr auf Grund äußerer Umstände bis zur Entscheidung über die Eintragung entfallen war, die Marke einzutragen war. Lag hingegen zwar am Anmeldetag kein Schutzhindernis vor, ist dieses jedoch später, dh während des Eintragungsverfahrens entstanden, war die Anmeldung zurückzuweisen. 1.1

Insbesondere seit der EuGH für die Gemeinschaftsmarke entschieden hatte, dass für die Beurteilung der Unterscheidungskraft die Verkehrsauffassung am Anmeldetag ausschlaggebend ist (EuGH BeckRS 2010, 91251 – Flugbörse), wurde auch eine entsprechende Änderung der deutschen Rechtsprechung gefordert (Bölling GRUR 2011, 472; → § 8 Rn. 54 ff.). Dieser Forderung hat der BGH mit seiner neuen Entscheidung nunmehr entsprochen, wobei er vor allem der Argumentation des EuGH, dass ein langes Eintragungsverfahren und die dadurch auftretenden Änderungen nicht zu Lasten des Anmelders gehen dürfen, aufgegriffen hat (BGH GRUR 2013, 1143 – Aus Akten werden Fakten). Dies überzeugt jedoch nicht vollkommen, da die besonders lange Dauer von Verfahren vor dem HABM vor allem dem vorgelagerten Widerspruchsverfahren geschuldet ist, welches gemäß Markengesetz, jedenfalls noch derzeit, der Eintragung nachgeschaltet ist. In Anbetracht der mit der Änderung der Markenrichtlinie (MRL-E) geplanten Angleichung des nationalen Verfahrensrechts an die GMV war die Entscheidung des BGH aber wohl folgerichtig und hat die ohnehin erwartete Entwicklung vorweggenommen. 1.2

Für das Schutzhindernis der bösgläubigen Markenanmeldung, war hingegen immer schon der Zeitpunkt der Einreichung der Anmeldung ausschlaggebend (→ § 8 Rn. 765). 2

II. Inhalt der Prüfung

Die Prüfung auf Schutzhindernisse hat an Hand tatsächlicher Feststellungen und, im Fall von §§ 8 Abs. 2 Nr. 1–4 und 10, mit Bezug auf die konkret angemeldeten Waren und Dienstleistungen zu erfolgen (BPatG BeckRS 2009, 17391 – Collection; GRUR 2006, 1039 – Rätsel total). Dabei führt das DPMA, in der Regel mittels Internetsuchmaschinen oder Lexika, Recherchen nach den angemeldeten Zeichen durch. Bezüglich Hinweisen Dritter → § 8 Rn. 776). 3

Neben den in § 37 festgelegten Schutzhindernissen der §§ 3, 8 und 10 prüft das DPMA auch, ob die Anmeldung mit anderen Rechtsvorschriften vereinbar ist, wobei vor allem das Arznei- und Lebensmittelrecht berücksichtigt werden (Richtlinie für die Prüfung von Markenanmeldungen, IV 5.3). 4

In wie weit bei der Beurteilung der Eintragungsfähigkeit auch Voreintragungen berücksichtigt werden sollten, war lange Zeit stark umstritten. Mittlerweile hat der EuGH jedoch klargestellt, dass Voreintragungen bei der Beurteilung der Schutzfähigkeit einer Marke zu berücksichtigen sind, die Prüfungsbehörde in ihrer Entscheidung aber nicht binden (EuGH GRUR 2009, 667 – Bild.T-Online.de). Der BGH hat ferner konkretisiert, dass eine Äußerung des DPMA dahingehend, dass vom Anmelder angeführte Voreintragungen gewürdigt wurden, hierfür ausreicht. Einer nähergehenden Stellungnahme zu den Voreintragungen, insbesondere zu deren Schutzfähigkeit, bedarf es nicht (BGH GRUR 2011, 230 – SUPERgirl). Dies gilt sowohl für eingetragene deutsche Marken als auch für Voreintragungen im Ausland (BPatG GRUR 2005, 590 – Collection; BeckRS 2009, 15062 – Tabs). 5

MarkenG § 37 Teil 3 Verfahren in Markenangelegenheiten

5.1 Mit Berufung auf den Gleichheitsgrundsatz und den Grundsatz der Selbstbindung der Verwaltung, die beide sowohl im Gemeinschaftsrecht als auch im nationalen Deutschen Recht verankert sind, wurde gefordert, Voreintragungen bei der Prüfung der Markenanmeldung auf absolute Schutzhindernisse zu berücksichtigen. Denn eine Entscheidung gegen die gängige Amtspraxis, ohne dass sich die rechtlichen oder tatsächlichen Umstände zur Beurteilung der Schutzfähigkeit geändert hätten, führe zu einer mit diesen Rechtsgrundsätzen nicht zu vereinbarenden Benachteiligung des Anmelders (BPatG GRUR 2008, 164 – Schwabenpost).

5.2 Der EuGH hat in seiner Entscheidung C-39/08 vom 12.2.2009 (EuGH GRUR 2009, 667 – Bild.T-Online.de) dazu ausgeführt, dass eine Bindung der Erteilungsbehörde an eine Voreintragung, sei es derselben oder einer ähnlichen Marke, nicht besteht. Dennoch hat der EuGH auch zum Ausdruck gebracht, dass die Erteilungsbehörde frühere Entscheidungen zu ähnlichen Marken zu berücksichtigen und sich mit der Frage auseinanderzusetzten hat, ob im gleichen Sinne zu entscheiden sei. Dafür ist es ausreichend, dass das DPMA in seinem Beschluss zum Ausdruck bringt es habe die vom Anmelder angeführten Voreintragungen berücksichtigt. Zu einer weitergehenden Stellungnahme ist das DPMA nicht gehalten (BGH GRUR 2011, 230 – SUPERgirl).

1. Täuschungsgefahr und Bösgläubigkeit (§ 8 Abs. 2 Nr. 4, Nr. 10)

6 Die Schutzhindernisse der Täuschungsgefahr (§ 8 Abs. 2 Nr. 4; → § 8 Rn. 543) und der Bösgläubigkeit (§ 8 Abs. 2 Nr. 10; → § 8 Rn. 759) berücksichtigt das DPMA nur, falls diese ersichtlich vorliegen. Darüber hinaus besteht für das DPMA keine Ermittlungspflicht.

7 Die Täuschungsgefahr gilt als ersichtlich, wenn sie sich unmittelbar aus den dem DPMA zugänglichen Informationsquellen ergibt (BPatG GRUR 1996, 885 – Schloß Wachenheim; GRUR 2012, 840 – soulhelp). Weiterreichende Ermittlungen sind im Eintragungsverfahren nicht vorgesehen, sondern dem Löschungsverfahren vorbehalten (Begr. RegE, BT-Drs. 12/6581, 90).

8 Des Weiteren muss die Täuschungsgefahr für jede denkbare Verwendung der Marke ersichtlich sein (BPatG BeckRS 2009, 15097 – Kombucha; Fezer Rn. 25; → § 8 Rn. 552). Ergibt sich folglich aus dem amtlichen Prüfungsmaterial und dem Fachwissen der Markenstelle nicht, dass jedenfalls die wahrscheinlichste Benutzungsform der Marke nicht zur Täuschung des Publikums geeignet ist, ist die Marke einzutragen (→ § 8 Rn. 564; EuGH BeckRS 2012, 81316 – Winkel; BPatG GRUR 1999, 746 – OMEPRAZOK; GRUR 1989, 593 – Molino). Bei Marken, die Auszeichnungen oder Qualitätssiegel darstellen, kann der Nachweis über die Richtigkeit des Inhalts der Marke verlangt werden (Fezer Rn. 25).

9 Entsprechendes gilt für das Vorliegen einer bösgläubigen Markenanmeldung, die nur als ersichtlich gilt, wenn sie sich aus den Anmeldungsunterlagen, dem Fachwissen der Markenabteilung und/oder anderen allgemein zugänglichen Informationsquellen unmittelbar erschließt (Richtlinie für die Prüfung von Markenanmeldungen, IV 5.10; → § 8 Rn. 770).

2. Notorisch bekannte Marken (§ 10)

10 Das Schutzhindernis des § 10 gehört eigentlich zu den relativen Schutzhindernissen, da es auf einem entgegenstehenden Schutzrecht basiert, ist aber dennoch von Amts wegen zu prüfen. Das DPMA erachtet jedoch nur Marken mit einem Bekanntheitsgrad von mindestens 70% im Inland als notorisch bekannt und berücksichtigt diese auch nur, sofern sie amtsbekannt sind. Recherchen zur Bekanntheit einzelner Marken stellt das DPMA nicht an (Richtlinie für die Prüfung von Markenanmeldungen, IV 5.11). Des Weiteren prüft das DPMA die Markenanmeldung nur auf Identität oder Verwechslungsgefahr mit notorisch bekannten Marken, nicht jedoch auf Rufausbeutung oder Beeinträchtigung der bekannten Marke.

B. Rechtsfolgen fehlender Eintragungsfähigkeit

11 Ist das DPMA der Ansicht, dass Schutzhindernisse gegen die Eintragung der Marke vorliegen, unterrichtet es den Anmelder hierüber in einem Beanstandungsbescheid. In diesem hat das Amt auch die Dokumente zu nennen oder ggf. beizulegen, auf die sich die Einwände gegen die Schutzfähigkeit der Marke gründen (Richtlinie für die Prüfung von Markenanmeldungen, IV 6). In dem Beanstandungsbescheid setzt das DPMA dem Anmelder außerdem eine Frist, um zu den Einwänden Stellung nehmen und/oder diese ggf. auszuräumen.

Prüfung auf absolute Schutzhindernisse **§ 37 MarkenG**

Die vom DPMA gesetzten Fristen betragen bei Anmeldern, die Sitz oder Wohnsitz im Inland haben, **11.1** in der Regel einen Monat, ansonsten zwei Monate (§ 18 DPMAV), können bei beschleunigter Prüfung (§ 38) aber auch kürzer sein (Fezer § 36 Rn. 8). Vom DPMA bestimmte Fristen sind grundsätzlich verlängerbar (§ 18 Abs. 2 DPMAV); allerdings bedürfen weitere Fristverlängerungen der Glaubhaftmachung eines berechtigten Interesses des Anmelders (§ 18 Abs. 3 DPMAV). Wird die Frist zur Beantwortung des Bescheids versäumt, ist die Weiterbehandlung gemäß § 91a möglich.

Eine Änderung des Zeichens selbst, um ein Schutzhindernis zu beseitigen, ist auf Grund **12** der Unveränderlichkeit der Marke nicht möglich. Allerdings kann der Anmelder das Waren- und Dienstleistungsverzeichnis einschränken, um beispielsweise Waren, für welche das Zeichen beschreibend ist, auszunehmen (→ § 39 Rn. 8). Dabei ist aber darauf zu achten, dass durch die Änderung des Verzeichnisses kein neues Schutzhindernis, zB eine ersichtliche Täuschungsgefahr, entsteht (§ 39; BPatG BeckRS 2009, 15097 – Kombucha).

Werden die Schutzhindernisse nicht ausgeräumt, weist das DPMA die Anmeldung durch **13** Beschluss zurück. Liegen die Schutzhindernisse nur für einen Teil der angemeldeten Waren und Dienstleistungen vor, darf die Zurückweisung auch nur im Umfang dieser erfolgen. Für die übrigen Waren und Dienstleistungen ist die Marke einzutragen (§ 37 Abs. 5). Grundlage hierfür muss aber stets ein vom Anmelder eingereichtes oder zumindest genehmigtes Waren- und Dienstleistungsverzeichnis sein, denn dem Amt ist es nicht gestattet des Verzeichnisses eigenmächtig zu ändern (BPatG GRUR 2008, 454 – Teilzurückweisung). Die Zustimmung des Anmelders zu einem geänderten Waren- und Dienstleistungsverzeichnis muss schriftlich erfolgen (BPatG BeckRS 2009, 2544 – Pettersson und Findus).

Gegen den Zurückweisungsbeschluss des DPMA ist die Erinnerung (§ 64) wie auch die **14** Beschwerde (§ 66) statthaft.

Ist die Marke einmal eingetragen, so kann sie nicht mehr zurückgewiesen werden, selbst wenn die **14.1** Eintragung entgegen bestehender Schutzhindernisse und ggf. unbeabsichtigt erfolgte (BPatG GRUR 1999, 932 – REAL BIG). Dritte können aber einen Antrag auf Löschung gemäß §§ 50, 54 stellen.

C. Zeitrangverschiebung bei Wegfall eines Schutzhindernisses gemäß § 8 Abs. 2 Nr. 1–3

Liegt am Anmeldetag eines der Schutzhindernisse des § 8 Abs. 2 Nr. 1–3 (mangelnde **15** Unterscheidungskraft, beschreibende Angabe und/oder gängiger Ausdruck) vor, und ist dieses nach dem Anmeldetag entfallen, kann die Marke nur unter Verschiebung des Zeitrangs eingetragen werden.

Der häufigste Fall einer Eintragung mit Zeitrangverschiebung ist die Eintragung auf Grund **16** von Verkehrsdurchsetzung (§ 8 Abs. 3). Die Verschiebung des Zeitrangs findet dabei stets auf den Zeitpunkt statt, zu dem die Verkehrsdurchsetzung nachweisbar vorlag. War die Marke hingegen bereits bei Einreichen der Anmeldung durchgesetzt, und kann der Anmelder dies, ggf. auch erst nachträglich, darlegen, wird die Marke mit dem Zeitrang des Anmeldetags eingetragen.

Die Verkehrsdurchsetzung muss dem DPMA glaubhaft gemacht und ggf. nachgewiesen werden, **16.1** wobei die Darlegungslast allein beim Anmelder liegt (Richtlinie für die Prüfung von Markenanmeldungen, IV 5.17). Zunächst muss der Anmelder die Verkehrsdurchsetzung schlüssig vortragen, beispielsweise an Hand von Unterlagen, die die Markenbenutzung dokumentieren, zB Werbematerial, Umsatzzahlen, etc. Anschließend leitet das DPMA das Verfahren zum Nachweis der Verkehrsdurchsetzung ein. Dieses umfasst für Waren/Dienstleistungen, die sich ausschließlich an Fachkreise richten in der Regel eine Befragung der Industrie- und Handelskammer. Kommen als Abnehmer auch Endverbraucher in Frage, ist regelmäßig die Vorlage eines demoskopischen Gutachtens notwendig. Bei Endverbraucherbefragungen ist zudem auf die Formulierung der Fragenkatalogs zu achten (Fink in Fezer, HdB Markenpraxis, Rn. 322 ff.; Richtlinie für die Prüfung von Markenanmeldungen, IV 5.17). Zu den Voraussetzungen der Verkehrsdurchsetzung → § 8 Rn. 867 ff., → § 8 Rn. 876 ff.

Durch die Verschiebung des Zeitrangs soll verhindert werden, dass Ansprüche gegen Dritte für einen **16.2** Zeitpunkt begründet werden können, zu dem eine schutzfähige Marke noch gar nicht vorlag (Begr. RegE, BT-Drs. 12/6581, 90).

MarkenG § 38   Teil 3 Verfahren in Markenangelegenheiten

17   Die Verschiebung des Zeitrangs der Marke ist ausschließlich mit Zustimmung des Anmelders möglich. Besteht der Anmelder darauf, dass die Marke mit dem Zeitrang des ursprünglichen Anmeldetags eingetragen wird, weist das DPMA die Anmeldung zurück.

17.1   Ist strittig, zu welchem Zeitpunkt die Marke bei den Verkehrskreisen durchgesetzt war, kann der Anmelder den Antrag auf Eintragung mit Zeitrang des Anmeldetags aufrecht erhalten, die Eintragung mit Zeitrangverschiebung aber hilfsweise beantragen. So erhält der Anmelder unmittelbar ein wirksames Schutzrecht, kann aber dennoch gegen den Zurückweisungsbeschluss über den Hauptantrag in die Beschwerde gehen und die Entscheidung des DPMAs über die Zeitrangverschiebung durch das BPatG überprüfen lassen. Zur Verkehrsdurchsetzung im Einzelnen (→ § 8 Rn. 867 ff., → § 8 Rn. 876 ff.).

17.2   Bestehen die Schutzhindernisse gemäß § 8 Abs. 1 Nr. 1–3 nur hinsichtlich eines Teils der Waren und Dienstleistungen, kann die Anmeldung geteilt werden (§ 40), um eine unmittelbare Eintragung der Waren bzw. Dienstleitungen zu erlangen, für die kein Schutzhindernis besteht (Ingerl/Rohnke Rn. 10).

18   Der Nachweis der Verkehrsdurchsetzung kann auch noch im Beschwerdeverfahren erbracht werden. In der Rechtsbeschwerde ist dies hingegen nicht mehr möglich, da dort keine neuen Tatsachen mehr vorgebracht werden können.

19   Entgegen dem Wortlaut des § 37 Abs. 2 betrifft die Verschiebung lediglich den Zeitrang der Marke gemäß § 6 und nicht den Anmeldetag als solchen iSv § 33 Abs. 1. Das ergibt sich sowohl aus § 18 als auch aus § 25 MarkenV. Letzterer bestimmt, dass neben dem Anmeldetag auch der von diesem abweichende Zeitrang der Marke in das Register einzutragen ist (§ 25 Nr. 11 und 12 MarkenV). Die Schutzdauer, sowie die Fälligkeit der Verlängerungsgebühren bleiben von der Zeitrangverschiebung daher unberührt.

20   Im Rahmen des Art. 6^{quinquies} B Nr. 2 PVÜ ist das DPMA befugt, die Erstreckung einer IR-Marke auf absolute Schutzhindernisse zu prüfen (BPatG GRUR 2005, 590 – COLLECTION). Eine Eintragung auf Grund Verkehrsdurchsetzung unter Verschiebung des Anmeldetags ist jedoch durch § 113 Abs. 2 ausgeschlossen.

§ 38 Beschleunigte Prüfung

Auf Antrag des Anmelders wird die Prüfung nach den §§ 36 und 37 beschleunigt durchgeführt.

Überblick

Beantragt der Anmelder die beschleunigte Prüfung, bearbeitet das DPMA die Anmeldung bevorzugt, und entscheidet über die Eintragung der Marke innerhalb von sechs Monaten (→ Rn. 1).

Mit dem Antrag ist eine Beschleunigungsgebühr an das DPMA zu entrichten (→ Rn. 3).

Wird über die Anmeldung nicht innerhalb von sechs Monaten entschieden und liegen die Gründe hierfür überwiegend beim DPMA, ist dem Anmelder die Beschleunigungsgebühr zurückzuerstatten (→ Rn. 6).

A. Beschleunigte Prüfung

1   Die beschleunigte Prüfung dient in erster Linie dazu, sicher zu stellen, dass die Eintragung der Marke innerhalb der sechs-monatigen Prioritätsfrist gemäß Art. 4 C Abs. 1 PVÜ erfolgt (Begr. zum MarkenG, BT-Drs. 12/6581, 91). Dies ist insbesondere für die Nachanmeldung einer IR-Marke unter dem Madrider Markenabkommen (MMA) wichtig, da diese nur auf Basis einer eingetragenen nationalen Marke erfolgen kann (Art. 1 Abs. 2 MMA).

1.1   Allerdings kann es unter Umständen ausreichen, dass die Eintragung der Marke innerhalb der Prioritätsfrist erfolgt, selbst wenn der Anmelder erst später über die Eintragung informiert wird. Dieser kann nämlich den Antrag auf internationale Registrierung bereits vor Eintragung der Basismarke stellen (§ 108 Abs. 2; BGH GRUR 2000, 421 – Rückzahlung der Beschleunigungsgebühr).

2   Eine beschleunigte Prüfung kann aber auch beantragt werden, wenn auf Grund anderer Umstände, beispielsweise wegen laufender Lizenzverhandlungen, eine möglichst umgehende

Eintragung der Marke gewünscht wird. Eines berechtigten Interesses des Anmelders bedarf es nicht (BPatG BeckRS 2009, 25182 – Sprinta, das Pinrollo); gibt er aber Gründe für den Antrag an, ist anhand dieser zu beurteilen, ob das Amt seiner Verpflichtung zur beschleunigten Bearbeitung nachgekommen ist (BPatG BeckRS 2009, 4037 – JOB/perfect).

B. Antrag und Verfahren

Der Antrag auf beschleunigte Prüfung kann jederzeit gestellt werden, sollte aber, vor allem wenn er zur Wahrung der Prioritätsfrist dient, zusammen mit der Anmeldung eingereicht werden. Eine Begründung des Antrags bedarf es nicht (BPatG BeckRS 2009, 25182 – Sprinta, das Pinrollo). **3**

Mit Stellen des Antrags wird die Beschleunigungsgebühr in Höhe von 200 Euro fällig (§ 2 Abs. 1 PatKostG iVm GV 331500 PatKostG). Die Zahlungsfrist beträgt drei Monate ab Stellen des Antrags (§ 6 Abs. 2 S. 1 PatKostG). Wird die Gebühr nicht rechtzeitig gezahlt, gilt der Antrag als zurückgenommen (§ 6 Abs. 2 PatKostG). Gegebenenfalls zu spät gezahlte Gebühren werden zurückerstattet. Eine Anfechtung des Antrags wegen Irrtums (§ 119 BGB) ist nicht möglich (Fezer Rn. 4). **4**

Der Antrag auf beschleunigte Prüfung führt dazu, dass die Anmeldung durch das DPMA vorrangig zu bearbeiten ist. Das Prüfungsverfahren selbst unterscheidet sich jedoch nicht von dem anderer Anmeldungen (anders unter § 6a WZG; Fezer Rn. 1; Begr. zum MarkenG, BT-Drs. 12/6581, 91). Kann die Marke auf Grund formaler oder inhaltlicher Mängel nicht umgehend eingetragen werden, erlässt das DPMA möglichst früh einen ersten Prüfungsbescheid. Auf diesen sollte der Anmelder zügig, jedenfalls aber innerhalb der ihm gesetzten Frist antworten. Andernfalls braucht die Anmeldung nicht länger vorrangig behandelt zu werden (Richtlinien für die Prüfung von Markenanmeldungen, IV 1.1). Im Rahmen der beschleunigten Prüfung sollte das DPMA zudem verfahrensleitende Anordnungen, beispielsweise in Hinblick auf eine korrekte Formulierung des Waren- und Dienstleistungsverzeichnisses, treffen (BPatG BeckRS 2009, 25182 – Sprinta, das Pinrollo). **5**

Die Fristen zur Beantwortung des Prüfungsbescheids betragen regelmäßig einen Monat (§ 18 DPMAV), können aber ggf., insbesondere gegen Ablauf der Prioritätsfrist (BPatG BeckRS 2009, 25182 – Sprinta, das Pinrollo), auch kürzer sein (Richtlinie für die Prüfung von Markenanmeldungen, IV 1.2). Darüber hinaus sollte sich das Amt, wenn notwendig, moderner und schneller Kommunikationsmittel wie Telefax oder Telefon bedienen, um eine abschließende Bearbeitung innerhalb der Prioritätsfrist zu erwirken (BPatG BeckRS 2009, 25182 – Sprinta, das Pinrollo). Dabei ist aber zu beachten, dass die Äußerungen des Anmelders, insbesondere Änderungen des Waren- und Dienstleistungsverzeichnisses, schriftlich zu erfolgen haben (BPatG BeckRS 2009, 2544 – Pettersson und Findus). **5.1**

C. Rückzahlung der Beschleunigungsgebühr

Kommt es trotz Antrags und fristgerechter Zahlung der Beschleunigungsgebühr nicht zu einer bevorzugten Bearbeitung der Anmeldung, ist die Gebühr dem Anmelder aus Billigkeitsgründen zurückzuerstatten, sofern die Gründe der mangelnden Beschleunigung überwiegend beim DPMA liegen (BGH GRUR 2000, 421 – Beschleunigungsgebühr). Dies ist nunmehr auch in § 63 Abs. 2 verankert, so dass die Erstattung der Gebühr der Regel entspricht, sofern die Prüfung länger als sechs Monate in Anspruch nimmt. Wird die Rückzahlung dennoch abgelehnt, bedarf es einer Begründung seitens des DPMA (BPatG BeckRS 2009, 2494 – Erste Klasse im Auto). **6**

Trägt hingegen der Anmelder maßgeblich zur Verzögerung bei, wird die Gebühr nicht zurückerstattet. Das gilt insbesondere, wenn der Anmelder nicht innerhalb der vom Amt gesetzten Fristen auf Prüfungsbescheide reagiert (BGH GRUR 2000, 421 – Beschleunigungsgebühr). **7**

Es liegt jedoch kein durch den Anmelder zu vertretender Umstand für eine Verzögerung vor, wenn die Anmeldung wegen absoluter Schutzhindernisse beanstandet werden musste (BPatG GRUR 2003, 551 – Beschleunigungsgebühr). Vielmehr hat sowohl die Eintragung als auch die Zurückweisung, ggf. die teilweise Zurückweisung, innerhalb von sechs Monaten zu erfolgen (BPatG GRUR 2003, 551 – Beschleunigungsgebühr; BeckRS 2009, 738 – Partnerhochschule des Spitzensports). Ebenso wenig ist in weiteren Anträgen des Anmelders, **8** zB Antrag auf Rückzahlung zu viel bezahlter Anmeldegebühren, eine vom Anmelder verursachte Verzögerung des Verfahrens zu sehen (BPatG BeckRS 2009, 2494 – Erste Klasse im Auto).

9 Der Antrag auf Rückzahlung der Beschleunigungsgebühr sollte möglichst noch im Verfahren vor dem DPMA gestellt werden. Wird der Antrag erstmals in der Beschwerde gestellt, ist er nicht Gegenstands des Beschwerdeverfahrens, so dass das BPatG über ihn nicht entscheidet, sondern die Sache diesbezüglich an das DPMA zurückverweist (BPatG BeckRS 2009, 1101 – Fundraising Profile; BeckRS 2012, 13193 – privat operator).

§ 39 Zurücknahme, Einschränkung und Berichtigung der Anmeldung

(1) Der Anmelder kann die Anmeldung jederzeit zurücknehmen oder das in der Anmeldung enthaltene Verzeichnis der Waren und Dienstleistungen einschränken.

(2) Der Inhalt der Anmeldung kann auf Antrag des Anmelders zur Berichtigung von sprachlichen Fehlern, Schreibfehlern oder sonstigen offensichtlichen Unrichtigkeiten geändert werden.

Überblick

Bis zur Eintragung der Marke kann der Anmelder die Markenanmeldung jederzeit zurücknehmen (→ Rn. 1). Die Zurücknahme steht einer erneuten Anmeldung derselben Marke nicht entgegen. Ist die Marke bereits eingetragen, kann auf sie gemäß § 48 verzichtet werden.

Statt die Anmeldung vollständig zurückzunehmen, kann der Anmelder das Waren- und Dienstleistungsverzeichnis der Markenanmeldung einschränken (→ Rn. 7). Eine Änderung des Zeichens, auch im Sinne einer Verringerung des Schutzumfangs, ist hingegen ausgeschlossen (→ Rn. 4).

Berichtigungen der Markenanmeldung sind möglich, jedoch nur insoweit als es sich um die Beseitigung offensichtlicher Unrichtigkeiten handelt, die den Schutzgegenstand der Anmeldung nicht berühren. Dabei kommen hauptsächlich Schreibfehler in den Anmeldungsunterlagen in Frage (→ Rn. 15).

Übersicht

	Rn.		Rn.
A. Zurücknahme der Anmeldung	1	II. Berichtigung offensichtlicher Unrichtigkeiten	15
B. Änderung der Anmeldung	4		
I. Einschränkung des Waren- und Dienstleistungsverzeichnisses	7		

A. Zurücknahme der Anmeldung

1 Die Zurücknahme der Anmeldung beendet das Anmeldeverfahren, ohne dass eine Sachentscheidung über die Eintragungsfähigkeit der Marke ergeht.

1.1 Die Zurücknahme wird im Register vermerkt (§ 23 MarkenV), lässt aber im Unterschied zu einer Zurückweisung keine Rückschlüsse auf die Beurteilung der Schutzfähigkeit zu. Es kann sich daher anbieten, die Marke zurückzunehmen, um die Veröffentlichung einer negativen Entscheidung zu vermeiden.

2 Die Anmeldung kann jederzeit zurückgenommen werden, solange keine rechtskräftige Entscheidung über die Eintragung oder Zurückweisung der Marke vorliegt. Sie kann auch noch im Rechtsmittelverfahren zurückgenommen werden. Die Zurücknahme ist stets vor der Instanz zu erklären, vor der die Anmeldung anhängig ist (v. Schultz/Schweyer Rn. 3). Mit Zurücknahme der Anmeldung wird eine bereits ergangene aber noch nicht rechtskräftige Entscheidung über die Zurückweisung der Marke wirkungslos.

2.1 Für die Rücknahme während der Rechtsbeschwerdefrist muss jedoch zumindest eine statthafte Rechtsbeschwerde eingelegt werden (BGH GRUR 1983, 342 – BTR).

Die Rücknahme der Anmeldung kann nicht widerrufen werden, ist unter Umständen 3
aber gemäß §§ 119 Abs. 1, 120 BGB anfechtbar. Eine Anfechtung kommt jedoch nur auf
Grund eines Erklärungsirrtums oder einer falschen Übermittlung in Frage, nicht auf Grund
einer Fehleinschätzung der Schutzfähigkeit der Marke (Ingerl/Rohnke Rn. 1; Fezer Rn. 4).

B. Änderung der Anmeldung

§ 39 definiert die einzig zulässigen Ausnahmen vom Grundsatz der Unveränderlichkeit 4
der Marke, nämlich die Einschränkung des Waren- und Dienstleistungsverzeichnis und die
Berichtigung offensichtlicher Unrichtigkeiten. § 39 ist insofern abschließend (v. Schulz/
Schweyer Rn. 1).

Berichtigungen, die den Schutzgegenstand berühren, sind ausgeschlossen. Daher kann das 5
Zeichen weder geändert werden, um den Schutzumfang der Marke zu beschränken, noch
um Unrichtigkeiten wie Sprach- oder Schreibfehler zu beseitigen.

Beispielsweise kann eine konturlose Farbkombinationsmarke nicht nachträglich auf eine spezifische 5.1
Anordnung konkretisiert werden (BGH GRUR 2007, 55 – Farbmarke gelb/grün II). Ebenso wenig
ist es möglich dem Zeichen weitere Elemente hinzu zu fügen, etwa um absolute Schutzhindernisse zu
überwinden oder Kollisionen mit älteren Rechten Dritter zu vermeiden.

Auch kann der Schutzumfang der Marke nicht durch entsprechende Erklärungen („Disclaimer") 5.2
beschränkt werden (BGH GRUR 1996, 410 – Color Collection).

Änderungen des Zeichens auf Grund offensichtlicher Unrichtigkeiten sind ebenfalls ausgeschlossen 5.3
(BPatG BeckRS 2009, 16047 – Euro-Euro; BeckRS 2007, 7388 – epages), da durch die vollständig
freie Gestaltung des Zeichens, selbst bei orthographischen Fehlern nicht zwangsläufig von einer offensichtlichen Unrichtigkeit ausgegangen werden kann (BPatG BeckRS 2009, 16023 – traffic board).

Soll das Zeichen selbst geändert werden, kommt letztlich nur eine neue Markenanmeldung 6
in Betracht.

I. Einschränkung des Waren- und Dienstleistungsverzeichnisses

Eine Einschränkung des Waren- und Dienstleistungsverzeichnisses kann sinnvoll sein, um 7
Unklarheiten oder absolute Schutzhindernisse auszuräumen. Sie kann aber auch dazu dienen
Kollisionen mit Rechten Dritter vorzubeugen.

Neben dem vollständigen Streichen einzelner Waren oder Dienstleitungen können Ober- 8
begriffe (zB Bekleidung) auf konkrete, von ihnen umfasste Gegenstände (zB Oberbekleidung;
Blusen und Hemden) beschränkt werden. Es ist auch möglich, das Verzeichnis auf Waren oder
Dienstleistungen eines bestimmten Inhalts bzw. bestimmter Themengebiete zu beschränken
(BGH GRUR 2009, 778 – Willkommen im Leben). Im Gegensatz dazu ist jedoch eine
territoriale Einschränkung oder eine Beschränkung nach Zweckangaben nicht zulässig
(BPatG GRUR-RR 2008, 237 – Bernstein).

Das Waren- und Dienstleistungsverzeichnis kann jederzeit, auch noch im Rechtmittelver- 9
fahren, eingeschränkt werden (BGH GRUR 2002, 884 – B-2 alloy). Die Einschränkung ist,
wie die Zurücknahme, vor der Instanz zu erklären, vor der die Anmeldung anhängig ist.
Erklärungen vor dem DPMA haben schriftlich zu erfolgen (BPatG BeckRS 2009, 2544 –
Pettersson und Findus).

Die vorbehaltlose Einschränkung des Waren- und Dienstleistungsverzeichnisses entspricht 10
einer teilweisen Zurücknahme der Markenanmeldung, da mit ihr der Antrag auf Eintragung
der Marke für einzelne Waren oder Dienstleitungen zurückgenommen wird (BPatG BeckRS
2015, 13973 – rcd; v. Schutz/Schweyer Rn. 5). Sie kann dementsprechend nicht widerrufen
und nur unter besonderen Umständen angefochten werden (BPatG BeckRS 2012, 20931 –
Butch; BeckRS 2010, 22003 – OKAGEL). Auch ist es nicht möglich, zum ursprünglich
eingereichten Waren- und Dienstleistungsverzeichnis zurückzukehren, sobald das Verzeichnis
einmal wirksam eingeschränkt wurde (BPatG BeckRS 2009, 3815 – Biographie). Vorsicht
ist geboten, wenn auf ganze Klassen verzichtet wird, bevor die ggf korrigierte Zuordnung
der Waren bzw. Dienstleistungen in die einzelnen Klassen erfolgte. Dann kann es nämlich
passieren, dass von dem Verzicht auch Waren bzw. Dienstleistungen erfasst werden, die
zwar im Zeitpunkt des Verzichts noch unter einer falschen Klassenziffer eingeordnet waren,

MarkenG § 39   Teil 3 Verfahren in Markenangelegenheiten

tatsächlich aber der Klasse zuzuordnen waren, auf die verzichtet wurde (BPatG BeckRS 2015, 13973 – rcd).

10.1 Erfolgte die Einschränkung jedoch versehentlich und ergibt sich dieser Umstand offensichtlich aus den Unterlagen, ist das ursprüngliche bzw. das eigentlich gewünschte Verzeichnis der Markenprüfung zugrunde zu legen (BPatG BeckRS 2012, 20931).

11 Umstritten ist, ob die Einschränkung hilfsweise erklärt werden kann, nämlich für den Fall, dass die Anmeldung mit dem anhängigen Verzeichnis zurückgewiesen würde (wiederholt offengelassen, zB BPatG BeckRS 2016, 01653 mwN – medan). Derzeit ist die hilfsweise Einschränkung des Waren- und Dienstleistungsverzeichnisses im Anmeldeverfahren (noch) gängige Praxis und wird von der Literatur auch befürwortet (Ingerl/Rohnke Rn. 2; kritisch Ströbele/Hacker/Kirschneck Rn. 7). Will der Anmelder das Waren- und Dienstleistungen hingegen bedingungslos einschränken, empfiehlt es sich, ein entsprechend geändertes Verzeichnis einzureichen, um Missverständnisse über die Bedingungslosigkeit und den Umfang der Beschränkung zu vermeiden (BPatG BeckRS 2016, 00110 – United Vehicles).

11.1 Für den Verzicht gemäß § 48 hat der BGH allerdings entschieden, dass eine Einschränkung des Waren- und Dienstleistungsverzeichnisses nur unbedingt erklärt werden kann, da sie unmittelbar zum teilweisen Erlöschen der Marke führt (BGH GRUR 2011, 654 – Yoghurt-Gums; GRUR 2008, 714 – idw). Mit dem Argument, dass auch die Einschränkung im Anmeldeverfahren letztlich einen Verzicht auf die nicht länger im Verzeichnis enthaltenen Waren oder Dienstleitungen darstellt, wird eine entsprechende Handhabung auch im Anmeldeverfahren gefordert (Ströbele/Hacker/Kirschneck Rn. 7).

11.2 Allerdings stellt die Einschränkung des Waren- und Dienstleistungsverzeichnisses im Anmeldeverfahren keinen Verzicht auf ein bereits bestehendes Rechts dar. Es handelt sich vielmehr um einen, gegenüber dem ursprünglichen (Hauptantrag), geänderten Erteilungsantrag. Dieser wird unter der Bedingung gestellt, dass der unbedingte Hauptantrag keinen Erfolg hat, und entspricht damit der eventuellen Anspruchshäufung, wie sie unter § 260 ZPO aus prozessökonomischen Gründen gängige Praxis ist (BeckOK ZPO/Bacher ZPO § 260 Rn. 5).

11.3 Würde man eine hilfsweise Einschränkung des Waren- und Dienstleistungsverzeichnisses ablehnen, bliebe nur die Möglichkeit unverbindliche Formulierungsvorschläge einzureichen, um beispielsweise formale Beanstandungen auszuräumen, ohne den Schutzbereich der Marke unnötig zu gefährden (v. Schultz/Schweyer Rn. 5). Nach der Prüfung des Vorschlags durch das DPMA müsste der Anmelder einer Eintragung des entsprechenden Waren- und Dienstleistungsverzeichnisses aber noch endgültig zustimmen. Denn die Marke kann nur gemäß dem Antrag des Anmelders eingetragen und das Verzeichnis nicht von Amtswegen geändert werden (BPatG GRUR 2007, 601 – DATE24; BGH GRUR 2005, 326 – il Patrone/il Portone). Zudem kann die Zustimmung des Anmelders ausschließlich schriftlich erfolgen (BPatG BeckRS 2009, 2544 – Pettersson und Findus). Eine derartige Vorgehensweise würde das Eintragungsverfahren in nicht zu rechtfertigender Weise verzögern.

12 Die Änderung des Waren- und Dienstleistungsverzeichnis darf keinesfalls zur Erweiterung des Schutzbereichs der Marke führen. Es dürfen daher keine Waren oder Dienstleistungen hinzugefügt werden, die nicht wenigstens von den Oberbegriffen des ursprünglichen Verzeichnisses umfasst waren. Auch können keine Begriffe aufgenommen werden, die in andere als die bereits enthaltenen, Klassen fallen (zur Nachzahlung zusätzlicher Klassengebühren bei Änderung des Waren- und Dienstleistungsverzeichnisses → § 36 Rn. 28 ff.).

13 Geht das geänderte Waren- und Dienstleistungsverzeichnis über den Inhalt des ursprünglichen hinaus, wird die Anmeldung zurückgewiesen. Das DPMA kann die unzulässigen Änderungen nicht von Amts wegen streichen (BPatG BeckRS 2007, 19369 – natocorner).

13.1 Eine Erweiterung des Waren- und Dienstleistungsverzeichnisses ist auch nicht unter Verschiebung des Zeitrangs der Marke, analog zu § 37 Abs. 2, möglich (BPatG BeckRS 2009, 500 – Rainbow Elch). In diesem Fall könnte lediglich die Einreichung einer neuen Anmeldung unter Inanspruchnahme des Zeitrangs des erweiterten Waren- und Dienstleistungsverzeichnisses in Frage kommen (Ingerl/Rohnke Rn. 2; Ströbele/Hacker/Kirschneck Rn. 3).

14 Darüber hinaus dürfen durch die Änderungen des Waren- und Dienstleistungsverzeichnisses keine neuen Schutzhindernisse begründet werden (BPatG BeckRS 2009, 15097 – Kombucha; BeckRS 1997, 14480 – PGI).

14.1 Dies kann vor allem in Fällen passieren, in denen das angemeldete Zeichen für einige der Waren/Dienstleitungen einen unmittelbar beschreibenden Charakter aufweist. Werden diese Waren/Dienstleistungen gestrichen und bleiben ausschließlich solche bestehen, die die mit dem Zeichen verbunden Eigenschaften gerade nicht erfüllen, kann sich eine ersichtliche Eignung zur Täuschung gemäß § 8 Abs. 2 Nr. 4 ergeben (BPatG BeckRS 2009, 15097 – Kombucha). Die Eintragung der Marke ist dann gemäß § 37 Abs. 3 zurückzuweisen (→ § 8 Rn. 566).

II. Berichtigung offensichtlicher Unrichtigkeiten

Offensichtliche Unrichtigkeiten können vor allem durch Schreibfehler in den Angaben zur Markenanmeldung entstehen. Dazu zählen die fehlerhafte Wiedergabe des Namens oder der Anschrift des Anmelders sowie Fehler in den Angaben zur Priorität. Die Fehlerhaftigkeit der Angaben muss jedoch evident sein und sich aus anderen dem DPMA vorliegenden oder vorzulegenden Unterlagen ergeben (Ingerl/Rohnke Rn. 5; → § 45 Rn. 1 ff.). **15**

Die Berichtigung kann entsprechend § 26 DPMAV beim DPMA beantragt werden. **16**

Anzugeben sind hierbei das Aktenzeichen der Anmeldung, Name und Anschrift des Inhabers und ggf. des Vertreters, sowie die Bezeichnung des Fehlers und dessen Berichtigung. **16.1**

Eine Änderung des Zeichens der Marke auf Grund offensichtlicher Unrichtigkeiten kommt nicht in Betracht (→ Rn. 5), da die Berichtigung den Schutzgegenstand der Anmeldung nicht berühren darf (→ Rn. 5.3; Fezer Rn. 8). **17**

§ 40 Teilung der Anmeldung

(1) ¹Der Anmelder kann die Anmeldung teilen, indem er erklärt, daß die Anmeldung der Marke für die in der Teilungserklärung aufgeführten Waren und Dienstleistungen als abgetrennte Anmeldung weiterbehandelt werden soll. ²Für jede Teilanmeldung bleibt der Zeitrang der ursprünglichen Anmeldung erhalten.

(2) ¹Wird die Gebühr nach dem Patentkostengesetz für das Teilungsverfahren nicht innerhalb von drei Monaten nach dem Zugang der Teilungserklärung gezahlt, so gilt die abgetrennte Anmeldung als zurückgenommen. ²Die Teilungserklärung kann nicht widerrufen werden.

Überblick

Durch die Teilung, kann die Markenanmeldung in zwei oder mehr Anmeldungen aufgespalten werden. Die Anmeldungen und die daraus hervorgehenden eingetragenen Marken sind voneinander unabhängig und besitzen alle denselben Zeitrang.

Die Teilung erfolgt durch eine entsprechende Erklärung des Anmelders, in welcher festgelegt wird, welche Waren bzw. Dienstleistungen der Stammanmeldung nunmehr in der Teilanmeldung weiter verfolgt werden sollen (→ Rn. 5 ff.). Daneben ist eine Teilungsgebühr zu zahlen (→ Rn. 14). Wird die Teilungsgebühr nicht rechtzeitig gezahlt, gilt die Anmeldung hinsichtlich des abgetrennten Teils als zurückgenommen

Die Teilung der Anmeldung ist endgültig und kann nicht widerrufen werden (→ Rn. 9).

Übersicht

	Rn.		Rn.
A. Zweck der Teilung	1	3. Endgültigkeit der Teilung	9
B. Teilungserklärung und -verfahren	4	4. Hilfsweise Erklärung der Teilung	11
I. Teilungserklärung	5	5. Teilung im Rechtsmittelverfahren	13
1. Form	5	II. Teilungsgebühr	14
2. Inhalt der Erklärung – Aufteilung der Waren und Dienstleistungen	6	III. Anmeldungsunterlagen	16
		IV. Vertreterbestellung und Anträge	17

A. Zweck der Teilung

Die Teilung der Markenanmeldung dient in erster Linie dazu, eine unmittelbare Eintragung der Marke für den Teil des Waren und Dienstleistungsverzeichnisses zu ermöglichen, **1**

M-Th. Schmid

für den keine absoluten Schutzhindernisse (§ 8 Abs. 2) vorliegen (Begr. RegE, BT-Drs. 12/6581, 91). Auf diese Weise kann der Anmelder umgehend Markenschutz erlangen und muss nicht abwarten, bis über alle Waren und Dienstleistungen rechtkräftig entschieden wurde.

1.1 Umfasst eine Markenanmeldung beispielsweise sowohl Waren und Dienstleistungen, für welche der Marke die Unterscheidungskraft fehlt, als auch solche, die unstreitig eintragungsfähig sind, können letztere in eine separate Anmeldung abgespalten werden. Diese kann dann unmittelbar zur Eintragung gelangen. Das Prüfungsverfahren über die restlichen Waren bzw. Dienstleistungen wird in der anderen Anmeldung (zB der Stammanmeldung) weiter geführt. Ob die eintragungsfähigen Waren bzw. Dienstleistungen in die Teilanmeldung abgespalten werden oder in der Stammanmeldung verbleiben, ist dabei ohne Bedeutung.

2 Eine Teilung bietet sich insbesondere an, wenn der Anmelder für einige Waren bzw. Dienstleistungen den Nachweis der Verkehrsdurchsetzung (§ 8 Abs. 3) erbringen, oder die Zurückweisung des DPMA durch das BPatG überprüfen lassen möchte. Sie kann aber auch der Vorbereitung des Verkaufs eines Teils der Marke dienen. Aus welchen Gründen der Anmelder die Teilung der Markenanmeldung erklärt ist letztlich ihm überlassen. Ein berechtigtes Interesse muss er nicht darlegen.

3 Zu beachten ist allerdings, dass mit einer Teilung keine erneute Prüfung im laufenden Verfahren erlangt werden kann, wenn bereits über alle Waren und Dienstleistungen abschlägig entschieden wurde (BPatG BeckRS 1997, 14477 – World).

B. Teilungserklärung und -verfahren

4 Die Marke kann ausschließlich in Hinblick auf ihre Waren und Dienstleistungen geteilt werden. Dagegen ist es nicht möglich, ein aus mehreren Bestandteilen bestehendes Zeichen aufzuspalten oder die Anmeldung nach unterschiedlichen territorialen Geltungsbereichen aufzuteilen (Fezer Rn. 3).

4.1 Ebenso wenig ist es möglich eine Markenanmeldung, in der unzulässigerweise sowohl eine Bild-Marke als auch eine 3D-Marke beansprucht wurden, in zwei Anmeldungen für jeweils eine der Markenformen aufzutrennen. Das BPatG akzeptierte aber eine solche „sogenannte Teilungserklärung" als gesonderte Anmeldung mit Priorität der „Teilungserklärung" (BPatG BeckRS 2012, 13224 – Verpackungs-Füllkörper).

I. Teilungserklärung

1. Form

5 Die Teilung der Markenanmeldung ist schriftlich zu erklären, wobei das vom DPMA zur Verfügung gestellte Formblatt (abrufbar unter http://www.dpma.de/marke/formulare/index.html) verwendet werden sollte. Für jede Teilanmeldung ist eine gesonderte Erklärung einzureichen (Ingerl/Rohnke § 34 Rn. 7).

2. Inhalt der Erklärung – Aufteilung der Waren und Dienstleistungen

6 Die Erklärung muss den Willen des Anmelders, die Anmeldung zu teilen, zum Ausdruck bringen und die Waren bzw. Dienstleistungen aufführen, welche in der Teilanmeldung weiterverfolgt werden sollen. Eine Teilung der Markenanmeldung nach anderen Kriterien als ihrem Waren- und Dienstleistungsverzeichnis ist nicht zulässig (→ Rn. 4).

7 Das Waren- und Dienstleistungsverzeichnis der Teilanmeldung darf keine Waren oder Dienstleistungen enthalten, die nicht bereits im Verzeichnis der ursprünglichen Anmeldung enthalten waren, denn das käme einer unzulässigen Erweiterung gleich (→ § 39 Rn. 12). Zudem müssen alle Waren bzw. Dienstleistungen, die in der Teilanmeldung enthalten sind, aus dem Verzeichnis der Stammanmeldung ausgenommen werden. Es dürfen sich insofern keine Überschneidungen der beiden Verzeichnisse ergeben. § 35 MarkenV spricht davon, dass die Waren- und Dienstleistungsverzeichnisse der Stamm- und der Teilanmeldung im Zeitpunkt der Teilung deckungsgleich sein müssen. Daraus wird auch gefolgt, dass die Waren bzw. Dienstleistungen der ursprünglichen Anmeldung restlos auf die Stamm- und die Teilanmeldung verteilt werden müssen (Ingerl/Rohnke § 40 Rn. 7; Ströbele/Hacker/

Kirschneck Rn. 5). Will der Anmelder also nicht alle, sondern nur einen Teil der im ursprünglichen Verzeichnis enthaltenen, Waren bzw. Dienstleistungen weiterverfolgen, sollte er eine entsprechende Einschränkung des Verzeichnisses der Stammanmeldung erklären (§ 39). Letztlich empfiehlt es sich daher immer, zusammen mit der Teilungserklärung auch ein geändertes Waren- und Dienstleistungsverzeichnis für die Stammanmeldung einzureichen. Dies gilt insbesondere, wenn ein im ursprünglichen Verzeichnis enthaltener Oberbegriff zwischen den Anmeldungen aufgeteilt werden soll. In diesem Fall muss der Oberbegriff in beiden Verzeichnissen verbleiben, aber auf einander ausschließende Waren bzw. Dienstleistungen eingeschränkt werden (§ 35 Abs. 3 S. 2 MarkenV).

Enthält das ursprüngliche Waren- und Dienstleistungsverzeichnis beispielsweise den Oberbegriff Lebensmittel, kann sich die Teilanmeldung auf „Lebensmittel, nämlich Obst" beziehen. Das Verzeichnis der Stammanmeldung muss dann auf „Lebensmittel, ausgenommen Obst" eingeschränkt werden. **7.1**

Sind die Waren- und Dienstleistungsverzeichnisse der Stamm- und der Teilanmeldung nicht deckungsgleich oder gehen sie über das ursprüngliche Verzeichnis hinaus, ist die Teilungserklärung unzulässig. Allerdings wird eine derartige Teilungserklärung nicht wirksam, so dass die ursprüngliche Anmeldung unverändert besteht und der Anmelder auf das vollständige Verzeichnis, so wie es vor der Teilungserklärung bestand, zurückgreifen kann (BPatG BeckRS 2011, 11391 – Lach- und Sachgeschichten). **8**

3. Endgültigkeit der Teilung

Die Teilung der Anmeldung, sofern sie wirksam ist, ist endgültig (Begr. RegE, BT-Drs. 12/6581, 91; BPatG BeckRS 2009, 17275 – Lílá). Die Erklärung kann nicht widerrufen werden (§ 40 Abs. 3) und ist als reine Verfahrenshandlung nicht anfechtbar (Ströbele/Hacker/Kirschneck Rn. 4). **9**

Auch können Stamm- und Teilanmeldung nicht wieder zu einer einzigen Anmeldung verschmolzen werden (Fezer Rn. 13). **10**

4. Hilfsweise Erklärung der Teilung

Die hilfsweise Erklärung der Teilung wird weitgehend abgelehnt (Ingerl/Rohnke Rn. 8; Ströbele/Hacker/Kirschneck Rn. 4), ist höchstrichterlich bisher jedoch nicht entschieden worden. Das BPatG hat auf Grund der verfahrensgestaltenden Wirkung der Teilung Zweifel an der Zulässigkeit einer hilfsweisen Erklärung geäußert, die Frage im Ergebnis aber offen gelassen (BPatG BeckRS 1997, 14477 – World). Bei einer dennoch hilfsweise erklärten Teilung sind die Modalitäten der Gebührenzahlung zu beachten (→ Rn. 14.1). **11**

Die Ablehnung der hilfsweisen Klageerhebung im Zivil- und Verwaltungsprozess wird damit begründet, dass eine innerprozessuale Bedingung vor Klageerhebung ausscheidet, eine außerprozessuale Bedingung aber in jedem Fall unzulässig ist (Sodan/Ziekow/Aulehner, 3. Aufl. 2010, VwGO § 81 Rn. 88). Erachtet man die Teilungserklärung entsprechend einer Klageerhebung als eine ein Verfahren einleitende Handlung, wäre sie wie diese bedingungsfeindlich und könnte nicht hilfsweise erklärt werden (MüKoZPO/Becker-Eberhard ZPO § 253 Rn. 17 ff.; Sodan/Ziekow/Aulehner, 3. Aufl. 2010, VwGO § 81 Rn. 88). Für diese Ansicht spricht, dass durch die Erklärung der Teilung der Markenanmeldung ein weiteres, eigenständiges Anmeldeverfahren eröffnet wird. Zudem ist die Teilanmeldung mit der Stammanmeldung nicht identisch, denn sie betrifft andere Waren bzw. Dienstleistungen und erhält ein eigenes Aktenzeichen. Auch ist die Entscheidung über die Eintragung der Teilanmeldung unabhängig vom Verfahrensausgang der Stammanmeldung. **11.1**

Andererseits ist die hilfsweise Teilung von Patentanmeldungen, für die das oben gesagte ebenso gilt, gängige Praxis (Braitmayer/van Hees, Verfahrensrecht in Patentsachen, 4. Aufl. 2010, Rn. 1447). Ihre Zulässigkeit wird unter anderem damit begründet, dass die Erklärung unter der auflösenden Bedingung steht, dass dem Hauptantrag, nämlich auf Erteilung des Patents, statt gegeben wird (Hövelmann GRUR 2003, 203). Gleiches gilt auch für die Ausscheidung der Patentanmeldung (Braitmayer/van Hees, Verfahrensrecht in Patentsachen, 4. Aufl. 2010, Rn. 1447), die der Teilung der Markenanmeldung noch näher kommt, da auch sie eine echte Abtrennung eines Teils des Gegenstands der Anmeldung betrifft. Da die Teilungserklärung in demselben Verfahren abgegeben wird, in dem auch über den Hauptantrag entschieden wird, nämlich dem Verfahren der Stammanmeldung, kann man die Bedingung als innerprozessual und damit zulässige erachten (Hövelmann GRUR 2003, 203; aA Hacker Mitt 1999, 1). Insofern kann **11.2**

MarkenG § 40 Teil 3 Verfahren in Markenangelegenheiten

die hilfsweise Erklärung der Teilung der Markenanmeldung als einer der wenigen Fälle erachtet werden, in denen eine ein Verfahren einleitende Handlung an eine innerprozessuale Bedingung gebunden werden kann.

12 Soweit allerdings die hilfsweise erklärte Teilungserklärung ausschließlich Waren bzw. Dienstleistungen umfasst, über die im Rahmen des Hauptantrags bereits abschlägig entschieden wurde, wird die Erklärung jedenfalls als unzulässig erachtet (BPatG BeckRS 1997, 14477 – World). Es sei nämlich nicht Zweck der Teilung, im laufenden Verfahren eine erneute Prüfung der Schutzfähigkeit der Marke zu erlangen.

5. Teilung im Rechtsmittelverfahren

13 Die Teilung der Anmeldung ist auch im Beschwerdeverfahren vor dem BPatG noch möglich, obwohl dies im Gesetz nicht unmittelbar vorgesehen ist. Der Zweck der Teilanmeldung gilt aber auch im Beschwerdeverfahren fort, insbesondere weil häufig erst nach einer teilweisen Zurückweisung durch das DPMA feststeht, welche Waren bzw. Dienstleitungen als nicht eintragungsfähig erachtet werden (BPatG GRUR 2002, 263 – Avena). Allerdings kann die Anmeldung im Beschwerdeverfahren nur dahingehend geteilt werden, dass alle Waren und Dienstleistungen, über die das Beschwerdeverfahren geführt werden soll, in einer Anmeldung zusammengefasst werden. Das Beschwerdeverfahren kann nicht durch die Teilung aufgespalten werden (BPatG GRUR 2002, 263 – Avena). Zur hilfsweise beantragten Teilung → Rn. 11 ff.

II. Teilungsgebühr

14 Mit der Erklärung der Teilung wird eine Teilungsgebühr in Höhe von 300 Euro (§ 3 PatKostG iVm § 2 PatKostG, GV 331700 PatKostG) fällig. Die Frist zur Einzahlung beträgt drei Monate ab Erklärung der Teilung (§ 40 Abs. 2 S. 2). Wird die Gebühr nicht oder nicht rechtzeitig gezahlt, gilt die Teilanmeldung als zurückgenommen (§ 40 Abs. 2 S. 2). Die in der Teilanmeldung enthaltenen Waren bzw. Dienstleitungen fallen dabei nicht wieder zurück in die Stammanmeldung, sondern sind mit der Teilanmeldung untergegangen.

14.1 Kritisch ist die Frist zur Zahlung der Teilungsgebühr vor allem bei einer hilfsweise erklärten Teilung. Folgt man der Ansicht, dass die bedingte Teilungserklärung unter der auslösenden Bedingung steht, dass über den Hauptantrag positiv entschieden wird (→ Rn. 11.2), wird die Teilanmeldung mit der Erklärung schwebend wirksam anhängig (Hövelmann GRUR 2003, 203). Dann läuft die Frist zur Zahlung der Teilungsgebühr ab Abgabe der Erklärung. Wird dem Hauptantrag stattgegeben, fällt die Teilanmeldung und damit der Rechtsgrund der Zahlung rückwirkend weg. Die Gebühren sind dann zurückzuerstatten (Hövelmann GRUR 2003, 203). Um die sehr harsche Rechtsfolge, dass die Teilanmeldung als zurückgenommen gilt, zu vermeiden, empfiehlt es sich daher, die Teilungsgebühr jedenfalls innerhalb von drei Monaten nach Abgabe der hilfsweisen Teilungserklärung zu zahlen.

15 In die Frist für die Zahlung der Teilungsgebühr kann Wiedereinsetzung (§ 91) gewährt werden.

III. Anmeldungsunterlagen

16 Bis zur Änderung des Markengesetztes zum 1.7.2016 waren auch für die Teilanmeldung alle nach § 32 erforderlichen Unterlagen einzureichen. Diese Anforderung ist nunmehr entfallen. Das DPMA erstellt eine vollständige Kopie der Stammakte, die Teil der Akte der Teilanmeldung wird (§ 35 Abs. 4 MarkenV). Darin sind regelmäßig alle notwendigen Angaben zum Anmelder (§ 32 Abs. 2 Nr. 1, Abs. 3 MarkenG iVm § 5 MarkenV) enthalten. Das Waren- und Dienstleistungsverzeichnis (§ 32 Abs. 2 Nr. 2) ist bereits mit der Teilungserklärung eingereicht worden (§ 35 Abs. 2 MarkenV; → Rn. 6) und gelangt so ebenfalls zur Akte (§ 35 Abs. 4 MarkenV).

IV. Vertreterbestellung und Anträge

17 Ohne eine gegenteilige Erklärung des Anmelders gilt der für die Stammanmeldung bestellte Vertreter auch als für die Teilanmeldung benannt (§ 35 Abs. 6 MarkenV).

Eintragung, Veröffentlichung und Markeninformation § 41 MarkenG

In gleicher Weise gelten die für die Stammanmeldung gestellten Anträge als für die Teilan- 18
meldung gestellt (§ 35 Abs. 7 MarkenV). Wurde daher für die Stammanmeldung ein Antrag
auf beschleunigte Bearbeitung (§ 38) gestellt, soll auch die Teilanmeldung bevorzugt zu bearbeiten sein (Ingerl/Rohnke Rn. 8).

§ 41 Eintragung, Veröffentlichung und Markeninformation

(1) Entspricht die Anmeldung den Anmeldungserfordernissen und wird sie nicht gemäß § 37 zurückgewiesen, so wird die angemeldete Marke in das Register eingetragen.

(2) ¹Die Eintragung wird veröffentlicht. ²Die Veröffentlichung kann in elektronischer Form erfolgen.

(3) ¹Zur weiteren Verarbeitung oder Nutzung zu Zwecken der Markeninformation kann das Deutsche Patent- und Markenamt die in das Register eingetragenen Angaben an Dritte in elektronischer Form übermitteln. ²Die Übermittlung erfolgt nicht, soweit die Einsicht nach § 62 Absatz 4 ausgeschlossen ist.

Überblick

Entspricht die Markenanmeldung sowohl den formalen als auch den materiellen Anforderungen, wird die Marke in das Deutsche Markenregister eingetragen (→ Rn. 1) und die Eintragung vom DPMA veröffentlicht (→ Rn. 5).

Die Eintragung bewirkt den Schutz der Marke gemäß § 4 Nr. 1, an den grundsätzlich auch die ordentlichen Gerichte gebunden sind (→ Rn. 3).

Der Anmelder erhält eine Urkunde und eine Bescheinigung über alle Angaben, die in das Markenregister aufgenommen werden (→ Rn. 6 ff.).

A. Eintragung der Marke

I. Schutzgegenstand der Marke

Stellt das DPMA fest, dass die Markenanmeldung die formalen Anforderungen (§ 36) **1**
erfüllt und der Marke keine Schutzhindernisse entgegenstehen (§ 37), trägt es die Marke in
das deutsche Markenregister ein. Erst die Eintragung der Marke in das Register begründet
deren Markenschutz (§ 4 Nr. 1), sie ist insofern konstitutiv (→ § 4 Rn. 7).

Die Eintragung ist jedoch nicht konstitutiv in Hinblick auf die tatsächlichen Eigentumsverhältnisse **1.1**
an der Marke, denn die Angaben über den Inhaber begründen nur eine widerlegliche Vermutung der
Rechtsinhaberschaft (→ § 28 Rn. 3).

Die konstitutive Wirkung der Markeneintragung hat zur Folge, dass der Schutzgegenstand **2**
allein durch die Eintragung bestimmt wird, und es insofern nicht auf die bei Anmeldung
eingereichten oder die zur Erteilung vorgesehenen Unterlagen ankommt (BGH GRUR
2005, 1044 – Dentale Abformmasse). Dies ist insbesondere dann von Bedeutung, wenn
Abweichungen zwischen der Darstellung der angemeldeten und der eingetragenen Marke
bestehen, beispielsweise weil sich die Wiedergabe einer farbigen Bildmarke oder abstrakten
Farbmarke technisch nicht exakt reproduzieren lässt. In diesen Fällen ist alleine die Wiedergabe
der Marke entsprechend des Registereintrags für die Bestimmung des Schutzumfangs
entscheidend (BGH GRUR 2005, 1044 – Dentale Abformmasse). Für Farbmarken, für die
neben dem Farbmuster auch ein international anerkannter Bezeichnungscode angegeben
wurde, erübrigt sich das Problem allerdings, weil dieser den Schutzgegenstand eindeutig
bestimmen kann (EuGH GRUR 2003, 604 – Libertel; BGH GRUR 2005, 1044 – Dentale
Abformmasse; GRUR 2007, 55 – Farbmarke gelb/grün II).

Es empfiehlt sich daher, die Wiedergabe der Marke im Register unmittelbar nach Eintragung zu **2.1**
überprüfen und ggf. unter Verzicht auf die falsche Eintragung wieder in das Anmeldeverfahren einzutreten (BGH GRUR 2005, 1044 – Dentale Abformmasse). Alternativ soll es möglich sein, einen Hinweis

in die Eintragung aufzunehmen, dass der Farbton der veröffentlichen Darstellung der Marke nicht der der Markenanmeldung entspricht, wenn eine farbgetreue Wiedergabe aus technischen Gründen nicht möglich ist (BGH GRUR 2005, 1044 – Dentale Abformmasse). Nachdem seit der Entscheidung des EuGH zu abstrakten Farbmarken (EuGH GRUR 2003, 604 – Libertel) die Angabe eines Farbcodes, der den Schutzgegenstand eindeutig bestimmen kann, zwingend notwendig ist, wird sich diese Problematik aber wohl nicht mehr stellen.

2.2 Eine Berichtigung der Eintragung bzgl. der Darstellung des Farbtons im Rahmen des § 45 wird von der Rspr. mit der Begründung abgelehnt, diese würde zu einer unzulässigen Änderung der Marke selbst führen (BPatG BeckRS 2009, 10440 – Farbmarke Lila).

II. Bindungswirkung für die ordentlichen Gerichte

3 Auf Grund der explizit vom Gesetzgeber gewollten Verteilung der Zuständigkeiten der Erteilungsbehörden und der ordentlichen Gerichte (Begr. RegE, BT-Drs. 12/6581, 57) ist der Verletzungsrichter grundsätzlich an die Eintragung der Marke gebunden. Ist eine Marke daher im Register eingetragen, haben die für Markenverletzungsverfahren zuständigen ordentlichen Gerichte von der Schutzfähigkeit der Marke auszugehen (BGH GRUR 2008, 798 – POST; GRUR 2005, 1044 – Dentale Abformmasse; GRUR 2003, 1040 – Kinder; → § 8 Rn. 90 ff.; für die Gemeinschaftsmarke siehe → UMV Art. 107 Rn. 4). Dies gilt auch für heraldische Zeichen bzw. für Teile einer Marke, die ein heraldisches Zeichen darstellen könnten (OLG München BeckRS 2015, 02230 – DFB). Die Bindungswirkung entfällt erst, wenn eine Löschung der eingetragenen Marke beim DPMA gemäß §§ 50, 54 nicht mehr möglich ist (BGH GRUR 2003, 1040 – Kinder) oder eine rechtskräftige Entscheidung über die Löschung der Marke vorliegt (BGH GRUR 2008, 798 – POST). Ist ein Löschungsverfahren wegen Ablauf der zehnjährigen Ausschlussfrist des § 50 Abs. 2 S. 2 nicht mehr möglich, greift § 22 Abs. 1 Nr. 2 Alt. 2.

3.1 Die Bindung der ordentlichen Gerichte, bzw. des DPMAs im Widerspruchsverfahren, gilt nach allgemeiner Ansicht jedenfalls für alle Schutzvoraussetzungen, die im Rahmen des Eintragungsverfahrens geprüft wurden, in erster Linie also für die Schutzhindernisse der §§ 3 und 8 (BGH GRUR 2000, 888 – MAG LITE; GRUR 2005, 1044 – Dentale Abformmasse). Darüber hinaus soll die Bindungswirkung aber auch Umstände betreffen können, die im Eintragungsverfahren gegebenenfalls nicht geprüft wurden, wie beispielsweise die wirksame Inanspruchnahme einer ausländischen Priorität. (OLG Hamburg GRUR 2009, 365 – Five Four). Für Gemeinschaftsmarken gilt Entsprechendes (OLG Hamburg GRUR 2009, 365 – Five Four). Insoweit bestehen keine Unterschiede zwischen nationalen Marken und Gemeinschaftsmarken. In diesem Sinn hat sich auch der EuGH geäußert und klargestellt, dass über die Gültigkeit einer nationalen Marke nur in einem Nichtigkeitsverfahren im betreffenden Mitgliedstaat zu entscheiden ist und nicht im Verfahren über die Eintragung einer Gemeinschaftsmarke vor dem HABM (EuGH GRUR 2012, 425 – F1-LIVE). Kritisch zur Bindungswirkung allgemein Rohnke GRUR 2001, 696.

III. Inhalt des Registers

4 Das Register wird mittlerweile ausschließlich elektronisch geführt (§ 24 MarkenV), und erfasst alle in § 25 MarkenV festgelegten Angaben zur Marke. Diese betreffen unter anderem Angaben zum Inhaber, den Anmeldetag, den Tag der Eintragung sowie die Schutzdauer der Marke. Es werden aber auch Widersprüche und Löschungsanträge gegen die Marke sowie Eintragungsbewilligungsklagen in das Register eingetragen.

B. Veröffentlichung

5 Die Eintragung der Marke wird vom DPMA elektronisch veröffentlicht (abrufbar unter http://register.dpma.de/DPMAregister/marke/uebersicht; § 27 MarkenV). Die Veröffentlichung dient der Information der Öffentlichkeit, insbesondere der von Wettbewerbern und Inhabern älterer Rechte (BPatG BeckRS 1998, 14592). Zusammen mit der Anmeldung erfolgt ein Hinweis auf die Möglichkeit des Widerspruchs gegen die Marke (§ 28 Abs. 2 MarkenV).

C. Urkunde und Bescheinigung

Der Anmelder erhält eine Urkunde über die Eintragung der Marke (§ 26 MarkenV; § 25 Abs. 1 DPMAV), welche die Schutzrechtsnummer, die Wiedergabe der Marke und Angaben zu Inhaber, Anmeldetag und zum Tag der Eintragung enthält. Als öffentliche Urkunde iSv § 418 Abs. 1 ZPO iVm § 415 Abs. 1 ZPO besitzt die Urkunde über die Eintragung der Marke volle Beweiskraft für den beurkundeten Inhalt. **6**

Ist Gegenstand der Urkunde eine farbige Marke, wird die Urkunde in Farbe erstellt (BeckRS 2009, 8904; Mitteilung des Präsidenten Nr. 09/08). **7**

Zusätzlich zur Urkunde erhält der Anmelder eine Bescheinigung über die in das Register aufgenommenen Angaben (§ 26 MarkenV). Auf die Bescheinigung kann der Markenanmelder verzichten; sie ermöglicht es ihm aber, die Richtigkeit der Angaben zu überprüfen und ggf. umgehend eine Korrektur des Registers zu beantragen (§ 45). **8**

§ 42 Widerspruch

(1) Innerhalb einer Frist von drei Monaten nach dem Tag der Veröffentlichung der Eintragung der Marke gemäß § 41 Absatz 2 kann von dem Inhaber einer Marke oder einer geschäftlichen Bezeichnung mit älterem Zeitrang gegen die Eintragung der Marke Widerspruch erhoben werden.

(2) Der Widerspruch kann nur darauf gestützt werden, daß die Marke
1. wegen einer angemeldeten oder eingetragenen Marke mit älterem Zeitrang nach § 9,
2. wegen einer notorisch bekannten Marke mit älterem Zeitrang nach § 10 in Verbindung mit § 9,
3. wegen ihrer Eintragung für einen Agenten oder Vertreter des Markeninhabers nach § 11 oder
4. wegen einer nicht eingetragenen Marke mit älterem Zeitrang nach § 4 Nr. 2 oder einer geschäftlichen Bezeichnung mit älterem Zeitrang nach § 5 in Verbindung mit § 12

gelöscht werden kann.

Überblick

Der durch das Patentrechtsmodernisierungsgesetz (PatRModG vom 31.7.2009, BlPMZ 2009, 301) neugestaltete § 42 stellt die zentrale Vorschrift des Widerspruchsverfahrens als Teil des Eintragungsverfahrens dar. Im Folgenden werden das Widerspruchsverfahren (→ Rn. 15 ff.), insbesondere in Bezug auf die Änderungen durch das PatRModG und damit verbunden den Prüfungsmaßstab (→ Rn. 5 ff.), die Aktivlegitimation des Rechtsinhabers (→ Rn. 35 ff.), die neuen Widerspruchsgründe (→ Rn. 82 ff.) sowie allgemein die Bedeutung der Ausweitung des Verfahrens im Hinblick auf den Wandel vom summarischen Registerverfahren hin zum echten Streitverfahren in allen Stufen und die Frage nach einer damit verbundenen Angleichung der Kostenregelung an die §§ 91 ff. ZPO (→ Rn. 105 ff.) behandelt. Darüber hinaus wird auf die Möglichkeit des Teilwiderspruchs (→ Rn. 91 ff.) und der Rücknahme (→ Rn. 98 ff.) sowie das Verhältnis zur Unionsmarke im Widerspruchsverfahren eingegangen und ein Ausblick auf die weitere Entwicklung des Verfahrens gegeben. Am Ende der Kommentierung findet sich ein Ausblick auf die künftigen Änderungen des Widerspruchsverfahrens, welche sich aus den Vorschlägen der Kommission zur Neufassung der Markenrechtsrichtlinie ergeben können (→ Rn. 107 ff.).

Übersicht

	Rn.		Rn.
A. Einleitung; Allgemeines	1	III. Verhältnis zu den Klageverfahren	9
		1. Eintragungsbewilligungsklage (§ 44)	10
I. Entwicklung des Widerspruchsverfahrens	2	2. Löschungsklageverfahren	12
II. Änderungen durch das PatRModG	5	**B. Der Widerspruch**	15

M-Th. Schmid/Draheim

	Rn.		Rn.
I. Das Verfahren	16	C. Die Widerspruchsgründe	82
1. Form & Inhalt des Widerspruchs	18	I. § 42 Abs. 2 Nr. 1	85
2. Widerspruchsfrist	24	II. § 42 Abs. 2 Nr. 2	88
3. Widerspruchsgebühr	27	III. § 42 Abs. 2 Nr. 3	89
4. Wegfall eines Kennzeichens	31	IV. § 42 Abs. 2 Nr. 4	90
5. Insolvenz	33		
II. Legitimation	35	D. Der Teilwiderspruch	91
1. Vermutung der Aktivlegitimation	36	I. Allgemeines	91
2. Prozessstandschaft	41	II. Beschränkung in Bezug auf die angegriffene Marke	92
3. Vertretung	42	1. Teilwiderspruch	92
4. Lizenznehmer	44	2. Beschränkung von Amts wegen	94
5. Rechtsübergang	47	III. Beschränkung in Bezug auf die Widerspruchsmarke	96
III. Prüfungsumfang	51	IV. Beschränkung nach Ablauf der Widerspruchsfrist	97
1. Begrenzte Prüfungskompetenz; Liquidität	52		
2. Amtsermittlungs- und Beibringungsgrundsatz	56		
3. Vollbeweis oder Glaubhaftmachung	61		
4. Bedeutung des Registerstands	63	E. Rücknahme des Widerspruchs	98
5. Veränderung der Kennzeichnungskraft	67	I. Verfahrenserklärung	98
6. Tatbestandswirkung der Eintragung	69	II. Zeitpunkt	100
IV. Vorbringen im Verfahren	70	III. Auswirkung auf Entscheidungen	102
V. Umwandlung einer Unionsmarke und Inanspruchnahme der Seniorität	74	1. Vorherige Entscheidungen	102
1. Aufrechterhaltung des Widerspruchs nach Umwandlung in nationale Markenanmeldung	74	2. Entscheidungen nach Rücknahme	104
		IV. Kostenentscheidung	105
2. Inanspruchnahme der Seniorität einer Unionsmarke zur Fortführung des Widerspruchsverfahrens	78	F. Ausblick: Reformvorschläge der Kommission	107

A. Einleitung; Allgemeines

1 § 42 regelt das Widerspruchsverfahren gegen die Eintragung nationaler Marken vor dem DPMA. Das Widerspruchsverfahren in Bezug auf deutsche Anteile von IR-Marken ist in §§ 144 ff. geregelt.

I. Entwicklung des Widerspruchsverfahrens

2 Mit der Einführung des MarkenG wurde das Widerspruchsverfahren, anders als nach der Rechtslage in § 5 WZG, wonach es vor Eintragung in die Warenzeichenrolle durchzuführen war, als ein der Eintragung nachgeschaltetes Verfahren ausgestaltet (vgl. Amtl. Begr., BT-Drs. 12/6581, 55 f.). Dennoch stellen die §§ 42–44 einen Teil des Eintragungsverfahrens für nationale Marken vor dem DPMA dar, welcher sich an die Eintragung anschließt (BPatG GRUR 2008, 74, 75 – Focus Home Collection/FOCUS). Dadurch erlangt der Anmelder frühzeitig schon nach Prüfung der Anmeldeerfordernisse den vollen markenrechtlichen Schutz; die Marke wird insbesondere mit Eintragung Dritten gegenüber durchsetzbar.

3 Der Anmelder trägt aber zunächst für die Dauer der Widerspruchsfrist von drei Monaten, berechnet ab dem Tag der Veröffentlichung der Eintragung (vgl. § 42 Abs. 1), das Risiko einer Löschung bzw. Teillöschung infolge Widerspruchs. Diese wirkt gemäß § 43 Abs. 4 iVm § 52 Abs. 2 zurück auf den Zeitpunkt der Eintragung und beseitigt so alle zunächst aufgrund der Markeneintragung eingetretenen Rechtsfolgen. Eine Ausnahme zu dieser ex tunc Wirkung des Widerspruchs besteht nur nach § 52 Abs. 3 im Interesse der Rechtssicherheit (zur Rückwirkung sowie der Ausnahmeregelung → § 52 Rn. 9 ff.).

4 Die frühzeitige Durchsetzbarkeit der vorläufig eingetragenen Marke im Rahmen des nachgeschalteten Widerspruchsverfahrens erleichtert es dem Anmelder darüber hinaus, die Priorität auf nationaler Ebene für eine ausländische Anmeldung, insbesondere eine internationale Registrierung, zu nutzen. Die Unionspriorität nach Art. 4 PVÜ, Art. 4 Abs. 2 MMA muss innerhalb einer Frist von sechs Monaten ab Anmeldung in Anspruch genommen werden (vgl. auch Fezer Rn. 6). Nach Art. 4 PMMA (MMP) ist Voraussetzung für die Inanspruchnahme der Priorität die Anmeldung der Marke im Heimatland. In Staaten, die nur Mitglied des MMA, nicht aber des MMP, sind, ist eine Eintragung der Marke für die Inanspruchnahme der Priorität erforderlich.

II. Änderungen durch das PatRModG

Mit Geltung zum 1.10.2009 trat das PatRModG (BIPMZ 2009, 301) in Kraft, wodurch, in Anlehnung an das Widerspruchsverfahren nach der UMV, die Widerspruchsgründe erweitert wurden (zu den Widerspruchsgründen → Rn. 82 ff.). Nach der Rechtslage vor Inkrafttreten konnten Widersprüche in Deutschland nur auf angemeldete, eingetragene oder notorisch bekannte Marken mit älterem Zeitrang bei Vorliegen von Doppelidentität (§ 9 Abs. 1 Nr. 1), Verwechslungsgefahr (§ 9 Abs. 1 Nr. 2) oder einer Agentenmarke nach § 11 gelöscht werden. Diesen Beschränkungen lagen die Erwägungen des Gesetzgebers zugrunde, dass es sich bei dem Widerspruchsverfahren um ein summarisches, auf die Erledigung einer Vielzahl von Fällen ausgelegtes, Verfahren handele, welches nicht zur Klärung komplexer Sachverhalte geeignet sei (vgl. Amtl. Begr., BT-Drs. 12/6581, 86; BGH GRUR 2006, 859 – Malteserkreuz).

Aufgrund der seit 1993 stetig zurückgehenden Zahl der Widerspruchsverfahren sowie der vermehrten Anwendung von Elementen des echten Streitverfahrens in dem vom Amtsermittlungsgrundsatz beherrschten Widerspruchsverfahren (→ Rn. 51 ff.) wurde diese Ansicht als überholt betrachtet (vgl. Begr. RegE des PatRModG, BIPMZ 2009, 319 f.).

Daher kann der Widerspruch nach der aktuellen Gesetzeslage gemäß § 42 Abs. 2 nun auch auf nicht eingetragene Benutzungsmarken iSd § 4 Nr. 2 sowie geschäftliche Bezeichnungen nach § 5 gestützt werden. Außerdem kann über den Schutz notorisch bekannter Marken oder geschäftlicher Bezeichnungen wegen Identität oder Verwechslungsgefahr bzw. Branchennähe hinaus der Widerspruch wegen unlauterer Ausnutzung oder Beeinträchtigung der Unterscheidungskraft oder der Wertschätzung der Widerspruchsmarke geltend gemacht werden (vgl. Ströbele/Hacker/Kirschneck Rn. 5).

Der Widerspruch kann daher jetzt auf alle relativen Schutzhindernisse mit Ausnahme der „sonstigen Rechte" Dritter nach § 13 (diese sind weiterhin nur im Löschungsklageverfahren nach §§ 51, 55 geltend zu machen; → § 51 Rn. 3 ff.; → § 55 Rn. 20) gestützt werden und wandelt sich damit mehr und mehr zu einem echten Streitverfahren (vgl. schon BGH GRUR 1998, 940 – Sanopharm). Dieser Wandel des Widerspruchsverfahrens wurde in der Literatur teilweise heftig kritisiert. Durch die Aufhebung der Beschränkung der Zuständigkeit von DPMA und BPatG auf Registerrechte werde gerade das DPMA vor erhebliche Herausforderungen gestellt. Die Erweiterung vor allem hinsichtlich des seiner Natur nach wettbewerbsrechtlichen Kollisionstatbestands des unlauteren Eingriffs in eine bekannte Marke sowie um die eigenständigen, nicht harmonisierten Kennzeichenrechte, Werktitel und Unternehmenskennzeichen sei geeignet, das DPMA in seiner bisherigen Funktion als Registerbehörde zu überfordern (vgl. Ingerl/Rohnke § 14 Rn. 5). Es bleibt abzuwarten, inwiefern das Amt durch diese Erweiterung tatsächlich überfordert wird und der Forderung in Art. 45 MRL-E nach einem effizienten Verfahren nachkommen kann (vgl. Bender MarkenR 2013, 129 (135)). Vor allem in Bezug auf die nicht eingetragenen Rechte stellt sich die Frage, inwieweit in der Praxis überhaupt auf diese als Widerspruchsgrund zurückgegriffen wird. Die aufgrund der tatsächlichen Entstehung nicht eingetragener Rechte zweifellos deutlich aufwändigere Beweiserhebung vermag jedoch eine Schlechterstellung der Inhaber solcher Rechte im Vergleich zum Widerspruchsverfahren der UMV dadurch, dass der Sonderschutz bekannter Marken sowie der Löschungsgrund des § 12 lediglich mit einer Löschungsklage vor den ordentlichen Gerichten durchgesetzt werden kann, kaum zu rechtfertigen (Begr. RegE des PatRModG, BlPMZ 2009, 319). Der Umgang mit nicht registrierten Rechten ist dem DPMA nicht fremd, was schon an den bereits vor der Erweiterung des Verfahrens möglichen Widerspruchsgründen der notorisch bekannten Marke sowie der Agentenmarke deutlich wird. Auch in diesem Rahmen war es zunächst Aufgabe des Widersprechenden, das geltend gemachte Kennzeichenrecht genau zu spezifizieren und darzulegen, an welchem Zeichen für welchen Gegenstand ein Recht besteht und welcher Zeitrang diesem zukommt (Hacker GRUR 2010, 99 (101)).

III. Verhältnis zu den Klageverfahren

9 Neben dem Widerspruchsverfahren als Teil des Eintragungsverfahrens sieht das MarkenG auch Klageverfahren vor. § 44 regelt die Möglichkeit einer Eintragungsbewilligungsklage, §§ 51, 55 das Löschungsklageverfahren. Durch die Erweiterung der Widerspruchsgründe durch das PatRModG ist auch das Verhältnis der Klagen zum Widerspruchsverfahren verändert worden, da nunmehr der von den Widerspruchsgründen umfasste Bereich erweitert wurde, was zu einer Entlastung der Gerichte führen dürfte. Unverändert bleibt allerdings, dass auch ein bereits anhängiges Widerspruchsverfahren der Erhebung einer Löschungsklage nicht entgegen steht (Ingerl/Rohnke Rn. 94).

1. Eintragungsbewilligungsklage (§ 44)

10 § 44 regelt die sog. Eintragungsbewilligungsklage. Der Inhaber der angegriffenen Marke hat die Möglichkeit, damit gegen die Entscheidung nach § 43 Abs. 1, die eingetragene Marke aus dem Register zu löschen, vorzugehen. Der Markeninhaber kann einen Anspruch auf (Wieder-)Eintragung der Marke gemäß § 43 Abs. 2 S. 1 geltend machen. Die Eintragungsbewilligungsklage stellt mithin eine Verteidigungsmöglichkeit des Markeninhabers gegen den Widersprechenden im Rahmen des Widerspruchsverfahrens dar (→ § 44 Rn. 2).

11 Grundsätzlich ist die Eintragungsbewilligungsklage erst nach Abschluss des Widerspruchsverfahrens zu erheben. War unter Geltung des WZG noch eine "vorgezogene Eintragungsbewilligungsklage" parallel zum Widerspruchsverfahren möglich, so besteht diese Möglichkeit aufgrund des nachgeschalteten Widerspruchsverfahrens im MarkenG nicht mehr. Eine Eintragungsbewilligungsklage ist zwar auch während des laufenden Widerspruchsverfahrens statthaft, in diesem Fall aber auf Verurteilung zur Rücknahme des Widerspruchs gegenüber dem DPMA zu richten. Das Rechtsschutzbedürfnis ergibt sich bei dieser sogenannten Rücknahmeklage daraus, dass es dem Widerspruchsgegner nicht zugemutet werden kann, das langwierige Verfahren abzuwarten, wenn er seinen Eintragungsanspruch auf Gründe stützt, die im Widerspruchsverfahren ohnehin keine Berücksichtigung finden (Ingerl/Rohnke § 44 Rn. 32). Bei Sachdienlichkeit kann das Widerspruchsverfahren nach § 32 Abs. 1 MarkenV ausgesetzt werden (zur Aussetzung → § 43 Rn. 65 ff.).

2. Löschungsklageverfahren

12 Das in §§ 51, 55 geregelte Löschungsklageverfahren stellt das umfassendste Rechtsschutzverfahren des MarkenG dar. Die Löschungsklage kann auf sämtliche älteren Rechte aus §§ 9 bis 13 gestützt werden, sofern diese der Eintragung einer Marke entgegenstehen.

13 Auch ein bereits anhängiges Widerspruchsverfahren gemäß §§ 42, 43 steht einer Klage nach §§ 51, 55 in Bezug auf dieselbe Marke nicht entgegen. Das Widerspruchsverfahren hat mithin keinen Einfluss auf das Rechtsschutzbedürfnis der Löschungsklage (→ § 55 Rn. 1). Fraglich kann umgekehrt allein das Rechtsschutzbedürfnis des Widerspruchs bei bereits erhobener Klage nach §§ 51, 55 sein, da diese eigentlich das umfassendere Rechtsschutzverfahren darstellt. Dem Verhältnis beider Rechtsbehelfe kann aber bei Anhängigkeit beider Verfahren durch Aussetzung des Widerspruchsverfahrens nach erfolgter Zustellung der Löschungsklage Rechnung getragen werden, da an einem "Wettlauf" beider Verfahren kein Interesse besteht (vgl. Ingerl/Rohnke Rn. 94).

14 Damit stellt sich das Verfahren in Markenangelegenheiten als zweigleisig dar (so auch Fezer Rn. 56), indem die Zuständigkeiten zwischen patentamtlichem und patentgerichtlichem Verfahren einerseits und den ordentlichen Gerichten andererseits aufgeteilt sind (BGHZ 37, 107 (111) – Germataler Sprudel; BPatGE 4, 48 – Defensivzeichen). Durch die Erweiterungen, die das Widerspruchsverfahren mit Inkrafttreten des PatRModG erfahren hat, kommt es zu weiteren Überschneidungen zum Löschungsklageverfahren, welche aber das grundsätzliche Verhältnis zwischen beiden Rechtsbehelfen nicht beeinträchtigen.

B. Der Widerspruch

15 Der Widerspruch stellt die einfachste und kostengünstigste Möglichkeit dar, gegen eine Markenanmeldung vorzugehen. Wurde das Widerspruchsverfahren bisher als registerrechtliches Löschungsverfahren summarischer Natur angesehen, welches auf die Erledigung einer großen Zahl von Fällen zugeschnitten war und sich nicht zur Klärung komplexer Sachverhalte eignete, so wird dieser „abstrakt schematische" Ablauf (BGH GRUR 2000, 890, 892 – Immune/Imukin) durch das PatRModG erweitert. Das Verständnis als rein summarisches Verfahren ist „überholt", und der Charakter als Massenverfahren hat sich gewandelt (aA Ingerl/Rohnke Rn. 14 ff.). Das Verfahren ist als echtes Streitverfahren zu qualifizieren.

I. Das Verfahren

Beteiligte am Verfahren sind der Widersprechende und der Inhaber der angegriffenen Marke. Die formellen Voraussetzungen des Widerspruchsverfahrens sind in der Markenverordnung (MarkenV vom 11.5.2004, BGBl. I 872, BIPMZ 2004, 301) und der DPMA-Verordnung (DPMAV vom 1.4.2004, BGBl. I 514) geregelt. 16

Das Verfahren soll darüber hinaus nach den Vorschlägen der Kommission zur Neufassung der Markenrechtsrichtlinie erweitert werden. Den Beteiligten soll nach Art. 45 Abs. 3 MRL-E zu Beginn des Widerspruchsverfahrens eine Frist von mindestens zwei Monaten eingeräumt werden, um ihnen so die Möglichkeit einer gütlichen Einigung auf dem Verhandlungswege zu bieten. Mit diesem Vorschlag soll die ebenfalls in der UMV vorgesehene sog. „Cooling-off-Period" in den nationalen Rechtsordnungen verankert werden, um ein effizienteres Verfahren zu garantieren. Diese „Abkühlphase" ist in Alicante äußerst erfolgreich. Derzeit werden beim EUIPO fast 70% aller Widerspruchsverfahren in dieser Phase und somit ohne streitige Entscheidung des Harmonisierungsamtes (nunmehr Amt der Europäischen Union für Geistiges Eigentum) erledigt (Bender MarkenR 2013, 129 (135)). 17

1. Form & Inhalt des Widerspruchs

Form und Inhalt des Widerspruchsverfahrens sind in §§ 29, 30 MarkenV sowie den allgemeinen Voraussetzungen für Anträge beim DPMA in §§ 9 ff. DPMAV geregelt. 18

Der Widerspruch ist schriftlich zu erheben. Nach § 29 Abs. 2 MarkenV soll ein vom DPMA herausgegebenes Formblatt oder gemäß § 9 Abs. 1 DPMAV alternativ ein Formblatt gleichen Inhalts und vergleichbaren Formats verwendet werden. Grundsätzlich ist das eingereichte Original vom Widersprechenden oder dessen Vertreter zu unterschreiben (§ 10 DPMAV), wobei gemäß § 11 DPMAV die Übermittlung per Fax ausreicht und eine spätere Einreichung des eigenhändig unterzeichneten Widerspruchs nicht nötig ist, solange die eigenhändige Unterschrift auf der Faxkopie erkennbar ist (BPatG Mitt 1986, 195). Weitere Ausnahmen vom Erfordernis der eigenhändigen Unterschrift werden zugelassen, wenn aus dem Schriftstück ansonsten zweifelsfrei der Erklärende hervorgeht und ausgeschlossen werden kann, dass ein bloßer Entwurf vorliegt (BGH GRUR 1989, 506 (507) – Widerspruchsunterzeichnung; BVerwG NJW 2006, 1989 – Klageerhebung per „Funkfax"). 19

Für jede Widerspruchsmarke ist gemäß § 29 Abs. 1 S. 1 DPMAV ein eigener Widerspruch nötig. Die einzelnen Widersprüche können allerdings nach § 29 Abs. 1 S. 2 DPMAV für nur einen Widersprechenden in einem Widerspruchsschriftsatz zusammengefasst werden. 20

Wichtigste inhaltliche Voraussetzung ist die **Bestimmtheit** des Widerspruchs als verfahrenseröffnende Erklärung (vgl. DPA BIPMZ 1957, 332). Weitere obligatorische Angaben sind gemäß § 30 Abs. 1 MarkenV, dass aus der Widerspruchsschrift die Identität der angegriffenen sowie der Widerspruchsmarke und die Identität des Widersprechenden erkennbar werden. Bei **nicht angemeldeten oder eingetragenen Widerspruchsmarken,** zum Beispiel notorisch bekannten Marken, sind nach § 30 Abs. 1 S. 2 MarkenV darüber hinaus zusätzliche Angaben nötig (vgl. auch Ströbele/Hacker/Kirschneck Rn. 42). Danach ist zu deren Identifizierung die Art, die Wiedergabe, die Form, der Zeitrang, der Gegenstand sowie der Inhaber des geltend gemachten Kennzeichenrechts anzugeben. Die Rechtswirksamkeit ist von Amts wegen zu beachtende Verfahrensvoraussetzung und nicht vom Antrag eines Beteiligten abhängig (BPatG GRUR 1973, 198 – Lordson). 21

Weitere Ordnungsregeln (Sollvorschriften) finden sich in § 30 Abs. 2 DPMAV. Das Fehlen dieser sog. fakultativen Angaben, wie Aktenzeichen oder die Adresse des Widersprechenden, führt anders als im Fall des Abs. 1 nicht zur Unzulässigkeit des Widerspruchs. 22

Eine Begründungspflicht für den Widerspruch besteht im Gegensatz zum Verfahren im Unionsmarkenrecht (vgl. § 42 Abs. 1 S. 3) nicht. War eine solche im Diskussionsentwurf des MarkenG vom 24.2.1993 (GRUR 1993, 599) noch vorgesehen, wurde sie aufgrund des 23 im Vergleich zur UMV eingeschränkteren Widerspruchstatbestands nicht in die endgültige Fassung des Gesetzestextes übernommen (vgl. Winkler GRUR 1994, 569 (572)). Auch die Kommissionsvorschläge enthalten dies nicht.

23.1 Zur Entbehrlichkeit der Begründungspflicht wird einerseits vorgebracht, dass der Widerspruchstatbestand im Vergleich zum Unionsmarkenrecht relativ überschaubar sei und eine Begründungspflicht vergleichbar zu den Erfahrungen mit dem Einspruchsverfahren nach § 59 PatG in der Praxis zu unnötigen Komplikationen führte (vgl. Fezer Rn. 29). Andererseits könnte die Überlastung des DPMA als Registerbehörde aufgrund der Erweiterung der Widerspruchsgründe durch die Einführung einer Begründungspflicht relativiert werden. Darüber hinaus würde die Zahl der Widerspruchsverfahren insgesamt verringert werden, indem die routinemäßige Einlegung von Widersprüchen verhindert würde, was zusätzlich zu einer Entlastung des DPMA bzw. BPatG beitragen könnte. Aufgrund der Dimension von Markenrechtssachen sowie der wirtschaftlichen Bedeutung von Verfahren in diesem Bereich sollte eine Rechtsberatung selbstverständlich sein und im Interesse der Verfahrensbeschleunigung und Entlastung des DPMA sowie BPatG eine Begründungspflicht eingeführt werden (so auch Fezer Rn. 29).

23.2 Einen Schritt in Richtung einer Begründungspflicht geht bereits die Pflicht des Widersprechenden, bei Widersprüchen aus nicht registrierten Kennzeichen diejenigen Tatsachen, die seine Inhaberschaft am Kennzeichen und das Bestehen des Rechts sowie die Priorität begründen, innerhalb der Widerspruchsfrist darzulegen (vgl. Ströbele/Hacker/Kirschneck Rn. 45). Ist der Vortrag des Widersprechenden insoweit nicht vollständig oder werden die behaupteten Tatsachen nicht bewiesen bzw. sind diese nicht liquide, führt dies im Fall nicht feststellbarer Aktivlegitimation zur Unzulässigkeit. Reicht der Vortrag hingegen nur nicht aus, um die Existenz des geltend gemachten Kennzeichenrechts oder einen behaupteten älteren Zeitrang festzustellen, ist der Widerspruch als unbegründet zu verwerfen (BPatG BeckRS 2009, 17898 – Salem/Salem; BeckRS 2009, 7649; 2010, 1182; s. auch Ströbele/Hacker/Kirschneck Rn. 45).

2. Widerspruchsfrist

24 Die Widerspruchsfrist beträgt drei Monate und knüpft an die Veröffentlichung der Eintragung im elektronischen Markenblatt gemäß § 41 S. 2 iVm § 23 an. Eine erneute Veröffentlichung wegen Änderung des Waren-/Dienstleistungsverzeichnisses aufgrund Teillöschung löst keine erneute Widerspruchsfrist aus; anders jedoch bei einer erneuten Veröffentlichung gemäß § 28 Abs. 2 S. 2 wegen Mängeln der Erstveröffentlichung (vgl. Ingerl/Rohnke Rn. 49).

25 Die Frist berechnet sich nach §§ 187 ff. BGB ab dem Tag der Ausgabe des Markenblatts. Dieser selbst wird nach § 187 Abs. 1 BGB nicht mitgerechnet. Gemäß § 188 Abs. 2 BGB endet die Frist mit Ablauf desjenigen Tages des dritten Monats, der durch seine Zahl dem Tag der Veröffentlichung der Eintragung, mithin der Ausgabe des Markenblatts, entspricht. § 193 BGB findet Anwendung. In Bezug auf gesetzliche Feiertage sind die Regelungen am Standort der jeweiligen Dienststelle des DPMA zu beachten (für eine Beispielsrechnung vgl. Fezer Rn. 22). Ein Widerspruch, der vor dem Eintragungsbeschluss eingelegt wird, ist unbeachtlich (DPMA Mitt 1961, 109; Busse/Starck WZG § 5 Rn. 7). Nach Eintragung ist ein Widerspruch jedoch auch bereits vor Veröffentlichung der angegriffenen Marke im Markenblatt zulässig (Schlüter GRUR 1956, 160 (162)). Ein Widerspruch kann mithin bereits vor Beginn der eigentlichen Widerspruchsfrist wirksam eingelegt werden.

26 Als gesetzliche Ausschlussfrist ist die Widerspruchsfrist des § 42 Abs. 1 nicht verlängerbar (vgl. Meister WRP 1995, 366 f.) und eine Wiedereinsetzung gemäß § 91 Abs. 1 S. 2 grundsätzlich ausgeschlossen („Notfrist").

3. Widerspruchsgebühr

27 Für jeden Widerspruch wird eine Widerspruchsgebühr in Höhe von 120 Euro fällig, die innerhalb der Widerspruchsfrist (→ Rn. 24 f.) eingezahlt werden muss (§ 6 Abs. 1 S. 1 PatKostG durch Verweis in § 64a). Gemäß Vorbemerkung Teil A Abs. 2 GV PatKostG sowie Vorbemerkung Teil B Abs. 1 GV PatKostG fällt zudem eine Gebühr für jeden Antragsteller an, was insbesondere bei mehreren Markeninhabern relevant wird (vgl. BGH GRUR 2015, 1255 Rn. 8 – Mauereinsatz zu den Gebühren für eine Beschwerde mehrerer Patentinhaber). Die Gebühr kann durch Barzahlung, Überweisung, Einzahlung auf ein Konto des DPMA oder die Erteilung einer Lastschrifteinzugsermächtigung von einem Inlandskonto entrichtet werden (§ 1 Abs. 1 PatKostZV). Gemäß § 6 Abs. 2 PatKostG gilt der Widerspruch anderenfalls als nicht eingelegt; dem steht eine Teilzahlung gleich. Auch diesbezüglich schließt § 91 Abs. 1 S. 2 eine Wiedereinsetzung aus. Bereits gezahlte Gebühren werden in diesem Fall gemäß § 10 Abs. 2 PatKostG rückerstattet. Dem Widersprechenden bleibt in diesem Fall nur die Möglichkeit der (nicht fristgebundenen) Löschungsklage nach §§ 51, 55 (→ § 55 Rn. 1). Aufgrund dieser strikten Folge einer unterbliebenen Zahlung ist insbesondere zu beachten, die Gebühr nicht bloß für jeden Widerspruch, sondern – bei mehreren Markeninhabern – auch für jeden Antragsteller einzuzahlen. Bei einer bloßen Teilzahlung für nur einen Antragsteller gilt die Rechtsfolge des § 6 Abs. 2 PatKostG (so auch Deichfuß GRUR 2015, 1170 zum patentrechtlichen Verfahren). Auch wenn diese Rechtsfolge bisher vom DPMA sowie vom BPatG nicht stringent angewandt wurde, so wird sich die diesbezügliche Praxis im Hinblick auf die „Mauereinsatz"-Entscheidung des BGH (GRUR 2015, 1255) in Zukunft auch für das markenrechtliche Widerspruchsverfahren ändern. Wird ein Widerspruch aus mehreren Zeichen eingelegt, jedoch nur eine Widerspruchsgebühr fristgerecht eingezahlt, so kann der Widersprechende auch nach Ablauf der Widerspruchsfrist noch klarstellen, auf welchen Widerspruch sich die Gebührenzahlung bezieht (BGH GRUR 2016, 102 – BioGourmet).

Die Gebühr soll verhindern, dass das DPMA durch willkürlich eingelegte Widersprüche **28** in seiner sachlichen Arbeit behindert wird (Begr. zu § 5 Abs. 5 WZG, BlPMZ 1949, 243).

Die Gebühr ist **für jeden Widerspruch** und damit für jedes Widerspruchszeichenrecht, **29** mithin jede einzelne Marke bzw. jedes einzelne Kennzeichen, auf das der Widerspruch gestützt wird, zu zahlen (vgl. Mitteilung des Präsidenten des DPMA vom 11.2.1993, BlPMZ 1993, 69; BPatGE 47, 101 (109 f.) – Gallup I). Ist nur eine Gebühr fristgerecht gezahlt, kann der Widersprechende auch nach Fristablauf noch bestimmen, welchem Widerspruchszeichen die Zahlung zuzuordnen ist (BPatGE 41, 274 (277) – Oilbreak; für Kritik zum Fehlen einer eindeutigen gesetzlichen Grundlage vgl. Ingerl/Rohnke Rn. 56; Pietzcker GRUR 1974, 280).

Eine Rückzahlung der Gebühren kommt außer in den Fällen des § 10 PatKostG in **30** Betracht, wenn die Rechtswirksamkeit eines erhobenen Widerspruchs zu verneinen ist (BPatGE 32, 130 (132)) und wenn der Widerspruch vor oder gleichzeitig iSd § 130 BGB zurückgenommen worden ist (Ströbele/Hacker/Kirschneck Rn. 34). Ansonsten kann gemäß § 63 Abs. 2 die Rückzahlung der Gebühren nur aus Billigkeitsgründen angeordnet werden.

4. Wegfall eines Kennzeichens

Fällt nach Erhebung des Widerspruchs, aber noch während des Verfahrens, die eingetra- **31** gene Widerspruchsmarke weg (beispielsweise infolge Verzichts), wird der Widerspruch nachträglich unzulässig (BPatGE 4, 90 = GRUR 1964, 313; BPatGE 20, 235; vgl. auch Ströbele/Hacker/Kirschneck Rn. 68). Wurde bereits eine fällige Widerspruchsgebühr entrichtet, wird diese grundsätzlich nicht rückerstattet. Eine Rückzahlung kann dann nur noch aus Billigkeitsgründen geschehen (Fezer Rn. 9). Lebt die Marke später wieder auf, wird auch der Widerspruch wieder zulässig, wenn er nicht unanfechtbar für unzulässig erklärt wurde (BPatGE 24, 112).

Bei Wegfall der angegriffenen Marke durch Löschung oder Verzicht wird der Widerspruch **32** gegenstandslos, und es tritt Erledigung des Widerspruchsverfahrens in der Hauptsache ein (vgl. BGH GRUR 2008, 714 Rn. 46; Fink in Fezer, HdB Markenpraxis, Bd I, 1. Teil, Kap. 1, Rn. 409, 422).

5. Insolvenz

Umstritten ist die (analoge) Anwendung des § 240 ZPO bei Eröffnung eines Insolvenzver- **33** fahrens über das Vermögen eines der Beteiligten. Das DPMA lehnt eine Anwendung des § 240 ZPO und damit eine Unterbrechung des Widerspruchsverfahrens vor dem DPMA generell ab (vgl. Mitt des Präsidenten des DPMA Nr. 20/08, BlPMZ 2008, 413 unter Berufung auf BGH GRUR 2008, 551 – Sägeblatt). Dagegen befürworten die Markensenate des BPatG mehrheitlich eine Anwendung des § 240 ZPO (Ströbele/Hacker/Kirschneck Rn. 56; BPatG BeckRS 2009, 3375 – Thunderbike/Thunder Bird; für gegenteilige Auffassung innerhalb des BPatG vgl. BPatG GRUR 2008, 364 (365) – Zustellung an Verfahrensbevollmächtigten des Insolvenzverwalters). Diesen wird jedoch von der Gegenmeinung, auch innerhalb des BPatG, unter Verweis auf BVerfG GRUR 2003, 723 Verfassungswidrigkeit vorgeworfen (danach seien die Vorschriften der ZPO nur in ausdrücklich gesetzlich bestimmten Fällen im Amtsverfahren anwendbar; vgl. auch Ingerl/Rohnke Rn. 92; für eine Anwendung im kontradiktorischen Verfahren auch ohne ausdrückliche Bestimmung der Anwendbarkeit vgl. Ströbele/Hacker/Kirschneck Rn. 70).

34   Ebenfalls streitig ist, ob ein nach Eröffnung des Insolvenzverfahrens über das Vermögen des Markeninhabers von diesem oder seinem Vertreter erhobener Widerspruch infolge Übergangs der Verfügungsbefugnis auf den Insolvenzverwalter als Partei kraft Amtes gemäß § 80 Abs. 1 InsO und Erlöschens der Vertretervollmachten (§ 117 InsO) unheilbar unwirksam ist (so BPatG BeckRS 2008, 8231 – FOCUS Forum Die Erfolgsmacher/Focus). Nach anderer Ansicht (so BPatG BlPMZ 2009, 283 (285 f.) – perfect/Perfector) kann die unwirksame Widerspruchserhebung entsprechend § 185 Abs. 2 BGB rückwirkend durch Genehmigung des Insolvenzverwalters geheilt werden.

II. Legitimation

35   Aktivlegitimiert ist nach § 42 Abs. 1 der materielle Inhaber des Widerspruchszeichens (vgl. Amtl. Begr., BT-Drs. 12/6581, 79). Auch eine Prozessstandschaft ist unter den allgemeinen Voraussetzungen möglich (vgl. BGH GRUR 1967, 294 (295) – Triosorbin; BPatGE 33, 92 (97) – DIBEN).

1. Vermutung der Aktivlegitimation

36   Nach § 28 Abs. 1 wird vermutet, dass der im Register eingetragene Inhaber der Marke auch der materiell Berechtigte ist. Das Gleiche gilt nach § 31 für die durch die Anmeldung einer Marke begründete Rechtsinhaberschaft, das sog. registerrechtliche Markenanwartschaftsrecht (vgl. auch Fezer Rn. 15).

37   Im Widerspruchsverfahren wird die Aktivlegitimation danach nicht geprüft, solange ein anderer Beteiligter diese nicht bestreitet (BGH GRUR 1967, 294 – Trisorbin; BPatGE 16, 184 (186 f.) – Modular/Modulan). Nach der Rechtslage vor Inkrafttreten des PatRModG verlangte die Rechtsprechung aufgrund des summarischen Charakters des Widerspruchsverfahrens zur Berücksichtigung des Fehlens der Aktivlegitimation, dass der Mangel offensichtlich oder aus sonstigen Gründen ausnahmsweise eine abschließende Klärung möglich ist (vgl. Ingerl/Rohnke Rn. 31; BPatGE 36, 1 (4) – Charrier).

38   Unklar sind die Auswirkungen der Erweiterungen durch das PatRModG auf die beschränkte Möglichkeit, die Vermutung des § 28 Abs. 1 zu widerlegen. In Bezug auf die nicht registrierten Zeichen kann ohnehin nicht auf eine Vermutung aus der Registereintragung zurückgegriffen werden, so dass der Widersprechende solche Umstände stets darlegen und ggf. den vollen Beweis erbringen muss. Diesbezüglich ist eine Amtsermittlung regelmäßig nicht möglich, da die Tatsachen und Kenntnisse bezüglich der Benutzung des jeweiligen Kennzeichens aus der Sphäre des Widersprechenden stammen (so auch Ströbele/Hacker/Kirschneck Rn. 19, 58). Um eine Aufspaltung der Anwendung von § 28 Abs. 1 in Bezug auf die verschiedenen Widerspruchsgründe zu verhindern, wird eine Aufweichung der Vermutung und der Möglichkeit, diese zu bestreiten, unumgänglich sein. Die Begründung des summarischen Charakters des Widerspruchsverfahrens, wie bereits dargestellt, überholt, und die Entwicklung zum echten Streitverfahren hin lässt die erschwerte Widerlegungsmöglichkeit nicht zu.

39   Das DPMA wird durch die Erweiterung des Widerspruchsverfahrens vor neue Herausforderungen gestellt (so auch Ingerl/Rohnke Rn. 5). Die Beschränkung der Zuständigkeit auf Registerrechte ist durch die Ausdehnung des Verfahrens obsolet, und das Amt wird sich in Zukunft immer öfter auch mit, durchaus auch aufwendigen, Beweiserhebungen befassen müssen. Ob dies das DPMA als Registerbehörde, wie Ingerl/Rohnke (→ Rn. 5) meinen, aufgrund mangelnder Erfahrung überfordern wird, bleibt abzuwarten.

40   Jedenfalls aber wird ein Festhalten an der bisherigen Regelung in Bezug auf die Widerlegung der Vermutung des § 28 Abs. 1 nicht mit dem PatRModG vereinbar sein (→ § 28 Rn. 27 ff.). Das DPMA wird das Bestreiten der Aktivlegitimation, wie in einem echten Streitverfahren, nicht mehr bloß wegen fehlender Offensichtlichkeit ablehnen können, son-

dern auch ein qualifiziertes Bestreiten (vergleichbar einer Beweislastumkehr im Zivilprozess) ausreichen lassen müssen (zur Prüfungskompetenz und dem Amtsermittlungsgrundsatz → Rn. 51 ff.).

2. Prozessstandschaft

Die gewillkürte Prozessstandschaft ist nach den allgemeinen Voraussetzungen im Widerspruchsverfahren zulässig (vgl. BGH GRUR 1967, 294 (295) – Triosorbin; BPatGE 33, 92 (97) – Diben). Vor dem DPMA kann mithin die Befugnis zum Führen des Widerspruchsverfahrens rechtsgeschäftlich auf eine andere Partei übertragen werden, wenn der Prozessgegner dadurch nicht unzumutbar beeinträchtigt wird. **41**

3. Vertretung

Die Beteiligten können sich nach § 13 Abs. 1 DPMAV in jeder Lage des Verfahrens durch einen Bevollmächtigten vertreten lassen. Für Anmelder mit Wohnsitz im Inland besteht kein Anwaltszwang. Anmelder, die im Inland weder einen Wohnsitz noch einen Sitz noch eine Niederlassung haben, bedürfen nach § 96 Abs. 1 eines Inlandsvertreters. Vertretungsbefugt sind Rechtsanwälte, Patentanwälte, Patentassessoren und Erlaubnisscheininhaber nach § 177 PAO. Die Regelungen zur Vollmacht finden sich in § 15 DPMAV (vgl. auch Fezer Rn. 20). Erfolgt die Anmeldung durch einen Vertreter, sind zusätzliche Angaben zum Vertreter nach § 5 Abs. 6 S. 1 MarkenV entsprechend den Angaben zum Anmelder nach § 5 Abs. 1, 2 MarkenV anzugeben. Erforderlich sind Name, Anschrift, Telefonnummer sowie eine Faxnummer. **42**

Fraglich ist, inwiefern der Vertretungszwang für Anmelder ohne inländische Niederlassung bzw. ohne inländischen Wohnsitz verfassungsrechtlich zu rechtfertigen ist. Eine Differenzierung zwischen In- und Ausländern könnte sowohl im Hinblick auf das europarechtliche Gleichbehandlungsgebot als auch auf Art. 3 GG problematisch sein. Ein sachlicher Grund für die Differenzierung könnte allenfalls darin liegen, dass auf diesem Wege gewährleistet wird, dass es eine wirksame Zustellungsadresse im Inland gibt. Auch diesbezüglich stellt sich allerdings die Frage, warum es sich bei diesem Vertreter um eine der genannten Personengruppen handeln muss, wenn ein Inländer stets auch ohne Anwalt auftreten kann. Im Ergebnis sollte das genannte Argument im Hinblick auf das Bedürfnis eines effektiven Verfahrens aber eine ausreichende Rechtfertigung darstellen. Könnte ein ausländischer Anmelder jede beliebige natürliche Person als Vertreter benennen, bestünde die Möglichkeit, dass diese Personen nach einigen Jahren nicht mehr auffindbar sind und so keine Möglichkeit der Kontaktaufnahme mit dem Markeninhaber bestünde. **43**

4. Lizenznehmer

Eine ausdrückliche Befugnis von Lizenznehmern zur Einlegung des Widerspruchs sieht das MarkenG im Gegensatz zu § 41 Abs. 1 Buchst. a UMV nicht vor. Nach der MAC Dog-Entscheidung (BGH GRUR 1999, 161), in welcher der BGH die Klagebefugnis des Markenlizenznehmers im Löschungsklageverfahren in Erweiterung des § 55 Abs. 2 Nr. 2, welcher ebenfalls im Gegensatz zur parallelen Regelung in der UMV den Lizenznehmer nicht ausdrücklich nennt, bejaht hat, war eine entsprechende Befugnis auch im Widerspruchsverfahren zunächst nicht mehr auszuschließen (vgl. Ingerl/Rohnke Rn. 30). **44**

In einer späteren Entscheidung hat der I. Zivilsenat des BGH dem Lizenznehmer jedoch jegliche Geltendmachung von Ansprüchen aus eigenem Recht abgesprochen (BGH GRUR 2007, 877 – Windsor Estate). Nach § 30 Abs. 3 ist er lediglich befugt, bei Zustimmung des Markeninhabers dessen Ansprüche im eigenen Namen geltend zu machen (siehe Ingerl/Rohnke Vor §§ 14–19d Rn. 14). Das muss dann auch für den Lizenznehmer an der angegriffenen Marke gelten, so dass er dem Widerspruch nicht entgegentreten kann. **45**

Erst recht gilt dies für den Pfandgläubiger, dem nach § 1273 BGB ein Vertragspfandrecht an der Marke als Sicherungsmittel eingeräumt wurde. Das Pfandrecht ist bloßes Sicherungsmittel, und die Pfandbestellung begründet nach § 1204 Abs. 1 BGB das Recht des Pfandgläubigers, Befriedigung aus dem Markenrecht zu suchen, ohne ein Nutzungsrecht an der Marke zu gewähren (Fezer § 27 Rn. 83). Gilt für den Lizenznehmer, der ein Nutzungsrecht an der **46**

MarkenG § 42

Marke hat, dass dieser Ansprüche nicht aus eigenem Recht geltend machen kann, können dem Pfandgläubiger, der bloßer Sicherungsnehmer ist, keine weitergehenden Rechte zugestanden werden.

5. Rechtsübergang

47 Tritt im laufenden Verfahren eine Rechtsnachfolge am Widerspruchszeichen ein, finden die §§ 265, 325, 66 ff. ZPO Anwendung, und der Rechtsvorgänger bleibt, unabhängig von der materiellen Inhaberschaft an dem Zeichen, gemäß § 265 Abs. 2 S. 1 ZPO Verfahrensbeteiligter. Eine Entscheidung über den Widerspruch wirkt in entsprechender Anwendung des § 325 Abs. 1 ZPO für und gegen den Rechtsnachfolger (BGH GRUR 1998, 940 (941) – Sanopharm). Er kann den Prozess im eigenen Namen im Wege gesetzlicher Prozessstandschaft weiterführen, wenn die Marke umgeschrieben oder ein Antrag auf Umschreibung gemäß § 28 Abs. 2 gestellt wird.

48 Der Rechtsnachfolger kann erst **mit Stellung des Umschreibungsantrags** nach § 28 Abs. 2 das Verfahren übernehmen, wobei er die Vermutung des § 28 Abs. 1 durch Glaubhaftmachung des Rechtserwerbs widerlegen muss, solange die Umschreibung noch nicht erfolgt ist (vgl. Amtl. Begr., BT-Drs. 12/6581, Abs. 7 S. 3 zu § 28).

49 Seit dem 1.1.2002 bedarf es nach § 28 Abs. 2 S. 3 entgegen § 265 Abs. 2 S. 2 ZPO nicht mehr der Zustimmung des Verfahrensgegners für die Verfahrensübernahme durch den Rechtsnachfolger. Aufgrund der Verfahrensverzögerung durch Verweigerung der Zustimmung nach § 265 Abs. 2 S. 2 ZPO hat sich der Gesetzgeber entgegen der Auffassung des BGH in der „Sanopharm"-Entscheidung gegen das Zustimmungserfordernis entschieden (Amtl. Begr. des KostBegrG, BlPMZ 2002, 56; vgl. auch Ingerl/Rohnke Rn. 86). Allerdings gilt § 28 Abs. 2 S. 3 nur für Registermarken. In allen anderen Fällen – Benutzungsmarken oder notorisch bekannte Marken – ist § 265 Abs. 2 S. 2 weiterhin anwendbar und die Zustimmung der restlichen Beteiligten erforderlich (vgl. Ströbele/Hacker/Kirschneck Rn. 25).

50 Übernimmt der Rechtsnachfolger das Verfahren bei Rechtsübergang der Widerspruchsmarke nicht, kann der Gegner die fehlende materielle Berechtigung des formell Verfahrensbeteiligten nicht geltend machen. Übernimmt der Erwerber der angegriffenen Marke das Verfahren nicht, muss das Verfahren gegen den dann als gesetzlichen Prozessstandschafter fungierenden Widerspruchsgegner als formell allein Beteiligten fortgeführt werden, und die Rechtskraft erstreckt sich auf den Rechtsnachfolger. In diesen Fällen zwingt § 28 Abs. 3 S. 2 auch zur Zustellung des Beschlusses an die nicht beteiligten Rechtsnachfolger (Ingerl/Rohnke Rn. 87).

III. Prüfungsumfang

51 Traditionell ging die Rechtsprechung bis zur Erweiterung durch das PatRModG aufgrund des summarischen Charakters des Widerspruchsverfahrens von einem begrenzten Prüfungsumfang des DPMA aus (vgl. zB BGH GRUR 2006, 859 – Malteserkreuz; GRUR 1998, 927 (929) – Compo-Sana). Diese Ansicht ist zumindest nicht mehr in vollem Umfang mit den Änderungen des Verfahrens durch das PatRModG und dem damit verbundenen beschleunigten Wandel zu einem echten Streitverfahren zu vereinbaren.

1. Begrenzte Prüfungskompetenz; Liquidität

52 Nach dem Grundsatz der begrenzten Prüfungskompetenz ist nach der bisherigen Rechtsprechung der Umfang der Überprüfung der Widerspruchsgründe sachlich beschränkt (BGH GRUR 2006, 859 Rn. 33 – Malteserkreuz). Das DPMA stellt danach lediglich eine begrenzte Kollisionsprüfung an.

53 Daraus wurde neben der nur eingeschränkten Prüfung der rechtserhaltenden Benutzung (→ § 43 Rn. 38 ff.) sowie dem Ausschluss aller nicht registerkundigen Einwendungen auch der Grundsatz der „Liquidität" der Benutzungslage des Widerspruchszeichens abgeleitet (vgl. Ingerl/Rohnke Rn. 70).

54 Grundsätzlich gilt, dass im Widerspruchsverfahren als patentamtlichem Verfahren die Benutzungslage der Zeichen unberücksichtigt bleibt, solange diese nicht liquide ist (vgl. Fink in Fezer, HdB Markenpraxis, Bd. I, MarkenVerfR, 1. Teil, Kap. 1, Rn. 393 ff.). Eine Liquidität der Benutzungslage ist anzunehmen, wenn die Benutzungslage unstreitig ist. Dies kann aufgrund einer Ermittlung in einem vorherigen Verfahren der Fall sein oder wenn die Benutzungslage aus sonstigen Gründen amtsbekannt ist bzw. als erwiesen unterstellt werden kann (BGH GRUR 1967, 246 (249) – Vitapur; GRUR 1967, 660 – Sirax). Anderenfalls ist die Annahme eines liquiden Sachverhalts nur gerechtfertigt, wenn die Tatsachen durch präsente Beweismittel oder Glaubhaftmachungsmittel belegt werden und dadurch eine abschließende Beurteilung möglich wird (BPatGE 38, 105 – Lindora). Selbst eine liquide Benutzungslage (beispielsweise in Bezug auf die Schrift- oder Farbgestaltung) kann aber bei einer Wortmarke nicht zur Minderung des Schutzumfangs führen.

Ein Ausschluss der Benutzungslage durch bloßes Bestreiten ist dann bei Vorliegen von 55 Liquidität nicht möglich (vgl. BGH GRUR 2006, 859 Rn. 33 – Malteserkreuz; GRUR 1998, 927 (929) – Compo-Sana).

2. Amtsermittlungs- und Beibringungsgrundsatz

Aus den gleichen Erwägungen, welche dem Liquiditätsgrundsatz zugrunde liegen, sowie 56 angesichts der früheren Auffassung, welche das Widerspruchsverfahren als summarisch und rein registerrechtlich ansah, wurde das Verfahren einerseits stets vom Amtsermittlungsgrundsatz beherrscht, andererseits als ein erstinstanzliches Verfahren vor dem DPMA, welches auf die Erledigung einer Vielzahl von Fällen angelegt ist und nicht durch die Klärung komplizierter Einzelfragen verzögert werden durfte, angesehen (vgl. Amtl. Begr. des WZG, 86).

Bereits vor der Erweiterung durch das PatRModG ist diesbezüglich ein Wandel in der 57 Rechtsprechung eingetreten. Dieser führte auch faktisch zu einer stärken Annäherung an ein echtes Streitverfahren. Das BPatG hat unter Berufung auf diesen Wandel zunehmend versucht, auch in Bezug auf Fragen der Kennzeichnungskraft Abstand vom grundsätzlich geltenden Amtsermittlungsgrundsatz zu nehmen und den Beibringungsgrundsatz anzuwenden. Außerdem soll entsprechend § 43 Abs. 1 auch bei Bestreiten der Benutzung durch den Widerspruchsgegner die Glaubhaftmachung ausreichen (BPatG GRUR 2004, 950 (952) – Acelat/Acesal; GRUR 2001, 513 (514) – Cefabrause/Cefasel; vgl. auch Ingerl/Rohnke Rn. 73). Dem hat sich auch der BGH zumindest in Bezug auf den Beibringungsgrundsatz angeschlossen (BGH GRUR 2009, 88 Rn. 21 – Atoz I; GRUR-RR 2008, 243 Ls. = BeckRS 2007, 12404 Rn. 11 – Alltrek; s. auch Ingerl/Rohnke Rn. 74). Dadurch können weitere Benutzungssachverhalte – wie beispielsweise eine durch überdurchschnittlich starke Benutzung gesteigerte Kennzeichnungskraft (vgl. Ströbele/Hacker/Kirschneck Rn. 56) – in die Entscheidung über den Widerspruch einbezogen werden, auch wenn sie nicht liquide sind. Vom Verfahrensbeteiligten wird im Rahmen seiner Mitwirkungspflicht verlangt, dass er die Umstände, die den geltend gemachten Tatbestand stützen, darlegt und durch präsente Beweis- und Glaubhaftmachungsmittel glaubhaft macht (s. auch Ströbele/Hacker/Kirschneck Rn. 56; für Mittel zur Glaubhaftmachung → § 43 Rn. 45 ff.).

Zwar hat der Gesetzgeber mit dem PatRModG keine ausdrücklichen Regelungen in 58 Bezug auf die Durchführung des Verfahrens nach der Erweiterung der Widerspruchsgründe in das MarkenG eingeführt. Deutlich wird allerdings, dass für die Beschränkung des Verfahrens auf Registertatbestände und den Ausschluss komplizierter Sachverhalte aufgrund der Wandelung hin zu einem echten Streitverfahren kein Grund mehr besteht (vgl. Ströbele/Hacker/Kirschneck Rn. 57).

Auch in Bezug auf die neuen, bisher den gerichtlichen Klageverfahren vorbehaltenen, 59 Widerspruchsgründe wurde kein dem gerichtlichen Verfahren angeglichener Beibringungsgrundsatz festgeschrieben, so dass weiterhin – auch für die neu eingeführten Widerspruchsgründe – nach § 59 Abs. 1 der Untersuchungsgrundsatz gilt. Damit muss das Amt wie bisher eigene Ermittlungen anstellen, die in Bezug auf die nicht registerkundigen Rechte der notorisch bekannten Marke oder der Verkehrsgeltung erheblich umfangreicher ausfallen werden als noch vor der Erweiterung durch das PatRModG.

Zu beachten ist allerdings, dass der geltende Untersuchungsgrundsatz für das Verfahren 60 vor dem DPMA durch eine bestehende Darlegungs- und Mitwirkungspflicht der Beteiligten aufgeweicht wird (BGH GRUR 1988, 211 – Wie hammas denn?; GRUR 2009, 88 Rn. 21 – ATOZ). Der Widersprechende hat somit im Fall eines Widerspruchs aus einem nicht registrierten Kennzeichen die Voraussetzungen für das Bestehen und den älteren Zeitrang des

Rechts, seine Inhaberschaft daran sowie ggf. die tatsächlichen Voraussetzungen für das Vorliegen der Bekanntheit iSd § 9 Abs. 1 Nr. 3 im Einzelnen und vollständig innerhalb der Widerspruchsfrist darzulegen (vgl. Hacker GRUR 2010, 99 (101)). Nicht erwiesene bzw. nicht aufklärbare Tatsachen aus der Sphäre des Widersprechenden gehen dann zu dessen Lasten (vgl. auch Ströbele/Hacker/Kirschneck Rn. 58).

3. Vollbeweis oder Glaubhaftmachung

61 Auch die Frage, ob – insbesondere bezüglich der neuen Widerspruchsgründe – im Falle des Bestreitens der ihnen zugrunde liegenden Tatsachen der Vollbeweis zu erbringen ist oder die Glaubhaftmachung ausreicht, ist umstritten. Für Benutzungssachverhalte hat die Rechtsprechung bislang allgemein den Vollbeweis angenommen (vgl. BGH GRUR 2006, 859 Rn. 33 – Malteserkreuz). Bei Widersprüchen aus nicht eingetragenen Benutzungsmarken ist die Rechtsprechung des BGH zu § 8 Abs. 2 Nr. 5 (BeckRS 2013, 06126 Rn. 18 – Ready to fuck) zu beachten. Danach gelten die absoluten Schutzhindernisse gleichermaßen für Marken, deren Schutz auf Eintragung (§ 4 Nr. 1) oder Verkehrsgeltung (§ 4 Nr. 2) beruht. Da bei Benutzungsmarken keine Amtsprüfung erfolgt, die einen gewissen Schutzumfang unterstellen lasse, und kein Löschungsantrag möglich sei, müsse der angegriffene Markeninhaber das absolute Schutzhindernis hier schon im Widerspruchsverfahren ebenso einwenden dürfen wie Rechtsmissbrauch. Den Rechtserwerb an der Widerspruchsmarke als solches in Frage stellende Einwände sind beachtlich; nach der Widerspruchsmöglichkeit aus nicht eingetragenen Marken muss trotz des summarischen Charakters des Widerspruchsverfahrens insoweit eine Überprüfung erfolgen (Ingerl/Rohnke § 43 Rn. 35). Bei Benutzungsmarken entsprechen die Eintragungshindernisse einem Mangel der erforderlichen Schutzvoraussetzungen, die nicht von Rechten Dritter abhängen (Ingerl/Rohnke § 4 Rn. 6 ff.). Im Widerspruchs- und Verletzungsverfahren können sie uneingeschränkt als rechtshindernd geltend gemacht werden (Ingerl/Rohnke § 43 Rn. 28). Dem für die eingetragenen Marken kodifizierten absoluten Schutzhindernis der bösgläubigen Anmeldung (§ 8 Abs. 2 Nr. 10) entspricht bei nicht eingetragenen Marken außerdem der rechtsvernichtende Einwand des Rechtsmissbrauchs (Ingerl/Rohnke § 43 Rn. 28, Vor §§ 14–19d Rn. 321 ff.).

62 Kirschneck (Ströbele/Hacker/Kirschneck Rn. 59) will die Möglichkeit der bloßen Glaubhaftmachung im Rahmen des Widerspruchsverfahrens nicht zulassen. Die Glaubhaftmachung nach § 294 ZPO ist eine Beweisführung, die einen geringeren Grad von Wahrscheinlichkeit der beweisbedürftigen Tatsache vermitteln soll als der Vollbeweis, und findet nur dort Anwendung, wo das Gesetz diese ausdrücklich anordnet bzw. zulässt (vgl. Thomas/Putzo/Reichold ZPO § 294 Rn. 3). Anders als bei § 43 Abs. 1 hat der Gesetzgeber im Rahmen der (erweiterten) Widerspruchsgründe des § 42 Abs. 2 aber auf die Möglichkeit der Glaubhaftmachung nach § 294 ZPO verzichtet und betont auch in der Gesetzesbegründung die bereits umfangreichen Beweisaufnahmen des DPMA im Rahmen der Bösgläubigkeit, was zusätzlich für eine volle Beweisbedürftigkeit spricht (vgl. Begr. RegE des PatRModG, BlPMZ 2009, 319). Vor diesem Hintergrund erscheint Kirschnecks Einschätzung dogmatisch stringent und sachgerecht (ebenso Hacker GRUR 2010, 99 (101); Ingerl/Rohnke Rn. 78).

4. Bedeutung des Registerstands

63 Für die Kennzeichnungskraft einer Marke und deren Prüfung im Widerspruchsverfahren ist neben den Charakteristika der eingetragenen Marke auch der Registerstand der übrigen Marken entscheidend (BGH GRUR 1967, 246 (250) – Vitapur; GRUR 1967, 253 – Conny; GRUR 1970, 85 (86) – Herba). Nicht ganz einheitlich wird die Frage beurteilt, inwiefern ähnliche eingetragene Marken ein Indiz für eine Kennzeichnungsschwäche darstellen und somit der Registerstand im Widerspruchsverfahren erheblich wird.

64 Bei der Prüfung der Verwechslungsgefahr und der Frage, welche Kennzeichnungskraft der Widerspruchsmarke von Hause aus zukommt, kann nach Rechtsprechung des BGH der Registerstand von Bedeutung sein. Danach kann eine größere Anzahl von Drittmarken im engsten Ähnlichkeitsbereich für ähnliche Waren und Dienstleistungen als Indiz für eine originäre Kennzeichnungsschwäche gewertet werden (BGH GRUR 1999, 586 (587) – White Lion; GRUR 1999, 241 – Lions). Allerdings reicht auch im Widerspruchsverfahren eine nur geringe Anzahl von Drittmarken nicht aus, um eine solche Kennzeichnungsschwäche zu begründen (BGH GRUR 1999, 586 – White Lion; GRUR 1999, 241 – Lions).

In der Literatur wird die Berücksichtigung des Registerstands weitgehend kritisiert. **65** Danach tauge das bloße Vorhandensein von Dritteintragungen nicht als Anhaltspunkt dafür, dass es sich um „naheliegende verbrauchte Wortbildung von geringer Qualität" (vgl. BGH GRUR 1971, 577 (578) – Raupetin) handele. Die häufige Verwendung in Markeneintragungen allein rechtfertige noch nicht die Annahme eines beschreibenden Sinngehalts. Ohne die Berücksichtigung der tatsächlichen Benutzung sei die Eintragung an sich kein aussagekräftiger Anhaltspunkt und vermag die Schwächung der Kennzeichnungskraft nicht zu begründen (vgl. Ingerl/Rohnke Rn. 81). In diese Richtung entwickelt sich zunehmend auch die Rechtsprechung. Nach Ansicht des BPatG kann der bloße Registerstand gegenüber einer langjährigen Benutzung einer Markenserie nicht mehr ohne weiteres als kennzeichenschwächend angesehen werden. Der materielle Besitzstand könne nicht durch den rein formalen Registerstand in Frage gestellt werden (BPatG GRUR 2002, 345 (347) – Astro Boy/Boy). Die Tatsache, dass ein Bestandteil dem Registerstand nach in mehreren anderen Marken enthalten ist, begründe lediglich eine Beliebtheit des Zeichens als Bestandteil für die Markenbildung, was an sich, ohne Benutzungserkenntnisse, noch nichts über die tatsächliche Schwächung aussage (BPatG GRUR 2008, 451 (453) – WEB VIP/VIP).

Diese Kritik erscheint gerade vor dem Hintergrund der Erweiterung des Widerspruchsverfahrens **66** nach dem PatRModG als gerechtfertigt. Der ohnehin erweiterte Prüfungsaufwand lässt die Berücksichtigung des Registerstands als solchen zur Begründung einer geschwächten Kennzeichnungskraft nicht zu. Auch hier wird der wesentlich höhere Prüfungsaufwand deutlich, den die Änderungen des Verfahrens mit sich bringen. Zur Annahme einer von Hause aus geschwächten Kennzeichnungskraft muss in jeden Fall eine ausführliche Prüfung der Benutzung ähnlicher Drittmarken stattfinden, durch welche die Schwächung begründet werden kann.

5. Veränderung der Kennzeichnungskraft

Kaum Beachtung kam bislang dem Einwand der nachträglichen Kennzeichenkraft **67** ursprünglich nicht kennzeichnungskräftiger Zeichenbestandteile (vgl. BGH GRUR 1976, 143 (144) – Biovital; GRUR 1965, 183 – derma), dem Einwand der Schwächung einer Widerspruchsmarke durch Entwicklung zur Gattungsbezeichnung (BPatG GRUR 2006, 338 (340) – DAX-Trail/DAX) sowie generell schwierigen Prioritätsfragen (BPatGE 17, 134 (138) – Princes) zu. Insbesondere wird diese Problematik relevant, wenn die Veränderungen der Kennzeichnungskraft während des laufenden Widerspruchs- oder Beschwerdeverfahren eintreten.

In diesem Rahmen stellt sich die Frage, ob eine solche Sichtweise nach der Verfahrenserweiterung **68** durch das PatRModG aufrecht zu erhalten ist. Bisher wurde die Nichtbeachtung von Veränderungen sowohl der Widerspruchs- als auch der angegriffenen Marke mit dem umfangreichen Beweiserhebung und dem Charakter des Widerspruchsverfahrens abgelehnt (vgl. Fezer Rn. 59). Diese Sichtweise war vor der Erweiterung durch das PatRModG sicherlich stringent, jedoch zumindest in Bezug auf die Berücksichtigung relativer Schutzhindernisse aufgrund der Einbeziehung solcher in die Widerspruchsgründe des § 42 Abs. 2 (→ Rn. 82 ff.) überholt. Die Berücksichtigung der Verkehrsgeltung kommt in ihrem Begründungsaufwand der Berücksichtigung des relativen Schutzhindernisses einer durch Benutzung entstandenen Marke gleich (vgl. Fezer Rn. 60). Indem aber die Widerspruchsgründe um nicht eingetragene Zeichen und Benutzungsmarken erweitert wurden, lässt sich die Nichtbeachtung der Kennzeichnungskraft nicht weiter mit dem Charakter des Widerspruchsverfahrens oder einer umfangreichen Beweiserhebung rechtfertigen (→ Rn. 57). Letztlich wird aber der BGH über die diesbezüglichen Konsequenzen der Erweiterung für das Widerspruchsverfahren zu entscheiden haben (so auch Ingerl/Rohnke Rn. 19). Jedenfalls für den Fall, dass die Widerspruchsmarke durch Schwächung zu einer reinen Gattungsbezeichnung wird, werden wohl die Grundsätze des Wegfalls der Widerspruchsmarke Anwendung finden (→ Rn. 31 f.). Dies gilt auch oder gerade bei einer Veränderung der Kennzeichnungskraft während eines laufenden Verfahrens.

6. Tatbestandswirkung der Eintragung

69 Weder das DPMA noch das BPatG oder der BGH prüfen die Eintragungsfähigkeit der Widerspruchsmarke. Diese „Tatbestandswirkung" wird nur durchbrochen, wenn die Marke sich nachträglich in eine beschreibende Angabe oder Gattungsbezeichnung umwandelt (vgl. BPatGE 18, 144 – Lord). Dies ist allerdings nur der Fall, wenn das Zeichen seine Kennzeichnungskraft vollständig verloren hat, die Umwandlung offenkundig ist und keine besonderen Ermittlungen erfordert (vgl. auch Fezer Rn. 62; DPMA BlPMZ 1956, 150 – Derby). Der Markeninhaber kann dem Verlust der Kennzeichnungskraft außerdem entgegenwirken, indem er gegen ähnliche Markenanmeldungen durch Dritte konsequent vorgeht.

IV. Vorbringen im Verfahren

70 Sowohl im Widerspruchsverfahren vor dem DPMA als auch vor dem BPatG oder auch vor den ordentlichen Gerichten ist nicht jedes Vorbringen der Beteiligten beachtlich. Der Inhaber der angegriffenen Marke kann bei Widersprüchen aus eingetragenen Marken Einreden nur in Bezug auf die Widerspruchsgründe, beispielsweise Identität oder Verwechslungsgefahr, geltend machen. Einwände, die trotz des Vorliegens eines Kollisionstatbestandes ein Recht auf Eintragung geben (zB vertragliche oder wettbewerbsrechtliche Einwände), sind nur nach § 44 mit der Eintragungsbewilligungsklage geltend zu machen (→ § 44 Rn. 21 ff.; BGHZ 44, 60 (62) – Agyn. Sie können im Übrigen zivilrechtlich mit dem Ziel verfolgt werden, dass der Antragsteller zur Rücknahme seines Antrags verpflichtet wird. Ein anhängiges Verfahren ist dann auszusetzen (→ § 66 Rn. 22).

71 Zweck des Verfahrens ist es, über die Kollision zwischen Widerspruchsmarke und angegriffener Marke im Hinblick auf die Widerspruchsgründe des § 42 Abs. 2 – und damit die Kollisionstatbestände der §§ 9–12 – zu entscheiden. Die Eintragungsfähigkeit der Marke, die absoluten Schutzhindernisse des § 8 (BGHZ 39, 266 (274) – Sunsweet), die Markenfähigkeit iSd § 3 bzw. die Markenrechtsfähigkeit nach § 7 sowie der Nichtigkeitsgrund des § 50 sind bei eingetragenen Marken unbeachtlich und finden keine Berücksichtigung im Widerspruchsverfahren (vgl. Fezer Rn. 38). Die Prüfung erstreckt sich nicht auf die Eintragungsfähigkeit einer Marke als solcher (BGH GRUR 1963, 630 (632) – Polymar). Soll die Schutzfähigkeit der Widerspruchsmarke angegriffen werden, kann die Löschung der Marke nach § 50 beantragt werden, wenn diese wegen absoluter Schutzhindernisse nichtig ist. Allerdings können die Schutzunfähigkeit eines Bestandteils einer eingetragenen Marke sowie die absolute Schutzunfähigkeit nicht registrierter Kennzeichen geltend gemacht werden; dies jedoch auch nur insoweit, als sie den Schutzumfang der Widerspruchsmarke mindern oder sonst eine Rolle für die Übereinstimmung der Kennzeichen bzw. die Entstehung des jeweiligen Rechts spielen (vgl. auch Ströbele/Hacker/Kirschneck Rn. 61).

72 Die Löschungsreife der Widerspruchsmarke wegen Verfalls nach § 49 Abs. 2 Nr. 1 kann nicht direkt Gegenstand des Widerspruchsverfahrens sein (BPatG 26.4.2010 – 27 W (pat) 146/08; indirekt kann ein Verfall mangels Benutzung allerdings über die Einrede der Nichtbenutzung nach § 43 Abs. 1 geltend gemacht werden). Auch die Verwirkung nach allgemeinem Zivilrecht gemäß § 242 BGB (BGHZ 45, 246 (251) = NJW 1966, 1563 – Merck) und Markenrecht gemäß § 21 kann nicht Gegenstand des Widerspruchsverfahrens sein. Grundsätzlich sind Einwendungen außerhalb des formellen Markenrechts ausgeschlossen (Winkler GRUR 1994, 569 (572)). Damit sind die Vorbenutzung der angegriffenen Marke (BGH GRUR 1961, 413 (416) – Dolex), entsprechende ältere Marken des Inhabers der angegriffenen Marke (BPatGE 5, 51), die Duldung der Eintragung ähnlicher Marken durch den Widersprechenden (BPatGE 7, 177; soweit diese nicht zu einer den Schutzumfang mindernden Drittzeichenlage geführt hat), ein Rechtsmissbrauch (BGH GRUR 2000, 890 (892) – Immunine/Imukin) oder eine Nichtangriffsabrede (Helm GRUR 1974, 324) als Vorbringen im Widerspruchsverfahren unbeachtlich. Diese Einwände sind im Klageweg nach § 44 oder § 55 vor den ordentlichen Gerichten geltend zu machen.

73 Der Widersprechende kann sich ebenfalls nur auf die Widerspruchsgründe des § 42 Abs. 2 berufen. Das Vorbringen, ein ursprünglich schutzunfähiger Teil des Widerspruchszeichens habe sich im Verkehr durchgesetzt und sei zu berücksichtigen, bleibt daher unbeachtet (BGH GRUR 1976, 143 – Biovital; BGHZ 42, 307 (310) = GRUR 1965, 183 – derma). Dieses würde nur ausnahmsweise berücksichtigt, wenn die Verkehrsdurchsetzung in einem eigenständigen patentamtlichen Eintragungsverfahren rechtskräftig festgestellt wurde (BGHZ 42, 307 (312) = GRUR 1965, 183 – derma; DPA GRUR 1959, 364 – Ingelheim). Auch in Bezug auf den Widersprechenden steht für außermarkenrechtliche Einwendungen – wie beispielsweise urheberrechtliche oder vertragliche Gründe – nur der ordentliche Gerichtsweg offen; diese finden keine Beachtung im Widerspruchsverfahren.

V. Umwandlung einer Unionsmarke und Inanspruchnahme der Seniorität

1. Aufrechterhaltung des Widerspruchs nach Umwandlung in nationale Markenanmeldung

Umstritten ist die Frage, ob der aus einer älteren Unionsmarke erhobene Widerspruch nach der erfolgreichen Umwandlung in eine nationale Marke – etwa wegen Wegfalls der Unionsmarke – weitergeführt und damit auf die aus der Umwandlung hervorgegangene nationale Marke gestützt werden kann. **74**

Der 27. Senat des BPatG vertrat in seiner „Taxi Moto"-Entscheidung noch den Standpunkt, dass durch die Umwandlung eine von der Unionsmarke unabhängige und eigenständige nationale Marke hervorgehe, die zwar gemäß Art. 34, 35 UMV den Prioritätstag bzw. Zeitrang der Unionsmarke in Anspruch nehmen könne. Der Widerspruch aus der nationalen Marke sei jedoch nach Umwandlung aus Sicht des Senats nicht fristgerecht gemäß § 42 Abs. 1 eingelegt worden. Mangels gesetzlicher Regelung lebe der fristgerechte Widerspruch aus der Unionsmarke auch nach erfolgter Umwandlung nicht wieder auf (BPatGE 48, 264 – Taxi Moto; dem folgend auch Ströbele/Hacker/Kirschneck Rn. 11). In diesem Fall bliebe dem Inhaber der älteren Marke nur die Möglichkeit der Löschungsklage. **75**

Diese Rechtsprechung hat das BPatG in einer neueren Entscheidung nicht aufrechterhalten. Nunmehr sieht der erkennende Senat das Folgerecht aus der Umwandlung der Unionsmarke nicht in der Inanspruchnahme der Priorität der älteren Unionsmarke für die nationale Anmeldung gemäß Art. 108 UMV erschöpft, sondern erkennt in der durch Umwandlung entstandenen nationalen Marke dasselbe materielle Schutzrecht (BPatG GRUR 2008, 451 (452) – WEB VIP/VIP; vgl. auch BPatG BeckRS 2007, 18941 – The Cannabis Club Sud/Cannabis). Dies wird nach Ansicht des BPatG (GRUR 2008, 451 (452) – WEB VIP/VIP; zustimmend OLG Düsseldorf BeckRS 2014, 12143 und Ingerl/Rohnke Rn. 25) auch durch die Vorschrift des Art. 32 UMV deutlich, wonach die Anmeldung einer Unionsmarke in den Mitgliedstaaten die Wirkung einer vorschriftsmäßigen nationalen Hinterlegung hat. Diese Wirkung erlischt gemäß Art. 108 Abs. 7 UMV, wenn der Umwandlungsantrag nicht innerhalb der Frist des Art. 108 Abs. 6 UMV eingereicht wird. Im Umkehrschluss – so das BPatG – bleibt die Wirkung des Art. 32 UMV zumindest bis zum Ablauf der Umwandlungsfrist bestehen. Die Anordnung des Art. 32 UMV stellt sich mithin als gesetzliche Fiktion dar, die mit der Überleitung der Umwandlung in das Verfahren in Deutschland zur Wirklichkeit wird. **76**

Zwischen der Unionsmarkenanmeldung und dem nationalen Folgerecht besteht damit eine Kontinuität, die – nach der Intention des europäischen Gesetzgebers – dem Inhaber der Unionsmarke auch auf nationaler Ebene so weit wie möglich erhalten bleiben soll. Damit wird als Folge dieser Kontinuität auch der ursprünglich auf die Unionsmarke gestützte Widerspruch in einen auf eine nationale Marke gestützten Widerspruch transformiert. Dabei ist allerdings zu beachten, dass die Feststellung, dass es sich bei der nationalen Marke um „dasselbe Schutzrecht" handele, in dieser Pauschalität nur im Rahmen des Widerspruchsverfahrens gelten kann. Spätestens im Verletzungsverfahren kann es sonst zu neuen Problemen mit eventuellen Folgeansprüchen kommen, die sich grundsätzlich aus dem (alten) Schutzrecht ergäben. In diesem Rahmen ist es dogmatisch sachgerechter, zwischen dem Markenrecht und der umgewandelten Marken**anmeldung** mit ursprünglicher Priorität zu differenzieren (→ UMV Art. 100 Rn. 17; vgl. auch Eisenführ/Schennen/Eisenführ/Eberhardt UMV Art. 55 Rn. 12; Ströbele/Hacker/Kirschneck Rn. 12). Eine andere Auffassung vertritt der 20. Zivilsenat des OLG Düsseldorf (vgl. OLG Düsseldorf BeckRS 2014, 12143 – Ampliteq; die zugelassene Revision wird beim BGH unter dem Az. I ZR 15/14 geführt, BeckRS 2014, 12114). Danach soll der Markeninhaber Ansprüche aus der deutschen Marke auch dann geltend machen können, wenn die Verletzungshandlungen noch zu einer Zeit vorgenommen **77** wurden, als lediglich die Unionsmarke eingetragen war. Eine Umwandlung stelle keine Ersetzung dar, so dass bei einer Umwandlung nicht etwas Neues an die Stelle des Alten trete. Der Begriff setze eine Identität des transformierten Rechts oder Rechtssubjekts mit dem zuvor bestehenden voraus. Handele es sich aber bei der Anmeldung der Unionsmarke und der Anmeldung der nationalen Marke im Kern um das gleiche Recht, dann habe dies auch für die eingetragene nationale Marke im Verhältnis zur eingetragenen Unionsmarke zu gelten.

2. Inanspruchnahme der Seniorität einer Unionsmarke zur Fortführung des Widerspruchsverfahrens

78 Ebenfalls nicht einheitlich wird der Regelungsgegenstand des Art. 34 UMV beurteilt. Danach kann der Inhaber einer nationalen Marke im Falle der Anmeldung einer identischen Unionsmarke nach Art. 34 Abs. 1 UMV den Zeitrang der nationalen Marke in Anspruch nehmen, wenn er diese freiwillig aufgibt oder das nationale Recht mangels Verlängerung des Schutzes erlischt. Zeitrang iSd Art. 34 UMV ist nicht als Priorität gemäß dem MarkenG zu verstehen, sondern meint die Seniorität bei Verzicht auf die nationale Marke als „neues eigenständiges Konstrukt des Gemeinschaftsrechts" (Ströbele/Hacker/Kirschneck Rn. 9). Damit wird der gesamte materielle Inhalt einer erloschenen älteren nationalen Marke in eine Unionsmarke integriert und deren Fortbestand gemeinschaftsrechtlich fingiert (vgl. Mitt DPMA Nr. 22/99, BlPMZ 199, 392 f.; Ingerl/Rohnke § 125c Rn. 5; Eisenführ/Schennen/ Schennen GMV Art. 34 Rn. 1, 2, 4).

79 Nach einer Ansicht in der Literatur existiert diese Seniorität nicht isoliert, sondern nur in akzessorischer Verbindung mit der Unionsmarke, für die sie gemäß Art. 34, 35 UMV in Anspruch genommen wurde. Demnach kann die Seniorität in einem Widerspruchsverfahren auch nicht losgelöst von der Unionsmarke geltend gemacht werden, sondern es muss – aus verfahrensrechtlicher Sicht – stets Widerspruch aus der Unionsmarke, für welche die Seniorität gemäß Art. 34, 35 UMV in Anspruch genommen wurde, erhoben werden (für diese Auffassung vgl. Ströbele/Hacker/Kirschneck Rn. 9).

80 Richtig erscheint allerdings – bereits im Hinblick auf den Wortlaut des Art. 34 UMV – eine andere Auffassung. Danach kann der Inhaber der Unionsmarke nach Inanspruchnahme der Seniorität aus seiner nationalen Marke alle Rechte geltend machen, die er gehabt hätte, wenn die ältere Marke weiterhin eingetragen wäre. Der gesamte materielle Inhalt wird in eine Unionsmarke integriert, und diese tritt an die Stelle der identischen nationalen Marke. In dieser Konstellation wird auch der aus einer nationalen Marke erhobene Widerspruch nicht unzulässig, weil die nationale Marke aus dem Register gelöscht wurde, sondern wird auf der Basis der Unionsmarke in dem Stande weitergeführt, in dem es sich zum Zeitpunkt der Beanspruchung der Seniorität befand (BPatG GRUR 2006, 612 – Seniorität).

81 Nach Art. 34 Abs. 2 UMV gehört es zu dem Recht des Widersprechenden, ein aufgrund der nationalen Marke eingeleitetes Widerspruchsverfahren ohne Verlust hierdurch erlangter Rechtspositionen mittels Ersetzung der nationalen Marke durch die identische Unionsmarke übergangslos weiterzuführen (BPatG GRUR 2006, 612 – Seniorität). Zweck des Art. 34 UMV ist es, die nationale Marke „unter das Dach der identischen Gemeinschaftsmarke" (nunmehr Unionsmarke) zu bringen (HABM Mitt 2001, 517 – EXAKTA/exacta). Ohne die Wahrung dieser Verfahrensrechte wäre der Schutz des materiellen Markenrechts, welcher von der mit der Inanspruchnahme des Zeitrangs verbundenen Seniorität bezweckt wird, unvollständig (so auch Fezer Rn. 72; Ingerl/Rohnke § 125c Rn. 6). Allerdings bleibt ein Widerspruch aus einer gelöschten Marke unzulässig, denn Seniorität nach Art. 34 Abs. 2 UMV lässt einen bereits gelöschten deutschen Teil einer IR-Marke nicht zur selbstständigen Widerspruchsmarke erstarken oder wiederaufleben; vielmehr kann ein Widerspruch nur aus einer Unionsmarke erhoben werden, für die eine Seniorität wirksam in Anspruch genommen wurde (BPatG GRUR 2014, 302 – IPSUM).

C. Die Widerspruchsgründe

82 Die Widerspruchsgründe sind in § 42 Abs. 2 abschließend aufgezählt. Dabei ist allerdings zu beachten, dass das Widerspruchsverfahren auch auf ältere international registrierte Marken (§ 107, § 116 Abs. 1), ältere international registrierte Protokollmarken (§ 199, § 124, § 116

Abs. 1) und ältere Unionsmarken (§ 125b) gestützt werden kann (HK-MarkenR/Kramer Rn. 45). Umfasst sind die Kollisionstatbestände der §§ 9–12. Die Erwägungen, das Widerspruchsverfahren sei ein summarisches, auf die Erledigung einer Vielzahl von Fällen angelegtes, Verfahren, welches sich nicht für komplizierte Sachverhalte eigne (vgl. BT-Drs. 12/6581, 92), welche bei Schaffung des MarkenG zu einer Einschränkung der Widerspruchsgründe führten, werden heute als überholt angesehen (Begr. RegE des PatRModG, BlPMZ 2009, 319). Dies liegt nicht zuletzt an der stetig sinkenden Zahl von Widerspruchsverfahren. Dieser Trend setzt sich nach den Neuerungen durch das PatRModG im Jahre 2009 fort. Damit wird die Einschätzung des Gesetzgebers, das Widerspruchsverfahren nicht länger als summarisches Registerverfahren, sondern ein echtes Streitverfahren, zu behandeln, bekräftigt. Wurden im Jahr 2008 noch 4784 Marken mit Widersprüchen angegriffen, reduzierte sich die Anzahl in 2010 um gut 16% auf nur noch 3988 (vgl. Statistik DPMA, BlPMZ 2010, 104).

Nach den Neuerungen durch Art. 3 Nr. 2 PatRModG können nun nicht mehr nur registrierte und notorisch bekannte Marken, beschränkt auf die Kollisionstatbestände der Doppelidentität oder der Verwechslungsgefahr (§ 42 Abs. 2 Nr. 1, 2 aF), sowie der Tatbestand der Agentenmarke geltend gemacht werden. Der Widerspruch kann nach der jetzigen Gesetzeslage auch auf den Sonderschutz für bekannte Marken gemäß § 9 Abs. 1 Nr. 3 sowie nicht registrierte Benutzungsmarken nach § 4 Abs. 2 und geschäftliche Bezeichnungen iSd § 5 gestützt werden (vgl. Hacker GRUR 2010, 99 (101)), wobei die genaue Einordnung des Sonderschutzes bekannter Marken im Rahmen der Widerspruchsgründe noch nicht abschließend geklärt ist. Jedenfalls wird aber eine Annäherung zu dem unionsmarkenrechtlichen Widerspruchsverfahren erreicht, in dem die Geltendmachung nicht registrierter Markenrechte und des Schutzes bekannter Marken nach Art. 8 Abs. 4, 5 UMV von Beginn an möglich gewesen ist. Im Bereich des erweiterten Bekanntheitsschutzes geht die nationale Regelung des MarkenG damit sogar über diejenige der UMV hinaus, welche gemäß Art. 8 Abs. 5 UMV im Widerspruchsverfahren nur eingetragene bekannte Marken berücksichtigt (EuG GRUR Int 2011, 63 Rn. 48 – JOSE PADILLA). Nach der UMV ist das Widerspruchsverfahren jedoch stets vor der Eintragung der Marke vorgeschaltet. Vor dem EUIPO sind in diesem Rahmen nicht bloß die Inhaber älterer Unionsmarken, sondern auch die Inhaber älterer nationaler Marken sowie deren ausdrücklich ermächtigte Lizenznehmer, widerspruchsberechtigt (Ingerl/Rohnke Rn. 11). 83

Damit sind nun sämtliche relativen Schutzhindernisse, mit Ausnahme der „sonstigen Rechte" Dritter gemäß § 13, als Widerspruchsgründe von § 42 Abs. 2 erfasst. Nach wie vor sind aber außerkennzeichenrechtliche Ansprüche wie insbesondere solche des Lauterkeitsrechts nicht Gegenstand des Widerspruchsverfahrens (BGH GRUR 1996, 775 (777) – Sali Toft). Auch vertragliche Ansprüche können nicht im Widerspruchsverfahren durchgesetzt werden (BPatGE 2, 146 = GRUR 1964, 686 Ls. – Nordbär). Die Erweiterung der Widerspruchsgründe findet sukzessive auch in der Praxis Widerhall. So wurden etwa im Jahr 2014 beim DPMA 221 Widersprüche auf geschäftliche Bezeichnungen, 45 auf Benutzungsmarken und 39 auf im Inland bekannte Marken gestützt (interne Auswertung des DPMA). Mithin beruhten mehr als 7 % der insgesamt ca. 4250 Widersprüche in diesem Jahr auf einem der durch das PatRModG eingefügten Widerspruchsgründe (interne Auswertung des DPMA). 84

I. § 42 Abs. 2 Nr. 1

Der Widerspruchsgrund des § 42 Abs. 2 Nr. 1 knüpft an § 9 an und lässt den Widerspruch aus einer eingetragenen oder angemeldeten Marke mit älterem Zeitrang zu (zu den materiellen Voraussetzungen → § 9 Rn. 5 ff.). Erfasst sind nationale Marken mit älterem Zeitrang nach § 6 Abs. 2 bei Vorliegen von Identität oder Verwechslungsgefahr gemäß § 9 Abs. 1 Nr. 1, 2 und – nach der Erweiterung durch das PatRModG – auch der Sonderschutz für bekannte Marken nach § 9 Abs. 1 Nr. 3. Für den Nachweis der Bekanntheit der Marke oder iSd § 9 Abs. 1 Nr. 3 gilt allerdings auch im Widerspruchsverfahren der Strengbeweis, so dass entscheidungserhebliche Tatsachen durch die in §§ 355 ff. ZPO vorgesehenen Beweismittel zu belegen sind (Mitteilung DPMA „Detaillierte Informationen zu den neuen Widerspruchsgründen"). 85

Der Widerspruch nach § 42 Abs. 2 Nr. 1 kann auch auf angemeldete oder eingetragene Unionsmarken gestützt werden. Auch insoweit sind die Kollisionstatbestände des § 9 Abs. 1 86

Nr. 1, 2 einschlägig, und gemäß § 125b Nr. 1 tritt an die Stelle des Sonderschutzes der bekannten Marke nach § 9 Abs. 1 Nr. 3 die Regelung des Art. 9 Abs. 1 S. 2 lit. c UMV. Der ältere Zeitrang der Unionsmarke iSd § 125b Nr. 1 umfasst den Anmeldetag nach Art. 27 UMV, die in Anspruch genommene Priorität nach Art. 29–31, 33 UMV sowie die eventuell beanspruchte Seniorität gemäß Art. 34, 35 UMV (so auch Ströbele/Hacker/Kirschneck Rn. 8). Gleiches gilt für international registrierte Marken mit älterem Zeitrang, deren Schutz sich gemäß Art. 3ter MMA oder dem Protokoll zum Madrider Markenabkommen (MMP) auch auf Deutschland bezieht (§ 107 Abs. 1, § 112 sowie § 119 Abs. 1, § 124, jeweils iVm § 9 Abs. 1 Nr. 1–3).

87   Unklar ist nach Erweiterung der Widerspruchsgründe allerdings das Verhältnis der Kollisionstatbestände des § 9 Abs. 1 im Rahmen eines Widerspruchs nach § 42 Abs. 2 Nr. 1. Grundsätzlich ist es – vorbehaltlich einer anderweitigen Rechtsprechung – nach der Amtspraxis des DPMA ausreichend, wenn innerhalb der Widerspruchsfrist lediglich der Widerspruchsgrund angegeben wird. Im Rahmen des § 42 Abs. 2 Nr. 1 ist eine Konkretisierung auf einen der Kollisionstatbestände des § 9 Abs. 1 keine Zulässigkeitsvoraussetzung für den Widerspruch (so auch Ingerl/Rohnke Rn. 44). So kann etwa der Bekanntheitsschutz nach § 9 Abs. 1 Nr. 3 auch noch während des laufenden Verfahrens geltend gemacht werden, da es sich um dasselbe Zeichen handelt. Aus diesem Grund ist dafür auch keine eigene Gebühr einzuzahlen, da eine solche pro Widerspruchszeichen einzuzahlen ist (→ Rn. 27 ff.). Nicht möglich ist hingegen die Geltendmachung eines neuen Widerspruchsgrundes während des laufenden Verfahrens. Der Grund für diese Praxis liegt darin, dass im nationalen Markenrecht – anders als in der UMV – keine Begründungspflicht besteht. Damit ist die pauschale Erhebung des Widerspruchs gestützt auf § 42 Abs. 2 Nr. 1 ausreichend für die Zulässigkeit, und die Konkretisierung kann später erfolgen. Dabei ist allerdings zu beachten, dass für den Nachweis der Bekanntheit das Strengbeweisverfahren gilt und diese vom Widersprechenden darzulegen und zu beweisen ist.

II. § 42 Abs. 2 Nr. 2

88   Nach § 42 Abs. 2 Nr. 2 kann der Widerspruch auf eine notorisch bekannte ältere Marke nach § 10 gestützt werden. Auch im Rahmen des § 42 Abs. 2 Nr. 2 kommt es auf das Vorliegen von Identität, Verwechslungsgefahr oder der Voraussetzung des Sonderschutzes für bekannte Marken gemäß § 9 Abs. 1 Nr. 3 an. Der Zeitrang der notorisch bekannten Marke richtet sich in diesem Fall nach § 6 Abs. 3.

III. § 42 Abs. 2 Nr. 3

89   Der Widerspruch kann gemäß § 11 auch darauf gestützt werden, dass die Marke ohne Zustimmung des Markeninhabers für dessen Agenten oder Vertreter eingetragen wurde (→ § 11 Rn. 15). Diese Regelung entspricht Art. 6^{septies} PVÜ und umfasst im Gegensatz zur Regelung im WZG auch rein inländische Sachverhalte. Voraussetzung ist, dass der Inhaber der angegriffenen Marke aufgrund eines Vertragsverhältnisses mit dem Widersprechenden im Zeitpunkt der Anmeldung die geschäftlichen Interessen des Widersprechenden wahrzunehmen hatte (vgl. DPA Mitt 1985, 239 – ungetreuer Agent).

IV. § 42 Abs. 2 Nr. 4

90   Seit der Erweiterung des Widerspruchsverfahrens durch das PatRModG sind auch nicht eingetragene Marken nach § 4 Nr. 2 und geschäftliche Bezeichnungen gemäß § 5 iVm § 12 als Widerspruchsgründe in § 42 Abs. Nr. 4 vorgesehen. Der Widerspruch kann damit auch durch Benutzung erworbene Marken und geschäftliche Bezeichnungen mit älterem Zeitrang gemäß § 6 Abs. 3 gestützt werden, die den Inhaber nach § 12 iVm § 14 Abs. 5 iVm Abs. 2 Nr. 1–3 bzw. § 15 Abs. 4 iVm Abs. 2 oder 3 dazu berechtigen, die Benutzung der angegriffenen Marke im gesamten Bundesgebiet zu verbieten (vgl. auch Ströbele/Hacker/Kirschneck Rn. 15). Auch für den **Nachweis des Bestehens der Benutzungsmarke** iSd § 4 Nr. 2 gilt ausnahmsweise das Strengbeweisverfahren gemäß §§ 355 ff. ZPO. Die zur Ermittlung des nicht eingetragenen Kennzeichens erforderlichen Angaben wie die Art, die Form, der Zeitrang und der Gegenstand des Kennzeichens sind neben den ohnehin nötigen Angaben

innerhalb der Widerspruchsfrist von drei Monaten beim DPMA vorzulegen. Werden die Unterlagen verspätet eingereicht, ist der Widerspruch als unzulässig zu verwerfen, da es dem Amt ohne diese nicht möglich ist, die Identität des Widerspruchszeichens festzustellen (Mitteilung DPMA „Detaillierte Informationen zu den neuen Widerspruchsgründen"). Das DPMA zieht diesbezüglich eine Parallele zu den Regelungen für das Verletzungsverfahren. Auch in diesem Rahmen muss die Verkehrsgeltung sofort durch Angaben über Art, Dauer, Form und Beginn der Benutzung belegt werden. Dies muss umso mehr für das Widerspruchsverfahren gelten, da in diesem Rahmen nicht nur das Bestehen, sondern nach dem Wortlaut des § 42 Abs. 2 Nr. 4 auch der ältere Zeitrang nach § 6 Abs. 3, belegt werden muss.

D. Der Teilwiderspruch

I. Allgemeines

Der Widerspruch kann in Bezug auf die kollidierenden Zeichen selbst nicht beschränkt werden, sondern bezieht sich insoweit auf die Eintragung der angegriffenen Marke als Ganzes. Ein Widerspruch nur gegen einen bestimmten Zeichenbestandteil einer Kombinationsmarke ist daher nicht möglich (RG GRUR 1937, 221 (227) – Mampe; so auch Ingerl/Rohne Rn. 37). Auch eine Beschränkung auf die Benutzung des Zeichens für nur ein bestimmtes Gebiet im Geltungsbereich des MarkenG ist nicht zulässig (RPA BlPMZ 1898, 217; vgl. auch Fezer Rn. 69). Möglich ist jedoch eine Beschränkung bezüglich der Waren oder Dienstleistungen, für welche die angegriffene Marke eingetragen wurde. 91

II. Beschränkung in Bezug auf die angegriffene Marke

1. Teilwiderspruch

Der Widersprechende kann den (Teil-)Widerspruch ausdrücklich nur gegen bestimmte Waren oder Dienstleistungen der angegriffenen Marke richten (BGH GRUR 2000, 886 (887) – Bayer/BaiChem; GRUR 1998, 938 – Dragon). Ohne eine solche Beschränkung richtet sich der Widerspruch grundsätzlich gegen alle Waren bzw. Dienstleistungen, für welche die angegriffene Marke eingetragen wurde. Üblich ist die zB Formulierung „Der Widerspruch richtet sich gegen alle identischen und/oder ähnlichen Waren/Dienstleistungen". Dieser Satz muss als Angriff gegen alle Waren und/oder Dienstleistungen ausgelegt werden. Eine Beschränkung auf die erst durch die Widerspruchsentscheidung als identisch bzw. ähnlich festgestellten Waren und/oder Dienstleistungen würde eine unzulässige Rechtsbedingung bedeuten (Ströbele/Hacker/Kirschneck Rn. 46). Wird der Widerspruch gegen eine Ware/Dienstleistung erhoben, die im Verzeichnis nicht genannt, von einem dortigen Begriff aber erfasst ist, so ist der Widerspruch als gegen den jeweiligen Oberbegriff eingelegt anzusehen (Ingerl/Rohnke Rn. 38). Wird der Widerspruch nur gegen „identische/ähnliche Waren" erhoben, richtet er sich nicht gegen die Eintragung für Dienstleistungen, es sei denn, es ist ein offensichtlicher Irrtum anzunehmen (BPatGE 25, 158; BPatGE 24, 254 (257)). 92

Es erscheint allerdings fraglich, inwiefern eine Beschränkung im Hinblick auf die angegriffenen Waren und/oder Dienstleistungen für den Widersprechenden Sinn macht. Eine solche kann lediglich vor einer negativen Kostenentscheidung schützen, wenn der Widerspruch in Bezug auf bestimmte Waren bzw. Dienstleistungen verworfen wird. In der Regel ergeht aber im Rahmen des Widerspruchsverfahrens keine Kostenentscheidung, so dass auch eine negative Kostenentscheidung kaum zu befürchten ist. Vor diesem Hintergrund erscheint eine Beschränkung des Widerspruchs grundsätzlich überflüssig. 93

2. Beschränkung von Amts wegen

Nach der Rechtslage im WZG und auch noch zu Beginn nach Inkrafttreten des MarkenG wurde es als zulässig angesehen, wenn das DPMA einen nicht ausdrücklich beschränkten Widerspruch vom Amts wegen auf die identischen oder ähnlichen Waren/Dienstleistungen beschränkte, wenn eine Identität oder Ähnlichkeit nicht zu allen eingetragenen Waren oder Dienstleistungen bestand (vgl. zum WZG Baumbach/Hefermehl WZG § 5 Rn. 149). Nach 94

Draheim

heutiger Ansicht wird eine Beschränkung Widerspruchs mit Blick auf identische oder ähnliche Waren und/oder Dienstleistungen von Amts wegen als unzulässig beurteilt.

95   Das DPMA sowie die höheren Instanzen sind auch bei Feststellung von Identität oder Ähnlichkeit nicht berechtigt, von sich aus eine Beschränkung des Waren- oder Dienstleistungsverzeichnisses der angegriffenen Marke auf einen Teil der Waren oder Dienstleistungen vorzunehmen, die unter den Oberbegriff fallen (BGH GRUR 2005, 326 (327) – il Padrone/Il Portone; GRUR 2005, 513 (514) – MEY/Ella May; so auch Fezer Rn. 67; Ingerl/Rohnke § 43 Rn. 49; Ströbele/Hacker/Kirschneck § 43 Rn. 58). Es ist allein Sache des Markeninhabers, durch Umformulierung des Waren- und Dienstleistungsverzeichnisses einen Oberbegriff einzuschränken.

III. Beschränkung in Bezug auf die Widerspruchsmarke

96   Auch hinsichtlich der Widerspruchsmarke kann der Widerspruch auf bestimmte im Register eingetragene Waren und/oder Dienstleistungen beschränkt werden. Gemäß § 30 Abs. 2 Nr. 10 müssen lediglich die Waren und/oder Dienstleistungen angegeben werden, auf die der Markeninhaber seinen Widerspruch stützen will. Dies gilt jedenfalls, soweit für die Beschränkung ein Rechtsschutzbedürfnis besteht (vgl. BPatGE 18, 114). Fehlt ein solches, kann die Beschränkung als rechtsmissbräuchlich und damit unzulässig bewertet werden, wenn beispielsweise die Begrenzung nur zu dem Zwecke erfolgt, das DPMA zur Entscheidung über die Ähnlichkeit bestimmter Waren/Dienstleistungen zu zwingen (vgl. BPatG Mitt 1975, 85). Ein Rechtsschutzbedürfnis kann sich andererseits im Hinblick auf die Nichtbenutzungseinrede des § 43 Abs. 1 ergeben, wenn die Widerspruchsmarke nur für bestimmte Waren bzw. Dienstleistungen benutzt wird.

IV. Beschränkung nach Ablauf der Widerspruchsfrist

97   Ein Widerspruch kann auch nach Ablauf der Widerspruchsfrist beschränkt werden (BPatG GRUR 1997, 654 – Milan). Wenn ein Teilwiderspruch erhoben wird, kann es nach Ablauf der Widerspruchsfrist nicht mehr auf weitere Waren oder Dienstleistungen der angegriffenen Marke ausgedehnt werden (BGH GRUR 1998, 938 – Dragon). Der Widersprechende kann auch nicht geltend machen, die durch Teilwiderspruch angegriffene Ware/Dienstleistung umfasse als Oberbegriff auch die nachträglich angegriffene Ware bzw. Dienstleistung (DPA GRUR 1954, 32 – Vulnophyll).

E. Rücknahme des Widerspruchs

I. Verfahrenserklärung

98   Die Rücknahme des Widerspruchs stellt eine Verfahrenshandlung dar, die gegenüber der Stelle erfolgen muss, bei welcher der Widerspruch zur Zeit der Rücknahme anhängig ist. Damit ist in der Beschwerdeinstanz das BPatG (BPatGE 43, 96), nach Einlegung der Rechtsbeschwerde der BGH, zuständig, die Erklärung zu empfangen (BGH GRUR 1985, 1052 – Leco). Häufig wird die Erklärung allerdings gegenüber dem DPMA abgegeben, welches diese dann ggf. an das BPatG oder den BGH weiterleitet. Nach § 10 Abs. 1 DPMAV bedarf die Erklärung der Schriftform, welche nach § 11 DPMAV auch durch die Übermittlung per Telefax oder ähnliche Formen der Datenübermittlung ersetzt werden kann (vgl. BPatGE 27, 230). Wird der Widerspruch aus einem Zeichen zurückgenommen, sind davon alle Widerspruchsgründe erfasst. Sollen nur einzelne Gründe oder sogar spezifische Kollisionstatbestände zurückgenommen werden, ist dies ausdrücklich zu erklären.

99   Als Verfahrenshandlung ist die Erklärung der Rücknahme weder anfechtbar noch widerruflich (Winkler Mitt 1999, 148 ff.) und kann nicht unter eine Bedingung gestellt werden.

II. Zeitpunkt

100 Der Widerspruch kann bis zur Unanfechtbarkeit der Entscheidung des DPMA, BPatG oder BGH – und damit in allen Instanzen des Widerspruchsverfahrens – durch eine Verfahrenserklärung in der entsprechenden Form zurückgenommen werden. Bei einer Rücknah-

meerklärung nach Einlegung der Rechtsbeschwerde gegen die Entscheidung des BPatG gegenüber dem BGH ist die Hinzuziehung eines beim BGH zugelassenen Anwalts nicht nötig (BGH GRUR 1974, 465 (466) – Lomapect).

Zur Rücknahme bedarf es nicht der Zustimmung des Widerspruchsgegners. Die Erklärung führt zur Beendigung des Verfahrens durch Wegfall einer Verfahrensvoraussetzung (BGH GRUR 1998, 818 – Puma). **101**

III. Auswirkung auf Entscheidungen

1. Vorherige Entscheidungen

Bei Rücknahme eines Widerspruchs gegen eingetragene Marken wird § 269 Abs. 3 S. 1 ZPO entsprechend angewandt, so dass die Aufhebung eines bereits ergangenen Widerspruchsbeschlusses im Zuge des Rechtsmittelverfahrens nicht erforderlich ist (BGH GRUR 1998, 818 – Puma; BPatGE 43, 96 (97)). Es ist lediglich die Wirkungslosigkeit dieser Entscheidung auszusprechen, soweit dies beantragt wird (vgl. § 269 Abs. 4 ZPO). Zuständig ist dafür die Instanz, vor der im Zeitpunkt der Rücknahme das Verfahren anhängig ist, „Zwischen den Instanzen" – also vor Einlegung eines Rechtsmittels – bleibt die Ausgangsinstanz zuständig (BPatGE 43, 96 (97); vgl. auch Ströbele/Hacker/Kirschneck Rn. 49). **102**

Dagegen besteht kein Rechtsschutzbedürfnis für den Antrag, die Wirkungslosigkeit einer der Rücknahme vorausgehenden, den Widerspruch zurückweisenden, Entscheidung entsprechend § 269 Abs. 3 S. 1 ZPO durch Beschluss festzustellen. Ein solches besteht nur bei rechtsgestaltenden Entscheidungen, die ohne einen solchen Beschluss zur Änderung der materiellen Rechtslage führen, wie beispielsweise die Löschung einer Marke, durch die ein falscher Rechtsschein entsteht (BPatG GRUR 2010, 759 (760) – flow; BeckRS 2010, 20930; so auch Ingerl/Rohnke Rn. 60; Ströbele/Hacker/Kirschneck Rn. 50). **103**

2. Entscheidungen nach Rücknahme

Erfolgt eine Entscheidung erst nach Rücknahme des Widerspruchs, gelten die allgemeinen zivilprozessualen Grundsätze zur Rücknahme der Klage vor Erlass eines Urteils. Die Entscheidung ist in diesem Fall als wirkungslos anzusehen (Ströbele/Hacker/Kirschneck Rn. 52). Es ist allerdings zu beachten, dass es sich bei der Entscheidung nicht um eine Nichtentscheidung handelt, sondern dass diese trotz fehlender materiellrechtlicher Wirkung in formelle Rechtskraft erwachsen und dann nur durch Einlegung eines Rechtsmittels von der dafür zuständigen Instanz aufgehoben werden kann (BPatG BeckRS 1998, 14606 – S+B TECHNOLOGIE; 20.11.1998 – 28 W (pat) 246/00 – TRASCO). **104**

IV. Kostenentscheidung

Nicht eindeutig wird die Frage der Auswirkung der Rücknahme eines Widerspruchs auf eine vorausgegangene Kostenentscheidung beurteilt. Nach einer Ansicht (vgl. Ströbele/Hacker/Kirschneck Rn. 51), die auch vom BPatG in früheren Entscheidungen vertreten wurde (BPatGE 16, 259 (260 f.); BPatGE 14, 247 (249)), wird ein vorausgegangener Beschluss nicht hinsichtlich der darin getroffenen Kostenentscheidung wirkungslos. Eine Kostenentscheidung kann gemäß § 63 Abs. 1 S. 2, § 71 Abs. 4 grundsätzlich unabhängig von der Rücknahme des Widerspruchs ergehen. Die Regelung des § 269 Abs. 3 S. 2, S. 3 ZPO findet in diesem Fall keine Anwendung, wodurch nicht von einer Kostentragungspflicht des Widersprechenden ausgegangen werden kann (vgl. auch BGH GRUR 1998, 818 (819) – Puma). Nach Kirschneck kann sich ein Kostenanspruch – soweit nötig – aus einer rechtskräftigen Kostenentscheidung der Vorinstanz, einer Entscheidung des Rechtsmittelgerichts oder der Bestimmung über die Kosten des jeweiligen Rechtsmittelverfahrens ergeben. **105**

Nach einer neueren Entscheidung des BPatG (BeckRS 2008, 19258 – extra) und einer mittlerweile auch in der Literatur vertretenen Auffassung (Ingerl/Rohnke Rn. 62) erfasst die Wirkungslosigkeit einer vorherigen Entscheidung durch die Rücknahme des Widerspruchs auch die Kostengrundentscheidung in den Vorinstanzen. So wird in der Instanz, in welcher die Rücknahme erfolgt, eine Kostenentscheidung für alle Instanzen ermöglicht, die auch die Gründe der Rücknahme des Widerspruchs miteinbezieht. Zwar ist § 269 Abs. 3 S. 2 **106**

ZPO wegen § 63 Abs. 1 S. 2, § 71 Abs. 4, § 90 Abs. 1 S. 2 nicht anwendbar (vgl. BGH GRUR 1998, 818 – Puma). Trotzdem entfällt aber mit der Rücknahme des Widerspruchs auch die Grundlage für die Kostenentscheidung. Diesbezüglich soll mithin der generelle Gedanke des § 269 Abs. 3 S. 1 ZPO gelten, was im Hinblick auf die dadurch eröffnete Möglichkeit der Einbeziehung der Widerspruchsrücknahme bzw. deren Gründen sowie die verstärkte Annäherung des Widerspruchsverfahrens an ein echtes Streitverfahren richtig und sachgerecht erscheint. Den Instanzen ist so die Möglichkeit eröffnet, eine Kostenentscheidung aufgrund sämtlicher Tatsachen und für alle vorherigen Instanzen zu treffen, um eine ausgeglichene Kostenverteilung zu erreichen und dennoch sicher zu stellen, dass der Zurücknehmende sich durch seinen Widerspruch nicht den Kostenkonsequenzen entziehen kann.

F. Ausblick: Reformvorschläge der Kommission

107 Am 27.3.2013 hat die Europäische Kommission ihre Reformvorschläge für eine Überarbeitung der Markenrechtsrichtlinie veröffentlicht. Mit den Reformvorschlägen sind umfangreiche Änderungen in den nationalen Markengesetzen verbunden. Der Richtlinienvorschlag geht einen großen Schritt in Richtung Harmonisierung der europäischen Markensysteme, der in Bezug auf seine Reichweite mit der Schaffung der Gemeinschaftsmarke (heute: Unionsmarke) im Jahre 1996 zu vergleichen ist. Zentrale Ziele sind eine stärkere Harmonisierung der Eintragungsverfahren, eine Modernisierung und Verbesserung der bestehenden Vorschriften zur Stärkung der Rechtssicherheit sowie eine Erleichterung der Zusammenarbeit zwischen den nationalen Ämtern und dem EUIPO. Insgesamt sollen die nationalen Markenrechte stärker an das Unionsmarkenrecht angenähert werden, ohne dabei jedoch bereits den Weg in die Vollharmonisierung zu gehen. Insbesondere die wichtigsten Verfahrensvorschriften sollen im Hinblick auf eine bessere Zusammenarbeit an die Regelungen der UMV angepasst werden.

108 Auch das Widerspruchsverfahren wird von den Reformvorschlägen der Kommission erfasst. Nach Art. 45 MRL-E stellen die Mitgliedstaaten für den Widerspruch ein effizientes, zügiges Verwaltungsverfahren bei ihren nationalen Markenämtern bereit. Auf diese Weise wird der Standard des Widerspruchsverfahrens vereinheitlicht, und Mitgliedstaaten, die bisher noch kein Verwaltungsverfahren vorsehen, sondern Widersprüche den Gerichten überlassen, sollen zur Einrichtung eines solchen schnelleren und effizienteren Verfahrens veranlasst werden. Für den deutschen Gesetzgeber, der bereits ein amtliches Widerspruchsverfahren geregelt hat, stellt sich in dieser Hinsicht vor allem die Aufgabe, die lange Verfahrensdauer zu verkürzen und ein effizienteres Verfahren zu gewährleisten (Bender MarkenR 2013, 129 (135)). Darüber hinaus soll gemäß Art. 45 Abs. 3 MRL-E die bereits angesprochene (→ Rn. 17) „Cooling-off-Periode" eingeführt werden. Danach wird den Beteiligten nach Einlegung des Widerspruchs eine Frist von mindestens zwei Monaten zur gütlichen Einigung des Streits eingeräumt. Durch diese Abkühlungsphase werden die nationalen Ämter entlastet, und den Beteiligten wird eine Möglichkeit zur Verhandlung gegeben (vor dem HABM – nunmehr EUIPO – werden mittlerweile ca. 70% der anhängigen Widersprüche in der Cooling-off-Periode ohne streitige Entscheidung beigelegt, Bender MarkenR 2013, 129 (135)). Anders als zunächst erwartet, hat die Kommission sich hingegen nicht dafür entschieden, allen Mitgliedstaaten ein vorgeschaltetes Widerspruchsverfahren vorzuschreiben, wie es in der UMV geregelt ist und auch früher im deutschen Warenzeichengesetz vorgesehen war (Bender MarkenR 2013, 129 (135)).

§ 43 Einrede mangelnder Benutzung; Entscheidung über den Widerspruch

(1) ¹Ist der Widerspruch vom Inhaber einer eingetragenen Marke mit älterem Zeitrang erhoben worden, so hat er, wenn der Gegner die Benutzung der Marke bestreitet, glaubhaft zu machen, daß sie innerhalb der letzten fünf Jahre vor der Veröffentlichung der Eintragung der Marke, gegen die der Widerspruch sich richtet, gemäß § 26 benutzt worden ist, sofern sie zu diesem Zeitpunkt seit mindestens fünf Jahren eingetragen ist. ²Endet der Zeitraum von fünf Jahren der Nichtbenutzung nach der Veröffentlichung der Eintragung, so hat der Widersprechende, wenn der Gegner die Benutzung bestreitet, glaubhaft zu machen, daß die Marke inner-

§ 43 MarkenG

halb der letzten fünf Jahre vor der Entscheidung über den Widerspruch gemäß § 26 benutzt worden ist. ³Bei der Entscheidung werden nur die Waren oder Dienstleistungen berücksichtigt, für die die Benutzung glaubhaft gemacht worden ist.

(2) ¹Ergibt die Prüfung des Widerspruchs, daß die Marke für alle oder für einen Teil der Waren oder Dienstleistungen, für die sie eingetragen ist, zu löschen ist, so wird die Eintragung ganz oder teilweise gelöscht. ²Kann die Eintragung der Marke nicht gelöscht werden, so wird der Widerspruch zurückgewiesen.

(3) Ist die eingetragene Marke wegen einer oder mehrerer Marken mit älterem Zeitrang zu löschen, so kann das Verfahren über weitere Widersprüche bis zur rechtskräftigen Entscheidung über die Eintragung der Marke ausgesetzt werden.

(4) Im Falle der Löschung nach Absatz 2 ist § 52 Abs. 2 und 3 entsprechend anzuwenden.

Überblick

Die Regelungen des § 43 beziehen sich auf die Widerspruchsentscheidung durch das DPMA in der Hauptsache (→ Rn. 56 ff.), die Verfahrenskosten (→ Rn. 64) und die Einlegung von Rechtsmitteln (→ Rn. 65). § 43 Abs. 1 regelt die sog Nichtbenutzungseinrede (→ Rn. 2 ff.). Diesbezüglich werden im Folgenden insbesondere die zeitlichen sowie inhaltlichen Vorgaben zur Erhebung der Einrede (→ Rn. 3 ff.) und die derzeit noch aktuellen einzelnen Einredevarianten bzw. Benutzungszeiträume (→ Rn. 21 ff.) dargestellt. In einem gesonderten Absatz werden daran anschließend die Auswirkungen der Reformvorschläge der Europäischen Kommission für eine Überarbeitung der Markenrechtsrichtlinie aufgezeigt (→ Rn. 33). Darüber hinaus werden die Voraussetzungen der Glaubhaftmachung der rechtserhaltenden Benutzung als Reaktion auf die Erhebung der Nichtbenutzungseinrede (→ Rn. 40 ff.) behandelt. Zum Schluss sollen die Möglichkeiten der Verfahrensaussetzung nach § 43 Abs. 3 (→ Rn. 67 ff.) sowie den allgemeinen Vorschriften aufgezeigt werden.

Übersicht

	Rn.		Rn.
A. Einleitung; Allgemeines	1	C. Die Widerspruchsentscheidung (Abs. 2)	56
B. Die Nichtbenutzungseinrede (Abs. 1)	2	I. Entscheidung in der Hauptsache	57
I. Erhebung der Einrede	3	1. Löschung der eingetragenen Marke	57
1. Prozessuale Erklärung	3	2. Teillöschung	59
2. Zeitpunkt der Erhebung	6	3. Erfolgloser Widerspruch	60
3. Beschränkung und Erweiterung der Einrede	8	4. Mehrere Widersprüche	62
4. Anerkennung der Benutzung und Verzicht auf die Einrede	10	II. Die Kostenentscheidung	64
5. Verspätetes Vorbringen	15	III. Die Rechtsmittel	65
II. Einredevarianten; Benutzungszeiträume	21	D. Die Aussetzung der Entscheidung (Abs. 3)	67
1. Einrede des § 43 Abs. 1 S. 1	23	I. Aussetzung nach Abs. 3	67
2. Einrede des § 43 Abs. 1 S. 2	27	II. Aussetzung wegen Vorgreiflichkeit	70
3. Verhältnis der Benutzungszeiträume	34	III. Aussetzung wegen Sachdienlichkeit	73
III. Glaubhaftmachung der Benutzung	40	IV. Rechtsmittel	75
1. Begriff der Glaubhaftmachung	40	E. Wirkung der Löschung (Abs. 4)	76
2. Aufklärungspflicht (§ 139 ZPO)	43		
3. Inhalt der Glaubhaftmachung	47		
IV. Benutzung für bestimmte Waren/Dienstleistungen (Abs. 1 S. 3)	54		

A. Einleitung; Allgemeines

§ 43 regelt das Verfahren über einen Widerspruch gemäß § 42. Der erste Absatz statuiert den Benutzungszwang gemäß § 26 für das Widerspruchsverfahren und erfüllt damit dieselbe Funktion wie § 55 Abs. 3 S. 1 für das Löschungsklageverfahren bzw. § 25 für den Verletzungsprozess. Dieser Benutzungszwang gilt allerdings nach dem Wortlaut der Vorschrift nur für eingetragene Marken. In § 43 Abs. 2 sind die Entscheidungsalternativen im Widerspruchsverfahren geregelt. Danach kann entweder die angegriffene Marke gelöscht oder der Wider- 1 spruch zurückgewiesen werden. § 43 Abs. 3 erlaubt eine Aussetzung weiterer Entscheidungen bei mehreren anhängigen Widersprüchen aus verfahrensökonomischen Gründen. § 43 Abs. 4 ordnetet über eine Verweisung auf § 52 die Rückwirkung der Löschung an.

B. Die Nichtbenutzungseinrede (Abs. 1)

2   In § 43 Abs. 1 ist die Einrede der mangelnden rechterhaltenden Benutzung geregelt. Diese Einrede stellt eine Verteidigungsmöglichkeit des Inhabers der angegriffenen Marke gegen den Widersprechenden im Rahmen des Widerspruchsverfahrens dar.

I. Erhebung der Einrede

1. Prozessuale Erklärung

3   Die rechtserhaltende Benutzung der Widerspruchsmarke wird nur geprüft, wenn die Benutzung der Marke durch den Inhaber der angegriffenen Marke im Widerspruchsverfahren – nicht ausreichend ist ein Bestreiten in bloßer außeramtlicher Korrespondenz (vgl. Ingerl/Rohnke Rn. 11) – bestritten wird. § 43 Abs. 1 ist mithin als Einrede gestaltet, so dass eine Prüfung der Benutzung keinesfalls von Amts wegen stattfindet. Die Erhebung der Einrede führt zur Überprüfung der Benutzung als Rechtsfrage und stellt somit keine tatsächliche Ausgangsbehauptung dar (vgl. Ingerl/Rohnke Rn. 11). Bereits für die Einrede gilt mithin nicht das Amtsermittlungsprinzip, sondern der Beibringungsgrundsatz, dem alle Verfahrensteile in Bezug auf die Frage der rechterhaltenden Benutzung unterliegen (vgl. BGH GRUR 1998, 938 (939) – DRAGON).

4   Der Wille des Inhabers der angegriffenen Marke, die Benutzung der Widerspruchsmarke zu bestreiten, muss eindeutig erklärt werden. Abweichende Formulierungen sind unschädlich, und die Verwendung des Begriffs „bestreiten" ist entbehrlich, solange die Absicht, sich mit der Nichtbenutzungseinrede verteidigen zu wollen, hinreichend deutlich erkennbar wird (vgl. BPatGE 32, 98 (100); BPatG BeckRS 2007, 19368 – SCHUTZENGEL). Für welche Zeiträume die Einrede erhoben wird – und damit für welchen Zeitraum die Benutzung nachgewiesen werden muss –, ergibt sich aus dem Gesetz und muss nicht Inhalt der Erklärung der Einrede werden (BPatG GRUR-RR 2009, 96 (97) – FlowParty/flow; GRUR 2003, 530 (532) – Waldschlößchen). Wird die Einrede dementsprechend „pauschal" erhoben, so soll sie im Zweifel so weitreichend wie möglich sein (vgl. BPatG GRUR-RR 2009, 96 (97) – FlowParty/flow. Ein solches undifferenziertes Bestreiten ist allerdings entsprechend § 133 BGB auszulegen, so dass im Zweifelsfall nur die nach dem Gesetz mit Rechtswirkung mögliche und damit sinnvolle Einrede erhoben werden soll (BPatG MarkenR 2015, 331 – Yosaja/YOSOI). Wird die Einrede hingegen nicht pauschal erhoben, sondern auf eine Alternative des § 43 Abs. 1 S. 1 oder 2 beschränkt, ist eine spätere Erweiterung nur möglich, solange keine „Verspätung" (→ Rn. 15 ff.) eingetreten ist (Kliems GRUR 1999, 12 (14)). Fordert der Inhaber der angegriffenen Marke die Glaubhaftmachung der Benutzung nur für einen konkret benannten Zeitraum, der allein dem nach § 43 Abs. 1 S. 1 entspricht, so liegt darin auch ausschließlich die Erhebung der Einrede nach § 43 Abs. 1 S. 1 (BPatG GRUR 2014, 85 – GIRODIAMANT/DIAMANT).

5   Allgemeine Ausführungen zur Benutzung der Widerspruchsmarke in einem anderen Zusammenhang können nicht als Einrede der Nichtbenutzung gewertet werden (vgl. BPatGE 25 (53); BPatGE 32, 98 (100); Ströbele/Hacker/Ströbele Rn. 22). In diesen Fällen ist besonders der Beibringungsgrundsatz zu beachten, weshalb die Möglichkeiten für Rückfragen durch das Gericht sehr begrenzt sind und keinesfalls zu einem Hinweis für den Inhaber der angegriffenen Marke führen dürfen (vgl. Ströbele/Hacker/Ströbele Rn. 22; Ingerl/Rohnke Rn. 11). Die Einrede kann jedoch unproblematisch „vorsorglich" erhoben werden, da insoweit von einer unbedingten Erhebung auszugehen ist. Ein hilfsweises Bestreiten der Benutzung überschreitet hingegen die Grenzen zulässiger innerprozessualer Bedingungen (BPatG GRUR 2000, 1052 (1054) – Rhoda-Hexan/Sota-Hexal; Kliems MarkenR 2001, 185 (187)).

2. Zeitpunkt der Erhebung

Die Einrede der mangelnden Benutzung unterliegt grundsätzlich keinen zeitlichen **6** Begrenzungen und muss nicht bereits zum frühestmöglichen Zeitpunkt vor dem DPMA erhoben werden. Eine erstmalige Erhebung oder Ausdehnung ist auch noch im Beschwerdeverfahren vor dem BPatG möglich (vgl. BPatGE 17, 151 (153) – Angifant; BPatGE 23, 158 (161) – FLUDEX), nicht jedoch im Rechtsbeschwerdeverfahren vor dem BGH. Allerdings kann auch die Erhebung im Beschwerdeverfahren unzulässig sein, wenn diese schon vor dem DPMA möglich gewesen wäre und eine verfahrensverzögernde Verspätung droht (BGH GRUR 1998, 938 (939) – DRAGON; → Rn. 15 ff.).

Eine einmal wirksam erhobene Nichtbenutzungseinrede wirkt für alle Instanzen des **7** Widerspruchsverfahrens und muss auch in den Erinnerungs- oder Beschwerdeinstanzen nicht wiederholt werden (BPatGE 47, 101 (104) – GALLUP I; BGH GRUR 1999, 54 (55) – Holtkamp). Dies gilt auch, wenn der Einrede in der Vorinstanz als nicht entscheidungserheblich angesehen wurde (BPatGE 22, 211). Soweit bei ihrer Erhebung oder Weiterverfolgung die gesetzlichen Bedingungen des § 43 Abs. 1 erfüllt waren, ist die Einrede in das Verfahren eingeführt und muss vom Widersprechenden beachtet werden (vgl. Kliems MarkenR 2001, 185 (192); Ströbele/Hacker/Ströbele Rn. 23; Ingerl/Rohnke Rn. 6). Hingegen wird eine unzulässige – weil vor Ablauf der Benutzungsschonfrist erhobene – Einrede nach Ablauf der Schonfrist nicht automatisch zulässig. In diesem Fall muss die Einrede erneut erhoben werden (BPatG GRUR 2000, 1052 (1053) – Rhoda-Hexan/Sota-Hexal; GRUR 2005, 773 (775) – Blue Bull/RED BULL).

3. Beschränkung und Erweiterung der Einrede

Eine Beschränkung der Nichtbenutzungseinrede ist grundsätzlich in verschiedener Hin- **8** sicht möglich. Neben der Eingrenzung auf nur einen Benutzungszeitraum des § 43 Abs. 1 S. 1 oder S. 2 ist insbesondere ein Bestreiten der Benutzung nur in Bezug auf einzelne Waren bzw. Dienstleistungen, unter Anerkennung der Benutzung für die restlichen im Register eingetragenen Waren oder Dienstleistungen, ein gängiges Vorgehen (vgl. Kliems MarkenR 2001, 185 (188)). Werden keine bestimmten Waren oder Dienstleistungen genannt, gilt die Einrede hinsichtlich des gesamten Waren-/Dienstleistungsverzeichnisses der Widerspruchsmarke.

Dabei ist allerdings zu beachten, dass eine solche Beschränkung den Inhaber der angegriffe- **9** nen Marke grundsätzlich nicht bindet. Die Einrede kann – solange kein ausdrücklicher Verzicht bzw. eine Anerkennung, welche als Verzicht ausgelegt werden muss, vorliegt – jederzeit wieder erweitert werden (BGH GRUR 2010, 859 Rn. 20 f. – Malteserkreuz III). Eine Erweiterung ist auch noch im Beschwerdeverfahren möglich (BPatGE 23, 158 (161) – FLUDEX). Eine Grenze bilden dabei lediglich die Grundsätze zum verspäteten Vorbringen (→ Rn. 15 ff.) sowie des fairen Verfahrens. Ist die Erweiterung für den Widersprechenden neu und überraschend, muss er die Möglichkeit haben, sich zu äußern. Ohne diese Äußerungsmöglichkeit kann eine Verletzung des rechtlichen Gehörs iSd Art. 6 EMRK, Art. 103 GG vorliegen (vgl. BGH GRUR 2003, 903 – Katzenstreu).

4. Anerkennung der Benutzung und Verzicht auf die Einrede

Bei der rechtserhaltenden Benutzung gemäß § 26 handelt es sich um eine Rechtsfrage. **10** Ein konkludentes oder ausdrücklich erklärtes Nichtaufrechterhalten der Einrede steht ihrer Berücksichtigung mithin auch nicht als Zugeständnis iSd § 138 Abs. 3 ZPO oder gerichtliches Geständnis iSd §§ 288 ff. ZPO entgegen. Ein Zugeständnis ist nur im Hinblick auf relevante Tatsachen, nicht aber in Bezug auf Rechtsfragen wie der rechtserhaltenden Benutzung, möglich (BGH GRUR 2000, 886 (887) – Bayer/BaiChem; GRUR 2010, 859 Rn. 20 – Malteserkreuz III; vgl. auch Kliems MarkenR 2001, 185 (188); Ströbele/Hacker/ Ströbele Rn. 26; Ingerl/Rohnke Rn. 28). Gerade im Rahmen des § 43 Abs. 1 S. 2, welcher auch zukünftige Benutzungszeiträume betreffen kann, ist besondere Zurückhaltung bei der Annahme von Zugeständnissen geboten, wenn Zeiträume erfasst werden, die bei der Erhebung der Einrede noch nicht genau absehbar sind (BPatG BeckRS 2009, 14987 – OROMED/Odolmed).

MarkenG § 43 Teil 3 Verfahren in Markenangelegenheiten

11 Wird jedoch die rechtserhaltende Benutzung der Widerspruchsmarke für bestimmte Waren oder Dienstleistungen ausdrücklich anerkannt, ist davon auszugehen, dass die Nichtbenutzungseinrede für diese Waren/Dienstleistungen nicht aufrechterhalten wird und einzelne Benutzungstatsachen für einen bestimmten Zeitraum außer Streit gestellt werden sollen (BPatG GRUR 2004, 954 (956) – CYNARETTEN/Circanetten). Auch in diesen Fällen ist ein nachträgliches Wiederaufgreifen der Einrede in vollem Umfang möglich, solange kein Verzicht oder ein als Verzicht zu wertendes Anerkenntnis vorliegt. Die erneute Geltendmachung findet ihre Grenze jedoch unter dem Gesichtspunkt des verspäteten Vorbringens (Ströbele/Hacker/Ströbele Rn. 28).

12 Ein Verzicht auf die Nichtbenutzungseinrede schließt im Gegensatz zum Anerkenntnis das spätere Wiederaufgreifen aus. Ein wirksamer Verzicht ist jedoch nicht bereits in der Erklärung, die Einrede werde nicht aufrechterhalten, zu sehen (aA Ingerl/Rohnke Rn. 20). Der BGH stellt strenge Anforderungen an einen Verzicht und verlangt diesbezüglich eine ausdrückliche Verzichtserklärung (vgl. BGH GRUR 2000, 886 (887) – Bayer/BaiChem). Nach stRechtsprechung ist bei Erklärungen, die als Verzicht oder in sonstiger Weise rechtsvernichtend gewertet werden sollen, das Gebot der interessengerechten Abwägung zu beachten. Danach müssen auch die der Erklärung zugrundeliegenden Umstände besonders beachtet werden. Selbst bei eindeutig erscheinenden Erklärungen kann ein Verzicht nur unter Beachtung sämtlicher Begleitumstände angenommen werden (BGH NJW 1994, 379 (380); 2001, 2325 (2326); vgl. auch Ströbele/Hacker/Ströbele Rn. 25; Fezer Rn. 8).

13 Nicht ausreichend ist demnach das bloße Nichtweiterverfolgen der Einrede oder das Schweigen des Inhabers der angegriffenen Marke auf die Zustellung der Unterlagen zur Glaubhaftmachung der Benutzung. Auch die Aussage, die Einrede werde „nicht weiter aufrechterhalten", wurde nicht als Verzicht ausgelegt (BGH GRUR 2000, 886 (887) – Bayer/BaiChem). Gleiches gilt für ein teilweises Zugeständnis der Benutzung für bestimme Waren/Dienstleistungen (vgl. BGH GRUR 2010, 859 Rn. 20 – Malteserkreuz III).

14 Solche Erklärungen versetzen das Verfahren lediglich zurück in den rechtlichen Zustand vor Erhebung der Einrede. In diesen Fällen kann die Einrede jederzeit – unter Beachtung der Grundsätze des verspäteten Vorbringens (→ Rn. 15 ff.) – wiederaufgegriffen werden (vgl. Ströbele/Hacker/Ströbele Rn. 25).

5. Verspätetes Vorbringen

15 Aufgrund des geltenden Beibringungsgrundsatzes sind die Vorschriften der ZPO und der dort geregelten Verspätungsvorschriften grundsätzlich anwendbar (BGH GRUR 1998, 938 (939) – DRAGON), weshalb auch eine Zurückweisung der Nichtbenutzungseinrede aufgrund verspäteten Vorbringens im Einzelfall möglich ist. Dabei ist zu beachten, dass im Verfahren vor dem DPMA und auch im Beschwerdeverfahren vor dem BPatG lediglich die Bestimmungen der ZPO für das Verfahren in der ersten Instanz angewandt werden (BGH GRUR 2010, 859 Rn. 15 – Malteserkreuz III). Die frühere Rechtsprechung, welche die Anwendung der Bestimmungen über die Berufung bejaht hatte, ist damit obsolet. Diese Rechtsprechung hatte auf der früheren Funktion des Berufungsverfahrens als unbeschränkte zweite Tatsacheninstanz beruht, welche deutliche Parallelen zum Beschwerdeverfahren iSd §§ 66 ff. aufgewiesen hatte (BGH GRUR 1998, 938 (939) – DRAGON). Nach den Änderungen durch das Zivilprozessreformgesetz vom 27.7.2001 (BGBl. I 1887), durch welches das Berufungsverfahren zu einem Instrument der Rechtskontrolle umgestaltet wurde, besteht nun ein grundlegender Unterschied zum Beschwerdeverfahren vor dem BPatG, in welchem dem BPatG als erster gerichtlicher Instanz auch eine vollständige Tatsachenüberprüfung obliegt (BGH GRUR 2010, 859 Rn. 15 – Malteserkreuz III; vgl. auch Ströbele/Hacker/Ströbele Rn. 29).

16 Die Erhebung der Nichtbenutzungseinrede erstmals im Verfahren vor dem BPatG kann mithin bei verfahrensverzögernder Verspätung gemäß § 282 Abs. 2, § 296 Abs. 2 ZPO iVm § 82 Abs. 1 S. 1 unzulässig sein. Diese Vorschriften sind als erstinstanzliche Vorschriften grundsätzlich anwendbar. Voraussetzung ist gemäß § 296 Abs. 2 ZPO eine Verfahrensverzögerung, die auf einer groben Nachlässigkeit des Inhabers der angegriffenen Marke beruht. Eine solche führt zur Zurückweisung der Einrede (BGH GRUR 1998, 938 (939) – DRAGON; GRUR 2005, 58 (59) – BRELAN/Rilan). Bei einer Berücksichtigung der Einrede trotz Vorliegens einer Verspätung iSd § 282 Abs. 2, § 296 Abs. 2 ZPO kann eine Verletzung des rechtlichen Gehörs vorliegen (BGH GRUR 2003, 903 – Katzenstreu). Der Verspätungsvorschrift des § 282 Abs. 1 kommt aufgrund des Verfahrensgangs vor dem DPMA sowie dem BPatG mit allenfalls einer mündlichen Verhandlung kaum praktische Bedeutung zu (so auch Ströbele/Hacker/Ströbele Rn. 32). Eine Anwendung des § 282 Abs. 2 ZPO im Beschwerdeverfahren vor dem BPatG kommt allerdings grundsätzlich nur in Betracht, wenn den Parteien durch richterliche Anordnung aufgegeben worden ist, die mündliche Verhandlung durch Schriftsätze oder durch zu Protokoll der Geschäftsstelle abzugebende Erklärungen nach § 129 Abs. 2 ZPO vorzubereiten (BGH GRUR 2010, 859 Rn. 16 – Malteserkreuz III).

Eine Verzögerung des Verfahrens kann mangels bestimmten Entscheidungstermins nicht **17** im schriftlichen Verfahren angenommen werden, da eine Verzögerung in diesem Fall nicht feststellbar ist. Nur im Rahmen des Beschwerdeverfahrens kann eine Verfahrensverzögerung relevant werden, wenn die Einrede erstmalig in oder kurz vor dem Termin zur mündlichen Verhandlung erhoben wird und dem Widersprechenden bis zum Schluss der mündlichen Verhandlung die Glaubhaftmachung objektiv unmöglich ist (BPatGE 40, 127 (131) – Ruoc/RoC; BPatGE 40, 26 (30) – KIMBOY'S; BPatG GRUR 1997, 54 – S.OLIVER; vgl. auch Ströbele/Hacker/Ströbele Rn. 33). Die Möglichkeit der Glaubhaftmachung durch einen nachgereichten Schriftsatz gemäß § 283 ZPO ist dabei ausgeschlossen, da § 283 ZPO nicht die Nachbesserung eigener Beweisführung zulässt. Die Einrede ist mithin so rechtzeitig zu erheben, dass der Widersprechende bis zur mündlichen Verhandlung Erkundigungen über die Benutzungslage einholen und die nötigen Mittel zur Glaubhaftmachung beschaffen kann, ohne dass eine Vertagung der Entscheidung nötig wird. Dabei muss auch eine eventuelle rechtliche Beratung berücksichtigt werden (BPatGE 40, 127 (131) – Ruoc/RoC). Kommt eine Anwendung der §§ 282 Abs. 2, 296 Abs. 2 ZPO in Betracht, kann die Fristenregelung des § 131 Abs. 1 S. 1 ZPO entsprechend als Bewertungsmaßstab herangezogen werden. Danach sind Schriftsätze, die neues Vorbringen enthalten, so rechtzeitig einzureichen, dass sie mindestens eine Woche vor der mündlichen Verhandlung an den Prozessgegner zugestellt werden können (vgl. Ströbele/Hacker/Ströbele Rn. 35).

Neben der drohenden Verfahrensverzögerung muss als zweite Voraussetzung der §§ 282 **18** Abs. 2, 296 Abs. 2 ZPO grobe Nachlässigkeit seitens des Einredenden vorliegen. Diese Voraussetzung ist im Einzelfall anhand aller Umstände zu überprüfen, wobei Ausgangspunkt der Grundsatz sein muss, dass die Nichtbenutzungseinrede nicht zum frühestmöglichen Zeitpunkt erhoben werden muss. Dem Inhaber der angegriffenen Marke muss ein angemessener Zeitraum zugestanden werden, in dem er sich selbst zunächst über die tatsächlichen Umstände der Benutzung der Widerspruchsmarke informieren kann (Ströbele/Hacker/Ströbele Rn. 36; vgl. BPatG BeckRS 2008, 7659 – Net-T/NETT: keine Verspätung bei einer Woche vor der mündlichen Verhandlung und dem Widersprechenden zugestellter Einrede; BeckRS 2009, 14241 – IDEEFIX/IDEFIX: Verspätung angenommen bei zwei Tage vor mündlicher Verhandlung eingegangener Einrede).

Nach seiner ständigen Rechtsprechung geht das BPatG von einer Erklärungspflicht des **19** Widersprechenden aus, weshalb es bei Nichterscheinen des Widersprechenden zur mündlichen Verhandlung nicht zu einer Verfahrensverzögerung und mithin nicht zu einer Zurückweisung der Nichtbenutzungseinrede wegen verspäteten Vorbringens kommen kann. In diesem Fall ist zu entscheiden und der Widerspruch zurückzuweisen (BPatGE 37, 114 – ETOP). Nach Ansicht des BPatG kann es nur zu einer Verfahrensverzögerung kommen, wenn die Benutzungslage der Widerspruchsmarke streitig ist, was noch nicht ohne weiteres aus der Erhebung der Nichtbenutzungseinrede selbst geschlossen werden könne. Diese stelle nur die Ausgangsbehauptung dar, zu welcher sich der Widersprechende grundsätzlich gemäß § 138 Abs. 2 ZPO erklären müsse. Unterbleibt diese Erklärung, seien die Folgen des § 138 Abs. 3, dass die Einrede nicht wegen Verfahrensverzögerung als verspätet zurückgewiesen werden kann, vom Widersprechenden zu tragen (vgl. BPatG GRUR 1997, 534 (535) – ETOP/Itrop; BPatG GRUR 1999, 350 (352) – Ruoc/ROC; BeckRS 2012, 12594 – Cargolifter/lifter; BeckRS 2008, 26994 – Silvamed/SILCA med; BeckRS 2007, 16364 – CYREX/IREX; BeckRS 2007, 11665 – SYNEXION/Synavion; vgl. auch Kliems MarkenR 2001, 185 (189); Ströbele/Hacker/Ströbele Rn. 38). Mache hingegen der Widersprechende die Benutzung in Form einer Erklärung nach § 138 Abs. 2 ZPO geltend, könne die Einrede als verspätet zurückgewiesen werden, wenn eine sofortige Glaubhaftmachung der Benutzung nicht möglich und deshalb mit einer Verfahrensverzögerung zu rechnen sei.

MarkenG § 43

20 Diese Rechtsprechung des BPatG wurde in der Literatur im Hinblick auf die Rechtsfolgen, die im Ergebnis einem Versäumnisurteil – welches im Beschwerdeverfahren nicht vorgesehen ist – gleichkommen, heftig kritisiert (vgl. Ströbele/Hacker/Ströbele Rn. 38; Fezer Rn. 9). Der Widersprechende geht ein hohes Risiko ein, wenn er an der angesetzten mündlichen Verhandlung nicht teilnimmt, obwohl eine Nichtbenutzungseinrede grundsätzlich möglich wäre. Es ist nicht ersichtlich, warum die bloße Erhebung der Nichtbenutzungseinrede nicht ausreichen sollte, um von einer streitigen Benutzungslage auszugehen. Die Ausgangsbehauptung ist nicht in der Erhebung der Einrede zu sehen, sondern muss bereits in der Einlegung des Widerspruchs selbst verortet werden. In dieser Erhebung liegt gleichzeitig die implizite Aussage des Widersprechenden, die Marke werde rechtserhaltend benutzt. Die Erhebung der Nichtbenutzungseinrede in der mündlichen Verhandlung stellt dann die Erklärung des Widerspruchsgegners iSd § 138 Abs. 2 ZPO dar und kann – sofern eine sofortige Glaubhaftmachung nicht möglich ist und damit eine Verzögerung des Verfahrens droht – auch bei Abwesenheit des Widersprechenden als verspätetet zurückgewiesen werden.

II. Einredevarianten; Benutzungszeiträume

21 Die Regelungen über die Nichtbenutzungseinrede in § 43 Abs. 1 stellen die verfahrensrechtliche Durchsetzung des Benutzungszwangs als eine Schranke des Markenschutzes dar. Die Regelung des § 43 Abs. 1 beruht auf Art. 11 Abs. 2 MRL (vgl. Amtl. Begr., BT-Drs. 12/6581, 92). Der Inhaber der Widerspruchsmarke hat danach die rechtserhaltende Benutzung auf Bestreiten des Widerspruchsgegners glaubhaft zu machen. Das materielle Recht des Benutzungszwangs ist im vierten Abschnitt des MarkenG in den §§ 25, 26 geregelt (→ § 26 Rn. 1 ff.). Weitere Verfahrensregeln finden sich in §§ 49, 55 für die Verfallsregelung und das Löschungsklageverfahren. Der Benutzungszwang stellt eine rechtliche Obliegenheit für den Markeninhaber dar.

22 Die Einrede kann gegenüber allen eingetragenen Marken erhoben werden, die dem Benutzungszwang unterliegen, mithin gegenüber eingetragenen nationalen Marken, IR-Marken sowie Unionsmarken, nicht hingegen gegenüber notorisch bekannten Marken oder Agentenmarken. Bei nicht eingetragenen Kennzeichen gilt der Benutzungszwang nicht, sondern die Benutzung ist Teil der Entstehungsvoraussetzungen des Markenschutzes.

1. Einrede des § 43 Abs. 1 S. 1

23 Nach dem Wortlaut des § 43 Abs. 1 S. 1 ist die Erhebung der Nichtbenutzungseinrede nur gegenüber Marken zulässig, die seit mindestens fünf Jahren eingetragen sind. Dieser Fünfjahreszeitraum wird als **Benutzungsschonfrist** bezeichnet (vgl. Amtl. Begr., BT-Drs. 12/6581, 86). Der Begriff der Benutzungsschonfrist ist insoweit missverständlich, als dass es sich dabei nicht um eine echte Frist handelt, innerhalb welcher der Markeninhaber vom Benutzungszwang befreit wäre. Es handelt sich dabei vielmehr um einen Zeitraum, vor dessen Ablauf dem Widersprechenden nicht die Einrede der Nichtbenutzung entgegengehalten werden kann. Der Zeitraum soll ihm zur Aufnahme der Benutzung der Marke zur Verfügung stehen (vgl. Begr. zum ÄndG 1967, BlPMZ 1967, 244 (265); BPatG GRUR 1999, 1002 (1004) – SAPEN). Dies wird auch daran deutlich, dass die Benutzung bei Erhebung der Einrede unmittelbar nach Ablauf der fünf Jahre für die fünf davorliegenden Jahre, mithin die Benutzungsschonfrist, glaubhaft zu machen ist (vgl. Kliems MarkenR 2001, 185 (186); ebenso Ströbele/Hacker/Ströbele Rn. 9; Ingerl/Rohnke § 25 Rn. 9).

24 Die Benutzungsschonfrist beginnt bei eingetragenen nationalen Marken grundsätzlich mit dem Tag der Eintragung in das Markenregister. Wurde gegen die Widerspruchsmarke selbst Widerspruch erhoben, beginnt der relevante Fünfjahreszeitraum nach § 26 Abs. 5 mit dem Abschluss des Widerspruchsverfahrens. Bei Unionsmarken gilt gemäß Art. 15 Abs. 1 UMV ausschließlich der Tag der Eintragung, weil in der UMV das Widerspruchsverfahren vorgeschaltet ist. Eine Parallelregelung zu § 26 Abs. 5 existiert in der Verordnung nicht, wäre aber aufgrund der Eintragung der Unionsmarke erst nach Abschluss des Widerspruchsverfahrens ohnehin überflüssig. Für Widersprüche aus IR-Marken gelten § 115 Abs. 2, § 116, § 124. Danach tritt grundsätzlich an die Stelle der nationalen Markeneintragung der Tag des Ablaufs der Jahresfrist gemäß Art. 5 Abs. 2 MMA nach der tatsächlichen Eintragung der Marke im internationalen Register. Das Datum entspricht aufgrund der gesetzlichen Fiktion der Regel

18 Abs. 1 Buchst. a iii) GMDV dem Datum der Versendung der Mitteilung über die internationale Registrierung (vgl. BPatG GRUR 2006, 868 (870) – go seven). Sind nach Ablauf dieser Jahresfrist des Art. 5 Abs. 2 MMA noch Verfahren wegen absoluter Schutzhindernisse bzw. Widersprüche anhängig, beginnt die Benutzungsschonfrist gemäß Regel 17 Abs. 6 GMDV mit dem Zugang der das Verfahren abschließenden Mitteilung des DPMA über die Schutzbewilligung beim Internationalen Büro der WIPO (vgl. BGH GRUR 1995, 583 – MONTANA).

Der **Benutzungszeitraum des § 43 Abs. 1 S. 1** bezieht sich auf den Zeitraum der 25 letzten fünf Jahre vor Veröffentlichung der Eintragung der angegriffenen Marke, wenn die Widerspruchsmarke zu diesem Zeitpunkt seit mehr als fünf Jahren eingetragen ist und nicht mehr in der Benutzungsschonfrist liegt. Erhebt der Inhaber der angegriffenen Marke in diesem Fall die Einrede der Nichtbenutzung, hat der Widersprechende die rechtserhaltende Benutzung der Widerspruchsmarke in den letzten fünf Jahren vor der Veröffentlichung der Eintragung der jüngeren Marke glaubhaft zu machen. Dabei ist eine länger zurückliegende Nichtbenutzung unbeachtlich, so dass es nur auf den Zeitraum der letzten fünf Jahre ankommt, auch wenn eine längere Nichtbenutzung vorgelegen hat (vgl. auch Fezer Rn. 18, Ströbele/Hacker/Ströbele Rn. 4). Es ist zu beachten, dass eine durchgehende Benutzung über den gesamten Zeitraum von fünf Jahren nicht erforderlich ist. Es ist ausreichend, wenn eine Benutzung für einzelne Abschnitte des Benutzungszeitraums iSd § 43 Abs. 1 S. 1 glaubhaft gemacht werden kann.

Der Benutzungszeitraum des § 43 Abs. 1 S. 1 ist unveränderlich. Eine einmal erbrachte 26 ausreichende Glaubhaftmachung der Benutzung bleibt während des gesamten Verfahrens einschließlich aller Rechtsmittelverfahren fortdauernd rechtserhaltend, und eine Nichtbenutzung ist – jedenfalls im Rahmen des § 43 Abs. 1 S. 1 – nicht nachträglich heilbar (Ströbele/Hacker/Ströbele Rn. 4).

2. Einrede des § 43 Abs. 1 S. 2

Benutzungszeitraum: Die Variante des § 43 Abs. 1 S. 2 erweitert die Möglichkeit der 27 Erhebung der Nichtbenutzungseinrede für den Fall, dass die Benutzungsschonfrist erst nach Veröffentlichung der Eintragung der angegriffenen Marke, mithin im Verlauf des Widerspruchsverfahrens, endet. Der BGH versteht unter dem Begriff des Zeitraums von fünf Jahren der Nichtbenutzung nicht nur die Benutzungsschonfrist, sondern jede weitere fünfjährige Periode, innerhalb welcher die Widerspruchsmarke nicht benutzt worden ist (BGH GRUR 1998, 938 (939) – DRAGON). In diesem Fall muss der Widersprechende die rechtserhaltende Benutzung gemäß § 26 für die letzten fünf Jahre vor der Entscheidung über den Widerspruch glaubhaft machen. Dieser Zeitraum steht anders als bei § 43 Abs. 1 S. 1 nicht von vornherein fest, sondern hängt vom Verlauf des Verfahrens ab (vgl. BPatG GRUR 2008, 77 (78) – QUELLGOLD/Goldquell). Kommt es zum Beschwerdeverfahren, ist die in § 43 Abs. 1 S. 2 genannte Entscheidung über den Widerspruch erst die Beschwerdeentscheidung durch das BPatG (BGH GRUR 2000, 510 – Contura; GRUR 2000, 890 – IMMUNINE/IMUKIN) bzw. im Falle einer Zurückweisung durch den BGH die zweite Beschwerdeentscheidung durch das BPatG (BPatG GRUR 2009, 64 (65) – GALLUP II). Wird in diesen Fällen aufgrund einer mündlichen Verhandlung entschieden, ist die letzte mündliche Verhandlung ausschlaggebend für die Bestimmung des Benutzungszeitraums (dieser Zeitpunkt gilt auch bei Zustellung an Verkündung statt gemäß § 79 Abs. 1 S. 3; vgl. BPatG GRUR 2001, 166 (168) – VISION), im schriftlichen Verfahren der Zeitpunkt der Aufgabe der Entscheidung zur Post (vgl. Ingerl/Rohnke Rn. 6). Erheblich ist somit das Wirksamwerden der jeweiligen Entscheidung (so auch Ströbele/Hacker/Ströbele Rn. 12).

Durch diese Regelung der relevanten Benutzungszeiträume und die Einführung des sog. 28 „wandernden" Benutzungszeitraums, welcher weder in der GMV noch in der MRL vorgesehen war, in der UMV nicht vorgesehen ist und aufgrund der Reformierung der MRL (RL (EU) 2015/2436) spätestens mit Ablauf der Umsetzungsfrist auch aus dem MarkenG verschwinden wird, wollte der Gesetzgeber erreichen, dass eine fünfjährige Nichtbenutzung außerhalb des feststehenden Benutzungszeitraums gemäß § 43 Abs. 1 S. 1 bereits im Widerspruchsverfahren berücksichtigt werden kann. Dieser Gleichlauf mit den Benutzungszeiträumen des Klageverfahrens nach §§ 51, 55 soll eine spätere Löschungsklage wegen Nichtbenutzung entbehrlich machen (vgl. Amtl. Begr., BT-Drs. 12/6581, 86).

29 Diese Regelung wurde in der Literatur grundlegend kritisiert. Nach Ansicht von Ströbele (vgl. Ströbele/Hacker/Ströbele Rn. 10) habe die Regelung sich aufgrund nur schwer nachvollziehbarer Benutzungszeiträume nicht bewährt. Die Festlegung des § 43 Abs. 1 S. 2 sei systemwidrig und führe in der Praxis zu Rechtsverlusten.

30 **„Wandernder" Benutzungszeitraum:** Wie auch bei § 43 Abs. 1 S. 1 ist eine einmal erhobene Nichtbenutzungseinrede nach § 43 Abs. 1 S. 2 für alle weiteren Rechtsmittelinstanzen wirksam und muss nicht erneut geltend gemacht werden (BGH GRUR 1999, 54 (55) – Holtkamp). Die Einrede nach Abs. 1 S. 2 betrifft mithin einen sich ständig verändernden Zeitraum, der mit dem Verfahren mitwandert und auch Instanzen überspringt. Aufgrund dieser Konstellation kann eine einmal erfolgreiche Glaubhaftmachung bei längeren Verfahren durch Zeitablauf unzureichend werden, wenn erneut ein Zeitraum von fünf Jahren seit der letzten Glaubhaftmachung erreicht wird (vgl. Ströbele/Hacker/Ströbele Rn. 13; abweichend Ingerl/Rohnke Rn. 6, wonach eine Nichtbenutzungseinrede nach der ursprünglichen Glaubhaftmachung, die nicht ausdrücklich aufrechterhalten wurde, rechtzeitig vor der Entscheidung wiederholt werden muss). Der Widersprechende hat während des gesamten Verfahrensverlaufs von sich aus die Notwendigkeit einer eventuellen erneuten Glaubhaftmachung zu berücksichtigen (vgl. Kliems MarkenR 2001, 185 (192)). Dabei kann er sich nicht auf Rügen der Gegenseite oder Hinweise der Behörden bzw. Gerichte verlassen.

31 **„Heilung" der Nichtbenutzung:** Ein weiterer Unterschied zu der Einrede gemäß § 43 Abs. 1 S. 1 besteht in der Möglichkeit, im Rahmen des § 43 Abs. 1 S. 2 den Benutzungsmangel für das Widerspruchsverfahren zu heilen. Da es auf den Fünfjahreszeitraum vor der Entscheidung ankommt, kann der Widersprechende der Nichtbenutzungseinrede entgegenwirken, indem er die Benutzung der Marke rechtzeitig vor der Entscheidung wieder aufnimmt. Läuft die Benutzungsschonfrist erst während des Widerspruchsverfahrens ab und erfolgt die relevante Benutzung damit zwar später als fünf Jahre nach der Eintragung der Marke, aber vor der Entscheidung über den Widerspruch, steht keine der Einredealternativen des § 43 Abs. 1 der Geltendmachung von Rechten aus der Marke entgegen (vgl. Amtl. Begr., BT-Drs. 12/6581, 77 für die gleichgelagerte Vorschrift des § 25 Abs. 2 S. 2; Ströbele/Hacker/Ströbele Rn. 15).

32 Die Regelung des Art. 12 Abs. 1 UAbs. 3 MRL, wonach der Beginn bzw. die Wiederaufnahme der Benutzung innerhalb von drei Monaten vor Klageerhebung wegen Nichtbenutzung unberücksichtigt bleibt, soweit Kenntnis von der Klageerhebung besteht, wurde in Deutschland nur für das Löschungsverfahren in § 49 Abs. 1 S. 3 umgesetzt und gilt daher nicht für das Widerspruchsverfahren und die Einrede des § 43 Abs. 1 S. 2 (BPatGE 44, 163 (165) – CONTURA II; Kliems MarkenR 2001, 185 (193); Ingerl/Rohnke Rn. 10). Zur Verhinderung der Heilung einer längeren Nichtbenutzung bleibt dem Inhaber der angegriffenen Marke dann nur die rechtzeitige Erhebung der Löschungsklage nach § 49.

33 Nach der reformierten MRL wird auch dieser Bereich des Widerspruchsverfahrens harmonisiert. Art. 46 Abs. 1 RL (EU) 2015/2436 wird den deutschen Sonderweg der zweiten, wandernden Benutzungsfrist (Abs. 1 S. 2) nach Ablauf der Umsetzungsfrist ersatzlos beseitigen. Die allein maßgebliche Fünfjahresfrist vor Anmeldung der jüngeren Marke beginnt dann ab dem Tag, an dem kein Widerspruch gegen die ältere Marke mehr möglich ist, oder, wie bisher, mit rechtskräftigem Abschluss aller Widerspruchsverfahren gegen die ältere Marke (Art. 16 Abs. 2 RL (EU) 2015/2436). Die Regelung schafft auf diesem Wege die gewünschte Klarheit und beendet das Chaos unterschiedlicher nationaler Regelungen und Fristberechnungen in Europa (Bender MarkenR 2013, 129 (136)).

3. Verhältnis der Benutzungszeiträume

34 Das Verhältnis der Benutzungszeiträume zueinander hängt von der rechtlichen Einordnung der Einredealternativen des § 43 Abs. 1 ab. Nach einer Ansicht handelt es sich bei den Benutzungszeiträumen der § 43 Abs. 1 S. 1 und S. 2 nicht um zwei verschiedene Einreden, sondern lediglich um zwei verschiedene Arten der Fristberechnung der fünfjährigen Benutzungsfrist bei einer einheitlichen Nichtbenutzungseinrede (so Fezer Rn. 20; ähnlich auch Kliems MarkenR 2001, 185 (192)). Dabei richtet sich die Berechnung nach der Art und

dem Stand des Verfahrens, in welchem die Einrede erhoben wurde. Folge dieser verfahrensspezifischen Fristberechnung sind verschiedene Fünfjahreszeiträume mit einer möglichen Überschneidung.

Nach anderer Ansicht handelt es sich bei den Benutzungszeiträumen des § 43 Abs. 1 **35** um zwei verschiedene Einreden der Nichtbenutzung (so Ströbele/Hacker/Ströbele Rn. 16; Ingerl/Rohnke Rn. 8). Im Rahmen dieser Ansicht stellt sich dann das Folgeproblem, ob das Verhältnis der Einreden alternativ zu bestimmen sei, weil es sich um zwei getrennte, sich gegenseitig ausschließende, Tatbestände handelt (so noch BPatGE 35, 40 (44) – Jeannette), oder ob beide kumulativ nebeneinander erhoben werden können (so BGH GRUR 1998, 938 (939) – DRAGON; dem folgend Ströbele/Hacker/Ströbele Rn. 16; Ingerl/Rohnke Rn. 8).

Nach nunmehr ständiger Rechtsprechung des BGH führt die Ansicht des BPatG, es **36** handele sich bei den Benutzungszeiträumen des § 43 Abs. 1 um getrennte, sich gegenseitig ausschließende Tatbestände, zu einer ungerechtfertigten Beschränkung der Geltendmachung der Rechte aus der Marke. Der Widerspruchsgegner wird zu Unrecht auf die Löschungsklage verwiesen. Der BGH versteht den Fünfjahreszeitraum des § 43 Abs. 1 S. 2 nicht nur als die Benutzungsschonfrist, sondern fasst darunter jeden weiteren fünfjährigen Zeitraum der Nichtbenutzung, woraus als Rechtsfolge die Möglichkeit der Kumulation beider Einreden resultiert. Sofern die fünfjährige Benutzungsschonfrist bereits vor Veröffentlichung der Eintragung der Marke abgelaufen ist und die Nichtbenutzungseinrede nach § 43 Abs. 1 S. 1 erhoben werden kann, ist der Inhaber der angegriffenen Marke nicht daran gehindert, zusätzlich die Einrede nach § 43 Abs. 1 S. 2 mit der Begründung zu erheben, es liege auch eine fünfjährige Nichtbenutzung vor der Entscheidung über den Widerspruch vor (BGH GRUR 1998, 938 (939) – DRAGON; GRUR 1999, 54 (55) – Holtkamp; GRUR 1999, 995 (996) – HONKA; GRUR 2000, 510 – Contura; GRUR 2006, 150 Rn. 8 – NORMA; GRUR 2008, 719 Rn. 20 – idw Informationsdienst Wissenschaft). Danach sind in allen Fällen, in denen die Voraussetzungen des § 43 Abs. 1 S. 1 erfüllt sind, auch immer gleichzeitig die Voraussetzungen des § 43 Abs. 1 S. 2 gegeben. Die gesetzgeberische Differenzierung zwischen den Einredevarianten wird damit insbesondere im Hinblick auf den prozessökonomischen Normzweck der Regelung des § 43 Abs. 1 S. 2 nachvollziehbar (vgl. Kliems MarkenR 2001, 185 (192)). Zu dem gleichen Ergebnis führt auch eine richtlinienkonforme Auslegung anhand Art. 10 MRL, welcher die Aussetzung der Benutzung während eines ununterbrochenen Zeitraums von fünf Jahren regelt (vgl. BGH GRUR 1999, 54 (56) – Holtkamp).

Soweit die Voraussetzungen des § 43 Abs. 1 S. 1 und 2 vorliegen, ist aufgrund der Rspr. **37** des BGH in einem undifferenzierten Bestreiten der Benutzung durch den Inhaber der angegriffenen Marke regelmäßig die Erhebung beider Einreden zu verstehen (vgl. zB BGH GRUR 2008, 719 Rn. 20 – idw Informationsdienst Wissenschaft). Etwas anderes gilt nur, wenn die Nichtbenutzungseinrede ausdrücklich auf nur eine Variante des § 43 Abs. 1 beschränkt wird. In diesem Fall besteht auch nicht die Möglichkeit, die Voraussetzung der anderen Einrede von Amts wegen zu prüfen, zumal ein berechtigtes Interesse des Markeninhabers an einer Beschränkung auf nur eine Einrede bestehen kann (vgl. BPatG GRUR 1996, 280 (281) – BIO/VERA; so auch Ströbele/Hacker/Ströbele Rn. 19). Eine Ausdehnung der Einrede auch auf die andere Variante des § 43 Abs. 1 im Laufe des Verfahrens ist hingegen möglich, muss allerdings – im Hinblick auf die Rechtsfolgen für den Inhaber der Widerspruchsmarke – deutlich zum Ausdruck gebracht werden.

Werden also beide Einreden kumulativ erhoben, obliegt dem Inhaber der Widerspruchs- **38** marke die Glaubhaftmachung der Benutzung für beide Zeiträume. Dabei ist zu beachten, dass diese Zeiträume sich überschneiden, aber auch völlig getrennt voneinander bestehen können. Daraus kann sich für den Widersprechenden eine Situation ergeben, in der er die Benutzung seines Kennzeichens für zwei verschiedene Zeiträume glaubhaft machen muss, was er von sich aus zu berücksichtigen hat. Dabei kann er sich nicht auf Rügen der Gegenseite oder Hinweise durch Behörden bzw. Gerichte verlassen (Kliems MarkenR 2001, 185 (192); Ingerl/Rohnke Rn. 6; Ströbele/Hacker/Ströbele Rn. 8).

Trotz der Möglichkeit, die Einreden des § 43 Abs. 1 kumulativ zu erheben, kann eine vor **39** Ablauf der Benutzungsschonfrist erhobene und damit unzulässige Einrede nach § 43 Abs. 1 S. 1 nicht von Amts wegen als nachträglich zulässige Einrede iSd § 43 Abs. 1 S. 2 umgedeutet werden. Eine verfrüht erhobene Einrede entfaltet nicht automatisch mit dem Ablauf einer entsprechenden Frist die Rechtswirkungen einer zulässigen Einrede nach § 43 Abs. 1 S. 2 (vgl. BPatG GRUR 2000, 1052 (1053) – Rhoda-Hexan/Sota-Hexal; GRUR 2005, 773 (775) – Blue Bull/RED BULL; so auch Kliems MarkenR 2001, 185 (187); Ingerl/Rohnke Rn. 16). Eine vorbeugende Erhebung der Einrede für den Fall, dass die Entscheidung sich bis zum Ablauf der Benutzungsschonfrist verzögert, ist mithin nicht möglich. Der Inhaber der angegriffenen Marke muss hinreichend deutlich machen, dass er die Einrede auch für den in § 43 Abs. 1 S. 2 angegebenen Zeitraum geltend machen will (vgl. BPatG GRUR 1996, 280 – BIO/VERA; auch BGH GRUR 2003, 903 – Katzenstreu). Dabei muss er sich nicht wörtlich auf § 43 Abs. 1 S. 2 berufen. Es reicht aus, dass unmissverständlich klar ist, dass die Benutzung der Marke weiterhin in jeder Hinsicht im Streit ist (vgl. BGH GRUR 1999, 54 (55) – Holtkamp; GRUR 1999, 995 (996) – HONKA). Solange dies nicht der Fall ist, ist der Widersprechende nicht dazu verpflichtet, von sich aus die Benutzung für den entsprechenden Zeitraum geltend zu machen (vgl. BGH GRUR 2003, 903 – Katzenstreu).

III. Glaubhaftmachung der Benutzung

1. Begriff der Glaubhaftmachung

40 Auf die zulässige Erhebung der Nichtbenutzungseinrede iSd § 43 Abs. 1 hat der Widersprechende im Gegensatz zum Verletzungsprozess gemäß § 25 Abs. 2, zum Löschungsverfahren gemäß § 55 Abs. 3 oder zum Widerspruchsverfahren im europäischen Markenrecht nach Art. 42 Abs. 2 und Abs. 3 UMV die rechtserhaltende Benutzung der Widerspruchsmarke nicht gemäß § 286 ZPO zu beweisen, sondern lediglich glaubhaft zu machen (§ 294 ZPO; vgl. BGH GRUR 2006, 152 Rn. 20 – GALLUP II). Im Rahmen des § 294 ZPO ist nicht die volle Überzeugung, sondern ein gewisser Grad an Wahrscheinlichkeit – auch überwiegende Wahrscheinlichkeit genannt (Thomas/Putzo ZPO § 249 Rn. 2) – erforderlich (vgl. auch BGH GRUR 2006, 152 Rn. 20 – GALLUP; BPatGE 33, 228 (231) – Lahco; BPatG Mitt 1984, 236 – ALBATRIN/Aludrin). Diese Glaubhaftmachung stellt eine prozessuale Obliegenheit des Widersprechenden auf die Erhebung der Nichtbenutzungseinrede hin dar, für die ebenfalls der Beibringungsgrundsatz gilt (BPatG Mitt 1997, 25 (27) – LAILIQUE/LALIQUE; BGH GRUR 2006, 152 – GALLUP). Der darlegungspflichtige Widersprechende trägt die volle Verantwortung für eine vollständige Glaubhaftmachung und muss sich in Bezug auf die Glaubhaftmachungsmittel sämtliche Mängel zurechnen lassen. Zweifel gehen ausschließlich zu seinen Lasten (vgl. BGH GRUR 2006, 152 Rn. 20 – GALLUP; BPatGE 24, 109 (111) – FOSECID; so auch Ströbele/Hacker/Ströbele Rn. 42).

41 Für bekannte Marken besteht gemäß § 291 ZPO die Möglichkeit, die rechtserhaltende Benutzung für die Waren oder Dienstleistungen, für welche eine allgemeine Bekanntheit besteht, als amts- bzw. gerichtsbekannt festzustellen (vgl. Ingerl/Rohnke Rn. 22). In diesem Fall wird die Benutzung als nicht beweisbedürftig angesehen. Es ist allerdings stets sorgfältig zu prüfen, ob eine solche amts- bzw. gerichtsbekannte Benutzung für alle oder nur einen Teil der relevanten Waren oder Dienstleistungen angenommen werden kann (vgl. Ströbele/Hacker/Ströbele Rn. 44; so auch Büscher/Dittmer/Schiwy/v. Gramm Rn. 15). Darüber hinaus bedürfen auch zwischen den Beteiligten unstreitige Tatsachen keiner Glaubhaftmachung. In diesem Fall sind allerdings Rechtsfragen in Bezug auf die Benutzungslage der Disposition der Beteiligten entzogen, so dass nur die tatsächlichen Voraussetzungen der Umstände einer relevanten Benutzung erfasst werden (BGH GRUR 1991, 138 (139) – Flacon; Ingerl/Rohnke Rn. 28; an der Anwendbarkeit des § 288 ZPO generell zweifelnd BGH GRUR 2000, 886 (887) – Bayer/BaiChem). In diesem Fall ist es wichtig, genau zwischen dem bloßen Außer-Streit-Stellen einzelner Tatsachen gemäß § 288 ZPO und der Anerkennung der Benutzung insgesamt bzw. unter Umständen sogar dem Verzicht auf die Einrede zu unterscheiden (BPatG GRUR 2004, 954 (956) – CYNARETTEN/Circanetten).

42 Die Benutzung muss für jedes Verfahren, in dem sie bestritten worden ist, glaubhaft gemacht werden. Dabei ist eine Verweisung auf die Glaubhaftmachungsunterlagen in anderen Verfahren grundsätzlich ausgeschlossen (Kliems MarkenR 2001, 185 (196); Ingerl/Rohnke Rn. 23; Ströbele/Hacker/Ströbele Rn. 56; vgl. auch BPatGE 17, 147 (150)). Ausnahmen kommen lediglich in Betracht, wenn es sich um den gleichen Benutzungszeitraum sowie dieselben Beteiligten handelt (Ströbele/Hacker/Ströbele Rn. 56).

2. Aufklärungspflicht (§ 139 ZPO)

Aufgrund des geltenden Beibringungsgrundsatzes ist es dem DPMA und dem BPatG **43** nicht gestattet, den Widersprechenden zur Glaubhaftmachung einer bestrittenen Markenbenutzung aufzufordern oder Hinweise zu den Erfordernissen der Glaubhaftmachungsmittel zu geben (BPatG GRUR 1994, 629 (630) – Duotherm; GRUR 2000, 900 (902) – Neuro-Vibolex; so auch Ströbele/Hacker/Ströbele Rn. 48).

Die Aufklärungspflicht gemäß § 139 ZPO gilt grundsätzlich auch schon im – weitgehend **44** justizförmig ausgestalteten – Widerspruchsverfahren vor dem DPMA (BPatGE 24, 241 (245) – FLUICIL; grundlegend zur Aufklärungspflicht → § 76 Rn. 10 ff.). Diese verlangt Hinweise und Rückfragen, wenn Verfahrensbeteiligte wesentliche rechtliche oder tatsächliche Gesichtspunkte übersehen oder die Rechtslage ersichtlich falsch einschätzen (BGH WRP 2001, 699 (701) – Impfstoffe; BPatG GRUR 2004, 950 (953) – ACELAT/Acesal; für Beispiele, in denen eine Hinweispflicht angenommen wurde, vgl. Ingerl/Rohnke Rn. 27). Die Aufklärungspflicht findet ihre Grenzen jedoch in der Neutralitätspflicht des DPMA bzw. des BPatG und darf in keinem Fall zu einer Stärkung bzw. Schwächung der prozessualen Stellung einer Partei führen (BPatG GRUR 2004, 950 (953) – ACELAT/Acesal). Die Aufklärung darf nicht zur Beratung eines Verfahrensbeteiligten ausarten (Ingerl/Rohnke Rn. 27).

Damit dient die Aufklärungspflicht des § 139 ZPO nur der Ergänzung bereits erfolgten **45** tatsächlichen Vorbringens und rechtfertigt keine Hinweise, welche die Verfahrensbeteiligten erst zu einem bestimmten Vorbringen veranlassen. Vor allem, wenn das Verhalten der Beteiligten darauf schließen lässt, dass diese Mängel in Bezug auf ihr bisheriges Vorbringen bewusst sein müssten, verbietet sich nicht die Aufklärung seitens des Gerichts bzw. des DPMA (BPatG GRUR 2004, 950 (953) – ACELAT/Acesal; Mitt 2006, 567 (570) – VisionArena/@rena vision; Piekenbrock NJW 1999, 1360 (1363); Ströbele/Hacker/Ströbele Rn. 51). Dies gilt gerade dann, wenn einzelne Fragen zur Glaubhaftmachung bereits umfangreich in Literatur und Rspr. erörtert und grundsätzlich geklärt worden sind (BPatG GRUR 2000, 900 (902) – Neuro-Vibolex). Die Beteiligten müssen im Widerspruchsverfahren damit alle vertretbaren Rechtsauffassungen in Betracht ziehen (vgl. BGH GRUR 2000, 894 – Micro-PUR; GRUR 2001, 754 (755) – Zentrum für Implantologie; GRUR 2006, 152 Rn. 13 – GALLUP; GRUR 2008, 1027 Rn. 20 – Cigarettenpackung; GRUR 2009, 91 Rn. 12 – Antennenhalter). Eine Ausnahme ist nur im Falle einer beiderseitigen erkennbaren Annahme unzutreffender rechtlicher oder tatsächlicher Gesichtspunkte zu machen (Ströbele/Hacker/Ströbele Rn. 53).

Diese Grundsätze gelten auch für eventuelle Rechtsmittelverfahren. Da eine einmal in **46** das Verfahren eingebrachte Nichtbenutzungseinrede auch in den Rechtsmittelinstanzen vom Widersprechenden beachtet werden muss (vgl. zB BGH GRUR 1999, 54 (55) – Holtkamp), obliegt diesem in allen Instanzen die Glaubhaftmachung der Benutzung auch ohne erneuten Hinweis oder Aufforderung seitens des Gerichts bzw. des Amts (ständige Rechtsprechung, vgl. BPatG MA 1976, 500 (502); BPatGE 22, 211 (212); so auch Ingerl/Rohnke Rn. 19; Ströbele/Hacker/Ströbele Rn. 54). Aufgrund des wandernden Benutzungszeitraums des § 43 Abs. 1 S. 2 muss der Widersprechende laufend und in allen Instanzen überprüfen, ob und inwiefern seine vorgelegten Glaubhaftmachungsunterlagen dem Zeitraum der Einrede nach Satz 2 entsprechen. Auch diesbezüglich ergeht kein Hinweis des Gerichts, die Unterlagen zu aktualisieren.

3. Inhalt der Glaubhaftmachung

Die Glaubhaftmachung der Benutzung ist nur mit **präsenten Beweismitteln** iSd § 294 **47** ZPO und nicht mit bloßen Glaubhaftmachungsangeboten (vgl. BPatG GRUR 2000, 900 (901) – Neuro-Vibolex) oder dem Verweis auf Unterlagen aus anderen Widerspruchsverfahren (BPatG MA 1975, 371) zulässig. Bloßes schriftsätzliches Vorbringen ohne Glaubhaftmachungsmittel reicht nicht aus (Kliems MarkenR 2001, 185 (196)). Die Glaubhaftmachung muss sich auf alle maßgeblichen Umstände der Benutzung beziehen, die den Bedingungen des § 26 entspricht. In der Praxis ist die eidesstattliche Versicherung ein gängiges Glaubhaftmachungsmittel, wobei auch andere Unterlagen, wie Preislisten, Prospekte, Rechnungen oder ähnliches, als Glaubhaftmachungsmittel dem DPMA bzw. BPatG (zusätzlich) vorgelegt werden sollten, auch wenn es sich dabei nicht um Urkunden iSd § 416 ZPO handelt. Insbesondere zur Erläuterung oder Ergänzung der eidesstattlichen Versicherung sind diese Unterlagen ein geeignetes Glaubhaftmachungsmittel (vgl. BPatGE 24, 109 (111) – FOSECID; BPatGE 33, 228 (231) – Lahco; BPatG Mitt 1984, 97 (98) – PLATTOPLAST; GRUR 2007, 596 (597) – La Martina). Das DPMA kann gemäß § 60 Abs. 1 jederzeit auch die Beteiligten laden und anhören, Zeugen oder Sachverständige vernehmen und andere zur Sachverhaltsermittlung erforderlichen Ermittlungen anstellen (vgl. Fezer Rn. 11). Die vorgelegten Glaubhaftmachungsmittel sind im Zusammenhang zu sehen (BPatG Mitt 1984, 97 (98) – PLATTOPLAST; BPatGE 33, 228 (231) – Lahco; BPatG GRUR 2007, 596 (597) – La Martina; BGH GRUR 2008, 719 Rn. 27 – idw Informationsdienst Wissenschaft) und auf eventuelle Widersprüche hin zu bewerten (vgl. BPatG Mitt 1984, 97 – Plattoplast; BPatGE 33, 228 – Lahco).

48   Die Glaubhaftmachung unterliegt keinen gesetzlichen Ausschlussfristen, muss aber so rechtzeitig erfolgen, dass sich der Inhaber der angegriffenen Marke noch in angemessenem Zeitraum, mithin vor Schluss der mündlichen Verhandlung, dazu äußern kann. Als Maßstab kann § 132 Abs. 2 ZPO angewandt werden, wonach Schriftsätze mindestens drei Tage vor der mündlichen Verhandlung an den Prozessgegner zugestellt werden müssen (so Ströbele/Hacker/Ströbele Rn. 40). Eine Zurückweisung von Glaubhaftmachungsmitteln als verspätetes Vorbringen kommt regelmäßig nicht in Betracht, da von einer Verfahrensverzögerung nicht ausgegangen werden kann. Bei erst kurz vor der mündlichen Verhandlung vorgelegten Glaubhaftmachungsunterlagen ist die Rechtzeitigkeit als Voraussetzung einer Verfahrensverzögerung jedenfalls dann gegeben, wenn durch eine der Gegenseite gewährte Schriftsatzfrist nach § 283 ZPO eine Verzögerung vermieden werden kann. Im Rahmen des schriftlichen Verfahrens ist eine Verfahrensverzögerung ohnehin nie anzunehmen (Ströbele/Hacker/Ströbele Rn. 41; BPatG GRUR 1999, 350 (352) – Ruoc/ROC; GRUR 2007, 596 (597) – La Martina; BeckRS 2009, 1505 – Lotus-Effekt/LOTOS; BeckRS 2009, 86092 – CPC/cpc).

49   Die **eidesstattliche Versicherung** muss von einer aus eigener Kenntnis sachkundigen natürlichen Person im eigenen Namen zur Vorlage beim DPMA bzw. BPatG abgegeben und unterzeichnet werden. Die Angaben müssen sich auf den jeweils maßgeblichen Zeitraum der Einrede iSd § 43 Abs. 1 beziehen und eindeutig in Bezug zur markenmäßigen Verwendung der Widerspruchsmarke stehen sowie die Waren bzw. Dienstleistungen, für welche die Marke benutzt wurde, benennen und den Umfang der Benutzung genau beschreiben (vgl. Ingerl/Rohnke Rn. 23; weiter zB BGH GRUR 2000, 510 – Contura; GRUR 2000, 900 – Neuro-Vibolex; BPatGE 33, 228 (231) – Lahco; BGH GRUR 2008, 719 – idw Informationsdienst Wissenschaft). Die Erklärung der Kenntnis möglicher strafrechtlicher Folgen nach § 156 StGB ist nicht zwingend erforderlich, da diese nichts an der Strafbewährung ändert (BPatGE 30, 101 (104) – WEKROMA; Ströbele/Hacker/Ströbele Rn. 68). In der Praxis ist diese Formulierung gleichwohl üblich.

50   Die Aussagekraft einer eidesstattlichen Versicherung liegt darin, dass eine natürliche Person ihr aus eigener unmittelbarer Wahrnehmung erlangtes Wissen über Tatsachen erklärt. Daher ist die eidesstattliche Versicherung in eigenem Namen abzugeben und zu unterzeichnen. Eine firmenmäßige Unterzeichnung erfüllt diese Voraussetzungen nicht (vgl. BPatGE 33, 228 (231) – Lahco). Unbeachtlich ist allerdings die Abgabe der Erklärung unter Verwendung eines Firmenstempels oder als Prokurist mit dem Zusatz „ppa", da die Versicherung trotzdem von einer natürlichen Person abgegeben wird (vgl. BPatG BeckRS 2002, 15799 – Berti/BERRI; BeckRS 2009, 3463 – EuroOBAG/EuroOBAGS; aA Ingerl/Rohnke Rn. 23). Trotzdem sollte die eidesstattliche Versicherung im Zweifel besser in einer neutralen Form von einer natürlichen Person abgegeben werden.

51   Die eidesstattliche Versicherung muss aufgrund der sonst fehlenden Strafbewährung (vgl. BPatG BeckRS 2009, 14855 – SINTEC/Sim Tec; 22.2.2002 – 24 W (pat) 115/98 – BRACCO/GRACO; so auch Ströbele/Hacker/Ströbele Rn. 62; Ingerl/Rohnke Rn. 25) grundsätzlich im Original und nicht bloß als Kopie eingereicht werden. Etwas anderes gilt bei der Form eines Telefax, wenn dieses von der Strafandrohung des § 156 StGB erfasst wird. Dies ist der Fall, wenn das unterschriebene Original unmittelbar an die zur Entgegennahme zuständige Stelle übermittelt wird. Aufgrund des Absendernachweises gewährleistet das Telefax grundsätzlich dieselbe Authentizität wie die Übermittlung der unterschriebenen Originalurkunde per Post. Wenn die eidesstattliche Versicherung vom Gerät des Absenders direkt an das entsprechende Gerät des DPMA oder BPatG übersandt wird, reicht auch diese Form

als Glaubhaftmachungsmittel iSd § 294 ZPO aus (BPatG BlPMZ 2004, 499 (500) – BONSAL/Bonfal; GRUR-RR 2009, 96 (97) – FlowParty/flow; Ströbele/Hacker/Ströbele Rn. 63; Ingerl/Rohnke Rn. 25).

Der Erklärende muss mit den Benutzungsverhältnissen aufgrund eigener Kenntnis der Umstände vertraut sein. Dies kann sich aus der besonderen Stellung des Erklärenden als verantwortlicher Angehöriger des Unternehmens des Widersprechenden ergeben (BPatGE 24, 109 (111) – FOCESID). In besonderen Fällen können jedoch auch Außenstehende über die Kenntnis der Benutzung für einen relevanten Fünfjahreszeitraum verfügen (BPatG BeckRS 1998, 14427 – MODICIN/MODUCRIN). Anwaltliche Versicherungen sind allerdings nur in Ausnahmefällen und in Bezug auf Umstände der Glaubhaftmachung möglich, die zum eigenen Wahrnehmungsbereich des Anwalts gehören (vgl. Ströbele/Hacker/Ströbele Rn. 64; Ingerl/Rohnke Rn. 24). 52

Inhaltlich muss sich die eidesstattliche Versicherung auf Tatsachen beziehen und darf sich nicht in Werturteilen oder Rechtsauffassungen erschöpfen (vgl. BPatG GRUR 1978, 358 (359) – Druckbehälter; Winkler MA 1984, 329 (331); Ströbele/Hacker/Ströbele Rn. 65). Die tatsächlich verwendete Wiedergabe der Marke und – besonders bei Marken, die in verschiedenen abweichenden Formen verwendet werden, bei welchen die Zulässigkeit der Abwandlung iSd § 26 Abs. 3 fraglich ist – ihre markenmäßige Verwendungsform (BGH GRUR 2010, 270 Rn. 24 – ATOZ III) müssen deutlich, die durch die Marke gekennzeichneten Waren oder Dienstleistungen benannt sowie der Umfang der Benutzung und deren Inlandsbezug erkennbar werden (vgl. Ingerl/Rohnke Rn. 23 mit Angabe von Beispielen zu formellen oder inhaltlichen Mängeln). Die eidesstattliche Versicherung muss inhaltlich Bezug auf die streitgegenständlichen Benutzungsformen und -nachweise nehmen. Werden Benutzungsunterlagen vorgelegt, muss die eidesstattliche Versicherung klarstellen, dass die im Rahmen der Versicherung gemachten Angaben sich konkret auf diese Benutzungsunterlagen beziehen. Die pauschale Aussage, die Marke werde auf Verpackungen oder sonstigen Benutzungsnachweisen verwendet, ohne spezifisch auf die im Verfahren vorgelegten Unterlagen Bezug zu nehmen, reicht nicht aus. In diesen Fällen kann die abgegebene Versicherung als unklar und ungenau bewertet werden (EuGH C-414/13 P, BeckRS 2014, 80939 Rn. 35). Die Art und die Form der Benutzung sind hingegen nicht im Wege einer eidesstattlichen Versicherung, sondern nur durch die Vorlage der verwendeten Markenform auf der Originalware oder anderen Wiedergabearten (zB Kataloge, Screenshots von Websites oder Online-Shops, Fotos etc), welche die Form deutlich erkennen lassen, glaubhaft zu machen (vgl. BPatG Mitt 2006, 567 (569) – VisionArena/@rena vision; BeckRS 2000, 15168 – PATURAGES/PATURAGE; BeckRS 2009, 00241 – Residenz Wallerstein/Wallenstein; ebenso Ströbele/Hacker/Ströbele Rn. 70, der die teilweise erörterte Möglichkeit der Glaubhaftmachung der Form der Benutzung durch eidesstattliche Versicherung als rein theoretisch beschreibt). Aufgrund der Natur der Glaubhaftmachung, für die eine überwiegende Wahrscheinlichkeit ausreicht, kann die Richtigkeit des Inhalts einer eidesstattlichen Versicherung nicht ohne weiteres angezweifelt werden. Diese Einwendungen können nur bei besonderen, substantiiert vorgetragenen, Umständen in Betracht gezogen werden (Ströbele/Hacker/Ströbele Rn. 69). 53

IV. Benutzung für bestimmte Waren/Dienstleistungen (Abs. 1 S. 3)

Nach § 43 Abs. 1 S. 3 werden bei der Entscheidung über einen Widerspruch in Bezug auf die Identität bzw. Ähnlichkeit nur die Waren und Dienstleistungen zugrunde gelegt, für welche die rechtserhaltende Benutzung durch den Inhaber der Widerspruchsmarke glaubhaft gemacht wurde. Ähnliche Regelungen für die Klageverfahren finden sich in § 25 Abs. 2 S. 3; § 55 Abs. 3 S. 4. Da der Schutz im Rahmen der Verwechslungsgefahr sich aber auch auf ähnliche Waren und Dienstleistungen bezieht, kann der Schutzbereich der Widerspruchsmarke sich entgegen § 43 Abs. 1 S. 3 auf Waren und Dienstleistungen beziehen, die grundsätzlich von der Berücksichtigung ausgeschlossen sind (vgl. auch Ingerl/Rohnke Rn. 31 mit weiteren Beispielen). 54

Im Falle der Benutzung eines eingetragenen Oberbegriffs durch Spezialwaren besteht Streit zwischen den Anhängern der sog. Minimallösung und der Maximallösung. Zur rechtserhaltenden Benutzung durch Verwendung von Oberbegriffen → § 26 Rn. 114 ff. 55

C. Die Widerspruchsentscheidung (Abs. 2)

56 In § 43 Abs. 2 sind die Entscheidungsalternativen für den Widerspruch geregelt. Grundsätzlich kann im Falle eines erfolgreichen Widerspruchs die eingetragene Marke (teilweise) gelöscht oder der Widerspruch (teilweise) zurückgewiesen werden. Für die Entscheidung über den Widerspruch sind nach § 56 Abs. 2 S. 1 die Markenstellen des DPMA zuständig, da das Widerspruchsverfahren aufgrund der Gesetzessystematik organisatorisch zum Eintragungsverfahren gehört (vgl. Amtl. Begr., BT-Drs. 12/6581 zu § 56 Abs. 2). Die Besetzung ist in § 56 Abs. 2 S. 2, 3 geregelt. Danach ist das Verfahren bei rechtlich komplexeren Sachverhalten an ein rechtskundiges Mitglied des Amtes zu verweisen.

I. Entscheidung in der Hauptsache

1. Löschung der eingetragenen Marke

57 Die Marke ist nach § 43 Abs. 2 S. 1 zu löschen, soweit der Widerspruch als zulässig befunden wird und in Bezug auf alle Waren und/oder Dienstleistungen ein Löschungsgrund iSd § 42 Abs. 2 (→ § 42 Rn. 81 ff.) vorliegt. Im Falle des Widerspruchs gegen eine IR-Marke tritt an die Stelle der Löschung gemäß § 114 Abs. 3 die Eintragung der Schutzverweigerung. Die Löschungswirkung des § 43 Abs. 2 S. 1 tritt mit Rechtskraft der Entscheidung ein und wirkt gemäß § 52 Abs. 2 iVm § 43 Abs. 4 (zum Verweis in § 43 Abs. 4 → Rn. 76) auf den Zeitpunkt der Eintragung zurück (vgl. Amtl. Begr., BT-Drs. 12/6581, 87; Ingerl/Rohnke Rn. 47). Davon werden jedoch nach § 43 Abs. 4 iVm § 52 Abs. 3 vollstreckte rechtskräftige Entscheidungen in Verletzungsprozessen sowie erfüllte Verträge nicht erfasst.

58 Bis zum Eintritt der Rechtskraft kann der Widerspruch zurückgenommen werden, was zur Wirkungslosigkeit der Entscheidung führt. Eine bestandskräftige Löschung der eingetragenen Marke kann nur noch durch die fristgebundene Eintragungsbewilligungsklage nach § 44 beseitigt werden. Ist diese erfolgreich, kommt es zur Wiedereintragung der Marke unter Wahrung ihres ursprünglichen Zeitrangs (vgl. Ströbele/Hacker/Ströbele Rn. 73; Ingerl/Rohnke Rn. 48). Dabei ist zu beachten, dass die Löschungsentscheidung gemäß § 43 Abs. 2 S. 1 für die Eintragungsbewilligungsklage des § 44 in Bezug auf das Vorliegen eines Widerspruchsgrundes bindend ist (→ § 44 Rn. 8 ff.; BGH GRUR 1981, 53 (55) – Arthrexforte). Dies gilt wiederum nicht für eine eventuelle Verletzungsklage des Widersprechenden wegen Benutzung der Widerspruchsmarke und auch nicht für eine negative Feststellungsklage des Inhabers der angegriffenen Marke wegen behaupteter Verletzung (vgl. Ingerl/Rohnke Rn. 48).

2. Teillöschung

59 Die Möglichkeit einer Teillöschung wird in § 43 Abs. 2 S. 1 ausdrücklich für den Fall erwähnt, dass der Widerspruch nur hinsichtlich bestimmter Waren und/oder Dienstleistungen der angegriffenen Marke Erfolg hat. In diesem Fall wird die Marke nur in Bezug auf diese Waren bzw. Dienstleistungen gelöscht, der Widerspruch im Übrigen zurückgewiesen. Ein im Verzeichnis der angegriffenen Marke aufgeführter Oberbegriff ist hingegen auch dann vollständig zu löschen, wenn eine Ähnlichkeit nur bezüglich einer unter den Begriff fallenden Ware oder Dienstleistung besteht. Weder das DPMA noch das BPatG sind berechtigt, den Oberbegriff von sich aus ohne eindeutige Verzichtserklärung des Markeninhabers einzuschränken und das Verzeichnis umzuformulieren. Hierzu ist ausschließlich der Markeninhaber selbst im Wege eines Teilverzichts nach § 48 Abs. 1 berechtigt (BGH GRUR 2005, 513 (514) – MEY/Ella May; GRUR 2005, 326 (327) – il Padrone/Il Portone; BPatG Mitt 1998, 75 (76) – Hoemoren/HEMERAN; Ströbele/Hacker/Ströbele Rn. 74; Ingerl/Rohnke Rn. 49; Fezer Rn. 33).

3. Erfolgloser Widerspruch

60 Nach § 43 Abs. 2 S. 2 ist der erfolglose Widerspruch zurückzuweisen. Eine Zurückweisung kommt damit im Falle der Unbegründetheit des Widerspruchs in Betracht. Der Widerspruch ist unbegründet, wenn kein Widerspruchsgrund iSd § 42 Abs. 2 vorliegt oder die Nichtbenutzungseinrede nach § 43 Abs. 1 vollständig greift. Die Löschungsklage aus demselben Kennzeichen bleibt dem Widersprechenden trotz einer Zurückweisung allerdings offen (Amtl. Begr., BT-Drs. 12/6581 zu § 42; BGH GRUR 1967, 94 (95) – Stute).

Davon zu unterscheiden ist ein bereits unzulässiger Widerspruch (zur Zulässigkeit des Widerspruchs → § 42 Rn. 16 ff.), der nicht nach § 43 Abs. 2 zurückgewiesen wird, sondern zu verwerfen ist (vgl. auch Ingerl/Rohnke Rn. 45; Ströbele/Hacker/Ströbele Rn. 77). Dies gilt auch, wenn der Widerspruch aufgrund der Löschung der Marke, auf die er gestützt war, nachträglich unzulässig wird (BPatG GRUR 2006, 612 (613) – Seniorität; BPatGE 24, 112 (124); BPatGE 20, 235 (238)). Die Zulässigkeit des Widerspruchs stellt eine von Amts wegen zu beachtende Verfahrensvoraussetzung für die Sachentscheidung dar. 61

4. Mehrere Widersprüche

Sind gegen eine eingetragene Marke mehrere Widersprüche erhoben, kann gemäß § 31 Abs. 2 MarkenV über alle zusammen in einem Beschluss entschieden werden, soweit es – was regelmäßig der Fall ist (vgl. auch Ströbele/Hacker/Ströbele Rn. 78) – sachdienlich ist. Diese Möglichkeit besteht unabhängig von einer Aussetzung nach § 43 Abs. 3 (zur Aussetzung → Rn. 67). Trotz dieser Möglichkeit bleibt die Verfahrensbeteiligung der Widersprechenden auf den eigenen Widerspruch beschränkt (BGH GRUR 1967, 681 (682) – D-Tracetten). Der Beschluss muss auch bei der Entscheidung über mehrere Widersprüche nur einmal an den Inhaber der Marke zugestellt werden (BPatG GRUR 2008, 362 (363) – Beschwerdeerweiterung). 62

Wird die angegriffene Marke aufgrund eines erfolgreichen Widerspruchs gelöscht, werden alle weiteren Widersprüche aufgrund der Rückwirkung der Löschung nach § 52 Abs. 2 iVm § 43 Abs. 4 gegenstandslos (BGH GRUR 2008, 714 – idw Informationsdienst Wissenschaft). 63

II. Die Kostenentscheidung

Grundsätzlich trägt im Widerspruchsverfahren jeder Beteiligte die ihm erwachsenden Kosten selbst. Das DPMA kann allerdings nach § 63 Abs. 1 S. 1 in verfahrensabschließenden Entscheidungen oder gemäß § 63 Abs. 1 S. 2 auch bei Rücknahme des Widerspruchs, Verzicht auf die Eintragung oder einer Löschung mangels Verlängerung eine Verteilung der Kosten nach billigem Ermessen anordnen (BPatGE 22, 212; vgl. auch Ingerl/Rohnke Rn. 53; Fezer Rn. 34). Gegen die Kostenentscheidung ist eine isolierte Beschwerde statthaft, da § 99 Abs. 1 ZPO wegen § 82 Abs. 1 MarkenG keine Anwendung findet (BPatG BeckRS 2016, 03281 – Immobilien Lounge). In der Praxis hat die Kostenverteilung nach billigem Ermessen allerdings eine nur sehr geringe Relevanz. Das BPatG hat jüngst bestätigt, dass eine Kostenauferlegung aus Billigkeitsgründen grundsätzlich nur angezeigt sei, wenn sich das Fehlen der Verwechslungsgefahr aus den vorgetragenen Tatsachen und den dazu vorgelegten Unterlagen offenkundig, gleichsam auf den ersten Blick, ergebe. Dies sei regelmäßig bereits dann nicht der Fall, wenn der Widersprechende eine gesteigerte Kennzeichnungskraft der Widerspruchsmarke geltend mache, da dies eine eingehendere Prüfung erfordere (BPatG BeckRS 2015, 13952; Albrecht GRUR-Prax 2015, 484). Selbst die Einlegung eines erfolglosen Widerspruchs aus einem kaum unterscheidungskräftigen Unternehmenskennzeichen soll keine negative Kostenfolge für den Widersprechenden haben (BPatG BeckRS 2016, 03281 – Immobilien Lounge). Auch die spätere Rücknahme des Widerspruchs im Beschwerdeverfahren ist für sich genommen nicht als Zugeständnis einer anfänglichen Aussichtslosigkeit des Widerspruchs im Sinne einer Verletzung der Sorgfaltspflichten zu werten, da jede Rücknahme auch andere Gründe haben kann (BPatG BeckRS 2016, 15469). Geht jedoch der Widersprechende gegen die Zurückweisung eines Widerspruchs im Wege der Beschwerde vor, ohne auch nur zu versuchen, die vom DPMA zutreffend angeführten Mängel bei der Glaubhaftmachung der Benutzung zu beseitigen, so hat dieser die Kosten des Beschwerdeverfahrens zu tragen (BPatG BeckRS 2016, 12109; Albrecht GRUR-Prax 2016, 329). Zu weiteren Billigkeitserwägungen sowie den materiellen Voraussetzungen der Kostenentscheidung → UMV Art. 63 Rn. 1, → § 71 Rn. 13 ff. Zur Kritik an der zu vorsichtigen Kostenauferlegung → § 71 Rn. 3, → § 71 Rn. 3.1. 64

MarkenG § 43   Teil 3 Verfahren in Markenangelegenheiten

III. Die Rechtsmittel

65   Gegen die Hauptsacheentscheidung kann der Betroffene gemäß § 66 Beschwerde zum BPatG einlegen. Wurde die Widerspruchsentscheidung – wie im Regelfall – von einem Beamten des gehobenen Dienstes erlassen, ist neben der Beschwerde gemäß § 64 auch die Erinnerung statthaft. Die Erinnerungsentscheidung ist wiederum mit der Beschwerde nach § 66 (→ § 66 Rn. 4 ff.), die Beschwerdeentscheidung mit einer Rechtsbeschwerde zum BGH nach § 83 (→ § 83 Rn. 6 ff.), anfechtbar.

66   Die Kostenentscheidung kann selbstständig mit der Beschwerde bzw. der Erinnerung angegriffen werden, wobei das Ermessen des DPMA in vollem Umfang zu überprüfen ist (BPatGE 12, 193 (195); BPatGE 10, 310 – CHOKO FLAKES/CHOKO WACH).

D. Die Aussetzung der Entscheidung (Abs. 3)

I. Aussetzung nach Abs. 3

67   Wurden gegen eine Marke mehrere Widersprüche erhoben, ermöglicht § 43 Abs. 3 für den Fall, dass einer oder mehrere Widersprüche begründet sind und daraus die Löschung der Marke angeordnet werden kann, die Aussetzung des Verfahrens über die weiteren Widersprüche bis zur rechtskräftigen Entscheidung. Über die Aussetzung entscheidet das DPMA auf Antrag eines Beteiligten entsprechend § 248 Abs. 1 ZPO oder von Amts wegen. Ob eine Aussetzung erfolgt, liegt auch bei Vorliegen der gesetzlichen Voraussetzungen im Ermessen des DPMA bzw. des BPatG (BGH GRUR 1993, 556 (559) – TRIANGLE). Es liegt damit ebenfalls im Ermessen des DPMA, den erfolgversprechendsten Widerspruch auszuwählen und diesen als Löschungsgrund für die eingetragene Marke heranzuziehen. Dabei ist es unbeachtlich, ob eine Vielzahl von Widersprüchen oder bloß zwei gegen die Marke erhoben wurden (Ströbele/Hacker/Ströbele Rn. 80).

68   Aufgrund der klaren verfahrensökonomischen Zielsetzung der Regelung kann es im Einzelfall aber auch geboten sein, gemäß § 31 Abs. 2 MarkenV über die Widersprüche gemeinsam zu entscheiden, beispielsweise, wenn es sich um mehrere Widersprüche desselben Widersprechenden handelt (vgl. Richtlinie WidVerf BlPMZ 1998, 1 (9)).

69   Im Einzelfall kann die Aussetzung allerdings auch zu extremen Verfahrensdauern führen, wenn im schlimmsten Fall alle Instanzen mehrfach hintereinander gestaffelt durchlaufen werden müssen, bis über alle Widersprüche entschieden ist. Um einer Entwertung des Widerspruchsverfahrens als zeitlich überschaubares Verfahren entgegenzuwirken und die verfahrensökonomische Zielsetzung nicht durch eine Mehrbelastung des BPatG aufgrund eines „Abwanderns" zur Löschungsklage zu konterkarieren, sollte von der Möglichkeit der Aussetzung des Verfahrens nur mit Bedacht Gebrauch gemacht werden (so auch Ingerl/Rohnke Rn. 50).

II. Aussetzung wegen Vorgreiflichkeit

70   § 43 Abs. 3 regelt die Aussetzungsmöglichkeiten nicht abschließend (vgl. Amtl. Begr., BT-Drs. 12/6581 zu § 43 Abs. 5). Eine Aussetzung kommt weiterhin in Betracht, wenn ein vorgreifliches Rechtsverhältnis besteht. Für vorgreifliche Rechtsverhältnisse vor dem DPMA ist dieser Grundsatz in § 32 Abs. 2 MarkenV geregelt. Für Verfahren vor dem BPatG gilt über die Verweisung in § 82 Abs. 1 S. 1 die Regelung in § 148 ZPO. Auch für anhängige Löschungsverfahren vor den Zivilgerichten nach §§ 49, 51, 55 gelten grundsätzlich die allgemeinen Voraussetzungen der Vorgreiflichkeit, mit der Einschränkung, dass der Verfahrensverlauf regelmäßig nicht vorhersehbar ist und die Verfahren vor den Zivilgerichten unterschiedlichen Grundsätzen und Modalitäten unterliegen (vgl. Ströbele/Hacker/Ströbele Rn. 86). Eine Aussetzung des Widerspruchsverfahrens wegen eines vorgreiflichen Löschungsverfahrens vor den Zivilgerichten kommt daher nur in Ausnahmefällen in Betracht (BPatGE 17, 154 (156); BPatG Mitt 1973, 160 (161); anders Schade/Ströbele GRUR 1991, 483 (496)).

71   Die erforderliche „Vorgreiflichkeit" setzt in allen Fällen voraus, dass der anderen Entscheidung ein gewisses Präjudiz in Bezug auf den anhängigen Widerspruch zukommt. Ein solcher Fall ist vor allem dann gegeben, wenn ein voraussichtlich erfolgreicher Widerspruch auf eine angemeldete, aber noch nicht eingetragene, Marke gestützt wird. Aber auch anhängige

Löschungsverfahren begründen ein solches Präjudiz (BPatGE 34, 143; → § 8 Rn. 1 ff.). Insbesondere in einem Löschungsverfahren wegen absoluter Schutzhindernisse spricht für eine Aussetzung, dass der Inhaber der angegriffenen Marke nicht auf die Eintragungsbewilligungsklage nach § 44 zu verweisen ist, da diese nicht auf solche absoluten Schutzhindernisse gestützt werden kann (BPatG GRUR 1998, 406 (407) – Aussetzung des Widerspruchsverfahrens).

In allen Varianten muss die Wahrscheinlichkeit der Löschung der Marke bestehen und eine Entscheidung in absehbarer Zeit zu erwarten sein (vgl. BPatGE 17, 154 (157); BPatG GRUR 1998, 59 (60) – Coveri; GRUR 1998, 406 (407) – Aussetzung des Widerspruchsverfahrens; GRUR 2007, 596 (597) – La Martina). Rein tatsächliche Zusammenhänge – wie zB bei einem vor dem BGH anhängigen Musterprozess – reichen im Rahmen der Vorgreiflichkeit des § 148 ZPO nicht aus (BGH GRUR 2005, 615 – Aussetzung wegen Parallelverfahren). Weder im Hinblick auf die Vorgreiflichkeit noch bezüglich der Gewährleistung eines wirkungsvollen Rechtsschutzes besteht ein Anspruch auf die Aussetzung eines Verfahrens bis zu einer höchstrichterlichen Entscheidung in einem ähnlich gelagerten Verfahren (vgl. BVerfG NJW 2008, 504 (505)). Dasselbe gilt in entsprechender Anwendung des § 148 ZPO in Bezug auf eine entscheidungserhebliche Auslegungsfrage in einem Vorabentscheidungsverfahren nach Art. 267 AEUV vor dem EuGH (BPatG GRUR 2002, 734 – grün/grau). Die Entscheidung über die Nichtaussetzung ist zudem mit einem offensichtlichen Rechtsfehler behaftet, wenn bestimmte relevante Aspekte, die sich aus den vorliegenden Akten ergeben, nicht berücksichtigt werden. Beurteilungsfehlerhaft kann es ebenfalls sein, die Aussetzung mit der Begründung abzulehnen, dass sich ein anhängiger Löschungsantrag nicht gegen sämtliche Waren der Widerspruchsmarke richtet (EuGH BeckRS 2015, 81733; Becker GRUR-Prax 2015, 527). Kommt eine Aussetzung des Verfahrens nicht in Betracht, so kann allenfalls noch ein Ruhen des Verfahrens entsprechend § 251 ZPO angeordnet werden (Ströbele/Hacker/Ströbele Rn. 84).

III. Aussetzung wegen Sachdienlichkeit

Neben der Möglichkeit einer Aussetzung aufgrund eines vorgreiflichen Verfahrens kann das Widerspruchsverfahren gemäß § 32 Abs. 1 MarkenV auch wegen Sachdienlichkeit ausgesetzt werden, wenn über eine für die Entscheidung ausschlaggebende allgemeine Rechtsfrage ein Beschwerde- oder Rechtsbeschwerdeverfahren anhängig ist (vgl. Richtlinie WidVerf BlPMZ 1998, 1 (9)). Dabei ist eine Vorgreiflichkeit gemäß § 148 ZPO nicht erforderlich. Das Kriterium der Sachdienlichkeit im Rahmen des § 32 Abs. 1 MarkenV umfasst die allgemeinen Grundsätze der Verfahrensökonomie und stellt im Vergleich zur Vorgreiflichkeit des § 32 Abs. 2 MarkenV die generellere Regelung dar.

Es ist allerdings zu beachten, dass die Regelung des § 32 Abs. 1 MarkenV nur für die Verfahren vor dem DPMA gilt. Im Beschwerdeverfahren vor dem BPatG gilt neben § 43 Abs. 3 nur § 148 ZPO, so dass eine Aussetzung wegen Sachdienlichkeit nicht möglich ist, sondern immer auch ein vorgreifliches Verfahren anhängig sein muss.

IV. Rechtsmittel

Auch die Entscheidungen, die eine Aussetzung anordnen oder ablehnen – nicht hingegen das bloße Unterlassen der Aussetzung –, sind analog § 252 ZPO mit Rechtsmitteln angreifbar, wenn ein Rechtsschutzbedürfnis besteht (vgl. BPatGE 10, 131 (135); BPatGE 18, 116 (118); so auch Ingerl/Rohnke Rn. 54; Ströbele/Hacker/Ströbele Rn. 88; → § 66 Rn. 97). Im Rechtsmittelverfahren ist neben den gesetzlichen Voraussetzungen auch das ausgeübte Ermessen in vollen Umfang überprüfbar (BPatGE 10, 131 (137)).

E. Wirkung der Löschung (Abs. 4)

§ 43 Abs. 4 enthält einen Verweis auf § 52 Abs. 2, 3. Danach wirkt die Löschung der angegriffenen Marke nach § 43 Abs. 2 S. 1 auf den Zeitpunkt der Eintragung zurück. Durch den Verweis wird die Löschung der Marke aufgrund eines erfolgreichen Widerspruchs der Löschung aufgrund einer Klage gleichgesetzt. Zu Einzelheiten der Rückwirkung → § 52 Rn. 9 ff.

§ 44 Eintragungsbewilligungsklage

(1) Der Inhaber der Marke kann im Wege der Klage gegen den Widersprechenden geltend machen, daß ihm trotz der Löschung der Eintragung nach § 43 ein Anspruch auf die Eintragung zusteht.

(2) Die Klage nach Absatz 1 ist innerhalb von sechs Monaten nach Unanfechtbarkeit der Entscheidung, mit der die Eintragung gelöscht worden ist, zu erheben.

(3) Die Eintragung aufgrund einer Entscheidung zugunsten des Inhabers der Marke wird unter Wahrung des Zeitrangs der Eintragung vorgenommen.

Überblick

In § 44 ist die Eintragungsbewilligungsklage als Verteidigungsmöglichkeit des Inhabers der angegriffenen Marke gegen eine Löschung nach § 43 Abs. 2, welche nicht der materiellen Rechtslage entspricht, geregelt. Im Folgenden werden die wichtigsten Zulässigkeitsvoraussetzungen, wie insbesondere die Statthaftigkeit der Klage (→ Rn. 11), die Zuständigkeit sowie weitere formelle Voraussetzungen (→ Rn. 17 ff.), behandelt. Den Schwerpunkt der Kommentierung bilden einerseits die Klagegründe (→ Rn. 21 ff.), insbesondere der zeitliche Rahmen (→ Rn. 21), sowie die Bindungswirkung der Widerspruchsentscheidung für die ordentlichen Gerichte (→ Rn. 8), anderseits die Wirkung des Urteils (→ Rn. 36 ff.), welches nach § 44 Abs. 3 zur prioritätswahrenden Wiedereintragung (→ Rn. 39 ff.) der gelöschten Marke führt.

Übersicht

	Rn.		Rn.
A. Einleitung; Allgemeines	1	7. Klagefrist (Abs. 2)	20
B. Die Eintragungsbewilligungsklage (Abs. 1)	2	V. Klagegründe	21
		1. Zeitlicher Rahmen	21
I. Anwendungsbereich	2	2. Markenrechtliche Klagegründe	23
1. Grundlagen; Normzweck	2	3. Außermarkenrechtliche Klagegründe	29
2. Abgrenzung zur Löschungsklage	5	4. Ausgeschlossene Klagegründe	30
3. Abgrenzung zur negativen Feststellungsklage	6	VI. Einreden des Beklagten	31
II. Unionsmarkenrecht	7	VII. Klage vor Rechtskraft der Widerspruchsentscheidung	33
III. Bindungswirkung des Widerspruchsverfahrens	8	C. Wirkung des Urteils (Abs. 3)	36
IV. Voraussetzungen der Klage	11	I. Verurteilung zur Einwilligung	36
1. Statthaftigkeit	11	II. Verurteilung zur Rücknahme des Widerspruchs	38
2. Klageantrag; Urteilstenor	13	III. Wiedereintragung	39
3. Rechtsschutzbedürfnis	14	1. Wiedereintragungsverfahren	39
4. Aktiv- und Passivlegitimation	15	2. Wirkung auf andere Widersprüche	44
5. Zuständigkeit	17	IV. Sonstige Wirkung	46
6. Streitwert	19		

A. Einleitung; Allgemeines

1 Die Eintragungsbewilligungsklage nach § 44 ist ein Behelf für den unterlegenen Widerspruchsgegner. Die Regelung entspricht mit Ausnahme der Regelung zur Klagefrist der früheren Regelung in § 6 Abs. 2 S. 2–4 WZG (vgl. Amtl. Begr., 87). § 44 ermöglicht die Geltendmachung derjenigen Einwände gegen das Widerspruchszeichen, welche im Widerspruchsverfahren aufgrund des summarischen Charakters gesetzlich ausgeschlossen waren. Die Klage ist gerichtet auf die nachträgliche Bewilligung der Eintragung der Marke. Durch die sachlich beschränkte Prüfung der Kollisionslage im Rahmen des Widerspruchsverfahrens kann es auch bei völlig korrekter Anwendung der §§ 42, 43 vorkommen, dass die angegriffene Marke nach § 43 Abs. 2 S. 1 gelöscht wird, obwohl dies nicht der materiellen Rechtslage entspricht. Die Eintragungsbewilligungsklage stellt mithin ein Verteidigungsmittel für den Inhaber der angegriffenen Marke dar, die unter Umständen materiell unzutreffende Widerspruchsentscheidung vor den ordentlichen Gerichten überprüfen zu lassen.

B. Die Eintragungsbewilligungsklage (Abs. 1)

I. Anwendungsbereich

1. Grundlagen; Normzweck

Die Prüfung der Kollisionslage ist im Widerspruchsverfahren sachlich beschränkt, weshalb die Löschung einer Marke nach § 43 Abs. 2 S. 1 – obwohl in formeller Hinsicht mit den Voraussetzungen der §§ 42, 43 im Einklang – der materiellen Rechtslage widersprechen kann. Die rechtserhaltende Benutzung wird nach § 43 Abs. 1 nur aufgrund einer Glaubhaftmachung – und nicht eines Vollbeweises – geprüft, die Stärkung oder Schwächung der Kennzeichnungskraft wird nicht im Sinne einer vollständigen Kollisionsprüfung berücksichtigt, und Einwände gegen den Widerspruch können nur teilweise – markenrechtliche Einwände – oder überhaupt nicht – zB vertragliche oder wettbewerbsrechtliche Gründe – vorgebracht werden. Die Eintragungsbewilligungsklage stellt das notwendige Korrektiv zum beschränkten Prüfungsumfang des nach bisheriger Auffassung summarischen Widerspruchsverfahrens dar (Ingerl/Rohnke Rn. 5). In der nur geringen Anzahl von Fällen, in denen die beschränkte Kollisionsprüfung im Widerspruchsverfahren nicht ausreicht und es auf Gesichtspunkte ankommt, die in diesem Rahmen nicht abschließend geprüft werden können, soll die Entscheidung auf die ordentlichen Gerichte übertragen werden. Diese Nachprüfung der Widerspruchsentscheidung durch die ordentlichen Gerichte soll das Widerspruchsverfahren als Massenverfahren entlasten (BGH GRUR 1967, 246 (249) – Vitapur). Durch die Erweiterung des Widerspruchsverfahrens und die Entwicklung hin zu einem echten Streitverfahren wird die ohnehin bereits geringe Praxisrelevanz der Eintragungsbewilligungsklage weiter abnehmen.

Dabei erfolgt die Korrektur durch die ordentlichen Gerichte nicht durch eine Überprüfung der Entscheidung des DPMA, sondern in Form einer Entscheidung über einen ungeachtet der Löschung des Kennzeichens fortbestehenden materiellrechtlichen Anspruch auf Eintragung. Dementsprechend erfolgt keine Aufhebung der Widerspruchsentscheidung, sondern die Löschung wird durch eine prioritätswahrende Wiedereintragung nach § 44 Abs. 3 berichtigt.

Der Anwendungsbereich deckt sich grundsätzlich mit dem des Widerspruchsverfahrens vor dem DPMA und steht daher auch gegenüber nicht eingetragenen Kennzeichen zur Verfügung. § 44 gilt auch bei Unionsmarken oder IR-Marken mit Benennung der EU oder Deutschlands.

2. Abgrenzung zur Löschungsklage

Die Löschungsklage nach § 55 kann neben der Eintragungsbewilligungsklage erhoben werden, wenn der Inhaber der angegriffenen Marke sich darauf beruft, dass die Widerspruchsmarke ihrerseits wegen eines besseren Rechts oder Verfalls (§§ 49, 51) löschungsreif sei. In diesem Fall ist die Löschungsklage allein nicht ausreichend, da dadurch zwar die Widerspruchsmarke beseitigt wird, die Priorität der Anmeldung der angegriffenen Marke allerdings nur über die Regelung des § 44 Abs. 3 mit der Eintragungsbewilligungsklage erhalten werden kann (Körner GRUR 1975, 7 (10); Munzinger GRUR 1995, 12 (15)). Aus diesem Grund werden beide Klagen regelmäßig miteinander verbunden. Der Widerspruchsgegner muss sich nur auf die Eintragungsbewilligungsklage beschränken, wenn ihm kein korrespondierender Anspruch auf Löschung zusteht, weil bereits ein Zwischenrecht entstanden ist oder eine vertragliche Duldungsverpflichtung besteht (Ingerl/Rohnke Rn. 21). Das Gericht ist bei der Entscheidung über die Löschungsklage nicht an die Entscheidung des DPMA bzw. des BPatG gebunden.

3. Abgrenzung zur negativen Feststellungsklage

Neben der Eintragungsbewilligungsklage kommt auch die Erhebung einer negativen Feststellungsklage in Betracht. Wurde die angegriffene Marke bereits in Benutzung genommen, so kann der Inhaber der Marke neben der Eintragungsbewilligungsklage auch eine negative Feststellungsklage dahingehend erheben, dass die Benutzung der jüngeren (angegriffenen)

MarkenG § 44 Teil 3 Verfahren in Markenangelegenheiten

Marke nicht in den Schutzbereich der älteren Marke eingreife und seitens des Inhabers der jüngeren Marke kein Unterlassungsanspruch bestehe (BGH GRUR 1954, 346 f. – Strahlenkranz). Diese Möglichkeit trägt dem berechtigten Interesse des Inhabers der angegriffenen Marke an der schnellen Klärung seiner Benutzungsmöglichkeiten Rechnung. Auf verzögernde Erklärungen des Widersprechenden, die Entscheidung über die Geltendmachung etwaiger Unterlassungsansprüche bis zum Abschluss des Widerspruchsverfahrens aufzuschieben, braucht der Inhaber der angegriffenen Marke sich nicht einzulassen. Die Benutzungsberechtigung ist nicht Gegenstand des Widerspruchsverfahrens, so dass das Gericht im Rahmen der negativen Feststellungsklage nicht an den Ausgang des Widerspruchsverfahrens gebunden ist (BGH GRUR 1954, 346 f. – Strahlenkranz).

II. Unionsmarkenrecht

7   Weder die MarkenRL noch die UMV kennen das Institut der Eintragungsbewilligungsklage oder vergleichbarer Rechtsschutzmöglichkeiten, da nach der UMV das Widerspruchsverfahren zu einer endgültigen Entscheidung zwischen den Parteien führt. Auch eine prioritätswahrende Wiedereintragung wie in § 44 Abs. 3 ist im Unionsmarkenrecht nicht vorgesehen (Munzinger GRUR 1995, 19). Dem unterlegenen Widerspruchsgegner bleibt nur die Möglichkeit der Löschungsklage (vgl. Ingerl/Rohnke Rn. 3; Ströbele/Hacker/Hacker Rn. 5). Wird der Widerspruch hingegen aus einer GM gegen eine nationale Eintragung erhoben, ist eine Eintragungsbewilligungsklage möglich (vgl. Begr. zum MarkenRÄndG 1996, BT-Drs. 13/3841, 12).

III. Bindungswirkung des Widerspruchsverfahrens

8   Im Rahmen der Löschungsklage des Widersprechenden wegen älterer Rechte nach §§ 51, 55 sind die ordentlichen Gerichte nicht an die vorangegangenen Entscheidungen des DPMA bzw. des BPatG gebunden. Etwas anderes gilt im umgekehrten Fall der Eintragungsbewilligungsklage, in welcher eine Bindung des Gerichts an die Beurteilungen im Widerspruchsverfahren in Bezug auf das Vorliegen bzw. Nichtvorliegen von Identität iSd § 9 Abs. 1 Nr. 1 oder Verwechslungsgefahr gemäß § 9 Abs. 1 Nr. 2 besteht (BGH GRUR 2002, 59 (61) – ISCO; seit langem ständige Rechtsprechung, vgl. auch Ströbele/Hacker/Hacker Rn. 6). Deutlich wird diese Bindung an das Widerspruchsverfahren auch an der Formulierung „trotz der Löschung der Eintragung nach § 43". Die Eintragungsbewilligungsklage kann mithin nicht darauf gestützt werden, die Identität bzw. Verwechslungsgefahr iSd § 9 Abs. 1 wurde zu Unrecht angenommen (BGH GRUR 1962, 456 (457) – Germataler Sprudel).

9   Diese Bindungswirkung ist jedoch begrenzt. Nur soweit eine abschließende Prüfung im Rahmen des Widerspruchsverfahrens rechtlich vorgesehen ist und auch tatsächlich darüber entschieden wurde, ist das ordentliche Gericht an die Entscheidung im Widerspruchsverfahren gebunden (BGH GRUR 1967, 246 (249) – Vitapur; BPatGE 7, 155 (160) – Adex). Eine solche abschließende Prüfung findet in Bezug auf die Verwechslungsgefahr sowie die Identität oder Ähnlichkeit der Zeichen bzw. Waren oder Dienstleistungen statt, nicht hingegen im Hinblick auf die Kennzeichnungskraft der Widerspruchsmarke. Ist die Kennzeichnungskraft in einem Fall ausschlaggebend, kann diesbezüglich eine Bindungswirkung nicht angenommen werden (vgl. Ströbele/Hacker/Hacker Rn. 7). Gleiches gilt für die Frage der rechtserhaltenden Benutzung iSd § 43 Abs. 1, welche lediglich glaubhaft zu machen ist und nicht durch ein Vollbeweisverfahren abschließend geprüft wird.

10   Bei der Verbindung einer Eintragungsbewilligungsklage mit einer Löschungsklage gegen das Widerspruchszeichen besteht im Rahmen der Löschungsklage auch dann keine Bindungswirkung an die Beurteilung der Verwechslungsgefahr im Widerspruchsverfahren, wenn die Kollisionslage identisch oder vergleichbar mit der im Widerspruchsverfahren ist (Munzinger GRUR 1995, 12 (17)).

IV. Voraussetzungen der Klage

1. Statthaftigkeit

11   Voraussetzung für die Klage auf Bewilligung der Eintragung ist, dass eine die Löschung anordnende Widerspruchsentscheidung bereits vorliegt (BGH GRUR 2002, 59 (61) –

ISCO). Diese Entscheidung muss spätestens zum Zeitpunkt der mündlichen Verhandlung über die Eintragungsbewilligungsklage unanfechtbar sein. Die Ausschöpfung der Rechtsbehelfe gegen die Widerspruchsentscheidung ist nicht Voraussetzung (Ingerl/Rohnke Rn. 15). Gibt das DPMA mehreren Widersprüchen statt, kann der Widerspruchsgegner bezüglich eines Widerspruchs von den Rechtsbehelfen Gebrauch machen, bezüglich eines anderen aber auch bereits eine Eintragungsbewilligungsklage erheben (BPatGE 12, 62 – Retivetin).

Unter gewissen Umständen kann bereits vor Erlass einer Widerspruchsentscheidung, mithin noch während des Widerspruchsverfahrens, eine Klage auf Widerspruchsrücknahme zulässig sein, wenn eine Umgehung der Bindungswirkung der Widerspruchsentscheidung ausgeschlossen ist (→ Rn. 33 ff.). 12

2. Klageantrag; Urteilstenor

Bei der Eintragungsbewilligungsklage nach § 44 handelt es sich um eine besondere Form der Leistungsklage. Sie ist gerichtet auf die Einwilligung des Widersprechenden in die Eintragung der angegriffenen Marke (BGH GRUR 1981, 53 – Arthrexforte). Der Rechtsnatur nach stellt die Eintragungsbewilligungsklage damit einen Beseitigungsanspruch gegen die Störung durch den materiell unberechtigten Widerspruch dar (Körner GRUR 1975, 8). Dementsprechend sind auch der Klageantrag zu formulieren und das Urteil zu tenorieren. Die Vollstreckung erfolgt nach § 894 ZPO, so dass das rechtskräftige Urteil die Willenserklärung des Widersprechenden ersetzt bzw. diese fingiert. Die Anordnung der Eintragung selbst bleibt dem DPMA vorbehalten und kann nicht durch das entscheidende Gericht vorgenommen werden (vgl. Ströbele/Hacker/Hacker Rn. 11). 13

3. Rechtsschutzbedürfnis

Wird die Eintragungsbewilligungsklage auf eine Begründung gestützt, deren Berücksichtigung aufgrund der Bindung an die Entscheidung im Widerspruchsverfahren nicht möglich ist, fehlt es nicht am Rechtsschutzbedürfnis, sondern die Klage ist unschlüssig und daher unbegründet (vgl. Ingerl/Rohnke Rn. 16; Lehmpfuhl GRUR 1981, 56; aA Munzinger GRUR 1995, 16). Ansonsten gelten im Rahmen des Rechtsschutzbedürfnisses keine Besonderheiten. 14

4. Aktiv- und Passivlegitimation

Aktivlegitimiert ist der zum Zeitpunkt der Löschung der Marke materielle Inhaber der angegriffenen Marke. In Bezug auf den Rechtsnachfolger zu diesem Zeitpunkt gilt die Vermutungsregel des § 28 Abs. 1. § 28 Abs. 2 gilt hingegen nur für das patentamtliche bzw. patentgerichtliche Verfahren, nicht jedoch das Verfahren vor den ordentlichen Gerichten (Ströbele/Hacker/Hacker Rn. 12). Ebenfalls klageberechtigt ist ein Rechtsnachfolger des Inhabers, der das vorbehaltlich der Wiedereintragung bestehende Anwartschaftsrecht von dem früheren Markeninhaber erworben hat (Ingerl/Rohnke Rn. 18). 15

Die Klage ist gegen den Inhaber des Widerspruchszeichens bzw. dessen Rechtsnachfolger zu richten. Auch im Rahmen der Passivlegitimation gilt § 28 Abs. 1, nicht jedoch § 28 Abs. 2. 16

5. Zuständigkeit

Sachlich zuständig für die Eintragungsbewilligungsklage ist nach § 140 Abs. 1 das Landgericht (Kennzeichenstreitgericht). Die örtliche Zuständigkeit richtet sich vorbehaltlich der Zuständigkeitskonzentration des § 140 Abs. 2 zunächst nach dem allgemeinen Gerichtsstand des Beklagten (Ingerl/Rohnke Rn. 19; Ströbele/Hacker/Hacker Rn. 16). 17

Fehlt ein inländischer Gerichtsstand und stellt die Einlegung des Widerspruchs eine unerlaubte Handlung dar, findet § 32 ZPO Anwendung. In diesem Rahmen ist die streitige Marke als am Sitz des DPMA in München belegen anzusehen und das LG München I das zuständige Gericht. In den Mitgliedstaaten der Brüssel Ia-VO (EuGVVO) ist die Anwendung des § 32 ZPO jedoch nach Art. 5 Brüssel Ia-VO iVm Art. 76 Abs. 1 lit. a Brüssel Ia-VO ausgeschlossen. Insoweit ergibt sich die internationale Zuständigkeit der deutschen Gerichte 18 aus Art. 24 Nr. 4 Brüssel Ia-VO und die örtliche Zuständigkeit wird nach § 96 Abs. 3 bestimmt (Ströbele/Hacker/Hacker Rn. 16).

6. Streitwert

19 Ausschlaggebend für den Streitwert ist das wirtschaftliche Interesse des Klägers an der Eintragung der Marke und nicht das Löschungsinteresse des Widersprechenden. In unstreitigen Fällen, in denen die Klageerhebung nur der Erfüllung des Klageerfordernisses dient, ist ein niedriger Nominalstreitwert von ca. 5.000 Euro angemessen (Ingerl/Rohnke Rn. 24).

7. Klagefrist (Abs. 2)

20 Die Klagefrist ist in § 44 Abs. 2 geregelt. Diese beträgt danach sechs Monate und beginnt mit der Rechtskraft der Entscheidung – also Ablauf der Rechtsmittelfrist – im Widerspruchsverfahren zu laufen. Für die Fristberechnung gelten §§ 187 ff. ZPO. Die Klage muss innerhalb dieser Frist erhoben werden. In Bezug auf die Zustellung findet § 167 ZPO Anwendung. Eine Wiedereinsetzung ist bei Versäumung der Frist nicht möglich (vgl. HK-MarkenR/Kramer Rn. 23; Ingerl/Rohnke Rn. 17; Ströbele/Hacker/Hacker Rn. 17).

V. Klagegründe

1. Zeitlicher Rahmen

21 Entgegen den allgemeinen Grundsätzen sind im Rahmen der Eintragungsbewilligungsklage nicht alle Umstände zu berücksichtigen, die bis zum Schluss der mündlichen Verhandlung im Eintragungsbewilligungsklageverfahren eingetreten sind, sondern nur solche Gründe, die bereits in dem für die Widerspruchsentscheidung maßgeblichen Zeitpunkt vorlagen. Dies ist der Zeitpunkt, bis zu welchem sachliches Vorbringen der Beteiligten im Rahmen des Widerspruchsverfahrens noch zu berücksichtigen war. Grund dafür ist die mit der Eintragungsbewilligungsklage erzielte Wiedereintragung mit der ursprünglichen Priorität nach § 44 Abs. 3. Maßgeblich ist, ob dem Inhaber der angegriffenen Marke im Zeitpunkt der Widerspruchsentscheidung ein Anspruch auf Eintragung der Marke zugestanden hat (Ströbele/Hacker/Hacker Rn. 20). Die Eintragungsbewilligungsklage beseitigt damit nicht die im Zeitpunkt des Erlasses materiell richtige Entscheidung wegen späterer Entwicklungen, sondern stellt das Korrektiv zu schon zu diesem Zeitpunkt materiell unrichtigen Widerspruchsentscheidungen dar. Erst nach Abschluss des Widerspruchsverfahrens eingetretene Gründe können demnach zwar zur Löschung der Marke im Wege einer Löschungsklage führen, begründen allerdings nicht die Wiedereintragung unter Wahrung der ursprünglichen Priorität (vgl. Fezer Rn. 10; Ingerl/Rohnke Rn. 11; Ströbele/Hacker/Hacker Rn. 20).

22 Wird die Eintragungsbewilligungsklage während des laufenden Widerspruchsverfahrens erhoben (→ Rn. 33 ff.), sind alle Klagegründe zu berücksichtigen, die bis zum Schluss der mündlichen Verhandlung im Eintragungsbewilligungsklageverfahren entstehen (BGH GRUR 2002, 59 (61) – ISCO).

2. Markenrechtliche Klagegründe

23 Die Eintragungsbewilligungsklage kann auf die Löschungsreife der Widerspruchsmarke gestützt werden. Diese kann sich aus mangelnder Benutzung gemäß § 49 Abs. 1 (vgl. BGH GRUR 2002, 59 (61) – ISCO; GRUR 2981, 53 (55) – Arthrexforte), den Gründen des § 49 Abs. 2 oder aus besseren Rechten des Inhabers der angegriffenen Marke nach § 51 iVm §§ 9 bis 13 ergeben (BPatG GRUR-RR 2010, 454 (455) – SBA international).

24 Die Nichtigkeit der Widerspruchsmarke kann gemäß § 51 Abs. 1 auf das Bestehen prioritätsälterer Rechte iSd §§ 9–13 gestützt werden. In Abweichung zur Rechtslage nach dem WZG stellen diese Rechte iSd §§ 9–13 einheitlich markenrechtliche Klagegründe dar (vgl. dazu Fezer Rn. 11). Die Eintragungsbewilligungsklage kann auf diese Rechte gestützt werden, ohne dass zugleich auf die Löschung der Widerspruchsmarke geklagt werden muss. Der markenrechtliche Klagegrund besteht in diesem Rahmen – namentlich bei dem Nichtigkeitsgrund der Marke mit älterem Zeitrang gemäß § 9 Abs. 1 – in der Priorität der angegriffenen

gegenüber der Widerspruchsmarke. Über diese Priorität entscheidet das ordentliche Gericht selbstständig und ohne Bindung an die Entscheidungen im Widerspruchs- bzw. Beschwerdeverfahren (vgl. Fezer Rn. 12; Ingerl/Rohnke Rn. 7). Damit kommen außer den nicht zu prüfenden absoluten Schutzhindernissen (zur Bindungswirkung an die Eintragung → Rn. 8) alle im Widerspruchsverfahren ausgeschlossenen Einreden als Anspruchsgrundlage in Betracht (BPatGE 38, 176 (177) – Hamano/Humana; Ausnahme Zwischenrecht, vgl. Ströbele/Hacker/Hacker Rn. 34 – aA), wobei in der Praxis die prioritätsälteren Rechte des Widerspruchsgegners den häufigsten Klagegrund darstellen.

Weiter stellt auch der Verfall des Widerspruchszeichens wegen Nichtbenutzung nach § 49 Abs. 1 einen markenrechtlichen Klagegrund dar, unabhängig davon, ob die Nichtbenutzung im Rahmen der Einrede des § 43 Abs. 1 bereits während des Widerspruchsverfahrens geltend gemacht wurde (so auch Ingerl/Rohnke Rn. 8). Selbst bei vorheriger Erhebung der Einrede der Nichtbenutzung entsteht aufgrund der bloßen Glaubhaftmachung der rechtserhaltenden Benutzung keinerlei Bindungswirkung für die Entscheidung im Eintragungsbewilligungsklageverfahren (BGH GRUR 2002, 59 (61) – ISCO). Auch die übrigen Verfallsgründe nach § 49 Abs. 2 stellen markenrechtliche Klagegründe im Rahmen des § 44 dar (Fezer Rn. 13). **25**

Darüber hinaus kann die Klage auch auf den Erwerb eines koexistenzberechtigten Zwischenrechts gestützt werden. Für den Klagegrund des Verfalls wegen Nichtbenutzung müssen die Voraussetzungen des § 49 Abs. 1 vorliegen. Dabei ist zu beachten, dass eventuelle Heilungstatbestände wie die Wiederaufnahme der Benutzung bereits vor Veröffentlichung der Eintragung der angegriffenen Marke vorgelegen haben müssen. Besteht die Löschungsreife erst zum Zeitpunkt der Eintragung, erreicht die angegriffene Marke jedenfalls den Status eines **Zwischenrechts,** so dass die Eintragungsbewilligungsklage auch aus diesem Grund Erfolg haben muss, woran auch eine spätere Heilung nach § 49 Abs. 1 S. 2 nichts zu ändern vermag (vgl. Ströbele/Hacker/Hacker Rn. 23). Ist ein koexistenzberechtigtes Zwischenrecht entstanden, ist die Löschung ebenfalls zu Unrecht erfolgt und die Eintragungsbewilligungsklage begründet (BGH GRUR 2002, 59 (61) – ISCO). Die Beurteilung, ob ein Zwischenrecht entstanden ist, richtet sich nach entsprechender Anwendung des § 51 Abs. 4 und damit nach der Frage, ob die Widerspruchsmarke zum Zeitpunkt der Veröffentlichung der angegriffenen Marke wegen Verfalls nach § 49 oder absoluter Schutzhindernisse nach § 50 hätte gelöscht werden können. Darüber hinaus entsteht ein solches Zwischenrecht, wenn die Löschungsreife zwar nicht bei Eintragung der angegriffen Marke vorlag, aber zu einem späteren Zeitpunkt eintritt. Die angegriffene Marke erstarkt insoweit wegen der später eintretenden Löschungsreife der Widerspruchsmarke zu einem koexistenzberechtigtem Zwischenrecht (vgl. BGH GRUR 2002, 59 (61) – ISCO). Ein solches Zwischenrecht entsteht damit durch jede Löschungsreife, die bis zum Abschluss des Widerspruchsverfahrens eintritt (Kochendörfer WRP 2007, 258 (263)). **26**

Problematischer ist der Fall, in dem die Löschungsreife nach Abschluss des Widerspruchsverfahrens, aber vor der letzten mündlichen Verhandlung im Eintragungsbewilligungsklageverfahren, eintritt (zB bei Ablauf der Fünfjahresfrist der Nichtbenutzung zu diesem Zeitpunkt). Obwohl dieses Zwischenrecht erst nach Abschluss des Widerspruchsverfahrens entstanden ist und damit eigentlich nach den obigen Grundsätzen zum Ausschluss des Klagegrundes führte, entsteht auch in diesem Fall ein Zwischenrecht, welches eine Wiedereintragung unter Wahrung der ursprünglichen Priorität rechtfertigt (Ströbele/Hacker/Hacker Rn. 27; Fezer Rn. 14). **27**

Problematisch ist, inwieweit die Eintragungsbewilligungsklage erfolgreich sein kann, wenn die Widerspruchsmarke nur für einen Teil der eingetragenen Waren bzw. Dienstleistungen löschungsreif ist. Betrifft die Teillöschungsreife bei der Eintragungsbewilligungsklage alle Waren bzw. Dienstleistungen, auf die das DPMA bzw. das BPatG seine Entscheidung gestützt hatte, so kann das ordentliche Gericht von sich aus prüfen, ob die verbleibenden Waren oder Dienstleistungen einer Eintragung der angegriffenen Marke entgegenstehen. Diesbezüglich besteht keine Bindungswirkung, weil das DPMA insoweit nicht von seinem Entscheidungsmonopol Gebrauch gemacht hat (Ströbele/Hacker/Hacker Rn. 30; Ingerl/Rohnke Rn. 10; Munzinger GRUR 1995, 12 (18)). Ist dabei nur ein Teil der Waren oder Dienstleistungen löschungsreif, so kann die Eintragungsbewilligungsklage auch nur in diesem Umfang Erfolg haben. **28**

3. Außermarkenrechtliche Klagegründe

29 Neben den markenrechtlichen Klagegründen kann die Eintragungsbewilligungsklage auch auf solche Gründe gestützt werden, die dem Inhaber der angegriffenen Marke einen Anspruch auf Bewilligung der Eintragung geben, ohne dass es sich dabei um Gründe nach §§ 49, 51 oder §§ 9–13 handelt. Als solche kommen vertragliche, wettbewerbsrechtliche sowie deliktsrechtliche Ansprüche des Inhabers der angegriffenen Marke gegen den Widersprechenden in Betracht. Es kann außerdem geltend gemacht werden, bei der Widerspruchsmarke handele es sich um eine schutzunwürdige Vorratsmarke (BGHZ 44, 60 (63) – Agyn), oder die Erhebung des Widerspruchs stelle gegenüber dem Inhaber der angegriffenen Marke eine rechtsmissbräuchliche Ausübung der prioritätsälteren Widerspruchsmarke dar (vgl. Fezer Rn. 15).

4. Ausgeschlossene Klagegründe

30 Ausgeschlossen sind Einwendungen in Bezug auf die Beurteilung der Kollisionstatbestände, soweit die Bindungswirkung an die Entscheidung des DPMA bzw. des BPatG reicht (→ Rn. 8). Darüber hinaus sind mit Ausnahme der Geltendmachung eines Zwischenstatusrechts alle absoluten Gründe hinsichtlich der Schutzfähigkeit der Widerspruchsmarke (BPatG GRUR 1998, 406 (407) – Aussetzung des Widerspruchsverfahrens; aA Munzinger GRUR 1995, 12 (15)) sowie die vom DPMA abschließend geklärte Frage der Widerspruchsberechtigung als Klagegründe ausgeschlossen (vgl. Ströbele/Hacker/Hacker Rn. 34).

VI. Einreden des Beklagten

31 Die Einreden des Beklagten im Eintragungsbewilligungsklageverfahren können sich lediglich gegen den behaupteten Anspruch auf Einwilligung in die Eintragung richten, da aufgrund der Bindungswirkung in Bezug auf Identität oder Ähnlichkeit der Kennzeichen sowie Waren bzw. Dienstleistungen vom Vorliegen einer Verwechslungsgefahr auszugehen ist (vgl. Fezer Rn. 16). Solche Einreden können sich aus Verträgen, Lizenzen, Verzicht des Inhabers der angegriffenen Marke oder auch aus den Vorschriften des Lauterkeitsrechts wie beispielsweise § 3 UWG ergeben (RG GRUR 1937, 221 (223) – Mampe). Der Beklagte ist lediglich mit dem Einwand ausgeschlossen, die gelöschte Marke dürfe wegen absoluter Schutzhindernisse nicht eingetragen werden. Auch insoweit gilt eine Bindungswirkung der Eintragung durch das DPMA, und der Beklagte ist auf das Verfahren nach § 54 gegen die dann wiedereingetragene Marke beschränkt. Das Gericht muss aufgrund dieser Bindungswirkung der Klage auch dann stattgeben, wenn nach seiner Auffassung ein absolutes Schutzhindernis besteht. Das DPMA kann allerdings im Rahmen der Wiedereintragung die Nichtigkeit der Marke wegen absoluter Schutzhindernisse auch nachträglich von Amts wegen bei Vorliegen der Voraussetzungen des § 50 Abs. 3 Nr. 1–3 berücksichtigen (vgl. Ingerl/Rohnke Rn. 14; Fezer Rn. 16).

32 Der Einwand der Verwirkung steht der Eintragungsbewilligungsklage jedoch nicht schon deshalb entgegen, weil der Kläger eingewandte ältere Rechte nicht bereits früher im Wege der Löschungsklage geltend gemacht hat (BGH GRUR 1978, 642 (645) – SILVA).

VII. Klage vor Rechtskraft der Widerspruchsentscheidung

33 Nach dem klaren Wortlaut des § 44 ist die Eintragungsbewilligungsklage erst nach Abschluss des Widerspruchsverfahrens statthaft. Trotzdem wird die Eintragungsbewilligungsklage von der Rechtsprechung als sog. vorgezogene Eintragungsbewilligungsklage auch bereits vor Abschluss des Widerspruchsverfahrens zugelassen, wenn sie auf andere Gründe gestützt wird als die der Widerspruchsentscheidung vorbehaltenen Fragen der Zeichenübereinstimmung und der Identität/Ähnlichkeit von Waren oder Dienstleistungen, wie beispielsweise die Löschungsreife des Kennzeichens wegen Nichtbenutzung (BGH GRUR 1981, 53 (55) – Arthexforte) oder der Schwächung des Widerspruchszeichens durch die Benutzungslage (BGH GRUR 1967, 246 (249) – Vitapur). Um dabei aber eine Umgehung der Bindungswirkung der Widerspruchsentscheidung zu verhindern, ist die vorgezogene Eintragungsbewilligungsklage zulässig, wenn das Vorliegen der innerhalb der Widerspruchsfrist geltend gemachten Widerspruchsgründe, soweit deren Beurteilung einer abschließenden

Prüfung zugänglich ist, vom Eintragungsbewilligungskläger unstreitig gestellt wird oder die Klage auch bei Unterstellung des Vorliegens dieser Gründe erfolgreich wäre (BGH GRUR 2002, 59 (61) – ISCO; vgl. auch Ströbele/Hacker/Hacker Rn. 18), sie also auch bei unterstellter Zeichenübereinstimmung und Identität/Ähnlichkeit der Waren zum Erfolg führte (BGH GRUR 1981, 53 (55) – Arthexforte). Unberücksichtigt bleiben dürfen bei der Entscheidung über die vorgezogene Eintragungsbewilligungsklage nur solche Waren oder Dienstleistungen, bezüglich welcher eine Ähnlichkeit zweifelsfrei und unabhängig von allen anderen Fragen ausgeschlossen ist (OLG München GRUR 1993, 831 – Etobest; Munzinger GRUR 1995, 18). Das Rechtsschutzbedürfnis ergibt sich daraus, dass dem Widerspruchsgegner nicht zugemutet werden kann, das langwierige Widerspruchsverfahren abzuwarten, wenn der Eintragungsanspruch auf Gründe gestützt werden soll, die im Widerspruchsverfahren ohnehin nicht berücksichtigt werden können (Ingerl/Rohnke Rn. 32).

Die Klage vor Abschluss des Widerspruchsverfahrens stellt wegen des nachgeschalteten **34** Widerspruchsverfahrens keine vorgezogene Eintragungsbewilligungsklage im eigentlichen Sinne dar, sondern ist eine Klage gegen den Widersprechenden auf Erklärung der Rücknahme des Widerspruchs gegenüber dem DPMA. Es wird vertreten, in diesem Fall nicht von einer Eintragungsbewilligungsklage zu sprechen, da die angegriffene Marke noch nicht gelöscht wurde (vgl. Ingerl/Rohnke Rn. 32, die von einer Widerspruchsrücknahmeklage sprechen). Dennoch spricht der BGH in diesem Kontext weiterhin von einer vorgezogenen Eintragungsbewilligungsklage, gerichtet auf die Erklärung der Rücknahme des Widerspruchs (vgl. BGH GRUR 2002, 59 (60) – ISCO).

Grundsätzlich gelten für diese vorgezogene Eintragungsbewilligungsklage oder Wider- **35** spruchsrücknahmeklage die gleichen Grundsätze wie für die Klage nach Abschluss des Widerspruchsverfahrens. Das Widerspruchsverfahren kann zweckmäßigerweise ausgesetzt werden, soweit eine dem Widerspruch stattgebende Entscheidung in Betracht kommt (Ströbele/Hacker/Hacker Rn. 19). Wird allerdings während des Verfahrens über den Widerspruch entschieden und dieser verworfen oder zurückgewiesen, tritt Erledigung in der Hauptsache ein. Wird dem Widerspruch stattgegeben, ist die Klage nach Rechtskraft dieses Beschlusses auf eine Eintragungsbewilligungsklage umzustellen (Munzinger GRUR 1995, 12 (15); Ingerl/Rohnke Rn. 33; Ströbele/Hacker/Hacker Rn. 19). Wird die vorgezogene Eintragungsbewilligungsklage mit einer Löschungsklage gegen die Widerspruchsmarke verbunden und sind beide entscheidungsreif, steht der Entscheidung nicht entgegen, dass die Löschung der Marke zwangsläufig zur Verwerfung des Widerspruchs führen muss (Ingerl/Rohnke Rn. 33).

C. Wirkung des Urteils (Abs. 3)

I. Verurteilung zur Einwilligung

Wenn die Eintragungsbewilligungsklage begründet ist, wird der Beklagte zur Einwilligung **36** in die Eintragung der angegriffenen Marke vor dem DPMA verurteilt. Mit Rechtskraft des Urteils gilt diese Erklärung gemäß § 894 ZPO als abgegeben. Da hierüber nicht das Gericht, sondern allein das DPMA, entscheidet, kann der Kläger unter Vorlage einer vollstreckbaren Ausfertigung des Urteils die Wiedereintragung der Marke unter Wahrung der ursprünglichen Priorität verlangen, woraufhin das Eintragungsverfahren wieder aufzunehmen und die Marke nach § 44 Abs. 3 prioritätswahrend einzutragen ist. Dies gilt nicht, wenn die Marke auch aufgrund weiterer Widersprüche gelöscht wurde. Das Urteil hat gegenüber dem DPMA gestaltungsähnliche Wirkung (Ströbele/Hacker/Hacker Rn. 35; im Ergebnis auch v. Schultz/ Schweyer Rn. 30). Bei einem gerichtlichen Vergleich ist § 894 ZPO unanwendbar. Eine Verpflichtung zur Einwilligung ist in diesem Rahmen nach § 887 Abs. 1 ZPO dadurch zu erreichen, dass der Kläger vom Gericht ermächtigt wird, die Handlung auf Kosten des Beklagten vornehmen zu lassen (Fezer Rn. 17).

Wird der zunächst erfolgreiche Widerspruch durch die Verurteilung zur Bewilligung der **37** Wiedereintragung faktisch rückgängig gemacht, können dem Kläger (Inhaber der angegriffenen Marke) nicht die Kosten des Widerspruchsverfahrens im Wege des Schadensersatzes zugesprochen werden. Einem solchen Anspruch steht die Unanfechtbarkeit der Widerspruchentscheidung entgegen (BGH GRUR 1971, 355 (356) – Epigran II).

II. Verurteilung zur Rücknahme des Widerspruchs

38 Im Falle der vorgezogenen Eintragungsbewilligungsklage bzw. Widerspruchsrücknahmeklage (→ Rn. 33 ff.) gilt die Erklärung der Rücknahme mit Rechtskraft des Urteils nach § 894 ZPO als abgegeben. In diesem Fall ist das Widerspruchsverfahren in der Hauptsache erledigt. Hatte der Markeninhaber gegen den erstinstanzlichen Beschluss des DPMA bereits Beschwerde eingelegt, ergeht nur noch ein Formalbeschluss, mit dem die patentamtliche Entscheidung aufgehoben wird (Ströbele/Hacker/Hacker Rn. 40).

III. Wiedereintragung

1. Wiedereintragungsverfahren

39 Das Wiedereintragungsverfahren kann mit Rechtskraft des Urteils betrieben werden. Die Einwilligung in die Wiedereintragung wird nach § 894 ZPO durch das rechtskräftige Urteil ersetzt bzw. fingiert, da es sich bei der Eintragungsbewilligungsklage um eine Form der Leistungsklage handelt. Für einen Vergleich gilt § 894 ZPO nicht. In diesem Fall kann das Gericht nach § 887 Abs. 1 ZPO vorgehen. Grundsätzlich sollte aber die Erklärung bereits in der Vergleichsurkunde abgegeben und nicht bloß die Verpflichtung zur Abgabe dieser Erklärung übernommen werden (so auch Ingerl/Rohnke Rn. 26).

40 Der Kläger muss sodann unter Vorlage einer vollstreckbaren Ausfertigung des Urteils beim DPMA die Wiedereintragung der Marke unter Wahrung der ursprünglichen Priorität gemäß § 44 Abs. 3 beantragen. Das DPMA prüft dann die Rechtskraft der Entscheidung. Nach der früheren Rechtslage hat noch das Kaiserliche Patentamt gemäß RPA Bl. 1896, 67 geprüft, ob das Gericht im Rahmen der Eintragungsbewilligungsklage die Bindungswirkung an die vorausgegangene patentamtliche Entscheidung beachtet hat. Wurde diese Bindungswirkung missachtet, war das Urteil nicht zu beachten und die Wiedereintragung zu versagen (vgl. Ingerl/Rohnke Rn. 26; Ströbele/Hacker/Hacker Rn. 35). Nach heutigem Recht besteht für eine erneute Prüfung auf absolute Schutzhindernisse keine Rechtsgrundlage mehr, da diese Prüfung anders als nach früherem Recht bereits vor der ersten Eintragung abgeschlossen war (so Ingerl/Rohnke Rn. 26). Teilweise wird in der Literatur allerdings eine Ausnahme für die Amtslöschungsgründe des § 50 Abs. 3 vertreten (so Fezer Rn. 19; Ströbele/Hacker/Hacker Rn. 36; v. Schultz/Schweyer Rn. 31). Wäre das DPMA von Amts wegen zu einer Löschung nach § 50 Abs. 3 berechtigt, machte auch eine vorherige Wiedereintragung keinen Sinn, so dass das DPMA diesbezüglich eine erneute Prüfung anstellen könnte.

41 Mit der Fortsetzung des Eintragungsverfahrens wird auch ein erneuter Widerspruch wieder zulässig, solange er nicht unanfechtbar für unzulässig erklärt wurde. Die Eintragung der Marke erfolgt sodann unter Wahrung der ursprünglichen Priorität (§ 44 Abs. 3), sofern keine absoluten Schutzhindernisse (nach obiger Ansicht solche des § 50 Abs. 3) oder andere Widersprüche entgegenstehen. Die Löschung der Marke aufgrund des Widerspruchs wird damit unwirksam. Eine solche prioritätswahrende Wirkung kommt auch einem gerichtlichen Vergleich zu. Streitig ist die Frage, ob die Wirkung des § 44 Abs. 3 auch einem außergerichtlichen Vergleich zukommt.

42 Nach einer Ansicht reicht ein außergerichtlicher Vergleich nicht aus, da der Anspruch auf Wiedereintragung im Klagewege geltend gemacht werden muss (hM; BPatG BeckRS 2009, 1034 – INTEGRA; so auch Fezer Rn. 21; Ingerl/Rohnke Rn. 22). Für diese Ansicht spricht der Wortlaut sowohl des § 44 Abs. 1, der von der Geltendmachung des Anspruchs „im Wege der Klage" spricht, als auch des § 44 Abs. 3, wonach die Eintragung „aufgrund einer Entscheidung" vorgenommen wird.

43 Eine andere Ansicht sieht diese Gründe jedoch nicht als zwingend an (so Ströbele/Hacker/Hacker Rn. 43 f.). § 44 Abs. 1 könne danach als reine Zuständigkeitsvorschrift interpretiert werden, welche die Zuständigkeit der ordentlichen Gerichte im Gegensatz zur patentamtlichen Zuständigkeit im Rahmen des Widerspruchsverfahrens statuiert. Der Wortlaut des § 44 Abs. 3 ist nach dieser Ansicht kein stringentes Argument, da auch ein gerichtlicher Vergleich keine „Entscheidung" darstellt. Um eine Aufteilung zwischen gerichtlichem und außergerichtlichem Vergleich zu verhindern, wird sogar gefordert, die prioritätswahrende Wiedereintragung nach § 44 Abs. 3 insgesamt vom „Klagezwang zu befreien" (vgl. Ströbele/Hacker/Hacker Rn. 44). Es erscheint unsachgemäß, die Parteien zu einer Inanspruchnahme der

Gerichte zu zwingen, um eine prioritätswahrende Wiedereintragung erreichen zu können. Dass ein gerichtlicher Vergleich unstreitig ausreicht, ein außergerichtlicher Vergleich, welcher schneller und kostengünstiger mit demselben Inhalt abgeschlossen werden kann, dagegen nicht, erscheint ungerechtfertigt. Sollten die Parteien nach außergerichtlichen Verhandlungen eine Einigung erzielt haben, sollte die prioritätswahrende Wiedereintragung auch ohne einen Prozess, welcher eine reine Formsache wäre, möglich sein. An den abzuschließenden Vergleich wären aber insofern höhere Anforderungen zu stellen, als dass sich die Einigung explizit auf eine prioritätswahrende Wiedereintragung iSd § 44 richten müsste und die Feststellung getroffen würde, dass der Anspruch auf Eintragung der Marke bereits zum Zeitpunkt der Widerspruchsentscheidung bestand.

2. Wirkung auf andere Widersprüche

44 Der Antrag auf Wiedereintragung der gelöschten Marke aufgrund des rechtskräftigen Urteils nach § 44 Abs. 3 führt zur Wiederaufnahme des Eintragungsverfahrens. Waren zum Zeitpunkt der Löschung der angegriffenen Marke noch weitere Widersprüche anhängig, über welche bis zu diesem Zeitpunkt noch nicht rechtskräftig entschieden wurde, leben diese wieder auf (Ingerl/Rohnke Rn. 27).

45 Anders wird die Frage beurteilt, ob aus der zunächst gelöschten Marke eingelegte Widersprüche, welche sich durch die Löschung zunächst erledigt hatten, wieder aufleben und die Widerspruchsverfahren fortzusetzen sind. Dies ist aufgrund der Rückwirkung der Löschung nach § 52 Abs. 2 iVm § 43 Abs. 4 zu verneinen (BPatGE 20, 235 (238) – TIOUM). Ist das Widerspruchsverfahren jedoch noch anhängig, weil es nicht rechtskräftig verworfen, sondern lediglich ausgesetzt wurde, spricht nichts dagegen, dieses Verfahren wieder aufleben zu lassen. Insbesondere ist kein Grund ersichtlich, warum der Inhaber der wiedereingetragenen Marke auf die Löschungsklage verwiesen werden sollte, wenn das Widerspruchsverfahren noch anhängig ist (vgl. Ingerl/Rohnke Rn. 28).

IV. Sonstige Wirkung

46 Ab dem Zeitpunkt der Wiedereintragung beginnt die Benutzungsschonfrist iSd § 26 neu zu laufen, sofern nicht weitere Widersprüche anhängig sind (vgl. Ströbele/Hacker/Hacker Rn. 41). In diesem Fall beginnt die Frist mit Rechtskraft der Entscheidung über den letzten anhängigen Widerspruch. Bei Benutzungshandlungen Dritter in der Zeit zwischen Löschung und Wiedereintragung können dem Markeninhaber Verletzungsansprüche nur dann zugesprochen werden, wenn die Dritten bösgläubig handelten. Im Falle gutgläubiger Benutzung sind die Dritten entsprechend § 91 Abs. 8 von Verletzungsansprüchen freizustellen (vgl. Ingerl/Rohnke Rn. 29; Ströbele/Hacker/Hacker Rn. 42). Für kollidierende Markenanmeldungen Dritter in diesem Zeitraum steht dem Inhaber der wiedereingetragenen Marke die Löschungsklage zu. Für ein Weiterbenutzungsrecht, wie es beispielsweise in § 123 Abs. 5 PatG geregelt ist, fehlt es im MarkenG an einer entsprechenden Grundlage, so dass auch bei länger andauernder gutgläubiger Benutzung kein dauerhaftes Benutzungsrecht entstehen kann (Ingerl/Rohnke Rn. 30).

Abschnitt 2 Berichtigung; Teilung; Schutzdauer und Verlängerung

§ 45 Berichtigung des Registers und von Veröffentlichungen

(1) ¹Eintragungen im Register können auf Antrag oder von Amts wegen zur Berichtigung von sprachlichen Fehlern, Schreibfehlern oder sonstigen offensichtlichen Unrichtigkeiten geändert werden. ²War die von der Berichtigung betroffene Eintragung veröffentlicht worden, so ist die berichtigte Eintragung zu veröffentlichen.

(2) Absatz 1 ist entsprechend auf die Berichtigung von Veröffentlichungen anzuwenden.

Überblick

Offensichtliche Unrichtigkeiten im Registereintrag oder in der Veröffentlichung der Marke können berichtigt werden. Dazu zählen in erster Linie sprachliche und orthographische Fehler (→ Rn. 1).

Nachträgliche Änderungen der Marke selbst sind ausgeschlossen, da sie den Gegenstand des Markenschutzes verändern würden (→ Rn. 3).

Eine Einschränkung des Waren- und Dienstleistungsverzeichnis ist nur im Rahmen eines Teilverzichts (§ 48) möglich.

A. Berichtigung; offensichtliche Unrichtigkeiten

1 § 45 entspricht der Regelung gemäß § 39 Abs. 2, betrifft aber die eingetragene Marke und deren Veröffentlichung. In beiden Fällen können nur solche Unrichtigkeiten berichtigt werden, die nicht die Marke selbst betreffen (→ § 39 Rn. 15). Dazu zählen vor allem die fehlerhafte Wiedergabe des Namens oder der Anschrift des Anmelders, sowie Fehler in den Angaben zur Priorität (BPatG BeckRS 2012, 13197 – LOTTO). Die Fehlerhaftigkeit der Angaben muss jedoch evident sein und sich aus anderen dem DPMA vorliegenden oder vorzulegenden Unterlagen ergeben (Ingerl/Rohnke Rn. 2; zur Berichtigung von Entscheidungen des DPMA und BPatG § 80 → Rn. 5 ff.).

2 Die Berichtigung kann beim DPMA beantragt werden, wobei das Aktenzeichen der Anmeldung, Name und Anschrift des Inhabers und ggf. des Vertreters, sowie die Bezeichnung des Fehlers und dessen Berichtigung anzugeben sind (§ 26 DPMAV).

3 Eine Änderung der Marke selbst, insbesondere der Wiedergabe der Marke, ist auf Grund der Unveränderlichkeit der Marke nicht zulässig (→ § 32 Rn. 9 ff.).

3.1 Nicht berichtigt werden kann zB eine Farbmarke, die in einer von der Anmeldung abweichenden Farbgebung eingetragen wurde (BPatG BeckRS 2010, 9418 – Farbkombination). Hier soll der Anmelder aber auf die Eintragung verzichten können, um wieder in das Anmeldeverfahren einzutreten (BGH GRUR 2005, 1044 – Dentale Abformmasse; → § 41 Rn. 2 ff.).

3.2 Fehler im Waren- und Dienstleistungsverzeichnis einer auf Deutschland erstreckten IR-Marke, die auf einen Übersetzungsfehler zurückgehen, stellen weder einen sprachlichen Fehler noch eine offensichtliche Unrichtigkeit dar, und können daher nicht im Rahmen des § 45 berichtigt werden. Dies gilt jedenfalls, wenn die fehlerhafte Bezeichnung auf Angaben des Anmelders beruht (BeckRS 2009, 1791 – Kandis).

3.3 Auch eine versehentlich eingetragene Marke oder Schutzrechtsverlängerung kann nicht im Rahmen des § 45 aus dem Register gelöscht werden (BPatG BeckRS 2000, 15141 – Ich habe fertig). Ändert das Amt hingegen, beispielsweise im Zuge der Umstellung des Registers, die ursprüngliche Eintragung der Marke, ist diese gemäß § 45 zu berichtigen (BPatG BeckRS 2009, 6066 – Technisat; BeckRS 2009, 6065 – Orbitech).

B. Veröffentlichung der berichtigten Eintragung

4 Ist die Eintragung mit offensichtlichen Unrichtigkeiten veröffentlicht und sind diese nachträglich berichtigt worden, wird die Eintragung erneut veröffentlicht, sofern die Unrichtigkeiten einen erheblichen Mangel der Veröffentlichung begründen (§ 28 Abs. 2 MarkenV). Dies wird vor allem dann der Fall sein, wenn die fehlerhaften Angaben die Entscheidung Dritter über die Erhebung eines Widerspruchs beeinflusst haben könnten (Ströbele/Hacker/Kirschneck Rn. 8). Es bedarf dann auch eines erneuten Hinweises auf die Möglichkeit des Widerspruchs (§ 28 Abs. 2 S. 2 MarkenV)

5 Wurde die Marke korrekt eingetragen, enthält die Veröffentlichung aber offensichtliche Unrichtigkeiten, wird eine berichtigte Veröffentlichung erstellt.

§ 46 Teilung der Eintragung

(1) ¹Der Inhaber einer eingetragenen Marke kann die Eintragung teilen, indem er erklärt, daß die Eintragung der Marke für die in der Teilungserklärung aufgeführten

Waren oder Dienstleistungen als abgetrennte Eintragung fortbestehen soll. ²Für jede Teileintragung bleibt der Zeitrang der ursprünglichen Eintragung erhalten.

(2) ¹Die Teilung kann erst nach Ablauf der Frist zur Erhebung des Widerspruchs erklärt werden. ²Die Erklärung ist nur zulässig, wenn ein im Zeitpunkt ihrer Abgabe anhängiger Widerspruch gegen die Eintragung der Marke oder eine in diesem Zeitpunkt anhängige Klage auf Löschung der Eintragung der Marke sich nach der Teilung nur gegen einen der Teile der ursprünglichen Eintragung richten würde.

(3) ¹Wird die Gebühr nach dem Patentkostengesetz für das Teilungsverfahren nicht innerhalb von drei Monaten nach dem Zugang der Teilungserklärung gezahlt, so gilt dies als Verzicht auf die abgetrennte Eintragung. ²Die Teilungserklärung kann nicht widerrufen werden.

Überblick

Ebenso wie die Anmeldung (§ 40) kann auch die Eintragung der Marke geteilt werden. Durch die Teilung entstehen zwei oder mehrere voneinander unabhängige Schutzrechte mit identischem Zeitrang.

Die Teilung erfolgt durch Erklärung des Markeninhabers. In dieser Erklärung muss angegeben werden, welche Waren bzw. Dienstleistungen in der Stammeintragung verbleiben und welche in der abgetrennten Eintragung enthalten sein sollen (→ Rn. 2). Zudem ist eine Teilungsgebühr zu zahlen (→ Rn. 5). Wird die Teilungsgebühr nicht rechtzeitig gezahlt, gilt die Anmeldung als zurückgenommen.

Während der Frist für den Widerspruch kann die Marke nicht geteilt werden (→ Rn. 10). Eine Teilung der Marke im bereits laufenden Widerspruchsverfahren ist nur beschränkt möglich (→ Rn. 11). Die Regeln zur Teilung im Widerspruch sind auch auf das Löschungsverfahren anzuwenden (→ Rn. 14).

Die Teilung der Anmeldung ist endgültig und kann nicht widerrufen werden (→ Rn. 4).

A. Zweck der Teilung

Die Teilung der Eintragung der Marke führt, ebenso wie die Teilung der Anmeldung (§ 40), dazu, dass die Marke auf unterschiedliche Waren und Dienstleistungen aufgespalten wird. Im Unterschied zur Anmeldung, wird eine Teilung der Eintragung aber überwiegend aus wirtschaftlichen oder markenstrategischen Gründen in Frage kommen, beispielsweise in Vorbereitung auf einen Verkauf eines Teils der Marke. Die Gründe für die Teilung sind dem Inhaber überlassen; er braucht kein berechtigtes Interesse darzulegen (→ § 40 Rn. 1). **1**

B. Teilungserklärung und -verfahren

Die Marke kann ausschließlich in Hinblick auf ihre Waren und Dienstleistungen geteilt werden. Eine Aufspaltung des Zeichens oder des territorialen Geltungsbereichs der Marke sind nicht zulässig (→ § 40 Rn. 4). **2**

Zu Form und Inhalt der Teilungserklärung (§ 36 MarkenV) → § 40 Rn. 5 ff. **3**

I. Endgültigkeit der Teilung

Die Teilung der Eintragung ist endgültig. Die Teilungserklärung kann nicht widerrufen **4** werden und ist als reine Verfahrenshandlung nicht anfechtbar (Ströbele/Hacker/Kirschneck § 40 Rn. 4; → § 40 Rn. 9 ff.).

II. Teilungsgebühr

Mit der Erklärung der Teilung wird eine Teilungsgebühr in Höhe von 300 Euro (§ 64a, **5** § 3 PatKostG iVm § 2 PatKostG, GV 333100 PatKostG) fällig. Die Frist zur Einzahlung beträgt drei Monate ab Erklärung der Teilung (§ 46 Abs. 3 S. 2). Wird die Gebühr nicht oder nicht rechtzeitig gezahlt, gilt dies als Verzicht auf den abgetrennten Teil der Eintragung

(§ 46 Abs. 3 S. 3). Die in der abgetrennten Eintragung enthaltenen Waren bzw. Dienstleitungen fallen dabei nicht wieder in die Stammanmeldung zurück, sondern sind untergegangen.

6 In die Frist für die Zahlung der Teilungsgebühr kann Wiedereinsetzung (§ 91) gewährt werden.

III. Unterlagen

7 Bis zur Änderung des Markengesetzes zum 1.7.2016 mussten für die abgetrennte Eintragung grundsätzlich alle erforderlichen Unterlagen einzureichen. Diese Anforderung ist nunmehr entfallen, da das DPMA eine vollständige Kopie der Stammakte erstellt (§ 36 Abs. 4 MarkenV; → § 40 Rn. 16).

IV. Vertreterbestellung und Anträge

8 Ohne eine gegenteilige Erklärung des Anmelders gilt der für die ursprüngliche Eintragung bestellte Vertreter auch als für die abgetrennte Eintragung benannt (§ 36 Abs. 6 MarkenV).

9 In gleicher Weise gelten die für die ursprüngliche Eintragung gestellten Anträge als für die abgetrennte Eintragung gestellt (§ 36 Abs. 7 MarkenV). Daraus folgt, dass bei Teilung einer Widerspruchsmarke, der Widerspruch als aus beiden Marken erhoben gilt (→ Rn. 15; BPatG BeckRS 2010, 13609 – eastside; aA BPatG GRUR 2003, 1070 – KIMA/KYRA, die im Widerspruch keinen Antrag iSv § 36 Abs. 7 sieht).

V. Teilung der Eintragung im Widerspruch

1. Keine Teilung während der Widerspruchsfrist

10 Ist die Marke eingetragen, die Widerspruchsfrist gemäß § 42 aber noch nicht abgelaufen, ist die Teilung der Marke ausgeschlossen (§ 46 Abs. 2 S. 1).

10.1 In der Literatur wird vertreten, dass auch während der Widerspruchsfrist eine Teilung möglich sein soll, sofern die abgetrennte Eintragung ausschließlich Waren bzw. Dienstleistungen enthält, die durch einen bereits erhobenen Widerspruch nicht angegriffen wurden (Fezer Rn. 16). Gegen diese Ansicht spricht aber, dass die Unzulässigkeit der Teilung während der Widerspruchsfrist der Rechtssicherheit Dritter dient. Ein potentieller Widerspruchsführer soll nicht durch eine Teilung der Marke überraschend genötigt werden, mehrere Widerspruchsverfahren zu führen (Ingerl/Rohnke Rn. 8). Dies muss aber auch dann noch gelten, wenn zwar bereits ein Widerspruch eingelegt wurde, die Widerspruchsfrist aber noch nicht abgelaufen ist. Bis zum Ende der Frist können nämlich noch weitere Inhaber älterer Marken Widerspruch einlegen, denen dieselbe Rechtssicherheit zusteht.

2. Eingeschränktes Teilungsrechts während des Widerspruchs

11 Eine Teilung der Marke während des Widerspruchs ist nur zulässig, sofern sich die abgetrennte Eintragung ausschließlich auf Waren bzw. Dienstleistungen bezieht, die durch den Widerspruch nicht angegriffen wurden. Ist in vollem Umfang Widerspruch gegen die Marke eingelegt worden, ist die Teilung ausgeschlossen (Ingerl/Rohnke Rn. 9).

12 Wurde die Marke nur teilweise angegriffen, kann die Eintragung geteilt werden, indem die nicht angegriffenen Waren bzw. Dienstleitungen ganz oder teilweise zum Gegenstand einer abgetrennten Eintragung gemacht werden.

13 Wurde der Widerspruch erhoben ohne anzugeben welche Waren bzw. Dienstleistungen er sich im Einzelnen richtet (§ 30 Abs. 2 Nr. 10 MarkenV), und beantragt der Markeninhaber die Teilung der Eintragung, fordert das Amt den Widersprechenden auf, zu erklären, gegen welche Waren bzw. Dienstleistungen sich sein Widerspruch richtet (§ 36 Abs. 8 S. 1 MarkenV). Eine entsprechende Erklärung des Widersprechenden kann der Markeninhaber auch selbst beibringen (§ 36 Abs. 8 S. 2 MarkenV). Äußert sich der Widersprechende auf eine entsprechende Mitteilung des DPMA nicht, wird die Teilungserklärung als unzulässig zurückgewiesen (§ 36 Abs. 8 S. 3 MarkenV).

14 Die Regelungen über die Teilung der Eintragung im Widerspruch finden auch für das Löschungsverfahren gemäß §§ 50, 54 Anwendung (BPatG BeckRS 2009, 24787 – PC-Notruf). Wird Löschungsantrag gegen eine Marke gestellt, deren Teilung (und Übertragung) zwar schon beantragt, aber noch nicht vollzogen wurde, gilt die Löschung als für beide Teile der Marke beantragt. Hierbei ist zu beachten, dass die Inhaber der geteilten Marke für jeweils ihren Teil fristgerecht Widerspruch gegen die Löschung erheben müssen, da jeder nur über seinen Teil der Marke wirksam verfügen kann (BPatG BeckRS 2012, 8796 – Peppino's Pizza).

3. Teilung der Widerspruchsmarke

Im Gegensatz zur Teilung der angegriffenen Marke kann die Widerspruchsmarke jederzeit geteilt werden. Sind die Waren bzw. Dienstleistungen, aus denen die Marke angegriffen wurde, nach der Teilung auf beide Eintragungen, dh die ursprüngliche und die abgetrennte Eintragung, verteilt, wird der Widerspruch mit beiden Marken weitergeführt (BPatG GRUR 2003, 1070 – KIMA/KYRA). 15

§ 47 Schutzdauer und Verlängerung

(1) Die Schutzdauer einer eingetragenen Marke beginnt mit dem Anmeldetag (§ 33 Abs. 1) und endet nach zehn Jahren am letzten Tag des Monats, der durch seine Benennung dem Monat entspricht, in den der Anmeldetag fällt.

(2) Die Schutzdauer kann um jeweils zehn Jahre verlängert werden.

(3) Die Verlängerung der Schutzdauer wird dadurch bewirkt, daß eine Verlängerungsgebühr und, falls die Verlängerung für Waren und Dienstleistungen begehrt wird, die in mehr als drei Klassen der Klasseneinteilung von Waren und Dienstleistungen fallen, für jede weitere Klasse eine Klassengebühr gezahlt werden.

(4) ¹Beziehen sich die Gebühren nur auf einen Teil der Waren oder Dienstleistungen, für die die Marke eingetragen ist, so wird die Schutzdauer nur für diese Waren oder Dienstleistungen verlängert. ²Werden lediglich die erforderlichen Klassengebühren nicht gezahlt, so wird die Schutzdauer, soweit nicht Satz 1 Anwendung findet, nur für die Klassen verlängert, für die die gezahlten Gebühren ausreichen. ³Besteht eine Leitklasse, so wird sie zunächst berücksichtigt. ⁴Im übrigen werden die Klassen in der Reihenfolge der Klasseneinteilung berücksichtigt.

(5) ¹Die Verlängerung der Schutzdauer wird am Tag nach dem Ablauf der Schutzdauer wirksam. ²Sie wird in das Register eingetragen und veröffentlicht.

(6) Wird die Schutzdauer nicht verlängert, so wird die Eintragung der Marke mit Wirkung ab dem Ablauf der Schutzdauer gelöscht.

Überblick

Die Schutzdauer der Marke beträgt zehn Jahre ab Anmeldetag, kann aber beliebig oft um jeweils weitere zehn Jahre verlängert werden (→ Rn. 1).

Die Verlängerungsgebühr umfasst die Grundgebühr für drei Waren bzw. Dienstleistungsklassen und ggf. weitere Klassengebühren (→ Rn. 7).

Die Zahlung der Verlängerungsgebühr ist am letzten Tag des Monats fällig, der durch seine Benennung dem Monat des Anmeldetags entspricht, kann aber noch zwei Monate zuschlagsfrei und weitere vier Monate mit Zuschlag nachgezahlt werden (→ Rn. 3).

Die Verlängerung der Marke wird alleine durch die Bezahlung der Verlängerungsgebühr bewirkt, wobei darauf zu achten ist, dass die Zahlung der Marke eindeutig zugeordnet werden kann (→ Rn. 14). Ein Antrag auf Verlängerung kann zusätzlich eingereicht werden, ist aber nicht notwendig (→ Rn. 11).

Übersicht

	Rn.		Rn.
A. Schutzdauer	1	IV. Teilweise Verlängerung	15
B. Verlängerung der Schutzdauer	2	C. Löschung der Marke bei Nichtzahlung der Verlängerungsgebühr	18
I. Zahlungsfrist	3	I. Fehlerhafte Löschung	19
II. Verlängerungsgebühr	7	II. Fehlerhafte Verlängerung	20
III. Zahlung der Verlängerungsgebühr	11		

A. Schutzdauer

1 Die Schutzdauer einer registrierten Marke beträgt zehn Jahre, gerechnet vom Anmeldetag, endet jedoch erst am Ende des Monats, der nach seiner Benennung dem Monat des Anmeldetags entspricht (anders bei der Unionsmarke, vgl. Art. 46 S. 1 UMV; → UMV Art. 46 Rn. 5). Dadurch stimmt die Berechnung der Schutzdauer mit der Berechnung der Fälligkeit der Verlängerungsgebühr gemäß § 64a, § 3 Abs. 2 S. 1 PatKostG überein (→ Rn. 3). Die Schutzdauer richtet sich alleine nach dem Anmeldetag und ist vom Zeitrang der Marke unabhängig. Sie kann sich beispielsweise auf Grund der Inanspruchnahme einer Priorität (§§ 34, 35) oder einer nachträglichen Verkehrsdurchsetzung (§ 37 Abs. 2) vom Anmeldetag unterscheiden.

B. Verlängerung der Schutzdauer

2 Die Schutzdauer einer registrierten Marke kann beliebig oft um jeweils zehn Jahre verlängert werden. Eine Verlängerung um einen kürzeren oder längeren Zeitraum ist hingegen nicht möglich. Die Marke kann für das gesamte Waren- und Dienstleistungsverzeichnis oder für einen Teil davon verlängert werden. Soll die Marke nur für manche Waren bzw. Dienstleistungen aufrechterhalten werden (teilweise Verlängerung), sollte ein schriftlicher Antrag auf Verlängerung der Schutzdauer gestellt werden, in dem die Waren bzw. Dienstleistungen genannt werden, für die die Marke verlängert werden soll (→ Rn. 15).

I. Zahlungsfrist

3 Die Zahlung der Verlängerungsgebühr wird am letzten Tag des Monats fällig, der seiner Benennung nach dem Monat des Anmeldetags entspricht. Eine Verlängerung dieser Frist ist ausgeschlossen. Allerdings kann die Zahlung noch zwei Monate nach dem Fälligkeitstag zuschlagsfrei entrichtet werden. Bis zu sechs Monate nach dem Fälligkeitstag, kann die Zahlung mit Zuschlag wirksam nachgeholt werden. Die Zahlung wirkt dabei stets auf den Tag des Schutzdauerablaufs zurück.

3.1 War der Anmeldetag zB der 3.5.2007, ist die Verlängerungsgebühr am 31.5.2017 fällig und kann noch bis 31.7.2017 zuschlagsfrei gezahlt werden. Mit Entrichtung einer Zuschlagsgebühr ist die Zahlung noch bis 31.11.2017 möglich.

4 Wird die Verlängerungsgebühr bis zum Ablauf der zuschlagsfreien Nachfrist nicht gezahlt, erhält der Inhaber ein Informationsschreiben vom Amt, in dem er über die Möglichkeit der Nachzahlung der Gebühren inklusive Verspätungszuschlag unterrichtet wird. Diese Mitteilung ist aber rechtlich unverbindlich und hat keinen Einfluss auf die Zahlungsfristen (BeckRS 2015, 14645 – dtv junior; Ingerl/Rohnke Rn. 7; Fink in Fezer, HdB Markenpraxis, I 1 1 Rn. 506).

5 In die Zahlungsfrist kann Wiedereinsetzung (§ 91) gewährt werden.

6 Die Frist zur Zahlung der Verlängerungsgebühr wird nicht durch die Insolvenz des Markeninhabers unterbrochen (BPatG Mitt 2008, 418 – Insolvenz).

II. Verlängerungsgebühr

7 Die Verlängerungsgebühr (§ 64a, § 2 Abs. 1 PatKostG iVm GV 332100 PatKostG) beträgt 750 Euro. Zu beachten ist, dass die Verlängerungsgebühr für die Marke (Grundgebühr), ähnlich wie die Anmeldegebühr, insgesamt drei Waren/Dienstleitungsklassen erfasst. Für jede weitere Klasse ist jeweils eine Klassengebühr von 260 Euro zu zahlen (GV 332300 PatKostG).

Umfasst die Marke mehr als drei Klassen und wird nur die Grundverlängerungsgebühr **8** oder zu wenige Klassengebühren gezahlt, wird die Marke nur für die Waren und Dienstleistungsklassen verlängert, für welche die Gebühr entrichtet wurde. Äußert sich der Markeninhaber nicht, welche Klassen für die gezahlten Gebühren verlängert werden sollen, werden nach der Leitklasse die übrigen Klassen in ihrer numerischen Abfolge berücksichtigt (aA Braitmayer MarkenR 2009, 237).

Die Zuschlagsgebühr für verspätete Zahlung beträgt 50 Euro auf die Grundgebühr und **9** 50 Euro auf jede Klassengebühr (GV 332201 PatKostG und GV 332301 PatKostG).

Zu beachten ist ferner, dass es bei der Verlängerung der Marke zur Umklassifizierung **10** des Waren- und Dienstleistungsverzeichnisses kommen kann (§ 22 MarkenV, Mitteilung der Präsidentin Nr. 17/11). Dadurch kann sich die Anzahl der Klassen erhöhen. Wird in Folge dessen zwar die Verlängerungsgebühr rechtzeitig entrichtet, nicht jedoch die zusätzlichen Klassengebühren, kann der Inhaber diese noch innerhalb von sechs Monaten ab Fälligkeit zuschlagsfrei nachzahlen (§ 64a, § 7 Abs. 3 PatKostG). Die Verantwortung für die vollständige Zahlung der Klassengebühren liegt auch in diesem Fall ausschließlich beim Inhaber. Hinweise des DPMA auf die Umklassifizierung und die Zahlungsfrist sind eine reine Serviceleistung, so dass sich der Inhaber nicht auf das Unterbleiben derselben berufen kann (BPatG BeckRS 2015, 01358 – OMEN).

III. Zahlung der Verlängerungsgebühr

Die Verlängerung der Schutzdauer wird durch die Zahlung der Verlängerungsgebühr **11** bewirkt; ein schriftlicher Antrag kann zusätzlich eingereicht werden, ist aber nicht notwendig (zur teilweisen Verlängerung → Rn. 15). Für die Verlängerung der Unionsmarke ist ein Antrag hingegen unerlässlich (→ UMV Art. 47 Rn. 2).

Nach den Vorschlägen zur Änderung der Markenrichtlinie soll aber auch bei den nationalen Ämtern **11.1** eine Verlängerung der Marke nur noch durch schriftlichen Antrag und ausschließlich durch den Anmelder oder seinen Vertreter möglich sein (MRL 2013).

Die Zahlung kann nicht nur vom Inhaber der Marke, sondern von jedermann (zB Lizenz- **12** nehmer (§ 30) oder Pfandgläubiger (§ 29); → § 29 Rn. 11) vorgenommen werden (anders bei der Unionsmarke, vgl. Art. 47 Abs. 1 UMV; → UMV Art. 47 Rn. 12). Es bedarf daher auch keines Inlandsvertreters um die Verlängerungsgebühr zu zahlen (zu § 25 PatG BGH GRUR 2009, 701 – Niederlegung der Inlandsvertretung). Allerdings kann dessen Bestellung notwendig werden, falls im Zuge der Verlängerung der Schutzdauer ein Schriftwechsel mit dem Amt notwendig ist, beispielsweise bei einer nur teilweisen Verlängerung der Marke (→ Rn. 15).

Die Zahlung kann maximal ein Jahr vor Fälligkeit entrichtet werden (BPatG BeckRS **13** 2009, 586 – verfrühte Zahlung), wird aber dennoch erst mit Ablauf der Schutzdauer wirksam (Ingerl/Rohnke Rn. 7). Dementsprechend ist eine frühzeitig gezahlte Gebühr zu erstatten, falls die Marke nach Zahlung der Gebühr aber noch vor deren Fälligkeit, beispielsweise durch Löschung oder Verzicht, wegfällt (BGH GRUR 2000, 328 – Verlängerungsgebühr II).

Eine verfrühte Zahlung der Verlängerungsgebühr bietet sich vor allem an, wenn auf diese Weise **13.1** eine Gebührenerhöhung umgangen werden kann, wie dies bei Einführung des Patentkostengesetzes vom 13.12.2001 möglich war (§ 14 Abs. 1 Nr. 3 PatKostG).

Bei der Zahlung der Verlängerungsgebühr muss sichergestellt werden, dass der Zweck der **14** Zahlung angegeben ist und die Zahlung zweifelsfrei zugeordnet werden kann. Hierzu sollten angegeben werden: Registernummer der zu verlängernden Marke, Name des Markeninhabers und der Verwendungszweck der Zahlung (§ 37 MarkenV). Letzteres ist am einfachsten unter Angabe der Gebühr-Nummer (zB Grundgebühr: GV 332100 PatKostG, Klassengebühr: GV 332300 PatKostG) möglich.

Wird die Zahlung ohne ausreichende Angaben angewiesen, ist eine nachträgliche Zweckbestimmung **14.1** noch innerhalb eines Jahres nach Fristablauf möglich. Dies wird damit begründet, dass in dieser Zeit auch eine Wiedereinsetzung in die Zahlungsfrist möglich wäre und insofern keine unzumutbare Rechtsunsicherheit für die Öffentlichkeit bestehe (BPatG GRUR 1976, 362 – FEGACO REN).

IV. Teilweise Verlängerung

15 Die Marke kann entweder für alle Waren und Dienstleistungen oder nur für einen Teil davon verlängert werden. Soll die Marke nur für bestimmte Waren bzw. Dienstleistungen verlängert werden, ist ein schriftlicher Antrag auf Verlängerung der Marke zu stellen (§ 38 Abs. 1 MarkenV). In dem Antrag sind zu nennen: Registernummer der Marke, Name und Anschrift des Markeninhabers und die Waren bzw. Dienstleistungen, für welche die Marke verlängert werden soll (§ 38 Abs. 2 MarkenV).

16 Da es eines schriftlichen Antrags bedarf, ist die teilweise Verlängerung ggf. durch einen Inlandsvertreter vorzunehmen.

17 Die Waren bzw. Dienstleistungen, für welche die Marke nicht verlängert wird, werden am Ende der Schutzdauer gelöscht.

C. Löschung der Marke bei Nichtzahlung der Verlängerungsgebühr

18 Wird die Verlängerungsgebühr auch innerhalb der Nachfrist nicht oder nicht vollständig gezahlt, wird die Marke mit Ablauf der Schutzdauer gelöscht. Die Löschung der Marke wirkt dabei stets auf den Schutzdauerablauf zurück, unabhängig davon, wann sie tatsächlich vorgenommen wurde (Begr. RegE, BT-Drs. 12/6581, 88). Die Löschung der Marke wird im Register eingetragen und veröffentlicht.

18.1 Durch die insgesamt sechs-monatige Nachfrist zur Zahlung der Verlängerungsgebühr und der Rückwirkung der Löschung bei Nichtzahlung ergibt sich die Problematik, wie eine Marke, deren Verlängerungsgebühr (noch) nicht bezahlt wurde, aber noch bezahlt werden kann, in einem anhängigen Verfahren zu behandeln ist. Ingerl/Rohnke vertreten die Ansicht, dass die Löschung der Marke konstitutiv wirkt und die Marke daher jedenfalls solange als eingetragen zu gelten habe, solang die Verlängerungsgebühr noch wirksam entrichtet werden kann (Ingerl/Rohnke Rn. 4). Demgegenüber wird auch vertreten, dass eine Marke, für die trotz Fälligkeit noch keine Verlängerungsgebühr gezahlt wurde, ähnlich wie eine noch nicht eingetragene Widerspruchsmarke (§ 9 Abs. 2), kein Eintragungshindernis iSd § 9 Abs. 1 ist. In einem solchen Fall sei das Widerspruchsverfahren auszusetzen, bis die Verlängerung der Marke feststeht (Ströbele/Hacker/Kirschneck Rn. 20).

I. Fehlerhafte Löschung

19 Die Löschung ergeht ohne Beschluss des DPMA und ist somit nicht unmittelbar angreifbar. Wird die Marke trotz fristgerechter Zahlung gelöscht, kann Rückgängigmachung beantragt werden, gegen deren Zurückweisung wiederum Erinnerung (§ 64) oder Beschwerde (§ 66) eingelegt werden kann (Ingerl/Rohnke Rn. 10). Alternativ soll auch die Beantragung der Wiedereinsetzung (§ 91) möglich sein, deren Zurückweisung ebenfalls rechtsmittelfähig ist (Fezer Rn. 13).

II. Fehlerhafte Verlängerung

20 Wird die Schutzdauer einer Marke trotz fehlender Zahlung der Gebühr verlängert und die Verlängerung eingetragen und veröffentlicht, kann die Verlängerung nicht rückgängig gemacht werden. Auch wenn weder die Verfügung über die Verlängerung noch deren Veröffentlichung konstitutiv sind, greifen sie in die Rechtsstellung der Betroffenen ein, so dass der den Inhaber begünstigende Verwaltungsakt nicht rückgängig gemacht werden kann (BPatG BeckRS 2009, 2732 – ROK).

Abschnitt 3 Verzicht, Verfall und Nichtigkeit; Löschungsverfahren

§ 48 Verzicht

(1) Auf Antrag des Inhabers der Marke wird die Eintragung jederzeit für alle oder für einen Teil der Waren oder Dienstleistungen, für die sie eingetragen ist, im Register gelöscht.

(2) Ist im Register eine Person als Inhaber eines Rechts an der Marke eingetragen, so wird die Eintragung nur mit Zustimmung dieser Person gelöscht.

Überblick

Der Verzicht des Markeninhabers auf seine eingetragene Marke und sämtliche übrigen materiellen Löschungsgründe sind – mit Ausnahme des § 47 Abs. 6, der die Löschung bei Nichtverlängerung nach Ablauf der zehnjährigen Schutzdauer regelt – im Abschnitt 3 des Markengesetzes enthalten (§§ 48–51). Auch die Vorschriften über den formellen Ablauf der Löschungsverfahren (§§ 53–55) sowie die Wirkungen der Löschung wegen Verfalls oder Nichtigkeit (§ 52) finden sich in diesem Zusammenhang. Die Löschungsverfahren werden – mit Ausnahme der § 47 Abs. 6 und § 50 Abs. 3 – grundsätzlich durch einen Antrag und nicht von Amts wegen eingeleitet (→ Rn. 3). Die Verzichtserklärungen auf eingetragene Marken werden nicht zentral von der Löschungsabteilung des DPMA bearbeitet und im Register vollzogen, sondern in den jeweiligen Bearbeitungs- und Verfahrensstadien, es sei denn der Verzicht wird in einem beim DPMA anhängigen Löschungsverfahren nach §§ 49, 50, 54 oder in einem beim BPatG oder den ordentlichen Gerichten anhängigen Verfahren erklärt. Rechte Dritter geben diesen unter bestimmten Voraussetzungen das Recht, einen Verzicht zu verhindern (→ Rn. 15).

A. Allgemeines

Der Verzicht bezeichnet die freiwillige Aufgabe einer Marke durch den Markeninhaber 1 mit der Folge der Löschung im Register. Verzichtet der Markeninhaber von sich aus auf die Eintragung, unabhängig davon, in welchem Verfahren er den Verzicht erklärt, wird die Marke vom DPMA als hierfür ausschließlich zuständige Registerbehörde im Register gelöscht. Die jederzeit gegebene Möglichkeit zum Verzicht ist Ausfluss der **Dispositionsmaxime,** wonach der Markeninhaber über sein Recht an der Marke frei verfügen kann. In der Praxis erfolgt der Verzicht überwiegend in einem gegen die Marke anhängigen Widerspruchs- oder Löschungsverfahren (auch vor den Zivilgerichten), um eine – meist teilweise – Löschung der Marke abzuwenden. Der Verzicht setzt eine eingetragene Marke voraus. Begrifflich davon zu unterscheiden ist die (Zu-)Rücknahme der Anmeldung (vgl. § 39 Abs. 1, der insoweit mit der Regelung des § 48 Abs. 1 korrespondiert), die bis zur Eintragung der Marke erfolgen kann. Geht die Erklärung des Anmelders hinsichtlich der Rücknahme der Markenanmeldung erst nach Eintragung der Marke in das Register beim DPMA ein, ist die Rücknahmeerklärung in einen Verzicht umzudeuten (§ 140 BGB). Dem Anmelder bzw. Markeninhaber ist diesbezüglich rechtliches Gehör zu gewähren.

Hat der Markeninhaber auf seine Marke verzichtet, ist eine erneute Anmeldung der Marke 2 nicht von vornherein rechtsmissbräuchlich, da der Verzicht auf unterschiedlichen Erwägungen beruhen kann. Ist der Verzicht zur Beilegung eines Streits erklärt worden, können die Beteiligten eine erneute Anmeldung durch eine entsprechende Vereinbarung ausschließen (vgl. ausführlich zur Problematik der Wiederholungsanmeldungen → § 8 Rn. 847 ff.).

B. Verzicht und Antrag auf Löschung (Abs. 1)

Der Verzicht auf eine Markeneintragung als absolut geschützte Rechtsposition erfordert 3 eine einseitige Erklärung des Markeninhabers (vgl. HK-MarkenR/Bous Rn. 2). Aufgrund der Verzichtserklärung des Inhabers auf die Marke gegenüber dem DPMA wird das patentamtliche Löschungsverfahren eingeleitet. In dem Antrag gegenüber dem DPMA, dass die Marke aus dem Register gelöscht werden soll, liegt zugleich die **materiell-rechtliche Erklärung** des Verzichts auf die Marke, weshalb die Verzichtserklärung nicht als reiner Antrag im klassischen Sinn zu qualifizieren ist.

Die unmittelbare materielle Rechtswirkung des Verzichts ist mit dem Wegfall der ursprünglichen 3.1 Regelung des § 41 Abs. 3 MarkenV (vgl. Markenverordnung vom 11.5.2004, BGBl. I 872), die ehemals vorsah, dass die im Lauf eines Widerspruchs- oder Löschungsverfahrens erklärte Einschränkung des Waren- und Dienstleistungsverzeichnisses erst aufgrund einer entsprechenden Anordnung in der Entscheidung über den Widerspruch bzw. den Löschungsantrag vollzogen wird, nunmehr bestätigt.

3.2 Obwohl in vielen Fällen die materiell-rechtliche Verzichtserklärung und der formelle Antrag auf Löschung im Register gleichsam uno actu zusammenfallen, sind sie rechtlich zu trennen. Der Verzichtserklärung wohnt eine Doppelnatur inne. Sie ist einerseits Verfahrenshandlung mit Antragscharakter, zum anderen ist sie materielle Bewirkungshandlung. Die mittlerweile allgM geht abweichend zu früheren Auffassungen (vgl. Althammer WZG § 10 Rn. 1) davon aus, dass bereits der materiell-rechtliche Verzicht unmittelbare Rechtswirkungen entfaltet und der tatsächliche Vollzug der Löschung im Register nur deklaratorischer Natur ist (BPatG BeckRS 2012, 22518 – AMAMIS/EMANIS; Ströbele/Hacker/Kirschneck trennen zwischen bedingungsfeindlicher Bewirkungshandlung und Erwirkungshandlung, Rn. 4 mit Verweis auf Stein/Jonas/Leipold ZPO Vor § 128 Rn. 267–268; ablehnend hingegen zur Aufteilung in Erwirkungs- und Bewirkungshandlungen mangels eines praktischen Zwecks Thomas/Putzo/Reichold ZPO Einl. III Rn. 3; zustimmend zur unmittelbaren Wirkung des Verzichts außerdem BGH GRUR 2011, 654 Rn. 14 – Yoghurt Gums; GRUR 2001, 337, 338 – EASYPRESS, wonach im Löschungsantrag des Markeninhabers der Verzicht liegt; Ingerl/Rohnke Rn. 6; HK-MarkenR/Hoppe Rn. 19). Dies erscheint aus Gründen der Rechtssicherheit nicht unproblematisch, denn die sofortige Wirksamkeit des Verzichts (→ Rn. 10) kann für einen – letztlich von der Bearbeitungsdauer durch das DPMA abhängenden – Übergangszeitraum zu einer Diskrepanz zwischen registerrechtlicher und tatsächlicher Rechtslage führen, die den Rechtsstand nach außen nicht korrekt wiedergibt. In der Praxis ist indes der Zeitraum zwischen dem Eingang der Erklärung beim DPMA und dem Vollzug des Verzichts im Register sehr kurz, so dass für die rechtliche Konstruktion einer aufschiebend bedingten Verzichtserklärung bis zum Zeitpunkt der Löschung im Register, soweit diese überhaupt für zulässig zu erachten ist (→ Rn. 9), kein praktischer Bedarf besteht.

C. Zeitpunkt

4 Der Verzicht kann gemäß dem Wortlaut von § 48 Abs. 1 **jederzeit** erklärt werden, also auch noch im Rechtsmittelverfahren (vgl. BGH GRUR 1997, 634 – Turbo II). In der Entscheidung BPatG GRUR 530, 531 (Waldschlößchen/Waldschloss) war nach Schluss der mündlichen Verhandlung, aber vor Erlass des an Verkündungs Statt zuzustellenden verfahrensabschließenden Beschlusses die Streichung einiger Waren im Verzeichnis der jüngeren Marke erfolgt, was der Senat für wirksam erachtet hat. Hierzu differenzierend aber Ingerl/Rohnke Rn. 9, wonach eine bloße Streichung von Waren bzw. Dienstleistungen vor Rechtskraft der instanzabschließenden Entscheidung zwar zulässig sein soll, Teilverzichte mit Umformulierungen dagegen aufgrund des Erfordernisses der Prüfung auf Bestimmtheit und unzulässige Erweiterungen unter Umständen zu einer Verfahrensverzögerung mit der Konsequenz des § 296a ZPO führen könnten (→ Rn. 10). In der Entscheidung „Yoghurt-Gums" hat der BGH offen gelassen, ob ein Verzicht nach Schluss der mündlichen Verhandlung auch ohne deren Wiedereröffnung oder ohne Übergang ins schriftliche Verfahren berücksichtigungsfähig ist, wenn es sich um die bloße Streichung von Waren/DL handelt (vgl. BGH GRUR 2011, 654). Dies wird anzunehmen sein, zumal eine erneute mündliche Verhandlung bzw. ein Eintritt in das schriftliche Verfahren am materiell-rechtlichen oder prozessualen Ergebnis nichts mehr ändern wird; der Verzicht führt zur Erledigung der Hauptsache insoweit (vgl. Ingerl/Rohnke Rn. 9; BPatG GRUR 2003, 530 (531) – Waldschlösschen/Waldschloss).

D. Form

5 Nach § 39 Abs. 1 MarkenV soll der Antrag, mit dem der Verzicht gegenüber dem DPMA erklärt wird, unter Verwendung des hierfür vorgesehenen, vom DPMA herausgegebenen **Formblatts** erfolgen; dessen Verwendung ist zwar nicht obligatorisch, für eine zügige Bearbeitung jedoch förderlich, zumal das Formblatt den für den Löschungsantrag aufgrund Verzichts zwingenden Inhalt nach § 39 Abs. 2 MarkenV vorsieht (in elektronischer Form ist das Formular unter www.dpma.de/formulare/marke.html abrufbar). Der Antrag ist gebührenfrei.

6 Der Verzicht kann auch **konkludent** erklärt werden, dh der Begriff „Verzicht" muss hierfür nicht explizit verwendet werden. Im Allgemeinen werden bei der Prüfung, ob ein konkludenter Verzicht vorliegt, die Auslegungsregeln nach §§ 133, 157 BGB heranzuziehen sein; der wirkliche Wille des Erklärenden ist dabei zu ermitteln. Da der Markeninhaber durch den Verzicht sein Markenrecht ohne Möglichkeit eines Widerrufs verliert (→ Rn. 14), ist diesbezüglich ein strenger Maßstab anzulegen; dh der Verzichtswille des Markeninhabers muss unmissverständlich zum Ausdruck kommen, weshalb in Zweifelsfällen beim Inhaber rückzufragen ist.

Verzicht § 48 MarkenG

Der Verzicht wurde bejaht: im Antrag auf Eintragung einer anderen tatsächlich angemeldeten Form **6.1**
liegt ein konkludenter Verzicht auf die vorher fehlerhaft eingetragene Marke (vgl. BPatGE 38, 153);
beantragt der Markeninhaber die „Löschung" der Marke für diejenigen Waren, hinsichtlich derer die
Markenstelle die Löschung der Marke angeordnet hat, ist dieser Antrag als teilweiser Verzicht auf die
Marke nach § 48 auszulegen (vgl. BPatG BeckRS 2014, 16784). Der Verzicht wurde verneint: die
Formulierung „die Marke aus Klasse 9 herauszunehmen" ist als Verzichtserklärung nicht ausreichend
(vgl. BPatG BeckRS 2009, 1270 – vtron-CYTRON); der Verzicht auf eine Entgegnung im Widerspruchsverfahren bedeutet noch keinen Verzicht auf die Marke (vgl. BPatG GRUR 2000, 897 – ACC;
HK-MarkenR/Hoppe Rn. 10).

E. Adressat

Grundsätzlich ist die (Teil-)Verzichtserklärung vor dem DPMA als Behörde, die das Mar- **7**
kenregister führt, abzugeben. Im Beschwerdeverfahren muss aufgrund des Devolutiveffekts
der Beschwerde die Erklärung des Verzichts (auch des Teilverzichts) auf die Marke beim
BPatG erfolgen; eine Abgabe der Erklärung gegenüber dem DPMA nach § 48 iVm § 39
MarkenV kommt nicht in Betracht, da diese Vorschriften nur außerhalb des gerichtlichen
Verfahrens gelten (vgl. Grabrucker in Fezer, HdB Markenpraxis, I 1 2 Rn. 15). Gleichwohl
muss aber die Verzichtserklärung an das DPMA als **Registerbehörde** weitergeleitet werden.
Wird die Erklärung nur gegenüber dem DPMA abgegeben, erkennt das BPatG, sofern es
davon Kenntnis erlangt, eine solche Erklärung gleichwohl ebenfalls an (vgl. Fezer Rn. 5;
Ingerl/Rohnke Rn. 9). Der (Teil-)Verzicht kann im Verfahren vor dem BPatG entweder in
der mündlichen Verhandlung zu Protokoll gegeben werden oder durch entsprechende Erklärung im schriftlichen Verfahren erfolgen. In der Praxis wird die Erklärung des (Teil-)Verzichts
häufig sowohl gegenüber dem DPMA als auch gegenüber dem BPatG abgegeben, was die
Wirksamkeit ebenfalls nicht hindert.

F. Gegenstand des Verzichts

Die Verzichtserklärung kann sich auf alle eingetragenen Waren und/oder Dienstleistungen **8**
oder nur auf einen Teil davon beziehen (sog. Teilverzicht), hingegen niemals auf Einzelbestandteile der Marke. Nach § 39 Abs. 2 Nr. 4 sind entweder die zu löschenden Waren und
Dienstleistungen zu bezeichnen oder die Waren und Dienstleistungen, für die die Marke
nicht gelöscht werden soll, dh eingetragen bleibt. Durch einen Teilverzicht dürfen keine
unzulässigen Erweiterungen (→ § 39 Rn. 14.1), keine Rechtsunsicherheit (zB bei dadurch
entstehender mangelnder Bestimmtheit der Waren-/Dienstleistungsbegriffe, vgl. Ströbele/
Hacker/Kirschneck Rn. 6) oder neue absolute Schutzhindernisse (zB § 8 Abs. 2 Nr. 4, wenn
ein Schutzhindernis etwa durch Disclaimer beseitigt, hingegen dadurch eine Täuschungsgefahr begründet wird, → § 39 Rn. 14.1) herbeigeführt werden. Diese Problematik stellt sich –
unter anderem auch im Zuge von Widerspruchs- oder Löschungsverfahren – dergestalt, dass
der Markeninhaber auf Waren oder Dienstleistungen verzichtet, die unter einen weiten
Oberbegriff des Waren- und Dienstleistungsverzeichnisses fallen. Als praktikable Lösung
erscheint in einfachen Fällen die Ausklammerung der Spezialware aus dem Oberbegriff
mittels produktbezogenen **Disclaimers** (vgl. HK-MarkenR/Bous Rn. 13), der jedoch den
Anforderungen der Rechtsprechung genügen muss (EuGH GRUR 2004, 674 – Postkantoor); wird zB auf die Ware „Puppen" innerhalb des Oberbegriffs „Spielwaren" verzichtet
lautet die Formulierung „Spielwaren, ausgenommen Puppen". Ist die vom Markeninhaber
eingereichte Fassung des Waren-/Dienstleistungsverzeichnisses unzulässig, unterbreitet die
Markenstelle/Markenabteilung von sich aus zulässige Formulierungsvorschläge. Soweit der
Markeninhaber diesen nicht zustimmt, wird die Verzichtserklärung durch beschwerdefähigen
Beschluss zurückgewiesen (dies erfolgt in der Praxis äußerst selten, da der Markeninhaber
zumeist den Anregungen der Markenstelle/Markenabteilung folgen wird).

Soweit ein unzulässiger (Teil-)Verzicht in anhängigen Widerspruchs- oder Löschungsver- **9**
fahren beim DPMA oder BPatG erklärt wird, wird dessen Unzulässigkeit in der Endentscheidung über den Widerspruch oder die Löschung festgestellt, nicht in einer gesonderten Entscheidung, und ist nur in Zusammenhang mit dieser Endentscheidung angreifbar. Ein bedingt
erklärter (Teil-)Verzicht dahingehend, dass ein neues eingeschränktes Waren- und Dienstleistungsverzeichnis in einem Widerspruchsverfahren (oder auch Löschungsverfahren) der Ent-

scheidung hilfsweise zugrunde gelegt werden soll, ist unzulässig, da die Verzichtserklärung materiell-rechtlich ohne weiteres zum vollständigen oder teilweisen Erlöschen der Marke führt (vgl. BGH GRUR 2008, 714 (717) – idw; GRUR 2011, 654 – Yoghurt-Gums, unter Aufgabe seiner bisherigen Rechtsprechung, vgl. BGH GRUR 1995, 513 f. – MEY/Ella May).

G. Wirkungen des Verzichts

10   Die Rechtswirkung des Verzichts, nämlich das Erlöschen der Marke, tritt unmittelbar mit dem Zugang der Erklärung beim DPMA bzw. BPatG ein, nicht erst mit der Eintragung im Register; diese wirkt nur deklaratorisch (→ Rn. 3). Damit kann ein (Teil-)Verzicht auch in einem anhängigen Widerspruchs-, Löschungsverfahren bzw. Beschwerdeverfahren bereits vor Vollzug der Löschung im Register berücksichtigt werden und führt zur Erledigung des jeweiligen Verfahrens (BGH GRUR 2011, 654 – Yoghurt-Gums, unter Aufgabe der bisherigen Rechtsprechung, vgl. BGH GRUR 2005, 513 f. – MEY/Ella May; BPatG BeckRS 2012, 22518 – AMAMIS/EMANIS; GRUR 1969, 413 – Rakofix/Tachofix; Ingerl/Rohnke Rn. 9; Bingener Rn. 475 f.). Abweichend ist dies nur für **Teilverzichte mit Umformulierungen** nach Schluss der mündlichen Verhandlung, die aufgrund der erforderlichen Prüfung auf Bestimmtheit und Erweiterung nach § 296a ZPO unter Umständen zu einer Präklusion führen (→ Rn. 4 mwN), zu sehen.

11   Der Verzicht wirkt nach allgM ex nunc, nicht ex tunc (vgl. Ströbele/Hacker/Kirschneck Rn. 3) und absolut, dh gegenüber jedermann. Anderes müsste in einer Abgrenzungsvereinbarung vereinbart sein.

12   Mit dem erklärten Verzicht auf die streitgegenständliche Marke tritt in der Regel die Erledigung eines anhängigen Widerspruchs-, Löschungs- bzw. Beschwerdeverfahrens ein, im Widerspruchs- bzw. im Widerspruchsbeschwerdeverfahren sowohl bei Verzicht auf die Widerspruchsmarke als auch bei Verzicht auf die angegriffene Marke (→ Rn. 10). Das Verfahren wird nicht mehr fortgeführt; ggf. ist eine Kostenentscheidung zu treffen (§ 63 Abs. 1 S. 2). In Löschungsverfahren wegen absoluter Schutzhindernisse kann der Antragsteller in manchen Fällen jedoch auch nach dem Verzicht des Markeninhabers auf die angegriffene Marke ein besonderes Interesse an der Feststellung der Löschungsreife der Marke ex tunc haben, weshalb durch den Verzicht eine Erledigung in der Hauptsache dann nicht eintritt (vgl. BGH GRUR 2001, 337 – EASYPRESS). Das besondere Feststellungsinteresse ist in diesen Fällen analog § 256 Abs. 1 ZPO substantiiert darzulegen (vgl. Thomas/Putzo ZPO § 256 Rn. 13 ff.).

13   Umstritten ist die Frage, ob die Verzichtserklärung in der Regel dahingehend auszulegen ist, dass der Markeninhaber mit dem Verzicht auf die Registermarke zugleich auch auf das Recht aus einer **Benutzungsmarke** nach § 4 Nr. 2 oder eine **Notorietätsmarke** nach § 4 Nr. 3 verzichtet (vgl. bejahend Fezer Rn. 8; ablehnend Ingerl/Rohnke Rn. 12). Dies hängt vom jeweiligen Einzelfall ab und ist durch Auslegung der Verzichtserklärung unter Heranziehung der §§ 133, 157 BGB zu ermitteln.

H. Widerruf und Anfechtung

14   Aufgrund der unmittelbaren Wirkung der materiell-rechtlichen Verzichtserklärung (→ Rn. 3, → Rn. 9) und deren **Bedingungsfeindlichkeit** (→ Rn. 10) ist ein Widerruf des Verzichts bereits nach Zugang (nicht mit Abgabe) der entsprechenden Erklärung beim DPMA (bzw. BPatG) und nicht erst nach vollzogener Löschung im Register, ausgeschlossen (vgl. auch BGH GRUR 2001, 337 – EASYPRESS; Ingerl/Rohnke Rn. 6; Ströbele/Hacker/Kirschneck Rn. 4; zustimmend auch HK-MarkenR/Hoppe Rn. 19). Eine Anfechtung wegen Irrtums ist hingegen aufgrund des Doppelcharakters des Verzichts, der neben der prozessualen Komponente auch eine materiell-rechtliche Erklärung umfasst, zuzulassen (BPatG BeckRS 2008, 26577 – TACO BELL; zustimmend auch Ströbele/Hacker/Kirschneck Rn. 4), wobei die formellen Voraussetzungen erfüllt und ein Anfechtungsgrund gegeben sein müssen (→ § 39 Rn. 3, wonach aber nur der Erklärungsirrtum oder die falsche Übermittlung, nicht aber die Fehleinschätzung der Schutzfähigkeit der Marke zur Anfechtung berechtigen).

I. Zustimmung Dritter (Abs. 2)

§ 48 Abs. 2 fordert bei einer Rechteinhaberschaft eines Dritten an einer Marke dessen **15** Einverständnis mit der Verzichtserklärung, nicht lediglich mit der Löschung, da ansonsten wegen der unmittelbar eintretenden Wirkung des Verzichts das Zustimmungserfordernis obsolet würde (vgl. Ströbele/Hacker/Kirschneck Rn. 7). Das Zustimmungserfordernis bezieht sich nur auf die nach § 29 eintragbaren dinglichen Rechte (zu Pfandrecht und Nießbrauch → § 29 Rn. 7, → § 26 Rn. 16), nicht auf eine Lizenzberechtigung (vgl. BPatG BeckRS 2008, 26577 – TACO BELL), weshalb zum Schutz des Lizenznehmers die Eintragbarkeit einer dinglichen Markenlizenz gefordert wird (vgl. Fezer Rn. 14).

§ 40 MarkenV regelt die **Formerfordernisse** der Zustimmungserklärung des Dritten **16** nach § 48 Abs. 2. Demnach genügt eine vom Dritten bzw. seinem Vertreter abgegebene, unterschriebene Erklärung. Aufgrund des Wortlauts des § 40 S. 1 MarkenV wird ein Zugang beim DPMA nicht für erforderlich erachtet, eine **Abgabe gegenüber dem Markeninhaber** ist ausreichend (vgl. Ingerl/Rohnke Rn. 10; HK-MarkenR/Hoppe Rn. 17). Nach § 40 S. 2 MarkenV ist eine Beglaubigung der Erklärung oder der Unterschrift der Erklärung des Dritten für den Nachweis der Zustimmung nicht erforderlich; zudem kann die Zustimmung auch auf andere Weise nachgewiesen werden (§ 40 S. 3 MarkenV).

§ 49 Verfall

(1) ¹Die Eintragung einer Marke wird auf Antrag wegen Verfalls gelöscht, wenn die Marke nach dem Tag der Eintragung innerhalb eines ununterbrochenen Zeitraums von fünf Jahren nicht gemäß § 26 benutzt worden ist. ²Der Verfall einer Marke kann jedoch nicht geltend gemacht werden, wenn nach Ende dieses Zeitraums und vor Stellung des Löschungsantrags eine Benutzung der Marke gemäß § 26 begonnen oder wieder aufgenommen worden ist. ³Wird die Benutzung jedoch im Anschluß an einen ununterbrochenen Zeitraum von fünf Jahren der Nichtbenutzung innerhalb von drei Monaten vor der Stellung des Löschungsantrags begonnen oder wieder aufgenommen, so bleibt sie unberücksichtigt, sofern die Vorbereitungen für die erstmalige oder die erneute Benutzung erst stattgefunden haben, nachdem der Inhaber der Marke Kenntnis davon erhalten hat, daß Antrag auf Löschung gestellt werden könnte. ⁴Wird der Antrag auf Löschung nach § 53 Abs. 1 beim Patentamt gestellt, so bleibt für die Berechnung der Frist von drei Monaten nach Satz 3 der Antrag beim Patentamt maßgeblich, wenn die Klage auf Löschung nach § 55 Abs. 1 innerhalb von drei Monaten nach Zustellung der Mitteilung nach § 53 Abs. 4 erhoben wird.

(2) Die Eintragung einer Marke wird ferner auf Antrag wegen Verfalls gelöscht,
1. wenn die Marke infolge des Verhaltens oder der Untätigkeit ihres Inhabers im geschäftlichen Verkehr zur gebräuchlichen Bezeichnung der Waren oder Dienstleistungen, für die sie eingetragen ist, geworden ist;
2. wenn die Marke infolge ihrer Benutzung durch den Inhaber oder mit seiner Zustimmung für die Waren oder Dienstleistungen, für die sie eingetragen ist, geeignet ist, das Publikum insbesondere über die Art, die Beschaffenheit oder die geographische Herkunft dieser Waren oder Dienstleistungen zu täuschen oder
3. wenn der Inhaber der Marke nicht mehr die in § 7 genannten Voraussetzungen erfüllt.

(3) Liegt ein Verfallsgrund nur für einen Teil der Waren oder Dienstleistungen vor, für die die Marke eingetragen ist, so wird die Eintragung nur für diese Waren oder Dienstleistungen gelöscht.

Überblick

Verfall bezeichnet die Löschungsreife einer Marke aufgrund von bestimmten Umständen, die nach der Eintragung der Marke in das Register eingetreten sind (Nichtbenutzung, Entwicklung zur Gattungsbezeichnung und Täuschungseignung, Wegfall der Markenrechtsfähigkeit). Für IR-Marken verwendet § 115 den Begriff der (nachträglichen) Schutzentziehung in den Fällen der Löschung einer Marke wegen Verfalls, absoluter Schutzhindernisse oder aufgrund eines älteren Rechts. Der Unterschied der Löschung wegen Verfalls zur Löschung wegen Nichtigkeit besteht darin, dass der Verfall grundsätzlich nur nachträglich der Fortdauer des Markenschutzes entgegensteht („ex nunc", § 52 Abs. 1), während die Nichtigkeit zur rückwirkenden Vernichtung des Markenschutzes führt („ex tunc", § 52 Abs. 2).

Die Möglichkeit einer späteren Heilung der Verfallsgründe führt zu sog. Zwischenrechten anderer Berechtigter, die nach dem Verfall, aber vor der Heilung entstanden sind (→ Rn. 37).

Nach Abs. 3 können alle Verfallsfolgen auch nur für einen Teil der Waren oder Dienstleistungen eintreten (→ Rn. 57).

Übersicht

	Rn.		Rn.
A. Systematik	1	**C. Verfall wegen Entwicklung zur gebräuchlichen Bezeichnung (Abs. 2 Nr. 1)**	40
B. Verfall wegen Nichtbenutzung (Abs. 1)	9		
I. Allgemeines	9	**D. Verfall wegen Täuschungseignung (Abs. 2 Nr. 2)**	48
II. Löschungsvoraussetzungen	12	I. Verhältnis und Abgrenzung zu § 8 Abs. 2 Nr. 4	48
III. Heilung der Löschungsreife (Abs. 1 S. 2–4)	16	II. Begriff der Täuschungseignung	50
1. Benutzung nach Ablauf des Fünfjahreszeitraums	17	III. Gegenstand der Täuschungseignung	52
2. Löschungsklage vor Ablauf des Fünfjahreszeitraums	27	**E. Verfall wegen fehlender Markenrechtsfähigkeit (Abs. 2 Nr. 3)**	53
IV. Absolute Wirkung des Heilungsausschlusses	36	**F. Teilweiser Verfall der Marke (Abs. 3)**	57
V. Zwischenrechte nach § 22 Abs. 1 Nr. 2 Alt. 1 bzw. § 51 Abs. 4 Nr. 1	37		

A. Systematik

1   Die Vorschrift des § 49 enthält eine abschließende Aufzählung der Verfallsgründe (vgl. BGH GRUR 2003, 1040 (1042) – Kinder). Drei Verfallsgründe sind aus der MRL übernommen (vgl. Art. 19, 20 RL (EU) 2015/2436), nämlich die ununterbrochene fünfjährige Nichtbenutzung (→ Rn. 9) sowie die Entwicklung zur Gattungsbezeichnung (→ Rn. 40) oder zur täuschenden Angabe (→ Rn. 48). Nicht normiert in der MRL ist der im deutschen Recht vorgesehene Löschungsgrund des Verlustes der Markenrechtsfähigkeit des Markeninhabers (→ Rn. 54), der praktisch häufiger relevant wird als angenommen (vgl. zB BPatG GRUR 2011, 362 – akustilon). Ebenso wie in der MRL (vgl. Art. 21 RL (EU) 2015/2436) ist in § 49 Abs. 3 auch der Teilverfall vorgesehen (→ Rn. 57). Weitere Bestimmungen den Verfall einer Marke betreffend finden sich in § 52 Abs. 1, der den Wirkungszeitpunkt für den Verfall regelt, und in § 53 mit verfahrensrechtlichen Bestimmungen in Bezug auf Verfallslöschungen vor dem DPMA. Eine Sondervorschrift zur Löschung von Kollektivmarken wegen Verfalls enthält § 105, der zusätzliche zu den in § 49 normierten Verfallsgründe regelt.

2   Die Verfallsgründe und die daraus resultierende Löschungsreife einer eingetragenen nationalen oder IR-Marke können im Wege eines Löschungsantrags nach § 53 beim DPMA oder durch Erhebung einer Löschungsklage nach § 55 bei den Zivilgerichten geltend gemacht werden; die Verfallslöschung wird immer nur auf **Antrag (oder Klage)**, nie von Amts wegen durchgeführt. Sowohl Löschungsantrag als auch Löschungsklage kann **jedermann** stellen bzw. erheben (Popularantrag bzw. -klage).

3   Beide Verfahren können nacheinander (häufig wird nach einem erfolglosen Löschungsantrag beim DPMA wegen eines Widerspruchs des Markeninhabers der Antragsteller Klage zu den Zivilgerichten erheben) aber **auch parallel** eingeleitet und geführt werden. Löscht das DPMA die Marke während eines anhängigen Klageverfahrens – etwa wegen Verzichts, Ablauf der Schutzdauer oder auch wegen Verfalls aufgrund fehlenden Widerspruchs – ist ein paralleler Klageantrag beim Zivilgericht in der Hauptsache erledigt. Bei Vorliegen eines besonderen

Feststellungsinteresses kann aber der Kläger sein Begehren durch eine **Fortsetzungsfeststellungsklage** weiterverfolgen (→ § 52 Rn. 12).

Anders als die nach § 54 dem patentamtlichen Löschungsverfahren vorbehaltenen **4** Löschungsgründe des § 50 können sämtliche Löschungsgründe des § 49 sowohl im **Verletzungsprozess** hinsichtlich der älteren Klagemarke als auch bei Löschungsklagen wegen Bestehens älterer Rechte nach §§ 51, 55 entweder im Wege der Einrede oder durch eine Löschungswiderklage geltend gemacht werden. § 25 Abs. 2 regelt die Einrede des Verfalls wegen Nichtbenutzung im Verletzungsverfahren ausdrücklich.

Zur Einrede vgl. Ingerl/Rohnke § 55 Rn. 44, wobei die Durchbrechung der regelmäßigen Aufgabenteilung zwischen DPMA und den ordentlichen Gerichten allerdings kritisch gesehen wird, Rohnke GRUR 2001, 696 (700). **4.1**

Zur Widerklage vgl. dazu für den Einwand der Umwandlung der Klagemarke zur Gattungsbezeichnung BGH GRUR 2011, 475 (480) – TÜV II. **4.2**

Im patentamtlichen Widerspruchsverfahren kann der Verfall der Widerspruchsmarke **5** wegen fehlender Benutzung praktisch im Wege der Nicht-Benutzungs-Einrede geltend gemacht werden (§ 43 Abs. 2, dies ist aber kein Verfallsantrag und wirkt nur inter partes im jeweiligen Widerspruchsverfahren); die weiteren Verfallsgründe des § 49 Abs. 2 finden dort keine Berücksichtigung. Diese können nur Gegenstand eines Löschungsverfahrens wegen Nichtigkeit sein (vgl. BPatG Beschl. v. 26.4.2010 – 27 W (pat) 146/08), dessen Einleitung dazu führt, das Widerspruchsverfahren auszusetzen. Allerdings kann der Verfall einer Marke wegen Umwandlung zur Gattungsbezeichnung nach § 49 Abs. 2 Nr. 1 auch im patentamtlichen Widerspruchsverfahren als ein die Kennzeichnungskraft der Widerspruchsmarke beeinflussender Faktor berücksichtigungsfähig sein (vgl. BPatG GRUR 2005, 338 – DAX-Trail/DAX).

Vgl. hierzu die Widerspruchsentscheidung BPatG BeckRS 2011, 04880 – TEFLON/TEFLEXAN, **5.1** in der sich der Inhaber der angegriffenen Marke TEFLEXAN auf die Löschungsreife und daraus resultierende, fehlende oder zumindest eingeschränkte Kennzeichnungskraft der Widerspruchsmarke TEFLON für „chemische Erzeugnisse für gewerbliche Zwecke" wegen Umwandlung zur Gattungsbezeichnung nach § 49 Abs. 2 Nr. 1 berufen hat. Die Inhaberin der angegriffenen Marke konnte die Voraussetzungen einer solchen Umwandlung jedoch nicht mit „liquiden" Mitteln belegen, was den Senat dazu veranlasste, aufgrund der von der Inhaberin der angegriffenen Marke nicht bestrittenen Bekanntheit von einem erweiterten Schutzumfang der Widerspruchsmarke auszugehen. In einer Anmerkung zu dieser Entscheidung (Koch GRUR-Prax 2011, 144) wird zutreffend darauf hingewiesen, dass im registerrechtlichen Verfahren die Umwandlung einer Widerspruchsmarke zur Gattungsbezeichnung kaum je belegt werden und dies zum für den Inhaber der angegriffenen Marke ungewollten Ergebnis des faktischen Zugestehens einer gesteigerten Verkehrsbekanntheit führen kann.

Das Löschungsantragsverfahren wegen Verfalls beim DPMA dient als **formales Verfahren** **6** nur der Aufforderung des Markeninhabers zum Widerspruch; entsprechend kann nur bei formal fehlendem Widerspruch eine Löschung durch das DPMA unmittelbar durchgeführt werden. Zum Verfallsantrag und zum nachfolgenden Verfallsverfahren beim DPMA → § 53 Rn. 1 ff.).

Widerspricht der Markeninhaber nicht, ist seine Marke ohne Weiteres zu löschen. **7**

Zur Frage der erneuten Zustellung eines Löschungsantrags wegen Verfall durch das DPMA nach **7.1** Umschreibung der Marke → § 53 Rn. 20.1.

Liegt ein Widerspruch des Markeninhabers vor, ist der Antragsteller auf den Klageweg **8** vor dem Zivilgericht zu verweisen. Zwar ist im Verfahren vor dem DPMA der jeweilige Verfallsgrund zu bezeichnen; andernfalls ist der Antrag nicht schlüssig (→ § 53 Rn. 8). Dies beschränkt sich indes auf die Auswahl eines Ankreuzfeldes im amtsseitigen Formular bzw. beim nicht formularmäßigen Antrag auf die Bezeichnung eines Löschungsgrundes nach § 49. Konkrete weitere Darlegungen sind nicht zu treffen und werden vom DPMA im Rahmen des Löschungsverfahrens – mit Ausnahme des Ablaufs der Fünfjahresfrist (→ Rn. 14) – auch nicht geprüft bzw. berücksichtigt.

MarkenG § 49 Teil 3 Verfahren in Markenangelegenheiten

B. Verfall wegen Nichtbenutzung (Abs. 1)

I. Allgemeines

9 In § 49 Abs. 1 ist der wichtigste Verfallsgrund, die fünfjährige ununterbrochene Nichtbenutzung, bis auf S. 4 nahezu identisch mit Art. 12 Abs. 1 MRL geregelt. Hier zeigt sich die einschneidendste Folge des im deutschen Recht bestehenden Benutzungszwangs (→ § 26 Rn. 1 ff.). Nach Ablauf der fünfjährigen sog. „Benutzungsschonfrist", die mit der Eintragung der Marke im Register zu laufen beginnt (§ 26 Abs. 5), genießt nur die benutzte Marke Schutz. Nach Ablauf des Fünfjahreszeitraums muss ein Markeninhaber daher nicht nur fürchten, dass ein erhobener Widerspruch aus seiner Marke wegen mangelnden Nachweises der Benutzung nicht erfolgreich ist, sondern vor allem auch, dass seine Marke allein wegen des Umstands der Nichtbenutzung einer Löschung unterliegen kann. Die Löschung wegen Verfalls ist aber nur auf Antrag und nicht von Amts wegen möglich.

9.1 Stellt sich eine Marke im Widerspruchsverfahren vor dem DPMA als nicht benutzt heraus, dh wird der Widerspruch wegen mangelnden Nachweises der Benutzung zurückgewiesen, kann das DPMA von sich aus keine Löschung wegen Verfalls einleiten, wohl aber der Inhaber der angegriffenen Marke sowie jeder Dritte. Wird kein Antrag auf Löschung wegen Verfalls gestellt bzw. eine Klage nicht erhoben, bleibt die Marke trotz des fehlenden Nachweises der Benutzung im Widerspruchsverfahren in diesen Fällen im Register eingetragen.

10 Auch bei der **einredeweisen Geltendmachung** des Verfalls angeblich verletzter Marken im Verletzungsprozess oder älterer Rechte iSv §§ 51, 55 in Löschungsverfahren wird deren rechtserhaltende Benutzung nur inzident geprüft; selbst wenn die Einrede durchgreift, ist der Bestand der Marke im Register dadurch nicht berührt (vgl. Rohnke GRUR 2001, 696 (700)). Während § 25 Abs. 2 S. 2 dem Verletzungskläger (Markeninhaber) die Möglichkeit eröffnet, bis zum Schluss der mündlichen Verhandlung den Benutzungsnachweis zu führen, kann ein Löschungsantrag beim DPMA bzw. eine Löschungswiderklage dies verhindern, weil mit der Erhebung der Nichtbenutzungseinrede Kenntnis iSv § 49 Abs. 1 S. 3 vorliegt. Diese Wirkung tritt aber nur ein, wenn die Löschungsklage innerhalb von drei Monaten nach der einredeweisen Geltendmachung der Nichtbenutzung erhoben wird und die Nachbenutzung erst nach dem Bestreiten der Benutzung begonnen bzw. vorbereitet wurde (Ströbele/Hacker/Hacker § 25 Rn. 23).

10.1 Ingerl/Rohnke Rn. 19 vertreten die Auffassung, dass die Nichtbenutzungseinrede nicht mit einer Löschungsandrohung gleichzusetzen ist, da der Verfall ausschließlich zur Begründung einer anderen Rechtsfolge als der Löschung dient, nämlich der Einrede nach §§ 25 und 43 Abs. 1. Es gilt aber zu bedenken, dass der Verfall eine mit der Nichtbenutzung unmittelbar verknüpfte Rechtsfolge darstellt; ist der Fünfjahreszeitraum abgelaufen und hat eine Benutzung nicht stattgefunden, ist die Löschungsreife wegen Verfalls ohne Weiteres gegeben, so dass der Erhebung der Nichtbenutzungseinrede die Löschungsandrohung als immanent zu erachten ist. Damit entfällt insoweit das Erfordernis einer Abmahnung, die an sich auch für Löschungsklagen gefordert wird, soll ein kostenpflichtiges sofortige Anerkenntnis vermieden werden (KG GRUR-RR 2007, 255 – Abmahnobliegenheit).

11 Wenn der Beklagte zunächst einen Löschungsantrag gemäß § 53 beim DPMA gestellt hat, ist für die Berechnung der Frist für die Klageerhebung nach erfolgtem Widerspruch des Markeninhabers § 49 Abs. 1 S. 4 maßgebend.

II. Löschungsvoraussetzungen

12 Eine Marke verfällt und kann nach § 49 Abs. 1 S. 1 gelöscht werden, wenn sie nach dem Tag ihrer Eintragung ins Register innerhalb eines ununterbrochenen Zeitraums von fünf Jahren nicht gemäß § 26 benutzt worden ist. Die **Löschungsreife** tritt demnach sofort nach dem Ablauf des Fünfjahreszeitraums ein. Als Tag der Eintragung gilt der Tag, an dem das Patentamt bzw. der Prüfer die Eintragung verfügt hat; dieses Datum wird gemäß § 25 Nr. 19 MarkenV im Register vermerkt. Ist gegen die Eintragung der Marke ein Widerspruchsverfahren geführt worden, ist gemäß § 26 Abs. 5 auf den Zeitpunkt des Abschlusses des Widerspruchsverfahrens abzustellen; auch dieses Datum wird im Register vermerkt (§ 25 Nr. 22

Buchst. b MarkenV); zum maßgeblichen Zeitpunkt für den fünfjährigen Nichtbenutzungszeitraum bei IR-Marken vgl. Ströbele/Hacker/Hacker Rn. 7.

Der Ablauf eines Fünfjahreszeitraums ohne ununterbrochene Benutzung begründet die Löschungsreife wegen Verfalls, unabhängig davon, ob jemals eine Benutzung stattgefunden hat oder nicht. Wird eine Benutzung eingestellt, beginnt der Fünfjahreszeitraum neu zu laufen. Eine Addition verschiedener unterbrochener Nichtbenutzungsphasen zu einem Fünfjahreszeitraum ist ausgeschlossen. 13

Soweit die genauen Umstände der Benutzung (zB auch die Bestimmung des Benutzungszeitraums) fraglich sind, trifft im Klageverfahren den Kläger die **Darlegungs- und Beweislast** für die Voraussetzungen des Verfalls. Der beklagte Markeninhaber hat eine prozessuale Erklärungspflicht nur dann, wenn der Kläger keine genaue Kenntnis von den Umständen der Benutzung hat und den Sachverhalt auch nicht von sich aus aufklären kann (vgl. BGH GRUR 2007, 251 – Regenwaldprojekt II; GRUR 2009, 60 f. – LOTTOCARD). Im Löschungsklageverfahren vor dem Zivilgericht wird der Vorwurf der mangelnden Benutzung in vollem Umfang hinsichtlich Zulässigkeit, Begründetheit, auch im Hinblick auf sämtliche Heilungsmöglichkeiten geprüft. 14

Anders als im Verfallsklageverfahren vor dem Zivilgericht prüft die Löschungsabteilung des DPMA den Löschungsantrag wegen Nichtbenutzung nur auf **Schlüssigkeit** des Antrags, nämlich das Vorliegen der formalen Voraussetzungen des § 41 Abs. 2 Nr. 1–5 MarkenV sowie den **Ablauf der Fünfjahresfrist** zum Zeitpunkt der Antragstellung (→ § 53 Rn. 8). Eine weitergehende – vor allem materiell-rechtliche – Prüfung der Voraussetzungen der Nichtbenutzung sowie das Eingreifen von Heilungsmöglichkeiten sind nicht Gegenstand des patentamtlichen registerrechtlichen Verfahrens (→ Rn. 9; ausführlicher → § 53 Rn. 8 ff.; aA Ströbele/Hacker/Hacker Rn. 14, der den Ablauf der Fünfjahresfrist offenbar sowohl bei der Löschungsklage als auch beim Löschungsantrag als Voraussetzung der Begründetheit erachtet). 15

III. Heilung der Löschungsreife (Abs. 1 S. 2–4)

Der Inhaber der Marke hat unter bestimmten Voraussetzungen die Möglichkeit, den Eintritt der Löschungsreife durch Aufnahme bzw. Wiederaufnahme der Benutzung zu heilen und damit eine Löschung im Löschungsklageverfahren bei den Zivilgerichten zu verhindern. Im registermäßigen Verfahren vor dem DPMA sind die Heilungsmöglichkeiten nicht relevant, da eine materiellrechtliche Prüfung, ob die angegriffene Marke ausreichend benutzt ist, nicht erfolgt. Die nachfolgenden **Fallgruppen** sind daher stets bezogen auf eine beim ordentlichen Gericht erhobene Klage wegen Verfalls nach § 55. Gleichwohl besitzt das Löschungsantragsverfahren, das einer Klage vor dem Zivilgericht möglicherweise vorausgegangen ist, durchaus Relevanz. Die Stellung eines Löschungsantrags blockiert nämlich die Heilung (anders bei einredeweiser Geltendmachung der Nichtbenutzung, zB im Verletzungsverfahren). Zu unterscheiden sind folgende Konstellationen: 16

1. Benutzung nach Ablauf des Fünfjahreszeitraums

Sind Benutzungshandlungen nach Ablauf der Fünfjahresfrist erst **nach Stellung des Löschungsantrages bzw. Erhebung der Löschungsklage** vorgenommen worden, scheidet eine Heilungsmöglichkeit grundsätzlich aus. Widerspricht der Markeninhaber trotzdem, kommt es für die Löschung nur noch darauf an, ob die Klage nach § 53 Abs. 4, § 55 rechtzeitig (dh innerhalb von drei Monaten) erhoben wird (→ Rn. 31). 17

Ist der Fünfjahreszeitraum **vor Erhebung des Löschungsantrags bzw. der Löschungsklage** abgelaufen, dh ist der Verfall vor der Stellung des Löschungsantrags bereits eingetreten, setzt die Heilung voraus, dass die Aufnahme der Benutzung vor der Stellung des Löschungsantrags erfolgt ist (§ 49 Abs. 1 S. 2). Der Löschungsantrag ist gestellt, wenn er beim DPMA eingegangen ist; nicht erforderlich ist hierfür, dass der Markeninhaber über den Antrag unterrichtet wurde; dies ergibt sich auch aus § 53 Abs. 1. Wird die Benutzung erst nach Eingang des Löschungsantrags beim DPMA, aber vor dessen Zustellung an den Markeninhaber aufgenommen, ist demnach eine Heilungsmöglichkeit ausgeschlossen. Im Fall der Klageerhebung bei Gericht gemäß § 55 ist der maßgebliche Zeitpunkt für den Heilungsausschluss die Einreichung der Klage, nicht deren Zustellung (hM, vgl. HK-MarkenR/Bous Rn. 8; 18

MarkenG § 49   Teil 3 Verfahren in Markenangelegenheiten

Ingerl/Rohnke Rn. 17). Dies erscheint nur bedingt ergebnisgerecht, da der Markeninhaber erst mit der Zustellung des Löschungsantrags bzw. der -klage Kenntnis von der Geltendmachung des Verfalls erlangt.

19   Die Erfordernisse für eine **ernsthafte Benutzung** richten sich grundsätzlich nach § 26 (→ § 26 Rn. 26 ff.). Je kürzer der Benutzungszeitraum vor der Stellung des Löschungsantrags ist, desto eher erscheinen Zweifel an einer ernsthaften Benutzung und damit die Annahme einer **Scheinbenutzung** gerechtfertigt. Dennoch kann im Einzelfall ausnahmsweise eine geringfügige Benutzung kurz vor Stellung des Löschungsantrags in der Zusammenschau mit den Benutzungshandlungen nach Stellung des Löschungsantrags ausreichend sein (vgl. Ströbele/Hacker/Hacker Rn. 13).

20   Neben dem Vorliegen einer aktiven Benutzung steht auch das Vorliegen eines **wichtigen Grundes für die Nichtbenutzung** iSd § 26 einer Löschungsreife wegen Verfalls entgegen (vgl. HK-MarkenR/Hoppe Rn. 11; → § 26 Rn. 188 ff.). Im Löschungsverfahren wegen Verfalls der Gemeinschaftsmarke liegen **berechtigte Gründe** für die Nichtbenutzung, die ebenso im nationalen Verfallsverfahren Anwendung finden können, vor, wenn es sich um Hindernisse handelt, die in unmittelbarem Zusammenhang mit der Marke stehen und die Benutzung der Marke unmöglich oder unzumutbar machen, ohne dass sie vom Willen des Markeninhabers abhängen (FormK Marke/Clayton-Chen Rn. 1289, wobei wirtschaftliche Schwierigkeiten nicht ausreichen (EuG T-156/01, GRUR Int 2003, 843 – GIORGIO AIRE). Berechtigte Nichtbenutzungsgründe sind unter anderem Importbeschränkungen, Handelsembargos, Zulassungsverfahren oder andere behördliche Maßnahmen sowie auch höhere Gewalt (FormK Marke/Clayton-Chen Rn. 1289), nicht hingegen Defensiveintragungen (EuGH C-234/06, GRUR Int 2007, 1009 – BAINBRIDGE; vgl. für das nationale Widerspruchsverfahren BPatG Beschl. v. 28.6.2013 – 29 W (pat) 40/12 – ZEUS RENTENSCHUTZBRIEF).

21   Eine Benutzung bleibt – selbst wenn sie vor der Stellung des Löschungsantrags erfolgt – unberücksichtigt, wenn zwischen der Benutzungsaufnahme und der Stellung des Löschungsantrags ein Zeitraum von **drei Monaten** oder weniger liegt und wenn die Vorbereitungen für die Aufnahme der Benutzung erst stattgefunden haben, nachdem der Markeninhaber von einem möglichen Löschungsantrag **Kenntnis** erhalten hat. Beide Voraussetzungen müssen kumulativ vorliegen.

22   Soweit zu einem Zeitpunkt, der vor der nach § 49 Abs. 1 S. 3 für einen Heilungsausschluss festgelegten Frist von drei Monaten vor der Stellung des Löschungsantrags liegt, eine ernsthafte Benutzung der Marke aufgenommen wurde und zwar für den gesamten Zeitraum bis zur Stellung des Löschungsantrags – nicht etwa nur für den Zeitraum bis zum Beginn des Dreimonatszeitraums – verbleibt es unabhängig von der Kenntnis des Markeninhabers bei der Heilungsmöglichkeit nach § 49 Abs. 1 S. 2 (vgl. Ströbele/Hacker/Hacker Rn. 17).

23   Der Heilungsausschluss greift nur dann ein, wenn der Markeninhaber von der möglichen Stellung eines Löschungsantrags **subjektiv positive Kenntnis** hatte, nicht bei nur grob fahrlässiger Unkenntnis (HK-MarkenR/Hoppe Rn. 22); hierfür sind konkrete Umstände in Bezug auf einen bestimmten Löschungsantrag von einem bestimmten Dritten erforderlich und nicht nur das Wissen um die abstrakte Möglichkeit der Erhebung eines Löschungsantrags an sich, die praktisch immer gegeben ist.

24   In der Regel hat der Markeninhaber Kenntnis von einem Löschungsbegehren, wenn ihm ein Dritter einen Löschungsantrag angedroht hat, was auch durch die Erhebung der Einrede der Nichtbenutzung im Rahmen eines Verletzungs- oder Widerspruchsverfahrens erfolgen kann (vgl. Ströbele/Hacker/Hacker Rn. 20; aA Ingerl/Rohnke Rn. 19; HK-MarkenR/Hoppe Rn. 23). Dass die relevante **Androhung** eines Löschungsantrags erst nach Ablauf des Fünfjahreszeitraums für eine Benutzungsaufnahme stattfinden muss (hM, vgl. Ströbele/Hacker/Hacker Rn. 20), ist nicht zwingend erforderlich (→ Rn. 10.1), zumal auch die Erhebung einer Löschungsklage vor Ablauf des Fünfjahreszeitraums möglich ist (→ Rn. 27). Allerdings kann die zeitliche Abgrenzung, ab wann eine Löschungsandrohung vor Ablauf des Fünfjahreszeitraums beachtlich ist, im Einzelnen schwierig sein. Als ausreichend wird anzusehen sein, wenn das Ende des Fünfjahreszeitraums bereits absehbar ist. Wie im Löschungsverfahren wegen Verfall der Gemeinschaftsmarke (Art. 51 UMV) muss sich die **Kenntnis** von einem Antrag auf Verfallserklärung nicht nur auf die latente Verfallsreife nach Ablauf des Fünfjahreszeitraums beziehen, sondern vielmehr auf den (konkreten) Umstand, dass ein Dritter die Erhebung eines Antrags auf Erklärung des Verfalls bzw. einer Widerklage angedroht hat. Hat der Inhaber der Gemeinschaftsmarke demnach bei der Vornahme von Vorbereitungshandlungen zur Benutzung (→ Rn. 25) Kenntnis von einer Antragstellung bzw. Widerklageerhebung, hat die Benutzungsaufnahme keine heilende Wirkung (HABM BK R 1933/2007-1 – Hooters). Dabei ist unschädlich, wenn die Androhung des Antrags auf Verfallserklärung oder die Widerklage durch eine andere Person erfolgt ist als dem späteren Antragsteller bzw. Widerkläger (Eisenführ/Schennen/Holderied Rn. 14).

Vorbereitungshandlungen bzw. -maßnahmen müssen unmittelbar zur Benutzung 25 geführt haben. Zwar können hierfür auch betriebsinterne Maßnahmen genügen (aA Ströbele/Hacker Rn. 19), aber jedenfalls eine gewisse Außenwirkung bzw. eine nach außen erkennbare Manifestation der vorbereitenden Aktivitäten ist zu fordern (vgl. HK-MarkenR/Hoppe Rn. 25), um nachträgliche Manipulationen zu verhindern. Die Beweislast für die Darlegung der getroffenen Maßnahmen wird wohl der Markeninhaber tragen (aA HK-MarkenR/Hoppe Rn. 25 aE).

Auslegungsbedürftig erscheint die Wortwahl „unmittelbar zur Benutzung geführt haben" 26 bezüglich der **Vorbereitungshandlungen**. Hierunter sind – ähnlich wie im Gemeinschaftsmarkenrecht – solche Aktivitäten zu verstehen, die auf eine ernsthafte Benutzung gerichtet sind wie beispielsweise die Anfertigung von Packungsentwürfen, die verbindliche Initiierung von Werbemaßnahmen, nicht jedoch erfolglose Lizenzverhandlungen (Art. 51 UMV); einer Außenwirkung der Handlungen bedarf es dabei nicht notwendigerweise. Die Darlegungs- und Beweislast für die Durchführung entsprechender Maßnahmen trägt der Inhaber der Gemeinschaftsmarke, da nur er über die nötigen Informationen und Kenntnisse verfügt.

2. Löschungsklage vor Ablauf des Fünfjahreszeitraums

Ist bei Klageerhebung (nicht bei Löschungsantragserhebung, da das DPMA rein formal auf 27 den Ablauf der Fünfjahresfrist bei Antragseingang abstellt; → Rn. 16) der Fünfjahreszeitraum noch nicht abgelaufen, dh der Verfall noch nicht eingetreten, ist die Löschungsklage zunächst zwar **zulässig, aber unbegründet** (aA Ströbele/Hacker/Hacker Rn. 14, wonach sowohl der Löschungsantrag als auch die Löschungsklage mangels Ablaufs der Fünfjahresfrist unbegründet sein sollen).

Nimmt der Markeninhaber die **Benutzung vor Ablauf des Fünfjahreszeitraums** (ohne 28 Berücksichtigung der Dreimonatsregelung, s. Abs. 1 S. 3) ernsthaft iSd § 26 auf, bleibt die **Löschungsklage unbegründet** (ebenso Ströbele/Hacker/Hacker Rn. 14; HK-MarkenR/Hoppe Rn. 12).

Läuft der Fünfjahreszeitraum nach der Erhebung der Löschungsklage ab und wird eine 29 ernsthafte Benutzung **endgültig nicht aufgenommen,** wird die ursprünglich nicht begründete **Löschungsklage begründet** (vgl. BGH GRUR 2002, 59 (61) – ISCO).

Wird eine ernsthafte Benutzung erst nach dem Ablauf des Fünfjahreszeitraums, aber **vor** 30 **der Entscheidung über die Löschungsklage** (Schluss der mündlichen Verhandlung in der Tatsacheninstanz) aufgenommen, findet dies innerhalb der Grenzen des § 49 Abs. 1 S. 3 Berücksichtigung, wobei statt auf die Stellung des Löschungsantrags auf den Ablauf der Fünfjahresfrist abzustellen ist (Ströbele/Hacker/Hacker Rn. 14 aE; BGH GRUR 2002, 59 (61) – ISCO; GRUR 2003, 428 (430) – BIG BERTHA; GRUR 2009, 60 f. – LOTTO-CARD).

Eine Berücksichtigung der Benutzungsaufnahme bis zum Schluss der mündlichen Verhandlung ist 30.1 schließlich auch mit Blick auf die Regelung des § 43 Abs. 1 S. 2 zu befürworten, wonach im Widerspruchsverfahren für die rechtserhaltende Benutzung der Fünfjahreszeitraum vor der Entscheidung über den Widerspruch maßgeblich und bis zum Zeitpunkt der Entscheidung eine Glaubhaftmachung der Benutzung noch möglich ist. Soweit davon ausgegangen wird, dass ein Ablauf der Fünfjahresfrist nach Antragstellung auch im Verfahren vor dem DPMA zu berücksichtigen ist (wovon Ströbele/Hacker/Hacker Rn. 14 offenbar ausgeht), entspricht dies nicht der herrschenden Praxis, erscheint aber gleichwohl aufgrund Fehlens zwingender Differenzierungskriterien zwischen dem Antrags- und dem Klageverfahren bei Verfall nicht von vornherein ausgeschlossen.

§ 49 Abs. 1 S. 4 ist eine Ergänzung des S. 3 bzw. eine **Spezialregelung** für den Fall, 31 dass der Klage auf **Verfallslöschung vor den Zivilgerichten** (§ 55) ein **patentamtliches Löschungsverfahren** (§ 53) vorausgegangen ist, das nicht zum Erfolg geführt hat. Der beim

DPMA eingereichte Löschungsantrag wird dem Markeninhaber zugestellt mit der Aufforderung mitzuteilen, ob er der Löschung widerspricht (§ 53 Abs. 2). Geht innerhalb von zwei Monaten ab Zustellung der Mitteilung an den Markeninhaber dessen Widerspruch nicht ein, wird die Marke gelöscht (§ 53 Abs. 3). Widerspricht der Markeninhaber fristgemäß der Löschung, teilt das DPMA dem Antragsteller den Widerspruch mit und verweist ihn auf die Löschungsklage vor den Zivilgerichten (§ 53 Abs. 4). In diesem Fall berechnet sich nach § 49 Abs. 1 S. 4 die in § 49 Abs. 1 S. 3 vorgesehene Dreimonatsfrist, ab der keine heilende Benutzungsaufnahme mehr möglich ist, von der **Antragstellung beim DPMA** an, wenn die Klage auf Löschung nach § 55 Abs. 1 innerhalb von **drei Monaten** nach Zustellung der Mitteilung des DPMA (§ 53 Abs. 4) erhoben wird. Für die Erhebung der Klage ist auf ihre **Zustellung** nach § 253 Abs. 1 ZPO abzustellen (vgl. OLG München Mitt 2004, 441 – Hausmacher Senf – König Ludwig), wobei auch bereits die Einreichung bei Gericht fristwahrend sein kann (vgl. § 167 ZPO).

32 Wird die dreimonatige Frist zur Klageerhebung nicht eingehalten, greift der Ausschluss der Heilungsmöglichkeit nach § 49 Abs. 1 S. 3 nicht ein, dh es kann eine Heilung nach § 49 Abs. 1 S. 2 erfolgen. Nur der zeitnahe Angreifer soll in seinem Löschungsbegehren geschützt werden (vgl. HK-MarkenR/Hoppe Rn. 28 aE), was aus Gründen der Rechtssicherheit im Ergebnis zu befürworten ist. Ein Hinweis des DPMA auf die Frist des § 49 Abs. 1 S. 4 erfolgt in der Mitteilung nach § 53 Abs. 4 nicht.

32.1 Während Ströbele/Hacker/Hacker Rn. 22 zu diesem Ergebnis über eine entsprechende Anwendung des § 49 Abs. 1 S. 4 gelangt, geht HK-MarkenR/Bous Rn. 16 davon aus, dass ein an sich verwirklichter Heilungsausschluss zwar verlorengehe, aber nicht dauerhaft präkludiert sei; Ingerl/Rohnke Rn. 23 vertritt die Auffassung, der vorgängige Löschungsantrag beim DPMA gemäß § 53 Abs. 1 sei bei verspäteter Klageerhebung kein heilungshindernder Löschungsantrag iSv § 49 Abs. 1 S. 2 und 3. Dies wird damit begründet, dass bei Erhebung eines Widerspruchs gegen den Löschungsantrag das patentamtliche Verfahren nicht mehr als das eigentliche Löschungsverfahren angesehen werden kann, sondern nur noch als eine Art „Vorschaltverfahren", weshalb eine heilende Benutzungsaufnahme nach § 49 Abs. 1 S. 2 grundsätzlich zuzulassen ist.

33 Eine Benutzungsaufnahme **mehr als drei Monate vor Einreichung** der (verspäteten) Klage hat heilende Wirkung (vgl. auch HK-MarkenR/Hoppe Rn. 29).

34 Die Heilungswirkung aufgrund der Benutzungsaufnahme ist nicht anzunehmen, wenn die Benutzung weniger als drei Monate vor Erhebung der zeitlich unbefristet möglichen Löschungsklage in Kenntnis dieser aufgenommen wird (vgl. Ströbele/Hacker/Hacker Rn. 22; differenzierend HK-MarkenR/Hoppe Rn. 30).

34.1 Dass die Voraussetzungen des Heilungsausschlusses immer vorlägen, weil im Hinblick auf den ersten Löschungsantrag beim DPMA gemäß § 53 stets Kenntnis besteht, ist nicht anzunehmen; die Kenntnis von der Androhung eines Löschungsantrags nach § 49 Abs. 1 S. 3, die zum Heilungsausschluss führt, entfällt nach § 49 Abs. 1 S. 4 mit dem Ablauf von drei Monaten (Ströbele/Hacker/Hacker Rn. 23 aE).

35 In Bezug auf die **Beweislastverteilung** bei der Nichtbenutzung besteht die Problematik, dass der Antragsteller einen negativen Beweis hinsichtlich der mangelnden Benutzung in der Regel nicht führen kann. Er hat daher zwar etwaige Marktrecherchen, Befragungen von Abnehmern, Nachfrage bei Wettbewerbern, Lieferanten etc von sich aus vorzulegen; die Anforderungen an die Begründung des Antrags sind aber nicht hoch anzusetzen (insoweit → UMV Art. 51 Rn. 15 ff.).

IV. Absolute Wirkung des Heilungsausschlusses

36 Der Wortlaut des Art. 19 Abs. 3 RL (EU) 2015/72436 zeigt aufgrund der Formulierung „nachdem der Inhaber Kenntnis davon erhalten hat, dass **der** Antrag auf Verfallerklärung gestellt werden könnte", dass es sich um einen bestimmten Antrag einer bestimmten Person handeln muss und daher der Heilungsausschluss nur in Bezug auf den **konkreten Antragsteller** im Löschungsverfahren Wirkung entfaltet, nicht jedoch gegenüber jedermann (so auch Ströbele/Hacker/Hacker Rn. 24).

V. Zwischenrechte nach § 22 Abs. 1 Nr. 2 Alt. 1 bzw. § 51 Abs. 4 Nr. 1

Da die Heilungswirkung nach § 49 Abs. 1 S. 2 grundsätzlich „ex tunc" eintritt, dh bei 37 Bejahung der rechtserhaltenden Benutzung die Marke von Anfang an in ihrer Schutzwirkung mit der ursprünglichen Priorität wieder auflebt, stellt sich die Problematik von sog. **Zwischenrechten,** die im Zeitraum während der Löschungsreife der angegriffenen Marke rechtwirksam entstanden sind. Nach einhelliger Meinung genießen diese Zwischenrechte gegenüber der älteren Marke Bestandsschutz mit der Folge der **Koexistenzberechtigung** und zwar unabhängig davon, ob dem Inhaber der jüngeren Marke die Löschungsreife der älteren Marke wegen Nichtbenutzung bekannt war. § 22 Abs. 1 Nr. 2 Alt. 1 gewährt iVm § 51 Abs. 4 Nr. 1 den Bestand und die freie Benutzbarkeit von eingetragenen Marken, die zwar prioritätsjünger als die eingetragene (Klage-)Marke eines Dritten sind, die aber zu einem Zeitpunkt entstanden sind, als das ältere Recht des Dritten nach § 49 löschungsreif war. § 22 Abs. 1 Nr. 2 Alt. 1 ist überwiegend in den Fällen relevant, bei denen eine früher bestehende Löschungsreife später durch die Aufnahme der Benutzung der Marke geheilt wurde. Diese hat der Inhaber der prioritätsälteren (Klage-)Marke nach § 55 Abs. 3 S. 3 nachzuweisen. Die Beweislastverteilung gilt nach überwiegender Meinung auch im Rahmen des § 22 Abs. 1 Nr. 2 Alt. 1 (vgl. ebenso Ströbele/Hacker/Hacker § 22 Rn. 10; HK-MarkenR/Hoppe § 22 Rn. 23; Fezer § 22 Rn. 10; aA jedoch Ingerl/Rohnke § 22 Rn. 11).

Der Wortlaut von § 22 Abs. 1 Nr. 2 stellt auf den Zeitpunkt der Löschungsreife der älteren 38 Marke zum Zeitpunkt der Veröffentlichung der jüngeren Marke ab. Tritt die Löschungsreife der älteren Marke erst nach Veröffentlichung der jüngeren Marke ein und ist der Inhaber der älteren Marke nicht gegen die jüngere Marke vorgegangen, ist in **analoger Anwendung** des Rechtsgedankens des § 22 Abs. 1 Nr. 2 davon auszugehen, dass die jüngere Marke mit der Löschungsreife der älteren Marke automatisch zum bestandskräftigen Zwischenrecht wird (vgl. Ströbele/Hacker/Hacker Rn. 26, § 22 Rn. 8 mwN).

Auch prioritätsjüngere **Benutzungsmarken, Unternehmenskennzeichen oder Titel-** 39 **rechte** sind als Zwischenrechte anzusehen (vgl. BGH GRUR 1994, 288 (291) – Malibu), wobei hier ebenfalls nicht zwingend vorausgesetzt ist, dass die Entstehung des jüngeren Rechts in den Zeitraum der Löschungsreife des älteren Rechts fällt; es kann demnach mit der Löschungsreife der älteren Marke zum Zwischenrecht erstarken, sofern der Markeninhaber des älteren Rechts nicht gegen das jüngere Recht vorgegangen ist (→ Rn. 38; ebenso Ströbele/Hacker/Hacker Rn. 27).

C. Verfall wegen Entwicklung zur gebräuchlichen Bezeichnung (Abs. 2 Nr. 1)

Die Voraussetzungen des § 49 Abs. 2 Nr. 1 sind nur im Klageverfahren zu prüfen, da 40 das DPMA eine materiellrechtliche Prüfung der Verfallsgründe nicht durchgeführt. Der Verfallsgrund greift ein, wenn die Marke infolge des **Verhaltens oder der Untätigkeit ihres Inhabers im geschäftlichen Verkehr** zur gebräuchlichen Bezeichnung der Waren oder Dienstleistungen, für die sie eingetragen ist, geworden ist. Hierfür muss nach der Eintragung der Marke die Entwicklung zu einer gebräuchlichen Bezeichnung, die begrifflich der **Gattungsbezeichnung** gleichzusetzen ist (vgl. Ströbele/Hacker/Hacker Rn. 28), stattgefunden haben. Zwischen dem in § 49 Abs. 2 Nr. 1 verwendeten Begriff der im Verkehr gebräuchlichen Bezeichnung und dem Begriff der allgemein sprachgebräuchlichen und verkehrsüblichen Bezeichnungen, wie er in § 8 Abs. 2 Nr. 3 Verwendung findet, besteht kein sachlicher Unterschied. Beide Varianten sind als Gattungsbezeichnungen zu verstehen (vgl. Fezer Rn. 25), weshalb insoweit auch die zu § 8 Abs. 2 Nr. 3 ergangene Rechtsprechung herangezogen werden kann (→ § 8 Rn. 519 ff.). An den Verfallsgrund der Entwicklung einer Marke zur gebräuchlichen Gattungsbezeichnung sind strenge Anforderungen zu stellen (Ackermann, FS Bornkamm, 2014, 538).

Wird eine Marke mit einer gewissen Häufigkeit beschreibend verwendet, rechtfertigt dies 41 für sich genommen noch nicht die Annahme, das Zeichen habe sich zu einer gebräuchlichen Bezeichnung iSv § 49 Abs. 2 Nr. 1 entwickelt (vgl. BGH MarkenR 2011, 475 – TÜV II). Die Vorschrift erfordert außerdem zusätzlich, dass die Entwicklung zur Gattungsbezeichnung infolge des Verhaltens oder der Untätigkeit des Markeninhabers eingetreten ist. Diese Voraussetzung ist nicht gegeben, wenn die Bezeichnung infolge von Migrationsbewegungen oder infolge der Verbreitung einer bestimmten Sprache aus sonstigen Gründen zur „gebräuchlichen Bezeichnung" geworden ist (Ackermann, FS Bornkamm, 2014, 538).

42 War die Marke zum Eintragungszeitpunkt bereits eine Gattungsbezeichnung, ist sie aber gleichwohl eingetragen worden, wird dies vom Verfallsgrund des § 49 Abs. 2 Nr. 1 nicht erfasst, weil die Formulierung in § 49 Abs. 2 Nr. 1 („geworden ist") auf eine Entwicklung einer Marke zur Gattungsbezeichnung abstellt, nicht auf deren originäres Vorliegen.

43 Für die **Entwicklung** zu einer gebräuchlichen Bezeichnung ist die Auffassung der angesprochenen Verkehrskreise maßgebend (vgl. EuGH C-371/02, GRUR Int 2004, 629 f. – Bostongurka); dazu zählen nicht nur sämtliche Verbraucher und Endabnehmer, sondern je nach Marktmerkmalen auch sämtliche am Vertrieb einer Ware/Dienstleistung beteiligten Gewerbetreibenden, wie Händler, Hersteller und Zwischenhändler. Die Feststellung der Entwicklung zu einer Gattungsbezeichnung unterliegt **strengen Anforderungen** und ist nur dann zu bejahen, wenn nur noch ein völlig unerheblicher Teil der angesprochenen Verkehrskreise in dem Zeichen einen Herkunftshinweis sieht (BGH GRUR 1964, 82 (85) – Lesering; OLG Hamburg GRUR-RR 2003, 307 f. – Gezuckerte Kondensmilch; BPatG MarkenR 2011, 129 (132) – TEFLON/TEFLEXAN). Ist ein Begriff etwa bereits als Gattungsbegriff in ein Lexikon aufgenommen, spricht Einiges für das Vorliegen einer Gattungsbezeichnung (vgl. BPatG GRUR 1998, 722 – GILSONITE; → UMV Art. 10 Rn. 1 ff.); diese Vermutung ist aber gleichwohl widerlegbar (HK-MarkenR/Hoppe Rn. 38).

44 Der Verfall setzt voraus, dass eine **Änderung in der Auffassung** der beteiligten Verkehrskreise zwischen der Eintragung der Marke und der Geltendmachung des Verfalls eingetreten ist. Über welchen **Zeitraum** die Entwicklung zur Gattungsbezeichnung stattfinden muss, ist nicht festgelegt. Handelt es sich um eine von Haus aus eher beschreibende und daher kennzeichnungsschwache Marke, können die Anforderungen an die Entwicklung zur Gattungsbezeichnung geringer anzusetzen sein (vgl. Ströbele/Hacker/Hacker Rn. 31; Fezer § 8 Rn. 519). Der maßgebliche Zeitpunkt für die Feststellung der Entwicklung zur Gattungsbezeichnung ist der **Entscheidungszeitpunkt,** das ist im Klageverfahren der Schluss der mündlichen Verhandlung. Eine Prüfung, ob ein Zeichen zum Zeitpunkt der Eintragung schutzfähig war oder nicht, verbietet sich in diesem Zusammenhang (so auch HK-MarkenR/Hoppe Rn. 40 auch im Lichte neuerer Rspr. der Anknüpfung an eine Prüfung der Schutzfähigkeit am Anmeldezeitpunkt BGH GRUR 2013, 1143 – Aus Akten werden Fakten; Rohnke GRUR 2001, 696 (700) spricht sich jedenfalls für die Schutzfähigkeitsprüfung kollisionsbegründender Bestandteile durch das Verletzungsgericht aus).

45 Während zum Teil die Auffassung vertreten wird, dass § 49 Abs. 2 Nr. 1 auch Anwendung findet, wenn eine Marke, die an sich eine Gattungsbezeichnung war, dieses Schutzhindernis im Wege der Verkehrsgeltung überwunden, nach der Eintragung jedoch wieder verloren hat (vgl. HK-MarkenR/Bous Rn. 22, wobei für Marken, die die Verkehrsdurchsetzung verloren haben ohne Gattungsbezeichnungen zu sein, eine Anwendung der Vorschrift des § 49 Abs. 2 Nr. 1 bereits von vornherein zutreffend ausgeschlossen wird), vertritt die Gegenmeinung die Ansicht, der **Wegfall der Verkehrsdurchsetzung** stelle auch bei Gattungsbezeichnungen keinen Verfallsgrund dar, der eine entsprechende Anwendung des § 49 Abs. 2 Nr. 1 rechtfertige, da in der Praxis die Verkehrsdurchsetzung praktisch nur zur Überwindung der Schutzhindernisse des § 8 Abs. 2 Nr. 1 und 2 bedeutsam sei (vgl. Ströbele/Hacker/Hacker Rn. 29). Auch wenn die Anwendungsfälle in der Praxis selten sind, bezieht sich § 8 Abs. 3 auch auf § 8 Abs. 2 Nr. 3, so dass bei Wegfall der Verkehrsdurchsetzung in Bezug auf das Schutzhindernis von § 8 Abs. 2 Nr. 3 der Anwendungsbereich von § 49 Abs. 2 Nr. 1 grundsätzlich eröffnet ist.

46 Als zusätzliches Tatbestandsmerkmal sieht § 49 Abs. 2 Nr. 1 vor, dass die Entwicklung zur Gattungsbezeichnung auf das **Verhalten bzw. die Untätigkeit des Markeninhabers** zurückzuführen sein muss. Ein subjektives Verschulden des Markeninhabers nach § 276 BGB ist nicht erforderlich (vgl. Österreichischer OGH MarkenR 2000, 56 (58) – SONY WALKMAN). Das Verhalten des Markeninhabers kann die Entwicklung zur Gattungsbezeichnung **aktiv** herbeiführen, etwa durch die konkrete Art der Verwendung des Zeichens oder die Art der Präsentation der Marke in der Werbung. Eine Untätigkeit des Markeninhabers liegt vor, wenn ihm eine mögliche Entwicklung des Zeichens zum Gattungsbegriff entweder positiv bekannt ist oder ihm dies bei zumutbarer Marktrecherche bekannt sein müsste (zB durch Aufnahme in Lexika, → Rn. 43; → UMV Art. 10 Rn. 1 ff.) und er keine **gegensteu-**

ernden **Maßnahmen** ergriffen hat. Dabei muss der Markeninhaber seine rechtlichen Möglichkeiten ausschöpfen, um die Verwendung den Konkurrenten zu untersagen oder etwa geeignete Werbemaßnahmen durchführen. Zu treffen sind jedoch nur wirtschaftlich **sinnvolle** Maßnahmen (vgl. EuGH GRUR 2014, 373 – KORNSPITZ; HK-MarkenR/Hoppe Rn. 43); eine Verhinderung der Entwicklung zum Gattungsbegriff um jeden Preis ist nicht gefordert.

Nach der Rechtsprechung des BGH kann der Einwand der Umwandlung der Klagemarke **47** zu einer Gattungsbezeichnung auch einredeweise im Verletzungsprozess geltend gemacht werden (vgl. BGH MarkenR 2011, 475 (480) – TÜV II), nicht hingegen im patentamtlichen Widerspruchsverfahren (vgl. BPatG GRUR 2006, 338 – DAX-Trail/DAX, wonach allerdings die Umwandlung zur Gattungsbezeichnung iSd § 49 Abs. 2 Nr. 1 den Faktor der Kennzeichnungskraft der Widerspruchsmarke beeinflussen kann). Maßgeblich für die Feststellung der entsprechenden Entwicklung ist im Klageverfahren – auch für die Erhebung der Einrede im Verletzungsprozess – der Zeitpunkt des Schlusses der mündlichen Verhandlung (vgl. Ströbele/Hacker/Hacker Rn. 32).

D. Verfall wegen Täuschungseignung (Abs. 2 Nr. 2)

I. Verhältnis und Abgrenzung zu § 8 Abs. 2 Nr. 4

Die Voraussetzungen des § 49 Abs. 2 Nr. 2 sind nur im Klageverfahren zu prüfen, da das **48** DPMA eine materiell-rechtliche Prüfung der Verfallsgründe nicht durchführt. § 49 Abs. 2 Nr. 2 sieht als Verfallsgrund vor, dass die Marke infolge ihrer Benutzung zu einer Täuschung des Publikums geeignet ist. Damit knüpft die Regelung unmittelbar an § 8 Abs. 2 Nr. 4 an, der die Eintragung einer Marke bei Bestehen einer **Täuschungsgefahr** ausschließt.

Während Fezer Rn. 34 die Auffassung vertritt, § 49 Abs. 2 Nr. 2 entspreche § 8 Abs. 2 Nr. 4, vertre- **48.1** ten Ingerl/Rohnke Rn. 39 die Ansicht, § 49 Abs. 2 Nr. 2 behandele den spiegelverkehrten Fall und stelle gleichsam ein Korrektiv bzw. eine Konkretisierung zu § 8 Abs. 2 Nr. 4 dar. HK-MarkenR/Hoppe Rn. 46 geht davon aus, § 49 Abs. 2 Nr. 2 ergänze die Regelung des § 8 Abs. 2 Nr. 4. Die genannten Auffassungen erscheinen – abgesehen von der unterschiedlichen Wortwahl – letztlich alle zutreffend, zumal sie zu keinen abweichenden Ergebnissen führen; und immer bleibt das Problem zur Abgrenzung gegenüber dem UWG.

§ 8 Abs. 2 Nr. 4 betrifft die Schutzfähigkeit einer Markenanmeldung, § 49 Abs. 2 Nr. 2 **49** regelt den späteren Verlust des Markenrechts nach erfolgter Eintragung. Wenn im Eintragungszeitpunkt eine Täuschungseignung als Schutzhindernis noch nicht definitiv vorlag, kann eine Täuschungseignung indes nach der Eintragung durch eine **konkrete Benutzungsform** gegeben sein; somit hat sich die bloße Möglichkeit einer Täuschung konkretisiert und führt zum Verlust des Markenrechts. Ein Verfallsgrund liegt aber nur dann vor, wenn die Täuschungsgefahr nach Eintragung der Marke durch deren Benutzung entstanden ist; bei ursprünglich vorliegender ersichtlicher Täuschungsgefahr wäre bereits der angemeldeten Marke der Schutz nach § 8 Abs. 2 Nr. 4 zu versagen gewesen und die Marke ist jetzt nach § 50 Abs. 1, Abs. 3 iVm § 8 Abs. 2 Nr. 4 zu löschen (aA Fezer Rn. 30, der den Verfallsgrund nach § 49 Abs. 2 Nr. 2 auch dann anwendet, wenn die Täuschungsgefahr schon im Zeitpunkt der Eintragung bestanden hat).

II. Begriff der Täuschungseignung

Täuschungseignung iSv § 49 Abs. 2 Nr. 2 bedeutet **inhaltliche Unrichtigkeit** einer **50** Marke aufgrund ihrer Benutzung; dh die Marke enthält Angaben, die nach der Verkehrsauffassung einer den *tatsächlichen* Verhältnissen nicht entsprechende und damit unrichtige Aussage enthalten (vgl. Fezer Rn. 32). Dagegen bildet die bloße Täuschung des Publikums in der Benutzung dergestalt, dass der Marke etwa irreführende Angaben hinzugefügt werden, keinen Verfallsgrund nach § 49 Abs. 2 Nr. 2, sondern einen wettbewerbsrechtlichen Tatbestand (vgl. auch Fezer Rn. 31).

Der Begriff der Täuschungseignung ist anhand des § 8 Abs. 2 Nr. 4 auszulegen (→ § 8 **51** Rn. 543 ff.). Es handelt sich um einen **Rechtsbegriff;** auf konkret nachweisbare Täuschungsfälle kommt es nicht an, sondern darauf, dass eine Täuschungseignung hinsichtlich eines nicht ganz unerheblichen Teils des Publikums gegeben ist; ein beachtlicher Prozentsatz ist bei 10% der angesprochen Verkehrskreise angenommen worden (BPatG GRUR 1996, 885 – Schloss Wachenheim; HK-MarkenR/Bous Rn. 26). Eine Gefahr der Verwechslung mit anderen Marken ist unschädlich (vgl. BGH GRUR 1967, 89 – Rose). Bei der Beurteilung der Unrichtigkeit einer Marke ist auf den normal informierten und angemessen aufmerksamen und verständigen Durchschnittsverbraucher abzustellen; dabei kommt es in diesem Zusammenhang stets auf die beanspruchten Waren/Dienstleistungen an.

III. Gegenstand der Täuschungseignung

52 § 49 Abs. 2 Nr. 2 enthält keine abschließende Aufzählung der Fallgruppen der Täuschungseignung. Die Täuschung kann **alle tatsächlichen Verhältnisse** in Bezug auf eine Marke betreffen. Die Täuschungseignung kann sich auf die Waren oder Dienstleistungen beziehen; dies ist der überwiegende Fall, der vom Wortlaut des § 49 Abs. 2 Nr. 2 erfasst ist („… insbesondere über die Art, Beschaffenheit oder die geografische Herkunft dieser Waren und Dienstleistungen zu täuschen").

E. Verfall wegen fehlender Markenrechtsfähigkeit (Abs. 2 Nr. 3)

53 Eine Marke kann wegen Verfalls gelöscht werden, wenn der **Inhaber des Markenrechts** nicht mehr die Voraussetzungen des § 7 der erfüllt, dh keine Markenrechtsfähigkeit besitzt. Hierfür liegt keine entsprechende Regelung in der Markenrichtlinie vor. Bloße Änderungen der Rechtsform einer Gesellschaft werden nicht vom Verfallsgrund des § 49 Abs. 2 Nr. 3 erfasst. Weder bei Kapital- noch bei Personengesellschaften kann die Löschung aus dem Handelsregister mit dem Wegfall des Rechtsträgers gleichbedeutend gesehen werden (vgl. BPatG GRUR 2011, 362 f. – akustilon).

54 Wird eine juristische Person (§ 7 Nr. 2) oder eine Personengesellschaft (§ 7 Nr. 3) ohne Rechtsnachfolger gelöscht, besteht diese im Fall der Liquidation zumindest als GbR weiterhin als Rechtsträgerin von vorhandenem (Sonder-)Vermögen wie zB Markenrechten, solange diese nicht gelöscht oder rechtsgeschäftlich auf Dritte übertragen sind (vgl. BPatGE 41, 160 – ETHOCYN/Entoxin). Da die GbR als sog. „Außengesellschaft" Markenrechtsfähigkeit besitzt, ist die Rechtsträgerschaft unproblematisch (vgl. BGH NJW 2002, 1207) und steht einer Verfallslöschung entgegen.

55 Im Antragsverfahren prüft das DPMA nicht, ob eine Markenrechtsfähigkeit des Markeninhabers tatsächlich besteht oder nicht, sondern stellt den Löschungsantrag dem **im Register** Eingetragenen, der gemäß § 28 Abs. 1 als Rechtsträger vermutet wird, zu. Widerspricht dieser der Löschung nicht, wird die Marke gelöscht.

56 Ein **Teilverfall** ist im Rahmen des Verfallsgrunds der fehlenden Markenrechtsfähigkeit nach § 49 Abs. 2 Nr. 3 **praktisch ausgeschlossen** (HK-MarkenR/Hoppe Rn. 55), da eine Differenzierung nach einzelnen Waren und Dienstleistungen in Bezug auf die Rechtsträgerschaft nicht in Betracht kommt.

F. Teilweiser Verfall der Marke (Abs. 3)

57 Eine Marke soll nur für den Teil der Waren/Dienstleistungen gelöscht werden, für den ein Verfallsgrund nach § 49 Abs. 1 und Abs. 2 auch vorliegt. Bei selbständigen, **konkreten Waren-/Dienstleistungsbegriffen,** die sich nicht überschneiden, ist eine teilweise Löschung unproblematisch durchführbar. Anders verhält es sich bei einem eingetragenen **Oberbegriff,** der nur hinsichtlich einzelner Waren/Dienstleistungen nicht benutzt wird bzw. nur hierfür zur Gattungsbezeichnung geworden oder zur Täuschung geeignet ist. Hierbei ist zu differenzieren zwischen dem Löschungsantragsverfahren wegen Verfalls vor dem DPMA und dem Löschungsklageverfahren vor den Zivilgerichten.

58 Im **Verfahren vor dem DPMA** sind nach § 41 Abs. 2 Nr. 4 MarkenV im Löschungsantrag entweder die Waren/Dienstleistungen zu bezeichnen, deren Löschung beantragt wird oder diejenigen, die im Register eingetragen bleiben sollen. Ist dies nicht der Fall, weil zB die Marke für den Oberbegriff „Spielwaren" im Register eingetragen ist, der Antragsteller als zu löschende Ware hingegen nur den unter den Oberbegriff fallenden Begriff „Puppen" angibt, ist der Löschungsantrag als unbestimmt und damit unschlüssig bzw. mangels nachvoll-

Verfall **§ 49 MarkenG**

ziehbarer Begründung als unzulässig zu behandeln, gleichwohl aber zuzustellen, obwohl der Löschungsantrag – auch wenn der Markeninhaber keinen Widerspruch erhebt – als unschlüssig (bzw. aufgrund in sich widersprüchlicher Begründung als unzulässig, → § 53 Rn. 8) zurückzuweisen ist.

Die Rechtsnatur des Löschungsverfahrens wegen Verfalls beim DPMA als Registerverfahren, das auf formale Unterrichtung des Markeninhabers über den Löschungsantrag gerichtet ist, rechtfertigt diese Vorgehensweise, da eine sachliche Prüfung, welche Waren rechtserhaltend benutzt wurden, Gattungsbezeichnungen darstellen oder täuschungsgeeignet sind einschließlich der Frage, ob die als zu löschende angegebene Spezialware unter einen eingetragenen Oberbegriff fällt, nicht stattfindet. Das DPMA löscht im Verfallsverfahren die Marke insoweit allein aus formalen Gründen aufgrund des mangelnden Widerspruchs des Markeninhabers, weshalb es auch nicht berechtigt ist, das Waren- und Dienstleistungsverzeichnis von sich aus umzuformulieren. **58.1**

Im **Löschungsklageverfahren vor den Zivilgerichten,** in dem die Voraussetzungen des Verfalls umfassend geprüft werden, ist die Frage der Benutzung nur eines Teils der Waren/Dienstleistungen innerhalb eines Oberbegriffs dagegen von Bedeutung. Die Lösung dieser Fälle ist in Rechtsprechung und Literatur umstritten. In einfach gelagerten Fällen hilft eine Teilausgrenzung von einzelnen Waren/Dienstleistungen (bzw. Gruppen) durch einen produktbezogenen Disclaimer „Oberbegriff, ausgenommen ..." (vgl. HK-MarkenR/Hoppe Rn. 58). **59**

Dies erfasst indes nicht die Fälle, in denen ein größerer, nicht auf Anhieb abgrenzbarer Teil der Waren und Dienstleistungen benutzt (bzw. nicht benutzt) wird. **60**

Während zum Teil die Auffassung vertreten wird, bei einer nicht rechtserhaltenden, täuschungsgeeigneten oder eine Gattungsbezeichnung darstellenden Benutzung für einen Teil der unter den betreffenden Oberbegriff fallenden Waren/Dienstleistungen müsse der gesamte Oberbegriff im Waren-/Dienstleistungsverzeichnis verbleiben, sog. „Maximallösung" (vgl. OLG Köln GRUR 2002, 264 (268) – DONA/PROGONA; Ingerl/Rohnke Rn. 29), gehen der BGH und die übrige Literatur von der sog. – auch beim Benutzungsnachweis nach §§ 43, 26 zum Tragen kommenden, zur Zeit der Geltung des Warenzeichengesetzes entwickelten – **„erweiterten Minimallösung"** (→ § 26 Rn. 120) aus. Demnach ist zwar nicht der Oberbegriff der Waren/Dienstleistungen uneingeschränkt beizubehalten, aber auch keine Beschränkung auf die tatsächlich benutzten Waren/Dienstleistungen vorzunehmen, sondern es verbleiben die Waren und Dienstleistungen im Register, die zum gleichen Waren-/Dienstleistungsbereich gehören wie die konkret benutzten (vgl. BGH GRUR 2009, 60 (62 f.) – LOTTOCARD). **61**

Die Auffassung trifft bei der gebotenen wirtschaftlichen Betrachtungsweise einen Ausgleich zwischen dem berechtigten Interesse des Zeicheninhabers an seiner geschäftlichen Bewegungsfreiheit und der Freihaltung des Registers von nicht benutzten, täuschenden oder der als Gattungsbezeichnung zu qualifizierenden Marken. **61.1**

Der Umfang des „gleichen Warenbereichs" liegt zwischen der benutzten konkreten Ware/Dienstleistung und dem Umfang der ähnlichen Waren/Dienstleistungen (vgl. zu § 11 Abs. 1 Nr. 4 WZG BGH GRUR 1978, 649 – TIGRESS; diese Entscheidung geht noch vom Begriff der Warengleichartigkeit aus). Die Definition des gleichen Waren-/Dienstleistungsbereichs stellt auf gleiche Eigenschaften und gleiche Zweckbestimmungen ab; die Frage, ob die betreffenden Waren/Dienstleistungen dem Kerngeschäft des Markeninhabers dienen oder ob es sich um Nebengeschäfte handelt, ist dabei nicht relevant (vgl. BGH GRUR 2009, 60 (63) – LOTTOCARD). **62**

Weitere Kriterien sind neben unterschiedlichen Waren-/Dienstleistungsbereichen die Möglichkeit der Unterscheidung **branchenspezifischer Einsatzgebiete** sowie die mögliche Aufgliederung in **Untergruppen** (vgl. BGH GRUR 2009, 60 (63) – LOTTOCARD; so auch OLG Braunschweig MarkenR 2009, 118 – Rounder, wonach bei einer Teilnutzung kein Löschungsanspruch für Waren und Dienstleistungen besteht, wenn diese in ihren Eigenschaften und Zweckbestimmungen mit der Ware oder Dienstleistung übereinstimmen, für die eine Benutzung erfolgt, oder der Bereich der Waren und Dienstleistungen, für die keine Benutzung besteht, sich nicht klar als Unterkategorie definieren und eingrenzen lässt). Dadurch wird zwar in manchen Fällen vermieden, dass bei nicht möglicher Unterteilung **63**

Kopacek

der gesamte Oberbegriff im Verzeichnis der Waren/Dienstleistungen verbleiben würde (vgl. Ströbele/Hacker/Hacker Rn. 55 aE) oder – was für den Markeninhaber eine unbillige Härte darstellen würde – der Oberbegriff komplett gelöscht würde.

63.1 Auch diese Lösung ist aber nicht in allen Fällen praktikabel. Ist zB die Marke für „Mittel zur Körper- und Schönheitspflege" eingetragen, aber nur für Parfüm und Eau de Toilette benutzt, ist zwar weder eine Streichung noch ein Belassen des kompletten Oberbegriffs interessengerecht. Dies trifft aber auch auf eine Einschränkung des Waren-/Dienstleistungsverzeichnisses auf „Mittel zur Körper- und Schönheitspflege, nämlich Parfüm und Eau de Toilette" zu, die den Markeninhaber ebenfalls unangemessen auf die Spezialware einschränkt. Wenn der überwiegende Teil der Waren/Dienstleistungen eines Oberbegriffs benutzt würde, könnten auch diese – ohne den nicht benutzten Begriff – aufgezählt werden. Ergebnisgerecht erscheint in den Fällen wie dem beispielhaft genannten, eine Untergruppe zu bilden und diese zu dem Oberbegriff in Beziehung zu setzen (im Beispielsfall „Mittel zur Körper- und Schönheitspflege, nämlich Parfümerien") oder nur die allein benutzte Untergruppe zu nennen („Parfümerien"). Vgl. zu dieser Problematik auch die Entscheidung „Probiotik" des BGH (BGH GRUR 2014, 662) sowie → § 26 Rn. 118 ff.

§ 50 Nichtigkeit wegen absoluter Schutzhindernisse

(1) Die Eintragung einer Marke wird auf Antrag wegen Nichtigkeit gelöscht, wenn sie entgegen §§ 3, 7 oder 8 eingetragen worden ist.

(2) ¹Ist die Marke entgegen §§ 3, 7 oder 8 Abs. 2 Nr. 1 bis 9 eingetragen worden, so kann die Eintragung nur gelöscht werden, wenn das Schutzhindernis auch noch im Zeitpunkt der Entscheidung über den Antrag auf Löschung besteht. ²Ist die Marke entgegen § 8 Abs. 2 Nr. 1, 2 oder 3 eingetragen worden, so kann die Eintragung außerdem nur dann gelöscht werden, wenn der Antrag auf Löschung innerhalb von zehn Jahren seit dem Tag der Eintragung gestellt wird.

(3) Die Eintragung einer Marke kann von Amts wegen gelöscht werden, wenn sie entgegen § 8 Abs. 2 Nr. 4 bis 10 eingetragen worden ist und
1. das Löschungsverfahren innerhalb eines Zeitraums von zwei Jahren seit dem Tag der Eintragung eingeleitet wird,
2. das Schutzhindernis gemäß § 8 Abs. 2 Nr. 4 bis 9 auch noch im Zeitpunkt der Entscheidung über die Löschung besteht und
3. die Eintragung ersichtlich entgegen den genannten Vorschriften vorgenommen worden ist.

(4) Liegt ein Nichtigkeitsgrund nur für einen Teil der Waren oder Dienstleistungen vor, für die die Marke eingetragen ist, so wird die Eintragung nur für diese Waren oder Dienstleistungen gelöscht.

Überblick

§ 50 Abs. 1 regelt die materiell-rechtlichen Voraussetzungen für die Löschung wegen Nichtigkeit aufgrund absoluter Schutzhindernisse, während § 54 Bestimmungen zum verfahrensrechtlichen Ablauf enthält. Nichtigkeit einer Marke wegen absoluter Schutzhindernisse liegt vor, wenn die Marke entgegen § 3, 7, 8 eingetragen worden ist. Hinsichtlich IR-Marken, die nach dem MMA oder dem PMMA mit Wirkung für Deutschland registriert sind, finden über §§ 107, 119 ebenfalls die Vorschriften der §§ 50, 54 Anwendung mit der Maßgabe, dass an die Stelle der Löschung wegen Nichtigkeit die Schutzentziehung mit Wirkung ex tunc tritt (§ 112 Abs. 2, § 115 Abs. 1, § 124).

Übersicht

	Rn.		Rn.
A. Allgemeines	1	D. Verkehrsdurchsetzung	8
B. Gegenstand des Löschungsverfahrens	3	E. Bösgläubigkeit	12
C. Zeitpunkt der Feststellung der Nichtigkeit	4	F. Antragsbefugnis	16
		G. Frist für die Antragslöschung	17

Nichtigkeit wegen absoluter Schutzhindernisse § 50 MarkenG

	Rn.		Rn.
H. Taugliche Löschungsgründe	20	K. Löschungsverfahren von Amts wegen (Abs. 3)	25
I. Entscheidung über den Löschungsantrag	22	I. Anwendungsbereich	25
J. Teilweise Löschung (Abs. 4)	24	II. Verfahrensgrundsätze	26

A. Allgemeines

Unabhängig von ihrer materiell-rechtlichen Schutzfähigkeit entfaltet eine Marke durch 1 die Eintragung in das Register ihre Schutzwirkung (vgl. § 4 Nr. 1); die Eintragung hat daher **konstitutiven Charakter** (Fezer Rn. 1; HK-MarkenR/Bous Rn. 1). Um die Wirkungen der Eintragung zu beseitigen, bedarf es einer Löschung der Marke im Register. § 50 Abs. 1 sieht zu diesem Zweck die Löschung der Marke auf Antrag vor, wenn die Eintragung entgegen §§ 3, 7, und 8 erfolgt ist und alternativ oder kumulativ fehlende Inhaberfähigkeit (§ 7), fehlende Markenfähigkeit (§ 3), fehlende grafische Darstellbarkeit (§ 8 Abs. 1) oder ein absolutes Schutzhindernis nach § 8 Abs. 2 Nr. 1–10 vorliegt. Der in § 50 Abs. 1 verwendete Begriff der „Nichtigkeit" ist nicht im zivilrechtlichen Sinn (§ 134 BGB) oder im verwaltungsrechtlichen Sinn dahingehend zu verstehen, dass die Marke trotz Eintragung rechtlich unbeachtlich wäre, sondern als eine auf Antrag festzustellende, **von Anfang an** bestehende Löschungsreife – gegenüber der Löschungsreife ex nunc bei der Verfallslöschung nach § 49. Wird eine Eintragung nicht durch einen Löschungsantrag angegriffen, kann sie – trotz möglicherweise bestehender materiell-rechtlicher Schutzunfähigkeit – praktisch unendlich im Register eingetragen bleiben, die kontinuierliche Verlängerung der Schutzdauer vorausgesetzt. Zu den Einzelheiten im Ablauf des Löschungsverfahrens vor dem DPMA → § 54 Rn. 1 ff.

Im Gegensatz zu den Verfallsgründen nach § 49 ist eine Geltendmachung der Nichtigkeits- 2 gründe nach § 50 Abs. 1 als Einrede im Verletzungsprozess ausgeschlossen; eine Ausnahme bildet insoweit nur die Bösgläubigkeit (Ingerl/Rohnke Rn. 1; BGH GRUR 2008, 917 (919) – EROS; → § 54 Rn. 1). Wird im Verletzungsverfahren ein absoluter Löschungsgrund nach § 50 geltend gemacht, kommt – bei konkreten Erfolgsaussichten – nur eine Aussetzung des Verletzungs- bzw. Löschungsklageverfahrens nach § 148 ZPO in Betracht.

B. Gegenstand des Löschungsverfahrens

Prüfungsgegenstand des Löschungsverfahrens ist ausschließlich die Marke **in der eingetra-** 3 **genen Form,** nicht in einer davon abweichenden angemeldeten oder verwendeten Form (BGH GRUR 2005, 158 f. – MAGLITE; GRUR 2005, 1044 f. – Dentale Abformmasse, wobei im dortigen Verletzungsverfahren keine abschließende Entscheidung darüber getroffen wurde, ob auf das eingetragene oder das angemeldete Zeichen abzustellen ist). Da § 50 Abs. 1 den Begriff der „Eintragung" verwendet, kann nur diese und nichts anderes gelöscht werden. Hierfür spricht auch, dass nach § 4 Nr. 1 der Markenschutz durch Eintragung eines Zeichens als Marke in das vom DPMA geführte Register entsteht (BPatG BeckRS 2009, 10440 – Farbmarke lila; Ströbele/Hacker/Kirschneck Rn. 6; aA BPatG GRUR 2002, 163 f. – BIC-Kugelschreiber, wonach die mit der Anmeldung eingereichte Darstellung Vorrang vor der im Register eingetragenen Marke haben soll) und daher genau diese Eintragung durch die Löschung zu beseitigen ist. Auch auf die tatsächlich benutzte Form der Marke kommt es nicht an.

C. Zeitpunkt der Feststellung der Nichtigkeit

Ein absolutes Eintragungshindernis führt nach §§ 3, 7, 8 zur Löschung einer Marke, wenn 4 es – entgegen der früheren Auffassung, die auf den Zeitpunkt der Eintragung in das Register abstellte – zum **Zeitpunkt der Anmeldung der Marke** (BGH GRUR 2013, 1143 – Aus Akten werden Fakten; GRUR 2014, 872 – Gute Laune Drops; GRUR 2014, 483 – test) gegeben war (Ströbele/Hacker/Kirschneck Rn. 9). Gemäß § 50 Abs. 2 muss aber das Schutzhindernis in den Fällen der §§ 3, 7 oder 8 Abs. 2 Nr. 1–9 (nicht im Fall der Bösgläubigkeit nach § 8 Abs. 2 Nr. 10; → Rn. 11) auch im **Zeitpunkt der Entscheidung über den**

MarkenG § 50 Teil 3 Verfahren in Markenangelegenheiten

Löschungsantrag noch vorliegen (BPatG BeckRS 2016, 14488 – ICE Imperial). Es muss sich um dasselbe Eintragungshindernis im Anmelde- und im Entscheidungszeitpunkt handeln; ein Wechsel des Nichtigkeitsgrundes zwischen beiden Zeitpunkten führt nicht zur Löschung (Ingerl/Rohnke Rn. 16).

4.1 Im europäischen Markenrecht stellte die Vorschrift des Art. 7 GMV aF schon immer auf die Schutzfähigkeit am Tag der Anmeldung ab, um den Anmelder bei nach dem Anmeldetag auftretenden Schutzhindernissen nicht zu benachteiligen (EuGH MarkenR 2010, 439 – Flugbörse). Nunmehr hat der BGH auch für das nationale Markenverfahren festgestellt, dass für die Beurteilung eines absoluten Schutzhindernisses sowohl im Eintragungs- als auch im Nichtigkeitsverfahren stets auf den Zeitpunkt der Anmeldung und nicht auf den Zeitpunkt der Eintragung abzustellen ist (BGH GRUR 2013, 1143 – Aus Akten werden Fakten; BeckRS 2012, 22502 – Fakten statt Akten). In der Praxis wird sich die Beurteilung zum Anmeldezeitpunkt oft nicht wesentlich von der Beurteilung im Entscheidungszeitpunkt unterscheiden, weshalb ein falscher Beurteilungszeitpunkt unschädlich sein kann (vgl. BPatG BeckRS 2015, 10464 – Roggiss). Jedoch bleibt zunächst die Frage, ob die Berücksichtigung des Anmelde- statt des Entscheidungszeitpunkts nur auf den Tatbestand der fehlenden Unterscheidungskraft nach § 8 Abs. 2 Nr. 1 anzuwenden ist – allein hierauf bezog sich die Entscheidung des BGH „Aus Akten werden Fakten" – oder ob dies für alle Tatbestände des § 8 Gültigkeit besitzt. Fraglich wäre beispielsweise, ob beim Vorliegen eines Verstoßes gegen die öffentliche Ordnung (zB Verstoß gegen ein Gesetz) im Löschungsverfahren ein rechtswidriger Zustand perpetuiert werden sollte, weil der Gesetzesverstoß zwar im Eintragungszeitpunkt, nicht aber zum Anmeldezeitpunkt vorgelegen hat (→ Rn. 7). Bei IR-Marken ist dem Anmeldetag der Tag der internationalen Registrierung gleichzustellen (§ 107 Abs. 1, § 112 Abs. 1 bzw. §§ 119, 124 iVm § 112 Abs. 1, vgl. Ströbele/Hacker/Kirschneck Rn. 7). Hinsichtlich Altverfahren vgl. § 162 Abs. 2.

4.2 Soweit Art. 45 Abs. 3 Buchst. a RL (EU) 2015/2436 vorsieht, dass eine Marke für nichtig zu erklären ist, wenn sie entgegen den Erfordernissen des Art. 4 RL (EU) 2015/2436 eingetragen worden ist, was demnach bedeutet, dass bezüglich des Vorliegens von Schutzhindernissen nur auf den Eintragungszeitpunkt abzustellen ist, wird § 50 Abs. 2, der eine Löschung nur dann vorsieht, wenn das Schutzhindernis auch noch im Zeitpunkt der Entscheidung über den Löschungsantrag besteht, entsprechend anzupassen sein. Darüber hinaus sieht Art. 45 Abs. 3 Buchst. a der RL (EU) 2015/2436 nicht das Erfordernis der Einhaltung der Zehnjahresfrist für die Stellung eines Löschungsantrags aufgrund der Schutzhindernisse des § 8 Abs. 2 Nr. 1–3, wie in § 50 Abs. 2 S. 2 geregelt, vor. Marken, die ihre Unterscheidungskraft nach Art. 4 Abs. 4 S. 2 RL (EU) 2015/2436 infolge ihrer Benutzung erworben haben, können hingegen nicht für nichtig erklärt werden, wenn die Unterscheidungskraft infolge der Benutzung vor dem Antrag auf Nichtigerklärung erworben wurde. Hier ist demnach nicht nur auf den Eintragungszeitpunkt abzustellen und eine spätere Entwicklung auch zu berücksichtigen.

5 Das Erfordernis des Vorliegens eines Schutzhindernisses sowohl im Anmelde- als auch im Entscheidungszeitpunkt ermöglicht die Berücksichtigung des nachträglichen Wegfalls eines Schutzhindernisses. Ändert sich demnach die Rechtsprechung zu einem absoluten Schutzhindernis zwischen dem Zeitpunkt der Anmeldung und dem Zeitpunkt der Entscheidung in einer für den Markeninhaber günstigen Weise, ist dies zu berücksichtigen. Hierfür müssen aber entweder obergerichtliche Entscheidungen des BGH oder EuGH Anlass bieten oder zumindest eine im BPatG oder im DPMA im Entscheidungszeitpunkt gefestigte abweichende Spruchpraxis bestehen; einzelne „Ausreißer"-Entscheidungen reichen für die Annahme einer gewandelten Auffassung hinsichtlich eines absoluten Schutzhindernisses nicht aus.

5.1 Das trägt der früheren Spruchpraxis Rechnung, wonach trotz der anders lautenden Vorschrift des § 10 Abs. 2 S. 1 Nr. 2 WZG das Fortbestehen eines Löschungsgrundes auch im Zeitpunkt der Entscheidung für erforderlich erachtet wurde (Ströbele/Hacker/Kirschneck Rn. 13). Dahinter steht der Rechtsgedanke, dass eine Marke nur dann aus dem Register zu entfernen ist, wenn sie auch den aktuellen Anforderungen an die Schutzfähigkeit nicht genügt, davon ausgehend, dass eine im Entscheidungszeitpunkt neu angemeldete Marke anhand der aktuellen Gesetzes- und Rechtsprechungslage ohne Weiteres einzutragen wäre.

5.2 Im Gegensatz dazu wirkte in den Fällen, in denen nachträglich durch ein übergeordnetes Gericht festgestellt wurde, dass im Eintragungszeitpunkt ein absolutes Schutzhindernis rechtlich unzutreffend verneint worden ist, die geänderte Rechtsprechung auf den Eintragungszeitpunkt zurück mit der Folge, dass eine Löschungsreife zu bejahen war. Dem Markeninhaber zu gute kommende Vertrauensgesichtspunkte spielten insoweit keine Rolle. Gegen einen Vertrauensschutz zugunsten des Markeninhabers sprach, dass er innerhalb von zehn Jahren nach § 50 Abs. 2 S. 2 mit einem Löschungsantrag rechnen muss, der sich auf § 8 Abs. 2 Nr. 1–3 stützt.

So auch Ströbele/Hacker/Kirschneck Rn. 12; ähnlich Ingerl/Rohnke Rn. 12, wonach eine spätere höchstrichterliche Klärung zu Lasten des Markeninhabers berücksichtigt werden sollte, die im Eintragungszeitpunkt (bzw. nach neuerer Rspr. zum Anmeldezeitpunkt) bereits bestehende Eintragungserfordernisse präzisierte; Vertrauensschutz sollte aber bestehen, wenn das gleiche Obergericht nur seine Rechtsprechung ändert (aA BPatG GRUR-RR 2008, 49 f. – lastminit; BeckRS 2007, 17312 – Zigarettenschachtel; ebenso HK-MarkenR/Bous Rn. 32, wonach die nachträgliche Entstehung absoluter Schutzhindernisse stets mit Hinweis auf einen zugunsten des Markeninhabers bestehenden Vertrauensschutz und die abschließende Regelung des § 49 für die nachträgliche Entstehung von Schutzhindernissen grundsätzlich abgelehnt wurde, es sei denn das Ergebnis war unträgbar; ähnlich auch Fezer Rn. 40, der eine Löschung bei späterem Entstehen eines absoluten Schutzhindernisses allgemein ablehnt, insbesondere im Hinblick auf § 8 Abs. 2 Nr. 5 auch bei Veränderung der ursprünglich die Sittenwidrigkeit einer Marke begründenden Moral- und Wertvorstellungen). **5.3**

Unabhängig davon, ob auf den Anmelde- oder Eintragungszeitpunkt abzustellen ist, darf im Hinblick auf den stets hervorgehobenen Aspekt des Allgemeininteresses der rechts- und wettbewerbswidrige Zustand einer Fehleintragung allein aus Gründen des Vertrauensschutzes zu Gunsten einzelner Markeninhaber nicht perpetuiert werden. Die nachträgliche Korrektur in Bezug auf Fehleintragungen durch Löschung ist aufgrund der gesetzlichen Regelung zum Löschungsverfahren ausdrücklich vorgesehen und realisiert entsprechend dem Gesetzeszweck das uneingeschränkte Interesse der Allgemeinheit, vor ungerechtfertigten Rechtsmonopolen bewahrt zu werden (BPatG GRUR 2010, 1017 (1019) – Bonbonform). Wie auch beim nachträglichen Wegfall eines Schutzhindernisses (→ Rn. 5.2 aE) ist aber zu fordern, dass eine Änderung der obergerichtlichen Rechtsprechung des BGH oder EuGH vorliegt, die klar und unmissverständlich zum Ausdruck kommt und nicht lediglich auf einer möglichen Interpretation der Entscheidung beruht. In diesem Zusammenhang gelten im Übrigen aber die gleichen Grundsätze wie im Prüfungsverfahren auf absolute Schutzhindernisse (→ § 8 Rn. 95 ff.). **5.4**

Haben sich hingegen die **tatsächlichen Verhältnisse** in Bezug auf die eingetragene Marke geändert, dh entwickelt sich ein Begriff nach der Anmeldung zur beschreibenden und/oder nicht unterscheidungskräftigen Angabe und liegen entsprechende Nachweise hierfür erst für nach der Anmeldung liegende Zeitpunkte vor, bleibt die Marke eingetragen. Es ist daher zu differenzieren, ob ein Eintragungshindernis aufgrund der damaligen Rechtsprechung verneint worden ist und sich diese bis zum Entscheidungszeitpunkt geändert hat (dann Rückwirkung auf den Anmeldezeitpunkt mit der Folge, dass die Marke gelöscht wird) oder ob die Eintragung aufgrund tatsächlicher Gründe gewährt wurde, die sich im Entscheidungszeitpunkt verändert haben (dann keine Rückwirkung auf den Anmeldezeitpunkt mit der Folge, dass die Marke nicht gelöscht wird). **6**

Ist zB eine 3D-Marke Gegenstand des Löschungsverfahrens, ist davon auszugehen, dass die Rechtsprechung gegenüber länger zurückliegenden Eintragungszeitpunkten differenzierter geworden ist und zusätzliche Kriterien für die Schutzfähigkeit aufgestellt hat, wie unter anderem das Erfordernis einer erheblichen Abweichung vom üblichen Formenschatz (→ § 8 Rn. 219). Daher ist aber in der Prüfung zunächst danach zu differenzieren, ob zum maßgeblichen Anmeldezeitpunkt die gegenwärtig bestehende differenzierte Rechtsprechung zu 3D-Marken bereits bestanden hat oder nicht; ist dies nicht der Fall, sind die im Entscheidungszeitpunkt bestehenden Maßstäbe anzulegen, die unter Umständen zu einer Löschung der Marke führen (→ Rn. 5). **6.1**

Hat zum Anmeldezeitpunkt die differenzierte Rechtsprechung bereits bestanden, ist darauf abzustellen, ob die entsprechenden Kriterien, wie etwa das Erfordernis der erheblichen Abweichung vom Formenschatz, in Bezug auf die Marke zum damaligen Eintragungszeitpunkt tatsächlich vorgelegen hat oder nicht. Wenn die Marke nach den damaligen tatsächlichen Gegebenheiten erheblich vom Formenschatz abgewichen ist, bleibt die Eintragung aufrecht erhalten. War indes auch zum Eintragungszeitpunkt eine erhebliche Abweichung der Marke vom üblichen Formenschatz tatsächlich nicht gegeben, ist die Marke zu löschen. **6.2**

Treten Änderungen hinsichtlich der **Gesetzeslage** auf in Form von nachträglich geschaffenen Eintragungshindernissen oder der Erweiterung bestehender Eintragungshindernisse auf bisher nicht erfasste Sachverhalte, so bleibt dies grundsätzlich unberücksichtigt; eine Löschungsreife der angegriffenen Marke tritt dadurch nicht ein (Ströbele/Hacker/Kirschneck Rn. 12); Gleiches gilt für den Ausnahmefall, dass die Rechtsprechung eine Vorschrift auf einen von dieser bisher nicht klar erfassten Sachverhalt anwendet (vgl. BGH GRUR **7**

MarkenG § 50　　　　　　　　　　　　　　Teil 3 Verfahren in Markenangelegenheiten

1975, 368 f. – Elzym). Auch in den Fällen, in denen zB Kennzeichen iSd § 8 Abs. 2 Nr. 6–8 (Flaggen, Wappen, Siegel etc) erst nach Eintragung einer Marke geschützt wurden, lag kein Löschungsgrund vor. Ob dies nunmehr anders zu beurteilen ist, wenn eine Flagge, Wappen, Siegel zwar zum Anmeldezeitpunkt nicht geschützt war, aber zum Zeitpunkt der Eintragung – und dieses Eintragungsverbot nicht beachtet wurde – erscheint klärungsbedürftig.

D. Verkehrsdurchsetzung

8　Wird eine Verkehrsdurchsetzung der eingetragenen Marke geltend gemacht, sind im Löschungsverfahren grundsätzlich folgende Fallgestaltungen zu unterscheiden (zur Verkehrsdurchsetzung im Einzelnen → § 8 Rn. 861 ff.):
- Eine Löschung der Marke kommt nicht mehr in Betracht, wenn ein Schutzhindernis nach § 8 Abs. 2 Nr. 1–3 durch **nachträgliche Verkehrsdurchsetzung** (eine Art „Einwendung", die vom Markeninhaber geltend zu machen ist), überwunden worden ist (BPatG GRUR 2011, 68 (72) – Goldhase in neutraler Aufmachung; MarkenR 2010, 513, 515 – GELBE SEITEN; BGH GRUR 2009, 954 f. – Kinder III; Ingerl/Rohnke Rn. 16).
- wie auch umgekehrt der **nachträgliche Wegfall** einer im Zeitpunkt der Eintragung (bzw. der Anmeldung, wenn die aktuelle Rechtsprechung des EuGH und BGH, vgl. BGH GRUR 2013, 1143 – Aus Akten werden Fakten; EuGH MarkenR 2010, 439 – FLUGBÖRSE auch in diesem Kontext anzuwenden ist) vorhandenen Verkehrsdurchsetzung nicht zur Löschungsreife der Marke führt, da die Löschung eine mangelnde Eintragungsfähigkeit sowohl zum Zeitpunkt der Eintragung (bzw. Anmeldung) als auch zum Zeitpunkt der Entscheidung über den Löschungsantrag voraussetzt. Die Frage, zu welchem Zeitpunkt die Marke ihre Unterscheidungskraft durch Benutzung erlangt haben muss, wird kontrovers diskutiert. Nach Auffassung des 33. Senats des BPatG (EuGH-Vorlage GRUR Int 2013, 459 – Sparkassen-Rot) sei die Vorschrift des § 8 Abs. 3 in Zusammenhang mit § 37 Abs. 2 zu sehen, der bei Erwerb der Unterscheidungskraft erst nach Anmeldung einer Marke eine Verschiebung des Zeitrangs ausdrücklich vorsehe, weshalb eine Unterscheidungskraft am Anmeldetag erforderlich sei. Gegen diese Auffassung steht indes der Wortlaut des § 8 Abs. 3 (sich vor dem Zeitpunkt der Entscheidung über die Eintragung infolge ihrer Benutzung ... durchgesetzt hat"). Der BGH hat angenommen, dass eine Verkehrsdurchsetzung zumindest im Zeitpunkt der Entscheidung über den Löschungsantrag durch das DPMA nicht zu einer Löschung führt (BGH Beschl. v. 21.7.2016 – I ZB 52/15 – Sparkassen-Rot). Der EuGH hat dies bestätigt (EuGH GRUR 2014, 776). Demgegenüber hatte sich der BGH in seiner Entscheidung „Aus Akten werden Fakten" (BGH GRUR 2013, 1143), die im Hinblick auf die Unterscheidungskraft den Anmeldetag für den allein relevanten Zeitpunkt erachtet, nicht mit der Problematik der Verkehrsdurchsetzung zu befassen, vgl. hierzu aber BGH GRUR 2014, 483 – test, wonach ein originär nicht unterscheidungskräftiges Zeichen nur unter Aufrechterhaltung des ursprünglichen Anmeldetages (§ 33 Abs. 1) eingetragen werden kann, wenn das Schutzhindernis bereits damals überwunden war (§ 37 Abs. 2 MarkenG, Art. 3 Abs. 3 S. 2 RL 2008/95/EG – MRL), weshalb sich auch das Vorliegen der Voraussetzungen einer Verkehrsdurchsetzung nach diesem Zeitpunkt richten soll (so auch v. Mühlendahl GRUR 2013, 775 (779)). Zur Regelung in Art. 4 Abs. 4 RL (EU) 2015/2436 → Rn. 4.2.
- Zu beachten ist, dass bei erstmaliger Geltendmachung einer Verkehrsdurchsetzung im Beschwerdeverfahren vor dem BPatG eine **Zurückverweisung** an das DPMA gemäß § 70 Abs. 3 Nr. 3 in Betracht kommt (str.).
- Zweifel an einer erstmalig im Löschungsverfahren geltend gemachten Verkehrsdurchsetzung gehen zu Lasten des Markeninhabers; insbesondere muss dieser zu den Voraussetzungen der Verkehrsdurchsetzung hinreichend vortragen (BPatG MarkenR 2010, 513 (515) – GELBE SEITEN).
- Wird die Marke zum Zeitpunkt der Entscheidung über den Löschungsantrag nicht mehr isoliert, sondern nur noch als Bestandteil eines zusammengesetzten Zeichens benutzt, kann aufgrund der Verwendung des zusammengesetzten Zeichens auf eine fortbestehende Verkehrsdurchsetzung dieser Marke nur geschlossen werden, wenn diese in dem zusammenge-

setzten Zeichen nicht dergestalt aufgeht, dass sie nicht mehr als Herkunftshinweis wahrgenommen wird (BGH GRUR 2014, 483 – test).

Sog. **Zwischenrechte:** Mit der Schaffung der Möglichkeit der Geltendmachung einer nachträglichen Verkehrsdurchsetzung ohne Prioritätsverschiebung durch den Gesetzgeber wurde in § 51 Abs. 4 Nr. 2 bzw. im markenrechtlichen Verletzungsstreitverfahren mit § 22 Abs. 1 Nr. 2 ein Korrektiv geschaffen, wonach Zwischenrechte, die vor der nachträglich festgestellten Verkehrsdurchsetzung und damit während der Löschungsreife der prioritätsälteren Marke entstanden sind, ihrerseits nicht aufgrund eines Rechts mit älterem Zeitrang gelöscht werden können; ebenso kann ihre Benutzung nicht untersagt werden, da insoweit ein Recht auf Koexistenz besteht (BPatG GRUR 2003, 521 (528) – Farbige Arzneimittelkapsel). 9

Bei einem Löschungsantrag einer ursprünglich als verkehrsdurchgesetzt eingetragenen Marke trifft den Antragsteller des Löschungsverfahrens nach bisheriger Rechtsprechung des BGH die Feststellungslast für das mangelnde Vorliegen der Voraussetzungen der Verkehrsdurchsetzung zum Anmeldezeitpunkt gemäß § 50 Abs. 1 (BGH GRUR 2010, 138 – ROCHER-Kugel; GRUR 2009, 669 – POST II). Zudem ist zu beachten, dass die **mangelnde Verkehrsdurchsetzung** im Anmeldezeitpunkt allein nicht zu einer Löschungsreife der angegriffenen Marke führt, sondern auch mindestens ein weiteres Schutzhindernis nach § 8 Abs. 2 Nr. 1–3 gegeben sein muss (BPatG MarkenR 2010, 513, 515 – GELBE SEITEN). Lässt sich im Löschungsverfahren nicht aufklären, ob die Marke zum Anmeldezeitpunkt einem Eintragungshindernis ausgesetzt war, bleibt der Löschungsantrag ohne Erfolg (BGH GRUR 2009, 669 – POST II; GRUR 2010, 138 – Rocher Kugel; BGHZ 42, 151 = GRUR 1965, 146 – Rippenstreckmetall II; BPatG GRUR 2013, 631 – Sparkassen-Rot; BPatG GRUR 2014, 1106 – rapsgelb). 10

An der Rechtsprechung des BGH, wonach verbleibende Zweifel am Vorliegen der Verkehrsdurchsetzung zu Lasten des Löschungsantragstellers und nicht des Markeninhabers gehen, dürfte auch nach den Entscheidung „Sparkassen-Rot" (EuGH GRUR 2014, 316) festzuhalten sein, da der EuGH seine Auffassung, dass dem Markeninhaber die Feststellungslast für den Nachweis der nachträglichen Verkehrsdurchsetzung obliegt, auf eine unzutreffende Bewertung der maßgeblichen Rechtslage in Deutschland aufgrund der BPatG-Vorlage gestützt hat, an die er gebunden war (Ströbele/Hacker/Ströbele § 8 Rn. 560, 561; aA mit sehr ausführlicher Begründung BPatG GRUR 2015, 796 – Sparkassen-Rot; Ströbele/Hacker/Kirschneck § 54 Rn. 24). Außerdem geht der EuGH in der vorgelegten Fallkonstellation davon aus, dass ein Markeninhaber, der sich im Löschungsverfahren nachträglich auf eine Verkehrsdurchsetzung beruft und damit eine besondere Rechtsfolge für sich beansprucht, deren Voraussetzungen beweisen muss, was aber nicht ausschließt, dass ein Löschungsantragsteller, der eine durch das DPMA festgestellte Verkehrsdurchsetzung nachträglich anzweifelt, für dieses Vorbringen beweispflichtig ist (vgl. Ströbele/Hacker/Ströbele § 8 Rn. 560 aE). Der BGH hat die Bedeutung der Entscheidung „Sparkassen-Rot" des EuGH für die Feststellungslast bei der Verkehrsdurchsetzung nach nationalem Markenrecht offen gelassen (BGH GRUR 2014, 1101 – Gelbe Wörterbücher). Es erscheint indes ergebnisgerecht, dem Löschungsantragsteller als dem aktiven Teil, der im Zuge des Angriffs einer eingetragenen Marke deren Verkehrsdurchsetzung verneint, im Löschungsverfahren die Feststellungslast für die Verkehrsdurchsetzung aufzuerlegen. 11

E. Bösgläubigkeit

Da der Wortlaut des § 50 Abs. 2 vorsieht, dass für die Löschungsreife einer Marke nach §§ 3, 7 oder 8 Abs. 2 Nr. 1–9 das Schutzhindernis auch noch im Zeitpunkt der Entscheidung über den Löschungsantrag bestehen muss, ist bei den dem Schutzhindernis des § 8 Abs. 2 Nr. 10 unterfallenden, bösgläubig angemeldeten Marken für die Beurteilung der Löschungsreife nur auf den Zeitpunkt der Anmeldung abzustellen (ausführlich → § 8 Rn. 779 ff.). Bösgläubigkeit eines Anmelders iSv § 8 Abs. 2 Nr. 10 liegt vor, wenn die Anmeldung rechtsmissbräuchlich oder sittenwidrig – im Sinne wettbewerbsrechtlicher Unlauterkeit erfolgt ist (BGH GRUR 2004, 510 – S 100; → § 8 Rn. 760 ff. im Einzelnen zur Definition des Begriffs der Bösgläubigkeit sowie zu den einzelnen Fallgruppen). 12

Eine bösgläubig angemeldete Marke ist daher auch bei späterem Wegfall der Bösgläubigkeit immer noch löschungsreif, selbst wenn eine Übertragung an einen „gutgläubigen", dh redli- 13

MarkenG § 50 Teil 3 Verfahren in Markenangelegenheiten

chen Besitzer erfolgt ist (→ § 8 Rn. 767 ff.; vgl. aber BGH GRUR 2002, 622 Rn. 37 – Shell; → § 8 Rn. 829; Ströbele/Hacker/Kirschneck Rn. 11; aA Füllkrug WRP 1995, 378), da die Bösgläubigkeit als solche sanktioniert ist (Ingerl/Rohnke Rn. 13, 16).

14 Die Löschungsreife entfällt auch nicht dadurch, dass der Unlauterkeitstatbestand später wegfällt, etwa bei Einstellung der Markenbenutzung durch den rechtswidrig beeinträchtigten Konkurrenten oder durch nachträgliche Vereinbarungen zwischen dem Antragsteller und dem Markeninhaber, wie zB Duldung des Beeinträchtigten. Eine Ausnahme gilt lediglich im Hinblick auf einen nur vorübergehenden Missbrauchsvorwurf.

15 Hingegen ist der bösgläubige Erwerb vom redlichen Anmelder kein Löschungsgrund (BPatG BeckRS 2008, 3587 – WM), da es entscheidend auf die Bösgläubigkeit zum Anmeldezeitpunkt ankommt. Hier ist allenfalls eine missbräuchliche Ausübung des formal bestehenden Markenrechts über §§ 242, 826 BGB, § 1 UWG in Betracht zu ziehen (HK-MarkenR/Bous § 50 Rn. 10). Die einschränkenden Regelungen des § 37 Abs. 2 und Abs. 3, wonach eine **Zeitrangverschiebung** (BPatG GRUR 2003, 521 (528) – Farbige Arzneimittelkapsel) sowie die Prüfung der **Ersichtlichkeit** der Täuschung bzw. Bösgläubigkeit im Eintragungsverfahren grundsätzlich stattfindet bzw. erfolgen muss, finden im Rahmen des § 50 Abs. 1 keine Anwendung, denn die Vorschrift verweist einschränkungslos nur auf das Vorliegen der absoluten Schutzhindernisse nach §§ 3, 7 und 8. Anders verhält sich dies bei der **Amtslöschung**, in der die Täuschungsgefahr und Bösgläubigkeit nur geprüft werden (→ Rn. 26), wenn sie ersichtlich sind. Hier ist vielmehr nach § 285 ZPO eine lebensnahe Betrachtung geboten (OLG Hamburg BeckRS 2013, 1280 – Weihrauch).

F. Antragsbefugnis

16 Die Löschung einer Markeneintragung wegen Nichtigkeit aufgrund absoluter Schutzhindernisse nach § 50 Abs. 1 erfolgt auf Antrag. Das Löschungsverfahren kann **jedermann** einleiten (**Popularverfahren**, vgl. auch § 54 Abs. 1 S. 2; → § 54 Rn. 3).

G. Frist für die Antragslöschung

17 § 50 Abs. 2 S. 2 bestimmt, dass Eintragungen, denen ein Schutzhindernis nach § 8 Abs. 2 Nr. 1–3 entgegensteht, nur gelöscht werden können, wenn ein Antrag auf Löschung innerhalb einer Frist von zehn Jahren seit dem Eintragungstag erhoben wird. Wird die Frist nicht eingehalten, ist der Löschungsantrag unschlüssig (so wohl auch Ströbele/Hacker/Kirschneck § 54 Rn. 17, wonach bei mangelndem Widerspruch des Markeninhabers gegen den Löschungsantrag eine Löschung die Schlüssigkeit des Löschungsantrags – ohne weitere Sachprüfung – voraussetzt; aA BPatG BeckRS 2009, 3591 – Pinocchio. Dort ist aufgrund des Ablaufs der Zehnjahresfrist die Unzulässigkeit des Löschungsantrags angenommen worden; → § 54 Rn. 38). Bei der Berechnung der Zehnjahresfrist des § 50 Abs. 2 S. 2 ist als Anfangsdatum allein auf das Eintragungsdatum der konkret angegriffenen Marke abzustellen und nicht auf Daten von ähnlichen „Vorgängermarken", die für den Inhaber der angegriffenen Marke eingetragen waren (BPatG BeckRS 2013, 8817; der BGH hat in der Rechtsbeschwerdeentscheidung dieses Problem nicht aufgegriffen, vgl. GRUR 2014, 872 – Gute Laune Drops). Aufgrund der expliziten Nennung des § 8 Abs. 2 Nr. 1–3 in § 50 Abs. 2 S. 2 ergibt sich im Umkehrschluss, dass die Geltendmachung der weiteren, in § 50 Abs. 2 genannten Löschungsgründe, nämlich §§ 3, 7, 8 Abs. 2 Nr. 4–10, nicht fristgebunden ist und daher zeitlich unbegrenzt erfolgen kann (BPatG GRUR 2000, 809 (812) – SSZ; Ströbele/Hacker/Kirschneck Rn. 18).

17.1 Die Beschränkung der Antragsfrist in den Fällen des § 8 Abs. 2 Nr. 1–3 begründet sich zum einen daraus, dass gesicherte Erkenntnisse über die Voraussetzungen der Schutzfähigkeit wie zB Verkehrsauffassungen oder Marktverhältnisse nach längeren Zeiträumen kaum mehr zuverlässig gewonnen werden können (HK-MarkenR/Bous Rn. 27; Ströbele/Hacker/Kirschneck Rn. 18 mwN), wenn auch eine auf die Vergangenheit bezogene Bewertung der maßgeblichen Verkehrsauffassung grundsätzlich nicht ausgeschlossen ist (BPatG Mitt 2012, 459 – smartbook). Str. ist, ob die Zehnjahresfrist nach § 50 Abs. 2 S. 2 eine Spezialregelung darstellt, die eine Anwendung der allgemeinen Grundsätze der Verwirkung kennzeichenrechtlicher Ansprüche ausschließt (vgl. hierzu BPatG BeckRS 2013, 8817 und BGH GRUR 2014, 872 – Gute Laune Drops, wonach gegen die Berücksichtigung von Vertrauensschutzerwägungen zu Gunsten der Inhaber angegriffener Marken in Löschungsverfahren innerhalb der Zehnjahresfrist sowohl der jeweilige Wortlaut der §§ 3, 8, 50, 54 als auch deren Zweck spricht. Die Löschung fehlerhaft eingetragener Marken entspricht dem Interesse der Allgemeinheit vor ungerechtfertigten Rechtsmonopolen und dem Ziel des fairen Wettbewerbs. Demgegenüber kann aber auch nach dem Ablauf der Zehnjahresfrist der Durchsetzung einer an sich löschungsreifen Marke gegenüber einem jüngeren Zeichen die Schutzschranke des § 22 Abs. 1 Nr. 2 Alt. 2 (Zwischenrecht zum Zeitpunkt der Veröffentlichung der jüngeren Marke wegen absoluter Schutzunfähigkeit der älteren Marke) entgegenstehen. Zur neuen Regelung der RL (EU) 2015/2436 → Rn. 4.2.

Das Fehlen einer Beschränkung der Antragsfrist in den Fällen des § 8 Abs. 2 Nr. 4–10 ist damit zu begründen, dass die zur Löschung nach § 50 Abs. 2 führenden Schutzhindernisse zwar allesamt im Allgemeininteresse bestehen, jedoch in unterschiedlichem Maße. Besonders ausgeprägt ist das Allgemeininteresse (im Sinne eines öffentlichen Interesses) bei den Schutzhindernissen nach § 3 Abs. 1 und Abs. 2 sowie § 8 Abs. 1 und Abs. 2 Nr. 4–10, was seinen Niederschlag darin gefunden hat, dass diese auch von Amts wegen geprüft werden können (§ 50 Abs. 3). Dagegen liegt den Löschungsgründen des § 8 Abs. 2 Nr. 1–3 „nur" ein spezifisches Mitbewerberinteresse an der freien Verwendbarkeit des Zeichens zugrunde (Hacker, Markenrecht, 2. Aufl. 2011, Rn. 104 ff.). Ist eine Marke von ihrem Inhaber über einen längeren Zeitraum unangefochten benutzt worden, stellt dies einen Hinweis darauf dar, dass das Mitbewerberinteresse an der freien Verwendbarkeit des Zeichens weniger ausgeprägt ist. Eine Löschung ist zwar in diesen Fällen auch möglich, unterliegt aber gesteigerten Anforderungen (BPatG Mitt 2012, 459 – smartbook).

Eine Anwendung der Grundsätze der **Verwirkung** nach § 242 BGB hinsichtlich der Person des Antragstellers mit der Folge, dass Löschungsansprüche auch vor Ablauf der Zehnjahresfrist des § 50 Abs. 2 S. 2 ausgeschlossen sind, kommt in Ausnahmefällen in Betracht, wenn eine über mehrere Jahrzehnte andauernde Benutzung unbeanstandet geblieben ist und ein Besitzstand von erheblichem Wert vorliegt (ausführlich Fezer Rn. 33; aA Ströbele/Hacker/Kirschneck Rn. 18; HK-MarkenR/Hoppe Rn. 20; Ingerl/Rohnke Rn. 18, wonach § 50 Abs. 2 S. 2 eine die Anwendung der allgemeinen Grundsätze der Verwirkung ausschließende Spezialregelung darstellt).

Ist der Zehnjahreszeitraum überschritten und die Marke daher nicht mehr löschungsreif, kann der Durchsetzung von Rechten § 22 Abs. 1 Nr. 2 Alt. 2 entgegenstehen (Ingerl/Rohnke Rn. 18 aE).

H. Taugliche Löschungsgründe

Die Aufzählung der Löschungsgründe in § 50 Abs. 1, die im Antragsverfahren geltend gemacht werden können, ist abschließend (Ingerl/Rohnke Rn. 1; insbesondere zum Vorliegen der Bösgläubigkeit → § 8 Rn. 779 ff. sowie zu den einzelnen Fallgruppen der Nr. 10 → § 8 Rn. 829). Dass die Bösgläubigkeit in § 50 Abs. 2 nicht genannt ist und damit unter § 50 Abs. 1 fällt, berührt die Löschungsreife von vor dem 1.6.2004 bösgläubig angemeldeten Marken nicht (→ § 8 Rn. 759.2; → § 8 Rn. 14). Eine Identität oder Verwechslungsgefahr mit einer notorisch bekannten Marke (→ § 10 Rn. 9) stellt keinen relevanten Löschungsgrund im Antragsverfahren vor dem DPMA dar. Dies kann aber im Widerspruchsverfahren (§ 42 Abs. 2 Nr. 2) oder im Rahmen einer Löschungsklage nach §§ 51, 55 Berücksichtigung finden. Soweit die Auffassung vertreten wird, ein Verstoß gegen den Schutz einer geografischen Herkunftsangabe oder Ursprungsbezeichnung sei ebenfalls als Löschungsgrund nicht geeignet, da auch für den Fall der Eintragung einer Marke unter Verstoß gegen die VO (EU) Nr. 1151/2012 die Löschungsklage zu den ordentlichen Gerichten nach § 13 Abs. 2 Nr. 5 vorgesehen sei (Ströbele/Hacker/Kirschneck Rn. 4, § 8 Rn. 725), steht dem die Auffassung gegenüber, dass es sich dabei um eine Verbotsnorm handle, die dem Löschungsgrund des § 8 Abs. 2 Nr. 9 unterfalle (Omsels Rn. 797).

Dieser Auffassung ist der Vorzug zu geben, zumal § 13 Abs. 2 Nr. 5 nur relative Schutzhindernisse umfasst und eine Anwendung auf absolute Schutzhindernisse damit regelungswidrig wäre. Aus dem Umstand, dass die VO (EU) Nr. 1151/2012 unmittelbar geltendes Unionsrecht darstellt, weshalb sich eine Umsetzung in nationales Recht verbietet, folgt nicht zwingend, dass eine Löschung nach § 50 aus diesem Grund nicht möglich ist, sondern könnte eher im Gegenteil dessen unmittelbare Wirkung im Rahmen der absoluten Schutzhindernisse der §§ 3, 7 und 8 begründen. Zudem fallen unter den Löschungsgrund nach § 8 Abs. 2 Nr. 9 im Wege des „Erst-recht-Schlusses" nicht nur Benutzungsverbote, sondern auch Eintragungsverbote: wenn über § 50 Abs. 2, Abs. 3, § 8 Abs. 2 Nr. 9 die Löschung von Marken verlangt werden kann, weil die Benutzung der eingetragenen Marke nach Vorschriften im öffentlichen Interesse zu untersagen ist, muss dies erst recht gelten, wenn eine Vorschrift im öffentlichen Interesse bereits der Eintragung der Marke entgegensteht. Die Möglichkeit der Untersagung der Eintragung einer geografischen Herkunftsangabe nach Art. 14 VO (EU) Nr. 1151/2012 beruht auf einer ansonsten bestehenden Irreführungsgefahr für das Publikum.

21 **Formelle Mängel** der Markeneintragung wie zB Verstöße gegen die Anmeldeerfordernisse gemäß § 32 Abs. 2, Abs. 3, § 65 Abs. 1 Nr. 2 iVm §§ 2–16 und 20 MarkenV sowie mangelnde Gebührenzahlung (§ 6 Abs. 2 PatKostG; BeckOK PatR/Albrecht PatKostG § 6 Rn. 6) stellen keine tauglichen Löschungsgründe im Rahmen des Antragsverfahrens beim DPMA dar. Selbst bei erheblichen Verfahrensfehlern entfaltet die Eintragung – als Verwaltungsakt – eine Bindungswirkung, die nur bei Vorliegen der gesetzlich vorgesehenen Löschungsgründe wieder beseitigt werden kann (BPatG BeckRS 2013, 5355 – dreidimensionale Marke fingerförmiger Gegenstand in horizontaler Ausrichtung; BeckRS 2009, 950 – MQI; GRUR 2002, 163 f. – BIC-Kugelschreiber; aA Winkler, FS v. Mühlendahl, 2005, 279 (282 f.)). Eine **mängelbehaftete Markendarstellung** kann hingegen aufgrund fehlender Bestimmtheit der Eintragung der Löschung nach § 3 unterfallen. Während § 50 Abs. 1 als Löschungsgrund auch die fehlende grafische Darstellbarkeit nach § 8 Abs. 1 umfasst, nimmt § 50 Abs. 2 nicht auf § 8 Abs. 1 Bezug, weil sich die mangelnde grafische Darstellbarkeit nachträglich kaum ändern wird, es sei denn, die Rechtsprechung schafft diesbezüglich geänderte Voraussetzungen.

I. Entscheidung über den Löschungsantrag

22 Die Löschung wird durch Beschluss der Markenabteilung angeordnet, wenn die geltend gemachten Schutzhindernisse nach §§ 3, 7, 8 festgestellt sind (vgl. hierzu im Einzelnen die Kommentierungen zu §§ 3, 7, 8 Abs. 2; → § 3 Rn. 31 ff.; → § 7 Rn. 8 ff.; → § 8 Rn. 95 ff.).

23 Ist eine zweifelsfreie Feststellung der Nichtigkeit zu den relevanten Zeitpunkten, auch unter Berücksichtigung der von den Beteiligten vorgelegten und Amts wegen zusätzlich ermittelten Unterlagen, nicht möglich, verbleibt es bei der Eintragung der angegriffenen Marke (BGH GRUR 2010, 138 – ROCHER-Kugel; BPatG BeckRS 2012, 6773 – smartbook; BeckRS 2010, 26171 – Omegafit; GRUR 2006, 155 – Salatfix; ausführlicher → § 54 Rn. 57). Der Beschluss der Markenabteilung eröffnet die Beschwerdemöglichkeit nach § 66 zum BPatG.

J. Teilweise Löschung (Abs. 4)

24 Nach § 50 Abs. 4 kann die angegriffene Marke auch teilweise gelöscht werden, wobei Oberbegriffe schon dann zu löschen sind, wenn auch nur für einen Teil der darunter fallenden Waren/Dienstleistungen ein Eintragungshindernis gegeben ist (Ingerl/Rohnke Rn. 22). Ebenso wie bei den Nichtigkeitsverfahren wegen Verfall (§ 49 Abs. 3) und wegen relativer Schutzhindernisse (§ 51 Abs. 4) sowie bei den Widerspruchsverfahren (§ 43 Abs. 2 S. 1) kann auch bei der Nichtigkeit aufgrund absoluter Schutzhindernisse eine Teillöschung hinsichtlich einzelner Waren/Dienstleistungen geltend gemacht werden bzw. erfolgen (§ 51 Abs. 5). Ist die Schutzfähigkeit nicht hinsichtlich des vollständigen Oberbegriffs, sondern nur hinsichtlich einzelner, zu dem Oberbegriff gehörender Waren/Dienstleistungen begründet, ist der Oberbegriff vollständig zu löschen, was auch der Prüfung im Anmeldeverfahren auf absolute Schutzhindernisse entspricht (vgl. auch Ströbele/Hacker/Kirschneck Rn. 28 unter Verweis auf § 37 Abs. 5; → § 37 Rn. 13; BPatG Beschl. v. 13.4.2016 – 28 W (pat) 11/13 – E-Bar). Etwas anderes gilt nur in den Fällen, in denen der Markeninhaber den Oberbegriff von sich aus einschränkt bzw. auf die Marke insoweit verzichtet, das DPMA oder das BPatG können das Waren-/Dienstleistungsverzeichnis nicht durch entsprechende Umformulierungen einschränken (BPatG BeckRS 2016, 13351 – Z49), möglich ist aber eine rechtserhaltende Auslegung eines unzulässigen Antrags als Anregung auf zB vollständige Löschung der Eintragung der Marke (BPatG Beschl. v. 13.4.2016 – 28 W (pat) 11/13 – E-Bar). Hierzu im Unterschied zur Verfallslöschung → § 49 Rn. 58; → § 53 Rn. 8, wonach ein Löschungsantrag beim DPMA, der auf eine nur teilweise Löschung von Spezialwaren innerhalb eines

Oberbegriffs gerichtet ist, als unschlüssig bzw. unzulässig zu erachten ist, während im Fall einer Löschungsklage zum Zivilgericht der Verfall der Marke (etwa aufgrund mangelnder Benutzung) weder vollumfänglich für den gesamten Oberbegriff festzustellen noch komplett abzulehnen, sondern nach der sog. „erweiterten Minimallösung" im Wege der Bildung einer Untergruppe vorzugehen ist (→ § 49 Rn. 61).

Eine unterschiedliche Verfahrensweise des DPMA bei Verfallslöschungen einerseits und Löschungen wegen absoluter Schutzhindernisse andererseits ist dadurch gerechtfertigt, dass im Rahmen der Löschung wegen absoluter Schutzhindernisse – wie im Anmeldeverfahren – eine materiell-rechtliche Prüfung der Löschungsgründe stattfindet, nicht hingegen bei der Verfallslöschung, da diese dem Zivilgericht vorbehalten bleibt. 24.1

K. Löschungsverfahren von Amts wegen (Abs. 3)

I. Anwendungsbereich

Die Amtslöschung ermöglicht es dem DPMA, evidente Fehleintragungen zu korrigieren, deren Löschung im öffentlichen Interesse liegt. Über die Einleitung eines Amtslöschungsverfahrens entscheidet das DPMA nach pflichtgemäßem Ermessen (Fezer Rn. 36) durch den Vorsitzenden der Markenabteilung. Auch jeder Dritte kann die Einleitung eines Amtslöschungsverfahrens anregen; gegen die ablehnende Entscheidung ist ein Rechtsmittel aber nicht gegeben (BPatG GRUR 1998, 148 – SAINT MORIS/St. Moritz). Der Begriff der „Amtslöschung" betrifft nur vom DPMA eigeninitiativ in Gang gesetzte Löschungsverfahren, nicht etwa Löschungsverfahren, die durch andere Bundesbehörden initiiert worden sind (vgl. BPatG Beschl. v. 10.12.2014 – 29 W (pat) 118/11). 25

Zu erwägen wäre, bereits bei der Frage der Einleitung eines Amtslöschungsverfahrens eine Entscheidung der Markenabteilung als Spruchkörper herbeizuführen, um im Vorfeld eine über die mögliche Löschungsreife abgestimmte Einschätzung des später darüber entscheidenden Spruchkörpers zu erlangen und damit in begründeten Zweifelsfällen von der Einleitung eines Löschungsverfahrens abzusehen. Die Fälle, in denen Löschungsverfahren nicht aufgrund des Antrags eines Dritten eingeleitet werden, sondern das DPMA das Verfahren von sich aus eröffnet (dies gilt auch für Fälle, in denen der Löschungsantrag zurückgenommen wurde, → § 54 Rn. 28) sind in der Praxis zahlreicher als gemeinhin angenommen. 25.1

II. Verfahrensgrundsätze

Im Rahmen der Amtslöschung verlangt § 50 Abs. 2 Nr. 3 für die Schutzhindernisse des § 8 Abs. 2 Nr. 4 und Nr. 10 Ersichtlichkeit (§ 37). Diese liegt vor, wenn ein Schutzhindernis von der Markenstelle bzw. Markenabteilung anhand des allgemeinen Fachwissens, der vorliegenden Rechercheunterlagen und anhand der Auskünfte aus üblichen Informationsquellen feststellbar ist (ausführlich → § 8 Rn. 551; Ströbele/Hacker/Kirschneck Rn. 20), ohne dass es weitergehender – unter Umständen sogar nur durch Zeugen oder Verkehrsbefragungen zu leistender – Aufklärung der zu berücksichtigenden Sachlage bedarf; nicht erforderlich ist aber, dass der Verstoß ohne jegliche Recherche feststellbar sein muss (BPatG GRUR 2009, 68 (70) – DDR-Symbol der Sicherheitskräfte). 26

Ein Löschungsverfahren von Amts wegen kann nur innerhalb einer Frist von zwei Jahren seit dem Tag der Eintragung der Marke eröffnet werden (§ 50 Abs. 3 Nr. 1). 27

Der Markeninhaber ist über die Einleitung eines Amtslöschungsverfahrens zu unterrichten. Auch hier hat er die Möglichkeit, der Löschung zu widersprechen oder von sich aus auf die Marke zu verzichten. Äußert er sich nicht, ist die Marke ohne Weiteres zu löschen. 28

§ 51 Nichtigkeit wegen des Bestehens älterer Rechte

(1) Die Eintragung einer Marke wird auf Klage wegen Nichtigkeit gelöscht, wenn ihr ein Recht im Sinne der §§ 9 bis 13 mit älterem Zeitrang entgegensteht.

(2) ¹Die Eintragung kann aufgrund der Eintragung einer Marke mit älterem Zeitrang nicht gelöscht werden, soweit der Inhaber der Marke mit älterem Zeitrang die Benutzung der Marke mit jüngerem Zeitrang für die Waren oder Dienstleistun-

gen, für die sie eingetragen ist, während eines Zeitraums von fünf aufeinanderfolgenden Jahren in Kenntnis dieser Benutzung geduldet hat, es sei denn, daß die Anmeldung der Marke mit jüngerem Zeitrang bösgläubig vorgenommen worden ist. ²Das gleiche gilt für den Inhaber eines Rechts mit älterem Zeitrang an einer durch Benutzung erworbenen Marke im Sinne des § 4 Nr. 2, an einer notorisch bekannten Marke im Sinne des § 4 Nr. 3, an einer geschäftlichen Bezeichnung im Sinne des § 5 oder an einer Sortenbezeichnung im Sinne des § 13 Abs. 2 Nr. 4. ³Die Eintragung einer Marke kann ferner nicht gelöscht werden, wenn der Inhaber eines der in den §§ 9 bis 13 genannten Rechte mit älterem Zeitrang der Eintragung der Marke vor der Stellung des Antrags auf Löschung zugestimmt hat.

(3) Die Eintragung kann aufgrund einer bekannten Marke oder einer bekannten geschäftlichen Bezeichnung mit älterem Zeitrang nicht gelöscht werden, wenn die Marke oder die geschäftliche Bezeichnung an dem für den Zeitrang der Eintragung der Marke mit jüngerem Zeitrang maßgeblichen Tag noch nicht im Sinne des § 9 Abs. 1 Nr. 3, des § 14 Abs. 2 Nr. 3 oder des § 15 Abs. 3 bekannt war.

(4) Die Eintragung kann aufgrund der Eintragung einer Marke mit älterem Zeitrang nicht gelöscht werden, wenn die Eintragung der Marke mit älterem Zeitrang am Tag der Veröffentlichung der Eintragung der Marke mit jüngerem Zeitrang
1. wegen Verfalls nach § 49 oder
2. wegen absoluter Schutzhindernisse nach § 50
hätte gelöscht werden können.

(5) Liegt ein Nichtigkeitsgrund nur für einen Teil der Waren oder Dienstleistungen vor, für die die Marke eingetragen ist, so wird die Eintragung nur für diese Waren oder Dienstleistungen gelöscht.

Überblick

§ 51 Abs. 1 sieht – im Gegensatz zur Nichtigkeitsklage wegen absoluter Schutzhindernisse nach §§ 50, 54 – für die Geltendmachung relativer, nur zwischen den Parteien bestehender, kollidierender Rechte mit älterem Zeitrang (§§ 9–13) neben dem Widerspruchsverfahren beim DPMA die Nichtigkeitsklage zu den ordentlichen Gerichten gemäß § 55 vor (vgl. die Kommentierungen zu §§ 9–13) und ordnet bei kollidierenden älteren Rechten die Löschung wegen Nichtigkeit an.

Gegen die Eintragung einer jüngeren Marke ist bei Vorliegen älterer relativer Rechte unter den Voraussetzungen des § 42 auch die Einlegung eines Widerspruchs beim DPMA innerhalb einer Frist von drei Monaten ab Veröffentlichung der jüngeren Marke möglich, der ebenfalls zur Löschung der angegriffenen Marke führen kann (§ 43 Abs. 2 S. 1). Da im Widerspruchsverfahren nunmehr neben prioritätsälteren eingetragenen und angemeldeten Marken auch Benutzungsmarken und geschäftliche Bezeichnungen als Widerspruchsgründe in Betracht kommen (§ 42 Abs. 2 Nr. 4), besteht der einzige materiell-rechtliche Unterschied zwischen dem Widerspruchsverfahren und der Klage nach § 51 in der dort möglichen Geltendmachung sonstiger Rechte aus § 13, die der Löschungsklage nach §§ 51, 55 vorbehalten bleibt.

Die Abs. 2–4 enthalten einen abschließenden Katalog von materiell-rechtlichen Fallgestaltungen, die einer Löschung grundsätzlich entgegenstehen (→ Rn. 5). Abs. 3 verhindert, dass eine nachträgliche Bekanntheit auf den ursprünglichen Zeitrang des § 6 Abs. 2 zurückwirkt (→ Rn. 10). Abs. 4 (→ Rn. 11) entspricht § 22 Abs. 2 Nr. 2 im Verletzungsverfahren und schließt das ältere Zeichen als Löschungsgrundlage aus, wenn es selbst hätte gelöscht werden können.

Übersicht

	Rn.		Rn.
A. Allgemeines	1	I. Verwirkung durch Duldung (Abs. 2 S. 1 und S. 2)	5
B. Relative Nichtigkeitsgründe	3	II. Zustimmung (Abs. 2 S. 3)	9
C. Die einzelnen Tatbestände der Abs. 2 bis 4	5	III. Nachträgliche Bekanntheit (Abs. 3)	10

Nichtigkeit wegen des Bestehens älterer Rechte § 51 MarkenG

	Rn.		Rn.
IV. Verfall oder Nichtigkeit des älteren Zeichens aus absoluten Gründen (Abs. 4)	11	V. Teilweise Löschung (Abs. 5)	18

A. Allgemeines

Relative Nichtigkeitsgründe sind Identität oder Ähnlichkeit (Verwechslungsgefahr) mit **1** einer prioritätsälterer Marke nach § 9, mit einer notorisch bekannten Marke nach § 10, das Bestehen einer rechtswidrigen Agentenmarke nach § 11 (wobei die Rechte aus § 51 neben den Rechten aus § 11 stehen), das Bestehen von prioritätsälteren Rechten mit Verkehrsgeltung nach § 12 oder das Bestehen sonstiger prioritätsälterer Rechte nach § 13 (zB Namensrecht, Urheberrecht). Die Nichtigkeit aufgrund relativer Schutzhindernisse führt zur Löschung der angegriffenen Marke. Sie wirkt gemäß § 52 Abs. 2 auf den Eintragungszeitpunkt (ex tunc) zurück (Ingerl/Rohnke Rn. 5). Im Unterschied zur Verfallslöschung nach § 49 ist bei einer Nichtigkeitsklage aufgrund relativer Rechte zu den ordentlichen Gerichten ein optionales patentamtliches Löschungsverfahren nicht vorgesehen (Ingerl/Rohnke Rn. 1).

Klage vor dem Zivilgericht und Widerspruch vor dem DPMA können parallel geführt **2** werden; hinsichtlich der jeweiligen Entscheidungen besteht keine gegenseitige Bindungswirkung (vgl. auch Ströbele/Hacker/Hacker § 55 Rn. 4). § 51 findet auch Anwendung auf **IR-Marken,** bei denen die Klage anstatt auf Nichtigkeit auf Schutzentziehung zu richten ist (§§ 115 Abs. 1, 124; Ingerl/Rohnke Rn. 1 aE). Die relativen Nichtigkeitsgründe nach §§ 9–13 können auch einredeweise im Verletzungsprozess geltend gemacht werden, soweit es sich nicht um Rechte Dritter handelt, an denen der Beklagte keine Benutzungsrechte besitzt (BGH GRUR 2007, 884 (887) – Cambridge Institute).

B. Relative Nichtigkeitsgründe

§ 51 Abs. 2–4 enthalten einen abschließenden Katalog von materiell-rechtlichen Fallgestal- **3** tungen, die einer Löschung grundsätzlich entgegenstehen. Außer im Fall von § 51 Abs. 4 Nr. 1 (Löschungsreife der älteren Marke wegen Verfalls) hat das Gericht sämtliche Löschungshindernisse nicht nur auf eine entsprechende Einrede des Beklagten, sondern **von Amts wegen** zu berücksichtigen (Ströbele/Hacker/Hacker Rn. 5; Ingerl/Rohnke Rn. 6). Die materiellrechtlichen Tatbestände der §§ 9–13 müssen noch im Zeitpunkt der letzten mündlichen Verhandlung erfüllt sein, was zB bei Wegfall der Verwechslungsgefahr im Verfahrensverlauf aufgrund einer verminderten bzw. geschwächten Kennzeichnungskraft der älteren Marke zu verneinen ist; die Löschungsklage ist in diesem Fall – wenn sie nicht für erledigt erklärt wird – abweisungsreif (BGH WRP 1995, 809 – Reemtsma; OLG München GRUR 1970, 137 – Napoléon Le Petit Caporal; Fezer Rn. 16).

Die Feststellung der Priorität, dh des Zeitrangs, von einander gegenüberstehenden kolli- **4** dierenden Marken trifft das ordentliche Gericht unabhängig von der Entscheidung des DPMA (Fezer Rn. 16); selbst bei einer abgeänderten Entscheidung des DPMA hinsichtlich der Priorität besteht keine Bindungswirkung (RGZ 104, 162 (168) – Regent). Die Zurückweisung einer Marke durch das DPMA und/oder BPatG bindet das ordentliche Gericht zwar im Ergebnis, nicht aber in der Begründung (Fezer Rn. 16 aE).

C. Die einzelnen Tatbestände der Abs. 2 bis 4

I. Verwirkung durch Duldung (Abs. 2 S. 1 und S. 2)

§ 51 Abs. 2 entspricht § 21 Abs. 1, der die Verwirkung des Unterlassungsanspruchs im **5** Verletzungsverfahren regelt (→ § 21 Rn. 1 ff.). Eine Löschung der jüngeren Marke erfolgt nicht, wenn dem Inhaber der älteren eingetragenen Marke die Benutzung der jüngeren Marke für die eingetragenen Waren/Dienstleistungen während eines durchgängigen Zeitraums von fünf Jahren bekannt war und er diese geduldet hat; das Löschungshindernis liegt nur dann nicht vor, wenn **die jüngere Marke bösgläubig angemeldet** wurde (→ Rn. 5.1). Eine Verwirkung des Löschungsanspruchs tritt ebenfalls dann nicht ein, wenn

MarkenG § 51 Teil 3 Verfahren in Markenangelegenheiten

die ältere Marke nur angemeldet, aber noch nicht eingetragen ist (Ströbele/Hacker/Hacker Rn. 6).

5.1 Bösgläubigkeit kann aber auf Grund einer Duldung auch fehlen (→ § 8 Rn. 807). Auch § 21 Abs. 2 (→ § 21 Rn. 14) und Art. 54 UMV (→Art. 54 Rn. 18) schließen nur die Berücksichtigung von **Verwirkung und Duldung** aus, wenn die Anmeldung bösgläubig war, nicht aber zur Feststellung der Bösgläubigkeit. Nach einer längere Zeit geduldeten Nutzung darf der Nutzer unter Umständen glauben, auch eine Marke anmelden zu dürfen (→ § 21 Rn. 26 ff.); zur Beweislast → § 21 Rn. 44.

6 Nach § 51 Abs. 2 S. 2 gilt die Verwirkung auch für ein Recht mit älterem Zeitrang, das zwar nicht im Register eingetragen ist, jedoch Schutz nach § 4 Nr. 2 oder 3 oder als geschäftliche Bezeichnung nach § 5 genießt oder eine Sortenbezeichnung nach § 13 Abs. 2 Nr. 4 darstellt. Die Ausdehnung der Verwirkungsgrundsätze auf diese Kennzeichen ist erforderlich, da auch sie zur Löschung der eingetragenen jüngeren Marke führen würden (Fezer Rn. 11).

7 Daneben ist eine ergänzende Anwendung der allgemeinen zivilrechtlichen Verwirkungsgrundsätze nur insoweit vorgesehen, als es sich um die in § 51 Abs. 2 S. 1 und S. 2 nicht explizit genannten weiteren Löschungsansprüche des § 13 handelt, nämlich die Rechte in § 13 Abs. 2 Nr. 1 bis 3, 5 und 6, da § 51 Abs. 2 keine § 21 Abs. 4 entsprechende Vorschrift dahingehend enthält, dass allgemeine Grundsätze der Verwirkung unberührt bleiben.

7.1 So auch Ströbele/Hacker/Hacker Rn. 8 unter Hinweis auf die in Art. 9 MRL erfolgte Rechtsharmonisierung bei Kollision geschützter Kennzeichen, die eine ergänzende Heranziehung der im deutschen Recht entwickelten Verwirkungslehre nicht zulässt; aA OLG München MarkenR 2011, 223 – Sallaki, wonach die Verwirkung eines Löschungs- bzw. Schutzentziehungsanspruchs grundsätzlich in Betracht kommt, wenn der Berechtigte ungebührlich lange mit der Geltendmachung des Anspruchs zugewartet und in dem Verletzer den Eindruck einer Duldung der Verletzung erweckt hat, es sei denn beim Verletzer bestehe kein schutzwürdiges Vertrauen: Ingerl/Rohnke Rn. 7; Fezer Rn. 10; HK-MarkenR/Bous Rn. 6 mit der Argumentation, eine Geltung der Verwirkungsgründe in § 21 Abs. 4 für Verletzungsfälle impliziere erst Recht deren Geltung hinsichtlich eines Löschungsanspruchs.

8 Werden Rechte nach § 13 Abs. 2 Nr. 1–3, 5 und 6 geltend gemacht, greift eine Verwirkung – entsprechend der Verwirkung bei Schadensersatzansprüchen, die nicht wie Unterlassungsansprüche zukunftsorientiert sind (Ströbele/Hacker/Hacker § 21 Rn. 64) – auch dann, wenn sich der Beklagte nicht auf einen schutzwürdigen Besitzstand berufen kann (Ströbele/Hacker/Hacker Rn. 8).

II. Zustimmung (Abs. 2 S. 3)

9 Eine Löschung der jüngeren Marke ist außerdem dann ausgeschlossen, wenn der Inhaber des älteren Rechts der Eintragung der Marke vor der Stellung seines Löschungsantrags zugestimmt hat; einem solchen widersprüchlichen Verhalten steht nicht zuletzt das Verbot des „venire contra factum proprium" entgegen (HK-MarkenR/Hoppe Rn. 11). In der Praxis wird eine Zustimmung meist im Rahmen von Abgrenzungsvereinbarungen (verbunden mit einer nachträglichen Genehmigung der Eintragung nach §§ 182, 184 BGB) erklärt. Eine Zustimmung steht einem Löschungsanspruch auch dann entgegen, wenn sie durch den Rechtsvorgänger des Inhabers des prioritätsälteren Kennzeichens erklärt wurde und sogar wenn der Inhaber der prioritätsjüngeren Marke bei der Anmeldung bösgläubig war (Fezer Rn. 12); aber jeder Dritte kann noch einen Antrag nach § 50 Abs. 1 stellen und die Zustimmung nicht die Bösgläubigkeit beseitigen hatte. Die Zustimmung zur Eintragung ist eine aktive Handlung im Gegensatz zur passiven Duldung nach § 51 Abs. 2 S. 1 und 2.

III. Nachträgliche Bekanntheit (Abs. 3)

10 Einer Löschung der jüngeren Marke steht entgegen, dass die ältere bekannte Marke oder geschäftliche Bezeichnung zu dem für die jüngere Marke maßgeblichen Prioritätszeitpunkt eine Bekanntheit iSd § 9 Abs. 1 Nr. 3, § 14 Abs. 2 Nr. 3 oder § 15 Abs. 3 (noch) nicht beanspruchen kann. § 51 Abs. 3 verhindert, dass eine nachträgliche Bekanntheit auf den ursprünglichen Zeitrang des § 6 Abs. 2 zurückwirkt (Ingerl/Rohnke Rn. 9), weshalb eine vor der Bekanntheit der älteren Marke angemeldete Marke Bestandskraft erlangt und in ihrer Rechtsposition gesichert wird. Diese Rechtsfolge ergibt sich ohnehin aus dem bestehenden

Grundsatz der Priorität (Fezer Rn. 13). § 51 Abs. 3 entspricht damit auch der für das Verletzungsverfahren geltenden Parallelvorschrift des § 22 Abs. 1 Nr. 1, der eine einheitliche Beurteilung von Löschungs- und Verletzungsverfahren sicherstellen soll (→ § 22 Rn. 1). Die Darlegungs- und Beweislast für eine von ihm behauptete Bekanntheit seiner Marke zum Prioritätszeitpunkt der jüngeren Marke obliegt dem Kläger (Ströbele/Hacker/Hacker § 22 Rn. 6; HK-MarkenR/Hoppe § 22 Rn. 22).

IV. Verfall oder Nichtigkeit des älteren Zeichens aus absoluten Gründen (Abs. 4)

§ 51 Abs. 4 entspricht der Vorschrift des § 22 Abs. 2 Nr. 2 im Verletzungsverfahren (→ § 22 Rn. 1 ff.) und sieht vor, dass eine jüngere Marke einem Löschungsanspruch nicht unterliegt, wenn das ältere Zeichen am Tag der Veröffentlichung der jüngeren Marke selbst wegen Verfalls oder absoluter Nichtigkeit hätte gelöscht werden können. In diesen Fällen kann der Inhaber der jüngeren Marke gegenüber dem älteren Recht ein bestandskräftiges **Zwischenrecht** geltend machen. Im Unterschied zu den Löschungshindernissen in Abs. 2, 3 und 4 Nr. 2, die das Gericht bei erkennbaren Hinweisen im Parteivortrag von sich aus berücksichtigen muss, ist die Löschungsreife wegen Verfalls, dh wegen mangelnder Benutzung (§ 51 Abs. 4 Nr. 1), der einredeweisen Geltendmachung vorbehalten (→ Rn. 1); dies ergibt sich aus § 55 Abs. 3 S. 3 (→ § 55 Rn. 26). 11

§ 51 Abs. 4 Nr. 1 gewährt der jüngeren Marke Bestandsschutz auch gegenüber Marken, die nach § 49 Abs. 2 löschungsreif sind (Ströbele/Hacker/Hacker Rn. 12). § 51 Abs. 4 Nr. 1 wird darüber hinaus wie § 22 Abs. 1 Nr. 2 Alt. 1 für entsprechend anwendbar erachtet, wenn die jüngere Marke bereits vor Eintritt der Löschungsreife der älteren Marke veröffentlicht wurde, die Rechte aus der älteren Marke vom Inhaber aber nicht geltend gemacht wurden und später aufgrund der Löschungsreife nicht mehr geltend gemacht werden können (Ströbele/Hacker/Hacker Rn. 13). 12

Nach § 51 Abs. 4 Nr. 2 ist eine jüngere Marke gegenüber einer älteren Marke auch bestandskräftig, wenn die ältere Marke zum Zeitpunkt der Veröffentlichung der Eintragung der jüngeren Marke ihrerseits aus absoluten Gründen (§ 50) löschungsreif war. Ebenso wie § 22 Abs. 1 Nr. 2 Alt. 2 ist die Vorschrift des § 51 Abs. 4 Nr. 2 im Wege einer teleologischen Reduktion dahingehend einschränkend auszulegen, dass eine Prüfung auf absolute Schutzhindernisse der älteren Marke nicht erfolgen kann, wenn ein Löschungsverfahren vor dem DPMA möglich ist (→ § 22 Rn. 10; BGH GRUR 2003, 1040 – Kinder), ausgenommen ist nur der Fall, dass dieser das Schutzhindernis der Bösgläubigkeit anhaftet (§ 50 Abs. 1 iVm § 8 Abs. 2 Nr. 10). 13

Kommt das Gericht zu dem Ergebnis, dass eine Löschungsreife der älteren Marke aufgrund absoluter Schutzhindernisse gegeben ist, bleibt die Marke dennoch im Register eingetragen, da eine Löschung aus absoluten Gründen dem DPMA im förmlich durchzuführenden Löschungsverfahren vorbehalten ist (→ § 54 Rn. 1 ff.; Fezer Rn. 16). 14

Für die Prüfung der Bösgläubigkeit ist stets auf den Zeitpunkt der Anmeldung der älteren Marke, nicht auf den Zeitpunkt der Veröffentlichung der jüngeren Marke abzustellen (BGH GRUR 2000, 1032 f. – EQUI 2000; so auch Ströbele/Hacker/Hacker Rn. 15). 15

Wie im Verletzungsprozess kann auch die relative Nichtigkeit der älteren Marke einem Löschungsanspruch entgegenstehen, wenn der Beklagte über bessere, dh noch ältere Rechte verfügt, die zu einer Löschungsreife der Klagemarke führen (BGH GRUR 2009, 1058 – air-dsl, für den Verletzungsprozess); dies setzt allerdings voraus, dass Löschungsbeklagter und Inhaber des angegriffenen Zeichens selbst Inhaber des (noch) älteren Rechts ist (BGH GRUR 2007, 884 (887) – Cambridge Institute; Ströbele/Hacker/Hacker Rn. 16). 16

Einer prioritätsälteren Klagemarke kann daher sowohl im Verletzungs- als auch im Löschungsklageverfahren im Wege der Einrede entgegengehalten werden: 17
• die Löschungsreife wegen Verfalls nach § 49, insbesondere wegen Nichtbenutzung (§ 49 Abs. 1),
• ein prioritätsälteres Recht gegenüber der Klagemarke,
• nicht aber: die Löschungsreife wegen absoluter Schutzhindernisse (Ausnahme: Bösgläubigkeit).

V. Teilweise Löschung (Abs. 5)

18 Ebenso wie bei den Nichtigkeitsverfahren wegen Verfall (§ 49 Abs. 3) und wegen absoluter Schutzhindernisse (§ 50 Abs. 4) sowie bei den Widerspruchsverfahren (§ 43 Abs. 2 S. 1) kann auch bei der Nichtigkeit aufgrund relativer Rechte im Klageverfahren vor dem Zivilgericht eine Teillöschung hinsichtlich einzelner Waren/Dienstleistungen geltend gemacht werden bzw. erfolgen (§ 51 Abs. 5). Ist die Kollision nicht hinsichtlich des vollständigen Oberbegriffs, sondern nur hinsichtlich einzelner, zu dem Oberbegriff gehörender Waren/Dienstleistungen begründet, ist der Oberbegriff vollständig zu löschen, weil die entscheidenden Instanzen nicht berechtigt sind, von sich aus eine Beschränkung des Waren-/Dienstleistungsverzeichnisses auf einen Teil der Waren/Dienstleistungen vorzunehmen, die unter den Oberbegriff fallen (BGH GRUR 2005, 326 f. – il Padrone/Il Portone). Eine Löschung von einzelnen, unter einen Oberbegriff fallenden Waren und Dienstleistungen kann nur dann erfolgen, wenn diese mit „nämlich" konkret aufgezählt sind.

19 Der Inhaber der jüngeren Marke kann jedoch von sich aus auf bestimmte Waren/Dienstleistungen eines Oberbegriffs verzichten, die mit Hilfe eines Disclaimers ausgenommen werden können.

19.1 Hier zeigt sich eine Parallele zum Löschungsverfahren wegen absoluter Schutzhindernisse beim DPMA (→ § 50 Rn. 25), jedoch ein gravierender Unterschied zur Teillöschung wegen Verfalls nach § 49 im Klageverfahren (nicht im Antragsverfahren vor dem DPMA, → § 49 Rn. 58), vor allem bei mangelnder Benutzung für nur einen Teil der eingetragenen Waren/Dienstleistungen, bei der aufgrund der sog. „erweiterten Minimallösung" eine uneingeschränkte Beibehaltung oder Löschung des Oberbegriffs zwar nicht erfolgt, aber im Wege der Bildung von Untergruppen die Waren/Dienstleistungen im Register verbleiben, die zum gleichen Waren-/Dienstleistungsbereich gehören (→ § 49 Rn. 61). HK-MarkenR/Hoppe Rn. 15 geht davon aus, dass die Grundsätze der Entscheidung „il Padrone/Il Portone" auf das zivilgerichtliche Verfahren nicht zwingend anwendbar seien, aber die für das Widerspruchsverfahren entwickelten Grundsätze auch für das zivilgerichtliche Löschungsverfahren gelten müssten, weil vom Nichtigkeitsgrund alle Waren und Dienstleistungen erfasst würden, die nach der abstrakten Fassung der Oberbegriffe im Verzeichnis unter sie subsumiert werden könnten. Eine einheitliche Regelung bei den Teillöschungen von Oberbegriffen in allen Löschungsverfahren wäre in jedem Fall praxisgerecht und begrüßenswert.

§ 52 Wirkungen der Löschung wegen Verfalls oder Nichtigkeit

(1) ¹Die Wirkungen der Eintragung einer Marke gelten in dem Umfang, in dem die Eintragung wegen Verfalls gelöscht wird, als von dem Zeitpunkt der Erhebung der Klage auf Löschung an nicht eingetreten. ²In der Entscheidung kann auf Antrag einer Partei ein früherer Zeitpunkt, zu dem einer der Verfallsgründe eingetreten ist, festgesetzt werden.

(2) Die Wirkungen der Eintragung einer Marke gelten in dem Umfang, in dem die Eintragung wegen Nichtigkeit gelöscht wird, als von Anfang an nicht eingetreten.

(3) Vorbehaltlich der Vorschriften über den Ersatz des Schadens, der durch fahrlässiges oder vorsätzliches Verhalten des Inhabers einer Marke verursacht worden ist, sowie der Vorschriften über ungerechtfertigte Bereicherung berührt die Löschung der Eintragung der Marke nicht
1. Entscheidungen in Verletzungsverfahren, die vor der Entscheidung über den Antrag auf Löschung rechtskräftig geworden und vollstreckt worden sind, und
2. vor der Entscheidung über den Antrag auf Löschung geschlossene Verträge insoweit, als sie vor dieser Entscheidung erfüllt worden sind. Es kann jedoch verlangt werden, daß in Erfüllung des Vertrages gezahlte Beträge aus Billigkeitsgründen insoweit zurückerstattet werden, wie die Umstände dies rechtfertigen.

Überblick

§ 52 regelt – weitgehend in Übereinstimmung mit Art. 55 UMV – die Wirkungen der Löschung wegen Verfalls (→ Rn. 1) und Nichtigkeit (→ Rn. 14). § 52 Abs. 1 und Abs. 2

Wirkungen der Löschung wegen Verfalls oder Nichtigkeit § 52 MarkenG

regeln den Zeitpunkt der Wirkung der Löschung wegen Verfalls und Nichtigkeit abweichend und differenziert. Für die Löschung wegen Verfalls gelten die Wirkungen der Eintragung ab dem Zeitpunkt der Klageerhebung als nicht eingetreten (§ 52 Abs. 1 S. 1), wobei ein früherer Zeitpunkt auf Antrag ausdrücklich festgesetzt werden kann (→ Rn. 5; § 52 Abs. 1 S. 2). Im Fall der Löschung einer Marke wegen Nichtigkeit (aufgrund absoluter und relativer Schutzhindernisse) bestimmt § 52 Abs. 2, dass die Wirkungen der Eintragung immer rückwirkend und damit „ex tunc" entfallen. § 52 Abs. 3 enthält gewisse Einschränkungen der Regelungen der Abs. 1 und 2 hinsichtlich früher abgeschlossener Verfahren und bereits erfüllter Verträge (→ Rn. 20).

Übersicht

	Rn.		Rn.
A. Allgemeines	1	D. Anhängige Verletzungs- und Löschungsprozesse	19
B. Wirkung der Löschung wegen Verfalls (Abs. 1)	3	E. Einschränkungen der Rückwirkung der Löschung (Abs. 3)	20
C. Wirkung der Löschung wegen Nichtigkeit (Abs. 2)	14	F. Sonstige Haftung des Markeninhabers	28

A. Allgemeines

Die Entscheidungen betreffend den Verfall oder die Nichtigkeit wirken nicht nur zwischen 1 den Prozessparteien, sondern gegenüber jedermann (Ingerl/Rohnke Rn. 10; Ströbele/Hacker/Hacker Rn. 10).

Auf IR-Marken findet § 52 entsprechende Anwendung, mit der Maßgabe, dass sich die 2 Wirkungen aufgrund der Schutzentziehung der Marke anstatt deren Löschung entfalten.

B. Wirkung der Löschung wegen Verfalls (Abs. 1)

Ebenso wie die Eintragung der Marke in das Register nach § 4 Abs. 1 Nr. 1 konstitutiv 3 wirkt, hat auch die Löschung der Marke im Register konstitutiven Charakter, dh durch den tatsächlichen Vollzug der Löschung der Marke im Register tritt die damit verbundene Wirkung grundsätzlich **„ex nunc"** ein (HK-MarkenR/Hoppe Rn. 2).

Abs. 1 betrifft vom Wortlaut her grundsätzlich das Klageverfahren wegen Verfalls vor den 4 ordentlichen Gerichten. Wird eine Marke wegen Verfalls, der nach der Eintragung der Marke aus den in § 49 abschließend aufgezählten Gründen eintritt (→ § 49 Rn. 1) gelöscht, tritt die Wirkung der Löschung nach § 52 Abs. 1 S. 1 grundsätzlich mit dem Tag der Erhebung der Löschungsklage, dh mit dem Tag der Zustellung der Klage an den Beklagten (§ 253 Abs. 1 ZPO) ein. Bei einem Löschungsantrag an das DPMA ist § 52 Abs. 1 S. 1 entsprechend anzuwenden und auf den Tag des Antragseingangs abzustellen (nicht auf die Unterrichtung des Markeninhabers, vgl. auch Art. 55 UMV), und zwar sowohl dann, wenn die Marke wegen eines fehlenden Widerspruchs des Markeninhabers iS § 53 Abs. 3 unmittelbar vom DPMA gelöscht wird (Ströbele/Hacker/Hacker Rn. 3; HK-MarkenR/Bous Rn. 8), als auch wenn nach dem Antragsverfahren beim DPMA eine innerhalb von drei Monaten beim ordentlichen Gericht erhobene Klage zur Löschung führt (Ströbele/Hacker/Hacker Rn. 3, der eine entsprechende Anwendung des § 49 Abs. 1 S. 4 befürwortet, HK-MarkenR/Hoppe Rn. 8 wendet Abs. 1 S. 1 analog an).

Nach § 52 Abs. 1 S. 2 kann in der Entscheidung über die Löschungsklage auf Antrag einer 5 Partei ein **früherer Zeitpunkt** des Verfalls als die Klageerhebung festgestellt werden, wenn ein Verfallsgrund nach § 49 bereits vor dem Zeitpunkt der Klageerhebung bestanden hat. Frühester Zeitpunkt für die Rückwirkung der Löschung ist der Zeitpunkt des Vorliegens eines Verfallsgrundes (Fezer Rn. 6), der aber jedenfalls nach Eintragung der Marke liegen muss.

Die Regelung des § 52 Abs. 1 S. 2 findet im Löschungsantragsverfahren vor dem DPMA 6 keine entsprechende Anwendung, da dort eine materiell-rechtliche Prüfung, ob die Verfallsgründe bestehen, von der Markenabteilung nicht durchgeführt wird und daher nicht festgestellt werden kann, ob ein Verfall bereits früher eingetreten ist (Ströbele/Hacker/Hacker Rn. 6 aE; zum Prüfungsumfang bei Verfall → § 53 Rn. 8 ff.).

MarkenG § 52

7 Die Prozesspartei, die einen früheren Verfallzeitpunkt geltend macht, ist für dessen Voraussetzungen darlegungs- und **beweispflichtig** (HK-MarkenR/Hoppe Rn. 9 aE).

8 Umstritten ist, ob für den „integrierten" (dh gleichzeitig mit der Klage erhobenen) Feststellungsantrag hinsichtlich des früheren Zeitpunkts, der vom eigentlichen Löschungsantrag zu unterscheiden ist (Ingerl/Rohnke Rn. 6; HK-MarkenR/Hoppe Rn. 9) nach § 52 Abs. 1 S. 2 ein besonderes Feststellungsinteresse nach § 256 ZPO zu fordern ist. Das Erfordernis eines besonderen Interesses für die Feststellung eines früheren Verfallzeitpunkts ist zu bejahen, da dem Allgemeininteresse durch die in § 53 Abs. 1 S. 1 getroffene Regelung der Rückwirkung bis zum Zeitpunkt der Klageerhebung ausreichend Rechnung getragen wird. Hat der Antragsteller ein über diesen Zeitpunkt hinausgehendes Interesse an der Feststellung, etwa weil Ansprüche aus der Vergangenheit im Raum stehen, ist dieses gesondert darzulegen.

8.1 Das Erfordernis eines besonderen Interesses für die Feststellung eines früheren Verfallzeitpunkts befürworten insoweit Ingerl/Rohnke Rn. 6, da die Feststellung der Rückwirkung auf einen bestimmten Zeitpunkt zwar von jedermann erhoben werden könne, jedoch nicht im Allgemeininteresse, sondern stets im Individualinteresse sei (ebenso Fezer Rn. 6; HK-MarkenR/Bous Rn. 6; ablehnend Ströbele/Hacker/Hacker Rn. 7, wonach der Antrag nach § 52 Abs. 1 S. 1 von der Popularbefugnis des § 55 Abs. 2 Nr. 1 mitumfasst sei; offen gelassen von OLG München MarkenR 2005, 337 (341) – 800-Flowers).

9 Der Markeninhaber kann der Vermutung des (festgestellten) Verfalls bei Klageerhebung oder zu einem noch früheren Zeitpunkt (§ 52 Abs. 1 S. 1 und 2) entgegentreten und seinerseits nach § 52 Abs. 1 S. 2 analog beantragen, einen **späteren Verfallzeitpunkt** festzustellen, für den er darlegungs- und beweispflichtig ist (HK-MarkenR/Hoppe Rn. 11; Ingerl/Rohnke Rn. 5 sowie Ströbele/Hacker/Hacker Rn. 11 erachten beide einen entsprechenden Antrag des Löschungsbeklagten für nicht erforderlich, sondern sehen die Festsetzung eines späteren Wirkungszeitpunkts als vom Antrag auf Klageabweisung mitumfasst).

10 Ist der Verfallgrund erst nach Klageerhebung eingetreten, ist die Löschungsklage im Übrigen abzuweisen; eine teilweise Kostenauferlegung beim Kläger kommt jedoch nur bei eigenständiger wirtschaftlicher Bedeutung des Zeitraums bis zur Löschungsreife in Betracht (Ingerl/Rohnke Rn. 5). § 52 Abs. 1 S. 2 ist zudem auf die Fälle entsprechend anzuwenden, in denen die Löschungsreife nicht erst nach Klageerhebung, sondern nach Antragstellung bei einem vorausgehenden Löschungsantragsverfahren beim DPMA eingetreten ist (Ströbele/Hacker/Hacker Rn. 12).

11 Eine Erledigung der Hauptsache im Klageverfahren wegen Verfalls vor den ordentlichen Gerichten tritt ein, wenn der Markeninhaber während des Löschungsklageverfahrens auf die Marke verzichtet oder deren Schutzdauer nicht verlängert (oder auch wenn im parallelen Antragsverfahren das DPMA die Marke mangels wirksamen Widerspruchs des Markeninhabers löscht, → § 53 Rn. 4; Ströbele/Hacker/Hacker Rn. 4).

12 Bei Nachweis eines besonderen **Feststellungsinteresses** nach § 256 ZPO kann der Löschungskläger in diesen Fällen sein Begehren in Form einer Fortsetzungsfeststellungsklage weiter betreiben; dies ist zB dann zu bejahen, wenn vermeintliche, aus der Vergangenheit resultierende Verletzungsansprüche des Markeninhabers gegen den Antragsteller im Raum stehen (Ströbele/Hacker/Hacker Rn. 4).

13 Davon zu unterscheiden ist die Konstellation, dass bereits vor der Erhebung der Löschungsklage zB wegen Verzichts oder Ablauf der Schutzdauer eine Löschung der angegriffenen Marke mit Wirkung ex nunc erfolgt ist, aber nunmehr ein potentieller Verletzer einen Verfall der Marke zu einem früheren Zeitpunkt festgestellt wissen will. In diesem Fall kommt eine **isolierte Feststellungsklage** in Betracht, die wiederum ein besonderes Feststellungsinteresse voraussetzt, das aber nur zu bejahen ist, wenn ein Verletzungsprozess nicht anhängig ist; in einem anhängigen Verletzungsprozess wäre ein solcher rückwirkender Verfall nämlich im Wege der Einrede geltend zu machen (Ströbele/Hacker/Hacker Rn. 8).

C. Wirkung der Löschung wegen Nichtigkeit (Abs. 2)

14 § 52 Abs. 2 bestimmt, dass bei Löschung einer Marke wegen Nichtigkeit die Wirkungen der Eintragung von Anfang an, dh ex tunc, eintreten. Der Begriff der Nichtigkeit umfasst sowohl die Nichtigkeit aufgrund absoluter Schutzhindernisse (§ 50), als auch die Nichtigkeit aufgrund relativer Schutzhindernisse (§ 51). Es entfallen alle rechtlichen und tatsächlichen Wirkungen der Eintragung rückwirkend, sofern nicht § 52 Abs. 3 eingreift. Auf § 52 Abs. 2 kann sich jedermann ab Eintragung des Löschungsvermerks in das Markenregister berufen (hiervon abweichend entfaltet der Verzicht seine Wirkung ex nunc sogar bereits vor dessen Eintragung im Register, → § 48 Rn. 10).

Bei Wegfall der angegriffenen Marke mit Wirkung ex nunc aufgrund Verzichts (§ 48) **15** oder Nichtverlängerung der Schutzdauer (§ 47) während des Löschungsverfahrens wegen Nichtigkeit beim DPMA (§§ 50, 54) oder im Klageverfahren bei den ordentlichen Gerichten (§§ 51, 55) sind folgende Konstellationen zu unterscheiden:

Wird eine Marke **während des Löschungsverfahrens** oder des Löschungsklageverfah- **16** rens wegen Nichtigkeit vor der Entscheidung aufgrund Verzichts oder Nichtverlängerung der Schutzdauer mit Wirkung ex nunc gelöscht, kann der Antragsteller die Feststellung der Nichtigkeit der angegriffenen Marke ex tunc beantragen, sofern ein besonders Rechtsschutzinteresse besteht (BGH GRUR 2001, 337 (339) – EASYPRESS), wie etwa eine drohende Inanspruchnahme des Antragstellers wegen Markenverletzung; hierbei ist ein großzügiger Maßstab anzulegen (Ingerl/Rohnke Rn. 13). Kein rechtliches Interesse ist gegeben, wenn der Markeninhaber auf etwaige Ansprüche verzichtet hat (BPatG GRUR 2009, 522 – Lackdoktor; GRUR 2007, 507 f. – WM 2006 II; für das Patentnichtigkeitsverfahren BGH GRUR 1965, 231 (233) – Zierfalten); ein Anerkenntnis des Löschungsantrags nach § 307 ZPO lässt das rechtliche Interesse nicht entfallen (BPatG GRUR 2007, 507 f. – WM 2006 II).

Ein **nach Ende der mündlichen Verhandlung** (im Löschungsbeschwerdeverfahren oder **17** im Klageverfahren) erfolgter Wegfall der Marke mit Wirkung ex nunc ist sowohl im Löschungsbeschwerdeverfahren – auch bei Zustellung einer Entscheidung an Verkündungs Statt nach § 79 Abs. 1 S. 3) – als auch im Löschungsklageverfahren nicht mehr berücksichtigungsfähig. Soll eine Berücksichtigung erfolgen, ist die mündliche Verhandlung wieder zu eröffnen, um dem Angreifer zu ermöglichen, einen Antrag auf Fortsetzungsfeststellung zu erheben; eine Berücksichtigung im schriftlichen Verfahren darf nur bei Einverständnis der Parteien mit dem Übergang ins schriftliche Verfahren erfolgen (BGH GRUR 2001, 337 (339) – EASYPRESS). Eine Löschung der Marke mit Wirkung ex nunc bereits vor Erhebung des Antrags oder der Klage auf Löschung kann bei Bestehen eines besonderen Rechtsschutzinteresses ein Nichtigkeitsfeststellungsverfahren ermöglichen (Ströbele/Hacker/Hacker Rn. 15; aA Ingerl/Rohnke Rn. 14).

Ist der Verfall oder die Nichtigkeit aus absoluten oder relativen Gründen nur für einen Teil **18** der eingetragenen Waren/Dienstleistungen gegeben, treten die Wirkungen der Erklärung des Verfalls oder der Nichtigkeit auch nur insoweit ein.

D. Anhängige Verletzungs- und Löschungsprozesse

Fällt die Klagemarke in anhängigen Verletzungs- oder Löschungsprozessen in Folge der **19** Löschung wegen Verfalls oder Nichtigkeit weg, tritt in den anhängigen Verfahren eine Erledigung der Hauptsache ein; erstreckt sich die Wirkung der Löschung nach § 52 Abs. 1 und 2 auf den Zeitpunkt der Klageerhebung zurück, ist eine Klage von Anfang an unbegründet (Ingerl/Rohnke Rn. 19).

E. Einschränkungen der Rückwirkung der Löschung (Abs. 3)

Eine vollumfängliche, rückwirkende Vernichtung der Wirkungen einer Marke kann in **20** Einzelfällen zu unbilligen Ergebnissen führen. § 52 Abs. 3 sieht daher in Übereinstimmung mit Art. 55 Abs. 3 UMV Ausnahmen von der Rückwirkung der Löschung ex tunc im Interesse der Rechtssicherheit vor. Dies gilt für Fälle, in denen Entscheidungen in Verletzungsverfahren vor der Entscheidung über den Löschungsantrag rechtskräftig geworden sind und vollstreckt worden sind (§ 52 Abs. 3 Nr. 1) und wenn abgeschlossene Verträge über den Löschungsantrag vor der Entscheidung erfüllt worden sind (§ 52 Abs. 3 Nr. 2), wobei in letzterem Fall ein Billigkeitsregulativ eingreift.

Rechtskräftige und vollstreckte Gerichtsentscheidungen (§ 52 Abs. 3 Nr. 1) sind als **abge- 21 schlossene Sachverhalte** grundsätzlich von einer Rückwirkung der Löschung der angegriffenen Marke wegen Verfalls oder Nichtigkeit nicht betroffen. Ob eine Wiederaufnahme des

Verfahrens im Wege der Nichtigkeits- und Restitutionsklage möglich ist, erscheint offen (BGH GRUR 2010, 996 – Bordako); zum Teil wird die Auffassung vertreten, dass § 52 Abs. 3 Nr. 1 deren Statthaftigkeit ausschließt, wofür der Wortlaut von § 52 Abs. 3 spricht „berührt die Löschung der Eintragung der Marke nicht …" (vgl. zustimmend auch wohl auch HK-MarkenR/Hoppe Rn. 22; Ingerl/Rohnke Rn. 14; aA Ströbele/Hacker/Hacker Rn. 18). Wurde in einem Verletzungsurteil zugunsten des Markeninhabers entschieden und dieses auch vollstreckt, sieht § 52 Abs. 3 Nr. 1 vor, dass ein rückwirkender Wegfall der Klagemarke keine Rückgängigmachung des vollstreckten Zustandes herbeiführen kann. Dies betrifft vor allem die Rückforderung des im Wege der Vollstreckung Erlangten aufgrund des Bereicherungsrechtes (HK-MarkenR/Hoppe Rn. 22). Eine Entscheidung ist nach § 52 Abs. 3 Nr. 1 auch als vollstreckt anzusehen, wenn auf sie freiwillig geleistet wurde (Ingerl/Rohnke Rn. 17).

22 Bei noch nicht beendeter Vollstreckung des rechtskräftigen Urteils kann im Fall der Löschung der Klagemarke eine **Vollstreckungsabwehrklage** nach § 767 ZPO erhoben werden (BGH GRUR 2010, 996 – Bordako), so zB bei der Vollstreckung aus einem Unterlassungsurteil, wobei nach § 767 Abs. 2 ZPO aber nur Einwendungen erhoben werden können, die nach Schluss der letzten mündlichen Verhandlung im Rechtsstreit über den Titel entstanden sind. Es ist demnach zu prüfen, ob relative Schutzhindernisse wegen Verfalls oder Nichtigkeit auch im Verletzungsprozess einredeweise hätten geltend gemacht werden können. Bei absoluten Schutzhindernissen ist eine einredeweise Geltendmachung im Verletzungsprozess nicht möglich, es sei denn, es handelt sich um den Vorwurf der Bösgläubigkeit (§ 50 iVm § 8 Abs. 2 Nr. 10). Die Vollstreckungsabwehrklage kann auch dann erhoben werden, wenn die Marke von einem Dritten nach dem in § 767 Abs. 2 genannten Zeitpunkt erfolgreich angegriffen wurde (Ströbele/Hacker/Hacker Rn. 19).

23 Auch vollzogene und bereits erfüllte **Verträge** führen nach § 52 Abs. 3 Nr. 2 zu einem Ausschluss der Rückwirkung der Löschung der angegriffenen Marke. Dies betrifft sämtliche Verträge, unabhängig von der Rolle des Markeninhabers im Vertragsverhältnis (HK-MarkenR/Bous Rn. 15; Ströbele/Hacker/Hacker Rn. 21). Hierzu gehören unter anderem **Lizenz-** und Kaufverträge, Vergleichs- und Aufrechnungsvereinbarungen; fraglich ist, ob auch gesetzliche Schuldverhältnisse erfasst werden (zustimmend HK-MarkenR/Hoppe Rn. 26 mit der Begründung, § 52 Abs. 3 Nr. 2 soll im Interesse der Rechtssicherheit ein nachträgliches Eingreifen in vertragliche und gesetzliche Schuldverhältnissen gleichermaßen verhindern. Dem ist zuzustimmen). Auch bei einseitiger Erfüllung eines Vertrages (Vorleistung) ist die Vorschrift des § 52 Abs. 3 Nr. 2 aufgrund ihres Wortlauts („soweit, als sie … erfüllt worden sind") anwendbar. Die Auswirkungen des weggefallenen Markenrechts auf den noch nicht erfüllten Teil des Vertrags beurteilen sich nach materiellem Vertragsrecht (Rücktritt, Kündigung, Schadensersatz etc). Bei Unterlassungsvereinbarungen, die nur für die Vergangenheit als erfüllt anzusehen sind, entfällt mit der Löschung der Markeneintragung die Geschäftsgrundlage nach § 313 BGB für die Zukunft (HK-MarkenR/Hoppe Rn. 28).

24 § 52 Abs. 2 Nr. 2 S. 2 ist eine eigenständige Anspruchsgrundlage (Ingerl/Rohnke § 55 Rn. 18) und sieht vor, dass bei abgeschlossenen Verträgen, die als erfüllt anzusehen sind und daher durch die Löschung der Marke nicht mehr berührt werden, gezahlte Beträge dennoch zurückzuzahlen sind, wenn dies der Billigkeit entspricht. Dies betrifft nur Einzelfälle, in denen beispielsweise Lizenzgebühren aufgrund eines Vertrages entrichtet wurden, obwohl die Marke wegen ihrer Löschungsreife von Dritten nicht respektiert wurde (Ströbele/Hacker/Hacker Rn. 26). Der Wortlaut des § 52 Abs. 2 Nr. 2 S. 2 bezieht sich zwar ausschließlich auf Geldleistungen, wird aber auch auf andere Leistungen für anwendbar erachtet (vgl. Ströbele/Hacker/Hacker Rn. 26 aE).

25 Wurde eine Marke zu Unrecht, zB aus Versehen, gelöscht, kann die Eintragung im Wege der Berichtigung mit der ursprünglichen Priorität wiederhergestellt werden. Die Löschungswirkung ex tunc wird dadurch wieder aufgehoben (Fezer Rn. 19). Eine gelöschte Marke kann von dem bisherigen Inhaber oder einem Dritten jederzeit wieder angemeldet werden, woraufhin die Marke (erneut) auf absolute Schutzhindernisse zu überprüfen ist (vgl. → § 48 Rn. 2 im Hinblick auf Verzicht). Diese Beurteilung kann unter Umständen im Ergebnis zur Schutzfähigkeit führen, so zB bei einer erneut angemeldeten Marke, die aufgrund ihrer Nichtbenutzung gelöscht worden ist (Fezer Rn. 15).

26 Gemäß § 52 Abs. 3 Hs. 1 sind **Schadensersatzansprüche** gegen den Markeninhaber wegen schuldhaften Verhaltens nie ausgeschlossen. Dies betrifft Fälle der schuldhaften und

pflichtwidrigen Durchsetzung von Markenrechten, die dem Inhaber nicht zustehen, gegen einen vermeintlichen Verletzer, wie etwa in den Fällen des Erschleichens der Marke (§§ 823, 826 BGB, vorsätzlich unzutreffenden Angaben zur Benutzung (§§ 25, 26, 49) oder des Prozessbetrugs (Ströbele/Hacker/Hacker Rn. 24). Ein schuldhaftes Verhalten bedeutet Kennen oder Kennmüssen der Löschungsreife (Ingerl/Rohnke § 55 Rn. 18) und ist nicht schon dann gegeben, wenn der Markeninhaber die Schutzfähigkeit der Marke bzw. deren Verwechslungsfähigkeit falsch beurteilt hat (Ströbele/Hacker/Hacker Rn. 24; HK-MarkenR/Bous § 55 Rn. 24).

Nach dem Vorbehalt des § 52 Abs. 3 Hs. 1 ebenfalls nicht ausgeschlossen sind Bereicherungsansprüche, die durch den Wegfall des erfüllten Anspruchs, zB aufgrund Anfechtung wegen Täuschung und Irrtums (etwa eines Lizenzvertrages), entstanden sind. **27**

F. Sonstige Haftung des Markeninhabers

Unabhängig von den vorstehenden Ausnahmen der Haftung des Markeninhabers besteht grundsätzlich dessen allgemeine Haftung bei unberechtigter Geltendmachung von Rechten aus einer gelöschten bzw. löschungsreifen Marke. Macht der Markeninhaber fahrlässig oder vorsätzlich Rechte aus einer löschungsreifen Marke geltend, haftet er hierfür aufgrund **Delikts- oder Wettbewerbsrecht** nach den Grundsätzen unberechtigter Abmahnungen und der Geltendmachung von Kennzeichenrechten. Eine Abmahnung aus einer später wegen älterer Rechte gelöschten Marke ist von Anfang an unbegründet (BGH GRUR 2006, 432 – Verwarnung aus Kennzeichenrechten II). Demgemäß entfällt bei rückwirkender Löschung der Klagemarke auch ein Anspruch auf Erstattung der Abmahnkosten (BGH GRUR 2009, 502 – pcb; Ingerl/Rohnke Rn. 19). **28**

Zahlungen auf einen gesetzlichen Schadensersatzanspruch, die während der Löschungsreife, jedoch vor der Löschung erfolgt sind, können aufgrund ungerechtfertigter Bereicherung als Einwendung (§ 812 Abs. 1 S. 1 BGB) oder dauerhafte Einrede (§ 813 BGB) zurückgefordert werden, ausgenommen bei positiver Kenntnis des Zahlenden (§ 814 BGB). Bei vertraglichen Ansprüchen kommt eine **Rückzahlung** nur in Betracht, wenn der Rechtsgrund zB wegen Anfechtung des zugrunde liegenden Vertrages entfällt (Ingerl/Rohnke Rn. 22). **29**

§ 53 Löschung durch das Patentamt wegen Verfalls

(1) Der Antrag auf Löschung wegen Verfalls (§ 49) kann, unbeschadet des Rechts, den Antrag durch Klage nach § 55 geltend zu machen, beim Patentamt gestellt werden.

(2) Das Patentamt unterrichtet den Inhaber der eingetragenen Marke über den Antrag und fordert ihn auf, dem Patentamt mitzuteilen, ob er der Löschung widerspricht.

(3) Widerspricht der Inhaber der eingetragenen Marke der Löschung nicht innerhalb von zwei Monaten nach Zustellung der Mitteilung, wird die Eintragung gelöscht.

(4) Widerspricht der Inhaber der eingetragenen Marke der Löschung, teilt das Patentamt dies dem Antragsteller mit und unterrichtet ihn darüber, daß der Antrag auf Löschung durch Klage nach § 55 geltend zu machen ist.

Überblick

§ 53 betrifft das Verfahren bei der Verfallslöschung vor dem DPMA, § 49 regelt die materiellen Voraussetzungen des Verfalls. Für Klagen auf Verfall vor den Zivilgerichten gilt § 55. § 53 Abs. 2 und Abs. 3 sehen bei einem Löschungsantrag wegen Verfalls im Wesentlichen das gleiche Verfahren wie bei einem Löschungsantrag wegen absoluter Schutzhindernisse vor (→ § 54 Rn. 1 ff.).

Übersicht

	Rn.		Rn.
A. Allgemeines	1	D. Verfahrensablauf	8
B. Antrag	2	E. Kosten	23
C. Rechtsnatur der Verfallslöschung	7		

A. Allgemeines

1 Sinn und Zweck des Antragsverfahrens ist die vereinfachte Möglichkeit der Löschung wegen Verfalls einer Marke in Fällen, in denen der Markeninhaber kein Interesse an deren Verteidigung – überwiegend mangels rechtserhaltender Benutzung – geltend machen kann, aber nicht von sich aus auf die Marke verzichten will. Gleichwohl ist der Verzicht auf die Marke während des Löschungsverfahrens wegen Verfalls jederzeit möglich (→ § 48 Rn. 4). In diesem Rahmen dient das Löschungsantragsverfahren vor dem DPMA als vereinfachtes registerrechtliches Verfahren dazu, den Markeninhaber zum Widerspruch aufzufordern (vgl. BGH GRUR 2012, 315 – akustilon; BPatG BeckRS 2013, 11968; BeckRS 2013, 8707 – Zamek-Sachsengold, wonach das DPMA im Löschungsverfahren wegen Verfalls auf die formelle Prüfung beschränkt ist, ob der Inhaber der eingetragenen Marke der Löschung rechtzeitig, dh innerhalb von zwei Monaten nach Zustellung des Löschungsantrags widersprochen hat). Eine Löschung durch das DPMA kann unmittelbar nur bei formal fehlendem Widerspruch durchgeführt werden (→ § 49 Rn. 6); eine materiell-rechtliche Prüfung der Löschungsgründe erfolgt nicht, wohl aber eine Schlüssigkeitsprüfung bezüglich bestimmter Angaben. Zum Prüfungsumfang durch das DPMA → Rn. 8 ff.

B. Antrag

2 Der Antrag auf Löschung wegen Verfalls ist beim DPMA einzureichen (Abs. 1); daneben besteht die Möglichkeit, die Löschung wegen Verfalls im Wege der Löschungsklage vor den Zivilgerichten geltend zu machen (§ 55). Sowohl der Antrag beim DPMA als auch die Klage vor den Zivilgerichten sind **Popularverfahren** und können von jedermann gestellt bzw. erhoben werden, weil sie im öffentlichen Interesse liegen, das darauf gerichtet ist, nicht benutzte, aus einer Gattungsbezeichnung bestehende oder täuschende Marken sowie Marken, deren Inhaber keine Markenrechtsfähigkeit mehr besitzt, aus dem Register zu entfernen.

3 Die Durchführung des Antragsverfahrens wegen Verfalls beim DPMA ist keine zwingende Voraussetzung für die Erhebung der Löschungsklage vor dem Zivilgericht. Der Angreifende kann nicht nur frei zwischen beiden Verfahren wählen, sondern auch beide Verfahren **parallel** betreiben sowie vom bereits eingeleiteten Antragsverfahren beim DPMA auf das Klageverfahren vor den ordentlichen Gerichten übergehen und umgekehrt (vgl. auch HK-MarkenR/Hoppe Rn. 3). Ist eine Löschungsklage nach § 55 erhoben worden, ist diese in der **Hauptsache erledigt,** wenn im parallel betriebenen Antragsverfahren beim DPMA der Markeninhaber auf die Mitteilung über den Löschungsantrag nicht binnen zwei Monaten widersprochen hat und die Marke daraufhin gelöscht wird (differenzierend HK-MarkenR/Hoppe Rn. 6).

4 Eine Erledigung des Verfallsverfahrens vor dem DPMA tritt auch ein, wenn der Markeninhaber innerhalb der Widerspruchsfrist von zwei Monaten (§ 53 Abs. 3) den Verzicht auf die Marke erklärt (§ 48 Abs. 1) oder die Marke nach Ablauf der Schutzdauer nicht mehr verlängert und die Eintragung daher gelöscht wird (§ 47 Abs. 1, Abs. 6). Ein besonderes Interesse des Antragstellers an der Feststellung der Löschungsreife zum Zeitpunkt des Eingangs des Löschungsantrags (§ 52 Abs. 1 S. 2) und damit vor dem Verzicht nach § 52 Abs. 1 S. 2 entsprechend kann in diesem Fall nicht angenommen werden (Ströbele/Hacker/Kirschneck Rn. 8), denn der Verzicht wirkt grundsätzlich nur ex nunc.

5 Der Antrag auf Löschung wegen Verfalls soll unter Verwendung des vom DPMA herausgegebenen **Formblatts** erfolgen, das den zwingenden Inhalt des Löschungsantrags nach § 41 Abs. 2 Nr. 1 bis 5 MarkenV vorsieht (elektronisch erhältlich unter www.dpma.de/formulare/marke.html). Im Antrag sind insbesondere die Registernummer der Marke, Name und Anschrift des Antragstellers sowie – falls vorhanden – des Vertreters, der Verfallsgrund und

die zu löschenden Waren/Dienstleistungen (oder die Waren/Dienstleistungen, für die eine Löschung nicht beantragt wird, vgl. § 41 Abs. 2 Nr. 4 MarkenV) anzugeben. Entsprechen die im Verfallsantrag angegebenen Waren/Dienstleistungen nicht den eingetragenen (so zB auch, wenn die Marke für einen Oberbegriff eingetragen ist, ein Verfall jedoch nur hinsichtlich einer Spezialware geltend gemacht wird), ist der Antrag nicht hinreichend bestimmt und damit unschlüssig (→ Rn. 8); in Betracht kommt in diesen Fällen auch eine Zurückweisung wegen Unzulässigkeit, da eine nachvollziehbare Begründung des Löschungsantrags bei mangelnder Übereinstimmung der eingetragenen gegenüber den zu löschenden (bzw. im Waren-/Dienstleistungsverzeichnis verbleibenden) Waren und Dienstleistungen nicht gegeben erscheint. Der Verfallsgrund ist zwar anzugeben (vgl. auch das Formblatt des DPMA), hingegen ist eine Substantiierung des Verfallgrundes nicht erforderlich (vgl. HK-MarkenR/Hoppe Rn. 8; Ingerl/Rohnke Rn. 5), zumal das DPMA keine materiell-rechtliche Prüfung, sondern nur eine Schlüssigkeitsprüfung hinsichtlich der vorgenannten Angaben durchführt (→ Rn. 8).

Der Antrag ist **gebührenpflichtig** (vgl. § 64a iVm GV 333400 PatKostG). Die mit Einreichung des Antrags fällige Gebühr ist innerhalb von drei Monaten ab Fälligkeit zu entrichten (§ 3 Abs. 1, § 6 Abs. 1 S. 2 PatKostG). Wird sie innerhalb der gesetzlich vorgesehenen Frist nicht oder nicht vollständig gezahlt, gilt der Antrag als zurückgenommen (vgl. § 6 Abs. 2 PatKostG). Eine Frist zur Einreichung des Löschungsantrags wegen Verfalls beim DPMA besteht – abgesehen von der Fünfjahresfrist bei Nichtbenutzung – im Gegensatz zum Löschungsantrag wegen absoluter Schutzhindernisse nach § 8 Abs. 2 Nr. 1–3 (§ 50 Abs. 2 S. 2) nicht. **6**

C. Rechtsnatur der Verfallslöschung

Das DPMA geht beim Löschungsverfahren wegen Verfalls zutreffend von einem **kontradiktorischen Verfahren** aus (vgl. Bingener in Fezer, HdB Markenpraxis, I 1 1), in dem sich Antragsteller und Markeninhaber mit konträren Zielsetzungen (Löschung der Marke einerseits, Beibehaltung der Eintragung andererseits) gegenüberstehen. Folge dieser Auffassung ist, dass auf Antrag eine Kostenentscheidung zu treffen ist (so auch HK-MarkenR/Hoppe Rn. 28). **7**

Die Gegenmeinung vertritt die Ansicht, dass die Verfallslöschung trotz gegenläufiger Interessen administrativen Charakter hat, der eine Entscheidung über die Kosten gemäß § 63 Abs. 1 grundsätzlich nicht zulässt; eine Ausnahme soll nur beim Fehlen einer der vom DPMA bzw. vom BPatG zu prüfenden Zulässigkeitsvoraussetzungen gelten, wie zB dem Ablauf der Benutzungsschonfrist (vgl. Ingerl/Rohnke Rn. 11; aA zur Einhaltung der Benutzungsschonfrist mangels einer Antragsfrist nicht als Zulässigkeitsvoraussetzung, sondern als Schlüssigkeitsvoraussetzung → Rn. 8). Nach der vorgenannten Auffassung wird das Verfahren vor dem DPMA zudem als rein registermäßiges, nicht kontradiktorisches Vorschalt- bzw. Vorverfahren gesehen, dem keine Sachentscheidung über die Löschungsreife nach § 49 zugrunde liegt (Ströbele/Hacker/Kirschneck Rn. 2, 8 geht aber davon aus, dass eine Kostenentscheidung dennoch möglich ist; vgl. auch BPatG BeckRS 2008, 18856, wonach die Einordnung des Löschungsverfahrens vor dem DPMA als Vorverfahren für die Statthaftigkeit einer Kostenentscheidung unerheblich ist). Auch wenn eine Sachprüfung der Löschungsgründe nach § 49 durch das DPMA nicht stattfindet, kann ein bloßes Vorverfahren im patentamtlichen Verfahren bereits deshalb nicht gesehen werden, weil es bei mangelndem Widerspruch des Markeninhabers unmittelbar zur Löschung der Marke führt (§ 53 Abs. 3) und ein unzulässiger Antrag vom DPMA durch Beschluss zurückgewiesen wird (→ Rn. 8). Daher liegt zwar ein vereinfachtes, formales Registerverfahren vor (vgl. ähnlich BPatG BeckRS 2008, 18856), das jedoch in sich abgeschlossen und insoweit auch selbständig ist (BPatGE 48, 33 (36) – Rena-Ware). Ein echtes Vorverfahren wäre im Übrigen nur dann gegeben, wenn das Löschungsverfahren wegen Verfalls vor dem DPMA als zwingende Voraussetzung für eine nachfolgende Löschungsklage beim Zivilgericht durchzuführen wäre. **7.1**

D. Verfahrensablauf

Der beim DPMA eingegangene Löschungsantrag unterliegt einer Prüfung auf **Schlüssigkeit** hinsichtlich der in § 41 Abs. 2 Nr. 1–5 MarkenV genannten formalen Angaben (Registernummer der Marke, Name und Anschrift des Antragstellers sowie – falls vorhanden – des Vertreters, zu löschende Waren/Dienstleistungen oder nicht zu löschende Waren/Dienstleis- **8** tungen; Löschungsgrund, → § 54 Rn. 36, → § 54 Rn. 37). Darüber hinaus ist bei Löschungsanträgen nach § 49 Abs. 1 S. 1 wegen Nichtbenutzung (für diesen Löschungsgrund enthält das amtliche Formular des DPMA unter anderem ein eigenes Ankreuzfeld). Teil der Schlüssigkeitsprüfung, ob der Fünfjahreszeitraum des § 43 Abs. 1 zum Zeitpunkt der Einreichung des Antrags bereits abgelaufen ist. Bei der Einhaltung des Fünfjahreszeitraums handelt es sich um eine offensichtliche Voraussetzung der Wirksamkeit des Löschungsantrags, ohne die der Löschungsantrag nicht erfolgreich sein kann; es liegt keine Frage der Begründetheit vor (ebenso von einer Schlüssigkeitsprüfung des Antrags ausgehend HK-MarkenR/Hoppe Rn. 19; aA offenbar Ströbele/Hacker/Hacker § 49 Rn. 14, wonach bei Aufnahme der Benutzung nach Antragstellung (Klageerhebung) vor Ablauf des Fünfjahreszeitraums der Antrag (die Klage) ohne weiteres unbegründet bleibe). Auch stellt die Fünfjahresfrist keine Zulässigkeitsvoraussetzung für den Löschungsantrag im eigentlichen Sinne dar (aA BPatG BeckRS 2008, 18856), da es sich bei der Fünfjahresfrist nicht um eine Antragsfrist handelt. Die formalen Angaben nach § 41 Abs. 2 Nr. 1 bis 5 MarkenV sowie die Einhaltung des Fünfjahreszeitraums sind gleichsam als die „Mindesterfordernisse" des Löschungsantrags wegen Verfalls zu qualifizieren.

9 Eine **Begründetheitsprüfung** findet bei der Löschung wegen Verfalls durch das DPMA – auch bei den übrigen Tatbeständen des § 49 – nicht statt (BGH GRUR 2012, 315 – akustilon; HK-MarkenR/Hoppe Rn. 19; aA Fezer Rn. 4; → Rn. 13). Auch eine Prüfung auf offensichtliche materiell-rechtliche Unrichtigkeiten erfolgt nicht. Die fehlende materiell-rechtliche Prüfung trägt der Funktion des Löschungsantragsverfahrens bei Verfall als vereinfachtes, rein formales Registerverfahren im Gegensatz zum Klageverfahren Rechnung.

10 Soweit für das Löschungsklageverfahren wegen Verfalls anerkannt ist, dass die Klage ohne weiteres unbegründet bleibt, wenn sie zu einem Zeitpunkt erhoben wurde, an dem die Fünfjahresfrist noch nicht abgelaufen ist, aber eine iSd § 26 ernsthafte Benutzung vor Ablauf des Fünfjahreszeitraums aufgenommen wird (BGH GRUR 2003, 428 (430) – BIG BERTHA) oder wenn eine ernsthafte Benutzung zwar nach Ablauf des Fünfjahreszeitraums, jedoch bis zum Schluss der letzten mündlichen Verhandlung begonnen wird (BGH GRUR 2002, 59 (61) – ISCO), findet dies keine Entsprechung im Löschungsantragsverfahren wegen Verfalls vor dem DPMA. Ist zum Zeitpunkt des Antragseingangs in der Markenabteilung die Fünfjahresfrist noch nicht abgelaufen, wird der Antrag zurückgewiesen, selbst wenn der Fünfjahreszeitraum alsbald, unter Umständen noch vor Ende der Widerspruchsfrist abläuft. Dies trägt dem Grundsatz Rechnung, dass das Löschungsverfahren wegen Verfalls als registermäßiges Verfahren einem formalen Verfahrensablauf folgt. Gleichwohl sind keine zwingenden Argumente ersichtlich, die der einheitlichen Behandlung des Löschungsantragsverfahrens gegenüber dem Klageverfahren hinsichtlich der Berücksichtigung des Ablaufs des Fünfjahreszeitraums nach Antragserhebung sowie einer Berücksichtigung der Benutzungsaufnahme bis zur Entscheidung über den Antrag insoweit unabdingbar entgegenstehen (so offenbar Ströbele/Hacker/Hacker § 49 Rn. 14, wonach Antrag und Klage synonym genannt werden).

11 Ist der Antrag schlüssig und die Gebühr fristgerecht bezahlt, erfolgt die förmliche **Zustellung des Antrags** (in Kopie) an den Markeninhaber, verbunden mit dem Hinweis nach § 53 Abs. 2, dass die Marke gelöscht wird, wenn er nicht innerhalb von zwei Monaten ab Zugang der Mitteilung der Löschung widerspricht. Die Frist von zwei Monaten ist nicht verlängerbar; es kommt auf den Zugang des Widerspruchs beim DPMA an (Ingerl/Rohnke Rn. 8). Die Rechtsfolge des Verlusts der Marke tritt aber nicht unmittelbar ohne weiteres Zutun des DPMA nach Ablauf der Widerspruchfrist ein (BPatG BeckRS 2009, 1053 – Rena-Ware), sondern aufgrund der Verfügung des Leiters der Markenabteilung (→ Rn. 14). Legt der Markeninhaber einen Widerspruch nicht fristgerecht ein, wird die Marke gelöscht; eine über die bereits vor Zustellung durchgeführte Schlüssigkeitsprüfung hinausgehende materiell-rechtliche Prüfung des Antrags hinsichtlich der Löschungsgründe wie etwa die Nichtbenutzung der Marke, deren Umwandlung zum Gattungsbegriff, eine Täuschungseignung oder eine fehlende Markeninhaberschaft durch das DPMA findet nicht statt (→ Rn. 8).

11.1 Anders hierzu Fezer Rn. 4, der eine Evidenzprüfung auf offensichtliche materiell-rechtliche Unrichtigkeiten für geboten erachtet, allerdings mit der Auffassung, eine Mitteilung des Löschungsantrags an den Markeninhaber sei unzulässig, wenn der Antragsteller zB das Fehlen eines nicht mehr existierenden Löschungsgrundes wie das Fehlen des Geschäftsbetriebs geltend mache.

Im Fall des fehlenden Widerspruchs des Markeninhabers wird die Marke nach Schlüssig- **12** keitsprüfung des Antrags ohne materiell-rechtliche Prüfung durch Beschluss gelöscht (Bingener in Fezer, HdB Markenpraxis, I 1 1 Rn. 494); gegen den Beschluss ist die Beschwerde nach § 66 Abs. 1 statthaft.

Soweit eine andere Auffassung die Anordnung der Löschung durch den Vorsitzenden der Markenab- **12.1** teilung, die anschließend von der Geschäftsstelle im Register vollzogen wird, als angreifbare Entscheidung im materiellen Sinn (Ströbele/Hacker/Kirschneck Rn. 6; vgl. auch BPatG BeckRS 2009, 1053 – Rena-Ware; BeckRS 2009, 11552 – LUXOR) und nicht als bloße Mitteilung einer kraft Gesetzes eingetretenen Rechtsfolge (BPatG BeckRS 2003, 12208 – Formularmäßige Mitteilung) qualifiziert, wobei unter den Gesichtspunkten der Rechtsklarheit und des auf Art. 19 Abs. 4 GG fußenden Prinzips der Rechtsweggarantie gegen Akte der öffentlichen Gewalt der Erlass eines Beschlusses gefordert wird (auch § 65 Abs. 1 Nr. 11 geht von einer Beschlussfassung bei allen Formen der Löschung aus, vgl. BPatG BeckRS 2009, 1053 – Rena Ware), hat dies die Markenabteilung des DPMA nunmehr ohnehin in die Praxis umgesetzt.

Ist der Antrag aufgrund der fehlenden Einhaltung des Fünfjahreszeitraums oder einer **13** anderen der in § 41 Abs. 2 Nr. 1–5 genannten Voraussetzungen zum Zeitpunkt der Antragstellung unschlüssig, wird er zwar an den Markeninhaber förmlich zugestellt, sofern die Gebühr bezahlt ist; die Marke wird aber selbst dann nicht gelöscht, wenn der Markeninhaber nicht widerspricht. In diesem Fall wird der Löschungsantrag durch förmlichen Beschluss als unschlüssig zurückgewiesen. Gegen den zurückweisenden Beschluss aufgrund formaler Mängel ist die Beschwerde zum BPatG statthaft (§ 66).

Die Differenzierung, welcher Akt letztlich angreifbar ist, führt nicht zu abweichenden **14** rechtlichen oder tatsächlichen Ergebnissen und hat daher keine praktische Bedeutung. Ebenso auf sich beruhen kann die Frage, ob zwingend ein förmlicher Beschluss der Markenabteilung zur Anordnung der Löschung zu fassen ist, da auch die gegenwärtigen Konstruktionen ausreichenden Rechtsschutz gewähren.

Legt der Markeninhaber **Widerspruch** ein, wird der Antragsteller – ebenfalls ohne mate- **15** riell-rechtliche Prüfung des Antrags – nach § 53 Abs. 4 unmittelbar auf den Klageweg verwiesen. Das DPMA stellt dem Antragsteller den Widerspruch und eine Benachrichtigung nach § 53 Abs. 4, § 55, die auf die Klagemöglichkeit nach § 55 verweist, förmlich zu (Ströbele/Hacker/Kirschneck Rn. 6; Fezer Rn. 5, wonach zwar nach dem Wortlaut des § 53 Abs. 4 die Zustellung nicht ausdrücklich vorgesehen ist, im Hinblick auf § 49 Abs. 1 S. 4, der von der Zustellung der Mitteilung nach § 53 Abs. 4 spricht, aber zu veranlassen ist). Bei der Benachrichtigung über den Widerspruch und den Verweis auf den Klageweg handelt es sich inzident um die Ablehnung der Löschung, die eine abschließende Entscheidung darstellt und daher die Möglichkeit der Beschwerde eröffnet (BPatG BeckRS 2007, 13821 – TSUNAMI Computer; GRUR 2011, 362 f. – akustilon; Ingerl/Rohnke Rn. 10; Ströbele/Hacker/Kirschneck Rn. 7; Bingener in Fezer, HdB Markenpraxis, I 1 1 Rn. 495,wobei zu berücksichtigen ist, dass nur geltend gemacht werden kann, dass in Wirklichkeit kein frist- und formgerechter Widerspruch des Markeninhabers vorliegt oder dass die Löschung aufgrund sonstiger formeller Gründe zu unterbleiben hat (HK-MarkenR/Hoppe Rn. 21).

Ein wirksamer Widerspruch liegt vor, wenn er frist- und formgerecht eingelegt wird. Bei **16** nicht fristgerechtem Widerspruch kommt eine **Wiedereinsetzung** (§ 91) in Betracht,

Vgl. hierzu BPatG BeckRS 2013, 11946 – Blower Door, wonach eine Zurückverweisung an das **16.1** DPMA zur erneuten Prüfung des Antrags auf Wiedereinsetzung ausgesprochen wurde, da der Zugang eines Widerspruchsschreibens nicht mit der erforderlichen Sicherheit durch den Senat ausgeschlossen werden konnte und eine weitere Ermittlung der tatsächlichen Umstände besser durch das sachnähere DPMA erfolgen könne.

Der Widerspruch ist schriftlich einzulegen; nicht erforderlich ist, dass der Markeninhaber **17** ausdrücklich den Begriff „Widerspruch" verwendet; es muss mittels Auslegung (§§ 133, 157 BGB) hinreichend deutlich zum Ausdruck kommen, dass er sich gegen die Löschung seiner Marke wendet (HK-MarkenR/Bous Rn. 6). Bei Geltendmachung mehrerer Verfallsgründe muss sich der Antragsteller nicht mit jedem einzelnen Verfallsgrund auseinandersetzen (Grabrucker GRUR 1999, 605 (624)).

Liegt infolge von **Zustellungsmängeln** keine ordnungsgemäße förmliche Zustellung vor, **18** wird die zweimonatige Widerspruchsfrist nicht in Gang gesetzt (BPatG BeckRS 2012,

MarkenG § 53 Teil 3 Verfahren in Markenangelegenheiten

23309 – Dermatop; BeckRS 2009, 11552 – LUXOR; HK-MarkenR/Bous Rn. 4). Eine nicht durch Zustellung, sondern auf andere Weise bewirkte Benachrichtigung steht der Wirksamkeit eines daraufhin eingelegten Widerspruchs allerdings nicht entgegen; gleiches gilt für einen Widerspruch aufgrund zufälliger Kenntnis eines Löschungsantrags (vgl. BPatG GRUR 1983, 320 f. – Löschungsantrag).

19 Bei **ausländischen Markeninhabern** ohne Inlandsvertreter darf die Zustellung der Unterrichtung über die Einleitung eines Löschungsverfahrens wegen Verfalls nicht durch Aufgabe zur Post gemäß § 94 Abs. 1 Nr. 1 erfolgen, sofern die Schutzerteilung ursprünglich unbeanstandet geblieben ist, weil für den Markeninhaber in diesem Fall keine Notwendigkeit zur Bestellung eines Inlandsvertreters bestanden hat (BPatG BeckRS 2009, 2701 – MONTANA; BeckRS 2012, 11954 – CHRISTALINO JAUME SERRA; BeckRS 2012, 08795 – fritel). Durch Aufgabe zur Post darf demnach nur dann zugestellt werden, wenn der Markeninhaber keinen Inlandsvertreter bestellt hat, obwohl er hierzu verpflichtet gewesen wäre. In der Praxis des DPMA wird dem Markeninhaber in zutreffender Weise daher, sofern gegen seine Marke ein Löschungsantrag wegen Verfalls erhoben ist, zunächst formlos mitgeteilt, dass für eine Teilnahme am Löschungsverfahren ein Vertreter zu bestellen ist. Unterbleibt die Vertreterbestellung, erfolgt eine Zustellung des Löschungsantrags durch Aufgabe zur Post. Diese Verfahrensweise wird auch hinsichtlich eines Löschungsantrags gegen eine IR-Marke durchgeführt; insbesondere darf der Löschungsantrag nicht unmittelbar an den von der WIPO (ROMARIN) erfassten Vertreter zugestellt werden (→ § 54 Rn. 48 ff.).

20 Zum Widerspruch berechtigt ist der im Register eingetragene Markeninhaber (§ 28), unabhängig von seiner materiellen Inhaberschaft. Im Falle eines Inhaberwechsels besteht die formelle Legitimation und damit auch die **Widerspruchsberechtigung** einer nicht eingetragenen Person, Firma etc ab Eingang eines Umschreibungsantrags beim DPMA (§ 28 Abs. 1 S. 1; BPatG GRUR 2011, 362 f. – akustilon). In diesem Fall ist der Rechtsnachfolger neben dem Markeninhaber auch Adressat von Benachrichtigungen (§ 28 Abs. 3 S. 2). Dies hat in der Praxis allerdings eher geringe Bedeutung, da die Geschäftsstelle der Löschungsabteilung einen zur Akte gereichten Umschreibungsantrag – sofern er den erforderlichen Voraussetzungen entspricht – im Register in der Regel zeitnah vollzieht.

20.1 Fraglich erscheint allerdings, ob das DPMA von Amts wegen im Fall einer Umschreibung der Marke nach Zustellung des Antrags auf Löschung wegen Verfalls – unabhängig davon, ob die Widerspruchsfrist abgelaufen ist oder nicht – den neuen Markeninhaber über den Antrag unterrichten muss, oder ob es Sache des bisherigen Markeninhabers ist, dem neuen Markeninhaber den anhängigen Löschungsantrag wegen Verfalls mitzuteilen. Für die letztere Lösung spricht, dass eine wirksame Zustellung des Löschungsantrags durch das DPMA bereits stattgefunden hat, weshalb es auch problematisch wäre, wenn nach Ablauf der Widerspruchsfrist durch eine erneute Zustellung von Amts die Widerspruchsfrist nochmals in Lauf gesetzt würde. Zudem begründet die Übertragung einer Marke in erster Linie ein Rechtsverhältnis von Veräußerer und Erwerber, im Zuge dessen der Veräußerer aufgrund einer möglichen Nebenpflicht den Erwerber unter anderem auch darüber aufzuklären hat, dass die übertragene Marke mit einem Löschungsantrag wegen Verfalls angegriffen wird, während dem DPMA nur der Vollzug des Rechtsübergangs im Register obliegt.

20.2 Soweit die Auffassung vertreten wurde, dass bei Bestehen amtsseitiger Zweifel an der Wirksamkeit des Widerspruchs des Markeninhabers – insbesondere im Fall von § 49 Abs. 2 Nr. 3 wegen fehlender Markenrechtsfähigkeit des Inhabers – das DPMA Amtsermittlungen aufnehmen sowie auch dem Antragsteller rechtliches Gehör gewähren muss, ehe die Mitteilung über einen Widerspruch an diesen zugestellt werden kann und beispielsweise eine Amtsermittlung bei sich inhaltlich widersprechenden Behauptungen angezeigt sei (BPatG GRUR 2011, 362 (363) – akustilon), hat der BGH die Ansicht vertreten, dass bei Widerspruch des im Markenregister eingetragenen Markeninhabers gegen den Löschungsantrag wegen Verfalls nach § 53 Abs. 4, das DPMA die Voraussetzungen des § 7 nicht zu prüfen sind, da die materiell-rechtliche Prüfung, ob die Marke verfallen ist, dem Löschungsverfahren vor den ordentlichen Gerichten obliegt. Dazu zählt auch die Prüfung der Inhaberschaft bzw. Existenz der Markeninhaberin. Ist die Rechts- und Beteiligtenfähigkeit eines Verfahrensbeteiligten bestritten, ist dieser für die Austragung dieses Streits als recht- und parteifähig zu behandeln und kann die hierzu gebotenen Erklärungen abgeben.

21 Der in das Register eingetragene Markeninhaber muss nach Zustellung der Mitteilung nach § 53 Abs. 1 die Möglichkeit haben, wirksam gegen die Löschung nach § 53 Abs. 4 zu widersprechen, um eine Klärung der Frage, ob er die Voraussetzungen des § 7 erfüllt, in

Löschungsverfahren vor dem Patentamt wegen absoluter Schutzhindernisse § 54 MarkenG

einem Löschungsverfahren vor den ordentlichen Gerichten nach § 55 zu erreichen (BGH GRUR 2012, 315 – akustilon; BPatG BeckRS 2013, 11968; 2013, 8707 – Zamek-Sachsengold).

Zu den Auswirkungen des Insolvenzverfahrens und der Auflösung von Gesellschaften auf das Verfahren der Verfallslöschung vgl. Ströbele/Hacker/Kirschneck § 54 Rn. 27, 28. 22

E. Kosten

Auf Antrag wird vom DPMA eine Kostenentscheidung gemäß § 63 Abs. 1 getroffen, da in § 63 Abs. 1 eine allgemeine Regelung für mehrseitige Verfahren vorgesehen ist und mehrere Personen beteiligt sind, denen Kosten entstehen können (vgl. BPatG BeckRS 2009, 11552 – Luxor; zum Streit darüber vgl. Albrecht/Hoffmann Vergütung Rn. 951 ff.). Allein der Umstand, dass es sich um ein formales Registerverfahren ohne materielle Prüfung handelt, ändert nichts am Charakter des Verfahrens mit mehreren Beteiligten iSv § 62 (BPatG BeckRS 2008, 188856; → Rn. 7; Ingerl/Rohnke Rn. 11; Ströbele/Hacker/Kirschneck Rn. 9). Die Kostenauferlegung auf einen Beteiligten ist allerdings eher selten, so dass eine Kostenentscheidung in der Regel entfällt und damit jeder Verfahrensbeteiligte seine eigenen Kosten zu tragen hat (§ 63 Abs. 1 S. 3). Gerechtfertigt ist die Kostenauferlegung etwa, wenn ein Löschungsantrag wegen Nichtbenutzung gemäß § 49 Abs. 1 weit vor Ablauf der Benutzungsschonfrist erhoben wird, was zur mangelnden Schlüssigkeit des Löschungsantrags führt (→ Rn. 10). 23

Der Kostenfestsetzung legt das DPMA meist einen deutlich niedrigeren Gegenstandswert zugrunde als im Löschungsverfahren wegen absoluter Schutzhindernisse. 24

§ 54 Löschungsverfahren vor dem Patentamt wegen absoluter Schutzhindernisse

(1) ¹Der Antrag auf Löschung wegen absoluter Schutzhindernisse (§ 50) ist beim Patentamt zu stellen. ²Der Antrag kann von jeder Person gestellt werden.

(2) ¹Wird ein Antrag auf Löschung gestellt oder wird ein Löschungsverfahren von Amts wegen eingeleitet, so unterrichtet das Patentamt den Inhaber der eingetragenen Marke hierüber. ²Widerspricht er der Löschung nicht innerhalb von zwei Monaten nach Zustellung der Mitteilung, so wird die Eintragung gelöscht. ³Widerspricht er der Löschung, so wird das Löschungsverfahren durchgeführt.

Überblick

Das markenrechtliche Löschungsverfahren wegen absoluter Schutzhindernisse (§ 50 Abs. 1) ist ausschließlich dem DPMA zugewiesen (§ 54). Ein Zivilgericht kann im Rahmen einer Verletzungsklage die Nichtigkeit der Klagemarke aus absoluten Gründen weder auf eine Einrede noch auf eine Widerklage hin überprüfen. Im Unterschied dazu kann eine Unionsmarke, auf die eine Verletzungsklage gestützt ist, auf eine entsprechende Widerklage des beklagten Verletzers auch durch das Unionsmarkengericht aus absoluten Gründen für nichtig erklärt werden (Art. 52 Abs. 1 Buchst. a UMV, Art. 100 UMV).

Übersicht

	Rn.		Rn.
A. Allgemeines	1	E. Widerspruch des Markeninhabers gegen den Löschungsantrag	44
B. Löschungsantrag	3	F. Verfahrensfortgang nach Widerspruch	50
I. Form, Frist, Gebühr	13		
II. Erweiterung des Löschungsantrags	20	G. Verfahrensgrundsätze	53
III. Erneuter Löschungsantrag	23	H. Bindung an Gerichtsentscheidungen im Eintragungsverfahren	58
C. Rücknahme des Löschungsantrags, Verzicht auf die angegriffene Marke	26	I. Kostenentscheidung und Gegenstandswert	59
D. Verfahrensablauf	36	J. Insolvenzverfahren	61

A. Allgemeines

1 Eine Ausnahmestellung nimmt insoweit nur die Bösgläubigkeit ein, als sie auch vor den ordentlichen Gerichten unter anderem als Einrede, (Wider-) Klage auf Unterlassen, auf Einwilligung in die Löschung oder auf Feststellung der Nichtigkeit geltend gemacht werden kann (BGH GRUR 2000, 1032 (1034) – EQUI 2000; HK-MarkenR/Bous § 50 Rn. 9 mwN).

2 Die amtlichen Löschungsverfahren nach §§ 54, 50 umfassen sowohl die Löschungsverfahren auf Antrag eines Dritten als auch die Löschungsverfahren von Amts wegen nach § 50 Abs. 3, letztere kann das DPMA von sich aus ohne Antrag bzw. auf Anregung von außen eröffnen, allerdings nur in den Fällen der Geltendmachung der Schutzhindernisse nach § 8 Abs. 2 Nr. 4–10 und in engen zeitlichen Grenzen (→ § 50 Rn. 27).

B. Löschungsantrag

3 Nach § 54 Abs. 1 S. 2 kann **jedermann** einen Löschungsantrag zum DPMA stellen **(Popularantrag),** da die Löschung nicht schutzfähiger Marken generell auch im öffentlichen Interesse liegt (BPatG GRUR 1999, 746 f. – OMEPRAZOK; differenzierend aber BPatG BeckRS 2009, 6191 – MYPHOTOBOOK); der Nachweis eines öffentlichen Interesses ist jedoch ebenso wenig erforderlich wie der Nachweis eines Individualinteresses des Antragstellers (HK-MarkenR/Hoppe Rn. 6).

3.1 Ob es grundsätzlich mit dem Popularklagecharakter des Löschungsverfahrens vereinbar ist, den Inhaber besserer Rechte auf die Möglichkeit des Widerspruchs zu verweisen, ist nicht abschließend geklärt (vgl. BPatG BeckRS 2015, 10462 – WECO, wo diese Frage dahingestellt blieb).

4 Der Löschungsantrag leitet ein kontradiktorisches Verfahren ein (BGH GRUR 1993, 969 (971) – Indorektal II), in dem sich der Antragsteller als Verfahrensbeteiligter und der Markeninhaber als Antragsgegner gegenüberstehen (Ströbele/Hacker/Kirschneck Rn. 2). Daraus folgt, dass zahlreiche, für das Parteiverfahren im Zivilprozess einschlägige Vorschriften (§§ 56 ff., §§ 66 ff., §§ 91 ff. ZPO) entsprechende Anwendung finden, soweit die Besonderheiten des patentamtlichen/patentgerichtlichen Verfahrens dies nicht ausschließen (BPatG GRUR 2004, 685 (688) – LOTTO; BPatGE 42, 250 (253) – Winnetou; zur Kostenfolge vgl. § 30). Anwendbar sind zB die Vorschriften in Bezug auf die Antragsänderung (§ 264 ZPO) und den Beteiligtenwechsel (§ 263 ZPO), die Verbindung mehrerer Verfahren (§ 147 ZPO) oder das Ruhen des Verfahrens (§ 251 ZPO).

5 Die **Dispositionsmaxime** gilt nur insoweit, als die Beteiligten das Löschungsverfahren jederzeit von sich aus beenden können (→ Rn. 26). Hingegen unterliegt die Feststellung der absoluten Schutzfähigkeit der Marke dem **Amtsermittlungsprinzip** (Grabrucker in Fezer, HdB Markenpraxis, I 1 2 Rn. 626).

6 Bei einem Löschungsverfahren von Amts wegen (§ 50 Abs. 3) handelt es sich um ein einseitiges Verfahren, selbst wenn die Amtslöschung auf Anregung eines Dritten eingeleitet worden ist (Grabrucker in Fezer, HdB Markenpraxis, I 1 2 Rn. 625).

7 Da der Löschungsantrag als Popularantrag zu qualifizieren ist, bedarf es keines eigenen, konkreten Rechtsschutzbedürfnis des Antragstellers; dieser muss nicht unmittelbar von der Existenz der angegriffenen Marke betroffen sein (BPatG BeckRS 2013, 77 – ECOLINER; GRUR 2009, 522 – Lackdoktor; GRUR 2006, 155 – Salatfix). Die Ausgestaltung als Popularverfahren schließt allerdings nicht aus, dass der Antragsbefugnis im Einzelfall der Einwand des Rechtsmissbrauchs entgegenstehen kann (BGH GRUR 2011, 391 Rn. 15 f. – TSP; LG Frankfurt a.M. GRUR-RR 2009, 207), zumal es sich um ein kontradiktorisches Verfahren handelt. Die missbräuchliche Stellung eines Löschungsantrags führt zu dessen Unzulässigkeit.

8 **Rechtsmissbräuchlich** stellt sich insbesondere die Verfolgung verfahrensfremder Ziele dar, wenn auch im Übrigen kein schutzwürdiges Interesse an der begehrten gerichtlichen Entscheidung besteht (BPatG BeckRS 2012, 20846 – RDM). Welche privatrechtlichen Einreden der Markeninhaber im Hinblick auf die Person des Antragstellers als Rechtsmissbrauch oder Verwirkung dem Löschungsantrag entgegenhalten kann, ist fraglich. Auf die für die Antragstellung maßgebliche Interessenlage kommt es grundsätzlich nicht an. Kein Rechtsmissbrauch ist anzunehmen, wenn der Antragsteller selbst ein identisches oder vergleichbares Zeichen angemeldet hat (BGH GRUR 2015, 173 – for you; BPatG BeckRS

2009, 6191 – MYPHOTOBOOK) oder bei einer Verpflichtung des Antragstellers, die Benutzung einer Marke zu unterlassen (BGH GRUR 2011, 391 – TSP). Rechtmissbräuchlich kann aber die Stellung eines Löschungsantrags sein, wenn bei Einschaltung eines sog. „Strohmanns" das Verfahren ausschließlich im Interesse und Auftrag des „Hintermanns" sowie auf dessen Weisung ohne jedes eigene Interesse betrieben wird (BGH GRUR 2010, 231 – Legostein; BPatG 29 W (pat) 17/12 – BALLOONING; → Rn. 9, → Rn. 10, → Rn. 25, → Rn. 59.1.

Aufgrund der kontradiktorischen Ausgestaltung des Löschungsverfahrens ist es hingegen – parallel zur patentrechtlichen Nichtigkeitsklage, bei der die Einrede der Nichtangriffsverpflichtung nach allgM zulässig ist (Schulte/Kühnen § 81 Rn. 49 ff.) – als rechtsmissbräuchlich anzusehen, wenn ein Löschungsantrag trotz einer zwischen dem Antragsteller und dem Markeninhaber bestehenden Nichtangriffsabrede erhoben wird (BPatG BeckRS 2013, 77 – ECOLINER; Ingerl/Rohnke Rn. 4; Ströbele/Hacker/Kirschneck Rn. 6). Anders dazu aber etwa BGH GRUR 2010, 992 – Ziehmaschinenzugeinheit, wonach die Ausgestaltung der Patentnichtigkeitsklage als Popularklage der Möglichkeit, einem Kläger Zutritt zur Klage aus in seiner Person liegenden Gründen zu versagen, von vornherein enge Grenzen setzt. **8.1**

Der Antragsteller bestimmt Umfang und Prüfung durch Benennung der seiner Meinung nach bestehenden Schutzhindernisse. Die bestehende Dispositionsbefugnis des Antragstellers, der entscheiden kann, ob er einen Löschungsantrag stellt oder später zurücknimmt, zeigt, dass auch die **vertragliche Vereinbarung** über diese zur Disposition des Antragstellers stehenden Rechte zulässig sein muss (BPatG BeckRS 2009, 6191 – MYPHOTOBOOK). Eine Nichtangriffsvereinbarung ist auch dann zu berücksichtigen, wenn ein Antragsteller als sog. „**Strohmann**" für die aus der Vereinbarung verpflichteten Parteien einen Löschungsantrag stellt oder wenn dies besonders enge Verknüpfungen zwischen dem Antragsteller und dem Dritten nach Treu und Glauben gebieten (BGH GRUR 2011, 391 – TSP; BPatG BeckRS 2009, 2446 – SLICK 50; BeckRS 2009, 6191 – MYPHOTOBOOK). **9**

Bei einem Löschungsantrag eines „**Strohmanns**", der ohne eigenes wirtschaftliches Interesse allein im Interesse und/oder Auftrag des Hintermanns tätig wird (→ Rn. 25 zur Anwendbarkeit der §§ 322, 325 ZPO auf einen Strohmann), muss sich dieser aufgrund des Verbots des Rechtsmissbrauchs (§ 242 BGB) gegenüber dem Hintermann bestehende Einwendungen und Einreden, wie zB eine Nichtangriffsvereinbarung, zurechnen lassen (Ströbele/Hacker/Kirschneck Rn. 6 mwN). Die Feststellungslast für die Strohmanneigenschaft des Antragstellers liegt grundsätzlich beim Markeninhaber (BGH GRUR 2010, 231 – Legostein; BPatG BeckRS 2009, 2446 – SLICK 50). **10**

Ein Löschungsantrag ist zudem als missbräuchlich zu erachten, wenn der Antragsteller nicht das Allgemeininteresse an der Löschung der Marke durchsetzen will, sondern lediglich eine gutachterliche Stellungnahme des Gerichts zur bloßen Klärung rechtlicher Probleme anstrebt (BPatG BeckRS 2012, 20846 – RDM). **11**

Ein ausländischer Antragsteller kann den Löschungsantrag zwar erheben, zur Durchführung des Löschungsverfahrens ist aber ein **Inlandvertreter** zu bestellen (Bingener in Fezer, HdB Markenpraxis, I 1 1 Rn. 455). Zum Erfordernis der Bestellung eines Inlandsvertreters für das Löschungsverfahren durch den Markeninhaber → Rn. 47. **12**

I. Form, Frist, Gebühr

Der Löschungsantrag ist beim DPMA in **schriftlicher Form** (§ 10 DPMAV) zu stellen. Er soll unter Verwendung des vom DPMA herausgegebenen Formblatts (§ 9 DPMAV) erfolgen, das den zwingenden Inhalt des Löschungsantrags nach §§ 42, 41 Abs. 2 Nr. 1–5 MarkenV vorsieht (abrufbar unter www.dpma.de/formulare/marke.html). Insbesondere ist der Löschungsgrund anzugeben (§ 42 Abs. 2 Nr. 5 MarkenV); das DPMA ist jedoch nicht strikt daran gebunden (vgl. Ingerl/Rohnke Rn. 11), vielmehr sind auch die weiteren Ausführungen des Antragstellers in diesem Zusammenhang zu berücksichtigen (BPatG BeckRS 2009, 17856 – Winnetou, wonach eine Löschung zB auch auf § 8 Abs. 2 Nr. 2 gestützt werden kann, wenn ein Interesse der Allgemeinheit an der freien Benutzung einer Bezeichnung vom Antragsteller – ohne Nennung der konkreten Vorschrift – geltend gemacht worden ist). Hat der Antragsteller außer dem Ankreuzen eines Löschungsgrundes keine weitere Begründung seines Löschungsantrags geliefert, ist der Löschungsantrag nach neuester Rechtsprechung **13**

MarkenG § 54   Teil 3 Verfahren in Markenangelegenheiten

des BGH als unzulässig zurückzuweisen (BGH GRUR 2016, 500 – Fünf-Streifen-Schuh; → Rn. 37), wäre aber jedenfalls ohne weitere Begründung auch unbegründet. Das Erfordernis der Angabe eines konkreten absoluten Schutzhindernisses lässt sich zwar nicht dem Wortlaut des Markengesetzes entnehmen, folgt jedoch aus der zivilprozessualen Regelung wonach die Klageschrift neben dem Antrag die bestimmte Angabe des Gegenstandes und des Grundes des erhobenen Anspruchs enthalten muss. Dies gilt auch unter Berücksichtigung des Umstands, dass im Antrag keine weiteren Angaben verlangt werden (wobei das Antragsformular des DPMA zwischenzeitlich zwischen § 8 Abs. 2 Nr. 1–3, Nr. 4–9 und Nr. 10 differenziert, was bei dem Formblatt, das der BGH-Entscheidung „Fünf-Streifen-Schuh" zugrunde lag, noch nicht der Fall war). Bei einem Löschungsantrag wegen Bösgläubigkeit ist eine Begründung schon deshalb erforderlich, da die Amtsakte des DPMA in der Regel keine Aspekte für die Bösgläubigkeit des Anmelders im Anmeldezeitpunkt enthält (Bingener in Fezer, HdB Markenpraxis, I 1 1 Rn. 456).

14   Im Beschwerdeverfahren dürfen keine **Löschungsgründe** geprüft werden, die nicht Gegenstand des Löschungsverfahrens vor dem DPMA waren (BPatG BeckRS 2016, 14135; GRUR 1999, 746 f. – OMEPRAZOK; Ingerl/Rohnke Rn. 11; aA /Grabrucker in Fezer, HdB Markenpraxis, I 1 2 Rn. 633, wonach aufgrund des Popularcharakters des Löschungsverfahrens das BPatG nicht an die vom Antragsteller vorgetragenen und vom DPMA geprüften Löschungsgründe gebunden ist, wenn sich aus dem tatsächlichen Vorbringen des Antragstellers andere Gründe ergeben könnten; zudem bedeute eine fehlende Erörterung weiterer Tatbestände von § 8 nicht, dass das DPMA diese nicht geprüft habe). Zur Erweiterung des Löschungsantrags → Rn. 20.

15   Die Einreichung eines Löschungsantrags wegen absoluter Schutzhindernisse ist nicht in allen Fällen zeitlich unbegrenzt möglich. Die Fristen für die Einreichung eines Löschungsantrags wegen absoluter Schutzhindernisse oder der Einleitung der Amtslöschung bzw. Anregung zur Amtslöschung bestimmen sich nach § 50 Abs. 2 S. 2, Abs. 3. Für die Antragslöschung bei Geltendmachung der Schutzhindernisse nach § 8 Abs. 2 Nr. 1, 2 und 3 beträgt die **Frist zehn Jahre** ab Eintragung der Marke, für die Löschung von Amts wegen **zwei Jahre** ab Eintragung. Dahinter steht der Rechtsgedanke, dass der Markeninhaber zeitlich unbegrenzten Angriffen auf seine Marke nur ausgesetzt sein soll, wenn vorrangig öffentliche Interessen im Vordergrund stehen; zudem werden die Feststellungen bezüglich der Schutzfähigkeit einer Marke im Hinblick auf Freihaltebedürfnis und/oder Unterscheidungskraft zum Eintragungszeitpunkt mit zunehmenden Zeitverläufen erheblich schwieriger. Zur Prüfung der Einhaltung der Zehnjahresfrist im Rahmen der Schlüssigkeitsprüfung → Rn. 38.

15.1   Soweit im alten Löschungsantragsformular des DPMA für sämtliche Schutzhindernisse des § 8 nur ein einziges Ankreuzfeld vorgesehen war, weshalb bei fehlendem Vortrag des Löschungsantragstellers nicht ersichtlich war, ob sich der Löschungsantrag auf ein fristgebundenes Schutzhindernis des § 8 Abs. 2 Nr. 1–3 oder auf ein nicht fristgebundenes nach § 8 Abs. 2 Nr. 2–10 erstreckt (vgl. hierzu BPatG BeckRS 2014, 16834), hat sich diese Problematik durch die nunmehr getroffene Differenzierung der Tatbestände des § 8 Abs. 2 im amtlichen Vordruck des DPMA erledigt.

15.2   Mit Umsetzung der RL (EU) 2015/2436 in nationales Recht, die in Art. 45 Abs. 3 Buchst. a RL (EU) 2015/2436 vorsieht, dass eine Marke zu löschen ist, wenn sie den Erfordernissen des Art. 4 RL (EU) 2015/2436 nicht genügt, wird kein Raum mehr für die zehnjährige Ausschlussfrist des § 50 Abs. 2 S. 2 bestehen (→ § 50 Rn. 4.2).

16   Der Löschungsantrag ist gebührenpflichtig (vgl. § 64a iVm GV 333400 PatKostG). Haben mehrere Antragsteller jeweils einen Löschungsantrag eingereicht, muss jeder die **Gebühr** zahlen. Die Löschungsanträge aufgrund der §§ 3, 7, 8 Abs. 1, Abs. 2 Nr. 4–10 unterliegen keiner Frist, weshalb die mit Einreichung des Antrags fällige Gebühr innerhalb von drei Monaten ab Fälligkeit zu entrichten ist (§ 3 Abs. 1, § 6 Abs. 1 S. 2 PatKostG).

17   Auch auf die Fälle des § 50 Abs. 2 iVm § 8 Abs. 2 Nr. 1, 2 und 3, in denen eine Zehnjahresfrist ab Eintragung der angegriffenen Marke für die Stellung des Löschungsantrags vorgesehen ist (zur Problematik, dass eine Geltendmachung eines Schutzhindernisses nach § 8 Abs. 2 Nr. 1–3 aus dem Antrag unter Umständen nicht erkennbar ist, → Rn. 29), findet im Regelfall grundsätzlich § 6 Abs. 1 S. 2 PatKostG Anwendung.

18   Auszunehmen sind hiervon jedoch die Konstellationen, in denen die dreimonatige Zahlungsfrist die zehnjährige Antragsfrist überschreitet, nämlich wenn der Löschungsantrag nach

§ 50 Abs. 2 iVm § 8 Abs. 2 Nr. 1–3 weniger als drei Monate vor Ablauf der Zehnjahresfrist gestellt wird. In diesen Fällen wird § 6 Abs. 1 S. 2 von § 6 Abs. 1 S. 1 PatKostG überlagert, wonach bei Bestehen einer Frist für die Stellung eines Antrags etc die hierfür fällige Gebühr auch innerhalb dieser Frist zu zahlen ist. Die Zahlungsfrist verkürzt sich dann zwar auf den Zeitraum bis zum Ablauf der Zehnjahresfrist. Bei Gewährung einer dreimonatigen Zahlungsfrist würde aber die gesetzliche Regelung des § 6 Abs. 1 S. 1 PatKostG, der eine Verlängerung der Zahlungsfrist über die Antragsfrist nicht vorsieht, unterlaufen. Zudem ist kein Grund ersichtlich, einen Antragsteller gebührenrechtlich zu privilegieren, der seinen Löschungsantrag knapp vor Ablauf der Zehnjahresfrist erhebt.

Wird die Gebühr innerhalb der gesetzlich vorgesehenen Frist nicht oder nicht vollständig 19 gezahlt, gilt der Antrag als zurückgenommen (vgl. § 6 Abs. 2 PatKostG). Die Gebühr verfällt mit der Antragstellung; eine Rückzahlung ist nur unter Billigkeitsgesichtspunkten möglich. Ist die Marke zum Zeitpunkt der Gebührenzahlung bereits gelöscht (zB wegen Verzichts), ist die Gebühr wegen Zahlung ohne Rechtsgrund (§ 812 BGB) zurückzuerstatten. Gilt der Antrag wegen nicht vollständiger oder fristgerechter Zahlung der Gebühr als zurückgenommen, kann er von der Markenabteilung gleichwohl als Anregung für die Einleitung eines Amtslöschungsverfahrens aufgegriffen werden.

II. Erweiterung des Löschungsantrags

Eine **Änderung oder Erweiterung** des ursprünglichen Löschungsantrags durch den 20 Löschungsantragsteller (entweder im Hinblick auf weitere Löschungsgründe oder weitere Waren/Dienstleistungen) ist unter den Voraussetzungen der §§ 263, 264 ZPO möglich, setzt aber entweder die Einwilligung des Markeninhabers voraus (BPatG BeckRS 2009, 17856 – Winnetou), die auch im Wege der sachlichen Einlassung erfolgen kann (§ 267 ZPO, durch Einlassung auf eine abgeänderte Klage in einer mündlichen Verhandlung, aber auch durch rügelose Einlassung in Schriftsätzen, vgl. BPatG BeckRS 2009, 17856 – Winnetou), oder eine vom DPMA bzw. BPatG angenommene **Sachdienlichkeit**. Unbenommen bleibt es dem Antragsteller, vor Ablauf der Zehnjahresfrist einen gesonderten Löschungsantrag hinsichtlich weiterer Löschungsgründe bzw. weiterer Waren/Dienstleistungen zu stellen.

Die Erweiterung auf einen anderen Löschungsgrund nach § 8 Abs. 2 Nr. 1–3 kann zwar grundsätzlich 20.1 nur innerhalb der Zehnjahresfrist erfolgen. Da allerdings (auch im neuen) Vordruck des DPMA für den Löschungsantrag § 8 Abs. 2 Nr. 1–3 in einem Ankreuzfeld zusammengefasst sind, sind grundsätzlich alle drei Ziffern geltend gemacht, wohl auch wenn nur hinsichtlich einer Ziffer in der Begründung ausgeführt wird. Die Problematik der Erweiterung auf eine weitere Ziffer innerhalb von Nr. 1–3 stellt sich daher nur dann, wenn der Antragsteller den amtlichen Vordruck nicht benutzt.

Sachdienlichkeit ist gegeben, wenn der bisherige Prozessstoff eine verwertbare Entschei- 21 dungsgrundlage bildet und die Zulassung die endgültige Beilegung des Rechtsstreits zwischen den Beteiligten fördert und zur Vermeidung eines neuen Prozesses dient (BPatG GRUR 2010, 431 (432) – Flasche mit Grashalm).

Der Markeninhaber muss einer Änderung oder Erweiterung des Löschungsantrags nicht 22 gesondert innerhalb der Frist des § 54 Abs. 2 widersprechen; Einwendungen können vielmehr fristunabhängig vorgebracht werden, da die nachgeschobenen Löschungsgründe Gegenstand des laufenden Verfahrens geworden sind (BGH GRUR 2004, 685 (688) – LOTTO).

III. Erneuter Löschungsantrag

Die Grundsätze der **materiellen Rechtskraft** nach §§ 322, 325 ZPO sind im Löschungs- 23 verfahren vor dem DPMA entsprechend anwendbar und haben zur Folge, dass nach Erlass eines Beschlusses, der in Bestandskraft erwachsen ist, derselbe Löschungsgrund – unabhängig von der Begründung im Einzelnen – für dieselben Waren/Dienstleistungen von demselben Antragsteller nicht nochmals geltend gemacht werden kann. Dies gilt nicht nur in Bezug auf rechtskräftige Entscheidungen des BPatG in Löschungsverfahren, sondern auch hinsichtlich rechtskräftiger Entscheidungen der Markenabteilung des DPMA (BGH GRUR 2010, 231 – Legostein), jedoch nur in Bezug auf denselben Streitgegenstand und insbesondere auf diesel-

MarkenG § 54 Teil 3 Verfahren in Markenangelegenheiten

ben Parteien. Zur Problematik vorangegangener Sachentscheidungen im Eintragungsverfahren durch DPMA, BPatG oder BGH → Rn. 58.

24 Rechtskraft liegt aber zB nicht vor, wenn eine Antragsrücknahme erfolgt ist. Jeder Dritte kann in diesen Fällen erneut einen Löschungsantrag aus demselben Grund erheben, ohne dass seinem Antrag eine rechtskräftige Entscheidung entgegensteht; gleiches gilt, wenn ein Löschungsverfahren vom Amts wegen durchgeführt worden ist (BGH GRUR 1993, 969 (971) – Indorektal II; Ingerl/Rohnke Rn. 4 ff.).

25 Unzulässig ist jedoch ein erneuter Löschungsantrag eines im Interesse und Auftrag sowie auf Weisung des früheren Antragsstellers handelnden „Strohmanns", der kein eigenes Interesse am Verfahrensausgang hat (BGH GRUR 2010, 231 – Legostein; Ingerl/Rohnke Rn. 5; Ströbele/Hacker/Kirschneck Rn. 10; BPatG BeckRS 2009, 2446 – SLICK 50, wonach die Anwendbarkeit der §§ 322, 325 ZPO auf einen sog. **„Strohmann"** im markenrechtlichen Löschungsverfahren in Frage zu stellen und für eine Erstreckung der Rechtskraftwirkung ein zusätzliches unlauteres und missbräuchliches Handeln des Antragstellers zu verlangen sei). Auch wenn es sich beim Antrag auf Löschung wegen absoluter Schutzhindernisse um einen Popularantrag handelt, der kein konkretes Rechtsschutzbedürfnis des Antragstellers erfordert (→ Rn. 8), dient die Einschaltung eines Strohmanns bei Rechtskraft einer gegen den Hintermann als Antragsteller wirkenden vorangegangenen Entscheidung nur der Umgehung der materiellen Rechtskraft, wobei der Strohmann zudem nicht eigeninitiativ, sondern auf Weisung des früheren Antragsstellers handelt; dies ist nicht mit dem Wesen eines Popularantrags vereinbar.

C. Rücknahme des Löschungsantrags, Verzicht auf die angegriffene Marke

26 Sowohl der Löschungsantragsteller als auch der Markeninhaber können aufgrund der Dispositionsmaxime durch **Rücknahme** des Löschungsantrags bzw. **Verzicht** auf die angegriffene Marke das Löschungsverfahren jederzeit (auch teilweise, vgl. § 50 Abs. 4) beenden (→ Rn. 1).

27 Einen erhobenen Löschungsantrag kann der Antragsteller in jeder Lage des Verfahrens entsprechend § 269 ZPO zurücknehmen; abweichend von den Bestimmungen der ZPO bedarf dies keiner Zustimmung des Markeninhabers. Die Rücknahme kann bis zur Unanfechtbarkeit der Entscheidung über den Löschungsantrag erklärt werden. Ist ein Beschluss der Markenabteilung ergangen, ist die Rücknahme auch ohne Einlegung eines Rechtsmittels innerhalb der Beschwerdefrist des § 66 Abs. 2 oder auch noch innerhalb der Frist zur Einlegung der zugelassenen oder zulassungsfreien Rechtsbeschwerde möglich (BPatG BeckRS 2007, 16486 – LIVE/Live).

28 Bei einem im DPMA anhängigen Löschungsverfahren ist bei Rücknahme des Löschungsantrags anhand der Voraussetzungen des § 50 Abs. 3 zu prüfen, ob ein Übergang in ein Löschungsverfahren von Amts wegen in Betracht kommt (aA Ingerl/Rohnke § 50 Rn. 19 unter Hinweis auf die Entscheidung BGH GRUR 1977, 664 – Churrasco); dies entscheidet das DPMA nach pflichtgemäßem **Ermessen.** Wird kein Löschungsverfahren von Amts wegen eingeleitet (dies ist der Regelfall), wird das Löschungsverfahren durch Verfügung des Vorsitzenden der Markenabteilung beendet. Wird das Löschungsverfahren von Amts wegen fortgeführt, ist der Markeninhaber aus Gründen des rechtlichen Gehörs über den damit verbunden Wechsel der Löschungsgrundlage hinzuweisen (Ströbele/Hacker/Kirschneck Rn. 8). Jedoch ist diesbezüglich nicht mehr der ausdrückliche Widerspruch des Markeninhabers erforderlich.

28.1 Ist bereits ein Beschwerdeverfahren beim BPatG anhängig, ist dem BPatG nach Zurücknahme des Löschungsantrags der Übergang in ein Löschungsverfahren von Amts wegen verwehrt, weil es hierüber nicht die dem DPMA allein vorbehaltene Ermessensentscheidung treffen darf (Ströbele/Hacker/Kirschneck Rn. 8; BGH GRUR 1977, 664 f. – CHURRASCO; HK-MarkenR/Hoppe Rn. 18; Grabrucker in Fezer, HdB Markenpraxis, I 1 2 Rn. 637 gehen von der Möglichkeit der Zurückverweisung an das DPMA zur Ausübung dieser Ermessensentscheidung aus).

29 Hat das DPMA die Löschung der Marke angeordnet und ist danach eine Rücknahme des Löschungsantrags im Beschwerdeverfahren erfolgt, sind die Erledigung die Verfahrens (die Beschwerde ist gegenstandslos) und die Wirkungslosigkeit des Löschungsbeschlusses des

DPMA vom BPatG ohne Prüfung der Begründetheit des Löschungsantrags deklaratorisch festzustellen (BGH GRUR 1977, 664 – CHURRASCO; BPatG BeckRS 2009, 2446 – SLICK 50; Fezer Rn. 5; Ströbele/Hacker/Kirschneck Rn. 8), auch wenn der Markeninhaber der Löschung nicht widersprochen hat (BPatG BeckRS 1999, 15249 – MATRIX).

Auch eine teilweise Rücknahme des Löschungsantrags ist möglich. **30**

Die (teilweise) Rücknahme des Löschungsantrags ist als Verfahrenshandlung weder widerruflich noch anfechtbar (Grabrucker in Fezer, HdB Markenpraxis, I 1 2 Rn. 636 aE). **31**

Der **Verzicht** auf die angegriffene Marke durch den Markeninhaber kann im Löschungsverfahren jederzeit sowie vollumfänglich oder nur teilweise, dh in Bezug auf bestimmte Waren/Dienstleistungen, erfolgen; er wirkt unmittelbar mit Abgabe der Erklärung und ist daher bedingungsfeindlich (→ § 48 Rn. 10; Ströbele/Hacker/Kirschneck Rn. 25, 26) sowie als verfahrens- und materiell-rechtliche Erklärung unwiderruflich, aber grundsätzlich anfechtbar. Verzichtet der Markeninhaber während eines laufenden Löschungsverfahrens wegen Nichtigkeit auf die angegriffene Marke, erledigt sich das Löschungsverfahren durch den ex nunc wirkenden Verzicht in der Hauptsache nicht in vollem Umfang. Dem Antragsteller bleibt es in diesem Fall unbenommen, bei Vorliegen eines besonderen Feststellungsinteresses die Feststellung der Nichtigkeit der Marke mit Wirkung ex tunc zu beantragen (BGH GRUR 2001, 337 – EASYPRESS; BPatG BeckRS 2013, 21035 – law blog). Wird ein Löschungsantrag wegen absoluter Schutzhindernisse nach § 50 gegen eine bereits vor Antragstellung mit Wirkung „ex nunc" gelöschten Marke (zB wegen (Teil-)Verzicht oder Verlängerung) erhoben, kommt ein Nichtigkeitsfeststellungsverfahren vor dem DPMA entsprechend §§ 50, 54 oder nach §§ 51, 55 vor den Zivilgerichten bei Vorliegen eines entsprechenden Rechtsschutzinteresses in Betracht (Ströbele/Hacker/Hacker § 52 Rn. 15; aA Ingerl/Rohnke § 52 Rn. 14). **32**

Im Falle des Teilverzichts stellt sich die Problematik unzulässiger Erweiterungen des Verzeichnisses der Waren/Dienstleistungen bzw. des Auftretens neuer Eintragungshindernisse durch (teilweise) Umformulierungen (→ § 48 Rn. 8). **33**

Im Gegensatz zur Rücknahme des Löschungsantrags führt der Verzicht auf die angegriffene Marke nicht zwingend zur Erledigung des Verfahrens in der Hauptsache, da dieser nur ex nunc, dh in die Zukunft gerichtet, wirkt (BGH GRUR 2001, 337 – EASYPRESS). Durch die Löschung der Marke ex nunc ist dem Allgemeininteresse an der Beseitigung löschungsreifer Marken aus dem Register zumeist hinreichend Rechnung getragen. Daher ist die Fortsetzung des Löschungsverfahrens nach Verzicht auf die angegriffene Marke nur in den Fällen zulässig, in denen – ein entsprechender Antrag des Antragstellers vorausgesetzt – ein konkretes, individuelles Interesse des Antragstellers an der Feststellung der Löschungsreife ex tunc besteht (§ 52 Abs. 2; BPatG GRUR 2009, 522 f. – Lackdoktor), etwa wenn Ansprüche aus der angegriffenen Marke im Rahmen eines Verletzungsverfahrens im Raum stehen. **34**

Hingegen ist eine vollumfängliche Erledigung des Löschungsverfahrens nach Rücknahme des Löschungsantrags gegeben, wenn eine Löschung der angegriffenen Marke zwischenzeitlich aufgrund § 51 (wegen Bestehens älterer Rechte) oder aufgrund eines Widerspruchs nach §§ 42, 43 Abs. 2 S. 1, Abs. 4 angeordnet worden ist, da diese Verfahren jeweils zu einer Löschung ex tunc führen (Ströbele/Hacker/Kirschneck Rn. 26). **35**

D. Verfahrensablauf

Das Verfahren bei der Löschung absoluter Schutzhindernisse ist weitgehend deckungs- **36** gleich mit dem Verfahren bei der Löschung wegen Verfalls nach § 53. Der grundlegende Unterschied besteht darin, dass im Löschungsverfahren wegen absoluter Schutzhindernisse bei Widerspruch des Markeninhabers das DPMA ein förmliches Verfahren **direkt eingeleitet** und der Antragsteller nicht – wie in § 53 Abs. 4 bei der Verfallslöschung vorgesehen – auf den Klageweg zu den ordentlichen Gerichten verwiesen wird. Da eigene Verfahrensvorschriften für das Löschungsverfahren wegen absoluter Schutzhindernisse vor dem DPMA fehlen, sind ergänzend die Bestimmungen der ZPO heranzuziehen (vgl. zum Verfahrensablauf im Einzelnen Bingener in Fezer, HdB Markenpraxis, I 1 1 Rn. 470 ff.). Für die Löschungsverfahren wegen absoluter Schutzhindernisse ist die Markenabteilung 3.4. des Deutschen Patent- und Markenamts zuständig (zur personellen Zusammensetzung der Markenabteilung 3.4. und zu den Zuständigkeiten im Einzelnen vgl. Bingener in Fezer, HdB Markenpraxis, I 1 1 Rn. 453).

37 Das DPMA prüft den Löschungsantrag zunächst auf **Schlüssigkeit** hinsichtlich der in §§ 42, 41 Abs. 2 Nr. 1–5 MarkenV genannten formalen Angaben (Registernummer der Marke, Name und Anschrift des Antragstellers sowie – falls vorhanden – des Vertreters, zu löschende Waren/Dienstleistungen; Löschungsgrund). Zudem ist im Rahmen der Schlüssigkeit bei Anträgen nach § 50 Abs. 2, § 8 Abs. 2 Nr. 1–3 die Einhaltung der Zehnjahresfrist zu prüfen (bei Anregungen zur Amtslöschung die Zweijahresfrist → § 50 Rn. 27). Aufgrund eines separaten Ankreuzfeldes für § 8 Abs. 2 Nr. 1–3 im überarbeiteten Vordruck des DPMA ist nunmehr klar erkennbar, dass der Antragsteller die fristgebundenen absoluten Schutzhindernisse nach § 8 Abs. 2 Nr. 1–3 geltend machen will. Enthält der Löschungsantrag außer der Nennung des Löschungsgrundes keine weitergehende Begründung, ist er nach neuester Rechtsprechung des BGH als unzulässig anzusehen (BGH GRUR 2016, 500 – Fünf-Streifen-Schuh); der Antragsteller müsste aber auch mit einer Zurückweisung wegen Unbegründetheit rechnen (→ Rn. 13 zum Begründungserfordernis hinsichtlich des Löschungsantrags).

38 Nur ein schlüssiger Löschungsantrag führt – bei mangelndem Widerspruch des Markeninhabers – zur Löschung der angegriffenen Marke im Register (Ströbele/Hacker/Kirschneck Rn. 18; → Rn. 37). Der Begriff der Schlüssigkeit ist in Bezug auf die Prüfung im Löschungsantragsverfahren wegen Nichtigkeit vor dem DPMA – wie auch im Verfallsverfahren (→ § 53 Rn. 8) – abweichend vom Schlüssigkeitsbegriff im Zivilprozess (etwa beim Versäumnisurteil, vgl. § 331 Abs. 2 ZPO) auszulegen, wonach eine Klage schlüssig ist, wenn ihr Tatsachenvortrag, seine Richtigkeit unterstellt, geeignet ist, den Klageantrag sachlich zu rechtfertigen (Zöller/Greger ZPO Vor § 253 Rn. 23).

38.1 Die Schlüssigkeitsprüfung im Löschungsverfahren wegen absoluter Schutzhindernisse bezieht sich hingegen zum einen nur auf bestimmte, aufgrund von §§ 41, 42 MarkenV im Löschungsantrag zwingend vorgeschriebene Angaben.

38.2 Zum anderen umfasst die Schlüssigkeit des Antrags bei Löschungsverfahren wegen Nichtigkeit die Einhaltung der in § 50 Abs. 2 S. 2 festgelegten Zehnjahresfrist (ebenso wie bei der Löschung wegen Verfalls den Ablauf des Fünfjahreszeitraums; → § 53 Rn. 8), da der Löschungsantrag ohne Einhaltung dieser Frist offensichtlich nicht erfolgreich sein kann. Vgl. hierzu aber die neue RL (EU) 2015/2436 (→ Rn. 15.2).

39 Im Rahmen der Schlüssigkeit sind demnach alle offensichtlichen **formalen Erfordernisse** zu prüfen, die – vorausgesetzt der Markeninhaber legt keinen Widerspruch ein – zwingend für eine Löschung gegeben sein müssen und ohne inzidente Sachprüfung des Löschungsantrags festgestellt werden können (man kann in diesem Zusammenhang gleichsam von „Mindesterfordernissen" für den Löschungsantrag sprechen).

39.1 Die Prüfung der weiteren Voraussetzungen für die Löschung wegen Nichtigkeit, wie die über die „Mindesterfordernisse" hinausgehenden, nämlich die nicht ohne weitere Prüfung feststellbaren Zulässigkeitsvoraussetzungen (wie zB Antragsbefugnis, missbräuchliche Antragstellung oder entgegenstehende Rechtskraft) sowie vor allem die sachliche, materiell-rechtliche Beurteilung der Schutzfähigkeit der angegriffenen Marke sind der Prüfung der Zulässigkeit des Löschungsantrags vorbehalten; sie sind nicht im Wege einer – auch nicht wie im Zivilprozess (zB § 331 Abs. 2 ZPO) kursorischen – Vorprüfung – Bestandteil der Schlüssigkeitsprüfung, sondern dem DPMA ausschließlich bei Vorliegen eines Widerspruchs des Markeninhabers eröffnet.

40 Bei Fehlen der formalen Voraussetzung des Widerspruchs ist eine Sachentscheidung durch das DPMA grundsätzlich ausgeschlossen; insbesondere findet auch keine Schlüssigkeitsprüfung der materiellen Löschungsgründe statt.

41 Ist der Antrag schlüssig und die Gebühr fristgerecht bezahlt, erfolgt die **förmliche Zustellung** des Antrags (in Kopie) an den Markeninhaber, verbunden mit dem Hinweis nach § 54 Abs. 2, dass die Marke gelöscht wird, wenn der Markeninhaber nicht innerhalb von zwei Monaten ab Zugang der Mitteilung der Löschung widerspricht (Bingener in Fezer, HdB Markenpraxis, I 1 1 Rn. 471). Der Wortlaut des § 54 Abs. 2 S. 1 unterscheidet sich insoweit vom Wortlaut des § 53 Abs. 2, als im Löschungsverfahren wegen absoluter Schutzhindernisse nur eine Unterrichtung über den Löschungsantrag vorgesehen ist, nicht aber eine Aufforderung zur Mitteilung, ob dem Löschungsantrag widersprochen wird, wie sie bei der Verfallslöschung ausdrücklich erfolgen soll. In der Praxis des DPMA besteht in verfahrensrechtlicher

Löschungsverfahren vor dem Patentamt wegen absoluter Schutzhindernisse § 54 MarkenG

Hinsicht indes kein Unterschied; es sind darüber hinaus keine rechtlichen Gründe erkennbar, die eine Differenzierung rechtfertigen würden. Der Umstand, dass ein Löschungsantrag erhoben wurde, wird im Register eingetragen (§§ 28, 24a MarkenV).

Auch ein nicht schlüssiger Löschungsantrag ist dem Inhaber der Marke zuzustellen, sofern **42** die Gebühr bezahlt ist, denn der Markeninhaber ist grundsätzlich über jeden Löschungsantrag zu informieren (Ströbele/Hacker/Kirschneck Rn. 14). Auf die fehlende Schlüssigkeit des Antrags weist das DPMA bei der Zustellung des Löschungsantrags nicht hin; dies erscheint im Ergebnis auch gerechtfertigt, da der Markeninhaber dann einen Widerspruch von vornherein für entbehrlich erachten könnte und bei entgegen früherer Einschätzung erfolgender späterer Bejahung der Schlüssigkeit durch das DPMA die Marke mangels Widerspruchs des Markeninhabers ohne weiteres gelöscht werden könnte. Erfolgt seitens des Markeninhabers kein Widerspruch gegen einen nicht schlüssigen Löschungsantrag, wird die Marke nicht gelöscht, sondern der Löschungsantrag von der Markenabteilung mangels Schlüssigkeit durch förmlichen Beschluss zurückgewiesen. Gegen diesen zurückweisenden Beschluss aufgrund formaler Mängel (Bingener in Fezer, HdB Markenpraxis, I 1 1 Rn. 472) ist die Beschwerde zum BPatG statthaft (§ 66).

Die Aussetzung eines Beschwerdeverfahrens gegen die Zurückweisung eines Löschungsan- **43** trags kann bis zum rechtskräftigen Abschluss des Rechtsbeschwerdeverfahrens in einem Parallelverfahren aus prozessökonomischen Gründen analog § 43 Abs. 3 bzw. gemäß § 82 Abs. 1 S. 1 iVm § 148 ZPO in Betracht kommen (vgl. Ströbele/Hacker/Knoll § 70 Rn. 3, § 82 Rn. 58) wenn ein weiteres Beschwerdeverfahren mit dem Ziel der vollständigen Löschung der Marke anhängig ist, da mit der Beschwerde nichts erreicht werden kann, was über die Löschungsanordnung hinausgeht. Die Konstellation im Löschungsverfahren mit mehreren Löschungsanträgen ist mit der im Widerspruchsverfahren mit mehreren Widersprüchen vergleichbar. Wenn auch die angegriffenen Marken sowohl in den parallelen Löschungsverfahren als auch in den parallelen Widerspruchsverfahren identisch sind, unterscheiden sich die Konstellationen aufgrund unterschiedlicher Widerspruchsmarken regelmäßig viel stärker als bei mehreren Löschungsanträgen (BPatG BeckRS 2015, 14311 – Sparkassen-Rot).

E. Widerspruch des Markeninhabers gegen den Löschungsantrag

Die **Frist** zum Widerspruch von zwei Monaten beginnt mit der Zustellung des Löschungs- **44** antrags an den Markeninhaber zu laufen und ist nicht verlängerbar (§ 224 ZPO; BPatG GRUR 2011, 854 – Wiener Griessler; Ströbele/Hacker/Kirschneck Rn. 15); sie ist aber keine Ausschlussfrist, die zwangsläufig die Löschung der Marke zur Folge hat (BPatG BeckRS 1999, 15249 – MATRIX). Die Rechtsfolge des Verlusts der Marke tritt daher nicht unmittelbar ohne weiteres Zutun des DPMA nach Ablauf der Widerspruchsfrist ein (BPatG BeckRS 2009, 1053 – Rena-Ware, zum Fristablauf ohne Widerspruch bei der Verfallslöschung nach § 53). Widerspricht der Markeninhaber nicht fristgerecht, wird die Marke durch förmlichen Beschluss gelöscht (im Gegensatz zum Verfahrensablauf bei der Verfallslöschung nach § 53, → § 53 Rn. 12, wonach bei mangelndem Widerspruch die Marke aufgrund Verfügung des Vorsitzenden der Löschungsabteilung im Register vollzogen wird) und die Löschung bei Rechtskraft des Beschlusses von der Geschäftsstelle im Register vollzogen. Eine materiellrechtliche Prüfung des Antrags dahingehend, ob die behaupteten absoluten Schutzhindernisse eingreifen, findet nicht statt. Jedoch muss ein schlüssiger Löschungsantrag vorliegen, der sich auf einen Löschungsgrund nach § 50 Abs. 1, Abs. 2 bezieht (→ Rn. 53; Fezer Rn. 4; Ströbele/Hacker/Kirschneck Rn. 18). Ist der Löschungsantrag nicht schlüssig, wird die Frist des § 54 Abs. 2 S. 2 nicht in Lauf gesetzt (aA BGH GRUR 2016, 500 – Fünf-Streifen-Schuh, wonach ein unzulässiger Löschungsantrag die Widerspruchsfrist nicht in Gang setzt).

Gegen die Löschungsentscheidung der Markenabteilung aufgrund mangelnden Widerspruchs des **44.1** Markeninhabers ist das Rechtsmittel der Beschwerde gegeben, allerdings nur mit der Begründung, die Löschung habe aus formellen Gründen zu unterbleiben. Das Gericht ist auf die Prüfung beschränkt, ob die Voraussetzungen einer Löschung mangels fristgerechter Widerspruchserklärung nach § 54 Abs. 2 S. 2 vorlagen. Mit einem in der Beschwerdebegründung vorgebrachten sachlich-rechtlichem Einwand, die vom Antragsteller geltend gemachten Löschungsgründe gemäß §§ 50 Abs. 1, 8 Abs. 2 lägen nicht vor, kann der Markeninhaber nicht gehört werden (BPatG BeckRS 2015, 09316 – Wort-Bild-Marke Bruderkuss).

MarkenG § 54 Teil 3 Verfahren in Markenangelegenheiten

45 Ein wirksamer Widerspruch setzt eine frist- und formwirksame Einlegung voraus. Der Widerspruch ist **schriftlich** einzulegen; nicht erforderlich ist, dass der Markeninhaber ausdrücklich den Begriff Widerspruch verwendet (BPatG GRUR 2011, 854 – Wiener Griessler); es muss mittels Auslegung (§§ 133, 157 BGB) hinreichend deutlich zum Ausdruck kommen, dass er sich gegen die Löschung seiner Marke wendet (HK-MarkenR/Bous § 53 Rn. 6); nicht ausreichend hierfür ist zB ein Antrag auf Fristverlängerung (BPatG GRUR 2011, 854 – Wiener Griessler). Der Widerspruch muss nicht begründet werden (Bingener in Fezer, HdB Markenpraxis, I 1 1 Rn. 473); liegt eine Begründung nicht vor, hat die Markenabteilung die Prüfung der Zulässigkeit und Begründetheit des Löschungsantrags in vollem Umfang durchzuführen (→ Rn. 12).

46 Bei nicht fristgerechtem Widerspruch kommt eine **Wiedereinsetzung** (§ 91 Abs. 1 S. 1) in Betracht; § 91 Abs. 1 S. 2 ist nicht anzuwenden, da sich die Vorschrift auf den Widerspruch nach § 42 bezieht (Fezer Rn. 3).

47 Die Rechtzeitigkeit des Widerspruchs ist eine in jeder Lage des Verfahrens zu berücksichtigende **Verfahrensvoraussetzung** (BPatG GRUR 2011, 854 – Wiener Griessler). Liegt infolge von Zustellungsmängeln keine ordnungsgemäße förmliche Zustellung der Unterrichtung gemäß § 54 Abs. 2 S. 1 vor, wird die zweimonatige Widerspruchsfrist nicht in Gang gesetzt (HK-MarkenR/Bous § 53 Rn. 4; BPatG BeckRS 2009, 11552 – LUXOR). Eine nicht durch Zustellung, sondern auf andere Weise bewirkte Benachrichtigung steht der Wirksamkeit eines daraufhin eingelegten Widerspruchs nicht entgegen; Gleiches gilt für einen Widerspruch aufgrund zufälliger Kenntnis eines Löschungsantrags (vgl. BPatG GRUR 1983, 320 f. – Löschungsantrag).

48 Bei **ausländischen** Markeninhabern ohne Inlandsvertreter darf die Zustellung der Unterrichtung über die Einleitung eines Löschungsverfahrens wegen absoluter Schutzhindernisse nicht durch Aufgabe zur Post gemäß § 94 Abs. 1 Nr. 1 erfolgen (wie auch bei Verfall, → Rn. 27), sofern die Schutzerteilung ursprünglich unbeanstandet geblieben ist, weil für den Markeninhaber in diesem Fall keine Notwendigkeit zur Bestellung eines Inlandsvertreters bestanden hat (Ströbele/Hacker/Kirschneck Rn. 13; BPatG BeckRS 2009, 2701 – MONTANA; aA Ingerl/Rohnke Rn. 8).

48.1 Durch Aufgabe zur Post darf demnach nur dann zugestellt werden, wenn der Markeninhaber keinen Inlandsvertreter bestellt hat, obwohl er hierzu verpflichtet gewesen wäre. In der Praxis des DPMA wird dem Markeninhaber daher, sofern gegen seine Marke ein Löschungsantrag erhoben ist, zunächst formlos mitgeteilt, dass für eine Teilnahme am Löschungsverfahren ein Vertreter zu bestellen ist. Unterbleibt die Vertreterbestellung, erfolgt eine Zustellung des Löschungsantrags durch Aufgabe zur Post. Diese Verfahrensweise wird auch hinsichtlich eines Löschungsantrags gegen eine IR-Marke durchgeführt; insbesondere darf der Löschungsantrag nicht unmittelbar an den von der WIPO (in ROMARIN) erfassten Vertreter zugestellt werden.

49 Zum Widerspruch berechtigt ist der im Register eingetragene Markeninhaber (§ 28), unabhängig von seiner **materiellen Inhaberschaft.** Im Falle eines Inhaberwechsels besteht die formelle Legitimation und damit auch die Widerspruchsberechtigung ab Eingang eines Umschreibungsantrags beim DPMA (§ 28 Abs. 1 S. 1; BPatG GRUR 2011, 362 f. – akustilon). In diesem Fall ist der Rechtsnachfolger neben dem Markeninhaber auch Adressat von Benachrichtigungen (§ 28 Abs. 3 S. 2). Dies hat allerdings in der Praxis eher geringe Bedeutung, da die Geschäftsstelle der Löschungsabteilung einen zur Akte gereichten Umschreibungsantrag – sofern er den erforderlichen Voraussetzungen entspricht – im Register in der Regel zeitnah vollzieht. Zu den Auswirkungen des Insolvenzverfahrens und der Auflösung von Gesellschaften auf das Löschungsverfahren wegen absoluter Schutzhindernisse vgl. Ströbele/Hacker/Kirschneck Rn. 27, 28.

49.1 Zur Problematik des Inhaberwechsels nach Zustellung eines Löschungsantrags und der Frage, ob das DPMA den neuen Inhaber ggf. erneut unterrichten muss, → § 53 Rn. 20.1.

F. Verfahrensfortgang nach Widerspruch

50 Liegt ein Widerspruch des Markeninhabers vor, wird dieser dem Antragsteller zugestellt und damit das Löschungsverfahren vor der Markenabteilung (§ 56 Abs. 2 S. 2 und S. 3) **unmittelbar eingeleitet** (§ 54 Abs. 2 S. 3); eine gesonderte Mitteilung an die Beteiligten

ergeht diesbezüglich nicht. Da die Entscheidung, das Löschungsverfahren durchzuführen, zugleich eine ablehnende Entscheidung bezüglich der unmittelbaren Löschung darstellt, kann sie mit der Beschwerde angegriffen werden (HK-MarkenR/Bous Rn. 8), allerdings nur mit der Argumentation, dass der Widerspruch nicht wirksam eingelegt wurde. Ist der Widerspruch des Markeninhabers wegen Verfristung oder aus anderen Gründen **unzulässig,** wird er zwar an den Antragsteller zugestellt, ein förmliches Löschungsverfahren wird aber nicht eingeleitet; vielmehr ordnet die Markenabteilung die Löschung der Marke durch Beschluss an. Hiergegen ist die Beschwerde statthaft.

Liegt kein Widerspruch des Markeninhabers vor, ordnet die Markenabteilung die **Löschung** der angegriffenen Marke durch Beschluss an. Nach Rechtskraft des Beschlusses wird der Abschluss des Löschungsverfahrens im Register eingetragen und das Ergebnis veröffentlicht (Löschung ganz oder teilweise gemäß §§ 28, 25 Nr. 24 Buchst. b, 24 Buchst. c und 24 Buchst. d MarkenV; → Rn. 45). 51

Die Löschung wirkt bei Nichtigkeit nach § 52 Abs. 2 auf den Zeitpunkt der Eintragung zurück, dh deren Wirkung gilt **von Anfang an** als nicht eingetreten (→ § 53 Rn. 14). Wird eine Beschwerde gegen die mangels wirksamen Widerspruchs angeordnete Löschung eingelegt, hat diese in der Regel kaum Aussicht auf Erfolg, da nur geltend gemacht werden kann, ein wirksamer Widerspruch habe entgegen der Auffassung des DPMA vorgelegen. Während des laufenden Beschwerdeverfahrens ist die Löschung noch nicht rechtskräftig, so dass bei einer **Rücknahme** des Löschungsantrags die Marke eingetragen bleibt. Nimmt der Markeninhaber seinen Widerspruch nach dem Erlass des die Löschung zurückweisenden Beschlusses zurück, ist dieser Beschluss der Markenabteilung aufzuheben und ohne weitere Prüfung die Löschung der Marke anzuordnen, wenn die Voraussetzungen des Löschungsantrags schlüssig vorgetragen sind (BPatG BeckRS 2013, 21036 – Spülfix). 52

G. Verfahrensgrundsätze

Wird das Löschungsverfahren durchgeführt, hat die Markenabteilung des DPMA die Zulässigkeit und die Begründetheit des Löschungsantrags vollumfänglich zu prüfen. Im Rahmen der Zulässigkeit des Löschungsantrags sind unter anderem die **Antragsbefugnis, missbräuchliche Antragstellung** (→ Rn. 7) und **entgegenstehende Rechtskraft** (→ Rn. 23) zu prüfen. Eine Abrede zwischen den Beteiligten, die die Durchführung des Löschungsverfahrens von einem vorangehenden **Schieds- oder Schlichtungsverfahren** abhängig macht, führt als Vereinbarung gemäß § 1032 Abs. 1 ZPO iVm § 82 Abs. 1 S. 1 MarkenG zur Unzulässigkeit des Löschungsantrags (BPatG BeckRS 2012, 20846 – RDM). Ebenso **unzulässig** ist ein Löschungsantrag, wenn der Löschungsantragsteller ihre/seine Rechts- und Beteiligtenfähigkeit verloren hat (BPatG BeckRS 2013, 5071 – SUPERFUND; BeckRS 2008, 4828 – 24translate; BeckRS 2008, 22272 – Speed-Dating), etwa bei Löschung einer GmbH wegen Vermögenslosigkeit. Bestehen Anhaltspunkte dafür, dass sie noch verwertbares Vermögen besitzt, bleibt sie trotz Löschung beteiligtenfähig, wobei ein Vergleichsbetrag hinreichend konkret in Aussicht gestellt sein muss (BPatG BeckRS 2013, 5071 – SUPERFUND). 53

Gegenstand der Begründetheitsprüfung ist insbesondere die **materiell-rechtliche Schutzfähigkeit der angegriffenen Marke nach §§ 3, 7 und 8.** Der Löschungsantrag ist begründet, wenn ein absolutes Schutzhindernis nach diesen Vorschriften gegeben ist. Zu beachten ist, dass bei dem Antragsloschung nach § 54, der auf § 50 Abs. 1 verweist, insbesondere die Löschungsgründe der Bösgläubigkeit und der Täuschungsgefahr – im Gegensatz zur Amtslöschung – mangels eines Verweises auf § 37 Abs. 3 **nicht ersichtlich** vorliegen müssen (zur Ersichtlichkeit im Einzelnen → § 50 Rn. 27; → § 8 Rn. 770). 54

Über den Löschungsantrag entscheidet die **Markenabteilung,** besetzt mit drei (juristischen) Mitgliedern des DPMA (§ 56 Abs. 3 S. 2 und 3) durch Beschluss, der entweder den Löschungsantrag (teilweise) zurückweist oder eine (teilweise) Löschungsanordnung ausspricht und nach § 66 beschwerdefähig ist. 55

Für das Verfahren gilt der Grundsatz der **Amtsermittlung.** Die Löschungsreife setzt den Nachweis eines absoluten Schutzhindernisses voraus, bloße Zweifel an der Schutzfähigkeit sind nicht ausreichend und gehen zu Lasten des Antragstellers (vgl. BGH GRUR 2009, 559 – POST II; GRUR 2011, 232 (234) – Gelbe Seiten; BPatG BeckRS 2010, 26171 – 56

Omegafit), da die Vernichtung des Rechts an der Marke eine schwerwiegende Rechtsfolge darstellt. Bei geteilter Verkehrsauffassung bleibt die Marke eingetragen (BPatG GRUR 2006, 155 – Salatfix).

57 Die **Feststellungslast** für das Vorliegen eines absoluten Schutzhindernisses zum Eintragungs- und Entscheidungszeitpunkt trifft grundsätzlich den Antragsteller des Löschungsverfahrens (BGH GRUR 2010, 138 (142) – ROCHER-Kugel); dabei ist nicht ausschlaggebend, ob die Eintragung fehlerhaft erfolgt ist, sondern ob das Schutzhindernis tatsächlich gegeben war (vgl. BGH GRUR 1965, 146 – Rippenstreckmetall II; GRUR 2009, 669 – POST II). Allerdings dürfen dem Antragsteller keine nahezu unüberwindbaren Beweisanforderungen auferlegt werden (BGH GRUR 2010, 138 (142) – ROCHER-Kugel).

57.1 In Bezug auf den Eintragungszeitpunkt ist die Feststellung von Schutzhindernissen umso schwieriger, je mehr das betreffende Schutzhindernis von der Verkehrsauffassung abhängt und je länger der Eintragungszeitpunkt zurückliegt. Eine ex-post-Betrachtung ist dabei grundsätzlich zu vermeiden (vgl. BPatG BeckRS 2012, 6773 – smartbook, wonach bei Benutzung einer Marke durch den Inhaber über einen längeren Zeitraum nach ihrer Eintragung ein Hinweis vorliege, dass das den Schutzhindernissen nach § 8 Abs. 2 Nr. 1–3 zugrundeliegende Mitbewerberinteresse an der freien Verwendbarkeit des Zeichens weniger ausgeprägt sei; daher seien steigende Anforderungen an die Feststellung der Löschungsreife zu stellen; aA hierzu BPatG BeckRS 2012, 6773 – Smartbook, wonach ein langer Zeitraum zwischen Markeneintragung und Löschungsantragstellung allenfalls in tatsächlicher Hinsicht deswegen bedeutsam sein kann, als die bei der Beurteilung des Vorliegens eines Löschungsgrundes zu treffenden Feststellungen zunehmend schwieriger werden, je länger der Zeitpunkt, auf den sich die Feststellung bezieht, zurückliegt). Insbesondere obliegt dem Antragsteller eine **Mitwirkungspflicht** dahingehend, die tatsächlichen Voraussetzungen der mangelnden Schutzfähigkeit der Marke darzulegen und auch zu beweisen, sofern es sich um Vorgänge handelt, die einer Beweisführung von Amts wegen nicht zugänglich sind (BPatG GRUR-RR 2008, 389 – Salvatore Ricci/Nina Ricci).

57.2 Zwar treffen die aufgrund langer Zeitspannen gegebenen Nachweisschwierigkeiten alle Beteiligten des Löschungsverfahrens; der Antragsteller kann dieses Risiko aber durch eine zeitnahe Antragstellung minimieren (BGH GRUR 2010, 138 (142) – ROCHER-Kugel).

57.3 Auch im Hinblick auf eine zum Eintragungszeitpunkt angenommene Verkehrsdurchsetzung der angegriffenen Marke sieht der BGH nach bisheriger Rspr. die Feststellungslast beim Antragsteller (BGH GRUR 2009, 669 – POST II; GRUR 2010, 138 – ROCHER-Kugel; aA BPatG GRUR 2007, 324 (327) – Kinder (schwarz-rot); GRUR 2911, 232 (234) – Gelbe Seiten, wonach die Feststellungslast des Markeninhabers hinsichtlich der Verkehrsdurchsetzung aufgrund des Umstands, dass § 8 Abs. 3 als Einrede gegenüber den absoluten Schutzhindernissen nach § 8 Abs. 2 Nr. 1–3 zu sehen sei, angenommen wird). Auch hier darf eine Unaufklärbarkeit der Bekanntheit der angegriffenen Marke nicht zulasten des Markeninhabers gehen (HK-MarkenR/Bous Rn. 8). Dabei sind jedoch gewisse Beweiserleichterungen zugunsten des Antragstellers zuzulassen wie etwa der Schluss aus einer fehlenden Verkehrsdurchsetzung im Entscheidungszeitpunkt auch ein Fehlen der Verkehrsdurchsetzung auch im Eintragungszeitpunkt (vgl. HK-MarkenR/Bous Rn. 8 aE; BGH GRUR 2010, 138 – ROCHER-Kugel; GRUR 2009, 669 – POST II).

57.4 An der bisherigen Rechtsprechung des BGH zur Feststellungslast dürfte auch nach den Entscheidungen „Sparkassen-Rot" des EuGH (GRUR 2014, 316), die davon ausgehen, dass dem Markeninhaber bei Geltendmachung einer nachträglichen Verkehrsdurchsetzung die Feststellungslast obliegt, festzuhalten sein, da der EuGH an eine unzutreffende Bewertung der maßgeblichen Rechtslage aufgrund der BPatG-Vorlage gebunden war (Ströbele/Hacker/Ströbele § 8 Rn. 560, 561; aA mit sehr ausführlicher Begründung BPatG GRUR 2015, 796 – Sparkassen-Rot; Ströbele/Hacker/Kirschneck Rn. 24). Eingehend → § 50 Rn. 11.

H. Bindung an Gerichtsentscheidungen im Eintragungsverfahren

58 Wurde die Eintragungsfähigkeit einer Marke zunächst abgelehnt und die Marke erst aufgrund einer **rechtskräftigen** Entscheidung des BPatG oder des BGH eingetragen, steht dies der Zulässigkeit eines späteren Löschungsverfahrens iSd §§ 322, 325 ZPO nicht entgegen (BGH GRUR 1993, 969 – Indorektal II; BPatG BeckRS 2013, 05577 – Schwimmbad-Isolierbaustein; HK-MarkenR/Hoppe Rn. 10).

58.1 Beim Eintragungs- und Löschungsverfahren handelt es sich um eigenständige, voneinander unabhängige Verfahren (BPatG GRUR 2008, 518 – Karl May; BeckRS 2013, 5576 – Formstein). Es liegen keine identischen Streitgegenstände, insbesondere keine Parteiidentität vor, da im (einseitigen) Eintragungsverfahren der Anmelder der Marke alleiniger Beteiligter ist, während sich im (zweiseitigen) Löschungsverfahren der Antragsteller als am Eintragungsverfahren unbeteiligter Dritter und der Markeninhaber als Antragsgegner gegenüberstehen (BPatG GRUR 2014, 1106; Ingerl/Rohnke Rn. 5; Ströbele/Hacker/Kirschneck Rn. 17; aA BPatG BeckRS 2009, 18244; 2009, 18245 – Farbe magenta, in denen jeweils von einer Bindungswirkung der gerichtlichen Entscheidungen ausgegangen wird; mit kritischen Anmerkungen hierzu BPatG BeckRS 2013, 5576 – Formstein). Die Fragestellung findet eine gewisse Parallele zu der im Zusammenhang mit Eintragungsverfahren häufig erörterten, auch für die Beurteilung von Schutzhindernissen in Löschungsverfahren relevanten Frage, ob und ggf. inwieweit die Eintragung identischer oder mehr oder weniger vergleichbarer Marken einen Eintragungsanspruch begründen bzw. einer Löschung einer identischen bzw. vergleichbaren Marke entgegenstehen (→ § 8 Rn. 161 ff.).

Das einseitige Eintragungsverfahren und das zweiseitige Löschungsverfahren hat der Gesetzgeber als **58.2** zwei unterschiedliche Verfahrensstränge installiert, die nicht unmittelbar ineinandergreifen, sondern nebeneinander bestehen. Das Institut des Löschungsverfahrens aus absoluten Gründen würde häufig ins Leere laufen, wenn eine Marke nur aufgrund des Umstands, dass sie vom BPatG oder dem BGH als eintragbar befunden worden ist, der weiteren, vom Gesetzgeber gewollten Korrektur des Löschungsverfahrens entzogen wäre. Dies würde Markeneintragungen verschiedener Qualität schaffen, je nachdem ob die Schutzfähigkeit vom DPMA oder vom BPatG/BGH festgestellt worden wäre. Zudem würde dies in manchen Fällen zu dem unbilligen und nicht zu rechtfertigenden Ergebnis führen, dass keine nachträglichen Korrekturen aufgrund der Rechtsprechung oder der Gesetzeslage bei vom BPatG oder BGH für schutzfähig erachteten Marken möglich wären, was eine sachlich nicht zu begründende Ungleichbehandlung von Marken, die das DPMA eingetragen hat und solchen, die vom BPatG oder BGH als eintragungsfähig festgestellt wurden, zur Folge hätte.

I. Kostenentscheidung und Gegenstandswert

Es gilt der Grundsatz, dass jeder Beteiligte seine Kosten selbst trägt (§ 63 Abs. 1 S. 3). **59**

Allerdings wird gefordert, diese Vorschrift zurückhaltender anzuwenden und dem Gedanken des **59.1** § 91 ZPO mehr Raum zu lassen (Brandi-Dohrn, FS 50 Jahre BPatG, 2011, 569; BPatG GRUR 2000, 331 f.; 2012, 529 – fotografierter Schuh; BPatG 27 W (pat) 6/11 – il Punto; Albrecht/Hoffmann Rn. 1011). Eine Kostenauferlegung kommt nach hM bislang nur unter Billigkeitsgesichtspunkten bei einem sorgfaltswidrigen Verhalten in Frage, zB wenn ein bösgläubiger Markeninhaber den Antragsteller durch pflichtwidriges Verhalten zur Erhebung des Löschungsantrags veranlasst hat, wenn ein Löschungsantrag wegen Bösgläubigkeit erfolgreich gewesen wäre, die Marke aber mangels Widerspruchs gelöscht wurde oder wenn der Markeninhaber auf eine offensichtlich bösgläubig erfolgte Markeneintragung verzichtet hat (Bingener in Fezer, HdB Markenpraxis, I 1 1 Rn. 478; Albrecht/Hoffmann Vergütung Rn. 691, 707, 708; BPatG BeckRS 2015, 14904 – ChemSeal). Eine Kostenauferlegung kommt auch dann nicht in Betracht, wenn der Inhaber des angegriffenen Zeichens mit anderen, entsprechenden Zeichen bereits im Eintragungsverfahren gescheitert ist; hier muss es dem Markeninhaber möglich sein, eine letztinstanzliche Klärung herbeizuführen. Selbst eine einheitliche entgegenstehende Entscheidungspraxis reicht nicht aus, Kosten wegen des Betreibens aussichtsloser Verfahren aufzuerlegen (BPatG BeckRS 2015, 08931 – BLÄTTERPDF). Eine Kostenauferlegung wegen missbräuchlicher Stellung eines Löschungsantrags kommt ferner in Betracht, wenn das Verfahren durch einen sog. „Strohmann" betrieben wird, der ausschließlich auf Weisung des „Hintermannes" ohne jedes eigene Interesse handelt (BGH GRUR 2010, 231 – Legostein). Die Anforderungen an das eigene Interesse dürfen aber wegen des Popularcharakters des Löschungsantragsverfahrens nicht allzu hoch angesetzt werden; zB kann das Bestehen möglicher Regressansprüche genügen (BPatG BeckRS 2015, 16332 – BALLOONING). Ob ein aufgrund Verstoßes gegen eine Abgrenzungsvereinbarung unzulässiger Löschungsantrag stets eine Kostenauferlegung rechtfertigt, erscheint fraglich (vgl. BPatG BeckRS 2016, 13556 – Macon Relax Vital).

Als Regelgegenstandswert für das Löschungsverfahren gelten bei benutzten Marken **60** 100.000 Euro, bei Marken ohne Hinweise auf die Benutzung 50.000 Euro (BPatG BeckRS 2011, 5956 – Andernacher Geysir; BeckRS 2012, 15406 – KHR; BPatG 27 W (pat) 6/11 – il Punto; aA BPatG GRUR 2012, 1172 – pjure; eingehend Albrecht/Hoffmann Vergütung Rn. 852 ff.; BPatG BeckRS 2016, 09897 – Schmetterling Riesling).

MarkenG § 55

J. Insolvenzverfahren

61 Grundsätzlich unterbricht die Eröffnung eines Insolvenzverfahrens auch ein Verfahren zur Löschung einer Marke wegen absoluter Schutzhindernisse nach §§ 50, 54. Eine Klage wird aber nur dann unterbrochen, wenn sie im Zeitpunkt der Eröffnung des Insolvenzverfahrens oder des Übergangs der Verfügungsbefugnis auf den vorläufigen Insolvenzverwalter rechtshängig war. Hat ein Gläubiger Klage gegen den Schuldner erst nach Eröffnung des Insolvenzverfahrens eingereicht, findet § 240 ZPO keine Anwendung (vgl. BPatG BeckRS 2015, 09638 – FanDealer). Zudem führt nur die Insolvenz des Markeninhabers zu einer Unterbrechung des Verfahrens nach § 240 ZPO, hingegen nicht die Insolvenz des Antragstellers, da die Insolvenzmasse durch das Löschungsantragsverfahren nicht tangiert wird (Grabrucker in Fezer HdB Markenpraxis, I 1 2 Rn. 644, wonach aber eine Unterbrechung dann eintreten könnte, wenn der Ausgang eines Zivilrechtsstreits zwischen Markeninhaber und Antragsteller zu einer wirtschaftlichen Besserstellung im Falle einer Löschung führen würde).

§ 55 Löschungsverfahren vor den ordentlichen Gerichten

(1) Die Klage auf Löschung wegen Verfalls (§ 49) oder wegen des Bestehens älterer Rechte (§ 51) ist gegen den als Inhaber der Marke Eingetragenen oder seinen Rechtsnachfolger zu richten.

(2) Zur Erhebung der Klage sind befugt:
1. in den Fällen des Antrags auf Löschung wegen Verfalls jede Person,
2. in den Fällen des Antrags auf Löschung wegen des Bestehens von Rechten mit älterem Zeitrang die Inhaber der in den §§ 9 bis 13 aufgeführten Rechte,
3. in den Fällen des Antrags auf Löschung wegen des Bestehens einer geographischen Herkunftsangabe mit älterem Zeitrang (§ 13 Abs. 2 Nr. 5) die nach § 8 Abs. 3 des Gesetzes gegen den unlauteren Wettbewerb zur Geltendmachung von Ansprüchen Berechtigten.

(3) [1]Ist die Klage auf Löschung vom Inhaber einer eingetragenen Marke mit älterem Zeitrang erhoben worden, so hat er auf Einrede des Beklagten nachzuweisen, daß die Marke innerhalb der letzten fünf Jahre vor Erhebung der Klage gemäß § 26 benutzt worden ist, sofern sie zu diesem Zeitpunkt seit mindestens fünf Jahren eingetragen ist. [2]Endet der Zeitraum von fünf Jahren der Nichtbenutzung nach Erhebung der Klage, so hat der Kläger auf Einrede des Beklagten nachzuweisen, daß die Marke innerhalb der letzten fünf Jahre vor dem Schluß der mündlichen Verhandlung gemäß § 26 benutzt worden ist. [3]War die Marke mit älterem Zeitrang am Tag der Veröffentlichung der Eintragung der Marke mit jüngerem Zeitrang bereits seit mindestens fünf Jahren eingetragen, so hat der Kläger auf Einrede des Beklagten ferner nachzuweisen, daß die Eintragung der Marke mit älterem Zeitrang an diesem Tag nicht nach § 49 Abs. 1 hätte gelöscht werden können. [4]Bei der Entscheidung werden nur die Waren oder Dienstleistungen berücksichtigt, für die die Benutzung nachgewiesen worden ist.

(4) [1]Ist vor oder nach Erhebung der Klage das durch die Eintragung der Marke begründete Recht auf einen anderen übertragen worden oder übergegangen, so ist die Entscheidung in der Sache selbst auch gegen den Rechtsnachfolger wirksam und vollstreckbar. [2]Für die Befugnis des Rechtsnachfolgers, in den Rechtsstreit einzutreten, gelten die §§ 66 bis 74 und 76 der Zivilprozeßordnung entsprechend.

Überblick

Mit Ausnahme der Löschungsverfahren wegen absoluter Schutzhindernisse nach §§ 50, 54, deren Durchführung ausschließlich dem DPMA vorbehalten ist, können Löschungsklagen gegen Markeneintragungen in den anderen Fällen (Verfall, ältere Rechte) vor den Zivilgerichten geltend gemacht werden. Relative Nichtigkeitsgründe und der Verfall einer Marke können zwar auch Gegenstand amtlicher Löschungsverfahren vor dem DPMA sein; die Löschung unterliegt jedoch dort zum Teil speziellen, engeren Voraussetzungen als die Klageverfahren vor den ordentlichen Gerichten. Hinzu kommen unterschiedliche Verfahrensgrundsätze und -ausgestaltungen.

Abs. 3 regelt die Einrede der Nichtbenutzung (→ Rn. 26), Abs. 4 die Folgen von Rechtsübergängen (→ Rn. 34).

Übersicht

	Rn.		Rn.
A. Allgemeines	1	I. Passivlegitimation	21
B. Verfahrensgrundsätze	2	II. Löschungsreife	24
C. Zuständigkeit des Gerichts	11	III. Erhebung der Einrede der Nichtbenutzung hinsichtlich des älteren Rechts (Abs. 3)	26
D. Zulässigkeit der Klage	12		
I. Klagebefugnis/Aktivlegitimation bei der Klage auf Löschung wegen Verfall	12	IV. Weitere mögliche Einreden durch den Beklagten	30
II. Klagebefugnis/Aktivlegitimation bei der Klage auf Löschung wegen älterer Rechte	18	V. Nicht berücksichtigungsfähige Einwendungen des Beklagten	32
III. Klagebefugnis/Aktivlegitimation bei der Klage auf Löschung wegen einer älteren geografischen Herkunftsangabe	20	F. Erstreckung der Wirkungen des Urteils auf Dritte	34
		G. Aussetzung	36
E. Begründetheit der Klage	21	H. Kostenentscheidung und Streitwert	41

A. Allgemeines

Ein wesentlicher verfahrensrechtlicher Unterschied zwischen den Amtsverfahren einerseits und den Klageverfahren andererseits besteht darin, dass in den Verfahren vor dem DPMA (und dem BPatG) der Amtsermittlungsgrundsatz gilt (mit Ausnahmen wie zB der Nichtbenutzungseinwand, der auch im Widerspruchsverfahren nur auf Einrede des Inhabers der jüngeren Marke berücksichtigt wird), während das Klageverfahren dem Beibringungsgrundsatz (vgl. Zöller/Greger ZPO Vor § 128 Rn. 10) unterliegt; insbesondere nehmen die Parteien dort selbst maßgeblichen Einfluss auf die Entscheidungsgrundlage durch ihren Tatsachenvortrag und das Bestreiten. **1**

B. Verfahrensgrundsätze

Die Klage wegen Verfalls oder des Bestehens älterer Rechte ist **nicht fristgebunden**. Ein Löschungsklageverfahren kann sowohl nacheinander als auch parallel zu den entsprechenden Verfahren beim DPMA geführt werden. Insbesondere lässt die Möglichkeit, Widerspruch beim DPMA zu erheben, das Rechtsschutzbedürfnis einer Klage wegen älterer Rechte nicht entfallen (HK-MarkenR/Bous Rn. 15). Sie verhindert auch nicht die Kostenerstattung (Albrecht/Hoffmann Vergütung Rn. 436). Auch die rechtskräftige Zurückweisung des Widerspruchs durch das DPMA/BPatG hindert nicht die Zulässigkeit der Klage nach § 55. Eine gegenseitige **Bindungswirkung** der Entscheidungen im Löschungsklage- und Widerspruchsverfahren **besteht nicht** (beim Verfallsverfahren führt das DPMA ohnehin keine materiell-rechtliche Prüfung durch), dh sowohl das Zivilgericht als auch DPMA/BPatG können zu abweichenden Ergebnissen hinsichtlich der Löschungsreife einer eingetragenen Marke gelangen. **2**

Dennoch bietet es sich an, im Fall des Bestehens älterer Rechte vor allem aus Kostengründen (zumal eine Kostenentscheidung im Widerspruchsverfahren meist entbehrlich, im Klageverfahren hingegen obligatorisch ist) einer Löschungsklage vorausgehend zunächst Widerspruch beim DPMA einzulegen, sofern die Voraussetzungen hierfür vorliegen (Ströbele/Hacker/Hacker Rn. 4). Zur Rechtskraft der Entscheidung über die Löschungsklage → Rn. 5. **2.1**

Die Löschungsklage wegen Verfalls oder wegen Bestehens älterer Rechte vor den Zivilgerichten ist eine Leistungsklage, die auf Einwilligung des Markeninhabers in die Löschung der angegriffenen Marke gegenüber dem DPMA gerichtet ist (BGH GRUR 2003, 428 (430) – BIG BERTHA); bei IR-Marken tritt an die Stelle der Löschung die Schutzentziehung (§ 115 Abs. 1, § 124; vgl. Ströbele/Hacker/Hacker Rn. 5). Ist das Urteil rechtskräftig, **3**

MarkenG § 55

gilt die Einwilligung des Markeninhabers zur Löschung gemäß § 894 ZPO als unwiderruflich erteilt (Fezer Rn. 21); unter Vorlage einer Ausfertigung des rechtskräftigen Urteils wird dieses durch Eintragung des Löschungsvermerks in das Register vollstreckt (HK-MarkenR/Hoppe Rn. 12; Ingerl/Rohnke Rn. 21). Erst mit Vollzug der Löschung gelten die Regelungen des § 52 über eine mögliche Rückwirkung (Ingerl/Rohnke Rn. 5).

4   Das Klageverfahren vor den Zivilgerichten folgt den verfahrensrechtlichen Grundsätzen der ZPO. Aus der zivilprozessualen Definition des Streitgegenstands, der sich aus Antrag und Lebenssachverhalt (Grund des erhobenen Anspruchs, § 253 Abs. 2 Nr. 2 ZPO) zusammensetzt, ergibt sich, dass jeder Verfallsgrund und jedes ältere Recht einen separaten Streitgegenstand bildet (Ingerl/Rohnke Rn. 11; Ströbele/Hacker/Hacker Rn. 10). Die Geltendmachung neuer Löschungsgründe ist daher nur unter den Voraussetzungen der §§ 263, 264 ZPO als Klageänderung bzw. -erweiterung möglich (Ingerl/Rohnke Rn. 11).

5   Zwar wirkt das der Löschungsklage stattgebende Urteil gemäß §§ 325 ff. ZPO nur zwischen den Prozessparteien bzw. ihren Rechtsnachfolgern. Wird die Marke im Register gelöscht, entfaltet dies jedoch **allgemeine Wirkung** (Fezer Rn. 21). Auch das klageabweisende Urteil wirkt nur zwischen den Parteien oder deren Rechtsnachfolgern. Ist das klageabweisende Urteil rechtskräftig, kann zum einen von jeder Person Antrag auf Löschung wegen Verfalls beim DPMA gestellt werden, zudem kann jede andere Person erneut Löschungsklage nach § 55 erheben. Dies gilt allerdings nicht, wenn ein **Strohmann** des früheren Löschungsklägers als Kläger vorgeschoben wird, um die Rechtskraftwirkung der früheren Entscheidung zu unterlaufen (BPatG BeckRS 2009, 2446 – SLICK 50; Fezer Rn. 22); in diesem Fall ist die Klage wegen entgegenstehender **Rechtskraft** unzulässig.

6   Die Löschungsgründe nach §§ 49, 51 können vom Berechtigten, insbesondere im Verletzungsprozess, im Wege der Löschungswiderklage, aber auch als Einwendungen ohne gesonderte Klageerhebung geltend gemacht werden (BGH GRUR 2007, 884 (887) – Cambridge Institute; Ingerl/Rohnke Rn. 51; Fezer Rn. 27).

7   Soll bei einer Klage auf Teillöschung (§ 49 Abs. 3, § 51 Abs. 5) der Beklagte nur hinsichtlich einzelner Waren/Dienstleistungen in die Löschung einwilligen, sind diese anzugeben; es können auch die Waren/Dienstleistungen angegeben werden, die im Verzeichnis verbleiben sollen, zB mittels Disclaimer: Oberbegriff, ausgenommen Spezialware(n)). Ist bei der Löschungsklage wegen älterer Rechte die Löschungsreife der jüngeren Marke nur hinsichtlich einzelner, unter einen Oberbegriff fallender Waren/Dienstleistungen gegeben, ist der Oberbegriff insgesamt zu löschen, weil die Gerichte nicht von sich aus eine Beschränkung des Waren-/Dienstleistungsverzeichnisses auf nur einen Teil der unter den Oberbegriff fallenden Waren/Dienstleistungen durchführen darf (BGH GRUR 2005, 326, 327 – il Padrone/Il Portone). Bei der Verfallslöschung ist nach der sog. „erweiterten Minimallösung" zu verfahren (Ingerl/Rohnke Rn. 10, wobei die Formulierung für die Einschränkung im Antrag vom Kläger vorzugeben ist; → § 49 Rn. 61).

7.1   Eine einheitliche Verfahrensweise hinsichtlich der teilzulöschenden Waren/Dienstleistungen bei der Verfallslöschung und bei der Löschung wegen älterer Rechte wäre in jedem Fall von Vorteil.

8   Nach § 55 kann auch eine Löschungsklage aus einer älteren Gemeinschaftsmarke gegen eine jüngere nationale Marke erhoben werden (Ingerl/Rohnke Rn. 4); dies ergibt sich aus § 125b Nr. 1 (→ § 125b Rn. 1).

9   Die **Darlegungs- und Beweislast** für den Anspruch auf Einwilligung in die Löschung der angegriffenen Marke trägt bei Bestreiten der Voraussetzungen der Löschungsgründe durch den Beklagten zwar grundsätzlich der Kläger (BGH GRUR 2009, 60 f. – LOTTOCARD). Wird im Rahmen einer Verfallsklage die mangelnde Benutzung nach § 49 Abs. 1 geltend gemacht, stellt sich jedoch die Problematik, dass dieser eine negative Tatsache zu beweisen hat, weshalb in diesen Fällen die Anforderungen an die Substantiierung und die Beweisführung derart einzuschränken und herabzusetzen sein werden, dass sie sich einer Beweislastumkehr annähern. Insbesondere trifft den Kläger keine Darlegungs- und Beweislast hinsichtlich Tatsachen und Umständen, die in die Sphäre des Beklagten fallen und dem Kläger nicht bekannt sind (wie etwa rein betriebsinterne Vorgänge) oder nur mit unzumutbarem Aufwand beschafft werden können (OLG Köln GRUR 1987, 530 (532) – Charles of the Ritz; BGH GRUR 2009, 60 f. – LOTTOCARD; OLG München GRUR-RR 2008, 300 – ODDSET; Ingerl/Rohnke Rn. 12; Ströbele/Hacker/Hacker Rn. 12); der Beklagte

hat insoweit eine sekundäre Darlegungslast, die aus § 242 BGB resultiert (Ingerl/Rohnke Rn. 12; Fezer Rn. 28; HK-MarkenR/Hoppe Rn. 45). Wenn der Kläger den Verfallsgrund der mangelnden Benutzung geltend macht, hat er daher zunächst die ihm zur Kenntnis gelangten Anhaltspunkte darzulegen, die auf eine mangelnde Benutzung schließen lassen wie zB fehlende Verkaufsaktivitäten, fehlende Werbe- und/oder Messeauftritte, fehlende Benutzung im Internet etc., woraufhin der Beklagte konkrete Benutzungshandlungen (auch durch Lizenznehmer) darzulegen und bei substantiiertem Bestreiten des Klägers zu beweisen hat.

Für Einwendungen und Einreden des Beklagten – wie Rechtsmissbrauch, Verwirkung **10** etc, soweit diese für zulässig zu erachten sind (→ Rn. 13), ist dieser darlegungs- und beweispflichtig.

C. Zuständigkeit des Gerichts

In der ersten Instanz besteht nach § 140 Abs. 1 eine ausschließliche sachliche Zuständigkeit **11** der Landgerichte (→ § 140 Rn. 2), da die Löschungsklage ein „Verfahren in Kennzeichensachen" darstellt (HK-MarkenR/Hoppe Rn. 29).

Nach § 140 Abs. 2 kann die Zuständigkeit für mehrere Landgerichtsbezirke bei einem einzigen **11.1** Landgericht liegen. Die örtliche Zuständigkeit richtet sich nach §§ 12 ff. ZPO, ergänzt durch § 96 Abs. 3 bei ausländischen Markeninhabern mit Inlandsvertreter. Subsidiär ist das LG München I aufgrund des Sitzes des DPMA nach § 23 ZPO zuständig. Zur örtlichen Zuständigkeit aufgrund Deliktsrechts nach § 32 ZPO bei Löschungsklagen aus älteren Rechten vgl. Ingerl/Rohnke Rn. 16.

D. Zulässigkeit der Klage

I. Klagebefugnis/Aktivlegitimation bei der Klage auf Löschung wegen Verfall

Nach § 55 Abs. 2 Nr. 1 ist die Löschungsklage wegen Verfalls eine Popularklage, die von **12** jedermann erhoben werden kann (auch der Löschungsantrag wegen Verfalls nach § 53 zum DPMA ist ein Popularantrag). Da die Löschung von zu Unrecht eingetragenen Marken im öffentlichen (Allgemein-)Interesse liegt, ist ein eigenes konkretes Interesse des Klägers nicht erforderlich (BGH GRUR 2005, 1047 f. – OTTO). Bei der Qualifizierung der Verfallsklage als Popularklage wird nicht zwischen den Verfallsgründen der Nichtbenutzung nach § 49 Abs. 1 und den in § 49 Abs. 2 geregelten Tatbeständen (Entwicklung zur Gattungsbezeichnung, Täuschungsgefahr, Verlust der Markenrechtsfähigkeit) unterschieden (Fezer § 49 Rn. 5).

In der früheren Rechtsprechung, die zwischenzeitlich jedenfalls zum Teil aufgegeben worden ist, **12.1** wurde es für erforderlich erachtet, dass ein öffentliches Löschungsinteresse auch im konkreten Einzelfall nachzuweisen sei, woran es zB fehlen sollte, wenn der Rechtsinhaber Dritten die Benutzung der Bezeichnung, gestützt auf ein anderes Recht wie zB auf ein Unternehmenskennzeichen, auch nach Löschung der Marke, untersagen konnte (BGH GRUR 1957, 350 (351) – Raiffeisensymbol; dieses Erfordernis aufgebend für die Löschungsklage wegen Nichtbenutzung BGH GRUR 1986, 315 – COMBURTEST, bestätigt durch BGH GRUR 2005, 1047 f. – OTTO. Zum Teil wird diese Auffassung auch auf die Verfallsgründe des § 49 Abs. 2 bezogen (vgl. Ingerl/Rohnke Rn. 6; aA Fezer Rn. 10, 12, wonach die „COMBURTEST"-Entscheidung des BGH weder für die Nichtbenutzung verallgemeinerungsfähig sei noch auf die übrigen Verfallsgründe des § 49 Abs. 2 ausgedehnt werden könne).

Das Wesen des Popularantrags, der sich auf ein öffentliches Allgemeininteresse an der **13** Löschung gründet, bedingt, dass der Beklagte grundsätzlich keine in der Person des Klägers oder zwischen den Parteien begründete Einwendungen geltend machen kann. Nach früherer Rechtsprechung, von der der BGH bisher nicht eindeutig abgerückt ist (vgl. insoweit BGH GRUR 2005, 1047 f. – OTTO) führten sogar Rechtsmissbrauch, Sittenwidrigkeit, Schikane, Verwirkung etc in der Regel nicht zur Unzulässigkeit der Verfallsklage nach § 55 Abs. 2 Nr. 1 (RGZ 120, 402 (405) – Bärenstiefel; BGH GRUR 1952, 577 – Zwilling; GRUR 1997, 747 – Circulin; Ingerl/Rohnke Rn. 13; HK-MarkenR/Hoppe Rn. 23; Fezer Rn. 6).

Dabei sollten Rechtsmissbrauch, Verwirkung etc offenbar als Einwendungen gegen die Löschungs- **13.1** klage zwar nicht im Rahmen der Zulässigkeit, aber in materiell-rechtlicher Hinsicht rechtserheblich sein (Fezer Rn. 28).

MarkenG § 55 Teil 3 Verfahren in Markenangelegenheiten

13.2   Auch eine Interessenabwägung je nach Einzelfall, wie sie im Schrifttum gefordert wird (Helm GRUR 1974, 324), hat der BGH bisher nicht aufgegriffen; dies würde die Popularklagebefugnis nicht vorhersehbaren Einschränkungen unterwerfen (Ingerl/Rohnke Rn. 13).

14   Die Klagebefugnis wird auch nicht durch eigene Belange des Klägers, durch Vertrag, aus dinglicher Markenlizenz, schuldrechtlicher Gebrauchsüberlassung etc. ausgeschlossen (Fezer Rn. 6), da diese Rechte die Aufrechterhaltung einer löschungsreifen Marke nicht rechtfertigen könnten.

15   Eine Sonderstellung hinsichtlich der Einwendungen und Einreden nimmt nur die Nichtangriffsabrede ein, die einer Klageerhebung entgegensteht (Ingerl/Rohnke Rn. 14; HK-MarkenR/Hoppe Rn. 24; nur im Rahmen des § 49 Abs. 1 befürwortend Ströbele/Hacker/Hacker Rn. 20; aA RGZ 120, 402 (405) – Bärenstiefel; → § 54 Rn. 9, wonach bei der Antragslöschung wegen absoluter Schutzhindernisse die Nichtangriffsabrede ebenfalls eine Sonderstellung einnimmt) und zu deren Unzulässigkeit führt.

15.1   Die Nichtangriffsabrede enthält als privatautonome schuldrechtliche Vereinbarung einen Verzicht auf die Stellung eines Löschungsantrags, was aufgrund der Dispositionsbefugnis des Klägers zur Klageerhebung und auch zur Klagerücknahme jederzeit möglich sein muss (Ingerl/Rohnke Rn. 14). Sie kann sich sowohl auf Verfallsgründe als auch auf relative Gründe beziehen (Fezer Rn. 30, 31).

15.2   Während auf die Geltendmachung relativer Nichtigkeitsgründe ohne Weiteres verzichtet werden kann, ist dies bei Verfall nur möglich, wenn kein Allgemeininteresse an der Löschung einer Marke besteht (Fezer Rn. 32, noch weiter differenzierend nach den Verfallsgründen, wobei der Verfallsgrund der Nichtbenutzung der Marke Nichtangriffsvereinbarungen aus öffentlichem Interesse nicht verbietet; ein Verstoß gegen § 134 BGB wird insoweit nicht angenommen).

16   Die Erhebung der Löschungsklage durch einen **„Strohmann"** ist zwar grundsätzlich für zulässig zu erachten (→ § 54 Rn. 9), dieser muss jedoch persönliche Einwendungen wie eine Nichtangriffsabrede gegen sich gelten lassen (LG Frankfurt a.M. GRUR-RR 2009, 197 – Strohmann; Ingerl/Rohnke Rn. 14).

16.1   Die Darlegungs- und Beweislast hinsichtlich der Strohmanneigenschaft als auch hinsichtlich möglicher Einwendungen trägt der Beklagte; dabei können Beweiserleichterungen greifen, sofern es sich um Tatsachen bzw. Umstände handelt, die in der Sphäre des Klägers liegen (Ströbele/Hacker/Hacker Rn. 21).

17   Bei einem nicht inländischen Kläger ist für die Klagebefugnis zumindest eine geschäftliche Beziehung zum Inland in irgendeiner Form gefordert worden (BGH GRUR 1967, 298 (303) – Modess; Ströbele/Hacker/Hacker Rn. 23; aA Ingerl/Rohnke Rn. 5, der keine Beschränkung der Klagebefugnis befürwortet; so auch Fezer Rn. 6). Diese Einschränkung der Klagebefugnis für ausländische Kläger ist zumindest im Hinblick auf das für die Staaten der EU geltende Diskriminierungsverbot (Art. 18 AEUV, ex-Art. 12 EGV) nicht mehr haltbar (HK-MarkenR/Hoppe Rn. 26; Ströbele/Hacker/Hacker Rn. 23).

II. Klagebefugnis/Aktivlegitimation bei der Klage auf Löschung wegen älterer Rechte

18   Bei § 55 Abs. 2 Nr. 2 handelt es sich im Gegensatz zu § 55 Abs. 2 Nr. 1 nicht um eine Popularklage. Klagebefugt ist nur der Inhaber des älteren Rechts. Häufigster Anwendungsfall ist die Klage des Inhabers eines älteren Markenrechts nach § 9 (Fezer Rn. 13). Ein Dritter kann jedoch nach den Grundsätzen der gewillkürten **Prozessstandschaft** zur Prozessführung ermächtigt werden (vgl. Begr. zum MarkenG, BlPMZ 1994, 92). Auch ein Lizenznehmer des Inhabers des älteren Rechts kann in analoger Anwendung des § 30 Abs. 3 mit Zustimmung des Markeninhabers Löschungsklage erheben, ohne dass dies die Klagebefugnis des Markeninhabers berührt.

18.1   Begründet wird dies damit, dass das Gesetz keine sachliche Differenzierung zwischen der ausdrücklich in § 30 Abs. 3 geregelten Klagebefugnis des Lizenznehmers bei der Verletzungsklage einerseits und der Löschungsklage andererseits bedingt (BGH GRUR 1999, 161 (163) – MAC Dog; OLG Köln WRP 2009, 1290 (1295) – AQUA CLEAN KOI; Ströbele/Hacker/Hacker Rn. 24; HK-MarkenR/Bous Rn. 11; kritisch hierzu Ingerl/Rohnke Rn. 25, wonach einer erheblichen Erhöhung der Zahl der

Löschungsverfahren vor den ordentlichen Gerichten § 55 MarkenG

Löschungskläger, insbesondere bei Franchiseverträgen, durch das Regulativ des Rechtsmissbrauchs entgegenzutreten ist).

Die Löschungsklage nach § 55 Abs. 2 Nr. 2 wird in der Regel auf eine im Register 19 eingetragene Marke gerichtet sein. Bei Androhung der Einreichung einer Markenanmeldung bzw. der Berühmung des Rechts zur Anmeldung einer Marke durch einen nichtberechtigten Dritten in Bezug auf den Inhaber älterer Rechte wird zum Teil eine **Klage auf Unterlassung der Markenanmeldung** für zulässig erachtet (Ingerl/Rohnke Rn. 23, 53). Zulässig ist außerdem eine Löschungsklage aufgrund eines älteren Urheberrechts (LG Düsseldorf Urt. v. 25.6.2015 – 37 O 83/14 nv). In diesem Fall bestand ein Urheberrecht der Klägerin an einer nach § 2 Abs. 2 Nr. 4 UrhG schutzfähigen Grafik als Markenbestandteil, das sie sich hatte abtreten lassen).

III. Klagebefugnis/Aktivlegitimation bei der Klage auf Löschung wegen einer älteren geografischen Herkunftsangabe

Bei geografischen Herkunftsangaben existiert ein Rechtsinhaber im eigentlichen Sinn 20 nicht; klagebefugt sind nach § 55 Abs. 2 Nr. 3 die nach § 8 Abs. 3 UWG Berechtigten. § 55 Abs. 2 Nr. 3 entspricht §§ 128, 135, die die Unterlassungsansprüche aus geografischen Herkunftsangaben regeln (→ § 128 Rn. 3 ff.; → § 135 Rn. 2 ff.; zu den Klageberechtigten im Einzelnen vgl. Fezer Rn. 14); hierzu zählen nach § 8 Abs. 3 Nr. 1 UWG auch die Mitbewerber (BGH GRUR 2007, 884 – Cambridge Institute). In Fällen, in denen der durch die Benutzung der geografischen Herkunftsangabe unmittelbar Verletzte nicht zugleich Mitbewerber iSd § 8 Abs. 3 Nr. 1 UWG ist (so zB bei Rufausbeutung und Rufschädigung), wird zum Teil eine zwischen Popular- und Individualklage liegende eigene Löschungsklageart befürwortet (Ingerl/Rohnke Rn. 47).

E. Begründetheit der Klage

I. Passivlegitimation

Die Klage auf Löschung wegen Verfalls oder des Bestehens älterer Rechte ist nach § 55 21 Abs. 1 stets gegen den im Markenregister Eingetragenen (nicht gegen das DPMA!) zu richten, auch in den Fällen, in denen dieser nicht der materiell Berechtigte ist; dies entspricht der Vermutungsregelung nach § 28 Abs. 1 (Fezer Rn. 16). Dadurch soll eine aufwändige Erforschung der Rechtsverhältnisse durch den Kläger vermieden werden (BGH GRUR 2005, 871 – Seicom; OLG München GRUR-RR 2006, 89 (91) – DSI; Ströbele/Hacker/Hacker Rn. 16; aA Fezer Rn. 9, wonach nur der tatsächliche Rechteinhaber passivlegitimiert sei). Die Vermutungsregelung des § 28 Abs. 1 zugunsten des eingetragenen Inhabers, die durch Vorlage des Registerauszugs nachzuweisen ist (BGH GRUR 1998, 699 – SAM), stellt eine widerlegbare Vermutung dar, die der Prozessgegner durch Nachweis der materiellen Berechtigung des nichteingetragenen Inhabers entkräften kann (Fezer Rn. 17).

Die Klage kann auch gegen einen Rechtsnachfolger des als Inhaber Eingetragenen als 22 materiell Berechtigten gerichtet werden. Der Einwand des **Inhaberwechsels** ist im Prozess unbeachtlich (HK-MarkenR/Hoppe Rn. 31) und lässt die Begründetheit der Klage nicht entfallen. Nach dem Wortlaut von § 55 Abs. 1 („gegen den als Inhaber der Marke Eingetragenen oder seinen Rechtsnachfolger …") steht dem Kläger ein Wahlrecht bezüglich der Inanspruchnahme entweder des eingetragenen Inhabers oder des Rechtsnachfolgers zu, das jedoch nur alternativ, nicht kumulativ (dh beide können nicht gleichzeitig verklagt werden) ausgeübt werden kann.

Dies ist mit dem Argument des identischen Streitgegenstands zu begründen, der bei getrennten 22.1 Klageverfahren zu einer anderweitigen Rechtshängigkeit (OLG Köln GRUR-RR 2007, 405 (406) – identische Streitsachen) bzw. zu einer Rechtskrafterstreckung nach § 325 ZPO führt. Vorteil der Klage gegen den als Inhaber Eingetragenen ist, dass ein Urteil nach § 55 Abs. 4 S. 1 gegen den Rechtsnachfolger wirkt und gegen diesen auch vollstreckbar ist. Hingegen erweist sich die Klage gegen einen Rechtsnachfolger als eher nachteilig, da die Rechtsnachfolge nicht durch das stattgebende Urteil im Löschungsklageverfahren nachgewiesen ist, sondern dieser Nachweis gegenüber dem DPMA gemäß § 28 durch den Kläger gesondert zu führen ist, jedenfalls sofern der Beklagte auch später nicht als Markeninhaber eingetragen wird (Ingerl/Rohnke Rn. 9). HK-MarkenR/Bous Rn. 18 schlägt daher eine Zwischenfeststellungsklage nach § 256 Abs. 2 auf Feststellung der Rechtsnachfolge vor.

23   Wie sich aus der Formulierung des § 55 Abs. 1 ergibt, kann gegen einen Rechtsnachfolger sogar dann Klage erhoben werden, wenn dieser zB durch Weiterveräußerung die materielle Inhaberschaft wieder verloren hat. Auch wenn es sich nicht um den aktuellen Rechtsnachfolger handelt, reicht es aus, wenn diese Eigenschaft zu irgendeinem früheren Zeitpunkt bestanden hat (Ströbele/Hacker/Hacker Rn. 18).

II. Löschungsreife

24   Die Löschungsklage wegen Verfalls nach § 55 Abs. 2 Nr. 1 ist begründet, wenn ein Verfallsgrund nach § 49 Abs. 1 (Nichtbenutzung) oder § 49 Abs. 2 (Entwicklung zum Gattungsbegriff, Täuschungseignung, fehlende Markenrechtsfähigkeit) im Zeitpunkt der letzten mündlichen Verhandlung vorliegt (zu den Heilungsmöglichkeiten bei Nichtbenutzung → § 49 Rn. 16 ff.).

25   Im Fall des § 55 Abs. 2 Nr. 2 liegt eine begründete Klage vor, wenn bei Eintragung der angegriffenen Marke ein älteres Recht nach §§ 9–13 bestanden hat, das zum Zeitpunkt des Schlusses der mündlichen Verhandlung noch besteht und gegen die Löschung weder ein Ausschlussgrund nach § 51 Abs. 2–4 noch eine beachtliche Einwendung oder Einrede des Beklagten (→ Rn. 30, → Rn. 24) eingreift (vgl. hierzu HK-MarkenR/Hoppe Rn. 35).

III. Erhebung der Einrede der Nichtbenutzung hinsichtlich des älteren Rechts (Abs. 3)

26   Der Inhaber der jüngeren angegriffenen Marke kann bei einer Klage wegen des Bestehens älterer Rechte nach § 55 Abs. 3 gegenüber der älteren, angreifenden Marke die Nichtbenutzungseinrede erheben, die ebenso wie im Widerspruchsverfahren (§ 43 Abs. 1) und im Verletzungsverfahren (§ 25 Abs. 2) ausgestaltet ist. § 55 Abs. 3 S. 1 entspricht § 25 Abs. 1 S. 1, § 43 Abs. 1 S. 1 und sieht vor, dass die Marke mit älterem Zeitrang innerhalb der letzten fünf Jahre vor Erhebung der Klage gemäß § 26 ernsthaft benutzt sein muss, sofern sie zu diesem Zeitpunkt seit mindestens fünf Jahren eingetragen ist. § 55 Abs. 3 S. 2 ist deckungsgleich mit § 25 Abs. 1 S. 2, § 43 Abs. 1 S. 2 und bestimmt bei Ablauf des Zeitraums von fünf Jahren der Nichtbenutzung nach Klageerhebung, dass eine Benutzung der Marke innerhalb der letzten fünf Jahre vor dem Schluss der mündlichen Verhandlung nachzuweisen ist. Das wird nach der MRL 2019 wohl entfallen.

27   Der Mangel einer rechtserhaltenden Benutzung nach § 25 Abs. 2 S. 1 kann im Verletzungsprozess nicht dadurch geheilt werden, dass der Kläger die Benutzung nach Klageerhebung (wieder) aufnimmt. Es bleibt dem Kläger aber unbenommen, insoweit eine neue Klage zu erheben; § 25 Abs. 2 Nr. 1 kommt dann nicht mehr zur Anwendung. Der Beklagte sollte in diesem Fall nicht nur die Nichtbenutzungseinrede erheben, sondern rechtzeitig die Löschung der zunächst unbenutzten Klagemarke wegen Verfalls erheben, möglichst in Form einer Widerklage auf Löschung der Klagemarke wegen Verfalls nach § 49 Abs. 1.

28   § 55 Abs. 3 S. 3 enthält eine weitere Nichtbenutzungseinrede dergestalt, dass die Klage aus einer älteren Marke, die zwar gegenwärtig nicht löschungsreif ist, aber zu einem früheren Zeitpunkt, als auch die jüngere Marke bereits eingetragen war, wegen Nichtbenutzung hätte gelöscht werden können, nicht erfolgreich ist. Die jüngere Marke stellt diesbezüglich ein bestandskräftiges sog. **Zwischenrecht** dar.

29   § 55 Abs. 3 S. 4 bestimmt zudem, dass nur die als benutzt nachgewiesenen Waren/Dienstleistungen der Entscheidung zugrunde gelegt werden können.

29.1   Die Regelung stimmt mit § 25 Abs. 2 S. 3, § 43 Abs. 1 S. 3 überein und betrifft die auch im Rahmen von § 26 auftretenden Probleme der Benutzung von Waren/Dienstleistungen, die von den im Verzeichnis verwendeten Begriffen abweichen (sog. „Subsumtion" und „Integration"; → § 26 Rn. 114 ff.). Es gilt zu beachten, dass § 55 Abs. 3 nicht von Amts wegen, sondern nur auf Einrede des Beklagten geprüft wird (Ingerl/Rohnke Rn. 35).

IV. Weitere mögliche Einreden durch den Beklagten

Hinsichtlich der Einwendungen und Einreden gegen Löschungsklagen wegen älterer 30 Rechte gemäß § 51 Abs. 2–4 vgl. die Übersicht in Ströbele/Hacker/Hacker Rn. 26–31. Ohne explizite Einrede, dh vom Amts wegen zu beachten sind die Löschungshindernisse der **Verwirkung** des Löschungsanspruchs (§ 51 Abs. 2 S. 1 und S. 2) ohne Rückgriff auf die allgemeinen Verwirkungsgrundsätze (→ § 51 Rn. 5 ff.), **Zustimmung** des Inhabers des älteren Rechts zur Eintragung des jüngeren Rechts (§ 51 Abs. 2 S. 3) sowie erst **nachträgliche Bekanntheit** des älteren Rechts (§ 51 Abs. 3). Weiter sind vom Amts wegen zu prüfen: der **Verfall der Klagemarke** nach § 49 Abs. 2 Nr. 1–3 (§ 51 Abs. 4 Nr. 1) sowie die Schutzunfähigkeit der Klagemarke aus absoluten Gründen im Veröffentlichungszeitpunkt der jüngeren Marke (§ 51 Abs. 4 Nr. 2), letztere allerdings nur, wenn kein Löschungsantrag zum DPMA mehr möglich ist oder wenn es sich um eine **bösgläubig angemeldete Marke** iSd § 8 Abs. 2 Nr. 10 handelt (Ströbele/Hacker/Hacker Rn. 27 letzter Spiegelstrich, § 51 Rn. 14; → § 22 Rn. 14).

Weitere mögliche Einreden des Beklagten gegen die Löschungsklage wegen älterer Rechte 31 sind **Rechtsmissbrauch** (dem Beklagten steht seinerseits ein älteres Recht nach §§ 9–13 gegenüber dem im Klagewege geltend gemachten Recht zu), der Einwand einer sittenwidrigen Behinderung nach § 1 UWG, § 826 BGB sowie der Vorwurf des rechtsmissbräuchlichen Erwerbs des älteren Zeichens (Ingerl/Rohnke Rn. 39).

V. Nicht berücksichtigungsfähige Einwendungen des Beklagten

Eine Verjährung der Löschungsansprüche kommt nicht in Betracht, da zum einen die 32 eingetragene Marke einen dauerhaften Störungszustand in sich birgt und zum anderen mit dem Ende der Eintragung auch der Löschungsanspruch ins Leere geht (Ingerl/Rohnke Rn. 37).

Ebenso ausgeschlossen ist der Einwand des Vorliegens eines absoluten Schutzhindernisses 33 in Bezug auf die Klagemarke, ausgenommen wenn ein Löschungsantrag zum DPMA gegen die Klagemarke nicht mehr möglich ist (teleologische Reduktion des § 22 Abs. 1 Nr. 2 Alt. 2; vgl. auch BGH GRUR 2003, 1040 – Kinder; Ingerl/Rohnke Rn. 40), da das Zivilgericht an die Eintragung der Klagemarke grundsätzlich gebunden ist.

Sind die Fristen nach § 50 Abs. 2 noch nicht verstrichen, kann Löschungsantrag zum DPMA erhoben 33.1 und die Aussetzung des Klageverfahrens nach § 148 ZPO beantragt werden, sofern der Löschungsantrag hinreichende Aussicht auf Erfolg bietet (Ingerl/Rohnke Rn. 40).

Auch ein erfolgloser Widerspruch der Klagemarke gegen die jüngere Marke hat keinerlei Bindungs- 33.2 wirkung für das Klageverfahren (→ Rn. 2).

F. Erstreckung der Wirkungen des Urteils auf Dritte

§ 55 Abs. 4 gilt sowohl für die Verfallsklage als auch für die Klage wegen älterer Rechte 34 und sieht vor, dass bei Übergang bzw. Übertragung des Rechts vor oder nach Klageerhebung die Entscheidung in der Sache auch gegen den Rechtsnachfolger wirksam und vollstreckbar ist. Die Rechtskrafterstreckung tritt damit unabhängig davon ein, ob die Klage vor oder nach der Rechtsnachfolge erhoben worden ist und ob die Rechtsnachfolge im Register eingetragen wurde oder nicht. Unter Rechtsnachfolge ist sowohl die gewillkürte als auch die gesetzliche, sowohl die Einzel- als auch die Gesamtrechtsnachfolge zu verstehen (HK-MarkenR/Bous Rn. 26). § 325 ZPO und § 55 Abs. 4 S. 1 greifen in ihrer Wirkung ineinander: § 325 Abs. 1 ZPO gilt erst nach Klageerhebung und sieht nicht nur eine Rechtskrafterstreckung zulasten des Rechtsnachfolgers vor, sondern auch zu dessen Gunsten, so dass sich ein Rechtsnachfolger gegenüber dem Kläger zwar nach Klageerhebung auf ein klageabweisendes Urteil berufen kann, nicht jedoch vor Klageerhebung. Zudem ist § 55 Abs. 4 S. 1 nur auf den Beklagten anwendbar, § 325 Abs. 1 ZPO auch auf den Kläger (Ströbele/Hacker/Hacker Rn. 34).

Gemäß § 55 Abs. 4 S. 2 kann dem Rechtsnachfolger der **Streit verkündet** werden; dieser 35 kann dem Löschungsprozess unter den Voraussetzungen der §§ 66–74 und 76 ZPO als **Nebenintervenient** beitreten. Nach § 55 Abs. 4 S. 2 kann auch im Fall der Rechtsnachfolge vor Klageerhebung die Nebenintervention zulässig sein. Da § 55 Abs. 4 S. 2 § 69 ZPO für entsprechend anwendbar erklärt, ist der Rechtsnachfolger notwendiger Streitgenosse gemäß § 62 Abs. 1 ZPO (Fezer Rn. 24); das Streitverhältnis kann gegenüber beiden nur einheitlich festgestellt werden (Ströbele/Hacker/Hacker Rn. 35; HK-MarkenR/Hoppe Rn. 55).

G. Aussetzung

36 Ist in einem Verletzungsverfahren die Klage auf eine Marke gestützt, die wegen absoluter Schutzhindernisse beim DPMA angegriffen wird, kann der Verletzungsprozess nach § 148 ZPO ausgesetzt werden, sofern für die Löschung der Marke eine hinreichende Erfolgsaussicht besteht (bloße Zweifel an der Schutzfähigkeit genügen hierfür nicht, vgl. Ströbele/Hacker/Hacker § 14 Rn. 19) und eine rechtskräftige Entscheidung in absehbarer Zeit zu erwarten ist. Das Gericht hat insoweit eine Ermessenentscheidung unter Berücksichtigung aller Vor- und Nachteile zu treffen (BPatG GRUR 1998, 406 f. – Aussetzung des Widerspruchsverfahrens).

37 Die Aussetzungsmöglichkeit unter denselben Voraussetzungen muss auch gelten, wenn die Klagemarke des Verletzungsprozesses Gegenstand einer gleichzeitig anhängigen Löschungsklage wegen Verfalls gemäß § 49 (vom Beklagten, aber auch von einem Dritten erhoben) ist. Bei einem nur anhängigen Löschungsantrag zum DPMA dürfte schon deshalb eine Aussetzung nicht in Betracht kommen, weil der Markeninhaber Widerspruch erheben wird.

38 Eine hinreichende Erfolgsaussicht der Verfallsklage sowie eine Entscheidung in nicht allzu ferner Zukunft sind auch hier zu fordern, ansonsten könnte die Löschungsklage als Mittel zur Prozessverzögerung durch den Beklagten missbraucht werden. Eine Aussetzung nur bei überwiegenden, deutlichen Erfolgsaussichten birgt allerdings die Gefahr sich widersprechender Entscheidungen, da eine absolut sichere Prognose des Verfahrensausgangs des Verfallslöschungsverfahrens häufig nicht zu treffen ist.

39 Hingegen kommt eine Aussetzung eines Widerspruchsverfahrens wegen eines anhängigen Verfallslöschungsverfahrens nicht in Betracht, da der Inhaber der angegriffenen Marke grundsätzlich auf die Eintragungsbewilligungsklage (§ 44) verwiesen werden kann.

40 Eine Klage wegen bestehender älterer Rechte nach § 55 Abs. 2 Nr. 2 kann zudem nicht wegen eines anhängigen Widerspruchs nach § 148 ZPO ausgesetzt werden, zumal eine Bindungswirkung ohnehin nicht besteht.

H. Kostenentscheidung und Streitwert

41 Die Kostenentscheidung folgt aus §§ 91 ff. ZPO. Um bei sofortigem Anerkenntnis des Beklagten eine Kostentragung nach § 93 ZPO zu vermeiden, muss der Kläger den beklagten Markeninhaber vor Klageerhebung – wie allgemein im gewerblichen Rechtsschutz – zum Verzicht auf die Marke auffordern (KG GRUR-RR 2007, 255 – Abmahnlast; Albrecht/Hoffmann Vergütung Rn. 660; Ingerl/Rohnke Rn. 18), es sei denn, vor Erhebung der Löschungsklage wegen Verfalls ist bereits ein patentamtliches Verfahren nach § 53 durchgeführt worden, das aufgrund des Widerspruchs des Markeninhabers zur Klage geführt hat.

42 Bei Verurteilung des Beklagten zur Einwilligung in die teilweise Löschung der Marke ist die Kostenquote nach der wirtschaftlichen Bedeutung der Waren/Dienstleistungen festzulegen; fehlen konkrete Ansatzpunkte hierfür, ist eine abstrakte Betrachtung anzustellen (OLG Köln BeckRS 2008, 5543 – Schutzengel).

43 Bei der Verfallslöschung wegen Nichtbenutzung hat der Kläger keinen Anspruch auf Ersatz der Kosten einer vorprozessualen Aufforderung zur Löschung, da die Möglichkeit einer Heilung der Nichtbenutzung und somit kein rechtswidriger Störungszustand besteht; anders könnte es sich bei den Verfallsgründen nach § 49 Abs. 2 Nr. 1 und 2 verhalten (KG GRUR-RR 2007, 255 – Abmahnlast; Ingerl/Rohnke Rn. 18). Bei der Klage wegen des Bestehens älterer Rechte nach § 55 Abs. 2 Nr. 2 hat der Kläger einen Anspruch auf Ersatz der Kosten für eine vorprozessuale Löschungsaufforderung nach den Vorschriften über die Geschäftsführung ohne Auftrag (Ingerl/Rohnke Rn. 43; strittig, vgl. Albrecht/Hoffmann Vergütung Rn. 855).

44 Dem Beklagten sind die Verfahrenskosten aufzuerlegen, wenn er durch rasche Umschreibung der Marke nach erfolgter Löschungsaufforderung die Durchsetzung des klägerischen Anspruchs abzuwenden sucht.

Fraglich ist hingegen die Tragung der Kostenlast, wenn der Beklagte erst im Prozess den 45
Benutzungsnachweis führt, obwohl er vorprozessual zur Löschung aufgefordert worden ist
(Ingerl/Rohnke Rn. 19).

Der Streitwert der Verfallsklage bemisst sich nach allgemeinen Regeln, die auch bei der 46
Popularklage neben dem Allgemeininteresse das konkrete wirtschaftliche Interesse des
Löschungsklägers mit einschließen (vgl. hinsichtlich der Patentnichtigkeitsklage, die ebenfalls
eine Popularklage darstellt BGH GRUR 2009, 1100 – Druckmaschinen-Temperierungssystem), zumal die Löschungsklagen meist von Personen erhoben werden, die sehr wohl ein
eigenes Interesse an der Löschung haben (Ingerl/Rohnke Rn. 20).

Der Streitwert der Klage wegen des Bestehens älterer Rechte bemisst sich in erster Linie 47
nach dem wirtschaftlichen Interesse des Klägers an der Löschung und dem daraus resultierenden Handlungsspielraum im Fall der Löschung der Marke, wobei der Verkehrswert der
Marke demgegenüber eher zurücktritt; im Gegenteil dazu wird im Widerspruchsverfahren
als Gegenstandswert das Interesse des Markeninhabers an der Aufrechterhaltung der Marke
angesetzt (Ingerl/Rohnke Rn. 44).

Bei Löschungsklagen wegen älterer geografischer Herkunftsangaben richtet sich der Streit- 48
wert nach den zu § 8 UWG entwickelten Grundsätzen entsprechend, wobei § 12 Abs. 4
UWG nicht anzuwenden ist (Ingerl/Rohnke Rn. 48).

Die Rechtsprechung zu den gegenüber dem Verletzungsverfahren höheren Streitwerten in 49
Patentnichtigkeitsverfahren (BGH GRUR 2011, 757) ist auch hier durchaus bedenkenswert.

Abschnitt 4 Allgemeine Vorschriften für das Verfahren vor dem Patentamt

§ 56 Zuständigkeiten im Patentamt

(1) Im Patentamt werden zur Durchführung der Verfahren in Markenangelegenheiten Markenstellen und Markenabteilungen gebildet.

(2) ¹Die Markenstellen sind für die Prüfung von angemeldeten Marken und für die Beschlußfassung im Eintragungsverfahren zuständig. ²Die Aufgaben einer Markenstelle nimmt ein Mitglied des Patentamts (Prüfer) wahr. ³Die Aufgaben können auch von einem Beamten des gehobenen Dienstes oder von einem vergleichbaren Angestellten wahrgenommen werden. ⁴Beamte des gehobenen Dienstes und vergleichbare Angestellte sind jedoch nicht befugt, eine Beeidigung anzuordnen, einen Eid abzunehmen oder ein Ersuchen nach § 95 Abs. 2 an das Patentgericht zu richten.

(3) ¹Die Markenabteilungen sind für die Angelegenheiten zuständig, die nicht in die Zuständigkeit der Markenstellen fallen. ²Die Aufgaben einer Markenabteilung werden in der Besetzung mit mindestens drei Mitgliedern des Patentamts wahrgenommen. ³Der Vorsitzende einer Markenabteilung kann alle in die Zuständigkeit der Markenabteilung fallenden Angelegenheiten mit Ausnahme der Entscheidung über die Löschung einer Marke nach § 54 allein bearbeiten oder diese Angelegenheiten einem Angehörigen der Markenabteilung zur Bearbeitung übertragen.

Überblick

§ 56 enthält die grundlegende Regelung zu Aufgaben und Zuständigkeiten der Markenstellen (→ Rn. 6) und Markenabteilungen (→ Rn. 15) in Markenverfahren.

A. Allgemeines

§ 56 trifft als Teil des Amtsverfassungsrechts grundlegende Regelungen über die **Zustän-** 1
digkeit in Markenverfahren. Dabei treffen körperschaftliche, organisatorische und organschaftliche Begrifflichkeiten aufeinander, die gleichwohl voneinander zu unterscheiden sind.

MarkenG § 56   Teil 3 Verfahren in Markenangelegenheiten

2   Das **DPMA** ist eine selbständige Bundesoberbehörde, die in körperschaftlicher Hinsicht aus einem Präsidenten oder einer Präsidentin und weiteren Mitgliedern besteht, die entweder die Befähigung zum Richteramt nach dem DRiG besitzen (rechtskundige Mitglieder) oder in einem Zweig der Technik sachverständig sind (technische Mitglieder), vgl. § 26 Abs. 1, 2 PatG.

3   In organisatorischer Hinsicht bezeichnet der Begriff der **Markenabteilung** einen Teil der behördlichen Organisation. Die für die Erteilung und Verwaltung von Marken zuständige **Hauptabteilung 3** gliedert sich in vier Abteilungen, wobei die Abteilungen 3.1 bis 3.3 für die Prüfung der Schutzfähigkeit von Marken, für die internationale Registrierung von Marken, für die Schutzerstreckung international registrierter Marken sowie die Nebenverfahren – zB Umschreibung, Verlängerung oder Berichtigung von Marken(registrierungen) –, die Abteilung 3.4 für Anträge auf Löschung bzw. nachträgliche Schutzentziehung wegen Verfalls oder Nichtigkeit auf Grund absoluter Schutzhindernisse zuständig ist. Die Abteilung 3.5, die ebenfalls in der Hauptabteilung 3 angesiedelt ist, befasst sich mit der Registrierung und Löschung von Designs.

3.1   Die nähere Zuständigkeitsbestimmung kann einem **Organigramm** entnommen werden (abrufbar unter www.dpma.de/docs/dpma/organisation/organigramm_anonymisiert.pdf).

4   Schließlich bezeichnen die Begriffe Markenabteilung und Markenstelle in organschaftlicher Hinsicht jeweils einen **Spruchkörper**, der für eine bestimmte Entscheidung zuständig ist. In diesem Sinne sind die Begriffe in § 56 zu verstehen.

5   Nach Abs. 1 werden für die Durchführung der Markenverfahren zwei Arten von Spruchkörpern gebildet werden, nämlich **Markenstellen** und **Markenabteilungen.** Die Bezeichnung „Durchführung der Verfahren in Markenangelegenheiten" ist dabei nicht abschließend zu verstehen, wie der Verweis in § 130 Abs. 2 zeigt.

B. Markenstelle (Abs. 2)

6   Der Spruchkörper Markenstelle ist für die formelle (§ 36) und materielle (§ 37) Prüfung von Markenanmeldungen **zuständig** (teilweise aA offenbar Ingerl/Rohnke Rn. 5, die das „Verfahren über Kollektivmarken" in die Zuständigkeit der Markenabteilung fallen lassen). Auch ohne ausdrückliche Erwähnung nimmt die Markenstelle die Registrierung einer Marke, die den formellen und materiellen Anforderungen entspricht (§ 41), vor. Die Markenstelle ist weiterhin für die Beschlussfassung im Eintragungsverfahren zuständig.

7   Das **Eintragungsverfahren** beginnt, wie die systematische Stellung in §§ 32–44 im mit „Eintragungsverfahren" bezeichneten Abschnitt 1 Teil 3 des MarkenG zeigt, mit dem Einreichen einer Anmeldung zur Eintragung einer Marke in das Register und endet mit dem rechtskräftigen Abschluss des Widerspruchsverfahrens (vgl. Amtl. Begr. BlPMZ 1994, 92), wenn ein solches stattgefunden hat, sonst mit der Eintragung der Marke. Die Frist nach § 43 Abs. 1 beginnt mit der Eintragung bzw. gemäß § 26 Abs. 5 mit dem rechtskräftigen Abschluss des Widerspruchsverfahrens, was dafür spricht, dass an den hierfür bestimmten Zeitpunkten auch das Eintragungsverfahren endet. Damit unterfällt zunächst die Zurückweisung der Anmeldung aus formellen Gründen nach § 36 Abs. 3 und Abs. 4 und die Zurückweisung aus materiellen Gründen nach § 37 Abs. 1 sowie die Entscheidung über eventuell erhobene Widersprüche der Zuständigkeit der Markenstelle nach § 43 Abs. 2.

8   Fraglich ist, ob das Wort „im" nur im funktionalen Sinn („für das Eintragungsverfahren") oder **auch im zeitlichen Sinn** („während des Eintragungsverfahrens"; Ströbele/Hacker/Kirschneck Rn. 6: „Zuständigkeit kraft Sachzusammenhangs") aufzufassen ist. Die Formulierung lässt auch die letztere, weitere Interpretation zu, so dass auch sonstige Verfahrenserklärungen und Anträge während des Eintragungsverfahrens durch die Markenstelle zu behandeln sind.

9   Noch nicht entschieden ist die Frage, ob die Markenabteilung zuständig ist, wenn ein(e) derartige(r) Antrag oder Verfahrenserklärung während des Eintragungsverfahrens gestellt, aber nicht verbeschieden wird (offengelassen in BPatG BeckRS 2009, 147). Dies sollte jedoch bejaht werden, da der Abschluss des Eintragungsverfahrens im Sinn der Auffangzuständigkeit der Markenabteilung (vgl. Abs. 3) die zeitliche Grenze der Zuständigkeit der Markenstelle bildet.

Obwohl nicht ausdrücklich erwähnt, fällt es auch in die Zuständigkeit der Markenstelle 10
zu prüfen, ob **international registrierten Marken** der Schutz verweigert werden muss, da
§ 124 auf § 113 und § 114 und diese auf § 37 bzw. auf § 43 Abs. 2 verweisen (ebenso Ströbele/
Hacker/Kirschneck Rn. 5; aA Büscher/Dittmer/Schiwy/Büscher § 56 Rn. 15; Bingener in
Fezer, HdB Markenpraxis, S. 66, Rn. 7; Ingerl/Rohnke Rn. 5, ohne jedoch zu differenzieren, ob es sich um das Verfahren einer internationalen Registrierung einer deutschen Marke
oder um das nationale Prüfungsverfahren einer international registrierten ausländischen
Marke handelt). Die Verweisung auf § 37 zeigt, dass hier die Mitteilung des internationalen
Büros an die Stelle der Anmeldung tritt. Sowohl die Zurückweisung der Anmeldung als
auch die Löschung der Eintragung bei nationalen Marken und ebenso die Verweigerung des
Schutzes bei international registrierten Marken sind im Beschlusswege zu erlassen.

Die Aufgaben der Markenstelle werden von einem **Mitglied des Patentamts** wahrge- 11
nommen. Nach der gesetzlichen Formulierung scheint die Wahrnehmung von Aufgaben
der Markenstelle durch ein Mitglied des Patentamts der Regelfall, die Wahrnehmung durch
Beamte des gehobenen Dienstes oder vergleichbare Angestellte dagegen der Ausnahmefall
zu sein. In der Praxis verhält es sich genau umgekehrt.

Gemäß § 56 Abs. 2 S. 3 können die Aufgaben einer Markenstelle auch **Beamte des** 12
gehobenen Dienstes oder vergleichbare Angestellte (sog. **Erstprüfer**) wahrnehmen. Im
Unterschied zu den Aufgaben der Markenabteilung, die im Rahmen von § 65 Abs. 1 Nr. 11
nur insoweit übertragen werden dürfen, als sie keine besonderen rechtlichen Schwierigkeiten
bieten, kann der gehobene Dienst die Aufgaben der Markenstelle mit Ausnahme der in S. 4
geregelten Gegenstände vollständig wahrnehmen. Dies bildet in der Praxis daher auch den
Regelfall. Der juristische Prüfer wird, wenn er Aufgaben der Markenstelle wahrnimmt, in
der Regel als **Erinnerungsprüfer** tätig. Eine **Ausnahme** bildet lediglich das **Widerspruchsverfahren,** soweit auch Widersprüche aus nicht registrierten Marken oder aus
geschäftlichen Bezeichnungen erhoben wurden oder soweit aus registrierten Marken auch
der Bekanntheitsschutz nach § 9 Abs. 1 Nr. 3 geltend gemacht wird. In diesen Fällen weist
§ 56 Abs. 2 S. 2 die Beschlussfassung einem rechtskundigen Mitglied zu (entsprechend der
Amtl. Begr. zum Gesetz zur Vereinfachung und Modernisierung des Patentrechts, BlPMZ
2009, 319).

Möglichkeiten der **Übertragung von Aufgaben** der Markenstelle auf Beamte des mittle- 13
ren Dienstes oder vergleichbare Angestellte enthält § 5 Abs. 2 WahrnV iVm § 65 Abs. 2
Nr. 12.

War die Markenstelle **falsch besetzt,** weil die Entscheidung nicht von einem Beamten 14
des gehobenen Dienstes oder vergleichbaren Angestellten, sondern von einem Mitglied des
Patentamts hätte getroffen werden müssen, begründet dies zwar einen wesentlichen Verfahrensmangel, macht die Entscheidung jedoch nicht nichtig (so für den vergleichbaren Fall des
§ 27 Abs. 2 PatG BPatG GRUR 2006, 261 unter Verweis auf Schulte/Rudloff-Schäffer PatG
§ 27 Rn. 34 – der Beschluss zitiert die 7. Aufl.).

C. Markenabteilung (Abs. 3)

Abs. 3 regelt im Wege eines Auffangtatbestandes die Zuständigkeit der Markenabteilung. 15
Die Norm trifft in S. 2 und S. 3 Bestimmungen zur **Besetzung** der Markenabteilung. Im
Grundsatz fällt die Markenabteilung ihre Entscheidungen in einer Besetzung von mindestens
drei Mitgliedern des Patentamtes. Abgesehen davon kann der Vorsitzende mit Ausnahme
der Entscheidung über die Löschung einer Marke nach § 54 (das betrifft die Verfahren wegen
absoluter Schutzhindernisse bzw. zusätzlich bei Kollektivmarken auch wegen Verfalls) alle
Markenangelegenheiten, für die die Markenabteilung zuständig ist, auch allein bearbeiten
oder einem Angehörigen zur Bearbeitung übertragen. Weitere Möglichkeiten zur Übertragung von Aufgaben der Markenabteilung auf Beamte des gehobenen und mittleren Dienstes
enthält § 5 Abs. 1, 2 WahrnV.

Die **Übertragung** kann dabei einzelne Verfahrenshandlungen oder aber auch das ganze 16
Verfahren einschließlich der Entscheidung betreffen. Auch für den Fall, dass der Vorsitzende
oder ein von ihm berufener Vertreter die Bearbeitung der Angelegenheit oder die Entscheidung übernimmt, bleibt die organschaftliche Zuständigkeit der Markenabteilung unberührt.
Der Spruchkörper wird dann nur von einer Person gebildet. Unzulässig sind daher Zusätze

wie „i.A." oder „i.V." (vgl. BPatG GRUR 1997, 58). § 5 Abs. 2–4 DPMAV enthalten **ergänzende organisatorische Regelungen** zur Beratung und Beschlussfassung der Markenabteilung.

D. Akteneinsicht

17 Eine Besonderheit besteht beim Akteneinsichtsverfahren (→ § 62 Rn. 1 ff.). Nach § 22 Abs. 1 DPMAV ist für Entscheidungen über Akteneinsichtsgesuche die Stelle zuständig, die für die Bearbeitung der Sache, über welche die Akten geführt werden, zuständig ist oder zuletzt zuständig war. Daher kann hier sowohl die Markenstelle als auch die Markenabteilung funktionell zuständig sein. Zum Streit um Akteneinsicht → § 82 Rn. 9.

§ 57 Ausschließung und Ablehnung

(1) Für die Ausschließung und Ablehnung der Prüfer und der Mitglieder der Markenabteilungen sowie der mit der Wahrnehmung von Angelegenheiten, die den Markenstellen oder den Markenabteilungen obliegen, betrauten Beamten des gehobenen und mittleren Dienstes oder Angestellten gelten die §§ 41 bis 44, 45 Abs. 2 Satz 2, §§ 47 bis 49 der Zivilprozeßordnung über die Ausschließung und Ablehnung der Gerichtspersonen entsprechend.

(2) Über das Ablehnungsgesuch entscheidet, soweit es einer Entscheidung bedarf, eine Markenabteilung.

Überblick

Die Prüfer und die Mitglieder der Markenabteilungen können von der Ausübung ihres Amtes ausgeschlossen sein oder abgelehnt werden. Die Norm orientiert sich hierbei weitgehend an den in der ZPO getroffenen Regelungen (→ Rn. 3). Die Entscheidung über das Ablehnungsgesuch erfolgt durch Beschluss (→ Rn. 9). Gegen eine Entscheidung ist das Rechtsmittel der Beschwerde gegeben (→ Rn. 11).

A. Allgemeines

1 § 57 normiert im Interesse einer neutralen Verfahrensführung und -entscheidung im Wege einer Verweisung auf die entsprechenden Bestimmungen der ZPO die Fälle, in denen Prüfer, Mitglieder der Markenabteilung sowie mit der Wahrnehmung von Angelegenheiten, die den Markenstellen oder den Markenabteilungen obliegen, betraute Beamte des gehobenen oder mittleren Dienstes oder entsprechende Angestellte kraft Gesetzes oder durch einen zu fassenden Beschluss an der Ausübung des Amtes gehindert sind.

2 **Normadressaten** sind nach dem Wortlaut der Vorschrift zum einen Prüfer und Mitglieder der Markenabteilungen (nach der Legaldefinition in § 56 Abs. 2 S. 2 sowie der Verweisung in § 56 Abs. 3 Mitglieder des Patentamtes), aber auch Hilfsmitglieder (vgl. § 26 PatG), zum anderen die gemäß WahrnV mit der Wahrnehmung der Aufgaben einer Markenstelle bzw. Markenabteilung betrauten Beamten des gehobenen oder mittleren Dienstes oder vergleichbare Angestellte.

B. Regelung des Abs. 1

3 Gemäß Abs. 1 sind die **Vorschriften der ZPO** über den Ausschluss von der Ausübung des Amtes kraft Gesetzes und die Ablehnung wegen der Besorgnis der Befangenheit (§§ 41 bis 49 ZPO, ausgenommen § 45 Abs. 1, Abs. 2 S. 1, Abs. 3, § 46 ZPO) anwendbar.

4 Ein Ablehnungsgesuch kann grundsätzlich **bis zum Eintritt der Bestandskraft** der Entscheidung des abgelehnten Prüfers geltend gemacht werden, allerdings nach Antragstellung nur im Rahmen des § 44 Abs. 4 ZPO. Das Gesuch ist anzubringen, sobald der Beteiligte Kenntnis von dem Ablehnungsgrund erlangt hat. Das Recht dazu geht verloren, wenn sich der Beteiligte vorbehaltlos in der Verhandlung zur Sache einlässt oder Anträge stellt (BPatG BeckRS 1998, 14486). Hinsichtlich der Formerfordernisse des Ablehnungsgesuches gilt § 44

Abs. 1 ZPO. Danach kann das Ablehnungsgesuch schriftlich oder mündlich vorgebracht oder vor der Geschäftsstelle zu Protokoll erklärt werden. Die Tatsachen müssen glaubhaft gemacht werden, wobei die eidesstattliche Versicherung des Beteiligten nicht zulässig ist. Letzten Endes führt die Glaubhaftmachung neben dem herabgesetzten Beurteilungsmaßstab bezüglich des Ablehnungsgrundes, der auf das Misstrauen bzw. die Besorgnis, nicht aber auf das Erwiesensein einer Voreingenommenheit des Beamten oder Angestellten gerichtet ist, zu einer weiteren Erleichterung bei den Glaubhaftmachungsmitteln. Dies gestattet neben den für den Strengbeweis zugelassenen auch sonstige geeignete Mittel, wie die anwaltliche Versicherung, die Bezugnahme auf dem DPMA sofort vorliegende Akten oder unbeglaubigte Kopien (BeckOK ZPO/Bacher ZPO § 294 Rn. 14; Thomas/Putzo/Reichold ZPO § 294 Rn. 2).

Inhalt des Ablehnungsgesuches ist der Ablehnungsgrund, dh die Tatsachen, aus denen die Veranlassung folgt, an der Unvoreingenommenheit des Beamten oder Angestellten zu zweifeln. Die abgelehnte Person ist grundsätzlich namentlich zu benennen (BPatG BeckRS 2010, 01181 – RENU/RENO). 5

Nicht erforderlich ist, dass der Beamte oder der Angestellte tatsächlich befangen ist (BPatG BeckRS 2010, 01181 – RENU/RENO; BeckRS 2000, 15170 – Classe E; BeckRS 1998, 14486). Wegen möglicher bzw. nicht möglicher Ablehnungsgründe vgl. Schulte/Rudloff-Schäffer PatG § 27 Rn. 43 ff. zu § 27 Abs. 6 PatG sowie die in Markenverfahren ergangenen Entscheidungen des BPatG: BeckRS 2014, 17284 – Karriere-Jura (Auskunft über die Registerlage sowie vorläufige Einschätzung der Erfolgsaussicht eines Löschungsantrages); BeckRS 2010, 01181 – RENU/RENO (nicht antragsgemäße Bewilligung einer Schriftsatzfrist); BeckRS 2000, 15170 – Classe E (Versagung von Verfahrenskostenhilfe in anderen anhängigen Verfahren); BeckRS 1998, 14486 (Verletzung des rechtlichen Gehörs; Nichtbeantwortung eines Schreibens; Beantwortung einer Presseanfrage vor Anhängigkeit des Verfahrens, in dem die Ablehnung geltend gemacht wird). 6

Der abgelehnte Beamte oder Angestellte hat sich über den Ablehnungsgrund dienstlich zu **äußern** (§ 44 Abs. 3 ZPO). Die Äußerung erhält der Antragsteller mit der Gelegenheit zur Stellungnahme. 7

Neben dem Ablehnungsgesuch besteht auch die Möglichkeit der **Selbstablehnung** durch den betroffenen Beamten oder Angestellten gemäß § 48 ZPO; das sich daran anschließende Verfahren (Gelegenheit zur Stellungnahme) und die Entscheidung entsprechen dem Fall des § 42 ZPO. 8

C. Regelung des Abs. 2

Die **Entscheidung über das Ablehnungsgesuch** erfolgt durch **Beschluss**, der im mehrseitigen Verfahren beiden Parteien zugestellt wird. Eine Entscheidung ist nicht in jedem Fall erforderlich, wie die Bestimmung durch den einschränkenden Nebensatz („soweit es einer Entscheidung bedarf") vorsieht. Dies ist dann der Fall, wenn der Beamte das Ablehnungsgesuch für begründet hält (§ 45 Abs. 2 S. 2 ZPO), oder im Falle einer Änderung der Geschäftsverteilung, da die Regelung nur sicherstellen soll, dass die Bearbeitung durch einen in der Sache unvoreingenommenen Beamten bzw. Angestellten erfolgt. 9

Die Entscheidung obliegt einer **Markenabteilung**, die wegen § 56 Abs. 3 S. 3 wohl auch nur von einem Mitglied besetzt sein kann (wie hier Büscher/Dittmer/Schiwy/Büscher Rn. 4, der aber auch auf § 5 Abs. 3 Nr. 1 DPMAV hinweist; aA Ingerl/Rohnke Rn. 3). Wird ein Angehöriger einer Markenabteilung abgelehnt, wird er für die Entscheidung durch ein anderes Mitglied ersetzt (Ingerl/Rohnke Rn. 3). Wird die gesamte Markenabteilung abgelehnt, tritt an die Stelle des Vorsitzenden sein Stellvertreter, der zwei neue Beisitzer bestimmt (BPatG GRUR 1982, 359 Ls. 2). 10

Gegen eine Entscheidung ist das Rechtsmittel der **Beschwerde** (gegen eine ablehnende durch den, der das Gesuch angebracht hat, gegen eine stattgebende durch die Gegenpartei, weil § 57 Abs. 1 nicht auf den § 46 Abs. 2 ZPO verweist, vgl. Büscher/Dittmer/Schiwy/Büscher Rn. 6) eröffnet, da die Entscheidung nicht auf einen Beamten des gehobenen Dienstes oder gleichgestellten Angestellten übertragen werden kann. 11

§ 58 Gutachten

(1) Das Patentamt ist verpflichtet, auf Ersuchen der Gerichte oder der Staatsanwaltschaften über Fragen, die angemeldete oder eingetragene Marken betreffen, Gutachten abzugeben, wenn in dem Verfahren voneinander abweichende Gutachten mehrerer Sachverständiger vorliegen.

(2) Im übrigen ist das Patentamt nicht befugt, ohne Genehmigung des Bundesministeriums der Justiz und für Verbraucherschutz außerhalb seines gesetzlichen Aufgabenbereichs Beschlüsse zu fassen oder Gutachten abzugeben.

Überblick

Die Bestimmung grenzt in Abs. 2 die Möglichkeiten des DPMA und der Mitglieder des Patentamts ein, außerhalb konkreter Markenverfahren zu rechtlichen und tatsächlichen Fragen in Gutachten (→ Rn. 1), in allgemeinen Auskünften (→ Rn. 3) oder in wissenschaftlicher Tätigkeit (→ Rn. 4) Stellung zu nehmen.

1 Über den Wortlaut der Norm hinaus können Gutachten auch zu Fragen, die international registrierte Marken betreffen, nicht jedoch zu Unionsmarken, erstattet werden (Fezer Rn. 1; Büscher/Dittmer/Schiwy/Büscher Rn. 2). Zuständig für die Abgabe des Gutachtens ist die Markenabteilung, die mit mindestens einem Mitglied des Patentamts (Gegenschluss aus § 65 Abs. 1 Nr. 11) besetzt sein muss. Das Gutachten wird schriftlich erstattet.

2 Das DPMA bzw. seine Mitglieder (Ingerl/Rohnke Rn. 3) dürfen ohne Genehmigung des BMJV außerhalb seines (ihres) gesetzlichen Aufgabenbereichs keine Beschlüsse fassen. Die Übernahme zB eines Schiedsrichteramtes in Streitigkeiten ist dem Patentamt somit verwehrt. Weiterhin darf das DPMA auch keine Gutachten abgeben. Unter das Verbot fallen auch gutachterliche Auskünfte oder Raterteilung zur Sach- und Rechtslage (Ingerl/Rohnke Rn. 3; Büscher/Dittmer/Schiwy/Büscher Rn. 4; Ströbele/Hacker/Kirschneck Rn. 2: „jede Rechtsauskunft"; teilweise aA HK-MarkenR/Fuchs-Wissemann Rn. 2). Für konkrete Verfahren angemeldeter oder eingetragener Marken regelt § 62 die Voraussetzung und den Umfang von Auskünften, die sich dann durch den Akteninhalt ergeben. Auch insoweit erfolgen – außer zur Wahrung des rechtlichen Gehörs – keine prognostischen Stellungnahmen zu Sach- und Rechtsfragen. Diese werden durch Beschluss oder Vornahme der beantragten Handlung entschieden. Beruft sich der Anmelder im Rahmen des Anmeldeverfahrens auf Voreintragungen, soll auch – neben weiteren Argumenten – der Rechtsgedanke des in § 58 Abs. 2 geregelten Gutachtenverbotes dafür sprechen, dass es der Markenstelle verwehrt ist, sich zur Rechtswidrigkeit der Voreintragungen, die nicht Prüfungsgegenstand des Anmeldeverfahrens sein können, zu äußern (BPatG GRUR 2009, 1175, 1180 – Burg Lissingen).

3 **Allgemeine Auskünfte** tatsächlicher Art sind dagegen zulässig (Ströbele/Hacker/Kirschneck Rn. 4). Hierzu zählen zB allgemeine Auskünfte über den Inhalt patentamtlicher Veröffentlichungen (ua Bestätigung der Registerlage: BPatG BeckRS 2014, 17284 – Karriere-Jura).

4 Weiterhin nicht vom Verbot erfasst ist die Erstattung von **außerdienstlichen Gutachten**, die nach Maßgabe des § 69 BBG grundsätzlich zulässig ist, sowie die persönliche schriftstellerische oder **wissenschaftliche Tätigkeit** des Beamten nach § 100 Abs. 1 Nr. 2 BBG.

§ 59 Ermittlung des Sachverhalts; rechtliches Gehör

(1) ¹Das Patentamt ermittelt den Sachverhalt von Amts wegen. ²Es ist an das Vorbringen und die Beweisanträge der Beteiligten nicht gebunden.

(2) Soll die Entscheidung des Patentamts auf Umstände gestützt werden, die dem Anmelder oder Inhaber der Marke oder einem anderen am Verfahren Beteiligten noch nicht mitgeteilt waren, so ist ihm vorher Gelegenheit zu geben, sich dazu innerhalb einer bestimmten Frist zu äußern.

Überblick

Die Kommentierung gibt einen Überblick über den die Durchführung der Markenverfahren tragenden Amtsermittlungsgrundsatz und seine Modifikationen (→ Rn. 3 ff.) sowie den Grundsatz der Wahrung des rechtlichen Gehörs (Abs. 2, → Rn. 14 ff.).

Übersicht

	Rn.
A. Allgemeines	1
B. Regelung des Abs. 2	14

A. Allgemeines

§ 59 enthält grundlegende Vorschriften zur Ermittlung des Tatsachenstoffes als Entschei- 1 dungsgrundlage, die die Markenstellen/-abteilungen von sich aus vornehmen. Es ist dabei zu **unterscheiden** zwischen Dispositionsgrundsatz und Offizialmaxime einerseits, Beibringungs- und Amtsermittlungsgrundsatz andererseits. Der Dispositionsgrundsatz gilt in allen Markenverfahren, mit Ausnahme der Löschung von Amts wegen gemäß § 50 Abs. 3. Der **Beibringungsgrundsatz** gilt, wenn die Einrede der mangelnden Benutzung erhoben worden ist, für den Vortrag der Tatsachen, aus denen sich die rechtserhaltende Benutzung ergeben soll (→ § 73 Rn. 6; BPatG BeckRS 2015, 14896 – Farbanmeldung „orange-blau-schwarz"). Ein Teil der Rechtsprechung und Literatur unterstellt darüber hinaus weitere, auf Benutzung fußende Fragen dem Beibringungsgrundsatz, so zB die für die Feststellung der gesteigerten Kennzeichnungskraft oder der benutzten Zeichenserie maßgeblichen Tatsachen (BPatG BeckRS 2009, 21577 – FlowNow!/flow; GRUR-RR 2015, 468 – Senkrechte Balken).

Im Übrigen gilt der Grundsatz, dass das DPMA den Sachverhalt **von Amts wegen** 2 zu ermitteln hat. Das schließt grundsätzlich eine Darlegungs- und formelle Beweislast des Anmelders oder der Beteiligten in einem mehrseitigen Verfahren aus. Im Widerspruchsverfahren besteht aufgrund des Amtsermittlungsgrundsatzes keine Begründungspflicht (BPatG BeckRS 2012, 23451 – deli garage kraftstoff/Kraftstoff).

Für die Bedürfnisse der Praxis wird der Amtsermittlungsgrundsatz jedoch **modifiziert**, 3 so dass auch im Rahmen der Amtsermittlung **Mitwirkungspflichten** der Partei(en) bei der Gewinnung des Tatsachenstoffes dazu führen können, dass der Untersuchungsgrundsatz im Ergebnis dem Beibringungsgrundsatz angenähert ist (so auch im Ergebnis BPatG GRUR 2004, 950 – ACELAT/acesal).

Bei Widersprüchen aus nicht eingetragenen Kennzeichenrechten hat der Widersprechende 4 als Zulässigkeitsvoraussetzung die zur Identifizierung des Kennzeichenrechts notwendigen **Angaben** innerhalb der Widerspruchsfrist (→ § 73 Rn. 8) darzulegen. Dies bedingt im Rahmen der Begründetheitsprüfung auch den schlüssigen und substantiierten Vortrag und Nachweis der Tatsachen, aus denen der bessere Rang eines Kennzeichenrechts und dessen Fortbestand bis zum Entscheidungszeitpunkt folgen.

Eine Darlegungspflicht wird auch für die **Glaubhaftmachung** (sofern man eine solche 5 für erforderlich halten will) der Verkehrsdurchsetzung bejaht (Ströbele/Hacker/Ströbele § 8 Rn. 669; Ströbele/Hacker/Kirschneck Rn. 11).

Eine den Amtsermittlungsgrundsatz einschränkende **Mitwirkungspflicht** des Anmelders 6 besteht nach Auffassung des 29. Senats des BPatG auch bei der Frage der Maßgeblichkeit von Voreintragungen hinsichtlich der Vergleichbarkeit des Eintragungszeitpunktes, der Waren- und Dienstleistungsverzeichnisse, der Marken und der jeweiligen Rechtsprechungssituation (vgl. BPatG BeckRS 2010, 23078 – Institut der Norddeutschen Wirtschaft e.V.). Diese Kriterien sind vom Anmelder vorzutragen. Soweit es sich dabei nicht um Tatsachen aus der Sphäre des Anmelders handelt, muss dies aber bezweifelt werden.

Als **Konsequenz** aus dem Amtsermittlungsgrundsatz folgt, dass die Markenstellen und 7 -abteilungen im – regelmäßig – schriftlichen Verfahren jeden Sach- und Rechtsvortrag bis zum Erlass der Entscheidung zu **berücksichtigen** haben. Eine Anwendung der Verspätungsvorschriften der ZPO scheidet aus (eine Anwendung im Rahmen des Beibringungsgrundsatzes bei mündlicher Verhandlung bejahend Ströbele/Hacker/Kirschneck Rn. 5; aA Büscher/Dittmer/Schiwy/Büscher § 60 Rn. 26), ausgenommen es bestehen wie oben dargestellt Mit-

MarkenG § 59

8 wirkungspflichten, die je nach Umfang die Ermittlungspflicht der Markenstelle oder -abteilung begrenzen und aus diesem Grunde zur Zurückweisung verspäteten Vorbringens führen können (vgl. BPatG BeckRS 2010, 23078 – Institut der Norddeutschen Wirtschaft e.V.).
Es sind aber auch Fälle denkbar, bei denen Tatsachen nicht aufgeklärt werden können; dann ist nach **Beweis(Feststellungs-)lastregeln** zu entscheiden, wer die sich aus dem Nichterweislichsein dieser Tatsachen ergebenden Folgen zu tragen hat (BPatG GRUR 2015, 796 – Sparkassen-Rot II).

9 Die **Verteilung** der Beweis(Feststellungs-)last ergibt sich dabei entweder aus dem Gesetz oder aus der allgemeinen Erwägung, wonach die materielle Beweis(Feststellungs-)last denjenigen trifft, der aus der erwiesenen Tatsache eine für sich günstige Rechtsfolge ableiten könnte. Gesetzliche Beweislastregeln enthalten zB § 33 Abs. 2 S. 2 oder § 43 Abs. 1 S. 1. Gleiches gilt für gesetzliche Vermutungen, weil diese von der Gegenseite widerlegt werden müssen.

10 Daher ist es zumindest missverständlich, wenn gefordert wird, nur bei positiver Feststellung der Herkunftsfunktion und damit der Unterscheidungskraft komme eine Eintragung der Marke in Betracht (Ströbele/Hacker/Ströbele § 8 Rn. 108 f.). Nachzuweisen hat die Markenstelle, dass die Marke ohne Unterscheidungskraft ist bzw. dass ein sonstiges Schutzhindernis vorliegt (BPatG GRUR 2003, 1069 (1070) – Beschwerdegebühr). Gelingt ihr das nicht, ist die Marke einzutragen (so auch Ströbele/Hacker/Ströbele § 8 Rn. 112).

11 Für das Bestehen der **Verkehrsdurchsetzung** trägt im einseitigen Verfahren der Anmelder die materielle Feststellungslast, da zum Zeitpunkt der Geltendmachung (ggf. im Form eines Hilfsantrages) der Verkehrsdurchsetzung (ggf. inzidenter) die Feststellung getroffen worden sein muss, dass die Marke „an sich" nicht nach § 8 Abs. 2 Nr. 1–3 schutzfähig ist. Dann ist es Aufgabe des Anmelders, Umstände vorzutragen und nachzuweisen, die die Feststellungen des Amtes zu den Schutzhindernissen entkräften (BPatG GRUR 2011, 232 (234) – GELBE SEITEN: „Ausgestaltung der Verkehrsdurchsetzung (…) als Einrede des Markenanmelders gegen die ansonsten bestehende Schutzversagung zu verstehen").

12 Wird die Verkehrsdurchsetzung demnach im Löschungsverfahren behauptet oder bestritten, muss – nach allerdings nicht unbestrittener Ansicht des 25. und des 27. Senats des BPatG – der Antragsgegner und Markeninhaber die Voraussetzungen für das Bestehen der Verkehrsdurchsetzung darlegen und im Bestreitensfall nachweisen (vgl. BPatG GRUR 2011, 232 (234) – GELBE SEITEN; GRUR 2015, 796 – Sparkassen-Rot II). Der Antragsteller trägt demgegenüber die materielle Feststellungslast für die Tatsachenfeststellungen, aus denen die geltend gemachten Schutzhindernisse nach § 8 Abs. 2 Nr. 1–3, § 50 Abs. 2 S. 1 sowohl zum Eintragungszeitpunkt als auch zum Zeitpunkt der Entscheidung über den Löschungsantrag folgen. Kann der Markeninhaber den Nachweis der Verkehrsdurchsetzung zum Eintragungszeitpunkt nicht führen, muss er diese daher erneut, diesmal zum Zeitpunkt der Entscheidung über den Löschungsantrag darlegen und nachweisen (vgl. BPatG GRUR 2011, 232 (234) – GELBE SEITEN). Gelingt ihm dieser Nachweis, steht dem Antragsteller der Gegenbeweis in Form eines weiteren Gutachtens offen (BPatG BeckRS 2010, 26993 – Post II).

12.1 Zur nicht unbestrittenen Ansicht des 27. Senats des BPatG vgl. BGH GRUR 2009, 669 Rn. 31 – Post II: „Der Antragsteller des Löschungsverfahrens trägt für die Voraussetzungen einer ihm günstigen Rechtsnorm – hier des Vorliegens eines Schutzhindernisses im Löschungsverfahren – die Feststellungslast. (…) Dabei dürfen allerdings dem Antragsteller im Hinblick auf die Schwierigkeiten, im Nachhinein das Fehlen einer Verkehrsdurchsetzung im Eintragungszeitpunkt nachzuweisen (vgl. BPatG GRUR 2008, 420 (425)), keine nahezu unüberwindbaren Beweisanforderungen auferlegt werden. So können ihm Beweiserleichterungen zugutekommen. Auch kann das Fehlen einer Verkehrsdurchsetzung im Zeitpunkt der Entscheidung über den Löschungsantrag unter Umständen Rückschlüsse auf das Fehlen einer Verkehrsdurchsetzung im Eintragungszeitpunkt zulassen." Durch wortgleiches Zitat in BGH GRUR 2008, 420 Rn. 41 – ROCHER KUGEL sowie BPatG BeckRS 2010, 26993 – Post II bestätigt. Eines derartigen Rückschlusses bedürfte es aber nicht, wenn nach Auffassung des 27. Senats der Markeninhaber für das Bestehen der Verkehrsdurchsetzung im Eintragungszeitpunkt feststellungsbelastet ist. Dies wird auch in folgender Textpassage zum Ausdruck gebracht, vgl. BPatG GRUR 2011, 232 (234): „Demgegenüber obliegt es ihm (gemeint: dem Antragsteller) nicht, auch das Fehlen der Verkehrsdurchsetzung darzulegen und im Bestreitensfall nachzuweisen."

13 S. 2 regelt als weiteren Ausfluss des Amtsermittlungsgrundsatzes, dass das DPMA nicht alle von Verfahrensbeteiligten angebotene Beweise erheben muss. Unzulässig ist allerdings eine Vorwegnahme der Beweiswürdigung.

B. Regelung des Abs. 2

Die die Entscheidungsformel tragenden Feststellungen müssen dem(n) Verfahrensbeteiligten vor Erlass des Beschlusses mit der **Gelegenheit zur Stellungnahme** mitgeteilt worden sein (**rechtliches Gehör**). 14

Neue Schutzhindernisse (zB im Erinnerungsverfahren) oder neue Tatsachen können nur dann Grundlage einer nachteiligen Entscheidung sein, wenn der Betroffene zuvor die Gelegenheit zur Stellungnahme hatte (zur Übermittlung von Rechercheergebnissen im Anmeldeverfahren: BPatG BeckRS 2008, 08491 – ALL IN ONE; BeckRS 2009, 20008 – Wall Street Radar; BeckRS 2009, 24541 – Emerging Markets Radar). Anderenfalls darf der Beschluss (die Entscheidungsformel) hierauf nicht gestützt werden (BPatG BeckRS 2009, 02855). Dies erfordert im einseitigen Verfahren einen nicht lediglich formelhaften Beanstandungsbescheid, im mehrseitigen Verfahren die Zustellung der Schriftsätze der Gegenseite, die relevantes neues Sachvorbringen oder Rechtsausführungen enthalten (vgl. hierzu BPatG BeckRS 2009, 02489 – Cargo-MAXX/Cargobull: die Verletzung des Anspruchs auf rechtliches Gehör wurde bejaht, weil der einzige und erste Schriftsatz der Markeninhaberin im Widerspruchsverfahren der Widersprechenden erst zwei Jahre nach Eingang des Schriftsatzes im DPMA und erst nach Erlass des Widerspruchsbeschlusses übermittelt wurde; BPatG BeckRS 2009, 02393 – OL'ROY/ROY: die Verletzung des Anspruchs auf rechtliches Gehör wurde bejaht, weil der unterlegenen Markeninhaberin ein für den Widerspruchsbeschluss maßgeblicher Schriftsatz der Gegenseite erst zusammen mit dem Beschluss übermittelt wurde). 15

Wird eine Markenanmeldung für andere Waren und Dienstleistungen als die beanstandeten Waren und Dienstleistungen zurückgewiesen, liegt eine Verletzung des rechtlichen Gehörs vor (BPatG BeckRS 2015, 08929 – GCSN; vollständige Zurückweisung, obwohl nur teilweise beanstandet worden ist: BPatG BeckRS 2011, 19598 – Löwenzahn). 16

Der Anspruch auf rechtliches Gehör ist verletzt, wenn sich aus den Gründen des amtlichen Beschlusses ergibt, dass ein rechtzeitig vor Beschlussfassung bzw. vor Abgabe des Beschlusses an die Postausgangsstelle eingegangenes Vorbringen weder zur Kenntnis genommen noch gewürdigt wurde (vor Beschlussfassung: BPatG BeckRS 1999, 15342 und BPatG BeckRS 1999, 15343; vor Abgabe an die Postausgangsstelle: BPatG BeckRS 2001, 16224 – 1012 privat; zur Nichtberücksichtigung eines Fristverlängerungsantrages: BPatG BeckRS 2009, 13953 – NEUSS ARCADEN). 17

Im Umschreibungsverfahren muss dem eingetragenen Markeninhaber vor Vollzug der Umschreibung Gelegenheit zur Stellungnahme gegeben werden, wenn der Antrag zur Umschreibung nur vom (angeblichen) Rechtsnachfolger gestellt wurde und eine Erklärung des eingetragenen Markeninhabers zum Umschreibungsverfahren fehlt (BPatG GRUR 2008, 261 – Markenumschreibung; BPatG BeckRS 2009, 24955 – Chocomella; BPatG Beschl. v. 18.6.2009 – 25 W (pat) 59/09 – EINSTEIN KAFFEE, KAFFEE-RÖSTEREI BERLIN). 18

Die Nichtaufforderung zur Abgabe einer Begründung im Widerspruchsverfahren stellt keine Verletzung des rechtlichen Gehörs dar, denn aufgrund des Amtsermittlungsgrundsatzes gemäß Abs. 1 besteht keine Begründungspflicht, weshalb die Aufforderung zur Begründung eines Widerspruchs entbehrlich ist (BPatG BeckRS 2012, 23451 – deli garage kraftstoff/Kraftstoff). 19

Im Löschungsverfahren kann das rechtliche Gehör des Löschungsantragstellers verletzt sein, wenn das DPMA ihn vor den Antrag als unzulässig verwerfenden Entscheidung nicht auf Mängel des Löschungsantrags hinweist (BGH BeckRS 2016, 06434 – Nichtangabe eines konkreten absoluten Schutzhindernisses im Löschungsverfahren – Fünf-Streifen-Schuh). 20

§ 18 DPMAV enthält die Regelungen zu Voraussetzungen, Dauer und Anzahl der gewährbaren **Äußerungsfristen**. Das DPMA muss von sich aus nicht auf eine ausstehende Begründung hinweisen. Daher kann es auch bei ausstehender Begründung nach Ablauf einer angemessenen Frist nach Lage der Akten gemäß § 19 DPMAV entscheiden (vgl. BPatGE 19, 225). Die Norm ist ihrem Wortlaut nach auf die Ankündigung einer Begründung ohne Fristantrag beschränkt. Es kann aber nichts anderes gelten, wenn eine beantragte Frist abgelaufen ist, ohne dass die Begründung eingereicht wurde. Im (einseitigen) Erinnerungsverfahren verbindet der Erinnerungsführer seinen Rechtsbehelf beim Einlegen gelegentlich mit der Bitte, mitzuteilen, wann die Sache in Bearbeitung genommen wird, um vor diesem 21

MarkenG § 60 Teil 3 Verfahren in Markenangelegenheiten

Zeitpunkt eine Begründung einreichen zu können. Dies ist im Hinblick auf § 18 Abs. 1 DPMAV und die dort geregelte Mindestfrist unbedenklich.

22 In § 18 Abs. 2 DPMAV ist geregelt, dass eine **Fristverlängerung** bei Angabe ausreichender Gründe, jede weitere Fristverlängerung nach Abs. 3 aber nur bei Glaubhaftmachung eines berechtigten Interesses gewährt werden kann. Dabei ist jedoch zu beachten, dass sich diese Fristenregelung nur dann auswirken kann, wenn auch zeitnah nach Fristablauf die abschließende Bearbeitung des Verfahrens erfolgt, da die Markenstellen/-abteilungen jeden Sach- und Rechtsvortrag bis zum Erlass der Entscheidung zu berücksichtigen haben (Ströbele/Hacker/Kirschneck Rn. 25). Bei versagter Fristerstreckung dem Verfahrensbeteiligten (zumindest im einseitigen Verfahren) eine kurze Nachfrist zur Einreichung eines Schriftsatzes einzuräumen, sollte ein nobile officium der Markenstelle/-abteilung sein.

23 Der **Verstoß** gegen die Pflicht zur Wahrung des rechtlichen Gehörs stellt einen **Verfahrensfehler** dar, der die Entscheidung angreifbar macht. Ein Rechtsbehelf heilt diesen jedoch (BPatG BeckRS 2001, 16224 – 1012 privat), so dass vor Erhebung erwogen werden sollte, ob die Entscheidung auch in der Sache keinen Bestand haben kann.

§ 60 Ermittlungen; Anhörungen; Niederschrift

(1) Das Patentamt kann jederzeit die Beteiligten laden und anhören, Zeugen, Sachverständige und Beteiligte eidlich oder uneidlich vernehmen sowie andere zur Aufklärung der Sache erforderliche Ermittlungen anstellen.

(2) ¹Bis zum Beschluß, mit dem das Verfahren abgeschlossen wird, ist der Anmelder oder Inhaber der Marke oder ein anderer an dem Verfahren Beteiligter auf Antrag anzuhören, wenn dies sachdienlich ist. ²Hält das Patentamt die Anhörung nicht für sachdienlich, so weist es den Antrag zurück. ³Der Beschluß, durch den der Antrag zurückgewiesen wird, ist selbständig nicht anfechtbar.

(3) ¹Über die Anhörungen und Vernehmungen ist eine Niederschrift zu fertigen, die den wesentlichen Gang der Verhandlung wiedergeben und die rechtserheblichen Erklärungen der Beteiligten enthalten soll. ²Die §§ 160a, 162 und 163 der Zivilprozeßordnung sind entsprechend anzuwenden. ³Die Beteiligten erhalten eine Abschrift der Niederschrift.

Überblick

§ 60 enthält die Möglichkeit für die Markenstelle/-abteilung, neben dem schriftsätzlichen Vorbringen den entscheidungserheblichen Tatsachenstoff auch im Rahmen einer mündlichen Verhandlung durch Beweisaufnahme zu gewinnen.

A. Allgemeines

1 Die Norm besitzt für die Praxis, die von der Schriftlichkeit des Verfahrens beherrscht wird, eine nur **geringe Bedeutung**.

2 Die Erhebung des Beweises ist über den Wortlaut der Norm hinaus durch alle in der ZPO vorgesehenen Beweismittel möglich (Fezer Rn. 1). Die Durchführung der Beweisaufnahme vollzieht sich entsprechend den Regelungen der ZPO (Büscher/Dittmer/Schiwy/Büscher Rn. 3).

B. Einzelheiten

3 Die **Anhörung** wird durchgeführt, wenn sie sachdienlich ist. **Sachdienlichkeit** ist dann gegeben, wenn auf diese Weise eine schnellere Aufklärung als im schriftlichen Verfahren oder durch telefonische Nachfrage zu erwarten ist (Prüfungsrichtlinie Marken, IV.1.3., BlPMZ 2005, 245 (248); BPatG BeckRS 2014, 16257 – MagicPix). Wegen der weiteren Einzelheiten wird auf die einschlägige Kommentierung des wortgleichen § 46 PatG verwiesen (→ § 74 Rn. 1 ff.; vgl. Schulte/Rudloff-Schäffer PatG § 46 Rn. 1 ff.).

Beschlüsse; Rechtsmittelbelehrung   § 61 MarkenG

Auch mit dem MarkenG hat das Markenverfahren keine vollständige Regelung erfahren, **4**
so dass in zahlreichen Fällen nach wie vor ein **Rückgriff auf Regelungen anderer Verfahrensordnungen** erforderlich ist (Büscher/Dittmer/Schiwy/Büscher Rn. 1). Eine allgemeine Verweisungsnorm wie für das Beschwerdeverfahren des BPatG besteht für die Verfahren vor dem DPMA nicht. § 2 Abs. 2 Nr. 3 VwVfG nimmt die Verfahren vor dem DPMA ausdrücklich von der Anwendbarkeit des VwVfG aus. Weil wegen der damit verbundenen Komplexität Anhörungen vor allem in Widerspruchsverfahren zu nicht registrierten Kennzeichenrechten bzw. zum Bekanntheitsschutz oder im Löschungsverfahren in Betracht kommen, werden diese in aller Regel durch Mitglieder des Patentamts durchgeführt (vgl. auch § 56 Abs. 2 S. 3, wonach den Beamten des gehobenen Dienstes oder vergleichbaren Angestellten nur die uneidliche Zeugeneinvernahme gestattet ist). Für diese können aber die Vorschriften über das Beschwerdeverfahren weitgehend analog angewendet werden, so dass hinsichtlich der Durchführung der mündlichen Verhandlung auf die entsprechenden Normen des MarkenG und der ZPO verwiesen werden kann. Jedoch dürfen Beschlüsse wegen § 61 Abs. 1 S. 3 nicht in einem eigenen Verkündungstermin, sondern nur am Ende des Anhörungstermins verkündet werden.

§ 61 Beschlüsse; Rechtsmittelbelehrung

(1) ¹Die Beschlüsse des Deutschen Patent- und Markenamts sind, auch wenn sie nach Satz 3 verkündet worden sind, zu begründen und den Beteiligten von Amts wegen in Abschrift zuzustellen; eine Beglaubigung der Abschrift ist nicht erforderlich. ²Ausfertigungen werden nur auf Antrag eines Beteiligten und nur in Papierform erteilt. ³Falls eine Anhörung stattgefunden hat, können sie auch am Ende der Anhörung verkündet werden. ⁴Einer Begründung bedarf es nicht, wenn am Verfahren nur der Anmelder oder Inhaber der Marke beteiligt ist und seinem Antrag stattgegeben wird.

(2) ¹Mit Zustellung des Beschlusses sind die Beteiligten über das Rechtsmittel, das gegen den Beschluss gegeben ist, über die Stelle, bei der das Rechtsmittel einzulegen ist, über die Rechtsmittelfrist und, sofern für das Rechtsmittel eine Gebühr nach dem Patentkostengesetz zu zahlen ist, über die Gebühr zu belehren. ²Die Frist für das Rechtsmittel beginnt nur zu laufen, wenn die Beteiligten nach Satz 1 belehrt worden sind. ³Ist die Belehrung unterblieben oder unrichtig erteilt, so ist die Einlegung des Rechtsmittels nur innerhalb eines Jahres seit Zustellung des Beschlusses zulässig, außer wenn der Beteiligte schriftlich dahingehend belehrt worden ist, daß ein Rechtsmittel nicht gegeben sei. ⁴§ 91 ist entsprechend anzuwenden. ⁵Die Sätze 1 bis 4 gelten entsprechend für den Rechtsbehelf der Erinnerung nach § 64.

Überblick

Die folgende Kommentierung verschafft einen Überblick zum Begriff des Beschlusses (→ Rn. 2), zur Begründung (→ Rn. 6 f.) und zum Wirksamwerden des Beschlusses (→ Rn. 12 ff.) sowie zur Rechtsbehelfs- oder Rechtsmittelbelehrung (→ Rn. 18).

A. Allgemeines

Die Markenstellen und -abteilungen äußern sich in Markenangelegenheiten in Form von **1**
Beschlüssen, Bescheiden, oder sonstigen Mitteilungen. Maßgeblich zur Unterscheidung ist, ob eine abschließende fachliche Entschließung (Beschluss, Bescheid) ergeht oder lediglich eine vorbereitende Zwischenlösung getroffen werden soll.

Beschlüsse sind alle abschließenden Entscheidungen der Markenstellen und -abteilungen, **2**
die Rechte von Verfahrensbeteiligten berühren können. Anfechtbar sind damit abschließende Feststellungen über den Eintritt oder Nichteintritt bestimmter Rechtsfolgen, zB des Eintritts der Nichtvornahmefiktion (BPatG BeckRS 2012, 143 – PROKON oil), wenn eine zusätzliche behördliche Handlung erforderlich ist (BPatG BeckRS 2011, 20041 – BILD OSGAR).

Hinweise ohne verfahrensbeendenden Charakter, wie beispielsweise die Mitteilung an einen nicht am (Anmelde)Verfahren beteiligten Dritten (BPatG BeckRS 2011, 20041 – BILD OSGAR für die Mitteilung an einen Dritten, die Anmeldung nicht wegen ersichtlicher Bösgläubigkeit zurückweisen zu wollen) und die Schlussmitteilung an das internationale Büro (BPatG BeckRS 2000, 15240 – CHRONIN), sind **keine Beschlüsse.**

3   Der **Begriff** „Beschluss" wird in § 61 ebenso wie in den § 64 Abs. 1, § 66 Abs. 1 im materiellen Sinne gebraucht. Darüber hinaus sind aber im Hinblick auf die Rechtsschutzmöglichkeiten auch solche Entscheidungen als „Beschlüsse" anzusehen, die in der äußeren Form eines Beschlusses gefasst wurden (zB weil sie eine Rechtsbehelfs(mittel)belehrung enthalten). Der Begriff des Beschlusses hat daher auch eine formelle Seite.

B. Regelung des Abs. 1 (Beschlüsse)

4   Durch das **Gesetz zur Änderung des Designgesetzes** und weiterer Vorschriften des gewerblichen Rechtsschutzes vom 4.4.2016 (BGBl. I 558) wurde § 61 Abs. 1 mit Wirkung zum 1.10.2016 geändert. Seit diesem Zeitpunkt werden Beschlüsse grundsätzlich als Abschrift an die Verfahrensbeteiligten übermittelt. Ausfertigungen werden nicht mehr von Amts wegen, sondern nur noch auf Antrag und ausschließlich in Papierform erteilt.

5   Nähere Bestimmungen zur Form der **Ausfertigungen und Abschriften** des Beschlusses regelt § 20 DPMAV. Bis zur Einführung der elektronischen Aktenführung im März 2015 wurden die Bescheide und Beschlüsse überwiegend durch die Prüfer selbst in mehreren Exemplaren ausgedruckt und unterschrieben und in den Postversand gegeben. Eine Ausfertigung erfolgte nicht. Diese Praxis war unbedenklich, weil, aber auch wenn es sich hierbei um den gleichen Beschluss handelte. Seit Einführung der elektronischen Aktenführung werden Abschriften bzw. schriftliche Ausfertigungen von dem signierten elektronischen Beschluss-Urdokument übermittelt.

6   Die Entscheidung ist zu **begründen** (Ausnahme: Abs. 1 S. 4). Die Begründung muss die Erwägungen in sachlicher und rechtlicher Hinsicht enthalten, die die Entscheidungsformel stützen. Sie muss auch sämtliche gestellten Anträge des Antragstellers, Anmelders oder Erinnerungsführers behandeln (Büscher/Dittmer/Schiwy/Büscher Rn. 4). Setzt sich die Markenstelle im (Teil-)Zurückweisungsbeschluss im Rahmen von geltend gemachten Voreintragungen lediglich mit den vom Anmelder eingeführten oder sonst ersichtlichen Argumenten, die für eine Eintragung der angemeldeten Marke sprechen, auseinander, genügt sie grundsätzlich dem Begründungserfordernis (BPatG BeckRS 2010, 05289 – Herzchen). Dass die Begründung innerhalb von fünf Monaten ab Verkündung vorliegen muss (§ 548 ZPO), gilt auch für Verfahren vor dem DPMA (BPatG BeckRS 2013, 1796 – 9,10-Diarylanthracens; → § 79 Rn. 22).

7   Bei **Haupt- und Hilfsanträgen** ist allerdings zu beachten, dass die aufschiebend bedingte (auch bei Rechtsbedingungen, auch bei innerprozessualen Bedingungen) Einschränkung des Waren- und Dienstleistungsverzeichnisses in Form eines **Eventualantrages** (Hilfsantrages) **nicht möglich** ist, da die Einschränkung einem Teilverzicht gleichsteht, der aber nach der Rechtsprechung des BGH (GRUR 2008, 714 – idw) nur unbedingt erklärt werden kann. Dies ist für das Löschungs- wie Widerspruchsverfahren entschieden (BGH GRUR 2011, 654 – Yoghurt Gums), sollte aber auch für das Anmeldeverfahren gelten. Vor Eintragung ist die Einschränkung des Waren- und Dienstleistungsverzeichnisses zwar nicht als Verzicht, sondern als teilweise Rücknahme der Anmeldung zu werten; es sollte jedoch gleich entschieden werden (in diesem Sinne auch Ströbele/Hacker/Kirschneck § 39 Rn. 7), weil ansonsten Eintragungen entgegen § 41 zunächst durch einen Eintragungsbeschluss zu erledigen wären. Jedenfalls sind Hilfsanträge (auch) unbegründet, die keine zulässige Einschränkung beinhalten (zB die Ausnahme von Merkmalen der Waren und Dienstleistungen) oder die Waren (oder Dienstleistungen) vom Schutz ausnehmen, zugehörige Oberbegriffe jedoch nicht (BPatG BeckRS 2012, 18934 – Waxlight).

8   Wegen der weiteren, an die Begründung zu stellenden Anforderungen → § 83 Rn. 42 (zu § 83 Abs. 3 Nr. 6).

9   Beschlüsse sind von den Personen, die an deren Erlass mitgewirkt haben, zu unterschreiben. Das **Unterschriftserfordernis** ergibt sich zwar nicht ausdrücklich aus dem Gesetz (Büscher/Dittmer/Schiwy/Büscher Rn. 3 und Ströbele/Hacker/Kirschneck Rn. 4 wenden

§ 315 ZPO bzw. § 317 Abs. 2 S. 2 ZPO analog an). Jedoch schreibt § 20 DPMAV vor, dass nur vorher unterzeichnete Beschlüsse ausgefertigt werden können. Zudem entspricht es dem in § 126 BGB enthaltenen Grundsatz, dass die Schriftform nur bei eigenhändiger Namensunterschrift gewahrt ist; dies ist bei einem schleifenförmigen Gebilde, das keinen Buchstaben und erst recht keine Buchstabenfolge erkennen lässt, nicht der Fall (BPatG BeckRS 2012, 13593). Unzulässig sind auch Zusätze wie „i.V.", die eher darauf hindeuten, dass der Unterzeichner keine eigene Entscheidung treffen will (BPatG BeckRS 2012, 16906). Ein elektronisches Beschluss-Urdokument wird dadurch unterzeichnet, dass der Name des Unterzeichnenden eingefügt und das Dokument mit einer fortgeschrittenen oder qualifizierten elektronischen Signatur nach dem Signaturgesetz versehen wird (§ 5 Abs. 3 EAPatV). Die Dokumente werden jeweils mit dem Zusatz „Dieses Dokument wurde elektronisch signiert." versehen. Der Ausfertigung des Beschlusses ist ein sog. Signaturblatt beigefügt, welches Informationen darüber enthält, wann und von wem das Dokument signiert wurde und um welche Art der Signatur es sich handelt.

Fehlt es an einer Unterschrift oder Signatur, kann diese mit Wirkung ex nunc **nachgeholt** 10 werden, dh der Beschluss ist erneut zuzustellen.

Haben an dem Beschluss **mehrere Mitglieder mitgewirkt,** ist es erforderlich, dass im 11 Beschluss klar herausgestellt wird, wer an der Entscheidung mitgewirkt hat, entweder dadurch, dass alle Beteiligten den Beschluss unterzeichnen oder im Falle einer Verhinderung eines Mitgliedes vom Vorsitzenden oder bei dessen Verhinderung dadurch, dass der Beschluss vom ältesten Beisitzer analog § 315 Abs. 1 ZPO unter Angabe des Verhinderungsgrundes unterzeichnet wird. Dies gilt auch für elektronische Dokumente (BPatG GRUR 2014, 913 – Elektrischer Winkelstecker II). Da die Ersetzung nur dann möglich ist, wenn die Verhinderung nach Beschlussfassung aufgetreten ist, kann eine fehlende Dokumentation der Mitwirkung und des Ergebnisses der Beratung dazu führen, dass von einer nicht ausreichenden Beschlussfassung und Unterschriftsleistung durch nur zwei Angehörige der Markenabteilung auszugehen ist (BPatG BeckRS 2012, 3143 – LIQUIDROM für den Fall eines durch zwei Angehörige der Markenabteilung und Ersetzung der Unterschrift des Vorsitzenden gezeichneten Beschlusses). Fehlt eine der erforderlichen Unterschriften oder elektronischen Signaturen, so liegt kein wirksamer Beschluss, sondern allenfalls ein Beschlussentwurf vor (für Unterschriften s. BPatG BeckRS 2011, 03417 – Hl. Hildegard; für elektronische Signaturen s. BPatG GRUR 2014, 913 – Elektrischer Winkelstecker II; BeckRS 2016, 08401 – Fehlende Signatur).

C. Zustellung

Der Beschluss wird **wirksam,** wenn er von der Markenstelle oder -abteilung erlassen 12 worden ist. Bei nicht verkündeten Beschlüssen ist das der Fall, sobald er an den richtigen Zustellungsempfänger zugestellt wurde, oder im Rahmen einer Anhörung mit der Verkündung. Gleichwohl soll bei nicht verkündeten Beschlüssen eine Bindung des entscheidenden Spruchkörpers an den Beschluss bereits mit Übergabe zu Zwecken der Zustellung an die Beteiligten zur Poststelle bestehen. Von diesem Zeitpunkt an kann die Entscheidung von der Markenstelle oder Abteilung nicht mehr geändert, sondern nur entsprechend § 80 Abs. 1 berichtigt werden. Später eingehende Schriftsätze werden nicht mehr berücksichtigt.

Der Beschluss ist den Parteien zuzustellen. Für die **Zustellungen** gelten nach Maßgabe 13 des § 94 die Vorschriften des Verwaltungszustellungsgesetzes. Ohne eine wirksame Zustellung wird die Rechtsbehelfs-/-mittelfrist für die Partei nicht in Gang gesetzt.

Daraus ist zu schließen, dass der Beschluss (bzw. seine Abschriften oder Ausfertigungen) 14 jeder Partei nur einmal zuzustellen ist, es sei denn, die Zustellung ist fehlgeschlagen. Eine einheitliche Entscheidung kann und muss, um wirksam zu werden, an jeden Beteiligten nur einmal zugestellt werden. Dies gilt einmal für den Inhaber der angegriffenen Marke, gegen dessen Markeneintragung mehrere Widersprüche (desselben oder unterschiedlicher Widersprechende(n)r) erhoben wurden (BPatG GRUR 2008, 362, dort missverständlich als Markeninhaberin bezeichnet), muss aber auch für den Widersprechenden gelten, der aus mehreren Marken Widersprüche erhoben hat.

Es ist daher problematisch, wenn an eine Partei (zB im Falle eines Kollisionsverfahrens dem 15 Widersprechenden) bei Einlegung mehrerer Widersprüche der Beschluss auch **mehrfach** zugestellt würde, weil unabhängig von der Frage, wann die Zustellung für den zuletzt zugestellten Beschluss bewirkt wurde, die Rechtsbehelfs-/-mittelfrist immer von dem Zeitpunkt zu laufen beginnt, ab dem die Zustellung des zeitlich ersten Beschlusses bewirkt wurde.

16 Die **Rechtsbehelfs-/-mittelfrist** beginnt dabei für jeden Verfahrensbeteiligten gesondert zu laufen, sobald die Zustellung an ihn bewirkt wurde.

16.1 Es wird aber auch vertreten, dass die Frist für alle Beteiligten einheitlich erst mit der Bewirkung der zeitlich letzten Zustellung zu laufen beginnt (vgl. zB Schulte/Püschel PatG § 73 Rn. 61; Schulte/Rudloff-Schäffer PatG § 47 Rn. 38), jedenfalls für im schriftlichen Verfahren erlassene Entscheidungen, auf die sich diese Kommentarstellen beziehen. Aus Praktikabilitätsgründen ist die erste Auffassung vorzugswürdig, da sie jedem Beteiligten von vornherein Klarheit über den Fristbeginn verschafft.

17 Sobald der Beschluss nicht mehr angefochten werden kann, erwächst er in **Bestandskraft**. Das ist der Fall, wenn auch keine (Anschluss)Erinnerungs- oder (Anschluss)Beschwerdemöglichkeit mehr gegeben ist.

D. Regelung des Abs. 2

18 Abs. 2 enthält Bestimmungen für den **notwendigen Inhalt der Rechtsbehelfs- oder Rechtsmittelbelehrung**, sowie die sich aus deren unrichtiger oder fehlerhafter Erteilung ergebenden **Folgen**. Eine Rechtsbehelfs-/-mittelbelehrung ist nur dann entbehrlich, wenn (im einseitigen Verfahren) dem Antrag des Antragstellers entsprochen wurde sowie bei deklaratorischen Beschlüssen (zB Feststellung der Wirkungslosigkeit einer Entscheidung über den Widerspruch, wenn nach dieser die Rücknahme des Widerspruchs erklärt worden war) zur Bestandskraft einer Entscheidung.

§ 62 Akteneinsicht; Registereinsicht

(1) Das Patentamt gewährt auf Antrag Einsicht in die Akten von Anmeldungen von Marken, wenn ein berechtigtes Interesse glaubhaft gemacht wird.

(2) Nach der Eintragung der Marke wird Einsicht in die Akten der eingetragenen Marke gewährt.

(3) Die Einsicht in die Akten nach Absatz 2 kann bei elektronisch geführten Akten auch über das Internet gewährt werden.

(4) Die Akteneinsicht nach den Absätzen 1 bis 3 ist ausgeschlossen, soweit eine Rechtsvorschrift entgegensteht oder soweit das schutzwürdige Interesse des Betroffenen im Sinne des § 3 Absatz 1 des Bundesdatenschutzgesetzes offensichtlich überwiegt.

(5) Die Einsicht in das Register steht jeder Person frei.

Überblick

Die Kommentierung verschafft einen Überblick über Voraussetzungen und Umfang der Einsicht in das frei zugängliche Register (→ Rn. 14) und in die Akten von Anmeldungen von Marken (→ Rn. 2 ff.) und eingetragenen Marken (→ Rn. 9) sowie eine kurze Darstellung der Ausschlussgründe für die Akteneinsicht (→ Rn. 13). Die Einsicht in die Akten kann auch elektronisch und online erfolgen (→ Rn. 12).

A. Allgemeines

1 In § 62 wird der Anspruch Dritter auf Auskunft/Einsicht hinsichtlich konkreter Marken verwirklicht. § 62 geht dabei dem Auskunftsanspruch aus dem Informationsfreiheitsgesetz vor (vgl. § 1 Abs. 3 IFG; BGH GRUR 2012, 317; GRUR-Prax 2012, 59 – Schokoladenstäbchen, mit Anm. Bösling). Akteneinsicht kann in den Dienststellen des DPMA oder durch Übersendung des Akteninhalts auf einem Datenträger (DVD, CD) oder als Kopie/Ausdruck genommen werden (§ 22 Abs. 2 DPMAV). Die hierdurch entstehenden Auslagen müssen

Akteneinsicht; Registereinsicht § 62 MarkenG

erstattet werden, zur Höhe der Auslagen s. KV Teil B zu § 2 Abs. 1 DPMAVwKostV. § 22 DPMAV enthält weitere Bestimmungen zur Zuständigkeit und Durchführung der Akteneinsicht (→ § 56 Rn. 17; zum Streit um Akteneinsicht → § 82 Rn. 9).

B. Einsicht in die Akten von Anmeldungen von Marken (Abs. 1)

Abs. 1 betrifft Akteneinsichtsgesuche in die Verfahrensakten nicht eingetragener Marken. **Über den Wortlaut** der Norm **hinaus,** der nur von Einsicht in die Anmeldungen von Marken spricht, ist Abs. 1 daher auch auf die Verfahrensakten zurückgewiesener oder zurückgenommener Anmeldungen anwendbar (BPatG GRUR 2006, 614 – MOON mwN; Amtl. Begr. BlPMZ 94, 94 zu § 62: „durch Einsicht in die Akten einer gemäß § 8 zurückgewiesenen Markenanmeldung"). 2

Voraussetzung ist ein schriftlicher (vgl. § 10 DPMAV) Antrag. **Antragsberechtigt** ist jedermann, dh der Markenanmelder selbst, aber auch beliebige Dritte. Mit Eingang des Antrages wird eine **Gebühr** in Höhe von derzeit 90 Euro fällig (vgl. Gebührenziffer 301400, Anlage zu § 2 Abs. 1 DPMAVwKostV; vgl. § 6 Abs. 1 DPMAVwKostV). Die Akteneinsicht in die Akten der eigenen Anmeldung ist jedoch gebührenfrei, nicht jedoch die Anfertigung von Kopien oder eines Datenträgers mit dem Akteninhalt. Das DPMA verlangt gewöhnlich die Vorauszahlung der Gebühr (vgl. § 7 Abs. 1 DPMAVwKostV) innerhalb einer Zahlungsfrist, die in der Regel einen Monat beträgt (vgl. § 7 Abs. 2 DPMAVwKostV, § 18 Abs. 1 DPMAV). Bei Nichtbewirkung der Zahlung gilt der Antrag als zurückgenommen (vgl. § 8 Abs. 1 DPMAVwKostV). 3

Verfahrenskostenhilfe wird hierfür nach hM nicht gewährt. Dies ist im Hinblick auf die Kostenfolge (→ Rn. 7) kritisch zu hinterfragen. 3.1

Der Antrag wird dem **Antragsgegner zugeleitet.** Je nach Stellungnahme ist zu **unterscheiden:** Willigt der Antragsgegner ein, wird die Akteneinsicht gewährt; eine weitere Prüfung des berechtigten Interesses erübrigt sich damit. Ein Widerruf der Zustimmung ist dabei unerheblich (BPatG GRUR 1963, 195). Wenn nicht schon mit Antragstellung geschehen, muss bei fehlender Zustimmung oder fehlender Stellungnahme (vgl. Ströbele/Hacker/Kirschneck Rn. 10 mwN) des Antragsgegners der Antragsteller sein **berechtigtes Interesse** an der Akteneinsicht glaubhaft machen. Das Interesse ist berechtigt, wenn das Aktenkenntnis für das Verhalten des Antragstellers in einem künftigen Verfahren (vgl. BPatG Beschl. v. 18.2.1963 – 4 W (pat) 137/62, BPatGE 3, 27) bzw. bei der Wahrung oder Verteidigung von Rechten in einem anderen Verfahren (vgl. BPatGE 30, 139 (141) = Beschl. v. 21.12.1988 – 25 W (pat) 83/88 = red. Ls. in BlPMZ 1989, 395) bestimmend sein kann. Ein lediglich wissenschaftliches oder berufliches Interesse genügt im Allgemeinen nicht (vgl. BPatG Beschl. v. 18.2.1963 – 4 W (pat) 137/62, BPatGE 3, 27). Ein berechtigtes Interesse besteht daher vor allem dann, wenn der Antragsteller angegriffen wird (zB durch Einlegung eines Widerspruchs aus einer prioritätsälteren Markenanmeldung: BPatG BeckRS 2015, 13972 – Gewährung der Einsicht in die Akte der Markenanmeldung) oder ein solcher Angriff droht, wobei der Angriff nicht aus der Marke erfolgen muss, in deren Akte die Einsichtnahme begehrt wird (BPatG BeckRS 2011, 26204 – VOODOO für den Fall, dass Einsicht in die Verfahrensakte der zurückgenommenen nationalen Anmeldung begehrt wurde, der Rechtsangriff des Antragsgegners aber aus der (identischen) Unionsmarke vorgetragen wurde). Ein berechtigtes Interesse kann sich aber auch aus einer **Gesamtschau der Umstände** ergeben (vgl. BPatG Beschl. v. 21.12.1988 – 25 W (pat) 83/88, BPatGE 30, 139 (141) = red. Ls. in BlPMZ 1989, 395). Die das berechtigte Interesse begründenden Tatsachen müssen vom Antragsteller vorgetragen und **glaubhaft gemacht** werden. Gründe, die gegen eine Akteneinsicht sprechen, hat der Antragsgegner darzulegen (BGH GRUR 2007, 628 – MOON). 4

Zu den **Glaubhaftmachungsmitteln** zählen neben den für den Strengbeweis zugelassenen auch sonstige geeignete Mittel, wie die eidesstattliche Versicherung, die anwaltliche Versicherung, die Bezugnahme auf dem DPMA sofort vorliegende Akten oder beglaubigte bzw. unbeglaubigte Kopien (→ § 57 Rn. 4). 5

Der **Umfang der Akteneinsicht** umfasst regelmäßig den gesamten das Eintragungsverfahren (dh nicht in Beiheften geführte selbständige Nebenverfahren wie Akteneinsichtsverfahren Dritter, Insolvenzverfahren, Kostenfestsetzungsverfahren, Bescheinigungsverfahren) betreffenden Akteninhalt. Zum Ausschluss einzelner Aktenbestandteile vgl. Abs. 3. 6

7 Die Entscheidung ergeht durch **Beschluss,** der auch eine Kostenentscheidung enthalten kann. Betrifft das Akteneinsichtsgesuch eine angemeldete Marke, die noch nicht eingetragen ist, ist die Markenstelle zuständig (vgl. § 22 Abs. 1 DPMAV, § 56 Abs. 2 S. 1), bei bestandskräftig zurückgewiesenen oder zurückgenommenen Anmeldungen die Markenabteilung (nach Bingener in Fezer, HdB Markenpraxis, S. 91: Markenabteilung 3.3), die in der Regel mit einem Beamten des gehobenen Dienstes oder vergleichbaren Angestellten besetzt ist (vgl. § 56 Abs. 2 S. 2, Abs. 3 S. 1, § 5 Abs. 1 Nr. 12 WahrnV). In Akteneinsichtsverfahren entspricht es regelmäßig der Billigkeit, dem Unterlegenen die Kosten des Verfahrens aufzuerlegen (Ströbele/Hacker/Knoll § 71 Rn. 18; BPatG BeckRS 2015, 13972 – Gewährung der Einsicht in die Akte der Markenanmeldung).

8 Eine Besonderheit betrifft **Kollektivmarken.** § 102 Abs. 4 bestimmt die freie Einsichtnahme in die Markensatzung, ohne dass hierfür ein berechtigtes Interesse glaubhaft gemacht werden muss.

C. Einsicht in die Akte der eingetragenen Marke (Abs. 2)

9 Nach der **Eintragung** der Marke wird auf (schriftlichen) Antrag Einsicht in die Akten der eingetragenen Marke gewährt. Mit Eintragung ist hier die **Registrierung nach § 41** gemeint und nicht der Abschluss des Eintragungsverfahrens. Die Akteneinsicht ist daher auch dann nach Abs. 2 zu gewähren, wenn gegen die Eintragung der Marke Widerspruch erhoben wurde, und schließlich auch dann, wenn die Marke auf Grund eines Widerspruches oder eines Löschungsantrages wieder gelöscht worden ist (Ströbele/Hacker/Kirschneck Rn. 14). Auch Akteneinsichtsgesuche in die Verfahrensakten über einen Antrag auf Schutzentziehung einer international registrierten Marke fallen wegen der in § 112 Abs. 1, § 124 angeordneten Schutzerstreckung unter Abs. 2 (BGH GRUR 2012, 317 = GRUR-Prax 2012, 59 – Schokoladenstäbchen, mit Anm. Bösling). Dasselbe gilt auch für Verfahrensakten von international registrierten Marken, denen der Schutz verweigert worden ist.

10 In **verfahrensrechtlicher Hinsicht** war bis zum 30.6.2016 lediglich die Stellung eines **Antrages** erforderlich, für keine Gebühren fällig werden. Mit Wirkung zum 1.7.2016 wurde § 62 Abs. 2 durch das Gesetz zur Änderung des Designgesetzes und weiterer Vorschriften des gewerblichen Rechtsschutzes vom 4.4.2016 (BGBl. I 558) geändert. Das Antragserfordernis wurde im Hinblick auf die **Online-Akteneinsicht,** die das DPMA zukünftig anbieten will, aus dem Wortlaut der Norm gestrichen. Bis zur Verfügbarkeit der Online-Akteneinsicht verbleibt es allerdings dabei, dass der die Akteneinsicht Begehrende sein Verlangen auf Akteneinsicht gegenüber dem DPMA zum Ausdruck bringen muss; seine Erklärung muss seit dem 1.7.2016 jedoch nicht mehr den Anforderungen eines förmlichen Antrags genügen (Begr. RegE vom 6.1.2016, BT-Drs. 18/7195, 34). In den Fällen, die Akten betreffen, die über die üblichen Angaben formellen Charakters und Amtsbescheide hinaus Angaben und Schriftstücke aller Art, welche persönliche und betriebliche Verhältnisse des Inhabers oder Eingaben dritter Stellen betreffen, enthalten (vgl. Beschwerdesenat 2b BlPMZ 1957, 323 f.), ist das Gesuch auf Einsicht dem Inhaber zuzuleiten und diesem die **Möglichkeit zur Stellungnahme** einzuräumen.

11 Nach Abschluss des Eintragungsverfahrens ist die Markenabteilung **zuständig,** die in der Regel mit einem Beamten des gehobenen Dienstes oder vergleichbaren Angestellten besetzt ist (vgl. § 56 Abs. 2 S. 2, Abs. 3 S. 1, § 5 Abs. 1 Nr. 12 WahrnV).

D. Online-Akteneinsicht

12 Abs. 3 enthält im Hinblick auf die vollelektronische Aktenführung im Markenbereich die Rechtsgrundlage, die Einsicht in die Akten eingetragener Marken (Abs. 2) künftig auch über das Internet zu ermöglichen.

E. Ausschlussgründe

13 Die Schrankenregelung des Abs. 4 gilt unterschiedslos für alle Formen der Akteneinsicht und unabhängig vom Stand des Markenverfahrens. Damit ist gleichermaßen für Akten von angemeldeten wie eingetragenen Marken das Interesse des Antragstellers an der Einsichtnahme und das Gegeninteresse des Anmelders, den Inhalt der ganzen Akte oder einzelner

Teile nicht offenzulegen, gegeneinander abzuwägen (Amtl. Begr. BlPMZ 1994, 94). Dabei ist auch das Recht auf informationelle Selbstbestimmung des Antragsgegners in die Abwägungsentscheidung einzubeziehen (BGH GRUR 2007, 628 – MOON). Im Rahmen der Abwägung können jedoch einzelne Akteninhalte, die persönliche Lebenssachverhalte (zB persönliche gesundheitsbezogene Informationen, soweit diese im Rahmen eines Wiedereinsetzungsgesuches angebracht wurden) oder Geschäftsgeheimnisse betreffen (BPatG BeckRS 2015, 13972 – Gewährung der Einsicht in die Akte der Markenanmeldung) oder in unzulässiger Weise dazu dienen sollen, Prozess- und Beweismaterial gegen den Rechtsinhaber zu sammeln, ausgenommen werden (vgl. Beschwerdesenat 2b BlPMZ 1957, 323 (324)). Weitere Ausschlussgründe konnten sich nach zeitweiliger Auffassung des DPMA aus dem UrhG ergeben, da der Antragsteller eines Akteneinsichtsgesuchs nicht zu dem Kreis der Berechtigten zu zählen sei, für den die Schrankenregelung des § 45 UrhG gelte (vgl. Argumentation des DPMA in BPatG BeckRS 2015, 09334 und BPatG BeckRS 2015, 09189, die die Frage der Ausnahme von Nichtpatentliteratur von der Akteneinsicht in Form von Kopien betreffen). Durch die Entscheidung des BPatG v. 23.3.2015 (BeckRS 2015, 09189) wurde jedoch ausdrücklich das Gegenteil festgestellt, nämlich, dass der Eingriff in das Urheberrecht, der sich aus der Herstellung von Kopien bzw. Ausdrucken von urheberrechtlich geschützten Akteninhalten und der Übersendung dieser Unterlagen an den Antragsteller der Akteneinsicht ergibt, durch § 45 UrhG gerechtfertigt ist. Denn es handelt sich um die Herstellung einzelner Vervielfältigungsstücke von Werken zur Verwendung in Verfahren vor einer Behörde. Bedeutung kann diese Entscheidung für die zur Amtsakte gereichten Unterlagen zur Glaubhaftmachung und den Nachweis der Verkehrsdurchsetzung, der Stärkung der Kennzeichnungskraft oder zur Benutzung einer Marke nach Erhebung der Einrede mangelnder Benutzung sowie für Rechercheunterlagen haben.

F. Regelung des Abs. 5

Das Markenregister wird in Form einer **elektronischen Datenbank** beim DPMA geführt (vgl. § 24 MarkenV). Es kann im Internet unter www.dpma.de/DPMAregister/marke/uebersicht **kostenfrei** abgerufen werden. Das Register enthält die in § 25 MarkenV aufgeführten Angaben. 14

§ 63 Kosten der Verfahren

(1) ¹Sind an dem Verfahren mehrere Personen beteiligt, so kann das Patentamt in der Entscheidung bestimmen, daß die Kosten des Verfahrens einschließlich der Auslagen des Patentamts und der den Beteiligten erwachsenen Kosten, soweit sie zur zweckentsprechenden Wahrung der Ansprüche und Rechte notwendig waren, einem Beteiligten ganz oder teilweise zur Last fallen, wenn dies der Billigkeit entspricht. ²Die Bestimmung kann auch getroffen werden, wenn der Beteiligte die Erinnerung, die Anmeldung der Marke, den Widerspruch oder den Antrag auf Löschung ganz oder teilweise zurücknimmt oder wenn die Eintragung der Marke wegen Verzichts oder wegen Nichtverlängerung der Schutzdauer ganz oder teilweise im Register gelöscht wird. ³Soweit eine Bestimmung über die Kosten nicht getroffen wird, trägt jeder Beteiligte die ihm erwachsenen Kosten selbst.

(2) ¹Wenn eine Entscheidung nach Absatz 1 ergeht, setzt das Deutsche Patent- und Markenamt den Gegenstandswert fest; § 23 Absatz 3 Satz 2 und § 33 Absatz 1 des Rechtsanwaltsvergütungsgesetzes gelten entsprechend. ²Der Beschluss über den Gegenstandswert kann mit der Entscheidung nach Absatz 1 verbunden werden.

(3) Das Patentamt kann anordnen, dass die Gebühr nach dem Patentkostengesetz für die beschleunigte Prüfung, für das Widerspruchs- oder das Löschungsverfahren ganz oder teilweise zurückgezahlt wird, wenn dies der Billigkeit entspricht.

(4) ¹Der Betrag der zu erstattenden Kosten wird auf Antrag durch das Patentamt festgesetzt. ²Die Vorschriften der Zivilprozessordnung über das Kostenfestsetzungsverfahren (§§ 103 bis 107) und die Zwangsvollstreckung aus Kostenfestsetzungsbeschlüssen (§§ 724 bis 802) sind entsprechend anzuwenden. ³An die Stelle

der Erinnerung tritt die Beschwerde gegen den Kostenfestsetzungsbeschluß. [4]§ 66 ist mit der Maßgabe anzuwenden, daß die Beschwerde innerhalb von zwei Wochen einzulegen ist. [5]Die vollstreckbare Ausfertigung wird vom Urkundsbeamten der Geschäftsstelle des Patentgerichts erteilt.

Überblick

Die folgenden Abschnitte enthalten eine kurze Darstellung zur Kostengrundentscheidung (→ Rn. 1 ff.) sowie zum Gegenstandswert (→ Rn. 6 ff.). Ähnlich wie § 71 bestimmt § 63, dass jeder Beteiligte im Regelfall seine Kosten selbst trägt (→ Rn. 1). Ebenso kommt in Ausnahmefällen nach Abs. 3 eine Rückzahlung von Gebühren in Betracht (→ Rn. 16). Die Festsetzung des Gegenstandswerts nach Abs. 2 (→ Rn. 6) und die Kostenfestsetzung nach Abs. 4 (→ Rn. 17) spielen eine Rolle, wenn Kosten aus Billigkeitsgründen (→ Rn. 1, → Rn. 2) einem Beteiligten auferlegt wurden.

A. Regelung des Abs. 1

1   Abs. 1 enthält Bestimmungen für die möglichen Kostenanordnungen im mehrseitigen Verfahren. Die Wahl des Wortes „Soweit" in S. 3 legt ein **Regel-Ausnahme-Verhältnis** fest: Im Regelfall tragen die Beteiligten die ihnen erwachsenen Kosten selbst; bei Vorliegen von Billigkeitsgründen kann hiervon abgewichen werden. Dies ist ua dann der Fall, wenn ein Verhalten eines Beteiligten mit der prozessualen Sorgfalt nicht zu vereinbaren ist, etwa weil die Rechtsverfolgung aussichtslos ist (BPatG BeckRS 2008, 18856; 2015, 16331 – Kostenentscheidung bei Rücknahme der Beschwerde; kein schuldhafter Verstoß gegen allgemeine prozessuale Sorgfaltspflichten: BPatG BeckRS 2016, 03281 – Beurteilung der Kostenfrage – Widerspruch). Das schließt es aber in aller Regel aus, die Kosten nach dem Maß des Unterliegens bzw. Obsiegens unter den Beteiligten zu verteilen (BPatG Beschl. v. 24.7.2006 – 25 W (pat) 114/04 – cysat/C.I.S.A.G; aA für § 71 Abs. 1 BPatG BeckRS 2012, 03140 – fotografierter Schuh, wonach der Verfahrensausgang im Rahmen der Billigkeitsentscheidung berücksichtigt werden müsse). Lediglich in krassen Fällen kann der Verfahrensausgang auch eine Kostenauferlegung rechtfertigen (BPatG BeckRS 2010, 2467 – APOPLUS/PLUS; BeckRS 2009, 15365). In unselbständigen Nebenverfahren entspricht allerdings die Kostenauferlegung zu Lasten der unterlegenen Partei der Billigkeit (BPatG GRUR 2000, 331).

2   In der Regel kein Fall, der eine Kostenauferlegung rechtfertigt, liegt vor, wenn der Erinnerungsführer seine **Erinnerung nicht begründet** (so für die Beschwerde BPatG Beschl. v. 7.7.1999 – 32 W (pat) 470/95 – HECO/Meco) und über diese nach Lage der Akten entschieden wird, da eine solche Verpflichtung nicht besteht, oder wenn der Widerspruch zurückgenommen wird (BPatG BeckRS 2010, 23083 – Z.plus/PLUS). Jedoch können Kosten einem Widersprechenden auferlegt werden, wenn dieser bei bestrittener Benutzung ein Rechtsmittel einlegt und jede Glaubhaftmachung der Benutzung unterlässt (BPatG GRUR 1996, 981 – ESTAVITAL/EL'VITAL; vgl. auch BPatG BeckRS 2009, 1629 – ALISA/ALISA; BeckRS 2002, 15744).

3   Wird eine Marke im Löschungsverfahren gemäß §§ 50, 54 wegen **Bösgläubigkeit** gelöscht, entspricht es der Billigkeit, dem Markeninhaber die Kosten aufzuerlegen (BPatG BeckRS 2014, 02592; 2015, 14904 – Kostenauferlegung im Markenlöschungsverfahren wegen Bösgläubigkeit). Dies gilt auch dann, wenn das Löschungsverfahren gegenstandslos wird, weil die angegriffene Marke wegen Verzichts des Markeninhabers oder aus einem anderen Grund gelöscht wird und das Löschungsverfahren wegen Bösgläubigkeit voraussichtlich Erfolg gehabt hätte (BPatG BeckRS 2014, 02592). Hiervon zu unterscheiden ist der Fall, in dem die angegriffene Marke eingetragen bleibt und das Löschungsverfahren gegenstandslos wird, weil der Löschungsantragsteller seinen Antrag mangels Interesse an der Weiterverfolgung des Löschungsbegehrens zurücknimmt. Hält der Löschungsantragsteller in einer solchen Situation an seinem Kostenantrag fest, ist mangels Interesse an der Hauptsacheentscheidung nicht zu prüfen, ob der Löschungsantrag Aussicht auf Erfolg gehabt hätte.

4   In der Kostengrundentscheidung werden den Beteiligten bei teilweisem Auferlegen die Kosten des Verfahrens entweder quotiert oder hinsichtlich konkreter Einzelkosten auferlegt. Eine Auferlegung nach Zeitabschnitten ist dagegen möglich, wenn damit auch eine neue

Gebühr oder besondere Auslagen (Reisekosten) anfallen. Die mit der Hauptsacheentscheidung ergangene Kostengrundentscheidung kann **isoliert angefochten** werden (BPatG BeckRS 2016, 03281 – Beurteilung der Kostenfrage – Widerspruch).

B. Regelung des Abs. 2

Zum 1.7.2016 wurde durch das Gesetz zur Änderung des Designgesetzes und weiterer 5
Vorschriften des gewerblichen Rechtsschutzes vom 4.4.2016 (BGBl. I 558) in dem neu eingefügten Abs. 2 die Rechtsgrundlage für die Festsetzung des Gegenstandswertes im mehrseitigen Verfahren durch den für die Kostengrundentscheidung zuständigen Spruchkörper geschaffen. Für die bisherige Praxis der inzidenten Festlegung des Gegenstandswertes im Kostenfestsetzungsbeschluss durch den Kostenbeamten ist damit kein Raum mehr.

Der **Spruchkörper setzt den Gegenstandswert fest,** wenn eine Kostengrundentschei- 6
dung nach Abs. 1 ergangen ist. Eine solche Entscheidung liegt nur dann vor, wenn eine Tenorierung der Kostengrundentscheidung erfolgt ist. Keine Entscheidung ist demnach ergangen, wenn in dem Hauptsachebeschluss lediglich in den Gründen ausgeführt wird, dass es bei der gesetzlichen Grundregelung, dass jeder Beteiligte die ihm erwachsenen Kosten selbst trägt (§ 63 Abs. 1 S. 3), verbleibt.

Die Entscheidung über den Gegenstandswert kann entweder mit dem Hauptsachebe- 7
schluss verbunden werden oder in einem separaten Beschluss ergehen (§ 63 Abs. 2 S. 2). Wird sie mit dem Hauptsachebeschluss verbunden, besteht die Möglichkeit der isolierten Anfechtung.

Die **Höhe des Gegenstandswertes** wird vom Spruchkörper nach **billigem Ermessen** 8
bestimmt (§ 63 Abs. 2 S. 1, § 23 Abs. 3 S. 2 RVG). Eine Bindung an einen vom Antragsteller beantragten Gegenstandswert besteht insoweit nicht (BPatG BeckRS 2007, 65385 – SAMADHI).

Im **Widerspruchsverfahren** ist das wirtschaftliche Interesse des Inhabers der angegriffe- 9
nen Marke an der Aufrechterhaltung seiner Marke maßgeblich für die Bewertung der Höhe des Gegenstandswertes (BGH GRUR 2006, 704 – Markenwert; beispielhaft s. auch BPatG BeckRS 2016, 01659 – ICH BIN ICH). Nicht entscheidend ist insoweit das Interesse des Inhabers der Widerspruchsmarke an der Löschung der angegriffenen Marke (BGH GRUR 2006, 704 – Markenwert).

Als **Regelgegenstandswert** im gerichtlichen Verfahren wird vom BGH und der Mehrheit 10
der Markensenate des BPatG (Fundstellen s. BPatG BeckRS 2016, 01659 – ICH BIN ICH sowie → § 71 Rn. 46 ff.) **bei unbenutzten Marken 50.000 Euro** angenommen (BGH GRUR 2006, 704 – Markenwert). Diesen Wert hat auch das DPMA seinen Kostenfestsetzungsentscheidungen in den letzten Jahren meist zugrunde gelegt. Nach der Rechtsprechung stellt der Betrag von 50.000 Euro unter Berücksichtigung von verschiedenen Fallgestaltungen einen angemessenen Mittelwert dar, der auch die Kosten für die Entwicklung und Eintragung der Marke sowie das wirtschaftliche Interesse des Inhabers der angegriffenen Marke, verfahrensbedingte Umsatzausfälle zu vermeiden, umfasst (BPatG BeckRS 2015, 14899 – Bestimmung des Gegenstandswertes in Markensachen bei Widerspruchsverfahren).

Eine **Abweichung vom Regelgegenstandswert** kommt bei Vorliegen von besonderen 11
Umständen in Betracht. Beispielsweise ist eine Erhöhung möglich, wenn die angegriffene Marke bereits benutzt wurde oder wird (BPatG GRUR 1999, 65 – P-Plus), sie Basismarke für eine IR-Marke in mehreren Staaten ist (BPatG BeckRS 2008, 27075 – Kosten des Widerspruchsverfahrens) oder sie einen nicht unwesentlichen Teil der Firmenbezeichnung des Inhabers der Marke beinhaltet (BPatG GRUR 1999, 64 – Gegenstandswert für Widerspruchsverfahren). Eine Verringerung des Regelgegenstandswertes ist zB möglich, wenn der Inhaber der angegriffenen Marke sein wirtschaftliches Interesse an der Aufrechterhaltung der Marke in nachvollziehbarer Weise selbst niedriger beziffert (BPatG BeckRS 2016, 09042 – Kosten nach Widerspruchsrücknahme).

Im **Löschungsverfahren** wird der Festsetzung des Gegenstandswertes das Interesse der 12
Allgemeinheit an der Löschung der angegriffenen Marke zugrunde gelegt (BPatG BeckRS 2016, 07854 – Ismaqua). Dieses Interesse ist weder gleichzusetzen mit dem Interesse des Antragstellers an der Markenlöschung noch mit dem Interesse des Markeninhabers an dem Fortbestehen des Markenschutzes. Entscheidend für die Bewertung dieses Interesses sind die

wirtschaftlichen Nachteile, die für die Allgemeinheit im Fall der Rechtsbeständigkeit der angegriffenen Marke zu erwarten sind (BPatG BeckRS 2011, 05956 – Gegenstandswert im Löschungsverfahren). Hierfür sind insbesondere die Benutzung der angegriffenen Marke (BPatG BeckRS 2014, 09807) sowie die Art der Waren und Dienstleistungen und insbesondere das durch sie bestimmte Ausmaß des Schutzumfangs entscheidend. Dabei gilt: je stärker die Marke benutzt und verteidigt wird und je größer – abhängig von der Art der Waren/Dienstleistungen – die Zahl der angesprochenen Verkehrskreise wie auch der Mitbewerber ist, desto größere wirtschaftliche Nachteile sind für die Allgemeinheit im Falle der – zu unterstellenden – Rechtsbeständigkeit der Marke zu erwarten (BPatG BeckRS 2003, 16633; 2015, 09643 – TitanShield). Bei einem Löschungsantrag wegen Bösgläubigkeit besteht das Interesse der Allgemeinheit in der Beseitigung einer von der Rechtsordnung missbilligten Beeinträchtigung des Wettbewerbs (BPatG BeckRS 2015, 10477).

13 Als **Regelgegenstandswert** legen der BGH und die meisten Markensenate des BPatG einen Betrag in Höhe von **50.000 Euro bei unbenutzten und 100.000 Euro bei benutzten Marken** zugrunde (Fundstellen s. BPatG BeckRS 2016, 07854 – Ismaqua sowie → § 71 Rn. 50 ff.). Dieser Rechtsprechung ist das DPMA in den letzten Jahren meist gefolgt.

14 Eine **Abweichung vom Regelgegenstandswert** kommt nur bei Vorliegen von besonderen Umständen in Betracht. Beispielsweise ist eine Erhöhung möglich, wenn die Marke einen besonders großen Schutzumfang (großes Waren- und Dienstleistungsverzeichnis, großer Verkehrskreis betroffen) aufweist (BGH GRUR 2006, 850 – FUSSBALL WM 2006 sowie nachgehend BPatG GRUR 2007, 507 – FUSSBALL WM II), mit ihr hohe Umsätze erzielt wurden (BPatG BeckRS 2009, 03591) oder mehrere Löschungsanträge bzw. Anträge vor Zivilgerichten gegen dieselbe Marke anhängig sind oder waren (BPatGE 41, 100 – COTTO). Eine Verringerung des Regelgegenstandswertes ist möglich, wenn die Marke nur ein sehr eingeschränktes Störpotential aufweist, zB weil sie einen ganz geringen Schutzumfang (nur einzelne Waren oder Dienstleistungen, die an einen kleinen Verkehrskreis gerichtet sind, BPatG BeckRS 2003, 16633) aufweist. Die Tatsache, dass eine juristische Person des öffentlichen Rechts Inhaberin der angegriffenen Marke ist, die hoheitlich handeln kann, kann allein nicht zur Reduzierung des Gegenstandswertes führen (BPatG BeckRS 2016, 07854 – Ismaqua).

15 Im **Akteneinsichtsverfahren** bemisst sich die Höhe des Gegenstandswertes nach dem wirtschaftlichen Interesse an der von der Akteneinsicht betroffenen Marke und nicht an dem Interesse bzw. der Bedeutung der Akteneinsicht für den die Akteneinsicht Begehrenden (BPatG GRUR 1992, 854 – Streitwert Akteneinsicht; BPatG LSK 2005, 340337 = MittdtPatA2005, 328). Der 30. Senat des BPatG hat den Gegenstandswert insoweit zuletzt auf **5.000 Euro** festgesetzt (BPatG BeckRS 2015, 13972 – Transzendentale Meditation). Hierbei handelt es sich um den in § 23 Abs. 3 S. 2 RVG genannten Regelwert (bei nichtvermögensrechtlichen Gegenständen); eine Orientierung an diesem Wert hatte der 25. Senat des BPatG bereits 2006 angeregt (BPatG GRUR 2007, 176). Ohne nähere Ausführungen zur Höhe des Gegenstandswertes BGH BeckRS 2007, 08379 – MOON: 10.000 Euro; BeckRS 2000, 05237 – POLIZEI: 10.000 DM.

C. Regelung des Abs. 3

16 Korrespondierende Vorschriften für die **Erinnerungs- und Beschwerdegebühr** enthalten § 64 Abs. 5 und § 66 Abs. 5. Die **Rückzahlung** erfolgt nur aus Billigkeitsgründen, die nur bei einer ersichtlich fehlerhaften Sachbehandlung durch das DPMA oder nicht eingetretener beschleunigter Prüfung vorliegen.

D. Regelung des Abs. 4

17 Abs. 4 betrifft das **Kostenfestsetzungsverfahren.** Zuständig ist nach § 7 Abs. 2 WahrnV, § 65 Abs. 1 Nr. 11 die mit einem Beamten des gehobenen Dienstes besetzte Markenabteilung. Die Entscheidung ergeht durch Beschluss, gegen den das Rechtsmittel der Beschwerde gegeben ist. Die Beschwerdefrist beträgt zwei Wochen. Die Beschwerdegebühr beträgt 50 Euro (GV 401200 PatKostG, Teil B). Ausgehend von dem durch den Spruchkörper nach Abs. 2 festgestellten Gegenstandswert bestimmt der Kostenbeamte die Kosten.

Weil auf das patentamtliche Kostenfestsetzungsverfahren § 308 ZPO als Ausdruck der Dispositionsmaxime analog anwendbar sein soll, ist der Kostenbeamte bei der Festsetzung der Kosten insoweit an den Antrag des Kostengläubigers gebunden, als er keine höheren Kosten als beantragt festsetzen darf (BPatG BeckRS 2014, 08005). 18

§ 64 Erinnerung

(1) [1]Gegen die Beschlüsse der Markenstellen und der Markenabteilungen, die von einem Beamten des gehobenen Dienstes oder einem vergleichbaren Angestellten erlassen worden sind, findet die Erinnerung statt. [2]Die Erinnerung hat aufschiebende Wirkung.

(2) Die Erinnerung ist innerhalb eines Monats nach Zustellung beim Patentamt einzulegen.

(3) [1]Erachtet der Beamte oder Angestellte, dessen Beschluß angefochten wird, die Erinnerung für begründet, so hat er ihr abzuhelfen. [2]Dies gilt nicht, wenn dem Erinnerungsführer ein anderer an dem Verfahren Beteiligter gegenübersteht.

(4) Über die Erinnerung entscheidet ein Mitglied des Patentamts durch Beschluß.

(5) Die Markenstelle oder die Markenabteilung kann anordnen, dass die Gebühr nach dem Patentkostengesetz für die Erinnerung ganz oder teilweise zurückgezahlt wird.

(6) [1]Anstelle der Erinnerung kann die Beschwerde nach § 66 eingelegt werden. [2]Ist in einem Verfahren, an dem mehrere Personen beteiligt sind, gegen einen Beschluss von einem Beteiligten Erinnerung und von einem anderen Beteiligten Beschwerde eingelegt worden, so kann der Erinnerungsführer ebenfalls Beschwerde einlegen. [3]Wird die Beschwerde des Erinnerungsführers nicht innerhalb eines Monats nach Zustellung der Beschwerde des anderen Beteiligten gemäß § 66 Abs. 4 Satz 2 eingelegt, so gilt seine Erinnerung als zurückgenommen.

(7) [1]Nach Einlegung einer Beschwerde nach Absatz 6 Satz 2 oder nach § 66 Abs. 3 kann über eine Erinnerung nicht mehr entschieden werden. [2]Eine gleichwohl danach erlassene Erinnerungsentscheidung ist gegenstandslos.

Überblick

Die Kommentierung befasst sich mit dem Rechtsbehelf der Erinnerung. Neben den für die Zulässigkeit maßgebenden Fragen der Statthaftigkeit (→ Rn. 2), der Frist (→ Rn. 4 ff.) und Form der Erinnerung (→ Rn. 8) werden relevante Gesichtspunkte für das Abhilfeverfahren (→ Rn. 10 ff.) und das Erinnerungsverfahren (→ Rn. 17 ff.), die Rückzahlung der Erinnerungsgebühr (→ Rn. 21 ff.) sowie die Situation beim Zusammentreffen von Erinnerung und Beschwerde (→ Rn. 24 ff.) dargestellt.

Übersicht

	Rn.		Rn.
A. Allgemeines	1	E. Zuständigkeit und Entscheidungsgrundlage (Abs. 4)	17
B. Statthaftigkeit und Wirkung (Abs. 1)	2	F. Rückzahlung der Gebühr (Abs. 5)	21
C. Frist (Abs. 2)	4	G. Fakultative Erinnerung (Abs. 6 und 7)	24
D. Abhilfe (Abs. 3)	10		

A. Allgemeines

Das Erinnerungsverfahren ist ein Verfahren, mit dem die Markenstelle von Beamten des gehobenen Dienstes oder vergleichbaren Angestellten getroffene Beschlüsse noch einmal 1

MarkenG § 64

überprüfen kann. Auch das Erinnerungsverfahren ist ein Verwaltungsverfahren (BVerfG GRUR 2003, 723 – Arbeitszeitregelung). Zwar hat das BPatG entschieden, dass für das Erinnerungsverfahren im Zweifel die für das Beschwerdeverfahren geltenden Vorschriften entsprechend herangezogen werden können (BPatG GRUR 2000, 815 – Torba/turfa). Diese Aussage ist aber teilweise zu eng, teilweise zu weit. So besteht kein Grund, zB § 80 Abs. 1 nicht anzuwenden, weil den zu berichtigenden Beschluss eine mit einem Beamten des gehobenen Dienstes besetzte Markenstelle erlassen hat. Zum anderen hat der BGH klargestellt, dass für jede Norm der ZPO zu prüfen ist, ob sie für eine analoge Anwendung – unabhängig davon, ob es sich um ein Erinnerungsverfahren handelt oder nicht – in Betracht zu ziehen ist (vgl. zB BGH GRUR 2010, 231 – Legostein). Damit ist klargestellt, dass die Verweisung des § 82 in der Gänze im Verfahren vor der mit einem Beamten des höheren Dienstes besetzten Markenstelle nicht gilt. Zur **Erinnerungsberechtigung** → § 66 Rn. 17 ff. (Beschwerderecht).

B. Statthaftigkeit und Wirkung (Abs. 1)

2   Die Erinnerung ist ein Rechtsbehelf. Sie einzulegen, löst zwar den Suspensiveffekt, **nicht** aber den **Devolutiveffekt** aus. Die Entscheidung bleibt die des sachlich zuständigen Spruchkörpers Markenstelle, die nunmehr aber mit einem Mitglied des Patentamts besetzt ist (Abs. 4). Daraus ergibt sich einerseits, dass alle Feststellungen der Markenstelle und der Partei(en), alle Einreden und sonstigen Verteidigungs- und Angriffsmittel gültig bleiben und nicht erneut vorgebracht werden müssen. Andererseits ist die Markenstelle nicht auf das sachliche und rechtliche Vorbringen, das dem Erstprüferbeschluss zu Grunde lag, beschränkt.

3   Eine unter einer **Bedingung** erhobene Erinnerung ist **unzulässig**.

C. Frist (Abs. 2)

4   Die Frist zur Einlegung der Erinnerung und zur Bewirkung der Zahlung der Erinnerungsgebühr beträgt einen Monat. Die Fristberechnung erfolgt analog § 222 ZPO nach den **§§ 187 ff. BGB**. Der Fristbeginn hängt von der Art der gewählten Zustellung ab. Die Fristdauer beträgt einen Monat, so dass nach § 188 Abs. 2 S. 2 BGB der Tag, der durch seine Benennung dem Tag der Zustellung entspricht, maßgeblich ist. Fällt dieser Tag auf einen Samstag, Sonntag oder Feiertag, so fällt nach § 193 BGB das Fristende auf den nächsten Werktag.

5   Die Regelung der Feiertage ist in den einzelnen Bundesländern unterschiedlich, wobei für den fristwahrenden Eingang die an den Dienststellen München und Jena sowie dem Technischen Informationszentrum (Berlin) jeweils geltenden Feiertage maßgebend sind (Mitt 8/1999 des Präsidenten des DPMA, BlPMZ 1999, 121). Fristgebundene Erklärungen können dabei an den Annahmestellen aller drei Standorte fristwahrend eingereicht werden (Mitt 11/1998 des Präsidenten des DPMA, BlPMZ 1998, 381; Mitt 5/1999 des Präsidenten des DMPA, BlPMZ 1999, 49).

5.1 Als **gesetzliche Feiertage** sind – außer den Sonntagen – anerkannt (Mitt 8/1999 des Präsidenten des DPMA, BlPMZ 1999, 121):

Für **München**: 1.) Neujahr (1.1.), 2.) Heilige Drei Könige (6.1.), 3.) Karfreitag, 4.) Ostermontag, 5.) 1. Mai, 6.) Christi Himmelfahrt, 7.) Pfingstmontag, 8.) Fronleichnam, 9.) Mariä Himmelfahrt (15.8.), 10.) Tag der deutschen Einheit (3.10.), 11.) Allerheiligen (1.11.), 12.) Erster Weihnachtsfeiertag (25.12.), 13.) Zweiter Weihnachtsfeiertag (26.12.).

Für **Jena**: 1.) Neujahr (1.1.), 2.) Karfreitag, 3.) Ostermontag, 4.) 1. Mai, 5.) Christi Himmelfahrt, 6.) Pfingstmontag, 7.) Tag der deutschen Einheit (3.10.), 8.) Reformationstag (31.10.), 9.) Erster Weihnachtsfeiertag (25.12.), 10.) Zweiter Weihnachtsfeiertag (26.12.).

Für **Berlin**: 1.) Neujahr (1.1.), 2.) Karfreitag, 3.) Ostermontag, 4.) 1. Mai, 5.) Christi Himmelfahrt, 6.) Pfingstmontag, 7.) Tag der deutschen Einheit (3.10.), 8.) Erster Weihnachtsfeiertag (25.12.), 9.) Zweiter Weihnachtsfeiertag (26.12.).

6   Keine Feiertage sind Heiligabend (24.12.) und Silvester (31.12., BeckOK BGB/Henrich BGB § 193 Rn. 10; Palandt/Ellenberger BGB § 193 Rn. 6), so dass die Frist auch an diesen Tagen ablaufen kann.

In die Versäumung der Frist zur Einlegung der Erinnerung und zur Bewirkung der Zahlung der Erinnerungsgebühr kann bei Vorliegen der Tatbestandsvoraussetzungen **Wiedereinsetzung in den vorigen Stand** gewährt werden (§ 91). Bei Versäumung der Frist steht in mehrseitigen Verfahren immer der Weg der **Anschlusserinnerung** (BPatG GRUR 1974, 107 Ls. 1) bis zum Erlass einer Entscheidung über die Erinnerung offen, wenn die Gegenpartei ebenfalls Erinnerung eingelegt hatte (Fezer Rn. 6; BPatG GRUR 1974, 107 – Anschlusserinnerung). Wird trotz versäumter Frist im Erinnerungsverfahren entschieden, ist ein derartiger Beschluss nicht nichtig. 7

Die Erinnerung muss **schriftlich** erhoben werden. Dieses Erfordernis ist zwar im Gegensatz zu § 66 Abs. 2 und zu § 12a WZG nicht (mehr) ausdrücklich erwähnt, folgt jedoch indirekt aus §§ 10, 11 DPMAV, wonach Eingaben an das Amt unterschrieben sein müssen. Das Wort „Erinnerung" muss zwar nicht ausdrücklich aufgenommen werden, es muss jedoch zum Ausdruck gebracht werden, dass die Entscheidung des Erstprüfers einer erneuten Überprüfung unterzogen werden soll. Da jedoch gegen diese Beschlüsse auch die Möglichkeit der Direktbeschwerde eröffnet ist, muss klargestellt sein, welcher(s) Rechtsbehelf/-mittel erhoben worden ist. Anders als Beschwerden, die gemäß § 1 Abs. 1 Nr. 3b ERVDPMAV auch elektronisch eingereicht werden können, besteht diese Möglichkeit für die Einlegung der Erinnerung (noch) nicht. 8

Innerhalb der Frist zur Einlegung der Erinnerung muss auch die **Zahlung der Gebühr** bewirkt worden sein (§ 6 Abs. 1 S. 1 PatKostG). Die Höhe der Gebühr beträgt 150 Euro (III.3. Anlage zu § 2 Abs. 1 PatKostG, GV 333000 PatKostG). Die Erinnerungsgebühr ist gemäß A. Abs. 2 der Anlage zu § 2 Abs. 1 PatKostG für jeden Antragsteller gesondert zu zahlen. Für das Anmeldeverfahren bedeutet dies, dass mehrere Markenanmelder, die Erinnerung gegen die Zurückweisung ihrer Anmeldung einlegen, auch mehrere Erinnerungsgebühren entrichten müssen (vgl. für das Beschwerdeverfahren: BPatG BeckRS 2016, 05061 – Beschwerdegebühr für jeden Anmelder bei einer aus mehreren Anmeldern bestehenden Anmeldergemeinschaft; ebenso BPatG BeckRS 2016, 07089 – Rich meets Beautiful; für das Patenteinspruchsverfahren: BGH GRUR 2015, 1255 – Mauersteinsatz; für weitere Einzelheiten Deichfuß GRUR 2015, 1170). Wird die Gebühr nicht, nicht vollständig oder zu spät gezahlt, gilt die Erinnerung gemäß § 6 Abs. 2 PatKostG als nicht eingelegt (vgl. auch BPatG BeckRS 2015, 09313 – Hotel Krone Freilassing). 9

D. Abhilfe (Abs. 3)

Die Formulierung in Abs. 3 unterscheidet sich von der in § 66 Abs. 5, die allgemein von der „Stelle" spricht. Abhilfe bedeutet, dem Begehren des Rechtsbehelfs-/-mittelführers vollständig Rechnung zu tragen. Das ist nicht der Fall, wenn der Beschluss des Erstprüfers lediglich aufgehoben wird, ohne dass hieraus eine für den Anmelder/Antragsteller günstig(er)e Sachentscheidung folgt (sog. kassatorische Abhilfe). Der in einer solchen Abhilfeentscheidung liegende Versuch der Heilung von Verfahrensfehlern kann nämlich auch durch das Erinnerungsverfahren erfolgen. 10

Dass im Patentverfahren eine kassatorische Abhilfeentscheidung demgegenüber für möglich erachtet wird, liegt in der Tatsache begründet, dass dort ein entsprechendes zweistufiges Prüfungsverfahren nicht existiert. 10.1

Eine Besonderheit bietet die Erinnerung nach § 46 Abs. 2 MarkenV, die bei Versäumung der viermonatigen Frist zur Vertreterbestellung gegen den endgültig gewordenen refus de protection eingelegt werden kann. 11

Beim refus de protection handelt es sich um einen Beschluss (BPatG BeckRS 2000, 15240 – Chronin), nicht um eine Beanstandung, der allerdings der Überprüfung in einem Nachverfahren unterliegt (vgl. §§ 113, 124, 37), und daher vorläufiger Natur ist. Deshalb geht die ständige Praxis des DPMA dahin, einer entsprechenden Erinnerung ohne weiteres stattzugeben, soweit mit ihr auch das Verfahrenshindernis der fehlenden Inlandsvertreterbestellung beseitigt wurde, mit der Modifikation, dass der refus de protection nicht aufgehoben wird, weil dann die Wirkung des § 112 Abs. 1 nicht mehr rückwirkend beseitigt werden könnte, sondern die Marke ohne weiteres für Deutschland Schutz genießen würde. Im Anschluss daran wird die Prüfung der Frage, ob der international registrierten Marke der Schutz für Deutschland verweigert werden muss, wie die Prüfung einer nationalen Markenanmeldung durch 11.1

einen Beamten des gehobenen Dienstes durchgeführt und durch Beschluss, gegen den ggf. Erinnerung und Beschwerde eröffnet sind, erledigt.

12   Abhilfe setzt auf jeden Fall die **Einlegung eines Rechtsbehelfs/-mittels** und dessen Zulässigkeit voraus, was eine Rechtsgrundlage für die Abhilfeentscheidung schafft. Eine ohne eine derartige Rechtsgrundlage getroffene Abhilfeentscheidung ist rechtswidrig.

13   Die **Abhilfe** erfolgt in der Form eines **Beschlusses,** der die zurückweisende Entscheidung aufhebt.

14   Die **Nichtabhilfe** wird in Form eines **Aktenvermerkes** erledigt, und zusammen mit der Akte der zweitentscheidenden Markenstelle zugeleitet.

15   Eine **Teilabhilfe** erledigt das Anmelder-/Antragsbegehren nicht vollständig und ist daher nicht zulässig. Eine nur teilweise Abhilfe ist dennoch wirksam (ebenso → UMV Art. 61 Rn. 3 ff.; BPatG BeckRS 2009, 16070 – Seasons).

16   Die Möglichkeit der Abhilfe besteht nach Abs. 3 S. 2 nur im **einseitigen Verfahren.**

E. Zuständigkeit und Entscheidungsgrundlage (Abs. 4)

17   Das Erinnerungsverfahren wird zwar als justizförmiges Verfahren angesehen, in dem das Antragsprinzip und das Verbot der reformatio in peius gelten. Streng gilt das jedoch nur für die zweiseitigen Verfahren, im einseitigen Verfahren mit gewissen Modifikationen. Mit der Erinnerungseinlegung ist kein Instanzwechsel verbunden. Damit nimmt der die Erinnerung bearbeitende und entscheidende Prüfer genauso wie der Erstprüfer die Aufgabe einer Markenstelle (§ 56 Abs. 2 S. 2) wahr. Das bedeutet zum einen, dass innerhalb der gestellten Anträge (nach einer Nachbeanstandung zur Wahrung des rechtlichen Gehörs, → § 59 Rn. 15) neue Schutzhindernisse, aber auch neue Tatsachen in das Verfahren eingeführt werden dürfen. Da die Teilzurückweisung einer Anmeldung durch den Erstprüfer nicht zugleich die Feststellung beinhaltet, dass die Marke im Übrigen schutzfähig ist (ebenso Ströbele/Hacker/Kirschneck Rn. 12), kann die Markenstelle auch über den Erstprüferbeschluss hinaus nach Wahrung des rechtlichen Gehörs die Zurückweisung der Anmeldung auf weitere, bislang nicht von der Zurückweisung durch den Erstprüferbeschluss betroffene Waren oder Dienstleistungen erstrecken (BPatG BeckRS 2008, 19253 – Global Player; aA BPatG BeckRS 2009, 14556 – Toners). Ob dies allerdings in einem Beschluss geschehen kann, ist offen; hierfür können Gründe der Verfahrensbeschleunigung sprechen (gegen die Zusammenfassung in einem Beschluss: Bingener in Fezer, HdB Markenpraxis, S. 90; vgl. BPatG BeckRS 2008, 19253 – Global Player, wonach die Zurückweisung der Anmeldung durch zwei Beschlüsse die Rückzahlung der Beschwerdegebühr aus Billigkeitsgründen rechtfertigt).

18   Dies gilt jedoch nicht im Prüfungsverfahren einer international registrierten Marke für die Frage, ob dieser für Deutschland der Schutz zu verweigern ist, da das DPMA die Schutzversagungsgründe binnen einer Ausschlussfrist von einem Jahr (Art. 5 Abs. 5 MMA bzw. PMMA, nachdem Deutschland von der in Art. 5 Abs. 2 PMMA eröffneten Möglichkeit, eine längere Frist in Anspruch zu nehmen, keinen Gebrauch gemacht hat) dem internationalen Büro abschließend mitteilen muss.

19   Im Widerspruchsverfahren kann der Erinnerungsprüfer wegen des Verbots der Schlechterstellung über eine Zurückweisung des gestellten Antrages nur dann hinausgehen, wenn der andere Beteiligte (vorausgesetzt, er ist durch die Entscheidung des Erstprüfers ebenfalls beschwert) auch eine (Anschluss-)Erinnerung eingelegt hat.

20   Die Erinnerung kann bis zur Bestandskraft der Entscheidung **zurückgenommen** werden (Fezer Rn. 7).

F. Rückzahlung der Gebühr (Abs. 5)

21   Auch in diesem Fall trifft das Gesetz eine von § 66 Abs. 5 teilweise abweichende Regelung, weil in Abs. 5 auch die Möglichkeit besteht, die Erinnerungsgebühr „teilweise" zurückzuerstatten.

22   Wenngleich im Unterschied zur Kostenentscheidung nach § 63 Abs. 1 nicht ausdrücklich erwähnt, *ist allerdings* eine solche Rückzahlung nur dann angeboten, wenn **Billigkeitsgesichtspunkte** (für die vergleichbare Regelung in § 71: BPatG GRUR-RS 2016, 01711 – Keine Wiedereinsetzung bei SEPA-Einzugsermächtigung; BeckRS 2016, 09042 – Kosten

nach Widerspruchsrücknahme; BeckRS 2016, 08401 – Fehlende Signatur; BeckRS 2016, 08400 – Flow Ride/Flow; BeckRS 2016, 08047 – programics; BeckRS 2012, 19752 – Oguchi Implant Method) sie rechtfertigen. Auch hier ist zu berücksichtigen, dass die Gebührenpflicht den Regelfall bildet (BPatG BeckRS 2012, 19752 – Oguchi Implant Method; BeckRS 2010, 22361 – Igel plus /PLUS; Ingerl/Rohnke § 71 Rn. 35). Als praktisch bedeutsamster Fall kann zB die Verletzung des Gebotes der Wahrung des **rechtlichen Gehörs** (§ 59 Abs. 2) die Anordnung der Rückzahlung der Erinnerungsgebühr rechtfertigen. Dies gilt jedoch nur, wenn und soweit die verfahrensfehlerhafte Behandlung durch die erstentscheidende Markenstelle/-abteilung sich ausgewirkt hat, weil auch eine andere Entscheidung in der Sache in Betracht zu ziehen ist. Der Verfahrensfehler selbst wird durch die Einlegung des Rechtsbehelfs ohne weiteres geheilt, da die versäumte Handlung (zB die Gewährung des rechtlichen Gehörs) im Erinnerungsverfahren nachgeholt werden kann

Eine lediglich vom (nicht verfahrensfehlerhaften) Erstprüferbeschluss abweichende Sachentscheidung durch den Erinnerungsprüfer rechtfertigt die Rückzahlung der Erinnerungsgebühr dagegen regelmäßig nicht. Dies gilt ebenso, wenn die Begründung des Beschlusses zwar einzelne Ungereimtheiten aufweist, aber erkennbar ist, dass es sich hierbei um eine offenbare Unrichtigkeit handelt (BPatG BeckRS 2016, 08400 – Flow Ride/Flow). Zu Einzelheiten → § 66 Rn. 112 (zu § 66 Abs. 5); → § 71 Rn. 70 ff. (zu § 71 Abs. 3). 23

G. Fakultative Erinnerung (Abs. 6 und 7)

Gegen Beschlüsse, die von einem Beamten des gehobenen Dienstes oder einem vergleichbaren Angestellten erlassen worden sind, ist neben der Erinnerung auch das Rechtsmittel der **Beschwerde** statthaft. Dieses Nebeneinander von Rechtsbehelf und Rechtsmittel bereitet bei zweiseitigen (inter partes) Verfahren mitunter Schwierigkeiten, da von der gesetzlichen Regelung in Abs. 6 nur der Fall umfasst ist, dass die Beteiligten eines Verfahrens unterschiedliche Rechtsmittel bzw. Rechtsbehelfe einlegen. In diesem Fall kann der Erinnerungsführer binnen einer Frist von einem Monat nach S. 2 gleichfalls Beschwerde einlegen. Die Beschwerdegebühr ist dabei mit der Erinnerungsgebühr abgegolten. Bei Nichterhebung der Beschwerde wird nach S. 3 die Rücknahme der Erinnerung fingiert. In diesem Fall scheidet auch eine Rückzahlung der Erinnerungsgebühr aus (ebenso Ströbele/Hacker/Kirschneck Rn. 10; aA Büscher/Dittmer/Schiwy/Büscher Rn. 17: Rückzahlung nach § 10 Abs. 2 PatKostG, jedoch ohne darauf einzugehen, dass § 10 Abs. 2 PatKostG auf sonstige Handlungen nicht anwendbar ist. Die Formulierung „oder die Handlung als nicht vorgenommen gilt" in § 10 Abs. 2 PatKostG wurde durch Art. 6 Nr. 4 Gesetz zur Änderung des patentrechtlichen Einspruchsverfahrens und des PatKostG vom 21.6.2006 gestrichen, BGBl. I 1318). Wurde die Erinnerungsgebühr nicht, nicht vollständig oder verspätet gezahlt, gilt die Beschwerde nach § 6 Abs. 4 PatKostG als zurückgenommen. 24

Nicht geregelt ist jedoch der Fall, wenn mehrere im Verhältnis zueinander nicht Beteiligte **unterschiedliche Rechtsmittel bzw. Rechtsbehelfe** einlegen. Dies kann zB dann vorliegen, wenn mehrere Widersprüche unterschiedlicher Widersprechender in einem Beschluss verbeschieden worden sind. Da in einem solchen Fall die zu einem Verfahren verbundenen Widersprüche in unterschiedlichen Instanzen anhängig sind, müssen diese entweder getrennt und getrennt entschieden oder ausgesetzt werden (BPatG BeckRS 2015, 10469 – Vino Monte/Montes u. Vinha Do Monte; BeckRS 2002, 14937). 25

Die Beschwerde kann neben der Schriftform im Unterschied zur Erinnerung auch nach § 1 Abs. 1 Nr. 3b ERVDPMAV **elektronisch eingelegt** werden (zu Einzelheiten → § 66 Rn. 63 ff.). 26

Im Unterschied zu Abs. 3 trifft die Abhilfeentscheidung im Falle der Direktbeschwerde nach Abs. 6 S. 1 iVm § 66 Abs. 5 die „Stelle", die die Entscheidung getroffen hat. 27

Eine Abhilfe durch den **Vorgesetzten** des Beamten bzw. vergleichbaren Angestellten, der gleichfalls die Aufgaben der Markenstelle wahrnimmt, ist damit vom Normtext her nicht verboten sondern sogar geboten, denn ob von der Abhilfemöglichkeit Gebrauch gemacht wird, obliegt nicht dem freien Ermessen der Markenstelle. Nicht erforderlich ist es jedoch, die Marke im Hinblick auf eine abweichende Bewertung des Sachverhalts nachzurecherchieren, da dies die Durchführung eines Quasi-Erinnerungsverfahrens bedeuten würde. Im Hinblick auf die knapp bemessene Vorlagefrist genügt der Aktenstand, der in der Regel nur für 28 evident falsche rechtliche Bewertungen, die sich zudem auch auf das Ergebnis auswirken müssen (keine kassatorische Abhilfe), eine Abhilfemöglichkeit und damit -verpflichtung eröffnet.

29 Nach Einlegung der Beschwerde nach § 66 Abs. 3 oder § 64 Abs. 6 S. 2 ist der Markenstelle wegen des Devolutiveffekts eine Entscheidung verwehrt. Erlässt sie gleichwohl eine Entscheidung, erwächst diese nicht in Bestandskraft.

§ 64a Kostenregelungen im Verfahren vor dem Patentamt
Im Verfahren vor dem Patentamt gilt für die Kosten das Patentkostengesetz.

Überblick

Die folgende Kommentierung gibt einen kurzen Überblick zu Fälligkeit (→ Rn. 5), Zahlung (→ Rn. 8) und den sich aus einer nicht ordnungsgemäßen Zahlung von Kosten ergebenden Folgen (→ Rn. 13).

A. Allgemeines

1 § 64a verweist für die Kostenregelungen im Verfahren vor dem Patentamt auf das PatKostG. Es handelt sich hierbei um eine rein **deklaratorische Verweisung,** wie sich bereits aus § 1 Abs. 1 PatKostG, der die Anwendbarkeit des PatKostG für die Gebühren des DPMA regelt, ergibt (BPatG BeckRS 2015, 09313 – Hotel Krone Freilassing).

B. Einzelheiten

2 § 1 Abs. 2 PatKostG enthält die **Verordnungsermächtigung** für das BMJV, ergänzende Regelungen für die Auslagen und die Verwaltungskosten des DPMA sowie für die Zahlungswege und den Zahlungstag ergänzende Regelungen zu treffen. Das BMJV hat hiervon durch den Erlass der DPMAVwKostV und der PatKostZV Gebrauch gemacht. Die DPMAVwKostV enthält für bestimmte Verwaltungskosten zum PatKostG weitgehend übereinstimmende Vorschriften.

3 Allgemeine Informationen zu den Gebühren enthält auch das **Kostenmerkblatt** (abrufbar unter http://www.dpma.de/docs/service/formulare/allgemein/a9510.pdf).

4 **Kosten** sind sowohl in § 1 Abs. 2 Nr. 2 PatKostG als auch § 1 Abs. 1 DPMAVwKostV als Gebühren und Auslagen **legal definiert.** Welche Gebühren (bzw. Auslagen) hierunter fallen sowie in welcher Höhe sie anfallen, ergibt sich jeweils aus der Anlage Kostenverzeichnis zu § 2 Abs. 1 DPMAVwKostV bzw. § 2 Abs. 1 PatKostG.

5 Die Gebühren werden mit dem Einreichen einer Anmeldung, dem Stellen eines Antrags oder mit Vornahme einer sonstigen Handlung **fällig** (vgl. § 3 PatKostG). Bedeutung erlangt diese Unterscheidung für die Beurteilung der Folgen einer verfristeten oder einer unvollständigen Zahlung, da das Gesetz hieran unterschiedliche Fiktionswirkungen knüpft (vgl. § 6 Abs. 2 PatKostG). Sonstige Handlungen iSd PatKostG sind nach der nicht abschließenden Aufzählung in § 3 Abs. 1 S. 2 PatKostG die Erinnerungs- oder die Beschwerdeeinlegung, aber auch die Erhebung des Widerspruchs nach § 42. Die Fälligkeit bezeichnet dabei den Zeitpunkt, von dem ab der Kostenschuldner die Leistung erbringen muss (vgl. BPatG BlPMZ 1973, 357). Zahlungen, die vor Fälligkeit geleistet werden, kann das DPMA berücksichtigen, nur in gesetzlich vorgesehenen Fällen (§ 5 PatKostG) muss es diese berücksichtigen (vgl. Schulte/Schell PatKostG § 10 Rn. 20). Damit ist es praktikabel, zur Verkürzung des Zahlungsweges geleistete, aber noch nicht verbrauchte Zahlungen umzubuchen. Problematisch könnte in diesem Zusammenhang höchstens die Frage der Anwendbarkeit der Erstattungsgebühr (→ Rn. 14) sein.

6 Im Fall des § 64 Abs. 6 S. 2 wird keine Beschwerdegebühr fällig (vgl. § 3 Abs. 1 S. 5 PatKostG). Grund ist, dass der Betroffene ja bereits eine Erinnerungsgebühr entrichtet hat, die ihm auch nicht mehr zurückerstattet werden kann (auch nicht wegen § 10 Abs. 2 PatKostG, der nur für Anmeldungen und Anträge gilt), da bei Nichteinlegung der Beschwerde die Erinnerung nach § 64 Abs. 6 S. 3 als zurückgenommen gilt.

Kostenregelungen im Verfahren vor dem Patentamt § 64a MarkenG

Die Dauer und das Ende der **Zahlungsfrist** bemessen sich danach, ob das MarkenG (also 7 das Gesetz selbst) für die Stellung des oder der Vornahme des bzw. der dem Gebührentatbestand zu Grunde liegenden Antrages oder sonstigen Handlung selbst eine Frist vorsieht. Wenn ja, muss innerhalb dieser Frist auch die Gebühr bezahlt werden, sonst beträgt die Zahlungsfrist drei Monate ab Fälligkeit (vgl. § 6 Abs. 1 PatKostG), soweit gesetzlich nichts anderes bestimmt ist. Eine Ausnahme hiervon bildet § 36 Abs. 3 S. 1. Die Nachzahlung von Klassengebühren muss danach innerhalb einer behördlich bestimmten Frist erfolgen.

Die möglichen **Zahlungswege** bestimmt § 1 Abs. 1 PatKostZV. 8

Zahlungen können demnach durch Bareinzahlung bei den Geldstellen des DPMA (an den Schaltern 8.1 der Dokumentenannahme in München, Berlin und Jena möglich), durch Überweisung auf das Konto der zuständigen Bundeskasse für das DPMA (Kontoangaben bei Überweisung aus dem Einheitlichen Euro-Zahlungsraum: Zahlungsempfänger Bundeskasse Halle/DPMA, BIC (Swift-Code) MARKEDEF1700, IBAN DE84700000000070001054; Kontoangaben bei Überweisung aus Ländern außerhalb des Einheitlichen Euro-Zahlungsraumes: wie vor, zusätzlich Bankbezeichnung: BBk München), durch Bareinzahlung auf ein Konto der zuständigen Bundeskasse für das DPMA bei einem inländischen oder ausländischen Geldinstitut oder durch Erteilung eines SEPA-Basislastschriftmandates mit Angaben zum Verwendungszweck (Vordrucke A 9530 „SEPA-Basislastschriftmandat" und A 9532 „Angaben zum Verwendungszweck", abrufbar unter http://www.dpma.de/service/formulare_merkblaetter/index.html) geleistet werden. **Voraussetzung** ist insoweit jedoch, dass die Einziehung auch tatsächlich erfolgen kann. Ansonsten gilt die Zahlung als nicht (vgl. Ströbele/Hacker/Kirschneck Rn. 18) bzw. als an dem Tag erfolgt, an dem das Konto die erforderliche Deckung aufweist (so Schulte PatKostZV § 2 Rn. 35).

Die Gebührenzahlung muss bis zum Ablauf der jeweils bestimmten Frist bewirkt worden 9 sein. Der **Zeitpunkt der Erfüllungswirkung** der in § 1 PatKostZV zulässigen Zahlungswege ist in § 2 PatKostZV geregelt. Aus der gesetzlichen Fiktion („Als Zahlungstag gilt") folgt zum einen, dass grundsätzlich die Erfüllung der durch Anträge und sonstiger Handlungen entstandenen Zahlungsschuld innerhalb der Frist **bewirkt** worden sein muss (vgl. den Wortlaut des § 6 Abs. 1 PatKostG: „ist (...) zu zahlen") und weiterhin die Tatsache, dass § 2 PatKostZV den Zahlungstag im Wege der Fiktion anordnet. Damit ist an sich der Tag der Gutschrift maßgebend. Es wird aber unwiderlegbar vermutet, dass diese zB bei § 2 Nr. 3 PatKostZV zum Zeitpunkt der Einzahlung, bei § 2 Nr. 4 PatKostZV zum Zeitpunkt des Eingangs des SEPA-Basislastschriftmandates mit Angaben zum Verwendungszweck bzw. bei ursprünglicher Einreichung des SEPA-Basislastschriftmandates durch Telefax und Nichteinreichung des Originals binnen Monatsfrist, zum Zeitpunkt des Eingangs des Originals beim DPMA vorgelegen hat. Der Leistungserfolg tritt aber bei der Geldzahlungsschuld (bei unbarer Zahlungsweise) mit der Gutschrift des Zahlungsbetrages auf dem Konto der zuständigen Bundeskasse ein, so dass allein die Vornahme der hierzu erforderlichen Leistungshandlungen innerhalb der Zahlungsfrist nicht ausreicht, um die nach § 6 Abs. 2 PatKostG aus einer verspäteten Zahlung resultierenden Folgen abzuwenden.

Die fristwahrende Zahlung ist insbesondere bei **Überweisungen** nicht immer gewährleis- 10 tet, da die Bearbeitung des Überweisungsauftrages gemäß § 675s BGB einen, bei Überweisungen in Papier zwei Bankgeschäftstage betragen kann. Darüber hinaus bestehen in Deutschland Bankenfeiertage (Heiligabend, Silvester), die keine gesetzlichen Feiertage sind und an denen somit auch Zahlungsfristen ablaufen können. Zu Klarstellungs-, aber auch zu Vereinfachungszwecken bestimmt daher § 2 PatKostG im Wege der gesetzlichen Fiktion einen Zahlungszeitpunkt, bei dem der Eintritt der Erfüllungswirkung teilweise abweichend vom bürgerlichen Recht bestimmt wird.

Bei SEPA-Basislastschriftmandaten mit Angaben zum Verwendungszweck fingiert § 2 11 Nr. 4 S. 1 PatKostZV den Tag als Zahlungstag, an dem diese beiden Dokumente beim DPMA eingehen, bei Vorlage vor Fälligkeit den Fälligkeitstag. Hierbei ist allerdings auf die Gültigkeit des SEPA-Basislastschriftmandates zu achten, da dieses nicht länger als 36 Monate nach Erteilung ungenutzt geblieben gewesen sein darf. Da SEPA-Basislastschriftmandat und die Angaben zum Verwendungszweck auch über Telefax übermittelt werden dürfen (vgl. § 11 DPMAV), stellt dieser Zahlungsweg sicher, auch kurzfristig die Zahlungsschuld erfüllen zu können. Allerdings muss dann das Original des **SEPA-Basislastschriftmandates** zur Wahrung dieses Zahlungstages binnen Monatsfrist nach Eingang des Telefaxes nachgereicht

Sallmann

werden. Andernfalls gilt nach S. 2 der Vorschrift der Tag als Zahlungstag, an dem das Original beim DPMA eingegangen ist. Die Fiktion wirkt sich hier zugunsten des Zahlungsverpflichteten aus, da durch den Eingang der Einzugsermächtigung allein die Schuld an sich noch nicht erfüllt wäre (Palandt/Grüneberg BGB § 362 Rn. 11). Dasselbe gilt bei **Bareinzahlungen** auf das Konto der zuständigen Bundeskasse, bei denen bereits der Tag der Bareinzahlung als Zahlungstag gilt. In diesem Fall ist es empfehlenswert (vgl. Kostenmerkblatt), dem DPMA eine Kopie des Einzahlungsbeleges zu übermitteln. Damit ist die Berücksichtigung des begünstigten Zahlungstages sichergestellt. Der Grund liegt darin, dass allein durch die Gutschrift auf das Konto der zuständigen Bundeskasse das DPMA eine Zahlung nach § 1 Nr. 3 PatKostZV nicht von einer Überweisung nach § 1 Nr. 2 PatKostZV unterscheiden kann.

12 **Mindestangaben** zum Verwendungszweck sind (bei Zahlung durch SEPA-Basislastschriftmandat) die Mandatsreferenznummer, das amtliche Aktenzeichen (sofern schon bekannt), die Gebührensumme sowie der konkrete Verwendungszweck durch Angabe einer Gebührennummer oder eine sonstige erläuternde Angabe. Ist ein Euro-Betrag ausgewiesen, ist dieser für das DPMA bindend, das im Hinblick auf seine Höhe keine Änderungen vornehmen darf (BPatG Beschl. v. 12.9.2011 – 29 W (pat) 90/11 für den Fall, dass die Einzugsermächtigung als Verwendungszweck die Gebührenziffer der Beschwerde aufwies, jedoch nur in Höhe von 150 Euro erteilt worden war). Eine Pflicht zur Verwendung des amtlichen Vordrucks „Angaben zum Verwendungszweck" (A 9532) zur Übermittlung dieser Angaben besteht nicht (BPatG BeckRS 2016, 07528 – babygro).

13 § 6 Abs. 2 PatKostG enthält als **Konsequenz** einer Nicht-, Teil- oder Zuspätzahlung die **Fiktion der Rücknahme** bei Anmeldungen oder Anträgen und die Fiktion der Nichtvornahme von sonstigen Handlungen (bei Nichtzahlung der Erinnerungsgebühr gilt die Erinnerung als nicht eingelegt: BPatG BeckRS 2015, 09313 – Hotel Krone Freilassing; BeckRS 2013, 08355 – Antrag auf Wiedereinsetzung in die Frist zur Einzahlung der Erinnerungsgebühr; bei Nichtzahlung der Widerspruchsgebühr gilt der Widerspruch als nicht erhoben: BPatG BeckRS 2015, 02948 – Lehmitz/Weinhaus am Stadtrand Dirk Lehmitz e.K.).

14 Die Fiktion der Nichtvornahme der sonstigen Handlung hat zur Folge, dass die teilweise oder verspätet geleistete Zahlung ohne Rechtsgrund geleistet wurde. Als solche wird sie (entsprechend § 812 Abs. 1 BGB) **zurückerstattet,** jedoch nach Abzug der fällig gewordenen (vgl. § 6 Abs. 2 DPMAvwKostV) Erstattungsgebühr in Höhe von 10 Euro.

15 Ohne Rechtsgrund gezahlt und daher zurückzuerstatten ist eine Gebühr auch dann, wenn die Anmeldung, der Antrag oder die sonstige Handlung spätestens an dem Tag, an dem die Gebührenzahlung (ggf. im Wege der Fiktion nach § 2 PatKostZV) bewirkt wurde, zurückgenommen worden ist.

16 Mit Rechtsgrund gezahlte fällige Gebühren können (von der Ausnahme abgesehen, dass sie nach § 63 Abs. 2 aus Billigkeitsgründen erstattet werden) nicht zurückgezahlt werden. Sie sind mit Anmeldung, Antragstellung oder Vornahme der sonstigen Handlung angefallen und mit der Bewirkung der Gebührenzahlung verfallen.

17 Jedoch kommt im Falle der Rücknahmefiktion nach § 6 Abs. 2 PatKostG, § 36 Abs. 3 S. 2 oder § 15 Abs. 3 S. 2 MarkenV eine **Rückzahlung** dann in Betracht, wenn die beantragte Amtshandlung nicht vorgenommen wurde (§ 10 Abs. 2 PatKostG).

17.1 Vgl. jedoch Ströbele/Hacker/Kirschneck Rn. 20, wo Rücknahme(fiktion) nach § 6 Abs. 2 PatKostG zitiert wird, unter Verweis auf BPatGE 43, 98 (100) = BeckRS 2009, 15820 – Anmeldegebühr-Einbehaltung; Schmidt GRUR 2001, 653 (658) unter IV.1., jedoch noch ohne Berücksichtigung der Tatsache, dass § 36 Abs. 3 S. 2 eine (Teil)Rücknahmefiktion für die Anmeldung vorsieht, die nach Maßgabe des § 10 Abs. 2 PatKostG zur Folge hat, dass die Gebühr entfällt (§ 10 Abs. 2 S. 2 MarkenV idF von 2002 ist erst später weggefallen), soweit die Rücknahmefiktion reicht.

18 Dies gilt vor allem im Falle der **Teilzahlung,** die der Nichtzahlung gleichgestellt ist (klargestellt durch Streichung der Regelung des § 10 Abs. 2 S. 2 PatKostG aF, GeschmMReformG BlPMZ 2004, 218, die vorsah, dass Teilbeträge nicht erstattet werden; vgl. Ströbele/Hacker/Kirschneck Rn. 20). Ob eine Teilzahlung vorliegt oder nicht, ist aber für jeden Gebührentatbestand gesondert zu prüfen, so dass insbesondere nicht Anmelde- und Klassengebühr(en) als einheitliche Gebühr betrachtet werden dürfen (vgl. BPatG BeckRS 2009, 24786 – medical Studio; vgl. auch den Wortlaut von § 36 Abs. 3 S. 2 „im Übrigen", woraus

ebenfalls folgt, dass sich die Rücknahmefiktion nur auf die Klassengebühr beziehen kann, die nicht vollständig entrichtet wurde).

Die Regelung in § 10 Abs. 2 PatKostG bezieht sich ihrem Normzweck entsprechend, **19** Vollstreckungsfälle für die nach wie vor fällige Gebühr zu vermeiden und den Zahlungsverkehr zu beschleunigen (Amtl. Begr. BlPMZ 2002, 36 (43)), auf solche Handlungen, die nicht mehr von Amts wegen rückgängig gemacht werden könnten, zB Eintragung eines Schutzrechts (so Amtl. Begr. BlPMZ 2002, 36 (43); vgl. auch Büscher/Dittmer/Schiwy/ Büscher Rn. 5 aE).

Verspätete Zahlungen sind unter Einbehaltung der Erstattungsgebühr (→ Rn. 14) **20** zurückzuerstatten, da sie wie im Falle der Nichtvornahmefiktion rechtsgrundlos geleistet wurden (so auch Ströbele/Hacker/Kirschneck Rn. 17 aE).

Die DPMAVwKostV enthält keine dem § 6 Abs. 2 PatKostG vergleichbare Regelung. Die **21** Rücknahmefiktion des § 8 Abs. 1 DPMAVwKostV gilt nur für den Fall, dass und soweit das DPMA einen Kostenvorschuss angefordert hatte. § 8 Abs. 2 DPMAVwKostV entspricht dem § 10 Abs. 2 PatKostV.

Wohl überholt daher Schulte/Schell PatKostG § 1 Rn. 18, weil § 7 Abs. 2 DPMAVwKostV idF bis **21.1** zum 30.9.2006, der die Reduktion der Gebühr auf ein Viertel bei Rücknahme des Antrages vorsah, in § 8 Abs. 2 DPMAVwKostV nicht mehr vorkommt.

Bei den in § 9 PatKostG erwähnten „Kosten" können die Gebühren nicht gemeint sein, **22** wenn und soweit an deren Nichtzahlung die gesetzliche Fiktionswirkung geknüpft wurde, wonach der Antrag als zurückgenommen oder eine sonstige Handlung als nicht vorgenommen gilt (vgl. § 6 Abs. 2 PatKostG). Es kann nicht sein, dass diese Fiktionswirkung durch § 9 PatKostG obsolet würde. So ist zB auch bei einer offensichtlich fehlerhaften Zurückweisung der Anmeldung neben der Einlegung der Erinnerung auch die Zahlung der Erinnerungsgebühr innerhalb der Zahlungsfrist erforderlich, um den Eintritt der Bestandskraft des Erstprüferbeschlusses zu verhindern. Im Erinnerungsbeschluss kann dann auch über die Rückzahlung der Erinnerungsgebühr entschieden werden.

§ 65 Rechtsverordnungsermächtigung

(1) Das Bundesministerium der Justiz und für Verbraucherschutz wird ermächtigt, durch Rechtsverordnung ohne Zustimmung des Bundesrates
1. **die Einrichtung und den Geschäftsgang sowie die Form des Verfahrens in Markenangelegenheiten zu regeln, soweit nicht durch Gesetz Bestimmungen darüber getroffen sind,**
2. **weitere Erfordernisse für die Anmeldung von Marken zu bestimmen,**
3. **die Klasseneinteilung von Waren und Dienstleistungen festzulegen,**
4. **nähere Bestimmungen für die Durchführung der Prüfungs-, Widerspruchs- und Löschungsverfahren zu treffen,**
5. **Bestimmungen über das Register der eingetragenen Marken und gegebenenfalls gesonderte Bestimmungen über das Register für Kollektivmarken zu treffen,**
6. **die in das Register aufzunehmenden Angaben über eingetragene Marken zu regeln und Umfang sowie Art und Weise der Veröffentlichung dieser Angaben festzulegen,**
7. **Bestimmungen über die sonstigen in diesem Gesetz vorgesehenen Verfahren vor dem Patentamt zu treffen, wie insbesondere das Verfahren bei der Teilung von Anmeldungen und von Eintragungen, das Verfahren zur Erteilung von Auskünften oder Bescheinigungen, das Verfahren der Wiedereinsetzung, das Verfahren der Akteneinsicht, das Verfahren über den Schutz international registrierter Marken und das Verfahren über die Umwandlung von Gemeinschaftsmarken,**
8. **Bestimmungen über die Form zu treffen, in der Anträge und Eingaben in Markenangelegenheiten einzureichen sind, einschließlich der Übermittlung von Anträgen und Eingaben durch elektronische Datenübertragung,**

MarkenG § 65   Teil 3 Verfahren in Markenangelegenheiten

9. Bestimmungen darüber zu treffen, in welcher Form Beschlüsse, Bescheide oder sonstige Mitteilungen des Patentamts in Markenangelegenheiten den Beteiligten zu übermitteln sind, einschließlich der Übermittlung durch elektronische Datenübertragung, soweit nicht eine bestimmte Form der Übermittlung gesetzlich vorgeschrieben ist,
10. Bestimmungen darüber zu treffen, in welchen Fällen und unter welchen Voraussetzungen Eingaben und Schriftstücke in Markenangelegenheiten in anderen Sprachen als der deutschen Sprache berücksichtigt werden,
11. Beamte des gehobenen Dienstes oder vergleichbare Angestellte mit der Wahrnehmung von Angelegenheiten zu betrauen, die den Markenabteilungen obliegen und die ihrer Art nach keine besonderen rechtlichen Schwierigkeiten bieten, mit Ausnahme der Beschlußfassung über die Löschung von Marken (§ 48 Abs. 1, §§ 53 und 54), der Abgabe von Gutachten (§ 58 Abs. 1) und der Entscheidungen, mit denen die Abgabe eines Gutachten abgelehnt wird,
12. Beamte des mittleren Dienstes oder vergleichbare Angestellte mit der Wahrnehmung von Angelegenheiten zu betrauen, die den Markenstellen oder Markenabteilungen obliegen und die ihrer Art nach keine besonderen rechtlichen Schwierigkeiten bieten, mit Ausnahme von Entscheidungen über Anmeldungen und Widersprüche,
13. die in die Veröffentlichung nach § 33 Abs. 3 aufzunehmenden Angaben zu regeln und Umfang sowie Art und Weise der Veröffentlichung dieser Angaben festzulegen.

(2) Das Bundesministerium der Justiz und für Verbraucherschutz kann die Ermächtigung zum Erlaß von Rechtsverordnungen nach Absatz 1 durch Rechtsverordnung ohne Zustimmung des Bundesrates ganz oder teilweise dem Deutschen Patent- und Markenamt übertragen.

Überblick

§ 65 verleiht dem Bundesministerium der Justiz und für Verbraucherschutz (→ Rn. 1) oder im Wege der Unterermächtigung dem Deutschen Patent- und Markenamt (Abs. 2; → Rn. 15) die Verordnungsmacht, ergänzende Bestimmungen zum Verfahren zu treffen.

A. Allgemeines

1   Von dieser **Verordnungsermächtigung** ist durch Erlass der MarkenV, der DPMAV sowie der WahrnV Gebrauch gemacht worden, wobei deren Regelungsgegenstände sich teilweise überschneiden.

B. Regelung des Abs. 1

I. Abs. 1 Nr. 1

2   Nähere Bestimmungen treffen § 1 Abs. 1, § 5 DPMAV.

II. Abs. 1 Nr. 2

3   Nr. 2 nimmt Bezug auf § 32 Abs. 3. Von dieser Verordnungsermächtigung wurden durch die §§ 2–13, 15, 20 MarkenV sowie durch die §§ 9–12 DPMAV Gebrauch gemacht. § 20 MarkenV ist zwar im Abschnitt 2 der MarkenV enthalten, der ausweislich der Abschnittsüberschrift Regelungen zur „Klasseneinteilung von Waren und Dienstleistungen" an sich Regelungen enthält, die dem Regelungsbereich gemäß § 65 Abs. 1 Nr. 3 zuzuordnen wären. Dennoch zählen die in § 20 MarkenV (zumindest in Abs. 1–3) geregelten Gegenstände zu den weiteren Anmeldeerfordernissen im Sinne der Vorschrift. Wie nämlich ein Vergleich mit dem inhaltsgleichen § 14 Abs. 1 MarkenV in der bis zum Jahre 2004 geltenden Fassung zeigt, der im Teil 2 „Anmeldungen" aufgeführt war, ist nicht davon auszugehen, dass der Verordnungsgeber nunmehr irgendetwas an der bis dahin geltenden Prüfungspraxis ändern

wollte. Damit bleibt die inhaltliche Bestimmtheit der Waren- oder Dienstleistungsangabe Voraussetzung für seine Klassifizierbarkeit und damit Eintragbarkeit.

III. Abs. 1 Nr. 3

Nähere Bestimmungen hierzu finden sich in §§ 19, 21 und 22 MarkenV. 4

IV. Abs. 1 Nr. 4

Weitere Regelungen zum Prüfungsverfahren finden sich in §§ 8, 13–19 DPMAV und § 15 5 MarkenV, zum Widerspruchsverfahren in §§ 29–32 MarkenV und für das Löschungsverfahren in §§ 39–42 MarkenV.

V. Abs. 1 Nr. 5

Vgl. § 24 MarkenV. 6

VI. Abs. 1 Nr. 6

§ 25 MarkenV regelt den Inhalt des Markenregisters, § 27 MarkenV den Ort, die Form 7 und den Inhalt der Veröffentlichung.

VII. Abs. 1 Nr. 7

Weitere Bestimmungen zum Verfahren bei der Teilung von Anmeldungen/Eintragungen 8 enthalten §§ 35 und 36 MarkenV, zum Verfahren der Erteilung von Auskünften und Bescheinigungen, zur Berichtigungen/Änderungen des Registerstandes §§ 26 und 27 DPMAV, zur Eintragungen von dinglichen Rechten der § 29 DPMAV, zum Rechtsübergang die §§ 33 und 34 MarkenV, § 28 DPMAV, zur Verlängerung die §§ 37 und 38 MarkenV, zur Akteneinsicht der § 22 DPMAV, zur Schutzbewilligung international registrierter Marken die §§ 43–46 MarkenV.

VIII. Abs. 1 Nr. 8

Die Form von Anträgen und Eingaben werden durch §§ 9–12 sowie §§ 16 und 17 DPMAV 9 näher erläutert. Die zwingend vorgeschriebenen Formblätter (für das Anmeldeverfahren siehe § 2 MarkenV) werden regelmäßig im BlPMZ bekannt gemacht (vgl. zB Mitt 9/2012, BlPMZ 2012, 154). Gemäß § 12 DPMAV, §§ 1 ff. ERVDPMAV können Anmeldungen und Beschwerden elektronisch eingereicht werden. Nähere Informationen hierzu gibt das DPMA auf der Internetseite www.dpma.de bekannt.

IX. Abs. 1 Nr. 9

Die Form der Ausfertigungen und Abschriften und deren Übermittlung an die Beteiligten 10 wird durch §§ 20 und 21 DPMAV näher erläutert.

X. Abs. 1 Nr. 10

Nähere Bestimmungen über fremdsprachige Eingaben treffen die §§ 15 und 16 MarkenV. 11

XI. Abs. 1 Nr. 11

Nähere Bestimmungen hierzu treffen § 5 Abs. 1 und § 7 WahrnV. Nr. 11 betrifft die 12 Übertragung von Aufgaben der Markenabteilung. Die Übertragung von Aufgaben der Markenstelle wird durch § 56 Abs. 2 S. 3 und 4 geregelt.

XII. Abs. 1 Nr. 12

13 Nähere Bestimmungen hierzu enthält § 5 Abs. 2 WahrnV.

XIII. Abs. 1 Nr. 13

14 Weitere Bestimmungen zur Veröffentlichung von Anmeldungen enthält § 23 MarkenV.

C. Regelung des Abs. 2

15 In § 1 Abs. 2 DPMAV wurde von der in Abs. 2 eröffneten Möglichkeit der **Unterermächtigung** für § 65 Abs. 1 Nr. 2–13 Gebrauch gemacht.

Abschnitt 5 Verfahren vor dem Patentgericht

§ 66 Beschwerde

(1) ¹Gegen die Beschlüsse der Markenstellen und der Markenabteilungen findet unbeschadet der Vorschrift des § 64 die Beschwerde an das Patentgericht statt. ²Die Beschwerde steht den am Verfahren vor dem Patentamt Beteiligten zu. ³Die Beschwerde hat aufschiebende Wirkung.

(2) Die Beschwerde ist innerhalb eines Monats nach Zustellung des Beschlusses beim Patentamt schriftlich einzulegen.

(3) ¹Ist über eine Erinnerung nach § 64 innerhalb von sechs Monaten nach ihrer Einlegung nicht entschieden worden und hat der Erinnerungsführer nach Ablauf dieser Frist Antrag auf Entscheidung gestellt, so ist die Beschwerde abweichend von Absatz 1 Satz 1 unmittelbar gegen den Beschluß der Markenstelle oder der Markenabteilung zulässig, wenn über die Erinnerung nicht innerhalb von zwei Monaten nach Zugang des Antrags entschieden worden ist. ²Steht dem Erinnerungsführer in dem Erinnerungsverfahren ein anderer Beteiligter gegenüber, so ist Satz 1 mit der Maßgabe anzuwenden, daß an die Stelle der Frist von sechs Monaten nach Einlegung der Erinnerung eine Frist von zehn Monaten tritt. ³Hat der andere Beteiligte ebenfalls Erinnerung eingelegt, so bedarf die Beschwerde nach Satz 2 der Einwilligung des anderen Beteiligten. ⁴Die schriftliche Erklärung der Einwilligung ist der Beschwerde beizufügen. ⁵Legt der andere Beteiligte nicht innerhalb einer Frist von einem Monat nach Zustellung der Beschwerde gemäß Absatz 4 Satz 2 ebenfalls Beschwerde ein, so gilt seine Erinnerung als zurückgenommen. ⁶Der Lauf der Fristen nach den Sätzen 1 und 2 wird gehemmt, wenn das Verfahren ausgesetzt oder wenn einem Beteiligten auf sein Gesuch oder auf Grund zwingender Vorschriften eine Frist gewährt wird. ⁷Der noch übrige Teil der Fristen nach den Sätzen 1 und 2 beginnt nach Beendigung der Aussetzung oder nach Ablauf der gewährten Frist zu laufen. ⁸Nach Erlaß der Erinnerungsentscheidung findet die Beschwerde nach den Sätzen 1 und 2 nicht mehr statt.

(4) ¹Der Beschwerde und allen Schriftsätzen sollen Abschriften für die übrigen Beteiligten beigefügt werden. ²Die Beschwerde und alle Schriftsätze, die Sachanträge oder die Erklärung der Zurücknahme der Beschwerde oder eines Antrags enthalten, sind den übrigen Beteiligten von Amts wegen zuzustellen. ³Andere Schriftsätze sind ihnen formlos mitzuteilen, sofern nicht die Zustellung angeordnet wird.

(5) ¹Erachtet die Stelle, deren Beschluß angefochten wird, die Beschwerde für begründet, so hat sie ihr abzuhelfen. ²Dies gilt nicht, wenn dem Beschwerdeführer ein anderer an dem Verfahren Beteiligter gegenübersteht. ³Die Stelle kann anordnen, daß die Beschwerdegebühr nach dem Patentkostengesetz zurückgezahlt wird. ⁴Wird der Beschwerde nicht nach Satz 1 abgeholfen, so ist sie vor Ablauf von einem Monat ohne sachliche Stellungnahme dem Patentgericht vorzulegen. ⁵In den Fällen

des Satzes 2 ist die Beschwerde unverzüglich dem Patentgericht vorzulegen. ⁶In den Verfahren ohne die Beteiligung Dritter im Sinne des Satzes 2 ist ein Antrag auf Bewilligung von Verfahrenskostenhilfe für das Beschwerdeverfahren dem Patentgericht unverzüglich zur Vorabentscheidung vorzulegen.

Überblick

Die §§ 66 ff. regeln das Beschwerdeverfahren gegenüber den §§ 73 ff. PatG speziell für Markensachen und bestimmen die Zuständigkeit des BPatG.

Die Erinnerung ist kein zwingendes Vorverfahren der Beschwerde (→ Rn. 3). Beschwerdegegenstand (→ Rn. 4 ff.) können nur im Tenor enthaltene, belastende Regelungen sein (→ Rn. 20). Beschwerdeberechtigt sind die am vorausgegangenen Verfahren förmlich Beteiligten (→ Rn. 25); Verfahrensbeteiligung kann auch auf einer gewillkürten Prozessstandschaft oder einem Beitritt beruhen (→ Rn. 31) und durch Untergang und Umwandlung von Markenrechten (→ Rn. 52 ff.) bzw. Insolvenz (→ Rn. 120) berührt werden.

Abs. 2 regelt Form (→ Rn. 57 ff.) und Frist (→ Rn. 70 ff.), während sich die Pflicht zur Zahlung einer Gebühr (→ Rn. 82 ff.) aus § 82 MarkenG iVm § 2 Abs. 1 PatKostG ergibt, wobei für die Anschlussbeschwerde (→ Rn. 104 ff.) spezielle Regeln gelten.

Die Vorschrift zeigt mit der Möglichkeit der Durchgriffsbeschwerde (Abs. 3; → Rn. 96) und den für das DPMA verbindlichen Vorlagefristen (→ Rn. 113, Abs. 5 S. 4 sowie S. 5) das gesetzgeberische Ziel, die Verfahren zu beschleunigen.

Beschwerden haben zwar aufschiebende Wirkung (→ Rn. 116), sind aber vor Rechtskraft einer Entscheidung (→ Rn. 135) nicht geeignet, das Markenregister zu verändern (→ Rn. 119).

Die Rücknahme der Beschwerde (→ Rn. 125) bedarf keiner Zustimmung des Gegners.

Wo das MarkenG und die §§ 73 ff. PatG keine speziellen Regelungen enthalten, kommen die §§ 65 ff. PatG sowie über § 82 Abs. 1 S. 1 MarkenG die Vorschriften der ZPO und des GVG zur Anwendung.

Als sog. gemeinsame Vorschriften regeln die §§ 91 ff. die Wiedereinsetzung (→ Rn. 79), die Wahrheitspflicht (§ 92), die Gerichtssprache (§ 93), in Verbindung mit dem JVEG die Entschädigungen und Vergütungen (§ 93a), in Verbindung mit dem VwZG die Zustellung (§ 94), die Rechtshilfe gegenüber dem DPMA (§ 95), die elektronische Akten (§ 95a) sowie die Notwendigkeit von Inlandsvertretern (§ 96, → Rn. 58).

Übersicht

	Rn.		Rn.
A. Allgemeines	1	I. Form	57
B. Fakultative Beschwerde	3	II. Frist (Abs. 2)	70
C. Beschwerdegegenstand	4	III. Beschwerdegebühr	82
		1. Gebührenpflicht	82
D. Beschwerderecht	17	2. Zahlungsweise und -frist	87
I. Beschwer	20	3. Gebühren und Verfahrenskostenhilfe	95
II. Beschwerdeberechtigung	25	IV. Durchgriffsbeschwerde (Abs. 3)	96
E. Verfahrensbeteiligte	30	V. Unselbständige Anschlussbeschwerde	104
I. Prozessstandschaft, Beitritt	31		
II. Pfandgläubiger	33	H. Abhilfe (Abs. 5)	112
III. Mitglieder eines Kollektivmarken-Verbandes	35	I. Aufschiebende Wirkung (Abs. 1 S. 3), vorläufiger Rechtsschutz	116
IV. Beteiligtenwechsel	37	I. Aufschiebende Wirkung (Abs. 1 S. 3)	116
V. Vertretung	51	II. Vorläufiger Rechtsschutz	119
F. Untergang und Umwandlung von Rechten	52	J. Insolvenz	120
		K. Rücknahme der Beschwerde	125
G. Form, Frist und Gebühr	56	L. Rechtskraft	135

A. Allgemeines

1 Wie jedes Rechtsmittel setzt auch die Beschwerde voraus, dass die angefochtene Entscheidung in Rechte des Beschwerdeführers belastend eingreift (Beschwer, → Rn. 20). Ohne dies wäre eine Beschwerde unzulässig.

1.1 Das BPatG entscheidet nicht in zweiter Instanz, da das vorangehende Verfahren ein behördliches ist.

2 Eine unzulässige Beschwerde kann in eine unselbständige beschwerdegebührenfreie **Anschlussbeschwerde** (→ Rn. 104) umgedeutet werden (BPatG BeckRS 2009, 02727 – Lichtblick; Fezer Rn. 22). Das gilt auch, wenn eine Beschwerde mangels (rechtzeitiger) Zahlung der Beschwerdegebühr gemäß § 6 Abs. 2 PatKostG als nicht eingelegt gilt (→ Rn. 87, → Rn. 105, Ingerl/Rohnke Rn. 36).

B. Fakultative Beschwerde

3 Wegen § 64 Abs. 6 kann der Betroffene an Stelle der Erinnerung – auch gegen Beschlüsse, die Beamte des gehobenen Dienstes oder vergleichbare Angestellte erlassen haben, – sofort Beschwerde einlegen.

3.1 In einem Verfahren, an dem mehrere beteiligt sind, von denen einer Beschwerde und der andere Erinnerung einlegt, kann der Erinnerungsführer innerhalb eines Monats nach Zustellung der Beschwerde des anderen gemäß § 64 Abs. 6 S. 2 ebenfalls Beschwerde einlegen, sonst gilt seine Erinnerung als zurückgenommen (→ § 64 Rn. 24). Er muss dafür keine Beschwerdegebühr zahlen (§ 3 Abs. 1 S. 5 PatKostG), obwohl die Erinnerungsgebühr niedriger war. Sein Anwalt bekommt allerdings nicht nur eine Gebühr; die zweite Geschäftsgebühr aus VV 2301 RVG ist jedoch zur Hälfte auf die Verfahrensgebühr nach VV 3510 RVG für das Beschwerdeverfahren anzurechnen (Albrecht/Hoffmann Vergütung Rn. 901 ff.).

3.2 Es gibt, anders als nach § 75 VwGO, weder eine Untätigkeitserinnerung noch eine Untätigkeitsbeschwerde, wenn das DPMA von Anfang an untätig ist (aA Fezer Rn. 6; Schulte/Püschel PatG § 73 Rn. 12; → Rn. 96, → Rn. 96.1). Entscheidet das DPMA jedoch über eine Erinnerung nicht, eröffnet § 66 Abs. 3 den Beschwerdeweg (→ Rn. 97).

C. Beschwerdegegenstand

4 Beschwerdefähige Entscheidungen sind den Beteiligten bekannt gegebene Beschlüsse der Markenstellen und -abteilungen mit Außenwirkung, die Rechte von Verfahrensbeteiligten berühren (vgl. § 146 Abs. 2 VwGO; BPatG GRUR 1987, 807 – Zwischenbeschluss) – unabhängig davon, wer sie erlassen hat, und von ihrer Bezeichnung (BPatG BeckRS 2015, 09313 – Hotel Krone Freilassing); zu den formalen Anforderungen → Rn. 4.3. Maßgeblich ist hier zunächst der **materielle Beschlussbegriff** (BGH GRUR 1972, 535 – Aufhebung der Geheimhaltung); beschwerdefähig sind alle Beschlüsse, die über einen gesetzlich ausdrücklich vorgesehenen Antrag entscheiden (Ingerl/Rohnke Rn. 14). Das setzt eine abschließendes Regelung voraus (BPatG GRUR 2009, 188 – Inlandsvertreter III).

4.1 Verwendet das DPMA rechtlich unzulässig die Beschlussform oder fügt es fälschlich eine Rechtsmittelbelehrung (Beschwerde) bei, so ist sowohl die Beschwerde statthaft **(formeller Beschlussbegriff)** als auch das eigentlich statthafte Rechtsmittel (Meistbegünstigungsklausel; BPatG BeckRS 2009, 02268 – Farbige Beurkundung; Ingerl/Rohnke Rn. 14); zu einem möglichen Schadensersatz wegen Amtspflichtverletzung → § 70 Rn. 37.

4.2 Gemäß § 133 S. 1 ist gegen Entscheidungen, die das DPMA nach den Vorschriften des zweiten Abschnitts des sechsten Teils (§§ 130–136) getroffen hat, die Beschwerde zum Bundespatentgericht statthaft. Das umfasst die Zurückweisung eines Antrags auf Eintragung einer geographischen Angabe oder Ursprungsbezeichnung bzw. eines Antrags auf Änderung der Spezifikation, ferner Entscheidungen über Löschungsanträge und Einsprüche (→ § 133 Rn. 1).

4.3 Eine in Papierform erstellte patentamtliche Mitteilung kann der Sache nach eine mit der Beschwerde anfechtbare Entscheidung sein, wenn sie mit der Unterschrift des Entscheidungsträgers versehen ist (BPatG BeckRS 2003, 12208 – formularmäßige Mitteilung; BeckRS 2007, 07224 – Paraphe). Bei elektronischer Aktenführung tritt an die Stelle der Unterschrift die elektronische Signatur („detached Signature"; BPatG BeckRS 2013, 17662 Rn. 15 – formularmäßige Mitteilung II; BGH NJW 2000,

Beschwerde **§ 66 MarkenG**

2340), damit der Mitteilung die Qualität eines Beschlusses zukommt. Auf die Existenz einer Beschluss-Urschrift kommt es nicht an, solange feststeht, dass es sich nicht um einen Entwurf handelt (BPatG BeckRS 2014, 18178).
Zu elektronisch geführten Akten vgl. BPatG GRUR 2014, 913 – Elektrischer Winkelstecker II. **4.4**

Auch an sich wirkungslose, zB nicht (vollständig) unterschriebene, und formnichtige **5** Bescheide sind beschwerdefähig; es kommt dabei allein auf die Entscheidungsformel an (BPatG BeckRS 2016, 03294 – Abstreiferanordnung).

Die Eintragung einer Marke kann der Anmelder nicht angreifen, auch wenn die Gründe **6** dafür nicht seinen Vorstellungen entsprechen (etwa Überwindung fehlender Unterscheidungskraft durch graphische Ausgestaltung oder Verkehrsdurchsetzung). Ausnahmsweise kann er die Eintragung jedoch anfechten, wenn diese nicht der Anmeldung entspricht.

Beschwerdegegenstand werden Entscheidungen nur soweit der Beschwerdeführer sie **7** angreift (Verfügungs- oder Antragsgrundsatz); mit dieser **Dispositionsmaxime** einhergehen die Möglichkeit der **Rücknahme** der Beschwerde (→ Rn. 125 ff.) sowie (ohne Anschlussbeschwerde) das Verbot der reformatio in peius (→ Rn. 109). Umgekehrt kann dadurch das Gericht nicht mehr gewähren als beantragt (§ 308 Abs. 1 S. 1 ZPO, **ne ultra petita**).

Die Beschwerde kann nicht auf Zeichenbestandteile bzw. Beschreibungen oder auf eine **8** regionale Benutzung **beschränkt** werden, sondern nur bezüglich der Waren oder Dienstleistungen (BGH GRUR 2000, 886 f. – Bayer/BeiChem; GRUR 1998, 938 – Dragon; → § 42 Rn. 91). Eine hilfsweise Veränderung der Marke, etwa über eine Neuformulierung der Markenbeschreibung, wäre eine unzulässige Veränderung des Schutzgegenstandes (BPatG BeckRS 2010, 20925 – Clip).

Mitteilungen über Umschreibungen sind keine beschwerdefähigen Entscheidungen. Dagegen **8.1** gerichtete Eingaben sind als Anträge auf Rückumschreibung auszulegen (BGH GRUR 1969, 43 – Marpin; BPatG BeckRS 2002, 14938 – Umschreibung einer Marke; GRUR-RR 2008, 261 – Markenumschreibung; BeckRS 2011, 13299).

Hilfsanträge sind prozessual nur beschränkt zulässig; Prozesshandlungen lassen keine **9** Bedingungen zu. Ins Leere geht ein hilfsweise erklärter Verzicht auf einzelne Waren und Dienstleistungen einer angemeldeten bzw. angegriffenen Marke. Im Hinblick auf die Prozessökonomie erscheinen Hilfsanträge im Streit um die Eintragungsfähigkeit allerdings auch bezüglich einer Beschränkung der beanspruchten Waren und Dienstleistungen im Wege einer zulässigen Neufassung sinnvoll (→ § 39 Rn. 11). Die Verteidigung einer Marke über einen hilfsweise erklärten Teilverzicht (→ § 48 Rn. 8 f.) soll dagegen unzulässig sein (BGH GRUR 2011, 654 – Yoghurt-gums).

Nicht **beschwerdefähig** sind innerbehördliche organisatorische Maßnahmen, Hinweise, **10** Beanstandungen und Mitteilungen des DPMA. Nicht beschwerdefähig sind gerichtliche Maßnahmen, die noch keine abschließende Entscheidung enthalten, sondern diese verfahrensleitend vorbereiten, wie die Anberaumung einer mündlichen Verhandlung nach § 69 Nr. 3 (→ § 69 Rn. 18), Beweisbeschlüsse (§ 355 Abs. 2 ZPO) bzw. die Ablehnung einer Beweiserhebung (→ § 74 Rn. 4) oder Anhörung (§ 60), verfahrensleitende Verfügungen, die Entscheidung, Verfahren zu verbinden oder zu trennen (§ 147 ZPO), und Informationen.

Unbeschadet dessen kann aber eine Beschwerde Mängel rügen, die Folgen solcher für sich genom- **10.1** men nicht angreifbarer Verfügungen sind (BVerwG BeckRS 2011, 47893). Außerdem können derartige Entscheidungen im Rahmen des Endurteils überprüft werden (Musielak/Stadler ZPO § 147 Rn. 7).

Entscheidungen, die eine Aussetzung (§ 43 Abs. 3 oder analog § 148 ZPO) bzw. Fortset- **11** zung anordnen oder ablehnen, sind analog § 252 ZPO mit Rechtsmitteln angreifbar, wenn ein Rechtsschutzbedürfnis besteht (BPatG GRUR 1970, 100; Ingerl/Rohnke Rn. 15).

Die Feststellung einer unmittelbar kraft Gesetzes (zB § 6 Abs. 2 PatKostG; § 36 Abs. 2 **12** S. 1, Abs. 3 S. 2, § 40 Abs. 2, § 46 Abs. 3 S. 2 MarkenG) eintretenden Rechtsfolge und Entscheidungen über Befangenheitsanträge (→ § 57 Rn. 11) sind mit Beschwerde angreifbar. Das gilt auch für Mitteilungen über gesetzliche Rechtsfolgen, die keine Prüfung erfordern, wie die Mitteilung, dass die Marke mangels eines Widerspruchs des Markeninhabers gegen einen Löschungsantrag nach § 53 Abs. 3, gelöscht worden ist. Der materielle Gehalt einer derartigen Entscheidung steht einem Beschluss gleich, denn sie trifft eine abschließende, konstitutiv wirkende Regelung, die im erheblichen Maß in die Rechte eines Markeninhabers eingreift (BPatG GRUR 1997, 60 f. – SWF-3-Nachrichten; BeckRS 2015, 09313 – Hotel Krone Freilassing; BeckRS 2009, 02759 – Renapur; BeckRS 2009, 01144 – what's live; aA BPatG BeckRS 2003, 12208 – formularmäßige Mitteilung). Das gilt nicht für Mitteilungen über gesetzliche Rechtsfolgen in formlosen Schreiben ohne eigenhändige Unterschrift oder elektronische Signatur (BPatG BeckRS 2016, 05065 – Zielgenau-Düsen-Lösch-Hubschrauber).

13 Beschwerdefähig können auch Feststellungen zur Rechtslage aufgrund sachlicher Prüfung sein, wie die Feststellung der Unwirksamkeit der Mandatsniederlegung (BPatG GRUR 2009, 188 (189) – Inlandsvertreter III).

14 Anders als nach § 99 ZPO ist die isolierte **Anfechtung einer Kostenentscheidung des DPMA** möglich (BPatG BeckRS 2016, 07075 – PCG-Kunststoff-Pflege; BeckRS 2013, 02300 – Türk Kavehsi; BeckRS 2016, 13556 – Macon Relax Vital; Albrecht/Hoffmann Vergütung Rn. 1014). Daher ist auch die Beschränkung einer umfassenden Beschwerde dahingehend, nur noch die Kostenentscheidung des DPMA zu überprüfen, zulässig (BPatG BeckRS 2015, 14904 – ChemSeal); zu der dann zu treffenden Kostenentscheidung → § 71 Rn. 14. Die Änderung einer eigenen Kostenentscheidung durch das BPatG eröffnet keine isolierte Anfechtungsmöglichkeit (BGH NJW-RR 2015, 1405); dem nun (mehr) belasteten Kostenschuldner steht wiederum nur die Gegenvorstellung zur Verfügung.

14.1 Eine bloß formell auch wegen der Hauptsache eingelegte Beschwerde, die das Verbot der isolierten Anfechtung einer Kostenentscheidung umgehen soll, ist unzulässig (BVerwG NVwZ-RR 2015, 759).

14.2 Eine Gegenvorstellung führt nur zu einer Änderung, wenn die Entscheidung in offensichtlichem Widerspruch zum Gesetz steht, nur im Wege der Verfassungsbeschwerde angegriffen werden könnte, gegen ein Verfahrensgrundrecht verstoßen hat oder zu einem groben prozessualen bzw. sozialen Unrecht führen würde (BPatG BeckRS 2016, 07081 – Bionator/Bionade; BVerfG NJW 2003, 1924; BGH NJW 2004, 292; GRUR 2005, 614).

14.3 Das BPatG hat die Ermessensentscheidung gemäß § 63 Abs. 1 S. 1 des Amtes nicht nur nach allgemeinen Grundsätzen des Verwaltungsverfahrensrechts auf Ermessensfehler hin zu prüfen, sondern im Hinblick auf das justizförmige Verfahren vor dem Amt vollständige (BPatG BeckRS 2009, 17728; Büscher/Dittmer/Schiwy § 63 Rn. 5; Ströbele/Hacker/Knoll § 71 Rn. 9; aA Ingerl/Rohnke § 53 Rn. 4).

15 Beschlüsse, die **Wiedereinsetzung** gewähren (§ 91 Abs. 7), sind nicht angreifbar.

16 Auch wenn die Nichtigkeit von Beschlüssen (→ § 70 Rn. 16) nur deklaratorisch festgestellt wird, sind Beschwerden gegen **nichtige Beschlüsse** statthaft, da es dem Betroffenen nicht zumutbar ist, selbst die Nichtigkeit festzustellen und bei falscher Einschätzung die Beschwerdefrist zu versäumen. Die Beschwerde ist gegenstandslos, wenn Nichtigkeit festgestellt wird; die Beschwerdegebühr ist dann gemäß § 71 Abs. 3 zurückzuzahlen (→ § 71 Rn. 66; BPatG BeckRS 1999, 15372 – Formmangel).

D. Beschwerderecht

17 Die Beschwerde ist nach allgemeinen Rechtsmittelgrundsätzen nur zulässig, wenn der Beschwerdeführer durch die angefochtene Entscheidung beschwert ist. Das muss bis zur Entscheidung gegeben sein (BGH NJW-RR 2004, 1365). Ein Wegfall der Beschwer macht das Rechtsmittel unzulässig (BPatG BeckRS 2008, 03571 – Freaky Ice; BeckRS 2014, 21901 – Bionator/Bionade).

18 Bei Beschwerden gegen einen Kostenfestsetzungsbeschluss des DPMA, mit dem Ziel, den darin zu Grunde gelegten oder nach § 63 Abs. 2 festgesetzten Gegenstandswert zu erhöhen, besteht für Kostengläubiger ein Rechtsschutzinteresse, wenn er mit seinem Anwalt eine Honorarvereinbarung getroffen hat. Die Differenz zwischen dem Erstattungsbetrag (nach RVG-Sätzen) und dem Honoraranspruch kann dann kleiner werden (BPatG BeckRS 2015, 17844). Um dieses Rechtsschutzinteresse zu belegen, muss der Beschwerdeführer die Vergütungsvereinbarung vorlegen (OLG Stuttgart BeckRS 2013, 18821; BayVGH BeckRS 2015, 43773 Rn. 3; BeckRS 2013, 58958).

19 Ist die Beschwerdeberechtigung eines Beteiligten umstritten, kann dieser bis zur rechtskräftigen Feststellung des Mangels mitwirken und Rechtsmittel einlegen, um eine andere Beurteilung dieser Frage zu erreichen. Die Beteiligtenfähigkeit gilt gemäß § 82 Abs. 1 MarkenG iVm §§ 50, 56 ZPO bis zur rechtskräftigen Feststellung des Mangels als bestehend. Die betroffene Partei kann auch Rechtsbehelfe einlegen, um eine andere Beurteilung dieser Frage zu erreichen (BPatG BeckRS 2015, 13969 – Cura/Procura; GRUR 2002, 371; BGH NJW 1993, 2943).

I. Beschwer

Eine Beschwer kann sich nur aus dem Tenor ergeben, nicht aus den Gründen einer Entscheidung, wobei auch das Fehlen einer Kostenentscheidung im Tenor beschwerend sein kann. 20

BPatG GRUR 2003, 521 (529 f.) – farbige Arzneimittelkapsel; Fezer Rn. 10; → UMV Art. 59 Rn. 2; zum Wegfall der Beschwer bei Löschungsanträgen → Rn. 52. 20.1

Eine zur Beschwerde berechtigende Beschwer liegt nicht vor, wenn eine Eintragung, etwa unter Ablehnung der Unterscheidungskraft, nur kraft Verkehrsdurchsetzung erfolgt (BGH GRUR 2006, 701 f. – Porsche 911; → § 8 Rn. 863, → § 8 Rn. 892) oder wenn eine Löschung aus gar nicht oder nur hilfsweise geltend gemachten Gründen, etwa Täuschungsgefahr (→ § 8 Rn. 547; → UMV Art. 59 Rn. 3.2), erfolgt. 21

Der Anmelder soll sogar beschwert sein, wenn seine Anmeldung nicht zurückgewiesen wird, aber die Eintragung inhaltlich nicht antragsgemäß erfolgen soll (Ingerl/Rohnke Rn. 34; BPatG GRUR 2007, 601 f. – Date 24), selbst wenn ein gegenüber der Anmeldung erweiterter Schutz gewährt wird. 21.1

Mehrere Inhaber einer Marke bilden eine Bruchteilsgemeinschaft (§ 741 BGB; → § 7 Rn. 16 f.,), womit jeder Mitinhaber selbständig Ansprüche aus der Marke geltend machen kann (Ingerl/Rohnke Vor §§ 14–19d Rn. 12); zur Benutzungsmarke → § 4 Rn. 127 ff.; zur Verfahrenskostenhilfe → § 81a Rn. 46. 22

Stützt ein Widersprechender seinen **Widerspruch auf mehrere Marken,** entfällt sein Rechtsschutzinteresse, wenn einer seiner Widersprüche erfolgreich war (BGH GRUR 1967, 94 – Stute; Fezer Rn. 8). Er kann sich aber einer eventuellen Beschwerde des Inhabers des angegriffenen Zeichens gestützt auf die weiteren Widerspruchsmarken anschließen und auch gegenüber einer Eintragungsbewilligungsklage diese Widerspruchsmarken einsetzen (BGH GRUR 1967, 94 – Stute; → UMV Art. 59 Rn. 3.3). 23

Einer von **mehreren Widersprechenden** kann gegen die Zurückweisung seines Widerspruchs auch dann Beschwerde einlegen, wenn das DPMA die angegriffene Marke auf Grund eines nicht ihm zustehenden Rechts gelöscht hat. Diese Beschwerde ist allerdings zunächst unter Vorbehalt und mit Rechtskraft der Löschung endgültig gegenstandslos; die Beschwerdegebühr ist dann zurückzuerstatten (BPatG BeckRS 2016, 16008 – Viva). Nach Erfolg einer Beschwerde des Inhabers des angegriffenen Zeichens oder seiner Eintragungsbewilligungsklage kommt es zur Wiederaufnahme (BGH GRUR 1967, 94 – Stute, mit Anm. Hoepffner; GRUR 2008, 714 – idw; BPatG GRUR 1972, 198 – Retivetin). 24

Wurden gegen eine Marke mehrere Widersprüche erhoben, ermöglicht es § 43 Abs. 3 dem Gericht, den Widerspruch auszuwählen, auf den es die Löschung stützen will, und das Verfahren bezüglich der weiteren Widersprüche bis zur rechtskräftigen Entscheidung auszusetzen (BGH GRUR 1993, 556 (559) – Triangle; → § 43 Rn. 67). 24.1

Wird die Beschwerde endgültig gegenstandslos, ist die Beschwerdegebühr nach § 71 Abs. 3 zurückzuzahlen (→ § 71 Rn. 65 f.). 24.2

II. Beschwerdeberechtigung

Beschwerdeberechtigt sind die am vorausgegangenen Verfahren förmlich Beteiligten. Das sind Anmelder, Markeninhaber (zur Benutzungsmarke → § 17 Rn. 30), Löschungsantragsteller und Widersprechende. Vor Ablauf der Beschwerdefrist muss jeder Zweifel an der Person des Beschwerdeführers ausgeschlossen werden (BGH NJW 2002, 1430). Testamentsvollstrecker können auch schon vor Umschreibungsantrag Beschwerde einlegen; § 28 Abs. 2 findet dabei keine Anwendung (BPatG BeckRS 2015, 13969 – pro:med Cura/Procura). Zum Streit darüber → Rn. 19. 25

Im Widerspruchsverfahren wird die Aktivlegitimation nicht von Amts wegen geprüft (→ § 42 Rn. 37; BGH GRUR 1967, 294 – Triosorbin; BPatG GRUR 1975, 374 – Modulan). 25.1

MarkenG § 66 Teil 3 Verfahren in Markenangelegenheiten

25.2 Hat eine sich selbst als „Erbe" bezeichnende Person Beschwerde eingelegt bevor eine Umschreibung erfolgt und die Frage, wer Erbe ist, geklärt ist, legt das BPatG die Beschwerde als vom Testamentsvollstrecker eingelegt aus (BPatG BeckRS 2015, 13969 – pro:med Cura/Procura).

25.3 Ob eine Widerspruchsmarke löschungsreif ist, ist keine Frage der Beschwerdeberechtigung (zur Prozessführungsbefugnis s. BGH GRUR 2013, 925 Rn. 27 – Voodoo).

26 Seine Beschwerdeberechtigung verliert, wer darauf verzichtet hat, was analog § 515 ZPO möglich ist (BPatG BeckRS 2016, 12883 – Rechtsmittelverzicht; Ingerl/Rohnke Rn. 62; zum Verlust der Anschlussbeschwerde → Rn. 105). Während der **Verzicht** als Verfahrenserklärung erst nach Erlass der rechtsmittelfähigen Entscheidung erklärt werden kann, sind **vertragliche Absprachen** schon vorher möglich. Sie sind wie andere (vertragliche oder wettbewerbsrechtliche) Einwände nach § 44 mit der Eintragungsbewilligungsklage geltend zu machen (→ § 44 Rn. 29; → UMV Art. 56 Rn. 87; BGH GRUR 1965, 672 – Agyn) und können im Übrigen zivilrechtlich mit dem Ziel verfolgt werden, den Antragsteller zur Rücknahme seines Antrags zu verpflichten. Ein anhängiges Verfahren ist dann auszusetzen.

27 **Erlischt die Rechtspersönlichkeit** eines Löschungsantragstellers, wird der Löschungsantrag unzulässig (BPatG BeckRS 2008, 04828 – 24translate; BeckRS 2008, 22272 – SpeedDating), da die Antragsteller in Popularverfahren keinen eigenen vermögenswerten Anspruch geltend machen (BGH NJW-RR 2011, 115; BeckOK ZPO/Hübsch ZPO § 50 Rn. 14; BPatG BeckRS 2013, 05071 – Superfund).

27.1 Zur Frage, nach welcher Rechtsordnung sich die Rechtspersönlichkeit ergibt, → UMV Art. 3 Rn. 1 ff., → UMV Art. 5 Rn. 2 ff.

27.2 Die Löschung einer GmbH oder UG nach § 2 LöschG bzw. dem seit dem 1.1.1999 geltenden § 141a FGG im Handelsregister hat keine Auswirkungen auf die Beteiligtenfähigkeit. Die Löschung führt nämlich nicht zu einer Beendigung der Gesellschaft und ihrem Wegfall als Rechtssubjekt sowie dem damit nach § 50 Abs. 1 ZPO korrespondierenden Verlust der Beteiligten-/Parteifähigkeit iSv § 50 ZPO, wenn noch Vermögen vorhanden ist oder wenn die gelöschte Gesellschaft noch an irgendwelchen Abwicklungsmaßnahmen teilnehmen muss (OLG Koblenz NJW-RR 1999, 39 (40); BPatG BeckRS 2009, 15460 – Dr. Jazz); etwa an markenrechtlichen Löschungsverfahren (BPatG BeckRS 1999, 15371 – copal). Es ist auch kein Verlust der Markenfähigkeit eingetreten. Löschungsverfahren können daher mit einer im Handelsregister gelöschten Antragsgegnerin fortgeführt werden; Zustellung erfolgen an frühere Gesellschafter und Geschäftsführer, § 28 Abs. 3 (BPatG BeckRS 2014, 08375 – Evonic).

27.3 Der Verlust der Parteifähigkeit einer KG tritt nicht schon mit der Eintragung der Auflösung im Handelsregister und dem damit verbundenen Eintritt in das Abwicklungsstadium ein, sondern erst mit Vollbeendigung, wenn das letzte Aktivvermögen verteilt ist (vgl. BGH NJW 1995, 196). Letzteres ist noch nicht der Fall, wenn die streitgegenständliche Anmeldung ein Vermögensgegenstand ist. Der Eintritt in das Abwicklungsstadium bedingt zwar gemäß § 161 Abs. 2 HGB iVm § 146 Abs. 1 HGB einen Wechsel in der gesetzlichen Vertretung, dem anwaltlichen Vertreter vor Eintragung der Auflösung erteilte Vollmacht besteht nach § 99 Abs. 1 PatG iVm § 86 ZPO fort (BPatG BeckRS 2016, 07110 – Vorrichtung zum Kalibrieren von Kraftschraubern).

27.4 Auch nichtrechtsfähige Körperschaften, wie Gewerkschaften, sind markenrechtsfähig und damit auch beschwerdefähig (BPatG GRUR 2005, 955 – Courage, mit Anm. Peifer jurisPR-WettbR 2/2006 Anm. 2).

28 Notwendige **Streitgenossen** (§ 62 ZPO), wie gemeinsame Anmelder oder Markeninhaber (→ Rn. 28.3), sind einzeln beschwerdeberechtigt (BPatG BeckRS 1999, 15326 – Cosmos, wo aber die einschlägige Ziffer II.1. nicht abgedruckt ist; HK-MarkenR/Fuchs-Wissemann Rn. 7; Schulte/Püschel PatG § 73 Rn. 55, 103). Die von einem eingelegte Beschwerde wirkt dann allerdings für alle, so dass sie im Verfahren zuzuziehen sind (§ 62 Abs. 2 ZPO; Hövelmann Mitt 1999, 129 ff.). Haben mehrere Beteiligte jeweils selbständig Beschwerden eingelegt, so wirken sich Zulässigkeitsmängel einer Beschwerde nicht auf die andere(n) Beschwerde(n) aus (BPatG BeckRS 2009, 17278 – ismaqua). Vielmehr greift § 62 Abs. 2 ZPO unter dem Vorbehalt, dass die zulässige Beschwerde aufrechterhalten bleibt (Hövelmann Mitt 1999, 129 (133 f.)). Hövelmann und Püschel (Schulte/Püschel PatG § 73 Rn. 55) vertreten im Gegensatz zur hM (BeckOK ZPO/Dressler ZPO § 62 Rn. 35) die im Hinblick auf die Vermeidung divergierender Ansprüche zu bevorzugende Ansicht, dass die Zuziehung nach § 62 Abs. 2 ZPO kein Antragsrecht umfasst.

Beschwerde § 66 MarkenG

Mitinhaber einer Marke können gemeinsam einen Widerspruch einlegen. Auch Markeninhaber **28.1**
und Lizenznehmer können gemeinsam Widerspruch einlegen, weil Art. 41 Abs. 1 Buchst. a UMV das
Widerspruchsrecht des Lizenznehmers feststellt. Für das deutsche Recht → Rn. 32.

Hövelmann (Mitt 1999, 129 (132)) warnt vor divergierenden Anträgen aber nur bezogen auf die in **28.2**
der mündlichen Verhandlung gestellten Anträge.

Ohne Angaben dazu, welche gemeinschaftlichen Rechtsbeziehungen im Hinblick auf das Recht an **28.3**
einer Marke bestehen, ist davon auszugehen, dass die Markeninhaber die Marke gemeinsam halten und
insoweit das Recht der Gemeinschaft nach Bruchteilen gemäß §§ 741 ff. BGB zur Anwendung kommt
(BGH GRUR 2014, 1024 Rn. 9 – Viva Friseure/VIVA; BPatG GRUR 2004, 685 (688); Fezer § 7
Rn. 59).

Zur Frage, welche Auswirkungen der Tod eines anwaltlich vertretenen, notwendigen Streitgenossen **28.4**
auf das Verfahren hat, hat der BGH in der Viva Friseure/VIVA-Entscheidung (GRUR 2014, 1024
Rn. 12) erklärt, sie werde nicht einheitlich beantwortet, sie aber letztlich offen gelassen. Teilweise wird
angenommen, dass die Erben des verstorbenen Streitgenossen in entsprechender Anwendung des § 62
ZPO durch den oder die anderen Streitgenossen vertreten werden (so BAG NJW 1972, 1388 f.; aA
LG München I NJW-RR 2013, 787). Tritt ein Anwalt in der mündlichen Verhandlung (auch) für den
verstorbenen Streitgenossen auf und wird dies so protokolliert, bindet die Beweiskraft des Protokolls
den BGH im Rechtsbeschwerdeverfahren (BGH GRUR 2014, 1024 Rn. 13 – Viva Friseure/VIVA).

Widersprechende aus verschiedenen Widerspruchsmarken sind keine notwendigen Streit- **29**
genossen und, auch wenn das DPMA nicht nach § 43 Abs. 3 ausgesetzt, sondern über mehrere Widersprüche gemäß § 31 Abs. 2 MarkenV in einem Beschluss entschieden hat, nur
insoweit am Verfahren beteiligt, als dieses ihren jeweiligen Widerspruch erfasst (→ Rn. 86;
→ § 43 Rn. 62 f.; Ingerl/Rohnke Rn. 29, § 42 Rn. 65; BGH GRUR 1967, 681 f. – D-
Tracetten; BPatG GRUR 2002, 371 (376) – Pressform).

E. Verfahrensbeteiligte

Durch Umschreibung wird der neue Inhaber nicht automatisch zum Beteiligten in einem **30**
Widerspruchs- oder Löschungsverfahren. Er muss das Verfahren förmlich übernehmen (→
§ 28 Rn. 25; BPatG BeckRS 2016, 11053 – Perkolationsfiltersystem).

I. Prozessstandschaft, Beitritt

Verfahrensbeteiligter kann auch sein, wer im Rahmen der gewillkürten Prozessstandschaft **31**
ein Verfahren übernommen oder Widerspruch gemäß Art. 41 Abs. 1 Buchst. a UMV eingelegt hat. Über § 133 Abs. 3 und § 82 Abs. 1 S. 1 MarkenG findet für das Beschwerdeverfahren
§ 66 ZPO Anwendung. Damit kann, ein rechtliches Interesse (→ Rn. 31.4) am Verfahrensausgang vorausgesetzt, jedermann dem Verfahren beitreten, um eine der Parteien zu unterstützen.

BPatG BeckRS 2013, 15838 II.2 – Zoigl unter Berufung auf BGH GRUR 1998, 940 f. – Sanopharm **31.1**
und GRUR 2008, 87 Rn. 30 zum Patenteinspruchsverfahren; die Voraussetzungen für einen Beitritt
des Präsidenten des DPMA regelt § 68

Die gewillkürte Prozessstandschaft ist schon im Widerspruchsverfahren zulässig (BGH GRUR 1967, **31.2**
294 f. – Triosorbin; BPatG GRUR 1992, 609 – Diben), wenn der Prozessgegner dadurch nicht unzumutbar beeinträchtigt wird (→ § 42 Rn. 41).

Ein Parteiwechsel ist nach Schluss der mündlichen Verhandlung ohne deren Wiedereröffnung nicht **31.3**
mehr möglich (BPatG BeckRS 2013, 05071 – Superfund).

Ein rein wirtschaftliches oder tatsächliches Interesse, etwa um eine Rechtsklärung für eigene Verfah- **31.4**
ren zu erreichen oder um mit dem Schutzrechtsinhaber ins Geschäft kommen zu können, genügt als
Beitrittsvoraussetzung nicht (BGH GRUR 2011, 557 – Parallelverwendung; BeckRS 2014, 12769 –
Vermittlervertrag). Im patentrechtlichen Einspruchsverfahren verlangt das BPatG für einen Beitritt nach
§ 59 Abs. 2 PatG, dass der Beitretende selbst wegen Verletzung in Anspruch genommen wird (BPatG
BeckRS 2015, 02906 – umschaltbarer Ratschenschlüssel, BGH X ZB 3/15).

Im Rahmen der gewillkürten Prozessstandschaft werden oft **Lizenznehmer** tätig (BPatG **32**
GRUR 2000, 815 – turfa). Eine ausdrückliche Befugnis von Lizenznehmern zur Einlegung
des Widerspruchs aus der für sie lizenzierten Marke sieht das MarkenG nicht vor (→ § 42
Rn. 44). Eigentlich aber sollte jeder (ausschließliche) Lizenznehmer etwas gegen einen

MarkenG § 66 Teil 3 Verfahren in Markenangelegenheiten

Widerspruch und noch mehr gegen einen Löschungsantrag unternehmen können, wenn Gefahr besteht, dass die Marke, an der er Lizenzrechte hat, untergeht. Zu bevorzugen wäre der Weg des Art. 22 UMV, wo der Lizenznehmer nach erfolgloser Aufforderung an den Markeninhaber, etwas zu unternehmen, selbst tätig werden darf.

32.1 Soweit der Lizenznehmer oder Importeur durch die Verwendung eine Benutzungsmarke erlangt haben sollte (§ 4 Nr. 2; → § 4 Rn. 111; → § 17 Rn. 30; OLG Köln GRUR-RR 2010, 433 – Oerlikon), wäre dies ein separates Recht und kein Recht an der Marke des Lizenzgebers. Zur Übertragung der Lizenz → § 30 Rn. 136 ff.

32.2 Gemäß Art. 50 Abs. 3 UMV wird nach dem Verzicht auf eine Marke diese für den Fall einer registrierten Lizenz erst gelöscht, wenn der Markeninhaber die vorherige Unterrichtung des Lizenznehmers über die beabsichtigte Verzichtserklärung glaubhaft gemacht hat (Regel 36 Abs. 2 GMDV; → UMV Art. 22 Rn. 30); zur nicht gegebenen Abwehr von Widerspruch und Löschungsantrag → UMV Art. 59 Rn. 5.1.

32.3 In der MAC Dog-Entscheidung hat der BGH (GRUR 1999, 161) die Klagebefugnis des Markenlizenznehmers im Löschungsklageverfahren in Erweiterung des § 55 Abs. 2 Nr. 2, welcher ebenfalls im Gegensatz zur parallelen Regelung in der UMV den Lizenznehmer nicht ausdrücklich nennt, bejaht, was eine entsprechende Befugnis auch im Widerspruchsverfahren denkbar erscheinen ließ (Ingerl/Rohnke Rn. 30). Das hat der BGH jedoch mit der Windsor Estate-Entscheidung (GRUR 2007, 877) abgelehnt (→ § 42 Rn. 44 f.). Der EuGH hat dem Lizenznehmer selbst ohne Eintragung der Lizenz im Register zugestanden, Ansprüche wegen Verletzung einer Unionsmarke geltend zu machen (EuGH C-163/15, GRUR-Prax 2016, 79 – Arktis, mit Anm. Fammler GRUR 2016, 375; zu einem Gemeinschaftsgeschmacksmuster: EuGH BeckRS 2016, 81352, C-419/15 – Thomas Philipps/Waschball). Die schon lange geforderte Eintragung von Markenlizenzen (→ MarkenR Einleitung Rn. 214, → MarkenR Einleitung Rn. 217) soll wohl auch dazu dienen, dem Lizenznehmer weitere Rechte einzuräumen. Art. 21 TRIPS überlässt es den WTO-Mitgliedern, die Vergabe von Lizenzen zu regeln (→ MarkenR Einleitung Rn. 290).

32.4 Für die Behandlung der Lizenz in Insolvenzfällen fordert Ullmann eine Neuregelung (Mitt. 2008, 49).

32.5 Zur Patentverletzung billigt die Rspr. dem ausschließlichen Lizenznehmer das Recht zu, Ansprüche aus originärem Recht geltend zu machen; OLG Düsseldorf BeckRS 2015, 18754.

II. Pfandgläubiger

33 Eine **Verpfändung** (§ 29 MarkenG; Art. 19 UMV) gibt dem Pfandgläubiger – unabhängig von der nach § 29 Abs. 2, § 20 Abs. 3 möglichen Eintragung ins Register – das Recht, eine Verletzung der Marke aus eigenem Recht geltend zu machen, weil dies dem Erhalt seines Pfandrechts dient (§ 48 Abs. 2; → § 29 Rn. 53 ff.). Dass ein Pfandrecht nicht das Recht umfassen soll, Löschungsanträgen zu widersprechen, erscheint nicht konsequent, da damit praktisch auch ein Verzicht erfolgen kann, den § 829 Abs. 1 S. 2 ZPO verhindern soll. Der **Nießbrauchsberechtigte** hat eigene Rechte sogar unter Ausschluss des Markeninhabers (→ § 29 Rn. 16 ff.).

34 Der Pfandgläubiger erlangt keine verfahrensrechtliche Stellung als Beteiligter in Markenverfahren vor dem DPMA oder vor Gericht. Soweit es das Sicherungsinteresse des Pfandgläubigers erforderlich macht, ihn an Verfahren zu beteiligen, die die Entstehung und den Erhalt des Markenrechts betreffen (vgl. Fezer § 29 Rn. 23 f.; → § 29 Rn. 9 ff.; → § 29 Rn. 48), ist das zu wenig, weil es ohne Widerspruch gegen einen Löschungsantrag zu keinem Verfahren kommt.

III. Mitglieder eines Kollektivmarken-Verbandes

35 Nicht im Rahmen einer gewillkürten Prozessstandschaft können die Mitglieder eines Kollektivmarken-Verbandes tätig werden und erst recht nicht Lizenznehmer an einer Kollektivmarke, es sei denn die jeweilige Verbandssatzung erlaubt dies (Art. 72 Abs. 2 UMV; → UMV Art. 72 Rn. 1 f.; Art. 22 Abs. 3 UMV).

36 Wer Hinweise gegeben hat (→ § 8 Rn. 776), wird nicht Verfahrensbeteiligter (so auch Ingerl/Rohnke Rn. 29).

36.1 Das gilt selbst im Unionsrecht, wo Art. 40 UMV Bemerkungen Dritter ausdrücklich regelt (→ UMV Art. 40 Rn. 2; → UMV Art. 40 Rn. 13; → UMV Art. 59 Rn. 6

IV. Beteiligtenwechsel

Tritt im laufenden Verfahren eine **Rechtsnachfolge** am Widerspruchszeichen ein, finden 37
die §§ 265, 325, 66 ff. ZPO Anwendung. Der Rechtsvorgänger bleibt, unabhängig von der
materiellen Inhaberschaft an dem Zeichen, gemäß § 265 Abs. 2 S. 1 ZPO Verfahrensbeteiligter
(→ § 42 Rn. 47 ff.). Eine Entscheidung wirkt in entsprechender Anwendung des § 325
Abs. 1 ZPO für und gegen den Rechtsnachfolger (BGH GRUR 1998, 940 f. – Sanopharm).

Eine Namensänderung führt nicht zu einem Parteiwechsel. 37.1

Der Rechtsnachfolger kann das Verfahren im eigenen Namen im Wege gesetzlicher Pro- 38
zessstandschaft weiterführen, wenn die Marke umgeschrieben oder ein Antrag auf Umschreibung
gemäß § 28 Abs. 2 gestellt wird (§ 265 Abs. 2 S. 1 ZPO; BGH GRUR 2000, 892 f. –
MTS; BPatG BeckRS 2009, 03572 – Taxi Moto).

Übernimmt der Rechtsnachfolger das Verfahren bei Rechtsübergang der Widerspruchs- 39
marke nicht, kann der Gegner die fehlende materielle Berechtigung des formal Verfahrensbeteiligten
nicht geltend machen. Übernimmt der Erwerber der angegriffenen Marke das
Verfahren nicht, muss das Verfahren gegen den dann als gesetzlichen **Prozessstandschafter**
fungierenden Widerspruchsgegner als formell allein Beteiligten fortgeführt werden, und die
Rechtskraft erstreckt sich auf den Rechtsnachfolger. In diesen Fällen regelt § 28 Abs. 3 S. 2
die Zustellung des Beschlusses (Ingerl/Rohnke § 29 Rn. 14).

Der ursprüngliche Rechtsinhaber bleibt unabhängig vom Vollzug der Umschreibung 40
beschwerdebefugt, solange der Rechtsnachfolger das Verfahren nicht übernommen hat (→
§ 28 Rn. 25), und kann auch danach ihn persönlich beschwerende Entscheidungen (neben
dem Rechtsnachfolger) angreifen.

Der Rechtsnachfolger kann erst mit Stellung des Umschreibungsantrags nach § 28 Abs. 2 41
das Verfahren übernehmen, wobei er die Vermutung des § 28 Abs. 1 (→ § 28 Rn. 3) durch
Glaubhaftmachung des Rechtserwerbs widerlegen muss, solange die Umschreibung noch
nicht erfolgt ist (vgl. Amtl. Begr., Absatz 7 S. 3 zu § 28; → § 28 Rn. 11, → § 28 Rn. 21).
Bei Benutzungsmarken hat der Übernehmer den Rechtsübergang zu beweisen.

Der Rechtsnachfolger kann nach § 28 Abs. 2, § 31 aus eigenem Recht zusammen mit 42
dem **Umschreibungsantrag** (BPatG GRUR 2002, 234 f. zum PatG) vorgehen (BGH
GRUR 2008, 87 ff.; BPatG BeckRS 2009, 15817 – Ostex/Ostarix; GRUR 2002, 234;
GRUR 2000, 892 f. – MTS; → § 28 Rn. 17 ff.). § 28 Abs. 2 gilt allerdings nur für Verfahren
vor dem DPMA und BPatG (→ § 44 Rn. 15).

Nach § 28 Abs. 2 S. 3 bedarf es entgegen § 265 Abs. 2 S. 2 ZPO nicht der Zustimmung 43
des Verfahrensgegners für die Verfahrensübernahme durch den Rechtsnachfolger an einer
Registermarke. Anders ist das beim Übergang der Rechte an einer Benutzungsmarke oder
notorisch bekannten Marken.

Dies entspricht nicht der Regelung des § 30 PatG, weil dort eine § 28 Abs. 2 S. 3 entsprechende 43.1
Vorschrift fehlt (BGH GRUR 2008, 87 – Patentinhaberwechsel im Einspruchsverfahren).

Fraglich ist, ob mit Eintragung die Wirkung des Rechtserwerbs ex tunc oder ex nunc 44
gilt.

Vor dem BPatG (und dem BGH) kann der Rechtsnachfolger gemäß § 28 Abs. 2 erst 45
mitwirken, wenn der Antrag auf Eintragung der Rechtsnachfolge dem Amt zugegangen ist.
Dies gilt für alle Verfahren, in denen die Ansprüche von Markeninhabern oder Anmeldern
Verfahrensgegenstand sind, sowie für die Fortführung dieser Verfahren in der jeweiligen
Rechtsmittelinstanz (BGH GRUR 2000, 892 f. – MTS). Das gilt auch im Falle der gesetzlichen
Gesamtrechtsnachfolge (BPatG GRUR 1999, 349 – Umschreibungsantrag).

Hat der frühere Markeninhaber seine Rechtsinhaberschaft verloren, kann er kein Verfahren 46
erstmals einleiten, wenn der Verfahrensgegner die Vermutung des § 28 Abs. 1 widerlegt.

Sobald der Antrag auf Änderung des Registers bezüglich des Inhaberwechsels beim Amt 47
eingegangen ist und sich der Rechtsnachfolger daher an dem Verfahren beteiligen kann,
erhält im Falle kollidierender Erklärungen seine den Vorrang.

Die materielle Rechtslage ist davon nicht betroffen; die Eintragung des Inhaberwechsels 48
ist für den Rechtsübergang nicht konstitutiv.

Art. 17 Abs. 5 und 6 UMV verlangen zwar die Eintragung des Übergangs der Rechte 49
an der Unionsmarke. Nach Art 17 Abs. 7 UMV reicht allerdings die Antragstellung für

fristwahrende Erklärungen aus, wozu auch das Einlegen eines Widerspruchs gehört (→ UMV Art. 17 Rn. 49, → UMV Art. 17 Rn. 51) und dementsprechend auch darauf bezogene Beschwerden.

50 Bei Übertragung von Unionsmarken tritt der neue Inhaber mit Eintragung automatisch ins Verfahren ein. Für den Erbfall muss allerdings Art. 16 UMV herangezogen werden, der die Marke als Gegenstand des Vermögens subsidiär dem nationalen Recht unterwirft. Weiter regeln Art. 19 UMV die dinglichen Rechte, Art. 22 UMV die Lizenz sowie die Art. 20 und 21 UMV Zwangsvollstreckung und Insolvenz.

V. Vertretung

51 Für die Vertretung gelten die Vorschriften des ZPO und des BGB; Besonderheiten regeln § 81 und 96; zum Inlandsvertreter → Rn. 58.

51.1 Nicht nach den Vorschriften des Gesetzes vertreten gewesen zu sein, kann nach § 83 Abs. 3 Nr. 4 mit der zulassungsfreien Rechtsbeschwerde gerügt werden (BGH GRUR 2014, 1024 Rn. 7 – Viva Friseure/VIVA). Das dient nur dem Schutz der jeweiligen Partei (BGH GRUR 1990, 348 (350) – Gefäßimplantat; Fezer § 83 Rn. 29; Ingerl/Rohnke § 83 Rn. 84). Wer selbst alle prozessualen Rechte ausüben und Verfahrenshandlungen vornehmen kann, erleidet keinen eigenen Nachteil, wenn das beim Gegner nicht der Fall ist.

F. Untergang und Umwandlung von Rechten

52 Mit dem erklärten **Verzicht** auf die streitgegenständliche Marke oder auf die Widerspruchsmarke tritt unabhängig vom Vollzug im Register in der Regel die Erledigung eines anhängigen Widerspruchs-, Löschungs- bzw. Beschwerdeverfahrens ein (→ § 42 Rn. 31 f.; → § 48 Rn. 11 f.). Das Verfahren wird nicht mehr fortgeführt; das ist durch einen förmlichen Beschluss festzustellen (BPatG GRUR 2010, 363 – Radauswuchtmaschine; BeckRS 2015, 17849). Gegebenenfalls ist eine Kostenentscheidung zu treffen (→ § 71 Rn. 24, → § 71 Rn. 36, → Rn. 52.4). Gleiches gilt bei Löschung der betroffenen Marken aus anderen Gründen (→ § 71 Rn. 65). Die **Rücknahme** von Widerspruch oder Löschungsantrag, was jeweils bis zur Rechtskraft der Entscheidung möglich ist, macht die Beschwerde gegenstandslos. Die bis dahin ergangenen Entscheidungen werden damit wirkungslos und so nicht rechts-/bestandskräftig, soweit sie nicht einen zurückgenommen Widerspruch oder Löschungsantrag zurückgewiesen haben.

52.1 Da der Verzicht ex nunc wirkt, kann der Antragsteller in Löschungsverfahren wegen absoluter Schutzhindernisse auch nach dem Verzicht des Markeninhabers auf die angegriffene Marke ein Interesse an der Feststellung der Löschungsreife der Marke ex tunc haben (BGH GRUR 2001, 337 – Easypress; → § 48 Rn. 11), es sei denn der Inhaber des angegriffenen Zeichens hat auf alle seine Ansprüche umfassend verzichtet.

52.2 Ob der Verzicht auf die Registermarke auch eine Benutzungs- oder Notorietätsmarke nach § 4 Nr. 2 und 3 erfasst, ist durch Auslegung der Verzichtserklärung zu ermitteln (→ § 48 Rn. 13).

52.3 Lebt eine untergegangene Widerspruchsmarke wieder auf, ist nur ein ausgesetztes Verfahren fortzusetzen; andere Verfahren bleiben erledigt (→ § 44 Rn. 45).

52.4 Konnte ein Rechtsmittelführer im Zeitpunkt der Einlegung der Beschwerde nicht wissen, dass das angegriffene Schutzrecht bereits erloschen war, und hat er kein Rechtsschutzinteresse an einer rückwirkenden Feststellung, so hat sich das Beschwerdeverfahren erledigt und die Beschwerdegebühr ist aus Billigkeitsgründen zu erstatten (BPatG BeckRS 2015, 01364).

53 Die Aufgabe des Geschäftsbetriebs führt nicht zum Erlöschen der **Benutzungsmarke**, sondern erst eine (danach) unterbliebene Nutzung. Erst recht bleibt die Benutzungsmarke bestehen, wenn der Geschäftsbetrieb veräußert wird; hier ändert sich lediglich die Inhaberschaft am Markenrecht. Auch bei einem Erwerb der Marke durch einen Dritten mit anschließender Benutzung für dessen Geschäftsbetrieb bleibt die Benutzungsmarke bestehen (→ § 4 Rn. 116 f.).

54 Die durch **Umwandlung** entstandene nationale Marke ist dasselbe materielle Schutzrecht wie die bisherige Unionsmarke. In Folge dieser Kontinuität wird ein ursprünglich auf die Unionsmarke gestützter Widerspruch in einen auf eine nationale Marke gestützten transformiert (→ § 42 Rn. 74 ff.).

Nach Art. 34 UMV kann der Inhaber einer nationalen Marke im Falle der Anmeldung **55**
einer identischen Unionsmarke nach Art. 34 Abs. 1 UMV den Zeitrang der nationalen Marke
in Anspruch nehmen, wenn er diese freiwillig aufgibt oder das nationale Recht mangels
Verlängerung des Schutzes erlischt. Der gesamte materielle Inhalt einer erloschenen älteren
nationalen Marke wird in eine Unionsmarke integriert und deren Fortbestand unionsrechtlich fingiert (→ § 42 Rn. 77). Damit wird der aus einer nationalen Marke erhobene Widerspruch auf der Basis der Unionsmarke in dem Stand weitergeführt, in dem es sich zum
Zeitpunkt der Beanspruchung der **Seniorität** befand (→ § 42 Rn. 79 f.; BPatG GRUR
2006, 612 – Seniorität; aA BPatG BeckRS 2013, 05944 – Ipsos, Rechtsbeschwerde nicht
eingelegt).

G. Form, Frist und Gebühr

Anhängig und rechtshängig werden Verfahren vor dem BPatG mit Eingang des Beschwer- **56**
deschriftsatzes beim DPMA. Eine Zustellung an den Gegner ist dazu noch nicht erforderlich
(anders § 253 ZPO für Klagen vor den Zivilgerichten).

I. Form

Die Beschwerde ist **schriftlich** gemäß Abs. 2 beim DPMA in München, Jena oder Berlin **57**
einzulegen; zur elektronischen Einlegung → Rn. 63; zur Einlegung beim BPatG
→ Rn. 70.1. Vermerke auf Einzahlungsbelegen reichen nicht aus (BGH GRUR 1989, 506
(508) – Widerspruchsunterzeichnung; BPatG GRUR 1964, 206 – Viktoria). Allein die
Überweisung der Beschwerdegebühr ersetzt keine Beschwerdeeinlegung (weniger streng →
UMV Art. 60 Rn. 2).

Da kein Anwaltszwang besteht (§ 81 Abs. 1), kann jeder selbst Beschwerde einlegen. **58**
Soweit § 96 einen **Inlandsvertreter** (Lange MarkenR/KennzeichenR Rn. 6286) verlangt,
ist dessen Bestellung nur Zulässigkeitsvoraussetzung, während der Auswärtige im Übrigen
auch selbst oder vertreten durch einen anderen tätig werden kann (BPatG BeckRS 1996,
10393 – Ultra Glow; → § 81 Rn. 1). Rechts- und Patentanwälte haben keine **Vollmacht**
vorzulegen, solange sich keine Zweifel an der Bevollmächtigung ergeben; das gilt nicht
unumstritten für notwendige **Inlandsvertreter** (→ § 96 Rn. 14.1 f.; sehr streng zum PatG:
BPatG BeckRS 2015, 16330 – Antennenanordnung, rechtskräftig).

Der 23. Senat (BeckRS 2014, 09803 – Zickzackabtastpfad = Bildanzeigeverfahren) wendet den **58.1**
Gedanken des § 81 Abs. 6 MarkenG und des § 97 Abs. 6 PatG auch hier an. Der 29. Senat (BPatG
GRUR-Prax 2015, 406 – Pokerzeit) hält an seiner in die gleiche Richtung gehenden früheren Rechtsprechung (BeckRS 1996, 12441 – Muktananda) nicht fest. Ob dies allgemein gelten wird, ist zu
bezweifeln, da sich die im Fall Pokerzeit beteiligten Anwälte ausdrücklich nicht als Inlandsvertreter
bestellt haben und die Abkehr von der früheren Rechtsprechung „im Übrigen" ausgeführt wurde. Das
in § 81 Abs. 6 MarkenG und § 97 PatG gegenüber deutschen Anwälten zum Ausdruck kommende
Vertrauen (das der 29. Senat in BeckRS 1996, 12441 Rn. 11 – Siddah Yoga noch bestätigt hat), muss
auch bei Inlandsvertretungen gelten. Allerdings gibt die „Warnung" des 29. Senats Anlass, bis zur
Klärung vorsichtshalber Vollmachen vorzulegen.

Ohne notwendigen Inlandsvertreter vorgenommene Handlungen sind nicht unwirksam, sondern **58.2**
nur mit einem behebbaren Mangel behaftet. Die Bestellung eines Inlandsvertreters kann daher bis
zum Erlass der Entscheidung nachgeholt werden (BPatG BeckRS 2015, 16330 – Antennenanordnung,
rechtskräftig).

Wird innerhalb der Beschwerdefrist nicht erkennbar, wer Beschwerdeführer ist, oder gegen **59**
welche Entscheidung (BGH BeckRS 1973, 31126973 – Warmwasserbereiter) sich die
Beschwerde richtet, wird das Gericht sie als unzulässig verwerfen (BGH BeckRS 1973,
31126973 – Warmwasserbereiter; GRUR 1990, 108 – Messkopf; BPatG GRUR 1985, 123 –
optische Quarzglasfaser).

Sonst stellt das MarkenG keine hohen Anforderungen an den Inhalt der Beschwerde. Die **60**
Formvorschriften der §§ 10 ff. DPMAV gelten für die Beschwerde nicht (Ingerl/Rohnke
Rn. 40). Es muss nur deutlich werden, dass eine Überprüfung und Aufhebung oder Abänderung der angefochtenen Entscheidung in einem beschwerenden Teil begehrt wird.

Ohne konkreten Antrag gilt die angegriffene Entscheidung als umfassend angefochten. **61**

62 Beschränkte Anträge binden erst nach Ablauf der Beschwerdefrist – soweit im Übrigen kein Verzicht erfolgt ist (→ Rn. 26).

63 Die **elektronische Einlegung** der Beschwerde ist gemäß § 95a MarkenG iVm § 130a ZPO möglich, nicht aber durch E-Mail (ebenso → UMV Art. 60 Rn. 1.2). Die Übermittlung per **Fax** muss an ein Empfangsgerät des DPMA erfolgen. Übermittlung an ein privates Empfangsgerät, von dem aus die Weitergabe ans Amt erfolgt, genügt nicht (BGH GRUR 1981, 410 f. – Telekopie). Das SEPA-Basis-Lastschriftmandat zur Zahlung der Beschwerdegebühr ist allerdings im Original binnen eines Monats nachzureichen (→ Rn. 88.1).

63.1 Die großzügige Behandlung von Tele- oder Computerfax (Fezer Rn. 16, 17; HK-MarkenR/Fuchs-Wissemann Rn. 5) mit dem Verzicht auf Unterschriftsabbildung (→ Rn. 65) und dem Abstellen allein auf den Briefkopf (BVerwG NJW 1989, 1175; BPatG GRUR 1989, 908), zeigt eine Aufgeschlossenheit gegenüber modernen Kommunikationswegen. Es genügt, wenn sich aus dem Schriftstück zweifelsfrei ergibt, von wem die Erklärung herrührt, dass kein bloßer Entwurf vorliegt und dass es mit Wissen und Wollen des Beteiligten versendet wurde (BGH GRUR 2003, 1068 – Computerfax).

63.2 Zur Förderung der elektronischen Verwaltung durch § 3a VwVfG zeigt, dass Schriftformäquivalente in Zukunft immer mehr an Bedeutung gewinnen werden (Schulz DÖV 2013, 882).

64 Fehler bei der Übermittlung, die auf technischen Störungen oder Fehlbedienung auf Empfängerseite oder im Netz beruhen, hindern die Fristwahrung nicht, wenn sich der Inhalt nachträglich verlässlich feststellen lässt (BVerfG NJW 1996, 2857; BGH NJW-RR 2012, 1341; NJW 1994, 1881 – Telefax-Berufungsbegründung; GRUR 1988, 754 – Spulenvorrichtung; NJW 2001, 1581). Die aus den technischen Gegebenheiten des Kommunikationsmittels herrührenden Risiken soll nicht der Nutzer dieses Mediums tragen. Er muss jedoch bei erkennbaren Störungen weitere Möglichkeiten der Übermittlung ausschöpfen (BGH NJW 2014, 2047; NJW 2012, 330; Bernau NJW 2014, 2007 (2010) Nr. 8). Zur Fristwahrung bei längerer Übermittlungsdauer → Rn. 70.2.

65 Die Beschwerdeschrift ist zu unterschreiben (§ 10 Abs. 1 DPMAV). Im deutschen Recht wird als **Unterschrift** der Name einer natürlichen Person verlangt. Im angelsächsischen Bereich erscheint oft der Name der Kanzlei oder Firma, was das EUIPO als ausreichend ansieht (→ UMV Art. 60 Rn. 3). Dies sollte in der deutschen Praxis wenigstens eine Heilung ermöglichen.

66 Eine Beschwerde ist auch als Kopie ohne eigenhändige Unterschrift (§ 10 Abs. 1 DPMAV) wirksam und fristwahrend erhoben, wenn Umstände, die außerhalb der Erklärung liegen (vgl. LG Heidelberg NJW-RR 1987, 1213), einen hinreichenden Anhalt dafür geben, dass eine rechtsverbindliche Erklärung abgegeben werden sollte. Das kann sich aus der in engem zeitlichen Zusammenhang veranlassten Zahlung der Beschwerdegebühr ergeben (BPatG BeckRS 2014, 20568 – Weltpferdetag).

67 Eine falsche Bezeichnung als „Erinnerung" schadet nicht, solange die (gegenüber der Erinnerung höhere) Beschwerdegebühr bezahlt wurde und nicht auch Erinnerung (§ 64 Abs. 6) statthaft war (→ Rn. 3).

68 Eine Beschwerdebegründung ist nicht zwingend erforderlich (Ingerl/Rohnke Rn. 37; BGH GRUR 2003, 1067 f. – BachBlüten Ohrkerze; BPatG GRUR 2005, 679 f. – Bundesfarben; anders Art. 59 S. 3 GMV). Ihr Fehlen kann aber für die Kosten relevant werden (→ § 71 Rn. 19).

69 Abs. 4 verlangt zwar **Abschriften** für die Verfahrensbeteiligten, das ist aber keine Zulässigkeitsvoraussetzung.

69.1 Fehlende Abschriften fordert das Gericht vom Beschwerdeführer nach oder fertigt sie auf dessen Kosten (Fezer Rn. 19). Dies gilt aber nicht für die Information des Präsidenten des DPMA, solange er keinen Beitritt nach § 68 Abs. 2 erklärt hat. Dennoch können ihm, vor allem wenn er sich nach § 68 Abs. 1 beteiligt, Schriftsätze der Beteiligten und Terminsbenachrichtigungen im Rahmen der Verfahrensökonomie und der Amtsermittlung (§ 73 Abs. 1) zugeleitet werden (Goebel GRUR 1985, 641 (644)). Umgekehrt sind seine schriftsätzlichen Äußerungen den Verfahrensbeteiligten entsprechend Abs. 4 zur Kenntnis zu bringen.

69.2 Abschriften für alle Richter des Spruchkörpers fallen unter VV 7000 1b oder 1d RVG. Eine Verpflichtung, diese Kopien zu fertigen, besteht auch über § 125 PatG nicht. Deshalb gehören sie nicht zur üblichen, von der Prozessgebühr abgegoltenen Wahrnehmung des Mandats (BPatG BeckRS 2012,

15790; Albrecht/Hoffmann Vergütung Rn. 1153; aA BPatG Beschl. v. 20.12.2011 – 2 Ni 2/05 (EU) KoF 186/10).

II. Frist (Abs. 2)

Die Beschwerde ist grundsätzlich – eine ordnungsgemäße Rechtsbehelfsbelehrung vorausgesetzt – binnen einen Monats ab Zustellung (→ Rn. 73) beim DPMA einzulegen. **70**

Gibt eine unzuständige Stelle, auch das BPatG selbst, die bei ihr eingegangene Beschwerde nicht oder nicht rechtzeitig an das DPMA weiter, obwohl dies innerhalb der Beschwerdefrist möglich gewesen wäre, ist ein Wiedereinsetzungsantrag erfolgreich (BPatG BeckRS 2014, 21901 – Bionator/Bionade; BVerfG NJW 2005, 2137 f.; OVG Lüneburg BeckRS 2014, 45538; v. Pentz NJW 2003, 858 (862)). **70.1**

Für das Einlegen einer Verfassungsbeschwerde per Telefax hat das BVerfG die erforderliche Sorgfalt als erfüllt angesehen, wenn zu der zu erwartenden Übermittlungsdauer ein Sicherheitszuschlag von 20 Minuten einkalkuliert wurde; dies gilt auch für Faxübersendungen nach Wochenenden oder gesetzlichen Feiertagen (BVerfG BeckRS 2014, 47218 Rn. 34 ff.). Die vorzusehende Zeit ist abhängig von der Seitenzahl (OLG Saarbrücken NJW 2013, 3797). Zur Pflicht, rechtzeitig mit der Übertragung zu beginnen, BGH NJW 2014, 2047; Bernau NJW 2014, 2007 (2010) Nr. 8. **70.2**

Für unselbständige **Anschlussbeschwerden** (→ Rn. 104 ff.) gilt keine Frist. **71**

Zu spät eingegangene Beschwerden werden – unabhängig von einer rechtzeitigen Zahlung der Beschwerdegebühr – als unzulässig nach § 70 Abs. 2 verworfen, wenn keine Wiedereinsetzung beantragt und gewährt wird. **72**

Rechtzeitig bezahlte Gebühren werden nur im Einzelfall nach § 71 Abs. 3 zurückerstattet (BPatG GRUR 1962, 517; → § 71 Rn. 69 ff.) sowie bei Gewährung von Verfahrenskostenhilfe (→ § 81a Rn. 1 ff. ff.); zur verspätet bezahlten Gebühr → § 71 Rn. 65. **72.1**

Maßgebend für den **Beginn der Beschwerdefrist** ist die Zustellung des angefochtenen Beschlusses (§ 94) mit ordnungsgemäßer Rechtsmittelbelehrung (§ 61 Abs. 2), unabhängig von einer früheren Verkündung nach § 61 Abs. 1 S. 2 und unabhängig davon, wann anderen Beschwerdeberechtigten zugestellt wurde (BPatG BeckRS 1999, 15326 – Cosmos; v. Schultz/Donle Rn. 17; aber → § 79 Rn. 9 und v. Schultz/Donle § 79 Rn. 6). Zur Durchgriffsbeschwerde → Rn. 78, → Rn. 100 ff. **73**

Erfolgt eine Zustellung mehrmals, gilt die erste Zustellung als maßgeblich, sogar wenn die erste Zustellung durch Telefax erfolgt ist (OVG Bautzen NVwZ-RR 2014, 285). **73.1**

Die **Berichtigung** oder Ergänzung eines anfechtbaren Beschlusses setzt keine neue Frist in Gang, es sei denn, dass erst die Berichtigung oder Ergänzung des Beschlusses eine Beschwer bewirkt oder erkennbar macht (BGH NJW-RR 2009, 1443; NJW 1955, 989; BPatGE 24, 229 (231); Fezer § 80 Rn. 5; Ingerl/Rohnke § 80 Rn. 4). War die Berichtigung unzulässig und hatte der Betroffene dagegen separat Beschwerde erhoben, ist ihm die Beschwerdegebühr dafür zurückzuzahlen (BPatG Beschl. v. 3.12.2015 – 30 W (pat) 18/13 – Zahnfreunde). **74**

Für die **Fristberechnung** gelten über § 82 Abs. 1 MarkenG § 222 ZPO und §§ 186 ff. BGB (→ § 64 Rn. 4), wobei es für das Fristende nach § 193 BGB je nach Einlegungsort auf die **Feiertage** im Freistaat Bayern, im Freistaat Thüringen (Jena) bzw. in Berlin ankommt. Zu den unterschiedlichen Feiertagsregelungen für München, Jena und Berlin → § 64 Rn. 4 f. **75**

Für die Berechnung der Bekanntgabefiktion ist die Rechtsprechung des BFH (NJW 2004, 94) anzuwenden, die das Ende der Drei-Tages-Fiktion nur an Werktagen eintreten lässt. Folgt man der Gegenmeinung (BayVGH NJW 1991, 1250), wonach die widerlegbare Fiktion keine Frist ist, ist zu prüfen, inwieweit die Rechtsmittelbelehrung dem Beschwerdeberechtigten die Frist zum Tätigwerden verständlich formuliert. **75.1**

Eine vor dem Zustellungstag, nicht aber eine vor Erlass der Entscheidung, eingelegte Beschwerde ist zulässig. **76**

Nur innerhalb der Beschwerdefrist kann der Beschwerdeführer eine beschränkt eingelegte Beschwerde erweitern und zwar wiederum gegenüber dem DPMA, auch wenn dieses die zunächst beschränkt eingelegte Beschwerde bereits ans BPatG abgegeben hat (BPatG GRUR 2008, 362; Fezer Rn. 15). **77**

78 Ein Erinnerungsführer, der nach § 66 Abs. 6 einer **Durchgriffsbeschwerde** (→ Rn. 102) zugestimmt hat, muss innerhalb eines Monats ab Zustellung der Beschwerde des anderen ebenfalls Beschwerde einlegen **und** die Beschwerdegebühr bezahlen. Andernfalls gilt seine Erinnerung als ersatzlos zurückgenommen, und die Erinnerungsgebühr ist verfallen. Ein Erinnerungsführer, der nach § 64 Abs. 6 wegen der **fakultativen Beschwerde** des Gegners gezwungen ist, Beschwerde einzulegen, soll seine Erinnerung nicht ersatzlos als zurückgenommen gelten, hat dafür einen Monat nach Zustellung der Beschwerde des anderen Zeit. Eine Beschwerdegebühr fällt für ihn nicht an.

79 **Wiedereinsetzung** in die Beschwerdefrist ist nach §§ 91, 91a möglich. Darüber entscheidet nicht der Rechtspfleger, obwohl er – ohne Wiedereinsetzungsantrag – zu entscheiden hat, ob eine Beschwerde gemäß § 6 Abs. 2 PatKostG als nicht eingelegt gilt (BPatG BeckRS 2013, 11969 – Lorenzo; Ströbele/Hacker/Kober-Dehm § 91 Rn. 30; zur Wiedereinsetzung nach Gewährung oder Versagung von Verfahrenskostenhilfe → § 81a Rn. 1 ff. ff.).

80 Ein Wiedereinsetzungsgrund ist entsprechend § 234 Abs. 3 ZPO auch gegeben, wenn das BPatG (oder DPMA) den Beschwerdeführer erst nach Ablauf der für den Wiedereinsetzungsantrag geltenden Frist von einem Jahr (§ 123 PatG) über die Fristversäumnis unterrichtet hat (BPatG BeckRS 2013, 17845; 2013, 17846; 2013, 15747; 2012, 08429 – Wäschespinne; BeckRS 2009, 10792).

80.1 Grundsätzlich aber hat die Jahresfrist absoluten Charakter. Sie verfolgt mit der Begrenzung der Möglichkeit der Wiedereinsetzung – wie die entsprechende Vorschrift in § 234 Abs. 3 ZPO – im Interesse der Rechtssicherheit den Zweck, eine unangemessene Verzögerung von Verfahren zu verhindern und deren rechtskräftigen Abschluss zu gewährleisten. Auch Billigkeitsgründe können daher nicht berücksichtigt werden (BPatG BeckRS 2016, 09908; GRUR 1996, 303). Allenfalls wird eine Wiedereinsetzung für zulässig erachtet, wenn die Umstände, auf denen die Fristversäumung beruht, allein in der Sphäre des DPMA bzw. BPatG lagen (BPatG BeckRS 2016, 12114; 2015, 13821).

81 An einem einseitigen Verfahren über den Wiedereinsetzungsantrag des Markeninhabers, kann sich ein in (angeblicher) Verletzer der Marke nicht beteiligen, auch wenn ihn der Markeninhaber bereits in Anspruch genommen hat (BGH GRUR 2015, 927 – Verdickerpolymer II).

III. Beschwerdegebühr

1. Gebührenpflicht

82 Nach § 82 Abs. 1 S. 3 MarkenG iVm § 2 Abs. 1 PatKostG ist für die Beschwerde eine Gebühr zu bezahlen (GV 401100, 401200, 401300 PatKostG). Zur Prozesskostensicherheit (§ 110 ZPO) → § 82 Rn. 14. Die Entrichtung der Beschwerdegebühr ist eine von Amts wegen zu berücksichtigende Wirksamkeitsvoraussetzung. Unerheblich ist, warum der Beschwerdeführer die Zahlung unterlassen hat; sie kann auch bei einem insoweit rechtsmissbräuchlichen Verhalten nicht ersetzt werden (BPatG BeckRS 2015, 13814 – kircöz).

83 Beschwerden nach § 11 Abs. 2 PatKostG und § 12 Abs. 2 DPMAVwKostV sind gebührenfrei. Auch für Beschwerden gegen Kostenfestsetzungsbeschlüsse sowie für unselbständige Anschlussbeschwerden (→ Rn. 104) fällt keine Gerichtsgebühr an.

84 Für den Erinnerungsführer, der nach § 64 Abs. 6 gezwungen ist, Beschwerde einzulegen, fällte keine Beschwerdegebühr an.

84.1 Dagegen können die beteiligten Anwälte gegenüber ihren Mandanten auch in diesen Fällen Gebühren berechnen (Albrecht/Hoffmann Vergütung Rn. 708 ff.).

85 Die Beschwerdegebühr ist je Beschwerde zu bezahlen (BPatG GRUR-Prax 2014, 436 – Bettybag). **Mehrere Mitinhaber** einer Anmelde- oder Widerspruchsmarke brauchen nur eine Beschwerdegebühr zu zahlen, wenn sie gemeinsam eine Beschwerde einlegen (Ingerl/Rohnke Rn. 55; aA BPatG BeckRS 2016, 05061 – LifeTech IP; BeckRS 2016, 07089 – Rich meets Beautiful). Die Problematik, ob mehrere Anmelder, die sich per Beschwerde gegen die Zurückweisung ihrer gemeinsamen Anmeldung wehren, oder ob mehrere Markeninhaber, die als Widersprechende oder Inhaber der angegriffenen Marke Beschwerde einlegen, auch mehrfach Gebühren zahlen müssen, trat nach der Mauersteinsatz-Entscheidung (BGH GRUR 2015, 1255) auch im Markenrecht auf. Deichfuß (GRUR 2015, 1170) kriti-

siert dies zwar zu Recht, rät aber – ebenfalls zutreffend – vorsichtshalber zur Zahlung mehrfacher Gebühren. Es kann aber auch ein Mitinhaber separat vorgehen (→ Rn. 22, → Rn. 28, → Rn. 28.1).

85.1 Nachdem der 5. Senat des BPatG an seiner Rechtsprechung nicht festhält (BeckRS 2016, 03293), könnte auch im Markenrecht 1 Gebühr ausreichen. Strenger sieht das jedoch die Markensenate des BPatG, die ohne substantiierten Vortrag zum Bestehen einer teilrechtsfähigen und als 1 Antragstellerin anzusehende Gesellschaft bürgerlichen Rechts, separate Gebühren verlangt (BPatG BeckRS 2016, 05061 – LifeTech IP; vgl. auch Grabrucker jurisPR-WettbR 3/2106 Anm. 2).

86 Weist das DPMA **mehrere Widersprüche** desselben Widersprechenden aus verschiedenen Widerspruchsmarken (→ Rn. 23) in einem Beschluss zurück (§ 31 MarkenV), so ist für die dagegen gerichtete Beschwerde nur eine Beschwerdegebühr zu bezahlen (BPatG GRUR-Prax 2014, 436 – Bettybag; anders für die Widerspruchsgebühr → § 42 Rn. 27). Weist das DPMA mehrere Widersprüche verschiedener Widersprechender, die nicht in Rechtsgemeinschaft stehen (→ Rn. 29), in einem Beschluss zurück, so muss jeder Widersprechende, der Beschwerde einlegt, eine Gebühr zahlen, auch wenn ein Bevollmächtigter für mehrere Widersprechende auftritt und die Beschwerden in einem Schriftsatz einlegt (BPatG Beschl. v. 28.7.2016, 27 W (pat) 6/15 – Dali).

86.1 Wenn mehrfach Beschwerdegebühren zu zahlen sind, sind für einen Kostenansatz nach RVG, also für eine entsprechend vereinbarte Honorarabrechnung, für die Kostenerstattung durch den Gegner und für eine Kostenfestsetzung nach § 11 RVG, die Anwaltsgebühren einzeln anzusetzen und nicht nur eine nach VV 1008 RVG erhöhte Verfahrensgebühr (Albrecht/Hoffmann Vergütung Rn. 32, 36, 220).

86.2 Teilen sich zwei Gesellschaften, die Beschwerde eingelegt haben, Geschäftsführer und Justitiarin, begründet dies noch keine neue, eigenständige Gesellschaft. Obwohl die Gründung einer BGB-Gesellschaft keiner Form bedarf, genügt auch nicht die bloße Behauptung einer solchen, wenn eigenständige Rechtspersönlichkeiten jeweils aus für sie registrierten Marken vorgegangen sind, ohne – wie im Fall einer BGB-Gesellschaft erforderlich – die Voraussetzungen nach § 5 Abs. 1 Nr. 2 MarkenV erfüllt zu haben (BPatG Beschl. v. 28.7.2016 – 27 W (pat) 6/15 – Dali).

2. Zahlungsweise und -frist

87 Die jeweilige Beschwerdegebühr ist innerhalb der Beschwerderist (→ Rn. 70 ff.) vollständig zu bezahlen. Andernfalls gilt die Beschwerde als nicht eingelegt (§ 6 Abs. 2 PatKostG). Daran ändert es nichts, wenn die unterbliebene Zahlung rechtsmissbräuchlich ist, etwa weil der Beschwerdegegner einen Übertragungsanspruch geltend gemacht hat, das Schutzrecht aber ohne Beschwerde untergeht (BPatG BeckRS 2015, 13815 – yagcök).

87.1 Das ist verfassungsrechtlich unbedenklich (BGH GRUR 1982, 414 (416) – Einsteckschloss), ist aber, wie bei der Widerspruchsgebühr, eine überflüssige Fehlerquelle und Belastung aller Beteiligten mit der Überwachung (Ingerl/Rohnke Rn. 59, Ingerl/Rohnke § 42 Rn. 33; ähnlich Engel, FS Piper, 1996, 515; Schmieder GRUR 1977, 246), aber derzeit (noch) geltendes Recht.

87.2 Auch wenn eine Beschwerde als nicht eingelegt gilt, ist eine Kostenentscheidung möglich, da dennoch ein Beschwerdeverfahren stattgefunden hat, an dem der Gegner beteiligt war (BPatG BeckRS 2015, 17449 – Hawk).

88 Die Beschwerdegebühr ist **an das DPMA,** nicht an das BPatG zu bezahlen. Zu den Zahlungsmöglichkeiten und dem für die Fristwahrung je nach Zahlungsart maßgeblichen Zahlungszeitpunkt hat der Gebührenschuldner zu beachten: die PatKostZV (→ § 64a Rn. 8 ff.), die Mitt. der Präsidentin Nr. 8/13 über die Einführung des SEPA-Lastschriftverfahrens (BlPMZ 2013, 297) sowie Art. 4 VO vom 1.11.2013 und den Hinweis dazu in BlPMZ 2013, 378 ff. Für die Angaben zum Verwendungszweck ist das Formular A 9532 nicht zwingend (BPatG BeckRS 2016, 07528 – babygro).

88.1 Bei Überweisungen gilt der Tag der Gutschrift auf dem Konto des DPMA (BPatG BeckRS 2013, 05713 – CarloMartino). Bei Überweisungen aus dem Ausland führt es zu einer nicht vollständigen Bezahlung, wenn Bankgebühren nicht zu Lasten des Anweisenden gehen, sondern den gutgeschriebenen Betrag mindern. Art. 8 Abs. 3 VO (EG) Nr. 2869/95 nimmt für das Verfahren vor dem EUIPO die Wiedereinsetzungsgründe bei verzögerter Bearbeitung einer Überweisung durch die Banken vorweg. Im deutschen Recht fehlt eine solche Regelung leider. Ist mit der Abwicklung einer Überweisung nicht mehr zeitgerecht zu rechnen, bleibt die Möglichkeit, eine Einzugsermächtigung zu faxen (BPatG BeckRS 2016, 12107; 2014, 07674). Das SEPA-Basis-Lastschriftmandat ist dann im Original binnen eines Monats nachzureichen; für die Angaben zum Verwendungszweck (Formular A 9532) genügt das Telefax (BPatG BeckRS 2016, 01711 – über 40 Jahre Z).

88.2 Bei Erteilung eines SEPA-Basislastschriftmandats für zukünftig fällig werdenden Kosten gilt die Zahlung mit dem Tag der Fälligkeit, sonst mit Eingang des Lastschriftmandats als getätigt – aber nur wenn der Einzug zu diesem Zeitpunkt möglich ist (BeckOK PatR/Albrecht PatKostG § 1 Rn. 23–31). Es ist Sache des Schuldners, das Konto so lange vorzuhalten, bis der Einzug tatsächlich erfolgt, auch wenn das DPMA über längere Zeit nicht abbucht. Das kann im Fall einer Kontensperrung im Insolvenzverfahren die Folge haben, dass eine Zahlung als nicht rechtzeitig erfolgt gilt (BPatG BeckRS 2016, 10742).

88.3 Anwälte müssen besondere Vorkehrungen bzw. Anweisungen getroffen haben, um auf Informationen über das Fehlschlagen von Lastschriftmandaten in gebotener Weise reagieren zu können. Insbesondere muss durch geeignete organisatorische Maßnahmen sichergestellt sein, dass ein so außergewöhnlicher und bedeutsamer Vorgang wie die Rückbuchung eines Gebührenbetrages, der zum Verlust von Rechten führen kann, unmittelbar dem Anwalt zur Kenntnis gebracht wird (BPatG BeckRS 2016, 09908; vgl. zu außergewöhnlichen Verfahrensgestaltungen bei Fristenlöschung BGH GRUR 2014, 102 – Bergbaumaschine).

89 Das DPMA muss die Zahlung einem Verfahren zuordnen können; die Klärung kann aber auch noch nach Fristablauf erfolgen (BPatG GRUR 1963, 133; Ingerl/Rohnke Rn. 57; BeckOK KostR/Fitzner PatKostZV § 1 Rn. 17).

90 In die Frist zur Einzahlung der Beschwerdegebühr ist **Wiedereinsetzung** in den vorigen Stand nach § 91 möglich (→ Rn. 79 ff.). Verwechslungen zwischen Erinnerungs- und Beschwerdegebühr gelten nicht als Wiedereinsetzungsgrund (BPatG BeckRS 2013, 19920).

91 Dass eine Beschwerde mangels nicht rechtzeitig bezahlter Beschwerdegebühr als nicht eingelegt gilt, stellt der Rechtspfleger am BPatG fest. Dagegen ist Erinnerung nach § 23 Abs. 1 Nr. 4, Abs. 2, § 11 Abs. 4 S. 6 RPflG gegeben, über die der Senat durch Beschluss entscheidet und dabei nach § 83 die Rechtsbeschwerde zulassen kann (BGH GRUR 1997, 636 – Makol). Über die Wiedereinsetzung entscheidet nicht der Rechtspfleger (→ Rn. 79).

91.1 Die Kostenentscheidung ergeht dabei nach Billigkeit (§ 71), weil § 11 Abs. 4 RPflG auf die Vorschriften über die Beschwerde verweist, also auf das MarkenG und nicht auf die ZPO (BPatG BeckRS 2016, 12915 – Diesel).

92 Eine verspätet bezahlte Beschwerdegebühr ist entsprechend § 812 Abs. 1 BGB nach Abzug der **Erstattungsgebühr** in Höhe von 10 Euro (vgl. § 6 Abs. 2 DPMAVwKostV) zurückzuzahlen, da sie wegen der Nichteinlegungsfiktion des § 6 Abs. 2 PatKostG ohne Rechtsgrund geleistet ist.

93 Ohne Rechtsgrund ist eine Gebühr auch gezahlt, wenn die Anmeldung, der Antrag oder die sonstige Handlung an dem Tag, an dem die Gebührenzahlung bewirkt wurde, zurückgenommen war.

94 Mit Rechtsgrund gezahlte fällige Gebühren können nur nach § 71 Abs. 3 aus Billigkeitsgründen erstattet werden.

3. Gebühren und Verfahrenskostenhilfe

95 Wird für eine (beabsichtigte) Beschwerde Verfahrenskostenhilfe (§ 81a) beantragt, ist die Gebührenfrist nach § 134 PatG gehemmt (→ § 81a Rn. 1 ff. ff.; BeckOK PatR/Albrecht PatG § 134 Rn. 13). Dazu muss der Antrag auf Verfahrenskostenhilfe rechtzeitig und ordnungsgemäß gestellt sein; alle notwendigen Angaben hat der Antragsteller innerhalb der Frist zu machen (BPatG BeckRS 2015, 18885). Eine unter dem Vorbehalt, dass die beantragte Verfahrenskostenhilfe abgelehnt wird, gezahlte Beschwerdegebühr, ist zurückzuzahlen (BPatG BeckRS 2015, 09262).

95.1 Die längste, theoretisch mögliche Nachzahlungsfrist beläuft sich auf zwei Monate nach Zustellung des Beschlusses, mit dem der Antrag auf Verfahrenskostenhilfe zurückgewiesen wurde. Dazu muss der Beschwerdeführer am Tage der Zustellung des Beschlusses, gegen den sich die Beschwerde richtet, Beschwerde eingelegt als auch den Antrag auf Verfahrenskostenhilfe gestellt haben. Dann bleibt die Frist von einem Monat für die Erhebung der Beschwerde und für die Zahlung der Beschwerdegebühr vollständig bestehen; hinzutritt ein weiterer Monat nach § 134 (BPatG BeckRS 2016, 08051 – Nachzahlungsfrist bei Versagung der Verfahrenskostenhilfe).

IV. Durchgriffsbeschwerde (Abs. 3)

Eine **Untätigkeitsbeschwerde** sieht das MarkenG (anders als § 75 VwGO) nicht vor. **96**

Es wird diskutiert, sie wegen Art. 19 Abs. 4 GG dennoch zuzulassen (Fezer Rn. 6; Ingerl/Rohnke **96.1** Rn. 16), wobei Starck eher eine Dienstaufsichtsbeschwerde als angemessen erscheint (Starck GRUR 1985, 798 (801)).

Hat der Betroffene zunächst im Rahmen der Wahl nach § 64 den Weg der fakultativen **97** Erinnerung (→ Rn. 3) beschritten, kann er nach Ablauf von sechs bzw. in mehrseitigen Verfahren von zehn Monaten einen Antrag auf Entscheidung stellen.

Die Sechs- bzw. Zehn-Monats-Fristen wird gehemmt, wenn das Amt das Verfahren ausge- **98** setzt oder einem Beteiligten auf Gesuch oder aufgrund zwingender Vorschriften eine Frist bewilligt hat (Fezer Rn. 27; Ingerl/Rohnke Rn. 28).

Bei einem verfrühten Antrag wird die Durchgriffsbeschwerde erst nach Ablauf dieser Frist **99** zulässig (BPatG BeckRS 2009, 16047 – Euro-Euro).

Hat das DPMA nach zwei Monaten ab Zugang des Antrags auf Entscheidung bzw. ab **100** dessen Zulässigkeit noch immer nicht über die Erinnerung des Antragstellers entschieden, kann dieser Beschwerde einlegen ohne eine Entscheidung über seine Erinnerung abzuwarten.

Für die erforderliche Zahlung der Beschwerdegebühr gilt die Dreimonatsfrist nach **101** § 6 Abs. 1 S. 2 PatKostG. Die **doppelte Gebührenbelastung** ist angesichts der Verzögerung durch das DPMA kaum verständlich (so auch Ingerl/Rohnke Rn. 23; → § 71 Rn. 77).

Während im Rahmen des § 64 der Gegner des Beschwerdeführers keine Möglichkeit hat, **102** ein von ihm eingeleitetes Erinnerungsverfahren fortzuführen, ist im Rahmen des § 66 seine schriftliche Einwilligung erforderlich. Willigt er ein, kann er innerhalb eines Monats nach Zustellung der Durchgriffsbeschwerde an ihn ebenfalls Beschwerde einlegen, muss dafür aber – anders als nach § 64 Abs. 6 – die Beschwerdegebühr bezahlen (→ Rn. 78); andernfalls gilt seine Erinnerung als zurückgenommen (zur Möglichkeit einer unselbständigen Anschlussbeschwerde aber → Rn. 104).

Verbundene Verfahren (mehrere Widersprüche) werden getrennt als Beschwerde- bzw. **103** Erinnerungsverfahren weitergeführt, wenn nicht alle Erinnerungsführer eingewilligt oder Durchgriffsbeschwerde eingelegt haben (Ingerl/Rohnke Rn. 27; v. Schultz/Donle Rn. 26).

V. Unselbständige Anschlussbeschwerde

Sind an einem Beschwerdeverfahren mehrere Parteien beteiligt und jeweils gesondert **104** beschwert (teilweise Löschung), kann jeder von ihnen Beschwerde einlegen oder sich der Beschwerde des Gegners – allerdings mit entgegengesetzter Zielrichtung – „anschließen". Eine Abhilfe nach Abs. 5 ist hier nicht möglich (→ Rn. 112).

Diese „unselbständig" genannte Anschlussbeschwerde kann jeder Beschwerdegegner, auch **105** wenn er selbst keine Beschwerde eingelegt hatte oder wenn diese als nicht eingelegt gilt oder sogar wenn er auf sein Beschwerderecht – nicht aber auch ausdrücklich auf die Anschlussbeschwerde – verzichtet hat (→ Rn. 26), einlegen (§ 567 Abs. 3 ZPO; Bender GRUR 2006, 990), ohne dafür eine Beschwerdegebühr zahlen zu müssen.

Das ist grundsätzlich jederzeit und in jedem Verfahrensstadium möglich – bis zur letzten **106** mündlichen Verhandlung (BPatG GRUR 1997, 54 – S. Oliver; GRUR 1965, 33; Fezer Rn. 11, 22) bzw. bei Entscheidung ohne mündliche Verhandlung bis zum Erlass der Entscheidung, jedoch nicht mehr nach Rücknahme der Hauptbeschwerde.

Für die unselbständige Anschlussbeschwerde gelten dieselben Formerfordernisse wie für **107** die Beschwerde (→ Rn. 57 ff.). Dennoch wäre es bloße Förmelei, zu verlangen, dass die Anschlussbeschwerde beim DPMA eingelegt werden muss, zumal keine Abhilfe möglich ist (→ Rn. 112). Mangels einzuhaltender Frist kommt es darauf aber ohnehin nicht an.

Unzulässig ist die Anschlussbeschwerde eines unterlegenen Widersprechenden, mit der er **108** sich nach Ablauf der Beschwerdefrist einer Beschwerde des Anmelders anschließen will, die allein gegen einen anderen, erfolgreichen Widerspruch gerichtet ist (BPatG GRUR 1972,

670; Ingerl/Rohnke Rn. 67). Ebenso kann sich ein unterlegener Widerspruchsführer nicht der Beschwerde eines anderen unterlegenen Widersprechenden anschließen – es sei denn als Streithelfer.

109 Die unselbständige Anschlussbeschwerde ist von der Hauptbeschwerde abhängig; sie ermöglicht eine sonst durch die Parteiherrschaft im Rahmen der Dispositionsmaxime (→ Rn. 7) ausgeschlossene reformatio in peius zu Lasten des Hauptbeschwerdeführers (Bender GRUR 2006, 990). Mit der – oft bewusst durch die Anschlussbeschwerde angestrebten – Rücknahme der Hauptbeschwerde verliert sie ihre Wirkung – bleibt aber im Kostenpunkt anhängig (BGH NJW 1986, 852; Ingerl/Rohnke Rn. 64; anders BPatG BeckRS 2016, 12917 – Bely/Pely).

110 Die fehlende Befristung der Anschlussbeschwerde schließt nicht aus, dass das Gericht erstmals mit ihr in das Verfahren eingeführte Angriffs- und Verteidigungsmittel wegen **Verspätung** nach § 282 Abs. 2, § 296 Abs. 2 ZPO zurückweist (→ § 70 Rn. 20; BPatG GRUR 1997, 54 (57 f.) – S. Oliver; Ingerl/Rohnke Rn. 66).

111 Hat ein Widersprechender aus mehreren Marken Widerspruch eingelegt, ist aber nur ein Widerspruch erfolgreich und legt der Inhaber des angegriffenen Zeichens hiergegen Beschwerde ein, kann der Widersprechende seine Anschlussbeschwerde auch auf die Widersprüche stützen, die in der angefochtenen Entscheidung zurückgewiesen wurden (BGH GRUR 1967, 94 f. – Stute).

H. Abhilfe (Abs. 5)

112 Das DPMA kann einer zulässigen Beschwerde, die ja nach Abs. 2 bei ihm einzulegen ist, **im einseitigen ex-parte-Verfahren** (teilweise) abhelfen (Ingerl/Rohnke Rn. 70) und nach Billigkeitserwägung (§ 71 Abs. 3) die Rückzahlung der Beschwerdegebühr anordnen (→ § 71 Rn. 74).

112.1 Die Abhilfemöglichkeit in zweiseitigen inter-partes-Verfahren war nach Art. 62 GMV zwar möglich. Dies wurde jedoch mit der UMV abgeschafft.

113 Für eine Abhilfe hat das DPMA ein Monat nach Einlegung der Beschwerde Zeit, während es in mehrseitigen Verfahren die Beschwerde ohne Stellungnahme unverzüglich dem BPatG vorzulegen hat.

114 Abhilfe kann auch auf Grund unzulässiger Beschwerden erfolgen, da die Rücknahme rechtswidriger, belastender Bescheide keine Probleme aufwerfen kann.

115 Eine nur **teilweise Abhilfe** ist wirksam, auch wenn sie verfahrensrechtlich unzulässig sein soll, weil der verfahrensökonomische Zweck nicht erreicht wird, solange das BPatG die Sache ohnehin entscheiden muss (BPatG BeckRS 2009, 16070 – Seasons).

I. Aufschiebende Wirkung (Abs. 1 S. 3), vorläufiger Rechtsschutz

I. Aufschiebende Wirkung (Abs. 1 S. 3)

116 Infolge der aufschiebenden Wirkung hat ein angefochtener Beschluss vorläufig keine Rechtsfolgen; alle Maßnahmen zur Ausführung des Beschlusses haben zu unterbleiben (BPatG GRUR 1976, 418); zur Rechtsbeschwerde → Rn. 136.

117 Voraussetzung der aufschiebenden Wirkung ist, dass die Beschwerde statthaft und rechtswirksam erhoben war, also nicht, wenn die Beschwerde als nicht eingelegt gilt, wie im Falle einer nicht fristgerechten Zahlung der Beschwerdegebühr (§ 6 Abs. 2 PatKostG; BPatG GRUR 1966, 207).

118 Nicht erforderlich ist, dass die Beschwerde zulässig oder gar begründet ist.

118.1 Auch einer offensichtlich unzulässigen Beschwerde kommt aufschiebende Wirkung zu, da es rechtsstaatlich bedenklich wäre, den Suspensiveffekt von dem diffusen Begriff der Offensichtlichkeit abhängig zu machen (so aber Ströbele/Hacker/Knoll Rn. 54; Ingerl/Rohnke Rn. 68; kritisch Büscher/Dittmer/Schiwy/Büscher Rn. 27; vgl. auch die Fallgruppen bei Fezer Rn. 14).

II. Vorläufiger Rechtsschutz

Das BPatG erlässt keine einstweiligen Verfügungen, die das Register verändern, da dies **119** mit der gebotenen Rechtssicherheit für die Allgemeinheit nicht vereinbar wäre (BPatG GRUR 2001, 339). Vorläufiger Rechtsschutz kann aber geboten sein, um schwere und unzumutbare Nachteile zu verhindern, die das Hauptsacheverfahren nicht mehr beseitigen könnte, oder wenn ein Verfahren von einem Gericht, dessen Verfahren vorläufigen Rechtsschutz vorsieht, bindend an das BPatG verwiesen worden ist (BPatG GRUR 2004, 82 – Thüringer Rostbratwurst; HK-MarkenR/Fuchs-Wissemann Rn. 15).

Zu Werktiteln → § 16 Rn. 17: Steht das Erscheinen des Werkes unmittelbar bevor, ist die Durchset- **119.1** zung der Hinweispflicht auch durch einstweilige Verfügung möglich.

Zur Unionsmarke → UMV Art. 104 Rn. 34 ff. Dazu bestimmt Art. 104 Abs. 3 UMV, dass das **119.2** Unionsmarkengericht für die Dauer der Aussetzung des Verfahrens einstweilige Maßnahmen treffen kann.

J. Insolvenz

Markenrechte fallen bei Insolvenz ihres Inhabers als selbstständige Vermögensrechte in die **120** Insolvenzmasse (§ 35 InsO).

Die Wirkungen des eröffneten Insolvenzverfahrens richten sich – auch für Unionsmar- **121** ken – nach nationalem Recht.

Art. 23 Abs. 1 UMV ist auf Insolvenzverfahren nicht anwendbar (→ UMV Art. 21 Rn. 6 ff.; → **121.1** UMV Art. 23 Rn. 14; → § 29 Rn. 55 ff.).

Umstritten ist die (analoge) Anwendung des § 240 ZPO bei Eröffnung eines Insolvenzver- **122** fahrens über das Vermögen eines der Beteiligten (→ § 29 Rn. 60; → § 42 Rn. 33). Das DPMA lehnt eine Anwendung des § 240 ZPO und damit eine Unterbrechung des Widerspruchsverfahrens ab (Mitt des Präsidenten des DPMA Nr. 20/08, BlPMZ 2008, 413 unter Berufung auf BGH GRUR 2008, 551 – Sägeblatt). Das BPatG nimmt eine Unterbrechung des Löschungsverfahrens an, wenn die Klage im Zeitpunkt der Eröffnung des Insolvenzverfahrens rechtshängig war (BPatG BeckRS 2015, 09638 – FanDealer; BeckRS 2009, 03375 – Thunderbike/Thunder Bird; GRUR 1997, 833 – digital). Keine Unterbrechung erfolgt bei Klagen, die erst nach Eröffnung des Insolvenzverfahrens erhoben werden. Eine nach Unterbrechung des ersten Verfahrens erneut erhobene Klage könnte aber rechtsmissbräuchlich sein.

Die Insolvenz des Widersprechenden oder Löschungsantragstellers führt nicht zu einer **123** Unterbrechung des Verfahrens nach § 240 ZPO (Grabrucker in Fezer, HdB Markenpraxis, I.1.2. Rn. 644).

Streitig ist, ob ein nach Eröffnung des Insolvenzverfahrens über das Vermögen des Markeninhabers **123.1** von diesem oder seinem Vertreter erhobener Widerspruch infolge Übergangs der Verfügungsbefugnis auf den Insolvenzverwalter als Partei kraft Amtes gemäß § 80 Abs. 1 InsO und Erlöschens der Vertretervollmachten (§ 117 InsO) unheilbar unwirksam ist (so BPatG BeckRS 2008, 8231 – Focus). Nach anderer Ansicht (so BPatG BeckRS 2008, 16114 – perfect/Perfector) kann die unwirksame Widerspruchserhebung entsprechend § 185 Abs. 2 BGB rückwirkend durch Genehmigung des Insolvenzverwalters geheilt werden (→ § 42 Rn. 34).

Im einseitigen Eintragungs-Beschwerdeverfahren erhält der Insolvenzverwalter eine ange- **124** messene Äußerungsfrist (BPatG BlPMZ 1999, 265 f. – Konkurs).

K. Rücknahme der Beschwerde

Die Beschwerde kann – wie § 71 Abs. 4 zeigt – ganz oder teilweise zurückgenommen **125** werden (BPatGE 17, 90 (92 f.)), allerdings nur solange noch keine Beschwerdeentscheidung ergangen ist (BGH GRUR 1969, 562 ff. – Appreturmittel; Ingerl/Rohnke Rn. 60). Die Rücknahme muss wie jede rechtsgestaltende Prozesshandlung schriftlich (→ Rn. 63; BPatG BeckRS 2009, 27473 – Haus24) geschehen und bedarf nicht der Einwilligung des Beschwerdegegners (Ingerl/Rohnke Rn. 60). Die Erklärung ist bedingungsfeindlich, unanfechtbar und unwiderruflich (BGH NJW-RR 1990, 67; BPatG GRUR 1966, 282; Ingerl/Rohnke

Rn. 61); allenfalls Restitution nach § 580 ZPO ist möglich. Ist eine Beschwerdeentscheidung bereits ergangen, macht die Rücknahme diese Entscheidung nicht wirkungslos (BGH GRUR 1988, 364 f. – Epoxidationsverfahren).

125.1 Eine Rücknahme kann zivilrechtlich erzwungen werden (→ Rn. 26). Die Erklärung der Rücknahme gilt dann mit Rechtskraft des Urteils nach § 894 ZPO als abgegeben.

126 Für die Wirksamkeit einer Rücknahme reicht es aus, wenn einer von mehreren Bevollmächtigten die Rücknahme erklärt (BGH NJW 2007, 3640 Rn. 25 ff.).

127 Mit der Rücknahme wird der angegriffene Beschluss des DPMA bestandskräftig und rechtsverbindlich, es sei denn, der Beschwerdeführer nimmt auch seine Anmeldung oder seinen Widerspruch zurück (→ Rn. 130, → Rn. 131). Eine unselbständige Anschlussbeschwerde wird mit der Rücknahme der Hauptbeschwerde unzulässig (→ Rn. 109). Zur Entscheidung über die Kosten → § 71 Rn. 12.

128 Nach **Rücknahme eines Löschungsantrags oder Widerspruchs** (→ § 42 Rn. 98 ff.) im Beschwerdeverfahren wird eine bereits erfolgte Löschung wirkungslos und die Beschwerde unzulässig (vgl. van Hees/Braitmayer Rn. 679).

128.1 Analog § 269 Abs. 3 S. 1 ZPO ist die Aufhebung eines bereits ergangenen Widerspruchsbeschlusses im Zuge des Rechtsmittelverfahrens nicht erforderlich (BPatG BeckRS 2009, 15820). Es ist lediglich seine Wirkungslosigkeit auszusprechen, soweit dies beantragt wird (§ 269 Abs. 4 ZPO; BGH GRUR 1998, 818 – Puma; BPatG GRUR 2010, 759 f. – FlowNow; BeckRS 2010, 20930; so auch Ingerl/Rohnke Rn. 60). Zuständig ist dafür die Instanz, vor der im Zeitpunkt der Rücknahme das Verfahren anhängig ist, „Zwischen den Instanzen" – also vor Einlegung eines Rechtsmittels – bleibt die Ausgangsinstanz zuständig (BPatG BeckRS 2009, 15820).

129 Dies gilt nicht bei einer **Rücknahme der Beschwerde**, da § 269 Abs. 3 S. 1 ZPO nicht entsprechend anzuwenden ist (BGH GRUR 1979, 313 – Reduzierschrägwalzwerk; Fezer § 71 Rn. 16; Ingerl/Rohnke Rn. 61).

130 Die **Rücknahme einer Markenanmeldung** kann auch nach Erlass der Beschwerdeentscheidung unabhängig von einer Rechtsbeschwerde erfolgen (BGH GRUR 1983, 342 – BTR). Bei Rücknahme vor Eintritt der formellen Rechtskraft verliert der Beschluss nach § 82 Abs. 1 S. 1 MarkenG iVm § 269 Abs. 3 S. 1 ZPO seine Rechtswirkung.

131 Die **Rücknahme des Widerspruchs** im Beschwerdeverfahren (→ § 42 Rn. 98 ff.) muss gegenüber der Stelle erfolgen, bei welcher der Widerspruch zur Zeit der Rücknahme anhängig ist (BGH GRUR 1985, 1052 – Leco; BPatG BeckRS 2009, 15820; BeckRS 1998, 14606 – S+B Technologie).

131.1 Die Wirkungslosigkeit einer vorherigen Entscheidung durch die Rücknahme des Widerspruchs erfasst auch die Kostengrundentscheidung in den Vorinstanzen (BPatG BeckRS 2008, 19258 – extra; Ingerl/Rohnke § 42 Rn. 62). Das ermöglicht eine neue Kostenentscheidung, bei der das Gericht auch die Gründe der Rücknahme berücksichtigen kann (→ § 42 Rn. 105 f.).

131.2 Im Falle der vorgezogenen Eintragungsbewilligungsklage bzw. Widerspruchsrücknahmeklage gilt die Erklärung der Rücknahme mit Rechtskraft des Urteils nach § 894 ZPO als abgegeben (→ § 44 Rn. 38).

132 Bei Rücknahme des Löschungsantrags nach § 54 im Beschwerdeverfahren, kommt eine Fortsetzung des Löschungsverfahrens von Amts wegen nicht in Betracht. Vielmehr ist ein zuvor ergangener Löschungsbeschluss aufzuheben (BGH GRUR 1977, 664 – Churrasco zu § 10 WZG; BeckRS 1987, 31065567). Zum Erlöschen der Rechtspersönlichkeit eines Löschungsantragstellers (→ Rn. 27).

133 Die Rücknahme ist als prozessuale Willenserklärung nicht wegen Irrtums anfechtbar, nicht widerruflich; sie kann auch nicht unter eine Bedingung gestellt werden (BPatG GRUR 1966, 282; Winkler Mitt 1999, 148 ff.).

133.1 Bei Restitutionsgründen kann die Beschwerderücknahme unter Beachtung der einmonatigen Notfrist des § 586 ZPO widerrufen werden, ist jedoch im Übrigen bindend, und zwar auch dann, wenn das Gericht die Rücknahme durch den erst später als unrichtig erkannten Hinweis, die Beschwerdegebühr sei nicht rechtzeitig bezahlt worden, ausgelöst hat (BPatG BeckRS 1997, 14492 – Sprinkel/Sprengel).

L. Rechtskraft

Eine Teilrücknahme kann die Beschwerde auf die Kostenentscheidung beschränken (BPatG BeckRS 2009, 00344 – Convent; Fezer Rn. 12). **134**

Die Kostenentscheidung nach einer auf das Beschwerdeverfahren beschränkten Erledigungserklärung erfasst nicht die des ersten Rechtszuges (BPatG BeckRS 2009, 25156). **134.1**

L. Rechtskraft

Gegen den Beschluss über die Beschwerde ist Rechtsbeschwerde zum BGH nach § 83 Abs. 1 und 2 zulässig (→ § 83 Rn. 6 f.), sofern der Beschwerdesenat die Rechtsbeschwerde zugelassen hat (→ § 83 Rn. 15 ff.), oder nach § 83 Abs. 3 (→ § 83 Rn. 26 ff.). **135**

Die Rechtsbeschwerde ist der Revision ähnlich (BGH GRUR 1988, 191 – Ziegelsteinförmling; GRUR 1986, 453 – Transportbehälter) und hat gemäß § 83 Abs. 1 S. 2 **aufschiebende Wirkung** (→ § 83 Rn. 46). **136**

Außerordentliche Rechtsbehelfe sind nicht vorgesehen (→ § 83 Rn. 2). Gegen die Entscheidung des BPatG, die Rechtsbeschwerde nicht zuzulassen, ist keine Nichtzulassungsbeschwerde gegeben (→ § 83 Rn. 5). **137**

Bei der zulassungsfreien Rechtsbeschwerde (§ 83 Abs. 3) erfolgt keine (beschränkte) Inhaltskontrolle durch den BGH (→ § 83 Rn. 5.1). **138**

Nur unter sehr engen Voraussetzungen kann der Betroffene eine „willkürliche Nichtzulassung" vor dem BGH und (im Gefolge) vor dem BVerfG rügen. **139**

Mit Ablauf der Rechtsbeschwerdefrist erwächst der Beschwerdebeschluss des BPatG in formelle und materielle Rechtskraft. **140**

§ 67 Beschwerdesenate; Öffentlichkeit der Verhandlung

(1) Über Beschwerden im Sinne des § 66 entscheidet ein Beschwerdesenat des Patentgerichts in der Besetzung mit drei rechtskundigen Mitgliedern.

(2) Die Verhandlung über Beschwerden gegen Beschlüsse der Markenstellen und der Markenabteilungen einschließlich der Verkündung der Entscheidungen ist öffentlich, sofern die Eintragung veröffentlicht worden ist.

(3) Die §§ 172 bis 175 des Gerichtsverfassungsgesetzes gelten entsprechend mit der Maßgabe, daß
1. die Öffentlichkeit für die Verhandlung auf Antrag eines Beteiligten auch dann ausgeschlossen werden kann, wenn sie eine Gefährdung schutzwürdiger Interessen des Antragstellers besorgen läßt,
2. die Öffentlichkeit für die Verkündung der Entscheidungen bis zur Veröffentlichung der Eintragung ausgeschlossen ist.

Überblick

§ 67 Abs. 1 regelt die Besetzung der Marken-Beschwerdesenate am BPatG (→ Rn. 1) und die Öffentlichkeit der Verhandlungen (→ Rn. 6) speziell. Dagegen sind für die Ordnungsbefugnisse (Sitzungspolizei) über § 82 Abs. 1 S. 1 MarkenG und über § 69 Abs. 3 PatG die §§ 177–180, 182 f. GVG maßgeblich.

Das BPatG ist eine zweite Tatsacheninstanz (vgl. §§ 73, 74). Die mündliche Verhandlung ist öffentlich, wenn die Marke bereits veröffentlich ist, also in mehrseitigen Verfahren; in einseitigen Verfahren nur, wenn eine schon veröffentlichte IR-Marke den Schutz für Deutschland beansprucht (→ Rn. 8).

A. Besetzung

Die Markensenate entscheiden in der Besetzung von drei rechtskundigen Mitgliedern iSv **1** § 65 Abs. 2 S. 2 PatG. Die Zuständigkeit des Senats ergibt sich aus der Geschäftsverteilung des Gerichts (§ 21e GVG iVm § 68 PatG).

2 Gehören einem Senat mehr als drei Mitglieder an, legt die vom Senat beschlossene senatsinterne Geschäftsverteilung Berichterstattung und Mitwirkung fest (§ 21g GVG). Diese zu Beginn des Jahres hinterlegte Geschäftsverteilung kann jedermann eingesehen.

3 Eine falsche Besetzung können die Beteiligten mit der zulassungsfreien Rechtsbeschwerde rügen (→ § 83 Rn. 28).

4 Die Zuweisung an einen Einzelrichter (§ 348a ZPO) soll beim BPatG nach Abs. 1 ausgeschlossen sein (HK-MarkenR/Fuchs-Wissemann Rn. 1).

5 Verweigert das BPatG trotz Klärungsbedarfs offensichtlich willkürlich sowohl die **Zulassung der Rechtsbeschwerde** zum BGH (§ 83 Abs. 2) als auch die **Vorlage zum EuGH** (→ § 70 Rn. 41; Art. 267 Abs. 3 AEUV), ist eine zulassungsfreie Rechtsbeschwerde zum BGH nach § 83 Abs. 3 Nr. 3 gegeben.

5.1 Den Grund des § 83 Abs. 3 Nr. 1 sieht der BGH nicht mehr als gegeben an (BGH GRUR 2012, 398 – Schwarzwälder Schinken; GRUR 2014, 1232 Rn. 12 – S-Bahn).

B. Öffentlichkeit

6 Die Verhandlungen vor dem BPatG sind nur öffentlich, wenn die strittige Marke gemäß § 41 S. 2 bereits veröffentlicht worden ist. Bekanntheit oder Benutzung des Zeichens berühren diese Frage nicht.

7 Während also Widerspruchs- und Löschungsverfahren grundsätzlich öffentlich sind, sind einseitige Verhandlungen über die Eintragung (absolute Verfahren) nicht öffentlich.

8 Da **IR-Marken** bereits veröffentlicht sind (§ 112 Abs. 1, § 124), wenn um die Schutzerstreckung auf Deutschland gestritten wird, sind die Verhandlungen auch hierüber öffentlich.

9 Gemäß Abs. 3 iVm §§ 172 ff., § 175 Abs. 2 S. 1 GVG kann der Senat durch Beschluss einzelnen Personen den Zutritt zu nicht öffentlichen Verhandlungen gestatteten oder die Öffentlichkeit generell ausschließen, etwa im Hinblick auf Betriebsgeheimnisse (Ingerl/Rohnke Rn. 3). Entgegen § 173 Abs. 1 GVG ist dies nach § 67 Abs. 3 Nr. 2 für die Verkündung von Entscheidungen immer geboten, wenn sie aufgrund einer nicht-öffentlichen Verhandlungen ergehen.

9.1 Anders als § 69 Abs. 1 S. 2 PatG wurde § 67 nicht um den Bezug auf § 171b GVG erweitert.

10 Verletzungen der Vorschriften über die Öffentlichkeit des Verfahrens eröffnen grundsätzlich die zulassungsfreie Rechtsbeschwerde (§ 83 Abs. 3 Nr. 5). Fehler des Sitzungsdienstes bleiben dabei unbeachtlich (so aber BGH GRUR 1970, 621 – Sitzungsschild). Lässt dieser fehlerhaft Publikum zu, wird das Gericht dies erkennen, so dass § 83 Abs. 3 Nr. 5 greift (→ § 83 Rn. 41).

11 Unschädlich ist eine fehlerhafte öffentliche Verhandlung, wenn tatsächlich keine Zuhörer erschienen sind (Ingerl/Rohnke § 83 Rn. 85; Ströbele/Hacker/Knoll § 83 Rn. 49).

12 Während eine fehlerhaft nicht-öffentliche Verhandlung in öffentlicher Form nachgeholt werden kann, ergibt es wenig Sinn, eine fehlerhaft öffentliche Verhandlung in nicht-öffentlicher Form nachzuholen, da dies bereits bekannt gewordene Tatsachen nicht mehr unterdrücken kann.

13 Der Präsident des Patentamts kann nach § 68 Abs. 2 an Terminen, auch an nicht öffentlichen, teilnehmen (→ § 68 Rn. 2).

§ 68 Beteiligung des Präsidenten des Patentamts

(1) ¹Der Präsident des Patentamts kann, wenn er dies zur Wahrung des öffentlichen Interesses als angemessen erachtet, im Beschwerdeverfahren dem Patentgericht gegenüber schriftliche Erklärungen abgeben, an den Terminen teilnehmen und in ihnen Ausführungen machen. ²Schriftliche Erklärungen des Präsidenten des Patentamts sind von dem Patentgericht den Beteiligten mitzuteilen.

(2) ¹Das Patentgericht kann, wenn es dies wegen einer Rechtsfrage von grundsätzlicher Bedeutung als angemessen erachtet, dem Präsidenten des Patentamts anheimgeben, dem Beschwerdeverfahren beizutreten. ²Mit dem Eingang der Beitrittserklärung erlangt der Präsident des Patentamts die Stellung eines Beteiligten.

Beteiligung des Präsidenten des Patentamts § 68 MarkenG

Überblick

Das DPMA ist am Beschwerdeverfahren nicht beteiligt, wie dies für Behörden in Verwaltungsgerichtsverfahren selbstverständlich ist. Um diesen Mangel auszugleichen, soll § 68, entsprechend §§ 76, 77 PatG und ähnlich wie die Zulassung der Rechtsbeschwerde (§ 83 Abs. 2 Nr. 1), abschließende Klärungen grundsätzlicher Fragen ermöglichen. Nur durch Beitritt nach Abs. 2 (→ Rn. 7 ff.), nicht durch Teilnahme iSv Abs. 1 (→ Rn. 1 ff.), wird der Präsident des DPMA Verfahrensbeteiligter. Im Rechtsbeschwerdeverfahren vor dem BGH ist nur die Teilnahmeregelung nach Abs. 1 gemäß § 87 Abs. 2 entsprechend anwendbar (→ § 87 Rn. 5 ff.); dh der BGH kann die Beteiligung nicht erstmals anheim geben (→ Rn. 9).

A. Teilnahme nach Abs. 1

Der Präsident des DPMA kann im Beschwerdeverfahren ebenso wie nach § 87 Abs. 2 im Rechtsbeschwerdeverfahren tätig werden, wenn er selbst dies als angemessen erachtet; dabei kommt es nicht darauf an, ob es sich um einseitige oder mehrseitige Verfahren handelt (Goebel GRUR 1985, 641 (643)). 1

Er kann sich sowohl schriftlich als auch mündlich äußern, da er an mündlichen Verhandlungen teilnehmen darf, auch wenn diese nicht-öffentlich sind. Seine schriftsätzlichen Äußerungen hat das BPatG den Verfahrensbeteiligten nach Abs. 1 S. 2 entsprechend § 66 Abs. 4 zur Kenntnis zu bringen. 2

Bei der Ausübung des Rechts zur Teilnahme kann sich der Präsident vertreten lassen. Er hat dabei die freie Wahl, wen er damit beauftragt (Anwälte, Beamte des BMJ etc, Schulte/Püschel PatG § 76 Rn. 10). 3

Warum dabei die Mitglieder des DPMA, deren Entscheidungen Gegenstand des Beschwerdeverfahrens sind, nicht mit dieser Vertretung betraut werden sollen, ist nur nachvollziehbar, wenn man Goebel (GRUR 1985, 641 (644)) folgt, dass Teilnahme und Beteiligung durch den Präsidenten und nicht durch das Amt erfolgen, um eine unvoreingenommene Stellungnahme ohne Bindung an die angefochtene Entscheidung zu ermöglichen. 3.1

Im Rahmen des „bloßen" Mitwirkens nach Abs. 1 kann der Präsident keine Sachanträge stellen und kein Rechtsmittel einlegen. Ihn kann aber auch keine Kostenlast treffen (anders nach Abs. 2; → Rn. 11). 4

Berücksichtigt das Gericht Äußerungen des Präsidenten des DPMA bei seiner Entscheidung nicht, können dies nur die Verfahrensbeteiligten als Verfahrensverstoß mit der Rechtsbeschwerde geltend machen (Fezer Rn. 3; Benkard/Schäfers PatG § 76 Rn. 6). 5

Die Schriftsätze der Beteiligten und Terminsbenachrichtigungen dürfen dem Präsidenten des DPMA – als Nicht-Verfahrensbeteiligtem – im Rahmen der Verfahrensökonomie und der Amtsermittlung (§ 73 Abs. 1) zugeleitet werden (Goebel GRUR 1985, 641 (644)). Umgekehrt sind seine schriftsätzlichen Äußerungen den Verfahrensbeteiligten entsprechend Abs. 1 S. 2 zur Kenntnis zu bringen. 6

§ 66 Abs. 4 verlangt Abschriften nur für die Verfahrensbeteiligten (→ § 66 Rn. 69 ff.). Nur für diese kann das BPatG daher fehlende Abschriften nachfordern oder kostenpflichtig fertigen. Dies gilt also nicht für Unterlagen zur Information des Präsidenten des DPMA, solange dieser keinen Beitritt nach § 68 Abs. 2 erklärt hat. 6.1

B. Beitritt nach Abs. 2

Hier geht die Initiative im Wege eines unter den Voraussetzungen des § 67 Abs. 2 und 3 nicht zu veröffentlichenden Beschlusses, zu dem die Verfahrensbeteiligten nicht zu hören sind, vom Gericht aus. Einen danach erklärten Beitritt kann das Gericht nicht mehr ablehnen (Goebel GRUR 1985, 641 (645 f.)). Einen anheimgebenden Beschluss kann das Gericht widerrufen, wenn die Voraussetzungen dafür nicht mehr bestehen und ein Beitritt noch nicht erfolgt ist (Fezer Rn. 7; Schulte/Püschel PatG § 77 Rn. 5; aA Ingerl/Rohnke Rn. 3; Benkard/Schäfers/Schwarz PatG § 77 Rn. 7). 7

MarkenG § 69 Teil 3 Verfahren in Markenangelegenheiten

7.1 Ingerl/Rohnke Rn. 4 listen etliche Beispiele für eine Anheimgabe auf, vermuten hinter einigen davon allerdings eher Abstimmungsprobleme innerhalb der Senate des BPatG, dem ein Großer Senat fehlt.

8 Die Beteiligten können die Anheimgabe nur anregen, nicht beantragen, und den Beschluss des Senats darüber nicht anfechten (Ingerl/Rohnke Rn. 3). Ebenso kann der Präsident des DPMA nichts dagegen unternehmen, wenn das BPatG ihm den Beitritt nicht anheim gibt, auch wenn er schon nach Abs. 1 tätig geworden ist (Fezer Rn. 5, 7).

9 Der Präsident kann nach freiem Ermessen den Beitritt ablehnen oder erst in einem späteren Verfahrensstadium erklären, also auch erst im Rechtsbeschwerdeverfahren (→ § 87 Rn. 5; Fezer Rn. 9) – allerdings nicht mehr nach Rechtskraft der Beschwerdeentscheidung. Der BGH kann aber die Beteiligung nicht erstmals anheim geben (Ingerl/Rohnke § 87 Rn. 4); nur das schließt auch Fezer aus, nicht den allgemein anerkannten Beitritt im Rechtsbeschwerdeverfahren, wenn das BPatG diesen zuvor anheimgestellt hatte (Fezer § 87 Rn. 2). Damit kann der Präsident auch nach der Beschwerdeentscheidung des BPatG dem Beschwerdeverfahren noch beitreten, um eine Rechtsbeschwerde einzulegen (→ § 87 Rn. 6; aA Goebel GRUR 1985, 641 (647)).

9.1 Gerade die Möglichkeit, Rechtsbeschwerde einzulegen, ist ja einer der Beweggründe gewesen, den Beitritt gesetzlich zu ermöglichen. Insbesondere in einseitigen Verfahren sollte damit eine letztinstanzliche Klärung beschleunigt werden (→ Rn. 7.1; Goebel GRUR 1985, 641).

10 Der Präsident kann die Beitrittserklärung in jedem Verfahrensstadium (mit Wirkung ex nunc) zurücknehmen (Fezer Rn. 10).

11 Anders als nach Abs. 1 wird der Präsident durch den Beitritt Verfahrensbeteiligter. Damit kann er Anträge stellen, zB auf Zulassung der Rechtsbeschwerde. Mit Antragstellung geht er sogar ein Kostenrisiko ein (§ 71 Abs. 2) ein. Ferner kann er Rechtsbeschwerde einlegen, was nach § 90 Abs. 3 wiederum zu einem Kostenrisiko führt (BPatG GRUR 1990, 512 f. – Öffentliches Interesse; Ingerl/Rohnke Rn. 3; → § 90 Rn. 10; aA Ströbele/Hacker/Knoll § 71 Rn. 3; die Kritik an der Gefährdung höchstrichterlicher Klärungen durch das Kostenrisiko (Ströbele/Hacker/Knoll Rn. 8) entkräften Ingerl/Rohnke Rn. 4 mit dem Hinweis auf das Haushaltsvolumen des DPMA).

12 Da die Gründe für den Beschluss, den Beitritt anheimzustellen, den Voraussetzungen für die **Zulassung der Rechtsbeschwerde** entsprechen, kann der Beschwerdesenat die Zulassung nur noch ablehnen, wenn zwischenzeitlich eine höchstrichterliche Entscheidung die maßgebliche Frage geklärt hat.

13 Der Präsident des DPMA kann als Beteiligter nach § 68 Abs. 2 **ohne Beschwer** Rechtsbeschwerde einlegen (→ § 84 Rn. 4; BGH GRUR 1989, 103 f. – Verschlussvorrichtung für Gießpfannen; GRUR 1986, 877 – Kraftfahrzeuggetriebe; aA Goebel GRUR 1985, 641 (647)).

§ 69 Mündliche Verhandlung

Eine mündliche Verhandlung findet statt, wenn
1. einer der Beteiligten sie beantragt,
2. vor dem Patentgericht Beweis erhoben wird (§ 74 Abs. 1) oder
3. das Patentgericht sie für sachdienlich erachtet.

Überblick

Beschwerdeverfahren vor dem BPatG sind grundsätzlich schriftliche Verfahren (ebenso § 78 PatG, anders § 128 ZPO). Allerdings dürfen die Beteiligten nicht von einer negativen Entscheidung überrascht werden, weil die dafür entscheidenden Gesichtspunkte bisher keine Rolle gespielt haben (→ Rn. 19). Eine mündliche Verhandlung kann verpflichtend werden, wenn sie ein Beteiligter beantragt hat (→ Rn. 1 ff.) und für Beweiserhebungen (→ Rn. 17). Das Gericht kann von sich aus nach Nr. 3 immer eine mündliche Verhandlung ansetzen (→ Rn. 18).

Mündliche Verhandlung § 69 MarkenG

Auf einen eindeutigen Antrag eines Beteiligten (→ § 66 Rn. 31 ff.) hin muss das BPatG 1
eine mündliche Verhandlung durchführen, es sei denn es gibt allen übrigen Anträgen des
Antragstellers **in vollem Umfang** statt (BPatG GRUR 1962, 190). Das gilt in gleicher
Weise für einseitige wie für kontradiktorische Beschwerdeverfahren.

Fuchs-Wissemann (HK-MarkenR Rn. 1) betont im Hinblick auf BGH GRUR 2000, 512 – Com- 1.1
puter Associates, dass die Verfahrensbeteiligten darüber unterrichtet sein müssen, dass die Sache beim
BPatG anhängig ist (ebenso Ingerl/Rohnke Rn. 6). Nur dann können sie eine mündliche Verhandlung
beantragen bzw. bewusst darauf verzichten.

Der Wunsch auf Gewährung rechtlichen Gehörs, auf Gelegenheit zur Stellungnahme oder bestimmte 1.2
Hinweise ist kein eindeutiger Antrag auf mündliche Verhandlung (Ingerl/Rohnke Rn. 5).

Regelmäßig wird die Verhandlung hilfsweise beantragt, dh inzident für den Fall, dass den 2
sonstigen Anträgen des Hilfsantragstellers nicht in vollem Umfang stattgegeben wird, also
auch bei Zurückverweisung ans DPMA. Auf diese Weise kann eine Ladung Rückschlüsse
auf die Erfolgsaussichten zulassen. Der (Hilfs)Antrag eines Beteiligten schließt eine Entscheidung zu Lasten anderer Beteiligter, die keinen entsprechenden Antrag gestellt haben, ohne
mündliche Verhandlung nicht aus (Ingerl/Rohnke Rn. 5; HK-MarkenR/Fuchs-Wissemann
Rn. 1; aA BPatGE 7, 107 = FHZivR 12 Nr. 5813; Mitt 1972, 175 = FHZivR 18 Nr. 5696;
v. Schultz/Donle Rn. 3).

Eine Stattgabe in vollem Umfang bezieht sich in jedem Fall auf den Hauptantrag. Über eine Rück- 2.1
zahlung der Beschwerdegebühr (§ 71 Abs. 3) oder Kostenauferlegung (§ 71 Abs. 1 und 2) soll auch
ohne mündliche Verhandlung negativ entschieden werden können (BPatG BeckRS 2015, 13938 –
Partikelstrahlmikroskopiesystem; GRUR 1975, 393; BPatGE 13, 69; Fezer Rn. 2). Dies erscheint allerdings nicht gerechtfertigt, wenn ein Beteiligter ausdrücklich einen Kostenantrag bzw. einen Antrag auf
Rückzahlung der Beschwerdegebühr gestellt hat. Dann sollte ihn nicht eine Entscheidung ohne mündliche Verhandlung überraschen; zumindest sollte ihm das Gericht dazu einen Hinweis geben und nachfragen, ob auch allein zu einer solchen Frage eine mündliche Verhandlung gewollt ist.

Den (Hilfs-)Antrag auf mündliche Verhandlung kann der Antragsteller jederzeit zurück- 3
nehmen; dazu muss das Gericht den Gegner nicht hören (BGH GRUR 1967, 94 – Stute,
mit Anm. Hoepffner; GRUR 2008, 714 – idw; BPatG GRUR 1972, 198 – Retivetin; BGH
GRUR 2008, 731 Rn. 15 – alphaCAM; strenger Ingerl/Rohnke Rn. 5).

Bei Rücknahme oder Verzicht nach erfolgter Ladung kann das BPatG den Termin aufhe- 4
ben.

Ein **Verzicht** lässt keinen erneuten Antrag zu (HK-MarkenR/Fuchs-Wissemann Rn. 2); 5
dagegen kann nach einer **Rücknahme** des Antrags dieser jederzeit erneut gestellt werden.

Der Rücknahme (nicht dem Verzicht) steht es gleich, um Entscheidung nach Aktenlage 6
zu bitten (Ströbele/Hacker/Knoll Rn. 5; aA v. Schultz/Donle Rn. 4).

Nicht gleich steht der Rücknahme und dem Verzicht die Ankündigung, an der angesetzten 7
Verhandlung nicht teilzunehmen (BPatG BeckRS 2002, 14744 – Zahnrad-Getriebe; v.
Schultz/Donle Rn. 4; aA Ströbele/Hacker/Knoll Rn. 5).

Wurde in einer Sache mündlich verhandelt, ist – auch auf entsprechenden Antrag hin – 8
eine erneute mündliche Verhandlung nur anzuberaumen, wenn sich die Prozesslage in der
Zwischenzeit wesentlich verändert hat (BPatG GRUR 1970, 431; vgl. auch BGH GRUR
1996, 399 (401) – Schutzverkleidung; Fezer Rn. 2; Ingerl/Rohnke Rn. 7). Das Gericht
kann die **Verhandlung** aber jederzeit gemäß § 76 Abs. 6 **wieder eröffnen**.

Dies gilt erst recht, wenn der Senat eine Schriftsatzfrist nachgelassen hat (§ 283 ZPO) 9
oder ins schriftliche Verfahren übergegangen ist (§ 128 Abs. 2 ZPO; BPatG GRUR 1970,
431; HK-MarkenR/Fuchs-Wissemann Rn. 2).

Zum **Übergang ins schriftliche Verfahren** bedarf es grundsätzlich der Zustimmung aller Beteilig- 9.1
ten (§ 128 Abs. 2 ZPO); auf die Zustimmung dessen, der an der mündlichen Verhandlung nicht teilnimmt, kommt es allerdings nicht an; § 75 Abs. 2 umfasst auch diese Entscheidung.

§ 128 Abs. 2 S. 2 und 3 ZPO sind im Beschwerdeverfahren vor dem BPatG mit seinem grundsätzlich 9.2
schriftlichen Verfahren nicht anwendbar. Die Regelungen in § 128 Abs. 2 ZPO tragen ja nur dem dort
gegebenen Ausnahmecharakter Rechnung (Ströbele/Hacker/Knoll Rn. 20).

Nach einem Beschluss, die **Entscheidung an Verkündungs Statt** zuzustellen, erfordert 10
ein Teilverzicht auf die angegriffene Marke nur dann eine erneute mündliche Verhandlung,

MarkenG § 70 Teil 3 Verfahren in Markenangelegenheiten

wenn eine Erweiterung des Waren- und Dienstleistungsverzeichnisses zu prüfen ist (BPatG GRUR 2003, 530 – Waldschlößchen).

11 Obwohl nach einem Übergang ins schriftliche Verfahren die zuvor stattgefundene mündliche Verhandlung ihre Funktion als alleinige Grundlage der Entscheidung verliert und damit ein **Richterwechsel** möglich ist (→ § 78 Rn. 21), haben die Beteiligten ein Interesse an und ein Recht auf Information über den Richterwechsel, damit sie entscheiden können, was sie von den in der mündlichen Verhandlung vorgebrachten Argumenten nochmals betonen wollen.

12 Unabhängig von den Anträgen der Parteien kann das BPatG eine unzulässige Beschwerde gemäß § 70 Abs. 2 ohne mündliche Verhandlung verwerfen (→ § 70 Rn. 1), eine Aussetzung des Verfahrens (§ 248 ZPO) beschließen (→ § 70 Rn. 6 ff.), Akteneinsicht gewähren oder versagen und nach § 6 Abs. 2 PatKostG feststellen, dass eine Beschwerde als nicht eingelegt gilt – selbst wenn es dabei einen Wiedereinsetzungsantrag ablehnen muss (BPatG GRUR 1965, 81).

13 Auch Berichtigungsbeschlüsse (§ 80 Abs. 3) und Beschlüsse über Beschwerden in Kostenfestsetzungsverfahren (§ 63 Abs. 3 MarkenG iVm § 104 ZPO; BPatG BeckRS 2016, 12923; Ingerl/Rohnke Rn. 4) sowie über Erinnerungen gegen Beschlüsse des Rechtspflegers und nachträgliche Entscheidungen über die Kosten des Verfahrens (§ 128 Abs. 3 ZPO; Ingerl/Rohnke Rn. 4) können ohne mündliche Verhandlung ergehen.

14 Über isolierte Kostenbeschwerden ist auf Antrag nach mündlicher Verhandlung zu entscheiden (BPatG GRUR 1975, 393; Ingerl/Rohnke Rn. 4). Dasselbe gilt für Entscheidungen über die Richterablehnung nach § 72 (Kirchner GRUR 1974, 363 f.; → § 72 Rn. 17).

15 Entscheidet das Gericht trotz eines entgegenstehenden Antrags ohne mündliche Verhandlung und gibt es dabei dem Antragsteller nicht voll recht (→ Rn. 2.1), liegt eine Verletzung des rechtlichen Gehörs vor, was eine Rechtsbeschwerde nach § 83 Abs. 3 Nr. 3 eröffnet (BGH BeckRS 2006, 07546 – Rossi/Rossi).

16 Stellen von **mehreren** Widerspruchsführern oder Löschungsantragstellern, die nicht notwendige Streitgenossen sind (→ § 66 Rn. 29), nicht alle einen Antrag auf mündliche Verhandlung, kann das Gericht in getrennten Verfahren einmal mit und einmal ohne eine solche entscheiden (Ingerl/Rohnke Rn. 5). Das ist anders bei gegenläufigen selbständigen wie unselbständigen (Anschluss-)Beschwerden.

17 **Beweiserhebungen (Nr. 2)** erfolgen nach § 74 Abs. 1 S. 1 in einer mündlichen Verhandlung. Dies umfasst nicht die Beschlussfassung, ob Beweis erhoben werden soll (BGH NJW-RR 1995, 700 – Flammenüberwachung) und nicht die Auswertung des Ergebnisses der Beweiserhebung, auch wenn diese ein beauftragter oder ersuchter Richter durchgeführt hat (Ingerl/Rohnke Rn. 8; Fezer Rn. 3).

18 Die **Sachdienlichkeit** einer mündlichen Verhandlung **(Nr. 3)** ist nicht für sich genommen überprüfbar (→ § 66 Rn. 10).

19 Es gilt der allgemeine Grundsatz des Anspruchs auf rechtliches Gehör und § 78. Deshalb darf kein Beteiligter von einer für ihn negativen Entscheidung **überrascht** werden, etwa weil die dafür entscheidenden Gesichtspunkte bisher keine Rolle gespielt haben. Das können aber auch ohne Ladung zur mündlichen Verhandlung Hinweise des Gerichts (→ § 76 Rn. 10) verhindern (vgl. Ingerl/Rohnke Rn. 9; Fezer Rn. 4).

§ 70 Entscheidung über die Beschwerde

(1) Über die Beschwerde wird durch Beschluß entschieden.

(2) Der Beschluß, durch den eine Beschwerde als unzulässig verworfen wird, kann ohne mündliche Verhandlung ergehen.

(3) Das Patentgericht kann die angefochtene Entscheidung aufheben, ohne in der Sache selbst zu entscheiden, wenn
1. das Patentamt noch nicht in der Sache selbst entschieden hat,
2. das Verfahren vor dem Patentamt an einem wesentlichen Mangel leidet oder
3. neue Tatsachen oder Beweismittel bekannt werden, die für die Entscheidung wesentlich sind.

Entscheidung über die Beschwerde §**70 MarkenG**

(4) Das Patentamt hat die rechtliche Beurteilung, die der Aufhebung nach Absatz 3 zugrunde liegt, auch seiner Entscheidung zugrunde zu legen.

Überblick

§ 70 regelt den Inhalt einer Entscheidung; zu den Entscheidungsgrundlagen (Zeitpunkt) → Rn. 18, zur Aussetzung → Rn. 6; zur Rechtskraft → Rn. 37.
Abs. 2 regelt die Behandlung unzulässiger Beschwerden (→ Rn. 2) weiter als der im Übrigen mit § 70 übereinstimmende § 79 PatG, der die Notwendigkeit technischer Prüfungen berücksichtigt.
Für den Fall einer Zurückverweisung an das DPMA nach Abs. 3 (→ Rn. 24) regelt Abs. 4 die Bindung des DPMA (→ Rn. 34).
Zu keiner Sachentscheidung kommt es bei Aussetzung des Verfahrens (→ Rn. 6), bei Vorlagen an den EuGH (→ Rn. 41) und gegenstandslosen Beschwerden (→ Rn. 15).

Übersicht

	Rn.		Rn.
A. Entscheidung	1	I. Fehlende Entscheidung des DPMA (Abs. 3 Nr. 1)	28
I. Unzulässige Beschwerde	3	II. Wesentlicher Mangel des Verfahrens (Abs. 3 Nr. 2)	30
II. Zulässige Beschwerde	4	III. Neue Tatsachen und Beweismittel (Abs. 3 Nr. 3)	33
III. Aussetzung/Unterbrechung des Verfahrens	6	IV. Bindende Wirkung (Abs. 4)	34
IV. Gegenstandslose Beschwerde	15	C. Rechtskraft	37
V. Entscheidungsgrundlage	18	D. Vorlage an den EuGH	41
B. Zurückverweisung (Abs. 3)	24	E. Gütliche Erledigung	44

A. Entscheidung

Über die Beschwerde entscheidet das BPatG durch Beschluss. Den haben alle zur Entscheidung berufenen Richtern zu unterschreiben (§ 315 ZPO), auch wenn sie im Zeitpunkt der Unterschrift nicht mehr dem Senat angehören, der entschieden hat. Nur wenn ein Richter nach der Entscheidung aus dem Richterdienst am BPatG ausgeschieden ist, ist seine Unterschrift nach § 315 Abs. 1 S. 2 ZPO zu ersetzen (zur Nachholung → § 80 Rn. 27; BPatG BeckRS 2015, 19686 VII. – Systeme zur Platzierung von Material in Knochen; BeckOK ZPO/Elzer ZPO § 315 Rn. 15, 18). Wird eine Unterschrift zu Unrecht ersetzt, gilt der Beschluss nicht als mit Gründen versehen (BGH GRUR 2016, 860 – Deltamethrin II). 1

Ein Beschluss der Markenabteilung ist unwirksam, wenn er nicht von allen Mitgliedern der Löschungsabteilung eigenhändig unterschrieben bzw. ersatzweise elektronisch signiert ist. Das Nachholen einer **fehlenden Unterschrift bzw. Signatur** hat nur Wirkung für die Zukunft; der Beschluss muss erneut zugestellt werden. Das setzt eine neue Beschwerdefrist in Gang (BPatG BeckRS 2016, 08401 – fehlende Signatur). 2

I. Unzulässige Beschwerde

Unzulässige Beschwerden kann der Senat ohne eine mündliche Verhandlung durch Beschluss verwerfen; eventuelle (Hilfs)Anträge auf mündliche Verhandlung (→ § 69 Rn. 12) sind dabei unbeachtlich (BGH GRUR 1963, 279 f. – Weidepumpe; zur Abhilfe → § 66 Rn. 112 ff.). Auch wenn das Gericht ohne mündliche Verhandlung entscheidet, muss eine **Beratung** im Beisein aller beteiligten Richter stattfinden. Eine Telephonkonferenz ist allenfalls zur Beratung über nachträglich eingegangene Schriftsätze zulässig (BGH NJW-RR 2014, 243). 3

II. Zulässige Beschwerde

Zulässige Beschwerden weist der Senat (teilweise) zurück, soweit sie keinen sachlichen Erfolg haben. Im Übrigen hebt er die angefochtene Entscheidung (teilweise) auf und entscheidet in der Regel (→ Rn. 24 ff.) in der Sache selbst. 4

MarkenG § 70

5   Die Eintragung oder Löschung der Marke erfolgt durch das DPMA, das an die rechtliche Beurteilung durch das BPatG nach Abs. 4 gebunden ist; zu Ausnahmen → Rn. 34.

III. Aussetzung/Unterbrechung des Verfahrens

6   § 43 Abs. 3 ermöglicht im DPMA-Verfahren die Aussetzung des Verfahrens über weitere Widersprüche bis zur Rechtskraft der Entscheidung über einen anderen Widerspruch (→ § 43 Rn. 67 ff.). Das kann auch den Fall betreffen, dass gegen einen Beschluss, in dem das Amt über mehrere Widersprüche entschieden hat und ein Widersprechender Erinnerung, der andere aber Beschwerde einlegt. Der erinnerungsführende Widersprechende kann dann nicht gemäß § 64 Abs. 6 S. 2 ebenfalls Beschwerde einlegen, da sich um mehrere eigenständige Widerspruchsverfahren handelt, die lediglich aus verfahrensökonomischen Gründen gemäß § 31 Abs. 2 MarkenV gemeinsam entschieden wurden (BPatG BeckRS 2015, 10469 – Vinha do monte). Der Beschluss über die Aussetzung ergeht jeweils ohne mündliche Verhandlung und steht im Ermessen des Senats.

7   In Beschwerdeverfahren vor dem BPatG gilt § 148 ZPO, so dass eine Aussetzung wegen Sachdienlichkeit nicht möglich ist, sondern immer ein **vorgreifliches Verfahren** anhängig sein muss (→ § 43 Rn. 72, § 32 Abs. 2 MarkenV; BGH GRUR 2005, 615; NJW 2003, 3057). Für Streitigkeiten in Kostenfestsetzungsverfahren sind solche über den Streit- und Gegenstandswert vorgreiflich. Allein die tatsächliche Möglichkeit eines Einflusses des Berufungsverfahrens in Parallelverfahren reicht nicht aus (BPatG BeckRS 2015, 00687 V. – extrudierte Platte). Auch Rechtsstreitigkeiten um Abtretungen von Rechten an Dritte sind nicht vorgreiflich (BPatG 4 W (pat) 8/81, BPatGE 24, 54). Gleiches gilt für Herausgabeansprüche, **Vindikation,** gegenüber Löschungsverfahren (BPatG BeckRS 2015, 15646).

7.1   Verfassungsbeschwerden begründen keine Verpflichtung auszusetzen, wenn keine Zweifel an der Verfassungsmäßigkeit einer entscheidungserheblichen Vorschrift bestehen. Das Interesse an einer zügigen Erledigung geht hier vor (BGH GRUR 2007, 859 – Informationsübermittlungsverfahren, zu § 147 Abs. 3 S. 1 Nr. 1 PatG).

8   Ein **Ruhen des Verfahrens** kann entsprechend § 251 ZPO im allseitigen Einverständnis angeordnet werden (§ 82 S. 2). Das ist aber meist nicht zweckmäßig und widerspricht der Prozessförderung, weil das strittige Markenrecht Dritte behindern kann (Ströbele/Hacker/Ströbele § 43 Rn. 111). Gleiches gilt für Verfahren mit einfacher Streitgenossenschaft, wenn nur zwischen einzelnen Streitgenossen Vergleichsverhandlungen laufen (BGH BeckRS 2014, 23277; vgl. auch BGH GRUR 2015, 200).

8.1   Nach Fortsetzung entsteht für den Anwalt kein neuer Gebührenanspruch, auch wenn die Sache mehr als zwei Jahre geruht hat und vom Gericht statistisch erledigt wurde. Das Ruhenlassen ist keine Erledigung iSv § 15 Abs. 5 S. 2 RVG (BayVGH BeckRS 2014, 59689).

9   Ob das BPatG ein Verfahren aussetzt und welchen der Widersprüche es als Löschungsgrund nimmt, liegt in seinem Ermessen (BGH GRUR 1993, 556 (559) – Triangle; Ströbele/Hacker/Hacker Rn. 80). Es besteht kein Anspruch auf die Aussetzung eines Verfahrens, etwa bis zu einer höchstrichterlichen Entscheidung in einem ähnlich gelagerten Verfahren (BVerfG NJW 2008, 504 f.; → § 43 Rn. 70). Aussetzung ist aber zweckmäßig, wenn das BPatG in dem auszusetzenden Verfahren ebenfalls die Rechtsbeschwerde zulassen müsste, weil damit keine Registerklarheit erreicht würde (BPatG BeckRS 2015, 02946 – Unschuldslamm).

9.1   Die Handhabung der Aussetzung bei Unionsmarken (→ UMV Art. 57 Rn. 47 ff.; → UMV Art. 104 Rn. 34 ff.) zeigt Auswirkungen für deutsche Zivilgerichtsverfahren wegen Verletzung von Unionsmarken (OLG Hamburg GRUR-RR 2003, 356 – Tae Bo; GRUR-RR 2005, 251 – The Home Depot/Bauhaus The Home Store; ähnlich BGH GRUR 2012, 512 Rn. 22 – Kinderwagen); zur Regelung bei Unionsmarken allgemein → UMV Art. 104 Rn. 1 ff.

10   Verfahrensökonomie kann gegen eine Aussetzung sprechen, zumal ein „Abwandern" zur Löschungsklage vermieden werden soll (→ § 43 Rn. 67 ff.; so auch Ingerl/Rohnke § 43 Rn. 50).

11   **Anhängige Löschungsverfahren** vor den Zivilgerichten sind grundsätzlich ebenso vorgreiflich wie Vorabentscheidungsverfahren nach Art. 267 AEUV vor dem EuGH (§ 148

ZPO; BPatG GRUR 2002, 734 – grün/grau; kritisch Draheim → § 43 Rn. 68 ff.; Ströbele/Hacker/Hacker § 43 Rn. 106).

Im Widerspruchsverfahren besteht kein Anlass, das Verfahren auszusetzen, wenn die **12** Widerspruchsmarke als Wiederholungsanmeldung (→ § 8 Rn. 847) löschungsreif gilt. Dies muss nicht ausschließlich über Verfall geltend gemacht werden (Ingerl/Rohnke § 25 Rn. 45; BPatG BeckRS 2014, 09353 II.4.a – peak elements; aA Ströbele/Hacker/Ströbele § 26 Rn. 285 3. Abs.).

Auch **Vorlagen an den EuGH** (→ Rn. 41) erfordern eine Aussetzung. **13**

Die **Insolvenz** eines Markenanmelders verlangt keine Unterbrechung des Verfahrens nach **14** § 240 ZPO, weil kein Verfahrensstillstand eintreten soll. Im zweiseitigen Verfahren ist das anders.

IV. Gegenstandslose Beschwerde

Welchen von mehreren Widersprüchen der Senat als Löschungsgrund nimmt, liegt in **15** seinem Ermessen. Weist es gleichzeitig andere Widersprüche zurück, kann der betroffene Widersprechende zwar Beschwerde einlegen, diese steht aber zunächst unter einem Vorbehalt und wird mit Rechtskraft der Löschung endgültig gegenstandslos (→ § 66 Rn. 24).

Auch Beschwerden gegen **nichtige Beschlüsse** sind gegenstandslos (→ § 66 Rn. 16). **16** Die Nichtigkeit ist jedoch zur Beseitigung eines falschen Rechtsscheins festzustellen (Ingerl/Rohnke Rn. 5). Dagegen hat der Widersprechende kein Rechtsschutzinteresse daran, dass die Wirkungslosigkeit von Beschlüssen festgestellt wird, die seinen später zurückgenommenen Widerspruch zurückgewiesen haben (BPatG BeckRS 2016, 14479 – Mediskin/medi).

Beschwerden gegen Löschungsanordnungen sind gegenstandslos, wenn der Inhaber des **17** angegriffenen Zeichens auf dieses verzichtet hat. Zum **Wegfall einer angegriffenen Marke** bzw. einer Widerspruchsmarke → § 66 Rn. 52 ff. Die Unwirksamkeit des Beschlusses ist in diesen Fällen festzustellen, um den durch die Zustellung des Beschlusses entstandenen Anschein der Wirksamkeit zu beseitigen (BPatG BeckRS 2007, 7224 – Paraphe; GRUR-RR 2011, 434 – Unterschriftsmangel II; BeckRS 2013, 5030 – Reise-Notfallset).

V. Entscheidungsgrundlage

Maßgeblich ist die Sach- und Rechtslage im **Anmeldezeitpunkt** (→ § 8 Rn. 54; BGH **18** BeckRS 2013, 17209 – Aus Akten werden Fakten; BeckRS 2013, 17210 – Fakten statt Akten).

Das BPatG ist nicht an die vom DPMA herangezogenen Gründe gebunden; so kann es **19** eine Täuschungsgefahr nach § 8 Abs. 2 Nr. 4 auch dann prüfen, wenn die Markenstelle für eine Schutzversagung nur auf eine beschreibende Bedeutung (§ 8 Abs. 2 Nr. 1 und 2) abgestellt hat (BPatG BeckRS 2009, 4849 – Pure Black; GRUR 2012, 1148 – Robert Enke; Ingerl/Rohnke Rn. 7; vgl. EuG T-542/10, BeckRS 2012, 81207 Rn. 93 f. – Circon). Dies fällt nicht unter das Verschlechterungsverbot des § 528 ZPO, solange es nur die Begründung betrifft, aber keine weitere Versagung bzw. Zurückweisung von Widersprüchen oder Löschungsanträgen beinhaltet (funktionale Kontinuität, → UMV Art. 63 Rn. 27; → UMV Art. 64 Rn. 10 ff.; → UMV Art. 75 Rn. 77). Das BPatG ist auch nicht an die Beurteilung der Zulässigkeit durch das DPMA gebunden – unabhängig davon, ob der Gegner die Unzulässigkeit gerügt hat. Das BPatG ist aber an die Anträge gebunden. Es gelten der Grundsatz ne ultra petita und das Verbot einer reformatio in peius (→ § 66 Rn. 7; Ingerl/Rohnke Rn. 6), solange keine Anschlussbeschwerde eingelegt wurde (→ § 66 Rn. 104).

Anders als bei unionsrechtlichen Widersprüchen kann die Einrede der Nichtbenutzung **20** vor dem BPatG auch erstmals im Beschwerdeverfahren erhoben werden. Für **neues Vorbringen** in der mündlichen Verhandlung ist aber eine **Zurückweisung als verspätet** möglich, wenn sonst eine Verzögerung des Verfahrens eintreten würde und die Verspätung auf grober Nachlässigkeit beruht (§§ 282 Abs. 2, 296 Abs. 2 ZPO; BGH GRUR 1998, 938 – Dragon; → § 43 Rn. 15). Im schriftlichen Verfahren kann keine Verzögerung eintreten; dort ist jeder Vortrag vor der Bekanntgabe der Entscheidung zu berücksichtigen (→ § 78 Rn. 13; → § 43 Rn. 17). Nach Schluss der mündlichen Verhandlung Vorgebrachtes, das der Pflicht zur Beibringung unterlag, darf nicht mehr berücksichtigt werden (§ 296a S. 1 ZPO; § 82 Abs. 1 S. 1 MarkenG; BPatG BeckRS 2016, 07473 – Buy Tube/You Tube).

MarkenG § 70   Teil 3 Verfahren in Markenangelegenheiten

20.1   In der mündlichen Verhandlung ist Voraussetzung einer Zurückweisung, dass der Vortrag tatsächliche oder rechtliche Fragen aufkommen lässt, die in der mündlichen Verhandlung nicht oder nur mit unverhältnismäßigem Aufwand zu klären sind. Kann das an sich verspätete Vorbringen dagegen noch ohne weiteres in die mündliche Verhandlung einbezogen werden, ohne dass es zu einer Verfahrensverzögerung kommt, liegen die Voraussetzungen für eine Zurückweisung nicht vor (Schülke, FS 50 Jahre BPatG, 2011, 435 (445); BGH BeckRS 2012, 8031).

20.2   Berücksichtigt das Gericht die Einrede dennoch, kann eine Verletzung des rechtlichen Gehörs gegeben sein (→ § 43 Rn. 16; BGH GRUR 2003, 903 – Katzenstreu).

21   Draheim (→ § 43 Rn. 20) konstatiert zu Recht, dass ein Beteiligter, der den Termin nicht wahrnimmt und sich nicht vertreten lässt, ein hohes Risiko eingeht; zur Kostenfolge → § 71 Rn. 32. Es kommt dann nämlich darauf an, ob erstmals vorgebrachte Fragen als strittig gelten. Das wird für die Einrede der Nichtbenutzung unterschiedlich gesehen (→ § 43 Rn. 15 ff.).

21.1   Nimmt der Widersprechende an der mündlichen Verhandlung nicht teil, kann er einer dort erstmals erhobenen Nichtbenutzungseinrede naturgemäß nicht entgegentreten bzw. sie nicht als verspätetes Vorbringen rügen. Deshalb verneinen manche eine **Verfahrensverzögerung** und schließen eine Zurückweisung der Nichtbenutzungseinrede wegen verspäteten Vorbringens aus (BPatG BeckRS 2014, 04250 – Rockses/Rockers; GRUR 1997, 534 – ETOP). Sie verstehen die Erhebung der Nichtbenutzungseinrede als Ausgangsbehauptung, zu der sich der Widersprechende gemäß § 138 Abs. 2 ZPO erklären muss, damit sie nicht nach § 138 Abs. 3 ZPO als zugestanden gilt.

21.2   Zu einer Verfahrensverzögerung kommt, wer die Erhebung der Nichtbenutzungseinrede so versteht, dass sie die mit Einlegen des Widerspruchs implizit behauptete Benutzung der Widerspruchsmarke (→ § 43 Rn. 19 f.) strittig stellt, wie der Wortlaut des § 43 Abs. 1 S. 1 vorgibt (Fezer § 43 Rn. 9; Ströbele/Hacker/Ströbele § 43 Rn. 52). Andere stellen allein auf das verspätete Vorbringen ab, zumal die schriftsätzliche Vorbereitung der mündlichen Verhandlung nach 282 Abs. 2 ZPO sinngemäß auch im patentgerichtlichen Verfahren anzuwenden sein soll (BPatG GRUR 1996, 414 – Racoon/Dragon).

21.3   Gegen ein vorsorgliches Bestreiten einer denkbaren Nichtbenutzungseinrede sprechen taktische Gesichtspunkte, will man doch keine „schlafenden Hunde wecken".

22   Verzögerungen schließen manche aus, wenn eine **Schriftsatzfrist** gewährt werden kann (v. Schultz/Donle § 73 Rn. 7 Fn. 9), was rein zeitlich nicht nachvollziehbar erscheint. Gegen eine Scheu, die Zurückweisung wegen Verspätung zu beantragen oder vorzunehmen, spricht aber die deutlich strengere Handhabung der europäischen Institutionen (→ UMV Art. 76 Rn. 88 ff.).

23   Für das BPatG besteht eine **Selbstbindung** hinsichtlich der eigenen Entscheidungen nach § 82 Abs. 1 S. 1 MarkenG iVm § 318 ZPO nur, sofern es sich um dasselbe Verfahren in derselben Instanz handelt, wobei Anmelde- und Löschungsverfahren nach § 54 verschiedene Verfahren sind (BPatG BeckRS 2013, 5578 – Schwimmbad-Isolierbaustein; GRUR 2008, 518 (520) – Karl May; BeckRS 2014, 08224 – Rapsgelb; → UMV Art. 7 Rn. 7 ff.). Bindung entsteht für das BPatG aus einer erneuten Befassung mit derselben Sache nach Zurückverweisung an das DPMA und erneuter Beschwerde. Dies ist eine zwingende Folge der Bindung des DPMA (→ Rn. 34 ff.; BGH GRUR 2004, 331 – Westie-Kopf). Zur Bindungswirkung der Rechtsbeschwerdeentscheidung des BGH → § 89 Rn. 11.

23.1   Das Löschungsverfahren ergänzt und entlastet das Eintragungsverfahren. Die tatsächlichen Beschränkungen, denen die Entscheidungsfindung im einseitigen Eintragungsverfahren mit registerrechtlichem Charakter unterliegt (vgl. Amtl. Begr., Sonderheft BlPMZ, 1994, S. 67; BGH GRUR 1993, 744 f. – MICRO CHANNEL; BPatG Mitt. 1990, 173 – CONDUCTOR; Fezer § 50 Rn. 10), werden durch das zeitlich weiter mögliche Löschungsantragsverfahren aufgewogen. Dort besteht über eine summarische Ermittlung hinaus für jedermann Gelegenheit, sein Interesse an der Durchsetzung absoluter Schutzhindernisse sowie sein Wissen um die Marktverhältnisse zur Geltung zu bringen (BGH GRUR 1965, 145 (152) – Rippenstreckmetall II). Dementsprechend ist Gegenstand des Löschungsantragsverfahrens nicht die Überprüfung der Eintragungsentscheidung, sondern die Frage des Vorliegens eines Schutzhindernisses (BGH GRUR 2009, 669 Rn. 31 – POST II; BPatG BeckRS 2014, 08224 – Rapsgelb). Diese ist neu zu beurteilen, zumal der Löschungsantragsteller am Eintragungsverfahren ja nicht beteiligt war (BGH GRUR 2010, 213 Rn. 8 – Legostein; BPatG GRUR 2008, 518 Rn. 32 – Karl May; BeckRS 2009, 18244 – Magenta).

Entscheidung über die Beschwerde § 70 MarkenG

B. Zurückverweisung (Abs. 3)

Der Beschwerdesenat kann (Ermessen) den angefochtenen Beschluss aufheben ohne in 24
der Sache selbst zu entscheiden (vgl. zu Patentsachen BPatG BeckRS 2013, 12231 Ls. 3 –
Koaxialkabel; OLG Hamm NJW 2014, 78). Er hat die Sache dann an das DPMA zurückzuverweisen, damit dieses eine Sachentscheidung treffen kann (Ingerl/Rohnke Rn. 12). Bei
Zurückverweisung ist oft eine **Rückzahlung der Beschwerdegebühr** nach § 71 Abs. 3
geboten (→ § 71 Rn. 85; Ingerl/Rohnke § 71 Rn. 7). Auch der Grundsatz des Vertrauensschutzes und der Verfahrensfairness kann es gebieten, die Sache zurückzuverweisen, um
Gelegenheit zu geben, zu einem Gesichtspunkt vorzutragen, wenn hierzu ein gebotener
Hinweis (§ 139 Abs. 1 ZPO) nicht gegeben wurde (BGH BeckRS 2010, 08910 Rn. 43 –
Modulgerüst II; GRUR 2011, 539 Rn. 18; BeckRS 2013, 20398 Rn. 4).

Eine Zurückverweisung erscheint angemessen, wenn der Anmelder erst im Laufe des Beschwerde- 24.1
verfahrens Mängel nach § 32 Abs. 3, § 65 Abs. 1 Nr. 2 behebt, etwa indem er das Waren- und Dienstleistungsverzeichnis ausreichend klar fasst (BPatG BeckRS 2016, 08047 – Bestimmtheit der Klassifizierung).

Die in Abs. 3 Nr. 1–3 genannten Voraussetzungen verbieten es dem Senat aber nicht, 25
selbst zu entscheiden (Ingerl/Rohnke Rn. 13) bzw. zunächst eine geltend gemachte Verkehrsdurchsetzung zu prüfen, um dann selbst zu entscheiden. Abzuwägen ist dabei zwischen
Prozessökonomie (BGH GRUR 1998, 395 – Active Line) und dem Verlust einer Instanz.
Das Interesse der Betroffenen kann eine eigne Entscheidung rechtfertigen, um Verteuerungen
und Verzögerungen auszuschließen; bei Verletzung des rechtlichen Gehörs sollte aber das
Interesse an einem mangelfreien Verfahren vorgehen, wenn eine sachgerechte Ausführung der
Anordnungen nur im amtlichen Verfahren gewährleistet ist oder das gerichtliche Verfahren
ungebührlich verzögern würde (OLG Hamm NJW 2014, 78 Rn. 100).

Diskussion: Fezer Rn. 8, 13; Ingerl/Rohnke Rn. 13; HK-MarkenR/Fuchs-Wissemann Rn. 2 ff.; 25.1
BPatG BeckRS 2002, 15984 – 1:1-document; BeckRS 2009, 17905 – Speiseeis; BeckRS 2009, 13953 –
Neuss Arcaden. Sind für den Vollzug einer Gerichtsentscheidung Anordnungen des DPMA erforderlich,
erfolgt eine Zurückverweisung (BGH GRUR 1969, 433 (435 f.) – Waschmittel; BPatG BeckRS 2016,
12921; Schulte GRUR 1975, 573).

Ob hier § 572 Abs. 3 ZPO analog heranzuziehen ist, kann dahingestellt bleiben. 25.2

Hat das DPMA über eine farblose Marke entschieden, obwohl die Anmeldung auf eine 26
Marke **in Farbe** gerichtet war, ist eine Zurückverweisung unter Rückzahlung der Beschwerdegebühr angemessen, auch wenn der Anmelder keine ausreichende Darstellung und Festlegung der Farbe vorgenommen hat, eine Mängelbeseitigung aber noch möglich ist (BPatG
BeckRS 2014, 23672 – Roots 64 Route 64).

Zwar darf das BPatG keine Löschungsgründe prüfen, die nicht Gegenstand des Löschungs- 27
verfahrens vor dem DPMA waren (BPatG GRUR 1999, 746 – Omeprazok; Ingerl/Rohnke
§ 54 Rn. 11; aA Grabrucker in Fezer, HdB Markenpraxis, I 2 2 Rn. 633). Das BPatG hat
aber § 8 Abs. 2 Nr. 2 neben der vom Amt geprüften Nr. 1 selbst geprüft, wenn dies nur
nebenbei gerügt war (BPatG BeckRS 2014, 20862 – Zentai).

I. Fehlende Entscheidung des DPMA (Abs. 3 Nr. 1)

Noch nicht (vollständig) in der Sache entschieden hat das DPMA, wenn es (möglicher- 28
weise) Entscheidungserhebliches nicht berücksichtigt hat (§ 59), weil es bereits aus anderen
Gründen (Unzulässigkeit, Formfehler bei der Anmeldung (§ 36), kein ausreichender Vortrag
zur Verkehrsdurchsetzung etc) zu seiner Entscheidung gekommen ist, diese Gründe nach
Ansicht des Gerichts aber nicht tragen.

Geht das DPMA im Kostenfestsetzungsverfahren über den Antrag hinaus, weil es den Gegenstands- 28.1
wert höher ansetzt als der Antragsteller, ist die Sache wegen eines Verstoßes gegen § 308 ZPO zurückzuverweisen (BPatG BeckRS 2014, 08005).

Gleiches gilt, wenn das BPatG eines andere Markenform für gegeben hält, als die, über 29
die das DPMA entschieden hat (Positionsmarke oder Bildzeichen, abstrakte Farbmarke oder
farbige Bildmarke, dreidimensionale Marke oder Positions- bzw. Bildmarke etc; BPatG

MarkenG § 70   Teil 3 Verfahren in Markenangelegenheiten

BeckRS 2007, 16688 – Farbe Gelb; Fezer Rn. 9) oder wenn das Amt seiner Entscheidung ein falsches Waren- und Dienstleistungsverzeichnis zu Grunde gelegt hat.

29.1   Hält das BPatG andere Schutzhindernisse als die vom DPMA seiner Entscheidung zu Grunde gelegten für ausschlaggebend (→ Rn. 18 f.), so kann und wird es selbst entscheiden. Diskutiert wird allerdings der Fall, dass erst eine Änderung des Waren- und Dienstleistungsverzeichnisses zu einer Täuschungsgefahr nach § 8 Abs. 2 Nr. 4 führt (→ § 8 Rn. 567; → § 39 Rn. 14 f.).

II. Wesentlicher Mangel des Verfahrens (Abs. 3 Nr. 2)

30   Ein wesentlicher Mangel des Verfahrens liegt ua vor, wenn das Verfahren keine ausreichende Entscheidungsgrundlage geboten hat, etwa weil das DPMA das rechtliche Gehör verletzt und gebotene Aufklärung unterlassen hat (BPatG GRUR 2001, 521 – Penta Kartusche; BeckRS 2010, 26253 – Mr. Tuning; kritisch Ingerl/Rohnke Rn. 16; Fezer Rn. 10, 11). Auch eine Entscheidung trotz Unterbrechung des Verfahrens (§ 240 ZPO) ist mangelhaft (BPatG BeckRS 2008, 15448 – Space Park/Space Park).

31   Ein Verfahrensmangel ist es auch, wenn das Amt eine Beschwerde, die nach § 6 Abs. 2 PatKostG mangels Zahlung der Gebühr als nicht vorgenommen gilt, dem BPatG entgegen § 5 Abs. 1 PatKostG vorlegt.

32   Stellt die Markenabteilung im Löschungsverfahren bei der Beurteilung des Schutzhindernisses fehlender Unterscheidungskraft fehlerhaft auf den Eintragungszeitpunkt statt auf den Zeitpunkt der Anmeldung der Marke ab (BGH GRUR 2013, 1143 – Aus Akten werden Fakten; GRUR 2014, 872 – Gute Laune Drops; GRUR 2014, 483 – test; → § 50 Rn. 4), besteht kein Anlass, die Entscheidung aufzuheben und das Verfahren an das DPMA zurückzuverweisen, wenn sich diese Ansicht im Ergebnis nicht auf die Entscheidung ausgewirkt hat (BPatG BeckRS 2016, 08269 – PreisRoboter).

III. Neue Tatsachen und Beweismittel (Abs. 3 Nr. 3)

33   Sinnvoll ist eine Zurückverweisung, wenn erstmals Verkehrsdurchsetzung geltend gemacht bzw. entscheidungserheblich wird. Andere Tatsachen kann das BPatG bei seiner Entscheidung ohne weiteres berücksichtigen. Keine Zurückverweisung ist geboten, um eine bloß behauptete aber nicht oder nur ungenügend dargetane Verkehrsdurchsetzung zu belegen (ebenso wohl Ingerl/Rohnke Rn. 18). Zu den Voraussetzungen der Anfangsglaubhaftmachung → § 8 Rn. 867 (HK-MarkenR/Fuchs-Wissemann § 8 Rn. 73, Ströbele GRUR 1987, 75).

IV. Bindende Wirkung (Abs. 4)

34   Die Bindungswirkung betrifft nicht nur Zurückverweisungen nach Abs. 3, sondern auch Entscheidungen über die Eintragung. Hatte das BPatG nicht dezidiert über einzelne Formulierungen im Waren- und Dienstleistungsverzeichnis zu entscheiden, sondern nur allgemein über Schutzhindernisse, kann das DPMA das Verzeichnis vor Eintragung der Marke überarbeiten (Ingerl/Rohnke Rn. 20).

35   Die Bindung des DPMA an Beschlüsse des BPatG umfasst – ähnlich wie die des BPatG nach § 89 Abs. 4 an Entscheidungen des BGH und die nach § 563 Abs. 2 ZPO – nur tragende Gründe; obiter dicta binden nicht; Ingerl/Rohnke Rn. 20 sprechen von nicht bindenden „Segelanweisungen" (BGH GRUR 1972, 472 (474) – Zurückverweisung; GRUR 1969, 433 (435 f.) – Waschmittel; GRUR 1967, 548 (551) – Schweißelektrode II; v. Schultz/Donle Rn. 7).

36   Die Bindung entfällt bei einer wesentlichen Änderung der Tatsachen oder Beweismittel sowie der Gesetzeslage und der Rechtsprechung bzw. nach einer grundsätzlichen Klärung durch BGH und EuGH (BGH NJW 2013, 167; Fezer Rn. 14).

C. Rechtskraft

37   Beschwerdeentscheidungen des BPatG – mit und ohne Zulassung der Rechtsbeschwerde – werden erst mit Ablauf der Rechtsbeschwerdefrist (§ 85 Abs. 1) formell (und soweit möglich materiell) rechtskräftig. Das setzt eine ordnungsgemäße Rechtsmittelbelehrung voraus, die § 232 ZPO zwingend verlangt, da in Markensachen vor dem BPatG eine anwaltliche Vertretung nicht obligatorisch ist (→ § 81 Rn. 1). Nach § 233 ZPO fehlt es regelmäßig am Verschulden dessen, der eine Rechtsmittelfrist versäumt hat, wenn eine Rechtsbehelfsbelehrung unterblieben oder fehlerhaft ist. Strittig ist, ob die zulassungsfreie Rechtsbeschwerde nach § 83 Abs. 3 ein ordentlicher Rechtsbehelf iSd Rechtsbehelfsbelehrungsgesetzes ist (→ § 79 Rn. 25 f.). Die Belehrung ist nicht fehlerhaft, wenn sie nicht auf das Erfordernis einer Rechtsmittelbegründung und deren Form und Frist hinweist, weil für die Einlegung Anwaltszwang besteht. Eine fehlerhafte Rechtsmittelbelehrung kann zu Amtshaftungsansprüchen führen, wenn sie den Betroffenen zu einem Vorgehen **verleitet** hat, das Kosten verursacht hat (Széchényi BayVBl 2015, 115).

Wiederaufnahme eines rechtskräftig abgeschlossenen Beschwerdeverfahrens ist analog §§ 578 ff. ZPO zulässig (BPatG Mitt 1978, 195 = FHZivR 24 Nr. 5914; Ingerl/Rohnke Rn. 22   **38**

Der Antrag auf Wiedereintragung einer gelöschten Marke aufgrund eines rechtskräftigen Urteils nach § 44 Abs. 3 führt zur Wiederaufnahme des Eintragungsverfahrens. Zum Zeitpunkt der Löschung der angegriffenen Marke noch weitere anhängige Widersprüche, über welche bis zu diesem Zeitpunkt noch nicht rechtskräftig entschieden wurde, leben danach wieder auf (→ § 44 Rn. 44; → § 66 Rn. 24; Ingerl/Rohnke § 44 Rn. 27).   **39**

Anderes gilt für einen aus einer gelöschten Marke eingelegten Widerspruch, der sich mit Löschung der Widerspruchsmarke zunächst erledigt hatte (BPatG BeckRS 2016, 12903 – Tioum; → § 44 Rn. 45). Nur ausgesetzte Verfahren können auch dann wieder aufleben (Ingerl/Rohnke § 44 Rn. 28).   **40**

D. Vorlage an den EuGH

Hat das BPatG Zweifel bei der Auslegung einer das nationale Recht beeinflussenden Richtlinienbestimmung, muss es seine Fragen, wenn es nicht die Rechtsbeschwerde zulässt, nach Art. 267 AEUV dem EuGH vorlegen (Grabrucker in Fezer, HdB Markenpraxis, I.1.2. Rn. 652 ff.). Einer Vorlage an den EuGH steht § 89 Abs. 4 S. 2 nicht entgegen (BPatG GRUR 2006, 946 (948) – Taschenlampe II).   **41**

Unterlässt das BPatG beides, entscheidet es also letztinstanzlich, so verletzt es das Recht auf den gesetzlichen Richter (Art. 101 Abs. 1 S. 2 GG). Das können die Beteiligten nach § 83 Abs. 3 Nr. 1 rügen (BGH GRUR 2014, 1132 – Schwarzwälder Schinken).   **42**

Bislang hatte der BGH die Frage, ob die Rüge nach § 83 Abs. 3 Nr. 1 oder Nr. 3 eröffnet ist, immer offen gelassen (GRUR 2003, 546 – Turbo-Tabs; GRUR 2009, 994 Rn. 11 – Vierlinden; GRUR 2008, 1027 Rn. 24 – Cigarettenpackung); eine Verfassungsbeschwerde befürwortet Stjerna (MarkenR 2004, 272).   **42.1**

Begründet ist eine diesbezügliche Rechtsbeschwerde jedoch nur, wenn das BPatG die Vorlage willkürlich unterlassen (BGH GRUR 2009, 994 – Vierlinden; GRUR 2009, 992 – Schuhverzierung; GRUR 2003, 546 – Turbo-Tabs) oder gar nicht erwogen hat oder wenn es von der Rechtsprechung des EuGH ausdrücklich abweicht (Streintz/Herrmann GRUR Int 2004, 461; vgl. auch BVerfG GRUR-RR 2009, 223 f. – Unterlassene EuGH-Vorlage; GRUR 2005, 52 – Unvollständige EuGH-Rechtsprechung; BGH GRUR 2006, 346 Rn. 7 – Jeans II).   **42.2**

Zu erneutem Ersuchen um Vorabentscheidung vgl. BGH BeckRS 2014, 12998 – Bavaria.   **42.3**

Vorlagen an den EuGH beruhen auf unanfechtbaren Zwischenentscheidungen, die auch die daran beteiligten Richter im wissenschaftlichen Bereich diskutieren dürfen, ohne damit den Anschein der Befangenheit zu erwecken (→ § 72 Rn. 12), obwohl die Sache weiterhin anhängig bleibt (BGH NJW 2016, 1022 – Silikonbrustimplantate).   **43**

E. Gütliche Erledigung

Die **Grenzen der Entscheidungsmöglichkeiten** lassen in vielen Fällen Beschränkungen im Waren- und Dienstleistungsverzeichnis, Abgrenzungsvereinbarungen (→ Rn. 48), geboten erscheinen.   **44**

In Widerspruchs- und Löschungsverfahren ist der Markenschutz für Oberbegriffe insgesamt zu entziehen, wenn auch nur für einen Teil der darunter fallenden Waren/Dienstleistungen eine Verwechslungsgefahr bzw. ein Löschungsgrund gegeben ist. Wie DPMA und BPatG Oberbegriffe nicht von sich aus aufgliedern können, kann auch der Widerspruchsführer bzw.   **45**

MarkenG § 71 Teil 3 Verfahren in Markenangelegenheiten

Löschungsantragsteller insoweit keine beschränkten Anträge stellen. Der Anmelder muss Oberbegriffe von sich aus einschränken und damit auf die Marke teilweise verzichten. Ebenso muss der Widersprechende bzw. Löschungsantragsteller gegebenenfalls selbst seinen Antrag einschränken.

46 Da Widerspruchsführer bzw. Löschungsantragsteller oft nicht zu erkennen geben, ob sie nur einzelne unter einen Oberbegriff fallende Waren und/oder Dienstleistungen stören, empfiehlt es sich für den Inhaber des angegriffenen Zeichens, mit dem Gegner Kontakt aufzunehmen, um dies abzuklären. Das Gericht kann dies gemäß § 278 Abs. 1 ZPO durch vorbereitende Hinweise und/oder eine Erörterung zu Beginn der mündlichen Verhandlung fördern (→ § 76 Rn. 1).

47 Förmliche vorgeschaltete Güteverhandlungen (**Mediation**) nach § 278 Abs. 2, 3, 4 und 5 ZPO, wie sie für Unionsmarken nach Art. 42 Abs. 4 und Art. 57 Abs. 4 UMV möglich ist (→ UMV Art. 58 Rn. 21; → UMV Art. 42 Rn. 21; → UMV Art. 57 Rn. 52), lehnt die hM als mit dem Verfahren vor dem BPatG nicht vereinbar ab (Ströbele/Hacker/Knoll § 76 Rn. 12). Das ist jedoch nicht überzeugend, sind in Markensachen doch oft Kaufleute beteiligt, die unabhängig von der Rechtslage nach raschen Lösungen streben und spätestens vor dem BPatG Abgrenzungsmöglichkeiten suchen, um zivilrechtliche Verfahren zu vermeiden (→ § 76 Rn. 1, → § 82 Rn. 12).

48 **Abgrenzungsvereinbarungen** bieten Möglichkeiten, die dem DPMA und dem BPatG nicht zur Verfügung stehen; sie können nur Markenschutz zusprechen oder versagen. Dagegen können die Parteien weniger weitgehende Lösungen vereinbaren, etwa Beschränkungen in der räumlichen Verwendung, auf Verwendungsformen (Farbe, Schreibweise etc), auf Vertriebsmodalitäten und vieles mehr.

49 Eine Mediation kann auch Lizenzen oder andere Gestattungen anregen.

50 Lediglich nach bösgläubigen Anmeldungen ist der Spielraum für Vereinbarungen begrenzt (→ § 8 Rn. 765 f.).

§ 71 Kosten des Beschwerdeverfahrens

(1) ¹Sind an dem Verfahren mehrere Personen beteiligt, so kann das Patentgericht bestimmen, daß die Kosten des Verfahrens einschließlich der den Beteiligten erwachsenen Kosten, soweit sie zur zweckentsprechenden Wahrung der Ansprüche und Rechte notwendig waren, einem Beteiligten ganz oder teilweise zur Last fallen, wenn dies der Billigkeit entspricht. ²Soweit eine Bestimmung über die Kosten nicht getroffen wird, trägt jeder Beteiligte die ihm erwachsenen Kosten selbst.

(2) Dem Präsidenten des Patentamts können Kosten nur auferlegt werden, wenn er nach seinem Beitritt in dem Verfahren Anträge gestellt hat.

(3) Das Patentgericht kann anordnen, daß die Beschwerdegebühr nach dem Patentkostengesetz zurückgezahlt wird.

(4) Die Absätze 1 bis 3 sind auch anzuwenden, wenn der Beteiligte die Beschwerde, die Anmeldung der Marke, den Widerspruch oder den Antrag auf Löschung ganz oder teilweise zurücknimmt oder wenn die Eintragung der Marke wegen Verzichts oder wegen Nichtverlängerung der Schutzdauer ganz oder teilweise im Register gelöscht wird.

(5) Im Übrigen gelten die Vorschriften der Zivilprozessordnung über das Kostenfestsetzungsverfahren (§§ 103 bis 107) und die Zwangsvollstreckung aus Kostenfestsetzungsbeschlüssen (§§ 724 bis 802) entsprechend.

Überblick

§ 71 regelt als vorrangige Spezialnorm die Kostengrundentscheidung abweichend vom Unterliegensprinzip des § 91 ZPO, was Anlass zu kritischen Überlegungen geben muss (→ Rn. 3 ff.).

In Verfahren mit nur einem Beteiligten kommt zwar keine Kostenauferlegung in Betracht aber eine Rückzahlung der Beschwerdegebühr (Abs. 3; → Rn. 65 ff.). Auch die Präsidentin des DPMA kann Beteiligte sein (Abs. 2) und dann Kosten zu tragen haben (→ Rn. 5).

Die Festsetzung des Gegenstandswerts (→ Rn. 46) spielt eine Rolle, wo Kosten nach dem RVG verlangt werden.

Auch bei Rücknahmen (→ Rn. 12, → Rn. 67) und Erledigungen (→ Rn. 24) ist nach Abs. 4 eine Kostenentscheidung zu treffen; gleiches gilt, wenn Verfahrenskostenhilfe gewährt wurde (→ Rn. 11).

Die Kostenfestsetzung und deren Vollstreckung erfolgt nach ZPO (Abs. 5, → Rn. 86 ff.).

Übersicht

	Rn.		Rn.
A. Kostengrundentscheidung	1	2. Löschungsverfahren	59
I. Notwendigkeit einer Kostengrundentscheidung	9	3. Akteneinsichtsverfahren	63
II. Entscheidungsgrundlage Billigkeit	14	II. Rechtsmittel gegen die Festsetzung der Gegenstandswerts	64
1. Widerspruchsverfahren	22	**C. Rückzahlung der Beschwerdegebühr (Abs. 3)**	65
2. Löschungsverfahren	35	I. Rücknahme (Abs. 4)	67
III. Anfechtung der Kostenentscheidung	43	II. Billigkeitsgründe	70
B. Streit- und Gegenstandswert	46	**D. Kostenfestsetzung, Zwangsvollstreckung (Abs. 5)**	86
I. Wertbestimmende Kriterien	50		
1. Anmelde- und Widerspruchsverfahren	54		

A. Kostengrundentscheidung

Die Kostenentscheidung nach dieser Vorschrift umfasst nicht die Kosten aus Verfahren vor dem DPMA, die § 63 regelt. Die Tenorierung „Kosten des Verfahrens" in einer Kostenentscheidung unter Bezug allein auf § 71 erfasst daher nicht die Kosten aus Verfahren vor dem DPMA (BPatG BeckRS 2016, 04071). **1**

Das BPatG trifft seine Entscheidung über die Kostenpflicht von Amts wegen; ein Antrag ist nicht erforderlich, als Anregung aber durchaus sinnvoll, um einen inzidenten oder floskelhaften Bezug auf die regelmäßige Kostenaufhebung nach Abs. 1 S. 2 zu vermeiden (→ Rn. 10). **2**

Trotz der eindeutigen Regelung in Abs. 1, die Abs. 4 noch bestärkt, darf das BPatG eine Kostenauferlegung nach Billigkeit nicht zu streng und schematisch ablehnen. **3**

Brandi-Dohrn weist in der FS 50 Jahre BPatG (S. 569) zutreffend darauf hin, dass die unterschiedlichen Regelungen zur Kostentenorierung vor dem BPatG und den Zivilgerichten sachlich kaum nachvollziehbar sind. § 91 Abs. 1 S. 1 ZPO sichere eine wirkungsvolle Justizgewährung, weil er verhindere, dass Rechtsschutz nur der wirtschaftlich Leistungsfähige erhalte. In diese Richtung weist auch BPatG GRUR 2012, 529 – fotografierter Schuh; kritisch auch Ingerl/Rohnke Rn. 8. Für eine leichtere Kostenauferlegung spricht zudem, dass das DesignG von 2014 in § 34a Abs. 5 über § 84 Abs. 2 S. 2 PatG auf § 91 ZPO verweist und ebenso vor dem EUIPO nach Art. 81 UMV das Unterliegensprinzip gilt (→ UMV Art. 85 Rn. 7). Insbesondere bei parallel geführten Verletzungs- und Löschungsverfahren tritt die unterschiedliche Handhabung misslich zu Tage (→ Rn. 40), ist ein Löschungsantrag doch oft nur eine Reaktion auf einen Verletzungsanspruch. **3.1**

Bei der zu treffenden Billigkeitsentscheidung darf nicht außer Betracht bleiben, dass ein genereller Ausschluss der Erstattung von Kosten den in Art. 19 Abs. 4 GG verbürgten Justizgewährungsanspruch beeinträchtigt (BPatG BeckRS 2013, 14387 – XX). § 91 ZPO ist in allen Verfahren jedenfalls nach seinem Grundgedanken heranzuziehen (BVerfG NJW 2006, 136; vgl. dazu Rojahn/Rektorschek Mitt 2014, 1). Zu diesem Grundgedanken gehört die darin verankerte Unterliegenshaftung. Auch soweit der Gesetzgeber – wie hier – einen Kostenerstattungsanspruch nur nach Maßgabe einer Billigkeitsentscheidung zugesteht, darf der Verfahrensausgang daher nicht gänzlich unberücksichtigt bleiben (BVerfG NJW 1987, 2569 f. zu § 78 S. 1 GWB). **3.2**

In Verfahren mit nur einem Beteiligten kommt keine Kostenauferlegung (zu Lasten des DPMA) in Betracht. Kein mehrseitiges Verfahren liegt vor, wenn hinsichtlich eines Rechts mehrere als dessen Inhaber auftreten. Das Gericht kann hier nur anordnen, die Beschwerdegebühr zurückzuzahlen (Abs. 3; → Rn. 65 ff.). **4**

MarkenG § 71 Teil 3 Verfahren in Markenangelegenheiten

5   Tritt die Präsidentin des DPMA nach § 68 Abs. 2 dem Verfahren bei, wird sie Beteiligte, so dass Abs. 1 grundsätzlich zur Anwendung kommen kann. Abs. 2 verlangt aber zusätzlich eine Antragstellung, sollen Kosten auferlegt werden.

6   Tritt der Rechtsnachfolger eines Markeninhabers als Nebenintervenient auf, schließt es § 265 Abs. 2 S. 3 ZPO, aus, § 69 ZPO anzuwenden. Damit hat der Gegner der Hauptpartei gemäß § 101 Abs. 1 ZPO auch die durch die **Nebenintervention** verursachten Kosten zu tragen, wenn er die Kosten des Verfahrens zu tragen hat, sonst der Nebenintervenient selbst. § 101 Abs. 2 ZPO und § 100 ZPO kommen nicht zum Tragen (BPatG BeckRS 2015, 14910). Nimmt der Nebenintervenient seine Nebenintervention zurück, trägt er in jedem Fall seine außergerichtlichen Kosten selbst (BPatG BeckRS 2015, 19687).

6.1   Gegen eine Kostenlast hinsichtlich des Nebenintervenienten kann der Beschwerte selten einwende, die Nebenintervention sei missbräuchlich und habe allein der Kostengenerierung gedient. § 66 ZPO verlangt für den Beitritt ein rechtliches Interesse, das im Regelfall einen Missbrauch ausschließt (BPatG BeckRS 2014, 11340 – L-Arginin).

6.2   Hat der Nebenintervenient einer Vereinbarung der Hauptparteien zugestimmt, die nur die Verteilung der Kosten zwischen diesen regelt, ohne die Kosten der Nebenintervention zu erwähnen, schließt dies regelmäßig einen prozessualen Kostenerstattungsanspruch des Nebenintervenienten aus (BGH BeckRS 2016, 04422).

7   Die Kostenentscheidung betrifft die Erstattungsfähigkeit dem Grunde und der relativen Höhe (Quote), nicht der absoluten Höhe nach. Sie betrifft ohne ausdrückliche Differenzierung alle Kosten des Verfahrens, also die Beschwerdegebühr, sonstige Gerichtskosten und Auslagen sowie die Kosten der Beteiligten, Anwaltsgebühren, Reisen, Kopien etc (vgl. Auflistung bei Albrecht/Hoffmann Vergütung S. 266 – Merkhilfe für Kostenfestsetzungsanträge). Die Kostenauferlegung kann auf einzelne Posten beschränkt sein (→ Rn. 21).

8   Die Höhe der zu erstattenden Beträge ergibt sich bei Rechnungsstellung, wenn diese akzeptiert wird, oder im Kostenfestsetzungsverfahren (→ Rn. 86 ff.). Ohne Kostenauferlegung ergibt sich die Kostenpflicht für gerichtliche Auslagen (Kopien etc) aus dem GKG (BPatG GRUR 1968, 110).

I. Notwendigkeit einer Kostengrundentscheidung

9   Hat das BPatG über einen Kostenantrag nicht entschieden oder eine erforderliche Kostenentscheidung nicht getroffen, schließt Abs. 1 S. 2 eine Ergänzung des Beschlusses nicht aus (Ingerl/Rohnke Rn. 9; → § 80 Rn. 26).

10   Von Abs. 1 S. 2 abweichende Kostenentscheidungen sind zu begründen. Auch wenn das Fehlen einer ausdrücklichen Entscheidung die gesetzliche Folge zeigt, die das Gericht will, muss es wegen § 79 Abs. 2 über einen Kostenantrag entscheiden und dies begründen.

11   Eine bewilligte **Verfahrens- oder Prozesskostenhilfe** verlangt über § 269 Abs. 4 ZPO eine Kostenentscheidung, da dies die Staatskasse entlasten kann. Auch der Teil der Kostenauferlegung, der einen **Nebenintervenienten** betrifft, ist zu tenorieren (BPatG BeckRS 2015, 14908).

12   Abs. 4 verlangt nach **Rücknahme** (→ Rn. 67; selbst vor Ablauf der Beschwerdefrist, BPatG BeckRS 2009, 01786), nach Verzicht und nach Löschung eine Kostenentscheidung; § 269 Abs. 3 S. 2 ZPO kommt dabei nicht zur Anwendung (BPatG BeckRS 2010, 23083 – Z.plus/Plus). Bei einer erzwingbaren Rücknahme (→ § 66 Rn. 26) entspricht es allerdings der Billigkeit, demjenigen die Kosten aufzuerlegen, der ein Verfahren abredewidrig oder missbräuchlich eingeleitet hat. Auch wenn eine Beschwerde als nicht eingelegt gilt, ist eine Kostenentscheidung möglich, da dennoch ein Beschwerdeverfahren stattgefunden hat, an dem der Gegner beteiligt war (BPatG BeckRS 2015, 17449 – Hawk).

13   Umstritten sind die Auswirkungen der Rücknahme eines Widerspruchs auf eine vorausgegangene Kostenentscheidung (→ § 42 Rn. 104 f.). Um zu angemessenen Rechtsfolgen zu kommen, muss die **Feststellung der Wirkungslosigkeit** aber die Kostengrundentscheidung umfassen, (BPatG BeckRS 2008, 19258 – extra; Ingerl/Rohnke § 42 Rn. 62), damit eine einheitliche Kostenentscheidung für alle Instanzen die Gründe der Rücknahme des Widerspruchs berücksichtigen kann (→ § 42 Rn. 105).

13.1   Entscheidung in der Hauptsache liegt insoweit keine Entscheidung über eine Beschwerde nach § 66 vor. Damit scheidet eine Rechtsbeschwerde gegen die Entscheidungen nach § 71 Abs. 4 aus (→ § 83

Rn. 13). Auch gegen Kostenentscheidungen nach § 91a ZPO ist keine Rechtsbeschwerde gegeben (BGH BeckRS 2013, 16238).

II. Entscheidungsgrundlage Billigkeit

Der Verfahrensausgang in der Hauptsache ist für sich genommen kein Grund, einem **14** Beteiligten Kosten aufzuerlegen. Gleiches gilt für die Rücknahme eines Widerspruchs bzw. Löschungsantrags oder der Beschwerde (BPatG Beschl. v. 24.7.2006 – 25 W (pat) 114/04 – cysat; s. aber → Rn. 12). Nur in **Nebenverfahren** kommt es oft auf das Obsiegen an (zB BPatG BeckRS 2009, 02933 – Blue Mountain, zum streitigen zweiseitigen Kostenfestsetzungsverfahren). Eine Kostenentscheidung ist bei einem Streit um die Kostenfestsetzung schon deshalb erforderlich, um **wirtschaftlich akzeptable Ergebnisse** zu erreichen (BPatG BeckRS 2009, 00957 – Focus; Beschl. v. 2.9.2015 – 28 W (pat) 52/13; Albrecht/Hoffmann Vergütung Rn. 749). Dies gilt aber nur für isolierte Beschwerden gegen die Kostenentscheidung des DPMA (→ § 66 Rn. 14), also nicht, wenn eine voll umfängliche Beschwerde, etwa nach Verzicht, auf eine Überprüfung der Kostenentscheidung beschränkt wurde (BPatG BeckRS 2015, 14904 – ChemSeal).

Den bei Beschwerdeerfolg ersparten Kosten stünden sonst weitere Aufwendungen gegenüber, was **14.1** die Rechtsweggarantie des Art. 19 Abs. 4 GG (→ Rn. 3.1, → Rn. 3.2) beeinträchtigen würde (BPatG Mitt 1984, 177 f.).

Dies kann jedoch nicht uneingeschränkt gelten, wenn Fehler allein auf gerichtlicher Seite vorliegen, **14.2** etwa bei einer erfolgreichen Erinnerung gegen nur vom Rechtspfleger beanstandete Posten des Kostenfestsetzungsverfahrens, die der Gegner nie bestritten hatte (Albrecht/Hoffmann Vergütung Rn. 712, 1037 ff.). Dann ist aber jedenfalls die Rückzahlung der Beschwerdegebühr (Abs. 3) angemessen. Der 25. Senat des BPatG berücksichtigt sogar vorrangig, dass die Kostenentscheidung von Amts wegen zu treffen ist, und beschränkt deswegen die Kostenauferlegung weitgehend, zumal bei niedrigen Streitwerten (→ Rn. 57, → Rn. 57.1) ein wirtschaftlicher Erfolg auch dann eintritt, wenn der Obsiegende seine Kosten selbst zu tragen hat (BPatG BeckRS 2013, 02300 – Türk Kahvesi).

Bei Akteneinsichts- und Umschreibungsverfahren ist das Argument des Charakters als „echtes Streit- **14.3** verfahren" nicht stichhaltig, so dass auf Billigkeitserwägungen abzustellen ist. Zur Darstellung der Gegenmeinung Ingerl/Rohnke Rn. 14 f.; HK-MarkenR/Fuchs-Wissemann Rn. 6; BPatG GRUR 1993, 390 (392) – Akteneinsicht durch Dritte.

Richtet sich die isolierte Anfechtung gegen eine **Kostenentscheidung des DPMA** (→ **15** § 66 Rn. 14), die nicht einem Antrag entsprochen hat, sondern allein von Amts wegen erlassen wurde, ist es dem erfolgreichen Beschwerdeführer zumutbar, im Beschwerdeverfahren die eigenen Kosten tragen zu müssen. Dass dies auch gelten soll, wenn die Kostenauferlegung einem ausdrücklich gestellten Antrag des Gegners entsprochen hat (so BPatG BeckRS 2013, 02300 – Türk Kahvesi), überzeugt nicht, zumal in der Praxis ohne einen solchen selten eine Kostenentscheidung erfolgt.

Ein Abweichen vom Grundsatz der Kostenaufhebung ist jedenfalls immer dann geboten, **16** wenn das Verhalten eines Verfahrensbeteiligten Kosten (ganz oder teilweise) verursacht hat und mit der bei der Wahrnehmung von Rechten zu fordernden Sorgfalt nicht in Einklang steht **(Sorgfaltspflichtverletzung)**. Das ist zB der Versuch, ein nach anerkannten Beurteilungsgesichtspunkten im Zeitpunkt der Beschwerdeeinlegung aussichtsloses oder zumindest kaum Aussicht auf Erfolg bietendes Begehren durchzusetzen (→ § 63 Rn. 1). Das ist auch dann der Fall, wenn der Beteiligte die Kosten durch leichtfertiges oder gar böswilliges Handeln verursacht hat, nicht aber wenn er seine Rechte und Interessen mit gesetzlich gegebenen Mitteln verteidigt und dabei den Instanzenweg ausschöpft (Albrecht/Hoffmann Vergütung Rn. 799, 802).

Es entspricht dem Recht auf gerichtliche Kontrolle (Art. 19 Abs. 4 S. 1 GG), auch bislang anerkannte **16.1** Rechtsprechungsgrundsätze einer (erneuten) gerichtlichen Überprüfung zu stellen. Selbst eine einheitliche entgegenstehende Entscheidungspraxis (BPatG BeckRS 2010, 22361 – Igel plus; BeckRS 2013, 14387 – XX; BeckRS 2013, 21042 – Ferdinand-Tönnies) reicht dann nicht aus, Kosten wegen des Betreibens aussichtsloser Verfahren aufzuerlegen.

In Reaktion auf Argumente der Gegenseite und/oder auf Hinweise des Senats Hilfsanträge einzurei- **16.2** chen, die zur Vertagung führen, ist in einem Verfahren ohne Anwaltszwang nicht mit der prozessualen Sorgfaltspflicht unvereinbar (BPatG BeckRS 2015, 10495).

17 Das Wiedereinsetzungsverfahren ist als notwendigerweise vorgeschaltetes Verfahren wie das nachfolgende Verfahren zu behandeln. Es ist daher fraglich, ob derjenige anders zu behandeln ist, dessen Beschwerde an versäumten Fristen scheitert (so aber BPatG BeckRS 2011, 01624; GRUR-RR 2011, 438, weil die zur Versagung der Wiedereinsetzung führende Pflichtverletzung auch die Kostenauferlegung billig erscheinen lassen soll).

18 Ein Verhalten kann ein im Laufe eines Verfahrens unterschiedlich zu beurteilen sein, wenn ein weiteres Betreiben aussichtslos wird, und kann dann von einem bestimmten Zeitpunkt an Kostenfolgen bewirken (BPatG BeckRS 2008, 19258 – my extra com/extra).

19 Die Beschwerde nicht zu begründen, ist angesichts § 73 Abs. 1 (Amtsermittlung; → § 66 Rn. 68) keine fehlerhafte Verfahrensführung (BPatG Beschl. v. 7.7.1999 – 32 W (pat) 470/95 – Heco/Meco; BeckRS 2014, 11324 zum PatG), kann aber im Rahmen der Billigkeitsentscheidung über die Kosten relevant werden, wenn es zeigt, dass die Beschwerde mutwillig oder aus sachlich fremden Erwägungen eingelegt worden ist (BPatG BeckRS 1998, 12704; 2015, 10495).

20 Ein **Verstoß gegen die Wahrheitspflicht** kann es rechtfertigen, einem Beteiligten Kosten aufzuerlegen (→ § 92 Rn. 7).

21 Das Gericht kann auch nur bestimmte Kosten einem der Beteiligten auferlegen, wenn ein prozessualer Sorgfaltsverstoß zu eben diesen Kosten geführt hat (v. Schultz/Donle Rn. 10). Wer etwa durch kurzfristigen Verlegungsantrag beim Gegner unnötige Reise- oder Stornokosten verursacht hat, kann insoweit kostenpflichtig werden (BPatG BeckRS 2015, 10474 – Gartenmeister; BeckRS 2016, 01741 – Rebelion true silver/True Religion). Wer an einer auf seinen Antrag hin anberaumten mündlichen Verhandlung nicht teilnimmt, ohne die Gegenseite davon rechtzeitig zu unterrichten, dem können uU die Kosten der Termins (Zeitaufwand, Reisekosten des Gegners) auferlegt werden (BPatG BeckRS 2014, 13364 – Tebo/Tobi; BeckRS 1998, 12704 – Umformvorrichtung). Da auch in der mündlichen Verhandlung eine Rücknahme nicht automatisch zur Kostenauferlegung führt, muss dies auch für die Rücknahme kurz vor dem Termin gelten (BPatG BeckRS 2014, 12870 – idea; strenger BeckRS 2014, 13364 – Tebo/Tobi), nicht aber für die **Rücknahmefiktion** nach § 6 Abs. 2 PatKostG (BPatG BeckRS 2015, 17449 – Hawk; BeckRS 2011, 01353).

1. Widerspruchsverfahren

22 Bei Widersprüchen aus eingetragenen Marken muss es nicht zur Kostenauferlegung führen, wenn sich die Widerspruchsmarke als nicht bestandsfähig erweist. Wie bei unberechtigten Abmahnungen würde es die Sorgfaltspflichten eines Markeninhabers überspannen, wenn er die Rechtslage besser beurteilen müsste als die Eintragungsbehörde. Nur eine Löschung wegen Bösgläubigkeit hat meist Kostenfolgen (→ Rn. 33; BGH GRUR 2006, 432 Rn. 25 – Verwarnung aus Kennzeichenrecht II; GRUR-Prax 2013, 182 – XVIII plus).

23 Die **Anmeldung einer Marke ohne vorherige Recherche** nach älteren Rechten ist nach hM kein Grund für eine Kostenauferlegung im Widerspruchsverfahren (BPatG GRUR 1973, 529; Bugdahl MarkenR 2007, 298 III.3; Kirchner Mitt 1974, 49 ff.). Das widerspricht der wesentlich strengeren Rechtsprechung zu Verletzungen, die sogar bei nicht registrierten geographischen Herkunftsangaben Recherchen fordert (→ § 128 Rn. 43). Lagen dem Markeninhaber aber schon vor der Anmeldung (oder vor Ablauf der Widerspruchsfrist) Hinweise auf eine eindeutig verwechselbare ältere Marke vor, kann eine Kostenauferlegung gerechtfertigt sein (BPatG BeckRS 2009, 25945 – SBA).

23.1 Es ist nicht verwehrt, sich durch die Anmeldung eines Zeichens als Marke eine möglichst günstige Priorität zu sichern. Aufgrund älterer Rechte wäre, selbst wenn die Marke in der Zwischenzeit aufgrund des Widerspruchs gelöscht worden wäre, eine erfolgreiche Eintragungsbewilligungsklage nach §§ 12, 44 möglich. Nach § 44 Abs. 3 wäre damit eine (Wieder-)Eintragung mit der ursprünglichen Priorität erreichbar. Sich diese Möglichkeit aufrechtzuerhalten, ist kein vorwerfbares Verhalten (BPatG BeckRS 2009, 25945 – SBA; Albrecht/Hoffmann Vergütung Rn. 956).

23.2 Da es auch nicht bösgläubig ist, eine Marke, die andere beeinträchtigt, ohne Verfügbarkeitsrecherche anzumelden, ist eine Kostenauferlegung auch über diesen Weg (→ Rn. 33) nicht möglich (Bugdahl MarkenR 2007, 298 III.3).

23.3 Kosten für Fremdrecherchen können erstattet werden; selbst durchgeführte Recherchen gehören zum allgemeinen Prozessaufwand iSv § 91 Abs. 1 Satz 2 ZPO, der grundsätzlich nicht erstattet wird (BPatG BeckRS 2015, 13820).

Kein Grund für eine Kostenauferlegung ist es, wenn der Widersprechende die Widerspruchsmarke **verfallen** lässt oder der Markeninhaber das angegriffene Zeichen. Beides führt nur zu einem Erlöschen des Rechtes ex nunc (BPatG BeckRS 2009, 25950 – Waterski) und zur Erledigung des Verfahrens (→ § 66 Rn. 52). Um eine Kostenauferlegung zu vermeiden, muss der Widersprechende allerdings seinen Widerspruch unverzüglich zurücknehmen (→ Rn. 30). Eine Löschung nach § 47 Abs. 6 ist nicht anders zu behandeln (Abs. 44; BPatG BeckRS 2009, 25950 – Waterski). 24

Ein Widerspruch aus einem prioritätsjüngeren Zeichen führt nicht zwingend zur Kostenauferlegung, wenn die Prioritätslage zum Anmeldezeitpunkt strittig war (BPatG BeckRS 2010, 08295) oder wenn im Zeitpunkt der Anmeldung der angegriffenen Marke noch nicht endgültig feststand, ob ältere Rechte etwa aus einem Unternehmenskennzeichen (§ 5) bestehen. 25

Ein Widerspruch aus einer **Benutzungsmarke,** deren Bestand oder Zeitrang der Widersprechende nicht innerhalb der Widerspruchsfrist nachgewiesen hat, ist kostenpflichtig zurückzuweisen, soweit es sich um nach § 30 Abs. 1 S. 2 MarkenV zur Identifizierung notwendige Angaben handelt. 26

Die nach § 30 Abs. 1 S. 2 MarkenV zur Identifizierung notwendige Angaben sind: Inhaber, Art (→ § 73 Rn. 8.1), Form, Zeitrang (→ § 73 Rn. 8.2), Waren und Dienstleistungen und die Darstellung des Zeichens (BPatG BeckRS 2014, 15641 – FFH; BeckRS 2014, 23670 – LumiCell; Hacker GRUR 2010, 99 (101)). 26.1

Ebenso ist der Widerspruch aus einer **IR-Marke,** die in Deutschland keinen Schutz genießt, kostenpflichtig zurückzuweisen, auch wenn der Widersprechende über eine geeignete Widerspruchsmarke verfügt, diese aber erst nach Ablauf der Widerspruchsfrist ins Verfahren einführt (BPatG BeckRS 2014, 23675 – M Menck). 27

Einem Widersprechenden sind Kosten aufzuerlegen, wenn sich die Zeichen bzw. die Waren und Dienstleistungen nach anerkannten Beurteilungsgrundsätzen ersichtlich nicht nahe kommen (BPatG BeckRS 2009, 23711 – CigarSpa/Spa). Umgekehrt sind dem Inhaber eines angegriffenen Zeichens Kosten aufzuerlegen, wenn die Ähnlichkeit der Marken und der Waren bzw. Dienstleistungen auf der Hand lag. Allein der Verfahrensgang vor dem DPMA, selbst nach Erinnerungsverfahren mit dann zwei negativen Beschlüssen, lässt eine Kostenauferlegung noch nicht billig erscheinen (BPatG Beschl. v. 24.7.2006 – 25 W (pat) 114/04 – cysat). Dies ist anders zu beurteilen, wenn eine wegen Verwechslungsgefahr gelöschte Marke erneut angemeldet wird (obiter dictum in BPatG BeckRS 2016, 13561 – Sky Deutschland/SKY). 28

Es entspricht nicht der gebotenen Sorgfalt, einen Widerspruch auf einen für sich genommen **schutzunfähigen Bestandteil** einer Wort-Bild-Marke zu stützen (BPatG BeckRS 2014, 08015 – Event; BeckRS 2014, 07105 – Sportarena; BeckRS 2013, 02300 – Türk Kahvesi) – ohne eine erhöhte Kennzeichnungskraft dieses Bestandteils wenigstens zu behaupten (BPatG GRUR-Prax 2015, 484 – Naturstrom; Albrecht/Hoffmann Vergütung Rn. 799 ff.). Ein Widersprechender kann sich nicht darauf berufen, er habe erwartet, dass sich die deutsche Handhabung der des EuG annähern wird und er seinen Widerspruch auch auf einen kennzeichnungsschwachen Bestandteil erfolgreich stützen kann (→ § 14 Rn. 430 f.; → UMV Art. 8 Rn. 68; Pohlmann GRUR-Prax 2013, 83; Marten GRUR Int 2013, 429). Das CP5 und die Entscheidung der Großen Kammer am 18.9.2013 Ultimate Greens mit Ultimate Nutrition (R 1462/2012-G) stehen dem entgegen. Dass es nicht der gebotenen Sorgfalt entspricht, einen Widerspruch auf einen genommen schutzunfähigen Bestandteil zu stützen, kann nicht auf Widersprüche nach § 42 Abs. 2 Nr. 4 aus **geschäftlichen Bezeichnungen** übertragen werden, da an deren Schutzfähigkeit bzw. Unterscheidungskraft deutlich geringere Anforderungen gestellt werden als bei Marken. Zudem fehlen dazu anerkannte Beurteilungsgrundsätze, gegen die ein Widersprechender verstoßen könnte, so dass eine Kostenauferlegung hier eher nicht gerechtfertigt erscheint (BPatG BeckRS 2016, 03281 – Immobilien Lounge). 29

Wer auf eine zulässige Einrede der **Nichtbenutzung** seinen Widerspruch ohne ernsthaften (auch erfolglosen) Versuch einer Glaubhaftmachung der Benutzung weiterverfolgt, läuft in ein Kostenrisiko (BPatG BeckRS 2015, 01380 – Palm Beach). Gleiches gilt für den, der trotz zutreffender und nachvollziehbar begründeter Zurückweisung seines Widerspruchs 30

MarkenG § 71　　　　　　　　　　　　　　　Teil 3 Verfahren in Markenangelegenheiten

durch das DPMA ohne ergänzendes Vorbringen das Beschwerdeverfahren betreibt und nicht einmal versucht, die vom DPMA angeführten Mängel bei der Glaubhaftmachung der Benutzung zu beseitigen (BPatG GRUR-Prax 2016, 329 – Bandorado/fundorado).

30.1　　Ob der Versuch, die Benutzung glaubhaft zu machen, letztlich Erfolg hat, ist nicht ausschlaggebend (BPatG BeckRS 2011, 14896 – Winus/Linus; BeckRS 1980, 03078; GRUR 1998, 64 f. – bonjour; GRUR 1996, 981 f. – Estavital; BeckRS 2010, 20424 – Praetorius von Richthofen; BeckRS 2009, 03359 – mediline (die nachgehende BGH-Entscheidung BeckRS 2009, 23624 betrifft diese Frage nicht); BPatG BeckRS 2016, 12919; Albrecht/Hoffmann Vergütung Rn. 957).

30.2　　Unerheblich ist in diesem Zusammenhang, ob die Benutzungsschonfrist bereits bei Einlegung des Widerspruchs abgelaufen war. Nur wenn der Widersprechende einen Einwand der Nichtbenutzung antizipieren musste (→ Rn. 23), kommt eine Kostenauferlegung in Betracht (BPatG BeckRS 2016, 12919).

31　　Dass eine Kostenauferlegung in Betracht kommen soll, wenn Benutzungsunterlagen für eine eingetragene Widerspruchsmarke gemäß §§ 282, 296 Abs. 2 ZPO als **verspätet** zurückgewiesen werden (BPatG BeckRS 2007, 02253 – Arena; Albrecht/Hoffmann Vergütung Rn. 958; → § 73 Rn. 15), erscheint nicht schlüssig. Der Fehler ist ja erst eingetreten, als die Verfahrenskosten bereits entstanden waren. Außerdem hat der Widersprechende Kosten selbst dann nicht automatisch zu tragen, wenn eine von ihm dargetane Nutzung nicht als rechtserhaltend gilt, dies aber nicht offensichtlich war. Dagegen drängt sich eine Kostenauferlegung auf, wenn ein aus einer **Benutzungsmarke** Widersprechender deren Bestehen nicht (rechtzeitig) belegt (→ Rn. 26).

32　　Ein Beteiligter, der den Termin zur mündlichen Verhandlung nicht wahrnimmt und sich nicht vertreten lässt, geht zwar in Bezug auf den Bestand seiner Marke ein hohes Risiko ein, weil er einer dort erstmals erhobenen Nichtbenutzungseinrede dann nicht entgegentreten und diese als verspätetes Vorbringen rügen kann (→ § 70 Rn. 21). Das ist aber kein Fehlverhalten, das eine Kostenauferlegung rechtfertigen würde. Die Nichtteilnahme kann mannigfaltige Gründe haben, die nicht auf einer Sorgfaltspflichtverletzung beruhen müssen (BPatG BeckRS 2014, 04250 – rockses/Rockers), und selbst das Eingeständnis einer fehlenden Benutzung generiert nicht automatisch eine Kostenpflicht (→ Rn. 30 f.). Ein Weiterverfolgen des Widerspruchs, das zur Kostenpflicht führen könnte (→ Rn. 30), ist bei einem nicht anwesenden Widersprechenden nicht anzunehmen, zumal sein Widerspruch mangels Benutzung ohne weiteres zurückgewiesen wird (→ § 73 Rn. 15.5 f.; kritisch Grabrucker jurisPR-WettbR 3/2014 Anm. 6 E).

33　　Einem Widersprechenden sind die Kosten aufzuerlegen, wenn er aus einer bösgläubig (§ 8 Abs. 2 Nr. 10) angemeldeten Marken Widerspruch eingelegt hat (BPatG BeckRS 2009, 23890 – Fimonit/Fimonit; NJWE-WettbR 1997, 90 – St. Stephan's Crown/Stephanskrone). Ebenso hat der Inhaber des angegriffenen Zeichens die Kosten des Widerspruchsverfahrens zu tragen, wenn seine Marke vor Entscheidung über den Widerspruch wegen **Bösgläubigkeit** gelöscht wurde (BPatG BeckRS 2014, 17331 – Bionator/Bionade). Wird die angegriffene Marke oder die Widerspruchsmarke aus anderen Gründen als Bösgläubigkeit gelöscht, und bleibt die Bösgläubigkeit dahingestellt, kann das keine Kostenfolgen haben. Auch nach Rücknahme des Widerspruchs ist keine Beweiserhebung zur Beurteilung der Bösgläubigkeit möglich. Diese müsste unstreitig oder offenkundig gewesen sein, um zu einer Kostenauferlegung zu führen (BPatG BeckRS 2015, 09643 – Titanshield; Albrecht/Hoffmann Vergütung Rn. 969). Allein die Rücknahme der Anmeldung ist kein Eingeständnis, bösgläubig gehandelt zu haben (BPatG BeckRS 2015, 09306 – Radsport R).

33.1　　Hier kommen nach einer Löschung wegen Bösgläubigkeit zusätzlich Ansprüche wegen vorsätzlicher sittenwidriger Schädigung nach § 826 BGB oder wegen Behinderung nach § 4 Nr. 4 UWG in Betracht (→ § 8 Rn. 802.1).

33.2　　Nicht bösgläubig ist es, eine Marke ohne Verfügbarkeitsrecherche anzumelden, auch wenn diese andere beeinträchtigt (Bugdahl MarkenR 2007, 298 III.3).

34　　Gleiches müsste gelten, wenn eine Marke nach § 9 Abs. 1 Nr. 3 (**Ausnutzen der Wertschätzung** oder Beeinträchtigung der Unterscheidungskraft) gelöscht wird, da dies ein Handeln in unlauterer Weise voraussetzt (→ § 9 Rn. 68; anders BPatG BeckRS 2016, 15126 – Tiger Carbon).

2. Löschungsverfahren

Hat ein Löschungsantrag Erfolg, sind dem Markeninhaber die Kosten des Löschungsverfahrens nicht in jedem Fall aufzuerlegen, zumal der Markeninhaber davon ausgehen durfte, dass die Eintragung nach Prüfung durch das DPMA Bestand haben würde (vgl. BGH GRUR 2006, 432 Rn. 25 – Verwarnung aus Kennzeichenrecht II; BPatG BeckRS 2015, 00683 – crosstape; BeckRS 2015, 08931 – Blätterpdf); das muss sogar dann gelten, wenn der Inhaber des angegriffenen Zeichens mit anderen, entsprechenden Zeichen bereits gescheitert ist. Es muss dem Markeninhaber möglich sein, eine letztinstanzliche Klärung herbeizuführen. Hat ein Löschungsantrag aber wegen Bösgläubigkeit des Anmelders (§ 8 Abs. 2 Nr. 10) insgesamt Erfolg, sind dem Markeninhaber die Kosten des Löschungsverfahrens aufzuerlegen (zum Widerspruchsverfahren → Rn. 33). Betrifft ein bösgläubig gestörter Besitzstand nur einen Teil der Waren- und Dienstleistungen, für welche die beanstandete Marke angemeldet wurde, kommt nur eine Teillöschung wegen Bösgläubigkeit in Betracht, was nicht zwingend zur Kostenauferlegung führen kann (→ § 8 Rn. 802.1; BPatG GRUR-Prax 2013, 10 – hop on hop off; BeckRS 1998, 14598 – Latour Nomen est Omen; GRUR 2000, 809 (812) – SSZ; GRUR 2001, 744 (748) – S 100; GRUR 2006, 1032 (1034) – E 2; BeckRS 2010, 00414 – Ivadal; BeckRS 2010, 00415 – Cordarone; BeckRS 2010, 00597 – Flixotide; BeckRS 2010, 15357 – Maxitrol; BeckRS 2009, 23959 – Petlas). 35

Differenziert ist die Kostenpflicht zu sehen, wenn die Bösgläubigkeit auf Beziehungen zwischen Markeninhaber und Antragsteller beruht, die im Löschungsverfahren rechtlich zu prüfen waren und für den Markeninhaber nicht ersichtlich einer Markenanmeldung entgegenstehen mussten. 35.1

Da in einem Löschungsverfahren wegen Bösgläubigkeit, in dem der Inhaber der angegriffenen Marke dem Löschungsantrag nicht widersprochen hat oder dieser Widerspruch zurückgenommen wurde, keine abschließende Beurteilung der Bösgläubigkeit mehr stattfinden kann, müsste diese unstreitig oder offenkundig gewesen sein, um zu einer Kostenauferlegung zu kommen (BPatG BeckRS 2015, 16332 – Ballooning; Albrecht/Hoffmann Vergütung Rn. 969). 35.2

Generell sind die Kosten eines erfolglosen Verfahrens nicht dem Löschungsantragsteller aufzuerlegen – auch nicht aus Gründen der Waffengleichheit, sondern nur von Fall zu Fall nach den allgemeinen Grundsätzen, (BPatG BeckRS 2009, 03591 – Pinocchio; BeckRS 2011, 08141 – pjur), etwa wenn der Löschungsantragsteller offenkundig keine Löschungsgründe vorbringen und belegen konnte (BPatG BeckRS 2013, 05490 – stilisierter viereckiger Tacho). Wurde das als Löschungsgrund herangezogene ältere Recht später gelöscht, gilt wie im Widerspruchsverfahren (→ Rn. 24), dass der Löschungsantragsteller davon ausgehen durfte, dass die Eintragung seines Zeichens zu Recht erfolgt ist (BGH GRUR 2006, 432 Rn. 25 – Verwarnung aus Kennzeichenrecht II). 36

Vor Verfallseintritt gestellte Löschungsanträge nach § 49 haben keine Aussicht auf Erfolg. Dies lässt sich ohne eine sachliche Prüfung des Löschungsantrags beurteilen, was zur Auferlegung der Kosten führt (BPatG BeckRS 2008, 18856; ebenso Ingerl/Rohnke § 53 Rn. 11). 36.1

Um eine Kostenauferlegung zu vermeiden, muss der Antragsteller selbst einen zunächst voraussichtlich erfolgreichen Löschungsantrag zurücknehmen, wenn die Löschung der angegriffenen Marke bereits aus anderen Gründen erfolgt ist (BPatG BeckRS 1998, 14598 – Latour Nomen est Omen), oder auf einen Feststellungsantrag umstellen, wenn der Inhaber des angegriffenen Zeichens nicht auf seine Ansprüche aus der Vergangenheit verzichtet hat; zu den Anforderungen an einen solchen Verzicht (BPatG BeckRS 2013, 21035 – law blog). 37

Es entspricht der Billigkeit, einem als solchen erkannten **Strohmann** (Umgehung der Rechtskraft, der Rücksichtnahmepflicht oder von Nichtangriffsabreden, → § 54 Rn. 8) die Kosten des Löschungsverfahrens aufzuerlegen (BPatG BeckRS 2015, 16332 – Ballooning; BeckRS 2009, 17278 – Ismaqua; Mitt. 2004, 372 – Strohmann). 38

Dem Antragsteller können Kosten auch auferlegt werden, wenn er mit dem Löschungsantrag allein **verfahrensfremde Ziele** verfolgt und nur zum Schein als Wahrer öffentlicher Interessen auftritt. Dass er in Wirklichkeit bloß auf eine Behinderung des Markeninhabers abzielt, gilt noch nicht als gegeben, wenn der Löschungsantrag als Gegenreaktion auf einen Widerspruch gegen die eigene prioritätsjüngere Marke erfolgt, auch wenn dies das Widerspruchsverfahren verzögert. 39

39.1 Einem Löschungsantragsteller, der eine Gerichtsentscheidung nur anstrebt hatte, um sein wissenschaftliches Interesse zu befriedigen, hat das BPatG die Kosten auferlegt (BPatG GRUR 2013, 78 – RDM).

40 Der Billigkeit entspricht es wohl im Regelfall, die Kosten des Löschungsverfahrens bei einem parallel geführten Verletzungsverfahren nach dem Obsiegensprinzip zu verteilen. Ist der Löschungsantrag eine Reaktion auf eine Verletzungsklage, macht die Löschung der verletzten Marke die Ansprüche aus Verletzung zunichte. Der Verletzungskläger wird daher die Kosten des Verletzungsverfahrens zu tragen haben. Diese kann er verringern, wenn er auf die Niederlage im Löschungsverfahren mit einem Verzicht auf seine Forderung reagiert. Der erfolglos wegen Verletzung in Anspruch genommene Löschungsantragsteller sollte daher die eigenen Kosten einer erfolgreichen Abwehr des Angriffs nicht selbst tragen müssen. Umgekehrt sollte der Verletzte die eigenen Kosten einer erfolglosen Abwehr durch den Verletzer nicht selbst tragen müssen (Albrecht/Hoffmann Vergütung Rn. 983). In beiden Fällen könnte eine Versagung der Erstattung von Kosten den in Art. 19 Abs. 4 GG verbürgten Justizgewährungsanspruch beeinträchtigen (→ Rn. 3.2).

40.1 Das kann nicht ohne weiteres auf die Konstellation parallel geführter Widerspruchs- und Löschungsverfahren übertragen werden, da auch im Widerspruchsverfahren Kosten nur in Ausnahmefällen auferlegt werden (→ Rn. 23 ff., → Rn. 38).

41 Es kann sogar ein nachvollziehbares geschäftliches Interesse bestehen, eine fremde Marke zu vernichten – auch wenn die dabei zu treffenden Feststellungen zum Verlust einer eigenen Marke führen sollten, weil der Löschungsantrag schließlich zur freien Benutzbarkeit des Zeichens führen kann.

42 Für Löschungsanträge, die mangels eines Widerspruchs nach § 53 Abs. 3 bzw. § 54 Abs. 2 S. 2 zur Löschung führen, kann der Antragsteller nach hM keine Kostenerstattung verlangen, weil das Bestehen der Marke keine Verletzungshandlung gleichsteht. Dies erscheint nicht schlüssig, weil Ansprüche aus Geschäftsführung ohne Auftrag nicht auf eine Störerhaftung abstellen (Albrecht/Hoffmann Vergütung Rn. 728). Andererseits setzt der Löschungsantrag zumindest ein Anhörungsverfahren vor dem DPMA in Gang; er ist deshalb mit einer außergerichtlichen und außeramtlichen Abmahnung nicht gleichzusetzen, so dass es einem sofortigen Anerkenntnis entsprechen könnte, einem überraschenden Löschungsantrag nicht zu widersprechen (vgl. BPatG BeckRS 2016, 11052 zum § 17 GebrMG; BeckOK PatR/Eisenrauch GebrMG § 17 Rn. 31 ff.).

III. Anfechtung der Kostenentscheidung

43 Kostenentscheidungen des BPatG werden nur zusammen mit der Hauptsacheentscheidung im Rechtsbeschwerdeverfahren überprüft (§ 99 ZPO). Auch eine Gegenvorstellung ist wohl nicht möglich (BGH GRUR 1967, 94 (96) – Stute; BPatG BeckRS 2014, 21824; GRUR 1972, 669 – Valsette; Albrecht/Hoffmann Vergütung Rn. 1017, 701, 662 ff.; Kirchner GRUR 1971, 109 ff.; v. Gamm GRUR 1977, 413 (416)).

43.1 Die Gegenvorstellung ist ein gesetzlich nicht ausdrücklich geregelter Rechtsbehelf, der das Gericht, das entschieden hat, veranlassen soll, seine Entscheidung zu ändern, wenn es Gründe übersehen hat oder neue tatsächliche und rechtliche Gründe eingetreten sind. Rechtsgrundlage kann der analog angewendete § 321a ZPO sein oder Art. 19 Abs. 4 GG (→ § 66 Rn. 14.2). In Verfahren vor dem BPatG ist sie nicht gegeben, weil dies gegen das verfassungsrechtliche Gebot der Rechtsmittelklarheit (BVerfG NJW 2003, 1924 Rn. 68 ff.) verstoßen würde (Ströbele/Hacker/Knoll § 83 Rn. 4). Allerdings hat das BVerfG auch erklärt (NJW 2009, 829 Rn. 34 ff.), aus dem erstgenannten Beschluss lasse sich nicht herleiten, dass eine Gegenvorstellung gegen gerichtliche Entscheidungen verfassungsrechtlich unzulässig sei. Auch einfachrechtlich sei die Gegenvorstellung nach der Rechtsprechung der Fachgerichte nicht als offensichtlich unzulässig anzusehen. Die Gegenvorstellung ist jedoch nicht statthaft, weil Kostenentscheidungen in materielle Rechtskraft erwachsen und zusammen mit der Entscheidung in der Hauptsache mit Rechtsbeschwerde nach § 83 angefochten werden können. Die Gegenvorstellung ist nämlich nur zulässig gegen Entscheidungen, die nicht in materielle Rechtskraft erwachsen, und nur bei Beschlüssen statthaft, die nicht die Instanz abschließen (sonst Gehörsrüge, § 311a Abs. 1 S. 2 ZPO), nicht mit sofortiger Beschwerde oder Rechtsbeschwerde anfechtbar sind und die vom Gericht mangels materieller

Rechtskraft (zB Verfahrenskostenhilfe-Beschluss) abgeändert werden dürfen (BPatG BeckRS 2014, 21824; BeckRS 2014, 21902 – Bionator).

Bei Kostenentscheidungen nach § 71 Abs. 4 liegt keine Entscheidung über eine **44** Beschwerde nach § 66 vor. Aus diesem Grund scheidet eine **Rechtsbeschwerde** insoweit aus (BPatG GRUR 1972, 669 – Valsette).

Gegen die Ablehnung eines Antrags auf Erlass einer Kostengrundentscheidung ist die **45** Rechtsbeschwerde allerdings statthaft (→ § 83 Rn. 7; v. Schultz/Donle Rn. 9).

B. Streit- und Gegenstandswert

Es erfolgt keine Festsetzung des Streitwerts nach § 63 GKG, weil sich die Gebühren **46** nicht nach einem Wert richten, sondern Festgebühren sind (BGH BeckRS 2015, 19674 – Gegenstandswert). Die Festsetzung des Gegenstandswerts spielt daher nur eine Rolle, wo Kosten nach dem RVG zu erstatten sind oder ein Anwalt mit seinem Mandanten nach RVG abrechnet bzw. eine Vergütungsfestsetzung nach § 11 RVG gegen den eigenen Mandanten (soweit als zulässig erachtet → Rn. 89, BPatG GRUR 2002, 732 – Künstliche Atmosphäre II) betreibt (BPatG BeckRS 2012, 02648; Albrecht/Hoffmann Vergütung Rn. 177 ff.). Damit ist der Wert auch für die zwingend gebotene Beratung des Mandanten (BGH GRUR 2006, 349 Rn. 7) hinsichtlich des Kostenrisikos abzuschätzen. Maßgeblicher **Zeitpunkt** für die Wertberechnung ist die Erhebung der Beschwerde (BayVGH BeckRS 2014, 50524).

Auch derjenige, dessen Kosten der Gegner zu erstatten hat, kann ein Interesse daran haben, dass der **46.1** Gegenstandswert angehoben wird, wenn er mit seinem Anwalt eine Vereinbarung über ein streitwertunabhängiges Honorar geschlossen hat. Die Differenz zu dem, was nach RVG zu erstatten ist, wird dann geringer (→ § 66 Rn. 17 f.). Die Gegenstandswertfestsetzung ist wegen objektiv berufsregelnder Tendenz an Art. 12 Abs. 1 GG zu messen (VerfGH Berlin BeckRS 2013, 47071 mAnm Mayer FD-RVG 2013, 343358).

Die Festsetzung erfolgt nach §§ 23, 33 RVG und ist zu begründen (KG BeckRS 2013, **47** 04374). Mangels spezieller Wertvorschriften ist der Gegenstandswert dabei nach billigem Ermessen zu bestimmen (§ 23 Abs. 2 S. 1 RVG). Es ist daher nicht möglich, verbindliche Aussagen zu **Regelstreitwerten** zu treffen. Zuständig ist immer der Senat; auch im Kostenfestsetzungsverfahren muss der Rechtspfleger eine Entscheidung des Senats einholen, wenn sich die Beteiligten über den Gegenstandswert nicht einig sind (BGH BeckRS 2014, 08153). Beteiligte, die einen bestimmten Gegenstandswert anstreben, müssen nachvollziehbare tatsächliche Anhaltspunkte vortragen, die das BPatG seiner Schätzung zu Grunde legen kann; Ermittlungen von Amts wegen sind nicht vorgesehen (BPatG BeckRS 2016, 12111). An Festsetzungen seitens des DPMA nach § 63 Abs. 2 ist das BPatG nicht gebunden. Es kann aber analog § 63 Abs. 3 S. 1 Nr. 2 GKG den vom DPMA festgesetzten Wert von Amts wegen ändern, wenn eine Beschwerde bei ihm anhängig ist (§ 63 Abs. 3 S. 2 GKG).

Anders als im Rechtsbeschwerdeverfahren (§ 142, § 85 Abs. 2 S. 3) gibt es vor dem BPatG **48** (und DPMA) in markenrechtlichen Verfahren keine **Streitwertbegünstigung** (→ § 142 Rn. 2; Ingerl/Rohnke § 142 Rn. 17; Albrecht/Hoffmann Vergütung Rn. 638, 640 f.), aber Verfahrenskostenhilfe (§ 81a).

Den Antrag auf Festsetzung können auch ausschließlich durch Patentanwälte vertretene **49** Verfahrensbeteiligte stellen (BPatG BeckRS 1998, 14507 zur BRAGO; GRUR 1999, 65 – P-Plus1; Ingerl/Rohnke Rn. 28). Die Anwendbarkeit des RVG für Patentanwälte in Verfahren vor dem DPMA stellt § 34a Abs. 5 DesignG erstmals sogar gesetzlich fest. Ob der BGH einen Antrag auf Festsetzung des Gegenstandswerts im Rechtsbeschwerdeverfahren verlangt, erscheint zweifelhaft (Knoll MarkenR 2016, 229 (231)); vorsichtshalber sollte er deshalb gestellt werden.

Der Geltungsbereich des Gerichtskostengesetzes (vgl. § 1 GKG) erstreckt sich nicht auf die Wertfest- **49.1** setzung vor dem BPatG zur Berechnung der Anwaltsgebühren; diese erfolgt gemäß § 23 Abs. 3 RVG nach billigem Ermessen (BPatG BeckRS 2013, 14387 – XX).

I. Wertbestimmende Kriterien

Anhaltspunkte für eine Schätzung sind unter anderem der Umfang sowie die bisherige **50** Dauer der Benutzung und die sich daraus ergebende Bekanntheit einer Marke, die Übereinstimmung mit einer Geschäftsbezeichnung (BPatG GRUR 1972, 669; Fezer Rn. 12), die Einbindung in eine Markenfamilie, die Kosten für die Entwicklung einer Marke, der beanspruchte Waren- und Dienstleistungsbereich, der Schutzumfang (Kennzeichnungskraft) sowie die Akzeptanz eines Zeichens in der Öffentlichkeit (BPatG BeckRS 2014, 22607 – STERN jugend forscht). Allgemein kann es für den Wert einer Marke darauf ankommen, in welchem Maße Marken in der betroffenen Branche eine Rolle spielen und ob der Markt noch eine Ausbreitung zulässt (Ingerl/Rohnke § 143 Rn. 7; Cepl/Voß/Schilling ZPO § 3 Rn. 135). Auch ihre originäre Kennzeichnungskraft beeinflusst den Wert einer Marke (Ingerl/Rohnke § 143 Rn. 7; Cepl/Voß/Schilling ZPO § 3 Rn. 135; Kodde GRUR 2015, 38 (42)), da davon die Möglichkeiten abhängen, gegen andere Marken vorzugehen und die eigene Marke in den Köpfen der Verbraucher einzuprägen. Den Wert einer Marke erhöht es eher nicht, wenn sie mit dem Unternehmenskennzeichen des Markeninhabers übereinstimmt, da die Marke frei übertragbar ist. Eine Werterhöhung käme nur in Betracht, wenn ein bekanntes Kennzeichnungsrecht der Marke ein höheres Ansehen verleiht (BPatG GRUR 1972, 669; Fezer Rn. 12).

51 Die Beurteilung des Wertes in einseitigen Verfahren kann dabei kaum nach anderen Grundsätzen erfolgen wie in zweiseitigen Verfahren. Immer ist schließlich das Interesse dessen maßgeblich, der Markeninhaber ist oder bleiben bzw. werden will (→ Rn. 54; BPatG BeckRS 2013, 05580 – Schlossdealer; GRUR 1966, 222 mit Verweis auf BGH GRUR 1957, 79; Ingerl/Rohnke Rn. 29; aA Heim GRUR-Prax 2012, 126). Damit ist § 51 Abs. 3 GKG hier nicht analog anzuwenden.

52 Eine Abstufung des Gegenstandswerts nach dem Instanzenzug ist nicht möglich. Auch das GKG enthält keine solche Differenzierung. Den unterschiedlichen Anforderungen an die Anwälte tragen die unterschiedlichen Gebührensätze ausreichend Rechnung (BPatG GRUR 2012, 1174 Rn. 28; Albrecht/Hoffmann Vergütung Rn. 626). Da sich im Regelfall das wirtschaftliche Interesse des Markeninhabers am Erhalt seiner Marke im patentgerichtlichen Beschwerdeverfahren nicht von seinem entsprechenden Interesse im Rechtsbeschwerdeverfahren unterscheidet, sind keine unterschiedlichen Werte im Beschwerde- und im Rechtsbeschwerdeverfahren anzusetzen. Immer ist schließlich das Interesse dessen maßgeblich, der Markeninhaber ist. Dies entspricht der Handhabung in der Verwaltungs-, Arbeits- und Finanzgerichtsbarkeit sowie in der freiwilligen Gerichtsbarkeit (BPatG GRUR 2012, 1174; BeckRS 2013, 14387 – XX).

53 Bei **geographischen Herkunftsangaben** und Ursprungsbezeichnungen iSd VO (EG) Nr. 1151/2012 ist der Gegenstandswert gegenüber Individualkennzeichen deutlich erhöht, da hier das kollektive Ansehen einer ganzen Region hereinspielt. Maßgeblich ist vor allem die Bekanntheit der Bezeichnung (Albrecht/Hoffmann Vergütung Rn. 858).

1. Anmelde- und Widerspruchsverfahren

54 Dass sich der Wert in einseitigen Verfahren nach dem Interesse des Anmelders richtet ist selbstverständlich. Aber auch in Widerspruchsverfahren nach § 42 richtet sich der Wert nach dem Interesse des Inhabers des angegriffenen Zeichens (BGH GRUR 2006, 704 – Markenwert; BPatG GRUR 1995, 415; GRUR 1999, 64 f. – T-Com); Interessen des Widersprechenden sowie die Zahl der Schutzrechte, aus denen Widerspruch eingelegt ist, sind nicht relevant (BPatG Beschl. v. 28.10.2009 – 28 W (pat) 52/09; Beschl. v. 16.4.2012 – 27 W (pat) 68/10 – Pumastrip; anders wohl EuG T-446/07 DEP, GRUR-Prax 2012, 200 Rn. 16 – Royal Appliance International GmbH).

55 Der BGH hat für die Anmeldung der Marke „Rheinpark-Center Neuss" (GRUR 2012, 272) 50.000 Euro als Gegenstandswert angenommen, ohne dies mit einer besonderen Benutzung zu begründen. In Rechtsbeschwerdeverfahren hat der BGH auch schon deutlich höhere Werte als 50.000 Euro für Anmeldungen festgesetzt; Werte darunter sind nicht bekannt (BPatG BeckRS 2014, 18910 – BBQ).

56 Ein Wert von 50.000 Euro erscheint auch in Verfahren vor dem BPatG (keine Differenzierung nach dem Instanzenzug → Rn. 52) nicht als zu hoch, gelten für Unionsmarken doch 250.000 Euro als durchschnittlich angemessen (EuG T-446/07 DEP, GRUR-Prax 2012, 200 – Royal Appliance International). Das Verhältnis der Anmeldegebühren würde auf den Gegenstandswert umgesetzt sogar mehr als 70.000 Euro für die nationale Marke ergeben

Kosten des Beschwerdeverfahrens § 71 MarkenG

(BPatG BeckRS 2013, 14387 – XX; BeckRS 2014, 18910 – BBQ). Die für Unterlassungsansprüche bei bloß drohender Beeinträchtigung üblichen Streitwerte gehen ebenfalls in diese Richtung (vgl. Albrecht/Hoffmann Vergütung Rn. 274, 436), und sie können sich schon aus einer Markenanmeldung (Begehungsgefahr) ergeben (aber → § 8 Rn. 829.2).

Dennoch setzen der 24. und 25. Senat des BPatG die Werte teilweise darunter fest (fünffacher Satz nach § 23 Abs. 3 S. 2 RVG: BPatG GRUR-Prax 2015, 96; BeckRS 2014, 23670; im Ansatz zustimmend Ströbele/Hacker/Knoll Rn. 25 ff.; kritisch dazu Ingerl/Rohnke Rn. 29; Fezer Rn. 12; Albrecht/Hoffmann Vergütung Rn. 844 ff.). 57

Die niedrigen Werte sollen zeigen, dass Marken vor Aufnahme ihrer Benutzung überhaupt noch keinen oder allenfalls einen geringen Wert haben, zumal Marken in relevantem Umfang als sog Vorratsmarken (zu deren Zulässigkeit → § 8 Rn. 787) angemeldet bzw. nachfolgend im Widerspruchsverfahren verteidigt werden, ohne dass bereits geklärt sei, wofür sie konkret benutzt werden sollten (BPatG GRUR-Prax 2015, 96 m. Anm. Hoffmann/Albrecht; Ströbele/Hacker/Knoll Rn. 32). Der 25. Senat (BeckRS 2012, 18657) verweist zur Rechtfertigung des Abweichens vom BGH auf die unterschiedlich anzuwendenden Vorschriften (PatKostG und RVG bei DPMA und BPatG sowie GKG beim BGH; so auch Ströbele/Hacker/Knoll Rn. 30, 31), womit nur für DPMA und BPatG nach § 23 RVG Regel- bzw. Höchstbeträge gelten. 57.1

Der 26. Senat (BeckRS GRUR-Prax 2016, 89 – Universum; BeckRS 2015, 14899) hält dem entgegen, das wirtschaftliche Interesse am Schutz einer Marke umfasse die Entwicklungskosten sowie Umsatzausfälle durch Verzögerung der Markteinführung; Vorratsmarken beträfen in aller Regel finanzstarke Unternehmen. Niedrige Streitwerte führten wegen der dann angestrebten Gebühren- bzw. Vergütungsvereinbarungen nicht zur Kostenentlastung der Mandanten. 57.2

Demgegenüber haben andere Senate des BPatG den vom BGH vorgegebenen Wert von 50.000 Euro übernommen (BPatG BeckRS 2012, 11034; BeckRS 2012, 18349; BeckRS 2012, 05702; BeckRS 2012, 11949; BeckRS 2008, 20831 – Primus; GRUR 2012, 1174; BeckRS 2013, 05580 – Schlossdealer). Sie stellen dabei ua auf die Kosten bzw. Verluste durch Verzögerungen ab (BPatG GRUR 2012, 1174) und haben bisher nicht auf die am 1.8.2013 erfolgte Erhöhung des Regelstreitwerts um 25 % reagiert. 58

2. Löschungsverfahren

Für Löschungsverfahren nach § 50 ist das Interesse des Antragstellers unmaßgeblich. Es gilt, wie bei Löschungsverfahren für Patente, Gebrauchsmuster und eingetragene Designs, wegen des Popularcharakters das Interesse der Allgemeinheit an der Löschung der Marke mit ihrem Behinderungspotential als maßgeblich (BPatG BeckRS 2011, 05956 – Cotto). In parallel geführten Verletzungsverfahren geltend gemachte Forderungen zeigen daher die untere Grenze dieses Wertes (Albrecht/Hoffmann Vergütung Rn. 852 ff.; BPatG Beschl. v. 18.1.2005 – 27 W (pat) 68/02 – alphajet), wobei auch die Werte gefährdeter Besitzstände zu beachten sind. Bei Patenten schlägt der BGH (GRUR 2011, 757 – Nichtigkeitsstreitwert) ohne weitere Anhaltspunkte 25 % für die Eigennutzung auf die Verletzungsansprüche auf; auch Lizenzeinnahmen kommen hinzu. Der Aufschlag entfällt, wenn keine Eigennutzung möglich ist (ausschließliche Lizenz oÄ). Soweit im Verletzungsverfahren § 51 Abs. 3 GKG zur Anwendung kam, kann dies hier keine Auswirkungen haben. 59

Ohne Anhaltspunkte aus Verletzungsverfahren dürfte derzeit 50.000 Euro bei unbenutzten und 100.000 Euro bei benutzten Marken angemessen sein (BPatG BeckRS 2011, 05956 – Andernacher Geysir; BeckRS 2014, 09809; BeckRS 2014, 09807; Oldekop GRUR-Prax 2014, 291). Keinesfalls kann sich der im Löschungsverfahren unterlegene Markeninhaber darauf berufen, die Löschung zeige, dass der Wert der Marke gering sei; maßgeblich ist deren Behinderungspotential (in einer Gebrauchsmustersache: BPatG 35 W (pat) 3/10, BeckRS 2013, 05981 – Amlodipinmaleat). 60

Die dafür herangezogenen Kriterien (→ Rn. 50), die das Behinderungspotential zeigen sollen, entsprechen weitgehend dem Interesse des Markeninhabers. Die Intensität der Verteidigungsbemühungen ist ein ab und zu fälschlich herangezogenes sachfremdes Kriterium. 60.1

Der 25. Senat des BPatG (GRUR 2012, 1172; BeckRS 2013, 05490, vgl. auch → Rn. 57) geht vom Regelstreitwert des § 23 Abs. 3 S. 2 RVG (damals 4.000 Euro) aus und konstatiert für eine unbenutzte Marke den 6,25-fachen Wert davon, also 25.000 Euro, als angemessen. (Das ergäbe nunmehr 31.250 Euro.) Für das Störpotential stellt er dabei darauf ab, dass die Rechtsposition latent durch 60.2

mögliche Angriffe gemäß §§ 49, 53 und 55 gefährdet ist und Widersprüche aus unbenutzten Marken auf die Einrede nach § 43 Abs. 1 stoßen können.

61 Soweit eine Bösgläubigkeit nach § 8 Abs. 2 Nr. 10 auf einem fehlenden Benutzungswillen beruht, darf die mangelnde Benutzung nicht zur Herabsetzung des Gegenstandswertes führen; vielmehr muss hier das Behinderungspotential maßgeblich sein. Gleiches gilt für eine sonstige Löschungsreife, da auf das Drohpotential abzustellen ist (BPatG Beschl. v. 18.1.2005 – 27 W (pat) 68/02 – alphajet; BeckRS 2014, 07049 – Margerite; BeckRS 2011, 16238; BeckRS 2013, 02519 – Lorenzo; BeckRS 2015, 17844; Albrecht/Hoffmann Vergütung Rn. 854).

62 Für Löschungsverfahren wegen Verfalls (§§ 49, 53) gelten für die Wertbestimmung keine Besonderheiten, auch wenn sie verkürzte Parallelverfahren zur zivilgerichtlichen Löschungsmöglichkeit nach §§ 49, 55 sind und in diese münden können.

3. Akteneinsichtsverfahren

63 Hier ist das Interesse des Inhabers der von der Akteneinsicht betroffenen Marke maßgeblich. Nicht zu fragen ist, welche Interessen der Antragsteller verfolgt (BPatG GRUR 1992, 854 f. – Streitwert Akteneinsicht). Für den Normalfall ist der Regelwert des § 23 Abs. 3 RVG von 5.000 Euro angemessen (Fezer Rn. 14).

63.1 Das BPatG hat allerdings auch schon ein Viertel des Wertes des Hauptsacheverfahrens genommen (Beschl. v. 1.2.2005 – 24 W (pat) 65/02, LSK 2005, 340337 – Gesundheitslotse; Ingerl/Rohnke Rn. 30); das wären ausgehend von 50.000 Euro (→ Rn. 55, → Rn. 59) 12.500 Euro.

II. Rechtsmittel gegen die Festsetzung der Gegenstandswerts

64 Soweit beim BPatG weder Beschwerde noch Erinnerung zulässig sein sollen, bleibt allenfalls die **Gegenvorstellung** – wenn diese überhaupt statthaft ist – binnen sechs Monaten (§ 63 Abs. 3 S. 2 GKG; BGH BeckRS 2015, 19674 – Gegenstandswert; BPatG GRUR 1980, 331). Knoll (MarkenR 2016, 229) sieht nur Raum für eine Änderung von Amts wegen nach § 63 Abs. 3 GKG, die die Beteiligten auch anregen können. Nachdem die Rechtsprechung des BPatG zum Gegenstandswert nicht einheitlich ist, bietet sich eine Klärung über die zugelassene Rechtsbeschwerde an. Auch über deren Statthaftigkeit besteht jedoch Streit.

64.1 Der 29. Senat ließ (BPatG BeckRS 2011, 05956 – Andernacher Geysir) die Rechtsbeschwerde gemäß § 82 Abs. 1 S. 1 MarkenG iVm § 574 Abs. 2 Nr. 2 ZPO zu (die nicht eingelegt wurde). Die Gegenmeinung geht davon aus, dass gegen die Entscheidungen des BPatG über den Gegenstandswert kein Rechtsmittel, auch keine Gegenvorstellung (BPatG GRUR 1980, 331), stattfindet (§ 33 Abs. 4 S. 3 RVG; BGH BeckRS 2003, 10390; Ingerl/Rohnke Rn. 31; Ströbele/Hacker/Knoll Rn. 24; Albrecht/Hoffmann Vergütung Rn. 874), wobei Ingerl/Rohnke statt der Gegenvorstellung eine Anhörungsrüge gemäß § 321a ZPO empfehlen.

64.2 Gegen Beschlüsse des BPatG, die sich gemäß § 63 Abs. 3 S. 2 nach den Vorschriften der ZPO richten, soll seit dem ZPO-Reformgesetz von 2002 die Rechtsbeschwerde gemäß § 82 Abs. 1 S. 1 MarkenG iVm § 574 ZPO statthaft sein (BPatG GRUR 2012, 1174 Rn. 40). Die Rechtsbeschwerde gegen Entscheidungen in solchen Nebenverfahren ist eingeführt worden, um die bis dahin unterschiedliche Rechtsprechung auf dem Gebiet des Kostenrechts zu vereinheitlichen (BT-Drs. 14/4722, 116). Da sich die in § 83 geregelte Rechtsbeschwerde ausschließlich auf Beschwerden nach § 66 in Hauptsacheverfahren und nicht auf „Beschwerden gegen Kostenfestsetzungsbeschlüsse" gemäß § 63 Abs. 3 S. 3 in Nebenverfahren bezieht, soll § 83 nicht zur Anwendung kommen. Diese Vorschrift soll dem Umstand Rechnung tragen, dass das BPatG wie ein Verwaltungsgericht Verwaltungsakte überprüft, und gegen seine Beschlüsse – wie in der Finanzgerichtsbarkeit – keine weitere Tatsacheninstanz sondern Revision – vorgesehen ist. Einer eigenen Rechtsmittelregelung für Nebenverfahren bedurfte es im MarkenG nicht, weil § 82 allgemein auf § 574 ZPO verweist.

64.3 Die Gegenmeinung stellt darauf ab, dass es der gesetzlichen Regelung zur fehlenden Statthaftigkeit von Rechtsmitteln zum BGH gegen die Streitwertfestsetzung nach § 68 Abs. 1 S. 5, § 66 Abs. 3 S. 3 GKG entspreche, auch beim BPatG keine Rechtsbeschwerde zuzuerkennen (Ströbele/Hacker/Knoll Rn. 24; Ingerl/Rohnke Rn. 31). Obwohl eine Rechtsbeschwerde in Kostensachen statthaft sei (BeckRS 2013, 01586; GRUR-Prax 2013, 64), könne die Höhe des Gegenstandswerts nicht Gegenstand der Überprüfung sein. § 33 Abs. 4 S. 3 RVG zeige, dass der BGH nicht mit Fragen der Streitwertfestsetzung befasst werden solle (BGH BeckRS 2003, 10390 – Rechtsmittel gegen Streitwertfestsetzung; BeckRS 2014, 08153 Rn. 6).

C. Rückzahlung der Beschwerdegebühr (Abs. 3)

Allgemein sind ohne Rechtsgrund gezahlte Beträge zurückzuzahlen, also auch wenn zu **65** viel gezahlt wurde. Soweit Beschwerden nach § 6 Abs. 2 PatKostG als **nicht eingelegt** gelten, sind die dafür (zu spät oder in nicht ausreichender Höhe) bezahlten Gebühren entsprechend § 812 Abs. 1 BGB nach Abzug der fällig gewordenen (vgl. § 6 Abs. 2 DPMAVwKostV) **Erstattungsgebühr** in Höhe von 10 Euro zurückzuzahlen, da sie ohne Rechtsgrund geleistet wurden (Ingerl/Rohnke Rn. 54 f.). Das muss nicht ausdrücklich angeordnet werden (ebenso HK-MarkenR/Fuchs-Wissemann Rn. 16).

Gleiches gilt bei gegenstandslosen Beschwerden (→ § 66 Rn. 24, → § 66 Rn. 52) und **66** solchen gegen unwirksame Beschlüsse (BPatG GRUR 1962, 309 – Bellamedosan; BeckRS 1997, 14389; Ingerl/Rohnke Rn. 43; Albrecht GRUR 1998, 987; aA BPatG GRUR 1963, 319). Das gilt auch für den Fall, dass ein erfolgloser Widerspruchsführer Beschwerde eingelegt hat; der Inhaber des angegriffenen Zeichens aber gegen einen weiteren erfolgreichen Widerspruch keine Beschwerde eingelegt hat und so Beschwerden aus weiteren Widerspruchsmarken gegenstandslos wurden (BPatG BeckRS 2016, 16008 – Viva).

I. Rücknahme (Abs. 4)

Die Rücknahme der Beschwerde (→ § 66 Rn. 125 ff.), mag sie auch noch so frühzeitig **67** oder sogar innerhalb der Beschwerdefrist erfolgen, ist **kein Rückzahlungsgrund,** (BPatG BeckRS 2009, 01786 – Primus; BeckRS 2013, 08281), erst recht nicht die Unzulässigkeit der Beschwerde (BPatG BeckRS 2003, 12208 – formularmäßige Mitteilung). Dabei spielt es auch keine Rolle, ob bei Rücknahme der Beschwerde eine Beschwerdebegründung eingereicht war (BPatG BeckRS 2011, 01025 – springtec; BeckRS 2011, 01027 – locktec). Mit der Einlegung der Beschwerde ist die Beschwerdegebühr verfallen. Die Beschwerdegebühr ist keine Gegenleistung für eine Sachentscheidung, sondern eine pauschale Verfahrensgebühr (Ingerl/Rohnke Rn. 36).

Gleiches gilt für die Rücknahme einer Beschwerde, die zur Fristwahrung aufgrund unkla- **68** rer Auftragslage veranlasst war, und zwar unabhängig von den Rückfragemöglichkeiten, da die Klärung der Auftragslage innerhalb der Beschwerdefrist zumutbar ist (vgl. BPatG GRUR 1978, 557).

Die Rücknahme der Beschwerde führt aber ausnahmsweise zur Rückzahlung der **69** Beschwerdegebühr, wenn sie eine Reaktion auf später beseitigte Verfahrensfehler war (→ Rn. 72).

II. Billigkeitsgründe

Nach Billigkeitsgrundsätzen kann das BPatG gemäß Abs. 3 die Rückzahlung der **70** Beschwerdegebühr anordnen. Dies erfolgt von Amts wegen und bedarf keines Antrags (BPatG BeckRS 2016, 16008 – Viva).

Dies muss ausdrücklich geschehen und kann nur den gesamten bezahlten Betrag betreffen; **71** eine § 63 Abs. 2 entsprechende Vorschrift fehlt hier (BPatG GRUR 1973, 281 – Vendet).

Ein Grund für die Rückzahlung kann sich nur aus dem vorgelagerten patentamtlichen **72** Verfahren, nicht aus dem Beschwerdeverfahren ergeben (BPatG BeckRS 2013, 08281 – Radio Dresden; Ingerl/Rohnke Rn. 36).

Der Ausgang des Beschwerdeverfahrens hat hier wie bei der Kostenauferlegung **73** (→ Rn. 14) nur beschränkt Bedeutung (BPatG GRUR 1979, 704). Konnte der Beschwerdeführer bei Einlegung der Beschwerde noch nicht wissen, dass die angegriffene Marke erloschen war, sollte die Beschwerdegebühr aus Billigkeitsgründen erstattet werden (zum Einspruch gegen ein Patent BPatG BeckRS 2015, 01364 – Großformat-Bogenoffsetdruckmaschine).

Eine Rückzahlung ist billig, wenn sie, wie etwa häufig in Kostenfestsetzungsverfahren, zu **74** **wirtschaftlich akzeptablen Ergebnissen** führt (BPatG BeckRS 2009, 00957 – Focus);

MarkenG § 71 Teil 3 Verfahren in Markenangelegenheiten

dies gilt insbesondere, wenn eine Kostenauferlegung nicht erfolgt, weil die Fehler allein auf amtlicher Seite gemacht wurden (→ Rn. 14 ff.).

75 Rückzahlung kommt in Betracht, wenn das DPMA der Beschwerde abhilft (§ 66 Abs. 5) oder **erhebliche Fehler** gemacht hat, das rechtliche Gehör verletzt (→ § 78 Rn. 6 ff.), die Vorlage an den EuGH unterlassen (→ § 67 Rn. 5), den Prüfungsumfang verkannt oder Benutzungsnachweise falsch beurteilt hat (BPatG BeckRS 2013, 10716 – Gemcin/Gencin). Dies ist nicht der Fall, wenn die Beteiligten erst im Beschwerdeverfahren Umstände darlegen, die eine andere Entscheidung rechtfertigen und nicht der Amtsermittlung unterlagen (→ § 74 Rn. 4 ff.; zum Schutzumfang BPatG BeckRS 2014, 11330 – Weinhandlung Müller).

75.1 Ein Verstoß gegen das rechtliche Gehör ist es, wenn das Amt im Beanstandungsbescheid nicht genannte Waren/Dienstleistungen zurückweist (BPatG BeckRS 2015, 08929 – GCSN).

75.2 Kein Verstoß gegen das rechtliche Gehör ist es, wenn das Amt trotz des Gesuchs um Fristverlängerung zur Begründung entscheidet. Der Antragsteller kann grundsätzlich nicht darauf vertrauen, dass das Amt dem stattgibt. Hat das Amt aber mehreren solcher Anträge bislang stillschweigend stattgegeben, muss es auf den letzten Antrag hin mitteilen, dass es nunmehr ohne weitere Verlängerung entscheiden will (BPatG BeckRS 2015, 17379 – groupsites).

76 Auch Verstöße gegen die Verfahrensökonomie (Schulte/Püschel PatG § 73 Rn. 155; Busse/Engels PatG § 80 Rn. 119; Benkard/Schäfers PatG § 80 Rn. sind Verfahrensfehler. Verfahrensökonomisch fehlerhaft kann die Form der Entscheidung oder deren Erlass-Zeitpunkt sein (BPatG GRUR 1982, 554 – verfrühte Endentscheidung).

76.1 Verfrüht ist die Verbindung der Ablehnung eines Fristverlängerungsgesuchs mit der negativen Sachentscheidung, wenn bei früherer Entscheidung die Wahrung der ursprünglichen Frist möglich gewesen wäre (BPatG Mitt 1997, 100). Der Zwang zu mehrfacher Beschwerde mangels gebotener Verfahrensverbindung (BPatG GRUR 2005, 865 (870) – Spa), eine gleichzeitige Entscheidung über gleichgelagerte einseitige Parallelsachen (BPatG BeckRS 1975, 00288), Entscheidung trotz angezeigter Vergleichsverhandlungen (BPatG BeckRS 1978, 00285 – Cowa/COVAR) sowie eine verzögerte Löschung anderweitig angegriffener Marken (BPatG Mitt 1974, 92; Ingerl/Rohnke Rn. 42) sind ebenfalls Verstöße gegen die Verfahrensökonomie.

77 Dass für eine **Durchgriffsbeschwerde** nach § 66 Abs. 3 Beschwerdegebühren zu entrichten sind (→ § 66 Rn. 101), zeigt, dass es kein hier zu berücksichtigender Verfahrensfehler sein kann, nicht innerhalb der Fristen des § 66 Abs. 3 entschieden zu haben (BPatG BeckRS 2009, 10526 – GarageSale).

78 Eine **formelhafte Begründung** zur Zurückweisung der Erinnerung unter Verweis auf Gründe des Erstbeschlusses ist kein Rückzahlungsgrund, wenn der Beteiligte gegen einen ausführlich begründeten Erstbeschluss keine neuen Argumente vorgebracht hat (BPatGE 19, 225 (228); Ingerl/Rohnke Rn. 39). Zu den Anforderungen an die Begründung → § 79 Rn. 13 ff.

79 Eine **fehlerhafte Rechtsanwendung** führt nur zur Rückzahlung, wenn sie völlig unvertretbar ist.

79.1 Die Annahme der Markenstelle, der Bestandteil „FLOW" nehme in der Marke „FLOW RIDE" keine selbstständig kennzeichnende Stellung ein, ist nicht völlig unvertretbar; die Erörterung der selbstständig kennzeichnenden Stellung unter dem Gesichtspunkt einer unmittelbaren Verwechslungsgefahr lässt nicht auf ein unzutreffendes Verständnis dieser Rechtsfigur schließen (BPatG BeckRS 2016, 08400 – Flow/Flow Ride; vgl. auch BPatG GRUR 2009, 188 (191) – Inlandsvertreter III; GRUR 2004, 1030 (1033) – Markenregisterfähigkeit einer GbR; BeckRS 2012, 05910 – Georgien Transport Logistik; BeckRS 2013, 10716 – Gemcin/Gencin; BeckRS 2014, 01361 – ElecDESIGN/Elac; GRUR 2003, 1069 f. – Nettpack).

80 Einer fehlerhaften Rechtsanwendung steht es gleich, eine gefestigte Rechtsprechung nicht zu berücksichtigen (BPatG BeckRS 2013, 00076 – Leibniz School) oder von einer bisher gepflegten Amtspraxis begründungslos abzuweichen (BPatG GRUR-RR 2008, 261 – Markenumschreibung; Ingerl/Rohnke Rn. 38 f.; Benkard/Schäfers/Schwarz PatG § 80 Rn. 27).

81 Dagegen ist es kein Verfahrensfehler, eine in Rechtsprechung und/oder Literatur vertretene Meinung abzulehnen und die dagegen sprechenden Argumente einer (erneuten) Überprüfung zu stellen, auch wenn dies letztlich nicht erfolgreich sein sollte (BPatG BeckRS 2015, 14030). Es muss aber eine (kritische) Auseinandersetzung mit der nicht akzeptierten

Ansicht erfolgt sein (BPatG BeckRS 2013, 08352 – Fruit; BeckRS 2012, 22897 – Stadtwerke Augsburg).

Dass nicht kennzeichnungskräftige Bestandteile einer Marke bei der Beurteilung der Verwechslungsgefahr keine prägende Wirkung haben, erscheint dem BPatG zwar als gefestigte Rechtsprechung. Aber die Annahme, dass ElecDESIGN ein zusammengehöriger Begriff ist, erschien ihm nicht völlig unvertretbar (BPatG BeckRS 2014, 01361 – ElecDESIGN/Elac). Hier ist auch die von der deutschen abweichende Handhabung durch das EUIPO zu beachten (→ Rn. 29). 81.1

Begründet die Markenstelle eine Schutzversagung wegen fehlender Unterscheidungskraft unter Hinweis auf ein angeblich gebräuchliches Wort, das aber als Marke eingetragen ist, müsste sie klarstellen, dass diese Eintragung zu Unrecht erfolgt ist. Andernfalls ist die Beschwerdegebühr bei Stattgabe zurückzuzahlen (BPatG GRUR 2013, 320 – Trickik). 81.2

Keine Rückzahlung ist geboten, wenn der Rechtsfehler **für das Ergebnis nicht kausal** war, also auch ohne den Fehler keine andere Entscheidung erfolgt wäre (BPatG BeckRS 2015, 13973 – rcd; GRUR 1979, 229; BeckRS 2009, 24765 – tragbares Gerät; Ingerl/Rohnke Rn. 40; v. Schultz/Donle Rn. 15). Dem steht es gleich, wenn ein Fehler nur teilweise relevant wurde, etwa weil nur Teile der streitgegenständlichen Waren- und Dienstleistungen betroffen sind, oder wenn die Bescheidsgründe nur teilweise nicht nachvollziehbar sind (BPatG BeckRS 2013, 03195 – Race/Rabe). 82

Hat die Markenstelle ausländische Voreintragungen nicht berücksichtigt, so muss dies auch dann nicht zur Rückzahlung der Beschwerdegebühr führen, wenn das BPatG die Marke für eintragungsfähig hält (BPatG GRUR-Prax 2012, 379 – Quinté +). 82.1

Weist das BPatG die Beschwerde aus anderen Gründen zurück als denen, auf die das DPMA seine Entscheidung gestützt hat, ist eine Rückzahlung nur billig, wenn erkennbar ist, dass der Beschwerdeführer kein Rechtsmittel eingelegt hätte, wenn ihm schon das Amt die letztlich tragenden Gründe genannt hätte. 83

Verstöße gegen nicht den Beschwerdeführer schützende Verfahrensvorschriften führen nicht zur Rückzahlung (Ingerl/Rohnke Rn. 41). 84

Bei **Zurückverweisung** (→ § 70 Rn. 24 ff.) ist es oft geboten, die Beschwerdegebühr zu erstatten. Das betrifft zB mangels vollständiger Unterschriften bzw. Signaturen unwirksame Beschlüsse (BPatG BeckRS 2016, 08401 – fehlende Signatur). Eine Kostenentscheidung ist dabei schon dem BPatG möglich, sonst hat sie das DPMA nach § 63 zu treffen (Ingerl/Rohnke Rn. 7). Eine Zurückverweisung hat keine Kostenfolgen, wenn sie erfolgt, weil der Anmelder erst im Laufe des Beschwerdeverfahrens Mängel nach § 32 Abs. 3, § 65 Abs. 1 Nr. 2 behoben hat, etwa indem er das Waren- und Dienstleistungsverzeichnis klar gefasst hat (BPatG BeckRS 2016, 08047 – Bestimmtheit der Klassifizierung). 85

D. Kostenfestsetzung, Zwangsvollstreckung (Abs. 5)

Kostenfestsetzung kann erst **nach Rechtskraft der Kostengrundentscheidung** des BPatG erfolgen, weil das BPatG in Markensachen keine vorläufig vollstreckbaren Urteile erlässt. Ohne Kostengrundentscheidung ergangene Kostenfestsetzungsbeschlüsse sind mangels Rechtsgrundlage aufzuheben (BPatG BeckRS 2016, 04071). Die Kostenfestsetzung ist – ohne Umstandsmomente, die eine Verwirkung annehmen lassen – bis zur Verjährung nach § 197 Abs. 1 Nr. 3 BGB (30 Jahre) möglich (OLG Koblenz BeckRS 2016, 05042). 86

Verwirkung und Verjährung sind nicht im Kostenfestsetzungsverfahren, sondern durch Vollstreckungsabwehrklage geltend zu machen (Schneider NJW-Spezial 2015, 411; NJW-Spezial 2016, 315). 86.1

Für das Kostenfestsetzungsverfahren und die Zwangsvollstreckung aus Kostenfestsetzungsbeschlüssen verweist Abs. 5 auf §§ 103, 724 ZPO. 87

Die Kostenfestsetzung ist für das Beschwerdeverfahren separat durchzuführen und umfasst nicht die Kosten aus dem bzw. den Verfahren vor dem DPMA, über die das Amt nach § 63 entschieden hat. 88

Erstattet werden nur **notwendige Kosten.** Das müssen nicht zwingend RVG-Gebühren sein (Rojahn/Rektorschek Mitt 2014, 1; Saenger/Uphoff NJW 2014, 1412); im Übrigen kann hierzu auf die einschlägige Rechtsprechung zu § 91 ZPO verwiesen werden (zu den Auslagen vgl. Albrecht/ 88.1

MarkenG § 72 Teil 3 Verfahren in Markenangelegenheiten

Hoffmann Vergütung Rn. 769 ff.). Zu Übersetzungen s. OLG Düsseldorf GRUR-RR 2012, 493; OLG Celle BeckRS 2008, 19221; BPatG Beschl. v. 20.12.2011 – 2 Ni 2/05 (EU) KoF 186/10. In Markensachen ist eine **Vertretung durch einen Anwalt** in aller Regel notwendig im kostenrechtlichen Sinn (zur Kritik daran s. Barnitzke GRUR 2016, 908), eine Doppelvertretung vor dem BPatG dagegen eher nicht (→ § 81 Rn. 14); ihre Notwendigkeit ist zu prüfen, weil § 140 Abs. 3 nur für die Zivilgerichte eine gesetzliche Vermutung der Notwendigkeit aufstellt. Auch Patentassessoren sind gemäß §§ 155, 156 PatAnwO vertretungsbefugt; ihre Kosten sind zu erstatten (OLG Frankfurt GRUR-Prax 2013, 477).

89 Die **Kostenfestsetzung gegen den eigenen Auftraggeber** gemäß § 11 RVG ist für den Patentanwalt nicht möglich (BGH GRUR-Prax 2015, 419; Albrecht/Hoffmann Vergütung Rn. 212 ff.; anders noch BPatG GRUR 2002, 732 – Künstliche Atmosphäre II).

90 Die Festsetzung erfolgt durch den Rechtspfleger des BPatG. Gegen seine Kostenfestsetzungsbeschlüsse ist nach § 23 Abs. 2 RPflG innerhalb von zwei Wochen die **Erinnerung** zulässig. Über die Erinnerung entscheidet der Senat ohne mündliche Verhandlung durch Beschluss, gegen den Rechtsbeschwerde nicht gegeben ist (→ § 83 Rn. 14).

90.1 In Patentnichtigkeitsverfahren ist die Rechtsbeschwerde nach § 574 Abs. 1 Br. 2 ZPO iVm § 84 Abs. 2 S. 2 PatG zulässig (BGH GRUR 2013, 430).

91 Nach Aufhebung einer (vorläufigen) **Kostengrundentscheidung** kann der in Anspruch genommene Schuldner Rückfestsetzung (§ 91 Abs. 4 ZPO) auch nach einer Kostenfestsetzung gemäß § 126 Abs. 1 ZPO beantragen (BGH NJW-RR 2013, 291). Nach **Änderung des Gegenstandswertes** können nur darauf beruhende Posten abgeändert werden; eine sonstige Überprüfung findet dabei nicht statt (OLG Hamburg BeckRS 2016, 10944).

92 Die **Zwangsvollstreckung** aus Kostenfestsetzungsbeschlüssen des BPatG erfolgt entsprechend §§ 794, 795, 798 ZPO. Anders als bei der in der Höhe beschränkten Erstattung nach Art. 85 UMV, lohnt sich hier die Vollstreckung in der Regel auch (→ UMV Art. 85 Rn. 10).

93 Für **Vollstreckungsabwehrklagen** (§§ 794, 795, 767 Abs. 1 ZPO) ist das BPatG als Prozessgericht des ersten Zuges zuständig. Gegen seine Entscheidungen ist kein Rechtsmittel gegeben (BPatG GRUR 1982, 483; Ingerl/Rohnke Rn. 34).

94 Aufwendungen für die **Finanzierung** eines Verfahrens können nur auf Grundlage der §§ 249, 280, 288, 291, 823 BGB geltend gemacht werden, also nicht im Rahmen der Kostenfestsetzung (Jerger/Zehentbauer NJW 2016, 1353).

§ 72 Ausschließung und Ablehnung

(1) Für die Ausschließung und Ablehnung der Gerichtspersonen gelten die §§ 41 bis 44 und 47 der Zivilprozeßordnung entsprechend.

(2) Von der Ausübung des Amtes als Richter ist auch ausgeschlossen, wer bei dem vorausgegangenen Verfahren vor dem Patentamt mitgewirkt hat.

(3) [1]Über die Ablehnung eines Richters entscheidet der Senat, dem der Abgelehnte angehört. [2]Wird der Senat durch das Ausscheiden des abgelehnten Mitglieds beschlußunfähig, so entscheidet ein anderer Beschwerdesenat.

(4) Über die Ablehnung eines Urkundsbeamten entscheidet der Senat, in dessen Geschäftsbereich die Sache fällt.

Überblick

Diese Vorschrift verweist in ihrem Abs. 1 auf die allgemeinen Regeln der ZPO, schließt davon allerdings die nicht passenden §§ 45 sowie 46 ZPO aus und ergänzt in Abs. 2 die allgemeinen Ablehnungsgründe (→ Rn. 8) um eine spezifische Regelung wegen des Mitwirkens am DPMA (→ Rn. 23).

Zu jedem Ablehnungsantrag (→ Rn. 3) hat sich der betroffene Richter zu äußern (→ Rn. 5), bevor der Senat, dem der abgelehnte Richter angehört, eine Entscheidung (→ Rn. 17 ff.) treffen kann. Die Rechtsbeschwerde kann das BPatG zulassen (→ Rn. 21).

Übersicht

	Rn.		Rn.
A. Ablehnung	1	III. Entscheidung (Abs. 3 und 4)	17
I. Ablehnungsantrag	3		
II. Befangenheitsgründe	8	**B. Ausschluss (Abs. 2)**	23

A. Ablehnung

Das Recht, einen Richter abzulehnen, ergibt sich aus Art. 101 Abs. 1 S. 2 GG. Wer einen **1** Richter wegen Besorgnis der Befangenheit ablehnen will, muss konkrete Umstände glaubhaft machen, die geeignet sind, Misstrauen gegen die Unparteilichkeit eines Richters zu rechtfertigen. Es kommt also nicht darauf an, ob der Richter tatsächlich befangen ist oder sich selbst für befangen hält, sondern darauf, ob Gründe vorliegen, auf Grund derer ein vernünftig urteilender Beteiligter an der Unvoreingenommenheit des Richters zweifeln kann. Hinweise auf eine Verbindung des Richters mit Verfahrensbeteiligten (→ Rn. 8.1) können Zweifel begründen, die zum Erfolg eines Ablehnungsantrags führen, wenn der Richter sie nicht überzeugend widerlegt.

Die Ablehnung eines Richters wegen Besorgnis der Befangenheit ist kein Instrument zur **2** Fehlerkontrolle (BGH NJW 2002, 2396; BPatG BeckRS 2016, 11419), deshalb kommt es auf die Fehlerhaftigkeit des Handels regelmäßig nicht an. Auch auf Verfahrensverstöße kann der Befangenheitsvorwurf grundsätzlich nicht gestützt werden. Etwas anderes gilt nur, wenn die angegriffene Handlung oder Entscheidung offensichtlich jeglicher Rechtsgrundlage entbehrt und in der Sache so grob fehlerhaft und unhaltbar ist, dass sie als willkürlich erscheint (OLG Hamm BeckRS 2012, 24070).

I. Ablehnungsantrag

Für jeden abgelehnten Richter ist ein separater Antrag mit individueller Begründung **3** notwendig. Der Antrag darf nicht an eine Bedingung geknüpft sein (OLG Stuttgart NJW-RR 2013, 960).

Lässt sich ein Beteiligter oder sein Vertreter in Kenntnis des Ablehnungsgrundes zur Sache **4** ein (nicht vorbereitender Schriftsatz, BGH NJW-RR 2014, 382) oder stellt er Anträge, verliert er sein Recht, die Befangenheit geltend zu machen (§§ 43, 44 Abs. 4 ZPO; Art. 137 Abs. 3 S. 2 UMV). Eine erst spätere Kenntnis der Antragsgründe ist im Antrag glaubhaft zu machen (Ghassemi-Tabar/Nober NJW 2013, 3686 (3688)). Hat ein Beteiligter den Ablehnungsantrag bereits gestellt, ist es unschädlich, wenn er sich auf eine weitere Verhandlung einlässt (BGH NJW-RR 2016, 887).

Der abgelehnte Richter hat sich zu den im Gesuch genannten Gründen – nicht zu dessen **5** Zulässigkeit oder Begründetheit – dienstlich zu äußern (§ 44 Abs. 3 ZPO); dazu sind die Beteiligten zu hören. Die **dienstliche Äußerung** hat in der Regel schriftlich zu erfolgen, aber nur, wenn das Ablehnungsgesuch zulässig ist. Sie ist als richterliche Tätigkeit iSd § 26 DRiG der Dienstaufsicht entzogen (BGH NJW 1980, 2530). Die dienstliche Äußerung kann einen erstmalig auftretenden (weiteren) Ablehnungsgrund zeigen (BPatG BeckRS 2012, 24223 – Scheibenmotor) oder über eine Entschuldigung einen bislang gegebenen Grund beseitigen (BGH BeckRS 2011, 26349).

Einem abgelehnten Richter erlaubt es § 47 Abs. 1 und 2 ZPO noch, unaufschiebbare **6** Handlungen vornehmen. Er kann eine mündliche Verhandlung zu Ende führen. Hat das Ablehnungsgesuch Erfolg, so ist diese zu wiederholen.

Von Amts wegen erfolgt eine Prüfung der Befangenheit gemäß § 48 ZPO. Ein betroffener **7** Richter kann und sollte gegebenenfalls die Gründe, die ihn als befangen erscheinen lassen könnten, erklären (BGH GRUR 1995, 216 (219) – Oxygenol II). Auch darüber hat der Senat zu beschließen, da andernfalls der gesetzliche Richter nicht mehr gegeben sein könnte (oder sachlich unvertretbare Auffassungen vertreten (von der Weiden jurisPR-BVerwG 6/2016 Anm. 3).

II. Befangenheitsgründe

8 Ein Richter darf nicht an Sachen mitwirken, an deren Ausgang er ein persönliches Interesse hat. Dies liegt auf der Hand, wenn er selbst Verfahrensbeteiligter oder Angehöriger eines Verfahrensbeteiligten ist (§ 41 ZPO; vgl. auch Art. 137 UMV); freundschaftliche Beziehungen stehen dem nicht gleich, zu sozialen Netzwerken → Rn. 8.1. Beteiligung (Aktien) an verfahrensbeteiligten Gesellschaften führt nur bei einem relevanten Umfang zur Besorgnis der Befangenheit. Auch die Mitgliedschaft in einer am Verfahren beteiligten Vereinigung führt nicht unbedingt zur Befangenheit (BGH GRUR 2003, 368 – GRUR-Mitgliedschaft; NJW-RR 2007, 776 f. zum aus gemeinsamer Ausbildung herrührenden „Du"; OLG Hamm NJW-RR 2012, 1209; OLG Naumburg BeckRS 2012, 24085; OLG Frankfurt NJW-RR 2008, 801; OLG Hamburg BeckRS 2003, 00297). Ähnliches gilt für die Mitgliedschaft eines Richters in Religionsgemeinschaften (BVerfG BeckRS 2013, 54015), Parteien oder Vereinen.

8.1 Zunehmend geraten hier soziale Netzwerke in die Diskussion: Rojahn/Jerger (NJW 2014, 1147) etwa halten zwar die gemeinsame Mitgliedschaft in Vereinen sowie Parteien noch nicht für einen Befangenheitsgrund, Kontakte, die über berufsbedingte übliche hinausgehen, aber schon. Sie weisen ferner darauf hin, dass Mitgliedschaften in Netzwerken, wie zB Facebook, XING oder LinkedIn, Verbindungen nachweisbar machen (BGH NJW 2003, 1191: GRUR e.V.; BeckRS 2001, 02619; BVerfG NJW 1993, 2230: Juristen-Vereinigung; OLG Hamm NJW-RR 2012, 1209 f.; OLG Saarbrücken BeckRS 2005, 00392; OLG Frankfurt NJW-RR 1998, 1764: Rotary; OLG Schleswig BeckRS 1995, 09593; OLG Karlsruhe NJW-RR 1988, 1534; zu maßgebliche Funktionen in einem Verein: BGH BeckRS 2001, 02619 – GRUR e.V.; OLG Koblenz NJW 1969, 1177; aA OLG Hamburg BeckRS 2003, 00297; zu Parteien: VGH Mannheim NJW 1975, 1048; OLG Koblenz NJW 1969, 1177).

9 War ein Richter an der Beurteilung einer der streitgegenständlichen entsprechenden Marke beteiligt, rechtfertigt dies nicht die Annahme, dass er nunmehr voreingenommen ist, solange die Vorentscheidung nicht eine unsachliche Einstellung erkennen lässt (BPatG BeckRS 2012, 24223 – Scheibenmotor; → Rn. 27).

9.1 Zum Verhältnis Eintragungs- und Löschungsverfahren hinsichtlich der Bindungswirkung s. BPatG BeckRS 2013, 05577 – Schwimmbad-Isolierstein; BeckRS 2014, 08224 – Rapsgelb; → § 70 Rn. 23.1.

10 Rechtliche Hinweise (→ § 76 Rn. 10 ff.; → § 78 Rn. 6) und Verfahrenshandlungen, wie etwa die Ladung auf den Hilfsantrag eines der Beteiligten, zeigen den Richter nicht als befangen, käme ohne diese doch sogar eine Verletzung des rechtlichen Gehörs in Betracht (§ 78 Abs. 2; BeckOK ZPO/v. Selle § 139 Rn. 6). Äußerungen zu den Erfolgsaussichten eines Antrags oder zum möglichen Verfahrensausgang sind für sich kein Ablehnungsgrund (BPatG BeckRS 2016, 11419). **Hinweise** auf die Sach- und Rechtslage sind der gebotenen Aufklärungs- und Hinweispflicht (§ 139 ZPO) geschuldet. Sie überschreiten nur dann die Grenze zur Befangenheit, wenn sie eine vorzeitige, endgültige Festlegung erkennen lassen oder, dass sich der Richter nicht mehr mit einer Gegenmeinung auseinandersetzen will oder nicht zu einer sachlichen Überprüfung bereit ist (BPatG BeckRS 2012, 24223 – Scheibenmotor; GRUR 1982, 359). Ebenso darf der Richter nicht sachlich unvertretbare Auffassungen vertreten (BVerwG BeckRS 2015, 53692 m. Anm. von der Weiden jurisPR-BVerwG 6/2016 Anm. 3). Die Fehlerhaftigkeit von Hinweisen ist wie die der Entscheidung im Rechtsmittelverfahren zu prüfen. Nicht jeder Verfahrensfehler trägt die Annahme, der Richter werde das Verfahren fortgesetzt zum Nachteil des Betroffenen betreiben (BVerwG BeckRS 2015, 53692).

10.1 Kurze aber nicht unangemessene Fristsetzungen begründen keine Besorgnis der Befangenheit (oder sachlich unvertretbare Auffassungen vertreten (BVerwG BeckRS 2015, 53692 mit Anm. von der Weiden in jurisPR-BVerwG 6/2016 Anm. 3).

10.2 Es ist kein Verfahrensfehler, im Rahmen vorläufiger Bewertungen der Sach- und Rechtslage nicht auf alle Einzelheiten und Argumente der Beteiligten einzugehen (BPatG BeckRS 2016, 11419).

11 Äußert der Richter seine Rechtsmeinung (auch allgemein in Vorträgen, Aufsätzen, Kommentaren etc), ist nicht grundsätzlich Voreingenommenheit zu unterstellen (BGH NJW 2002, 2396; BVerfG NJW 1997, 1500 – Selbstablehnung (Steiner)). Der wissenschaftliche Austausch ist für die Richter oberster Bundesgerichte sogar erwünscht (BGH NJW 2016,

1022 – Silikonbrustimplantate). Der Richter darf sich aber nicht unsachlich und als einer Diskussion seiner Meinung unzugänglich erweisen (→ UMV Art. 137 Rn. 8).

In einer sehr großzügigen Entscheidung hat es das BPatG (Beschl. v. 18.2.2014 – 27 W (pat) 80/13) in einem Löschungsverfahren nicht als Befangenheitsgrund angesehen, dass der Vorsitzende in einem vorausgehenden Verfahren über den Widerspruch des späteren Löschungsantragstellers gegen die angegriffene Marke erklärt hat, es stehe der damaligen Widersprechenden frei, einen Löschungsantrag zu stellen, weil für einen Teil der Waren und Dienstleistungen Löschungsreife vorliege. **11.1**

Strenger zu beurteilen sind Äußerungen zu anhängigen Verfahren. Ist das Verfahren aber ausgesetzt, weil der Senat es dem EuGH vorgelegt hat, kann die unanfechtbare, veröffentlichte Zwischenentscheidung im wissenschaftlichen Bereich auch von den daran beteiligten Richtern diskutiert werden, ohne damit den Anschein der Befangenheit zu erwecken (BGH NJW 2016, 1022 – Silikonbrustimplantate). **12**

Verfahrensanträge abzulehnen, gibt ohne hinzutretende sonstige Gründe keinen Anlass zur Besorgnis der Befangenheit (BPatG BeckRS 2010, 23089 – 9/11). **13**

Kritische Fragen sind im Hinblick auf den gewünschten offenen Austausch zwischen den Beteiligten und dem Gericht ebenso wie einmalige **Unmutsäußerungen** als nachvollziehbare Reaktion kein Grund zur Annahme der Befangenheit. zu befassen, oder dass es dienlich sei, wenn ein bestimmter Sachvortrag unterbleibe. **14**

Unmutsäußerungen dürfen aber nicht so weit gehen, dass der Richter erklärt, weder Zeit noch Lust zu haben, sich mit dem Sachvortrag (AnwG Köln BRAK-Mitt 2014, 276; OLG Naumburg NJW-RR 2014, 1472). **14.1**

Die private Nutzung des Mobiltelefons durch einen Richter während der mündlichen Verhandlung gibt nach BGH (BeckRS 2015, 15045) Anlass zu der Befürchtung, der Richter habe sich innerlich bereits auf ein bestimmtes Ergebnis festgelegt. **15**

Die Anwesenheit von Gerichtswachtmeistern begründet für sich keine Gründe, Befangenheit der Richter anzunehmen (LG Dessau-Roßlau NJW-RR 2015, 1471). **16**

III. Entscheidung (Abs. 3 und 4)

Soweit kein gesetzlicher Ausschluss (Verwandtschaft, Ehe) vorliegt (§ 41 ZPO oder § 72 Abs. 2, → Rn. 23 ff.), muss ein Senat des BPatG (→ Rn. 18) in jedem Fall über die Befangenheit ohne Mitwirken des betroffenen Richters, nach entsprechendem Antrag (§ 69 Nr. 1) in mündlicher Verhandlung entscheiden (BPatG BeckRS 2010, 23089 – 9/11; Kirchner GRUR 1974, 363 f.; Ingerl/Rohnke Rn. 7; Benkard/Schäfers § 86 Rn. 21). Das gilt auch, wenn der Richter sich selbst für befangen hält (→ Rn. 7), und für Prüfungen von Amts wegen (§ 48 ZPO). **17**

§ 72 verweist in Abs. 1 nicht auf § 45 ZPO; daher entscheidet gemäß Abs. 3 S. 1 der Senat, dem der Richter angehört, solange er ohne diesen beschlussfähig ist, sonst ein anderer laut Geschäftsordnung dafür benannter Marken-Beschwerdesenat. **18**

Beschlussunfähigkeit tritt ein, wenn der zur Entscheidung berufene Senat weder senatsintern noch über die allgemeine Geschäftsverteilung durch Vertreter ergänzt werden kann oder wenn alle Senatsmitglieder (→ Rn. 3) abgelehnt sind. **19**

Über ersichtlich unzulässige und rechtsmissbräuchliche Ablehnungsgesuche (Verschleppung, Zeitgewinn für Benutzungseinreden oder bei drohender Verspätung des Vorbringens) kann der Senat auch in der Besetzung mit dem abgelehnten Richter und ohne dessen dienstliche Äußerung (BVerfG BeckRS 1960, 00282; BPatG BeckRS 2001, 16344; BVerfG NJW-RR 2008, 72 f.), zusammen mit der Hauptsache, entscheiden. Das muss dem Antragsteller auch nicht gesondert vorab bekannt gegeben werden (BPatG BeckRS 2001, 16244). **20**

Entscheidungen über Ablehnungsgesuche sind an sich nicht anfechtbar (BGH GRUR 1985, 1039 – Farbfernsehsignal II; GRUR 1990, 434 – Wasserventil; Ingerl/Rohnke Rn. 7, Ingerl/Rohnke Rn. 52; v. Schultz/Donle Rn. 4; Busse/Schuster PatG § 86 Rn. 26; BGH GRUR 1976, 440 – Textilreiniger). Gegenvorstellung muss aber möglich sein (aA Ströbele/Hacker/Knoll Rn. 6). Wie ein OLG (BGH NJW-RR 2005, 294) muss das BPatG außerdem im Hinblick auf den vom BVerfG (NJW 2009, 833 Rn. 10) geforderten effektiven Rechtsschutz die Rechtsbeschwerde zulassen können. **21**

21.1 Vollkommer (Zöller/Vollkommer ZPO § 46 Rn. 14 f.) fordert zu Recht eine inzidente Prüfung im Rechtsbeschwerdeverfahren (aA BeckOK ZPO/Vossler ZPO § 46 Rn. 13, 14; Ingerl/Rohnke Rn. 7; Thomas/Putzo ZPO § 46 Rn. 5 ff.).

22 Ein erneuter Antrag ist unzulässig, wenn er auf Gründe gestützt wird, über die bereits entschieden wurde (BGH BeckRS 2008, 19511; BVerfG BeckRS 1960, 00282).

B. Ausschluss (Abs. 2)

23 Abs. 2 ergänzt den für richterliches Mitwirken geltenden § 41 Nr. 6 ZPO, weil das vorausgegangene Verwaltungsverfahren kein „früherer Rechtszug" ist. Das entspricht § 54 Abs. 2 VwGO (BeckOK VwGO/Kimmel VwGO § 54 Rn. 19 ff.) und § 51 Abs. 2 FGO (Gräber FGO § 51 Rn. 16). Es kommt nicht nur auf ein Mitwirken beim Erlass einer Entscheidung an, sondern auf ein Tätigwerden in der Sache, solange es sich nicht um rein verfahrensleitende, in der Sache neutrale Maßnahmen handelt (BGH GRUR 1999, 43 f. – ausgeschlossener Richter; BPatG BeckRS 2016, 12880; 2016, 12881). Während eine Entscheidung über Akteneinsicht als rein verfahrensleitend anzusehen ist, kann ein Mitwirken an der Gewährung von Verfahrens- bzw. Prozesskostenhilfe wegen der dabei gebotenen Prüfung der Erfolgsaussichten nicht als in der Sache neutral gelten (Busse/Schuster PatG § 86 Rn. 16 f.).

24 Das soll verhindern, dass jemand als Richter über einen Streitfall entscheidet, wenn er in dem vorausgegangenen Verwaltungsverfahren in einer Weise tätig geworden ist, die Anlass zu der Befürchtung gibt, er habe sich in der Sache festgelegt und werde seine Entscheidung als Richter nicht mehr mit der gebotenen Objektivität treffen.

25 Die Annahme von Verfahren in derselben Sache iSd § 72 Abs. 2 verlangt keine förmlichprozessuale Identität (Fezer Rn. 7; Ingerl/Rohnke Rn. 4). Der weitergehende § 86 Abs. 2 Nr. 2 PatG kann hier nicht analog angewendet werden; das verfassungsrechtliche Gebot des gesetzlichen Richters verlangt ein restriktives Vorgehen.

26 Verfahren in derselben Sache sind zB Stamm- und Teilungsanmeldung, nicht aber Anmelde- und Widerspruchsverfahren sowie Anmelde- und Löschungsverfahren (Fezer Rn. 7) oder Widerspruchs- und Löschungsverfahren (v. Schultz/Donle Rn. 2). Für die Löschungsverfahren muss diese großzügige Anschauung den Art. 137 Abs. 1 S. 3 UMV aber in Frage stellen (→ UMV Art. 137 Rn. 3).

26.1 Trotz des Widerspruchs zur Behandlung von Anmelde- und Löschungsverfahren vertreten Ingerl/Rohnke Rn. 4 und Ströbele/Hacker/Knoll Rn. 9 2. Absatz zu Anmelde- und Widerspruchsverfahren im Hinblick auf die Gesetzesgliederung eine andere Auffassung.

27 Das Mitwirken in gleichgelagerten Fällen ist weder ein Ausschlussgrund noch ein Grund zur Besorgnis der Befangenheit (BeckOK VwGO/Kimmel § 54 Rn. 21), solange der Richter nicht voreingenommen oder unsachlich erscheint (BVerwG BeckRS 2010, 45896; NJW 1980, 2722, jeweils zu § 54 Abs. 2 VwGO); → Rn. 9.

27.1 Zum Mitwirken eines Richters am Gesetzgebungsverfahren einschlägiger Vorschriften OVG Bautzen BeckRS 2009, 42471.

28 Wie § 41 Nr. 6 ZPO betrifft auch Abs. 2 nicht den Fall der Zurückverweisung durch den BGH (§ 89 Abs. 4), da das BPatG erneut in derselben Instanz tätig wird, so dass kein „früherer Rechtszug" vorliegt.

§ 73 Ermittlung des Sachverhalts; Vorbereitung der mündlichen Verhandlung

(1) ¹Das Patentgericht ermittelt den Sachverhalt von Amts wegen. ²Es ist an das Vorbringen und die Beweisanträge der Beteiligten nicht gebunden.

(2) ¹Der Vorsitzende oder ein von ihm zu bestimmendes Mitglied des Senats hat schon vor der mündlichen Verhandlung oder, wenn eine solche nicht stattfindet, vor der Entscheidung des Patentgerichts alle Anordnungen zu treffen, die notwendig sind, um die Sache möglichst in einer mündlichen Verhandlung oder in einer Sitzung zu erledigen. ²Im übrigen gilt § 273 Abs. 2, Abs. 3 Satz 1 und Abs. 4 Satz 1 der Zivilprozeßordnung entsprechend.

Ermittlung des Sachverhalts; Vorbereitung der mündlichen Verhandlung § 73 MarkenG

Überblick

Die gebotene Amtsermittlung (Untersuchungsgrundsatz, Inquisitionsmaxime verhindert teilweise eine entsprechende Anwendung der ZPO, auf die das MarkenG sonst generell verweist. Sie schließt die Möglichkeit, Rechte zu verwirken (Präklusion), teilweise aus (→ Rn. 15 ff.). Beschränkt wird die Pflicht zur Amtsermittlung durch die Pflichten der Beteiligten zur Mitwirkung und Darlegung (→ Rn. 4 ff.), wobei teilweise Glaubhaftmachung (→ Rn. 9 ff.) ausreicht.

Nicht aufklärbarer Sachverhalt geht zu Lasten dessen, der die materielle Feststellungslast trägt (→ Rn. 23).

Dem Ziel der Erledigung vieler Anmeldungen mit möglichst geringer Verfahrensdauer (Konzentration) in einer einzigen Verhandlung/Sitzung dienen vorbereitende Handlungen nach Abs. 2 (→ Rn. 20 ff.).

Übersicht

	Rn.		Rn.
A. Amtsermittlung	1	D. Vorbereitende Maßnahmen (Abs. 2)	20
B. Mitwirkungs- und Beibringungspflicht	4	E. Nicht (mehr) aufklärbarer Sachverhalt	23
C. Glaubhaftmachung	9		

A. Amtsermittlung

Das markenrechtliche Registerverfahren ist zwar auf die Erledigung vieler Anmeldungen **1** mit möglichst geringer Verfahrensdauer ausgelegt. Dies beschränkt aber weder das DPMA noch das BPatG auf eine summarische Prüfung. Beide haben vielmehr alle entscheidungserheblichen Umstände im Rahmen der Anträge (**Dispositionsmaxime**), aber ohne Bindung an Beweisanträge sowie an das tatsächliche und rechtliche Vorbringen der Beteiligten, von Amts wegen zu ermitteln, wenn ein Verfahren einmal in Gang gesetzt wurde (→ § 42 Rn. 51 ff.; → UMV Art. 76 Rn. 2; → § 66 Rn. 7; → UMV Art. 76 Rn. 37). Wegen des Amtsermittlungsprinzips gilt nicht als gerichtsbekannt, was **unstreitig** ist (§ 288 ZPO; BGH GRUR 2000, 886 f. – Bayer/BeiChem; anders → § 43 Rn. 41). Der Amtsermittlungsgrundsatz verhindert es, Kostenvorschüsse vor Zeugenvernehmung zu verlangen (→ § 74 Rn. 5).

Auch in Löschungs- bzw. Schutzentziehungsverfahren gilt trotz des grundsätzlich kontradiktorischen **1.1** Charakters dieser Verfahren der Amtsermittlungsgrundsatz (BPatG BeckRS 2016, 08048 – Schokoladenstäbchen).

Das BVerfG stützt die Untersuchungsmaxime nicht nur auf Art. 19 Abs. 4 GG, sondern auch auf **1.2** das allgemeine Prozessgrundrecht auf ein faires Verfahren, das es aus dem Rechtsstaatsprinzip ableitet. Gerade staatliches Handeln gegenüber Bürgern muss auf zureichender richterlicher Sachaufklärung beruhen (Kothe/Redeker S. 18 f.; BVerwG NVwZ 2006, 700). Knoll kritisiert daher zu Recht das Argument, für umfangreiche und zeitraubende Beweiserhebungen sei in diesem Verfahren generell kein Raum (Ströbele/Hacker Rn. 5 f.).

Bei der Prüfung hat das BPatG bis an die Grenzen des noch Zumutbaren zu gehen (vgl. BVerwG **1.3** NVwZ 2005, 1441). Auch der EuGH verlangt eine strenge und umfassende Prüfung (EuGH C-51/10 P, GRUR 2011, 1035 – 1000; C-265/09 P, BeckRS 2010, 91041 Rn. 45 – α (alpha); C-104/01, GRUR 2003, 604 Rn. 59 – Libertel; EuG T-439/04, GRUR 2006, 770 Rn. 17 – EuroHypo).

Die Ermittlungen zur Verkehrsdurchsetzung zeigen, dass im Registerverfahren durchaus Raum für **1.4** Ermittlungen ist (→ § 74 Rn. 10). Seit der Möglichkeit, nach § 42 Abs. 2 aus nicht registrierten Marken Widerspruch einzulegen, ist auch dafür eine über das Summarische hinausgehende Prüfung geboten (BPatG BeckRS 2014, 11330 – Weinhandlung Müller; → Rn. 8; → § 42 Rn. 21).

Das angemessene Maß an Ermittlungsaufwand hängt weder vom Streitwert ab noch vom Grad der **1.5** Wahrscheinlichkeit, mit der eine Ermittlung zu sachdienlichen Erkenntnissen führen wird (BVerwG NVwZ 2009, 597; NVwZ 2005, 1199). Der Aufwand für die Sachverhaltsermittlung muss aber in einem angemessenen Verhältnis zum Streitgegenstand stehen.

Amtsermittlung hat ihre Grenze, wo Vorgaben des BGH (→ § 89 Rn. 11) oder Gesetze **2** (Art. 107 UMV) das BPatG binden bzw. wo die Beteiligten mitzuwirken haben (→ Rn. 4 ff.; BPatG GRUR 2014, 104 – Arretierungsvorrichtung).

2.1 Eine Bindung an (eigene) Entscheidungen über die Anmeldung besteht weder im Widerspruchs- noch im Löschungsverfahren (BPatG BeckRS 2013, 05577; GRUR 2008, 518 (520) – Karl May). Nur die Zivilgerichte sind an die Eintragung des Klagezeichens gebunden. Will der Verletzungsbeklagte die absolute Schutzfähigkeit der Klagemarke, aus der er vor einem Zivilgericht in Anspruch genommen wird, in Frage stellen, hat er nur die Möglichkeit, beim DPMA einen Löschungsantrag nach § 50 MarkenG zu stellen. Das Verletzungsgericht kann dann nach seinem Ermessen den Verletzungsprozess gemäß § 148 ZPO aussetzen. Die Bindung bezieht sich allerdings immer nur auf die eingetragene Marke in ihrer Gesamtheit. Das Verletzungsgericht ist daher nicht gehindert, einzelne Bestandteile einer Marke, auf die es für die Feststellung einer Markenverletzung ankommt, als nicht schutzfähig anzusehen.

2.2 Zum Verhältnis Eintragungs- und Löschungsverfahren siehe BPatG BeckRS 2013, 05577 – Schwimmbad-Isolierstein; BeckRS 2014, 08224 – Rapsgelb; Rechtsbeschwerde beim BGH (I ZB 39/14) anhängig; → § 70 Rn. 23.1.

3 Von den Beteiligten oder Dritten (→ § 8 Rn. 776 ff., → § 78 Rn. 9) aufgeworfenen Fragen und Beweisanträgen muss das Gericht nur bei hinreichenden Anhaltspunkten nachgehen (BGH GRUR 1988, 211 f. – Wie hammas denn?) und wenn sie entscheidungserheblich sind. Die Ermittlungen müssen als geeignet erscheinen, die aufgeworfenen Fragen zu klären (BGH GRUR 1981, 185 f. – Pökelvorrichtung). Die Aufklärungspflicht ist nämlich auf solche Umstände beschränkt, die (noch) einer Aufklärung zugänglich sind (BPatG BeckRS 2014, 08224 – Rapsgelb; Rechtsbeschwerde beim BGH unter Az. I ZB 39/14 anhängig); das bereitet bei Eintragungen auf Grund nicht ausreichender Verkehrsbefragungen im Löschungsverfahren Probleme (→ § 74 Rn. 25 ff.). Verletzt das Gericht seine Pflicht zur Amtsermittlung, kann darin die Versagung des rechtlichen Gehörs liegen (→ § 74 Rn. 6).

3.1 Die bloße Ankündigung, es werde nach einem Hinweis des Gerichts „hilfsweise ein weiterer Beweis angeboten", ist kein beachtlicher Beweisantritt (BPatG BeckRS 2013, 05069 – Unitron).

B. Mitwirkungs- und Beibringungspflicht

4 Beschränkt wird die Amtsermittlung einerseits durch die Anträge und andererseits durch die Pflichten der Beteiligten mitzuwirken (§ 92). Diese Pflicht ist als materielle Mitwirkungslast zu verstehen und enthält keine Beweisführungslast (Kothe/Redeker S. 23).

4.1 Die Grenze zwischen Amtsermittlungspflicht und Beibringungspflicht der Beteiligten ist nur im Einzelfall bestimmbar und jeweils dort zu ziehen, wo es um Tatsachen geht, die nur einer der Beteiligten kennen kann und die das Gericht mit den ihm zur Verfügung stehenden Aufklärungsmitteln nur schwer herausfinden kann.

5 BPatG und DPMA sind an die von den Beteiligten gestellten **Anträge** gebunden. Ist ein Widerspruch nur gegen einen Teil der von einer Anmeldung beanspruchten Waren und Dienstleistungen gerichtet oder auf einen Teil der Waren und Dienstleistungen der Widerspruchsmarke gestützt, können sie den Widerspruch nicht hinsichtlich weiterer Waren und Dienstleistungen prüfen; auch Beschränkungen im laufenden Verfahren binden insoweit.

6 Die **Verkehrsdurchsetzung** (§ 8 Abs. 3, § 37 Abs. 2, § 43; v. Schultz/Donle Rn. 5; vgl. Art. 76 Abs. 1 S. 2 UMV; → UMV Art. 76 Rn. 24; → § 59 Rn. 11 f.), **das Bestehen nicht registrierter Rechte** (→ Rn. 8) sowie eines **Besitzstandes** im Rahmen von § 8 Abs. 2 Nr. 10 (→ § 8 Rn. 795 ff.), rechtshaltende **Benutzung**, die **Kennzeichnungskraft** der Widerspruchsmarke beeinflussende Umstände, Einbeziehung in eine **Markenserie** (BGH GRUR 2003, 343 – Z), **Bekanntheit** sowie **Wiedereinsetzungsgründe** (→ Rn. 19) unterliegen dem Beibringungsgrundsatz ebenso wie die Voraussetzungen einer **Umschreibung** (→ § 74 Rn. 21), soweit sie nicht gerichtsbekannt sind (Ingerl/Rohnke § 43 Rn. 22; BPatG GRUR 1966, 442). Hinsichtlich § 37 Abs. 2 betrifft die Pflicht zur Amtsermittlung nur den sonstigen Wegfall des Schutzhindernisses.

6.1 Soweit Voreintragungen als relevant angesehen werden, hat deren Maßgeblichkeit und Vergleichbarkeit jedenfalls der sich darauf berufende Anmelder vorzutragen (BPatG BeckRS 2010, 23078 – Institut der Norddeutschen Wirtschaft).

6.2 Feststellungen zur gesteigerten oder geminderten Kennzeichnungskraft verlangen ein Mitwirken der Beteiligten (BPatG GRUR 2004, 950 (952) – Acesal; BGH GRUR 2008, 905 (908) Rn. 34 – Pantohexal; GRUR 2008, 909 (911) Rn. 35 – Pantogast. Daher sollte der Inhaber der Widerspruchsmarke, wenn möglich, – auch ohne dass der Gegner die Benutzung bestritten hat – eine besonders intensive Nutzung glaubhaft machen und Verkaufszahlen, Umsätze, Marktanteil, Werbeaufwendungen etc. vortragen (BPatG GRUR-Prax 2015, 405). Dazu ist eine exakte Zuordnung zu einzelnen Waren und Dienstleistungen erforderlich (Grabrucker jurisPR-WettbR 11/2015 Anm. 5 D zu BPatG GRUR-RR 2015, 468 – senkrechte Balken).

Dagegen trifft den Inhaber des angegriffenen Zeichens eine Beibringungspflicht hinsichtlich einer **6.3** geminderten Kennzeichnungskraft der Widerspruchsmarke, etwa durch Drittzeichen (→ § 42 Rn. 61). Er sollte nach weiteren ähnlichen Marken recherchieren; die Registerlage allein ist da wenig hilfreich; nur eingetragene **und** benutzte Marken Dritter, die ähnliche Elemente enthalten, schwächen nämlich die Kennzeichnungskraft einer Widerspruchsmarke (BGH GRUR 1999, 586 (587) – White Lion; GRUR 1999, 241 – Lions). Die konkrete Marktbedeutung der Drittzeichen ist aufzuzeigen; das verlangt Angaben zu Zeitpunkt, Dauer und Umfang des jeweiligen Marktauftritts (OLG Hamburg, GRUR 2015, 272 – Arcuate; GRUR-RR 2015, 373 – Anson's/ASOS). Zeichen, die der Markeninhaber selbst als Zweitmarke oder durch Lizenznehmer benutzt, dürfen nicht als schwächend berücksichtigt werden (OLG Köln GRUR-Prax 2015, 322 – Capri-Sonne Orange).

Söder warnt zu Recht davor, eine Mitwirkungspflicht dadurch zu konstruieren, eine **7** Tatsache als allgemein bekannt zu bezeichnen und dann deren Widerlegung zu fordern (ähnlich EuGH C-265/09 P, BeckRS 2010, 91041 Rn. 59 f. – Buchstabe α (alpha)). Als allgemein bekannte Tatsachen bewertet das EuG Wortbedeutungen, Werbeverhalten, Verpackungsgepflogenheiten und -formen, Produktgestaltungen, Herstellungszusammenhänge etc (→ UMV Art. 76 Rn. 16; → UMV Art. 76 Rn. 10).

Wer nach § 42 Abs. 2 (→ § 42 Rn. 7 ff.) **Widerspruch aus einem nicht registrierten** **8** **Zeichen** einlegt, hat innerhalb der Widerspruchsfrist die nach § 30 Abs. 1 S. 2 MarkenV zu dessen Identifizierung notwendigen Angaben, Inhaber, Art (→ Rn. 8.1), Form, Zeitrang (→ Rn. 8.2), Waren und Dienstleistungen zu machen und eine Darstellung des Zeichens vorzulegen (BPatG BeckRS 2014, 15641 – FFH; BeckRS 2015, 02948 – Lehmitz; → § 42 Rn. 21). Die dafür erforderlichen Umstände hat der Widersprechende ebenso darzulegen wie die zum (bundesweiten) Schutzumfang (BPatG BeckRS 2014, 11330 – Weinhandlung Müller), wofür allerdings nicht mehr die Widerspruchsfrist gelten kann. Zur Beibringungspflicht im Widerspruchsverfahren allgemein → Rn. 10.

Ob zum Zeitrang eine taggenaue Zeitangabe erforderlich ist oder ob es genügt, einen jedenfalls **8.1** prioritätsälteren Zeitrangs zu beanspruchen, ist offen (zu streng BPatG BeckRS 2014, 15641 – FFH).

Wenn ein Zeichen gleichzeitig eine Benutzungsmarke, geschäftliche Bezeichnung, Unternehmens- **8.2** bezeichnung und Werktitel ist, muss der Widerspruch eindeutig erkennen lassen, aus welchem Recht bzw. aus welchen Rechten Widerspruch eingelegt sein soll; gegebenenfalls sind mehrere Widerspruchsgebühren zu zahlen (BPatG BeckRS 2014, 15641 – FFH; BeckRS 2014, 15516 – Solitude Revival).

C. Glaubhaftmachung

Glaubhaftmachung nach § 294 ZPO ist eine Beweisführung, die einen geringeren Grad **9** von Wahrscheinlichkeit der beweisbedürftigen Tatsache vermitteln muss als der Vollbeweis. Die damit verbundene Fehlerquote wird in Kauf genommen, denn der Inhaber der angegriffenen Marke kann ja Eintragungsbewilligungsklage nach § 44 erheben und der Widersprechende Löschungsklage aufgrund älterer Rechte nach § 51, wo dann eine Beweisaufnahme zu den im Widerspruchsverfahren nur glaubhaft gemachten Umständen möglich ist. Das eröffnet aber keine volle zivilgerichtliche Überprüfung; das Zivilgericht ist vielmehr an die Beurteilung der Zeichen- und der Waren- bzw. Dienstleistungsähnlichkeit gebunden (→ Rn. 2.1).

Zu Glaubhaftmachung ist nicht die volle Überzeugung, sondern ein gewisser Grad an Wahrschein- **9.1** lichkeit – auch überwiegende Wahrscheinlichkeit genannt – erforderlich (BGH GRUR 2006, 152 Rn. 20 – Gallup; BPatG BeckRS 1992, 30743081 – Lahco). Sind die Ausführungen zur Glaubhaftmachung widersprüchlich, so ist diese nicht erfolgt (zur Behauptung eigner Benutzung und Vorlage von Benutzungsbelegen Dritter: BPatG BeckRS 2014, 04255 – IGA Tec On Spot/Imatec).

Internetrecherchen, Wikipediaeinträge und entsprechende Fundstellen müssen (vom Datum her) **9.2** ausschließen, dass sie im Sinne der gewünschten Auskunft manipuliert wurden (vgl. Ingerl/Rohnke § 8 Rn. 18). Belege müssen aus Quellen stammen, die von qualifizierten Urhebern stammen und nicht manipulierbar sind (BPatG GRUR-RR 2015, 147 – Zentai).

MarkenG § 73 Teil 3 Verfahren in Markenangelegenheiten

10   Im Widerspruchsverfahren hat der Widersprechende auf eine gemäß § 43 MarkenG zulässigerweise erhobene Nichtbenutzungseinrede des Inhabers der angegriffenen Marke hin glaubhaft zu machen, dass er die Widerspruchsmarke benutzt hat. Obwohl auch im Widerspruchsverfahren und in der daran gegebenenfalls anschließenden Beschwerde Amtsermittlung (Untersuchungsmaxime) gilt, trifft ihn insoweit eine Beibringungspflicht. Das Wort „bestreitet" in § 43 Abs. 1 S. 1 besagt nur, dass der Inhaber des angegriffenen Zeichens eine Glaubhaftmachung auch (teilweise) zugestehen kann und das BPatG dann nicht zwingend eine Würdigung der Unterlagen zur Glaubhaftmachung vornehmen muss (→ § 43 Rn. 3, → § 43 Rn. 40 ff.; → UMV Art. 57 Rn. 38; → UMV Art. 76 Rn. 46).

11   Die **eidesstattliche Versicherung** ist das vorrangige Mittel zur Glaubhaftmachung (→ § 74 Rn. 2). Ihre Formulierung verlangt besondere Sorgfalt. Sie ist nämlich fehleranfällig; Nachfragen seitens des Gerichts kommen hier naturgemäß nicht in Betracht, und Hinweise des Gerichts zur Unvollständigkeit sind nicht zu erwarten (→ § 76 Rn. 11.4). Die eidesstattliche Versicherung muss Angaben dazu enthalten,
- wer die eidesstattliche Versicherung abgibt,
- welche Stellung er in welcher Zeit bekleidet hat oder
- woher er sein Wissen bezieht.

12   Aus der eidesstattlichen Versicherung muss sich ergeben,
- wer die Marke
- in welcher konkreten Form
- in den relevanten Zeiträumen und
- für welche konkreten Waren/Dienstleistungen benutzt hat.

13   Allgemeine Begriffe aus dem Waren- und Dienstleistungsverzeichnis sind insoweit unbehelflich, weil die Subsumtion nicht Sache des Erklärenden ist.

14   Bei einer Nutzung durch Lizenznehmer muss auch der Lizenzvertrag erläutert sein, am besten durch Vorlage des Vertrags (vgl. BGH GRUR 2016, 201 – Ecosoil). Die eidesstattliche Versicherung muss auch sonst Bezug nehmen auf Anlagen wie Produktabbildungen, Verpackungsmuster etc. (EuGH BeckRS 2014, 80939 – Wolfgang Amadeus Mozart Premium) und diese datieren, wenn sie kein Datum tragen.

Umsatzangaben in eidesstattlichen Versicherungen können Mindestbeträge nennen und sind auf das Inland sowie konkrete Zeiträume und Waren bzw. Dienstleistungen zu beziehen, so dass ausgeschlossen ist, dass der Großteil der Benutzung auf irrelevante Produkte, Länder und Zeiträume entfällt.

14.1   Auf eine eidesstattliche Versicherung in einem Parallelverfahren kann der Widersprechende verweisen (BPatG BeckRS 2015, 00542 – P.M./PMCOMPETENCE); Adressat der Versicherung muss das erkennenden Gericht sein (BPatG BeckRS 2015, 13970 – Public Propaganda). Stimmen nur in Kopie vorliegende eidesstattliche Versicherungen mit den weiteren vorgelegten Unterlagen überein und haben sie dazu nur ergänzende Bedeutung, hat das Fehlen des Originals keine Auswirkungen (BPatG BeckRS 2015, 00542 – P.M./PMCOMPETENCE).

14.2   EuG und EuGH stehen eidesstattlichen Versicherungen, die ein Mitarbeiter des betroffenen Betriebs abgibt, kritischer gegenüber als DPMA und BPatG. Sie verlangen daher zwingend zusätzlich andere Beweise, die solche Aussagen stützen (EuG T-278/12, BeckRS 2014, 82607 – Proflex/Profex; T-71/13, BeckRS 2014, 81705 – Anapurna). Diese auch in deutschen Verfahren vorzulegen, kann durchaus nützlich sein.

15   Mangels hier gebotener Amtsermittlung kann das BPatG eine **verspätet** erhobene **Nichtbenutzungseinrede** bzw. deren Erweiterung nach § 296 Abs. 2 ZPO zurückweisen werden, wenn deren Zulassung die Erledigung des Rechtsstreits verzögern würde und die Verspätung auf grober Nachlässigkeit beruht (→ § 43 Rn. 15 ff.; → § 70 Rn. 19 f.). Berücksichtigt das Gericht die Einrede dennoch, kann eine Verletzung des rechtlichen Gehörs gegeben sein (→ § 43 Rn. 16). Einreden in der mündlichen Verhandlung oder kurz davor (weniger als drei Wochen) führen zu einer Verzögerung, wenn der Widersprechende erklärt, sich dazu äußern zu wollen, und für einen nachgelassenen Schriftsatz eine Frist gewährt werden müsste (§ 283 ZPO; BPatG GRUR 1997, 370 – Lailique/La-Lique; GRUR 2005, 58 f. – Brelan/Rilan; BGH GRUR 2003, 903 – Katzenstreu; NJW 1982, 1533 (1534); Baudewin/Wegner NJW 2014, 1479 (1481); Grabrucker jurisPR-WettbR 3/2014 Anm. 6).

Ermittlung des Sachverhalts; Vorbereitung der mündlichen Verhandlung § 73 MarkenG

Es sind die Verspätungsvorschriften der ZPO für das Verfahren erster Instanz einschlägig (BGH 15.1
GRUR 1998, 938 f. – Dragon; GRUR 2010, 859 – Malteserkreuz III). Die Einrede zwei Wochen vor
dem anberaumten Termin zur mündlichen Verhandlung zu erheben, ist nicht verspätet, wenn der
Termin durch den Senat später verschoben wird. Sie ist auch nicht verspätet, wenn die Benutzungsschonfrist erst vor kurzem abgelaufen ist oder wenn die Beteiligten Vergleichsverhandlungen geführt haben,
die erst kurz vor der mündlichen Verhandlung gescheitert sind; Vergleichsverhandlungen werden die
Beteiligten sinnvollerweise nicht durch verfahrensrechtliche Angriffs- bzw. Verteidigungsmittel wie eine
Nichtbenutzungseinrede stören (BPatG BeckRS 2015, 09629 – Yosoja/Yosoi).
Trotz präsenter Zeugen und anderer Beweismittel tritt eine Verzögerung ein, wenn dazu Gegenzeu- 15.2
gen angeboten oder Folgeermittlungen notwendig werden (OLG Düsseldorf BeckRS 2012, 05973).
Der Konflikt mit Art. 103 Abs. 1 GG (rechtliches Gehör) verlangt, dass die Partei die Verspätung 15.3
und Verzögerung verschuldet hat (Baudewin/Wegner NJW 2014, 1479). Bei verspätetem Vorbringen
sind sofort die Tatsachen vorzutragen, die eine Nachlässigkeit ausräumen können, zumal eine Flucht
in die Säumnis vor dem BPatG nicht möglich ist.
Ein Widersprechender geht ein großes Risiko ein, wenn er an einer angesetzten mündlichen Ver- 15.4
handlung nicht teilnimmt, obwohl im Zeitpunkt dieser Verhandlung eine Einrede nach § 43 S. 1 oder
2 möglich ist (zum Kostenrisiko → § 71 Rn. 31 f.). Diese Einrede ist eine Anfangsbehauptung, zu der
sich ein Widersprechender erst nach § 138 Abs. 2 und 3 ZPO erklären muss, damit sie nicht als zugestanden gilt. Die Einrede stellt nicht eine mit Widerspruchseinlegung implizit behauptete Benutzung strittig
(BPatG BeckRS 2014, 04250 – rockses/Rockers).
Auch der Inhaber der angegriffenen Marke geht ein großes Risiko ein, wenn er an einer angesetzten 15.5
mündlichen Verhandlung nicht teilnimmt, obwohl der Nachweis einer von ihm bestrittenen Benutzung
der Widerspruchsmarke noch offen ist.

Eine **Darlegung der rechtserhaltenden Benutzung** ist ebenso als verspätet zurückzu- 16
weisen, wenn eine Verfahrensverzögerung zu befürchten ist.

Präklusion kommt im Beschwerdeverfahren vor dem BPatG allerdings nur in Betracht, 17
wenn die Parteien durch richterliche Anordnung (etwa in der Ladung) gehalten waren,
die mündliche Verhandlung durch Schriftsätze oder durch zu Protokoll der Geschäftsstelle
abzugebende Erklärungen nach § 129 Abs. 2 ZPO vorzubereiten; einen Hinweis auf die
Folgen verspäteten Vorbringens muss das BPatG dazu nicht geben (BGH GRUR 2010, 859
Rn. 16 – Malteserkreuz III; BVerfG NJW 1987, 2733 (2735). Nach Schluss der mündlichen
Verhandlung eingebrachte Ausführungen, die der Pflicht zur Beibringung unterliegen, dürfen
nicht mehr berücksichtigt werden (§ 296a S. 1 ZPO; § 82 Abs. 1 S. 1 MarkenG; BPatG
BeckRS 2016, 07473 – Buy Tube/You Tube).

Für die Feststellung der Kennzeichnungskraft gelten die gleichen Grundsätze wie für die 18
Darlegung der Markenbenutzung im Rahmen des Benutzungszwangs. Beides ist nur glaubhaft zu machen und nicht im Sinne eines zivilprozessualen Strengbeweises nachzuweisen.
Nur die **originäre Kennzeichnungskraft** ist von Amts wegen zu prüfen (→ UMV Art. 76
Rn. 52; BPatG BeckRS 2015, 13970 – Public Propaganda/public; GRUR 2004, 950 (952) –
Acesal; BGH GRUR 2010, 859 – Malteserkreuz III; GRUR 2008, 905 (908) Rn. 34 –
Pantohexal; GRUR 2008, 909 (911) Rn. 35 – Pantogast).

Grundsätzlich darf das Gericht von dem anwaltlich als richtig oder an Eides Statt versicher- 19
ten Vorbringen in einem **Wiedereinsetzungsantrag** ausgehen. Das gilt aber nicht, wenn
konkrete Anhaltspunkte es ausschließen, den geschilderten Sachverhalt mit überwiegender
Wahrscheinlichkeit als zutreffend zu erachten (BGH BeckRS 2014, 22531).

D. Vorbereitende Maßnahmen (Abs. 2)

Für die am Ziel der Erledigung vieler Anmeldungen mit möglichst geringer Verfahrens- 20
dauer auszurichtenden vorbereitenden Maßnahmen verweist Abs. 2 auf die Instrumente des
§ 273 ZPO, also das Anfordern von Unterlagen und Auskünften (auch über Amtshilfe, Art. 90
UMV; → UMV Art. 78 Rn. 34 ff.), die Anordnung des persönlichen Erscheinens einer
Partei – allerdings ohne Sanktionsmöglichkeiten – und das Hören von Zeugen und Sachverständigen.

Der **Konzentrationsgrundsatz** zielt darauf ab, die Sache in möglichst einer mündlichen 21
Verhandlung abzuschließen.

Die Beteiligten haben keine Ansprüche auf **Zwischenbescheide;** das Gericht muss aber 22
ausreichend rechtliches Gehör gewähren und die Beteiligten über die entscheidungsrelevan-

ten Gesichtspunkte rechtzeitig informieren (**Aufklärungspflicht** iSv § 139 ZPO; → § 76 Rn. 10 ff.).

E. Nicht (mehr) aufklärbarer Sachverhalt

23 Nicht aufklärbarer Sachverhalt geht zu Lasten dessen, der die materielle **Feststellungslast** trägt, also dessen, der sich auf die Rechtsfolgen beruft bzw. für den sich das Vorliegen günstig auswirken würde (Fezer Rn. 4; Ingerl/Rohnke Rn. 5). Die Feststellungslast für das Vorliegen von Schutzhindernissen trägt das DPMA bzw. im Löschungsverfahren nach § 50 Abs. 1 auch der Antragsteller (Ingerl/Rohnke Rn. 5; v. Schultz/Donle Rn. 9). Das gilt ebenso für die Entwicklung eines Zeichens zum Gattungsbegriff (Schoene GRUR 2014, 641 (643)).

24 Lässt sich in Löschungsverfahren im Nachhinein nicht mehr mit der erforderlichen Sicherheit aufklären, ob ein Schutzhindernis im Anmeldezeitpunkt (→ § 8 Rn. 868) vorlag, gehen verbleibende Zweifel zu Lasten des Antragstellers. Zur Überprüfung einer Eintragung auf Grund von Verkehrsdurchsetzung im Löschungsverfahren → § 8 Rn. 871 ff.; → § 74 Rn. 25.2.

25 Kommt ein Beteiligter seiner Mitwirkungspflicht nicht nach, verpflichtet dies das Gericht nicht zu weiteren Ermittlungen auf anderem Weg, solange sich diese nicht aufdrängen (Sendler DVBl 2002, 1412 f.).

§ 74 Beweiserhebung

(1) ¹Das Patentgericht erhebt Beweis in der mündlichen Verhandlung. ²Es kann insbesondere Augenschein einnehmen, Zeugen, Sachverständige und Beteiligte vernehmen und Urkunden heranziehen.

(2) Das Patentgericht kann in geeigneten Fällen schon vor der mündlichen Verhandlung durch eines seiner Mitglieder als beauftragten Richter Beweis erheben lassen oder unter Bezeichnung der einzelnen Beweisfragen ein anderes Gericht um die Beweisaufnahme ersuchen.

(3) ¹Die Beteiligten werden von allen Beweisterminen benachrichtigt und können der Beweisaufnahme beiwohnen. ²Sie können an Zeugen und Sachverständige sachdienliche Fragen richten. ³Wird eine Frage beanstandet, so entscheidet das Patentgericht.

Überblick

Gemäß § 82 Abs. 1 S. 1 erhebt das BPatG in markenrechtlichen Beschwerdeverfahren Beweis nach den einschlägigen Vorschriften der ZPO und setzt dies durch (→ Rn. 20). Beweisaufnahmen betreffen hauptsächlich ältere Rechte aus Benutzungsmarken, Verkehrsdurchsetzung nach § 8 Abs. 3 (→ Rn. 24) und Bösgläubigkeit iSv § 8 Abs. 2 Nr. 10 (→ Rn. 23). Für die Beweiswürdigung gelten die allgemeinen Regeln (→ Rn. 18).

Die Amtsermittlung (→ Rn. 1 ff.) verhindert teilweise eine entsprechende Anwendung der ZPO sowie Kostenvorschüsse für Beweishebungen (→ Rn. 5). Dagegen gehört die Auswahl der Beweismittel zur Amtsermittlung (→ Rn. 3), so dass das Gericht insoweit nicht an Anträge der Beteiligten gebunden ist. Auch die Auswahl von Gutachtern und Sachverständigen liegt im Ermessen des Gerichts (→ Rn. 12).

Die Beweiserhebung erfolgt grundsätzlich in der mündlichen Verhandlung (→ Rn. 14).

Die Beweislast (→ Rn. 21 ff.) wirft vor allem dann Probleme auf, wenn das einer Eintragung zu Grunde liegende Gutachten zur Verkehrsdurchsetzung Fehler aufweist (→ Rn. 25).

Übersicht

	Rn.		Rn.
A. Allgemeines	1	D. Beweislast	21
		I. Umschreibung	21
B. Gutachten	7	II. Schutzfähigkeit, Verwechslungsgefahr	22
C. Beweiserhebung und -würdigung	14	III. Verkehrsdurchsetzung	24

A. Allgemeines

Das BPatG hat nach § 73 den entscheidungserheblichen Sachverhalt von Amts wegen zu ermitteln (→ § 73 Rn. 1). Es ist nicht verpflichtet, allgemeine Erfahrungen mit Beweisen zu belegen (EuGH C-25/05 P, BeckRS 2006, 70488 Rn. 54 – Wickler; EuG T-523/09, BeckRS 2011, 80768 Rn. 41 – Wir machen das Besondere einfach; → UMV Art. 76 Rn. 8). In Löschungsverfahren ist auch zu den Fragen Beweis zu erheben, für die das Gesetz **Ersichtlichkeit** fordert, wie zur Täuschungsgefahr nach § 8 Abs. 2 Nr. 4 (BPatG BeckRS 2014, 16833 – Hamburg).

Das EuG bewertet die Bedeutung von Wörtern, das Werbeverhalten von Firmen, Verpackungsgepflogenheiten, Gestaltung von Bekleidung und Schuhen, Parfumflaschen etc als allgemein bekannt (→ UMV Art. 76 Rn. 10).

Im Hinblick auf den registerrechtlichen Charakter der Verfahren vor dem BPatG sind dort praktisch nur präsente Nachweise zugelassen; erforderliche Zeugenaussagen ersetzen eidesstattliche Versicherungen (vgl. § 294 ZPO, → § 73 Rn. 11). Beweisaufnahmen sind aber nicht ausgeschlossen und im Hinblick auf den auch sonst steigenden Ermittlungsaufwand (→ § 73 Rn. 1.4) nicht kategorisch abzulehnen.

Die Aufzählung der in Abs. 1 S. 2 genannten Beweismittel ist nicht abschließend (Fezer Rn. 3; Ingerl/Rohnke Rn. 1; aA v. Schultz/Donle Rn. 2). Dazu kommt die eidesstattliche Erklärung (→ UMV Art. 78 Rn. 54 ff.). Zu weiteren Beweismitteln und zur Behandlung von digitalen Unterlagen → UMV Art. 78 Rn. 50 ff.

Beweisbeschlüsse sind, ebenso wie die Ablehnung eines Beweisantrags, nicht anfechtbar (§ 355 Abs. 2 ZPO; → § 66 Rn. 10). Die Auswahl der Beweismittel gehört zur Amtsermittlung; das Gericht ist insoweit nicht an Anträge der Beteiligten gebunden (Ingerl/Rohnke § 73 Rn. 5). Unbeschadet dessen können aber in einer Beschwerde Mängel gerügt werden, die Folgen solcher für sich genommen nicht angreifbarer Verfügungen sind (BVerwG BeckRS 2011, 47893). So kann in der Ablehnung eine Verletzung des rechtlichen Gehörs liegen (BGH BeckRS 2012, 19272).

Der Anwalt sollte eine diesbezüglich notwendige Rüge (§ 295 Abs. 1 ZPO, BVerwG NJW 1989, 1233) protokollieren lassen (→ § 77 Rn. 5) und dabei sowie in jedem neuen Verhandlungstermin Beweisangebote bzw. -anträge wiederholen (Kothe/Redeker S. 95 ff., die zur Aufklärungsrüge auf BVerwG NJW 2011, 1983; NVwZ 2009, 320; 2004, 627 verweisen).

§ 1 Abs. 1 S. 1 PatKostG iVm § 17 Abs. 3 GKG ist keine Rechtsgrundlage für die Anforderung eines **Vorschusses** in Beweisverfahren, weil das BPatG von Amts wegen tätig wird (§ 73; BPatG GRUR 2007, 714 – Post; Schoene GRUR 2014, 641; Albrecht/Hoffmann Vergütung Rn. 786). Dies ist bei Gutachten zur Verkehrsdurchsetzung anders (→ Rn. 13).

Zwar verweist § 82 Abs. 1 generell auf die ZPO, aber nur soweit sie dem Amtsermittlungsgrundsatz nicht widersprechen, wie ein Kostenvorschuss für Beweisaufnahmen. In Verfahren mit Amtsermittlungsgrundsatz gilt § 379 ZPO nicht (vgl. zur VwGO: VGH Mannheim NVwZ-RR 1990, 592; zum MarkenG: BGH GRUR 1976, 213 – Brillengestell; zum UWG: BGH GRUR 2010, 365 – Laborgemeinschaften II; BeckOK PatentR PatKostG § 5 Rn. 21; Schoene GRUR 2014, 641 ff.).

§ 379 ZPO verlangt ohnehin nicht zwingend, Vorschüsse vor Zeugenladung anzufordern, und § 22 GKG befreit davon in den Fällen mit Prozesskostenhilfe (§ 129 PatG). Van Bühren (NJW-Editorial 36/2014) stellt die Praxis, (meist zu hohe) Vorschüsse zu verlangen, generell in Frage.

Das BPatG kann zwar nach § 17 Abs. 3 GKG iVm § 1 Abs. 1 S. 1 PatKostG einen Vorschuss fordern, wird dieser nicht gezahlt, tritt die Sanktion der Nichtzahlung (§ 379 ZPO) aber nicht ein.

Eine Rüge mangelnder Aufklärung muss, um Erfolg zu haben, darlegen, das der Vortrag Anlass gab, ihm nachzugehen (BGH GRUR 2008, 905 (908) Rn. 34 – Pantohexal; GRUR 2008, 909 (911) Rn. 35 – Pantogast; v. Schulz/Donle § 73 Rn. 4 f.) und dass das angebotene Beweismittel geeignet erschien, die aufgeworfenen Fragen zu klären (BGH GRUR 1981, 185 f. – Pökelvorrichtung). Dazu müssen Beweisanträge substantiiert gewesen sein, Beweisthema und Beweismittel also präzise und eindeutig bezeichnet sein; das bedeutet aber nicht, dass ein bestimmtes Beweisergebnis wahrscheinlich sein muss (BGH NJW 2015, 2344).

B. Gutachten

7 Beweisanträge der Beteiligten auf Einholung eines Sachverständigengutachtens kann das Gericht nach pflichtgemäßem Ermessen auch ablehnen, wenn es meint, selbst über die erforderlichen Kenntnisse zu verfügen oder wenn es sich um allgemein bekannte Tatsachen handelt (→ Rn. 1; → UMV Art. 76 Rn. 8 ff.). Darauf hat es die Beteiligten hinzuweisen (BGH NJW 2015, 1311). **Gutachten zu Rechtsfragen** darf das Gericht nur zu fremdem Recht einholen (§ 293 ZPO). Allein auf Grund der Behauptung einer Verkehrsdurchsetzung ohne deren Glaubhaftmachung (→ § 8 Rn. 867) hat das Gericht ein demoskopisches Gutachten nicht von Amts wegen einzuholen (BPatG BeckRS 2014, 02071 – Blätterkatalog; Ströbele GRUR 1987, 75 ff.).

7.1 Bei der Annahme, eine Partei stelle willkürlich Behauptungen auf, ist Zurückhaltung geboten (BGH NJW-RR 2015, 829).

8 Von den Beteiligten vorgelegte **Privatgutachten** sind wie sonstiger Parteivortrag zu behandeln, also allen anderen zuzuleiten (→ § 78 Rn. 8). Eine Kostenerstattung kommt hierfür nur in Ausnahmefällen in Betracht (Albrecht/Hoffmann Vergütung Rn. 1097 ff.).

9 Die Beweislast dafür, dass eine nicht schutzfähige Gattungsbezeichnung vorliegt, die nicht als **geographische Herkunftsangabe** registriert werden kann, trägt nach den Beweislastregeln der ZPO derjenige, der sich darauf beruft, also die Behörde oder der Gegner des Antragstellers. Das Fehlen von Erkenntnissen kann nicht zu Lasten des Antragstellers gehen. DPMA bzw. BPatG müssen dementsprechend auch die Kosten für Gutachten tragen (EuGH C-343/07, GRUR 2009, 961 Rn. 104, 107, 110 – Bayrisches Bier; EuG T-291/03, GRUR 2007, 974 Rn. 72 – Grana Padano; BPatG GRUR 2014, 677 – Bayrisch Blockmalz; Schoene GRUR 2014, 641 ff.).

10 **Demoskopische Untersuchungen** zum Beleg der **Verkehrsdurchsetzung** (→ Rn. 24) müssen durch Meinungsforschungsinstitute erfolgen; andere Auskünfte, etwa von der IHK oder Branchenverbänden (Lange MarkenR Rn. 434 ff.), reichen nur aus, wenn ein sehr spezieller überschaubarer Verkehrskreis maßgeblich ist (BPatG BeckRS 2010, 27342 – Riffelstecker; Ströbele/Hacker/Hacker § 4 Rn. 48). Es dürfen auch Gutachten oder die Feststellung der Verkehrsgeltung aus anderen Verfahren herangezogen werden, sofern sich die maßgeblichen Parameter seither nicht wesentlich geändert haben (BGH GRUR 1989, 510 (512) – Teekanne II; GRUR 2009, 766 Rn. 40, 66 – Stofffähnchen; → § 4 Rn. 96; zum Zeitraum zwischen Anmeldung und Verkehrsbefragung BPatG GRUR-Prax 2013, 272 – Toto; → § 8 Rn. 868). Die Folgen fehlerhafter Eintragungen wegen Verkehrsdurchsetzung sind umstritten (→ Rn. 25 ff.).

10.1 Für die Gutachten zum Beleg einer Verkehrsdurchsetzung (→ § 8 Rn. 79 ff., → § 8 Rn. 891) hat das DPMA einen Mindestfragenkatalog veröffentlicht (BlPMZ 2005, 245 (255 f.)). Zur Fragetechnik vgl. auch Pflüger GRUR 2004, 652 und GRUR 2006, 818; Eichmann GRUR 1999, 939; Noelle-Neumann/Schramm GRUR 1966, 70; Ingerl/Rohnke § 8 Rn. 350 ff.; → § 4 Rn. 93 ff.; → UMV Art. 78 Rn. 48; BPatG BeckRS 2014, 08224 – Rapsgelb (Rechtsbeschwerde zurückgenommen). Soll die Verkehrsdurchsetzung für Waren und Dienstleistungen, die zu verschiedenartigen Bereichen gehören, Eintragungshindernisse überwinden, muss das Gutachten den Durchsetzungsgrad für die einzelnen Gruppen gesondert aufzeigen (BGH GRUR 2015, 1012 – Nivea-Blau). Daher sollten Verkaufszahlen, Umsätze, Marktanteil, Werbeaufwendungen etc. einzelnen Waren und Dienstleistungen exakt zugeordnet werden können (Grabrucker jurisPR-WettbR 11/2015 Anm. 5 D zu BPatG GRUR-RR 2015, 468 – senkrechte Balken).

10.2 Soll die Verkehrsdurchsetzung für abstrakte Farbmarken Eintragungshindernisse überwinden, darf die bei der Befragung vorgelegte Farbkarte keinerlei weiteren Farben (auch keine Umrandung) aufweisen (BGH GRUR 2015, 1012 – Nivea-Blau). Ebenso muss die Farbkarte eine neutrale Form aufweisen.

11 Fraglich ist, ob Meinungsforschungsinstitute als Gutachter bestellt werden können. Dies tut die Praxis – im Widerspruch zur ZPO (BeckOK ZPO/Scheuch ZPO § 404 Rn. 4; zum Diskussionsstand Lindacher GRUR 2016, 242). Lindacher schlägt daher vor, den Auftrag zur Erstellung des Gutachtens an den Projektleiter zu erteilen.

12 Die **Auswahl von Gutachtern** liegt generell im Ermessen des Gerichts oder des DPMA (→ Rn. 24). Die Beteiligten können gegebenenfalls eine fehlerhafte Ermessensausübung rügen (→ Rn. 4). Nach § 406 Abs. 1 S. 1 ZPO können die Beteiligten einen Sachverständigen aus den gleichen Gründen als befangen ablehnen wie einen Richter (§ 72; BGH BeckRS 2014, 22293; GRUR 2008, 191 – Sachverständigenablehnung II).

Grabrucker (GRUR-Prax 2016, 93; dies. jurisPR-WettbR 8/2015 Anm. 2 zu BGH GRUR 2015, 796 – Sparkassenrot) kritisiert zu Recht die Praxis, dass die Anmelder selbst Gutachten einholen, und verweist dazu auf die damit verbundene Gefahr einer Einflussnahme auf den Gutachter durch den Auftraggeber. Überlässt das BPatG das Einholen von Gutachten zur Verkehrsdurchsetzung dem Anmelder, ist eine vorhergehende Abstimmung, insbesondere über die maßgeblichen Verkehrskreise, zweckdienlich (Ingerl/Rohnke § 8 Rn. 350). **12.1**

Trotz fehlender Rechtsgrundlage für **Vorschüsse** (→ Rn. 5) ist für die Gutachten zur Verkehrsdurchsetzung eine Kostenübernahme durch den Anmelder geboten, da die Verkehrsdurchsetzung dem Beibringungsgrundsatz unterliegt (→ § 73 Rn. 6). Kein Kostenvorschuss kann in der Regel im Löschungsverfahren erhoben werden, wenn die Beweisaufnahme dazu dient, das im Eintragungsverfahren eingeholte Gutachten zur Verkehrsdurchsetzung auf seine Richtigkeit zu überprüfen (BPatG BeckRS 2011, 09529 – Post; → Rn. 25.2). **13**

Auch in diesem Fall schließt es aber § 122 Abs. 2 GKG aus, einen Kostenvorschuss zu erheben, sollte **Verfahrenskostenhilfe** bewilligt sein (§ 129 PatG). **13.1**

C. Beweiserhebung und -würdigung

Die Beweiserhebung erfolgt grundsätzlich in der mündlichen Verhandlung (§ 69 Nr. 2). Vernehmungen erfolgen grundsätzlich mündlich (→ UMV Art. 78 Rn. 11). § 128a Abs. 2 ZPO erlaubt aber auch eine **Videokonferenz** (→ § 77 Rn. 4.1; Ingerl/Rohnke § 76 Rn. 2; v. Schultz/Donle Rn. 3). **14**

Im europäischen Verfahren sind auch Telefonkonferenzen möglich (→ UMV Art. 78 Rn. 13). **14.1**

Die Pflicht zur Beweiserhebung in einer mündlichen Verhandlung nach § 69 Abs. 2 umfasst nicht die Beschlussfassung, ob Beweis erhoben werden soll (BGH NJW-RR 1995, 700 – Flammenüberwachung) und nicht das Auswerten des Ergebnisses der Beweiserhebung, auch wenn diese ein beauftragter oder ersuchter Richter durchgeführt hat. **15**

Für die Beweisaufnahme durch einen ersuchten Richter sind nach Abs. 2 die §§ 361, 362 ZPO, §§ 156 ff. GVG maßgeblich. **16**

Ausnahmsweise ist eine schriftliche Anhörung möglich (Fezer Rn. 7). **17**

Die Beweiswürdigung ist in Markensachen nicht unterschiedlich zu der in anderen Gerichtsverfahren. Insoweit kann daher auf die dazu einschlägige Literatur verwiesen werden (BeckOK ZPO/Bacher ZPO § 286 Rn. 5 ff.). Zu den vom BVerwG entwickelten Kriterien s. Kothe/Redeker S. 80 ff., S. 63 ff. Nicht aufklärbarer Sachverhalt geht zu Lasten dessen, der die materielle Feststellungslast trägt (→ § 73 Rn. 23). **18**

Ein **Schriftsatznachlass** zum Zwecke der Beweiswürdigung kommt grundsätzlich nicht in Betracht (Schäfer NJW 2013, 654). **19**

Einem ordnungsgemäß geladenen **Zeugen,** der nicht erscheint, kann das Gericht gemäß § 380 ZPO die dadurch verursachten Kosten auferlegen sowie zugleich gegen ihn ein Ordnungsgeld und für den Fall, dass dieses nicht beigetrieben werden kann, Ordnungshaft festsetzen. Im Falle wiederholten Ausbleibens wird das **Ordnungsmittel** noch einmal festgesetzt. Ferner kann das Gericht die zwangsweise Vorführung des Zeugen anordnen (§ 381 ZPO). **20**

D. Beweislast

I. Umschreibung

Die Voraussetzungen einer Umschreibung hat der Antragsteller zweifelsfrei nachzuweisen. § 28 Abs. 7 DPMAV erweitert lediglich die zum Nachweis geeigneten Mittel, aber nicht die Pflicht zur Amtsermittlung. **21**

Dass eine Marke, die zu einem Geschäftsbetrieb gehört, im Zweifel mit dem Betrieb übertragen wird, besagt nicht, dass eine Marke im Zweifel zu dem Betrieb gehört. Dies ist unzweifelhaft nachzuweisen (BPatG GRUR 2015, 104 – et Kabüffke Killepitsch). **21.1**

II. Schutzfähigkeit, Verwechslungsgefahr

22 Die Beurteilung der Schutzfähigkeit von Marken obliegt ausschließlich dem DPMA und dem BPatG; zu den Widerspruchsverfahren → § 73 Rn. 6 ff., insbesondere → § 73 Rn. 10.

23 Während derjenige, der sich auf die **Bösgläubigkeit** des Anmelders beruft, diese grundsätzlich belegen muss, ist es Sache des Anmelders, Tatsachen vorzutragen, die für seinen Benutzungswillen zum Zeitpunkt der Anmeldung und damit gegen Bösgläubigkeit sprechen (BPatG BeckRS 2014, 08375 – Evonic).

23.1 Von den Nichtigkeitsgründen wegen absoluter Schutzhindernisse im Sinne des § 50 Abs. 1 MarkenG kann der als Verletzer in Anspruch genommene gegen die (angeblich) verletzte Marke im Verletzungsprozess allein **Bösgläubigkeit als Einrede oder Widerklage** geltend machen (Ingerl/Rohnke § 50 Rn. 1; BGH GRUR 2008, 917 Rn. 19 – Eros).

III. Verkehrsdurchsetzung

24 Gemäß § 8 Abs. 3 können die Eintragungshindernisse der § 8 Abs. 2 Nr. 1 bis 3 MarkenG überwunden werden, wenn dem Anmelder der Nachweis der Verkehrsdurchsetzung des Zeichens gelingt. Das gilt nicht für die im öffentlichen Interesse gegebenen Schutzhindernisse des § 8 Abs. 2 Nr. 4–10 (→ § 8 Rn. 862). Das zum Nachweis erforderliche Gutachten holt in der Regel das DPMA bzw. das BPatG, wenn es dazu nicht ans DPMA zurückverweist, ein (→ Rn. 12.1).

25 Lässt sich im Löschungsverfahren (→ § 8 Rn. 870 ff.) nicht (mehr) aufklären, ob die Streitmarke tatsächlich bei Eintragung verkehrsdurchgesetzt war, trägt nach der **BGH-Rechtsprechung** grundsätzlich der Löschungsantragsteller die Feststellungslast dafür (→ § 8 Rn. 874 f.); in Zweifelsfällen darf eine Löschung der Marke nicht erfolgen (**BGH** GRUR 2014, 565 – smartbook; BeckRS 2014, 05325 – test; GRUR 2010, 138 Rn. 48 – Rocher-Kugel; GRUR 2009, 669 Rn. 31 – Post II; **aA EuGH** (→ Rn. 26); **BPatG** GRUR 2008, 420 (425) – Rocher-Kugel; GRUR 2011, 232 (234) – Gelbe Seiten; GRUR 2013, 631 Rn. 113 – Sparkassen-Rot).

25.1 Eine Umkehr der Beweislast ist auch dann, wenn die Eintragung nach § 8 Abs. 3 auf Grund nicht ausreichender Gutachten bzw. Feststellungen erfolgt ist, nicht geboten, zumal der Anmelder keine Möglichkeit hatte, gegen eine Eintragung aufgrund von Verkehrsdurchsetzung mit Rechtsmitteln vorzugehen, um die zunächst angenommenen Eintragungshindernisse zu überwinden (→ § 66 Rn. 21; → § 8 Rn. 863.1). Solange nicht sicher ist, dass eine lege arte durchgeführte Befragung und Beurteilung der Verkehrsdurchsetzung diese ausgeschlossen hätte, und wenn die Tatsachenangaben zum Vorliegen der Verkehrsdurchsetzung vor Einholung des Gutachtens einen beträchtlichen Kennzeichnungsgrad erwarten ließen, muss der Löschungsantragsteller das Fehlen der ursprünglichen Verkehrsdurchsetzung nachweisen (→ § 8 Rn. 875).

25.2 In seiner Entscheidung „Gelbe Wörterbücher" hat der BGH (GRUR 2014, 1101) die Frage der Beweislast sowie die Bedeutung der Sparkassen-Rot-Entscheidung des EuGH (→ Rn. 26) allerdings als „offen" bezeichnet.

25.3 Wird das Gutachten, das zu einer Eintragung wegen Verkehrsdurchsetzung geführt hat, im Löschungsverfahren in Frage gestellt, gehen dazu erhobene Beweise zu Lasten dessen, der die Kosten des Verfahrens zu tragen hat (→ Rn. 13). Bei Aufhebung der Kosten, also im Regelfall, gehen die Kosten somit zu Lasten des Gerichts (BPatG BeckRS 2011, 09529 – Post).

26 Der EuGH (C-217/13 und C-218/13, GRUR 2014, 776 – Sparkassen-Rot) argumentiert, würde sich die Beweislast für die in Folge der Benutzung einer Marke erworbene Unterscheidungskraft im Rahmen eines Verfahrens zur Ungültigerklärung dieser Marke nach nationalem Recht richten, wäre der Zeichenschutz nicht einheitlich. Da es sich bei der Eintragung in Folge von Benutzung um eine Ausnahme handelt, obliegt es demjenigen, der sich auf sie berufen will, den Nachweis der Voraussetzungen zu führen. Außerdem ist der Inhaber der Marke am besten in der Lage, den Beweis für die konkreten Handlungen zu erbringen, die das Vorbringen stützen können, dass seine Marke auf Grund ihrer Benutzung Unterscheidungskraft erlangt habe.

26.1 Dass das BPatG hierzu eine Entscheidung des EuGH überhaupt für erforderlich hielt und ein „Eigentor" kassierte, überrascht laut v. Mühlendahl (GRUR 2014, 1040 (1048 f.)), weil der BGH die Frage der Beweislast im Löschungsverfahren wiederholt so beantwortet habe, dass bei verbleibenden Zweifeln

Ladungen **§ 75 MarkenG**

eine Löschung nicht Betracht komme (→ Rn. 25). Die Begründung des EuGH überzeuge nur zum Teil. Es würde das Markensystem auf den Kopf stellen, wenn in einem Löschungsverfahren der Inhaber einer eingetragenen Marke dafür beweispflichtig sei, dass die Marke zu Recht eingetragen wurde. Dass im Eintragungsverfahren der Anmelder die Beweislast für die Verkehrsdurchsetzung trage, sei selbstverständlich. Sei eine Marke auf Grund von Verkehrsgeltung aber eingetragen worden, sei es nicht gerechtfertigt, den Markeninhaber im Löschungsverfahren erneut mit dem vollen Beweis der Verkehrsdurchsetzung zum Anmeldezeitpunkt zu belasten – insbesondere wenn dazu Beweise für einen schon länger zurückliegenden Zeitraum erforderlich würden.

Zu möglichen **Fehlerquellen** bei der Beurteilung der Verkehrsdurchsetzung → Rn. 10. **27**

§ 75 Ladungen

(1) ¹Sobald der Termin zur mündlichen Verhandlung bestimmt ist, sind die Beteiligten mit einer Ladungsfrist von mindestens zwei Wochen zu laden. ²In dringenden Fällen kann der Vorsitzende die Frist abkürzen.

(2) Bei der Ladung ist darauf hinzuweisen, daß beim Ausbleiben eines Beteiligten auch ohne ihn verhandelt und entschieden werden kann.

Überblick

Beschwerdeverfahren vor dem BPatG sind grundsätzlich schriftliche Verfahren. Die Beteiligten beantragen die Verhandlung oft hilfsweise (→ Rn. 2).

Es gibt es kein Versäumnisurteil; bei Ausbleiben eines Beteiligten kann das Gericht ohne ihn entscheiden, sofern damit keine Überraschungsentscheidung einhergeht (→ Rn. 6). Letzterem können und müssen Ladungszusätze entgegenwirken (→ Rn. 5, → Rn. 7).

A. Ladung

Beschwerdeverfahren vor dem BPatG sind grundsätzlich schriftliche Verfahren (ebenso **1** § 78 PatG, anders § 128 ZPO). Auf Antrag eines Beteiligten muss das BPatG aber eine mündliche Verhandlung durchführen (§ 69 Nr. 1), es sei denn es gibt allen Sachanträgen des Antragstellers statt (→ § 69 Rn. 1). Der Senat selbst kann immer eine mündliche Verhandlung ansetzen, wenn er die Erörterung des Sachverhalts und der aufgeworfenen Fragen als **sachdienlich** erachtet (→ § 69 Rn. 18).

Vgl. zu Patentsachen BPatG BeckRS 2013, 12231 Ls. 2 – Koaxialkabel. **1.1**

Hat ein Beteiligter die Verhandlung hilfsweise beantragt, dh inzident für den Fall, dass der **2** Senat seinen sonstigen Anträgen nicht in vollem Umfang stattgibt, kann er aus einer Ladung Rückschlüsse auf die Erfolgsaussichten der Beschwerde ziehen.

Über § 82 Abs. 1 S. 1 gelten für **Terminsbestimmung** und Ladung die §§ 214 ff. ZPO **3** anzuwenden. Damit bestimmt der Vorsitzende des Senats den Termin, lädt dazu, hebt ihn gegebenenfalls wieder auf oder verlegt ihn (§§ 216, 227 ZPO). Selbst an einvernehmliche Absprachen der Beteiligten ist er dabei nicht gebunden. **Aufhebung** und **Verlegung** sind kurz zu begründen (§ 227 Abs. 4 S. 2 ZPO). § 227 Abs. 4 S. 3 ZPO schließt Rechtsmittel dagegen aus.

Anwälte dürfen auch deshalb flexible Tickets verwenden und als notwendige Kosten nach § 91 ZPO **3.1** abrechnen, damit eine Umbuchung oder Rückerstattung im Fall der Verlegung oder Aufhebung eines Termins zur mündlichen Verhandlung möglich ist (Albrecht/Hoffmann Vergütung Rn. 1175). Dennoch sollte der Antragsteller ein Verlegungsgesuch in zweiseitigen Verfahren mit der Gegenseite absprechen.

Die Ladung zum Termin erfolgt durch die Geschäftsstelle (§ 72 PatG) gegenüber dem **4** (Inlands)Vertreter, auch wenn dieser nicht am Termin teilnehmen muss (→ Rn. 9) mit einer **Frist** von mindestens zwei Wochen (zwischen Zustellungs- und Terminstag, § 217 ZPO). Die Verkürzung dieser Frist nach Abs. 1 S. 2 ist auch deshalb unanfechtbar, weil § 217 ZPO sogar nur eine Woche bzw. drei Tage verlangt. Die Ladung ist **förmlich zuzustellen** (§ 94 Abs. 2 MarkenG iVm §§ 166–190 ZPO). Nach § 141 ZPO kann das Gericht das

Albrecht 1119

persönliche Erscheinen anordnen; erscheint die Partei dennoch nicht, kann es ein Ordnungsgeld verhängen.

5 Rügen die Parteien **Ladungsfehler** nicht, greift § 295 Abs. 1 ZPO. Ladungsmängel eröffnen, soweit gerügt, über § 83 Abs. 3 Nr. 3 (Versagung rechtlichen Gehörs) die zulassungsfreie Rechtsbeschwerde. Diese ist auch gegeben, wenn das Gericht, ohne dies in einem Ladungszusatz deutlich gemacht zu haben, seiner Entscheidung ein bislang nicht angesprochenes Schutzhindernis oder Rechercheergebnis zu Grund legt (→ § 76 Rn. 10).

B. Ausbleiben (Abs. 2)

6 Beim Ausbleiben eines Beteiligten kann der Senat, nach Feststellung seiner ordnungsgemäßen Ladung im Protokoll, auch ohne ihn verhandeln und entscheiden, worauf bei der Ladung hinzuweisen ist. Das Ausbleiben führt nicht zu einer Versäumnisentscheidung wie nach §§ 330 ff. ZPO – aber zum Verlust der Äußerungsmöglichkeit. Deren Folgen sind hinsichtlich der Einrede der Nichtbenutzung umstritten (→ § 43 Rn. 15 ff.; → § 70 Rn. 20).

7 Das betrifft aber nur Vorbringen der anderen Beteiligten, nicht vom Gericht erstmals in der mündlichen Verhandlung dargestellte Überlegungen (→ § 76 Rn. 10 ff.). Damit insoweit keine Überraschungsentscheidung ergeht, hat das Gericht vorab oder mit der Ladung auf bisher nicht angesprochene Gesichtspunkte hinzuweisen. Deren Erörterung im Rahmen der mündlichen Verhandlung müssen die Beteiligten nicht wahrnehmen (→ § 76 Rn. 4).

8 Zum **Übergang ins schriftliche Verfahren** bedarf es grundsätzlich der Zustimmung aller Beteiligten (§ 128 Abs. 2 ZPO); auf die Zustimmung dessen, der an der mündlichen Verhandlung nicht teilnimmt, kommt es allerdings nicht an; Abs. 2 umfasst auch diese Entscheidung (Ströbele/Hacker/Knoll § 69 Rn. 19).

9 Auch ohne einen generell nach § 96 erforderlichen Inlandsvertreter gilt eine selbst auftretende oder anderweitig vertretene auswärtige Partei nicht als abwesend; sie kann ein gegnerisches Vorbringen als verspätet rügen oder sonst darauf reagieren (→ § 81 Rn. 1; Ingerl/Rohnke § 96 Rn. 23).

10 Außerdem kann ein Ausbleiben über § 71 Kostenfolgen haben, wenn der nicht erscheint, der die mündliche Verhandlung beantragt hatte (→ § 71 Rn. 21; v. Schultz/Donle Rn. 4).

§ 76 Gang der Verhandlung

(1) Der Vorsitzende eröffnet und leitet die mündliche Verhandlung.

(2) Nach Aufruf der Sache trägt der Vorsitzende oder der Berichterstatter den wesentlichen Inhalt der Akten vor.

(3) Hierauf erhalten die Beteiligten das Wort, um ihre Anträge zu stellen und zu begründen.

(4) Der Vorsitzende hat die Sache mit den Beteiligten in tatsächlicher und rechtlicher Hinsicht zu erörtern.

(5) ¹Der Vorsitzende hat jedem Mitglied des Senats auf Verlangen zu gestatten, Fragen zu stellen. ²Wird eine Frage beanstandet, so entscheidet der Senat.

(6) ¹Nach Erörterung der Sache erklärt der Vorsitzende die mündliche Verhandlung für geschlossen. ²Der Senat kann die Wiedereröffnung beschließen.

Überblick

§ 76 regelt den Gang der mündlichen Verhandlung (die Gross in der FS Bornkamm, 2014, S. 1035, die Visitenkarte der Justiz nennt), weitgehend übereinstimmend zu den §§ 136 ff. ZPO und §§ 90 f. PatG; § 82 verweist zudem auf §§ 278, 283, 285 ZPO. Dem Vorsitzenden obliegt dabei die sog. Sitzungspolizei.

Nach dem Versuch einer gütlichen Streitbeilegung (→ Rn. 1 auch zur Mediation) stellt das Gericht den Sachverhalt dar (→ Rn. 2). Dazu müssen sich die Beteiligten äußern können (Absätze 3 und 4). In der Erörterung können die Beteiligten von Richtern aufgeworfene Fragen als unzulässig rügen (→ Rn. 18).

Übersicht

	Rn.		Rn.
A. Erörterung der Sache (Abs. 4)	1	**B. Fragerecht (Abs. 5)**	18
I. Vergleichsanregung	1	**C. Schluss der Verhandlung (Abs. 6 S. 1)**	19
II. Sachverhaltsabklärung	2		
III. Anträge, Einreden (Abs. 3)	5		
IV. Aufklärungspflicht, Hinweise	10	**D. Wiedereröffnung (Abs. 6 S. 2)**	20

Nach Schluss der mündlichen Verhandlung verlangt die Berücksichtigung weiterer Gesichtspunkte ebenso wie Verfahrensfehler und Richterwechsel eine Wiedereröffnung (→ Rn. 20).

A. Erörterung der Sache (Abs. 4)

I. Vergleichsanregung

Die nach § 278 Abs. 1 ZPO gebotene Förderung gütlicher Streitbeilegungen können 1 vorbereitende Hinweise oder eine Erörterung zu Beginn der mündlichen Verhandlung gewährleisten. Dies gilt umso mehr, als die hM förmliche vorgeschaltete Güteverhandlungen (Mediation) nach § 278 Abs. 2, 3, 4 und 5 ZPO, wie sie das EUIPO anbietet (→ UMV Art. 58 Rn. 21), als mit dem Verfahren vor dem BPatG nicht vereinbar ablehnt (Ströbele/Hacker/Knoll Rn. 12; zu deren Möglichkeiten aber → § 70 Rn. 48 ff.). Diese Ablehnung ist nicht überzeugend, sind in Markensachen doch oft Kaufleute beteiligt, die unabhängig von der Rechtslage nach raschen Lösungen streben, und schon vor dem BPatG Abgrenzungsmöglichkeiten suchen, um zivilrechtliche Verfahren zu vermeiden, die betriebswirtschaftlich denken und Festlegungen durch (veröffentlichte) Entscheidungen vermeiden wollen (→ § 82 Rn. 12).

II. Sachverhaltsabklärung

Nach Eröffnung der mündlichen Verhandlung (Abs. 1) erläutert das Gericht (oft der 2 Berichterstatter) den bisher bekannten Sachverhalt (Abs. 2) und macht ihn so zum Gegenstand der mündlichen Verhandlung (zur wesentlichen Bedeutung der Einführung Gross, FS Bornkamm 2014, 1035 (1036 f.)). Sind weder Beteiligte noch Zuhörer erschienen, kann dies auch im Wege der Bezugnahme geschehen.

Die Darstellung des Sachverhalts dient auch dem Verständnis der Zuhörer (Öffentlichkeit), vor allem 2.1 aber gibt sie den Parteien die Information, wovon das Gericht derzeit ausgeht, und damit Hinweise, wo eventuell Korrekturen oder Ergänzungen geboten sind.

Die Erörterung der Sache muss ausschließen, die Beteiligten in den Entscheidungsgründen 3 zu überraschen. Sie müssen erkennen können, auf welche Tatsachen und rechtlichen Gesichtspunkte es bei der Entscheidung ankommen kann (BGH GRUR 2009, 91 f. – Antennenhalter; → § 83 Rn. 37).

Ist ein Beteiligter trotz ordnungsgemäßer Ladung mit allen gebotenen Hinweisen 4 (→ Rn. 10 ff.) nicht erschienen, genügt die Möglichkeit zur Erörterung (→ § 75 Rn. 6); die Entscheidung ergeht nach dem von Amts wegen ermittelten Sachverhalt (§ 73); ein **Versäumnisurteil** gibt es beim BPatG nicht (§ 75 Abs. 2). § 251a Abs. 2 ZPO greift nicht, weil das Beschwerdeverfahren grundsätzlich ein schriftliches Verfahren ist.

III. Anträge, Einreden (Abs. 3)

Hinsichtlich ihrer Anträge können die Beteiligten auf ihre Schriftsätze Bezug nehmen 5 (vgl. § 297 Abs. 2, § 137 Abs. 3 ZPO).

Umfangreich vorgelegte Unterlagen zur Benutzung eines angemeldeten Zeichens ver- 6 pflichten das Gericht nachzufragen, ob der Anmelder damit Verkehrsdurchsetzung geltend machen will (BGH GRUR 1974, 661 f. – St. Pauli-Nachrichten).

MarkenG § 76 Teil 3 Verfahren in Markenangelegenheiten

7 Als **verspätet** zurückweisen kann das Gericht erstmals in der mündlichen Verhandlung in das Verfahren (auch im Wege der Anschlussbeschwerde) eingeführte Angriffs- und Verteidigungsmittel nach § 282 Abs. 2, § 296 Abs. 2 ZPO (→ UMV Art. 76 Rn. 73 ff.). Das betrifft nicht jedes Vorbringen, das gegenüber dem im Erinnerungsverfahren neu ist (anders → UMV Art. 42 Rn. 7), und nicht Unterlagen, die ein Beteiligter auf Nachfrage oder Hinweise des Gerichts vorlegt (BPatG GRUR 1997, 54 (57 f.) – S. Oliver; Ingerl/Rohnke § 66 Rn. 66; EuG GRUR-Prax 2012, 188).

7.1 Im Interesse eines zügigen und effektiven Rechtsschutzes sind das Gericht nach § 73 Abs. 2 S. 1 sowie die Parteien gehalten, den Rechtsstreit nach Möglichkeit in einem einzigen Haupttermin zu erledigen, dh alle entscheidungserheblichen Tatsachen in der mündlichen Verhandlung vorzutragen und zu erörtern (§ 82 Abs. 1 iVm §§ 272 Abs. 1, 282 Abs. 1 ZPO; BPatG BeckRS 2007, 02253 Rn. 43, 44 – VisionArena/@rena vision).

7.2 Zwar bedarf es für eine Zurückverweisung als verspätet keiner Rüge des Gegners, aber seiner Erklärung, ob das neue Vorbringen bestritten wird. Dazu kann sogar eine Schriftsatzfrist geboten sein (Ingerl/Rohnke § 43 Rn. 17).

8 Im **schriftlichen Verfahren** kann keine Verzögerung eintreten; dort hat das Gericht jeden Vortrag vor der Bekanntgabe der Entscheidung zu berücksichtigen. Nur innerhalb des Beschwerdeverfahrens erstmals **in der mündlichen Verhandlung** Vorgebrachtes kann es zurückweisen (BGH GRUR 1998, 938 – Dragon; → § 43 Rn. 15), wenn sonst eine **Verzögerung** des Verfahrens eintreten würde und wenn die Verspätung auf grober **Nachlässigkeit** beruht (§ 282 Abs. 2, § 296 Abs. 2 ZPO). An Nachlässigkeit fehlt es, wenn das Gericht seiner Hinweispflicht (→ Rn. 10) nicht nachgekommen ist (BeckOK ZPO/Bacher § 296 Rn. 26). Vor einer Zurückweisung wegen Verspätung muss die betroffenen Partei Gelegenheit haben, Umstände vorzutragen, die einer Zurückweisung entgegenstehen können (BeckOK ZPO/Bacher ZPO § 296 Rn. 29). Mangels eines Versäumnisurteils (→ Rn. 4) scheidet die Flucht in die Säumnis (BeckOK ZPO/Bacher ZPO § 296 Rn. 34) hier aus.

9 Für die zu befürchtende Verzögerung durch ein neues Vorbringen kommt es, wenn der Gegner im Termin **nicht erschienen** und nicht vertreten ist, mangels Versäumnisurteil (→ Rn. 4) allein darauf an, ob das neue Vorbringen als strittig anzusehenden Prozessstoff betrifft. Das ist für die Einrede der Nichtbenutzung strittig (→ § 43 Rn. 15 ff., → § 70 Rn. 20 ff.).

IV. Aufklärungspflicht, Hinweise

10 Die Aufklärungspflicht iSv § 139 ZPO verlangt ebenso wie das Gebot, rechtliches Gehör zu gewähren (BPatG GRUR 2013, 101 f.), Hinweise und Rückfragen, wenn Verfahrensbeteiligte (auch Anwälte) erkennbar einen wesentlichen rechtlichen oder tatsächlichen Gesichtspunkt übersehen bzw. für unerheblich erachten (§ 139 Abs. 2 S. 1 ZPO) oder die Rechtslage ersichtlich anders beurteilen als das Gericht (§ 139 Abs. 2 S. 2 ZPO; BGH NJW 2001, 2548 – Impfstoffe; GRUR 2000, 894 – Micro-PUR; GRUR 2006, 152 f. – Gallup; BPatG GRUR 2004, 950 (953) – Acelat/Acesal; Piekenbrock NJW 1999, 1360 ff.; Schaefer NJW 2002, 849 ff.; Ingerl/Rohnke § 43 Rn. 27). Keine besondere Aufklärungspflicht besteht, wenn die Beteiligten eine Frage bereits (schriftsätzlich) kontrovers erörtert haben. Richterliche Hinweise sind insbesondere geboten, wenn das Gericht zunächst den Eindruck erweckt hatte, ein bestimmter Gesichtspunkt sei nicht entscheidungserheblich. Gleiches gilt, wenn das Gericht seine Entscheidung auf bislang nicht herangezogene Gründe stützen will, wenn die Markenstelle die Glaubhaftmachung der Benutzung mangels Verwechslungsgefahr dahingestellt gelassen hat, das Gericht dies aber als entscheidungserheblich ansieht, wenn die Markenstelle die zur Glaubhaftmachung eingereichten Unterlagen als ausreichend angesehen hat, das Gericht dies aber nicht tut. Auf unklare oder ergänzungsbedürftige Angaben in **Wiedereinsetzungsgesuchen** ist hinzuweisen (BGH NJW 2014, 77; 2007, 3212).

10.1 Ein Hinweis soll geboten sein, wenn eine zunächst unzulässig erhobene Einrede der Nichtbenutzung erneut erhoben wird und auf Grund des Ablaufs der Benutzungsschonfrist nunmehr wirksam ist (BPatG BeckRS 2008, 26463 – wellSUN/Sunwell).

11 Nach Ingerl/Rohnke besteht kein genereller Vorrang der Pflicht zur **Neutralität** vor der zur Aufklärung (§ 139 ZPO; Ingerl/Rohnke § 43 Rn. 27). Die Rechtsprechung dazu ist uneinheitlich, insbesondere dazu, ob die Neutralitätspflicht des Gerichts es verbietet, auf Mängel der zur Glaubhaftmachung eingereichten Unterlagen hinzuweisen, auch wenn der Darlegungspflichtige darum gebeten hat (BPatG BeckRS 2015, 13970 – Public Propaganda).

Die meisten Senate des BPatG sehen gerichtliche Hinweise zur Glaubhaftmachung generell als unzulässig an, weil sie zu einer Verlagerung der ausschließlich dem Widersprechenden obliegenden Verpflichtung zur Beibringung geeigneter Tatsachen und Beweismittel führen würden (vgl. unter anderem BPatG GRUR 2004, 950 (953) – Acelat/Acesal; GRUR 2000, 900 (902) – Neuro-Vibolex; BeckRS 2007, 04255 – VisionArena/@rena vision; BeckRS 2014, 22802 – Sportarena; BeckRS 2014, 04255 und BeckRS 2014, 01362 – IGA TEC/Imatec; GRUR 1994, 629 f. – Duotherm; BGH GRUR 1997, 223 (224) – Ceco). **11.1**

Auch hat der BGH wiederholt festgestellt, dass allgemeine oder pauschale Hinweise vor der mündlichen Verhandlung insbesondere dann nicht ausreichen, wenn sich die Erforderlichkeit des ergänzenden Vortrags nicht aus dem Vorbringen des Gegners ergebe, sondern von der Bewertung des Gerichts abhänge (vgl. BGH NJW 2006, 60 (62) – Protokollierungspflicht für gerichtliche Hinweise in der mündlichen Verhandlung). **11.2**

Draheim (→ § 43 Rn. 43 ff.) betont, dass die Aufklärungspflicht in keinem Fall zu einer Stärkung bzw. Schwächung der prozessualen Stellung einer Partei führen dürfe (BPatG GRUR 2004, 950 (953) – Acelat/Acesal; → UMV Art. 76 Rn. 33). Grabrucker (jurisPR-WettbR 3/2014 Anm. 6) nennt als Faustregel: Ruft ein Hinweis erst eine Prozesshandlung hervor, dann ist er parteilich. **11.3**

Folgt man der strengen Auslegung der Neutralitätspflicht, ist es kein Verstoß gegen die Hinweispflicht, wenn das Gericht den Widersprechenden erst in der mündlichen Verhandlung auf Mängel der zur Glaubhaftmachung der Benutzung eingereichten Unterlagen hinweist. Dieser hat dann keinen Anspruch auf Fortsetzung der mündlichen Verhandlung zur Vorlage weiterer Unterlagen (BPatG BeckRS 2007, 02253 Rn. 43, 44, 48 – VisionArena/@rena vision), da sein Vorbringen verspätet wäre (→ Rn. 7 ff.). Anders ist dies, wenn eine eidesstattliche Versicherung lediglich formale Mängel aufweist (BPatG BeckRS 2007, 02253 Rn. 50–56 – VisionArena/@rena vision). **11.4**

Zulässige Hinweise muss das Gericht **rechtzeitig** erteilen und dabei gezielt die entscheidenden Punkte ansprechen, also **nicht allgemein, pauschal** sein (BGH BeckRS 2013, 18555 – Transportvergütung; OLG Düsseldorf BeckRS 2013, 00765). Haben Hinweise des Gerichts zu neuem Vorbringen vor der mündlichen Verhandlung geführt, ist das Gericht nicht gehalten, noch vor der mündlichen Verhandlung mitzuteilen, wie es das neue Vorbringen bewertet (BGH GRUR-Prax 2013, 448 Rn. 33 – Mischerbefestigung). Die Aufklärung darf nicht zur Beratung eines Verfahrensbeteiligten ausarten. Sie rechtfertigt keine Hinweise, welche die Verfahrensbeteiligten erst zu einem neuen Vorbringen oder zu neuen Angriffsmitteln veranlassen (→ § 43 Rn. 43 ff.). Wie Verwaltungsgerichte darf das BPatG den Rechtsschutz eines Beteiligten aber nicht an seiner Unbeholfenheit bei der Wahrnehmung seiner Rechte scheitern lassen (BVerwG NVwZ 1985, 36). **12**

Das BPatG darf in Widerspruchs- und Löschungsverfahren keine Hinweise zur Einschränkung von Oberbegriffen im Waren- und Dienstleistungsverzeichnis des angegriffenen Zeichens geben, zumal dies zu einer Änderung der materiell rechtlichen Grundlage führen würde (BGH BeckRS 2012, 18615 – Neuschwanstein mit Anm. Ziegenaus GRUR-Prax 2012, 436; → § 8 Rn. 121). **12.1**

Dass Hinweise Veranlassung zu neuem Vorbringen oder Angriffsmitteln geben können, weil die Beteiligten aus gebotenen Hinweisen die richtigen Schlüsse ziehen, macht diese nicht zu einem Verstoß gegen die Neutralitätspflicht (→ § 72 Rn. 10). Der Richter darf zwar nicht einseitige Ratschläge zur Verfahrensführung geben, wohl aber auf die negativen und positiven Konsequenzen eines bestimmten Vorgehens, etwa für Verletzungs- oder sonstige Verfahren vor den Zivilgerichten, hinweisen und so gütliche Vereinbarungen anregen. **13**

Das BVerfG hat zu § 139 ZPO aF entschieden, es sei verfassungsrechtlich unbedenklich und im kontradiktorischen Zivilprozess nicht zu vermeiden, dass das Gericht bei einer eingehenden Erörterung der Sach- und Rechtslage eine prozessuale Variante kundtue, die nur im Interesse einer Partei stehe (BVerfG BeckRS 1989, 06932). **13.1**

Die Gewährung rechtlichen Gehörs fordert kein umfassendes **Rechtsgespräch**. Es reicht regelmäßig aus, wenn das Gericht auf die nach seiner Auffassung maßgeblichen Vorschriften hinweist (Kothe/Redeker S. 37 f.). Der Rechtsstreit darf nur keine Wendung nehmen, mit der die Beteiligten nicht gerechnet haben und nicht zu rechnen brauchten, etwa weil ein **14** bestimmter Sachverhalt bislang als Entscheidungsgrundlage oder der Vortrag eines Beteiligten als glaubhaft galt.

15 Ein Verfahrensbeteiligter darf sich nicht darauf verlassen, dass sich der Senat letztlich der von einem Mitglied in der mündlichen Verhandlung geäußerten Auffassung anschließt, auch wenn ihr die anderen Senatsmitglieder in der mündlichen Verhandlung nicht offen widersprochen haben. Ebenso darf er nicht allein das als entscheidungserheblich ansehen, was das Gericht schwerpunktmäßig erörtert hat, solange es auch andere Gesichtspunkte, wenn auch weniger intensiv, angesprochen hat (BGH GRUR 2013, 318 – Sorbitol).

16 Ein Verfahrensbeteiligter kann auch nicht erwarten, dass das Gericht maßgebliche Hinweise zur Beweiswürdigung, Glaubwürdigkeit von Zeugen etc. sowie zu Steuerfragen gibt. Unzulässige Hinweise gibt das Gericht auch nicht, wenn ein Verfahrensbeteiligter ausdrücklich darum gebeten hat (BPatG BeckRS 2013, 05069 – Unitron).

16.1 Krüger (NJW 2015, 302) konstatiert, dass die Gerichte zu steuerlichen Folgen von Vergleichen keine Hinweise geben, und wenn es nur der wäre, nach § 89 Abs. 2 S. 1 AO eine Auskunft dazu einzuholen. Dies kann zB Lizenzzahlungen betreffen, die umsatzsteuerpflichtig sein und über der Grenze des § 19 UStG liegen können.

17 Zum Nachweis angemessener Hinweise verlangt § 139 Abs. 4 ZPO, erforderliche Hinweise aktenkundig zu machen, in der mündlichen Verhandlungen gegebene also zu protokollieren (§ 160 Abs. 2 ZPO iVm § 77 Abs. 2 S. 2 MarkenG). Das Gericht kann aber im Urteil noch gegebene Hinweise manifestieren (OLG Düsseldorf BeckRS 2013, 00765).

B. Fragerecht (Abs. 5)

18 Fragen der Beisitzer können nur die Verfahrensbeteiligten nach Abs. 5 S. 2 beanstanden; das muss auch für Fragen und Verfahrensführung des Vorsitzenden gelten (§ 140 ZPO). Richter können Fragen der Kollegen nicht beanstanden. Ohne Beanstandung tritt Rügeverlust nach § 295 ZPO ein, so dass der Betroffene die Anfechtung der Entscheidung nicht mehr darauf stützen kann, eine Frage sei unzulässig gewesen (BeckOK ZPO/v. Selle ZPO § 140 Rn. 5). Fragen eines Richters kann nur ein Senatsbeschluss für unzulässig erklären.

C. Schluss der Verhandlung (Abs. 6 S. 1)

19 Nach dem formalen Schluss der Verhandlung ist weiteres sachliches Vorbringen der Beteiligten ausgeschlossen. Eine Ausnahme dazu sind **nachgelassene Schriftsätze** iSv § 283 ZPO. Nicht nachgelassene Schriftsätze, die nach Schluss der mündlichen Verhandlung eingehen, muss das Gericht darauf prüfen, ob sie Anlass zur Wiedereröffnung (Abs. 6 S. 2) geben (→ Rn. 20; BGH GRUR 1979, 219 – Schaltungschassis). Entsprechend der europäischen Handhabung (vgl. EuG GRUR-Prax 2013, 110, T-263/11 – Outburst mit Anm. Bogatz GRUR-Prax 2012, 187) sind auch Unterlagen, die ausschließlich bisherigen Vortrag verstärken und verdeutlichen sollen, zu berücksichtigen.

D. Wiedereröffnung (Abs. 6 S. 2)

20 Will der Senat nach Schluss der mündlichen Verhandlung eintretende oder bekannt gewordene Gesichtspunkte berücksichtigen, muss er Wiedereröffnung beschließen. Unter den Voraussetzungen des § 156 Abs. 2 ZPO (1. Verfahrensfehler, § 295 ZPO; 2. nachträglich bekannt gewordene Tatsachen; 3. Richterwechsel) ist Wiedereröffnung sogar zwingend. Das gilt auch, wenn das Gericht ergänzenden Vortrag ermöglichen muss, da sonst eine Verletzung des rechtlichen Gehörs gegeben wäre (BPatG BeckRS 2014, 13849 – Meso Body Therapie). § 156 Abs. 2 ZPO enthält aber keine abschließende Aufzählung.

21 Fällt nach Schluss der mündlichen Verhandlung, aber vor endgültiger Beratung der Entscheidung, ein Richter dauerhaft aus, ist Wiedereröffnung geboten, um mit **neuer Besetzung** zu verhandeln und zu entscheiden (§ 156 Abs. 2 Nr. 3 ZPO).

22 Die Parteien können eine Wiedereröffnung zwar anregen aber nicht beantragen, weshalb das Gericht über dennoch gestellte Anträge nicht förmlich beschließen muss.

23 Nach Rücknahme der Anmeldung, des Widerspruchs oder des Löschungsantrags sowie nach Verzicht auf eine angegriffene Marke vor Beschlussfassung kann im Hinblick auf ein

eventuelles **Feststellungsinteresse** eine Wiedereröffnung geboten sein (BGH GRUR 2001, 337 f. – Easypress). Beschränkungen lässt das BPatG ohne Wiedereröffnung zu (BPatG GRUR 2003, 530 f. – Waldschlößchen).

Eröffnet der Senat die mündliche Verhandlung nicht, können die Beteiligten dies nur im Rahmen der Anfechtung der Endentscheidung rügen. Der Beschluss, die mündliche Verhandlung wieder zu eröffnen, ist unanfechtbar. 24

Nach Wiedereröffnung ist der gesamte Prozessstoff, nicht nur ein die Wiedereröffnung tragender neuer Sachverhalt Verfahrensgegenstand; auch weiteres Vorbringen, das für sich genommen keine Wiedereröffnung tragen würde, ist dann wieder zulässig, soweit es nicht auf Grund der neuen Situation als verspätet anzusehen ist (→ Rn. 8 f., → § 73 Rn. 15 ff.). 25

§ 77 Niederschrift

(1) ¹Zur mündlichen Verhandlung und zu jeder Beweisaufnahme wird ein Urkundsbeamter der Geschäftsstelle als Schriftführer zugezogen. ²Wird auf Anordnung des Vorsitzenden von der Zuziehung des Schriftführers abgesehen, besorgt ein Richter die Niederschrift.

(2) ¹Über die mündliche Verhandlung und jede Beweisaufnahme ist eine Niederschrift aufzunehmen. ²Die §§ 160 bis 165 der Zivilprozeßordnung sind entsprechend anzuwenden.

Überblick

Die Beachtung der für die Verhandlung vorgeschriebenen Förmlichkeiten kann nur durch das Protokoll bewiesen werden (§ 165 ZPO); hinsichtlich des Inhalts (→ Rn. 4) regeln die §§ 415 ff. ZPO die Beweiskraft der Niederschrift. Für Inhalt und Form, Genehmigung einzelner Passagen, Unterschrift, Berichtigung sowie Wirkung des Protokolls gelten die §§ 160 bis 165 ZPO. Wegen der Beweisfunktion sind Berichtigungen nach § 164 ZPO möglich (→ Rn. 12).

Übersicht

	Rn.		Rn.
A. Erstellung (Abs. 1)	1	C. Berichtigung des Protokolls	12
B. Inhalt	4		

A. Erstellung (Abs. 1)

Dass Richter die Niederschrift besorgen, ist nicht mehr der in Abs. 1 S. 2 vorgesehene Ausnahmefall; diese Handhabung entspricht § 159 Abs. 1 S. 2 ZPO. 1

Nicht schriftsätzlich vorbereitete, sondern allein zu Protokoll erklärte Anträge (§ 297 ZPO) müssen vorgelesen und vom Antragsteller genehmigt werden. 2

Während die Beteiligten nach § 60 Abs. 3 S. 3 im Verfahren vor dem DPMA Abschriften von Protokollen zu erhalten haben, fehlt eine entsprechende Vorschrift für Gerichtsprotokolle. Die Beteiligten können aber Abschriften beantragen (Fezer Rn. 1), sollte dies nicht ohnehin, wie in der Praxis üblich, geschehen. 3

B. Inhalt

Nach § 160 ZPO hat das Protokoll den Ort (→ Rn. 4.1) und den Tag der Verhandlung, die Bezeichnung des Rechtsstreits, die Namen der Richter sowie gegebenenfalls des Urkundsbeamten und Dolmetschers, der erschienenen Beteiligten sowie deren Vertreter (→ Rn. 4.2), Zeugen und Sachverständigen zu enthalten. Es muss ferner ergeben lassen, ob öffentlich verhandelt oder die Öffentlichkeit ausgeschlossen worden ist (→ § 67 Rn. 6 ff.). 4

Im Falle einer Verhandlung im Wege der Bild- und Tonübertragung (**Videokonferenz** nach § 128a ZPO; → § 74 Rn. 14) ist der Ort, von dem aus die Beteiligten jeweils an der Verhandlung teilgenommen haben, zu dokumentieren. 4.1

4.2 Für wen ein Vertreter in der mündlichen Verhandlung auftritt, gehört zu den iVm § 160 Abs. 1 Nr. 4 ZPO in das Protokoll aufzunehmenden Förmlichkeiten, die an der Beweiskraft des Protokolls (§ 165 S. 1 ZPO) teilnehmen (BGH GRUR 2014, 1024 – Viva Friseure/Viva).

5 Die wesentlichen Vorgänge der Verhandlung sind in das Protokoll aufzunehmen; festzustellen sind Anerkenntnis, Anspruchsverzicht und Vergleich, Anträge, Rücknahme, Verzicht sowie Erklärungen, wenn ihre Feststellung vorgeschrieben ist, Beweiserhebungen, Rügen von Verfahrensfehlern, die ohne Rüge wegen § 295 ZPO folgenlos bleiben müssten, und der Tenor einer verkündeten Entscheidung. Dass rechtsgestaltende Erklärungen, Rücknahmen, Verzichte, Beschränkungen des Waren- und Dienstleistungsverzeichnisses vorgelesen und genehmigt wurden, ist zu vermerken. Vergleiche sind ohne einen solchen Vermerk formunwirksam und nicht vollstreckbar, auch wenn sie materiell rechtlich als außergerichtlicher Vergleich wirksam sein können (BayVGH BayVBl 2015, 140).

5.1 **Beweisergebnisse** müssen nach § 161 Abs. 1 Nr. 1 ZPO wegen der Möglichkeit einer Rechtsbeschwerde ins Protokoll aufgenommen werden, auch wenn die Rechtsbeschwerde nicht zugelassen wird (Fezer Rn. 8).

5.2 Ein Verkündungsprotokoll muss nicht genau erkennen lassen, ob die Entscheidung durch Bezugnahme oder Verlesen des Tenors verkündet wurde und ob die Entscheidung zu diesem Zeitpunkt bereits vollständig abgefasst war (BGH NJW 2015, 2342).

6 Anträge auf Protokollierung über § 160 ZPO hinaus, kann das Gericht durch Beschluss ablehnen, wenn es auf die Feststellung des Vorgangs oder auf eine Äußerung nicht ankommt. Dieser Beschluss ist unanfechtbar (§ 160 Abs. 4 S. 3 ZPO).

6.1 Ingerl/Rohnke Rn. 3 verweisen für solche Fällen auf die Möglichkeit zur Ablehnung der Richter wegen Befangenheit; dies wird aber nur in Ausnahmefällen greifen (→ § 72 Rn. 8 ff.).

7 **Rechercheergebnisse,** auf die das Gericht seine Entscheidung stützt, sollten den Parteien vor oder mit der Ladung zur mündlichen Verhandlung zugesendet worden sein (→ § 75 Rn. 7). Werden sie erstmals in der mündlichen Verhandlung vorgestellt und erörtert, sind sie als Anlagen dem Protokoll beizufügen (BGH GRUR 2004, 77 – Park & Bike) oder als Akteninhalt in Bezug zu nehmen; zu Internet-Recherchen → § 78 Rn. 10.

8 Gleiches gilt für Unterlagen (Belege zur Benutzung etc), welche die Beteiligten, der Präsident des DPMA (→ § 68 Rn. 2) oder Dritte (→ § 8 Rn. 776) übergeben haben.

9 Der **Nachweis angemessener Hinweise** verlangt eine Protokollierung (→ § 76 Rn. 17). Das kann aber im Urteil noch nachgeholt werden (OLG Düsseldorf BeckRS 2013, 00765).

10 Veränderte Waren- und Dienstleistungsverzeichnisse sowie Vergleichsvereinbarungen können als **Anlagen** dem Protokoll beigefügt werden; dazu müssen sie im Protokoll erwähnt sein (§ 160 Abs. 5 ZPO).

11 § 163 ZPO verlangt die Unterschriften des Vorsitzenden und ggf. des Urkundsbeamten, aber nicht die des Richters, der die Niederschrift besorgt hat (Fezer Rn. 2; Ströbele/Hacker/Knoll Rn. 5).

C. Berichtigung des Protokolls

12 Nach § 164 ZPO iVm § 77 Abs. 2 S. 2 können Unrichtigkeiten des Protokolls jederzeit, aber erst nach Anhörung der Beteiligten (§ 164 Abs. 2 ZPO), berichtigt werden. Eine Frist für den Antrag auf Protokollberichtigung ist nicht vorgesehen (v. Schultz/Donle Rn. 4).

13 Die Ablehnung eines solchen Antrags erfolgt durch unanfechtbaren Beschluss.

14 Die Unrichtigkeit wird auf dem Protokoll vermerkt und ist von den Personen zu unterschreiben, die das ursprüngliche Protokoll unterschrieben haben.

15 Betrifft die Berichtigung die Aussagen von Zeugen, Sachverständigen oder Beteiligten, sind neben den Beteiligten auch diese zu hören (Fezer Rn. 10).

16 Eine Berichtigung kommt nicht in Betracht, wenn ein Beteiligter an seiner in der mündlichen Verhandlung geäußerten Ansicht nicht mehr festhält (BPatG Beschl. v. 18.10.1999 – 30 W (pat) 46/99).

§ 78 Beweiswürdigung; rechtliches Gehör

(1) ¹Das Patentgericht entscheidet nach seiner freien, aus dem Gesamtergebnis des Verfahrens gewonnenen Überzeugung. ²In der Entscheidung sind die Gründe anzugeben, die für die richterliche Überzeugung leitend gewesen sind.

(2) Die Entscheidung darf nur auf Tatsachen und Beweisergebnisse gestützt werden, zu denen die Beteiligten sich äußern konnten.

(3) Ist eine mündliche Verhandlung vorhergegangen, so kann ein Richter, der bei der letzten mündlichen Verhandlung nicht zugegen war, bei der Beschlußfassung nur mitwirken, wenn die Beteiligten zustimmen.

Überblick

Wie allgemein üblich gilt auch vor dem BPatG der Grundsatz der freien Beweiswürdigung (→ Rn. 1) und der Anspruch auf rechtliches Gehör (→ Rn. 6), auf eine Begründung der Entscheidung (→ Rn. 3) sowie auf den gesetzlichen Richter (→ Rn. 17).

Übersicht

	Rn.		Rn.
A. Überzeugungsbildung und Begründungspflicht (Abs. 1)	1	B. Rechtliches Gehör (Abs. 2)	6
		C. Richterwechsel (Abs. 3)	17

A. Überzeugungsbildung und Begründungspflicht (Abs. 1)

Das Gericht hat unter Berücksichtigung des gesamten Inhalts der Verhandlung und des Ergebnisses einer etwaigen Beweisaufnahme nach freier Überzeugung zu entscheiden, ob es eine tatsächliche Behauptung für wahr oder für nicht wahr erachtet (§ 286 ZPO; → UMV Art. 78 Rn. 68, → UMV Art. 78 Rn. 72 ff.). **1**

Bloße Wahrscheinlichkeit der Schutzunfähigkeit bzw. der Verwechslungsgefahr genügt nicht für die Versagung des Markenschutzes oder die Löschung einer eingetragenen Marke, auch wenn nie jeder Zweifel und jede abweichende Möglichkeit ausgeschlossen ist (Fezer Rn. 2). Das Gericht muss subjektiv überzeugt sein; erforderlich ist ein Grad von Wahrscheinlichkeit, der nach der Lebenswahrscheinlichkeit der Gewissheit nahe kommt (BGH NJW 1982, 2874 f.). **2**

Nach einer zulässige Erhebung der Nichtbenutzungseinrede (§ 43 Abs. 1) genügt – anders als im Verletzungsprozess gemäß § 25 Abs. 2, im Löschungsverfahren gemäß § 55 Abs. 3 oder in einem Widerspruchsverfahren nach Art. 42 Abs. 2 und Abs. 3 UMV – die Glaubhaftmachung (§ 294 ZPO) der rechtserhaltenden Benutzung der Widerspruchsmarke (→ § 43 Rn. 40 ff.; → § 73 Rn. 9 f.). **2.1**

In seinen Beschlüssen hat das BPatG die Gründe anzugeben, die für die richterliche Überzeugung leitend gewesen sind (→ § 79 Rn. 11 ff.; → § 83 Rn. 42 ff.). Dabei dürfen die Richter Erfahrungssätze aufstellen und auf diese zurückgreifen (Lange MarkenR/KennzeichenR Rn. 423, 415 ff.). **3**

Die Begründung kann nicht nachgeholt werden. **4**

Der gesetzlich nicht vorgegebene, aber allgemein als angemessen erachtete Zeitraum von fünf Monaten ab Verkündung (keine Frist) für die Begründung entspricht von der Länge her § 548 ZPO. Innerhalb dieser Zeit muss die vollständig schriftlich niedergelegte und unterschriebene Entscheidung der Geschäftsstelle übergeben sein. Danach gilt die Entscheidung als nicht mehr ausreichend mit Gründen versehen (§ 83 Abs. 3 Nr. 6). **5**

B. Rechtliches Gehör (Abs. 2)

Ob eine Versagung des in Art. 103 Abs. 1 GG konstituierten rechtlichen Gehörs vorliegt, ist auch anhand der verfassungsrechtlichen Rechtsprechung zu beurteilen (BGH GRUR 2008, 1027 – Cigarettenpackung; zu Art. 41 EU-GRCharta → UMV Art. 75 Rn. 58). Zunächst muss es den Beteiligten möglich sein, sich rechtlich zu verteidigen (→ § 83 **6**

Rn. 32 f.). Dabei hat das Gericht eine Pflicht, **Hinweise** zu geben (→ § 83 Rn. 36 f.; → § 76 Rn. 10 ff.; BPatG GRUR 2013, 101 f.). Ferner muss das Gericht alles berücksichtigen, was die Beteiligten vorgebracht haben (→ § 83 Rn. 34). Die Beteiligten müssen zu allen tatsächlichen und rechtlichen Gesichtspunkten gehört werden, die Grundlage der Entscheidungsfindung sind (EuG T-542/10, BeckRS 2012, 81207 Rn. 70 – Circon; T-317/05, GRUR Int 2007, 330 Rn. 24, 26 f. – Form einer Gitarre), es sei denn die Beteiligten konnten bereits im Amtsverfahren Stellung dazu nehmen (vgl. EuGH C-488/06 P, GRUR-RR 2008, 335 Rn. 92 – Aire Limpio; EuG v. 5.6.2002 – T-198/00 Rn. 36 ff. – Kiss Device with plume).

7 Grundsätzlich gilt die Vermutung, dass das Gericht das Parteivorbringen lückenlos zur Kenntnis genommen hat (BGH GRUR 2000, 140 – tragbarer Informationsträger). Nur soweit es dies erkennbar nicht getan hat, liegt eine Verletzung des rechtlichen Gehörs vor. Zwar haben daher grundsätzlich die Parteien darzulegen, dass sie nicht ausreichend gehört wurden, da die Feststellung negativer Tatsachen aber naturgemäß schwierig ist, muss das Fehlen einer nach § 139 Abs. 4 ZPO gebotenen (→ § 76 Rn. 17) Dokumentation (**Protokollierung,** Kopien von Anlagen zur Ladung etc) Berücksichtigung finden (→ § 77 Rn. 9 f.).

7.1 Eine andere Würdigung des zur Kenntnis genommenen Vorbringens ist keine Verletzung des rechtlichen Gehörs (BGH BeckRS 2013, 04619).

8 In **mehrseitigen Verfahren** müssen sämtliche Dokumente und Unterlagen allen bekannt sein. Wozu die Beteiligten nicht Stellung nehmen konnten, darf das Gericht nicht verwerten (Abs. 2). Eine Gelegenheit zur Stellungnahme ist nur gegeben, wenn den Beteiligten auch bewusst war, dass eine bestimmte Frage der Erörterung bedurfte. Bestand keine Gelegenheit zur Stellungnahme, ist das Verfahren wieder zu eröffnen (→ § 76 Rn. 20 ff.).

8.1 Telefon)Gespräche zwischen einem Beteiligten und einem Mitglied des Gerichts bergen die Gefahr einer Verletzung des rechtlichen Gehörs, wenn das Gericht nicht alle Verfahrensbeteiligten von dem Gesprächsinhalt unterrichtet (BGH GRUR 2012, 89 Rn. 17 – Stahlschluessel; GRUR-RR 2014, 136 – Metro).

8.2 Zur Verletzung des rechtlichen Gehörs gehören die unterbliebene Übermittlung entscheidungserheblicher Eingaben, unterlassene Tatsachenermittlungen (BPatG BeckRS 2009, 17391 – Feststellungspflicht; BPatG GRUR 1962, 190), Zurückweisung hinsichtlich nicht beanstandeter Waren (BPatG BeckRS 2009, 16070 – Seasons), Entscheidung auf der Grundlage nicht mitgeteilter Unterlagen (BPatG 6 W (pat) 177/68, BlPMZ 1970, 458 Nr. 89) und Überlegungen (§ 139 ZPO, BPatG BeckRS 2016, 12904 – Fluicil), Bezugnahme auf nicht veröffentlichte Entscheidungen sowie unterlassene Aufforderungen zu möglicher Mängelbeseitigung.

9 Soweit das Gericht Hinweise Dritter aufgreift (→ § 8 Rn. 776 ff.), muss es diese ins Verfahren einführen.

10 Kein Verfahrensfehler ist es, eine beantragte Anhörung nach § 60 Abs. 2 nicht durchzuführen.

10.1 Zur Notwendigkeit einer Anhörung: BPatG BeckRS 2009, 17391 – Feststellungspflicht; GRUR 1962, 190; BeckRS 2009, 16070 – Seasons; 6 W (pat) 177/68, BlPMZ 1970, 458 Nr. 89; BeckRS 2016, 12904 – Fluicil; GRUR 1997, 60 – SWF-3 Nachrichten; GRUR 2012, 101 (104); BeckRS 2012, 12991 – Vogue; BeckRS 2012, 13456 – Sanox; BeckRS 2011, 29913 – Ausgabevorrichtung; BeckRS 2009, 24557 – Biostar

11 Hat das Gericht eine Frist zur Stellungnahme gesetzt, hat es diese abzuwarten, und kann erst danach entscheiden. Ob die Beteiligten von der Möglichkeit zur Stellungnahme tatsächlich Gebrauch machen, ist unerheblich. Angemessen ist eine Frist von zwei Wochen. Da der Gegner davon ausgehen darf, dass er die abzuwartende Stellungnahme zur Kenntnis und danach eine angemessene Frist zur Erwiderung erhält, muss ihn das Gericht verständigen, wenn es nicht länger warten will (BGH GRUR-RR 2008, 457 f. – Tramadol; BeckRS 2013, 18550 – MetroLinien).

12 Nur das Vorbringen der Gegenseite in der mündlichen Verhandlung darf das Gericht auch dann verwerten, wenn ein Beteiligter trotz ordnungsgemäßer Ladung nicht erschienen ist; zum Bestreiten der Benutzung aber → § 43 Rn. 20; → § 70 Rn. 20 ff. Das Gericht selbst darf nicht erstmals in der mündlichen Verhandlung **neue Gesichtspunkte** aufwerfen und danach entscheiden, wenn die betroffene Partei nicht anwesend war.

Bei Entscheidungen ohne mündliche Verhandlung hat das Gericht – unabhängig von gesetzten Fristen – alle Stellungnahmen zu berücksichtigen, die eingehen bevor der Beschluss der Post zur Beförderung übergeben worden ist. Hat ein Beteiligter um Fristverlängerung zur Begründung gebeten, kann er grundsätzlich nicht darauf vertrauen, dass dem stattgegeben wird. Hat das Amt aber mehreren solcher Anträge bislang stillschweigend stattgegeben, muss es mitteilen, wenn es ohne weitere Verlängerung entscheiden will (BPatG BeckRS 2015, 17379 – groupsites). 13

Hat ein Verfahrensbeteiligter **Hilfsanträge** oder Beschränkungen des Waren- und Dienstleistungsverzeichnisses bzw. des Umfangs eines Angriffsmittels angeboten, wäre ein Hinweis, dies sei unnötig, vor einer abschlägigen Entscheidung eine Verletzung des rechtlichen Gehörs. Dies gilt sogar, wenn das Gericht solche Angebote stillschweigend übergeht. Einem solchen Angebot muss nicht die ausdrückliche Frage nachgeschoben werden, ob dies erforderlich sei. Hilfreich ist zum Nachweis der Verletzung des rechtlichen Gehörs ein schriftsätzliches oder protokolliertes Angebot (BPatG GRUR 2013, 101 – Leiterpfad; → Rn. 7). 14

Relevant wird die Verletzung des rechtlichen Gehörs nur, wenn sie kausal für die fragliche Entscheidung war (EuGH C-96/11 P, BeckRS 2012, 81822 Rn. 80 – Schokoladenmaus; EuG v. 12.5.2009 – T-410/07 Rn. 32 – Jurado). 15

Das ist nicht der Fall, wenn überraschende Argumente in den Entscheidungsgründen nur als Bestätigung, Konkretisierung, Verdeutlichung, Erläuterung oder Hilfsbegründung dienen (BGH GRUR 2012, 1236 – Fahrzeugwechselstromgenerator; EuGH C-447/02 P, GRUR Int 2005, 227 Rn. 46 ff. – Orange; EuG v. 16.10.2012 – T-371/11 Rn. 50 ff. – Clima comfort; T-242/02, GRUR Int 2005, 908 Rn. 63 ff. – Top; v. 5.6.2002 – T-198/00 Rn. 22 ff. – Kiss Device with plume; T-317/05, GRUR Int 2007, 330 Rn. 54 f. – Form einer Gitarre; T-64/09, BeckRS 2010, 91079 Rn. 15 ff. – packaging). 15.1

Das Interesse an einem mangelfreien Verfahren verlangt bei Verletzung des rechtlichen Gehörs meist eine Zurückverweisung (→ § 70 Rn. 30; OLG Hamm NJW 2014, 78 Rn. 100). Kommt es nach der Verletzung des rechtlichen Gehörs zu einer Zurückverweisung der Sache, sind die Beteiligten nicht aufzufordern, zu den bislang übergangenen rechtlichen und tatsächlichen Gesichtspunkten Stellung zu nehmen, da ihnen diese nunmehr ebenso bekannt sind wie ihre Entscheidungsrelevanz. 16

C. Richterwechsel (Abs. 3)

Einem Richterwechsel müssen die Beteiligten zustimmen, wenn er nach der letzten mündlichen Verhandlung und vor Beschlussfassung erfolgt, also nicht zwischen mehreren Verhandlungen; ohne diese Zustimmung ist eine Wiederaufnahme von Nöten (→ § 76 Rn. 20). 17

Einen Richterwechsel verhindert die Anordnung nach § 21e Abs. 4 GVG, dass ein Richter trotz seines Wechsels in einen anderen Senat für einzelne noch nicht abgeschlossene Verfahren zuständig bleibt. 17.1

Der Zeitpunkt der Beschlussfassung, die mitwirkenden Richter und das Ergebnis sind zu dokumentieren. 18

Ist der nach Beschlussfassung ausgeschiedene Richter an der Unterschrift verhindert, unterschreiben nur die verbleibenden Richter den Beschluss (§ 315 ZPO). 19

Rückwirkende Änderungen der Geschäftsverteilung verstoßen gegen Art. 101 GG (vgl. HK-MarkenR/Fuchs-Wissemann Rn. 3). 20

Nach einem **Übergang ins schriftliche Verfahren** verliert die zuvor stattgefundene mündliche Verhandlung ihre Funktion als alleinige Grundlage der Entscheidung, weshalb ein Richterwechsel jederzeit möglich ist und keiner Zustimmung der Beteiligten bedarf (BGH GRUR 1971, 532 f. – Richterwechsel I; GRUR 1974, 294 f. – Richterwechsel II; GRUR 1987, 515 – Richterwechsel III; GRUR 1992, 627 f. – Pajero). Die Beteiligten haben aber ein Interesse an und ein Recht auf Information über den Richterwechsel, damit sie entscheiden können, was sie von den in der mündlichen Verhandlung vorgebrachten Argumenten nochmals betonen wollen. 21

MarkenG § 79 Teil 3 Verfahren in Markenangelegenheiten

§ 79 Verkündung; Zustellung; Begründung

(1) ¹Die Endentscheidungen des Patentgerichts werden, wenn eine mündliche Verhandlung stattgefunden hat, in dem Termin, in dem die mündliche Verhandlung geschlossen wird, oder in einem sofort anzuberaumenden Termin verkündet. ²Dieser soll nur dann über drei Wochen hinaus angesetzt werden, wenn wichtige Gründe, insbesondere der Umfang oder die Schwierigkeit der Sache, dies erfordern. ³Statt der Verkündung ist die Zustellung der Endentscheidung zulässig. ⁴Entscheidet das Patentgericht ohne mündliche Verhandlung, so wird die Verkündung durch Zustellung an die Beteiligten ersetzt. ⁵Die Endentscheidungen sind den Beteiligten von Amts wegen zuzustellen.

(2) Die Entscheidungen des Patentgerichts, durch die ein Antrag zurückgewiesen oder über ein Rechtsmittel entschieden wird, sind zu begründen.

Überblick

§ 79 entspricht wie § 94 PatG vorrangig den §§ 116, 122 VwGO; die §§ 310 ff. ZPO kommen aber zur Geltung, soweit keine davon abweichende Regelung in § 79 vorliegt.

§ 79 gilt zunächst nur für Endentscheidungen. Für Zwischenentscheidungen, die in mündlicher Verhandlung ergehen, ist § 79 aber entsprechend iVm § 329 ZPO anzuwenden.

Abs. 1 Sätze 1 bis 4 regeln die Verkündung des Entscheidungstenors (→ Rn. 1 ff.), Abs. 1 Satz 5 die Zustellung der Entscheidung (→ Rn. 7). Diese muss begründet sein (→ Rn. 10), wobei die Begründung sowohl inhaltlich ausreichend (→ Rn. 13 ff.) als auch in einen bestimmten zeitlichen Rahmen (→ Rn. 22) erfolgen muss.

§ 232 ZPO verlangt zwingend eine Rechtsmittelbelehrung (→ Rn. 24).

Übersicht

	Rn.		Rn.
A. Verkündung (Abs. 1 S. 1)	1	I. Inhalt der Begründung	13
B. Zustellung (Abs. 1 S. 5)	7	II. Zeitpunkt der Begründung	22
C. Begründungspflicht (Abs. 2)	10	D. Rechtsmittelbelehrung	24

A. Verkündung (Abs. 1 S. 1)

1 Die Verkündung, also das Verlesen des Tenors (§ 311 Abs. 2 S. 1 ZPO), verlangt eine schriftlich vorliegende Entscheidungsformel, aber nicht zwingend eine Begründung (§ 311 Abs. 3 ZPO).

2 Obwohl Beschlüsse mit ihrer Verkündung sofort wirksam werden, beginnt gemäß § 85 Abs. 1 erst mit der Zustellung an den jeweiligen Beteiligten die **Rechtsbeschwerdefrist** zu laufen (→ Rn. 7).

3 Änderungen des Tenors sind möglich, solange der Vorsitzende ihn noch nicht vollständig verkündet hat (Fezer Rn. 1).

4 Ein **Verkündungstermin** ist bei nachgelassenen Schriftsätzen möglichst binnen drei Wochen anzuberaumen (§ 283 ZPO).

4.1 § 311 Abs. 4 ZPO verlangt für einen Verkündungstermin nur die Anwesenheit des Vorsitzenden, der ohne Verlesen auf die Urteilsformel Bezug nehmen kann (§ 311 Abs. 2 S. 2 ZPO). § 310 Abs. 2 und § 315 Abs. 2 ZPO sollen nicht anwendbar sein; die Entscheidung muss also weder in vollständiger Form (mit Gründen) abgefasst sein (BPatG BlPMZ 1986, 256 (258); Benkard/Schäfers PatG § 94 Rn. 18; aA Busse/Schuster PatG § 94 Rn. 8, allerdings unter Verweis auf eingeschränkte Sanktionen), noch binnen dreier Wochen vorliegen (BGH GRUR 1991, 521 – La Perla); zum zeitlichen Rahmen → Rn. 23).

5 **Zustellung an Verkündungs Statt** soll einen größeren Zeitraum für Vergleichsverhandlungen, Abgrenzungen, Rücknahme, Verzicht etc. schaffen – ohne neuen Sachvortrag oder auf ihre Zulässigkeit zu überprüfende Änderungen im Waren- und Dienstleistungsverzeichnis

zu ermöglichen (§ 269a ZPO). Zugestellt werden muss hier die vollständige Entscheidung (Tenor, Tatbestand und Gründe).

Neues Vorbringen vor der Zustellung ist darauf zu prüfen, ob es eine Wiederaufnahme 6 erfordert. Im Rahmen seiner Pflicht zur Amtsermittlung kann das Gericht nämlich auch in diesen Fällen die mündliche Verhandlung wieder eröffnen (§ 76 Abs. 6 S. 2) oder Übergang ins schriftliche Verfahren anregen.

B. Zustellung (Abs. 1 S. 5)

Endentscheidungen in schriftlichen Verfahren und Zwischenentscheidungen, die Termine 7 bestimmen oder Fristen setzen, sind zuzustellen (§ 94); sie werden mit der Zustellung wirksam. Auch bei mehreren Beteiligten auf einer Seite ist der Beschluss allen zuzustellen (BPatG BeckRS 2013, 17844 – Stützrahmenwerk). § 28 Abs. 3 ist entsprechend anzuwenden, wenn ein Antrag auf Umschreibung wegen eines **Rechtsübergangs** (→ § 27 Rn. 13 ff.) gestellt ist.

Sonstige verkündete Beschlüsse werden formlos mitgeteilt (§ 329 ZPO). 8

Dass bei (ohne mündliche Verhandlung ergangenen) Beschlüssen in mehrseitigen Verfahren für die Wirksamkeit und den Beginn der Rechtsbeschwerdefrist die zeitlich letzte Zustellung maßgeblich sein soll, ist strittig. Es sollte also jeder (vorsorglich) von dem Datum der Zustellung an sich selbst ausgehen (Ingerl/Rohnke Rn. 6; Fezer Rn. 6, 7; v. Schultz/Donle § 66 Rn. 17, § 79 Rn. 6; aA BPatG GRUR 1996, 872 – Beschwerdefrist; Büscher/Dittmer/Schiwy/Büscher Rn. 8; Ströbele/Hacker/Knoll Rn. 14 ff.). 9

C. Begründungspflicht (Abs. 2)

Die Begründung muss die Entscheidungsfindung nachvollziehbar machen (→ § 83 10 Rn. 42), um Willkür auszuschließen und um sie im Rechtsmittelverfahren überprüfbar machen. Das gilt ebenso für Wertfestsetzungen (KG BeckRS 2013, 4374).

Die Begründungspflicht gilt auch, wenn das BPatG in einseitigen Verfahren der 11 Beschwerde stattgibt. Das gilt nicht für stattgebende Entscheidungen, wenn der Anmelder die Waren und Dienstleistungen aus dem Streit genommen hat, auf die das DPMA seine Entscheidung gestützt hatte (zu Patentansprüchen: BPatG BeckRS 2016, 12102). Für die Beweiswürdigung gilt § 78 Abs. 1. Vor dem BPatG gilt wegen Abs. 2 der § 313a ZPO nicht (Ingerl/Rohnke Rn. 7).

Eine falsche Begründung macht die Entscheidung möglicherweise materiell unrechtmäßig. 12

I. Inhalt der Begründung

Den erforderlichen Inhalt der Begründung bestimmen § 313 Abs. 3 ZPO und hinsichtlich 13 der Beweiswürdigung § 78 Abs. 1 S. 2 (BGH NJW-RR 1995, 700 – Flammenüberwachung). § 79 Abs. 2 und § 83 Abs. 3 Nr. 6 verlangen eine Begründung, die die Entscheidungsfindung nachvollziehbar macht (→ § 83 Rn. 42 f.). Dabei kann das Gericht aus ökonomischen Gründen auch an sich vorgreifliche Fragen dahingestellt sein lassen, sogar die Zulässigkeit (Sendler DVBl. 1982, 923).

Eine Entscheidung kann knapp gehalten sein, wenn die Begründung klar und eindeutig 14 ist. Das Gericht hat nur die Gründe zu nennen, die es der Entscheidung zu Grunde legt (§ 286 Abs. 1 ZPO; → UMV Art. 75 Rn. 7). Die Umstände des Einzelfalles können die Begründungspflicht erhöhen. Je spezifischer und relevanter der Vortrag einer Partei ist, desto eher ist eine spezifische Antwort erforderlich. Gleiches gilt, wenn das BPatG seine Entscheidung auf andere Gründe stützt als das DPMA (→ § 70 Rn. 19, → § 70 Rn. 29; Fezer § 78 Rn. 3; vgl. auch EuGH BeckRS 2012, 80909 Rn. 116 ff., C-100/11 P – Botolist/Botocyl; T-242/02, GRUR Int 2005, 908 Rn. 75 – Top; C-20/08 P, BeckRS 2009, 70115 Rn. 31 – Windenergiekonverter; C-447/02 P, GRUR Int 2005, 227 Rn. 64 – Orange; EuG T-231/11, BeckRS 2012, 81907 Rn. 16 – Karomuster; T-304/06, BeckRS 2008, 70758 Rn. 54 – Mozart).

Ist eine Markenanmeldung wegen absoluter Schutzhindernisse bereits rechtskräftig zurück- 15 gewiesen, kann sich zwar das DPMA bei einer identischen Anmeldung durch denselben Anmelder auf die Prüfung einer zwischenzeitlichen Änderung der Sach- und Rechtslage

MarkenG § 79 Teil 3 Verfahren in Markenangelegenheiten

beschränken. Dies gilt aber nicht für das BPatG, wenn der Anmelder erst die zweite Ablehnung mittels Beschwerde vor das BPatG bringt. Im Übrigen sollte der Anmelder eine Änderung der Sach- bzw. der Rechtslage aufzeigen (→ UMV Art. 75 Rn. 25).

16 Eine **Bezugnahme auf die Begründung des angefochtenen Beschlusses** muss erkennbar machen, ob und inwieweit sich die Beschwerdeentscheidung die Begründung des angefochtenen Beschlusses zu eigen macht (→ UMV Art. 75 Rn. 51), Bezugnahmen auf andere Schriftstücke müssen diese genau bezeichnen und aufzeigen, welche Gründe daraus die Entscheidung stützen sollen (BPatG BeckRS 2016, 04244 – waxhouse).

16.1 Das EuG (T-501/13, GRUR-Prax 2016, 167 – Winnetou) erkennt Hinweise des EUIPO auf nationale Entscheidungen nicht als Begründung an; das muss auch umgekehrt gelten, wenn DPMA und BPatG auf Gründe des EUIPO oder EuG Bezug nimmt, ohne dies näher auszuführen. Das gilt ebenso für Bezugnahmen auf EuGH-Entscheidungen, an die das BPatG nicht gebunden ist.

17 Die der Entscheidung zu Grunde gelegten Tatsachen sind anzugeben; ein pauschaler Hinweis auf den Akteninhalt genügt nicht (BGH GRUR 1989, 494 – Schrägliegeeinrichtung). **Verweise** auf bekannte und zugängliche Unterlagen oder andere Entscheidungen können aber zulässig sein (→ § 83 Rn. 45). Auf von den Beteiligten beigebrachte Unterlagen kann also verwiesen werden, da diese ja allen bekannt sein müssen (§ 66 Abs. 4). Bezugnahmen auf nicht veröffentlichte und den Beteiligten auch sonst nicht bekannten Entscheidungen sind keine ausreichende Begründung (BGH GRUR 1991, 403; GRUR 1968, 615 f. – Ersatzzustellung; BeckRS 2008, 20933 Rn. 21 – Christkindles Glühwein). Der Zusammenhang zwischen den Tatsachen und den daraus gezogenen Schlüssen ist deutlich zu machen; ein Wiederholen des Gesetzestextes genügt dem nicht.

18 Weist die Begründung eines Beschlusses zwar einzelne **Ungereimtheiten** auf, wird aber im Verfahrens- bzw. Beschlusskontext deutlich, aus welchen Gründen die Entscheidung getroffen wurde, ist keine Rückzahlung der Beschwerdegebühr geboten (BPatG BeckRS 2016, 08400 – Flow/Flow Ride).

19 Das Gericht darf nicht über das entscheidungserhebliche Vorbringen und den Kern dieser Argumente hinweggehen (BGH GRUR 2012, 429 – Simca; → § 83 Rn. 43). Jedes selbständige Angriffs- und Verteidigungsmittel ist separat zu behandeln (BGH GRUR 2005, 258 f. – Roximycin; Fezer § 78 Rn. 3), sofern es rechtlich erheblich ist (BGH GRUR 1978, 423 – Mähmaschine; GRUR 1980, 846 f. – Lunkerverhütungsmittel). Eines Eingehens auf fern liegende Erwägungen bedarf es allerdings nicht.

20 Soweit die Beteiligten auf eine ihrer Ansicht nach bestehende Entscheidungspraxis verweisen, besteht zwar – diese vorausgesetzt – mangels Ermessensspielraum keine Bindungswirkung (→ § 8 Rn. 45), aber dennoch bedarf die Abweichung davon einer gedanklichen Auseinandersetzung (→ UMV Art. 76 Rn. 20; → UMV Art. 7 Rn. 8 f.), zumal derartige Eintragungen ja einen indiziellen, informatorischen Wert haben können (→ § 8 Rn. 44 f.). Dabei ist jedoch keine Beurteilung früher eingetragener Marken bzw. deren Kennzeichnungskraft und Schutzumfang vorzunehmen (EuG T-299/09 und T-300/09, BeckRS 2011, 80096 Rn. 41 – Kombination der Farben Ginstergelb und Silbergrau).

21 Dem Erfordernis, sich mit einer von seiner Auffassung abweichenden Entscheidung auseinanderzusetzen, kann es genügen, bei der Begründung der eigenen Entscheidung auf die Erwägungen einzugehen, auf denen die abweichende Beurteilung beruht.

21.1 Wie eingehend die schriftlichen Gründe das Ergebnis der gebotenen Auseinandersetzung mit einer anderen Entscheidung widerspiegeln müssen, lässt sich nicht verallgemeinern (BGH GRUR 2015, 199 – Sitzplatznummerierungseinrichtung).

II. Zeitpunkt der Begründung

22 Die Begründung kann nicht nachgeholt werden.

23 Der gesetzlich nicht vorgegebene, aber seit der Entscheidung des Gemeinsamen Senats der obersten Gerichtshöfe des Bundes (NJW 1973, 2603) allgemein als angemessen erachtete Zeitraum (keine Frist) für die Begründung innerhalb von **fünf Monaten** ab Verkündung entspricht von der Länge her § 548 ZPO. Innerhalb dieser Zeit muss der Senat die vollständig schriftlich niedergelegte und unterschriebene Entscheidung der Geschäftsstelle übergeben sein; eine Zustellung an die Beteiligten ist noch nicht erforderlich (BayVGH BeckRS 2015,

42462 – Bolzplatz). Das gilt auch für Verfahren (vor dem DPMA und) vor dem BPatG (BPatG BeckRS 2013, 01796 – 9,10-Diarylanthracens). Nach diesem Zeitraum gilt die Entscheidung als nicht mehr ausreichend mit Gründen versehen (§ 83 Abs. 3 Nr. 6; BGH GRUR-RR 2009, 191 – Traveltainment; zum Verkündungstermin → Rn. 4.1). Das Gericht müsste daher die mündliche Verhandlung wieder eröffnen (§ 76 Abs. 6 S. 2), wenn kein Übergang ins schriftliche Verfahren möglich ist.

D. Rechtsmittelbelehrung

§ 232 ZPO verlangt zwingend eine Rechtsmittelbelehrung, da in Markensachen vor dem BPatG eine anwaltliche Vertretung nicht obligatorisch ist (→ § 81 Rn. 1). Strittig ist, ob die zulassungsfreie Rechtsbeschwerde nach § 83 Abs. 3 ein ordentlicher Rechtsbehelf iSd Rechtsbehelfsbelehrungsgesetzes ist. **24**

Zum 1.1.2014 hat das Gesetz zur Einführung einer Rechtsbehelfsbelehrung im Zivilprozess ... vom 5.12.2012 (BGBl. I 2418) für Rechtsstreitigkeiten, in denen die anwaltliche Vertretung nicht obligatorisch ist, in § 232 ZPO eine Rechtsbehelfsbelehrungspflicht eingeführt. Nach der Gesetzesbegründung gilt die allgemeine Pflicht zur Rechtsbehelfsbelehrung gemäß § 99 Abs. 1 PatG auch in den Verfahren vor dem BPatG. Auch wenn die Gesetzesbegründung zu anderen Gesetzen zum Schutz des geistigen Eigentums schweigt, ist aufgrund von weiteren Generalverweisungen wie auf die ZPO in § 82 Abs. 1 S. 1 oder auf das Patentgesetz in § 23 Abs. 2 S. 3 DesignG, § 18 Abs. 2 S. 1 GebrMG, § 36 SortSchG und § 4 Abs. 4 S. 3 HalblSchG auch in allen anderen Bereichen eine Rechtsbehelfsbelehrung erforderlich. **24.1**

Keine Rechtsbehelfsbelehrungspflicht besteht nach der Gesetzesbegründung für außerordentliche Rechtsbehelfe, wie zB die Anhörungsrüge (§ 321a ZPO) sowie die Möglichkeit, Ergänzung oder Berichtigung der Entscheidung und des Tatbestands (§ 80) zu beantragen oder die Wiedereinsetzung in den vorigen Stand. Für die Zurückweisung der Beschwerde gegen die Versagung einer Kostenauferlegung sieht das BPatG keine Rechtsbehelfsbelehrung veranlasst (BPatG BeckRS 2015, 13952 – naturstrom). Strittig ist, ob die zulassungsfreie Rechtsbeschwerde nach § 83 Abs. 3 ein ordentlicher Rechtsbehelf iSd Rechtsbehelfsbelehrungsgesetzes ist. **25**

Bei der zulassungsfreien Rechtsbeschwerde handelt es sich nach hier vertretener Ansicht nicht um ein ordentliches Rechtsmittel, weil sie dem BGH als Rechtsbeschwerdegericht auch im Falle des Erfolgs nicht die Möglichkeit einer sachlichen Prüfung eröffnet (BGH GRUR 2013, 1046 (1048) Rn. 16 – Variable Bildmarke; GRUR 2009, 90 f. – Beschichten eines Substrats). Die Gesetzesbegründung hat die Verpflichtung zur Rechtsbehelfsbelehrung auch nicht auf außerordentliche Rechtsbehelfe erstreckt, zu denen zB auch die Anhörungsrüge gemäß § 321a ZPO gehört; die Gesetzesbegründung, dass über sämtliche Rechtsmittel zu belehren sei (BR-Drs. 308/12, 18 f.), ist jedoch nicht eindeutig. **25.1**

Für den Inhalt der Rechtsbehelfsbelehrung sind die entscheidenden Richter bzw. Rechtspfleger verantwortlich. Die Rechtsbehelfsbelehrung ist vor deren Unterschrift einzufügen und nicht nur der Entscheidung beizufügen (BR-Drs. 308/12, 19 7. Abs.). Sie soll vom übrigen Entscheidungstext abgesetzt und als Rechtsbehelfsbelehrung erkennbar sein. **26**

Enthalten weder der Tenor der Entscheidung noch die Gründe Ausführungen zur Zulassung der Rechtsbeschwerde, ersetzt eine die zugelassene Rechtsbeschwerde betreffende Rechtsmittelbelehrung die Zulassung nicht (vgl. BGH BeckRS 2014, 06966 Rn. 9). **27**

§ 80 Berichtigungen

(1) Schreibfehler, Rechenfehler und ähnliche offenbare Unrichtigkeiten in der Entscheidung sind jederzeit vom Patentgericht zu berichtigen.

(2) Enthält der Tatbestand der Entscheidung andere Unrichtigkeiten oder Unklarheiten, so kann die Berichtigung innerhalb von zwei Wochen nach Zustellung der Entscheidung beantragt werden.

(3) Über die Berichtigung nach Absatz 1 kann ohne vorherige mündliche Verhandlung entschieden werden.

(4) ¹Über den Antrag auf Berichtigung nach Absatz 2 entscheidet das Patentgericht ohne Beweisaufnahme durch Beschluß. ²Hierbei wirken nur die Richter mit, die bei der Entscheidung, deren Berichtigung beantragt ist, mitgewirkt haben.

(5) Der Berichtigungsbeschluß wird auf der Entscheidung und den Ausfertigungen vermerkt.

Überblick

Neben § 80 sind die §§ 319 ff. ZPO für die Berichtigung einer Entscheidung des BPatG zu beachten. Berichtigungen nach Abs. 1 können Tenor, Tatbestand und Gründen erfassen (→ Rn. 5) und von Amts wegen erfolgen (→ Rn. 9).

Tatbestandsberichtigung (→ Rn. 12) ist bei Entscheidungen, die auf Grund mündlichen Verhandlung ergangen sind, wichtig, weil hier die Feststellungen des BPatG als letzter Tatsacheninstanz den BGH insoweit binden (§ 89 Abs. 2 MarkenG, § 314 S. 1 ZPO), worauf es bei Entscheidung im schriftlichen Verfahren, wo die Aktenlage für den BGH erkennbar bleibt, nicht ankommt (→ Rn. 16).

Tatbestandsberichtigung verlangen einen Antrag (→ Rn. 9).

Auch Ergänzungen sind möglich (→ Rn. 22 ff.).

Übersicht

	Rn.		Rn.
A. Allgemeines	1	C. Tatbestandsberichtigung (Abs. 2)	12
B. Offenbare Unrichtigkeit (Abs. 1)	5	D. Ergänzung	22

A. Allgemeines

1 Die Vorschrift gilt analog für Entscheidungen des DPMA (BGH GRUR 1977, 780 f. – Metalloxyd; Ingerl/Rohnke Rn. 1). Für Berichtigung des Registers gilt jedoch § 45. Zur Berichtigung der Niederschrift (Protokollberichtigung) → § 77 Rn. 12.

1.1 Zum Unionsmarkenregister → UMV Art. 87 Rn. 4.

2 Die berichtigte Fassung einer Entscheidung tritt rückwirkend an die Stelle der ursprünglichen Fassung ohne die Wirksamkeit und den Lauf der ursprünglichen Rechtsmittelfrist zu beeinflussen (BGH GRUR 1995, 50 – Success) – es sei denn, erst die Berichtigung bewirkt eine Beschwer oder macht diese erkennbar (BGH NJW 1955, 989; Fezer Rn. 5; Ingerl/Rohnke Rn. 4).

3 Unrichtigkeit meint nicht falsche Rechtsauslegung oder -anwendung, sondern Texte, die von dem abweichen, was der Senat zum Ausdruck bringen wollte; das kann auch ein fehlender Text (Auslassung, → Rn. 8) sein; zur **Ergänzung** → Rn. 23).

4 Fehler in Ausfertigungen haben die Urkundsbeamten der Geschäftsstelle richtig zu stellen; hier liegt keine Unrichtigkeit der Entscheidung vor.

B. Offenbare Unrichtigkeit (Abs. 1)

5 Berichtigungen nach Abs. 1 können zum Tenor, zum Tatbestand oder zu den Gründen erfolgen. Abs. 1 erfasst im Gegensatz zu Abs. 2, die Entscheidung in vollem Umfang.

6 Die Unrichtigkeit muss offenbar sein; dh für jeden muss sich die Diskrepanz zwischen Erklärtem und erkennbar Gewolltem aus der Entscheidung selbst oder damit in unmittelbarem Zusammenhang stehenden Umständen klar ergeben (Ingerl/Rohnke Rn. 2). Daher können an der Beseitigung offenbarer Unrichtigkeiten anders als an der Berichtigung nach Abs. 4 S. 2 (→ Rn. 15) auch Richter mitwirken, die an der zu berichtigenden Entscheidung nicht beteiligt waren.

7 Widersprüchliche Formulierungen können nur berichtigt werden, wenn erkennbar ist, was das Gericht wirklich aussagen wollte. So kann der Tenor berichtigt werden, wenn die Begründung etwas anderes zeigt (BPatG BeckRS 2014, 16315).

8 Auslassungen können aufgefüllt werden, wenn Erörterungen an anderer Stelle zeigen, was fehlt.

9 Die Berichtigung nach Abs. 1 ist immer – auch noch nach Rechtskraft oder eingelegten Rechtsmitteln – möglich und erfolgt auf Antrag oder von Amts wegen ohne vorherige mündliche Verhandlung (→ § 69 Rn. 13) durch Beschluss (Abs. 3) des Senats, der die zu berichtigende Entscheidung erlassen hat.

10 Lehnt der Senat eine beantragte Berichtigung ab, ist dagegen kein isoliertes Rechtsmittel gegeben (§ 319 Abs. 2, Abs. 3 Hs. 1 ZPO; § 82 Abs. 2, § 83 Abs. 1 MarkenG; BGH NJW-RR 2004, 1654; Ingerl/Rohnke Rn. 5; v. Schultz/Donle Rn. 5).

11 Dies gilt – anders als nach § 319 Abs. 3 ZPO – wegen § 82 Abs. 2 auch für Beschlüsse, die eine Berichtigung aussprechen. Der Beschluss ist ja ggf. in seiner berichtigten Fassung Gegenstand der Überprüfung einer Rechtsbeschwerde.

C. Tatbestandsberichtigung (Abs. 2)

12 Für die Berichtigung des Tatbestandes ist ein **fristgebundener Antrag** erforderlich. Die Tatbestandsberichtigung erfasst unrichtige und fehlende Darstellungen; der Fehler muss hier nicht offensichtlich sein, sonst würde er schon nach Abs. 1 korrigiert. Hier kann das BPatG nicht von Amts wegen tätig werden.

12.1 Das Einlegen einer Rechtsbeschwerde ersetzt diesen Antrag nicht; sie kann nicht zur Änderung der Entscheidungsgrundlage führen (Fezer Rn. 11).

13 Die **Frist** kann nicht verlängert werden; **Wiedereinsetzung** nach § 91 Abs. 1 ist möglich.

14 Über den Antrag ist – wenn beantragt – in mündlicher Verhandlung zu entscheiden (Umkehrschluss zu Abs. 3).

15 Die Tatbestandsberichtigung können nur Richter beschließen, die an der zu berichtigenden Entscheidung mitgewirkt haben; **verhinderte Richter** werden also nicht ersetzt, so dass eine Berichtigung nur solange möglich ist, als einer der ursprünglich beteiligten Richter zur Verfügung steht (Ingerl/Rohnke Rn. 3). Ein Richter kann hieran auch nach einem Wechsel in einen anderen Senat des BPatG mitwirken (zu § 96 PatG: BPatG BeckRS 2014, 07694 – Nitride semiconductor laser device).

16 Wegen der **Beweiskraft** für das mündliche Parteivorbringen (§ 314 ZPO) ist der Tatbestand zu berichtigen, soweit er als sachliche Entscheidungsgrundlage für den BGH von Bedeutung sein kann (BGH GRUR 1997, 634 f. – Turbo II; BPatG GRUR 1978, 40 – Tatbestandsberichtigung; Ingerl/Rohnke Rn. 3; Schulte/Püschel PatG § 96 Rn. 5) und darf das im Tatbestand fehlende Vorbringen nicht schriftsätzlich dokumentiert werden (HK-MarkenR/Fuchs-Wissemann Rn. 2). Nur soweit die zu berichtigenden Fakten (nicht Rechtsmeinungen, Würdigung, Schlussfolgerungen, Beweiswürdigung, BPatG BeckRS 2015, 10488) bzw. auszufüllenden Lücken für die Rechtsmittelinstanz bedeutsam sein können, besteht insoweit ein **Rechtsschutzbedürfnis** (BPatG BeckRS 2014, 16374), also nie bei im schriftlichen Verfahren ergangenen Beschlüssen, deren Grundlagen urkundlich belegt sein müssen (BPatG BeckRS 2016, 12920; 2014, 16374; 2014, 19841; KG NJW 1966, 601; Schulte/Püschel PatG § 96 Rn. 4; v. Schultz/Donle Rn. 6).

17 Zur Berichtigung des Tatbestandes gehört es auch, in den Entscheidungsgründen enthaltene Textpassagen zu berichtigen, wenn diese tatsächliches Vorbringen der Parteien wiedergeben (BPatG BeckRS 2016, 10717; BGH NJW 1993, 1851).

18 Ist gegen den zu berichtigenden Beschluss die Rechtsbeschwerde nicht zugelassen, muss der Antragsteller substantiiert darlegen, inwieweit die beantragte Berichtigung für die Beurteilung der Voraussetzungen einer zulassungsfreien Rechtsbeschwerde (§ 83 Abs. 3) bedeutsam sein kann.

19 Zur Klärung der Frage, ob tatsächlich eine falsche Darstellung vorliegt, ist keine Beweisaufnahme möglich (Fezer Rn. 13).

20 Den Antrag auf Tatbestandsberichtigung darf das Gericht nicht mit der Begründung ablehnen, auf das zu ergänzende Vorbringen komme es nicht an, wenn das Vorbringen gerade deshalb dokumentiert werden soll, damit seine Relevanz im Rechtsbeschwerdeverfahren geprüft werden kann. Macht die Berichtigung Widersprüche zwischen Tatbestand und rechtlicher Würdigung deutlich, verspricht die Rechtsbeschwerde Erfolg (Fezer Rn. 9).

MarkenG § 81   Teil 3 Verfahren in Markenangelegenheiten

21   Der eine Tatbestandsberichtigung ablehnende Beschluss ist **unanfechtbar** (Fezer Rn. 9).

D. Ergänzung

22   Ergänzungen nach § 321 ZPO sind möglich, obwohl hier nur von „Berichtigung" gesprochen wird (BPatG BeckRS 2016, 09906 zu § 99 PatG). Für die Ergänzung ist ein **Antrag** binnen zwei Wochen ab Zustellung der zu ergänzenden Entscheidung erforderlich (§ 321 Abs. 2 ZPO).

22.1   Das BPatG hat mit Beschl. v. 24.3.2016 (BPatG BeckRS 2016, 09906) eine Ergänzung dahingehend vorgenommen, die einer von zwei Klägerinnen entstandenen gerichtlichen Kosten der Beklagten aufzuerlegen, weil die Entscheidungsgründe eine vollumfängliche Freistellung von jeglicher Kostentragungspflicht ausgesprochen hatten, der Tenor aber nur eine Pflicht zur Kostentragung durch die Beklagte zu zwei Dritteln.

23   Zeigt die Berichtigung des Tatbestands, dass dort (nunmehr) dargestellte Haupt- oder Nebenanträge ganz oder teilweise übergangen worden sind, ermöglicht der nach § 82 Abs. 1 S. 1 anzuwendende § 321 ZPO eine Ergänzung der Entscheidung (BGH GRUR-Prax 2014, 141; BPatG GRUR 1965, 51; 1971, 233; Mes PatG § 95 Rn. 8 unter Bezug auf den Grundsatz, dass dem wahren Willen der Behörde bei offenbaren Unrichtigkeiten des Entscheidungsinhalts Vorrang vor den Zufälligkeiten des äußeren Ausdrucks gebühre; BPatGE 13 W (pat) 73/79, BPatGE 24, 50).

24   Schafft erst die Berichtigung des Tatbestands die Voraussetzungen einer Ergänzung, so beginnt die **Frist** für den Antrag auf Ergänzung mit der Zustellung des Berichtigungsbeschlusses (BGH NJW 1982, 1821; 1984, 1240; BPatG BeckRS 2012, 04512 – meso).

25   Im Wege der Ergänzung kann der Senat die **Rechtsbeschwerde nicht nachträglich zulassen.** Dies wäre eine unzulässige Abänderung des erlassenen Beschlusses (BGH NJW 2004, 779; BPatG GRUR 2007, 156 – Anhörungsrüge; Fezer § 79 Rn. 10), es sei denn das Gericht wollte die Rechtsbeschwerde zulassen, und dies ist versehentlich unterblieben. Dieses Versehen muss sich allerdings aus dem Zusammenhang der Entscheidung selbst oder mindestens aus den Vorgängen bei der Beschlussfassung ergeben, etwa durch Anheimgabe des Beitritts (→ § 68 Rn. 12), und ohne weiteres deutlich sein (BGH NJW 2005, 156). Eine ergänzende Zulassung der Rechtsbeschwerde ist analog § 321a ZPO möglich, wenn die willkürliche Nichtzulassung Verfahrensgrundrechte des Beschwerdeführers verletzt (BGH NJW 2004, 2529).

26   Das BPatG muss nicht in jedem Fall im Tenor eine **Kostenentscheidung** treffen (§ 71 Abs. 1 S. 2). Ist ein vor der Entscheidung gestellter Kostenantrag aber nicht nur im Tenor, sondern auch in den Gründen unerwähnt geblieben, schließt § 71 Abs. 1 S. 2 eine Ergänzung des Beschlusses nicht aus (Ingerl/Rohnke § 71 Rn. 9).

27   Die **Unterschrift** eines Richters auf der Urschrift des Beschlusses kann nachgeholt werden, auch nach Ablauf der Frist von fünf Monaten für das Absetzen des Beschlusses (OVG NRW DÖV 2014, 720).

§ 81 Vertretung; Vollmacht

(1) ¹**Die Beteiligten können vor dem Patentgericht den Rechtsstreit selbst führen.** ²§ 96 bleibt unberührt.

(2) ¹**Die Beteiligten können sich durch einen Rechtsanwalt oder Patentanwalt als Bevollmächtigten vertreten lassen.** ²Darüber hinaus sind als Bevollmächtigte vor dem Patentgericht vertretungsbefugt nur

1. Beschäftigte des Beteiligten oder eines mit ihm verbundenen Unternehmens (§ 15 des Aktiengesetzes); Behörden und juristische Personen des öffentlichen Rechts einschließlich der von ihnen zur Erfüllung ihrer öffentlichen Aufgaben gebildeten Zusammenschlüsse können sich auch durch Beschäftigte anderer Behörden oder juristischer Personen des öffentlichen Rechts einschließlich der von ihnen zur Erfüllung ihrer öffentlichen Aufgaben gebildeten Zusammenschlüsse vertreten lassen,

2. volljährige Familienangehörige (§ 15 der Abgabenordnung, § 11 des Lebenspartnerschaftsgesetzes), Personen mit Befähigung zum Richteramt und Streitgenossen, wenn die Vertretung nicht im Zusammenhang mit einer entgeltlichen Tätigkeit steht.
³Bevollmächtigte, die keine natürlichen Personen sind, handeln durch ihre Organe und mit der Prozessvertretung beauftragten Vertreter.

(3) ¹Das Gericht weist Bevollmächtigte, die nicht nach Maßgabe des Absatzes 2 vertretungsbefugt sind, durch unanfechtbaren Beschluss zurück. ²Prozesshandlungen eines nicht vertretungsbefugten Bevollmächtigten und Zustellungen oder Mitteilungen an diesen Bevollmächtigten sind bis zu seiner Zurückweisung wirksam. ³Das Gericht kann den in Absatz 2 Satz 2 bezeichneten Bevollmächtigten durch unanfechtbaren Beschluss die weitere Vertretung untersagen, wenn sie nicht in der Lage sind, das Sach- und Streitverhältnis sachgerecht darzustellen.

(4) Richter dürfen nicht als Bevollmächtigte vor dem Gericht auftreten, dem sie angehören.

(5) ¹Die Vollmacht ist schriftlich zu den Gerichtsakten einzureichen. ²Sie kann nachgereicht werden. ³Das Patentgericht kann hierfür eine Frist bestimmen.

(6) ¹Der Mangel der Vollmacht kann in jeder Lage des Verfahrens geltend gemacht werden. ²Das Patentgericht hat den Mangel der Vollmacht von Amts wegen zu berücksichtigen, wenn nicht als Bevollmächtigter ein Rechtsanwalt oder ein Patentanwalt auftritt.

Überblick

§ 81 entspricht weitgehend § 79 ZPO sowie dem ebenfalls daran angelehnten § 97 PatG. § 81 regelt nur die gewillkürte Vertretung; für die gesetzliche Vertretung gelten die allgemeinen Regelungen.

Abs. 2 S. 1 stellt Patent- und Rechtsanwälte für die Verfahren vor dem BPatG gleichberechtigt nebeneinander. Dies hat zur Folge, dass deutsche Patentanwälte die Voraussetzungen des Art. 93 Abs. 2 UMV erfüllen.

Vor dem BPatG besteht kein Anwaltszwang (→ Rn. 1), aber § 96 verlangt für Ausländer einen Inlandsvertreter.

Die Vertretungsbefugnis regelt Abs. 2 abschließend (→ Rn. 2), zur Notwendigkeit und zum Umfang der Vollmacht → Rn. 17 ff.

Übersicht

	Rn.		Rn.
A. Vertreter	1	B. Vollmacht	17

A. Vertreter

Vor dem BPatG kann sich jeder selbst vertreten. Er kann auch dann selbst Verfahrenshandlungen vornehmen, wenn er einen Vertreter bestellt hat. Das gilt sogar für den, der gemäß § 96 einen **Inlandsvertreter** benötigt. Dies hat zur Folge, dass Beschlüsse des BPatG in Markensachen nach § 232 ZPO zwingend eine Rechtsmittelbelehrung enthalten müssen (→ § 79 Rn. 25 f.; → § 70 Rn. 37). **1**

Jeder Verfahrensbeteiligte kann trotz Bestellung eines (Inlands)Vertreters ohne dessen Begleitung entweder selbst auftreten oder sich im Beschwerdeverfahren durch eine andere vertretungsbefugte Person (Abs. 2) vertreten lassen (BPatG BeckRS 1996, 12429 – Lifeline New Cotton/Lifetime). Soweit § 96 einen Inlandsvertreter verlangt, ist dessen Bestellung nur Zulässigkeitsvoraussetzung (BGH GRUR 1969, 437 – Inlandsvertreter; GRUR 1964, 500). Allerdings schließt die Vollmacht für den Inlandsvertreter eine Prozessvollmacht ein (Fezer Rn. 24). **1.1**

Die Notwendigkeit eines Inlandsvertreters erscheint EU-intern fraglich. Der Zweck der Inlandsvertretung besteht darin, DPMA und BPatG sowie den übrigen Verfahrensbeteiligten den prozessualen Umgang mit ausländischen Rechtsinhabern zu erleichtern (BPatG BeckRS 1996, 10393 – Ultra Glow). **1.2**

Auch das EUIPO schafft dies (in der Regel per Fax) europaweit und verlangt nur für EU-Ausländer einen Bevollmächtigten in der EU (→ UMV Art. 92 Rn. 2). Die Anforderungen an die Übermittlung sollten hier auf das europäische Niveau (→ UMV Art. 79 Rn. 1 ff.) gesenkt werden.

2 Wer **vertretungsbefugt** ist, regelt Abs. 2 abschließend.

3 Den Anwälten stehen deren allgemeine Vertreter (§ 53 BRAO, § 46 PatAnwO) und Abwickler (§ 55 BRAO, § 48 PatAnwO) gleich.

4 **Rechtsreferendare** kann der Anwalt, bei dem sie im Vorbereitungsdienst beschäftigt sind, zur Untervertretung in der Verhandlung vor dem BPatG bevollmächtigen.

5 Ein nicht zum allgemeinen Vertreter/Abwickler bestellter **Patentanwaltskandidat** darf in der mündlichen Verhandlung vor dem BPatG nicht als freiberuflich tätiger Parteivertreter auftreten (BPatG BeckRS 2005, 32633 – Windenergieanlage).

6 Die Vertretungsbefugnis für **Patentassessoren** folgt aus Abs. 2 S. 2 Nr. 1 und ist auf die Vertretung des Unternehmens des Dienstherrn bzw. damit verbundener Unternehmen beschränkt (§§ 155 Abs. 1, 156 PatAnwO; Fezer Rn. 10 f.). Zu **Erlaubnisscheininhabern** s. Benkard/Schäfers § 25 Rn. 13; Fezer Rn. 8 f.

6.1 Vor den Zivilgerichten werden die Kosten für Patentassessoren an Stelle eines mitwirkenden Patentanwalts teilweise ersetzt (OLG Frankfurt BeckRS 2013, 16793 m. Anm. Mayer FD-RVG 2013, 347962).

7 **Europäische Rechtsanwälte** sind vertretungsbefugt (§ 2 Abs. 1 EuRAG).

8 Soweit **Beschäftigte** auftreten dürfen, ist der Begriff weit auszulegen; Behörden und juristische Personen des öffentlichen Rechts können sich auch durch Beschäftigte der Aufsichtsbehörden oder kommunaler Verbände vertreten lassen (Ströbele/Hacker/Knoll Rn. 8). Beschäftigte können aber nur natürliche Personen sein.

9 Ob eine **unentgeltliche Vertretung** iSd Abs. 2 S. 2 Nr. 2 vorliegt, ist – anders als bei § 6 Abs. 2 RDG – streng zu beurteilen (§ 6 Abs. 1 RDG). Nur insoweit ist ein **Ausschluss** nach Abs. 3 S. 3 möglich. Er ist sehr zurückhaltend auszusprechen, zumal kein Anwaltszwang vorgeschrieben ist. Andererseits zeigt diese Möglichkeit Erwartungen an die Qualifikation, weshalb die Notwendigkeit der Anwaltskosten iSd § 91 ZPO bei der Kostenerstattung im Regelfall wohl anzunehmen ist.

10 Eine **Vertretung durch juristische Personen** ist abgesehen von Anwaltsgesellschaften nur durch einen Streitgenossen (§§ 59 ff. ZPO) zugelassen. Auch hier muss eine unentgeltliche Prozessvertretung vorliegen (Fezer Rn. 18).

11 Vor einem Ausschluss und vor der **Zurückweisung eines Bevollmächtigten** (Abs. 3 S. 2) kann dieser wirksame Prozesshandlungen vornehmen. Die Zurückweisung mangels Vertretungsbefugnis ist daher formal auszusprechen.

12 **Pensionierte Richter** erfasst Abs. 4 seinem Wortlaut nach nicht. Da es ihnen nicht verwehrt ist, eine rechtsberatende Tätigkeit aufzunehmen und sich als Rechtsanwalt bestellen zu lassen, ist auch keine strengere Auslegung geboten (BFH NJW 2009, 1632; VG Münster BeckRS 2015, 54781).

13 Vorbehalte gegen das Auftreten ehemaliger Richter sind jedoch ernst zu nehmen. Es besteht ein nicht ganz fernliegendes Unbehagen, da durch das Auftreten in der Öffentlichkeit oder beim jeweiligen Prozessgegner der Eindruck entstehen könnte, die zur Entscheidung berufenen Richter könnten in einen Interessenskonflikt geraten (vgl. OLG Nürnberg BeckRS 2009, 16423).

14 Eine **Doppelvertretung** durch Rechts- und Patentanwalt gilt vor dem BPatG nicht von Gesetzes wegen als notwendig (§ 143). Anders als für die Patent-, Gebrauchsmuster- und Designnichtigkeitsverfahren ist für Markenlöschungsverfahren keine Diskussion um die Notwendigkeit einer Doppelvertretung durch Rechts- und Patentanwalt feststellbar.

14.1 Albrecht/Hoffmann Vergütung Rn. 1052 ff.; obwohl der Antrag auf Löschung einer Marke die Antwort dessen sein, der wegen Verletzung dieser Marke in Anspruch genommen wurde, sein kann, erscheint in Markensachen eine Abstimmung des Vorgehens (BGH BeckRS 2013, 01586; GRUR-Prax 2013, 64) in diesen beiden Verfahren offenbar unproblematisch.

14.2 In Nebenverfahren, wie Kostenfestsetzung, sind die Kosten einer Doppelvertretung grundsätzlich nicht erstattungsfähig (BPatG BeckRS 2014, 0140).

15 Die Zuziehung eines **Beistands** zur mündlichen Verhandlung gemäß § 90 ZPO iVm § 82 Abs. 1 S. 1 ist keine Vertretung.

Die um ein Recht streitenden Parteien können durchaus gegenüber Dritten gemeinsam 16
vorgehen. So können Auftragnehmer und Auftraggeber bzw. Lizenznehmer und Markeninhaber, die um das Bestehen von Rechten oder deren Umfang streiten, sowie Markeninhaber, die um eine Abgrenzung streiten, gegenüber Drittmarken Widersprüche und Löschungsanträge gemeinsam verfolgen bzw. Marken gegen Angriffe verteidigen. Übernimmt der Anwalt, der bereits einen der Beteiligten vertritt, auch dieses Verfahren, so ist das kein **Parteiverrat**, weil er insoweit ja keine einander entgegengesetzten Interessen vertritt.

B. Vollmacht

Der Umfang der Vollmacht ergibt sich aus den §§ 81 ff. ZPO. Umfasst die in den beigezo- 17
genen Akten des DPMA enthaltene Vollmacht die Vertretung im Beschwerdeverfahren, kann der Mandant bzw. sein Vertreter darauf Bezug nehmen (BPatG GRUR 1962, 515; 1962, 33).

Obwohl üblicher Weise der mit der Anmeldung beauftragte Anwalt auch für eventuell 18
nachfolgende Widerspruchsverfahren Verfahrensbevollmächtigter ist, umfasst nicht jede Vollmacht für die Anmeldung automatisch das **Widerspruchsverfahren** (Albrecht/Hoffmann Vergütung Rn. 74).

Rechts- und Patentanwälte müssen eine **schriftliche Vollmacht** nur nach Rüge durch 19
einen anderen Beteiligten vorlegen (Abs. 6 S. 1); das ist für **Inlandsvertreter** umstritten (→ § 66 Rn. 58). Bei anderen Personen erfolgt die Prüfung der Vollmacht von Amts wegen (Abs. 6 S. 2). Wird die Vollmacht eines Anwalts in der mündlichen Verhandlung überraschend gerügt, ist er mit Fristsetzung zur Nachreichung (Abs. 5 S. 2, 3) einstweilig zuzulassen (§ 89 Abs. 1 ZPO). Ohne endgültigen Vollmachtsnachweis können dem Vertreter Kosten auferlegt werden (§ 89 Abs. 1 S. 3 ZPO).

Die Vorlage einer Vollmacht im Beschwerdeverfahren wirkt als Genehmigung; die Voll- 20
machtsmängel (§ 15 Abs. 1 und 4 DPMAV) im Verfahren vor dem DPMA bleiben davon unberührt (BPatG GRUR 1989, 46).

§ 87 Abs. 1 Hs. 2 ZPO, wonach das **Erlöschen der Vollmacht** erst mit der Bestellung 21
eines neuen Vertreters wirksam wird, gilt vor dem BPatG mangels Anwaltszwang (→ Rn. 1) nicht (BPatG GRUR 1998, 59 – Bea Coveri). Nur für den erforderlichen Inlandsvertreter enthält § 96 Abs. 4 ausdrücklich eine § 87 Abs. 1 ZPO entsprechende Regelung.

§ 81a Verfahrenskostenhilfe

(1) Im Verfahren vor dem Patentgericht erhält ein Beteiligter auf Antrag unter entsprechender Anwendung der §§ 114 bis 116 der Zivilprozessordnung Verfahrenskostenhilfe.

(2) Im Übrigen sind § 130 Absatz 2 und 3 sowie die §§ 133 bis 137 des Patentgesetzes entsprechend anzuwenden.

Überblick

Die Verfahrenskostenhilfe vor dem BPatG regelt § 81a über spezielle Verweise, so dass der generelle Verweis auf die ZPO in § 82 nicht zum Tragen kommt. § 81a verweist hinsichtlich der allgemeinen Voraussetzungen, wie Bedürftigkeit (→ Rn. 41), Erfolgsaussichten (→ Rn. 56) und fehlenden Mutwillen (→ Rn. 60) auf § 114 ZPO, für den geforderten zumutbaren Einsatz von Einkommen und Vermögen auf § 115 ZPO (→ Rn. 53) sowie für Parteien kraft Amtes (→ Rn. 49), juristische Personen und parteifähige Vereinigungen (→ Rn. 48) auf § 116 ZPO.

Verfahrenskostenhilfe gewährt das BPatG nur auf einen Antrag hin (→ Rn. 27); darin hat der Antragsteller ein Rechtsschutzinteresse aufzuzeigen (→ Rn. 36).

Im Übrigen verweist § 81a auf das PatG, was das Verfahren (§ 135 PatG, → Rn. 6), die Wirkungen der Verfahrenskostenhilfe (§ 130 Abs. 2 PatG, → Rn. 10) und die Behandlung von Personenmehrheiten (§ 130 Abs. 3 PatG, → Rn. 46) anbelangt. Ferner kann über § 133 PatG ein Anwalt beigeordnet werden (→ Rn. 64).

Entscheidungen über Verfahrenskostenhilfe des BPatG sind in Markensachen in der Regel nicht anfechtbar (→ Rn. 73 ff.), soweit nicht Rechtspfleger tätig waren (→ Rn. 76).

Für die Änderung und Aufhebung der Verfahrenskostenhilfe verweist § 81a einerseits auf § 137 PatG (→ Rn. 94) und andererseits über den Verweis auf § 136 PatG auf § 120a ZPO (→ Rn. 89) und § 124 ZPO (→ Rn. 84).

Übersicht

	Rn.		Rn.
A. Allgemeines	1	V. Mutwille	60
I. Verfahrensfragen	4	**C. Beiordnung eines Anwalts**	64
1. Zuständigkeit	5		
2. Rechtliches Gehör	7	**D. Bestands- und Rechtskraft**	73
II. Wirkungen der Bewilligung oder Versagung von Verfahrenskostenhilfe	10	I. Rechtsbehelfe und -mittel	73
		II. Rechtskraft	80
B. Voraussetzungen	27	III. Aufhebung und Änderung	82
I. Antrag	27	1. Aufhebung nach § 124 ZPO	84
II. Rechtsschutzinteresse	36	2. Änderung nach § 120a ZPO	89
III. Wirtschaftliche Voraussetzungen	41	3. Aufhebung nach § 137 PatG	94
1. Allgemeines	41	4. Zuständigkeit	99
2. Mehrere Beteiligte	46	5. Wirkungen der Aufhebung	103
3. Juristische Personen, Beteiligte kraft Amtes	48	6. Rechtsmittel	108
4. Einsatz des eigenen Einkommens und Vermögens	53	**E. Länderübergreifende Prozesskostenhilfe**	110
IV. Erfolgsaussichten	56	**F. Beratungshilfe**	114

A. Allgemeines

1 § 81a eröffnet Verfahrenskostenhilfe in Markensachen **vor dem BPatG;** für Löschungsverfahren nach § 55 vor den ordentlichen Gerichten gelten die §§ 114 ff. ZPO direkt, vor dem BGH § 88 Abs. 1 S. 3. Für die Verfahren beim BPatG verweist § 81a auf die §§ 114–116 ZPO, auf § 130 Abs. 2 und 3 PatG sowie auf die §§ 133–137 PatG und damit über § 136 PatG auf weitere Vorschriften der ZPO. Neben der Verfahrenskostenhilfe besteht nur im Rechtsbeschwerdeverfahren die Möglichkeit einer Streitwertherabsetzung (→ § 71 Rn. 48; → § 142 Rn. 2).

1.1 Der ursprünglich vom Gesetzgeber gewollte generelle Ausschluss der Verfahrenskostenhilfe in Markensachen mochte für Markenanmeldungen (BGH GRUR 2009, 88 – Atoz I) und Verlängerungsgebühren angesichts einer „fehlenden wirtschaftlichen Notwendigkeit" noch gerechtfertigt gewesen sein. Bereits für Erinnerung und Widerspruch stieß dies aber schon vor Inkrafttreten des § 81a auf Zweifel. Eine analoge Anwendung der §§ 114 ff. ZPO galt als verfassungsrechtlich geboten (BGH GRUR 2010, 270 Rn. 11 – Atoz III; BPatG GRUR 2003, 728 – Ü30-Party), wurde aber mit § 81a nur für das Beschwerdeverfahren umgesetzt. Unbemittelte werden daher die Erinnerung wohl überspringen (→ § 64 Rn. 24) und gleich den Beschwerdeweg beschreiten, wo Verfahrenskostenhilfe zur Verfügung steht.

1.2 Vor dem DPMA sollte Verfahrenskostenhilfe möglich werden, wenn dort Löschungsverfahren geführt werden können (→ MarkenR Einleitung Rn. 76; → § 70 Rn. 11 f.).

2 Der Antragsteller hat bei Vorliegen der Voraussetzungen einen **Rechtsanspruch** auf Verfahrenskostenhilfe; das verdeutlicht die Formulierung in § 114 ZPO „erhält auf Antrag Prozesskostenhilfe" (vgl. auch § 129 PatG mit der Formulierung „erhält ein Beteiligter Verfahrenskostenhilfe"). Die Bewilligung ist also eine gebundene Entscheidung, die nicht im Ermessen der zur Entscheidung berufenen Stelle (→ Rn. 2) steht.

3 Verfahrenskostenhilfe wird nicht gewährt für das Verfahrenskostenhilfeverfahren und nach hM auch nicht für das **Akteneinsichtsverfahren.** Letzteres erscheint nicht schlüssig, ist die Akteneinsicht doch oft eine vorbereitende Handlung für Schritte in solchen Verfahren, für die dann Prozess- oder Verfahrenskostenhilfe in Betracht kommt (vgl. Metternich in Fitzner/Lutz/Bodewig, Patentrechtskommentar, 4. Aufl. 2012, Rn. 5). Allerdings müssten jedenfalls am Verfahren unbeteiligte Dritte (→ § 62 Rn. 3) ein Interesse darlegen, das staatliche Hilfe über Verfahrenskostenhilfe rechtfertigt.

I. Verfahrensfragen

§ 135 PatG, auf den Abs. 2 verweist, enthält wesentliche Bestimmungen über das Verfahren zur Bewilligung der Verfahrenskostenhilfe. Er ist jedoch keine abschließende Regelung; über § 136 sind nämlich des weiteren Verfahrensbestimmungen der ZPO anwendbar, insbesondere zur Erklärung über die persönlichen und wirtschaftlichen Verhältnisse und deren Glaubhaftmachung (→ Rn. 41 f.), § 114 Abs. 2–4 ZPO, § 118 Abs. 2 und 3 ZPO sowie zur Anhörung des Gegners in zweiseitigen Verfahren (→ Rn. 7), § 118 Abs. 1 ZPO. **4**

1. Zuständigkeit

Beim BPatG ist der für das Hauptsacheverfahren zuständige Senat auch für die Entscheidung über die dafür beantragte Verfahrenskostenhilfe zuständig. Die Entscheidung ergeht **ohne mündliche Verhandlung** (§ 127 Abs. 1 S. 1 ZPO); in zweiseitigen Verfahren kann das BPatG die Beteiligten aber zu einer mündlichen Erörterung laden, wenn es eine Einigung erwartet (vgl. § 118 Abs. 1 S. 3 ZPO). **5**

Die Rechtspfleger sind nur für einzelne Maßnahmen zuständig (§§ 23 Nr. 2, 20 Nr. 4 RPflG). Sie führen im Auftrag des Vorsitzenden Erhebungen durch und holen Auskünfte ein (§ 118 Abs. 2 ZPO; → Rn. 45). Sie entscheiden über die Einstellung und Wiederaufnahme von Ratenzahlungen (§ 120 Abs. 3 ZPO). Eine Übertragung der Entscheidung über die Bewilligung der Verfahrenskostenhilfe auf den Rechtspfleger (§ 20 Abs. 2 und 3 RPflG) ist beim BPatG nicht möglich. Dagegen ist der Rechtspfleger für Änderung und Aufhebung der Verfahrenskostenhilfe zuständig (→ Rn. 99). **6**

2. Rechtliches Gehör

Der Antragsteller und auch andere Beteiligte des Hauptverfahrens haben Anspruch auf rechtliches Gehör. Es ist im Interesse des Fiskus **auch der Gegner** zu hören (§ 118 Abs. 1 S. 1 ZPO), allerdings nicht zu den persönlichen Voraussetzungen (BGH NJW 2015, 1827 Rn. 18 – Meistbegünstigung mAnm Zempel). Zu Äußerungen anderer ist wiederum der Antragsteller zu hören. Eine Erstattung der Kosten der Anhörung erfolgt nicht (§ 118 Abs. 1 S. 4 ZPO; BPatG 5 W 431/63, GRUR 1966, 222). Die Anhörung kann auch im Rahmen einer mündlichen Verhandlung erfolgen (→ Rn. 5). **7**

§ 117 Abs. 2 S. 2 ZPO (BeckOK ZPO/Reichling ZPO § 117 Rn. 42) und § 127 Abs. 1 S. 3 ZPO (BeckOK ZPO/Kratz ZPO § 127 Rn. 18) setzen der Pflicht, den Gegner anzuhören, Grenzen. So ist dem Gegner zwar Gelegenheit zur Stellungnahme zu den sachlichen Voraussetzungen der Bewilligung zu geben (BGH NJW 1984, 740), wenn dies nicht aus besonderen Gründen unzweckmäßig erscheint (§ 118 Abs. 1 S. 1 ZPO). Aber dies beschränkt sich auf die Fragen der Erfolgsaussicht sowie der fehlenden Mutwilligkeit und bezieht sich nicht auf die persönlichen und wirtschaftlichen Verhältnisse des Antragstellers; die Persönlichkeitsrechte des Antragstellers gehen hier vor (BGH NJW 2015, 182). Die Erklärung über die persönlichen und wirtschaftlichen Verhältnisse sowie die dazu eingereichten Belege dürfen dem Gegner nur zugänglich gemacht werden, wenn der Antragsteller damit einverstanden oder nach zivilrechtlichen Bestimmungen dazu verpflichtet ist, sie frei zu geben (vgl. dazu Timme NJW 2013, 3057 f.; vgl. zur Akteneinsicht BGH NJW 2015, 1827). **7.1**

Die Anhörung des Gegners ist nicht erforderlich, wenn der Antrag auf Verfahrenskostenhilfe ohne weiteres zurückzuweisen ist, da dies den Gegner nicht in seinen Interessen berührt. **7.2**

Das BPatG darf nicht über die Hauptsache entscheiden, solange es über den Antrag auf Verfahrenskostenhilfe noch nicht entschieden hat (vgl. BGH NJW-RR 2016, 186). Dazu muss der Antragsteller die Beschwerde nicht unter der Bedingung einer Gewährung von Verfahrenskostenhilfe eingelegt haben. **8**

Sogar vor einer **Abhilfe** muss das DPMA die Entscheidung des BPatG über die Verfahrenskostenhilfe für das Beschwerdeverfahren abwarten (§ 66 Abs. 5 S. 6). **9**

II. Wirkungen der Bewilligung oder Versagung von Verfahrenskostenhilfe

Der Antrag auf Verfahrenskostenhilfe für eine (beabsichtigte) Beschwerde innerhalb der Beschwerdefrist hemmt über § 134 PatG die Frist zur Zahlung der Beschwerdegebühr ab Antragstellung. Das schützt den Antragsteller für die Zeit, in der über seinen Verfahrenskos- **10** tenhilfe-Antrag noch nicht entschieden ist und erst nach Ablauf der Zahlungsfrist ablehnend entschieden wird.

11 Der Antragsteller erhält so die Möglichkeit, die Gebühr auch dann noch fristwahrend zu entrichten, wenn sein **Antrag auf Verfahrenskostenhilfe abgelehnt** wird, oder den Antrag zurückzunehmen.

12 Hatte der Antragsteller die Beschwerde nicht (bedingt) eingelegt und den Ausgang des Verfahrenskostenhilfe-Verfahren abgewartet, muss er **Wiedereinsetzung in die Beschwerdefrist** beantragen (→ § 66 Rn. 79). Dafür hat er zwar nach § 91 Abs. 2 zwei Monate Zeit, aber es wird auch vertreten, die Monatsfrist nach § 66 Abs. 2 anzuwenden.

12.1 Bis dies höchstrichterlich geklärt ist, sollte der Beschwerdeführer vorsichtshalber die Monatsfrist einhalten. Hatte er die Beschwerde unbedingt eingelegt, kann er diese zurücknehmen oder die Gebühr nicht bezahlen, damit sie als zurückgenommen gilt (§ 6 Abs. 2 PatKostG).

13 Wer für eine (beabsichtigte) Beschwerde innerhalb der Beschwerdefrist Verfahrenskostenhilfe beantragt, ist bis zur Entscheidung über seinen Antrag schuldlos verhindert, die Rechtsmittelfrist einzuhalten (BPatG BeckRS 2016, 03656 – BioForge).

14 Die Wirkungen treten allerdings nicht ein bei Wiederholung eines in der Sache bereits zurückgewiesenen Antrags (→ Rn. 34).

15 Die **Bewilligung** der Verfahrenskostenhilfe befreit von der Pflicht zur Gebührenzahlung, auch von der Zahlung der **Prozesskostensicherheit,** wenn man § 110 ZPO für anwendbar hält (→ § 82 Rn. 14). Dazu dürfen aber bei Eingang des Antrags die Rechtsfolgen einer unterbliebenen oder nicht vollständigen Zahlung noch nicht eingetreten sein. Die Wirkungen der Verfahrenskostenhilfe nach §§ 122, 123, 125 und 126 ZPO, auf die § 136 S. 2 PatG für zweiseitige Verfahren verweist, treten nämlich erst **für die Zukunft** ein; eine Rückwirkung ist lediglich auf den Zeitpunkt der Antragstellung möglich (BPatG BeckRS 1979, 00499).

16 Für einen bereits abgeschlossenen Rechtszug kann Verfahrenskostenhilfe nur noch gewährt werden, wenn vor Abschluss ein entscheidungsreifer Antrag vorlag (OLG Frankfurt NJW 2014, 2376; BPatG GRUR 1982, 363 – Streitwertherabsetzung).

17 Die Erklärung über die persönlichen und wirtschaftlichen Verhältnisse mit Belegen kann der Antragsteller auch nach Ablauf der Beschwerdefrist nachreichen. Ebenso kann er seinen Antrag erst später begründen. Das ist anders, wenn der Antrag auf Verfahrenskostenhilfe als Wiedereinsetzungsgesuch wirken soll und die nachzuholende Handlung ersetzt. Der Antragsteller muss dann alle erforderlichen Unterlagen innerhalb der Wiedereinsetzungsfrist vorlegen (BGH NJW 1958, 907; 1955, 345).

18 Vorsorglich bereits bezahlte Gebühren sind nach Gewährung der Verfahrenskostenhilfe zu erstatten (BPatG BeckRS 2015, 09262).

19 Wird Verfahrenskostenhilfe verweigert, so endet die Hemmung der Zahlungsfrist mit Ablauf eines Monats seit Zustellung des Beschlusses. Da gegen einen solchen Beschluss des BPatG keine isolierten Rechtsmittel (→ Rn. 73) gegeben sind, verlängert es die Frist nicht, ein unzulässiges Rechtsmittel einzulegen (BPatG BeckRS 2011, 05627 – TSP).

20 Eine gewährte Verfahrenskostenhilfe befreit gemäß § 122 Abs. 2 GKG **alle Beteiligte** von Vorschüssen für Gutachten und Zeugenvernehmung, soweit diese nicht ohnehin im Rahmen der Amtsermittlung zu erfolgen haben (→ § 73 Rn. 1 ff., → § 74 Rn. 13).

21 Die Bewilligung eröffnet die Möglichkeit, dem Begünstigten einen Patent- und/oder Rechtsanwalt bzw. Erlaubnisscheininhaber nach § 133 PatG beizuordnen (→ Rn. 64).

22 Zurückverweisungen eröffnen keinen neuen Rechtszug im Sinne des § 119 Abs. 1 S. 2 ZPO, so dass die Bewilligung von Verfahrenskostenhilfe fortwirkt.

23 Wurde Prozess- bzw. Verfahrenskostenhilfe bewilligt, hat das Gericht mit der Entscheidung in der Hauptsache gemäß § 269 Abs. 4 ZPO eine **Kostenentscheidung** zu treffen, was die Staatskasse entlasten soll. Die sonst automatisch geltende Kostenaufhebung (§§ 71, 90) muss das Gericht hier also ausdrücklich bestätigen.

24 Die Bewilligung von Verfahrenskostenhilfe hat § 123 ZPO entsprechend auf die Verpflichtung zur Erstattung der dem Gegner erwachsenen Kosten keinen Einfluss.

25 Der Verfahrensgegner kann die Vollstreckung gegen den begünstigten Beteiligten wegen der Kosten betreiben, die dieser auf Grund einer Kostenentscheidung zu erstatten hat. § 4 Abs. 3 S. 2 PatKostG soll den Empfänger von Verfahrenskostenhilfe, dem die Kosten auferlegt

wurden, vor Rückgriffen durch statt seiner aufgrund Haftung in Anspruch genommene Kostenschuldner (LG Saarbrücken BeckRS 2011, 12837) schützen.

Der beigeordnete Anwalt kann sein Honorar nach den RVG-Sätzen und seine Auslagen im vollen Umfang vom Gegner verlangen, wenn dieser die Kosten zu tragen hat (§ 136 PatG, § 126 ZPO). Das muss auch (analog) für Patentanwälte gelten (Albrecht/Hoffmann Vergütung Rn. 1376), zumal erst die Möglichkeit, im Erfolgsfall vom Gegner die vollen Gebühren verlangen zu können, die Reduzierung der vom Staat an den beigeordneten Anwalt zu zahlenden Gebühren (→ Rn. 65 f.) rechtfertigt (Gaier AnwBl 2010, 73 (75)).

B. Voraussetzungen

I. Antrag

Verfahrenskostenhilfe wird **nur auf Antrag** gewährt; es gibt keine Verfahrenskostenhilfe von Amts wegen. Wurde ein Antrag mangels ausreichender Angaben zu den persönlichen wirtschaftlichen Verhältnisse abgelehnt, ist in der Anforderung eines Verfahrenskostenhilfeformulars ein neuer Antrag zu sehen (BPatG BeckRS 2016, 12541 – Ismaqua).

Antragsberechtigt sind natürliche und juristische Personen. Einschränkungen in Bezug auf **Ausländer,** insbesondere die Verbürgung der Gegenseitigkeit, sind für natürliche Personen nicht (mehr) gegeben. Ausländische juristische Personen und parteifähige Vereinigungen, die in einem Mitgliedstaat der Europäischen Union oder einem anderen Vertragsstaat des Abkommens über den Europäischen Wirtschaftsraum gegründet und dort ansässig sind (§ 116 Abs. 1 S. 2 ZPO), sind inländischen juristischen Personen und parteifähigen Vereinigungen gleichgestellt. Sonstige ausländische juristische Personen erhalten keine Verfahrenskostenhilfe.

Der Antrag kann auch schon **vor Einleitung des Verfahrens** gestellt werden, da § 114 Abs. 1 S. 1 ZPO von der „beabsichtigten Rechtsverfolgung" spricht; zu den Folgen → Rn. 10 ff. **Nach Abschluss** der jeweiligen Instanz kann Verfahrenskostenhilfe nicht mehr gewährt werden (→ Rn. 16).

Für den Antrag besteht **kein Vertretungszwang.** Auch **Inlandsvertreter** werden nicht benötigt, da die Verfahrenskostenhilfe im Falle der Notwendigkeit einer Vertretung ja erst zu einer Beiordnung führen soll.

Der Antrag bedarf der **Schriftform,** kann jedoch nach Maßgabe des § 135 Abs. 1 S. 3 iVm § 125a PatG und der Verordnung über den elektronischen Rechtsverkehr beim DPMA (ERVDPMAV) auch in elektronischer Form eingereicht werden (zur Erklärung über die persönlichen Verhältnisse → Rn. 41 ff.). **Adressat des Antrags** ist an sich die Stelle, die für das Verfahren zuständig ist, für welches Verfahrenskostenhilfe beantragt wird (→ Rn. 5). Nur wenn der Antrag dort rechtzeitig eingeht, können Rechtsfolgen (→ Rn. 10) eintreten. § 135 Abs. 1 S. 1 PatG eröffnet kein Wahlrecht zwischen DPMA und BPatG, sondern soll zum Ausdruck bringen, dass je nach Stand des (Hauptsache-)Verfahrens das Gesuch um Verfahrenskostenhilfe beim DPMA, BPatG oder BGH einzureichen ist. Da aber Beschwerden zum BPatG beim DPMA einzulegen sind, muss der Beschwerdeführer und Antragsteller seinen Antrag auf Verfahrenskostenhilfe auch beim DPMA fristwahrend (zur Wiedereinsetzung → Rn. 12) einreichen können.

Ein Formblatt für den Antrag gibt es nicht; zur Erklärung über die persönlichen und wirtschaftlichen Verhältnisse muss der Antragsteller dagegen die eingeführten Formulare verwenden (→ Rn. 41).

Der Antrag muss **hinreichend bestimmt** sein, dh es muss durch Auslegung erkennbar sein, dass der Erklärende für ein bestimmtes Verfahren Verfahrenskostenhilfe will. Das ist noch nicht gegeben, wenn der Erklärende lediglich Ratenzahlung ankündigt und einen Einkommensnachweis „für den Fall einer Ermäßigung" einreicht (vgl. BPatG Beschl. v. 20.5.2008 – 14 W (pat) 30/07 Rn. 18).

Wiederholte Antragstellung ist zwar nicht von vornherein unzulässig (BPatG 31 ZA (pat) 2/70, BPatGE 12, 183 = BlPMZ 1972, 134). Ist der erneute Antrag aber auf die gleichen Tatsachen wie der erste gestützt, ohne dass eine Änderung hinsichtlich der sachlichen oder persönlichen Voraussetzungen eingetreten ist, fehlt es an einem Rechtsschutzbedürfnis. Solche Anträge haben keine Wirkungen; über sie muss auch nicht entschieden werden.

MarkenG § 81a   Teil 3 Verfahren in Markenangelegenheiten

35   Zeigt die Begründung bzw. deren Fehlen, dass der Antrag allein auf die Verschiebung der Zahlungsfrist abzielt, ist zu überlegen, ob missbräuchlichen Anträgen diese Wirkung zukommen kann. Missbräuchlich ist auch die formal zulässige Wiederholung des Antrags innerhalb des Monats der Hemmung, wenn keine tatsächlichen Änderungen eingetreten sind. Der Antragsteller darf durch wiederholte Gesuche um Verfahrenskostenhilfe Zahlungsfristen nicht beliebig verlängern können (BPatG 31 ZA (pat) 2/70, BPatGE 12, 183 = BlPMZ 1972, 134). Eine Hemmung der Frist kommt aber in Betracht, wenn das erste Gesuch ohne materielle Prüfung aus formalen Gründen zurückgewiesen wurde, und der Gebührenschuldner im neuen Antrag notwendige ergänzende Angaben macht, die zu einer substantiellen Prüfung führen (vgl. Benkard/Schäfers PatG § 134 Rn. 3 ff.).

II. Rechtsschutzinteresse

36   Obwohl jedermann die Löschung einer Marke (§§ 53 ff.) beantragen kann, ohne ein eigenes Rechtsschutzinteresse nachweisen zu müssen, ist für die Gewährung von Verfahrenskostenhilfe ein solches glaubhaft zu machen, um das Vorschieben mittelloser Strohmänner auf Kosten der Allgemeinheit zu verhindern (zum Patentrecht BPatG BeckRS 2009, 23116; BeckRS 2007, 12244). Dagegen dürfte für den Beschwerdegegner das Rechtsschutzinteresse an der Verteidigung seiner Rechte regelmäßig bestehen (BPatG BeckRS 2014, 01311 – Fondue-Einrichtung). Die Löschung einer Marke ohne Schutzwürdigkeit liegt zwar im öffentlichen Interesse; deshalb kann sie jedermann beantragen – aber nicht auf Kosten der Allgemeinheit.

37   Ein schutzwürdiges Interesse ist zB gegeben, wenn der Antragsteller aus der Marke abgemahnt oder wegen ihrer Verletzung in Anspruch genommen worden ist oder durch die angegriffene Marke in der Verwertung eines eigenen Schutzrechts behindert wird oder wenn er sich sonst in seiner wirtschaftlichen Betätigungsfreiheit jetzt oder in der Zukunft beeinträchtigt fühlen kann (Albrecht/Hoffmann Vergütung Rn. 1313, 1318). Das kommt in Betracht, wenn der Antragsteller sich in der Branche betätigt, in die die angegriffene Marke beanspruchte Waren und Dienstleistungen fallen (vgl. BPatG BeckRS 2007, 12244 – schutzwürdiges Interesse; Beschl. v. 19.7.2006 – 17 W (pat) 322/05 und 17 W (pat) 318/05; Beschl. v. 5.4.2006 – 19 W (pat) 367/05). Es genügt nicht, wenn ihr Inhaber aus der angegriffenen Marke Unterlassungsansprüche nur gegen Dritte geltend gemacht hat. Diese können ja selbst gegen die Marke vorgehen (vgl. BPatG BeckRS 2009, 25092 – Nagelfeile).

38   Die gleichen Grundsätze gelten für die Bewilligung der Verfahrenskostenhilfe zugunsten eines beitretenden Dritten (Lizenznehmer nach § 30 Abs. 4).

39   Kann der Löschungsantragsteller auch noch Widerspruch einlegen, muss der Löschungsantrag nicht mutwillig sein. Geht er gleichzeitig mit Widerspruch und Löschungsantrag vor, ist zu fragen, ob auch ein Vermögender gleichzeitig für beide Verfahren Kosten aufwenden würde (→ Rn. 60).

40   Die Bewilligung der Verfahrenskosten bei **juristischen Personen** ist gegenüber natürlichen Personen eingeschränkt. Sie erhalten Verfahrenskostenhilfe nur, wenn das Unterlassen der Rechtsverfolgung oder -verteidigung auch allgemeinen Interessen zuwiderlaufen würde (BeckOK ZPO/Reichling ZPO § 116 Rn. 22–25). Dies kommt in Betracht, wenn die Entscheidung größere Kreise der Bevölkerung oder des Wirtschaftslebens ansprechen und soziale Wirkungen, wie den Verlust einer größeren Zahl von Arbeitsplätzen, nach sich ziehen könnte. Zur wirtschaftlichen Leistungsfähigkeit von juristischen Personen → Rn. 48.

III. Wirtschaftliche Voraussetzungen

1. Allgemeines

41   Dem Antrag auf Verfahrenskostenhilfe muss der Antragsteller eine Erklärung über seine persönlichen und wirtschaftlichen Verhältnisse (Familienverhältnisse, Beruf, Vermögen, Einkommen und Lasten) beifügen (§ 117 Abs. 2 ZPO), und so seine **Bedürftigkeit** aufzeigen. Zur Berechnung des **Einkommens** s. BeckOK ZPO/Reichling ZPO § 115 Rn. 1 ff.

41.1   Zu Verwendung des Formulars: Schneider NJW 2014, 1287; BPatG BeckRS 2014, 17331 – Bionator/Bionade Z. Für die Erklärung über die persönlichen wirtschaftlichen Verhältnisse verweist Abs. 2

über § 136 S. 1 PatG auf § 117 Abs. 2–4 ZPO und für zweiseitige Verfahren über § 136 S. 2 PatG auch auf § 117 Abs. 1 S. 2 ZPO. Eine Erklärung zu Protokoll ist hier nicht möglich (§ 117 Abs. 1 S. 1 und 3 ZPO).

Es kommt dabei auf die Vermögensverhältnisse im Zeitpunkt der Entscheidung über das **42** Prozesskostenhilfegesuch an. Für deren Darlegung ist das nach § 1 PKHFV (BlPMZ 2014, 69) **verbindliche amtliche Formular** zu verwenden.

Die für die Entscheidung über den Antrag auf Verfahrenskostenhilfe zuständige Stelle **43** (→ Rn. 5) kann verlangen, dass der Antragsteller seine tatsächlichen Angaben **glaubhaft** macht (§ 118 Abs. 2 S. 1 ZPO), und sie kann eigene Erhebungen durchführen.

Für die Glaubhaftmachung der Angaben über die persönlichen wirtschaftlichen Verhältnisse geht **43.1** der Verweis über § 136 S. 1 PatG zu § 118 Abs. 2 und 3 ZPO und für zweiseitige Verfahren über § 136 S. 2 PatG auch auf § 118 Abs. 1 ZPO.

Gegebenenfalls muss der Antragsteller eine eidesstattliche Versicherung abgeben (vgl. § 294 **44** ZPO). Die zuständige Stelle kann auch die Vorlage von Urkunden anordnen.

Sie kann zudem Auskünfte, zB von Behörden, einholen (§ 118 Abs. 2 S. 2 ZPO) sowie **45** in besonderen Ausnahmefällen, wenn sich der Sachverhalt anders nicht klären lässt, Zeugen oder Sachverständige hören (§ 118 Abs. 2 S. 3 ZPO). Letzteres muss aber ultima ratio sein, denn in erster Linie ist es Sache des Antragstellers, die für die Bewilligung erforderlichen Angaben zu machen. Tut er das nicht innerhalb der gesetzten Frist, wird sein Antrag gemäß § 118 Abs. 2 S. 4 ZPO zurückgewiesen.

2. Mehrere Beteiligte

Da § 81a für die Behandlung von Personenmehrheiten auf § 130 Abs. 3 PatG verweist, **46** kann es auch auf die **Vermögensverhältnisse anderer** ankommen. **Mehrere Markeninhaber** müssen die Voraussetzungen für Verfahrenskostenhilfe jeweils einzeln erfüllen und belegen; über ihre Gesuche ist allerdings insgesamt zu entscheiden (BPatG Beschl. v. 30.4.2009 – 12 W (pat) 8/09). Dies gilt auch, wenn Mitinhaber ohne ersichtlichen Grund ihr Recht an der Marke aufgeben (vgl. § 130 Abs. 3 PatG).

Wer eine Marke ohne nachvollziehbaren Grund übernimmt, erhält wegen Missbrauchs **47** keine Verfahrenskostenhilfe, wenn der frühere Inhaber die Voraussetzungen dafür nicht ebenfalls erfüllt (vgl. KG BeckRS 2002, 11785; OLG Köln NJW-RR 1995, 1405).

3. Juristische Personen, Beteiligte kraft Amtes

Entsprechend § 116 Abs. 1 Nr. 2 ZPO erhalten juristische Personen sowie parteifähige **48** Vereinigungen Verfahrenskostenhilfe nur, wenn weder sie selbst (Gesellschaftsvermögen) noch die am Gegenstand des Rechtsstreits wirtschaftlich Beteiligten die Kosten aufbringen können (zum Rechtsschutzinteresse → Rn. 40). Hier sind ua die Gesellschaftsform, das Bestehen oder Fehlen von Gewinnerzielungsabsicht sowie die Finanzkraft ihrer Gesellschafter oder Anteilseigner zu berücksichtigen.

Ein nicht aktiv am Wirtschaftsleben beteiligtes Unternehmen, das nur Schutzrechte hält und verteidigt, dürfte keinen Anspruch auf Verfahrenskostenhilfe haben (→ § 71 Rn. 47). **48.1**

EuGH C-279/09, NJW 2011, 2496 – DEB; zur Streitwertbegünstigung in Patentnichtigkeitsverfahren **48.2** BGH GRUR 2013, 1288 – Kostenbegünstigung III; für juristische Person selbst sind der Gesellschaftsvertrag, die Gesellschafterlisten, Bilanzen, Gewinn- und Verlustrechnungen oder Einnahmen-Überschussausweise vorzulegen; es genügt nicht, wenn der Geschäftsführer einer juristischen Person seine wirtschaftlichen Verhältnisse darlegt (BPatG BeckRS 2016, 03656 – BioForge).

Markenrechte zu erhalten bzw. zu verteidigen, kann im Interesse des Bestands und des **49** Wertes von **Insolvenzmassen** oder Nachlässen sein. Insolvenz- und Nachlassverwalter sowie Testamentsvollstrecker können deshalb als **Beteiligte kraft Amtes** Verfahrenskostenhilfe beantragen, wenn sie die Kosten aus der verwalteten Vermögensmasse nicht aufbringen können und den wirtschaftlich Beteiligten nicht zuzumuten ist, die Kosten aufzubringen.

Wirtschaftlich beteiligt sind Gesellschafter sowie diejenigen, auf deren Vermögen sich **50** das jeweilige Verfahren auswirkt. Ob ihnen die Übernahme der Kosten **zumutbar** ist, ist anhand des Verhältnisses von Kosten und Nutzen für den Einzelnen zu beurteilen. Für sie ist jeweils zu fragen, wie sich ihr Anteil (Quote) an der Vermögensmasse verbessern kann. Das ist dann in Relation zu setzen zu Aufwand sowie Kosten- und Vollstreckungsrisiko (BGH BeckRS 2006, 03879).

51 In **Insolvenzverfahren** ist zu prüfen, welche Massegläubiger in welchem Umfang vorrangig zu bedienen sind; vorrangig zu bedienende Schulden können es für nicht bevorrechtigte Gläubiger unzumutbar machen, zur Verbesserung des Massevermögens Aufwendungen zu tätigen.

52 Wirtschaftlich Beteiligte können im Insolvenzverfahren der Gemeinschuldner und die Insolvenzgläubiger iSv § 38 InsO sein, bei der Testamentsvollstreckung die Erben, Pflichtteilsberechtigte und Vermächtnisnehmer, bei der Nachlassverwaltung die Erben und Nachlassgläubiger, bei der Zwangsverwaltung der Grundstückseigentümer sowie der Gläubiger (BeckOK ZPO/Reichling ZPO § 116 Rn. 10, 10.1).

4. Einsatz des eigenen Einkommens und Vermögens

53 Hat der Antragsteller ein Einkommen, das es ihm ermöglicht, die Verfahrenskosten in **Raten** aufzubringen, oder hat er ein einzusetzendes Vermögen, so kommt eine Bewilligung nicht in Betracht, wenn vier Monatsraten oder die aus dem Vermögen aufzubringenden Teilbeträge ausreichen, den von der Verfahrenskostenhilfe umfassten Betrag abzudecken (§ 115 Abs. 4 ZPO).

54 Für den Umfang der Bewilligung und die Festsetzung von Zahlungen aus einsetzbaren Einkommen und Vermögen sind über § 136 S. 1 PatG die §§ 119 und 120 ZPO entsprechend anwendbar; Zahlungsempfänger ist allerdings die Bundeskasse (§ 130 Abs. 1 S. 3 PatG). Vermögensgegenstände sind auch gewerbliche Schutzrechte, wie Patente, Marken ua, bei denen neben der Veräußerung die Lizenzierung eine Möglichkeit der Verwertung ist. Eine Grenze der Zumutbarkeit für den Einsatz des Vermögens wird durch die Verweisung der § 130 Abs. 1 S. 1 PatG, § 115 Abs. 3 S. 2 ZPO auf § 90 SGB XII definiert (BeckOK ZPO/Reichling ZPO § 115 Rn. 82 ff.).

55 Die Verfahrenskosten, von denen das Gericht zu prüfen hat, ob der Antragsteller sie in vier Raten aufbringen kann, umfassen unstrittig die Gerichtsgebühren, für die der Antragsteller vorschusspflichtig ist, sowie die eigenen Anwaltskosten. Im Übrigen aber sind diese Kosten strittig (Dölling NJW 2016, 207).

IV. Erfolgsaussichten

56 Ob die für eine Gewährung erforderlichen hinreichenden Erfolgsaussichten bestehen, ist nur summarisch zu prüfen **(Prognose)**, weil die angestrebte Rechtsverfolgung nicht in das Verfahrenskostenhilfeverfahren verlagert werden darf (BVerfG BeckRS 2013, 47258; NJW 2004, 1789). Eine § 132 Abs. 1 S. 2 PatG vergleichbares Privileg des angegriffenen Markeninhabers existiert hier nicht, so dass auch die Verteidigung gegen Widersprüche und Löschungsanträge Erfolg versprechen muss. Dagegen sind die Erfolgsaussichten einer Verteidigung gegen eine Beschwerde in aller Regel zu bejahen (§ 119 Abs. 1 S. 2 ZPO, BPatG BeckRS 2014, 01311 – Fondue).

57 Für mehrere prozessual selbstständige Ansprüche sind die Erfolgsaussichten jeweils separat zu prüfen.

58 An Erfolgsaussichten mangelt es, wenn die Anmeldung **nicht behebbare Mängel** aufweist (BPatG BeckRS 2009, 24791 – Schutzanlage).

59 Erfolgsaussichten liegen auch vor, wenn eine **Zurückverweisung** in Betracht kommt.

V. Mutwille

60 Handelt der Antragsteller **mutwillig,** erhält er keine Verfahrenskostenhilfe (BeckOK ZPO/Reichling ZPO § 114 Rn. 41). Bei der Prüfung ist auf das hypothetische Verhalten einer selbstzahlenden Partei abzustellen, die Chancen und Kosten besonnen abwägt (§ 114 Abs. 2 ZPO, BPatG BeckRS 2009, 25151). Sie wird von mehreren gleichwertigen Wegen den günstigsten Weg zur Anspruchsverwirklichung wählen (zu Widerspruch und Löschungsantrag→ Rn. 39). Dabei ist gegebenenfalls auch zu fragen, wie sich ein Insolvenzgläubiger

oder Gesellschafter verhalten würde, wenn er die Kosten der Rechtsverfolgung in Relation zu seiner Quote bzw. zu seinem Anteil setzt (→ Rn. 50 f.).

Mutwilligkeit ist in § 114 Abs. 2 ZPO entsprechend BVerfG NJW 2010, 900 definiert, letztlich aber durch Auslegung des unbestimmten Rechtsbegriffs festzustellen (BPatG BeckRS 2011, 28819 – Vollautomatisierte Beifahrertür), da die Definition keine genauen Kriterien enthält (Timme NJW 2013, 3057). Dabei besteht kein Ermessensspielraum mit eingeschränkter Überprüfung, sondern ein Beurteilungsspielraum, da unterschiedliche Wertungen möglich sind (BPatG BeckRS 2009, 20024). **61**

Obwohl für die Annahme von Mutwilligkeit mangels klarer Nachweise der Anschein genügen muss, darf das nicht zur Umkehr der Beweislast führen. Der Antragsteller muss nur gegebene Anhaltspunkte entkräften (BPatG GRUR 2000, 306). **62**

Mutwilligkeit ist unabhängig von den Erfolgsaussichten zu prüfen (BPatG BeckRS 2011, 28819; 2016, 12902). Da beide Tatbestände einen eigenen Regelungsgehalt haben, ist die Frage der Mutwilligkeit nicht erst dann zu erörtern, wenn Erfolgsaussichten vorliegen (aA BPatG BeckRS 1998, 14666); nur in Ausnahmefällen will der 19. Senat des BPatG in Patentsachen die Mutwilligkeit unabhängig von den Erfolgsaussichten prüfen (BPatG BeckRS 2015, 19679). **63**

C. Beiordnung eines Anwalts

Gibt das Gericht dem Antrag statt, kann es dem Antragsteller einen zur Übernahme der Vertretung bereiten **(Patent-)Anwalt oder Erlaubnisscheininhaber** beiordnen. § 81a verweist hierzu auf § 133 PatG, der zum Teil wiederum auf § 121 Abs. 4 und 5 ZPO verweist, dies aber auf Patentanwälte und Erlaubnisscheininhaber erweitert. Ein Bezug auf § 121 Abs. 1 und 2 ZPO ist in § 136 PatG für die Beiordnung eines Anwalts mangels Vertretungszwanges nicht erforderlich. Ein Bezug auf § 121 Abs. 3 ZPO ist bei bundesweiter Zuständigkeit des BPatG mangels unterschiedlicher Gerichtsbezirke nicht erforderlich. Der vor dem BPatG geltende Amtsermittlungsgrundsatz (§ 73 Abs. 1) verhindert nicht generell eine Beiordnung (BGH GRUR 2009, 88; 2010, 270 – Atoz I und III). Die Beiordnung verlangt einen **ausdrücklichen Antrag**; es genügt nicht, wenn ein Anwalt bloß den Antrag auf Prozess- oder Verfahrenskostenhilfe gestellt hat (aA BPatG BeckRS 2007, 12270), zumal vor dem BPatG kein Anwaltszwang besteht. **64**

Beigeordnete Anwälte haben Anspruch auf Zahlung der gesetzlichen Vergütung aus der Bundeskasse nach dem VertrGebErstG; zu den höheren Ansprüchen gegen Verfahrensgegner → Rn. 26. Dabei sind zuvor verdiente Geschäftsgebühren anzurechnen (§ 15a RVG; OVG Lüneburg BeckRS 2013, 49151). Da die Verfahrenskostenhilfe aus Steuermitteln erfolgt, sind die gesetzlich vorgesehenen **Vergütungssätze** geringer als die nach RVG. Der beigeordnete Anwalt kann aber im Erfolgsfall seine vollen Honoraransprüche nach den RVG-Sätzen und seine Auslagen auch gegen den in die Kosten verurteilten Gegner geltend machen (§ 126 ZPO; BeckOK PatR/Albrecht PatG § 133 Rn. 39). Dieses Beitreibungsrecht geht einer Pfändung in den Kostenerstattungsanspruch des von ihm vertretenen Beteiligten vor (BGH BeckRS 2015, 20310). **65**

Ist der Mandant, dem der Anwalt beigeordnet wurde, nicht umsatzsteuerpflichtig, erhält der Anwalt die Vergütung aus der Bundeskasse nur ohne **Umsatzsteuer** (OVG Berlin BeckRS 2015, 55340). **66**

Neben seiner Vergütung kann der beigeordnete Anwalt nach § 46 Abs. 1 RVG auch **Auslagen** geltend machen, wenn sie erforderlich waren. Für notwendige Auslagen erhält der beigeordnete Anwalt sogar einen Vorschuss (§ 47 Abs. 1 S. 1 RVG), etwa für ein erforderliches Gutachten (OLG Hamm BeckRS 2013, 09680). Da die räumliche Beschränkung des § 121 Abs. 3 ZPO für das bundesweit zuständige Bundespatentgericht nicht gelten kann, sind auch Reisekosten zu erstatten (Albrecht/Hoffmann Vergütung Rn. 1369). Ebenso wird ihm die Aktenversendungspauschale erstattet (AG Meldorf BeckRS 2016, 01280). **67**

Vereinbarte Erfolgshonorare kann der beigeordnete Anwalt bei Obsiegen geltend machen (NK-KostenhilfeR/Teubel RVG § 4a Rn. 2, RVG § 12 Rn. 18). Sonstige **Honorarvereinbarungen** sind nichtig bzw. nicht mehr durchsetzbar (§ 3a Abs. 3 S. 1 RVG; § 122 Abs. 1 Nr. 3 ZPO), soweit sie über die gesetzliche Vergütung nach § 13 RVG hinausgehen. Dagegen sind Honorarvereinbarungen, die über die Pflichtvergütung hinausgehen bis zur gesetzlichen **68**

MarkenG § 81a   Teil 3 Verfahren in Markenangelegenheiten

Vergütung nach § 13 RVG möglich; die Sperre des § 122 Abs. 1 Nr. 3 ZPO steht einer Beitreibung nicht entgegen (Schneider NJW-Spezial 2016, 91 (92)).

69 Wird dem Mandanten Ratenzahlung eingeräumt, kann der Anwalt die Differenz zwischen Pflichtvergütung und gesetzlicher Vergütung nach § 13 RVG im Verfahren nach § 50 RVG anmelden (Schneider NJW-Spezial 2016, 91).

70 Beiordnung ist geboten, wenn sie zur sachdienlichen Erledigung des Verfahrens erforderlich erscheint oder wenn ein Beteiligter mit entgegengesetzten Interessen anwaltlich vertreten ist (§ 133 S. 1 PatG).

71 Das Gebot der **Waffengleichheit** erfordert immer eine Beiordnung, wenn in zweiseitigen Verfahren der Gegner bereits sach- und rechtskundig vertreten ist. Bestellt der erst im Laufe des Verfahrens einen Vertreter, so entsteht der Anspruch auf Beiordnung nachträglich. Auch das Ziel, durch eine rechtzeitige fachliche Beratung spätere Probleme zu vermeiden, kann eine Beiordnung erforderlich machen (aA BPatG BeckRS 2014, 01386 – Vertreterbeiordnung zu einem Design).

72 Ein beigeordneter Anwalt kann die **Aufhebung der Beiordnung** nach § 48 Abs. 2 BRAO bzw. § 43 Abs. 2 PAO beantragen. Er kann aber kein Rechtsmittel gegen die Aufhebung der Beiordnung mit der Begründung einlegen, nicht er habe das Vertrauensverhältnis zerstört (LSG Berlin RVGreport 2016, 269).

72.1 Die Aufhebung einer Beiordnung darf nicht zu einer Doppelbelastung der Staatskasse führen, weshalb die Gründe für eine Aufhebung streng zu prüfen sind (OLG Hamm NJOZ 2012, 1210). Beruht die erforderliche unbehebbare Störung des Vertrauensverhältnisses zwischen Mandant und Anwalt auf sachlich nicht gerechtfertigtem und mutwilligem Verhalten des Vertretenen, kann sein Antrag auf Beiordnung eines anderen Anwalts rechtsmissbräuchlich sein (BGH NJW-RR 1992, 189).

D. Bestands- und Rechtskraft

I. Rechtsbehelfe und -mittel

73 **Beschlüsse des BPatG und des BGH** über Verfahrenskostenhilfe sind unanfechtbar (§ 135 Abs. 3 PatG). Nur gegen die **Aufhebung der Verfahrenskostenhilfe** (→ Rn. 82 ff.) sind Rechtsmittel gegeben (→ Rn. 109), weil § 135 Abs. 3 PatG nur die Beschlüsse nach den §§ 130–133 PatG nennt.

74 Ein Antrag auf Änderung (→ Rn. 89) setzt eine Änderung der Verhältnisse voraus; er kann nicht dazu dienen, ursprüngliche Fehler zu korrigieren (vgl. OLG Nürnberg NJW-RR 2015, 1340).

75 Ein **Beschwerderecht der Staatskasse** eröffnet § 135 Abs. 3 S. 2 PatG über den Verweis auf § 127 Abs. 3 ZPO. Voraussetzung dafür ist, dass Verfahrenskostenhilfe bewilligt wurde, ohne dass Monatsraten oder aus dem Vermögen zu zahlende Beträge festgesetzt wurden. Der Fiskus kann also nur rügen, die persönlichen und wirtschaftlichen Verhältnisse seien falsch eingestuft worden (BAG BeckRS 2016, 65150). Die Beschwerde ist nach Ablauf von drei Monaten seit der Verkündung der Entscheidung oder ihrer Übergabe an die Geschäftsstelle unstatthaft. Die Staatskasse kann sogar Beschwerde zum BGH einlegen.

76 Soweit ein Rechtspfleger tätig war (→ Rn. 99), ist als Rechtsbehelf die **Erinnerung** nach § 23 Abs. 2 RPflG gegeben; richterliche Entscheidungen hierüber sind unanfechtbar (BGH BeckRS 2015, 10763).

77 Sonst besteht eine Anfechtungsmöglichkeit erst zusammen mit der instanzabschließenden Entscheidung (BPatG BeckRS 2014, 18181 – Ismaqua).

78 Unzulässige aber dennoch eingelegte Beschwerden gegen die Versagung von Verfahrenskostenhilfe haben keine hemmende Wirkung, werden aber als **Gegenvorstellung** (BPatG Beschl. v. 11.12.2008 – 19 W (pat) 40/08) oder als **Anhörungsrüge** analog § 99 Abs. 1 PatG iVm § 321a ZPO behandelt.

79 In Verfahrens- und Prozesskostenhilfeverfahren ist die **Rechtsbeschwerde ausgeschlossen** (BGH GRUR 2008, 732 – Tegeler Floristik; GRUR-RR 2010, 496 – TSP).

79.1 Sie kommt nur unter dem Gesichtspunkt der grundsätzlichen Bedeutung der Rechtssache (§ 574 Abs. 2 Nr. 1 ZPO) oder der Fortbildung des Rechts oder der Sicherung einer einheitlichen Rechtsprechung (§ 574 Abs. 2 Nr. 2 ZPO) in Betracht, wenn es um Fragen des Verfahrens der Prozesskostenhilfe oder der persönlichen Voraussetzungen ihrer Bewilligung geht (BGH GRUR-RR 2011, 439; GRUR-RR 2011, 344 – Zulassungserfordernis; NJW 2003, 1126 f.). Dann kann hierfür auch wieder Verfahrenskostenhilfe gewährt werden (anders in verwaltungsgerichtlichen Verfahren, VGH Kassel BeckRS 2013, 48238).

II. Rechtskraft

Ein Beschluss über die Versagung von Verfahrenskostenhilfe ist zwar der materiellen 80 Rechtskraft nicht fähig. Für einen wiederholenden Antrag fehlt jedoch das **Rechtsschutzbedürfnis** (→ Rn. 34), wenn er auf denselben Lebenssachverhalt gestützt ist (OVG Berlin NJW 2009, 388).

Wurde der erste Antrag wegen unzureichender Angaben zu den persönlichen wirtschaftli- 81 chen Verhältnisse versagt, fehlt für einen neuen Antrag das Rechtsschutzbedürfnis nicht von vornherein; die Anforderung eines Verfahrenskostenhilfeformulars legt das BPatG in diesen Fällen bereits als erneuten Antrag aus (BPatG BeckRS 2016, 12541 – Ismaqua).

III. Aufhebung und Änderung

Ist Verfahrenskostenhilfe gewährt worden, gibt § 81a über den Bezug auf § 137 PatG sowie 82 auf § 136 PatG und über diesen auf die §§ 120a und 124 ZPO den zuständigen Stellen die Möglichkeit, die Bewilligung zu ändern oder aufzuheben.

§ 137 PatG enthält eine Spezialregelung für die Aufhebung (nicht bloße Änderung) einer 83 bewilligten Verfahrenskostenhilfe, wenn die **Verwertung des Schutzrechts,** für dessen Erteilung oder Aufrechterhaltung Verfahrenskostenhilfe gewährt wurde, erfolgreich war (→ Rn. 94).

1. Aufhebung nach § 124 ZPO

Die Bewilligung ist nach § 124 Nr. 1 ZPO aufzuheben, wenn eine vorsätzlich unrichtige 84 Darstellung des Streitverhältnisses zu einer Bewilligung geführt hatte.

Eine Aufhebung ist nach dieser Vorschrift auch möglich, wenn der Begünstigte entgegen 85 § 120a Abs. 2 S. 1–3 ZPO wesentliche Verbesserungen seiner Einkommens- und Vermögensverhältnisse oder Änderungen seiner Anschrift nicht mitteilt. Letzteres gilt aber wohl nicht, wenn der Begünstigte anwaltlich vertreten ist (LAG Berlin BeckRS 2015, 70306).

Ferner führt es zur Aufhebung, wenn der Begünstigte länger als drei Monate mit der 86 Zahlung einer Monatsrate oder mit der Zahlung eines sonstigen Betrages (→ Rn. 53) im Rückstand ist.

Lagen die persönlichen oder wirtschaftlichen Voraussetzungen für die Verfahrenskosten- 87 hilfe nicht vor; ist die Aufhebung nur möglich, wenn seit der rechtskräftigen Entscheidung oder sonstigen Beendigung des Verfahrens noch keine vier Jahre vergangen sind (§ 124 Abs. 1 Nr. 3 ZPO).

Dabei ist zwar jeweils kein weiter Ermessensspielraum gegeben (Timme NJW 2013, 88 3057 f.), aber wenn sich die Umstände seit der Bewilligung zugunsten des Berechtigten geändert haben, muss dies bei der Billigkeitsentscheidung über die Aufhebung berücksichtigt werden (OVG Bautzen BeckRS 2013, 48128).

2. Änderung nach § 120a ZPO

Nach § 120a ZPO soll das Gericht die Entscheidung über die zu leistenden Zahlungen 89 ändern, wenn sich die für die Prozesskostenhilfe maßgebenden persönlichen oder wirtschaftlichen Verhältnisse wesentlich verändert haben. Ein Antrag auf Änderung kann nicht dazu dienen, ursprüngliche Fehler zu korrigieren und die fehlende Beschwerdemöglichkeit (→ Rn. 73) zu umgehen (vgl. OLG Nürnberg NJW-RR 2015, 1340).

Bei einer Verschlechterung der wirtschaftlichen Verhältnisse kann eine Änderung der 90 Verfahrenskostenhilfe auch zugunsten des Begünstigten geboten sein, zB niedrigere Ratenzahlungen (→ Rn. 53).

§ 120a ZPO verpflichtet die Gerichte, Änderungen in Erwägung zu ziehen. Dass ein 91 Erfolg in dem Verfahren, für das Verfahrenskostenhilfe bewilligt wurde, zu einer Verbesserung der Vermögenslage führen kann, ist besonderer Anlass zu einer späteren Prüfung. Zwar ist der Hilfeempfänger verpflichtet, wesentliche Verbesserungen seiner Vermögensverhältnisse unaufgefordert anzuzeigen, aber das Gericht kann auch von sich aus jederzeit Erklärungen anfordern.

92 Solche Anfragen gehören dann zum ursprünglichen Verfahrenskostenhilfeverfahren, so dass die Vollmacht des Anwalts dafür weiter gilt (BRAK-Mitt 2013, 151 (154)).

93 Eine Änderung zum Nachteil der Partei ist ausgeschlossen, wenn seit der rechtskräftigen Entscheidung oder der sonstigen Beendigung des Verfahrens vier Jahre vergangen sind.

3. Aufhebung nach § 137 PatG

94 Der Verweis in S. 2 auf den Sondertatbestand des § 137 PatG zur Aufhebung der Verfahrenskostenhilfe nach Verbesserung der wirtschaftlichen Verhältnisse des Begünstigten knüpft daran an, dass Marken Vermögensgegenstände sind, deren Nutzung (**Verwertung** durch Veräußerung oder Lizenzierung) zu erhöhten Einkünften führen kann.

95 § 137 PatG kann nur zur Aufhebung der Verfahrenskostenhilfe führen. Sollten die Einkünfte eine Aufhebung der Verfahrenskostenhilfe nicht rechtfertigen, kommt innerhalb der Vierjahresfrist die Änderung nach § 120a Abs. 2 ZPO in Betracht (→ Rn. 89 ff.).

96 § 137 PatG ersetzt die nach § 136 S. 1 PatG anwendbaren ZPO-Regelungen nicht, sondern eröffnet eine spezielle Möglichkeit der Korrektur.

97 Während § 124 Nr. 3 ZPO und § 120a Abs. 1 S. 4 ZPO eine zeitliche Grenze von vier Jahren enthalten, ermöglicht es § 137 PatG, die Verfahrenskostenhilfe **zeitlich unbegrenzt** aufzuheben. Der Begünstigte hat dementsprechend auch eine zeitlich unbegrenzte **Anzeigepflicht** hinsichtlich jeder wirtschaftlichen Verwertung. Anders als in den Fällen des § 120a Abs. 2 S. 3 ZPO hat der Begünstigte diese Erklärung nicht erst auf Verlangen abzugeben. Vielmehr hat er jede wirtschaftliche Verwertung der Marke **von sich aus** der für die Entscheidung über die Verfahrenskostenhilfe zuständigen Stelle **anzuzeigen**.

98 § 137 PatG enthält allerdings keine Sanktion, wie etwa § 124 Nr. 2 ZPO.

4. Zuständigkeit

99 Zuständig ist die Stelle, die schon für die Bewilligung der Verfahrenskostenhilfe zuständig war (→ Rn. 5). Beim BPatG ist für die Aufhebung der Bewilligung der Verfahrenskostenhilfe nach § 23 Abs. 1 Nr. 2 RPflG der **Rechtspfleger** zuständig. Die Aufhebung erfolgt **von Amts wegen** nach pflichtgemäßem Ermessen.

99.1 Da § 23 Abs. 1 Nr. 2 RPflG den § 81a MarkenG nicht nennt, erscheint es fraglich, ob nicht der allgemeine Grundsatz gelten muss, dass über die Aufhebung die Stelle entscheidet, die auch für die Bewilligung zuständig ist. Bei der Bewilligung kann der Rechtspfleger den Senat aber nur unterstützen (→ Rn. 6). Da es nunmehr jedoch hauptsächlich nur noch um Fragen der wirtschaftlichen Leistungsfähigkeit geht, begründet der uneingeschränkte Verweis in § 23 Abs. 1 Nr. 2 RPflG auf § 137 PatG eine originäre Zuständigkeit des Rechtspflegers für Aufhebung und Änderung der Verfahrenskostenhilfe.

100 Der beigeordnete Vertreter und die Bundeskasse können die Aufhebung der Verfahrenskostenhilfe allenfalls anregen; sie haben kein Antragsrecht.

101 Der Begünstigte hat Anspruch auf rechtliches Gehör vor der Entscheidung. Beigeordnete Vertreter sind ebenfalls zu hören (BPatG GRUR 1986, 881) und ebenso der Gegner, soweit nicht § 127 Abs. 1 S. 3 ZPO greift (→ Rn. 7.1).

102 Die Entscheidung ergeht ohne mündliche Verhandlung (§ 136 PatG iVm § 127 Abs. 1 S. 1 ZPO) durch Beschluss. Dem Gegner dürfen die Gründe der Entscheidung soweit sie Angaben über persönliche und wirtschaftliche Verhältnisse der Partei enthalten nur mit Zustimmung der Partei zugänglich gemacht werden (→ Rn. 7.1).

5. Wirkungen der Aufhebung

103 Nach einer Aufhebung gemäß §§ 120a, 124 Nr. 4 ZPO und § 137 PatG entfallen die Wirkungen nur **für die Zukunft,** da sie auf Änderung der Sachlage beruht, die erst nachträglich eingetreten ist. Beruhte aber bereits die Bewilligung auf einem Mangel iSv § 124 ZPO, entfallen fast alle Wirkungen ex tunc, nur nicht, dass mit der Nichtzahlung von Gebühren verbundene Rechtsnachteile nicht eintreten. Die Hemmung von Fristen entfällt mit Aufhebung nämlich wie nach einer Versagung der Verfahrenskostenhilfe (→ Rn. 10 ff.).

Die entstandenen Verfahrenskosten und die auf die Bundeskasse übergegangenen Ansprü- **104** che der beigeordneten Vertreter können nach Aufhebung der Verfahrenskostenhilfe ohne die sich aus § 122 Abs. 1 Nr. 1 ZPO ergebenden Beschränkungen geltend gemacht und beigetrieben werden (§ 1 Abs. 1 Nr. 4a bzw. Abs. 5 JBeitrO). Auch die Inanspruchnahme des Gegners als Zweitschuldner ist nunmehr möglich (OLG Celle NJW-Spezial 2015, 444).

Der **beigeordnete Anwalt** muss nach Aufhebung der Verfahrenskostenhilfe an die Staats- **105** kasse nichts zurückzahlen; der Staat hat sich an den Begünstigten zu halten. Hat sich der Mandant die Gewährung zu Unrecht erschlichen, kann der beigeordnete Vertreter ihm gegenüber den vollen Anspruch geltend machen bzw. den Differenzbetrag zu den vom Staat erhaltenen Zahlungen. § 122 Abs. 1 Nr. 3 ZPO hindert ihn daran nicht mehr.

Soweit in entsprechender Anwendung des § 122 Abs. 2 ZPO der Verfahrensgegner einst- **106** weilen von Kosten befreit war (→ Rn. 20), entfällt auch dies mit der Aufhebung der Bewilligung der Verfahrenskostenhilfe.

Wird Verfahrenskostenhilfe aufgehoben, sind **Jahresgebühren**, ausnahmsweise **beitreib-** **107** **bar**, obwohl Gebühren, deren Nichtzahlung Rechtsfolgen hat (zB nach § 6 Abs. 2 PatKostG), grundsätzlich nicht beigetrieben werden können. Dem Gebührenschuldner steht es frei, diese Folgen zu verhindern bzw. herbeizuführen. Schell (Schulte PatKostG § 1 Rn. 17) bezeichnet die Beitreibung solcher Gebühren daher eine unzulässige Ausübung des Wahlrechts des Gebührenschuldners durch die Behörde (ähnlich BeckOK KostR/Fitzner PatKostG § 1 Rn. 8). Hat der Kostenschuldner sein Wahlrecht aber ausgeübt, indem er dafür Verfahrenskostenhilfe in Anspruch genommen hat, und damit die Rechtsfolgen ausgelöst, ist nachfolgend eine Beitreibung möglich (BPatG BlPMZ 1974, 196 = FHZivR 20 Nr. 5552; GRUR 1997, 443).

6. Rechtsmittel

Soweit der Rechtspfleger beim BPatG über die Aufhebung entschieden hat (→ Rn. 99), **108** steht die **Erinnerung** nach § 23 Abs. 2 RPflG als Rechtsbehelf zur Verfügung.

Die Aufhebung der Verfahrenskostenhilfe durch das **Bundespatentgericht** ist anfechtbar **109** (→ Rn. 73; ebenso zu § 146 VwGO: OVG Bautzen BeckRS 2016, 43334).

E. Länderübergreifende Prozesskostenhilfe

In Umsetzung der RL 2003/8/EG vereinfacht das EG-Prozesskostenhilfegesetz vom **110** 15.12.2004 (BGBl. I 3392), im deutschen Recht durch die §§ 1076 ff. ZPO umgesetzt, auf die auch § 114 Abs. 1 S. 2 ZPO verweist, eine länderübergreifende Prozesskostenhilfe.

Um die unterschiedlichen Lebenshaltungskosten in den europäischen Ländern berücksich- **111** tigen zu können, entscheiden die nationalen Gerichte am Sitz des Antragstellers nach den jeweiligen nationalen Regeln über die Bedürftigkeit (→ Rn. 41). Sie machen auch für die Beiordnung eines Anwalts, wenn der Antragsteller selbst keinen benannt hat, dem EuG bzw. EuGH Vorschläge (Art. 96 § 3 S. 1 EuGVfO).

Über die Gewährung der Prozesskostenhilfe entscheidet aber das angerufene Gericht, das **112** nach seinem Recht die Erfolgsaussichten zu beurteilen hat.

Vor EuG und EuGH erhalten natürliche Personen nach Art. 94 EuGVfO bzw. Art. 76 **113** und 115 EuGHVfO Prozesskostenhilfe. Da dort eine dem § 114 ZPO entsprechende Regelung fehlt, erfolgt erst bei offensichtlich aussichtslosen Verfahren keine Hilfe.

F. Beratungshilfe

Beratungshilfe leistet nur ein Rechtsanwalt, kein Patentanwalt. **114**

Nach §§ 1, 2 BerHG sind Mutwilligkeit und Missbrauch ein Ablehnungsgrund für Bera- **115** tungshilfe. Diese soll immer ausscheiden, wenn die Inanspruchnahme professionellen Rechtsrates nicht geboten ist. Dabei ist nach § 1 Abs. 2 S. 2 BerHG die Möglichkeit eines Erfolgshonorars oder einer Beratung pro bono (§§ 4, 4a RVG) nicht maßgeblich (Timme NJW 2013, 3057 ff.). Die §§ 4 ff. BerHG gleichen auch sonst die Voraussetzungen der Beratungshilfe immer mehr denen der Verfahrens- und Prozesskostenhilfe an. § 8 BerHG lässt aber Vergütungsvereinbarungen einen weiten Spielraum.

§ 82 Anwendung weiterer Vorschriften; Anfechtbarkeit; Akteneinsicht

(1) ¹Soweit dieses Gesetz keine Bestimmungen über das Verfahren vor dem Patentgericht enthält, sind das Gerichtsverfassungsgesetz und die Zivilprozeßordnung entsprechend anzuwenden, wenn die Besonderheiten des Verfahrens vor dem Patentgericht dies nicht ausschließen. ²§ 227 Abs. 3 Satz 1 der Zivilprozeßordnung ist nicht anzuwenden. ³Im Verfahren vor dem Patentgericht gilt für die Gebühren das Patentkostengesetz, für die Auslagen gilt das Gerichtskostengesetz entsprechend.

(2) Eine Anfechtung der Entscheidungen des Patentgerichts findet nur statt, soweit dieses Gesetz sie zuläßt.

(3) ¹Für die Gewährung der Akteneinsicht an dritte Personen ist § 62 Abs. 1 bis 4 entsprechend anzuwenden. ²Über den Antrag entscheidet das Patentgericht.

Überblick

Diese Vorschrift verweist eingeschränkt auf allgemeine Vorschriften, soweit das MarkenG keine vorrangigen Bestimmungen enthält oder die Besonderheiten des Verfahrens vor dem BPatG dem nicht entgegenstehen. Konkret regelt Abs. 2 die Anfechtbarkeit von Entscheidungen des Bundespatentgerichts (→ Rn. 2). Für die Akteneinsicht verweist Abs. 3 auf das Amtsverfahren gemäß § 62 (→ Rn. 9 ff.). Die allgemeine Verweisung auf die ZPO umfasst auch die Mediation (→ Rn. 12).

Besonderheiten der Verfahren vor dem BPatG können die Anwendung allgemeiner Vorschriften ausschließen (→ Rn. 13 ff.).

A. Allgemeines

1 Diese Vorschrift verweist ausdrücklich nur auf das GVG, die ZPO, das PatKostG und das GKG. Wegen der Besonderheiten des Verfahrens vor dem BPatG sollte es aber kein Denkverbot geben, auch Grundsätze der VwGO oder FGO zu berücksichtigen (so auch Ingerl/Rohnke Rn. 11). Dort gelten nämlich zum Teil ähnliche Verfahrensgrundsätze (Amtsermittlungsprinzip).

B. Anfechtung der Entscheidungen (Abs. 2)

2 § 82 Abs. 2 stellt klar, dass eine Anfechtung der Entscheidungen des BPatG nur stattfindet, soweit sie das Markengesetz zulässt, was eine davon unabhängige Verfassungsbeschwerde allerdings nicht ausschließt.

3 § 83 regelt die **Rechtsbeschwerde** gegen die Berufungsurteilen gleichstehenden Entscheidungen des BPatG (→ § 83 Rn. 1 ff.).

4 § 63 Abs. 3 S. 2 und § 71 Abs. 5 verweisen auf die §§ 103 bis 107 ZPO. Zur Kostenfestsetzung → § 71 Rn. 90, → § 83 Rn. 14; zur Festsetzung des Gegenstandswerts → § 71 Rn. 63 ff.

5 Gegen einen Beschluss des BPatG, der die Erinnerung gegen den Ausspruch des Rechtspflegers, dass eine Beschwerde wegen nicht fristgerechter Zahlung der Beschwerdegebühr als nicht erhoben gilt, zurückweist, ist gemäß § 11 Abs. 3 RPflG, § 83 Abs. 1 die Rechtsbeschwerde statthaft.

6 Das Rechtsmittel der **sofortigen Beschwerde** ist in markenrechtlichen Verfahren nicht eröffnet (BGH GRUR 1979, 696 – Kunststoffrad).

7 Gegen **Entscheidungen der Rechtspfleger im Kostenfestsetzungsverfahren** ist Erinnerung gegeben (→ § 71 Rn. 90).

8 Die Möglichkeit einer Selbstkorrektur bei Verstoß gegen das rechtliche Gehör im Wege einer **Anhörungsrüge** (§ 321a ZPO) kommt bei den mit der zulassungsfreien Rechtsbeschwerde nach § 83 Abs. 3 Nr. 3 anfechtbaren Beschlüssen des BPatG nicht in Betracht (BPatG GRUR 2007, 156 – Anhörungsrüge). Eine Anhörungsrüge ist nur gegeben gegen Entscheidungen, die weder der Rechtsbeschwerde noch einer späteren Inzidentkontrolle unterliegen (BVerfG NJW 2009, 833), wie Zwischenentscheidungen, Entscheidungen über

Ablehnungsgesuche nach § 72 und Wiedereinsetzungsanträge (BGH NJW-RR 2009, 642 Rn. 6). Sie soll ferner zur Anwendung kommen, wenn der Betroffene von der Gehörverletzung zwar innerhalb der Ausschlussfrist des § 321a Abs. 2 S. 2 ZPO aber erst nach Ablauf der Frist für das ordentliche Rechtsmittel Kenntnis erlangt hat und Wiedereinsetzung in die Frist für die (zulassungsfreie) Rechtsbeschwerde nicht in Betracht kommt (Ingerl/Rohnke Rn. 5 f.).

C. Akteneinsicht (Abs. 3)

Für die Akteneinsicht verweist Abs. 3 auf das Amtsverfahren gemäß § 62. Damit ist zunächst ein förmlicher Antrag ausreichend (→ § 62 Rn. 3); zur Zuständigkeit → § 56 Rn. 17. Erst wenn der anzuhörende Inhaber dem entgegentritt, ist eine Abwägung seines Interesses gegen das des Antragstellers vorzunehmen. Der BGH geht davon aus, dass der Auftraggeber des Antragstellers (Anwalts) nicht namhaft gemacht werden muss (BGH BeckRS 2013, 13059; 2011, 25612; GRUR 2011, 143 – Akteneinsicht XV). 9

Für elektronisch geführte Akten verweist § 95a Abs. 2 S. 2 auf §§ 299, 299a ZPO. § 299 Abs. 3 ZPO sieht für elektronisch geführte Akten vor, dass der Vorsitzende Bevollmächtigten, die Mitglied einer Rechtsanwaltskammer sind, den elektronischen Zugriff auf den Inhalt der Akten gestatten kann. Für die Übermittlung ist die Gesamtheit der Dokumente mit einer qualifizierten elektronischen Signatur zu versehen und gegen unbefugte Kenntnisnahme zu schützen. Patentanwälte können hier nicht anders behandelt werden. 10

Die Akteneinsicht umfasst nicht der Vorbereitung des Verfahrens dienende Aktenteile sowie gerichtsinterne Verfügungen. 11

D. Mediation

Die geplante Änderung sollte ausdrücklich die Möglichkeit vorsehen, entsprechend § 278a ZPO eine außergerichtliche Konfliktbeilegung oder eine gerichtsinterne Mediation vorzuschlagen. Der Verzicht auf diese Änderung zeigt nicht, dass dies nicht möglich ist; er wurde vielmehr damit begründet, dass die Generalverweisung auch die Anwendung von § 287a ZPO ermögliche (Lörcher/Lissner GRUR-Prax 2012, 318 f.). Dennoch lehnt die hM Mediation als mit dem Verfahren vor dem BPatG nicht vereinbar ab (kritisch → § 76 Rn. 1, → § 70 Rn. 47). Dies widerspricht der RL 2008/52/EG des Europäischen Parlaments und des Rates („Mediationsrichtlinie"), die nach Crawcour (GRUR-Prax 2014, 370) eine Abkehr von der traditionellen Ansicht zeigt, dass Mediation nur für Familien- und Arbeitsrechtsverfahren geeignet sei. Die Erfahrungen des EUIPO zeigen ein zunehmendes Interesse an einer alternativen Streitbeilegung, die auch eine künftige Zusammenarbeit der Beteiligten ermöglicht, während Auseinandersetzungen vor Behörden und Gerichten wettbewerblich und finanziell negative Konsequenzen nach sich ziehen können. 12

E. Besonderheiten, die eine Anwendung allgemeiner Vorschriften ausschließen

Soweit das MarkenG spezielle Bestimmungen enthält, schließen diese entgegenstehende Regelungen in GVG und ZPO aus. Im Übrigen kommt es darauf an, ob allgemeine Regelungen dort für das Verfahren vor dem BPatG passen. 13

Der beim BPatG geltende Untersuchungsgrundsatz (**Amtsermittlung**) schließt die Anwendung von Vorschriften der ZPO zur Beibringung aus, soweit nicht auch vor dem BPatG ein Beteiligter darlegungspflichtig ist, wie für eine Verkehrsdurchsetzung, das Bestehen nicht registrierter Rechte, einen Besitzstand im Rahmen von § 8 Abs. 2 Nr. 10 (→ § 8 Rn. 795, → § 8 Rn. 798, → § 8 Rn. 802), die Benutzung, die Wiedereinsetzungsgründe, die Bekanntheit oder die Voraussetzungen einer Umschreibung (→ § 73 Rn. 6, → § 74 Rn. 21). 14

Die Pflicht zur Amtsermittlung schließt die Zurückweisung verspäteten Vorbringens nicht generell aus (→ § 73 Rn. 15); sie schließt aber Verzichts-, Anerkenntnis- und **Versäumnisurteil** aus. 15

Zwar haben **Beschlüsse** des BPatG in Markensachen in der Regel keinen vollstreckungsfähigen Inhalt, so dass die Vorschriften zu Sicherheitsleistungen (§§ 108 ff. ZPO) nicht 16 anwendbar sind. Da es auch in Markensachen zur Kostenauferlegung kommen kann (→ § 71 Rn. 14 ff.), erscheint die Anwendbarkeit des § 110 ZPO (**Prozesskostensicherheit**) aber sinnvoll, um davor zu schützen, einen Kostenerstattungsanspruch wegen Vermögenslosigkeit des Gegners oder wegen Vollstreckungsproblemen im Ausland nicht realisieren zu können (MüKoZPO/Schulz ZPO § 110 Rn. 1–2; Musielak/Voit ZPO § 110 Rn. 1; aA BeckOK ZPO/Jaspersen ZPO § 110 Rn. 1).

17 Da vor dem BPatG eine **mündliche Verhandlung** nur nach § 69 stattfindet, kommt § 128 Abs. 2 ZPO nicht zu Anwendung. Gleiches gilt für § 129 ZPO.

18 Verfahren vor dem BPatG sollen im Hinblick auf das öffentliche Markenregister nur in engen Grenzen **ruhen,** während die im Rahmen des § 251 ZPO weitgehend zur Disposition der Beteiligten steht (BeckOK ZPO/Jaspersen ZPO § 251 Rn. 1).

19 Eine Einwilligung des Gegners in eine Beschwerderücknahme, wie das § 269 ZPO vorsieht, ist in Verfahren vor dem BPatG nicht erforderlich (→ § 66 Rn. 125).

Abschnitt 6 Verfahren vor dem Bundesgerichtshof

§ 83 Zugelassene und zulassungsfreie Rechtsbeschwerde

(1) ¹Gegen die Beschlüsse der Beschwerdesenate des Patentgerichts, durch die über eine Beschwerde nach § 66 entschieden wird, findet die Rechtsbeschwerde an den Bundesgerichtshof statt, wenn der Beschwerdesenat die Rechtsbeschwerde in dem Beschluß zugelassen hat. ²Die Rechtsbeschwerde hat aufschiebende Wirkung.

(2) Die Rechtsbeschwerde ist zuzulassen, wenn
1. eine Rechtsfrage von grundsätzlicher Bedeutung zu entscheiden ist oder
2. die Fortbildung des Rechts oder die Sicherung einer einheitlichen Rechtsprechung eine Entscheidung des Bundesgerichtshofs erfordert.

(3) Einer Zulassung zur Einlegung der Rechtsbeschwerde bedarf es nicht, wenn gerügt wird,
1. daß das beschließende Gericht nicht vorschriftsmäßig besetzt war,
2. daß bei dem Beschluß ein Richter mitgewirkt hat, der von der Ausübung des Richteramtes kraft Gesetzes ausgeschlossen oder wegen Besorgnis der Befangenheit mit Erfolg abgelehnt war,
3. daß einem Beteiligten das rechtliche Gehör versagt war,
4. daß ein Beteiligter im Verfahren nicht nach Vorschrift des Gesetzes vertreten war, sofern er nicht der Führung des Verfahrens ausdrücklich oder stillschweigend zugestimmt hat,
5. daß der Beschluß aufgrund einer mündlichen Verhandlung ergangen ist, bei der die Vorschriften über die Öffentlichkeit des Verfahrens verletzt worden sind, oder
6. daß der Beschluß nicht mit Gründen versehen ist.

Überblick

Die §§ 83–90 regeln das Rechtsbeschwerdeverfahren vor dem BGH. Aufgrund der Lückenhaftigkeit der Regelungen ist vielfach, nicht zuletzt weil die Rechtsbeschwerde dem Rechtsmittel der Revision ähnelt, auf die ZPO, insbesondere die §§ 543 ff., 574 ff. ZPO, zurückzugreifen (→ § 88 Rn. 1 ff.). Die Statthaftigkeit der Rechtsbeschwerde ist in § 83 Abs. 1, 2 und 3 abschließend geregelt. § 83 Abs. 2 regelt die zugelassene (→ Rn. 15), § 83 Abs. 3 die zulassungsfreie Rechtsbeschwerde (→ Rn. 26).

Übersicht

	Rn.		Rn.
A. Allgemeines	1	2. Sicherung einer einheitlichen Rechtsprechung (Abs. 2 Nr. 2 Alt. 2)	21
I. Wesen der Rechtsbeschwerde	1	IV. Entscheidung über Zulassung	22
II. Keine außerordentlichen Rechtsbehelfe	2	1. Beschluss über die Zulassung	22
III. Keine Nichtzulassungsbeschwerde	5	2. Eingeschränkte Zulassung	23
B. Rechtsbeschwerdefähiger Beschluss (Abs. 1 S. 1)	6	V. Bindung an die Zulassung	24
I. Beschlüsse nach § 66	6	VI. Nichtzulassung nicht überprüfbar	25
II. Kostensachen	8	**D. Zulassungsfreie Rechtsbeschwerde (Abs. 3)**	26
1. Beschwerdeentscheidungen des BPatG zu Kostenentscheidungen des DPMA (§ 63 Abs. 1, 2)	9	I. Allgemeines	27
2. Beschwerdeentscheidungen zu Kostenfestsetzungsbeschlüssen (§ 63 Abs. 3)	10	II. Rüge der vorschriftswidrigen Besetzung (Abs. 3 Nr. 1)	28
3. Entscheidungen nach § 71 Abs. 1–3	12	III. Beteiligung eines ausgeschlossenen Richters (Abs. 3 Nr. 2)	30
4. Entscheidungen nach § 71 Abs. 4 iVm § 71 Abs. 1–3	13	IV. Versagung des rechtlichen Gehörs (Abs. 3 Nr. 3)	31
		1. Allgemeines	31
5. Erinnerungsentscheidungen nach § 23 Abs. 2 RPflG zu Kostenfestsetzungsbeschlüssen des Kostenbeamten beim BPatG nach § 23 Abs. 1 Nr. 12 RPflG	14	2. Möglichkeit rechtlicher Verteidigung	32
		3. Ausreichende Berücksichtigung	34
		4. Hinweispflicht des Gerichts	36
C. Die zugelassene Rechtsbeschwerde (Abs. 2)	15	5. Kausalität der Versagung rechtlichen Gehörs	37
I. Allgemeines	15	6. Verstoß gegen Vorlagepflicht zum EuGH nach Art. 267 Abs. 3 AEUV	38
II. Grundsätzliche Bedeutung der Rechtsfrage (Abs. 2 Nr. 1)	17	V. Mangelnde Vertretung (Abs. 3 Nr. 4)	40
1. Rechtsfrage	17	VI. Verstoß gegen das Öffentlichkeitsprinzip (Abs. 3 Nr. 5)	41
2. Grundsätzliche Bedeutung	18	VII. Mangelnde Begründung (Abs. 3 Nr. 6)	42
3. Entscheidungserheblich	19		
III. Entscheidung des BGH erforderlich (Abs. 2 Nr. 2)	20	**E. Wirkung der Rechtsbeschwerde (Abs. 1 S. 2)**	46
1. Rechtsfortbildung (Abs. 2 Nr. 2 Alt. 1)	20	**F. Anschlussrechtsbeschwerde**	47

A. Allgemeines

I. Wesen der Rechtsbeschwerde

Mit dem Rechtsbeschwerdeverfahren nach §§ 83 ff. beim BGH hat der Gesetzgeber die **1** im Grunde einzige (aber → Rn. 3) Möglichkeit einer Überprüfung der Entscheidung des BPatG geschaffen. Es ist seinem Wesen nach der Revision ähnlich (BGH GRUR 1988, 191 – Ziegelsteinförmling; GRUR 1986, 453 – Transportbehälter). Als echtes Rechtsmittel hat die Rechtsbeschwerde gemäß § 83 Abs. 1 S. 2 aufschiebende Wirkung, so dass der Beschluss des BPatG bis zur Entscheidung des BGH nicht vollzogen werden kann (→ Rn. 46). Herzstück des Rechtsbeschwerdeverfahrens ist § 83, der fast wortgleich den §§ 100, 103 PatG entspricht und wie diese die Voraussetzungen aufzählt, unter denen die Rechtsbeschwerde vom BGH statthaft ist. Dabei wird deutlich, dass das Gesetz dies nur in ganz engen Grenzen vorsieht: Zum einen muss die Rechtsbeschwerde gegen den Beschluss eines Beschwerdesenats des BPatG iSd § 66 gerichtet sein (→ Rn. 6). Zum anderen muss das BPatG die Rechtsbeschwerde entweder ausdrücklich zugelassen haben (→ Rn. 15) oder einer der in § 83 Abs. 3 aufgezählten, schweren Verfahrensmängel vorliegen (→ Rn. 26). Außerordentliche Rechtsbehelfe sind nicht vorgesehen (→ Rn. 2), ebenso kann gegen die Entscheidung des BPatG, die Rechtsbeschwerde nicht zuzulassen, nicht im Wege der Nichtzulassungsbeschwerde vorgegangen werden (→ Rn. 5). Bei der zulassungsfreien Rechtsbeschwerde iSd § 83 Abs. 3 handelt es sich nicht um eine (modifizierte) Nichtzulassungsbeschwerde, die, vergleichbar mit § 543 Abs. 1 Nr. 2 ZPO, § 544 ZPO, eine (beschränkte) Inhaltskontrolle durch den BGH ermöglicht, sondern diese ist nur im Falle schwerer, abschließend aufgezählter Verfahrensmängel, wie sie auch die absoluten Revisionsgründe in

MarkenG § 83

§ 547 ZPO vorsehen, statthaft und lässt, im Gegensatz zu der zugelassenen Rechtsbeschwerde iSd § 83 Abs. 2, keine volle revisionsmäßige Überprüfung zu. Das Gesetz erkennt daher das BPatG im Rahmen von dessen Zuständigkeitsbereich grundsätzlich als die letzte Instanz an. Mit der Schaffung der Rechtsbeschwerde im Jahre 1961 wollte der Gesetzgeber primär nur sicherstellen, dass das Interesse der Allgemeinheit an der Klärung grundsätzlicher Rechtsfragen und an der Einheitlichkeit der Rechtsprechung gewahrt ist und dass es nicht zu einander widersprechenden Entscheidungen zwischen dem Patentamt und dem Patentgericht auf der einen Seite und den Zivilgerichten auf der anderen Seite kommt (Benkard PatG Vor § 100 Rn. 1; Löscher GRUR 1966, 5). Ob hieraus aber auch der Schluss gezogen werden kann, den § 83 grundsätzlich eng auszulegen, ist streitig (→ Rn. 16).

II. Keine außerordentlichen Rechtsbehelfe

2   Ein außerordentlicher Rechtsbehelf im Falle „greifbarer Gesetzeswidrigkeit" ist seit der Schaffung der abschließenden Regelung des § 574 Abs. 1 ZPO nicht mehr anerkannt (BGH NJW 2002, 1577; 2003, 3137; MüKoZPO/Motzer ZPO § 127 Rn. 20). Dies muss wegen des Gebots der Rechtsmittelklarheit selbst für die Fälle gelten, in denen die Entscheidung nur schwer mit der Rechtsordnung in Einklang zu bringen ist (BVerfG NJW 2003, 1924). Auch eine Selbstkorrektur von Verfassungsverstößen durch eine Gegenvorstellung ist seit der Neuschaffung des § 321a ZPO, der die Gegenvorstellung nur im Falle von Entscheidungen eines letztinstanzlichen Gerichts zulässt, abzulehnen (offengelassen in BPatG GRUR 2007, 156 – Anhörungsrüge; so aber Voßkuhle NJW 2003, 2193; aA Fezer Rn. 6, der eine analoge Anwendung für geboten hält). Eine Anwendung des § 321a ZPO bleibt aber möglich, wenn es sich um eine Entscheidung des BPatG handelt, die nicht mit der Rechtsbeschwerde angegriffen werden kann (BPatG GRUR 2007, 156 – Anhörungsrüge; Treber NJW 2005, 97).

3   Unter den strengen Voraussetzungen der §§ 578 ff. ZPO ist jedoch ein Wiederaufnahmeverfahren möglich, da in diesen Fällen die Rechtssicherheit hinter der Einzelfallgerechtigkeit zurückstehen muss (BPatG Mitt 1990, 172 – Restitutionsantrag). Aus diesem Grund bleibt auch eine Verfassungsbeschwerde gestützt auf Art. 19 Abs. 4 GG bei Verletzung des effektiven Rechtsschutzes oder Art. 101 Abs. 1 S. 2 GG bei Entzug des gesetzlichen Richters möglich (BVerfG NJW 2011, 1276; 2009, 572). Die Hürden für diese Verfahren sind freilich hoch.

4   Nach § 133 S. 3 finden die Vorschriften über das Rechtsbeschwerdeverfahren auch für Rechtsmittel gegen Entscheidungen bezüglich der Eintragung geographischer Angaben und Ursprungsbezeichnungen entsprechende Anwendung.

III. Keine Nichtzulassungsbeschwerde

5   Eine Nichtzulassungsbeschwerde hat der Gesetzgeber bewusst ausgeschlossen. Zum einen sollte dadurch der BGH entlastet werden und zum anderen möglichst schnell eine Klärung der Rechtslage erfolgen (Amtl. Begr. Abs. 3 zu § 83; BGH GRUR 1977, 214 (215) – Aluminiumdraht; GRUR 1964, 519 (521) – Damenschuhabsatz). Nur unter sehr engen Voraussetzungen kann gegen eine „willkürliche Nichtzulassung" der BGH und (im Gefolge) das BVerfG angerufen werden (→ Rn. 25).

5.1   Diese Ausgestaltung der Rechtsmittel mit nur einer gerichtlichen Tatsacheninstanz ist mit dem Grundgesetz vereinbar und stellt keinen Verstoß gegen Art. 19 Abs. 4 GG oder den Justizgewährungsanspruch dar, denn ein gerichtlicher Instanzenzug ist nicht zwingend vorgegeben (BVerfG NJW 2004, 1739; BGH GRUR 1968, 59 – Golden Toast). Ob diese rechtliche Ausgestaltung als geglückt bezeichnet werden kann, darf angesichts der Trennung zwischen den Verfahren vor dem Bundespatentgericht einerseits und den ordentlichen Gerichten andererseits und des daraus resultierenden Bedürfnisses, Mechanismen zur Vereinheitlichung der Rechtsprechung zu schaffen, bezweifelt werden (Kraßer GRUR 1980, 420 (422)). Das BPatG kann nämlich durch eine Nichtzulassung der Rechtsbeschwerde die Überprüfung der eigenen Rechtsauffassung gezielt verhindern. Damit besteht, zumindest nach der Gesetzessystematik, ein erheblicher Unterschied zum Rechtszug vor den ordentlichen Gerichten, der in Markensachen nicht nur zwei Gerichtsinstanzen vorsieht, sondern dem BGH aufgrund der in Zivilprozessen gemäß § 544 ZPO möglichen Nichtzulassungsbeschwerde, erlaubt „Fehlurteile" der Oberlandesgerichte zu kassieren, wenn er dies für opportun erachtet. Ob sich dieser Unterschied allein mit einem gesetzlich vermuteten Vertrauensvorschuss für die Senate des BPatG und der Anzahl rechtsbeschwerdefähiger Beschlüsse der Marken-Beschwerdesenate des BPatG pro Jahr begründen lässt, ist fraglich. Das Argument, der BGH lasse bei der Zulassung von Revisionen eine sehr starke Zurückhaltung walten, wie die Entscheidungen des BGH über Nichtzulassungsbeschwerden (§ 544 ZPO) zeigten (vgl. Ströbele/Hacker/Knoll Rn. 17), dürfte ebenfalls nicht durchschlagend sein. Es lassen sich regelmäßig BGH Entscheidungen identifizieren, die diese Strenge sicherlich nicht an den Tag legen, wie die „Goldhasen"-Entscheidungen des BGH belegen, der zwei Mal die Nichtzulassungsbeschwerden der Klägerin gegen Entscheidungen des OLG Frankfurt zugelassen hat (BGH GRUR 2011, 148 – Goldhasen II; OLG Frankfurt GRUR-RR 2012, 255).

B. Rechtsbeschwerdefähiger Beschluss (Abs. 1 S. 1)

I. Beschlüsse nach § 66

Die Rechtsbeschwerde kann nur gegen Beschlüsse der Senate des BPatG eingelegt werden, durch die über eine Beschwerde nach § 66 entschieden wurde. Dagegen findet gegen erstinstanzliche Entscheidungen oder erstmalige Entscheidungen im Beschwerdeverfahren keine Rechtsbeschwerde statt. Letzteres folgt aus dem Wortlaut des Gesetzes, wonach „über" eine Beschwerde entschieden werden muss (BPatG GRUR 1988, 903 (905); GRUR 2001, 339 (341)). Abzustellen ist auf den Inhalt der Entscheidung und nicht auf die äußere Form (BGH GRUR 2008, 732 Rn. 9, 10 – Tegeler Floristik; GRUR 1993, 890 (891) – Teilungsgebühren). Es gelten insoweit die gleichen Grundsätze wie im Rahmen des § 66 Abs. 1. Entscheidend ist, ob materiell eine abschließende Regelung getroffen wird (BGH GRUR 1972, 535 – Aufhebung der Geheimhaltung).

Ausgenommen sind Neben- und Zwischenfragen, die nicht für den eigentlichen Beschlussgegenstand entscheidungserheblich sind. Hierunter fallen vorbereitende Äußerungen oder Verfügungen, zB Beanstandungen oder Fristsetzungen, sowie Mitteilungen über kraft Gesetzes eintretende Rechtsfolgen oder organisatorische Maßnahmen (BGH GRUR 2008, 732 – Tegeler Floristik; GRUR 1969, 439 – Bausteine, zum PatG). Nicht der Rechtsbeschwerde unterliegen außerdem Kostenentscheidungen des BPatG, die im Rahmen eines Beschwerdeverfahrens ergangen sind und nicht isoliert angefochten werden sollen (BPatGE 12, 238 (242)). § 11 Abs. 3 PatKostG schließt nicht nur eine Beschwerde, sondern auch eine Rechtsbeschwerde gegen Entscheidungen des BPatG über den Kostenansatz aus (BGH BeckRS 2015, 15780 – Überraschungsei). Etwas anderes gilt aber für die Entscheidung, ob eine Kostengrundentscheidung überhaupt ergehen soll. Ist dies Gegenstand der Hauptsache, soll der Beschluss isoliert angefochten werden können (BGH GRUR 2001, 139 (140) – Parkkarte). Richtet sich die Rechtsbeschwerde nicht gegen eine beschwerdefähige Entscheidung iSd § 83, so ist sie gemäß § 86 als unzulässig zu verwerfen (BGH GRUR 1986, 453 – Transportbehälter; → § 86 Rn. 2).

II. Kostensachen

Die Frage, inwieweit Entscheidungen in Kostensachen der Rechtsbeschwerde unterliegen, kann aufgrund der Vielzahl möglicher Entscheidungen in diesem Bereich nicht einheitlich beantwortet werden. Es muss vielmehr genau unterschieden werden, aufgrund welcher Norm die Entscheidung des BPatG erging.

1. Beschwerdeentscheidungen des BPatG zu Kostenentscheidungen des DPMA (§ 63 Abs. 1, 2)

Bei den Kostenentscheidungen nach § 63 Abs. 1 und Abs. 2 handelt es sich um Beschlüsse iSd § 66, so dass diesbezüglich die Rechtsbeschwerde in jedem Fall eröffnet ist (→ § 66 Rn. 7). Der Unterschied zwischen Kostensachen nach § 63 Abs. 1 S. 1 bzw. Abs. 2, die im Rahmen eines Hauptsacheverfahrens ergehen und solchen nach § 63 Abs. 1 S. 2 iVm S. 1, die isoliert nach Erledigung der Hauptsache ergehen, spielt somit für die Frage, ob diese der Rechtsbeschwerde unterliegen, keine Rolle (Ströbele/Hacker/Knoll Rn. 12).

MarkenG § 83

2. Beschwerdeentscheidungen zu Kostenfestsetzungsbeschlüssen (§ 63 Abs. 3)

10 Umstritten ist, ob eine Rechtsbeschwerde gegen Entscheidungen des BPatG zu Beschwerden nach § 63 Abs. 3 S. 3 und 4 iVm § 66 zu Kostenfestsetzungsbeschlüssen möglich ist. Dafür spricht, dass § 63 Abs. 3 S. 2 auf die §§ 103 ff. ZPO verweist (Büscher/Dittmer/Schiwy/Schiwy Rn. 9; Ströbele/Hacker/Knoll Rn. 13; Fezer Rn. 4; aA Ingerl/Rohnke Rn. 12). Da § 104 Abs. 3 ZPO eine Rechtsmittelregelung enthält, ist von einer Gesamtverweisung auf die Rechtsmittel der ZPO auszugehen (so auch BGH GRUR 1986, 453). Daraus folgt, dass gemäß § 574 ZPO grundsätzlich die Rechtsbeschwerde zum BGH eröffnet ist. Die Rechtsprechung zur alten Rechtslage, nach der sich die sofortige Beschwerde gemäß § 577 Abs. 1 ZPO als das einzige Rechtsmittel darstellte, hat sich aufgrund der Reform der ZPO erledigt. Geht man davon aus, dass die Verweisung auf die ZPO in § 63 Abs. 3 S. 2 die Regelung über die Rechtsmittel mit einschließt, spricht vieles dafür, jedenfalls eine Beschwerde nach § 83 zuzulassen. Es ist nämlich nicht ersichtlich, warum der Gesetzgeber im markenrechtlichen Verfahren zu Kostenfestsetzungsbeschlüssen von den diesbezüglichen Regelungen der ZPO abweichen wollte (vgl. auch BGH BeckRS 2013, 1586; GRUR Prax 2013, 64 mit Anm. Kendziur; → § 71 Rn. 64.1 ff.).

11 Schlussendlich stellt sich die Frage, ob der Mindestbeschwerdegegenstand des § 567 Abs. 2 ZPO von 200 Euro Anwendung finden muss, da im Rechtsmittelverfahren der ZPO nur in diesem Fall eine Rechtsbeschwerde möglich wird. Weil davon auszugehen ist, dass das Ziel einer weitgehenden Angleichung der Rechtsmittel angestrebt wurde, spricht vieles für eine (analoge) Anwendung der Vorschrift.

3. Entscheidungen nach § 71 Abs. 1–3

12 Im Rahmen der Beschwerde nach § 66 ergehen die Entscheidungen des BPatG über die Kosten des Beschwerdeverfahrens nach § 71 Abs. 1 bis 3. Diese Kostenentscheidungen sind überprüfbar, soweit die Hauptsache ebenfalls mit der Rechtsbeschwerde angegriffen wird (→ § 71 Rn. 41). Eine isolierte Anfechtung der Kostenentscheidung scheidet gemäß § 82 Abs. 2 iVm § 99 Abs. 1 ZPO aus, um eine inzidente Überprüfung der Hauptsache zu verhindern, die dann im Widerspruch zur Entscheidung der Hauptsache selbst stehen könnte (BGH GRUR 1967, 94 (97)).

4. Entscheidungen nach § 71 Abs. 4 iVm § 71 Abs. 1–3

13 Kostenentscheidungen des BPatG nach § 71 Abs. 4 ergehen nach Erledigung der Hauptsache. Da in der Hauptsache keine Entscheidung ergangen ist, liegt in diesen Fällen keine Entscheidung über eine Beschwerde nach § 66 vor. Aus diesem Grund scheidet eine Rechtsbeschwerde gegen die Entscheidungen nach § 71 Abs. 4 aus (Ströbele/Hacker/Knoll Rn. 11).

5. Erinnerungsentscheidungen nach § 23 Abs. 2 RPflG zu Kostenfestsetzungsbeschlüssen des Kostenbeamten beim BPatG nach § 23 Abs. 1 Nr. 12 RPflG

14 Da eine Erinnerungsentscheidung keinen Beschluss über eine Beschwerde iSd § 66 darstellt, scheidet eine Rechtsbeschwerde gemäß § 83 Abs. 1 aus (Ingerl/Rohnke Rn. 15). Allerdings kann die Verweisung des § 71 Abs. 5, wie im Rahmen der Beschwerdeentscheidungen zu Kostenfestsetzungsbeschlüssen ausgeführt, als Gesamtverweisung auf die Rechtsmittel der ZPO angesehen werden. Gegen die Erinnerungsentscheidung ist damit gemäß § 574 ZPO die Rechtsbeschwerde statthaft (so Ströbele/Hacker/Knoll Rn. 14; vgl. auch BGH BeckRS 2013, 1586; aA Büscher/Dittmer/Schiwy/Schiwy Rn. 9). Dafür spricht auch, dass in diesem Verfahren die gleichen Wertungen angestellt werden müssen.

C. Die zugelassene Rechtsbeschwerde (Abs. 2)

I. Allgemeines

15 In § 83 Abs. 2 hat der Gesetzgeber eine abschließende Regelung der Zulassungsgründe für die Rechtsbeschwerde getroffen. Ein Rechtsbeschwerdeverfahren soll nach dem Wille des Gesetzes in aller Regel auf eine Zulassung durch das BPatG iSd § 83 Abs. 1 S. 1 zurückgehen. Das BPatG trifft zwar die Pflicht, die Beschwerde in den gesetzlich geregelten Fällen zuzulassen, aufgrund der fehlenden Nichtzulassungsbeschwerde kann diese Pflicht aber nur sehr eingeschränkt überprüft werden (→ Rn. 25). Zur (ergänzenden)Auslegung kann jeweils auf die Spruchpraxis zu § 100 Abs. 2 PatG, § 543 Abs. 2 ZPO und § 574 Abs. 2 ZPO zurückgegriffen werden (Ströbele/Hacker/Knoll Rn. 17). Vorgenannte Normen der ZPO wurden durch die Reform der ZPO im Jahre 2002 eingeführt, wobei die Rechtsbeschwerde iSd §§ 574 ff. ZPO ebenfalls keine Nichtzulassungsbeschwerde kennt (BGH NJW-RR 2004, 356).

Zwar soll durch die Regelungssystematik des § 83 der BGH entlastet werden (BGH GRUR 1977, 214 (215) – Aluminiumdraht), ob daraus aber eine grundsätzlich strenge Auslegung des § 83 Abs. 2 gefolgert werden kann, erscheint fraglich (so aber Ströbele/ Hacker/Knoll Rn. 16 unter Bezugnahme auf die strenge Rechtsprechung des BGH zu Nichtzulassungsbeschwerden gemäß § 544 ZPO; aA Ingerl/Rohnke Rn. 9). Soweit die Rechtsbeschwerde vom BPatG zugelassen wird, geschieht dies vor allem im Interesse der Allgemeinheit an der Klärung von grundsätzlichen Rechtsfragen und der Vereinheitlichung der Rechtsprechung. Sinnvoll ist dies vor dem Hintergrund, dass die patentamtlichen und patentgerichtlichen Verfahren vor dem DPMA und dem BPatG unabhängig von den Verfahren in Kennzeichenstreitsachen vor den ordentlichen Gerichten verlaufen. Diese Aufteilung der Zuständigkeiten birgt in hohem Maße die Gefahr einer uneinheitlichen Rechtsprechung in sich, der mit der Durchführung eines Rechtsmittelverfahrens jeweils beim selben Spruchkörper, nämlich dem I. Zivilsenat des BGH, entgegengewirkt werden kann (Ingerl/Rohnke Rn. 7; Löscher GRUR 1966, 5). Darüber hinaus kann der BGH auch dann eine einheitliche Rechtsprechung herbeiführen, wenn einzelne Senate des BPatG differente Auffassungen vertreten. Andererseits wird der BGH auch bei Zulassung der Rechtsbeschwerde nicht von Amts wegen tätig, sondern nur, wenn der unterlegene Beteiligte die Rechtsbeschwerde einlegt und begründet. Insoweit dient das Rechtsbeschwerdeverfahren auch dem Interesse des Einzelnen und der Einzelfallgerechtigkeit. Dies wird auch dadurch gewährleistet, dass der BGH bei Zulassung der Rechtsbeschwerde durch das BPatG nicht nur auf die Überprüfung der vom BPatG aufgeworfenen Rechtsfragen beschränkt ist, sondern eine umfassende, dem Interesse des Einzelnen dienende Rechtsprüfung vornehmen kann. **16**

II. Grundsätzliche Bedeutung der Rechtsfrage (Abs. 2 Nr. 1)

1. Rechtsfrage

Das BPatG hat nach § 83 Abs. 2 Nr. 1 die Rechtsbeschwerde zuzulassen, wenn das Verfahren aus seiner Sicht eine Rechtsfrage von grundsätzlicher Bedeutung aufwirft. Unter den Begriff Rechtsfrage fällt jede Subsumtion eines Sachverhalts unter eine Norm oder einen unbestimmten Rechtsbegriff (Fezer Rn. 8). Fragen zum Sachverhalt und zur Sachverhaltsfeststellung durch das BPatG iSd § 89 Abs. 2 sind keine Rechtsfragen. Die Abgrenzung zwischen Rechtsfrage und Tatsachenfrage kann teilweise schwierig sein (Ströbele/Hacker/Knoll § 89 Rn. 11). Insbesondere die Beurteilung des Fehlens jeglicher Unterscheidungskraft eines Zeichens nach § 8 Abs. 2 Nr. 1 oder die Waren-, Dienstleistungs- oder Zeichenähnlichkeit im Rahmen der Verwechslungsgefahr gemäß §§ 9, 14 setzen neben rechtlichen Komponenten auch tatsächliche Feststellungen des BPatG voraus. So ist es beispielsweise allein Aufgabe des BPatG als Tatsacheninstanz festzustellen, ob unter Berücksichtigung der Handelsgepflogenheiten im einschlägigen Waren- oder Dienstleistungssektor in Bezug auf das Anmeldezeichen eine beschreibende Benutzung durch die Marktteilnehmer naheliegt. Entsprechendes gilt für die Frage, ob aus Sicht der relevanten Verkehrskreise eine Ähnlichkeit der sich gegenüberstehenden Waren/Dienstleistungen vorliegt (BGH GRUR 1999, 496 f. – TIFFANY; GRUR 2000, 890 f. – IMMUNINE/IMUKIN) oder ob Markenteilen eine kollisionsbegründende Bedeutung innerhalb eines Gesamtzeichens zukommt (BGH GRUR 1998, 815 f. – Nitrangin; GRUR 2002, 167 (168) – BIT/BUD; GRUR 2002, 342 f. – ASTRA/ESTRAPUREN). Das BPatG kann solche Tatsachenfragen nicht dem BGH zur Klärung vorlegen. Vielmehr ist der BGH nach § 89 Abs. 2 an die Tatsachenfeststellungen des BPatG gebunden. Der BGH kann dann nur überprüfen, ob die Tatsachenfeststellungen des BPatG unter Verstoß **17** gegen allgemeine Erfahrungssätze oder Denkgesetze getroffen wurden (BGH GRUR 1983, 725 (727) – Ziegelsteinförmling; → § 89 Rn. 3).

2. Grundsätzliche Bedeutung

18 Die persönliche oder wirtschaftliche Bedeutung des konkreten Falles für die betroffenen Parteien oder die Bedeutung für die Öffentlichkeit spielt keine Rolle. Entscheidend ist allein die Bedeutung einer bestimmten Rechtsfrage für eine unbestimmte Zahl anderer Streitfälle (BPatGE 5, 192 (198) = GRUR 1965, 253 – Euroyal) und dass aus diesem Grund die Rechtsfrage für die Allgemeinheit von Interesse ist (BVerfG GRUR-RR 2009, 222 – Achteckige Zigarettenschachtel; BGH GRUR 2003, 259 – Revisionsvoraussetzungen). Die geringe praktische Relevanz der Rechtsfrage ist dabei unerheblich (BPatG BeckRS 2012, 22502 – Fakten statt Akten). Ein Indiz kann das Fehlen höchstrichterlicher Rechtsprechung oder der Streit um die Auslegung einer Vorschrift in der Rechtsprechung oder Literatur sein (vgl. BGH GRUR 1970, 506 (508) – Dilactame). Umgekehrt darf die Frage nicht abschließend höchstrichterlich geklärt sein (BGH GRUR 1962, 163 (164) – Registriersystem). Dies ist sowohl bei einer bestehenden ständigen Rechtsprechung des BGH als auch des EuGH zu bejahen (BPatG GRUR 2000, 149 (151) – WALLIS). Dass sich die Frage zum ersten Mal stellt, reicht für eine grundsätzliche Bedeutung alleine nicht aus, weil dies keinen Rückschluss auf die qualitative Bewertung einer Frage zulässt. Anderenfalls würde im Falle von Gesetzesnovellen immer der Weg zum BGH offen stehen. Dies steht dem Sinn und Zweck der Vorschrift entgegen (Ströbele/Hacker/Knoll Rn. 20). Bei Zweifeln an der Verfassungsmäßigkeit einer Vorschrift (BPatG GRUR 1978, 710 – Rosenmontag) wird von einer grundsätzlichen Bedeutung ebenso ausgegangen werden können wie bei Fragen der richtlinienkonformen Auslegung.

18.1 Da die Gründe für den Beschluss, dem Präsidenten des Patentamtes den Beitritt anheimzustellen (§ 68 Abs. 2), den Voraussetzungen für die Zulassung der Rechtsbeschwerde entsprechen, kann der Beschwerdesenat die Zulassung nur noch ablehnen, wenn zwischenzeitlich eine höchstrichterliche Entscheidung die maßgebliche Frage geklärt hat.

3. Entscheidungserheblich

19 Die Streitfrage kann sowohl formeller als auch materieller Natur sein, muss aber in ihrer rechtlichen und nicht nur tatsächlichen Dimension entscheidungserheblich für das konkrete Verfahren sein (BGH GRUR 1972, 538 – Parkeinrichtung). Der Rechtsstreit muss deshalb von der Streitfrage zumindest abhängen können. Ausführungen in einem obiter dictum erfüllen diese Voraussetzung nicht (Ströbele/Hacker/Knoll Rn. 23).

III. Entscheidung des BGH erforderlich (Abs. 2 Nr. 2)

1. Rechtsfortbildung (Abs. 2 Nr. 2 Alt. 1)

20 Die Notwendigkeit der Rechtsfortbildung wird sich in aller Regel mit der grundsätzlichen Bedeutung nach § 83 Abs. 2 Nr. 1 decken (Ullmann WRP 2002, 593 (597)). Die Regelung hat aber eigenständige Bedeutung, wenn die zu klärende Frage über den entscheidungserheblichen Bereich im Rahmen des § 83 Abs. 2 Nr. 1 hinausgeht (Ströbele/Hacker/Knoll Rn. 24; v. Gierke/Seiler NJW 2004, 1497 (1499)) oder der Beschwerdesenat eine weitere Differenzierung höchstrichterlicher Rechtsprechung für nötig erachtet (BVerfG GRUR-RR 2009, 222 – Achteckige Zigarettenschachtel). Das BPatG ist zunächst selbst zur Rechtsfortbildung berufen und muss dazu nicht den BGH anrufen (Fezer Rn. 10; Ströbele/Hacker/Knoll Rn. 24). Fehlt es jedoch bisher ganz oder teilweise an einer Orientierungshilfe für die rechtliche Beurteilung typischer Lebenssachverhalte ist es angezeigt, den BGH anzurufen (Fezer Rn. 10). In Betracht kommen insbesondere Rechtsfragen, in denen eine Entscheidung zur Ausfüllung von Gesetzeslücken ergehen soll (BGH NJW 2002, 3029f.) oder die das BPatG in Abweichung von Einrichtungen für das Gemeinschaftsmarkenrecht (zB dem Harmonisierungsamt für den Binnenmarkt) entscheiden will (BPatG GRUR 1999, 1088 (1089) – CREATE (Y)OUR FUTURE).

2. Sicherung einer einheitlichen Rechtsprechung (Abs. 2 Nr. 2 Alt. 2)

Zur Zulassung der Rechtsbeschwerde ist ein Senat des BPatG auch dann verpflichtet, wenn **21** er von einer Entscheidung des BGH, eines gleichrangigen Instanzgerichts (insbesondere der Oberlandesgerichte) oder eines anderen Senats des BPatG abweichen will. Im Falle der Abweichung von ständiger Rechtsprechung besteht nämlich die Gefahr, dass andere Gerichte dieser Auffassung folgen (BVerfG GRUR-RR 2009, 222 f. – Achteckige Zigarettenschachtel). Zulassungspflichtig und -berechtigt ist nur der Senat des BPatG, der von der bisherigen Spruchpraxis abweichen möchte (BPatG MarkenR 2010, 139 (145) – VOLKSFLAT). Nicht erfasst sind Fälle, in denen lediglich die Verkehrsauffassung, mithin eine Tatsachenfrage, nicht jedoch der zu Grunde liegende Rechtssatz abweichend beurteilt wird (BPatG BeckRS 2011, 18575 – Liwell/LIDL; BeckRS 2011, 17940 – Volks.Plasma-TV (Wort-Bild-Marke); BeckRS 2011, 17941 – Volks.Kredit (Wort-Bild-Marke); BVerfG GRUR-RR 2009, 222 (223) – Achteckige Zigarettenschachtel; BGH MMR 2010, 184; NJW-RR 2007, 1676; → Rn. 17), wobei die Unterscheidung im Einzelfall sehr schwierig sein kann. Entscheidungen des DPMA stellen keine Rechtsprechung dar und fallen somit nicht unter § 83 Abs. 2 Nr. 2 Alt. 2. Weicht die Rechtsprechung des EuG von der des EuGH ab, soll aufgrund der unterschiedlichen Rechtsordnung, in der auch der BGH keine Abweichungen verhindern kann (BPatG GRUR 2009, 491 (493) – Vierlinden), trotzdem darauf abzustellen sein, ob im Einzelfall ein Rechtsfortbildungsbedarf durch die unterschiedlichen Auslegungen besteht (Ingerl/Rohnke Rn. 34 unter Berufung auf BGH GRUR 2009, 994 Rn. 17 – Vierlinden).

IV. Entscheidung über Zulassung

1. Beschluss über die Zulassung

Das BPatG entscheidet von Amts wegen über die Zulassung (BPatG GRUR 1965, 51). **22** Eine Begründung ist nicht erforderlich (BGH GRUR 1964, 519 – Damenschuhabsatz), die Zulassung muss jedoch in dem Beschluss niedergelegt worden sein, gegen den mit der Rechtsbeschwerde vorgegangen wird. Nicht ausreichend ist eine frühere Zulassung des BPatG nach Zurückweisung, weil nun andere Rechtsfragen streitig sein können (BGH GRUR 1967, 548 (550) – Schweißelektrode II). Erscheint die Zulassung nur in den Entscheidungsgründen, reicht dies aus (BGH GRUR 1978, 420 (422) – Fehlerortung). Eine Nachholung der Zulassung ist ausgeschlossen. Eine Ergänzung gemäß § 321 ZPO oder eine Weiterverführung des Verfahrens gemäß § 321a ZPO scheiden aus, weil § 83 Abs. 3 Nr. 3 eine abschließende Regelung für Versäumnisse im Verfahren darstellt. In bestimmten Fällen ist jedoch eine Berichtigung gemäß § 80 möglich (→ § 80 Rn. 1 ff.). Jedoch ist genau zu untersuchen, ob eine unter diese Vorschrift fallende Ergänzung oder eine unzulässige Änderung des Beschlusses vorliegt. Von einer Berichtigung ist nur auszugehen, wenn vergessen wurde, eine beschlossene Zulassung in den Beschluss aufzunehmen (Benkard/Rogge 10. Aufl. PatG § 100 Rn. 15), aber nicht, wenn der Zulassungsbeschluss irrtümlich unterblieben ist (BPatGE 22, 45 = FHZivR 26 Nr. 5271). Außerdem muss dieses Versäumnis für Dritte ohne weiteres zu erkennen sein (BGH NJW 2005, 156; NJW 2004, 2389; → § 80 Rn. 25). Enthalten weder der Tenor der Entscheidung noch die Gründe Ausführungen zu Zulassung der Rechtsbeschwerde, ersetzt eine Rechtsmittelbelehrung die Zulassung nicht (vgl. BGH BeckRS 2014, 06966 Rn. 9).

2. Eingeschränkte Zulassung

Die Zulassung kann auf bestimmte abgrenzbare Teile des Verfahrens, nicht jedoch auf **23** einzelne Rechtsfragen, beschränkt werden (BGH GRUR 1983, 725 (726) – Ziegelsteinformling I; GRUR 1978, 420 (422) – Fehlerortung). Des Weiteren kann sich die Zulassung auf bestimmte Beteiligte beziehen; eine solche Beschränkung muss jedoch, um wirksam zu sein, unzweideutig ausgesprochen werden, wobei dies ebenfalls in der Begründung des Beschlusses geschehen kann (BGH GRUR 1993, 969 (970) – Indorektal II).

V. Bindung an die Zulassung

24 Lässt das BPatG die Rechtsbeschwerde in seinem Beschluss zu kann der BGH diese Entscheidung nicht überprüfen, sondern ist – sofern die Rechtsbeschwerde auch statthaft ist (BGH BeckRS 2013, 1586) – daran gebunden und hat eine volle revisionsmäßige Überprüfung durchzuführen (BGH GRUR 1964, 26 – Milburan). Eine Rechtsbeschwerde ist aber nicht bereits dann statthaft, wenn sie durch das BPatG zugelassen worden ist. Auch eine zugelassene Rechtsbeschwerde ist als unzulässig zu verwerfen, wenn sie nach dem Gesetz nicht statthaft ist (BGH BeckRS 2015, 15780 – Überraschungsei; GRUR 2009, 1098 – Leistungshalbleiterbauelement). Der BGH ist also nicht auf die Überprüfung der vom BPatG aufgeworfenen Rechtsfrage(n) beschränkt, sondern hat eine umfassende, auch den Interessen des Rechtsbeschwerdeführers (und ggf. den übrigen Beteiligten) dienende Rechtsprüfung vorzunehmen.

VI. Nichtzulassung nicht überprüfbar

25 Unterbleibt zu Unrecht die Zulassung der Rechtsbeschwerde ist dies dennoch verbindlich und kann mit einem ordentlichen Rechtsmittel nicht angegriffen werden, insbesondere ist eine Rechtsbeschwerde wegen der Nichtzulassung oder ihrer mangelnden Begründung nicht möglich (Amtl. Begr. Abs. 3 zu § 83; BGH GRUR 2009, 994 – Vierlinden; GRUR 1977, 214 (215) – Aluminiumdraht; GRUR 1964, 519 (521) – Damenschuhabsatz). Auch eine zulassungsfreie Rechtsbeschwerde ist nur unter den in § 83 Abs. 3 aufgeführten Voraussetzungen erfolgreich. Ist die Zulassung der Rechtsbeschwerde jedoch nicht nur die einzig richtige Entscheidung, sondern das Unterbleiben der Zulassung nicht mehr verständlich und offensichtlich unhaltbar, liegt ein Akt der Willkür und damit eine Verletzung des Grundsatzes des gesetzlichen Richters iSd Art. 101 Abs. 1 S. 2 GG vor (BGH GRUR-RR 2011, 343 Ls. – CORDARONE; GRUR 2009, 994 – Vierlinden). Eine zulassungsfreie Rechtsbeschwerde lässt sich dann auf § 83 Abs. 3 Nr. 3 stützen (→ Rn. 38). Eine vorschriftswidrige Besetzung gemäß § 83 Abs. 3 Nr. 1 liegt jedoch nicht vor. Dies hat der BGH nunmehr in Bezug auf eine Verletzung der Vorlagepflicht nach Art. 267 Abs. 3 AEUV klargestellt (BeckRS 2014, 17643 – Schwarzwälder Schinken; → Rn. 29). Des Weiteren besteht nach Ausschöpfung des Rechtsweges einschließlich der Erhebung einer zulassungsfreien Rechtsbeschwerde die Möglichkeit einer Verfassungsbeschwerde, die bei einer sachwidrigen Zulassungsverweigerung wegen Verletzung des Gebots effektiven Rechtsschutzes aus Art. 19 Abs. 4 GG oder des gesetzlichen Richters gemäß Art. 101 Abs. 1 S. 2 GG erfolgreich wäre (BVerfG NJW 2011, 1276 (1277) – Verfassungswidrige Nichtzulassung der Rechtsbeschwerde im Zivilprozess; GRUR-RR 2009, 222 – Achteckige Zigarettenschachtel; MarkenR 2009, 161 (162) = BeckRS 2009, 31759 – IKK Nordrhein-Westfalen; ebenso zur EuGH-Vorlage → Rn. 29).

D. Zulassungsfreie Rechtsbeschwerde (Abs. 3)

26 Die zulassungsfreie Rechtsbeschwerde dient dem Rechtsschutz des Einzelnen bei besonders gravierenden Verfahrensmängeln, die oftmals Grundrechtsverletzungen darstellen. Die zulassungsfreie Rechtsbeschwerde entlastet somit auch das BVerfG, weil die Zahl der Verfassungsbeschwerden reduziert wird. Strittig ist, ob die zulassungsfreie Rechtsbeschwerde ein ordentlicher Rechtsbehelf iSd Rechtsbehelfsbelehrungsgesetzes ist (→ § 79 Rn. 25 ff.).

I. Allgemeines

27 Lässt das BPatG die Rechtsbeschwerde nicht zu, kann diese nur im Falle des Vorliegens einer der abschließend aufgezählten Verfahrensmängel des § 83 Abs. 3 erhoben werden (BGH GRUR 2008, 1027 – Cigarettenpackung). Der Rechtsbeschwerdeführer muss diesen Mangel substantiiert darlegen (BGH GRUR 2010, 270 Rn. 12 – ATOZ III; GRUR 2009, 994 Rn. 7 – Vierlinden). Das ergibt sich aus dem Wortlaut der Vorschrift („wenn gerügt wird"). Die bloße Bezeichnung des Mangels, ohne beschreibenden Sachvortrag, genügt nicht (BGH GRUR 1983, 640). Nach dem Parteivortrag richtet sich im Rahmen des § 83 Abs. 3 auch der Prüfungsumfang der Beschwerde (Ingerl/Rohnke Rn. 43).

II. Rüge der vorschriftswidrigen Besetzung (Abs. 3 Nr. 1)

Die Rüge vorschriftswidriger Besetzung hat Erfolg, wenn der Senat nach § 67 Abs. 1 **28** nicht ordnungsgemäß besetzt war. Ausreichend ist, dass willkürlich der Geschäftsverteilungsplan nach § 21e GVG oder die Mitwirkungsregel nach § 21g GVG nicht eingehalten wurde. Beruht der Verstoß gegen das GVG auf einem bloßen Irrtum, reicht dies aber nicht aus (BGH GRUR 2003, 546 (547) – TURBO-TABS; GRUR 1983, 114 (115) – Auflaufbremse). Auch ist in jedem Falle nur die fehlerhafte Besetzung der Richter, nicht aber der Berichterstatter, rügefähig (BGH GRUR 1980, 848 (849) – Kühlvorrichtung). Eine Überbesetzung eines Senats kann ebenfalls eine vorschriftswidrige Besetzung darstellen. Einem Senat sollen danach nur so viele Richter angehören dürfen, dass der Vorsitzende nicht zwei völlig personenverschiedene oder drei eigenständige Spruchkörper bilden könnte (vgl. BVerfGE 18, 344 (349) = NJW 1965, 1219).

Lässt das BPatG trotz eindeutigen Klärungsbedarfs einer Rechtsfrage durch den EuGH **29** nicht nach § 83 Abs. 2 die Rechtsbeschwerde zum BGH zu, legt aber auch nicht – was möglich ist – nach Art. 267 Abs. 3 AEUV selbst dem EuGH vor, liegt darin kein Verstoß gegen § 83 Abs. 3 Nr. 1.

Der BGH hatte die Frage, ob eine Verletzung der Vorlagepflicht nach Art. 267 Abs. 3 AEUV eine **29.1** zulassungsfreie Rechtsbeschwerde nach § 83 Abs. 3 Nr. 1 MarkenG begründen kann (bejahend Büscher/Dittmer/Schiwy/Schiwy Rn. 27; Ingerl/Rohnke Rn. 47) oder eine zulassungsfreie Rechtsbeschwerde nur wegen einer Verletzung des Anspruchs auf rechtliches Gehör in Betracht kommt (Grabrucker in Fezer, HdB Markenpraxis, Rn. 659, 661) lange offengelassen (BGH GRUR 2003, 546 (547) – TURBO-TABS; GRUR 2008, 1027 Rn. 24 – Cigarettenpackung; GRUR 2009, 994 – Vierlinden; MarkenR 2011, 177 Rn. 8 – Ivadal II; GRUR 2013, 1046 – Variable Bildmarke), schloss sich dann aber der Auffassung an, dass kein Fall des § 83 Abs. 3 Nr. 1 vorliegt, da diese Bestimmung allein auf eine falsche personelle Zusammensetzung des BPatG-Senats abstelle (BGH GRUR 2014, 1132 – Schwarzwälder Schinken; GRUR 2014, 1232 – S-Bahn).

III. Beteiligung eines ausgeschlossenen Richters (Abs. 3 Nr. 2)

Zur Beurteilung, ob ein ausgeschlossener Richter beteiligt war, → § 72 Rn. 1 ff. Ist ein **30** Ablehnungsgesuch durch das BPatG zurückgewiesen worden, scheidet der Rügegrund wegen § 546 Nr. 2 ZPO iVm § 84 Abs. 2 S. 2 aus (BGH GRUR 1990, 434 – Wasserventil; GRUR 1985, 1039 – Farbfernsehsignal II; Ingerl/Rohnke Rn. 52). Die Ausschließungsgründe in § 83 Abs. 3 Nr. 2 sind außerdem abschließend (BGH GRUR 1976, 440 – Textilreiniger).

IV. Versagung des rechtlichen Gehörs (Abs. 3 Nr. 3)

1. Allgemeines

Ob eine Versagung rechtlichen Gehörs vorliegt, kann grundsätzlich anhand der verfas- **31** sungsrechtlichen Rechtsprechung beurteilt werden, da dieser Rügegrund der Einhaltung der Vorgaben des Art. 103 Abs. 1 GG dient (BGH GRUR 2008, 1027 – Cigarettenpackung). Es werden zwei Aspekte erfasst: Zum einen muss den Parteien die Möglichkeit gegeben werden, sich rechtlich zu verteidigen (→ Rn. 32) und zum anderen muss das BPatG das Vorgetragene auch berücksichtigen (→ Rn. 34). Gegebenenfalls trifft das BPatG eine richterliche Hinweispflicht (→ Rn. 36). In jedem Fall muss die Verweigerung des rechtlichen Gehörs kausal für die fragliche Entscheidung sein (→ Rn. 37).

2. Möglichkeit rechtlicher Verteidigung

Die Möglichkeit zur rechtlichen Verteidigung garantiert den Beteiligten, dass sie sich vor **32** Erlass der Entscheidung zu dem Sachverhalt äußern, Rechtsausführungen machen (BGH GRUR-RR 2012, 96 – KRYSTALLPALAST; GRUR 2010, 270 – ATOZ III) sowie Anträge stellen können (BGH GRUR 2001, 337 f. – EASYPRESS; GRUR 2000, 512 f. – COMPUTER ASSOCIATES). Ein Beschwerdegegner darf grundsätzlich davon ausgehen, dass ihm eine Beschwerdebegründung zur Kenntnis gegeben wird und ihm seinerseits auch eine angemessene Frist zur Erwiderung zusteht (BGH BeckRS 2013, 18552 – M BVB MetroTram). Telefongespräche zwischen nur einem Verfahrensbeteiligten und einem Mitglied des Gerichts können den Anspruch auf Gewährung rechtlichen Gehörs, ein faires Verfahren und die Beachtung des Grundsatzes der Waffengleichheit verletzen, wenn nicht danach alle Verfahrensbeteiligten von dem Gesprächsinhalt unterrichtet werden (BGH BeckRS 2013, 18552 – M BVB MetroTram; GRUR 2012, 89 Rn. 17 – Stahlschluessel). Das BPatG muss den Beteiligten Zugang zum beschafften, entscheidungsrelevanten Material eröffnen (BGH BeckRS 2006, 423 – Mars). Das Beibringen durch einen Beteiligten reicht jedoch aus (BGH BeckRS 2013, 18552). Eine Verletzung des rechtlichen Gehörs kann auch in der Verweigerung von Verfahrenskostenhilfe für das Markenbeschwerdeverfahren liegen, wenn dadurch ein vermögensloser Beschwerdeführer vom Zugang zu Gericht ausgeschlossen wird (BGH GRUR-RR 2011, 391 – TSP Trailer-Stabilization-Program).

33 Eine zeitliche Begrenzung der Redezeit ist unschädlich (BVerwG NJW 1962, 124 f.). Ausreichend kann auch ein schriftliches Verfahren sein (BGH GRUR 2008, 731 Rn. 13 – alphaCAM; GRUR 2003, 1067 f. – BachBlüten Ohrkerze). Nur wenn die Beteiligten auf ein mündliches Verfahren vertrauen konnten, liegt eine Verletzung rechtlichen Gehörs vor (ständige Rechtsprechung seit BGH GRUR 2003, 1067 f. – BachBlüten Ohrkerze; vgl. auch BGH GRUR 2000, 512 f. – COMPUTER ASSOCIATES). In diesem Fall muss auch nicht mehr vorgetragen werden, dass in der mündlichen Verhandlung Entscheidungserhebliches geäußert worden wäre, weil deren genauer Verlauf nicht vorhersehbar ist (BGH MarkenR 2006, 346 f. = BeckRS 2006, 07546 – Rossi). Zum Anspruch auf rechtliches Gehör zählt auch die Wiedereinsetzung gemäß § 91. Insbesondere muss überprüft werden, ob zu hohe Anforderungen an diese gestellt wurden (BGH GRUR 2008, 837 Rn. 9 – Münchner Weißwurst; → § 91 Rn. 1 ff.).

3. Ausreichende Berücksichtigung

34 Das Gericht muss die Ausführungen der Beteiligten ausreichend berücksichtigen. Der Anspruch geht jedoch nicht soweit, dass sich das Gericht mit jedem Parteivortrag im Einzelnen oder mit sämtlichen vorgetragenen Indizien ausdrücklich zu befassen hat (BGH GRUR 2012, 314 – Medicus.log). Voraussetzung für die Versagung rechtlichen Gehörs ist vielmehr, dass das Gericht über den Kern des Vortrags bzw. dessen Inhalt in der mündlichen Verhandlung oder im Beschluss hinweggeht, obwohl das als übergangen gerügte Vorbringen nach dem Rechtsstandpunkt des Gerichts erheblich war (BGH GRUR 2013, 1046 – Variable Bildmarke; GRUR 2012, 429 – SIMCA; BeckRS 2014, 17643 – Schwarzwälder Schinken). Dies ist nicht der Fall, wenn das Gericht lediglich andere rechtliche Schlüsse aus dem Vorbringen der Parteien zieht (BGH GRUR 2013, 1047 Rn. 12 – Variable Bildmarke; GRUR 2012, 314 – Medicus.log). Grundsätzlich ist davon auszugehen, dass das Gericht einen Vortrag zur Kenntnis genommen und in seinen Erwägungen berücksichtigt hat (BGH GRUR-RR 2012, 232 – Grüner Apfel; GRUR-RR 2012, 96 – KRYSTALLPALAST; GRUR 2010, 270 (271 f.) – ATOZ III). Nur wenn dies offensichtlich nicht der Fall ist, kann eine Verletzung bejaht werden (vgl. BGH GRUR 2014, 1132 – Schwarzwälder Schinken; GRUR 1232 – S-Bahn; Seiler GRUR 2011, 287 zum PatG).

35 Die Zurückweisung eines Beweisantrags genügt nicht für eine Verletzung. Jedoch muss die Nichtberücksichtigung eines Beweisangebots eine Stütze im prozessualen Recht finden (BGH GRUR 2011, 853 f. – Treppenlift; GRUR 2002, 957 – Zahnstruktur). Eine Abweichung von der Verkehrsauffassung stellt für sich betrachtet ebenfalls keine Verletzung dar (zum PatG BGH GRUR 2009, 90 – Beschichten eines Substrats). Gleiches gilt, wenn eine Auseinandersetzung in einem anderen Zusammenhang erfolgt als vom Beteiligten vorgetragen (BGH BeckRS 2008, 20933 – Christkindles Glühwein).

4. Hinweispflicht des Gerichts

36 Das Gericht muss den Beteiligten zu erkennen geben, auf welche Tatsachen und rechtlichen Gesichtspunkte es bei der Entscheidung ankommen kann (BGH GRUR 2010, 1034 – LIME LOGISTIK; GRUR 2009, 91 (92) – Antennenhalter; → § 76 Rn. 10 ff.). Daraus ergibt sich allerdings keine Verpflichtung des BPatG vor seiner Entscheidung auf seine Rechtsauffassung hinzuweisen oder allgemein von seinem Frage- und Aufklärungsrecht

Gebrauch zu machen (BGH BeckRS 2013, 01198 – Sorbitol, zu § 100 PatG). Das Verfahrensgrundrecht aus Art. 103 Abs. 1 GG bzw. § 83 Abs. 3 Nr. 3 ist dementsprechend nicht verletzt, wenn das BPatG seiner durch einfaches Verfahrensrecht begründeten Hinweis- oder Aufklärungspflicht nicht nachkommt. Eine Verletzung liegt erst vor, wenn das BPatG unvermittelt Anforderungen an den (Sach)Vortrag stellt, mit denen der betroffene Beteiligte nach dem bisherigen Verfahrensverlauf nicht zu rechnen brauchte, weil dies im Ergebnis der Verhinderung des Vortrags gleichkommt (vgl. BVerfG NJW 1991, 2823; 1994, 1274; BGH GRUR-RR 2012, 271 – Wortmarke Post; GRUR Int 2010, 761 (763) – Walzenformgebungsmaschine). Abzustellen ist jedoch auf einen vernünftigen Beteiligten, der vertretbare Auffassungen von sich aus in Betracht zieht (BGH BeckRS 2009, 27783 – Jugendherberge; GRUR 2000, 894 – Micro-PUR). So begründet die Nichterörterung eines im Ergebnis entscheidungserheblichen Gesichtspunktes in der mündlichen Verhandlung keinen Verstoß gegen den Anspruch auf rechtliches Gehör, zumal wenn dieser Gesichtspunkt in den Schriftsätzen umfassend erörtert wurde (BGH BeckRS 2013, 01198 – Sorbitol, zu § 100 PatG). Bei nur schwer vorhersehbaren Entscheidungen bestehen allerdings Hinweispflichten (BGH GRUR Int 2010, 761 (763) – Walzenformgebungsmaschine; GRUR 2006, 152 – GALLUP), um zu verhindern, dass etwaige Sachvorträge der Beteiligten unterbleiben. An die Unvorhersehbarkeit sind aber strenge Anforderungen zu stellen. Eine bloße Abweichung von bestehender Rechtsprechung reicht beispielweise nicht aus (BGH GRUR 2007, 12404 Rn. 14 – ALLTREK; GRUR 2006, 152 – GALLUP). Auch muss das BPatG nicht klären, ob die Partei noch einen weiteren Vortrag beabsichtigt, bevor es ihr eine Entscheidung an Verkündungs statt iSd § 79 Abs. 1 S. 3 zustellt (BGH GRUR 2012, 89 – Stahlschluessel). Plant das Gericht, von zuvor geäußerten eigenen Auffassungen abzuweichen, ist aber von einer Hinweispflicht auszugehen (BGH GRUR 2003, 901 f. – MAZ). Dies gilt jedoch dann nicht, wenn das BPatG im Beschwerdeverfahren zunächst erhebliche Zweifel an dem Vorliegen eines Tatbestandsmerkmals hatte jedoch nach Durchführung des Rechtsbeschwerdeverfahrens und Zurückverweisung an das BPatG das Tatbestandsmerkmal bejahen will, denn dann muss der betroffene Beteiligte aufgrund des Verfahrensverlaufs damit rechnen, dass das BPatG das Tatbestandsmerkmal in der zweiten Beschwerdeentscheidung bejahen wird (BGH GRUR-RR 2012, 271 – Wortmarke Post).

5. Kausalität der Versagung rechtlichen Gehörs

Der wegen Versagung rechtlichen Gehörs angefochtene Beschluss muss zumindest auf dem Verstoß beruhen können (BGH BeckRS 2014, 17643 – Schwarzwälder Schinken, GRUR 2008, 1126 – Weisse Flotte; WRP 1997, 762 (764) – Top Selection; vgl. auch BGH GRUR 2009, 1192 (1194) – Polyolefinfolie, zum PatG). Dies liegt nahe, wenn der Verstoß eine tragende Erwägung des Gerichts betrifft, zB wenn diese zur Begründung der Entscheidung herangezogen wird (BGH GRUR 1997, 637 – TopSelection). Noch klarer liegt der Fall, wenn ein Verstoß gegen das rechtliche Gehör dazu führt, dass Äußerungen eines Beteiligten gänzlich verhindert werden, beispielsweise weil keine Kostenhilfe für das Verfahren gewährt wurde (BGH GRUR 2009, 88 Rn. 21 – ATOZ I; GRUR 2010, 270 Rn. 26 – ATOZ III). Jedoch ist zu beachten, dass keine uneingeschränkte Kausalitätsvermutung eingreift. Betrifft der Verstoß lediglich Hilfsüberlegungen ist eine Vermutung zu verneinen (BGH GRUR-RR 2008, 363 Rn. 11 – Hanse Naturkost). Liegt der Gehörsverstoß in der Verletzung einer Hinweispflicht muss mit der Rüge ausgeführt werden, wie die betreffende Partei auf einen Hinweis reagiert hätte und was diese im Einzelnen vorgetragen hätte, weil nur so beurteilt werden kann, ob die angefochtene Entscheidung auf dem Gehörverstoß beruht (BGH GRUR 2010, 1034 Rn. 17 – LIMES LOGISTIK; GRUR 2008, 1126 Rn. 12 – Weisse Flotte). Die Kausalität für die Entscheidung ist in diesen Fällen zu beweisen. Abzustellen ist in diesem Zusammenhang allein auf das Vorliegen eines Verstoßes, nicht auf ein Verschulden des Gerichts (BGH GRUR-RR 2008, 260 Rn. 9).

6. Verstoß gegen Vorlagepflicht zum EuGH nach Art. 267 Abs. 3 AEUV

Lässt das BPatG trotz eindeutigen Klärungsbedarfs einer Rechtsfrage durch den EuGH nicht nach § 83 Abs. 2 die Rechtsbeschwerde zum BGH zu, legt aber auch nicht nach Art. 267 Abs. 3 AEUV selbst dem EuGH vor, kann dies eine zulassungsfreie Rechtsbeschwerde im Sinne des § 83 Abs. 3 Nr. 3 begründen (BeckRS 2014, 17643 – Schwarzwälder Schinken), weil ein Entzug des gesetzlichen Richters nach Art. 101 Abs. 1 S. 2 GG vorliegen kann (BGH GRUR 2013, 1046 Rn. 16 – Variable Bildmarke; GRUR 2012, 148 (150) – Thüringer Klöße; GRUR-RR 2011, 343 Ls. – CORDARONE). Die Vorlagepflicht gemäß Art. 267 Abs. 3 AEUV kann also in den Fällen bestehen, in denen die Rechtsbeschwerde nicht zugelassen werden soll und sich das BPatG damit zum letztinstanzlichen Gericht macht (Ingerl/Rohnke Rn. 47 ff.; aA Ströbele/Hacker/Knoll Rn. 36). An den Entzug des gesetzlichen Richters sind jedoch hohe Anforderungen zu stellen, weshalb eine Nichtvorlage aus Willkür zu fordern ist (BGH GRUR 2013, 1046 Rn. 17 – Variable Bildmarke). Die Verletzung der Vorlagepflicht muss deshalb offensichtlich unhaltbar und unverständlich sein (BGH GRUR 2012, 148 (150) – Thüringer Klöße; GRUR 2009, 994 Rn. 11 – Vierlinden; GRUR 2003, 546 (547 f.) – TURBO-TABS), was zumindest in den Fällen bejaht werden kann, wenn das BPatG nicht vorlegt, obwohl es Zweifel an der zutreffenden Beurteilung der entscheidungserheblichen Auslegungsfrage hat oder wenn das BPatG bewusst von der Entscheidung des EuGH abweicht, ohne vorzulegen (BGH GRUR 2009, 994 Rn. 11 – Vierlinden). Bei der Prüfung einer Verletzung von Art. 101 Abs. 1 S. 2 GG kommt es weniger auf die Vertretbarkeit der Auslegung des für den Streitfall maßgeblichen materiellen Unionsrechts an, sondern auf die Vertretbarkeit der Handhabung der Vorlagepflicht nach Art. 267 Abs. 3 AEUV (BVerfG [Kammer] GRUR 2010, 999 Rn. 48 – Drucker und Plotter; BGH GRUR 2013, 1046 Rn. 17 – Variable Bildmarke). Um die Kontrolle seiner Entscheidung zu ermöglichen, hat das letztinstanzliche Gericht in seiner Entscheidung Gründe anzugeben, die zeigen, ob es sich hinsichtlich des europäischen Rechts ausreichend kundig gemacht und es eine Vorlage überhaupt in Erwägung gezogen hat (BGH GRUR 2013, 1046 Rn. 17 – Variable Bildmarke). Darüber hinaus kann Willkür auch dann vorliegen, wenn noch gar keine Rechtsprechung des EuGH vorliegt oder Rechtsfragen nicht abschließend beurteilt wurden. In diesen Fällen muss das Gericht aber mögliche gegenteilige Auffassungen völlig verkennen (BVerfG GRUR-RR 2009, 223 (224) – Unterlassene EuGH-Vorlage; GRUR 2005, 52 – Unvollständige EuGH-Rechtsprechung). Außerdem darf keine gefestigte Rechtsprechung bestehen, weil diese eine Vorlagepflicht von vorne herein ausschließt.

39 Nach der Gegenauffassung (Ströbele/Hacker/Knoll Rn. 60) ist ein Verstoß gegen eine Vorlagepflicht zum EuGH nicht denkbar, weil ex ante gesehen, bei fehlerfreier Entscheidung des BPatG, keine Verletzung der Vorlagepflicht gemäß Art. 267 Abs. 3 AEUV bestehe, weil dann immer auch eine Rechtsfrage von grundsätzlicher Bedeutung nach § 83 Abs. 2 Nr. 1 vorläge. Folglich hätte das BPatG die Rechtsbeschwerde zulassen müssen und sei somit nicht letztinstanzliches Gericht. Wenn das Gericht der Zulassung der Rechtsbeschwerde nicht nachgekommen sei, solle vorrangig ein Verstoß gegen § 83 Abs. 2 Nr. 1 im Rahmen des § 83 Abs. 3 Nr. 1 zu rügen sein. Diese Auffassung erscheint gekünstelt, weil sich das BPatG mit der Nichtzulassung der Rechtsbeschwerde faktisch zum letztinstanzlichen Gericht macht (Ingerl MarkenR 2002, 371) und sich für eine ex ante Betrachtung rechtmäßigen Handelns keine Stütze im Gesetz findet (Ingerl/Rohnke Rn. 27).

V. Mangelnde Vertretung (Abs. 3 Nr. 4)

40 Ein Vertretungsmangel ist anzunehmen, wenn ein prozessunfähiger Beteiligter nicht ordnungsgemäß vertreten wurde (BGH GRUR 1990, 348 f. – Gefäßimplantat) oder ein Vertreter ohne Vertretungsmacht handelt. Das bloße Fehlen der schriftlichen Vollmacht soll jedoch nicht ausreichen (Löscher GRUR 1966, 5 (16)). Die fehlerhafte Ladung zur mündlichen Verhandlung wird entgegen der früheren Rechtsprechung nicht mehr als Fall einer mangelnden Vertretung, sondern nur noch von § 83 Abs. 3 Nr. 3 erfasst (BGH GRUR 2000, 512 (513) – COMPUTER ASSOCIATES). Die Rüge kann allein vom Betroffenen geltend gemacht werden (BGH GRUR 1990, 348 (350) – Gefäßimplantat).

VI. Verstoß gegen das Öffentlichkeitsprinzip (Abs. 3 Nr. 5)

41 Ein Verstoß gegen die Öffentlichkeit des Verfahrens liegt vor, wenn die Öffentlichkeit entgegen § 67 Abs. 2 ausgeschlossen oder entgegen § 67 Abs. 3 zugelassen wurde (BGH GRUR 1970, 621 – Sitzungsschild; → § 67 Rn. 5 ff.). In letzterem Fall muss aber zumindest ein potentieller Zuschauer anwesend gewesen sein (Ingerl/Rohnke Rn. 85). Außerdem muss der Verstoß vom Gericht verschuldet worden sein. Eine Sorgfaltspflichtverletzung des Sitzungsdienstes reicht nicht aus (BGH GRUR 1970, 621 (622) – Sitzungsschild; so auch Zöller/Lückemann GVG § 169 Rn. 11). Begründet wird dies damit, dass die Vorschriften zur Öffentlichkeit der Verhandlung zwar eine grundlegende Einrichtung des Rechtsstaats schützen, die Auslegung aber nicht so weit gehen muss, dass auch Fälle, in denen dem Gericht die Beschränkung des Zugangs zur Verhandlung gar nicht ersichtlich ist, darunter fallen. Durch gelegentliches Fehlverhalten eines untergeordneten Hilfsorgans wird nach Ansicht des BGH nicht das Vertrauen der Allgemeinheit in die Objektivität der Rechtspflege erschüttert; das Gericht muss zwar während der gesamten Verhandlung der Wahrung der Öffentlichkeit Aufmerksamkeit widmen, die Anforderungen an diese Aufmerksamkeit dürfen aber nicht überspannt werden (BGH NJW 1969, 756). Hat das Gericht nach einer fehlerhaften mündlichen Verhandlung, weil unter Ausschluss der Öffentlichkeit verhandelt, danach aber im schriftlichen Verfahren entschieden, so genügt dies für § 83 Abs. 3 Nr. 5 nicht, da der Beschluss des Gerichts nicht „auf Grund" dieser mündlichen Verhandlung ergangen ist (BGH NJW 2005, 3710).

VII. Mangelnde Begründung (Abs. 3 Nr. 6)

Gemäß § 79 Abs. 2 muss eine Begründung abgegeben werden, durch die die Entscheidungsfindung für den Beschluss nachzuvollziehen ist (→ § 79 Rn. 1 ff.). Dem trägt § 83 Abs. 3 Nr. 6 Rechnung. Der Rügegrund ist deshalb zum einen zu bejahen, wenn eine Begründung vollständig fehlt. Ausreichend ist aber auch, wenn überhaupt nicht durchschaubar ist, welche Überlegungen der Entscheidung zu Grunde liegen. Dies kann zB an der Unverständlichkeit oder Widersprüchlichkeit der Ausführungen liegen (BGH BeckRS 2008, 20485 Rn. 11 – Karl May; GRUR 2000, 53 f. – Slick 50; NJW-RR 1995, 700 – Flammenüberwachung; GRUR 1989, 425 – Superplanar; vgl. zum PatG BGH GRUR 2008, 458 Rn. 14 – Durchflusszähler; grundlegend BGH GRUR 1963, 645 – Warmpressen). Das Gleiche gilt für Leerformeln oder die bloße Wiederholung des Gesetzestextes (BGH GRUR 2008, 458 Rn. 14 – Durchflusszähler; GRUR 1963, 645 f. – Warmpressen). **42**

Unzulässig ist die bloße Rüge des Inhalts der Begründung. Geschützt wird nämlich allein das Vorliegen einer Begründung, dh die Mitteilung der entscheidungserheblichen Gründe, nicht jedoch deren rechtliche Überprüfung (BGH GRUR-RR 2012, 311 – Grüner Apfel II; GRUR-RR 2012, 232 – Grüner Apfel; GRUR 2009, 992 Rn. 25 – Schuhverzierung; GRUR 2003, 546 f. – TURBO-TABS; Mitt 2003, 70 = BeckRS 2002, 08285 – TACO BELL; vgl. zum PatG BGH GRUR 2008, 458 Rn. 13 – Durchflusszähler). Dem Erfordernis einer Begründung ist schon genügt, wenn die Entscheidung zu jedem selbstständigen Angriffs- und Verteidigungsmittel Stellung nimmt (BGH GRUR 2013, 1046 Rn. 8 – Variable Bildmarke; GRUR 2009, 992 Rn. 25 – Schuhverzierung). Auch die Unverständlichkeit einzelner Teile der Begründung ist unschädlich, solange der Rest der Ausführungen zur Begründung der Entscheidung ausreichend ist (BGH GRUR 1994, 215 (216) – Boy; GRUR 1989, 425 – Superplanar mwN). **43**

Wird auf ein entscheidungserhebliches Vorbringen eines Beteiligten in der Begründung nicht eingegangen, kann dies einen Rügegrund darstellen. In diesen Fällen muss darauf abgestellt werden, ob ein selbständiges Angriffs- oder Verteidigungsmittel (§ 146 ZPO) – zB eine Nichtbenutzungseinrede nach § 43, Löschungseinwand nach § 54, Verfristung des Widerspruchs oder der Beschwerde – in der Begründung unberücksichtigt geblieben ist (BGH GRUR 2009, 992 Rn. 25 – Schuhverzierung; GRUR 2003, 546 f. – TURBO-TABS; vgl. zum PatG weiter BGH GRUR 2008, 458 Rn. 14 – Durchflusszähler). Dieses Verteidigungsmittel muss darüber hinaus entscheidungserheblich gewesen sein (BGH GRUR 2001, 46 f. – Abdeckrostverriegelung; GRUR 1963, 645 (647) – Warmpressen). Abzustellen ist auf die Sicht des Gerichts, da auch hier eine inhaltliche Überprüfung zu unterlassen ist. Deshalb können, auch im Falle der Abweichung von ständiger Rechtsprechung, keine besonderen Anforderungen an die Begründung gestellt werden. Selbst die Berücksichtigung von bestehender Rechtsprechung wird nach dem Sinn und Zweck der Vorschrift nicht gefordert werden können (BGH Mitt 2003, 88 = BeckRS 2002 30287328 – MAGNUM, GRUR 2000, 53 – Slick 50; zum PatG BGH GRUR 1998, 907 f. – Alkyläther). **44**

MarkenG § 84 Teil 3 Verfahren in Markenangelegenheiten

45 Verweise auf Unterlagen oder andere Entscheidungen – beispielsweise um Wiederholungen zu vermeiden – können zulässig sein. Die Quelle muss den Beteiligten aber zugänglich oder bekannt sein. Der Verweis auf veröffentlichte (BGH GRUR 1968, 615 f. – Ersatzzustellung) oder den Parteien bekannte Entscheidungen (BGH BeckRS 2008, 20933 Rn. 21 – Christkindles Glühwein) reicht deshalb aus. Auf die Gründe eines Zwischenbescheids (BGH GRUR 1963, 645) oder einer Entscheidung des DPMA (BGH GRUR 1993, 896) kann ebenfalls verwiesen werden. Wird die Begründung nicht in der vorgesehenen Frist niedergelegt und unterschrieben, stellt dies einen Rügegrund dar. Es ist davon auszugehen, dass auch hier die **fünfmonatige Frist** der Rechtsprechung zu § 548 ZPO Anwendung findet (BGH GRUR-RR 2009, 191 – TRAVELTAINMENT).

E. Wirkung der Rechtsbeschwerde (Abs. 1 S. 2)

46 Die statthafte Rechtsbeschwerde entfaltet mit Einlegung aufschiebende Wirkung. Auf ihre Zulässigkeit nach § 86 kommt es grundsätzlich nicht an. Allerdings ist die aufschiebende Wirkung bei offensichtlicher Unzulässigkeit zu verneinen (Ströbele/Hacker/Knoll Rn. 55).

F. Anschlussrechtsbeschwerde

47 Ist der Gegner der Rechtsbeschwerde ebenfalls beschwert, kann er analog §§ 574 Abs. 4, 554 ZPO eine Anschlussrechtsbeschwerde einlegen (vgl. BGH GRUR 1983, 725 (727) – Ziegelsteinförmling I). Es gilt die einmonatige Frist seit Zustellung der Begründung der Rechtsbeschwerde gemäß § 574 Abs. 4 ZPO. Ist die Rechtsbeschwerde nicht zugelassen, muss ein Rügegrund aus dem Katalog des § 83 Abs. 3 auch für die Anschlussrechtsbeschwerde vorliegen. Die Anschlussrechtsbeschwerde ist jedoch unselbständig und hängt von der Wirksamkeit der Rechtsbeschwerde des Gegners ab. Wird diese verworfen oder zurückgenommen wird auch die Anschlussrechtsbeschwerde unwirksam (§ 574 Abs. 4 S. 3 ZPO).

§ 84 Beschwerdeberechtigung; Beschwerdegründe

(1) Die Rechtsbeschwerde steht den am Beschwerdeverfahren Beteiligten zu.

(2) ¹Die Rechtsbeschwerde kann nur darauf gestützt werden, daß der Beschluß auf einer Verletzung des Rechts beruht. ²Die §§ 546 und 547 der Zivilprozeßordnung gelten entsprechend.

Überblick

§ 84 regelt in Abs. 1, wer beschwerdeberechtigt ist (→ Rn. 2) und in Abs. 2, auf welche Gründe die Rechtbeschwerde gestützt werden kann (→ Rn. 5).

A. Allgemeines

1 § 84 entspricht wortgleich § 101 PatG, weshalb oftmals auf bestehende Rechtsprechung zum PatG zurückgegriffen werden kann.

B. Beschwerdeberechtigung (Abs. 1)

I. Beteiligte

2 Beschwerdeberechtigt sind nach § 84 Abs. 1 die Beteiligten des Beschwerdeverfahrens. Wie beim Beschwerdeverfahren vor dem BPatG richtet sich der Beteiligtenbegriff auch vor dem BGH nach § 66 Abs. 1 S. 2. Insoweit kann auf die dortigen Ausführungen verwiesen werden (→ § 66 Rn. 25 ff.). Der Präsident des DPMA kann wie im Beschwerdeverfahren Beteiligter werden (→ Rn. 4). Im Falle des Rechtsübergangs ist § 28 Abs. 2 anzuwenden. Lässt sich der Rechtsbeschwerde nicht entnehmen, wer Beschwerdeführer ist, muss sie als unzulässig verworfen werden (BGH NJW 1956, 1600 zur ZPO).

II. Beschwer

Der Rechtsbeschwerdeführer muss durch die Entscheidung des BPatG beschwert sein 3 (BGH GRUR 2006, 701 Rn. 7 – Porsche 911; GRUR 1967, 94 (95 f.) – Stute), dh die Entscheidung muss ihm weniger gewähren, als er gefordert hat (BGH GRUR 1967, 435 – Isoharnstoffäther; → § 66 Rn. 17 ff.). Bei einer zugelassenen Rechtsbeschwerde nach § 83 Abs. 2 muss die Beschwer nicht auf dem Grund für die Zulassung beruhen, da in diesem Fall immer eine umfassende Überprüfung der Rechtmäßigkeit der Entscheidung durch den BGH erfolgt (BGH GRUR 1984, 797 (798) – Zinkenkreisel; → § 83 Rn. 16). Eine Beschwer ist auch schon dann zu bejahen, wenn das BPatG eine Schutzunfähigkeit nach § 8 Abs. 2 Nr. 1–3 annimmt, jedoch das Verfahren an das DPMA zur Prüfung der Verkehrsdurchsetzung gemäß § 8 Abs. 3 zurückverweist (BGH GRUR 1978, 591 – KABE). Bejaht das BPatG hingegen selbst die Verkehrsdurchsetzung, liegt keine Beschwer vor, weil dann der Antrag gegen die Zurückverweisung einer Markenanmeldung erfolgreich ist (BGH GRUR 2006, 701 Rn. 7–9 – Porsche 911; BeckRS 2006, 6086 Rn. 7–9 – Porsche 996).

Der Präsident des DPMA kann dagegen als Beteiligter nach § 68 Abs. 2 (→ § 68 Rn. 11) 4 allein wegen der Verfolgung des öffentlichen Interesses die Rechtsbeschwerde erheben (BGH GRUR 1989, 103 (104) – Verschlussvorrichtung für Gießpfannen; GRUR 1986, 877 – Kraftfahrzeuggetriebe; aA Goebel GRUR 1985, 641 (647)).

C. Rechtsbeschwerdegründe (Abs. 2)

I. Verletzung einer Rechtsnorm

Die Rechtsbeschwerde muss auf die Verletzung einer Rechtsnorm im Verfahren vor dem 5 BPatG gestützt werden (BGH GRUR 1998, 394 (395) – Active Line; GRUR 2001, 139 – Parkkarte, zum PatG). Nach § 84 Abs. 2 S. 2 iVm § 546 ZPO muss eine Norm, dh ein Gesetz, eine Verordnung oder Gewohnheitsrecht (BGH GRUR 1966, 50 (52) – Hinterachse; GRUR 1967, 586 (588) – Rohrhalterung), nicht richtig angewendet worden sein. Dies umfasst sowohl materielles Recht als auch Verfahrensrecht. Ein Verstoß gegen Verfahrensrecht setzt allerdings gemäß § 85 Abs. 4 Nr. 3 eine vorherige Rüge des Fehlers voraus. Handelt es sich um eine zulassungsfreie Rechtsbeschwerde werden, um § 83 Abs. 3 nicht zu umgehen, nur die dort aufgeführten Verfahrensfehler geprüft.

II. Beruhen auf der Rechtsverletzung (Abs. 2 S. 1)

Liegt eine Verletzung materiellen Rechts vor, ist das Kausalitätserfordernis gewahrt, wenn 6 die richtige Anwendung der verletzten Vorschrift zu einem anderen Ergebnis führt. Im Falle von Verfahrensverstößen muss dagegen eine andere Entscheidung nur möglich erscheinen (vgl. BGH BeckRS 2016, 11737 Rn. 16; NJW 1995, 1841 (1842); Musielak/Voit/Ball ZPO § 545 Rn. 11; BeckOK ZPO/Kessal-Wulf ZPO § 545 Rn. 3). In den Fällen des § 547 ZPO, der über § 84 Abs. 2 S. 2 zur Anwendung kommt, wird dies unwiderleglich vermutet. Die dort aufgezählten, besonders schweren Verfahrensverstöße entsprechen weitgehend den Gründen des § 83 Abs. 3 für die Statthaftigkeit der Rechtsbeschwerde (Ingerl/Rohnke Rn. 5). Dies macht sie zu sogenannten doppelrelevanten Umständen, da sie sowohl für die Zulässigkeit als auch für die Begründetheit der Rechtsbeschwerde von Bedeutung sind (Schultz Rn. 4).

Von § 547 ZPO nicht erfasst ist die Rüge der Versagung rechtlichen Gehörs gemäß § 83 7 Abs. 3 Nr. 3. Bei dieser ist die Kausalität deshalb gesondert festzustellen (BGH GRUR 1997, 223 (224) – Ceco; GRUR 1997, 637 (638) – Top Selection; → § 83 Rn. 37). Eine weitere Ausnahme wird für den Rechtsbeschwerdegrund der fehlenden Begründung im Rahmen des § 83 Abs. 3 Nr. 6 gemacht, soweit die Nichtbeachtung eines Angriffs- oder Verteidigungsmittels gerügt wird. Auch hier muss die Kausalität gesondert festgestellt werden (BGH GRUR 2001, 46 – Abdeckvorrichtung; GRUR 1963, 645 (647) – Warmpressen; → § 83 Rn. 44).

§ 85 Förmliche Voraussetzungen

(1) Die Rechtsbeschwerde ist innerhalb eines Monats nach Zustellung des Beschlusses beim Bundesgerichtshof schriftlich einzulegen.

(2) In dem Rechtsbeschwerdeverfahren vor dem Bundesgerichtshof gelten die Bestimmungen des § 142 über die Streitwertbegünstigung entsprechend.

(3) ¹Die Rechtsbeschwerde ist zu begründen. ²Die Frist für die Begründung beträgt einen Monat. ³Sie beginnt mit der Einlegung der Rechtsbeschwerde und kann auf Antrag vom Vorsitzenden verlängert werden.

(4) Die Begründung der Rechtsbeschwerde muß enthalten
1. die Erklärung, inwieweit der Beschluß angefochten und seine Abänderung oder Aufhebung beantragt wird,
2. die Bezeichnung der verletzten Rechtsnorm und
3. wenn die Rechtsbeschwerde auf die Verletzung von Verfahrensvorschriften gestützt wird, die Bezeichnung der Tatsachen, die den Mangel ergeben.

(5) ¹Vor dem Bundesgerichtshof müssen sich die Beteiligten durch einen beim Bundesgerichtshof zugelassenen Rechtsanwalt als Bevollmächtigten vertreten lassen. ²Auf Antrag eines Beteiligten ist seinem Patentanwalt das Wort zu gestatten. ³Von den Kosten, die durch die Mitwirkung eines Patentanwalts entstehen, sind die Gebühren nach § 13 des Rechtsanwaltsvergütungsgesetzes und außerdem die notwendigen Auslagen des Patentanwalts zu erstatten.

Überblick

§ 85 regelt die Einlegung (→ Rn. 2) und Begründung der Rechtsbeschwerde. Bei der Begründung sind Form und Frist (→ Rn. 4) sowie Inhalt (→ Rn. 6) zu beachten. Des Weiteren wurden der Anwaltszwang (→ Rn. 9) und die Kosten des Verfahrens (→ Rn. 10) besonders geregelt.

A. Allgemeines

1 § 85 stellt besondere formelle Anforderungen an die Einlegung der Rechtsbeschwerde. Er entspricht weitgehend § 102 PatG. Ob die Zulässigkeitsvoraussetzungen vorliegen, prüft der BGH von Amts wegen. Entspricht die Rechtsbeschwerde nicht den Voraussetzungen des § 85, so ist diese gemäß § 86 S. 2 als unzulässig zu verwerfen (→ § 86 Rn. 2).

B. Ordnungsgemäße Einlegung der Rechtsbeschwerde (Abs. 1)

2 Die Rechtsmittelfrist beträgt gemäß § 85 Abs. 1 einen Monat ab Zustellung der Entscheidung des BPatG. Im Falle der Zustellung an Verkündungs Statt gemäß § 79 Abs. 1 S. 3 ist streitig, ob bei mehreren Verfahrensbeteiligten auf den jeweiligen Empfänger oder die zeitlich letzte Zustellung abgestellt werden soll. Aufgrund der Schwierigkeit, die Zustellung an die anderen Beteiligten festzustellen, sollte auf die Zustellung an den Rechtsbeschwerdeführer selbst abgestellt werden (so auch Ströbele/Hacker/Knoll § 79 Rn. 16; Büscher/Dittmer/Schiwy/Schiwy § 79 Rn. 8; → § 79 Rn. 9). Die überwiegende Meinung hält indes die zeitlich letzte Zustellung für entscheidend, weil der durch die Zustellung ersetzte Termin nicht gespalten sein soll (BGH NJW 1994, 3359; Ingerl/Rohnke § 79 Rn. 6; Fezer § 79 Rn. 6). Unschädlich ist, wenn der Verfahrensbevollmächtigte im Rubrum nicht genannt wird (BGH GRUR 1995, 50 – Success). Hat ein Verfahrensbeteiligter mehrere Bevollmächtigte, so kann an jeden Bevollmächtigten wirksam zugestellt werden, wobei bereits die zeitlich erste Zustellung die Beschwerdefrist laufen lässt (vgl. BVerwG NJW 1998, 3582 zur VwGO).

3 Die Beschwerde ist beim BGH einzulegen und muss gemäß § 85 Abs. 5 S. 1 von einem dort zugelassenen Anwalt (→ Rn. 9) unterschrieben sein (BGH GRUR 1985, 1052 (1053) – LECO). Durch eine Einlegung beim BPatG wird die Beschwerdefrist (→ Rn. 4) nicht gewahrt (Fezer Rn. 2; → § 86 Rn. 3). Nach § 95a ist die Einlegung auch in elektronischer Form möglich. Die Zulässigkeit der Rechtsbeschwerde ist nicht von der Zahlung einer

Förmliche Voraussetzungen § 85 MarkenG

Gebühr (→ Rn. 10) abhängig. Ein Antrag auf Wiedereinsetzung nach §§ 233 ff. ZPO ist möglich.

C. Ordnungsgemäße Begründung (Abs. 3 und 4)

I. Form und Frist der Begründung (Abs. 3)

Die Beschwerde ist zu begründen. Anderenfalls ist diese als unzulässig zu verwerfen (Fezer **4** Rn. 7; Ströbele/Hacker/Knoll Rn. 3; → § 86 Rn. 2). Die Beschwerdebegründungsfrist beträgt gemäß § 85 Abs. 3 grundsätzlich einen Monat ab Einlegung der Rechtsbeschwerde, kann allerdings gemäß § 85 Abs. 3 S. 3 vom Vorsitzenden Richter auf Antrag hin verlängert werden. Auch bezüglich der Begründungsfrist ist ein Antrag auf Wiedereinsetzung in den vorigen Stand nach §§ 233 ff. ZPO möglich. Ein solcher Antrag ist aber nur erforderlich, wenn die Begründungsfrist unabhängig von der Einlegungsfrist abgelaufen ist (BGH GRUR 2009, 427 Rn. 3 – ATOZ II). Die Beschwerdebegründung muss schriftlich erfolgen, ist also von einem beim BGH zugelassenen Rechtsanwalt (→ Rn. 9) zu unterschreiben (BGH GRUR 1985, 1052 (1053) – LECO). Darüber hinaus muss sie die angegriffene Entscheidung sowie den Rechtsmittelführer und -gegner erkennen lassen (BGH NJW-RR 2008, 1161).

Es ist nicht möglich, nach Ablauf der Frist Gründe für die Zulässigkeit oder Begründetheit **5** der Rechtsbeschwerde nachzuschieben, selbst wenn diese von Amts wegen zu prüfen sind (§§ 557 Abs. 3, 577 Abs. 2 S. 3 ZPO). Auch eine teilweise Unzulässigkeit der Rechtsbeschwerde ist möglich, wenn auf einen Teil der Entscheidung in der Begründung nicht eingegangen wird (BGH GRUR 2006, 679 Rn. 26 – Porsche Boxster; GRUR 2006, 701 Rn. 11 – Porsche 911).

II. Notwendiger Inhalt (Abs. 4)

Die Begründung muss gemäß § 85 Abs. 4 Nr. 1 darlegen, inwieweit der Beschluss aufgeho- **6** ben werden soll. Dabei genügt es, wenn der Umfang der erstrebten Aufhebung erkennbar ist. Eines förmlichen Antrags bedarf es nicht (BGH GRUR 1979, 619 – Tabelliermappe). Der Wortlaut der Vorschrift, der von einer Abänderung spricht, ist wegen § 89 Abs. 4 als Redaktionsfehler anzusehen, weil der BGH die Entscheidung nicht ändern, sondern nur zurückverweisen kann (Ströbele/Hacker/Knoll Rn. 4).

§ 85 Abs. 4 Nr. 2 fordert die Bezeichnung der verletzten Norm. Es ist jedoch davon **7** auszugehen, dass keine genaue Angabe eines Paragraphen erforderlich ist (Ströbele/Hacker/Knoll Rn. 4). Werden Verfahrensmängel gemäß § 85 Abs. 4 Nr. 3 gerügt, sind die Tatsachen darzulegen aus denen sich diese ergeben. Zweck dieses Begründungserfordernisses ist es, dem Rechtsbeschwerdegericht die Prüfung zu ermöglichen, ob die angefochtene Entscheidung auf dem gerügten Verfahrens-, insbesondere Gehörsverstoß beruht (vgl. BGH GRUR 2008, 1126 Rn. 12 – Weiße Flotte). Deshalb ist der Prozessvorgang, dessen Verfahrensfehlerhaftigkeit behauptet wird, unter Angabe der Einzeltatsachen, aus denen sich der Mangel ergeben soll, genau zu bezeichnen (BGH BeckRS 2011, 26161 – Gelbe Seiten). Wo nötig (→ § 84 Rn. 6), muss aus dem Tatsachenvertrag auch die Kausalität der Verfahrensmängel für die Entscheidung ersichtlich sein (Büscher/Dittmer/Schiwy/Schiwy Rn. 8). Bei einem Gehörsverstoß ist also auszuführen, dass die angefochtene Entscheidung jedenfalls auf dem Verfahrensfehler beruhen kann. Bei einer Rüge wegen übergangenen Beweisantritts muss neben Beweisthema und Beweismittel angegeben werden, zu welchem Punkt das BPatG rechtsfehlerhaft eine an sich gebotene Beweisaufnahme unterlassen haben soll und welches Ergebnis diese Beweisaufnahme hätte zeitigen müssen (BGH BeckRS 2011, 2616 Rn. 8 ff. – Gelbe Seiten).

D. Rücknahme der Beschwerde und der zugrundeliegenden Anträge

Die Rechtsbeschwerde kann bis zum Erlass eines rechtskräftigen Beschlusses im Rechtsbe- **8** schwerdeverfahren jederzeit und ohne Einwilligung des Gegners zurückgenommen werden. Dies muss wegen § 85 Abs. 5 S. 1 aber durch einen beim BGH zugelassenen Rechtsanwalt erfolgen (→ Rn. 9). Die Rücknahme der zugrundeliegenden Verfahrensanträge (beispielsweise des Löschungsantrags) ist im Rahmen der Rechtsbeschwerde von Amts wegen zu berücksichtigen und kann zu einer Erledigung der Hauptsache führen, wenn sie dem Verfahren insgesamt die Grundlage entzieht. Die Rücknahme von Verfahrensanträgen unterliegt keinem Anwaltszwang. Es reicht, dass die Rechtsbeschwerde an sich statthaft ist (BGH GRUR 1974, 465 (466) – Lomapect).

E. Anwaltszwang (Abs. 5 S. 1 und 2)

9   Die Verhandlungsfähigkeit des Beschwerdeführers setzt gemäß § 85 Abs. 5 die Vertretung durch einen beim BGH zugelassenen Rechtsanwalt voraus. Dies gilt auch für den Präsidenten des DPMA, wenn er gemäß § 68 Abs. 2 dem Verfahren beigetreten ist. Ein Patentanwalt ist zwar nicht vertretungsberechtigt, er kann jedoch gemäß § 85 Abs. 5 S. 2 durch Äußerungen am Verfahren mitwirken. Dies gilt nach § 156 PatAnwO auch für einen Patentassessor in ständigem Dienstverhältnis (Fezer Rn. 17). Anders als in der ZPO ist trotz Säumnis eines Beteiligten das Verfahren ohne ihn fortzuführen und in der Sache zu entscheiden, weil Säumnisfolgen nicht vorgesehen sind (BGH GRUR 2001, 1151 (1152) – marktfrisch; vgl. auch Benkard/Rogge PatG § 108 Rn. 2 zum PatG).

F. Kosten (Abs. 2 und 5 S. 3)

10   Die Gerichtskosten bemessen sich nicht nach dem PatKostG, das nur Gebührenregelungen für die Verfahren vor dem BPatG und DPMA trifft (§ 1 PatKostG), sondern nach dem GKG (§ 1 Abs. 1 Nr. 14 GKG). Seit dem Gesetz zur Änderung des patentrechtlichen Einspruchsverfahrens und des Patentkostengesetzes mit Wirkung zum 1.7.2006 richten sich diese aber auch nicht mehr nach dem Streitwert, der nach § 51 Abs. 1 GKG nach billigem Ermessen zu bestimmen war (BGH GRUR 2006, 704 – Markenwert; zur Rechtslage früher s. unter anderem Ingerl/Rohnke Rn. 7). Vielmehr besteht für das Rechtsbeschwerdeverfahren in Sachen des gewerblichen Rechtsschutzes eine Fixgebühr, die nach dem Kostenverzeichnis zum GKG gegenwärtig 750 Euro beträgt (GKG KV 1255 f.) und sich bei Rücknahme der Rechtsbeschwerde oder entsprechender Erledigungserklärungen vor Zugang der Rechtsbeschwerdebegründung auf 100 Euro reduziert (GKG KV 1256). Insofern ist die bisherige Praxis des BGH, fast ausnahmslos den Gegenstandswert von Amts wegen zu bestimmen, nach dem GKG, insbesondere §§ 62, 63 GKG, nicht geboten (Ströbele/Hacker/Knoll § 90 Rn. 16 ff.). Der BGH scheint seine Praxis nunmehr aber auch zu ändern (BGH BeckRS 2015, 19674 unter Verweis auf Büscher/Dittmer/Schiwy/Büscher § 90 Rn. 12)

11   Bedeutung hat die Festsetzung nur für die Bemessung der Anwaltsgebühren (BGH BeckRS 2015, 19674). Allerdings ist der BGH nicht aufgerufen, den Streitwert ohne Antrag eines Verfahrensbeteiligten von Amts wegen festzusetzen (so auch BGH BeckRS 2015, 19674). § 32 Abs. 1 RVG sieht – entgegen landläufiger Praxis der Gerichte – nicht vor, dass der Streit-/Gegenstandswert gerichtsseitig festgesetzt werden muss, sondern setzt eine Festsetzung aufgrund einer anderen Vorschrift voraus (Schneider/Thiel NJW 2013, 25). Daran fehlt es jedoch, da seit dem 1.7.2006 eine gerichtliche Fixgebühr besteht (→ Rn. 10; Ströbele/Hacker/Knoll § 90 Rn. 21). Insofern bedarf es eines Antrages iSd § 33 RVG (im Beschwerdeverfahren ständige Praxis des BPatG; → § 71 Rn. 45 ff.). Trotz mangelnder GKG- bzw. RVG-Konformität lässt sich eine aufgedrängte Streitwertfestsetzung durch den BGH mit dem pragmatischen Argument, wegen § 90 Abs. 2 gebe es viele Fälle mit Kostenauflegung, verteidigen (Ströbele/Hacker/Knoll § 90 Rn. 18). Der BGH gibt, soweit erkennbar, nie die Vorschrift an, auf dessen Grundlage er den Gegenstandswert festsetzt und dessen Höhe bemisst (Ströbele/Hacker/Knoll § 90 Rn. 19). Sowohl im Eintragungs- als auch im Widerspruchsverfahren bestimmt der BGH regelmäßig einen Gegenstandswert von 50.000 Euro (BGH GRUR 2006, 704 – Markenwert). Dies gilt auch bei einer zulassungsfreien Rechtsbeschwerde (BGH GRUR 2009, 994 – Vierlinden, Gegenstandswert wiedergegeben in BeckRS 2009, 21882). Maßgeblich für die Festsetzung des Gegenstandswerts ist das wirtschaftliche Interesse des Markeninhabers an der Aufrechterhaltung seiner Marke. Dieses Interesse sei im Regelfall mit 50.000 Euro zu bemessen. Eine niedrigere oder höhere Wertfestsetzung könnten nur besondere Umstände rechtfertigen. Auf das Interesse des Inhabers der Widerspruchsmarke an der Löschung des prioritätsjüngeren Zeichens oder der gewerblichen Bedeutung der Widerspruchsmarke kommt es nicht an (BGH GRUR 2006, 704 – Marken-

wert). Lediglich in Löschungsverfahren überschreitet der BGH gelegentlich diesen Regelstreitwert mit Rücksicht auf das Interesse der Allgemeinheit an einer Löschung einer zu Unrecht eingetragenen Marke und dem Interesse des Markeninhabers an der Aufrechterhaltung seiner umfänglich benutzen Marke (BGH GRUR 2008, 510 = BeckRS 2008, 07104 – Milchschnitte: 100.000 Euro; GRUR 2009, 669 = BeckRS 2009, 12987 – POST: 200.000 Euro; GRUR 2009, 954 = BeckRS 2009, 10272 – Kinder III: 500.000 Euro; BeckRS 2015, 19674 – gelbe Farbmarke: 500.000 Euro; Gegenstandswert jeweils in BeckRS wiedergegeben).

G. Unselbständige Anschlussrechtsbeschwerde

Bezüglich einer grundsätzlich möglichen Anschlussrechtsbeschwerde vgl. die Ausführungen zur Anschlussbeschwerde (→ § 66 Rn. 104). **12**

§ 86 Prüfung der Zulässigkeit

¹Der Bundesgerichtshof hat von Amts wegen zu prüfen, ob die Rechtsbeschwerde an sich statthaft und ob sie in der gesetzlichen Form und Frist eingelegt und begründet ist. ²Liegen die Voraussetzungen nicht vor, so ist die Rechtsbeschwerde als unzulässig zu verwerfen.

Überblick

§ 86 regelt die Prüfung der Zulässigkeit der Rechtsbeschwerde durch den BGH von Amts wegen (→ Rn. 2). Sind die Zulässigkeitsvoraussetzungen nicht erfüllt, verwirft der BGH die Rechtsbeschwerde als unzulässig (→ Rn. 4)

A. Allgemeines

§ 86 entspricht § 104 PatG und § 552 ZPO und trägt damit dem Umstand Rechnung, dass **1** der BGH die Zulässigkeit der Rechtsbeschwerde prüft, bevor er sich mit ihrer Begründetheit auseinandersetzt (Musielak/Voit/Ball ZPO § 552 Rn. 1).

B. Prüfung der Zulässigkeit

Der BGH prüft im Rahmen der Zulässigkeitsprüfung gemäß § 86 S. 1 von Amts wegen **2** die Rechtsbeschwerdefähigkeit der angegriffenen Entscheidung (→ § 83 Rn. 6 ff.), die Beschwerdeberechtigung des Rechtsbeschwerdeführers (→ § 84 Rn. 2), Frist und Form der Einlegung (→ § 85 Rn. 2) sowie die Begründung (→ § 85 Rn. 4) der Rechtsbeschwerde. Nur eine gänzlich fehlende Begründung führt zur Unzulässigkeit, eine lückenhafte Begründung, zum Beispiel hinsichtlich der Kausalität eines Verfahrensfehlers iSd § 83 Abs. 3, führt nicht zu einer Unzulässigkeit, aber zur Unbegründetheit (Ströbele/Hacker/Knoll Rn. 3; vgl. auch BGH GRUR 2008, 1126 – Weisse Flotte).

Die Aufzählung des § 86 S. 1 ist nicht abschließend. Weitere Zulässigkeitsvoraussetzungen **3** wie die Beschwer (BGH GRUR 2006, 701 – Porsche 911), das Rechtsschutzbedürfnis und die Partei-, Prozess- und Postulationsfähigkeit sind ebenfalls von Amts wegen zu prüfen.

C. Entscheidung

Ist auch nur eine der oben angeführten Zulässigkeitsvoraussetzungen nicht erfüllt, muss **4** die Rechtsbeschwerde gemäß § 86 S. 2 durch Beschluss nach Maßgabe des § 89 Abs. 1–3 als unzulässig verworfen werden. Die Entscheidung ist zu begründen und den Beteiligten zuzustellen, kann aber ohne mündliche Verhandlung ergehen. Eine Hinweispflicht des Gerichts und eine vorherige Anhörung der Beteiligten ist grundsätzlich nicht erforderlich, besteht aber, wenn der Beschluss eine unzulässige Überraschungsentscheidung darstellen würde. In einem solchen Fall ist dem Rechtsmittelführer rechtliches Gehör zu dem Zulässigkeitsmangel zu gewähren (BGH NJW-RR 2006, 142 (143) zur ZPO; Büscher/Dittmer/

MarkenG § 87 Teil 3 Verfahren in Markenangelegenheiten

Schiwy/Schiwy Rn. 3). Das ergibt sich aus Art. 103 GG und § 139 ZPO, wonach eine Hinweispflicht besteht, wenn der fragliche Punkt vom Beteiligten erkennbar nicht berücksichtigt worden ist (vgl. Benkard/Rogge PatG § 104 Rn. 2 zum PatG). Durch den Verwerfungsbeschluss tritt kein Verlust der Rechtsbeschwerdeberechtigung ein. Da die angefochtene Entscheidung des BPatG erst mit Ablauf der Rechtsbeschwerdefrist rechtskräftig wird, ist eine erneute Einlegung der Rechtsbeschwerde innerhalb der Monatsfrist des § 85 Abs. 1 möglich (BGH GRUR 1972, 196 – Dosiervorrichtung).

§ 87 Mehrere Beteiligte

(1) ¹Sind an dem Verfahren über die Rechtsbeschwerde mehrere Personen beteiligt, so sind die Beschwerdeschrift und die Beschwerdebegründung den anderen Beteiligten mit der Aufforderung zuzustellen, etwaige Erklärungen innerhalb einer bestimmten Frist nach Zustellung beim Bundesgerichtshof schriftlich einzureichen. ²Mit der Zustellung der Beschwerdeschrift ist der Zeitpunkt mitzuteilen, in dem die Rechtsbeschwerde eingelegt ist. ³Die erforderliche Zahl von beglaubigten Abschriften soll der Beschwerdeführer mit der Beschwerdeschrift oder der Beschwerdebegründung einreichen.

(2) Ist der Präsident des Patentamts nicht am Verfahren über die Rechtsbeschwerde beteiligt, so ist § 68 Abs. 1 entsprechend anzuwenden.

Überblick

§ 87 regelt das Verfahren, wenn mehrere Personen am Rechtsbeschwerdeverfahren beteiligt sind. Geregelt sind zum einen Zustellungen der Rechtsbeschwerdeschrift und -begründung an die anderen Beteiligten (→ Rn. 2) und zum anderen die Mitwirkungsmöglichkeiten des Präsidenten des DPMA, wenn dieser nicht am Rechtsbeschwerdeverfahren beteiligt ist (→ Rn. 4). Der Präsident des DPMA kann dem Rechtsbeschwerdeverfahren noch unter der Voraussetzung beitreten, dass das BPatG ihm den Beitritt zum Beschwerdeverfahren gemäß § 68 Abs. 2 anheimgestellt hatte (→ Rn. 5).

A. Allgemeines

1   Die Vorschrift entspricht – bis auf die Verweisung auf § 68 Abs. 1 MarkenG – dem § 105 PatG.

B. Mehrere Beteiligte (Abs. 1)

2   Unabhängig davon, ob sie sich aktiv am Verfahren beteiligen, sind alle Beteiligten des Beschwerdeverfahrens beim BPatG an dem Verfahren über die Rechtsbeschwerde beteiligt (Fezer Rn. 2; Ströbele/Hacker/Knoll Rn. 2 mwN). Darunter fallen auch Nebenintervenienten (BGH GRUR 1968, 86 (87) – Ladegerät). Mehrere Beteiligte liegen sowohl dann vor, wenn sich mehrere Personen, zB im Widerspruchs- oder Löschungsverfahren, gegenüberstehen, als auch wenn mehrere Personen auf derselben Seite agieren, zB mehrere Anmelder oder Widersprechende (Fezer Rn. 1).

3   Abs. 1 regelt die **Zustellung der Rechtsbeschwerdeschrift und -begründung** an die anderen Beteiligten. Dabei ist auch der Zeitpunkt der Einlegung der Rechtsbeschwerde mitzuteilen. Gemäß Abs. 1 S. 3 soll der Beschwerdeführer beglaubigte Kopien der Schriftstücke einreichen, um eine ordnungsgemäße Zustellung zu beschleunigen. Die Beteiligten werden außerdem aufgefordert, durch einen beim BGH zugelassenen Rechtsanwalt (§ 85 Abs. 5) nötige Erklärungen abzugeben. Eine Pflicht zur Erklärung ergibt sich hieraus indes nicht (Fezer Rn. 5). Zur Wahrung rechtlichen Gehörs hat der BGH eine Erklärungsfrist auszusprechen. Auf Antrag kann diese Frist verlängert werden.

C. Mitwirkungsmöglichkeiten des Präsidenten des DPMA (Abs. 2)

Die Möglichkeit zur Mitwirkung am Rechtsbeschwerdeverfahren wird dem Präsidenten 4
des DPMA gemäß § 87 Abs. 2, § 68 Abs. 1 auch dann gewährt, wenn er nicht infolge eines Beitritts gemäß § 68 Abs. 2 Beteiligter des Verfahrens geworden ist. Er kann entsprechend § 68 Abs. 1 sowohl an Terminen teilnehmen als auch insbesondere Erklärungen abgeben. Mangels Beteiligtenstellung kann er sein Äußerungsrecht in diesem Fall ohne Vertretung durch einen beim BGH zugelassenen Rechtsanwalt gemäß § 85 Abs. 5 ausüben (Ingerl/Rohnke Rn. 3; Ströbele/Hacker/Knoll Rn. 4). Der BGH kann unabhängig von einer bisherigen Mitwirkung des DPMA Präsidenten diesem Gelegenheit zur Stellungnahme geben (Ingerl/Rohnke Rn. 3 unter Verweis auf BGH GRUR 2000, 421 – Rückzahlung der Beschleunigungsgebühr).

D. Beitritt des Präsidenten des DPMA zum Verfahren

Zwar sieht das MarkenG (wie das PatG) den Beitritt des DPMA Präsidenten erst während 5
des Rechtsbeschwerdeverfahrens nicht vor, dennoch ist der Beitritt noch möglich, wenn das BPatG ihm schon in der Beschwerdeinstanz einen Beitritt gemäß § 68 Abs. 2 anheimgestellt hat. Es besteht ein Interesse der Allgemeinheit klärungsbedürftige Rechtsfragen, die sich möglicherweise erst im Rechtsbeschwerdeverfahren stellen, durch den Präsidenten neutral darstellen zu lassen (Büscher/Dittmer/Schiwy/Schiwy § 88 Rn. 4; Ströbele/Hacker/Knoll Rn. 5; Ingerl/Rohnke Rn. 4; aA Goebel GRUR 1985, 641 (647); Fezer Rn. 2 mit der Begründung, dass § 87 Abs. 2 nicht auf § 68 Abs. 2 verweise, der den Beitritt für das Beschwerdeverfahren zulasse). Der BGH kann dem Präsidenten des DPMA den Beitritt nicht anheimstellen, denn § 87 Abs. 2 verweist lediglich auf § 68 Abs. 1 und nicht auf § 68 Abs. 2.

Da der Präsident des DPMA (unter den vorgenannten Bedingung) noch dem laufenden 6
Rechtsbeschwerdeverfahren beitreten kann, kann er erst recht schon nach der Beschwerdeentscheidung des BPatG dem Beschwerdeverfahren beitreten, um eine Rechtsbeschwerde einzulegen (Büscher/Dittmer/Schiwy/Schiwy Rn. 4; Ströbele/Hacker/Knoll Rn. 5; Schulte/Kühnen PatG § 77 Rn. 8 zum PatG). Dies mit dem Argument zu verneinen, der Präsident sei nicht beschwert (Goebel GRUR 1985, 641 (647), überzeugt nicht, weil auch in Bezug auf das Beschwerdeverfahren, eine Beschwerdeberechtigung ohne eigene Beschwer gegeben ist (Büscher/Dittmer/Schiwy/Schiwy Rn. 4; → § 84 Rn. 4).

Durch den Beitritt erlangt der Präsident die Stellung eines Beteiligten. Entscheidungen 7
sind ihm ab dem Zeitpunkt des Beitritts zuzustellen.

§ 88 Anwendung weiterer Vorschriften

(1) ¹Im Verfahren über die Rechtsbeschwerde gelten die Vorschriften der Zivilprozessordnung über Ausschließung und Ablehnung der Gerichtspersonen (§§ 41 bis 49), über Prozessbevollmächtigte und Beistände (§§ 78 bis 90), über Zustellungen von Amts wegen (§§ 166 bis 190), über Ladungen, Termine und Fristen (§§ 214 bis 229) und über Wiedereinsetzung in den vorigen Stand (§§ 233 bis 238) entsprechend. ²Im Falle der Wiedereinsetzung in den vorigen Stand gilt § 91 Abs. 8 entsprechend. ³Auf Antrag ist einem Beteiligten unter entsprechender Anwendung des § 138 des Patentgesetzes Verfahrenskostenhilfe zu bewilligen.

(2) Für die Öffentlichkeit des Verfahrens gilt § 67 Abs. 2 und 3 entsprechend.

Überblick

§ 88 Abs. 1 S. 1 verweist auf bestimmte Vorschriften der ZPO, die im Rechtsbeschwerdeverfahren entsprechend anwendbar sind (→ Rn. 2). Es stellt sich die Frage, ob nicht genannte Vorschriften der ZPO im Einzelfall (trotzdem) anwendbar sind (→ Rn. 3). § 88 Abs. 1 S. 3 verweist bezüglich des grundsätzlich möglichen Verfahrenskostenhilfeverfahrens auf § 138 PatG (→ Rn. 4). In § 88 Abs. 2 wird die Öffentlichkeit des Verfahrens unter Verweis auf § 67 Abs. 2 und 3 gesondert geregelt (→ Rn. 20). Zur Akteneinsicht → Rn. 21.

Übersicht

	Rn.		Rn.
A. Allgemeines	1	2. Rechtsschutzbedürfnis	10
		3. Wirtschaftliche Voraussetzungen	11
B. Anwendung der ZPO (Abs. 1)	2	4. Erfolgsaussichten der Rechtsbeschwerde	12
I. In Abs. 1 aufgezählte ZPO-Vorschriften	2	5. Mutwillen	15
II. Anwendbarkeit in Abs. 1 nicht genannter ZPO-Vorschriften	3	III. Wirkungen der Bewilligung	16
		IV. Bestands- und Rechtskraft	17
C. Verfahrenskostenhilfe (Abs. 1 S. 3)	4	V. Länderübergreifende Prozesskostenhilfe	18
I. Verfahrensfragen	5	VI. Beratungshilfe	19
II. Voraussetzungen der Gewährung	9	D. Öffentlichkeitsgrundsatz (Abs. 2)	20
1. Antrag	9	E. Möglichkeit der Akteneinsicht	21

A. Allgemeines

1 Die Vorschrift entspricht partiell § 106 PatG.

B. Anwendung der ZPO (Abs. 1)

I. In Abs. 1 aufgezählte ZPO-Vorschriften

2 Die in § 88 Abs. 1 aufgeführten ZPO Vorschriften verdrängen zwar die allgemeinen Regelungen des MarkenG, insbesondere die §§ 91, 94, anwendbar bleiben dennoch die leges speciales des MarkenG, die gerade das Rechtsbeschwerdeverfahren betreffen und deshalb vorgehen. So geht etwa hinsichtlich des Anwaltszwangs im markenrechtlichen Rechtsbeschwerdeverfahren der § 85 Abs. 5 den §§ 79, 90 ZPO vor und ist § 321a ZPO wegen der abschließenden Regelung des § 83 Abs. 3 Nr. 3 nicht anwendbar. Die Nichtanwendbarkeit einzelner Vorschriften aus den verwiesenen Abschnitten der ZPO ist denkbar und muss im Einzelfall geprüft werden (vgl. Benkard/Rogge PatG § 106 Rn. 1 zum PatG). § 88 Abs. 1 S. 2 verweist zusätzlich auf § 91 Abs. 8, um im Falle von Anträgen auf Wiedereinsetzung (§§ 233 ff. ZPO) gutgläubige Dritte zu schützen.

II. Anwendbarkeit in Abs. 1 nicht genannter ZPO-Vorschriften

3 Anders als im Beschwerdeverfahren, für das in § 82 Abs. 1 S. 1 eine Generalverweisung auf die ZPO erfolgt, ist im Rechtsbeschwerdeverfahren eine generelle Anwendung der ZPO ausgeschlossen. Trotzdem ist davon auszugehen, dass die Verweisung des § 88 Abs. 1 auf bestimmte ZPO Vorschriften nicht abschließend ist (Büscher/Dittmer/Schiwy/Schiwy Rn. 1). Dies folgt aus der lückenhaften Regelung des Rechtsbeschwerdeverfahrens und der Ähnlichkeit zum Rechtsmittel der Revision (§§ 542 ff. ZPO) und dem Rechtsbeschwerdeverfahren (§§ 574 ff. ZPO) der ZPO. Aufgrund der Parallelen zum Beschwerdeverfahren wird die Anwendung dieser Vorschriften mit der Generalverweisung des § 82 Abs. 1 S. 1 begründet (BGH GRUR 1999, 998 – Verfahrenskostenhilfe; GRUR 2000, 892 (893) – MTS). Die §§ 123 ff. GVG sind unmittelbar anwendbar.

C. Verfahrenskostenhilfe (Abs. 1 S. 3)

4 § 88 Abs. 1 S. 3 ist mit Wirkung zum 1.1.2014 neu in das MarkenG eingefügt worden. Trotz Fehlens einer ausdrücklichen gesetzlichen Regelung bis dahin hat der BGH die Möglichkeit einer Verfahrenskostenhilfe im Rechtsbeschwerdeverfahren seit geraumer Zeit und wiederholt für gegeben erachtet (BGH GRUR 1999, 998 – Verfahrenskostenhilfe; GRUR 2008, 732 – Tegeler Floristik; BeckRS 2012, 06796 – Sachsendampf).

I. Verfahrensfragen

5 § 88 Abs. 1 S. 3 regelt die Verfahrenskostenhilfe im Rechtsbeschwerdeverfahren durch den Verweis auf § 138 PatG, so dass der generelle Verweis auf die ZPO in § 82 nicht zum

Anwendung weiterer Vorschriften **§ 88 MarkenG**

Tragen kommt. § 138 Abs. 1 PatG verweist bezüglich der Bedürftigkeit, Erfolgsaussichten und fehlenden Mutwillen auf § 114 ZPO, auf § 115 ZPO für den vorrangigen Einsatz von Einkommen und Vermögen und für Anträge von Parteien kraft Amtes, juristische Personen und parteifähige Vereinigungen auf § 116 ZPO. § 138 Abs. 2 PatG enthält Regeln zum Verfahren, insbesondere zur Verfahrenseinleitung. Dementsprechend fehlt in § 138 Abs. 3 PatG ein Verweis auf § 135 PatG. Über § 136 sind weitere Verfahrensbestimmungen der ZPO anwendbar, wie die Erklärung über die persönlichen und wirtschaftlichen Verhältnisse und deren Glaubhaftmachung (§§ 114 Abs. 2–4, 118 Abs. 2 und 3 ZPO) sowie zur Anhörung des Gegners in zweiseitigen Verfahren (§ 118 Abs. 1 ZPO). § 138 Abs. 3 PatG verweist bezüglich der Wirkungen der Verfahrenskostenhilfe auf §§ 130 Abs. 2, 134 PatG, für die Behandlung von Personenmehrheiten auf § 130 Abs. 3 PatG. Entsprechend der Regelung in § 138 Abs. 3 PatG kann ein beim BGH zugelassener Rechtsanwalt beigeordnet werden.

Der I. Zivilsenat des BGH ist für die Entscheidung über die dafür beantragte Verfahrens- **6** kostenhilfe zuständig, die ohne mündliche Verhandlung ergeht (§ 127 Abs. 1 S. 1 ZPO). Wenn der BGH eine Einigung erwartet, kann er in zweiseitigen Verfahren die Beteiligten zu einer mündlichen Erörterung laden (vgl. § 118 Abs. 1 S. 3 ZPO). Hinsichtlich der Zuständigkeit des Rechtspflegers → § 81a Rn. 8. Hinsichtlich des „Rechtlichen Gehörs" → § 81a Rn. 9.

Da die Gerichtsgebühren schon mit der Einlegung der Rechtsbeschwerde fällig werden **7** (§ 6 Abs. 1 Nr. 4 GKG), kann es zur **Vermeidung einer Gebührenlast** angezeigt sein, vor Einlegung der Rechtsbeschwerde eine Entscheidung über die Bewilligung der Verfahrenskostenhilfe herbeizuführen. Hierfür muss innerhalb der Rechtsbeschwerdefrist ein den gesetzlichen Anforderungen genügender Antrag auf Verfahrenskostenhilfe eingereicht werden (→ § 81a Rn. 14). Wenn dadurch die Frist zur Einlegung der Rechtsbeschwerde (§ 85 Abs. 1) versäumt wird, liegt darin für den wirtschaftlich nicht leistungsfähigen Beteiligten ein Umstand, der nach ständiger Rechtsprechung die **Wiedereinsetzung in die versäumte Frist** rechtfertigt, wenn der Antrag auf Verfahrenskostenhilfe vor Ablauf der Rechtsmittelfrist eingereicht wurde (→ § 81a Rn. 1 ff.).

Der Antragsteller hat bei Vorliegen der Voraussetzungen einen **Rechtsanspruch** auf Ver- **8** fahrenskostenhilfe (→ § 81a Rn. 4). Verfahrenskostenhilfe wird nicht gewährt für das Verfahrenskostenhilfeverfahren und das Akteneinsichtsverfahren (→ § 81a Rn. 5).

II. Voraussetzungen der Gewährung

1. Antrag

Nur auf Antrag wird Verfahrenskostenhilfe gewährt. Zur personellen Antragsberechtigung **9** → § 81a Rn. 28, zum Zeitpunkt der Antragstellung → § 81a Rn. 29. Das Gesuch ist schriftlich oder ggf. als elektronisches Dokument (§ 135 Abs. 1 S. 3) beim BGH einzureichen. Es kann auch zu Protokoll der Geschäftsstelle erklärt werden (§ 138 Abs. 2 PatG). Es unterliegt daher trotz § 85 Abs. 5 nicht dem Anwaltszwang und muss nicht durch einen beim BGH zugelassenen Rechtsanwalt eingereicht werden. Der Antragsteller muss Ausführungen machen, die es dem BGH ermöglichen, zu prüfen, ob die Rechtsbeschwerde hinreichende Aussicht auf Erfolg bietet. Insofern kann auf die Rechtsbeschwerdebegründung verwiesen werden. Bei der zugelassenen Rechtsbeschwerde reicht ein Verweis auf die Akten, soweit sich hieraus der wesentliche Streitstand ergibt. Stützt sich die Beschwerde auf die Verletzung von Verfahrensvorschriften iSd § 83 Abs. 3, ist auszuführen, worin der Verfahrensmangel erblickt wird.

2. Rechtsschutzbedürfnis

In Bezug auf Löschungsanträge und bei juristischen Personen ist die Gewährung der **10** Verfahrenskostenhilfe von einem besonderen Rechtsschutzinteresse abhängig (→ § 81a Rn. 36).

3. Wirtschaftliche Voraussetzungen

Verfahrenskostenhilfe kann auch im Rechtsbeschwerdeverfahren nur bei mangelnder wirt- **11** schaftlicher Leistungsfähigkeit des Antragstellers gewährt werden (→ § 81a Rn. 41). Bei

Koch 1177

mehreren Beteiligten, insbesondere mehreren Markeninhabern, → § 81a Rn. 46, bei juristischen Personen, Beteiligten kraft Amtes → § 81a Rn. 48. Zum geforderten zumutbaren Einsatz von Einkommen und Vermögen iSd § 115 ZPO → § 81a Rn. 53.

4. Erfolgsaussichten der Rechtsbeschwerde

12   Verfahrenskostenhilfe kann nur bei hinreichender Erfolgsaussicht bewilligt werden. Deren Bestehen ist im Wege einer **Prognose** zu prüfen, denn die vollständige Rechtsprüfung darf nicht in das Verfahrenskostenhilfeverfahren verlagert werden (BVerfG BeckRS 2013, 47258; NJW 2004, 1789). Auch die Verteidigung des Markeninhabers gegen Widersprüche und Löschungsanträge muss Erfolg versprechen. Eine § 132 Abs. 1 S. 2 PatG vergleichbare Privilegierung existiert nicht (→ § 81a Rn. 56). Soweit bei einem zweiseitigen Verfahren der **Beschwerdegegner** Verfahrenskostenhilfe beantragt, ist die Erfolgsaussicht nach § 138, 136 PatG, § 119 S. 2 ZPO grundsätzlich nicht zu prüfen. Wenn sich allerdings die rechtliche oder tatsächliche Grundlage für die BPatG Entscheidung nachträglich ändert, kann entgegen § 119 Abs. 1 S. 2 ausnahmsweise eine Prüfung der Erfolgsaussichten zulässig sein (BeckOK ZPO/Reichling ZPO § 119 Rn. 32 mwN). Anders gelagert ist auch die Frage, ob die Verteidigung überhaupt **notwendig** ist, solange es hieran fehlt, ist die Prozesskostenhilfe für den Beschwerdegegner zu versagen (BeckOK ZPO/Reichling ZPO § 119 Rn. 31mwN). Legt der Beschwerdegegner **Anschlussbeschwerde** ein, hängt die Verfahrenskostenhilfe davon ab, ob diese über die erforderliche Erfolgsaussicht verfügt (OLG Karlsruhe BeckRS 2005, 02610).

13   Bei den Erfolgsaussichten der vom BPatG **zugelassenen Rechtsbeschwerde** (§ 83 Abs. 1 und 2) darf der BGH keine allzu strengen Anforderungen stellen, denn die Rechtsfrage, wegen deren grundsätzlicher Bedeutung die Rechtsbeschwerde vom BPatG zugelassen ist, sollte nicht im Verfahren über die Bewilligung der Verfahrenskostenhilfe entschieden werden (vgl. BVerfG NJW 1991, 413; 1992, 889). Ergeben sich bei der gebotenen summarischen Prüfung evident **keine entscheidungserheblichen Rechtsfragen,** die einer Klärung durch den BGH bedürfen, kommt es für die Bewilligung der Prozesskostenhilfe aber allein auf die Erfolgsaussichten in der Sache an (vgl. BGH BeckRS 2013, 10584; ZInsO 2014, 2222).

14   Strenger ist der Prüfungsmaßstab bei **zulassungsfreien Rechtsbeschwerden.** Hier erfolgt eine vollständige Prüfung der Rechtsbeschwerdevoraussetzungen gemäß § 83 Abs. 3 faktisch schon im Verfahrenskostenhilfeverfahren (vgl. BGH BeckRS 2003, 03465; 2001, 30189716; 2000, 30121247 – Rechtsbeschwerden in einer Markensache, gestützt auf die Rüge der Verletzung des rechtlichen Gehörs und des Begründungsmangels).

5. Mutwillen

15   Nach § 114 ZPO darf der Antragsteller nicht mutwillig agieren (→ § 81a Rn. 60).

III. Wirkungen der Bewilligung

16   Die Bewilligung befreit den Antragsteller von der Gebührenzahlung (→ § 81a Rn. 1 ff.).

IV. Bestands- und Rechtskraft

17   Zu Rechtsbehelfe und Rechtsmittel → § 81a Rn. 74, zu Rechtskraft → § 81a Rn. 81, zu Aufhebung und Änderung → § 81a Rn. 82.

V. Länderübergreifende Prozesskostenhilfe

18   Näher → § 81a Rn. 110.

VI. Beratungshilfe

19   Näher → § 81a Rn. 114.

D. Öffentlichkeitsgrundsatz (Abs. 2)

Anwendbar sind die Bestimmungen des Beschwerdeverfahrens (§ 67 Abs. 2 und 3), die 20 die §§ 169 ff. GVG insoweit verdrängen. Sie enthalten jedoch eine Verweisung auf §§ 172–175 GVG (→ § 67 Rn. 9).

E. Möglichkeit der Akteneinsicht

Das MarkenG enthält keine Vorschrift, die die Einsicht in die Gerichtsakten des BGH 21 regelt. Aus diesem Grund ist die allgemeine Vorschrift des § 299 Abs. 1 ZPO heranzuziehen, die auch im Rahmen des Beschwerdeverfahrens Anwendung findet (§ 82 Abs. 1 S. 1). Stellen Dritte einen Antrag auf Akteneinsicht, ist § 82 Abs. 3 S. 2 als lex specialis entsprechend anzuwenden. Danach entscheidet, solange das Verfahren anhängig ist, der zuständige I. Zivilsenat des BGH entsprechend § 82 Abs. 3 S. 1 iVm § 62 (BGH GRUR 1983, 365 – Akteneinsicht Rechtsbeschwerdeakten). Werden die Akten an das BPatG zurückgegeben, trifft dieses die Entscheidung (BPatGE 22, 66 (67) = BeckRS 1979, 00475; Ingerl/Rohnke Rn. 6).

§ 89 Entscheidung über die Rechtsbeschwerde

(1) ¹Die Entscheidung über die Rechtsbeschwerde ergeht durch Beschluß. ²Die Entscheidung kann ohne mündliche Verhandlung getroffen werden.

(2) Der Bundesgerichtshof ist bei seiner Entscheidung an die in dem angefochtenen Beschluß getroffenen tatsächlichen Feststellungen gebunden, außer wenn in bezug auf diese Feststellungen zulässige und begründete Rechtsbeschwerdegründe vorgebracht sind.

(3) Die Entscheidung ist zu begründen und den Beteiligten von Amts wegen zuzustellen.

(4) ¹Im Falle der Aufhebung des angefochtenen Beschlusses ist die Sache zur anderweitigen Verhandlung und Entscheidung an das Patentgericht zurückzuverweisen. ²Das Patentgericht hat die rechtliche Beurteilung, die der Aufhebung zugrunde gelegt ist, auch seiner Entscheidung zugrunde zu legen.

Überblick

§ 89 regelt die Entscheidung über die Rechtsbeschwerde. Die Form der Entscheidung (→ Rn. 2) ist in Abs. 1 geregelt. Der Prüfungsumfang ist in Abs. 2 (→ Rn. 3) ausgeführt. Dabei muss jedoch zwischen der zugelassenen (→ Rn. 6) und der zulassungsfreien (→ Rn. 7) Rechtsbeschwerde unterschieden werden. In Abs. 3 findet sich die Begründung und Zustellung (→ Rn. 8), in Abs. 4 die Zurückverweisung des erfolgreich angefochtenen Beschlusses (→ Rn. 9).

A. Allgemeines

Die Vorschrift entspricht den §§ 107, 108 PatG. Die Parallelvorschriften des Beschwerde- 1 verfahrens finden sich in §§ 69, 70, 79.

B. Form der Entscheidung (Abs. 1)

Der BGH entscheidet gemäß § 89 Abs. 1 S. 1 über die Rechtsbeschwerde durch Beschluss. 2 Ob der Senat eine mündliche Verhandlung anberaumt, liegt in seinem eigenen (pflichtgemäßen) Ermessen (Fezer Rn. 1). Ein Anspruch auf eine mündliche Verhandlung besteht jedenfalls nicht (anders im Beschwerdeverfahren gemäß § 69 Nr. 1), die Parteien können einen Termin zu dieser nur anregen (Büscher/Dittmer/Schiwy/Schiwy Rn. 2). Im Falle einer mündlichen Verhandlung müssen sich die Beteiligten durch einen nach § 85 Abs. 5 S. 1 beim BGH zugelassenen Anwalt vertreten lassen. Es besteht jedoch ein eigenes Äußerungsrecht des Patentanwalts gemäß § 85 Abs. 5 S. 2 (Ströbele/Hacker/Knoll Rn. 2). Ist ein Beteiligter

Koch 1179

nicht ordnungsgemäß vertreten, wird trotzdem in der Sache entschieden, so dass die Säumnis keine Folgen mit sich bringt (BGH GRUR 2001, 1151 (1152) – marktfrisch; GRUR 2007, 321 (322) – COHIBA. Bei bloßer Teilnahme des Präsidenten des DPMA gemäß §§ 87 Abs. 2, 68 Abs. 2, dh ohne formelle Beteiligtenstellung, benötigt dieser keine Vertretung (Ströbele/Hacker/Knoll Rn. 2).

C. Prüfungsumfang (Abs. 2)

I. Allgemeines

3   Gemäß Abs. 2 besteht grundsätzlich eine Bindung des BGH an die Tatsachenfeststellungen, die sich aus den Beschlüssen des BPatG ergeben. Diese Bindung wird nur in Ausnahmefällen durchbrochen.

4   Ein solcher Ausnahmefall liegt vor, wenn die Rügegründe für die Rechtsbeschwerde gerade auf die Mängel der Tatsachenfeststellung zurückzuführen sind. Zum Beispiel, wenn Verfahrensvorschriften durch die Tatsachenbewertung des Gerichts verletzt wurden (Büscher/Dittmer/Schiwy/Schiwy Rn. 3). Gleiches gilt, wenn die Zulässigkeit oder die Fortsetzung des Rechtsbeschwerdeverfahrens von Tatsachenfeststellungen abhängt (BGH GRUR 1983 342 (343) – BTR; GRUR 1985, 1052 (1053) – LECO). Zum anderen besteht keine Bindung, wenn Tatsachenfeststellungen widersprüchlich, lückenhaft oder völlig unverständlich sind (BGH NJW 2000, 3007 zur ZPO). Eine neue Beurteilung von Tatsachen darf außerdem erfolgen, wenn gegen allgemeine Erfahrungssätze oder Denkgesetze verstoßen wurde (BGH GRUR 2000, 890 (891) – IMMUNINE/IMUKIN; Fezer Rn. 7).

5   Zu beachten ist allerdings, dass die Unterscheidung zwischen Rechtsfragen und Tatsachenfeststellungen oftmals schwierig ist und die Gerichte vor Probleme stellt. Die Gerichte müssen grundsätzlich Zurückhaltung wahren, um die tatrichterliche Bewertung nicht zu umgehen (Ströbele/Hacker/Knoll Rn. 11). Ein neues tatsächliches Vorbringen scheidet in jedem Falle aus (vgl. BGH GRUR 1993, 655 (656) – Rohrausformer; GRUR 1972, 642 (644) – Lactame; GRUR 1968, 86 (90) – Ladegerät; GRUR 1966, 499 (500) – Merck).

II. Zugelassene Rechtsbeschwerde (§ 83 Abs. 2)

6   Bei der nach § 83 Abs. 2 zugelassenen Rechtsbeschwerde prüft der Senat alle in Betracht kommenden Fehler bei der Anwendung materiellen oder formellen Rechts durch das BPatG (BGH GRUR 1998, 394 (395) – Active Line; GRUR 2001, 139 – Parkkarte zum PatG). Es findet also eine vollständige revisionsmäßige Überprüfung der Entscheidung statt. Eine Beschränkung auf die Rechtsfrage, derentwegen die Zulassung der Rechtsbeschwerde erfolgt ist, besteht nicht (BGH GRUR 2000, 895 – Ewing; GRUR 2000, 603 (604) – Ketof/ETOP).

III. Zulassungsfreie Rechtsbeschwerde (§ 83 Abs. 3)

7   Im Falle einer zulassungsfreien Rechtsbeschwerde können nur die nach § 83 Abs. 3 gerügten Verfahrensmängel überprüft werden, weil ansonsten die besonderen Zulassungserfordernisse des § 83 Abs. 2 durch eine Rüge des Verfahrens umgangen werden könnten (BGH WRP 2003, 1445 (1447) – PARK & BIKE; WRP 2004, 103 (104) = BeckRS 2003, 09336 – turkey & corn).

D. Begründung und Zustellung (Abs. 3)

8   Der Beschluss über die Rechtsbeschwerde ist gemäß § 89 Abs. 3 zu begründen (Fezer Rn. 12). Dieser Beschluss ist den Beteiligten zuzustellen gemäß §§ 166 ff. ZPO, die über § 88 Abs. 1 S. 1 zur Anwendung kommen (Ströbele/Hacker/Knoll Rn. 3).

E. Zurückverweisung (Abs. 4)

9   Ist die Rechtsbeschwerde zulässig und begründet, hat der BGH den angefochtenen Beschluss aufzuheben und die Sache an das BPatG zurückzuverweisen (BGH GRUR 2009,

Abhilfe bei Verletzung des Anspruchs auf rechtliches Gehör § 89a MarkenG

701 Rn. 6 – Niederlegung der Inlandsvertretung). Dies kann auch an einen anderen Senat erfolgen, wenn die Gefahr der Voreingenommenheit besteht (BGH WRP 2003, 1445 (1447) = BeckRS 2003, 09280 – PARK & BIKE). Eine eigene Entscheidung ist, auch wenn Entscheidungsreife zu bejahen wäre (vgl. § 577 Abs. 5 oder § 563 Abs. 3 ZPO), aufgrund der eindeutigen Formulierung des § 89 Abs. 4 S. 1 ausgeschlossen (BGH GRUR 1998, 394 (395) – Active Line).

Die Zurückverweisung kann aber aus Gründen der Prozessökonomie unterbleiben, wenn **10** keine Entscheidung mehr zu treffen ist, zum Beispiel aufgrund eines Verzichts auf die Marke oder einer Zurücknahme der Anmeldung. Gleiches gilt, wenn eine Zurückverweisung völlig überflüssig ist, weil das BPatG die Beschwerde wegen einer absolut eindeutigen Rechtslage sofort zurückweisen würde (BGH GRUR 1998, 394 (396) – Active Line).

Das BPatG ist an die rechtliche Beurteilung des BGH gemäß § 89 Abs. 4 S. 2 gebunden, **11** soweit es sich um tragende Erwägungen zur Sache handelt (BPatG BeckRS 2014, 23676 – DESPERADO). Tatsächliche Erfahrungssätze sind hiervon aber nicht erfasst (BGH GRUR 1995, 408 (410) – PROTECH). Im Laufe des Verfahrens geäußerte Rechtsauffassungen, die nicht unmittelbar entscheidungserheblich sind, werden von der Bindungswirkung ebenfalls nicht erfasst (BGH GRUR 1967, 548 (551) – Schweißelektrode). Die Bindungswirkung entfällt außerdem, wenn sich die Rechtsprechung des BGH oder EuGH zwischenzeitlich geändert hat (BGH GRUR 2007, 55 Rn. 12 – Farbmarke gelb/grün II; BPatG GRUR 2006, 946 (948) – Taschenlampen II).

§ 89a Abhilfe bei Verletzung des Anspruchs auf rechtliches Gehör

¹Auf die Rüge der durch die Entscheidung beschwerten Partei ist das Verfahren fortzuführen, wenn das Gericht den Anspruch dieser Partei auf rechtliches Gehör in entscheidungserheblicher Weise verletzt hat. ²Gegen eine der Endentscheidung vorausgehende Entscheidung findet die Rüge nicht statt. ³§ 321a Abs. 2 bis 5 der Zivilprozessordnung ist entsprechend anzuwenden.

Überblick

§ 89a eröffnet dem BGH die Möglichkeit einer Selbstkorrektur (→ Rn. 1), um die Zahl der Verfassungsbeschwerden zu reduzieren. Dabei ist zum einen die Statthaftigkeit der Anhörungsrüge zu beachten (→ Rn. 3) und zum anderen die Einhaltung des vorgeschriebenen Verfahrens (→ Rn. 5).

A. Allgemeines

§ 89a entspricht inhaltlich § 122a PatG und wurde zum 1.7.2006 ins Gesetz eingefügt. **1** Eine analoge Anwendung des § 321a ZPO ist seitdem überflüssig (vgl. Ingerl/Rohnke Rn. 1). Über § 89a S. 3 findet § 321a ZPO aber weiterhin Anwendung. Durch § 89a hat der BGH nun die Möglichkeit einer Selbstkorrektur im Falle der Verletzung des rechtlichen Gehörs. Zu beachten ist jedoch, dass die Vorschrift nur Fälle der erstmaligen Verletzung rechtlichen Gehörs in letzter Instanz erfasst (Ingerl/Rohnke Rn. 3). Dies gilt selbst für Fälle, in denen die Verletzung rechtlichen Gehörs in der Vorinstanz gerügt wurde (BGH GRUR 2008, 932 Rn. 6 – Gehörsrügenbegründung).

Grund der Regelung war eine Entscheidung des BVerfG, wonach den letztinstanzlichen Fachgerich- **1.1** ten die Möglichkeit einer Selbstkorrektur gegeben werden sollte, um die Zahl der Verfassungsbeschwerden, gestützt auf die Verletzung rechtlichen Gehörs aus Art. 103 Abs. 1 GG, zu reduzieren (BVerfG NJW 2003, 1924).

Die Anwendung auf die pflichtwidrige **Unterlassung einer Vorlage an den EuGH** ist **2** bis jetzt noch nicht entschieden worden (BGH GRUR 2006, 346 Rn. 6 – Jeans II; ZUM 2009, 287 Rn. 4 = BeckRS 2009, 04812). Bei Entzug des gesetzlichen Richters kommt eine entsprechende Anwendung in Betracht (Ströbele/Hacker/Knoll Rn. 16). Folgt man dieser Ansicht nicht, lässt sich das gleiche Ergebnis durch eine Anwendung des § 321a ZPO erzielen (BGH GRUR 2008, 932 – Gehörsrügenbegründung).

MarkenG § 90 — Teil 3 Verfahren in Markenangelegenheiten

B. Statthaftigkeit

3   Die Statthaftigkeit der Anhörungsrüge ist nur zu bejahen, wenn es sich um eine instanzabschließende Entscheidung des BGH handelt (Fezer Rn. 6). Es gilt gemäß § 321a Abs. 2 S. 1 ZPO eine **Notfrist** von zwei Wochen ab Kenntniserlangung der Verletzung. Der Zeitpunkt der Kenntniserlangung muss glaubhaft gemacht werden (Büscher/Dittmer/Schiwy/Schiwy Rn. 3). In aller Regel wird die Frist mit Zustellung des Beschlusses zu laufen beginnen (Ströbele/Hacker/Knoll Rn. 10). Des Weiteren ist die **Ausschlussfrist** von einem Jahr gemäß § 321a Abs. 2 S. 2 ZPO zu beachten.

4   Rügeberechtigt ist nur ein beschwerter Beteiligter (Ströbele/Hacker/Knoll Rn. 7). Die vorgeschriebene Form ergibt sich aus § 321a Abs. 2 S. 4 und 5 ZPO, wonach die Rüge das Verfahren bezeichnen und von einem beim BGH zugelassenen Anwalt unterschrieben sein muss (Büscher/Dittmer/Schiwy/Schiwy Rn. 4). Inhaltlich muss dargelegt werden, warum eine Verletzung des rechtlichen Gehörs vorliegt (§ 321a Abs. 2 S. 5 ZPO).

C. Verfahren

5   Das Gericht prüft von Amts wegen die Zulässigkeit gemäß § 321a Abs. 4 S. 1 ZPO. Gemäß § 321a Abs. 3 ZPO hat der Gegner der Rüge einen Anspruch auf rechtliches Gehör. Ist die Rüge unzulässig, wird sie gemäß § 321a Abs. 4 S. 2 ZPO verworfen; ist sie zulässig, aber unbegründet, wird sie gemäß § 321a Abs. 4 S. 3 ZPO zurückgewiesen. Dies erfolgt durch einen zu begründenden Beschluss (§ 321a Abs. 4 S. 4 und 5 ZPO). Die Kostenentscheidung ergeht dann analog § 90 Abs. 2 (Ströbele/Hacker/Knoll Rn. 10).

6   Stellt das Gericht die Begründetheit der Rüge in Form eines Gehörsverstoßes, auf dem die Entscheidung beruhen könnte, fest, ist das Verfahren fortzusetzen (Ingerl/Rohnke Rn. 5). Dies geschieht, indem es in die Lage vor dem Schluss der mündlichen Verhandlung zurückversetzt wird (§ 321a Abs. 5 ZPO). Nach Gewährung des rechtlichen Gehörs entscheidet das Gericht erneut, indem es gemäß § 321a Abs. 5 S. 3 ZPO iVm § 343 ZPO die Entscheidung aufrechterhält oder ganz oder teilweise aufhebt und durch die neue Entscheidung ganz oder teilweise ersetzt.

§ 90 Kostenentscheidung

(1) ¹Sind an dem Verfahren mehrere Personen beteiligt, so kann der Bundesgerichtshof bestimmen, daß die Kosten des Verfahrens einschließlich der den Beteiligten erwachsenen Kosten, soweit sie zur zweckentsprechenden Wahrung der Ansprüche und Rechte notwendig waren, einem Beteiligten ganz oder teilweise zur Last fallen, wenn dies der Billigkeit entspricht. ²Die Bestimmung kann auch getroffen werden, wenn der Beteiligte die Rechtsbeschwerde, die Anmeldung der Marke, den Widerspruch oder den Antrag auf Löschung ganz oder teilweise zurücknimmt oder wenn die Eintragung der Marke wegen Verzichts oder wegen Nichtverlängerung der Schutzdauer ganz oder teilweise im Register gelöscht wird. ³Soweit eine Bestimmung über die Kosten nicht getroffen wird, trägt jeder Beteiligte die ihm erwachsenen Kosten selbst.

(2) ¹Wird die Rechtsbeschwerde zurückgewiesen oder als unzulässig verworfen, so sind die durch die Rechtsbeschwerde veranlaßten Kosten dem Beschwerdeführer aufzuerlegen. ²Hat ein Beteiligter durch grobes Verschulden Kosten veranlaßt, so sind ihm diese aufzuerlegen.

(3) Dem Präsidenten des Patentamts können Kosten nur auferlegt werden, wenn er die Rechtsbeschwerde eingelegt oder in dem Verfahren Anträge gestellt hat.

(4) Im Übrigen gelten die Vorschriften der Zivilprozessordnung über das Kostenfestsetzungsverfahren (§§ 103 bis 107) und die Zwangsvollstreckung aus Kostenfestsetzungsbeschlüssen (§§ 724 bis 802) entsprechend.

Kostenentscheidung   § 90 MarkenG

Überblick

§ 90 regelt die Kostentragung im Rechtsbeschwerdeverfahren. Unabhängig davon regelt § 63 die Kosten des patentamtlichen Verfahrens, während § 71 die Kosten des Beschwerdeverfahrens bestimmt. Zu unterscheiden ist das Verfahren mit einem (→ Rn. 2) oder mehreren Beteiligten (→ Rn. 3 ff.). Des Weiteren ist zwischen einer erfolglosen (→ Rn. 4) und einer erfolgreichen Rechtsbeschwerde (→ Rn. 7) zu differenzieren.

A. Allgemeines

§ 90 findet nur teilweise inhaltliche Entsprechung in § 109 PatG. Abgesehen von strukturellen Unterschieden in den Absätzen und Abweichungen im Wortlaut regelt Abs. 1 S. 1 darüber hinaus ausdrücklich die den Beteiligten erwachsenen Kosten. Des Weiteren enthält Abs. 2 S. 2 eine Bestimmung bei verfahrensbeendenden Erklärungen der Beteiligten. Auch im Vergleich zu § 71 weist § 90 Abweichungen auf. § 90 enthält keine § 71 Abs. 2, 4 entsprechende Regelung, wonach dem Präsidenten des DPMA bei verfahrensbeendenden Rücknahmeerklärungen Kosten auferlegt werden können. Der BGH ist nicht verpflichtet, im Rechtsbeschwerdeverfahren eine Kostenentscheidung zu erlassen (Fezer Rn. 2).

B. Rechtsbeschwerdeverfahren mit einem Beteiligten

In diesen Fällen hat der Beschwerdeführer gemäß § 22 Abs. 1 S. 1 GKG die Gerichtskosten und seine eigenen außergerichtlichen Kosten unabhängig vom Verfahrensausgang selbst zu tragen (BPatGE 5, 249 (251) = GRUR 1964, 634; BPatGE 17, 172 = FHZivR 22 Nr. 5338). Ein Umkehrschluss aus § 90 Abs. 2 S. 1, wonach bei einer erfolglosen Rechtsbeschwerde die durch diese veranlassten Kosten dem Beschwerdeführer aufzuerlegen sind, findet nicht statt. Allerdings ist eine Niederschlagung der Gerichtskosten gemäß § 21 GKG wegen fehlerhafter Sachbehandlung möglich. Dazu ist ein entsprechender Kostenausspruch durch den BGH erforderlich (BGH GRUR-RR 2009, 191 – In-Travel Entertainment/TRAVELTAINMENT).

C. Rechtsbeschwerdeverfahren mit mehreren Beteiligten

Dieses ist gegeben, wenn sich Beteiligte im Rechtsbeschwerdeverfahren prozessual gegenüberstehen, beispielsweise der Anmelder einer Marke auf der einen Seite und ein Widersprechender andererseits. Wenn Beteiligte gemeinschaftlich streiten, wie bei der Anmeldung einer Marke durch mehrere Anmelder, liegen die Voraussetzung nicht vor (Fezer Rn. 3).

I. Erfolglose Rechtsbeschwerde

1. Zurückweisung oder Verwerfung der Rechtsbeschwerde (Abs. 2 S. 1)

Abs. 1 S. 3 geht von dem Grundsatz aus, dass jeder Beteiligte seine eigenen Kosten zu tragen hat. Eine Einschränkung enthält Abs. 2 S. 1, der eine Kostenregelung zu Lasten des erfolglosen Rechtsbeschwerdeführers konstituiert (BPatG GRUR 2007, 507 (508) – FUSSBALL WM 2006 II; BGH GRUR 2006, 850 – FUSSBALL WM 2006). Eine Ausnahme besteht nur im Falle einer Sorgfaltspflichtverletzung eines anderen Beteiligten nach Abs. 2 S. 2 (→ § 71 Rn. 16).

2. Rücknahme der Rechtsbeschwerde

Eine Rücknahme der Rechtsbeschwerde rechtfertigt im Rahmen der Billigkeitsentscheidung nach Abs. 1 S. 1, 2 dem Rechtsbeschwerdeführer in der Regel die Kostentragung aufzuerlegen (BGH GRUR 1967, 553 – Rechtsbeschwerdekosten; Ströbele/Hacker/Knoll Rn. 10).

3. Sonstige Rücknahmeerklärungen des Rechtsbeschwerdeführers (Abs. 1 S. 2)

Auch bei anderen Erklärungen des Rechtsbeschwerdeführers, die zu einer Erledigung der Hauptsache führen, wie die Rücknahme der Markenanmeldung, des Widerspruchs oder der

Löschungserklärung, entspricht es in der Regel der Billigkeit dem Rechtsbeschwerdeführer nach Abs. 1 S. 1, 2 die Kosten aufzuerlegen, wenn damit einer Erfolglosigkeit der Rechtsbeschwerde vorgegriffen wird (BGH GRUR 1998, 818 (819) – Puma; GRUR 1994, 104 – Akteneinsicht XIII; Ströbele/Hacker/Knoll Rn. 12; aA wohl Fezer Rn. 6 bei nicht als aussichtslos zu beurteilender Rechtsbeschwerde).

II. Erfolgreiche Rechtsbeschwerde

7   Im Falle einer erfolgreichen Rechtsbeschwerde kann gemäß Abs. 1 S. 1 im Rahmen einer Billigkeitsentscheidung den gegnerischen Beteiligten (wie bei § 71; → § 71 Rn. 1 ff.) die Kosten des Verfahrens ganz oder teilweise auferlegt werden. Sowohl das Ob als auch das Wie der Kostenauferlegung ist eine Ermessensentscheidung (BGH GRUR 1962, 273 (274) – Beschwerdekosten; GRUR 1972, 600 (601) – Lewapur). Ob die Kostentragung durch einen Beteiligten der Billigkeit entspricht, bestimmt sich nach den Umständen des konkreten Einzelfalles, die sich aus dem Verhalten sowie den Verhältnissen der Beteiligten ergeben (BPatG GRUR 1962, 517). Zwar ist in einem kontradiktorischen Verfahren regelmäßig der Verfahrensausgang für die Kostenentscheidung maßgeblich (BGH BlPMZ 1966, 197 (201) = GRUR 1966, 319 – Seifenzusatz; BlPMZ 1966, 309 (313) = GRUR 1966 698 – Akteneinsicht IV). Dennoch stellt das Unterliegen des Rechtsbeschwerdegegners keinen zwingenden Grund dar, ihm aus Billigkeitsgründen die gesamten Kosten aufzuerlegen (BGH GRUR 1972, 600 (601) – Lewapur). Es bleibt in der Regel bei dem Grundsatz, dass jeder Beteiligte seine Kosten selbst tragen soll, wie dies auch Abs. 1 S. 3 vorsieht. Wenn ein Beteiligter vorwerfbar unnötige oder unnötig hohe Kosten verursacht, dann ist eine Kostenauferlegung gerechtfertigt. Unabhängig vom Ausgang des Verfahrens sind regelmäßig aus Billigkeitsgründen dem Beteiligten die Kosten aufzuerlegen, die er durch sein unsachgemäßes Verhalten provoziert hat und die er hätte vermeiden können (BPatGE 17, 151 (154) = FHZivR 22 Nr. 5466 – Anginfant; BPatG Mitt 1971, 55 = FHZivR 17 Nr. 5339). Die Auferlegung der Kosten einer mündlichen Verhandlung ist dann gerechtfertigt, wenn derjenige, der die mündliche Verhandlung herbeigeführt hat, ihr ohne rechtzeitige Benachrichtigung des Gegners fernbleibt (zum Beschwerdeverfahren s. BPatG Mitt 1978, 76).

III. Rücknahme von Verfahrenshandlungen durch Rechtsbeschwerdegegner (Abs. 1 S. 2)

8   Nimmt der Rechtsbeschwerdegegner die Anmeldung der Marke, den Widerspruch oder den Antrag auf Löschung ganz oder teilweise zurück oder sorgt er durch Verzicht oder wegen Nichtverlängerung der Schutzdauer für die vollständige oder teilweise Löschung der streitgegenständlichen Marke im Register, können ihm zwar nach Abs. 1 S. 2 im Rahmen einer Billigkeitsentscheidung nach Abs. 1 S. 1 die Kosten ganz oder teilweise auferlegt werden. Dies wird jedoch sicherlich nur ausnahmsweise in Betracht kommen, da das BPatG seine Rechtsposition in seinem Beschluss bestätigt hat. Insofern ist es nicht ohne weiteres gerechtfertigt, dem Rechtsbeschwerdegegner allein auf Grund dieses Verhaltens die Kosten des Rechtsbeschwerdeverfahrens aufzuerlegen (aA BGH BeckRS 2015, 16319 – PANTOPREM; Büscher/Dittmer/Schiwy/Büscher § 90 Rn. 6). Insofern ist es nicht zwingend, dem Markeninhaber die Kosten des Rechtsbeschwerdeverfahrens aufzulegen, wenn er das Beschwerdeverfahren beim BPatG noch gegen den Widersprechenden gewonnen hatte und während des Rechtsbeschwerdeverfahrens auf die angegriffene Marke verzichtet (aA BGH BeckRS 2015, 16319 – PANTOPREM).

IV. Grobes Verschulden eines Beteiligten (Abs. 2 S. 2)

9   Losgelöst vom Verfahrensausgang kann der BGH nach Abs. 2 S. 2 einem Beteiligten die Kosten auferlegen, die er durch grobes Verschulden verursacht hat (→ § 71 Rn. 16). Damit besteht zum einen eine Ausnahmeregelung zur zwingenden Kostenauferlegung nach Abs. 2 S. 1 zum anderen findet im Anwendungsbereich des Abs. 2 S. 2 eine Billigkeitsentscheidung nach Abs. 1 nicht statt, wenngleich die Kostenregelung des Abs. 2 S. 2 regelmäßig selbst einer Billigkeitserwägung entspricht (Fezer Rn. 8).

V. Kostenlast für Präsident des DPMA (Abs. 3)

Nach Abs. 3 können im Falle eines Beitritts zum Verfahren auch dem Präsidenten des 10
DPMA Kosten auferlegt werden, wenn er die Rechtsbeschwerde eingelegt oder eigene
Anträge gestellt hat. In diesen Fällen sind ihm nach richtiger Auffassung, unabhängig vom
Ausgang des Verfahrens, die Kosten aufzuerlegen, weil es unbillig wäre, einem (privaten)
Verfahrensbeteiligten Kosten aufzuerlegen, die allein wegen des Interesses der Allgemeinheit
entstehen (BPatG GRUR 1990, 512 (513) – Öffentliches Interesse; BPatG GRUR 1990,
512; Ingerl/Rohnke Rn. 5; → § 71 Rn. 17; anders aber Ströbele/Hacker/Knoll Rn. 14
mwN, mit der Begründung, auf diese Weise würde ein Beitritt des Präsidenten faktisch
verhindert). Eine Gefährdung des Rechtsinstituts des Beitritts scheint fernliegend, weil keine
persönliche Kostenlast entsteht (Ingerl/Rohnke Rn. 4, 5).

D. Entscheidung des BGH

Der BGH kann die Kostenentscheidung bezüglich des Rechtsbeschwerdeverfahrens an 11
sich ziehen (BGH Mitt 2002, 423 (424) = BeckRS 2002, 06033 – Zahl 6; GRUR 2002,
970 (972) – Zahl 1, zu § 90 Abs. 2; GRUR 1998, 817 (818) – DORMA) oder dies dem
BPatG überlassen. Im Falle der Aufhebung und Zurückverweisung (§ 89 Abs. 4) ist es sinnvoll, dass der BGH die Kostenentscheidung dem BPatG überlässt (s. etwa BGH GRUR
1963, 626 (629) – Sunsweet). Trotz Zurückverweisung entscheidet der BGH wiederum
selbst über die Kosten der Rechtsbeschwerde, wenn die Sache an sich zur Endentscheidung
reif ist (s. etwa BGH GRUR 1963, 630 = BPatGE 3, 248 (256) – Polymar/Polymer; GRUR
1966, 436 (439) – VITA-MALZ).

E. Erstattungsfähige Kosten

Zur Höhe der Gerichtskosten und Rechtsanwaltsgebühren → § 85 Rn. 10. Die Gebühren 12
des Patentanwalts bemessen sich nach dem RVG (§ 85 Abs. 5 S. 4; kritisch Rojahn/Rechtor-
schek Mitt 2014, 1; über Schadensersatz kann ggf. mehr erstattet werden OLG Hamburg
BeckRS 2013, 19124). Ob es notwendig war, einen Patentanwalt heranzuziehen, sollte
nachgewiesen werden (→ § 71 Rn. 88.1, → § 81 Rn. 14).

F. Kostenfestsetzungsverfahren

Das Kostenfestsetzungsverfahren und die Zwangsvollstreckung richten sich nach der ZPO, 13
auf die Abs. 4 verweist. Zuständig ist der Rechtspfleger beim BPatG gemäß § 103 Abs. 2
S. 1 ZPO iVm § 23 Abs. 1 Nr. 12 RPflG. Gegen seine Entscheidung kann eine Erinnerung
gemäß §§ 11 Abs. 1, 23 Abs. 2 RPflG eingelegt werden (→ § 71 Rn. 86 ff., → § 71
Rn. 90 ff.).

Abschnitt 7 Gemeinsame Vorschriften

§ 91 Wiedereinsetzung

(1) ¹Wer ohne Verschulden verhindert war, dem Patentamt oder dem Patentgericht gegenüber eine Frist einzuhalten, deren Versäumung nach gesetzlicher Vorschrift einen Rechtsnachteil zur Folge hat, ist auf Antrag wieder in den vorigen
Stand einzusetzen. ²Dies gilt nicht für die Frist zur Erhebung des Widerspruchs und
zur Zahlung der Widerspruchsgebühr (§ 6 Abs. 1 Satz 1 des Patentkostengesetzes).

(2) Die Wiedereinsetzung muß innerhalb von zwei Monaten nach Wegfall des
Hindernisses beantragt werden.

(3) ¹Der Antrag muß die Angabe der die Wiedereinsetzung begründenden Tatsachen enthalten. ²Diese Tatsachen sind bei der Antragstellung oder im Verfahren
über den Antrag glaubhaft zu machen.

MarkenG § 91　　　　　　　　　　　　　Teil 3 Verfahren in Markenangelegenheiten

(4) ¹Die versäumte Handlung ist innerhalb der Antragsfrist nachzuholen. ²Ist dies geschehen, so kann Wiedereinsetzung auch ohne Antrag gewährt werden.

(5) Ein Jahr nach Ablauf der versäumten Frist kann die Wiedereinsetzung nicht mehr beantragt und die versäumte Handlung nicht mehr nachgeholt werden.

(6) Über den Antrag beschließt die Stelle, die über die nachgeholte Handlung zu beschließen hat.

(7) Die Wiedereinsetzung ist unanfechtbar.

(8) Wird dem Inhaber einer Marke Wiedereinsetzung gewährt, so kann er Dritten gegenüber, die in dem Zeitraum zwischen dem Eintritt des Rechtsverlustes an der Eintragung der Marke und der Wiedereinsetzung unter einem mit der Marke identischen oder ihr ähnlichen Zeichen gutgläubig Waren in den Verkehr gebracht oder Dienstleistungen erbracht haben, hinsichtlich dieser Handlungen keine Rechte geltend machen.

Überblick

§ 91 ermöglicht die Wiedereinsetzung in den vorigen Stand, wenn ein Verfahrensbeteiligter im Verfahren vor dem DPMA oder dem BPatG (→ Rn. 2) eine Frist (→ Rn. 7 ff.) unverschuldet versäumt und dadurch einen Rechtsnachteil erlitten (→ Rn. 12 f.) hat. Da alle Verfahrensgesetze entsprechende Regelungen enthalten (→ Rn. 1), gibt es zur Frage, wann Verschulden vorliegt und wann nicht (→ Rn. 15 ff.), eine Vielzahl von Gerichtsentscheidungen. Oft geht es dabei um die Zurechnung des Verschuldens Dritter (→ Rn. 30 ff.). Allerdings ist in einigen Fällen nach dem MarkenG die Wiedereinsetzung ausgeschlossen (→ Rn. 4 ff.).

Der Antragsberechtigte (→ Rn. 42) muss im Antrag alle für die Wiedereinsetzung relevanten Tatsachen vortragen (→ Rn. 44) und diese auch glaubhaft machen (→ Rn. 46). Der Antrag auf Wiedereinsetzung ist fristgebunden (→ Rn. 38 ff.); nur in Ausnahmefällen kommt eine Wiedereinsetzung von Amts wegen in Betracht (→ Rn. 47). Die zuständige Stelle (→ Rn. 48 f.) hat vor der Entscheidung über die Wiedereinsetzung die Gegenpartei zu hören (→ Rn. 50).

Die Wiedereinsetzung ist unanfechtbar (→ Rn. 52) und für die Gerichte bindend (→ Rn. 54). Gutgläubige Dritte genießen für die Zeit zwischen dem Rechtsverlust und der Wiedereinsetzung Schutz (→ Rn. 56 ff.).

Eine Parallelvorschrift findet sich in § 123 PatG. § 123 PatG unterscheidet sich aber in mehreren Punkten von § 91 (→ Rn. 1; → Rn. 43; → Rn. 59).

Übersicht

	Rn.		Rn.
A. Allgemeines	1	I. Kausalzusammenhang zwischen Verschulden und Fristversäumnis	35
B. Gesetzlicher Ausschluss der Wiedereinsetzung	4	J. Frist für den Antrag auf Wiedereinsetzung	38
C. Wiedereinsetzungsfähige Fristen	7	K. Antragsberechtigung, Antragsform und Antragsinhalt	42
D. Fristversäumnis	9	L. Wiedereinsetzung ohne Antrag	47
E. Rechtsnachteil durch die Versäumung der Frist	12	M. Zuständige Stelle für die Entscheidung über den Antrag	48
F. Fristversäumnis ohne Verschulden	15	N. Anhörung der Gegenpartei und Beteiligung Dritter	50
I. Allgemeine Kriterien	15		
II. Rechtsirrtum	16	O. Rechtsbehelfe und Rechtsmittel gegen die Entscheidung	52
III. Verspäteter Posteingang	20		
IV. Einzelfälle	25	P. Rechtswirkung der Wiedereinsetzung	54
G. Zurechnung des Verschuldens bei Einschaltung Dritter	30	Q. Schutz gutgläubiger Dritter im Falle der Wiedereinsetzung	56
H. Wahrscheinlichkeit der Wiedereinsetzung	34		

Wiedereinsetzung § 91 MarkenG

A. Allgemeines

Die Wiedereinsetzung ist ein Rechtsinstitut, das man in fast allen deutschen Prozessordnungen und Verfahrensgesetzen findet (zB in §§ 233 ff. ZPO, § 70 Abs. 2 VwGO, § 110 AO, § 27 SGB X). Für das Patentverfahren gibt es mit **§ 123 PatG** eine Parallelvorschrift. Allerdings ermöglicht § 91 MarkenG im Gegensatz zu § 123 Abs. 1 S. 2 PatG die Wiedereinsetzung auch in die Fristen zur Einreichung von Anmeldungen, für die eine **Priorität in Anspruch genommen** wird (vgl. Begr. BT-Drs. 12/6581, 107; ferner → Rn. 7.2). 1

§ 91 betrifft die dem **DPMA** oder dem **BPatG** gegenüber einzuhaltenden Fristen. Die Wiedereinsetzung im Rechtsbeschwerdeverfahren vor dem **BGH** ist in § 88 Abs. 1 geregelt; § 88 Abs. 1 verweist auf die §§ 233 bis 238 ZPO und auf die Regelung des § 91 Abs. 8. 2

Um die Wiedereinsetzungsverfahren zu vermeiden, hat der Gesetzgeber mit der Weiterbehandlung nach § 91a eine **Alternative** zu Wiedereinsetzung geschaffen, die allerdings in der Praxis nur die Frist nach § 36 Abs. 4 betrifft (→ Rn. 14). 3

B. Gesetzlicher Ausschluss der Wiedereinsetzung

Ausdrücklich ausgeschlossen ist nach § 91 Abs. 1 S. 2 eine Wiedereinsetzung in den vorigen Stand in denjenigen Fällen, in denen die Frist des § 42 Abs. 1 zur Erhebung des **Widerspruchs gegen eine Markeneintragung** versäumt wurde. Gleiches gilt, sofern zwar der Widerspruch innerhalb der Dreimonatsfrist des § 42 Abs. 1 eingelegt wurde, jedoch die **Widerspruchsgebühr** nicht innerhalb dieser Frist eingezahlt wurde und damit der Widerspruch nach § 6 Abs. 2 PatKostG als zurückgenommen gilt. 4

Ausgeschlossen ist eine Wiedereinsetzung ferner nach § 91a Abs. 3 bei Versäumung der Frist für den Antrag auf **Weiterbehandlung** der Anmeldung und der Frist zur Zahlung der Weiterbehandlungsgebühr. 5

Wird die Frist zur Einlegung eines Einspruchs gegen die beabsichtigte Eintragung **geographischer Angaben** und Ursprungsbezeichnungen in das von der EU-Kommission geführte Register versäumt oder die Einspruchsgebühr nicht rechtzeitig bezahlt, ist nach § 131 Abs. 2 S. 2 eine Wiedereinsetzung nicht möglich. 6

C. Wiedereinsetzungsfähige Fristen

Eine Frist ist ein bestimmter oder jedenfalls bestimmbarer Zeitraum (RGZ 120, 362). Die **Benutzungsschonfrist** des § 43 Abs. 1 S. 1 ist allerdings keine Frist iSd § 91 Abs. 1 (BPatG GRUR 1999, 1002 (1004) – SAPEN), da diese Frist nicht gegenüber dem DPMA einzuhalten ist. Auch die Jahresfrist des **§ 91 Abs. 5** (→ Rn. 40) ist – aus Gründen der Rechtssicherheit – keine wiedereinsetzungsfähige Frist. Die Antragsfrist für den Antrag auf Löschung nach **§ 50 Abs. 2 S. 2** ist dagegen eine echte Frist, die dem DPMA gegenüber einzuhalten ist. Auch das Gebot der Rechtssicherheit steht in diesem Fall einer Wiedereinsetzung nicht entgegen; diese Frist ist daher wiedereinsetzungsfähig (aA Büscher/Dittmer/Schiwy/Büscher Rn. 5). 7

Von Fristen abzugrenzen sind **Termine** (vgl. § 186 BGB). Ein Termin ist ein Zeitpunkt, an dem etwas geschehen soll oder eine Rechtswirkung eintritt (so die Definition bei VGH München NJW 1991, 1250 (1251)). Bei Terminen ist keine Wiedereinsetzung möglich. Kommt es nicht zu einer für einen bestimmten Termin geplanten **Markenanmeldung** (zB wegen einer Störung des Internets), ist daher eine rückwirkende Zubilligung des geplanten Anmeldetermins nicht möglich (zum entsprechenden Fall der verspäteten Abgabe einer Erklärung der Lizenzbereitschaft im Patentrecht vgl. Patentamt MuW 1937, 313 rechte Spalte unten). 7.1

Eine (wiedereinsetzungsfähige) Frist ist dagegen die Frist nach § 34 Abs. 3 bei Inanspruchnahme einer **ausländischen Priorität** (BPatG BeckRS 2014, 01380). 7.2

Zur Frist nach **§ 36 Abs. 4** → Rn. 14. 7.3

Angesichts der weiten Formulierung in § 91 Abs. 1 (vgl. demgegenüber die konkrete Aufzählung in § 233 ZPO) ist die Möglichkeit der Wiedereinsetzung nicht auf Fristen in **anhängigen** Gerichts- oder **Verwaltungsverfahren** beschränkt, sondern umfasst **auch sonstige Fristen** wie die Frist zur Zahlung der Verlängerungsgebühr nach § 47 Abs. 3 iVm § 7 Abs. 1 S. 1 PatKostG (BPatG BeckRS 2010, 19795). 8

Gruber

D. Fristversäumnis

9 Die Wiedereinsetzung setzt ferner voraus, dass eine **Frist überhaupt versäumt** wurde.

9.1 Ist die Frist noch gar **nicht abgelaufen**, kann nicht vorsorglich für den Fall der Fristversäumung die Wiedereinsetzung beantragt werden (BGH GRUR 2009, 427 – ATOZ II).

10 Wurde ein Antrag **fristgerecht gestellt** und nach Fristablauf auf Grund eines Irrtums zurückgezogen, ist später eine Wiedereinsetzung in die ursprüngliche Frist nicht möglich.

10.1 Hat eine Partei rechtzeitig Beschwerde nach § 66 eingelegt und dann auf Grund eines Irrtums nach Ablauf der Beschwerdefrist die **Beschwerde wieder zurückgenommen**, ist keine Wiedereinsetzung möglich, die eine erneute Beschwerde ermöglichen würde: Im Zeitpunkt des Ablaufs der Beschwerdefrist lag eine zulässige Beschwerde vor; die betreffende Partei war daher nicht an der Einhaltung der Beschwerdefrist gehindert (BPatGE 38, 71 (74) – Spi/SPL).

11 Ist **streitig, ob** eine **Frist versäumt** wurde oder nicht, kann die Partei die Einhaltung der Frist behaupten und in einem Hilfsantrag Wiedereinsetzung für den Fall beantragen, dass das DPMA bzw. das BPatG eine Fristversäumnis feststellt (BGH NJW 1997, 1312).

11.1 Liegen die Voraussetzungen für eine Wiedereinsetzung vor, kann die Frage, ob tatsächlich ein Fristversäumnis vorliegt, offen bleiben (BGH NJW-RR 2002, 1070).

E. Rechtsnachteil durch die Versäumung der Frist

12 Die Versäumung einer Frist muss nach einer gesetzlichen Vorschrift einen Rechtsnachteil zur Folge haben. Ob jemand einen Rechtsnachteil erleidet oder nicht, beurteilt sich allein danach, ob die unmittelbare Folge der Säumnis, gemessen an dem von der Norm zu Grunde gelegten regelmäßigen Verlauf der Dinge, **im Allgemeinen nachteilig** ist. Es kommt nicht darauf an, ob sich die Rechtsfolge auf Grund besonderer (rechtlicher oder wirtschaftlicher) Umstände oder Verfahrenslagen im konkreten Einzelfall als nachteilig oder vorteilhaft erweist (BGH GRUR 1999, 574).

13 Der Rechtsnachteil muss eine **unmittelbare Folge** der Fristversäumnis sein. Hat ein Beteiligter eine richterlich gesetzte Frist zur Bestellung eines Inlandsvertreters gemäß § 96 versäumt und wurde dann als unzulässig verworfen, ist die richterlich gesetzte Frist nicht wiedereinsetzungsfähig. Die Fristversäumnis ist hier nämlich nicht der tragende Grund für die ihr zeitlich nachfolgende rechtsnachteilige Entscheidung und hat damit keinen Rechtsnachteil iSd § 91 zur Folge (BGH GRUR 1990, 113). Während der BGH in dieser Entscheidung noch von „tragendem Grund" sprach und sich dagegen wandte, eine unmittelbare Folge der Säumnis zu fordern, hat er 1998 in einem Leitsatz eben diese „unmittelbare Folge" gefordert (BGH GRUR 1999, 574 – Mehrfachsteuersystem).

14 Die Versäumung der **Frist nach § 36 Abs. 4** hat nach nicht unbestrittener Auffassung unmittelbare Rechtsfolgen für den Anmelder und ist damit wiedereinsetzungsfähig.

14.1 Bezüglich der Frist des § 36 Abs. 4 wird vertreten, dass diese nicht wiedereinsetzungsfähig sei, weil nicht die Versäumung dieser Frist zur Zurückweisung der Anmeldung führe, sondern die nicht rechtzeitig vorgenommene Mängelbeseitigung (Ströbele/Hacker/Kober-Dehm Rn. 6; ähnlich Schmid → § 36 Rn. 9). Da aber Mängel nur innerhalb der vom DPMA gesetzten Frist unter Wahrung des ursprünglichen Anmeldetags behoben werden können (BPatG GRUR-RR 2014, 20 (21) unter II. 2 – GbR-Vertreter), hat die vom DPMA gesetzte Frist Rechtsfolgen. Die Frist des § 36 Abs. 4 ist daher wiedereinsetzungsfähig. Dafür spricht auch der Zweck des § 91a, der nach der Gesetzesbegründung das DPMA von den Wiedereinsetzungsverfahren entlasten soll (→ § 91a Rn. 1). Einziger möglicher Entlastungspunkt sind die Wiedereinsetzungsverfahren wegen Fristen nach § 36 Abs. 4. Sollten diese aber gar nicht wiedereinsetzungsfähig sein, würde der Gesetzeszweck des § 91a nicht erreicht.

F. Fristversäumnis ohne Verschulden

I. Allgemeine Kriterien

15 Die Frist muss ohne Verschulden des Beteiligten versäumt worden sein. Verschulden liegt vor, wenn der Säumige die Frist vorsätzlich oder fahrlässig versäumt hat, also selbst bei

leichter Fahrlässigkeit. Der Säumige war nur dann ohne Verschulden an der Einhaltung der Frist verhindert, wenn er die für einen gewissenhaften, seine Belange sachgerecht wahrnehmenden Verfahrensbeteiligten gebotene und ihm nach den konkreten Umständen zumutbare Sorgfalt beachtet hat (BPatGE 24, 127). Die Anforderungen an den Verfahrensbeteiligten müssen sich dabei aber in den Grenzen halten, die den tatsächlich vorhandenen praktischen Möglichkeiten und der von einer verständigen, wirtschaftlich denkenden Person zu erwartenden Sorgfalt entsprechen (BPatGE 10, 307). Bei **Rechts- und bei Patentanwälten** sind an die Sorgfaltspflichten besondere Anforderungen zu stellen.

Ein Rechtsirrtum eines Anwalts nach einer fehlerhaften Rechtsmittelbelehrung durch das Gericht ist nicht unverschuldet, wenn die Belehrung Hinweise auf die einschlägigen Rechtsvorschriften enthielt, anhand derer der Anwalt unschwer Frist und Form des zulässigen Rechtsbehelfs **hätte ermitteln können** (BGH NJW-RR 2010, 1297 (1298)). **15.1**

Allerdings ist auch bei Anwälten als Verschuldensmaßstab nicht von der äußersten und größtmöglichen Sorgfalt auszugehen, sondern von der von einem **ordentlichen Rechtsanwalt** zu fordernden **üblichen Sorgfalt** (BGH NJW-RR 2016, 126 Rn. 12). **15.2**

II. Rechtsirrtum

Kennt ein Beteiligter die **geltenden Rechtsnormen** nicht, liegt immer Verschulden vor, da nach dem Grundsatz der formellen Publizität Gesetze mit ihrer Verkündung im Bundesgesetzblatt allen Normadressaten als bekannt gelten (BSG BeckRS 2003, 40345; BPatG BeckRS 2009, 02916). Eine Unkenntnis von Rechten, deren befristete Ausübung im Gesetz selbst geregelt ist, kann eine Wiedereinsetzung daher nicht rechtfertigen. **16**

Weiß ein Markeninhaber nicht, dass er die Zahlungsfristen für die Markenverlängerungsgebühr eigenverantwortlich einhalten muss und dass das DPMA ihn auf Grund einer entsprechenden Änderung des § 47 seit 2002 nicht mehr auf die Gefahr der Löschung der Marke bei Nichtzahlung hinweisen muss, ist dies kein Wiedereinsetzungsgrund (BPatG BeckRS 2015, 13819). **16.1**

Auch ein **Rechtsirrtum** ist grundsätzlich kein Wiedereinsetzungsgrund, außer wenn er auf einer **unrichtigen Belehrung** durch die Behörde oder das Gericht basiert (BGH NJW 1993, 3206, zur unrichtigen Rechtsmittelbelehrung durch einen Fachsenat beim OLG) und wenn die Belehrung nicht offensichtlich fehlerhaft und der durch sie verursachte Irrtum nachvollziehbar ist (BGH NJW 2012, 2443). **17**

Dass das Markenrecht eine **Spezialmaterie** ist, entlastet weder den Gewerbetreibenden noch dessen Rechtsberater. Es gehört zur verkehrsüblichen Sorgfalt eines Gewerbetreibenden, sich in dieser Spezialmaterie rechtzeitig entweder durch eigenes Fachpersonal oder durch auf dieses Rechtsgebiet spezialisierte Rechts- oder Patentanwälte **beraten zu lassen** (BPatG BeckRS 2009, 02403). Übernimmt ein im Markenrecht unerfahrener Rechtsanwalt ein entsprechendes Mandat, muss er sich die notwenigen Kenntnisse verschaffen oder den Rat eines Fachkundigen einholen (BPatG BeckRS 2007, 12752). **17.1**

Auf die Richtigkeit der Auskunft des **Geschäftsstellenbeamten des BPatG** über die prozessualen Wirkungen einer Zustellung darf ein Rechtsanwalt dagegen grundsätzlich nicht vertrauen (BGH GRUR 1995, 50 – Success). **18**

Im Fall Success ging es um die einfache Frage, ob durch die Zustellung eines **im Rubrum berichtigten Urteils** eine neue Frist in Gang gesetzt wurde. **Fehlen** bei der ersten Ausfertigung eines Urteils am Seitenrand **einige Wörter** und kommt es deswegen zu einer **zweifachen Zustellung** eines Urteils und erfolgt eine – unzutreffende – Erklärung der Urkundsbeamtin der Geschäftsstelle des LG, dass die zuerst erteilte Ausfertigung als gegenstandslos betrachtet werden könne, hat der BGH dagegen **Verschulden des Anwalts verneint,** der auf diese Auskunft vertraut hat (BGH NJW-RR 2005, 1658 (1659); BeckRS 2013, 05055). **18.1**

Unterlief dem Anwalt angesichts einer **unsicheren Rechtslage** ein Rechtsirrtum, liegt grundsätzlich ein Wiedereinsetzungsgrund vor (BPatGE 27, 212 (214)). **19**

Der Rechtsirrtum eines Rechtsanwalts ist allerdings dann nicht unverschuldet, wenn bei einer **Gesetzesänderung** die **Mehrheit in der Literatur** und die erste veröffentlichte Entscheidung eines Oberlandesgerichts zu der streitigen Frage eine andere – nämlich die zutreffende – Rechtsauffassung vertraten (BGH NJW 2011, 386). Umgekehrt liegt dann, wenn ein OLG und alle gängigen Handkommentare **19.1**

MarkenG § 91 Teil 3 Verfahren in Markenangelegenheiten

zu dem betreffenden Rechtsgebiet eine unzutreffende Auffassung vertraten, welcher der Anwalt gefolgt ist, ein Wiedereinsetzungsgrund vor (BGH NJW 1985, 495 (496)).

19.2 Ist **offen**, wie die Rechtsprechung bei einer gesetzlichen Neuregelung einen bestimmten Fall behandeln wird, müsse der Rechtsanwalt, so der BGH, im Interesse seiner Partei den **sicheren Weg** wählen; bei Fristen also die kürzere der beiden in Frage kommenden Fristen beachten (BGH GRUR 2001, 271 (272)). Die Argumentation des BGH überzeugt nicht: Die Frage des sicheren Weges stellt sich im Rahmen der Anwaltshaftung (dazu zB BGH NJW 1974, 1865 (1866)), also im Verhältnis zum Mandanten (→ Rn. 53.1), nicht im Verhältnis zu einer Behörde oder einem Gericht. Angesichts der unsicheren Rechtslage hätte in dem vom BGH entschiedenen Fall Wiedereinsetzung gewährt werden müssen.

III. Verspäteter Posteingang

20 Beteiligte dürfen eine **Frist bis zur äußersten Grenze ausnutzen** (BVerfG NJW 1975, 1405; BGH NJW 1990, 188).

20.1 Die ältere Rechtsprechung vertrat die Auffassung, dass derjenige, der eine fristgebundene Handlung erst im letztmöglichen Zeitpunkt vornimmt, die Folgen aller damit verbundenen, in seinem Einflussbereich liegenden Gefahren zu tragen habe, denn er beraube sich selbst der Möglichkeit, die Folgen nachträglich erkannter Irrtümer oder Versehen noch rechtzeitig zu beseitigen. Daher treffe den Beteiligten in diesem Fall eine erhöhte Sorgfaltspflicht (so noch BPatGE 7, 230 (232)).

20.2 Diese Rechtsprechung ist überholt. Zwar wird nach wie vor eine erhöhte Sorgfaltspflicht angenommen. Es kommt aber nicht darauf an, wie die Fristversäumung am sichersten vermieden worden wäre, denn die Wiedereinsetzung ist nicht von der Beachtung der äußersten nach den Umständen zu erwartenden Sorgfalt abhängig, sondern es genügt das **Fehlen eines Verschuldens** (BGH NJW 1992, 2488 (2489) zu § 233 ZPO mit Hinweis auf die geänderte Fassung dieser Norm). Daher liegt zB kein Verschulden vor, wenn ein Rechtsanwalt auf der Fahrt mit dem Pkw zum Gerichtsbriefkasten zur Ablieferung eines fristgebundenen Schriftsatzes durch ein verkehrswidrig abgestelltes Fahrzeug behindert wird und dadurch die Frist nicht wahren kann (BGH NJW 1989, 2393).

21 Beteiligte dürfen auf eine normale **Postlaufzeit** vertrauen (BVerfG NJW-RR 2000, 726). In der Regel kann man davon ausgehen, dass ein Brief den Empfänger am nächsten oder übernächsten Zustelltag erreicht. Die Rechtsprechung des BGH, dass man erfahrungsgemäß dann, wenn der Brief am Freitag oder am Samstag aufgegeben wird, nicht ohne weiteres damit rechnen könne, dass er auch am Montag zugestellt wird (so noch BGH NJW 1990, 188), wurde vom BVerfG für eine unzulässige Differenzierung gehalten (BVerfG NJW 1995, 1210).

22 Verzögerungen bei der Briefbeförderung, welche der Beteiligte nicht zu vertreten hat, sind unverschuldet (BVerfG NJW-RR 2000, 726). Der Rechtsanwalt ist grundsätzlich nicht verpflichtet, sich nach dem rechtzeitigen **Eingang zu erkundigen** (BGH NJW 1983, 1471). Verschulden liegt allerdings in diesen Fällen dann vor, wenn bei Zugang einer gerichtlichen Mitteilung über das Eingangsdatum einer Rechtsmittelschrift nicht überprüft wurde, ob die Rechtsmittelschrift rechtzeitig bei Gericht eingegangen ist (BGH NJW 1992, 2098).

23 Wählt ein Beteiligter in einer Situation, in der er ausnahmsweise nicht auf die Einhaltung normaler Postlaufzeiten vertrauen durfte (zB bei einem **Poststreik**), für die Beförderung eines fristgebundenen Schriftstücks gleichwohl den Postweg, obwohl sichere Übermittlungswege (zB Benutzung eines Telefaxgeräts) zumutbar sind, liegt Verschulden vor. Ist allerdings in einer solchen Situation nicht von vornherein bekannt, ob und für wie lange die konkrete Gefahr von Verzögerungen besteht, muss er nicht immer einen anderen Übermittlungsweg einschlagen. Er kann die Sendung auf den Postweg geben, ist allerdings dann gehalten, das ihm im Zeitpunkt des Briefeinwurfs bekannte Risiko durch eine Nachfrage nach dem Eingang der Sendung aufzufangen (BVerfG NJW 1995, 1210 (1211)).

23.1 Bei einem auf bestimmte Gebiete beschränkten Streik darf man auf eine Auskunft der Deutschen Post AG vertrauen, dass für den geplanten Sendungsverlauf einer Postsendung streikbedingte Beeinträchtigungen nicht bekannt seien (BGH NJW 2016, 2750).

24 Verschulden liegt vor, wenn ein Schreiben **unzulänglich adressiert** war und deshalb verspätet zuging (BVerwG NJW 1990, 1747). Ein Prozessbevollmächtigter darf nicht darauf vertrauen, dass die Post einen fehlerhaft adressierten Brief an eine **öffentliche Einrichtung** wie ein Gericht trotz **falscher Anschrift** (zum Verschulden bei Adressierung an ein **unzu-**

ständiges Gericht → Rn. 36) unmittelbar zustellen wird; dies gilt zumindest für Großstädte mit einer Vielzahl von Gerichten (VGH München BeckRS 2014, 53001). Verschulden liegt auch vor, wenn die **Postleitzahl** nicht oder nicht korrekt angegeben war (so OLG Düsseldorf NJW 1994, 2841; aA OLG Stuttgart NJW 1982, 2832 mit widersprüchlicher Begründung, da das OLG selbst ausführt, dass die Postleitzahl die Bearbeitung von Sendungen beschleunigen soll).

IV. Einzelfälle

Arbeitsüberlastung eines Berufsträgers ist kein Entschuldigungsgrund (BPatG BPMZ 1983, 305 (306); BGH NJW 1996, 997 (998)). **25**

Von einer Stresssituation wegen Arbeitsüberlastung ist abzugrenzen die vegetative Stresssituation. Bei einer auf Grund verschiedener gesundheitlicher Beschwerden erstmals auftretenden „**vegetativen Stresssituation**", die Konzentrationsstörungen zur Folge hatte, sei, so der BGH, Wiedereinsetzung zu gewähren (BGH GRUR 1999, 522 – Konzentrationsstörung). **25.1**

Eine **Krankheit** ist nur dann ein Entschuldigungsgrund, wenn der Betreffende **plötzlich** krank wird und die Krankheit so schwer ist, dass man dem Erkrankten weder zumuten kann, die Frist einzuhalten, noch einen Dritten mit der Wahrnehmung seiner Interessen zu beauftragen (BFH BeckRS 1983, 05125). Sind in einer **Sozietät** mehrere Personen mit der Prozessführung beauftragt, ist sicher zu stellen, dass bei Verhinderung des die Sache tatsächlich bearbeitenden Sozietätsmitglieds die anderen beauftragten Sozietätsmitglieder die erforderlichen fristwahrenden Maßnahmen ergreifen (BFH BeckRS 2002, 25001156). **26**

Es gehört zu den Sorgfaltspflichten eines Anwalts, Verwaltungsakte des DPMA seinem **Mandanten** auch dann noch **zu übermitteln**, wenn dieser ihn vorher angewiesen hat, in der Sache nichts mehr zu unternehmen. Das Außerachtlassen dieser zu fordernden Sorgfalt ist dem vertretenen Anmelder selbst zuzurechnen (BPatGE 15, 52 (54 f.)). **27**

Bei **Überweisungen** der in markenrechtlichen Verfahren anfallenden Gebühren ist zu beachten, dass § 675s BGB eine Ausführungsfrist für Zahlungsvorgänge vorsieht (BPatG BeckRS 2015, 09261). Ein Wiedereinsetzungsgrund liegt vor, wenn das beauftragte Kreditinstitut diese Frist überschreitet. Ein Wiedereinsetzungsgrund liegt auch vor, wenn das Kreditinstitut trotz klarer Anweisung in Folge eines eigenmächtigen Spesenabzugs einen zu geringen Geldbetrag überweist (BPatGE 42, 23 (25)). **28**

Wird ein **SEPA-Basislastschriftmandat** durch Telefax übermittelt, ist dessen Original nach § 2 Nr. 4 S. 2 PatKostZV innerhalb einer Frist von einem Monat nach Eingang des Telefax nachzureichen; andernfalls gilt als Zahlungstag der Tag des Eingangs des Originals (§ 2 Nr. 4 S. 3 PatKostZV). Wird diese Monatsfrist versäumt, ist die Unkenntnis hinsichtlich der Vorschriften des PatKostZV kein Wiedereinsetzungsgrund (BPatG BeckRS 2016, 01711). **28.1**

Ist eine Partei wegen ihres wirtschaftlichen Unvermögens daran gehindert, eine fristwahrende Handlung rechtzeitig vorzunehmen und hat sie für ein beabsichtigtes Rechtsmittel innerhalb der Rechtsmittelfrist **Prozesskostenhilfe** beantragt und erfolgt die Entscheidung des Gerichts über diesen Antrag erst nach Ablauf der Rechtsmittelfrist, liegt kein Verschulden bezüglich der Fristversäumnis vor (BGH NJW-RR 2009, 789; Albrecht/Hoffmann Vergütung Rn. 1324 ff.; → § 81a Rn. 12). Voraussetzung hierfür ist aber, dass die Partei bis zum Ablauf der Frist einen den gesetzlichen Anforderungen entsprechenden Antrag auf Prozesskostenhilfe eingereicht und alles in ihren Kräften Stehende getan hat, damit über den Antrag ohne Verzögerung sachlich entschieden werden kann, und sie deshalb vernünftigerweise nicht mit einer Verweigerung der Prozesskostenhilfe rechnen musste (BGH BeckRS 2014, 16213 Rn. 3 mwN). Daran fehlt es, wenn die Partei im Prozesskostenhilfeantrag – für sie selbst offensichtlich – wahrheitswidrig angegeben hat, über keine Bankkonten zu verfügen (BGH NJW 2015, 1312). **29**

G. Zurechnung des Verschuldens bei Einschaltung Dritter

Der Beteiligte muss sich das Verschulden seines **gesetzlichen Vertreters** oder seines Bevollmächtigten zurechnen lassen. Parteien müssen daher für das Verschulden ihres Prozess- **30**

MarkenG § 91 Teil 3 Verfahren in Markenangelegenheiten

bevollmächtigten einstehen (BGH GRUR 2000, 1010 (1011) – Schaltmechanismus; BGH GRUR 2007, 261 Rn. 10 – Empfangsbekenntnis).

31   Das Verschulden von **Hilfspersonen** ist dem Beteiligten dagegen nicht zuzurechnen. Bei der Übertragung von Fristensachen auf Hilfspersonen liegt aber dann ein Verschulden des Beteiligten vor, wenn er oder sein Bevollmächtigter bei der Auswahl, der Unterweisung oder der Beaufsichtigung der Hilfspersonen schuldhaft gehandelt hat. Das Büropersonal muss daher **geschult** sein, es muss regelmäßig über die Bedeutung und die Berechnung von Fristen **belehrt** werden und eine Überwachung der Fristen muss **organisatorisch** gesichert (BGH GRUR 2008, 837 (838) – Münchner Weißwurst) sein. Dazu muss ein Fristen(kontroll)buch geführt werden oder eine entsprechende Kontrolle bestehen.

31.1   Die **Eintragung von Fristen** darf grundsätzlich nicht auf Auszubildende übertragen werden, denen die notwendige Erfahrung fehlt (BGH BeckRS 2015, 20797).

31.2   Ein **Organisationsmangel** liegt vor, wenn ein Beteiligter sein Büropersonal nicht angewiesen hat, dass bei zwei oder mehr Rechtsmitteln in einer Angelegenheit eines Mandanten auf jeden Fall für jedes dieser Rechtsmittel eine gesonderte Fristennotierung erforderlich ist (BGH NJW 1992, 2488).

32   Klassischer Fall für einen Wiedereinsetzungsgrund ist die zuverlässige Bürokraft, die einmal versehentlich eine **Rechtsmittelschrift falsch adressiert** hat. Es wird vom Berufsträger nicht verlangt, dass er die Adressierung noch einmal kontrolliert (BGH NJW 1982, 2670; 1989, 2393 (2394)).

33   Hat der Beteiligte allerdings eine **konkrete Fehlerquelle aufgedeckt,** darf er nicht mehr auf die Einhaltung der allgemein gegebenen Anweisungen vertrauen, sondern er muss der Sicherung einer Frist seine besondere eigene Aufmerksamkeit widmen (BGH NJW 1985, 1710 (1711) Ls., zur handschriftlichen Änderung des Eingangsstempels durch das Büropersonal auf einem zugestellten Urteil).

H. Wahrscheinlichkeit der Wiedereinsetzung

34   Die Anforderungen an den Nachweis, dass kein Verschulden vorliegt, hängen daher davon ab, ob der Berufsträger selbst gehandelt hat oder ob er sein Büropersonal eingeschaltet hat. Im erstgenannten Fall ist es selten, dass der Nachweis gelingt, dass kein Verschulden vorliegt, im zweiten Fall ist dieser Nachweis dagegen relativ einfach zu erbringen. Nach Ansicht des Gesetzgebers führt dies dazu, dass „der Säumige oft **vorgeschobene Entschuldigungsgründe** vorträgt" (so BT-Drs. 14/6203, 64). In der Praxis werden daher die meisten Wiedereinsetzungsanträge darauf gestützt, dass dem qualifizierten und geschulten Büropersonal trotz eines Fristenkontrollbuchs ein Fehler unterlaufen sei.

I. Kausalzusammenhang zwischen Verschulden und Fristversäumnis

35   Die Verletzung einer Sorgfaltspflicht steht der Wiedereinsetzung nur dann entgegen, wenn bei ihrer Beachtung die Fristversäumung verhindert worden wäre (BGH NJW-RR 1997, 1298). Waren **mehrere Umstände** für die Fristversäumnis ursächlich, von denen zumindest einer von der antragstellenden Partei verschuldet war, ist eine Wiedereinsetzung ausgeschlossen (BGH GRUR 1974, 679 (680)).

36   Bei Schreiben, die an ein unzuständiges Gericht adressiert wurden, ist die Rechtsprechung großzügiger: Wird ein Schreiben an ein **unzuständiges Gericht** geschickt, welches das Schreiben erst nach längerer Zeit weiterleitet, wirkt sich das Verschulden der Partei oder ihres Vertreters dann nicht mehr aus (allerdings auch nur dann nicht), wenn die fristgemäße Weiterleitung an das zuständige Rechtsmittelgericht im ordentlichen Geschäftsgang ohne weiteres erwartet werden konnte (BGH NJW-RR 2004, 1655).

36.1   Zur Frage, unter welchen Voraussetzungen das unzuständige Gericht, bei dem das Schreiben einging, das zuständige Gericht erkennen konnte, vgl. BGH NJW 1989, 2395. Eine schnelle Weiterleitung kann erwartet werden, wenn ein Schreiben, das der Absender an das DPMA hätte richten müssen, an das Bundespatentgericht geschickt wurde (BPatG BeckRS 2010, 30767).

37   Verliert ein schuldhaftes Verhalten der antragstellenden Partei seine rechtliche Erheblichkeit durch ein **späteres Ereignis,** das weder der Partei noch ihrem Vertreter zuzurechnen ist, liegt ein Wiedereinsetzungsgrund vor (BGH BeckRS 2005, 01898 – Kanold).

J. Frist für den Antrag auf Wiedereinsetzung

Der Antrag auf Wiedereinsetzung muss innerhalb von **zwei Monaten** nach Wegfall des Hindernisses gestellt werden (§ 91 Abs. 2). Da es sich beim Wegfall des Hindernisses um ein Ereignis iSd § 187 Abs. 1 BGB handelt, wird der Tag, an dem das Hindernis wegfiel, bei der Berechnung der Zweimonatsfrist nicht mitgerechnet. Ein Hindernis entfällt, wenn der Säumige oder sein Vertreter nicht mehr gehindert ist, die versäumte Handlung nachzuholen, oder wenn der Säumige oder sein Vertreter erkennt oder bei gehöriger Sorgfalt hätte erkennen können, dass er eine Frist versäumt hat und ein Wiedereinsetzungsantrag nötig ist (BPatGE 15, 52 (54)). 38

Bei **Versäumung dieser Wiedereinsetzungsfrist** von zwei Monaten ist eine weitere Wiedereinsetzung (Wiedereinsetzung in die Wiedereinsetzungsfrist) möglich. 39

Die ältere Rechtsprechung hatte dies verneint (vgl. BPatGE 19, 44 (46) mwN). Die neuere, ständige Rechtsprechung des BGH bejaht aber diese Möglichkeit der Wiedereinsetzung in die Wiedereinsetzungsfrist (BGH GRUR 2001, 271 (272); NJW 2013, 697 (698) Rn. 11). 39.1

Nach **Ablauf der Einjahresfrist** kann nach § 91 Abs. 5 die Wiedereinsetzung grundsätzlich nicht mehr beantragt werden. Die Ausschlussfrist nach § 91 Abs. 5 läuft unabhängig von der Frist nach § 91 Abs. 1 und 2 (BPatG BeckRS 2007, 07226); dies gilt auch bei Fortbestehen einer unverschuldeten Verhinderung (BPatG BeckRS 2013, 04544). 40

Wurde der **Antrag rechtzeitig** gestellt, muss das Wiedereinsetzungsverfahren allerdings nicht innerhalb der Jahresfrist **abgeschlossen** sein (BPatGE 34, 195 (197)). 40.1

Wenn die Fristüberschreitung **ausschließlich** auf Umstände zurückzuführen ist, die der Sphäre des DPMA oder des BPatG zuzurechnen sind, ist **ausnahmsweise** die Jahresfrist nicht anzuwenden (dazu grundlegend BPatG BeckRS 2009, 10792 – Überwachungsvorrichtung; BeckRS 2012, 08429 – Wäschespinne; ferner BPatG BeckRS 2014, 04602; BeckRS 2014, 18233). 40.2

Ein nach Ablauf eines Jahres nach dem Ende der versäumten Frist gestellter Antrag auf Wiedereinsetzung in den vorigen Stand ist allerdings auch dann unzulässig, wenn die Fristversäumung dadurch verursacht worden ist, dass ein zuzustellendes Schriftstück von der Person, an die eine **zulässige Ersatzzustellung** (§ 178 ZPO) erfolgt ist, dem Empfänger vorenthalten wurde (BGH NJW-RR 2016, 638). 40.3

Diese Ausschlussfrist dient der Rechtssicherheit. Daher ist auch bezüglich dieser **Einjahresfrist** selbst ist **keine Wiedereinsetzung** möglich (BPatG BeckRS 2013, 04544; BPatGE 34, 195 (197) zu § 123 PatG). 41

K. Antragsberechtigung, Antragsform und Antragsinhalt

Antragsberechtigt ist der **Markeninhaber**. Ist der Markeninhaber zwischenzeitlich verstorben, ist **sein Erbe** oder die Erbengemeinschaft als Gesamtrechtsnachfolger (§§ 1922, 1937, 2032 BGB) zur Stellung eines Wiedereinsetzungsantrags befugt (BPatGE 29, 244 (245)). Neben dem als Markeninhaber Eingetragenen ist ferner der **Käufer einer Marke** antragsberechtigt, selbst wenn dieser noch nicht im Markenregister eingetragen ist. Das setzt aber voraus, dass der Käufer zuvor den Antrag auf Umschreibung gestellt hat (BPatG BeckRS 2008, 25423 unter II.2; im Ergebnis wohl auch BGH GRUR 2008, 551 Rn. 7 – Sägeblatt, beide Entscheidungen zum PatG). 42

Während die Parallelvorschrift des § 123 Abs. 2 S. 1 PatG ausdrücklich fordert, dass die Wiedereinsetzung „schriftlich beantragt werden" müsse, schreibt der Wortlaut des § 91 Abs. 3 die **Schriftform** nicht vor. Dabei handelt es sich allerdings wohl um eine redaktionelle Ungenauigkeit. Der Umstand, dass zB außer § 123 Abs. 2 S. 1 PatG auch § 236 Abs. 1 ZPO die Schriftform für einen Wiedereinsetzungsantrag fordert, zeigt, dass das Schriftformerfordernis ein allgemeines Rechtsprinzip ist und daher auch im MarkenG gilt. 43

Innerhalb der zweimonatigen Antragsfrist müssen alle **Tatsachen vorgetragen** werden, welche für die Gewährung der Wiedereinsetzung in den vorigen Stand von Bedeutung sein können (§ 91 Abs. 3 S. 1). Die Partei hat ihr fehlendes Verschulden an der Nichteinhaltung der Frist schlüssig darzulegen. Durch eine aus sich heraus verständliche, geschlossene Schilderung der tatsächlichen Abläufe ist anzugeben, auf welchen konkreten Umständen die Fristversäumnis beruht (BGH NJW-RR 2005, 793 (794)). Ferner müssen sich dem Sachvortrag diejenigen Umstände entnehmen lassen, aus denen sich ergibt, dass der **Wiedereinsetzungs-** 44

MarkenG § 91   Teil 3 Verfahren in Markenangelegenheiten

antrag rechtzeitig nach Wegfall des Hindernisses gestellt ist (BGH NJW-RR 2004, 282 (283)).

44.1   Wurde eine Zahlungsfrist versäumt, ist auch vorzutragen, dass die Absicht bestand, diese Frist zu wahren (BPatGE 25, 65 (67)).

44.2   Wird bei Versäumung einer vom DPMA gesetzten Frist Wiedereinsetzung beantragt und gleichzeitig gegen die Zurückweisung Beschwerde eingelegt, sollte die **Beschwerde nicht „hilfsweise"** für den Fall eingelegt werden, dass die Wiedereinsetzung keinen Erfolg hat. Die Einlegung der Beschwerde ist bedingungsfeindlich; damit liegt bei einer „hilfsweisen" Einlegung einer Beschwerde keine wirksame Beschwerde vor (BPatG BeckRS 2012, 16513).

45   Ein **Nachschieben von Gründen** nach Fristablauf ist unzulässig (BGH NJW-RR 2004, 282 (283)). Lediglich erkennbar unklare oder **ergänzungsbedürftige Angaben** dürfen nach Fristablauf noch erläutert oder vervollständigt werden (BGH NJW 1991, 1892 zu § 234 ZPO; BGH NJW 2014, 77). Bei einem fristgemäßen Schreiben ohne jede Substantiierung ist eine Konkretisierung nach Fristablauf nicht zulässig (BGH NJW 2002, 2107 (2108) unter IV 2b).

45.1   Die Partei ist auf ersichtlich unvollständige Angaben hinzuweisen. Die Verletzung dieser Hinweispflicht kann einen Verstoß gegen den Grundsatz der Gewährung rechtlichen Gehörs begründen (BGH GRUR 2008, 837 (838) – Münchner Weißwurst).

46   Die Tatsachen, welche die Wiedereinsetzung begründen, müssen **glaubhaft gemacht** werden (§ 91 Abs. 3 S. 2). Die Glaubhaftmachung muss **nicht** bereits **mit der Antragstellung** erfolgen. Nach § 91 Abs. 3 S. 2 können Tatsachen noch „im Verfahren über den Antrag" glaubhaft gemacht werden. Wird in einem Antrag die Handlung eines Dritten behauptet, die für die Wiedereinsetzung wesentlich ist, muss angegeben werden, wie diese Handlung glaubhaft gemacht werden soll (BGH NJW 1959, 2063 f.). Zur Glaubhaftmachung geeignet ist nach § 294 ZPO auch eine **eidesstattliche Versicherung** (BPatG BeckRS 2009, 02916). Bei der Tatsachenbestätigung durch einen Anwalt genügt eine **anwaltliche Versicherung,** da ein Anwalt ein Organ der Rechtspflege ist (§ 1 BRAO).

46.1   Wenn allerdings angesichts konkreter Anhaltspunkte davon auszugehen ist, dass mit überwiegender Wahrscheinlichkeit die Schilderung des Rechtsanwalts nicht zutrifft, genügt eine anwaltliche Versicherung nicht (BGH NJW 2015, 349).

L. Wiedereinsetzung ohne Antrag

47   Nach § 91 Abs. 4 S. 2 ist eine Wiedereinsetzung **von Amts wegen** ohne Antrag möglich. Diese kommt aber nur dann in Betracht, wenn alle die Wiedereinsetzung rechtfertigenden Tatsachen zum Zeitpunkt der Nachholung der versäumten Handlung aktenkundig waren (BPatGE 25, 121) oder offenkundig (§ 291 ZPO) sind. Zudem muss die versäumte Handlung innerhalb der Antragsfrist nachgeholt worden sein.

47.1   Die Wiedereinsetzung von Amts wegen steht nach nicht unbestrittener Auffassung im **Ermessen** („kann") der zuständigen Stelle (BAG NJW 1989, 2708 unter 2 c bb mwN).

47.2   Ist die versäumte Handlung innerhalb der Jahresfrist nachgeholt worden, kann die Wiedereinsetzung von Amts wegen auch noch **nach Ablauf der Jahresfrist** erfolgen (BPatGE 34, 195 (197)).

M. Zuständige Stelle für die Entscheidung über den Antrag

48   Nach § 91 Abs. 6 entscheidet über den Wiedereinsetzungsantrag die Stelle, welche über die nachgeholte Handlung zu beschließen hat. Über den Antrag auf Wiedereinsetzung in den vorigen Stand bezüglich der **Beschwerdefrist** des § 66 Abs. 2 kann das DPMA nur entscheiden, wenn es Wiedereinsetzung gewähren und der Beschwerde nach § 66 Abs. 5 abhelfen will. Andernfalls entscheidet das BPatG als diejenige Stelle, welche über die Beschwerde gemäß § 67 zu befinden hat (BPatGE 25, 119, zu § 123 PatG; BGH GRUR 2009, 521 (522) – Gehäusestruktur).

48.1   Bei Versäumung der **Beschwerdefrist** hat die betreffende Partei den Antrag auf Wiedereinsetzung **beim DPMA einzureichen,** da die Beschwerde selbst nach § 66 Abs. 2 beim DPMA einzureichen ist. Will das DMPA der Beschwerde nicht abhelfen, muss es den Antrag auf Wiedereinsetzung an das BPatG weiterleiten.

Soweit im Beschwerdeverfahren die Zuständigkeit beim Rechtspfleger liegt, entscheidet 49
dieser auch über die Wiedereinsetzung (BPatG BeckRS 2013, 7972 – Renz; Ströbele/ Hacker/Kober-Dehm Rn. 30). Die Prüfung der Frage, ob die **Beschwerdegebühr** nicht, nicht vollständig oder nicht rechtzeitig gezahlt worden ist, obliegt dem Rechtspfleger; dieser hat bei Nichtzahlung, nicht vollständiger oder nicht rechtzeitiger Zahlung gemäß § 23 Abs. 1 Nr. 4 RPflG festzustellen, dass die Beschwerde gemäß § 82 Abs. 1 S. 3 MarkenG iVm § 6 Abs. 2 PatKostG als nicht eingelegt gilt (Ströbele/Hacker/Knoll § 66 Rn. 48).

N. Anhörung der Gegenpartei und Beteiligung Dritter

Die **Gegenpartei** ist vor der Wiedereinsetzung zu hören; die Anhörungspflicht ergibt 50
sich aus Art. 103 Abs. 1 GG (BVerfG NJW 1982, 2234).

Sonstige Dritte sind am Wiedereinsetzungsverfahren auch dann nicht zu beteiligen, 51
wenn der Markeninhaber gegen sie einen Verletzungsprozess führt (BPatG BeckRS 2014, 06612).

O. Rechtsbehelfe und Rechtsmittel gegen die Entscheidung

Wird Wiedereinsetzung **gewährt,** ist diese Entscheidung unanfechtbar (§ 91 Abs. 7). 52

Die gegnerische Partei kann allerdings, falls sie nicht gehört wurde, eine **Gehörsrüge** nach § 321a 52.1
ZPO erheben (BGH NJW-RR 2009, 642).

Wird der Antrag auf Wiedereinsetzung **abgelehnt,** kann der Antragsteller Erinnerung 53
(§ 64) oder Beschwerde (§ 66) einlegen.

Hat das gegen die ablehnende Entscheidung eingelegte Rechtsmittel keinen Erfolg und basiert das 53.1
Fristversäumnis auf einem Anwaltsverschulden, haftet der Anwalt seinem Mandanten wegen Verletzung der Pflichten aus dem Anwaltsvertrag auf Schadensersatz.

P. Rechtswirkung der Wiedereinsetzung

Durch die Wiedereinsetzung gilt die versäumte (und zwischenzeitlich nachgeholte) Hand- 54
lung als rechtzeitig erfolgt. Wird Wiedereinsetzung von der **zuständigen Stelle** gewährt, ist diese Entscheidung für die **Gerichte bindend** (BGH GRUR 1952, 564 (565) – Wäschepresse).

Die ältere Rechtsprechung vertrat die Auffassung, dass dieser Grundsatz bei (Patent-) **Verletzungs-** 54.1
prozessen nicht gelte, wenn die vom Beklagten erhobene **Einrede der Arglist** wegen Erschleichung der Wiedereinsetzung begründet wäre (so vorsichtig BGH GRUR 1952, 564 (565) – Wäschepresse („könnte ... sein"); ausdrücklich dann, sogar im Leitsatz, BGH GRUR 1956, 265 (269) – Rheinmetall-Borsig I). Diese Auffassung lässt sich mit der Festlegung des Gesetzgebers, dass die Wiedereinsetzung unanfechtbar ist, nicht vereinbaren, denn indirekt wird damit doch die Begründetheit der Wiedereinsetzung überprüft.

Hat das DPMA die Wiedereinsetzung gewährt, obwohl das BPatG **zuständig** gewesen 55
wäre, ist das BPatG an diese Entscheidung nicht gebunden (BGH GRUR 1999, 574 (576) – Mehrfachsteuersystem).

Q. Schutz gutgläubiger Dritter im Falle der Wiedereinsetzung

§ 91 Abs. 8 schützt gutgläubige Dritte. Der Markeninhaber hat gegen sie **keine Ansprü-** 56
che für den Zeitraum zwischen dem Rechtsverlust und der Wiedereinsetzung (BT-Drs. 12/ 6581, 107).

Wenn der Dritte im Zeitpunkt des Rechtsverlustes gutgläubig war, ist es unerheblich, ob die Verlet- 56.1
zungshandlung bereits vor dem Rechtsverlust begonnen wurde oder nicht (aA Ströbele/Hacker/Kober-Dehm Rn. 37 unter Hinweis auf die patentrechtliche Entscheidung BGH GRUR 1956, 265 (268) –

Rheinmetall-Borsig I, die sich jedoch mit einer ganz anderen Frage beschäftigt, nämlich ob nach der Wiedereinsetzung eines Patentinhabers ein Weiterbenutzungsrecht besteht).

57 **Gutgläubigkeit** iSd § 91 Abs. 8 setzt nicht voraus, dass der Benutzer den Rechtsverlust an der Eintragung der Marke kannte; auch Benutzer ohne diese Kenntnis werden geschützt. Der gute Glaube fehlt nur dann, wenn der Benutzer entweder davon ausging, dass er bestehende Markenrechte verletzt, oder den Rechtsverlust an der Eintragung der Marke kannte und mit dem Wiederaufleben der Marke gerechnet hat oder rechnen musste (BGH GRUR 1952, 564 (566) – Wäschepresse, zum PatG).

58 Dem Gesetzeswortlaut nach greift dieser Anspruchsausschluss nur, wenn der Dritte unter einem mit der Marke identischen oder ähnlichen Zeichen Waren in den Verkehr gebracht oder Dienstleistungen erbracht hat. Der Sinn und Zweck der Norm spricht dafür, dass der Ausschlusstatbestand weit zu verstehen ist und daher **alle Benutzungshandlungen** iSd § 14 von dem Ausschluss erfasst werden.

59 Ein **Weiterbenutzungsrecht** steht dem Dritten aber nach Wiedereinsetzung des Markeninhabers **nicht** zu; insoweit unterscheidet sich § 91 Abs. 8 von der entsprechenden Vorschrift des Patentgesetzes, da § 123 Abs. 5 PatG ein solches Recht einräumt.

§ 91a Weiterbehandlung der Anmeldung

(1) Ist nach Versäumung einer vom Patentamt bestimmten Frist die Markenanmeldung zurückgewiesen worden, so wird der Beschluss wirkungslos, ohne dass es seiner ausdrücklichen Aufhebung bedarf, wenn der Anmelder die Weiterbehandlung der Anmeldung beantragt und die versäumte Handlung nachholt.

(2) ¹Der Antrag ist innerhalb einer Frist von einem Monat nach Zustellung der Entscheidung über die Zurückweisung der Markenanmeldung einzureichen. ²Die versäumte Handlung ist innerhalb dieser Frist nachzuholen.

(3) Gegen die Versäumung der Frist nach Absatz 2 und der Frist zur Zahlung der Weiterbehandlungsgebühr nach § 6 Abs. 1 Satz 1 des Patentkostengesetzes ist eine Wiedereinsetzung nicht gegeben.

(4) Über den Antrag beschließt die Stelle, die über die nachgeholte Handlung zu beschließen hat.

Überblick

Diese Vorschrift ergänzt § 91 (→ Rn. 10 f.). Sie erfasst nur die vom DPMA gesetzten Fristen, nicht jedoch die vom BPatG gesetzten und auch nicht die gesetzlichen Fristen (→ Rn. 2). Ihre praktische Bedeutung beschränkt sich daher auf die vom DPMA nach § 36 gesetzten Fristen (→ Rn. 3 f.). Die Weiterbehandlung setzt einen fristgebundenen Antrag (→ Rn. 5) und die Zahlung einer Weiterbehandlungsgebühr (→ Rn. 6) voraus.

Die Vorschrift entspricht § 123a PatG.

A. Allgemeines

1 Mit dieser Norm, die am 1.1.2005 in Kraft trat (vgl. Art. 30 Abs. 3 KostenberG vom 13.12.2001, BGBl. I 3656), sollen nach dem Willen des Gesetzgebers die aufwändigen Wiedereinsetzungsverfahren nach § 91 vermieden werden (dazu BT-Drs. 14/6203, 69, 64).

2 Nach dem Wortlaut des § 91a Abs. 1 erfasst diese Regelung nur **vom DPMA gesetzte Fristen.** Bei Versäumung einer **gesetzlichen Frist** ist daher keine Weiterbehandlung, sondern nur eine Wiedereinsetzung nach § 91 möglich (BPatG BeckRS 2007, 65508 zum PatG).

2.1 Vorbild des § 91a war Art. 121 EPÜ. Dieser betrifft im Unterschied zu § 91a aber nicht nur vom Amt gesetzten, sondern auch gesetzlich geregelte Fristen. Auf Grund der Einschränkung auf vom DPMA gesetzten Fristen hat § 91a daher nur einen begrenzten Anwendungsbereich.

3 Die Versäumung einer Frist muss zur **Zurückweisung** der Markenanmeldung geführt haben (§ 91a Abs. 1). Dies ist bei der nicht fristgemäßen Mängelbeseitigung nach **§ 36 Abs. 4**

der Fall. Damit stehen dem Anmelder in diesem Fall zwei Möglichkeiten offen, denn die Frist nach § 36 Abs. 4 ist eine wiedereinsetzungsfähige Frist (→ § 91 Rn. 14).

Ist die Markenanmeldung nicht zurückgewiesen worden, sondern gilt sie kraft Gesetzes **4** als **zurückgenommen** (§§ 36 Abs. 2 S. 1, 36 Abs. 3 S. 2), ist § 91a seinem Wortlaut nach nicht anwendbar. Der Gesetzeszweck des § 91a, nämlich das DPMA zu entlasten, lässt sich aber auch auf diese Fälle übertragen. Daher ist § 91a bei einer gesetzlichen Rücknahmefiktion analog anzuwenden (Büscher/Dittmer/Schiwy/Büscher Rn. 4).

B. Antrag

Die Frist zur Stellung des Weiterbehandlungsantrags beträgt **einen Monat** nach Zustellung **5** der Zurückweisungsentscheidung (§ 91a Abs. 2 S. 1). Der Antrag muss, wie der Wiedereinsetzungsantrag nach § 91, schriftlich gestellt werden. Eine Begründung ist nicht erforderlich. Innerhalb der Monatsfrist ist auch die versäumte **Handlung nachzuholen** (§ 91a Abs. 2 S. 2).

Zugleich ist eine **Weiterbehandlungsgebühr** nach GV 333050 PatKostG in Höhe von **6** 100 Euro zu zahlen. Die Gebühr ist nach § 6 Abs. 1 S. 1 PatKostG innerhalb der für die Stellung des Antrags bestimmten Frist, also innerhalb der Frist des § 91a Abs. 2, zu zahlen. Wird sie innerhalb dieser Frist nicht vollständig eingezahlt, gilt der Antrag nach § 6 Abs. 2 PatKostG als zurückgenommen.

Bei Versäumung der Frist zur Antragstellung oder zur Gebührenzahlung ist **keine Wieder-** **7** **einsetzung** möglich (§ 91a Abs. 3).

C. Beschluss über den Antrag

Liegen die Voraussetzungen des § 91a vor, ist das DPMA verpflichtet, die Markenanmel- **8** dung weiterzubehandeln; diese Weiterbehandlung steht nicht in seinem Ermessen. Den Zurückweisungsbeschluss muss das DPMA dabei nicht ausdrücklich aufheben (§ 91a Abs. 1 S. 1); will das DPMA ihn im Interesse der Rechtssicherheit aufheben, steht § 91a Abs. 1 S. 1 dem nicht entgegen.

Die Zuständigkeitsregelung in Abs. 4 ist mit der in § 91 Abs. 6 getroffenen Regelung **9** identisch. Verfahrensbeteiligter ist außer dem DPMA nur der antragstellende Anmelder.

D. Wahlmöglichkeit Wiedereinsetzung/Weiterbehandlung

Hat ein Anmelder unverschuldet eine vom DPMA gesetzte Frist versäumt, hat er die **10** **Wahl**, ob er die Wiedereinsetzung nach § 91 oder die Weiterbehandlung der Anmeldung nach § 91a beantragt. Wählt er die Weiterbehandlung, muss er zwar eine Gebühr bezahlen (§ 91a Abs. 3), hat dafür aber den Vorteil, dass es unerheblich ist, ob er die Frist wirklich unverschuldet versäumt hat oder nicht.

Zudem ist zu beachten, dass sowohl der Beginn als auch die Dauer der **Antragsfristen** **11** **unterschiedlich** geregelt sind. Für den Wiedereinsetzungsantrag gilt eine Frist von bis zu zwei Monaten nach Wegfall des Hindernisses (§ 91 Abs. 2), für den Antrag auf Weiterbehandlung eine Frist von einem Monat nach Zustellung der Entscheidung (§ 91a Abs. 2 S. 1).

§ 92 Wahrheitspflicht

In den Verfahren vor dem Patentamt, dem Patentgericht und dem Bundesgerichtshof haben die Beteiligten ihre Erklärungen über tatsächliche Umstände vollständig und der Wahrheit gemäß abzugeben.

Überblick

Diese Vorschrift gilt sowohl für das schriftliche Verfahren als auch für mündliche Verhandlungen. Die Rechtsfolgen eines Verstoßes gegen die Wahrheitspflicht (→ Rn. 1 f.) ergeben sich in erster Linie aus Normen außerhalb des MarkenG (→ Rn. 3 ff.). Ein Verstoß gegen

die Wahrheitspflicht kann dazu führen, dass der betreffenden Partei die Kosten auferlegt werden (→ Rn. 7).
§ 92 entspricht § 138 Abs. 1 ZPO und § 124 PatG.

A. Umfang der Wahrheitspflicht

1   Sowohl die **Parteien** als auch **ihre Vertreter** müssen diejenigen Umstände **vollständig** angeben, aus denen sich die von ihnen jeweils erwünschte Rechtsfolge ergibt. Die Norm untersagt ferner den Beteiligten, eine Aussage über Tatsachen **wider besseres Wissen** zu machen. Die Wahrheitspflicht betrifft nur tatsächliche Umstände. Dazu gehören auch Rechtstatsachen; Rechtsausführungen sind dagegen von der Wahrheitspflicht nicht umfasst.

1.1   Von der gesetzlichen Wahrheitspflicht zu unterscheiden ist die vertragliche **Pflicht eines Rechtsanwalts**, in einem Prozess alles – einschließlich **Rechtsausführungen** – vorzubringen, was die Entscheidung des Gerichts im Sinne seines Mandanten beeinflussen kann. Verletzt er diese Sorgfaltspflicht und kommt es dadurch zu einem für seinen Mandanten ungünstigen Urteil, haftet der Rechtsanwalt seinem Mandanten für den durch das Urteil entstandenen Schaden (BGH BeckRS 2016, 01168). Auch wenn es der BGH nicht ausdrücklich sagt, muss man die Pflicht des Anwalts, Rechtsausführungen zu machen, auf schwierige und ungewöhnliche Rechtsfragen beschränken.

2   Dabei ist aber zu beachten, dass auch für den Zivilprozess und entsprechende Verfahren anerkannt ist, dass die Wahrheitspflicht einer Partei dort ihre Grenzen findet, wo die Partei gezwungen wäre, eine ihr zur **Unehre gereichende Tatsache** oder eine von ihr begangene **strafbare Handlung** zu offenbaren (BVerfG NJW 1981, 1431).

B. Rechtsfolgen eines Verstoßes gegen diese Pflicht

3   § 92 sieht keine Sanktion für den Fall vor, dass ein Beteiligter die Wahrheitspflicht verletzt. Erkennt das DPMA oder das Gericht, dass der Tatsachenvortrag unzutreffend ist, wird es ihn auf Grund des Grundsatzes der freien Beweiswürdigung (§ 59 Abs. 1 für das Verfahren vor dem DPMA, §§ 73 Abs. 1, 78 Abs. 1 für das Verfahren vor dem BPatG; § 286 Abs. 1 ZPO für das Verfahren vor dem BGH) nicht berücksichtigen.

4   Hat eine Partei gegen die Wahrheitspflicht verstoßen, kann der Gegner mit einer **Restitutionsklage** nach § 580 Nr. 4 ZPO eine Wiederaufnahme des rechtskräftig abgeschlossenen Prozesses herbeiführen.

4.1   Sofern der Prozessbevollmächtigte ohne Absprache mit seinem Mandanten gegen die Wahrheitspflicht verstoßen hat, kann der Mandant gestützt auf § 280 Abs. 1 BGB gegen den Prozessbevollmächtigten vorgehen und von ihm seinen Schaden, nämlich die durch die Restitutionsklage des Gegners entstandenen Prozesskosten, ersetzt verlangen.

5   Ein Verstoß gegen die Wahrheitspflicht berechtigt den Gegner nur dann zum Widerruf eines **Rechtsmittelverzichts**, wenn ein Restitutionsgrund geltend gemacht wird und auch tatsächlich vorliegt (BGH NJW 1985, 2335 unter 3b).

6   Die Lüge einer Partei kann außerdem **Schadensersatzansprüche** des Prozessgegners nach § 826 BGB und nach § 823 Abs. 2 BGB iVm § 263 StGB begründen. Ferner kann sie als **Prozessbetrug** nach § 263 StGB strafbar sein.

7   Ein Verstoß gegen die Wahrheitspflicht kann ferner dazu führen, dass derjenigen Partei, welche gegen diese Pflicht verstoßen hat, die **Verfahrenskosten** aus Billigkeitsgesichtspunkten gemäß § 63 Abs. 1 auferlegt werden (BPatG BeckRS 2009, 22334; BeckRS 2009, 16087).

§ 93 Amtssprache und Gerichtssprache

¹Die Sprache vor dem Patentamt und vor dem Patentgericht ist deutsch. ²Im übrigen finden die Vorschriften des Gerichtsverfassungsgesetzes über die Gerichtssprache Anwendung.

Überblick

Der Grundsatz, dass Amts- und Gerichtssprache deutsch (→ Rn. 1 f.) ist, kennt einige Ausnahmen (→ Rn. 3; → Rn. 8 f.; → Rn. 12; → Rn. 13 ff.). Spezielle Bestimmungen dazu enthält die MarkenV (→ Rn. 13 ff.).

Deutsch als Gerichtssprache verlangt in der mündlichen Verhandlung Dolmetscher (→ Rn. 5 f.) sowie die Übersetzung aller Schriftstücke (→ Rn. 7). Bei Übersetzungen stellt sich die Frage, wer die dafür aufzuwendenden Kosten zu tragen hat (→ Rn. 17 ff.).

Eine Parallelvorschrift findet sich in § 126 PatG.

Übersicht

	Rn.		Rn.
A. Allgemeines	1	D. Ersatz der Kosten für Übersetzer und Dolmetscher	17
B. Dolmetscher und Übersetzer	4		
C. Spezielle Bestimmungen in der MarkenV	13		

A. Allgemeines

Nach § 93 S. 1 ist die **deutsche Sprache** die Amts- und Gerichtssprache. **1**

§ 93 fordert nicht, dass Schriftstücke in deutscher Sprache orthografisch und grammatikalisch **keine** **1.1**
Fehler aufweisen; es ist ausreichend, dass der Sinn des Schreibens erkennbar ist. Typisch österreichische oder schweizerische Ausdrücke können dann verwendet werden, wenn sich ihr Sinn dem normalen deutschen Leser erschließt oder wenn sie im Duden aufgeführt sind.

Die Festlegung, dass Gerichtssprache deutsch ist, verletzt weder das **Recht auf rechtliches Gehör** **1.2**
gemäß Art. 103 Abs. 1 GG noch den Grundsatz der Gewährleistung eines rechtsstaatlichen fairen Verfahrens (BVerfG NVwZ 1987, 785).

Regionalsprachen wie Niederdeutsch (Plattdeutsch) sind eigenständige Sprachen und **2**
daher nicht unter „deutsche Sprache" zu subsumieren (BGH GRUR 2003, 226 – Läägeünnerloage). Der BGH begründet dies damit, dass Niederdeutsch in der Erklärung der Bundesrepublik Deutschland zur Vorbereitung der Ratifizierung der Europäischen Charta der Regional- oder Minderheitensprachen vom 23.1.1998 (BGBl. II 1334) erwähnt werde und damit jedenfalls im bestimmten Umfang wie eine eigenständige Sprache zu behandeln sei. § 93 S. 2 verweist unter anderem auf § 184 S. 2 GVG, der bestimmt, dass Sorben in ihren Heimatkreisen vor Gericht sorbisch sprechen können. Das BPatG liegt nicht in einem Heimatkreis der Sorben. Der Umstand, dass die sorbische Sprache in § 184 S. 2 GVG ausdrücklich erwähnt wird, belegt, dass sorbisch nicht unter den Begriff „deutsche Sprache" fällt. Sorbisch ist daher keine vom Gesetz zugelassene Sprache in Verfahren vor dem BPatG.

Spezielle, **vorrangige Regelungen** gibt es in internationalen Abkommen und auf Grund **3**
des Unionsrechts. So erlauben die in Umsetzung völkerrechtlicher Verpflichtungen erlassenen § 107 Abs. 2 für die **internationale Registrierung** von Marken nach dem MMA und § 119 Abs. 2 für die internationale Registrierung von Marken nach dem PMMA die Einreichung fremdsprachiger Anmeldungen (nämlich wahlweise in französischer oder in englischer Sprache). Für die Anmeldung einer **Unionsmarke** gehen Art. 25 Abs. 1 lit. b UMV iVm Art. 26 UMV dem § 93 vor (→ UMV Art. 25 Rn. 6). Auch die nach § 34 Abs. 3 S. 2 für die Inanspruchnahme der Priorität einer ausländischen Anmeldung nach der **PVÜ** (Art. 6^{quinquies} PVÜ) vorzulegende Abschrift der Anmeldung ist im Regelfall nicht in deutscher Sprache verfasst.

B. Dolmetscher und Übersetzer

§ 93 S. 2 verweist auf die „Vorschriften des GVG über die Gerichtssprache". Diese sind **4**
im Fünfzehnten Titel des GVG geregelt (§§ 184–191a GVG). Dazu zählen auch die Bestimmungen für **hör- oder sprachbehinderte** Personen (§ 186 GVG) und für **blinde oder sehbehinderte** Personen (§ 191a GVG). Im Rechtsbeschwerdeverfahren vor dem **BGH** gelten die §§ 184 ff. GVG direkt.

5 Nach § 185 Abs. 1 S. 1 GVG ist bei mündlichen Verhandlungen dann, wenn eine der beteiligten Personen der deutschen Sprache nicht mächtig ist, ein **Dolmetscher** zuzuziehen. Die Zuziehung eines Dolmetschers kann nach § 185 Abs. 2 GVG aber unterbleiben, wenn die beteiligen Personen sämtlich der fremden Sprache mächtig sind.

6 Ein Verstoß gegen § 185 GVG liegt nicht nur dann vor, wenn die gebotene Hinzuziehung eines Dolmetschers unterblieb, sondern auch dann, wenn die Übersetzung durch einen hinzugezogenen Dolmetscher an **erheblichen Mängeln** leidet. Erkennt der Anwalt einer nicht deutsch sprechenden Partei, dass der Dolmetscher unrichtig oder unvollständig übersetzt, muss er dies rechtzeitig (§ 295 Abs. 1 ZPO) rügen, andernfalls erlischt das Rügerecht (BVerwG NVwZ 1983, 668; 1999, 65 (66)).

7 Die Festlegung in § 184 GVG und in § 93 S. 1, dass die Gerichtssprache deutsch ist, bezieht sich nicht nur auf die Gerichtsverhandlung und die Entscheidungen des Gerichts, sondern auch auf den **gesamten Schriftverkehr** mit dem Gericht. So sind in einer Fremdsprache abgefasste Studien, auf deren Ergebnisse sich eine Partei in ihrem Sachvortrag bezieht, in ihrem wesentlichen Inhalt in deutscher Sprache wiederzugeben. Soweit sich eine Partei auf bestimmte Textstellen der Veröffentlichung stützen will, müssen diese Textstellen im fremdsprachigen Originaltext sowie in einer Arbeitsübersetzung in deutscher Sprache wiedergegeben werden (OLG Hamburg GRUR-RR 2008, 100).

7.1 Ist ein Urteil bereits rechtskräftig und stellt eine Partei dann erst fest, dass die Übersetzung fehlerhaft war, und hätte eine zutreffende Übersetzung zu einer für sie günstigeren Entscheidung geführt, kann sie in analoger Anwendung des § 580 Nr. 7 lit. b ZPO **Restitutionsklage** erheben (Schütze, FS Sandrock, 2000, 871 (876)).

8 Auch wenn die Sprache vor dem DPMA und dem BPatG grundsätzlich deutsch ist, ist nach der Rechtsprechung anerkannt, dass unter bestimmten Umständen **fremdsprachige Ausdrücke** oder Begriffe verwendet werden können, zB wenn deren Verwendung auf einem Fachgebiet allgemein anerkannt ist, wenn sich eine einheitliche deutsche Entsprechung noch nicht herausgebildet hat, oder wenn dem deutsch sprechenden Fachmann ihre Bedeutung ohne weiteres klar ist (BPatG BeckRS 2011, 27921 zu § 126 PatG).

9 Ein Ausländer darf Schriftstücke in ausländischer Schrift **unterzeichnen**. Zumindest dann, wenn der Name des Unterzeichners auch in deutschen Schriftzeichen auf dem Schriftstück oder in dem Begleitschreiben erscheint, genügt dies dem Zweck des § 184 GVG (VGH München NJW 1978, 510 (511) unter b – in casu ging es um arabische Schriftzeichen).

10 Auch wenn die betroffene Partei die deutsche Sprache nicht versteht, ist eine Entscheidung nicht von Amts wegen zu übersetzten und die Übersetzung der Entscheidung beizufügen. **Rechtsmittelfristen** werden (allein) durch die Zustellung der in deutscher Sprache abgefassten Entscheidung in Lauf gesetzt (OLG Brandenburg NJW-RR 2007, 70).

11 § 93 bezieht sich **nur auf Erklärungen** vor dem DPMA und dem BPatG, nicht auch auf Beweismittel.

12 Die Regelung in § 93 verbietet weder dem DPMA noch dem BPatG, fremdsprachige Unterlagen und Dokumente zu **berücksichtigen** (BT-Drs. 12/6581, 107). Es liegt nach § 142 Abs. 3 ZPO iVm § 82 Abs. 1 S. 1 im Ermessen des BPatG, ob es bei einer in einer fremden Sprache abgefassten **Urkunde** von einer Partei die Beibringung einer Übersetzung fordert.

C. Spezielle Bestimmungen in der MarkenV

13 Nach § 65 Abs. 1 Nr. 10 wird das BMJV ermächtigt, für das **Verfahren vor dem DPMA** Bestimmungen darüber zu treffen, in welchen Fällen und unter welchen Voraussetzungen Eingaben und Schriftstücke in Markenangelegenheiten in anderen Sprachen als der deutschen Sprache berücksichtigt werden. Solche Bestimmungen finden sich in den **§§ 14–16 MarkenV**. Danach können fremdsprachige Formblätter verwendet werden (§ 14 MarkenV), fremdsprachige Anmeldungen eingereicht (§ 15 MarkenV) und Schriftstücke in fremden Sprachen vorgelegt (§ 16 MarkenV) werden.

14 Die Verwendung **fremdsprachiger Formblätter** setzt voraus, dass es sich um international standardisierte Formblätter handelt und sie in deutscher Sprache ausgefüllt werden (§ 14 S. 1 MarkenV).

Bei **fremdsprachigen Anmeldungen** ist innerhalb von drei Monaten ab Eingang der 15
Anmeldung beim DPMA eine deutsche Übersetzung einzureichen (§ 15 Abs. 3 MarkenV).
Die Übersetzung muss von einem Rechtsanwalt oder Patentanwalt beglaubigt oder von
einem öffentlich bestellten Übersetzer angefertigt sein (§ 15 Abs. 2 S. 2 MarkenV). Einer
Anmeldung in einer fremden Sprache wird, wenn die Voraussetzungen des § 32 Abs. 2 erfüllt
sind, ein Anmeldetag nach § 33 Abs. 1 zuerkannt (§ 15 Abs. 1 MarkenV); Anmeldetag ist
also nicht der Tag, an dem die Übersetzung beim DPMA einging, sondern bereits der Tag, an
dem die Anmeldung in einer fremden Sprache beim DPMA einging. Wird die Übersetzung
allerdings nicht innerhalb der **Dreimonatsfrist** eingereicht, gilt die Anmeldung nach § 15
Abs. 3 MarkenV als zurückgenommen.

§ 16 Abs. 1 MarkenV regelt die Sprachenfrage bei Prioritätsbelegen, Belegen über eine 16
im Ursprungsland eingetragene Marke, Unterlagen zur Glaubhaftmachung oder zum Nachweis von Tatsachen (dazu BPatG BeckRS 2008, 24975), Stellungnahmen und Bescheinigungen Dritter, Gutachten und Nachweisen aus Veröffentlichungen. Bei **Schriftstücken in einer fremden Sprache** kommt es auf die Sprache an: Bei Schriftstücken in englischer, französischer, italienischer oder spanischer Sprache kann das DPMA verlangen, dass innerhalb eines Monats nach Eingang des Schriftstücks in fremder Sprache eine Übersetzung eingereicht wird (§ 16 Abs. 3 MarkenV), bei Schriftstücken in einer anderen Fremdsprache ist immer eine Übersetzung einzureichen (§ 16 Abs. 2 MarkenV). Wird die Übersetzung erst nach Ablauf der Monatsfrist eingereicht, so gilt nach § 16 Abs. 2 S. 3 MarkenV das Schriftstück als zum Zeitpunkt des Eingangs der Übersetzung zugegangen.

D. Ersatz der Kosten für Übersetzer und Dolmetscher

Wird in einem mehrseitigen Verfahren vor dem **DPMA** ein Beteiligter aufgefordert, eine 17
Übersetzung beizubringen, so sind die **Übersetzungskosten** notwendige Kosten iSd § 63
Abs. 1 und können dem anderen Beteiligten auferlegt werden (BPatG BeckRS 2008, 12972).

Bei einem Prozess vor dem **BPatG** kann eine der deutschen Sprache nicht mächtige 18
Partei nach § 91 ZPO gegenüber einem kostenpflichtigen Gegner die **Übersetzungskosten**
geltend machen, die zur zweckentsprechenden Rechtsverfolgung notwendig waren.

Die §§ 8, 11 **JVEG,** wonach das Honorar für Übersetzungen nach Anschlägen abgerechnet wird, 18.1
finden unmittelbar nur auf die vom Gericht beauftragten Übersetzer Anwendung, nicht aber auf das
Honorar für eine Übersetzung, die von einer Partei in Auftrag gegeben wurde (Hartmann, Kostengesetze, 46. Aufl. 2016, JVEG § 11 Rn. 3). Das JVEG ist aber entsprechend anzuwenden (LG Mannheim
BeckRS 1977, 01340 Rn. 12 f.).

Das gilt für alle im Verwaltungsverfahren und im Prozess gewechselten Schriftstücke, auch 19
für die Übersetzung der **vom eigenen Anwalt gefertigten Schriftsätze** (OLG Düsseldorf
BeckRS 2009, 25832).

Die Ansicht, dass bei Übersetzungen aus nicht gängigen Sprachen **ins Englische** und dann vom 19.1
Englischen ins Deutsche die Kosten für beide Übersetzungen erstattungsfähig seien (so Albrecht/
Hoffmann Vergütung Rn. 1137), überzeugt nicht. Dies wäre nur möglich, wenn kein Übersetzer zu
finden ist, der eine direkte Übersetzung vornehmen kann. Der Hinweis, dass der Weg über die englische
Sprache in der Praxis oft gewählt wird, vermag keinen zweifachen Erstattungsanspruch zu begründen:
Dies geschieht deswegen, weil man die Übersetzung in die englische Sprache für andere Verfahren
verwenden möchte.

Eine durch **sinngemäße Übersetzung** eines Schriftsatzes gegebene Information oder 20
die Abfassung oder Lektüre von Schreiben in fremder Sprache hält sich allerdings im Rahmen
der anwaltlichen Tätigkeit und ist nicht gesondert zu vergüten (so zutreffend Ott AnwBl.
1981, 173 (175); Löber RIW 1993, 943; LG Mannheim BeckRS 1977, 01340 Rn. 6).

In diesem Fall können die Fremdsprachenkenntnisse des Anwalts aber über die Höhe der Geschäfts- 20.1
gebühr nach VV 2300 RVG berücksichtigt werden, da dann regelmäßig eine über den 1,3-fachen Satz
hinausgehende Gebühr gerechtfertigt ist (BPatG BeckRS 2014, 08005).

Erscheint eine ausländische Partei zur mündlichen Verhandlung mit einem **Simultandol-** 21
metscher, sind die dafür anfallenden Kosten nicht erstattungsfähig, wenn der Parteivertreter
und seine Anwälte in einer ihnen gemeinsam geläufigen Fremdsprache kommunizieren kön-

nen. Dabei ist es grundsätzlich ausreichend, wenn der Parteivertreter von seinen Anwälten nur sinngemäß über den Verlauf und den Inhalt der Verhandlung unterrichtet wird (OLG Düsseldorf BeckRS 2016, 09162).

22 Die Kosten für einen Simultandolmetscher sind aber dann zu erstatten, wenn auf Seiten des Parteivertreters **keine Fremdsprachenkenntnisse** vorhanden sind, die eine Verständigung mit den Anwälten erlauben würden, **oder** wenn bei **Abwägung** zwischen den durch die fehlende Übersetzung entstehenden Erschwernissen einerseits und den in Rede stehenden Kosten andererseits sinnvollerweise von der Möglichkeit der Simultanübersetzung Gebrauch zu machen ist (zB wegen Unverzichtbarkeit des Sachverstandes des Parteivertreters).

§ 93a Entschädigung von Zeugen, Vergütung von Sachverständigen

Zeugen erhalten eine Entschädigung und Sachverständige eine Vergütung nach dem Justizvergütungs- und -entschädigungsgesetz.

Überblick

§ 93a wurde durch das KostRMoG vom 5.5.2004 (BGBl. I 718) in das MarkenG eingefügt. Das JVEG wird hier, wie in vielen anderen Gesetzen, kraft Verweisung für anwendbar erklärt. Diese Verweisung gilt für die Verfahren vor dem DPMA, dem BPatG und dem BGH. Das JVEG enthält allgemeine Vorschriften zum Entstehen und Erlöschen des Entschädigungs- und des Vergütungsanspruchs (→ Rn. 1 ff.) sowie zur Höhe der Entschädigung und der Vergütung (→ Rn. 5 ff.).

Eine entsprechende Verweisung enthält § 128a PatG.

A. Allgemeine Vorschriften des JVEG

1 Die §§ 1–4b JVEG enthalten allgemeine Vorschriften. Dort werden der Geltungsbereich und die Anspruchsberechtigten (§ 1 JVEG), das Erlöschen und die Verjährung des Anspruchs (§ 2 JVEG), der **Vorschuss** (§ 3 JVEG) sowie die Festsetzung der Entschädigung (§ 4 JVEG) geregelt (zum JVEG näher Hartmann, Kostengesetze, 46. Aufl. 2016, unter V.).

2 Die **Parteien** werden nicht „als Zeugen oder Sachverständige" im Sinne des JVEG herangezogen, auch dann nicht, wenn eine Partei durch Parteivernehmung nach §§ 445 ff. ZPO zur Beweisperson wird, denn die Parteien werden in § 1 JVEG nicht erwähnt.

2.1 Dies gilt jedoch nicht, wenn eine Partei vom Gericht versehentlich als Zeuge geladen wurde. Musste die Partei den Irrtum des Gerichts bezüglich der Ladung erkennen, steht ihr allerdings kein Anspruch zu.

3 Der Anspruch auf Vergütung oder Entschädigung **erlischt** nach § 2 Abs. 1 JVEG, wenn er nicht innerhalb von **drei Monaten** nach Beendigung der Zuziehung (§ 2 Abs. 1 S. 2 Nr. 2 JVEG) bei der Stelle, welche den Berechtigten herangezogen oder beauftragt hat, geltend gemacht wird.

4 Über die Entschädigung und Vergütung entscheidet das BPatG durch Beschluss (§ 4 Abs. 1 S. 1 und S. 2 Nr. 1 JVEG). Hat das BPatG die Entschädigung oder Vergütung festgesetzt, ist gegen diesen Beschluss nach § 4 Abs. 4 S. 3 JVEG **keine Beschwerde** an den BGH zulässig. § 4a JVEG (der § 321a ZPO nachgebildet ist) sieht lediglich bei Verletzung des Anspruchs auf rechtliches Gehör die Möglichkeit einer Rüge vor, die bei dem Gericht zu erheben ist, dessen Entscheidung angegriffen wird (§ 4a Abs. 2 S. 4 JVEG).

B. Entschädigung und Vergütung

5 Die Vergütung der Sachverständigen richtet sich nach den §§ 8–14 JVEG, die Entschädigung der Zeugen nach den §§ 19–22 JVEG. **Gemeinsame Vorschriften** finden sich in § 5 JVEG (Fahrtkostenersatz), in § 6 JVEG (Tage- und Übernachtungsgeld als Entschädigung für den Aufwand) und in § 7 JVEG (Ersatz für sonstige Aufwendungen; dazu gehört nach § 7 Abs. 2 JVEG auch ein Anspruch auf eine Pauschale für Kopien).

Ein Privatgutachten fällt nicht unter §§ 8 ff. JVEG. **5.1**

Nicht ausdrücklich erwähnt werden in § 93a die im JVEG zusätzlich genannten **Dolmet-** **6**
scher und Übersetzer. Für das Verfahren vor dem BPatG ergibt sich die Anwendung des
JVEG auf diese Berufsgruppen unmittelbar aus § 82 Abs. 1 S. 1 MarkenG iVm §§ 401, 413
ZPO. Dies betrifft in der Praxis allerdings nur diejenigen Fälle, in denen das BPatG einen
Dolmetscher bestellt. Die Beibringung von Übersetzungen ist nach § 93 Sache der Parteien
(→ § 93 Rn. 18).

Holt das BPatG im Festsetzungsverfahren nach § 11 RVG analog oder nach § 103 ff. ZPO **7**
eine Stellungnahme der **Patentanwaltskammer** zur Höhe des Gebührenanspruchs des
Patentanwalts ein, verdrängt das RVG als spezielleres Gesetz des JVEG, weshalb der Patentanwaltskammer in analoger Anwendung von § 14 Abs. 2 S. 2 RVG kein Anspruch auf Entschädigung zusteht (aA OLG Hamm GRUR 1989, 932 Ls.).

Die Patentanwaltskammer hat die Aufgabe, die Belange des Berufsstands zu wahren (§ 54 PAO). Ein **7.1**
Gebührengutachten soll sicherstellen, dass im Streit um Gebühren die sachkundige Auffassung der
Berufsvertretung bei der Entscheidungsfindung des Gerichts bekannt ist (so LG Baden-Baden Rpfleger
2001, 324 für Rechtsanwaltskammern). Dieser Aspekt spricht für eine analoge Anwendung des § 14
Abs. 2 S. 2 RVG.

§ 94 Zustellungen; Verordnungsermächtigung

(1) Für Zustellungen im Verfahren vor dem Patentamt gelten die Vorschriften
des Verwaltungszustellungsgesetzes mit folgenden Maßgaben:
1. An Empfänger, die sich im Ausland aufhalten und die entgegen dem Erfordernis
des § 96 keinen Inlandsvertreter bestellt haben, kann mit eingeschriebenem Brief
durch Aufgabe zur Post zugestellt werden. Gleiches gilt für Empfänger, die
selbst Inlandsvertreter im Sinne des § 96 Abs. 2 sind. § 184 Abs. 2 Satz 1 und 4
der Zivilprozessordnung gilt entsprechend.
2. Für Zustellungen an Erlaubnisscheininhaber (§ 177 der Patentanwaltsordnung)
ist § 5 Abs. 4 des Verwaltungszustellungsgesetzes entsprechend anzuwenden.
3. An Empfänger, denen beim Patentamt ein Abholfach eingerichtet worden ist,
kann auch dadurch zugestellt werden, daß das Schriftstück im Abholfach des
Empfängers niedergelegt wird. Über die Niederlegung ist eine Mitteilung zu
den Akten zu geben. Auf dem Schriftstück ist zu vermerken, wann es niedergelegt worden ist. Die Zustellung gilt als am dritten Tag nach der Niederlegung
im Abholfach bewirkt.
4. Für die Zustellung von elektronischen Dokumenten ist ein Übermittlungsweg
zu verwenden, bei dem die Authentizität und Integrität der Daten gewährleistet
ist und der bei Nutzung allgemein zugänglicher Netze die Vertraulichkeit der
zu übermittelnden Daten durch ein Verschlüsselungsverfahren sicherstellt. Das
Bundesministerium der Justiz und für Verbraucherschutz erlässt durch Rechtsverordnung, die nicht der Zustimmung des Bundesrates bedarf, nähere Bestimmungen über die nach Satz 1 geeigneten Übermittlungswege sowie die Form
und den Nachweis der elektronischen Zustellung.

(2) Für Zustellungen im Verfahren vor dem Bundespatentgericht gelten die Vorschriften der Zivilprozessordnung.

Überblick

§ 94 Abs. 1 verweist für Zustellungen im Rahmen von kennzeichenrechtlichen Verfahren
vor dem DPMA grundsätzlich auf das Verwaltungszustellungsgesetz (→ Rn. 1 f.), § 94 Abs. 2
für das Verfahren vor dem BPatG auf die ZPO (→ Rn. 3).

Dem Adressaten (→ Rn. 4 ff.) kann nach dem VwZG auf verschiedene Arten zugestellt
werden (→ Rn. 10 ff.), nämlich durch die Post mit Zustellungsurkunde (→ Rn. 11), durch
die Post mittels Einschreiben (→ Rn. 12 ff.), gegen Empfangsbekenntnis (→ Rn. 16 ff.),
über De-Mail-Dienste (→ Rn. 22) und durch öffentliche Zustellung (→ Rn. 23 f.). Beson-

derheiten gibt es bei einer Zustellung im Ausland (→ Rn. 25 ff.). An Erlaubnisscheininhaber kann nach § 94 Abs. 1 Nr. 2 gegen Empfangsbekenntnis zugestellt werden (→ Rn. 36). Nach § 94 Abs. 1 Nr. 3 kann auch durch Niederlegung im Abholfach zugestellt werden (→ Rn. 37 f.). Die Zustellung elektronischer Dokumente regelt § 94 Abs. 1 Nr. 4 (→ Rn. 39). Zustellungsmängel können geheilt werden (→ Rn. 40).

Eine Parallelvorschrift findet sich in § 127 Abs. 1 Nr. 2–5, Abs. 2 PatG.

Übersicht

	Rn.		Rn.
A. Grundsätzliches	1	VI. Öffentliche Zustellung	23
B. Zustellungsadressat	4	D. Verfahrensbeteiligte im Ausland ohne Inlandsvertreter	25
C. Zustellungsarten nach dem VwZG	10		
I. Übersicht	10	E. Zustellung an Erlaubnisscheininhaber	36
II. Zustellung durch die Post mit Zustellungsurkunde	11		
		F. Zustellung durch Niederlegung im Abholfach	37
III. Zustellung durch die Post mittels Einschreiben	12		
		G. Elektronische Zustellung	39
IV. Zustellung gegen Empfangsbekenntnis	16	H. Heilung von Zustellungsmängeln	40
V. Zustellung über De-Mail-Dienste	22		

A. Grundsätzliches

1 § 94 Abs. 1 verweist für Zustellungen im Rahmen von markenrechtlichen Verfahren vor dem DPMA grundsätzlich auf das VwZG, wobei für vier, in den Nr. 1 bis 4 aufgelisteten Konstellationen Sonderregeln gelten. Dabei ist zu beachten, dass es im Verfahren vor dem DPMA **nur Zustellungen von Amts wegen** gibt und keine Zustellungen von Anwalt zu Anwalt, denn für dieses Verfahren gibt es keine dem § 195 ZPO entsprechende Vorschrift.

1.1 Durch Art. 4 Nr. 13 des Gesetzes zur Änderung des DesignG vom 4.4.2016 (BGBl. I 558) wurde § 94 Abs. 1 Nr. 4 in das Gesetz eingefügt; diese Änderung trat am 1.10.2016 in Kraft (Art. 15 des Änderungsgesetzes). Gesetzestechnisch ist dabei unbefriedigend, dass nun ein einheitlicher Sachverhalt – der **elektronische Rechtsverkehr** – an mehreren Stellen geregelt wird: Verordnungsermächtigungen enthalten § 94 und § 95a; zudem überschneiden sich die drei einschlägigen Verordnungen (ERVDPMAV, BGH/BPatGERVV, EAPatV, dazu → § 95a Rn. 12 ff.) teilweise.

2 Zugestellt wird im Verfahren vor dem **DPMA** nach § 1 Abs. 2 VwZG, soweit dies durch Rechtsvorschrift oder behördliche Anordnung bestimmt ist. Zugestellt werden müssen Beschlüsse des DPMA (§ 61 Abs. 1 S. 1). Soweit durch Gesetz oder Rechtsverordnung eine Zustellung nicht vorgesehen ist, werden nach § 21 DPMAV Bescheide und sonstige Mitteilungen des DPMA formlos versandt.

3 Die Regelung des § 94 Abs. 2 wurde durch das Zustellungsreformgesetz vom 25.6.2001 (BGBl. I 1206) eingeführt. Danach gelten seither für das Verfahren vor dem **BPatG** ausschließlich die Vorschriften der **ZPO;** von der ZPO abweichende Sonderregeln existieren hier nicht. Im Rechtsbeschwerdeverfahren vor dem **BGH** erklärt § 88 Abs. 1 die Vorschriften über die Zustellung von Amts wegen (§§ 166–190 ZPO) für anwendbar. Damit erfolgt sowohl bei Verfahren vor dem BPatG als auch bei Verfahren vor dem BGH die Zustellung nach den Vorschriften der ZPO. Zuzustellen sind insbesondere gerichtliche Entscheidungen, die einen Vollstreckungstitel bilden oder die der sofortigen Beschwerde oder Erinnerung unterliegen (§ 82 iVm § 329 Abs. 3 ZPO).

B. Zustellungsadressat

4 Zuzustellen ist ein Schreiben demjenigen, der vom Inhalt des Schreibens **betroffen ist.** Maßgeblicher **Zeitpunkt** für die Bestimmung des Adressaten ist der Zeitpunkt des Wirksamwerdens der Entscheidung. Wirksam wird ein Beschluss mit der ersten Herausgabe aus dem inneren Geschäftsbereich, also mit der Herausgabe der Ausfertigung des Beschlusses durch die Geschäftsstelle an die Postabfertigungsstelle (BPatG BeckRS 2000, 15202 Rn. 9 f.).

Zustellungen; Verordnungsermächtigung § 94 MarkenG

Bei **Geschäftsunfähigen** oder beschränkt Geschäftsfähigen ist an ihren gesetzlichen Ver- 5
treter zuzustellen. Gleiches gilt bei Personen, für die ein **Betreuer** bestellt ist, soweit der
Aufgabenkreis des Betreuers reicht (§ 6 Abs. 1 VwZG).

Bei Behörden wird an den Behördenleiter, bei juristischen Personen, nicht rechtsfähigen 6
Personenvereinigungen und Zweckvermögen an ihre **gesetzlichen Vertreter** zugestellt (§ 6
Abs. 2 S. 1 VwZG).

Sind **mehrere Personen** betroffen, ist – sofern diese Personen einen gemeinsamen Bevoll- 7
mächtigten benannt haben – nach § 7 Abs. 1 S. 3 VwZG an diesen Bevollmächtigten zuzustellen. Vertritt ein **Zustellungsbevollmächtigter** mehrere Beteiligte, sind ihm gemäß § 7 Abs. 2 VwZG so viele **Ausfertigungen** oder Abschriften zuzustellen, wie er Beteiligte vertritt. Erhält er weniger Ausfertigungen oder Abschriften, ist die Zustellung unwirksam (BPatG GRUR 1999, 702 – Verstellvorrichtung). Bei der Zustellung von Dokumenten in **elektronischer Form** findet § 7 Abs. 2 VwZG nach § 5 Abs. 5 ERVDPMAV allerdings keine Anwendung; hier ist also eine einzige Ausfertigung oder Abschrift ausreichend (BT-Drs. 18/7195, 38).

§ 14 Abs. 1 S. 1 DPMAV schreibt bei mehreren Anmeldern oder Inhabern einer Marke 8
diesen vor, dass sie einen Vertreter bestellen müssen, der für alle Beteiligten zustellungs- und empfangsbevollmächtigt ist. Fehlt eine solche Angabe, so gilt nach § 14 Abs. 1 S. 2 DPMAV diejenige Person als zustellungs- und empfangsbevollmächtigt, die **zuerst genannt** ist. Allerdings kann die Zustellung an einen Bevollmächtigten nur dann für und gegen den Vertretenen wirken, wenn dieser eine ausdrückliche Vollmacht erteilt hat, oder auf Grund seines Verhaltens vom Vorliegen einer solchen Bevollmächtigung ausgegangen werden kann. Bei einem erkennbar **entgegenstehenden Willen** der Markeninhaber kann mit der Regelung des § 14 DPMAV daher durch eine Zustellung an einen der Rechtsinhaber nicht eine Wirkung für und gegen die anderen Rechtsinhaber erreicht werden (BPatG BeckRS 2009, 02759 – RENAPUR).

An einen Bevollmächtigten muss gemäß § 7 Abs. 1 S. 2 VwZG zugestellt werden, wenn er 9
eine schriftliche **Vollmacht** vorgelegt hat. Eine nach Vorlage einer Vollmacht noch erfolgte Zustellung an den Vertretenen ist unwirksam (BGH GRUR 1993, 476 (477)). Ist ein Vertreter aufgetreten, ohne eine Vollmacht zu den Akten zu reichen, hat das DPMA nach § 7 Abs. 1 S. 1 VwZG die Wahl, die Zustellung an die Partei oder an deren Vertreter zu bewirken (dazu BGH GRUR 1991, 814 (815) – Zustellungsadressat). Dieses Wahlrecht besteht allerdings nur dann, wenn es keine abweichende interne Verwaltungsregelung beim DPMA gibt.

Nach der Hausverfügung Nr. 10 des Präsidenten des DPMA ist auch dann, wenn keine Vollmacht 9.1
vorgelegt wurde, **stets an den Bevollmächtigten** zuzustellen. Damit ist das Wahlrecht der Markenstelle durch eine allgemeine Verwaltungsvorschrift in der Weise **eingeschränkt,** dass nur noch die Zustellung an den Bevollmächtigten den rechtlichen Vorgaben entspricht (BPatG GRUR 2008, 364 (366)).

C. Zustellungsarten nach dem VwZG

I. Übersicht

Das VwZG kennt folgende **besondere Zustellungsarten:** Die Zustellung durch die Post 10
mit Zustellungsurkunde (§ 3 VwZG), die Zustellung durch die Post mittels Einschreiben
(§ 4 VwZG), die Zustellung durch die Behörde gegen Empfangsbekenntnis (§ 5 Abs. 1
VwZG), die elektronische Zustellung gegen Abholbestätigung über De-Mail-Dienste (§ 5a
VwZG) und die öffentliche Zustellung bei unbekanntem Aufenthalt (§ 10 VwZG). Das
DPMA hat nach § 2 Abs. 3 S. 1 VwZG die **Wahl** zwischen den einzelnen Zustellungsarten.
Es muss jedoch nach § 2 Abs. 3 S. 2 VwZG iVm § 5 Abs. 5 S. 2 VwZG elektronisch zustellen,
wenn auf Grund einer Rechtsvorschrift ein Verfahren auf Verlangen des Empfängers in
elektronischer Form abgewickelt wird.

II. Zustellung durch die Post mit Zustellungsurkunde

Soll durch die Post mit Zustellungsurkunde zugestellt werden, übergibt das DPMA der 11
Post den Zustellungsauftrag, das zuzustellende Dokument in einem verschlossenen Umschlag
und einen vorbereiteten Vordruck einer Zustellungsurkunde (§ 3 Abs. 1 VwZG). **Post** ist

MarkenG § 94   Teil 3 Verfahren in Markenangelegenheiten

dabei nicht zwangsläufig die Deutsche Post AG, sondern jeder nach § 33 Abs. 1 PostG beliehene Unternehmer (vgl. auch § 168 Abs. 1 S. 2 ZPO). Für die Ausführung der Zustellung gelten die §§ 177–182 ZPO entsprechend (§ 3 Abs. 2 S. 1 VwZG).

III. Zustellung durch die Post mittels Einschreiben

12 Bei einer Zustellung durch die Post mittels Einschreiben gilt das Dokument am **dritten Tag** nach der Aufgabe zur Post als zugestellt, es sei denn, dass es nicht oder zu einem späteren Zeitpunkt zugegangen ist (§ 4 Abs. 2 S. 3 VwZG).

13 Tage im Sinne dieser Norm sind nach der Rechtsprechung (BPatG Mitt 1984, 177 (178); GRUR 1999, 569 (570) unter II.1.) **Kalendertage** und nicht Werktage.

13.1 Das BPatG stützt dieses Ergebnis auf die Überlegung, dass der Gesetzgeber bei Vorschriften, die auf einen bestimmten Tag abstellen, regelmäßig den Kalendertag meine und bei Abweichungen von diesem Grundsatz dies ausdrücklich erwähne, wie zB bei § 193 BGB (BPatG Mitt 1984, 177 (178)). Die Berücksichtigung von Werktagen im Gegensatz zum Sonnabend, Sonn- oder Feiertag betreffe zudem stets den Ablauf einer Frist, nicht aber die Fixierung eines Ereignisses wie in § 4 Abs. 2 S. 3 VwZG und § 94 Abs. 1 Nr. 3 S. 3, die hier als eine echte Fiktion konstruiert seien.

13.2 Der Ansicht des BPatG ist zuzustimmen. Für sie spricht der Grund für die Regelungen in § 222 Abs. 2 ZPO und § 193 BGB. Mit diesen Bestimmungen wollte nämlich der Gesetzgeber vermeiden, dass Leistungen an Wochenenden und an Feiertagen vorgenommen werden müssen (BGH NJW 2007, 1581 Rn. 25). Dieser Gedanke kommt bei § 4 Abs. 2 S. 3 VwZG und § 94 Abs. 1 Nr. 3 S. 4 nicht zum Tragen, da diese Normen nicht das Fristende, sondern den Fristbeginn regeln.

13.3 Der BFH vertritt zur Parallelvorschrift § 122 Abs. 2 Nr. 1 AO 1977 die Auffassung, dass sich die Drei-Tage-Frist zwischen der Aufgabe des Verwaltungsaktes zur Post und seiner vermuteten Bekanntgabe bis zum nachfolgenden Werktag verlängere, wenn das Fristende auf einen Sonntag, gesetzlichen Feiertag oder Sonnabend fällt (BFH NJW 2004, 94). Der Bescheidempfänger soll die Rechtsbehelfsfrist grundsätzlich voll nutzen können. Sie würde aber unzulässig verkürzt, so der BFH, wenn die Rechtsbehelfsfrist am Sonntag beginne, obwohl an diesem Tag keine Möglichkeit des Zugangs bestand und am Sonnabend eine Abholung aus dem Postfach nicht erwartet werden konnte. Dieses Argument ist nur auf den ersten Blick überzeugend: Die nach den meisten Gesetzen vier Wochen während Rechtsmittelfrist umfasst nicht immer die gleiche Zahl an Werktagen, da Feiertage während des Fristlaufs die Frist nicht verlängern. Insoweit ist kein Grund ersichtlich, der eine unterschiedliche Behandlung eines Feiertags am Beginn der Frist oder im Laufe der Frist rechtfertigen würde.

14 Diese Vorschrift enthält eine **widerlegbare Zugangsvermutung.** So stellt zB die Zustellungsurkunde der Deutschen Post AG lediglich ein Indiz für das Vorhandensein einer Wohnung des Zustellungsempfängers dar, das jedoch durch eine plausible und schlüssige Darstellung entkräftet werden kann (BPatG BeckRS 2009, 11159 – BIO SUN). Ist der Zugang eines Schreibens zweifelhaft, muss das DPMA den Zugang und dessen Zeitpunkt nachweisen (BPatG BeckRS 2012, 23309).

15 Zugestellt werden kann nur ein Brief, nicht aber ein **Paket,** in dem mehrere Schriftstücke übersandt werden, die **unterschiedliche Verfahren** betreffen (BPatG BeckRS 2009, 24789).

IV. Zustellung gegen Empfangsbekenntnis

16 Nach § 5 Abs. 4 VwZG kann ua an **Rechtsanwälte** und an **Patentanwälte** auch auf andere Weise, auch **elektronisch,** gegen Empfangsbekenntnis zugestellt werden. Nach dem Sinn und Zweck der Norm fallen auch die nicht ausdrücklich genannten Rechtsanwalts- und **Patentanwaltsgesellschaften** unter § 5 Abs. 4 VwZG.

17 § 5 Abs. 5 S. 1 VwZG erweitert den Kreis derjenigen, an die **elektronisch** zugestellt werden kann, auf sonstige Empfänger, die „hierfür einen Zugang eröffnet" haben. Für die Eröffnung eines Zugangs reicht es nicht, dass eine **Privatperson** ihre E-Mail-Adresse im Briefkopf auf ihren Schreiben angibt. Bei Bürgern kann von einer Eröffnung des Zugangs nur ausgegangen werden, wenn sie dies gegenüber der Behörde ausdrücklich erklärt haben (so die Gesetzesbegründung, BT-Drs.15/5216, 13).

17.1 Eine Literaturstimme (Büscher/Dittmer/Schiwy/Büscher § 94 Rn. 10) plädiert in Abweichung von der Gesetzesbegründung für eine weite Auslegung des § 5 Abs. 5 S. 1 VwZG. Diese Ansicht überzeugt

Zustellungen; Verordnungsermächtigung § 94 MarkenG

nicht, da es für die elektronische Zustellung an Privatpersonen mittlerweile mit § 5a VwZG eine spezielle Norm gibt.

Eine Erweiterung des Kreises derjenigen Personen, denen elektronisch zugestellt werden kann, ist durch das Gesetz zur Änderung des DesignG und weiterer Vorschriften des gewerblichen Rechtsschutzes vom 4.4.2016 (BGBl. I 558) nicht erfolgt. Dieses Gesetz bezweckt nach der Gesetzesbegründung zwar die Erleichterung des elektronischen Rechtsverkehrs beim DPMA (BT-Drs. 18/7195, 22), aber nur durch eine Erleichterung bei der Durchführung einer elektronischen Zustellung – insbesondere hinsichtlich der elektronischen Signatur und des Nachweises der Zustellung (dazu wurde § 5 in die ERVDPMAV eingefügt) –, nicht jedoch durch eine Ausweitung des Kreises derjenigen, denen elektronisch zugestellt werden kann. **17.2**

Die Zustellung ist wirksam erfolgt, wenn der Zustellungsempfänger das zuzustellende Schriftstück mit dem **Willen** entgegengenommen hat, es als zugestellt anzusehen, und dies durch Unterzeichnung des Empfangsbekenntnisses beurkundet (BGH NJW 2006, 1206 (1207)). **18**

Zustellungsdatum ist der Tag, an dem der Rechtsanwalt als Zustellungsadressat vom Zugang des übermittelten Schriftstücks Kenntnis erlangt und es empfangsbereit entgegengenommen hat (BGH NJW 2006, 1206 (1207)). **19**

Zum **Nachweis** der Zustellung genügt nach § 5 Abs. 7 S. 1 VwZG das mit Datum und Unterschrift versehene **Empfangsbekenntnis,** das an die Behörde durch die Post oder elektronisch zurückzusenden ist. **20**

Wurde **elektronisch** zugestellt, gibt es für das elektronisch verschickte Empfangsbekenntnis besondere Anforderungen (→ Rn. 39.2). **20.1**

Das datierte und unterschriebene Empfangsbekenntnis erbringt als öffentliche Urkunde Beweis nicht nur für die Entgegennahme des darin bezeichneten Schriftstücks als zugestellt, sondern auch dafür, dass der darin genannte Zustellungszeitpunkt der Wirklichkeit entspricht (BGH NJW 2003, 2460). An den **Nachweis eines falschen Datums** sind daher strenge Anforderungen zu stellen. Der Gegenbeweis ist erst erbracht, wenn die Beweiswirkungen des § 174 ZPO vollständig entkräftet sind und wenn **jede Möglichkeit ausgeschlossen** ist, dass die Angabe auf dem Empfangsbekenntnis richtig sein könnte (BVerfG NJW 2001, 1563; BGH NJW 2006, 1206 (1207)). Bloße Zweifel an der Richtigkeit des Zustellungsdatums genügen nicht (BGH NJW 2003, 2460; überholt daher die ältere Rspr, zB BPatGE 19, 47, wo eine dreiwöchige Postlaufzeit über die Weihnachtstage zur Vermutung eines früheren Zugangs führte). **21**

V. Zustellung über De-Mail-Dienste

Bei der elektronischen Zustellung über De-Mail-Dienste (**§ 5a VwZG,** dazu BT-Drs. 17/3630, 45–47) tritt an die Stelle des Empfangsbekenntnisses die **Abholbestätigung** nach § 5 Abs. 9 DeMailG (§ 5a Abs. 3 S. 1 VwZG). **22**

S. dazu auch § 5 Abs. 2 S. 2 ERVDPMAV, der fordert, dass die Signatur des Dienstanbieters das DPMA als Nutzer des De-Mail-Kontos erkennen lassen muss. **22.1**

VI. Öffentliche Zustellung

Eine öffentliche Zustellung ist nach § 10 VwZG nur zulässig, wenn zuvor alle Möglichkeiten, eine zustellungsfähige Adresse herauszufinden, erfolglos ausgeschöpft wurden. Solche **Nachforschungen** sind insbesondere bei den Einwohnermeldeämtern und sonstigen Registerbehörden vorzunehmen. Ggf. sind auch Anwaltsverzeichnisse heranzuziehen oder Mitteilungen an eine bekannte Postfachadresse des Empfängers zu richten (BPatG BeckRS 2009, 02701 – MONTANA; BeckRS 2009, 11552 – LUXOR). Die Nachforschungen müssen sich allerdings nicht auf das Ausland erstrecken, jedoch ist ggf. bei der WIPO der aktuelle Aufenthalt eines IR-Markeninhabers zu erfragen (BPatG BeckRS 2009, 02701 – MONTANA). Wird eine öffentliche Zustellung ohne entsprechende vorherige Nachforschungen vorgenommen, führt dies zur Unwirksamkeit der Zustellung (BPatG BeckRS 2009, 11552 – LUXOR). **23**

Die öffentliche Zustellung erfolgt durch Bekanntmachung einer Benachrichtigung an der Stelle, die vom DPMA hierfür allgemein bestimmt ist, oder durch Veröffentlichung im **24**

MarkenG § 94 — Teil 3 Verfahren in Markenangelegenheiten

Bundesanzeiger (§ 10 Abs. 2 S. 1 VwZG). Das Dokument gilt als zugestellt, wenn seit dem Tag der Bekanntmachung der Benachrichtigung **zwei Wochen** vergangen sind (§ 10 Abs. 2 S. 6 VwZG).

D. Verfahrensbeteiligte im Ausland ohne Inlandsvertreter

25 An Verfahrensbeteiligte im **Ausland,** welche keinen Inlandsvertreter bestellt haben, kann nach § 94 Abs. 1 Nr. 1 per Einschreiben durch Übergabe (dazu § 4 Abs. 1 VwZG) oder per Einschreiben mit Rückschein (§ 175 ZPO) zugestellt werden. Die Zustellung an einen Markeninhaber im Ausland kann aber nur erfolgen, wenn dieser einen Inlandsvertreter nicht bestellt hat (BGH GRUR 1993, 476 (477) – Zustellungswesen).

25.1 § 94 Abs. 1 Nr. 1 weicht von den Regeln über die Zustellung im Ausland nach § 9 VwZG ab. § 9 VwZG berücksichtigt völkerrechtliche Vorbehalte bei der Zustellung im Ausland. Diesen Vorbehalten trägt § 94 Abs. 1 Nr. 1 nicht Rechnung.

26 Mit dem Gesetz zur Vereinfachung und Modernisierung des Patentrechts ist die Formulierung in § 94 weggefallen, dass für den Empfänger die Notwendigkeit zur Bestellung eines Inlandsvertreters im Zeitpunkt der zu bewirkenden Zustellung **erkennbar sein musste.** Aus der Gesetzesbegründung (BT-Drs. 16/11339, 29 iVm 26) ergibt sich, dass damit keine Änderung der Rechtslage bewirkt werden sollte, sondern dass der Gesetzgeber diese Formulierung schlicht für entbehrlich hielt, weil unterstellt werden könne, dass die Notwendigkeit der Bestellung eines Inlandsvertreters für auswärtige Beteiligte auf Grund der klaren gesetzlichen Regelung erkennbar sei.

27 Wenn der Zustellungsadressat allerdings durch die beabsichtigte Zustellung **erstmals** in Bezug auf das konkrete Schutzrecht in ein Verfahren vor dem DPMA **einbezogen werden** soll und deshalb zuvor keinen Anlass hatte, als verfahrenseinleitende Maßnahme einen Inlandsvertreter zu bestellen, sollen die von der Rechtsprechung entwickelten Regeln nach wie vor gelten (BT-Drs. 16/11339, 27). In diesen Fällen könne nur dann eine Obliegenheitsverletzung angenommen werden, wenn das DPMA den Zustellungsadressaten vom Erfordernis eines Inlandsvertreters in Kenntnis gesetzt habe. Vorher sei eine Zustellung nach § 94 Abs. 1 Nr. 1 ausgeschlossen.

28 **Innerhalb der EU** (mit Ausnahme Dänemarks (→ § 140 Rn. 83) ist eine Zustellung gemäß der VO (EG) Nr. 1393/2007 des Europäischen Parlaments und des Rates über die Zustellung gerichtlicher und außergerichtlicher Schriftstücke in Zivil- und Handelssachen in den Mitgliedstaaten **(EuZVO)** vom 13.11.2007 (ABl. EG L 324, 79) vorrangig. Das hat der BGH zwar bislang nur hinsichtlich der Zustellung nach § 184 Abs. 1 ZPO entschieden (BGH NJW 2011, 1885; 2011, 2218), auf den § 94 Abs. 1 Nr. 1 S. 3 gerade nicht verweist. Es ist aber kein Grund ersichtlich, wieso die Zustellung nach § 94 anders als die Zustellung nach § 184 ZPO zu behandeln sein soll.

29 Die Umsetzungsvorschriften zur EuZVO finden sich in den §§ 1067 ff. ZPO. Die EuZVO ermöglicht die Zustellung per Post durch **Einschreiben mit Rückschein** (Art. 14 EuZVO; deutsche Umsetzungsvorschrift: § 1068 Abs. 1 ZPO).

30 Gibt es außerhalb des Anwendungsbereichs der EuZVO durch **völkerrechtliche Verträge** vereinbarte Zustellungsverfahren, so sind diese als speziellere Regelungen vorrangig. Die bezüglich des Verhältnisses EuZVO/§ 94 genannten Argumente lassen sich auf diese Konstellation übertragen.

31 Der Gesetzgeber sah selbst, dass die Regelung in § 94 Abs. 1 Nr. 1 mit dem **Völkerrecht schwerlich vereinbar** ist.

31.1 So steht in der Gesetzesbegründung (BT-Drs. 16/11339, 14), dass die praktisch einfach zu handhabende gewöhnliche Zustellung per Post problematisch erscheine, weil nach international herrschender Rechtsauffassung jede amtliche Zustellungshandlung auf fremdem Staatsgebiet Hoheitsrechte des Empfängerstaats berühre und deshalb grundsätzlich nur mit dessen Billigung vorgenommen werden könne. Innerhalb der EU ermögliche allerdings die EuZVO die unmittelbare Zustellung durch die Post. Damit seien „jedenfalls in diesem Bereich" die völkerrechtlichen Bedenken gegen die Zustellung durch Einschreiben mit Rückschein entfallen. Nach den Ausführungen des Gesetzgebers sind Zustellungen außerhalb der EU, die nicht im Rahmen eines völkerrechtlichen Abkommens erfolgen, daher völkerrechtswidrig.

Einige Seiten weiter, im „Besonderen Teil" (S. 27), wird dann allerdings ausgeführt, dass die Zustellung in § 94 Abs. 1 Nr. 1 „zusätzlich" mittels eingeschriebenen Briefs erfolgen soll, „um – ungeachtet der Zustellungsfiktion zum Zeitpunkt der Aufgabe des Schriftstücks zur Post – die Sicherheit des Zugangs beim Empfänger zu erhöhen". In § 94 Abs. 1 Nr. 1 werde auf die Aufgabe des Schriftstückes zur Post, die im Inland stattfindet, abgestellt, und es handle sich daher rechtlich um eine **Zustellung im Inland,** die aus völkerrechtlicher Sicht unbedenklich sei. Alternativen dazu gibt es nicht, so die Gesetzesbegründung apodiktisch. Eine entgegen dem geltenden Recht im Empfangsstaat vorgenommene Auslandszustellung durch **eingeschriebenen Brief** könnte im Nachhinein Auswirkungen auf die Wirksamkeit solcher Zustellungen haben, wenn dieses Vorgehen von einem Beteiligten gerügt werde. Vor diesem Hintergrund rechtfertige es das besondere Bedürfnis nach zügiger und gesicherter Zustellung im Bereich des gewerblichen Rechtsschutzes ausnahmsweise und begrenzt auf die hier zu regelnden Zustellungen des DPMA, den Zugang der zuzustellenden Postsendungen **zu fingieren**. **31.2**

An dieser Argumentation ist zwar richtig, dass der BGH bei einer im Ausland ansässigen Partei bereits die Aufgabe eines Briefes zur Post als Zustellung gemäß § 175 Abs. 1 S 2 und 3 ZPO aF angesehen hat (BGH NJW 1987, 592; 1992, 1701). Eine Zustellung nach § 175 ZPO aF stelle eine Zustellung im Inland dar, da sie mit der Aufgabe des zuzustellenden Schriftstücks zu einem inländischen Postamt als bewirkt gelte, und zwar auch dann, wenn der Zustellungsadressat im Ausland wohne. Die Zustellung auch an eine im Ausland wohnende Person in dieser vereinfachten, fiktiven Form zu ermöglichen, sei gerade der Sinn dieser Norm (BGH NJW 1987, 592). Das BVerfG hielt die Regelung in § 175 ZPO aF für verfassungsrechtlich unbedenklich (BVerfG NJW 1997, 1772), ohne in seinem Nichtannahmebeschluss allerdings das Völkerrecht überhaupt anzusprechen. Der BGH hat sich dieser Auffassung angeschlossen (BGH NJW 2012, 2588 (2589)); die Regelung sei weder verfassungswidrig noch verletze sie das in Art. 6 Abs. 1 EMRK garantierte Recht auf ein faires Verfahren. § 94 Abs. 1 Nr. 1 S. 1 sieht jedoch – in Abweichung von § 175 ZPO aF und § 184 Abs. 1 S. 2 ZPO nF, die eine Zustellung mit **einfachem Brief** durch Aufgabe zur Post anordnen – die Zustellung durch **eingeschriebenen Brief** vor. **31.3**

Ein Einschreiben im Ausland kann nicht als Zustellung im Inland behandelt werden (Gruber NJ 2016, 7). Eine Zustellung durch die Post mittels Einschreiben kann entweder mittels Einschreiben durch Übergabe oder mittels Einschreiben mit Rückschein erfolgen (§ 4 Abs. 1 VwZG). Damit findet ein wesentlicher Bestandteil des Zustellungsaktes (Übergabe bzw. Einschreiben) im Ausland statt. Eine gesetzliche Fiktion, dass die Zustellung dennoch im Inland stattfinde, ist bei dieser Zustellungsweise deswegen nicht möglich. Zudem ist hinsichtlich der Gesetzesbegründung nicht nachvollziehbar, wieso ein nationales Bedürfnis nach zügiger Zustellung das Völkerrecht aushebeln soll. Die Zustellung gemäß § 94 Abs. 1 Nr. 1 ist daher, sofern der Empfänger seinen Wohnsitz nicht in einem EU-Mitgliedstaat hat, völkerrechtswidrig und damit **unwirksam** (Art. 25 GG). **32**

Bezüglich der **Fristen** verweist § 94 Abs. 1 Nr. 1 S. 3 auf § 184 Abs. 2 S. 1 und 4 ZPO. Nach § 184 Abs. 2 S. 1 ZPO gilt das Schriftstück **zwei Wochen** nach Aufgabe zur Post als zugestellt (vgl. zu dieser Fiktion BPatG BeckRS 2012, 12736 unter II.3. – MELIFLOR). **33**

Zum Nachweis der Zustellung ist nach § 184 Abs. 2 S. 4 ZPO in den **Akten zu vermerken,** zu welcher Zeit und unter welcher Anschrift das Schriftstück zur Post gegeben wurde. Der Vermerk ist eine öffentliche Urkunde iSd § 418 ZPO. Inwieweit nachträgliche Änderungen des Vermerks seine Beweiskraft ganz oder teilweise aufheben oder mindern, entscheidet das Gericht im Streitfall gemäß § 419 ZPO nach freier Überzeugung. **34**

Unerheblich ist, ob das Schriftstück den Adressaten **tatsächlich erreicht** hat. Erhielt der Adressat das Schriftstück ohne sein Verschulden nicht, ist dies ein Wiedereinsetzungsgrund nach § 91 (BGH NJW 2000, 3284 (3285)). **35**

E. Zustellung an Erlaubnisscheininhaber

Für Erlaubnisscheininhaber (§ 160 PAO idF ab dem 1.9.2009 iVm § 177 PAO aF) verweist § 94 Abs. 1 Nr. 2 auf § 5 Abs. 4 VwZG. An diese kann also gegen **Empfangsbekenntnis** zugestellt werden. Diese Verweisung ist jedoch nicht analog auf **Patentassessoren** anzuwenden, da keine Gesetzeslücke besteht; Patentassessoren kann daher nicht per Empfangsbekenntnis zugestellt werden (BPatG GRUR 1998, 729 – EKOMAX/Ökomat). **36**

F. Zustellung durch Niederlegung im Abholfach

37 Eine besondere Zustellungsart, die das VwZG nicht kennt, sieht § 94 Abs. 1 Nr. 3 vor. Danach kann durch Niederlegung im Abholfach zugestellt werden, sofern der Empfänger ein solches **Fach beim DPMA** hat. Über die Niederlegung ist eine Mitteilung zu den Akten zu geben (§ 94 Abs. 1 Nr. 3 S. 2); ferner ist auf dem im Abholfach niedergelegten Schriftstück das Datum der Niederlegung zu vermerken (§ 94 Abs. 1 Nr. 3 S. 3).

37.1 Bis zum 1.10.2016 war noch eine „schriftliche" Mitteilung erforderlich; das Schriftformerfordernis entfiel durch Art. 4 Nr. 13 des Gesetzes vom 4.4.2016 (BGBl. I 558).

38 Nach § 94 Abs. 1 Nr. 3 S. 4 wird **unwiderlegbar** (BPatGE 17, 3 (4 f.)) vermutet, dass die Zustellung am **dritten Tag** nach der Niederlegung im Abholfach bewirkt wurde.

38.1 Tage iSd Norm sind **Kalendertage** (→ Rn. 13).

38.2 Kann der Empfänger nachweisen, dass er das Schriftstück nicht erhalten hat, kommt **Wiedereinsetzung** nach § 91 in Betracht (BGH NJW 2000, 3284 (3285)).

G. Elektronische Zustellung

39 **Schreiben des DPMA** können nach dem auf Grund der Ermächtigung in § 94 Abs. 1 Nr. 4 erlassenen § 5 Abs. 1 S. 1 ERVDPMAV (zu dieser Verordnung → § 95a Rn. 13 f.) auch in elektronischer Form verschickt werden; diese Schreiben müssen mit einer fortgeschrittenen oder qualifizierten elektronischen Signatur nach dem SigG versehen sein. § 5 Abs. 1 S. 2 ERVDPMAV stellt klar, dass die Signatur nicht an jeder einzelnen Datei angebracht werden muss, sondern auch die gesamte elektronische Nachricht umfassen kann (dazu BT-Drs. 18/7195, 37).

39.1 Die Regelung in § 5 Abs. 1 S. 2 ERVDPMAV dient nur der Klarstellung; schon vorher hatte der BGH die Auffassung vertreten, dass eine **„Container-Signatur"** ausreichend ist (BGH NJW 2013, 2034 Rn. 10).

39.2 Elektronische Zustellungen sind nach § 5 Abs. 3 ERVDPMAV mit dem **Hinweis** „Zustellung gegen Empfangsbekenntnis" zu **kennzeichnen**. Diese spezielle Regelung verdrängt § 5 Abs. 6 VwZG (BT-Drs. 18/7195, 38).

39.3 Nach § 5 Abs. 4 ERVDPMAV muss bei einer elektronischen Zustellung das **Empfangsbekenntnis** bei einer elektronischen Rücksendung mit einer qualifizierten elektronischen Signatur nach dem SigG oder mit einer fortgeschrittenen elektronischen Signatur, die von einer internationalen, auf dem Gebiet des gewerblichen Rechtsschutzes tätigen Organisation herausgegeben wird und sich zur Bearbeitung durch das DMPA eignet, versehen sein. Das Zertifikat muss durch das DPMA oder durch eine vom ihm beauftragte Stelle überprüfbar sein.

H. Heilung von Zustellungsmängeln

40 Ist ein Dokument nicht formgerecht zugestellt worden, gilt es nach § 8 VwZG als in dem Zeitpunkt zugestellt, in dem es dem Empfänger **tatsächlich zugegangen** ist bzw. bei einer elektronischen Zustellung nach § 5 Abs. 5 VwZG in dem Zeitpunkt, in dem der Empfänger das Empfangsbekenntnis zurückgesendet hat.

40.1 Die Heilung von Zustellungsmängeln ist auch dann möglich, wenn durch die Zustellung eine **Frist für ein Rechtsmittel** in Lauf gesetzt wird (BPatG BeckRS 2009, 11159 – BIO SUN; anderslautende ältere Rechtsprechung ist wegen der Änderung des § 94 Abs. 2 mit Wirkung vom 1.7.2002 durch das Zustellungsreformgesetz überholt).

40.2 Eine Heilung kommt nicht in Betracht, wenn das DPMA selbst in dem Schreiben ausführt, dass mit der Übersendung des Beschlusses keine Zustellung erfolge, und daher ein **Zustellungswille** fehlt (BPatG BeckRS 2009, 11159 – BIO SUN).

40.3 Die Heilung nach § 8 VwZG erstreckt sich nur auf Mängel des Zustellungsvorgangs, nicht hingegen auf Mängel, die dem zuzustellenden **Schriftstück selbst** anhaften (VG Darmstadt BeckRS 2010, 54422).

§ 95 Rechtshilfe

(1) Die Gerichte sind verpflichtet, dem Patentamt Rechtshilfe zu leisten.

(2) ¹Im Verfahren vor dem Patentamt setzt das Patentgericht auf Ersuchen des Patentamts Ordnungs- oder Zwangsmittel gegen Zeugen oder Sachverständige fest, die nicht erscheinen oder ihre Aussage oder deren Beeidigung verweigern. ²Ebenso ist die Vorführung eines nicht erschienenen Zeugen anzuordnen.

(3) ¹Über das Ersuchen nach Absatz 2 entscheidet ein Beschwerdesenat des Patentgerichts in der Besetzung mit drei rechtskundigen Mitgliedern. ²Die Entscheidung ergeht durch Beschluß.

Überblick

Diese Norm legt fest, unter welchen Voraussetzungen die Gerichte dem DPMA Rechtshilfe leisten müssen. § 95 unterscheidet zwischen der Rechtshilfe allgemein (Abs. 1 → Rn. 1 f.) und der Rechtshilfe durch das BPatG (Abs. 2 und 3 → Rn. 4 f.).

Die Rechtshilfepflicht der Gerichte gegenüber dem BPatG ergibt sich nicht aus § 95, sondern unmittelbar aus Art. 35 GG (→ Rn. 3).

Für Patentverfahren gibt es mit § 128 PatG eine Parallelvorschrift. Der Wortlaut des § 128 PatG ist jedoch mit demjenigen des § 95 nicht identisch (→ Rn. 3).

A. Rechtshilfe durch Gerichte allgemein

Eine Verpflichtung zur Rechtshilfe findet man in vielen Verfahrensgesetzen (zB § 13 FGO). Diese Normen, wie auch § 95, betreffen immer nur die Rechtshilfe durch **deutsche Gerichte**. Die Rechtshilfe durch ausländische Gerichte ist für diejenigen Fälle, in denen diese Gerichte überhaupt zur Rechtshilfe verpflichtet sind, in internationalen Abkommen geregelt. **1**

Die Durchführung der Rechtshilfe durch Gerichte der **EU-Mitgliedstaaten** (außer Dänemark → § 140 Rn. 83) ist in der VO (EG) Nr. 1206/2001 des Rates vom 28.5.2001 über die Zusammenarbeit zwischen den Gerichten der Mitgliedstaaten auf dem Gebiet der Beweisaufnahme in Zivil- oder Handelssachen (ABl. EG 2001 Nr. L 174, 1) geregelt. Nationale Umsetzungsnormen für Rechtshilfeersuchen deutscher Gerichte an Gerichte der EU-Mitgliedstaaten enthalten die §§ 1072, 1073 ZPO. **1.1**

Soll ein Gericht der ordentlichen Gerichtsbarkeit dem DPMA Rechtshilfe leisten, sind die Einzelheiten in den **§§ 156 ff. GVG** geregelt. Rechtshilfegericht ist in diesem Fall das **Amtsgericht**, in dessen Bezirk die Amtshandlung vorgenommen werden soll (§ 157 Abs. 1 GVG). Das Rechtshilfegericht darf nach § 158 GVG das Ersuchen nur ablehnen, wenn die vorzunehmende Handlung nach dem Recht des ersuchten Gerichts verboten ist. **2**

Eine Pflicht zur Rechtshilfe durch Gerichte besteht nach dem Gesetzeswortlaut nur gegenüber dem DPMA, nicht aber **gegenüber dem BPatG**. Insoweit weicht § 95 Abs. 1 von der Parallelvorschrift im PatG ab, denn in § 128 PatG wird auch das BPatG erwähnt. Mit der vom Patentgesetz abweichenden Formulierung wollte der Gesetzgeber aber das BPatG nicht aus dem Kreis der Rechtshilfeberechtigten ausschließen. Aus der Gesetzesbegründung (BT-Drs. 12/6581, 107) ergibt sich vielmehr, dass er eine Berücksichtigung des BPatG in § 95 schlicht für überflüssig hielt, da sich die Rechtshilfepflicht der Gerichte gegenüber dem BPatG bereits aus Art. 35 GG ergibt. Wieso der Gesetzgeber allerdings nur beim BPatG auf eine spezielle Regelung verzichtet hat, ist unklar. **3**

Rechtshilfeverfahren auf Ersuchen des BPatG regelt daher die allgemeine Vorschrift des § 82 Abs. 1 S. 1; diese Norm verweist auf das GVG und damit auch auf die §§ 156 ff. GVG. **3.1**

B. Rechtshilfe durch das BPatG

Ordnungs- und Zwangsmittel gegen Zeugen oder Sachverständige kann das DPMA nicht selbst festsetzen; es muss das BPatG ersuchen, eine entsprechende Anordnung zu treffen (§ 95 Abs. 2 und 3). Das BPatG kann dabei nur die Rechtmäßigkeit (dazu §§ 380, 381, 390, 402, 409, 410 ZPO), nicht auch die Zweckmäßigkeit des Ersuchens überprüfen. **4**

MarkenG § 95a Teil 3 Verfahren in Markenangelegenheiten

5   Das BPatG entscheidet über das Ersuchen durch **Beschluss** (§ 95 Abs. 3 S. 2). Zuständig für diesen Beschluss ist ein Beschwerdesenat in der Besetzung mit drei rechtskundigen Mitgliedern. Gegen den Beschluss des BPatG ist kein Rechtsmittel gegeben (§ 82 Abs. 2).

§ 95a Elektronische Verfahrensführung; Verordnungsermächtigung

(1) Soweit in Verfahren vor dem Patentamt für Anmeldungen, Anträge oder sonstige Handlungen die Schriftform vorgesehen ist, gelten die Regelungen des § 130a Abs. 1 Satz 1 und 3 sowie Abs. 3 der Zivilprozessordnung entsprechend.

(2) ¹Die Prozessakten des Patentgerichts und des Bundesgerichtshofs können elektronisch geführt werden. ²Die Vorschriften der Zivilprozessordnung über elektronische Dokumente, die elektronische Akte und die elektronische Verfahrensführung im Übrigen gelten entsprechend, soweit sich aus diesem Gesetz nichts anderes ergibt.

(3) Das Bundesministerium der Justiz und für Verbraucherschutz bestimmt durch Rechtsverordnung ohne Zustimmung des Bundesrates
1. den Zeitpunkt, von dem an elektronische Dokumente bei dem Patentamt und den Gerichten eingereicht werden können, die für die Bearbeitung der Dokumente geeignete Form, ob eine elektronische Signatur zu verwenden ist und wie diese Signatur beschaffen ist;
2. den Zeitpunkt, von dem an die Prozessakten nach Absatz 2 elektronisch geführt werden können, sowie die hierfür geltenden organisatorisch-technischen Rahmenbedingungen für die Bildung, Führung und Aufbewahrung der elektronischen Prozessakten.

Überblick

Zweck der Norm ist die Beschleunigung und Erleichterung des Rechtsverkehrs. Die Vorschrift ermöglicht es den Beteiligten (verpflichtet sie aber nicht dazu), beim DPMA (→ Rn. 4; → Rn. 13 f.), dem BPatG sowie dem BGH (→ Rn. 8; → Rn. 15) Dokumente in elektronischer Form (→ Rn. 2) einzureichen. Ferner erlaubt sie die elektronische Verfahrensführung bei Prozessen (→ Rn. 8 ff.). § 95a regelt in den Abs. 1 und 2 nur allgemein die Rahmenbedingungen hinsichtlich der Zulässigkeit elektronischer Dokumente in Verfahren vor dem DPMA, dem BPatG und dem BGH.
Die konkrete Ausgestaltung des elektronischen Rechtsverkehrs obliegt dem BMJV. Dazu ermächtigt § 95a Abs. 3 das BMJV zum Erlass von Verordnungen zur Einreichung elektronischer Dokumente beim DPMA (→ Rn. 13 f.) und bei den Gerichten (→ Rn. 15 f.) sowie zur Führung von elektronischen Prozessakten (→ Rn. 18 f.). Diese Rechtsverordnungen regeln auch die Frage, was für Anforderungen an die elektronische Signatur (→ Rn. 3) zu stellen sind (→ Rn. 14; → Rn. 16).
Eine Parallelvorschrift findet sich in § 125a PatG.

Übersicht

	Rn.		Rn.
A. Allgemeines	1	I. Rechtsverkehr beim DPMA: Die ERVDPMAV	13
B. Elektronische Dokumente im Verwaltungsverfahren	4		
C. Anwendbarkeit der ZPO bei Prozessen	8	II. Rechtsverkehr beim BGH und BPatG: Die BGH/BPatGERVV	15
D. Verordnungen zur elektronischen Verfahrensführung	12	III. Führung elektronischer Prozessakten: Die EAPatV	18

A. Allgemeines

1   Diese Norm wurde durch Art. 4 Abs. 3 Nr. 2 des Transparenz- und Publizitätsgesetzes vom 19.7.2002 (BGBl. I 2681) in das MarkenG eingefügt und durch das PatRModG (BGBl.

2009 I 2521) geändert. Ferner wurde § 95a Abs. 3 Nr. 1 MarkenG durch das Gesetz zur Novellierung patentrechtlicher Vorschriften und anderer Gesetze des gewerblichen Rechtsschutzes vom 19.10.2013 (BGBl. I 3830) geändert. Mit letztgenanntem Gesetz wurde die Grundlage für Signaturerleichterungen im Rechtsverkehr zwischen Anmeldern und dem DPMA geschaffen.

Was ein **elektronisches Dokument** (§ 130a ZPO) ist, wird im Gesetz nicht definiert. Allgemein wird darunter ein Dokument verstanden, das aus einer in einer elektronischen Datei enthaltenen Datenfolge besteht und das nur mit Hilfe einer EDV-Anlage gelesen werden kann. So ist zB eine **E-Mail** ein elektronisches Dokument (BGH NJW 2006, 2263 (2265) Rn. 20). Ein **Telefax** ist dagegen kein elektronisches Dokument, denn das Dokument ist in diesem Fall der Ausdruck und nicht die Datei selbst (BGH NJW 2008, 2649 Rn. 11, 19). **2**

Für per Computerfax übermittelte Schreiben war eine besondere Regelung nicht notwendig, denn diese erfüllen nach der Rechtsprechung das Erfordernis der Schriftform auch dann, wenn sie keine Unterschrift enthalten (BGH GRUR 2003, 1068 – Computerfax). **2.1**

Die elektronische Signatur wird in § 95a Abs. 3 Nr. 1 angesprochen; definiert wird sie im Markengesetz nicht. Die Definition findet sich im Signaturgesetz. **Elektronische Signaturen** sind Daten in elektronischer Form, die anderen elektronischen Daten beigefügt oder logisch mit ihnen verknüpft sind und zur Authentifizierung dienen (§ 2 Nr. 1 SigG). **Fortgeschrittene elektronische Signaturen** sind elektronische Signaturen, die ausschließlich dem Signaturschlüssel-Inhaber zugeordnet sind, die die Identifizierung des Signaturschlüssel-Inhabers ermöglichen, die mit Mitteln erzeugt werden, die der Signaturschlüssel-Inhaber unter seiner alleinigen Kontrolle halten kann, und die mit den Daten, auf die sie sich beziehen, so verknüpft sind, dass eine nachträgliche Veränderung der Daten erkannt werden kann (§ 2 Nr. 2 SigG). **Qualifizierte elektronische Signaturen** sind fortgeschrittene elektronische Signaturen, die auf einem zum Zeitpunkt ihrer Erzeugung gültigen qualifizierten Zertifikat beruhen und mit einer sicheren Signaturerstellungseinheit erzeugt werden (§ 2 Nr. 3 SigG). **3**

B. Elektronische Dokumente im Verwaltungsverfahren

§ 95a Abs. 1 ermöglicht die Einreichung elektronischer Dokumente beim **DPMA** auch für diejenigen Verfahren, für welche die **Schriftform** (dazu § 126 Abs. 1 BGB) vorgeschrieben ist. Das Schriftformerfordernis ist im Rechtsverkehr mit dem DPMA der Regelfall, da nach § 10 Abs. 1 DPMAV Originale von Anträgen und Eingaben grundsätzlich unterschrieben einzureichen sind. **4**

Nach § 95a Abs. 1 iVm § 130a Abs. 1 S. 1 ZPO genügt die Aufzeichnung als elektronisches Dokument der Schriftform, wenn das Dokument für die Bearbeitung durch das Gericht geeignet ist. Ist ein übermitteltes elektronisches Dokument für das Gericht zur **Bearbeitung nicht geeignet,** ist dies dem Absender unter Angabe der geeigneten technischen Rahmenbedingungen unverzüglich mitzuteilen (§ 95a Abs. 1 iVm § 130a Abs. 1 S. 3 ZPO). **5**

§ 95a Abs. 1 verweist für das Verfahren vor dem DPMA nur auf § 130a Abs. 1 S. 1 und 3 ZPO, nicht jedoch auf § 130a Abs. 1 S. 2 ZPO. Daraus lässt sich der Schluss ziehen, dass elektronische Dokumente **nicht** stets **zwingend** mit einer **qualifizierten elektronischen Signatur** nach dem Signaturgesetz versehen sein müssen. Diese Auffassung wurde bestätigt durch die Neufassung des Abs. 3 Nr. 1 im Jahr 2013. Nach der Gesetzesbegründung (BT-Drs. 17/10308, 20) soll mit dieser Änderung klargestellt werden, dass das BMJV nicht nur ermächtigt ist, die Art der für die Kommunikation zwischen Nutzer und DPMA erforderlichen elektronischen Signatur zu bestimmen, sondern dass es auch in dem bestehenden gesetzlichen Rahmen festlegen kann, für welche Fälle der elektronischen Kommunikation mit dem DPMA überhaupt ein Signaturerfordernis gelten soll. Damit könne das BMJV in geeigneten Fällen der in Europa zu beobachtenden Entwicklung (zB beim EUIPO) Rechnung tragen, dass die Kommunikation mit den Ämtern auf einfachem elektronischem Wege, dh ohne Signaturerfordernis, vermehrt möglich ist. § 95a Abs. 1 legt allerdings nur den **Gestaltungsspielraum des BMJV** fest; die durch das BMJV diesbezüglich erlassenen konkreten Regelungen erfolgten auf Grundlage der Verordnungsermächtigung des § 95a Abs. 3 Nr. 1 (→ Rn. 13). **6**

7 Nach § 95a Abs. 1 iVm § 130a Abs. 3 ZPO ist ein elektronisches Dokument **eingereicht**, sobald die für den Empfang bestimmte Einrichtung des DPMA es aufgezeichnet hat. Zuständig ist nach § 3 Abs. 1 S. 1 ERVDPMAV (→ Rn. 13) die elektronische Annahmestelle des DPMA. Wann das Dokument dem zuständigen Bearbeiter vorliegt, gelesen oder ausgedruckt wird, ist unbeachtlich.

C. Anwendbarkeit der ZPO bei Prozessen

8 Die **Prozessakten** können elektronisch geführt werden (§ 95a Abs. 2 S. 1). Die **Akteneinsicht** in elektronisch geführte Prozessakten ist in § 95a Abs. 2 S. 2 iVm § 299 Abs. 3 ZPO und § 299a ZPO geregelt.

9 Obwohl § 99 Abs. 1 für das Verfahren vor dem BPatG bereits eine allgemeine Verweisung auf die Vorschriften der ZPO enthält, verweist § 95a Abs. 2 S. 2 aus Gründen der Klarstellung (so BT-Drs. 16/11339, 26) noch speziell auf die Regelungen zur elektronischen Verfahrensführung der ZPO. Diese gelten somit sowohl für das Verfahren vor dem **BPatG** als auch für das Verfahren vor dem **BGH**, soweit das MarkenG keine Sonderregeln enthält.

10 Eine solche **Sonderregel** existiert bezüglich der **elektronischen Signatur**. § 130a Abs. 1 S. 2 ZPO fordert eine qualifizierte elektronische Signatur, § 95a Abs. 3 Nr. 1 iVm der BGH/BPatGERVV lässt auch eine fortgeschrittene elektronische Signatur zu (→ Rn. 16).

11 Die **Verweisung** auf die Vorschriften der ZPO in § 95a Abs. 2 S. 2 bezieht sich ferner insbesondere (dazu BT-Drs. 16/11339, 26) auf § 130b ZPO (gerichtliche elektronische Dokumente allgemein), § 105 ZPO (elektronischer Kostenfestsetzungsbeschluss), § 164 ZPO (elektronischer Berichtigungsvermerk), § 253 ZPO (Entbehrlichkeit der Beifügung von Abschriften), § 319 ZPO (elektronischer Urteilsberichtigungsbeschluss) und § 371a ZPO (Beweiskraft elektronischer Dokumente).

D. Verordnungen zur elektronischen Verfahrensführung

12 Von der Verordnungsermächtigung nach § 95a Abs. 3 Nr. 1 und 2 hat das BMJV Gebrauch gemacht und insgesamt drei Rechtsverordnungen erlassen.

I. Rechtsverkehr beim DPMA: Die ERVDPMAV

13 Von der Verordnungsermächtigung nach § 95a Abs. 3 Nr. 1 hat das BMJV Gebrauch gemacht durch die Verordnung über den elektronischen Rechtsverkehr beim Deutschen **Patent- und Markenamt** (ERVDPMAV) vom 1.11.2013 (BGBl. I 3906), zuletzt geändert durch Art. 209 der VO vom 31.8.2015 (BGBl. I 1474) sowie Art. 12 des Gesetzes vom 4.4.2016 (BGBl. I 558).

13.1 Die ERVDPMAV geht nach § 2 Abs. 1 S. 2 MarkenV iVm § 12 DPMAV sowie nach § 21 Abs. 2 DPMAV der MarkenV und der DPMAV vor.

13.2 Die ERVDPMAV vom 1.11.2013 ersetzt die Vorgängerversion vom 26.9.2006 (BGBl. I 2159), die zuletzt geändert wurde durch Art. 2 Abs. 3 der Verordnung vom 10.2.2010 (BGBl. I 83).

13.3 Ergänzend zur Verordnungsermächtigung in § 95a Abs. 3 Nr. 1 enthält § 94 Abs. 1 Nr. 4 eine weitere Ermächtigung: In dem einen Fall (§ 95a Abs. 3 Nr. 1) geht es um Schreiben an das DPMA, in dem anderen Fall (§ 94 Abs. 1 Nr. 4) um Schreiben des DPMA an Verfahrensbeteiligte. Beide Konstellationen werden in einer einzigen Verordnung geregelt, der ERVDPMAV.

14 Nach § 1 Abs. 1 Nr. 3 ERVDPMAV können in Markenverfahren für Anmeldungen und Beschwerden elektronische Dokumente eingereicht werden. Bei **Anmeldungen** können elektronische Dokumente auch **signaturfrei** eingereicht werden (§ 2 Abs. 1 Nr. 1 ERVDPMAV), bei **Beschwerden** müssen die Dokumente dagegen **signaturgebunden** sein (§ 1 Abs. 1 Nr. 3 lit. b ERVDPMAV). Die elektronischen Dokumente sind im zweitgenannten Fall mit einer qualifizierten elektronischen Signatur nach dem SigG oder mit einer fortgeschrittenen elektronischen Signatur zu versehen, die von einer internationalen, auf dem Gebiet des gewerblichen Rechtsschutzes tätigen Organisation herausgegeben wird und sich zur Bearbeitung durch das DPMA eignet (§ 3 Abs. 3 ERVDPMAV). Die **Bearbeitungsvoraussetzungen** gibt das DPMA über die Internetseite www.dpma.de bekannt (§ 4 ERVDPMAV).

II. Rechtsverkehr beim BGH und BPatG: Die BGH/BPatGERVV

Von der Verordnungsermächtigung nach § 95a Abs. 3 Nr. 1 hat das BMJV ferner durch die Verordnung über den elektronischen Rechtsverkehr beim **Bundesgerichtshof** und **Bundespatentgericht** (BGH/BPatGERVV) vom 24.8.2007 (BGBl. I 2130) Gebrauch gemacht, welche am 1.9.2007 (§ 4 BGH/BPatGERVV) in Kraft trat und zuletzt durch Art. 5 Abs. 3 Gesetz vom 10.10.2013 (BGBl. I 3799) geändert wurde. **15**

Nach § 1 BGH/BPatGERVV iVm der Anlage zu § 1 können beim BPatG und beim BGH in Verfahren nach dem MarkenG elektronische Dokumente eingereicht werden. Nach § 2 Abs. 2a BGH/BPatGERVV (iVm Nr. 8 und Nr. 11 der Anlage zu § 1) sind elektronische Dokumente mit einer **qualifizierten elektronischen Signatur** nach dem SigG oder mit einer **fortgeschrittenen elektronischen Signatur** zu versehen, die von einer internationalen Organisation auf dem Gebiet des gewerblichen Rechtsschutzes herausgegeben wird und sich zur Bearbeitung durch das jeweilige Gericht eignet. Die **Betriebsvoraussetzungen** geben die Gerichte nach § 3 BGH/BPatGERVV auf ihren in § 2 Abs. 1 BGH/BPatGERVV bezeichneten Internetseiten bekannt. **16**

Im Gegensatz zu dem Verfahren vor dem DPMA (dort § 3 Abs. 2 ERVDPMAV) sieht § 2 BGH/BPatGERVV **nicht** die Möglichkeit vor, elektronische Dokumente auch auf einem **Datenträger** einzureichen. **17**

III. Führung elektronischer Prozessakten: Die EAPatV

Die Führung von elektronischen **Prozessakten** wurde auf Grundlage des § 95a Abs. 3 Nr. 2 durch die Verordnung über die elektronische Aktenführung bei dem Patentamt, dem Patentgericht und dem Bundesgerichtshof **(EAPatV)** vom 10.2.2010 (BGBl. I 83), geändert durch Art. 4 der VO vom 2.1.2014 (BGBl. I 18) und Art. 11 des Gesetzes vom 4.4.2016 (BGBl. 558 (566)), geregelt. **18**

§ 1 EAPatV ermächtigt die Gerichte, Verfahrensakten ganz oder teilweise auch elektronisch zu führen. Nach § 2 EAPatV gelten für Verfahren vor dem DPMA die **Regelungen der ZPO** über die elektronische Aktenführung entsprechend; für das BPatG und den BGH ergibt sich eine entsprechende Ermächtigung bereits aus § 95a Abs. 2 S. 1. **19**

Die Form der **Ausfertigungen** und Abschriften eines elektronischen Dokuments regelt § 6 EAPatV. **20**

Auf diese Bestimmung verweist auch § 20 Abs. 1 S. 4 DPMAV. **20.1**

§ 96 Inlandsvertreter

(1) Wer im Inland weder einen Wohnsitz, Sitz noch Niederlassung hat, kann an einem in diesem Gesetz geregelten Verfahren vor dem Patentamt oder dem Patentgericht nur teilnehmen und die Rechte aus einer Marke nur geltend machen, wenn er im Inland einen Rechtsanwalt oder Patentanwalt als Vertreter bestellt hat, der zur Vertretung im Verfahren vor dem Patentamt, dem Patentgericht und in bürgerlichen Streitigkeiten, die diese Marke betreffen, sowie zur Stellung von Strafanträgen bevollmächtigt ist.

(2) Staatsangehörige eines Mitgliedstaates der Europäischen Union oder eines anderen Vertragsstaates des Abkommens über den Europäischen Wirtschaftsraum können zur Erbringung einer Dienstleistung im Sinne des Vertrages zur Gründung der Europäischen Gemeinschaft als Vertreter im Sinne des Absatzes 1 bestellt werden, wenn sie berechtigt sind, ihre berufliche Tätigkeit unter einer der in der Anlage zu § 1 des Gesetzes über die Tätigkeit europäischer Rechtsanwälte in Deutschland vom 9. März 2000 (BGBl. I S. 182) oder zu § 1 des Gesetzes über die Eignungsprüfung für die Zulassung zur Patentanwaltschaft vom 6. Juli 1990 (BGBl. I S. 1349, 1351) in der jeweils geltenden Fassung genannten Berufsbezeichnungen auszuüben.

(3) ¹Der Ort, an dem ein nach Absatz 1 bestellter Vertreter seinen Geschäftsraum hat, gilt im Sinne des § 23 der Zivilprozessordnung als der Ort, an dem sich der Vermögensgegenstand befindet. ²Fehlt ein solcher Geschäftsraum, so ist der Ort

maßgebend, an dem der Vertreter im Inland seinen Wohnsitz, und in Ermangelung eines solchen der Ort, an dem das Patentamt seinen Sitz hat.

(4) Die rechtsgeschäftliche Beendigung der Bestellung eines Vertreters nach Absatz 1 wird erst wirksam, wenn sowohl diese Beendigung als auch die Bestellung eines anderen Vertreters gegenüber dem Patentamt oder dem Patentgericht angezeigt wird.

Überblick

Das Erfordernis des Inlandsvertreters dient der Vereinfachung des Verfahrens mit Auswärtigen (→ Rn. 1). Die Obliegenheit, einen Inlandsvertreter zu bestellen, knüpft an den Aufenthalt eines Verfahrensbeteiligten im Ausland an (→ Rn. 3). Zum Inlandsvertreter können deutsche Rechts- und Patentanwälte (→ Rn. 8) bestellt werden sowie Rechts- und Patentanwälte aus einem EU- oder einem EWR-Mitgliedstaat (→ Rn. 9f.), nicht jedoch Berufsträger aus der Schweiz (→ Rn. 11).

Wird ein Inlandsvertreter nicht bestellt, ist dieser Umstand allein kein Grund, eine Marke zu löschen (→ Rn. 17). Auch nach Erteilung einer Vollmacht (→ Rn. 13 ff.) kann der im Ausland ansässige Beteiligte noch selbst Verfahrenshandlungen vornehmen (→ Rn. 18). Das Mandat eines Inlandsvertreters endet erst, wenn die Beendigung des Mandats und zusätzlich die Bestellung eines anderen Vertreters dem DPMA bzw. dem BPatG angezeigt wird (→ Rn. 25 f.).

Für die Bestimmung des Gerichtsstands wird grundsätzlich auf den Ort abgestellt, an dem der Inlandsvertreter seinen Geschäftsraum hat (→ Rn. 22 ff.).

Eine Parallelvorschrift findet sich in § 25 PatG.

Übersicht

	Rn.		Rn.
A. Allgemeines	1	E. Erteilung der Vollmacht	13
B. Zur Vertreterbestellung verpflichteter Personenkreis	3	F. Rechtsfolgen	16
C. Erfasste Verfahrensarten	4	G. Gerichtsstand nach § 96 Abs. 3	22
D. Personenkreis der Vertretungsberechtigten	8	H. Mandatsbeendigung	25

A. Allgemeines

1 Diese Vorschrift greift in denjenigen Fällen, in denen ein Verfahrensbeteiligter im Ausland wohnt bzw. dort seinen Sitz hat. Anknüpfungspunkt ist nur der **Aufenthalt im Ausland,** nicht die Staatsangehörigkeit. Diese Norm dient dazu, dem DPMA, dem BPatG und den übrigen Verfahrensbeteiligten den Verkehr mit im Ausland ansässigen Verfahrensbeteiligten zu erleichtern (BGH GRUR 1969, 437 (438) – Inlandsvertreter).

1.1 Eine kleine sprachliche Änderung des § 96 ist geplant, vgl. Art. 16 des Entwurfs eines Gesetzes zur Umsetzung der Berufsanerkennungsrichtlinie, BT-Dr. 18/9521, 58, 238 iVm 237.

2 Auch in einem Vertragsstaat der **Pariser Verbandsübereinkunft** ansässige Personen sind von der Verpflichtung, einen Inlandsvertreter zu bestellen, nicht befreit, da Art. 2 Abs. 3 PVÜ ausdrücklich einen entsprechenden Vorbehalt enthält.

B. Zur Vertreterbestellung verpflichteter Personenkreis

3 Die Anknüpfungskriterien des § 96 Abs. 1 werden im MarkenG nicht definiert. Im Interesse der Einheit der Rechtsordnung müssen daher die Definitionen, die man in anderen Gesetzen findet, für das MarkenG übernommen werden. **Wohnsitz** ist nach § 7 BGB der Ort, an dem sich eine natürliche Person ständig niederlässt. **Sitz** einer juristischen Person ist derjenige Ort, den ihre Satzung bzw. ihr Gesellschaftsvertrag als Sitz bestimmt (§ 5 AktG, § 4a GmbHG). Ist ein Sitz in der Satzung nicht bestimmt, ist Sitz der Gesellschaft der Ort, an welchem die Verwaltung geführt wird (vgl. § 24 BGB bezüglich des Vereins). **Niederlassung** ist derjenige Ort, von dem aus Gewerbetreibende ihre Geschäfte dauerhaft leiten (erwähnt wird die Niederlassung zB auch in § 21 Abs. 1 ZPO); auch eine Zweigniederlassung ist eine Niederlassung iSd § 96 Abs. 1. Eine Niederlassung liegt allerdings nur dann vor, wenn der fragliche Unternehmensteil so eingerichtet und tätig ist, dass Dritte das Vorhandensein einer **Niederlassung erkennen** können; zu einer Niederlassung gehört daher auch ein eigener Telefonanschluss (BPatG Mitt 1982, 77).

C. Erfasste Verfahrensarten

Die Pflicht zur Bestellung eines Inlandsvertreters besteht im Verfahren vor dem **DPMA**, vor dem **BPatG** und vor den **ordentlichen Gerichten.** Letztere wurden durch das KostenberG vom 13.12.2001 (BGBl. I 3656) in den Anwendungsbereich des § 96 einbezogen (durch den – sprachlich nicht sehr klaren – Zusatz „und die Rechte aus einer Marke nur geltend machen"). Aus der Gesetzesbegründung (BT-Drs. 14/6203, 69) ergibt sich, dass man damit diejenigen Verfahren vor den Landgerichten erfassen wollte, bei denen kein Anwaltszwang besteht, insbesondere die Beantragung einer einstweiligen Verfügung. Im Rechtsbeschwerdeverfahren vor dem **BGH** stellt sich das Problem nicht, da sich dort die Beteiligten durch einen beim BGH zugelassenen Rechtsanwalt vertreten lassen müssen (§ 85 Abs. 5 S. 1).

Die Bestellung eines Inlandsvertreters ist dann nicht notwendig, wenn einem Antrag ohne weiteres, dh **ohne** förmliche und **zustellungsbedürftige Entscheidung** oder **Beteiligung eines Dritten,** stattgegeben werden kann. Somit ist für die Rücknahme einer Anmeldung, die Verlängerung, die Stellung eines Antrags auf Umschreibung und Teilung sowie für die Erhebung von Widersprüchen bzw. die bloße Einlegung von Erinnerungen oder **Beschwerden** ein Inlandsvertreter nicht erforderlich (so RL Markenanmeldung idF vom 15.12.2009, Nr. 4.2.2 Abs. 6). Ergibt sich aus der Einlegung der Beschwerde ein **Verfahren,** weil zB dem Antrag nicht ohne weiteres entsprochen werden kann, muss ein Inlandsvertreter bestellt werden (BPatG BeckRS 2015, 14828).

§ 96 gilt nur für **eingetragene Marken.** Dafür spricht, dass diese Vorschrift im Teil 3, Verfahren in Markenangelegenheiten, steht. Die gegenteilige Auffassung (HK-MarkenR/Seiler § 96 Rn. 10) will die Vorschrift auch auf die nicht eingetragenen Marken anwenden und beruft sich auf den Sinn und Zweck der Norm. Gerade der Sinn und Zweck der Norm spricht allerdings gegen eine extensive Auslegung. Diese Sondervorschrift zielt in erster Linie auf das Verfahren vor dem DPMA ab. Bei nicht eingetragenen Marken gibt es keinen Grund, bei Prozessen vom allgemeinen Zivilprozessrecht abzuweichen.

Dieser Aspekt, dass die Bestellung eines Inlandsvertreters in erster Linie das DPMA entlasten soll, spricht ferner dagegen, diese Vorschrift auf die **außergerichtliche Geltendmachung** von Rechten aus einer Marke anzuwenden.

D. Personenkreis der Vertretungsberechtigten

Inlandsvertreter können **Rechtsanwälte und Patentanwälte** sein (§ 96 Abs. 1 S. 1). Gemeint sind damit in Deutschland zugelassene Rechtsanwälte und Patentanwälte. Vertretungsberechtigt sind ferner **Erlaubnisscheininhaber** (gemäß § 160 PAO idF ab dem 1.9.2009 iVm § 178 PAO aF) und **Patentassessoren** (auf Grund des § 155 Abs. 2 PAO), sofern der Dritte und der Dienstherr des Patentassessors in einem in § 155 Abs. 1 PAO beschriebenen Rechtsverhältnis stehen.

Die Vertretungsbefugnis für Erlaubnisscheininhaber und Patentassessoren widerspricht zwar dem Wortlaut des § 96 Abs. 1 („Rechtsanwalt oder Patentanwalt"); die PAO ist für diese Konstellation aber die speziellere Regelung und geht daher vor.

Bezüglich der beim **BGH zugelassenen Rechtsanwälte** wird § 96 Abs. 1 durch die speziellere Norm des § 172 BRAO verdrängt. Nach dieser Bestimmung dürfen beim BGH zugelassene Rechtsanwälte nur vor obersten Gerichtshöfen des Bundes auftreten. Da das BPatG zwar ein Bundesgericht ist (Art. 96 Abs. 1 GG; § 65 Abs. 1 PatG), jedoch kein oberster Gerichtshof, weil gegen seine Beschlüsse Rechtsbeschwerde beim BGH eingelegt werden kann (Art. 96 Abs. 3 GG; § 83), ist es den beim BGH zugelassenen Rechtsanwälten nach § 172 BRAO verwehrt, vor dem BPatG aufzutreten.

MarkenG § 96 Teil 3 Verfahren in Markenangelegenheiten

9 § 96 Abs. 2 erweitert den Personenkreis der Vertretungsberechtigten um ausländische Rechts- und Patentanwälte aus **EU- und EWR-Mitgliedstaaten.** Dabei ist es unerheblich, ob diese – auch – in Deutschland niedergelassen sind oder ausschließlich im EU- bzw. EWR-Ausland.

9.1 § 96 Abs. 2 wurde durch das **KostenberG vom 13.12.2001** (BGBl. I 3656) in das MarkenG eingefügt und durch das **PatRModG vom 31.7.2009** (BGBl. I 2521) geändert.

9.2 Bis zum Inkrafttreten des KostenberG am 1.1.2002 mussten alle Auswärtigen, dh Personen ohne Wohnsitz, Sitz oder Niederlassung in Deutschland, einen Inlandsvertreter bestellen. Die EU-Kommission hielt diese Regelung für unvereinbar mit den Grundsätzen der Dienstleistungsfreiheit innerhalb der EU. Daher sollten nun nicht nur inländische Rechtsanwälte und Patentanwälte, sondern auch solche aus einem anderen Mitgliedstaat der EU oder einem Vertragsstaat des EWR-Abkommens als Vertreter im Sinne dieser Vorschrift bestellt werden können (BT-Drs. 14/6203, 60–62, 69). Durch das KostenberG wurden § 96 Abs. 2 in das MarkenG und § 25 Abs. 2 in das PatG eingefügt. Nach diesen Vorschriften kann ein Staatsangehöriger eines Mitgliedstaats der EU oder eines anderen Vertragsstaates des EWR-Abkommens zur Erbringung von Dienstleitungen als Vertreter bestellt werden.

9.3 Um die zügige Durchführung von Verfahren sicherzustellen, mussten Auswärtige im Verfahren einen Zustellungsbevollmächtigten bestellen, wenn ein im EU- oder EWR-Ausland ansässiger Vertreter bestellt wurde. Nach § 96 Abs. 2 S. 2 MarkenG idF des KostenberG konnte daher ein Verfahren nur betrieben werden, wenn im Inland ein Rechtsanwalt oder Patentanwalt als Zustellungsbevollmächtigter bestellt worden ist. Aber auch die Regelung des KostenberG verstieß nach Ansicht der EU-Kommission noch gegen EU-Recht. Durch das zwingende Erfordernis eines Zustellungsbevollmächtigten im Inland für im EU-Ausland niedergelassene Rechtsanwälte könnten diese die ihnen nach dem EU-Vertrag garantierte Dienstleistungsfreiheit nicht ungehindert ausüben, denn die Beauftragung eines Zustellungsbevollmächtigten im Inland verursache zusätzliche Kosten und Belastungen. Daher wurde das Erfordernis eines Zustellungsbevollmächtigten für Inlandsvertreter aus dem EU-Ausland sowie aus EWR-Vertragsstaaten durch das am 1.10.2009 in Kraft getretene PatRModG gestrichen. Nach Streichung des § 96 Abs. 2 S. 2 aF bedarf es nicht mehr der zusätzlichen Stellung eines deutschen Rechts- oder Patentanwalts als Zustellungsbevollmächtigten.

10 **EWR-Mitgliedstaaten** sind **Island, Norwegen** und **Liechtenstein.** Kein EWR-Mitgliedstaat ist der EFTA-Staat **Schweiz,** da in der Schweiz 1992 der bereits unterzeichnete EWR-Vertrag in einer Volksabstimmung abgelehnt wurde.

10.1 Daher ist der betroffene Personenkreis in § 96 Abs. 2 und in dem Gesetz über die Tätigkeit europäischer Rechtsanwälte in Deutschland (EuRAG), auf den er verweist, nicht identisch: Nach der Anlage zu § 1 EuRAG fallen unter dieses Gesetz Staatsangehörige der Mitgliedstaaten der EU, der anderen Vertragsstaaten des Abkommens über den Europäischen Wirtschaftsraum und der Schweiz. Letztere wurden auf Grund eines bilateralen Abkommens zwischen der EU und der Schweiz (FreizügAbk EG-CH) einbezogen (Abkommen zwischen der Schweizerischen Eidgenossenschaft einerseits und der Europäischen Gemeinschaft und ihren Mitgliedstaaten andererseits über die Freizügigkeit, BGBl. 2001 II 810, in Kraft seit dem 1.6.2002, BGBl. II 1692). § 96 Abs. 2 spricht aber nur von Staatsangehörigen eines EU- und eines EWR-Mitgliedstaates.

11 **Schweizer Rechts- und Patentanwälte** können daher nicht als Inlandsvertreter bestellt werden (dazu ausführlich Gruber GRUR Int 2014, 1125).

11.1 Bei der Abfassung des Gesetzes ist dem Gesetzgeber insoweit wohl ein **Redaktionsversehen** unterlaufen. In der Gesetzesbegründung zum PatRModG (BT-Drs. 16/11339, 13) heißt es: „ (...) kann nach § 25 Abs. 2 S. 1 PatG auch ein ausländischer Rechtsanwalt Inlandsvertreter sein, wenn er Staatsangehöriger der EU oder eines Vertragsstaates des Abkommens über den EWR oder der Schweiz (siehe Anlage zu § 1 EuRAG) und unter einer in der Anlage zu § 1 EuRAG genannten Berufsbezeichnung tätig ist. Entsprechendes gilt für einen ausländischen Patentanwalt aus der EU oder dem EWR, wenn er unter einer in der Anlage zu § 1 des Gesetzes über die Eignungsprüfung für die Zulassung zur Patentanwaltschaft genannten Berufsbezeichnung tätig sein darf." Während bei den Ausführungen zum Rechtsanwalt auch die Schweiz genannt wird, wird sie ein Satz weiter bei den Ausführungen zum Patentanwalt nicht erwähnt. Die Aussage im ersten Satz trifft allerdings nicht zu. Entgegen den Ausführungen in der Gesetzesbegründung unterscheidet der Gesetzestext in § 96 Abs. 2 nicht zwischen Rechts- und Patentanwälten und spricht nur von Staatsangehörigen eines Mitgliedstaates der EU oder des EWR, nicht jedoch solchen aus der Schweiz; diese taucht im Gesetz gar nicht auf. Die Schweiz – die der Gesetzgeber hinsichtlich der Rechtsanwälte laut der Gesetzesbegründung ursprünglich mit einbeziehen wollte – wurde bei der Abfassung des Gesetzes wohl „vergessen".

An dieser Stelle muss man sich die **chronologische Reihenfolge** des Inkrafttretens der einschlägigen Abkommen und Gesetze in Erinnerung rufen: FreizügAbk EG-CH (2002), Einbeziehung schweizerischer Rechtsanwälte in das EuRAG (2003, vgl. Gesetz zur Änderung des Gesetzes über die Tätigkeit europäischer Rechtsanwälte in Deutschland und weiterer berufsrechtlicher Vorschriften für Rechts- und Patentanwälte, Steuerberater und Wirtschaftsprüfer vom 26.10.2003, BGBl. I 2074), PatRModG (2009), Einbeziehung schweizerischer Patentanwälte in das PAZEignPrG (2013, vgl. Gesetz zur Einführung einer Partnerschaftsgesellschaft mit beschränkter Berufshaftung und zur Änderung des Berufsrechts der Rechtsanwälte, Patentanwälte, Steuerberater und Wirtschaftsprüfer vom 19.7.2013, BGBl. I 2386). In der Gesetzesbegründung zum letztgenannten Gesetz (BT-Drs. 17/10487, 16 f.) heißt es: „Grund für die Erweiterung ist die kürzlich erfolgte Neuregelung des Patentanwaltsberufs in der Schweiz sowie das Freizügigkeitsabkommen zwischen der Schweiz und der Europäischen Union vom 21.6.1999. (...) Der Patentanwaltsberuf in der Schweiz wurde durch das Bundesgesetz über die Patentanwältinnen und Patentanwälte vom 1.7.2011 neu geregelt. Wer in der Schweiz den Titel „Patentanwältin", „Patentanwalt", (...) tragen will, muss (...) über ausgewiesene Berufsqualifikationen verfügen (Nachweis eines natur- oder ingenieurwissenschaftlichen Hochschulabschlusses, Patentanwaltsprüfung und praktische Tätigkeit) und sich in das Schweizerische Patentanwaltsregister eintragen lassen. Der schweizerische Patentanwaltsberuf stellt damit einen reglementierten Beruf im Sinne von Artikel 1 der Berufsqualifikationsrichtlinie 2005/36/EG dar und soll deshalb in die geltenden Regelungen des PAZEignPrG aufgenommen werden." Der Gesetzgeber hat das neue Patentanwaltsgesetz der Schweiz von 2011 zum Anlass für diese Gesetzesänderung genommen, da nach der zuvor geltenden Rechtslage der Patentanwaltsberuf in der Schweiz kein reglementierter Beruf gewesen sei. Bei der Ausarbeitung des PatRModG hätten daher die schweizerischen Rechtsanwälte von der Verpflichtung zur Stellung eines Zustellungsbevollmächtigten befreit werden müssen, nicht aber die schweizerischen Patentanwälte. Das klingt auch in der Gesetzesbegründung an, eine solche Regelung findet sich dann aber nicht im Gesetz. Den schweizerischen Patentanwälten hätte später, im Jahr 2013, in einem weiteren Gesetz diese Befreiung zugebilligt werden müssen.

Angesichts des klaren Gesetzeswortlautes lässt sich das Versäumnis, dass die Schweiz im § 96 Abs. 2 nicht erwähnt wird, **nicht durch Auslegung heilen.** Der Gesetzgeber muss daher diese Bestimmung ändern (Gleiches gilt übrigens für § 25 PatG; dazu Gruber Anwaltsrevue 2015, 79). Solange das Freizügigkeitsabkommen zwischen der EU und der Schweiz in Kraft ist, ergibt sich eine solche Verpflichtung aus dem EU-Recht. Sie ergibt sich aber auch aus der inneren Logik des deutschen Rechts: Da Rechtsanwälte und Patentanwälte aus der Schweiz nach den beiden einschlägigen deutschen Gesetzen über die Eignungsprüfung in Deutschland tätig werden dürfen, müssen sie auch dieselben Rechte bekommen wie die anderen von diesen beiden Gesetzen begünstigten Staatsangehörigen. Ein sachlicher Grund, welcher eine unterschiedliche Behandlung rechtfertigen könnte, ist nicht ersichtlich. In der Gesetzesbegründung wird immer wieder der Zusammenhang zwischen dem Inlandsvertreter und der (oftmals nur mit Schwierigkeiten durchzuführenden) Zustellung im Ausland angesprochen. Da die Schweiz aber – wie die EWR-Mitgliedstaaten – das Lugano-Übereinkommen über die gerichtliche Zuständigkeit und die Vollstreckung gerichtlicher Entscheidungen in Zivil- und Handelssachen (LugÜ) ratifiziert hat, muss sie auch wie die EWR-Mitgliedstaaten behandelt werden.

Rechtsanwälte **aus anderen Staaten** als EU- oder EWR-Mitgliedstaaten, deren Befugnis zur Rechtsbesorgung in Deutschland sich nur auf das ausländische Recht erstreckt (§ 10 Abs. 1 Nr. 3 RDG), können nicht zum Inlandsvertreter bestellt werden (so zutreffend RL Markenanmeldung idF v. 15.12.2009, Nr. 4.2.2 Abs. 2 S. 3).

E. Erteilung der Vollmacht

Die Bestellung des Inlandsvertreters erfolgt grundsätzlich durch eine entsprechende **schriftliche Vollmacht.** Diese muss beim DPMA bzw. beim BPatG eingereicht werden. Für das Verfahren vor dem DPMA sind die Anforderungen an eine Vollmacht und die Art der Einreichung in § 15 DPMAV, für das Verfahren vor dem BPatG in § 81 Abs. 5 geregelt.

Allerdings ist der in § 81 Abs. 6 S. 2 zum Ausdruck kommende Rechtsgedanke, wonach die **Vorlage** einer schriftlichen Vollmacht nicht erforderlich ist, wenn ein Rechtsanwalt oder ein Patentanwalt als Bevollmächtigter auftritt und weder Anhaltspunkte für einen Mangel der Vollmacht erkennbar sind, noch ein solcher gerügt wurde, nach richtiger Ansicht auch auf den Inlandsvertreter nach § 96 anzuwenden.

14.1 Der 29. Senat des BPatG vertritt neuerdings die Auffassung, dass eine Vollmacht vorzulegen sei; als Verfahrensvoraussetzung unterliege die Vollmacht iSd § 96 Abs. 1 nicht wie allgemeine Verfahrensvollmachten der eingeschränkten Prüfung nach § 81 Abs. 6 S. 2; § 88 Abs. 2 ZPO (BPatG BeckRS 2015, 14828). Ähnlich hat bereits früher der 21. Senat argumentiert, der seine Auffassung damit begründet, dass § 81 Abs. 6 vom Bevollmächtigten und nicht vom Vertreter oder Inlandsvertreter spreche (BPatG BeckRS 2011, 02137). Da jedoch auch der Inlandsvertreter eine Vollmacht benötigt, ist diese Argumentation nicht überzeugend.

14.2 Zutreffend daher die Auffassung des 23. Senats (BPatG BeckRS 2014, 09803). Dieser weist darauf hin, dass sich in § 96 keine Regelung findet, dass die Inlandsvollmacht schriftlich vorgelegt werden müsse. Regelungen über den Nachweis der Vollmacht enthielten nur § 81 Abs. 5 und 6. Eine andere Auslegung, so das BPatG, würde zudem zu einem Wertungswiderspruch in Bezug auf die im Wortlaut fast übereinstimmende Regelung des § 88 Abs. 2 ZPO führen. Nach dieser Norm ist selbst dann die Vorlage einer schriftlichen Prozessvollmacht für einen Rechtsanwalt nicht erforderlich, wenn der Vertretene – etwa im Verfahren vor dem LG – nicht postulationsfähig ist. Im Falle des notwendigen Inlandsvertreters ist zwar die Bestellung eines Vertreters erforderlich, der Vertretene ist aber im Prozess selbst voll handlungsfähig. Es sei daher nicht einzusehen, warum im Verfahren vor dem BPatG strengere Voraussetzungen gelten sollten als im Zivilprozess mit Anwaltszwang. In diesem Zusammenhang sei auch zu berücksichtigen, dass der Gesetzgeber sowohl in § 88 Abs. 2 ZPO als auch in § 81 Abs. 6 S. 2 davon ausgehe, dass ein Rechts- oder Patentanwalt schon aus berufsrechtlichen und wirtschaftlichen Gründen nicht für einen Dritten als Vertreter auftrete, ohne von diesem ordnungsgemäß bevollmächtigt zu sein.

15 Der **Umfang** der Vertretungsbefugnis ergibt sich aus dem Wortlaut der Vollmacht. Verweist diese auf § 96 Abs. 1, ist damit regelmäßig auch das Recht mit umfasst, eine Anmeldung zurückzunehmen (BGH GRUR 1972, 536 – Akustische Wand, zum PatG).

F. Rechtsfolgen

16 Wird trotz Notwendigkeit kein Inlandsvertreter bestellt, begründet dies bei einer Beschwerde gegen die Zurückweisung einer **Markenanmeldung** ein Verfahrenshindernis. Eine Sachentscheidung kann erst dann ergehen, wenn der Mangel behoben ist. Wird er bis zum Schluss der mündlichen Verhandlung vor dem BPatG nicht behoben, ist eine eingelegte Beschwerde als unzulässig zu verwerfen (BPatG BeckRS 2015, 14828).

17 Hat ein **Markeninhaber keinen Inlandsvertreter** bestellt, ist dieser Umstand allein kein Grund, eine angegriffene Marke zu löschen (BGH GRUR 2000, 895 – EWING zur alten Rechtslage; damals gab es die besonderen Beendigungsvoraussetzungen des § 96 Abs. 4 noch nicht). Es ist aber die vom Widersprechenden eingelegte Beschwerde in der Sache zu entscheiden (BPatG GRUR 1998, 59 (60) – Coveri); in diesem Fall ist im Wege der Auslandszustellung (→ § 94 Rn. 25 ff.) dem im Ausland aufhaltenden Markeninhaber direkt zuzustellen.

18 § 96 Abs. 1 hindert den im Ausland ansässigen Beteiligten nach Bestellung eines Inlandsvertreters nicht daran, **selbst Verfahrenshandlungen** vorzunehmen (BPatG BPatGE 4, 160 (161); BGH GRUR 1969, 437 – Inlandsvertreter).

18.1 Der ausländische Verfahrensbeteiligte kann, sofern eine wirksame Inlandsvertretung besteht, sich auch durch **andere Personen vertreten lassen,** die keine Rechts- oder Patentanwälte sind (BPatG BeckRS 1996, 10393 Rn. 24 – ULTRA GLOW).

19 In der Literatur (HK-MarkenR/Seiler Rn. 17) wird vertreten, dass jemand, der als Inlandsvertreter nach § 96 Abs. 1 bevollmächtigt ist, **Untervollmachten** erteilen kann, wobei der Unterbevollmächtigte nicht zum in § 96 Abs. 1 und Abs. 2 genannten Personenkreis gehören müsse. Diese Auffassung lässt sich jedoch mit dem Sinn und Zweck der Norm, einen für die in § 96 Abs. 1 genannten Verfahren vertretungsberechtigten Bevollmächtigten zu bestellen, nicht vereinbaren. Ein nicht vertretungsberechtigter Unterbevollmächtigter würde dem Zweck der Verfahrensvereinfachung nicht gerecht werden.

20 Der Name und der Sitz des Vertreters werden in das **Markenregister eingetragen** (§ 25 Nr. 16 MarkenV). Der eingetragene Inlandsvertreter hat nur dann einen Anspruch auf **Löschung dieser Eintragung** gemäß § 20 Abs. 1 S. 1 BDSG, wenn sie unrichtig ist. Andere Anspruchsgrundlagen für eine Löschung gibt es nicht (BPatG GRUR 2009, 185 (186) – Eintragung des Inlandsvertreters).

G. Gerichtsstand nach § 96 Abs. 3

Nach § 23 S. 1 Alt. 2 ZPO ist für Klagen wegen vermögensrechtlicher Ansprüche gegen eine Person, die im Inland keinen Wohnsitz hat, das Gericht zuständig, in dessen Bezirk sich der mit der Klage in Anspruch genommene Gegenstand befindet. Der ist bei eingetragenen Marken in ganz Deutschland belegen. § 96 Abs. 3 S. 1 ersetzt den „Gegenstand" in § 23 ZPO durch den **Geschäftsraum des Inlandsvertreters.** Dieser ist Anknüpfungspunkt für die örtliche Zuständigkeit. 22

Hat der Inlandsvertreter keinen Geschäftsraum in Deutschland, ist nach § 96 Abs. 3 S. 2 das für dessen **Wohnsitz** in Deutschland zuständige Gericht, und – wenn er auch keinen Wohnsitz in Deutschland hat – das LG München I am **Sitz des DPMA** zuständig. 23

§ 96 Abs. 3 ergänzt nur § 23 ZPO. Ist auf Grund eines Staatsvertrags oder EU-Normen kein deutscher Gerichtsstand gegeben, schafft § 96 Abs. 3 keine **internationale Zuständigkeit.** 24

H. Mandatsbeendigung

Ein einmal erteiltes Mandat bleibt nach § 96 Abs. 4 im Verhältnis zum DPMA und dem BPatG solange wirksam, bis diesen nicht nur die Mandatsbeendigung, sondern zusätzlich noch die **Bestellung eines anderen Inlandsvertreters** angezeigt wird. Bis zu dieser Mitteilung kann dem bisherigen Inlandsvertreter wirksam zugestellt werden. 25

Aus dem Sinn und Zweck des § 96 Abs. 4 folgt, dass bei einem Verfahren vor dem DPMA die Anzeige dem DPMA gegenüber und bei einem Verfahren vor dem BPatG dem BPatG gegenüber erfolgen muss. 25.1

Die Regelung des § 96 Abs. 4 gilt allerdings nur für die rechtsgeschäftliche Beendigung des Mandats. Ein Mandat endet automatisch, wenn der **Inlandsvertreter stirbt** (§ 673 BGB). 25.2

Wie die Formulierung „die rechtsgeschäftliche Beendigung" in § 96 Abs. 4 zeigt, bleibt der bisherige Inlandsvertreter solange auch im **Innenverhältnis** zum Vertretenen zur Vertretung berechtigt und verpflichtet, bis sowohl die Beendigung als auch die Bestellung eines anderen Vertreters dem DPMA bzw. dem BPatG angezeigt wird. Bis zur Bestellung eines anderen Inlandsvertreters bleibt der bisherige Inlandsvertreter daher auch im Markenregister eingetragen (seit der Einfügung des § 96 Abs. 4 ist dies klar; zum früheren Streitstand BPatG GRUR 2009, 185 (187) – Eintragung des Inlandsvertreters). 26

Eine Anwendung des § 96 Abs. 4 kommt nur in Betracht, soweit und solange für ein markenrechtliches Verfahren oder eine Verfahrenshandlung gemäß § 96 Abs. 1 die Bestellung eines Inlandsvertreters erforderlich ist. Für eine Weitergeltung der Inlandsvertretung außerhalb solcher anhängiger Verfahren besteht keine rechtliche Grundlage (BPatG GRUR 2009, 188 (190) – Inlandsvertreter III). 27

Nicht erwähnt werden in § 96 Abs. 4 die **Landgerichte.** Für diese greift die dem § 96 Abs. 4 entsprechende Vorschrift des § 87 Abs. 1 Hs. 2 ZPO. 28

§ 96a Rechtsschutz bei überlangen Gerichtsverfahren

Die Vorschriften des Siebzehnten Titels des Gerichtsverfassungsgesetzes sind auf Verfahren vor dem Patentgericht und dem Bundesgerichtshof entsprechend anzuwenden.

Überblick

Diese Norm verweist auf die §§ 198 bis 201 GVG (→ Rn. 1). Dort findet sich die Regelung, dass derjenige, welcher infolge einer unangemessenen Dauer eines Gerichtsverfahrens

(→ Rn. 3 ff.) als Verfahrensbeteiligter einen Nachteil erleidet, einen Anspruch auf eine angemessene Entschädigung hat (→ Rn. 10).

Dieser Anspruch setzt voraus, dass der betroffene Verfahrensbeteiligte zuvor das Gericht mit einer Rüge auf die Verzögerung hingewiesen hat (→ Rn. 8). Für die Klagen auf Entschädigung ist im Rahmen des § 96a der BGH zuständig (→ Rn. 9).

Die Vorschrift entspricht § 128b PatG.

A. Allgemeines

1 § 96a und die §§ 198 ff. GVG (dazu Althammer/Schäuble NJW 2012, 1) sind am 3.12.2011 in Kraft getreten (BGBl. I 2302). Hintergrund dieser Neuregelung (dazu BT-Drs. 17/3802) war die Rechtsprechung des Europäischen Gerichtshofs für Menschenrechte (**EGMR**) im Hinblick auf Art. 6 Abs. 1 EMRK: Der EGMR hat einen wirksamen Rechtsbehelf in Deutschland gegen überlange Verfahrensdauern gefordert (zuerst freundlich: EGMR NJW 2006, 2389 – Sürmeli; dann bestimmt: EGMR NJW 2010, 3355 – Rumpf). Die Regelungen im GVG sind daher auch im Lichte der EGMR-Rechtsprechung auszulegen.

1.1 Art. 6 EMRK nachgebildet ist **Art. 47 Abs. 2 EU-GRCharta.** Diese Bestimmung gilt für Anwendungsfälle des EU-Rechts. Ein Sachverhalt fällt dann unter das Unionsrecht, wenn der mitgliedstaatliche Rechtsakt vollständig unionsrechtlich determiniert ist. Art. 47 Abs. 2 EU-GRCharta gewährt einen Rechtsanspruch auf eine Verhandlung innerhalb einer angemessenen Frist, und zwar sowohl vor dem EuGH als auch vor den Gerichten der EU-Mitgliedstaaten. Auch wenn die zu Art. 47 Abs. 2 EU-GRCharta ergehende Rechtsprechung des EuGH unmittelbar nur die Unionsmarkengerichte nach § 125e betrifft und für Ansprüche wegen überlanger Verfahrensdauern vor dem BPatG nicht das Gewicht der Rechtsprechung des EGMR hat, so ist sie doch als Auslegungshilfe für die Auslegung der §§ 198 ff. GVG nützlich.

2 § 96a erklärt die §§ 198 ff. GVG für entsprechend anwendbar für Verfahren vor dem **BPatG** und dem **BGH.** Kennzeichenstreitsachen (§ 140) und Strafverfahren auf Grund der §§ 143 ff. werden von dieser Verweisung nicht erfasst; für diese Verfahren vor den ordentlichen Gerichten gelten die §§ 198 ff. GVG **unmittelbar.**

B. Überlange Gerichtsverfahren

3 Unter Gerichtsverfahren iSd §§ 198 ff. GVG ist dabei das **gesamte Verfahren** zu verstehen, auch wenn dieses über mehrere Instanzen geführt wurde (BVerwG NJW 2014, 96; so auch EGMR NJW 1979, 477 Rn. 98 – König). Ein Verfahren endet erst dann, wenn die Entscheidung der letzten Instanz **rechtskräftig** ist. Kam es im Laufe des Verfahrens zu einem **Vorabentscheidungsersuchen** an den EuGH, ist dieser Zeitraum mit zu berücksichtigen (EKMR 19.1.1989 – Nr. 13539/88 – Christiane Dufay).

4 Was eine **angemessene Dauer** eines Verfahrens ist, ist anhand der Umstände des Einzelfalls zu bestimmen (EGMR NJW 1979, 477 Rn. 99 – König). Dabei stellt der EGMR insbesondere auf die Komplexität der Rechts- und Sachfragen des Falles, das Verhalten des Beschwerdeführers und der Justizbehörden sowie auf die Bedeutung der Sache für den Beschwerdeführer ab (EGMR NJW 1989, 652 – Deumeland). Diese Rechtsprechung wurde in den Gesetzeswortlaut des § 198 Abs. 1 S. 2 GVG übernommen („insbesondere nach der Schwierigkeit und Bedeutung des Verfahrens und nach dem Verhalten der Verfahrensbeteiligten und der Dritter"). Bei Kennzeichenstreitigkeiten relevant sein kann insbesondere das zweite Kriterium. Geht es in einem Rechtsstreit um die **berufliche Existenz einer Partei,** ist dieser Umstand bei der Frage, was eine „angemessene Frist" ist, mit zu berücksichtigen (EGMR NJW 1979, 477 (480) Rn. 111 – König).

5 Für die Frage, ob die Verfahrensdauer angemessen ist, kommt es nicht darauf an, ob sich der zuständige Spruchkörper pflichtwidrig verhalten hat (BT-Drs. 17/3802, 19). Ein Verstoß gegen Art. 6 Abs. 1 EMRK liegt allerdings insbesondere dann vor, wenn durch Terminsaufhebungen ein **Verfahrensstillstand** eintrat, für den der beklagte Staat keine Rechtfertigung vorträgt (EGMR NJW 2001, 2694 Rn. 130 – Kudla).

6 Eine **chronische Überlastung** von Gerichtszweigen kann eine überlange Verfahrensdauer nicht rechtfertigen (EGMR NJW 2001, 213 Rn. 43 – Klein).

Der Zeitfaktor ist insbesondere bei Rechtsstreitigkeiten um **Eventmarken** von großer 7
Bedeutung. So hatte sich Ferrero in dem bekannten Rechtsstreit um die Marke „Fußball
WM 2006" (BPatG GRUR 2005, 948; BGH GRUR 2006, 850) beklagt, die Entscheidung
sei so spät erfolgt, dass sie sich wirtschaftlich kaum noch ausgewirkt habe. Dort betrug der
Zeitraum zwischen Einlegung der Beschwerde und der Verkündung des BGH-Beschlusses
ein Jahr und sieben Monate. Zwar ist bei der Beurteilung, ob eine Verfahrensdauer angemessen ist, auch die Bedeutung der Sache für den Beschwerdeführer zu berücksichtigen. Ist sie
für ihn sehr wichtig, müssen die Gerichte zügig Recht sprechen. Eine Gesamtprozessdauer
von zwei Jahren wird man aber regelmäßig auch bei Eventmarken noch als angemessen
ansehen können. Die vom EGMR zugunsten der Bürger entschiedenen Klagen betrafen
meist Verfahren, die über fünf Jahre gedauert haben (vgl. zB EGMR NJW 2015, 759 Rn. 81;
s. ferner die Übersicht über die gerügten Verfahrensdauern bei Villiger, Handbuch der
EMRK, 2. Aufl. 1999, 296–298).

Eine der wenigen Entscheidungen des EGMR, bei der ein Zeitraum von unter zwei Jahren als 7.1
unangemessen lang angesehen wurde, ist das Verfahren Pailot/Frankreich (Reports 1998-II, Nr. 69).
Dort hatte ein an HIV erkrankter Arbeitnehmer vom französischen Staat Schadensersatz gefordert; das
Verfahren dauerte ein Jahr und zehn Monate. Es ging nach dem unbestrittenen Vortrag des Beschwerdeführers um eine einfache Rechtsfrage. In seinem Urteil vom 22.4.1998 hebt der EGMR die besondere
Bedeutung des Verfahrens für den Beschwerdeführer hervor.

C. Verfahrensrechtliche Besonderheiten

In formaler Hinsicht ist zu beachten, dass in einem ersten Schritt der betroffene Verfahrens- 8
beteiligte zwingend das Gericht, das seiner Ansicht nach zu langsam agiert, mit einer **Rüge**
auf die Verzögerung hinweisen muss (§ 198 Abs. 3 S. 1 GVG). Wenn das Verfahren dann
trotz der Rüge nicht in einem angemessenen Zeitraum zum Abschluss kommt, kann der
betreffende Verfahrensbeteiligte eine Entschädigungsklage (§ 198 Abs. 5 GVG) erheben (dazu
Schenke NJW 2015, 433). Nach § 198 Abs. 5 S. 1 GVG kann der Entschädigungsanspruch
frühestens sechs Monate nach wirksamer Erhebung der Verzögerungsrüge geltend gemacht
werden.

Klagegegner ist bezüglich der Verfahren vor dem BPatG und dem BGH die Bundesrepublik Deutschland (§ 200 S. 2 GVG). Zuständig für diese Klagen gegen die Bundesrepublik 9
Deutschland ist der **BGH** (§ 201 Abs. 1 S. 2 GVG).

D. Anspruch auf Entschädigung

Wird der Klage stattgegeben, umfasst die angemessene **Entschädigung** bei materiellen 10
Nachteilen den Ausgleich für Vermögenseinbußen; ein **entgangener Gewinn** wird dagegen
vom Entschädigungsanspruch nicht umfasst (vgl. BT-Drs. 17/3802, 34, 40).

Ist eine Wiedergutmachung für **andere Nachteile als Vermögensnachteile** nicht auf 11
andere Weise – zB durch die Feststellung des Entschädigungsgerichts, dass die Verfahrensdauer unangemessen war – möglich, hat der Betroffene nach § 198 Abs. 2 S. 3 GVG Anspruch
auf eine Entschädigung iHv 1.200 Euro für jedes Jahr der Verzögerung.

Teil 4 Kollektivmarken

§ 97 Kollektivmarken

(1) Als Kollektivmarken können alle als Marke schutzfähigen Zeichen im Sinne des § 3 eingetragen werden, die geeignet sind, die Waren oder Dienstleistungen der Mitglieder des Inhabers der Kollektivmarke von denjenigen anderer Unternehmen nach ihrer betrieblichen oder geographischen Herkunft, ihrer Art, ihrer Qualität oder ihren sonstigen Eigenschaften zu unterscheiden.

(2) Auf Kollektivmarken sind die Vorschriften dieses Gesetzes anzuwenden, soweit in diesem Teil nicht etwas anderes bestimmt ist.

Überblick

Für die Eintragungsfähigkeit gelten gemäß Abs. 2 die allgemeinen Regeln mit einigen Besonderheiten (→ Rn. 13 ff.). Soweit § 8 Abs. 3 die Überwindung von Eintragungshindernissen durch Verkehrsdurchsetzung zulässt, gilt dies auch für Kollektivmarken (→ Rn. 17). Auch kann die Kollektivmarke durch Benutzung entstehen (→ Rn. 18 ff.)

Übersicht

	Rn.		Rn.
A. Allgemeines	1	C. Anforderungen an die Eintragbarkeit des Zeichens	13
I. Vorgaben von PVÜ und MRL, Regelung in der UMV, alte und neue MRL	3	I. Zulässige Markenformen	14
		II. Unterscheidungskraft	15
II. Funktion und Zweck der Kollektivmarke	7	III. Eintragungshindernisse	16
		D. Entstehung der Kollektivmarke – Wechsel der Markenart, Benutzungskollektivmarke?	19
B. Verweisungsvorschrift (Abs. 2)	11		

A. Allgemeines

1 Im früheren WZG hießen die heutigen Kollektivmarken „Verbandszeichen". Die Regelungen der §§ 17–23 WZG entsprachen im Wesentlichen §§ 97 ff.

2 Kollektivmarken spielen zahlenmäßig gegenwärtig keine große Rolle. Ihre lange Tradition, die mit den Zunft- und Gildezeichen begann, erlebt allerdings eine Renaissance in dem registermäßigen Schutz von Lebensmittelspezialitäten, den die EU in mehreren Verordnungen geschaffen hat (vgl. § 99; §§ 130 ff.).

I. Vorgaben von PVÜ und MRL, Regelung in der UMV, alte und neue MRL

3 Gemäß Art. 7bis PVÜ muss das nationale Recht Marken ausländischer Verbände schützen, die Ausgestaltung des nationalen Schutzes ist aber dort nicht definiert.

4 Die MRL erklärt die Existenz von Kollektivmarken im nationalen Recht bisher für fakultativ zulässig (Art. 1 MRL, zur neuen RL (EU) 2015/2436 → Rn. 6). Soweit ein nationales Recht Kollektivmarken vorsieht, gelten fast alle Vorschriften der MRL auch für diesen Markentyp. Eine in Deutschland nicht umgesetzte Sonderregelung enthält Art. 4 Abs. 4 lit. d MRL, wonach das nationale Recht auch nicht mehr rechtsgültige Kollektivmarken als Eintragungshindernis anerkennen kann. Die von Art. 15 Abs. 1 MRL zugelassenen besonderen Verfallsgründe enthält § 105. Art. 15 Abs. 2 S. 1 MRL erlaubt die Eintragung geografischer Herkunftsangaben als Kollektivmarken (umgesetzt in § 99) und schreibt ein Benutzungsrecht für Ortsansässige, aber Kollektivfremde vor (umgesetzt in § 100 Abs. 1).

5 Die **UMV** sieht in Art. 66–74 UMV Unionskollektivmarken vor. Die dortigen Regelungen entsprechen denen des MarkenG.

6 Künftig muss das nationale Recht gemäß Art. 29 Abs. 1 RL (EU) 2015/2436 Kollektivmarken vorsehen. Ihre Existenz wird also anders als zuvor nicht mehr fakultativ sein.

Art. 29 ff. RL (EU) 2015/2436 enthalten detaillierte Vorgaben an das nationale Recht der Kollektivmarke. Diese entsprechen aber den jetzigen Regelungen in §§ 97 ff. Sie lösen darum für den deutschen Gesetzgeber nahezu keinen Handlungsbedarf aus (s. im Einzelnen jeweils bei den Einzelnormen). Während die neue MRL die Kollektivmarke für obligatorisch erklärt, bleibt die Gewährleistungsmarke fakultativ (Art. 28 Abs. 1 RL (EU) 2015/2436). Der deutsche Gesetzgeber kann die Gewährleistungsmarke also einführen, er muss es aber nicht.

II. Funktion und Zweck der Kollektivmarke

Kollektivmarken haben wie Individualmarken eine **Herkunftsfunktion**. Diese besteht aber nicht darin, auf die Herkunft der Produkte aus einem bestimmten Geschäftsbetrieb hinzuweisen (für die Individualmarke s. § 3). Die Kollektivmarke unterscheidet vielmehr die Produkte der Kollektivmitglieder von denjenigen der nicht kollektivangehörigen Unternehmen. Sie kann darüber hinaus, wie sich aus § 97 Abs. 1 ergibt, auch eingetragen werden, wenn sie Produkte nach deren geografischer Herkunft, Art, Qualität oder sonstigen Eigenschaften von anderen Produkte unterscheidet (BGH GRUR 1996, 270, 271 – Madeira). Auch bei geografischen Kollektivmarken steht aber die Herkunft aus dem Verband, nicht die Angabe der geografischen Herkunft im Vordergrund (EuG T-624/13, BeckRS 2015, 81392 Rn. 43 – Darjeeling; ebenso vom selben Tage zu anderen Widerspruchskollektivmarken mit dem Wortbestandteil „Darjeeling" EuG T-625/13, T-626/13, T-627/13). 7

Kollektivmarken können dann sinnvoll sein, wenn kleinere Unternehmen zur Marktdurchdringung allein nicht in der Lage sind (s. zB die Wort-/Bild-Kollektivmarke des deutschen Imkerverbandes „Deutscher Honig"; zur Eintragungsfähigkeit BPatG BeckRS 2009, 17782). Die Kollektivmarke kann auch benutzt werden, um mehreren Herstellern, die die Marke nutzen, objektive Produkteigenschaften vorzugeben. Das ist etwa bei der deutschen Kollektivmarke Nr. 843004 „GOLDEN TOAST" schon im Warenverzeichnis der Fall („mindestens 50% Weizen aus Nordamerika"). 8

Mit Kollektivmarken können Kommunen oder örtliche Vereinigungen den regionalen Betrieben behilflich sein (Harte-Bavendamm GRUR 1996, 717; Albrecht/Hoffmann, Geistiges Eigentum, 42–45; Markfort/Albrecht apf 2013, 5 (9)). Das Registrierungssystem ist bei Kollektivmarken deutlich weniger komplex als bei den Spezialvorschriften der EU zu geografischen Angaben. Außerdem sind geografische Kollektivmarken in allen Produktkategorien möglich. So können Kommunen regionale Anbieter unterstützen und ihnen Anreize bieten, in der Region zu bleiben oder ihre Produktion sogar dorthin zu verlagern. 8.1

Zur Ausübung der **Qualitätsfunktion** ist eine Kollektivmarke ihrer Natur nach besonders geeignet. Darum kann die Abweichung von Qualitätsstandards viel eher als bei einer Individualmarke die Zeichenbenutzung irreführend machen (BGH GRUR 1984, 737 (738) – Ziegelfertigstürze, bejaht irreführende Benutzung einer Kollektivmarke, die normalerweise die Einhaltung eines bestimmten Herstellungsverfahrens signalisierte). 9

Auf diesem Unterschied zwischen Kollektivmarken und Individualmarken beruht die derzeit (August 2016) beim **EuGH** anhängige Vorlage des OLG Düsseldorf. Das OLG fragt, ob die Benutzung einer Individualmarke in der Art eines Gütezeichens eine rechtserhaltende oder auch eine rechtsverletzende Benutzung der betreffenden Individualmarke für die von ihr beanspruchten **Waren** darstellen kann (OLG Düsseldorf GRUR Int 2016, 254; anhängig EuGH C-689/15 – W. F. Gözze Frottierweberei). Die Vorlage des OLG Düsseldorf betrifft also nicht die Frage, ob eine zB für „Dienstleistungen der Qualitätssicherung in Bezug auf (bestimmte Produkte)" eingetragene Individualmarke rechtserhaltend (oder, wenn die gekennzeichneten Produkte nicht aus dem Qualitätssicherungssystem stammen: rechtsverletzend) für diese Dienstleistungen benutzt werden kann. Diese Frage wäre jedenfalls derzeit für das MarkenG zu bejahen, weil § 3 Dienstleistungsmarken anerkennt. Ob sich dies ändern würde, wenn der deutsche Gesetzgeber Gewährleistungsmarken einführen sollte, ist an dieser Stelle nicht zu erörtern (zum Verhältnis Gewährleistungsmarke – Individualmarke – Kollektivmarke → UMV Art. 74a § 0 Rn. 7 ff. (Slopek), der zutreffend darauf hinweist, dass die Entscheidungspraxis zur GMV mangels Gewährleistungsmarke und gerade die Individualmarke als das Instrument ansah, das für die registermäßige Absicherung von Prüfzeichen geeignet war – wenn sich das fragliche Zeichen nicht gerade im Hinweis auf die Qualität erschöpfte und darum dem Eintragungshindernis „Beschaffenheitsangabe" unterliegt (→ Rn. 16); außerdem zu einem solchen Fall etwa der EuG zu Halloumi (→ § 100 Rn. 14 ff.). 9.1

MarkenG § 97   Teil 4 Kollektivmarken

10   Enthält eine Kollektivmarkensatzung (zum Satzungserfordernis vgl. § 102) solche Qualitätsvorgaben, dann ist sie zugleich ein **Gütezeichen**. Das Kollektiv muss dann offen für die Aufnahme von Neumitgliedern sein (§ 20 Abs. 6 GWB), Dritte können auch Anspruch auf Lizenzierung des Zeichens haben (Ingerl/Rohnke Rn. 10). Außerdem muss die Satzung die Einhaltung des Qualitätsversprechens durch neutrale Kontrolle absichern (→ § 102 Rn. 21).

B. Verweisungsvorschrift (Abs. 2)

11   Soweit nichts anderes geregelt ist oder sich im Einzelfall Abweichendes aus den Besonderheiten der Kollektivmarke ergibt, gelten die Regelungen des MarkenG zur Individualmarke. Dazu gehören insbesondere die allgemeinen Grundsätze zur Verwechslungsgefahr (BPatG GRUR 1998, 148 (152) – SAINT MORIS/St. Moritz) und zur Eintragungsfähigkeit, für die etwa bei abstrakten Farb-Kollektivmarken keine anderen Anforderungen gelten als bei Individualmarken. So stellt der EuGH (GRUR 2014, 766 – Sparkassen-Rot) mangels Entscheidungserheblichkeit gar nicht darauf ab, dass es sich bei der fraglichen Farbmarke um eine Kollektivmarke handelte, obwohl dies in der Vorlageentscheidung (BPatG GRUR 2013, 844) offengelegt war. Auch für die Waren- und Dienstleistungsähnlichkeit bzw. die Frage der Bekanntheit gelten dieselben Grundsätze wie bei Individualmarken (EuG T-624/13, BeckRS 2015, 81392 Rn. 46, 49, 51 bzw. 76; ebenso vom selben Tage zu anderen Widerspruchskollektivmarken mit dem Wortbestandteil „Darjeeling" EuG T-625/13, T-626/13, T-627/13).

12   Die **Sonderregeln** betreffen erstens die Inhaberschaft (§ 98). Zweitens können gemäß § 99 entgegen § 8 Abs. 2 Nr. 2 auch geografische Herkunftsangaben als Kollektivmarken geschützt werden, wobei § 100 Abs. 1 den dadurch erreichbaren Schutz durch Drittbenutzungsrechte wieder aufweicht. § 100 Abs. 2 betrifft die rechtserhaltende Benutzung, § 101 Abs. 1, Abs. 2 die Aktivlegitimation im Verletzungsfall. § 102 regelt besondere Anmeldeerfordernisse, § 103 den Umfang der Prüfung des Amtes. § 104 begründet Mitwirkungspflichten des Markeninhabers. § 105 enthält einen zusätzlichen Verfallsgrund für Kollektivmarken, § 106 einen besonderen Nichtigkeitsgrund.

C. Anforderungen an die Eintragbarkeit des Zeichens

13   Für die Eintragungsfähigkeit von Zeichen gelten gemäß Abs. 2 die allgemeinen Regeln mit einigen Besonderheiten.

I. Zulässige Markenformen

14   Abs. 1 stellt mit seinem Hinweis auf § 3 klar, dass es für die Form der Kollektivmarke keine besonderen Anforderungen gibt. Wortmarken, Bildmarken, aber auch abstrakte Farbmarken (BPatG BeckRS 2009, 16719) sind möglich. Ebenso kann, wenn die Anforderungen von §§ 3, 8 eingehalten sind, die Verpackung oder Form der Ware als Kollektivmarke eingetragen werden.

II. Unterscheidungskraft

15   Die im Rahmen von § 8 Abs. 2 Nr. 1 zu prüfende Unterscheidungskraft betrifft, dem Begriff und der Funktion der Kollektivmarke entsprechend, nicht die betriebliche Herkunft, sondern das Zeichen muss auf die Herkunft der damit gekennzeichneten Produkte aus einem Unternehmenskollektiv hinweisen können (BGH GRUR 1977, 488,(489) – DIN-GEPRÜFT).

15.1   Teilweise wird missverständlich formuliert, dass zur Unterscheidungskraft der Kollektivmarke nicht notwendigerweise die Eignung gehöre, auf die Herkunft der Produkte aus dem Kollektiv hinzuweisen, sondern dass die Unterscheidungskraft auch andere Eigenschaften, wie zB die geografische Herkunft oder Qualität betreffen könne (so Ströbele/Hacker/Kober-Dehm Rn. 5 und sinngemäß auch Ströbele/Hacker/Kober-Dehm § 103 Rn. 2). Richtig daran ist, dass es gemäß § 99 bei Kollektivmarken das Eintragungshindernis „Beschreibung der geografischen Herkunft der Produkte" nicht gibt. Es reicht aber auch für die Eintragungsfähigkeit als Kollektivmarke keinesfalls aus, dass das Zeichen Produkte bloß nach ihrer Qualität, nicht aber nach ihrer Herkunft aus dem Kollektiv unterscheiden kann. Schon aus dem Wortlaut des § 97 ergibt sich, dass die Eignung, auf die Herkunft aus dem Kollektiv hinzuweisen, die Grundvoraussetzung ist; die Eignung des Zeichens zur Qualitätsunterscheidung allein begründet die Schutzfähigkeit niemals. Dasselbe ergibt sich aus § 103, der für die Prüfung der Kollektivmarkenanmeldung pauschal auf § 37 und damit auch auf die dort genannten Eintragungshindernisse des § 8 verweist.

III. Eintragungshindernisse

Auch aus § 8 Abs. 2 Nr. 2–9 darf sich kein Eintragungshindernis ergeben. Das bedeutet wegen § 8 Abs. 2 Nr. 2, dass gesetzlich vorgeschriebene Begriffe, die als solche generischen Charakter haben, nicht eingetragen werden können. So scheitert an § 97 Abs. 2, § 8 Abs. 2 Nr. 2 ein kollektivmarkenmäßiger Schutz der Bezeichnung „Volksbank", da das KWG diesen Begriff für alle Banken bestimmter Struktur vorschreibt (OLG Frankfurt WRP 2007, 671 (673) – Volksbank). An Art. 7 Abs. 1 Buchst. c UMV scheiterte die Eintragung der Gemeinschaftskollektivmarke „GG" für „Alkoholische Getränke (ausgenommen Biere)", weil das Zeichen vom Verkehr im Zusammenhang mit Wein als Abkürzung von „Großes Gewächs", dh als Benennung von Weinen höherer Qualität verstanden wird (EuG T-278/09, BeckRS 2012, 82434 Rn. 49 ff.). **16**

Das Eintragungshindernis „Hinweis auf geografische Herkunft des Produkts" gilt für Kollektivmarken nicht. Dazu und zum Sonderfall der personengebunden geografischen Herkunftsangabe vgl. § 99 (→ § 99 Rn. 1 ff.). **17**

Soweit § 8 Abs. 3 die Überwindung von Eintragungshindernissen durch **Verkehrsdurchsetzung** zulässt, gilt dies gemäß § 97 Abs. 2 auch für Kollektivmarken (EuGH C-217/13, GRUR 2014, 776 – Sparkassen-Rot; → Rn. 11). Dabei kann der erforderliche Grad der Verkehrsdurchsetzung von der Natur des Eintragungshindernisses abhängen (OLG Frankfurt WRP 2007, 671 (673) – Volksbank). Für die Verkehrsdurchsetzung ist nicht erforderlich, dass der Verkehr in dem Zeichen gerade ein Verbandszeichen sieht. Es reicht vielmehr, wenn der Verkehr in Folge der markenmäßigen Benutzung überhaupt einen Herkunftshinweis darin erkennt; ob er diesen als Hinweis auf ein Einzelunternehmen oder auf einen Verband wahrnimmt, ist gleichgültig (BGH GRUR 1957, 88 (91) – Ihr Funkberater; GRUR 1964, 381 – WKS-Möbel; Eisenführ/Schennen/Schennen GMV Art. 66 Rn. 25). **18**

D. Entstehung der Kollektivmarke – Wechsel der Markenart, Benutzungskollektivmarke?

Kollektivmarken entstehen in UMV und MarkenG durch Eintragung, und zwar schlicht dadurch, dass in der Markenanmeldung angegeben wird und werden muss, dass es sich um eine Kollektivmarke handeln soll (so ausdrücklich Art. 66 Abs. 1 UMV, von §§ 97 ff. vorausgesetzt). Ein nachträglicher Wechsel von Kollektiv- zu Individualmarke ist nicht möglich, weil das den Charakter der Marke verändern und darum den Grundsatz der Unveränderlichkeit des Schutzgegenstandes verletzen würde (BPatG BeckRS 2016, 11516). **19**

Während sich in der UMV, die schon die Benutzungsindividualmarke nicht kennt (Art. 6 UMV), die Frage nicht stellt, sind im MarkenG gemäß § 97 Abs. 2, § 4 Nr. 2 auch Benutzungskollektivmarken anzuerkennen. **20**

Dies ergibt sich aus einem Rückgriff auf die Rechtsprechung zum WZG, derzufolge auch Kollektivmarken durch Verkehrsgeltung infolge Benutzung entstehen konnten. Solche Benutzungskollektivmarken wurden „Verbandsausstattungen" genannt (BGH GRUR 1964, 381 (384) – WKS-Möbel; ebenfalls für das WZG BGH GRUR 2002, 616 – Verbandsausstattungsrecht). Ihre Zulässigkeit stützte der BGH rechtspolitisch nicht nur auf das offensichtliche Interesse der Verbände, ihren Besitzstand an einem durchgesetzten Zeichen rechtlich zu sichern, sondern auch auf die Notwendigkeit, Dritte vor mehrfacher, womöglich widersprüchlicher Inanspruchnahme durch mehrere Verbandsunternehmen zu schützen. Die Verbandsausstattung stellte durch die klare Zuordnung des Zeichenrechts sicher, dass grundsätzlich nur eine einzige aktivlegitimierte Stelle existierte (BGH GRUR 2002, 616 (617) – Verbandsausstattungsrecht; zu den dazu möglichen Regelungen in der Satzung s. § 102 Abs. 2 Nr. 6). **20.1**

Dieses Argument erscheint zwingend, so dass auch unter Geltung des MarkenG sowohl die Interessen der Zeichennutzer als auch der Dritten für die Anerkennung einer Benutzungskollektivmarke sprechen. Da sowohl die alte als auch die neue MRL sowohl die Benutzungsmarke (Erwägungsgrund 11 RL (EU) 2015/2436) als auch die Kollektivmarke zulassen und sie kein Verbot der Benutzungskollektiv- **20.2**

MarkenG § 98 Teil 4 Kollektivmarken

marke enthalten, kann jetzt und auch zukünftig auf die zu § 25 WZG entwickelten Grundsätze zurückgegriffen werden.

21 Danach muss das fragliche Zeichen gerade als Kollektivmarke durchgesetzt sein. Das Zeichen muss in der Weise Verkehrsgeltung erlangt haben, dass der Verkehr darin eine Zusammengehörigkeit der Mitbenutzer erkennt. Entscheidend ist, ob die Benutzer bei ihrer Zeichennutzung dem Publikum in objektiv zutreffender Weise so gegenübertreten, dass sie als eine wirtschaftliche Einheit, nicht hingegen als miteinander konkurrierende Unternehmen aufgefasst werden (BGH GRUR 2002, 616 (618) – Verbandsausstattungsrecht). Wenn der Verkehr das Zeichen nicht das Zeichen eines Verbandes sieht, der es seinen Mitgliedern für deren Produkte zur Verfügung stellt, sondern als ein Zeichen, das jedes einer Mehrzahl von Unternehmen je nur für sich benutzt, dann entsteht bloß eine Benutzungs-Individualmarke bei den Unternehmen, aber keine Kollektivmarke beim Verband (Baumbach/Hefermehl WZG § 25 Rn. 98).

22 Damit eine Benutzungskollektivmarke entsteht, muss es wirklich einen Zusammenschluss von Unternehmen geben (BGH GRUR 2002, 616 (618) – Verbandsausstattungsrecht), denn nur dann kann die Verbandsverkehrsgeltung entstanden sein, schon, weil es sonst keinen tauglichen Inhaber (vgl. § 99) gäbe.

23 Eine Zeichensatzung ist anders als bei der einzutragenden Kollektivmarke (vgl. § 102) bei der Benutzungskollektivmarke nicht erforderlich. Denn die Voraussetzungen für die Zeichennutzung lassen sich auch anders regeln (so ausdrücklich für § 25 WZG: BGH GRUR 2002, 616 (617) – Verbandsausstattungsrecht; das WZG sah eigentlich beim Verbandszeichen in § 18 WZG eine Zeichensatzung vor; Ingerl/Rohnke Rn. 17; aA Fezer Rn. 14 im Anschluss an Baumbach/Hefermehl WZG § 25 Rn. 99).

24 Ist auf diese Weise eine Benutzungskollektivmarke entstanden, dann stehen Verbietungsrechte nur dem Verband zu (so bei BGH GRUR 2002, 616 (617) – Verbandsausstattungsrecht).

§ 98 Inhaberschaft

[1]Inhaber von angemeldeten oder eingetragenen Kollektivmarken können nur rechtsfähige Verbände sein, einschließlich der rechtsfähigen Dachverbände und Spitzenverbände, deren Mitglieder selbst Verbände sind. [2]Diesen Verbänden sind die juristischen Personen des öffentlichen Rechts gleichgestellt.

A. Allgemeines

1 Die MRL enthält keine Vorgaben an die Inhaberschaft von Kollektivmarken. Inhaber einer Kollektivmarke können „rechtsfähige Verbände" und juristische Personen sein. Nicht zugelassen sind also, anders als bei Individualmarken (§ 7), natürliche Personen. Gewisse Mindestvorgaben an die Binnenstruktur des Verbandes ergeben sich aus den Vorgaben an die Markensatzung in § 102 (→ § 102 Rn. 1 ff.).

B. Taugliche Inhaber

I. Rechtsfähige Verbände

2 Der Begriff ist dem deutschen Gesellschaftsrecht fremd. Er geht zurück auf Art. 7bis Abs. 3 PVÜ (Ingerl/Rohnke Rn. 2; Ströbele/Hacker/Kober-Dehm Rn. 2). Danach muss der Verband, der im Herkunftsland die Verbandsmarke innehat („bestehender" Verband), auch im Schutzland als existent anerkannt werden. Der Begriff „Verband" ist im Markenrecht autonom auszulegen (Ingerl/Rohnke Rn. 2).

1. Kollektivmarkenfähige Zusammenschlüsse

3 „Rechtsfähig" ist ein Verband, wenn er Rechte innehaben und Verbindlichkeiten eingehen kann. Das ist bei allen juristischen Personen der Fall. Darum können Inhaber von Kollektivmarken sein: eingetragener Verein und Genossenschaft, AG, GmbH. Auch KG,

OHG und GbR sind kollektivmarkenfähig (Ingerl/Rohnke Rn. 6; Ströbele/Hacker/Kober-Dehm Rn. 2; im Ergebnis so zur GMV Eisenführ/Schennen/Schennen GMV Art. 66 Rn. 14, der dort generell auf die Erörterungen zur Rechtsfähigkeit in der Kommentierung zu Art 3 verweist, der das Erfordernis der Rechtsfähigkeit genauso formuliert wie Art. 66 Abs. 1 UMV). Dach- und Spitzenverbände, deren Mitglieder ebenfalls Verbände sind, können ebenfalls Kollektivmarkeninhaber sein.

Die Kollektivmarkenfähigkeit des **nicht eingetragenen Vereins** ist streitig, weil § 54 BGB ausdrücklich bestimmt, dass er nicht rechtsfähig ist. Allerdings verweist § 54 BGB für nicht rechtsfähige Vereine auf die Vorschriften über die **GbR**, so dass es inkonsequent wäre, ihn im Rahmen von § 98 anders zu behandeln als die GbR. Tatsächlich wird seine Individualmarkenfähigkeit wohl überwiegend bejaht (→ § 7 Rn. 13), etwa bei Gewerkschaften gibt es auch ein praktisches Bedürfnis dafür. Da die Anforderungen an die Rechtsfähigkeit bei § 98 dieselben sind wie bei § 7, ist auf die dortigen Ausführungen zu verweisen (→ § 7 Rn. 13 ff.).

Nicht kollektivmarkenfähig sind Verbände, die auch nicht individualmarkenfähig sind. Das sind zB die Erbengemeinschaft (str.; → § 3 Rn. 14), die reine Innengesellschaft (Ingerl/Rohnke § 7 Rn. 11), die Bruchteilsgemeinschaft (→ § 7 Rn. 14). Nicht kollektivmarkenfähig sind schließlich, weil kein Verband, natürliche Personen.

2. Binnenstruktur

Nähere Vorgaben an die Ausgestaltung der Rechtsverhältnisse zwischen dem Verband und seinen Mitgliedern sowie deren Berechtigung an der Kollektivmarke ergeben sich aus den Anforderungen an die Satzung in § 102 (→ § 102 Rn. 1 ff.).

In Art. 66 Abs. 1 S. 2 **UMV** ist die Rede von „Verbände(n) von Herstellern, Erzeugern, Dienstleistungserbringern oder Händlern, die nach dem für sie maßgebenden Recht die Fähigkeit haben, im eigenen Namen Träger von Rechten und Pflichten jeder Art zu sein, Verträge zu schließen oder andere Rechtshandlungen vorzunehmen und vor Gericht zu stehen". § 98 spricht nicht von „Herstellern" etc. Der **unterschiedliche Wortlaut** wirft die Frage auf, ob auch sachliche Unterschiede bestehen. Ingerl/Rohnke Rn. 3 bejahen das. Sie meinen, der Verbandsbegriff des Art. 66 UMV sei enger, weil danach die Mitglieder „Hersteller, Erzeuger (...)" sein müssen, während § 98 kein solches Erfordernis enthalte. In der Tat ergibt sich ein solches auch nicht aus § 97. Denn danach muss die Kollektivmarke zwar zur Produktunterscheidung geeignet sein. Das aber setzt – ebenso wie bei §§ 3, 7 für die Individualmarkeninhaberschaft – nicht voraus, dass die Mitglieder aktuell Produkte herstellen oder vertreiben. Es reicht eben, wenn die Marke das Produkt dann unterscheiden könnte, wenn es das Produkt einmal gäbe. Somit stellt sich die Frage, ob eine Vereinigung, deren Mitglieder in keiner Weise „Hersteller, Erzeuger ..." irgendeines Produktes sind, zwar Inhaber von Individualmarken und auch Inhaber einer deutschen Kollektivmarke sein kann, nicht aber Inhaber einer Unionskollektivmarke. Der eindeutige Wortlaut von §§ 97, 98 einerseits und Art. 66 UMV andererseits spricht für einen Unterschied.

Art. 29 Abs. 2 **RL (EU) 2015/2436** enthält nun aber die eindeutige Regelung, dass außer juristischen Personen des öffentlichen Rechts nur Verbände von Unternehmen Kollektivmarken innehaben können. Dies muss zwar gemäß Art. 54 RL (EU) 2015/2436 erst bis 14.1.2019 umgesetzt werden, spricht aber trotzdem dafür, § 98 schon jetzt so auszulegen, dass etwa ein Kegelclub keine Kollektivmarke anmelden kann. Denn dies lässt sich ja schon jetzt aus § 97 Abs. 1 herleiten. Danach muss die Kollektivmarke geeignet sein, gewerbliche Leistungen unterscheidungskräftig zu kennzeichnen. Dem kann man entnehmen, dass der Inhaber der Kollektivmarke tatsächlich Mitglieder haben muss, die gewerbliche Leistungen erbringen, zu deren Kennzeichnung die Kollektivmarke dienen soll. Um die Notwendigkeit einer Anpassung zu vermeiden und schon jetzt den Gleichlauf mit der UMV herzustellen, sollte § 98 in diesem Sinne ausgelegt werden (anders vor der neuen MRL Ed. 4 2015 Rn. 6.1).

II. Verbände des öffentlichen Rechts

Ob eine öffentlich-rechtliche Stelle eine juristische Person des öffentlichen Rechts ist, bestimmen die Spezialgesetze. Praktisch bedeutsam sind Gebietskörperschaften (Bund, Länder, Gemeinden (s. zur Kollektivmarkenfähigkeit der letzteren BGH GRUR 1993, 832 – Piesporter Goldtröpfchen), Berufsvereinigungen (Landwirtschaftskammern, Industrie- und Handelskammern, Rechtsanwaltskammern), für die das jeweils gesetzlich festgestellt ist.

III. Ausländische Verbände und ausländische Personen des öffentlichen Rechts

8 Die Kollektivmarkenfähigkeit ausländischer Verbände richtet sich wegen Art. 7bis Abs. 3 PVÜ nach dem Personalstatut, das sich wiederum nach dem tatsächlichen Sitz der Hauptverwaltung richtet (Ingerl/Rohnke Rn. 7). Die deutschen Gerichte prüfen im Streitfall also das ausländische Recht.

9 Dasselbe gilt für die Rechtsfähigkeit ausländischer juristischer Personen des öffentlichen Rechts. Auch für sie ist ihr Heimatrecht maßgeblich (BGH GRUR 1996, 270 – Madeira, bejaht für das portugiesische „Instituto do Vinho da Madeira"; BPatG GRUR Int 1967, 72 – D mit Frostblumen, dort verneint für den „Absatzrat der dänischen Landwirtschaftskammer").

C. Verstoß – Sanktionen

10 § 98 ist konstitutiv (Ingerl/Rohnke Rn. 4). Eine Kollektivmarkeneintragung für eine Person oder Gruppe, die nicht Kollektivmarkeninhaber sein kann, darf nicht erfolgen.

I. Eintragung für untauglichen Inhaber

11 Das MarkenG enthält keine Sanktion für den Fall, dass trotz fehlender Kollektivmarkenfähigkeit eine Eintragung erfolgt. Anders die UMV: Sie sieht für diesen Fall einen besonderen Nichtigkeitsgrund vor. Denn Art. 74 UMV gestattet auf Antrag die Nichtigerklärung einer Kollektivmarke, deren Anmeldung gemäß Art. 68 UMV hätte zurückgewiesen werden müssen. Art. 68 UMV wiederum sieht die Zurückweisung einer Kollektivmarkenanmeldung vor, wenn die Anmeldung gegen Art. 66 UMV verstößt. Da Art. 66 UMV auch die Inhaberschaft regelt, kann die für einen untauglichen Inhaber eingetragene Unions-Kollektivmarke für nichtig erklärt werden. Dieses Ergebnis wird im MarkenG über die Verweisungsvorschrift des § 97 Abs. 2 und die Anwendung von § 50 Abs. 1 Nr. 2 erreicht. Danach wird eine Individualmarke wegen Nichtigkeit gelöscht, wenn sie unter Verstoß gegen § 7, also für einen untauglichen Inhaber, eingetragen wurde. Dieser Löschungsgrund greift über die Verweisung in § 97 Abs. 2 entsprechend bei einem untauglichen Kollektivmarkeninhaber.

II. Übertragung auf untauglichen Inhaber

12 § 98 verbietet in Abweichung von § 27 auch die Übertragung der Kollektivmarke auf einen untauglichen Erwerber (Ingerl/Rohnke Rn. 4). Die Sanktionierung einer solchen Übertragung sollte über § 105 Abs. 1 Nr. 1 erfolgen. Danach kann eine Kollektivmarke auf Antrag wegen Verfall gelöscht werden, wenn der Inhaber nicht mehr besteht. Hier wie dort ist ein zunächst tauglicher Inhaber später weggefallen. Ob dieser Wegfall durch Auflösung des Verbandes eintritt (das ist die Fallgestaltung, die § 105 Abs. 1 Nr. 1 im Blick hat, Ingerl/Rohnke § 105 Rn. 3) oder durch inkorrekte Übertragung der Kollektivmarke, spielt für die Interessenlage keine Rolle.

§ 99 Eintragbarkeit von geographischen Herkunftsangaben als Kollektivmarken

Abweichend von § 8 Abs. 2 Nr. 2 können Kollektivmarken ausschließlich aus Zeichen oder Angaben bestehen, die im Verkehr zur Bezeichnung der geographischen Herkunft der Waren oder der Dienstleistungen dienen können.

Überblick

§ 99 ermöglicht markenrechtlichen Schutz für geografische Herkunftsangaben. Er steht so neben den speziellen Schutzinstrumenten der EU für geografische Angaben und für Spezialitätennamen bei mehreren Produktgruppen des Lebensmittelsektors (→ Rn. 2). § 99 überwindet nur das Eintragungshindernis „Beschreibung der geografischen Herkunft"; die anderen Eintragungshindernisse bleiben unberührt (→ Rn. 5). Der Schutzumfang geografischer Kollektivmarken ist eng (→ § 100 Rn. 1 ff.).

A. Allgemeines

§ 99 nutzt die Befugnis aus Art. 15 Abs. 2 MRL, Art. 29 Abs. 2 RL (EU) 2015/2436 und **1** bestimmt für Kollektivmarken eine Ausnahme von § 8 Abs. 2 Nr. 2. Darum können geografische Angaben als Kollektivmarken eingetragen werden. Die von Art. 15 Abs. 2 S. 2, Art. 29 Abs. 2 RL (EU) 2015/2436 zum Schutz der kollektivfremden, insbesondere ortsansässigen Benutzer geforderten Drittbenutzungsrechte enthält § 100 Abs. 1.

B. Geografische Herkunftsangaben – Schutzsysteme

Geografische Herkunftsangaben sind im MarkenG ohne Eintragung durch §§ 126 ff. **2** geschützt, außerdem durch den Irreführungsschutz in § 5 UWG und § 12 Abs. 1 LFGB, Art. 7 Abs. 1 lit. a LMIV. Dieser Schutz bleibt auch für geografische Namen anwendbar, die eigentlich als geografische Angaben/geschützte Ursprungsbezeichnungen nach den einschlägigen EU-Verordnungen eingetragen werden könnten, die aber nicht eingetragen sind, etwa weil niemand einen Eintragungsantrag gestellt hat (→ § 130 Rn. 5; ausführlich Schoene MarkenR 2014, 273 ff.; jetzt auch BGH GRUR 2016, 743 Rn. 17 f. – Himalaya Salz). Zwischenstaatlichen Schutz geben mehrere multilaterale und bilaterale Abkommen (→ § 126 Rn. 2 ff.; → MarkenR Einleitung Rn. 169), aber nicht über § 8 Abs. 2 Nr. 9 (→ § 8 Teil D Rn. 740).

Das kooperative Konzept der geografischen Kollektivmarke, das den Zeichen der Gilden **3** und Zünfte ähnelt, erlebt eine Renaissance in Gestalt des registermäßigen Schutzes geografischer Herkunftsangaben und Spezialitäten bei Agrarprodukten und Lebensmitteln. Für diesen Produktbereich wurde erstmals mit der VO (EWG) Nr. 2081/1992 ein komplexes Verfahren zur Registrierung geografischer Produktnamen geschaffen, das für eingetragene Namen einen sehr umfassenden Schutz vorsieht. Diesen Ansatz hat die EU seitdem ausgebaut. Derzeit gibt es Spezialregelungen
- für Lebensmittel und Agrarerzeugnisse: VO (EU) Nr. 1151/2012 (s. hierzu §§ 130 ff. und die dortige Kommentierung),
- für Spirituosen: VO (EG) Nr. 110/2006,
- für Weine: VO (EU) Nr. 1308/2013,
- und für aromatisierte Weine: VO (EU) Nr. 251/2014,

wobei zu jeder dieser Verordnungen auch Ausführungsbestimmungen existieren.

Die Regelungen dieser Verordnungen zur Eintragung und Benutzung der geschützten **4** Namen ähneln einem Kollektivmarkensystem. Auf zwei wesentliche Unterschiede sei hingewiesen: Erstens setzt die Eintragung nach diesen Spezialverordnungen voraus, dass die Erzeugnissen mit dem betreffenden Namen besondere herkunftsbedingte Eigenschaften haben (ausreichend: besonderer Ruf, s. etwa Art. 5 VO (EU) Nr. 1151/2012). Solche besonderen Eigenschaften sind für eine Kollektivmarkeneintragung nicht erforderlich. Außerdem sind die Herstellungsanforderungen der Spezifikation bzw. der technischen Unterlage allgemeinverbindlich; alle Hersteller – ob Mitglied der Antragstellervereinigung oder nicht – müssen sich daran halten (s. etwa Art. 12 Abs. 1 VO (EU) Nr. 1151/2012). Für eine Kollektivmarke ist zwar eine Kollektivmarkensatzung erforderlich (§ 102, Art. 67 UMV); diese gilt aber nur für die Kollektivmitglieder, für andere Benutzungsberechtigte gilt sie, soweit sie sich der Satzung unterworfen haben. Für Kollektivfremde gilt die Satzung nicht. Darum dürfen bei „reinen geografischen Kollektivmarken" (dh solchen ohne grafische Zusätze) auch Produkte, die von der Satzung abweichen, unter der geografischen Herkunftsangabe vermarktet werden, solange dies in Einklang mit den guten Sitten steht (§ 100 Abs. 1, Art. 66 Abs. 2 UMV). Ein Widerspruch zu den guten Sitten wird etwa dann nicht vorliegen, wenn die Satzung vorschreibt, dass die Kollektivmarke in einer bestimmten Größe auf den Produktverpackungen erscheinen muss, der Kollektivfremde aber die wortgleiche geografische Herkunftsangabe größer oder kleiner schreibt. Enthält die Kollektivmarkensatzung Qualitätsvorgaben, so sind solche Vorgaben für Kollektivfremde häufig unverbindlich, weil es in der Regel den guten Sitten entspricht, das fragliche Produkt auch (etwas) anders herzustellen (s. Beispielsfall „Halloumi"; → § 100 Rn. 14 ff.).

C. Anwendungsbereich von § 99 – nur „echte" geografische Angaben

5 § 99 modifiziert § 8 Abs. 2 Nr. 2. Anders als eine Individualmarke kann eine Kollektivmarke auch dann eingetragen werden, wenn das betreffende Zeichen bloß die geografische Herkunft des damit gekennzeichneten Produkts angibt. Das gilt nach dem Wortlaut des § 99 auch dann, wenn das Zeichen ausschließlich aus der geografischen Herkunftsangabe besteht. Soweit Dritte ein Freihaltebedürfnis haben, hindert das nicht die Eintragung. Freihaltebedürfnisse werden vielmehr berücksichtigt in der Schutzschranke des § 100. Auch eine geografische Kollektivmarke unterscheidet die Produkte aber primär nicht nach ihrer geografischen, sondern nach ihrer Herkunft vom Markeninhaber, dem Kollektiv (→ § 97 Rn. 7).

6 § 99 beseitigt nur das Eintragungshindernis „Beschreibung der geografischen Herkunft", nicht andere Eintragungshindernisse (BGH GRUR 1996, 270 f. – Madeira; BPatG GRUR 1998, 148, 153 – SAINT MORIS/St. Moritz).

6.1 Weder als Individual- noch als Kollektivmarke eintragungsfähig ist darum das Zeichen „GG" für „Wein", denn es wird vom Publikum als „Großes Gewächs" verstanden. Ihm steht darum auch gar nicht das von § 99 zu überwindende das Eintragungshindernis „Beschreibung der geografischen Herkunft" entgegen, sondern „Beschreibung einer (anderen) Produkteigenschaft". Davon stellen § 99 bzw. Art. 66 Abs. 1 UMV nicht frei (EuG T-278/09, BeckRS 2012, 82434 mit Anm. Schoene GRUR-Prax 2013, 38).

7 Aus demselben Grunde kann ein geografischer Produktname, der seine geografische Bedeutung verloren hat und so zum Gattungsbegriff, dh zur üblichen Bezeichnung eines geografisch nicht spezifizierten Produktes geworden ist, auch nicht als geografische Kollektivmarke eingetragen werden. Denn ihm steht das von § 99 nicht berührte Eintragungshindernis aus § 8 Abs. 2 Nr. 3 (üblich gewordene Bezeichnung) entgegen.

7.1 Das betrifft etwa die Käsebezeichnung „Camembert". Siehe insofern zum Parallelproblem „Gattungsbegriff" im (heutigen) Art. 3 Nr. 6, 6 Abs. 1 VO (EU) Nr. 1151/2012 die Eintragungsverordnung der Kommission 1107/1996, mit der eine Vielzahl von Einzelangaben registriert wurde. Dort hält Fn. 7 zum geschützten Namen „Camembert de Normandie" fest, dass der Schutz des Namens „Camembert" nicht beantragt sei; sinngleiche Fußnoten finden sich für die Begriffe „Emmentaler", „Gouda", Edamer" uvm.

7.2 Das Eintragungshindernis, das daraus entsteht, dass der ursprünglich geografische verstandene Begriff die geografische Bedeutung verloren hat und zum Gattungsbegriff geworden ist, kann dadurch überwunden werden, dass der Kollektivmarkenanmelder dem geografischen Begriff einen „relokalisierenden Zusatz" gibt, der dem Verkehr deutlich macht, dass der fragliche geografische Name wirklich geografisch und nicht als Rezepturangabe verstanden werden soll. Die Relokalisierung des Gattungsbegriffs „Pils" auf die Stadt Pilsen wurde aber nach Verkehrsbefragung beim Wort „Ur-Pils" verneint (OLG Köln LMRR 1980, 35). Auch das Wort „Original" muss nicht in jedem Fall als Lokalisierung ausreichen. So wurde die Relokalisierung verneint für „Original Bauernbrot", weil „Bauernbrot" schon kein geografischer Begriff und folglich nicht relokalisierbar sei (OLG Stuttgart NStZ 1981, 66). Auch „Original Eau de Cologne" ist für das EuG nicht kollektivmarkenfähig, weil auch das Wort „Original" den Gattungsbegriff „Eau de Cologne" nicht wieder auf „Köln" beziehe, sondern das Produkt von Nachahmungen unterscheide (EuG T-556/13, BeckRS 2014, 82416; → § 126 Rn. 40 f.).

8 Als Ausnahmeregelung sind Art. 66 Abs. 2 S. 1 UMV, § 99 eng auszulegen (EuG T-341/09, GRUR Int 2011, 1094 (1096) Rn. 35 – Consejo Regulador de la Denominación de Origen Txakoli de Alava ua/HABM; T-534/10, BeckRS 2012, 81205 Rn. 49 – Organismos Kypriakis Galaktokomikis Viomichanias/HABM). Ein Begriff, der nur „im Grunde" (→ UMV Art. 66 Rn. 15) eine geografische Angabe darstellt, ist nicht eintragungsfähig.

8.1 Demzufolge ist das baskische Wort „Txakoli" nicht kollektivmarkenfähig für Wein. Denn die gleichwertigen Begriffe „Chakoli/Txakolina" sind „ergänzende traditionelle Begriffe" iSd (mittlerweile außer Kraft getretenen) VO (EG) Nr. 753/2002, heute Art. 112 ff. VO (EU) Nr. 1308/2013. Als solche geben sie nach der Definition in Art. 112 Abs. 1 lit. b VO 1308/2013 nicht die geografische Herkunft eines Weines an, sondern beziehen sich viel diffuser bloß „auf ein Verfahren der Erzeugung, Bereitung und Reifung bzw. auf Qualität, Farbe oder Art des Weins oder einen Ort oder ein historisches Ereignis im Zusammenhang mit diesen Erzeugnissen". Es handelte sich bei „Txakoli" also nur um einen Begriff mit geografischem Anklang, aber nicht um eine wirkliche geografische Angabe. Darum ist er trotz

Art. 66 Abs. 2 S. 1 UMV (entspricht § 99) nicht eintragungsfähig (EuG T-341/09, GRUR Int 2011, 1094, 1096 Rn. 35 – Consejo Regulador de la Denominación de Origen Txakoli de Alava ua/HABM).

§ 100 Schranken des Schutzes; Benutzung

(1) Zusätzlich zu den Schutzschranken, die sich aus § 23 ergeben, gewährt die Eintragung einer geographischen Herkunftsangabe als Kollektivmarke ihrem Inhaber nicht das Recht, einem Dritten zu untersagen, solche Angaben im geschäftlichen Verkehr zu benutzen, sofern die Benutzung den guten Sitten entspricht und nicht gegen § 127 verstößt.

(2) Die Benutzung einer Kollektivmarke durch mindestens eine hierzu befugte Person oder durch den Inhaber der Kollektivmarke gilt als Benutzung im Sinne des § 26.

Überblick

Abs. 1 betrifft nur geografische Kollektivmarken (→ Rn. 3 ff.), Abs. 2 betrifft alle Kollektivmarken. Abs. 1 führt dazu, dass Vorgaben der Kollektivmarkensatzung, grundsätzlich auch die dort getroffene konkrete Abgrenzung des Gebiets, für Kollektivfremde irrelevant sind (→ Rn. 11). Er hat angesichts der europäischen Rechtsprechung (→ Rn. 13 ff.) ganz restriktive Bedeutung für den Schutzumfang geografischer Kollektivmarken (→ Rn. 14 ff.). Die Regelung zur Benutzungszurechnung in Abs. 2 stellt keine besonderen Probleme (→ Rn. 17 ff.).

Übersicht

	Rn.		Rn.
A. Allgemein	1	2. Schutz gegen Irreführung in geografischer Hinsicht	11
B. Drittbenutzungsrechte und Schutzumfang bei geografischen Kollektivmarken	3	3. Schutz gegen Drittbenutzung ohne geografische Irreführung	12
I. Schutzumfang reiner geografischer Kollektivmarken	7	II. Schutzumfang geografischer Kollektivmarken mit phantasievollen Bestandteilen	15
1. Kein Einwand „Gattungsbegriff"	8	III. Rechtserhaltende Benutzung (Abs. 2)	16

A. Allgemein

Abs. 1 regelt das Recht insbesondere ortsansässiger Produzenten, eine geografische Kollektivmarke zu benutzen. Dieses Drittbenutzungsrecht ist die Umsetzung von Art. 15 Abs. 2 S. 2 MRL. Die ensprechende Regelung in Art. 29 Abs. 2 RL (EU) 2015/2436 unterscheidet sich inhaltlich nicht davon. **1**

Abs. 2 enthält eine Sonderregel zur rechtserhaltenden Drittbenutzung, die letztlich nur eine Klarstellung der eigentlich schon aus § 26 Abs. 2 folgenden Vorgaben ist. § 100 Abs. 2 entspricht Art. 10 Abs. 3 Buchst. a MRL, Art. 32 RL (EU) 2015/2436. Die UMV enthält in Art. 66 Abs. 2 S. 2, Art. 70 UMV entsprechende Regelungen. **2**

B. Drittbenutzungsrechte und Schutzumfang bei geografischen Kollektivmarken

Während § 100 Abs. 1 von „guten Sitten" spricht, ist in Art. 15 Abs. 2 MRL, Art. 29 Abs. 3 RL (EU) 2015/2436 sowie in Art. 66 Abs. 2 S. 2 UMV von „anständige(n) Gepflogenheiten in Gewerbe oder Handel" die Rede. Beides ist – schon um Richtlinienkonformität sicherzustellen – sinngleich auszulegen. **3**

Letztlich geht die Freistellungswirkung von § 100 Abs. 1 nicht sehr weit über die von § 23 hinaus (Ingerl/Rohnke Rn. 4). Denn die Benutzung einer als Kollektivmarke eingetragenen „reinen" geografischen Herkunftsangabe ist schon nach § 97 Abs. 2, § 23 zulässig, wenn sie **4**

„zur Angabe der geografischen Herkunft" und in den Grenzen der „guten Sitten" erfolgt, und dasselbe verlangt auch § 100 Abs. 1.

5 Gegen die guten Sitten verstößt nicht nur die Irreführung über die wirkliche geografische Herkunft des Produktes, die über den Verweis auf § 127 erfasst ist (Ingerl/Rohnke Rn. 5; → Rn. 20).

6 Zu beachten ist, dass Abs. 1 nur für die Benutzung von Kollektivmarken gilt, die „echte" geografische Herkunftsangaben schützen. Da etwa personengebundene Herkunftsangaben keine geografischen Herkunftsangaben sind (→ § 126 Rn. 26), greift bei ihnen auch Abs. 1 nicht ein (OLG Hamburg MD 1999, 536 (543) – Rügenwalder Teewurst; Ingerl/Rohnke Rn. 4).

I. Schutzumfang reiner geografischer Kollektivmarken

7 Abs. 1 hat bei einer Drittbenutzung, die über die geografische Herkunft des Produkts irreführt, keine praktische Bedeutung. Solche irreführenden Benutzungen stellt er nicht frei.

1. Kein Einwand „Gattungsbegriff"

8 Der Verletzer kann der geografischen Kollektivmarke nicht entgegenhalten, sie sei nicht geschützt, weil eigentlich gar nicht eintragungsfähig, etwa weil der geografische Name in Wirklichkeit nie ein solcher gewesen oder aber zum Gattungsbegriff geworden sei. Zwar kann ein Gattungsbegriff nicht als geografische Kollektivmarke eingetragen werden (→ § 99 Rn. 7). Aber das Verletzungsgericht ist auch bei Kollektivmarken wegen der Verweisvorschrift des § 97 Abs. 2 an die Vermutung der Rechtsgültigkeit der Marke gebunden (zu Individualmarken s. Ingerl/Rohnke § 14 Rn. 17). Da der Einwand „Gattungsbegriff" bei einer geografischen Kollektivmarke die Eintragung hindern würde, ist er wegen dieser Gültigkeitsvermutung im Verletzungsverfahren unzulässig. Der mutmaßliche Verletzer kann allenfalls ein Löschungsverfahren einleiten (§ 50 Abs. 1 iVm § 8 Abs. 2 Nr. 2, Nr. 3) und im Hinblick auf dessen Vorgreiflichkeit die Aussetzung des Verletzungsprozesses verlangen (§ 148 ZPO; Ingerl/Rohnke § 14 Rn. 17 für Individualmarken).

9 Diese Bindungswirkung der Kollektivmarkeneintragung macht ihre Durchsetzung einfacher als die einer nicht eingetragenen geografischen Herkunftsangabe, der im Verletzungsprozess der Einwand „Gattungsbegriff" in vollem Umfang entgegengehalten werden kann (§ 126 Abs. 2).

10 Die geografische Kollektivmarke erleichtert so gegenüber dem sonst bestehenden Schutzinstrumentarium der §§ 126 ff. das Vorgehen gegen die in geografischer Hinsicht irreführende Verwendung des eingetragenen geografischen Namens.

2. Schutz gegen Irreführung in geografischer Hinsicht

11 Materiell sind bei der Frage, ob eine geografische Irreführung vorliegt, im Grundsatz dieselben Prüfungen anzustellen wie bei § 127 Abs. 1. Insbesondere kann für die Frage der Abgrenzung des geografischen Gebietes nicht ohne weiteres auf das in der Satzung zugelassene Produktionsgebiet abgestellt werden. Denn dessen Abgrenzung muss nicht mit derjenigen identisch sein, die sich bei Zugrundelegung der „guten Sitten" ergibt. Es muss vielmehr unabhängig von der Kollektivmarkensatzung definiert werden, was im Sinne der „guten Sitten", dh der „anständigen Gepflogenheiten in Handel und Gewerbe", und das heißt vor allem auch: im Verständnis der Verbraucher als das geografische Gebiet anzusehen ist.

3. Schutz gegen Drittbenutzung ohne geografische Irreführung

12 Auch außerhalb der europäischen Spezialregelungen zum Schutz geografischer Angaben und Ursprungsbezeichnungen (VO (EU) Nr. 1151/2012, VO (EG) Nr. 1308/2013, VO (EG) Nr. 110/2008 und VO (EU) Nr. 251/2014, → § 130 Rn. 3 ff.) ist es möglich, Qualitätsanforderungen an Produkte mit der geografischen Herkunftsangabe zu stellen. Art. 12 Abs. 5 VO (EU) Nr. 1151/2012 lässt für eingetragene Namen die Verwendung geografischer Kollektivmarken auf dem Etikett im Zusammenhang mit den Ausdrücken „geschützte Ursprungsbezeichnung"/„geschützte geografische Herkunftsangabe" ausdrücklich zu. Auch für Produktnamen, die eingetragen werden könnten, aber nicht eingetragen sind, sind Kol-

lektivmarken möglich. Denn für nicht eingetragene, aber eintragungsfähige Namen gibt es keinen Vorrang der fraglichen Verordnungen gegenüber den kollektivmarkenrechtlichen Regelungen (ausführlich Schoene MarkenR 2014, 273, 281). Verstöße eines Verbandsexternen gegen Qualitätsregelungen der Satzung werden nur sehr selten die Grenzen des Drittbenutzungsrechts aus § 100/Art. 66 Abs. 2 S. 2 UMV überschreiten.

a) Ausgangspunkt: keine besondere Kennzeichnungskraft geografischer Kollektivmarken, Bekanntheit geografischer Kollektivmarken. Die vom EuGH bestätigte Rechtsprechung des EuG illustriert, dass der wertungsmäßige Ursprung der in § 100 Abs. 1/ Art. 66 Abs. 2 S. 2 UMV für Kollektivfremde vorgesehenen Gestattung, den geografischen Namen zu verwenden, solange dies nicht geografisch irreführt, die von Haus aus geringe Kennzeichnungskraft geografischer Kollektivmarken ist. Die Kennzeichnungskraft geografischer Kollektivmarken wird genauso bestimmt wie die von Individualmarken (§ 97 Abs. 2). Darum führt die Bekanntheit des geografischen Namens nicht dazu, dass auch die Kollektivmarke, die ihn enthält oder aus ihm besteht, als solche, also als Marke, bekannt ist (EuG T-624/13, BeckRS 2015, 81392 Rn. 108; ebenso vom selben Tage zu anderen Widerspruchskollektivmarken mit dem Wortbestandteil „Darjeeling" EuG T-625/13, T-626/13, T-627/13). Umgekehrt sieht das EuG in dem ausdrücklichen Drittbenutzungsrecht aus § 100 Abs. 1/ Art. 66 Abs. 2 S. 2 UMV sogar ein Indiz dafür, dass die Eintragung einer reinen Kollektivmarke (dh nur des geografischen Produktnamens, ohne grafische oder andere Zusätze) keine Vermutung für eine durchschnittliche Kennzeichnungskraft dieser Kollektivmarke begründet. Vielmehr werden danach reine geografische Kollektivmarken, weil sie eben per definitionem glatt beschreibend und darum nur wegen der Ausnahmeregelung des Art. 66 Abs. 2 UMV/ § 99 überhaupt eintragungsfähig sind, regelmäßig „keine besondere Kennzeichnungskraft" (EuG T-534/10, BeckRS 2012, 81205 Rn. 52, 55 – Organismos Kypriakis Galaktokomikis Viomichanias/HABM). Umgekehrt erreicht eine geografische Kollektivmarke Bekanntheit iSv § 9 Abs. 1 Nr. 3 nicht dadurch, dass der geografische Name als solcher bekannt ist, sondern dadurch, dass aus der Kollektivmarke darauf geschlossen wird, dass die Produkte vom Kollektiv herrühren. Wenn in diesem Sinne Bekanntheit vorliegt, dann richtet sich die Fage, ob eine unlautere Rufausbeutung, oder -verwässerung vorliegt, nach denselben Maßstäben wie bei einer Individualmarke (Rufausbeutung durch Imagetransfer bei Kollektivmarke „Darjeeling" (für Tee) durch Bekleidungs- bzw. Bekleidungseinzelhandelsmarke für möglich gehalten und zwecks Feststellung der Bekanntheit der Kollektivmarke zurückverwiesen: EuG T-624/13, BeckRS 2015, 81392 Rn. 142, 144; ebenso vom selben Tage zu anderen Widerspruchskollektivmarken mit dem Wortbestandteil „Darjeeling" EuG T-625/13, T-626/13, T-627/13).

Das EuG sprach ebenso wie die Beschwerdekammer der geografischen Kollektivmarke „Halloumi" nur schwache Kennzeichnungskraft zu. Das führe dazu, dass „Hellim" trotz Warenidentität sowie gewisser begrifflicher Ähnlichkeit außerhalb des Schutzbereichs von „Halloumi" liege (EuG T-534/10, BeckRS 2012, 81205 Rn. 52 – Organismos Kypriakis Galaktokomikis Viomichanias/HABM, bestätigt von EuGH C-393/12 P, BeckRS 2013, 80684 – HELLIM, dazu Anm. Schoene GRUR-Prax 2013, 265). In dem Fall kollidierten zwei sog. „mittelbare geografische Herkunftsangaben" (zum Begriff → § 126 Rn. 17 ff.) von der Insel Zypern: Das türkisch-zypriotische Wort „Hellim" (als geografische Herkunftsangabe für einen Käse von Zypern) mit der für Käse eingetragenen geografischen Kollektivmarke „Halloumi", einem griechisch-zypriotischen Wort. Das EuG bejahte zwar angesichts der Bedeutungsidentität, aber verschiedenen Sprachherkunft eine gewisse begriffliche Ähnlichkeit (→ Rn. 14). Die Beschwerdekammer habe aber zutreffend eine Kennzeichnungsschwäche der Kollektivmarke angenommen, so dass keine Verwechslungsgefahr vorliege.

Für das Ergebnis spricht auch ein Erst-Recht-Schluss: wenn kollektivfremde zypriotische Hersteller wegen Art. 66 Abs. 2 S. 2 UMV bzw. § 100 sogar das eingetragene Zeichen „Halloumi" benutzen dürfen, dann muss das erst recht für Wort „Hellim" gelten. Das EuG stellt aber ausdrücklich darauf ab, dass „Hellim" trotz Ähnlichkeit/Warenidentität schon gar nicht in dem engen Schutzbereich von „Halloumi" liege, so dass es der Rechtfertigung durch § 100, Art. 66 Abs. 2 S. 2 UMV nicht bedurfte.

b) Konsequenz: Schutz gegen Drittbenutzung ohne geografische Irreführung nur ausnahmsweise. Die „Halloumi"-Entscheidung des EuG bindet zwar den nationalen Richter nicht, weil sie naturgemäß in keinem Vorlageverfahren erging. Sie ist aber überzeugend begründet und vom EuGH bestätigt, so dass aus ihr auch für die Auslegung von § 100 zu folgern ist: Eine geografische Kollektivmarke begründet kaum jemals Ansprüche gegen einen Kollektivfremden, der zwar gegen qualitätsbezogene Satzungsvorgaben verstößt, aber nicht über die geografische Herkunft der Produkte irreführt. Denn die Grenzen der guten Sitten werden ohne geografische Irreführung regelmäßig nur dann überschritten sein, wenn die von der Satzung aufgestellten Qualitätsanforderungen im Verkehrsverständnis schon so verfestigt sind, dass der geografische Name zu einer qualifizierten geografischen Herkunftsangabe geworden ist. Denn dann (und erst dann) ist die betreffende Qualitätsanforderung schon über § 127 Abs. 2 – also auch ohne die Kollektivmarke – allgemeinverbindlich geworden.

14.1 Das OLG Düsseldorf verbot aus der Unionskollektivmarke „Halloumi" einen Halloumi, der nicht in Zypern oder nicht mit zypriotischer Milch oder nicht nach den Vorgaben der Kollektivmarkensatzung hergestellt war (so der Tenor der landgerichtlichen Entscheidung, den OLG Düsseldorf BeckRS 2006, 11376 wiedergibt und insofern bestätigt). Verboten wird damit also auch jeder Halloumi, der zwar auf Zypern, aber nicht satzungskonform hergestellt ist.

14.2 Dieses umfassende Verbot von satzungswidrigem „Halloumi" ist unter Zugrundelegung des zitierten EuG-Urteils mit den tatsächlichen Feststellungen des OLG nicht zu rechtfertigen. Denn ein solches Verbot setzt angesichts des Drittbenutzungsrechts aus § 100 Abs. 1/Art. 66 Abs. 2 S. 2 UMV voraus, dass jeder Verstoß gegen Satzungsvorgaben zugleich einen Verstoß gegen die „anständigen Gepflogenheiten im Handel"/„guten Sitten" darstellt. Von einer automatischen Identität zwischen den Vorgaben der Satzung und den Anforderungen der guten Sitten kann man aber nicht ausgehen, denn die Satzung darf von den Kollektivmitgliedern etwas mehr fordern als die guten Sitten von den Kollektivfremden (→ § 102 Rn. 18 ff.). Das OLG Düsseldorf hätte deshalb begründen müssen, dass im Falle von „Halloumi" **jeder** denkbare Satzungsverstoß zugleich einen Sittenverstoß darstellt. Das tut die Entscheidung nicht, und darum ist sie im Hinblick auf diesen Teil des Tenors mindestens unzureichend begründet, wahrscheinlich aber auch im Ergebnis falsch.

14.3 Die These, dass aus geografischen Kollektivmarken idR nicht gegen satzungswidrige, aber geografisch korrekte Benutzungen des geografischen Namens durch Kollektivfremde vorgegangen werden kann, steht auch im Einklang mit der Entscheidung „RIOJAVINA" (EuG T-138/09, BeckRS 2010, 90778, insbesondere Rn. 60; das Rechtsmittel wurde durch begründungslosen Beschluss zurückgewiesen: EuGH C-388/10 P, BeckEuRS 2011, 571952). Dort hat das EuG zwischen der unter anderem für Essig angemeldeten Marke „RIOJAVINA" und der widersprechenden, für Wein eingetragenen Unionskollektivmarke Verwechslungsgefahr trotz nur geringer Warenähnlichkeit, aber erheblicher Zeichenähnlichkeit bejaht. In Bezug auf Art. 66 Abs. 2 S. 2 UMV weist das EuG gerade darauf hin, dass die stattgebende Widerspruchsentscheidung nicht die **Benutzung** des jüngeren Zeichens, sondern nur dessen Eintragung verhindere. Darum stehe Art. 66 Abs. 2 S. 2 UMV der Bejahung der Verwechslungsgefahr im Registerverfahren nicht entgegen. Dies stützt die Annahme, dass die durch einen Kollektivfremden erfolgende, zwar satzungswidrige, aber nicht geografisch irreführende Benutzung des geografischen Namens aus der gleichlautenden geografischen Kollektivmarke in der Regel nicht verboten werden kann.

II. Schutzumfang geografischer Kollektivmarken mit phantasievollen Bestandteilen

15 Wenn eine geografische Kollektivmarke außer der geografischen Herkunftsangabe wörtliche oder grafische Zusätze enthält, muss man in Kollisionsfällen berücksichtigen, dass die geografische Herkunftsangabe nach der europäischen Rechtsprechung (→ Rn. 13) regelmäßig zwar „keine besondere" Kennzeichnungskraft hat, aber bei angemessener Zeichen- und Produktähnlichkeit grundsätzlich den vollen Verwechslungsschutz genießt. Eine Verletzung wird also noch leichter zu bejahen sein, wenn das Kollisionszeichen auch Ähnlichkeiten mit den willkürlich gewählten Bestandteilen der Kollektivmarke aufweist. Dann kann der Sittenverstoß auch daraus folgen, dass sich der Drittbenutzer unnötig eng an frei wählbare Zeichenelemente anhängt (in diesem Sinne Ingerl/Rohnke Rn. 5; dem folgend BGH GRUR 2003, 242 (245) – Dresdner Christstollen).

III. Rechtserhaltende Benutzung (Abs. 2)

16 Während sich Abs. 1 nur mit geografischen Kollektivmarken befasst, betrifft Abs. 2 alle Kollektivmarken, also auch Gütezeichen und alle anderen denkbaren Formen (Ingerl/Rohnke Rn. 7). Da § 97 Abs. 2 auch auf das Erfordernis der rechtserhaltenden Benutzung verweist, gelten die allgemeinen Anforderungen der §§ 25, 26 ebenso für Kollektivmarken, seien es geografische oder andere.

Abs. 2 knüpft daran an, dass es bei Kollektivmarken anders als bei Individualmarken naturgemäß nicht nur einen, sondern mehrere Benutzungsberechtigte gibt. Unabhängig von der Zahl der Kollektivmitglieder oder sonst Benutzungsberechtigten genügt die Benutzung durch den Inhaber oder eine einzige benutzungsbefugte Person. 17

Das bedeutet erstens, dass die **Benutzung durch** einen bloß über Abs. 1 legitimierten **Außenstehenden** nicht reicht (Ingerl/Rohnke Rn. 7). 18

Zweitens bedeutet dies, dass es wie bei der Benutzungszurechnung über § 26 Abs. 2 einer **Benutzungsgestattung** durch den Inhaber bedarf, damit die Benutzung als rechtserhaltende zugerechnet wird. Allerdings liegt in der Kollektivmitgliedschaft regelmäßig, nämlich wenn die Kollektivmarkensatzung die Benutzungsbefugnis an die Mitgliedschaft knüpft, auch schon die Benutzungsgestattung. 19

Die Kollektivmarke kann auch von ihrem Inhaber allein hinreichend benutzt werden. Dies wäre etwa der Fall bei einer Winzergenossenschaft, die eine Kollektivmarke für eine bestimmte Weinbergslage hält und unter der Kollektivmarke Wein vertreibt (Ingerl/Rohnke Rn. 7). 20

Die Benutzung muss für die geschützten Waren und Dienstleistungen erfolgen. Die für „Zahntechnikerdienstleistungen" eingetragene Kollektivmarke wird darum nicht rechtserhaltend benutzt, wenn sie nur „für Dienstleistungen eines Innungsdachverbandes" verwendet wird (LG Mannheim BeckRS 2007, 11351; Ingerl/Rohnke Rn. 7). 21

§ 101 Klagebefugnis; Schadensersatz

(1) Soweit in der Markensatzung nichts anderes bestimmt ist, kann eine zur Benutzung der Kollektivmarke berechtigte Person Klage wegen Verletzung einer Kollektivmarke nur mit Zustimmung ihres Inhabers erheben.

(2) Der Inhaber der Kollektivmarke kann auch Ersatz des Schadens verlangen, der den zur Benutzung der Kollektivmarke berechtigten Personen aus der unbefugten Benutzung der Kollektivmarke oder eines ähnlichen Zeichens entstanden ist.

Überblick

§ 101 regelt die Klagebefugnis bei der Kollektivmarke (→ Rn. 2 ff.) und die Berechtigung zur Geltendmachung von Schadensersatzansprüchen (→ Rn. 6 f.). Da es zu Parallelprozessen kommen kann, tritt das Problem der doppelten Rechtshängigkeit auf (→ Rn. 7).

A. Allgemeines

Die MRL enthält für das von § 101 Geregelte keine Vorgaben. Die RL (EU) 2015/2436 enthält Regelungen in Art. 34 (zu Änderungsbedarf unten). Änderungen von § 101 dürften dadurch nicht veranlasst sein. § 101 entspricht Art. 72 UMV. § 101 betrifft nur markenrechtliche Ansprüche, nicht solche aus dem UWG oder BGB (Büscher/Dittmer/Schiwy/Büscher Rn. 6). 1

B. Regelungsgehalt

§ 101 betrifft das Vorgehen gegen Kollektivfremde. Hat ein Kollektiv**mitglied** gegen die Benutzungsbedingungen der Satzung verstoßen, dann folgen Ansprüche des Verbands aus § 97 Abs. 2, § 30 Abs. 2 analog, weil die Situation dem Verstoß des Lizenznehmers gegen Bedingungen des Lizenzvertrages vergleichbar ist (BGH GRUR 2003, 242 (244) – Dresdner Christstollen; Fezer § 102 Rn. 10). 2

I. Klagebefugnis (Abs. 1)

Abs. 1 berücksichtigt die Tatsache, dass es unter den Verbandsmitgliedern oder zwischen Verband und Mitgliedern verschiedene Auffassungen über das Vorgehen gegen einen kollektivfremden Verletzer geben kann. Gemäß Abs. 1 entscheidet letztlich der Kollektivmarkeninhaber. Im Individualmarkenrecht entspricht dem das Entscheidungsrecht des Markeninhabers in § 30 3

Abs. 3 (Ingerl/Rohnke Rn. 1, allerdings mit Verweis auf § 30 Abs. 4). Das benutzungsberechtigte Kollektivmitglied wird also über Abs. 1 auch insofern einem Lizenznehmer gleichgestellt.

4 Mit Ermächtigung des Kollektivmarkeninhabers können auch Benutzungsberechtigte Verletzungsklage erheben. Die Ermächtigung kann im Einzelfall oder generell schon in der Markensatzung erteilt werden (Ingerl/Rohnke Rn. 5; Büscher/Dittmer/Schiwy/Büscher Rn. 3). Wer für die Erteilung der Ermächtigung zuständig ist, regeln die Satzung oder die für den Inhaber generell geltenden Vertretungsvorschriften (Bürgermeister einer Kommune, Vorstand beim e.V.). Die Zustimmung kann auch konkludent erteilt werden, indem das Kollektiv den Rechtsstreit mit seinen Mitgliedern gemeinsam führt (OLG Hamburg MD 1999, 536 (542) – Rügenwalder Teewurst). Die Ermächtigung kann auf Eilfälle beschränkt oder in anderer Weise bedingt sein (Ingerl/Rohnke Rn. 5).

5 Macht der **Benutzungsberechtigte** Ansprüche geltend, dann handelt er in **Prozessstandschaft,** weil das eigentliche Recht beim Kollektivmarkeninhaber liegt (Ingerl/Rohnke Rn. 5; Büscher/Dittmer/Schiwy/Büscher Rn. 3). Das bedeutet, dass eine gemeinsame Verfolgung durch Kollektivmarkeninhaber und Benutzungsberechtigten im selben Prozess dann möglich ist, wenn der Prozessstandschafter (= Benutzungsberechtigte) ein schutzwürdiges Interesse daran hat, dass er neben dem Inhaber auch selbst Ansprüche geltend macht (Büscher/Dittmer/Schiwy/Büscher Rn. 3).

5.1 Bei § 101 Abs. 1 besteht auch unter der RL (EU) 2015/2436 kein Änderungsbedarf. Zwar verweist Art. 34 Abs. 1 RL (EU) 2015/2436 auf Art. 25 Abs. 3 S. 1 RL (EU) 2015/2436. Danach kann der Lizenznehmer eine Markenverletzungsklage zunächst nur mit Zustimmung des Inhabers erheben. Wenn aber der Inhaber trotz Aufforderung nicht selbst innerhalb angemessener Frist Verletzungsklage erhebt, dann kann der Inhaber einer ausschließlichen Lizenz auch ohne Zustimmung wegen Verletzung klagen. Dieselben Regelungen enthält die UMV (Art. 72 Abs. 1 UMV verweist auf Art. 22 Abs. 3, 4 UMV). Für Art. 72 Abs. 1 UMV soll diese Verweisung sich nicht auf Art. 22 Abs. 3 S. 2 UMV beziehen, weil niemand ein ausschließliches Recht zur Benutzung einer Kollektivmarke haben kann (→ UMV Art. 72 Rn. 1). In der UMV kann also ein Benutzungsberechtigter nie ohne Zustimmung des Kollektivmarkeninhabers eine Verletzungsklage erheben (ebenso Eisenführ/Schennen/Schennen UMV Art. 72 Rn. 3, aber ohne Begründung). Da es bei Kollektivmarken kein Alleinbenutzungsrecht geben kann, wäre es nicht sachgerecht, (jeden) Kollektivmarken-Benutzungsberechtigten autonom zur Klage zu ermächtigen. Dies könnte dazu führen, dass eine prozessökonomisch unsinnige Vielzahl von Verletzungsprozessen entwickelt. Darum sind die Verweisungen in Art. 72 UMV so zu lesen, dass sie sich nicht auf Art. 25 Abs. 3 S. 2 MRL, Art. 22 Abs. 3 S. 2 UMV beziehen. Wenn man diese Einschränkung der Verweisung auch für Art. 34 Abs. 1 RL (EU) 2015/2436 akzeptiert, dann ist § 101 Abs. 1 auch zukünftig richtlinienkonform.

II. Schadensersatz (Abs. 2)

6 Abs. 2 trägt der Tatsache Rechnung, dass bei einer Kollektivmarkenverletzung der Schaden oft bei den Verbandsmitgliedern auftritt, während das verletzte Schutzrecht beim Verband liegt, dass also bei der Kollektivmarke der Schadensersatzberechtigte und der Geschädigte nicht dieselbe Person sind. Der Verband wird häufig wirtschaftlich gar keinen Schaden haben, etwa wenn er keinen eigenen Geschäftsbetrieb hat und aus der Marke auch keine Lizenzeinnahmen erzielt (Ingerl/Rohnke Rn. 1). Solche Fälle, in denen Anspruchsinhaber und Geschädigter nicht identisch sind, löst Abs. 2 über eine **Drittschadensliquidation,** indem er es gestattet, dass der Kollektivmarkeninhaber denjenigen Schaden geltend macht, der den Benutzungsberechtigten entstanden ist (Ingerl/Rohnke Rn. 1; Büscher/Dittmer/Schiwy/Büscher Rn. 6). Dieses Recht ist aber nicht zwingend exklusiv. Denn soweit die Benutzungsberechtigten nach Abs. 1 selbst klagen dürfen, können sie auch selbst Schadensersatz verlangen. Natürlich kann der Kollektivmarkeninhaber seinen eigenen Schaden geltend machen (Ingerl/Rohnke Rn. 5). Für die Schadenshöhe gelten die allgemeinen Regeln zur dreifachen Schadensberechnung (Ingerl/Rohnke Rn. 5).

6.1 § 101 Abs. 2 entspricht Art. 34 Abs. 2 RL (EU) 2015/2436 bis auf die Tatsache, dass Art. 34 RL (EU) 2015/2436 sich nur auf Schadensersatz „aus der unberechtigten Benutzung der Marke" bezieht, während § 101 Abs. 2 den Schaden aus der Benutzung „der Kollektivmarke oder eines ähnlichen Zeichens" betrifft. Der Wortlaut von Art. 34 Abs. 2 RL (EU) 2015/2436 entspricht Art. 72 Abs. 2 UMV. Die Nichterwähnung von ähnlichen Marken hat keine sachliche Bedeutung (→ UMV Art. 72 Rn. 4). Es kann sich bei dem Formulierungsunterschied nur um ein Redaktionsversehen handeln.

III. Parallele Klagen von Inhaber und Benutzungsberechtigtem

Bei parallelen Klagen von Benutzungsberechtigtem und Verband steht der jeweils späteren **7** Klage die Rechtshängigkeit der früheren entgegen (Ingerl/Rohnke Rn. 5), wenn beide Klagen wirklich denselben Anspruch betreffen. Unzulässige doppelte Rechtshängigkeit tritt also etwa ein, wenn der Kollektivmarkeninhaber seinen eigenen Schaden und den aller Benutzungsberechtigten einklagt und später ein Benutzungsberechtigter einen Prozess wegen seines eigenen Schadens beginnt. Keine doppelte Rechtshängigkeit indes liegt vor, wenn Kollektivmarkeninhaber und Benutzungsberechtigter in getrennten Prozessen den jeweils eigenen Schaden geltend machen (Büscher/Dittmer/Schiwy/Büscher Rn. 6).

§ 102 Markensatzung

(1) Der Anmeldung der Kollektivmarke muß eine Markensatzung beigefügt sein.
(2) Die Markensatzung muß mindestens enthalten:
1. Namen und Sitz des Verbandes,
2. Zweck und Vertretung des Verbandes,
3. Voraussetzungen für die Mitgliedschaft,
4. Angaben über den Kreis der zur Benutzung der Kollektivmarke befugten Personen,
5. die Bedingungen für die Benutzung der Kollektivmarke und
6. Angaben über die Rechte und Pflichten der Beteiligten im Falle von Verletzungen der Kollektivmarke.

(3) Besteht die Kollektivmarke aus einer geographischen Herkunftsangabe, muß die Satzung vorsehen, daß jede Person, deren Waren oder Dienstleistungen aus dem entsprechenden geographischen Gebiet stammen und den in der Markensatzung enthaltenen Bedingungen für die Benutzung der Kollektivmarke entsprechen, Mitglied des Verbandes werden kann und in den Kreis der zur Benutzung der Kollektivmarke befugten Personen aufzunehmen ist.

(4) Die Einsicht in die Markensatzung steht jeder Person frei.

Überblick

Die Vorlage der Markensatzung aus Abs. 1 ist bei der Kollektivmarke ein zusätzliches Erfordernis der Anmeldung. Es tritt neben die in § 37 genannten Anforderungen. Abs. 2 regelt den Mindestinhalt der Satzung (→ Rn. 7 ff.). Abs. 3 stellt sicher, dass bei geografischen Kollektivmarken ortsansässige Kollektivfremde nicht nur ein Benutzungsrecht haben (§ 100 Abs. 1), sondern auch dem Kollektiv beitreten können; ein ähnliches Beitrittsrecht kann es auch bei nicht-geografischen Kollektivmarken geben (→ Rn. 13 ff.). Abs. 4 schafft ein generelles Recht, die Markensatzung einzusehen (→ Rn. 5 ff.).

Übersicht

	Rn.		Rn.
A. Allgemeines	1	2. Name und Sitz des Verbandes (Abs. 2 Nr. 1)	9
I. Parallelvorschriften in UMV, MRL	1	3. Zweck und Vertretung des Verbandes (Abs. 2 Nr. 2)	10
II. Objektive Auslegung der Satzung	2	4. Voraussetzungen für die Mitgliedschaft (Abs. 2 Nr. 3)	11
B. Einzelregelungen	3	5. Ansprüche auf Aufnahme ins Kollektiv	12
I. Satzungsvorlage bei Anmeldung – Verstoß	3	6. Angaben über Benutzungsberechtigte (Abs. 2 Nr. 4)	16
II. Öffentlichkeit der Satzung – Einsichtsrecht	5	7. Bedingungen für die Benutzung der Kollektivmarke (Abs. 2 Nr. 5)	18
III. Inhalt der Satzung	7	8. Rechte und Pflichten der Beteiligten bei Markenverletzungen (Abs. 2 Nr. 6)	25
1. Allgemeines	7		

A. Allgemeines

I. Parallelvorschriften in UMV, MRL

1 Zur Markensatzung fanden sich bisher in der RL (EU) 2008/95 keine Regelungen, nunmehr aber in Art. 30 Abs. 1 RL (EU) 2015/2436. § 102 Abs. 2 Nr. 1 (Pflicht zur Angabe von Namen/Sitz des Verbandes) und Nr. 2 (Zweck, Vertretung des Verbandes) haben keine Entsprechung in der MRL; zum Änderungsbedarf s. unten bei der Kommentierung der Ziffern. Art. 67 Abs. 1 UMV entspricht § 102 Abs. 1.

II. Objektive Auslegung der Satzung

2 Die Satzung ist – anders als etwa Lizenzverträge – nicht danach auszulegen, was die Parteien bei ihrer Niederlegung meinten oder was die Interessen der damals beteiligten Gründungsmitglieder waren. Weil sich der Mitgliederbestand ändern kann und die öffentlich einsehbare Satzung beitrittswilligen Dritten Auskunft über Voraussetzung und Konsequenzen des Kollektivbeitritts geben muss, ist sie vielmehr objektiv und einheitlich nach dem Empfängerhorizont auszulegen.

2.1 Die Ziele der Gründer, die Entstehungsgeschichte des Verbandes haben darum geringe Bedeutung und verlieren sie noch mit zunehmender Dauer der Verbandsexistenz (BGH GRUR 2003, 242 (244) – Dresdner Christstollen, mit Bezugnahme auf vereinsrechtliche Vorentscheidungen, Büscher/Dittmer/Schiwy/Büscher Rn. 12). Außerhalb der Satzung liegende Umstände spielen grundsätzlich keine Rolle, es sei denn ihre Kenntnis kann **ausnahmsweise** von allen (potentiellen!) Mitgliedern erwartet werden (BGH GRUR 2003, 242 (244) – Dresdner Christstollen – in casu verneint, mit Bezugnahme auf BGH GRUR 1976, 43 (46) – Deutscher Sportbund: Rückverweisung zwecks Klärung, ob alle Mitglieder des DSB, dh die Sport-Landesverbände, solche satzungsexternen Umständen kannten).

B. Einzelregelungen

I. Satzungsvorlage bei Anmeldung – Verstoß

3 Die Markensatzung muss bei der Anmeldung mit vorgelegt werden. Geschieht dies aber nicht, so ist es (nur) ein „sonstiger Mangel" iSv § 36 Abs. 4. Er führt also nicht zur Aberkennung der Priorität des Anmeldetages (§ 6 Abs. 2). Denn die Verschiebung des Anmeldetages tritt nur ein, wenn eines der in § 33 Abs. 1 genannten Anmeldungserfordernisse fehlt (Ingerl/Rohnke Rn. 5; Büscher/Dittmer/Schiwy/Büscher Rn. 3). Für die Zuerkennung der Priorität des Anmeldetages erforderlich ist aber die Angabe von Name und Sitz des Verbandes (§ 102 Abs. 2 Nr. 1), denn sie identifizieren den Anmelder und fallen darum unter § 32 Abs. 2 Nr. 1. Ihr Fehlen führt darum zur Verschiebung des Anmeldetages gemäß § 33 Abs. 1 (Ingerl/Rohnke Rn. 5).

4 Das Fehlen der Satzung oder unzulässige Regelungen darin führen – nach fruchtloser Fristsetzung – zur Zurückweisung der Anmeldung (§ 103). Ist die Kollektivmarke unter Verstoß gegen § 103 eingetragen worden, so stellt dies einen Nichtigkeitsgrund dar (§ 106).

II. Öffentlichkeit der Satzung – Einsichtsrecht

5 Die Markensatzung wird nicht im Register veröffentlicht, weil § 25 MarkenV dies nicht anordnet (Büscher/Dittmer/Schiwy/Büscher Rn. 4). Dem Register lässt sich nur entnehmen, dass die fragliche Marke eine Kollektivmarke ist (§ 25 Nr. 9). Darum ist das Einsichtsrecht aus § 102 Abs. 4 das einzige Mittel für Dritte, für Beitrittsinteressenten und auch für die Kollektivmitglieder, den amtlichen Inhalt der Markensatzung zu erfahren.

6 Das Satzungseinsichtsrecht setzt nach der Eintragung, aber auch schon während des Eintragungsverfahrens **keinerlei berechtigtes Interesse** voraus (Ingerl/Rohnke Rn. 16). Es geht insofern weiter als das Recht auf Einsicht in die übrigen Aktenbestandteile aus § 62 Abs. 1. Nach der Eintragung kann jedermann außer der Satzung auch die gesamte restliche Markenakte einsehen (§ 97 iVm § 62 Abs. 2, 3).

III. Inhalt der Satzung

1. Allgemeines

Die Kollektivmarkensatzung ist zu unterscheiden von der eigentlichen „Verfassung" des Verbandes (Büscher/Dittmer/Schiwy/Büscher Rn. 1), also von der Vereinsatzung beim e.V., dem Gesellschaftsvertrag der KG oder der GmbH oder öffentlich-rechtlichen Organisationsregeln, die den Kollektivmarkeninhaber betreffen (Kommunalverfassung, Satzungen der Berufskammern etc). Deren Regelungen sind also nicht mit der Kollektivmarkensatzung zu verwechseln und sie sollten auch nicht darin auftauchen, weil das bei Änderungen des einen Textes zu unnötigem Änderungsbedarf im anderen führt. 7

Die Kollektivmarkensatzung enthält nur Regelungen im Zusammenhang mit der Kollektivmarke. Dies kann Beziehungen zwischen Verband und Mitgliedern betreffen (Lizenzgebühren), Beziehungen zwischen den Mitgliedern untereinander und, etwa im Hinblick auf Klagebefugnisse (§ 101) auch Beziehungen zwischen Verband oder Mitgliedern einerseits und andererseits Dritten. Die Kollektivmarkensatzung muss bzw. darf Folgendes regeln bzw. nicht vorsehen: 8

2. Name und Sitz des Verbandes (Abs. 2 Nr. 1)

Der „Name" ist die vollständige Bezeichnung des Anmelders einschließlich der Rechtsform. Der „Sitz" bezeichnet nur den Ort. Die vollständige Anschrift muss zwar wegen § 5 Abs. 1 Nr. 3 MarkenV iVm § 32 Abs. 2 angegeben sein. Sie sollte aber nur im Anmeldeformular genannt sein, nicht in der Satzung, weil sonst jeder Umzug im Ort eine Satzungsänderung erforderlich macht (Büscher/Dittmer/Schiwy/Büscher Rn. 6). 9

§ 102 Abs. 2 Nr. 1 hat keine Entsprechung in Art. 30 RL (EU) 2008/95. Das ist unschädlich. Denn der Name und der Sitz des Verbandes müssen sowieso angegeben werden, damit die Identität des Markenanmelders klar ist. Insofern kann diese Vorgabe jedenfalls auf Art. 37 Abs. 1 lit. b RL (EU) 2015/2436 gestützt werden, wonach bei jeder Markenanmeldung Angaben gemacht werden müssen, die die Identität des Anmelders feststellen lassen. 9.1

3. Zweck und Vertretung des Verbandes (Abs. 2 Nr. 2)

Die Bestimmungen zum Zweck und die Vertretungsregeln ergeben sich aus der „Verfassung" des Verbandes, also aus der Vereinssatzung, dem Gesellschaftsvertrag, der Kommunalverfassung etc. Bei „Vertretung" muss die Satzung nur das Gremium nennen (Ingerl/Rohnke Rn. 7). Die je aktuell vertretungsbefugten Personen ergeben sich bei Vereinen und Handelsgesellschaften aus den öffentlichen Registern (Büscher/Dittmer/Schiwy/Büscher Rn. 7), sonst aus der Dokumentation der betreffenden Handlungen des Kollektivmarkeninhabers (Bestellung des Bürgermeisters etc). 10

§ 102 Abs. 2 Nr. 2 hat keine Entsprechung in der RL (EU) 2015/2436. Insofern zwingt das deutsche Recht dazu, Angaben in der Kollektivmarkensatzung zu machen, die von der RL (EU) 2015/2436 nicht als Mindestinhalt genannt werden. Dies wirft die Frage auf, ob § 102 Abs. 2 Nr. 2 richtlinienwidrig ist. Für eine Richtlinienwidrigkeit spricht, dass Art. 31 RL (EU) 2015/2436 die Gründe abschließend aufzählt, aus denen eine Kollektivmarkenanmeldung zurückgewiesen werden kann. Zu diesen Gründen gehört auch, dass die Kollektivmarkensatzung nicht den Vorgaben von Art. 30 RL (EU) 2015/2436 entspricht. Art. 30 RL (EU) 2015/2436 enthält aber eben Mindestvorgaben. Wenn nur bei Nichteinhaltung dieser Mindestvorgaben die Zurückweisung möglich ist, so bedeutet dies, dass bei Nichteinhaltung überschießender Anforderungen aus dem nationalen Recht keine Zurückweisung der Kollektivmarkenanmeldung möglich sein soll. Die abschließende Normierung der Zurückweisungsgründe in Art. 31 RL (EU) 2015/2436 spricht also dafür, auch den Mindestinhalt der Satzung als von Art. 30 Abs. 2 RL (EU) 2015/2436 abschließend definiert anzusehen. Das wiederum bedeutet, dass die überschießende Vorgabe in § 102 Abs. 2 Nr. 2 (Zweck, Vertretung des Verbandes) von der Richtlinie nicht gedeckt ist und bis 14.1.2019 gestrichen werden muss. Ein sachlicher Nachteil entsteht dadurch nicht. Denn die ordnungsgemäße Vertretung des Verbandes muss das Patentamt ohnehin von Amts wegen prüfen und bejahen, wenn es die Wirksamkeit der Markenanmeldung oder einer späteren Satzungsänderung prüft. Die Angabe des Verbandszwecks erscheint darum letztlich überflüssig. Wenn feststeht, dass es sich um einen kollektivmarkenfähigen Verband von Erzeugern, Herstellern oder Händlern handelt, dann ist es 10.1

MarkenG § 102

eine redundante Förmelei, von dem Verband zu verlangen, dass er seinen Zweck in der Kollektivmarkensatzung beschreibt. Wenn der Verband in Kollektivmarkenangelegenheiten anders vertreten sein will, als es nach seiner allgemeinen Satzung der Fall ist, dann steht es ihm frei, dazu Angaben in der Kollektivmarkensatzung zu machen. Das Fehlen solcher Angaben darf aber gemäß Art. 31 RL (EU) 2015/2436 keine Konsequenzen haben.

4. Voraussetzungen für die Mitgliedschaft (Abs. 2 Nr. 3)

11   Mitglieder des Verbandes können zum einen Personen sein, die die Kollektivmarke benutzen wollen. Mitglieder können aber auch andere Personen sein. Es kann „außerordentliche Mitglieder", „Fördermitglieder" oder „Ehrenmitglieder", also Personen, die sich um die Marke oder die betreffenden Produkte verdient gemacht haben, geben (Ingerl/Rohnke Rn. 8). § 102 Abs. 2 Nr. 3 betrifft mitgliedschaftliche Rechte, nicht das Recht, die Marke zu benutzen.

5. Ansprüche auf Aufnahme ins Kollektiv

12   Bei geografischen Kollektivmarken, bei Gütezeichen und unter Umständen auch bei anderen Kollektivmarken gibt es einen Anspruch auf Aufnahme ins Kollektiv.

12.1   Dies hatte bisher keine Entsprechung in der MRL 2008/95. In der RL (EU) 2015/2436 sieht nunmehr Art. 30 Abs. 2 S. 2 vor, dass die Markensatzung „es jeder Person, deren Waren oder Dienstleistungen aus dem betreffenden geografischen Gebiet stammen, gestatten (muss), Mitglied des Verbandes zu werden, der Inhaber der Marke ist, sofern diese Person alle anderen Bedingungen der Satzung erfüllt." Von dieser Vorgabe unterscheidet sich § 102 Abs. 3 darin, dass danach nicht nur die Person des Aspiranten alle Voraussetzungen der Kollektivmarkensatzung erfüllen muss, sondern auch ihre Waren oder Dienstleistungen müssen den Benutzungsbedingungen der Satzung entsprechen. Dieser wortlautmäßige Unterschied bedeutet aber keinen Unterschied in der Sache. Denn wenn die Kollektivmarkensatzung vorsieht, dass die Kollektivmarke nur für Produkte mit bestimmten Eigenschaften geführt werden darf, dann erfüllt ein Benutzungsinteressent nur dann alle Voraussetzungen der Kollektivmarkensatzung, wenn er auch Produkte mit solchen Eigenschaft herstellt. Man wird also eine Satzungsvorgabe „nur Produkte mit Eigenschaft X" auch als eine Vorgabe an die Person des Benutzenden ansehen können, der nämlich ein „Hersteller/Händler von Produkten mit Eigenschaft X" sein muss. Darum dürfte § 102 Abs. 3 mit Art. 30 RL (EU) 2015/2436 in Einklang stehen.

13   **a) Aufnahmeanspruch bei geografischen Kollektivmarken.** § 102 Abs. 3 schreibt bei geografischen Kollektivmarken vor, dass jeder, dessen Produkte aus dem Gebiet stammen und die Satzungsanforderungen erfüllen, die Möglichkeit zum Beitritt und zum Erwerb der Benutzungsberechtigung haben muss. Dieses Beitrittsrecht ergänzt das Drittbenutzungsrecht aus § 100. Das Beitrittsrecht aus § 100 Abs. 3 gilt nur bei „reinen" geografischen Kollektivmarken, also bei Zeichen, die nur aus der geografischen Herkunftsangabe ohne grafische oder wörtliche Zusätze bestehen und darum nur wegen § 99 eintragungsfähig sind. Im Ergebnis gibt es dasselbe Beitrittsrecht aber auch bei einer grafisch ausgestalteten geografischen Kollektivmarke. Denn eine solche wird, da sie die geografische Herkunft des damit gekennzeichneten Produkts signalisiert, wohl stets ein Gütezeichen sein, so dass der diesbezügliche und im Wesentlichen inhaltsgleiche Aufnahmeanspruch eingreift (→ Rn. 15 ff.; ausführlich dazu und zu dem verwandten Anspruch auf Aufnahme in die Antragstellervereinigung beim Schutz von g.g.A./g.U. Schoene Anm. zu VG Köln „Uhlen" in ZLR 2015, 236, 245 ff.).

14   Sieht die Satzung den Aufnahmeanspruch nicht vor, so ergibt er sich aus § 823 Abs. 2, § 1004 BGB (Ingerl/Rohnke Rn. 14). Dieser deliktische Anspruch kann einem Verletzungsanspruch als Einwendung entgegengehalten werden kann (§ 242 BGB, s. Büscher/Dittmer/Schiwy/Büscher Rn. 16).

15   **b) Allgemeiner Aufnahmeanspruch.** Der Anspruch auf Aufnahme in eine Gütezeichengemeinschaft folgt aus § 20 Abs. 6 GWB (s. dazu etwa Bechtold/Bechtold GWB § 20 Rn. 50 ff.). Bei anderen Markenkollektiven kann er sich zum einen aus § 826 BGB ergeben. *Dies ist der Fall*, wenn die Ablehnung im Verhältnis zu bereits aufgenommenen Mitgliedern eine ungerechtfertigte Ungleichbehandlung und unbillige Benachteiligung des Bewerbers darstellt. Dabei sind die Interessen des Bewerbers und des Kollektivs gegeneinander abzuwä-

gen (BGH GRUR 1986, 332 – Aikido-Verband; Ingerl/Rohnke Rn. 15). Es kommt also darauf an, ob die Satzungsbestimmung generell oder ihre konkrete Anwendung diskriminierend sind. Ein Aufnahmeanspruch aus § 4 Nr. 4 UWG kommt in Betracht, wenn der Verband benutzt wird, um Vorteile gegenüber Mitbewerbern zu erlangen und das den Beitrittsinteressenten unlauter behindert.

6. Angaben über Benutzungsberechtigte (Abs. 2 Nr. 4)

Die Satzung kann den Kreis der Benutzungsberechtigten grundsätzlich frei definieren. Sie 16
kann etwa nur Mitgliedern das Recht zur Markenbenutzung einräumen. Sie kann den Kreis der Benutzungsberechtigten auch enger ziehen als den Kreis der Mitglieder (Ingerl/Rohnke Rn. 9). Sie muss aber umgekehrt auch nicht vorsehen, dass die Mitgliedschaft Voraussetzung der Benutzungsberechtigung ist. Für geografische Kollektivmarken ist das sogar verboten (§ 100 Abs. 1), aber auch die Satzungen anderer Kollektivmarken können Kollektivfremden die Markenbenutzung gestatten (Ingerl/Rohnke Rn. 8; Büscher/Dittmer/Schiwy/Büscher Rn. 9).

Die Definition des Benutzungsberechtigten darf keine Irreführung begründen. Wenn also 17
die Kollektivmarke suggeriert, die Benutzer seien besonders qualifiziert, dann müssen die satzungsmäßigen Benutzungsvoraussetzungen auch eine entsprechende Qualifikation der Benutzer verlangen (Ingerl/Rohnke Rn. 9).

7. Bedingungen für die Benutzung der Kollektivmarke (Abs. 2 Nr. 5)

Auch die Benutzungsbedingungen sind grundsätzlich frei wählbar. Die Benutzungsberech- 18
tigten dürfen das Gütezeichen nur für Produkte benutzen, die den satzungsmäßigen Anforderungen entsprechen.

a) Zulässige Benutzungsbedingungen. Die Festlegung ist besonders bedeutsam, wenn 19
die Kollektivmarke bestimmte Eigenschaften der Waren oder Dienstleistungen garantiert, also bei Gütezeichen. Spezielle Qualitätsanforderungen stellen häufig auch geografische Kollektivmarken, die außer der Anordnung, dass die Produkte aus dem betreffenden Gebiet stammen müssen (schon dies eine Qualitäts-, da Eigenschaftsregelung) noch andere Produkteigenschaften definieren (§ 102 Abs. 3). Handelt es sich bei der fraglichen geografischen Herkunftsangabe um eine solche, mit der der Verkehr spezifische Qualitätserwartungen verbindet („qualifizierte geografische Herkunftsangabe" iSv § 127 Abs. 2; → § 127 Rn. 18 ff.), dann **muss** die Satzung, um eine Irreführung zu vermeiden, diese vom Verkehr erwarteten Merkmale auch fordern.

Ingerl/Rohnke Rn. 10 sprechen davon, die Satzung „könne" diese Anforderungen aufgreifen. Das 19.1
dürfte aber zu wenig sein. Denn wenn die Benutzungsbedingungen eine über § 127 Abs. 2 sowieso schon allgemeinverbindlich gewordene Qualitätserwartung nicht berücksichtigen, dann lassen sie für sich genommen eine irreführende Markenbenutzung zu. Das Amt müsste die Anmeldung als Anmeldung einer irreführenden Marke zurückweisen (§ 103, § 8 Abs. 2 Nr. 4).

Die Benutzungsbedingungen können auch eine bestimmte Schreibweise, grafische Gestal- 20
tung der Marke oder deren Kombination mit einem Unternehmenskennzeichen vorschreiben (Ingerl/Rohnke Rn. 10).

Bei **Verstoß** gegen Benutzungsbedingungen tritt keine Erschöpfung ein (BGH GRUR 21
2003, 242 (245) – Dresdner Christstollen). Die Markensatzung kann darüber hinaus regeln, wie der Verband die Einhaltung der Benutzungsbedingungen kontrolliert und gegen Verstöße vorgeht. Es muss jedenfalls entweder in der Markensatzung oder auch in der Satzung des Inhabers, dem Gesellschaftsvertrag oder in Vereinbarungen mit den Benutzern **Kontrollmechanismen** und **Sanktionen** geben (Ingerl/Rohnke Rn. 12). Denn die Kollektivmarke wird löschungsreif, wenn der Verband gegen Verstöße nicht einschreitet (§ 105 Abs. 1 Nr. 2).

b) Unzulässige Benutzungsbedingungen. Benutzungsbedingungen können insbeson- 22
dere wegen eines Verstoßes gegen Irreführungsverbote (§ 5 UWG, § 12 LFGB) oder gegen das Behinderungsverbot (§ 826 BGB, § 4 Nr. 4 UWG) rechtswidrig sein. Behinderung kann insbesondere vorliegen, wenn künstliche Benutzungsbeschränkungen aufgestellt werden, die nur eine kleine Gruppe von „Gründungsmitgliedern" erfüllen kann. Das kann auch bei

„künstlichen" Anforderungen an geografische Herkunftsangaben der Fall sein (Ingerl/ Rohnke Rn. 10; zB BPatG GRUR 2014, 192, 196 hielt bei der beantragten g.g.A. „Zoigl" die Beschränkung des Brauens auf gemeinsam genutzte Braustätten („Kommunbraustätten") für unzulässig).

23 Darum dürfen die Benutzungsbedingungen einer **geografischen Kollektivmarke** (ob mit grafischen Zusätzen oder ohne) das Gebiet nicht enger abgrenzen als es nach der Verkehrsauffassung der Fall ist (Büscher/Dittmer/Schiwy/Büscher Rn. 15). Die Benutzungsbedingungen bei einer „reinen geografischen Kollektivmarke" (einer Kollektivmarke, die nur aus der geografischen Herkunftsangabe, ohne grafische oder wörtliche Zusätze besteht und darum nur wegen § 99 eintragungsfähig ist) dürfen auch sonst, qualitativ, nicht strenger sein als die Verkehrserwartungen, welche die geografische Herkunftsangabe auslöst. Darüber hinausgehende Einschränkungen sind unzulässig (Ingerl/Rohnke Rn. 14). Denkbar ist aber, dass die Kollektivmarkensatzung Vorgaben an die Benutzung der Kollektivmarke, etwa an die Größe des Schriftzugs, macht. Man sollte es auch zulassen, dass die Kollektivmarkensatzung qualitative Anforderungen an die Produkte zwar nicht neu kreiert, aber konkretisiert, also etwa bei einem Erzeugnis konkrete Mindestwerte definiert, auch wenn der Verkehr zu deren Höhe nur eine diffuse Vorstellung hat.

23.1 Dafür spricht Erwägungsgrund 35 RL 2015/2436, demzufolge Kollektivmarken nützliche Hinweise darauf sind, dass die gekennzeichneten Produkte „**bestimmte** gemeinsame Eigenschaften" haben. Das deutet darauf hin, dass es dem Wesen und Zweck der Kollektivmarke entspricht, Produkteigenschaften exakt zu definieren. Darum sollte man es auch bei reinen geografischen Kollektivmarken gestatten, dass Qualitätsvorgaben zwar nicht neu geschaffen, aber doch vorhandene Qualitätsvorstellungen quantifiziert werden. In der Praxis macht erst dies verifizierbar, ob die Produkte der Kollektivmitglieder satzungskonform sind oder nicht. Die Interessen der Kollektivfremden an der Benutzung der geografischen Angabe für Produkte, die die betreffenden Werte nicht einhalten, werden nicht berührt, weil dies wegen § 100 Abs. 1 in den Grenzen der guten Sitten möglich bleibt (zu OLG Düsseldorf BeckRS 2006, 11376 – Halloumi näher → § 100 Rn. 17 ff.).

23.2 Zu beachten ist, dass dieses Problem nur bei „reinen geografische Kollektivmarken" überhaupt auftaucht. Bei grafisch ausgestalteten geografischen Kollektivmarken darf die Satzung durchaus strengere Qualitätsanforderungen aufstellen als sie die Verkehrsvorstellung hat, solange in den Bedingungen keine unlautere oder sonst rechtswidrige Behinderung liegt. Das wird aber bei echten Qualitätsanforderungen, solange sie nicht willkürlich sind, kaum je der Fall sein.

24 Das **Amt** muss Markenanmeldungen, deren Satzungen unzulässige Benutzungsbedingungen enthalten, wegen § 103 **zurückweisen,** wenn die Satzung nicht nachgebessert wird (§ 97 Abs. 2, § 36 Abs. 4).

8. Rechte und Pflichten der Beteiligten bei Markenverletzungen (Abs. 2 Nr. 6)

25 Die Rechte und Pflichten von Verband und Benutzungsberechtigten (dies sind die Beteiligten, arg. e § 101 Abs. 1: Büscher/Dittmer/Schiwy/Büscher Rn. 15) müssen nicht in der Satzung definiert sein, denn dort muss es lediglich „Angaben" dazu geben (Ingerl/Rohnke Rn. 13). Es kann also auf andere Regelungen Bezug genommen werden, insbesondere auf das Gesetz, also § 101 (Büscher/Dittmer/Schiwy/Büscher Rn. 11).

§ 103 Prüfung der Anmeldung

Die Anmeldung einer Kollektivmarke wird außer nach § 37 auch zurückgewiesen, wenn sie nicht den Voraussetzungen der §§ 97, 98 und 102 entspricht oder wenn die Markensatzung gegen die öffentliche Ordnung oder die guten Sitten verstößt, es sei denn, daß der Anmelder die Markensatzung so ändert, daß der Zurückweisungsgrund nicht mehr besteht.

Überblick

§ 103 ergänzt die Zurückweisungsbefugnisse aus § 37 bei Verstößen gegen §§ 97, 98 und 102. Die MRL regelt dies nicht; Art. 66 UMV und Art. 31 RL (EU) 2015/2436 enthalten entsprechende Vorschriften.

Änderung der Markensatzung **§ 104 MarkenG**

Zu den Anforderungen von §§ 97, 98 und 102 → § 97 Rn. 12 ff., → § 98 Rn. 2 ff., → **1**
§ 102 Rn. 8 ff.). Die Anmeldung ist gemäß § 103 aber auch zurückzuweisen, wenn die Markensatzung gegen die öffentliche Ordnung oder die guten Sitten verstößt. Gegen die guten Sitten wird verstoßen, wenn angesichts der Markensatzung eine Täuschung des Publikums zu befürchten ist oder die Verbandsgründer erkennbar beabsichtigen, die Kollektivmarke unter Verstoß gegen § 20 Abs. 6 GWB oder § 826 BGB zu monopolisieren (→ § 102 Rn. 14). Die Sittenwidrigkeit bzw. der Verstoß gegen die öffentliche Ordnung muss sich aus der Satzung selbst ergeben; es gelten die Prüfungsintensitäten von § 8 (Ingerl/Rohnke Rn. 2; → § 8 Rn. 664, → § 8 Rn. 777, → UMV Art. 68 Rn. 2).

§ 103 verstößt in zweierlei Hinsicht gegen die RL (EU) 2015/2436. Zum einen wird über die **1.1**
Bezugnahme auf § 102 auch das Fehlen der Angabe von „Zweck und Vertretung des Verbandes" zum Zurückweisungsgrund. Dieser Zurückweisungsgrund ist aber den Art. 31, 30 Abs. 2 RL (EU) 2015/2436 nicht zu entnehmen. Er wird also dadurch zu beseitigen sein, dass § 102 geändert wird.

Nicht in § 103 enthalten ist der Zurückweisungsgrund von Art. 31 Abs. 2 RL (EU) 2015/2436. **1.2**
Danach muss das nationale Recht einen Zurückweisungsgrund für den Fall vorsehen, dass die Gefahr besteht, dass die Marke über ihren Charakter oder ihre Bedeutung irreführt, insbesondere wenn sie den Eindruck erweckt, sie sei etwas anderes als eine Kollektivmarke. Der Zurückweisungsgrund betrifft also vereinfacht gesprochen irreführende Kollektivmarken. Dieser Zurückweisungsgrund ist über die Verweisung in § 97 Abs. 2 auf § 8 Abs. 2 Nr. 4 (täuschende Marken) erfassbar. Eine Änderung von § 103 ist also durch Art. 31 Abs. 2 RL (EU) 2015/2436 nicht veranlasst.

Das DPMA muss dem Anmelder Gelegenheit geben, **Bedenken** gegen die Markensatzung **2**
auszuräumen, indem er etwa die Satzung entsprechend ändert. Dafür setzt es ihm eine Frist nach § 36 Abs. 4 (Ingerl/Rohnke Rn. 3). Bei fruchtlosem Fristablauf weist es die Anmeldung zurück.

§ 104 Änderung der Markensatzung

(1) **Der Inhaber der Kollektivmarke hat dem Patentamt jede Änderung der Markensatzung mitzuteilen.**

(2) **Im Falle einer Änderung der Markensatzung sind die §§ 102 und 103 entsprechend anzuwenden.**

Überblick

Die Markensatzung der Kollektivmarke kann geändert werden. Änderungen sind dem Amt mitzuteilen (→ Rn. 4 ff.). Die Nichtmitteilung führt nicht zur Unwirksamkeit, hat aber gewisse Konsequenzen (→ Rn. 5 ff.).

Übersicht

	Rn.		Rn.
A. Allgemeines	1	1. Unterlassen der Mitteilung – Änderung trotzdem wirksam	6
B. Satzungsänderung	2	2. Unterlassen der Mitteilung – Schutz der Zeichennutzer vor überraschenden neuen Benutzungsbedingungen	9
I. Änderung der Satzung	2		
II. Mitteilung der Änderung	5		

A. Allgemeines

Parallelvorschriften enthält Art. 71 UMV. Auch danach sind Änderungen der Markensat- **1**
zung dem Amt mitzuteilen, ebenso Art. 74f UMV zur Unionsgewährleistungsmarke. Die Markensatzung ist – wie alle Bestandteile der Akten zu eingetragenen Marke (§ 62 Abs. 2) – öffentlich. § 102 Abs. 4 ermöglicht die Einsicht in die Kollektivmarkensatzung auch schon während des Eintragungsverfahrens. Folglich stellt die Pflicht, Änderungen der Markensatzung dem Amt anzuzeigen, sicher, dass die Akteneinsicht den je gültigen Stand der Satzung zeigt.

B. Satzungsänderung

I. Änderung der Satzung

2 Dass die Markensatzung geändert werden kann, ist im MarkenG nicht ausdrücklich angeordnet; § 104 setzt dies voraus. Der Grundsatz, dass Marken unveränderlich sind, wird dadurch nicht verletzt. Denn der Markenschutz wird definiert durch das Zeichen und das Produktverzeichnis, die beide von Änderungen der Markensatzung unberührt bleiben.

3 Wenn die geänderte Markensatzung als Anlage zu einer Kollektivmarkenanmeldung zur Eintragungsverweigerung führen würde, dann führt die von § 104 Abs. 2 angeordnete entsprechende Anwendung von § 103 dazu, dass das Amt die Änderung der Markensatzung zurückweist. Die bisherige Fassung der Satzung bleibt dann verbindlich (Ströbele/Hacker/Kober-Dehm Rn. 4; Ingerl/Rohnke Rn. 1).

4 Auch die Übertragung der Kollektivmarke verlangt eine Änderung der Markensatzung, da die Angaben über den Inhaber der Kollektivmarke geändert werden müssen (§ 102 Abs. 2 Nr. 1 und 2). Das gilt auch, wenn der Rechtsübergang nach § 27 Abs. 2 erfolgt.

II. Mitteilung der Änderung

5 Die Mitteilungspflicht gilt nur für die Markensatzung, nicht für die Satzung des Verbandes, der sie erlassen hat und Inhaber der Kollektivmarke ist.

1. Unterlassen der Mitteilung – Änderung trotzdem wirksam

6 Bei einer nicht mitgeteilten Satzungsänderung ist streitig, ob sie nur dann ohne rechtliche Wirkung bleibt, wenn der Betroffene die Änderung nicht kannte und nicht kennen musste (so Fezer Rn. 2 und die wohl hM zum WZG, etwa Baumbach/Hefermehl 17. Aufl. WZG § 18 Rn. 9; Busse/Starck 6. Aufl. WZG § 18 Rn. 4) oder ob sie generell unbeachtlich ist (so Ströbele/Hacker/Kober-Dehm Rn. 4; Ingerl/Rohnke Rn. 1; Büscher/Dittmer/Schiwy/Büscher Rn. 1).

7 Art. 71 Abs. 4 UMV ordnet ausdrücklich an, dass eine Satzungsänderung für die Zwecke der UMV solange wirkungslos bleibt, bis das Amt im Register auf die erfolgte Änderung hingewiesen hat. Auch Art. 34 Abs. 4 MRL-E sieht vor, dass die nationalen Markengesetze künftig eine solche Vorschrift enthalten müssen.

8 Derzeit ist das allerdings im MarkenG nicht der Fall. Auch das Markenregister gibt nur an, ob die betreffende Marke eine Kollektivmarke ist oder nicht, nennt aber kein Satzungsdatum (→ § 102 Rn. 6). Das spricht dafür, dass auch nicht mitgeteilte Satzungsänderungen wirksam sind.

8.1 Die von der hM angenommene generelle Wirkungslosigkeit nicht mitgeteilter Änderungen wird damit begründet, dass das MarkenG keine Vorschriften wie § 15 HGB und § 892 BGB enthält. Darum gibt es im MarkenG in der Tat auch nicht die für den Gutglaubensschutz in § 15 HGB, § 892 BGB statuierte Ausnahme, derzufolge die wahre Sachlage gegen sich gelten lassen muss, wer diese kennt oder kennen muss. Darum, so die hM, wirken nicht mitgeteilte Änderungen nie (Büscher/Dittmer/Schiwy/Büscher Rn. 1).

8.2 Der Vergleich mit § 15 HGB, § 892 BGB überzeugt aber nicht. Wenn das Markenregister außer bei § 28 den im Recht allgemein nur ausnahmsweise zugebilligten Gutglaubensschutz nicht hergibt, dann muss es auch die Unterausnahme „Kennen der wahren Sachlage" nicht vorsehen. Vor allem aber wird der Inhalt der Kollektivmarkensatzung ja gerade nicht Inhalt des Markenregisters, sondern die Satzung ist bloß Bestandteil der Registerakten (→ § 102 Rn. 5). Die Grundbuchakten und die Handelsregisterakten genießen aber auch im HGB und BGB keinen Gutglaubensschutz. So wird bekanntlich nicht im Handelsregister vermerkt, wer Inhaber eines GmbH-Geschäftsanteils ist. Die Geschäftsführer sind zwar verpflichtet, die Übertragung von Geschäftsanteilen dem Handelsregister mitzuteilen. Tun sie das aber nicht, ist die Übertragung trotzdem wirksam. Ein Dritter kann nicht darauf vertrauen, dass die letzte bei der Handelsregisterakte befindliche Gesellschafterliste (noch) richtig ist (Baumbach/Hueck GmbHG § 40 Rn. 20). Es gilt also die wahre Rechtslage, nicht das, was sich aus der Handelsregisterakte ergibt.

8.3 Auch vorliegend fehlt eine im Register vermerkbare Tatsache. Das spricht dafür, auch hier, wie bei der Veräußerung von GmbH-Anteilen, nicht die Aktenlage, sondern immer die wahre Rechtslage als maßgeblich anzusehen. Das korrespondiert auch mit Art. 71 Abs. 4 UMV, der eine ausdrückliche Sanktion für die Unterlassung der Mitteilung anordnet (→ UMV Art. 71 Rn. 1 ff.). Diese Anordnung ist nämlich nur erforderlich, weil sich ohne solche Anordnung keine Sanktion aus der Rechtslage ergibt. Weil § 104 diese ausdrückliche Sanktion nicht enthält, wäre es contra legem, sie dort hineinzulesen.

De lege lata spricht also angesichts des Unterschieds zwischen der UMV und dem MarkenG und auch aus dogmatischen Erwägungen mehr dafür, Satzungsänderungen bei deutschen Kollektivmarken trotz fehlender Mitteilung als wirksam anzusehen. **8.4**

Gemäß Art. 33 Abs. 3 RL (EU) 2015/2436 werden Satzungsänderungen ab 2019 erst gelten dürfen, wenn sie im Register vermerkt sind. Insofern besteht ab 2019 bei § 104 Änderungsbedarf. Sollte diese Änderung aber nicht rechtzeitig vorgenommen werden, wird sich das von der hM jetzt schon vertretene Ergebnis „ohne Mitteilung ist Satzungsänderung unwirksam" über das Erfordernis einer richtlinienkonformen Auslegung begründen lassen. **8.5**

2. Unterlassen der Mitteilung – Schutz der Zeichennutzer vor überraschenden neuen Benutzungsbedingungen

Außerhalb des Registers hat es Konsequenzen, wenn der Kollektivmarkeninhaber Satzungsänderungen nicht dem Amt mitteilt. **9**

Ist die Benutzung der Kollektivmarke nicht durch besondere Verträge geregelt und verstößt ein Mitglied gegen eine geänderte Benutzungsbedingung, so wird das Fehlen der Mitteilung an das Amt oft dazu führen, dass der Verstoß schuldlos ist. Man wird vom Kollektivmarkeninhaber detaillierte Darlegungen dazu verlangen können, dass im Einzelfall ein Mitglied von der Änderung der Satzung Kenntnis hatte oder hätte haben können. Vom fehlenden Verschulden bleibt zwar der Unterlassungsanspruch unberührt, weitere Ansprüche kann der Kollektivmarkeninhaber aber nur geltend machen, wenn der Betreffende die Änderung kannte oder kennen musste. **10**

Das wird man in einem solchen Fall auch im Hinblick auf etwaige Aufwendungsersatzansprüche annehmen können. Denn solche Ansprüche können nicht auf Schadensersatzregelungen gestützt werden, wenn das verstoßende Mitglied schuldlos handelte. Auch Ansprüche aus Geschäftsführung ohne Auftrag kommen nicht in Betracht. Denn die Geschäftsführung, die der Kollektivmarkeninhaber etwa in Form der Abmahnung vorgenommen hat, ist in einem solchen Fall nur deshalb notwendig geworden, weil er selbst pflichtwidrig die Satzungsänderung nicht dem Amt mitgeteilt hatte. Es handelt sich also bei der Abmahnung nur um die Reparatur eines eigenen Versäumnisses und folglich um ein eigenes Geschäft des Kollektivmarkeninhabers. **10.1**

Hat der Kollektivmarkeninhaber seinen Mitgliedern und womöglich auch Nichtmitgliedern vertragliche Nutzungsbefugnisse erteilt (was auch bei Nichtmitgliedern möglich ist, solange dies keine Irreführungsgefahr begründet, Beispiel: OLG Celle GRUR 1985, 547 – Buskomfort: Kollektivmarke, die Bus-Qualität angibt), so muss sich das Prozedere bei Änderungen der Nutzungsbedingungen auch an diesen vertraglichen Vorgaben messen lassen. Denn eine bloße Satzungsänderung kann nicht ohne Weiteres, automatisch, vertragliche Benutzungsbedingungen ändern. **11**

Dem trägt Art. 71 Abs. 4 UMV dadurch Rechnung, dass er die Wirkungslosigkeit nicht mitgeteilter Satzungsänderungen ausdrücklich nur „für die Zwecke dieser Verordnung" anordnet. Dies wird man so lesen müssen, dass die materielle Unwirksamkeit oder Wirksamkeit der Satzungsänderung durchaus auch auf vertraglicher Basis beruhen kann. **11.1**

Eine solche automatische Änderung tritt vielmehr nur ein, wenn erstens der etwaige Nutzungsvertrag zwischen dem Kollektivmarkeninhaber und dem Dritten dynamisch auf den jeweiligen Satzungsinhalt verweist und zweitens dieser dynamische Verweis wirksam ist, also insbesondere einer AGB-Prüfung standhält. **12**

Letzteres wird zwar oft zu bejahen sein, weil die Satzung und deren Änderbarkeit zur Kollektivmarke gehören und es folglich dem Leitbild (§ 307 Abs. 2 Nr. 1 BGB) auch der Kollektivmarkenlizenzierung entspricht, dass der Nutzungsvertrag dynamisch auf die Kollektivmarkensatzung verweist. Zum Leitbild gehört aber dann auch § 104 Abs. 1, so dass Satzungsänderungen dem Amt mitgeteilt werden müssen. Darum wird ein dynamischer Verweis auf die Kollektivmarkensatzung AGB-rechtlich nur haltbar sein, wenn der Verweis ausdrücklich oder stillschweigend mindestens auch voraussetzt, dass die fragliche Satzungsänderung erst wirksam wird, wenn sie dem Amt mitgeteilt worden ist. **12.1**

MarkenG § 105 Teil 4 Kollektivmarken

13 In Fällen vertraglich abgesicherter Nutzungsbefugnisse ist folglich eine Änderung der Benutzungsbedingungen nicht einfach dadurch zu erreichen, dass die Kollektivmarkensatzung geändert wird, auch wenn dies dem Amt mitgeteilt wird. Vielmehr muss sich der Kollektivmarkeninhaber an die **vertraglich vereinbarten Unterrichtungsmodalitäten** halten. Wenn es sich um Nutzungsverträge in Form von AGB handelt, muss die Änderung, weil dies zum Leitbild der Kollektivmarkennutzung gehört, mindestens dem Amt mitgeteilt sein.

13.1 Dem trägt Art. 71 Abs. 4 UMV bereits Rechnung (→ § 105 Rn. 14.1).

14 Kollektivmitglieder können sich gegen das Risiko heimlicher Satzungsänderungen absichern, indem sie in der Kollektivmarkensatzung vorsehen, dass Änderungen immer erst wirksam werden, wenn sie dem Amt mitgeteilt sind.

§ 105 Verfall

(1) Die Eintragung einer Kollektivmarke wird außer aus den in § 49 genannten Verfallsgründen auf Antrag wegen Verfalls gelöscht,
1. wenn der Inhaber der Kollektivmarke nicht mehr besteht,
2. wenn der Inhaber der Kollektivmarke keine geeigneten Maßnahmen trifft, um zu verhindern, daß die Kollektivmarke mißbräuchlich in einer den Verbandszwecken oder der Markensatzung widersprechenden Weise benutzt wird, oder
3. wenn eine Änderung der Markensatzung entgegen § 104 Abs. 2 in das Register eingetragen worden ist, es sei denn, daß der Inhaber der Kollektivmarke die Markensatzung erneut so ändert, daß der Löschungsgrund nicht mehr besteht.

(2) Als eine mißbräuchliche Benutzung im Sinne des Absatzes 1 Nr. 2 ist es insbesondere anzusehen, wenn die Benutzung der Kollektivmarke durch andere als die zur Benutzung befugten Personen geeignet ist, das Publikum zu täuschen.

(3) ¹Der Antrag auf Löschung nach Absatz 1 ist beim Patentamt zu stellen. ²Das Verfahren richtet sich nach § 54.

Überblick

Zum Verfall einer Kollektivmarke führen die Auflösung des Inhabers (→ Rn. 2), ein Missbrauch der Kollektivmarke (→ Rn. 4) sowie in Altfällen eine für die Eintragung nicht ausreichende oder unzulässig geänderte Markensatzung (→ Rn. 11). Der Verfall kann auch nur einen Teil der Waren und Dienstleistungen betreffen (→ Rn. 13). Abs. 2 nennt als Beispiel für die missbräuchliche Benutzung die täuschungsgeeignete Verwendung. Da der Markeninhaber Pflichten zur Vermeidung von Missbrauch hat, kann er auch für eine Verletzung dieser Pflichten haften (→ Rn. 10). Abs. 3 regelt das Verfallsverfahren (→ Rn. 16).

1 § 105 ergänzt § 49 Abs. 2. Er entspricht im Wesentlichen Art. 73 UMV. Die **Löschungsgründe des § 49** gelten also auch für Kollektivmarken (zum Verfall wegen Nichtbenutzung → § 49 Rn. 5; zum Verfall wegen Täuschungseignung → § 49 Rn. 34; → § 8 Rn. 543 ff.; zum Verfall wegen fehlender Markenrechtsfähigkeit → § 49 Rn. 39). Art. 15 Abs. 1 MRL und Art. 35 RL (EU) 2015/2436 gestatten für die Kollektivmarken spezielle Verfallsgründe.

1.1 Der Verfallsgrund von Art. 35 lit. b RL (EU) 2015/2436 ist in § 105 nicht enthalten. Er greift ein, wenn in Folge der Markenbenutzung durch benutzungsberechtigte Personen die Gefahr eintritt, dass über den Charakter der Marke als Kollektivmarke irregeführt wird. Dieser Verfallsgrund kann über die Verweisung in § 97 Abs. 2 der Regelung in § 49 Abs. 2 Nr. 2 entnommen werden. Danach tritt Verfall ein, wenn die Marke in Folge der Benutzung durch den Inhaber oder mit seiner Zustimmung irreführungsgeeignet geworden ist. Das schließt den Verfallsgrund aus Art. 35 lit. b RL (EU) 2015/2436 ein. Darum besteht insofern kein Bedarf zur Ergänzung von § 105.

Übersicht

	Rn.		Rn.
A. Wegfall des Inhabers (Abs. 1 Nr. 1)	2	II. Schadensersatz	10
B. Missbräuchliche Nutzung (Abs. 1 Nr. 2)	4	C. Änderung der Markensatzung (Abs. 2 Nr. 3)	13
I. Voraussetzung	4	D. Verfahren (Abs. 3)	15

A. Wegfall des Inhabers (Abs. 1 Nr. 1)

Die Kollektivmarke verfällt, wenn ihr Inhaber aufgelöst wird und vorher keine Übertragung auf einen anderen Verband erfolgt ist. Dieser Verfall verhindert, dass Nutzungsberechtigte, die etwa nach der Satzung zur selbständigen Geltendmachung von Rechten aus der Marke befugt sind (§ 101 Abs. 1), aus der inhaberlosen Marke gegen Dritte vorgehen. 2

Der Verfallsgrund von § 105 Abs. 1 Nr. 1 ist in der RL (EU) 2015/2436 nicht enthalten. Man wird aber aus Art. 31 Abs. 2 RL (EU) 2015/2436 (Benutzung der Marke erweckt den Eindruck, sie sei keine Kollektivmarke) iVm Art. 35 lit. b RL (EU) 2015/2436 einen entsprechenden Löschungsgrund herleiten können. Denn wenn die Kollektivmarke keinen Inhaber mehr hat, gibt es niemanden mehr, der von Rechts wegen und umfassend dazu bestimmt und befugt ist, die Benutzung der Kollektivmarke zu überwachen, die Satzung an sich ändernde Erfordernisse anzupassen etc. Wird die Marke trotzdem als Kollektivmarke aufrechterhalten, entsteht der irreführende Eindruck, es handele sich um eine Kollektivmarke, die so von ihrem Inhaber überwacht wird, wie es das Konzept der Kollektivmarke verlangt. Darum sind eine Kollektivmarke und ihre Benutzung, wenn der Inhaber nicht mehr existiert, irreführend iSv Art. 35 lit. b RL (EU) 2015/2436. Die Kollektivmarke kann also dann auch nach dem Konzept der RL (EU) 2015/2436 gelöscht werden. Eine Streichung des Verfallsgrundes in § 105 Abs. 1 Nr. 1 ist deshalb nicht erforderlich. 2.1

Ob der Inhaber der Kollektivmarke noch besteht, richtet sich nach dem Gesellschaftsrecht seines Heimatstaates, also nach demjenigen am Ort seines Sitzes (Ingerl/Rohnke Rn. 3). Verliert ein Verein durch Eröffnung des Insolvenzverfahrens seine Rechtsfähigkeit (§ 42 Abs. 1 BGB), gilt für die Dauer der Liquidation die Rechtsfähigkeit noch als vorhanden, soweit der Liquidationszweck es erfordert. Das ist der Fall, solange der Verein noch Ansprüche hat. Hindert aber allein die Existenz der Kollektivmarke die Vollbeendigung, dann bleibt die Kollektivmarke, um einen Zirkelschluss zu vermeiden, außer Betracht (Büscher/Dittmer/Schiwy/Büscher Rn. 3). 3

Im Löschungsverfahren wird der Verein, Verband oder die juristischen Person vom letzten gesetzlichen Vertretungsorgan vertreten. Nach der Beendigung der Liquidation sowie im Falle der Wiedereröffnung der Liquidation sind die letzten Liquidatoren Vertreter. 3.1

B. Missbräuchliche Nutzung (Abs. 1 Nr. 2)

I. Voraussetzung

Der Verfallsgrund von § 105 Abs. 1 Nr. 2 entspricht Art. 35 lit. a RL (EU) 2015/2436. Früher knüpfte § 21 Abs. 1 S. 1 Nr. 2 WZG den Verfall schon an die bloße Duldung von Missbräuchen. Daraus wurde gefolgert, dass zur Vermeidung des Verfalls das Einschreiten gegen jegliche missbräuchliche Benutzung erforderlich sei. Die jetzige Gesetzesfassung wird einhellig so verstanden, dass die bloße Untätigkeit nicht die Löschung zur Folge hat (Büscher/Dittmer/Schiwy/Büscher Rn 6; Fezer Rn. 4; Ingerl/Rohnke Rn. 4). Nicht jede Untätigkeit gegenüber satzungswidrigen Benutzungen oder der Benutzung durch Nichtberechtigte führt zur Löschungsreife. Der Inhaber darf Kosten und Risiken abwägen. Er ist nur verpflichtet, **geeignete Maßnahmen** gegen Missbrauch zu ergreifen. 4

Zu weit geht es, wenn Ingerl/Rohnke dem Inhaber aufgeben wollen, eine Stelle (zB eine Anwaltskanzlei) mit der Überwachung zu beauftragen und in Gestalt etwa einer angemessenen Prozesskostenrücklage die gerichtliche Verfolgung von Verstößen zu ermöglichen (Ingerl/Rohnke Rn. 4). Wird erkennbarer Missbrauch mehrfach nicht gerichtlich geahndet, 5 kann dies zwar den Verfall auslösen, aber es ist auch denkbar, dass der Markeninhaber andere als rein juristische Maßnahmen ergreift, um die Missbräuche abzustellen.

6 Büscher/Dittmer/Schiwy/Büscher Rn. 7 fasst die Anforderungen prägnant zusammen. Verfall tritt ein, wenn
- die Kollektivmarke in einer den Verbandszwecken oder der Satzung widersprechenden Weise benutzt wurde;
- die Benutzung missbräuchlich war;
- der Verband diese missbräuchlichen Umständen kannte;
- die Rechtsverfolgung aussichtreich erschien;
- der Kollektivmarkeninhaber zum Tätigwerden aufgefordert wurde;
- es geeignete Maßnahmen gab;
- der Inhaber sie nicht ergriff;
- obwohl der Missbrauch nicht so geringfügig war, dass Einschreiten unzumutbar gewesen wäre.

7 Abs. 2 nennt als Beispiel missbräuchlicher Benutzung die Eignung zur Täuschung über die Benutzungsberechtigung. Denkbar sind ebenfalls Täuschungen über die Produktqualität, wenn die Satzung dafür Vorgaben enthält und diese missbräuchlich nicht eingehalten werden (Ingerl/Rohnke Rn. 5). Tatsächliche **Täuschungen** müssen nicht nachgewiesen sein (→ § 8 Rn. 556). Ob eine Täuschungsgefahr gegeben ist, stellt das DPMA aufgrund eigener Sachkunde fest.

8 Art. 68 Abs. 2 UMV erweitert das Irreführungsverbot des Art. 7 Abs. 1 Buchst. g UMV um Täuschungen über den Charakter oder die Bedeutung der Marke selbst (→ UMV Art. 68 Rn. 3). Eine Kollektivmarke kann deshalb irreführend benutzt sein, wenn die Benutzung den Eindruck erweckt, das Zeichen sei eine Individualmarke (→ § 8 Rn. 599; → UMV Art. 68 Rn. 2). Dieser Verfallsgrund kann über die Verweisung in § 97 Abs. 2 der Regelung in § 49 Abs. 2 Nr. 2 entnommen werden (→ Rn. 2.1).

9 Kein Missbrauch sind Satzungsverstöße, die aus Sicht der Verbraucher keine Relevanz haben, zB die Anpassung der Herstellungsvorgänge an neue technische und wissenschaftliche Erkenntnisse bzw. Kundenansprüche, sofern nicht gerade die fragliche Komponente, etwa die traditionelle Herstellungsart, aus Sicht der Verbraucher von Bedeutung ist. Wie bei § 8 Abs. 2 Nr. 4 (→ § 8 Rn. 570) kommt es also auf die Eignung der womöglich missbräuchlichen Benutzung an, das Publikum in seinen wirtschaftlichen Entschlüssen **(geschäftlichen Entscheidungen)** zu beeinflussen.

9.1 Eine geschäftliche Entscheidung ist jede Entscheidung eines Verbrauchers über Erwerb oder Nichterwerb und damit unmittelbar zusammenhängende Entscheidungen wie das Aufsuchen des Geschäfts (EuGH C-281/12, BeckRS 2013, 82378 Rn. 36 – Trento Sviluppo/AGCM).

II. Schadensersatz

10 Wenn der Kollektivmarkeninhaber seine Pflichten, Missbrauch zu verhindern (→ Rn. 5 f.) verletzt, können neben den Verfall auch Ansprüche auf Schadensersatz treten. Fezer Rn. 9 stützt diese Ansprüche im Anschluss an Literatur zu § 21 WZG auf § 823 Abs. 2 BGB, weil § 105 mit seiner Pflicht des Kollektivmarkeninhabers zum Vorgehen gegen missbräuchliche Benutzungen ein Schutzgesetz sei. Dass bloße Eingetragensein eines Zeichens bedeutet nicht, dass seine Benutzung rechtmäßig ist (KG NJW-RR 1995, 1446 (1447) mwN – Der Grüne Punkt).

11 Schadensersatzansprüche gegen den Verband hat etwa das satzungstreue Kollektivmitglied, das Geld in die Werbung für das Zeichen investiert hat, welches vergebens aufgewendet ist, wenn das Zeichen gelöscht und außerdem ökonomisch wertlos wird, weil der Inhaber gegen andere, täuschende Kollektivmitglieder nicht vorgeht. Der Schadensersatzanspruch folgt aber dann nicht aus § 823 BGB, sondern daraus, dass der Kollektivmarkeninhaber seine Pflichten aus der Sonderrechtsbeziehung zu den Kollektivmitgliedern schlecht erfüllt hat.

12 Sofern die Kollektivmarkennutzung zugleich ein anderes, älteres Zeichen iSv §§ 14 ff. verletzt, sind ebenfalls Schadensersatzansprüche gegen die benutzenden Kollektivmitglieder denkbar, aber auch gegen den Kollektivmarkeninhaber, der zumindest Gehilfe der von ihm gestatteten Markennutzungen ist.

C. Änderung der Markensatzung (Abs. 2 Nr. 3)

Die Vornahme unzulässiger Änderungen in der Markensatzung begründet einen Verfallsgrund, wenn diese Änderungen ins Register eingetragen wurden und die dann rechtswidrige Satzung (ggf. nach Hinweis) nicht korrigiert wird. **13**

Indes wird mittlerweile, nach dem Wegfall von § 18 Nr. 11 MarkenV, die Änderung der Markensatzung gar nicht mehr in das Register eingetragen. Denn § 25 MarkenV sieht dies nicht mehr vor. Nr. 3 hat daher nur noch für bereits vorgenommene, schon im Register vermerkte Satzungsänderungen nach früherem Recht Bedeutung (Ingerl/Rohnke § 104 Rn. 1; Ströbele/Hacker/Kober-Dehm Rn. 4). Unter heutigem Recht vorgenommene (nicht im Register eingetragene) unzulässige Änderungen der Markensatzung können formlos rückgängig gemacht werden bzw. bleiben unberücksichtigt (Ströbele/Hacker/Kober-Dehm § 104 Rn. 4). **14**

Das stellt eine Ungleichbehandlung dar, für die keine Rechtfertigung ersichtlich ist. Allerdings fällt es schwer, aus dieser Ungleichbehandlung eine Konsequenz zu ziehen. Denn eine Kollektivmarke mit unrechtmäßigen Satzungsbestimmungen, die auch im Register vermerkt sind, trotz Verfallsantrag nicht zu löschen, weil dies bei unrechtmäßigen, aber nicht im Register eingetragenen Satzungsregeln ja auch nicht erfolgen würde, würde zu einer Gleichheit im Unrecht führen, auf die im Rahmen von Art. 3 GG kein Anspruch besteht. Tatsächlich wird die Lösung befriedigend nur de lege ferenda zu finden sein, indem zunächst in § 104 wie in Art. 71 Abs. 4 UMV angeordnet wird, dass eine Satzungsänderung erst gilt, wenn sie im Register vermerkt ist. Alsdann ist auch § 105 dem Wortlaut von Art. 73 Buchst. c UMV anzugleichen, so dass ein Verfallsgrund dann vorliegt, wenn im Register auf eine Satzungsänderung hingewiesen wird, die eigentlich unzulässig ist, und der Kollektivmarkeninhaber dann die Satzung nicht durch eine erneute Änderung den gesetzlichen Vorgaben (wieder) anpasst. Eine solche Regelung schreibt auch Art. 35 lit. c RL (EU) 2015/2436 dem zukünftigen Recht der Mitgliedstaaten vor, außerdem werden danach Satzungsänderungen erst gelten dürfen, wenn sie im Register vermerkt sind (Art. 33 Abs. 2 RL (EU) 2015/2436). Insofern besteht ab 2019 bei § 104 Änderungsbedarf. **14.1**

D. Verfahren (Abs. 3)

Widerspricht der Inhaber der Löschung nicht, so wird die Kollektivmarke gelöscht. Darum ist es im Ergebnis für den Löschungsantragsteller unschädlich, wenn der Markeninhaber nicht mehr auffindbar sein sollte. Denn schlägt die Zustellung fehl, kann das Amt mangels Widerspruch löschen (§ 54 Abs. 2 S. 2; Ingerl/Rohnke Rn. 3). Im Fall des Widerspruchs gegen die Löschung (§ 54 Abs. 2 S. 3) ist das Löschungsverfahren ausschließlich vor dem DPMA durchzuführen, denn Abs. 3 verweist nur auf § 54, nicht auf die Löschungsklage des § 55. **15**

Die Marke wird nur für die Waren/Dienstleistungen gelöscht, für die der Verfallsgrund vorliegt (§ 49 Abs. 3). Im Löschungsantrag sind die Waren/Dienstleistungen zu bezeichnen, deren Löschung beantragt wird (→ § 49 Rn. 44), was natürlich auch einfach dadurch geschehen kann, dass deutlich gemacht wird, dass die Marke insgesamt, für alle Produkte, gelöscht werden soll. Bleibt unklar, welche Produkte gemeint sind, ist der Antrag unbestimmt und damit unschlüssig. Wenn sich die im Antrag bezeichneten Löschungsgründe nur auf einige der beanspruchten Produkte beziehen, so ist er im Hinblick auf die übrigen Produkte unschlüssig und damit unbegründet. Ihm kann deshalb auch dann nicht stattgegeben werden, wenn der Markeninhaber nicht widerspricht. Aber auch ein Antrag, der insgesamt unschlüssig ist, muss zugestellt werden. Zu den Folgen eines unschlüssigen Antrags, dem nicht widersprochen wird, → § 106 Rn. 6.1. **16**

§ 106 Nichtigkeit wegen absoluter Schutzhindernisse

¹Die Eintragung einer Kollektivmarke wird außer aus den in § 50 genannten Nichtigkeitsgründen auf Antrag wegen Nichtigkeit gelöscht, wenn sie entgegen § 103 eingetragen worden ist. ²Betrifft der Nichtigkeitsgrund die Markensatzung, so wird die Eintragung nicht gelöscht, wenn der Inhaber der Kollektivmarke die Markensatzung so ändert, daß der Nichtigkeitsgrund nicht mehr besteht.

MarkenG § 106   Teil 4 Kollektivmarken

Überblick

§ 106 enthält einen über § 50 hinausgehenden Löschungsgrund für Kollektivmarken.

A. Nichtigkeitsgründe

1 Nichtigkeitsgründe ergeben sich für Kollektivmarken über § 50 iVm den für alle Marken geltenden § 3, § 7 und § 8 (für die Anforderungen an die Aufrechterhaltung einer Kollektiv-Farbmarke s. EuGH C-217/13, GRUR 2014, 776 – Sparkassen-Rot). Außerdem werden durch den Verweis auf § 103 auch Verstöße gegen § 97 (Anforderungen an die Unterscheidungskraft), § 98 (Anforderungen an die Person des Inhabers) und § 102 (Anforderungen an die Satzung) zu Nichtigkeitsgründen (Ingerl/Rohnke Rn. 2).

1.1 § 106 ermöglicht die Nichtigkeitserklärung unter Bezugnahme auf die Zurückweisungsgründe von § 103. Da § 103 auf den richtlinienwidrigen § 102 Abs. 2 Nr. 2 Bezug nimmt, ist auch § 106 insofern richtlinienwidrig, als auch er mittelbar auf § 102 Abs. 2 Nr. 2 Bezug nimmt. Durch eine Streichung von § 102 Abs. 2 Nr. 2 wird sich auch die Richtlinienwidrigkeit von § 106 erledigen. § 106 muss also nicht geändert werden.

B. Verfahren

2 Für das Verfahren enthält § 106 keine Regel. Darum wird § 105 Abs. 3 analog angewendet (Ingerl/Rohnke Rn. 3; Büscher/Dittmer/Schiwy/Büscher Rn. 3), so dass allein das DPMA zuständig ist und bleibt, auch wenn der Markeninhaber dem Löschungsantrag widerspricht. Ein Löschungsverfahren vor den ordentlichen Gerichten findet nicht statt.

3 Die Löschung erfolgt auf Antrag. Diesen kann jedermann stellen (**Popularverfahren**, vgl. auch § 54 Abs. 1 S. 2; → § 54 Rn. 1 f.). Verstöße gegen § 102 (Satzungsfehler) muss der Antragsteller gegenüber dem Markeninhaber vor Antragstellung rügen und ihm Gelegenheit geben, die Satzung zu ändern (→ § 104 Rn. 1 ff.), um sie den Erfordernissen von § 102 wieder anzupassen.

4 Die Marke wird nur für den Teil der Waren/Dienstleistungen gelöscht, für den ein Verfallsgrund vorliegt (§ 49 Abs. 3; → § 50 Rn. 18). Im Löschungsantrag sind die Waren/Dienstleistungen zu bezeichnen, deren Löschung beantragt wird oder diejenigen, die im Register eingetragen bleiben sollen (→ § 49 Rn. 44; zu den Konsequenzen bei Verstößen → § 105 Rn. 16).

5 **Prüfungsgegenstand** ist ausschließlich die Marke in ihrer eingetragenen Form, nicht eine davon abweichende oder eine missbräuchlich verwendete Gestaltung; zum Missbrauch → § 105 Rn. 4.

C. Frist, Verwirkung

6 Die Löschungsgründe aus § 3, § 7 und § 8 Abs. 2 Nr. 4 bis 10 können zeitlich unbegrenzt geltend gemacht werden. Schutzhindernisse nach § 8 Abs. 2 Nr. 1 bis 3 müssen innerhalb einer Frist von zehn Jahren seit dem Eintragungstag geltend gemacht werden (§ 50 Abs. 2 S. 2; → § 50 Rn. 17.1 f.). Die Zehnjahresfrist wird vom Eintragungsdatum an berechnet (→ § 50 Rn. 13; BPatG BeckRS 2013, 8817 – Gute Laune Drops).

6.1 Wird der Löschungsantrag erst nach Ablauf dieser Frist gestellt, dann ist er unschlüssig und er wird, auch wenn der Markeninhaber dem Antrag nicht widerspricht, abgelehnt (so wohl auch Ströbele/Hacker/Kirschneck § 54 Rn. 17, wonach die Löschung auch dann, wenn der Markeninhaber nicht widerspricht, die Schlüssigkeit des Löschungsantrags voraussetzt). Zwar nimmt BPatG BeckRS 2009, 3591 – Pinocchio nach Ablauf der Zehnjahresfrist nicht Unbegründetheit, sondern (ohne weitere Begründung) Unzulässigkeit des Löschungsantrags an. Das ist aber schon für den Bestandsschutz aus § 50 Abs. 1 nicht überzeugend. Denn § 50 Abs. 1 S. 1 und S. 2 sehen dem Wortlaut nach zwei systematisch gleichrangige Bestandsschutzvarianten vor: die Löschung einer Marke ist zum einen ausgeschlossen, wenn ein früher bestehendes Eintragungshindernis nicht mehr besteht, und zum anderen nach Ablauf der Zehnjahresfrist. Die Prüfung, ob ein früher bestehendes Löschungshindernis noch fortbesteht, kann man aber nicht auf der Zulässigkeitsebene abhandeln, weil sie eine materiell-rechtliche Untersuchung erfordert. Der spätere Wegfall des Eintragungshindernisses macht also den Löschungsantrag nicht unzulässig, sondern unbegründet. Die Ablehnung eines solchen Löschungsantrags bloß wegen Unzulässigkeit wäre zudem prozessunökonomisch, weil die Prüfung „lag das Eintragungshindernis ursprünglich vor? Wenn ja: ist es mittlerweile weggefallen?" sehr aufwendig sein kann, aber bei Abhandlung auf Zulässigkeitsebene ihr Ergebnis noch nicht einmal in volle Bestandskraft erwüchse. Darum sollte die Prüfung auf der Begründetheitsebene stattfinden. Da der zweite Bestandsschutztatbestand „Eintragung älter als zehn Jahre" systematisch gleichrangig ist, muss dort dasselbe gelten: Ein nach Ablauf der Zehnjahresfrist gestellter Löschungsantrag ist nicht unzulässig, sondern unbegründet (im Ergebnis ebenso → § 54 Rn. 38.2).

Verwirkung des Rechts zur Antragstellung nach § 242 BGB kommt in Ausnahmefällen 7 in Betracht, wenn eine über mehrere Jahrzehnte andauernde Benutzung unbeanstandet geblieben ist und ein Besitzstand von erheblichem Wert vorliegt (→ § 50 Rn. 14; Ingerl/Rohnke § 50 Rn. 18; ausführlich Fezer § 50 Rn. 33; aA Ströbele/Hacker/Kirschneck § 50 Rn. 15).

D. Zeitpunkt der Feststellung der Nichtigkeit

Wie bei § 50 Abs. 1 führen Eintragungshindernisse nur dann zur Löschung, wenn sie 8 bereits zum Zeitpunkt der Anmeldung gegeben waren und (außer Bösgläubigkeit nach § 8 Abs. 2 Nr. 10; → § 50 Rn. 9) noch im Zeitpunkt der Entscheidung über den Löschungsantrag vorliegen (→ § 50 Rn. 3 ff.).

Teil 5 Schutz von Marken nach dem Madrider Markenabkommen und nach dem Protokoll zum Madrider Markenabkommen; Gemeinschaftsmarken

Abschnitt 1 Schutz von Marken nach dem Madrider Markenabkommen

§ 107 Anwendung der Vorschriften dieses Gesetzes, Sprache

(1) Die Vorschriften dieses Gesetzes sind auf internationale Registrierungen von Marken nach dem Madrider Abkommen über die internationale Registrierung von Marken (Madrider Markenabkommen), die durch Vermittlung des Patentamts vorgenommen werden oder deren Schutz sich auf das Gebiet der Bundesrepublik Deutschland erstreckt, entsprechend anzuwenden, soweit in diesem Abschnitt oder im Madrider Markenabkommen nichts anderes bestimmt ist.

(2) Sämtliche Anträge sowie sonstige Mitteilungen im Verfahren der internationalen Registrierung und das Verzeichnis der Waren und Dienstleistungen sind nach Wahl des Antragstellers entweder in französischer oder in englischer Sprache einzureichen.

Überblick

§§ 107–125 dienen der Umsetzung des Madrider Systems zur internationalen Registrierung von Marken, dh des Madrider Markenabkommens und des Protokolls zum Madrider Markenabkommen in deutsches Recht (→ Rn. 11). Sie sind daher nur zusammen mit den Regeln des Madrider Markenabkommens und des Protokolls zum Madrider Markenabkommen – und der Gemeinsamen Ausführungsordnung zu beiden Vertragswerken – verständlich. Dabei regeln die §§ 107 ff. zunächst die Umsetzung des Madrider Markenabkommens (§§ 107–118), sodann die weitgehend entsprechende Umsetzung des Protokolls zum Madrider Markenabkommen (§§ 119–125).

Die internationale Registrierung baut stets auf einer Basismarke auf (→ Rn. 7).

Die Vorschrift erweitert auch die Amtssprachen vor dem DPMA (→ Rn. 15).

A. Das Madrider System zur internationalen Registrierung von Marken

I. Madrider Abkommen und Protokoll zum Abkommen

1   Das System der internationalen Registrierung von Marken ist ein auf zwei internationalen Vertragswerken beruhendes System zur Vereinfachung des Schutzes einer bestehenden oder im Entstehen begriffenen Marke in anderen Ländern. Es wurde am 14.4.1891 in Madrid durch das „Madrider Abkommen zur internationalen Registrierung von Marken" („Madrider Markenabkommen", MMA) gegründet und trat im Jahre 1892 in Kraft. Das Madrider Markenabkommen wurde ergänzt durch ein weiteres internationales Vertragswerk, das „Protokoll zum Madrider Abkommen" (PMMA) aus dem Jahre 1989, das am 1.12.1995 in Kraft trat, dessen Umsetzung aber erst am 1.4.1996 begann. Das MMA und das PMMA bildeten zusammen das **„Madrider System"**, das ein Sonderabkommen iSd Art. 19 PVÜ („Pariser Konvention zum Schutz des gewerblichen Eigentums" – „Pariser Verbandsübereinkunft") darstellt. Die Details sind in der „Gemeinsamen Ausführungsordnung zum Madrider Abkommen zur internationalen Registrierung von Marken und zum Protokoll zu diesem Abkommen" (GAusfO MMA/PMMA) geregelt.

2   Jedes Mitglied der PVÜ kann Vertragspartei des Madrider Abkommens und/oder des Protokolls zum Madrider Abkommen werden (Art. 14 Abs. 2 MMA, Art. 14 Abs. 1 lit. a PMMA). Die Vertragsparteien des PMMA sind nicht zwingend auch Mitglieder des MMA. Beide Vertragswerke sind **rechtlich selbstständig** und bestehen nebeneinander.

Anwendung der Vorschriften dieses Gesetzes, Sprache § 107 MarkenG

Mitglied des PMMA (nicht aber des MMA) können darüber hinaus auch zwischenstaatli- 3
che Organisationen, dh internationale Staatenvereinigungen werden, sofern zumindest einer
der Staaten ein Mitglied der PVÜ ist und die Organisation eine Behörde zur Eintragung
von Marken im Gebiet der Vereinigung unterhält (Art. 14 Abs. 1 lit. b PMMA), zB die
Europäische Union. Die an dem System beteiligten Staaten („Vertragsparteien") bilden die
„Madrider Union" (Art. 1 Abs. 1 MMA). Die Bundesrepublik Deutschland ist Mitglied
beider Vertragswerke, die EU ist als zwischenstaatliche Organisation Mitglied des Protokolls.

Eine **Übersicht** über aller 96 Mitglieder des MMA oder des PMMA findet sich auf der 4
Website der WIPO unter www.wipo.int/export/sites/www/treaties/en/documents/pdf/
madrid_marks.pdf.

Das Madrider System wird durch das Internationale Büro der Weltorganisation für Geisti- 5
ges Eigentum „World Intellectual Property Organization" **(WIPO)** bzw. „Organisation
Mondiale de la Propriété Intellectuelle" **(OMPI)** in Genf verwaltet, bei der es sich um eine
Teilorganisation der Vereinten Nationen handelt und die das Internationale Markenregister
führt. Im nachfolgenden wird das Internationale Büro zur Vereinfachung mit der gängigen
englischsprachigen Kurzform „WIPO" der Weltorganisation selbst benannt.

Seit 31.10.2015 gibt es keinen Mitgliedstaat der Madrider Union mehr, der nicht (auch) 6
Mitglied des PMMA ist (WIPO Information Notice No. 39/2015, s. www.wipo.int/edocs/
madrdocs/en/2015/madrid_2015_39.pdf). Wegen des **Vorrangs** des PMMA gegenüber
dem MMA nach Art. 9^{sexies} Abs. 1 PMMA erfolgt die internationale Registrierung von
Marken daher nur noch nach dem PMMA. Das Madrider System zur internationalen Registrierung von Marken beruht seither nur noch auf einem Vertragswerk, dem PMMA. Die
Vorschriften zum MMA gelten nur noch, soweit auf sie verwiesen wird.

II. Basismarke und internationale Registrierung

Die internationale Registrierung 7
- baut stets auf einer nationalen (oder – im Falle der Unionsmarke – einer regionalen Marke) als „Basismarke" in einem der Vertragsstaaten auf, dessen Markenamt als „Ursprungsbehörde" bezeichnet wird und
- erstreckt sich nur auf die bei Antragstellung oder nachträglich benannten Vertragsstaaten.

Sie ist somit immer eine **Zweit-Registrierung** und kann das Land der Basismarke nicht 8
als Vertragsstaat benennen, auf den sich die internationale Registrierung erstrecken soll. Es
wird vielmehr die Basismarke im Wege der internationalen Registrierung auf andere Staaten
erstreckt.

Von diesem Grundsatz gibt es für Deutschland **zwei Ausnahmen:** 9
- Bei Benennung der EU in einer internationalen Registrierung, deren Basismarke eine deutsche Marke ist, wird Deutschland als Land der Basismarke zwar nicht als Vertragsstaat benannt, auf den sich die internationale Registrierung erstrecken soll (benannt wird die EU). Tatsächlich erstreckt sich die internationale Registrierung aber auch auf Deutschland, weil es EU-Mitgliedstaat und damit von der internationale Registrierung mit Wirkung für die EU erfasst wird. In Deutschland ist die Marke damit doppelt registriert, durch die Basismarke und den EU-Anteil der internationalen Registrierung.
- Bei Benennung der DDR in einer internationalen Registrierung, deren Basismarke eine BRD-Marke ist, wurde der Schutz der internationalen Registrierung in der DDR gemäß § 4 Abs. 1, 2 ErstrG auf das Territorium der ehemaligen BRD und der Schutz der Basismarke auf das Territorium der ehemaligen DDR ausgedehnt. In Deutschland ist die Marke damit doppelt registriert, durch die BRD-Basismarke und den DDR-Anteil der internationalen Registrierung.

Als **Basismarke** einer internationalen Registrierung ist eine Marke aber nur geeignet, wenn 10
sie in einem Vertragsstaat eingetragen (oder angemeldet ist), zu dem der Anmelder der
internationalen Registrierung durch Niederlassung, Wohn-/Geschäftssitz oder Nationalität
eine besondere Beziehung hat. Hierbei war bis zum 31.10.2015 zu unterscheiden, ob die
internationale Registrierung den Regeln des MMA oder des PMMA folgte. Eignet sich eine
nationale Marke nicht als Basismarke für eine internationale Registrierung, weil der Anmelder im betreffenden Staat weder über eine Niederlassung noch über einen Wohn-/Geschäfts-
sitz verfügt noch die Nationalität des betreffenden Staates besitzt, ist die internationale Regist-

Viefhues

rierung der Marke zurückzuweisen. Erfolgt sie – fehlerhaft – gleichwohl, gibt es dagegen kein reguläres Rechtsmittel, da das Madrider System keinen Rechtsschutz des Einzelnen gegen Entscheidungen der WIPO kennt. Die WIPO führt ein Verfahren nur mit den jeweiligen nationalen Behörden durch. Selbst dort, wo die WIPO ausnahmeweise direkten Kontakt mit dem Markeninhaber aufnimmt, ist kein Rechtsschutz gegen ihre Entscheidung vorgesehen. Für diesen Fall wurde vorgeschlagen, dass die nationale Behörde, bei der die Basismarke eingetragen ist, analog Art. 9bis Abs. 2, 3 MMA die Löschung solle verlangen können (Beyerlein WRP 2008, 617 (619 f.)). Da seit dem 31.10.2015 alle internationalen Registrierungen den Regeln des PMMA unterliegen, ist das MMA allerdings nicht mehr anwendbar; das PMMA seinerseits enthält keine dem Art. 9bis Abs. 2, 3 MMA entsprechende Vorschrift. Eine Schutzverweigerung durch die benannten Staaten ist in diesem Fall nicht möglich, da diese nach Art. 5 Abs. 1 S. 2 PMMA den Schutz nur aus Gründen verweigern dürfen, aus denen sie auch eine nationale Markenanmeldung zurückweisen dürften. Es bleibt daher nur die Anregung an die WIPO, eine amtsseitige Berichtigung nach Regel 28 Abs. 1, Regel 11 Abs. 4 GAusfO MMA/PMMA vorzunehmen.

B. Umsetzung des Madrider Systems in deutsches Recht

I. Grundsatz

11   Die Umsetzung des Madrider Systems zur internationalen Registrierung von Marken in deutsches Recht erfolgt dergestalt, dass auf internationale Registrierungen,
- die auf einer deutschen Marke beruhen (§§ 108–111 und §§ 120–123) oder
- deren Schutz sich auf Deutschland erstreckt (§§ 112–118 und §§ 124, 125)

grundsätzlich die Regelungen des MarkenG Anwendung finden, dh dass die gleichen Regeln gelten wie für deutsche Marken. Das gilt nicht nur für Verfahren vor dem DPMA, sondern auch für Verfahren vor den ordentlichen Gerichten, insbesondere die Durchsetzung der Marke gegen Verletzungen, aber auch verfahrensrechtliche Detailaspekte wie zB die Akteneinsicht (BGH GRUR 2012, 317 – Schokoladenstäbchen) oder Rechtsmittel bezüglich verfahrensfehlerhafter Entscheidungen (BPatG BeckRS 2012, 12946 – Käseschnecke).

II. Ausnahmen

12   Besonderheiten können sich aber zB daraus ergeben, dass internationale Registrierungen nur in das internationale Markenregister der WIPO und nicht in das deutsche Markenregister des DPMA eingetragen und nur in dem von der WIPO herausgegebenen Blatt „Gazette OMPI des marques internationales"/„WIPO Gazette of International Marks" und nicht im Markenblatt des DPMA veröffentlicht werden. So gelten Sonderregeln für
- das Anmeldeverfahren (an Stelle der §§ 32 ff. gelten die §§ 108–113 iVm Art. 3, 3ter, 4, 5 MMA und Regel 8–13 GAusfO MMA/PMMA),
- das Widerspruchsverfahren (zu §§ 42, 43 sind die §§ 114, 116 Abs. 1 zu beachten),
- die Verlängerung (an Stelle des § 47 gelten die Art. 6 Abs. 1, 7 MMA und Regel 29–31 GAusfO MMA/PMMA),
- die Löschung (an deren Stelle bei IR-Marken die Schutzentziehung tritt; es sind § 115 sowie Art. 5 Abs. 6, 6 Abs. 2–4 MMA und Regel 22 GAusfO MMA/PMMA zu beachten) und
- den Rechtsübergang (an Stelle der §§ 27, 28 gelten die Art. 9, 9^{bis,} 9ter MMA und Regel 25 GAusfO MMA/PMMA).

13   Aufgrund des sog. „telle-quelle-Schutzes" gemäß Art. 6^{quinquies} PVÜ ergeben sich dagegen keine Sonderregeln, da die Schutzvoraussetzungen gemäß §§ 3, 8 Abs. 2 gemäß Erwägungsgrund 12 MRL PVÜ-konform auszulegen sind. Widersprüche zu den Schutzhindernissen des Art. 6^{quinquies} Abschnitt B PVÜ sind daher ausgeschlossen (BGH GRUR 2008, 1000 – Käse in Blütenform II; GRUR 2007, 973 (974) – Rado-Uhr III; GRUR 2006, 589 (590) – Rasierer mit drei Scherköpfen; GRUR 2001, 413 (414) – SWATCH; GRUR 1999, 728 (729) – Premiere II).

14   Zum Zeitpunkt des Inkrafttretens des MarkenG galt nach der sog. „Sicherungsklausel" des Art. 9^{sexies} PMMA aF noch der Vorrang des MMA. Die §§ 107–125 gehen daher bei der Umsetzung der Regeln des MMA und des PMMA vom MMA aus und sehen hinsichtlich

des PMMA nur einige Sonderregelungen vor, in Bezug auf die sich das PMMA vom MMA unterscheidet. Seit Art. 9^{sexies} PMMA nF den Vorrang des PMMA vor dem MMA festgelegt hat und es seit 31.10.2015 keinen Staat mehr gibt, der nicht Mitglied des PMMA ist, findet das **MMA keine Anwendung** mehr. Angesichts der Gesetzessystematik spielt es für die Rechtsanwendung gleichwohl noch eine Rolle.

III. Sprachen (Abs. 2)

§ 107 Abs. 2 ist eine Ausnahme zur Regelung des § 93 S. 1, wonach Amtssprache vor dem DPMA die deutsche Sprache ist. 15

Seit Aufhebung der Sicherungsklausel des Art. 9^{sexies} Abs. 1 PMMA aF zum 1.9.2008 gelten – wie beim PMMA – auch für das MMA die **drei Amtssprachen** Französisch, Englisch und Spanisch. Deutschland hat bei der Umsetzung zum 1.10.2009 die an sich vorgesehene dritte Sprache Spanisch als Verfahrenssprache ausgeschlossen. Seit dem 1.10.2009 konnten daher Anträge auf internationale Registrierung, die sich nach dem MMA richten, und sämtliche weiteren Anträge oder Mitteilungen dazu sowie das Verzeichnis der Waren und Dienstleistungen in englischer oder französischer Sprache eingereicht werden. Für Anträge, Mitteilungen und Verzeichnisse von internationalen Registrierungen, die sich nach dem PMMA richten, galt dies gemäß § 119 Abs. 2 seit jeher. 16

§ 108 Antrag auf internationale Registrierung

(1) Der Antrag auf internationale Registrierung einer in das Register eingetragenen Marke nach Artikel 3 des Madrider Markenabkommens ist beim Patentamt zu stellen.

(2) Wird der Antrag auf internationale Registrierung vor der Eintragung der Marke in das Register gestellt, so gilt er als am Tag der Eintragung der Marke zugegangen.

(3) Mit dem Antrag ist das Verzeichnis der Waren und Dienstleistungen, nach Klassen geordnet in der Reihenfolge der internationalen Klassifikation von Waren und Dienstleistungen, einzureichen.

Überblick

§ 108 regelte einige wenige Details der internationalen Registrierung einer deutschen Marke nach sowie vor Registrierung unter dem Regime des MMA (anstelle dessen seit 31.10.2015 nur noch das PMMA gilt).

Da seit dem 31.10.2015 alle Vertragsparteien dem PMMA angehören und daher nach Art. 9^{sexies} Abs. 1 PMMA alle internationalen Registrierungen nur noch dem PMMA unterliegen, findet § 108 keine Anwendung mehr. Stattdessen gilt § 120, der dem § 108 entspricht – mit der Ausnahme, dass er berücksichtigt, dass internationalen Registrierungen nach dem PMMA auf bloße Markenanmeldungen gestützt werden können. 1

Daher wird auf die Ausführungen zu § 120 verwiesen (→ § 120 Rn. 1 ff.). 2

§ 109 Gebühren

(1) Ist der Antrag auf internationale Registrierung vor der Eintragung der Marke in das Register gestellt worden, so wird die nationale Gebühr für das Verfahren auf internationale Registrierung am Tage der Eintragung fällig.

(2) Die nationale Gebühr nach dem Patentkostengesetz für die internationale Registrierung ist innerhalb eines Monats nach Fälligkeit, die sich nach § 3 Abs. 1 des Patentkostengesetzes oder nach Absatz 1 richtet, zu zahlen.

MarkenG § 111 Teil 5 Schutz von Marken nach dem MMA/PMMA

Überblick

§ 109 regelte zwei spezielle Aspekte der Fälligkeit der nationalen Gebühr gemäß Art. 8 Abs. 1 MMA für die internationale Registrierung einer deutschen Marke. Die Zahlungspflichten sowie die Folgen ihrer Verletzung regelte das PatKostG.

1   Die internationalen Gebühren gemäß Art. 8 Abs. 2 MMA waren und sind nach wie vor in Regel 34 Abs. 2 GAusfO MMA/PMMA und in der GebVerzAusfO MMA/PMMA geregelt.

2   Da seit dem 31.10.2015 alle Vertragsparteien dem PMMA angehören und daher nach Art. 9^{sexies} Abs. 1 PMMA alle internationalen Registrierungen nur noch dem PMMA unterliegen, findet § 109 keine Anwendung mehr. Stattdessen gilt § 121, der dem § 108 entspricht – mit der Ausnahme, dass er berücksichtigt, dass für internationale Registrierungen nach dem PMMA individuelle Gebühren anfallen können.

3   Daher wird auf die Ausführungen zu § 121 verwiesen (→ § 121 Rn. 1 ff.).

§ 110 Eintragung im Register

Der Tag und die Nummer der internationalen Registrierung einer im Register eingetragenen Marke sind in das Register einzutragen.

Überblick

§ 110 regelte den Umfang, in dem eine internationale Registrierung einer deutschen Marke nach den Regelndes MMA auch in das vom DPMA geführte Markenregister einzutragen ist.

1   Da seit dem 31.10.2015 alle Vertragsparteien dem PMMA angehören und daher nach Art. 9^{sexies} Abs. 1 PMMA alle internationalen Registrierungen nur noch dem PMMA unterliegen, findet § 110 keine Anwendung mehr. Stattdessen gilt § 122, der dem § 110 entspricht – mit der Ausnahme, dass er berücksichtigt, dass internationale Registrierungen nach dem PMMA auf bloße Markenanmeldungen gestützt werden können.

2   Daher wird auf die Ausführungen zu § 122 verwiesen (→ § 122 Rn. 1 ff.).

§ 111 Nachträgliche Schutzerstreckung

(1) Beim Patentamt kann ein Antrag auf nachträgliche Schutzerstreckung einer international registrierten Marke nach Artikel 3ter Abs. 2 des Madrider Markenabkommens gestellt werden.

(2) Die nationale Gebühr nach dem Patentkostengesetz für die nachträgliche Schutzerstreckung ist innerhalb eines Monats nach Fälligkeit (§ 3 Abs. 1 des Patentkostengesetzes) zu zahlen.

Überblick

§ 111 Abs. 1 begründete die Vermittlungszuständigkeit des DPMA als Ursprungsbehörde iSd Art. 3ter Abs. 2 MMA für Anträge nach dem MMA auf nachträgliche Schutzerstreckung internationaler Registrierungen einer deutschen Marke.

1   Da seit dem 31.10.2015 alle Vertragsparteien dem PMMA angehören und daher nach Art. 9^{sexies} Abs. 1 PMMA alle internationalen Registrierungen nur noch dem PMMA unterliegen, findet § 111 keine Anwendung mehr. Stattdessen gilt § 123, der dem § 111 im Wesentlichen entspricht.

2   Daher wird auf die Ausführungen zu § 123 verwiesen (→ § 123 Rn. 1 ff.).

§ 112 Wirkung der internationalen Registrierung

(1) Die internationale Registrierung einer Marke, deren Schutz nach Artikel 3ter des Madrider Markenabkommens auf das Gebiet der Bundesrepublik Deutschland erstreckt worden ist, hat dieselbe Wirkung, wie wenn die Marke am Tag der internationalen Registrierung nach Artikel 3 Abs. 4 des Madrider Markenabkommens oder am Tag der Eintragung der nachträglichen Schutzerstreckung nach Artikel 3ter Abs. 2 des Madrider Markenabkommens zur Eintragung in das vom Patentamt geführte Register angemeldet und eingetragen worden wäre.

(2) Die in Absatz 1 bezeichnete Wirkung gilt als nicht eingetreten, wenn der international registrierten Marke nach den §§ 113 bis 115 der Schutz verweigert wird.

Überblick

§ 112 ist die Zentralnorm des Schutzes internationaler Registrierungen ausländischer Marken in Deutschland. Er regelt die Wirkung, den die internationale Registrierung in Deutschland entfaltet. Für internationale Registrierungen, die dem PMMA unterliegen (was seit 31.10.2015 für alle internationalen Registrierungen gilt), wird § 112 durch § 124 für anwendbar erklärt.

Inhalt und Umfang des Schutzes bestimmen sich nach nationalem Recht (→ Rn. 1). Für den Zeitrang des Schutzes in Deutschland ist die internationale Registrierung maßgebend (→ Rn. 5).

Das DPMA kann den Schutz verweigern (→ Rn. 7), der Inhaber kann auf ihn verzichten (→ Rn. 8).

A. Wirkung einer internationalen Registrierung (Abs. 1)

I. Maßgeblichkeit des nationalen Markenrechts

1 Inhalt und Umfang des Schutzes einer internationalen Registrierung bestimmen sich gemäß Art. 4 MMA/Art. 4 PMMA nach dem nationalen Recht der einzelnen Markenverbandsstaaten. In Deutschland bestimmt sich die Rechtsstellung des Inhabers einer internationalen Registrierung somit nach dem MarkenG. Der Rechtsinhaber genießt daher in demselben Umfang Schutz, den das MarkenG einer beim DPMA eingetragenen deutschen Marke gewährt (BGH GRUR Int 1967, 396 – Napoléon II; GRUR Int 1969, 48 – Alcacyl). Das ergibt sich bereits aus Art. 4 Abs. 1 S. 1 MMA bzw. Art. 4 Abs. 1 lit. a S. 1 PMMA, der unmittelbar in Deutschland gilt. Soweit ausländische Rechtsordnungen weitergehende Rechte des Inhabers der Basismarke vorsehen, sind diese in Deutschland unerheblich, da dem Inhaber der erstreckten ausländischen Basismarke im Inland lediglich die Rechte des Inhabers einer deutschen Marke zustehen (BGH GRUR 1969, 48 – Alcacyl).

2 Die Wirkung des § 112 gilt auch bei **nachträglicher Schutzerstreckung** der internationalen Registrierung auf Deutschland nach § 111, und zwar auch, wenn der Schutz für Deutschland bereits rechtskräftig verweigert oder auf den Schutz verzichtet worden war. Der erneute Versuch, durch nachträgliche Schutzerstreckung der internationalen Registrierung Schutz in Deutschland zu erlangen, ist grundsätzlich hinzunehmen und kann allenfalls ausnahmsweise als rechtsmissbräuchlich zurückgewiesen werden (BGH GRUR 1979, 549 (550) – Meprial; GRUR 1998, 702 (703) – Protest).

II. Vorverlegung des Schutzes der internationalen Registrierung

3 Die internationale Registrierung wird mit dem Tag der internationalen Registrierung nach Art. 3 Abs. 4 MMA/Art. 3 Abs. 4 PMMA, dh mit dem **Tag des Eingangs des Registrierungsantrags** bei der WIPO oder sogar des Eingangs des Registrierungsantrags beim DPMA, wenn er innerhalb von zwei Monaten nach Eingang beim DPMA bei der WIPO eingeht, einer deutschen angemeldeten und **(bereits) eingetragenen Marken** gleichgestellt. Anmeldung und Eintragung fallen also fiktiv zusammen. Im Ergebnis wird der Inhaber der internationalen Registrierung damit im Vergleich zum Inhaber einer deutschen Marke

begünstigt, da deren Schutz nicht schon mit der Anmeldung beim DPMA, sondern erst mit der Eintragung beginnt. Verletzungsansprüche können daher aus einer internationalen Registrierung in Deutschland ab dem Tag des Eingangs des Registrierungsantrags oder bei erst nachträglicher Schutzerstreckung auf Deutschland ab dem Tag Eingangs des Schutzerstreckungsantrags geltend gemacht werden (BGH GRUR 2008, 160 (161) – CORDARONE), während es auf das Datum der Veröffentlichungen hierzu nicht ankommt.

4   Faktisch wird die internationale Registrierung aber frühestens mit Eintragung im Register der WIPO durchsetzbar, da sie erst ab diesem Zeitpunkt **dokumentiert** ist.

III. Zeitrang der internationalen Registrierung

5   Weiter regelt § 112 Abs. 1 den Zeitrang des Schutzes in Deutschland, für den die internationale Registrierung nach Art. 3 Abs. 4 MMA/Art. 3 Abs. 4 PMMA maßgebend ist (zB BGH GRUR 2008, 160 (161) – CORDARONE; auch bei späteren Berichtigungen im internationalen Register: OLG Hamburg MarkenR 2009, 220 (222) – Schokostäbchen), so dass ggf. der Rückbezug auf den Zeitpunkt des Eingangs des Antrags beim Amt des Ursprungsstaates zu beachten ist.

6   Eine internationale Registrierung kann die **Priorität nach Art. 4 PVÜ** in Anspruch nehmen, sei es der Basismarke oder der Markenanmeldung in einem anderen PVÜ-Staat.

B. Wegfall der Schutzwirkung

I. Schutzverweigerung (Abs. 2)

7   Nach §§ 113–115 kann das DPMA ausländischen Marken den Schutz verweigern, womit von der Ermächtigung des Art. 5 MMA/PMMA iVm Art. 6^{quinquies} PVÜ Gebrauch gemacht wird. Wenn einer internationalen Registrierung nach den §§ 113–115 der Schutz für die Bundesrepublik Deutschland verweigert wird, dann **entfällt ihre Wirkung rückwirkend;** sie gilt als nicht eingetreten (§ 112 Abs. 2; vgl. § 52 Abs. 2). In diesem Fall können aus der internationalen Registrierung in der Bundesrepublik Deutschland keine Rechte geltend gemacht werden. Hat der Inhaber wegen des Schutzes der Marke bereits ab dem Tag der internationalen Registrierung nach Art. 3 Abs. 4 MMA die Rechte aus der internationale Registrierung durchgesetzt, stellt sich die Rechtsdurchsetzung nachträglich als unberechtigt dar.

II. Verzicht

8   Unabhängig von der Schutzverweigerung kann die Wirkung der internationalen Registrierung ausbleiben, wenn der Inhaber den **Antrag auf Schutzerstreckung zurücknimmt.** Dies kann – anders als der Teilverzicht auf die internationale Registrierung – auch im nationalen Verfahren gegenüber dem DPMA erfolgen und sogar konkludent durch Beschränkung eines gegen einen Widerspruch gerichteten Zurückweisungsantrag, wenn die Zurückweisung des Widerspruchs nur für einen Teil der von dem Schutzerstreckungsgesuch erfassten Waren oder Dienstleistungen beantragt wird (BPatG BeckRS 2007, 07443 – FIESTA/TESTA).

§ 113 Prüfung auf absolute Schutzhindernisse

(1) ¹International registrierte Marken werden in gleicher Weise wie zur Eintragung in das Register angemeldete Marken nach § 37 auf absolute Schutzhindernisse geprüft. ²§ 37 Abs. 2 ist nicht anzuwenden.

(2) An die Stelle der Zurückweisung der Anmeldung (§ 37 Abs. 1) tritt die Verweigerung des Schutzes.

Überblick

Mit der Regelung des § 113 Abs. 1 wird von der Ermächtigung des Art. 5 Abs. 1 MMA/Art. 5 Abs. 1 PMMA Gebrauch gemacht, internationale Registrierungen ausländischer Mar-

Prüfung auf absolute Schutzhindernisse   § 113 MarkenG

ken mit Schutzerstreckung auf Deutschland auf ihre Schutzfähigkeit zu überprüfen (→ Rn. 1) und ihnen ggf. den Schutz zu verweigern. Dabei gelten die gleichen Prüfungskriterien wie bei einer deutschen Marke; auch Verkehrsdurchsetzung kommt in Betracht (→ Rn. 7). Die Prüfung ist unabhängig von der Schutzfähigkeit im Ursprungsland (→ Rn. 6).

Für internationale Registrierungen, die dem PMMA unterliegen (was seit 31.10.2015 für alle internationalen Registrierungen gilt), wird § 112 durch § 124 für anwendbar erklärt.

Eine Schutzverweigerung muss in der Regel innerhalb eines Jahres ausgesprochen werden (→ Rn. 12); das kann auch nur vorläufig geschehen, um eine genauere Prüfung zu ermöglichen (→ Rn. 16). Danach ist ein Inlandsvertreter zu bestellen (→ Rn. 26), der Rechtsmittel einlegen kann (→ Rn. 27).

Zur Abschlussmitteilung → Rn. 29, zur Schutzbewilligung → Rn. 33.

Anträge auf Schutzerstreckung können wiederholt gestellt werden (→ Rn. 32).

Übersicht

	Rn.		Rn.
A. Prüfung von internationale Registrierungen auf absolute Schutzhindernisse (Abs. 1)	1	2. Fristbeginn	14
		3. Verspätung	15
		II. Vorläufige Schutzverweigerung	16
I. Prüfung entsprechend nationaler Prüfungspraxis	1	1. Wirkung der vorläufigen Schutzverweigerung	18
1. Gegenstand der Prüfung	1	2. Inhalt der vorläufigen Schutzverweigerung	20
2. Inhalt der Prüfung	2	3. Sprache der vorläufigen Schutzverweigerung	23
II. Unabhängigkeit vom Schutz der Marke im Ursprungsland	6	4. Mängel der vorläufigen Schutzverweigerung	25
III. Verkehrsdurchsetzung	7		
IV. Ergebnis der Prüfung	8	5. Rechtsmittel gegen die vorläufige Schutzverweigerung	26
1. Kein Schutzhindernis	8		
2. Schutzhindernis	9	III. Entscheidung	27
B. Schutzverweigerung (Abs. 2)	10	IV. Abschlussmitteilung	29
I. Schutzverweigerungsfrist	12	V. Erneute Schutzerstreckung	32
1. Fristlänge	12	**C. Schutzbewilligung**	33

A. Prüfung von internationale Registrierungen auf absolute Schutzhindernisse (Abs. 1)

I. Prüfung entsprechend nationaler Prüfungspraxis

1. Gegenstand der Prüfung

Gegenstand der Prüfung ist die **Veröffentlichung** gemäß Art. 3 Abs. 4 MMA/Art. 3 Abs. 4 PMMA. Bei ersichtlichen Mängeln der Druckwiedergabe, muss das DPMA aber auch auf die Veröffentlichung der Ursprungsmarke zurückgreifen (vgl. BPatG GRUR 1993, 123 (124) – Verpackungsbox; Ströbele/Hacker/Kober-Dehm Rn. 4). Mit dem Übergang auf elektronische Veröffentlichungen dürften solche Fälle kaum noch auftreten. 1

2. Inhalt der Prüfung

Internationale Registrierungen werden vom **DPMA** wie deutschen Markenanmeldungen nach § 37 geprüft (→ § 37 Rn. 1), dh auf die Schutzfähigkeit des Zeichens als Marke nach § 3 (→ § 3 Rn. 1), auf das Vorliegen von absoluten Schutzhindernissen nach § 8 (→ § 8 Rn. 1) und auf das Bestehen älterer notorisch bekannter Marken nach § 10 (→ § 10 Rn. 1). 2

Es kann daher auf die **Entscheidungspraxis zum MarkenG** verwiesen werden (zu Details → Rn. 3.1). 3

Dabei sind zwar die **Grenzen** zu berücksichtigen, die durch Art. 6bis, 6ter und $6^{quinquies}$ B PVÜ als vorrangige Regelungen der PVÜ gesetzt sind (BPatG GRUR 1996, 408 – Cosa Nostra). Eine Schutzverweigerung darf nur auf die in Art. 6bis, 6ter und $6^{quinquies}$ B PVÜ erschöpfend aufgezählten 3.1

Versagungsgründe gestützt werden, mit denen auch einer im Ausland eingetragenen Marke im Fall einer nationalen Anmeldung der Schutz versagt werden dürfte (Art. 6^{quinquies} A PVÜ, „Telle-quelle-Schutz"). Gemäß Erwägungsgrund 12 der MRL sind aber die auf ihrer Grundlage erlassenen nationalen Vorschriften PVÜ-konform auszulegen; durch § 8 Abs. 2 wurde die MRL umgesetzt. Daher entsprechen die Schutzhindernisse des § 8 Abs. 2 denen des Art. 6^{quinquies} lit. a PVÜ (BGH GRUR 2008, 1000 (1001) – Käse in Blütenform II; GRUR 2007, 973 (974) – Rado-Uhr III; GRUR 2004, 329 – Käse in Blütenform I; GRUR 2001, 413 (414) – SWATCH). Ob sich das Eintragungshindernis dabei unmittelbar aus der PVÜ (BGH GRUR 2001, 413 (414) – SWATCH; GRUR 2001, 416 – OMEGA; GRUR 2001, 418 (419) – Montre) oder aus den Regelungen des MarkenG ergibt, die lediglich am Maßstab der PVÜ zu messen sind (Ströbele/Hacker/Kober-Dehm Rn. 1), ist daher nicht mehr von Bedeutung.

4 Wird ein der WIPO mitgeteilter Schutzverweigerungstatbestand **später gesetzlich neu geregelt,** dann kommt eine Schutzverweigerung auf Grund der Nachfolgeregelung nur insoweit in Betracht, als sich diese mit der früheren Regelung deckt. Soweit das MarkenG die im WZG enthaltenen Schutzverweigerungsgründe (Eintragungshindernisse) nicht nur neu formuliert, sondern erweitert hat, kann eine solche Änderung der Rechtslage wegen der vorrangigen Vorschriften des Art. 5 Abs. 1 S. 2 MMA/Art. 5 Abs. 1 S. 2 PMMA keine Berücksichtigung finden. Diese Vorschriften überlagern die Übergangsregelung des § 152 (BPatG GRUR 1996, 408 (409) – COSA NOSTRA). Hat etwa das DPMA einer IR-Marke den Schutz nach § 4 Abs. 2 Nr. 4 WZG verweigert, so kann nach Inkrafttreten des MarkenG der Schutzverweigerungstatbestand des § 8 Abs. 2 Nr. 5 nur insoweit herangezogen werden, als er sich mit dem Verbot Ärgernis erregender Darstellungen nach § 4 Abs. 2 Nr. 4 WZG deckt (BPatG GRUR 1996, 408 (409) – COSA NOSTRA).

5 Registriert die WIPO einen Antrag auf Schutzausdehnung der Basismarke auf Deutschland, obwohl dieser Marke bereits früher der Schutz für Deutschland unanfechtbar verweigert worden war, so darf ihr wegen **Rechtsmissbrauchs** der Schutz ohne Sachprüfung erneut verweigert werden, es sei denn, der insoweit darlegungspflichtige Markeninhaber trägt eine Änderung der rechtlichen oder tatsächlichen Verhältnisse vor, die eine nochmalige Überprüfung rechtfertigen könnten (BGH GRUR 1979, 549 – Mepiral).

II. Unabhängigkeit vom Schutz der Marke im Ursprungsland

6 Der Schutz kann auch dann verweigert werden, wenn die Schutzfähigkeit im Ursprungsland bejaht worden war (BGH GRUR 2001, 413 (414) – Swatch; GRUR 1995, 732 (734) – Füllkörper; GRUR 1957, 215 (219) – Flava Erdgold). Auch eine Verkehrsdurchsetzung im Ursprungsland garantiert daher keinen Schutz der nicht von Haus aus unterscheidungskräftigen Marke im benannten Land. Immerhin kann eine Verkehrsdurchsetzung im Ursprungsland eine solche im benannten Land fördern.

III. Verkehrsdurchsetzung

7 Die Schutzhindernisse des § 8 Abs. 2 können durch Erlangung von Verkehrsdurchsetzung in Deutschland überwunden werden (§ 8 Abs. 3; → § 8 Rn. 861), da nach Art. 6^{quinquies} A PVÜ „alle Tatumstände zu berücksichtigen sind, insbesondere die Dauer des Gebrauchs der Marke". Allerdings muss die Verkehrsdurchsetzung zum Zeitpunkt der Schutzerstreckung auf Deutschland vorgelegen haben. Andernfalls ist der Schutz zu verweigern. MMA, PMMA und PVÜ sehen nämlich anders als § 37 Abs. 2 (→ § 37 Rn. 15) **keine Verschiebung des Prioritätszeitpunkts** vor und lassen sie daher nicht zu (vgl. auch § 112 Abs. 1 S. 2; BPatG GRUR 1996, 492 – Premiere II). § 113 Abs. 1 S. 2 enthält daher nur eine Klarstellung. Wird das Schutzhindernis zu einem späteren Zeitpunkt überwunden, bleibt dem Markeninhaber aber die Möglichkeit, durch eine nachträgliche Schutzerstreckung nach Art. 3ter MMA/Art. 3ter PMMA Schutz der Marke in Deutschland – dann mit entsprechend späterem Zeitrang – zu erlangen. Der Inhaber einer IR-Marke ist daher nicht schlechter gestellt als der Inhaber einer deutschen Marke (BPatG GRUR 1996, 492 – Premiere II).

IV. Ergebnis der Prüfung

1. Kein Schutzhindernis

Besteht kein Schutzhindernis, wird der internationalen Registrierung der Schutz in Deutschland gewährt. Über das Ergebnis der Prüfung wird **keine Zwischenmitteilung** an die WIPO gemacht. Eine Vertragspartei des MMA/PMMA, die die internationale Registrierung auf absolute Schutzverweigerungsgründe geprüft, jedoch keine solchen festgestellt hat, kann zwar der WIPO gemäß Regel 18bis GAusfO MMA/PMMA eine Mitteilung machen, dass die Prüfung auf absolute Schutzverweigerungsgründe abgeschlossen ist und keine Schutzverweigerungsgründe festgestellt wurden, die Marke aber noch Gegenstand von Widersprüche sein kann oder ist, mit der Folge, dass nach Ablauf der Widerspruchsfrist eine erneute Mitteilung zu erfolgen hat. Von dieser Möglichkeit macht das DPMA aber keinen Gebrauch. Es wartet vielmehr zunächst den Ablauf der Widerspruchsfrist ab, um sodann beide Arten von Schutzverweigerungsgründen in einer Mitteilung abzudecken.

8

2. Schutzhindernis

Besteht ein Schutzhindernis, wird der internationalen Registrierung der Schutz in Deutschland **verweigert.**

9

B. Schutzverweigerung (Abs. 2)

Da die deutschen Anteile (Benennungen) von internationalen Registrierungen nicht in das Markenregister des DPMA eingetragen werden, tritt in dem Fall, in dem absolute Schutzhindernisse vorliegen, nach § 113 Abs. 2 an die Stelle der Zurückweisung der Anmeldung die Verweigerung des Schutzes iSd Art. 5 Abs. 1 MMA/Art. 5 Abs. 1 PMMA.

10

Besteht nach Auffassung des DPMA ein **absolutes Eintragungshindernis,** so teilt es der WIPO mit, dass es den Schutz der internationalen Registrierung in Deutschland vorläufig verweigert.

11

I. Schutzverweigerungsfrist

1. Fristlänge

Die Schutzverweigerung muss auch für internationalen Registrierungen nach dem PMMA grundsätzlich **innerhalb eines Jahres** nach der internationalen Registrierung oder dem Ausdehnungsgesuch ausgesprochen werden (Art. 5 Abs. 2 MMA, Art. 5 Abs. 2 lit. a PMMA); die Frist kann durch nationale Vorschriften verkürzt, nicht aber verlängert werden. Das MarkenG sieht aber keine Verkürzung vor, so dass es für den deutschen Anteil von internationalen Registrierungen bei der einjährigen Frist bleibt.

12

Für internationale Registrierungen, die dem PMMA unterliegen, können die Vertragsstaaten, die nur Mitglied des PMMA sind, erklären, dass an die Stelle des einjährigen Prüfungszeitraums ein **Zeitraum von 18 Monaten** tritt (Art. 5 Abs. 2 lit. b PMMA), wie es zB die Europäische Union und zwölf EU-Mitgliedstaaten getan haben. Da Deutschland auch Mitglied des MMA ist, gilt für das DPMA die Jahresfrist in jedem Fall, denn obwohl zwischen Staaten, die sowohl Mitglied des MMA als auch des PMMA sind („Mischstaaten"), nach Art. 9^{sexies} PMMA das PMMA vorrangig ist, erklärt Art. 9^{sexies} Abs. 1 lit. b PMMA eine entsprechende Erklärung für wirkungslos. Bei der Erstreckung einer internationalen Registrierung mit Basismarke in einem Mischstaat auf einen anderen Mischstaat bleibt die im Grundsatz geltende Schutzverweigerungsfrist von zwölf Monaten daher bestehen, selbst wenn der benannte Mischstaat eine Erklärung über die Verlängerung der Schutzverweigerungsfrist auf 18 Monate abgegeben hat.

13

2. Fristbeginn

Die Frist zur Mitteilung der Schutzverweigerung beginnt mit der **tatsächlichen Eintragung** der erstmaligen Registrierung oder einer nachträglichen Benennung im Register, wofür es nach der gesetzlichen Fiktion der Regel 18 Abs. 1 lit. a Ziff. iii GAusfO MMA/

14

PMMA auf die Versendung der Mitteilung über die Registrierung/Benennung ankommt. Sie beginnt also nicht schon mit dem Eingang des Registrierungsantrags, mag dieser auch als Registrierungsdatum gelten (BPatG GRUR 2006, 868 (870) – goseven; BPatG BeckRS 2009, 01820 – LOKMAUS).

3. Verspätung

15   Bei fristgerechter Zusendung wird die vorläufige Schutzverweigerung in das internationale Register eingetragen und übermittelt die WIPO dem Inhaber der international registrierten Marken eine Kopie der Mitteilung des DPMA (Regel 17 Abs. 4 GAusfO MMA/PMMA). Wird eine Schutzverweigerung verspätet mitgeteilt, wird sie **nicht berücksichtigt** und entfaltet **keine rechtlichen Wirkungen;** der Vertragsstaat kann den Schutz nicht mehr von Beginn an versagen (Art. 5 Abs. 2 MMA/Art. 5 Abs. 2 PMMA). Demzufolge wird die Schutzverweigerung auch nicht im internationalen Register vermerkt. Gleichwohl übersendet die WIPO die Schutzverweigerungsmitteilung an den Inhaber der international registrierten Marke, teilt ihm und der mitteilenden Behörde aber mit, dass und warum die vorläufige Schutzverweigerung nicht als solche betrachtet wird (Regel 18 Abs. 1 lit. a Ziff. iii, lit. b, Abs. 2 lit. a GAusfO MMA/PMMA). Der Inhaber der international registrierten Marke erlangt durch die Mitteilung davon Kenntnis, dass der Schutz der Marke durch potentielle Konflikte gefährdet ist und kann sich darauf einstellen, da der zunächst gewährte Schutz immer noch durch ein nachträgliches Schutzentziehungsverfahren wieder entfallen kann.

II. Vorläufige Schutzverweigerung

16   Da innerhalb der Jahresfrist regelmäßig keine endgültige Entscheidung über die Schutzverweigerung getroffen werden kann, wird zunächst eine nur vorläufige Schutzverweigerung ausgesprochen wird („refus provisoire"), in der die möglicherweise bestehenden Schutzverweigerungsgründe mitgeteilt werden.

17   Die **Mitteilung** der vorläufigen Schutzverweigerung wird vom DPMA an das Internationale Büro gesandt und von diesem an den Markeninhaber weitergeleitet (näher Regel 17 GAusfO MMA/PMMA). Schutzverweigerungen werden in der Praxis durch **Formulare** mitgeteilt. Die von der verschiedenen Vertragsstaaten verwendeten Formulare sind nicht einheitlich, seit September 2009, dh seit das Internationale Büro den Vertragsstaaten Formulare zur Verfügung stellt, nimmt die Vereinheitlichung aber zu.

1. Wirkung der vorläufigen Schutzverweigerung

18   Der mit der Eintragung vorläufig gewährte Schutz wird durch den „refus provisoire" vorläufig wieder aufgehoben. Die vorläufige Schutzverweigerung wirkt gleichwohl tatsächlich schutzverweigernd, wird also durch die endgültige Schutzverweigerung („refus definitive") nicht erst „aktiviert", sondern nur bestätigt, und nur durch eine Schutzgewährung („Final Disposition on Status of a Mark"/„Statement of Grant of Protection") aufgehoben.

19   Mit einer (rechtskräftigen) endgültigen Schutzverweigerung entfällt der – vorläufige – Schutz der IR-Marke **rückwirkend** (§ 112 Abs. 2; → § 112 Rn. 7). Die Eintragung der Schutzverweigerung in das internationale Register nach Regel 18ter Abs. 5 GAusfO MMA/PMMA hat nur deklaratorische Wirkung.

2. Inhalt der vorläufigen Schutzverweigerung

20   Nach Art. 5 Abs. 2 MMA/PMMA sind mit der Schutzversagung **alle Gründe mitzuteilen,** dh der Schutz kann nur aus solchen Gründen verweigert werden, die das DPMA der WIPO fristgemäß mitgeteilt hat (BGH GRUR 1993, 43 (44) – Römigberg; BPatG GRUR 1998, 146 (148) – Plastische Marke; GRUR 1996, 492 – PREMIERE II; BPatGE 27, 148 (149) – moi). Diese beziehen sich auf die gesetzlichen Versagungsgründe, also ist insbesondere das vom DPMA angenommene Eintragungshindernis im Einzelnen zu benennen. Es müssen allerdings nicht sämtliche Tatsachen mitgeteilt werden, auf die sich die Schutzversagung stützt. Im anschließenden amtlichen (ggf. auch noch im nachfolgenden Beschwerdeverfahren, da auch insoweit der Grundsatz der Amtsermittlung gilt) und gerichtlichen Verfahren können

neue Tatsachen berücksichtigt werden, solange hierdurch der Beweggrund für die Schutzversagung nicht verändert wird (BGH GRUR 2005, 578 (579) – LOKMAUS).

Der Schutz kann – ohne Verstoß gegen das Recht auf rechtliches Gehör – ausnahmsweise auch wegen eines **anderen Grundes als dem mitgeteilten** versagt werden, wenn die beiden Gründe einander gleichgeachtet werden können (BGH GRUR 1993, 43 (44) – Römigberg; BPatG GRUR 1996, 492 (493) – PREMIERE II; GRUR 1996, 494 – PREMIERE III). Zu beachten ist in diesem Zusammenhang aber, dass insbesondere die Schutzverweigerung wegen mangelnder Unterscheidungskraft (subjektiv verstandene Verkehrsauffassung) nicht mit derjenigen wegen eines Freihaltebedürfnisses (objektiv verstandenes Bedürfnis der Wettbewerber) gleichgeachtet wird (BPatG GRUR 1996, 492 (493) – PREMIERE II). 21

Zum **Inhalt der Schutzverweigerungsmitteilung** s. Regel 17 Abs. 2 und 3 GAusfO MMA/PMMA. 22

3. Sprache der vorläufigen Schutzverweigerung

Die Mitteilung der vorläufigen Schutzverweigerung durch das DPMA erfolgt nach eigenem **Ermessen** der Behörde in Englisch oder Französisch; die Eintragung in das internationale Register erfolgt in Englisch, Französisch und Spanisch; die Mitteilung der WIPO an den Inhaber der internationalen Registrierung, mit dem eine Kopie der Schutzverweigerungsmitteilung des DPMA übersandt wird, erfolgt in der Sprache, in der die internationale Registrierung angemeldet wurde bzw. die Sprache, die der Anmelder als Verfahrenssprache gewählt hat. 23

Zur Sprachregelung s. Regel 6 GAusfO MMA/PMMA. 24

4. Mängel der vorläufigen Schutzverweigerung

Die Schutzverweigerungsmitteilung kann Mängel enthalten, von denen einige heilbar sind, andere nicht (s. hierzu Regel 18 Abs. 1 lit. a und b, Abs. 2 GAusfO MMA/PMMA). Sind sie **heilbar,** setzt die WIPO dem DPMA eine **Frist** von zwei Monaten zur Heilung des Mangels. Auch eine mangelhafte Schutzverweigerungsmitteilung sowie die Aufforderung zur Korrektur werden dem Inhaber der internationalen Registrierung mitgeteilt. Er kann sich daher in der zweimonatigen Korrekturfrist bereits mit den Schutzverweigerungsgründen befassen und im Falle eines Widerspruchs mit dem Inhaber der Widerspruchsmarke Verhandlungen aufnehmen. 25

5. Rechtsmittel gegen die vorläufige Schutzverweigerung

Nach einer vorläufigen Schutzverweigerung ist innerhalb von vier Monaten ein **Inlandsvertreter** zu bestellen (§ 96; → § 96 Rn. 1), der gegenüber dem DPMA zur vorläufigen Schutzverweigerung Stellung nimmt (§ 46 Abs. 1 MarkenV). Nach der Bestellung des Inlandsvertreters stellt das DPMA die Schutzverweigerung dem Vertreter erneut zu und setzt eine neue Frist für die Stellungnahme. 26

III. Entscheidung

Ist der Widerspruch zulässig, wird aber kein Inlandsvertreter bestellt oder erfolgt die Bestellung verspätet, wird die **Schutzverweigerung endgültig** (§ 36 Abs. 2 MarkenV; BPatG BeckRS 2000, 15240 – CHRONIN). Gegen den Beschluss stehen dem Markeninhaber die **Rechtsmittel** des nationalen Rechts (Art. 5 Abs. 3 MMA/PMMA), dh Erinnerung (§ 64) und Beschwerde (§ 66) zur Verfügung (Ingerl/Rohnke Rn. 10; Ströbele/Hacker/Kober-Dehm § 114 Rn. 7). Die einmonatige Erinnerungs- oder Beschwerdefrist beginnt mit dem Ende der viermonatigen Frist ohne Zustellung eines weiteren Bescheides zu laufen. Wird kein Rechtsmittel eingelegt, wird die Entscheidung rechtskräftig, die Schutzverweigerung unanfechtbar (§ 46 Abs. 2 S. 1 MarkenV). Voraussetzung für den Fristlauf ist eine ordnungsgemäße Rechtsmittelbelehrung im Schutzverweigerungsbescheid (§ 46 Abs. 2 S. 2–3 MarkenV). 27

Dem Wortlaut nach verlangt **§ 46 MarkenV** für jeden Inhaber einer internationalen Registrierung die Bestellung eines Inlandsvertreters. Dies deckt sich allerdings nicht mit § 96, zB wenn Inhaber der 27.1

MarkenG § 113   Teil 5 Schutz von Marken nach dem MMA/PMMA

internationalen Registrierung die inländische Zweigniederlassung eines ausländischen Unternehmens ist; diese unterliegt nicht dem Bestellungszwang nach § 96. In solchen Fällen muss die Angabe der Anschrift der inländischen Zweigniederlassung für die weitere Korrespondenz im Widerspruchsverfahren genügen. Eine Ausdehnung des Bestellungszwangs über § 96 hinaus dürfte von der Verordnungsermächtigung für die MarkenV gemäß § 65 nicht gedeckt sein.

28   Wird rechtzeitig ein **Inlandsvertreter** bestellt, trifft das DPMA unter Berücksichtigung seiner Stellungnahme eine Sachentscheidung. Hält es die Schutzhindernisse nicht mehr für gegeben, wird die vorläufige Schutzverweigerung aufgehoben und der Marke in Deutschland – ggf. teilweise – Schutz gewährt. Hält es die Schutzhindernisse dagegen weiterhin für gegeben, wird der international registrierten Marke der Schutz in Deutschland durch Beschluss endgültig verweigert. Gegen den Beschluss stehen dem Markeninhaber die Rechtsmittel des nationalen Rechts zu (Art. 5 Abs. 3 MMA), dh Erinnerung (§ 64) und Beschwerde (§ 66). Wird kein Rechtsmittel eingelegt, wird die Entscheidung rechtskräftig.

IV. Abschlussmitteilung

29   Nach endgültigem Abschluss des Verfahrens versendet das DPMA die – seit 1.9.2009 verpflichtende – Abschlussmitteilung nach Regel 18ter GAusfO MMA/PMMA, dass die Schutzverweigerung aufgehoben und der Marke insgesamt Schutz in Deutschland gewährt wurde (Regel 18ter Abs. 2 lit. i GAusfO MMA/PMMA) („Statement of Grant of Protection" oder „Final Disposition on Status of a Mark") oder die Schutzverweigerung für einen Teil der Waren und Dienstleistungen des Verzeichnisses aufgehoben und der Marke insofern Schutz in Deutschland gewährt wurde, wenn sich die Schutzverweigerung nur auf einen Teil der Waren und Dienstleistungen des Verzeichnisses bezieht (Regel 18ter Abs. 2 Ziff. ii GAusfO MMA/PMMA) – die Abschlussmitteilung ersetzt insoweit den Antrag auf Eintragung der Einschränkung (BPatG GRUR 2008, 512 (515) – Ringelnatz) –, oder der Marke insgesamt der Schutz in Deutschland verweigert wurde (Regel 18ter Abs. 3 GAusfO MMA/PMMA) („Confirmation of Total Provisional Refusal").

30   Diese Abschlussmitteilung stellt keinen beschwerdefähigen Bescheid, sondern eine **bloße Mitteilung** dar, die nicht in Rechte eingreift (BPatG BeckRS 2000, 15240 – CHRONIN). Die WIPO trägt die endgültige Schutzverweigerung in das internationale Register ein und übermittelt eine Kopie hiervon an den Inhaber der internationalen Registrierung (Regel 18ter Abs. 5 GAusfO MMA/PMMA).

31   Das DPMA teilt dem Markeninhaber den Tag des Zugangs der Abschlussmitteilung gesondert mit, weil mit dem Tag des Zugangs die Benutzungsschonfrist beginnt (§ 115 Abs. 2, § 116 Abs. 1; → § 115 Rn. 4; → § 116 Rn. 3).

V. Erneute Schutzerstreckung

32   Nach erfolgter Schutzverweigerung kann der Anmelder einen erneuten Antrag auf Schutzerstreckung auf Deutschland stellen. In die Sachprüfung tritt das DPMA aber nur ein, wenn **neue rechtliche oder tatsächliche Gesichtspunkte** vorgebracht werden (BGH GRUR 1979, 549 (550) – Mepiral; BPatG GRUR 1998, 702 (703) – PROTEST). Diese Veränderung kann jedoch auch in einer bloßen Änderung der Spruchpraxis liegen (Ingerl/Rohnke Rn. 12; Ströbele/Hacker/Kober-Dehm § 112 Rn. 2).

C. Schutzbewilligung

33   Erfolgt keine Schutzverweigerung, tritt nach § 112 Abs. 2 e contrario eine Erstreckung des Schutzes der IR-Marke ein, die nur unter den Voraussetzungen von § 115 (→ § 115 Rn. 1) wieder entzogen werden kann, und wird die Abschlussmitteilung über die Schutzgewährung gemäß Regel 116 Abs. 1 GMDV, Regel 18ter Abs. 1 GAusfO MMA/PMMA („Grant of Protection") an die WIPO versandt.

34   Die Schutzbewilligung wird vom DPMA weder in ein Register eingetragen noch veröffentlicht (§§ 25, 28 iVm § 65 Abs. 1 Nr. 6). Sie kann nur der amtlichen Veröffentlichung in der als Datenbank verfügbaren „Gazette of International Marks"/"Gazette des marques internationals" und der nicht-amtlichen Datenbank „ROMARIN" entnommen werden. Das DPMA teilt dem Markeninhaber aber den Tag des Zugangs der Abschlussmitteilung

gesondert mit, weil mit dem Tag des Zugangs die Benutzungsschonfrist beginnt (§ 115 Abs. 2, § 116 Abs. 1).

§ 114 Widerspruch

(1) An die Stelle der Veröffentlichung der Eintragung (§ 41 Absatz 2) tritt für international registrierte Marken die Veröffentlichung in dem vom Internationalen Büro der Weltorganisation für geistiges Eigentum herausgegebenen Veröffentlichungsblatt.

(2) Die Frist zur Erhebung des Widerspruchs (§ 42 Abs. 1) gegen die Schutzgewährung für international registrierte Marken beginnt mit dem ersten Tag des Monats, der dem Monat folgt, der als Ausgabemonat des Heftes des Veröffentlichungsblattes angegeben ist, in dem die Veröffentlichung der international registrierten Marke enthalten ist.

(3) An die Stelle der Löschung der Eintragung (§ 43 Abs. 2) tritt die Verweigerung des Schutzes.

Überblick

§ 114 ergänzt die allgemeine Verweisungsnorm des § 107 um Sonderregeln für Widersprüche (→ Rn. 7) gegen internationale Registrierungen ausländischer Marken mit Schutzstreckung auf Deutschland, um den Besonderheiten der internationalen Registrierung gerecht zu werden, die sich durch das Registrierungsverfahren nach dem MMA ergeben. Dabei stimmen Fristbeginn (→ Rn. 9) und Fristberechnung (→ Rn. 3) nicht mit der Frist bei deutschen Marken nach § 42 Abs. 1 überein.

Für internationale Registrierungen, die dem PMMA unterliegen (was seit 31.10.2015 für alle internationalen Registrierungen gilt), wird § 112 durch § 124 für anwendbar erklärt.

Die Schutzverweigerung ist an Fristen gebunden (→ Rn. 9); daher erfolgt zunächst eine vorläufige Schutzversagung (→ Rn. 11). Für das Widerspruchsverfahren ist dann ein Inlandsvertreter zu bestellen (→ Rn. 20). Das Verfahren wird mit einer Abschlussmitteilung beendet (→ Rn. 21).

Übersicht

	Rn.		Rn.
A. Veröffentlichung von IR-Marken (Abs. 1)	1	I. Schutzverweigerungsfrist	9
B. Beginn der Widerspruchsfrist (Abs. 2)	3	II. Vorläufige Schutzverweigerung	11
C. Schutzverweigerung bei Widerspruch (Abs. 3)	7	III. Widerspruchsverfahren, Entscheidung	19
		IV. Abschlussmitteilung	21

A. Veröffentlichung von IR-Marken (Abs. 1)

Internationale Registrierungen werden gemäß Art. 3 Abs. 4 S. 5 MMA/PMMA in einem **1** von der WIPO herausgegebenen Veröffentlichungsblatt, der „Gazette des Marques Internationales" bzw. „Gazette of International Marks", veröffentlicht (Regel 32 GAusfO MMA/PMMA). Seit September 2005 ist die „Gazette" neben der gedruckten Ausgabe auch unentgeltlich als PDF-Dokument auf der Internetseite der WIPO erhältlich. Die Druckversion wurde zum 1.1.2009 eingestellt. Art. 3 Abs. 5 S. 2 MMA/PMMA verbietet ein zusätzliches Veröffentlichungserfordernis auf nationaler Ebene. Deswegen sieht § 114 Abs. 1 vor, dass die für deutsche Marken vorgeschriebene Veröffentlichung der Eintragung im Markenblatt des DPMA (§ 41 S. 2; → § 41 Rn. 1; §§ 27, 28 MarkenV) bei internationalen Registrierungen durch deren Veröffentlichung ersetzt wird.

„Erneuerungen" von internationalen Registrierungen nach Art. 7 MMA/PMMA stellen **2** keine Neueintragungen, sondern bloße Verlängerungen dar und eröffnen daher keine Widerspruchsmöglichkeit (BPatG GRUR 1969, 245; BPatGE 19, 196). Etwas anderes gilt für die

MarkenG § 114   Teil 5 Schutz von Marken nach dem MMA/PMMA

Veröffentlichung der Berichtigung einer hinsichtlich ihrer Wiedergabe fehlerhaft veröffentlichten Marke; sie setzt eine neue Widerspruchsfrist in Gang (BPatG GRUR Int 1974, 289 – RE POMORO). Der Schutz einer internationalen Registrierung kann nach Art. 5 Abs. 1 MMA/PMMA iVm Art. 6^{quinquies} B Nr. 1 PVÜ auch versagt werden, wenn Löschungsgründe nach allgemeinem Wettbewerbsrecht vorliegen (BGH GRUR 1955, 575 – Hückel), dies allerdings nicht im Widerspruchsverfahren.

B. Beginn der Widerspruchfrist (Abs. 2)

3   Nach den §§ 107, 42 kann gegen internationale Registrierungen, deren Schutz auf die Bundesrepublik Deutschland erstreckt worden ist, in gleicher Weise Widerspruch erhoben werden wie gegen im Markenregister eingetragene Marken. Für die Berechnung der Widerspruchsfrist tritt die Veröffentlichung der internationalen Registrierungen in der „Gazette" an die Stelle der Veröffentlichung der Eintragung im Markenblatt (§ 41).

3.1   Der Schutz einer internationalen Registrierung kann nach Art. 5 Abs. 1 MMA/PMMA iVm Art. 6^{quinquies} B Nr. 1 PVÜ versagt werden, wenn die Marke geeignet ist, Rechte Dritter im Schutzland zu verletzen. Der Tatbestand der Markenverletzung richtet sich nach den nationalen Vorschriften, dh §§ 9–13.

4   Die dreimonatige Widerspruchsfrist beginnt anders als nach § 42 Abs. 1 nicht schon mit dem Tag der Veröffentlichung nach § 114 Abs. 1, sondern erst mit dem ersten Tag des auf den angegebenen Ausgabemonat des heute elektronischen Veröffentlichungsblatts der WIPO folgenden Monats. Wann das Veröffentlichungsblatt tatsächlich erschienen ist, spielt demgegenüber keine Rolle.

5   Die **Fristberechnung** erfolgt nach den §§ 186 ff. BGB, dh der erste Tag des Folgemonats wird mitgerechnet (§ 187 Abs. 2 S. 1 BGB), die Widerspruchsfrist endet mit dem Ablauf des letzten Tages des dritten Monats (§ 188 Abs. 2 Alt. 2 BGB), und fällt der letzte Tag der Widerspruchsfrist auf einen Samstag, auf einen Sonntag oder auf einen am Sitz einer für die Einreichung zuständigen Dienststelle des DPMA staatlich anerkannten allgemeinen Feiertag, so endet die Frist erst mit dem Ablauf des nächsten Werktages (§ 193 BGB).

6   Eine **Wiedereinsetzung in den vorigen Stand** bei Versäumung der Frist ist ausgeschlossen (§ 91 Abs. 1 S. 2).

C. Schutzverweigerung bei Widerspruch (Abs. 3)

7   Wird kein Widerspruch gegen die Schutzgewährung der internationalen Registrierung in Deutschland eingelegt, wird ihr der Schutz in Deutschland gewährt. Wird ein erfolgreicher Widerspruch gegen die Schutzgewährung eingelegt, wird der internationalen Registrierung der Schutz in Deutschland verweigert.

8   Da die deutschen Anteile (Benennungen) von internationalen Registrierungen meist neben weiteren Anteilen bestehen, erfolgt im Falle eines erfolgreichen Widerspruchs naturgemäß nicht die Löschung der internationalen Registrierung insgesamt. Da die deutschen Anteile (Benennungen) von internationalen Registrierungen zudem nicht in das Markenregister des DPMA eingetragen werden, kann auch der deutsche Anteil nicht gelöscht werden. Vielmehr tritt nach § 114 Abs. 3 im Falle eines erfolgreichen Widerspruchs an die Stelle der Löschung der Eintragung (§ 43 Abs. 2) die auf Deutschland beschränkte Verweigerung des Schutzes (Art. 5 MMA/PMMA).

I. Schutzverweigerungsfrist

9   Die Schutzverweigerung muss auch unter der Geltung des PMMA grundsätzlich innerhalb eines Jahres nach der internationalen Registrierung oder dem Ausdehnungsgesuch ausgesprochen werden (Art. 5 Abs. 2 MMA, Art. 5 Abs. 2 lit. a PMMA, Regel 18 Abs. 1 lit. a Ziff. iii GAusfO MMA/PMMA).

10   Die **Frist** zur Mitteilung der Schutzverweigerung beginnt mit der tatsächlichen Eintragung der erstmaligen Registrierung oder einer nachträglichen Benennung im Register. Wird eine Schutzverweigerung **verspätet** mitgeteilt, wird sie nicht berücksichtigt und entfaltet keine rechtlichen Wirkungen (Regel 18 Abs. 1 lit. a. Ziff. iii GAusfO MMA/PMMA). Insofern ist auf die diesbezüglichen Ausführungen zu § 113 verwiesen (→ § 113 Rn. 1 ff.).

II. Vorläufige Schutzverweigerung

Wird ein Widerspruch eingelegt, **prüft das DPMA** nur (Ströbele-Hacker/Kober-Dehm Rn. 4), ob der Widerspruch rechtzeitig und formgerecht eingegangen ist und die Widerspruchsgebühr gezahlt wurde. 11

Eine **sachliche Prüfung** des Widerspruchs findet wegen der Zweiseitigkeit des Verfahrens zu diesem Zeitpunkt noch **nicht** statt. Da innerhalb der Jahresfrist regelmäßig keine endgültige Entscheidung über den Widerspruch getroffen werden kann, wird zunächst eine nur vorläufige Schutzverweigerung ausgesprochen wird („refus provisoire"), in der der Widerspruch mitgeteilt wird. 12

Die **Mitteilung** der vorläufigen Schutzverweigerung wird vom DPMA an das Internationale Büro gesandt und von diesem an den Markeninhaber weitergeleitet (näher Regel 17 GAusfO MMA/PMMA). 13

Der mit der Eintragung vorläufig gewährte Schutz wird durch den **„refus provisoire"** vorläufig wieder aufgehoben (§ 113). 14

Die **Schutzverweigerung** kann nicht auf andere als die fristgerecht mitgeteilten Widersprüche gestützt werden (BPatG Mitt 1985, 217 – La Navarre; BPatGE 27, 148 – MOI). Unberührt bleibt die Schutzentziehung aufgrund späterer Löschungsklage (vgl. BGH GRUR 1970, 302 (305) – Hoffmann's Katze; GRUR 1955, 575 (578) – Hückel; s. § 113). 15

Die Mitteilung der vorläufigen Schutzverweigerung durch die nationale Behörde erfolgt nach eigenem **Ermessen** der Behörde auf Englisch, Französisch oder Spanisch; die Eintragung in das Internationale Register erfolgt in allen drei Sprachen (§ 113). 16

Die Schutzverweigerungsmitteilung der nationalen Behörde kann **Mängel** enthalten, von denen einige heilbar sind, andere nicht (§ 113). 17

In dem Schutzverweigerungsbescheid ist nach § 46 Abs. 1 MarkenV eine **Frist** von vier Monaten ab Absendung der (Kopie der) Mitteilung über die vorläufige Schutzverweigerung durch die WIPO an den Markeninhaber zu setzen, innerhalb derer der Markeninhaber einen Inlandsvertreter bestellen muss (§ 113). Nach der Bestellung des Inlandsvertreters stellt das DPMA die Schutzverweigerung dem Vertreter erneut zu und setzt eine neue Frist für die Stellungnahme. 18

III. Widerspruchsverfahren, Entscheidung

Ist der Widerspruch zulässig, wird aber kein Inlandsvertreter bestellt oder erfolgt die Bestellung verspätet, wird die **Schutzverweigerung endgültig** (§ 36 Abs. 2 MarkenV; BPatG BeckRS 2000, 15240 – CHRONIN). Gegen den Beschluss stehen dem Markeninhaber die **Rechtsmittel** des nationalen Rechts zu (Art. 5 Abs. 3 MMA/PMMA), dh Erinnerung (§ 64) und Beschwerde (§ 66) zur Verfügung (Ingerl/Rohnke Rn. 8; Ströbele/Hacker/Kober-Dehm Rn. 7). Die einmonatige Erinnerungs- oder Beschwerdefrist beginnt mit dem Ende der viermonatigen Frist ohne Zustellung eines weiteren Bescheides zu laufen. Wird keine Rechtsmittel eingelegt, wird die Entscheidung rechtskräftig, die Schutzverweigerung unanfechtbar (§ 46 Abs. 2 S. 1 MarkenV). Voraussetzung für den Fristlauf ist eine ordnungsgemäße Rechtsmittelbelehrung im Schutzverweigerungsbescheid (§ 46 Abs. 2 S. 2–3 MarkenV). 19

Dem Wortlaut nach verlangt **§ 46 MarkenV** für jeden Inhaber einer internationalen Registrierung die Bestellung eines Inlandsvertreters. Dies deckt sich allerdings nicht mit § 96 (→ § 96 Rn. 1), zB wenn Inhaber der internationalen Registrierung die inländische Zweigniederlassung eines ausländischen Unternehmens ist; diese unterliegt nicht dem Bestellungszwang nach § 96. In solchen Fällen muss die Angabe der Anschrift der inländischen Zweigniederlassung für die weitere Korrespondenz im Widerspruchsverfahren genügen. Eine Ausdehnung des Bestellungszwangs über § 96 hinaus dürfte von der Verordnungsermächtigung für die MarkenV gemäß § 65 nicht gedeckt sein. 19.1

Wird rechtzeitig ein **Inlandsvertreter** bestellt, führt das DPMA das **Widerspruchsverfahren** durch, dh Widerspruch und ggf. Widerspruchsbegründung werden dem Markeninhaber bzw. dessen Vertreter zur Stellungnahme übersandt. Unter Berücksichtigung seiner 20

Viefhues

Stellungnahme trifft das DPMA dann eine Sachentscheidung: Erweist sich der Widerspruch als unzulässig oder unbegründet, wird die vorläufige Schutzverweigerung aufgehoben und der Marke in Deutschland – ggf. teilweise – Schutz gewährt. Erweist sich der Widerspruch dagegen als begründet, wird der international registrierten Marke der Schutz in Deutschland durch Beschluss endgültig verweigert. Gegen den Beschluss stehen dem Markeninhaber die Rechtsmittel des nationalen Rechts zu (Art. 5 Abs. 3 MMA), dh Erinnerung (§ 64; → § 64 Rn. 1) und Beschwerde (§ 66; → § 66 Rn. 1) zur Verfügung. Wird keine Rechtsmittel eingelegt, wird die Entscheidung rechtskräftig.

IV. Abschlussmitteilung

21 Nach endgültigem Abschluss des Verfahrens versendet das DPMA die – seit 1.9.2009 verpflichtende – Abschlussmitteilung nach Regel 18ter GAusfO MMA/PMMA (s. § 113) an die WIPO.

22 Bei Schutzverweigerungen aus **mehreren Gründen,** dh wenn eine Schutzverweigerung bezüglich einiger Waren und Dienstleistungen aus absoluten Gründen und bzgl. anderer Waren und Dienstleistungen wegen eines Widerspruchs erlassen wurde, oder wenn mehrere Widersprüche eingereicht wurden, werden nach Erledigung der Beanstandung aus absoluten Gründen oder nach Abschluss eines von mehreren Widerspruchsverfahren keine Zwischenmitteilungen erlassen. Es erfolgt vielmehr nur eine einzige Schlussmitteilung sobald alle Verfahren rechtskräftig abgeschlossen sind.

23 Das DPMA teilt dem Markeninhaber den Tag des Zugangs der Abschlussmitteilung gesondert mit, weil mit dem Tag des Zugangs die Benutzungsschonfrist beginnt (§ 115 Abs. 2, § 116 Abs. 1). Zur Schutzbewilligung → § 113 Rn. 33.

§ 115 Nachträgliche Schutzentziehung

(1) An die Stelle des Antrags oder der Klage auf Löschung einer Marke wegen Verfalls (§ 49), wegen des Vorliegens absoluter Schutzhindernisse (§ 50) oder aufgrund eines älteren Rechts (§ 51) tritt für international registrierte Marken der Antrag oder die Klage auf Schutzentziehung.

(2) Wird ein Antrag auf Schutzentziehung nach § 49 Absatz 1 wegen mangelnder Benutzung gestellt, so tritt an die Stelle des Tages der Eintragung in das Register der Tag,
1. an dem die Mitteilung über die Schutzbewilligung dem Internationalen Büro der Weltorganisation für geistiges Eigentum zugegangen ist, oder
2. an dem die Frist des Artikels 5 Absatz 2 des Madrider Markenabkommens abgelaufen ist, sofern zu diesem Zeitpunkt weder die Mitteilung nach Nummer 1 noch eine Mitteilung über die vorläufige Schutzverweigerung zugegangen ist.

Überblick

Für internationale Registrierungen ausländischer Marken mit Schutzerstreckung auf Deutschland gelten über § 107 die Verfalls- und Nichtigkeitsgründe des MarkenG im Rahmen des Art. 5 Abs. 1 S. 2–3 MMA/Art. 5 Abs. 1 S. 2–3 PMMA iVm Art. 6^{quinquies} PVÜ wie für deutsche Eintragungen (→ Rn. 2).

Für internationale Registrierungen, die dem PMMA unterliegen (was seit 31.10.2015 für alle internationalen Registrierungen gilt), wird § 115 durch § 124 für anwendbar erklärt.

§ 115 ergänzt die allgemeine Verweisungsnorm des § 107 um eine Sonderregel für die Benutzungsschonfrist internationaler Registrierungen (→ Rn. 4).

A. Allgemeines

1 Für internationale Registrierungen ausländischer Marken mit Schutzerstreckung auf Deutschland gelten über § 107 die Verfalls- und Nichtigkeitsgründe des MarkenG im Rahmen des Art. 5 Abs. 1 S. 2–3 MMA/Art. 5 Abs. 1 S. 2–3 PMMA iVm Art. 6^{quinquies} PVÜ

Nachträgliche Schutzentziehung   § 115 MarkenG

wie für deutsche Eintragungen. Die Regelung des § 115 ist erforderlich, um den Besonderheiten der internationalen Registrierung gerecht zu werden, die sich durch das Registrierungsverfahren nach dem MMA ergeben. Für (auch) dem PMMA unterliegende internationale Registrierungen kommt § 115 über § 124 (→ § 124 Rn. 1) zur Anwendung.

Die Schutzentziehung ist zu unterscheiden von der „Schutzverweigerung" durch das DPMA (s. **1.1** § 113 und § 114), vom Erlöschen des Schutzes wegen Wegfalls der Ursprungsmarke (Art. 6 Abs. 3 PMMA) und vom freiwilligen Verzicht auf den Schutz der internationalen Registrierung entweder in einem (oder mehreren aber nicht allen) benannten Vertragsstaat für alle Waren und Dienstleistungen (MMA/PMMA) (Formular MM7, s. www.wipo.int/madrid/en/forms) oder in allen benannten Vertragsstaaten für einzelne, mehrere oder alle Waren und Dienstleistungen (MMA/PMMA; Formular MM8, www.wipo.int/madrid/en/forms; Art. 6 Abs. 3 PMMA).

B. Schutzentziehungsgründe (Abs. 1)

Die internationale Registrierung kann wegen Verfalls (§ 49), absoluter Schutzhindernisse **2** (§ 50) oder älterer Rechte (§ 51) nachträglich „für ungültig erklärt" (Art. 5 Abs. 6 MMA/ Art. 5 Abs. 6 PMMA und Regel 19 GAusfO MMA/PMMA), dh ihr Schutz nachträglich wieder entzogen werden. Dabei sind die jeweiligen **Beschränkungen** (§ 50 Abs. 2–4) und **Bedingungen** (§§ 53, 54, 55 Abs. 1 und 2) zu berücksichtigen. § 115 Abs. 1 stellt dazu klar, dass in diesen Fällen nicht die „Löschung" der internationalen Registrierung insgesamt, sondern nur eine auf Deutschland beschränkte „Schutzentziehung" beantragt werden kann.

C. Schutzentziehungsverfahren

Die Schutzentziehung kann sowohl im amtlichen Löschungsverfahren nach §§ 53 und 54 **3** (→ § 53 Rn. 1; → § 54 Rn. 1) wie auch im gerichtlichen Löschungsklageverfahren nach § 55 (→ § 55 Rn. 1) betrieben werden.

Hinsichtlich der **Tenorierung** ist zu unterscheiden:
Erfolgt die Schutzentziehung im amtlichen Löschungsverfahren nach §§ 53 und 54, wird die Schutzentziehung seitens des DPMA durch Beschluss ausgesprochen und der WIPO gemäß Art. 5 Abs. 6 S. 2 MMA/Art. 5 Abs. 6 S. 2 PMMA zur – deklaratorischen – Eintragung in das internationale Register mitgeteilt (Regel 19 GAusfO MMA/PMMA).
Erfolgt die Schutzentziehung dagegen im gerichtlichen Löschungsklageverfahren nach § 55, richtet sich die Klage nicht auf Schutzentziehung, sondern auf Einwilligung des beklagten Markeninhabers in die Schutzentziehung (BGH GRUR 2003, 428 (430) – BIG BERTHA; GRUR 2006, 941 (942) – Tosca Blu). Mit Eintritt der Rechtskraft des Urteils gilt die Einwilligung als erteilt. Nach Art. 5 Abs. 6 MMA/Art. 5 Abs. 6 PMMA sind aber nur die nationalen Markenbehörden befugt, der internationalen Registrierung den Schutz gegen den Willen des Markeninhabers zu entziehen. Das Löschungsurteil kann daher nicht direkt bei der WIPO vorgelegt werden. Das rechtskräftige Urteil wird daher dadurch vollstreckt, dass eine Ausfertigung dem DPMA vorgelegt und die Schutzentziehung beantragt wird (§ 894 ZPO). Das DPMA spricht die Schutzentziehung durch Beschluss aus und teilt dies dem Internationalen Büro gemäß Art. 5 Abs. 6 MMA/Art. 5 Abs. 6 PMMA, Regel 19 GAusfO MMA/PMMA zur deklaratorischen Eintragung in das internationale Register mit. Der Beschluss des DPMA kann zwar mir der Erinnerung oder Beschwerde nach den allgemeinen Regeln der §§ 64, 66 (→ § 64 Rn. 1; → § 66 Rn. 1) angefochten werden, doch beschränkt sich die Prüfung darauf, ob das vorgelegte Urteil rechtskräftig ist, gegen den eingetragenen Inhaber wirkt und die Marke betrifft, hinsichtlich derer die Schutzentziehung beantragt wird. Bei der Verurteilung auf Einwilligung des beklagten Markeninhabers in die Schutzentziehung handelt es sich zwar letztlich um einen – zwangsweise erfolgenden – Verzicht auf den Schutz, nicht aber um eine Nichtigerklärung. Gleichwohl ist die Vorgehensweise eine pragmatische Lösung des Dilemmas, dass die gerichtliche Schutzentziehung in Art. 5 Abs. 6 PMMA nicht vorgesehen ist.

D. Berechnung der Benutzungsschonfrist (Abs. 2)

Internationale Registrierungen mit Schutz in Deutschland unterliegen ebenso dem **4** **Benutzungszwang** wie deutsche Marken. Anders als bei deutschen Marken kann die fünfjährige Benutzungsschonfrist bei internationalen Registrierungen aber nicht vom Tag der Eintragung an oder, im Falle eines Widerspruchs, vom Abschluss des Widerspruchsverfahrens

Viefhues

an (§ 26 Abs. 5) zu laufen beginnen, da der Eintragungstag oder der Tag des Abschlusses des Widerspruchsverfahrens nicht in das Markenregister des DPMA eingetragen wird. Daher passt § 115 Abs. 2 die Berechnung der Benutzungsfrist an das Verfahren der internationalen Registrierung an. Um dem Markeninhaber die Benutzungsaufnahme solange nicht zuzumuten, wie die Schutzverweigerung für Deutschland noch möglich ist, **beginnt** nach § 115 Abs. 2 die **Benutzungsfrist** daher am Tag des Zugangs der abschließenden Mitteilung über die Schutzgewährung bei der WIPO gemäß Regel 18ter Abs. 2 GAusfO MMA/PMMA, wenn die Mitteilung vor Ablauf der einjährigen Ausschlussfrist des Art. 5 Abs. 2 MMA erfolgt ist oder wenn ein Jahr nach der tatsächlichen Registrierung die Prüfungsverfahren über die Schutzgewährung nach den § 113 (Geltendmachung absoluter Schutzhindernisse; → § 113 Rn. 1) und § 114 (Erhebung von Widersprüchen; → § 114 Rn. 1) noch nicht beendet sind (Beispiel: BGH GRUR 1995, 583 (584) – MONTANA; vgl. EuG T-100/06, BeckEuRS 2008, 488914 Rn. 43 ff. – DeepakRajani/HABM: kein Verstoß gegen das Gebot der Rechtssicherheit oder den Gleichbehandlungsgrundsatz), was dazu führt, dass das DPMA dem Markeninhaber den Zugangstag gesondert mitteilen muss und Dritte sich davon nicht ohne weiteres Kenntnis verschaffen können. Wenn bis dahin weder eine Mitteilung über die Schutzbewilligung noch über die Schutzverweigerung erfolgt ist, beginnt die Benutzungsfrist mit dem Ablauf der einjährigen Ausschlussfrist des Art. 5 Abs. 2 MMA/Art. 5 Abs. 2 PMMA, die vom Datum der tatsächlichen Registrierung an zu laufen beginnt (der zu unterscheiden ist von dem ggf. früheren Datum **mit** dem die internationale Registrierung oder nachträgliche Schutzerstreckung eingetragen wird) (vgl. § 113; BPatG GRUR 2006, 868 (870) – goseven; BPatG BeckRS 2009, 17113 – LOKMAUS).

5 Dies gilt nach Art. 5 Abs. 2 lit. a PMMA auch bei Anwendbarkeit des **PMMA,** da Deutschland keinen Gebrauch von der Verlängerungsmöglichkeit auf 18 Monate gemacht hat (Art. 5 Abs. 2 lit. b bis d PMMA; → § 113 Rn. 1 ff.).

§ 116 Widerspruch und Antrag auf Löschung aufgrund einer international registrierten Marke

(1) **Wird aufgrund einer international registrierten Marke Widerspruch gegen die Eintragung einer Marke erhoben, so ist § 43 Abs. 1 mit der Maßgabe anzuwenden, daß an die Stelle des Tages der Eintragung der in § 115 Abs. 2 bezeichnete Tag tritt.**

(2) **Wird aufgrund einer international registrierten Marke eine Klage auf Löschung einer eingetragenen Marke nach § 51 erhoben, so ist § 55 Abs. 3 mit der Maßgabe anzuwenden, daß an die Stelle des Tages der Eintragung der in § 115 Abs. 2 bezeichnete Tag tritt.**

Überblick

§ 116 ergänzt die allgemeine Verweisungsnorm des § 107 um eine Sonderregel für Widersprüche und Löschungsklagen aus international registrierten Marken. Sie ist erforderlich, um den Besonderheiten der internationalen Registrierung gerecht zu werden, die sich durch das Registrierungsverfahren nach dem MMA ergeben.

Für internationale Registrierungen, die dem PMMA unterliegen (was seit 31.10.2015 für alle internationale Registrierungen gilt), wird § 116 durch § 124 (→ § 124 Rn. 1) für anwendbar erklärt.

A. Berechnung der Benutzungsschonfrist

1 Ebenso wie auf deutsche Marken können Widersprüche auf internationale Registrierungen gestützt oder in einem Löschungsverfahren internationale Registrierungen als ältere Marken geltend gemacht werden.

2 Nach § 25 Abs. 1 kann der Markeninhaber keine Verletzungsansprüche aus der eingetragenen Marke geltend machen, wenn das Markenrecht auf Grund mangelnder Benutzung **gelöscht** werden könnte (→ § 25 Rn. 1 ff.). Dies gilt nach § 107 auch für internationale

Registrierungen mit Erstreckung auf Deutschland. Die Durchsetzung einer solchen internationalen Registrierung setzt daher in gleicher Weise wie eine deutsche Marke ggf. voraus, dass die internationale Registrierung nach § 26 **rechtserhaltend benutzt** worden ist (→ § 26 Rn. 1 ff.).

§ 116 verweist für die **Berechnung der Benutzungsschonfrist** auf die Regelung des 3 § 115 Abs. 2. Insofern wird auf die Ausführungen zu § 115 verwiesen (→ § 115 Rn. 1 ff.).

B. Parallele Regelung

Die Parallelregelung für Verletzungsklagen aus einer internationalen Registrierung enthält 4 § 117 (→ § 117 Rn. 2).

§ 117 Ausschluß von Ansprüchen wegen mangelnder Benutzung

Werden Ansprüche im Sinne der §§ 14 und 18 bis 19c wegen der Verletzung einer international registrierten Marke geltend gemacht, so ist § 25 mit der Maßgabe anzuwenden, daß an die Stelle des Tages der Eintragung der Marke der in § 115 Abs. 2 bezeichnete Tag tritt.

Überblick

§ 117 ergänzt die allgemeine Verweisungsnorm des § 107 um eine Sonderregel für Verletzungsklagen aus international registrierten Marken. Sie ist erforderlich, um den Besonderheiten der internationalen Registrierung gerecht zu werden, die sich durch das Registrierungsverfahren nach dem MMA ergeben.

Für internationale Registrierungen, die dem PMMA unterliegen (was seit 31.10.2015 für alle internationalen Registrierungen gilt), wird § 117 durch § 124 (→ § 124 Rn. 1) für anwendbar erklärt.

A. Berechnung der Benutzungsschonfrist

Ebenso wie auf deutsche Marken können Verletzungsklagen auf internationale Registrie- 1 rungen gestützt werden.

Nach § 25 Abs. 1 kann der Markeninhaber keine Verletzungsansprüche aus der eingetrage- 2 nen Marke geltend machen, wenn das Markenrecht auf Grund mangelnder Benutzung gelöscht werden könnte (→ § 25 Rn. 1). Dies gilt nach § 107 auch für internationale Registrierungen mit Erstreckung auf Deutschland. Die Durchsetzung einer internationalen Registrierung setzt daher in gleicher Weise wie bei einer deutschen Marke ggf. voraus, dass die international registrierte Marke nach § 26 **rechtserhaltend benutzt** worden ist (→ § 26 Rn. 1).

§ 117 verweist für die Berechnung der Benutzungsschonfrist auf die Regelung des § 115 3 Abs. 2. Insofern wird auf die Kommentierung zu § 115 verwiesen (→ § 115 Rn. 1 ff.).

B. Parallele Regelung

Die Parallelregelung für Widerspruchs- und Löschungsklageverfahren findet sich in § 116 4 (→ § 116 Rn. 2).

§ 118 Zustimmung bei Übertragungen international registrierter Marken

Das Patentamt erteilt dem Internationalen Büro der Weltorganisation für geistiges Eigentum die nach Artikel 9bis Abs. 1 des Madrider Markenabkommens erforderliche Zustimmung im Falle der Übertragung einer international registrierten Marke ohne Rücksicht darauf, ob die Marke für den neuen Inhaber der international registrierten Marke in das vom Patentamt geführte Register eingetragen ist.

Überblick

Durch die Vorschrift des § 118 soll das Umschreibungsverfahren bei Übertragung einer internationalen Registrierung erleichtert werden, die auf einer deutschen Basismarke beruht. Das betrifft den möglichen Erwerber (→ Rn. 3) sowie die Übertragung ohne Basismarke (→ Rn. 5).

A. Übertragung einer internationalen Registrierung

1 Da die internationale Registrierung in Bezug auf jeden benannten Vertragsstaat die gleiche Wirkung entfaltet wie eine in diesem Vertragsstaat eingetragene nationale Marke, unterliegt auch die Übertragung der internationalen Registrierung in Bezug auf jeden benannten Vertragsstaat den nationalen Vorschriften (→ § 27 Rn. 68 ff.). Wird die internationale Registrierung nur in Bezug auf einen benannten Vertragsstaat übertragen, bedeutet dies, dass die Übertragung nur dem Recht des betreffenden Vertragsstaats unterliegt. Wird die internationale Registrierung in Bezug auf alle oder zumindest mehrere benannte Vertragsstaaten übertragen, bedeutet dies, dass die Übertragung dem Recht mehrerer, nämlich aller betreffenden Vertragsstaaten unterliegt.

2 Die Übertragung insbesondere einer gesamten internationalen Registrierung muss daher, um wirksam zu sein, den rechtlichen Anforderungen **verschiedener Rechtsordnungen** genügen. Sie sollte daher sowohl in Bezug auf die formalen Anforderungen (zB Schriftform, beiderseitige Unterschrift, notarielle Beglaubigung, Legalisierung, etc) wie auch in Bezug auf die materiellen Anforderungen (zB Übertragung auch des der Marke anhaftenden „Goodwill", Angabe einer erbrachten Gegenleistung, etc) anhand der Anforderungen der strengsten anwendbaren Rechtsordnung erfolgen, um sicherzustellen, dass die internationale Registrierung tatsächlich insgesamt übertragen wird. Besondere formale Anforderungen werden allerdings von vielen Rechtsordnungen nur für die Eintragung der Übertragung im Register, nicht aber für die materiell-rechtliche Übertragung als solche vorgeschrieben. Sie spielen daher keine Rolle, da die internationale Registrierung nur im internationalen Register eingetragen ist und umgeschrieben werden muss.

B. Mögliche Erwerber einer internationalen Registrierung

3 Da sich die Übertragung einer internationalen Registrierung nach dem jeweiligen nationalen Recht des benannten Vertragsstaates richtet, ist die wirksame Übertragung einer internationalen Registrierung nicht davon abhängig, dass der Erwerber berechtigt ist, internationale Registrierungen vorzunehmen, dh dass er in einem Vertragsstaat der Madrider Union eine gewerbliche Niederlassung, einen Wohnsitz oder die Staatsangehörigkeit besitzt. Dies ist nur – aber immerhin – für die Eintragung der Übertragung im Register der WIPO relevant. Hat der Erwerber weder gewerbliche Niederlassung noch Wohnsitz in einem Vertragsstaat noch die Staatsangehörigkeit eines solchen, kann er die internationale Registrierung daher zwar wirksam erwerben, doch ist eine **Eintragung** der Übertragung im Register der WIPO nicht möglich (→ § 27 Rn. 72 ff.; Ströbele/Hacker/Hacker § 27 Rn. 62; Guide to the International Registration of Marks, B.II.73, Rn. 61.01). Relevant ist dies dort, wo an die Eintragung rechtliche Wirkungen geknüpft werden, zB eine Vermutung der Inhaberschaft an der Marke oder die Möglichkeit zB als Widersprechender an einem Amtsverfahren teilzunehmen. Wird die Übertragung gleichwohl im Register der WIPO eingetragen, kann die WIPO das Register zwar berichtigen (Regel 28 Abs. 1 GAusfO MMA/PMMA). Die nationalen Behörden der von der internationalen Registrierung benannten Vertragsstaaten können die Übertragung aber nicht nach Regel 27 Abs. 4 GAusfO MMA/PMMA für unwirksam erklären, da sich die – materielle-rechtliche – Wirksamkeit der Übertragung nach den nationalen Vorschriften der benannten Vertragsstaaten richtet und diese den Erwerb einer **nationalen Marke** regelmäßig nicht an Niederlassung, Wohnsitz oder Staatsangehörigkeit in Bezug auf einen Vertragsstaat des PMMA verlangen.

4 Ist der Erwerber in einem **Vertragsstaat der Madrider Union** niedergelassen oder wohnhaft oder ihm angehörig, so kann er nur für die Benennungen solcher Vertragsstaaten als neuer Inhaber eingetragen werden, die dem gleichen Vertragswerk, MMA oder PMMA, angehören, wie der Vertragsstaat, in dem er niedergelassen oder wohnhaft ist oder dem er

angehört. Da seit 31.10.2015 alle Vertragsstaaten der Madrider Union das PMMA unterzeichnet haben und damit Protokollstaaten sind, spielt diese Regelung keine Rolle mehr.

Eine internationale Registrierung kann auch **ohne die zugehörige Basismarke** übertragen werden. 5

C. Umschreibung der internationalen Registrierung

Wird eine internationale Registrierung auf eine Person übertragen, die in einem **anderen** 6 **Vertragsstaat** als der bisherige Inhaber ansässig ist, so konnte die internationale Registrierung von der WIPO nach Art. 9bis Abs. 1 MMA nicht umgeschrieben werden, wenn die Zustimmung des nationalen Amtes nicht vorlag. Hintergrund der Regelung war der Umstand, dass bis zur Nizzaer Fassung des MMA von 1957 die Übertragung auf einen Inhaber in einem anderen Vertragsstaat zu einer Änderung des Ursprungslands führte. Seit der Nizzaer Fassung des MMA gilt dies nicht mehr; das Ursprungsland bleibt unverändert. Daher hat die Regelung des Art. 9bis Abs. 1 MMA keine praktische Bedeutung mehr.

Da seither eine **Basismarke** im Staat des Erwerbers nicht mehr erforderlich ist, stellt 7 § 118 klar, dass das DPMA die Rechtsnachfolge hinsichtlich einer deutschen Basismarke nicht prüft. Vielmehr erteilte das DPMA eine nach Art. 9bis Abs. 1 MMA angeforderte Zustimmung unabhängig davon, ob die Basismarke für den Erwerber der IR-Marke eingetragen ist. Da seit dem 31.10.2015 alle internationalen Registrierungen den Regeln des PMMA unterliegen, spielt diese Vorschrift keine Rolle mehr.

Die Umschreibung wird mit dem **Formular MM5** beantragt (www.wipo.int/madrid/ 8 en/forms).

Abschnitt 2 Schutz von Marken nach dem Protokoll zum Madrider Markenabkommen

§ 119 Anwendung der Vorschriften dieses Gesetzes; Sprachen

(1) Die Vorschriften dieses Gesetzes sind auf internationale Registrierungen von Marken nach dem Madrider Protokoll vom 27. Juni 1989 zum Madrider Abkommen über die internationale Registrierung von Marken (Protokoll zum Madrider Markenabkommen), die durch Vermittlung des Patentamts vorgenommen werden oder deren Schutz sich auf das Gebiet der Bundesrepublik Deutschland erstreckt, entsprechend anzuwenden, soweit in diesem Abschnitt oder im Protokoll zum Madrider Markenabkommen nichts anderes bestimmt ist.

(2) Sämtliche Anträge sowie sonstige Mitteilungen im Verfahren der internationalen Registrierung und das Verzeichnis der Waren und Dienstleistungen sind nach Wahl des Antragstellers in französischer oder in englischer Sprache einzureichen.

Überblick

Die Regelung des § 119 entspricht der für das MMA vorgesehenen Regelung des § 107.

§ 119 Abs. 2 setzt Regel 6 Abs. 1, 2 GAusfO MMA/PMMA über die statthafte Sprache 1 bei Anträgen auf internationale Registrierung nach dem MMA und dem PMMA um; der Gesetzgeber verzichtete in § 119 Abs. 2 auf die Möglichkeit der Einreichung von Anträgen auf internationale Registrierung auch in spanischer Sprache nach Regel 6 Abs. 1 lit. b GAusfO MMA/PMMA. Daher wird auf die Ausführungen zu § 107 verwiesen (→ § 107 Rn. 1 ff.).

§ 120 Antrag auf internationale Registrierung

(1) ¹Der Antrag auf internationale Registrierung einer zur Eintragung in das Register angemeldeten Marke oder einer in das Register eingetragenen Marke nach

Artikel 3 des Protokolls zum Madrider Markenabkommen ist beim Patentamt zu stellen. ²Der Antrag kann auch schon vor der Eintragung der Marke gestellt werden, wenn die internationale Registrierung auf der Grundlage einer im Register eingetragenen Marke vorgenommen werden soll.

(2) Soll die internationale Registrierung auf der Grundlage einer im Register eingetragenen Marke vorgenommen werden und wird der Antrag auf internationale Registrierung vor der Eintragung der Marke in das Register gestellt, so gilt er als am Tag der Eintragung der Marke zugegangen.

(3) Mit dem Antrag ist das Verzeichnis der Waren und Dienstleistungen, nach Klassen geordnet in der Reihenfolge der internationalen Klassifikation von Waren und Dienstleistungen, einzureichen.

Überblick

§ 120 regelt einige wenige Details der internationalen Registrierung einer deutschen Marke nach den Regeln des PMMA. Diese Regeln finden sich überwiegend außerhalb des MarkenG, namentlich im PMMA und in der GAusfO MMA/PMMA.

§ 120 entspricht im Wesentlichen der Regelung des (seit dem 31.10.2015 nicht mehr relevanten) § 108, berücksichtigt aber zusätzlich die nur nach dem PMMA mögliche internationale Registrierung auf der Grundlage einer bloßen Markenanmeldung.

Zum Waren- und Dienstleistungsverzeichnis (→ Rn. 42) muss bei Benennung der USA eine Benutzungsabsichtserklärung vorgelegt werden (→ Rn. 48).

Übersicht

	Rn.		Rn.
A. Antrag auf internationale Registrierung einer deutschen Marke (Abs. 1)		7. Vertretung	33
I. Vermittlung durch das DPMA	1	IV. Weitere Voraussetzungen	35
II. Mehrere Basismarken – eine internationale Registrierung/eine Basismarke – mehrere internationale Registrierungen	2	B. Antrag auf internationale Registrierung einer deutschen Marke vor Eintragung (Abs. 2)	36
III. Prüfung durch das DPMA	4	I. Zugangsfiktion	36
1. Bestehen einer geeigneten Basismarke	7	II. Bedeutung der Zugangsfiktion für den Zeitrang der internationalen Registrierung	39
2. Übereinstimmung der Angaben im Antrag auf internationale Registrierung mit der Basismarke	13	C. Waren- und Dienstleistungsverzeichnis (Abs. 3)	42
3. Antragsberechtigung	21	I. Sprache des Verzeichnisses	43
4. Zutreffende Angabe der Gebühren	24	II. Klassifizierung der Waren und Dienstleistungen	44
5. Benennung der Vertragsstaaten	25		
6. Vollständigkeit/Fehlerfreiheit des Antrags	29	III. Bestimmtheit der Angaben zu den Waren und Dienstleistungen	49

A. Antrag auf internationale Registrierung einer deutschen Marke (Abs. 1)

I. Vermittlung durch das DPMA

1 Der Antrag auf internationale Registrierung einer deutschen Basismarke (im Sprachgebrauch des MMA/PMMA das „Gesuch um internationale Registrierung" bzw. „Internationales Gesuch") richtet sich an die WIPO, ist jedoch bei beim DPMA einzureichen (Art. 1 Abs. 2 iVm Art. 3 Abs. 1 MMA). Für den Antrag ist das vorgeschriebene englische oder französische **Formular der WIPO** zu verwenden (vgl. Art. 3 Abs. 1 MMA, Regel 9 GAusfO MMA/PMMA, § 43 MarkenV; s. Formular MM2, www.wipo.int/madrid/en/forms).

1.1 Eine **unmittelbare Einreichung** bei der WIPO ist **nicht zulässig**; ein dort eingereichtes Registrierungsgesuch würde an den Absender zurückgesendet. Der Grund hierfür liegt darin, dass für die internationale Registrierung eine Bescheinigung der Behörde des Ursprungslandes zur Richtigkeit der Registerdaten erforderlich ist (Art. 3 Abs. 1 MMA/Art. 3 Abs. 1 PMMA). Die einzureichenden

Unterlagen ergeben sich aus Regel 9 Abs. 4, 5 GAusfO MMA/PMMA. Zu den sonstigen Formerfordernissen hat das DPMA ein Merkblatt und Anleitungen zum Ausfüllen des Antragsformulars einschließlich Begleitbriefformular herausgegeben (www.dpma.de).

II. Mehrere Basismarken – eine internationale Registrierung/eine Basismarke – mehrere internationale Registrierungen

Der Antrag auf internationale Registrierung kann auf **mehrere Basismarken** gestützt werden, sofern es sich um die gleiche Marke und denselben Inhaber handelt und die Waren und Dienstleistungen der internationalen Registrierung von der einen oder anderen Basismarke erfasst werden (Regel 9 Abs. 5 lit. e GAusfO MMA/PMMA). 2

Sollen mehrere internationale Registrierungen auf der Grundlage derselben Basismarke erfolgen, so muss für jede internationale Registrierung ein **gesonderter Antrag** gestellt werden (Ströbele/Hacker/Kober-Dehm Rn. 1). 3

III. Prüfung durch das DPMA

Das DPMA prüft, ob die international zu registrierende, dh die Basismarke eingetragen ist, ob die Angaben im Antrag auf internationale Registrierung mit denen im Register des DPMA übereinstimmen, ob der Antragsteller antragsberechtigt ist, ob der Antrag auf dem richtigen Formular vorgenommen und vollständig ist und ob die Gebühren zutreffend angegeben worden sind. 4

Das DPMA prüft hingegen **nicht,** ob die benannten Staaten für die Benennung geeignet sind. 5

Zum **Umfang** der Prüfungspflicht s. BPatG GRUR 1984, 437 – TENTE. 6

1. Bestehen einer geeigneten Basismarke

Ob die im Antrag benannte Basismarke für eine internationale Registrierung geeignet ist, hing in der Vergangenheit davon ab, ob die internationale Registrierung nach den Regeln des MMA oder des PMMA erfolgt: Eine internationale Registrierung aufgrund des **MMA** war nur auf der Basis einer bereits erfolgten Eintragung im Ursprungsland möglich (Art. 1 Abs. 2 MMA). Eine internationale Registrierung aufgrund des **PMMA** ist dagegen auch auf der Basis einer bloßen Markenanmeldung im Ursprungsland möglich (Art. 2 Abs. 1 PMMA). 7

Seit 31.10.2015 gibt es keinen Mitgliedstaat der Madrider Union mehr, der nicht (auch) Mitglied des PMMA ist (WIPO Information Notice No. 39/2015, www.wipo.int/edocs/madrdocs/en/2015/madrid_2015_39.pdf). Wegen des **Vorrangs** des PMMA gegenüber dem MMA nach Art. 9^{sexies} Abs. 1 PMMA erfolgt die internationale Registrierung von Marken daher nur noch nach dem PMMA. Daher ist eine Eintragung der Basismarke nicht mehr erforderlich. 8

Die Vorschrift des § 120 sieht daher zusätzlich vor, dass der Antrag auf internationale Registrierung auch auf eine **nur angemeldete Marke** gestützt werden kann (Art. 2 Abs. 1 PMMA). Der Antragsteller kann den Antrag daher **wahlweise** auf die bloße Anmeldung oder auf die eingetragene Marke stützen, auf die bloße Markenanmeldung insbesondere, um der IR-Marke deren Zeitrang zukommen zu lassen, auf eine eingetragene Marke insbesondere, um zunächst abzuwarten, ob der Marke in der Bundesrepublik Deutschland Schutz gewährt wird, da der Schutz aus der IR-Marke nach Art. 6 Abs. 3 PMMA nicht in Anspruch genommen werden kann, wenn der Antrag auf Eintragung der deutschen Basismarke zurückgewiesen wird. 9

Beides kann aber dadurch erreicht werden, dass für die Basismarke **beschleunigte Prüfung** beantragt wird. Sofern der Markeninhaber bereit ist, die Beschleunigungsgebühr zu bezahlen, ist die Möglichkeit der internationale Registrierung auf der Grundlage einer bloßen Markenanmeldung daher von geringer praktischer Bedeutung. 10

Wurde der Antrag auf internationale Registrierung auf **mehrere Basismarken** gestützt und handelt es sich bei einer Basismarke um eine bloße Anmeldung, konnte die internationale Registrierung schon in der Vergangenheit nur aufgrund des PMMA erfolgen. 11

Viefhues

MarkenG § 120   Teil 5 Schutz von Marken nach dem MMA/PMMA

12   Die Basismarke muss zum **Zeitpunkt** der Einreichung des Antrags auf internationale Registrierung und noch zum Zeitpunkt der Weiterleitung an die WIPO anhängig und in Kraft sein (Regel 22 GAusfO MMA/PMMA).

2. Übereinstimmung der Angaben im Antrag auf internationale Registrierung mit der Basismarke

13   Das DPMA prüft insbesondere ob das Waren- und Dienstleistungsverzeichnis der internationalen Registrierung von demjenigen der Basismarke vollständig erfasst wird und daher keine Erweiterung gegenüber der Basismarke darstellt, ob geltend gemachte Farbansprüche auch für die Basismarke geltend gemacht wurden, oder die Farbe auch ohne Farbanspruch von der Basismarke erfasst wird (Regel 9 Abs. 5 lit. d Ziff. v GAusfO MMA/PMMA) und ob bei nicht-traditionellen Marken ein entsprechender Antrag auf Eintragung der Basismarke als Farbmarke, 3D-Marke, Hörmarke etc gemacht wurde (Regel 9 Abs. 5 lit. d Ziff. iii GAusfO MMA/PMMA),

14   Um als **Basismarke** geeignet zu sein, müssen die Angaben im Antrag auf internationale Registrierung mit denen im Register des DPMA übereinstimmen (Art. 3 Abs. 1 MMA/PMMA, Regel 9 Abs. 5 lit. d GAusfO MMA/PMMA). Die Übereinstimmung muss in Bezug auf den Inhaber, die Marke und das Waren- und Dienstleistungsverzeichnis bestehen.

15   **a) Identität des Inhabers.** Inhaberidentität ist **im strengen Sinne** zu verstehen. Es reicht nicht aus, wenn das Gesuch von einem verbundenen Unternehmen (zB Mutter- oder Tochtergesellschaft) oder Lizenznehmer des Inhabers der Basismarke vorgenommen wird.

16   **b) Identität der Marken.** Die Angabe der Marke im Antrag auf internationale Registrierung muss der Basismarke entsprechen.

17   Die WIPO behandelt alle Marken als **Bilddateien,** auch wenn die Basismarke eine Wortmarke ist, erlaubt jedoch die Angabe, dass es sich bei der Marke um eine Marke in Standardschrift handeln soll, wenn dies tatsächlich so ist; im Formblatt kann dies insoweit angegeben werden, wenn die Basismarke eine Wortmarke ist oder wenn die Basismarke als Bildmarke eingereicht wurde, jedoch tatsächlich ausschließlich aus Worten besteht, die in Standardschrift (wie zB Times New Roman oder Arial) ohne zusätzliche grafische Elemente oder besondere Schrifteffekte (wie alternierende Verwendung von Klein- und Großbuchstaben, Unterstreichung, Schrägschrift) geschrieben sind.

18   **Obligatorisch** ist, dass eine für die internationale Registrierung beanspruchte Farbe auch in der Basismarke beansprucht worden ist bzw. dass die Basismarke tatsächlich dieselben Farben aufweist (Regel 9 Abs. 4 lit. a Ziff. vii, Abs. 5 lit. d Ziff. v GAusfO MMA/PMMA), eine für die internationale Registrierung beanspruchte nicht-traditionelle Marke (Farbmarke, 3D-Marke, Hörmarke etc) oder Kollektivmarke auch in der Basismarke beansprucht worden ist (Regel 9 Abs. 4 lit. a Ziff. vii^{bis}–x, Abs. 5 lit. d Ziff. iii GAusfO MMA/PMMA) und für andere als lateinische Schriftzeichen eine Transliteration in lateinische Schriftzeichen beigefügt wird (Regel 9 Abs. 4 lit. a Ziff. xii GAusfO MMA/PMMA).

19   **Fakultativ** ist es möglich, in den Antrag auf internationale Registrierung eine in der Basismarke enthaltene Beschreibung (Regel 9 Abs. 4 lit. a Ziff. xi GAusfO MMA/PMMA), eine Übersetzung der Marke oder die Angabe, dass die Marke keine Bedeutung hat und nicht übersetzt werden kann (Regel 9 Abs. 4 lit. b Ziff. iii GAusfO MMA/PMMA) oder einen Disclaimer aufzunehmen. Ein Disclaimer ist auch möglich, wenn die Basismarke einen solchen nicht Disclaimer enthält (Regel 9 Abs. 4 lit. b Ziff. v GAusfO MMA/PMMA); er hat die Wirkungen des nationalen Rechts des Bestimmungsamts, ist also in Ländern wirkungslos, deren Markenrecht keinen Disclaimer kennt.

20   **c) Identität der Waren und Dienstleistungen.** Zur Identität der Waren und Dienstleistungen → Rn. 42 ff.

3. Antragsberechtigung

21   Die Antragsberechtigung war unterschiedlich geregelt, je nachdem, ob die internationale Registrierung nach dem MMA oder dem PMMA erfolgt(e).

Antrag auf internationale Registrierung § 120 MarkenG

Antragsberechtigt nach dem **MMA** (Art. 1 Abs. 2 MMA) war in strenger Reihenfolge zunächst wer in Deutschland eine tatsächliche und nicht nur zum Schein bestehende gewerbliche Niederlassung hatte. Wer zwar nicht in Deutschland aber in einem anderen Vertragsstaat des MMA eine solche Niederlassung hatte, konnte eine internationale Registrierung nur einer im Land der Niederlassung eingetragenen Basismarke beantragen; wer in mehreren Vertragsstaaten des MMA eine solche Niederlassung hatte und über nationale Marken verfügte, konnte wählen, welche Marke Basismarke sein soll. Sodann war antragsberechtigt, wer weder in Deutschland noch in einem anderen Vertragsstaat eine gewerbliche Niederlassung, in Deutschland aber einen Wohnsitz hatte. Wer zwar nicht in Deutschland aber in einem anderen Vertragsstaat des MMA/PMMA einen Wohnsitz hatte, konnte eine internationale Registrierung nur einer im Land des Wohnsitzes eingetragenen Basismarke beantragen. Schließlich war antragsberechtigt, wer in Deutschland oder in einem anderen Vertragsstaat weder eine gewerbliche Niederlassung noch einen Wohnsitz hatte, aber über die deutsche Staatsangehörigkeit verfügte. 21.1

Antragsberechtigt nach dem **PMMA** (Art. 2 Abs. 2 PMMA) ist im Gegensatz zur Antragsberechtigung nach dem MMA, wer in Deutschland entweder eine gewerbliche Niederlassung oder einen Wohnsitz hat oder über die deutsche Staatsangehörigkeit verfügt, unabhängig davon ob eine gewerbliche Niederlassung, ein Wohnsitz oder eine Staatsangehörigkeit (auch) in einem bzw. in Bezug auf einen anderen Vertragsstaat vorliegt; der Antragsteller kann insofern die Basismarke und damit das Land der Ursprungsbehörde frei wählen. Bei einer internationalen Registrierung, die auf mehrere Basismarken gestützt ist, ist auch bei Antragstellung durch mehrere Antragsteller nur der Antragsteller desselben Landes antragsberechtigt, da es nur eine Ursprungsbehörde geben kann. 22

Seit 31.10.2015 gibt es keinen Mitgliedstaat der Madrider Union mehr, der nicht (auch) Mitglied des PMMA ist. Wegen des **Vorrangs** des PMMA gegenüber dem MMA nach Art. 9^{sexies} Abs. 1 PMMA erfolgt die internationale Registrierung von Marken daher nur noch nach dem PMMA. 23

4. Zutreffende Angabe der Gebühren

Zu den Gebühren → § 121 Rn. 1. 24

5. Benennung der Vertragsstaaten

Welche Vertragsstaaten im Antrag auf internationale Registrierung benannt werden können, hing bis zum 31.10.2015 davon ab, nach welchem **Vertragswerk** die internationale Registrierung erfolgen soll: War das Land der Ursprungsbehörde ausschließlich Mitglied des MMA („Abkommensstaat"), war nur das MMA anwendbar und konnte die internationale Registrierung nur für solche Staaten erfolgen. Daher konnten nur solche Staaten benannt werden, die ihrerseits Mitglied des MMA sind (als reine „Abkommensstaaten" oder als „Mischstaaten", die gleichzeitig Mitglied im PMMA sind). War das Land der Ursprungsbehörde ausschließlich Mitglied des PMMA („Protokollstaat"), war nur das PMMA anwendbar und konnte die internationale Registrierung nur für solche Staaten erfolgen. Daher konnten nur solche Staaten benannt werden, die ihrerseits Mitglied des PMMA sind (sei es als reine „Protokollstaaten" oder als „Mischstaaten", die gleichzeitig Mitglied im MMA sind). War das Land der Ursprungsbehörde Mitglied sowohl des MMA als auch des PMMA („Mischstaat"), konnte die internationale Registrierung für solche Staaten erfolgen, dh konnten solche Staaten benannt werden, die Mitglied des MMA oder des PMMA waren (sei es als reine „Abkommensstaaten" oder „Protokollstaaten" oder als „Mischstaaten"). Ob sich eines solches Gesuch nach dem MMA oder dem PMMA richtete, hing von den benannten Staaten ab: Wurden in dem Gesuch ausschließlich Staaten benannt, die nur dem MMA angehörten („Abkommensstaaten"), war nur das MMA anwendbar. Wurden in dem Gesuch ausschließlich Staaten benannt, die nur dem PMMA angehörten („Protokollstaaten"), war nur das PMMA anwendbar. 25

Handelte es sich bei dem Gesuch um ein **Mischgesuch,** dh wurden in dem Gesuch Staaten benannt, die sowohl dem MMA als auch dem PMMA angehörten („Mischstaaten"), so galt bis zum 1.9.2008 die „Sicherungsklausel" des Art. 9^{sexies} PMMA, wonach das MMA vorrangig anzuwenden war. Seit Änderung des Art. 9^{sexies} PMMA ist das PMMA vorrangig anzuwenden. Es galt somit Folgendes: Wurden in dem Gesuch ausschließlich „Mischstaaten" benannt, so war nur das PMMA anwendbar. Wurden in dem Gesuch sowohl „Protokollstaa- 26 ten" als auch „Mischstaaten" benannt, so war nur das PMMA anwendbar. Wurden in dem Gesuch sowohl „Abkommensstaaten" als auch „Mischstaaten" benannt, so war auf die „Abkommensstaaten" nur das MMA, auf die „Mischstaaten" nur das PMMA anwendbar. Wurden in dem Gesuch sowohl „Abkommensstaaten" als auch „Protokollstaaten" sowie „Mischstaaten" benannt, so war auf die „Abkommensstaaten" nur das MMA, auf die „Protokollstaaten" und die „Mischstaaten" nur das PMMA anwendbar.

27 Da Deutschland Mitglied sowohl des MMA als auch des PMMA ist, bedeutete dies für die Prüfung der Eintragung der Basismarke: Wurde im Gesuch um internationale Registrierung (auch) ein Staat benannt, der nur Mitglied des MMA war, so galten für die Benennung dieses Staates die Vorschriften des MMA; die Basismarke musste daher eingetragen sein. War das Gesuch um internationale Registrierung in diesem Fall auf eine bloße Markenanmeldung gestützt, so war es **insofern fehlerhaft.**

28 Seit 31.10.2015 gibt es keinen Mitgliedstaat der Madrider Union mehr, der nicht (auch) Mitglied des PMMA ist. Wegen des **Vorrangs** des PMMA gegenüber dem MMA nach Art. 9^{sexies} Abs. 1 PMMA erfolgt die internationale Registrierung von Marken daher nur noch nach dem PMMA.

6. Vollständigkeit/Fehlerfreiheit des Antrags

29 Ist der Antrag auf internationale Registrierung **fehlerfrei,** wird er mit einer entsprechenden Mitteilung an die WIPO weitergeleitet. Wird der Antrag auf mehrere Basismarken gestützt, erstreckt sich die Erklärung des DPMA auf alle Basismarken (Regel 9 Abs. 5 lit. e GAusfO MMA/PMMA).

30 Ist der Antrag **fehlerhaft,** weist das DPMA den Antragsteller auf die Fehler hin und fordert ihn zur Berichtigung auf (Mitteilung Nr. 17/99, DPMA BlPMZ 1999, 325). Unterbleibt die Berichtigung, wird der Antrag gleichwohl an die WIPO weitergeleitet, da diesem die abschließende Beurteilung zukommt.

31 Die **WIPO** überprüft die Gebühren (Art. 11 Abs. 3 GAusfO MMA/PMMA; Fehlbeträge können innerhalb von drei Monaten vom Antragsteller oder dem DPMA nachgezahlt werden), die Angaben zur Basismarke (Art. 11 Abs. 4 GAusfO MMA/PMMA; Mängel können innerhalb von drei Monaten vom DPMA behoben werden), die Klassifikation (Art. 12 GAusfO MMA/PMMA; Mängel können innerhalb von drei Monaten vom DPMA behoben werden (→ Rn. 44 ff.)), die Bestimmtheit, Verständlichkeit und sprachliche Richtigkeit der Angaben zu den Waren bzw. Dienstleistungen (Art. 13 GAusfO MMA/PMMA; Mängel können innerhalb von drei Monaten vom DPMA behoben werden (→ Rn. 49)) und das Vorliegen eventueller sonstiger Mängel (Art. 11 Abs. 2 GAusfO MMA/PMMA; sie können innerhalb von drei Monaten vom Antragsteller behoben werden).

32 Allerdings beurteilt die WIPO nicht, ob die Basismarke im Ursprungsland zu Recht eingetragen oder in den benannten Staaten schutzfähig ist; dies obliegt allein den nationalen Behörden.

7. Vertretung

33 Der Antragsteller einer internationalen Registrierung kann einen Vertreter bestellen, muss dies aber nicht. Bei Bestellung eines Vertreters kommuniziert die WIPO bis auf wenige Ausnahmen nur noch mit dem Vertreter. Die Vorlage einer besonderen **Vollmacht** ist nicht erforderlich; die Bestellung erfolgt mit dem Formular MM12 (www.wipo.int/madrid/en/forms). Für eine Änderung des Namens und/oder der Adresse des Vertreters steht das Formular MM10 zur Verfügung (www.wipo.int/madrid/en/forms).

34 An die Person des Vertreters werden keine besonderen Anforderungen bestellt, weder was eine persönliche Qualifikation, Zulassung oder Registrierung angeht, noch was die Nationalität oder den Sitz des Vertreters angeht.

IV. Weitere Voraussetzungen

35 Die weiteren Voraussetzungen für die Schutzerstreckung gemäß PMMA, zB die Antragsberechtigung und das weitere Verfahren, sind nicht in § 120, sondern im **PMMA** geregelt (Art. 2, 3 PMMA).

B. Antrag auf internationale Registrierung einer deutschen Marke vor Eintragung (Abs. 2)

I. Zugangsfiktion

Als Tag der internationalen Registrierung gilt nach Art. 3 Abs. 4 S. 2 MMA der Tag, an dem beim DPMA die internationale Registrierung beantragt wird, wenn der Eintragungsantrag innerhalb von zwei Monaten nach dem Zugang des Antrags beim DPMA der WIPO in Genf zugeleitet wird. **36**

Im Bereich des **MMA** konnte eine internationale Registrierung aber nur erfolgen, wenn die Basismarke bereits eingetragen war (Art. 1 Abs. 2 MMA). **37**

Das DPMA konnte den Antrag auf internationale Registrierung daher solange nicht an die WIPO weiterleiten, wie die Basismarke noch nicht eingetragen war. Um dem Anmelder zumindest den Vorteil des Art. 3 Abs. 4 S. 2 MMA zu sichern, wurde der Eingangstag fiktiv auf den Zeitpunkt der Eintragung verschoben, also auf den frühest denkbaren Zeitpunkt, zu dem das DPMA die Anmeldung an die WIPO weiterleiten konnte (Regel 11 Abs. 1 GAusfO MMA/PMMA). Auch dann war allerdings erforderlich, dass der Antrag bei der WIPO innerhalb von weiteren zwei Monaten einging. **37.1**

Anders als im Anwendungsbereich des MMA kann eine internationale Registrierung im Anwendungsbereich des PMMA auch erfolgen, wenn die **Basismarke noch nicht eingetragen** ist. Das DPMA kann den Antrag auf internationale Registrierung daher schon an die WIPO weiterleiten, auch wenn die Basismarke noch nicht eingetragen ist. Der Anmelder benötigt daher den Vorteil des Art. 3 Abs. 4 S. 2 MMA nicht. Will der Anmelder auch im Bereich des PMMA gleichwohl die internationale Registrierung nur auf eine eingetragene Marke stützen, insbesondere, weil die Eintragungsfähigkeit der Marke zweifelhaft ist und zunächst das Ergebnis der Amtsprüfung abgewartet werden soll (der weitere Anwendungsfall, in dem der Anmelder mit einem einheitlichen Antrag auch Schutz nach dem MMA in Ländern erreichen will, die nicht gleichzeitig Vertragsstaaten des PMMA sind, ist mit Beitritt des letzten Abkommenstaats zum 31.10.2015 entfallen), kann der Antrag gleichwohl schon vor der Eintragung der deutschen Basismarke gestellt werden. Der Eingangstag wird dann fiktiv auf den Zeitpunkt der Eintragung verschoben, also auf den frühest denkbaren Zeitpunkt, zu dem das DPMA die Anmeldung an die WIPO weiterleiten kann (Regel 11 Abs. 1 GAusfO MMA/PMMA). Auch dann ist allerdings erforderlich, dass der Antrag bei der WIPO innerhalb von weiteren zwei Monaten eingeht. **38**

II. Bedeutung der Zugangsfiktion für den Zeitrang der internationalen Registrierung

Die Zugangsfiktion des § 120 Abs. 1 ist relevant für den **Zeitrang** der internationalen Registrierung, wenn die internationale Registrierung trotz Anwendbarkeit des PMMA – vergleichbar einer internationalen Registrierung nach dem MMA – erst auf der Grundlage einer eingetragenen Basismarke erfolgen soll: **39**

Der Zeitrang der internationalen Registrierung hängt grundsätzlich vom **Registrierungsdatum** ab. Dieses entspricht nicht dem Datum der tatsächlichen Registrierung, sondern bestimmt sich grundsätzlich nach dem Datum des Eingangs des Antrags auf internationale Registrierung bei der WIPO. Zwar erhält die internationale Registrierung als Registrierungsdatum das Eingangsdatum des Gesuchs beim DPMA und damit regelmäßig einen besseren Zeitrang (Art. 3 Abs. 4 PMMA), wenn das DPMA das Registrierungsgesuch innerhalb von zwei Monaten nach der Antragstellung an die WIPO übermittelt. Da die internationale Registrierung von Marken nach dem MMA aber die Eintragung der Basismarke voraussetzte, war es dem DPMA nicht möglich, einen vor der Eintragung eingereichten Antrag ohne die Zugangsfiktion des § 108 Abs. 2 innerhalb der Zweimonatsfrist an die WIPO weiterzuleiten; es musste ja die Übereinstimmung des Antrags **mit der Eintragung** im Markenregister bestätigen. So aber begann die Zweimonatsfrist des Art. 3 Abs. 4 MMA erst mit der Eintragung der Basismarke. Entsprechendes gilt nun, wenn die internationale Registrierung trotz Anwendbarkeit des PMMA erst auf der Grundlage einer eingetragenen Basismarke erfolgen soll. **40**

Viefhues

41 Die internationale Registrierung erhält nach Art. 4 Abs. 2 PMMA iVm Art. 4 PVÜ die **Priorität** der Ursprungsmarke, wenn die internationale Registrierung innerhalb von sechs Monaten nach der Heimatanmeldung erfolgt. Andernfalls ist das Datum der internationalen Registrierung für den Zeitrang maßgeblich (Art. 4 Abs. 1 PMMA, § 112 iVm § 6 Abs. 2). Kann sie nicht mehr in Anspruch genommen werden, führt § 108 Abs. 2 aber zumindest dazu, dass die internationale Registrierung den Zeitrangs des Datums des Zugangs des Antrags beim DPMA beanspruchen kann.

C. Waren- und Dienstleistungsverzeichnis (Abs. 3)

42 Mit dem Antrag auf internationale Registrierung ist das Verzeichnis der Waren und Dienstleistungen einzureichen, für das die internationale Registrierung der Basismarke begehrt wird. Das Waren- und Dienstleistungsverzeichnis muss von demjenigen der Basismarke vollständig erfasst sein.

I. Sprache des Verzeichnisses

43 Auch das Verzeichnis der Waren und Dienstleistungen ist in englischer oder französischer Sprache einzureichen (§ 107 Abs. 3). Für die Übersetzung kann auf den „Madrid Goods & Services Manager" der WIPO (www.wipo.int/mgs/index.jps?lang=en) zurückgegriffen werden. Die WIPO ist an die Übersetzung aber nicht gebunden.

II. Klassifizierung der Waren und Dienstleistungen

44 Das Waren- und Dienstleistungsverzeichnis der internationalen Registrierung muss von demjenigen der Basismarke vollständig erfasst sein, kann also im Vergleich zu demjenigen der Basismarke identisch oder enger sein, jedoch nicht breiter. Diesem Vergleich ist das Verzeichnis der Basismarke zu dem Zeitpunkt der Einreichung des Antrags auf internationale Registrierung zu Grunde zu legen. Eine vor Antragstellung erfolgende Einschränkung der Basismarke ist daher für die internationale Registrierung maßgeblich.

45 Innerhalb dieser Grenzen kann das Verzeichnis für verschiedene benannte Vertragsstaaten **unterschiedlich** sein.

46 Das Verzeichnis ist nach dem **Nizzaer Klassifikationsabkommen** (NKA) zu klassifizieren (vgl. Regel 9 Abs. 4 lit. a Ziff. xiii GAusfO MMA/PMMA). Die aktuelle Liste von Waren und Dienstleistungen findet sich im Internet unter www.wipo.int/classifications/nice/en/classifications.html. Auch für die Zuordnung einzelner Waren und Dienstleistungen kann auf den „Madrid Goods & Services Manager" der WIPO (www.wipo.int/mgs/index.jps?lang=en) zurückgegriffen werden. Können Waren oder Dienstleistungen in mehrere Klassen fallen, müssen sie in jeder relevanten Klasse aufgeführt werden. Andernfalls gelten sie als auf diejenige Klasse beschränkt, für die sie aufgeführt sind, was die nationalen Behörden bei der Bestimmung des Schutzumfangs nicht bindet (Ströbele/Hacker/Kober-Dehm Rn. 3).

47 Die vom Markeninhaber vorgenommene Klassifizierung wird **von der WIPO geprüft** (Art. 3 Abs. 2 PMMA). Unterbleibt diese Klassifizierung oder ist sie fehlerhaft, wird der Antrag aber nicht zurückgewiesen. Vielmehr macht die WIPO einen gebührenpflichtigen Vorschlag für eine Neuklassifikation (Art. 3 Abs. 2 S. 2 PMMA, Regel 12 GAusfO MMA/PMMA), für die eine Gebühr. Dadurch wird ein Prioritätsverlust vermieden. Der **Vorschlag für die Neuklassifikation** wird dem DPMA und dem Antragsteller mitgeteilt. Das DPMA kann gegenüber der WIPO innerhalb von drei Monaten zu dem Vorschlag Stellung nehmen. Nimmt das DPMA innerhalb der drei Monate keine Stellung, wird die Marke mit der neuen Klassifizierung eingetragen. Das DPMA kann vor Abgabe seiner Erklärung gegenüber der WIPO eine Stellungnahme des Antragstellers einholen, ohne allerdings an sie gebunden zu sein; das DPMA erinnert den Antragsteller ggf. nach zwei Monaten, doch wird die Dreimonatsfrist der WIPO dadurch nicht berührt! Erfolgt eine Stellungnahme, kann die WIPO ihren Vorschlag für die Neuklassifizierung ändern, zurücknehmen oder ungeachtet der Stellungnahme umsetzen. Sie ist an die Erklärung des DPMA nicht gebunden. DPMA und Antragsteller werden entsprechend benachrichtigt.

Bei Benennung der **USA** ist auf dem **Formular MM18** (www.wipo.int/madrid/en/ forms) die vom USPTO geforderte **Benutzungsabsichtserklärung** abzugeben, dh die Erklärung, dass der Anmelder die gutgläubige Absicht hat, die Marke im Zusammenhang mit den angegebenen Waren und Dienstleistungen zu legalen geschäftlichen Zwecken in den USA zu benutzen. Sie muss in englischer Sprache erfolgen, selbst wenn der Antrag auf internationale Registrierung in französischer Sprache gestellt wird. Die Benennung der Waren und Dienstleistungen muss der US-Praxis genügen, dh **meist sehr viel spezifischer** sein, als in der Basismarke geschehen. Andernfalls wird das Schutzgewährungsgesuch durch das USPTO beanstandet. Das Formular enthält zudem die Erklärung, dass der Unterzeichner der Meinung ist, der Anmelder sei zur Benutzung berechtigt, und nach bestem Wissen davon ausgeht, das keine andere Person das Recht habe, die Marke – in identischer oder verwechselbar ähnlicher Form – zu benutzen. Die Richtigkeit der Erklärung ist schließlich in strafbewehrter Form zu versichern. 48

III. Bestimmtheit der Angaben zu den Waren und Dienstleistungen

Die vom Markeninhaber verwendeten Formulierungen der Waren und Dienstleistungen werden von der WIPO geprüft. Eine eventuelle Beanstandung wird dem DPMA und dem Antragsteller mitgeteilt. Das DPMA kann gegenüber der WIPO innerhalb von drei Monaten zu dem Vorschlag Stellung nehmen. Nimmt das DPMA innerhalb der drei Monate keine Stellung oder hält die WIPO einen Formulierungsvorschlag nicht für geeignet, wird die Marke mit der Formulierung wie beantragt eingetragen. Die WIPO weist aber darauf hin, dass die Formulierung zu unbestimmt, unverständlich oder sprachlich nicht korrekt ist. Dieser **Hinweis** wird veröffentlicht, was die Ämter der benannten Vertragsstaaten zu besonders genauer Prüfung veranlassen kann. 49

§ 121 Gebühren

(1) Soll die internationale Registrierung nach dem Madrider Markenabkommen und nach dem Protokoll zum Madrider Markenabkommen auf der Grundlage einer im Register eingetragenen Marke vorgenommen werden und ist der Antrag auf internationale Registrierung vor der Eintragung der Marke in das Register gestellt worden, so wird die nationale Gebühr nach dem Patentkostengesetz für die internationale Registrierung am Tag der Eintragung fällig.

(2) Die nationale Gebühr nach dem Patentkostengesetz für die internationale Registrierung ist innerhalb eines Monats nach Fälligkeit, die sich nach § 3 Abs. 1 des Patentkostengesetzes oder nach Absatz 1 richtet, zu zahlen.

Überblick

§ 121 regelt zwei spezielle Aspekte der Fälligkeit der nationalen Gebühr für die internationale Registrierung.

A. Gebühren der internationalen Registrierung

Für die internationale Registrierung fallen auf **zwei Ebenen** Gebühren an, die nationale Gebühr der Behörde des Ursprungslandes (Art. 8 Abs. 1 PMMA) und die internationalen Gebühren des Internationalen Büros (Art. 8 Abs. 2 Ziff. i PMMA iVm GebVerzAusfO MMA/PMMA). 1

§ 121 betrifft die **nationale Gebühr** des **DPMA** und entspricht der Regelung des § 109. Bei Mischanträgen auf internationale Registrierung sowohl nach dem MMA als auch nach dem PMMA ist die gleiche Gebühr als „gemeinsame Gebühr" zu zahlen. 2

B. Nationale Gebühr

Gebührenpflicht, Gebührenhöhe, Fälligkeit, Zahlungsfrist und Folgen der nicht vollständigen und der nicht rechtzeitigen Zahlung der nationalen Gebühren sind nach § 64a für das 3

Viefhues

Verfahren vor dem DPMA einheitlich im **PatKostG** geregelt (→ § 64a Rn. 1). § 109 regelt in Abs. 1 nur noch eine besondere Fälligkeit der nationalen Gebühr bei verfrühter Antragstellung (§ 107 Abs. 2) sowie in Abs. 2 die gegenüber § 6 Abs. 1 S. 2 PatKostG verkürzte einmonatige Zahlungsfrist, die sowohl für den Normalfall der Fälligkeit bei regulärer Antragstellung (§ 3 Abs. 1 PatKostG) als auch bei verfrühter Antragstellung (§ 109 Abs. 1) gilt.

4   In Einzelnen gilt Folgendes:
- Die Pflicht zur Zahlung der nationalen Gebühr folgt aus § 64a MarkenG iVm § 2 Abs. 2 PatKostG iVm GV 334100 PatKostG.
- Die nationale Gebühr beträgt 180 Euro (GV 334 100 PatKostG).
- Grundsätzlich ist die nationale Gebühr bei Antragstellung, dh mit dem Eingang des Registrierungsgesuchs beim DPMA fällig (§ 64a MarkenG iVm § 3 Abs. 1 PatKostG). Ausnahmsweise wird sie erst mit der Eintragung fällig, wenn die Marke bei Einreichung des Antrags auf internationale Registrierung noch nicht in das Markenregister eingetragen ist (§ 109 Abs. 1 als lex specialis zu § 64a MarkenG iVm § 3 Abs. 1 PatKostG).
- Grundsätzlich wäre die nationale Gebühr innerhalb von drei Monaten ab Fälligkeit zu zahlen (§ 6 Abs. 1 S. 2 PatKostG). Ausnahmsweise wird die Zahlungsfrist durch § 109 Abs. 1 auf einen Monat nach Fälligkeit (nach § 64a MarkenG iVm § 3 Abs. 1 PatKostG oder nach § 109 Abs. 1) verkürzt, damit die Zahlungsfrist nicht mit der zweimonatigen Frist zur Weiterleitung der Anträge auf internationale Registrierung in Konflikt gerät (§ 109 Abs. 2 als lex specialis zu § 6 Abs. 1 PatKostG).
- Als Verfahrensgebühr verfällt die Gebühr mit der Fälligkeit, kann also bei Rücknahme des Registrierungsgesuchs weder ganz noch teilweise erstattet werden, sondern nur, wenn die Rücknahmeerklärung vor oder gleichzeitig mit dem Registrierungsgesuch eingeht, oder wenn das Gesuch im Zeitpunkt der Zahlung bereits zurückgenommen war.
- Wird die Gebühr nicht, nicht vollständig oder nicht rechtzeitig gezahlt, gilt der Antrag auf internationale Registrierung nach als zurückgenommen (§ 64a MarkenG iVm § 6 Abs. 2 PatKostG). Unvollständig oder verspätet gezahlte Gebühren werden zurückerstattet, weil die Bearbeitung der Anmeldung nach § 5 Abs. 1 PatKostG erst nach Zahlung der Gebühr erfolgt und insoweit die beantragte Amtshandlung iSd § 10 Abs. 2 PatKostG noch nicht vorgenommen wurde.

5   Die Gebühr kann durch **Bareinzahlung, Überweisung** oder Erteilung einer **Einzugsermächtigung** erfolgen (§ 1 Abs. 1 PatKostZV). Bei Erteilung einer Einzugsermächtigung empfiehlt das DPMA zur Vermeidung von Irrtümern und Verzögerungen die Verwendung eines amtlichen Vordrucks (s. Merkblatt des DPMA, Die internationale Registrierung nach dem Madrider Markenabkommen [MMA] und nach dem Protokoll zum Madrider Markenabkommen [PMMA]).

6   Nach Zahlung der nationalen Gebühr leitet das DPMA den Antrag an die WIPO weiter.

C. Internationale Gebühren

7   Die internationalen Gebühren umfassen folgende Gebühren (Art. 8 Abs. 2 i)–iii) PMMA iVm GebVerzAusfO MMA/PMMA): Grundgebühr (653 CHF bzw. 903 CHF bei farbigen Wiedergaben), Klassengebühren (100 CHF für jede dritte Klasse übersteigende Klasse) und Ergänzungsgebühren (100 CHF für jedes Land, für das der Schutz beansprucht wird). Es kann auf die Ausführungen zu § 109 verwiesen werden (→ § 109 Rn. 1 ff.).

8   Es gilt aber die **Besonderheit des PMMA,** dass auf Erklärung eines Vertragsstaats anstelle der auf ihn entfallenden Ergänzungsgebühr eine **individuelle Gebühr** zu zahlen ist (Art. 8 Abs. 7 lit. a S. 2 Ziff. ii PMMA), deren Höhe für jedes Land, für das der Schutz beansprucht wird, individuell bestimmt ist. Von der Möglichkeit, eine individuelle Gebühr zu verlangen, hat Deutschland **keinen Gebrauch** gemacht.

9   Die internationalen Gebühren sind **unmittelbar an die WIPO** und nicht an das DPMA zu zahlen (Regel 10, 34 Abs. 2 GAusfO MMA/PMMA). Gleichwohl ist aber dem Gesuch um internationale Registrierung das Gebührenberechnungsblatt (Anhang zum WIPO-Formblatt MM2) als notwendiger Bestandteil des Gesuchs beizufügen. Andernfalls erlässt die WIPO einen Beanstandungsbescheid. Das DPMA prüft demgegenüber nicht, ob das Gebührenberechnungsblatt beigefügt ist oder zutreffend ausgefüllt ist. Vielmehr leitet es das Gebührenberechnungsblatt ohne Prüfung an die WIPO weiter.

Zur Gebührenberechnung steht auf der Website der WIPO ein **Gebührenkalkulator** 10
zur Verfügung (http://www.wipo.int/madrid/feecalc).

§ 122 Vermerk in den Akten; Eintragung im Register

(1) Ist die internationale Registrierung auf der Grundlage einer zur Eintragung in das Register angemeldeten Marke vorgenommen worden, so sind der Tag und die Nummer der internationalen Registrierung in den Akten der angemeldeten Marke zu vermerken.

(2) ¹Der Tag und die Nummer der internationalen Registrierung, die auf der Grundlage einer im Register eingetragenen Marke vorgenommen worden ist, ist in das Register einzutragen. ²Satz 1 ist auch anzuwenden, wenn die internationale Registrierung auf der Grundlage einer zur Eintragung in das Register angemeldeten Marke vorgenommen worden ist und die Anmeldung zur Eintragung geführt hat.

Überblick

§ 122 regelt den Umfang, in dem eine internationale Registrierung auch in das vom DPMA geführte Markenregister einzutragen ist (→ Rn. 2), sowie in das der WIPO (→ Rn. 1) und die Veröffentlichung (→ Rn. 3), mit der die Frist für Widersprüche (→ Rn. 14) beginnt. Die Benutzungsschonfrist (→ Rn. 14) beginnt mit der Schlussmitteilung (→ Rn. 15).

§ 122 entspricht im Wesentlichen der Regelung des (seit dem 31.10.2015 nicht mehr relevanten) § 110, berücksichtigt aber zusätzlich die nur nach dem PMMA mögliche internationale Registrierung auf der Grundlage einer bloßen Markenanmeldung. Führt die Anmeldung zur Eintragung, werden Tag und Nummer der internationalen Registrierung, die zunächst in den Akten der angemeldeten Marke vermerkt werden (Abs. 1) – wie bei den aufgrund eingetragener Marken vorgenommenen Registrierungen von Anfang an (Abs. 2 S. 1) – in das Markenregister übernommen (Abs. 2).

A. Eintragung der internationalen Registrierung

I. Eintragung im Markenregister der WIPO

Die internationale Registrierung einer Marke erfolgt im Markenregister der WIPO. Dort 1
werden in Bezug auf die internationale Registrierung **folgende Angaben** eingetragen
(Regel 14 Abs. 2 GAusfO MMA/PMMA): Alle in der Anmeldung enthaltenen Angaben, außer den Daten einer unzulässig in Anspruch genommenen Priorität, das Datum der internationalen Registrierung, die Nummer der internationalen Registrierung, ggf. die Klassifizierungssymbole von Bildbestandteilen, für jeden benannten Staat die Angabe, ob es sich um eine Benennung nach dem MMA oder dem PMMA handelt, und ggf. Datum, Nummer und Waren bzw. Dienstleistungen der früheren Marke, deren Seniorität in Anspruch genommen wird.

II. Eintragung im Markenregister des DPMA

Im Markenregister des DPMA erfolgt in dem Fall, in dem die internationale Registrierung 2
auf einer deutschen Basismarke beruht, bei der deutschen Basismarke eine Eintragung der Tag und die Nummer ihrer internationalen Registrierung (vgl. auch § 15 Nr. 32 MarkenV iVm § 65 Abs. 1 Nr. 6), in dem Fall, in dem Deutschland in der internationalen Registrierung einer ausländischen Marke als Schutzland benannt wird, keine Eintragung oder Veröffentlichung (§ 28 Abs. 1 S. 1 iVm § 25 Nr. 31 MarkenV, vgl. Art. 3 Abs. 5 MMA/Art. 3 Abs. 5 PMMA) – anders als etwa beim EUIPO, das Benennungen der EU im Blatt für Unionsmarken (Art. 147 UMV).

B. Veröffentlichung der internationalen Registrierung

3 Die internationale Registrierung wird in der wöchentlich erscheinenden **"WIPO Gazette of International Marks"** veröffentlicht (Regel 32 Abs. 1 lit. a Ziff. i GAusfO MMA/PMMA). Die „Gazette" ist nur noch elektronisch abrufbar (www.wipo.int/madrid/gazette). Zudem sind die Einträge im internationalen Register und die in der Gazette veröffentlichten Angaben im Internet in der Datenbank **„ROMARIN"** („Read-Only-Memory of Madrid Active Registry Information") des internationalen Büros abrufbar (www.wipo.int/romarin).

4 Die Daten werden anhand der WIPO INID Kennzahlen („Internationally agreed Numbers for the Identification of Data") erfasst und veröffentlicht. Elemente einer fremdsprachigen Markenveröffentlichung können auf diese Weise ohne Sprachkenntnisse identifiziert und zugeordnet werden. Für die Daten sind die Standards „WIPO Standard ST 60" (http://www.wipo.int/export/sites/www/standards/en/pdf/03-60-01.pdf) für die Daten der Marke und „WIPO Standard ST 3" (http://www.wipo.int/export/sites/www/standards/en/pdf/03-03-01.pdf) für die Zwei-Buchstaben-Abkürzung der Länder maßgeblich (www.wipo.int/madrid/en/filing).

5 Tag und Nummer der Eintragung im Markenregister der WIPO werden vom DPMA **nicht veröffentlicht** (§ 28 Abs. 1 iVm § 25 Nr. 31 MarkenV), aber in der Amtsakte **vermerkt**. Der Vermerk ist insofern von Bedeutung, als das DPMA jede Rechtsänderung hinsichtlich der Ursprungsmarke, die den Schutz aus der internationalen Registrierung berührt, der WIPO mitzuteilen hat, also auch ein Erlöschen des Schutzes der Basismarke innerhalb der ersten fünf Jahren nach der Registrierung vom Basisgesuch bzw. der Basiseintragung, in denen die internationale Registrierung von der Basismarke abhängig ist (Art. 6 Abs. 3 PMMA). Erlischt in dieser Zeit der Schutz aus der Basismarke, dann kann auch der Schutz aus der IR-Marke nicht mehr in Anspruch genommen werden.

C. Daten der internationalen Registrierung

6 Bei der internationalen Registrierung einer deutschen Basismarke sind **folgende Daten** zu unterscheiden:

I. Datum der Eintragung der Basismarke

7 Das Datum der Eintragung der Basismarke ist maßgeblich, wenn nach Art. 4 PVÜ ihre Priorität in Anspruch genommen wird (Art. 4 Abs. 2 PMMA), sofern die Basismarke innerhalb von sechs Monaten nach der Anmeldung eingetragen ist, der Antrag auf internationale Registrierung innerhalb von sechs Monaten nach der Anmeldung mit den Angaben zur Priorität beim DPMA eingegangen ist und das DPMA innerhalb von zwei Monaten nach Eingang des Antrag auf internationale Registrierung diesen an das Internationale Büro weitergeleitet worden ist.

II. Datum der Eintragung der internationalen Registrierung

8 Als das im Register eingetragene „Registrierungsdatum", dh der Tag der internationalen Registrierung gemäß Art. 3 Abs. 4 PMMA, gilt der Tag des Eingangs des Registrierungsantrags beim DPMA, wenn er innerhalb von zwei Monaten nach Eingang beim DPMA beim Internationale Büro eingeht (Art. 3 Abs. 4 S. 2 PMMA), des Eingangs des Registrierungsantrags beim Internationale Büro, wenn er später als zwei Monate nach Eingang beim DPMA beim Internationale Büro eingeht (Art. 3 Abs. 4 S. 3 PMMA) bzw. der Tag der Eintragung der Basismarke im Fall des § 108 Abs. 2.

9 Mit ihm **beginnt** der Schutz der Marke (§ 112 Abs. 1; → § 112 Rn. 1).

10 Weist der Antrag **Mängel** bei elementaren Angaben (Antragsteller, benannte Staaten, Marke, Waren bzw. Dienstleistungen) auf, kann dies zu einer Verschiebung des Registrierungsdatum führen (Regel 15 Abs. 1 GAusfO MMA/PMMA).

III. Datum der tatsächlichen Eintragung der internationalen Registrierung

Das „Datum der tatsächlichen Eintragung" der internationalen Registrierung (Regel 14 Abs. 1 GAusfO MMA/PMMA) ist das Datum, an dem die Mitteilung über die internationale Registrierung an die Behörden der benannten Staaten versendet wird (Fiktion der Regel 18 Abs. 1 GAusfO MMA/PMMA). Weder im MMA noch im PMMA finden sich ausdrückliche Regelungen zu diesem Datum. Mit ihm beginnt unmittelbar die Frist für eine Schutzverweigerung durch die Behörden der benannten Staaten nach Art. 5 Abs. 2 PMMA und mittelbar die Benutzungsschonfrist nach § 115 Abs. 2 Nr. 2, §§ 116, 117 (→ § 115 Rn. 4; → § 116 Rn. 3; → § 117 Rn. 3), wenn innerhalb der Frist dem Internationalen Büro weder eine Mitteilung über die Schutzbewilligung noch über die (vorläufige) Schutzverweigerung zugegangen ist.

11

IV. Datum der Veröffentlichung der internationalen Registrierung

Die Eintragung der IR-Marke wird vom DPMA **nicht veröffentlicht** (vgl. § 28 Abs. 1, § 25 Nr. 31 MarkenV iVm § 65 Abs. 1 Nr. 6). Sie ist aber gleichwohl von Bedeutung, da die IR-Marke in den ersten fünf Jahren nach der Registrierung vom Basisgesuch bzw. der Basiseintragung abhängig ist (Art. 6 Abs. 2 PMMA) und das DPMA nach Art. 6 Abs. 3 PMMA jede Rechtsänderung hinsichtlich der Ursprungsmarke, die den Schutz aus der internationalen Registrierung berührt, dem Internationalen Büro mitzuteilen hat. Erlischt in dieser Zeit der Schutz aus der Basismarke, dann kann auch der Schutz aus der IR-Marke nicht mehr in Anspruch genommen werden. Deshalb teilt das DPMA dem Internationalen Büro Rechtsänderungen hinsichtlich der Basismarke mit.

12

Soweit der Veröffentlichung der internationalen Registrierung rechtliche Bedeutung zukommt, ist statt der fehlenden Veröffentlichung durch das DPMA die Veröffentlichung der internationalen Registrierung in der „WIPO **Gazette** of International Marks" maßgeblich; sie tritt an die Stelle der Eintragung im deutschen Markenregister.

13

Mit ihr beginnt die **Frist** zur Erhebung von Widersprüchen gegen die Schutzgewährung der IR-Marke (Art. 114 Abs. 2; → § 114 Rn. 3); mit ihr endet bei einem Widerspruch gegen die Schutzgewährung der für eine rechtserhaltende Benutzung der Widerspruchsmarke relevante **Benutzungszeitraum** (Art. 114 Abs. 1 iVm § 43 Abs. 1 S. 1 iVm § 41 S. 2).

14

V. Datum der Schlussmitteilung

Internationale Registrierungen ausländischer Basismarken, die in Deutschland Schutz genießen, werden beim DPMA nicht registriert (→ Rn. 2). Bei ihnen erteilt das **DPMA** bei Schutzbewilligung eine Schlussmitteilung.

15

Mit der Schlussmitteilung **beginnt die Benutzungsschonfrist** in den Fällen, in denen die Schutzbewilligung vor Ablauf der Jahresfrist des Art. 5 Abs. 2 PMMA erfolgt, weil entweder keine Schutzverweigerung erfolgt (Regel 18ter Abs. 1 GAusfO MMA/PMMA) oder das Schutzverweigerungsverfahren vorher abgeschlossen wird (Regel 18ter Abs. 2 GAusfO MMA/PMMA).

16

§ 123 Nachträgliche Schutzerstreckung

(1) ¹Der Antrag auf nachträgliche Schutzerstreckung einer international registrierten Marke nach Artikel 3ter Abs. 2 des Protokolls zum Madrider Markenabkommen kann beim Patentamt gestellt werden. ²Soll die nachträgliche Schutzerstreckung auf der Grundlage einer im Register eingetragenen Marke vorgenommen werden und wird der Antrag schon vor der Eintragung der Marke gestellt, so gilt er als am Tag der Eintragung zugegangen.

(2) ¹Die nachträgliche Schutzerstreckung auf der Grundlage einer im Register eingetragenen Marke kann sowohl nach dem Madrider Markenabkommen als auch nach dem Protokoll zum Madrider Markenabkommen vorgenommen werden.

(3) Die nationale Gebühr nach dem Patentkostengesetz für die nachträgliche Schutzerstreckung ist innerhalb eines Monats nach Fälligkeit (§ 3 Abs. 1 des Patentkostengesetzes) zu zahlen.

MarkenG § 123

Überblick

§ 123 Abs. 1 begründet die Vermittlungszuständigkeit des DPMA (→ Rn. 4) für Anträge auf nachträgliche Schutzerstreckung internationaler Registrierungen mit deutscher Basismarke, die nur oder auch dem PMMA unterliegen – im Gegensatz zu § 111, der für nur dem MMA unterliegende internationale Registrierungen galt. Zu den Gebühren dafür → Rn. 22.

§ 123 entspricht im Wesentlichen der Regelung des (seit dem 31.10.2015 nicht mehr relevanten) § 111.

Übersicht

	Rn.		Rn.
A. Antrag auf nachträgliche Schutzerstreckung (Abs. 1)	1	1. Datum	13
I. Möglichkeit der nachträglichen Schutzerstreckung	1	2. Zeitrang	18
		3. Schutzdauer	19
II. Zuständigkeit	4	VII. Eintragung im Markenregister des DPMA	20
III. Inhalt des Antrags	7	B. Gemischter Antrag (Abs. 2)	21
IV. Verfahren	11	C. Gebühren (Abs. 3)	22
V. Sprache	12	I. Nationale Gebühren	24
VI. Datum, Zeitrang und Schutzdauer der nachträglichen Schutzerstreckung	13	II. Internationale Gebühren	28

A. Antrag auf nachträgliche Schutzerstreckung (Abs. 1)

I. Möglichkeit der nachträglichen Schutzerstreckung

1 Nach Art. 3bis Abs. 1 PMMA erstreckt sich der Schutz aus der internationalen Registrierung der Marke nur auf die Mitgliedstaaten, für die der Schutz beantragt worden ist. Die Wirkung einer internationalen Registrierung kann aber nach Art. 3ter Abs. 2 PMMA nachträglich auf weitere Vertragsstaaten des PMMA erstreckt werden, etwa weil der Inhaber aus unternehmerischen Gründen zunächst kein Interesse am Schutz in dem weiteren Vertragsstaat hatte, weil ein Versuch, Schutz der internationalen Registrierung in dem weiteren Vertragsstaat zu erlangen, an einer Schutzverweigerung scheiterte und nach dem Wegfall des Schutzverweigerungsgrundes als **erneuter Antrag** ein weiterer Versuch unternommen werden soll, in dem weiteren Vertragsstaat Schutz der internationalen Registrierung zu erlangen, weil ein ursprünglich in dem weiteren Vertragsstaat bestehender Schutz der internationalen Registrierung durch Verzicht oder ein Nichtigkeitsverfahren wieder entfallen ist oder weil der weitere Vertragsstaaten erst nachträglich dem PMMA beigetreten ist.

2 Auf **welche Vertragsstaaten** eine internationale Registrierung **nachträglich** erstreckt werden kann, hing dabei bisher grundsätzlich davon ab, ob der Staat der Ursprungsbehörde Mitglied nur des MMA („Abkommensstaat"), nur des PMMA („Protokollstaat") oder beider Vertragswerke („Mischstaat") war (→ § 120 Rn. 25). Dabei kam es auf den Zeitpunkt an, zu dem das Gesuch auf nachträgliche Schutzerstreckung eingereicht worden war. Seit der letzte Abkommensstaat mit Wirkung zum 31.10.2015 dem PMMA beigetreten und damit Mischstaat geworden ist, findet auf nach diesem Datum erfolgende nachträgliche Schutzerstreckungen nur noch das PMMA Anwendung und kann die internationale Registrierung nachträglich auf alle Mitglieder der Madrider Union erstreckt werden. Zwar konnten Mischstaaten bei ihrem Beitritt zum PMMA erklären, dass internationale Registrierung, die nach dem PMMA erfolgten bevor der betreffende Abkommensstaat dem PMMA beitrat und damit zum Mischstaat wurde, auf diesen (neuen) Mischstaat nicht ausgedehnt werden können (Art. 14 Abs. 5 MMA). Von dieser Möglichkeit hat Deutschland aber keinen Gebrauch gemacht.

3 Gegenüber einer nachträglichen Schutzerstreckung nach § 111, dh unter der Geltung des MMA liegt der **Unterschied** in einer nachträglichen Schutzerstreckung nach § 123 unter der Geltung des PMMA insbesondere in der Möglichkeit einer nachträglichen Schutzerstreckung auch im Rahmen der Umwandlung einer internationalen Registrierung (Art. $9^{quinquies}$

Nachträgliche Schutzerstreckung **§ 123 MarkenG**

PMMA) und in der Verschiebung des Registrierungszeitpunkts nach § 123 Abs. 1 S. 2, der aber nur dann relevant wird, wenn der Anmelder ausdrücklich erklärt hat, dass die Erstreckung auf der Basis der eingetragenen Marke, nicht aber (wie nach dem PMMA möglich) auf der Basis der Anmeldung erfolgen soll. Wird der Antrag auf nachträgliche Schutzausdehnung, der auf eine eingetragene Marke gestützt wird, schon vor der Eintragung der deutschen Basismarke gestellt, dann gilt das Schutzausdehnungsgesuch als am Tag der Eintragung zugegangen (§ 123 Abs. 1 S. 2). Diese Regelung ist für das Wirksamwerden der Schutzausdehnung von Bedeutung. Nach Art. 3ter Abs. 2 S. 5 PMMA wird die Schutzausdehnung mit dem Zeitpunkt der Registrierung wirksam, dh mit dem Registrierungsdatum als dem Datum des Eingangs des Registrierungsantrags bei der WIPO, ausnahmsweise das Eingangsdatum des Gesuchs beim DPMA, wenn das Gesuch innerhalb von zwei Monaten nach diesem Zeitpunkt beim Internationalen Büro eingegangen ist (Art. 3 Abs. 4 PMMA) und aufgrund der Fiktion des § 123 Abs. 1 S. 2 beginnt die Zweimonatsfrist bei vorzeitig eingereichten Gesuchen mit der Heimateintragung, wenn das Gesuch innerhalb der Zweimonatsfrist bei der WIPO eingeht (s. auch die Ausführungen zu § 120 Abs. 2; → § 120 Rn. 1 ff.).

II. Zuständigkeit

§ 123 § Abs. 1 begründet die Vermittlungszuständigkeit des DPMA für Anträge auf nach- **4** trägliche Schutzerstreckung internationaler Registrierungen mit deutscher Basismarke, die nur oder auch dem PMMA unterliegen. Anders als im Falle des § 111 kann nach § 123 Abs. 1 S. 1 der Antrag auf nachträgliche Schutzerstreckung unter Geltung des PMMA grundsätzlich **wahlweise** beim DPMA als vermittelnde Behörde des Ursprungslandes oder unmittelbar bei der WIPO gestellt werden.

Die Möglichkeit der unmittelbaren Antragstellung bei der WIPO ist aber ausnahmsweise **5** ausgeschlossen, dh der Antrag muss beim DPMA gestellt werden, wenn die Voraussetzungen der Regel 24 Abs. 2 lit. a Ziff. iii GAusfO MMA/PMMA erfüllt ist, dh wenn eine nachträgliche Schutzerstreckung bei Umwandlung nach Regel 24 Abs. 7 GAusfO MMA/PMMA erfolgt.

Die Ausnahme gemäß Ziff. i betreffend den Fall, dass Vertragsstaaten den Ursprungsbehörden erklärt **5.1** hatten, dass nachträgliche Schutzerstreckungen von den Ursprungsbehörden beim Internationalen Büro einzureichen seien, galt nur in der vor dem 4.10.2001 geltenden Fassung (s. Leitfaden für die internationale Registrierung von Marken unter dem Madrider Abkommen und dem Madrider Protokoll, 3. Aufl. 2005, Teil D, I, II).

Die Ausnahme gemäß Ziff. ii betreffend den Fall, dass ein Vertragsstaat des MMA zur nachträglichen **5.2** Schutzerstreckung benannt ist, ist entfallen, seitdem Art. 9^{sexies} PMMA den Vorrang des PMMA vor dem MMA vorsieht und zum 31.10.2015 alle Vertragsstaaten dem PMMA beigetreten sind.

Wird der Antrag auf nachträgliche Schutzerstreckung in diesen Fällen gleichwohl **direkt** **6** beim Internationalen Büro eingereicht, wird die nachträgliche Benennung nicht als solche betrachtet und das Internationale Büro teilt dies dem Anmelder mit (Regel 24 Abs. 10 GAusfO MMA/PMMA).

III. Inhalt des Antrags

Die erforderlichen **Angaben** im Antrag beschränken sich im Wesentlichen auf die Num- **7** mer der internationalen Registrierung, die Angaben zum Anmelder, seiner Anmeldeberechtigung und seinem Vertreter, die benannten Vertragsstaaten, die Waren und Dienstleistungen und eine eventuell erforderliche Benutzungsabsichtserklärung.

Die nachträgliche Schutzerstreckung muss sich nicht zwingend auf alle von der internatio- **8** nalen Registrierung erfassten Waren und Dienstleistungen beziehen, sondern kann sich auf einen Teil beschränken. Die nachträgliche Schutzerstreckung in Bezug auf einen weiteren Vertragsstaat kann daher auch durch mehrere nachträgliche Schutzerstreckungen für jeweils verschiedene Waren und Dienstleistungen sukzessiv erfolgen. Das Verzeichnis darf nur nicht breiter sein als das der internationalen Registrierung, auch wenn es von der Basismarke abgedeckt wäre, da es sich nicht um eine erneute internationale Registrierung, sondern um die territoriale Erweiterung einer bereits bestehenden internationalen Registrierung handelt. Bei Schutzerstreckung nur auf einen Teil der Waren und Dienstleistungen der internationalen

MarkenG § 123 Teil 5 Schutz von Marken nach dem MMA/PMMA

Registrierung sind diese im Einzelnen anzugeben. Das Verzeichnis muss nicht für alle nachträglich benannten Staaten übereinstimmen; für verschiedene Staaten können unterschiedliche Verzeichnisse eingereicht werden.

9 Für den Antrag ist nach Art. 3ter Abs. 2 PMMA iVm Regel 24 Abs. 2 lit. b GAusfO MMA/PMMA das amtliche **Formblatt MM4** zu verwenden (www.wipo.int/madrid/en/forms).

10 Der Antrag **gilt als zurückgenommen,** wenn ein Mangel nicht innerhalb von drei Monaten nach Mitteilung der Mangelhaftigkeit des Antrags behoben wird (Regel 24 Abs. 5 lit. b Ziff. i GAusfO MMA/PMMA).

IV. Verfahren

11 Das Prüfungsverfahren vor der WIPO und den nationalen Behörden entspricht demjenigen der ursprünglichen internationalen Registrierung. Die Verfahrensvorschriften der **GAusfO MMA/PMMA** über die Schutzverweigerung gelten bei nachträglicher Schutzerstreckung daher entsprechend (Regel 24 Abs. 9 GAusfO MMA/PMMA).

V. Sprache

12 Der Antrag auf nachträgliche Schutzerstreckung kann grundsätzlich **unabhängig** von der Sprache, in der der ursprüngliche Antrag auf internationale Registrierung eingereicht wurde, in englischer, französischer oder spanischer Sprache eingereicht werden (Regel 6 Abs. 2 GAusfO MMA/PMMA), wobei nach Art. 3ter Abs. 2 PMMA iVm Regel 24 Abs. 2 lit. b GAusfO MMA/PMMA ein amtliches **Formblatt** zu verwenden ist. Nachträgliche Schutzerstreckungen einer internationalen Registrierung mit deutscher Basismarke, dh solcher die beim DPMA einzureichen sind, können aber nur in englischer oder französischer Sprache erfolgen.

VI. Datum, Zeitrang und Schutzdauer der nachträglichen Schutzerstreckung

1. Datum

13 Eine nachträgliche Schutzerstreckung erhält – sofern sie **mangelfrei** ist – das Datum des **Eingangs beim DPMA,** wenn der Antrag dort eingereicht wurde und sofern es innerhalb von zwei Monaten nach diesem Datum beim Internationale Büro eingeht, oder des **Eingangs beim Internationalen Büro,** wenn der Antrag unmittelbar dort eingereicht wurde oder, bei Vermittlung durch das DPMA, erst nach Ablauf der zwei Monatsfrist beim Internationalen Büro eingeht.

14 Bedeutung kann dies erlangen, wenn mit der nachträglichen Schutzerstreckung oder in engem zeitlichem Zusammenhang mit ihr eine Änderung der internationalen Registrierung vorgenommen werden soll, weil eine Änderung erst mit ihrer tatsächlichen Eintragung im Register wirksam wird. Wird die nachträgliche Schutzerstreckung zudem über das DPMA eingereicht, erhält der Antrag bei Weiterleitung innerhalb von zwei Monaten sogar das Datum des dortigen Eingangs. In diesem Fall besteht die Gefahr, dass die nachträgliche Schutzerstreckung wegen ihrer früheren Wirkung ungewollt von der Änderung, zB einem Verzicht, mit erfasst wird. Dies kann dadurch vermieden werden, dass mit dem Gesuch um nachträgliche Schutzerstreckung beantragt wird, dass die nachträgliche Schutzerstreckung erst nach Eintragung der Änderung wirksam werden soll; der nachträglichen Schutzerstreckung wird dann trotz des grundsätzlich maßgeblichen Datum des Eingangs beim Internationalen Büro eine spätere Wirksamkeit zuerkannt (Regel 24 Abs. 3 lit. c ii) GAusfO MMA/PMMA).

15 Eine nachträgliche Schutzerstreckung erhält – sofern sie **mangelhaft** ist – das Datum des **Eingangs der Berichtigung,** wenn der Antrag auf nachträgliche Schutzerstreckung unmittelbar beim Internationalen Büro eingereicht wurde und sich der Mangel auf „essentialia" des Antrags, dh die Nummer der IR, die benannten Vertragsstaaten, die Waren und Dienstleistungen oder eine eventuell erforderliche Benutzungsabsichtserklärung bezieht (Regel 24 Abs. 6 lit. c Ziff. i GAusfO MMA/PMMA) oder, wenn der Antrag über die Ursprungsbehörde, dh das DPMA, eingereicht wurde, sich der Mangel auf „essentialia" des

Antrags bezieht und der Mangel nicht innerhalb von zwei Monaten nach Mitteilung der Mangelhaftigkeit des Antrags behoben wird (Regel 24 Abs. 6 lit. c Ziff. i GAusfO MMA/PMMA).

Eine nachträgliche Schutzerstreckung erhält – sofern sie **mangelhaft** ist – das Datum des **Eingangs bei der Ursprungsbehörde,** dh beim DPMA, wenn der Antrag auf nachträgliche Schutzerstreckung über die Ursprungsbehörde, dh das DPMA, eingereicht wurde und sich der Mangel auf andere Punkte des Antrags als „essentialia" bezieht. 16

Eine nachträgliche Schutzerstreckung erhält – sofern sie **mangelhaft** ist – das Datum des **Eingangs beim Internationalen Büro,** wenn der Antrag auf nachträgliche Schutzerstreckung unmittelbar beim Internationalen Büro eingereicht wurde und sich der Mangel auf andere Punkte des Antrags als „essentialia" bezieht (Regel 25 Abs. 5 lit. b GAusfO MMA/PMMA). 17

2. Zeitrang

Die nachträgliche Schutzerstreckung erlaubt **nicht** die Übernahme der Priorität der Registrierung; maßgebend ist stattdessen der Zeitpunkt des Erstreckungsantrages. 18

3. Schutzdauer

Die Schutzdauer der nachträglichen Schutzerstreckung endet am selben Tag wie der Schutz der internationalen Registrierung, ist im ersten Schutzzeitabschnitt also nur eine Restschutzdauer. 19

VII. Eintragung im Markenregister des DPMA

Nachträgliche Schutzerstreckungen deutscher Basismarken werden nicht in das Markenregister eingetragen ((Ingerl/Rohnke § 111 Rn. 1; Ströbele/Hacker/Kober-Dehm § 111, Rn. 2). 20

B. Gemischter Antrag (Abs. 2)

§ 123 Abs. 2 eröffnete die Möglichkeit der Vornahme einer nachträglichen Schutzerstreckung sowohl nach dem MMA als auch nach dem PMMA in einem einheitlichen Antrag. Ein solcher Mischantrag musste nach Regel 24 Abs. 2 lit. a Ziff. ii GAusfO MMA/PMMA beim **DPMA** eingereicht werden. Da seit 31.10.2015 nur noch das PMMA Anwendung findet, hat diese Regelung keine Bedeutung mehr. 21

C. Gebühren (Abs. 3)

Für die internationale Registrierung fallen auf **zwei Ebenen** Gebühren an: die nationale Gebühr der Behörde des Ursprungslandes (DPMA; Art. 8 Abs. 1 MMA) und die internationalen Gebühren des Internationalen Büros (Art. 8 Abs. 2 MMA). 22

§ 123 betrifft die **nationale Gebühr** des **DPMA.** Die internationalen Gebühren sind in Regel 34 Abs. 2 GAusfO MMA/PMMA und dem GebVerzAusfO MMA/PMA geregelt. 23

I. Nationale Gebühren

Gebührenpflicht, Gebührenhöhe, Fälligkeit, Zahlungsfrist und Folgen der unvollständigen oder verspäteten Zahlung der nationalen Gebühren sind nach § 64a für das Verfahren vor dem DPMA einheitlich im **PatKostG** geregelt. 24

Es gilt Folgendes: 25
- Die Pflicht zur Zahlung der nationalen Gebühr folgt aus § 64a MarkenG iVm § 2 Abs. 2 PatKostG iVm GV 334300 PatKostG.
- Die nationale Gebühr beträgt 120 Euro (GV 334300 PatKostG).
- Die nationale Gebühr ist bei der Antragstellung, dh mit dem Eingang des Registrierungsgesuchs beim DPMA fällig (§ 64a MarkenG iVm § 3 Abs. 1 PatKostG).
- Grundsätzlich wäre die nationale Gebühr innerhalb von drei Monaten ab Fälligkeit zu zahlen (§ 6 Abs. 1 S. 2 PatKostG). Ausnahmsweise wird die Zahlungsfrist durch § 123

Abs. 3 auf einen Monat nach Fälligkeit (§ 64a MarkenG iVm § 3 Abs. 1 PatKostG) verkürzt, damit die Zahlungsfrist nicht mit der zweimonatigen Frist zur Weiterleitung der Anträge auf internationale Registrierung in Konflikt gerät (§ 123 Abs. 3 MarkenG als lex specialis zu § 6 Abs. 1 PatKostG).

- Als Verfahrensgebühr verfällt sie mit der Fälligkeit, kann also bei Rücknahme des Registrierungsgesuchs weder ganz noch teilweise erstattet werden, sondern nur, wenn die Rücknahmeerklärung vor oder gleichzeitig mit dem Registrierungsgesuch eingeht, oder wenn das Gesuch im Zeitpunkt der Zahlung bereits zurückgenommen war.
- Wird die Gebühr nicht, nicht vollständig oder nicht rechtzeitig gezahlt, gilt der Antrag auf internationale Registrierung als zurückgenommen (§ 64a MarkenG iVm § 6 Abs. 2 PatKostG). Unvollständig oder verspätet gezahlte Gebühren werden zurückerstattet, weil die Bearbeitung der Anmeldung nach § 5 Abs. 1 PatKostG erst nach Zahlung der Gebühr erfolgt und insoweit die beantragte Amtshandlung iSd § 10 Abs. 2 PatKostG noch nicht vorgenommen wurde.

26 Die Gebühr kann durch Bareinzahlung, Überweisung oder durch Erteilung einer Einzugsermächtigung erfolgen (§ 1 Abs. 1 PatKostZV). Bei Erteilung einer Einzugsermächtigung empfiehlt das DPMA zur Vermeidung von Irrtümern und Verzögerungen die Verwendung eines amtlichen Vordrucks (s. Merkblatt des DPMA, Die internationale Registrierung nach dem Madrider Markenabkommen [MMA] und nach dem Protokoll zum Madrider Markenabkommen [PMMA]). Nach Zahlung der nationalen Gebühr leitet das DPMA den Antrag an die WIPO weiter.

27 Nach Zahlung der nationalen Gebühr leitet das DPMA den Antrag an das Internationale Büro der WIPO weiter.

II. Internationale Gebühren

28 Die internationalen Gebühren (Art. 8 Abs. 2 Ziff. i, iii, Abs. 7 PMMA iVm dem GebVerzAusfO MMA/PMMA) bestehen aus einer Grundgebühr (300 CHF) und einer Ergänzungsgebühr (100 CHF für jedes Verbandsland, für das der Schutz nachgesucht wird) oder individuellen Gebühr, wenn ein Vertragsstaat eine individuelle Gebühr festgesetzt hat, die anstatt der Ergänzungsgebühr zu zahlen ist.

29 Die internationalen Gebühren sind **unmittelbar an die WIPO** und nicht an das DPMA zu zahlen (Regel 10, 34 Abs. 2 GAusfO MMA/PMMA). Gleichwohl ist aber dem Gesuch um internationale Registrierung das Gebührenberechnungsblatt (Anhang zum WIPO-Formblatt MM 2) als notwendiger Bestandteil des Gesuchs beizufügen. Anderenfalls erlässt die WIPO einen Beanstandungsbescheid. Das DPMA prüft demgegenüber nicht, ob das Gebührenberechnungsblatt beigefügt ist oder zutreffend ausgefüllt ist. Vielmehr leitet es das Gebührenberechnungsblatt ohne Prüfung an die WIPO weiter.

30 Zur Gebührenberechnung steht auf der Website der WIPO ein **Gebührenkalkulator** zur Verfügung (http://www.wipo.int/madrid/feecalc).

§ 124 Entsprechende Anwendung der Vorschriften über die Wirkung der nach dem Madrider Markenabkommen international registrierten Marken

Die §§ 112 bis 117 sind auf international registrierte Marken, deren Schutz nach Artikel 3ter des Protokolls zum Madrider Markenabkommen auf das Gebiet der Bundesrepublik Deutschland erstreckt worden ist, entsprechend anzuwenden mit der Maßgabe, daß an die Stelle der in den §§ 112 bis 117 aufgeführten Vorschriften des Madrider Markenabkommens die entsprechenden Vorschriften des Protokolls zum Madrider Markenabkommen treten.

Überblick

§ 124 erklärt die entsprechende Anwendung der Vorschriften der §§ 112–117 auf internationale Registrierungen nach dem PMMA. Soweit das PMMA abweichende Regelungen enthält, sind diese maßgeblich (§ 124 S. 2). Nach der derzeitigen Rechtslage bestehen keine Unterschiede.

Seit Algerien als letzter Abkommensstaat dem PMMA beigetreten ist, dh mit Wirkung vom 31.10.2015, gibt es keine reinen Abkommensstaaten mehr, da alle Mitglieder des MMA auch Mitglieder des PMMA sind (WIPO Information Notice No. 39/2015, http://www.wipo.int/edocs/madrdocs/en/2015/madrid_2015_39.pdf). Damit ist auf alle internationalen Registrierungen nur noch das PMMA anwendbar. Die Vorschriften zum MMA gelten nur noch, soweit auf sie verwiesen wird.

§ 125 Umwandlung einer internationalen Registrierung

(1) Wird beim Patentamt ein Antrag nach Artikel $9^{quinquies}$ des Protokolls zum Madrider Markenabkommen auf Umwandlung einer im internationalen Register gemäß Artikel 6 Abs. 4 des Protokolls zum Madrider Markenabkommen gelöschten Marke gestellt und geht der Antrag mit den erforderlichen Angaben dem Patentamt vor Ablauf einer Frist von drei Monaten nach dem Tag der Löschung der Marke im internationalen Register zu, so ist der Tag der internationalen Registrierung dieser Marke nach Artikel 3 Abs. 4 des Protokolls zum Madrider Markenabkommen oder der Tag der Eintragung der Schutzerstreckung nach Artikel 3ter Abs. 2 des Protokolls zum Madrider Markenabkommen, gegebenenfalls mit der für die internationale Registrierung in Anspruch genommenen Priorität, für die Bestimmung des Zeitrangs im Sinne des § 6 Abs. 2 maßgebend.

(2) Der Antragsteller hat eine Bescheinigung des Internationalen Büros der Weltorganisation für geistiges Eigentum einzureichen, aus der sich die Marke und die Waren oder Dienstleistungen ergeben, für die sich der Schutz der internationalen Registrierung vor ihrer Löschung im internationalen Register auf die Bundesrepublik Deutschland erstreckt hatte.

(3) Der Antragsteller hat außerdem eine deutsche Übersetzung des Verzeichnisses der Waren oder Dienstleistungen, für die die Eintragung beantragt wird, einzureichen.

(4) ¹Der Antrag auf Umwandlung wird im übrigen wie eine Anmeldung zur Eintragung einer Marke behandelt. ²War jedoch am Tag der Löschung der Marke im internationalen Register die Frist nach Artikel 5 Abs. 2 des Protokolls zum Madrider Markenabkommen zur Verweigerung des Schutzes bereits abgelaufen und war an diesem Tag kein Verfahren zur Schutzverweigerung oder zur nachträglichen Schutzentziehung anhängig, so wird die Marke ohne vorherige Prüfung unmittelbar nach § 41 Absatz 1 in das Register eingetragen. ³Gegen die Eintragung einer Marke nach Satz 2 kann Widerspruch nicht erhoben werden.

Überblick

§ 125 ermöglicht es, eine internationale Registrierung durch Umwandlung in nationale Marken zu „retten", wenn ihre Basismarke entfällt (→ Rn. 1). § 125 setzt Art. $9^{quinquies}$ PMMA in deutsches Recht um. Dabei geht die Vorschrift insofern noch etwas weiter, als sie nicht nur die Inanspruchnahme des Zeitrangs (→ Rn. 4) der gescheiterten internationalen Registrierung erlaubt, sondern eine echte Umwandlung, dh eine Übernahme des Prüfungsstandes der internationalen Registrierung (§ 125 Abs. 4 S. 2).

Zu den für eine Umwandlung erforderlichen Unterlagen → Rn. 6.

Zur Gebührenzahlung umfasst die Umwandlungsgebühr und die Klassengebühren (→ Rn. 10), was für die Rücknahmefiktion Probleme bereiten kann (→ Rn. 13.1).

A. Abhängigkeit der internationalen Registrierung von der Basismarke

Die internationale Registrierung ist nach Art. 6 Abs. 2 MMA/Art. 6 Abs. 2 PMMA für einen Zeitraum von **fünf Jahren** vom Bestand der Ursprungsmarke abhängig. Das bedeutet, dass der durch die internationale Registrierung erlangte Schutz nach Art. 6 Abs. 3 MMA/Art. 6 Abs. 3 PMMA nicht mehr in Anspruch genommen werden kann, wenn in diesem Zeitraum die Basismarke (oder Anmeldung) wegen Rücknahme, Zurückweisung, Verfalls,

MarkenG § 125

Verzichts oder Nichtigkeit gelöscht oder ein auf die Löschung gerichtetes Verfahren beantragt wird (selbst wenn es erst nach Ablauf der fünf Jahre zu einer rechtskräftigen Entscheidung führt) („Zentralangriff"). Die internationale Registrierung wird nach Art. 6 Abs. 4 MMA/ Art. 6 Abs. 4 PMMA gelöscht.

2 Entfällt die Basismarke nur **zu einem Teil,** dh nur für einzelne Waren oder Dienstleistungen, so gilt dies entsprechend für die internationale Registrierung.

3 Entfällt auf diese Weise der Schutz der internationalen Registrierung, so steht es dem Inhaber frei, in den in der internationalen Registrierung benannten Vertragsstaaten Markenschutz durch **neue, nationale Markenanmeldungen** nachzusuchen. Dies würde aber grundsätzlich mit einem Verlust der Priorität einhergehen, da die neuen nationalen Markenanmeldungen den Zeitrang ihrer Anmeldung erhalten würden.

B. Umwandlung unter Wahrung des Zeitrangs (Abs. 1)

4 Anders als für internationale Registrierungen nach dem MMA gewährt Art. 9^{quinquies} PMMA für internationale Registrierungen nach dem PMMA in diesem Fall aber die Möglichkeit, für die neue, nationale Markenanmeldung den Zeitrang der gescheiterten internationalen Registrierung in Anspruch zu nehmen. Dies gilt einschließlich deren Inanspruchnahme des Zeitrangs der Ursprungsmarke, denn der in Anspruch genommene Zeitrang der internationalen Registrierung bestimmt sich nach dem Tag der Anmeldung zur Eintragung im Ursprungsland, wenn die internationale Registrierung innerhalb von sechs Monaten nach der Heimatanmeldung erfolgt (Art. 4 Abs. 2 PMMA iVm Art. 4 PVÜ), andernfalls nach dem Datum der internationalen Registrierung (Art. 4 Abs. 1 lit. a PMMA iVm §§ 124, 112, 6 Abs. 2).

5 Eine solche Inanspruchnahme des Zeitrangs der gescheiterten IR-Marke kommt allerdings nach Art. 9^{quinquies} PMMA nur in Betracht, wenn die Löschung der Basismarke auf Antrag der Ursprungsbehörde nach Art. 6 Abs. 2 PMMA erfolgte (bei einer Löschung der Basismarke auf Antrag des Markeninhabers ist demgegenüber eine Umwandlung ausgeschlossen (Ströbele/Hacker/Kober-Dehm Rn. 1), die Waren bzw. Dienstleistungen der neuen nationalen Markenanmeldung vom Waren- und Dienstleistungsverzeichnis der internationalen Registrierung umfasst waren, die internationale Registrierung in dem betreffenden Staat Schutz für die betreffenden Waren bzw. Dienstleistungen entfaltet hat und die neue, nationale Markenanmeldung innerhalb von drei Monaten nach der Löschung der internationale Registrierung bei der nationalen Behörde eingereicht wird.

C. Erforderliche Unterlagen (Abs. 2 und 3)

6 Der Antragsteller muss für die Umwandlung der internationalen Registrierung folgende Unterlagen einreichen: Eine Bescheinigung der WIPO über die gelöschte internationale Registrierung (§ 125 Abs. 2) zur Prüfung der Übereinstimmung der angemeldeten Marke mit der früheren internationalen Registrierung sowie eine deutsche Übersetzung des Verzeichnisses der Waren und Dienstleistungen (§ 125 Abs. 3) wegen der Regelung des § 119 Abs. 2, nach der der Antragsteller das Verzeichnis der Waren und Dienstleistungen nach dessen Wahl in französischer oder in englischer Sprache einreichen kann.

D. Behandlung des Umwandlungsantrags (Abs. 4)

7 Der Umwandlungsantrag ist wie eine Markenanmeldung nach § 32 zu behandeln (→ § 32 Rn. 1), dh die Marke ist – grundsätzlich – auf absolute und relative Schutzhindernisse zu prüfen. Es gilt jedoch die Besonderheit, dass die Marke **ohne vorherige Prüfung** unmittelbar in das Register eingetragen wird, wenn die IR-Marke im Zeitpunkt ihrer Löschung bereits Schutz in Deutschland genießt, dh die Jahresfrist des Art. 5 Abs. 2 PMMA zur Mitteilung einer Schutzverweigerung ohne entsprechende Mitteilung abgelaufen ist oder etwaige Schutzverweigerungsverfahren oder Schutzentziehungsverfahren zwischenzeitlich zugunsten des Markeninhabers rechtskräftig abgeschlossen sind,

dh also das Amtsprüfungsverfahren auf absolute Schutzhindernisse bereits durchgeführt wurde und Widerspruchsverfahren bereits abgeschlossen oder gar nicht eingeleitet worden waren. Für eine erneute Prüfung besteht dann kein Bedürfnis. Ein Widerspruch gegen die

Eintragung ist daher in diesem Fall nicht möglich (§ 125 Abs. 4 S. 3). Hierin zeigt sich, dass § 125 nicht nur eine Prioritätsregelung enthält, sondern eine echte Umwandlung vorsieht.

Für den **Inhaber älterer Rechte** in Deutschland bedeutet das, dass er auch bei einem 8 innerhalb der ersten fünf Jahre eingeleiteten Zentralangriff gegen die ausländische Basismarke gegen die umgewandelte Marke mit der aufwendigeren Löschungsklage vorgehen muss. Dies kann er nur dadurch vermeiden, dass er parallel zum Zentralangriff gegen die ausländische Basismarke auch in Deutschland Widerspruch gegen die Schutzgewährung der internationalen Registrierung erhebt.

E. Gebühren

Gebührenpflicht, Gebührenhöhe, Fälligkeit, Zahlungsfrist und Folgen der nicht vollständi- 9 gen und der nicht rechtzeitigen Zahlung der Gebühren sind nach § 64a für das Verfahren vor dem DPMA einheitlich im **PatKostG** geregelt (→ § 64a Rn. 1). Es gilt Folgendes:

Die Pflicht zur Zahlung der nationalen Gebühr folgt aus § 64a MarkenG iVm § 2 Abs. 2 10 PatKostG. Danach fallen folgende Gebühren an: Eine Umwandlungsgebühr in Höhe von 300 Euro (GV 334 PatKostG), bei Kollektivmarken in Höhe von 900 Euro (GV 334 600 PatKostG) und eine Klassengebühr in Höhe von 100 Euro pro zusätzlicher Klasse, wenn die Waren oder Dienstleistungen nach der Umwandlung in mehr als drei Klassen fallen (GV 334 700 PatKostG), bei Kollektivmarken in Höhe von 150 Euro (GV 334 800 PatKostG).

Die Gebühren werden mit der Antragstellung, dh mit dem Eingang des Umwandlungsan- 11 trags beim DPMA **fällig** (§ 64a iVm § 3 Abs. 1 PatKostG) und sind innerhalb von drei Monaten ab Fälligkeit zu zahlen (§ 64a iVm § 6 Abs. 1 S. 2 PatKostG). Als Verfahrensgebühr verfallen sie mit der Fälligkeit, können also bei Rücknahme des Registrierungsgesuchs weder ganz noch teilweise erstattet werden, sondern nur, wenn die Rücknahmeerklärung vor oder gleichzeitig mit dem Umwandlungsantrag eingeht, oder wenn der Antrag im Zeitpunkt der Zahlung bereits zurückgenommen war.

Werden die Gebühren **nicht, nicht vollständig oder nicht rechtzeitig gezahlt,** gilt 12 der Antrag auf internationale Registrierung als zurückgenommen (§ 64a MarkenG iVm § 6 Abs. 2 PatKostG). Unvollständig oder verspätet gezahlte Gebühren werden nicht zurückerstattet, weil die Bearbeitung der Anmeldung nach § 5 Abs. 1 PatKostG erst nach Zahlung der Gebühr erfolgt und insoweit die beantragte Amtshandlung iSd § 10 Abs. 2 PatKostG noch nicht vorgenommen wurde.

Zahlt der Anmelder die Umwandlungsgebühr, jedoch die **Klassengebühren** für jede die 13 dritte Klasse übersteigende Klasse **nicht, nicht vollständig oder nicht rechtzeitig,** gilt der Umwandlungsantrag ebenfalls als in vollem Umfang zurückgenommen (vgl. Ströbele/Hacker/Kober-Dehm Rn. 3, die nicht zwischen der Umwandlungsgebühr und den Klassengebühren differenziert).

Die **Anwendung der Rücknahmefiktion** des § 6 Abs. 2 PatKostG auf Fälle **nur säumiger Klas-** 13.1 **sengebühren** entspricht allerdings nicht dem Ziel des § 125, die Umwandlung wie eine neue Markenanmeldung zu behandeln. Werden bei einer Markenanmeldung beim DPMA die Klassengebühren nicht, nicht rechtzeitig oder nicht vollständig gezahlt, setzt das Amt dem Anmelder nach § 36 Abs. 3 zunächst eine Nachfrist zur Zahlung. Erst nach ungenutztem Verstreichen der Nachfrist gilt die Anmeldung als zurückgenommen. Zahlt der Anmelder unvollständig und erklärt er nicht, welche Waren- oder Dienstleistungsklassen durch den gezahlten Gebührenbetrag gedeckt werden sollen, sind zunächst die Leitklassen und dann die übrigen Klassen in Reihenfolge der Klasseneinteilung zu berücksichtigen und gilt die Anmeldung nur im Übrigen als zurückgenommen. § 125 legt nahe, § 36 Abs. 3 auch auf die Umwandlung anzuwenden (Fezer Rn. 10).

Abschnitt 3 Gemeinschaftsmarken

§ 125a Anmeldung von Gemeinschaftsmarken beim Patentamt

Werden beim Patentamt Anmeldungen von Gemeinschaftsmarken nach Artikel 25 Absatz 1 Buchstabe b der Verordnung (EG) Nr. 207/2009 des Rates vom

MarkenG § 125a

26. Februar 2009 über die Gemeinschaftsmarke (kodifizierte Fassung) (ABl. L 78 vom 24. 3. 2009, S. 1) eingereicht, so vermerkt das Patentamt auf der Anmeldung den Tag des Eingangs und leitet die Anmeldung ohne Prüfung unverzüglich an das Harmonisierungsamt für den Binnenmarkt (Marken, Muster und Modelle) weiter.

Überblick

Hinweis: Nach dem durch VO (EU) 2015/2424 (ABl. L 341, 21) neu gefassten Art. 25 UMV, der am 23.3.2016 in Kraft getreten ist, kann die Anmeldung einer Unionsmarke **nur noch beim Amt der Europäischen Union für geistiges Eigentum** eingereicht werden. Die Möglichkeit der Einreichung einer Unionsmarke bei den Zentralbehörden für den gewerblichen Rechtsschutz eines Mitgliedstaats oder beim BENELUX-Amt für geistiges Eigentum nach Art. 25 Abs. 1 lit. b GMV aF ist damit ab dem 23.3.2016 entfallen. Die Regelung in § 125a gilt daher nur noch für die bis zum 22.3.2016 eingereichten Gemeinschaftsmarken und ist am 23.3.2016 mit dem Inkrafttreten der VO (EU) 2015/2424 **für zukünftige Anmeldungen** gegenstandslos geworden.

Die Anmeldung einer Gemeinschaftsmarke zur Eintragung in das Gemeinschaftsmarkenregister konnte nach Art. 25 Abs. 1 GMV aF sowohl unmittelbar beim HABM als auch bei der jeweiligen Zentralbehörde für den gewerblichen Rechtsschutz eines Mitgliedstaates – in Deutschland beim DPMA – eingereicht werden. Erfolgte die Anmeldung beim DPMA, so war das DPMA nach Art. 25 Abs. 2 GMV aF verpflichtet, die erforderlichen Maßnahmen zu treffen, um die Anmeldung innerhalb von zwei Wochen an das HABM weiterzuleiten. Um diese Weiterleitung sicher zu stellen, sieht § 125a vor, dass das DPMA bei Eingang einer Gemeinschaftsmarkenanmeldung das Datum des Eingangs auf der Anmeldung vermerkt und diese Anmeldung anschließend unverzüglich ohne Prüfung an das HABM übersendet (→ Rn. 5). Da die Anmeldung der Gemeinschaftsmarke beim DPMA nach Art. 25 Abs. 1 Buchst. b S. 2 GMV aF dieselben Wirkungen wie eine Anmeldung beim HABM hatte, war für den Anmeldetag und die daraus abgeleitete Priorität grundsätzlich die Einreichung der Anmeldung der Gemeinschaftsmarke beim DPMA maßgeblich, es sei denn, die Anmeldung ging erst nach Ablauf einer Frist von zwei Monaten beim HABM ein (→ Rn. 7).

A. Allgemeines

1 Das formelle und materielle Recht der Gemeinschaftsmarke wurde überwiegend durch die GMV aF und deren Ausführungsvorschriften geregelt. § 125a wurde durch das MarkenRÄndG vom 19.7.1996 (BGBl. I 1014) in das MarkenG eingefügt und konkretisiert die aus Art. 25 GMV aF resultierenden Aufgaben des DPMA bei Einreichung der Anmeldung einer Gemeinschaftsmarke.

B. Einreichung der Anmeldung

2 Die Anmeldung einer Gemeinschaftsmarke beim DPMA erfolgte durch Übermittlung der Anmeldeunterlagen. Für die Art der Übermittlung war nicht das Gemeinschaftsrecht maßgeblich, vielmehr richtete sich die zulässige Übermittlungsart nach den nationalen Verfahrensbestimmungen. Danach konnten die unterschriebenen Anmeldeunterlagen im **Original** (§ 10 DPMAV), per **Telefax** (§ 11 DPMAV) oder durch ein **signiertes elektronisches Dokument** (§ 11 DPMAV, § 95a) eingereicht werden (Ingerl/Rohnke Rn. 4).

3 Das DPMA war nach Art. 25 Abs. 2 S. 2 GMV aF berechtigt, für die Entgegennahme und Weiterleitung der Anmeldung eine **Gebühr** zu erheben, welche allerdings die anfallenden Verwaltungskosten nicht übersteigen durfte (Ingerl/Rohnke Rn. 4). Die vom DPMA insoweit erhobene Gebühr – zuletzt 25 Euro (vgl. GV 335100 PatKostG) – wurde mit dem Eingang der Anmeldung der Gemeinschaftsmarke fällig und war innerhalb von drei Monaten zu entrichten (Ingerl/Rohnke Rn. 4; Ströbele/Hacker/Kober-Dehm Rn. 3). Die rechtzeitige Zahlung der Gebühr war allerdings keine Voraussetzung für die Weiterleitung der Anmeldung an das HABM, da das DPMA zur unverzüglichen Weiterleitung der Anmeldung verpflichtet war und deshalb die Vorschusspflicht (§ 5 Abs. 1 S. 2 PatKostG) für diesen Gebührentatbestand keine Anwendung fand (Ingerl/Rohnke Rn. 4; Fezer Rn. 1; Ströbele/Hacker/Kober-Dehm Rn. 3).

C. Aufgaben des DPMA

Nach Art. 25 Abs. 1 Buchst. b GMV aF konnte die Anmeldung einer Gemeinschaftsmarke **4**
bis zum 23.3.2016 auch bei den zuständigen nationalen Markenbehörden der EU-Mitgliedstaaten eingereicht werden. In der Bundesrepublik Deutschland war insoweit das DPMA für die **Entgegennahme der Anmeldung** einer Gemeinschaftsmarke zuständig.

Die Aufgaben des DPMA bestanden darin, auf der jeweiligen Anmeldung der Gemein- **5**
schaftsmarke den **Tag der Anmeldung** zu vermerken und diese anschließend – ohne jede Prüfung der Anmeldung – an das HABM weiterzuleiten. Das DPMA hatte insoweit **jedes Schriftstück**, welches erkennen ließ, dass es sich um die Anmeldung einer Gemeinschaftsmarke handelt, dem HABM zu übersenden (Ingerl/Rohnke Rn. 5). Voraussetzung für die Weiterleitung war lediglich, dass die Anmeldung in einer der **Amtssprachen der EU** abgefasst war. Darüber hinaus war das DPMA nicht berechtigt, die Weiterleitung von sonstigen formellen oder materiellen Voraussetzungen abhängig zu machen. Auch die Verwendung von **Formularen des HABM** für die Anmeldung war keine Voraussetzung für die Weiterleitung der Anmeldung. Zudem war die Zuständigkeit des DPMA zur Annahme und Weiterleitung der Anmeldung einer Gemeinschaftsmarke nicht auf deutsche Anmelder beschränkt (Ingerl/Rohnke Rn. 5).

Der Empfang der Anmeldung wurde dem Anmelder durch das DPMA gemäß Regel 5 Abs. 2 **5.1**
GMDV schriftlich bestätigt. Anschließend hatte das DPMA die einzelnen Blätter der Anmeldung mit arabischen Ziffern durchzunummerieren, den Tag des Eingangs sowie die Anzahl der Blätter auf der Anmeldung zu vermerken und diese „**unverzüglich**", dh ohne schuldhaftes Zögern, an das HABM weiterzuleiten. Insoweit hatte der nationale Gesetzgeber zwar von der Regelung einer konkreten Übermittlungsfrist abgesehen, gleichwohl musste das DPMA im Rahmen der Sachbearbeitung sicherstellen, dass zumindest die in Art. 25 Abs. 2 GMV aF vorgesehene Übermittlungsfrist von zwei Wochen eingehalten wurde.

Das DPMA war – außerhalb der durch § 125a angeordneten Empfangszuständigkeit für Anmeldun- **5.2**
gen von Gemeinschaftsmarken – nicht für **sonstige Erklärungen** zu Gemeinschaftsmarken zuständig und nahm auch keine an das HABM zu leistenden **Zahlungen** entgegen (Ingerl/Rohnke Rn. 8).

D. Verspäteter Zugang beim HABM

In Art. 25 Abs. 3 GMV aF war ursprünglich vorgesehen, dass Anmeldungen, welche nicht **6**
innerhalb eines Monats nach ihrem Zugang beim DPMA an das HABM übermittelt waren, als zurückgenommen galten. Da der Anmelder auf die Dauer der Weiterleitung durch das DPMA aber in der Regel keinen unmittelbaren Einfluss hat, wurde diese Rücknahmefiktion vielfach als unbillig empfunden.

Mit Art. 1 Nr. 5 VO (EG) Nr. 422/2004 des Rates wurde Art. 25 Abs. 3 GMV aF dahin- **7**
gehend geändert, dass Anmeldungen, die dem HABM verspätet – dh später als zwei Monate nach dem Anmeldetag – zugingen, nicht mehr als zurückgenommen galten, sondern den (späteren) Zeitrang des Eingangs der Anmeldung beim HABM erhielten. Gleichwohl ergab sich für den Anmelder auch nach der Neuregelung des Art. 25 Abs. 3 GMV aF ein **Weiterleitungsrisiko,** da er bei einer verspäteten Weiterleitung durch das DPMA die Priorität seiner Anmeldung verlor und ihm in der Zwischenzeit eingereichte Anmeldungen entgegen gehalten werden konnten.

Auch bei einem nachweisbaren Verschulden des DPMA kam eine **Wiedereinsetzung** nach Art. 78 **7.1**
GMV aF grundsätzlich nicht in Betracht, da es sich bei der Frist des Art. 25 Abs. 3 GMV aF nicht um eine von dem Anmelder gegenüber dem HABM einzuhaltende Frist handelte (Ingerl/Rohnke Rn. 9). Gegebenenfalls bestand in den Fällen der verspäteten Weiterleitung durch das DPMA ein **Amtshaftungsanspruch,** dieser führte jedoch nicht zur Wiederherstellung des ursprünglichen Zeitrangs (Ingerl/Rohnke Rn. 9).

In der Praxis kam den Anmeldungen von Gemeinschaftsmarken beim DPMA aufgrund des Risikos **7.2**
einer verspäteten Weiterleitung sowie der Erhebung der zusätzlichen Gebühr eher eine untergeordnete Rolle zu, da insbesondere die **elektronische Anmeldung der Gemeinschaftsmarke unmittelbar beim HABM** das Weiterleitungsrisiko entfallen ließ (Ingerl/Rohnke Rn. 2).

§ 125b Anwendung der Vorschriften dieses Gesetzes

Die Vorschriften dieses Gesetzes sind auf Marken, die nach der Verordnung über die Gemeinschaftsmarke angemeldet oder eingetragen worden sind, in folgenden Fällen anzuwenden:

1. Für die Anwendung des § 9 (Relative Schutzhindernisse) sind angemeldete oder eingetragene Gemeinschaftsmarken mit älterem Zeitrang den nach diesem Gesetz angemeldeten oder eingetragenen Marken mit älterem Zeitrang gleichgestellt, jedoch mit der Maßgabe, daß an die Stelle der Bekanntheit im Inland gemäß § 9 Abs. 1 Nr. 3 die Bekanntheit in der Gemeinschaft gemäß Artikel 9 Abs. 1 Satz 2 Buchstabe c der Verordnung über die Gemeinschaftsmarke tritt.
2. Dem Inhaber einer eingetragenen Gemeinschaftsmarke stehen zusätzlich zu den Ansprüchen nach den Artikeln 9 bis 11 der Verordnung über die Gemeinschaftsmarke die gleichen Ansprüche auf Schadensersatz (§ 14 Abs. 6 und 7), Vernichtung und Rückruf (§ 18), Auskunft (§ 19), Vorlage und Besichtigung (§ 19a), Sicherung von Schadensersatzansprüchen (§ 19b) und Urteilsbekanntmachung (§ 19c) zu wie dem Inhaber einer nach diesem Gesetz eingetragenen Marke.
3. Werden Ansprüche aus einer eingetragenen Gemeinschaftsmarke gegen die Benutzung einer nach diesem Gesetz eingetragenen Marke mit jüngerem Zeitrang geltend gemacht, so ist § 21 Abs. 1 (Verwirkung) entsprechend anzuwenden.
4. Wird ein Widerspruch gegen die Eintragung einer Marke (§ 42) auf eine eingetragene Gemeinschaftsmarke mit älterem Zeitrang gestützt, so ist § 43 Abs. 1 (Glaubhaftmachung der Benutzung) entsprechend anzuwenden mit der Maßgabe, daß an die Stelle der Benutzung der Marke mit älterem Zeitrang gemäß § 26 die Benutzung der Gemeinschaftsmarke mit älterem Zeitrang gemäß Artikel 15 der Verordnung über die Gemeinschaftsmarke tritt.
5. Wird ein Antrag auf Löschung der Eintragung einer Marke (§ 51 Abs. 1) auf eine eingetragene Gemeinschaftsmarke mit älterem Zeitrang gestützt, so sind
   a) § 51 Abs. 2 Satz 1 (Verwirkung) entsprechend anzuwenden;
   b) § 55 Abs. 3 (Nachweis der Benutzung) mit der Maßgabe entsprechend anzuwenden, daß an die Stelle der Benutzung der Marke mit älterem Zeitrang gemäß § 26 die Benutzung der Gemeinschaftsmarke nach Artikel 15 der Verordnung über die Gemeinschaftsmarke tritt.
6. Anträge auf Beschlagnahme bei der Einfuhr und Ausfuhr können von Inhabern eingetragener Gemeinschaftsmarken in gleicher Weise gestellt werden wie von Inhabern nach diesem Gesetz eingetragener Marken. Die §§ 146 bis 149 sind entsprechend anzuwenden.

Überblick

Die Vorschrift ist im Jahr 1996 durch das MarkenRÄndG vom 19.7.1996 in das MarkenG eingefügt worden (BGBl. I 1014; BT-Drs. 13/3841, 11 ff.) und regelt, in welchen Fällen die Vorschriften des Markengesetzes, insbesondere die §§ 125a ff., auf Gemeinschaftsmarken (jetzt: Unionsmarken) anzuwenden sind. Insoweit ist zu berücksichtigen, dass die rechtlichen Verhältnisse im Zusammenhang mit der Unionsmarke durch die UMV sowohl materiellrechtlich als auch verfahrensrechtlich grundsätzlich abschließend geregelt werden. Die nationalen Bestimmungen kommen daher nur in den Fällen zur Anwendung, in denen dies durch die UMV ausdrücklich zugelassen wird (Art. 14 UMV). In § 125b sind daher die Bestimmungen enthalten, die die UMV materiell und in verfahrensrechtlicher Hinsicht ergänzen. Insoweit gelten die Bestimmungen des Markengesetzes entsprechend, sofern aus einer Unionsmarke ein relatives Schutzhindernis abgeleitet werden kann (§ 125b Nr. 1), aufgrund der Verletzung einer Unionsmarke Ansprüche geltend gemacht werden (§ 125b Nr. 2), das Schutzhindernis der Verwirkung einer eingetragenen Unionsmarke entgegen gehalten wird (§ 125b Nr. 3), die Benutzung einer Marke im Widerspruchsverfahren glaubhaft gemacht wird (§ 125b Nr. 4) und die Verwirkung bzw. Einrede der Nichtbenutzung

Anwendung der Vorschriften dieses Gesetzes § 125b MarkenG

einer Unionsmarke im Rahmen einer Löschungsklage erhoben wird (§ 125b Nr. 5) sowie bei Anträgen auf Beschlagnahme (§ 125b Nr. 6).

Übersicht

	Rn.		Rn.
A. Die Unionsmarke als relatives Schutzhindernis (Nr. 1)	1	D. Glaubhaftmachung der Benutzung im Widerspruchsverfahren (Nr. 4)	14
B. Ansprüche aufgrund der Verletzung einer Unionsmarke (Nr. 2)	4	E. Verwirkung und Einrede der Nichtbenutzung bei Löschungsklagen (Nr. 5)	18
C. Verwirkung (Nr. 3)	10	F. Beschlagnahmeanträge (Nr. 6)	20

A. Die Unionsmarke als relatives Schutzhindernis (Nr. 1)

Durch die gesetzliche Regelung in § 125b Nr. 1 werden die verbindlichen Vorgaben des 1 Art. 4 Abs. 2 Buchst. a Nr. i, Buchst. b und Buchst. c sowie Abs. 3 MRL in nationales Recht umgesetzt. Die Vorschrift sieht vor, dass im Rahmen der Anwendung des § 9, dh bei der Frage des Vorliegens von relativen Schutzhindernissen, die angemeldeten oder eingetragenen Unionsmarken mit älteren Zeitrang den nach dem Markengesetz angemeldeten oder eingetragenen Marken mit älterem Zeitrang grundsätzlich gleichgestellt sind. Dies hat zur Konsequenz, dass einer prioritätsjüngeren nationalen Marke auch eine prioritätsältere Unionsmarke als relatives Schutzhindernis entgegen gehalten werden kann. Bei der Bestimmung der Priorität der Unionsmarke ist auch zu beachten, dass die Unionsmarke unter bestimmten Voraussetzungen (vgl. Art. 34 und 35 UMV) den Zeitrang einer älteren nationalen Marke in Anspruch nehmen kann (vgl. zur Gemeinschaftsmarke Fezer Rn. 3; Ströbele/Hacker/ Kober-Dehm Rn. 3).

Die Unionsmarken können als relative Schutzhindernisse sowohl im Widerspruchsverfahren nach § 42 Abs. 2 Nr. 1 als auch im Löschungsverfahren nach §§ 51 Abs. 1, 55 eingewandt werden (vgl. zur Gemeinschaftsmarke Ingerl/Rohnke Rn. 6). 2

Eine Sonderregelung besteht im Hinblick auf die unterschiedlichen territorialen Wirkungen der nationalen Marke und der Unionsmarke, weshalb nach der Regelung des § 125b Nr. 1 S. 2 an die Stelle der Bekanntheit der nationalen Marke im Inland (§ 9 Abs. 1 Nr. 3) die Bekanntheit der Unionsmarke in der Union tritt (vgl. zur Gemeinschaftsmarke Fezer Rn. 3; Ingerl/Rohnke Rn. 5). Dies bedeutet allerdings nicht, dass die Unionsmarke tatsächlich in der gesamten Union bekannt sein muss, vielmehr ist eine Bekanntheit der Unionsmarke bei einem wesentlichen Teil des Publikums, welches von den durch die Marke erfassten Waren oder Dienstleistungen betroffen ist, in einem wesentlichen Teil des Unionsgebietes ausreichend (vgl. zur Gemeinschaftsmarke Ingerl/Rohnke Rn. 5; Ströbele/Hacker/Kober-Dehm Rn. 5). Sofern im jeweiligen Einzelfall davon ausgegangen werden kann, dass das Hoheitsgebiets eines Mitgliedstaates als wesentlicher Teil des Unionsgebiets angesehen werden kann, so kann auch die Bekanntheit in diesem Mitgliedstaat bereits für eine Bekanntheit der Unionsmarke in der Union ausreichend sein (vgl. zur Gemeinschaftsmarke EuGH GRUR 2009, 1158 Rn. 30 – PAGO/Tirolmilch; LG Hamburg MarkenR 2007, 444 (447) – PILGRIM; Ingerl/Rohnke Rn. 5; Ströbele/Hacker/Kober-Dehm Rn. 5). Für die Verwendung als relatives Schutzhindernis iSd § 9 ist nicht erforderlich, dass die Unionsmarke zwingend auch in der Bundesrepublik Deutschland verwendet worden sein muss, vielmehr genügt die Benutzung der Marke innerhalb der Union, sofern sich diese auf einen wesentlichen Teil des Unionsgebiets bezieht (vgl. zur Gemeinschaftsmarke Ingerl/Rohnke Rn. 5; Ströbele/ Hacker/Kober-Dehm Rn. 5). 3

B. Ansprüche aufgrund der Verletzung einer Unionsmarke (Nr. 2)

Da die Folgen der Verletzung einer Unionsmarke durch die UMV nur teilweise geregelt werden, sieht § 125b Nr. 2 ergänzend vor, dass der Inhaber einer eingetragenen Unionsmarke – neben den Ansprüchen nach den Art. 9–11 UMV – die gleichen Ansprüche auf Schadensersatz (§ 14 Abs. 6 und 7), Vernichtung und Rückruf (§ 18), Auskunft (§ 19), Vorlage und Besichtigung (§ 19a), Sicherung von Schadensersatzansprüchen (§ 19b) sowie Urteilsbe- 4 kanntmachung (§ 19c) hat, wie der Inhaber einer nationalen Marke (vgl. zur Gemeinschaftsmarke Ingerl/Rohnke Rn. 8; Fezer Rn. 4).

5   Nach Art. 9 iVm Art. 102 Abs. 1 S. 1 UMV steht dem Inhaber einer Unionsmarke zwar ein **Unterlassungsanspruch** zu, sofern das angegriffene Zeichen in einer Weise benutzt wird, dass die Verbraucher es als Hinweis auf die Herkunft der damit gekennzeichneten Waren oder Dienstleistungen aus einem bestimmten Unternehmen auffassen. Grundsätzlich besteht der Unterlassungsanspruch nach Art. 9 UMV auch dann für das gesamte Gebiet der Europäischen Union, wenn die Verletzung der Unionsmarke nur in einem der Mitgliedstaaten begangen worden ist, da diese innerhalb des Unionsgebiets einheitliche Wirkung entfaltet. Jedenfalls begründet die Begehung einer Unionsmarkenverletzung in einem Mitgliedstaat zumindest die für den Unterlassungsanspruch erforderliche **Erstbegehungsgefahr** in den übrigen Mitgliedstaaten (vgl. zur Gemeinschaftsmarke EuGH GRUR 2011, 518 (520) Rn. 44 f., 50 – DHL Express France/Chronopost; Ströbele/Hacker/Kober-Dehm Rn. 6). Allerdings muss das angerufene Unionsmarkengericht das Verbot, die Verletzungshandlungen vorzunehmen bzw. fortzusetzen, dann **territorial einschränken,** wenn der Kläger seinen Klageantrag ausdrücklich auf einen bestimmten Mitgliedstaat oder einen bestimmten Teil des Unionsgebiets beschränkt hat oder wenn der Beklagte darlegen und beweisen kann, dass die Unionsmarke des Klägers durch seine Handlungen in bestimmten Teilgebieten der Union nicht beeinträchtigt werden kann (vgl. zur Gemeinschaftsmarke EuGH GRUR 2011, 518 (520) Rn. 46 ff. – DHL Express France/Chronopost; BGH GRUR 2008, 254 Rn. 40 – THE HOME STORE; Schricker/Bastian/Knaak, Gemeinschaftsmarke und Recht der EU-Mitgliedstaaten, 2006, § 9 Rn. 192–198; Sosnitza GRUR 2011, 465 (468 f.); Ströbele/Hacker/Kober-Dehm Rn. 6).

6   Darüber hinaus sieht Art. 9b Abs. 2 UMV vor, dass der Anmelder einer Unionsmarke eine **angemessene Entschädigung** für solche Handlungen verlangen kann, die nach Veröffentlichung der Anmeldung einer Unionsmarke vorgenommen werden und nach der Veröffentlichung der Eintragung aufgrund der dann eintretenden Wirkungen der Unionsmarke verboten werden (vgl. zur Gemeinschaftsmarke Ingerl/Rohnke Rn. 9; Ströbele/Hacker/Kober-Dehm Rn. 6). Auf der Grundlage von Art. 10 UMV kann der Inhaber einer Unionsmarke bei der Verwendung des jeweiligen Zeichens in **Wörterbüchern oder ähnlichen Nachschlagewerken** zudem einen **Hinweisanspruch** geltend machen (vgl. zur Gemeinschaftsmarke Fezer Rn. 4). Ferner kann der Inhaber einer Unionsmarke nach Art. 11 UMV gegen die unberechtigte Benutzung seiner Unionsmarke als **Agentenmarke** vorgehen und nach Art. 18 UMV deren Übertragung auf sich verlangen (vgl. zur Gemeinschaftsmarke Fezer Rn. 4).

7   Außerhalb der Art. 9–11 UMV ergeben sich die rechtlichen Folgen der Verletzung einer Unionsmarke nach dem Recht des jeweiligen Mitgliedstaats, in dem die Verletzung begangen worden ist oder droht (vgl. zur Gemeinschaftsmarke Ingerl/Rohnke Rn. 10). Art. 102 Abs. 2 UMV erklärt insoweit das internationale Privatrecht des betreffenden Mitgliedstaats für anwendbar. Das materielle Recht der Bundesrepublik Deutschland findet deshalb grundsätzlich nur dann Anwendung, wenn sich dies aus den Bestimmungen des internationalen Privatrechts für Markenverletzungen ergibt. Strittig ist die Frage, ob im Anwendungsbereich des Art. 102 Abs. 2 UMV eine **Rechtswahl** durch die Beteiligten möglich ist (vgl. zur Gemeinschaftsmarke BGH GRUR 2008, 254 Rn. 44 – THE HOME STORE, wonach die Zulässigkeit einer Rechtswahl eher zweifelhaft sein soll; zum Meinungsstand in der Literatur vgl. Ingerl/Rohnke Rn. 13; Ströbele/Hacker/Kober-Dehm Rn. 7; Fayaz GRUR Int 2009, 566 (575)).

8   Die dem Inhaber einer Unionsmarke nach deutschem Recht zustehenden Ansprüche sind im Einzelnen in § 125b Nr. 2 aufgeführt. Diese Regelung ist durch Art. 4 Nr. 8 Gesetz zur Verbesserung der Durchsetzung von Rechten des geistigen Eigentums vom 7.7.2008 (BGBl. I 1191 = BlPMZ 2008, 274) neu gefasst worden. Die Vorschrift sieht – wie schon zuvor – die entsprechende Anwendung der gesetzlichen Regelungen zum **Schadensersatz** (§ 14 Abs. 6 und Abs. 7), zur **Vernichtung** (§ 18 Abs. 1) sowie über die Pflicht zur **Auskunftserteilung** (§ 19) vor. Zudem kann der Inhaber einer Unionsmarke im Falle der Verletzung die durch das Gesetz zur Verbesserung der Durchsetzung von Rechten des geistigen Eigentums eingeführten Ansprüche geltend machen, zu denen der Anspruch auf **Rückruf** (§ 18 Abs. 2) sowie **Vorlage- und Besichtigungsansprüche** (§ 19a) gehören. Darüber hinaus kann der

Anwendung der Vorschriften dieses Gesetzes § 125b MarkenG

Inhaber einer Unionsmarke von dem Verletzer die **Vorlage von Unterlagen** verlangen, die für die Sicherung der Erfüllung von Schadensersatzansprüchen erforderlich sind (§ 19b). Ferner kann der Inhaber einer Unionsmarke unter bestimmten Voraussetzungen die **öffentliche Bekanntmachung des Urteils** beanspruchen (§ 19c). Der bisher zum Zwecke der Schadensberechnung aus den allgemeinen Regelungen abgeleitete **Auskunftsanspruch** über den Umfang der Verletzungshandlung ergibt sich nunmehr, ebenso wie ein möglicher **Bereicherungsanspruch**, aus § 19d. Über § 19d MarkenG iVm § 1004 BGB gelten auch die allgemeinen Regelungen über den **Anspruch auf Beseitigung** einer durch die Verletzung der Unionsmarke eingetretenen dauerhaften Störung.

Ein ausdrücklicher Verweis auf den Schadensersatzanspruch des Geschäftsherrn **gegen** **9** **seinen untreuen Agenten bzw. Vertreter** nach § 17 Abs. 2 S. 2 ist in § 125b Nr. 2 nicht vorgesehen. Aus diesem fehlenden Verweis kann jedoch nicht gefolgert werden, dass bei einer Unionsmarke ein solcher Schadensersatzanspruch des Geschäftsherrn gegen seinen Agenten bzw. Vertreter nicht besteht. Vielmehr steht dem Inhaber einer Unionsmarke, wenn er zugleich auch Inhaber einer entsprechenden deutschen Marke ist, ein Schadensersatzanspruch unmittelbar aus § 14 Abs. 6 zu. Zudem kann der Geschäftsherr als Inhaber einer Unionsmarke einen Schadensersatzanspruch gegen den untreuen Agenten bzw. Vertreter aus § 125b Nr. 2 iVm § 14 Abs. 6 ableiten. Für den Fall, dass der Geschäftsherr Inhaber einer Unionsmarke und der Agent Inhaber einer gleichlautenden deutschen Marke ist, ist für die Beurteilung ihres Verhältnisses § 17 Abs. 2 S. 2 maßgeblich (vgl. zur Gemeinschaftsmarke Ströbele/Hacker/Kober-Dehm Rn. 9). Ein Schadensersatzanspruch des Geschäftsherrn gegenüber dem Agenten bzw. Vertreter als Inhaber einer Unionsmarke scheidet daher nur dann aus, wenn der Geschäftsherr weder eine nationale noch eine Unionsmarke inne hat (vgl. zur Gemeinschaftsmarke Ströbele/Hacker/Kober-Dehm Rn. 9).

C. Verwirkung (Nr. 3)

Aus § 125b Nr. 3 ergibt sich, dass bei der Geltendmachung von Ansprüchen aus einer **10** eingetragenen Unionsmarke gegen die Benutzung einer nach dem Markengesetz eingetragenen Marke mit jüngerem Zeitrang die Regelung des § 21 Abs. 1 (Verwirkung) entsprechend heranzuziehen ist. Nach § 21 Abs. 1 kann der Inhaber einer Marke nicht verlangen, dass die Benutzung einer eingetragenen Marke mit jüngerem Zeitrang für die Waren oder Dienstleistungen, für die sie eingetragen sind, untersagt wird, soweit der Markeninhaber die Benutzung der Marke während eines Zeitraums von fünf aufeinanderfolgenden Jahren in Kenntnis dieser Benutzung geduldet hat, es sei denn, dass die Anmeldung der Marke mit dem jüngeren Zeitrang bösgläubig vorgenommen worden ist (Fezer Rn. 5).

Nach Art. 54 UMV ist die Verwirkung nur im Verhältnis von zwei Unionsmarken zuei- **11** nander sowie im Verhältnis älterer nationaler Rechte zu jüngeren Unionsmarken vorgesehen. Diese Regelung der UMV wird durch § 125b Nr. 3 dahingehend ergänzt, dass eine Verwirkung auch dann eintreten kann, wenn aus einer älteren Unionsmarke gegen eine jüngere nationale Marke vorgegangen werden soll, der Inhaber der prioritätsälteren Unionsmarke jedoch über einen Zeitraum von fünf aufeinanderfolgenden Jahren die Benutzung der prioritätsjüngeren nationalen Marke geduldet hat (vgl. zur Gemeinschaftsmarke Ingerl/Rohnke Rn. 16; Ströbele/Hacker/Kober-Dehm Rn. 11).

Dagegen sind § 21 Abs. 2–4 und damit insbesondere die **allgemeinen Verwirkungs-** **12** **grundsätze** nach § 242 BGB auf Unionsmarken nicht übertragbar, da dies weder in der UMV noch durch die MRL vorgesehen wird (vgl. zur Gemeinschaftsmarke Ströbele/Hacker/Kober-Dehm Rn. 12; HK-MarkenR/Fuchs-Wissemann Rn. 3; aA Ingerl/Rohnke Rn. 17; Stricker/Bastian/Knaak Rn. 164–165).

Die Ansprüche aus der Unionsmarke **verjähren** aufgrund der Verweisung in § 20 nach **13** den Vorschriften des Abschnitts fünf des ersten Buches des BGB (§§ 194 ff. BGB; Ströbele/Hacker/Kober-Dehm Rn. 13). Danach verjähren Ansprüche aufgrund einer Markenverletzung grundsätzlich innerhalb der Regelverjährungsfrist von drei Jahren (§ 195 BGB).

D. Glaubhaftmachung der Benutzung im Widerspruchsverfahren (Nr. 4)

§ 125b Nr. 4 sieht für den Fall, dass ein Widerspruch gegen die Eintragung einer Marke **14** auf eine eingetragene Unionsmarke mit älterem Zeitrang gestützt wird, vor, dass die Bestimmungen zur Glaubhaftmachung der Benutzung nach § 43 Abs. 1 entsprechend anzuwenden sind, wobei an die Stelle der Benutzung der Marke mit älterem Zeitrang gemäß § 26 die Benutzung der Unionsmarke mit älterem Zeitrang tritt (Art. 15 UMV). Die Vorschrift entspricht damit Art. 46 Abs. 1–3 RL (EU) 2015/2436, welche in Art. 5 Abs. 2 Buchst. a Nr. i RL (EU) 2015/2436 auch auf die Unionsmarke als älteres Recht verweist. Der Widerspruchsführer hat insoweit eine ernsthafte Benutzung der Unionsmarke in der Union glaubhaft zu machen (vgl. zur Gemeinschaftsmarke Ströbele/Hacker/Kober-Dehm Rn. 14). Allerdings muss diese ernsthafte Benutzung nicht notwendig in allen Mitgliedstaaten stattfinden, weshalb der Widerspruchsführer nicht zwingend glaubhaft machen muss, dass die Benutzung auch in der Bundesrepublik Deutschland stattgefunden hat (vgl. zur Gemeinschaftsmarke Ingerl/Rohnke Rn. 20; Fezer Rn. 6; Ströbele/Hacker/Kober-Dehm Rn. 14).

15 Noch nicht abschließend geklärt ist, ob im Rahmen des Widerspruchsverfahrens die **Benutzung in nur einem Mitgliedstaat** genügt, um diese glaubhaft zu machen. Dafür, dass die Benutzung in einem Mitgliedstaat ausreichend ist, spricht die – allerdings nicht rechtsverbindliche – gemeinsame Erklärung des Rates und der Kommission der Europäischen Gemeinschaften anlässlich der Annahme der GMV vom 20.12.1993, aus der sich ergibt, dass bereits die Benutzung in einem Mitgliedstaat ausreichend sein soll (so zur Gemeinschaftsmarke auch BPatG GRUR 2006, 682, 684 – UNDERGROUND; OLG Hamburg GRUR-RR 2005, 312, 314 – NEWS; Ingerl/Rohnke Rn. 20; HK-MarkenR/Fuchs-Wissemann Rn. 4; Ströbele/Hacker/Kober-Dehm Rn. 14). Da auch der EuGH im Zusammenhang mit der erforderlichen Bekanntheit einer Gemeinschaftsmarke innerhalb der Gemeinschaft entschieden hat, dass für die territoriale Reichweite der Bekanntheit in einem Mitgliedstaat ausreichen kann (vgl. zur Gemeinschaftsmarke EuGH GRUR 2009, 1158 Rn. 30 – PAG/Tirolmilch), ist es naheliegend, dass das Merkmal „in der Gemeinschaft" bei der Benutzung im gleichen Sinne auszulegen ist und dementsprechend die Benutzung in nur einem Mitgliedstaat genügt (vgl. zur Gemeinschaftsmarke Ingerl/Rohnke Rn. 20; Ströbele/Hacker/Kober-Dehm Rn. 14).

16 Der Umfang der durch den Markeninhaber glaubhaft zu machenden Tatsachen ergibt sich aus § 43 Abs. 1. Danach muss der Inhaber der eingetragenen Unionsmarke mit älterem Zeitrang im Rahmen des Widerspruchsverfahrens insbesondere nachweisen, dass er die Unionsmarke innerhalb der letzten fünf Jahre vor der Veröffentlichung der Eintragung der Unionsmarke, gegen die der Widerspruch gerichtet ist, gemäß Art. 15 UMV benutzt hat.

17 Bei einem erfolgreichen Widerspruch kann der Anmelder eine Eintragungsbewilligung nach § 44 geltend machen, da die Unionsmarke dann als älteres Recht iSd § 9 anzusehen ist (vgl. zur Gemeinschaftsmarke Ströbele/Hacker/Kober-Dehm Rn. 16).

E. Verwirkung und Einrede der Nichtbenutzung bei Löschungsklagen (Nr. 5)

18 Nach § 125b Nr. 5 kann der Inhaber einer Unionsmarke mit älterem Zeitrang bei Vorliegen eines Nichtigkeitsgrundes bezüglich der jüngeren Marke eine **Löschungsklage** nach §§ 51, 55 erheben.

19 § 125b Nr. 5 Buchst. b stellt klar, dass die **Einrede der Nichtbenutzung** gemäß § 55 Abs. 3 bei Löschungsklagen aus einer Unionsmarke entsprechend heranzuziehen ist, allerdings mit der Maßgabe, dass die Benutzung nach Art. 15 UMV in der Union stattfinden muss, was nicht zwingend eine Benutzung in der Bundesrepublik Deutschland voraussetzt (vgl. zur Gemeinschaftsmarke Ingerl/Rohnke Rn. 23; Ströbele/Hacker/Kober-Dehm Rn. 18).

F. Beschlagnahmeanträge (Nr. 6)

20 Bei der Verletzung einer Unionsmarke sind auch die Regelungen hinsichtlich der Grenzbeschlagnahme nach den §§ 146 ff. entsprechend anzuwenden. Insoweit kann der Inhaber einer Unionsmarke die Beschlagnahme von Waren beantragen, sofern diese bei der Ein- oder Ausfuhr rechtswidrig gekennzeichnet sind (vgl. zur Gemeinschaftsmarke Fezer Rn. 9; Ströbele/Hacker/Kober-Dehm Rn. 19).

§ 125c Nachträgliche Feststellung der Ungültigkeit einer Marke

(1) Ist für eine angemeldete oder eingetragene Gemeinschaftsmarke der Zeitrang einer im Register des Patentamts eingetragenen Marke nach Artikel 34 oder 35 der Verordnung über die Gemeinschaftsmarke in Anspruch genommen worden und ist die im Register des Patentamts eingetragene Marke wegen Nichtverlängerung der Schutzdauer nach § 47 Abs. 6 oder wegen Verzichts nach § 48 Abs. 1 gelöscht worden, so kann auf Antrag nachträglich die Ungültigkeit dieser Marke wegen Verfalls oder wegen Nichtigkeit festgestellt werden.

(2) ¹Die Feststellung der Ungültigkeit erfolgt unter den gleichen Voraussetzungen wie eine Löschung wegen Verfalls oder wegen Nichtigkeit. ²Jedoch kann die Ungültigkeit einer Marke wegen Verfalls nach § 49 Abs. 1 nur festgestellt werden, wenn die Voraussetzungen für die Löschung nach dieser Vorschrift auch schon in dem Zeitpunkt gegeben waren, in dem die Marke wegen Nichtverlängerung der Schutzdauer oder wegen Verzichts gelöscht worden ist.

(3) Das Verfahren zur Feststellung der Ungültigkeit richtet sich nach den Vorschriften, die für das Verfahren zur Löschung einer eingetragenen Marke gelten, mit der Maßgabe, daß an die Stelle der Löschung der Eintragung der Marke die Feststellung ihrer Ungültigkeit tritt.

Überblick

Der Anmelder einer Gemeinschaftsmarke (jetzt: Unionsmarke) hat nach Art. 34 Abs. 1 UMV (iVm Regel 8 GMDV) die Möglichkeit, für diese Unionsmarke in einem Mitgliedstaat der EU die Priorität einer ihm gehörenden, vorbestehenden und identisch übereinstimmenden Marke in Anspruch zu nehmen. Diese Möglichkeit besteht für den Anmelder einer Unionsmarke auch noch nach der Eintragung der Unionsmarke (vgl. Art. 35 UMV iVm Regel 28 GMDV), was dazu führen kann, dass der Inhaber einer Unionsmarke – bei einem Verzicht auf oder dem Erlöschen der älteren nationalen Marke – grundsätzlich weiterhin die Rechte erhält, die er gehabt hätte, wenn die ältere nationale Marke weiterhin wirksam eingetragen gewesen wäre. Die in Anspruch genommene Priorität geht jedoch nach Art. 34 Abs. 3 UMV verloren, wenn die ältere nationale Marke für verfallen oder für nichtig erklärt wird. In Art. 14 RL 2008/95/EG (MRL aF) war deshalb eine Verpflichtung der Mitgliedstaaten vorgesehen, eine Regelung zu schaffen, die es ermöglicht, nachträglich die Ungültigkeit bzw. den Verfall einer nationalen Marke feststellen zu lassen, soweit deren Zeitrang für eine Unionsmarke in Anspruch genommen worden ist, obwohl der Inhaber auf diese nationale Marke bereits zuvor verzichtet bzw. deren Schutzdauer nicht verlängert hat. Hierdurch sollte sichergestellt werden, dass auch bei einem Verzicht bzw. der Nichtverlängerung der Schutzdauer einer nationalen Marke auch noch im Nachhinein die Möglichkeit besteht, die von dieser nationalen Marke abgeleitete Priorität der Unionsmarke anzugreifen. Durch die Regelung in § 125c wurde diese Vorgabe des Art. 14 RL 2008/95/EG in nationales Recht umgesetzt, welcher über §§ 107, 119 auch auf IR-Marken anzuwenden ist. Für die Unionsmarke ergibt sich die Möglichkeit der nachträglichen Feststellung der Nichtigkeit oder des Verfalls inzwischen unmittelbar aus Art. 6 RL (EU) 2015/2436 (MRL nF).

A. Nachträgliche Feststellung der Ungültigkeit (Abs. 1)

§ 125c Abs. 1 ordnet an, dass die nationale Marke, die wegen Nichtverlängerung der Schutzdauer nach § 47 Abs. 6 oder in Folge eines Verzichts nach § 48 Abs. 1 gelöscht worden ist und deren Zeitrang durch den Inhaber der Unionsmarke nach Art. 34, 35 UMV zuvor in Anspruch genommen worden ist, nachträglich auf Antrag für Verfallen (§ 49) oder für nichtig (§§ 50, 51) erklärt werden kann. Abweichend von Art. 14 RL 2008/95/EG (MRL aF) erfasst § 125c Abs. 1 unter dem Begriff der „Ungültigkeit" sowohl die Nichtigkeit als auch den Verfall der nationalen Marke (vgl. zur Gemeinschaftsmarke Ströbele/Hacker/Kober-Dehm Rn. 4).

B. Voraussetzung der Ungültigkeitsfeststellung (Abs. 2)

2 Nach § 125c Abs. 2 S. 1 erfolgt die Feststellung der Ungültigkeit unter den gleichen Voraussetzungen wie eine Löschung wegen Verfalls oder wegen Nichtigkeit, wodurch auf die Verfallsgründe des § 49 sowie die Nichtigkeitsgründe der §§ 50, 51 Bezug genommen wird. § 125c Abs. 2 S. 2 stellt sodann klar, dass die Ungültigkeit einer Unionsmarke wegen Verfalls nach § 49 Abs. 1 nur dann möglich ist, wenn die Voraussetzungen für die Löschung auch schon in dem Zeitpunkt vorgelegen haben, in dem die nationale Marke wegen Nichtverlängerung der Schutzdauer oder wegen Verzichts gelöscht worden ist. Durch diese Einschränkung soll erreicht werden, dass die Verpflichtung zur Benutzung der nationalen Marke, auf die der Inhaber der Unionsmarke bereits verzichtet bzw. deren Schutzdauer er nicht verlängert hat, nach dem Erlöschen der nationalen Marke nicht fortbesteht (vgl. zur Gemeinschaftsmarke Ströbele/Hacker/Kober-Dehm Rn. 5). Stattdessen soll dem Inhaber der Unionsmarke ermöglicht werden, sich auf die Benutzung der Unionsmarke nach Art. 15 UMV beschränken zu können, was nicht zwingend voraussetzt, dass die Benutzung auch in Deutschland stattgefunden haben muss (vgl. zur Gemeinschaftsmarke Ströbele/Hacker/Kober-Dehm Rn. 5).

3 Die Regelung in § 125c Abs. 2 S. 2 dient daher vor allem der Klarstellung, da eine bereits gelöschte Marke tatsächlich ohnehin nicht mehr rechtserhaltend benutzt werden kann (vgl. zur Gemeinschaftsmarke Ströbele/Hacker/Kober-Dehm Rn. 5), weshalb die Löschungsreife tatsächlich schon im Zeitpunkt des Erlöschens der nationalen Marke vorgelegen haben muss.

C. Feststellungsverfahren (Abs. 3)

4 § 125c Abs. 3 gibt vor, dass das Verfahren zur Feststellung der Ungültigkeit sich nach den Vorschriften richtet, die für das Verfahren zur Löschung einer eingetragenen Marke gelten. Allerdings tritt insoweit an die Stelle der Löschung der eingetragenen Marke die Feststellung ihrer Ungültigkeit. Aus § 125c Abs. 3 ergibt sich auch, dass das Löschungsverfahren nicht von Amts wegen eingeleitet wird, sondern einen Antrag voraussetzt (Ströbele/Hacker/Kober-Dehm Rn. 6).

§ 125d Umwandlung von Gemeinschaftsmarken

(1) Ist dem Patentamt ein Antrag auf Umwandlung einer angemeldeten oder eingetragenen Gemeinschaftsmarke nach Artikel 109 Abs. 3 der Verordnung über die Gemeinschaftsmarke übermittelt worden, so sind die Gebühr und die Klassengebühren nach dem Patentkostengesetz für das Umwandlungsverfahren mit Zugang des Umwandlungsantrages beim Patentamt fällig.

(2) ¹Betrifft der Umwandlungsantrag eine Marke, die noch nicht als Gemeinschaftsmarke eingetragen war, so wird der Umwandlungsantrag wie die Anmeldung einer Marke zur Eintragung in das Register des Patentamts behandelt mit der Maßgabe, daß an die Stelle des Anmeldetages im Sinne des § 33 Abs. 1 der Anmeldetag der Gemeinschaftsmarke im Sinne des Artikels 27 der Verordnung über die Gemeinschaftsmarke oder der Tag einer für die Gemeinschaftsmarke in Anspruch genommenen Priorität tritt. ²War für die Anmeldung der Gemeinschaftsmarke der Zeitrang einer im Register des Patentamts eingetragenen Marke nach Artikel 34 der Verordnung über die Gemeinschaftsmarke in Anspruch genommen worden, so tritt dieser Zeitrang an die Stelle des nach Satz 1 maßgeblichen Tages.

(3) ¹Betrifft der Umwandlungsantrag eine Marke, die bereits als Gemeinschaftsmarke eingetragen war, so trägt das Patentamt die Marke ohne weitere Prüfung unmittelbar nach § 41 Absatz 1 unter Wahrung ihres ursprünglichen Zeitrangs in das Register ein. ²Gegen die Eintragung kann Widerspruch nicht erhoben werden.

(4) Im übrigen sind auf Umwandlungsanträge die Vorschriften dieses Gesetzes für die Anmeldung von Marken anzuwenden.

Umwandlung von Gemeinschaftsmarken § 125d MarkenG

Überblick

§ 125d regelt das nationale Verfahren zur Umwandlung einer Gemeinschaftsmarke (jetzt: Unionsmarke) in eine nationale Marke. Insoweit legt § 125d Abs. 1 zunächst fest, dass bei Übermittlung eines Antrags auf Umwandlung einer angemeldeten oder eingetragenen Unionsmarke nach Art. 109 Abs. 3 UMV (tatsächlich findet sich die Übermittlung eines Antrags auf Umwandlung in Art. 113 Abs. 5 UMV) die Gebühr bzw. die Klassengebühren nach dem Patentkostengesetz mit Zugang des Umwandlungsantrags beim DPMA fällig werden. War die Unionsmarke im Zeitpunkt des Zugangs des Umwandlungsantrags als solche noch nicht eingetragen, so ergibt sich aus § 125d Abs. 2 S. 1, dass dieser Antrag wie die Anmeldung einer nationalen Marke beim DPMA zu behandeln ist, wobei an die Stelle des Anmeldetages iSd § 33 Abs. 1 der Anmeldetag der jeweiligen Unionsmarke iSd Art. 27 UMV oder der Tag einer für diese Unionsmarke in Anspruch genommenen Priorität tritt. § 125d Abs. 2 S. 2 sieht sodann vor, dass eine hinsichtlich der Unionsmarke in Anspruch genommene Priorität auch für die Anmeldung der nationalen Marke erhalten bleibt. Ist die Marke im Zeitpunkt des Eingangs des Umwandlungsantrags bereits als Unionsmarke eingetragen, so ergibt sich aus § 125d Abs. 3, dass das DPMA die Marke ohne sachliche Prüfung unmittelbar nach § 41 mit der ursprünglichen Priorität in das Register einzutragen hat. Die Möglichkeit eines Widerspruchs gegen diese Eintragung kann nach § 125d Abs. 3 S. 2 nicht erhoben werden. Schließlich ergibt sich aus § 125d Abs. 4, dass für die Anträge auf Umwandlung einer Unionsmarke im Übrigen die Vorschriften des MarkenG bezüglich der Anmeldung von Marken anzuwenden sind.

A. Regelungszusammenhang

§ 125d ist im Jahr 1996 durch das MarkenRÄndG vom 19.7.1996 (BGBl. I 1014) in das **1** Markengesetz eingefügt worden. Zudem wurde § 125d Abs. 1 im Jahr 2002 durch Art. 9 Nr. 28 Kostenbereinigungsgesetz (BlPMZ 2002, 14 ff.) neu gefasst. Die nach § 125d Abs. 2 aF früher erforderliche Prüfung der Zulässigkeit des Umwandlungsantrags durch das DPMA (Art. 108 Abs. 2 GMV aF) wurde durch das Gesetz zur Änderung des Patentgesetzes und anderer Vorschriften des gewerblichen Rechtsschutzes vom 9.12.2004 (BGBl. I 3232) aufgehoben. Aufgrund dieser Anpassung sind die früheren Abs. 3–5 des § 125d nunmehr in den Abs. 2–4 vorgesehen.

§ 125d beruht auf der Regelung des Umwandlungsverfahrens in den **Art. 112 ff. UMV**, **2** die vorsehen, dass eine angemeldete oder eingetragene Unionsmarke in eine nationale Markenanmeldung umgewandelt werden kann, wenn die Anmeldung der Unionsmarke entweder zurückgewiesen oder zurückgenommen worden ist oder sie als zurückgenommen gilt (Art. 112 Abs. 1 Buchst. a UMV) oder wenn die eingetragene Unionsmarke ihre Wirkung verloren hat (Art. 112 Abs. 1 Buchst. b UMV).

Eine Umwandlung kann dagegen nicht erfolgen, sofern die Unionsmarke nach Art. 51 **3** UMV für verfallen erklärt worden ist, es sei denn, der Inhaber der Unionsmarke kann in dem für die Umwandlung vorgesehenen Mitgliedstaat eine ausreichende Benutzung belegen (Art. 112 Abs. 2 Buchst. a UMV), was nach dem Recht des betreffenden Mitgliedstaats zu beurteilen ist (vgl. zur Gemeinschaftsmarke Ingerl/Rohnke Rn. 6; Ströbele/Hacker/Kober-Dehm Rn. 3). Darüber hinaus ist die Umwandlung einer Unionsmarke nach Art. 112 Abs. 2 Buchst. b UMV auch dann nicht möglich, wenn die Umwandlung für einen Mitgliedstaat beantragt wird, in dem ein absoluter oder relativer Nichtigkeits- bzw. Verfallsgrund rechtskräftig festgestellt worden ist (vgl. zur Gemeinschaftsmarke Ingerl/Rohnke Rn. 6; Ströbele/Hacker/Kober-Dehm Rn. 3).

Nach Art. 113 Abs. 1 UMV muss der **Umwandlungsantrag** innerhalb von drei Monaten **4** ab dem Erlöschen der angemeldeten oder eingetragenen Unionsmarke eingereicht werden (soweit Art. 113 Abs. 1 UMV auf Art. 122 Abs. 4–6 UMV verweist, handelt es sich um einen Verweisungsfehler, zumal Art. 122 UMV mit Wirkung zum 23.3.2016 aufgehoben worden ist; tatsächlich gemeint sein dürfte Art. 112 Abs. 4–6 UMV). Wird diese Frist nicht gewahrt, so kann sich der Anmelder nach Art. 112 Abs. 7 UMV trotz formgerechter Anmeldung der Unionsmarke nicht mehr auf die prioritätswahrende Wirkung in dem jeweiligen Mitgliedstaat berufen (vgl. zur Gemeinschaftsmarke Ingerl/Rohnke Rn. 7; Ströbele/Hacker/Kober-Dehm Rn. 4).

B. Nationales Verfahren nach § 125d

I. Nationale Umwandlungsgebühr

5   Für das nationale Verfahren zur Umwandlung einer Unionsmarke sind nach § 2 Abs. 1 PatKostG die nationale Umwandlungsgebühr sowie für jede Klasse ab der vierten Klasse Klassengebühren zu zahlen. Die **Fälligkeit** der Umwandlungsgebühr sowie der etwaigen Klassengebühren tritt nach § 125d Abs. 1 mit dem Zugang des Umwandlungsantrags beim DPMA ein (vgl. zur Gemeinschaftsmarke Fezer Rn. 7; Ströbele/Hacker/Kober-Dehm Rn. 6). Nach der Regelung in § 6 Abs. 1 S. 2 PatKostG sind die jeweiligen Gebühren **innerhalb von drei Monaten** ab ihrer jeweiligen Fälligkeit zu zahlen (vgl. zur Gemeinschaftsmarke Ingerl/Rohnke Rn. 8; Fezer Rn. 8; Ströbele/Hacker/Kober-Dehm Rn. 6).

II. Formelle Anforderungen an den Umwandlungsantrag

6   Da die Zulässigkeitsvoraussetzungen für eine Umwandlung der Unionsmarke nach Art. 112 UMV bereits umfassend durch das EUIPO überprüft worden sind, ist eine nochmalige Prüfung des Umwandlungsantrags durch die nationalen Erteilungsbehörden überflüssig, soweit es um die Voraussetzungen des Art. 108 Abs. 2 GMV aF geht (Ingerl/Rohnke Rn. 10; Ströbele/Hacker/Kober-Dehm Rn. 7). Aufgrund dieser bereits durch das EUIPO vorgenommenen Überprüfung der Zulässigkeit der Umwandlung der Unionsmarke durch das EUIPO ist auch die im früheren § 125d Abs. 2 aF vorgesehene Prüfung auf nationaler Ebene entfallen.

III. Weitere Verfahrensschritte

7   Aus § 125d Abs. 2 ergibt sich zunächst, dass Umwandlungsanträge, die angemeldete Unionsmarken betreffen, wie nationale Markenanmeldungen zu behandeln sind. An die Stelle des Anmeldetages iSv § 33 Abs. 1 tritt der Anmeldetag der Unionsmarke (Art. 27 UMV), so dass für den Beginn der Schutzdauer der nationalen Marke der Tag der Anmeldung der Unionsmarke maßgeblich ist (vgl. zur Gemeinschaftsmarke Ingerl/Rohnke Rn. 13; Ströbele/Hacker/Kober-Dehm Rn. 8). Nach Art. 112 Abs. 3 UMV kann für die nationale Marke auch eine frühere Priorität nach Art. 34 UMV in Anspruch genommen werden, sofern diese bereits bei der Anmeldung der Unionsmarke in Anspruch genommen worden ist (vgl. zur Gemeinschaftsmarke Ingerl/Rohnke Rn. 13; Ströbele/Hacker/Kober-Dehm Rn. 8; Eisenführ, FS v. Mühlendahl, 2005, 351 ff.; Schäfer GRUR 1998, 350 (351)).

8   Die auf diese Weise umgewandelte Unionsmarkenanmeldung kann durch das DPMA uneingeschränkt daraufhin überprüft werden, ob absolute Schutzhindernisse iSd § 8 der Eintragung entgegenstehen (vgl. zur Gemeinschaftsmarke Ingerl/Rohnke Rn. 14; Ströbele/Hacker/Kober-Dehm Rn. 9). Insbesondere besteht insoweit keine Bindungswirkung der Prüfungsergebnisse des EUIPO für das DPMA (vgl. zur Gemeinschaftsmarke Ingerl/Rohnke Rn. 14; Ströbele/Hacker/Kober-Dehm Rn. 9; HK-MarkenR/Fuchs-Wissemann Rn. 5; Büscher/Dittmer/Schiwy/Schalk Rn. 2). Gegen die umgewandelte Marke kann nach ihrer Eintragung auch ein Widerspruch nach § 42 erhoben werden (Ingerl/Rohnke Rn. 14; Ströbele/Hacker/Kober-Dehm Rn. 9).

9   Hiervon abweichend sind Umwandlungsanträge nach § **125d Abs. 3** zu behandeln, wenn sie sich auf eine bereits **eingetragene Unionsmarke** beziehen. Insoweit besteht keine Veranlassung diese in Deutschland bereits wirksam unter Schutz gestellten Marken durch das DPMA nochmals prüfen zu lassen (vgl. zur Gemeinschaftsmarke Ingerl/Rohnke Rn. 15; Fezer Rn. 12; Ströbele/Hacker/Kober-Dehm Rn. 10). Stattdessen ordnet § 125d Abs. 3 an, dass entsprechende Umwandlungsanträge **ohne weitere Prüfung** auf das Bestehen von absoluten oder relativen Schutzhindernissen mit der ursprünglichen Priorität einzutragen sind. Auch die Möglichkeit eines Widerspruchs besteht insoweit nach Maßgabe des § 125d Abs. 3 S. 2 hinsichtlich derartiger Umwandlungsanträge, die sich auf eine bereits eingetragene Unionsmarke beziehen, nicht. Allerdings kann das DPMA die für einen Umwandlungsantrag erforderlichen Formalien prüfen (vgl. zur Gemeinschaftsmarke Ströbele/Hacker/Kober-Dehm Rn. 10; Schennen Mitt 1998, 121 (129)).

Schließlich sieht **§ 125d Abs. 4** vor, dass auf Umwandlungsanträge nach § 125d die allgemeinen Vorschriften des MarkenG für die Anmeldung von nationalen Marken anzuwenden sind. Insoweit besteht eine Verpflichtung des Antragstellers zur **Bestellung eines Inlandsvertreters** (vgl. § 96). Zudem sind nach § 93 der Umwandlungsantrag sowie die diesem beigefügten Unterlagen (wie das Waren- und Dienstleistungsverzeichnis) **in deutscher Sprache** einzureichen (Ströbele/Hacker/Kober-Dehm Rn. 11; aA Ingerl/Rohnke Rn. 11 unter Verweis auf die Praxis des DPMA).

10

§ 125e Gemeinschaftsmarkengerichte; Gemeinschaftsmarkenstreitsachen

(1) Für alle Klagen, für die nach der Verordnung über die Gemeinschaftsmarke die Gemeinschaftsmarkengerichte im Sinne des Artikels 91 Abs. 1 der Verordnung zuständig sind (Gemeinschaftsmarkenstreitsachen), sind als Gemeinschaftsmarkengerichte erster Instanz die Landgerichte ohne Rücksicht auf den Streitwert ausschließlich zuständig.

(2) Gemeinschaftsmarkengericht zweiter Instanz ist das Oberlandesgericht, in dessen Bezirk das Gemeinschaftsmarkengericht erster Instanz seinen Sitz hat.

(3) ¹Die Landesregierungen werden ermächtigt, durch Rechtsverordnung die Gemeinschaftsmarkenstreitsachen für die Bezirke mehrerer Gemeinschaftsmarkengerichte einem dieser Gerichte zuzuweisen. ²Die Landesregierungen können diese Ermächtigung durch Rechtsverordnung auf die Landesjustizverwaltungen übertragen.

(4) Die Länder können durch Vereinbarung den Gemeinschaftsmarkengerichten eines Landes obliegende Aufgaben ganz oder teilweise dem zuständigen Gemeinschaftsmarkengericht eines anderen Landes übertragen.

(5) Auf Verfahren vor den Gemeinschaftsmarkengerichten ist § 140 Absatz 3 und § 142 entsprechend anzuwenden.

Überblick

Die Vorschrift regelt die ausschließliche Zuständigkeit der Landgerichte als Unionsmarkengerichte erster Instanz sowie des jeweils zugehörigen Oberlandesgerichts als Unionsmarkengericht zweiter Instanz. Zudem enthält § 125e Abs. 3 eine Konzentrationsermächtigung, nach der die Landesregierungen durch Rechtsverordnung für die Bezirke mehrerer Unionsmarkengerichte einem dieser Gerichte die Unionsmarkenstreitsachen zuweisen können. Auch eine länderübergreifende Konzentration ist nach § 125e Abs. 4 möglich. Zudem wird durch § 125e Abs. 5 durch Verweis auf § 140 das Verfahren vor den Unionsmarkengerichten geregelt.

A. Normzweck, Entstehungsgeschichte

§ 125e ist im Jahre 1996 durch das MarkenRÄndG vom 19.7.1996 in das MarkenG eingefügt worden (BGBl. I 1014; BT-Drs. 13/3841, 15). Aus Art. 95 Abs. 1 UMV sowie § 125e ergibt sich, dass Zivilprozesse über Unionsmarken vor den nationalen Gerichten geführt werden. Art. 95 Abs. 1 UMV verpflichtet daher die Mitgliedstaaten der EU, eine möglichst geringe Zahl von Unionsmarkengerichten erster und zweiter Instanz zu bestimmen. Aus § 125e Abs. 1 ergibt sich sodann die ausschließliche Zuständigkeit dieser Gerichte bei Auseinandersetzungen, die über die Verletzung oder die Wirksamkeit einer Unionsmarke geführt werden (vgl. Art. 96 UMV).

1

B. Ausschließliche Zuständigkeit der Landgerichte (Abs. 1)

§ 125e Abs. 1 sieht die ausschließliche sachliche Zuständigkeit der Landgerichte als Unionsmarkengerichte erster Instanz für alle Unionsmarkenstreitsachen erster Instanz vor, ohne dass es insoweit auf den Streitwert des Rechtsstreits ankommt. Nach Art. 96 UMV sind **Unionsmarkenstreitsachen**

2

MarkenG § 125e Teil 5 Schutz von Marken nach dem MMA/PMMA

- Klagen wegen der Verletzung oder drohenden Verletzung einer Unionsmarke,
- Klagen auf Feststellung der Nichtverletzung,
- Klagen über Entschädigungsansprüche nach Art. 9b Abs. 2 UMV sowie
- die in Art. 100 UMV genannten Widerklagen auf Erklärung des Verfalls oder der Nichtigkeit einer Unionsmarke.

3   Nicht durch § 125e Abs. 1 erfasst werden Streitigkeiten über **Ansprüche aus nationalen Marken,** die mit einer Unionsmarke identisch sind, da es sich insoweit nicht um eine Unionsmarkenstreitsache handelt (vgl. zur Gemeinschaftsmarke BGH GRUR 2004, 860 (862) – Internet-Versteigerung; Ströbele/Hacker/Kober-Dehm Rn. 3).

4   Nach § 103 Abs. 1 UMV können neben den Unionsmarkengerichten bei **Maßnahmen des einstweiligen Rechtsschutzes** einschließlich etwaiger Sicherungsmaßnahmen neben den Unionsmarkengerichten auch die allgemein zuständigen Gerichte eines Mitgliedstaates entscheiden, was zu einer parallelen Zuständigkeit der Kennzeichenstreitgerichte nach § 140 für derartige Eilmaßnahmen führt (vgl. zur Gemeinschaftsmarke Ingerl/Rohnke Rn. 26; Ströbele/Hacker/Kober-Dehm Rn. 4). Allerdings ist zu berücksichtigen, dass eine Maßnahme des einstweiligen Rechtsschutzes, die durch ein Kennzeichenstreitgericht iSv § 140 erlassen wird, nur für das Gebiet der Bundesrepublik Deutschland Wirkung entfaltet. Eine unionsweit wirkende einstweiligen Verfügung oder eine unionsweit wirkenden Sicherungsmaßnahme kann daher aufgrund der Regelung in § 103 Abs. 2 UMV nur durch ein Unionsmarkengericht angeordnet werden (vgl. zur Gemeinschaftsmarke Ingerl/Rohnke Rn. 26; Ströbele/Hacker/Kober-Dehm Rn. 4).

5   Sofern es sich nicht um eine Unionsmarkenstreitsache iSv Art. 96 UMV handelt, ergibt sich die sachliche Zuständigkeit der Landgerichte aus Art. 106 UMV iVm § 140 Abs. 1 und Abs. 2 (vgl. zur Gemeinschaftsmarke Ingerl/Rohnke Rn. 58; Ströbele/Hacker/Kober-Dehm Rn. 5). Zu den Streitigkeiten, die **keine Unionsmarkenstreitsachen** iSv Art. 96 UMV sind, zählen insbesondere rechtliche Auseinandersetzungen (vgl. zur Gemeinschaftsmarke Ingerl/Rohnke Rn. 58 f.; Ströbele/Hacker/Kober-Dehm Rn. 5)
- bezüglich des Rechtsübergangs an einer Unionsmarke,
- bezüglich der Gewährung von Lizenzrechten an einer Unionsmarke sowie
- im Zusammenhang mit den in Art. 110 und 111 UMV bezeichneten Ansprüchen auf Untersagung der Benutzung einer Unionsmarke.

6   Die internationale und örtliche Zuständigkeit der Gerichte ergibt sich aus § 125g.

C. Unionsmarkengerichte zweiter Instanz (Abs. 2)

7   Nach § 125e Abs. 2 sind die Unionsmarkengerichte zweiter Instanz die Oberlandesgerichte, in deren Bezirk das jeweilige als Unionsmarkengericht erster Instanz zuständige Landgericht seinen Sitz hat. Aus Art. 105 Abs. 3 UMV ergibt sich zudem, dass der BGH in der Revisionsinstanz als Unionsmarkengericht zuständig ist (vgl. zur Gemeinschaftsmarke Ingerl/Rohnke Rn. 6).

D. Konzentrationsermächtigung (Abs. 3)

8   Aus § 125e Abs. 3 ergibt sich eine Konzentrationsermächtigung für die jeweiligen Bundesländer, wonach diese durch Rechtsverordnung die Unionsmarkenstreitsachen, für die Bezirke mehrerer Unionsmarkengerichte zuständig sind, einem dieser Gerichte zuweisen können. Die Bundesländer haben von dieser Konzentrationsermächtigung wie folgt Gebrauch gemacht (vgl. zur Gemeinschaftsmarke Fezer Rn. 7 ff.; Ingerl/Rohnke Rn. 7 ff.; Ströbele/Hacker/Kober-Dehm Rn. 9):

1. **Baden-Württemberg:** LG Mannheim/OLG Karlsruhe und LG Stuttgart/OLG Stuttgart
2. **Bayern:** LG Nürnberg-Fürth/OLG Nürnberg (ebenfalls zuständig für den Bezirk des OLG Bamberg) und LG München I/OLG München
3. **Berlin:** LG Berlin/KG
4. **Brandenburg:** LG Berlin/KG
5. **Bremen:** LG Bremen/OLG Bremen
6. **Hamburg:** LG Hamburg/OLG Hamburg

7. **Hessen:** LG Frankfurt aM/OLG Frankfurt
8. **Mecklenburg-Vorpommern:** LG Rostock/OLG Rostock
9. **Niedersachsen:** LG Braunschweig/OLG Braunschweig
10. **Nordrhein-Westfalen:** LG Düsseldorf/OLG Düsseldorf
11. **Rheinland-Pfalz:** LG Koblenz/OLG Koblenz und LG Frankenthal/OLG Zweibrücken
12. **Saarland:** LG Saarbrücken/OLG Saarbrücken
13. **Sachsen:** LG Leipzig/OLG Dresden
14. **Sachsen-Anhalt:** LG Magdeburg/OLG Naumburg
15. **Schleswig-Holstein:** LG Kiel/SchlHOLG
16. **Thüringen:** LG Erfurt/OLG Jena.

E. Länderübergreifende Konzentrationsermächtigung (Abs. 4)

Da Art. 95 Abs. 1 UMV vorgibt, dass eine möglichst geringe Anzahl von Unionsmarkengerichten eingerichtet werden soll, können die Bundesländer durch Vereinbarung dem Unionsmarkengericht eines Bundeslandes auch Aufgaben des Gerichts eines anderen Bundeslandes übertragen (§ 125e Abs. 4). Von dieser Ermächtigung ist bisher lediglich durch die Bundesländer Berlin und Brandenburg Gebrauch gemacht worden, mit der Folge, dass für Unionsmarkenstreitsachen in Brandenburg das LG Berlin in erster Instanz zuständig ist.

Um widersprechende Entscheidungen verschiedener Unionsmarkengerichte zu vermeiden, werden durch die Art. 94 ff. UMV besondere Vorgaben für das Verfahren vor den Unionsmarkengerichten gemacht. Sieht die UMV keine besonderen Verfahrensvorschriften vor, so finden nach Art. 101 Abs. 3 UMV die Verfahrensvorschriften Anwendung, die in dem Mitgliedstaat, in dem das jeweilige Gericht seinen Sitz hat, auf gleichartige Verfahren betreffend nationale Marken anwendbar sind.

F. Verweis auf § 140 (Abs. 5)

§ 125e Abs. 5 verweist für das Verfahren vor den Unionsmarkengerichten auf die entsprechende Anwendbarkeit des § 140 Abs. 3 bis 5. Die in § 140 Abs. 3 aF früher vorgesehene Erweiterung der Postulationsfähigkeit der bei den Gerichten zugelassenen Anwälte sowie die Nichterstattung von Mehrkosten, die durch die Beauftragung eines nicht bei dem mit dem Rechtsstreit befassten Unionsmarkengericht zugelassenen Rechtsanwalt entstehen (§ 140 Abs. 4 aF), sind durch den Wegfall der lokalen Postulationsfähigkeit gegenstandslos geworden und durch Art. 5 OLG-VertrÄndG aufgehoben worden.

Da § 140 Abs. 5 aF durch diese Aufhebung zu § 140 Abs. 3 geworden ist, verweist § 125e Abs. 5 heute nicht auf diesen Absatz der Vorschrift. Danach sind von den Kosten, die durch die Mitwirkung eines Patentanwalts in einer Unionsmarkensache entstehen, die Gebühren nach § 13 RVG und außerdem die notwendigen Auslagen des Patentanwalts zu erstatten.

§ 125f Unterrichtung der Kommission

Das Bundesministerium der Justiz und für Verbraucherschutz teilt der Kommission der Europäischen Gemeinschaften die Gemeinschaftsmarkengerichte erster und zweiter Instanz sowie jede Änderung der Anzahl, der Bezeichnung oder der örtlichen Zuständigkeit der Gemeinschaftsmarkengerichte erster und zweiter Instanz mit.

Überblick

Die Vorschrift betrifft die Verpflichtung des Bundesministeriums der Justiz und für Verbraucherschutz (BMJV), die Kommission der Europäischen Gemeinschaft über die national eingerichteten Unionsmarkengerichte zu informieren. Da die für die ursprüngliche Mitteilung geltende Dreijahresfrist bereits im Jahr 1997 geendet hat, kommt der Vorschrift heute nur noch Bedeutung für Änderungsmitteilungen des BMJV im Hinblick auf die Unionsmarkengerichte zu.

MarkenG § 125g

1 Die im Jahre 1996 durch das MarkenRÄndG vom 19.7.1996 (BGBl. I 1014; BT-Drs. 13/3841, 15) in das MarkenG eingefügte und zuletzt durch VO vom 31.8.2015 (BGBl. I 1474) geänderte Vorschrift enthält eine Verpflichtung des BMJV, der Kommission der EU die **Unionsmarkengerichte erster und zweiter Instanz** sowie jede Änderung der Anzahl, der Bezeichnung oder der örtlichen Zuständigkeit dieser benannten nationalen Unionsmarkengerichte mitzuteilen. Eine entsprechende Verpflichtung ergab sich bereits aus Art. 91 Abs. 2 GMV aF, wonach die Mitgliedstaaten gegenüber der Kommission verpflichtet waren, innerhalb von drei Jahren nach dem Inkrafttreten der GMV (idF der VO (EG) Nr. 40/94) eine Aufstellung der Unionsmarkengerichte mit Angaben über deren Anzahl, Bezeichnung sowie örtliche Zuständigkeit zu übermitteln. Nach § 125f besteht die Mitteilungspflicht gegenüber der Kommission auch bei **späteren Änderungen** der Unionsmarkengerichte (vgl. auch Art. 95 Abs. 3 UMV).

2 § 125f weist die **Zuständigkeit** für derartige Mitteilungen gegenüber der Kommission dem BMJV zu. Allerdings beschränken sich derartige Mitteilungen nach Ablauf der für die ursprüngliche Benennung der Unionsmarkengerichte geltenden Dreijahresfrist inzwischen nur noch auf die Mitteilung von Änderungen iSv Art. 95 Abs. 3 UMV (vgl. auch Art. 167 Abs. 2 UMV).

3 Unter Berücksichtigung von Art. 95 Abs. 5 UMV hat die ursprüngliche Benennung der Unionsmarkengerichte nach Art. 95 Abs. 2 UMV **konstitutive Bedeutung** für die Zuständigkeit der Unionsmarkengerichte (vgl. zur Gemeinschaftsmarke Ströbele/Hacker/Kober-Dehm Rn. 3). Dagegen findet Art. 95 Abs. 5 UMV auf spätere Änderungsmitteilungen des BMJV keine entsprechende Anwendung, da es sich insoweit lediglich um die Änderung der bereits konstituierten nationalen Unionsmarkengerichte handelt (vgl. zur Gemeinschaftsmarke Ströbele/Hacker/Kober-Dehm Rn. 3).

§ 125g Örtliche Zuständigkeit der Gemeinschaftsmarkengerichte

¹Sind nach Artikel 93 der Verordnung über die Gemeinschaftsmarke deutsche Gemeinschaftsmarkengerichte international zuständig, so gelten für die örtliche Zuständigkeit dieser Gerichte die Vorschriften entsprechend, die anzuwenden wären, wenn es sich um eine beim Patentamt eingereichte Anmeldung einer Marke oder um eine im Register des Patentamts eingetragene Marke handelte. ²Ist eine Zuständigkeit danach nicht begründet, so ist das Gericht örtlich zuständig, bei dem der Kläger seinen allgemeinen Gerichtsstand hat.

Überblick

Die Vorschrift ist durch das MarkenRÄndG vom 19.7.1996 (BGBl. I 1014; BT-Drs. 13/3841, 15 f.) in das MarkenG eingefügt worden. Da § 125g durch den deutschen Gesetzgeber noch nicht an die kodifizierte Fassung der UMV angepasst wurde, verweist die Vorschrift auf den inzwischen überholten Art. 93 GMV aF (jetzt: Art. 97 UMV). Sie setzt die internationale Zuständigkeit der deutschen Gerichte nach Art. 97 UMV voraus und begründet die örtliche Zuständigkeit der Landgerichte als Unionsmarkengerichte.

A. Zuständigkeit bei Unionsmarkenstreitsachen

I. Internationale Zuständigkeit

1 Die internationale Zuständigkeit der Unionsmarkengerichte ergibt sich aus Art. 97 UMV, soweit es sich um eine **Unionsmarkensache** iSv Art. 96 UMV handelt.

2 Nach Art. 97 Abs. 1 UMV sind für Verfahren, durch die eine in Art. 96 UMV genannte Klage oder Widerklage anhängig gemacht werden, die Gerichte des Mitgliedstaats zuständig, in dem der Beklagte seinen Wohnsitz oder – in Ermangelung eines Wohnsitzes in einem Mitgliedstaat – eine Niederlassung hat. Hat der Beklagte weder einen Wohnsitz noch eine Niederlassung in einem Mitgliedstaat, so ist nach Art. 97 Abs. 2 UMV das Gericht zuständig, in dem der Kläger seinen Wohnsitz oder – in Ermangelung eines Wohnsitzes in einem

Mitgliedstaat – eine Niederlassung hat. Haben weder Kläger noch Beklagter einen Wohnsitz oder eine Niederlassung in einem Mitgliedstaat, so sind nach Art. 97 Abs. 3 UMV die Gerichte des Mitgliedstaats zuständig, in dem das EUIPO seinen Sitz hat. Art. 97 Abs. 1–3 UMV finden keine Anwendung, wenn sich die Parteien auf einen Gerichtsstand geeinigt haben oder der Beklagte sich rügelos auf die Klage einlässt (vgl. Art. 97 Abs. 4 UMV). Das nach diesen Regelungen international zuständige Gericht ist nach Art. 98 Abs. 1 UMV für drohende und begangene Verletzungshandlungen sowie Benutzungshandlungen iSv Art. 9 Abs. 3 S. 2 UMV im **gesamten Gemeinschaftsgebiet** zuständig.

Daneben besteht nach Art. 97 Abs. 5 UMV eine Zuständigkeit der Gerichte des Mitgliedstaates, in dem eine Verletzungs- oder Benutzungshandlung droht oder bereits begangen worden ist. Allerdings ist die Zuständigkeit des insoweit angerufenen Gerichts nach Art. 98 Abs. 2 UMV auf Verletzungshandlungen in dem betreffenden Mitgliedstaat beschränkt. 3

II. Örtliche Zuständigkeit

Nach § 125g Abs. 1 sind für die Bestimmung der örtlichen Zuständigkeit in einer Unionsmarkensache dieselben Vorschriften heranzuziehen, die gelten würden, wenn es sich um eine beim DPMA eingereichte Anmeldung einer Marke oder um eine im Register des DPMA eingetragene Marke handelt. Insoweit sind die §§ 140, 141 sowie die §§ 12 ff. ZPO für die Bestimmung der örtlichen Zuständigkeit heranzuziehen. Bei Verletzungsklagen kommt insoweit – neben den auf den Beklagten abstellenden Gerichtsständen (§§ 12, 17 ZPO) – insbesondere der Gerichtsstand der unerlaubten Handlung gemäß § 32 ZPO in Betracht (vgl. zur Gemeinschaftsmarke Ingerl/Rohnke Rn. 1; Ströbele/Hacker/Kober-Dehm Rn. 4). 4

Sofern die internationale Zuständigkeit des nach § 32 ZPO örtlich zuständigen Gerichts auf Art. 97 Abs. 1–4 UMV beruht, folgt aus Art. 98 Abs. 1 UMV eine unionsweite Zuständigkeit des Gerichts, ohne nach Art. 98 Abs. 2 UMV auf inländische Verletzungshandlungen beschränkt zu sein (vgl. zur Gemeinschaftsmarke Ingerl/Rohnke Rn. 3; Ströbele/Hacker/Kober-Dehm Rn. 4; Fayaz GRUR Int 2009, 465; Hoffrichter-Daunicht Mitt 2008, 450 (451)). 5

Da nach Art. 97 Abs. 2 UMV der Wohnsitz bzw. die Niederlassung des Klägers für die internationale Zuständigkeit der deutschen Gerichte maßgeblich sein kann, der Beklagte aber weder einen Wohnsitz noch eine Niederlassung in der Bundesrepublik Deutschland haben und auch die Verletzungshandlung nicht im Inland begangen sein muss, kann sich die Situation ergeben, dass die örtliche Zuständigkeit der international zuständigen deutschen Gerichte nicht durch Heranziehung der allgemeinen zivilprozessualen Regelungen geklärt werden kann. Für diesen Fall sieht § 125g Abs. 2 vor, dass das Gericht örtlich zuständig ist, in dessen Bezirk der Kläger seinen allgemeinen Gerichtsstand hat (vgl. zur Gemeinschaftsmarke Ingerl/Rohnke Rn. 2; Ströbele/Hacker/Kober-Dehm Rn. 6). 6

B. Zuständigkeit bei anderen Streitsachen im Zusammenhang mit Unionsmarken

Außerhalb des Art. 96 UMV, dh bei Nichtvorliegen einer Unionsmarkensache (zB bei Klagen im Zusammenhang mit der Übertragung einer Unionsmarke oder einer Lizenz), wird die internationale Zuständigkeit gemäß Art. 94 UMV grundsätzlich nach der EuGVO bestimmt (vgl. zur Gemeinschaftsmarke Ströbele/Hacker/Kober-Dehm Rn. 7). Sofern sich danach die internationale Zuständigkeit der deutschen Gerichte ergibt, richtet sich die örtliche Zuständigkeit gemäß Art. 106 UMV ebenfalls nach den nationalen Bestimmungen, so dass auch insoweit die §§ 140, 141 sowie die §§ 12 ff. ZPO maßgeblich sind (vgl. zur Gemeinschaftsmarke Ströbele/Hacker/Kober-Dehm Rn. 8). 7

§ 125h Insolvenzverfahren

(1) Ist dem Insolvenzgericht bekannt, daß zur Insolvenzmasse eine angemeldete oder eingetragene Gemeinschaftsmarke gehört, so ersucht es das Harmonisierungsamt für den Binnenmarkt (Marken, Muster und Modelle) im unmittelbaren Verkehr,

Klingelhöfer

MarkenG § 125i

1. die Eröffnung des Verfahrens und, soweit nicht bereits darin enthalten, die Anordnung einer Verfügungsbeschränkung,
2. die Freigabe oder die Veräußerung der Gemeinschaftsmarke oder der Anmeldung der Gemeinschaftsmarke,
3. die rechtskräftige Einstellung des Verfahrens und
4. die rechtskräftige Aufhebung des Verfahrens, im Falle einer Überwachung des Schuldners jedoch erst nach Beendigung dieser Überwachung, und einer Verfügungsbeschränkung

in das Register für Gemeinschaftsmarken oder, wenn es sich um eine Anmeldung handelt, in die Akten der Anmeldung einzutragen.

(2) ¹Die Eintragung in das Register für Gemeinschaftsmarken oder in die Akten der Anmeldung kann auch vom Insolvenzverwalter beantragt werden. ²Im Falle der Eigenverwaltung (§ 270 der Insolvenzordnung) tritt der Sachwalter an die Stelle des Insolvenzverwalters.

Überblick

Die Vorschrift enthält Regelungen für den Fall der Insolvenzbefangenheit einer Unionsmarke, die Art. 21 UMV ergänzen. Aus § 125h lässt sich die Zuständigkeit des Insolvenzgerichtes ableiten, Angaben zum Status des Insolvenzverfahrens bei **Insolvenzbefangenheit** einer Unionsmarke dem EUIPO mitzuteilen (→ Rn. 3). Darüber hinaus sieht § 125h Abs. 2 vor, dass die entsprechenden Angaben auch auf Antrag des **Insolvenzverwalters** bzw. **Sachwalters** in das beim EUIPO geführte Register bzw. die Akte der Unionsmarke eingetragen werden können (→ Rn. 4).

1 Nach Art. 21 Abs. 1 UMV wird bis zum Inkrafttreten gemeinsamer Vorschriften der Mitgliedstaaten der Europäischen Union auf dem Gebiet des Insolvenzrechts das durch die Anmeldung oder Eintragung einer Unionsmarke begründete Recht von einem Insolvenzverfahren nur in dem Mitgliedstaat erfasst, in dem zuerst ein solches Verfahren eröffnet wird (vgl. zur Gemeinschaftsmarke: Ingerl/Rohnke Rn. 1; Fezer Rn. 1). Nach Art. 21 Abs. 3 UMV werden deshalb die entsprechenden Angaben auf Antrag der zuständigen Stelle in das vom EUIPO geführte Register eingetragen.

2 Der durch das MarkenRÄndG vom 19.7.1996 (BGBl. I 1014; BT-Drs. 13/3841, 16) eingeführte § 125h ergänzt die Regelungen des Art. 21 UMV, indem er die „zuständige Stelle" konkretisiert (→ Rn. 3) und die Antragsbefugnis auf Insolvenzverwalter sowie den Sachwalter erweitert (→ Rn. 4).

3 Nach § 125h Abs. 1 sollen die zuständigen Insolvenzgerichte dem EUIPO im unmittelbaren Verkehr die entsprechenden Angaben zur Eintragung in das Register oder zum Vermerk in den Akten von Anmeldungen übermitteln, soweit sie Kenntnis davon haben, dass zur Insolvenzmasse eine Unionsmarke gehört. Die Mitteilung kann

- die **Eröffnung** des Insolvenzverfahrens sowie die Anordnung einer **Verfügungsbeschränkung** (§ 125h Abs. 1 Nr. 1),
- die **Freigabe** oder **Veräußerung** der Unionsmarke bzw. deren Anmeldung (§ 125h Abs. 1 Nr. 1),
- die rechtskräftige **Einstellung** des Insolvenzverfahrens, sowie
- die rechtskräftige **Aufhebung** des Insolvenzverfahrens oder einer Verfügungsbeschränkung betreffen.

4 Aufgrund der Regelung in § 125h Abs. 2 kann die Eintragung in das beim EUIPO geführte Register oder der Vermerk in der Akte auch vom Insolvenzverwalter veranlasst werden. Im Falle der Eigenverwaltung nach § 270 InsO tritt an die Stelle des Insolvenzverwalters der Sachwalter, der den Schuldner beaufsichtigt (vgl. zur Gemeinschaftsmarke Ingerl/Rohnke Rn. 1; Fezer Rn. 1).

§ 125i Erteilung der Vollstreckungsklausel

¹Für die Erteilung der Vollstreckungsklausel nach Artikel 82 Abs. 2 Satz 2 der Verordnung über die Gemeinschaftsmarke ist das Patentgericht zuständig. ²Die

vollstreckbare Ausfertigung wird vom Urkundsbeamten der Geschäftsstelle des Patentgerichts erteilt.

Überblick

Die Kostenfestsetzungsentscheidungen des EUIPO sind nach Art. 86 Abs. 1 UMV **Vollstreckungstitel**. Die Zwangsvollstreckung aus diesen Kostenfestsetzungsentscheidungen des EUIPO erfolgt nach den nationalen Bestimmungen desjenigen Mitgliedstaates, auf dessen Gebiet die Vollstreckungshandlung vorzunehmen ist (Art. 86 Abs. 2 S. 1 UMV). § 125i sieht vor, dass für die Erteilung der **Vollstreckungsklausel** das BPatG zuständig ist und die **vollstreckbare Ausfertigung** durch den Urkundsbeamten der Geschäftsstelle des BPatG erteilt wird. Die materiellen Voraussetzungen für die Erteilung der Vollstreckungsklausel ergeben sich aus den §§ 794 Abs. 1 Nr. 2, 795, 724, 725 und 798 ZPO.

A. Gesetzliche Grundlagen

Für die Zwangsvollstreckung aus Kostenfestsetzungsentscheidungen des EUIPO (einschließlich seiner Beschwerdekammern) sind nach Art. 86 Abs. 2 S. 1 UMV die Regelungen des nationalen Zivilprozessrechts desjenigen Mitgliedstaates maßgeblich, auf dessen Hoheitsgebiet die jeweilige Vollstreckungsmaßnahme vorgenommen werden soll. Die Vollstreckung einer Kostenfestsetzungsentscheidung des EUIPO in Deutschland ist deshalb nur auf Grundlage einer Ausfertigung der Kostenfestsetzungsentscheidung des EUIPO möglich, die mit einer in Deutschland erteilten Vollstreckungsklausel versehen ist (Art. 86 Abs. 2 S. 2 UMV). Die allgemeinen Voraussetzungen für die Erteilung einer Vollstreckungsklausel aufgrund eines Kostenfestsetzungsbeschlusses ergeben sich aus den §§ 794 Abs. 1 Nr. 2, 795, 724, 725 und 798 ZPO. **1**

Die Verweisung auf Art. 82 Abs. 2 S. 2 UMV bezieht sich auf die bis zum 25.2.2009 geltende frühere Fassung der GMV (vgl. VO (EG) Nr. 40/94 des Rates). Diese ist durch die am 26.2.2009 in Kraft getretene VO (EG) 207/2009 des Rates ersetzt worden. Art. 82 Abs. 2 S. 2 GMV aF entspricht inhaltlich der Regelung in Art. 86 Abs. 2 S. 2 UMV. **1.1**

Der deutsche Gesetzgeber hat mit der Regelung in § 125i, die durch Art. 9 Nr. 29 Kostenbereinigungsgesetz mit Wirkung zum 14.12.2001 in das MarkenG eingefügt worden ist, die nationale Zuständigkeit hinsichtlich der Erteilung der Vollstreckungsklausel geregelt und ist damit der Verpflichtung zur Bestimmung und Benennung der für die Erteilung zuständigen Behörde gemäß Art. 86 Abs. 2 S. 2 UMV nachgekommen. Die für die Erteilung der Vollstreckungsklausel zuständige „Behörde" ist das BPatG in Person des Urkundsbeamten der Geschäftsstelle, dessen Aufgabe durch einen Rechtspfleger wahrgenommen wird (§ 23 Abs. 1 Nr. 13 RPflG). Die gesetzliche Regelung folgt insoweit der für die Erteilung vollstreckbarer Ausfertigungen von Kostenfestsetzungsbeschlüssen des DPMA geltenden Regelung (vgl. § 63 Abs. 3 S. 5) und verfolgt das Ziel, die Erteilung von Vollstreckungsklauseln bei im Inland zu vollstreckenden Titeln des DPMA oder des EUIPO durch Zuweisung an den Urkundsbeamten der Geschäftsstelle des BPatG innerhalb der Justizverwaltung zu konzentrieren (vgl. zur Gemeinschaftsmarke Ingerl/Rohnke Rn. 1; Fezer Rn. 2). **2**

B. Materieller Prüfungsumfang, Rechtsmittel

Die Prüfung durch den Urkundsbeamten ist nach Art. 86 Abs. 2 S. 2 UMV auf die Echtheit des vorgelegten Titels beschränkt (vgl. zur Gemeinschaftsmarke Ingerl/Rohnke Rn. 1; Ströbele/Hacker/Kober-Dehm Rn. 3). Als Rechtsmittel gegen eine Entscheidung des Rechtspflegers ist die Erinnerung gemäß § 23 Abs. 2 RPflG gegeben, über die der zuständige Senat des BPatG abschließend entscheidet (vgl. § 63 Abs. 3). **3**

Teil 6 Geographische Herkunftsangaben

Abschnitt 1 Schutz geographischer Herkunftsangaben

§ 126 Als geographische Herkunftsangaben geschützte Namen, Angaben oder Zeichen

(1) Geographische Herkunftsangaben im Sinne dieses Gesetzes sind die Namen von Orten, Gegenden, Gebieten oder Ländern sowie sonstige Angaben oder Zeichen, die im geschäftlichen Verkehr zur Kennzeichnung der geographischen Herkunft von Waren oder Dienstleistungen benutzt werden.

(2) ¹Dem Schutz als geographische Herkunftsangaben sind solche Namen, Angaben oder Zeichen im Sinne des Absatzes 1 nicht zugänglich, bei denen es sich um Gattungsbezeichnungen handelt. ²Als Gattungsbezeichnungen sind solche Bezeichnungen anzusehen, die zwar eine Angabe über die geographische Herkunft im Sinne des Absatzes 1 enthalten oder von einer solchen Angabe abgeleitet sind, die jedoch ihre ursprüngliche Bedeutung verloren haben und als Namen von Waren oder Dienstleistungen oder als Bezeichnungen oder Angaben der Art, der Beschaffenheit, der Sorte oder sonstiger Eigenschaften oder Merkmale von Waren oder Dienstleistungen dienen.

Überblick

Gemäß § 1 Nr. 3 schützt das Markengesetz neben Marken und geschäftlichen Bezeichnungen auch geographische Herkunftsangaben. Dem Schutz der geographischen Herkunftsangaben widmet sich Teil 6 des MarkenG mit den §§ 126–139. Während Abschnitt 1 mit den §§ 126–129 den Schutz der geographischen Herkunftsangaben durch das deutsche Markengesetz normiert, verknüpft Abschnitt 2 mit den §§ 130–136 die europarechtlichen Normen, die dem Schutz der geographischen Angaben und Ursprungsbezeichnungen für Agrarerzeugnisse und Lebensmittel dienen, mit dem deutschen Markenrecht.

§ 126 Abs. 1 bestimmt die Tatbestandsvoraussetzungen einer geographischen Herkunftsangabe iSd deutschen Markenrechts (→ Rn. 8); der Umfang des markenrechtlichen Schutzes von geographischen Herkunftsangaben wird in § 127 normiert, während § 128 die Ansprüche im Falle einer Verletzung dieses markenrechtlichen Schutzes bestimmt. Nicht vom Schutz der §§ 126 ff. umfasst sind indes Gattungsbezeichnungen, die – in Abgrenzung zu den geographischen Herkunftsangaben – in § 126 Abs. 2 definiert werden (→ Rn. 29).

Ebenfalls ist das Verhältnis der markenrechtlichen Vorschriften zu lebensmittelrechtlichen Schutznormen zu beachten (→ Rn. 7).

Übersicht

	Rn.		Rn.
A. Allgemeines	1	III. Unmittelbare geographische Herkunftsangaben	14
B. Strukturen des Schutzes geographischer Herkunftsangaben	2	IV. Mittelbare geographische Herkunftsangaben	18
I. Schutz durch internationales Recht	2	V. Ausländische geographische Herkunftsangaben	21
II. Schutz im nationalen Recht durch §§ 126 ff. MarkenG	4	VI. Ausschluss von Phantasiebezeichnungen	23
1. Schutz vor dem Inkrafttreten des MarkenG	4	VII. Ausschluss von personen- oder betriebsbezogenen Herkunftsangaben	24
2. Schutz durch §§ 126 ff. MarkenG	5	VIII. Nutzung zur Kennzeichnung im geschäftlichen Verkehr	26
C. Geographische Herkunftsangaben (Abs. 1)	8	1. Nutzung zur Kennzeichnung der geographischen Herkunft von Waren und Dienstleistungen	26
I. Legaldefinition	8		
II. Rechtsnatur	10		

	Rn.		Rn.
2. Nutzung im geschäftlichen Verkehr	28	II. Gattungsbezeichnungen, die nicht aus geographischen Herkunftsangaben hervorgingen	35
D. Kein Schutz von Gattungsbezeichnungen (Abs. 2)	29		
I. Gattungsbezeichnung iSd § 126 Abs. 2 S. 2	29	III. Rückumwandlung von Gattungsbezeichnungen in geographische Herkunftsangaben	38
1. Verlust der ursprünglichen Bedeutung	30		
2. Verbleibender Zweck als Name oder Angabe der Art, der Beschaffenheit oder der Sorte	34		

A. Allgemeines

Geographische Herkunftsangaben zählen zu den ältesten Mitteln, um Waren zu kennzeichnen (vgl. Omsels Rn. 2; Loschelder, FS Tilmann, 2003, 403). Die Funktion als Kennzeichnungsmittel ist ein Merkmal, das die geographische Herkunftsangabe gemeinsam mit Marken und geschäftlichen Bezeichnungen aufweist (Büscher GRUR Int 2008, 977). Der Verbraucher kennt geographische Herkunftsangaben insbesondere im Zusammenhang mit Lebensmitteln („Nürnberger Lebkuchen", „Thüringer Rostbratwurst", „Nürnberger Rostbratwürste", „Allgäuer Emmentaler", „Schwarzwälder Schinken", „Westfälischer Knochenschinken") und Haushaltsgegenständen („Solinger Messer"). Der Angabe, das Produkt stamme aus einer bestimmten Region oder aus einem bestimmten Ort, entnimmt der Verbraucher zum einen, das Produkt entspreche in der Art und Weise seiner Erzeugung oder seiner Zusammensetzung den übrigen Produkten gleicher Art mit identischer Herkunftsangabe. Zum anderen weckt die geographische Herkunftsangabe beim Verbraucher Wertvorstellungen an das Produkt und wirkt wertsteigernd (vgl. Loschelder MarkenR 2015, 225 f.; Martinek/Semler/Flohr/Lakkis, Handbuch des Vertriebsrechts, § 56 Rn. 17). Überdies zieht der Verbraucher bei einigen Produkten mit geographischen Herkunftsangaben Rückschlüsse auf deren Qualität (sog. qualifizierte Herkunftsangaben, → § 127 Rn. 18 ff.).

Infolgedessen sind geographische Herkunftsangaben auch für die Wirtschaft bedeutsam. Sie können für die Vermarktung und die Preisbildung eines Produkts, das eine geographische Herkunftsangabe führen darf, von hohem Wert sein (so ausdrücklich Begr. RegE eines Gesetzes zur Reform des Markenrechts – Markenrechtsreformgesetz, BT-Drs. 12/6581, 116; BGH GRUR 2001, 73 (77) – Stich den Buben). So können sie der Schaffung und Erhaltung eines Kundenstamms dienen (EuGH GRUR 2003, 609 (612) – Grana Padano) und letztlich auch den Absatz des Produktes fördern. Die hohe Bedeutung der geographischen Herkunftsgaben erfordert es, sie rechtlich zu erfassen und auch zu schützen.

B. Strukturen des Schutzes geographischer Herkunftsangaben

I. Schutz durch internationales Recht

Geographische Herkunftsangaben werden sowohl nach nationalem als auch nach europäischem und internationalem Recht geschützt. Im europäischen Recht sind Herkunftsangaben vor allem durch die VO (EU) Nr. 1151/2012 vom 21.11.2012 über Qualitätsregelungen für Agrarerzeugnisse und Lebensmittel geschützt, die zum 3.1.2013 in Kraft trat, die VO (EG) Nr. 510/2006 ersetzte und seitdem den europarechtlichen Rahmen zum Schutz von geographischen Angaben und Ursprungsbezeichnungen bestimmt (→ § 130 Rn. 1 ff.).

Im internationalen Rechtsverkehr werden geographische Herkunftsangaben sowohl durch multilaterale Abkommen, wie die Pariser Verbandsübereinkunft, das Madrider Herkunftsabkommen, das TRIPS-Abkommen und das Lissabonner Abkommen über den Schutz von Ursprungsbezeichnungen und ihre internationale Registrierung, als auch durch bilaterale Abkommen geschützt (vgl. Mey/Eberli GRUR Int 2014, 321 (323 f.)).

Hier sind zu nennen die Abkommen Deutschlands mit Frankreich, Italien, Spanien, Griechenland, Österreich, Kuba und der Schweiz (vgl. Mey/Eberli GRUR Int 2014, 321 (324); Sosnitza MarkenR § 19 Rn. 2; Ohly/Sosnitza/Sosnitza UWG § 5 Rn. 401; MüKoBGB/Drexl IntLautR Rn. 30, 36 ff.; Ströbele/Hacker/Hacker Rn. 14 ff.; Fezer Vor § 126 Rn. 11 ff.; v. Schultz/Gruber Vor §§ 126–129 Rn. 20 f.).

II. Schutz im nationalen Recht durch §§ 126 ff. MarkenG

1. Schutz vor dem Inkrafttreten des MarkenG

4 Bis zum Inkrafttreten des MarkenG am 1.1.1995 gab es in Deutschland keinen unmittelbaren markenrechtlichen Schutz für geographische Herkunftsangaben und deren Verwendung.

4.1 Bis 1994 bestand lediglich über einen allgemeinen wettbewerbsrechtlichen Ansatz sowie über Vorschriften im Warenzeichenrecht (§ 26 WZG) und Lebensmittelrecht (§ 17 Abs. 1 Nr. 5 LMGB, nunmehr § 12 Abs. 1 LFGB) Schutz vor der Verwendung unzutreffender geographischer Herkunftsangaben (Beier/Knaak GRUR Int 1992, 411 f.; Sosnitza MarkenR § 20 Rn. 1; Ströbele/Hacker/Hacker Rn. 5).

4.2 Der lediglich mittelbare Schutz durch das Wettbewerbsrecht entfaltete sich bis 1994, indem die Verwendung unzutreffender geographischer Herkunftsangaben als Irreführung iSv § 3 UWG aF (nun § 5 UWG) angesehen wurde (vgl. bereits Beier GRUR 1963, 169 f.). Vorrangiges Ziel war es, die Lauterkeit des geschäftlichen Verkehrs zu wahren; die Institution des Wettbewerbs sollte vor einer derartigen Irreführung geschützt werden (BVerfG GRUR 1979, 773 (777) – Weinbergsrolle). Ein Schutz der Herkunftsbezeichnung selbst sowie ein daraus resultierender Schutz von Konkurrenten des wettbewerbswidrigen Verwenders und von Wettbewerbern, die geographische Herkunftsangabe ordnungsgemäß nutzten, war indes nicht primärer Gesetzeszweck, sondern lediglich ein Rechtsreflex (BVerfG GRUR 1979, 773 (777) – Weinbergsrolle).

4.3 Eine Irreführung gemäß § 3 UWG aF war dann gegeben, wenn Angaben zu Waren geeignet waren, eine unrichtige Vorstellung über deren geographische Herkunft zu erzeugen, und in dem Punkt und in dem Umfang, in dem sie von der Wahrheit abwichen, die Kauflust der angesprochenen Verkehrskreise im Sinne der allgemeinen Wertschätzung beeinflussen konnten (BGH GRUR 1982, 564 (566) – Elsässer Nudeln; GRUR 1981, 71 (73) – Lübecker Marzipan). Maßgebend für die Beurteilung, ob überhaupt eine geographische Herkunftsangabe in Abgrenzung zu einer Gattungsbezeichnung (→ Rn. 29 ff.), zu einer Phantasiebezeichnung (→ Rn. 23) oder zu einer personen- oder betriebsbezogenen Herkunftsangabe (→ Rn. 24 f.) vorlag, war die Verkehrsauffassung; so setzte der wettbewerbsrechtliche Irreführungsschutz bei unmittelbaren geographischen Herkunftsangaben voraus, dass mehr als 15% der maßgebenden Verkehrskreise in der Angabe einen Hinweis auf die geographische Herkunft einer Ware erkannten (Knaak GRUR 1995, 103 (105)).

4.4 Neben dem unmittelbaren wettbewerbsrechtlichen Schutz bestand ein strafrechtlich ausgestalteter Schutz für geographische Herkunftsangaben durch das bis zum 31.12.1994 geltende Warenzeichengesetz. So wurde nach § 26 Abs. 1 WZG bestraft, wer im geschäftlichen Verkehr Waren oder ihre Verpackung oder Umhüllung mit einer falschen Angabe über den Ursprung versah, die geeignet war, einen Irrtum zu erregen. Nicht als falsche Angaben über den Ursprung anzusehen waren gemäß § 26 Abs. 4 WZG solche Bezeichnungen, die zwar einen geographischen Namen enthielten oder von ihm abgeleitet waren, in Verbindung mit der Ware ihre ursprüngliche Bedeutung jedoch verloren hatten und im geschäftlichen Verkehr ausschließlich als Warenname oder Beschaffenheitsangabe dienen. Wenngleich inhaltlich als Strafvorschrift ausgestaltet, bei deren Verletzung Geld- oder Haftstrafen drohten, hatte auch § 26 WZG wettbewerbsrechtlichen Charakter und sollte den Verkehr vor Irreführungen schützen (BGH GRUR 1974, 781 f. – Sweden). Zudem begründete § 26 WZG als anerkanntes Schutzgesetz nach § 823 Abs. 2, § 1004 BGB auch zivilrechtliche Schadensersatz- und Unterlassungsansprüche (Beier GRUR 1963, 169 (174)). Da der Tatbestand von § 26 WZG bereits das Versehen der Ware oder Verpackung mit einer falschen Angabe umfasste, griff der durch § 26 WZG bezweckte Schutz bereits vor einem Inverkehrbringen der Ware und somit früher als der Schutz über § 3 UWG aF (Beier GRUR 1963, 169 (174)). Mit dem Inkrafttreten des Markengesetzes am 1.1.1995 trat das WZG und damit auch § 26 WZG außer Kraft.

4.5 Mit § 17 Abs. 1 Nr. 5 LMBG, der mit Inkrafttreten des LFGB ersetz wurde durch den ebenfalls auf den Schutz vor Täuschung und Irreführung ausgerichteten § 11 LFGB(→ Rn. 7), der gegenüber den §§ 126 ff. nachrangig zur Anwendung kommt, bestand und besteht zusätzlich ein spezieller lebensmittelrechtlicher Schutztatbestand, wonach eine verbotene Irreführung dann vorlag, wenn ein Lebensmittel mit einer zur Täuschung geeigneten Angabe über seine Herkunft auf den Markt gebracht oder beworben wird. Da § 17 LMBG und § 11 LFGB anerkannte Marktverhaltensregeln iSd § 3a UWG (vormals § 4 Nr. 11 UWG aF) waren bzw. sind (vgl. Ohly/Sosnitza/Ohly UWG § 3a Rn. 61; OLG Stuttgart GRUR-RR 2014, 251 (254) – Mark Brandenburg = GRUR-Prax 2013, 552 mit Anm. Weiß), führen Verstöße dagegen zu wettbewerbsrechtlichen Unterlassungsansprüchen.

2. Schutz durch §§ 126 ff. MarkenG

Seit dem 1.1.1995 schützt das MarkenG neben Marken und geschäftlichen Bezeichnungen 5
ausdrücklich auch geographische Herkunftsangaben (vgl. § 1 Nr. 3) nach den §§ 126 ff. Während § 126 Abs. 1 die geographische Herkunftsangabe als Schutzobjekt definiert, bestimmt § 127 den Umfang des Schutzes von geographischen Herkunftsangaben durch das deutsche Markenrecht; die markenrechtlichen Ansprüche im Falle eines Verstoßes gegen § 127 folgen aus § 128. Darüber hinaus können geographische Herkunftsangaben auch **Markenschutz als Kollektivmarke** (§ 99; → § 99 Rn. 5 ff.) sowie in Ausnahmefällen auch als Individualmarke erlangen (Ingerl/Rohnke § 1 Rn. 7).

Die §§ 126–129 sind für den Schutz geographischer Herkunftsangaben leges speciales 6
gegenüber den allgemeinen wettbewerbsrechtlichen Schutznormen §§ 3, 5 UWG (v. Schultz/Gruber Vor §§ 126–129 Rn. 5; Ohly/Sosnitza/Sosnitza UWG § 5 Rn. 331; GLE/Helm § 73 Rn. 3; Bornkamm GRUR 2005, 97 f.; Erdmann GRUR 2001, 609 ff.; BGH GRUR 2002, 160 f. – Warsteiner III; GRUR 1999, 252 f – Warsteiner II; GRUR 2001, 73 (76) – Stich den Buben; OLG Stuttgart GRUR-RR 2014, 251 (253) – Mark Brandenburg = GRUR-Prax 2013, 552 mit Anm. Weiß).

Ebenfalls sind die §§ 126 ff. vorrangig gegenüber den lebensmittelrechtlichen Schutznormen des LFGB (→ Rn. 4.5; Meyer/Streinz/Meyer LFGB § 11 Rn. 71). 7

Wie § 2 ausdrücklich klarstellt, schließt der Schutz von geographischen Herkunftsangaben nach dem 7.1
MarkenG deren Schutz durch die Anwendung anderer Vorschriften nicht generell aus. Insofern kommt für geographische Herkunftsangaben eine ergänzende Anwendung der Normen des UWG und von § 11 LFGB neben den §§ 126 ff. zumindest in Betracht, soweit die Vorschriften des MarkenG dafür noch Raum lassen (Streinz/Leible Lebensmittelrechts-Handbuch III Rn. 520). So bleibt eine Anwendung der §§ 3, 5 UWG denkbar bei Sachverhalten, die von den markenrechtlichen Normen nicht erfasst werden (GLE/Helm § 73 Rn. 3; BGH GRUR 1999, 252 f. – Warsteiner II). Dies ist zB der Fall, wenn eine geographische Herkunftsangabe nicht für eine Ware, sondern als Bestandteil der Firmenbezeichnung eines Unternehmens verwendet wird (BGH GRUR 2001, 73 (76) – Stich den Buben).

C. Geographische Herkunftsangaben (Abs. 1)

I. Legaldefinition

Die geographische Herkunftsangabe als Schutzobjekt im deutschen Markenrecht wird in 8
§ 126 Abs. 1 legal definiert. So sind geographische Herkunftsangaben im Sinne des Markenrechts zum einen Namen von Orten, Gegenden, Gebieten oder Ländern und zum anderen Angaben oder Zeichen, die im geschäftlichen Verkehr zur Kennzeichnung der geographischen Herkunft von Waren oder Dienstleistungen benutzt werden. Negativ abzugrenzen sind geographische Herkunftsangaben von Gattungsbezeichnungen gemäß § 126 Abs. 2 (→ Rn. 29), die nicht vom Schutz gemäß der §§ 126 ff. umfasst sind.

Sind die Tatbestandsvoraussetzungen nach § 126 Abs. 1 erfüllt, liegt eine einfache geogra- 9
phische Herkunftsangabe vor, bei der es sich um eine unmittelbare Herkunftsangabe (→ Rn. 14 ff.) oder mittelbare Herkunftsangabe (→ Rn. 18 ff.) handeln kann. Nicht erforderlich für eine einfache geographische Herkunftsangabe nach Abs. 1 ist indes, dass der Verbraucher infolge der Hervorhebung ihrer Herkunft besondere, auf regionale oder örtliche Eigenheiten zurückzuführende Erwartungen an die Qualität oder Art einer Ware oder Dienstleistung knüpft (vgl. v. Schultz/Gruber Rn. 3; Ströbele/Hacker/Hacker Rn. 63; BGH GRUR 1999, 252 f. – Warsteiner II; GRUR 2002, 160 f. – Warsteiner III; GRUR 2002, 1074 f. – Original Oettinger). Ist eine geographische Herkunftsangabe darüber hinaus geeignet, auf Qualitätsmerkmale oder sonstige besondere Eigenschaften der mit ihr bezeichneten Ware oder Dienstleistung hinzuweisen, handelt es sich um eine **qualifizierte geographische Herkunftsangabe** (HK-MarkenR/Fuchs-Wissemann Rn. 4; Ströbele/Hacker/Hacker § 127 Rn. 25), die über § 127 Abs. 2 in einem stärkerem Umfang geschützt ist als eine einfache geographische Herkunftsangabe (→ § 127 Rn. 18 ff.).

II. Rechtsnatur

Marken und geschäftliche Bezeichnungen sind in ihrer Rechtsnatur als subjektive Rechte 10
anerkannt. Die Rechtsnatur einer geographischen Herkunftsangabe als dem dritten – neben

der Marke und der geschäftlichen Bezeichnung – in § 1 genannten Schutzobjekt des Markengesetzes ist dagegen strittig.

11 Einer Ansicht nach ist es eine Folge des Kennzeichenschutzes an geographischen Herkunftsangaben, dass diese als immaterialgüterrechtliche Vermögensrechte zu verstehen seien und in ihrer Rechtsnatur subjektive Rechte darstellten (Fezer Rn. 4; GLE/Helm § 73 Rn. 3; Knaak GRUR 1995, 103 (105); Büscher GRUR Int 2008, 977 (983); Loschelder, FS Fezer, 2016, 711 (713 ff.); ders. MarkenR 2015, 225 (227); Büscher/Dittmer/Schiwy/Büscher Rn. 18; vgl. auch Lange MarkenR/KennzeichenR § 1 Rn. 116; nun auch BGH GRUR 2016, 741 f. – Himalaya-Salz = GRUR-Prax 2016, 284 mit Anm. Heim; geographische Herkunftsangaben als eigenen, nicht nur auf wettbewerbsrechtlichen Schutz ausgerichteten Schutzgegenstand anerkennend auch Ströbele/Hacker/Hacker Rn. 9).

11.1 Die Auffassung, eine geographische Herkunftsangaben als subjektives Recht anzusehen, wird zudem mit dem Argument begründet (ausführlich Loschelder, FS Fezer, 2016, 711 (716 ff.); vgl. auch Ahrens GRUR Int 1997, 508 (512); Loschelder MarkenR 2015, 225 (227)), dass nach der Rechtsprechung des EuGH geographische Herkunftsangaben zum gewerblichen und kommerziellen Eigentum iSv Art. 36 AEUV (vormals Art. 30 EGV) zählen (EuGH C-3/91, GRUR Int 1993, 76 (79) – Turrón; C-469/00, GRUR 2003, 609 (612) – Grana Padano; C-325/00, GRUR Int 2002, 1021 (1023) – CMA-Gütezeichen; C-108/01, GRUR 2003, 616 (619) – Prosciutto di Parma; vgl. auch BGH GRUR 2007, 67 f. – Pietra di Soln).

12 Demgegenüber sieht ein Teil der Literatur nach wie vor in einer geographischen Herkunftsangabe kein subjektives Recht (Ingerl/Rohnke Vor §§ 126–139 Rn. 1).

12.1 So bestehe ein grundlegender Unterschied zu einem subjektiven Recht dergestalt, dass bei geographischen Herkunftsangaben die Berechtigung zu deren Nutzung nicht aus rechtsgeschäftlichen Erklärungen oder behördlichen oder gerichtlichen Handlungen folge, sondern auf rein tatsächlichen Verhältnissen (geographische Herkunft des Produkts und Verkehrsauffassung) beruhe (Ingerl/Rohnke Vor §§ 126–139 Rn. 1). Für diese Auffassung scheint auf den ersten Blick auch die Rechtsprechung des BGH in früheren Entscheidungen zu sprechen, wonach die geographische Herkunftsangabe im Gegensatz zu einem subjektiven Recht keinen einzelnen „Inhaber" kennt, der über die Herkunftsangabe wie über ein Recht verfügen kann, indem er sie zB veräußert oder Lizenzen an ihr erteilt (BGH GRUR 2007, 884 – Cambridge Institute); es fehle die Zuordnung der Kennzeichnung zu einem bestimmten ausschließlichen Rechtsträger (BGH GRUR 1999, 252 (254) – Warsteiner II; vgl. auch HK-MarkenR/Fuchs-Wissemann Rn. 1; v. Schultz/Gruber Vor §§ 126–129 Rn. 3; Schulte-Beckhausen GRUR Int 2008, 984 (987); Sosnitza MarkenR § 20 Rn. 3).

13 Zwar deuten die Gesamtschau der §§ 126 ff. und vor allem ein Vergleich zB zu §§ 14, 15, die ein subjektives Recht des Markeninhabers begründen, auf den ersten Blick darauf hin, dass die geographischen Herkunftsangaben durch die §§ 126 ff. ursprünglich einen wettbewerbsrechtlichen Schutz erfuhren sollten, ohne dabei subjektive Rechte für deren Nutzer zu begründen (Ingerl/Rohnke § 127 Rn. 3; Köhler/Bornkamm/Bornkamm UWG § 5 Rn. 4.203; OLG Stuttgart GRUR-RR 2014, 251 (253) – Mark Brandenburg = GRUR-Prax 2013, 552 mit Anm. Weiß). Diese ursprünglich wettbewerbsrechtliche Ausrichtung der §§ 126 ff. verdeutlicht insbesondere § 128, wonach die nach § 8 Abs. 2 UWG Anspruchsberechtigten auch aktivlegitimiert sind, Ansprüche aus einer unberechtigten Nutzung von geographischen Herkunftsangaben geltend zu machen (vgl. Sosnitza MarkenR § 20 Rn. 3; Ohly/Sosnitza/Sosnitza UWG § 5 Rn. 327; Ingerl/Rohnke Vor §§ 126–139 Rn. 1; v. Schultz/Gruber Vor §§ 126–129 Rn. 4). Indes kann gegen die Ansicht, wonach eine geographische Herkunftsangabe kein subjektives Recht sei, eingewendet werden, ein subjektives Recht setze gerade nicht voraus, dass, wie zB das Miteigentum zeigt, das Recht nur einem einzigen Rechtssubjekt zusteht und nur eine einzige Person als Rechtsträger über das subjektive Recht verfügen kann (so auch Sosnitza MarkenR § 20 Rn. 3). Des weiteren hat nunmehr auch mit der o.g. Literatur (→ Rn. 11) die Rechtsprechung entschieden, eine Fortentwicklung des Schutzes geographischer Herkunftsangaben nach den §§ 126 ff. zu einem kennzeichenrechtlichen Schutz anzuerkennen (so nunmehr ausdrücklich BGH GRUR 2016, 741 f. – Himalaya-Salz = GRUR-Prax 2016, 284 mit Anm. Heim).

III. Unmittelbare geographische Herkunftsangaben

Geographische Herkunftsangaben sind **Namen** von Orten, Gegenden, Gebieten oder 14
Ländern. Sie sind sog. unmittelbare geographische Herkunftsangaben, da ihr Name bereits einen direkten geographischen Bezug zu der den Namen tragenden Ware bzw. Dienstleistung ausdrückt. Hierzu zählen Namen von Städten, Bundesländern, Staaten und Erdteilen (BGH GRUR 2007, 884 (886) – Cambridge Institute; GRUR 2002, 1074 f. – Oettinger; GRUR 1981, 71 – Lübecker Marzipan; GRUR 1971, 29 – Deutscher Sekt; OLG München GRUR-RR 2002, 64 – Habana; OLG Frankfurt GRUR-RR 2016, 74 f. – Vogel-Germany = GRUR-Prax 2016, 38 mit Anm. Dück; indes wurde der Name „Klostersee" als ein Ort, der in Deutschland neunmal existiert und nicht überregional bekannt ist, nicht als geographische Herkunftsangabe für Bier angesehen, vgl. OLG München GRUR-RR 2016, 270 – Klosterseer = GRUR-Prax 2016, 218 mit Anm. Schoene).

Da eine Herkunftsangabe nicht voraussetzt, dass sie sich auf eine eigenständige, politisch- 15
abgegrenzte geographische Einheit bezieht, sind auch Namen von Orts-/Stadtteilen oder (bundes-)landübergreifenden **Regionen** geographische Herkunftsangaben (vgl. Fezer Rn. 10; Ströbele/Hacker/Hacker Rn. 54), wie zB „Elsass" (BGH GRUR 1982, 564 (566) – Elsässer Nudeln) oder „Westerwald" (OLG Koblenz GRUR 1984, 45 – Serie Westerwald). Auch Flüsse, Gewässer, Gebirge oder **Naturlandschaften** können geographische Herkunftsangaben sein (Fezer Rn. 10; Ströbele/Hacker/Hacker Rn. 54; OLG Hamm GRUR-RR 2011, 72 f. – Himalaya-Salz). Auch muss die Herkunftsangabe keine amtliche, aktuelle Bezeichnung sein, sondern es kann sich auch um eine im allgemeinen Sprachgebrauch verwendete oder veraltete Bezeichnung handeln (Ingerl/Rohnke Rn. 4; OLG Stuttgart GRUR-RR 2014, 251 (253) – Mark Brandenburg = GRUR-Prax 2013, 552 mit Anm. Weiß).

Eine unmittelbare geographische Herkunftsangabe setzt nicht voraus, dass der Name in 16
unveränderter Form als Substantiv verwendet wird; auch bei einer adjektivischen Verwendung des Namens kann eine geographische Herkunftsangabe vorliegen (Ingerl/Rohnke Rn. 4; Ströbele/Hacker/Hacker Rn. 54; vgl. auch BGH GRUR 1982, 564 (566) – Elsässer Nudeln; OLG Nürnberg GRUR 1987, 538 – Nürnberger Christkindles Markt; OLG München GRUR-RR 2016, 272 – Chiemseer – Chiemgauer Brauhaus Rosenheim = GRUR-Prax 2016, 217 m. Anm. Schoene). Im Vergleich zur substantivischen Verwendung betont gerade die adjektivische Verwendung den Herkunftsbezug noch etwas stärker und intensiver (vgl. hierzu auch die Beispiele bei Loschelder MarkenR 2015, 225: „Kölnisch Wasser" anstatt „Wasser aus Köln", „Bayerisches Bier" anstatt „Bier aus Bayern").

Für den Schutz eines Namens als geographische Herkunftsangabe ist es keine Vorausset- 17
zung, dass die Verbraucher den Namen bereits als geographische Herkunftsangabe auffassen oder ihnen der Name als Herkunftsangabe bekannt ist (vgl. BGH GRUR 1999, 252 (254) – Warsteiner II). Auch eine nur geringe Bekanntheit eines Ortes schließt dessen Eignung als geographische Angabe nicht aus; einer überregionalen Bekanntheit der Ortsangabe bedarf es nicht zwingend (so unlängst noch BPatG, BeckRS 2016, 14776 – MITO; BPatG BeckRS 2015, 14016 – Königsfelder Stern; vgl. auch BGH GRUR 2003, 882 (883) – Lichtenstein; BPatG BeckRS 2015, 01384 – Kanzlei Hamburg Gänsemarkt). Vielmehr ist nach dem Wortlaut von § 126 Abs. 1 die geographische Herkunftsangabe objektiv zu bestimmen (so ausdrücklich Ströbele/Hacker/Hacker Rn. 55; aA Ingerl/Rohnke Rn. 4).

IV. Mittelbare geographische Herkunftsangaben

Im Gegensatz zu unmittelbaren geographischen Herkunftsangaben, deren geographischer 18
Bezug direkt aus deren Namen deutlich wird, handelt es bei den mittelbaren geographischen Herkunftsangaben um Angaben oder Zeichen, bei deren Betrachtung der Verbraucher einen Rückschluss auf deren geographische Herkunft vornimmt.

Hierbei kann es sich um auf der Ware oder deren Verpackung angebrachte Angaben 19
und Zeichen handeln (vgl. GLE/Helm § 73 Rn. 8 f.; Ingerl/Rohnke Rn. 6; Ohly/Sosnitza/ Sosnitza UWG § 5 Rn. 339 ff.; Ströbele/Hacker/Hacker Rn. 56; v. Schultz/Gruber Vor §§ 126–129 Rn. 9). Beispiele dafür sind:
- typische Landesfarben (BGH GRUR 1982, 685 f. – Ungarische Salami II; GRUR 1981, 666 f. – Ungarische Salami I) und Nationalflaggen (zur Deutschlandflagge vgl. OLG Köln

GRUR-RR 2006, 286 f. – Deutschlandflagge; zur Flagge der USA RG GRUR 1930, 326 f.);
- Wappen, Karten oder Umrisse von geographischen Gebieten, wie zB Inseln („Sylt-Umriss") oder Landesgrenzen („Schleswig-Holstein-Karte" für Waren aus Schleswig-Holstein);
- Wahrzeichen von Städten oder Regionen, wie zB die Wartburg für Eisenach (OLG Jena GRUR 2000, 435 f.), der Römer für Frankfurt am Main (BGH GRUR 1955, 91 f. – Mouson), der Kölner Dom für Köln (LG Köln GRUR 1954, 211 – Kölnisch Wasser; das BPatG sieht im Kölner Dom das Wahrzeichen der Stadt Köln schlechthin, das so bekannt sei, dass es von maßgeblichen Teilen des Verkehrs spontan mit der Stadt Köln assoziiert werde [BPatG BeckRS 2007, 7537 – Kölner Dom]; in einer späteren Entscheidung schränkt das BPatG indes ein, dass der Kölner Dom nach wie vor ein Sakralbau und keine mit dem Wort „Köln" gleichzusetzende Angabe sei; demnach bestehe für eine Bildmarke mit dem Kölner Dom auch nicht generell ein Schutzhindernis nach § 8 Abs. 2 Nr. 2 [BPatG GRUR-RR 2013, 17 – Kölner Dom II]) oder Windmühlenlandschaften für die Niederlande (RG GRUR 1932, 810 (813) – Holländische Windmühlenlandschaft); die Quadriga des Brandenburger Tores für Berlin (LG Berlin BeckRS 2016, 16255; BPatG BeckRS 2010, 9410 – Quadriga);
- Symbole oder Wappentiere von Städten, wie zB für Berlin der Bär (LG Berlin GRUR 1952, 253 – Berliner Bär);
- größere, länderübergreifend bekannte Festlichkeiten, die mit einer Stadt oder Region verbunden werden (LG München I GRUR-RR 2008, 339 f. – Oktoberfest-Bier).

19.1 Hinsichtlich der Angaben zu Arealen unterscheidet die Rechtsprechung zur Unterscheidungskraft bzw. zum Freihaltungsbedürfnis danach, welche Aktivitäten dort stattfinden können, bspw ob die benannten Örtlichkeiten als Herstellungs- bzw. Vertriebsstätten sowie als Ort für die Erbringung einer Dienstleistung in Betracht kommen (so BPatG GRUR 2012, 838 – Dortmunder U; vgl. auch BGH GRUR 2012, 534 – Landgut Borsig; BPatG BeckRS 2010, 14892 – Speicherstadt; BeckRS 2009, 772 – Weltkulturerbe Zollverein; BeckRS 2012, 6390 – Koutoubia = GRUR-Prax 2012, 190 mit Anm. Dönch; BeckRS 2010, 16685 – Ulmer Münster II = GRUR-Prax 2010, 341 mit Anm. Schmitz; BeckRS 2009, 02905 – Ulmer Münster I; BeckRS 2012, 12472 – Bundeshaus Berlin) und ob dafür der Inhaber des Hausrechts den Namen freigeben kann (BPatG BeckRS 2010, 19797 – Konstanzer Konzilgespräch; GRUR-RR 2013, 20 f. – Telespargel Event).

19.2 Die Rechtsprechung zur Unterscheidungskraft bzw. zum Freihaltungsbedürfnis unterscheidet auch zwischen wörtlichen Ortsbenennungen und bildlichen Darstellungen (BPatG BeckRS 2008, 05291 – Münchner Hofbräuhaus; BeckRS 2007, 07537, und GRUR-RR 2013, 17 – Kölner Dom I und II mit unterschiedlicher Wertung; ohne diese Differenzierung noch BPatG BeckRS 2008, 00427 – zusammengestellte Münchner Wahrzeichen; BeckRS 2008, 08232 – Dresdner Vedute; vgl. auch BPatG BeckRS 2010, 09410 – Quadriga, in der auch noch die Unterschiede zur realen Quadriga auf dem Brandenburger Tor vernachlässigt wurden).

20 Darüber hinaus kann eine mittelbare geographische Herkunftsangabe auch in der Art der Verpackung und **Aufmachung** einer Ware gesehen werden, wenn diese gemeinhin als Merkmal einer Ware aus einer bestimmten Region verstanden wird, wie zB bei der Bocksbeutelflasche für Wein aus Franken (BGH GRUR 1971, 313 f. – Bocksbeutelflasche; Ingerl/Rohnke Rn. 6; Ströbele/Hacker/Hacker Rn. 56; vgl. auch BGH GRUR 1979, 415 f. – Cantil-Flasche).

V. Ausländische geographische Herkunftsangaben

21 Sofern die geographische Herkunftsangabe von den zur Nutzung Berechtigten im Geschäftsverkehr genutzt wird (zur Nutzung → Rn. 26 ff.), ist es für den Schutz gemäß §§ 126 ff. unerheblich, ob sich die geographische Angabe auf ein Gebiet in Deutschland oder im Ausland bezieht. Auch ausländische geographische Herkunftsangaben sind von Abs. 1 tatbestandlich umfasst, und zwar unabhängig davon, ob sie auch im Ausland als geographische Herkunftsangabe geschützt sind (Ströbele/Hacker/Hacker Rn. 64 f.; v. Schultz/Gruber Rn. 7).

22 Hat sich allerdings eine einstige ausländische geographische Herkunftsangabe, deren Ursprungsland ein EU-Mitgliedstaat ist, in ihrem Ursprungsland zu einer Gattungsbezeichnung entwickelt und ist sie infolgedessen dort nicht mehr als geographische Herkunftsangabe geschützt, so ist sie auch in Deutschland nicht mehr als geographische Herkunftsangabe nach § 126 Abs. 1 zu schützen. Würde sie ungeachtet der Entwicklungen in ihrem Ursprungsland in Deutschland immer noch als geographische Herkunftsangabe nach § 126 Abs. 1 geschützt, so könnte ein Verstoß gegen Art. 34, 36 AEUV darin erkannt werden, wenn in Deutschland der Vertrieb von Waren, die diese einstige geographische Herkunftsangabe – nunmehr Gattungsbezeichnung – führen, ohne von dort zu stammen, als Verstoß nach § 127 Abs. 1 verfolgt würde (vgl. Ingerl/Rohnke Rn. 12; Ströbele/Hacker/Hacker Rn. 37, 64 f.; v. Schultz/Gruber Rn. 7; EuGH GRUR Int 1993, 76 (79) – Exportur; GRUR 2010, 143 (147) – American Bud II; BGH GRUR 1994, 307 (309) – Mozzarella I; GRUR 1994, 310 (311) – Mozzarella II; BPatG BeckRS 2009, 26940 – Thüringer Klöße). Vor diesem Hintergrund wäre eine derartige Herkunftsangabe, die sich zu einer Gattungsbezeichnung entwickelt hat, fortan auch in Deutschland als **Gattungsbezeichnung** nach Abs. 2 einzuordnen.

VI. Ausschluss von Phantasiebezeichnungen

Keine geographischen Herkunftsangaben iSd Abs. 1 sind sog. Phantasiebezeichnungen. **23** Diese zeichnen sich dadurch aus, dass sie zwar in ihrem Namen eine geographische Angabe tragen, allerdings aufgrund der produktspezifischen Eigenart der diesen Namen führenden Waren offenkundig ist, dass die Angabe nicht auf die Herkunft der Ware, die diese Bezeichnung führt, hinweisen soll und als Produktionsstätte erkennbar ausscheidet (vgl. BGH GRUR 1999, 252 (254) – Warsteiner II; GRUR 1983, 768 (770) – Capri-Sonne), wie zB die Bezeichnung „Montblanc" für Füllfederhalter (v. Schultz/Gruber Rn. 9; Ingerl/Rohnke Rn. 8; Sosnitza MarkenR § 20 Rn. 7) oder Ortsnamen für Fahrzeugtypen, zB „Opel Ascona" oder „Opel Monza". Besonderheiten gelten auch hinsichtlich sakraler Bauten (BPatG BeckRS 2012, 6390 – Koutoubia = GRUR-Prax 2012, 190 mit Anm. Dönch; BeckRS 2010, 16685 – Ulmer Münster II = GRUR-Prax 2010, 341 mit Anm. Schmitz; BeckRS 2009, 02905 – Ulmer Münster I).

VII. Ausschluss von personen- oder betriebsbezogenen Herkunftsangaben

Ebenfalls nicht zu den geographischen Herkunftsangaben iSd Abs. 1 zählen Angaben, die **24** auf ein geographisches Gebiet hinweisen, in dem die diese Angabe tragende Ware zwar einst produziert wurde, jedoch dieser geographische Bezug nicht mehr gegeben ist, da zB aufgrund von politischen Einflüssen, wie zB Aussiedlungen (vgl. BGH GRUR 1956, 270 (273) – Rügenwalder Teewurst I), Vertreibungen oder Änderungen von Gebietsgrenzen, die Herstellung derartiger Waren nunmehr an anderen (beliebigen) Produktionsstätten erfolgt (Ströbele/Hacker/Hacker Rn. 66; Sosnitza MarkenR § 20 Rn. 8).

Bezeichnen derartige einstige geographische Angaben auch nicht mehr die Art der Waren **25** (wie dies zB bei „Pils" der Fall ist), können sie heute einen Hersteller bzw. eine Gruppe von Herstellern, die (ihre) einst in dem in der Angabe bezeichneten Gebiet hergestellten Waren nunmehr an anderer Stelle produzieren, als Marke kennzeichnen (Ströbele/Hacker/Hacker Rn. 66; vgl. auch Ingerl/Rohnke Rn. 8; Büscher/Dittmer/Schiwy/Büscher Rn. 30). Bekannte Beispiele für derartige einstige Herkunftsangaben sind Bezeichnungen wie „Rügenwalder Teewurst" oder „Königsberger Marzipan" (Sosnitza MarkenR § 20 Rn. 8; BGH GRUR 2006, 74 f. – Königsberger Marzipan; GRUR 1995, 354 f. – Rügenwalder Teewurst II; GRUR 1956, 270 (272 f.) – Rügenwalder Teewurst I; → § 100 Rn. 6).

VIII. Nutzung zur Kennzeichnung im geschäftlichen Verkehr

1. Nutzung zur Kennzeichnung der geographischen Herkunft von Waren und Dienstleistungen

Soweit Abs. 1 eine Nutzung zur Kennzeichnung der geographischen Herkunft von Waren **26** und Dienstleistungen voraussetzt, geht aus dem Wortlaut nicht eindeutig hervor, ob der dieses Tatbestandsmerkmal begründende Relativsatz sich lediglich auf die in Abs. 1 genannten sonstigen Angaben und Zeichen und somit auf die mittelbaren geographischen Herkunftsangaben oder auf sämtliche Herkunftsangaben beziehen soll.

26.1 In der Literatur wird überwiegend die Auffassung vertreten, dass sich die Tatbestandsvoraussetzung der Benutzung auf sämtliche geographische Herkunftsangaben nach Abs. 1 erstreckt (vgl. dazu Büscher/Dittmer/Schiwy/Büscher Rn. 24; Fezer Rn. 13; HK-MarkenR/Fuchs-Wissemann Rn. 3; GLE/Helm § 73 Rn. 3; Knaak GRUR 1995, 103 (105); Streinz/Leible Lebensmittelrechts-Handbuch III Rn. 521a). Für diese Auffassung spricht insbesondere, dass ein Bedürfnis, den Wert einer geographischen Herkunftsangabe nach Abs. 1 zu schützen, nur dann gegeben sein kann, wenn die Herkunftsangabe benutzt wird und somit ihren Wert entfalten kann.

26.2 Nach anderer Auffassung bezieht die Tatbestandsvoraussetzung der Benutzung sich nur auf mittelbare geographische Herkunftsangaben (Ingerl/Rohnke Rn. 9 f.; Ströbele/Hacker/Hacker Rn. 59; Sosnitza MarkenR 2000, 77 (85); Ullmann GRUR 1999, 666 ff.; OLG Karlsruhe GRUR-RR 2013, 327 (329) – Erzincan). Für eine derartige Auffassung spricht auf den ersten Blick das Argument, dass anderenfalls zB eine Gemeinde ohne eigene Industrie keine Ansprüche wegen einer Verletzung von § 127 gegenüber ausländischen Produzenten geltend machen könnte, die ihre Produkte nicht in der Gemeinde produzieren, diese Produkte aber mit dem Namen dieser Gemeinde versehen (so das Beispiel bei Ingerl/Rohnke Rn. 9; vgl. hierzu auch Ströbele/Hacker/Hacker Rn. 59).

26.3 Gegen die letztgenannte Auffassung kann allerdings eingewendet werden, dass auch gegenüber Produzenten zumindest wettbewerbsrechtliche Ansprüche in Betracht kommen.

27 Wettbewerbsrechtliche Ansprüche kommen zB in Betracht im Falle der Produktion von Lebensmitteln aus §§ 5, 3a UWG (vormals § 4 Nr. 11 UWG aF) iVm § 11 LFGB wegen einer irreführenden Herkunftsangabe (so Streinz/Leible Lebensmittelrechts-Handbuch III Rn. 521a), so dass es der einschränkenden Auslegung dergestalt, das Benutzungserfordernis nur auf mittelbare geographische Herkunftsangaben zu beziehen, nicht bedarf; die unterschiedlichen Auffassungen (→ Rn. 26.1 f.) führen somit im praktischen Ergebnis nicht zu erheblichen Divergenzen. Gleichwohl wäre es begrüßenswert, wenn der Gesetzgeber den Anwendungsbereich des Benutzungserfordernisses in § 126 Abs. 1 klarstellen würde.

2. Nutzung im geschäftlichen Verkehr

28 Die Nutzung der geographischen Herkunftsangabe hat im inländischen geschäftlichen Verkehr zu erfolgen. Dieses Tatbestandsmerkmal ist in gleicher Weise auszulegen wie in § 14 Abs. 2 (Ströbele/Hacker/Hacker Rn. 60). Unter einer Nutzung im geschäftlichen Verkehr ist – in Übereinstimmung mit der identischen Tatbestandsvoraussetzung in §§ 127, 128 Abs. 1 S. 1 und § 135 Abs. 1 S. 1 – jede Handlung zu verstehen, die einem eigenen oder fremden Geschäftszweck dient und auf die Förderung der eigenen oder fremden erwerbswirtschaftlichen oder sonstigen beruflichen Tätigkeit ausgerichtet ist (vgl. Büscher/Dittmer/Schiwy/Büscher § 14 Rn. 108; Ströbele/Hacker/Hacker § 14 Rn. 46; EuGH C-236/08 bis C-238/08, GRUR 2010, 445 (447) – Google-France; BGH GRUR 2008, 702 (705) – Internet-Versteigerung III).

D. Kein Schutz von Gattungsbezeichnungen (Abs. 2)

I. Gattungsbezeichnung iSd § 126 Abs. 2 S. 2

29 Nicht vom Schutz der §§ 126 ff. umfasst sind geographische Herkunftsangaben nach § 126 Abs. 1, bei denen es sich um Gattungsbezeichnungen handelt (Abs. 2 S. 1). Gemäß der Definition dieses negativen Tatbestandsmerkmals in Abs. 2 enthalten Gattungsbezeichnungen zwar eine Angabe über die geographische Herkunft oder sind von einer solchen Angabe abgeleitet; allerdings haben sie ihre ursprüngliche Bedeutung verloren und dienen nur noch als Namen von Waren oder Dienstleistungen oder als Bezeichnungen oder Angaben der Art, der Beschaffenheit, der Sorte oder sonstigen Eigenschaften oder Merkmale von Waren oder Dienstleistungen.

1. Verlust der ursprünglichen Bedeutung

30 Für die Beurteilung, ob die abstrakt gefasste Voraussetzung des Verlustes der ursprünglichen Bedeutung erfüllt ist, ist nicht nur auf das Verständnis der Wettbewerber des Nutzers der Angabe abzustellen, sondern auf das Bewusstsein des gesamten angesprochenen Verkehrskreises inklusive der Verbraucher, an die sich die Angabe richtet (vgl. Ströbele/Hacker/ Hacker Rn. 68; v. Schultz/Gruber Rn. 13).

Ob ein derartiger Verlust der ursprünglichen Bedeutung als geographische Herkunftsangabe eingetreten ist, ist restriktiv zu beurteilen (vgl. bereits BGH GRUR 1965, 317 f. – Kölnisch Wasser; GRUR 1956, 270 f. – Rügenwalder Teewurst I; RG GRUR 1934, 62 – Nordhäuser; BayObLG LRE 10, 28 (34) – Bamberger Hörnchen; BPatG GRUR 2014, 677 (679) – Bayrisch Blockmalz). **31**

So ist ein derartiger Bedeutungsverlust nur dann zu bejahen, wenn nur noch ein geringer, unbeachtlicher Teil des Verkehrskreises die Angabe nach wie vor als geographische Herkunftsangabe betrachtet. Ein derartiger Verlust ist in der Regel gegeben, wenn nur noch ein Anteil von 10% und weniger des angesprochenen Verkehrskreises in der Angabe einen Hinweis auf deren geographische Herkunft erkennt (so auch Sosnitza MarkenR § 20 Rn. 6; abstellend auf einen Schwellenwert von 10–15% v. Schultz/ Gruber Rn. 13; vgl. auch GLE/Helm § 73 Rn. 21 und BGH GRUR 1959, 365 f. – Englisch Lavendel, wonach ein Verlust noch nicht eingetreten ist, wenn noch 16% des Verkehrskreises die Angabe als geographische Herkunftsangabe ansehen; nach BGH GRUR 1981, 71 (74) – Lübecker Marzipan, war eine Umwandlung in eine Gattungsbezeichnung noch nicht erfolgt, wenn noch ein Anteil von 13,7% des Verkehrskreises in der Angabe eine Herkunftsangabe erkannte; eine Quote von mehr als 25% des Verkehrskreises, die die Angabe als Herkunftsangabe sehen, verlangen Ingerl/Rohnke Rn. 15, um eine Umwandlung in eine Gattungsbezeichnung verneinen zu können). **31.1**

Wie die unterschiedlichen Bewertungen in Rechtsprechung und Literatur verdeutlichen, wird man kaum einen starren Schwellenwert bestimmen können, ab dessen Unterschreiten stets von einem Verlust der ursprünglichen Bedeutung als geographische Herkunftsangabe ausgegangen werden kann. **32**

Dies gilt umso mehr, als die Ergebnisse von Befragungen des angesprochenen Verkehrskreises zur Ermittlung eines etwaigen Bedeutungsverlustes vielfach auch von Zufälligkeiten abhängen können (kritisch zu derartigen Feststellungen der Verkehrsauffassung auch Ströbele/Hacker/Hacker Rn. 69). Derartige Zufälligkeiten können bedingt sein zB durch die Art der Fragestellung, durch die Wichtigkeit und Notwendigkeit der Ware und damit deren allgemeine Bekanntheit oder durch den zeitlichen Kontext von derartigen Befragungen (zB bei Befragungen zu einer Ware, die zufälligerweise zum Zeitpunkt der Befragung eine erhöhte Medienpräsenz aufwies). **32.1**

Auch der Wert von 10% (→ Rn. 31.1) sollte nicht als starrer Schwellenwert begriffen werden. Er ist vielmehr unter Berücksichtigung des jeweiligen Einzelfalls auf seine Angemessenheit hin zu überprüfen. **33**

Zu den Beispielen aus der Rechtsprechung für eine Umwandlung einer geographischen Herkunftsangabe in eine Gattungsbezeichnung zählen (vgl. Ingerl/Rohnke Rn. 15: v. Schultz/Gruber Rn. 13; GLE/Helm § 73 Rn. 19) ua die Angaben „Stonsdorfer" (BGH GRUR 1974, 337 f.), „Steinhäger" (BGH GRUR 1957, 128 f.), „Kölnisch Wasser" (BGH GRUR 1965, 317 f.) oder „Ostfriesischer Tee" (BGH GRUR 1977, 159 f.) sowie „Dresdner Stollen" bis zu seiner Schutzerlangung als Kollektivmarke (BGH GRUR 1989, 440 f. – Dresdner Stollen I; GRUR 1990, 461 – Dresdner Stollen II). **33.1**

2. Verbleibender Zweck als Name oder Angabe der Art, der Beschaffenheit oder der Sorte

Ist bereits festgestellt worden, dass die geographische Angabe ihre ursprüngliche Bedeutung über die Angabe einer Herkunft verloren hat, kann sie fortan nur noch dazu dienen, der Ware oder Dienstleistung einen Namen zu verleihen oder als Bezeichnung bzw. Angabe einer Art, Beschaffenheit oder Sorte eine Abgrenzung zu anderen Gattungen vorzunehmen. Eine eigenständige praktische Bedeutung dieser Tatbestandsvoraussetzung wird daher in der Regel zu verneinen sein. **34**

II. Gattungsbezeichnungen, die nicht aus geographischen Herkunftsangaben hervorgingen

Keine geographischen Herkunftsangaben nach Abs. 1 sind zudem jene Gattungsbezeichnungen, die zwar eine geographische Bezeichnung führen, die aber seit jeher nach der Verkehrsauffassung nicht als Kennzeichnung ihrer geographischen Herkunft verstanden wur- **35** den, sondern als Gattungsbegriff in Abgrenzung zu anderen Waren- oder Dienstleistungsgattungen. Derartige Gattungsbezeichnungen genießen erst recht keinen Schutz nach Abs. 2, auch wenn bei ihnen kein Verlust einer – ohnehin niemals vorhandenen – Bedeutung als geographische Herkunftsangabe eingetreten ist (so ausdrücklich Ströbele/Hacker/Hacker Rn. 72), wie zB die Bezeichnung „Hamburger" für ein Frikadellen-Brötchen.

36 Gleiches gilt für Gattungsbezeichnungen, die in Verordnungen, Richtlinien oder Lebensmittel-Leitsätzen ausdrücklich als **Sorten** aufgeführt werden. Hierzu zählen zB gemäß § 7 Abs. 1 iVm Anlage I KäseVO sog. Standardkäsesorten, wie „Emmentaler" oder „Tilsiter" (vgl. Ströbele/Hacker/Hacker Rn. 73), die vom Bund für Lebensmittelrecht und Lebensmittelkunde als Gattungsbezeichnungen anerkannten Brotsorten, wie zB „Westfälischer Bauernstuten" oder „Paderborner Brot" (vgl. Zipfel/Radtke Lebensmittelrecht Vorbem. C 305 Rn. 53) oder die in den „Leitsätzen für Feine Backwaren" genannten Verkehrsbezeichnungen, wie zB „Frankfurter Kranz", „Schwarzwälder Kirschtorte" oder „Dänischer Plunder"/„Kopenhagener" (vgl. Zipfel/Radtke Lebensmittelrecht Vorbem. C 305 Rn. 46).

37 Ebenfalls keine geographischen Herkunftsangaben sind jene Gattungsbezeichnungen, bei denen man nach allgemeinem Sprachverständnis zwar irrtümlicherweise einen Herkunftsbezug vermuten könnte, bei dem es sich allerdings tatsächlich ursprünglich um einen Personennamen handelte, wie zB bei „Kassler (Rippenspeer)", benannt nach dem Koch Caßler (so Zipfel/Radtke Lebensmittelrecht C 113 Rn. 321; vgl. auch Ohly/Sosnitza/Sosnitza UWG § 5 Rn. 348).

III. Rückumwandlung von Gattungsbezeichnungen in geographische Herkunftsangaben

38 Wie sich geographische Herkunftsangaben in Gattungsbezeichnungen umwandeln können, kann auch eine umgekehrte Entwicklung dergestalt eintreten, dass sich Gattungsbezeichnungen zu geographischen Herkunftsangaben entwickeln.

38.1 Eine derartige Umwandlung erfolgt allerdings nicht bereits dann, wenn ein nicht nur unbeachtlicher Teil des Verkehrskreises und somit – gemäß den oben genannten für eine Umwandlung einer Herkunftsangabe in eine Gattungsbezeichnung in der Regel beachtlichen Schwellenwerten (→ Rn. 31) mehr als 10% des Verkehrskreises annehmen, die Angabe stehe nicht mehr für eine Gattungsbezeichnung, sondern für eine geographische Herkunftsangabe. Vielmehr kann eine derartige Umwandlung erst bejaht werden, wenn der überwiegende Teil des Verkehrskreises (vgl. BGH GRUR 1986, 469 f. – Stangenglas II; GRUR 1957, 128 (131) – Steinhäger; GRUR 1965, 317 (319) – Kölnisch Wasser) und somit mehr als 50% des angesprochenen Verkehrs die Angabe nicht mehr als Gattungsbezeichnung, sondern als geographische Herkunftsangabe betrachten (vgl. Ingerl/Rohnke Rn. 16; v. Schultz/Gruber Rn. 14; Ströbele/Hacker/Hacker Rn. 77).

39 Der für eine Umwandlung von einer Gattungsbezeichnung in eine geographische Herkunftsangabe erforderliche Schwellenwert von mehr als 50% des Verkehrskreises ist für einen einzelnen Hersteller in der Regel nur über einen sehr langen Zeitraum hinweg und auch nur in geringem Umfang selbständig beeinflussbar. Die Rückentwicklung zur Herkunftsangabe bedarf großer Aufwendungen, ist aber bereits erfolgt (zur Entwicklung der Bezeichnung „Nürnberger Bratwurst" vgl. Reinhart WRP 2003, 1313).

40 Auch wenn eine derartige Rückentwicklung zur geographischen Herkunftsangabe nicht gelingt, hat zumindest derjenige Hersteller, der eine Ware an ihrem traditionellen Ursprungsort bzw. Ursprungsregion produziert, ein berechtigtes Interesse, auf die Herkunft dieser Waren von ihrem geographischen Ursprung deutlich hinzuweisen. Derartige Hinweise können erfolgen durch sog. **relokalisierende Zusätze**, wie zB durch die Begriffe „Original-", „Echt-", „Alt-" oder „Ur-" (Ströbele/Hacker/Hacker Rn. 76; Ingerl/Rohnke Rn. 16; BGH GRUR 1986, 316 (317) – Urselters I). Sofern der angesprochene Verkehrskreis mit dieser um einen relokalisierenden Zusatz ergänzten Angabe noch die Vorstellung an einen Ort oder an eine Region verbindet, unterfallen derartige Angaben wieder dem Schutz des § 126 Abs. 1 (GLE/Helm § 73 Rn. 22, mit Hinweis auf BGH GRUR 1982, 111 (114) – Original Maraschino, wonach ein als „Original Maraschino" bezeichnetes Getränk beim angesprochenen Verkehrskreis nicht bereits den Eindruck erweckte, es stammte aus der Ursprungsregion Dalmatien, sondern allenfalls aus Südeuropa).

Allein die Verwendung eines relokalisierenden Zusatzes lässt jedoch noch nicht den 41
Umkehrschluss zu, geographische Angaben auf der Ware ohne derartige relokalisierende
Zusätze seien bereits deshalb Gattungsbezeichnungen, weil andernfalls ein derartiger Zusatz
überflüssig wäre. Denn vielfach finden sich in der Praxis solche Zusätze auch bei unstrittigen
geographischen Herkunftsangaben auf Waren, deren Hersteller durch derartige ausdrückliche
Hinweise den geographischen Ursprung ihrer Produkte noch stärker betonen möchten (vgl.
Schoene GRUR-Prax 2010, 209 (212); BPatG GRUR 2014, 677 (679) – Bayrisch Blockmalz). Sie können aber den Schutz gefährden, wie die nach Zurückziehung des Schutzantrags
gegenstandslose Entscheidung des BPatG zur Münchner Weißwurst zeigt (BPatG BeckRS
2009, 05722 = GRUR 2009, 506 Ls. – Münchner Weißwurst; Albrecht/Hoffmann Geistiges
Eigentum 118).

Der Schutz für die Münchner Weißwurst ist daran gescheitert, dass es das erklärte Motiv für den 41.1
Antrag auf Schutz war, dass es bereits „Originale" gab und Weißwürste auch andernorts hergestellt
werden. Das BPatG hat deshalb angenommen, es handele sich um eine Gattungsbezeichnung, die nicht
(mehr) als geographische Herkunftsangabe eintragungsfähig iSd Art. 3 Abs. 1 VO (EWG) 2081/92 ist.
„Münchner Weißwurst" ist zwar ein Name für ein Lebensmittel, der sich auf einen Ort bezieht, wo
das Lebensmittel ursprünglich hergestellt oder vermarktet wurde, der jedoch der gemeinhin übliche
Namen dafür geworden ist. Dabei stellte das BPatG auf die Marktsituation ab, wo Zusätze, wie „Original" oder „Echt" eine geographische Herkunftsangabe von Gattungsbezeichnungen abgrenzen (BPatG
BeckRS 2009, 5722 – Münchner Weißwurst).

§ 127 Schutzinhalt

(1) Geographische Herkunftsangaben dürfen im geschäftlichen Verkehr nicht für
Waren oder Dienstleistungen benutzt werden, die nicht aus dem Ort, der Gegend,
dem Gebiet oder dem Land stammen, das durch die geographische Herkunftsangabe bezeichnet wird, wenn bei der Benutzung solcher Namen, Angaben oder
Zeichen für Waren oder Dienstleistungen anderer Herkunft eine Gefahr der Irreführung über die geographische Herkunft besteht.

(2) Haben die durch eine geographische Herkunftsangabe gekennzeichneten
Waren oder Dienstleistungen besondere Eigenschaften oder eine besondere Qualität, so darf die geographische Herkunftsangabe im geschäftlichen Verkehr für die
entsprechenden Waren oder Dienstleistungen dieser Herkunft nur benutzt werden,
wenn die Waren oder Dienstleistungen diese Eigenschaften oder diese Qualität aufweisen.

(3) Genießt eine geographische Herkunftsangabe einen besonderen Ruf, so darf
sie im geschäftlichen Verkehr für Waren oder Dienstleistungen anderer Herkunft
auch dann nicht benutzt werden, wenn eine Gefahr der Irreführung über die geographische Herkunft nicht besteht, sofern die Benutzung für Waren oder Dienstleistungen anderer Herkunft geeignet ist, den Ruf der geographischen Herkunftsangabe oder ihre Unterscheidungskraft ohne rechtfertigenden Grund in unlauterer
Weise auszunutzen oder zu beeinträchtigen.

(4) Die vorstehenden Absätze finden auch dann Anwendung, wenn Namen,
Angaben oder Zeichen benutzt werden, die der geschützten geographischen Herkunftsangabe ähnlich sind oder wenn die geographische Herkunftsangabe mit
Zusätzen benutzt wird, sofern
1. in den Fällen des Absatzes 1 trotz der Abweichung oder der Zusätze eine Gefahr
 der Irreführung über die geographische Herkunft besteht oder
2. in den Fällen des Absatzes 3 trotz der Abweichung oder der Zusätze die Eignung
 zur unlauteren Ausnutzung oder Beeinträchtigung des Rufs oder der Unterscheidungskraft der geographischen Herkunftsangabe besteht.

Überblick

Während § 126 die geographische Herkunftsangabe als Schutzobjekt begrifflich definiert
und ihre Schutzvoraussetzungen normiert, bestimmt § 127 den Inhalt und Umfang des

Schutzes im deutschen Markenrecht. Hierbei ist zu unterscheiden zwischen dem Schutz nach Abs. 1 (→ Rn. 3), der sich auf sämtliche geographischen Herkunftsangaben iSd § 126 erstreckt, und einem erweiterten Schutzumfang, der auf sog. qualifizierte geographische Herkunftsangaben (Abs. 2, → Rn. 18) bzw. geographische Herkunftsangaben, die einen besonderen Ruf genießen (Abs. 3, → Rn. 27) ausgerichtet ist. Den Schutz durch das deutsche Markenrecht rundet Abs. 4 ab, wonach geographische Herkunftsangaben auch geschützt werden vor einer Benutzung in Form von Angaben, die ihnen ähneln (→ Rn. 37), wenn dies die Gefahr einer Irreführung (→ Rn. 38) begründet oder den Ruf der geographischen Herkunftsangabe berührt (→ Rn. 40).

Übersicht

	Rn.		Rn.
A. Struktur der Norm	1	**D. Schutz geographischer Herkunftsangaben mit besonderem Ruf (Abs. 3)**	27
B. Schutz vor Irreführung (Abs. 1)	3	I. Schutzobjekt	28
I. Schutzobjekt	4	1. Geographische Herkunftsangabe	28
II. Irreführung über geographische Herkunft	6	2. Besonderer Ruf	29
1. Verwendung einer geographischen Herkunftsangabe trotz anderer Herkunft	6	II. Ausnutzen oder Beeinträchtigen des Rufes oder der Unterscheidungskraft	31
2. Gefahr der Irreführung	9	1. Verletzungshandlung	31
III. Kausalität der irreführenden Benutzung für eine Gefährdung des Schutzobjektes	11	2. Eignung zur Ausnutzung oder Beeinträchtigung	33
1. Relevanz der irreführenden Benutzung für das Verbraucherverhalten	12	3. Unerheblichkeit einer Irreführungsgefahr	35
2. Bedeutung entlokalisierender Zusätze für die Irreführungsgefahr	14	4. Nutzung in unlauterer Weise und ohne rechtfertigenden Grund	36
IV. Beachtung des Grundsatzes der Verhältnismäßigkeit	16	**E. Schutz gegen ähnliche Angaben (Abs. 4)**	37
C. Schutz qualifizierter geographischer Herkunftsangaben (Abs. 2)	18	I. Schutz vor Irreführung (Abs. 4 Nr. 1)	38
I. Schutzobjekt	19	II. Schutz vor Ruf- oder Unterscheidungsausbeutung oder -beeinträchtigung (Abs. 4 Nr. 2)	40
II. Nutzung trotz fehlender Eigenschaft oder Qualität	23		

A. Struktur der Norm

1 Der von § 127 normierte Schutz geographischer Herkunftsangaben weist eine **dreistufige Schutzstruktur** auf (vgl. Knaak GRUR 1995, 105 f.; Fezer Rn. 1). Sein Abs. 1 begründet einen Schutz der geographischen Herkunftsangaben vor der Gefahr einer Irreführung (→ Rn. 3). Dieser **Irreführungsschutz** erstreckt sich auf sämtliche geographische Herkunftsangaben, die den in § 126 Abs. 1 bestimmten Tatbestandsvoraussetzungen entsprechen (vgl. Schulte-Beckhausen GRUR Int 2008, 984 (987)). Einen weitergehenden Schutz im Vergleich zu Abs. 1 sieht Abs. 2 vor, der sich auf geographische Herkunftsangaben für Waren und Dienstleistungen bezieht, die sich durch besondere Eigenschaften oder **besondere Qualitäten** auszeichnen (sog. qualifizierte geographische Herkunftsangaben, → Rn. 18); derartige Herkunftsangaben dürfen nur für solche Waren und Dienstleistungen benutzt werden, die, auch wenn sie eine gleiche geographische Herkunft aufweisen, ebenfalls über diese besonderen Eigenschaften oder Qualitäten verfügen (vgl. Knaak GRUR 1995, 105 f.). Abs. 3 schützt geographische Herkunftsangaben, die einen **besonderen Ruf** genießen (→ Rn. 27); derartige Herkunftsangaben dürfen ungeachtet einer Irreführungsgefahr nicht verwendet werden für Waren oder Dienstleistungen, wenn dadurch der Ruf der geographischen Herkunftsangabe unlauter ausgenutzt oder beeinträchtigt werden könnte. Der von Abs. 3 begründete Schutz geht somit über einen reinen Irreführungsschutz hinaus (Schulte-Beckhausen GRUR Int 2008, 984 (988)).

2 Zusätzlich zu diesem dreistufigen System eines Schutzes vor einer irreführenden bzw. unzulässigen Verwendung geographischer Herkunftsangaben begründet Abs. 4 einen Schutz vor der Verwendung von solchen Namen, Angaben oder Zeichen, die geschützten geographischen Herkunftsangaben ähneln oder um **Zusätze** ergänzt werden. Eine derartige Nutzung ist ebenfalls unzulässig, wenn dadurch eine Irreführungsgefahr (→ Rn. 38) begründet wird (Abs. 4 Nr. 1) oder wenn die Nutzung zu einer Ausbeutung oder einer **Beeinträchtigung eines besonderen Rufes** dieser geographischen Herkunftsangabe (→ Rn. 40) führen kann (Abs. 4 Nr. 2).

B. Schutz vor Irreführung (Abs. 1)

§ 127 Abs. 1 bestimmt, dass geographische Herkunftsangaben im geschäftlichen Verkehr 3 nicht benutzt werden dürfen für Waren oder Dienstleistungen, die nicht über die durch die geographische Herkunftsangabe bezeichnete Herkunft verfügen, sofern bei einer derartigen Benutzung die Gefahr der Irreführung über die geographische Herkunft besteht. Wie aus dem Wortlaut deutlich hervorgeht, setzt der Verbotstatbestand des Abs. 1 nicht voraus, dass eine Irreführung tatsächlich erfolgt ist; vielmehr genügt bereits die abstrakte Gefahr einer Irreführung durch eine tatsächlich erfolgte Benutzung einer geographischen Herkunftsangabe für Waren oder Dienstleistungen mit einer anderen Herkunft (HK-MarkenR/Fuchs-Wissemann Rn. 1; Ströbele/Hacker/Hacker Rn. 2, § 126 Rn. 7).

I. Schutzobjekt

Der Schutz nach Abs. 1 bezieht sich auf sämtliche geographischen Herkunftsangaben 4 gemäß § 126 Abs. 1 (einfache Herkunftsangaben), somit auf Namen von Orten, Gegenden oder Ländern sowie aufsonstige Angaben oder Zeichen, die im geschäftlichen Verkehr zur Kennzeichnung der geographischen Herkunft von Waren oder Dienstleistungen benutzt werden. Nicht vom Irreführungsschutz des Abs. 1 umfasst sind somit zB Gattungsbezeichnungen (→ § 126 Rn. 29 ff.) oder Phantasiebezeichnungen mit geographischen Angaben, wie zB „Opel Ascona" oder „Opel Monza" (→ § 126 Rn. 23; vgl. Ströbele/Hacker/Hacker Rn. 6).

Im Gegensatz zum europarechtlichen Schutz geographischer Herkunftsangaben, der sich 5 auf der Grundlage der VO (EU) Nr. 1151/2012 (vormals VO (EG) Nr. 510/2006) auf geschützte Ursprungsbezeichnungen und geschützte geographische Angaben für Agrarerzeugnisse und Lebensmittel konzentriert, reicht der Kreis der von § 127 Abs. 1 umfassten Schutzobjekte weiter, indem er sich auf Waren jeglicher Art sowie auf Dienstleistungen, wie zB das Anbieten von Sprachkursen (BGH GRUR 2007, 884 (887) – Cambridge Institut; vgl. auch Ingerl/Rohnke Rn. 2), und somit auch auf Tätigkeiten und nicht nur auf körperliche Gegenstände erstreckt.

II. Irreführung über geographische Herkunft

1. Verwendung einer geographischen Herkunftsangabe trotz anderer Herkunft

Ein Verstoß gegen Abs. 1 setzt voraus, dass eine geographische Herkunftsangabe iSd § 126 6 Abs. 1 im geschäftlichen Verkehr verwendet wird für eine Ware oder Dienstleistung, die nicht aus dem Ort, der Gegend, dem Gebiet oder dem Land stammt, auf das sich die Herkunftsangabe bezieht. Dabei ist das Tatbestandsmerkmal des geschäftlichen Verkehrs, in dem die Herkunftsangabe benutzt wird, wie in § 126 Abs. 1, § 128 1 S. 1 und § 135 Abs. 1 S. 1 zu verstehen als jede Handlung, die einem eigenen oder fremden Geschäftszweck dient und auf die Förderung der eigenen oder fremden erwerbswirtschaftlichen oder sonstigen beruflichen Tätigkeit ausgerichtet ist (vgl. EuGH GRUR 2010, 445 (447) – Google-France; BGH GRUR 2008, 702 (705) – Internet-Versteigerung III; Büscher/Dittmer/Schiwy/Büscher § 14 Rn. 108; Ströbele/Hacker/Hacker § 14 Rn. 46).

Die Ware oder Dienstleistung, deren Herkunftsangabe gegen § 127 Abs. 1 verstößt, muss 7 somit in Wahrheit eine andere Herkunft haben als jene Ware oder Dienstleistung, die die geographische Herkunftsangabe führen darf. Angesichts einer von Arbeitsteilung geprägten Wirtschaft mit an unterschiedlichen Orten vorgenommenen Produktionsschritten, an deren Ende vielfach eine zusammengesetzte Ware mit Komponenten unterschiedlicher räumlicher Herkunft steht, ist eine eindeutige Bestimmung eines einzigen Herkunftsortes einer Ware zumeist nur noch eingeschränkt möglich. Somit ist es schwierig festzustellen, ob eine Ware tatsächlich aus einem anderen Ort oder einem anderen Gebiet als dem in der Herkunftsangabe bezeichneten stammt, insbesondere wenn zumindest einzelne Produktionsschritte in der von der Herkunftsangabe umfassten Region erfolgten. Entscheidend für die Beurteilung des Herkunftsgebiets einer Ware oder Dienstleistung ist dabei die **Verkehrsauffassung** (Mey/Eberli GRUR Int 2014, 321 (330); Ströbele/Hacker/Hacker Rn. 7; Büscher/Dittmer/Schiwy/Büscher Rn. 8; OLG Hamm GRUR-RR 2011, 72 f. – Himalaya-Salz; OLG Düsseldorf BeckRS 2011, 13055 – Made in Germany = GRUR-Prax 2011, 280 mit Anm. Aßhoff; OLG Stuttgart GRUR-RR 2014, 251 (254) – Mark Brandenburg = GRUR-Prax 2013, 552 mit Anm. Weiß; OLG Köln GRUR-RR 2015, 7 (9) – Made in Germany = GRUR-Prax 2014, 440 mit Anm. Ziegenaus; OLG München GRUR-RR 2016, 270 – Klosterseer = GRUR-Prax 2016, 218 mit Anm. Schoene).

8   Hinsichtlich der Auffassung des Verkehrskreises über die Herkunft einer Ware ist zu differenzieren, um welche Art einer Ware es sich handelt. So geht der angesprochene Verkehrskreis bei Agrarerzeugnissen, Rohstoffen und unbearbeiteten Produkten davon aus, dass die Herkunft jener Produkte identisch ist mit dem Ort, an dem diese Produkte aus der Natur gewonnen werden (vgl. GLE/Helm § 73 Rn. 34; Büscher/Dittmer/Schiwy/Büscher Rn. 10; Sosnitza GRUR 2016, 347 f.; Ströbele/Hacker/Hacker Rn. 9; BGH GRUR 2016, 741 (743 f.) – Himalaya-Salz = GRUR-Prax 2016, 284 mit Anm. Heim; OLG Hamm GRUR-RR 2011, 72 f. – Himalaya-Salz; LG Nürnberg-Fürth BeckRS 2015, 10521 – Bayer. Pilze & Waldfrüchte). Handelt es sich indes um Waren, die in einem mehrstufigen Produktionsprozess gefertigt werden, so ist dem Verkehrskreis in der Regel bewusst, dass die Ware nicht komplett an einem Ort hergestellt wurde; der Verkehrskreis sieht daher bei derartigen Waren die Herkunft aus dem Ort, an dem die **wesentlichen Produktionsschritte** erfolgt sind (vgl. Sosnitza GRUR 2016, 347 f.; Martinek/Semler/Flohr/Lakkis, Handbuch des Vertriebsrechts, § 56 Rn. 18; BGH GRUR 1973, 594 f. – Ski-Sicherheitsbindung; BGH GRUR-RR 2015, 209 – Made in Germany = GRUR-Prax 2015, 130 mit Anm. Heim; OLG Düsseldorf BeckRS 2011, 13055 – Made in Germany = GRUR-Prax 2011, 280 mit Anm. Aßhoff; OLG Köln GRUR-RR 2015, 7 (8) – Made in Germany = GRUR-Prax 2014, 440 mit Anm. Ziegenaus; OLG Frankfurt GRUR-RR 2016, 74 – Vogel-Germany = GRUR-Prax 2016, 38 mit Anm. Dück; Ingerl/Rohnke Rn. 3; Mey/Eberli GRUR Int 2014, 321 (330); Büscher/Dittmer/Schiwy/Büscher Rn. 10; Ströbele/Hacker/Hacker Rn. 8; GLE/Helm § 73 Rn. 34). Dabei kann eine Irreführung über die geografische Herkunft eines Produktes auch vorliegen, wenn das Produkt ein Logo trägt, das den Unternehmensnamen und das Land oder die Region des Unternehmenssitzes zwar korrekt wiedergibt, das Logo aufgrund seines Gesamtgepräges (zB auch aufgrund von relokalisierenden Zusätzen wie „Original-", → § 126 Rn. 40) nach der Verkehrsauffassung nicht als Unternehmens-, sondern als Herkunftszeichen aufgefasst wird und auf Produkten angebracht wird, die nicht am Unternehmenssitz, sondern in gänzlich anderen Regionen gefertigt werden, ohne dass hierauf durch klarstellende Zusätze (zB „Made in China") hingewiesen wird (OLG Frankfurt GRUR-RR 2016, 74 – Vogel-Germany = GRUR-Prax 2016, 38 mit Anm. Dück; OLG Frankfurt BeckRS 2011, 14804 = WRP 2011, 1218).

2. Gefahr der Irreführung

9   Die Gefahr der Irreführung ist gegeben, wenn durch die Benutzung der geographischen Herkunftsangabe für Waren oder Dienstleistungen mit einer anderen Herkunft ein nicht unwesentlicher Teil des Verkehrskreises zu der unzutreffenden Vorstellung gelangen könnte, die Ware oder Dienstleistung stamme tatsächlich aus dem mit der geographischen Herkunftsangabe bezeichneten Ort, Gebiet oder Land (BGH GRUR 1999, 252 (255) – Warsteiner II; GRUR 2001, 420 f. – SPA; OLG Hamm GRUR-RR 2011, 72 f. – Himalaya-Salz; Ingerl/Rohnke Rn. 3). Ein nicht unwesentlicher Teil des Verkehrskreises lag gemäß der Rechtsprechung zu § 3 UWG aF vor, wenn eine Irreführungsquote von 10–15% erreicht war (BGH GRUR 1981, 71 (74) – Lübecker Marzipan; GRUR 1999, 252 (255) – Warsteiner II; vgl. auch Büscher/Dittmer/Schiwy/Büscher Rn. 11). Vor dem Hintergrund des Zwecks von Abs. 1, einen wirksamen Schutz des Verkehrskreises vor einer Irreführung durch geographische Herkunftsangaben zu erzielen, ist es daher konsequent, an § 127 Abs. 1 keine höheren Anforderungen an den Schutz vor Irreführungen zu stellen als bei dem wettbewerbsrechtlichen Irreführungsschutz nach § 3 UWG aF bzw. § 5 UWG (so auch Sosnitza MarkenR

§ 20 Rn. 11; Ströbele/Hacker/Hacker Rn. 12; GLE/Helm § 73 Rn. 25; aA Ingerl/Rohnke Rn. 3). Demnach ist auch bei der Auslegung von Abs. 1 eine Gefahr einer Irreführung grundsätzlich anzunehmen, wenn die Benutzung der Herkunftsangabe bei einer Quote von 10–15% des Verkehrskreises eine unrichtige Vorstellung über die geographische Herkunft der Ware oder Dienstleistung hervorrufen kann.

Für die Annahme einer **Fortwirkung früherer Irreführungen** kommt es darauf an, ob 10 frühere Angaben in einem solchen Umfang und in einer solchen Intensität verwendet worden sind, dass sie sich einem rechtserheblichen Teil der angesprochenen Verkehrskreise genügend eingeprägt haben, um fortwirken zu können (BGH GRUR 1958, 86 – Ei-fein; GRUR 1971, 255 (257) – Plym-Gin; GRUR 2007, 67 (69) – Pietra di Soln).

Bei Pietra di Soln hatte das Berufungsgericht (OLG München GRUR-RR 2004, 252 f.) ua darauf 10.1 abgestellt, dass die Beklagte die geographische Herkunftsangabe in einer früheren Fassung ihres Internetauftritts mit der Bezeichnung „Pietra di Solnhofen" identisch verwendet und damit eine Irreführungsgefahr begründet habe, die fortwirke, weil das Publikum mit der neueren Bezeichnung mangels eindeutiger Abstandnahme jene frühere verbinde und auf diese Weise in seiner mit der Wirklichkeit nicht im Einklang stehenden Auffassung vom Inhalt der späteren Bezeichnung bestärkt werde. Gegen diese Erwägungen äußerte der BGH Bedenken: Zwar könne eine irreführende Angabe zur Folge haben, dass auch ein späteres Verhalten den Verkehr wegen der Fortwirkung der früheren Angabe irreführt (vgl. BGH GRUR 1982, 685 f. – Ungarische Salami II). Eine derartige Fortwirkung dürfe jedoch nicht bloß unterstellt werden. Vielmehr setze die Annahme einer Fortwirkung eine tragfähige tatsächliche Grundlage voraus, an der es im Rechtsstreit Pietra di Soln nach der Auffassung des BGH und im Gegensatz zur Auffassung des OLG München gefehlt habe (BGH GRUR 2007, 67 (69) – Pietra di Soln; vgl. Köhler/Bornkamm/Bornkamm UWG § 5 Rn. 2.123). Letztlich erkannte aber auch der BGH, dass das OLG München zumindest im Ergebnis zutreffend angenommen habe, die Beklagte habe mit der Bezeichnung „Pietra di Soln" für industriell hergestellte Keramikplatten und -fliesen eine der geographischen Herkunftsangabe „Solnhofen" ähnliche Angabe verwendet und es habe deshalb die Gefahr der Irreführung über die geographische Herkunft ihrer Erzeugnisse bestanden (BGH GRUR 2007, 67 (69) – Pietra di Soln).

III. Kausalität der irreführenden Benutzung für eine Gefährdung des Schutzobjektes

Selbst wenn der Wortlaut der Verbotsnorm des Abs. 1 erfüllt ist, kann sich die Frage 11 stellen, ob eine restriktive Auslegung vor dem Hintergrund ihres Schutzwecks in jenen Einzelfällen geboten erscheint, in denen ungeachtet der irreführenden Benutzung von Herkunftsangaben eine Beeinträchtigung der geographischen Herkunftsangabe als Schutzobjekt weder eintrat noch drohte. Derartige Erwägungen könnten insbesondere in Betracht kommen, wenn die irreführende Benutzung keine Relevanz für das Verbraucherverhalten aufweist oder wenn versucht wurde, bei der unzulässigen Benutzung der geographischen Herkunftsangabe die Gefahr der Irreführung zu reduzieren oder auszuschließen.

1. Relevanz der irreführenden Benutzung für das Verbraucherverhalten

Die Rechtsprechung sieht eine Relevanz der Irreführung für das Verbraucherverhalten 12 nicht als erforderlich (BGH GRUR 2001, 420 f. – SPA; GRUR 1999, 252 (255)).

An eine Berücksichtigung einer etwaigen Relevanz der irreführenden Benutzung geographischer 12.1 Herkunftsangaben für das Verbraucherverhalten zB dergestalt, dass die Irreführung das Kaufverhalten der Verbraucher beeinflussen muss, kann gedacht werden, wenn man den Irreführungsschutz nach Abs. 1 als eine besondere Form des wettbewerbsrechtlichen Irreführungsschutzes nach §§ 3, 5 UWG betrachtet, bei denen die Irreführung eine wettbewerbsrechtliche Relevanz aufweisen muss (vgl. v. Schultz/Gruber Rn. 3; Sosnitza MarkenR § 20 Rn. 11; Ingerl/Rohnke Rn. 4 f.; ähnlich zu § 8 Abs. 2 Nr. 4 → § 8 Rn. 570 ff.).

Eine derartige restriktive Anwendung von Abs. 1 ist allerdings bedenklich. Zum einen stellt er 12.2 lediglich auf eine Irreführungsgefahr ab. Unerheblich ist somit, ob die irreführende Benutzung der geographischen Herkunftsangabe einen Schaden für diejenigen verursacht, die die geographische Herkunftsangabe berechtigterweise verwenden dürfen. Infolgedessen erscheint es mit der Struktur eines derartigen Gefährdungstatbestandes kaum vereinbar, bei der Anwendung dieser Norm zu berücksichtigen, ob ein Verletzungserfolg durch das unzulässige Verhalten in Form der irreführenden Benutzung bspw. dergestalt eingetreten ist, dass sich die Verbraucher bei ihrem Kaufverhalten in relevantem Umfang nunmehr auch für solche Waren oder Dienstleistungen entscheiden, die irreführenderweise eine geographische Herkunftsangabe tragen. Vor diesem Hintergrund überzeugt es, dass die Rechtsprechung eine Relevanz der Irreführung für das Verbraucherverhalten als nicht erforderlich ansieht (→ Rn. 12).

13   Auch im Hinblick auf die Schutzfunktion von § 127 Abs. 1 ist zu beachten, dass eine Relevanz der irreführenden Benutzung für das Verbraucherverhalten prozessual von demjenigen, der Ansprüche aus Abs. 1 geltend macht, kaum oder nur mit erheblichem Mehraufwand dargelegt werden kann (vgl. Büscher/Dittmer/Schiwy/Büscher Rn. 12). Eine Einschränkung von Abs. 1 durch eine im Wortlaut der Norm nicht aufgeführte Tatbestandsvoraussetzung der Relevanz würde daher den von § 127 bezweckten Schutz wieder einschränken.

2. Bedeutung entlokalisierender Zusätze für die Irreführungsgefahr

14   Es besteht selbst bei einer Verwendung entlokalisierender Zusätze (zB „Mark Brandenburg-Milch, abgefüllt in Köln", OLG Stuttgart GRUR-RR 2014, 251 (255) – Mark Brandenburg = GRUR-Prax 2013, 552 mit Anm. Weiß; „Chiemseer – Chiemgauer Brauhaus Rosenheim", OLG München GRUR-RR 2016, 272 – Chiemseer – Chiemgauer Brauhaus Rosenheim = GRUR-Prax 2016, 217 mit Anm. Schoene, das Risiko, dass der Verbraucher eine derartig ergänzte Herkunftsangabe missversteht und somit die Gefahr einer Irreführung fortbesteht. Dieses Risiko wird insbesondere dann noch bejaht werden können, wenn ein derartiger Zusatz nur klein gestaltet ist und somit dem Verbraucher gerade nicht ins Auge springt (vgl. OLG Stuttgart GRUR-RR 2014, 251 (255) – Mark Brandenburg = GRUR-Prax 2013, 552 mit Anm. Weiß).

14.1   Hinsichtlich der in Abs. 1 vorausgesetzten Irreführungsgefahr könnte argumentiert werden, eine solche sei zumindest dann wieder gebannt, wenn hinreichend deutlich bei der Benutzung klargestellt werde, dass die benutzte geographische Herkunftsangabe nicht als Angabe über den Herstellungsort zu verstehen sei (vgl. Ingerl/Rohnke § 127 Rn. 6; v. Schultz/Gruber Rn. 4; OLG Frankfurt GRUR-RR 2016, 74 (76) – Vogel-Germany = GRUR-Prax 2016, 38 mit Anm. Dück; LG Nürnberg-Fürth BeckRS 2015, 10521 – Bayer. Pilze & Waldfrüchte). Für eine derartige Einschränkung spricht auf den ersten Blick, dass die Gefahr einer Irreführung objektiv ausgeschlossen erscheint, wenn aufgrund eines aufklärenden Hinweises zur tatsächlichen Herkunft einer Ware oder Dienstleistung die Bedeutung der unzulässig verwendeten geographischen Herkunftsangabe wieder abgeschwächt wird, auch wenn dadurch gleichzeitig an eine unzulässige Rufausbeutung nach Abs. 3 gedacht werden kann („Lübecker Marzipan, hergestellt in München", Beispiel nach Sosnitza MarkenR § 20 Rn. 13).

15   Darüber hinaus kann der Schutz der geographischen Herkunftsangabe nach wie vor beeinträchtigt werden, wenn der Verbraucher infolge entlokalisierender Zusätze annimmt, nahezu jede Ware oder Dienstleistung dürfe sich unabhängig von ihrer tatsächlichen Herkunft mit einer geographischen Herkunftsangabe herausstellen, sofern die eigentliche Aussage dieser Herkunftsangabe gleich wieder durch Zusätze zurückgenommen werden würde.

15.1   Letztlich könnte eine derartige Praxis auch dazu führen, dass das Ansehen von Waren mit geographischen Herkunftsangaben und insbesondere etwaige Qualitätserwartungen an diese Waren abgeschwächt würden, wenn geographische Herkunftsangaben durch eine Kombination mit entlokalisierenden Zusätzen nahezu beliebig verwendet werden dürften. Daher erscheint es sachgerecht, zumindest bei unmittelbaren geographischen Herkunftsangaben (→ § 126 Rn. 14 ff.) sowie bei qualifizierten Herkunftsangaben (→ Rn. 18 ff.) nur anhand eines sehr strengen Maßstabes die Beseitigung einer Irreführungsgefahr durch entlokalisierende Zusätze zu verneinen (vgl. OLG München GRUR-RR 2016, 272 f. – Chiemseer – Chiemgauer Brauhaus Rosenheim = GRUR-Prax 2016, 217 mit Anm. Schoene; OLG Karlsruhe GRUR-RR 2013, 327 (330) – Erzincan), während bei mittelbaren Herkunftsangaben (→ § 126 Rn. 18 ff.; → § 8 Rn. 596) aufgrund ihres weniger deutlichen Herkunftshinweises ein weniger strenger Maßstab hinsichtlich entlokalisierender Zusätze angelegt werden kann (so auch Ingerl/Rohnke § 127 Rn. 6; v. Schultz/Gruber Rn. 4; vgl. auch GLE/Helm § 73 Rn. 27).

IV. Beachtung des Grundsatzes der Verhältnismäßigkeit

16   In der Rechtsprechung anerkannt ist – ähnlich wie im Anwendungsbereich des allgemeinen wettbewerbsrechtlichen Irreführungsverbotes (vgl. Ströbele/Hacker/Hacker Rn. 19) – eine Einschränkung des Schutzes nach § 127 Abs. 1 unter Berufung auf den Vorbehalt der

Schutzinhalt § 127 MarkenG

Verhältnismäßigkeit (BGH GRUR 1999, 252 (255) – Warsteiner II; GRUR 2002, 160 f. – Warsteiner III; GRUR 2002, 1074 (1076) – Original Oettinger; vgl. auch Ingerl/Rohnke Rn. 10; anders zu § 8 Abs. 2 Nr. 4 → § 8 Rn. 550 f.).

Dieser Vorbehalt erfordert, das Interesse der Verbraucher und der Mitbewerber, nicht über die Herkunft des Produkts irregeführt zu werden, abzuwägen mit dem – zumeist betrieblichen – Interesse desjenigen, der eine geographische Herkunftsangabe irreführend benutzt. Grundlage dieser Abwägung ist es, dass grundsätzlich kein schutzwürdiges Interesse daran bestehen kann, eine geographische Herkunftsangabe unrichtig oder irreführend zu verwenden (vgl. BGH GRUR 1981, 71 f. – Lübecker Marzipan; GRUR 2002, 160 (162) – Warsteiner III; GRUR 2002, 1074 (1076) – Original Oettinger; OLG München GRUR-RR 2016, 272 f. – Chiemseer – Chiemgauer Brauhaus Rosenheim = GRUR-Prax 2016, 217 mit Anm. Schoene). Hat indes ein Unternehmen die geographische Herkunftsangabe über einen längeren Zeitraum irreführend benutzt, ohne dass dies beanstandet wurde, und führte diese Benutzung zu einer nur geringen Irreführungsquote, so kann es sich in Einzelfällen als unverhältnismäßig erweisen, eine derartige Benutzung zu untersagen, anstatt dem Unternehmen zB eine weitere Benutzung unter Verwendung eines entlokalisierenden Zusatzes zu gestatten (vgl. Ingerl/Rohnke Rn. 10; Ströbele/Hacker/Hacker Rn. 20; Büscher/Dittmer/Schiwy/Büscher Rn. 19; BGH GRUR 2002, 1074 (1076) – Original Oettinger). 17

C. Schutz qualifizierter geographischer Herkunftsangaben (Abs. 2)

Nach § 127 Abs. 2 darf in den Fällen, in denen sich die durch eine geographische Herkunftsangabe gekennzeichneten Waren oder Dienstleistungen durch eine besondere **Eigenschaft** oder eine besondere **Qualität** auszeichnen, eine geographische Herkunftsangabe nur dann für derartige Waren oder Dienstleistungen im geschäftlichen Verkehr genutzt werden, wenn diese ebenfalls diese Eigenschaft oder Qualität aufweisen. Im Gegensatz zu Abs. 1, der nach seinem Wortlaut als Verbotstatbestand formuliert ist („dürfen... nicht...bezeichnet werden ..."), ist Abs. 2 als eingeschränkter Erlaubnistatbestand ausgestaltet („dürfen nur benutzt werden"). 18

I. Schutzobjekt

Qualitäten oder Eigenschaften müssen objektiv bestimmbar sein (OLG Jena GRUR-RR 2003, 77 (79) – Halberstädter Würstchen; vgl. auch Ingerl/Rohnke Rn. 11; Büscher/Dittmer/Schiwy/Büscher Rn. 24; Ströbele/Hacker/Hacker Rn. 28). Unerheblich ist indes, ob der Verkehrskreis derartige Qualitäten oder Eigenschaften – zutreffend oder fälschlich – der Ware oder Dienstleistung zumisst oder subjektiv von deren Vorhandensein ausgeht (Ingerl/Rohnke Rn. 11; Büscher/Dittmer/Schiwy/Büscher Rn. 24; HK-MarkenR/Fuchs-Wissemann Rn. 5). Weitere Voraussetzung ist, dass die besondere Qualität oder Eigenschaft ihre Ursache in der geographischen Herkunft der Ware oder Dienstleistung hat (HK-MarkenR/Fuchs-Wissemann Rn. 5; Büscher/Dittmer/Schiwy/Büscher Rn. 23). 19

Da die Qualität oder Eigenschaft einen **ursächlichen Bezug** zur geographischen Herkunft aufweisen muss, kommt ein Schutz für Erzeugnisse mit lediglich gleichen Vertriebsformen oder Herstellungsverfahren im Rahmen eines historisch begründeten Sonderrechtssystems, die sich nicht auf die Erzeugnisse auswirken, nicht in Betracht (BPatG GRUR 2014, 192 – Zoigl). 20

2008 hatte eine Vereinigung den Antrag auf Eintragung der geographischen Angabe „Zoigl" für „Bier" gestellt, das ausschließlich und traditionell in Kommunbrauhäusern hergestellt werde. Das BPatG (GRUR 2014, 192 – Zoigl) sah eine ungerechtfertigte Spezifikation darin, dass Mitglieder des Antragstellers nur die Eigentümer bestimmter Grundstücke sein könnten und ein Beitritt Dritter nicht möglich sei und somit der Antragsteller einen geschlossenen Personenkreis repräsentiere. Es gehe allein um die Festschreibung eines historisch begründeten genossenschaftsähnlichen Sonderrechtssystems zur Organisation des Brauverlaufs, dessen Tradition nach 1945 unterbrochen worden sei und erst jetzt wieder aufleben solle. 20.1

Soweit es sich bei den Waren um Agrarerzeugnisse oder Lebensmittel handelt, die Qualitätserzeugnisse sind und deren Bezeichnungen als Ursprungsangaben oder geographische Angaben auf der Grundlage der VO (EU) Nr. 1151/2012 (vormals VO (EG) Nr. 510/2006) 21

Schulteis 1331

geschützt sind (→ § 130 Rn. 1 ff.), geht für qualifizierte Herkunftsangaben von Agrarerzeugnissen und Lebensmittel der europarechtliche Schutz durch die VO (EU) Nr. 1151/2012 dem nationalen Schutz nach § 127 Abs. 2 vor und ist insoweit auch abschließend (Ströbele/Hacker/Hacker Rn. 30 mwH zum Vorrang des europarechtlichen Schutzes von Herkunftsangaben für Weine und Spirituosen; EuGH GRUR 2010, 143 (149 ff.) – American Bud II; BGH GRUR 2012, 394 (397) – Bayerisches Bier II). Nach früherer Rechtsprechung hatte der EuGH den Anwendungsbereich der einstigen VO (EG) Nr. 510/2006 wie auch der von dieser ersetzten VO (EWG) Nr. 2081/1992 als abschließend gegenüber nationalstaatlichem Recht auch in jenen Konstellationen angesehen, in denen bereits nur die **Möglichkeit** bestand, als eine auf der Grundlage der genannten Verordnungen eingetragene Herkunftsangabe nach europäischen Recht geschützt zu werden (so noch EuGH GRUR 2010, 143 (150) – American Bud II, zur VO (EG) Nr. 510/2006). In der Literatur wurde ein derartig extensiver Anwendungsbereich des europarechtlichen Schutzes teilweise kritisch betrachtet, zumal dies in Bezug auf Agrarerzeugnisse und Lebensmittel nahezu zu einer Aushebelung des Schutzes nach nationalstaatlichem Recht für qualifizierte geographische Herkunftsangaben nach § 127 Abs. 2 geführt hätte; ein restlicher Anwendungsbereich des nationalstaatlichen Schutzes wäre allenfalls nur noch für Industrieerzeugnisse und Dienstleistungen verblieben (so Büscher/Dittmer/Schiwy/Büscher Rn. 29; vgl. auch Fassbender/Herbrich GRUR Int 2014, 765 (770)). Diese extensive Anwendung der europarechtlichen Normen hat der EuGH indes in seiner jüngsten Rechtsprechung dahingehend eingeschränkt, als dass eine geographische Herkunftsangabe, die noch nicht als solche auf der Grundlage der o.g. europäischen Verordnungen zum Schutze geographischer Herkunftsangaben eingetragen wurde, auch noch nicht von deren Anwendungsbereich umfasst ist. In derartigen Konstellationen stehe das europäische Recht der Anwendung nationalstaatlicher Regelungen für geographische Herkunftsangaben nicht entgegen, sofern zumindest der nach nationalstaatlichem Rechte begründete Schutz die Ziele der heutigen VO (EU) Nr. 1151/2012 (vormals VO (EG) Nr. 510/2006) nicht beeinträchtige und nicht gegen die Regeln des freien Warenverkehrs in der Europäischen Union verstoße (EuGH GRUR 2014, 674 (676) – Salame Felino = GRUR-Prax 2014, 276 mit Anm. Schoene; → § 130 Rn. 5).

22   Da § 127 Abs. 2 allein auf die Qualität oder die Eigenschaft und damit sozusagen auf das Ergebnis eines Fertigungsprozesses abstellt, ist es für den Schutz qualifizierter geographischer Herkunftsangaben unerheblich, nach welcher Herstellungsmethode die Qualität oder Eigenschaft herbeigeführt wurde (Ingerl/Rohnke Rn. 12). Soweit indes auch eine ortsübliche oder **traditionelle Herstellungsmethode** geschützt werden soll, kommt zumindest für Lebensmittel oder Agrarerzeugnisse ein Schutz als garantiert traditionelle Spezialität auf Grundlage der VO (EU) Nr. 1151/2012 (vormals VO (EG) Nr. 509/2006) in Betracht (→ § 130 Rn. 15).

II. Nutzung trotz fehlender Eigenschaft oder Qualität

23   Eine Verletzung von Abs. 2 liegt vor, wenn eine qualifizierte geographische Herkunftsangabe benutzt wird für eine Ware oder Dienstleistung, die nicht die besondere Qualität oder Eigenschaft jener Waren oder Dienstleistungen aufweist, die die geographische Herkunftsangabe führen dürfen. Die Benutzung der Ware oder Dienstleistung hat wie in Abs. 1 im geschäftlichen Verkehr zu erfolgen (→ Rn. 6).

24   Da maßgebliches Kriterium von Abs. 2 das Vorhandensein der Qualität oder Eigenschaft ist, liegt eine unzulässige Benutzung iSd § 127 Abs. 2 auch dann vor, wenn eine Ware zwar in dem in der Herkunftsangabe genannten Ort, Gebiet oder Land produziert wurde, allerdings nicht die für die qualifizierte geographische Herkunftsangabe charakteristische Güte oder Eigenschaft aufweist (Sosnitza MarkenR § 20 Rn. 14; Knaak GRUR 1995, 105 f.; v. Schultz/Gruber Rn. 9). Insofern begründet Abs. 2 einen erweiterten Irreführungsschutz dergestalt, dass der Verkehrskreis sich darauf verlassen können soll, dass die mit einer qualifizierten geographischen Herkunftsangabe versehenen Waren oder Dienstleistungen nicht nur über die genannte Herkunft, sondern auch über die derartigen Waren oder Dienstleistungen anhaftenden Qualitäten oder Eigenschaften verfügen.

25   Im Gegensatz zu Abs. 1 setzt Abs. 2 allerdings nicht voraus, dass die unzulässige Nutzung der qualifizierten geographischen Herkunftsangaben die Gefahr einer Irreführung begründet

(vgl. Büscher/Dittmer/Schiwy/Büscher Rn. 27). Obwohl der erweiterte Irreführungsschutz Zweck von Abs. 2 ist, liegt ein Verstoß dagegen auch in Konstellationen vor, in denen der Verkehrskreis positive Kenntnis hat oder erkennen kann, dass die unzulässig mit einer qualifizierten geographischen Herkunftsangabe gekennzeichnete Ware oder Dienstleistung gerade nicht die notwendige Qualität oder Eigenschaft aufweist (v. Schultz/Gruber Rn. 10; Ströbele/Hacker/Hacker Rn. 28).

Da Abs. 2 als rein **objektiv ausgestalteter Tatbestand** somit für qualifizierte geographische Herkunftsangaben einen absoluten Schutz unabhängig von einer Irreführungsgefahr für den Verkehrskreis begründet, ist es für Abs. 2 – im Gegensatz zum Schutz einfacher geographischer Herkunftsangaben nach Abs. 1 – auch unerheblich, ob die irreführende Benutzung relevant für das Verhalten der Verbraucher und insbesondere für deren Kaufverhalten war (→ Rn. 11 ff.) oder ob die Irreführungsgefahr ausnahmsweise durch entlokalisierende Zusätze reduziert oder ausgeschlossen werden kann (→ Rn. 14 ff.; Büscher/Dittmer/Schiwy/Büscher Rn. 27). 26

D. Schutz geographischer Herkunftsangaben mit besonderem Ruf (Abs. 3)

Sofern eine geographische Herkunftsangabe einen besonderen Ruf genießt, darf sie gemäß Abs. 3 im geschäftlichen Verkehr unabhängig von der Gefahr einer Irreführung nicht für Waren oder Dienstleistungen anderer Herkunft benutzt werden, sofern eine derartige Benutzung geeignet wäre, den Ruf der geographischen Herkunftsangabe ohne Rechtfertigung unlauter auszunutzen oder zu beeinträchtigen. Wie Abs. 1 ist somit auch Abs. 3 als Verbotstatbestand anzusehen. Die Norm ist zudem als **Gefährdungstatbestand** ausgestaltet, da sie lediglich auf die Geeignetheit zur Rufausbeutung oder Rufbeeinträchtigung und somit nicht auf einen bereits eingetretenen Verletzungserfolg abstellt. 27

Vor Inkrafttreten des Markengesetzes wurde ein Schutz geographischer, einen besonderen Ruf vorweisender Herkunftsangaben vor Rufausbeutung und Rufbeeinträchtigung hergeleitet aus § 1 UWG aF (vgl. Büscher/Dittmer/Schiwy/Büscher Rn. 30; Ströbele/Hacker/Hacker Rn. 31; BGH GRUR 1988, 453 (455) – Ein Champagner unter den Mineralwässern; GRUR 1991, 465 f. – Salomon; OLG München GRUR-RR 2002, 64 (66 f.) – Habana). 27.1

I. Schutzobjekt

1. Geographische Herkunftsangabe

Der Schutz des Abs. 3 setzt eine geographische Herkunftsangabe iSd § 126 Abs. 1 voraus. Nicht erforderlich ist, dass es sich um eine qualifizierte geographische Herkunftsangabe gemäß Abs. 2 handelt. 28

2. Besonderer Ruf

Zusätzliche Voraussetzung für den Schutz nach Abs. 3 ist ein besonderer Ruf. Aus dem Wortlaut von Abs. 3 gehen indes keine Kriterien für die Besonderheit eines Rufes hervor. Mit Blick auf den Schutzzweck von Abs. 3, Rufausbeutungen und Rufbeeinträchtigungen zu vermeiden, ist ein besonderer Ruf nicht bereits zu bejahen, wenn eine mit der geographischen Herkunftsangabe versehene Ware oder Dienstleistung über eine große Bekanntheit verfügt. Vielmehr meint Abs. 3 einen positiven Ruf im Sinne eines besonderen Ansehens. Dieses **Ansehen** muss nicht auf objektiven Eigenschaften basieren (vgl. BGH GRUR 2012, 394 (398) – Bayerisches Bier II); vielmehr kann das besondere Ansehen auch resultieren aus der Vermutung, die die geographische Herkunftsangabe führende Ware oder Dienstleistung sei qualitativ gut oder weise einen hohen **Prestigewert** oder ein herausragendes **Image** auf (Büscher/Dittmer/Schiwy/Büscher Rn. 31; GLE/Helm § 73 Rn. 40; Ströbele/Hacker/Hacker Rn. 31; v. Schultz/Gruber Rn. 12; BGH GRUR 1985, 550 (552) – Dimple; GRUR 1991, 465 f. – Salomon; GRUR 2002, 426 f. – Champagner bekommen, Sekt bezahlen; OLG München GRUR-RR 2002, 64 (66 f.) – Habana; vgl. auch LG München I GRUR-RR 2008, 339 f. – Oktoberfest-Bier; zur Zulässigkeit der Vermischung von Waren mit Herkunftsangaben mit hohem Prestigewert mit anderen Zutaten, um daraus ein neues Produkt zu entwickeln und dieses sodann – entsprechend den Bezeichnungsgewohnheiten im 29

Verkehr – unter einer eigenständigen Bezeichnung zu vertreiben, die auch die Herkunftsangabe enthält, s. Schoene GRUR-Prax 2015, 30 (32); Loschelder MarkenR 2015, 225 (231 ff.); OLG München GRUR 2015, 388 (391) – Champagner-Sorbet; vgl. auch BGH GRUR 2016, 970 – Vorlagebeschluss „Champagner Sorbet" = GRUR-Prax 2016, 348 m. Anm. Schoene).

30 Indes verfügt eine geographische Herkunftsangabe noch nicht über einen besonderen Ruf, wenn lediglich der in der Herkunftsangabe enthaltene Ort („London", „New York") eine hohe Bekanntheit aufweist, selbst wenn der Verkehr damit bestimmte Assoziationen bzw. Vorstellungen bezüglich einer bestimmten Lebensweise verbindet (OLG München GRUR-RR 2002, 64 (66 f.) – Habana).

II. Ausnutzen oder Beeinträchtigen des Rufes oder der Unterscheidungskraft

1. Verletzungshandlung

31 § 127 Abs. 3 setzt eine Benutzung einer geographischen Herkunftsangabe mit einem besonderen Ruf für Waren oder Dienstleistungen anderer Herkunft voraus. Die unzulässige Verwendung einer derartigen geographischen Herkunftsangabe muss sich somit auf Waren oder Dienstleistungen beziehen, die aus einem anderen Ort, Gebiet oder Land stammen (Büscher/Dittmer/Schiwy/Büscher Rn. 33).

31.1 Angesichts des Schutzzwecks von § 127 Abs. 3, die Ausnutzung oder Beeinträchtigung des Rufes oder der Unterscheidungskraft einer geographischen Herkunftsangabe zu unterbinden, stellt sich die Frage, ob der Wortlaut der Norm angesichts seiner Einschränkung auf Waren oder Dienstleistungen anderer Herkunft diesem Schutzzweck teilweise entgegensteht. So schützt § 127 Abs. 3 gemäß seinem Wortlaut geographische Herkunftsangaben nicht vor Ausnutzungen oder Beeinträchtigungen durch Waren oder Dienstleistungen, die die **gleiche** Herkunft, aber eine andere Gattung aufweisen. Um Ausnutzungen und Beeinträchtigungen des Rufes und der Unterscheidungskraft durch Waren oder Dienstleistungen gleicher Herkunft mit anderer Gattung zu unterbinden, wird in Teilen der Literatur eine analoge Anwendung von § 127 Abs. 3 befürwortet (Ströbele/Hacker/Hacker Rn. 36; Fezer Rn. 29; Fezer/Marx UWG § 4 S-10 Rn. 119 ff.). Fraglich ist allerdings, ob es eines derartigen Schutzes durch eine analoge Anwendung von § 127 Abs. 3 tatsächlich bedarf, zumal die Hersteller von Waren anderer Gattung durchaus ein berechtigtes Interesse daran haben können, auf die Herkunft ihrer Waren hinzuweisen (so auch einschränkend die Argumentation bei Büscher/Dittmer/Schiwy/Büscher Rn. 44). Auch erscheint fraglich, ob in derartigen Konstellationen tatsächlich eine Gefahr der Rufausnutzung oder -beeinträchtigung besteht, da der angesprochene Verkehrskreis den besonderen Ruf einer geographischen Herkunftsangabe in der Regel mit einer bestimmten Warengattung oder Dienstleistung verbindet und somit nicht der Fehlvorstellung ausgesetzt ist, dieser besondere Ruf einer geographischen Herkunftsangabe erstrecke sich auf andere oder gar alle Warengattungen oder Dienstleistungen mit gleicher Herkunft. Sofern indes in derartigen Konstellationen dennoch die Gefahr einer Rufausnutzung oder -beeinträchtigung besteht, kämen zudem wettbewerbsrechtliche Ansprüche aus §§ 3 ff. UWG in Betracht; eine Schutzlosigkeit gegenüber der Ausnutzung oder Beeinträchtigung des Rufes oder der Unterscheidungskraft einer geographischen Herkunftsangabe durch Waren oder Dienstleistungen anderer Gattung mit **gleicher** Herkunft und damit eine die analoge Anwendung von § 127 Abs. 3 rechtfertigenden Regelungslücke beständen daher nicht (vgl. auch Omsels Rn. 630).

32 Die Benutzung hat zudem **im geschäftlichen Verkehr** zu erfolgen. Die Benutzung muss somit dem eigenen oder fremden Geschäftszweck dienen und auf die Förderung der eigenen oder fremden erwerbswirtschaftlichen oder sonstigen beruflichen Tätigkeit ausgerichtet sein (→ Rn. 6). Nicht erforderlich ist, dass die geographische Herkunftsangabe wie eine Marke oder ein Kennzeichen verwendet wird (Büscher/Dittmer/Schiwy/Büscher Rn. 33; Ströbele/Hacker/Hacker Rn. 35; BGH GRUR 2002, 426 f. – Champagner bekommen, Sekt bezahlen; LG München I GRUR-RR 2008, 339 f. – Oktoberfest-Bier).

2. Eignung zur Ausnutzung oder Beeinträchtigung

33 Eine Benutzung der geographischen Herkunftsangabe ist dann zur Ausnutzung des Rufes geeignet, wenn infolge einer derartigen Benutzung die Möglichkeit besteht, dass der besondere Ruf der geographischen Herkunftsangabe übertragen wird auf andere Waren oder Dienstleistungen anderer Herkunft, die eine derartige Herkunftsangabe nicht führen dürfen.

Derartige Waren oder Dienstleistungen könnten hinsichtlich ihrer Güte oder Exklusivität in der Vorstellung des Verkehrskreises aufgewertet oder gleichgestellt werden mit jenen Waren oder Dienstleistungen, die eine Herkunftsangabe, die einen besonderen Ruf genießt, zulässigerweise führen (vgl. Büscher/Dittmer/Schiwy/Büscher Rn. 36; v. Schultz/Gruber Rn. 12; BGH GRUR 2002, 426 f. – Champagner bekommen, Sekt bezahlen; OLG München GRUR-RR 2002, 64 (66 f.) – Habana; vgl. auch BGH GRUR 2016, 970 – Vorlagebeschluss „Champagner Sorbet" = GRUR-Prax 2016, 348 mit Anm. Schoene).

Eine Eignung zur Beeinträchtigung der Unterscheidungskraft ist dann zu bejahen, wenn die unzulässige Benutzung den Wert der geographischen Herkunftsangabe mit besonderem Ruf für Werbezwecke mindern kann (Büscher/Dittmer/Schiwy/Büscher Rn. 38). **33.1**

Die Verletzungshandlung ist zur Ausnutzung der Unterscheidungskraft geeignet, wenn sie bei einer Ware oder Dienstleistung, die unzulässigerweise eine geographische Herkunftsangabe mit besonderem Ruf führt, als Mittel zur Aufmerksamkeitssteigerung und zur Weckung von Assoziationen eingesetzt wird (vgl. v. Schultz/Gruber Rn. 15; Büscher/Dittmer/Schiwy/Büscher Rn. 39; OLG München GRUR-RR 2002, 64 (66 f.) – Habana). **33.2**

Geeignet, den Ruf zu beeinträchtigen, ist die Verletzungshandlung dann, wenn durch sie ein negatives Image auf die geographische Herkunftsangabe übertragen werden kann, bspw. indem sie für gänzlich unpassende Waren oder für Waren oder Dienstleistungen minderer Güte oder mit einem schlechteren Image verwendet wird (vgl. v. Schultz/Gruber § 12 Rn. 14; Büscher/Dittmer/Schiwy/Büscher Rn. 37). **34**

3. Unerheblichkeit einer Irreführungsgefahr

Im Gegensatz zu Abs. 1 setzt Abs. 3 ausdrücklich nicht voraus, dass die unzulässige Benutzung die Gefahr einer Irreführung begründet. Somit stellt sich hier auch nicht die Frage, ob die unzulässige Benutzung das Verhalten der Verbraucher in relevanter Weise beeinflusst (→ Rn. 11 ff.) oder ob die Eignung zur Ausbeutung oder Ausnutzung des Rufes oder der Unterscheidungskraft ausnahmsweise durch entlokalisierende Zusätze ausgeschlossen werden kann (→ Rn. 14 ff.). **35**

4. Nutzung in unlauterer Weise und ohne rechtfertigenden Grund

Die beiden Tatbestandsvoraussetzungen in Abs. 3, dass die Benutzung in unlauterer Weise und ohne rechtfertigenden Grund erfolgt, entsprechen der Formulierung in § 14 Abs. 2 Nr. 3 zum Schutz bekannter Marken, so dass auf die entsprechende Kommentierung zu § 14 verwiesen wird (→ § 14 Rn. 531 ff., → § 14 Rn. 534). **36**

E. Schutz gegen ähnliche Angaben (Abs. 4)

Geographische Herkunftsangaben werden nach Abs. 4 auch in jenen Fällen geschützt, wenn Namen, Angaben oder Zeichen benutzt werden, die geographischen Herkunftsangaben lediglich ähneln, oder wenn geographische Herkunftsangaben mit **Zusätzen** benutzt werden und darüber hinaus ein Tatbestand nach Abs. 4 Nr. 1 oder Nr. 2 erfüllt ist. Für die Beurteilung, ob eine Ähnlichkeit besteht, ist darauf abzustellen, ob der angesprochene Verkehrskreis die ähnlich verwendete geographische Herkunftsangabe nach ihrem Gesamteindruck als sinngleich mit der eigentlichen geographischen Herkunftsangabe auffasst (Ingerl/Rohnke § 128 Rn. 20; BGH GRUR 2007, 67 (69) – Pietra di Soln; zur Fortwirkung früherer irreführender Verwendungen s. → Rn. 10). **37**

I. Schutz vor Irreführung (Abs. 4 Nr. 1)

Geographische Herkunftsangaben sind geschützt vor ähnlichen geographischen Herkunftsangaben und vor um Zusätze ergänzte geographische Herkunftsangaben für Waren oder Dienstleistungen anderer Herkunft, durch deren Nutzung trotz ihrer Abweichungen oder Zusätze die Gefahr einer Irreführung besteht, Abs. 4 Nr. 1 iVm Abs. 1. Für die Beurteilung, ob eine Irreführung gegeben ist, ist auf den angesprochenen Verkehrskreis abzustellen (→ Rn. 9). **38**

39 Da Abs. 4 Nr. 1 die Gefahr einer Irreführung voraussetzt, stellt sich die Frage, ob ähnlich wie bei § 127 Abs. 1 unter strengen Voraussetzungen **entlokalisierende Zusätze** die Gefahr einer Irreführung ausnahmsweise ausschließen können (→ Rn. 14 f.). Gegen einen generellen Ausschluss einer Irreführungsgefahr spricht, dass nach Abs. 4 Nr. 1 eine unzulässige Benutzung ausdrücklich gerade auch in jenen Fällen vorliegen kann, wenn die um einen Zusatz ergänzte geographische Herkunftsangabe verwendet wird. Vor diesem Hintergrund könnte ein entlokalisierender Zusatz ausnahmsweise allenfalls dann die Gefahr einer Irreführung ausschließen, wenn der Zusatz überaus deutlich und unmissverständlich klarstellt, dass keine geschützte geographische Herkunftsangabe nach § 126 Abs. 1 benutzt wird (vgl. Ströbele/Hacker/Hacker Rn. 41).

II. Schutz vor Ruf- oder Unterscheidungsausbeutung oder -beeinträchtigung (Abs. 4 Nr. 2)

40 Nach Abs. 4 Nr. 2 iVm Abs. 3 ist eine unzulässige Benutzung einer geographischen Herkunftsangabe gegeben, wenn diese ungeachtet von Abweichungen oder von Zusätzen geeignet ist, den Ruf oder die Unterscheidungskraft der geschützten geographischen Herkunftsangabe iSd Abs. 3 auszunutzen oder zu beeinträchtigen (hinsichtlich des Tatbestandsmerkmals der Ausnutzung oder Beeinträchtigung des Rufes oder der Unterscheidungskraft → Rn. 33 ff.).

§ 128 Ansprüche wegen Verletzung

(1) ¹Wer im geschäftlichen Verkehr Namen, Angaben oder Zeichen entgegen § 127 benutzt, kann von den nach § 8 Abs. 3 des Gesetzes gegen den unlauteren Wettbewerb zur Geltendmachung von Ansprüchen Berechtigten bei Wiederholungsgefahr auf Unterlassung in Anspruch genommen werden. ²Der Anspruch besteht auch dann, wenn eine Zuwiderhandlung droht. ³Die §§ 18, 19, 19a und 19c gelten entsprechend.

(2) ¹Wer dem § 127 vorsätzlich oder fahrlässig zuwiderhandelt, ist dem berechtigten Nutzer der geographischen Herkunftsangabe zum Ersatz des durch die Zuwiderhandlung entstandenen Schadens verpflichtet. ²Bei der Bemessung des Schadensersatzes kann auch der Gewinn, den der Verletzer durch die Verletzung des Rechts erzielt hat, berücksichtigt werden. ³§ 19b gilt entsprechend.

(3) § 14 Abs. 7 und § 19d gelten entsprechend.

Überblick

§ 128 begründet die markenrechtlichen Ansprüche im Falle einer Verletzung geographischer Herkunftsangaben aufgrund einer Benutzung entgegen § 127 (→ Rn. 3). Dabei unterscheidet die Norm zwischen Unterlassungsansprüchen aus Abs. 1 (→ Rn. 16 ff.) und Schadensersatzansprüchen aus Abs. 2 (→ Rn. 29 ff.). Zudem können aufgrund der in Abs. 1 S. 3 angeordneten entsprechenden Geltung von §§ 18, 19, 19a und 19c ua Ansprüche auf Vernichtung, Rückruf oder Auskunft (→ Rn. 18) sowie Vorlage- und Besichtigungsansprüche (→ Rn. 35 ff.) als Annexansprüche bestehen. Überdies stellen sich Fragen zur Haftung des Betriebsinhabers (→ Rn. 41) und zu Möglichkeiten einer Exkulpation (→ Rn. 42) wie auch zu sonstigen Ansprüchen mit Anspruchsgrundlagen außerhalb des Markengesetzes (→ Rn. 44).

Übersicht

	Rn.		Rn.
A. Allgemeines	1	2. Verletzungshandlung im geschäftlichen Verkehr	7
B. Ansprüche aus Abs. 1	3	II. Wiederholungsgefahr	9
		III. Aktivlegitimation	10
I. Verletzungshandlung	3	1. Mitbewerber nach § 8 Abs. 3 Nr. 1	
1. Verstoß gegen § 127	4	UWG	11

Ansprüche wegen Verletzung § 128 MarkenG

	Rn.		Rn.
2. Rechtsfähige Verbände nach § 8 Abs. 1 Nr. 2 UWG	13	I. Verletzungshandlung	30
3. Qualifizierte Einrichtungen nach § 8 Abs. 3 Nr. 3 UWG	14	II. Aktivlegitimation	31
4. Industrie- und Handelskammern, Handwerkskammern nach § 8 Abs. 3 Nr. 4 UWG	15	III. Rechtsfolge	32
		1. Schadensersatzanspruch (Abs. 2 S. 1)	32
		2. Sicherung von Schadensersatzansprüchen (Abs. 2)	35
IV. Rechtsfolgen	16	D. Löschungs- und Rücknahmeanspruch	39
1. Unterlassungsanspruch (Abs. 1 S. 1)	16		
2. Vorbeugender Unterlassungsanspruch (Abs. 1 S. 2)	17	E. Haftung des Betriebsinhabers (Abs. 3 iVm § 14 Abs. 7)	41
3. Vernichtungs- und Rückrufanspruch, Auskunftsanspruch (Abs. 1 S. 3)	18	F. Sonstige Ansprüche (Abs. 3 iVm § 19d)	44
C. Anspruch aus Abs. 2	29		

A. Allgemeines

Mit § 128 wurde für den zivilrechtlichen Schutz der geographischen Herkunftsangaben **1** im deutschen Markenrecht für die zuvor aus §§ 1, 3 UWG aF bzw. § 823 Abs. 2 BGB iVm § 26 WZG hergeleiteten Unterlassungs- und Schadensersatzansprüche eine einheitliche, markenrechtliche Anspruchsgrundlage geschaffen (BT-Drs. 12/6581, 119; vgl. auch v. Schultz/Gruber Rn. 1).

Infolge seiner Neufassung durch Art. 4 Nr. 9 des Gesetzes zur Verbesserung der Durchsetzung von Rechten des geistigen Eigentums (DurchsetzungsG) vom 7.7.2008 (BGBl. I 1191, **2** 1196) begründet § 128 seit seinem Inkrafttreten am 1.9.2008 zum einen weiterhin Unterlassungsansprüche, die – wie nun Abs. 1 S. 2 klarstellt – auch bei drohender Zuwiderhandlung bestehen können, und Schadensersatzansprüche. Zum anderen sieht § 128 nunmehr auch Ansprüche aus den für entsprechend anwendbar erklärten §§ 18, 19, 19a und 19c vor (→ Rn. 18). Schadensersatzansprüche können indes wie bislang gemäß Abs. 2 nur dem unmittelbar durch die Zuwiderhandlung Verletzten zustehen.

B. Ansprüche aus Abs. 1

I. Verletzungshandlung

Ein Anspruch aus Abs. 1 S. 1 setzt voraus, dass im geschäftlichen Verkehr ein Name, eine **3** Angabe oder ein Zeichen unter Verstoß gegen § 127 benutzt wurde. Dabei sind Name, Angabe und Zeichen im gleichen Sinne wie in § 126 zu verstehen (→ § 126 Rn. 14 ff., → § 126 Rn. 18 ff.).

1. Verstoß gegen § 127

Eine Verletzungshandlung iSd § 128 Abs. 1 S. 1 liegt vor, wenn eine geographische Her- **4** kunftsangabe benutzt wurde unter Verstoß gegen den bereits einfache geographische Herkunftsangaben schützenden Verbotstatbestand nach § 127 Abs. 1, gegen den qualifizierte geographische Herkunftsangaben schützenden Erlaubnistatbestand nach § 127 Abs. 2 oder gegen den Verbotstatbestand im Hinblick auf einen besonderen Ruf genießende geographische Herkunftsangaben nach § 127 Abs. 3 sowie unter Verstoß gegen § 127 Abs. 4 iVm § 127 Abs. 1–3. Derartige Verletzungshandlungen können zB erfolgen, indem unzulässigerweise geographische Herkunftsangaben auf Waren oder Verpackungen angebracht oder in der Werbung verwendet werden (vgl. Ingerl/Rohnke Rn. 2). Eine Differenzierung danach, ob sich die Verletzungshandlung gegen eine einfache oder eine qualifizierte Herkunftsangabe richtet, sieht Abs. 1 weder auf Tatbestandsseite noch auf Rechtsfolgenseite vor. Gleichwohl kann in Betracht kommen, dass der Verletzte im Falle einer Verletzung einer qualifizierten geographischen Herkunftsangabe einen höheren wirtschaftlichen Schaden erlitten hat als bei einer Verletzung einer einfachen geographischen Herkunftsangabe, was zumindest im Falle eines Schadensersatzanspruchs (zB aus Abs. 2, → Rn. 29 ff.) von Bedeutung sein kann.

Da die vier Verletzungstatbestände nach § 127 Abs. 1–4, auf die § 128 Abs. 1 S. 1 abstellt, **5** ihrerseits jeweils an eine **Benutzung** anknüpfen, hat die in § 128 Abs. 1 S. 1 zugrunde

MarkenG § 128 Teil 6 Geographische Herkunftsangaben

gelegte Tathandlung der „Benutzung" keine weitere, über die Verletzungshandlung als solche in Gestalt eines Verstoßes gegen § 127 hinausgehende Bedeutung; denn wäre eine Benutzung zu verneinen, fehlte es bereits an einem Verstoß gegen § 127. Ebenfalls ist es für einen Anspruch aus § 128 Abs. 1 S. 1 ohne Belang, wenn ohne kennzeichenmäßige Benutzung der geographischen Herkunftsangabe der Verletzer gegen § 127 Abs. 3 verstoßen hat. Für einen Anspruch aus § 128 Abs. 1 S. 1 genügt bereits der Verstoß gegen § 127 Abs. 3, der seinerseits keine kennzeichenmäßige Benutzung der geographischen Herkunftsangabe verlangt (→ § 127 Rn. 32; vgl. Ingerl/Rohnke Rn. 2; Büscher/Dittmer/Schiwy/Büscher Rn. 14; Ströbele/Hacker/Hacker § 127 Rn. 35; BGH GRUR 2002, 426 f. – Champagner bekommen, Sekt bezahlen).

6   Ebenso wenig ist es eine eigenständige Anspruchsvoraussetzung von § 128 Abs. 1, dass die Benutzung unbefugt erfolgte. Denn ob eine geographische Herkunftsangabe unbefugt benutzt wurde, ist bereits für einen Verstoß gegen § 127 von Belang, den seinerseits § 128 Abs. 1 S. 1 voraussetzt (vgl. Ingerl/Rohnke Rn. 2).

2. Verletzungshandlung im geschäftlichen Verkehr

7   Dem Wortlaut nach erfordert Abs. 1 S. 1, dass sich die Verletzungshandlung im geschäftlichen Verkehr ereignet hat. Das Tatbestandsmerkmal des geschäftlichen Verkehrs ist weit auszulegen (→ § 126 Rn. 28).

8   Eine eigenständige Bedeutung für einen Anspruch aus Abs. 1 hat das Tatbestandsmerkmal einer Benutzung im geschäftlichen Verkehr indes nicht, denn auch ein Verstoß gegen § 127, auf den § 128 Abs. 1 S. 1 Bezug nimmt, setzt voraus, dass der Verstoß, wie zB die unberechtigte Nutzung einer qualifizierten geographischen Herkunftsangabe nach § 127 Abs. 2 oder die Ausbeutung des Rufes einer geographischen Herkunftsangabe nach § 127 Abs. 3, im geschäftlichen Verkehr erfolgt.

II. Wiederholungsgefahr

9   Weitere Anspruchsvoraussetzung von Abs. 1 S. 1 ist die Wiederholungsgefahr der Benutzung einer geographischen Herkunftsangabe entgegen § 127. Diese ist gegeben, wenn die begangene Verletzungshandlung die Gefahr begründet, dass der Verletzer die gleiche oder zumindest eine in ihrem Kern gleichartige Verletzungshandlung erneut begehen wird (vgl. Ohly/Sosnitza/Ohly UWG § 8 Rn. 7; Büscher/Dittmer/Schiwy/Büscher Rn. 17; BGH GRUR 2008, 702 (706) – Internet-Versteigerung III). Dabei spricht für das Vorliegen der Wiederholungsgefahr eine widerlegliche tatsächliche Vermutung, wonach ein bereits einmal begangener Wettbewerbsverstoß dessen Wiederholung befürchten lässt (Ohly/Sosnitza/Ohly UWG § 8 Rn. 8; Ingerl/Rohnke Vor §§ 14–19d Rn. 80 f.; Büscher/Dittmer/Schiwy/Büscher Rn. 17; BGH GRUR 2001, 453 (455) – TCM-Zentrum; GRUR 2008, 1108 (1110) – Haus und Grund III; GRUR 2009, 1162 (1164) – Dax = GRUR-Prax 2009, 11 mit Anm. Gründig-Schnelle; LG Nürnberg-Fürth BeckRS 2015, 10521 – Bayer. Pilze & Waldfrüchte).

III. Aktivlegitimation

10   Ein Anspruch aus § 128 Abs. 1 S. 1 kann geltend gemacht werden von dem berechtigten Benutzer einer geographischen Herkunftsangabe (vgl. Ingerl/Rohnke Rn. 4; Dörre/Maaßen GRUR-RR 2008, 269 (271); v. Schultz/Gruber Rn. 3; Ströbele/Hacker/Hacker Rn. 5; Büscher/Dittmer/Schiwy/Büscher Rn. 7; BGH GRUR 2008, 884 (887) – Cambridge Institute) sowie von den Anspruchsberechtigten gemäß § 8 Abs. 3 UWG. Die Erweiterung der Anspruchsberechtigung bei Ansprüchen aus Abs. 1 über den berechtigten Benutzter hinaus auf Verbände und qualifizierte Einrichtungen iSd § 8 Abs. 3 UWG (→ Rn. 13 ff.) verdeutlicht das öffentliche Interesse an einer Vermeidung einer unzulässigen Nutzung geographischer Herkunftsangaben durch Dritte (vgl. Büscher/Dittmer/Schiwy/Büscher Rn. 5).

1. Mitbewerber nach § 8 Abs. 3 Nr. 1 UWG

11   Ein Mitbewerber iSv § 8 Abs. 3 Nr. 1 UWG ist gemäß der Legaldefinition in § 2 Abs. 1 Nr. 3 UWG jeder Unternehmer, der mit einem oder mehreren Unternehmen als Anbieter

oder Nachfrager von Waren oder Dienstleistungen in einem konkreten Wettbewerbsverhältnis steht (vgl. Fezer Rn. 10; BGH GRUR 2008, 884 (887) – Cambridge Institute). Ein konkretes Wettbewerbsverhältnis ist gegeben, wenn die anspruchsbegründende Wettbewerbshandlung objektiv geeignet ist, den wirtschaftlichen Erfolg des unzulässig handelnden Wettbewerbers auf Kosten des Mitbewerbers zu fördern (Fezer Rn. 10).

Zu den nach Abs. 1 aktivlegitimierten Mitbewerbern zählen auch jene berechtigten Nutzer einer geographischen Herkunftsangabe, die ihre mit dieser bezeichneten Dienstleistungen oder Waren räumlich beschränkt anbieten, so dass sie sich räumlich nicht mit den vom Verletzer angebotenen Waren oder Dienstleistungen berühren (Büscher/Dittmer/Schiwy/Büscher Rn. 7; Ströbele/Hacker/Hacker Rn. 5; BGH GRUR 2008, 884 (887) – Cambridge Institute). 12

2. Rechtsfähige Verbände nach § 8 Abs. 3 Nr. 2 UWG

Rechtsfähige Verbände zur Förderung gewerblicher oder selbständiger beruflicher Interessen sind nach § 128 Abs. 1 S. 1 iVm § 8 Abs. 3 Nr. 2 UWG berechtigt, Unterlassungsansprüche geltend zu machen. 13

Ihnen muss eine erhebliche Zahl von Unternehmern angehören, die Waren oder Dienstleistungen gleicher oder verwandter Art auf demselben Markt vertreiben, soweit sie insbesondere mit ihrer personellen, sachlichen und finanziellen Ausstattung in der Lage sind, ihre satzungsmäßigen Aufgaben der Verfolgung gewerblicher oder selbstständiger beruflicher Interessen tatsächlich wahrzunehmen und soweit die Zuwiderhandlung gegen § 127 die Interessen ihrer Mitglieder berührt. Hierzu muss der Satzungszweck derartiger Verbände die Förderung der gewerblichen oder selbständigen beruflichen Interessen vorsehen (Ingerl/Rohnke Rn. 6; Köhler/Bornkamm/Köhler UWG § 8 Rn. 3.34; BGH GRUR 2003, 454 f. – Sammelmitgliedschaft; GRUR 1965, 485 f. – Versehrtenbetrieb). 13.1

Die erforderliche erhebliche Anzahl von Unternehmern ist gegeben, wenn die dem Verband angehörenden Unternehmer nicht nur aufgrund ihrer Quantität, sondern vor allem auch aufgrund des qualitativen Aspekts ihres Marktgewichts ein gemeinsames Interesse ihrer Branche verkörpern (Fezer Rn. 12 f.). Für die Beurteilung, ob die dem Verband angeschlossenen Unternehmer Waren oder Dienstleistungen gleicher oder verwandter Art vertreiben, ist ein weiter Maßstab anzulegen. So genügt es, dass sich die Waren oder Dienstleistungen zumindest dermaßen nahestehen, dass ein Mitbewerber durch ein wettbewerbswidriges Verhalten des anderen beeinträchtigt werden kann (Fezer Rn. 14; Ströbele/Hacker/Hacker Rn. 6; Köhler/Bornkamm/Köhler UWG § 8 Rn. 3.34; BGH GRUR 2007, 610 f. – Sammelmitgliedschaft V). 13.2

3. Qualifizierte Einrichtungen nach § 8 Abs. 3 Nr. 3 UWG

Nach § 8 Abs. 3 Nr. 3 UWG können Ansprüche geltend gemacht werden von Einrichtungen zum Schutze von Verbraucherinteressen, die in die Liste qualifizierter Einrichtungen nach § 4 UKlaG oder in das Verzeichnis der Kommission der Europäischen Gemeinschaft nach Art. 4 RL 98/27/EG vom 19.5.1998 (ABl. EG Nr. L 166, 51) eingetragen sind. Die eine Aktivlegitimation begründende Eintragung wirkt für derartige Einrichtungen konstitutiv. 14

Erforderlich für eine Eintragung ist es, dass die Satzung derartiger Einrichtungen das Engagement für den Schutz von Verbraucherinteressen als Einrichtungszweck ausweist und dass sich dieses Engagement auch auf aufklärende und beratende Tätigkeiten gegenüber den Verbrauchern erstreckt (Ingerl/Rohnke Rn. 8). Auch wenn die Gerichte im Verfahren nicht überprüfen, ob die Eintragung rechtmäßig erfolgte oder ob die Eintragungsvoraussetzungen noch erfüllt sind, so können sie zumindest untersuchen, ob die Rechtsverfolgung einer Verletzung geographischer Herkunftsangaben von ihrem Satzungszweck gedeckt ist (vgl. Büscher/Dittmer/Schiwy/Büscher Rn. 10). 14.1

Angesichts des – auch in Erwägungsgrund Nr. 2 VO (EU) Nr. 1151/2012 betonten – hohen Interesses der Bürger und Verbraucher an Agrarerzeugnissen oder Lebensmitteln mit bestimmbaren Merkmalen, die eine Verbindung zu ihrem geographischen Ursprung aufweisen, ist es konsequent, auch die dem Schutz der Verbraucherinteressen verpflichteten qualifizierten Einrichtungen als berechtigt anzusehen. 14.2

Im Gegensatz zu Verbänden nach § 8 Abs. 3 Nr. 2 UWG ist für qualifizierte Einrichtungen nach § 8 Abs. 3 Nr. 3 die Anzahl ihrer Mitglieder unerheblich. Entscheidend ist allein, ob die Einrichtung in der Lage ist, ihre satzungsmäßigen Aufgaben und Ziele zu erfüllen, wobei Zweifel an der Leistungsfä- 14.3

higkeit umso berechtigter erscheinen können, je geringer die Mitgliederzahl der Einrichtung ist (Ingerl/ Rohnke Rn. 8).

4. Industrie- und Handelskammern, Handwerkskammern nach § 8 Abs. 3 Nr. 4 UWG

15 Schließlich sind die in § 8 Abs. 3 Nr. 4 UWG aufgeführten Industrie- und Handelskammern sowie die Handwerkskammern berechtigt, Unterlassungsansprüche aus § 128 Abs. 1 S. 1 geltend zu machen, sofern der Verstoß, dessen Unterlassung begehrt wird, einen Bezug zum Aufgabenbereich der jeweiligen Kammer aufweist (Büscher/Dittmer/Schiwy/Büscher Rn. 11; Ohly/Sosnitza/Ohly UWG § 8 Rn. 113). Nicht anspruchsberechtigt und aktivlegitimiert sind indes andere Berufskammern, wie zB Ärzte- oder Wirtschaftsprüferkammern. Derartige Kammern könnten allenfalls als rechtsfähiger Verband zur Förderung gewerblicher oder selbständiger beruflicher Interessen aktivlegitimiert sein, sofern sie die Tatbestandsvoraussetzungen von § 8 Abs. 3 Nr. 2 UWG erfüllen (→ Rn. 13; Fezer Rn. 16; Ingerl/Rohnke Rn. 10; Ohly/Sosnitza/Ohly UWG § 8 Rn. 113; BGH GRUR 2006, 598 f. – Zahnarztbriefbogen; OLG Koblenz GRUR 1995, 144 – Beratende Ingenieure).

IV. Rechtsfolgen

1. Unterlassungsanspruch (Abs. 1 S. 1)

16 Sind die Anspruchsvoraussetzungen nach Abs. 1 S. 1 erfüllt, kann der Anspruchsberechtigte vom Anspruchsgegner die Unterlassung der Benutzung der geographischen Herkunftsangabe entgegen § 127 verlangen. Zudem können die Gerichte zusätzlich zur Unterlassung Sanktionen, wie zB Ordnungsgeld oder Ordnungshaft, androhen, die die künftige Beachtung der Unterlassung sichern sollen (vgl. Ingerl/Rohnke Vor §§ 14–19d Rn. 78). Sofern durch die widerrechtliche Nutzung der geographischen Herkunftsangabe ein widerrechtlicher Zustand eingetreten ist, steht dem Anspruchsberechtigten aus Abs. 1 S. 1 zudem ein Anspruch auf Beseitigung eines derartigen Zustandes zu (Büscher/Dittmer/Schiwy/Büscher Rn. 20; Fezer Rn. 19; BGH GRUR 2001, 420 (422) – SPA; zu § 135 Abs. 1 → § 135 Rn. 23).

2. Vorbeugender Unterlassungsanspruch (Abs. 1 S. 2)

17 Aus § 128 Abs. 1 S. 2 kann der Anspruchsberechtigte zudem einen vorbeugenden Unterlassungsanspruch bereits ab dem Zeitpunkt geltend machen, in dem erstmals eine Zuwiderhandlung in Gestalt einer Benutzung einer geographischen Herkunftsangabe entgegen § 127 droht. Die hierzu erforderliche Erstbegehungsgefahr setzt voraus, dass bereits greifbare, ernstliche und unmittelbare Anhaltspunkte dafür bestehen, der Anspruchsgegner werde sich in nächster Zeit rechtswidrig verhalten, indem er eine geographische Herkunftsangabe entgegen § 127 benutzt, und somit eine Verletzungshandlung unmittelbar drohend bevorsteht (Büscher/Dittmer/Schiwy/Büscher Rn. 18; Ingerl/Rohnke Vor §§ 14–19d Rn. 99; Ohly/Sosnitza/Ohly UWG § 8 Rn. 25; BGH GRUR 2001, 1174 f. – Berührungsaufgabe; GRUR 2008, 912 f. – Metrosex; GRUR 2008, 1002 f. – Schuhpark; GRUR 2012, 728 (730) – Einkauf aktuell). Beispiele hierfür können Absichtserklärungen des Anspruchsgegners sowie Vorbereitungen oder Ankündigungen von Werbemaßnahmen sein, die auf eine Zuwiderhandlung konkret und ernsthaft hindeuten (vgl. Ohly/Sosnitza/Ohly UWG § 8 Rn. 28).

3. Vernichtungs- und Rückrufanspruch, Auskunftsanspruch (Abs. 1 S. 3)

18 Neben dem Anspruch auf Unterlassung kann der Anspruchsberechtigte auch die Annexansprüche aus §§ 18, 19, 19a und 19c geltend machen. Angesichts der Anwendbarkeit dieser Normen können im Falle einer Zuwiderhandlung gegen § 127 die Anspruchsberechtigten nach § 128 Abs. 1 – mit Ausnahme des Schadensersatzanspruchs – die gleichen Rechte geltend machen wie der Inhaber einer Marke bei der Verletzung seines Markenrechts (→ Rn. 2; vgl. auch BT-Drs. 16/5048, 44; Ingerl/Rohnke Rn. 11; v. Schultz/Gruber Rn. 12; vgl. auch Dörre/Maaßen GRUR-RR 2008, 269 (271); Fezer Rn. 2; Ströbele/ Hacker/Hacker Rn. 1).

Aus § 128 Abs. 1 S. 3 iVm § 18 Abs. 1 kann der Anspruchsberechtigte gegenüber dem 19
Anspruchsgegner einen **Vernichtungsanspruch** geltend machen. Dieser Anspruch sieht
vor, dass der Anspruchsgegner die in seinem Besitz oder Eigentum befindlichen Waren, die
unter Verstoß gegen § 127 widerrechtlich gekennzeichnet wurden, zu vernichten hat (§ 18
Abs. 1 S. 1) mitsamt Geschäftspapieren und Werbemitteln, die die widerrechtlich gekennzeichneten Waren abbilden oder auf diese Waren Bezug nehmen (vgl. Ingerl/Rohnke § 18
Rn. 12). Der Anspruch erstreckt sich zudem auf jene im Besitz oder Eigentum des
Anspruchsgegners stehenden Materialien und Gegenstände, die zumindest vorwiegend zur
widerrechtlichen Kennzeichnung gedient haben (§ 18 Abs. 1 S. 2); hierfür kommen zB
Druckplatten oder Druckvorlagen mit der unzulässig benutzten geographischen Herkunftsangabe in Betracht (vgl. Ingerl/Rohnke § 18 Rn. 15). Soweit die geographische Herkunftsangabe unzulässigerweise für Dienstleistungen benutzt wurde, kann aus § 128 Abs. 1 S. 3 iVm
§ 18 Abs. 1 S. 1 zumindest die Vernichtung von Werbematerialien, insbesondere Broschüren,
Flyer, Poster und Geschäftspapiere, in denen der Anspruchsgegner die angebotene Dienstleistung widerrechtlich mit einer geographischen Herkunftsangabe gekennzeichnet hat, verlangt
werden.

Ein Vernichtungsanspruch kann in Ausnahmefällen allerdings versagt werden, wenn die 20
Anordnung der Vernichtung unverhältnismäßig ist (§ 18 Abs. 3 S. 1), was insbesondere
anhand des Grades des Verschuldens im Zusammenhang mit der widerrechtlichen Kennzeichnung sowie unter Berücksichtigung der wirtschaftlichen Bedeutung der Vernichtung
und der Verletzungshandlung im jeweiligen Einzelfall zu beurteilen ist (vgl. Ingerl/Rohnke
§ 18 Rn. 21).

Der Anspruchsberechtigte kann zudem aus § 128 Abs. 1 S. 3 iVm § 18 Abs. 2 einen **Rück-** 21
rufanspruch geltend machen, der den Anspruchsgegner verpflichtet, die widerrechtlich
gekennzeichneten Waren aus ihren Vertriebswegen zurückzurufen oder sie daraus endgültig
zu entfernen. Wie bei einem Vernichtungsanspruch (→ Rn. 19) kann in engen Ausnahmefällen ein Ausschluss des Rückrufanspruchs angesichts einer Unverhältnismäßigkeit des
Rückrufs denkbar sein (§ 18 Abs. 3 S. 1).

Darüber hinaus kann der Anspruchsberechtigte einen **Auskunftsanspruch** aus § 128 22
Abs. 1 S. 3 iVm § 19 geltend machen. Dieser Anspruch richtet sich zum einen gegen denjenigen, der die geographische Herkunftsangabe entgegen § 127 benutzt (§ 19 Abs. 1). Zum
anderen kann sich der Auskunftsanspruch ausnahmsweise gegen Dritte richten (§ 19 Abs. 2);
ein derartiger Auskunftsanspruch **gegen Dritte** setzt voraus, dass die Verletzung der Rechte
des Anspruchsberechtigten offensichtlich ist oder der Anspruchsberechtigte gegen den Verletzer wegen dessen widerrechtlicher Nutzung eine (Unterlassungs-)Klage erhoben hat; weitere
Voraussetzung des Auskunftsanspruchs gegen einen Dritten ist es, dass dieser in gewerblichem
Ausmaß die widerrechtlich mit geographischer Herkunftsangabe gekennzeichnete Ware in
seinem Besitz hatte bzw. eine derart gekennzeichnete Dienstleistung in Anspruch nahm,
selbst als Dienstleister zur widerrechtlichen Benutzung der geographischen Herkunftsangabe
beitrug (zB ein Spediteur der widerrechtlich gekennzeichneten Ware, vgl. Ingerl/Rohnke
§ 19 Rn. 20) oder an der Herstellung, an der Erzeugung oder an dem Vertrieb der widerrechtlich gekennzeichneten Ware beteiligt war (§ 19 Abs. 2 S. 1 Nr. 1–4).

Indes besteht kein Auskunftsanspruch gegenüber jenen Dritten, denen im Klageverfahren des 22.1
Anspruchsberechtigten gegen den Verletzer ein Zeugnisverweigerungsrecht nach §§ 383–385 ZPO
zusteht (§ 19 Abs. 2 S. 1), wie zB Kreditinstitute, es sei denn, die Auskunft richtet sich auf ein vom
Kreditinstitut für den Verletzer geführtes Konto, das im Zusammenhang mit einer offensichtlichen
Zuwiderhandlung gegen § 127 genutzt wurde (OLG Naumburg GRUR-RR 2012, 388 f.; einschrän-
kend im Hinblick auf die zitierte Kontoführung in der Vorinstanz BGH GRUR 2016, 497 (499) –
Davidoff Hot Water II = GRUR-Prax 2016, 196 mit Anm. Czychowski im Anschluss an EuGH C-
580/13, GRUR 2015, 894 – Coty Germany/Sparkasse Magdeburg = GRUR-Prax 2015, 319 mit
Anm. Hansen). Der Auskunftsanspruch umfasst Angaben über Namen und Anschrift der Hersteller,
Lieferanten und anderer Vorbesitzer der Waren oder Dienstleistungen sowie der gewerblichen Abnehmer
und Verkaufsstellen, für die die widerrechtlich gekennzeichneten Waren oder Dienstleistungen bestimmt
waren (vgl. § 19 Abs. 3 Nr. 1), sowie Angaben über die Menge der hergestellten, ausgelieferten, erhaltenen oder bestellten Waren mitsamt den hierfür bezahlten Preisen (vgl. 19 Abs. 3 Nr. 2).

Ausnahmsweise kann ein Auskunftsanspruch allerdings ausgeschlossen sein, wenn unter 23
Berücksichtigung des jeweiligen Einzelfalls die begehrte Auskunft unverhältnismäßig ist.

24 Aus § 128 Abs. 1 S. 3 iVm § 19a Abs. 1 S. 1 kann der Anspruchsberechtigte **Vorlage- und Besichtigungsansprüche** geltend machen. Diese Ansprüche erstrecken sich auf die Vorlage von Urkunden des Verletzers oder auf eine Besichtigung der widerrechtlich mit geographischen Herkunftsangaben gekennzeichneten Waren, sofern die Vorlage bzw. Besichtigung für den Anspruchsberechtigten erforderlich ist, um seine Ansprüche begründen zu können.

25 Bei hinreichender Wahrscheinlichkeit, dass die widerrechtliche Kennzeichnung in gewerblichem Ausmaß erfolgte, kann der Anspruchsberechtigte vom Verletzer auch die Vorlage von Bank-, Handels- und Finanzunterlagen verlangen.

26 Sofern der Verletzer darlegen kann, dass bei Erfüllung des Vorlage- oder Besichtigungsanspruchs der Anspruchsberechtigte **vertrauliche Informationen** erfahren könnte (zB Rezepturen, Herstellungsmethoden, Preise, Kalkulationen oder Kundeninformationen, vgl. Ingerl/Rohnke § 19a Rn. 18), kann er vom Gericht verlangen, dass eine mildere, einzelfallspezifische Maßnahme trifft (§ 19a Abs. 1 S. 3).

27 Ferner besteht kein Anspruch auf Vorlage von Urkunden oder auf Besichtigung, wenn dies im Einzelfall unverhältnismäßig ist (§ 19a Abs. 2).

28 Schließlich steht dem Anspruchsberechtigten ein **Bekanntmachungsanspruch** aus § 128 Abs. 1 S. 3 iVm § 19c zu, wenn ihm im Urteil des vorausgegangenen Klageverfahrens gegen den Verletzer die Befugnis zugesprochen wurde, das Urteil auf Kosten des Verletzers zu veröffentlichen. Für eine derartige Bekanntmachung, wie sie auch bei einer strafrechtlichen Verurteilung des Verletzers nach § 144 Abs. 5 angeordnet werden kann (→ § 144 Rn. 11), bestimmt das Gericht nach seinem Ermessen die Art und Weise, wie die Bekanntmachung erfolgen kann (§ 19c S. 2), zB das Medium oder die Aufmachung der Bekanntmachung (vgl. Ingerl/Rohnke § 19c Rn. 9).

C. Anspruch aus Abs. 2

29 Während Abs. 1 einen Unterlassungsanspruch begründet, ist Abs. 2 die Anspruchsgrundlage für einen markenrechtlichen Schadensersatzanspruch, der dem berechtigten Nutzer einer geographischen Herkunftsangabe gegenüber demjenigen zusteht, der vorsätzlich oder fahrlässig gegen § 127 zuwidergehandelt hat.

I. Verletzungshandlung

30 Wie Abs. 1 knüpft auch Abs. 2 an eine Zuwiderhandlung gegen § 127 an. Im Gegensatz zum verschuldensunabhängig ausgestalteten Unterlassungsanspruch aus § 128 Abs. 1 setzt § 128 Abs. 2 allerdings ein Zuwiderhandeln voraus, das **vorsätzlich oder fahrlässig** erfolgt ist.

30.1 Für die Beurteilung, ob Vorsatz oder Fahrlässigkeit gegeben war, gelten – wie bei § 14 Abs. 6 – die allgemeinen zivilrechtlichen Grundsätze, so dass Fahrlässigkeit zu bejahen ist, wenn der Verletzer die im Verkehr erforderliche Sorgfalt außer Acht gelassen hatte (§ 276 Abs. 2 BGB), und dass eine vorsätzliche Zuwiderhandlung vorliegt, wenn die Verletzungshandlung in Kenntnis aller Tatbestandsmerkmale vorgenommen wurde (vgl. Ingerl/Rohnke Rn. 15 iVm Vor §§ 14–19d Rn. 219 ff.; Ströbele/Hacker/Hacker § 14 Rn. 500 f.; Büscher/Dittmer/Schiwy/Büscher § 128 Rn. 23).

II. Aktivlegitimation

31 Im Gegensatz zu den Unterlassungsansprüchen aus Abs. 1, die dem berechtigten Nutzer sowie den in § 8 Abs. 3 UWG genannten Anspruchsberechtigen zustehen (→ Rn. 10 f.), kann **lediglich der berechtigte Nutzer** einer geographischen Herkunftsangabe einen Schadensersatzanspruch aus Abs. 2 S. 1 geltend machen (vgl. Ingerl/Rohnke Rn. 13; Ströbele/Hacker/Hacker Rn. 14; Büscher/Dittmer/Schiwy/Büscher Rn. 24; BGH GRUR 2008, 884 (887) – Cambridge Institute).

III. Rechtsfolge

1. Schadensersatzanspruch (Abs. 2 S. 1)

32 Der Verletzer hat dem berechtigten Nutzer, der ihn auf Schadensersatz aus § 128 Abs. 2 S. 1 in Anspruch nimmt, den entstandenen Schaden zu ersetzen. Zur Berechnung des zu

ersetzenden Schadens kommt eine **Lizenzanalogie** ausdrücklich **nicht** in Betracht, da bei geographischen Herkunftsangaben eine Lizenzierung von vornherein ausscheidet (so die Begründung zur Neufassung von § 128 durch das DurchsetzungsG, BT-Drs. 16/5048, 44).

Dem berechtigten Nutzer verbleiben daher zwei Möglichkeiten zur Ermittlung seines Schadens. Zum einen kann er den konkreten, ihm durch die widerrechtliche Benutzung der geographischen Herkunftsangabe entstandenen Schaden inklusive des **entgangenen Gewinns** nach § 252 BGB geltend machen (vgl. Dörre/Maaßen GRUR-RR 2008, 269 (271); Ströbele/Hacker/Hacker Rn. 18; Büscher/Dittmer/Schiwy/Büscher Rn. 26). Zum anderen kann der berechtigte Nutzer unter Berufung auf Abs. 2 S. 1 bei der Bemessung des Schadensersatzes den Gewinn, den der Verletzer durch seine widerrechtliche Benutzung erzielt hat, berücksichtigen. Eine derartige Schadensberechnung unter Zugrundelegung des **Verletzergewinns** wird sich für den berechtigten Nutzer allerdings als problematisch erweisen. Da vielfach zahlreiche berechtigte Nutzer der geographischen Herkunftsangabe existieren, steht der Verletzergewinn nicht allein jenem berechtigten Nutzer zu, der seinen Schadensanspruch einklagt. 33

Daher könnte es als naheliegend erscheinen, sämtliche berechtigte Nutzer, die einen Anspruch aus § 128 Abs. 2 wegen widerrechtlicher Nutzung einer geographischen Herkunftsangabe gegen den gleichen Verletzer geltend machen könnten, als eine Gesamtgläubigerschaft iSd § 428 BGB anzusehen (so Omsels Rn. 701 f.). Folge einer derartigen Gesamtgläubigerschaft wäre, dass jeder Gläubiger den gesamten Verletzergewinn geltend machen könnte und der Verletzer nur einmal den Verletzergewinn abführen müsste. Allerdings wäre auch eine derartige Gesamtgläubigerschaft, die zudem weder im Wortlaut von § 128 noch in der Gesetzesbegründung eine Stütze findet (kritisch daher Dörre/Maaßen GRUR-RR 2008, 269 (271)) problematisch, da sich die Frage stellt, welcher Anteil einem berechtigten Nutzer zusteht (vgl. auch Ingerl/Rohnke Rn. 14; Ströbele/Hacker/Hacker Rn. 18; Büscher/Dittmer/Schiwy/Büscher Rn. 27). 33.1

Hinterlegt der Verletzer seinen gesamten Verletzergewinn gemäß § 432 Abs. 1 S. 2 BGB (so Ströbele/Hacker/Hacker Rn. 18), um so das Risiko mehrerer Klagen auf Auskehrung des Verletzergewinns zu reduzieren, löst dies nicht die Problematik, wie der hinterlegte Betrag verteilt werden soll (so auch der Einwand bei Büscher/Dittmer/Schiwy/Dittmer Rn. 27). 33.2

Gleiches gilt für eine gemeinsame Klage auf Auskehrung des gesamten Verletzergewinns von allen berechtigten Nutzern gemeinsam oder im Wege der Prozessstandschaft von einem berechtigten Nutzer (so Büscher/Dittmer/Schiwy/Dittmer Rn. 28). Hier besteht zudem das praktische Problem, die Ansprüche sämtlicher berechtigten Nutzer in einem gemeinsamen Klageverfahren zu bündeln (so der Einwand von Ströbele/Hacker/Hacker Rn. 18 Fn. 20). 33.3

Angesichts der praktischen und prozessualen Schwierigkeiten bei der Geltendmachung des Verletzergewinns gemäß Abs. 2 S. 2 erscheint es sachgerecht für den berechtigten Nutzer, seinen eigenen konkret erlittenen Schaden inklusive des entgangenen Gewinns geltend zu machen und die Angaben des Verletzers zur Höhe des Verletzergewinns zugrundezulegen. 34

2. Sicherung von Schadensersatzansprüchen (Abs. 2)

Darüber hinaus kann der berechtigte Nutzer zur Sicherung und Durchsetzung seiner Schadensersatzansprüche **Vorlageansprüche aus § 19b** geltend machen, dessen entsprechende Geltung Abs. 2 S. 3 vorsieht. So kann unter Berufung auf § 19b Abs. 1 S. 1 bei einer im gewerblichen Ausmaß begangenen Rechtsverletzung in Gestalt der widerrechtlichen Benutzung einer geographischen Herkunftsangabe der berechtigte Nutzer verlangen, dass ihm der Verletzer seine Bank-, Finanz- oder Handelsunterlagen vorlegt oder ihm zumindest einen geeigneten Zugang hierzu verschafft, wenn ohne eine Vorlage derartiger Unterlagen die Durchsetzung des Schadensersatzanspruchs fraglich ist. 35

Eine **Rechtsverletzung** im gewerblichen Ausmaß liegt vor, wenn der Verletzer wiederholt derartige Rechtsverletzungen begangen hat, um dadurch dauerhaft unmittelbare oder mittelbare wirtschaftliche oder kommerzielle Vorteile zu erlangen (vgl. Büscher/Dittmer/Schiwy/Büscher § 19b Rn. 3, § 19 Rn. 18; Ströbele/Hacker/Hacker § 19b Rn. 4, § 19 Rn. 21). Da der Anspruch aus § 128 abstellt auf Zuwiderhandlungen gegen § 127, die ihrerseits eine widerrechtliche Benutzung im geschäftlichen Verkehr voraussetzen, wird das Tatbestandsmerkmal einer Rechtsverletzung im gewerblichen Ausmaß in der Regel erfüllt sein. 36

MarkenG § 128 Teil 6 Geographische Herkunftsangaben

37   Sofern indes der Verletzer gegen derartige Ansprüche, die sich zB auf die Vorlage von Bankkontoumsatzübersichten beziehen können, gemäß § 19b Abs. 1 S. 2 einwendet, die vorzulegenden Unterlagen und Informationen seien vertraulich, trifft das Gericht unter Berücksichtigung des Schutzes der **Vertraulichkeit** und unter Wahrung des Grundsatzes der Verhältnismäßigkeit die erforderlichen einzelfallspezifischen und milderen Maßnahmen (vgl. Omsels Rn. 713).

38   Ist die begehrte Vorlage der Unterlagen unverhältnismäßig, ist der Anspruch ausgeschlossen (§ 19b Abs. 2).

D. Löschungs- und Rücknahmeanspruch

39   Sofern eine geographische Herkunftsangabe von einer prioritätsjüngeren Registermarke vereinnahmt wird, werden die Rechte der berechtigten Nutzer der geographischen Herkunftsangabe berührt, soweit deren Nutzung und deren bisheriger Schutz nach den §§ 126 ff. eingeschränkt würden durch die prioritätsjüngere Registermarke. Daher sind geographische Herkunftsangaben ein relatives Schutzhindernis für prioritätsjüngere Registermarken (§ 13 Abs. 2 Nr. 5). Wurde ungeachtet dieses relativen Schutzhindernisses die prioritätsjüngere Marke eingetragen, so besteht gemäß § 51 Abs. 1, § 55 Abs. 2 Nr. 3 für die nach § 8 Abs. 3 UWG zur Geltendmachung von Ansprüchen Berechtigten, auf die auch § 128 Abs. 1 S. 1 abstellt, ein Beseitigungsanspruch in Gestalt eines Anspruchs auf Löschung der prioritätsjüngeren Marke (vgl. Ströbele/Hacker/Hacker Rn. 22, 24 f.; v. Schultz/Gruber Rn. 11).

40   Sofern ein Markenschutz für die prioritätsjüngere Registermarke nur beantragt wurde, die Registermarke allerdings noch nicht in das Register eingetragen wurde, besteht anstelle eines Löschungsanspruchs ein Anspruch auf **Rücknahme der Markenmeldung** (BGH GRUR 2001, 422 – SPA; Ströbele/Hacker/Hacker § 55 Rn. 8, § 128 Rn. 23).

E. Haftung des Betriebsinhabers (Abs. 3 iVm § 14 Abs. 7)

41   Infolge der von Abs. 3 angeordneten entsprechenden Geltung von § 14 Abs. 7 haftet der Betriebsinhaber, wenn in seinem geschäftlichen Betrieb Angestellte oder Beauftragte geographische Herkunftsangaben entgegen § 127 benutzt haben (vgl. BGH GRUR 2016, 741 (745) – Himalaya-Salz = GRUR-Prax 2016, 284 mit Anm. Heim). Die Haftung erstreckt sich sowohl auf Unterlassungsansprüche aus Abs. 1 als auch auf Schadensersatzansprüche aus Abs. 2, sofern die Angestellten oder Beauftragten des Betriebsinhabers vorsätzlich oder fahrlässig gehandelt haben. Ein etwaiges eigenes Verschulden des Betriebsinhabers ist für seine Haftung ebenso wenig erforderlich wie ein tatsächlicher Einfluss des Betriebsinhabers auf das Handeln seiner Angestellten oder Beauftragten; er haftet damit auch für deren ohne sein Wissen oder sogar gegen seinen Willen begangene Zuwiderhandlungen gegen § 127 (vgl. BGH GRUR 2009, 1167 (1170) – Partnerprogramm; OLG Hamm BeckRS 2012, 22998 – Google-Adwords-Werbung = MMR 2013, 41 mit Anm. Albrecht).

42   Ferner besteht für den Betriebsinhaber **keine Möglichkeit zu einer Exkulpation,** wie sie nach § 831 BGB bei schädigenden Handlungen durch Verrichtungsgehilfen denkbar ist (vgl. Ingerl/Rohnke Vor §§ 14–19d Rn. 43; Fezer Rn. 29, § 14 Rn. 1055; Ströbele/Hacker/Hacker § 14 Rn. 608; HK-MarkenR/Fuchs-Wissemann Rn. 5; BGH GRUR 2005, 864 – Meißner Dekor II).

42.1   Zwar kann der Betriebsinhaber gegen seine Haftung für Schadensersatzansprüche einwenden, sein Angestellter oder Beauftragter habe weder vorsätzlich noch fahrlässig eine geographische Herkunftsangabe entgegen § 127 Abs. 1 benutzt. Derartige Einwendungen dürften in der Praxis aber zumeist wenig Aussicht auf Erfolg haben, da die Rechtsprechung strenge Anforderungen an die Sorgfaltspflichten stellt, wie zB im Vorfeld einer Benutzung umfassende Recherchen hinsichtlich entgegenstehender Rechte Dritter (vgl. Ingerl/Rohnke Vor §§ 14–19d Rn. 219 f; Ströbele/Hacker/Hacker § 14 Rn. 502; BGH GRUR 2008, 1104 (1107) – Haus und Grund II).

43   Dabei sind im Vorfeld einer Benutzung **Recherchen und Klärungen durchzuführen** (vgl. dazu Ingerl/Rohnke Vor §§ 14–19d Rn. 219f; BGH GRUR 1995, 825 (828 f.) – Torres; GRUR 1991, 153 (155) – Pizza & Pasta) unabhängig davon, dass angesichts eines fehlenden Registers für geographische Herkunftsangaben iSd §§ 126 ff. die Recherchemöglichkeiten im Vergleich zu Marken eingeschränkt sind.

Während ein Ausschluss des Verschuldens bei Verletzungshandlungen umfassende und sorgfältige vorherige Recherchen erfordert, sind die Anforderungen an Recherchen im Vorfeld von Markenanmeldungen geringer; so ist eine Anmeldung einer Marke ohne vorherige Recherche nach älteren Rechten nach hM noch kein Grund für eine Kostenauferlegung im Widerspruchsverfahren, es sei denn, es lagen Hinweise auf eine eindeutig verwechselbare ältere Marke vor (→ § 71 Rn. 23). **43.1**

F. Sonstige Ansprüche (Abs. 3 iVm § 19d)

Gemäß § 128 Abs. 3 iVm § 19d in entsprechender Anwendung bleiben Ansprüche aus anderen gesetzlichen Vorschriften von den Ansprüchen aus § 128 Abs. 1 und Abs. 2 unberührt. Hierbei können insbesondere Ansprüche aus §§ 3, 5 UWG sowie aus § 11 LFGB in Betracht kommen (→ § 126 Rn. 7.1; Büscher/Dittmer/Schiwy/Büscher Rn. 33; Ströbele/Hacker/Hacker Rn. 28; v. Schultz/Gruber Rn. 2, 11; Streinz/Leible Lebensmittelrechts-Handbuch III Rn. 520; Meyer/Streinz/Meyer LFGB § 11 Rn. 85). **44**

§ 129 Verjährung

Ansprüche nach § 128 verjähren gemäß § 20.

Wie § 136 im Hinblick auf Ansprüche aus § 135 verweist § 129 für die Verjährung der Ansprüche aus § 128 auf § 20. So gelten gemäß § 20 für die Verjährung von Ansprüchen die Vorschriften des fünften Abschnitts des ersten Buches des Bürgerlichen Gesetzbuches (§§ 194–218 BGB) entsprechend. Zu den Einzelheiten sei verwiesen auf die Kommentierung zu § 20 (→ § 20 Rn. 5, → § 20 Rn. 9 ff.). **1**

Abschnitt 2 Schutz von geographischen Angaben und Ursprungsbezeichnungen gemäß der Verordnung (EU) Nr. 1151/2012

§ 130 Verfahren vor dem Deutschen Patent- und Markenamt; nationales Einspruchsverfahren

(1) Anträge auf Eintragung einer geographischen Angabe oder einer Ursprungsbezeichnung in das Register der geschützten Ursprungsbezeichnungen und der geschützten geographischen Angaben, das von der Europäischen Kommission nach Artikel 11 der Verordnung (EU) Nr. 1151/2012 des Europäischen Parlaments und des Rates vom 21. November 2012 über Qualitätsregelungen für Agrarerzeugnisse und Lebensmittel (ABl. L 343 vom 14.12.2012, S. 1) in ihrer jeweils geltenden Fassung geführt wird, sind beim Deutschen Patent- und Markenamt einzureichen.

(2) Für die in diesem Abschnitt geregelten Verfahren sind die im Deutschen Patent- und Markenamt errichteten Markenabteilungen zuständig.

(3) Bei der Prüfung des Antrags holt das Deutsche Patent- und Markenamt die Stellungnahmen des Bundesministeriums für Ernährung und Landwirtschaft, der zuständigen Fachministerien der betroffenen Länder, der interessierten öffentlichen Körperschaften sowie der interessierten Verbände und Organisationen der Wirtschaft ein.

(4) [1]Das Deutsche Patent- und Markenamt veröffentlicht den Antrag. [2]Gegen den Antrag kann innerhalb von zwei Monaten seit Veröffentlichung von jeder Person mit einem berechtigten Interesse, die im Gebiet der Bundesrepublik Deutschland niedergelassen oder ansässig ist, beim Deutschen Patent- und Markenamt Einspruch eingelegt werden.

(5) [1]Entspricht der Antrag den Anforderungen der Verordnung (EU) Nr. 1151/2012 und den zu ihrer Durchführung erlassenen Vorschriften, stellt das Deutsche Patent- und Markenamt dies durch Beschluss fest. [2]Andernfalls wird der Antrag

durch Beschluss zurückgewiesen. ³Das Deutsche Patent- und Markenamt veröffentlicht den stattgebenden Beschluss. ⁴Kommt es zu wesentlichen Änderungen der nach Absatz 4 veröffentlichten Angaben, so werden diese zusammen mit dem stattgebenden Beschluss veröffentlicht. ⁵Der Beschluss nach Satz 1 und nach Satz 2 ist dem Antragsteller und denjenigen zuzustellen, die fristgemäß Einspruch eingelegt haben.

(6) ¹Steht rechtskräftig fest, dass der Antrag den Anforderungen der Verordnung (EU) Nr. 1151/2012 und den zu ihrer Durchführung erlassenen Vorschriften entspricht, so unterrichtet das Deutsche Patent- und Markenamt den Antragsteller hierüber und übermittelt den Antrag mit den erforderlichen Unterlagen dem Bundesministerium der Justiz und für Verbraucherschutz. ²Ferner veröffentlicht das Deutsche Patent- und Markenamt die Fassung der Spezifikation, auf die sich die positive Entscheidung bezieht. ³Das Bundesministerium der Justiz und für Verbraucherschutz übermittelt den Antrag mit den erforderlichen Unterlagen an die Europäische Kommission.

(7) Sofern die Spezifikation im Eintragungsverfahren bei der Europäischen Kommission geändert worden ist, veröffentlicht das Deutsche Patent- und Markenamt die der Eintragung zugrunde liegende Fassung der Spezifikation.

Überblick

Der Anwendungsbereich dieser Vorschrift zielt auf den Schutz geographischer Bezeichnungen für Agrarerzeugnisse und Lebensmittel (→ Rn. 3), soweit diese nicht eine Gattungsbezeichnung (→ Rn. 17) führen, nach Maßgabe der VO (EU) Nr. 1151/2012 und deren Durchführungsvorschriften. Dabei gehen die diesen Schutz begründenden EU-Normen den nationalen Schutznormen vor (→ Rn. 5). Die geschützten geographischen Bezeichnungen sind geschützte Ursprungsbezeichnungen (→ Rn. 7) und geschützte geographische Angaben (→ Rn. 11).

Das Verfahren zur Erlangung dieses Schutzes hat eine Phase auf nationaler Ebene (→ Rn. 32) und eine Phase auf Gemeinschaftsebene (→ Rn. 20). In der nationalen Phase werden der Antragsgegenstand (→ Rn. 34), das Antragsrecht (→ Rn. 36) und die Formalien des Antrags (→ Rn. 38) mit der Spezifikation (→ Rn. 39) geprüft. Während der nationalen Verfahrensphase können Einsprüche aus Deutschland erhoben werden (→ Rn. 47). Gegen den Beschluss des DPMA (→ Rn. 51) sind Rechtsmittel gemäß § 133 gegeben. Stattgebende Beschlüsse gehen über das Bundesministerium der Justiz und für Verbraucherschutz (BMJV) an die Kommission (→ Rn. 53) und werden mit der Spezifikation vom DPMA veröffentlicht.

In der gemeinschaftsrechtlichen Phase können Einsprüche aus anderen Ländern erhoben werden (→ Rn. 24). Danach kann die Eintragung ins Register (→ Rn. 26) geschehen (zu deren Rechtsfolgen → Rn. 27). Der mit Wirkung zum 1.7.2016 neu eingefügte Abs. 7 sieht vor, dass das DPMA auch Änderungen der Spezifikation veröffentlicht, die in der gemeinschaftsrechtlichen Phase im Eintragungsverfahren bei der Europäischen Kommission erfolgen (→ Rn. 54).

Übersicht

	Rn.		Rn.
A. Schutz geographischer Bezeichnungen	1	4. Keine Eintragung von Gattungsbezeichnungen	17
I. Allgemeines	1	IV. Prüfungs- und Eintragungsverfahren	20
II. Anwendungsbereich	3	1. Prüfung im Mitgliedstaat und auf Gemeinschaftsebene	21
III. Geschützte Bezeichnungen	6	2. Einspruch gegen die beabsichtigte Eintragung	24
1. Geschützte Ursprungsbezeichnungen (g.U.)	7	3. Eintragung in das Register der Kommission	26
2. Geschützte geographische Angaben (g.g.A.)	11	V. Rechtsfolgen der Eintragung durch die Kommission	27
3. Garantiert traditionelle Spezialitäten (g.t.S.)	15	1. Rechtsfolgen für berechtigte Verwender	27

Verfahren vor dem Deutschen Patent- und Markenamt § 130 MarkenG

	Rn.		Rn.
2. Weitergehende Rechtsfolgen	29	II. Antragsveröffentlichung (Abs. 4)	45
B. Antrag auf Eintragung an das DPMA (Abs. 2)	32	III. Einholung Stellungnahmen Dritter (Abs. 3)	46
I. Antragsgegenstand	34	IV. Einspruch gegen den Antrag	47
II. Antragsteller	36	V. Beschluss des DPMA über den Antrag (Abs. 5)	51
III. Antragsform und -inhalt	38		
1. Formblatt gemäß § 47 MarkenV	38	**D. Unterrichtungspflichten des DPMA (Abs. 6)**	53
2. Spezifikation	39		
IV. Antragsgebühr	41	**E. Veröffentlichungen und Änderungen im Eintragungsverfahren bei der Europäischen Kommission (Abs. 7)**	54
C. Antragsbearbeitung im DPMA	42		
I. Antragsprüfung	42		

A. Schutz geographischer Bezeichnungen

I. Allgemeines

Geographische Herkunftsangaben wurden europarechtlich zunächst geschützt durch die am 24.7.1993 in Kraft getretene VO (EWG) Nr. 2081/92 zum Schutz von geographischen Angaben und Ursprungsbezeichnungen für Agrarerzeugnisse und Lebensmittel (ABl. Nr. L 208, 1). **1**

Diese Verordnung ermöglichte auch einen Schutz von Herkunftsangaben aus Drittländern, allerdings nur unter den engen Voraussetzungen des Art. 12 VO (EWG) Nr. 2081/92. Diese Voraussetzungen hätten für das Drittland faktisch bedeutet, im eigenen Land ein ähnliches System wie das nach VO (EWG) Nr. 2081/92 zum Schutze von Herkunftsangaben zu übernehmen (Heine GRUR 1993, 96 (103)). Auf Antrag der USA und Australiens erkannte die Welthandelsorganisation daher in zwei Entscheidungen vom 15.3.2005, die VO (EWG) Nr. 2081/92 verstoße mit ihrem Art. 12 gegen das TRIPS-Abkommen (vgl. WTO-Panel, Bericht v. 15.3.2005 – WT/DS174/R, GRUR Int 2006, 930; vgl. auch Omsels Rn. 95; Sosnitza MarkenR § 21 Rn. 1). Infolgedessen wurde sie zum 31.3.2006 ersetzt durch die Verordnung (EG) Nr. 510/2006 des Rates vom 20.3.2006 zum Schutz von geographischen Angaben und Ursprungsbezeichnungen für Agrarerzeugnisse und Lebensmittel (ABl. Nr. L 93, 12). **1.1**

Am 3.1.2013 trat die VO (EU) Nr. 1151/2012 über Qualitätsregelungen für Agrarerzeugnisse und Lebensmittel (ABl. Nr. L 343, 1) in Kraft und ersetzte damit die Vorschriften der VO (EG) Nr. 510/2006 wie auch die der VO (EG) Nr. 509/2006 über die garantiert traditionellen Spezialitäten bei Agrarerzeugnissen und Lebensmittel. Gleichzeitig sollten damit die Normen für geschützte Ursprungsbezeichnungen und geschützte geographische Angaben gemäß der einstigen VO (EG) Nr. 510/2006 sowie die Normen für garantiert traditionelle Spezialitäten aus Gründen der Klarheit und Transparenz in einem einzigen Rechtsrahmen zusammenfasst werden (vgl. Erwägungsgründe 13 und 14 der VO (EU) Nr. 1151/2012; vgl. auch Omsels MarkenR 2013, 209; Schoene ZLR 2015, 236; Teufer ZLR 2015, 15 (21)). Wie bereits der Titel der VO (EU) Nr. 1151/2012 andeutet („Verordnung über Qualitätsregelungen für Agrarerzeugnisse und Lebensmittel"), zielt sie wie auch die ihr vorangegangenen VO (EG) Nr. 510/2016 und VO (EWG) Nr. 2081/92 in erster Linie auf die Förderung der Agrarwirtschaft und – anders als das Lauterkeitsrecht – nicht auf den Schutz des Verbrauchers (vgl. Loschelder GRUR 2016, 339 (341)). Dies zeigt auch der Erwägungsgrund 18 der VO (EU) Nr. 1151/2012, wonach durch den Schutz von Ursprungsbezeichnungen und geographischen Angaben den Landwirten und den Erzeugern ein gerechtes Einkommen für die hochwertige Qualität und Merkmale eines bestimmten Erzeugnisses gesichert werden soll (vgl. auch Loschelder GRUR 2016, 339 (341)); erst als Konsequenz dieses Schutzes stellt der Erwägungsgrund 18 auf den Verbraucher ab: so sollen dem Verbraucher klare Informationen über Erzeugnisse mit besonderen Merkmalen aufgrund des geographischen Ursprungs bereitgestellt werden, damit er seine Kaufentscheidungen gut informiert treffen kann. **2**

Neben dem Schutz geographischer Herkunftsangaben durch das nationale Recht nach Maßgabe der §§ 126 bis 129 besteht auch ein europarechtlicher Schutz geographischer Herkunftsangaben. Herausragende Bedeutung hatte hierbei die bis zum 2.1.2013 geltende VO (EG) Nr. 510/2006 zum Schutz von **2.1** geographischen Angaben und Ursprungsbezeichnungen für Agrarerzeugnisse und Lebensmittel. Mit dieser Verordnung – wie auch mit der durch sie außer Kraft getretenen VO (EWG) Nr. 2081/92 – hatte die Kommission auf das steigende Interesse der Verbraucher nach Agrarerzeugnissen und Lebensmitteln mit bestimmbarer geographischer Herkunft reagiert und beabsichtigt, derartige Produkte zu fördern. Zum 3.1.2013 ersetzte die VO (EU) Nr. 1151/2012 über Qualitätsregelungen für Agrarerzeugnisse und Lebensmittel die VO (EG) Nr. 510/2006. Weiterhin können demnach Agrarerzeugnisse und Lebensmittel, die die in der jeweiligen Spezifikation aufgeführten Bedingungen erfüllen, mit einer geschützten, in einem auf Gemeinschaftsebene geführten Register eingetragenen geographischen Angabe oder Ursprungsbezeichnung gekennzeichnet werden. Der Eintragung einer geographischen Angabe bzw. Ursprungsbezeichnung sowie etwaigen späteren Änderungen dieser Eintragung voraus geht jeweils ein mehrstufiges Prüfungsverfahren auf nationaler Ebene und auf Gemeinschaftsebene. Während sich die gemeinschaftsrechtliche Prüfung ausschließlich an den Normen der VO (EU) Nr. 1151/2012 (vormals VO (EG) Nr. 510/2006) mit ihren Durchführungsvorschriften orientiert, greifen für das nationale Verfahren zusätzlich die §§ 130–136. Diese nationalstaatlichen Normen begründen die Stellung und Funktionen des DPMA innerhalb des nationalen Prüfungsverfahrens und gestalten das nationale Prüfungsverfahren konkret aus.

2.2 Durch Art. 4 Gesetz zur Änderung des Designgesetzes und weiterer Vorschriften des gewerblichen Rechtsschutzes vom 4.4.2016 (BGBl. I 558) änderte der Gesetzgeber die §§ 130–136 mit Wirkung ab dem 1.7.2016 ua dergestalt, dass diese Normen nun nicht mehr auf die VO (EG) Nr. 510/2006 verweisen; sondern auf die VO (EU) Nr. 1151/2012. Materielle Auswirkungen hat diese Anpassung der Verweisung in den §§ 130–136 indes nicht; denn bereits seit dem Inkrafttreten der VO (EU) Nr. 1151/2012 am 3.1.2013 waren die Bezugnahmen auf die VO (EG) Nr. 510/2006 in den §§ 130 ff. als Bezugnahmen auf die Normen der VO (EU) Nr. 1151/2012 gemäß deren Entsprechungstabelle in Anhang II der VO (EU) Nr. 1151/2012 zu lesen (vgl. Art. 58 Abs. 2 VO (EU) Nr. 1151/2012). Diese Kommentierung orientiert sich an der VO (EU) Nr. 1151/2012 und verweist in Klammerzusätzen auf die entsprechenden Normen der einstigen VO (EG) Nr. 510/2006 mit der Angabe aF.

II. Anwendungsbereich

3 Wie die Verordnungen VO (EWG) Nr. 2081/92 und die VO (EG) Nr. 510/2006 ermöglicht auch die VO (EU) Nr. 1151/2012 den Schutz von Herkunftsangaben ausschließlich für Agrarerzeugnisse und Lebensmittel. Gemäß Art. 2 VO (EU) Nr. 1151/2012 zählen hierzu
- die in Anhang I des AEUV genannten Agrarerzeugnisse für den menschlichen Verzehr sowie
- die in Anhang I der VO (EU) Nr. 1151/2012 aufgeführten weiteren Agrarerzeugnisse und Lebensmittel.

Zu derartigen Agrarerzeugnissen gemäß Anhang I des AEUV, deren Herkunft nach den Vorgaben der VO (EU) Nr. 1151/2012 geschützt werden kann, zählen ua lebende Tiere, Fleisch, Fleischzubereitungen wie auch Fische, Muscheln und Schalentiere (zB der als geographische Angabe geschützte „Fränkischer Karpfen/Frankenkarpfen/Karpfen aus Franken", s. VO (EU) Nr. 1007/2012) sowie Waren tierischen Ursprungs, Gemüse, Pflanzen und genießbare Früchte, Fette und Öle. Der Anhang I der VO (EU) Nr. 1151/2012 dehnt – im Unterschied zum Anhang I der VO (EG) Nr. 510/2006 – diesen Anwendungsbereich ua aus auf die für die Lebensmittelindustrie und für die Verbraucher gleichermaßen bedeutsamen Lebensmittel wie Backwaren, feine Backwaren, Süßwaren und Kleingebäck und Teigwaren, Getränke auf der Grundlage von Pflanzenextrakten und vor allem Bier (geschützte geographische Angaben sind zB „Kulmbacher Bier", „Mainfranken", „Bayerisches Bier", „Dortmunder Bier").

4 Ausdrücklich ausgenommen vom Anwendungsbereich der VO (EU) Nr. 1151/2012 sind **Weinbauerzeugnisse** (mit Ausnahme von Weinessig), aromatisierte Weine und Spirituosen, Art. 2 Abs. 2 VO (EU) Nr. 1151/2012 (= Art. 1 Abs. 1 UAbs. 2 aF).

4.1 Herkunftsangaben für Weinbauerzeugnisse werden geschützt durch die Art. 92 ff. VO (EU) Nr. 1308/2013 (ABl. Nr. L 347, 671; vgl. Ströbele/Hacker/Hacker § 126 Rn. 40; Schoene ZLR 2015, 236 f.); diese ersetzte die seit dem 1.8.2009 geltende VO (EG) Nr. 607/2009 (ABl. Nr. L 193, 60) mitsamt deren Verweisungen auf die VO (EG) Nr. 479/2008 (ABl. Nr. L 148, 1), die in die VO (EG) Nr. 491/2009 (ABl. Nr. L 154, 1) integriert wurde (vgl. Hieronimi ZLR 2012, 529 ff.; Ströbele/Hacker/Hacker Rn. 9). Herkunftsangaben für aromatisierte Weinerzeugnisse werden geschützt durch die Art. 10 ff. der VO (EU) Nr. 251/2014 (ABl. Nr. L 84, 14) Ströbele/Hacker/Hacker § 126 Rn. 40), die am 28.3.2015 an die Stelle der VO (EWG) Nr. 1601/1991 (ABl. Nr. L 149, 1) trat (s. Schulteis GRUR-Prax 2015, 177).

Geographische Angaben für Spirituosen werden geschützt durch die VO (EG) Nr. 110/2008 (ABl. Nr. L 39, 16); diese führt in ihrem Anhang III zahlreiche europäische Spirituosen auf mit geographischen Angaben, deren Verwendung die Erfüllung der Vorgaben nach Art. 7 ff. VO (EG) Nr. 110/2008 erfordert. Die europarechtlichen Vorgaben der VO (EG) Nr. 110/2008 werden in Deutschland ergänzt durch die Alkoholhaltige Getränke-Verordnung – AGeV; so enthalten die §§ 8 Abs. 2, 9, 9a und Anlage 4 AGeV zusätzliche, über die VO (EG) Nr. 110/2008 hinausgehende Voraussetzungen, damit Spirituosen die in Anlage 4 aufgeführten deutschen geographischen Angaben (zB „Schwarzwälder Himbeergeist", „Fränkisches Kirschwasser", „Bayerischer Gebirgsenzian", „Chiemseer Klosterlikör", „Münsterländer Korn") führen dürfen (zu den Anforderungen an eine geographische Bezeichnung einer Spirituose iSv § 8 Abs. 2 AGeV vgl. OLG Karlsruhe BeckRS 2014, 10407 – Schwarzwald-Spirituosen = GRUR-Prax 2014, 342 mit Anm. Schulteis). **4.2**

Sind Herkunftsangaben vom Anwendungsbereich der VO (EU) Nr. 1151/2012 umfasst und sind sie als geschützte Ursprungsbezeichnung oder geschützte geographische Angabe eingetragen, gelten für derartige Herkunftsangaben die Normen der VO (EU) Nr. 1151/2012 **abschließend und vorrangig** gegenüber nationalstaatlichen Normen, die den Schutz von Herkunftsangaben bezwecken (EuGH C-129/97, C-130/97, GRUR Int 1998, 790 (792) – Chiciak und Fol, zur VO (EWG) 2081/1992; C-478/07, GRUR 2010, 143 (150) – American Bud II, zur VO (EG) Nr. 510/2006. Nach der einstigen Rechtsprechung des EuGH sollte der Anwendungsbereich der VO (EWG) Nr. 2081/1992 und der VO (EG) Nr. 510/2006 auch dann abschließend gegenüber dem nationalstaatlichen Recht sein, wenn bereits nur die **Möglichkeit** der Eintragung einer Herkunftsangabe als geschützte Ursprungsbezeichnung oder geschützte geographische Angabe bestand (s. noch EuGH C-478/07, GRUR 2010, 143 (150) – American Bud II, zur VO (EG) Nr. 510/2006). Gegen eine derartig weite Auslegung des Anwendungsbereichs der Verordnungen zum geographischen Herkunftsschutz wurde in der Literatur vielfach Kritik vorgetragen, ua mit dem Argument, dadurch würde der nationale Schutz qualifizierter geographischer Herkunftsangaben nach § 127 Abs. 2 nahezu ausgehebelt und nur noch auf Industrieerzeugnisse und Dienstleistungen reduziert (so Büscher/Dittmer/Schiwy/Büscher § 127 Rn. 29; Fassbender/Herbrich GRUR Int 2014, 765 (770); Ströbele/Hacker/Hacker § 126 Rn. 52). In seiner jüngeren Rechtsprechung hat der EuGH nunmehr einschränkend entschieden, dass eine geographische Herkunftsangabe, die noch nicht eingetragen ist, nicht vom Anwendungsbereich der oben genannten Verordnungen für geographische Herkunftsangaben umfasst ist und dass dies der Anwendung nationalstaatlicher Regelungen für geographische Herkunftsangaben nicht entgegenstehe; insbesondere seien geographische Ursprungsbezeichnungen, die nur dazu dienten, die geographische Herkunft eines Erzeugnisses unabhängig von dessen besonderen Eigenschaften herauszustellen, nicht um Anwendungsbereich der VO umfasst. Voraussetzung für eine Anwendung der nationalstaatlichen Regelungen auf noch nicht eingetragene Herkunftsangaben sei, dass der nationale Schutz die Ziele der VO (EWG) Nr. 2081/92, der späteren VO (EG) Nr. 510/2006, und der heutigen VO (EU) Nr. 1151/2012 nicht beeinträchtige und nicht gegen die Regeln des freien Warenverkehrs in der EU verstoße (EuGH C-35/13, GRUR 2014, 674 (676) – Salame Felino = GRUR-Prax 2014, 276 mit Anm. Schoene). Eine solche Beeinträchtigung sieht der EuGH, wenn der nationale Schutz den Verbrauchern gewährleiste, dass die diesen Schutz genießenden Erzeugnisse eine bestimmte Qualität oder Eigenschaft aufweisen; so habe sich der nationale Schutz nur darauf zu konzentrieren, dass die Herkunft der Erzeugnisse aus dem betreffenden geographischen Gebiet garantiert werde (EuGH C-35/13, GRUR 2014, 674 (676) – Salame Felino = GRUR-Prax 2014, 276 mit Anm. Schoene; vgl. auch ausführlich Schoene MarkenR 2014, 273 ff.). **5**

Ist der Anwendungsbereich VO (EU) Nr. 1151/2012 eröffnet, so gilt sie – wie ihre Vorgängernormen der VO (EG) Nr. 510/2006 – somit auch vorrangig und abschließend gegenüber den §§ 126–129 (Ingerl/Rohnke Vor §§ 130–136 Rn. 2; v. Schultz/Gruber Vor §§ 130–139 Rn. 31; Sosnitza MarkenR § 21 Rn. 23). Für jene Herkunftsangaben zu Lebensmitteln und Agrarzeugnissen, für die eine Eintragung nach den Vorgaben der VO (EU) Nr. 1151/2012 gar nicht in Betracht kommt, kann allein das nationale Recht einen Schutz begründen. Dies ist der Fall bei einfachen Herkunftsangaben zu Agrarerzeugnissen und Lebensmitteln, bei denen kein Zusammenhang zwischen ihrer Qualität und der geographischen Herkunft besteht und bei denen der Verbraucher aus der Herkunftsangabe auch keine Qualitätsvorstel- **5.1** lung herleitet (Ingerl/Rohnke Vor §§ 130–136 Rn. 2 im Hinblick auf die VO (EG) Nr. 510/2006; so auch bereits zur VO (EWG) Nr. 2081/92 Loschelder ZLR 2001, 115, 117; EuGH C-312/98, GRUR 2001, 64 (66) – Warsteiner; C-216/01, GRUR Int 2004, 131 (135) – American Bud I).

III. Geschützte Bezeichnungen

6 Während Titel I (= Art. 1–3 VO (EU) Nr. 1151/2012) der VO (EU) Nr. 1151/2012 die allgemeinen Bestimmungen normiert, konzentriert sich ihr Titel II (= Art. 4–16 VO (EU) Nr. 1151/2012) auf die besonderen Bestimmungen für geschützte Ursprungsbezeichnungen und geschützte geographische Angaben. Diese Bezeichnungen dürfen gemäß Art. 11 Abs. 2, Art. 12 Abs. 6 VO (EU) Nr. 1151/2012 auch in Etikettierungen von Erzeugnissen aus Drittländern erscheinen, die unter einem in dem Register eingetragenen Namen vermarktet werden und die in der Union im Rahmen eines internationalen Abkommens, bei dem die Union Vertragspartei ist, geschützt sind. Zu den bekannteren Erzeugnissen aus Drittländern, die diese Bezeichnungen führen dürfen, zählen zB aus Indien der Tee „Darjeeling" (geschützte geographische Angabe, s. VO (EU) Nr. 1050/2011) und aus Kolumbien der „Café der Colombia" (geschützte geographisches Angabe, s. VO (EG) Nr. 1050/2007). Einen Überblick über sämtliche Produkte, die als geschützte Ursprungsangabe oder geschützte geographische Angaben anerkannt sind oder für die ein derartiger Schutz beantragt wurde, gewährt zum einen eine Recherche in der amtlichen Datenbank „DPMAregister" (abrufbar über die Internetseite des DPMA www.dpma.de), zum anderen die von der Europäischen Kommission durch die Generaldirektion Landwirtschaft und ländliche Entwicklung (AGRI) geführte „DOOR-Liste" (abrufbar über die Internetseite der Europäischen Kommission – Generaldirektion Landwirtschaft und ländliche Entwicklung: http://ec.europa.eu/agriculture/quality/door/list.html). Letztere führt zudem Produkte auf, die als garantiert traditionelle Spezialität (g.t.S.) gemäß Titel III (= Art. 17–26 VO (EU) Nr. 1151/2012) geschützt sind bzw. für die ein derartiger Schutz beantragt wurde.

1. Geschützte Ursprungsbezeichnungen (g.U.)

7 Gemäß Art. 5 Abs. 1 VO (EU) Nr. 1151/2012 (Art. 2 Abs. 1a aF) bezeichnet der Ausdruck „Ursprungsbezeichnung" im Sinne dieser Verordnung einen Namen, der zur Bezeichnung eines Erzeugnisses verwendet wird,
- dessen Ursprung in einem bestimmten Ort, in einer bestimmten Gegend oder, in Ausnahmefällen, in einem bestimmten Land liegt,
- das seine Güte oder Eigenschaften überwiegend oder ausschließlich den geographischen Verhältnissen einschließlich der natürlichen und menschlichen Einflüsse verdankt und
- dessen Produktionsschritte alle in dem abgegrenzten geographischen Gebiet erfolgen.

Dabei sind unter einem **Produktionsschritt** die Erzeugung, die Verarbeitung oder die Zubereitung des Erzeugnisses zu verstehen (Art. 3 Abs. 7 VO (EU) Nr. 1151/2012). Ist die Ursprungsbezeichnung von der Kommission anerkannt und in das hierfür geführte Register eingetragen worden, ist für Produkte, die die Voraussetzungen dieser Ursprungsbezeichnung erfüllen, eine Etikettierung mit folgendem Unionszeichen vorgesehen:

Grundlage für die Verwendung dieses Zeichens ist Art. 12 Abs. 2 VO (EU) Nr. 1151/2012, **8**
der die Einführung eines Unionszeichen vorsah, um geschützte Ursprungsbezeichnungen bekannt zu machen. Die „Delegierte VO (EU) Nr. 664/2014 der Kommission vom 18.12.2013 zur Ergänzung der VO (EU) Nr. 1151/2012 im Hinblick auf die Festlegung der EU-Zeichen für geschützte Ursprungsbezeichnungen, geschützte geographische Angaben und garantiert traditionelle Spezialitäten sowie im Hinblick auf bestimmte herkunftsbezogene Vorschriften, Verfahrensvorschriften und zusätzliche Übergangsvorschriften" (ABl. L 179, 17) führt in ihrem Anhang das zu verwendende abgebildete Unionszeichen auf. Es zeigt ein gelbes Symbol, umrandet vom aus der EU-Fahne bekannten Kreis mit zwölf gelben Sternen auf rotem Grund, der seinerseits umgeben ist von einem gelben Rand, der in roter Schrift den Schriftzug „GESCHÜTZTE URSPRUNGSBEZEICHNUNG" trägt und nach außen hin rot gezackt ist. Dieses Unionszeichen wird den Verbrauchern zumeist bekannt sein, zumal es dem Gemeinschaftszeichen entspricht, das bereits vor Inkrafttreten der VO (EU) Nr. 1151/2012 zu verwenden war gemäß Art. 8 Abs. 2 VO (EG) Nr. 510/2006 iVm dem Anhang der VO (EG) Nr. 628/2008 (ABl. L 173, 3). Darüber hinaus können gemäß Art. 12 Abs. 4 VO (EU) Nr. 1151/2012 zusätzlich auch Darstellungen des geographischen Ursprungsgebiets sowie Texte, Abbildungen und Zeichen, die sich auf den Mitgliedstaat oder die Gegend des geographischen Ursprungsgebietes beziehen, in der Etikettierung erscheinen.

Wesentliches Kennzeichen von Agrarerzeugnissen und Lebensmitteln, für die Schutz **9**
über eine Ursprungsbezeichnung gemäß der VO (EU) Nr. 1151/2012 in Betracht kommt, ist ein unmittelbarer **Zusammenhang zwischen ihrer Qualität** oder ihren Merkmalen einerseits **und** ihrem **örtlichen Ursprung** andererseits. Dieser Zusammenhang kann aus den besonderen, an ihrem Ursprungsort vorherrschenden geographischen Bedingungen, wie zB Sonneneinstrahlung, Temperaturschwankungen, Pflanzenwelt (EuGH C-465/02 und C-466/02, GRUR 2006, 71 (73) – Feta II) oder Bodenbeschaffenheit (Sosnitza MarkenR § 20 Rn. 5), oder aus den für die Region typischen natürlichen oder menschlichen Einflüssen auf das Erzeugnis resultieren, zB die Art der Tierhaltung oder der Beweidung (EuGH C-465/02 und C-466/02, GRUR 2006, 71 (73) – Feta II) oder ortstypische traditionelle Herstellungsmethoden (Ingerl/Rohnke Vor §§ 130–136 Rn. 4).

Gemäß Art. 5 Abs. 3 VO (EU) Nr. 1151/2012 (Art. 2 Abs. 3 aF) können Namen, die **10**
bereits vor dem 1.5.2004 im Ursprungsland als Ursprungsbezeichnung anerkannt worden sind, geschützten Ursprungsbezeichnungen gemäß Art. 5 Abs. 1 VO (EU) Nr. 1151/2012 gleichgestellt werden, wenn die **Rohstoffe** für das betreffende Erzeugnis aus einem anderen geographischen Gebiet oder aus einem Gebiet stammen, das größer ist als das abgegrenzte geographische Gebiet, sofern
- das Gebiet, in dem der Rohstoff gewonnen wird, abgegrenzt ist,
- besondere Bedingungen für die Gewinnung der Rohstoffe bestehen und
- ein Kontrollsystem die Einhaltung der vorgenannten Bedingungen für die Gewinnung der Rohstoffe sicherstellt.

Hierzu stellt Art. 5 Abs. 3 VO (EU) Nr. 1151/2012 klar, dass zu diesen Rohstoffen lediglich lebende Tiere, Fleisch und Milch zählen. In der Praxis hat dieser Gleichstellungstatbestand, der nur für geschützte Ursprungsbezeichnungen und nicht für geschützte geographische Angaben greift, vor allem praktische Bedeutung für italienische Käse- und Schinkenproduzenten (Ströbele/Hacker/Hacker Rn. 15 mit Hinweis auf die Spezifikation von Parma-Schinken, ABl. Nr. C 86, 7 vom 20.4.2007; demnach darf der Rohstoff für Parmaschinken nicht nur aus der Provinz Parma, Region Emilia-Romagna, sondern ua auch – was vermutlich allenfalls einem Teil der Verbraucher bei der Bezeichnung „Parmaschinken" bewusst ist – aus den Regionen Venetien, Lombardei, Piemont, Umbrien, Toskana, und Latium stammen).

2. Geschützte geographische Angaben (g.g.A.)

Eine geschützte geographische Angabe gemäß Art. 5 Abs. 2 VO (EU) Nr. 1151/2012 **11**
(Art. 2 Abs. 1b aF) ist ein Name, der zur Bezeichnung eines Erzeugnisses verwendet wird,
- dessen Ursprung in einem bestimmten Ort, in einer bestimmten Gegend oder in einem bestimmten Land liegt,

- dessen Qualität, Ansehen oder eine andere Eigenschaft wesentlich auf diesen geographischen Ursprung zurückzuführen ist und
- bei dem wenigstens einer der Produktionsschritte in dem abgegrenzten geographischen Gebiet erfolgt.

Produkte, die eine geschützte geographische Angabe führen und die die Spezifikationsvoraussetzungen hierzu erfüllen, haben bislang auf ihrer Verpackung das folgende Gemeinschaftszeichen zu führen:

12   Wie für Ursprungsbezeichnungen sieht auch für geographische Angaben Art. 12 Abs. 2 VO (EU) Nr. 1151/2012 iVm dem Anhang der VO (EU) Nr. 664/2014 die Verwendung dieses eigenständigen Unionszeichens verbindlich vor, um die geographische Angabe bekannt zu machen. Es entspricht in weiten Teilen dem Unionszeichen für Ursprungsbezeichnungen und unterscheidet sich lediglich dadurch, dass das gelbe Symbol und der gelbe Sternenkranz nun auf blauem Grund abgebildet sind und der gelbe Rand in blauer Schrift den Schriftzug „GESCHÜTZTE GEOGRAFISCHE ANGABE" trägt sowie nach außen hin blaue Zacken aufweist. Dieses Unionszeichen ist identisch mit dem Gemeinschaftszeichen, das bereits bislang für geographische Angaben gemäß Art. 8 Abs. 2 aF iVm dem Anhang der VO (EG) Nr. 628/2008 (ABl. Nr. L 173, 3) zu verwenden war. Zur Etikettierung → Rn. 8.

13   Im Gegensatz zur geographischen Herkunftsangabe gemäß § 126 Abs. 1 erfordert die geographische Angabe gemäß Art. 5 Abs. 2 VO (EU) Nr. 1151/2012 wie auch bereits gemäß Art. 2 Abs. 1a aF eine **nachweisbare Verbindung zwischen** geographischer **Herkunft und Produkteigenschaft** (Ströbele/Hacker/Hacker Rn. 17; v. Schultz/Gruber Vor §§ 130–139 Rn. 8; Markfort/Albrecht apf 2013, 5 f.). Dennoch ist die geographische Angabe damit nicht zwangsläufig gleichbedeutend mit einer qualifizierten Herkunftsangabe gemäß § 127 Abs. 2, denn im Gegensatz zur Letztgenannten muss bei der geographischen Angabe die Verbindung zwischen Herkunft und Produkteigenschaft nicht auf qualitativen Merkmalen basieren, sondern es genügt bereits, wenn das Agrarerzeugnis oder Lebensmittel **allein aufgrund seiner Herkunft besonderes Ansehen** genießt (vgl. Omsels Rn. 49 f.; Ströbele/Hacker/Hacker Rn. 17; EuGH C-343/07, GRUR 2009, 961 (967) – Bayerisches Bier). Demnach kann auch das Ansehen als solches, ohne dass es auf besonderen Qualitätsmerkmalen basiert, eine herkunftsbezogene Eigenschaft des Agrarerzeugnisses oder Lebensmittels bilden (Kopacek/Kortge GRUR 2012, 440 (449); BPatG BeckRS 2012, 4513 – Hiffenmark = GRUR-Prax 2012, 137 mit Anm. Gründig-Schnelle).

13.1   Anders entschied noch das BPatG (BeckRS 2010, 19674 – Altbayerischer Senf), wonach es nicht ausreicht, wenn der Verkehr mit der geographischen Angabe lediglich eine allgemeine Wertschätzung verknüpft und nicht bereits auch eine konkrete Qualitätserwartung, die auf zusätzlichen Merkmalen beruhe.

14   Im Vergleich zur geschützten Ursprungsbezeichnung sind die Anforderungen an eine geschützte geographische Angabe insofern weniger streng, als dass nicht alle drei Produktionsschritte, sondern **nur ein Produktionsschritt des Produktionsprozesses** (Erzeugung, Verarbeitung oder Zubereitung) in dem in der Angabe genannten Gebiet erfolgen muss. Das für die Herstellung verwendete Rohmaterial kann aus einer anderen Region stammen kann.

3. Garantiert traditionelle Spezialitäten (g.t.S.)

Neben den geschützten geographischen Angaben und geschützten Ursprungsbezeichnungen sind von der VO (EU) Nr. 1151/2012 nunmehr auch die sog. garantiert traditionellen Spezialitäten (g.t.S.) umfasst, die bis zum 2.1.2013 in der VO (EG) Nr. 509/2006 normiert waren. Sie sind gemäß Art. 23 Abs. 2 VO (EU) Nr. 1151/2012 iVm dem Anhang der VO (EU) Nr. 664/2014 mit dem folgenden Unionszeichen kennzeichnen, das den Unionszeichen für geschützte Ursprungsbezeichnungen bzw. für geschützte geographische Angaben sehr ähnelt:

Dieses Unionszeichen enthält nicht das Symbol der beiden o.g. Unionszeichen, sondern nur den gelben Sternenkranz auf blauem Grund, der umgeben ist von einem gelben Rand mit gelben Zacken, der den Schriftzug „GARANTIERT TRADITIONELLE SPEZIALITÄT" trägt.

Die Anerkennung als garantierte traditionelle Spezialität (zB „Serrano-Schinken") beruht im Gegensatz zu den geschützten geographischen Angaben und geschützten Ursprungsbezeichnungen nicht auf regional-örtlichen Gesichtspunkten, sondern soll die traditionelle Zusammensetzung eines Produkts oder dessen traditionelle Herstellungs- und/oder Verarbeitungsmethodik betonen. „Garantiert traditionelle Spezialität" ist **keine geographische Herkunftsangabe** und nicht vom Anwendungsbereich der §§ 130–136, die sich nur auf den Schutz von geographischen Angaben und Ursprungsbezeichnungen beziehen, umfasst. Angesichts der grundlegenden Unterschiede einer garantiert traditionellen Spezialität zu einer geographischen Herkunftsangabe erscheint es misslich, dass das derzeitige Unionszeichen für eine garantiert traditionelle Spezialität angesichts seiner Größe und seiner farblichen und strukturellen Gestaltung sehr dem Unionszeichen einer geschützten geographischen Angabe ähnelt. Der Verbraucher, dem die geringen und feinen Unterschiede zwischen diesen beiden Unionszeichen in der Regel nicht bekannt sein werden, kann somit leicht irrtümlich annehmen, dass bspw. der nur als garantiert traditionelle Spezialität zu kennzeichnende „Serrano-Schinken" einen ähnlich engen regionalen Bezug aufweisen muss wie zB der „Westfälische Knochenschinken", der „Schwarzwälder Schinken", der „Ammerländer Schinken" oder der „Holsteiner Schinken", die allesamt jeweils als geschützte geographische Angabe registriert sind.

4. Keine Eintragung von Gattungsbezeichnungen

Keinen Schutz als geographische Angabe oder Ursprungsbezeichnung kann indes eine Gattungsbezeichnung erlangen, Art. 6 Abs. 1 und Art. 13 Abs. 2 VO (EU) Nr. 1151/2012 (Art. 3 Abs. 1 UAbs. 1 aF; vgl. auch Loschelder MarkenR 2015, 225 (230 f.) mit krit. Anm. zu Entwicklungen, bei anerkannten Gattungsbezeichnungen, wie zB „Gouda" oder „Edamer", durch schlichte Ergänzung eines geographischen Zusatzes, wie zB „Noordhollandse Gouda" oder „Edam Holland", einen Schutz als geographische Angabe oder Ursprungsbezeichnung zu erreichen, wodurch der Markt und die Verbraucher irritiert würden). Unter einer solchen Gattungsbezeichnung sind Produktnamen zu verstehen, die, obwohl sie auf den Ort, die Region oder das Land verweisen, in dem das Erzeugnis ursprünglich hergestellt oder vermarktet wurde, zu einer allgemeinen Bezeichnung für ein Erzeugnis in der Union geworden sind, Art. 3 Abs. 6 VO (EU) Nr. 1151/2012 (ähnlich wie einst Art. 3 Abs. 1 UAbs. 2 aF).

18 Ob dies der Fall ist, beurteilt sich anhand einer umfassenden Prüfung und vor allem nach objektiven Kriterien (BPatG GRUR-RR 2012, 150 (152) – Obazda). Ein Indiz, dass es sich bei dem Namen um eine Gattungsbezeichnung handelt, kann dabei sein, dass der Name auch für ähnliche oder gleichartige Produkte verwendet wird, die nicht aus der im Namen bezeichneten Region stammen (Ströbele/Hacker/Hacker Rn. 33; Ingerl/Rohnke Vor §§ 130–136 Rn. 7; EuGH C-465/02 und C-466/02, GRUR 2006, 71 (73) – Feta II; BPatG GRUR-RR 2012, 150 (152) – Obazda). Hingegen spricht es gegen das Vorliegen einer Gattungsbezeichnung, wenn die Aufmachung von Erzeugnissen, die außerhalb des ursprünglichen Herkunftsgebiets hergestellt wurden, weiterhin auf das ursprüngliche Herkunftsgebiet Bezug nimmt (BPatG GRUR-RR 2012, 150 (152) – Obazda; vgl. auch EuGH C-465/02 und C-466/02, GRUR 2006, 71 (73) – Feta II; EuG T-291/03, GRUR 2007, 974 (976) – GRANA BIRAGHI/grana padano). Für die Feststellung, ob gemäß der Auffassung der Verbraucher eine bestimmte Bezeichnung als eine geographische Bedeutung oder als eine allgemeine Bedeutung und daher als Gattungsbezeichnung anzusehen ist, kommt auch die Einholung eines demoskopischen Gutachtens durch das DPMA in Betracht (BPatG GRUR 2014, 677 (680) – Bayrisch Blockmalz).

19 Indes ist es keine Voraussetzung für eine Gattungsbezeichnung, dass – wie aus der Formulierung „in der Union" bzw. vormals gemäß der VO (EG) Nr. 510/2006 „in der Gemeinschaft" geschlossen werden könnte – der Name in jedem Mitgliedstaat zu einer Gattungsbezeichnung geworden ist (Ströbele/Hacker/Hacker Rn. 32), was auch aus rein tatsächlichen Gründen ausgeschlossen sein kann angesichts der steigenden Anzahl an Mitgliedstaaten, in denen das Erzeugnis ggf. noch gar nicht bekannt ist.

IV. Prüfungs- und Eintragungsverfahren

20 Der Schutz als Ursprungsbezeichnung oder geographische Angabe setzt einen **Antrag** auf Eintragung gemäß Art. 49 VO (EU) Nr. 1151/2012 (Art. 5 aF) voraus. Nach stattgebender Prüfung des Antrags gemäß Art. 50 (Art. 6 aF) schließt das Verfahren mit der Eintragung der Ursprungsbezeichnung bzw. der geographischen Angabe in das von der Kommission geführte Register.

1. Prüfung im Mitgliedstaat und auf Gemeinschaftsebene

21 Der Eintragungsantrag ist zunächst auf **nationaler Ebene** im Mitgliedstaat zu prüfen. Der Mitgliedstaat hat durch seine Prüfung sicherzustellen, dass der Antrag gerechtfertigt ist und die Anforderungen der VO (EU) Nr. 1151/2012 erfüllt (Art. 49 Abs. 2 UAbs. 2). Gemäß Art. 49 Abs. 3 UAbs. 1 hat der Mitgliedstaat im Rahmen seines Prüfungsverfahrens auch die Möglichkeit eines **nationalen Einspruchsverfahrens** zu eröffnen. In Deutschland erfolgt diese Prüfung durch das DPMA gemäß den §§ 130 ff. (zu den Rechtsmitteln → Rn. 47).

22 Nach Abschluss des Prüfungsverfahrens auf nationaler Ebene durch stattgebenden Beschluss des DPMA (Abs. 5 S. 1) leitet der Mitgliedstaat den Antrag mitsamt den Prüfungsunterlagen an die Kommission weiter zur **Prüfung auf Gemeinschaftsebene**.

22.1 Art. 50 Abs. 1 VO (EU) Nr. 1151/2012 verlangt wie schon Art. 6 Abs. 1 aF auch von der Kommission eine Prüfung des Antrags auf geeignete Art und Weise, um sicherzustellen, dass der Antrag gerechtfertigt ist und die Anforderungen der einschlägigen Regelungen erfüllt; die Prüfung durch die Kommission umfasst somit nicht nur die förmlichen Eintragungsvoraussetzungen, sondern eine vollumfängliche Sachprüfung (vgl. Ströbele/Hacker/Hacker Rn. 58, 113; v. Schultz/Gruber Vor §§ 130–139 Rn. 14; Omsels Rn. 92).

23 Gelangt die Kommission nach ihrer Sachprüfung zu der Auffassung, der Antrag erfülle die Anforderungen der VO (EU) Nr. 1151/2012, erfolgt eine **Veröffentlichung** des sog. **einzigen Dokuments** mitsamt der Fundstelle der veröffentlichten Produktspezifikation im Amtsblatt der Europäischen Union, Art. 50 Abs. 2 Buchst. a VO (EU) Nr. 1151/2012. Bei diesem einzigen Dokument, das als Muster im Anhang I der VO (EU) Nr. 668/2014 abgedruckt ist, handelt es sich um eine dem Eintragungsantrag beigefügte Zusammenfassung folgender Angaben gemäß Art. 8 Abs. 1 Buchst. c VO (EU) Nr. 1151/2012:

- die wichtigsten Anforderungen der **Produktspezifikation:** Name, Beschreibung des Erzeugnisses gegebenenfalls unter Einbeziehung der besonderen Vorschriften für dessen Aufmachung und Etikettierung sowie eine kurze Beschreibung der Abgrenzung des geographischen Gebiets;
- eine **Beschreibung des Zusammenhangs** des Erzeugnisses mit den in Art. 5 Abs. 1 oder Abs. 2 VO (EU) Nr. 1151/2012 genannten geographischen Verhältnissen oder dem geographischen Ursprung, gegebenenfalls unter Einbeziehung besonderer Angaben zur Beschreibung des Erzeugnisses oder des Gewinnungsverfahrens, die diesen Zusammenhang begründen.

Bei nicht stattgebender Prüfung lehnt die Kommission den Eintragungsantrag förmlich ab (Art. 52 Abs. 1 VO (EU) Nr. 1151/2012).

2. Einspruch gegen die beabsichtigte Eintragung

Innerhalb von drei Monaten ab der Veröffentlichung des Antrags mitsamt Spezifikation im Amtsblatt gemäß Art. 50 Abs. 2 Buchst. a VO (EU) Nr. 1151/2012 können die Behörden eines anderen Mitgliedstaates oder eines Drittlands sowie jede natürliche oder juristische Person, die ein berechtigtes Interesse darlegen kann und in einem anderen Mitgliedstaat als dem Antragmitgliedstaat niedergelassen oder ansässig ist, Einspruch gegen die beabsichtigte Eintragung bei der Kommission einlegen, Art. 51 Abs. 1 VO (EU) Nr. 1151/2012 (zum Einspruch gegen in Deutschland eingereichte Anträge durch in Deutschland niedergelassene oder ansässige Personen → Rn. 47 ff.). Wird dort ein Einspruch erhoben, so ist gemäß Art. 51 Abs. 2 VO (EU) Nr. 1151/2012 innerhalb von zwei Monaten zu dem Einspruch eine Einspruchsbegründung einzureichen; gemäß Art. 9 Abs. 1 VO (EU) Nr. 668/2014 hat sich diese Einspruchsbegründung an dem Muster im Anhang III der VO (EU) Nr. 668/2014 zu orientieren. Nach Erhalt der Einspruchsbegründung prüft die Kommission die Zulässigkeit dieser Einspruchsbegründung (Art. 51 Abs. 2 VO (EU) Nr. 1151/2012). **24**

Art. 7 Abs. 1 aF sah noch eine sechsmonatige Einspruchsfrist vor. Ein Ziel dieser Fristverkürzung war insbesondere, das Antragsverfahrens mitsamt einem etwaigen Einspruchsverfahren zu straffen (vgl. auch Erwägungsgrund 22 der VO (EU) Nr. 1151/2012; zu den Auswirkungen dieser europarechtlichen Fristreduzierung auf das nationale Markenrecht → § 131 Rn. 7 f.). **24.1**

Ist der Einspruch zulässig gemäß Art. 10 Abs. 1 VO (EU) Nr. 1151/2012, ersucht die Kommission den Antragsteller und den Einspruchsführer, geeignete Konsultationen aufzunehmen, um eine einvernehmliche Regelung herbeizuführen (Art. 51 Abs. 3 VO (EU) Nr. 1151/2012). Über den Abschluss dieser Konsultationen ist unter Verwendung des Musters gemäß Anhang IV der VO (EU) Nr. 668/2014 die Kommission zu informieren. Wird im Zuge des Eintragungsverfahrens vor der Kommission die ursprüngliche Spezifikation geändert, so sieht der zum 1.7.2016 neu eingefügte § 130 Abs. 7 vor, dass das DPMA die geänderte Spezifikation zu veröffentlichen hat (→ Rn. 54). Kann in den Konsultationen keine Einigung erzielt werden, entscheidet die Kommission über den Einspruch (Art. 52 Abs. 3 VO (EU) Nr. 1151/2012). **25**

3. Eintragung in das Register der Kommission

Wird kein zulässiger Einspruch eingelegt, erlässt die Kommission Durchführungsrechtsakte für die Eintragung des Namens der Ursprungsbezeichnung bzw. der geographischen Angabe (Art. 52 Abs. 2 und Abs. 4 VO (EU) Nr. 1151/2012) in das hierzu gemäß Art. 11 Abs. 1 VO (EU) Nr. 1151/2012 zu führende Register. Ebenfalls erlässt die Kommission Durchführungsrechtsakte für eine Eintragung, wenn nach zulässigem Einspruch Antragsteller und Einspruchsführer im Rahmen ihrer Konsultationen nach Art. 51 Abs. 3 UAbs. 1 VO (EU) Nr. 1151/2012 eine einvernehmliche Regelung erzielt haben (Art. 52 Abs. 3 Buchst. a VO (EU) Nr. 1151/2012) oder wenn der Einspruch zurückgewiesen wird (Art. 52 Abs. 3 Buchst. b VO (EU) Nr. 1151/2012). Die Kommission veröffentlicht die erfolgte Registereintragung im Amtsblatt der Europäischen Union (Art. 52 Abs. 4). **26**

V. Rechtsfolgen der Eintragung durch die Kommission

1. Rechtsfolgen für berechtigte Verwender

27 Ab der Veröffentlichung der Eintragung kann jeder Marktteilnehmer die geschützte Ursprungsbezeichnung bzw. die geschützte geographische Angabe verwenden, sofern das von ihm vermarktete Agrarerzeugnis oder Lebensmittel der Spezifikation der eingetragenen geographischen Bezeichnung entspricht, Art. 12 Abs. 1 VO (EG) Nr. 1151/2012 (Art. 8 Abs. 1 aF). Mit der Eintragung erlangt der berechtigte Verwender somit zum einen ein **Benutzungsrecht** (Omsels Rn. 33). Zum anderen entsteht ein eingeschränktes Ausschließlichkeitsrecht, das die Berechtigten vor einer missbräuchlichen Verwendung der eingetragenen Bezeichnung durch Dritte schützt (Omsels Rn. 33; EuGH C-108/01, GRUR 2003, 616 (619) – Prosciutto di Parma; C-388/95, GRUR Int 2000, 750 (754) – Rioja). Dieser Schutz richtet sich gemäß Art. 13 Abs. 1 VO (EU) Nr. 1151/2012 gegen

- jede direkte oder indirekte kommerzielle Verwendung eines eingetragenen Namens für Erzeugnisse, die nicht unter die Eintragung fallen, wenn diese Erzeugnisse mit unter diesem Namen eingetragenen vergleichbar sind oder wenn durch diese Verwendung das Ansehen des geschützten Namens ausgenutzt wird, auch wenn diese Erzeugnisse als Zutaten verwendet werden;
- jede widerrechtliche Aneignung, Nachahmung oder Anspielung, selbst wenn der tatsächliche Ursprung des Erzeugnisses oder der Dienstleistung angegeben ist oder wenn der geschützte Name in Übersetzung oder zusammen mit Ausdrücken wie „Art", „Typ", „Verfahren", „Fasson", „Nachahmung" oder dergleichen verwendet wird, auch wenn dieses Erzeugnis als **Zutat** verwendet wird;
- alle sonstigen falschen oder irreführenden Angaben, die sich auf Herkunft, Ursprung, Natur oder wesentliche Eigenschaften der Erzeugnisse beziehen und auf der Aufmachung oder der äußeren Verpackung, in der Werbung oder in Unterlagen zu den betreffenden Erzeugnissen erscheinen;
- die Verwendung von Behältnissen, die geeignet sind, einen falschen Eindruck hinsichtlich des Ursprungs zu erwecken;
- alle sonstigen Praktiken, die geeignet sind, den Verbraucher in Bezug auf den tatsächlichen Ursprung des Erzeugnisses irrezuführen.

28 Die Festschreibung der Eigenschaften, die die mit der eingetragenen Bezeichnung versehenen Erzeugnisse aufweisen müssen, stärkt zudem den Ruf dieser Erzeugnisse, deren Qualität und letztlich auch deren Wertschätzung bei dem Verbraucher (Omsels Rn. 33; EuGH C-108/01, GRUR 2003, 616 (619) – Prosciutto di Parma; C-388/95, GRUR Int 2000, 750 (754) – Rioja; C-3/91, GRUR Int 1993, 76 f. – Exportur), was die Annahme einer Verletzung dieses Prestiges erleichtert.

2. Weitergehende Rechtsfolgen

29 Wurde eine Bezeichnung eingetragen, so schützt sie Art. 13 Abs. 2 VO (EU) Nr. 1151/2012 vor einer **Umwandlung in eine Gattungsbezeichnung.** Der Gefahr der Umwandlung, wie sie gerade für nach nationalem Recht geschützte qualifizierte geographische Herkunftsangaben, mit denen die Verbraucher besondere Eigenschaften oder Qualitäten verbinden, besteht (vgl. GLE/Helm § 73 Rn. 19), sind die nach der VO (EU) Nr. 1151/2012 geschützten Bezeichnungen somit nicht ausgesetzt; sie genießen dadurch einen **Bestandsschutz** (Sosnitza MarkenR § 21 Rn. 19).

30 Zudem ist gemäß Art. 14 Abs. 1 VO (EU) Nr. 1151/2012 ein Antrag auf Eintragung einer prioritätsjüngeren **Marke,** die einen der oben genannten Verletzungstatbestände erfüllt und die die gleiche Erzeugnisklasse betrifft, abzulehnen; zur Frage, ob darauf auch ein Löschungsantrag gestützt werden kann, → § 8 Rn. 12 ff. Maßgeblich ist dabei, ob bereits im Moment, in dem der Antrag auf Eintragung der Bezeichnung bei der Kommission eingereicht wurde, die Eintragung der Marke beantragt wurde (v. Schultz/Gruber Vor §§ 130–139 Rn. 27; Ströbele/Hacker/Hacker Rn. 50).

31 Allerdings bestehen für prioritätsältere Marken Weiterbenutzungsrechte gemäß Art. 14 Abs. 2 VO (EU) Nr. 1151/2012 (Art. 14 Abs. 2 aF), sofern sie vor dem Zeitpunkt des Schutzes der Ursprungsbezeichnung bzw. geographischen Angabe im Ursprungsland oder

vor dem 1.1.1996 in gutem Glauben im Gebiet der Gemeinschaft angemeldet, eingetragen oder durch Verwendung erworben wurden (vgl. v. Schultz/Gruber Vor §§ 130–139 Rn. 26).

B. Antrag auf Eintragung an das DPMA (Abs. 2)

Die nationalen Vorschriften zur Ausführung der VO (EU) Nr. 1151/2012 finden sich in den §§ 130–136. 32

Diese Normen, ergänzt durch Teil 6, §§ 47–55 MarkenV, bilden die rechtliche Grundlage, mit der Deutschland seine mitgliedstaatliche Pflicht nach Art. 49 Abs. 2 UAbs. 2 VO (EU) Nr. 1151/2012 (5 Abs. 4 UAbs. 2 aF) erfüllt, die Antragsprüfung sicherzustellen. Dazu gehört ein geeignetes Prüfungsverfahren, um festzustellen, ob Eintragungsanträge gerechtfertigt sind und den Anforderungen der VO (EU) Nr. 1151/2012 erfüllen (vgl. auch Ingerl/Rohnke Rn. 1; Büscher/Dittmer/Schiwy/Büscher Rn. 1). 32.1

Bezieht sich der Antrag auf die Eintragung einer Ursprungsbezeichnung oder einer geographischen Angabe in das von der Kommission geführte Register (→ Rn. 26) auf ein geographisches Gebiet in einem Mitgliedstaat, ist der Antrag an den Mitgliedstaat zu richten (Art. 49 Abs. 2 UAbs. 1). § 130 überträgt diese europarechtliche Norm in nationales Recht. 33

I. Antragsgegenstand

Gegenstand des Antrags nach § 130 Abs. 1 ist entweder die Eintragung einer geschützten Ursprungsbezeichnung gemäß der Definition nach Art. 5 Abs. 1 VO (EU) Nr. 1151/2012 (Art. 2 Abs. 1a aF, → Rn. 7 ff.) oder einer geschützten geographischen Angabe nach Art. 5 Abs. 2 VO (EU) Nr. 1151/2012 (Art. 2 Abs. 1b aF, → Rn. 11 ff.). Indes kann sich der Eintragungsantrag nach § 130 Abs. 1 nicht richten auf eine garantiert traditionelle Spezialität gemäß Art. 17 ff. VO (EU) Nr. 1151/2012, auch wenn der Verbraucher die bisherigen Kennzeichnungen derartiger Spezialitäten durch das hierfür zu verwendende Unionszeichen (→ Rn. 15 f.) leicht mit der Kennzeichnung von Ursprungsbezeichnungen oder geographischen Angaben angesichts ähnlicher Unionszeichen verwechseln könnte. 34

Eine weitere, wenngleich nicht ausdrücklich in § 130 Abs. 1 genannte, jedoch aus Art. 49 Abs. 2 UAbs. 1 VO (EU) Nr. 1151/2012 (Art. 5 Abs. 4 UAbs. 1 aF) herzuleitende Voraussetzung des Gegenstands des Antrags an das DPMA ist es, dass sich das vom Antrag umfasste geographische Gebiet in Deutschland befindet (vgl. Ingerl/Rohnke Rn. 4). 35

Liegt das geographische Gebiet in einem anderen Mitgliedstaat als Deutschland, so ist der Eintragungsantrag in diesem anderen Mitgliedstaat zu stellen (vgl. Fezer Rn. 4; Ströbele/Hacker/Hacker Rn. 24; BPatG GRUR 2004, 66 f. – Königsberger Marzipan). Befindet sich das geographische Gebiet, auf das sich der Eintragungsantrag bezieht, in einem Drittland (dh in einem Gebiet außerhalb der EU), ist gemäß Art. 49 Abs. 5 VO (EU) Nr. 1151/2012 der Antrag entweder direkt oder über die Behörden des Drittlandes an die Kommission zu richten; der Antrag ist zu ergänzen um den Nachweis, dass die zur Eintragung bestimmte Bezeichnung auch im Drittland geschützt ist (Knaak GRUR Int 2006, 893 f.). 35.1

II. Antragsteller

Zulässiger Antragsteller kann nur eine **Vereinigung** nach Art. 49 Abs. 1 UAbs. 1 S. 1 VO (EU) Nr. 1151/2012 (Art. 5 Abs. 1 aF) sein, die mit dem Erzeugnis arbeitet, dessen Name eingetragen werden soll. Auch können mehrere Vereinigungen aus verschiedenen Mitgliedstaaten oder Drittländern einen gemeinsamen Antrag auf Eintragung stellen (Art. 49 Abs. 1). Nicht erforderlich ist, dass sich alle Erzeuger aus dem abgegrenzten geographischen Gebiet des Erzeugnisses, für das der Herkunftsschutz beantragt werden soll, in der Vereinigung zusammengeschlossen haben müssen; denn anderenfalls könnte faktisch jeder einzelne Erzeuger gleich einem Vetorecht eine Antragstellung vereiteln, solange er sich nicht der Vereinigung anschließt (so auch im Hinblick auf Ursprungsbezeichnungen von Weinen nach der VO (EU) Nr. 1308/2013 VG Köln BeckRS 2015, 45023 und BeckRS 2015, 44895 = ZLR 2015, 229 – Uhlen = GRUR-Prax 2015, 267 mit Anm. Schulteis). Allerdings wird man einem derartigen Erzeuger aus dem abgegrenzten geographischen Gebiet, der noch nicht der Vereinigung angehört, aber an dem Herkunftsschutz für seine Erzeugnisse interessiert ist, einen Anspruch auf Aufnahme in die Vereinigung zugestehen (BPatG GRUR 2014, 192 (194) – Zoigl; bejahend auch Schoene ZLR 2015, 236 (245 f.) hinsichtlich des Schutzes von 36

Ursprungsbezeichnungen für Weine nach der VO (EU) Nr. 1308/2013 (vormals VO (EG) Nr. 1234/2007); Schulteis GRUR-Prax 2015, 267).

37 Gemäß Art. 49 Abs. 1 UAbs. 2 VO (EU) Nr. 1151/2012 (vormals Art. 5 Abs. 1 UAbs. 2 S. 2 iVm Art. 16c VO (EG) Nr. 510/2006, Art. 2 VO (EG) Nr. 1898/2006) kann auch eine einzelne **natürliche oder juristische Person** einer antragsberechtigten Vereinigung gleichstellt werden. Dies setzt voraus, dass sie zum einen nachweist, der einzige Erzeuger in dem abgegrenzten geographischen Gebiet zu sein, der einen Antrag einreichen möchte, und zum anderen, dass das abgegrenzte geographische Gebiet Merkmale besitzt, die sich erheblich von denen der benachbarten Gebiete unterscheiden, oder dass sich die Merkmale des Erzeugnisses von denen der Erzeugnisse aus benachbarten Gebieten unterscheiden (vgl. Ingerl/Rohnke Rn. 2; Büscher/Dittmer/Schiwy/Büscher Rn. 29; Fezer Rn. 9; BPatG LMRR 2006, 87 – Halberstädter Würstchen; BeckRS 2012, 4513 – Hiffenmark = GRUR-Prax 2012, 137 mit Anm. Gründig-Schnelle).

III. Antragsform und -inhalt

1. Formblatt gemäß § 47 MarkenV

38 Der Antrag auf Eintragung einer Ursprungsbezeichnung oder geographischen Angabe muss unter Verwendung des vom DPMA herausgegebenen Formblattes erfolgen, § 47 Abs. 1 MarkenV (FormK Marke/Schulte-Beckhausen F 2687). In dem Antrag sind gemäß § 47 Abs. 2 MarkenV anzugeben:
- Name und Anschrift des Antragstellers,
- Rechtsform, Größe und Zusammensetzung der den Antrag stellenden Vereinigung,
- falls für den Antragsteller ein Vertreter bestellt worden ist, der Name und die Anschrift des Vertreters,
- der als geographische Angabe oder Ursprungsbezeichnung zu schützende Name,
- die Art des Agrarerzeugnisses oder Lebensmittels,
- die Spezifikation nach nunmehr Art. 7 Abs. 1 VO (EG) Nr. 1151/2012 (Art. 4 Abs. 2 aF).

2. Spezifikation

39 Die Spezifikation gemäß Art. 7 Abs. 1 VO (EU) Nr. 1151/2012 definiert das Erzeugnis und skizziert dessen besondere Kennzeichen und Eigenschaften. Die Spezifikation bildet somit aus Sicht des Antragstellers und des Verbrauchers den wesentlichen Schwerpunkt des Antrags auf Schutz einer geographischen Bezeichnung (vgl. v. Schultz/Gruber § 132 Rn. 1).

40 Damit nach Abschluss des Eintragungsverfahrens ein Agrarerzeugnis oder Lebensmittel die eingetragene Ursprungsbezeichnung bzw. geographische Angabe führen darf, muss es der Spezifikation entsprechen (vgl. Büscher/Dittmer/Schiwy/Büscher Rn. 29). Hierzu muss die Spezifikation gemäß Art. 7 Abs. 1 Buchst. a bis h mindestens folgende Angaben enthalten:
- den als Ursprungsbezeichnung oder geographische Angabe zu schützenden Namen in der Art und Weise, wie er im Handel oder im allgemeinen Sprachgebrauch verwendet wird, und zwar ausschließlich in den Sprachen, die historisch zur Beschreibung des betreffenden Erzeugnisses in dem abgegrenzten geographischen Gebiet verwendet werden oder wurden;
- eine Beschreibung des Erzeugnisses, gegebenenfalls einschließlich der Rohstoffe, sowie der wichtigsten physikalischen, chemischen, mikrobiologischen oder organoleptischen Eigenschaften des Erzeugnisses;
- die Abgrenzung des geographischen Gebiets unter Berücksichtigung des Zusammenhangs zwischen der Qualität oder den Merkmalen des Erzeugnisses und den geographischen Verhältnissen und gegebenenfalls die Angaben über die Erfüllung der Bedingungen gemäß Art. 5 Abs. 3;
- Angaben, aus denen hervorgeht, dass das Erzeugnis aus dem abgegrenzten geographischen Gebiet iSv Art. 5 Abs. 1 oder Abs. 2 stammt;
- die Beschreibung des Verfahrens zur Gewinnung des Erzeugnisses und gegebenenfalls die redlichen und ständigen örtlichen Verfahren sowie die Angaben über die Aufmachung, wenn die antragstellende Vereinigung dies so festlegt und eine hinreichende produktspezifische Rechtfertigung dafür liefert, warum die Aufmachung in dem abgegrenzten geographischen Gebiet erfolgen muss, um die Qualität zu wahren und um den Ursprung oder die

Kontrolle zu gewährleisten; dabei ist dem Unionsrecht, insbesondere den Vorschriften über den freien Waren- und Dienstleistungsverkehr, Rechnung zu tragen;
- einen Nachweis für
  o den in Art. 5 Abs. 1 vorgesehenen Zusammenhang zwischen der Qualität oder den Merkmalen des Erzeugnisses und den geographischen Verhältnissen oder
  o gegebenenfalls den in Art. 5 Abs. 2 vorgesehenen Zusammenhang zwischen einer bestimmten Qualität, dem Ansehen oder einem anderen Merkmal des Erzeugnisses und dem geographischen Ursprung;
- den Namen und die Anschrift der Behörden oder – falls verfügbar – den Namen und die Anschrift der Stellen, die die Einhaltung der Bestimmungen der Produktspezifikation kontrollieren, und ihre besonderen Aufgaben;
- alle Vorschriften für die Etikettierung des betreffenden Erzeugnisses.

Zudem darf die Spezifikation nur sachlich berechtigte Benutzungsbedingungen enthalten und keine ungerechtfertigten Beschränkungen zulasten möglicher Konkurrenten der Hersteller des Erzeugnisses, für das der Schutz als Ursprungsbezeichnung oder geographische Angabe beantragt wird, enthalten (Ströbele/Hacker/Hacker Rn. 89; BPatG GRUR 2014, 192 – Zoigl; GRUR-RR 2012, 150 (153) – Obazda; BeckRS 2010, 22360 – Bayerischer Süßer Senf).

IV. Antragsgebühr

Mit der Einreichung des Eintragungsantrags werden die Antragsgebühren fällig (§ 3 Abs. 1 **41** PatKostG). Die Gebühr für einen Eintragungsantrag beträgt derzeit 900 Euro (vgl. § 2 Abs. 1 PatKostG iVm GV 336100 PatKostG). Entrichtet der Antragsteller die Gebühr nicht **innerhalb von drei Monaten ab Fälligkeit,** so gilt der Antrag als zurückgenommen (§ 6 Abs. 1, Abs. 2 PatKostG).

C. Antragsbearbeitung im DPMA

I. Antragsprüfung

Für die Prüfung und Bearbeitung des Eintragungsantrags sind die im DPMA errichteten **42** Markenabteilungen zuständig (§ 130 Abs. 2).

Das DPMA hat umfassend zu prüfen, ob der Antrag den Anforderungen der VO (EU) **43** Nr. 1151/2012 entspricht; die Prüfung hat sich dabei sowohl auf die formellen als auch auf die materiellen Eintragungsvoraussetzungen zu erstrecken (Büscher/Dittmer/Schiwy/Büscher Rn. 56; Fezer Rn. 22; EuGH C-269/99, GRUR Int 2002, 523 (527) – Spreewälder Gurken; C-343/07, GRUR 2009, 961 (965) – Bayerisches Bier). Schwerpunkte der Prüfung können naturgemäß Untersuchungen sein, ob das antragsgegenständliche Erzeugnis jene Eigenschaften besitzt, die es gemäß der dem Antrag beigefügten Spezifikation auszeichnen, oder ob diese Eigenschaften einen Bezug zur geographischen Herkunft des Erzeugnisses aufweisen (Ingerl/Rohnke Rn. 7).

Für die Prüfung des DPMA gilt der Grundsatz der Amtsermittlung nach § 59 Abs. 1 S. 1. **44** So ist das DPMA nicht an die Ausführungen des Antragstellers in dessen Antrag oder an dessen sonstigen Sachvortrag gebunden und kann stattdessen vom Antragsteller verlangen, weitere Angaben, die es als entscheidungserheblich ansieht, zu tätigen (v. Schultz/Gruber Rn. 6; Ingerl/Rohnke Rn. 7, § 59 Rn. 3; BGH GRUR 1988, 211 f. – wie hammas denn).

II. Antragsveröffentlichung (Abs. 4)

Das DPMA hat den Eintragungsantrag zu veröffentlichen (§ 130 Abs. 4 S. 1). Hierzu sind **45** gemäß § 48 Abs. 1 MarkenV mindestens Name und Anschrift des Antragstellers sowie eines etwaigen Vertreters des Antragstellers, der als Ursprungsbezeichnung oder geographische Angabe zu schützende Name, die Art des Agrarerzeugnisses oder Lebensmittels und dessen Spezifikation zu veröffentlichen. Zudem ist in der Antragsveröffentlichung auf die Möglichkeit eines Einspruchs (→ Rn. 47 ff.) hinzuweisen (§ 48 Abs. 2 MarkenV).

MarkenG § 130 Teil 6 Geographische Herkunftsangaben

III. Einholung Stellungnahmen Dritter (Abs. 3)

46 Um umfassend prüfen zu können, ob der Antrag auf Eintragung gerechtfertigt ist und die genannten (→ Rn. 7 ff.) Voraussetzungen erfüllt, hat das DPMA gemäß § 130 Abs. 3 Stellungnahmen des Bundesministeriums für Ernährung und Landwirtschaft (BMEL), der zuständigen Fachministerien der betroffenen Länder, der interessierten öffentlichen Körperschaften sowie der interessierten Verbände und Organisationen der Wirtschaft einzuholen, um erforderlichenfalls auch auf die Fachkunde der Verwaltung sowie der Wirtschaft und Verbraucherschutzverbände zurückgreifen zu können. Zu den betroffenen Ländern, auf deren Fachministerien Abs. 3 verweist, können neben den Bundesländern auch Mitgliedstaaten oder Drittstaaten zählen (Büscher/Dittmer/Schiwy/Büscher Rn. 56). Hinsichtlich der interessierten Verbände ist in erster Linie an das Deutsche Institut zum Schutz geographischer Herkunftsangaben e.V. (Köln) und an das Deutsche Institut für Gütesicherung und Kennzeichnung e.V. – RAL (St. Augustin) zu denken.

IV. Einspruch gegen den Antrag

47 Gegen den Antrag auf Eintragung kann bislang innerhalb von zwei Monaten ab Veröffentlichung jede Person mit berechtigtem Interesse, die im Gebiet der Bundesrepublik Deutschland niedergelassen oder ansässig ist, beim DPMA Einspruch einlegen (§ 130 Abs. 4 S. 2).

47.1 Mit diesem nationalen Einspruchsverfahren, das dem Einspruchsverfahren auf europäischer Ebene vor der Kommission zeitlich vorgeschaltet ist, wird die Vorgabe Art. 49 Abs. 3 UAbs. 1 VO (EU) Nr. 1151/2012 (Art. 5 Abs. 5 UAbs. 1 aF) umgesetzt, wonach jeder Mitgliedstaat im Laufe der Antragsprüfung eine ausreichende Frist zu setzen hat, innerhalb derer jede natürliche oder juristische Person mit berechtigtem Interesse, die im Mitgliedstaat niedergelassen oder ansässig ist, einen Einspruch gegen den Antrag einlegen kann.

47.2 Ein derartiges vorgeschaltetes nationales Einspruchsverfahren war in der VO (EWG) Nr. 2081/92 noch nicht vorgesehen. Dessen Art. 7 sah allenfalls ein Einspruchsverfahren auf Gemeinschaftsebene vor für eine natürliche oder juristische Person mit Sitz außerhalb des Mitgliedstaats, in dem der Eintragungsantrag gestellt wurde (Fezer Rn. 16; EuGH C-269/99, GRUR Int 2002, 523 (527) – Spreewälder Gurken).

47.3 § 130 Abs. 4 S. 2 sieht eine zweimonatige Einspruchsfrist seit dem 17.10.2013 vor. An diesem Tage trat unter anderem Art. 4 Nr. 3 des Gesetzes zur Modernisierung des Geschmacksmustergesetzes sowie zur Änderung der Regelungen über die Bekanntmachungen zum Ausstellungsschutz vom 10.10.2013 (BGBl. I 3799) in Kraft, durch den die ursprünglich viermonatige Einspruchsfrist in Abs. 4 S. 2 auf zwei Monate verkürzt wurde (vgl. auch BT-Drs. 17/13428, 18, 43).

47.4 Seit dem 1.7.2016 erhebt das DPMA für das nationale Einspruchsverfahren eine Gebühr in Höhe von 150 Euro (vgl. § 2 Abs. 1 PatKostG iVm GV 336150 PatKostG). Bis zum 30.6.2016 sah die Anlage zu § 2 Abs. 1 PatKostG noch keine derartige Gebührenerhebung vor.

48 Da das derzeitige nationale Einspruchsverfahren nach § 130 Abs. 4 nur den in Deutschland niedergelassenen oder ansässigen Personen offen steht, bleibt den außerhalb von Deutschland niedergelassenen oder ansässigen Personen die Möglichkeit, nach Weiterleitung an die Kommission (→ Rn. 22) über ihren Mitgliedstaat das Einspruchsverfahren auf Gemeinschaftsebene gemäß Art. 51 Abs. 1 UAbs. 2 VO (EU) Nr. 1151/2012 einzuleiten (→ Rn. 24 f.; → § 131 Rn. 4; Büscher/Dittmer/Schiwy/Büscher Rn. 59).

49 Gemäß § 49 Abs. 1 MarkenV soll für den nationalen Einspruch das vom DPMA herausgegebene Formblatt verwendet werden und zwar gemäß § 49 Abs. 2 MarkenV unter Angabe (vgl. FormK Marke/Schulte-Beckhausen F 2726)

- der geographischen Angabe oder Ursprungsbezeichnung, gegen deren Eintragung sich der Einspruch richtet,
- des Namens und der Anschrift des Einsprechenden,
- des Namens und der Anschrift eines etwaigen bestellten Vertreters,
- der Umstände, die das berechtigte Interesse des Einsprechenden darlegen,
- der Gründe, auf die sich der Einspruch stützt.

50 Ein **berechtigtes Interesse** des Einsprechenden ist zu bejahen, wenn dieser substantiieren kann, dass die beabsichtigte Eintragung ihn in seinen Rechten berührt. Das DPMA nimmt bei der Prüfung des Antrags die Ausführungen im Einspruch zur Kenntnis und kann diese berücksichtigen; indes trifft das DPMA – im Gegensatz zur Widerspruchsbehörde im verwaltungsrechtlichen Widerspruchsverfahren – keine förmliche Entscheidung (zB Zurückweisung) unmittelbar gegenüber dem Einsprechenden. Mit dem Einspruch im nationalen Einspruchsverfahren vor dem DPMA erlangt der Einsprechende somit lediglich die Stellung eines förmlichen Verfahrensbeteiligten (Ströbele/Hacker/Hacker Rn. 98; Büscher/Dittmer/Schiwy/Büscher Rn. 58), dem unter anderem der Beschluss über den Eintragungsantrag zuzustellen ist (vgl. § 130 Abs. 5 S. 5). Indes ist der Einspruch, anders als der Widerspruch im Verwaltungsverfahren, **kein subjektiver Rechtsbehelf** (Ströbele/Hacker/Hacker Rn. 93; Büscher/Dittmer/Schiwy/Büscher Rn. 58). Angesichts dieser abgeschwächten Stellung ist das berechtigte Interesse des Einsprechenden auch nicht als verfahrensrechtliche Zulässigkeitsvoraussetzung für das nationale Einspruchsverfahren nach § 130 Abs. 4 anzusehen, an dessen Bestehen das DPMA eine Berücksichtigung oder Bearbeitung des Einspruchs knüpfen würde (vgl. Ströbele/Hacker/Hacker Rn. 97; aA Büscher/Dittmer/Schiwy/Büscher Rn. 59). Verfahrensrechtliche Bedeutung hat der Einspruch für den Einsprechenden lediglich insoweit, als er aufgrund seines Einspruchs später Rechtsmittel nach § 133 gegen Entscheidungen des DPMA einlegen kann; erst bei der Entscheidung über die Zulässigkeit eines derartigen Rechtsmittels ist es eine verfahrensrechtliche Voraussetzung, dass der Einsprechende tatsächlich über ein berechtigtes Interesse an einem Einspruch verfügt (→ § 133 Rn. 4; Ströbele/Hacker/Hacker Rn. 97).

V. Beschluss des DPMA über den Antrag (Abs. 5)

Nach Abschluss seiner Sachprüfung gibt das DPMA dem Antrag durch Beschluss statt oder erlässt einen Zurückweisungsbeschluss (§ 130 Abs. 5 S. 1 und 2); gegen den Beschluss des DPMA ist die Beschwerde nach § 133 statthafter Rechtsbehelf. 51

Der Beschluss über die Stattgabe wie auch über die Zurückweisung des Antrags auf Eintragung ist dem Antragsteller und auch denjenigen, die fristgerecht Einsprüche nach Abs. 4 S. 2 eingereicht haben, zuzustellen. Den stattgebenden Beschluss hat das DPMA zu veröffentlichen (§ 130 Abs. 5 S. 3). Sofern im Antragsverfahren der ursprüngliche, nach § 130 Abs. 4 S. 1 veröffentlichte Antrag wesentlich abgeändert wurde, sind auch diese Änderungen zusammen mit dem stattgebenden Beschluss zu veröffentlichen. Gegen die abgeänderte Antragsstattgabe nach § 130 Abs. 5 S. 4 können diejenigen, deren berechtigte Interessen die abgeänderte Antragsstattgabe verletzt, sodann die Rechtsmittel gemäß § 133 einlegen; dies können der Antragsteller, dessen Antrag nicht vollumfänglich stattgegeben wurde, und ein Einsprechender sein, dessen Einspruch nicht von der abgeänderten Antragsstattgabe abgeholfen wurde. 52

D. Unterrichtungspflichten des DPMA (Abs. 6)

Steht rechtskräftig fest, dass der Antrag den Anforderungen der VO (EU) Nr. 1151/2012 entspricht, hat das DPMA hierüber den Antragsteller zu unterrichten und den Antrag mitsamt Unterlagen dem Bundesministerium der Justiz und für Verbraucherschutz (BMJV) zu übermitteln (§ 130 Abs. 6 S. 1). Das DPMA hat darüber hinaus die Spezifikation, die der rechtskräftigen Antragsstattgabe zugrunde lag, zu veröffentlichen (§ 130 Abs. 6 S. 2). 53

E. Veröffentlichungen und Änderungen im Eintragungsverfahren bei der Europäischen Kommission (Abs. 7)

Den vom DPMA übersendeten Antrag mitsamt den erforderlichen Unterlagen leitet das Bundesministerium der Justiz und für Verbraucherschutz weiter an die Kommission, die ihrerseits prüft, ob der Antrag alle Anforderungen erfüllt (→ Rn. 21 ff.). Erfüllt der Antrag die Anforderungen, veröffentlicht die Kommission den Eintragungsantrag mitsamt dem einzigen Dokument (→ Rn. 23) im Amtsblatt der Europäischen Union; wird hiergegen kein Einspruch nach Art. 51 Abs. 1 VO (EU) Nr. 1151/2012 eingelegt, veröffentlicht die Kommission die erfolgte Registereintragung im Amtsblatt (Art. 52 Abs. 2 und Abs. 4 VO (EU) Nr. 1151/2012); anderenfalls entscheidet die Kommission über den Antrag im Rahmen des Einspruchsverfahrens. Wird im Zuge des Eintragungsverfahrens vor der Kommission die Spezifikation geändert, hat das DPMA seit dem 1.7.2016 gemäß § 130 Abs. 7 die geänderte 54

Spezifikation zu veröffentlichen. Gelangt die Kommission indes zu der Auffassung, der Antrag erfülle nicht alle Anforderungen, lehnt sie den Antrag ab.

54.1 Für einen Überblick über das Verfahren auf Grundlage der VO (EG) Nr. 510/2006, die mit Ausnahme der von sechs auf drei Monate verkürzten Einspruchsfrist der VO (EU) Nr. 1151/2012 inhaltlich weitestgehend entspricht, sei auch verwiesen auf die Übersicht bei Büscher/Dittmer/Schiwy/Büscher Rn. 64 (letztmals dort abgedruckt in der 2. Aufl. 2011).

§ 131 Zwischenstaatliches Einspruchsverfahren

(1) Einsprüche nach Artikel 51 Absatz 1 Unterabsatz 2 der Verordnung (EU) Nr. 1151/2012 gegen die beabsichtigte Eintragung von geographischen Angaben oder Ursprungsbezeichnungen in das von der Europäischen Kommission geführte Register der geschützten Ursprungsbezeichnungen und der geschützten geographischen Angaben sind beim Deutschen Patent- und Markenamt innerhalb von zwei Monaten ab der Veröffentlichung einzulegen, die im Amtsblatt der Europäischen Union nach Artikel 50 Absatz 2 der Verordnung (EU) Nr. 1151/2012 vorgenommen wird.

(2) ¹Die Zahlungsfrist für die Einspruchsgebühr richtet sich nach § 6 Abs. 1 Satz 1 des Patentkostengesetzes. ²Eine Wiedereinsetzung in die Einspruchsfrist und in die Frist zur Zahlung der Einspruchsgebühr ist nicht gegeben.

Überblick

Während § 130 Abs. 4 S. 2 in Deutschland niedergelassenen oder ansässigen Personen einen Einspruch gegen beim DPMA eingereichte Anträge zum Schutz geographischer Angaben oder Ursprungsbezeichnungen zu Gebieten in Deutschland im nationalen Einspruchsverfahren ermöglicht, bezieht sich § 131 auf das zwischenstaatliche Einspruchsverfahren gegen Schutzanträge aus anderen Mitgliedstaaten oder Drittländern nach Art. 51 Abs. 1 VO (EU) Nr. 1151/2012. Da die VO (EU) Nr. 1151/2012 mit ihrem Inkrafttreten am 3.1.2013 die VO (EG) Nr. 510/2006 ersetzte, hat der Gesetzgeber zum 1.7.2016 die bisherigen Verweisungen in den §§ 130 ff. auf Normen der VO (EG) Nr. 510/2006 angepasst auf die entsprechenden Normen der VO (EU) Nr. 1151/2012; ungeachtet dessen waren die Verweise in § 131 auf die VO (EG) Nr. 510/2006 seit dem 3.1.2013 ohnehin als Verweise auf die VO (EU) Nr. 1151/2012 zu lesen, wie auch bereits Art. 58 Abs. 2 iVm Anlage II VO (EU) Nr. 115/2012 klagestellt hatte. Ein Einspruch im zwischenstaatlichen Einspruchsverfahren kann unter Beachtung der verkürzten (→ Rn. 8) Einspruchsfrist (→ Rn. 7) erhoben werden, nachdem die Europäische Kommission den Schutzantrag im Amtsblatt der Europäischen Gemeinschaften veröffentlicht hat, sofern die Einspruchsberechtigung (→ Rn. 3) und die Einspruchsbefugnis (→ Rn. 5) gegeben sind. Die Entscheidung darüber trifft zunächst das DPMA, das nur die Formalien prüft (→ Rn. 12), und sodann die Kommission (→ Rn. 15).

Übersicht

	Rn.		Rn.
A. Einspruchsgegenstand	1	E. Einspruchsform	11
B. Einspruchsberechtigung	3	F. Entscheidung über den Einspruch	12
C. Einspruchsbefugnis	5	I. Prüfungen des DPMA	12
D. Einspruchsfrist und Einspruchsgebühren	7	II. Prüfungen der Kommission der Zulässigkeitsvoraussetzungen	15

A. Einspruchsgegenstand

1 Gemäß § 131 Abs. 1 kann sich der Einspruch richten gegen die beabsichtigte Eintragung von Ursprungsbezeichnungen oder geographischen Angaben in das von der Kommission der Europäischen Gemeinschaften geführte Register der geschützten Ursprungsbezeichnungen und geschützten geographischen Angaben. Hierbei handelt es sich ausschließlich um Ursprungsbezeichnungen und geographische Angaben, für die ein Schutzantrag in einem **anderen** Mitgliedstaat als Deutschland oder in einem Drittland gestellt wurde (vgl. Fezer Rn. 3; Ingerl/Rohnke Rn. 2).

Schutzanträge zu Ursprungsbezeichnungen oder geographischen Angaben, die sich auf Gebiete in Deutschland beziehen, sind kein zulässiger Gegenstand eines Einspruchs nach § 131 Abs. 1; gegen derartige Anträge kommt allein ein Einspruch nach § 130 Abs. 4 S. 2 in Betracht. 1.1

Zudem kann gemäß § 132 Abs. 1 iVm § 131 Abs. 1 ein Einspruch im zwischenstaatlichen Einspruchsverfahren eingereicht werden gegen einen Antrag auf Änderung einer Spezifikation einer geschützten Ursprungsbezeichnung oder geschützten geographischen Angabe aus einem anderen Mitgliedstaat oder Drittland. Schließlich ist ein Einspruch im zwischenstaatlichen Einspruchsverfahren statthaft gegen einen Antrag auf Löschung einer geschützten Ursprungsbezeichnung oder geographischen Angabe (§ 132 Abs. 2 iVm § 131 Abs. 1). 2

B. Einspruchsberechtigung

Für das Verständnis des zwischenstaatlichen Einspruchsverfahrens sind zunächst dessen Grundlagen in Art. 50 und Art. 51 VO (EU) Nr. 1151/2012 (vormals Art. 6 und 7 VO (EG) Nr. 510/2006) zu beachten. Grundlage ist die Veröffentlichung nach Art. 8 Abs. 1 Buchst. c VO (EU) Nr. 1151/2012 (vormals Art. 5 Abs. 3 Buchst. c VO (EG) Nr. 510/2006; → § 130 Rn. 23) mitsamt der Spezifikationsfundstelle im Amtsblatt der Europäischen Union. 3

Innerhalb von drei Monaten ab der Veröffentlichung im Amtsblatt kann zum einen gemäß Art. 51 Abs. 1 UAbs. 1 VO (EU) Nr. 1151/2012 jeder Mitgliedstaat oder jedes Drittland Einspruch direkt bei der Kommission einlegen (vgl. Ströbele/Hacker/Hacker Rn. 5). Zum anderen kann gemäß Art. 51 Abs. 1 UAbs. 2 VO (EU) Nr. 1151/2012 (vormals Art. 7 Abs. 2 VO (EG) Nr. 510/2006) jede natürliche oder juristische Person mit berechtigtem Interesse, die in einem anderen Mitgliedstaat als dem, aus dem die Eintragung stammt, oder in einem Drittland niedergelassen oder ansässig ist, gegen die beabsichtigte Eintragung Einspruch einlegen. 4

Auf derartige Einsprüche bezieht sich § 131 Abs. 1, wie der Verweis auf Art. 51 Abs. 1 UAbs. 2 VO (EU) Nr. 1151/2012 (vormals Art. 7 Abs. 2 VO (EG) Nr. 510/2006) verdeutlicht; lediglich eine derartige Person, wie sie in Art. 51 Abs. 1 UAbs. 2 VO (EU) Nr. 1151/2012 genannt ist, kann berechtigt sein, einen Einspruch nach § 131 Abs. 1 zu erheben. 4.1

C. Einspruchsbefugnis

Die Einspruchsbefugnis setzt voraus, dass die einspruchsberechtigte natürliche oder juristische Person darlegt, durch die beabsichtigte Eintragung der geographischen Bezeichnung in einem **berechtigten Interesse** betroffen zu sein. Diese weit auszulegende Tatbestandsvoraussetzung (vgl. Ströbele/Hacker/Hacker Rn. 7) ist erfüllt, wenn der Einsprechende eine aktuelle oder auch nur potentielle, nicht außerhalb jeder Wahrscheinlichkeit liegende wirtschaftliche Betroffenheit durch die Eintragung darlegen kann, ohne bereits in seinen subjektiven Rechten beeinträchtigt sein zu müssen (Ingerl/Rohnke Rn. 2; Ströbele/Hacker/Hacker Rn. 7; v. Schultz/Gruber Rn. 3). 5

Ein berechtigtes Interesse fehlt Personen, die lediglich mit einer Ware handeln, die mit einer geographischen Bezeichnung gekennzeichnet ist (Ströbele/Hacker/Hacker Rn. 8). Für einen Einspruch gemäß § 132 Abs. 1 S. 1 iVm § 131 Abs. 1 gegen einen Antrag auf **Änderung der Spezifikation** einer geographischen Bezeichnung fehlt das berechtigte Interesse auch Ortsfremden, die die Bezeichnung nicht nutzen dürfen (Ströbele/Hacker/Hacker Rn. 8; BPatG BeckRS 2010, 16290 – Nürnberger Bratwürste = GRUR-Prax 2010, 339 mit Anm. Schoene). 6

D. Einspruchsfrist und Einspruchsgebühren

Vor dem Hintergrund der einst sechsmonatigen Frist für Einsprüche nach Art. 7 Abs. 2 VO (EG) Nr. 510/2006 war die einst in § 131 Abs. 1 in der bis zum 16.10.2013 geltenden 7

Fassung vorgesehene Frist von vier Monaten ab dem Zeitpunkt der Veröffentlichung der beabsichtigten Eintragung im Amtsblatt der Europäischen Gemeinschaften für einen Einspruch beim DPMA bis zum 3.1.2013 noch ausreichend, um den Einspruch fristgerecht in den verbleibenden maximal zwei Monaten vom DPMA über das Bundesjustizministerium an die Kommission weiterleiten zu können.

8   Mit Inkrafttreten der VO (EU) Nr. 1151/2012 gilt seit dem 3.1.2013 auf europäischer Ebene nur noch eine dreimonatige Einspruchsfrist (vgl. Art. 51 Abs. 1 UAbs. 1 VO (EU) Nr. 1151/2012). Folglich war die in § 131 Abs. 1 in der bis zum 16.10.2013 geltenden Fassung vorgesehene viermonatige Frist zu lang, um eine fristgerechte Weiterleitung des Einspruchs an die Kommission zu gewährleisten. Der Gesetzgeber hatte deshalb durch Art. 4 Nr. 4 des Gesetzes zur Modernisierung des Geschmacksmustergesetzes sowie zur Änderung der Regelungen über die Bekanntmachungen zum Ausstellungsschutz vom 10.10.2013 (BGBl. I 3799) die viermonatige **Einspruchsfrist** in Abs. 1 auf zwei Monate **verkürzt** (vgl. auch BT-Drs. 17/13428, 18, 43); die Änderung von Abs. 1 trat am 17.10.2013 in Kraft. Durch die Reduzierung der Einspruchsfrist von vier auf zwei Monate kann die dreimonatige Frist gegenüber der Kommission wieder eingehalten werden.

9   Ist die Einspruchsfrist nicht gewahrt, kann **keine Wiedereinsetzung** in die Einspruchsfrist beantragt werden (§ 131 Abs. 2 S. 2).

10 Innerhalb der Einspruchsfrist von zwei Monaten ist auch die Gebühr in Höhe von 120 Euro für den Einspruch zu entrichten (§§ 6 Abs. 1, 2 Abs. 1 PatKostG iVm GV 336200 PatKostG). Bei nicht fristgemäßer Zahlung der Gebühr stellt das DPMA durch Beschluss fest, dass der Einspruch als nicht erhoben gilt (§ 131 Abs. 2 S. 1 iVm § 6 Abs. 1 und 2 PatKostG). Eine **Wiedereinsetzung** in die Frist zur **Zahlung der Gebühr** ist ausgeschlossen (§ 131 Abs. 2 S. 2).

E. Einspruchsform

11 Der Einspruch muss eine Erklärung enthalten, aus der hervor geht, dass der Eintragungsantrag gegen die gegebenen Anforderungen verstoßen könnte (Art. 51 Abs. 1 UAbs. 3 VO (EU) Nr. 1151/2012). Für die Einspruchseinreichung soll gemäß § 50 Abs. 1 MarkenV das vom DPMA herausgegebene Formblatt verwendet werden, in dem insbesondere anzugeben sind (vgl. § 50 Abs. 2 MarkenV; FormK Marke/Schulte-Beckhausen F 2726):
- die geographische Angabe oder Ursprungsbezeichnung, gegen deren Eintragung sich der Einspruch richtet,
- die EG-Nummer und das Datum der Veröffentlichung im Amtsblatt der Europäischen Union,
- der Name und die Anschrift des Einsprechenden,
- falls ein Vertreter bestellt worden ist, der Name und die Anschrift des Vertreters,
- die Umstände, aus denen sich das berechtigte Interesse des Einsprechenden ergibt.

Darüber hinaus ist der Einspruch gemäß § 50 Abs. 3 S. 1 MarkenV innerhalb von zwei Monaten nach Einreichung des Einspruchs zu begründen. Hierzu sind die Gründe nach Art. 10 Abs. 1 Buchst. a bis d VO (EU) Nr. 1151/2012 anzugeben, auf die sich der Einspruch stützt, zB auf einen Verstoß gegen Art. 10 Abs. 1 Buchst. a VO (EU) Nr. 1151/2012 iVm Art. 5 VO (EU) Nr. 1151/2012, weil die Spezifikation das das Erzeugnis kennzeichnende geographische Gebiet fehlerhaft wiedergibt (Ströbele/Hacker/Hacker Rn. 14; EuGH C-269/99, GRUR Int 2002, 523 (526 f.) – Spreewälder Gurken; vgl. auch BPatG BeckRS 2007, 18180 – Schrobenhausener Spargel).

F. Entscheidung über den Einspruch

I. Prüfungen des DPMA

12 Das DPMA prüft bei Einsprüchen nach § 131 Abs. 1 lediglich, ob die natürliche oder juristische Person, die den Einspruch eingelegt hat, die Einspruchsfrist nach § 131 Abs. 1 eingehalten sowie fristgerecht die Einspruchsgebühr gezahlt hat; eine weitergehende Zulässigkeitsprüfung und eine sachlich-materielle Prüfung des Einspruchs erfolgen dabei nicht (Ingerl/Rohnke Rn. 4; Ströbele/Hacker/Hacker Rn. 15).

Sind diese beiden formellen Voraussetzungen erfüllt, übersendet das DPMA unverzüglich 13
den Einspruch mitsamt Anlagen an das Bundesministerium der Justiz und für Verbraucherschutz, § 51 MarkenV, damit dieses sodann diesen Einspruch aufnehmen und als mitgliedstaatlichen Einspruch der Bundesrepublik Deutschland bei der Kommission einreichen kann unter Wahrung der dreimonatigen Frist (→ Rn. 8). Ebenso wenig wie das DPMA ist das Bundesministerium der Justiz und für Verbraucherschutz befugt, den Einspruch in sachlicher Hinsicht zu überprüfen (Ströbele/Hacker/Hacker Rn. 16).

Ist eine der beiden unter → Rn. 12 genannten Voraussetzungen nicht erfüllt, hat das 14
DPMA durch Beschluss entweder den Einspruch zurückzuweisen, weil die Einspruchsfrist versäumt wurde, oder, sofern die Einspruchsgebühr nicht fristgerecht gezahlt wurde, auf der Grundlage von § 6 Abs. 2 PatKostG durch Beschluss festzustellen, dass der Einspruch als nicht vorgenommen gilt (Ströbele/Hacker/Hacker Rn. 15). Die natürliche oder juristische Person, die den Einspruch eingereicht hat, kann gegen den Beschluss das Rechtsmittel der **Beschwerde** nach § 133 S. 1 einlegen (vgl. Ingerl/Rohnke Rn. 4; Ströbele/Hacker/Hacker Rn. 15).

II. Prüfungen der Kommission der Zulässigkeitsvoraussetzungen

Wird der Einspruch vom DPMA über das Bundesministerium der Justiz und für Verbrau- 15
cherschutz der Kommission vorgelegt (→ Rn. 13), prüft die Kommission, ob der Einspruch zulässig ist gemäß Art. 10 Abs. 1 VO (EU) Nr. 1151/2012. Dies ist der Fall, wenn der Einspruch innerhalb der dreimonatigen Frist (→ Rn. 8) bei der Kommission eingegangen ist und sodann begründet wird (vgl. Art. 10 Abs. 1 Buchst. a bis d VO (EU) Nr. 1151/2012), dass

- der Antrag auf Eintragung oder Änderung des Namens der geographischen Angabe oder Ursprungsbezeichnung nicht die Bedingungen nach Art. 5 VO (EU) Nr. 1151/2012 erfüllt, wozu auch Einwendungen gegen die Spezifikation zählen, zB weil diese das geographische Gebiet, aus dem das Erzeugnis zu stammen hat, unzutreffend wiedergegeben hat oder diese ungerechtfertigte Beschränkungen (→ § 130 Rn. 40) aufweist (Ströbele/Hacker/Hacker Rn. 14) oder
- die Eintragung des vorgeschlagenen Namens nicht mit Art. 6 Abs. 2, 3 oder 4 VO (EU) Nr. 1151/2012 vereinbar ist oder
- sich die Eintragung des vorgeschlagenen Namens nachteilig auf das Bestehen eines ganz oder teilweise gleichlautenden Namens oder einer Marke oder auf das Bestehen von Erzeugnissen auswirken würde, die sich zum Zeitpunkt der Veröffentlichung des Antrags bereits seit mindestens fünf Jahren rechtmäßig im Verkehr befinden oder
- der Name, dessen Eintragung beantragt wird, eine Gattungsbezeichnung ist.

Erachtet die Kommission den Einspruch als zulässig, ersucht sie die Parteien des Einspruchs- 16
verfahrens, miteinander geeignete **Konsultationen** aufzunehmen (Art. 51 Abs. 3 VO (EU) Nr. 1151/2012). Ziel der Konsultationen soll es sein, innerhalb eines dreimonatigen, auf Ersuchen des Antragsstellers auf sechs Monate verlängerbaren Zeitraums eine Einigung zu treffen; eine solche Einigung könnte zB auch eine Änderung der antragsgegenständlichen Spezifikation beinhalten, wobei dann das DPMA die geänderte Spezifikation gemäß dem zum 1.7.2016 neu eingefügten § 130 Abs. 7 zu veröffentlichen hätte. Über den Abschluss der Konsultationen ist die Kommission zu informieren mittels eines Dokuments gemäß dem Muster nach Anhang IV der VO (EU) Nr. 668/2014. Kommt keine Einigung zustande, entscheidet die Kommission gemäß Art. 52 Abs. 3 Buchst. b VO (EU) Nr. 1151/2012 über den Einspruch, indem sie die geographische Bezeichnung antragsgemäß als Verordnung in das Register der geschützten Ursprungsbezeichnungen und geschützten geographischen Angaben aufnimmt oder den Antrag zurückweist.

Hat der Einspruch Erfolg, so dass der Antrag auf Eintragung bzw. Änderung zurückgewie- 17
sen wird, kann der Antragsteller gegen die Zurückweisung des Antrags als Maßnahme, die ihn unmittelbar und individuell betrifft, eine **Nichtigkeitsklage** erheben (vgl. Meyer/Koch GRUR 1993, 113 (115, 119); Tilmann GRUR Int 1993, 610 (616); Ströbele/Hacker/Hacker Rn. 19). Hat der Einspruch indes keinen Erfolg und nimmt die Kommission sodann die beantragte Eintragung vor, kann hiergegen ein Mitgliedstaat im Wege der Nichtigkeitsklage nach Art. 263 AEUV klagen. Eine natürliche oder juristische Person kann, sofern sie

einen zulässigen Einspruch eingelegt hatte, allenfalls klagen, wenn sie ausnahmsweise von der Verordnung, mit der die Eintragung vorgenommen wird, unmittelbar betroffen ist (vgl. Büscher/Dittmer/Schiwy/Büscher § 130 Rn. 40; Ströbele/Hacker/Hacker Rn. 20 sowie § 130 Rn. 121).

17.1 Das Erfordernis der unmittelbaren Betroffenheit wird damit begründet, dass die Eintragung aufgrund ihres Rechtsaktes als Verordnung nur normative Wirkung entfaltet. Somit sei der Einspruchsführer nicht in seinen individuellen Rechten berührt (EuG GRUR-RR 2007, 358 f. – Miel de Provence).

§ 132 Antrag auf Änderung der Spezifikation, Löschungsverfahren

(1) Für Anträge auf Änderung der Spezifikation einer geschützten geographischen Angabe oder einer geschützten Ursprungsbezeichnung nach Artikel 53 Absatz 2 Satz 1 der Verordnung (EU) Nr. 1151/2012 gelten die §§ 130 und 131 entsprechend.

(2) Für Anträge auf Löschung einer geschützten geographischen Angabe oder einer geschützten Ursprungsbezeichnung nach Artikel 54 Absatz 1 Satz 1 der Verordnung (EU) Nr. 1151/2012 gelten die §§ 130 und 131 entsprechend.

Überblick

Während § 130 als nationale Vorschrift das Verfahren für eine Eintragung einer Ursprungsbezeichnung bzw. geographischer Angabe gemäß VO (EG) Nr. 1151/2012 normiert, bezieht sich § 132 als nationalstaatliche Norm auf jene Anträge, die nach einer bereits erfolgten Eintragung noch folgen können: der Antrag auf Änderung der Spezifikation (Abs. 1; → Rn. 1) und der Antrag auf Löschung einer geographischen Angabe (Abs. 2; → Rn. 13); zum Amtslöschungsverfahren → Rn. 12. Seit dem 1.7.2016 verweist § 132 auf die einschlägigen Normen der zum 1.3.2013 in Kraft getretenen VO (EU) Nr. 1151/2012; bis zum 30.6.2016 verwies § 132 noch auf die Normen der VO (EG) Nr. 510/2006, was zur Folge hatte, dass seit dem 3.1.2013 gemäß Art. 58 Abs. 2 VO (EU) Nr. 1151/2012 iVm Anlage II die Verweise in § 132 auf die außer Kraft getretenen Normen der VO (EG) Nr. 510/2006 als Verweise auf die an deren Stelle getretenen Normen der VO (EU) Nr. 1151/2012 zu lesen waren.

A. Antrag auf Änderung einer Spezifikation (Abs. 1)

1 Nach § 132 Abs. 1 gelten für Anträge auf Änderung der Spezifikation einer geschützten geographischen Angabe oder geschützten Ursprungsbezeichnung die §§ 130, 131 entsprechend. § 132 Abs. 1 hat somit keinen eigenständigen Regelungsgehalt (vgl. Ingerl/Rohnke Rn. 1), sondern erschöpft sich zum einen in der Betonung, dass eine Spezifikationsänderung auf der europarechtlichen Grundlage, nämlich seit dem 3.1.2013 Art. 53 VO (EU) Nr. 1151/2012 (vormals Art. 9 Abs. 2 VO (EG) Nr. 510/2006) erfolgt, und zum anderen in der Verweisung auf die §§ 130, 131, die somit nicht nur für die Beantragung der Eintragung, sondern auch für die Spezifikationsänderung das nationale Eintragungsverfahren normieren.

1.1 Seit dem 1.7.2016 wird für die Bearbeitung eines Antrags auf Änderung der Spezifikation nach § 132 Abs. 1 eine Gebühr in Höhe von 200 Euro erhoben (vgl. § 2 Abs. 1 PatKostG iVm GV 336250 PatKostG). Bis zum 30.6.2016 wurde der Änderungsantrag noch kostenlos bearbeitet, wie auch der zum 30.6.2016 aufgehobene § 132 Abs. 1 S. 2 klarstellte.

I. Antragsberechtigung

2 Gemäß Art. 53 Abs. 1 VO (EU) Nr. 1151/2012 kann eine Vereinigung, die den Bedingungen von Art. 49 Abs. 1 entspricht, die Genehmigung einer Änderung der Spezifikation beantragen, sofern sie hieran ein berechtigtes Interesse hat. Somit ist nicht nur antragsberechtigt, wer seinerzeit die Eintragung beantragt hat; vielmehr kann den Antrag auf Änderung einer Spezifikation auch eine andere Vereinigung oder eine ihr gleichgestellte natürliche oder juristische Person stellen, sofern sie das antragsgegenständliche Agrarerzeugnis oder

Antrag auf Änderung der Spezifikation, Löschungsverfahren § 132 MarkenG

Lebensmittel selbst anbaut oder erzeugt (so auch mit Blick auf die VO (EG) Nr. 510/2006: Fezer Rn. 3; Omsels Rn. 99; Ingerl/Rohnke Rn. 2; v. Schultz/Gruber Rn. 2).

II. Antragsform

Der Antrag hat die beabsichtigten Änderungen zu beschreiben und zu begründen, Art. 53 **3** Abs. 1 UAbs. 2 VO (EU) Nr. 1151/2012. Unter Verwendung des vom DPMA herausgegebenen Formblatts nach § 52 Abs. 1 MarkenV sind gemäß § 52 Abs. 2 MarkenV in dem Antrag anzugeben (FormK Marke/Schulte-Beckhausen F 2740):
- die eingetragene geografische Angabe oder Ursprungsbezeichnung,
- der Name und die Anschrift des Antragstellers,
- die Rechtsform, Größe und Zusammensetzung der den Antrag stellenden Vereinigung,
- falls ein Vertreter bestellt worden ist, der Name und die Anschrift des Vertreters,
- die Umstände, aus denen sich das berechtigte Interesse des Antragstellers ergibt,
- die Rubriken der Spezifikation, auf die sich die Änderungen beziehen,
- die beabsichtigten Änderungen und deren Begründung.

III. Änderungsgrund

Die Ursachen für eine Spezifikationsänderung können vielfältig sein. Neben **Berichti-** **4** **gungen** von inhaltlichen Fehlern im einstigen Antrag auf Eintragung (vgl. Ströbele/Hacker/Hacker Rn. 10) kann eine beantragte Änderung auch Folge einer **geänderten Rechtslage** sein (vgl. BPatG GRUR 2012, 398 f. – Schwarzwälder Schinken = GRUR-Prax 2012, 31 mit Anm. Schulteis), wie zB strengere Voraussetzungen an die Lebensmittelkennzeichnung (BPatG BeckRS 2010, 16290 – Nürnberger Bratwürste = GRUR-Prax 2010, 339 mit Anm. Schoene). Auch kann eine Spezifikationsänderung aus **technischen Neuerungen** bei der Erzeugung, Verarbeitung oder Zubereitung resultieren oder der **Sicherung oder Steigerung der Qualität** des Erzeugnisses dienen (vgl. Ströbele/Hacker/Hacker Rn. 10; Schoene GRUR-Prax 2010, 339), zB auch durch eine Verbesserung der **Kontrolleffektivität** sowie der Gewährleistung der **Rückverfolgbarkeit** von Verletzungen (vgl. BPatG GRUR 2012, 398 (400)) – Schwarzwälder Schinken = GRUR-Prax 2012, 31 mit Anm. Schulteis). Ferner können Änderungen der Spezifikationen den Anpassungen an geänderte **Verbrauchererwartungen** (weniger Fettanteil etc) geschuldet sein.

Die VO (EU) Nr. 1151/2012 differenziert zwischen wesentlichen (→ Rn. 9) und gering- **5** fügigen Änderungen (→ Rn. 6).

1. Geringfügige Änderungen

§ 132 Abs. 1 hat keine Bedeutung für geringfügige Änderungen, deren Rechtsgrundlage **6** Art. 53 Abs. 2 UAbs. 2 und 3 VO (EU) Nr. 1151/2012 (vormals Art. 9 Abs. 2 S. 2 VO (EG) Nr. 510/2006) ist. Über derartige Anträge auf geringfügige Änderungen entscheidet allein die Kommission in einem **vereinfachten Verfahren** (vgl. Ströbele/Hacker/Hacker Rn. 7); eine Beteiligung des DPMA an diesem Verfahren ist nicht vorgesehen. Gibt die Kommission dem Antrag auf eine derartige geringfügige Änderung statt, veröffentlicht sie das nunmehr geänderte einzige Dokument und die Fundstelle der geänderten Spezifikation im Amtsblatt der Europäischen Union, Art. 53 Abs. 2 UAbs. 2 VO (EU) Nr. 1151/2012). Ein Einspruch gegen eine derartige Entscheidung kann nicht eingelegt werden (Omsels Rn. 101).

Ein Antrag auf Änderung der geschützten Ursprungsbezeichnung oder geschützten geo- **7** graphischen Angabe für ein Erzeugnis gilt dann als geringfügig (Art. 53 Abs. 2 UAbs. 3 VO (EU) Nr. 1151/2012), wenn
- die Änderung kein wesentliches Merkmal des Erzeugnisses betrifft,
- im Falle einer geschützten Ursprungsbezeichnung die Änderung nicht den Zusammenhang gemäß Art. 7 Abs. 1f i VO (EU) Nr. 1151/2012 zwischen der Qualität oder den Merkmalen des Erzeugnisses und den geographischen Verhältnissen ändert,
- im Falle einer geschützten geographischen Angabe die Änderung nicht den Zusammenhang gemäß Art. 7 Abs. 1f ii VO (EU) Nr. 1151/2012 zwischen einer bestimmten Qualität, dem Ansehen oder einem anderen Merkmal des Erzeugnisses und dem geographischen Ursprung ändert,

- die Änderung keine Änderung des Namens oder eines Teils des Namens des Erzeugnisses betrifft,
- die Änderung keine Auswirkungen auf die Abgrenzung des geographischen Gebiets hat oder
- die Änderung nicht zu einer Zunahme der Beschränkungen des Handels mit dem Erzeugnis oder seinen Rohstoffen führt.

8 Andernfalls ist die Änderung nicht als geringfügig, sondern als **wesentlich** anzusehen. Der Änderungsantrag ist dann nach § 132 Abs. 1 S. 2 iVm § 130 wie ein Neuantrag auf Eintragung zu behandeln.

8.1 Klarheit darüber, ob die beantragte Änderung geringfügig ist, erhält der Antragsteller erst durch die Entscheidung der Kommission; denn das Geringfügigkeitsmerkmal, dass die Änderung kein wesentliches Merkmal des Erzeugnisses betrifft, verlagert letztlich nur die Auslegung des abstrakten Tatbestandsmerkmals der Geringfügigkeit hin zum gleichermaßen abstrakten, unbestimmten Tatbestandsmerkmal der Wesentlichkeit eines Erzeugnismerkmals.

2. Nicht geringfügige (wesentliche) Änderungen

9 Führt die Änderung zu einer oder mehreren Änderungen der Spezifikation, die nicht geringfügig sind, so unterliegt der Änderungsantrag dem Verfahren gemäß den Art. 49 bis 52 VO (EU) Nr. 1151/2012, wie Art. 53 Abs. 2 UAbs. 1 klarstellt (früher Art. 9 Abs. 2 S. 1 VO (EG) 510/2006), auf den § 132 Abs. 1 S. 1 verweist.

10 Ein derartiger Antrag zur wesentlichen **Änderung** einer geographischen Bezeichnung muss somit das gleiche Verfahren durchlaufen wie der erstmalige Antrag auf Eintragung (→ § 130 Rn. 20 ff.; Omsels Rn. 101; Fezer Rn. 5; Ströbele/Hacker/Hacker Rn. 6).

B. Antrag auf Löschung (Abs. 2)

11 Ähnlich wie Abs. 1 beschränkt sich auch Abs. 2 im Hinblick auf die Löschung einer geschützten geographischen Angabe oder geschützten Ursprungsbezeichnung auf die Bezugnahme auf Art. 54 VO (EU) Nr. 1151/2012 und auf die Anordnung der entsprechenden Geltung von §§ 130, 131. Zu differenzieren ist dabei zwischen dem Amts- und dem Antragslöschungsverfahren (vgl. zu Art. 12 VO (EG) Nr. 510/2006 Ingerl/Rohnke Rn. 3; Ströbele/Hacker/Hacker Rn. 17).

I. Amtslöschungsverfahren

12 Gemäß 54 Abs. 1 UAbs. 1 Alt. 1 VO (EU) Nr. 1151/2012 kann die Kommission Durchführungsrechtsakte zur Löschung der geschützten geographischen Angabe oder geschützten Ursprungsbezeichnung erlassen, wenn einer der folgenden Fälle gegeben ist:
- Bei dem Erzeugnis ist eine Übereinstimmung mit den Anforderungen der Spezifikation nicht gewährleistet.
- Es wurde in den letzten sieben Jahren unter der geschützten Ursprungsbezeichnung oder der geschützten geographischen Angabe kein Erzeugnis in den Verkehr gebracht.

II. Antragslöschungsverfahren

13 Unabhängig von der Kommission kann gemäß Art. 54 Abs. 1 UAbs. 1 Alt. 2 VO (EU) Nr. 1151/2012 (Art. 12 Abs. 2 aF) jede natürliche oder juristische Person **mit berechtigtem Interesse** unter Angabe ihrer Gründe die Löschung einer Eintragung beantragen.

14 Für den Löschungsantrag ist das Formblatt des DPMA zu verwenden, § 53 Abs. 1 MarkenV, in dem gemäß § 52 Abs. 2 MarkenV anzugeben sind (s. FormK Marke/Schulte-Beckhausen F 2754):
- die geographische Angabe oder die Ursprungsbezeichnung, die gelöscht werden soll,
- der Name und die Anschrift des Antragstellers,
- falls ein Vertreter bestellt ist, der Name und die Anschrift des Vertreters,
- Umstände, aus denen sich das berechtigte Interesse des Antragstellers ergibt,
- Gründe für die Löschung.

Konkrete Gründe, die eine Löschung im Antragslöschungsverfahren voraussetzen, sind nirgends geregelt. Gleiches gilt für die konkreten Voraussetzungen, unter denen einem von interessierten Dritten gestellten Löschungsantrag stattzugeben ist. Fraglich ist daher, ob ein Dritter mit berechtigtem Interesse auch noch im Anschluss an ein erfolgreich abgeschlossenes Eintragungsverfahren mitsamt den intensiven Prüfungen des DPMA und der Kommission, ob die Eintragungsvoraussetzungen erfüllt sind, die Löschung beantragen kann mit der Begründung, die Eintragungsvoraussetzungen seien vom DPMA oder der Kommission verkannt worden oder es hätten Eintragungshindernisse bestanden. Zwar enthalten die VO (EU) Nr. 1151/2012 und auch die VO (EG) Nr. 510/2006 sowie die VO (EG) Nr. 1896/2006 keine Anhaltspunkte, dass eine nochmalige Überprüfung durch das DPMA oder die Kommission nach abgeschlossenem Eintragungsverfahren auf Antrag eines Dritten möglich sein soll (so Büscher/Dittmer/Schiwy/Büscher Rn. 6). Allerdings lassen Art. 54 Abs. 1 UAbs. 1 Alt. 2 VO (EG) Nr. 1151/2012 wie auch bereits Art. 12 Abs. 2 VO (EG) Nr. 510/2006 einen derartig begründeten Löschungsantrag eines Dritten mit berechtigtem Interesse gerade zu, was den Rückschluss rechtfertigt, ein derartiger Löschungsantrag eines Dritten könne nicht von vornherein unter Hinweis auf das einstige erfolgreiche und abgeschlossene Eintragungsverfahren zurückgewiesen werden (vgl. Ingerl/Rohnke Rn. 3). Ob ein derartiger Löschungsantrag letztlich auch in der Sache mit der Begründung, das DPMA oder die Kommission hätten einst eine Eintragungsvoraussetzung verkannt, Erfolg haben kann, erscheint angesichts des sehr prüfungsintensiv gestalteten Eintragungsverfahrens eher fernliegend.

III. Löschungsgebühren

Für einen Antrag auf Löschung ist gemäß § 2 Abs. 1 PatKostG iVm GV 336300 PatKostG eine Gebühr in Höhe von 120 Euro vom Antragsteller innerhalb von drei Monaten ab Antragstellung (§ 6 Abs. 1 S. 2 PatKostG) zu zahlen.

§ 133 Rechtsmittel

¹Gegen Entscheidungen, die das Deutsche Patent- und Markenamt nach den Vorschriften dieses Abschnitts trifft, findet die Beschwerde zum Bundespatentgericht und die Rechtsbeschwerde zum Bundesgerichtshof statt. ²Gegen eine Entscheidung nach § 130 Abs. 5 Satz 1 steht die Beschwerde denjenigen Personen zu, die gegen den Antrag fristgerecht Einspruch eingelegt haben oder die durch den stattgebenden Beschluss auf Grund der nach § 130 Abs. 5 Satz 4 veröffentlichten geänderten Angaben in ihrem berechtigten Interesse betroffen sind. ³Im Übrigen sind die Vorschriften dieses Gesetzes über das Beschwerdeverfahren vor dem Bundespatentgericht (§§ 66 bis 82) und über das Rechtsbeschwerdeverfahren vor dem Bundesgerichtshof (§§ 83 bis 90) entsprechend anzuwenden.

Überblick

§ 133 stellt zum einen klar, welche Rechtsmittel generell gegen Entscheidungen, die das DPMA auf Grundlage der §§ 130–136 getroffen hat, in Betracht kommen (S. 1; → Rn. 1). Zum anderen normiert § 133, welche Rechtsmittel insbesondere bei Stattgabe des ursprünglichen oder des im nationalen Prüfungsverfahren abgeänderten Eintragungsantrags denjenigen zustehen, die gegen den Eintragungsantrag Einspruch eingelegt haben bzw. durch die Abänderung in ihrem berechtigten Interesse betroffen sind (S. 2; → Rn. 2). Für den Verfahrensablauf verweist S. 3 auf die allgemeinen Normen für die Verfahren vor dem Bundespatentgericht und dem Bundesgerichtshof (→ Rn. 10), die entsprechende Anwendung finden (→ Rn. 7).

A. Statthaftigkeit der Beschwerde (S. 1)

Gemäß § 133 S. 1 ist gegen Entscheidungen, die das DPMA nach den Vorschriften des zweiten Abschnitts des sechsten Teils (§§ 130–136) getroffen hat, die Beschwerde zum Bundespatentgericht sowie sodann gegen den Beschluss über die Beschwerde die Rechtsbe-

schwerde zum Bundesgerichtshof statthaft. Zu den Entscheidungen, die das DPMA gemäß §§ 130 ff. getroffen hat, zählen:
- Zurückweisung eines Antrags auf Eintragung einer geographischen Angabe oder Ursprungsbezeichnung (§ 130 Abs. 5 S. 2);
- Zurückweisung eines Antrags auf Änderung der Spezifikation einer geographischen Angabe oder Ursprungsbezeichnung (§ 132 Abs. 1 S. 1 iVm § 130 Abs. 5 S. 2);
- Zurückweisung eines Antrags auf Löschung einer geographischen Angabe oder Ursprungsbezeichnung (§ 132 Abs. 2 S. 1 iVm § 130 Abs. 5 S. 2);
- Zurückweisung eines Einspruchs nach § 131 Abs. 1, weil er nicht innerhalb der zweimonatigen Einspruchsfrist nach § 131 Abs. 1 eingereicht wurde;
- Feststellung, dass ein Einspruch nach § 131 Abs. 1 als nicht erhoben gilt, weil die Einspruchsgebühr nicht fristgerecht gezahlt wurde (§ 131 Abs. 2 iVm § 6 Abs. 1 und 2 PatKostG).

B. Besondere Beschwerdeberechtigungen (S. 2)

2   Während die Beschwerde nach Satz 1 der statthafte Rechtsbehelf in den Fällen ist, in denen ein Eintragungs-, Änderungs- oder Löschungsantrag durch Beschluss zurückgewiesen oder ein belastender feststellender Beschluss erging, und somit erhoben werden kann von demjenigen, der unmittelbarer Adressat einer belastenden Entscheidung des DPMA ist, begründet Satz 2 für zwei Konstellationen eine besondere Beschwerdeberechtigung für unmittelbare Adressaten.

I. Beschwerdeberechtigung nach S. 2 Alt. 1

3   Gemäß § 133 S. 2 Alt. 1 ist eine Beschwerde statthaft gegen den Beschluss, einem Antrag auf Eintragung einer geographischen Angabe oder Ursprungsbezeichnung antragsgemäß stattzugeben (§ 130 Abs. 5 S. 1), sofern der Beschwerdeführer **zuvor** gegen den Antrag fristgerecht **Einspruch** nach § 130 Abs. 4 S. 2 **eingelegt** hat.

4   Wenngleich die Beschwerdeberechtigung hier – im Gegensatz zur Beschwerdeberechtigung nach § 133 S. 2 Alt. 2 (→ Rn. 5) – ein berechtigtes Interesse des Beschwerdeführers nicht ausdrücklich voraussetzt, so ist dieses gleichwohl nicht entbehrlich. Auch hier prüft das BPatG, ob der Beschwerdeführer über das berechtigte Interesse für die Einlegung seines Einspruchs nach § 130 Abs. 4 S. 2 verfügte, der seinerseits Voraussetzung ist, um eine Beschwerde nach § 133 S. 2 Alt. 1 einlegen zu können (so auch v. Schultz/Gruber Rn. 2; Ströbele/Hacker/Hacker Rn. 3).

II. Beschwerdeberechtigung nach S. 2 Alt. 2

5   Zudem ist gemäß § 133 S. 2 Alt. 2 die Beschwerde statthaft gegen den Beschluss, einem Antrag auf Eintragung einer geographischen Angabe oder Ursprungsbezeichnung unter wesentlichen Änderungen stattzugeben (§ 130 Abs. 5 S. 4). Voraussetzung für eine derartige Beschwerde ist es, dass der Beschwerdeführer darlegen kann, durch die im stattgebenden Beschluss vorgesehenen Änderungen in seinem **berechtigten Interesse** betroffen zu sein (BPatG LMRR 2010, 156 – Nürnberger Rostbratwurst = GRUR-Prax 2010, 339 mit Anm. Schoene). Im Gegensatz zur Beschwerde nach § 133 S. 2 Alt. 1 erfordert die Beschwerdeberechtigung hier nicht, dass der Beschwerdeführer zuvor bereits einen Einspruch eingelegt hat (vgl. Ingerl/Rohnke Rn. 2). Es genügt die Betroffenheit seines berechtigten Interesses, wobei dieses Tatbestandsmerkmal wie bei Einsprüchen (→ § 131 Rn. 5) weit auszulegen und als erfüllt anzusehen ist, wenn der Beschwerdeführer eine zumindest potentielle, nicht außerhalb jeder Wahrscheinlichkeit liegende wirtschaftliche Betroffenheit durch die in abgeänderter Form erfolgte Eintragung darlegen kann (vgl. auch Ströbele/Hacker/Hacker Rn. 6).

6   Zu beachten ist, dass jenen Betroffenen, die nach § 133 S. 2 Alt. 2 beschwerdeberechtigt sind, im Gegensatz zu den Einspruchsführern nach § 130 Abs. 4 S. 1 kein Beschluss über die Stattgabe des Antrags zugestellt wird. Somit kann von ihnen auch nicht verlangt werden, innerhalb der **einmonatigen Beschwerdefrist** ab der – nicht an sie erfolgten – Zustellung des Beschlusses nach § 133 S. 3 iVm § 66 Abs. 2 die Beschwerde einzureichen (so auch Ströbele/Hacker/Hacker Rn. 11; Büscher/Dittmer/Schiwy/Büscher Rn. 5). Soweit in der

Literatur vertreten wird, die einmonatige Beschwerdefrist werde stattdessen mit der Veröffentlichung des stattgebenden Beschlusses im Markenblatt in Gang gesetzt (so Ströbele/Hacker/Hacker Rn. 11; vgl. auch Fezer Rn. 8), spricht gegen eine derartige Auffassung, dass die Betroffenen ggf. auch keine Kenntnis von der Veröffentlichung des Beschlusses im Markenblatt erlangt haben. Da von diesen Beschwerdeberechtigten schwerlich erwartet werden kann, jeden dort veröffentlichten Beschluss dahingehend zu überprüfen, ob und inwieweit sie durch diesen betroffen sind, kann stattdessen angenommen werden, dass diese Beschwerdeberechtigten in der Regel ohne Verschulden verhindert waren, die Beschwerdefrist nach § 66 Abs. 2 einzuhalten, so dass ihnen auf Antrag Wiedereinsetzung nach § 91 Abs. 1 S. 1 zu gewähren ist (vgl. auch Ströbele/Hacker/Hacker Rn. 11). Für diese Auffassung spricht zudem, dass – im Gegensatz zu § 131 Abs. 1 und 2 – in § 130 und in § 133 eine **Wiedereinsetzung** gerade nicht ausdrücklich ausgeschlossen ist (so auch Büscher/Dittmer/Schiwy/Büscher Rn. 5).

C. Anwendbares Verfahrensrecht

Für das Beschwerdeverfahren nach § 133 gelten die verfahrensrechtlichen Normen der §§ 66–82 entsprechend (§ 133 S. 3). 7

D. Begründetheit

Die Beschwerde nach § 133 S. 1 hat Erfolg, wenn der Beschluss, den Antrag auf Eintragung oder Löschung einer geographischen Angabe oder Ursprungsbezeichnung oder Änderung eines Spezifikation zurückzuweisen, rechtswidrig war, weil der Antrag entgegen der Auffassung des DPMA den Voraussetzungen der VO (EU) Nr. 1151/2012 (vormals VO (EG) Nr. 510/2006) mitsamt Durchführungsvorschriften entsprach, oder wenn der Feststellungsbeschluss rechtswidrig war, weil entgegen der Annahme der DPMA die Einspruchsfrist gewahrt bzw. die Einspruchsgebühr fristgerecht gezahlt wurde. 8

Die Beschwerde nach § 133 S. 2 hat Erfolg, wenn einem Antrag stattgeben wurde, obwohl dieser Antrag nicht den Voraussetzungen der VO (EG) Nr. 510/2006 (nunmehr VO (EU) Nr. 1151/2012) mitsamt den einschlägigen Durchführungsvorschriften entsprach (vgl. Büscher/Dittmer/Schiwy/Büscher Rn. 6). 9

E. Rechtsmittel gegen den Beschluss des BPatG

Gegen den Beschluss des BPatG über die Beschwerde nach § 133 findet das Rechtsmittel der Rechtsbeschwerde zum Bundesgerichtshof (§ 133 S. 1) bei entsprechender Anwendung von §§ 83–90 statt (§ 133 S. 3). 10

§ 134 Überwachung

(1) Die nach der Verordnung (EU) Nr. 1151/2012 und den zu ihrer Durchführung erlassenen Vorschriften erforderliche Überwachung und Kontrolle obliegt den nach Landesrecht zuständigen Stellen.

(2) ¹Soweit es zur Überwachung und Kontrolle im Sinn des Absatzes 1 erforderlich ist, können die Beauftragten der zuständigen Stellen bei Betrieben, die Agrarerzeugnisse oder Lebensmittel in Verkehr bringen oder herstellen (§ 3 Nr. 1 und 2 des Lebensmittel- und Futtermittelgesetzbuchs) oder innergemeinschaftlich verbringen, einführen oder ausführen, während der Geschäfts- oder Betriebszeit
1. Geschäftsräume und Grundstücke, Verkaufseinrichtungen und Transportmittel betreten und dort Besichtigungen vornehmen,
2. Proben gegen Empfangsbescheinigung entnehmen; auf Verlangen des Betroffenen ist ein Teil der Probe oder, falls diese unteilbar ist, eine zweite Probe amtlich verschlossen und versiegelt zurückzulassen,
3. Geschäftsunterlagen einsehen und prüfen,
4. Auskunft verlangen.

²Diese Befugnisse erstrecken sich auch auf Agrarerzeugnisse oder Lebensmittel, die an öffentlichen Orten, insbesondere auf Märkten, Plätzen, Straßen oder im Umherziehen in den Verkehr gebracht werden.

(3) Inhaber oder Leiter der Betriebe sind verpflichtet, das Betreten der Geschäftsräume und Grundstücke, Verkaufseinrichtungen und Transportmittel sowie die dort vorzunehmenden Besichtigungen zu gestatten, die zu besichtigenden Agrarerzeugnisse oder Lebensmittel selbst oder durch andere so darzulegen, dass die Besichtigung ordnungsgemäß vorgenommen werden kann, selbst oder durch andere die erforderliche Hilfe bei Besichtigungen zu leisten, die Proben entnehmen zu lassen, die geschäftlichen Unterlagen vorzulegen, prüfen zu lassen und Auskünfte zu erteilen.

(4) Erfolgt die Überwachung bei der Einfuhr oder bei der Ausfuhr, so gelten die Absätze 2 und 3 entsprechend auch für denjenigen, der die Agrarerzeugnisse oder Lebensmittel für den Betriebsinhaber innergemeinschaftlich verbringt, einführt oder ausführt.

(5) Der zur Erteilung einer Auskunft Verpflichtete kann die Auskunft auf solche Fragen verweigern, deren Beantwortung ihn selbst oder einen der in § 383 Abs. 1 Nr. 1 bis 3 der Zivilprozessordnung bezeichneten Angehörigen der Gefahr strafrechtlicher Verfolgung oder eines Verfahrens nach dem Gesetz über Ordnungswidrigkeiten aussetzen würde.

(6) ¹Für Amtshandlungen, die nach Artikel 37 Absatz 1 der Verordnung (EU) Nr. 1151/2012 zu Kontrollzwecken vorzunehmen sind, werden kostendeckende Gebühren und Auslagen erhoben. ²Die kostenpflichtigen Tatbestände werden durch das Landesrecht bestimmt.

Überblick

Die Art. 36, 37 und 39 VO (EU) Nr. 1151/2012 (vormals Art. 10, 11 VO (EG) Nr. 510/2006) sehen vor, dass Behörden oder Produktzertifizierungsstellen der Mitgliedstaaten geographische Angaben und Ursprungsbezeichnungen zu überwachen und hinsichtlich der Einhaltung der Spezifikationsanforderungen zu kontrollieren haben. § 134, der seit dem 1.7.2016 auf die zum 3.1.2013 in Kraft getretenen einschlägigen Normen der VO (EU) Nr. 1151/2012 verweist (bis zum 30.6.2016 wurde dort noch auf die VO (EG) Nr. 510/2006 verwiesen), greift diese Verpflichtung auf und begründet gesetzgeberische Befugnisse für die Errichtung von derartigen Behörden und Kontrollstellen mitsamt deren Kompetenzen (→ Rn. 1). Abs. 2 regelt die Befugnisse der Kontrollstellen (→ Rn. 3 ff.). Die Abs. 3–5 regeln die Mitwirkungspflichten (→ Rn. 7 f.) und Abs. 6 die Kostentragung (→ Rn. 10 ff.).

A. Zuständigkeitszuweisung (Abs. 1)

1   Nach § 134 Abs. 1 obliegen den nach Landesrecht zuständigen Stellen die nach der VO (EU) Nr. 1151/2012 und deren Durchführungsvorschriften erforderlichen Überwachungen und Kontrollen. Demnach ist der Landesgesetzgeber dafür zuständig, die hierfür benötigten Kontrollstellen auf landesrechtlicher Grundlage einzurichten und diesen die für die Überwachungs- und Kontrollaufgaben erforderlichen Kompetenzen zuzuweisen.

1.1 So nimmt zB in Nordrhein-Westfalen diese Aufgaben das Landesamt für Natur, Umwelt und Verbraucherschutz wahr, § 2 Abs. 1 Nr. 2 ZustVOAgrar NRW vom 11.11.2008 (GV NRW 273).

2   Gemäß Art. 36 Abs. 1 VO (EU) Nr. 1151/2012 (vormals Art. 10 Abs. 1 VO (EG) Nr. 510/2006) benennen die Mitgliedstaaten die zuständigen Behörden, die für die amtlichen Kontrollen zuständig sind, mit denen geprüft wird, ob die Erzeugnisse die rechtlichen Anforderungen der Qualitätsregelungen erfüllen und insbesondere die Produktspezifikationen einhalten. Die Kommission macht sodann die Namen und Anschriften dieser Behörden öffentlich zugänglich und aktualisiert diese Informationen regelmäßig (Art. 37 Abs. 3 UAbs. 1).

B. Befugnisse der Kontrollstellen (Abs. 2)

Die Befugnisse der zuständigen Behörden und Kontrollstellen bestehen gegenüber Betrieben, die Agrarerzeugnisse oder Lebensmittel in den Verkehr bringen oder herstellen, innergemeinschaftlich verbringen, einführen oder ausführen, wobei hinsichtlich des „In-den-Verkehr-Bringens" und „Herstellens" auf die Definition nach § 3 Nr. 1 und 2 LFGB abzustellen ist.

Zweck der Kontrollen durch die Behörden und Kontrollstellen ist die von Art. 36 Abs. 3, Art. 37 Abs. 1 VO (EU) Nr. 1151/2012 (vormals Art. 11 VO (EG) Nr. 510/2006) geforderte Sicherstellung, dass die Agrarerzeugnisse und Lebensmittel, die mit Ursprungsbezeichnungen oder geographischen Angaben gekennzeichnet sind, deren Spezifikationsanforderungen gemäß Art. 7 (vormals Art. 4) erfüllen (sog. **Herstellerkontrolle,** vgl. Ströbele/Hacker/Hacker Rn. 2; v. Schultz/Gruber Rn. 1). Darüber hinaus soll die Überwachung sicherstellen, dass auch die weiteren Vorgaben erfüllt und beachtet werden, zB indem die Bezeichnung „geschützte Ursprungsbezeichnung" oder „geschützte geographische Angabe" nicht unbefugt oder unzulässig verwendet wird (sog. **Missbrauchskontrolle,** vgl. Ströbele/Hacker/Hacker Rn. 3; v. Schultz/Gruber Rn. 1).

Im Rahmen der Hersteller- und Missbrauchskontrolle sind die zuständigen Behörden und Kontrollstellen berechtigt (§ 134 Abs. 2 S. 1 Nr. 1–4), während der Geschäfts- oder Betriebszeiten Verkaufs- und Geschäftsräume, Grundstücke und Transportmittel zu betreten und zu besichtigen, Proben zu entnehmen, Geschäftsunterlagen einzusehen und zu prüfen sowie – sozusagen als Auffangtatbestand – Auskünfte zu verlangen. § 134 Abs. 2 S. 2 erstreckt diese Rechte über die Geschäftsräume hinaus auf Agrarerzeugnisse und Lebensmittel der Betriebe, die an öffentlichen Orten, wie zB Märkten und Straßen, angeboten werden.

Die Behörden und Kontrollstellen haben bei der Vornahme ihrer Befugnisse das **Erforderlichkeitsprinzip** zu beachten und somit das für den Adressaten mildeste Mittel auszuwählen, das geeignet ist, den angestrebten Zweck zu erreichen. Da ein Vorgehen mit Öffentlichkeitswirkung in der Regel belastender ist als ein Vorgehen innerhalb der Betriebssphäre, darf von der Befugnis nach § 134 Abs. 2 S. 2 grundsätzlich erst dann Gebrauch gemacht werden, wenn ein Vorgehen nach § 134 Abs. 2 S. 1 ungeeignet erscheint.

C. Pflichten und Rechte der Unternehmen (Abs. 3–5)

§ 134 Abs. 3 normiert eine **Duldungspflicht** für die Inhaber und Leiter der Betriebe dergestalt, dass sie den Mitarbeitern der zuständigen Behörden und Kontrollstellen die Ausübung ihrer Betretungs- und Besichtigungsrechte zu gestatten haben. Ferner obliegt ihnen die **Mitwirkungspflicht,** ihre Agrarerzeugnisse und Lebensmittel darzulegen, damit die Proben entnommen werden können, sowie ihre geschäftlichen Unterlagen zur Prüfung vorzulegen und auf Verlangen **Auskunft** zu erteilen.

Die Pflichten nach Abs. 2 und 3 erstrecken sich im Rahmen der Aus- und Einfuhrüberwachung auch auf diejenigen, die für den Betriebsinhaber die Agrarerzeugnisse verbringen, einführen oder ausführen (Abs. 4). In Betracht kommen derartige Maßnahmen der Behörden und Kontrollstellen insbesondere gegenüber Spediteuren oder Lageristen.

Eingeschränkt ist die Verpflichtung zur Auskunftserteilung, soweit dem Auskunftsverpflichteten ein **Auskunftsverweigerungsrecht** zusteht, weil er sich oder einen in § 383 Abs. 1 Nr. 1–3 ZPO Angehörigen bei Erteilung der Auskunft der Gefahr einer strafrechtlichen Verfolgung oder eines Ordnungswidrigkeitsverfahrens aussetzen würde (Abs. 5).

D. Kostenerhebung (Abs. 6)

Soweit Maßnahmen zu dem Zweck der Herstellerkontrolle (→ Rn. 4) und somit zu Kontrollzwecken nach Art. 37 Abs. 1 VO (EU) Nr. 1151/2012 vorgenommen werden, werden nach dem Kostendeckungsprinzip Gebühren und Auslagen erhoben (Abs. 6 S. 1), für die im Landesrecht entsprechende Kostentatbestände zu verankern sind (Abs. 6 S. 2). **Kostenschuldner** derartiger Gebühren und Abgaben sind die von den Kontrollen erfassten Wirtschaftsbeteiligten (Art. 37 Abs. 1 UAbs. 2 S. 1 VO (EU) Nr. 1151/2012). Unerheblich für die Verpflichtung zur Kostentragung ist, ob die Kontrolle ergab, dass der Hersteller die geographische Bezeichnung rechtmäßig verwendet hatte, oder ob der Hersteller Anlass zu

Beanstandungen gab, die die Behörde zur Kontrolle veranlasst hatte (Ingerl/Rohnke Rn. 11; HK-MarkenR/Fuchs-Wissemann Rn. 14).

11 Wird die Behörde oder Kontrollstelle indes im Rahmen der **Missbrauchskontrolle** (→ Rn. 4) tätig, greift Art. 37 Abs. 1 UAbs. 2 S. 1 VO (EU) Nr. 1151/2012, der sich lediglich auf die Kosten für die Einhaltung der Spezifikation und somit für Maßnahmen der Herstellerkontrolle beschränkt, nicht. Demnach können die Kosten für Maßnahmen der Missbrauchskontrolle auch nicht von den rechtmäßigen Nutzern der geographischen Bezeichnung beansprucht werden, sondern nur von jenen Herstellern, die eine geographische Bezeichnung unzulässig verwendet haben (vgl. Ströbele/Hacker/Hacker Rn. 9).

12 Sowohl für die Herstellerkontrolle als auch für die Missbrauchskontrolle können die Mitgliedstaaten einen Beitrag zu den Kosten leisten, wie Art. 37 Abs. 1 UAbs. 2 S. 2 VO (EU) Nr. 1151/2012 nunmehr im Gegensatz zur VO (EG) Nr. 510/2006 klarstellt.

§ 135 Ansprüche wegen Verletzung

(1) ¹Wer im geschäftlichen Verkehr Handlungen vornimmt, die gegen Artikel 13 der Verordnung (EU) Nr. 1151/2012 verstoßen, kann von den nach § 8 Abs. 3 des Gesetzes gegen den unlauteren Wettbewerb zur Geltendmachung von Ansprüchen Berechtigten bei Wiederholungsgefahr auf Unterlassung in Anspruch genommen werden. ²Der Anspruch besteht auch dann, wenn eine Zuwiderhandlung erstmalig droht. ³Die §§ 18, 19, 19a und 19c gelten entsprechend.

(2) § 128 Abs. 2 und 3 gilt entsprechend.

Überblick

§ 135 ist die Rechtsgrundlage für zivilrechtliche Ansprüche bei Verstößen (→ Rn. 2 ff.) gegen die VO (EU) Nr. 1151/2012, die zum 3.1.2013 an die Stelle der VO (EG) Nr. 510/2006 getreten ist. Rechte zur Weiterbenutzung (→ Rn. 15 ff.) schließen Verstöße aus. Neben dem eine behördliche Überwachung normierenden und somit eher öffentlich-rechtlich ausgestalteten § 134 und dem auf strafrechtlichen Schutz ausgerichteten § 144 rundet § 135 somit den Schutz der geographischen Bezeichnungen zivilrechtlich ab und definiert dabei den Kreis der Anspruchsberechtigten (→ Rn. 18).

Zu differenzieren ist dabei zwischen Unterlassungsansprüchen (→ Rn. 23 f.), Beseitigungsansprüchen (→ Rn. 25), Schadensersatzansprüchen (→ Rn. 26 f.) sowie Vernichtungs-, Rückruf- und Auskunftsansprüchen (→ Rn. 29), die aus Verstößen gegen Art. 13 VO (EU) Nr. 1151/2012 resultieren.

Für alle diese Ansprüche haften Betriebsinhaber (→ Rn. 31) ohne Möglichkeit der Exkulpation (→ Rn. 32).

Übersicht

	Rn.		Rn.
A. Allgemeines	1	I. Mitbewerber (§ 8 Abs. 3 Nr. 1 UWG)	19
B. Verletzungshandlung	2	II. Verbände (§ 8 Abs. 3 Nr. 2 UWG)	20
I. Verletzungshandlung im geschäftlichen Verkehr	2	III. Qualifizierte Einrichtungen (§ 8 Abs. 3 Nr. 3 UWG)	21
II. Verstoß gegen Art. 13 VO (EU) Nr. 1151/2012	3	IV. Industrie- und Handelskammern, Handwerkskammern	22
1. Unzulässige kommerzielle Verwendung	4	**D. Rechtsfolgen**	23
2. Aneignung, Nachahmung oder Anspielung	8	I. Unterlassungsanspruch (Abs. 1 S. 1)	23
3. Sonstige falsche oder irreführende Angaben	12	II. Beseitigungsanspruch (Abs. 1)	25
4. Sonstige irreführende Praktiken	13	III. Schadensersatzanspruch (§ 135 Abs. 1 und 2)	26
5. Begrenzung des Schutzes im Hinblick auf Gattungsbezeichnungen	14	IV. Vernichtungs- und Rückrufanspruch, Auskunftsanspruch	29
6. Weiterbenutzungsrecht	15		
C. Aktivlegitimation	18	V. Haftung des Betriebsinhabers (Abs. 2)	31

Ansprüche wegen Verletzung § 135 MarkenG

A. Allgemeines

Wenngleich der in Art. 13 VO (EU) Nr. 1151/2012 (bis zum 3.1.2013 Art. 13 VO (EG) **1**
Nr. 510/2006) gemeinschaftsrechtlich normierte Verletzungstatbestand aufgrund seiner allgemeinen und unmittelbaren Geltung (Art. 288 UAbs. 2 AEUV) bereits einen Schutz für eingetragene geographische Bezeichnungen entfaltet, wird dieser Schutz durch § 135 unmittelbar im nationalen Recht verankert und konkretisiert, indem die Rechtsfolgen eines Verstoßes gegen die Verletzungstatbestände (→ Rn. 23) und der Kreis der Anspruchsberechtigten (→ Rn. 18 ff.) genannt werden. In seiner Struktur ist § 135 eng angelehnt an § 128 und sieht ebenfalls eine entsprechende Geltung von §§ 18, 19, 19a und 19c vor.

B. Verletzungshandlung

I. Verletzungshandlung im geschäftlichen Verkehr

Ein Anspruch aus Abs. 1 S. 1 setzt voraus, dass eine gegen Art. 13 VO (EU) Nr. 1151/ **2**
2012 verstoßende Handlung im geschäftlichen Verkehr vorgenommen wurde. Das – weit auszulegende – Tatbestandsmerkmal des geschäftlichen Verkehrs umfasst in Einklang mit § 128 Abs. 1 S. 1 und § 14 Abs. 2 jede Handlung, die einem eigenen oder fremden Geschäftszweck dient und auf die Förderung der eigenen oder fremden erwerbswirtschaftlichen oder sonstigen beruflichen Tätigkeit ausgerichtet ist (vgl. Büscher/Dittmer/Schiwy/Büscher § 14 Rn. 108; Ströbele/Hacker/Hacker § 14 Rn. 46; EuGH C-236/08 bis C-238/08, GRUR 2010, 445 (447) – Google-France; BGH GRUR 2008, 702 (705) – Internet-Versteigerung III).

Bis zum 30.6.2016 verwies § 135 Abs. 1 auch auf Art. 8 VO (EG) Nr. 510/2006. Da bisherige **2.1**
Verweisungen auf die Normen der VO (EG) Nr. 510/2006 als Bezugnahmen auf die entsprechenden Nachfolge-Normen der VO (EU) Nr. 1151/2012 gemäß deren Entsprechungstabelle in Anhang II der VO (EU) Nr. 1151/2012 zu lesen waren, stellte sich somit bis zum 30.6.2016 die Frage, inwieweit ein Verstoß gegen Art. 8 VO (EG) Nr. 510/2006 bzw. in der Zeit vom 3.1.2013 bis zum 30.6.2016 gegen Art. 12 VO (EU) Nr. 1151/2012 als jener Norm, die Art. 8 VO (EG) Nr. 510/2006 ersetzte, noch einen Anspruch aus § 135 Abs. 1 begründen konnte.

So sah Art. 12 Abs. 1 VO (EU) Nr. 1151/2012 (vormals Art. 8 Abs. 1 VO (EG) Nr. 510/2006) vor, **2.2**
dass geschützte Ursprungsbezeichnungen und geschützte geographischen Angabe von jedem Marktteilnehmer verwendet werden dürfen, der ein Erzeugnis vermarktet, das der betreffenden Produktspezifikation entspricht. Da Art. 12 Abs. 1 VO (EU) Nr. 1151/2012 (wie vormals Art. 8 Abs. 1 VO (EG) Nr. 510/2006) seinem Wortlaut nach kein Verbot, sondern ein **Benutzungsrecht** (→ § 130 Rn. 27) begründet, konnte diese Norm allenfalls im Wege des Umkehrschlusses als Verletzungstatbestand iSd § 135 Abs. 1 begriffen werden, wenn die Norm eine Nutzung der eingetragenen Bezeichnung ohne Benutzungsrecht untersagen sollte, zB weil ein mit einer geschützten geographischen Bezeichnung versehenes Lebensmittel nicht die erforderlichen Spezifikationsanforderungen erfüllte (Fezer Rn. 3). Einen derartigen Schutz vor einer Verwendung der eingetragenen Bezeichnung für Erzeugnisse, die nicht die Spezifikationsanforderungen der Bezeichnung erfüllten, sieht aber bereits Art. 13 Abs. 1 lit. a VO (EU) Nr. 1151/2012 (wie auch bereits Art. 13 Abs. 1 lit. a VO (EG) 510/2006) vor (vgl. Ströbele/Hacker/Hacker Rn. 5), auf den seit dem 1.7.2006 § 135 Abs. 1 einzig verweist. Daher ist es keine Einschränkung des Schutzes, dass seit dem 1.7.2016 § 135 Abs. 1 nicht mehr auf Art. 12 Abs. 1 VO (EU) Nr. 1151/2012 als jene Norm, die an die Stelle von Art. 8 VO (EG) Nr. 510/2006 trat, verweist.

§ 135 Abs. 1 verwies bis zum 30.6.2016 zudem auf Art. 8 Abs. 2 VO (EG) Nr. 510/2006 (nunmehr **2.3**
Art. 12 Abs. 3 VO (EU) Nr. 1151/2012), der eine **Kennzeichnungspflicht** begründete. Dieser Verweis führte zur Folgefrage, ob ein Verwender, dessen Agrarerzeugnis oder Lebensmittel der Spezifikation der von ihm verwendeten geographischen Bezeichnung entsprach und der somit über ein Benutzungsrecht verfügte, eine von § 135 sanktionierte Verletzungshandlung beging, indem er sein in den Verkehr gebrachtes Produkt nicht mit der geschützten Ursprungsbezeichnung oder geschützten geographischen Angabe oder mit dem Gemeinschaftszeichen etikettierte. Der Wortlaut von § 135 sprach bis zum 30.6.2016 dafür, derartige Fälle als Verletzungshandlung nach § 135 Abs. 1 anzusehen (vgl. Büscher/Dittmer/Schiwy/Büscher Rn. 3; Fezer Rn. 3). Stellte man hingegen auf den Normzweck ab, die Erkennbarkeit von geschützten Bezeichnungen im Verkehr durch eine Etikettierung als „geschützte Ursprungsbezeichnung" bzw. „geschützte geographische Angabe" in Verbindung mit dem Gemein-

schaftszeichen zu steigern, nicht aber – zusätzlich zu Art. 13 VO (EG) Nr. 510/2006 – den Irreführungsschutz zu stärken (so Ingerl/Rohnke Rn. 2), sprach dies für die Auffassung, dass ein Verstoß gegen die Kennzeichnungspflicht keine Verletzungsansprüche nach § 135 Abs. 1 begründete (vgl. auch HK-MarkenR/Geitz Rn. 5). Für diese Auffassung wurde auch das Gesetzgebungsverfahren zum Gesetz zur Verbesserung der Durchsetzung von Rechten des geistigen Eigentums (DurchsetzungsG) vom 7.7.2008 (BGBl. I 1191) angeführt, durch das § 135 in seine bis zum 30.6.2016 geltende Fassung geändert worden war. So sollte ausweislich der Begründung im Regierungsentwurf zum DurchsetzungsG § 135 lediglich an § 128 angeglichen werden (BT-Drs.16/5048, 46), weil dort übersehen worden sei, dass Art. 8 Abs. 2 VO (EG) Nr. 510/2006 im Gegensatz zum einstigen Art. 8 VO (EWG) Nr. 2081/92 eine Kennzeichnungspflicht enthalten habe (Ströbele/Hacker/Hacker Rn. 7). Unter Berücksichtigung dieser Erwägungen des Gesetzgebers wurde daher der bis zum 30.6.2016 vorgesehene Verweis von § 135 Abs. 1 auf den gesamten Art. 8 VO (EG) Nr. 510/2006 (nunmehr Art. 12 VO (EU) Nr. 1151/2012) als gesetzgeberisches Versehen erkannt (vgl. Ströbele/Hacker/Hacker Rn. 7; Ingerl/Rohnke Rn. 2). Mit der Änderung von § 135 zum 1.7.2016 dergestalt, dass § 135 nicht mehr auf Art. 12 VO (EU) Nr. 1151/2012 als Nachfolgenorm von Art. 8 VO (EG) Nr. 510/2006 verweist, hat sich die bis zum 30.6.2016 bestehende Problematik des gesetzgeberischen Versehens nunmehr erledigt. Erkennt indes der Rechtsverkehr oder die Verwaltung einen Verstoß gegen die Kennzeichnungspflicht, so kann hiergegen immer noch vorgegangen werden im Rahmen der behördlichen Überwachung nach § 134 (so auch Ingerl/Rohnke Rn. 2).

II. Verstoß gegen Art. 13 VO (EU) Nr. 1151/2012

3   Art. 13 VO (EU) Nr. 1151/2012 (vormals Art. 13 Abs. 1 lit. a bis d VO (EG) Nr. 510/2006) umfasst vier eigenständige Verletzungstatbestände, die den Schutz einer eingetragenen geographischen Bezeichnung vor einer unzulässigen Verwendung bezwecken. Inhaltlich entsprechen sie den früheren vier Verletzungstatbeständen gemäß Art. 13 Abs. 1 lit. a bis d VO (EWG) Nr. 2081/92 (vgl. Ströbele/Hacker/Hacker Rn. 10).

1. Unzulässige kommerzielle Verwendung

4   Art. 13 Abs. 1 lit. a VO (EU) Nr. 1151/2012 (nahezu identisch mit dem vormaligen Art. 13 Abs. 1 lit. a VO (EG) Nr. 510/2006) schützt eingetragene Namen von Ursprungsbezeichnungen und geographischen Angaben gegen jede direkte oder indirekte kommerzielle Verwendung für Erzeugnisse, die nicht unter die Eintragung fallen, wenn diese Erzeugnisse mit den unter diesem Namen eingetragenen Erzeugnissen vergleichbar sind oder wenn durch diese Verwendung das Ansehen des geschützten Namens ausgenutzt wird, auch wenn entsprechende Erzeugnisse als **Zutaten** verwendet werden.

5   Eine kommerzielle Verwendung ist gegeben, wenn die Bezeichnung bei einem Handeln im geschäftlichen Verkehr verwendet wird (Omsels Rn. 131). Direkt wird eine Bezeichnung verwendet, wenn sie unmittelbar auf dem Agrarerzeugnis bzw. dem Lebensmittel oder auf dessen Verpackung angebracht ist (Tilmann GRUR 1992, 829 (833); Ströbele/Hacker/Hacker Rn. 15). Eine **indirekte Verwendung** liegt vor, wenn das nicht unter die Eintragung fallende Erzeugnis Bezug nimmt auf die geschützte Bezeichnung und somit eine Gleichartigkeit zum Ausdruck bringt, zB im Rahmen der Werbung oder durch Begleitpapiere (Tilmann GRUR 1992, 829 (833); Ingerl/Rohnke Rn. 4; Ströbele/Hacker/Hacker Rn. 15).

6   Mit Blick auf das Ziel, die Marktteilnehmer davor zu schützen, dass Erzeugnisse, die unberechtigterweise eine geographische Bezeichnung führen, mit jenen Erzeugnissen verwechselt werden, die den Anforderungen und Spezifikationen entsprechen, schränkt das Tatbestandsmerkmal der **Vergleichbarkeit** der Erzeugnisse den Anwendungsbereich von 13 Abs. 1 lit. a Alt. 1 VO (EU) Nr. 1151/2012 ein auf jene Erzeugnisse, die der Verbraucher als gleichwertig auffassen könnte (Omsels Rn. 135).

7   Ist keine Vergleichbarkeit gegeben, weil zB eine Backware mit einem eingetragenen Namen einer Wurstware oder eines Bieres bezeichnet wird, besteht in der Regel keine Gefahr der Irreführung des Verkehrs. In derartigen Konstellationen kommt jedoch ein Schutz über Art. 13 Abs. 1 lit. a Alt. 2 VO (EU) Nr. 1151/2012 (vormals Art. 13 Abs. 1 lit. a Alt. 2 VO (EG) Nr. 510/2006) in Betracht, wenn das **Ansehen** eines Erzeugnisses, das diese geographische Bezeichnung führen darf, **ausgenutzt** werden soll für andere Erzeugnisse (Omsels Rn. 135; Ströbele/Hacker/Hacker Rn. 14; LG Berlin GRUR-RR 2005, 353 – Mit Spreewälder Gurken).

2. Aneignung, Nachahmung oder Anspielung

Eingetragene Namen von Ursprungsbezeichnungen und geographischen Angaben schützt **8**
Art. 13 Abs. 1 lit. b VO (EU) Nr. 1151/2012 (vormals Art. 13 Abs. 1 lit. b VO (EG) Nr. 510/
2006) vor jeder widerrechtlichen Aneignung (→ Rn. 9), Nachahmung (→ Rn. 10) oder
Anspielung (→ Rn. 11), selbst wenn der tatsächliche Ursprung des Erzeugnisses oder der
Dienstleistung angegeben ist oder wenn der geschützte Name in Übersetzung oder zusammen mit Ausdrücken wie „Art", „Typ", „Verfahren", „Fasson", „Nachahmung" oder dergleichen verwendet wird, und zwar zum Zwecke eines umfassenden Schutzes auch dann, wenn das Erzeugnis nur als Zutat verwendet wird (Ingerl/Rohnke Rn. 6; Omsels MarkenR 2013, 209, 211; BGH GRUR 2008, 413 f. – Bayerisches Bier).

Kombinationen mit Ausdrücken wie „Art", „Typ", „Verfahren", „Original" oder „Echt" fördern **8.1**
dagegen sogar für nach deutschem Recht geschützte Herkunftsangaben sowie für alle noch nicht eingetragene Bezeichnungen die für einen (künftigen) Schutz schädliche Entwicklung zur Gattungsbezeichnung (BPatG BeckRS 2009, 05722 = GRUR 2009, 506 Ls. – Münchner Weißwurst; Markfort/
Albrecht apf 2013, 5 (8 f.)).

Eine **Aneignung** ist gegeben, wenn das Erzeugnis, das nicht zur Führung der geographi- **9**
schen Bezeichnung berechtigt ist, diese Bezeichnung nahezu identisch übernimmt (Ströbele/
Hacker/Hacker Rn. 19; BGH GRUR 2016, 970 – Vorlagebeschluss „Champagner Sorbet" = GRUR-Prax 2016, 348 mit Anm. Schoene).

Eine **Nachahmung** erfordert begrifflich, dass die beanstandete Bezeichnung ihrem Sinn **10**
nach denselben Eindruck erweckt wie die eingetragene Bezeichnung (so bereits auch BT-Drs. 16/5048, 46; vgl. auch Ströbele/Hacker/Hacker Rn. 19; BGH GRUR 2016, 970 –
Vorlagebeschluss „Champagner Sorbet" = GRUR-Prax 2016, 348 mit Anm. Schoene).

Das Tatbestandsmerkmal der **Anspielung** ist erfüllt, wenn der Verbraucher bei Betrach- **11**
tung des Erzeugnisses einen gedanklichen Bezug zu dem Erzeugnis herstellt, das die geographische Bezeichnung führen darf (Ströbele/Hacker/Hacker Rn. 20), zB aufgrund einer phonetisch ähnlich klingenden Produktbezeichnung (Ingerl/Rohnke Rn. 7; EuGH C-132/05,
GRUR 2008, 524 (526) – Parmesan). Dabei ist das Tatbestandsmerkmal der Anspielung weit
auszulegen (EuGH C-87/97, GRUR Int 1999, 443 (445) – Gorgonzola/Cambozola; OLG
Hamburg GRUR-RR 2004, 36 f. – Spreewälder Gurken), auch um zu vermeiden, dass sich
die geschützte Bezeichnung infolge widerrechtlicher Anspielungen zu einer Gattungsbezeichnung entwickelt (HK-MarkenR/Geitz Rn. 9). Eine Anspielung kann insbesondere
auch dann vorliegen, wenn ein Produkt nur mit einem oder mehreren Bestandteilen einer
geschützten geographischen Bezeichnung bezeichnet wird, ohne deren Spezifikation zu
erfüllen, und diese Bestandteile der Bezeichnung ihrerseits keine Gattungsbezeichnungen
sind (LG Mannheim BeckRS 2015 – Deutscher Balsamico = GRUR-Prax 2015, 485 mit
Anm. Schulteis; vgl. auch EuGH C-132/05, GRUR 2008, 524 (526) – Parmesan); die
Darlegens- und Beweislast, dass es sich bei dem verwendeten Bestandteil der Bezeichnung um
eine Gattungsbezeichnung handelt, obliegt dabei dem Verwender, dem die widerrechtliche
Anspielung vorgeworfen wird (Ingerl/Rohnke Rn. 12; EuGH C-132/05, GRUR 2008, 524
(526) – Parmesan; vgl. auch LG Mannheim BeckRS 2015 – Deutscher Balsamico = GRUR-Prax 2015, 485 mit Anm. Schulteis, wonach „Deutscher Balsamico" eine verbotene Anspielung auf die geschützte geographische Angabe „Aceto Balsamico di Modena" ist; demgegenüber wurde eine unzulässige Verwendung der geschützten Ursprungsbezeichnung „Porto"
bzw. „Port" durch eine Gemeinschaftsmarke „Port Charlotte" noch unlängst vom EuG
verneint, vgl. EuG T-659/14, GRUR Int 2016, 144 – Port Charlotte = GRUR-Prax 2016,
101 mit Anm. Schoene). Eine widerrechtliche Anspielung iSd § 135 setzt indes nicht voraus,
dass sie die Gefahr einer Verwechslung des Erzeugnisses begründet (Ströbele/Hacker/Hacker
Rn. 20; EuGH C-132/05, GRUR 2008, 524 f. – Parmesan; C-87/97, GRUR Int 1999,
443 (445) – Gorgonzola/Cambozola; BGH GRUR 2008, 413 f. – Bayerisches Bier; OLG
München GRUR Int 2013, 368 (373) – Bavaria Holland Beer II = GRUR-Prax 2013, 87
mit Anm. Juretzek).

3. Sonstige falsche oder irreführende Angaben

Eingetragene Namen von geschützten Ursprungsbezeichnungen oder geschützten geogra- **12**
phischen Angaben werden gemäß Art. 13 Abs. 1 Buchst. c VO (EU) Nr. 1151/2012 (vormals

Art. 13 Abs. 1 Buchst. c VO (EG) Nr. 510/2006) geschützt gegen alle sonstigen falschen oder irreführenden Angaben, die sich auf Herkunft, Ursprung, Natur oder wesentliche Eigenschaften der Erzeugnisse beziehen und auf der Aufmachung oder der äußeren Verpackung, in der Werbung oder in Unterlagen zu den betreffenden Erzeugnissen erscheinen. Das gilt auch für die Verwendung von **Behältnissen,** die geeignet sind, einen falschen Eindruck hinsichtlich des Ursprungs zu erwecken. Der Schutz durch diesen Tatbestand, der wie ein Auffangtatbestand im Hinblick auf eine irreführende produktbezogene Kennzeichnung formuliert ist, erstreckt sich damit nicht nur auf eine unzulässige Verwendung der geographischen Bezeichnung, sondern auch auf mittelbare Herkunftsangaben (Ingerl/Rohnke Rn. 10; vgl. auch BGH GRUR 2016, 970 – Vorlagebeschluss „Champagner Sorbet" = GRUR-Prax 2016, 348 mit Anm. Schoene).

4. Sonstige irreführende Praktiken

13   Art. 13 Abs. 1 Buchst. d VO (EU) Nr. 1151/2012 (vormals Art. 13 Abs. 1 Buchst. d VO (EG) Nr. 510/2006) schützt Ursprungsbezeichnungen und geographische Angaben gegen alle sonstigen Praktiken, die geeignet sind, den Verbraucher in Bezug auf den tatsächlichen Ursprung des Erzeugnisses irrezuführen. Im Vergleich zu dem auffangtatbestandähnlich gestalteten Abs. 1 Buchst. c, der sich auf eine Kennzeichnung durch falsche oder irreführende Angabe jeglicher Art bezieht, ist Abs. 1 Buchst. d ein Auffangtatbestand, der letztlich vor jeglicher Handlung schützen soll, die sich im Hinblick auf die eingetragene geographische Bezeichnung als irreführend für den Verbraucher auswirken könnte. Angesichts des ohnehin schon sehr weiten Schutzumfangs bei den anderen Tatbeständen ist ein eigenständiger Anwendungsbereich von Art. 13 Abs. 1 Buchst. d VO (EU) Nr. 1151/2012 kaum noch vorstellbar (so Ingerl/Rohnke Rn. 10 im Hinblick auf den identischen Art. 13 Abs. 1 Buchst. d VO (EG) Nr. 510/2006).

5. Begrenzung des Schutzes im Hinblick auf Gattungsbezeichnungen

14   Enthält eine geschützte Ursprungsbezeichnung oder eine geschützte geographische Angabe den als Gattungsbezeichnung angesehenen Namen eines Erzeugnisses, so gilt gemäß Art. 13 Abs. 1 UAbs. 2 VO (EU) Nr. 1151/2012 (vormals Art. 13 Abs. 1 UAbs. 2 VO (EG) Nr. 510/2006) die Verwendung dieser Gattungsbezeichnung für das betreffende Erzeugnis oder Lebensmittel nicht als Verstoß gegen Art. 13 Abs. 1 Buchst. a oder b. Vielfach setzen sich geschützte Ursprungsbezeichnungen oder geschützte geographische Angaben zusammen aus einer Gattungsbezeichnung ergänzt um einen geographischen Zusatz, was nicht zuletzt deshalb sachgerecht sein kann, damit der Verbraucher überhaupt erkennt, um was für eine Art von Lebensmittel oder Agrarerzeugnis es sich handelt. Art. 13 Abs. 1 UAbs. 2 stellt somit klar, dass zB von der geschützten geographischen Angabe „Schwarzwälder Schinken" (zu dessen Schutz als geographische Angabe vgl. BPatG GRUR 2012, 398 – Schwarzwälder Schinken = GRUR-Prax 2012, 31 mit Anm. Schulteis) die Gattungsbezeichnung „Schinken" als Bestandteil der eingetragenen Bezeichnung auch weiterhin isoliert verwendet werden darf (vgl. Ingerl/Rohnke Rn. 12).

6. Weiterbenutzungsrecht

15   Art. 14 Abs. 2 VO (EU) Nr. 1151/2012 (vormals 14 Abs. 2 VO (EG) Nr. 510/2006) begründet ein Weiterbenutzungsrecht für jene Marken, deren Verwendung Art. 13 Abs. 1 VO (EU) Nr. 1151/2012 widerspricht, unter den drei Voraussetzungen,
- dass die Marke vor dem Zeitpunkt der Einreichung des Antrags auf Schutz der Ursprungsbezeichnung oder der geographischen Angaben im Ursprungsland angemeldet, eingetragen oder, sofern dies nach den einschlägigen Rechtsvorschriften vorgesehen ist, durch Verwendung im Gebiet der Europäischen Union erworben wurde (prioritätsältere Marke),
- dass die Marke in gutem Glauben im Gebiet der Gemeinschaft angemeldet, eingetragen oder – sofern dies nach den einschlägigen Rechtsvorschriften vorgesehen ist – durch Verwendung erworben wurde
- und dass keine Gründe für eine Ungültigerklärung oder den Verfall dieser Marke gemäß der VO (EG) Nr. 207/2009 über die Gemeinschaftsmarke oder der Richtlinie 2008/95/EG vorliegen.

Sind diese drei Voraussetzungen kumulativ erfüllt, kann der Markeninhaber seine prioritätsältere Marke ungeachtet der Eintragung einer Ursprungsbezeichnung oder geographischen Angabe auch weiterhin nutzen (vgl. EuGH C-343/07, GRUR 2009, 961 (968 f.) – Bayerisches Bier).

Darüber hinaus kann losgelöst von Art. 14 VO (EU) Nr. 1151/2012 die Kommission auf der Grundlage von Art. 15 Abs. 2 ungeachtet eines Widerspruchs zu Art. 13 Abs. 1 durch Durchführungsrechtsakte das gemeinsame Weiterbestehen einer nicht eingetragenen Bezeichnung neben einem eingetragenen Namen für Erzeugnisse aus einem Mitgliedstaat oder in einem Drittland gestatten, wenn die folgenden Bedingungen erfüllt sind und nachgewiesen werden: 16
- die nicht eingetragene Bezeichnung wurde seit mindestens 25 Jahren vor Eintragung des Antrags auf Eintragung bei der Kommission rechtmäßig und auf der Grundlage der ständigen und redlichen Gebräuche verwendet;
- mit der Verwendung der nicht eingetragenen Bezeichnung wurde zu keinem Zeitpunkt beabsichtigt, das Ansehen des eingetragenen Namens auszunutzen,
- der Verbraucher wurde in Bezug auf den tatsächlichen Ursprung des Erzeugnisses nicht irregeführt; eine Irreführung darf auch nicht möglich gewesen sein.

Eine derartige Weiterbenutzung der identischen nicht eingetragenen Bezeichnung infolge einer Gestattung durch die Kommission ist **begrenzt** auf eine Dauer von maximal 15 Jahren; zudem ist die Weiterbenutzung der nicht eingetragenen Bezeichnung nur zulässig, wenn das Ursprungsland auf deren Etikett deutlich sichtbar angegeben ist, Art. 15 Abs. 3 VO (EU) Nr. 1151/2012 (vormals Art. 13 Abs. 4 UAbs. 3 VO (EG) Nr. 510/2006). 17

C. Aktivlegitimation

Der Anspruch auf Unterlassung von Verstößen gegen Art. 13 VO (EU) Nr. 1151/2012 (vormals Art. 13 VO (EG) Nr. 510/2006) nach § 135 Abs. 1 S. 1 kann – wie auch der Anspruch aus § 128 Abs. 1 – geltend gemacht werden von den in § 8 Abs. 3 UWG aufgeführten Anspruchsberechtigten. Den Anspruch auf Schadensersatz aus § 135 Abs. 2 iVm § 128 Abs. 2 kann nur der berechtigte Nutzer der geographischen Bezeichnung geltend machen (vgl. Ingerl/Rohnke Rn. 17 iVm § 128 Rn. 13). Demnach kann ein Mitbewerber, der seinerseits ebenfalls nicht zur Nutzung der geographischen Bezeichnung berechtigt ist, allenfalls einen Unterlassungsanspruch aus § 135 Abs. 1 S. 1, indes keinen Schadensersatzanspruch geltend machen (Ingerl/Rohnke § 128 Rn. 13). Schließlich kann auch der berechtigte Nutzer einer geographischen Bezeichnung Unterlassungsansprüche aus § 135 Abs. 1 S. 1 und Schadensersatzansprüche aus Abs. 2 iVm § 128 Abs. 2 auch dann geltend machen, wenn er nicht Mitbewerber des Anspruchsgegners ist (vgl. Büscher/Dittmer/Schiwy/Büscher Rn. 4; Omsels Rn. 679; vgl. auch Ingerl/Rohnke § 128 Rn. 4; Büscher GRUR Int 2005, 801 (807 f.); BGH GRUR 2007, 884 (886 f.) – Cambridge Institute, jeweils zu Unterlassungs- und Schadensersatzansprüchen aus § 128). 18

I. Mitbewerber (§ 8 Abs. 3 Nr. 1 UWG)

Anspruchsberechtigter Mitbewerber iSv § 8 Abs. 3 Nr. 1 UWG ist gemäß der Legaldefinition in § 2 Abs. 1 Nr. 3 UWG jeder Unternehmer, der mit einem oder mehreren Unternehmern als Anbieter oder Nachfrager von Waren oder Dienstleistungen in einem konkreten Wettbewerbsverhältnis steht. Dieses ist gegeben, wenn die anspruchsbegründende Wettbewerbshandlung objektiv geeignet ist, den wirtschaftlichen Erfolg des Anspruchsschuldners auf Kosten des Mitbewerbers zu fördern (Fezer Rn. 10). Dass der Mitbewerber seinerseits die geographische Bezeichnung führen darf, ist für die Beurteilung seiner Anspruchsberechtigung im Hinblick auf den Unterlassungsanspruch aus § 135 Abs. 1 somit nicht erforderlich. 19

II. Verbände (§ 8 Abs. 3 Nr. 2 UWG)

Gemäß § 135 Abs. 1 S. 1 iVm § 8 Abs. 3 Nr. 2 UWG sind rechtsfähige Verbände zur Förderung gewerblicher oder selbständiger beruflicher Interessen berechtigt, Unterlassungsansprüche geltend zu machen (→ § 128 Rn. 13). 20

III. Qualifizierte Einrichtungen (§ 8 Abs. 3 Nr. 3 UWG)

21 Zu den qualifizierten Einrichtungen nach § 8 Abs. 3 Nr. 3 UWG zählen jene Einrichtungen zum Schutze von Verbraucherinteressen, die eingetragen sind in die Liste nach § 4 UKlaG oder in das Verzeichnis der Kommission der EU nach Art. 4 RL 98/27/EG vom 19.5.1998, ABl. EG Nr. L 166 S. 51 (→ § 128 Rn. 14).

IV. Industrie- und Handelskammern, Handwerkskammern

22 Ebenfalls anspruchsberechtigt sind die Industrie- und Handelskammern sowie die Handwerkskammern (§ 8 Abs. 3 Nr. 4 UWG; → § 128 Rn. 15).

D. Rechtsfolgen

I. Unterlassungsanspruch (Abs. 1 S. 1)

23 Der Anspruchsberechtigte kann aus § 135 Abs. 1 S. 1 von demjenigen, der gegen Art. 13 VO (EU) Nr. 1151/2012 verstoßen hat, die Unterlassung des Verstoßes verlangen, wobei der Normverstoß eine tatsächliche Vermutung für das Bestehen der ebenfalls tatbestandlich erforderlichen Wiederholungsgefahr begründet. Kann der Verletzer darlegen, dass ihm durch eine sofortige Unterlassung unverhältnismäßige Nachteile, wie zB eine existentielle Gefährdung seines Betriebs, drohen, so kann das Gericht dem Verletzer ausnahmsweise noch eine Aufbrauchs- oder Umstellungsfrist gewähren, sofern dadurch die Belange der Mitbewerber und auch der Allgemeinheit nicht unzumutbar beeinträchtigt werden (vgl. OLG Köln GRUR 2007, 793 f. – Altenburger Ziegenkäse).

24 Zudem besteht – wie auch bei Ansprüchen aus § 128 Abs. 1 S. 2 – ein vorbeugender Unterlassungsanspruch, sofern der Anspruchsinhaber substantiiert darlegt, dass ein erstmaliger Verstoß droht (→ § 128 Rn. 17).

II. Beseitigungsanspruch (Abs. 1)

25 Wenngleich § 135 Abs. 1 S. 1 ausdrücklich nur einen Unterlassungsanspruch begründet, ist anerkannt, dass iVm Art. 13 VO (EU) Nr. 1151/2012 (vormals Art. 13 VO (EG) Nr. 510/2006) auch ein Beseitigungsanspruch bestehen kann (BGH GRUR 2012, 394 (396) – Bayerisches Bier II; GRUR 2001, 420 (422) – Spa im Hinblick auf § 128 Abs. 1). Ein derartiger Beseitigungsanspruch kommt insbesondere in Betracht bei der Anmeldung von Marken, die eine bereits eingetragene Ursprungsbezeichnung oder geographische Angabe beeinträchtigen würden; in derartigen Fällen kann auf der Grundlage des Beseitigungsanspruchs unter Hinweis auf das ältere Recht aus der geschützten Bezeichnung die Rücknahme der Markenanmeldung verlangt werden (Omsels Rn. 694; Fezer Rn. 11).

III. Schadensersatzanspruch (§ 135 Abs. 1 und 2)

26 Der berechtigte Nutzer kann vom unberechtigten Nutzer einer eingetragenen Ursprungsbezeichnung oder geographischen Angabe Schadensersatz verlangen, wenn dieser vorsätzlich oder fahrlässig Art. 13 VO (EU) Nr. 1151/2012 (vormals Art. 13 VO (EG) Nr. 510/2006) verletzt hat, § 135 Abs. 1 und 2 iVm § 128 Abs. 2 S. 1. Bei der Bemessung des Schadensersatzes kann der **Gewinn** berücksichtigt werden, den der unberechtigte Nutzer durch die Verletzung erlangt (§ 128 Abs. 2 S. 2; keine Lizenzanalogie, → § 128 Rn. 32). Während Gläubiger des Unterlassungsanspruchs aus § 135 Abs. 1 neben den berechtigten Nutzer auch die in § 8 Abs. 3 UWG genannten Anspruchsberechtigen und somit auch Verbände und Organisationen sein können, können Schadensersatzansprüche nur berechtigte Nutzer geltend machen, wie § 128 Abs. 2 S. 1 klarstellt (vgl. Ingerl/Rohnke Rn. 17 iVm § 128 Rn. 13; Büscher/Dittmer/Schiwy/Büscher Rn. 6; Omsels Rn. 696; → § 128 Rn. 31).

27 **Zur Sicherung** und Durchsetzung seiner Schadensersatzansprüche kann der berechtigte Nutzer zudem die **Auskunfts- und Vorlageansprüche** aus § 19b geltend machen, auf die § 128 Abs. 2 S. 3 verweist (→ § 128 Rn. 35).

Sind die Anspruchsvoraussetzungen erfüllt, könnte der in Anspruch genommene Verletzer 28
allenfalls einwenden, dass ggf. die Geltendmachung solcher Ansprüche rechtsmissbräuchlich
erfolgt.

IV. Vernichtungs- und Rückrufanspruch, Auskunftsanspruch

Im Falle eines erfolgten oder drohenden Verstoßes gegen Art. 13 VO (EU) Nr. 1151/ 29
2012 (vormals Art. 13 VO (EG) Nr. 510/2006) sieht § 135 Abs. 1 S. 3 die entsprechende
Geltung von §§ 18, 19, 19a und 19c vor. Der Anspruchsberechtigte kann somit die Vernichtung (§ 18 Abs. 1; → § 128 Rn. 19) sowie nach Maßgabe von § 18 Abs. 2 den Rückruf (→ § 128 Rn. 21) jener Waren verlangen, die unter Verstoß gegen Art. 12 13 VO (EU) Nr. 1151/2012 gekennzeichnet wurden. Zudem kann der Anspruchsberechtigte aus § 19 als Annexanspruch (vgl. OLG Köln GRUR 2007, 793 f. – Altenburger Ziegenkäse) die unverzügliche Auskunft vom Verletzer über die Herkunft und den Vertriebsweg der widerrechtlich gekennzeichneten Waren verlangen (→ § 128 Rn. 22). Auch kann der Anspruchsberechtigte gemäß § 135 Abs. 1 S 3 iVm § 19c S. 1 in entsprechender Geltung die Bekanntmachung des seiner Klage stattgebenden Urteils verlangen (→ § 128 Rn. 28).

Ferner kann der Anspruchsberechtigte aus § 19a Abs. 1 S. 1 die Vorlage von Urkunden 30
des Verletzers sowie die Besichtigung der wettbewerbswidrigen Ware des Verletzers verlangen, sofern dies für den Anspruchsberechtigten erforderlich ist, um seine Ansprüche zu
begründen (→ § 128 Rn. 24). Bei hinreichender Wahrscheinlichkeit, dass der Verstoß in
gewerblichem Ausmaß (zu diesem Tatbestandsmerkmal → § 128 Rn. 36) begangen wurde,
erstreckt sich der Vorlageanspruch auch auf Bank-, Handels- und Finanzunterlagen des Verletzers. Wie bei Ansprüchen aus § 19b Abs. 1 kann der Verletzer vom Gericht verlangen,
eine mildere, einzelfallspezifische Maßnahme zu treffen, sofern die vorzulegenden Unterlagen
vertrauliche Informationen enthalten (→ § 128 Rn. 37; zu sonstigen Ansprüchen aus anderen gesetzlichen Vorschriften, wie zB aus dem UWG oder LFGB, → § 128 Rn. 44, →
§ 126 Rn. 7.1).

V. Haftung des Betriebsinhabers (Abs. 2)

Aufgrund des Verweises auf § 128 Abs. 3 gilt für Unterlassungsansprüche aus § 135 Abs. 1 31
auch § 14 Abs. 7 entsprechend mit der Konsequenz, dass für Verstöße gegen Art. 13 VO
(EU) Nr. 1151/2012, die in einem geschäftlichen Betrieb von Angestellten oder Beauftragten
begangen wurden, der Betriebsinhaber haftet (→ § 128 Rn. 41).

Die Möglichkeit einer **Exkulpation,** wie sie nach § 831 BGB bei schädigenden Handlun- 32
gen durch Verrichtungsgehilfen in Betracht kommen kann, besteht für den Betriebsinhaber
nicht (→ § 128 Rn. 42).

§ 136 Verjährung

Die Ansprüche nach § 135 verjähren nach § 20.

Gemäß § 20 gelten für die Verjährung von Ansprüchen die Vorschriften des fünften 1
Abschnitts des ersten Buches des Bürgerlichen Gesetzbuches (§§ 194–218 BGB) entsprechend. Zu den Einzelheiten → § 20 Rn. 5, → § 20 Rn. 9 ff.

Abschnitt 3 Ermächtigungen zum Erlaß von Rechtsverordnungen

§ 137 Nähere Bestimmungen zum Schutz einzelner geographischer Herkunftsangaben

(1) Das Bundesministerium der Justiz und für Verbraucherschutz wird ermächtigt, im Einvernehmen mit den Bundesministerien für Wirtschaft und Energie und für Ernährung und Landwirtschaft durch Rechtsverordnung mit Zustimmung des

Bundesrates nähere Bestimmungen über einzelne geographische Herkunftsangaben zu treffen.

(2) ¹In der Rechtsverordnung können
1. durch Bezugnahme auf politische oder geographische Grenzen das Herkunftsgebiet,
2. die Qualität oder sonstige Eigenschaften im Sinne des § 127 Abs. 2 sowie die dafür maßgeblichen Umstände, wie insbesondere Verfahren oder Art und Weise der Erzeugung oder Herstellung der Waren oder der Erbringung der Dienstleistungen oder Qualität oder sonstige Eigenschaften der verwendeten Ausgangsmaterialien wie deren Herkunft, und
3. die Art und Weise der Verwendung der geographischen Herkunftsangabe

geregelt werden. ²Bei der Regelung sind die bisherigen lauteren Praktiken, Gewohnheiten und Gebräuche bei der Verwendung der geographischen Herkunftsangabe zu berücksichtigen.

Überblick

Auf der Grundlage der Ermächtigung durch § 137 kann das Bundesministerium der Justiz und für Verbraucherschutz (BMJV) Rechtsverordnungen mit näheren Bestimmungen über geographische Herkunftsangaben erlassen. Gemäß Abs. 2 können derartige Rechtsverordnungen konkrete Anforderungen an geographische Herkunftsangaben vorsehen (→ Rn. 3), wie zB die Art und Weise, wie sie verwendet werden dürfen. Angesichts dieser allgemeinen markenrechtlichen Rechtsverordnungsermächtigung sind spezialgesetzliche Ermächtigungsgrundlagen für Rechtsverordnungen zum Schutze geographischer Herkunftsangaben (→ Rn. 8) fortan entbehrlich. Zu den Rechtsfolgen von Verstößen → Rn. 9.

A. Ermächtigung zum Erlass von Rechtsverordnungen (Abs. 1)

1 § 137 ermächtigt das BMJV, in Rechtsverordnungen nähere Bestimmungen über einzelne geographische Herkunftsangaben zu normieren.

1.1 Derartige Rechtsverordnungen sind im Einvernehmen mit dem Bundesministerium für Wirtschaft und Energie (BMWi) und mit dem Bundesministerium für Ernährung und Landwirtschaft (BMEL) zu entwickeln und bedürfen der Zustimmung des Bundesrates. Ziel des Gesetzgebers war es, mit § 137 im Markenrecht eine allgemeine Ermächtigungsgrundlage für Rechtsverordnungen zu schaffen, die anderweitige, in einzelnen Spezialgesetzen enthaltene Rechtsverordnungsermächtigungen zum Schutz geographischer Herkunftsangaben entbehrlich werden lassen (so die Begründung im Gesetzesentwurf der Bundesregierung zum Markenrechtsreformgesetz vom 14.1.1994, BT-Drs. 12/6581, 123).

2 Gleichzeitig betonte die Begründung des Gesetzesentwurfs, das BMJV beabsichtige, von dieser Ermächtigung nur in den wirklich erforderlichen Fällen, in denen nicht bereits ein anderweitiges geeignetes Instrumentarium zum Schutz geographischer Herkunftsangaben existiert, Gebrauch zu machen.

2.1 Als ein Beispiel für ein derartiges geeignetes Instrumentarium verwies die Begründung auf das vom Deutschen Institut zur Gütesicherung und Kennzeichnung – RAL (St. Augustin) verwaltete System der Herkunftsgewährzeichen (vgl. BT-Drs. 12/6581, 123). In der Tat hat seitdem die Bundesregierung nur sehr restriktiv von der Rechtsverordnungsermächtigung gemäß § 137 Gebrauch gemacht, nämlich ein einziges Mal mit dem Erlass der Verordnung zum Schutz des Namens Solingen vom 16.12.1994 (SolingenVO, → Rn. 8; Ströbele/Hacker/Hacker Rn. 4).

B. Regelungsgehalt der Rechtsverordnungen (Abs. 2)

3 Mit einer Rechtsverordnung auf der Grundlage von § 137 Abs. 2 können nähere Bestimmungen sowohl für qualifizierte als auch für einfache geographische Herkunftsangaben normiert werden, sofern diese eines der in § 137 Abs. 2 enumerativ aufgeführten Regelungsziele verfolgt.

Nähere Bestimmungen; Schutz einzelner geogr. Herkunftsangaben § 137 MarkenG

I. Bestimmung des Herkunftsgebietes

Nach § 137 Abs. 2 S. 1 Nr. 1 kann die Rechtsverordnung das Herkunftsgebiet einer geographischen Herkunftsangabe näher bestimmen, indem sie unmittelbar Bezug nimmt auf politische oder geographische Grenzen. Für geographische Herkunftsangaben drängt sich eine derartige Bestimmung durch eine Rechtsverordnung am stärksten auf, zumal dann allein anhand objektiver, eindeutiger Kriterien bestimmt werden kann, ob eine solche Bestimmung auch erfüllt ist. 4

II. Bestimmung der Qualität oder sonstiger Eigenschaften

§ 137 Abs. 2 S. 2 Nr. 2 ermächtigt das BMJV, in Rechtsverordnungen Regelungen zur Qualität oder zu sonstigen Eigenschaften iSd § 127 Abs. 2 von Waren oder Dienstleitungen mitsamt den dafür maßgeblichen Umständen zu treffen, wie zB bei Waren die Herstellungsverfahren oder die Art und Weise der Erzeugung sowie bei Dienstleistungen die Art und Weise ihrer Erbringung. Zudem können Regelungen hinsichtlich der Qualität oder der sonstigen Eigenschaften der für die Waren verwendeten Ausgangsmaterialien bestimmt werden. 5

Die Anknüpfung an die Qualität und Eigenschaften geographischer Herkunftsangaben und der Verweis auf § 127 Abs. 2 zeigen, dass sich Rechtsverordnungen mit Regelungen gemäß § 137 Abs. 2 S. 1 Nr. 2 vorwiegend auf qualifizierte geographische Herkunftsangaben beziehen. 5.1

III. Bestimmung der Verwendung

Bestimmungen zur Art und Weise der Verwendung geographischer Herkunftsangaben gemäß § 137 Abs. 2 S. 1 Nr. 3 können zB vorsehen, dass eine geographische Herkunftsangabe nur in einer vorgegebenen Art und Weise auf der Ware oder deren Verpackung abgebildet oder angebracht wird (vgl. Fezer Rn. 3; Ströbele/Hacker/Hacker Rn. 3). 6

IV. Berücksichtigung lauterer Praktiken, Gewohnheiten und Gebräuche

Bei der Ausgestaltung der Regelungen nach § 137 Abs. 2 S. 1 Nr. 1–3 hat das BMJV zu berücksichtigen, mit welchen Praktiken, Gewohnheiten und Gebräuchen eine geographische Herkunftsangabe bisher verwendet wurde (§ 137 Abs. 2 S. 2). Das soll sicherstellen, dass Bestimmungen der Rechtsverordnung in Einklang stehen mit der Verkehrsauffassung und dass eine bislang zulässige Verwendung infolge einer Rechtsverordnung nach § 137 nicht umschlägt in eine unzulässige (vgl. Ingerl/Rohnke Rn. 3; Fezer Rn. 4). 7

C. Schutz des Namens „Solingen"

Die Verordnung zum Schutz des Namens Solingen (Solingenverordnung – SolingenVO) vom 16.12.1994 (BGBl. I 3833) ist bislang die einzige auf der Grundlage von § 137 erlassene Rechtsverordnung. 8

Sie trat zum 1.1.1995 an die Stelle des „Gesetz zum Schutz des Namens Solingen (Solingen-Gesetz)" vom 25.7.1938 und seiner Durchführungsverordnung (RGBl. 1938 I 953, 954), das die geographische Herkunftsangabe „Solingen" schützte für Schneidwaren, vor allem für Scheren, Messer und Bestecke, die innerhalb des Solinger Industriegebietes bearbeitet oder fertig gestellt wurden. Die SolingenVO führt diesen Schutz durch das Solingen-Gesetz ohne eine inhaltliche Verkürzung oder zeitliche Lücke fort (vgl. BT-Drs. 12/6581, 123; vgl. auch Ströbele/Hacker/Hacker Rn. 4; Ohly/Sosnitza/Sosnitza UWG § 5 Rn. 393). Sie sieht vor, dass der Name „Solingen" im geschäftlichen Verkehr nur für solche Schneidwaren benutzt werden darf, die in allen wesentlichen Herstellungsstufen innerhalb des Solinger Industriegebiets (das Gebiet der kreisfreien Stadt Solingen und das Gebiet der im Kreis Mettmann gelegenen Stadt Haan, § 2 SolingenVO) bearbeitet und fertig gestellt worden sind und nach Rohstoff und Bearbeitung geeignet sind, ihren arteigenen Verwendungszweck zu erfüllen, § 1 SolingenVO. Zu Schneidwaren iSd § 1 zählen gemäß § 3 ua Scheren, Messer, Klingen, Bestecke, blanke Waffen aller Art, schneidende Küchenwerkzeuge, Haarschneidemaschinen, Schermaschinen, Rasiermesser, Rasierklingen und Rasierapparate. 8.1

D. Rechtsfolgen bei Verstößen

9 Im Falle eines Verstoßes gegen eine auf der Grundlage von § 137 erlassene Rechtsverordnung kommt neben zivilrechtlichen Ansprüchen aus §§ 127, 128 eine strafrechtliche Verfolgung aufgrund eines Verstoßes gegen § 144 Abs. 1 Nr. 1 in Betracht (→ § 144 Rn. 1; vgl. auch Fürmann MarkenR 2003, 381; Büscher/Dittmer/Schiwy/Büscher Rn. 1).

§ 138 Sonstige Vorschriften für das Verfahren bei Anträgen und Einsprüchen nach der Verordnung (EU) Nr. 1151/2012

(1) Das Bundesministerium der Justiz und für Verbraucherschutz wird ermächtigt, durch Rechtsverordnung ohne Zustimmung des Bundesrates nähere Bestimmungen über das Antrags-, Einspruchs-, Änderungs- und Löschungsverfahren (§§ 130 bis 132) zu treffen.

(2) Das Bundesministerium der Justiz und für Verbraucherschutz kann die Ermächtigung zum Erlass von Rechtsverordnungen nach Absatz 1 durch Rechtsverordnung ohne Zustimmung des Bundesrates ganz oder teilweise auf das Deutsche Patent- und Markenamt übertragen.

Überblick

Während die §§ 130–136 die gesetzlichen Grundlagen für die Beantragung des Schutzes für geographische Angaben und Ursprungsbezeichnungen auf Grundlage der VO (EU) Nr. 1151/2012 sowie für Änderungen und Löschungen derartiger geschützter Bezeichnungen und hiergegen gerichteter Einsprüche bilden und somit die VO (EU) Nr. 1151/2012 in ihren Grundzügen durch nationales Gesetzesrecht umgesetzt haben, erfolgt die weitere konkrete Ausgestaltung durch Rechtsverordnungen. § 138 ist hierzu die Ermächtigungsgrundlage, aufgrund derer Rechtsverordnungen entweder unmittelbar vom Bundesministerium der Justiz und für Verbraucherschutz (BMJV) gemäß § 138 Abs. 1 (→ Rn. 2) oder nach Übertragung der Rechtsverordnungskompetenz gemäß § 138 Abs. 2 vom Deutschen Patent- und Markenamt (DPMA) (→ Rn. 3) erlassen werden können.

A. Allgemeines

1 § 138 wurde zum 1.7.2016 redaktionell durch Art. 4 Nr. 24 Gesetz zur Änderung des Designgesetzes und weiterer Vorschriften des gewerblichen Rechtsschutzes vom 4.4.2016 (BGBl. I558) angepasst; seitdem verweist die Norm auf die VO (EU) Nr. 1151/2012, die zum 3.1.2013 an die Stelle der VO (EG) Nr. 510/2006 trat. Zuvor wurde § 138 durch Art. 4 Nr. 11 Gesetz zur Verbesserung der Durchsetzung von Rechten des geistigen Eigentums (DurchsetzungsG) vom 7.7.2008 (BGBl. I 1191) neu gefasst und trat in der damaligen Fassung zum 1.9.2008 in Kraft. Durch die damalige Neufassung wurden die Überschrift an die VO (EG) Nr. 510/2006, die die VO (EWG) Nr. 2081/92 ersetzte, angepasst und der einstige Verweis in Abs. 1 auf die §§ 130–133 ersetzt durch einen Verweis auf die §§ 130–132 (→ Rn. 5). Eine grundlegende inhaltliche Änderung der Norm trat dadurch auch damals nicht ein; die Vorschrift entsprach weiterhin dem bis zum 1.9.2008 geltenden Recht (BT-Drs. 16/5048, 44; vgl. auch Fezer Rn. 1).

B. Rechtsverordnung des BMJV (Abs. 1)

2 § 138 Abs. 1 ermächtigt das Bundesministerium der Justiz und für Verbraucherschutz, selbst die näheren Bestimmungen über das Antrags-, Einspruchs-, Änderungs- und Löschungsverfahren (§§ 130–132) zu den nunmehr auf der Grundlage der VO (EU) Nr. 1151/2012 geschützten geographischen Angaben und geschützten Ursprungsbezeichnungen in einer Rechtsverordnung auszugestalten. Solche Rechtsverordnungen bedürfen, anders als diejenigen nach §§ 137, 139 (→ § 137 Rn. 1.1; → § 139 Rn. 2.1), nicht der Zustimmung des Bundesrates.

§ 139 MarkenG

C. Übertragungskompetenz (Abs. 2)

Anstatt die §§ 130–132 unmittelbar durch eine eigene Rechtsverordnung auszugestalten, kann das BMJV die Ermächtigung, Rechtsverordnungen nach Abs. 1 zu erlassen, durch Rechtsverordnung, die ebenfalls nicht der Zustimmung des Bundesrates bedarf, ganz oder teilweise auf das DPMA übertragen (§ 138 Abs. 2). 3

Eine derartige Übertragung der Rechtsverordnungskompetenz hat das Bundesministerium der Justiz und für Verbraucherschutz getroffen in der Verordnung über das Deutsche Patent- und Markenamt (DPMA-Verordnung – DPMAV). So sieht § 1 Abs. 2 DPMAV ua vor, dass die Ermächtigung zum Erlass von Rechtsverordnungen gemäß § 138 Abs. 1 übertragen wird auf das DPMA. 3.1

Das DPMA hat die ihm in § 1 Abs. 2 DPMAV übertragene Rechtsverordnungskompetenz ausgeübt, indem es auf der Grundlage von § 138 Abs. 1 in Teil 6 der Verordnung zur Ausführung des Markengesetzes (Markenverordnung – MarkenV) nähere Bestimmungen über das Antrags-, Einspruchs-, Änderungs- und Löschungsverfahren zu den geschützten geografischen Angaben und geschützten Ursprungsbezeichnungen getroffen hat (vgl. Fezer Rn. 4). So gestalten die §§ 47–49 MarkenV (Teil 6 Abschnitt 1 MarkenV) das Eintragungsverfahren aus, die §§ 50–51 MarkenV (Teil 6 Abschnitt 2 MarkenV) das Einspruchsverfahren nach § 131 MarkenG und die §§ 52–54 MarkenV (Teil 6 Abschnitt 3 MarkenV) Änderungen der Spezifikationen, Löschungen sowie die Akteneinsicht zu geografischen Angaben und Ursprungsbezeichnungen. 4

D. Zum 1.7.2016 erfolgte Anpassungen im Hinblick auf die VO (EU) Nr. 1151/2012

Da am 3.1.2013 die VO (EU) Nr. 1151/2012 die VO (EG) Nr. 510/2006 ersetzt hat (→ § 130 Rn. 2), war es für den Gesetzgeber und das DPMA notwendig, die Verweise auf die VO (EG) Nr. 510/2006 in § 138 sowie in §§ 47 ff. MarkenV zu ersetzen durch Verweise auf die VO (EU) Nr. 1151/2012, wie es nun zum 1.7.2016 erfolgt ist. Abgesehen von Änderungen bei den Einspruchsfristen (→ § 130 Rn. 47; → § 131 Rn. 8) waren infolge des Inkrafttretens der VO (EU) Nr. 1151/2012 keine grundlegenden inhaltlichen Änderungen bei den §§ 47 ff. MarkenV erforderlich. 5

§ 139 Durchführungsbestimmungen zur Verordnung (EU) Nr. 1151/2012; Verordnungsermächtigung

(1) ¹Das Bundesministerium der Justiz und für Verbraucherschutz wird ermächtigt, im Einvernehmen mit dem Bundesministerium für Wirtschaft und Energie und dem Bundesministerium für Ernährung und Landwirtschaft durch Rechtsverordnung mit Zustimmung des Bundesrates weitere Einzelheiten des Schutzes von Ursprungsbezeichnungen und geografischen Angaben nach der Verordnung (EU) Nr. 1151/2012 zu regeln, soweit sich das Erfordernis hierfür aus der Verordnung (EU) Nr. 1151/2012 oder den zu ihrer Durchführung erlassenen Vorschriften des Rates oder der Europäischen Kommission ergibt. ²In Rechtsverordnungen nach Satz 1 können insbesondere Vorschriften über
1. die Kennzeichnung der Agrarerzeugnisse oder Lebensmittel,
2. die Berechtigung zum Verwenden der geschützten Bezeichnungen oder
3. die Voraussetzungen und das Verfahren bei der Überwachung oder Kontrolle beim innergemeinschaftlichen Verbringen oder bei der Einfuhr oder Ausfuhr
erlassen werden. ³Rechtsverordnungen nach Satz 1 können auch erlassen werden, wenn die Mitgliedstaaten nach den dort genannten gemeinschaftsrechtlichen Vorschriften befugt sind, ergänzende Vorschriften zu erlassen.

(2) ¹Die Landesregierungen werden ermächtigt, durch Rechtsverordnung die Durchführung der nach Artikel 37 Absatz 1 der Verordnung (EU) Nr. 1151/2012 erforderlichen Kontrollen zugelassenen privaten Kontrollstellen zu übertragen oder solche an der Durchführung dieser Kontrollen zu beteiligen. ²Die Landesregierungen können auch die Voraussetzungen und das Verfahren der Zulassung privater

Kontrollstellen durch Rechtsverordnung regeln. ³Sie sind befugt, die Ermächtigung nach den Sätzen 1 und 2 durch Rechtsverordnung ganz oder teilweise auf andere Behörden zu übertragen.

Überblick

Mit § 139 Abs. 1 ermächtigt der Gesetzgeber das Bundesministerium der Justiz und für Verbraucherschutz (BMJV), Rechtsverordnungen zu erlassen (→ Rn. 2), die insbesondere Vorgaben für die Verwendung von geschützten geographischen Angaben und geschützten Ursprungsbezeichnungen auf der Grundlage der VO (EU) Nr. 1151/2012 (vormals VO (EG) Nr. 510/2006) sowie für die Kennzeichnung und für den Transfer von Waren mit derartigen geographische Bezeichnungen enthalten. Gemäß § 139 Abs. 2 sind die Landesregierungen befugt, durch Rechtsverordnung Vorgaben für die Durchführung von Kontrollen zu erlassen (→ Rn. 5).

A. Allgemeines

1 § 139 wurde zum 1.7.2016 durch Art. 4 Nr. 25 Gesetz zur Änderung des Designgesetzes und weiterer Vorschriften des gewerblichen Rechtsschutzes vom 4.4.2016 (BGBl. I 558) redaktionell angepasst. Dies Norm verweist nun auf die VO (EU) Nr. 1151/2012, die zum 3.1.2013 an die Stelle der VO (EG) Nr. 510/2016 trat. Zuvor wurde § 139 zum 1.9.2008 neu gefasst durch Art. 4 Nr. 12 Gesetz zur Verbesserung der Durchsetzung von Rechten des geistigen Eigentums (DurchsetzungsG) vom 7.7.2008 (BGBl. I 1191).

1.1 Die Neufassung 2008 passte die Überschrift und die Verweise im Gesetzestext an die VO (EG) Nr. 510/2006 an. Inhaltlich entspricht die Norm weitgehend dem bis zum 1.9.2008 geltenden Recht (BT-Drs. 16/5048, 44; vgl. Fezer Rn. 1).

B. Rechtsverordnungen des BMJV (Abs. 1)

2 § 139 Abs. 1 S. 1 ermächtigt das Bundesministerium der Justiz und für Verbraucherschutz, in Rechtsverordnungen weitere Einzelheiten zum Schutz der geschützten geographischen Angaben und geschützten Ursprungsbezeichnungen nach der VO (EU) Nr. 1151/2012 zu regeln.

2.1 Die Rechtsverordnungen sind im Einvernehmen mit dem Bundesministerium für Wirtschaft und Energie (BMWi) und mit dem Bundesministerium für Ernährung und Landwirtschaft (BMEL) zu entwerfen und bedürfen der Zustimmung des Bundesrates. Sie sind nur zu erlassen, soweit sich aus der VO (EU) Nr. 1151/2012 und deren Durchführungsvorschriften die Erforderlichkeit eigener mitgliedstaatlicher Regelungen ergibt (vgl. auch Fezer Rn. 4).

3 Derartige Rechtsverordnungen können sich gemäß § 139 Abs. 1 S. 2 Nr. 1–3 erstrecken auf Vorgaben zur Kennzeichnung der Agrarerzeugnisse oder Lebensmittel, die geographische Angaben oder Ursprungsbezeichnungen führen, zur Berechtigung zum Verwenden der geschützten Bezeichnungen oder zu den Voraussetzungen und zu dem Verfahren bei der Überwachung oder Kontrolle beim innergemeinschaftlichen Verbringen oder bei der Ein- und Ausfuhr. Darüber hinaus können gemäß § 139 Abs. 1 S. 3 Rechtsverordnungen erlassen werden, mit denen die Mitgliedstaaten die ihnen auf der Grundlage der VO (EU) Nr. 1151/2012 eingeräumten Befugnisse ausüben, ergänzende Vorschriften zu schaffen.

4 § 139 Abs. 1 ermöglicht somit, Änderungen im Gemeinschaftsrecht, die geschützte Ursprungsbezeichnungen oder geschützte geographische Angaben betreffen und die Umsetzungsrechtsakte der Mitgliedstaaten erfordern, rascher und flexibler in nationales Recht umzusetzen, da anstelle einer Änderung der §§ 130 ff. im Wege eines förmlichen Gesetzgebungsverfahrens lediglich die auf der Grundlage von § 139 Abs. 1 erlassenen Rechtsverordnungen durch den Verordnungsgeber geändert werden können (vgl. Fezer Rn. 3; v. Schultz/Gruber Rn. 1).

4.1 Allerdings wurde auf dieser Ermächtigungsgrundlage bislang noch keine Rechtsverordnung erlassen (vgl. Ingerl/Rohnke Rn. 1; Ströbele/Hacker/Hacker Rn. 2; Büscher/Dittmer/Schiwy/Büscher Rn. 1).

C. Rechtsverordnungen der Länder (Abs. 2)

Auf der Grundlage von § 139 Abs. 2 können die Landesregierungen Rechtsverordnungen 5 erlassen, mit denen sie die nach Art. 37 VO (EU) Nr. 1151/2012 durchzuführenden Kontrollen der Einhaltung der Spezifikationen auf private Kontrollstellen übertragen oder private **Kontrollstellen** an derartigen Kontrollen zumindest beteiligen. In diesen Rechtsverordnungen können sie gemäß Abs. 2 S. 2 zudem Zulassungsvoraussetzungen und -verfahren für private Kontrollstellen normieren, wobei sicherzustellen ist, dass die Kontrollstellen zur Sicherstellung einer hinreichenden Sachkunde und Qualität bei den Kontrollen die Vorgaben gemäß Art. 39 VO (EU) Nr. 1151/2012 (vormals Art. 11 VO (EG) Nr. 510/2006) erfüllen (vgl. Ingerl/Rohnke Rn. 4).

Soweit private Unternehmen auf Grundlage derartiger Rechtsverordnungen Kontrollen durchführen 5.1 oder sich an diesen beteiligen, handeln sie als Beliehene (vgl. Ströbele/Hacker/Hacker Rn. 3).

Anstatt derartige Rechtsverordnungen selbst zu erlassen, können die Landesregierungen 6 durch Rechtsverordnungen die Ermächtigung zum Erlass von Rechtsverordnungen mit den in § 139 Abs. 2 S. 1 und 2 aufgeführten Regelungsinhalten übertragen auf andere Behörden des Landes.

Eine derartige Übertragung erfolgte in **Baden-Württemberg** auf das Ministerium für Ländlichen 6.1 Raum und Verbraucherschutz, das seinerseits die Befugnis zum Erlass von Rechtsverordnungen nach § 139 Abs. 2 S. 3 weiter übertragen darf auf die Regierungspräsidien (vgl. § 9 Subdelegationsverordnung MLR vom 17.2.2004, GBl. 115, zuletzt geändert durch Art. 2 GAP-ReformVO-SubdelVO MLR-AnpVO vom 15.12.2015, GBl. S. 1246), in deren Folge die Ermächtigungen nach § 139 Abs. 2 Nr. 1 und 2 weiter übertragen wurden auf das Regierungspräsidium Karlsruhe (vgl. § 1 Nr. 2 VO zur Übertragung von Ermächtigungen vom 13.5.2005, GBl. 411).

In **Nordrhein-Westfalen** erfolgte eine Übertragung hinsichtlich Rechtsverordnungen nach § 139 6.2 Abs. 2 S. 3 auf das Landesamt für Natur, Umwelt und Verbraucherschutz (vgl. § 6 Abs. 2 Nr. 1 ZustVO-Agrar NRW vom 11.11.2008, GV NRW 273, zuletzt geändert durch Art. 1 ÄndVO vom 21.12.2010, GV NRW 706).

In **Sachsen** erfolgten Übertragungen hinsichtlich Rechtsverordnungen nach § 139 Abs. 2 S. 2 auf 6.3 das Staatsministerium für Umwelt und Landwirtschaft bzw. hinsichtlich Rechtsverordnungen nach § 139 Abs. 2 S. 1 auf das Landesamt für Umwelt, Landwirtschaft und Geologie (vgl. § 1 Abs. 1 Nr. 6 bzw. § 2 Nr. 2 VO der Sächsischen Staatsregierung zur Übertragung von Verordnungsermächtigungen im Bereich der Land- und Forstwirtschaft sowie des Verbraucherschutzes vom 21.3.2006, SächsGVBl. S. 76, zuletzt geändert durch die Verordnung vom 14.6. 2013, SächsGVBl. S. 470).

In **Bayern** erfolgte eine Übertragung hinsichtlich Rechtsverordnungen nach § 139 Abs. 2 S. 1 und 6.4 S. 2 auf das Staatsministerium für Ernährung, Landwirtschaft und Forsten (vgl. § 5 Nr. 12 DelV - Verordnung über die Zuständigkeit zum Erlass von Rechtsverordnungen (Delegationsverordnung) vom 28.1.2014, GVBl. 22, zuletzt geändert durch § 1 ÄndVO vom 13.10.2015, GVBl. 384).

Teil 7 Verfahren in Kennzeichenstreitsachen

§ 140 Kennzeichenstreitsachen

(1) Für alle Klagen, durch die ein Anspruch aus einem der in diesem Gesetz geregelten Rechtsverhältnisse geltend gemacht wird (Kennzeichenstreitsachen), sind die Landgerichte ohne Rücksicht auf den Streitwert ausschließlich zuständig.

(2) ¹Die Landesregierungen werden ermächtigt, durch Rechtsverordnung die Kennzeichenstreitsachen insgesamt oder teilweise für die Bezirke mehrerer Landgerichte einem von ihnen zuzuweisen, sofern dies der sachlichen Förderung oder schnelleren Erledigung der Verfahren dient. ²Die Landesregierungen können diese Ermächtigung auf die Landesjustizverwaltungen übertragen. ³Die Länder können außerdem durch Vereinbarung den Gerichten eines Landes obliegende Aufgaben insgesamt oder teilweise dem zuständigen Gericht eines anderen Landes übertragen.

(3) Von den Kosten, die durch die Mitwirkung eines Patentanwalts in einer Kennzeichenstreitsache entstehen, sind die Gebühren nach § 13 des Rechtsanwaltsvergütungsgesetzes und außerdem die notwendigen Auslagen des Patentanwalts zu erstatten.

Überblick

Für Kennzeichenstreitsachen (→ Rn. 1 ff.) sind ausschließlich die Landgerichte zuständig (→ Rn. 11). Verfahren vor dem BPatG fallen nicht unter Kennzeichenstreitsachen (→ Rn. 1). Auch die Abmahnung gehört nicht zu den Kennzeichenstreitsachen (→ Rn. 60 ff.); dagegen ist die Klage auf Erstattung der Kosten einer Abmahnung eine Kennzeichenstreitsache (→ Rn. 64).

Die Bundesländer können Kennzeichenstreitsachen bei bestimmten Landgerichten konzentrieren (→ Rn. 23 f.). Ob die Gerichte des betreffenden Bundeslandes allerdings überhaupt zuständig sind, ist nicht im MarkenG geregelt, sondern richtet sich nach den allgemeinen Regelungen der ZPO (→ Rn. 16 ff.).

§ 140 Abs. 3 regelt die Erstattungsfähigkeit der Kosten des Patentanwalts (→ Rn. 31 ff.). Außer den Kosten sind auch die Auslagen erstattungsfähig (→ Rn. 47 ff.). Besonderheiten sind bei Prozessen in eigener Sache (→ Rn. 53 f.) sowie bei Rechts- und Patentanwälten aus derselben Kanzlei (→ Rn. 56) zu beachten.

Auch Patentanwälte aus EU- und EWR-Mitgliedstaaten sowie aus der Schweiz können sich auf § 140 Abs. 3 berufen (→ Rn. 65 ff.), nicht jedoch Patentanwälte aus sonstigen Staaten (→ Rn. 71 ff.). Für die Kosten der Letztgenannten besteht aber, wenn diese Kosten zur Rechtsverfolgung notwendig waren, ein Erstattungsanspruch nach § 91 ZPO (→ Rn. 75 ff.). Gleiches gilt für ausländische Markenrechtsspezialisten aus EU-Mitgliedstaaten, in denen der Patentanwaltsberuf nicht reglementiert ist (→ Rn. 78). Unter den Erstattungsanspruch nach § 91 ZPO können Kosten für einen Verkehrsanwalt (→ Rn. 76 f.), für einen ausländischen Berater (→ Rn. 78) oder für ein Privatgutachten über ausländisches Recht (→ Rn. 79 f.) fallen. Die Höhe der Gebühren des ausländischen Patentanwalts ist auf die nach dem RVG zulässige Gebührenhöhe beschränkt, und zwar sowohl beim Anspruch nach § 140 Abs. 3 (→ Rn. 69) als auch beim Anspruch nach § 91 ZPO (→ Rn. 77).

Für Patentstreitsachen gibt es mit § 143 Abs. 3 PatG eine Parallelvorschrift.

§ 125e Abs. 5 verweist für Unionsmarkenstreitsachen auf § 140 Abs. 3.

§ 140 regelt nicht die internationale Zuständigkeit der deutschen Gerichte für Kennzeichenstreitsachen. Die wichtigste Regelung in diesem Bereich ist die VO (EU) 1215/2012 (→ Rn. 81 ff.). Beim Gerichtsstand nach dieser VO ist zwischen Klagen wegen der Eintragung oder Gültigkeit von Marken (→ Rn. 87) und wegen Markenverletzungen (→ Rn. 88 ff.) zu unterscheiden. Besonderheiten gibt es bei mehreren Beklagten (→ Rn. 96 ff.).

§ 140 MarkenG

Übersicht

	Rn.		Rn.
A. Legaldefinition	1	VIII. Abmahnverfahren	60
B. Zuständige Gerichte	11	**D. Sonderfall ausländische Patentanwälte**	65
I. Sachliche Zuständigkeit	11	I. § 140 Abs. 3 und vom EU-Recht erfasste Patentanwälte	65
II. Örtliche Zuständigkeit – Grundsätzliches	16	II. § 140 Abs. 3 und vom EU-Recht nicht erfasste Patentanwälte	71
III. Örtliche Zuständigkeit – Konzentrationsermächtigung	23	III. Kostenerstattungsanspruch nach § 91 ZPO	75
IV. Klageerhebung vor einem unzuständigen Gericht	28	**E. Exkurs: Internationales Prozessrecht**	81
C. Kosten des Patentanwalts	31	I. EuGVO, Brüssel Ia-VO und Lugano-Übereinkommen	81
I. Grundsatz	31	II. Klagen wegen der Eintragung oder Gültigkeit von Marken	87
II. Höhe der Gebühren des Patentanwalts	37	III. Klagen wegen Markenrechtsverletzungen	88
III. Erstattung der Auslagen des Patentanwalts	47	IV. Negative Feststellungsklagen	95
IV. Nachweis der Mitwirkung	50	V. Mehrere Beklagte	96
V. Prozess in eigener Sache	53		
VI. Besondere Konstellationen: Rechts- und Patentanwalt	56		
VII. Honorarklage und außergerichtliche Kosten	58		

A. Legaldefinition

§ 140 Abs. 1 enthält eine Legaldefinition der Kennzeichenstreitsache. Verfahren vor dem **1** BPatG fallen **nicht** unter die Kennzeichenstreitsachen. § 140 Abs. 1 bezieht sich ausdrücklich nur auf „Klagen", nicht auch auf Beschwerden.

Der Begriff Kennzeichenstreitsache umfasst Streitigkeiten um Ansprüche, die im MarkenG genannten **1.1** Kennzeichen iSd § 1 Nr. 1–3 betreffen, also eingetragene Marken sowie Marken, die durch Benutzung Verkehrsgeltung erworben haben, geografische Herkunftsangaben, geschützte geografische Angaben, Ursprungsbezeichnungen, Unternehmenskennzeichen (OLG Dresden GRUR 1997, 468) sowie Werktitel.

§ 125e Abs. 1 definiert die **Unionsmarkenstreitsache** als Streitsache, für die die Unionsmarkengerichte **1.2** zuständig sind (Art. 96 UMV). Unionsmarkenstreitsachen sind daher keine Kennzeichenstreitsachen. Allerdings verweist § 125e Abs. 5 für Unionsmarkenstreitsachen auf § 140 Abs. 3.

Der Begriff der Kennzeichenstreitsache ist im Hinblick auf den Zweck der Vorschrift **weit 2 auszulegen.** Erforderlich, aber auch ausreichend ist ein Bezug zum MarkenG dergestalt, dass das Rechtsverhältnis, aus dem der geltend gemachte Anspruch abgeleitet wird, den Bestimmungen des MarkenG unterliegt (BGH GRUR 2004, 622 – ritter.de). Maßgeblich ist insoweit der **Sachvortrag des Klägers** oder des Widerklägers. Eine Kennzeichenstreitsache liegt nur dann nicht vor, wenn dem streitgegenständlichen Sachverhalt jeglicher Bezug zu den angeführten Normen des MarkenG fehlt und zweifelsfrei feststeht, dass ihre Erwähnung in der Klage nur der Zuständigkeitserschleichung oder der Produzierung zusätzlicher Kosten dienen kann (OLG Köln BeckRS 2013, 09686).

Unter § 140 fallen alle Ansprüche aus rechtsgeschäftlichen Erklärungen und vertraglichen Vereinba- **2.1** rungen, deren Gegenstand die Inhaberschaft an oder die Rechte aus einem Kennzeichenrecht sind (OLG Köln BeckRS 2014, 04199). Auch Streitigkeiten aus einem **Markenlizenzvertrag** sind daher Kennzeichenstreitsachen (OLG München NJW 1963, 2280 zur Patentstreitsache).

Kennzeichenstreitsachen sind ferner Ansprüche auf Zahlung einer **Vertragsstrafe** aus einem Unter- **2.2** lassungsvertrag, der zum Zweck der Abwehr gegenüber kennzeichenrechtlichen Ansprüchen geschlossen wurde (OLG München GRUR-RR 2004, 190; LG Mannheim BeckRS 2015, 09990 unter II 2 b aa (1)).

Kennzeichenstreitsachen sind auch Klagen aus Ansprüchen aus einem **Schuldanerkenntnis**, das im **2.3** Zusammenhang mit einem Anspruch aus einem Kennzeichenrechtsverhältnis gegeben wurde (BGH GRUR 1968, 307 (308) – Haftbinde.

MarkenG § 140 Teil 7 Verfahren in Kennzeichenstreitsachen

3   Zu den Kennzeichenstreitsachen zählen auch Verfahren der **einstweiligen Verfügung**, durch die ein Anspruch aus einem der im MarkenG geregelten Rechtsverhältnisse geltend gemacht wird (BGH GRUR 2012, 756 (757) Rn. 19 mwN – Kosten des Patentanwalts III).

3.1   Zum zuständigen Gericht bei einer einstweiligen Verfügung → Rn. 21.

4   Auch eine **Vollstreckungsgegenklage** nach §§ 769, 767 ZPO gegen eine Verurteilung wegen einer Kennzeichenverletzung ist eine Kennzeichenstreitsache (OLG Düsseldorf GRUR 1985, 220).

5   Nach allgemeiner Meinung fallen **Zwangsvollstreckungsverfahren gemäß §§ 887–890 ZPO** unter den Begriff „Kennzeichenstreitsache" (OLG Düsseldorf GRUR 1983, 512; OLG München GRUR 1978, 499).

6   Die Pfändung einer Marke nach **§ 857 ZPO** ist eine Kennzeichenstreitsache.

6.1   Anderer Ansicht ist das LG Düsseldorf (NJWE-WettbR 1998, 186). Zuständig sei nicht das Landgericht, sondern das Amtsgericht als Vollstreckungsgericht gemäß § 828 ZPO. § 140 Abs. 1 gelte seinem Wortlaut nach nur für „Klagen". Zwar würde diese Vorschrift extensiv ausgelegt. Der Zweck des § 140 Abs. 1, die besondere Erfahrung der Kennzeichenstreitgerichte zu nutzen, gebiete die Einbeziehung der Pfändung einer Marke in die ausschließliche Zuständigkeit nicht.

6.2   Diese Ansicht überzeugt nicht. Zwangsvollstreckungsmaßnahmen werden in § 29 Abs. 1 Nr. 2 ausdrücklich erwähnt. Diese Erwähnung der Zwangsvollstreckung, wie auch das vom LG selbst gesehene Problem, dass die Zwangsvollstreckung in eine Marke Probleme der Bewertung der Marke aufwerfen kann, sprechen dafür, dass nicht nur die Zwangsvollstreckung zur Erwirkung von Handlungen (§ 887 ZPO) oder zur Erzwingung von Unterlassungen oder Duldung (§ 890 ZPO), sondern auch die Zwangsvollstreckung wegen Geldforderungen in Rechte (§§ 826–863 ZPO) eine Kennzeichenstreitsache sein kann.

7   Wenn der Patentanwalt an der **vorgerichtlichen** Rechtsverteidigung zur Abwehr einer **unberechtigten Schutzrechtsverwarnung** mitgewirkt hat, ist dies keine Kennzeichenstreitsache (BGH GRUR 2012, 756 (757) Rn. 25 – Kosten des Patentanwalts III).

8   Zur Frage, wann eine **Abmahnung** unter § 140 fällt, s. unter C.VIII. (→ Rn. 60).

9   Endet eine Kennzeichenstreitsache mit einem Anerkenntnisurteil und wird dann eine **Beschwerde gegen den Kostenfestsetzungsbeschluss** nach §§ 99 Abs. 2, 93 ZPO eingelegt, ist dieses Beschwerdeverfahren keine Kennzeichenstreitsache (OLG Zweibrücken GRUR-RR 2009, 327 – Patentanwaltskosten im Kennzeichenstreit).

10   Bei Streitigkeiten vor deutschen Gerichten über **ausländische Marken** ist § 140 Abs. 1 entsprechend anzuwenden (OLG Düsseldorf GRUR Int 1968, 100; OLG Frankfurt GRUR 1983, 435, beide zu einem ausländischen Patent). Dafür spricht die Ähnlichkeit der in diesen Prozessen typischerweise angesprochenen Probleme mit denjenigen Problemen, die in Prozessen über deutsche Marken zu lösen sind.

10.1   Auch praktische Gesichtspunkte rechtfertigen die Analogie: Nur bei den Kennzeichenstreitgerichten ist Literatur zu ausländischen Markenrechten (zB die GRUR Int, ferner Bücher wie HK-MarkenR und Lange IntMarkenR/KennzeichenR mit Länderberichten) vorhanden.

B. Zuständige Gerichte

I. Sachliche Zuständigkeit

11   Angesichts der speziellen Materie weist der Gesetzgeber nach § 140 Abs. 1 die Kennzeichenstreitsachen immer den **Landgerichten** zu, auch bei geringen Streitwerten, bei denen sonst nach § 23 GVG die Amtsgerichte zuständig sind. Nach dem Gesetzeswortlaut handelt es sich bei der Zuständigkeit der Landgerichte um eine **ausschließliche Zuständigkeit**.

12   Die Zuständigkeit eines **Amtsgerichts** kann auch nicht durch eine Gerichtsstandsvereinbarung begründet werden; eine solche Vereinbarung ist nach § 40 Abs. 2 S. 1 Nr. 2 ZPO unzulässig. Ferner kann durch rügeloses Verhandeln zur Hauptsache vor dem Amtsgericht dessen Zuständigkeit nicht begründet werden (§ 40 Abs. 2 S. 2 ZPO).

13   Kennzeichenstreitsachen sind nach § 95 Abs. 1 Nr. 4 lit. c GVG **Handelssachen**. Stellt der Kläger gemäß § 96 Abs. 1 GVG in der Klageschrift oder der Beklagte gemäß § 98 Abs. 1

GVG vor der Verhandlung zur Sache (§ 101 GVG) einen entsprechenden Antrag, ist der Rechtsstreit daher vor der Kammer für Handelssachen zu verhandeln.

Ob ein solcher Verweisungsantrag sinnvoll ist, hängt vom Geschäftsverteilungsplan des jeweiligen Landgerichts ab. Oft sind Kennzeichenstreitsachen nur einer Zivilkammer, aber mehreren Kammern für Handelssachen zugewiesen, so dass die Richter der betreffenden Zivilkammer in dieser Materie mehr Erfahrung haben. **13.1**

Besteht am LG eine für Kennzeichenstreitsachen zuständige Kammer, entscheidet nach § 348 Abs. 1 Nr. 2 lit. k ZPO die Kammer und nicht ein Kammermitglied als originärer Einzelrichter. Wenn die Sache keine besonderen Schwierigkeiten aufweist, kann die Kammer sie jedoch nach § 348a ZPO einem Einzelrichter übertragen. Ist die Sache dagegen bei einer Kammer für Handelssachen anhängig, ist eine Übertragung auf einen Einzelrichter nicht möglich (§ 349 Abs. 4 ZPO). **13.2**

§ 140 Abs. 1 fordert nicht ausdrücklich, dass innerhalb des Landgerichts eine **Kammer speziell für Kennzeichenstreitsachen** zuständig sein soll. Dieses Erfordernis ergibt sich aber aus dem Sinn und Zweck der Zuweisung dieser besonderen Streitigkeiten an bestimmte Gerichte und wurde in der Praxis auch so umgesetzt. Sollte im Einzelfall eine Kennzeichenstreitigkeit zu Unrecht vor einer anderen Kammer verhandelt werden, will der BGH (BGH GRUR 1962, 305 (306) – Federspannvorrichtung) den Parteien kein Recht auf eine Verweisung an die für Kennzeichenstreitsachen zuständige Kammer einräumen, da es eine reine Angelegenheit der inneren Geschäftsverteilung sei, welche Kammer innerhalb des mit dieser Sonderaufgabe betrauten Landgerichts Kennzeichenstreitsachen bearbeitet. Diese Argumentation verkennt, dass in dem vom BGH entschiedenen Fall nach dem Geschäftsverteilungsplan eine andere als die tatsächlich mit der Angelegenheit befasste Kammer zuständig war. Die Parteien konnten sich also auf die Entziehung ihres gesetzlichen Richters berufen (§§ 547 Nr. 1, 579 Abs. 1 Nr. 1 ZPO). **14**

§ 140 Abs. 1 begründet die Zuständigkeit staatlicher Gerichte nicht, sondern setzt sie voraus. Nach § 1030 Abs. 1 ZPO können vermögensrechtliche Ansprüche Gegenstand einer **Schiedsvereinbarung** sein (zu Schiedsverfahren im gewerblichen Rechtsschutz vgl. Gruber Mitt 2010, 210). Besteht eine wirksame Schiedsvereinbarung, wird die ausschließliche Zuständigkeit des Schiedsgerichts (dazu § 1032 ZPO) durch § 140 Abs. 1 daher nicht verdrängt. **15**

II. Örtliche Zuständigkeit – Grundsätzliches

Regelungen zur örtlichen Zuständigkeit enthält das MarkenG nur in § 96 Abs. 3 (iVm § 23 ZPO) für den Fall, dass ein Inlandsvertreter bestellt wurde, und mittelbar in § 140 Abs. 2, der die Zuständigkeitsübertragung durch die Landesregierung auf **bestimmte Landgerichte** ermöglicht. Diese Zuständigkeitsübertragung setzt jedoch voraus, dass ein Landgericht des betreffenden Bundeslandes nach den allgemeinen Regelungen der **ZPO** überhaupt zuständig ist. **16**

Für den **Instanzenzug** in Kennzeichenstreitsachen enthält das MarkenG keine besonderen Bestimmungen. Für die Berufung gegen ein Urteil eines für Kennzeichenstreitsachen zuständigen LG ist daher das diesem allgemein übergeordnete OLG zuständig. **16.1**

Grundsätzlich ist das Gericht zuständig, bei dem der **Beklagte** seinen **allgemeinen Gerichtsstand** hat (**§ 12 ZPO**). Der allgemeine Gerichtsstand einer natürlichen Person wird durch den Wohnsitz bestimmt (§ 13 ZPO), der einer juristischen Person durch ihren Sitz (§ 17 ZPO). Hat jemand zum Betrieb einer Fabrik, einer Handlung oder eines anderen Gewerbes eine Niederlassung, von der aus unmittelbar Geschäfte geschlossen werden, so können gegen ihn alle Klagen, die auf den Geschäftsbetrieb der Niederlassung Bezug haben, bei dem Gericht des Ortes erhoben werden, wo sich die Niederlassung befindet (§ 21 Abs. 1 ZPO). **17**

Hat jemand im Inland keinen Wohnsitz, kommt der besondere Gerichtsstand des **Vermögens** (§ 23 ZPO) in Betracht. § 23 ZPO wird bei Kennzeichenstreitsachen durch § 96 Abs. 3 (→ § 96 Rn. 22 ff.) ergänzt. **18**

Eingetragene Marken stellen einen Vermögenswert dar, der am Ort der Eintragung belegen ist. Damit ist dann, wenn dem Beklagten eine beim DPMA eingetragene Marke gehört, auch für Rechts- **18.1**

MarkenG § 140 Teil 7 Verfahren in Kennzeichenstreitsachen

streitigkeiten über andere, nicht eingetragene Marken das LG München I nach § 23 ZPO zuständig (LG München I GRUR 1959, 156 – LACO).

19   Ferner kommt der besondere Gerichtsstand der **unerlaubten Handlung** nach **§ 32 ZPO** in Betracht. Danach ist für Klagen aus unerlaubten Handlungen das Gericht zuständig, in dessen Bezirk die Handlung begangen wurde. In den Anwendungsbereich des § 32 ZPO fallen auch die aus der Verletzung eines Markenrechts resultierenden Ansprüche (BGH GRUR 1994, 530 (531) – Beta). Begehungsort ist jeder Ort, an dem eines der Tatbestandsmerkmale verwirklicht wurde. Das kann sowohl der Ort sein, an dem die Verletzungshandlung begangen wurde, als auch der Ort, an dem der Erfolg eintrat (BGH GRUR 2007, 884 Rn. 23 – Cambridge Institute).

19.1   Bei Verletzung einer deutschen Marke durch einen **Internetauftritt** kann der Kläger daher unter den für Kennzeichenstreitsachen zuständigen deutschen Landgerichten ein Landgericht auswählen (LG Hamburg BeckRS 2015, 20053).

19.2   Bei einer Markenrechtsverletzung auf einer **internationalen Leitmesse** in Deutschland liegt der Begehungsort der Markenrechtsverletzung nicht zwingend in Deutschland. Der als Verletzer in Anspruch Genommene ist ggf. dafür darlegungs- und beweispflichtig, dass er seine Produkte nur außerhalb Deutschlands vertreibt (LG Düsseldorf BeckRS 2015, 05511; dazu Hahn/Breuer GRUR-Prax 2015, 187).

19.3   Auch bei Wettbewerbsbehinderung eines deutschen Unternehmens auf einem **Auslandsmarkt** durch missbräuchliches Ausnutzen einer Marke durch ein anderes deutsches Unternehmen ist die Zuständigkeit deutscher Gerichte nach § 32 ZPO gegeben (OLG Hamm NJW-RR 1986, 1047 (1048)).

20   Bei mehreren möglichen Gerichtsständen hat der **Kläger die Wahl** (§ 35 ZPO).

20.1   Der wahlberechtigte Kläger kann die Klage bei dem Gericht anhängig machen, das ihm am besten geeignet erscheint, unabhängig von der Frage, welcher Gerichtsstand die **geringsten Kosten** verursacht. Die Zweckmäßigkeit der Gerichtswahl ist im Kostenfestsetzungsverfahren nicht zu überprüfen, wohl aber Rechtsmissbrauch (Albrecht/Hoffmann Vergütung Rn. 1205).

21   Für Anträge auf eine **einstweilige Verfügung** ist, sofern bereits ein Verletzungsprozess anhängig ist, das Gericht der Hauptsache örtlich zuständig (§§ 937 Abs. 1, 943 Abs. 2 ZPO).

21.1   Ob dies auch bei einer anhängigen negativen Feststellungsklage gilt, ist umstritten. Die hM verneint dies zutreffend, vgl. BGH GRUR 1994, 846 (848) – Parallelverfahren II.

22   Weist der Sachverhalt einen **Auslandsbezug** auf, stellt sich zudem die Frage, ob die deutschen Gerichte international überhaupt zuständig sind (→ Rn. 81 ff.).

III. Örtliche Zuständigkeit – Konzentrationsermächtigung

23   § 140 Abs. 2 S. 1 enthält eine **Konzentrationsermächtigung,** von der mittlerweile alle Bundesländer Gebrauch gemacht haben, in denen sich die Frage nach einer Konzentration gestellt hat. Grund für die Konzentration der Prozesse bei einem Gericht ist, dass Kennzeichenstreitsachen schwierige Probleme aufwerfen können und es daher besonders sachkundiger Richter bedarf, um diese Probleme gut zu lösen. Die Landesregierungen können diese Ermächtigung auf die Landesjustizverwaltungen übertragen (§ 140 Abs. 2 S. 2). Folgende Landgerichte haben auf Grund von Rechtsverordnungen die Zuständigkeit für Kennzeichenstreitsachen zugewiesen bekommen:
Baden-Württemberg: für die Landgerichte des OLG-Bezirks Karlsruhe das LG Mannheim, für die Landgerichte des OLG-Bezirks Stuttgart das LG Stuttgart (§ 13 Abs. 1 JuZuVO vom 20.11.1998, GBl. 1998, 680, zuletzt geändert durch VO vom 9.12.2014, GBl. 793).
Bayern: für die Landgerichte des OLG-Bezirks München das LG München I, für die Landgerichte der OLG-Bezirke Nürnberg und Bamberg das LG Nürnberg-Fürth (§ 43 GZVJu vom 11.6.2012, GVBl. 295).
Hessen: LG Frankfurt am Main (§ 40 JuZuV vom 3.6.2013, GVBl. 386).
Mecklenburg-Vorpommern: LG Rostock (§ 4 Nr. 3 KonzVO vom 16.1.2008, GVOBl. 18).
Niedersachsen: LG Braunschweig (§ 5 ZustVO vom 18.12.2009, GVBl. 506, zuletzt geändert durch VO vom 7.4.2014, GVBl. 95).

Nordrhein-Westfalen: für die Landgerichte des OLG-Bezirks Düsseldorf das LG Düsseldorf, für die Landgerichtsbezirke Bielefeld, Detmold, Münster und Paderborn das LG Bielefeld, für die Landgerichtsbezirke Arnsberg, Bochum, Dortmund, Essen, Hagen und Siegen das LG Bochum, für die Landgerichte des OLG-Bezirks Köln das LG Köln (ZuweisungsVO vom 30.8.2011, GV 468);

Rheinland-Pfalz: für die Landgerichte des OLG-Bezirks Zweibrücken das LG Frankenthal (Pfalz), für die Landgerichte des OLG-Bezirks Koblenz das LG Koblenz (VO v. 22.11.1985, GVBl. 267, geändert durch VO vom 24.10.2001, GVBl. 274);

Sachsen: LG Leipzig (§ 14 JOrgVO vom 14.12.2007, GVBl. 600, idF vom 7.3.2016, GVBl. 103);

Sachsen-Anhalt: LG Magdeburg (§ 6 ZivilGerZustVO vom 1.9.1992, GVBl. 664, zuletzt geändert durch VO vom 9.1.2014, GVBl. 22);

Schleswig-Holstein: LG Kiel (§ 2 VO vom 19.4.1999, GVOBl. 99 = GRUR 1999, 686);

Thüringen: LG Erfurt (§ 5 GerZustVO vom 17.11.2011, GVBl. 511).

Keine Rechtsverordnung, sondern ein Gesetz regelt die Zuständigkeit in **Brandenburg,** 24 da für Brandenburg ein Gericht in einem anderen Bundesland, nämlich das LG Berlin zuständig ist, vgl. § 1 Gesetz zu dem Staatsvertrag zwischen dem Land Berlin und dem Land Brandenburg vom 20.11.1995 über die Zuständigkeit des Landgerichts Berlin für Rechtsstreitigkeiten über technische Schutzrechte (GVBl. I 288 idF des Gesetzes vom 20.4.2006, GVBl. I 54). Der Titel des Staatsvertrags ist irreführend, da er nicht nur technische Schutzrechte, sondern auch Kennzeichenstreitsachen betrifft (vgl. Art. 1 Staatsvertrag). Eine solche länderübergreifende Zuständigkeitsübertragung sieht § 140 Abs. 2 S. 3 ausdrücklich vor.

Die Zuständigkeitszuweisung in § 140 Abs. 2 stimmt in allen Bundesländern – außer in NRW – mit 24.1 der Zuständigkeitszuweisung für **Unionsmarkenstreitsachen** in § 125e überein. In **NRW** besteht die Besonderheit, dass für Unionsmarkenstreitsachen nur das LG Düsseldorf zuständig ist. Stützt ein Kläger einen Anspruch sowohl auf eine Unionsmarke als auch auf eine identische nationale Marke, muss er ggf. vor zwei verschiedenen Landgerichten Klage erheben. Der Vorschlag, vor dem für die nationale Marke zuständigen LG Klage zu erheben und dann einen Antrag zu stellen, den Rechtsstreit insgesamt an das für die Unionsmarkenstreitsache zuständige LG Düsseldorf zu verweisen (so Strauss GRUR 2011, 401 (403)), ist deswegen nicht überzeugend, weil ein solcher Verweisungsbeschluss mit der Regelung des § 140 nicht vereinbar wäre (zur Problematik der Verweisung in diesen Fällen OLG Köln GRUR 2002, 104; OLG Hamm BeckRS 2016, 12036 – in beiden Fällen lag kein wirksamer Verweisungsantrag vor).

Keine spezielle Regelung gibt es in **Berlin,** in **Bremen,** in **Hamburg** und im **Saarland,** 25 da es dort jeweils nur ein Landgericht gibt (LG Berlin, LG Bremen, LG Hamburg und LG Saarbrücken) und die Zuständigkeit für Kennzeichenstreitsachen nicht auf ein Gericht eines anderen Bundeslandes übertragen wurde.

Auch wenn nur in § 140 Abs. 1 ausdrücklich von einer **„ausschließlichen Zuständig-** 26 **keit"** gesprochen wird, ist auch die örtliche Zuständigkeit nach § 140 Abs. 2 eine ausschließliche (aA OLG Dresden GRUR 1998, 69, das sich auf eine Literaturstimme zum WZG stützt; dagegen zu Recht Fezer NJW 1997, 2915 (2916)). Dies ergibt sich aus dem Sinn und Zweck der Norm, mit der eine Zuweisung der Kennzeichenstreitsachen an spezialisierte Gerichte erreicht werden soll.

Die Regelung der ausschließlichen Zuständigkeit nach § 140 Abs. 2 bezieht sich nach dem Sinn 26.1 und Zweck der Norm immer **nur auf das betreffende Bundesland.** Sie verbietet den Parteien nicht, nach § 38 Abs. 1 ZPO eine Gerichtsstandsvereinbarung zu treffen, dass ein für Kennzeichenstreitsachen zuständiges LG eines anderen Bundeslandes für ihren Rechtsstreit zuständig sein soll.

Geht es in einem Rechtsstreit neben Ansprüchen nach dem MarkenG zugleich auch um 27 Ansprüche nach einem anderen Gesetz, kann die Regelung zur örtlichen Zuständigkeit nach § 140 Abs. 2 in Konkurrenz zur Regelung der ausschließlichen örtlichen Zuständigkeit nach einem anderen Gesetz stehen. Bezüglich des Gerichtsstands für Ansprüche nach dem **UWG** enthält § 141 für diesen Fall eine Kollisionsregel. Bei **kartellrechtlichen** Rechtsstreitigkeiten verdrängt die Zuständigkeitsregelung in §§ 87, 89 GWG wegen des in § 88 GWG enthaltenen Rechtsgedankens die Zuständigkeitsregelung des § 140 (BGH GRUR 1960, 350 (351) –

Malzflocken, mit krit. Anm. Axster; BGH GRUR 1968, 218 (219) – Kugelschreiber); damit entscheidet in diesen Fällen das für kartellrechtliche Streitigkeiten zuständige Gericht auch über Kennzeichenstreitsachen.

27.1 Insoweit einschränkend das LG Braunschweig: Es bestehe zwar ein grundsätzlicher Vorrang des Kartellgerichts. Wenn der kennzeichenrechtliche Teil des Rechtsstreits aber größer sei als der kartellrechtliche Teil, sei das Kennzeichengericht zuständig (LG Braunschweig BeckRS 2013, 15286 Rn. 7a). Dem ist – auch wenn damit ein etwas schwammiges Abgrenzungskriterium zu Grunde gelegt wird – zuzustimmen: Man würde dem Rechtssuchenden keinen guten Dienst erweisen, wenn man ihm den Richter, auf dessen spezielle kennzeichenrechtlichen Sachkenntnis er sich verlassen kann, entziehen würde (so bereits Axster GRUR 1960, 352 (353)).

IV. Klageerhebung vor einem unzuständigen Gericht

28 Wird ein Amtsgericht oder ein örtlich unzuständiges Landgericht angerufen, ist die Klage als unzulässig **abzuweisen.** Das Gericht muss jedoch vorher den Kläger gemäß § 139 Abs. 2 ZPO auf die Unzuständigkeit des Gerichts **hinweisen.** Der Kläger kann dann beantragen, dass der Rechtsstreit nach § 281 Abs. 1 ZPO an das zuständige Landgericht verwiesen wird.

28.1 Im Falle einer Verweisung muss der Kläger die im Verfahren vor dem angegangenen Gericht entstandenen **Kosten** nach § 281 Abs. 3 S. 2 ZPO auch dann tragen, wenn er in der Hauptsache obsiegt.

29 Entscheidet ein Amtsgericht oder örtlich unzuständiges Landgericht und wird die **Berufung** ausschließlich auf die mangelnde Zuständigkeit des erstinstanzlichen Gerichts gestützt, liegt keine hinreichende Berufungsbegründung vor und die Berufung ist auf Grund von § 513 Abs. 2 ZPO **unzulässig** (BGH NJW-RR 2005, 501).

29.1 Irreführend OLG Karlsruhe (GRUR 1997, 359 unter I.), das dieses Ergebnis auf § 529 Abs. 2 ZPO stützt und damit unterstellt, dass im Falle einer Rüge der Unzuständigkeit in der Berufungsbegründung eine Prüfung der Zuständigkeit durch das OLG zulässig wäre. Der Berufungsausschluss des § 513 Abs. 2 ZPO greift allerdings nicht, wenn ein erstinstanzliches Gericht seine Zuständigkeit verneint. In diesem Fall prüft das Berufungsgericht die Zuständigkeit.

30 Auch die **Revision** kann nach § 545 Abs. 2 ZPO nicht auf eine mangelnde Zuständigkeit gestützt werden (BGH NJW-RR 2006, 930 (931)). Selbst dann, wenn ein Berufungsgericht die örtliche Zuständigkeit des angerufenen Gerichts verneint und deswegen die Revision zugelassen hat, ist wegen § 549 Abs. 2 ZPO eine Prüfung der Zuständigkeit durch den BGH ausgeschlossen (BGH GRUR 2001, 368).

30.1 Dagegen ist die **internationale Zuständigkeit** Prozessvoraussetzung und daher im Revisionsverfahren von Amts wegen zu prüfen (BGH GRUR 2012, 621 Rn. 17 – OSCAR).

C. Kosten des Patentanwalts

I. Grundsatz

31 § 140 Abs. 3 regelt die **Erstattungsfähigkeit der Kosten** des Patentanwalts. Vor den Landgerichten müssen sich die Parteien nach § 78 Abs. 1 S. 1 ZPO durch einen Rechtsanwalt vertreten lassen. Die **Mitwirkungsbefugnis des Patentanwalts** ergibt sich aus § 140 Abs. 3 nur mittelbar. Direkt wird sie in § 3 Abs. 2 Nr. 1 PAO geregelt. Danach hat ein Patentanwalt die Aufgabe, in Angelegenheiten der Erlangung, Aufrechterhaltung, Verteidigung oder Anfechtung einer Marke oder eines anderen nach dem MarkenG geschützten Kennzeichens andere zu beraten und Dritten gegenüber zu vertreten. Nach § 4 Abs. 3 PAO ist ihm im Prozess auf Antrag einer Partei das Wort zu gestatten.

31.1 Dass Patentanwälte zusammen mit einem Rechtsanwalt oder Hochschullehrer des Rechts (dazu Art. 19 Abs. 7 EuGH-Satzung) in Vorabentscheidungsverfahren nach Art. 267 AEUV vor dem **EuGH** auftreten dürfen, ergibt sich aus der Verweisung in Art. 19 Abs. 4 EuGH-Satzung auf das einschlägige nationale Verfahrensrecht. Dabei ist aber zu beachten, dass die EuGH-Entscheidung Häupl (EuGH C-246/05, BeckRS 2007, 70399 – Häuptl) nicht auf Deutschland übertragbar ist: Dort war, wie sich aus dem Rubrum ergibt, einem österreichischen Patentanwalt die Vertretung vor dem EuGH gestattet worden, weil er im Ausgangsverfahren in Österreich auch vertretungsbefugt war.

Es wird vom Gesetzgeber **unwiderlegbar** unterstellt, dass bei Kennzeichenstreitsachen, 32
bei denen neben einem Rechtsanwalt ein Patentanwalt auftrat, die Mitwirkung eines Patentanwalts, dh eine **Doppelvertretung, notwendig** war (BGH GRUR 2012, 756 Rn. 20 –
Kosten des Patentanwalts III; OLG Frankfurt GRUR 1998, 1034).

Eine solche Mitwirkung kann zB darin liegen, dass der Patentanwalt dem prozessbevoll- 33
mächtigten Rechtsanwalt mit seinem Spezialwissen beratend zur Seite steht oder für die
Führung des Prozesses notwendige Informationen verschafft (OLG Düsseldorf GRUR-RR
2012, 308 (309) – Fahrbare Betonpumpen). Es kommt aber nicht darauf an, ob der Patentanwalt gegenüber dem Rechtsanwalt eine **„Mehrleistung"** erbracht hat (BGH GRUR 2012,
756 (757) – Kosten des Patentanwalts III).

Eine abweichende Ansicht vertritt das OLG Stuttgart (GRUR-RR 2004, 279 (280)). So sei zwar 33.1
„grundsätzlich" die Notwendigkeit der Mitwirkung eines Patentanwalts nach § 140 Abs. 3 nicht zu
prüfen. Bei der Erörterung der Notwendigkeit der Zuziehung eines Patentanwalts gehe es aber nur um
die Frage, ob der Gegenstand des Rechtsstreits diese Zuziehung rechtfertige. Zusätzlich sei zu prüfen,
ob die Zuziehung eines Patenanwalts auch **verfahrensrechtlich gerechtfertigt** sei, denn es bestehe die
grundsätzliche Verpflichtung zur kostenschonenden Prozessführung. Diese vom OLG vorgenommene
doppelte Notwendigkeitsprüfung ist konstruiert und führt im Ergebnis dazu, dass § 140 Abs. 3 wirkungslos ist (ähnlich die Kritik bei Albrecht/Hoffmann Vergütung Rn. 416). Zudem widerspricht sie dem
Grundsatz des deutschen Prozessrechts, dass bei einer Vertretung vor Gericht die Anwaltskosten immer
erstattungsfähig sind; ob die Schriftsätze des Anwalts für den Prozessausgang entscheidend waren, ist
für die Erstattungspflicht irrelevant.

Auch wenn eine Partei in einer Kennzeichenstreitsache ein Rechtsmittel nach eigenem 34
Bekunden **„nur vorsorglich"** eingelegt hat, kann die Gegenpartei sowohl die Kosten für
einen Rechtsanwalt als auch für einen Patentanwalt ersetzt bekommen. Die „vorsorgliche
Einlegung" eines Rechtsmittels kennt die ZPO nicht. Der Gesetzgeber hat den Parteien
ausreichend Zeit zugebilligt, um sich zu überlegen, ob sie ein Rechtsmittel einlegen wollen
oder nicht. Wenn sie innerhalb dieses Zeitrahmens zu keiner endgültigen Entscheidung
gekommen sind, liegt dies regelmäßig daran, dass der Rechtsanwalt und/oder sein Mandant
die Angelegenheit nicht mit der notwendigen Eile betrieben haben/hat. Dieses Säumnis
kann nicht dazu führen, dass die Verteidigungsmöglichkeiten der Gegenpartei eingeschränkt
werden (BPatG BeckRS 2016, 11626; BGH NJW 2003, 756 (757)).

Der Anspruch nach § 140 Abs. 3 setzt nur voraus, dass die Streitsache **jedenfalls auch** 35
unter kennzeichenrechtlichen Gesichtspunkten zu prüfen ist. Dabei ist es unschädlich, wenn
die Klage in erster Linie auf eine andere, zB eine wettbewerbsrechtliche, Grundlage gestützt
wird (KG NJWE-WettbR 2000, 222).

Erstattungsfähig sind nicht nur die Kosten im Verfahren vor dem **LG**, sondern auch die 36
Kosten im Verfahren vor dem **OLG** und vor dem **BGH** (BGH GRUR 2004, 1062 –
mitwirkender Patentanwalt). Kommt es in dem Rechtsstreit zu einem Vorabentscheidungsverfahren vor dem **EuGH** nach Art. 267 AEUV (→ Rn. 31.1), bei dem der Patentanwalt
mitwirkt, werden auch diese Kosten von § 140 Abs. 3 umfasst.

Wirkt ein Patentanwalt bei einer Beschwerde nach § 544 ZPO gegen die Nichtzulassung der Revi- 36.1
sion mit, sind die Kosten des Patentanwalts in diesem **Nichtzulassungsbeschwerdeverfahren** nach
§ 140 Abs. 3 erstattungsfähig (OLG Frankfurt BeckRS 2016, 02490).

Die Erstattung der Kosten einer Doppelvertretung nach § 140 Abs. 3 ist auf die Klageverfahren vor 36.2
den ordentlichen Gerichten beschränkt. Eine analoge Anwendung auf **Verwaltungsverfahren** vor dem
DPMA ist nicht möglich, da die Tatbestände sich nicht ähneln (BPatG BeckRS 2011, 16238). Als
Anspruchsgrundlage kommt in diesen Fällen jedoch §§ 63 Abs. 3, 82 Abs. 1 S. 1 iVm § 91 ZPO in
Betracht. Danach setzt ein Erstattungsanspruch voraus, dass die Doppelvertretung zur zweckentsprechenden Rechtsverfolgung notwendig war.

Bei einer **Verfassungsbeschwerde** kann die Mitwirkung eines Patentanwalts neben einem Rechts- 36.3
anwalt zur zweckentsprechenden Rechtsverfolgung notwendig und damit können seine Kosten nach
§ 34a Abs. 2 BVerfGG erstattungsfähig sein (vgl. dazu allgemein BVerfG NJW 1999, 133).

II. Höhe der Gebühren des Patentanwalts

Die **Vergütung des Patentanwalts** ist gesetzlich – sieht man von Bestimmungen zur 37
Honorarteilung (§ 43a PAO) und zum Erfolgshonorar (§ 43b PAO) ab – nicht geregelt. Der

Honoraranspruch des Patentanwalts richtet sich daher für die Mitwirkung in Rechtsstreitigkeiten vor den ordentlichen Gerichten, sofern keine Vereinbarung getroffen wurde, grundsätzlich gemäß § 612 Abs. 2 BGB nach dem RVG (OLG Karlsruhe GRUR 1997, 359 unter II.2.).

37.1 Zur Vergütung des Patentanwalts vgl. auch Albrecht/Hoffmann Vergütung Rn. 236 ff.

37.2 Die Vergütung des Patentanwalts **gegenüber seinem Auftraggeber** kann nicht durch das Gericht analog **§ 11 RVG** festgesetzt werden (BGH BeckRS 2015, 15412). Der BGH stellt auf den Wortlaut ab. § 11 RVG erwähne nur den Rechtsanwalt, nicht aber den Patentanwalt. Zudem sei die Vergütung des Patentanwalts im Gegensatz zu derjenigen des Rechtsanwalts nicht gesetzlich festgelegt. Das Festsetzungsverfahren durch den Rechtspfleger nach § 11 RVG sei aber auf eine gesetzliche Gebührenordnung zugeschnitten.

38 Daher verweist § 140 Abs. 3 direkt auf **§ 13 RVG.** § 13 RVG legt die Höhe der Gebühren fest, die sich nach dem Gegenstandswert richten.

39 Nach § 51 Abs. 1 GKG ist in Verfahren nach dem Markengesetz der **Gegenstandswert** „nach billigem Ermessen zu bestimmen" (→ § 142 Rn. 5 ff.). In Markenrechtsstreitigkeiten nimmt der BGH einen Regelgegenstandswert von 50.000 Euro an (BGH GRUR 2006, 704). § 22 Abs. 2 S. 1 RVG begrenzt den Gegenstandswert auf 30 Millionen Euro. Ferner ist zu beachten, dass bei Kennzeichenstreitsachen eine Streitwertbegünstigung nach § 142 in Betracht kommt.

40 Bei einer **objektiven Klagehäufung** beschränkt sich die auf § 140 Abs. 3 gestützte Erstattungspflicht auf die – abtrennbaren – kennzeichenrechtlichen Ansprüche (OLG Stuttgart GRUR-RR 2009, 79 – Patentanwaltskosten bei Klagehäufung; in casu hatte der Kläger einen Unterlassungsanspruch sowohl bezogen auf ein Unternehmenskennzeichen als auch bezogen auf eine technische Zeichnung geltend gemacht).

41 § 13 RVG ist im Zusammenhang mit § 2 RVG zu lesen; dieser verweist auf das **Vergütungsverzeichnis** in Anlage 1 des RVG. Dort sind die Gebühren geregelt. Durch das KostenberG vom 13.12.2001 (BGBl. I 3656) wurde mit Wirkung zum 1.1.2002 die seinerzeit in § 140 Abs. 5 aF vorgesehene Beschränkung der Patentanwaltskosten auf eine volle Gebühr aufgehoben, weil diese Beschränkung die tatsächliche Arbeitsleistung des Patentanwalts nicht ausreichend berücksichtigt hat (vgl. BT-Drs. 14/6203, 64 zu Art. 7 Nr. 37).

41.1 Auch wenn § 140 Abs. 3 dem Wortlaut nach nur auf § 13 RVG verweist, ist allgemein anerkannt, dass der Gesetzgeber damit auch eine Einbeziehung des § 2 RVG gewollt hat (vgl. OLG Frankfurt GRUR-RR 2005, 104 – Textilhandel).

42 Der Patentanwalt kann regelmäßig eine **Geschäftsgebühr von 1,3** verlangen (VV 2300 RVG). Bei umfangreichen oder schwierigen Tätigkeiten ist auch eine höhere Gebühr gerechtfertigt (dazu Albrecht/Hoffmann Vergütung Rn. 455 ff.).

43 Für die **erste Instanz** steht dem Patentanwalt ein Anspruch auf eine Verfahrensgebühr iHv 1,3 nach VV 3100 RVG und eine Terminsgebühr iHv 1,2 nach VV 3104 RVG (bei einem Versäumnisurteil nur iHv 0,5 nach VV 3105 RVG) und ggf. eine Einigungsgebühr iHv 1,0 nach VV 1003 RVG zu.

44 Der Umstand, dass der Patentanwalt nicht postulationsfähig ist, steht dem Anspruch auf eine **Terminsgebühr** nicht entgegen (OLG Düsseldorf GRUR-RR 2003, 125 (126)). Nimmt ein Patentanwalt an der mündlichen Verhandlung teil, so steht ihm daher unabhängig davon, ob er das Wort ergreift oder nicht, ein Kostenerstattungsanspruch in Höhe einer Terminsgebühr zu (OLG München GRUR 2004, 536; OLG Düsseldorf GRUR-RR 2012, 308 (309) – Fahrbare Betonpumpen). Ein Anspruch auf eine Terminsgebühr besteht allerdings nicht, wenn der Patentanwalt nicht selbst am Termin teilnimmt, sondern sich durch einen Rechtsanwalt vertreten lässt, der nicht auch Patentanwalt ist (OLG Braunschweig NJW-RR 2012, 242).

45 Eine **Einigungsgebühr** steht dem Patentanwalt nach der Rechtsprechung (OLG München BeckRS 2005, 33661; OLG München Mitt 2004, 437; OLG Köln Mitt 2002, 563 (564)) allerdings nur zu, wenn er an den Vergleichsverhandlungen beteiligt war.

45.1 In den drei Entscheidungen wurde festgestellt, dass der Patentanwalt „wesentlich" bzw. „maßgeblich" zu dem Vergleichsabschluss beigetragen hat bzw. dass seine Mitwirkung „kausal für das Zustandekommen des Vergleichs" war. Notwendig für den Erstattungsanspruch ist das nicht. Es reicht aus, wenn der

Patentanwalt in irgendeiner Weise daran beteiligt war. Ausreichend ist daher zB schon, wenn der Patentanwalt dem Rechtsanwalt seiner Partei mitgeteilt hat, dass er einen Vergleich grundsätzlich für sinnvoll hält.

Die Gebühren für die Mitwirkung bei einer **Berufung** oder **Revision** richten sich nach den VV 3200–3210 RVG. Für das **Revisionsverfahren** kann der Patentanwalt eine Verfahrensgebühr nach VV 3206 RVG von 1,6 und eine Terminsgebühr nach VV 3210 RVG von 1,5 erhalten. 46

Die besondere **Verfahrensgebühr** für Revisionsverfahren nach VV 3208 RVG von 2,3 für einen beim BGH zugelassenen Rechtsanwalt können Patentanwälte mangels einer solchen Zulassung nicht fordern (vgl. BGH GRUR 2004, 1062 (1063) – Mitwirkender Patentanwalt; aA Ingerl/Rohnke Rn. 78, welche für eine Anwendung der für BGH-Anwälte geltenden Gebühren plädieren). 46.1

Für die **Terminsgebühr** sieht das RVG keine Kopplung an die besondere Zulassung beim BGH vor, weshalb hier der volle Satz zu gewähren ist (so auch Albrecht/Hoffmann Vergütung Rn. 608; aA lediglich Ströbele/Hacker/Hacker Rn. 64, der die Terminsgebühr auf den Satz von 1,2 begrenzen will und verkennt, dass VV 3210 RVG – im Gegensatz zu VV 3206 RVG – nicht auf die besondere Zulassung als BGH-Anwalt abstellt). 46.2

III. Erstattung der Auslagen des Patentanwalts

Auslagen des Patentanwalts sind nur zu erstatten, wenn sie notwendig waren. Als Auslagen kommen in erster Linie **Reisekosten** in Betracht (dazu BGH GRUR 2006, 702 Rn. 23). Die Fahrtkosten bei Benutzung eines privaten Kraftfahrzeugs berechnen sich nach VV 7003 ff. RVG. 47

Eine Teilnahme am **Verkündungstermin** ist für eine zweckentsprechende Rechtsverfolgung nicht notwendig und die Kosten daher weder für Rechtsanwälte noch für Patentanwälte erstattungsfähig (BVerwG NJW 2012, 1827 für Rechtsanwälte). 47.1

Die Rechtsprechung des OLG Düsseldorf (BeckRS 2012, 11247; GRUR-RR 2012, 308 (310) – Fahrbare Betonpumpen), welches die Auslagen eines Patentanwalts für die Wahrnehmung eines Verhandlungstermins nicht ersetzen will, wenn bereits vor der Verhandlung offensichtlich war, dass seine **besondere Kompetenz** in der mündlichen Verhandlung **nicht benötigt** wird, ist mit der grundsätzlichen Annahme der Notwendigkeit der Mitwirkung eines Patentanwalts nicht zu vereinbaren. Das Gericht verkennt, dass sich „notwendig" in § 140 Abs. 3 nur auf die Höhe der Auslagen bezieht; dem Grunde nach ist nach Ansicht des Gesetzgebers der Anspruch auf Erstattung der Auslagen für die Teilnahme an einer Gerichtsverhandlung immer dann begründet, wenn auch für den Rechtsanwalt ein Erstattungsanspruch besteht. 48

Anders ist es jedoch, wenn zwar in der vorprozessualen Korrespondenz der Anspruch ua mit dem MarkenG begründet wurde, die Klage dann aber nur noch auf andere Rechtsgrundlagen als das MarkenG gestützt wird. Die **bloße Möglichkeit,** dass der Kläger in der mündlichen Verhandlung den Anspruch doch wieder **auf das MarkenG stützt,** rechtfertigt die Teilnahme eines Patentanwalts am Gerichtstermin nicht. Der gegnerische Prozessverlierer muss dessen Reisekosten daher nicht ersetzen (OLG Stuttgart BeckRS 2007, 16317). 49

IV. Nachweis der Mitwirkung

Für den Nachweis der Mitwirkung des Patentanwalts und der hierdurch entstandenen Kosten reicht es regelmäßig aus, wenn die Mitwirkung eines Patentanwalts **anwaltlich versichert** wird (OLG Saarbrücken GRUR-RR 2009, 326 (327)). Den beteiligten Anwälten kann weder die wahrheitswidrige Behauptung einer Mitwirkung noch die Erstellung von Scheinrechnungen unterstellt werden (OLG Düsseldorf GRUR-RR 2012, 308 (309) – Fahrbare Betonpumpen; OLG Saarbrücken GRUR-RR 2009, 326 (327)). 50

Ausreichend ist sogar schon, wenn die Mitwirkung zu Beginn des Verfahrens **angezeigt** und später eine auf das Verfahren bezogene Rechnung vorgelegt wird (OLG Frankfurt GRUR-RR 2012, 307). Dabei macht es keinen Unterschied, ob die Mitwirkungsanzeige vom mitwirkenden Patentanwalt oder von der vertretenden Anwaltskanzlei stammt (OLG Nürnberg GRUR-RR 2003, 29). 51

MarkenG § 140 Teil 7 Verfahren in Kennzeichenstreitsachen

52   Wird die Mitwirkung eines Patentanwalts zu Beginn des Verfahrens **nicht angezeigt,** schließt dies die Erstattungsfähigkeit der Kosten des Patentanwalts nicht aus. Entscheidend ist allein, ob eine Mitwirkung des Patentanwalts stattgefunden hat; diese Mitwirkung kann auch noch nachträglich im **Kostenfestsetzungsverfahren** glaubhaft gemacht werden (OLG Frankfurt GRUR-RR 2003, 125 – Mitwirkungsanzeige; OLG Düsseldorf GRUR-RR 2012, 308 (309) – Fahrbare Betonpumpen).

52.1   Macht eine Prozesspartei erst mit der Beschwerde gegen den Kostenfestsetzungsbeschluss die Mitwirkung eines Patentanwalts geltend, sind ihr auch bei einem Erfolg der Beschwerde die **Kosten des Beschwerdeverfahrens** nach § 97 Abs. 2 ZPO aufzuerlegen (OLG Frankfurt GRUR-RR 2003, 125 – Mitwirkungsanzeige).

V. Prozess in eigener Sache

53   Wirkt ein Patentanwalt in eigener Sache an einem Prozess mit, findet nach der **Rechtsprechung** § 140 Abs. 3 **keine Anwendung** (OLG Karlsruhe GRUR 1985, 127).

53.1   Rechtsanwälte haben nach § 91 Abs. 2 S. 3 ZPO bei einem Tätigwerden in eigener Sache einen Anspruch auf Erstattung derjenigen Gebühren und Auslagen, die ein bevollmächtigter Rechtsanwalt erstattet verlangen könnte. Patentanwälten dagegen stehe kein Anspruch nach § 91 Abs. 2 S. 3 ZPO zu (BayVerfGH NJW 1993, 2794). Begründet wird dies damit, dass § 91 Abs. 2 S. 3 ZPO eine Ausnahmevorschrift und daher eng auszulegen sei.

53.2   Dieses Argument überzeugt nicht. Dass Patentanwälte in § 91 ZPO nicht ausdrücklich erwähnt werden, dürfte daran liegen, dass der Gesetzgeber diesen Berufsstand – sieht man von den Spezialgesetzen im Bereich des gewerblichen Rechtsschutzes ab – durchgehend ignoriert und selbst das RVG nur entsprechend auf die Patentanwälte anzuwenden ist. Der Umstand, dass Patentanwälte wegen der fehlenden gesetzlichen Regelung durch die Rechtsprechung in gebührenrechtlicher Hinsicht den Rechtsanwälten gleichgestellt werden und dass kein Grund ersichtlich ist, der eine Nichtanwendung des § 91 Abs. 2 S. 3 ZPO erfordert, spricht vielmehr für einen Gebührenanspruch des sich selbst vertretenden Patentanwalts (so zum Patentnichtigkeitsverfahren BPatG GRUR 1982, 293 (294)).

53.3   Für eine weite Auslegung des § 140 Abs. 3 spricht vor allem, dass ein Ausschluss des sich selbst vertretenden Patentanwalts vom Anwendungsbereich dieser Norm zu unbilligen Ergebnissen führt: Wird ein Dritter, der Patentanwalt ist, eingeschaltet, muss der Prozessverlierer dessen Kosten ersetzen; vertritt ein Patentanwalt dagegen sich selbst, erfolgt keine Kostenerstattung, obwohl der Patentanwalt Zeit in den Prozess investieren muss.

54   Der Sinn und Zweck des § 140 Abs. 3 spricht entgegen der Auffassung der Rechtsprechung dafür, dass auch die Kosten der Selbstvertretung von dieser Norm erfasst werden (im Ergebnis ebenso Albrecht/Hoffmann Vergütung Rn. 722).

55   Ist ein Patentanwalt Partner einer **Partnerschaftsgesellschaft,** die Inhaberin der prozessgegenständlichen Marke ist, liegt keine Selbstvertretung vor, denn eine Partnerschaftsgesellschaft ist nach § 7 Abs. 2 PartGG iVm § 124 HGB parteifähig. Der Patentanwalt wird hier rechtlich also nicht in eigener Sache tätig (so OLG Dresden BeckRS 2008, 02748).

VI. Besondere Konstellationen: Rechts- und Patentanwalt

56   Ein Erstattungsanspruch nach § 140 Abs. 3 besteht auch dann, wenn der Patentanwalt **derselben Sozietät** angehört wie der Rechtsanwalt (OLG Nürnberg GRUR 1990, 130; BPatG GRUR 1991, 205 – Anwaltliche Doppelqualifikation).

57   Tritt im Prozess ein Vertreter mit **Doppelqualifikation** auf, nämlich ein sowohl als Rechts- als auch als Patentanwalt zugelassener Prozessbevollmächtigter, hat der Prozessvertreter zusätzlich zum Anspruch auf die Vergütung für seine Rechtsanwaltstätigkeit einen Anspruch nach § 140 Abs. 3 (BGH NJW-RR 2003, 913).

57.1   Dafür spricht der Wortlaut (es heißt „eines Patentanwalts" und nicht etwa „eines weiteren Prozessbevollmächtigten, der Patentanwalt ist") und der Sinn und Zweck der Norm: Jede Prozesspartei hat ein Recht darauf, dass ihre Vertretung sowohl vertiefte juristische als auch vertiefte technisch-naturwissenschaftliche Kenntnisse hat. Dem Prozessverlierer entsteht durch diese Auslegung kein Nachteil; er spart sogar bei den notwendigen Auslagen, die er nur einmal erstatten muss.

57.2   Ein doppelter Vergütungsanspruch setzt allerdings voraus, dass der betreffende Berufsträger **sowohl** in seiner Eigenschaft **als Rechtsanwalt** als auch in seiner Eigenschaft **als Patentanwalt mandatiert**

VII. Honorarklage und außergerichtliche Kosten

§ 140 Abs. 3 ist nicht immer entsprechend auf die **Honorarklage** eines Rechts- oder Patentanwalts anwendbar. Bei Honorarklagen ist eine Doppelvertretung nur dann notwendig, wenn zur Beurteilung der Frage, ob die Honorarforderung berechtigt ist, das Verständnis des Schutzrechts eine Rolle spielt und es deshalb eines besonderen Sachverstands bedarf, um die für das Entgelt des Rechtsanwalts maßgeblichen Umstände zu erfassen und beurteilen zu können (BGH GRUR 2013, 756 – Patentstreitsache II). 58

Auf **außergerichtliche Patentanwaltskosten** ist § 140 Abs. 3 nicht entsprechend anwendbar (BGH GRUR 2012, 756 Rn. 21 – Kosten des Patentanwalts III). Dieser Fall betrifft in der Praxis die vorgerichtlichen Kosten der Abwehr einer unberechtigten Schutzrechtsverwarnung und die Kosten der Abmahnung und wird näher im folgenden Gliederungspunkt VIII. (→ Rn. 60 ff.) behandelt. 59

VIII. Abmahnverfahren

Da die Abmahnung eine kostspielige Streitsache vermeiden soll, weshalb sie als Geschäftsführung ohne Auftrag für den Abgemahnten gilt (BGH NJW 1970, 243 – Fotowettbewerb), gehört sie zum außergerichtlichen Bereich. 60

Neben der Geschäftsführung ohne Auftrag gemäß §§ 677, 683 Abs. 1, 670 BGB kommen § 823 BGB und § 12 Abs. 1 S. 2 UWG als Anspruchsgrundlage für die Erstattung der Abmahnkosten in Betracht. 61

Der BGH stützt den Anspruch in ständiger Rechtsprechung auf die Geschäftsführung ohne Auftrag (BGH GRUR 2012, 304 Rn. 21 mwN – Basler Haar-Kosmetik; ebenso OLG Stuttgart GRUR-RR 2012, 412 (413)). Umstritten ist in der Literatur die Grundlage für die Erstattung der Kosten des Abgemahnten (Chudziak GRUR 2012, 133; Albrecht/Hoffmann Vergütung Rn. 444 ff.). 62

§ 140 Abs. 3 greift nicht bei vorgerichtlichen **Abmahnkosten.** Hat neben einem Rechtsanwalt auch ein Patentanwalt an der vorgerichtlichen Abmahnung wegen einer Markenverletzung mitgewirkt, kann die Erstattung der durch die Mitwirkung des Patentanwalts entstandenen Kosten nach §§ 677, 683 S. 1, 670 BGB nur beansprucht werden, wenn der Anspruchsteller darlegt und beweist, dass die Mitwirkung des Patentanwalts erforderlich war. Diese Voraussetzung wird regelmäßig nur dann erfüllt, wenn der Patentanwalt Aufgaben übernommen hat, die – wie etwa Recherchen zum Registerstand – zum typischen Arbeitsgebiet eines Patentanwalts gehören (BGH GRUR 2011, 754 Rn. 16–19 – Kosten des Patentanwalts II; GRUR 2012, 756 Rn. 21–24 – Kosten des Patentanwalts III). Allerdings ist in diesem Fall allein der nicht weiter substantiierte Vortrag, der Patentanwalt habe eine Markenrecherche durchgeführt, nicht dazu geeignet, die Erforderlichkeit der Mitwirkung eines Patentanwalts neben einem Rechtsanwalt mit Erfahrung im Markenrecht dazulegen (BGH GRUR 2012, 759 – Kosten des Patentanwalts IV). 63

Zur Frage, unter welchen Voraussetzungen eine **unberechtigte Verwarnung** aus einem Kennzeichenrecht den Autor dieser Verwarnung zum Schadensersatz verpflichtet, vgl. BGH GRUR 2005, 882 (883) – Unberechtigte Schutzrechtsverwarnung I; GRUR 2016, 630 (632) – Unberechtigte Schutzrechtsverwarnung II. 63.1

§ 140 Abs. 3 greift dagegen, wenn eine **Klage auf Erstattung der Kosten** einer vorgerichtlichen Abmahnung wegen einer Markenverletzung erhoben wird (OLG Frankfurt GRUR-RR 2001, 199; 2012, 307). Dann liegt eine Kennzeichensache iSv § 140 Abs. 1 vor, da die Frage, ob die Abmahnung berechtigt war oder nicht, eine kennzeichenrechtliche Beurteilung voraussetzt. Die Kosten für die Mitwirkung eines Patentanwalts in einem solchen Klageverfahren sind daher erstattungsfähig. 64

Das OLG Frankfurt (GRUR-RR 2012, 307) hat angesichts dieser unterschiedlichen Behandlung der Patentanwaltskosten zu Recht festgestellt, es verkenne nicht, „dass sich im Einzelfall ein gewisser **Wertungswiderspruch** ergeben kann, wenn die Kosten des für die kennzeichenrechtliche Abmahnung zusätzlich beauftragten Patentanwalts nach den vom BGH entwickelten Grundsätzen nicht erstattungsfä- 64.1

hig sind, während im nachfolgenden gerichtlichen Verfahren, in dem (nur noch) die Kosten für die Abmahnung eingeklagt werden, die Kosten des hierfür hinzugezogenen Patentanwalts nach § 140 Abs. 3 erstattungsfähig sind. Dies allein kann es jedoch nicht rechtfertigen, die Regelung des § 140 Abs. 3 nicht anzuwenden." In der Tat kann – und sollte – dieser Wertungswiderspruch nicht durch den Gesetzgeber beseitigt werden. Gute Gründe sprechen dafür – insbesondere seit Einführung des „Fachanwalts für gewerblichen Rechtsschutz" –, dass § 140 Abs. 3 ergänzt und die „Notwendigkeit" der Mitwirkung eines Patentanwalts gefordert wird. Das BMJV hatte bereits im Jahr 2006 entsprechende Überlegungen angestellt, die jedoch angesichts des Widerstands der betroffenen Berufsgruppen nicht weiterverfolgt wurden (vgl. Tyra WRP 2007, 1059 (1065)).

D. Sonderfall ausländische Patentanwälte

I. § 140 Abs. 3 und vom EU-Recht erfasste Patentanwälte

65 Es ist in Rechtsprechung (OLG Düsseldorf GRUR 1988, 761 – Irischer Patentanwalt; OLG Koblenz GRUR-RR 2002, 127 (128) – Ferrari-Armbanduhren; OLG Zweibrücken GRUR-RR 2004, 343 – Testkaufkosten; BGH GRUR 2007, 999 (1000) – consulente in marchi) und Literatur (vgl. zB HK-MarkenR/Ekey § 140 Rn. 42) unstreitig, dass angesichts des Grundsatzes der Dienstleistungsfreiheit in der EU (vgl. dazu OLG Frankfurt GRUR-RR 2006, 422 (423) – consulente in marchi) unter den Begriff „Patentanwalt" in § 140 Abs. 3 auch Patentanwälte **aus den EU-Mitgliedstaaten** zu subsumieren sind. Ferner fallen unter diese Norm Patentanwälte **aus den EWR-Mitgliedstaaten** (das sind derzeit Island, Liechtenstein und Norwegen) und **aus der Schweiz.** Für die Patentanwälte aus den EWR-Mitgliedstaaten ergibt sich die Gleichsetzung mit den Kollegen aus EU-Mitgliedstaaten aus dem EWR-Abkommen, für die Patentanwälte aus der Schweiz aus dem Abkommen vom 21.6.1999 zwischen der Schweizerischen Eidgenossenschaft einerseits und der Europäischen Gemeinschaft und ihren Mitgliedstaaten andererseits (BGBl. 2001 II 810; dazu → § 96 Rn. 10.1; ferner KG GRUR-RR 2008, 373 – Schweizer Anwalt; Gruber GRUR Int 2014, 1125).

66 Diese Gleichstellung der Patentanwälte aus EU- und aus EWR-Mitgliedstaaten sowie aus der Schweiz mit den deutschen Patentanwälten gilt unabhängig davon, ob eine der Parteien ihren **Sitz im In- oder im Ausland** hat (OLG Frankfurt GRUR-RR 2006, 422 (423) – consulente in marchi). Die Anwendung des § 140 Abs. 3 ist dabei nach Ansicht des BGH (BGH GRUR 2007, 999 (1000) – consulente in marchi) auch nicht davon abhängig, ob ein **ausländisches Kennzeichenrecht** oder eine **Unionsmarke** Gegenstand des Verfahrens ist.

67 Ingerl/Rohnke machen die **Einschränkung,** dass diese Auslegung nicht gelten solle bei „Mißbrauchsfällen dergestalt, dass ein die Mitwirkung legitimierender Bezug der vertretenen Partei oder der Streitsache selbst gerade zu diesem ausländischen Patentanwalt … fehlt" (Ingerl/Rohnke Rn. 65). Diese Einschränkung lässt sich mit dem Unionsrecht nicht vereinbaren. Eine Partei muss nicht begründen, wieso sie statt eines deutschen Patentanwalts einen Patentanwalt aus einem anderen EU-Mitgliedstaat beigezogen hat.

67.1 Ingerl/Rohnke berücksichtigen nicht, dass zwischen den Patentanwälten der verschiedenen EU-Mitgliedstaaten ein Wettbewerbsverhältnis (vgl. EuGH C-289/02, NJW 2004, 833 (835) Rn. 36 – AMOK Verlag) herrscht. Eine der Grundfreiheiten der Europäischen Union ist die **Dienstleistungsfreiheit.** Diese wird in Art. 56 ff. AEUV geregelt. Nach Art. 56 AEUV müssen Staatsangehörige aus anderen Mitgliedstaaten der Union gleich behandelt werden wie eigene Staatsangehörige. Zwar können die Mitgliedstaaten der EU nach Art. 51 AEUV iVm Art. 62 AEUV Tätigkeiten, die mit der Ausübung öffentlicher Gewalt verbunden sind, vom Anwendungsbereich der Freizügigkeitsregelungen ausnehmen. Rechts- und Patentanwälte fallen nach der Rechtsprechung des EuGH (EuGH 2/74, NJW 1975, 513 (515) – Reyners) jedoch nicht unter diese Ausnahmeregel. Patentanwälte können sich daher auf den Grundsatz der Freizügigkeit innerhalb der EU berufen. Die Rechtsprechung (EuGH C-76/90, GRUR Int 1991, 807 Rn. 12 – Säger/Dennemeyer) bejaht einen Verstoß gegen den Gleichbehandlungsgrundsatz bereits dann, wenn Maßnahmen „geeignet sind, die Tätigkeit des Dienstleistenden, der in einem anderen Mitgliedstaat ansässig ist und dort rechtmäßig Dienstleistungen erbringt, zu unterbinden, zu behindern oder weniger attraktiv zu machen". Würde man bei reinen Inlandssachverhalten die Kosten des ausländischen Patentanwalts nicht nach § 140 Abs. 3 für erstattungsfähig erklären, würde ausländischen Patentanwälten die Tätigkeit in Deutschland erschwert.

Kennzeichenstreitsachen § 140 MarkenG

Die Frage, ob diejenigen Kosten, die in einer Kennzeichenstreitsache durch die Mitwir- **68** kung eines Patentanwalts aus einem EU-Mitgliedstaats entstehen, in entsprechender Anwendung des § 140 Abs. 3 erstattungsfähig sind oder nicht, ist nach Ansicht des BGH (BGH GRUR 2007, 999 (1000) Rn. 16) – consulente in marchi) **im Kostenfestsetzungsverfahren** zu prüfen. Voraussetzung für eine analoge Anwendung des § 140 Abs. 3 ist, so der BGH, dass der ausländische Patentanwalt in Kennzeichenstreitsachen nach seiner Ausbildung und nach dem Tätigkeitsbereich, für den er in dem anderen Mitgliedstaat zugelassen ist, einem in Deutschland zugelassenen Patentanwalt im Wesentlichen gleichgestellt werden könne.

Die Gleichstellung setzt nach Ansicht des BGH wohl voraus, dass der Patentanwaltsberuf in dem **68.1** betreffenden ausländischen Staat **überhaupt reglementiert** ist, denn das Gericht spricht von „Zulassung". Dieser Auffassung ist zuzustimmen. § 140 Abs. 3 stellt auf den „Patentanwalt" ab, der in Deutschland ein reglementierter Beruf ist. Als Ausnahmevorschriften ist § 140 Abs. 3 eng auszulegen. Daher muss auch der ausländische Patentanwalt in seinem Herkunftsstaat zugelassen sein.

Weniger überzeugend ist dagegen die Äußerung des BGH, dass zu prüfen sei, ob die Ausbildung **68.2** und der Tätigkeitsbereich des ausländischen Patentanwalts denjenigen **eines deutschen Patentanwalts entsprechen.** Diese Prüfung hat bereits der Gesetzgeber vorgenommen; es genügt daher ein Blick in die **Anlage zu § 1 PAZEignPrG** (so im Ergebnis auch BPatG BeckRS 2016, 11627). Die dort aufgeführten ausländischen Berufsträger können den deutschen Patentanwälten ohne nähere Prüfung gleichgestellt werden. Folgende EU- bzw. EWR-Mitgliedstaaten sind dort derzeit **nicht aufgeführt** (dazu BGBl. 2005 I 2560): Bulgarien, Dänemark, Griechenland, Irland, Island, Kroatien, Norwegen, Malta (dazu BGH GRUR 2014, 508 (509)), Rumänien, Schweden und Zypern. Hier ist in Zweifelsfällen zu prüfen, ob in dem betreffenden Staat der Patentanwaltsberuf mittlerweile reglementiert wurde und dieser Umstand nur vom deutschen Gesetzgeber noch nicht durch eine Änderung des § 1 der Anlage des PAZEignPrG berücksichtigt wurde.

Die einzige veröffentlichte Entscheidung (KG GRUR-RR 2008, 373 – Schweizer Anwalt) zur **68.3** Frage der Gleichstellung, die zeitlich nach der BGH-Entscheidung erging, betraf die **Schweiz,** wo der Patentanwaltsberuf bis 2011 – und damit zum Zeitpunkt der Entscheidung des KG im Jahr 2008 – kein reglementierter Beruf war und erst seit 2013 in der Anlage zu § 1 PAZEignPrG aufgeführt wird. Dieser Umstand erklärt den auf den ersten Blick etwas merkwürdigen Sachverhalt der KG-Entscheidung, dass nämlich schweizerische Rechtsanwälte (und nicht Patentanwälte) einen Anspruch nach § 140 Abs. 3 geltend gemacht haben. Das KG hat die Vergleichbarkeit geprüft und festgestellt, dass schweizerische Rechtsanwälte nicht mit den deutschen Patentanwälten vergleichbar sind. Die Entscheidung überzeugt bezüglich der Begründung nicht. Angesichts des Umstands, dass der Patentanwaltsberuf damals in der Schweiz nicht reglementiert war, kam § 140 Abs. 3 gar nicht als Anspruchsgrundlage in Betracht (sondern nur ein Anspruch nach § 91 ZPO; → Rn. 78).

Bei Markenstreitsachen besteht hinsichtlich der bei der **WIPO eingetragenen Markenvertreter** **68.4** keine Vergleichbarkeit mit deutschen Patentanwälten, da diese Eintragung keine Eignungsprüfung voraussetzt (KG GRUR-RR 2008, 373 (374) – Schweizer Anwalt).

Art. 57 Abs. 3 AEUV sieht vor, dass der grenzüberschreitend tätige Dienstleister seine **69** Tätigkeit vorübergehend in einem anderen EU-Mitgliedstaat unter den Voraussetzungen ausüben kann, welche dieser Staat seinen eigenen Staatsangehörigen vorschreibt. Nach Ansicht des EuGH (EuGH C-289/02, NJW 2004, 833 (834) Rn. 30, 31 – AMOK Verlag) steht diese Norm nicht einer von der Rechtsprechung eines Mitgliedstaats entwickelten Regel entgegen, wonach die Kosten, welche die unterlegene Partei der obsiegenden Partei erstatten muss, bei Einschaltung eines in einem anderen Mitgliedstaat niedergelassenen Anwalts auf die Höhe der Kosten begrenzt ist, die bei Vertretung durch einen im Forumstaat niedergelassenen Anwalt angefallen wären. Diese Auffassung trage dem Grundsatz der Vorhersehbarkeit Rechnung, da nur so die Partei, welche einen Rechtsstreit anstrengt und damit in Gefahr laufe, im Unterliegensfall die Kosten ihres Gegners zu tragen, die Kosten abschätzen könne. § 140 Abs. 3 verweist auf das RVG. Daher kann auch ein ausländischer Patentanwalt **maximal nur die nach dem RVG zulässigen Gebühren** verlangen.

Allerdings steht nach der Rspr. des EuGH Art. 14 RL 2004/48/EG vom 29.4.2004 zur Durchset- **69.1** zung der Rechte des geistigen Eigentums einer nationalen Regelung entgegen, die Pauschaltarife vorsieht, bei denen nicht gewährleistet ist, dass wenigstens ein erheblicher und angemessener Teil der Kosten, die der obsiegenden Partei entstanden sind, von der unterlegenen Partei getragen wird (EuGH C-57/15, GRUR Int 2016, 963). Die DurchsetzungsRL erweitert aber nicht die Wirkungskraft der DienstleistungsRL: Auch wenn eine Partei einen ausländischen Patentanwalt beigezogen und ihm vertraglich ein nach seinem Heimatstaat übliches Honorar (das über den deutschen Sätzen liegt) zugebilligt hat, muss die Gegenseite, wenn sie den Prozess verliert, maximal das nach dem RVG zulässige Honorar bezahlen, denn zur Durchsetzung eines Anspruchs ist es nicht notwendig, einen ausländischen Patentanwalt beizuziehen.

70 **Geringere Gebühren** als in Deutschland zulässig kann der ausländische Patentanwalt jedoch verlangen. So hat der EuGH (EuGH C-94/04 und C-202/04, NJW 2007, 281 (285) Rn. 59 ff. – Cipolla) entschieden, dass zwingende Mindesthonorare den Zugang von in einem anderen Mitgliedstaat niedergelassenen Anwälten zum betreffenden Markt für juristische Dienstleistungen erschweren können, denn sie nähmen ihnen die Möglichkeit, durch geringere Honorarforderungen als den in der betreffenden Gebührenordnung festgesetzten Honoraren den Anwälten aus dem betreffenden EU-Mitgliedstaat wirksame Konkurrenz zu machen. Ein Mindesthonorar sei somit geeignet, die Ausübung von Dienstleistungstätigkeiten von Anwälten aus anderen EU-Mitgliedstaaten zu beschränken und stelle daher eine Beschränkung iSd Art. 56 AEUV dar.

70.1 Ein derartiges Verbot könne allerdings gerechtfertigt sein, so der EuGH, wenn es zwingenden **Gründen des Allgemeinwohls** entspreche und geeignet sei, die Verwirklichung des mit ihm verfolgten Ziels zu gewährleisten, und nicht über das hinausgehe, was zur Erreichung dieses Ziels erforderlich sei. Sowohl der Schutz der Verbraucher als auch der Schutz einer geordneten Rechtspflege seien Ziele, die als zwingende Gründe des Allgemeininteresses angesehen werden können und mit denen sich eine Beschränkung des Dienstleistungsverkehrs rechtfertigen lässt. Daher sei zu prüfen, ob für die Anwälte geltende Berufsregeln und insbesondere Vorschriften über die Organisation, die Qualifikation, das Standesrecht, die Kontrolle und die Haftung als solche ausreichen, um die Ziele des Verbraucherschutzes und der geordneten Rechtspflege zu erreichen.

70.2 Hier stellt sich schon die Frage, ob der Wortlaut des § 140 Abs. 3 („sind … zu erstatten") so zu verstehen ist, dass der ausländische Patentanwalt nicht weniger als die nach dem RVG vorgesehenen Gebühren verlangen darf. Der übliche Sprachgebrauch spricht gegen diese Auslegung. Diese Frage kann letztlich dahingestellt bleiben, da der ausländische Patentanwalt einem reglementierten Beruf angehört und damit die vom EuGH aufgestellten Kriterien für die Geltung des ausländischen Gebührenrechts regelmäßig erfüllt sind.

II. § 140 Abs. 3 und vom EU-Recht nicht erfasste Patentanwälte

71 Ob auch Patentanwälte aus anderen als den oben genannten Staaten unter § 140 Abs. 3 fallen, ist **in der Literatur umstritten.** Die Rechtsprechung (OLG Koblenz GRUR-RR 2002, 127 (128) – Ferrari-Armbanduhren; OLG Zweibrücken GRUR-RR 2004, 343 – Testkaufkosten; OLG Düsseldorf BeckRS 2010, 19461) hat diese Frage bislang offen gelassen; dort heißt es bezüglich eines Kostenerstattungsanspruchs für ausländische Patentanwälte stets: „jedenfalls dann, wenn sie in der EU ansässig sind". Bejaht wird diese Frage von Teilen der Literatur. Während Fezer vorsichtig formuliert, dass der Grundsatz der Erstattungsfähigkeit der Kosten eines ausländischen Patentanwalts allgemein für ausländische Patentanwälte und nicht nur für Patentanwälte in den Mitgliedstaaten der EU und des EWR gelten „sollte" (Fezer Rn. 50), schreiben Ingerl/Rohnke, dass gegen eine Ausdehnung dieses Grundsatzes auf Patentanwälte außerhalb der EU „noch keine überzeugenden Einwände vorgebracht" worden seien (Ingerl/Rohnke Rn. 65).

72 Ingerl/Rohnke vernachlässigen bei dieser Betrachtung den Hintergrund der Anwendung des Grundsatzes der Kostenerstattung auf die Kosten eines Patentanwalts aus einem EU-Mitgliedstaat. Die **historische Auslegung** spricht dafür, unter „Patentanwalt" in § 140 Abs. 3 nur deutsche Patentanwälte zu verstehen, denn der Gesetzgeber hatte bei der Formulierung der Vorgängerregelung des § 140 Abs. 3, des § 32 Abs. 5 WZG, unter „Patentanwalt" lediglich den Berufsträger im Sinne des Patentanwaltsgesetzes verstanden. Diese Auslegung ist jedoch, wie das OLG Düsseldorf (OLG Düsseldorf GRUR 1988, 761 – Irischer Patentanwalt) zutreffend formuliert hat, durch vorrangiges späteres Recht, nämlich EU-Recht, überholt.

73 Art. 56 Abs. 1 AEUV **verbietet Beschränkungen des freien Dienstleistungsverkehrs** innerhalb der Union. Konkretisiert wird die Dienstleistungsfreiheit (vgl. dazu BGH GRUR 2014, 508 (509)) durch die Dienstleistungsrichtlinie (RL 2006/123/EG, ABl. L 376, 36) sowie die Richtlinie über die Anerkennung von Berufsqualifikationen (RL 2005/36/EG,

ABl. L 255, 22). Die letztgenannte Richtlinie gilt für abgeschlossene Ausbildungen für staatlich reglementierte Berufe. Auf Grund des EU-Rechts ist der Anwendungsbereich des § 140 Abs. 3 daher auf die Patentanwälte aus den EU-Mitgliedstaaten (auch Patentanwälte fallen unter die Dienstleistungsrichtlinie, vgl. EuGH C-130/01, GRUR Int 2003, 629 (631)) und über – von der EU abgeschlossene – internationale Abkommen auf Patentanwälte aus den EWR-Staaten und der Schweiz erstreckt worden. Das EU-Recht fordert aber nur eine Berücksichtigung von Patentanwälten aus den genannten Staaten, nicht auch aus Drittstaaten.

Die Verpflichtung zu einer Gleichstellung ergibt sich auch nicht aus dem **GATS-Abkommen** (BGBl. 1994 II 1643), da mit diesem Abkommen der Marktzugang auf die außergerichtliche beratende Tätigkeit beschränkt wurde; die Vertretung vor Gericht wird davon nicht erfasst (Ewig NJW 1995, 434 (435)). **73.1**

Gegen eine Einbeziehung von Patentanwälten aus Drittstaaten spricht im Übrigen nicht nur die historische Auslegung, sondern auch die **grammatikalische Auslegung** (es wird nur der deutsche Begriff verwendet) und vor allem der Auslegungsgrundsatz, dass **Ausnahmeregelungen** (und dazu zählt § 140 Abs. 3) **eng auszulegen** sind. Patentanwälte, die weder aus EU- noch aus EWR-Mitgliedstaaten noch aus der Schweiz kommen, fallen daher nicht unter § 140 Abs. 3. **74**

III. Kostenerstattungsanspruch nach § 91 ZPO

Die Kosten eines ausländischen Rechtsberaters können jedoch **unabhängig von § 140 Abs. 3 MarkenG** nach § 91 Abs. 1 S. 1 ZPO zu erstatten sein. **75**

Nicht nur ein Rechtsanwalt, sondern auch ein Patentanwalt am Geschäftsort der Partei kann als **Verkehrsanwalt** tätig werden und die Korrespondenz mit dem Prozessbevollmächtigten am Gerichtsort führen (Albrecht/Hoffmann Vergütung Rn. 779). Sofern eine der Parteien im Ausland ansässig ist, kann die Einschaltung eines ausländischen Patentanwalts als Verkehrsanwalt regelmäßig als notwendig angesehen werden (OLG Stuttgart GRUR-RR 2005, 69 (70) mwN – Londoner Verkehrsanwalt). Für eine ausländische Partei können hierbei Sprachkenntnisse, große Entfernung zum Gerichtsort und mangelnde Vertrautheit mit dem fremden Rechtskreis die Inanspruchnahme eines Verkehrsanwalts erforderlich machen (OLG Düsseldorf BeckRS 2010, 19461; BPatG GRUR 2011, 463 (464) – Britischer Verkehrsanwalt). Bei einem Unternehmen, das laufend eine Vielzahl von Rechtsstreitigkeiten in Markensachen zu führen hat, ist auch das Interesse zu berücksichtigen, mit besonders sachkundigen Beratern seines Vertrauens in örtlicher Nähe zusammenzuarbeiten (BGH GRUR 2007, 999 (1000) – consulente in marchi). Wenn allerdings ein ausländischer Markeninhaber bereits eine Vielzahl von Markenrechtsprozessen in Deutschland geführt hat und ständig vom selben deutschen Prozessbevollmächtigten vertreten wurde, ist kein Verkehrsanwalt im Ausland notwendig (OLG Frankfurt GRUR-RR 2006, 422 (424) unter 2. – consulente in marchi). **76**

Ist die ausländische Partei **selbst rechtskundig** und der **deutschen Sprache mächtig,** sind die Kosten eines Verkehrsanwalts nicht erstattungsfähig (OLG Hamburg VersR 1986, 477). **76.1**

Auch im **Verfahren vor dem DPMA** kann ein Verkehrsanwalt notwendig sein (BPatG GRUR 2011, 463 (464) – Britischer Verkehrsanwalt). **76.2**

Hinsichtlich der Höhe des Erstattungsanspruchs vertrat die hM lange Zeit die Auffassung, dass dieser sich nach dem ausländischen Recht bestimme. Dem trat das OLG Stuttgart entgegen (OLG Stuttgart GRUR-RR 2005, 69 (70) – Londoner Verkehrsanwalt). Es **begrenzt** die Höhe dieses Erstattungsanspruchs **auf die Höhe der Gebührensätze des deutschen Rechts.** Der prozessuale Erstattungsanspruch nach § 91 ZPO dürfte nicht von der Begrenzung getrennt werden, die das deutsche Kostenrecht zum Schutz des erstattungspflichtigen Gegners entwickelt habe. Die Entscheidung wurde vom BGH bestätigt (BGH NJW 2005, 1373). **77**

Auch Kosten für ausländische Spezialisten aus Staaten, in denen der **Patentanwaltsberuf nicht reglementiert** ist, können erstattungsfähig sein. Dazu gibt es eine Entscheidung des BPatG in einer Patentstreitsache (BPatG BeckRS 2016, 11627). Die siegreiche Klägerin machte Kosten für einen dänischen Patentexperten geltend. Das BPatG hat den Anspruch nach § 91 Abs. 1 ZPO bejaht, da – wie zwischen den Parteien unstreitig war – der betreffende **78**

Berater ein „ausgewiesener Experte im vorliegenden Verfahren [war]. Da es in Dänemark gerade nicht den Beruf eines Patentanwalts gibt, muss es einer dänischen Partei möglich sein, ihr berechtigtes Interesse zu verfolgen und als zur vollen Wahrnehmung ihrer Belange erforderlichen Schritt einen aus ihrer Sicht ausgewiesenen technischen Experten aus dem Heimatland zu betrauen."

78.1 Zur **Haftung** der Rechts- und Patentanwälte bei grenzüberschreitenden Sachverhalten vgl. Gruber MDR 1998, 1399-1401.

79 Wenn ein ausländisches Recht in einem Prozess relevant ist, können ferner die Kosten eines **Rechtsgutachtens** nach § 91 ZPO erstattungsfähig sein. Ob ein Erstattungsanspruch nach § 91 ZPO besteht, hängt davon ab, ob eine verständige und wirtschaftlich vernünftige Partei die Maßnahme, welche die Kosten ausgelöst hat, im Zeitpunkt ihrer Veranlassung als sachdienlich ansehen durfte (BGH GRUR 2007, 999 (1000) – consulente in marchi). Die Kosten müssen notwendig gewesen sein; ein Prozesserfolg ist für die Notwendigkeit aber nicht maßgeblich (BPatG GRUR 1976, 608 (609)).

80 Die Kosten eines Privatgutachtens über ausländisches Recht sind daher immer dann erstattungsfähig, wenn die auftraggebende Partei nur so ihre Rechtsansicht hinreichend darlegen kann (OLG Frankfurt GRUR 1953, 500 (502); GRUR 1993, 161 – Französischer Rechtsanwalt). Wird ein ausländischer Rechts- oder Patentanwalt nicht als Prozessvertreter oder Verkehrsanwalt, sondern als Gutachter tätig, beschränkt sich die Prüfung der geltend gemachten Kosten im Kostenfestsetzungsverfahren – da für gutachterliche Tätigkeiten gesetzliche Gebührenvorschriften in Deutschland nicht existieren – allein darauf, ob die Honorarvereinbarung Anhaltspunkte dafür bietet, dass überhöhte bzw. nicht **sachgerechte Forderungen** erhoben worden sind (OLG Naumburg BeckRS 2013, 22093 – consulente in marchi).

E. Exkurs: Internationales Prozessrecht

I. EuGVO, Brüssel Ia-VO und Lugano-Übereinkommen

81 Die internationale Zuständigkeit deutscher Gerichte in Markensachen ergibt sich für Verfahren, die **vor dem 10.1.2015** eingeleitet wurden, aus der **VO (EG) Nr. 44/2001** des Rates vom 22.12.2000 über die gerichtliche Zuständigkeit und die Anerkennung und Vollstreckung von Entscheidungen in Zivil- und Handelssachen (ABl. L 12, 1; im Folgenden **EuGVO**; teils wird die VO auch als „Brüssel I-VO" bezeichnet). Die EuGVO gilt in den EU-Mitgliedstaaten – mit Ausnahme Dänemarks – unmittelbar und einheitlich (Art. 288 Abs. 2 AEUV). Die Regelungen der EuGVO genießen in ihrem Anwendungsbereich **Vorrang vor den nationalen Zuständigkeitsregelungen** und sind von Amts wegen anzuwenden. Die §§ 12 ff. ZPO haben also nur noch Bedeutung für die Bestimmung des in Deutschland örtlich zuständigen Gerichts und nicht mehr für die Frage, ob deutsche Gerichte überhaupt zuständig sind.

81.1 Auf welche vom Mutterland räumlich getrennten Territorien der EU-Mitgliedstaaten die Brüssel Ia-VO Anwendung findet, ergibt sich aus Art. 355 AEUV. Nach Art. 355 Abs. 1 AEUV gilt die VO ua für die zu Spanien gehörenden Kanarischen Inseln.

82 Mit Wirkung zum 10.1.2013 wurde die EuGVO durch die **VO (EU) Nr. 1215/2012** ersetzt (EuGVO nF, auch **„Brüssel Ia-VO";** dazu Alio NJW 2014, 2395). Gemäß Art. 80 VO (EU) Nr. 1215/2012 sind Verweisungen auf die EuGVO als Bezugnahmen auf die VO (EU) Nr. 1215/2012 zu lesen.

82.1 Allerdings bestimmt Art. 81 VO (EU) Nr. 1215/2012, dass die Verordnung in ihren wesentlichen Teilen erst **ab dem 10.1.2015** gilt (s. auch Art. 66 VO (EU) Nr. 1215/2012). Auf Verfahren, die vor jenem Datum eingeleitet werden, findet weiterhin die EuGVO Anwendung.

82.2 Während die materiellen Regelungen der VO (EU) Nr. 1215/2012 im Verhältnis zum geltenden Recht weitgehend – jedenfalls für die hier erörterten Fragen – unverändert geblieben sind, hat sich die **Nummerierung** der Vorschriften nahezu durchgängig **verschoben**. Die neue Nummerierung lässt sich dem Anhang III (Entsprechungstabelle) zur VO (EU) Nr. 1215/2012 entnehmen; abgedruckt in ABl. EU 2012 L 351, 29. Im Folgenden wird die Brüssel Ia-VO zitiert und in Klammern jeweils der entsprechende Artikel der EuGVO genannt.

Eine materielle Änderung ergab sich hinsichtlich der Rechtsbehelfe gegen Entscheidungen über 82.3
den **Antrag auf Vollstreckbarerklärung** einer in einem anderen EU-Mitgliedstaat ergangenen Entscheidung. Für diese war unter dem Geltungsbereich der EuGVO nach Art. 39 Abs. 2 EuGVO immer das LG am Wohnsitz des Schuldners zuständig. Diese Vorschrift ging den ZPO-Regelungen vor (OLG Köln GRUR-RR 2005, 34 (35)). Die Brüssel Ia-VO enthält keine Art. 39 Abs. 2 EuGVO entsprechende Norm.

Die VO (EU) Nr. 1215/2012 ist bereits Gegenstand von Gesetzesreformen geworden. Sie wurde 82.4
durch die VO (EU) Nr. 542/2014 des Europäischen Parlaments und des Rates vom 15.5.2014 zur Änderung der VO (EU) Nr. 1215/2012 bezüglich der hinsichtlich des Einheitlichen Patentgerichts und des Benelux-Gerichtshofs anzuwendenden Vorschriften (ABl. L 163 vom 29.5.2014, 1) geändert. Diese Änderungen ergaben sich aus der Notwendigkeit, das System der internationalen Zuständigkeit in Zivil- und Handelssachen mit dem Übereinkommen über ein einheitliches Patentgericht (dazu Gruber GRUR Int 2015, 323) in Einklang zu bringen (vgl. Kommissionsvorschlag vom 26.7.2013, KOM(2013) 554 endg.). Auf die internationale Zuständigkeit in Markensachen wirken sich die Änderungen nicht aus.

Die Sonderstellung des EU-Mitgliedstaats **Dänemark** ergibt sich aus einer Sondervereinbarung zum Amsterdamer Vertrag vom 2.10.1997. 83

Nach dem „Protokoll über die Position Dänemarks" zu diesem Abkommen beteiligt sich Dänemark 83.1
wegen verfassungsrechtlicher Bedenken nicht an den in Titel IV des EG-Vertrags genannten Maßnahmen. Titel IV des Vertrags (Art. 61–69 Abkommen EG–Dänemark) betrifft den freien Personenverkehr, wozu nach Art. 61 lit. c Abkommen EG–Dänemark auch Maßnahmen im Bereich der justiziellen Zusammenarbeit gehören.

Im Interesse der Rechtseinheit wurde am 19.10.2005 jedoch zwischen der EG und dem Königreich 83.2
Dänemark ein „Abkommen über die gerichtliche Zuständigkeit und die Anerkennung und Vollstreckung von Entscheidungen in Zivil- und Handelssachen" (ABl. L 299 vom 16.11.2005, 62) unterzeichnet, das am 1.7.2007 in Kraft trat (ABl. Nr. L 94 vom 4.4.2007, 70). Damit wurden die Regelungen der EuGVO auch im Verhältnis Dänemarks zu den übrigen Staaten der EU **für anwendbar erklärt.**

Da die EuGVO in Dänemark nicht unmittelbar gilt, treten auch Änderungen dort nicht automatisch 83.3
in Kraft (Art. 3 Abs. 1 ZivHandZustAbk EG-DK). Dänemark hat sich jedoch verpflichtet, jeweils innerhalb von 30 Tagen nach einer Änderung bekanntzugeben, ob es diese umsetzen wird (Art. 3 Abs. 2 ZivHandZustAbk EG-DK). Im Fall der VO (EU) Nr. 1215/2012 ist eine solche Mitteilung durch Schreiben vom 20.12.2012 erfolgt (ABl. L 79 vom 21.3.2013, 4). Für die Umsetzung ist jetzt noch ein **Beschluss des dänischen Parlaments notwendig.**

Der **persönliche Anwendungsbereich** der Brüssel Ia-VO ist gegeben, wenn der 84
Beklagte seinen Wohnsitz in einem EU-Mitgliedstaat hat (Art. 4, 5 und 6 Brüssel Ia-VO (Art. 2, 3 und 4 EuGVO)). Unerheblich ist dagegen, ob der Kläger seinen Wohnsitz in einem EU-Mitgliedstaat oder in einem Drittstaat hat. Bezüglich des **sachlichen Anwendungsbereichs** ist zu beachten, dass die EuGVO für die Schiedsgerichtsbarkeit keine Anwendung findet (Art. 1 Abs. 2 lit. d Brüssel Ia-VO (Art. 1 Abs. 2 lit. d EuGVO)).

Um die prozessualen Vorteile des EuGVÜ vom 9.10.1978 (BGBl. 1983 II 802; 1986 II 85
1020), der Vorgängerregelung der EuGVO, auch auf andere, nicht der EU angehörende europäische Staaten zu erstecken, wurde zwischen der EG und einigen europäischen Staaten 1988 ein weitgehend wortgleiches Parallel-Abkommen geschlossen, das sog **Lugano-Übereinkommen** (BGBl. 1995 II 221; LugÜ). Im Jahr 2007 trat eine überarbeitete Fassung dieses Abkommens in Kraft (ABl. EU 2009 L 147, 5). Das Abkommen von 1988 gilt im Verhältnis zu **Island,** das Abkommen von 2007 im Verhältnis zur **Schweiz** und zu **Norwegen.**

Nicht durch EU-Verordnungen oder Staatsverträge geregelt ist die internationale Zuständigkeit im Verhältnis zum EFTA- und EWR-Mitgliedstaat **Liechtenstein.** Dieser Umstand 86
sollte bei der Abfassung von Gerichtsstandsklauseln mit liechtensteinischen Vertragspartnern und bei einer Klageerhebung berücksichtigt werden, denn Entscheidungen liechtensteinischer Gerichte werden in Deutschland mangels Verbürgung der Gegenseitigkeit **nicht anerkannt** (§ 328 Abs. 1 Nr. 5 ZPO) und können daher in Deutschland nicht vollstreckt (§ 722 ZPO iVm § 723 Abs. 2 ZPO) werden (OLG Koblenz IPRax 1984, 267 = RIW 1985, 153; OLG Stuttgart BeckRS 2014, 18413).

II. Klagen wegen der Eintragung oder Gültigkeit von Marken

87 Für Klagen, welche die Eintragung oder die Gültigkeit von Marken zum Gegenstand haben, sind nach **Art. 24 Nr. 4 Brüssel Ia-VO (Art. 22 Nr. 4 EuGVO)** ausschließlich die Gerichte des Mitgliedstaats zuständig, in dessen Hoheitsgebiet die Registrierung beantragt oder vorgenommen worden ist. Auch zivilrechtliche Klagen auf Eintragungsbewilligung (§ 44) oder Löschung (§ 55) fallen auf Grund des engen Sachzusammenhangs unter diese Norm. In der Entscheidung C-4/03 (EuGH GRUR 2007, 49 – GAT/LuK) hat der EuGH ferner festgestellt, dass die ausschließlich Zuständigkeit der Gerichte im Land der Registrierung auch dann zu beachten ist, wenn die Gültigkeit eines eingetragenen Rechts lediglich als **Einrede** geltend gemacht wird.

87.1 Die Entscheidung GAT/LuK des EuGH ist von weiten Teilen der Literatur kritisiert worden (s. insbesondere Heinze/Roffael GRUR Int 2006, 787). Das Verletzungsverfahren könnte nämlich auch ausgesetzt werden, bis über die Frage der Gültigkeit der Marke in einem anderen Verfahren entschieden worden ist.

87.2 Nicht erfasst von Art. 24 Nr. 4 Brüssel Ia-VO (Art. 22 Nr. 4 EuGVO) werden Streitigkeiten über die Frage, wem das Recht an einer Marke zusteht. Kropholler/v. Hein, Europäisches Zivilprozessrecht, 9. Aufl. 2011, Art. 22 Rn. 48, wollen unter Hinweis auf EuGH Rs. 288/82, AP Brüsseler Abkommen Art. 16 Nr. 1 – Duijnstee/Goderbauer, daher auch die Klage auf Eintragungsbewilligung und auf Löschung einer Marke vom Anwendungsbereich des Art. 24 Nr. 4 Brüssel Ia-VO (Art. 22 Nr. 4 EuGVO) ausschließen. Bei jenem Fall ging es jedoch um eine Streitigkeit hinsichtlich des Arbeitnehmererfinderrechts und der EuGH hob hervor, dass sich der Rechtsstreit auf die sich aus dem Arbeitsverhältnis ergebenden Rechte bezieht; die Entscheidung passt daher nicht in diesen Zusammenhang.

87.3 Unter Art. 24 Nr. 4 Brüssel Ia-VO (Art. 22 Nr. 4 EuGVO) fällt auch eine Klage auf Einwilligung der Schutzentziehung einer **IR-Marke;** diese Klage muss vor den Gerichten desjenigen EU-Mitgliedstaats erhoben werden, in dessen Hoheitsgebiet das fragliche Schutzrecht registriert worden ist (BGH GRUR 2006, 941 (942) – TOSCA BLU).

III. Klagen wegen Markenrechtsverletzungen

88 Der (besondere) Gerichtsstand der unerlaubten Handlung ist in **Art. 7 Nr. 2 Brüssel Ia-VO (Art. 5 Nr. 3 EuGVO)** geregelt. Danach kann eine Person, die ihren Wohnsitz im Hoheitsgebiet eines EU-Mitgliedstaats hat, in einem anderen Mitgliedstaat vor dem Gericht des Ortes, an dem das schädigende Ereignis eingetreten ist oder einzutreten droht, verklagt werden. Zur Begründung der internationalen Zuständigkeit deutscher Gerichte reicht es aus, dass die Verletzung des Markenrechts im Inland behauptet wird und – so zumindest der BGH – diese nicht von vornherein ausgeschlossen ist. Die Zuständigkeit ist nicht davon abhängig, dass eine Rechtsverletzung tatsächlich eingetreten ist (BGH GRUR 2005, 431 (432) – MARITIME).

89 Diese besondere Zuständigkeitsregel des Art. 7 Nr. 2 Brüssel Ia-VO (Art. 5 Nr. 3 EuGVO), mit welcher vom Grundsatz der Zuständigkeit der Gerichte am Beklagtenwohnsitz abgewichen wird, beruht darauf, dass zwischen der Streitigkeit und den Gerichten des Ortes, an dem das schädigende Ereignis eingetreten ist, eine besonders enge Beziehung besteht. Dabei umfasst die Formulierung „Ort, an dem das schädigende Ereignis eingetreten ist oder einzutreten droht" sowohl den **Ort des Schadenseintritts** als auch den **Ort des für den Schaden ursächlichen Geschehens** (EuGH C-509/09, GRUR 2012, 300 Rn. 40 – eDate Advertising und Martinez; C-523/10, GRUR 2012, 654 Rn. 19 – Wintersteiger).

90 **Ort der Verwirklichung des Schadenserfolges** ist bei der Verletzung von Rechten des geistigen Eigentums nach der Rechtsprechung des EuGH das Gebiet des Staates, in **welchem das fragliche Recht geschützt** ist (EuGH C-523/10, GRUR 2012, 654 Rn. 24–29 – Wintersteiger). Damit wird eine Markenrechtsverletzung anders behandelt als eine Verletzung des Persönlichkeitsrechts, da im letztgenannten Fall diejenige Person, die sich in ihren Rechten verletzt fühlt, die Möglichkeit hat, bei den Gerichten des Mitgliedstaates, in dem sich der Mittelpunkt ihrer Interessen befindet, eine Klage auf Ersatz des gesamten entstandenen Schadens zu erheben (EuGH C-509/09, GRUR 2012, 300 Rn. 52 – eDate Advertising u. Martinez). Diese unterschiedliche Behandlung von Marken- und Persönlichkeitsrechtsverletzung begründet der EuGH damit, dass die Persönlichkeitsrechte in allen Mitgliedstaaten geschützt sind, der Schutz der Marke sich dagegen grundsätzlich auf das Gebiet des Staates beschränkt, in dem sie eingetragen ist (EuGH C-523/10, GRUR 2012, 654 Rn. 25 – Wintersteiger).

Die räumliche Begrenzung des Schutzbereichs einer Marke bedeutet aber nicht, dass zwangsläufig nur Gerichte desjenigen Mitgliedstaats, in dem die Marke eingetragen ist, zuständig sind. Nach der Rechtsprechung des EuGH sind auch die Gerichte am Ort des für eine behauptete Verletzung einer nationalen Marke **ursächlichen Geschehens** zuständig. Diese Zuständigkeit begründet der EuGH damit, dass die Gerichte an diesem Ort über das betreffende Geschehen ohne Schwierigkeiten Beweis erheben können (EuGH C-523/10, GRUR 2012, 654 Rn. 33 – Wintersteiger). Bei **Markenrechtsverletzungen im Internet** ist Ort des ursächlichen Geschehens im Regelfall der Sitz des markenrechtswidrig Handelnden. Der Standort des **Servers** ist irrelevant, denn im Hinblick auf das mit den Zuständigkeitsregelungen verfolgte Ziel der Vorhersehbarkeit kann der Standort des Servers nicht als Ort des ursächlichen Geschehens angesehen werden, weil es meist unklar ist, wo er sich befindet (in diesem Sinne EuGH C-523/10, GRUR 2012, 654 Rn. 36 – Wintersteiger). **91**

Der BGH hat die Frage aufgeworfen, ob es bei Markenrechtsverletzungen im Internet für die Begründung des Gerichtsstandes der unerlaubten Handlung nach Art. 7 Nr. 2 Brüssel Ia-VO (Art. 5 Nr. 3 EuGVO) zusätzlich erforderlich sei, dass sich der **Internetauftritt** bestimmungsgemäß auf das Inland richtet. Der BGH konnte diese Frage bislang offen lassen, fügte aber hinzu, dass für dieses Erfordernis spreche, dass damit die Zahl der möglichen Gerichtsstände begrenzt werde (BGH GRUR 2005, 431 (432) – MARITIME). Dieser Argumentationsansatz trennt nicht klar zwischen dem Gerichtsstand und der Begründetheit der Klage; er vermischt zudem Kriterien für Gerichtsstände bei Verletzung des Persönlichkeitsrechts mit denen für Markenrechtsverletzungen. **92**

Für **Persönlichkeitsverletzungen** hat der EuGH diese Frage mittlerweile entschieden. Der EuGH hat ausgeführt, dass nach dem Kriterium der Verwirklichung des Schadenserfolges die Gerichte jedes Mitgliedstaats zuständig sind, in dessen Hoheitsgebiet ein im Internet veröffentlichter Inhalt zugänglich ist oder war. Er fügte dann zwar noch hinzu, dass diese Gerichte nur für die Entscheidung über den Schaden zuständig seien, der im Hoheitsgebiet des Mitgliedstaates des angerufenen Gerichts verursacht worden ist (EuGH C-509/09, GRUR 2012, 300 Rn. 51 – eDate Advertising und Martinez), doch dieser Zusatz ist dem Umstand geschuldet, dass bei Persönlichkeitsverletzungen in jedem Land, in dem der Verletzungserfolg eintrat, Klage erhoben werden kann. Ähnlich argumentiert der EuGH bei einer **Verletzung des Urheberrechts** (EuGH C-441/13, EuZW 2015, 398 – Heiduk). **93**

Bei **Markenrechtsverletzungen** haben wir eine ganz andere Situation: Es gibt einen Gerichtsstand an dem Ort, an dem die Marke eingetragen wurde (und nur hier ist ein Schaden entstanden), und einen Gerichtsstand an dem Ort, an dem die Verletzungshandlung begangen wurde. In dieses System kann man nicht die Zielgerichtetheit des Internetauftritts hineinpressen und auch die Gefahr vieler Gerichtsstände droht nicht. Auch wenn der BGH in einer Entscheidung aus dem Jahr 2012 (BGH GRUR 2012, 621 Rn. 21 – OSCAR) die Frage nach wie vor für umstritten hält, ist sie durch die EuGH-Rechtsprechung geklärt (s. zu diesen Fragen zuletzt EuGH C-170/12, GRUR Int 2013, 1073 Rn. 43 – Pinckney). **94**

Bei Verletzung einer **Unionsmarke** ist zu beachten, dass nach Art. 94 Abs. 2 UMV die Regelungen der UMV bei Klagen wegen Verletzung einer Unionsmarke die Brüssel Ia-VO teilweise verdrängen. Nach Art. 97 Abs. 5 UMV sind für diese Klagen die Gerichte desjenigen Mitgliedstaates zuständig, in dem eine Verletzungshandlung begangen wurde. Anknüpfungspunkt ist daher nur der Vorfall, welcher der behaupteten Verletzung zu Grunde liegt. Für den Ort, an dem diese Verletzung ihre Wirkung entfaltet, wird dadurch keine internationale Zuständigkeit begründet (EuGH C-360/12, GRUR 2014, 806 – Coty, GRUR 2014, 806; dazu Kur GRUR Int 2014, 749); dazu → UMV Art. 97 Rn. 1 ff. **94.1**

IV. Negative Feststellungsklagen

Der Gerichtsstand der unerlaubten Handlung nach Art. 7 Nr. 2 Brüssel Ia-VO (Art. 5 Nr. 3 EuGVO) gilt auch für Klagen auf **Feststellung der Nichtverletzung** (EuGH C-133/11, GRUR 2013, 98 – Folien Fischer/Ritrama). Damit ist die Situation im nationalen Recht eine andere als im Unionsmarkenrecht: Dort findet die für Leistungsklagen bestehende Option der Klageerhebung in dem Mitgliedstaat, in dem die Verletzung begangen wurde, keine Anwendung auf negative Feststellungsklagen (Art. 97 Abs. 5 UMV). **95**

95.1 In diesem Zusammenhang ist auf das Problem der sog. **„Torpedoklagen"** hinzuwiesen, auch wenn diese im Markenrecht eine geringere Bedeutung haben als im Patentrecht. Mit der Torpedoklage wird versucht, die Durchsetzung von Unterlassungsansprüchen hinauszuschieben. Dazu wird eine negative Feststellungsklage in einem anderen Staat der EU erhoben, in dem Zivilprozesse gewöhnlich lange dauern (zB Belgien). Die „Blockadewirkung" der Torpedoklage folgt aus Art. 29 Abs. 1 Brüssel Ia-VO (Art. 27 EuGVO): Jedes später begonnene Verfahren über denselben Anspruch ist danach auszusetzen, bis das zuerst angerufene Gericht über seine Zuständigkeit entschieden hat (vgl. dazu Carl, Einstweiliger Rechtsschutz bei Torpedoklagen, 2007). Zur Frage, wann Ansprüche aus Delikt und Ansprüche aus Vertrag als „derselbe Anspruch" anzusehen sind, vgl. BGH BeckRS 2016, 04198.

V. Mehrere Beklagte

96 Art. 8 Nr. 1 Brüssel Ia-VO (Art. 6 Nr. 1 EuGVO) gewährt die Möglichkeit, mehrere Personen vor den Gerichten des Ortes zu verklagen, an dem **einer von ihnen seinen Wohnsitz** hat, sofern zwischen den Klagen eine so **enge Beziehung** gegeben ist, dass eine gemeinsame Verhandlung und Entscheidung geboten erscheint, um zu vermeiden, dass in getrennten Verfahren widersprechende Entscheidungen ergehen könnten. Dies setzt voraus, dass sich die jeweils geltend gemachten Ansprüche auf dieselbe Sach- und Rechtslage beziehen (EuGH C-145/10, GRUR 2012, 166 Rn. 79 – Painer/Standard VerlagsGmbH).

97 Bei grenzüberschreitenden Sachverhalten – etwa der Verletzung von Markenrechten in verschiedenen Staaten durch mehrere Beteiligte – ist fraglich, ob die geforderte enge Beziehung bereits dadurch ausgeschlossen wird, dass die verletzten Marken jeweils unterschiedlichen Rechtsordnungen unterliegen. In einer zum Patentrecht ergangenen Entscheidung war dies vom EuGH angenommen worden (EuGH C-539/03, GRUR Int 2006, 836 Rn. 31 – Roche/Primus). In einer späteren Entscheidung zum Urheberrecht wurde diese strikte Haltung jedoch insoweit revidiert, als die Rechtsverschiedenheit als solche keinen zwingenden Hinderungsgrund für die Anwendung von Art. 8 Nr. 1 Brüssel Ia-VO (Art. 6 Nr. 1 EuGVO) darstellt (EuGH C-145/10, GRUR 2012, 166 Rn. 80 – Painer/Standard VerlagsGmbH; s. auch EuGH C-98/06, NJW 2007, 3702 Rn. 41 – Freeport). So soll Art. 8 Nr. 1 Brüssel Ia-VO (Art. 6 Nr. 1 EuGVO) insbesondere dann zur Anwendung kommen können, wenn die **Rechtsverletzungen** in den einzelnen Ländern von den Beklagten jeweils **gemeinsam vorgenommen** wurden (EuGH C-616/10, GRUR 2012, 1169 – Solvay/Honeywell).

98 Aber auch wenn dies nicht der Fall ist, bleibt Art. 8 Nr. 1 Brüssel Ia-VO (Art. 6 Nr. 1 EuGVO) – bei übereinstimmender Sachlage – umso eher anwendbar, je stärker die Rechtsgrundlagen harmonisiert und die nationalen Vorschriften daher in den Grundzügen identisch sind (EuGH C-145/10, GRUR 2012, 166 Rn. 82 – Painer/Standard VerlagsGmbH).

99 Welche Bedeutung dieser Rechtsprechung für das Markenrecht zukommt, ist noch nicht geklärt. Da durch die MRL jedoch ein relativ hohes Maß an Harmonisierung erzielt wurde, kann grundsätzlich davon ausgegangen werden, dass die Anwendung von Art. 8 Nr. 1 Brüssel Ia-VO (Art. 6 Nr. 1 EuGVO) in Betracht kommt, wenn der Verletzung von Markenrechten in verschiedenen Staaten durch mehrere Personen ein **einheitlicher Sachverhalt** zugrunde liegt und es sich bei den betroffenen Marken um parallele Rechte – dh gleiche oder ähnliche Marken – handelt.

§ 141 Gerichtsstand bei Ansprüchen nach diesem Gesetz und dem Gesetz gegen den unlauteren Wettbewerb

Ansprüche, welche die in diesem Gesetz geregelten Rechtsverhältnisse betreffen und auf Vorschriften des Gesetzes gegen den unlauteren Wettbewerb gegründet werden, brauchen nicht im Gerichtsstand des § 14 des Gesetzes gegen den unlauteren Wettbewerb geltend gemacht zu werden.

Überblick

§ 141 regelt das Verhältnis von § 140 zu § 14 UWG. § 141 betrifft insbesondere diejenigen Fälle, in denen ein Klagebegehren nicht nur auf das MarkenG, sondern hilfsweise auch auf das UWG gestützt wird. Der Gerichtsstand des § 14 UWG (→ Rn. 2) ist in diesem Fall nicht zwingend (→ Rn. 1). § 141 räumt dem Kläger eine Wahlmöglichkeit bezüglich des Gerichtsstandes ein (→ Rn. 3 f.).

A. Gerichtsstand des § 14 UWG

Rechtsstreitigkeiten, bei welchen der Anspruch auf Normen des UWG gestützt wird, brauchen nicht im Gerichtsstand des § 14 UWG geltend gemacht werden, sofern eine Kennzeichenstreitsache vorliegt (LG Hamburg GRUR-RR 2002, 267 – schuhmarkt.de). 1

Gerichtsstand des **§ 14 UWG** ist bei dem Gericht, in dessen Bezirk der Beklagte seine gewerbliche oder selbstständige Niederlassung oder in Ermangelung einer solchen seinen Wohnsitz hat (§ 14 Abs. 1 S. 1 UWG). Nach § 14 Abs. 2 S. 1 UWG („fliegender Gerichtsstand") ist ferner das Gericht zuständig, in dessen Bezirk die Handlung begangen wurde. Der letztgenannte Gerichtsstand ist für klagende Mitbewerber immer gegeben, für die in § 8 Abs. 3 Nr. 2–4 UWG genannten klageberechtigten Verbände und Kammern nur dann, wenn der Beklagte im Inland weder eine gewerbliche oder selbständige berufliche Niederlassung noch einen Wohnsitz hat (§ 14 Abs. 2 S. 2 UWG). Da der klagende Markeninhaber regelmäßig Mitbewerber ist, kann er nach dem UWG bei dem Gericht Klage erheben, wo die wettbewerbswidrige Handlung begangen wurde. 2

B. Auswirkungen der Wahlmöglichkeit

Da auch in Wettbewerbsstreitsachen nach § 13 Abs. 1 S. 1 UWG ausschließlich die **Landgerichte** zuständig sind, führt die Wahlmöglichkeit des § 141 zu keiner abweichenden sachlichen Zuständigkeit. 3

Bei widerstreitender örtlicher Zuständigkeit verschiedener Landgerichte kann der **Kläger wählen,** ob er vor dem nach § 140 oder dem nach § 14 UWG örtlich zuständigen Gericht Klage erhebt. 4

Da sich die örtliche Zuständigkeit sowohl nach dem UWG (→ Rn. 2) als auch nach dem MarkenG (→ § 140 Rn. 17 ff.) nach dem allgemeinen Gerichtsstand des Beklagten oder dem Ort der Begehung der Handlung richtet, hat diese Wahlmöglichkeit keine größere praktische Relevanz. 4.1

§ 142 Streitwertbegünstigung

(1) Macht in bürgerlichen Rechtsstreitigkeiten, in denen durch Klage ein Anspruch aus einem der in diesem Gesetz geregelten Rechtsverhältnisse geltend gemacht wird, eine Partei glaubhaft, daß die Belastung mit den Prozeßkosten nach dem vollen Streitwert ihre wirtschaftliche Lage erheblich gefährden würde, so kann das Gericht auf ihren Antrag anordnen, daß die Verpflichtung dieser Partei zur Zahlung von Gerichtskosten sich nach einem ihrer Wirtschaftslage angepaßten Teil des Streitwerts bemißt.

(2) ¹Die Anordnung nach Absatz 1 hat zur Folge, daß die begünstigte Partei die Gebühren ihres Rechtsanwalts ebenfalls nur nach diesem Teil des Streitwerts zu entrichten hat. ²Soweit ihr Kosten des Rechtsstreits auferlegt werden oder soweit sie diese übernimmt, hat sie die von dem Gegner entrichteten Gerichtsgebühren und die Gebühren seines Rechtsanwalts nur nach dem Teil des Streitwerts zu erstatten. ³Soweit die außergerichtlichen Kosten dem Gegner auferlegt oder von ihm übernommen werden, kann der Rechtsanwalt der begünstigten Partei seine Gebühren von dem Gegner nach dem für diesen geltenden Streitwert beitreiben.

(3) ¹Der Antrag nach Absatz 1 kann vor der Geschäftsstelle des Gerichts zur Niederschrift erklärt werden. ²Er ist vor der Verhandlung zur Hauptsache zu stellen. ³Danach ist er nur zulässig, wenn der angenommene oder festgesetzte Streitwert später durch das Gericht heraufgesetzt wird. ⁴Vor der Entscheidung über den Antrag ist der Gegner zu hören.

Überblick

Um auch wirtschaftlich schwächeren Parteien eine Rechtsverteidigung zu ermöglichen, sieht § 142 in Verfahren vor Gerichten der ordentlichen Gerichtsbarkeit (→ Rn. 2) die Möglichkeit der Streitwertbegünstigung vor (→ Rn. 1). Durch die Streitwertbegünstigung wird der Streitwert (→ Rn. 5 ff.) herabgesetzt; allerdings muss dem Begünstigten ein gewisses Kostenrisiko verbleiben (→ Rn. 28 f.).

Die Voraussetzungen der Streitwertbegünstigung unterscheiden sich materiell (→ Rn. 21; → Rn. 24) und hinsichtlich des Verfahrens (→ Rn. 17) von denen der Prozesskostenhilfe. Streitwertbegünstigung wird nur auf Antrag (→ Rn. 12 ff.) gewährt. Der Antrag ist grundsätzlich vor der Verhandlung zur Hauptsache zu stellen (→ Rn. 14). Entscheidend ist die wirtschaftliche Lage der antragstellenden Partei (→ Rn. 18 f.); die Erfolgsaussichten der Rechtsverteidigung sind grundsätzlich unbeachtlich (→ Rn. 21), es sei denn, Rechtsmissbrauch liegt vor (→ Rn. 23 ff.). Vor seiner Entscheidung muss das Gericht den Gegner anhören (→ Rn. 17).

Wird Streitwertbegünstigung gewährt, profitiert davon nur der Begünstigte (→ Rn. 30 ff.); verliert die Gegenseite den Prozess, kann sie sich nicht auf den reduzierten Streitwert berufen (→ Rn. 34). Gegen eine Entscheidung des Gerichts über den Antrag auf Streitwertbegünstigung ist als Rechtsmittel für den durch den Beschluss Beschwerten (→ Rn. 36 f.) die Beschwerde nach § 68 GKG gegeben (→ Rn. 35). Verbessern sich die wirtschaftlichen Verhältnisse des Begünstigten nach dem Beschluss über die Streitwertbegünstigung, kann das Gericht den Beschluss wieder ändern (→ Rn. 38).

Eine Parallelvorschrift findet sich in § 144 PatG.

Übersicht

	Rn.		Rn.
A. Normzweck	1	G. Ermessensausübung: Rechtsmissbrauch als Ablehnungsgrund	22
B. Anwendungsbereich des § 142	2	H. Umfang der Herabsetzung des Streitwerts	28
C. Höhe des vollen Streitwerts	5	I. Rechtsfolgen der Streitwertbegünstigung	30
D. Antrag und Verfahren vor dem angerufenen Gericht	12	J. Rechtsmittel gegen den Beschluss	35
E. Voraussetzungen der Herabsetzung des Streitwerts	18	K. Abänderung des Streitwertherabsetzungsbeschlusses	38
F. Prozesskostenhilfe neben der Streitwertbegünstigung	21		

A. Normzweck

1 Mit der Streitwertbegünstigung trägt der Gesetzgeber dem Umstand Rechnung, dass im Markenrecht die Streitwerte (→ Rn. 5) im Regelfall hoch sind. Sie dient dazu, dass auch wirtschaftlich (dieser Begriff ist weiter als „finanziell") nicht so gut gestellten natürlichen oder juristischen Personen die Teilnahme an Markenrechtsprozessen ermöglicht bzw. erleichtert wird. Von dieser Regelung kann eine Partei sowohl dann profitieren, wenn sie Klägerin ist, als auch dann, wenn sie Beklagte ist; auch sonstige Prozessbeteiligte mit einem eigenen Kostenrisiko (zB Nebenintervenienten) können Streitwertbegünstigung beantragen. Wenn das Gericht eine Streitwertbegünstigung anordnet, kommt diese nur der begünstigten Partei zugute.

1.1 Streitwertbegünstigungen sind nach der Rechtsprechung als sachlich begründete Ausgestaltungen gesetzgeberischen Ermessens **verfassungsgemäß** (BPatG GRUR-RR 2012, 132 unter Hinweis auf BVerfG NJW-RR 1991, 1134).

1.2 Regelungen zur Streitwertbegünstigung findet man ferner in § 144 PatG, § 26 GebrMG und § 54 DesignG sowie – mit abweichendem Wortlaut – in § 12 Abs. 4 UWG. Ferner gibt es außerhalb des gewerblichen Rechtsschutzes in § 247 Abs. 2 AktG eine entsprechende Regelung (Gruber MDR 2016, 310 (311)).

B. Anwendungsbereich des § 142

§ 142 Abs. 1 betrifft nicht die Verfahren vor dem DPMA, da der Wortlaut des § 142 eine „Klage" voraussetzt. § 142 Abs. 1 setzt ferner „bürgerliche Rechtsstreitigkeiten" voraus. Für diese sind die Gerichte der ordentlichen Gerichtsbarkeit zuständig (§ 13 GVG). § 142 findet **keine Anwendung** auf die Beschwerdeverfahren nach § 66 **vor dem BPatG** (vgl. Ingerl/Rohnke Rn. 17), denn die Norm steht im Teil 7 „Verfahren in Kennzeichenstreitsachen" des Markengesetzes, und für Kennzeichenstreitsachen sind nach § 140 die Landgerichte zuständig. Wird die Entscheidung des BPatG im Rechtsbeschwerdeverfahren vor dem **BGH** angegriffen, kommt für das Verfahren vor dem BGH § 142 allerdings kraft der **Verweisung** in § 85 Abs. 2 zur Anwendung. 2

§ 142 Abs. 1 erwähnt ausdrücklich nur Klagen. Für **einstweilige Verfügungsverfahren** (→ Rn. 10) ist die Vorschrift analog anzuwenden (OLG Koblenz GRUR 1996, 139, geht davon ohne weitere Erörterung aus). 3

Bei Rechtsstreitigkeiten wegen **Verletzung einer Unionsmarke** kann Streitwertbegünstigung gewährt werden. § 125e Abs. 5 idF des Art. 4 Nr. 2 Gesetz vom 10.10.2013 (BGBl. I 3799) verweist auf § 142. 4

C. Höhe des vollen Streitwerts

Das Gericht muss zunächst den vollen Streitwert (wenigstens vorläufig) festsetzen; dann erst kann es über die Streitwertbegünstigung entscheiden. Nach § 51 Abs. 1 GKG ist in Verfahren nach dem Markengesetz der **Gegenstandswert** „nach billigem Ermessen zu bestimmen". Maßgeblicher Zeitpunkt für die Wertfestsetzung ist der Termin der Klageerhebung (§ 40 GKG; dazu OLG Koblenz GRUR 1996, 139 (140) – Streitwert). 5

In Markenrechtsstreitigkeiten nimmt der BGH einen **Regelgegenstandswert** von **50.000 Euro** an (BGH GRUR 2006, 704 – Markenwert; anders für markenrechtliche Löschungsverfahren vor dem BPatG (nur) der 25. Senat des BPatG, der 25.000 Euro ansetzt (BPatG GRUR-RR 2015, 229) – gegen diese Ansicht der 26. Senat, BPatG BeckRS 2016, 01659 – Universum). Im Einzelfall kann der Wert angesichts des Interesses des Markeninhabers an der Aufrechterhaltung seiner Marke auch **deutlich darüber liegen** (vgl. BGH BeckRS 2015, 19674 Rn. 8 – Langenscheidt-Gelb: 500.000 Euro bei Markenlöschverfahren, 260.000 Euro bei Verletzungsverfahren). 6

Nach § 39 Abs. 2 GKG beträgt der Streitwert höchstens 30 Millionen Euro; § 22 Abs. 2 S. 1 RVG begrenzt den Gegenstandswert auf dieselbe Summe. 6.1

Streitwertangaben in der Klageschrift binden das Gericht nicht, sie haben aber indizielle Bedeutung (BGH GRUR 1986, 93 (94) – Berufungssumme). 7

Davon abzugrenzen sind Streitwertangaben im **Kostenfestsetzungsantrag:** Es ist auf Grund der Antragsbindung (ne ultra petitum) unzulässig, höhere Kosten als die beantragten festzusetzen (BPatG BeckRS 2014, 08005). Somit setzt die Streitwertangabe hier eine Obergrenze, die das Gericht nicht überschreiten darf (unterschreiten darf es diese Grenze). 7.1

Entscheidendes Kriterium für die Höhe des Streitwerts ist in erster Linie das **wirtschaftliche Interesse des Klägers** an der Durchsetzung der Ansprüche. **Wertbestimmende Faktoren** sind dabei die Art und der Umfang der Verletzungshandlung („Angriffsfaktor") sowie die Umsätze, die mit den mit dem Kennzeichen versehenen Produkten erzielt wurden (OLG Karlsruhe Mitt 1972, 166 (167)). Zu berücksichtigen sind ferner die Dauer und der Umfang der Benutzung des Kennzeichens, der Bekanntheitsgrad und Ruf des Kennzeichens, der Grad der originären Kennzeichnungskraft der Marke und die allgemeine Bedeutung von Kennzeichen für den Absatz bei den betreffenden Produkten (OLG Frankfurt GRUR-RR 2005, 239 (240) unter II.). 8

Generalpräventive Erwägungen sind bei der Streitwertfestsetzung nicht mit zu berücksichtigen (OLG Frankfurt GRUR-RR 2005, 71 (72) – Toile Monogram). 9

Anders für das Urheberrecht OLG Hamburg GRUR-RR 2004, 342 (343) – Kartenausschnitte, da sich die strafrechtliche Verfolgung von Urheberrechtsverletzungen angesichts der Überlastung der Strafverfolgungsbehörden als „stumpfes Schwert" erwiesen habe. Hiergegen kann man einwenden, dass 9.1

es Sache des Gesetzgebers ist, dagegen vorzugehen. Auf jeden Fall ist dieser Gedanke auf das Markenrecht nicht übertragbar, da dort die Zahl der Straftaten geringer und zugleich die Verurteilungsquote höher ist.

10 Es gibt einen zivilrechtlichen Grundsatz, dass bei **einstweiligen Verfügungsverfahren** ein geringerer Streitwert als für die Hauptsache anzusetzen ist (OLG Nürnberg GRUR 2007, 815 (816) – Kennzeichenstreitwert). Wird ausnahmsweise die Hauptsache vorweggenommen, kann deren Wert angesetzt werden.

10.1 So wie hier auch Ekey (HK-MarkenR/Ekey Rn. 145; ähnlich Ströbele/Hacker/Hacker Rn. 3), der meint, wenn der Erlass der einstweiligen Verfügung zur Erledigung der Auseinandersetzung zwischen den Parteien hinsichtlich des Unterlassungsanspruchs führe, sei der annähernde Wert des Hauptsacheverfahrens für diesen Verfügungsantrag anzunehmen. Ähnlich das OLG Rostock: Wenn der Verfügungskläger seinen Antrag zurückzieht, weil er davon ausgeht, dass der Antrag nicht erfolgreich sein wird, und damit auch der Rechtsstreit praktisch entschieden ist, ist der Wert der Hauptsache anzusetzen (OLG Rostock GRUR-RR 2009, 39 – Moonlight).

11 Bei einer **Auskunftsklage** (§ 19) ist der Wert des Auskunftsanspruchs nicht identisch mit dem Wert des Leistungsanspruchs, sondern in der Regel nur mit einem Teilwert des Leistungsanspruchs zu bemessen. Dabei werden üblicherweise 1/4 bis 1/10 angesetzt (BGH NZG 2016, 114 Rn. 8).

D. Antrag und Verfahren vor dem angerufenen Gericht

12 Die Streitwertbegünstigung wird nur **auf Antrag** gewährt. Der Antrag kann schriftlich erfolgen oder gemäß § 142 Abs. 3 S. 1 vor der Geschäftsstelle des Gerichts zur Niederschrift erklärt werden. Anwaltszwang besteht nicht (§ 78 Abs. 3 ZPO). In dem Antrag muss die betreffende Partei **konkret** angeben, wie hoch der herabgesetzte Streitwert sein soll.

13 Der Antrag muss für **jede Instanz neu** gestellt werden (OLG Karlsruhe GRUR 1962, 586). Das Gericht muss dann auch in jeder Instanz die Voraussetzungen neu prüfen.

14 Der Antrag ist zweckmäßigerweise mit der Klageerhebung zu stellen. Er muss nach § 142 Abs. 3 S. 2 **vor** der **Verhandlung zur Hauptsache** gestellt werden (OLG Hamburg GRUR 1957, 146 (147)). Das setzt aber voraus, dass vorher bereits ein Streitwert festgesetzt oder angenommen worden war (so bereits KG GRUR 1938, 41 (42)). Wird erst nach oder mit der gerichtlichen Entscheidung zur Hauptsache ein Streitwert festgesetzt, so kann der Antrag dann noch innerhalb **angemessener Frist** gestellt werden (BGH GRUR 1965, 562; BPatG GRUR 1982, 363; OLG Koblenz GRUR 1996, 139 (140)). Bei der Bemessung dieser Frist ist zu bedenken, dass es in der Regel **keiner längeren Überlegungszeit** bedarf, weil die wirtschaftliche schwache Partei sich bereits bei Einleitung des Verfahrens über das Kostenrisiko Rechnung ablegen muss (OLG Hamburg WRP 1974, 499).

14.1 Wird der Streitwert erst im ersten und einzigen Termin zur mündlichen Verhandlung festgesetzt, muss der Antrag auf eine Streitwertbegünstigung auf jeden Fall **vor Beendigung der Instanz** gestellt werden, denn die betreffende Partei soll sich entscheiden, bevor sie den Ausgang des Verfahrens kennt (OLG Hamburg WRP 1974, 499).

15 Nach der erstmaligen Festsetzung des Streitwerts ist der Antrag **nur dann** noch zulässig, wenn der angenommene oder festgesetzte Streitwert später durch das Gericht **heraufgesetzt** wird (§ 142 Abs. 3 S. 3).

15.1 Die Auffassung, dass er auch dann später noch zulässig sein soll, wenn sich die wirtschaftlichen Verhältnisse der antragstellenden Partei „ganz entscheidend" **verschlechtert haben** (so OLG Düsseldorf GRUR 1985, 219, ohne eigene Begründung; ähnlich OLG München GRUR 1991, 561), lässt sich weder mit dem insoweit klaren Wortlaut des § 142 Abs. 3 noch mit dem Sinn und Zweck der Norm vereinbaren: Durch die Streitwertbegünstigung soll erreicht werden, dass niemand aus Kostengründen von der Verteidigung seiner Rechte abgehalten wird. Ist die Klage erhoben und hat die kostenrelevante Hauptverhandlung bereits begonnen, sind alle kostenverursachenden Entscheidungen bereits getroffen. Wenn dann erst der Antrag auf Streitwertbegünstigung gestellt wird, hat die Frage der Streitwertbegünstigung auf die Möglichkeit einer Partei, ihre Rechte vor Gericht durchzusetzen, keinen Einfluss mehr.

16 Diejenige Partei, welche die Streitwertbegünstigung beantragt, muss glaubhaft machen, dass die Belastung mit den Prozesskosten nach dem vollen Streitwert ihre wirtschaftliche

Lage erheblich gefährden würde (§ 142 Abs. 1 S. 1). Zur **Glaubhaftmachung** sind nach § 294 ZPO alle Beweismittel zulässig, auch Versicherungen an Eides statt.

Vor der Entscheidung über den Antrag muss das Gericht den **Gegner anhören** (§ 142 **17** Abs. 3 S. 4). § 142 enthält keine dem § 117 Abs. 2 S. 2 ZPO entsprechende Vorgabe, dass die Erklärung und die **Belege dem Gegner** nur mit Zustimmung der antragstellenden Partei **zugänglich gemacht werden** dürfen. Auch eine entsprechende Anwendung des § 117 Abs. 2 S. 2 ZPO kommt nicht in Betracht (aA Ströbele/Hacker/Hacker Rn. 19), denn beim Prozesskostenhilfeverfahren hat der Gegner des Antragstellers kein Anhörungsrecht bei der vom Gericht vorzunehmenden Prüfung, ob die persönlichen und wirtschaftlichen Verhältnisse der antragstellenden Partei die Bewilligung der Prozesskostenhilfe rechtfertigen (BGH BeckRS 2015, 08913 Rn. 18). Insoweit unterscheidet sich das PKH-Verfahren von der Streitwertbegünstigung. Würde man der anderen Partei bei der Streitwertbegünstigung über die wirtschaftlichen Verhältnisse des Antragsstellers nichts mitteilen, wäre das vom Gesetz eingeräumte Anhörungsrecht sinnentleert.

E. Voraussetzungen der Herabsetzung des Streitwerts

Die Anordnung der Streitwertbegünstigung setzt zwingend voraus, dass die Belastung mit **18** den Prozesskosten nach dem vollen Streitwert die **wirtschaftliche Lage** der antragstellenden Partei erheblich gefährden würde (OLG Stuttgart WRP 1982, 489 (490)). Eine erhebliche Gefährdung der wirtschaftlichen Lage des Antragstellers liegt nicht schon immer dann vor, wenn er bei Prozessverlust für die nach vollem Streitwert berechneten Prozesskosten einen Kredit aufnehmen müsste. Vielmehr müsste in diesen Fällen die wirtschaftliche Lage des Antragstellers durch diese Kosten nachhaltig negativ beeinflusst werden. Das zur Glaubhaftmachung vom Antragsteller vorgelegte Zahlenmaterial ist dabei durch das Gericht **bilanzkritisch zu würdigen** (KG GRUR 1983, 595 – Bilanzkritische Würdigung).

Bei einer vermögenslosen und **nicht mehr tätigen juristischen Person** kommt eine **19** solche Gefährdung regelmäßig nicht mehr in Betracht (BPatG BeckRS 2013, 08356; BGH GRUR 2013, 1288 – Kostenbegünstigung III). Zur Vermeidung von Missbräuchen kann es zudem erforderlich sein, auch die Einkommens- und Vermögensverhältnisse **dritter Personen** einzubeziehen, wenn der Rechtsstreit **in deren Interesse geführt** wird (BPatG BeckRS 2013, 08356; BGH GRUR 2013, 1288).

Einem **ausländischen Antragsteller** kann das Gericht auch dann Streitwertbegünstigung **20** gewähren, wenn Gegenseitigkeit nicht verbürgt ist (BGH GRUR 1979, 572 – Schaltröhre).

F. Prozesskostenhilfe neben der Streitwertbegünstigung

Die Anordnung der Streitwertbegünstigung schließt die Gewährung von Prozesskosten- **21** hilfe (§§ 114 ff. ZPO) nicht aus (BGH GRUR 1953, 123). Die Tatbestandsvoraussetzungen der Streitwertbegünstigung und der Prozesskostenhilfe sind **nicht identisch** (→ Rn. 24): Prozesskostenhilfe darf nur gewährt werden, wenn neben der Bedürftigkeit des Antragstellers auch die beabsichtigte Rechtsverfolgung oder Rechtsverteidigung hinreichende Aussicht auf Erfolg bietet und nicht mutwillig erscheint (§ 114 ZPO). Der Wortlaut des § 142 stellt nicht auf die Erfolgsaussicht ab; die Gewährung der Streitwertbegünstigung setzt daher eine **aussichtsreiche Rechtsverfolgung nicht** voraus (OLG Koblenz GRUR 1996, 139 (140)).

Die **Streitwertbegünstigung** führt im Gegensatz zur Prozesskostenhilfe ferner zu einer **endgülti-** **21.1** **gen Kostenermäßigung:** Verbessern sich nach Abschluss des Klageverfahrens die wirtschaftlichen Verhältnisse des Begünstigten, muss er keine Nachzahlung leisten. Zudem umfasst die **Prozesskostenhilfe nur die eigenen Kosten;** bei einer Prozessniederlage könnte daher trotz Prozesskostenhilfe die Insolvenz drohen. Diese Gefahr lässt sich nur durch die Streitwertbegünstigung bannen.

Wurde sowohl Prozesskostenhilfe als auch Streitwertbegünstigung gewährt und ist der Anwalt der **21.2** begünstigten Partei nach § 121 ZPO beigeordnet, richtet sich sein Vergütungsanspruch nach § 49 RVG, wobei aber der volle, ungeminderte Streitwert zu Grunde zu legen ist (BGH GRUR 1953, 250).

G. Ermessensausübung: Rechtsmissbrauch als Ablehnungsgrund

Die Anordnung der Streitwertbegünstigung steht nach dem Wortlaut des Gesetzes im **22** **Ermessen** („so kann") des Gerichts.

MarkenG § 142   Teil 7 Verfahren in Kennzeichenstreitsachen

22.1 Bei der Ausübung des Ermessens muss das Gericht beachten, dass der **Justizgewährungsanspruch** nach Art. 19 Abs. 4 GG eine Wertfestsetzung verbietet, welche den Zugang zu den Gerichten durch Schaffung eines unzumutbaren Kostenrisikos erschweren würde (BVerfG NJW-RR 2000, 946 (947)). Liegen alle Voraussetzungen für eine Streitwertbegünstigung vor, ist daher das **Ermessen auf Null reduziert**; das Gericht muss die Streitwertbegünstigung gewähren.

23 Das allgemeine Prinzip, dass **rechtsmissbräuchliches Vorgehen** nicht geschützt ist, verbietet es somit, einem Antragsteller Streitwertbegünstigung zu gewähren, wenn dessen Rechtsverfolgung oder Rechtsverteidigung mutwillig und offensichtlich aussichtslos ist (OLG Koblenz GRUR 1996, 139 (140)).

23.1 Wenn eine Partei in **offensichtlich bösgläubiger Weise** (§ 8 Abs. 2 Nr. 10) eine Marke eintragen ließ, um andere Gewerbetreibende unter Druck zu setzen, liegt Rechtsmissbrauch vor (Ströbele/Hacker/Hacker Rn. 16).

24 Das RG vertrat die Auffassung, dass ein Antrag auf Streitwertbegünstigung immer dann abgelehnt werden könne, wenn bereits ein Antrag auf **Prozesskostenhilfe** (→ Rn. 21) wegen mangelnder Erfolgsaussicht der Rechtsverfolgung abgelehnt wurde (RG GRUR 1938, 325). Dieser Ansicht trat zu Recht das OLG München entgegen, das diese Auslegung für nicht vereinbar mit dem Wortlaut und Zweck des § 142 (in casu ging es um das PatG) hält (OLG München NJW 1959, 52 (53)).

25 Rechtsmissbrauch hat die Rechtsprechung (KG GRUR 1983, 673 (674) – Falscher Inserent) auch bejaht, wenn der Beklagte den Kläger nach einer Abmahnung darauf hingewiesen hatte, dass der Verstoß nicht von ihm begangen wurde, hier also ein Irrtum bezüglich der Person des Verletzers vorliege, und der Kläger dennoch ohne weitere tatsächliche Nachforschungen Klage gegen den Abgemahnten erhoben hat (der Fall betraf das UWG).

26 Ein Antrag auf Streitwertbegünstigung kann rechtsmissbräuchlich sein, wenn der antragstellende Beklagte trotz einer **eindeutigen Markenrechtsverletzung** auf die vom Markeninhaber ausgesprochene Abmahnung nicht reagiert und damit dem Unterlassungsgläubiger Veranlassung zur Klageerhebung gegeben hat (OLG Hamburg GRUR 1985, 148; OLG Frankfurt GRUR-RR 2005, 296 – Goldschmuckstücke). Rechtsmissbrauch liegt in diesen Fällen aber nur vor, wenn vom Antragsteller auf Grund der von ihm ausgeübten Tätigkeit zu erwarten ist, dass er die Sach- und Rechtslage **richtig beurteilen konnte** und keine vernünftigen Gründe dafür ersichtlich sind, dass er auf die Abmahnung nicht reagiert hat.

27 Unzutreffend ist die Auffassung des OLG Hamburg (GRUR 1957, 146), das meint, wenn eine Partei auf die **Erhöhung des Streitwerts hingewirkt** habe, widerspreche es dem Grundsatz von Treu und Glauben, wenn sie später Streitwertbegünstigung beantrage. Dieser Antrag sei dann rechtsmissbräuchlich und daher abzulehnen. Das Gericht verkennt, dass es sich bei der Streitwertfestsetzung und der Streitwertbegünstigung um zwei unterschiedliche Vorgänge handelt, die auch unterschiedlichen Regelungen unterliegen. Bei einem gegebenen Sachverhalt steht die Festsetzung der Höhe des Streitwerts (→ Rn. 5) nicht zur Disposition der Parteien (§ 3 ZPO). Weist eine Partei das Gericht darauf hin, dass die beabsichtigte Streitwertfestsetzung ihrer Ansicht nach nicht korrekt ist, darf ihr das nicht zum Nachteil gereichen.

H. Umfang der Herabsetzung des Streitwerts

28 Bei der Bemessung des herabgesetzten Streitwerts ist zu berücksichtigen, so der BGH, dass dem Antragsteller ein gewisses **Kostenrisiko verbleiben** soll, das in einem angemessenen Verhältnis zum normalen Risiko, dem erhöhten Risiko der Gegenpartei und seinen Vermögensverhältnissen steht (BGH BeckRS 2009, 25824).

29 Problematisch ist die von einzelnen Oberlandesgerichten entwickelte Methode (dazu OLG Koblenz GRUR 1984, 746), schematisch einen **Sockelbetrag** für den Streitwert festzulegen (in der Praxis meist 5.000 Euro), bis zu dem eine Partei nach Ansicht des Gerichts die Kosten voll tragen kann, und bei diesen Sockelbetrag übersteigenden Streitwerten 10% des den Sockelbetrags übersteigenden Betrags für die Höhe des ermäßigten Streitwerts in Ansatz zu bringen. Diese offensichtlich der Justizentlastung dienende Methode wird dem Grundsatz der Einzelfallentscheidung nicht gerecht, den die Ermessensentscheidung nach § 142 Abs. 1 fordert.

I. Rechtsfolgen der Streitwertbegünstigung

Wird Streitwertbegünstigung gewährt, verringern sich entsprechend die Gerichts- und Anwaltskosten (nur) für die **begünstigte Partei**. Ist sie Klägerin, muss sie, wenn sie den Antrag auf Streitwertbegünstigung bereits mit Klageerhebung gestellt hat, lediglich einen entsprechend **ermäßigten Kostenvorschuss** leisten. 30

Wenn sie **verliert,** muss sie nicht nur ihrem eigenen **Anwalt** sowie ihrem **Patentanwalt** deren Gebühren nach dem geringeren Streitwert bezahlen, auch die Kostenerstattung für den Anwalt sowie den Patentanwalt der Gegenseite richtet sich nach dem geringeren Streitwert. Für die Gebühren des Rechtsanwalts der Gegenseite ergibt sich die Gebührenminderung direkt aus § 142 Abs. 2 S. 2, für die Gebühren des Patentanwalts aus dem Verweis in § 140 Abs. 3 auf § 13 RVG. Tritt in Prozessen vor dem LG, in denen ausnahmsweise kein Anwaltszwang besteht (zB bei Beantragung einer einstweiligen Verfügung), nur ein Patentanwalt auf, sind nach dem Sinn und Zweck des § 142 auch dessen Gebühren nur nach dem ermäßigten Streitwert zu erstatten (RG GRUR 1940, 152 (153)). 31

Gegenüber seinem **eigenen Mandanten** hat der **Anwalt der Gegenseite** aber Anspruch auf Gebühren nach dem vollen Streitwert. Eine Streitwertbegünstigung führt daher dazu, dass die Gegenseite auch dann, wenn sie den Prozess gewinnt, einen Teil ihrer Anwaltskosten **selbst tragen** muss. 31.1

Der Begünstigte haftet der **Staatskasse** im Unterliegensfall nur für die Gerichtskosten nach dem ermäßigten Streitwert. Die Streitwertbegünstigung erfasst aber nur diejenigen Gebühren, die sich nach dem Streitwert bemessen. 32

Wenn der **streitwertbegünstigte Kläger** zwar **gewinnt**, er die Gerichtskosten beim **zahlungsunfähigen Gegner** aber nicht beitreiben kann, ist die streitwertbegünstigte Partei Kostenschuldner nach §§ 22 GKG, gegen den die Staatskasse unter den Voraussetzungen des § 31 Abs. 2 GKG vorgehen kann. Die Streitwertbegünstigung hinsichtlich der Gerichtskosten ist daher auch in diesem Fall zu gewähren (so iE auch Ströbele/Hacker/Hacker Rn. 25), sofern der Prozess nicht wirtschaftlich sinnlos (keine Markenrechtsverletzung mehr im Zeitpunkt der Klageerhebung auf Grund der Insolvenz und Einstellung des Geschäftsbetriebs des Beklagten) war. 32.1

Kosten und Auslagen werden daher von der Streitwertbegünstigung nicht erfasst. Deswegen sind zB trotz einer Streitwertbegünstigung die gerichtlichen Auslagen für den Sachverständigen voll zu tragen bzw. zu erstatten (OLG München GRUR 1960, 79 – Sachverständigenkosten). 33

Gewinnt diejenige Partei, der Streitwertbegünstigung gewährt wurde, den Prozess, und wird die gegnerische Seite verurteilt, die Kosten zu tragen, so berechnen sich die zu erstattenden Kosten des Anwalts der obsiegenden, streitwertbegünstigten Partei nach dem **vollen Streitwert**. Der Anwalt der streitwertbegünstigten Partei kann in diesem Fall nach § 142 Abs. 2 S. 3 seine Gebühren im eigenen Namen **direkt von der Gegenseite** erstattet verlangen (BPatG GRUR-RR 2012, 132). 34

Gewinnt der Streitwertbegünstigte den Rechtsstreit **nur teilweise,** wird die Kostenquotelung gemäß § 92 ZPO nach dem Teilstreitwert berechnet. Der Anwalt des Streitwertbegünstigten hat aber gegenüber dem Prozessgegner einen Erstattungsanspruch, der sich nach dem ungekürzten Streitwert berechnet. Dies kann dazu führen, dass die begünstigte Partei trotz höherer Kostenlast-Quote mehr erstattet bekommt, als sie ihrerseits der überwiegend obsiegenden Partei erstatten muss (BPatG GRUR-RR 2012, 132 (133) – Kostenquotelung). 34.1

J. Rechtsmittel gegen den Beschluss

Die Streitwertherabsetzung erfolgt durch einen Beschluss gemäß § 63 GKG (OLG München NJW 1959, 52). Sowohl gegen einen ablehnenden als auch gegen einen stattgebenden Beschluss über einen Antrag auf Streitwertbegünstigung kann **Streitwertbeschwerde** nach § 68 GKG einlegt werden (OLG München NJW 1959, 52). 35

Die Beschwerde ist nur zulässig, wenn der Beschwerdewert 200 Euro übersteigt (§ 68 Abs. 1 S. 1 GKG) oder wenn das Gericht, das die angefochtene Entscheidung erlassen hat, wegen der grundsätzlichen Bedeutung der zur Entscheidung stehenden Frage die Beschwerde zulässt (§ 68 Abs. 1 S. 2 GKG). 35.1

35.2 Wurde der Beschluss von einem OLG erlassen, findet keine Beschwerde statt (§ 68 Abs. 1 S. 5 GKG iVm § 66 Abs. 3 S. 3 GKG).

35.3 Das Beschwerdegericht hat im Streitwertfestsetzungsverfahren eine selbständige Ermessensentscheidung zu treffen (OLG Karlsruhe Mitt. 1972, 166 (167)).

36 **Beschwerdeberechtigt** sind zum einen die **Parteien**. Allerdings ist eine Beschwerdeberechtigung nur gegeben, wenn der Betreffende durch den Beschluss beschwert ist (KG WRP 1978, 300).

36.1 Beschwerdeberechtigt ist die **Partei, deren Antrag** auf Streitwertbegünstigung **abgelehnt** wird (OLG Frankfurt MuW 1937, 313). Die antragstellende Partei ist ferner beschwerdeberechtigt, wenn ihr zwar Streitwertbegünstigung gewährt wird, aber nicht in der **beantragten Höhe** (OLG Karlsruhe GRUR 1962, 586 zum PatG).

36.2 Wird Streitwertbegünstigung **gewährt**, kann die **gegnerische Partei** dagegen vorgehen (KG WRP 1978, 300; OLG München NJW 1959, 52; OLG Frankfurt MuW 1937, 313). Sie ist durch die Streitwertbegünstigung beschwert, denn wenn sie gewinnt, hat sie gegen den streitwertbegünstigten Prozessverlierer bezüglich ihrer eigenen Anwaltskosten nur einen Kostenersatzanspruch, der auf Basis des reduzierten Streitwerts berechnet wird (→ Rn. 31), während sie selbst ihrem Anwalt für Gebühren nach dem vollen Streitwert haftet (KG WRP 1978, 300). Durch diese **Gebührendifferenz** ist sie **unmittelbar beschwert**.

37 Beschwerdeberechtigt sind ferner die **Rechts- und Patentanwälte** der Parteien sowie die **Staatskasse**.

37.1 Ein **Rechtsanwalt** kann **im Namen seines Mandanten** in den oben dargestellten Fällen Beschwerde einlegen. Der Anwalt kann aber auch aus **eigenem Recht** (§ 32 Abs. 2 S. 1 RVG) Beschwerde einlegen (OLG Koblenz GRUR 1996, 139; KG WRP 1978, 300). Entscheidend für die Frage, ob die Beschwerde im Namen des Mandanten oder im eigenen Namen eingelegt wurde, ist die **Formulierung in der Beschwerdeschrift** (vgl. OLG Brandenburg NJW-RR 2005, 80; BGH NJW-RR 1986, 737). Albrecht/Hoffmann schreiben, dass es bei einer Beschwerde gegen einen zu niedrig festgesetzten Gegenstandswert unwahrscheinlich sei, dass die Beschwerde „namens und im Auftrag" des Mandanten eingelegt werde, auch wenn der Anwalt dies so schreibe (Albrecht/Hoffmann Vergütung Rn. 354). Das ist aber zu weitgehend. Eine entsprechende Nachfrage des Gerichts würde die Grenzen der Hinweispflicht des Gerichts nach § 139 Abs. 3 ZPO überschreiten: Ein Anwalt muss wissen, was er beantragt und in wessen Namen er den Antrag stellt.

37.2 Legt ein Rechtsanwalt **im eigenen Namen** Beschwerde ein, ist er nur beschwerdeberechtigt, wenn er durch den Beschluss **beschwert ist** (irreführend KG WRP 1978, 134 (135), das aus § 32 Abs. 2 S. 1 RVG eine generelle Beschwerdeberechtigung ableitet und dabei übersieht, dass diese Norm nur eine grundsätzliche Beschwerdeberechtigung postuliert; hinzutreten muss noch eine konkrete Beschwer). Ergänzend ist darauf hinzuweisen, dass eine **Weisung des Mandanten** an den Anwalt, von einer Streitwertbeschwerde aus eigenem Recht des Anwalts abzusehen, **unbeachtlich** ist (OLG Koblenz BeckRS 2011, 07137).

37.3 Der **Rechtsanwalt des Antragstellers** ist nur bei einem **zu niedrig** angesetzten Streitwert beschwert, denn nur dann muss er eine Gebührenminderung hinnehmen (dazu allgemein OLG Köln NJW-RR 1999, 1303). Wenn die Streitwertbegünstigung **abgelehnt** wurde, steht dem Anwalt der antragstellenden Partei daher **kein Beschwerderecht** aus eigenem Recht zu.

37.4 Der **Rechtsanwalt der Gegenpartei** ist bei **Gewährung** der Streitwertbegünstigung beschwert. Er kann zwar von seiner eigenen Partei Gebühren nach dem vollen Streitwert fordern, falls sein Mandant den Rechtsstreit gewinnt. Wird sein Mandant aber zahlungsunfähig, entfällt für den Rechtsanwalt durch die Streitwertbegünstigung eine Sicherung eines Teils seines Anspruchs (so zutreffend KG WRP 1978, 134 (135); Ingerl/Rohnke Rn. 36; aA ohne Begründung für die entsprechende Regelung im PatG Benkard/Grabinski/Zülch PatG § 144 Rn. 10).

37.5 Auf Grund der Regelung des § 140 Abs. 3 sind außerdem die von den Parteien beauftragten **Patentanwälte** entsprechend dem zu den Rechtsanwälten Gesagten beschwerdeberechtigt (OLG Karlsruhe Mitt 1972, 166 (167)).

37.6 Wurde Streitwertbegünstigung gewährt, ist ferner der **Vertreter der Staatskasse** beschwerdeberechtigt, da die Streitwertbegünstigung zu einer Minderung der vom Begünstigten zu zahlenden Gerichtskosten führt (allgemein zur Beschwerdeberechtigung des Vertreters der Staatskasse OLG Düsseldorf NJW-RR 2000, 1382 Rn. 5a).

Streitwertbegünstigung § 142 MarkenG

K. Abänderung des Streitwertherabsetzungsbeschlusses

Verbessern sich die Vermögensverhältnisse derjenigen Partei, der Streitwertbegünstigung 38
gewährt wurde, im Laufe des Gerichtsverfahrens, kann das Gericht seinen Beschluss über
die Streitwertbegünstigung nach § 63 Abs. 3 S. 1 GKG bis zum Abschluss des Verfahrens
in der jeweiligen Instanz wieder **ändern** (OLG Düsseldorf Mitt 1973, 177 (178); KG GRUR
1938, 40 (41)).

Dafür spricht insbesondere, dass sonst die gegnerische Partei ohne jeden sachlichen Grund bei einem 38.1
Prozessgewinn einen Teil ihrer eigenen Kosten tragen müsste (→ Rn. 31.1). Auch die Staatskasse und
der eigene Anwalt würden bei einem Prozessverlust des Streitwertbegünstigten sonst ohne sachlichen
Grund eine Gebührenmindereinnahme hinnehmen müssen.

Die Änderung erfolgt **rückwirkend** (aA Gaedeke JW 1938, 3009 (3011), der nur bei unwahren 38.2
oder unvollständigen Angaben eine Rückwirkung zulassen will), denn das Vertrauen der begünstigten
Partei in die Gewährung der Streitwertbegünstigung steht immer unter dem Vorbehalt, dass sich die
Vermögensverhältnisse des Begünstigten nicht verbessern. Zudem besteht eine Kostenerstattungspflicht
der begünstigten Partei, wenn sie den Prozess verliert, erst immer ab dem Zeitpunkt, zu dem das
Verfahren der jeweiligen Instanz beendet ist.

Wenn ein Antrag fristgerecht gestellt wurde, ihn das Gericht aber abgelehnt hat, weil 39
die Streitwertbegünstigung durch die wirtschaftliche Lage der antragstellenden Partei nicht
gerechtfertigt war, und sich anschließend die wirtschaftliche Lage der antragstellenden Partei
im Laufe des Prozesses **verschlechtert,** ist es nach dem Gesetzeszweck (→ Rn. 15.1) dagegen nicht geboten, den ursprünglichen Beschluss zu ändern. Der Umstand, dass die Gegenseite bei einer nachträglichen Streitwertbegünstigung einem erhöhten Kostenrisiko ausgesetzt
wäre, mit dem sie bei Prozessbeginn nicht rechnen konnte, spricht vielmehr gegen eine
Abänderungsmöglichkeit.

Teil 8 Straf- und Bußgeldvorschriften; Beschlagnahme bei der Einfuhr und Ausfuhr

Abschnitt 1 Straf- und Bußgeldvorschriften

§ 143 Strafbare Kennzeichenverletzung

(1) Wer im geschäftlichen Verkehr widerrechtlich
1. entgegen § 14 Abs. 2 Nr. 1 oder 2 ein Zeichen benutzt,
2. entgegen § 14 Abs. 2 Nr. 3 ein Zeichen in der Absicht benutzt, die Unterscheidungskraft oder die Wertschätzung einer bekannten Marke auszunutzen oder zu beeinträchtigen,
3. entgegen § 14 Abs. 4 Nr. 1 ein Zeichen anbringt oder entgegen § 14 Abs. 4 Nr. 2 oder 3 eine Aufmachung oder Verpackung oder ein Kennzeichnungsmittel anbietet, in den Verkehr bringt, besitzt, einführt oder ausführt, soweit Dritten die Benutzung des Zeichens
    a) nach § 14 Abs. 2 Nr. 1 oder 2 untersagt wäre oder
    b) nach § 14 Abs. 2 Nr. 3 untersagt wäre und die Handlung in der Absicht vorgenommen wird, die Ausnutzung oder Beeinträchtigung der Unterscheidungskraft oder der Wertschätzung einer bekannten Marke zu ermöglichen,
4. entgegen § 15 Abs. 2 eine Bezeichnung oder ein Zeichen benutzt oder
5. entgegen § 15 Abs. 3 eine Bezeichnung oder ein Zeichen in der Absicht benutzt, die Unterscheidungskraft oder die Wertschätzung einer bekannten geschäftlichen Bezeichnung auszunutzen oder zu beeinträchtigen,

wird mit Freiheitsstrafe bis zu drei Jahren oder mit Geldstrafe bestraft.

(2) Handelt der Täter in den Fällen des Absatzes 1 gewerbsmäßig oder als Mitglied einer Bande, die sich zur fortgesetzten Begehung solcher Taten verbunden hat, so ist die Strafe Freiheitsstrafe von drei Monaten bis zu fünf Jahren.

(3) Der Versuch ist strafbar.

(4) In den Fällen des Absatzes 1 wird die Tat nur auf Antrag verfolgt, es sei denn, daß die Strafverfolgungsbehörde wegen des besonderen öffentlichen Interesses an der Strafverfolgung ein Einschreiten von Amts wegen für geboten hält.

(5) ¹Gegenstände, auf die sich die Straftat bezieht, können eingezogen werden. ²§ 74a des Strafgesetzbuchs ist anzuwenden. ³Soweit den in § 18 bezeichneten Ansprüchen auf Vernichtung im Verfahren nach den Vorschriften der Strafprozeßordnung über die Entschädigung des Verletzten (§§ 403 bis 406c der Strafprozeßordnung) stattgegeben wird, sind die Vorschriften über die Einziehung nicht anzuwenden.

(6) ¹Wird auf Strafe erkannt, so ist, wenn der Verletzte es beantragt und ein berechtigtes Interesse daran dartut, anzuordnen, daß die Verurteilung auf Verlangen öffentlich bekanntgemacht wird. ²Die Art der Bekanntmachung ist im Urteil zu bestimmen.

Überblick

§ 143 stellt die widerrechtliche Benutzung von nach diesem Gesetz geschützten Kennzeichen im geschäftlichen Verkehr unter Strafe. Abs. 1 enthält den Grundtatbestand (→ Rn. 4), Abs. 2 die Qualifikation der gewerbsmäßigen Begehung (→ Rn. 12). Die versuchte Begehung ist nach Abs. 3 strafbar (→ Rn. 13). Die qualifizierte Kennzeichenverletzung nach Abs. 2 wird von Amts wegen verfolgt (→ Rn. 15). Die einfache Kennzeichenverletzung nach Abs. 1 nur dann, wenn an der Verfolgung ein besonderes öffentliches Interesse besteht. Ansonsten hat der Verletzte nach Abs. 4 Strafantrag zu stellen (→ Rn. 14). Abs. 5 regelt die strafrechtliche Einziehung und Vernichtung von kennzeichenverletzenden Gegenständen

Strafbare Kennzeichenverletzung **§ 143 MarkenG**

(→ Rn. 17). Auf Antrag des Verletzten kann das erkennende Gericht nach Abs. 6 die Veröffentlichung des Urteils aussprechen (→ Rn. 20).

Übersicht

	Rn.		Rn.
A. Allgemeines	1	**E. Irrtümer**	15
B. Grundtatbestand	5	**F. Rechtsfolgen**	16
I. Objektiver Tatbestand	5	I. Strafverfolgung auf Antrag	16
1. Handeln im geschäftlichen Verkehr	6	II. Strafverfolgung von Amts wegen	18
2. Kennzeichenverletzung	7	III. Strafmaß	19
II. Subjektiver Tatbestand	9	IV. Einzug und Vernichtung von Gegenständen (Abs. 5)	20
III. Widerrechtlichkeit	12		
C. Qualifikation (Abs. 2)	13	V. Urteilsveröffentlichung (Abs. 6)	23
D. Versuch (Abs. 3)	14	**G. Verjährung**	24

A. Allgemeines

Neben der Regelung der zivilrechtlichen Folgen einer Kennzeichenverletzung befand es **1** der Gesetzgeber schon 1990 für notwendig additiv strafrechtliche Sanktionen in das damalige Warenzeichengesetz (WZG) einzufügen. Die Regelung wurde 1995 im Zuge der Ablösung des WZG durch das MarkenG im Wesentlichen übernommen. Durch die zusätzliche strafrechtliche Sanktionierung von Kennzeichenverletzung wird die **Präventivwirkung** des MarkenG vor allem im Kampf gegen **Produktpiraterie** wesentlich verstärkt. Zudem kann der Verletzte durch **Akteneinsicht** seines Rechtsanwaltes (§ 406e StPO) auch selbst unmittelbar von einem Strafverfahren profitieren, indem er die ermittelten Erkenntnisse im Zivilprozess als **Beweismittel** anführt. Tritt er gemäß § 395 Abs. 1 Nr. 6 StPO als **Nebenkläger** auf, entfällt gemäß § 406e Abs. 1 S. 2 StPO die für die Akteneinsicht sonst nötige Darlegung eines **berechtigten Interesses** (Meyer-Goßner StPO § 406e Rn. 3).

Anwendungsfelder können sich jedoch auch in zunächst unerwarteten Bereichen ergeben: **2** Ein interessanter Ansatz aus der Literatur sieht eine Anwendungsmöglichkeit von kennzeichenrechtlichen Straftatbeständen zur Schließung von Strafbarkeitslücken bei modernen Betrugsformen über das Internet. Beim sog. **Phishing** werden Nutzern Emails mit gefälschten Kennzeichen, häufig von Banken, zugesandt, die dem gutgläubigen Nutzer Passwörter und andere sensible Daten entlocken sollen. Sofern der Täter zunächst nur solche E-Mails verschickt hat, ohne eine unmittelbare Zugriffsmöglichkeit auf das Vermögen des Getäuschten erlangt zu haben, konnte eine Strafbarkeit bislang nicht immer überzeugend begründet werden (Fischer StGB § 263 Rn. 173, StGB § 269 Rn. 8). Da es sich bei dem Versand entsprechender E-Mails aber schon um eine widerrechtliche Benutzung von Kennzeichen im geschäftlichen Verkehr handelt, kann eine bestehende Strafbarkeitslücke über § 143 geschlossen werden (Beck/Dornis CR 2007, 642 (644)).

Die MRL und die UMV enthalten keine strafrechtlichen Regelungen. **Gemeinschafts-** **3** **marken** wurden aber bereits 1996 durch die Änderungen des MarkenRÄndG vom 19.7.1996 (BGBl. I 1014) in den Schutzbereich des § 143 aufgenommen. Im Jahr 2001 wurde die strafbare Verletzung von Gemeinschaftsmarken dann durch das Kostenbereinigungsgesetz vom 13.12.2001 (BGBl. I 3656) in § 143a eigenständig geregelt. Für **IR-Marken** mit Schutz in Deutschland gilt § 143 Abs. 1 Nr. 1–3 über §§ 107, 112 bzw. §§ 119, 124.

Auf europäischer Ebene ist zukünftig mit einer weitergehenden **Vereinheitlichung** zu **4** rechnen. Aktuell existiert ein Vorschlag der Kommission vom 26.4.2006 für eine Richtlinie über strafrechtliche Maßnahmen zur Durchsetzung der Rechte des geistigen Eigentums (KOM(2006) 168 endg.). Gegen eine Harmonisierung strafrechtlicher Sanktionen im gewerblichen Rechtsschutz bestehen aber auch **Bedenken.** In einer umfassenden Stellungnahme argumentiert das Max-Planck-Institut für Immaterialgüter- und Wettbewerbsrecht gegen den Vorschlag der Kommission. Befürchtet wird eine zu pauschale Strafandrohung, die das „ultima ratio"-Gebot des Strafrechts verletzt und zu einem den freien Wettbewerb gefährdenden Missbrauch führen könnte (Hilty/Kur/Peukert GRUR Int 2006, 722).

B. Grundtatbestand

I. Objektiver Tatbestand

5 § 143 verweist vollständig auf die zivilrechtlichen Tatbestände der §§ 14 und 15. Mithin unterliegt **jede Kennzeichenverletzung** der Strafbarkeit. Die Verweisung auf zivilrechtliche Tatbestände hat zur Folge, dass die ermittelnde Staatsanwaltschaft nach § 154d StPO die Tatbestandsfrage auf ein **zivilrechtliches Verfahren** abwälzen kann (Meyer-Goßner StPO § 154e Rn. 1). Gleiches gilt für das Strafgericht gemäß § 262 Abs. 2 StPO. Kommt der Verletzte der Pflicht zur Klärung der Tatbestandsfrage durch ein zivilrechtliches Verfahren nicht innerhalb der gesetzten **Frist** nach, kann das Verfahren durch die Staatsanwaltschaft **eingestellt** bzw. durch das Strafgericht **ausgesetzt** werden. Richtigerweise wird im Interesse einer wirksamen strafrechtlichen Verfolgung von **Produktpiraterie** darauf hingewiesen, dass von den Rechten aus §§ 154d, 262 Abs. 2 StPO nicht vorschnell Gebrauch gemachen werden sollte (Ströbele/Hacker/Hacker Rn. 12; Ingerl/Rohnke Rn. 5). Anderenfalls würde der Sinn und Zweck der strafrechtlichen Verfolgung von Kennzeichenverletzung konterkariert.

1. Handeln im geschäftlichen Verkehr

6 Alle Tatbestände setzen ein Handeln im geschäftlichen Verkehr voraus. Der Begriff ist mit der Verwendung in § 14 und § 15 bedeutungsgleich (→ § 14 Rn. 630 ff.).

2. Kennzeichenverletzung

7 Die Verletzung einer Marke ist strafbar gemäß § 143 Abs. 1 Nr. 1, 2 und 3. Tatbestandlich muss demnach eine Markenverletzung nach § 14 Abs. 2 oder Abs. 4 vorliegen (→ § 14 Rn. 1 ff.). § 143 verweist nicht auf § 14 Abs. 3, der eine nicht abschließende Aufzählung von Beispielen für das Tatbestandsmerkmal „benutzen" enthält (Ingerl/Rohnke § 14 Rn. 219). Sämtliche Handlungsalternativen sind aber im Begriff „benutzen" enthalten und werden daher über § 143 Abs. 1 Nr. 1 und Nr. 2, § 14 Abs. 2 erfasst (LG Meiningen NStZ 2003, 41). Der fehlende Verweis auf § 14 Abs. 3 hat daher aus rechtlicher Sicht keine Bedeutung.

8 Ebenso strafbar ist gemäß § 143 Abs. 1 Nr. 4 und 5 die Verletzung einer **geschäftlichen Bezeichnung** nach § 15 Abs. 2 oder Abs. 3 (→ § 15 Rn. 1 ff.).

II. Subjektiver Tatbestand

9 Der Verletzer muss **vorsätzlich** gehandelt haben. Vorsätzlich handelt, wer einen rechtswidrigen Erfolg mit **Wissen** und **Willen** verwirklicht, obwohl ihm ein rechtmäßiges Handeln zugemutet werden kann, so dass auch das Bewusstsein der Pflichtwidrigkeit oder des Unerlaubten erforderlich ist (so schon BGH NJW 1965, 962 (963)). Der Vorsatz muss sich auf alle Tatbestandsmerkmale beziehen. Die strafrechtliche Doktrin unterscheidet dabei die Absicht, den direkten Vorsatz und den Eventualvorsatz.

10 Die verschiedenen Tatbestände aus Abs. 1 setzen unterschiedliche Vorsatzformen voraus. Grundsätzlich genügt **Eventualvorsatz,** also das „für möglich halten" einer Kennzeichenverletzung durch die Tathandlung. Die Strafbarkeit wegen Verletzung einer **bekannten Marke** (§ 14 Abs. 2 Nr. 3) bzw. einer **bekannten geschäftlichen Bezeichnung** (§ 15 Abs. 3) setzt darüber hinaus voraus, dass der Täter in der **Absicht** gehandelt hat, die Unterscheidungskraft oder Wertschätzung einer bekannten Marke oder geschäftlichen Bezeichnung auszunutzen oder zu beeinträchtigen (§ 143 Abs. 1 Nr. 2 und Nr. 5) bzw. die Ausnutzung oder Beeinträchtigung zu ermöglichen (§ 143 Abs. 1 Nr. 3 Buchst. b). Absicht liegt vor, wenn es dem Täter gerade darauf ankommt den tatbestandlichen Erfolg herbeizuführen. Hier steht das **voluntative** Vorsatzelement im Vordergrund.

11 Eine **fahrlässige** Kennzeichenverletzung ist gemäß § 15 StGB nicht strafbar.

III. Widerrechtlichkeit

12 Strafbarkeitsvoraussetzung ist schließlich die Widerrechtlichkeit der Handlung. Widerrechtlichkeit entfällt nicht nur dann, wenn eine **Zustimmung** des Rechteinhabers vorliegt (vgl. § 14 und § 15 „ohne Zustimmung" bzw. „unbefugt"), sondern auch dann, wenn einem

Strafbare Kennzeichenverletzung § 143 MarkenG

zivilrechtlichen Anspruch ein oder mehrere **Schutzhindernisse** nach den §§ 21–25 entgegenstehen (vgl. Amtl. Begr. RegE zum Markenrechtsreformgesetz zu § 143; der Verweis auf § 20 darin ist unrichtig, vgl. Ingerl/Rohnke Rn. 9). Widerrechtlichkeit liegt ferner nicht vor, wenn die Marke nach § 49 **löschungsreif** ist.

C. Qualifikation (Abs. 2)

Strafschärfend wirkt sich die **gewerbsmäßige Begehung** aus. Es handelt sich um einen strafrechtlich typischen **Qualifikationstatbestand**. Gewerbsmäßige Begehungsweise ist nicht mit dem schon in Abs. 1 vorausgesetzten Handeln im geschäftlichen Verkehr gleichzusetzen. Gewerbsmäßig handelt, wer sich aus **wiederholter Tatbegehung** eine nicht nur vorübergehende, nicht ganz unerhebliche **Einnahmequelle** verschaffen will (Fischer StGB Vor § 52 Rn. 61 mwN). Die Wiederholungsabsicht muss sich dabei gerade auf das Delikt beziehen, dessen Tatbestand durch das Merkmal der Gewerbsmäßigkeit qualifiziert ist (BGH NJW 1996, 1069). 13

D. Versuch (Abs. 3)

Bereits die versuchte Kennzeichenverletzung ist nach Abs. 3 strafbar. Voraussetzung ist nach allgemeinen strafrechtlichen Regeln in subjektiver Hinsicht der Tatentschluss, sowie in objektiver Hinsicht ein unmittelbares Ansetzen zur Tat. Die praktische Relevanz der Versuchsstrafbarkeit ist jedoch inzwischen gering, da der Tatbestand des § 14 Abs. 4 selbst nun schon **Vorbereitungshandlungen** erfasst und so im Rahmen von § 143 Abs. 1 Nr. 3 immer schon **Vollendung** vorliegt. 14

E. Irrtümer

Die im allgemeinen Teil des StGB geregelten Irrtumsregeln finden auch im Rahmen von § 143 Anwendung. Ein **Tatbestandsirrtum** gemäß § 16 StGB liegt vor, wenn der Täter einen Umstand nicht kennt, der zum gesetzlichen Tatbestand gehört. Er handelt dann ohne **Vorsatz**, was eine Strafbarkeit nach § 143 ausschließt (→ Rn. 9 ff.). Demgegenüber liegt gemäß § 17 StGB ein **Verbotsirrtum** vor, wenn dem Täter bei der Begehung der Tat die Einsicht fehlt, Unrecht zu tun. Jedoch schließt nur der **unvermeidbare** Verbotsirrtum die **Schuld** aus. Unvermeidbar ist ein Verbotsirrtum aber nur dann, wenn der Täter auch bei Anstrengung aller geistigen Erkenntniskräfte und Nutzung aller zur Verfügung stehender Informationsquellen nicht zur Unrechtseinsicht gekommen wäre (Fischer StGB § 17 Rn. 7 ff.). Dies umfasst stets auch die Pflicht zur Einholung von qualifiziertem Rechtsrat. Eine erfolgreiche Exkulpation nach § 17 StGB kommt daher im Kennzeichenrecht praktisch nicht vor. Der **vermeidbare** Verbotsirrtum führt dagegen nur zu einer fakultativen Strafmilderung nach § 49 Abs. 1 StGB. 15

F. Rechtsfolgen

I. Strafverfolgung auf Antrag

§ 143 Abs. 1 ist grundsätzlich ein **Antragsdelikt**. Das Strafantragserfordernis ist kein Tatbestandsmerkmal, sondern reine Prozessvoraussetzung. Die versuchte oder vollendete Kennzeichenverletzung ist stets rechtswidrig, wird aber strafrechtlich nur dann verfolgt, wenn der Verletzte dies nach den §§ 77 ff. StGB beantragt. Es gilt gemäß § 77b StGB eine dreimonatige **Antragsfrist** ab Kenntnis der Tat. 16

Wird die Klage nach den §§ 153 ff. StPO aus Opportunitätsgründen nicht erhoben oder eingestellt, so bleibt dem Verletzten noch der **Privatklageweg** gemäß § 374 Abs. 1 Nr. 8 StPO. Zu der Entscheidung ob eine öffentliche Klage erhoben wird, wird die Staatsanwaltschaft insbesondere prüfen, ob ein **öffentliches Interesse** an der Strafverfolgung vorliegt. Eine Definition dazu bietet Nr. 261 RiStBV. Zu berücksichtigen sind danach insbesondere das Ausmaß der Schutzrechtsverletzung, der eingetretene oder drohende wirtschaftliche Schaden und die vom Täter erstrebte Bereicherung. 17

II. Strafverfolgung von Amts wegen

18   Ist der Qualifikationstatbestand der **gewerbsmäßigen Begehung** erfüllt (→ Rn. 12) oder besteht ein **besonderes öffentliches Interesse** an der Strafverfolgung, so ermitteln die Behörden **von Amts wegen**. Die Kennzeichenverletzung wird damit zu einem **Offizialdelikt**. In diesen Fällen hat der Verletzte keine Möglichkeit die Strafverfolgung durch Rücknahme seines Antrags zu stoppen, etwa um eine außergerichtliche Einigung anzustreben. Ein **besonderes öffentliches Interesse** liegt nach Nr. 261a RiStBV insbesondere dann vor, wenn der Täter einschlägig vorbestraft ist, ein erheblicher Schaden droht oder eingetreten ist, die Tat den Verletzten in seiner wirtschaftlichen Existenz bedroht oder die öffentliche Sicherheit oder die Gesundheit der Verbraucher gefährdet. Diese Definition wird zwar zum Teil als zu eng angesehen (Ingerl/Rohnke Rn. 7), ist aber auch nicht bindend. Die zuständige Strafverfolgungsbehörde entscheidet über die Strafverfolgung von Amts wegen nach eigenem **Ermessen**. Die Entscheidung ist gerichtlich nicht überprüfbar.

III. Strafmaß

19   Die Strafandrohung für das **Grunddelikt** (Abs. 1) beträgt Freiheitsstrafe bis zu drei Jahre oder Geldstrafe. Ist die **Qualifikation** der gewerbsmäßigen Begehung (Abs. 2) erfüllt, erhöht sich das Strafmaß auf bis zu fünf Jahre. Für die jeweilige Berechnung gelten die §§ 39 und 40 StGB. Liegt nur ein nach Abs. 3 strafbarer **Versuch** vor, kann das Gericht die Strafe gemäß §§ 23 Abs. 2, 49 Abs. 1 StGB nach eigenem Ermessen mildern. Handelt es sich um einen strafbaren **untauglichen Versuch**, kann das Gericht gemäß §§ 23 Abs. 3, 49 Abs. 2 StGB die Strafe nach seinem Ermessen mildern oder ganz von Strafe absehen.

IV. Einzug und Vernichtung von Gegenständen (Abs. 5)

20   Nach Abs. 5 können Gegenstände, auf die sich die Tat bezieht eingezogen werden. Die strafrechtliche **Einziehung** ist allgemein in § 74 StGB geregelt. Danach setzt die Einziehung voraus, dass der Gegenstand durch die Tat hervorgebracht oder zu Ihrer Begehung oder Vorbereitung gebraucht oder bestimmt gewesen ist. Dies beinhaltet aber nur jene Gegenstände, die als **Werkzeug** der Tat dienen. Das kennzeichenverletzende Produkt selbst fällt aber gerade nicht darunter (Fezer Rn. 39). Bei Abs. 5 handelt es sich somit um eine für das Kennzeichenrecht notwendige, die Einziehung über § 74 Abs. 1 StGB erweiternde Norm iSv § 74 Abs. 4 StGB.

21   Nach § 74 Abs. 4 StGB sind die § 74 Abs. 2 und 3 StGB entsprechend anzuwenden. Danach dürfen nur solche Gegenstände eingezogen werden, die zur Zeit der Entscheidung dem Täter oder Teilnehmer gehören oder zustehen, oder solche, die nach ihrer Art und den Umständen die Allgemeinheit gefährden oder von denen die Gefahr ausgeht, dass sie geeignet sind rechtswidriger Taten zu ermöglichen. Gegenstände, die eine solche Gefahr begründen sind auch dann einzugsfähig, wenn der Täter ohne Schuld handelte.

22   Macht der Verletze Vernichtungsansprüche gemäß § 18 selbst erfolgreich geltend, tritt die Vernichtung nach § 143 Abs. 5 subsidiär zurück.

V. Urteilsveröffentlichung (Abs. 6)

23   Erkennt das Gericht auf Strafe, so kann es nach Abs. 6 **auf Antrag** des Verletzten zusätzlich anordnen, dass das Urteil **öffentlich bekannt** gemacht wird. Ob im Einzelfall ein **berechtigtes Interesse** des Verletzten an einer Veröffentlichung besteht, sowie über Art und Umfang der Veröffentlichung, befindet es nach eigenem **Ermessen**. Mit Art und Umfang sind der Veröffentlichungsort, die Veröffentlichungsdauer und die Veröffentlichungsintensität gemeint. Je nach dem welchen Zweck die Veröffentlichung im konkreten Fall haben und welches Publikum erreicht werden soll, bietet sich die Veröffentlichung in **unterschiedlichen Medien** an. In der Regel kommt eine Veröffentlichung in Fernsehen, Rundfunk oder Printmedien in Betracht. Die Veröffentlichung erhöht zum einen die Strafintensität des Urteils, dient aber auch dazu die öffentliche Meinungsbildung zu beeinflussen. So kann der Verletzte ein **berechtigtes Interesse** daran haben, öffentlich klar zu stellen, dass seine Erzeugnisse die legalen, die des Verletzers die illegalen sind. Eine übermäßige öffentliche

Herabsetzung des Schädigers ist aber zu vermeiden. Daher wird das Gericht in der Regel nur den Urteilstenor, nicht aber die genauen Entscheidungsgründe veröffentlichen lassen.

G. Verjährung

Straftaten nach § 143 **verjähren** gemäß § 78 Abs. 3 Nr. 4 StGB **nach fünf Jahren.** Die Verjährungsfrist beginnt gemäß § 78a StGB mit der **Beendigung** der Tat. Eine Tat ist beendet, wenn das Tatgeschehen seinen vollständigen Abschluss gefunden hat. Die für zivilrechtliche Streitigkeiten geltende Verjährung nach § 20 findet keine Anwendung (Ingerl/Rohnke Rn. 9). 24

§ 143a Strafbare Verletzung der Gemeinschaftsmarke

(1) Wer die Rechte des Inhabers einer Gemeinschaftsmarke nach Artikel 9 Absatz 1 Satz 2 der Verordnung (EG) Nr. 207/2009 des Rates vom 26. Februar 2009 über die Gemeinschaftsmarke (kodifizierte Fassung) (ABl. L 78 vom 24.3.2009, S. 1) verletzt, indem er trotz eines Verbotes und ohne Zustimmung des Markeninhabers im geschäftlichen Verkehr
1. ein mit der Gemeinschaftsmarke identisches Zeichen für Waren oder Dienstleistungen benutzt, die mit denjenigen identisch sind, für die sie eingetragen ist,
2. ein Zeichen benutzt, wenn wegen der Identität oder Ähnlichkeit des Zeichens mit der Gemeinschaftsmarke und der Identität oder Ähnlichkeit der durch die Gemeinschaftsmarke und das Zeichen erfassten Waren oder Dienstleistungen für das Publikum die Gefahr von Verwechslungen besteht, einschließlich der Gefahr, dass das Zeichen mit der Marke gedanklich in Verbindung gebracht wird, oder
3. ein mit der Gemeinschaftsmarke identisches Zeichen oder ein ähnliches Zeichen für Waren oder Dienstleistungen benutzt, die nicht denen ähnlich sind, für die die Gemeinschaftsmarke eingetragen ist, wenn diese in der Gemeinschaft bekannt ist und das Zeichen in der Absicht benutzt wird, die Unterscheidungskraft oder die Wertschätzung der Gemeinschaftsmarke ohne rechtfertigenden Grund in unlauterer Weise auszunutzen oder zu beeinträchtigen,

wird mit Freiheitsstrafe bis zu drei Jahren oder mit Geldstrafe bestraft.

(2) § 143 Abs. 2 bis 6 gilt entsprechend.

Überblick

§ 143a regelt die Strafbarkeit der vorsätzlichen Verletzung einer Unionsmarke und ergänzt insoweit die für die Verletzung nationaler Marken geltende Strafvorschrift (§ 143). Der objektive Tatbestand setzt das Bestehen eines Verbotes (→ Rn. 4), die fehlende Zustimmung des Markeninhabers (→ Rn. 5) sowie ein Handeln im geschäftlichen Verkehr (→ Rn. 6) voraus. Darüber hinaus knüpft der objektive Tatbestand an die in Art. 9 Abs. 2 UMV genannten Verbotstatbestände an (→ Rn. 9). In subjektiver Hinsicht setzt die Strafnorm Vorsatz sowie im Rahmen des strafrechtlichen Bekanntheitsschutzes eine Absicht des Handelnden voraus (→ Rn. 7 f.). Aufgrund des Verweises in § 143a Abs. 2 gelten die Regelungen zur gewerbsmäßigen Begehung, zur Versuchsstrafbarkeit, zur Einziehung und zur Bekanntmachung des Urteils entsprechend; zudem handelt es sich bei der Verletzung einer Unionsmarke um ein Antragsdelikt (→ Rn. 10).

A. Entstehungsgeschichte, Normzweck

Die Vorschrift des § 143a ist durch Art. 9 Nr. 35 Kostenbereinigungsgesetz vom 13.12.2001 (BGBl. I 3656; s. auch BlPMZ 2002, 14 ff.) eingeführt worden und regelt die Strafbarkeit der Verletzung einer Unionsmarke nunmehr unmittelbar im MarkenG. Von der zuvor in den §§ 143 Abs. 1a, 143 Abs. 7 aF vorgesehenen Blankettermächtigung hat der Gesetzgeber keinen Gebrauch gemacht und dies mit der Übersichtlichkeit einer unmittelba- 1 ren Regelung im MarkenG für den Rechtsanwender begründet (Amtl. Begr. Bl. 2002, 59). Die §§ 143 Abs. 1a, 143 Abs. 7 aF sind daher mit Einführung des § 143a aufgehoben worden.

2   Die UMV selbst sieht – in Ermangelung einer Regelungskompetenz des Unionsgesetzgebers auf dem Gebiet des Strafrechts – keine Verpflichtung der EU-Mitgliedstaaten zur Einführung eines Straftatbestandes bei der Verletzung einer Unionsmarke vor (vgl. zur Gemeinschaftsmarke Ingerl/Rohnke Rn. 1). Die Verpflichtung zur Einführung eines Straftatbestandes bei der Verletzung einer Unionsmarke ergibt sich für die Bundesrepublik Deutschland jedoch aus Art. 61 TRIPS, wonach die Mitgliedstaaten zur Einführung von Strafen bei vorsätzlicher Nachahmung von Marken verpflichtet sind (vgl. zur Gemeinschaftsmarke Fezer Rn. 1). Durch § 143a wird die Verletzung einer Unionsmarke im gleichen Umfang strafbewehrt wie die Verletzung einer nationalen Marke.

B. Tatbestand

3   Die nach § 143a Abs. 1 strafbaren Verletzungshandlungen orientieren sich im Wesentlichen an den in Art. 9 Abs. 2 UMV genannten Verbotstatbeständen. Insoweit hat der deutsche Gesetzgeber den Wortlaut des Art. 9 Abs. 2 UMV übernommen, um die Übereinstimmung der unmittelbar geltenden Rechtsgewährung durch die UMV und der Strafbewehrung sicherzustellen (vgl. zur Gemeinschaftsmarke Ingerl/Rohnke Rn. 2; Fezer Rn. 5; Ströbele/Hacker/Hacker Rn. 2). Damit knüpft der Tatbestand des § 143a Abs. 1 unmittelbar an die in der UMV genannten Verletzungshandlungen und den durch die UMV gewährten Schutzumfang der Unionsmarke an (vgl. zur Gemeinschaftsmarke Fezer Rn. 5).

I. Objektive Tatbestandsmerkmale

4   § 143a Abs. 1 setzt zunächst für alle Straftatbestände voraus, dass der Täter die Benutzung der Unionsmarke trotz eines **Verbotes** vorgenommen hat. Durch die Anknüpfung an dieses Tatbestandsmerkmal wird sichergestellt, dass die Strafbarkeit nicht über die Reichweite der unionsrechtlichen Rechtsgewährung hinausgeht (vgl. zur Gemeinschaftsmarke Fezer Rn. 6; ausführlich Ingerl/Rohnke Rn. 2). Für das Bestehen eines Verbotes ist nicht erforderlich, dass der Markeninhaber vor der Verletzungshandlung gegenüber dem jeweiligen Täter tatsächlich ein Verbot ausgesprochen hat, vielmehr genügt bereits das absolut wirkende Verbot der Benutzung der Unionsmarke, welches zumindest nach deren Veröffentlichung gegenüber Jedermann wirkt (vgl. zur Gemeinschaftsmarke Fezer Rn. 6; Ströbele/Hacker/Hacker Rn. 3). Der Umfang des Benutzungsverbots entspricht damit dem Verbot der Nutzung einer nationalen Marke (vgl. zur Gemeinschaftsmarke Fezer Rn. 6).

5   Die strafbare Benutzung einer Unionsmarke ist auch bei Vorliegen einer **Zustimmung des Markeninhabers** ausgeschlossen. Insoweit wirkt die Einwilligung des vermeintlich Verletzten nicht lediglich als Rechtfertigungsgrund, sondern schließt bereits die Verwirklichung des objektiven Tatbestandes aus.

6   Die Strafbarkeit ist – in Übereinstimmung mit Art. 9 UMV und § 143 Abs. 1 – darauf beschränkt, dass die Unionsmarke im **geschäftlichen Verkehr** benutzt wird. Verletzungshandlungen, die lediglich im privaten Bereich und ohne Verfolgung eines geschäftlichen Zwecks vorgenommen werden, bleiben straffrei.

7   Die in § 143a Abs. 1 Nr. 1–3 genannten **Verletzungshandlungen** geben tatbestandlich die Verletzungshandlungen des Art. 9 Abs. 2 Buchst. a bis c UMV wieder (vgl. zur Gemeinschaftsmarke: MüKoStGB/Maske-Reiche Rn. 2):

- § 143a Abs. 1 Nr. 1 schützt vor der identischen Verwendung der Unionsmarke für identische Waren und Dienstleistungen **(strafrechtlicher Identitätsschutz)**.
- § 143a Abs. 1 Nr. 2 stellt die Verwendung von mit der Unionsmarke identischen oder ähnlichen Zeichen für identische oder ähnliche Waren unter Strafe, sofern hierdurch für das Publikum die Gefahr von Verwechslungen hervorgerufen wird **(strafrechtlicher Verwechslungsschutz)**.
- Schließlich darf nach § 143a Abs. 1 Nr. 3 ein Zeichen, das mit einer bekannten Unionsmarke identisch oder dieser ähnlich ist, auch nicht für nicht identische oder nicht ähnliche Waren benutzt werden **(strafrechtlicher Bekanntheitsschutz)**.

II. Subjektive Tatbestandsmerkmale

Da § 143a eine Strafbarkeit für die fahrlässige Verletzung einer Unionsmarke nicht vorsieht und nach § 15 StGB ein **fahrlässiges Verhalten** nur dann strafbar ist, wenn dies ausdrücklich durch Gesetz angeordnet wird, ist für die Verwirklichung des Straftatbestandes in subjektiver Hinsicht **Vorsatz** erforderlich. Der Täter muss demnach bewusst und gewollt den objektiven Tatbestand des § 143a verwirklichen, wobei es genügt, wenn er die Verwirklichung der objektiven Tatbestandsmerkmale billigend in Kauf nimmt. 8

Bei Rechtsverletzungen außerhalb des Ähnlichkeitsbereiches der geschützten Waren und Dienstleistungen (§ 143a Abs. 1 Nr. 3) setzt der subjektive Tatbestand zusätzlich voraus, dass der Täter in der **Absicht** handelt, die Unterscheidungskraft oder die Wertschätzung der Unionsmarke ohne rechtfertigenden Grund in unlauterer Weise auszunutzen oder zu beeinträchtigen (vgl. zur Gemeinschaftsmarke Fezer Rn. 8; Ströbele/Hacker/Hacker Rn. 2). 9

III. Analoge Anwendung des § 143 Abs. 2–6

Durch den Verweis in § 143a Abs. 2 wird gewährleistet, dass der strafrechtliche Schutzumfang der Unionsmarke auch im Übrigen dem der nationalen Marke entspricht (Amtl. Begr. Bl. 2002, 60). So wird durch die Bezugnahme auf § 143 Abs. 2 das Strafmaß bei **gewerbsmäßiger Begehung** erhöht. Auch die **Strafbarkeit des Versuchs** ist durch den Verweis auf § 143 Abs. 3 gegeben. Wie sich aus dem Verweis auf § 143 Abs. 4 ergibt, wird die Verletzung einer Unionsmarke grundsätzlich nur auf **Antrag** verfolgt. Zudem gelten aufgrund der Bezugnahme in § 143a Abs. 2 die Regelungen über die **Einziehung** (§ 143 Abs. 5) und über die **Bekanntmachung der Verurteilung** (§ 143 Abs. 6) entsprechend. Die Befugnis des Verletzten zur Erhebung einer Privat- bzw. Nebenklage ergibt sich aus § 395 Abs. 1 Nr. 6 StPO bzw. § 374 Abs. 1 Nr. 8 StPO (vgl. zur Gemeinschaftsmarke Ingerl/Rohnke Rn. 3). 10

§ 144 Strafbare Benutzung geographischer Herkunftsangaben

(1) Wer im geschäftlichen Verkehr widerrechtlich eine geographische Herkunftsangabe, einen Namen, eine Angabe oder ein Zeichen
1. entgegen § 127 Abs. 1 oder 2, jeweils auch in Verbindung mit Abs. 4 oder einer Rechtsverordnung nach § 137 Abs. 1, benutzt oder
2. entgegen § 127 Abs. 3, auch in Verbindung mit Abs. 4 oder einer Rechtsverordnung nach § 137 Abs. 1, in der Absicht benutzt, den Ruf oder die Unterscheidungskraft einer geographischen Herkunftsangabe auszunutzen oder zu beeinträchtigen,
wird mit Freiheitsstrafe bis zu zwei Jahren oder mit Geldstrafe bestraft.
(2) Ebenso wird bestraft, wer entgegen Artikel 13 Absatz 1 Buchstabe a oder b der Verordnung (EU) Nr. 1151/2012 des Europäischen Parlaments und des Rates vom 21. November 2012 über Qualitätsregelungen für Agrarerzeugnisse und Lebensmittel (ABl. L 343 vom 14.12.2012, S. 1) im geschäftlichen Verkehr
1. einen eingetragenen Namen für ein dort genanntes Erzeugnis verwendet oder
2. sich einen eingetragenen Namen aneignet oder ihn nachahmt.
(3) Der Versuch ist strafbar.
(4) Bei einer Verurteilung bestimmt das Gericht, dass die widerrechtliche Kennzeichnung der im Besitz des Verurteilten befindlichen Gegenstände beseitigt wird oder, wenn dies nicht möglich ist, die Gegenstände vernichtet werden.
(5) ¹Wird auf Strafe erkannt, so ist, wenn das öffentliche Interesse dies erfordert, anzuordnen, dass die Verurteilung öffentlich bekanntgemacht wird. ²Die Art der Bekanntmachung ist im Urteil zu bestimmen.

Überblick

Während § 128 und § 135 zivilrechtliche Ansprüche zum Schutze geographischer Herkunftsangaben bzw. geographischer Angaben oder Ursprungsbezeichnungen begründen und

§ 134 auf einen öffentlich-rechtlich ausgerichteten Schutz von geographischen Angaben und Ursprungsbezeichnungen abzielt, begründet § 144 den strafrechtlichen Schutz von geographischen Herkunftsangaben. Abs. 1 normiert die Strafbarkeit einer widerrechtlichen Benutzung von Herkunftsangaben, Namen, Angaben und Zeichen, die gemäß § 127 oder durch Rechtsverordnungen nach § 137 Abs. 1 geschützt sind (→ Rn. 1); Abs. 2 schützt strafrechtlich die nach Maßgabe der europarechtlichen Verordnungen geschützten geographischen Angaben und Ursprungsbezeichnungen (→ Rn. 3). Nach Abs. 3 ist schon der Versuch strafbar (→ Rn. 9). Als Nebenstrafen kommen nach Abs. 4 die Beseitigung und Vernichtung der im Besitz des Verurteilten befindlichen Gegenstände (→ Rn. 10) sowie nach Abs. 5 die Bekanntmachung der Verurteilung (→ Rn. 11 f.) in Betracht.

A. Strafbarkeit (Abs. 1)

I. Widerrechtliche Benutzung (Abs. 1 Nr. 1)

1 Nach § 144 Abs. 1 Nr. 1 macht sich strafbar, wer im geschäftlichen Verkehr widerrechtlich eine geographische Herkunftsangabe, einen Namen, eine Angabe oder ein Zeichen unter Verstoß gegen § 127 Abs. 1 oder Abs. 2 oder gegen eine Rechtsverordnung, die gemäß § 137 Abs. 1 erlassen wurde, benutzt. Der objektive Straftatbestand orientiert sich somit daran, ob der zivilrechtliche Verletzungstatbestand nach § 127 erfüllt ist (vgl. MüKoStGB/Maske-Reiche Rn. 3). Durch den Verweis auf § 127 Abs. 4 wird die Strafbarkeit erweitert auf jene Konstellationen, in denen Namen, Angaben oder Zeichen verwendet werden, die geschützten geographischen Angaben **ähnlich** sind. Für das Tatbestandsmerkmal des Benutzens ist auf die Definitionen einer Benutzung in § 26 Abs. 1 – Abs. 4 abzustellen.

1.1 Als Rechtsverordnung nach § 137 Abs. 1 kommt derzeit allein die Verordnung zum Schutz des Namens Solingen vom 16.12.1994 (SolingenVO) in Betracht (→ § 137 Rn. 8; Fürmann MarkenR 2003, 381; Ströbele/Hacker/Hacker Rn. 3).

2 Der subjektive Tatbestand erfordert **Vorsatz**, wobei einfacher und somit auch bedingter Vorsatz genügt (v. Schultz/Gruber Rn. 2; Ströbele/Hacker/Hacker Rn. 5).

II. Widerrechtliche Benutzung (Abs. 1 Nr. 2)

3 Eine Strafbarkeit nach § 144 Abs. 1 Nr. 2 erfordert als **objektive Tatbestandsmerkmale** die Benutzung einer geographischen Herkunftsangabe, eines Namens, einer Angabe oder eines Zeichens entgegen § 127 Abs. 3 oder einer nach § 137 Abs. 1 erlassenen Rechtsverordnung. Die Bezugnahme auf den Verletzungstatbestand nach § 127 Abs. 3 verdeutlicht, dass § 144 Abs. 1 Nr. 2 den strafrechtlichen Schutz von geographischen Herkunftsangaben, die sich durch einen besonderen Ruf auszeichnen, bezweckt, während § 144 Abs. 1 Nr. 1 auch einfache geographische Herkunftsangaben strafrechtlich schützt. Wie nach § 144 Abs. 1 Nr. 1 kann eine Strafbarkeit bereits dann vorliegen, wenn Namen, Angaben oder Zeichen verwendet werden, die qualifizierten geographischen Herkunftsangaben **ähnlich** sind.

4 Der **subjektive Tatbestand** von § 144 Abs. 1 Nr. 2 geht über den Vorsatz hinsichtlich der objektiven Tatbestandsmerkmale hinaus und setzt zusätzlich eine Benutzung in der **Absicht** voraus, den Ruf oder die Unterscheidungskraft einer geographischen Herkunftsangabe auszunutzen oder zu beeinträchtigen.

III. Widerrechtlichkeit der Benutzung

5 Die Benutzung geschieht widerrechtlich, wenn der Benutzer materiell-rechtlich nicht zur Benutzung der geographischen Herkunftsangabe berechtigt ist. Erfolgt die Benutzung einer geographischen Herkunftsangabe in Einklang mit den gesetzlichen Vorgaben für deren Benutzung, ist die Widerrechtlichkeit ungeachtet einer durch die Benutzung erzeugten etwaigen Irreführungsgefahr ausgeschlossen (Achenbach/Ransiek/Ebert-Weidenfeller, Handbuch Wirtschaftsstrafrecht, 3. Aufl. 2012, Kap. 4, Teil 11 Rn. 126; OLG Hamburg GRUR-RR 2004, 36 f. – Spreewälder Gurken).

IV. Strafmaß

Verstöße nach § 144 Abs. 1 Nr. 1 oder Nr. 2 können geahndet werden mit Freiheitsstrafe **6** bis zu zwei Jahren oder mit Geldstrafe.

B. Strafbarkeit (Abs. 2)

§ 144 Abs. 2 begründet die Strafbarkeit desjenigen, der entgegen Art. 13 Abs. 1 Buchst. **7** a oder Buchst. b VO (EU) Nr. 1151/2012 im geschäftlichen Verkehr entweder eine eingetragene Bezeichnung für ein dort genanntes Erzeugnis verwendet (Abs. 2 Nr. 1) oder die eingetragene Bezeichnung sich aneignet oder nachahmt (Abs. 2 Nr. 2). § 144 Abs. 2 setzt somit eine Verletzungshandlung voraus und ergänzt diese um die weiteren Tatbestandsmerkmale nach Abs. 2 Nr. 1 oder Nr. 2. Da § 144 Abs. 2 zwar die widerrechtliche Aneignung oder Nachahmung nennt, nicht aber die Anspielung, ist die **Anspielung** auf eine eingetragene Bezeichnung nicht strafrechtlich nach § 144 Abs. 2, sondern allenfalls zivilrechtlich sanktionierbar (vgl. Ingerl/Rohnke Rn. 2; Ströbele/Hacker/Hacker Rn. 10). Das Strafmaß für eine Straftat nach § 144 Abs. 2 entspricht dem Strafmaß für Straftaten nach § 144 Abs. 1.

Mit dem zum 1.7.2016 in § 144 Abs. 2 aufgenommenen ausdrücklichen Verweis auf **8** Art. 13 Abs. 1 Buchst. a und Buchst. b VO (EU) Nr. 1151/2012, der zum 3.1.2013 den nahezu identischen Art. 13 Abs. 1 Buchst. a und Buchst. b VO (EG) Nr. 510/2006 ersetzte, hat der Gesetzgeber zugleich dem bis zum 30.6.2016 denkbaren Einwand den Boden entzogen, der Straftatbestand des § 144 Abs. 2 verweise auf seit dem 3.1.2013 außer Kraft getretene Normen und sei deshalb nicht anzuwenden.

C. Strafbarkeit des Versuchs (Abs. 3)

Gemäß § 144 Abs. 3 ist der Versuch des Straftatbestands nach § 144 Abs. 1 bzw. Abs. 2 **9** strafbar.

D. Anordnung von Nebenstrafen

I. Beseitigung, Vernichtung (Abs. 4)

Das Strafgericht bestimmt in seiner Verurteilung zusätzlich zum verhängten Strafmaß als **10** Nebenstrafe, dass die widerrechtliche, den Straftatbestand nach § 144 Abs. 1 oder Abs. 2 erfüllende Kennzeichnung auf jenen Gegenständen, die sich noch im Besitz des Verurteilten befinden, beseitigt wird, zB durch Entfernen von Verpackungsteilen, Übermalen oder sonstige Formen der Unkenntlichmachung (vgl. Ströbele/Hacker/Hacker Rn. 13). Eine strafrechtliche Einziehung auf Grundlage von §§ 74, 74a StGB ist indes in § 144 – und somit anders als in § 143 – nicht vorgesehen (vgl. MüKoStGB/Maske-Reiche Rn. 9). Ist eine Beseitigung nicht möglich, bestimmt das Gericht die Vernichtung der Gegenstände.

II. Öffentliche Bekanntmachung der Verurteilung (Abs. 5)

Gemäß § 144 Abs. 5 S. 1 hat das Gericht, sofern es das öffentliche Interesse erfordert, **11** anzuordnen, dass die Verurteilung öffentlich bekanntgemacht wird. Über die Anordnung der öffentlichen Bekanntmachung hat das Gericht von Amts wegen zu entscheiden. § 144 Abs. 5 verlangt im Gegensatz zu § 143 Abs. 6 für die öffentliche Bekanntmachung keinen Antrag des Verletzten, in dem dieser sein berechtigtes Interesse an der Bekanntmachung darzulegen hat (Ströbele/Hacker/Hacker Rn. 14). Im Vorfeld einer derartigen Anordnung hat das Gericht abzuwägen, ob eine öffentliche Bekanntmachung unter Berücksichtigung der berechtigten Interessen des Verurteilten unverhältnismäßig oder zum Schutze des Geschädigten und der Interessen des Rechtsverkehrs geeignet, erforderlich und verhältnismäßig ist. Dabei wird eine Bekanntmachung der Verurteilung umso eher als verhältnismäßig zu bewerten sein, je stärker und intensiver der strafrechtliche Verstoß durch den Verurteilten war.

Die nach § 144 Abs. 5 S. 1 ebenfalls im Urteil zu bestimmende Art der Bekanntmachung **12** umfasst die Festlegung, in welcher Zeitung bis zu welchem Zeitpunkt und in welcher Größe der Urteilstenor veröffentlicht werden muss. Dabei liegen Art und Umfang der Bekanntmachung der Verurteilung im Ermessen des Gerichts. Ziel des Gerichts sollte es dabei sein, die Bekanntmachung in einem Veröffentlichungsorgan zu platzieren, bei dem angenommen werden kann, dass es jene Adressatenkreise erreicht, die von der strafbaren Benutzung Kenntnis erlangt haben (vgl. Dönch GRUR-Prax 2014, 174 f.). Gleichzeitig ist unter Abwägung der Interessen der Geschädigten mit denen des Verurteilten zu vermeiden, den Verurteilten durch die Bekanntmachung öffentlich übermäßig herabzusetzen; denn eine derartige Bekanntmachung der Verurteilung könnte unverhältnismäßig sein (Ströbele/Hacker/Hacker Rn. 14).

§ 145 Bußgeldvorschriften

(1) Ordnungswidrig handelt, wer im geschäftlichen Verkehr widerrechtlich in identischer oder nachgeahmter Form
1. ein Wappen, eine Flagge oder ein anderes staatliches Hoheitszeichen oder ein Wappen eines inländischen Ortes oder eines inländischen Gemeinde- oder weiteren Kommunalverbandes im Sinne des § 8 Abs. 2 Nr. 6,
2. ein amtliches Prüf- oder Gewährzeichen im Sinne des § 8 Abs. 2 Nr. 7 oder
3. ein Kennzeichen, ein Siegel oder eine Bezeichnung im Sinne des § 8 Abs. 2 Nr. 8 zur Kennzeichnung von Waren oder Dienstleistungen benutzt.

(2) Ordnungswidrig handelt, wer vorsätzlich oder fahrlässig
1. entgegen § 134 Abs. 3, auch in Verbindung mit Abs. 4,
   a) das Betreten von Geschäftsräumen, Grundstücken, Verkaufseinrichtungen oder Transportmitteln oder deren Besichtigung nicht gestattet,
   b) die zu besichtigenden Agrarerzeugnisse oder Lebensmittel nicht so darlegt, daß die Besichtigung ordnungsgemäß vorgenommen werden kann,
   c) die erforderliche Hilfe bei der Besichtigung nicht leistet,
   d) Proben nicht entnehmen läßt,
   e) geschäftliche Unterlagen nicht oder nicht vollständig vorlegt oder nicht prüfen läßt oder
   f) eine Auskunft nicht, nicht richtig oder nicht vollständig erteilt oder
2. einer nach § 139 Abs. 1 erlassenen Rechtsverordnung zuwiderhandelt, soweit sie für einen bestimmten Tatbestand auf diese Bußgeldvorschrift verweist.

(3) Die Ordnungswidrigkeit kann in den Fällen des Absatzes 1 mit einer Geldbuße bis zu zweitausendfünfhundert Euro und in den Fällen des Absatzes 2 mit einer Geldbuße bis zu zehntausend Euro geahndet werden.

(4) In den Fällen des Absatzes 1 ist § 144 Abs. 4 entsprechend anzuwenden.

(5) Verwaltungsbehörde im Sinn des § 36 Abs. 1 Nr. 1 des Gesetzes über Ordnungswidrigkeiten ist in den Fällen des Absatzes 1 das Bundesamt für Justiz.

Überblick

§ 145 enthält im Wesentlichen zwei verschiedene, unabhängige Ordnungswidrigkeitstatbestände. Nach Abs. 1 wird die widerrechtliche Benutzung bestimmter staatlicher oder amtlicher Zeichen und Bezeichnungen im geschäftlichen Verkehr mit Bußgeld geahndet (→ Rn. 2), Abs. 2 sanktioniert die Verletzung kennzeichenrechtlicher Mitwirkungs- und Duldungspflichten (→ Rn. 7). Die Höhe der Geldbußen bestimmt sich nach Abs. 3 (→ Rn. 5, → Rn. 10). Abs. 4 ermöglicht es den nach Abs. 5 zuständigen Stellen (→ Rn. 12) widerrechtliche Gegenstände im Sinne von Abs. 1 zu beseitigen bzw. zu vernichten (→ Rn. 6).

A. Allgemeines

1   Die Tatbestände des § 145 Abs. 1 und Abs. 2 sind Ordnungswidrigkeiten iSv § 1 Abs. 1 OWiG. **Ordnungswidrigkeiten** sind danach rechtswidrige und vorwerfbare Handlung, die den Tatbestand eines Gesetzes verwirklichen und mit Geldbußen geahndet werden können.

Bußgeldvorschriften § 145 MarkenG

Die in Abs. 1 geregelten Tatbestände setzen die Pflichten des deutschen Gesetzgebers aus Art. 6ter PVÜ um. Abs. 2 bezieht sich auf die in § 134 Abs. 3 und Abs. 4 geregelten Mitwirkungs- und Duldungspflichten von Inhabern oder Leitern von Betrieben der Agrar- und Lebensmittelbranche, die auf die Bestimmungen aus Art. 36 ff. VO (EU) Nr. 1151/2012 (früher Art. 10, 11 VO (EG) Nr. 510/2006) zurückgehen (→ § 134 Rn. 7 f.).

B. Widerrechtliche Benutzung bestimmter staatlicher oder amtlicher Zeichen und Bezeichnungen (Abs. 1)

I. Tatbestand

Tatbestandsmäßig nach Abs. 1 handelt, wer die in § 8 Abs. 2 Nr. 6 bis 8 abschließend 2 aufgezählten Kennzeichen widerrechtlich **benutzt**. Die Anmeldung oder Eintragung des Zeichens ist nicht Voraussetzung. Die Benutzung ist **widerrechtlich**, wenn keine vorherige behördliche Genehmigung eingeholt wurde. Die Zeichen müssen nicht notwendigerweise in identischer Form benutzt werden, es genügt, wenn die Zeichen **nachgeahmt** werden. Wann im Falle einer Nachahmung von einer tatbestandlichen Benutzung ausgegangen werden kann, bestimmt sich nach der **Verkehrsauffassung**. Hält der maßgebliche verständige Durchschnittsverbraucher das Zeichen für echt, liegt eine tatbestandliche Benutzung vor.

Abs. 1 erfasst nach der Grundsatzregel des § 10 OWiG nur **vorsätzliches Handeln**. Die 3 nur **fahrlässige Begehung** ist daher **nicht** tatbestandsmäßig. Es genügt aber schon bedingter Vorsatz. Der Täter muss die widerrechtliche Benutzung eines tatbestandlichen Zeichens also wenigstens für möglich halten und billigend in Kauf nehmen. Ihn treffen aber keine Prüfungspflichten, wie sie für eine fahrlässige Begehung im Rahmen einer objektiven Sorgfaltspflichtverletzung Voraussetzung wären. Weiß der Täter also nicht, dass es sich bei dem Zeichen um ein im Sinne von Abs. 1 tatbestandliches Zeichen handelt, kann er gemäß § 11 Abs. 1 OWiG nicht nach Abs. 1 belangt werden.

Der **Versuch** ist gemäß § 13 Abs. 2 OWiG mangels ausdrücklicher Anordnung nicht 4 strafbar. Das OWiG geht gemäß § 14 Abs. 1 OWiG vom sogenannten **Einheitstäter** aus, an der Tat **Beteiligte** werden daher immer als **Täter** bestraft. Neben Abs. 1 kann **§ 124 OWiG** einschlägig sein, der ebenfalls die unbefugte Benutzung staatlicher Flaggen und Wappen für ordnungswidrig erklärt. Da Abs. 1 aber zusätzlich das **Handeln im geschäftlichen Verkehr** voraussetzt, ist er gegenüber § 124 OWiG **lex specialis**.

II. Rechtsfolge

Für Ordnungswidrigkeiten nach Abs. 1 kann gemäß Abs. 3 ein **Bußgeld bis zu 2.500** 5 **Euro** verhängt werden. Die genaue Höhe des Bußgeldes bestimmt die zuständige Behörde nach eigenem **Ermessen**.

Zur Beendigung des Störungszustandes kann sie zudem gemäß Abs. 4 iVm § 144 Abs. 4 6 die **Beseitigung** bzw. **Vernichtung** tatbestandlicher Gegenstände anordnen. Die Beseitigung und Vernichtung stehen in einem **Stufenverhältnis**. Nach dem Grundsatz der **Verhältnismäßigkeit** hat die Behörde stets das mildeste Mittel anzuwenden. Die Vernichtung kommt daher nur in Betracht, wenn eine Beseitigung nicht möglich ist.

C. Verletzung kennzeichenrechtlicher Mitwirkungs- und Duldungspflichten (Abs. 2 Nr. 1)

I. Tatbestand

Der Tatbestand in Abs. 2 Nr. 1 dient der Durchsetzung der aus § 134 Abs. 3 und Abs. 4 7 hervorgehenden **Mitwirkungs- und Duldungspflichten** von **Inhabern** oder **Leitern** von **Betrieben**, die **Agrarerzeugnisse oder Lebensmittel** in den Verkehr bringen oder herstellen oder innergemeinschaftlich verbringen, ein- oder ausführen.

Die Inhaber oder Leiter entsprechender Betriebe sind gemäß § 134 Abs. 3 verpflichtet das 8 **Betreten und die Besichtigung der Geschäftsräume und Grundstücke** zu Untersuchungszwecken zu gestatten (→ § 134 Rn. 6 ff.). Entsprechendes gilt gemäß § 134 Abs. 4

Eckhartt 1429

MarkenG § 146   Teil 8 Straf- und Bußgeldvorschriften; Beschlagnahme

für Dritte, die tatbestandliche Erzeugnisse für den Betriebsinhaber innergemeinschaftlich verbringen, ein- oder ausführen (→ § 134 Rn. 7).

9   Kommt der Inhaber, Leiter oder Dritte seinen Mitwirkungs- und Duldungspflichten **vorsätzlich oder fahrlässig** nicht nach, handelt er tatbestandlich im Sinne von Abs. 2 Nr. 1. Der Einwand des Täters er habe **keine Kenntnis** seiner Pflichten aus § 134 Abs. 3 oder Abs. 4 Gehabt, führt daher gemäß § 11 Abs. 1 OWiG **nicht** zur Bußgeldbefreiung. Die fehlende Kenntnis seiner Pflichten lässt auch gemäß § 11 Abs. 2 OWiG nicht die **Vorwerfbarkeit** entfallen, da die Unkenntnis in aller Regel **vermeidbar** ist.

II. Rechtsfolge

10   Für Ordnungswidrigkeiten nach Abs. 2 kann gemäß Abs. 3 ein **Bußgeld bis zu 10.000 Euro** verhängt werden. Die genaue Höhe des Bußgeldes bestimmt die zuständige Behörde nach eigenem **Ermessen**.

D. Verletzung von Durchführungsbestimmungen zur VO (EU) Nr. 1151/2012 (Abs. 2 Nr. 2)

11   Nach § 139 kann das BMJV durch Rechtsverordnung weitere Einzelheiten des Schutzes von Ursprungsbezeichnungen und geographischen Angaben nach der VO (EU) Nr. 1151/2012 (früher VO (EG) Nr. 510/2006) regeln (→ § 139 Rn. 1 ff.). Zum Schutz einer solchen Rechtsverordnung enthält Abs. 2 Nr. 2 eine Bußgeldbewährung für Zuwiderhandlungen, soweit der in Rede stehende Tatbestand auf Abs. 2 Nr. 2 verweist. Da das BMJV bislang von dieser Möglichkeit keinen Gebrauch gemacht hat und daher **keine entsprechende Rechtsverordnung existiert,** läuft die Bußgeldandrohung aus Abs. 2 Nr. 2 momentan leer.

E. Zuständige Behörden (Abs. 5)

12   Zuständige Verwaltungsbehörde für das Bußgeldverfahren nach Abs. 1 und die Beseitigung bzw. Vernichtung von Gegenständen nach Abs. 4 ist gemäß Abs. 5 iVm § 36 Abs. 1 Nr. 1 OWiG das **Bundesamt für Justiz.** Mangels einer ausdrücklichen Zuständigkeitsregelung für Fälle des Abs. 2 kommt § 36 Abs. 1 Nr. 2 Buchst. a OWiG zur Anwendung. Danach ist die nach Landesrecht **fachlich zuständige oberste Landesbehörde** auch zuständige Verwaltungsbehörde für das Bußgeldverfahren.

Abschnitt 2 Beschlagnahme von Waren bei der Einfuhr und Ausfuhr

§ 146 Beschlagnahme bei der Verletzung von Kennzeichenrechten

(1) ¹**Waren, die widerrechtlich mit einer nach diesem Gesetz geschützten Marke oder geschäftlichen Bezeichnung versehen sind, unterliegen, soweit nicht die Verordnung (EU) Nr. 608/2013 des Europäischen Parlaments und des Rates vom 12. Juni 2013 zur Durchsetzung der Rechte geistigen Eigentums durch die Zollbehörden und zur Aufhebung der Verordnung (EG) Nr. 1383/2003 des Rates (ABl. L 181 vom 29.6.2013, S. 15) in ihrer jeweils geltenden Fassung anzuwenden ist, auf Antrag und gegen Sicherheitsleistung des Rechtsinhabers bei ihrer Einfuhr oder Ausfuhr der Beschlagnahme durch die Zollbehörde, sofern die Rechtsverletzung offensichtlich ist.** ²Dies gilt für den Verkehr mit anderen Mitgliedstaaten der Europäischen Union sowie mit den anderen Vertragsstaaten des Abkommens über den Europäischen Wirtschaftsraum nur, soweit Kontrollen durch die Zollbehörden stattfinden.

(2) ¹Ordnet die Zollbehörde die Beschlagnahme an, unterrichtet sie unverzüglich den Verfügungsberechtigten sowie den Antragsteller. ²Dem Antragsteller sind Herkunft, Menge und Lagerort der Waren sowie Name und Anschrift des Verfügungsberechtigten mitzuteilen. ³Das Brief- und Postgeheimnis (Artikel 10 des Grundgesetzes) wird insoweit eingeschränkt. ⁴Dem Antragsteller wird Gelegenheit

gegeben, die Waren zu besichtigen, soweit hierdurch nicht in Geschäfts- oder Betriebsgeheimnisse eingegriffen wird.

Überblick

Abs. 1 regelt die zollamtliche Beschlagnahme von Waren, die **Kennzeichenrechte verletzen**. Für die Beschlagnahme gelten folgende Voraussetzungen: **Antrag** (→ Rn. 8 ff.) des Rechtsinhabers (→ Rn. 10 ff.) und Sicherheitsleistung (→ Rn. 16 ff.) sowie Feststellung einer **offensichtlichen Rechtsverletzung** (→ Rn. 40 ff.) durch widerrechtliche Kennzeichnung (→ Rn. 29 ff.). Ferner wird der Anwendungsbereich durch Anordnung des **Vorrangs der VO (EU) Nr. 608/2013** (→ § 150 Rn. 4) erheblich eingeschränkt (→ Rn. 4 ff.).

Unmittelbar nach der Anordnung der Beschlagnahme erfolgen nach Abs. 2 die erforderlichen **Mitteilungen an die Verfahrensbeteiligten** (→ Rn. 51 ff.). Der Antragsteller erhält nach Abs. 2 S. 4 ein Besichtigungsrecht (→ Rn. 53).

In Deutschland fanden im Jahr 2015 ca. 23.000 Aufgriffe statt (in 2014: 45.700, EU-weit ca. 95.200), mit einem Warenwert von ca. 132 Mio. Euro (in 2014: 137 Mio. Euro, in der EU: 617 Mio. Euro). Dabei ist die Marke seit jeher das wichtigste Schutzrecht, auf die sowohl nach Anzahl als auch nach Warenwert über die letzten Jahre hinweg sowohl in Deutschland als in der EU jeweils deutlich über 80 % der aufgegriffenen Waren entfallen.

Übersicht

	Rn.		Rn.
A. Allgemeines	1	II. Widerrechtliche Kennzeichnung	27
		1. Relevante Kennzeichnung	27
B. Anwendungsbereich	4	2. Widerrechtlichkeit der Kennzeichnung	29
C. Antrag und formelle Voraussetzungen	8	3. Handeln im geschäftlicher Verkehr	30
		4. Schranken	32
I. Antragsteller	10	5. Einfuhr, Ausfuhr, Transit	38
II. Verfügungsberechtigter	13	III. Offensichtliche Rechtsverletzung	40
III. Zuständige Behörde	15	1. Prüfungsmaßstab	41
IV. Sicherheitsleistung	16	2. Kennzeichenkollision	43
V. Gebundene Entscheidung	20	3. Erschöpfung – Identifizierung von Originalware	47
VI. Kosten	21	4. Parallelimport	48
VII. Mitteilungen an Zollbehörden	22	**E. Verfahren der Beschlagnahme**	50
VIII. Geltungsdauer	23	**F. Unterrichtung nach erfolgter Beschlagnahme (Abs. 2)**	51
IX. Rechtsmittel gegen die Ablehnung des Antrags	24	I. Unterrichtung an den Antragsteller	52
D. Materielle Voraussetzungen der Beschlagnahme	25	II. Unterrichtung an den Verfügungsberechtigten	54
I. Waren	26	**G. Parallelvorschriften bzw. Ähnlichkeiten zu anderen Vorschriften**	55

A. Allgemeines

Der Antrag auf Beschlagnahme dient **präventiv** dazu, zukünftige Verletzungen frühzei- 1 tig – nämlich bei der Ein- oder Ausfuhr – festzustellen, um sie sodann unterbinden zu können. Der Antrag erfordert keine bereits konkret vorliegende Kennzeichenrechtsverletzung, sondern wird unabhängig davon gestellt. Für den Antrag bedarf es auch keiner Erstbegehungsgefahr (zur Begründung von Erstbegehungsgefahr durch Feststellung markenverletzender Lieferung im Rahmen der Grenzbeschlagnahme: OLG Bremen NJWE-WettbR 2000, 46 f.) oder eines konkreten Verdachts. Die beantragte Beschlagnahme dient der **Sicherstellung des Vernichtungsanspruchs** nach § 18 (LG Düsseldorf GRUR 1996, 66 (68) – adidas-Import).

Abs. 1 S. 1 begründet einen **eigenständigen Anspruch** des Rechtsinhabers auf Beschlag- 2 nahme durch die Zollbehörden. Dieser Anspruch tritt zu den in §§ 14 ff. geregelten Rechten wegen Kennzeichenrechtsverletzung hinzu. Der Anspruch wird nach Abs. 1 S. 2 klarstellend dahin eingeschränkt, dass die Zollbehörden innerhalb des europäischen Wirtschaftsraums nicht zur Einrichtung zusätzlicher Kontrollen allein zum Zweck der Beschlagnahme verpflichtet sind.

3 Der Antrag setzt nach Abs. 1 eine Verletzung von Kennzeichenrechten, dh **Marken** oder **geschäftlichen Bezeichnungen** voraus. Gemäß § 125b Nr. 6 können auch Inhaber von **Unionsmarken** Anträge nach §§ 146–149 stellen. Der Antrag kann aber auch auf **weitere Schutzrechte** gestützt werden. Entsprechende Regelungen gelten für Urheberrechte (§§ 111b f. UrhG); Patente (§ 142a PatG), Gebrauchsmuster (§ 25a GebrMG), Designs (§ 55 DesignG), Sortenschutzrechte (§ 40a SortSchG). Der Antragsteller kann in seinen Antrag sämtliche ihm zustehenden Schutzrechte einbeziehen. Für **geografische Herkunftsangaben** gilt § 151.

B. Anwendungsbereich

4 Der Anwendungsbereich der §§ 146–148 wird erheblich **eingeschränkt** durch den insoweit **vorrangigen Anwendungsvorrang der VO (EU) Nr. 608/2013.** Der Anwendungsbereich der VO (EU) Nr. 608/2013 (im Detail → § 150 Rn. 8 ff.) betrifft mehrere Bereiche. Die VO (EU) Nr. 608/2013 gilt in räumlicher Hinsicht für die Tätigkeit der Zollbehörden an den EU-Außengrenzen. Danach verbleibt für §§ 146–148 der gesamte **innergemeinschaftliche Warenverkehr.** Dieser ist jedoch wegen dort kaum noch stattfindender Kontrollen (Abs. 1 S. 2) wenig relevant.

5 Ferner greift die VO (EU) Nr. 608/2013 bei Marken nur, wenn diese eingetragen sind (→ § 150 Rn. 13 f.), nicht aber bei **Benutzungsmarken** (§ 4 Nr. 2) oder Notorietätsmarken (§ 4 Nr. 3). Von den geschäftlichen Bezeichnungen (§ 5) erfasst die VO (EU) Nr. 608/2013 nur Handelsnamen (→ § 150 Rn. 15), nicht aber **Werktitel** (§ 5 Abs. 3). Bei deren Verletzung sind die §§ 146 bis 148 für die Beschlagnahme auch an den EU-Außengrenzen anwendbar.

6 Auf **Originalwaren,** die vom Rechtsinhaber oder mit seiner (grundsätzlichen) Zustimmung hergestellt wurden, haben die Zollbehörden keinen Zugriff nach der VO (EU) Nr. 608/2013. Dies betrifft insbesondere Fälle des **Parallelimports** (→ § 150 Rn. 19 ff.) sowie von **Lizenzware,** die unter Überschreitung der vertraglichen Höchstmenge hergestellt wurde („Overrun"; → § 150 Rn. 21 f.). Insoweit ist ein Anwendungsbereich von §§ 146 bis 148 auch für eingetragene Marken und Handelsnamen eröffnet.

7 Die VO (EU) Nr. 608/2013 verlangt für eine Kennzeichenverletzung Warenidentität oder jedenfalls hochgradige Warenähnlichkeit („derartige Waren", vgl. Art. 2 Nr. 5 Buchst. a VO (EU) Nr. 608/2013). § 146 hingegen stellt keine solch hohen Anforderungen an die Warenähnlichkeit (→ Rn. 45). Insofern ist bei fehlender Warenidentität, aber bei gleichwohl bestehender **Warenähnlichkeit** ein weiterer Anwendungsbereich der §§ 146–148 gegeben.

C. Antrag und formelle Voraussetzungen

8 Die Voraussetzungen für den Antrag sind überwiegend **formeller Natur.** Über den Antrag wird unabhängig vom konkreten Verdachtsfall entschieden (→ Rn. 1), die materiellen Voraussetzungen (→ Rn. 24 ff.) für die konkrete Beschlagnahme werden demgegenüber von den Zollbehörden jeweils im konkreten Verdachtsfall geprüft.

9 Für das nationale Beschlagnahmeverfahren besteht ein **striktes Antragserfordernis.** Anders als bei der VO (EU) Nr. 608/2013 (→ § 150 Rn. 20) kann ohne Antrag nicht einmal ein nur kurzfristiges Festhalten von Waren erfolgen (Ströbele/Hacker/Hacker Rn. 28), um den Rechtsinhaber in Kenntnis zu setzen und ihm Gelegenheit zur Stellung eines Antrags zu geben.

9.1 Die Zollbehörden sind gleichwohl nicht daran gehindert, eine Beschlagnahme nach §§ 94 ff. StPO vorzunehmen, die bereits wegen des Anfangsverdachts einer Straftat nach §§ 143, 143a gerechtfertigt wäre (LG Kleve BeckRS 2010, 29945) und sich auch auf Geschäfts- sowie Privaträume des Beschuldigten erstrecken kann (LG Meiningen NStZ 2003, 41).

I. Antragsteller

10 Abs. 1 S. 1 setzt einen Antrag des Rechtsinhabers voraus. Rechtsinhaber ist zunächst der **materiell-berechtigte Inhaber** der Marke bzw. der geschäftlichen Bezeichnung. Ferner kann der Antrag aber auch durch **Lizenznehmer** wirksam gestellt werden. Eine solche Erweiterung entspricht dem Verständnis der VO (EU) Nr. 608/2013, die in Art. 3 Nr. 2 Buchst. a VO (EU) Nr. 608/2013 die Antragsbefugnis für nationale Anträge jedem Nutzungsberechtigten zuspricht, der vom Rechtsinhaber förmlich ermächtigt wurde, Verletzungsverfahren einzuleiten (zur vorangehenden VO (EG) Nr. 1383/2003 vgl. Ströbele/Hacker/Hacker Rn. 27; Ingerl/Rohnke Rn. 6).

In der Literatur wird zum Teil eine Begrenzung auf die Inhaber **ausschließlicher Lizenzen** gefordert (Dreier/Schulze/Dreier UrhG § 111b Rn. 8; aA Fezer Rn. 7; FormK/Marke v. Welser Rn. 3405). Andererseits wird aber auch eine Ausweitung auf **verbundene Unternehmen** (Ingerl/Rohnke Rn. 6) bzw. deutsche **Tochterfirmen** (OLG Hamburg GRUR-RR 2002, 129 – Kfz-Ersatzteile; Ströbele/Hacker/Hacker Rn. 27) vertreten.   11

Insbesondere bei internationalen Marken ausländischer Inhaber ist der inländische Lizenznehmer häufig deutlich besser informiert über drohende Importe und deutlich schneller handlungsfähig. Zudem wird der Lizenznehmer durch Pirateriewaren auf zumindest im gleichen Maße geschädigt war wie der Inhaber selbst. Ausschließliche Lizenznehmer sind sogar regelmäßig die Hauptgeschädigten durch den Import rechtsverletzender Produkte. Dies spricht dafür, auch ihnen die Antragsbefugnis zuzugestehen. Da auch die Schadensersatzpflicht den jeweiligen Antragsteller selbst trifft (§ 149), ist keine gesteigerte Unbedachtheit bei der Antragstellung durch Lizenznehmer zu befürchten. Überdies bedarf der Lizenznehmer im weiteren Verfahren der Zustimmung des Markeninhabers (§ 30 Abs. 3), um die nach § 147 Abs. 3 S. 2 erforderliche vollziehbare gerichtliche Entscheidung zu erwirken (so auch Fezer Rn. 7).   11.1

Der **Nachweis der Rechtsinhaberschaft** ist entbehrlich, wenn Antragsteller der eingetragene Inhaber selbst ist. Dieser muss keine Unterlagen hierzu einreichen. Andere Antragsteller müssen ihre Berechtigung allerdings nachweisen. Im Fall der **Rechtsnachfolge** ist daher der Übertragungsvertrag bzw. eine entsprechende Bestätigung des als Inhaber noch eingetragenen Rechtsvorgängers vorgelegt werden. **Lizenznehmer** von Unionsmarken können die Lizenz im Markenregister eintragen lassen; im Übrigen wäre der Lizenzvertrag oder eine entsprechende Bestätigung der Lizenz durch den eingetragenen Inhaber vorzulegen. **Vertreter** müssen eine Vollmacht vorlegen (Ströbele/Hacker/Hacker Rn. 28); sie stellen den Antrag – anders als Lizenznehmer – nicht im eigenen Namen, sondern im Namen ihres Auftragsgebers.   12

II. Verfügungsberechtigter

Der Begriff des Verfügungsberechtigten findet sich erst in Abs. 2 im Zusammenhang mit der Benachrichtigung nach Beschlagnahme. Der – präventive – Antrag auf Beschlagnahme richtet sich nicht (zwangsläufig) gegen Waren eines bestimmten Verfügungsberechtigten. Daher gibt es auch **keinen formellen Antragsgegner** und der Antragsteller muss im Antrag keinen Verfügungsberechtigten angeben.   13

Allerdings empfiehlt es sich zur Steigerung des praktischen Erfolgs des Antrags, sämtliche Betracht kommenden Verfügungsberechtigten zu nennen, damit so Verdachtsfälle leichter aufgefunden werden können.   13.1

Der Verfügungsberechtigte erlangt erst dann eine formalisierte Verfahrensposition, wenn eine Beschlagnahme seiner Waren angeordnet wird, von der er zu benachrichtigen ist. Verfügungsberechtigter ist grundsätzlich der **Eigentümer** der jeweiligen Waren. Wenn der Eigentümer nicht feststeht, greift die Zollverwaltung auf die Vermutungen des § 1006 BGB zurück und behandelt das **Transportunternehmen** der Waren als Verfügungsberechtigten (Ströbele/Hacker/Hacker Rn. 31).   14

Die Vermutungen des § 1006 BGB passen indessen nicht. Die Eigentumsvermutung greift nur bei Eigenbesitz. Dieser kann bei einem Transportunternehmen nicht angenommen werden. Zu § 18 – immerhin dem Vernichtungsanspruch, der durch die Beschlagnahme gesichert werden soll (→ Rn. 1) – wird darauf hingewiesen, dass die Vermutung des § 1006 BGB nur zugunsten, nicht aber zulasten des Besitzers wirkt. (Ströbele/Hacker/Hacker § 18 Rn. 30 Fn. 33).   14.1

III. Zuständige Behörde

15 Zuständig für den **Antrag** ist nach § 148 Abs. 1 S. 1 die Generalzolldirektion (→ § 148 Rn. 1). Die Prüfung der Waren erfolgt durch die Hauptzollämter/Zollstellen. Diese ordnen ebenfalls die Beschlagnahme an, nehmen die Mitteilungen nach Abs. 2 vor und sind im weiteren Verfahren zuständig (→ § 148 Rn. 2).

IV. Sicherheitsleistung

16 Die erforderliche Sicherheitsleistung soll die voraussichtlichen Kosten der zollamtlichen Lagerung und ggf. Vernichtung (zu den Kostenpositionen → § 148 Rn. 6) abdecken. Zudem soll auch das Risiko eines Vollziehungsschadens (→ § 149 Rn. 12 ff.) des Verfügungsberechtigten im Fall der späteren Aufhebung der Beschlagnahme gesichert werden.

17 Die **Höhe** der Sicherheitsleistung ist gesetzlich nicht vorgegeben, insbesondere gehört sie nicht zu den Kosten nach § 148 Abs. 2. Die Generalzolldirektion hat sie nach verwaltungsrechtlichen Grundsätzen (§ 40 VwVfG) im pflichtgemäßen Ermessen festzusetzen (vgl. SBS/Sachs VwVfG § 40 Rn. 24, 46). Maßstab ist insbesondere die Verhältnismäßigkeit. Dabei **schätzt** die Behörde das mögliche Ausmaß eines Vollziehungsschadens nach Art und Umfang der zu erwartenden Beschlagnahme und bemisst auf dieser Grundlage die Sicherheitsleistung.

17.1 Häufig wird die Sicherheitsleistung innerhalb eines Rahmens zwischen 10.000 und 30.000 Euro bemessen (Büscher/Dittmer/Schiwy/Büscher Rn. 15; Ingerl/Rohnke Rn. 7).

18 Die Höhe der Sicherheitsleistung kann **nachträglich heraufgesetzt** werden, wenn sie sich als zu niedrig erweist.

18.1 Dies ergibt sich aus der Dienstanweisung der Bundesfinanzverwaltung zum Schutz des geistigen Eigentums im siebten Absatz Satz 2.

19 Erbracht wird die Sicherheitsleistung in aller Regel durch **selbstschuldnerische Bankbürgschaft** auf erstes Anfordern (§ 148 Abs. 2 iVm §§ 178, 241 Abs. 1 Nr. 7, § 244 Abs. 1 AO) gegenüber der Bundesrepublik Deutschland. Im übrigen richtet die Sicherheitsleistung sich nach §§ 241, 242 AO.

19.1 Für die Sicherheitsleistung durch selbstschuldnerische Bankbürgschaft auf erstes Anfordern hält die Generalzolldirektion ein geeignetes Formular im Internet bereit (http://www.zoll.de/SharedDocs/Downloads/DE/FormulareMerkblaetter/Verbote-Beschraenkungen/0134_2008.pdf?__blob=publicationFile).

V. Gebundene Entscheidung

20 Liegen die formellen Voraussetzungen vor, hat die Generalzolldirektion dem Antrag stattzugeben (vgl. BeckOK VwVfG/Heßhaus VwVfG § 22 Rn. 11).

VI. Kosten

21 Der Antrag selbst ist **gebührenfrei**. Die Kosten des Beschlagnahmeverfahrens, insbesondere die Auslagen der Zollbehörden und die Gebühren der Vernichtung, richten sich nach § 148 Abs. 2 (→ § 148 Rn. 5).

VII. Mitteilungen an Zollbehörden

22 Wird dem Antrag stattgegeben, unterrichtet die Generalzolldirektion alle Zollstellen im Bundesgebiet und das Zollkriminalamt per Dienstanweisung (Ströbele/Hacker/Hacker Rn. 30), damit diese entsprechende Verdachtsfälle erkennen und darauf reagieren können. Darüber hinaus erfolgt eine Veröffentlichung der gültigen Grenzbeschlagnahmeanträge durch das BMF in der Vorschriftensammlung der Bundesfinanzverwaltung (Ströbele/Hacker/Hacker Rn. 30).

VIII. Geltungsdauer

23 Der Antragsteller bestimmt die Geltungsdauer seines Antrags, die allerdings **maximal ein Jahr** beträgt (§ 148 Abs. 1 S. 1). Allerdings kann der Antrag beliebig oft **wiederholt** (→ § 148 Rn. 4) werden (§ 148 Abs. 1 S. 2), was faktisch einer Verlängerung gleichkommt.

IX. Rechtsmittel gegen die Ablehnung des Antrags

Gegen die Ablehnung des Grenzbeschlagnahmeantrags besteht die Möglichkeit des **Ein-** 24
spruchs nach § 347 Abs. 1 Nr. 1 AO bzw. bei dessen Erfolglosigkeit der Klage nach § 33
Abs. 1 Nr. 1 FGO. Die Überwachung des grenzüberschreitenden Warenverkehrs stellt eine
Maßnahme der **Steueraufsicht** (§ 209 AO) dar, gegen die Rechtsschutz im Rahmen des
Abgabenrechts und durch die Finanzgerichtsbarkeit besteht (vgl. BFH GRUR Int 2000,
780 – Jockey; IStR 2000, 224). Streitigkeiten, die die Ablehnung des Antrags betreffen, sind
Abgabenangelegenheiten.

D. Materielle Voraussetzungen der Beschlagnahme

Liegt ein positiv beschiedener, gültiger (→ Rn. 23) Antrag auf Grenzbeschlagnahme vor, 25
prüfen die Zollbehörden bei den untersuchten Waren, ob die nachfolgenden materiellen
Voraussetzungen für die Anordnung der Beschlagnahme vorliegen.

I. Waren

Naturgemäß können nur (körperliche) Waren beschlagnahmt werden. Allerdings muss die 26
zu beschlagnahmende Ware nicht unmittelbar selbst widerrechtlich gekennzeichnet sein. Es
genügt, wenn die widerrechtliche Kennzeichnung sich nur auf der **Verpackung** der Ware,
einem Aufkleber auf der Ware, einem Anhänger oder ähnlichem befindet (OLG Hamburg
GRUR-RR 2002, 129 – Kfz-Ersatzteile; Ströbele/Hacker/Hacker Rn. 14; Büscher/Ditt-
mer/Schiwy/Büscher Rn. 8).

Neben der (verpackten) Ware selbst können auch deren **Kennzeichnungsmittel** separat beschlag- 26.1
nahmt werden. Dies gilt insbesondere für (noch) leere Verpackungen, Embleme, Anhänger, Aufkleber,
aber auch für Prospekte, Bedienungs- und Gebrauchsanweisung, Garantiedokumente (Ströbele/Hacker/
Hacker Rn. 14; Büscher/Dittmer/Schiwy/Büscher Rn. 8; Fezer Rn. 28; aA Ingerl/Rohnke Rn. 3).
Zur effektiven Durchsetzung des Vernichtungsanspruchs (s. dazu BT-Drs. 11/4792, 41) kommt ferner
auch eine Beschlagnahme von **Materialien** und **Geräten** iSd § 18 Abs. 1 S. 2 (Druckstöcke pp.) in
Betracht (insoweit für eine analoge Anwendung des § 146 Rn. 29; aA Ingerl/Rohnke Rn. 3).
Darin, dass diese Gegenstände der der Vernichtung nach § 18 unterliegen (Ströbele/Hacker/Hacker
§ 18 Rn. 20; Fezer § 18 Rn. 33 f.) besteht auch mit den Vertretern der Gegenmeinung Einigkeit (Ingerl/
Rohnke § 18 Rn. 11, 13). Einer, soweit sie über den Warenbegriff des § 146 (dazu Fezer Rn. 27)
hinausgeht, analogen Anwendung stünde jedoch das Erfordernis einer offensichtlichen Kennzeichenverletzung entgegen (Ingerl/Rohnke Rn. 3). Das vermag nach der hier vertretenen Ansicht nicht zu
überzeugen: Die Offensichtlichkeit bestimmt eine Eingriffsschwelle für das Tätigwerden der Zollbehörden (→ § 149 Rn. 6 f.). Zu ihrer Beurteilung kommt es auf die materielle Rechtslage an, sie trägt
selber jedoch nicht zu dieser bei (so auch Fezer Rn. 8). Eine Erstreckung der materiell-rechtlichen
Verletzungshandlungen auch auf die Ein- und Ausfuhr von Kennzeichnungsmitteln, Materialien, Geräten etc. im Analogiewege erweitert damit zunächst nur den Anwendungsbereich des § 146. Innerhalb
dieser erweiterten Grenzen haben die Zollbehörden die Offensichtlichkeit einer Kennzeichenrechtsverletzung zu prüfen (→ Rn. 40).

II. Widerrechtliche Kennzeichnung

1. Relevante Kennzeichenrechte

Der Anspruch auf Beschlagnahme besteht bei Verletzungen **jeglicher Kennzeichen der** 27
§§ 4, 5. Erfasst werden also eingetragene Marken (§ 4 Nr. 1), Benutzungsmarken (§ 4 Nr. 2),
Notorietätsmarken (§ 4 Nr. 3), Unternehmenskennzeichen (§ 5 Abs. 1 S. 1), sonstige
geschäftliche Bezeichnungen (§ 5 Abs. 1 S. 2), Werktitel (§ 5 Abs. 2). Ferner werden auch
Kollektivmarken (§ 126) erfasst. Ebenfalls geschützt sind Unionsmarken (§ 125b Nr. 6) sowie
Internationale Registrierungen mit Schutzerstreckung für Deutschland (§§ 107 Abs. 1, 119
Abs. 1).

§ 146 regelt **nicht** die Beschlagnahme wegen Verletzung **geographischer Herkunftsan-** 28
gaben. Das diesbezügliche Verfahren richtet sich nach § 151. Sofern eine geographische
Herkunftsangabe zudem als (Kollektiv-)Marke eingetragen ist, besteht aber diesbezüglich die
Möglichkeit eines Antrags nach § 146.

MarkenG § 146

2. Widerrechtlichkeit der Kennzeichnung

29 Die erforderliche Rechtswidrigkeit setzt eine Kennzeichenrechtsverletzung nach **§ 14 Abs. 2 bzw. § 15 Abs. 2, 3** voraus. Es muss also ein Fall der Doppelidentität (→ § 14 Rn. 247), der Verwechslungsgefahr (→ § 14 Rn. 257; → § 15 Rn. 33) oder des Bekanntheitsschutzes (→ § 14 Rn. 510; → § 15 Rn. 61) vorliegen. Infolge der zusätzlichen Voraussetzung, dass die Rechtsverletzung offensichtlich (→ Rn. 40 ff.) sein muss, begründet nicht jede Rechtsverletzung einen Anspruch auf Beschlagnahme. Insbesondere an Verwechslungsgefahr und auch an Bekanntheitsschutz sind gesteigerte Anforderungen zu stellen (→ Rn. 46).

3. Handeln im geschäftlicher Verkehr

30 Rechtsverletzungen nach §§ 14 ff. erfassen nur Handlungen im geschäftlichen Verkehr (Büscher/Dittmer/Schiwy/Büscher Rn. 8; Ingerl/Rohnke Rn. 8). Bei Unternehmern wird das Handeln im geschäftlichen Verkehr vermutet (→ § 14 Rn. 58). Demgegenüber muss bei Privatpersonen deren Handeln im geschäftlichen Verkehr positiv festgestellt werden (→ § 14 Rn. 59). Hierzu wendet die Zollverwaltung im **Reiseverkehr** Wertgrenzen an, bei deren Überschreitung sie von einem kommerziellen Charakter ausgeht.

30.1 Diese Wertgrenzen finden sich in http://www.zoll.de/DE/Privatpersonen/Reisen/Rueckkehr-aus-einem-Nicht-EU-Staat/Zoll-und-Steuern/Reisefreimengen/reisefreimengen_node.html. Sie richten sich, sofern sich die Grenzwerte nicht (insbesondere bei Genussmitteln) nach Stückzahl oder Gewicht bemessen, nach dem Einkaufspreis in dem Land, aus dem eingeführt wird, und liegen bei See- oder Flugreisen bei 430 Euro, bei Personenreisen mit anderen Verkehrsmitteln bei 300 Euro und bei Personen, die unter 15 Jahre alt sind, bei 175 Euro (unabhängig vom Verkehrsmittel). Ferner ist erforderlich, dass die Waren im persönlichen Gepäck mitgeführt werden.

31 Im **Postverkehr** wendet die Zollverwaltung diese Wertgrenzen hingegen nicht an (kritisch Ströbele/Hacker/Hacker Rn. 15). Dies soll der Unterbindung des sog. „Ameisenverkehrs" dienen. Bei Postsendungen unter Privatleuten kann jedoch nicht ohne weiteres von einem Handeln im geschäftlichen Verkehr ausgegangen werden (s. auch Ströbele/Hacker/Hacker Rn. 15). Eine Beschlagnahme von Postsendungen unter Privatleuten ohne Feststellung von Umständen, die klar für ein Handeln im geschäftlichen Verkehr sprechen, ist somit nicht von § 146 gedeckt.

4. Schranken

32 Keine Rechtsverletzung liegt vor, wenn eine der Schranken der §§ 20 ff. greift. **Verjährung** (§ 20) scheidet allerdings naturgemäß aus, da Ein- und Ausfuhr eine gegenwärtige Verletzungshandlung darstellen (→ § 20 Rn. 11).

33 Auch **Verwirkung** (§ 21) wird – jedenfalls beim Import – regelmäßig ausscheiden, da nach höchstrichterlicher Rechtsprechung jede Einfuhr eine neue Verletzungshandlung darstellt, die nicht verwirkt sein kann (→ § 21 Rn. 24; vgl. BGH GRUR 2013, 1161 Rn. 21 – Hard Rock Cafe).

33.1 Der BGH geht davon aus, dass jede „gleichartige Verletzungshandlung" einen neuen Unterlassungsanspruch begründet. Damit bezieht er sich auf eine vorangegangene Entscheidung (BGH GRUR 2012, 928 Rn. 23–26 – Honda-Grauimport), die sich allerdings tatbestandlich nur mit Importen zu befassen hatte. Die Argumente des Senats lassen sich auf die Ausfuhr übertragen: Wenn die Untätigkeit eines Markeninhabers nicht dazu führen soll, dass er seine Rechte wegen Verwirkung nicht mehr durchzusetzen vermag, so muss dies unabhängig davon gelten, für welchen Markt die rechtsverletzenden Waren bestimmt sind. Ist also Anknüpfungspunkt für den BGH einzig die (zeitweise tolerierte) Rechtsverletzung, kann es keinen Unterschied machen, ob diese in einer Ein- oder Ausfuhr liegt.

34 Der Tatbestand des **Zwischenrechts** (§ 22) kann hingegen durchaus vorliegen. Allerdings besteht für ein solches Zwischenrecht eine erhebliche Darlegungslast für den Inhaber des jüngeren Kennzeichens. Solange dieser sein Zwischenrecht nicht eindeutig nachweist, gilt die Vermutung des Rechtsbestands des älteren Kennzeichens. Sollte der Antragsteller mit der Einfuhr von Waren rechnen, deren Verfügungsberechtigter sich auf ein Zwischenrecht

berufen könnte, sollte der Antragsteller bereits mit dem Antrag vortragen, warum ein Zwischenrechts ausscheidet.

Die Benutzung der Marke als **beschreibende Angabe** (§ 23 Nr. 2) scheidet jedenfalls in typischen Piraterfällen (nämlich unmittelbaren Produktnachahmungen unter originalgetreuer Verwendung der Marke) aus. Sofern der Antragsteller jedoch auch mit einer solchen Verwendung der Marke rechnen muss, die in den Regelungsbereich der Schranke des § 23 Nr. 2 fallen könnte, sollte er darlegen, warum die Schranke keine Anwendung findet. 35

Die wichtigste Schranke bei der Grenzbeschlagnahme stellt die **Erschöpfung** (§ 24) dar. Dies insbesondere im Fall von Parallelimporten (→ Rn. 48). 36

Eine **Nichtbenutzung** (§ 25) wird im Verletzungsverfahren nur auf Einrede berücksichtigt. Der Nachweis rechtserhaltender Benutzung wird von den Zollbehörden nicht gefordert, auch wenn die Benutzungsschonfrist (→ § 25 Rn. 1 ff.) abgelaufen ist. 37

5. Einfuhr, Ausfuhr, Transit

Nach seinem Wortlaut erfasst § 146 die Einfuhr und die Ausfuhr, nicht hingegen den Transit. Transit meint die (zollrechtlich) ununterbrochene und bloße Durchfuhr der Waren (BGH GRUR 2007, 875 Rn. 8, 11 f. – Durchfuhr von Originalware; EuGH C-281/05, GRUR 2007, 146 Rn. 19 – Diesel). Demgegenüber kein Transit ist die „Durchfuhr im weiteren Sinne" (Begriff nach v. Schultz/Eble Rn. 16), also die Einfuhr allein zum Zwecke der Veräußerung der eingeführten Waren im Inland und der anschließenden Ausfuhr. Anders als beim Transit befinden die Waren sich nicht in einem durchgängigen Zollverfahren, sondern gelangen (zunächst) in den zollrechtlich freien Verkehr, was beim Transit gerade nicht der Fall ist (vgl. nur BGH GRUR 2007, 875 Rn. 14 – Durchfuhr von Originalware). Die Gefahr, dass nicht alle betroffenen Waren auch wieder ausgeführt werden, ist gegenüber einem echten Transit sichtlich erhöht. 38

Allein die Bezeichnung eines Transports als „Transit" führt jedoch nicht dazu, dass die betroffenen Waren nicht mehr Gegenstand einer Beschlagnahme werden könnten. Denn ungeachtet der ursprünglichen Anmeldung ist es möglich, dass die Waren von einem Transit- in ein Einfuhrverfahren überführt werden. Eine Beschlagnahme kann daher auch bei Waren die als Transitwaren deklariert sind vorgenommen werden, wenn der Verdacht des Handels im Inland besteht (OLG Nürnberg GRUR-RR 2002, 98 f.; vgl. auch EuGH C-281/05, GRUR 2007, 146 Rn. 27, 34 – Diesel). Solche **Verdachtsmomente** können sein zB ein Bestimmungsort im (vorgeblichen) Transitstaat, Ungereimtheiten bei der Rechnungslegung oder die Glaubwürdigkeit der Anmeldung belastende Zeugenaussagen seitens der am Transport beteiligten Unternehmen und Personen (OLG Nürnberg GRUR 2002, 98 f.). Auch geschäftliche Handlungen, die sich an Verbraucher in der Union richten, wie zB die Bewerbung oder der (rein schuldrechtliche) Verkauf der betroffenen Waren, können die Gefahr einer Kennzeichenrechtsverletzung begründen und damit die Beschlagnahme rechtfertigen (EuGH C-446/09, C-495/09, GRUR 2012, 828 Rn. 57, 71 – Philips und Nokia). Das gilt auch dann, wenn Werbung oder Verkauf vor dem Eintreffen der Waren im Zollgebiet der EU erfolgten. 38.1

Die Änderungen infolge der Markenreform 2016 sprechen allerdings klar dafür, das Beschlagnahmeverfahren nach §§ 146–149 über den Wortlaut hinaus **auch für den reinen Transit** zu öffnen: Der insoweit neugefasste Art. 9 Abs. 4 UAbs. 1 UMV sieht vor, dass der Inhaber einer Unionsmarke auch berechtigt ist, Dritten zu untersagen, Waren mit kollidierenden Marken in den Mitgliedstaat zu verbringen, **ohne** die Waren dort in den zollrechtlich freien Verkehr zu verbringen. Nur wenn der Anmelder oder Besitzer der Waren nachweisen kann, dass der Markeninhaber im endgültigen Bestimmungsland (innerhalb oder außerhalb der EU) keinen Unterlassungsanspruch hat, erlischt gemäß Art. 10 Abs. 4 UAbs. 2 UMV der Unterlassungsanspruch. Allerdings sieht Art. 9 Abs. 4 UAbs. 2 UMV vor, dass der Anmelder oder Besitzer der beschlagnahmten Waren den Nachweis der fehlenden Unterlassungsanspruchs im Bestimmungsland im Rechtsverletzungsverfahren zu erbringen hat, das nach VO (EU) 608/2013 eingeleitet wurde. Ein solches Verfahren steht bei einer Beschlagnahme nach §§ 146 bis 149 gerade nicht zur Verfügung, was dafür spricht, den Anwendungsbereich von Art. 9 Abs. 4 UAbs. 1 UMV auf das Beschlagnahmeverfahren nach § 150 iVm VO (EU) 608/2013 zu beschränken. 39

Für **nationale Registermarken** enthält Art. 10 Abs. 4 UAbs. 1 RL (EU) 2015/2436 zur Angleichung der Rechtsvorschriften der Mitgliedstaaten über die Marken, der bis 14.1.2019 in nationales 39.1

Recht umzusetzen ist, eine gleichlautende Regelung. Allerdings ist auch hier wieder der Beweis des fehlenden Unterlassungsanspruchs im Bestimmungsland im Rechtsverletzungsverfahren zu erbringen hat, das nach VO (EU) 608/2013 eingeleitet wurde.

39.2 Die vom BGH noch zum WZG ergangene Rechtsprechung, nach der ein Spediteur beim Warentransit zumindest (nicht-markenrechtlicher) Störer iSd § 1004 BGB sein konnte (BGH GRUR 1957, 352 – Pertussin II), hat der BGH inzwischen aufgegeben (BGH GRUR 2012, 1263 – Clinique happy).

III. Offensichtliche Rechtsverletzung

40 Mit der Voraussetzung der Offensichtlichkeit soll bewirkt werden, dass die Beschlagnahme von Waren, die einen erheblichen Eingriff in den Warenverkehr bedeutet, **bei unklarer Rechtslage unterbleibt** und ungerechtfertigte Beschlagnahmen weitgehend ausgeschlossen werden (BT-Drs. 11/4792, 41; OLG Hamburg MD 2005, 1067 Rn. 12 – Hamburg; BFH GRUR Int 2000, 780 (782) – Jockey). Hintergrund ist die Tatsache, dass die Beschlagnahme einen erheblichen Eingriff darstellt, der ohne vorherige Anhörung des Betroffenen erfolgt und daher einer ausreichenden Rechtfertigung bedarf (vgl. BeckOK PatR/Voß PatG § 142a Rn. 6). Die erforderliche Offensichtlichkeit der Rechtsverletzung bezieht sich sowohl auf die Prüfung der Kennzeichenrechtsverletzung (→ Rn. 43 ff.) als auch auf etwaige Schranken, insbesondere die Erschöpfung (→ Rn. 47). Die Frage nach der Offensichtlichkeit erfordert eine **Beurteilung im Einzelfall**.

40.1 Da der Antrag sich noch nicht auf eine konkrete Verletzung bezieht „muss [in diesem Stadium des Verfahrens] ein schlüssiger, glaubhafter Vortrag ausreichen, aus dem sich eine (angebliche) bevorstehende Rechtsverletzung verhältnismäßig leicht und eindeutig erkennen lässt" (BFH GRUR Int 2000, 780 (782) – Jockey).

1. Prüfungsmaßstab

41 Die Beurteilung der offensichtlichen Rechtsverletzung erfolgt durch einen Zollbeamten und nicht durch ein Gericht. Damit ist einerseits die verfassungsrechtliche Legitimation der Beschlagnahme schwächer, zum anderen kann von der Zollverwaltung nicht die gleiche kennzeichenrechtliche Fachkenntnis erwartet werden wie von einem entsprechend spezialisierten Gericht. Vor diesem Hintergrund ist der Maßstab der Offensichtlichkeit nach Abs. 1 S. 1 eigenständig zu beurteilen und insbesondere nicht mit dem Merkmal der Offensichtlichkeit nach § 19 gleichzusetzen (Ingerl/Rohnke Rn. 4). Die Rechtsverletzung muss für den Zollbeamten ohne weiteres erkennbar sein und auf der Hand liegen; er darf **keinen vernünftigen Zweifel** haben (Ströbele/Hacker/Hacker Rn. 18; Büscher/Dittmer/Schiwy/Büscher Rn. 12; Ingerl/Rohnke Rn. 4). Gerade im Unterschied zur VO (EU) Nr. 608/2013 (→ § 150 Rn. 71) reicht nicht aus, dass eine Markenverletzung möglich ist oder ein dahingehender Verdacht besteht (vgl. BeckOK PatR/Voß PatG § 142a Rn. 7). Daher dürfen auch keine Anhaltspunkte dafür vorliegen, dass der Sachverhalt in entscheidenden Punkte lückenhaft ist oder sich kurzfristig ändern wird (vgl. Wandtke/Bullinger/Kefferpütz UrhG § 111b Rn. 38).

42 Nicht offensichtlich sein muss hingegen, dass auch die Voraussetzungen des § 18 gegeben sind. Bei der Entscheidung nach § 18 handelt es sich um eine durch das Gericht auszusprechende Rechtsfolge. Sie erfordert eine besondere Fachkenntnis und ist schon deswegen erst in einem zweiten Prüfschritt, nach dem Aufhalten der betroffenen Waren durch die Zollbehörden, sinnvoll vorzunehmen. Davon ging auch der Gesetzgeber aus, der den „Spielraum der Gerichte" (BT-Drs. 11/4792, 28) betonte. Auch aus dem Regel-Ausnahme-Verhältnis von Vernichtung zu anderweitiger Beseitigung der Rechtsverletzung ergibt sich schon, dass üblicherweise aus der Rechtsverletzung die Vernichtung der betroffenen Waren folgt (→ § 18 Rn. 71; vgl. BT-Drs. 11/4792, 27). Von dieser gesetzgeberischen Wertung muss auch der Zollbeamte bei seiner Prüfung ausgehen können.

42.1 Das gilt auch dann, wenn man mit dem LG Düsseldorf (GRUR 1996, 66 (68) – adidas-Import) annimmt, ein Einfuhrverbot für rechtsverletzende Waren könne ein verhältnismäßiges Minus zur Vernichtung darstellen. Denn wenn der Zoll auf Basis der gerichtlichen Entscheidung die Einfuhr von Waren, deren Vernichtung unverhältnismäßig ist, zumindest aber verhindern soll, so muss er sie auch dazu zuvor aufgehalten haben. Für eine Verortung der Verhältnismäßigkeitsprüfung allein im gerichtlichen Verfahren spricht ferner, dass die Rechtsprechung die Verhältnismäßigkeit auch unter Gesichtspunkten des Verschuldens beurteilt (BGH GRUR 2006, 504 – Parfümtestkäufe; GRUR 1997, 899 – Vernichtungsanspruch; vertiefend Fezer § 18 Rn. 101). Dass eine solche Prüfung die Aufgaben des Zolls häufig übersteigen kann, liegt auf der Hand. Diesem Ergebnis entspricht schließlich, dass der Beklagte im Zivilverfahren die Darlegungs- und Beweislast für das Vorliegen einer Ausnahme nach § 18 Abs. 3 trägt (Ingerl/Rohnke § 18 Rn. 28).

2. Kennzeichenkollision

Regelmäßig offensichtlich ist die Rechtsverletzung im Fall der Doppelidentität, die zugleich Standardfall der klassischen Produktpiraterie ist. Deutlich schwieriger zu beurteilen sind die für die Verwechslungsgefahr erforderliche Zeichen- und Warenähnlichkeit oder gar der Bekanntheitsschutz. **43**

Zu eng wäre es aber, stets **Zeichenidentität** iSv § 14 Abs. 2 Nr. 1 zu fordern, da diese nur sehr restriktiv angenommen wird und bereits im Fall kleinerer Zusätze oder unwesentlicher Abwandlungen ausscheidet (→ § 14 Rn. 251). Für eine offensichtliche Rechtsverletzung muss die verwendete Bezeichnung aber zumindest **in erheblichen Teilen identisch** mit den geschützten Kennzeichen sein (Ströbele/Hacker/Hacker Rn. 19; Büscher/Dittmer/Schiwy/Büscher Rn. 12; Ingerl/Rohnke Rn. 4). **44**

Auch dann verbleiben gerade im Bereich zusammengesetzter Marken noch erhebliche rechtliche Schwierigkeiten bei der Beurteilung der Zeichenähnlichkeit (zB bei der Frage der selbständig kennzeichnenden Stellung eines Elements; → § 14 Rn. 452 ff.). **44.1**

Warenähnlichkeit genügt für die Beschlagnahme nach Abs. 1 (im Unterschied zur VO (EU) Nr. 608/2013, die explizit Warenidentität verlangt, → Rn. 7). Bei der Beurteilung der Warenähnlichkeit kann der Zoll auf Hilfsmittel zurückgreifen. Zwar beurteilt sich auch Warenähnlichkeit auf Basis einer markenrechtlichen Wertung (→ § 14 Rn. 297). Sie ist aber isoliert von Zeichenähnlichkeit oder Kennzeichnungskraft festzustellen (→ § 14 Rn. 294). Angesichts einer endlichen Anzahl von Waren kann sie vielfach schematisch beantwortet werden. Insoweit kann der Zoll auf Sammlungen (zB Richter/Stoppel) zurückgreifen, die Entscheidungen von Ämtern und Gerichten zur Warenähnlichkeit katalogisiert haben. Hilfreich ist insbesondere auch das Suchprogramm „CF Similarity" des EUIPO (http://euipo.europa.eu/sim/), mit dem sich die Entscheidungen des EUIPO und weiterer teilnehmender Markenämter zur Warenähnlichkeit recherchieren lassen. Sofern sich danach eine **nicht nur geringe Warenähnlichkeit** ergibt, spricht dies – zusammen mit dem ohnehin erforderlichen hohen Zeichenähnlichkeitsgrad (→ Rn. 44) für eine offensichtliche Verwechslungsgefahr (vgl. Ströbele/Hacker/Hacker Rn. 20; aA Büscher/Dittmer/Schiwy/Büscher Rn. 12: hochgradige Warenähnlichkeit – aber ohne das Hilfsmittel der Entscheidungssammlung zu berücksichtigen). Allerdings kann ein Zollbeamter auch ohne Auflistung der konkreten Warenkonstellation zumindest Fälle hochgradiger Warenähnlichkeit eindeutig feststellen. **45**

Bekanntheit ist für die Zollbehörden nicht – jedenfalls nicht zweifelsfrei – festzustellen. Allerdings kann der Antragsteller die Bekanntheit seiner Marke durch entsprechende Urteile glaubhaft machen, in denen die Bekanntheit bereits festgestellt wurde. Allerdings ist dann immer noch die unzulässige Ausbeutung oder Schädigung der Unterscheidungskraft bzw. Wertschätzung der Marke zu prüfen. Auch hier dürfte eine offensichtliche Rechtsverletzung für den Zoll zuverlässig nur auf Basis von Urteilen in unmittelbar übertragbaren Fällen festzustellen sein. **46**

3. Erschöpfung – Identifizierung von Originalware

Gerade im Fall der Doppelidentität und auch sonst naturgetreuen Nachahmung des Pirateriprodukts muss die Zollverwaltung sicherstellen, dass nicht Originalware beschlagnahmt wird. Hintergrund hierfür ist nicht etwa der Schutz des Herstellers davor, selbst Opfer seines eigenen Beschlagnahmeantrags zu werden, sondern vielmehr der Schutz seiner Abnehmer, die insbesondere infolge Erschöpfung zulässigerweise die Ware ein- oder ausführen. Zur Erkennung von Nachahmungen ist die Behörde in schwierigen Fällen darauf angewiesen, dass der Antragsteller auf eindeutige **Erkennungsmerkmale** von Original bzw. Nachahmung **47**

MarkenG § 146   Teil 8 Straf- und Bußgeldvorschriften; Beschlagnahme

hinweist (zB Codes, Verpackung, Hologramme usw). Sinnvoll ist auch die Hinzuziehung eines **Fachmanns** aus dem Unternehmen des Antragstellers.

4. Parallelimport

48   Beim Parallelimport wird Originalware eingeführt, die allerdings dann rechtsverletzend ist, wenn keine Erschöpfung vorliegt, die Ware also **nicht mit Zustimmung** des Rechtsinhabers im EWR in den Verkehr gelangt ist (§ 24 Abs. 1), oder der Rechtsinhaber **berechtigte Gründe** gegen die Markenverwendung vorbringen kann (§ 24 Abs. 2).

49   Originalhersteller verwenden oft Codierungssysteme, um kenntlich zu machen, auf welchem Markt ein Artikel in Verkehr gebracht wird, und auf diese Weise ihre Vertriebssysteme zu kontrollieren. Anhand solcher Codierungen kann festgestellt werden, ob die Ware mit Zustimmung des Rechtsinhabers im EWR in den Verkehr gelangt ist oder nicht. Schwieriger ist die Prüfung, ob berechtigte Gründe gegen die Markenverwendung sprechen (→ § 24 Rn. 35 ff.).

49.1   Der Offensichtlichkeit der Markenrechtsverletzung steht es nicht entgegen, dass es sich um Originalware handelt, die Rechtsverletzung sich also nicht schon aus der Beschaffenheit der Ware ergibt. Werden im Grenzbeschlagnahmeantrag Anhaltspunkte (zB Angaben zum Transportweg, Zollwert der Waren, bestimmte – bereits bekannte – Im- oder Exporteure) genannt, die die Rechtsverletzung erkennbar machen, hat die Zollbehörde die Überprüfung verdächtiger Waren unter Beachtung auch dieser Aspekte vorzunehmen (BFH DStRE 2000, 431 (434)).

E. Verfahren der Beschlagnahme

50   Erkennt die Zollverwaltung eine offensichtliche Rechtsverletzung (→ Rn. 40 ff.), ergeht durch sie im Wege des Verwaltungsakts die **Anordnung** der Beschlagnahme bezüglich der verletzenden Waren. Beschlagnahme ist die Sicherstellung der Waren durch Entziehung der tatsächlichen Verfügungsgewalt des Betroffenen und Unterwerfung unter staatliche Herrschaft (vgl. Park, HdB Durchsuchung und Beschlagnahme, Rn. 424). Dies geschieht praktisch, indem die Zollbehörde die Waren **in Gewahrsam** nimmt.

F. Unterrichtung nach erfolgter Beschlagnahme (Abs. 2)

51   Abs. 2 legt die Verfahrensschritte unmittelbar nach der Beschlagnahme fest. Dabei handelt es sich namentlich um die Unterrichtung des Verfügungsberechtigten (→ Rn. 54) und des Antragstellers (→ Rn. 52), der zudem einen Besichtigungsanspruch hat (→ Rn. 53). Das daran anschließende weitere Verfahren nach Beschlagnahme regelt § 147.

I. Unterrichtung an den Antragsteller

52   Der Antragsteller ist unverzüglich zu unterrichten, Abs. 2 S. 1. Ihm sind zur näheren Beurteilung, ob er das Verfahren mit dem Ziel der Vernichtung fortsetzen möchte, die insoweit **wesentlichen Angaben** über die beschlagnahmten Waren (Herkunft, Menge und Lagerort) und über den Verfügungsberechtigten (Name und Anschrift) mitzuteilen (Abs. 2 S. 2).

52.1   Warenherkunft und Identität des Verfügungsberechtigten können dem Antragsteller Aufschluss darüber geben, ob tatsächlich eine Verletzung vorliegt. Die Warenmenge ist für die Bedeutung der Rechtsverletzung, aber auch für das Ausmaß eines drohenden Schadensersatzes relevant. Die Angaben insgesamt sind zudem erforderlich, um eine später ggf. erforderlich werdende gerichtliche Entscheidung nach § 147 Abs. 3 S. 2 erlangen zu können (EuGH C-223/98, GRUR Int 2000, 163 Rn. 26 f. – Adidas).

53   Ergänzend zu diesen Angaben hat der Antragsteller einen **Besichtigungsanspruch** nach Abs. 2 S. 4. Erst anhand eines unmittelbaren Eindrucks von den konkreten Waren kann der Antragsteller die Rechtsverletzung eingehend beurteilen und in einem nachfolgenden Verletzungsverfahren dem Gericht substantiiert darstellen. Anstelle einer Besichtigung vor Ort kann die Zollverwaltung dem Antragsteller auch Warenproben schicken (Ströbele/Hacker/Hacker Rn. 32; BeckOK UrhG/Sternberg-Lieben UrhG § 111b Rn. 40). Das wird zwar unter Hinweis auf das fremde Eigentum in Abrede gestellt (Deumeland GRUR 2006,

Einziehung; Widerspruch; Aufhebung der Beschlagnahme § 147 MarkenG

994 f.). Das überzeugt aber jedenfalls dann nicht, wenn viele Waren von geringem Einzelwert vorhanden sind.

II. Unterrichtung an den Verfügungsberechtigten

Auch der Verfügungsberechtigte (→ Rn. 13) ist unverzüglich zu unterrichten (Abs. 2 S. 1). Der Inhalt der Benachrichtigung an den Verfügungsberechtigten wird in Abs. 2 nicht ausdrücklich geregelt. Der Verfügungsberechtigte ist über sein **Widerspruchsrecht** zu unterrichten und insofern auch über die Widerspruchsfrist sowie über die Rechtsfolge eines nicht fristgerechten Widerspruchs (Ingerl/Rohnke Rn. 9; Fezer Rn. 31; dies aus § 150 Abs. 4 S. 2 aF schließend: Ströbele/Hacker/Hacker § 147 Rn. 2). Die Unterrichtung ist **zuzustellen**, § 147 Abs. 1. 54

Eine ordnungsgemäße Belehrung könnte zudem **Voraussetzung für den Beginn der Widerspruchsfrist** sein. Dies ist bei Rechtsbehelfsbelehrungen vielfach der Fall, vgl. § 79 VwVfG, § 58 Abs. 1 VwGO. Nach dem OWiG (§ 52 Abs. 1 OWiG iVm § 44 StPO) ist die unterbleibende Rechtsbehelfsbelehrung zumindest Grund für eine Wiedereinsetzung in den vorigen Stand. Allerdings stellt der Widerspruch iSd § 147 kein Rechtsmittel gegen die Beschlagnahme dar; diese sind in § 148 aufgezählt (→ § 148 Rn. 13). Zudem erwächst die Beschlagnahmeanordnung nicht ohne weiteres in Rechtskraft, selbst wenn ein fristgerechter Widerspruch unterbleibt (Ströbele/Hacker/Hacker § 147 Rn. 3). Der Widerspruch hat auch keinen Suspensiveffekt. Er ist kein Rechtsbehelf nach § 79 VwVfG, da er kein Antrag auf Durchführung eines behördlichen Überprüfungsverfahrens ist (vgl. BeckOK VwVfG/Kunze VwVfG § 79 Rn. 6), sondern lediglich die ausdrücklich verweigerte Zustimmung zum vereinfachten Einziehungsverfahren. Da die Beschlagnahme allerdings Besitz- bzw. Eigentumsrechte des Verfügungsberechtigten betrifft, spricht vieles dafür, diese Rechte durch **entsprechende Anwendung** der Vorschriften über das Rechtsbehelfsverfahren zu schützen. Diese Überlegungen werden freilich hinfällig, wenn die Zollstelle die Waren zwischenzeitlich einzieht und damit die Beschlagnahme endet. 54.1

G. Parallelvorschriften bzw. Ähnlichkeiten zu anderen Vorschriften

Zu § 146 bestehen Parallelvorschriften in den sonstigen Gesetzen über die gewerblichen Schutzrechte sowie das Urheberrecht; namentlich in § 142a Abs. 1, 2 PatG, § 55 DesignG, § 25a Abs. 1, 2 GebrMG sowie § 111b Abs. 1, 2 UrhG. 55

§ 147 Einziehung; Widerspruch; Aufhebung der Beschlagnahme

(1) Wird der Beschlagnahme nicht spätestens nach Ablauf von zwei Wochen nach Zustellung der Mitteilung nach § 146 Abs. 2 Satz 1 widersprochen, ordnet die Zollbehörde die Einziehung der beschlagnahmten Waren an.

(2) ¹Widerspricht der Verfügungsberechtigte der Beschlagnahme, unterrichtet die Zollbehörde hiervon unverzüglich den Antragsteller. ²Dieser hat gegenüber der Zollbehörde unverzüglich zu erklären, ob er den Antrag nach § 146 Abs. 1 in bezug auf die beschlagnahmten Waren aufrechterhält.

(3) ¹Nimmt der Antragsteller den Antrag zurück, hebt die Zollbehörde die Beschlagnahme unverzüglich auf. ²Hält der Antragsteller den Antrag aufrecht und legt er eine vollziehbare gerichtliche Entscheidung vor, die die Verwahrung der beschlagnahmten Waren oder eine Verfügungsbeschränkung anordnet, trifft die Zollbehörde die erforderlichen Maßnahmen.

(4) ¹Liegen die Fälle des Absatzes 3 nicht vor, hebt die Zollbehörde die Beschlagnahme nach Ablauf von zwei Wochen nach Zustellung der Mitteilung an den Antragsteller nach Absatz 2 auf. ²Weist der Antragsteller nach, daß die gerichtliche Entscheidung nach Absatz 3 Satz 2 beantragt, ihm aber noch nicht zugegangen ist, wird die Beschlagnahme für längstens zwei weitere Wochen aufrechterhalten.

Überblick

§ 147 regelt das Verfahrens im **Anschluss an die Beschlagnahme** (zur Beschlagnahme → § 146 Rn. 51):

Vohwinkel 1441

Im sog. **vereinfachten Verfahren** nach Abs. 1 (→ Rn. 2), bei dem der Verfügungsberechtigte keinen Widerspruch erhebt, kann ohne weiteres die **Einziehung** erfolgen.

Leitet der Verfügungsberechtigte mit seinem Widerspruch das **Widerspruchsverfahren** (→ Rn. 3) ein, wird der Antragsteller nach Abs. 2 unterrichtet und hat seinerseits die Möglichkeit, seinen Antrag (in Bezug auf die konkreten Waren) zurücknehmen (→ Rn. 10).

Entscheidet sich nach Widerspruch des Verfügungsberechtigten auch der Antragsteller für eine streitige Auseinandersetzung, bedarf es der **gerichtlichen Entscheidung** über das Schicksal der beschlagnahmten Waren, Abs. 3 S. 2 (→ Rn. 16).

Übersicht

	Rn.		Rn.
A. Allgemeines	1	II. Antragsrücknahme (Abs. 3 S. 1)	15
B. Ohne Widerspruch: Einziehung im vereinfachten Verfahren (Abs. 1)	2	III. Gerichtliche Entscheidung (Abs. 3 S. 2, Abs. 4)	16
		1. Frist (Abs. 4)	17
C. Widerspruchsverfahren (Abs. 2)	3	2. Art der Entscheidung	18
I. Widerspruchsberechtigter	4	3. Inhalt der Entscheidung	21
II. Widerspruchsfrist	5	4. Passivlegitimation	25
III. Adressat des Widerspruchs	6	5. Zustellung der vorzulegenden Entscheidung an Verfügungsberechtigten?	26
IV. Form und Inhalt des Widerspruchs	7	E. Weitere Verfahrensschritte bis zur Vernichtung oder Rückgabe	27
D. Verfahren nach Widerspruch (Abs. 2, Abs. 3)	10	F. Parallelvorschriften bzw. Ähnlichkeiten zu anderen Vorschriften	32
I. Erklärungsfrist (Abs. 2 S. 2)	12		

A. Allgemeines

1 Der in § 147 vorgesehene gestaffelte Verfahrensablauf ist auf ein schnelles und **ökonomisches Verfahren** ausgerichtet. Bevor der Antragsteller gezwungen wird, ein gerichtliches Verfahren (→ Rn. 11) anzustrengen, erhalten nacheinander beide Beteiligten die Möglichkeit, kampflos aufzugeben. Davon wird rege Gebrauch gemacht. Bei ca. 80% der Beschlagnahmen (→ § 146 Rn. 51) verstreicht die Widerspruchsfrist (→ Rn. 5) ohne Gegenwehr des Verfügungsberechtigten, so dass die Einziehung (→ Rn. 2) erfolgen kann. Wird hingegen Widerspruch erhoben und damit eine erhöhte Konfrontationsbereitschaft des Verfügungsberechtigten signalisiert, kann der Antragsteller zur Risikovermeidung auf die Fortsetzung der Beschlagnahme verzichten (→ Rn. 15).

1.1 Nach der Statistik „Gewerblicher Rechtsschutz" des Zoll für das Jahr 2012 (abrufbar unter http://www.zoll.de/SharedDocs/Downloads/DE/Publikation/Broschuere_Bestandteile/Reise-Post/statistik_gew_rechtsschutz_2012_gesamt.pdf?__blob=publicationFile) wurde im Jahr 2012 in 80% der Fälle (19.064 Aufgriffe) das vereinfachte Vernichtungsverfahren nach Art. 11 VO (EG) Nr. 1383/2003 (nunmehr Art. 25 ff. VO (EU) Nr. 608/2013) gewählt. Ähnliche Zahlen dürften für die Einziehung nach Abs. 1 gelten.

B. Ohne Widerspruch: Einziehung im vereinfachten Verfahren (Abs. 1)

2 Erfolgt – wie regelmäßig – **kein Widerspruch** innerhalb der Widerspruchsfrist, findet das vereinfachte Verfahren statt und die Zollbehörde ordnet die Einziehung an. Einziehung ist der originäre Eigentumserwerb der beschlagnahmten Waren durch den Staat. Mit Rechtskraft der Anordnung der Einziehung ist dieser Eigentumserwerb vollzogen (vgl. § 74e Abs. 1 StGB, § 26 OWiG). Im Anschluss an die Rechtskraft der Einziehungsanordnung vernichtet die Behörde die Ware (→ Rn. 28).

C. Widerspruchsverfahren (Abs. 2)

3 Das Widerspruchsverfahren ist **rein formell,** ohne jede materiell-rechtliche Prüfung (→ Rn. 7, 10; vgl. auch die formellen Widerspruchsverfahren bei der Markenlöschung: § 53 Abs. 3, Abs. 4, → § 53 Rn. 1; § 54 Abs. 2, → § 54 Rn. 39). Der Widerspruch muss daher **keine Begründung** enthalten (→ Rn. 8). Über den Widerspruch findet auch keine Entscheidung statt (Ströbele/Hacker/Hacker Rn. 5). Unterbleibt der Widerspruch, führt das lediglich zur Zulässigkeit des vereinfachten Einziehungsverfahrens (OLG München NJWE-WettbR 1997, 252). Mit seinem Widerspruch verhindert der Verfügungsberechtigte die Einziehung und wahrt seine Rechte. Der Widerspruch zwingt (→ Rn. 10) den Antragsteller, wenn er den Antrag nicht zurücknimmt (→ Rn. 15), eine gerichtliche Entscheidung (→ Rn. 16) herbeizuführen, in deren Rahmen dann materiell-rechtlich entschieden wird.

I. Widerspruchsberechtigter

Der Widerspruch ist vom Verfügungsberechtigten (→ § 146 Rn. 13) einzulegen. Das ist grundsätzlich der Eigentümer der beschlagnahmten Waren (→ § 146 Rn. 14). Allerdings kann die in § 146 Abs. 2 S. 1 vorgesehene, an den Verfügungsberechtigten zu erteilende Mitteilung über die Beschlagnahme auch zB an das Transportunternehmen erfolgen, wenn der Eigentümer nicht feststeht → § 146 Rn. 14). In diesem Fällen ist stets auch der **Adressat dieser Mitteilung** zum Widerspruch berechtigt. **4**

II. Widerspruchsfrist

Die Widerspruchsfrist beträgt **zwei Wochen.** Eine Fristverlängerung ist nicht möglich. Die Frist beginnt mit der Zustellung der Mitteilung an den Verfügungsberechtigten nach § 146 Abs. 2 S. 1 (→ § 146 Rn. 55), dass seine Ware beschlagnahmt wurde. In der Mitteilung muss auf die Möglichkeit des Widerspruchs und die Frist hingewiesen werden (→ § 146 Rn. 55). **5**

Die Widerspruchsfrist beginnt ohne diese Rechtsbehelfsbelehrung nicht zu laufen (→ § 146 Rn. 54). In der Praxis wird die Behörde zwei Wochen nach der Benachrichtigung die Einziehung anordnen (→ Rn. 2) und nach deren Rechtskraft die Ware vernichten (→ Rn. 28), solange sie die fehlende Belehrung nicht von sich aus prüft oder der Widerspruch noch rechtzeitig vor der Vernichtung erfolgt. Damit geht es dann allenfalls noch um einen Amtshaftungsanspruch nach § 839 BGB, Art. 34 GG oder um einen Folgenbeseitigungsanspruch. **5.1**

III. Adressat des Widerspruchs

Der Widerspruch ist an die zuständige Zollbehörde zu richten. Das ist die Behörde, die die Beschlagnahme angeordnet hat. **6**

IV. Form und Inhalt des Widerspruchs

Der Widerspruch bedarf **keiner Begründung.** Er sollte allerdings als Widerspruch gekennzeichnet sein. **7**

Ebenfalls als Widerspruch behandelt wird der **Antrag auf gerichtliche Entscheidung** über die Beschlagnahme gemäß § 148 Abs. 3 S. 1 iVm § 62 OWiG (OLG München NJWE-WettbR 1997, 252 f.; Ströbele/Hacker/Hacker Rn. 5). Das ist unbedenklich, solange die Widerspruchsfrist nicht verstrichen ist. In dem Antrag auf gerichtliche Entscheidung liegt eindeutig auch die Mitteilung, dass der Verfügungsberechtigte der Beschlagnahme nicht zustimmt. **8**

Ferner wird erwogen, den Einspruch gegen die Einziehung gemäß § 148 Abs. 3 S. 1 iVm § 67 OWiG dem Widerspruch gleichzustellen. **9**

Allerdings erfolgt die Einziehung erst nach Ablauf der Widerspruchsfrist. Gegen die Behandlung als Widerspruch bestehen Bedenken, ebenso wie bei einem Antrag auf gerichtliche Entscheidung nach § 148 Abs. 3 S. 1 iVm § 62 OWiG, der nach Ablauf der Widerspruchsfrist gestellt wird. Es ist gerade Sinn des vereinfachten Verfahrens, die Entscheidung über die Einziehung beschleunigt herbeiführen zu können. Wird im Rahmen dieses Verfahrens eine Entscheidung getroffen, so stehen dem Verfügungsberechtigten die Rechtsmittel des § 148 Abs. 3 zur Seite. Könnte er durch einen Einspruch gegen die Einziehung das Verfahren jedoch in einen Zustand vor Ablauf der Widerspruchsfrist zurückversetzen, würde gerade dieser vereinfachte – gesetzgeberisch gewollte – Verfahrensablauf verhindert. Nach Ablauf der Widerspruchsfrist eingelegte Rechtsmittel nach § 148 Abs. 3 sind daher nicht als (beachtlicher) Widerspruch zu behandeln (aA OLG München NJWE-WettbR 1997, 252 f.). Im Ergebnis wird damit dem Verfügungsberechtigten die Möglichkeit genommen, den Antragsteller auch nach Ablauf der **9.1**

Widerspruchsfrist noch über Abs. 3 S. 2 zur Einleitung eines Zivilverfahrens (oder zur Rücknahme seines Antrags) zu zwingen. Vielmehr trägt nun der Verfügungsberechtigte das Prozessrisiko aus der Verfolgung seiner Rechtsmittel. Dem Antragsteller bleibt es indes unbenommen, in der Zwischenzeit seinerseits ein Zivilverfahren anzustrengen, wenn er seine Erfolgsaussichten in diesem Fall höher einschätzt.

D. Verfahren nach Widerspruch (Abs. 2, Abs. 3)

10 Der fristgerechte (→ Rn. 5) Widerspruch setzt den Antragsteller unter Zugzwang. Die Zollbehörde unterrichtet den Antragsteller unverzüglich über den Widerspruch (Abs. 2 S. 1). Diese Mitteilung stellt den Antragsteller vor die **Wahl,** seinen Antrag (in Bezug auf die konkreten Waren) **zurückzunehmen** (Abs. 3 S. 1; → Rn. 15) oder aber den Antrag aufrechtzuerhalten (Abs. 2 S. 2). In letzterem Fall hat er in der Folge eine gerichtliche Entscheidung zu erwirken (Abs. 3 S. 2; → Rn. 16).

11 Trifft der Antragsteller **keine Wahl** innerhalb von zwei Wochen nach Mitteilung über den Widerspruch, hebt die Zollbehörde die Beschlagnahme auf (Abs. 4 S. 1; → Rn. 16). Gleiches gilt, falls der Antragsteller innerhalb von zwei Wochen keine gerichtliche Entscheidung vorlegt (Abs. 3 S. 2, Abs. 4 S. 1) oder zumindest nachweist, dass er eine solche beantragt hat (Abs. 4 S. 2).

I. Erklärungsfrist (Abs. 2 S. 2)

12 Abs. 2 S. 2 verlangt, dass der Antragsteller **unverzüglich** über das Schicksal seines Antrags in Bezug auf die beschlagnahmten Waren entscheidet, nachdem ihm der Widerspruch mitgeteilt wurde. Demgegenüber bestimmt Abs. 4 S. 1 eine **Zweiwochenfrist,** nach deren fruchtlosem Ablauf die Beschlagnahme aufgehoben wird. Diese Zweiwochenfrist ist aber nicht als Definition der Unverzüglichkeit für die Ausübung der Wahl in Abs. 2 S. 2 zu verstehen. Unverzüglich bedeutet auch hier iSd. Abs. 2 S. 2, dass der Antragsteller nicht schuldhaft zögern darf (§ 121 BGB). Das kann auch deutlich unter zwei Wochen der Fall sein (→ § 147 Rn. 10). Beide Zeitvorgaben laufen nebeneinander und haben einen anderen Anwendungsbereich:

13 Unverzüglichkeit ist für die **Rücknahme des Antrags** dann erforderlich, wenn der Antragsteller damit die Schadensersatzpflicht nach § 149 vermeiden möchte, die nur bei schuldhaftem Zögern mit der Rücknahme eintritt (→ § 149 Rn. 10 f.).

13.1 Gleichwohl führt auch eine nicht mehr unverzügliche Rücknahme des Antrags noch zur Aufhebung der Beschlagnahme.

14 Die Einhaltung der Zweiwochenfrist ist demgegenüber relevant, um durch die **Aufrechterhaltung des Antrags** (und Vorlage der gerichtlichen Entscheidung; → Rn. 17) die Aufhebung der Beschlagnahme zu verhindern. Für die behördliche Entscheidung über das weitere Schicksal der beschlagnahmten Waren kommt es daher allein auf die starre Zwei-Wochen-Frist an. Die vom Einzelfall abhängige Beurteilung der Unverzüglichkeit hat erst im etwaigen Schadensersatzverfahren zu erfolgen (→ § 149 Rn. 10).

II. Antragsrücknahme (Abs. 3 S. 1)

15 Die Antragsrücknahme führt zur **Aufhebung der Beschlagnahme** (Abs. 3 S. 1). Der Antragsrücknahme steht es gleich, wenn der Antragsteller nicht innerhalb von zwei Wochen nach Mitteilung über den Widerspruch erklärt, den Antrag aufrecht zu erhalten, bzw. keine gerichtliche Entscheidung vorlegt (Abs. 3 S. 2).

III. Gerichtliche Entscheidung (Abs. 3 S. 2, Abs. 4)

16 Nimmt der Antragsteller seinen Antrag nicht zurück, muss er fristgerecht (→ Rn. 17) eine gerichtliche Entscheidung vorlegen. Die Erklärung der Aufrechterhaltung des Antrags nach Abs. 2 S. 2 ist nur eine Vorstufe auf dem Weg zur gerichtlichen Entscheidung. Ohne gerichtliche Entscheidung wird die Beschlagnahme ungeachtet der Aufrechterhaltung des Antrags aufgehoben (Abs. 4 S. 1).

1. Frist (Abs. 4)

Die Frist zur Beibringung der gerichtlichen Entscheidung beträgt **zwei Wochen** (Abs. 4 **17** S. 1). Sie kann um bis zu zwei weitere Wochen auf **maximal vier Wochen** verlängert werden, wenn der Antragsteller eine gerichtliche Entscheidung beantragt hat, sie ihm jedoch noch nicht zugegangen ist (Abs. 4 S. 2).

2. Art der Entscheidung

Abs. 3 S. 2 stellt keine besonderen Anforderungen an die Entscheidung. Allerdings muss **18** es zwingend eine gerichtliche Entscheidung sein. Dieser **Richtervorbehalt** ist ausnahmslos. Auch solche behördliche Entscheidungen, die – etwa bei Gefahr in Verzug – (vorläufig) anstelle gerichtlicher Anordnungen treten dürfen, genügen nicht.

Innerhalb der knappen Frist des Abs. 4 sind jedoch keine Entscheidungen im Rahmen **19** normaler gerichtlicher Verfahren zu erreichen. Insofern bieten sich zivilrechtlich vor allem **einstweilige Verfügungen** (BeckOK ZPO/Mayer ZPO § 935 Rn. 1 ff.; BeckOK ZPO/ Mayer ZPO § 940 Rn. 1 ff.) der Zivilgerichte an. In diese Richtung deutet auch die ausdrückliche Erwähnung der Verwahrung in Abs. 3 S. 2, die nur als vorläufiges Sicherungsmittel in Betracht kommt. **Zuständig** für den Erlass der einstweiligen Verfügung ist die Kennzeichenstreitkammer des örtlich zuständigen Landgerichts (→ § 140 Rn. 11), wobei die Konzentration auf bestimmte Landgerichte zu beachten ist (→ § 140 Rn. 23).

Da Kennzeichenrechtsverletzungen strafbar nach §§ 143, 143a (→ § 143 Rn. 1 ff.) sind, **20** kommt auch die Beschlagnahme als Beweismittel im Rahmen des Ermittlungsverfahrens nach **§§ 94 ff. StPO** in Betracht (Ströbele/Hacker/Hacker Rn. 8; Büscher/Dittmer/ Schiwy/Büscher Rn. 4), sofern diese vom Richter angeordnet wurde (§ 98 Abs. 1 S. 1 StPO).

Auf eine solche gerichtliche Entscheidung hat der Antragsteller jedoch wenig Einfluss, da er sie **20.1** nicht selbst beantragen kann. Darüber hinaus dient diese Form der Beschlagnahme anderen Zwecken als der späteren Vernichtung und kann diese nicht effektiv sichern (→ Rn. 31).

3. Inhalt der Entscheidung

Nach Abs. 3 S. 2 muss die gerichtliche Entscheidung auf **Verwahrung** der Waren lauten **21** oder **Verfügungsbeschränkungen** anordnen. Ein bloßes Unterlassungsgebot, auch wenn dies faktisch einem vorläufigen Vertriebsverbot gleichkommt, genügt insoweit nicht (BeckOK PatR/Voß PatG § 142a Rn. 27). Die Entscheidung muss für die Zollbehörde klar erkennen lassen, wie sie konkret mit den beschlagnahmten Waren verfahren soll. Trifft die Entscheidung keine Anordnung bezüglich der beschlagnahmten Waren, so fehlt es an einer gerichtlichen Entscheidung und die Beschlagnahme ist aufzuheben. Die Art der vom Gericht angeordneten Sicherungsmaßnahme hängt vom Inhalt des zu sichernden Anspruchs ab.

Die in Abs. 3 S. 2 angesprochene **Verwahrung** dient der Sicherung des Vernichtungsan- **22** spruchs nach § 18 (OLG Hamburg GRUR-RR 2002, 129 – Kfz-Ersatzteile; vgl. LG Düsseldorf GRUR 1996, 66 f. – adidas-Import). Sie hindert den Verfügungsberechtigten daran, die Ware der Vernichtung zu entziehen, ohne aber bereits die Hauptsache vorwegzunehmen. Die eine Verwahrung anordnende Entscheidung eines Zivilgerichts lautet typischerweise auf **Herausgabe an den Gerichtsvollzieher zur Verwahrung.**

Ein zivilrechtlicher Anspruch auf Verwahrung durch die Zollbehörde besteht hingegen nicht. **22.1**

Ein Vernichtungsanspruch ist allerdings nicht per se bei jeder Kennzeichenrechtsverletzung **23** gegeben, sondern weist besondere Voraussetzungen auf, insbesondere darf die Vernichtung nicht unverhältnismäßig sein (→ § 18 Rn. 71). Besteht eine schützenswerte Möglichkeit für die Entfernung des verletzenden Kennzeichens (→ § 18 Rn. 76) können dadurch erhebliche Zweifel am Vernichtungsanspruch begründet werden. Insofern kommt allerdings eine **Verfügungsbeschränkung** in Betracht, da der Verfügungsberechtigte die Ware jedenfalls nicht unverändert bzw. nicht nach Deutschland importieren darf. In diesem Sinne hat das LG Düsseldorf (GRUR 1996, 66 (68) – adidas-Import) ein „Einfuhrverbot" statt der beantragten Verwahrung ausgesprochen. Allerdings stellt sich insoweit die Frage der Vollziehung bezüglich der bereits beschlagnahmten Ware (→ Rn. 30.1).

23.1 Art. 10 Abs. 4 UAbs. 1 RL (EU) 2015/2436 zur Angleichung der Rechtsvorschriften der Mitgliedstaaten über die Marken gewährt Markeninhabern auch für **Transitfälle** (→ § 146 Rn. 39.1) einen Unterlassungsanspruch, auch wenn die Waren nicht in den zollrechtlich freien Verkehr verbracht werden. Nur wenn der Anmelder oder Besitzer der Waren im Rechtsverletzungsverfahren nachweisen kann, dass der Markeninhaber im endgültigen Bestimmungsland (innerhalb oder außerhalb der EU) keinen Unterlassungsanspruch hat, erlischt gemäß Art. 10 Abs. 4 UAbs. 2 RL (EU) 2015/2436 der Unterlassungsanspruch. Diese Regelung der RL (EU) 2015/2436 ist bis 14.1.2019 in nationales Recht umzusetzen. Dieser Unterlassungsanspruch wurde eigens für die Grenzbeschlagnahme geschaffen, ein konkret damit korrespondierender Vernichtungsanspruch wurde insoweit hingegen nicht vorgesehen. Allerdings bezieht der allgemeine Vernichtungsanspruch sich auf Rechtsverletzungen nach §§ 14, 15, so dass nach den allgemeinen Voraussetzungen auch insoweit ein Vernichtungsanspruch besteht. Scheitert der Vernichtungsanspruch, stellt sich auch hier die Frage, wie ein in die Zukunft gerichteter Unterlassungsanspruch eine vollziehbare Entscheidung bezüglich des Verbleibs der bereits beschlagnahmten Ware darstellen soll (→ Rn. 30.1).

24 Hält das Gericht zB eine mündliche Verhandlung oder eine Anhörung des Verfügungsberechtigten für geboten, kann das eine fristgerechte Entscheidung innerhalb der zwei (bzw. maximal vier) Wochen gefährden. Für diesen Fall kommt eine **vorläufige Sicherstellungsanordnung** in Betracht (Ströbele/Hacker/Hacker Rn. 9; Büscher/Dittmer/Schiwy/Büscher Rn. 4).

4. Passivlegitimation

25 Antragsgegner der gerichtlichen Entscheidung ist primär der **Eigentümer** der Ware. Steht der Eigentümer allerdings nicht fest, kommt auch das **Transportunternehmen** als Verfügungsberechtigter in Betracht (→ § 146 Rn. 14). Diesem gegenüber kann auch die Anordnung der Verwahrung bzw. von Verfügungsbeschränkungen erfolgen, da insoweit dessen Gewahrsam betroffen ist. Die Rechte des – im Verborgenen bleibenden – Eigentümers sind insoweit nicht schutzwürdig.

5. Zustellung der vorzulegenden Entscheidung an Verfügungsberechtigten?

26 Abs. 3 S. 2 verlangt die fristgerechte Vorlage der gerichtlichen Entscheidung. Der Antragsteller muss zur Wahrung der Frist des Abs. 4 S. 1 nicht nachweisen, dass die Verfügung auch dem Verfügungsberechtigten zugestellt wurde. Im Fall einer einstweiligen Verfügung im Beschlusswege erteilt das Gericht zwar nur dem Antragsteller eine Ausfertigung, die dieser dann dem Antragsgegner im Parteiwege zuzustellen hat. Diese Parteizustellung ist auch Wirksamkeitsvoraussetzung der Beschlussverfügung („Wirksamkeitszustellung"). Abs. 4 S. 2 stellt gleichwohl nur auf den Zugang der Entscheidung beim Antragsteller ab. Da die Behörde die gerichtliche Entscheidung auf Sicherstellung zu vollziehen hat, kann sie hierzu gleichwohl den Nachweis der Zustellung verlangen, für den dann allerdings nicht die Frist des Abs. 4 S. 1 maßgeblich ist.

E. Weitere Verfahrensschritte bis zur Vernichtung oder Rückgabe

27 §§ 147 ff. regeln nicht mehr, wie nach Einziehung (→ Rn. 2) bzw. gerichtlicher Entscheidung (→ Rn. 16) mit der Ware zu verfahren ist.

28 Im Fall der **Einziehung** geht mit der Rechtskraft der Anordnung der Einziehung das Eigentum auf den Staat über (→ Rn. 2). Sodann vernichtet die Zollbehörde die Ware (Ingerl/Rohnke Rn. 2), was zeitnah erfolgt, um weitere Kosten durch längere Lagerung zu vermeiden.

29 Erhält der Gerichtsvollzieher zur **Verwahrung** Gewahrsam an der Ware, so behält er diesen, bis entweder der zu sichernde Vernichtungsanspruch – ebenfalls durch den Gerichtsvollzieher – vollstreckt wird, oder die einstweilige Verfügung aufgehoben wird (zB wegen veränderter Umstände oder rechtskräftiger Abweisung des Vernichtungsanspruchs).

30 Ordnet die gerichtliche Entscheidung lediglich **Verfügungsbeschränkungen** an, so hat die Zollbehörde im Verfügungsberechtigten die Waren unter Einhaltung dieser Beschränkungen herauszugeben und die Beschlagnahme damit aufzuheben.

In der Entscheidung des LG Düsseldorf (GRUR 1996, 66 (68) – adidas-Import) ist das Einfuhrverbot **30.1** als Unterlassungstitel ausgesprochen, der durch Ordnungsmittel im Fall der Zuwiderhandlung vollzogen wird. Daraus kann die Zollbehörde keine konkrete Handlungsanweisung entnehmen, unter welchen Voraussetzungen sie dem Verfügungsberechtigten die Ware herausgeben darf.

Die gerichtliche Anordnung der **Beschlagnahme nach §§ 94 ff. StPO** (→ Rn. 20) **31** verfolgt nicht den Zweck der Sicherstellung einer Vernichtung, sondern dient allein der Beweissicherung für das Strafverfahren. Sie ist daher aufzuheben, soweit der Gegenstand für die weitere Untersuchung nicht mehr zu Beweiszwecken erforderlich ist (BeckOK StPO/Ritzert § 98 Rn. 12) und erlischt spätestens mit rechtskräftiger Entscheidung im Strafverfahren (OLG Düsseldorf NJW 1995, 2239; OLG Karlsruhe Justiz 1977, 356; BeckOK StPO/Ritzert StPO § 98 Rn. 12). Sollte zuvor ein vollstreckbarer Titel auf Vernichtung vorliegen, kann die Vernichtung durch Herausgabe an den Gerichtsvollzieher nach Beendigung der Beschlagnahme erfolgen. Anderenfalls sind die Waren nach Beendigung der Beschlagnahme nach §§ 94 ff. StPO an den Verfügungsberechtigten zurückzugeben (OLG Karlsruhe Justiz 1977, 356).

F. Parallelvorschriften bzw. Ähnlichkeiten zu anderen Vorschriften

Zu § 147 bestehen Parallelvorschriften in den sonstigen Gesetzen über die gewerblichen **32** Schutzrechte sowie das Urheberrecht, namentlich in § 142a Abs. 3, 4 PatG, § 56 Abs. 1–4 DesignG, § 25a Abs. 3, 4 GebrMG sowie § 111b Abs. 3, 4 UrhG.

§ 148 Zuständigkeiten; Rechtsmittel

(1) ¹Der Antrag nach § 146 Abs. 1 ist bei der Generalzolldirektion zu stellen und hat Wirkung für ein Jahr, sofern keine kürzere Geltungsdauer beantragt wird. ²Der Antrag kann wiederholt werden.

(2) Für die mit dem Antrag verbundenen Amtshandlungen werden vom Antragsteller Kosten nach Maßgabe des § 178 der Abgabenordnung erhoben.

(3) ¹Die Beschlagnahme und die Einziehung können mit den Rechtsmitteln angefochten werden, die im Bußgeldverfahren nach dem Gesetz über Ordnungswidrigkeiten gegen die Beschlagnahme und Einziehung zulässig sind. ²Im Rechtsmittelverfahren ist der Antragsteller zu hören. ³Gegen die Entscheidung des Amtsgerichts ist die sofortige Beschwerde zulässig. ⁴Über die sofortige Beschwerde entscheidet das Oberlandesgericht.

Überblick

Abs. 1 bestimmt die **Zuständigkeit** (→ Rn. 1) für den Antrag nach § 146 Abs. 1 und dessen **Geltungsdauer** (→ Rn. 3). **Abs. 2** regelt die mit der Durchführung des Verfahrens verbundenen **Kosten** (→ Rn. 5). **Abs. 3** normiert die statthaften **Rechtsmittel** (→ Rn. 23).

Übersicht

	Rn.		Rn.
A. Zuständigkeit und Form des Antrags	1	1. Arten der Rechtsmittel	13
B. Geltungsdauer des Antrags	3	2. Antrag auf gerichtliche Entscheidung (gegen Beschlagnahme), § 62 Abs. 1 OWiG	14
C. Kosten des Verfahrens	5	3. Einspruch (gegen Einziehung), § 67 Abs. 1 S. 1 OWiG	18
I. Kostenpositionen	5		
II. Kostenschuldner	8	II. Rechtsmittel nach Abs. 3 S. 3, 4	23
III. Kostenerstattungsanspruch	10	III. Rechte des Antragstellers im Verwaltungsverfahren (Abs. 3 S. 2)	24
D. Rechtsmittel gegen Beschlagnahme und Einziehung	12		
I. Rechtsmittel nach Abs. 3 S. 1 iVm OWiG	13	E. Parallelvorschriften bzw. Ähnlichkeiten zu anderen Vorschriften	25

MarkenG § 148 Teil 8 Straf- und Bußgeldvorschriften; Beschlagnahme

A. Zuständigkeit und Form des Antrags

1 Die Zuständigkeit für Anträge auf Beschlagnahme durch die Zollbehörden liegt bei der **Generalzolldirektion** (GZD). Innerhalb der Bundesfinanzdirektion übernimmt die bei der Generalzolldirektion Direktion VI angesiedelte Zentralstelle Gewerblicher Rechtsschutz (ZGR), Sophienstraße 6, 80333 München, die Bearbeitung der Anträge.

2 Für die Entscheidung über die Anordnung der Beschlagnahme und das weitere Verfahren ist hingegen die **handelnde Zollbehörde** zuständig.

2.1 Der Zoll nimmt die Anträge nur in – für die Beteiligten praktischer – elektronischer Form entgegen. Dazu stellt er unter https://www.zgr-online.zoll.de/zgr das Portal „ZGR-online" bereit, über welches die Anträge auf Grenzbeschlagnahme in vereinheitlichter Form gestellt werden können. Dabei handelt es sich um ein Hybridverfahren. Die bereits online erfassten Daten werden an die Zentralstelle Gewerblicher Rechtsschutz übermittelt, die Anträge müssen danach jedoch noch zur rechtswirksamen Unterschrift ausgedruckt und ebenfalls an die ZGR gesendet werden.

B. Geltungsdauer des Antrags

3 Wird dem Antrag stattgegeben (worüber die GZD alle Zollstellen und das Zollkriminalamt unterrichtet; → § 146 Rn. 22) entfaltet er seine Wirkung maximal ein Jahr lang (Abs. 1 S. 1).

3.1 Die Verkürzung der maximalen Geltungsdauer auf ein Jahr diente seinerzeit der Anpassung an die VO (EG) Nr. 1383/2003 (BT-Drs. 16/5048, 42 f.); die entsprechende Bestimmung in Art. 8 Abs. 1 VO (EG) Nr. 1383/2003 findet sich in den neuen Art. 11 Abs. 1 VO (EU) Nr. 608/2013 wieder, so dass Änderungen in Abs. 1 insofern unwahrscheinlich sind.

4 Eine **kürzere Geltungsdauer** kann beantragt werden. Ebenso kann die Geltung durch **Wiederholung des Antrags** faktisch verlängert werden. Die Wiederholung ist ebenfalls über ZGR-online möglich. Die Zollverwaltung empfiehlt eine rechtzeitige Antragstellung und nennt dafür einen Vorlauf von 30 Tagen. Die Wirkung des Antrags entfällt vorzeitig, wenn das von § 146 vorausgesetzte Schutzrecht zwischenzeitlich entfällt (v. Schultz/Eble Rn. 3).

C. Kosten des Verfahrens

I. Kostenpositionen

5 Für die antragsgemäß vorgenommenen Amtshandlungen werden Kosten nach Maßgabe des § 178 AO erhoben (Abs. 2). Einschlägig ist die nach § 178 Abs. 3 AO erlassene Zollkostenverordnung (ZollKostV vom 6.9.2009, BGBl. I 3001). Auslagen, die sich aus der Antragstellung selbst ergeben, können als Kosten auferlegt werden, ansonsten ist die Antragstellung **gebührenfrei.** Die einzelnen Kostenpositionen ergeben sich aus Anlage 2 ZKostV.

5.1 Teils wird auch in jüngerer Zeit noch auf § 12 ZKostV (die **ZKostV** ist zum 1.10.2009 **außer Kraft getreten**) verwiesen. Diese Rechtslage ist überholt. Die Regelungen der ZKostV (§ 12 ZKostV) finden sich zwar weitgehend, jedoch nicht identisch in § 9 ZollKostV wieder. Der Umfang der zu erhebenden Auslagen nach § 9 Abs. 1 ZollKostV wurde gegenüber § 12 Abs. 1 ZKostV erweitert. Wegen der schon nach der ZollKostV (§ 2 ZollKostV) weitreichenden Kostenpflicht dürfte der einzig relevante Fall allerdings die Erhebung von Beiträgen für andere in- und ausländische Behörden sein (§ 10 Abs. 1 Nr. 7 VwKostG). Im Übrigen wurde die Unterscheidung zwischen den alten und den neuen Bundesländern bei der Bemessung der Stunden- und Monatsgebühren aufgegeben (nunmehr § 3 ZollKostV). Hinsichtlich der Stundengebühren wurde ein Mittelwert zwischen den alten Gebührensätzen gebildet, die Monatsgebühren wurden insgesamt angehoben.

6 Hauptsächlich werden Auslagen und Gebühren für die **Lagerung** und die ggf. vorzunehmende **Vernichtung** der beschlagnahmten Waren erhoben (Büscher/Dittmer/Schiwy/Büscher Rn. 4). Der größte Posten, auf den der Antragsteller dabei zumindest in gewissem Umfang Einfluss nehmen kann, sind die Kosten der Lagerung. Kommt es zu einer gerichtlichen Auseinandersetzung, kann die Lagerung über einen erheblichen Zeitraum andauern. Der Antragsteller sollte daher frühzeitig bei der beschlagnahmenden Zollstelle auf eine kostengünstige Verwahrung hinwirken (so auch v. Schultz/Eble Rn. 4). Dies gilt umso mehr angesichts der Praxis einiger Zollbehörden, die Einziehungsverfügung so spät als möglich auszusprechen und den Antragsteller so möglichst lange mit der Kostenpflicht zu belasten (dazu Hirsch in Fezer, HdB Markenpraxis, Rn. 234).

Kritisch scheint, dass sich Zollbehörden von Antragstellern **vor Erlass der Beschlagnahmeanordnung** die Kostenübernahme auch über die Einziehung hinaus zusichern lassen (Hirsch in Fezer, HdB Markenpraxis, Rn. 234). Einerseits geht mit der Einziehung das Eigentum an der Ware nach dem Grundsatz des § 74e StGB auf den Staat über (Ströbele/Hacker/Hacker § 147 Rn. 4; Büscher/Dittmer/Schiwy/Büscher § 147 Rn. 2), der damit auch allein über die weitere Behandlung der Ware entscheidet. Die Entscheidung ob, oder wie zeitnah, sie vernichtet wird, trifft damit die Zollbehörde. Im Übrigen dürfte es sich beim Erlass der Beschlagnahmeverfügung – wenn dem Grenzbeschlagnahmeantrag stattgegeben und die Sicherheit geleistet wurde, und soweit die Rechtsverletzung offensichtlich ist – um eine gebundene Entscheidung handeln (vgl. BeckOK VwVfG/Heßhaus VwVfG § 22 Rn. 11). Sie ist daher unabhängig von einer Übernahmeerklärung des Antragstellers zu erlassen. **6.1**

Die **Sicherheitsleistung** nach § 146 Abs. 1 S. 1 dient auch zur Absicherung dieser Ansprüche der Zollbehörde gegen den Antragsteller, die sich aus dem Grenzbeschlagnahmeverfahren ergeben (Ströbele/Hacker/Hacker § 146 Rn. 29; Büscher/Dittmer/Schiwy/Büscher § 146 Rn. 15; Ingerl/Rohnke § 146 Rn. 7). Sie werden im Zweifel also aus der Sicherheitsleistung beigetrieben. Ist der Antragsteller gewillt, eine Kostenübernahme (was insbesondere die Lagerkosten betrifft) auch über die Einziehung der Waren hinaus zuzusichern, sollte in der Übernahmeerklärung zumindest klargestellt werden, dass diese zusätzlichen Kosten nicht von der Sicherheitsleistung erfasst werden sollen. **7**

II. Kostenschuldner

Kostenschuldner ist der **Antragsteller** (OLG Köln GRUR-RR 2005, 342 f. – Lagerkosten nach Grenzbeschlagnahme). Das gilt auch, wenn der Antrag nicht vom Schutzrechtsinhaber selbst gestellt wird, sondern zB von einem Lizenznehmer (→ § 146 Rn. 11). In diesem Fall besteht kein zusätzlicher Anspruch der Zollbehörden gegen den Schutzrechtsinhaber. Der Verweis auf den „Rechtsinhaber oder denjenigen, der den Antrag [...] gestellt hat" in § 9 Abs. 3 ZollKostV ist insofern angesichts des klaren Wortlauts des Abs. 2 unglücklich, führt jedoch zu keinem anderen Ergebnis. Eine Kostenpflicht des unmittelbaren Störers oder des Markenverletzers ist nicht vorgesehen (Weber WRP 2005, 961). **8**

Der Antragsteller bleibt Kostenschuldner für die Kosten, die während des andauernden Grenzbeschlagnahmeverfahrens bezüglich der konkreten Waren anfallen. Das heißt entweder bis zu dem Zeitpunkt, zu dem die Waren freigegeben werden, oder aber bis der Staat im Rahmen der Einziehung die Verantwortung für sie übernimmt (vgl. Hirsch in Fezer, HdB Markenpraxis, Rn. 234). Letzteres zumindest, falls nicht der Antragsteller eine weitergehende Kostenübernahme zugesichert hat (→ Rn. 6), die dann aber aus sich heraus die Kostenschuld begründet. **9**

III. Kostenerstattungsanspruch

Die Kosten des Grenzbeschlagnahmeverfahrens, die der Antragsteller der Behörde schuldet, kann er als **Schadensersatz** von einem schuldhaft handelnden Verletzer ersetzt verlangen (statt vieler v. Schultz/Eble Rn. 8; Ingerl/Rohnke § 146 Rn. 8). Diese zivilrechtliche Inanspruchnahme ist von der Kostenpflicht nach Abs. 2 zu unterscheiden. Sie beurteilt sich nach den Vorschriften des MarkenG (§ 14 Abs. 6, § 15 Abs. 5) und des BGB (§§ 249 ff. BGB) zum Schadensersatz. **10**

Allerdings wird der Antragsteller auf den eigentlichen Verletzer, also auf den Importeur selbst, oft keinen Zugriff haben. Insofern stellt sich die Frage, ob und falls ja inwieweit auch **Lagerhalter** und **Transportunternehmer** in Anspruch genommen werden können, wenn bei ihnen kennzeichenrechtsverletzende Waren aufgegriffen werden. Eine Inanspruchnahme wird weitestgehend nicht für möglich gehalten. Soweit es sich – wie regelmäßig – bei den besagten Personen um **Störer** handelt, ist deren Haftung auf Unterlassung und Beseitigung der Störung beschränkt (v. Schultz/Eble Rn. 5; Ingerl/Rohnke § 146 Rn. 8; zum Entstehen der für die Störereigenschaft bedeutsamen Prüfungspflichten OLG Hamburg BeckRS 2007, **11**

14400 – YU GI OH!-Karten; NJOZ 2001, 631 (633)). Schadensersatz kommt jedoch dann in Betracht, wenn es nicht um Störerhaftung, sondern um die Haftung als Täter oder Teilnehmer geht. Dafür ist ein entsprechender Tatbeitrag sowie – für den Schadensersatz – **Verschulden** erforderlich (v. Schultz/Eble Rn. 5; wohl auch Ströbele/Hacker/Hacker Rn. 6). Auch Ansprüche aus **Geschäftsführung ohne Auftrag** oder **Bereicherungsrecht** scheiden mangels Fremdgeschäftsführungswillens des Antragstellers bzw. mangels Bereicherung des Verfügungsberechtigten aus (OLG Köln GRUR-RR 2005, 342 – Lagerkosten nach Grenzbeschlagnahme; v. Schultz/Eble § 146 Rn. 5; aA Weber WRP 2005, 961; kritisch auch Benkard/Grabinski/Zülch PatG § 142a Rn. 10).

11.1 Die Rechtsprechung ist in der Frage, ob Lagerhalter und Transportunternehmer als Störer oder nach den Grundsätzen von Täterschaft und Teilnahme haften, uneins. Während der Xa. Zivilsenat im Patentrecht von der Haftung eines Spediteurs als Gehilfe ausging (BGH GRUR 2009, 1142 – MP3-Player-Import; aA Büscher/Dittmer/Schiwy/Büscher Rn. 5), geht der BGH im Markenrecht tendenziell weiterhin von Störerhaftung aus (BGH GRUR 2011, 617 – Sedo; GRUR 2007, 708 – Internet-Versteigerung II; GRUR 2008, 702 – Internet-Versteigerung III; s. dazu auch Hirsch in Fezer, HdB Markenpraxis, Rn. 235 mwN). Zum Teil wird vertreten, dass der schuldlos handelnde Störer unter dem Aspekt der Folgenbeseitigung zumindest die **Vernichtungskosten** aus dem Vernichtungsanspruch nach § 18 zu tragen hätte (Ingerl/Rohnke § 146 Rn. 8). Damit ist allerdings nicht gemeint, dass die Vernichtungskosten im Rahmen des Grenzbeschlagnahmeverfahrens dem Lagerhalter oder Transportunternehmer auferlegt werden sollen (vgl. Ingerl/Rohnke § 18 Rn. 36; gegen eine unmittelbare Anwendung der Rechtsfolge des § 18 auch OLG Köln GRUR-RR 2005, 342 – Lagerkosten nach Grenzbeschlagnahme).

D. Rechtsmittel gegen Beschlagnahme und Einziehung

12 Der **Verfügungsberechtigte** kann sowohl die Beschlagnahme (→ § 146 Rn. 50) als auch die Einziehung (→ § 147 Rn. 2) der aufgegriffenen Waren durch die Zollbehörde mit den (öffentlich-rechtlichen) Rechtsmitteln anfechten, die ihm im Bußgeldverfahren nach dem OWiG zur Verfügung stünden (Abs. 3 S. 1). Diese Möglichkeit kann er statt des Widerspruchs (→ § 147 Rn. 3 ff.) aber auch daneben wahrnehmen (vgl. v. Schultz/Eble Rn. 6; Ströbele/Hacker/Hacker Rn. 7). Für den Verfügungsberechtigten kommt der Rechtsweg naturgemäß erst nach der Beschlagnahme in Frage; der Antragsteller hat im Fall der Ablehnung seines Antrags den Weg zu den Finanzgerichten zu beschreiten (→ § 146 Rn. 24; BFH IStR 2000, 224).

I. Rechtsmittel nach Abs. 3 S. 1 iVm OWiG

1. Arten der Rechtsmittel

13 Gegen die **Beschlagnahme** ist die Beantragung einer **gerichtlichen Entscheidung** (→ Rn. 14) nach § 62 Abs. 1 OWiG, gegen die **Einziehung** der **Einspruch** (→ Rn. 18) nach § 67 Abs. 1 S. 1 OWiG statthaft. Beide Rechtsmittel sind bei der zuständigen Zollbehörde einzulegen (zur Beschlagnahme s. § 62 Abs. 2 S. 2 OWiG iVm § 306 Abs. 1 StPO, vgl. KK-OWiG/Kurz OWiG § 62 Rn. 11; zur Einziehung s. § 67 Abs. 1 S. 1 OWiG). Zuständig ist ausschließlich das **Amtsgericht**. Für die gerichtliche Entscheidung ergibt sich diese Zuständigkeit aus § 62 Abs. 2 S. 1, § 68 Abs. 1 S. 1 OWiG. Für die Entscheidung über den Einspruch ergibt sie sich aus § 87 Abs. 3 S. 2, § 67 Abs. 1 S. 1, § 68 Abs. 1 S. 1 OWiG. Für den Antrag auf gerichtliche Entscheidung ist **keine Frist** vorgegeben (Ströbele/Hacker/Hacker Rn. 8). Der Einspruch ist mit einer Frist von **zwei Wochen** einzulegen (§ 67 Abs. 1 S. 1 OWiG). Nach Ablauf der Widerspruchsfrist eingelegte Rechtsmittel gemäß § 148 Abs. 3 sind nicht als (beachtlicher) Widerspruch iSd 147 Abs. 1 zu behandeln (→ § 147 Rn. 9.1; aA OLG München NJWE-WettbR 1997, 252 f.).

13.1 Über den Einspruch als befristeter Rechtsbehelf (KK-OWiG/Lampe OWiG § 50 Rn. 9) ist der Verfügungsberechtigte nach § 50 Abs. 2, § 66 Abs. 2 Nr. 1 OWiG zu belehren. (Zum Inhalt der Belehrung KK-OWiG/Lampe OWiG § 50 Rn. 10 ff.) Unterbleibt eine **richtige und vollständige** Belehrung, so beeinträchtigt dies die Wirksamkeit des Einziehungsbeschlusses **nicht** (BGH NJW 2002, 2171 (2173); NStZ 1984, 181). Gleichwohl ist in diesem Fall regelmäßig eine Wiedereinsetzung in den vorigen Stand gemäß § 52 Abs. 1 OWiG iVm § 44 StPO möglich (KK-OWiG/Lampe OWiG § 50 Rn. 20). Wegen der Erweiterung des § 37 VwVfG um einen sechsten Absatz (mWv 1. 8.2013) dürfte auch der Beschlagnahmebeschluss zwingend mit einer Rechtsbehelfsbelehrung zu versehen sein, so dass der Verfügungsberechtigte zumindest auf § 62 OWiG hingewiesen wird. Zum Anwendungsbereich von § 37 Abs. 6 VwVfG ausführlich SBS/Stelkens VwVfG § 37 Rn. 146 ff. Die gerichtliche Entscheidung nach § 62 OWiG ist grundsätzlich unbefristet, so dass eine unterbleibende Rechtsbehelfsbelehrung insoweit jedoch keine Bedeutung erfahren dürfte. Denkbar sind hingegen Amtshaftungsansprüche, wenn die vorgeschriebene Belehrung unterbleibt (vgl. BGH NJW 1984, 168; SBS/Stelkens VwVfG § 37 Rn. 163).

2. Antrag auf gerichtliche Entscheidung (gegen Beschlagnahme), § 62 Abs. 1 OWiG

Im Rahmen der gerichtlichen Entscheidung nach § 62 Abs. 1 OWiG hat zunächst die **14** Zollbehörde die Zulässigkeit und Begründetheit des Antrags auf diese Entscheidung selbst zu prüfen(KK-OWiG/Kurz OWiG § 62 Rn. 21). Hält sie den Antrag für zulässig und begründet, so hat sie **abzuhelfen** (§ 62 Abs. 2 S. 2 OWiG iVm § 306 Abs. 2 Hs. 1 StPO). Hilft sie nicht oder nur teilweise ab, hat sie den Antrag sofort, spätestens aber drei Tage nach seinem Eingang, an das zuständige **Amtsgericht** weiterzuleiten (§ 62 Abs. 2 OWiG iVm § 306 Abs. 2 Hs. 2 StPO).

Wird der Antrag vom Gericht nicht als unzulässig verworfen, so überprüft es die angegrif- **15** fene Beschlagnahmeanordnung in **tatsächlicher und rechtlicher** Hinsicht (KK-OWiG/Kurz OWiG § 62 Rn. 24). Hält es dies für notwendig, kann es eigene Ermittlungen durchführen. Hält es den Antrag danach für unbegründet, so weist es ihn als unbegründet zurück. Andernfalls erlässt das Gericht selbst die notwendige Sachentscheidung und hebt die angefochtene Beschlagnahmeanordnung auf (KK-OWiG/Kurz OWiG § 62 Rn. 26). Ist der Antragsteller zwischenzeitlich, beispielsweise wegen der Rückübertragung der Rechte an den streitbefangenen Waren (vgl. OLG Düsseldorf NStZ-RR 1997, 116 f.), nicht mehr beschwert, so ist der Antrag auf gerichtliche Entscheidung als **unzulässig** zu verwerfen.

Der Antrag auf gerichtliche Entscheidung hat grundsätzlich **keinen Suspensiveffekt** (§ 62 **16** Abs. 2 iVm § 307 Abs. 1 StPO); die Zollbehörde oder, nach Übersendung des Antrags, das Amtsgericht können die Aussetzung des Vollzugs allerdings anordnen (§ 307 Abs. 2 StPO).

Die **Auferlegung der Kosten** des Verfahrens erfolgt nach § 62 Abs. 2 S. 2 OWiG entspre- **17** chend der §§ 464–473a StPO (ausführlich KK-OWiG/Kurz OWiG § 62 Rn. 29).

3. Einspruch (gegen Einziehung), § 67 Abs. 1 S. 1 OWiG

Nach Einlegung des Einspruchs hat die Zollbehörde zunächst das **Zwischenverfahren** **18** nach § 69 OWiG durchzuführen. Hält sie den Einspruch für zulässig, so kann sie den Sachverhalt abermals ermitteln. Dies hat umfassend zu erfolgen, § 53 Abs. 1 OWiG (KK-OWiG/ Ellbogen OWiG § 69 Rn. 10, 12). Verwirft die Zollbehörde den Einspruch nicht nach § 69 Abs. 1 OWiG als unzulässig, nimmt aber auch den Einziehungsbescheid nicht zurück, so übersendet sie die Akten über die Staatsanwaltschaft an das **Amtsgericht** (§ 69 Abs. 3 OWiG).

Zum (weitgehend formellen) Verfahren bei der Staatsanwaltschaft vor Aktenvorlage beim Amts- **18.1** gericht nach § 69 Abs. 4 S. 2 OWiG: KK-OWiG/Ellbogen OWiG § 69 Rn. 86 ff. Nimmt die Zollbehörde den Bußgeldbescheid zurück, so sind die **Kosten** des Verfügungsberechtigten – auf dessen Antrag – der Staatskasse aufzuerlegen; nimmt er den Einspruch zurück, trägt er die Verfahrenskosten bis zur Rücknahme (KK-OWiG/Ellbogen OWiG § 69 Rn. 129 ff.).

Der (dem Bußgeldbescheid gleichstehende, § 87 Abs. 3 S. 2 OWiG) Einziehungsbescheid ist Verfah- **18.2** rensvoraussetzung des gerichtlichen Verfahrens nach §§ 71 f. OWiG. Er hat den Charakter einer Beschuldigung (KK-OWiG/Senge OWiG § 71 Rn. 6). Diese Beschuldigung erhebt die Zollbehörde mit Erlass des Einziehungsbescheids; sie wird von der Staatsanwaltschaft mit Aktenvorlage an das Gericht aufrechterhalten und grenzt damit den Prozessgegenstand ein, § 66 OWiG (BGH NJW 1970, 2222). Das Gericht überprüft daher nicht den Einziehungsbescheid, sondern entscheidet auf Grundlage der im gerichtlichen Verfahren aufrechterhaltenen Beschuldigung des Verfügungsberechtigten selbst (KK-OWiG/Senge OWiG § 71 Rn. 6).

MarkenG § 148 Teil 8 Straf- und Bußgeldvorschriften; Beschlagnahme

19   Über den Einspruch wird dann im Rahmen der **Hauptverhandlung** nach § 71 OWiG entschieden. Sofern das Gericht eine solche für entbehrlich hält und der Verfügungsberechtigte sowie die Staatsanwaltschaft nicht widersprechen, kann die Entscheidung auch durch **Beschluss** (§ 72 Abs. 1 OWiG) ergehen.

20   Das **Beschlussverfahren** nach § 72 OWiG weist in weiten Teilen Entsprechungen zum Verfahren nach § 71 OWiG auf, so dass hier lediglich eine punktuelle Darstellung erfolgt. Das schriftliche Verfahren nach § 72 OWiG setzt einen **Hinweis** (§ 72 Abs. 1 S. 2 OWiG) an die Verfahrensbeteiligten (dazu KK-OWiG/Senge OWiG § 72 Rn. 36) voraus. Er ist entbehrlich, wenn dem schriftlichen Verfahren in einem früheren Verfahrensstadium (zB bei Einlegung des Einspruchs) bereits zugestimmt wurde (KK-OWiG/Senge OWiG § 72 Rn. 40). Da eine Hauptverhandlung nicht stattfindet, wird allein der **Akteninhalt** Grundlage der **richterlichen Überzeugungsbildung** (KK-OWiG/Senge OWiG § 72 Rn. 58). Im schriftlichen Verfahren ist die **reformatio in peius zulässig** (KK-OWiG/Senge OWiG § 72 Rn. 59); da Verfahrensgegenstand jedoch die Beschlagnahme ist, ist eine Verschlechterung für den Verfügungsberechtigten aus praktischen Gründen nicht zu besorgen. Zu den formalen Vorgaben an Rubrum, Beschlussformel und Beschlussgründe s. KK-OWiG/Senge OWiG § 72 Rn. 63 ff. Der Beschluss führt wie ein Urteil zum Verfahrensabschluss und muss daher ebenfalls eine **Kostenentscheidung** treffen; sie bestimmt sich wegen § 46 Abs. 1 OWiG nach §§ 465, 467 StPO (KK-OWiG/Senge OWiG § 72 Rn. 68).

21   Entsprechend § 244 StPO gilt auch für die Hauptverhandlung nach § 71 OWiG der **Amtsermittlungsgrundsatz**, § 77 OWiG (zur Beweisaufnahme auch KK-OWiG/Senge OWiG § 71 Rn. 75). Das Gericht entscheidet nach Abschluss der Beweisaufnahme nach **freier richterlicher Überzeugung** entsprechend § 261 StPO (KK-OWiG/Senge OWiG § 71 Rn. 79 ff.). Im gerichtlichen Verfahren besteht, anders als im schriftlichen Verfahren nach § 72 OWiG, **kein Verschlechterungsverbot** (KK-OWiG/Senge OWiG § 71 Rn. 6).

22   Die **Kostenentscheidung** folgt den §§ 465, 467 StPO.

II. Rechtsmittel nach Abs. 3 S. 3, 4

23   Gegen die Entscheidungen des Amtsgerichts ist die **sofortige Beschwerde** zum Oberlandesgericht zulässig (Abs. 3 S. 3, 4). Die sofortige Beschwerde steht allein dem **Verfügungsberechtigten** zu, der anders als der Antragsteller im Rechtsmittelverfahren Beteiligter ist (Ingerl/Rohnke Rn. 2). Die Beschwerde ist gemäß § 46 Abs. 1 OWiG, § 306 Abs. 1 StPO beim **Amtsgericht** einzulegen. Die Frist beträgt eine Woche (§ 46 Abs. 1 OWiG, § 311 Abs. 2 Hs. 1 StPO).

23.1   Abs. 3 S. 3, 4 **erweitert** den Rechtsschutz des Verfügungsberechtigten über das nach den Vorschriften des OWiG übliche Maß hinaus. Gegen die gerichtliche Entscheidung nach § 62 Abs. 1 OWiG ist die **sofortige** Beschwerde ausdrücklich nicht vorgesehen (§ 62 Abs. 2 S. 2 OWiG). Im Verfahren nach einem zulässigen Einspruch gelten gemäß § 71 Abs. 1 OWiG iVm § 411 Abs. 1 S. 2 StPO die Vorschriften der StPO über die Hauptverhandlung. Auch diese sehen eine sofortige Beschwerde für den Verfügungsberechtigten, mit Ausnahme der Verhandlung in seiner Abwesenheit (§ 231a Abs. 3 StPO), nicht vor.

III. Rechte des Antragstellers im Verwaltungsverfahren (Abs. 3 S. 2)

24   Der Antragsteller ist im gesamten Rechtsmittelverfahren **zu hören**, also auch im Rahmen der sofortigen Beschwerde (Ströbele/Hacker/Hacker Rn. 9). Er ist jedoch nicht Beteiligter des Rechtsmittelverfahrens nach Abs. 3 S. 1 und somit **nicht beschwerdeberechtigt** (Ingerl/Rohnke Rn. 2).

24.1   Der Antragsteller ist auch nicht als „andere Person" nach § 62 Abs. 1 S. 1 OWiG in Form des Einziehungsbeteiligten (vgl. KK-OWiG/Kurz OWiG § 62 Rn. 9) beschwerdeberechtigt. Einziehungsbeteiligter ist nach § 431 Abs. 1 S. 1 Nr. 2 StPO, wer „sonstige Rechte" an den einzuziehenden Gegenständen hat, wobei sonstige Rechte allein **beschränkt dingliche Rechte** meint (KK-StPO/Schmidt StPO § 431 Rn. 7). Solche Rechte hat der Antragsteller jedoch nicht.

E. Parallelvorschriften bzw. Ähnlichkeiten zu anderen Vorschriften

Zu § 148 bestehen Parallelvorschriften in den sonstigen Gesetzen über die gewerblichen Schutzrechte sowie das Urheberrecht, namentlich in § 142a Abs. 6, 7 PatG, § 57 Abs. 1, 2 DesignG, § 25a Abs. 6, 7 GebrMG sowie § 111b Abs. 6, 7 UrhG. 25

§ 149 Schadensersatz bei ungerechtfertigter Beschlagnahme

Erweist sich die Beschlagnahme als von Anfang an ungerechtfertigt und hat der Antragsteller den Antrag nach § 146 Abs. 1 in bezug auf die beschlagnahmten Waren aufrechterhalten oder sich nicht unverzüglich erklärt (§ 147 Abs. 2 Satz 2), so ist er verpflichtet, den dem Verfügungsberechtigten durch die Beschlagnahme entstandenen Schaden zu ersetzen.

Überblick

§ 149 gewährt einen eigenständigen Schadensersatzanspruch (→ Rn. 1) des Verfügungsberechtigten, wenn die **Beschlagnahme von Anfang an ungerechtfertigt** war (→ Rn. 2 ff.) erweist. Zur Begründung der Haftung reicht es aus, dass der Antragsteller die Beschlagnahme nicht unverzüglich durch Antragsrücknahme aufhebt und den Schuldner hierdurch unnötig lange der Zwangswirkung der Beschlagnahme aussetzt (→ Rn. 10).

Der Anspruch aus § 149 richtet sich auf Ersatz des **durch die Beschlagnahme** verursachten (→ Rn. 12 ff.) Schadens. Inhalt und Umfang der Ersatzpflicht folgen aus §§ 249 ff. BGB (→ Rn. 14).

Der Schadensersatzanspruch ist **verschuldensunabhängig**. Es handelt sich um eine Ausnahmeregelung, deren Anwendungsbereich nicht entsprechend ausgedehnt werden kann, die aber die allgemeinen, verschuldensabhängigen Schadensersatzansprüche nicht ausschließt.

Übersicht

	Rn.		Rn.
A. Voraussetzungen	1	III. Mitverschulden	15
I. Beschlagnahme von Anfang an ungerechtfertigt	2	IV. Verjährung	16
1. Fehlende Kennzeichenrechtsverletzung	4	C. Verfahren	17
2. Fehlende Offensichtlichkeit	6	I. Allgemeines	17
3. Fehlen formeller Voraussetzungen der Beschlagnahme	8	II. Gerichtstand und Zuständigkeit	18
II. Verhalten des Antragstellers	10	III. Beweislast	20
B. Schadensersatz	12	D. Konkurrenzen	21
I. Schaden durch die Beschlagnahme	12	E. Parallelvorschriften bzw. Ähnlichkeiten zu anderen Vorschriften	24
II. Schadensumfang	14		

A. Voraussetzungen

Der Schadensersatzanspruch hat zwei Voraussetzungen. Zum einen muss es sich um eine im Zeitpunkt ihrer Anordnung **ungerechtfertigte Beschlagnahme** (→ Rn. 2) handeln. Zum anderen muss der Antragsteller die **Fortdauer der Beschlagnahme** durch sein Tun oder Unterlassen verursacht haben, nachdem der Verfügungsberechtigte Widerspruch (→ § 147 Rn. 3 ff.) erhoben hat. Der Antragsteller muss jedoch **nicht schuldhaft** handeln (zu § 945 ZPO BGH GRUR 1992, 203 (205) – Roter mit Genever; Büscher/Dittmer/Schiwy/Büscher Rn. 1). 1

§ 149 ist an die Regelung des § 945 ZPO, über die Vollstreckung einer von Anfang an ungerechtfertigten einstweiligen Verfügung, angelehnt (noch zu § 28 Abs. 5 WZG BT-Drs. 11/4792, 36). Soweit Rechtsprechung und Literaturmeinungen übertragbar sind, wird daher im Folgenden auch § 945 ZPO dargestellt. 1.1

I. Beschlagnahme von Anfang an ungerechtfertigt

2 Die Beschlagnahme muss sich als **von Anfang an** ungerechtfertigt erweisen. Eine entsprechende Anwendung auf Fälle, in denen die Beschlagnahme nach ihrer Anordnung ungerechtfertigt wird, scheidet aus.

3 Die **Beurteilung,** ob die Beschlagnahme ungerechtfertigt war, erfolgt durch das Gericht des Schadensersatzprozesses unter Zugrundelegung des Standpunktes eines objektiven Betrachters (BeckOK ZPO/Mayer ZPO § 945 Rn. 10; MüKoZPO/Drescher ZPO § 945 Rn. 10). Das Risiko einer fehlerhaften Einschätzung der Rechtslage trägt der Antragsteller (BGH GRUR 1992, 203 (206) – Roter mit Genever; Ingerl/Rohnke Rn. 1).

1. Fehlende Kennzeichenrechtsverletzung

4 Die Beschlagnahme ist immer dann ungerechtfertigt, wenn es schon an der Kennzeichenrechtsverletzung fehlt (v. Schultz/Eble Rn. 2; Ströbele/Hacker/Hacker Rn. 4; Büscher/Dittmer/Schiwy/Büscher Rn. 2; Ingerl/Rohnke Rn. 1). Festzustellen ist dies vom Gericht des Schadensersatzprozesses. Dabei entfaltet eine Entscheidung im Rechtsverletzungsverfahren **Bindungswirkung** im Rahmen ihrer materiellen Rechtskraft (BGH GRUR 1993, 998 – Verfügungskosten; Büscher/Dittmer/Schiwy/Büscher Rn. 2). Art. 9 Abs. 4 UAbs. 1 UMV gewährt Inhabern einer Unionsmarke auch für **Transitfälle** einen Unterlassungsanspruch, wobei allerdings zweifelhaft ist, ob hierdurch auch das Beschlagnahmeverfahren nach §§ 146–149 eröffnet wird, oder aber dieser Anspruch allein über Verfahren nach § 150 iVm VO (EU) 608/2013 gesichert werden kann (→ § 146 Rn. 39). Sollten §§ 146–149 anwendbar sein, gilt: Nur wenn der Anmelder oder Besitzer der Waren im Rechtsverletzungsverfahren nachweisen kann, dass der Markeninhaber im endgültigen Bestimmungsland (innerhalb oder außerhalb der EU) keinen Unterlassungsanspruch hat, **erlischt** gemäß Art. 9 Abs. 4 UAbs. 2 UMV der Unterlassungsanspruch. Darunter ist ein Erlöschen ex nunc zu verstehen, so dass die Beschlagnahme nicht von Anfang ungerechtfertigt war. Damit besteht in diesen Fällen kein Schadensersatzanspruch nach § 149.

4.1 Für **nationale Registermarken** enthält Art. 10 Abs. 4 UAbs. 1 RL (EU) 2015/2436 zur Angleichung der Rechtsvorschriften der Mitgliedstaaten über die Marken, der bis 14.1.2019 in nationales Recht umzusetzen ist, eine zu Art. 9 Abs. 4 UAbs. 1 UMV gleichlautende Regelung. Allerdings ist auch hier wieder der Beweis des fehlenden Unterlassungsanspruchs im Bestimmungsland im Rechtsverletzungsverfahren zu erbringen hat, das nach VO (EU) 608/2013 eingeleitet wurde, so dass auch zweifelhaft ist, ob der auf den Transit bezogene Unterlassungsanspruch über §§ 146–149 gesichert werden kann (→ § 146 Rn. 39).

5 Die Beschlagnahme wegen Verletzung einer Marke kann auch dann von Anfang an ungerechtfertigt sein, wenn die **Marke später gelöscht** wird. Dies setzt allerdings die Rückwirkung der Löschung gemäß § 52 Abs. 1, 2 auf (mindestens) den Zeitpunkt der Beschlagnahme voraus. Der Rückwirkungsausschluss nach § 52 Abs. 3 Nr. 1 kann keine Anwendung finden, da die Beschlagnahmeanordnung bereits keine Entscheidung in einem Verletzungsverfahren ist und zudem in der Konstellation des § 149, die einen Widerspruch voraussetzt, nicht rechtskräftig werden kann. Vielmehr bedarf es dann einer gerichtlichen Entscheidung, die über das weitere Schicksal der Waren entscheidet (→ § 147 Rn. 21) und für die dann § 945 ZPO bzw. § 717 Abs. 2 ZPO gilt.

2. Fehlende Offensichtlichkeit

6 Für die Anordnung der Beschlagnahme ist die Offensichtlichkeit der Kennzeichenrechtsverletzung Voraussetzung (→ § 146 Rn. 40 ff.). Allerdings macht die fehlende Offensichtlichkeit einer gleichwohl bestehenden Kennzeichenrechtsverletzung die Beschlagnahme nicht ungerechtfertigt (BeckOK PatR/Voß PatG § 142 Rn. 30; v. Schultz/Eble Rn. 2; Ströbele/Hacker/Hacker Rn. 5; aA Büscher/Dittmer/Schiwy/Büscher Rn. 2; unklar Ingerl/Rohnke Rn. 1).

6.1 Dafür spricht, dass die Begründung zum Entwurf des PrPG die bei den Ausführungen zur ungerechtfertigten Beschlagnahme die Offensichtlichkeit der Rechtsverletzung nicht als Voraussetzung nennt (BT-

Drs. 11/4792, 36), wobei diese Erwägungen auf einem Vergleich von § 28 Abs. 5 WZG mit § 945 ZPO beruhen.

Parallelen zur Offensichtlichkeit der Kennzeichenrechtsverletzung gemäß § 146 bestehen im Rahmen des § 945 ZPO bei der summarischen Prüfung sowie bei der Glaubhaftmachung (des Verfügungsanspruchs). Es handelt sich jeweils um die Wahrscheinlichkeit von Umständen, deren Vorliegen die Inanspruchnahme des Verfügungsberechtigten (BT-Drs. 11/4792, 41) bzw. Antragsgegners (vgl. MüKoZPO/Drescher ZPO § 920 Rn. 15 ff.) rechtfertigen. Für den Schadensersatzanspruch nach § 945 ZPO ist allerdings gerade unbeachtlich, ob es an der Glaubhaftmachung des Verfügungsanspruchs fehlt, da der Schadensersatzanspruch bereits dann entfällt, wenn die Sicherungsvoraussetzungen objektiv vorgelegen haben (BGH GRUR 1992, 203 (206) – Roter mit Genever; MüKoZPO/Drescher ZPO § 945 Rn. 12; Zöller/Vollkommer ZPO § 945 Rn. 8). Auf die Offensichtlichkeit der Rechtsverletzung kann es daher für § 149 ebenfalls nicht ankommen. **6.2**

Es handelt sich bei der Offensichtlichkeit also um eine Eingriffsschwelle, unterhalb derer die Zollbehörde nicht tätig wird (so auch Ströbele/Hacker/Hacker Rn. 5). Nach der Gegenauffassung, die bei fehlender Offensichtlichkeit Schadensersatz zuspricht, würde jedoch infolge der bestehenden Kennzeichenrechtsverletzung kaum ein erstattungsfähiger Schaden vorliegen (→ Rn. 13.1). **7**

3. Fehlen formeller Voraussetzungen der Beschlagnahme

Auch eine **fehlende Sicherheitsleistung** (→ § 146 Rn. 16 ff.) führt nicht zur Unrechtmäßigkeit der Beschlagnahme. Die Sicherheitsleistung (§ 146 Abs. 1) ist Voraussetzung des Einschreitens der Zollbehörde. Sie stellt eine Verfahrensvoraussetzung dar. Ihr Fehlen ist, entsprechend der Prozessvoraussetzungen bei § 945 ZPO, unbeachtlich (MüKoZPO/Drescher ZPO § 945 Rn. 12). Ausschlaggebend ist allein die materielle Rechtslage (→ Rn. 7; BeckOK PatR/Voß PatG § 142 Rn. 30; v. Schultz/Eble Rn. 2; Ströbele/Hacker/Hacker Rn. 5; insoweit wohl auch Ingerl/Rohnke Rn. 1). **8**

Der Gegenauffassung (Büscher/Dittmer/Schiwy/Büscher Rn. 2) liegt eine zu formale Betrachtung zugrunde. Der Verweis auf das OLG Hamburg (OLG Hamburg MD 2005, 1067 – Hamburg) ist nicht nachzuvollziehen. In dem angeführten Beschluss wird die Sicherheitsleistung nicht thematisiert. Das bloße Fehlen der Sicherheitsleistung führt kaum zu einem erstattungsfähigen Schaden, da der Verfügungsberechtigte die Waren infolge der Kennzeichenrechtsverletzung ohnehin nicht hätte verwerten dürfen (→ Rn. 13.1). **8.1**

Ebenfalls macht die **nicht rechtzeitige Vorlage der gerichtlichen Entscheidung** die Beschlagnahme nicht ungerechtfertigt (aA Büscher/Dittmer/Schiwy/Büscher Rn. 2). § 149 setzt voraus, dass die unberechtigte Beschlagnahme und deren Aufrechterhaltung **kumulativ** vorliegen. Das ergibt sich schon aus dem natürlichen zeitlichen Ablauf, denn erst nach der Beschlagnahme (und diesbezüglichem Widerspruch des Verfügungsberechtigten) ist der Antragsteller überhaupt zur Rückantwort nach § 147 Abs. 2, 3 verpflichtet. Eine nicht rechtzeitig vorgelegte gerichtliche Entscheidung (→ § 147 Rn. 16) kann frühestens ab diesem Zeitpunkt eine rechtliche Wirkung entfalten, nicht aber über diesen Zeitpunkt hinaus zurückwirken und die Beschlagnahme selbst ungerechtfertigt machen. **9**

Parallel hierzu liegt der Fall, dass bei § 945 ZPO die einstweilige Verfügung mangels rechtzeitiger Vollziehung oder Zustellung aufgehoben wird. Dies wird ebenfalls nicht als Fall des § 945 ZPO verstanden. **9.1**

II. Verhalten des Antragstellers

Neben der objektiv ungerechtfertigten Beschlagnahme erfordert der Schadensersatzanspruch nach § 149 ein Verhalten des Antragstellers, das zur **Fortdauer der Beschlagnahme** führt, entweder weil der Antragsteller den Beschlagnahmeantrag aufrecht erhält (§ 147 Abs. 3 S. 2) oder sich auf die Mitteilung (→ § 146 Rn. 52) der Zollbehörde hin nicht unverzüglich über das Schicksal seines Beschlagnahmeantrags erklärt (§ 147 Abs. 2 S. 2). Unverzüglich ist die Erklärung, entsprechend § 121 BGB, wenn sie ohne schuldhaftes Verzögern ergeht (Büscher/Dittmer/Schiwy/Büscher Rn. 2). **10**

Nimmt der Antragsteller hingegen seinen Antrag (spätestens) umgehend nach dem Widerspruch des Verfügungsberechtigten zurück, so tritt die Schadensersatzpflicht jedenfalls nach **11** dieser Norm nicht ein (v. Schultz/Eble Rn. 3; Ströbele/Hacker/Hacker Rn. 7; Büscher/Dittmer/Schiwy/Büscher Rn. 2). Verschuldensabhängige Schadensersatzansprüche bleiben unberührt.

B. Schadensersatz

I. Schaden durch die Beschlagnahme

12 Der Schaden muss durch die Beschlagnahme entstanden sein, also **adäquat kausal** auf die Beschlagnahme zurückzuführen sein.

12.1 Eines besonderen durch den Anspruchsteller verursachten Vollstreckungsdrucks (zu der zu § 945 ZPO geführten Diskussion BeckOK ZPO/Mayer ZPO § 945 Rn. 27 ff.) bedarf es bei § 149 nicht. Mit Beschlagnahme der Waren liegt eine durch den Antragsteller kausal herbeigeführte Drucksituation zu Lasten des Verfügungsberechtigten naturgemäß vor.

13 Nicht von § 149 umfasst sind Schäden, die nicht durch die Beschlagnahme, sondern wegen der Beschlagnahme entstehen, dh sich aus der reinen Kenntnis um eine bevorstehende oder derzeitige Beschlagnahme ergeben (vgl. BeckOK ZPO/Mayer ZPO § 945 Rn. 28).

13.1 Ansichten, die eine **ungerechtfertigte Beschlagnahme** auch bei Vorliegen einer objektiven **Kennzeichenrechtsverletzung** annehmen (→ Rn. 7, 8.1), müssten an dieser Stelle zumindest einen Schaden ablehnen (so auch Büscher/Dittmer/Schiwy/Büscher Rn. 2). Da nämlich die rechtsverletzenden Waren materiell-rechtlich dem Vernichtungsanspruch unterlagen und der Verfügungsberechtigte sie nicht verwerten durfte, konnte durch ihre Beschlagnahme daher kein erstattungsfähiger Schaden entstehen.

II. Schadensumfang

14 Die Höhe des ersatzfähigen Schadens bemisst sich gemäß §§ 249 ff. BGB nach dem **negativen Interesse** des Verfügungsberechtigten. Er ist so zu stellen, als hätte die Beschlagnahme nicht stattgefunden. Soweit angefallen, umfasst der Schadensersatz daher auch die **Rechtsverfolgungskosten** des Verfügungsberechtigten sowie eventuelle **Gewinneinbußen** (v. Schultz/Eble Rn. 4; Ingerl/Rohnke Rn. 1; eine Auflistung möglicher Schadenspositionen bei BeckOK PatR/Voß PatG § 142 Rn. 34). Berücksichtigt wird der Schaden auch dann, wenn zusätzlich zur Beschlagnahme eine einstweilige Verfügung nach §§ 935, 940 ZPO die Überlassung der Waren an den Verfügungsberechtigten hindert, die Beschlagnahme im Hauptsacheverfahren jedoch aufgehoben wird (v. Schultz/Eble Rn. 1).

III. Mitverschulden

15 Ein Mitverschulden des Verfügungsberechtigten gemäß § 254 BGB ist grds. schadensmindernd zu berücksichtigen. Dies setzt jedoch ein besonders **erhebliches Verschulden** voraus, da das Risiko der Beschlagnahme nach § 149 grundsätzlich beim Antragsteller liegt (vgl. BGH NJW 1990, 2689 f.; BeckOK ZPO/Mayer ZPO § 945 Rn. 36). Diese gesetzliche Risikoverteilung ist im Rahmen von § 254 BGB zu berücksichtigen.

IV. Verjährung

16 Die Verjährung richtet sich nach **§§ 194 ff. BGB**. Auf die Rechtsnatur der Haftung gemäß § 149 kommt es dafür nicht an; ohnehin laufen die Verjährungsfristen für Ansprüche aus Deliktsrecht und Gefährdungshaftungen – soweit man diese Unterscheidung überhaupt vornehmen möchte – weitgehend gleich (vgl. nur §§ 194 ff. BGB, § 17 UmweltHG, § 14 StVG). Eine abweichende Bestimmung zur Verjährung (so zB § 12 ProdHaftG) enthält das MarkenG nicht.

C. Verfahren

I. Allgemeines

Der Schadensersatzanspruch ist geltend zu machen durch **Leistungsklage vor den ordentlichen Gerichten.** Denkbar ist auch eine Feststellungsklage, allerdings wird der Schaden regelmäßig nicht erst nach längerer Zeit bezifferbar sein und ein Feststellungsinteresse fehlen. Im Hauptsacheklageverfahren wegen der Rechtsverletzung ist **Widerklage** möglich und – soweit dort bezifferte Zahlung eingeklagt wird – auch **Aufrechnung** (vgl. zu § 945 ZPO BeckOK ZPO/Mayer ZPO § 945 Rn. 40; MüKoZPO/Drescher ZPO § 945 Rn. 28; Musielak/Huber ZPO § 945 Rn. 10). 17

II. Gerichtsstand und Zuständigkeit

Neben dem allgemeinen Gerichtsstand gilt nach § 32 ZPO auch der **besondere Gerichtsstand der unerlaubten Handlung** (vgl. zu § 945 ZPO BGHZ 75, 1; OLG Hamburg OLGR 2004, 358). 18

Es handelt sich um eine **Kennzeichenstreitsache** gemäß § 140 Abs. 1, da der Schadensersatzanspruch im MarkenG geregelt ist (→ § 142 Rn. 1). Insoweit liegt auch gemäß § 95 Abs. 1 Nr. 4 Buchst. c GVG eine **Handelssache** vor. 19

III. Beweislast

Der auf Schadensersatz Beklagte, also der **Antragsteller,** trägt die Beweislast dafür, dass die von ihm beantragte Beschlagnahme von Anfang an gerechtfertigt war. Er beruft sich nämlich im Schadensersatzprozess seines Anspruchs auf die (rechtmäßige) Beschlagnahme (vgl. zu § 945: BGH GRUR 1992, 203 (206) – Roter mit Genever). 20

D. Konkurrenzen

Konkurrenzen des Anspruchs nach § 149 mit den **§§ 823, 826 BGB** sind denkbar (so auch Ströbele/Hacker/Hacker Rn. 1; Büscher/Dittmer/Schiwy/Büscher Rn. 3). Sie sind in der Praxis jedoch ohne Bedeutung, da §§ 823, 826 BGB ein Verschulden erfordern, in der Rechtsfolge – Ersatz des negativen Interesses (MüKoBGB/Wagner BGB § 823 Rn. 69; MüKoBGB/Wagner BGB § 826 Rn. 44) – jedoch über § 149 nicht hinausgehen (Ingerl/Rohnke Rn. 1). 21

Keine Konkurrenz besteht mangels Anspruchs gemäß § 149, wenn die Beschlagnahme aus wettbewerbsfeindlichen Motiven beantragt, auf den Widerspruch des Verfügungsberechtigten hin der Antrag jedoch sofort zurückgenommen wird (→ Rn. 11). In solchen Fällen ist der Antragsteller jedoch nach dem allgemeinen Deliktsrecht schadensersatzpflichtig (vgl. BGH GRUR 2005, 882 – Unberechtigte Schutzrechtsverwarnung; MüKoBGB/Wagner BGB § 823 Rn. 262 ff.; MüKoBGB/Wagner BGB § 826 Rn. 159). 22

Wird die Beschlagnahme zu wettbewerbswidrigen Zwecken missbraucht, besteht bei einer vorsätzlichen sittenwidrigen Schädigung ein Anspruch nach § 826 BGB (Ströbele/Hacker/Hacker Rn. 7; Büscher/Dittmer/Schiwy/Büscher Rn. 3). In diesen Fällen wird die Sittenwidrigkeit, da die Instrumentalisierung hoheitlicher Gewalt im Wissen um die fehlende Berechtigung und der Ergänzungsfunktion des Deliktsrechts zum Immaterialgüterrecht (dazu MüKoBGB/Wagner BGB § 826 Rn. 159 f.), regelmäßig anzunehmen sein. Darüber hinaus können Ansprüche nach § 823 Abs. 1 BGB wegen der Besitzentziehung durch die Beschlagnahme bestehen (Büscher/Dittmer/Schiwy/Büscher Rn. 3), sowie Ansprüche aus § 823 Abs. 2 BGB iVm Schutzgesetzen (Ströbele/Hacker/Hacker Rn. 7) in Betracht kommen. 22.1

Eine **Konkurrenz zu § 945 ZPO** besteht für den Zeitraum nach Erlass einer einstweiligen Verfügung, wenn die Beschlagnahme durch die Verfügung zunächst bestätigt, im Hauptsacheverfahren jedoch aufgehoben wird (v. Schultz/Eble Rn. 1; Ströbele/Hacker/Hacker Rn. 3). Lag in diesem Fall eine Markenverletzung objektiv nicht vor, dann hat ein Verfügungsanspruch von Anfang an nicht bestanden, so dass auch die einstweilige Verfügung ungerechtfertigt erfolgt ist (MüKoZPO/Mayer ZPO § 945 Rn. 9 f.) und dann § 945 ZPO 23

MarkenG § 150 Teil 8 Straf- und Bußgeldvorschriften; Beschlagnahme

greift. Hatte die einstweilige Verfügung eine eigenständige Sicherungsanordnung getroffen, stellt sich die Frage, wie die Zollbehörde ab dann mit der Beschlagnahme umgeht, diese also fortsetzt, oder aber (nur noch) die gerichtliche Sicherstellung vollzieht. Nur bei Fortsetzung der Beschlagnahme auch nach Vollziehung der Sicherungsanordnung der einstweiligen Verfügung kommt für diesen Zeitraum dann ein zu § 945 ZPO konkurrierender Anspruch nach § 149 in Betracht. Hacker und Eble gehen wohl davon aus, dass die Beschlagnahme aufrechterhalten wird, wegen des Verfügungsverbotes durch die einstweilige Verfügung. Ob auch eine einstweilige Verfügung dazu führt, dass der Zoll das behördliche Verfahren einstellt, oder ob er das erst bei einem Endurteil tut (so wie bei den amtsgerichtlichen Urteilen im Rechtsschutz nach § 148), ist offen.

E. Parallelvorschriften bzw. Ähnlichkeiten zu anderen Vorschriften

24   Zu § 149 bestehen Parallelvorschriften in den sonstigen Gesetzen über die gewerblichen Schutzrechte sowie das Urheberrecht, namentlich in § 142a Abs. 5 PatG, § 56 Abs. 5 DesignG, § 25a Abs. 5 GebrMG sowie § 111b Abs. 5 UrhG.

§ 150 Verfahren nach der Verordnung (EU) Nr. 608/2013

Für das Verfahren nach der Verordnung (EU) Nr. 608/2013 gelten § 148 Absatz 1 und 2 sowie § 149 entsprechend, soweit die Verordnung keine Bestimmungen enthält, die dem entgegenstehen.

Überblick

Die Norm ist inzwischen auf die VO (EU) Nr. 608/2013 abgestimmt (→ Rn. 1). Die VO (EU) Nr. 608/2013 regelt das Verfahren nahezu vollständig selbst. (Zur Struktur der VO (EU) Nr. 608/2013 → Rn. 2). Das **Verfahren nach der VO (EU) Nr. 608/2013** stellt sich im Überblick wie folgt dar:

Das Tätigwerden der Zollbehörden besteht in der Aussetzung der Überlassung bzw. der Zurückhaltung von Waren, Art. 17 ff. VO (EU) Nr. 608/2013, sowie in deren anschließender Vernichtung, Art. 23 ff. VO (EU) Nr. 608/2013. Die Zollbehörden werden nur an den Außengrenzen der EU, dh im Warenverkehr mit Drittstaaten, tätig, Art. 1 VO (EU) Nr. 608/2013.

Bevor die Zollbehörden ein solches Tätigwerden prüfen, ist grundsätzlich ist seitens des Rechtsinhabers ein Antrag erforderlich, Art. 17 Abs. 1 VO (EU) Nr. 608/2013 (→ Rn. 26). Wird diesem Antrag stattgegeben, heißt der Rechtsinhaber „Inhaber der Entscheidung". Die Zollbehörden können aber auch von Amts wegen tätig werden, Art. 18 Abs. 1 VO (EU) Nr. 608/2013, wobei dann ein nachfolgender Antrag notwendig wird, Art. 18 Abs. 4 Buchst. b VO (EU) Nr. 608/2013 (→ Rn. 27). Im Kleinsendungsverfahren bedarf es hingegen keines Antrags, Art. 26 VO (EU) Nr. 608/2013 (→ Rn. 103).

Das konkrete Tätigwerden der Zollbehörden erfordert den Verdacht auf Rechtsverletzung (→ Rn. 64). Über die Aussetzung der Überlassung bzw. Zurückhaltung der Ware wird der Anmelder/Besitzer unterrichtet, Art. 17 Abs. 3, Art. 18 Abs. 3 VO (EU) Nr. 608/2013, und der Inhaber der Entscheidung informiert, Art. 17 Abs. 4, Art. 18 Abs. 4 VO (EU) Nr. 608/2013 (→ Rn. 69), der auch Gelegenheit zur Prüfung der Ware erhält, Art. 19 VO (EU) Nr. 608/2013 (→ Rn. 72).

Im Anschluss findet die sog. vereinfachte Vernichtung (→ Rn. 87) statt, falls der Anmelder oder Besitzer der Ware in die Vernichtung einwilligt bzw. von seiner Einwilligung ausgegangen werden kann, Art. 23 Abs. 1 Buchst. c VO (EU) Nr. 608/2013 (→ Rn. 91). Anderenfalls muss ein gerichtliches Verletzungsverfahren eingeleitet werden, Art. 23 Abs. 3 S. 2 VO (EU) Nr. 608/2013 (→ Rn. 97). In diesem Fall hält die Zollbehörde die Ware zurück, bis ein gerichtlicher Titel auf Sicherstellung oder Vernichtung vorliegt.

Die Haftung des Antragstellers wird geregelt in Art. 28 VO (EU) Nr. 608/2013 (→ Rn. 112).

Die Kosten des Verfahrens sind Gegenstand von Art. 29 VO (EU) Nr. 608/2013 (→ Rn. 119).

Verfahren nach der Verordnung (EU) Nr. 608/2013 § 150 MarkenG

Übersicht

	Rn.		Rn.
A. Inkrafttreten und Aufbau der VO (EU) Nr. 608/2013	1	III. Wirksamwerden der Entscheidung über den Antrag	47
I. Geltung ab 1.1.2014	1	IV. Gebühren (Art. 8, 12 Abs. 6 VO (EU) Nr. 608/2013)	49
II. Aufbau der VO (EU) Nr. 608/2013	2	V. Geltungsdauer der Entscheidung und Verlängerung	50
B. Gegenstand und Anwendungsbereich der VO (EU) Nr. 608/2013	8	1. Geltungsdauer (Art. 11 VO (EU) Nr. 608/2013)	51
I. Relevante Schutzrechte: Recht geistigen Eigentums (Art. 2 Nr. 1 VO (EU) Nr. 608/2013)	11	2. Verlängerung (Art. 12 VO (EU) Nr. 608/2013)	53
1. Marken (Art. 2 Nr. 1 Buchst. a, Nr. 2 VO (EU) Nr. 608/2013)	13	VI. Änderung und Aufhebung der Entscheidung	54
2. Handelsnamen (Art. 2 Nr. 1 Buchst. l VO (EU) Nr. 608/2013)	15	1. Änderungen der Schutzrechtsliste auf Antrag des Inhabers der Entscheidung (Art. 13 VO (EU) Nr. 608/2013)	54
3. Geografische Angaben (Art. 2 Nr. 1 Buchst. d, Nr. 4 VO (EU) Nr. 608/2013)	16	2. (Teil-)Aufhebung der Entscheidung (Art. 11 Abs. 3 S. 2 VO (EU) Nr. 608/2013)	55
II. Ausnahmen vom Anwendungsbereich	19	VII. Mitteilungspflichten der Zollbehörde (Art. 14 VO (EU) Nr. 608/2013)	56
1. Originalware, insbesondere Parallelimport (Art. 1 Abs. 5 Alt. 1 VO (EU) Nr. 608/2013)	19	VIII. Pflichten des Inhabers der Entscheidung	57
2. Lizenzware bei Mengenüberschreitung (Art. 1 Abs. 5 Alt. 2 VO (EU) Nr. 608/2013)	21	1. Mitteilungspflichten des Inhabers der Entscheidung (Art. 15 f. VO (EU) Nr. 608/2013)	57
3. Einfuhr zu besonderen Zwecken (Art. 1 Abs. 3 VO (EU) Nr. 608/2013)	22	2. Sonstige Pflichten des Inhabers der Entscheidung (Art. 16 VO (EU) Nr. 608/2013)	60
4. Waren ohne gewerblichen Charakter im persönlichen Gepäck (Art. 1 Abs. 4 VO (EU) Nr. 608/2013)	23	**E. Tätigwerden der Zollbehörden**	63
5. Versendung an Privatpersonen	24	I. Grundvoraussetzung: Verdacht einer Rechtsverletzung	64
6. Ununterbrochener Transit (Art. 1 Abs. 1 Buchst. c VO (EU) Nr. 608/2013)	25	II. Verfahren bei Tätigwerden auf Antrag (Art. 17 VO (EU) Nr. 608/2013)	66
C. Antrag	26	1. Vorab ggf. sachdienliche Informationen (Art. 17 Abs. 2 VO (EU) Nr. 608/2013)	67
I. Grundsätzliches Antragserfordernis	26	2. Gebundene Entscheidung (Art. 17 Abs. 1 VO (EU) Nr. 608/2013)	68
II. Antragsart: Unionsantrag/nationaler Antrag (Art. 2 Nr. 9 bis 11 VO (EU) Nr. 608/2013)	28	3. Unterrichtung der Beteiligten über die Aussetzung der Überlassung bzw. Zurückhaltung (Art. 17 Abs. 3 VO (EU) Nr. 608/2013)	69
1. Unionsantrag (Art. 2 Nr. 10 VO (EU) Nr. 608/2013)	29	4. Weitere Information der Beteiligten (Art. 17 Abs. 4 VO (EU) Nr. 608/2013)	73
2. Nationaler Antrag (Art. 2 Nr. 11 VO (EU) Nr. 608/2013)	31	III. Verfahren bei Tätigwerden ohne Antrag (Art. 18 VO (EU) Nr. 608/2013)	76
III. Antragsberechtigung	32	1. Beschränkter Anwendungsbereich: keine verderbliche Ware (Art. 18 Abs. 1 VO (EU) Nr. 608/2013)	77
1. Vollberechtigung für beide Antragsarten (Art. 3 Nr. 1 VO (EU) Nr. 608/2013)	33	2. Vorab ggf. sachdienliche Informationen (Art. 18 Abs. 2 VO (EU) Nr. 608/2013)	79
2. Weitere Antragsberechtigte für Unionsanträge (Art. 3 Nr. 3 VO (EU) Nr. 608/2013)	35	3. Ermessensentscheidung (Art. 18 Abs. 1 VO (EU) Nr. 608/2013)	80
3. Weitere Antragsberechtigte für nationale Anträge (Art. 3 Nr. 2 VO (EU) Nr. 608/2013)	38	4. Unterrichtung der Beteiligten (Art. 18 Abs. 3 VO (EU) Nr. 608/2013)	81
IV. Höchstzahl der Anträge, Anträge in mehreren Mitgliedstaaten	40	5. Nachträglicher Antrag (Art. 18 Abs. 3 VO (EU) Nr. 608/2013, Art. 5 Abs. 3 VO (EU) Nr. 608/2013)	83
V. Zuständige Behörde und Form des Antrags (Art. 5 VO (EU) Nr. 608/2013)	41	6. Nach Stattgabe des Antrags: weitergehende Information (Art. 18 Abs. 5 VO (EU) Nr. 608/2013)	85
VI. Inhalt des Antrags (Art. 6 Abs. 3 VO (EU) Nr. 608/2013)	42	7. Andernfalls: Genehmigung der Überlassung bzw. Beendigung der Zurückhal-	
D. Entscheidung über den Antrag	44		
I. Voraussetzungen: Vollständigkeit des Antrags und Entscheidungsfristen	44		
II. Inhalt der Entscheidung	46		

MarkenG § 150 Teil 8 Straf- und Bußgeldvorschriften; Beschlagnahme

	Rn.		Rn.
tung (Art. 18 Abs. 4 VO (EU) Nr. 608/2013)	86	1. Eingeschränkter Anwendungsbereich (Art. 26 Abs. 1 VO (EU) Nr. 608/2013)	104
IV. Vereinfachte Vernichtung (Art. 23 VO (EU) Nr. 608/2013)	87	2. Unterrichtung des Anmelders bzw. Besitzers der Waren (Art. 26 Abs. 3, 4 VO (EU) Nr. 608/2013)	107
1. Erklärungen des Inhabers der Entscheidung	88	3. Vernichtung der Waren (Art. 26 Abs. 5–7 VO (EU) Nr. 608/2013)	109
2. Erklärungen des Anmelders oder Besitzers der Waren	90	4. Anderenfalls: Einleitung des Rechtsverletzungsverfahrens (Art. 26 Abs. 8, 9 VO (EU) Nr. 608/2013)	111
3. Durchführung der Vernichtung (Art. 23 Abs. 2 VO (EU) Nr. 608/2013)	93	F. Haftung des Inhabers der Entscheidung (Art. 28 VO (EU) Nr. 608/2013)	112
4. Umgang mit den Waren während des Vernichtungsverfahrens (Art. 25 VO (EU) Nr. 608/2013)	95	G. Kosten (Art. 29 VO (EU) Nr. 608/2013)	119
V. (Gerichtliches) Verletzungsverfahren	97	H. Parallelvorschriften bzw. Ähnlichkeiten zu anderen Vorschriften	123
VI. Überlassung der Waren bzw. Beendigung der Zurückhaltung	101	I. Anhang: Abdruck der VO (EU) Nr. 608/2013	124
VII. Kleinsendungsverfahren (Art. 26 VO (EU) Nr. 608/2013)	103		

A. Inkrafttreten und Aufbau der VO (EU) Nr. 608/2013

I. Geltung ab 1.1.2014

1 Die VO (EG) Nr. 1383/2003 ist mit Wirkung zum 31.12.2013 außer Kraft getreten. An ihre Stelle ist die VO (EU) Nr. 608/2013 getreten, Art. 38 VO (EU) Nr. 608/2013. Inzwischen – seit 1.7.2016 – ist § 150 auf die VO (EU) Nr. 608/2013 abgestimmt. Die Neufassung der Norm verzichtet – konsequenterweise – gänzlich auf eigenständige Regelungen und **verweist** lediglich auf § 148 Abs. 1 und 2 sowie auf § 149. Zudem wird klargestellt, dass die VO (EU) Nr. 608/2013 vorrangiges Unionsrecht ist, dh im Kollisionsfall diese Regelungen hinter deren Bestimmungen zurücktreten. Die mit der Neufassung einhergehende Streichung zahlreicher Regelungen bedeutet nicht, dass diese auch sämtlich inhaltlich geändert worden wären.

1.1 Die damals in Abs. 4 S. 1 vorgesehene **Fiktion der Zustimmung in die Vernichtung** seitens des Anmelders oder Besitzers der Waren, falls dessen Widerspruch ausbleibt, konnte nicht beibehalten werden. Vielmehr sieht Art. 23 Abs. 1 UAbs. 1 Buchst. c VO (EU) Nr. 608/2013 vor, dass in diesem Fall die Zollbehörden von der Zustimmung zwar ausgehen können (→ Rn. 91), dies aber nicht zwingend ist (vgl. Art. 23 Abs. 3 S. 1 VO (EU) Nr. 608/2013; → Rn. 91.1).

1.2 Die Streichung von Abs. 5, der die Kostentragung regelte, heißt jedoch nicht, dass der Antragsteller nunmehr die Kosten nicht mehr zu tragen hätte. Vielmehr ergibt sich dies in Zukunft aus § 148 Abs. 2, auf den verwiesen wird. Es handelt sich somit um eine Verschlankung des Gesetzes und nicht eine zwingende Umsetzung der VO (EU) Nr. 608/2013. Die Belastung mit den **Kosten der Vernichtung** bleibt wie bei der Vorgängerverordnung, Art. 11 Abs. 1 Spiegelstrich 2 VO (EG) Nr. 1383/2003, den Mitgliedstaaten zur Disposition gestellt (Art. 23 Abs. 2 S. 1 VO (EU) Nr. 608/2013, Art. 29 Abs. 1 UAbs. 1 VO (EU) Nr. 608/2013). Davon macht auch die Neufassung der Norm weiterhin in der Weise Gebrauch, dass der Antragsteller die Kosten zu tragen hat.

1.3 Die früher in Abs. 7 vorgeschriebene Aufbewahrungsfrist ist überholt, da VO (EU) Nr. 608/2013 schreibt keine **Aufbewahrungsfrist** vorsieht. Die Entnahme von Proben und Mustern ist allerdings als Kann-Vorschrift ausgestaltet (Art. 23 Abs. 2 S. 2 VO (EU) Nr. 608/2013). Soweit der Inhaber einer Entscheidung die Proben oder Muster als Beweismittel benötigt, können sie ihm nach Art. 19 VO (EU) Nr. 608/2013 zur Verfügung gestellt werden (→ Rn. 72, → Rn. 82).

1.4 Der weiterhin vorhandene (früher in Abs. 8 geregelte) Verweis auf § 149 wird durch die – vorrangigen – Regelungen des **Schadensersatzes** durch Art. 28 VO (EU) Nr. 608/2013 teilweise eingeschränkt.

1.5 Die Verfahrensregelungen der übrigen Absätze konnten ersatzlos gestrichen werden, da diese ohnehin unmittelbar in der VO (EU) Nr. 608/2013 enthalten sind.

II. Aufbau der VO (EU) Nr. 608/2013

Der strukturierte Aufbau der VO (EU) Nr. 608/2013 ist wie folgt zusammenzufassen 2 (Abdruck → Rn. 124.1):

Kapitel I: Vorab wird der **Anwendungsbereich** (Art. 1 VO (EU) Nr. 608/2013; 3 → Rn. 8) definiert und es finden sich die zentralen **Begriffsbestimmungen** (Art. 2 VO (EU) Nr. 608/2013).

Kapitel II: Im ersten Hauptteil wird das **Antragsverfahren** behandelt, das sich in die 4 **Antragstellung** (Art. 3 ff. VO (EU) Nr. 608/2013; → Rn. 26 ff.) und die **Entscheidung über den Antrag** (Art. 7 ff. VO (EU) Nr. 608/2013; → Rn. 44 ff.) gliedert.

Kapitel III: Im zweiten Hauptteil wird die Tätigkeit der Zollbehörden geregelt, die 5 zunächst in der **Zurückbehaltung von Waren** (Art. 17 ff. VO (EU) Nr. 608/2013; → Rn. 63 ff.) sowie in deren anschließender **Vernichtung** (Art. 23 ff. VO (EU) Nr. 608/2013; → Rn. 87 ff.) besteht.

Kapitel IV: Ferner erfolgen Regelungen zur **Haftung** – der Zollbehörde gegenüber dem 6 Antragsteller (Art. 27 VO (EU) Nr. 608/2013) bzw. des Antragstellers gegenüber dem Besitzer der Ware (Art. 28 VO (EU) Nr. 608/2013; → Rn. 112) –, zu den **Kosten des Verfahrens** (Art. 29 VO (EU) Nr. 608/2013; → Rn. 119) sowie zur Pflicht der Mitgliedstaaten, die Einhaltung der Verpflichtungen des Antragstellers durch entsprechende **Sanktionen** (Art. 30 VO (EU) Nr. 608/2013) sicherzustellen.

Kapitel V und VI: Schließlich erfolgen überwiegend administrative Regelungen zur 7 behördlichen Zusammenarbeit und zum Binnenrecht, die für den Antragsteller und den Besitzer der Ware nur von untergeordnetem Interesse sind.

B. Gegenstand und Anwendungsbereich der VO (EU) Nr. 608/2013

Die VO (EU) Nr. 608/2013 regelt das zollbehördliche Tätigwerden an den **Außengren-** 8 **zen der EU** (Art. 1 VO (EU) Nr. 608/2013) in Bezug auf Waren, die im **Verdacht** (→ Rn. 64) stehen, ein **Recht geistigen Eigentums** zu verletzen.

Der Anwendungsbereich wird bestimmt durch die **relevanten Schutzrechte** (Art. 2 9 Nr. 1 VO (EU) Nr. 608/2013; → Rn. 11) sowie die **Ausnahmen** vom Anwendungsbereich (Art. 1 Abs. 3 bis 5 VO (EU) Nr. 608/2013; → Rn. 19 ff.).

Der Anwendungsbereich der VO (EU) Nr. 608/2013 definiert zugleich den **Ausschluss** 10 **des Anwendungsbereichs des nationalen Zollbeschlagnahmeverfahrens** nach §§ 146 ff., da § 146 Abs. 1 S. 1 insoweit einen Anwendungsvorrang der VO (EU) Nr. 608/ 2013 konstituiert (→ § 146 Rn. 4).

I. Relevante Schutzrechte: Recht geistigen Eigentums (Art. 2 Nr. 1 VO (EU) Nr. 608/2013)

Die von der VO (EU) Nr. 608/2013 erfassten Schutzrechte werden in Art. 2 Nr. 1 VO 11 (EU) Nr. 608/2013 als **„Recht geistigen Eigentums"** definiert. Auf ein solches Recht geistigen Eigentums stellt zum einen die Antragsberechtigung ab (Art. 3 VO (EU) Nr. 608/ 2013). Auch die Eingriffsbefugnisse der Zollbehörden verlangen den Verdacht, dass eine Ware ein Recht geistigen Eigentums verletzt (Art. 17 Abs. 1 VO (EU) Nr. 608/2013, Art. 23 Abs. 1 VO (EU) Nr. 608/2013).

Zu diesen Rechten geistigen Eigentums zählen neben 12
- Geschmacksmustern (Art. 2 Nr. 1 Buchst. b VO (EU) Nr. 608/2013),
- Urheberrechten (Art. 2 Nr. 1 Buchst. c VO (EU) Nr. 608/2013),
- Patenten (Art. 2 Nr. 1 Buchst. e VO (EU) Nr. 608/2013),
- ergänzenden Schutzzertifikaten (Art. 2 Nr. 1 Buchst. e, f VO (EU) Nr. 608/2013),
- Sortenschutzrechten (Art. 2 Nr. 1 Buchst. h VO (EU) Nr. 608/2013),
- Gebrauchsmustern (Art. 2 Nr. 1 Buchst. k VO (EU) Nr. 608/2013),
- Topografien von Halbleitererzeugnissen (Art. 2 Nr. 1 Buchst. j VO (EU) Nr. 608/2013),
- folgende Kennzeichenrechte: Marken (Art. 2 Nr. 1 Buchst. a, Nr. 2 VO (EU) Nr. 608/ 2013), Handelsnamen (Art. 2 Nr. 1 Buchst. l VO (EU) Nr. 608/2013), Geografische Angaben (Art. 2 Nr. 1 Buchst. d, Nr. 4 VO (EU) Nr. 608/2013).

1. Marken (Art. 2 Nr. 1 Buchst. a, Nr. 2 VO (EU) Nr. 608/2013)

13 Marken iSd VO (EU) Nr. 608/2013 sind
- **Unionsmarken** (Art. 2 Nr. 2 Buchst. a VO (EU) Nr. 608/2013, Art. 1 UMV),
- **Eingetragene Marken** eines EU-Staats bzw. beim Benelux-Amt (Art. 2 Nr. 2 Buchst. b VO (EU) Nr. 608/2013, § 4 Nr. 1),
- **Internationale Registrierungen** mit Wirkung für (mindestens) einen EU-Staat bzw. die EU (Art. 2 Nr. 2 Buchst. c VO (EU) Nr. 608/2013, § 107 Abs. 1, § 119 Abs. 1).

14 Nicht in den Anwendungsbereich der VO (EU) Nr. 608/2013 gehören damit
- Benutzungsmarken (§ 4 Nr. 2) und
- notorisch bekannte Marken (§ 4 Nr. 3).

2. Handelsnamen (Art. 2 Nr. 1 Buchst. l VO (EU) Nr. 608/2013)

15 Anwendung findet die VO (EU) Nr. 608/2013 auch auf Handelsnamen, die als ausschließliches Recht geistigen Eigentums geschützt sind, Art. 2 Nr. 1 Buchst. l VO (EU) Nr. 608/ 2013. Als ausschließliches Recht sind gemäß § 15 Abs. 1 die geschäftlichen Bezeichnungen des § 5 geschützt (→ § 15 Rn. 50). § 5 erfasst insbesondere **Firma** (§ 5 Abs. 2 S. 1 Alt. 2; → § 5 Rn. 20 ff.), **Firmenschlagwörter** (→ § 5 Rn. 33 ff.) und **besondere Geschäftsabzeichen** (→ § 5 Rn. 60 f.). Daneben schützt § 5 aber auch Bezeichnungen ohne Namensfunktion, wie (einfache) Geschäftsabzeichen (§ 5 Abs. 2 S. 2) und Werktitel (§ 5 Abs. 3). Davon sind nur die (einfache) Geschäftsabzeichen Handelsname im Sinne von Art. 2 Nr. 1 Buchst. l VO (EU) Nr. 608/2013, nicht aber Werktitel.

15.1 Die VO (EU) Nr. 608/2013 definiert nicht, was ein Handelsname ist. Nach der Rechtsprechung des EuGH dient der Handelsname dazu, ein Geschäft zu bezeichnen (EuGH C-17/06, GRUR 2007, 971 Rn. 21 – Céline). Dies ist auch bei Geschäftsabzeichen ohne Namensfunktion der Fall (→ § 5 Rn. 60), nicht aber bei einem Werktitel, der zwar Namensfunktion haben kann, aber insoweit kein Geschäft, sondern ein Werk bezeichnet (→ § 5 Rn. 153, → § 5 Rn. 161).

3. Geografische Angaben (Art. 2 Nr. 1 Buchst. d, Nr. 4 VO (EU) Nr. 608/2013)

16 In den Anwendungsbereich der VO (EU) Nr. 608/2013 fällt eine Reihe geschützter geografischer Angaben. Dazu zählen nach Art. 2 Nr. 4 Buchst. a bis d VO (EU) Nr. 608/ 2013 zunächst die nach der jeweiligen **EU-Verordnung** geschützten geografischen Angaben für
- Agrarerzeugnisse und **Lebensmittel**, VO (EU) Nr. 1151/2012,
- **Wein**, VO (EG) Nr. 1234/2007,
- Aromatisierte **weinhaltige Getränke**, VO (EU) Nr. 251/2014,
- **Spirituosen**, VO (EG) Nr. 110/2008.

17 Geografische Herkunftsangaben nach § 126 fallen in den Anwendungsbereich der Verordnung, weil sie ein **ausschließliches Recht** geistigen Eigentums sind, wie es nach Art. 2 Nr. 4 Buchst. e VO (EU) Nr. 608/2013 erforderlich ist. Zwar wurde vertreten, dass geografische Herkunftsangaben iSd § 126 lediglich wettbewerbsrechtlichen begründen, dies ist aber vom BGH inzwischen zugunsten eines kennzeichenrechtlichen Schutzes abgelehnt worden (BGH GRUR 2016, 741 Rn. 13 – Himalaya-Salz; zur Darstellung des früheren Streitstands → § 126 Rn. 10 ff.).

17.1 Die Anerkennung kennzeichenrechtlichen Schutzes geografischer Herkunftsangaben nach § 126 führt zu einem entsprechenden ausschließlichen Recht. Die berechtigte Nutzer der geografischen Herkunftsangabe – und zugleich nach § 128 Abs. 2 zur Geltendmachung von Schadensersatz Anspruchsberechtigten – haben ein gegenüber allen anderen (unberechtigten) Nutzern wirkendes, und damit ausschließliches Recht.

17.2 Ebenso handelt es sich um **Rechte geistigen Eigentums.** Zwar vertreten auch diejenigen, die zwar geografische Herkunftsangaben gemäß § 126 als absolute Rechte klar befürworten, dass es sich gleichwohl nicht um Immaterialgüterrechte handele (Büscher/Dittmer/Schimwy/Büscher Rn. 18). Dies ua gestützt auf die mangelnde Übertragbarkeit und Lizenzierbarkeit, welche allerdings auch z. B. beim Immaterialgüterrecht des Unternehmenskennzeichens zumindest nur sehr eingeschränkt bestehen (→ § 27 Rn. 77 ff.; → § 30 Rn. 43 ff.). Insbesondere schreibt Art. 4 Buchst. b VO (EU) 1151/2012 vor, dass der Schutz geografischer Herkunftsangaben als Rechte geistigen Eigentums zu gewährleisten

Verfahren nach der Verordnung (EU) Nr. 608/2013 § 150 MarkenG

ist. Diese Norm ist für die Auslegung, was ein Rechts geistigen Eigentums iSd Art. 2 Nr. 4 Buchst. e VO (EU) Nr. 608/2013 darstellt, maßgeblich. Auch der BGH (GRUR 2016, 741 Rn. 13 – Himalaya-Salz) stützt sich für die Anerkennung kennzeichenrechtlichen Schutzes ausdrücklich und vorbehaltlos auf diese Norm.

Schließlich sind solche geografischen Angaben geschützt, die durch ein **Abkommen** 18 **zwischen der EU und einem Drittland** geschützt werden, Art. 2 Nr. 4 Buchst. f VO (EU) Nr. 608/2013 (→ § 126 Rn. 3.1).

II. Ausnahmen vom Anwendungsbereich

1. Originalware, insbesondere Parallelimport (Art. 1 Abs. 5 Alt. 1 VO (EU) Nr. 608/2013)

Ausdrücklich ausgeschlossen vom Anwendungsbereich sind **Originalwaren**, die also ent- 19 weder vom Rechtsinhaber selbst oder mit seiner Zustimmung hergestellt wurden, Art. 1 Abs. 5 Alt. 1 VO (EU) Nr. 608/2013. Da Originalware grundsätzlich bereits infolge Erschöpfung schon keine Rechtsverletzung begründet, wirkt sich der Ausschluss von Originalware aus dem Anwendungsbereich der VO (EU) Nr. 608/2013 daher gerade auf Fälle fehlender Erschöpfung aus. Das ist einerseits der Fall, wenn die Originalware **außerhalb des Europäischen Wirtschaftsraums** in Verkehr gebracht wurde. Andererseits sind es die Fälle unzulässigen **Parallelimports**, wenn trotz erstmaligem Inverkehrbringen im Europäischen Wirtschaftsraum mit Zustimmung des Rechtsinhabers gleichwohl Erschöpfung nach § 24 Abs. 2 ausgeschlossen ist. Das betrifft insbesondere die Bereiche Arzneimittel, Medizinprodukte, Pflanzenschutz.

Der Ausschluss von Originalware vom Anwendungsbereich der VO (EU) Nr. 608/2013 20 eröffnet die Möglichkeit, deren Beschlagnahme nach dem nationalen Grenzbeschlagnahmeverfahren gemäß §§ 146 ff. zu beantragen (→ § 146 Rn. 6).

2. Lizenzware bei Mengenüberschreitung (Art. 1 Abs. 5 Alt. 2 VO (EU) Nr. 608/2013)

Ferner ausgenommen ist solche Lizenzware, die unter Überschreitung lizenzvertraglich 21 geregelten Höchstmenge hergestellt wird, sog. „**Overrun**".

Lizenzware ist grds. Originalware und daher nicht rechtsverletzend, so dass es bereits an einem 21.1 Rechtsverstoß fehlt und überdies Art. 1 Abs. 5 Alt. 1 VO (EU) Nr. 608/2013 greift. Allerdings führt die Überschreitung bestimmter lizenzvertraglicher Vorgaben dazu, dass der Lizenzgeber unmittelbar aus der Marke gegen den Lizenznehmer vorgehen kann (§ 30 Abs. 2; → § 30 Rn. 66). Art. 1 Abs. 5 Alt. 2 VO (EU) Nr. 608/2013 stellt insoweit klar, dass die Überschreitung einer lizenzvertraglich geregelten Höchstmenge jedenfalls keinen von der VO (EU) Nr. 608/2013 erfassten Verstoß darstellt.

3. Einfuhr zu besonderen Zwecken (Art. 1 Abs. 3 VO (EU) Nr. 608/2013)

Nach Art. 1 Abs. 3 VO (EU) Nr. 608/2013 sind auch solche Waren dem Anwendungsbe- 22 reich der VO (EU) Nr. 608/2013 entzogen, die den Regelungen über die Einfuhr „zu besonderen Zwecken" unterliegen. Das betrifft insbesondere Waren, die nach der ZollbefrVO (VO (EU) Nr. 1186/2009) privilegiert zu behandeln sind. Wegen der in Art. 2 Abs. 1 Buchst. c ZollbefrVO vorgesehenen Beschränkung auf **privat genutztes Übersiedlungsgut** (zB in Form von Haushaltsgegenständen, Güter aus Erbschaft, uä) ist davon auszugehen, dass die markenrechtliche Bedeutung dieser Ausnahme gering ausfallen wird (so auch Rinnert GRUR 2014, 241 (243 f.)).

Sofern eine privilegierte Einfuhr von Gegenständen, die zur Herstellung markenrechtsverletzender 22.1 Waren dienen, erfolgt, wäre dies über das nationale Recht zu lösen (→ § 146 Rn. 26.1). Solche Fälle sind jedoch eher unwahrscheinlich, soweit sie eine Betriebsauflösung in einem Drittstaat und die Betriebsverlagerung in die Union voraussetzen (Art. 28 bis 33 ZollbefrVO).

4. Waren ohne gewerblichen Charakter im persönlichen Gepäck (Art. 1 Abs. 4 VO (EU) Nr. 608/2013)

23   Ebenfalls ausgenommen sind Waren, die ohne gewerblichen Charakter, im persönlichen Gepäck von Reisenden, mitgeführt werden. Das Vorliegen eines gewerblichen Charakters bestimmt die Zollverwaltung regelmäßig nach den **Wertgrenzen** im Reiseverkehr (→ § 146 Rn. 30.1). Die hieran geübte Kritik, der Gesetzgeber habe es versäumt, zur „massenwirksamen Schärfung des Bewusstseins" im privaten Bereich „Maßnahmen mit Appellfunktion" einzuführen (Rinnert GRUR 2014, 241 f.) überzeugt nicht. Die betreffenden Fälle dürften schon ihrer Anzahl nach nur einen geringen Teil aller markenverletzenden Importe darstellen: über 94% aller Waren die im Verdacht stehen, geistige Eigentumsrechte zu verletzen, werden als Fracht, nur 5,7% hingegen von Passagieren eingeführt (Report on EU customs enforcement of IPR, 2012, 19).

5. Versendung an Privatpersonen

24   Fälle des Postversands fallen nicht unter die Ausnahmevorschrift von Art. 1 Abs. 4 VO (EU) Nr. 608/2013, da es an der Mitführung im persönlichen Gepäck fehlt. In diesen Fällen war bisher zum Teil die Auffassung vertreten worden, dass ein Eingreifen der Zollbehörden daran scheitert, dass es sich **auf Seiten des Bestellers** nicht um ein Handeln im geschäftlichen Verkehr iSd § 14 Abs. 2 handelt (aA für den Regelfall der Schickschuld bereits bisher Weber WRP 2005, 961 (946); ebenso jetzt der EuGH, s. unten). Die Vorschläge der Kommission zur Revision der MRL sehen daher vor, dass der Rechtsinhaber die Einfuhr von Waren zukünftig bereits unterbinden lassen kann, wenn **nur der Versender im geschäftlichen Verkehr handelt** (Art. 10 Abs. 4 MRL-E, COM(2013) 162 final). Diese Änderung könnte sich jedoch als unnötig erweisen (→ § 14 Rn. 70), da der EuGH in der Sache Blomqvist/Rolex (EuGH C-98/13, GRUR 2014, 283 Rn. 33 f. – Blomqvist) festgestellt hat, dass bereits nach geltendem Recht von einer Markenverletzung auszugehen ist, wenn ein kommerzielles Unternehmen gefälschte Ware an einen – auch privaten – Abnehmer in der EU verkauft und die Ware in Erfüllung des Kaufvertrages an diesen Abnehmer versendet. Im konkreten Fall wurde eine Uhr der Marke Rolex in China bestellt, nach Dänemark geliefert, dort vom Zoll aufgegriffen und durch Rolex die Nachahmung festgestellt.

6. Ununterbrochener Transit (Art. 1 Abs. 1 Buchst. c VO (EU) Nr. 608/2013)

25   Schließlich sind die Fälle ununterbrochenen Transits dem Anwendungsbereich der VO (EU) Nr. 608/2013 entzogen. Art. 1 Abs. 1 VO (EU) Nr. 608/2013 setzt für das Tätigwerden der Zollbehörden voraus, dass die betroffenen Waren im Verdacht stehen, ein Recht geistigen Eigentums zu verletzen. Solange die betroffenen Waren dem Zollverschluss unterliegen, werden sie nicht in Verkehr gebracht und sind nicht geeignet, ein Recht geistigen Eigentums iSd Art. 1 Abs. 1 VO (EU) Nr. 608/2013 zu verletzen (EuGH C-281/05, GRUR 2007, 146 Rn. 19 – Diesel). Der neugefasste und am 23. März 2016 in Kraft getretene Art. 9 UMV gewährt einen **Unterlassungsanspruch auch für den Transit:** Art. 9 Abs. 4 UAbs. 1 UMV sieht vor, dass der Inhaber einer Unionsmarke auch berechtigt ist, Dritten zu untersagen, Waren mit kollidierenden Marken in den Mitgliedstaat zu verbringen, **ohne** die Waren dort in den zollrechtlich freien Verkehr zu verbringen. Nur wenn der Anmelder oder Besitzer der Waren im Rechtsverletzungsverfahren (→ Rn. 97) nachweisen kann, dass der Markeninhaber im endgültigen Bestimmungsland (innerhalb oder außerhalb der EU) keinen Unterlassungsanspruch hat, erlischt gemäß Art. 10 Abs. 4 UAbs. 2 UMV der Unterlassungsanspruch.

25.1   Für **nationale Registermarken** enthält Art. 10 Abs. 4 der Richtlinie (EU) 2015/2436 zur Angleichung der Rechtsvorschriften der Mitgliedstaaten über die Marken, der bis **14.01.2019** in nationales Recht umzusetzen ist, gleichlautende Regelungen. Allerdings sehen Erwägungsgrund 22 und Art. 10 Abs. 5 MRL-E, COM(2013) 162 final, eine erhebliche praktische Einschränkung dieser Ausnahme vom Anwendungsbereich vor: Zukünftig sollen **auch Waren im Zollverschluss eine Rechtsverletzung begründen,** solange der Anmelder bzw. Besitzer der Ware nicht beweist, dass ihr Bestimmungsort außerhalb der Europäischen Union gelegen ist.

25.2   Nach der derzeitigen Rechtsprechung des EuGH ist die Fiktion, Waren im Nichterhebungsverfahren gelangten nicht in das Unionsgebiet (EuGH C-383/98, GRUR Int 2000, 748 Rn. 34 – Polo/Lauren)

Verfahren nach der Verordnung (EU) Nr. 608/2013 § 150 MarkenG

umfassend. Der Gerichtshof **unterscheidet nicht** danach, ob die betroffenen Waren in einem Mitgliedstaat **rechtmäßig hergestellt** wurden, oder ob die Waren **rechtswidrig hergestellt** wurden (EuGH C-281/05, GRUR 2007, 146 Rn. 34 – Diesel). Die Durchfuhr kann der Antragsberechtigte nur dann verbieten, wenn die betroffenen Waren „Gegenstand einer Handlung [...] die notwendig das Inverkehrbringen der Waren in diesem Durchfuhrmitgliedstaat bedeutet" sind, während die bloße Gefahr dessen nicht ausreicht (EuGH C-281/05, GRUR 2007, 146 Rn. 23 f. – Diesel). Vor dem Hintergrund dieser klaren Vorgabe des EuGH bleibt derzeit für ein Einschreiten der Zollbehörden allein aufgrund eines Verdachts der Rechtsverletzung, wie es der Erwägungsgrund 11 (für Arzneimittel) und Art. 1 Abs. 1 VO (EU) Nr. 608/2013 vorsehen, bei Transitfällen kein Raum. Allerdings wird sich auch dies im Fall der Umsetzung von Erwägungsgrund 22 und Art. 10 Abs. 5 MRL-E, COM(2013) 162 final, anders darstellen, und bis zum Beweis eines Bestimmungsorts außerhalb der Europäischen Union eine Rechtsverletzung begründen können, so dass es dann auf die Frage der rechtmäßigen Herstellung entscheidend ankommt. Dieser Vorschlag wurde in erster Lesung vom Europäischen Parlament am 24.2.2014 dahin ergänzt, dass dies nur vorbehaltlich der WTO-Regeln, insbesondere Art. V GATT zur Freiheit der Durchfuhr gilt (→ § 14 Rn. 238.1).

C. Antrag

I. Grundsätzliches Antragserfordernis

Im Regelfall werden die Zollbehörden erst auf Antrag iSd Art. 2 Nr. 9 bis 11 VO (EU) 26
Nr. 608/2013 tätig. Art. 17 Abs. 1 VO (EU) Nr. 608/2013, Art. 26 Abs. 1 Buchst. c VO (EU) Nr. 608/2013 setzen eine Entscheidung über die Stattgabe eines Antrags voraus (→ Rn. 66).

Eine **Ausnahme** vom vorherigen Antragserfordernis sieht Art. 18 Abs. 1 VO (EU) 27
Nr. 608/2013 für den Fall vor, dass die Zollbehörden einen eigenen Verdacht einer Rechtsverletzung schöpfen (→ Rn. 76), und stellt in diesem Fall die Zurückhaltung der Ware in das Ermessen der Zollbehörden. Auch hierbei ist vom Antragsberechtigten gleichwohl ein **nachträglicher Antrag** zu stellen, wenn er die Vernichtung erzielen möchte, andernfalls ist die Zurückhaltung der Waren zu beenden (Art. 18 Abs. 3 UAbs. 3, 4 Buchst. b VO (EU) Nr. 608/2013).

II. Antragsart: Unionsantrag/nationaler Antrag (Art. 2 Nr. 9 bis 11 VO (EU) Nr. 608/2013)

Die VO (EU) Nr. 608/2013 kennt zwei verschiedene Antragsarten. Unionsantrag und 28
nationaler Antrag unterscheiden sich sowohl hinsichtlich ihrer räumlichen und sachlichen Anwendbarkeit, der Antragsberechtigung (→ Rn. 32) als auch der zulässigen Verfahren (→ Rn. 103 zu Kleinsendungsverfahren).

1. Unionsantrag (Art. 2 Nr. 10 VO (EU) Nr. 608/2013)

Mit dem Unionsantrag kann der Antragsteller beantragen, dass die Zollbehörden von 29
zwei oder mehreren (auch: aller) **Mitgliedstaaten** in ihren jeweiligen Staaten tätig werden. Dabei erfordern Unionsanträge allerdings die Inhaberschaft eines Rechts, das auf Rechtsvorschriften der Union mit unionsweiter Wirkung beruht, Art. 4 VO (EU) Nr. 608/2013. Damit kommen – in Bezug auf Kennzeichen – für den Unionsantrag nur Inhaber von Unionsmarken und Internationaler Registrierungen mit Benennung der EU in Betracht, sowie für die Berechtigten unionsweiter geografischer Angaben.

Wird eine Zollbehörde wegen eines eigenen Verdachts nach Art. 18 VO (EU) Nr. 608/ 30
2013 tätig, so kann der erforderliche nachträgliche Antrag nicht als Unionsantrag gestellt werden, Art. 18 Abs. 3 VO (EU) Nr. 608/2013 iVm Art. 5 Abs. 3 Buchst. b VO (EU) Nr. 608/2013.

2. Nationaler Antrag (Art. 2 Nr. 11 VO (EU) Nr. 608/2013)

Der nationale Antrag ist demgegenüber auf das Tätigwerden der Zollbehörden des Mit- 31
gliedstaates gerichtet, in dem er gestellt wird. Der nationale Antrag kann bezogen auf alle Rechte geistigen Eigentums iSd Art. 2 Nr. 1 VO (EU) Nr. 608/2013 gestellt werden. Wur-

den die Zollbehörden ohne Antrag nach Art. 18 VO (EU) Nr. 608/2013 tätig, so muss der nachträgliche Antrag nach Art. 18 Abs. 3 VO (EU) Nr. 608/2013 iVm Art. 5 Abs. 3 Buchst. b VO (EU) Nr. 608/2013 als nationaler Antrag gestellt werden.

III. Antragsberechtigung

32 Die Anforderungen an die Berechtigung, einen Antrag zu stellen, sind von der Art des Antrags (→ Rn. 28) abhängig. Gemeinsame Voraussetzung ist, dass der Antragsteller berechtigt sein muss, ein Schutzrechts-Verletzungsverfahren in Bezug auf den Mitgliedstaat zu führen, in dem die Behörde tätig werden soll, Art. 3 VO (EU) Nr. 608/2013.

1. Vollberechtigung für beide Antragsarten (Art. 3 Nr. 1 VO (EU) Nr. 608/2013)

33 **Rechtsinhaber** (Art. 2 Nr. 8 VO (EU) Nr. 608/2013) dürfen sowohl nationale Anträge als auch Unionsanträge stellen, Art. 3 Nr. 1 Buchst. a VO (EU) Nr. 608/2013, wobei für den Unionsantrag nur bestimmte Rechte in Betracht kommen (Art. 4 VO (EU) Nr. 608/2013; → Rn. 29).

34 Im Fall geschützter **geografischer Angaben** (→ Rn. 16) können die in den jeweiligen EU-Verordnungen genannten **Berechtigten** (Vereinigungen, Erzeugergruppen und berechtigte Wirtschaftsteilnehmer) Anträge stellen, Art. 3 Nr. 1 Buchst. d VO (EU) Nr. 608/2013. Antragsberechtigt sind ferner auch die insoweit zuständigen **Kontrollstellen und Behörden**.

34.1 Die Antragsberechtigten hinsichtlich unionsrechtlich geschützter geografischer Angaben sind im Einzelnen:
- Bei Agrarerzeugnissen und Lebensmitteln Vereinigungen von Erzeugern oder Verarbeitern, oder, unter besonderen Voraussetzungen, einzelne natürliche Personen, die mit den Erzeugnissen arbeiten, Art. 49 Abs. 1 VO (EU) Nr. 1151/2012.
- Bei Wein Gruppen von Erzeugern oder einzelne Erzeuger, für den von ihnen hergestellten Wein, Art. 118e Abs. 1 VO (EG) Nr. 1234/2007.
- Bei aromatisierten weinhaltigen Getränken und Spirituosen die Erzeuger der Waren, vgl. Art. 12 Abs. 1, 2 VO (EU) Nr. 251/2014 bzw. Art. 17 Abs. 1–3 VO (EG) Nr. 110/2008, jeweils iVm Art. 3 Nr. 1 Buchst. d VO (EU) Nr. 608/2013.

34.2 Die in Art. 3 Nr. 1 Buchst. b, c VO (EU) Nr. 608/2013 genannten Verwertungsgesellschaften und Berufsorganisationen spielen im Kennzeichenrecht keine Rolle.

2. Weitere Antragsberechtigte für Unionsanträge (Art. 3 Nr. 3 VO (EU) Nr. 608/2013)

35 Unionsanträge können zudem auch von Nutzungsberechtigten gestellt werden, die die folgenden Anforderungen erfüllen:

36 Es muss sich um **ausschließliche Lizenznehmer** handeln. Ausschließliche Lizenz ist in Art. 2 Nr. 23 VO (EU) Nr. 608/2013 definiert als eine (ggf. auch begrenzte) Lizenz, die in ihrem Geltungsbereich sämtliche anderen Personen, auch den Lizenzgeber selbst, von der Nutzung ausschließt. Die ausschließliche Lizenz muss sich auf **sämtliche Mitgliedstaaten** erstrecken, für die der Unionsantrag gestellt wird, und zwar jeweils deren gesamtes Gebiet.

37 Der Lizenznehmer muss **förmlich ermächtigt** worden sein, Verletzungsverfahren zu führen. Insoweit ist eine durch den Rechtsinhaber erteilte, schriftliche Ermächtigung zur Prozessführung zu verlangen. Diese kann jedenfalls im Markenrecht nicht bereits in der ausschließlichen Lizenz gesehen werden, da auch der ausschließliche Markenlizenznehmer nach § 30 Abs. 3 bzw. Art. 22 Abs. 3 UMV zur Verfahrensführung der Einwilligung des Lizenzgebers bedarf.

3. Weitere Antragsberechtigte für nationale Anträge (Art. 3 Nr. 2 VO (EU) Nr. 608/2013)

38 Nationale Anträge können **auch einfache Lizenznehmer** stellen, die allerdings ebenfalls förmlich ermächtigt worden sein müssen, Verletzungsverfahren zu führen. Im Umkehrschluss zu Art. 3 Nr. 3 VO (EU) Nr. 608/2013, der eine Lizenz für das gesamte Gebiet des jeweiligen

Mitgliedstaats verlangt, genügt hier auch eine auf einen Teil eines Mitgliedstaats begrenzte Lizenz (Art. 3 Nr. 2 Buchst. a VO (EU) Nr. 608/2013).

Im Fall lediglich nach nationalem Recht geschützter **geografischer Angaben** (→ § 126 Rn. 5 ff.) können auch die in den Rechtsvorschriften der Mitgliedstaaten genannten Berechtigten, sowie die insoweit zuständigen Kontrollstellen und Behörden, einen nationalen Antrag stellen, Art. 3 Nr. 2 Buchst. b VO (EU) Nr. 608/2013. Als Berechtigte kommen insoweit die berechtigten Nutzer gemäß § 128 Abs. 2 S. 1 in Betracht (→ § 128 Rn. 31 ff.). 39

IV. Höchstzahl der Anträge, Anträge in mehreren Mitgliedstaaten

Aus ein und demselben geschützten Recht kann für jeden Mitgliedstaat nur ein nationaler Antrag **und** ein Unionsantrag gestellt werden (Art. 5 Abs. 4 VO (EU) Nr. 608/2013). Weitere Anträge aus diesem Recht sind für diesen Mitgliedstaat dann unzulässig. Eine **Ausnahme** gilt allerdings für Unionsanträge von Lizenznehmern: Diese können auch dann noch aus dem gleichen Recht für das gleiche Land einen Unionsantrag stellen, wenn bereits ein diesbezüglicher Unionsantrag des Rechtsinhabers vorliegt. Dabei sind allerdings die Voraussetzungen für die Antragsberechtigung von Lizenznehmern für Unionsanträge zu berücksichtigen (Art. 3 Nr. 3 VO (EU) Nr. 608/2013; → Rn. 35 ff.). 40

V. Zuständige Behörde und Form des Antrags (Art. 5 VO (EU) Nr. 608/2013)

Die für die Bearbeitung der Anträge zuständige Zollbehörde wird von jedem Mitgliedstaat bestimmt (Art. 5 Abs. 1 S. 1 VO (EU) Nr. 608/2013). Eine Übersicht der nationalen Zollbehörden der Mitgliedstaaten findet sich unter http://ec.europa.eu/taxation_customs/common/links/customs/index_de.htm. In Deutschland ist die Generalzolldirektion zuständig (→ § 146 Rn. 15), dort die Direktion VI, Zentralstelle Gewerblicher Rechtsschutz (→ § 148 Rn. 1). 41

Für den Antrag ist das von der Kommission erstellte Formblatt (erlassen durch VO (EU) Nr. 1352/2013) zu verwenden (Art. 5 Abs. 2 S. 2 VO (EU) Nr. 608/2013), sofern nicht die Entgegennahme und Bearbeitung der Anträge mittels EDV angeboten wird (Art. 5 Abs. 6 VO (EU) Nr. 608/2013). Anträge an die BFD Südost sind, wie die Anträge nach § 146, über **ZGRonline** (→ § 148 Rn. 2.1) zu stellen. 41.1

VI. Inhalt des Antrags (Art. 6 Abs. 3 VO (EU) Nr. 608/2013)

Die erforderlichen Angaben bestimmen sich nach Art. 6 Abs. 3 VO (EU) Nr. 608/2013, und umfassen ua: 42
- die **Rechtsstellung des Antragstellers** gemäß Art. 3 VO (EU) Nr. 608/2013 (Art. 6 Abs. 3 Buchst. b VO (EU) Nr. 608/2013),
- das oder die **durchzusetzende(n) Recht(e)** (Art. 6 Abs. 3 Buchst. e VO (EU) Nr. 608/2013),
- Informationen, die zur **Erkennung** der potentiell rechtsverletzenden Waren beitragen (Art. 6 Abs. 3 Buchst. h VO (EU) Nr. 608/2013),
- Angaben zu juristischen und technischen **Vertretern** des Antragstellers (Art. 6 Abs. 3 Buchst. k VO (EU) Nr. 608/2013).

Wird der Antrag nachträglich im Rahmen des Verfahrens nach Art. 18 Abs. 3 VO (EU) Nr. 608/2013 gestellt, wird der Antragsteller gemäß Art. 5 Abs. 3 Buchst. c VO (EU) Nr. 608/2013 von der Pflicht befreit, solche Angaben zum Gegenstand des Antrags zu machen, die sich auf die Beschaffenheit der betroffenen Waren und auf das Risiko einer Verletzung des zugrundeliegenden Rechts beziehen (Art. 6 Abs. 3 Buchst. g bis i VO (EU) Nr. 608/2013). Solche Anträge entfalten Wirkung nur für die **konkret betroffenen Waren.** Soll er darüber hinaus wie ein normaler nationaler Antrag behandelt werden, können die Angaben nach Art. 6 Abs. 3 Buchst. g bis i VO (EU) Nr. 608/2013 binnen **zehn Tagen** nach der Mitteilung über die Aussetzung der Überlassung bzw. über die Zurückhaltung nachgetragen werden (Art. 11 Abs. 2 VO (EU) Nr. 608/2013). 42.1

Der Antrag muss darüber hinaus diverse **Verpflichtungserklärungen** des Antragstellers (Buchst. l – o, q) enthalten. Diese Verpflichtungen betreffen insbesondere die Übernahme der Kosten des zollbehördlichen Verfahrens gemäß Art. 29 VO (EU) Nr. 608/2013, die 43

MarkenG § 150 Teil 8 Straf- und Bußgeldvorschriften; Beschlagnahme

Übernahme der Kosten im Kleinsendungsverfahren nach Art. 26 VO (EU) Nr. 608/2013, sowie der Haftung nach Art. 28 VO (EU) Nr. 608/2013.

D. Entscheidung über den Antrag

I. Voraussetzungen: Vollständigkeit des Antrags und Entscheidungsfristen

44 Über vollständige Anträge entscheidet die zuständige Zollbehörde binnen **30 Arbeitstagen** nach Eingang des Antrags, Art. 9 Abs. 2 S. 1 VO (EU) Nr. 608/2013. Handelt es sich um einen nachträglich gestellten Antrag nach Art. 18 Abs. 3, Art. 5 Abs. 3 VO (EU) Nr. 608/2013, so beträgt diese Frist zwei Arbeitstage nach Eingang des Antrags, Art. 9 Abs. 2 S. 2 VO (EU) Nr. 608/2013.

45 Hält die zuständige Zollbehörde den Antrag hingegen für **unvollständig,** so fordert sie den Antragsteller auf, binnen zehn Arbeitstagen die fehlenden Angaben nachzutragen. Während dieser Zeit wird die Frist nach Art. 9 Abs. 1 VO (EU) Nr. 608/2013 ausgesetzt, Art. 7 Abs. 1 VO (EU) Nr. 608/2013. Werden die fehlenden Angaben nicht fristwahrend nachgetragen, so lehnt die Zollbehörde den Antrag gemäß Art. 7 Abs. 2 VO (EU) Nr. 608/2013 ab.

II. Inhalt der Entscheidung

46 Die Entscheidung lautet auf Stattgabe des Antrags oder auf dessen Ablehnung, Art. 9 Abs. 1 VO (EU) Nr. 608/2013. Lehnt die Zollbehörde den Antrag ab, so hat sie ihre Entscheidung zu begründen und mit einer Rechtsbehelfsbelehrung zu versehen (Art. 9 Abs. 1 S. 2 VO (EU) Nr. 608/2013). Die weiteren Regelungen der VO (EU) Nr. 608/2013 betreffen die stattgebende Entscheidung.

III. Wirksamwerden der Entscheidung über den Antrag

47 Wird dem Antrag stattgegeben, bestimmt sich die Wirksamkeit dieser Entscheidung danach, ob weitere Zwischenschritte zur Übermittlung notwendig sind. Entscheidungen über die Stattgabe von **nationalen Anträgen,** werden am Tag nach der Entscheidung wirksam, Art. 10 Abs. 1 UAbs. 1 VO (EU) Nr. 608/2013. Dasselbe gilt für **Unionsanträge** in dem Mitgliedstaat in dem sie gestellt wurden, Art. 10 Abs. 2 UAbs. 1 Buchst. a VO (EU) Nr. 608/2013.

48 In allen **anderen Mitgliedstaaten** werden Unionsanträge am Tag nach der Benachrichtigung der zuständigen Zollbehörden nach Art. 14 Abs. 2 VO (EU) Nr. 608/2013 wirksam, wenn der Antragsteller nach Art. 29 Abs. 3 VO (EU) Nr. 608/2013 für die Kosten notwendiger Übersetzungen aufgekommen ist (Art. 10 Abs. 2 UAbs. 1 Buchst. b VO (EU) Nr. 608/2013).

IV. Gebühren (Art. 8, 12 Abs. 6 VO (EU) Nr. 608/2013)

49 Die Bearbeitung der Anträge sowie die Verlängerung einer Entscheidung über die Stattgabe ist **gebührenfrei,** Art. 8 VO (EU) Nr. 608/2013, Art. 12 Abs. 6 VO (EU) Nr. 608/2013.

V. Geltungsdauer der Entscheidung und Verlängerung

50 Die VO (EU) Nr. 608/2013 sieht neben Regelungen zur **Geltungsdauer** der Entscheidung über die Stattgabe des Antrags (→ Rn. 51 ff.) und deren **Änderung** (→ Rn. 54) auch umfangreiche **Mitteilungspflichten** für Antragsteller (→ Rn. 57 ff.) und zuständige Zollbehörde (→ Rn. 56) vor. Dabei sind insbesondere die Mitteilungspflichten des Antragstellers zu beachten, da andernfalls die Zollbehörde ihr Tätigwerden aussetzen oder ihre Entscheidung aufheben kann.

1. Geltungsdauer (Art. 11 VO (EU) Nr. 608/2013)

51 Wenn die zuständige Zollbehörde einem Antrag stattgibt, legt sie fest, für welche Dauer sie bzw. alle zuständigen Zollbehörden tätig werden (Art. 11 Abs. 1 UAbs. 1 VO (EU)

Verfahren nach der Verordnung (EU) Nr. 608/2013 § 150 MarkenG

Nr. 608/2013). Dieser Zeitraum beginnt am Tag nach der Entscheidung über die Stattgabe und darf maximal **ein Jahr** betragen.

Es kann auch eine kürzere Geltungsdauer als ein Jahr beantragt werden. Art. 11 Abs. 1 UAbs. 2 VO **51.1** (EU) Nr. 608/2013 sieht mit der Formulierung „darf [...] nicht überschreiten" eine kürzere Frist als ein Jahr ausdrücklich vor. Da es sich bei den Entscheidungen über die Stattgabe um mitwirkungsbedürftige Entscheidungen handelt (vgl. auch Art. 12 Abs. 1 VO (EU) Nr. 608/2013), muss der Antragsteller auch ein „Weniger" beantragen können.

Entfällt die Antragsberechtigung des Inhabers der Entscheidung – insbesondere weil **52** ihm das zugrundeliegende Recht nicht mehr zusteht – so werden die Zollbehörden nicht mehr tätig, Art. 11 Abs. 3 VO (EU) Nr. 608/2013. Die Entscheidung über die Stattgabe wird in diesen Fällen von der ursprünglichen Zollbehörde entsprechend geändert oder aufgehoben (Art. 11 Abs. 3 VO (EU) Nr. 608/2013; → Rn. 55).

2. Verlängerung (Art. 12 VO (EU) Nr. 608/2013)

Entscheidungen über die Stattgabe können von der ursprünglichen Zollbehörde auf **53** Antrag des Inhabers der Entscheidung verlängert werden. Voraussetzung ist, dass gegen den Inhaber der Entscheidung **keine offenen Verbindlichkeiten** der Zollbehörde auf Basis der VO (EU) Nr. 608/2013 bestehen (Art. 12 Abs. 1 VO (EU) Nr. 608/2013). Der Antrag ist spätestens **30 Tage vor Ablauf** der Geltungsdauer zu stellen, andernfalls kann die Zollbehörde ihn ablehnen (Art. 12 Abs. 2 VO (EU) Nr. 608/2013). Die Verlängerung darf **maximal ein Jahr** betragen und beginnt am ersten Tag nach Ablauf der aktuellen Geltungsdauer (Art. 12 Abs. 4 VO (EU) Nr. 608/2013). Entscheidungen über die Verlängerung werden für alle Anträge mit diesem Tag wirksam (Art. 10 Abs. 1 UAbs. 2 VO (EU) Nr. 608/2013, Art. 10 Abs. 2 UAbs. 2 VO (EU) Nr. 608/2013).

VI. Änderung und Aufhebung der Entscheidung

1. Änderungen der Schutzrechtsliste auf Antrag des Inhabers der Entscheidung (Art. 13 VO (EU) Nr. 608/2013)

Auf Antrag des Inhabers einer Entscheidung kann die ursprüngliche Zollbehörde die **Liste 54 der aufgeführten Rechte** gemäß Art. 13 Abs. 1 VO (EU) Nr. 608/2013 ändern. Soll ein neues Recht hinzugefügt werden, muss der Antrag die Angaben nach Art. 6 Abs. 3 Buchst. c, e VO (EU) Nr. 608/2013 enthalten, also einen Nachweis der Antragsberechtigung und Informationen über das Recht, dessen Durchsetzung beantragt wird, sowie Informationen zur Beschaffenheit der betroffenen Waren und zum Risiko der Verletzung des betroffenen Rechts (→ Rn. 42); bei Unionsanträgen muss es sich um ein unionsweites Recht handeln, Art. 4 VO (EU) Nr. 608/2013 (Art. 13 Abs. 2, 3 VO (EU) Nr. 608/2013). Die Wirksamkeit solcher Änderungen bestimmt sich nach Art. 10 Abs. 1 UAbs. 1 VO (EU) Nr. 608/2013, Art. 10 Abs. 2 UAbs. 1 VO (EU) Nr. 608/2013 (→ Rn. 47).

2. (Teil-)Aufhebung der Entscheidung (Art. 11 Abs. 3 S. 2 VO (EU) Nr. 608/2013)

Bei nachträglichem Wegfall der **Antragsberechtigung** des Inhabers der Entscheidung – **55** insbesondere weil ihm das zugrundeliegende Recht nicht mehr zusteht – wird die Entscheidung über die Stattgabe von der ursprünglichen Zollbehörde entsprechend aufgehoben bzw. geändert, soweit nicht noch für einen Teil der Schutzrechte die Antragsberechtigung fortbesteht. Über solche Änderungen der Antragsberechtigung ist der Inhaber der Entscheidung mitteilungspflichtig, Art. 15 VO (EU) Nr. 608/2013 (→ Rn. 57).

VII. Mitteilungspflichten der Zollbehörde (Art. 14 VO (EU) Nr. 608/2013)

Art. 14 VO (EU) Nr. 608/2013 regelt die Mitteilungspflichten der Zollbehörden untereinander (Art. 14 Abs. 1, 2, 4 VO (EU) Nr. 608/2013) sowie die Verpflichtung zur Zusammenarbeit bei der Umsetzung von Unionsanträgen (Art. 14 Abs. 3 VO (EU) Nr. 608/2013). **56**

MarkenG § 150 Teil 8 Straf- und Bußgeldvorschriften; Beschlagnahme

56.1 Diese Vorschriften sind für den Rechtsanwender außerhalb der Zollbehörden von untergeordnetem Interesse. Praktische Bedeutung erlangen sie höchstens, wenn sie verletzt werden und so die Zollbehörden einzelner Mitgliedstaaten nicht gegen Rechtsverletzungen einschreiten (können). Dass in diesen Fällen nach dem jeweiligen mitgliedstaatlichen Recht **Staatshaftungsansprüche** bestehen, ist nicht auszuschließen. Für eine Haftung nach § 839 BGB scheint dies jedoch angesichts der notwendigen Sonderverbindung zwischen der verletzten Amtspflicht und dem Geschädigten (dazu MüKoBGB/Papier BGB § 839 Rn. 227 ff.) zweifelhaft, insbesondere angesichts der Wertung des Art. 27 VO (EU) Nr. 608/2013.

VIII. Pflichten des Inhabers der Entscheidung

1. Mitteilungspflichten des Inhabers der Entscheidung (Art. 15 f. VO (EU) Nr. 608/2013)

57 Bestimmte Änderungen hat der Inhaber der Entscheidung mitzuteilen. Diese Änderungen lassen sich in zwei Kategorien fassen. Dies sind zum einen nach Art. 15 Buchst. a, b VO (EU) Nr. 608/2013 Mitteilungen über solche Änderungen, die zur **Aufhebung bzw. Änderung** der Entscheidung nach Art. 11 Abs. 3 S. 2 VO (EU) Nr. 608/2013 führen (→ Rn. 55). Tritt ein solcher Fall ein, verliert der Inhaber der Entscheidung seine Entscheidung über die Stattgabe ganz oder teilweise.

58 Zum anderen sind Änderungen der in Art. 6 Abs. 3 VO (EU) Nr. 608/2013 genannten Informationen mitzuteilen (Art. 15 Buchst. c VO (EU) Nr. 608/2013). Solche Angaben betreffen ua die Angaben zum Inhaber der Entscheidung selbst, seine Vertreter, aktualisierte Informationen die das Erkennen der geschützten Waren erleichtern, etc. Die Mitteilung dieser Änderungen dient der Aktualisierung des Datenbestandes der Zollbehörden und der Sicherung der Effizienz des Zollwesens. Die Missachtung der Mitteilungspflichten nach Art. 15 Buchst. c VO (EU) Nr. 608/2013 kann jedoch ebenfalls empfindliche Folgen für den Inhaber der Entscheidung bedeuten.

59 Die Mitteilungen haben an die Zollbehörde zu erfolgen, die die ursprüngliche Entscheidung über die Stattgabe erlassen hat. **Unterbleibt eine dieser Mitteilungen,** so kann die Zollbehörde entscheiden, ihr Tätigwerden für den Rest der Geltungsdauer auszusetzen (Art. 16 Abs. 2 UAbs. 1 Buchst. a VO (EU) Nr. 608/2013). Handelt es sich um einen Unionsantrag, so gilt diese Entscheidung nur für den Mitgliedstaat, in dem die entscheidende Behörde belegen ist (Art. 16 Abs. 2 UAbs. 2 VO (EU) Nr. 608/2013).

59.1 Die Durchsetzung dieser Mitteilungspflichten obliegt nach Art. 30 VO (EU) Nr. 608/2013 den Mitgliedstaaten. Dazu haben sie nötigenfalls auch „wirksame, verhältnismäßige und abschreckende" **Sanktionen** einzuführen. Entsprechende Änderungen des MarkenG dürfen erwartet werden.

2. Sonstige Pflichten des Inhabers der Entscheidung (Art. 16 VO (EU) Nr. 608/2013)

60 Art. 16 VO (EU) Nr. 608/2013 sanktioniert neben der Missachtung der Mitteilungspflichten des Inhabers der Entscheidung (→ Rn. 57) auch die Nichterfüllung weiterer Pflichten. Gemäß Art. 21 VO (EU) Nr. 608/2013 ist der Inhaber der Entscheidung verpflichtet, die durch die Zollbehörden erlangten **Informationen,** Proben und Muster nur zu bestimmten Zwecken zu verwenden. Missbraucht er diese Informationen, so droht ihm bei einem nationalen Antrag die Aufhebung der Entscheidung über die Stattgabe oder die Ablehnung eines Antrags auf Verlängerung der Entscheidung durch die Behörde, die die ursprüngliche Entscheidung erlassen hat (Art. 16 Abs. 1 Buchst. a VO (EU) Nr. 608/2013). Handelt es sich um einen Unionsantrag, so können die Behörden der Mitgliedstaaten, in denen die Informationen bereitgestellt oder missbraucht wurden, die Gültigkeit der Entscheidung für ihr Hoheitsgebiet aussetzen (Art. 16 Abs. 1 Buchst. b VO (EU) Nr. 608/2013).

60.1 Bei den Informationen nach Art. 21 VO (EU) Nr. 608/2013 handelt es sich um solche Informationen, die der Inhaber der Entscheidung im Rahmen der in Art. 21 VO (EU) Nr. 608/2013 abschließend aufgezählten zollbehördlichen Verfahren und zur Rechtsverfolgung erlangt hat. Dazu gehören ua sowohl sachbezogene Informationen über Art und Anzahl der Waren oder Analysen der von den Zollbehörden zur Verfügung gestellten Proben und Muster, als auch personenbezogene Daten des Empfängers, Anmelders oder Versenders der Waren.

Verfahren nach der Verordnung (EU) Nr. 608/2013 § 150 MarkenG

Die **Sanktionen** gemäß Art. 16 Abs. 2 VO (EU) Nr. 608/2013 (→ Rn. 59 zu den Mitteilungspflichten) können die Zollbehörden auch beschließen, wenn der Inhaber der Entscheidung 61
- die überlassenen Proben und Muster (Art. 19 VO (EU) Nr. 608/2013) nicht zurücksendet (Art. 16 Abs. 2 UAbs. 1 Buchst. b VO (EU) Nr. 608/2013),
- seinen Pflichten zur Kostenübernahme und Bereitstellung von Übersetzungen (Art. 29 Abs. 1, 3 VO (EU) Nr. 608/2013) nicht nachkommt (Art. 16 Abs. 2 UAbs. 1 Buchst. c VO (EU) Nr. 608/2013), oder
- „ohne triftigen Grund" das Rechtsverletzungsverfahren iSd Art. 23 Abs. 3 VO (EU) Nr. 608/2013, Art. 26 Abs. 9 VO (EU) Nr. 608/2013 nicht einleitet, Art. 16 Abs. 2 UAbs. 1 Buchst. d VO (EU) Nr. 608/2013.

Auch die Durchsetzung dieser Pflichten obliegt nach Art. 30 VO (EU) Nr. 608/2013 den Mitgliedstaaten, so dass auch insofern Änderungen des MarkenG zu erwarten sind. 61.1

Die Pflicht des Inhabers der Entscheidung zur Mitwirkung an der Aktualisierung der Entscheidung ist grundsätzlich unproblematisch. **Bedenklich** ist hingegen die in Art. 16 Abs. 2 UAbs. 1 Buchst. d VO (EU) Nr. 608/2013 statuierte **Pflicht**, das Rechtsverletzungsverfahren einzuleiten, sofern nicht **triftige Gründe** dem entgegenstehen. Dazu, was ein triftiger Grund – oder nach der englischen Fassung eine „valid reason" – ist, verhält sich die VO (EU) Nr. 608/2013 nämlich nicht. 62

Im **Kommissions-Entwurf** zur VO (EU) Nr. 608/2013 (COM/2011/0285 final), der die Regelung des heutigen Art. 16 Abs. 2 UAbs. 1 Buchst. d VO (EU) Nr. 608/2013 bereits enthielt, heißt es in der Begründung: „Es werden weitere Bestimmungen vorgeschlagen, um die Interessen rechtschaffener Wirtschaftsbeteiligter vor einem möglichen **Missbrauch der Zolldurchsetzungsverfahren** zu schützen [...]". Vor diesem Hintergrund scheint ein Verständnis des Art. 16 Abs. 2 UAbs. 1 Buchst. d VO (EU) Nr. 608/2013 dahingehend, dass lediglich der Missbrauch der zollbehördlichen Verfahren sanktioniert werden sollte, naheliegend. Wenig erhellend ist insofern auch der Verweis auf Art. 23 Abs. 3 VO (EU) Nr. 608/2013, Art. 26 Abs. 9 VO (EU) Nr. 608/2013. Beide Normen gehen von einer Situation aus, in der der Anmelder bzw. Besitzer der Waren der Vernichtung **nicht widersprochen** hat (vgl. Art. 23 Abs. 1 UAbs. 1 Buchst. c, 3 VO (EU) Nr. 608/2013, Art. 26 Abs. 6, 8 VO (EU) Nr. 608/2013), die Zollbehörden aber **dennoch** davon ausgehen, er stimme der Vernichtung der Waren **nicht zu**. Die Zollbehörden treffen insoweit eine Entscheidung über das **mutmaßliche Interesse** des Anmelders bzw. Besitzers der Waren (→ Rn. 91.1). Damit verlassen sie ihre ansonsten rein verfahrensbegleitende Rolle, setzen sich über den konkludent erklärten Willen des Anmelders bzw. Besitzers hinweg und nehmen (mutmaßlich zu Gunsten des Anmelders bzw. Besitzers) selbst Partei im zollbehördlichen Verfahren. Vorgaben zum Umgang mit den Folgen dieses Dazwischentretens der Zollbehörden macht die VO (EU) Nr. 608/2013 nicht. Aus einer derart diffusen Situation heraus die Aussetzung des Tätigwerdens in Aussicht zu stellen ist fragwürdig und wird hoffentlich in der Praxis die Ausnahme bleiben. 62.1

Sollte sich der Inhaber einer Entscheidung doch einmal mit dieser Situation konfrontiert sehen, stellt sich gleichwohl die Frage, ob nicht schon die Aufforderung ein Verfahren nach Art. 23 Abs. 3, 26 Abs. 8 VO (EU) Nr. 608/2013 einzuleiten einen triftigen Grund darstellt, genau das nicht zu tun. Denn wenn die – fachkundige – Zollbehörde hinsichtlich des Verfahrens vom Regelfall (vgl. Erwägungsgrund 16) abweicht, ist es nicht unwahrscheinlich, dass es sich auch materiell-rechtlich um eine Ausnahme handelt. Die Zollbehörde selbst gibt damit Anlass, die Einleitung eines Rechtsverletzungs-Verfahrens noch einmal zu überdenken. 62.2

E. Tätigwerden der Zollbehörden

Das Tätigwerden der Zollbehörden besteht in der **Aussetzung der Überlassung bzw. Zurückhaltung der Waren** (Art. 17 Abs. 1 bzw. 18 Abs. 1 VO (EU) Nr. 608/2013, → Rn. 80) sowie in deren anschließender **Vernichtung** (Art. 23 VO (EU) Nr. 608/2013; → Rn. 87). Sofern die Vernichtung im vereinfachten Verfahren am Widerspruch des Anmelders oder Besitzers der Waren scheitert, halten die Zollbehörden die Waren weiter zurück, um dem Inhaber des betroffenen Rechts die Möglichkeit zu geben, ein gerichtliches Rechtsverletzungsverfahren (→ Rn. 97) durchzuführen (Erwägungsgrund 15 der VO (EU) Nr. 608/2013). 63

Aussetzung der Überlassung wird definiert als das Aussetzen einer „Maßnahme, durch die eine Ware von den Zollbehörden für die Zwecke des Zollverfahrens überlassen wird, in das die betreffende Ware 63.1

übergeführt wird" (Art. 2 Nr. 18 VO (EU) Nr. 608/2013 iVm Art. 4 Nr. 20 VO (EWG) Nr. 2913/92, dem Zollkodex). Die Aussetzung der Überlassung erfolgt somit, wenn eine Zollanmeldung angenommen wurde. In allen anderen Fällen wird die Zurückhaltung der Waren ausgesprochen. Die Rechtsfolgen der beiden Maßnahmen unterscheiden sich nicht.

I. Grundvoraussetzung: Verdacht einer Rechtsverletzung

64 Jegliches Tätigwerden der Zollbehörde setzt zunächst voraus, dass es sich um Waren handelt, die im Verdacht stehen ein Recht geistigen Eigentums zu verletzen. In Bezug auf Marken verlangt Art. 2 Nr. 5a VO (EU) Nr. 608/2013 die Verwendung eines zumindest **hochgradig ähnlichen Zeichens** („in seinen wesentlichen Merkmalen nicht von einer solchen Marke zu unterscheiden") sowie zumindest **hochgradige Warenähnlichkeit** („derartige Waren"). Der Verdacht erfordert **hinreichende Anhaltspunkte** für eine solche Rechtsverletzung, Art. 2 Nr. 7 VO (EU) Nr. 608/2013. Diese hinreichenden Anhaltspunkte müssen jedoch keine Offensichtlichkeit, nicht einmal eine besondere Wahrscheinlichkeit begründen, sondern nur den Anschein der Verletzung eines Rechts geistigen Eigentums. Ein Tätigwerden ist den Behörden vielmehr bereits dann möglich, wenn es nach ihren Erkenntnissen **möglich** ist, dass die betroffenen Waren rechtsverletzend sind. Die Eingriffsschwelle nach Art. 17 Abs. 1, 18 Abs. 1 VO (EU) Nr. 608/2013 liegt damit niedriger als die nach § 146 (→ § 146 Rn. 41).

64.1 Schon zur VO (EG) Nr. 1383/2003 wurde vertreten, dass der Verdacht keine besonders hohe Wahrscheinlichkeit erforderlich ist (mit Darstellung des Streitstands Ingerl/Rohnke Rn. 4). Die Gegenauffassung, die eine **überwiegende Wahrscheinlichkeit** einer Rechtsverletzung fordern (Ströbele/Hacker/Hacker 10. Aufl. Rn. 25) forderte, ist angesichts der Definition in Art. 2 Nr. 7 VO (EU) Nr. 608/2013 und des im Erwägungsgrund 3 ausgedrückten Gedankens der Stärkung der Zollbehörden überholt.

65 Zu den Waren zählen nicht nur die mutmaßlich rechtsverletzenden Waren selbst (Art. 2 Nr. 7 Buchst. a. VO (EU) Nr. 608/2013), sondern auch Formen und Matrizen, die zur Herstellung solcher Waren entworfen oder angepasst wurden (Art. 2 Nr. 7 Buchst. c VO (EU) Nr. 608/2013). Die auch insoweit als Gegenstand des Verdachts erforderliche Rechtsverletzung folgt aus § 18 Abs. 1 S. 2. Danach besteht der Vernichtungsanspruch auch bezüglich im Eigentum des Verletzers stehender Materialien und Geräte, die vorwiegend zur widerrechtlichen Kennzeichnung der Waren gedient haben (→ § 18 Rn. 21).

II. Verfahren bei Tätigwerden auf Antrag (Art. 17 VO (EU) Nr. 608/2013)

66 Im Regelfall werden die Zollbehörden aufgrund einer Entscheidung über die Stattgabe eines Antrags tätig (Art. 17 VO (EU) Nr. 608/2013). Das Tätigwerden ohne vorherige Stattgabe eines Antrags ist demgegenüber ins Ermessen der Behörde gestellt (Art. 18 Abs. 1 VO (EU) Nr. 608/2013; → Rn. 80).

1. Vorab ggf. sachdienliche Informationen (Art. 17 Abs. 2 VO (EU) Nr. 608/2013)

67 In Zweifelsfällen können die Zollbehörden den Inhaber der Entscheidung auffordern, ihnen weitere sachdienliche Informationen zukommen zu lassen. Dass gilt namentlich für den Fall, dass die Zollbehörden Waren ermitteln, bei denen es sich um solche iSd Art. 17 Abs. 1 VO (EU) Nr. 608/2013 handeln könnte, die Angaben nach Art. 6 Abs. 3 VO (EU) Nr. 608/2013 (→ Rn. 42) im Antrag jedoch nicht ausreichen, um den Verdacht zu erhärten. Die Zollbehörden können dem Inhaber der Entscheidung dazu auch Informationen über die tatsächliche oder schätzweise Menge, sowie die tatsächliche oder vermutliche Art der betroffenen Waren, sowie Abbildungen dieser, übermitteln (Art. 17 Abs. 2 VO (EU) Nr. 608/2013). Auf solche erweiterte Nachforschungen der Zollbehörden besteht **kein Anspruch**. Umgekehrt handelt es sich auch **nicht** um eine **Mitwirkungspflicht** des Inhabers der Entscheidung. Für diese erweiterte Prüfung vor der Entscheidung über die Aussetzung der Überlassung bzw. die Zurückhaltung der Waren ist **keine Frist** vorgesehen.

2. Gebundene Entscheidung (Art. 17 Abs. 1 VO (EU) Nr. 608/2013)

Ermitteln die Zollbehörden Waren, die im Verdacht stehen, ein Recht geistigen Eigentums **68** zu verletzen, welches durch eine Entscheidung über die Stattgabe eines Antrags geschützt ist, so sind die Behörden auch zum Tätigwerden **verpflichtet** (Art. 17 Abs. 1 VO (EU) Nr. 608/2013). In diesem Fall setzen sie die Überlassung der Waren aus, bzw. halten diese zurück. Ab diesem Zeitpunkt beginnt für den Inhaber der Entscheidung auch die Kostenpflicht nach Art. 29 Abs. 1 UAbs. 1 VO (EU) Nr. 608/2013.

3. Unterrichtung der Beteiligten über die Aussetzung der Überlassung bzw. Zurückhaltung (Art. 17 Abs. 3 VO (EU) Nr. 608/2013)

Haben die Zollbehörden die Aussetzung der Überlassung bzw. die Zurückhaltung der **69** Waren verfügt, so unterrichten sie sowohl den Anmelder bzw. Besitzer der Waren als auch den Inhaber der Entscheidung (Art. 17 Abs. 3 UAbs. 3 VO (EU) Nr. 608/2013) über diese Maßnahme. Befinden sich die Waren im Besitz mehrerer Personen, so ist die Zollbehörde nur dazu verpflichtet, einen der Besitzer zu unterrichten (Art. 17 Abs. 3 UAbs. 2 VO (EU) Nr. 608/2013).

Besitzer sind nach Art. 2 Nr. 14 VO (EU) Nr. 608/2013 der Eigentümer, ferner Personen **70** mit eigentumsähnlichen Verfügungsmacht, sowie Personen mit der tatsächlichen Verfügungsmacht über die Waren. Als Besitzer iSd Art. 2 Nr. 14 VO (EU) Nr. 608/2013, Art. 17 Abs. 3 VO (EU) Nr. 608/2013 können somit auch unrechtmäßige Besitzer, nicht jedoch mittelbare Besitzer (dazu MüKoBGB/Joost BGB § 868 Rn. 9) angesehen werden. Anders als beim Verfügungsberechtigten im Verfahren nach § 146 Abs. 2 (zum dortigen Parallelproblem → § 146 Rn. 14) ist eine Behandlung von **Transportpersonen** als Besitzer iSd Art. 2 Nr. 14 VO (EU) Nr. 608/2013, Art. 17 Abs. 3 VO (EU) Nr. 608/2013 also ohne weiteres möglich.

Die Unterrichtung des Anmelders bzw. Besitzers erfolgt **binnen eines Arbeitstages** nach **71** Anordnung der jeweiligen Maßnahme, die des Inhabers der Entscheidung soll noch am selben Tag, muss jedenfalls aber umgehend, nach der Information des Anmelders bzw. Besitzers erfolgen. Dieser Gleichlauf ist auch angezeigt, denn mit der Unterrichtung beginnen auch die für das Vernichtungsverfahren relevanten Fristen nach Art. 23 Abs. 1 VO (EU) Nr. 608/2013. Die Unterrichtung enthält gemäß Art. 17 Abs. 3 UAbs. 4 VO (EU) Nr. 608/2013 „Angaben" zu dem Vernichtungsverfahren nach Art. 23 VO (EU) Nr. 608/2013. Es handelt sich dabei Angaben zum Verfahrensablauf, sowie zu den Rechten und Pflichten der Beteiligten im Verfahren nach Art. 23 VO (EU) Nr. 608/2013.

Diese Informationspflichten sind mit denen nach § 146 Abs. 2 S. 1 vergleichbar (→ § 146 Rn. 54). **71.1**
Auf den **Anmelder bzw. Besitzer** der Waren ist die dort beschriebene Rechtslage gemäß § 150 Abs. 8 entsprechend anwendbar. Da Art. 17 Abs. 3 UAbs. 4 VO (EU) Nr. 608/2013 die Einbeziehung der Angaben zum Verfahren nach Art. 23 VO (EU) Nr. 608/2013 aber auch in die Unterrichtung des **Inhabers der Entscheidung** vorsieht, muss auch diesem eine über Art. 17 Abs. 4 VO (EU) Nr. 608/2013 hinausgehende Information zuteilwerden (vgl. Art. 18 Abs. 3 UAbs. 5 VO (EU) Nr. 608/2013). Die in § 150 Abs. 8 geregelte entsprechende Anwendung des § 146 Abs. 2 S. 1 auf den Inhaber der Entscheidung bedeutet also, dass er durch die Zollbehörden zumindest über seine Pflichten nach Art. 23 Abs. 1 UAbs. 1 Buchst. a, b VO (EU) Nr. 608/2013 zu informieren ist. Die Obliegenheit zur Einleitung eines Rechtsverletzungsverfahrens entsteht erst nach einem Einschreiten der Zollbehörde (Art. 23 Abs. 3 S. 1 VO (EU) Nr. 608/2013) und nach Ablauf der Fristen nach Art. 23 Abs. 1 VO (EU) Nr. 608/2013. Sie kann aus diesem Grund nicht bereits Gegenstand einer nach Art. 23 Abs. 3 UAbs. 3 VO (EU) Nr. 608/2013 **umgehenden** Unterrichtung sein.

Sobald die Beteiligten unterrichtet sind, können sie gemäß Art. 19 Abs. 1 VO (EU) **72** Nr. 608/2013 die Waren **prüfen**. Dem Inhaber der Entscheidung können darüber hinaus auf Antrag auch repräsentative Proben oder Muster der Waren überlassen bzw. übermittelt werden (Art. 19 Abs. 2 S. 2 VO (EU) Nr. 608/2013).

Hinweis des Zolls: Für Deutschland gibt es die Möglichkeit die Anträge auf Übermittlung von **72.1** Daten und Übersendung von Muster und Proben bereits bei der Antragstellung bei der Zentralstelle gewerblicher Rechtsschutz zu beantragen. Dies kann auch für bereits bestehende Entscheidungen jederzeit nachgeholt werden (http://www.zoll.de/DE/Fachthemen/Verbote-Beschraenkungen/Gewerblicher-Rechtsschutz/Marken-und-Produktpiraterie/Taetigwerden-der-Zollbehoerden/Taetigwerden-nach-Gemeinschaftsrecht/taetigwerden-nach-gemeinschaftsrecht_node.html).

4. Weitere Information der Beteiligten (Art. 17 Abs. 4 VO (EU) Nr. 608/2013)

73 Ferner haben die Zollbehörden die Beteiligten gemäß Art. 17 Abs. 4 VO (EU) Nr. 608/2013 auch über die tatsächliche oder vermutliche **Art und Menge der betroffenen Waren** zu informieren. Sind Abbildungen der Waren vorhanden, so übermitteln sie auch diese (Art. 17 Abs. 4 S. 1 VO (EU) Nr. 608/2013). Insbesondere für den Inhaber der Entscheidung sind diese Informationen zur Beurteilung, ob er das Verfahren mit dem Ziel der Vernichtung fortsetzen möchte (→ § 146 Rn. 52), relevant.

74 Darüber hinaus ist dem Inhaber der Entscheidung **auf Antrag** Auskunft zu erteilen über
- **personenbezogene** Angaben (Namen und Anschrift des Empfängers, des Versenders, sowie des Anmelders bzw. Besitzers der betroffenen Waren),
- das konkrete **Zollverfahren,** in dem die Waren sich befinden, sowie
- den Ursprung, die Herkunft und die Bestimmung der Waren.

75 Diese Informationen unterliegen der **strengen Zweckbindung** des Art. 21 VO (EU) Nr. 608/2013. Verwendet der Inhaber der Entscheidung sie zu anderen als den dort genannten Zwecken, riskiert er die Sanktionen gemäß Art. 16 Abs. 1 VO (EU) Nr. 608/2013 (→ Rn. 60).

III. Verfahren bei Tätigwerden ohne Antrag (Art. 18 VO (EU) Nr. 608/2013)

76 Art. 18 VO (EU) Nr. 608/2013 regelt – als Ausnahme zum vorherigen Antragserfordernis des Art. 17 VO (EU) Nr. 608/2013 – das Tätigwerden der Zollbehörden **ohne vorherigen Antrag.** Dabei entspricht das Verfahren nach Art. 18 VO (EU) Nr. 608/2013 in weiten Teilen dem nach Art. 17 VO (EU) Nr. 608/2013. Im Folgenden werden die Unterschiede dargestellt.

1. Beschränkter Anwendungsbereich: keine verderbliche Ware (Art. 18 Abs. 1 VO (EU) Nr. 608/2013)

77 Das Verfahren nach Art. 18 VO (EU) Nr. 608/2013 ist nicht zulässig, wenn es sich um verderbliche Waren iSd Art. 2 Nr. 20 VO (EU) Nr. 608/2013 handelt. Waren, die nach Einschätzung der Zollbehörden im Falle der Aussetzung ihrer Überlassung bzw. Zurückhaltung **innerhalb von 20 Tagen verderben,** sind daher ausgeschlossen.

78 Darüber hinaus muss es sich um Waren handeln, die **nicht** bereits **Gegenstand einer Entscheidung** über die Stattgabe eines Antrags sind, gleichwohl jedoch im Verdacht (→ Rn. 64) stehen, ein Recht geistigen Eigentums zu verletzen.

78.1 Nach dem Wortlaut würde das auch für Waren gelten, die Gegenstand eines Antrags waren, welcher von der zuständigen Zollbehörde aus **materiell-rechtlichen** Gründen **abgelehnt** wurde (Art. 9 Abs. 1 VO (EU) Nr. 608/2013). Auch in diesem Fall läge keine dem Antrag stattgebende Entscheidung vor. Dieses Ergebnis wäre indes offenkundig unrichtig. Hat die zuständige Behörde einen Antrag abgelehnt, so kann sie nicht bei unveränderter Rechtslage zu einem späteren Zeitpunkt annehmen, dieser Antrag könne erfolgreich nachgeholt werden. Eine derartige Verwaltungspraxis wäre, zumindest solange ein wirksamer Ablehnungsbescheid besteht, willkürlich. Wurde gegen die Ablehnung des Antrags gerichtlicher Rechtsschutz in Anspruch genommen, und die Ablehnung des Antrags per Urteil bestätigt, ist die Zollbehörde schon durch dieses Urteil daran gehindert, eine abweichende Rechtslage anzunehmen und Waren aufzuhalten. Wurde der Antrag hingegen abgelehnt, obwohl ein Anspruch auf Stattgabe/Erteilung der Entscheidung wäre diese Ablehnung dann zwar materiell rechtswidrig, aber zunächst einmal dennoch wirksam (§ 43 Abs. 2 VwVfG). Erkennt die Behörde dies im Verfahren nach Art. 18 VO (EU) Nr. 608/2013, könnte und müsste sie Ablehnung nach § 48 VwVfG zurücknehmen.

2. Vorab ggf. sachdienliche Informationen (Art. 18 Abs. 2 VO (EU) Nr. 608/2013)

79 Die Aufforderung zur Übermittlung sachdienlicher Informationen zu den betroffenen Waren kann nach Art. 18 Abs. 2 VO (EU) Nr. 608/2013 – da es noch keinen Inhaber einer Entscheidung gibt – an alle Personen oder Einrichtungen ergehen, die **möglicherweise**

Verfahren nach der Verordnung (EU) Nr. 608/2013 § 150 MarkenG

zur Antragstellung berechtigt sind. Zu deren Ermittlung können die Zollbehörden andere zuständige Behörden um Amtshilfe ersuchen (Art. 18 Abs. 3 UAbs. 4 VO (EU) Nr. 608/2013). Im Übrigen entspricht Art. 18 Abs. 2 VO (EU) Nr. 608/2013 dem Art. 17 Abs. 2 VO (EU) Nr. 608/2013 (→ Rn. 66). Es dürfen keine weitergehenden Informationen als zu **Menge** und **Art** (ggf. durch Abbildungen) der Waren erteilt werden.

3. Ermessensentscheidung (Art. 18 Abs. 1 VO (EU) Nr. 608/2013)

Die Aussetzung der Überlassung bzw. Zurückhaltung der Waren nach Art. 18 Abs. 1 VO 80 (EU) Nr. 608/2013 ist in das Entschließungsermessen der zuständigen Zollbehörde gestellt. Der – für deutsche Behörden nach § 40 VwVfG zu beachtende – Zweck dieses Ermessens wird durch den Erwägungsgrund 15 der VO (EU) Nr. 608/2013 konturiert und liegt in der **zügigen Durchsetzung** der Rechte geistigen Eigentums. Der **Verdacht einer Rechtsverletzung** (→ Rn. 64) genügt.

4. Unterrichtung der Beteiligten (Art. 18 Abs. 3 VO (EU) Nr. 608/2013)

Art. 18 Abs. 3 VO (EU) Nr. 608/2013 entspricht weitgehend Art. 17 Abs. 3 VO (EU) 81 Nr. 608/2013. Statt des – naturgemäß fehlenden – Inhabers der Entscheidung werden die **potentiellen Antragsberechtigten** über die Tatsache der Aussetzung oder Zurückhaltung der Waren unterrichtet. Dabei sind auch Informationen zu **Art und Menge** der betroffenen Waren zu erteilen. Das ist zwar in Art. 18 Abs. 3 VO (EU) Nr. 608/2013 nicht ausdrücklich geregelt, anders als in Art. 17 Abs. 4 S. 1 VO (EU) Nr. 608/2013 (→ Rn. 73). Ohne diese Angaben, insbesondere zur Art der Ware, würde die Unterrichtung über die Aussetzung oder Zurückhaltung der Waren weitgehend inhaltsleer. Es ist auch nicht geregelt, dass diese Angaben zu einem späteren Zeitpunkt zu erfolgen hätten, vielmehr gestattet Art. 18 Abs. 2 VO (EU) Nr. 608/2013 sie Mitteilung gerade dieser – und keiner anderen – Informationen bereits für den Fall der vorherigen Einholung sachdienlicher Informationen. Ein gegenüber der Erteilung der Informationen zu Menge und Art in diesem Verfahrensstadium überwiegend schützenswertes Interesse des Anmelders oder Besitzers der Waren ist nicht ersichtlich.

Hingegen setzt die Erteilung der weiteren Informationen zu Namen und Anschriften des 82 Besitzers und Empfängers der Ware, zum Zollverfahren sowie zu Herkunft und Bestimmung der Waren voraus, dass zuvor dem nachträglichen Antrag stattgegeben wurde, Art. 18 Abs. 5 (→ Rn. 85). Gleiches gilt für die Möglichkeit der **Prüfung der Waren** (zB anhand von Proben oder Muster) nach Art. 19 Abs. 1 VO (EU) Nr. 608/2013.

Der (potentielle) Rechtsinhaber muss also zunächst mit seinem Antrag nach Art. 18 Abs. 3 VO (EU) 82.1 Nr. 608/2013, Art. 5 Abs. 3 VO (EU) Nr. 608/2013 (→ Rn. 83) erfolgreich sein. Reizen Antragsteller und zuständige Zollbehörde die jeweiligen Fristen (Art. 5 Abs. 3 Buchst. a VO (EU) Nr. 608/2013, Art. 9 Abs. 2 VO (EU) Nr. 608/2013) aus, können bis dahin **sechs Arbeitstage** seit der Mitteilung vergehen. Da der (spätere) Inhaber der Entscheidung jedoch innerhalb von zehn Tagen nach der Mitteilung entscheiden muss, ob er das Vernichtungsverfahren (→ Rn. 87) einleiten möchte (Art. 23 Abs. 1 UAbs. 1 Buchst. a, b VO (EU) Nr. 608/2013), bleibt ihm unter Umständen zur Prüfung der Waren nur wenig Zeit. Dementsprechende **Vorbereitungen** sollten daher bereits bei Antragstellung getroffen werden.

5. Nachträglicher Antrag (Art. 18 Abs. 3 VO (EU) Nr. 608/2013, Art. 5 Abs. 3 VO (EU) Nr. 608/2013)

Ermitteln die Zollbehörden einen potentiell Antragsberechtigten, so kann dieser **binnen** 83 **vier Arbeitstagen** nach Mitteilung über die Aussetzung der Überlassung bzw. die Zurückhaltung der Waren bei der zuständigen Zollbehörde (→ Rn. 41) einen Antrag gemäß Art. 18 Abs. 3 VO (EU) Nr. 608/2013 iVm Art. 5 Abs. 3 VO (EU) Nr. 608/2013 stellen (Art. 5 Abs. 3 Buchst. a VO (EU) Nr. 608/2013). Bei dem zu stellenden Antrag muss es sich um einen nationalen Antrag (→ Rn. 31) handeln, Art. 5 Abs. 3 Buchst. b VO (EU) Nr. 608/2013.

Angaben, die sich auf die betroffenen Waren und auf das Risiko einer Verletzung des zugrundeliegen- 83.1 den Rechts beziehen (→ Rn. 42.1), sind bei dem nachträglichen Antrag **entbehrlich**, Art. 5 Abs. 3 Buchst. c VO (EU) Nr. 608/2013. Allerdings bleibt der Antrag dann auf die **konkrete Maßnahme**

Vohwinkel 1475

beschränkt. Soll dem Antrag auch darüber hinaus stattgegeben werden, so dass er zum vollwertigen Antrag nach Art. 17 Abs. 2 VO (EU) Nr. 608/2013 erstarkt und somit als auch Grundlage für ein Tätigwerden in zukünftigen Verdachtsfällen taugt sind diese Angaben binnen **zehn Arbeitstagen** nach der Mitteilung nachzureichen, Art. 11 Abs. 2 VO (EU) Nr. 608/2013.

84 Der nachträglich gestellte Antrag ist im beschleunigten Verfahren gemäß Art. 9 Abs. 2 VO (EU) Nr. 608/2013 **binnen zwei Arbeitstagen** zu bescheiden. Im Übrigen richtet sich das Antragsverfahren nach Art. 10 Abs. 1 VO (EU) Nr. 608/2013 (→ Rn. 47 ff.). Werden die Informationen zur Beschaffenheit der betroffenen Waren und zum Risiko der Verletzung des betroffenen Rechts (→ Rn. 42.1) nachgetragen, so bestimmt sich die Geltungsdauer (→ Rn. 51) der Entscheidung über den Antrag nach Art. 11 Abs. 1 VO (EU) Nr. 608/2013.

6. Nach Stattgabe des Antrags: weitergehende Information (Art. 18 Abs. 5 VO (EU) Nr. 608/2013)

85 Wird dem nachträglichen Antrag stattgegeben, sind dem daraus hervorgehenden Inhaber der Entscheidung nach Art. 18 Abs. 5 VO (EU) Nr. 608/2013 auf Antrag die weitergehenden Informationen zu Namen und Anschriften des Besitzers und Empfängers der Ware, zum Zollverfahren sowie zu Herkunft und Bestimmung der Waren mitzuteilen. Ferner kann dem Inhaber der Entscheidung die Prüfung der Ware nach Art. 19 Abs. 1 VO (EU) Nr. 608/2013 ermöglicht werden.

7. Andernfalls: Genehmigung der Überlassung bzw. Beendigung der Zurückhaltung (Art. 18 Abs. 4 VO (EU) Nr. 608/2013)

86 Erhält die zuständige Behörde keinen nachträglichen Antrag bzw. lehnt sie ihn ab (Art. 18 Abs. 4 Buchst. b VO (EU) Nr. 608/2013), oder kann sie **innerhalb eines Arbeitstages** nach Aussetzung der Überlassung bzw. nach Zurückhaltung der Waren überhaupt keine Antragsberechtigten ermitteln (Art. 18 Abs. 4 Buchst. a VO (EU) Nr. 608/2013), so genehmigt sie die Überlassung der Waren bzw. hebt deren Zurückhaltung auf, soweit alle Zollförmlichkeiten erfüllt sind.

IV. Vereinfachte Vernichtung (Art. 23 VO (EU) Nr. 608/2013)

87 Das vereinfachte Vernichtungsverfahren ist wegen seiner erwiesenen besonderen Effektivität (Erwägungsgrund 16 der VO (EU) Nr. 608/2013) als **Standardverfahren** im zollbehördlichen Umgang mit potentiell rechtsverletzenden Waren nach der VO (EU) Nr. 608/2013 vorgesehen. Es kann eingeleitet werden, nachdem durch die zuständige Zollbehörde die Überlassung der Waren ausgesetzt, bzw. die Waren zurückgehalten wurden (Art. 23 Abs. 1 UAbs. 1 Buchst. a, b VO (EU) Nr. 608/2013). Voraussetzung ist nicht die positive Feststellung einer Rechtsverletzung nach den mitgliedstaatlichen Vorschriften. Es genügt eine entsprechende Erklärung des Inhabers der Entscheidung (→ Rn. 88) sowie die Zustimmung des Anmelders oder Besitzers der Ware (→ Rn. 90), die auch im Fall seines Schweigens von der Behörde unterstellt werden kann (→ Rn. 91). Widerspricht der Anmelder oder Besitzer der Ware, scheidet die vereinfachte Vernichtung aus, und der Inhaber der Entscheidung muss das gerichtliche Verfahren anstreben (→ Rn. 97).

87.1 Allerdings ist mit der vereinfachten Vernichtung für den Anmelder bzw. Besitzer der Waren die Angelegenheit nicht zwingend erledigt. Markenverletzungen sind Straftatbestände (§ 143). Die Mitgliedstaaten sind nicht daran gehindert, auch im Fall des vereinfachten Vernichtungsverfahrens Sanktionen gegen den Anmelder bzw. Besitzer zu verhängen (zur vorangehenden VO (EG) Nr. 1383/2003 s. EuGH C-93/08, GRUR 20089, 482 – Schenker/Valsts ieņēmumu dienests).

1. Erklärungen des Inhabers der Entscheidung

88 Zur Einleitung des Vernichtungsverfahrens bedarf es zwei verschiedener Erklärungen des Inhabers der Entscheidung. Einerseits hat er der Zollbehörde zu bestätigen, dass nach seiner Ansicht ein **Recht geistigen Eigentums verletzt** ist. Zum anderen hat er ausdrücklich der **Vernichtung zuzustimmen.** Beide Erklärungen müssen binnen zehn Arbeitstagen nach

Verfahren nach der Verordnung (EU) Nr. 608/2013 § 150 MarkenG

der Mitteilung über die Aufhaltung der Waren bzw. bei verderblichen Waren binnen drei Arbeitstagen bei der zuständigen Zollbehörde eingehen (Art. 23 Abs. 1 UAbs. 1 Buchst. a, b VO (EU) Nr. 608/2013). Es gibt **keine Möglichkeit der Fristverlängerung** (Art. 23 Abs. 4 VO (EU) Nr. 608/2013 sieht nur für die Fristen des Art. 23 Abs. 3 VO (EU) Nr. 608/2013 die Möglichkeit zur Fristverlängerung vor).

Erhält die zuständige Zollbehörde **nicht fristgerecht** beide Erklärungen des Inhabers der Entscheidung, so überlässt sie unmittelbar nach Abschluss der aller Zollförmlichkeiten die Waren bzw. beendet deren Zurückhaltung, Art. 23 Abs. 1 UAbs. 2 VO (EU) Nr. 608/2013. Allerdings hat der Inhaber der Entscheidung die Möglichkeit, statt dieser Erklärungen ein Rechtsverletzungsverfahren einzuleiten und die Zollbehörde fristgerecht zu unterrichten. In diesem Fall setzt die Behörde die Aussetzung der Überlassung oder Zurückhaltung der Waren gleichwohl fort (Art. 23 Abs. 1 UAbs. 2 VO (EU) Nr. 608/2013). 89

2. Erklärungen des Anmelders oder Besitzers der Waren

Der Anmelder oder Besitzer der Waren kann der zuständigen Zollbehörde entweder seine **Zustimmung** zur Vernichtung oder seinen **Widerspruch** gegen die Vernichtung – ebenfalls binnen zehn bzw. drei Arbeitstagen – (Art. 23 Abs. 1 UAbs. 1 Buchst. c VO (EU) Nr. 608/2013) mitteilen. Auch hier gibt **keine Möglichkeit der Fristverlängerung** (→ → Rn. 88 aE). Stimmt er zu, so kommt es zur Vernichtung (→ Rn. 93) der Waren. Widerspricht er der Vernichtung, so ist das gerichtliche Verletzungsverfahren (→ Rn. 97 einzuleiten (vgl. Art. 23 Abs. 3 VO (EU) Nr. 608/2013). 90

Das **Schweigen** des Anmelders bzw. Besitzers gilt nicht automatisch als erteilte Zustimmung (Art. 23 Abs. 1 UAbs. 1 Buchst. c, Abs. 3 VO (EU) Nr. 608/2013). Die zuständige Zollbehörde hat dann anstelle des Anmelders bzw. Besitzers eine eigene Entscheidung zu treffen. Sie **kann** davon ausgehen, dass dieser mit der Vernichtung einverstanden ist (Art. 23 Abs. 1 UAbs. 1 Buchst. c VO (EU) Nr. 608/2013), **muss dies aber nicht** (Art. 13 Abs. 3 VO (EU) Nr. 608/2013). Die Fiktion des § 150 Abs. 4 S. 1, nach der Schweigen Zustimmung bedeutet, kann insoweit keine Anwendung finden, da sie die – überholte – Regelung in Art. 11 Abs. 1 S. 5 VO (EG) 1383/2003 wiedergibt. Die VO (EU) Nr. 608/2013 sieht auch nicht vor, dass die Mitgliedstaaten derartige Fiktionen regeln können. Folgerichtig wird diese Fiktion in der ab 1.7.2016 geltenden Neufassung der Norm ersatzlos gestrichen. 91

Insofern ergibt sich ein deutlicher **Unterschied** zu der früheren Rechtslage, nach der die Zustimmung noch **als erteilt galt** (Art. 11 Abs. 1 VO (EG) 1383/2003). Das verwundert, zumal diese Ausweitung der Befugnisse der Zollbehörden durch die Erwägungsgründe nicht gestützt wird. Teilweise wird Art. 23 Abs. 1 UAbs. 1 Buchst. c VO (EU) Nr. 608/2013 weiterhin als Zustimmungsfiktion – und in dieser Funktion zugleich als „Kern des vereinfachten Vernichtungsverfahrens" verstanden (Ströbele/Hacker/Hacker Rn. 41). Allerdings regelt Art. 23 Abs. 3 VO (EU) Nr. 608/2013 – ebenso wie Art. 26 Abs. 8 VO (EU) Nr. 608/2013 im Kleinsendungsverfahren (→ Rn. 103) – ausdrücklich den Fall, dass der Anmelder bzw. Besitzer der Waren der Vernichtung **nicht widersprochen** hat, die Zollbehörden aber **dennoch** davon ausgehen, er stimme der Vernichtung der Waren **nicht zu.** Dieser Fall könnte bei einer Fiktion nie eintreten. Die Zollbehörden müssen insoweit eine eigene Entscheidung treffen, die sie an die Stelle einer Erklärung des Anmelders bzw. Besitzers setzen. Sie bekommen damit die Kompetenz, ein **mutmaßliches Interesse** des Anmelders bzw. Besitzers der Waren in das Verfahren einzuleiten, auch wenn dies Intention der VO (EU) Nr. 608/2013, im Regelfall das vereinfachte Vernichtungsverfahren durchzuführen (so der Erwägungsgrund 16) abweicht. 91.1

Eine solche zollbehördliche Entscheidung gemäß Art. 23 Abs. 3 VO (EU) Nr. 608/2013 wirft eine ganze Reihe von Folgefragen auf, auf die die VO (EU) Nr. 608/2013 keine Antwort gibt: Was passiert, wenn die Waren zwar nicht vernichtet werden, der Anmelder bzw. Besitzer sich jedoch nicht (mehr) um sie bemüht? Eignet sich der jeweilige Mitgliedstaat diese Waren irgendwann, und wenn ja nach welcher Rechtsgrundlage, an? Wer trägt (bis dahin) die Kosten der notwendigen Lagerung? Art. 29 VO (EU) Nr. 608/2013 dürfte überspannt sein, wenn eine durch die Zollbehörden verhinderte Vernichtung als „Abhilfe [durch] [...] Vernichtung" verstanden werden soll. 91.2

Soweit es die deutschen Zollbehörden betrifft, sollte die Annahme der Verweigerung der Zustimmung dennoch die Ausnahme bleiben. Soweit die Zollbehörden ihr Ermessen ausüben, haben sie dies pflichtgemäß zu tun. Sie sind also insbesondere an den Zweck der Ermächtigungsgrundlage gebunden (§ 40 VwVfG). Gemäß Erwägungsgrund 16, auch mit 92

Vohwinkel 1477

Blick auf die Vorgängernorm des Art. 11 Abs. 1 VO (EG) 1383/2003, ist die behördliche Verhinderung des vereinfachten Vernichtungsverfahrens offenkundig nicht Zweck des Art. 23 Abs. 3 VO (EU) Nr. 608/2013. Nur in besonders gelagerten Ausnahmefällen kann angenommen werden, dass der sich nicht äußernde Anmelder oder Besitzer der Ware nicht mit der Vernichtung einverstanden ist. Da solche Fälle nicht von vornherein ausgeschlossen erscheinen, ist es insoweit sachgerecht, die ausnahmslose Fiktion abzuändern.

92.1 Allerdings wäre es vorzugwürdig gewesen, die VO (EU) Nr. 608/2013 hätte die Annahme der Zustimmung zu Vernichtung als Regelfall gekennzeichnet, um den Ausnahmecharakter anderweitiger Entscheidungen klarzustellen.

3. Durchführung der Vernichtung (Art. 23 Abs. 2 VO (EU) Nr. 608/2013)

93 Die Vernichtung der Waren wird unter zollamtlicher Überwachung durchgeführt (Art. 23 Abs. 2 S. 1 VO (EU) Nr. 608/2013). Sie erfolgt auf Verantwortung des Inhabers der Entscheidung und, auf Verlangen der Zollbehörden, auch auf dessen **Kosten** (→ Rn. 119, Art. 23 Abs. 2 S. 1 VO (EU) Nr. 608/2013, Art. 29 Abs. 1 UAbs. 1 VO (EU) Nr. 608/2013).

94 Vor der Vernichtung der Waren kann die zuständige Zollbehörde **Proben oder Muster** der Waren nehmen, die sie auch zu Schulungszwecken verwenden kann (Art. 23 Abs. 2 S. 2 VO (EU) Nr. 608/2013). Die Entnahme von Proben nach Art. 23 Abs. 2 S. 2 VO (EU) Nr. 608/2013 ist von der Überlassung von Proben und Mustern an den Inhaber der Entscheidung (→ Rn. 72, → Rn. 82) gemäß Art. 19 VO (EU) Nr. 608/2013 zu unterscheiden. Insbesondere dürfen Proben und Muster nicht dauerhaft bei diesem verbleiben (Art. 19 Abs. 3 VO (EU) Nr. 608/2013).

4. Umgang mit den Waren während des Vernichtungsverfahrens (Art. 25 VO (EU) Nr. 608/2013)

95 Waren, die **zur Vernichtung bestimmt** sind (Art. 23, 26 VO (EU) Nr. 608/2013), dürfen im Ergebnis den Mitgliedstaat, in dem sie aufgegriffen wurden, nicht wieder verlassen (Art. 23 Abs. 1 Buchst. b bis f VO (EU) Nr. 608/2013). Ein Transport durch das Zollgebiet der Union ist allein zum Zwecke der Vernichtung und unter zollamtlicher Überwachung zulässig (Art. 25 Abs. 2 VO (EU) Nr. 608/2013).

96 Eine Ausnahme sieht Art. 25 Abs. 1 Buchst. a VO (EU) Nr. 608/2013 vor, nach dem die Waren in den zollrechtliche freien Verkehr gelangen dürfen, wenn die Zollbehörden dies zum Zwecke der **Wiederverwertung** oder einer **nicht-geschäftlichen** Verwendung, auch zu „Sensibilisierungs-, Schulungs- und Bildungszwecken", für notwendig erachten. In jedem Fall ist jedoch die **Zustimmung** des Inhabers der Entscheidung erforderlich.

96.1 Ob die Zollbehörden von dieser Befugnis in nennenswertem Umfang Gebrauch machen, wird sich zeigen. Hinsichtlich der **Kosten** könnte sich aus der **Wiederverwertung** für den Inhaber der Entscheidung ein Vorteil ergeben. Zwar stellt die Wiederverwertung eine Vernichtung iSd Art. 2 Nr. 16 VO (EU) Nr. 608/2013 dar, mit deren Kosten der Inhaber der Entscheidung belastet werden kann (Art. 29 Abs. 1 VO (EU) Nr. 608/2013). Dadurch sollen jedoch nur die bei den Zollbehörden tatsächlich angefallenen Kosten gedeckt werden (vgl. Erwägungsgrund 24), so dass sie sich finanzielle Vorteile aus der Wiederverwertung anrechnen lassen müssten.

V. (Gerichtliches) Verletzungsverfahren

97 **Widerspricht** (→ Rn. 90) der Anmelder oder Besitzer der Ware der Vernichtung im vereinfachten Verfahren, oder **geht die Behörde davon** aus (→ Rn. 91), dass der Anmelder oder Besitzer nicht mit der Vernichtung einverstanden ist, so hat der Inhaber der Entscheidung durch Einleitung des gerichtlichen Verletzungsverfahrens die Feststellung der Rechtsverletzung anzustreben, Art. 23 Abs. 3 S. 2 VO (EU) Nr. 608/2013.

97.1 Dass es sich um ein **gerichtliches** Verletzungsverfahren handeln muss, ging früher aus § 150 Abs. 8 aF iVm § 147 Abs. 3 hervor. Die VO (EU) Nr. 608/2013 selbst sieht keine Beschränkung auf gerichtliche Verfahren vor. Gerichtsverfahren zur Feststellung von Rechtsverletzungen werden lediglich in Erwägungsgrund 13 VO (EU) Nr. 608/2013 im Zusammenhang mit der Antragsberechtigung erwähnt, aber bei den entsprechenden Vorschriften hierzu nicht mehr aufgegriffen. In Bezug auf bestimmte Schutzrechte ist in Art. 24 Abs. 2 Buchst. b VO (EU) Nr. 608/2013 vielmehr ausdrücklich die Rede von der Behörde, die für die Feststellung, ob ein Recht geistigen Eigentums verletzt ist, zuständig ist. Für die Vorgängerverordnung VO (EG) Nr. 1383/2003 hat der EuGH ausdrücklich anerkannt, dass die Mitgliedstaaten auch vorsehen können, dass das Verfahren zur Feststellung der Rechtsverletzung von den Verwaltungsbehörden durchgeführt wird, insbesondere auch von der Zollbehörde selbst, solange es sich um ein gerichtsförmiges Verfahren nach Art. 41 TRIPS handelt (zu Art. 13 VO (EG) Nr. 1383/2003 s. EuGH C-583/12, BeckRS 2014, 80692 Rn. 49).

Um zu verhindern, dass die Zollbehörden die Waren überlassen bzw. deren Zurückhaltung **98** beenden, muss der Inhaber der Entscheidung das Rechtsverletzungsverfahren einleiten, und den Zollbehörden hierüber Nachweis erbringen (Art. 23 Abs. 5 VO (EU) Nr. 608/2013). Die **Frist** hierzu beträgt zehn Arbeitstage ab Mitteilung der Aussetzung der Überlassung bzw. Zurückhaltung der Ware (Art. 23 Abs. 3 S. 2 VO (EU) Nr. 608/2013). Damit müsste das Rechtsverletzungsverfahren aber eingeleitet werden noch bevor der Anmelder oder Besitzer der Waren zur Vernichtung Stellung nehmen muss und damit feststeht, ob ein Rechtsverletzungsverfahren überhaupt erforderlich ist. Auf begründeten Antrag kann jedoch eine **Fristverlängerung** um bis zu weitere zehn Arbeitstage erfolgen (Art. 23 Abs. 4 VO (EU) Nr. 608/2013). Diese Fristverlängerung ist auch erforderlich, um zu verhindern, dass das Rechtsverletzungsverfahren zeitgleich mit dem vereinfachten Vernichtungsverfahren betrieben werden muss. Bei verderblichen Waren beträgt diese Frist drei Arbeitstage und kann nicht verlängert werden (Art. 23 Abs. 3 S. 2, Abs. 4 VO (EU) Nr. 608/2013). Daher muss bei verderblichen Waren das Rechtsverletzungsverfahren vorsorglich umgehend eingeleitet werden, auch wenn sich nachträglich herausstellt, dass die vereinfachte Vernichtung durchgeführt werden kann. Zu den Folgen einer unterbleibenden Verfahrenseinleitung gemäß Art. 16 Abs. 2 UAbs. 1 Buchst. d VO (EU) Nr. 608/2013 (→ Rn. 59).

Hinweis des Zolls: Für Verzögerungen, die der Inhaber der Entscheidung selbst zu verantworten **98.1** hat (zB langwieriger Musterversand ins Ausland, Fehlen einer kompetenten Urlaubsvertretung des Ansprechpartners oder sonstige organisatorische Mängel), wird grundsätzlich keine Fristverlängerung gewährt (http://www.zoll.de/DE/Fachthemen/Verbote-Beschraenkungen/Gewerblicher-Rechtsschutz/Marken-und-Produktpiraterie/Taetigwerden-der-Zollbehoerden/Taetigwerden-nach-Gemeinschaftsrecht/taetigwerden-nach-gemeinschaftsrecht_node.html).

Zur Form des gerichtlichen Verletzungsverfahrens macht Art. 23 VO (EU) Nr. 608/2013 **99** keine Vorgaben. Möglich ist die (bloße) Einleitung eines **Hauptsacheverfahrens,** da die kurzen Fristen nur für die Verfahrenseinleitung gelten. Bei dem Verdacht auf Rechtsverletzung von Marken oder geografischen Angaben besteht auch nicht die Gefahr, dass die Zollbehörden die Waren nach Einleitung des Rechtsverletzungsverfahrens (gegen Sicherheitsleistung) frühzeitig freigeben, da dies in Art. 24 VO (EU) Nr. 608/2013 nur für Patente und andere Schutzrechte vorgesehen ist. Insoweit hat der Markeninhaber bzw. der Berechtigte an geografischen Angaben angesichts der andauernden Aussetzung der Überlassung bzw. Zurückhaltung kein diesbezügliches Sicherungsbedürfnis, das bei Inhabern anderer Rechte diesen eine einstweilige Verfügung nahelegen würde. Allerdings genügt es ohne weiteres, wenn isoliert, also ohne Hauptsacheverfahren, ein **einstweiliges Verfügungsverfahrens** eingeleitet wird (BeckOK PatR/Voß PatG § 142a Rn. 56).

Dem wird vereinzelt widersprochen (Ströbele/Hacker/Hacker Rn. 48), die davon ausgeht, das **99.1** Rechtsverletzungsverfahren müsse eine endgültige Entscheidung über die Vernichtung der Waren treffen. (Benkard/Grabinski/Zülch PatG § 142a Rn. 23 halten ein Hauptsacheverfahren zumindest für sinnvoll). Eine solche Voraussetzung findet sich jedoch nicht in der VO (EU) Nr. 608/2013, die lediglich ein Verfahren zur Feststellung, ob ein Recht geistigen Eigentums verletzt wurde, verlangt, Art. 23 Abs. 3 S. 2 VO (EU) Nr. 608/2013. Auch im einstweiligen Verfügungsverfahren findet eine umfassende Prüfung (und damit auch Feststellung) der Rechtsverletzung statt.

Das Rechtsverletzungsverfahren nach Art. 23 Abs. 3 VO (EU) Nr. 608/2013 muss **nicht** **100** **zwingend auf eine Vernichtung der Waren abzielen.** Damit besteht ein wichtiger Unterschied zum Verfahren nach §§ 146 ff. MarkenG, das – jedenfalls grundsätzlich – darauf gerichtet sein muss, einen Vernichtungsanspruch sichern (→ § 146 Rn. 21, zur – problematischen – Ausnahme: → § 147 Rn. 30.1). Daher genügt es, wenn insbesondere („nur") ein Unterlassungsanspruch geltend gemacht wird (so auch BeckOK PatR/Voß PatG § 142a

Rn. 56; aA Ströbele/Hacker/Hacker Rn. 48). Allerdings bleibt auch hier offen, was mit der Ware zu geschehen hat, wenn im Rechtsverletzungsverfahren nicht die Vernichtung angeordnet wird, sondern ggf. „nur" Verfügungsbeschränkungen (→ § 147 Rn. 30.1).

VI. Überlassung der Waren bzw. Beendigung der Zurückhaltung

101 Die Zollbehörden überlassen die Waren bzw. beendigen deren Zurückhaltung, wenn der Anmelder oder Besitzer der Vernichtung widerspricht – bzw. dies zu unterstellen ist – und der Inhaber der Entscheidung nicht fristgerecht die Einleitung des Rechtsverletzungsverfahrens unterrichtet worden ist (Art. 23 Abs. 5 VO (EU) Nr. 608/2013).

102 Darüber hinaus sind folgende Tatbestände für die Überlassung der Waren bzw. Beendigung der Zurückhaltung zusammenzufassen:

- Nach Tätigwerden ohne Antrag konnten **keine potentiell verletzten Berechtigten ermittelt** werden, Art. 18 Abs. 4 Buchst. a VO (EU) Nr. 608/2013 (→ Rn. 81).
- Nach Tätigwerden ohne Antrag hat **niemand einen Antrag gestellt** bzw. wurde keinem Antrag stattgegeben, Art. 18 Abs. 4 Buchst. b VO (EU) Nr. 608/2013 (→ Rn. 83).
- Nach Unterrichtung von der Aussetzung der Überlassung oder Zurückhaltung der Waren hat der Inhaber der Entscheidung entweder die **Rechtsverletzung nicht bestätigt** oder **in die Vernichtung nicht eingewilligt,** Art. 23 Abs. 1 UAbs. 2 VO (EU) Nr. 608/2013 (→ Rn. 90). Das gilt jedoch dann nicht, wenn die Zollbehörden über die Einleitung eines Rechtsverletzungsverfahrens unterrichtet wurden.
- Das **Rechtsverletzungsverfahren endet erfolglos** in dem Sinne, dass keine Vernichtung der Waren oder anderweitige Regelung des Verbleibs der Waren angeordnet wird.
- **Entfällt die Antragsberechtigung** (insbesondere das betroffene Schutzrecht), sind die Waren ebenfalls zu überlassen bzw. ihre Zurückhaltung zu beenden. Insoweit ist Art. 11 Abs. 3 S. 1 VO (EU) Nr. 608/2013 entsprechend anzuwenden, nachdem die Behörden in diesem Fall nicht tätig werden.
- Der Inhaber der Entscheidung hat jederzeit das Recht, auf die weitere Tätigkeit der Zollbehörden zu verzichten, indem er – in Bezug auf die konkreten Waren – seinen **Antrag zurücknimmt.**

102.1 Die frühzeitige Überlassung der Waren im Fall eines laufenden Rechtsverletzungsverfahrens (Art. 24 VO (EU) Nr. 608/2013) findet nur bei anderen Schutzrechten, nicht aber bei Kennzeichenrechten statt.

VII. Kleinsendungsverfahren (Art. 26 VO (EU) Nr. 608/2013)

103 Das Kleinsendungsverfahren nach Art. 26 VO (EU) Nr. 608/2013 entspricht in weiten Teilen dem Vernichtungsverfahren nach Art. 23 VO (EU) Nr. 608/2013; insoweit wird auf die dortige Kommentierung (→ Rn. 87) verwiesen. Das Kleinsendungsverfahren bedarf allerdings stets einer Entscheidung über die **Stattgabe eines Antrags**, in dem Kleinsendungsverfahren ausdrücklich beantragt wurde (Art. 26 Abs. 1 Buchst. c und d VO (EU) Nr. 608/2013). Auf die weiteren Besonderheiten wird im Folgenden eingegangen.

1. Eingeschränkter Anwendungsbereich (Art. 26 Abs. 1 VO (EU) Nr. 608/2013)

104 Der Anwendungsbereich des Kleinsendungsverfahrens ist gegenüber dem Vernichtungsverfahren nach Art. 23 VO (EU) Nr. 608/2013 eingeschränkt. Er umfasst lediglich solche Waren, die im Verdacht (→ Rn. 64) stehen, nachgeahmte oder unerlaubt hergestellte Waren zu sein (Art. 26 Abs. 1 Buchst. a VO (EU) Nr. 608/2013). Unter den Begriff der nachgeahmten Waren gemäß Art. 2 Nr. 5 VO (EU) Nr. 608/2013 fallen nur Waren, die **Marken** oder **geografischen Angaben** verletzen. Die Verletzung von Handelsnamen hingegen ist weder hiervon noch vom Begriff der unerlaubt hergestellten Waren gemäß Art. 2 Nr. 6 VO (EU) Nr. 608/2013 erfasst.

105 Es darf sich **nicht** um **verderbliche Waren** iSd Art. 2 Nr. 20 VO (EU) Nr. 608/2013 handeln. Für die Waren muss eine Entscheidung über die Stattgabe eines Antrags ergangen sein, mit welchem auch gemäß Art. 6 Abs. 3 Buchst. q VO (EU) Nr. 608/2013 die Anwendung des Kleinsendungsverfahrens beantragt wurde, Art. 26 Abs. 1 Buchst. b bis d VO (EU) Nr. 608/2013.

Verfahren nach der Verordnung (EU) Nr. 608/2013 § 150 MarkenG

Schließlich muss es sich um eine **Kleinsendung** iSd Art. 2 Nr. 19 handeln (Art. 26 Abs. 1 **106** Buchst. e VO (EU) Nr. 608/2013). Kleinsendungen sind solche Warenlieferungen, die mittels **Post** oder **Eilkurier** zugestellt werden und entweder höchsten **drei „Einheiten"** oder **unter 2 kg** Bruttogewicht ausmachen.

2. Unterrichtung des Anmelders bzw. Besitzers der Waren (Art. 26 Abs. 3, 4 VO (EU) Nr. 608/2013)

Der Anmelder oder Besitzer der Waren wird gemäß Art. 26 Abs. 3 VO (EU) Nr. 608/ **107** 2013 über die Aussetzung der Überlassung bzw. über die Zurückhaltung der Waren informiert. Diese Information entspricht im Wesentlichen der nach Art. 17 Abs. 3 UAbs. 1, 4 VO (EU) Nr. 608/2013 (→ Rn. 69). Darüber hinaus enthält sie den Hinweis darauf, dass die zuständige Zollbehörde die **Vernichtung** der betroffenen Waren **beabsichtigt**. Der Anmelder bzw. Besitzer kann darauf binnen zehn Tagen Stellung nehmen; Art. 26 Abs. 4 VO (EU) Nr. 608/2013 entspricht insoweit Art. 23 Abs. 1 UAbs. 1 Buchst. c VO (EU) Nr. 608/2013 (→ Rn. 90).

Eine Unterrichtung des **Inhabers der Entscheidung** (Art. 17 Abs. 3, 4 VO (EU) **108** Nr. 608/2013) findet gemäß Art. 26 Abs. 2 nicht statt. Dementsprechend sind auch die Vorschriften über Proben und Muster (Art. 19 Abs. 2, 3 VO (EU) Nr. 608/2013) nicht anwendbar.

3. Vernichtung der Waren (Art. 26 Abs. 5–7 VO (EU) Nr. 608/2013)

Stimmt der Anmelder bzw. Besitzer der Waren der Vernichtung zu, so erfolgt sie unter **109** zollamtlicher Aufsicht (Art. 26 Abs. 5, 7 S. 1 VO (EU) Nr. 608/2013). Insoweit bestehen Entsprechungen zu Art. 23 Abs. 2 VO (EU) Nr. 608/2013 (→ Rn. 93). Erhält die zuständige Zollbehörde binnen zehn Tagen keine Stellungnahme des Anmelders bzw. Besitzers, so **kann** sie von dessen Zustimmung zur Vernichtung ausgehen, Art. 26 Abs. 6 VO (EU) Nr. 608/ 2013 (entspricht insoweit Art. 23 Abs. 1 UAbs. 1 Buchst. c VO (EU) Nr. 608/2013, → Rn. 91). Im Kleinsendungsverfahren ist zu erwägen, an die unterstellte Zustimmung des Anmelders oder Besitzers der Waren höhere Anforderungen als sonst (unterstellte Zustimmung ist dort der Regelfall; → Rn. 92) zu stellen. Im Kleinsendungsverfahren liegt nämlich keine Erklärung des Inhabers der Entscheidung vor, dass die konkrete Ware tatsächlich rechtsverletzend ist. Daher ist zu fordern, dass die Zollbehörde zumindest mit **überwiegender Wahrscheinlichkeit** von einer Rechtsverletzung ausgeht. Wird diese erhöhte Wahrscheinlichkeitsschwelle nicht erreicht, ist für die vereinfachte Vernichtung kein Raum und dem Inhaber der Entscheidung bleibt nur die Einleitung des Rechtsverletzungsverfahrens (→ Rn. 111).

Bei ungestörtem Verfahrensablauf erfolgt **nach** der Vernichtung, und soweit beantragt **110** und angemessen, eine Unterrichtung des **Inhabers der Entscheidung.** Mit dieser wird er über die tatsächliche oder vermutliche Art und Menge der vernichteten Waren informiert (Art. 26 Abs. 7 S. 2 VO (EU) Nr. 608/2013). Die **Kosten** (→ Rn. 119) der Vernichtung können auch im Kleinsendungsverfahren dem Inhaber der Entscheidung auferlegt werden (Art. 29 Abs. 1 UAbs. 1 VO (EU) Nr. 608/2013).

4. Anderenfalls: Einleitung des Rechtsverletzungsverfahrens (Art. 26 Abs. 8, 9 VO (EU) Nr. 608/2013)

Scheitert die vereinfachte Vernichtung, hat die Zollbehörde dies dem Inhaber der Ent- **111** scheidung mitzuteilen und ihm auf Antrag auch die **Informationen** zugänglich zu machen, auf die er im normalen Antragsverfahren nach Art. 17 Abs. 4 S. 2 VO (EU) Nr. 608/2013 Zugriff hätte (→ Rn. 74), Art. 26 Abs. 8 S. 2 VO (EU) Nr. 608/2013. Damit wird dieser auch hier in die Lage versetzt, die Vernichtung durch ein Rechtsverletzungsverfahren zu erreichen. Damit die Behörde die Waren nicht überlässt bzw. deren Zurückhaltung beendet, muss der Inhaber der Entscheidung auch hier die Einleitung des Rechtsverletzungsverfahrens fristgerecht mitteilen. Die Frist beträgt zehn Tage ab der oben genannten Mitteilung über das Scheitern der vereinfachten Vernichtung (Art. 26 Abs. 9 VO (EU) Nr. 608/2013).

F. Haftung des Inhabers der Entscheidung (Art. 28 VO (EU) Nr. 608/2013)

112 Keine Haftung besteht für den Antragsteller, dessen Antrag abgelehnt wird, sowie für Antragsberechtigte iSd Art. 18 Abs. 3 UAbs. 3 VO (EU) Nr. 608/2013, die keinen nachträglichen Antrag nach Art. 18 Abs. 3 VO (EU) Nr. 608/2013 stellen.

113 Die Haftung des Inhabers der Entscheidung besteht **verschuldensunabhängig** in drei Fallgruppen:
- Der Inhaber der Entscheidung hat dazu beigetragen, dass ein nach der VO (EU) Nr. 608/2013 ordnungsgemäß eingeleitetes **Verfahren eingestellt** wird, oder
- er hat dazu beigetragen, dass **Proben und Muster** nicht zurückgegeben, beschädigt oder unbrauchbar werden, oder
- es stellt sich später heraus, dass die Waren **kein Recht geistigen Eigentums verletzen**.

114 Die ersten beiden Fallgruppen setzen dabei zumindest **Zurechenbarkeit** voraus („aufgrund einer Handlung oder eines Unterlassens des Inhabers der Entscheidung"). Proben und Muster können auch ohne Zutun des Inhabers der Entscheidung beschädigt werden, so dass es hier an der Zurechenbarkeit fehlen kann. Die Tatbestände, bei denen ein Verfahren eingestellt wird, knüpfen indessen regelmäßig an ein dem Inhaber der Entscheidung zurechenbares Verhalten an (Erklärungen oder Unterrichtungen werden nicht fristgemäß vorgenommen, Antragsrücknahme oder Entfall der Antragsberechtigung, → Rn. 32). Nur beim **Wegfall der Antragsberechtigung** könnte eine ursächliche Mitwirkung des Inhabers der Entscheidung ggf. fehlen. War die Antragsberechtigung schon vor Aussetzung der Überlassung oder Zurückhaltung der Waren entfallen, nur den Behörden noch nicht bekannt, hat der Inhaber der Entscheidung gegen seine Mitteilungspflichten verstoßen (→ Rn. 57) und ist bereits deswegen verantwortlich. Eine gesonderte Prüfung der Zurechenbarkeit ist somit nur dann erforderlich, wenn der Wegfall der Antragsberechtigung nach der Aussetzung der Überlassung oder Zurückhaltung der Waren erfolgt.

115 Die letzte Fallgruppe setzt die **Feststellung** voraus, dass die betroffenen Waren **nicht rechtsverletzend** sind. Das ist dahin zu verstehen, dass keine Verletzung derjenigen Rechte vorliegt, auf die der Antrag des Inhabers der Entscheidung gestützt wurde. Unter Feststellung ist die gerichtliche Feststellung, insbesondere **im nachgelagerten Rechtsverletzungsverfahren** gemeint. Sofern der Inhaber der Entscheidung ein solches Rechtsverletzungsverfahren versäumt oder seinen Antrag zurückgenommen hat, haftet er bereits nach der ersten Fallgruppe. Sofern ein Rechtsverletzungsverfahren nicht erforderlich war, weil der Anmelder bzw. Besitzer der Waren keinen Widerspruch eingelegt hat, obwohl er ordnungsgemäß benachrichtigt wurde, dürfte ihn zumindest ein ganz überwiegendes Mitverschulden treffen. Ungeachtet dessen hat der Anmelder bzw. Besitzer der Waren die Möglichkeit, inzident im Schadensersatzprozess die Nichtverletzung von Rechten geistigen Eigentums feststellen zu lassen.

115.1 Hinsichtlich der neu eingeführten Variante der **Einstellung des Verfahrens** stellt sich die Frage, von welchem **Verfahrensbegriff** Art. 28 VO (EU) Nr. 608/2013 ausgeht. Die VO (EU) Nr. 608/2013 verwendet den Begriff uneinheitlich. Denkbar ist daher sowohl ein enger als auch ein weiter Verfahrensbegriff. Bei **restriktiver Auslegung** wären Verfahren iSd Art. 28 VO (EU) Nr. 608/2013 zumindest solche die im 1. Abschnitt des dritten Kapitels unter der Überschrift „Vernichtung von Waren, **Einleitung von Verfahren** und frühzeitige Überlassung von Waren" geregelt sind. Also das vereinfachte Vernichtungsverfahren und das Kleinsendungsverfahren. Dass es sich bei ihnen offensichtlich um Verfahren iSd Art. 28 VO (EU) Nr. 608/2013 handelt legt auch der Wortlaut der VO (EU) Nr. 608/2013 an verschiedenen Stellen nahe (vgl. nur Erwägungsgrund 17, 28 VO (EU) Nr. 608/2013, Art. 6 Abs. 3 Buchst. q VO (EU) Nr. 608/2013, Art. 16 Abs. 2 UAbs. 1 Buchst. d VO (EU) Nr. 608/2013, Art. 17 Abs. 3 UAbs. 4 VO (EU) Nr. 608/2013, Art. 18 Abs. 5 VO (EU) Nr. 608/2013, Art. 26 Abs. 1 Buchst. d, Abs. 2 VO (EU) Nr. 608/2013). Diese Annahme passt auch zur Systematik der VO (EU) Nr. 608/2013, die anlässlich genau dieser beiden Verfahren an anderer Stelle Sanktionen vorsieht, Art. 16 Abs. 2 UAbs. 1 Buchst. d VO (EU) Nr. 608/2013. Das ist auch vom Ergebnis her stimmig: Leitet der Inhaber der Entscheidung ein Verfahren nach Art. 23, 26 VO (EU) Nr. 608/2013 ein, sorgt jedoch dafür, dass es nicht zum Abschluss gebracht wird, kommt es zu keiner Feststellung darüber, ob ein Recht geistigen Eigentums verletzt ist. Dem Anmelder bzw. Verletzer der Waren würde damit kein Schadensersatzanspruch nach Art. 28 VO (EU) Nr. 608/2013 zukommen. Zumindest nicht, wenn nicht der Anmelder bzw. Besitzer der Waren von sich aus dafür sorgt, dass festgestellt wird, dass seine Waren kein Recht geistigen Eigentums verletzt haben. Damit würden ihm jedoch zunächst Kosten und Risiko einer negativen Feststellungsklage auferlegt. Das macht es dem Inhaber der Entscheidung einfacher, die Verfahren nach Art. 23, 26 VO (EU) Nr. 608/2013 wettbewerbswidrig gegen den Anmelder bzw. Besitzer in Stellung zu bringen.

Eine derart enge Auslegung führ allerdings zu Schutzlücken beim Tätigwerden nach Art. 17, 18 **115.2** VO (EU) Nr. 608/2013. Wenn es sich bei der Aussetzung der Überlassung bzw. bei der Zurückhaltung nicht um Verfahren iSd Art. 28 VO (EU) Nr. 608/2013 handelte, ließen diese sich relativ gefahrlos zu wettbewerbswidrigen Zwecken missbrauchen (vgl. zur entsprechenden Situation nach nationalem Recht (→ § 149 Rn. 22). Es ist also vorzugswürdig mit einem **weiten Verfahrensbegriff** davon auszugehen, dass auch das Tätigwerden nach Art. 17, 18 VO (EU) Nr. 608/2013 als Verfahren iSd Art. 28 VO (EU) Nr. 608/2013 gelten. Der Wortlaut der VO (EU) Nr. 608/2013 erlaubt diese Annahme (vgl. Erwägungsgrund 19 VO (EU) Nr. 608/2013, Art. 1 Abs. 1 VO (EU) Nr. 608/2013). Art. 16 Abs. 2 UAbs. 1 Buchst. d VO (EU) Nr. 608/2013 soll gerade verhindern, dass Inhaber der Entscheidung zwar das Tätigwerden der Zollbehörden nach Art. 17, 18 VO (EU) Nr. 608/2013 herbeiführen, dann aber kein Vernichtungsverfahren anstrengen. Insofern ist es schlüssig, auch die Schadensersatzpflicht aus Art. 28 VO (EU) Nr. 608/2013 auf das Tätigwerden nach Art. 17, 18 VO (EU) Nr. 608/2013 auszudehnen um die Missbrauchsgefahr möglichst gering zu halten. **Verfahren** iSd Art. 28 VO (EU) Nr. 608/2013 ist somit jedes zollbehördliche Handeln nach Art. 17, 18, 23 und 26 VO (EU) Nr. 608/2013.

Bei diesem Verständnis des Art. 28 VO (EU) Nr. 608/2013 ergibt sich allerdings ein Widerspruch, **115.3** soweit die Haftung unterschiedslos auf jedes Handeln oder Unterlassen erstreckt wird, das zur **Einstellung eines Verfahrens** nach Vorschriften der VO (EU) Nr. 608/2013 führt. Zur Einstellung kommt es nämlich auch, wenn der Inhaber der Entscheidung nicht das Rechtsverletzungs-Verfahren nach Art. 23 Abs. 3, Art. 26 Abs. 8 VO (EU) Nr. 608/2013 einleitet (→ Rn. 97, 110). Dieses Unterlassen sieht Art. 16 Abs. 2 UAbs. 1 Buchst. d VO (EU) Nr. 608/2013 – eine Norm die ebenso wie Art. 28 VO (EU) Nr. 608/2013 Sanktionscharakter besitzt – bei Vorliegen **triftiger Gründe** (→ Rn. 61 f.) jedoch gerade vor. Wird ein Verfahren nach Art. 23, 26 VO (EU) Nr. 608/2013 also bei Vorliegen triftiger Gründe eingestellt, kann **keine Haftung** des Inhabers der Entscheidung aus Art. 28 VO (EU) Nr. 608/2013 bestehen. Dieser Widerspruch ist im Kollisionsfall durch eine entsprechend restriktive Auslegung des Art. 28 VO (EU) Nr. 608/2013 zu lösen. In der Gesamtschau ist die engere Auslegung des Verfahrensbegriffs – nach der dieses Problem nicht entstehen könnte – demgegenüber abzulehnen.

Die Haftung erfolgt im Einklang mit den anwendbaren Rechtsvorschriften. Darin kann **116** nicht eine reine Rechtsgrundverweisung gesehen werden. Art. 28 VO (EU) Nr. 608/2013 regelt den Haftungstatbestand eigenständig. Der Inhaber der Entscheidung muss nach Art. 6 Abs. 3 Buchst. n VO (EU) Nr. 608/2013 eine Verpflichtungserklärung zur Übernahme der Haftung unter den Bedingungen gemäß Art. 28 abgeben.

Dagegen wird vertreten, dass die Haftung sich – wie schon nach Art. 19 Abs. 3 VO (EG) **117** Nr. 1383/2003 – nach den entsprechenden **nationalen Vorschriften** richten soll, dh über § 150 nach § 149 (Ströbele/Hacker/Hacker Rn. 51; Rinnert GRUR 2014, 241 (244)). Dann würde die verschuldensunabhängige Haftung nur dann bestehen, wenn die Aussetzung der Überlassung oder Zurückbehaltung der Waren von Anfang an unberechtigt war **und** der Anmelder oder Besitzer der Waren Widerspruch eingelegt hat. In allen anderen Fällen würde die Haftung des Inhabers der Entscheidung nicht nur Verschulden voraussetzen, sondern es müsste auch ein anderweitiger Haftungstatbestand erfüllt sein. Selbst wenn ein Haftungstatbestand zB durch Nichterfüllen von Mitwirkungspflichten begründet werden könnte, würde sich daraus ein adäquat verursachter Schaden allenfalls für die Zukunft ergeben. Art. 28 VO (EU) Nr. 608/2013 zielt jedoch ersichtlich auf eine Haftung ab, die auf den Zeitpunkt der der Überlassung oder Zurückbehaltung der Waren zurückwirkt. Damit wäre durch eine Rechtsgrundverweisung wesentlichen Regelungen des Art. 28 VO (EU) Nr. 608/2013 die Grundlage entzogen.

Inhalt und Umfang der Schadensersatzpflicht bestimmen sich nach §§ 249 ff. BGB (→ **118** § 149 Rn. 14), eine weitergehende Haftung aus **unerlaubter Handlung** (→ § 149 Rn. 21) ist nicht ausgeschlossen.

G. Kosten (Art. 29 VO (EU) Nr. 608/2013)

Während der Antrag selbst gebührenfrei ist (→ Rn. 49), können gemäß Art. 29 Abs. 1 **119** UAbs. 1 VO (EU) Nr. 608/2013 beim Inhaber der Entscheidung Kosten erhoben werden,

die im zollbehördlichen Verfahren, ab Aussetzung der Überlassung bzw. ab der Zurückhaltung der Waren, angefallen sind. Darunter fallen insbesondere Kosten der
- **Lagerung** (Art. 17 Abs. 1 VO (EU) Nr. 608/2013, Art. 18 Abs. 1 VO (EU) Nr. 608/2013) und Behandlung, wie zB der **Entnahme von Proben** (Art. 19 Abs. 2, 3 VO (EU) Nr. 608/2013), sowie
- Kosten die sich aus der Vornahme von Abhilfemaßnahmen (hier vor allem die **Vernichtung** nach Art. 23, 26 VO (EU) Nr. 608/2013) ergeben.

119.1 Da die VO (EU) Nr. 608/2013 hinsichtlich des Kostenrechts keine weiteren Vorgaben macht, ist insoweit gemäß § 150 iVm § 148 Abs. 2, § 178 AO die bereits zu § 148 Abs. 2 dargestellte ZollKostV (→ § 148 Rn. 5 ff.) anzuwenden.

120 Darüber hinaus sind dem Inhaber der Entscheidung auf Antrag Ort und Art der Lagerung mitzuteilen, sowie die dafür schätzungsweise anfallenden Kosten, Art. 29 Abs. 1 UAbs. 2 VO (EU) Nr. 608/2013.

121 Soweit im Rahmen der Bearbeitung eines Unionsantrags die Zollbehörden **Übersetzungen** benötigen, hat der Inhaber der Entscheidung diese Unterlagen den Zollbehörden auf seine Kosten zur Verfügung zu stellen.

122 Hinsichtlich dieser Kosten kann sich der Inhaber einer Entscheidung in Deutschland bei einem schuldhaft handelnden Verletzer schadlos halten (→ § 148 Rn. 10 ff.; Kühnen GRUR 2014, 921 (925)). Das befreit ihn gemäß Art. 29 Abs. 2 VO (EU) Nr. 608/2013 jedoch nicht von der Kostenpflicht nach Art. 29 Abs. 1, 3 VO (EU) Nr. 608/2013.

H. Parallelvorschriften bzw. Ähnlichkeiten zu anderen Vorschriften

123 Zu § 150 bestehen Parallelvorschriften in § 111c UrhG sowie in § 57a DesignG, § 142b PatG und § 25b GebrMG.

I. Anhang: Abdruck der VO (EU) Nr. 608/2013

124 Abdruck der VO (EU) Nr. 608/2013:

124.1 **Verordnung (EU) Nr. 608/2013 des Europäischen Parlaments und des Rates vom 12. Juni 2013 zur Durchsetzung der Rechte geistigen Eigentums durch die Zollbehörden und zur Aufhebung der Verordnung (EG) Nr. 1383/2003 des Rates (ABl. Nr. L 181 S. 15)**
DAS EUROPÄISCHE PARLAMENT UND DER RAT DER EUROPÄISCHEN UNION –
- gestützt auf den Vertrag über die Arbeitsweise der Europäischen Union, insbesondere auf Artikel 207,
- auf Vorschlag der Europäischen Kommission,
- nach Zuleitung des Entwurfs des Gesetzgebungsakts an die nationalen Parlamente,
- gemäß dem ordentlichen Gesetzgebungsverfahren [Amtl. Anm.: Standpunkt des Europäischen Parlaments vom 3. Juli 2012 (noch nicht im Amtsblatt veröffentlicht) und Standpunkt des Rates in erster Lesung vom 16. Mai 2013 (noch nicht im Amtsblatt veröffentlicht). Standpunkt des Europäischen Parlaments vom 11. Juni 2013 (noch nicht im Amtsblatt veröffentlicht)],
- in Erwägung nachstehender Gründe:

(1) In seiner Entschließung vom 25. September 2008 über einen europäischen Gesamtplan zur Bekämpfung von Nachahmungen und Piraterie fordert der Rat, dass die Verordnung (EG) Nr. 1383/2003 des Rates vom 22. Juli 2003 über das Vorgehen der Zollbehörden gegen Waren, die im Verdacht stehen, bestimmte Rechte geistigen Eigentums zu verletzen, und die Maßnahmen gegenüber Waren, die erkanntermaßen derartige Rechte verletzen [Amtl. Anm.: ABl. L 196 vom 2.8.2003, S. 7], überarbeitet wird und die Maßnahmen gegenüber Waren, die erkanntermaßen derartige Rechte verletzen, überprüft werden.

(2) Das Inverkehrbringen von Waren, die Rechte geistigen Eigentums verletzen, fügt Rechtsinhabern, Rechtenutzern oder Gruppen von Erzeugern und gesetzestreuen Herstellern und Händlern erheblichen Schaden zu. Außerdem könnten durch derartiges Inverkehrbringen Verbraucher getäuscht werden und mitunter Gefahren für ihre Gesundheit und ihre Sicherheit ausgesetzt sein. Daher sollte so weit wie möglich verhindert werden, dass solche Waren auf den Unionsmarkt gelangen, und es sollten Maßnahmen zur Bekämpfung dieses rechtswidrigen Inverkehrbringens getroffen werden, ohne den rechtmäßigen Handel zu beeinträchtigen.

(3) Die Überprüfung der Verordnung (EG) Nr. 1383/2003 zeigte, dass angesichts der wirtschaftlichen, handelspolitischen und rechtlichen Entwicklungen bestimmte Verbesserungen des rechtlichen

Rahmens erforderlich sind, um die Durchsetzung von Rechten geistigen Eigentums durch die Zollbehörden zu stärken und zugleich eine angemessene Rechtssicherheit zu gewährleisten.

(4) Die Zollbehörden sollten dafür zuständig sein, die Rechte geistigen Eigentums bei Waren durchzusetzen, die gemäß den Zollvorschriften der Union der zollamtlichen Überwachung oder Zollkontrollen unterliegen, und angemessene Kontrollen in Bezug auf diese Waren durchzuführen, um Vorgänge zu verhindern, die gegen die Rechtsvorschriften im Bereich des geistigen Eigentums verstoßen. Die Durchsetzung von Rechten geistigen Eigentums an der Grenze – dort, wo die Waren der zollamtlichen Überwachung oder Zollkontrollen unterliegen oder hätten unterliegen sollen – stellt einen effizienten Weg dar, um den Rechtsinhabern sowie den Rechtenutzern und Gruppen von Erzeugern einen raschen und wirksamen Rechtsschutz zu bieten. Wird die Überlassung der Waren ausgesetzt oder werden die Waren von den Zollbehörden an der Grenze zurückgehalten, so sollte nur ein einziges Rechtsverfahren notwendig sein, während für auf dem Markt aufgefundene Waren, die aufgeteilt und an Einzelhändler geliefert wurden, für das gleiche Durchsetzungsniveau mehrere getrennte Verfahren notwendig sein sollten. Eine Ausnahme sollte für Waren gelten, die im Rahmen der Regelung der Verwendung zu besonderen Zwecken in den zollrechtlich freien Verkehr übergeführt wurden, da solche Waren trotz ihrer Überführung in den zollrechtlich freien Verkehr unter zollamtlicher Überwachung bleiben. Diese Verordnung sollte nicht für Waren im persönlichen Gepäck von Reisenden gelten, sofern diese Waren für den persönlichen Gebrauch bestimmt sind und es keine Hinweise darauf gibt, dass gewerblicher Handel vorliegt.

(5) Die Verordnung (EG) Nr. 1383/2003 gilt nicht für bestimmte Rechte geistigen Eigentums, und bestimmte Rechtsverletzungen sind von ihrem Geltungsbereich ausgenommen. Zur Verbesserung der Durchsetzung von Rechten geistigen Eigentums sollte das Eingreifen der Zollbehörden auf andere Arten von Rechtsverletzungen ausgeweitet werden, die nicht unter die Verordnung (EG) Nr. 1383/2003 fallen. Über die bereits unter die Verordnung (EG) Nr. 1383/2003 fallenden Rechte hinaus sollten daher auch Handelsnamen, sofern sie nach den nationalen Rechtsvorschriften als ausschließliche Rechte geistigen Eigentums geschützt sind, Topografien von Halbleitererzeugnissen sowie Gebrauchsmuster und Vorrichtungen, die hauptsächlich entworfen, hergestellt oder angepasst werden, um die Umgehung technischer Maßnahmen zu ermöglichen oder zu erleichtern, erfasst sein.

(6) Rechtsverletzungen infolge des sogenannten illegalen Parallelhandels und infolge von Mengenüberschreitungen sind aus dem Geltungsbereich der Verordnung (EG) Nr. 1383/2003 ausgeschlossen. Waren, die Gegenstand des illegalen Parallelhandels sind, also Waren, die mit Zustimmung des Rechtsinhabers hergestellt wurden, aber im Europäischen Wirtschaftsraum erstmals ohne seine Zustimmung in Verkehr gebracht wurden, und Waren, die durch Mengenüberschreitungen hergestellt wurden, also Waren, die von einer vom Rechtsinhaber zur Herstellung einer bestimmten Menge von Waren ordnungsgemäß ermächtigten Person in Überschreitung der zwischen dieser Person und dem Rechtsinhaber vereinbarten Mengen hergestellt wurden, werden als Originalwaren hergestellt, und es scheint daher nicht angemessen, dass die Zollbehörden ihre Anstrengungen auf diese Waren konzentrieren. Deshalb sollten der illegale Parallelhandel und Waren, die durch Mengenüberschreitungen hergestellt wurden ebenfalls aus dem Geltungsbereich der vorliegenden Verordnung ausgeschlossen werden.

(7) Die Mitgliedstaaten sollten in Zusammenarbeit mit der Kommission geeignete Schulungen für Zollbedienstete anbieten, um die ordnungsgemäße Durchführung dieser Verordnung sicherzustellen.

(8) Diese Verordnung wird, sobald sie in vollem Umfang angewendet wird, weiter zu einem Binnenmarkt beitragen, der einen wirksameren Schutz der Rechtsinhaber sicherstellt, Kreativität und Innovationen fördert und die Verbraucher mit zuverlässigen und hochwertigen Erzeugnissen versorgt, wodurch im Gegenzug grenzübergreifende Geschäfte zwischen Verbrauchern, Unternehmern und Händlern ausgeweitet werden.

(9) Die Mitgliedstaaten sehen sich im Zollwesen immer knapperen Ressourcen gegenüber. Daher sollten Technologien für das Risikomanagement sowie Strategien für die optimale Nutzung der Ressourcen, die den Zollbehörden zur Verfügung stehen, gefördert werden.

(10) Diese Verordnung enthält lediglich Verfahrensvorschriften für die Zollbehörden. Entsprechend werden mit dieser Verordnung keine Kriterien festgelegt, nach denen sich eine Verletzung von Rechten geistigen Eigentums feststellen lässt.

(11) Gemäß der „Erklärung über das TRIPS-Übereinkommen und die öffentliche Gesundheit", die auf der WTO-Ministerkonferenz in Doha am 14. November 2001 verabschiedet wurde, kann und sollte das Übereinkommen über handelsbezogene Aspekte der Rechte geistigen Eigentums (TRIPS-Übereinkommen) so ausgelegt und umgesetzt werden, dass es das Recht der WTO-Mitglieder fördert, die öffentliche Gesundheit zu schützen und insbesondere den Zugang zu Arzneimitteln für alle zu sichern. Im Einklang mit den internationalen Verpflichtungen der Union und ihrer Politik auf dem Gebiet der Entwicklungszusammenarbeit sollten die Zollbehörden daher in Bezug auf Arzneimittel,

bei denen die Durchfuhr durch das Zollgebiet der Union mit oder ohne Umladung, Einlagerung, Teilung oder Änderung der Beförderungsart oder Wechsel des Verkehrsmittels nur Teil eines gesamten Weges ist, der außerhalb des Zollgebiets der Union beginnt und endet, bei der Einschätzung der Gefahr, dass Rechte geistigen Eigentums verletzt werden, berücksichtigen, ob eine hohe Wahrscheinlichkeit einer Umleitung solcher Arzneimittel auf den Unionsmarkt besteht.

(12) Diese Verordnung sollte die Bestimmungen über die Zuständigkeit der Gerichte, insbesondere gemäß der Verordnung (EU) Nr. 1215/2012 des Europäischen Parlaments und des Rates vom 12. Dezember 2012 über die gerichtliche Zuständigkeit und die Anerkennung und Vollstreckung von Entscheidungen in Zivil- und Handelssachen [Amtl. Anm.: ABl. L 351 vom 20.12.2012, S. 1], unberührt lassen.

(13) Personen, Rechtenutzer, Einrichtungen oder Gruppen von Erzeugern, die in eigenem Namen ein Gerichtsverfahren wegen einer möglichen Verletzung eines Rechts geistigen Eigentums einleiten können, sollten berechtigt sein, einen Antrag zu stellen.

(14) Um zu gewährleisten, dass die Rechte geistigen Eigentums unionsweit durchgesetzt werden, sollte Personen oder Einrichtungen, die die Durchsetzung eines im gesamten Unionsgebiet geltenden Rechts geistigen Eigentums erwirken wollen, erlaubt werden, sich an die Zollbehörden eines einzigen Mitgliedstaats zu wenden. Diesen Antragstellern sollte es möglich sein zu beantragen, dass diese Behörden entscheiden, dass sowohl in ihrem eigenen Mitgliedstaat als auch in jedem anderen Mitgliedstaat Maßnahmen ergriffen werden, um das Recht geistigen Eigentums durchzusetzen.

(15) Um die zügige Durchsetzung der Rechte geistigen Eigentums zu gewährleisten, sollte dafür gesorgt werden, dass die Zollbehörden, wenn es hinreichende Anhaltspunkte dafür gibt, dass die ihrer Überwachung unterliegenden Waren Rechte geistigen Eigentums verletzen, entweder auf eigene Initiative oder auf Antrag die Überlassung der Waren aussetzen oder die Waren zurückhalten können, damit eine Person oder Einrichtung, die zur Antragstellung berechtigt ist, ein Verfahren zur Feststellung, ob ein Recht geistigen Eigentums verletzt wurde, einleiten kann.

(16) Gemäß der Verordnung (EG) Nr. 1383/2003 können die Mitgliedstaaten ein Verfahren vorsehen, nach dem bestimmte Waren vernichtet werden können, ohne dass ein Verfahren zur Feststellung, ob ein Recht geistigen Eigentums verletzt ist, eingeleitet werden muss. Wie in der Entschließung des Europäischen Parlaments vom 18. Dezember 2008 zu den Auswirkungen von Produktfälschung auf den internationalen Handel [Amtl. Anm.: ABl. C 45 E vom 23.2.2010, S. 47] anerkannt wird, hat sich dieses Verfahren in den Mitgliedstaaten, in denen es angewendet wird, als sehr erfolgreich erwiesen. Daher sollte dieses Verfahren bei allen Verletzungen von Rechten geistigen Eigentums zwingend vorgeschrieben und angewendet werden, sofern der Anmelder oder der Besitzer der Waren einer Vernichtung zustimmt. Darüber hinaus sollte im Rahmen dieses Verfahrens vorgesehen werden, dass die Zollbehörden davon ausgehen können, dass der Anmelder oder der Besitzer der Waren der Vernichtung der Waren zugestimmt hat, wenn er sie nicht innerhalb der vorgeschriebenen Frist ausdrücklich abgelehnt hat.

(17) Um den Verwaltungsaufwand und die Kosten so gering wie möglich zu halten, sollte für Kleinsendungen nachgeahmter und unerlaubt hergestellter Waren ein besonderes Verfahren eingeführt werden, das eine Vernichtung dieser Waren ohne die ausdrückliche Zustimmung des Antragstellers im jeweiligen Fall ermöglicht. Jedoch sollte ein allgemeines Ersuchen des Antragstellers in dem Antrag vorgeschrieben werden, damit dieses Verfahren angewendet werden kann. Außerdem sollten die Zollbehörden die Möglichkeit haben, zu verlangen, dass der Antragsteller die durch die Anwendung dieses Verfahrens entstehenden Kosten trägt.

(18) Im Interesse einer größeren Rechtssicherheit ist es anzeigt, die Fristen für die Aussetzung der Überlassung oder die Zurückhaltung von Waren, die im Verdacht stehen, ein Recht geistigen Eigentums zu verletzen, und die Bedingungen für die Weitergabe von Informationen über die zurückgehaltenen Waren an betroffene Personen und Einrichtungen durch die Zollbehörden nach Maßgabe der Verordnung (EG) Nr. 1383/2003 zu ändern.

(19) Unter Berücksichtigung des vorläufigen und vorbeugenden Charakters der von den Zollbehörden in Anwendung dieser Verordnung ergriffenen Maßnahmen und den gegensätzlichen Interessen der von den Maßnahmen betroffenen Parteien sollten einige Aspekte der Verfahren angepasst werden, um die reibungslose Anwendung dieser Verordnung sicherzustellen und zugleich die Rechte der betroffenen Parteien zu wahren. Im Zusammenhang mit den verschiedenen in dieser Verordnung vorgesehenen Mitteilungen sollten die Zollbehörden anhand der Dokumente betreffend die Zollbehandlung oder die Situation, in der sich die Waren befinden, die betroffene Person unterrichten. Darüber hinaus sollte in Anbetracht der Tatsache, dass das Verfahren für die Vernichtung von Waren bedeutet, dass sowohl der Anmelder oder der Besitzer der Waren als auch der Inhaber der Entscheidung ihre etwaigen Einwände gegen die Vernichtung parallel mitteilen sollten, dafür Sorge getragen werden, dass der Inhaber der

Verfahren nach der Verordnung (EU) Nr. 608/2013 § 150 MarkenG

Entscheidung die Möglichkeit erhält, auf einen möglichen Einwand des Anmelders oder des Besitzers der Waren gegen die Vernichtung zu reagieren. Deshalb sollte sichergestellt werden, dass der Anmelder oder der Besitzer der Waren vor dem oder am gleichen Tag wie der Inhaber der Entscheidung über die Aussetzung der Überlassung der Waren oder ihre Zurückhaltung unterrichtet wird.

(20) Die Zollbehörden und die Kommission werden ermutigt, im Rahmen ihrer jeweiligen Zuständigkeiten mit der Europäischen Beobachtungsstelle für Verletzungen von Rechten des geistigen Eigentums zusammenzuarbeiten.

(21) Um den internationalen Handel mit Waren, die Rechte geistigen Eigentums verletzen, zu unterbinden, bestimmt das TRIPS-Übereinkommen, dass die WTO-Mitglieder den Informationsaustausch zwischen den Zollbehörden über diesen Handel fördern. Daher sollten die Kommission und die Zollbehörden der Mitgliedstaaten die Möglichkeit haben, mit den einschlägigen Behörden von Drittländern Informationen über mutmaßliche Verstöße gegen Rechte geistigen Eigentums auszutauschen, einschließlich zu Waren, die sich auf der Durchfuhr durch das Gebiet der Union befinden und ihren Ursprung im Hoheitsgebiet dieser Drittländer haben oder für diese Drittländer bestimmt sind.

(22) Im Interesse der Effizienz sollten die Bestimmungen der Verordnung (EG) Nr. 515/97 des Rates vom 13. März 1997 über die gegenseitige Amtshilfe zwischen Verwaltungsbehörden der Mitgliedstaaten und die Zusammenarbeit dieser Behörden mit der Kommission im Hinblick auf die ordnungsgemäße Anwendung der Zoll- und der Agrarregelung [Amtl. Anm.: ABl. L 82 vom 22.3.1997, S. 1] angewendet werden.

(23) Für die Haftung der Zollbehörden sollten die Rechtsvorschriften der Mitgliedstaaten maßgeblich sein, wobei das Stattgeben eines Antrags durch die Zollbehörden für den Fall, dass Waren, die im Verdacht stehen, ein Recht geistigen Eigentums zu verletzen, von den Zollbehörden nicht entdeckt und überlassen oder nicht zurückgehalten werden, keinen Anspruch des Inhabers der Entscheidung auf Entschädigung begründet.

(24) Da die Zollbehörden auf Antrag tätig werden, sollte festgelegt werden, dass der Inhaber der Entscheidung alle Kosten erstattet, die den Zollbehörden bei der Durchsetzung seiner Rechte geistigen Eigentums entstanden sind. Dies sollte den Inhaber der Entscheidung jedoch nicht daran hindern, vom Rechtsverletzer oder anderen Personen, die nach den Rechtsvorschriften des Mitgliedstaats, in dem die Waren gefunden wurden, als verantwortlich gelten könnten, Schadensersatz zu fordern. Dazu könnten gegebenenfalls Vermittler zählen. Im Fall von Kosten und Schäden, die anderen Personen als den Zollbehörden aufgrund einer Zollmaßnahme entstehen, bei der auf der Grundlage einer Forderung einer dritten Partei im Zusammenhang mit Rechten geistigen Eigentums die Überlassung der Waren ausgesetzt oder Waren zurückgehalten werden, sollten die im Einzelfall geltenden einschlägigen Rechtsvorschriften maßgeblich sein.

(25) Mit dieser Verordnung wird die Möglichkeit eingeführt, dass die Zollbehörden die Beförderung von Waren, die vernichtet werden sollen, zwischen verschiedenen Orten des Zollgebiets der Union unter zollamtlicher Überwachung zum Zweck der Vernichtung zulassen. Die Zollbehörden können ferner beschließen, diese Waren zur Wiederverwertung oder zur Verwendung der Waren außerhalb des geschäftlichen Verkehrs, auch zu Sensibilisierungs-, Schulungs- und Bildungszwecken, in den zollrechtlich freien Verkehr zu überführen.

(26) Die Durchsetzung der Rechte geistigen Eigentums durch den Zoll führt zum Austausch von Daten im Zusammenhang mit den Entscheidungen über die betreffenden Anträge. Eine solche Verarbeitung von Daten umfasst auch personenbezogene Daten und sollte im Einklang mit den Rechtsvorschriften der Union, wie in der Richtlinie 95/46/EG des Europäischen Parlaments und des Rates vom 24. Oktober 1995 zum Schutz natürlicher Personen bei der Verarbeitung personenbezogener Daten und zum freien Datenverkehr [Amtl. Anm.: ABl. L 281 vom 23.11.1995, S. 31] und der Verordnung (EG) Nr. 45/2001 des Europäischen Parlaments und des Rates vom 18. Dezember 2000 zum Schutz natürlicher Personen bei der Verarbeitung personenbezogener Daten durch die Organe und Einrichtungen der Gemeinschaft und zum freien Datenverkehr [Amtl. Anm.: ABl. L 8 vom 12.1.2001, S. 1] festgelegt, vorgenommen werden.

(27) Der Austausch von Informationen bezüglich Entscheidungen über Anträge und das Tätigwerden von Zollbehörden sollte durch eine zentrale elektronische Datenbank erfolgen. Die Einrichtung, die diese Datenbank kontrolliert und verwaltet und die Einrichtungen, die für die Sicherheit der Verarbeitung der in der Datenbank erfassten Daten zuständig ist, sollten bestimmt werden. Bei der Einführung jedweder Form der Interoperabilität oder des Austauschs sollte in erster Linie dem Grundsatz der Zweckbindung Rechnung getragen werden, d.h. die Daten sollten ausschließlich für die Zwecke genutzt werden, für die die Datenbank eingerichtet wurde; weitere Formen des Austauschs oder der Vernetzung, die diesen Zwecken nicht entsprechen, sollten untersagt sein.

(28) Um sicherzustellen, dass die Definition des Begriffs „Kleinsendung" angepasst werden kann, wenn sie sich angesichts der Notwendigkeit, die wirksame Abwicklung des Verfahrens zu gewährleisten,

als unpraktikabel erweist, oder um erforderlichenfalls eine Umgehung dieses Verfahrens hinsichtlich der Zusammensetzung der Sendungen zu vermeiden, sollte der Kommission die Befugnis übertragen werden, Rechtsakte ohne Gesetzescharakter mit allgemeiner Geltung gemäß Artikel 290 des Vertrags über die Arbeitsweise der Europäischen Union zur Änderung der nicht wesentlichen Elemente der Definition des Begriffs „Kleinsendung", nämlich der in dieser Definition genannten spezifischen Mengen, zu erlassen. Bei ihren Vorbereitungsarbeiten sollte die Kommission unbedingt angemessene Konsultationen unter Einbeziehung von Sachverständigen durchführen. Bei der Vorbereitung und Ausarbeitung der delegierten Rechtsakte sollte die Kommission eine gleichzeitige, zügige und angemessene Weiterleitung der einschlägigen Dokumente an das Europäische Parlament und den Rat gewährleisten.

(29) Um einheitliche Bedingungen für die Umsetzung der Vorschriften über die praktischen Modalitäten für den Datenaustausch mit Drittländern und der Vorschriften über die Formblätter für den Antrag und für das Ersuchen um Verlängerung des Zeitraums für das Tätigwerden der Zollbehörden zu gewährleisten, sollten der Kommission Durchführungsbefugnisse, namentlich zur Festlegung dieser praktischen Modalitäten und zur Ausarbeitung von Standardformblättern, übertragen werden. Diese Befugnisse sollten gemäß der Verordnung (EU) Nr. 182/2011 des Europäischen Parlaments und des Rates vom 16. Februar 2011 zur Festlegung der allgemeinen Regeln und Grundsätze, nach denen die Mitgliedstaaten die Wahrnehmung der Durchführungsbefugnisse durch die Kommission kontrollieren [Amtl. Anm.: ABl. L 55 vom 28.2.2011, S. 13], ausgeübt werden. Zur Ausarbeitung der Standardformblätter sollten die betreffenden Durchführungsrechtsakte, obwohl der Gegenstand der durchzuführenden Bestimmungen der vorliegenden Verordnung unter die gemeinsame Handelspolitik fällt, angesichts ihrer Art und ihrer Auswirkungen im Beratungsverfahren angenommen werden, da sich alle in die Formblätter aufzunehmenden Einzelheiten unmittelbar aus dem Wortlaut der vorliegenden Verordnung ergeben. In diesen Durchführungsrechtsakten werden somit nur Format und Aufbau des Formblatts festgelegt; sie haben keine weiteren Auswirkungen auf die gemeinsame Handelspolitik der Union.

(30) Die Verordnung (EG) Nr. 1383/2003 sollte aufgehoben werden.

(31) Der Europäische Datenschutzbeauftragte wurde gemäß Artikel 28 Absatz 2 der Verordnung (EG) Nr. 45/2001 konsultiert und hat am 12. Oktober 2011 eine Stellungnahme abgegeben [Amtl. Anm.: ABl. C 363 vom 13.12.2011, S. 3] –

HABEN FOLGENDE VERORDNUNG ERLASSEN:

Kapitel I. Gegenstand, Anwendungsbereich und Begriffsbestimmungen

Art. 1 Gegenstand und Anwendungsbereich

(1) In dieser Verordnung wird festgelegt, unter welchen Bedingungen und nach welchen Verfahren die Zollbehörden tätig werden, wenn Waren, die im Verdacht stehen, ein Recht geistigen Eigentums zu verletzen, gemäß der Verordnung (EWG) Nr. 2913/92 des Rates vom 12. Oktober 1992 zur Festlegung des Zollkodex der Gemeinschaften [Amtl. Anm.: ABl. L 302 vom 19.10.1992, S. 1] im Zollgebiet der Union der zollamtlichen Überwachung oder Zollkontrollen unterliegen oder hätten unterliegen sollen, insbesondere Waren in folgenden Situationen:
a) wenn sie zur Überführung in den zollrechtlich freien Verkehr, zur Ausfuhr oder zur Wiederausfuhr angemeldet werden;
b) wenn sie in das Zollgebiet oder aus dem Zollgebiet der Union verbracht werden;
c) wenn sie in ein Nichterhebungsverfahren überführt oder in eine Freizone oder ein Freilager verbracht werden.

(2) In Bezug auf die Waren, die der zollamtlichen Überwachung oder Zollkontrolle unterstehen, führen die Zollbehörden unbeschadet der Artikel 17 und 18 angemessene Zollkontrollen durch und treffen angemessene Maßnahmen zur Sicherung der Nämlichkeit der Waren gemäß Artikel 13 Absatz 1 und Artikel 72 der Verordnung (EWG) Nr. 2913/92 im Einklang mit Risikoanalysekriterien, um Handlungen zu verhindern, die gegen die im Gebiet der Union geltenden Rechtsvorschriften im Bereich geistigen Eigentums verstoßen, und um mit Drittländern bei der Durchsetzung der Rechte geistigen Eigentums zusammenzuarbeiten.

(3) Diese Verordnung gilt nicht für Waren, die im Rahmen der Regelung der Verwendung zu besonderen Zwecken in den zollrechtlich freien Verkehr überführt wurden.

(4) Diese Verordnung gilt nicht für Waren ohne gewerblichen Charakter, die im persönlichen Gepäck von Reisenden mitgeführt werden.

(5) Diese Verordnung gilt nicht für Waren, die mit Zustimmung des Rechtsinhabers hergestellt wurden, sowie für Waren, die von einer vom Rechtsinhaber zur Herstellung einer bestimmten Menge von Waren ordnungsgemäß ermächtigten Person unter Überschreitung der zwischen dieser Person und dem Rechtsinhaber vereinbarten Mengen hergestellt wurden.

(6) Durch diese Verordnung werden nationales Recht oder Unionsrecht im Bereich geistigen Eigentums oder die Rechtsvorschriften der Mitgliedstaaten über Strafverfahren nicht berührt.

Art. 2 Begriffsbestimmungen
Im Sinne dieser Verordnung bezeichnet der Ausdruck
1. „Recht geistigen Eigentums":
    a) eine Marke;
    b) ein Geschmacksmuster;
    c) ein Urheberrecht oder ein verwandtes Schutzrecht nach den einzelstaatlichen Rechtsvorschriften oder den Rechtsvorschriften der Union;
    d) eine geografische Angabe;
    e) ein Patent nach den einzelstaatlichen Rechtsvorschriften oder den Rechtsvorschriften der Union;
    f) ein ergänzendes Schutzzertifikat für Arzneimittel im Sinne der Verordnung (EG) Nr. 469/2009 des Europäischen Parlaments und des Rates vom 6. Mai 2009 über das ergänzende Schutzzertifikat für Arzneimittel [Amtl. Anm.: ABl. L 152 vom 16.6.2009, S. 1];
    g) ein ergänzendes Schutzzertifikat für Pflanzenschutzmittel im Sinne der Verordnung (EG) Nr. 1610/96 des Europäischen Parlaments und des Rates vom 23. Juli 1996 über die Schaffung eines ergänzenden Schutzzertifikats für Pflanzenschutzmittel [Amtl. Anm.: ABl. L 198 vom 8.8.1996, S. 30];
    h) ein gemeinschaftliches Sortenschutzrecht im Sinne der Verordnung (EG) Nr. 2100/94 des Rates vom 27. Juli 1994 über den gemeinschaftlichen Sortenschutz [Amtl. Anm.: ABl. L 227 vom 1.9.1994, S. 1];
    i) ein Sortenschutzrecht nach den einzelstaatlichen Rechtsvorschriften;
    j) eine Topografie eines Halbleitererzeugnisses nach den einzelstaatlichen Rechtsvorschriften oder den Rechtsvorschriften der Union;
    k) ein Gebrauchsmuster, soweit es nach den einzelstaatlichen Rechtsvorschriften oder den Rechtsvorschriften der Union als ein Recht geistigen Eigentums geschützt ist;
    l) ein Handelsname, soweit er nach den einzelstaatlichen Rechtsvorschriften oder den Rechtsvorschriften der Union als ein ausschließliches Recht geistigen Eigentums geschützt ist;
2. „Marke":
    a) eine Gemeinschaftsmarke im Sinne der Verordnung (EG) Nr. 207/2009 des Rates vom 26. Februar 2009 über die Gemeinschaftsmarke [Amtl. Anm.: ABl. L 78 vom 24.3.2009, S. 1];
    b) eine in einem Mitgliedstaat oder, soweit Belgien, Luxemburg und die Niederlande betroffen sind, beim Benelux-Amt für geistiges Eigentum eingetragene Marke;
    c) eine aufgrund internationaler Vereinbarungen eingetragene Marke mit Wirkung in einem Mitgliedstaat oder in der Union;
3. „Geschmacksmuster":
    a) ein Gemeinschaftsgeschmacksmuster im Sinne der Verordnung (EG) Nr. 6/2002 des Rates vom 12. Dezember 2001 über das Gemeinschaftsgeschmacksmuster [Amtl. Anm.: ABl. L 3 vom 5.1.2002, S. 1];
    b) ein in einem Mitgliedstaat oder, soweit Belgien, Luxemburg und die Niederlande betroffen sind, beim Benelux-Amt für geistiges Eigentum eingetragenes Geschmacksmuster;
    c) ein aufgrund internationaler Vereinbarungen eingetragenes Geschmacksmuster mit Wirkung in einem Mitgliedstaat oder in der Union;
4. „geografische Angabe":
    a) eine geschützte geografische Angabe oder Ursprungsbezeichnung für Agrarerzeugnisse und Lebensmittel im Sinne der Verordnung (EU) Nr. 1151/2012 des Europäischen Parlaments und des Rates vom 21. November 2012 über Qualitätsregelungen für Agrarerzeugnisse und Lebensmittel [Amtl. Anm.: ABl. L 343 vom 14.12.2012, S. 1];
    b) eine Ursprungsbezeichnung oder geografische Angabe für Wein im Sinne der Verordnung (EG) Nr. 1234/2007 des Rates vom 22. Oktober 2007 über eine gemeinsame Organisation der Agrarmärkte und mit Sondervorschriften für bestimmte landwirtschaftliche Erzeugnisse (Verordnung über die einheitliche GMO) [Amtl. Anm.: ABl. L 299 vom 16.11.2007, S. 1];
    c) eine geografische Angabe für aromatisierte Getränke aus Weinbauerzeugnissen im Sinne der Verordnung (EWG) Nr. 1601/91 des Rates vom 10. Juni 1991 zur Festlegung der allgemeinen Regeln für die Begriffsbestimmung, Bezeichnung und Aufmachung aromatisierter weinhaltiger Getränke und aromatisierter weinhaltiger Cocktails [Amtl. Anm.: ABl. L 149 vom 14.6.1991, S. 1];

d) eine geografische Angabe für Spirituosen im Sinne der Verordnung (EG) Nr. 110/2008 des Europäischen Parlaments und des Rates vom 15. Januar 2008 zur Begriffsbestimmung, Bezeichnung, Aufmachung und Etikettierung von Spirituosen sowie zum Schutz geografischer Angaben für Spirituosen [Amtl. Anm.: ABl. L 39 vom 13.2.2008, S. 16];
e) eine geografische Angabe für Waren, die nicht unter die Buchstaben a bis d fallen, soweit sie nach den einzelstaatlichen Rechtsvorschriften oder den Rechtsvorschriften der Union als ein ausschließliches Recht geistigen Eigentums gilt;
f) eine geografische Angabe gemäß Vereinbarungen zwischen der Union und Drittländern, die als solche in derartigen Vereinbarungen aufgeführt ist;
5. „nachgeahmte Waren":
a) Waren, die in dem Mitgliedstaat, in dem sie angetroffen werden, Gegenstand einer eine Marke verletzenden Handlung sind und auf denen ohne Genehmigung ein Zeichen angebracht ist, das mit der für derartige Waren rechtsgültig eingetragenen Marke identisch oder in seinen wesentlichen Merkmalen nicht von einer solchen Marke zu unterscheiden ist;
b) Waren, die in dem Mitgliedstaat, in dem sie angetroffen werden, Gegenstand einer eine geografische Angabe verletzenden Handlung sind und auf denen ein Name oder ein Begriff angebracht ist oder die mit einem Namen oder einem Begriff bezeichnet werden, der im Zusammenhang mit dieser geografischen Angabe geschützt ist;
c) jegliche Art von Verpackungen, Etiketten, Aufklebern, Prospekten, Bedienungs- oder Gebrauchsanweisungen, Garantiedokumenten oder sonstigen ähnlichen Artikeln, auch gesondert gestellten, die Gegenstand einer eine Marke oder geografische Angabe verletzenden Handlung sind, auf denen ein Zeichen, Name oder Begriff angebracht ist, das bzw. der mit einer rechtsgültig eingetragenen Marke oder geschützten geografischen Angabe identisch ist oder in seinen wesentlichen Merkmalen nicht von einer solchen Marke oder geografischen Angabe zu unterscheiden ist, und die für die gleiche Art von Waren wie die, für die die Marke oder geografische Angabe eingetragen wurde, verwendet werden können;
6. „unerlaubt hergestellte Waren" Waren, die in dem Mitgliedstaat, in dem sie sich befinden, Gegenstand einer ein Urheberrecht oder ein verwandtes Schutzrecht oder ein Geschmacksmuster verletzenden Tätigkeit sind und die Vervielfältigungsstücke oder Nachbildungen sind oder solche enthalten und ohne Zustimmung des Inhabers des Urheberrechts oder verwandten Schutzrechts oder des Geschmacksmusters oder ohne Zustimmung einer vom Rechtsinhaber im Herstellungsland ermächtigten Person angefertigt werden;
7. „Waren, die im Verdacht stehen, ein Recht geistigen Eigentums zu verletzen" Waren, bei denen es hinreichende Anhaltspunkte dafür gibt, dass sie in dem Mitgliedstaat, in dem sie sich befinden, dem Anschein nach einzustufen sind als
a) Waren, die in diesem Mitgliedstaat Gegenstand einer ein Recht geistigen Eigentums verletzenden Handlung sind;
b) Vorrichtungen, Erzeugnisse oder Bestandteile, die hauptsächlich entworfen, hergestellt oder angepasst werden, um die Umgehung von Technologien, Vorrichtungen oder Bestandteilen zu ermöglichen oder zu erleichtern, die im normalen Betrieb Handlungen verhindern oder einschränken, die sich auf Werke beziehen, die nicht vom Inhaber des Urheberrechts oder eines verwandten Schutzrechts genehmigt worden sind und die sich auf Handlungen beziehen, die diese Rechte in diesem Mitgliedstaat verletzen;
c) Formen oder Matrizen, die eigens zur Herstellung von Waren, die Rechte geistigen Eigentums verletzen würden, entworfen wurden oder im Hinblick darauf angepasst wurden, wenn diese Formen oder Matrizen sich auf Handlungen beziehen, die Rechte geistigen Eigentums in diesem Mitgliedstaat verletzen;
8. „Rechtsinhaber" den Inhaber eines Rechts geistigen Eigentums;
9. „Antrag" einen bei der zuständigen Zolldienststelle gestellten Antrag auf Tätigwerden der Zollbehörden im Hinblick auf Waren, die im Verdacht stehen, ein Recht geistigen Eigentums zu verletzen;
10. „nationaler Antrag" einen Antrag auf Tätigwerden der Zollbehörden eines Mitgliedstaats in dem betreffenden Mitgliedstaat;
11. „Unionsantrag" einen in einem Mitgliedstaat gestellten Antrag auf Tätigwerden der Zollbehörden dieses Mitgliedstaats und eines oder mehrerer anderer Mitgliedstaaten in ihren jeweiligen Staaten;
12. „Antragsteller" die Person oder Einrichtung, in deren Namen ein Antrag gestellt wird;
13. „Inhaber der Entscheidung" den Inhaber einer Entscheidung, mit der einem Antrag stattgegeben wurde;
14. „Besitzer der Waren" die Person, die Eigentümer der Waren ist, die im Verdacht stehen, ein Recht geistigen Eigentums zu verletzen, oder eine ähnliche Verfügungsbefugnis über diese Waren besitzt oder in deren tatsächlicher Verfügungsgewalt sich diese Waren befinden;

15. „Anmelder" den Anmelder im Sinne von Artikel 4 Nummer 18 der Verordnung (EWG) Nr. 2913/92;
16. „Vernichtung" die physische Vernichtung, Wiederverwertung oder das aus dem Verkehr ziehen in einer Weise, die den Inhaber der Entscheidung vor Schaden bewahrt;
17. „Zollgebiet der Union" das Zollgebiet der Gemeinschaft im Sinne von Artikel 3 der Verordnung (EWG) Nr. 2913/92;
18. „Überlassen einer Ware" die Überlassung der Ware im Sinne von Artikel 4 Nummer 20 der Verordnung (EWG) Nr. 2913/92;
19. „Kleinsendung" eine Post- oder Eilkuriersendung, die
    a) höchstens drei Einheiten enthält
       oder
    b) ein Bruttogewicht von weniger als zwei Kilogramm hat.
    - Im Sinne des Buchstabens a sind „Einheiten", Waren gemäß Einreihung in die Kombinierte Nomenklatur nach Anhang I der Verordnung (EWG) Nr. 2658/87 des Rates von 23. Juli 1987 über die zolltarifliche und statistische Nomenklatur sowie den Gemeinsamen Zolltarif [Amtl. Anm.: ABl. L 256 vom 7.9.1987, S. 1], sofern sie unverpackt sind, oder die verpackten Waren, wie sie für den Einzelverkauf an den Endverbraucher bestimmt sind.
    - Im Sinne dieser Definition gelten gesonderte Waren, die unter denselben KN-Code fallen, als verschiedene Einheiten, und Waren, die als in einen KN-Code eingereihte Warenzusammenstellungen gestellt werden, als eine Einheit;
20. „verderbliche Waren" Waren, die nach Ansicht der Zollbehörden verderben, wenn sie bis zu 20 Tage ab dem Zeitpunkt der Aussetzung ihrer Überlassung oder ihrer Zurückhaltung aufbewahrt werden;
21. „ausschließliche Lizenz" eine Lizenz (allgemeiner oder begrenzter Art), die den Lizenznehmer unter Ausschluss aller anderen Personen, einschließlich des Lizenzgebers, dazu ermächtigt, ein Recht geistigen Eigentums auf die in der Lizenz genehmigte Weise zu nutzen.

Kapitel II. Anträge

Abschnitt 1. Antragstellung

Art. 3 Berechtigung zur Antragstellung

Die folgenden Personen und Einrichtungen sind, soweit sie berechtigt sind, ein Verfahren zur Feststellung einzuleiten, ob in dem Mitgliedstaat bzw. den Mitgliedstaaten, in dem bzw. denen ein Tätigwerden der Zollbehörden beantragt wird, ein Recht geistigen Eigentums verletzt ist, berechtigt:
1. einen nationalen Antrag oder einen Unionsantrag zu stellen:
    a) Rechtsinhaber;
    b) Verwertungsgesellschaften im Sinne von Artikel 4 Absatz 1 Buchstabe c der Richtlinie 2004/48/EG des Europäischen Parlaments und des Rates vom 29. April 2004 zur Durchsetzung der Rechte geistigen Eigentums [Amtl. Anm.: ABl. L 157 vom 30.4.2004, S. 45];
    c) Berufsorganisationen im Sinne von Artikel 4 Absatz 1 Buchstabe d der Richtlinie 2004/48/EG;
    d) Vereinigungen im Sinne von Artikel 3 Nummer 2 und Artikel 49 Absatz 1 der Verordnung (EU) Nr. 1151/2012, Gruppen von Erzeugern im Sinne von Artikel 118e der Verordnung (EG) Nr. 1234/2007 oder ähnliche im Unionsrecht über geografische Angaben, insbesondere in den Verordnungen (EWG) Nr. 1601/91 und (EG) Nr. 110/2008 bestimmte Gruppen von Erzeugern, die Erzeuger von Erzeugnissen mit einer geografischen Angabe vertreten, oder Vertreter solcher Gruppen sowie Wirtschaftsteilnehmer, die zur Verwendung einer geografischen Angabe berechtigt sind, und für eine solche geografische Angabe zuständige Kontrollstellen oder Behörden;
2. einen nationalen Antrag zu stellen:
    a) zur Nutzung von Rechten geistigen Eigentums ermächtigte Personen oder Einrichtungen, die vom Rechtsinhaber förmlich ermächtigt wurden, Verfahren zur Feststellung, ob ein Recht geistigen Eigentums verletzt ist, einzuleiten;
    b) in den Rechtsvorschriften der Mitgliedstaaten über geografische Angaben bestimmte Gruppen von Erzeugern, die Erzeuger von Erzeugnissen mit geografischen Angaben vertreten, oder Vertreter solcher Gruppen und Wirtschaftsteilnehmer, die zur Verwendung einer geografischen Angabe berechtigt sind, sowie für eine solche geografische Angabe zuständige Kontrollstellen oder Behörden;
3. einen Unionsantrag zu stellen: Inhaber von im gesamten Gebiet von zwei oder mehr Mitgliedstaaten gültigen ausschließlichen Lizenzen, wenn diese Lizenzinhaber in diesen Mitgliedstaaten vom Rechts-

inhaber förmlich ermächtigt wurden, Verfahren zur Feststellung, ob ein Recht geistigen Eigentums verletzt ist, einzuleiten.

Art. 4 Rechte geistigen Eigentums, für die Unionsanträge gestellt werden können
Unionsanträge können nur für Rechte geistigen Eigentums gestellt werden, die auf Rechtsvorschriften der Union mit unionsweiter Rechtswirkung beruhen.

Art. 5 Antragstellung
(1) [1]Jeder Mitgliedstaat benennt die Zolldienststelle, die für die Annahme und die Bearbeitung des Antrags auf Tätigwerden zuständig ist (im Folgenden „zuständige Zolldienststelle"). [2]Der Mitgliedstaat unterrichtet die Kommission hiervon, und die Kommission veröffentlicht eine Liste der von den Mitgliedstaaten benannten zuständigen Zolldienststellen.

(2) [1]Anträge werden bei der zuständigen Zolldienststelle gestellt. [2]Für Anträge ist das Formblatt gemäß Artikel 6 zu verwenden; die Anträge haben die darin geforderten Informationen zu enthalten.

(3) Wird ein Antrag nach der Mitteilung der Zollbehörden über die Aussetzung der Überlassung oder die Zurückhaltung der Waren gemäß Artikel 18 Absatz 3 gestellt, so hat dieser Antrag folgende Anforderungen zu erfüllen:
a) Er ist innerhalb von vier Arbeitstagen nach der Mitteilung über die Aussetzung der Überlassung oder die Zurückhaltung der Waren bei der zuständigen Zolldienststelle zu stellen;
b) es muss sich um einen nationalen Antrag handeln;
c) er muss die nach Artikel 6 Absatz 3 vorgeschriebenen Angaben enthalten. Von den Angaben gemäß Buchstaben g, h oder i jenes Absatzes kann der Antragsteller jedoch absehen.

(4) [1]Mit der Ausnahme der Fälle nach Artikel 3 Nummer 3 kann je Mitgliedstaat nur ein nationaler Antrag und ein Unionsantrag für dasselbe in diesem Mitgliedstaat geschützte Recht geistigen Eigentums gestellt werden. [2]In den Fällen gemäß Artikel 3 Nummer 3 ist mehr als ein Unionsantrag zulässig.

(5) [1]Wird einem Unionsantrag für einen Mitgliedstaat stattgegeben, der bereits durch einen anderen Unionsantrag erfasst ist, dem für denselben Antragsteller und dasselbe Recht geistigen Eigentums stattgegeben wurde, so werden die Zollbehörden dieses Mitgliedstaats auf der Grundlage des Unionsantrags tätig, dem zuerst stattgegeben wurde. [2]Sie unterrichten die zuständige Zolldienststelle des Mitgliedstaats, in dem dem späteren Unionsantrag stattgegeben wurde, die die Entscheidung über das Stattgeben dieses späteren Unionsantrags ändert oder aufhebt.

(6) [1]Stehen für die Entgegennahme und die Bearbeitung von Anträgen rechnergestützte Systeme zur Verfügung, sind die Anträge und ihre Anlagen im Wege der elektronischen Datenverarbeitung einzureichen. [2]Die Mitgliedstaaten und die Kommission entwickeln, warten und verwenden diese Systeme im Einklang mit dem mehrjährigen strategischen Aktionsplan gemäß Artikel 8 Absatz 2 der Entscheidung Nr. 70/2008/EG des Europäischen Parlaments und des Rates vom 15. Januar 2008 über ein papierloses Arbeitsumfeld für Zoll und Handel [Amtl. Anm.: ABl. L 23 vom 26.1.2008, S. 21].

Art. 6 Antragsformblatt
(1) [1]Die Kommission erstellt ein Antragsformblatt im Wege von Durchführungsrechtsakten. [2]Diese Durchführungsrechtsakte werden nach dem Beratungsverfahren gemäß Artikel 34 Absatz 2 erlassen.

(2) Das Antragsformblatt bestimmt, welche Informationen der betroffenen Person gemäß der Verordnung (EG) Nr. 45/2001 und den einzelstaatlichen Rechtsvorschriften zur Umsetzung der Richtlinie 95/46/EG bereitgestellt werden müssen.

(3) Die Kommission stellt sicher, dass vom Antragsteller auf dem Formblatt insbesondere folgende Informationen beizubringen sind:
a) Angaben zum Antragsteller;
b) den Status des Antragstellers im Sinne von Artikel 3;
c) Unterlagen die geeignet sind, gegenüber der zuständigen Zolldienststelle den Nachweis zu erbringen, dass der Antragsteller zur Antragstellung berechtigt ist;
d) wenn der Antragsteller den Antrag über einen Vertreter stellt, Angaben zu der ihn vertretenden Person und Nachweis ihrer Befugnisse zu seiner Vertretung gemäß den Rechtsvorschriften des Mitgliedstaats, in dem der Antrag gestellt wird;
e) das durchzusetzende Recht oder die durchzusetzenden Rechte geistigen Eigentums;
f) im Falle eines Unionsantrags die Mitgliedstaaten, in denen ein Tätigwerden der Zollbehörden beantragt wird;
g) besondere Merkmale und technische Daten der Originalwaren, gegebenenfalls auch Kennzeichnungen wie Strichcodes und Abbildungen;
h) Informationen, die es den Zollbehörden ermöglichen, die betreffenden Waren leicht zu erkennen;

i) Informationen, die für die Analyse und die Bewertung des Risikos einer Verletzung des betreffenden Rechts bzw. der betreffenden Rechte geistigen Eigentums durch die Zollbehörden wichtig sind, wie etwa die autorisierten Vertriebshändler;
j) die Angabe, ob nach Maßgabe der Buchstaben g, h oder i dieses Absatzes erteilte Informationen im Einklang mit Artikel 31 Absatz 5 nur einer beschränkten Verarbeitung unterliegen sollen;
k) die Angaben zu allen vom Antragsteller für die Übernahme von juristischen und technischen Fragen benannten Vertreter;
l) eine Verpflichtungserklärung des Antragstellers, die zuständige Zolldienststelle über alle in Artikel 15 genannten Fälle zu unterrichten;
m) eine Verpflichtungserklärung des Antragstellers, alle Informationen, die für die Analyse und die Bewertung des Risikos einer Verletzung des betreffenden Rechts bzw. der betreffenden Rechte geistigen Eigentums durch die Zollbehörden wichtig sind, zu übermitteln und zu aktualisieren;
n) eine Verpflichtungserklärung des Antragstellers zur Übernahme der Haftung unter den Bedingungen gemäß Artikel 28;
o) eine Verpflichtung des Antragstellers zur Übernahme der Kosten gemäß Artikel 29 unter den dort genannten Bedingungen;
p) ein Einverständnis des Antragstellers, dass die von ihm übermittelten Daten durch die Kommission und die Mitgliedstaaten verarbeitet werden;
q) die Angabe, ob der Antragsteller die Anwendung des Verfahrens nach Artikel 26 beantragt und, soweit die Zollbehörden dies verlangen, der Übernahme der Kosten für die Vernichtung der Waren im Rahmen dieses Verfahrens zustimmt.

Abschnitt 2. Entscheidungen über Anträge

Art. 7 Bearbeitung unvollständiger Anträge
(1) Ist die zuständige Zolldienststelle bei Eingang eines Antrags der Ansicht, dass der Antrag nicht alle nach Artikel 6 Absatz 3 vorgeschriebenen Angaben enthält, so fordert sie den Antragsteller auf, die fehlenden Angaben innerhalb von zehn Arbeitstagen nach Eingang dieser Mitteilung nachzureichen.
In diesem Fall wird die in Artikel 9 Absatz 1 genannte Frist ausgesetzt, bis die erforderlichen Angaben eingehen.
(2) Legt der Antragsteller die fehlenden Angaben nicht innerhalb der in Absatz 1 Unterabsatz 1 genannten Frist vor, so lehnt die zuständige Zolldienststelle den Antrag ab.

Art. 8 Gebühren
Dem Antragsteller wird keine Gebühr zur Deckung der aus der Bearbeitung des Antrags entstehenden Verwaltungskosten in Rechnung gestellt.

Art. 9 Mitteilung von Entscheidungen über die Stattgabe oder die Ablehnung von Anträgen
(1) ¹Die zuständige Zolldienststelle teilt dem Antragsteller ihre Entscheidung über die Stattgabe oder die Ablehnung des Antrags innerhalb von 30 Arbeitstagen nach Eingang des Antrags mit. ²Im Fall der Ablehnung versieht die zuständige Zolldienststelle ihre Entscheidung mit einer Begründung und einer Rechtsbehelfsbelehrung.
(2) Wurde der Antragsteller vor der Antragstellung über die Aussetzung der Überlassung oder die Zurückhaltung der Waren durch die Zollbehörden unterrichtet, so teilt die zuständige Zolldienststelle dem Antragsteller ihre Entscheidung über die Stattgabe oder die Ablehnung des Antrags innerhalb von zwei Arbeitstagen nach Eingang des Antrags mit.

Art. 10 Entscheidungen über Anträge
(1) Eine Entscheidung über die Stattgabe nationaler Anträge und Entscheidungen über ihre Aufhebung oder Änderung wird bzw. werden in dem Mitgliedstaat, in dem der nationale Antrag gestellt wurde, an dem Tag wirksam, der auf den Tag der Entscheidung über die Stattgabe folgt.
Eine Entscheidung über die Verlängerung des Zeitraums für das Tätigwerden der Zollbehörden wird in dem Mitgliedstaat, in dem der nationale Antrag gestellt wurde, an dem Tag wirksam, der auf den Tag des Ablaufs des zu verlängernden Zeitraums folgt.
(2) Eine Entscheidung über die Stattgabe von Unionsanträgen und Entscheidungen über ihre Aufhebung oder Änderung wird bzw. werden wirksam:
a) in dem Mitgliedstaat, in dem der Antrag gestellt wurde, an dem Tag, der auf den Tag der Entscheidung über die Stattgabe folgt;

b) in allen anderen Mitgliedstaaten, in denen ein Tätigwerden der Zollbehörden beantragt wurde an dem Tag, der auf den Tag folgt, an dem die Zollbehörden gemäß Artikel 14 Absatz 2 unterrichtet werden, unter der Voraussetzung, dass der Inhaber der Entscheidung seine Pflichten gemäß Artikel 29 Absatz 3 in Bezug auf Übersetzungskosten erfüllt hat.

Eine Entscheidung über die Verlängerung des Zeitraums für das Tätigwerden der Zollbehörden wird in dem Mitgliedstaat, in dem der Unionsantrag gestellt wurde, und in allen anderen Mitgliedstaaten, in denen ein Tätigwerden der Zollbehörden beantragt wurde, an dem Tag wirksam, der auf den Tag des Ablaufs des zu verlängernden Zeitraums folgt.

Art. 11 Zeitraum für das Tätigwerden der Zollbehörden

(1) Gibt die zuständige Zolldienststelle einem Antrag statt, so setzt sie den Zeitraum fest, in dem die Zollbehörden tätig werden müssen.

Dieser Zeitraum beginnt an dem Tag, an dem die Entscheidung über die Stattgabe des Antrags gemäß Artikel 10 wirksam wird, und darf ein Jahr ab dem Tag, der auf den Tag der Entscheidung über die Stattgabe folgt, nicht überschreiten.

(2) Enthält ein Antrag, der nach der Mitteilung der Zollbehörden über die Aussetzung der Überlassung oder die Zurückhaltung der Waren gemäß Artikel 18 Absatz 3 gestellt wird, die in Artikel 6 Absatz 3 Buchstaben g, h oder i genannten Informationen nicht, so wird ihm nur in Bezug auf die Aussetzung der Überlassung oder die Zurückhaltung der betreffenden Waren stattgegeben, es sei denn, diese Informationen werden innerhalb von 10 Arbeitstagen nach der Mitteilung über die Aussetzung der Überlassung oder die Zurückhaltung der Waren nachgereicht.

(3) ^{1}Wird ein Recht geistigen Eigentums ungültig oder ist der Antragsteller aus anderen Gründen nicht mehr zur Antragstellung berechtigt, so werden die Zollbehörden nicht tätig. ^{2}Die Entscheidung über die Stattgabe des Antrags wird von der zuständigen Zolldienststelle, die sie erlassen hat, entsprechend aufgehoben oder geändert.

Art. 12 Verlängerung des Zeitraums für das Tätigwerden der Zollbehörden

(1) Ist der Zeitraum für das Tätigwerden der Zollbehörden abgelaufen, so kann er auf Antrag des Inhabers der Entscheidung von der zuständigen Zolldienststelle, die die erste Entscheidung erlassen hat, nach Tilgung aller Verbindlichkeiten, die der Inhaber der Entscheidung gegenüber den Zollbehörden im Rahmen dieser Verordnung hat, verlängert werden.

(2) Geht der Antrag auf Verlängerung des Zeitraums für das Tätigwerden der Zollbehörden weniger als 30 Arbeitstage vor Ablauf des zu verlängernden Zeitraums bei der zuständigen Zolldienststelle ein, so kann sie den Antrag ablehnen.

(3) ^{1}Die zuständige Zolldienststelle teilt dem Inhaber der Entscheidung ihre Entscheidung über die Verlängerung des Zeitraums innerhalb von 30 Arbeitstagen nach Eingang des Antrags nach Absatz 1 mit. ^{2}Die zuständige Zolldienststelle setzt den Zeitraum fest, in dem die Zollbehörden tätig werden müssen.

(4) Der verlängerte Zeitraum für das Tätigwerden der Zollbehörden beginnt an dem Tag, der auf den Tag folgt, an dem der vorherige Zeitraum abgelaufen ist, und darf ein Jahr nicht überschreiten.

(5) ^{1}Wird ein Recht geistigen Eigentums ungültig oder ist der Antragsteller aus anderen Gründen nicht mehr zur Antragstellung berechtigt, so werden die Zollbehörden nicht tätig. ^{2}Die Entscheidung über die Verlängerung des Zeitraums wird von der zuständigen Zolldienststelle, die sie erlassen hat, entsprechend aufgehoben oder geändert.

(6) Dem Inhaber der Entscheidung wird keine Gebühr zur Deckung der aus der Bearbeitung des Verlängerungsantrags entstehenden Verwaltungskosten in Rechnung gestellt.

(7) ^{1}Die Kommission erstellt ein Formblatt für einen Verlängerungsantrag im Wege von Durchführungsrechtsakten. ^{2}Diese Durchführungsrechtsakte werden nach dem Beratungsverfahren gemäß Artikel 34 Absatz 2 erlassen.

Art. 13 Änderung der Entscheidung hinsichtlich der Rechte geistigen Eigentums

Die zuständige Zolldienststelle, die die Entscheidung über die Stattgabe des Antrags erlassen hat, kann die Liste der in der Entscheidung aufgeführten Rechte geistigen Eigentums auf Antrag des Inhabers der Entscheidung ändern.

Wird ein neues Recht geistigen Eigentums hinzugefügt, so muss der Antrag die Informationen gemäß Artikel 6 Absatz 3 Buchstaben c, e, g, h und i enthalten.

Wird eine Entscheidung über die Stattgabe eines Unionsantrags dahin gehend geändert, dass Rechte geistigen Eigentums hinzugefügt werden, so können dies nur unter Artikel 4 fallende Rechte geistigen Eigentums sein.

Art. 14 Mitteilungspflichten der zuständigen Zolldienststelle

(1) Die zuständige Zolldienststelle, bei der ein nationaler Antrag gestellt wurde, übermittelt den Zollstellen des betreffenden Mitgliedstaats die folgenden Entscheidungen unverzüglich, nachdem diese erlassen wurden:
a) Entscheidungen über die Stattgabe des Antrags;
b) Entscheidungen über die Aufhebung von Entscheidungen über die Stattgabe des Antrags;
c) Entscheidungen über die Änderung von Entscheidungen über die Stattgabe des Antrags;
d) Entscheidungen über die Verlängerung des Zeitraums für das Tätigwerden der Zollbehörden.

(2) Die zuständige Zolldienststelle, bei der ein Unionsantrag gestellt wurde, übermittelt den zuständigen Zolldienststellen des in dem Unionsantrag genannten Mitgliedstaats oder der in dem Unionsantrag genannten Mitgliedstaaten die folgenden Entscheidungen unverzüglich, nachdem diese erlassen wurden:
a) Entscheidungen über die Stattgabe des Antrags;
b) Entscheidungen über die Aufhebung von Entscheidungen über die Stattgabe des Antrags;
c) Entscheidungen über die Änderung von Entscheidungen über die Stattgabe des Antrags;
d) Entscheidungen über die Verlängerung des Zeitraums für das Tätigwerden der Zollbehörden.

Die zuständige Zolldienststelle des in dem Unionsantrag genannten Mitgliedstaats oder der in dem Unionsantrag genannten Mitgliedstaaten leitet diese Entscheidungen unverzüglich, nachdem sie diese erhalten hat, an ihre Zollstellen weiter.

(3) Die zuständige Zolldienststelle des in dem Unionsantrag genannten Mitgliedstaats oder der in dem Unionsantrag genannten Mitgliedstaaten kann die zuständige Zolldienststelle, die die Entscheidung über die Stattgabe des Antrags erlassen hat, auffordern, ihr zusätzliche für die Umsetzung dieser Entscheidung als notwendig erachtete Informationen zu übermitteln.

(4) Die zuständige Zolldienststelle leitet ihre Entscheidung über die Aussetzung des Tätigwerdens der Zollbehörden nach Artikel 16 Absatz 1 Buchstabe b und Artikel 16 Absatz 2 unmittelbar, nachdem diese erlassen wurde, an die Zollbehörden ihres Mitgliedstaats weiter.

Art. 15 Mitteilungspflichten des Inhabers der Entscheidung

Der Inhaber der Entscheidung unterrichtet unverzüglich die zuständige Zolldienststelle, die dem Antrag stattgegeben hat, wenn
a) ein in dem Antrag aufgeführtes Recht geistigen Eigentums ungültig wird;
b) er aus anderen Gründen nicht mehr zur Antragstellung berechtigt ist;
c) sich die in Artikel 6 Absatz 3 genannten Angaben ändern.

Art. 16 Nichterfüllung der Pflichten des Inhabers der Entscheidung

(1) Verwendet der Inhaber der Entscheidung die von den Zollbehörden übermittelten Informationen für andere als die in Artikel 21 vorgesehenen Zwecke, so kann die zuständige Zolldienststelle des Mitgliedstaats, in dem die Informationen bereitgestellt oder missbraucht wurden,
a) eine von ihr erlassene Entscheidung aufheben, mit der einem nationalen Antrag zugunsten des Inhabers der Entscheidung stattgegeben wurde und es ablehnen, den Zeitraum für das Tätigwerden der Zollbehörden zu verlängern;
b) in seinem Hoheitsgebiet für den Zeitraum, in dem die Zollbehörden tätig werden müssen, die Gültigkeit einer Entscheidung aussetzen, mit der einem Unionsantrag des Inhabers der Entscheidung stattgegeben wurde.

(2) Die zuständige Zolldienststelle kann entscheiden, das Tätigwerden der Zollbehörden bis zum Ende des Zeitraums für das Tätigwerden dieser Behörden auszusetzen, wenn der Inhaber der Entscheidung
a) die Mitteilungspflichten gemäß Artikel 15 nicht erfüllt;
b) die Verpflichtung zur Rücksendung der Muster nach Artikel 19 Absatz 3 nicht einhält;
c) die Pflichten gemäß Artikel 29 Absätze 1 und 3 in Bezug auf Kosten und Übersetzung nicht erfüllt;
d) ohne triftigen Grund die in Artikel 23 Absatz 3 oder Artikel 26 Absatz 9 vorgesehenen Verfahren nicht einleitet.

Bei einem Unionsantrag wird die Entscheidung über die Aussetzung des Tätigwerdens der Zollbehörden nur in dem Mitgliedstaat wirksam, in dem diese Entscheidung erlassen wird.

Vohwinkel

MarkenG § 150

Kapitel III. Tätigwerden der Zollbehörden

Abschnitt 1. Aussetzung der Überlassung oder Zurückhaltung von Waren, die im Verdacht stehen, ein Recht geistigen Eigentums zu verletzen

Art. 17 Aussetzung der Überlassung oder Zurückhaltung von Waren nach Stattgabe eines Antrags

(1) Ermitteln die Zollbehörden Waren, die im Verdacht stehen, ein Recht geistigen Eigentums zu verletzen, das in einer Entscheidung über die Stattgabe eines Antrags aufgeführt ist, so setzen sie die Überlassung der Waren aus oder halten die Waren zurück.

(2) 1Vor der Aussetzung der Überlassung oder der Zurückhaltung der Waren können die Zollbehörden den Inhaber der Entscheidung auffordern, ihnen sachdienliche Informationen zu diesen Waren zu übermitteln. 2Die Zollbehörden können dem Inhaber der Entscheidung auch Informationen über die tatsächliche oder geschätzte Menge der Ware und ihre tatsächliche oder vermutete Art sowie gegebenenfalls Abbildungen davon übermitteln.

(3) Die Zollbehörden unterrichten den Anmelder oder den Besitzer der Waren innerhalb eines Arbeitstags nach der Aussetzung der Überlassung der Waren oder der Zurückhaltung der Waren über diese Aussetzung oder diese Zurückhaltung.

Beschließen die Zollbehörden, den Besitzer der Waren zu unterrichten, und sind mehrere Personen als Besitzer der Waren anzusehen, so sind die Zollbehörden nicht verpflichtet, mehr als eine dieser Personen zu unterrichten.

Die Zollbehörden unterrichten den Inhaber der Entscheidung über die Aussetzung der Überlassung der Waren oder die Zurückhaltung am gleichen Tag wie den Anmelder oder den Besitzer der Waren, oder umgehend im Anschluss an deren Unterrichtung.

Die Mitteilungen enthalten Angaben zu dem in Artikel 23 genannten Verfahren.

(4) ¹Die Zollbehörden informieren den Inhaber der Entscheidung und den Anmelder oder den Besitzer der Waren über die tatsächliche oder geschätzte Menge und die tatsächliche oder vermutete Art der Waren, deren Überlassung ausgesetzt ist oder die zurückgehalten werden, und übermitteln gegebenenfalls verfügbare Abbildungen davon. ²Die Zollbehörden informieren den Inhaber der Entscheidung ferner, auf Antrag und soweit ihnen diese Informationen vorliegen, über die Namen und Anschriften des Empfängers, des Versenders und des Anmelders oder des Besitzers der Waren, das Zollverfahren sowie den Ursprung, die Herkunft und die Bestimmung der Waren, deren Überlassung ausgesetzt ist oder die zurückgehalten werden.

Art. 18 Aussetzung der Überlassung oder Zurückhaltung von Waren vor Stattgabe eines Antrags

(1) Erkennen die Zollbehörden Waren, die im Verdacht stehen, ein Recht geistigen Eigentums zu verletzen, die nicht von einer einem Antrag stattgebenden Entscheidung umfasst sind, so können sie die Überlassung dieser Waren aussetzen oder diese Waren zurückhalten, es sei denn, es handelt sich um verderbliche Waren.

(2) Bevor die Zollbehörden die Überlassung der Waren, die im Verdacht stehen, ein Recht geistigen Eigentums zu verletzen, aussetzen oder derartige Waren zurückhalten, können sie – ohne hierbei andere Informationen verfügbar zu machen als solche über die tatsächliche oder geschätzte Anzahl der Waren und ihre tatsächliche oder vermutete Art sowie gegebenenfalls Abbildungen davon – Personen oder Einrichtungen, die im Zusammenhang mit der vermuteten Verletzung von Rechten geistigen Eigentums möglicherweise zur Antragstellung berechtigt sind, auffordern, ihnen sachdienliche Informationen zu übermitteln.

(3) Die Zollbehörden unterrichten den Anmelder oder den Besitzer der Waren innerhalb eines Arbeitstags nach der Aussetzung der Überlassung der Waren oder deren Zurückhaltung über diese Aussetzung oder Zurückhaltung.

Beschließen die Zollbehörden, den Besitzer der Waren zu unterrichten, und sind mehrere Personen als Besitzer der Waren anzusehen, so sind die Zollbehörden nicht verpflichtet, mehr als eine dieser Personen zu unterrichten.

Die Zollbehörden unterrichten Personen oder Einrichtungen, die im Zusammenhang mit der vermuteten Verletzung von Rechten geistigen Eigentums zur Antragstellung berechtigt sind, am gleichen Tag wie den Anmelder oder den Besitzer der Waren, oder umgehend im Anschluss an deren Unterrichtung, von der Aussetzung der Überlassung oder der Zurückhaltung der Waren.

Die Zollbehörden können die zuständigen Behörden konsultieren, um zur Antragstellung berechtigte Person oder Einrichtungen zu ermitteln.

Die Mitteilung an den Anmelder oder den Besitzer der Waren enthält Angaben zu dem in Artikel 23 genannten Verfahren.

(4) Unmittelbar nach Erfüllung aller Zollförmlichkeiten genehmigen die Zollbehörden die Überlassung der Waren oder beenden deren Zurückhaltung, sofern sie
a) innerhalb eines Arbeitstags nach der Aussetzung der Überlassung oder der Zurückhaltung der Waren keine Personen oder Einrichtungen ermittelt haben, die im Zusammenhang mit der vermuteten Verletzung von Rechten geistigen Eigentums zur Antragstellung berechtigt sind;
b) einen Antrag gemäß Artikel 5 Absatz 3 nicht erhalten oder ihn abgelehnt haben.

(5) Wird einem Antrag stattgegeben, so informieren die Zollbehörden den Inhaber der Entscheidung auf Antrag und soweit ihnen diese Informationen vorliegen, über die Namen und Anschriften des Empfängers, des Versenders und des Anmelders oder des Besitzers der Waren, das Zollverfahren sowie den Ursprung, die Herkunft und die Bestimmung der Waren, deren Überlassung ausgesetzt ist oder die zurückgehalten werden.

Art. 19 Prüfung und Entnahme von Proben oder Mustern der Waren, deren Überlassung ausgesetzt ist oder die zurückgehalten werden

(1) Die Zollbehörden geben dem Inhaber der Entscheidung und dem Anmelder oder dem Besitzer der Waren Gelegenheit, die Waren, deren Überlassung ausgesetzt ist oder die zurückgehalten werden, zu prüfen.

(2) ¹Die Zollbehörden können Proben oder Muster, die für die Waren repräsentativ sind, entnehmen. ²Sie können diese Proben oder Muster dem Inhaber der Entscheidung auf dessen Antrag hin und ausschließlich zum Zweck der Analyse und zur Vereinfachung des darauf folgenden Verfahrens in Verbindung mit nachgeahmten und unerlaubt hergestellten Waren zur Verfügung stellen oder übermitteln. ³Analysen dieser Proben oder Muster werden unter der alleinigen Verantwortung des Inhabers der Entscheidung durchgeführt.

(3) Sofern die Umstände es gestatten, gibt der Inhaber der Entscheidung die Proben und Muster nach Absatz 2 nach Abschluss der technischen Analyse, spätestens aber vor der Überlassung der Waren oder der Beendigung ihrer Zurückhaltung zurück.

Art. 20 Bedingungen für die Lagerung
Die Bedingungen für die Lagerung der Waren für die Dauer einer Aussetzung der Überlassung oder einer Zurückhaltung werden von den Zollbehörden festgelegt.

Art. 21 Zulässige Verwendung bestimmter Informationen durch den Inhaber der Entscheidung

Hat der Inhaber der Entscheidung die Informationen gemäß Artikel 17 Absatz 4, Artikel 18 Absatz 5, Artikel 19 oder Artikel 26 Absatz 8 erhalten, so darf er sie nur zu folgenden Zwecken offenbaren oder verwenden:
a) zur Einleitung und im Rahmen von Verfahren, die der Feststellung dienen, ob ein Recht geistigen Eigentums verletzt ist;
b) in Verbindung mit strafrechtlichen Ermittlungen im Zusammenhang mit der Verletzung eines Rechts geistigen Eigentums, die von Behörden in dem Mitgliedstaat, in dem die Waren angetroffen wurden, durchgeführt werden;
c) zur Einleitung und im Rahmen von Strafverfahren;
d) zur Geltendmachung von Schadensersatzansprüchen gegenüber dem Rechtsverletzer oder anderen Personen;
e) zur Erzielung einer Einigung mit dem Anmelder oder dem Besitzer der Waren über die Vernichtung der Waren gemäß Artikel 23 Absatz 1;
f) zur Erzielung einer Einigung mit dem Anmelder oder dem Besitzer der Waren über die Höhe der Sicherheit gemäß Artikel 24 Absatz 2 Buchstabe a.

Art. 22 Austausch von Informationen und Daten zwischen den Zollbehörden

(1) Um einen Beitrag zur Unterbindung des internationalen Handels mit Waren, die Rechte geistigen Eigentums verletzen, zu leisten, können die Kommission und die Zollbehörden der Mitgliedstaaten unbeschadet der in der Union geltenden Datenschutzbestimmungen bestimmte ihnen vorliegende Daten und Informationen mit den zuständigen Behörden in Drittländern entsprechend den praktischen Modalitäten nach Absatz 3 austauschen.

(2) ¹Die Daten und Informationen gemäß Absatz 1 werden ausgetauscht, um ein zügiges und wirksames Vorgehen gegen Sendungen von Waren, die ein Recht geistigen Eigentums verletzen, zu ermögli-

chen. ²Diese Daten und Informationen können Sicherstellungen, Trends und allgemeine risikorelevante Informationen betreffen, auch in Bezug auf Waren, die sich auf der Durchfuhr durch das Gebiet der Union befinden und ihren Ursprung im Hoheitsgebiet von Drittländern haben oder für ein solches Hoheitsgebiet bestimmt sind. ³Diese Daten und Informationen können, wo es zweckmäßig erscheint, gegebenenfalls Folgendes umfassen:
a) Art und Menge der Waren,
b) mutmaßlich verletztes Recht geistigen Eigentums,
c) Ursprung, Herkunft und Bestimmung der Waren,
d) Informationen über Verkehrswege, insbesondere
   i) Name des Schiffes oder Registrierungskennzeichen des Verkehrsmittels,
   ii) Referenznummern des Frachtbriefs oder anderer Transportdokumente,
   iii) Anzahl der Behälter,
   iv) Gewicht der Ladung,
   v) Bezeichnung und/oder Codierung der Waren,
   vi) Reservierungsnummer,
   vii) Plombennummer,
   viii) Ort der ersten Beladung,
   ix) Ort der abschließenden Entladung,
   x) Orte der Umladung,
   xi) voraussichtliches Datum der Ankunft am Ort der abschließenden Entladung;
e) Informationen über Beförderung von Behältern, insbesondere
   i) Behälternummer,
   ii) Ladezustand,
   iii) Datum der Beförderung,
   iv) Art der Beförderung (Beladen, Entladen, Umladen, Einfuhr, Ausfuhr usw.),
   v) Name des Schiffes oder Registrierungskennzeichen des Verkehrsmittels,
   vi) Nummer der Reise/Fahrt,
   vii) Ort,
   viii) Frachtbrief oder anderes Transportdokument.

(3) ¹Die Kommission erlässt Durchführungsrechtsakte zur Festlegung der Einzelheiten der notwendigen praktischen Modalitäten für den Daten- und Informationsaustausch gemäß den Absätzen 1 und 2. ²Diese Durchführungsrechtsakte werden nach dem Prüfverfahren gemäß Artikel 34 Absatz 3 erlassen.

Abschnitt 2. Vernichtung von Waren, Einleitung von Verfahren und frühzeitige Überlassung von Waren

Art. 23 Vernichtung von Waren und Einleitung von Verfahren

(1) Waren, die im Verdacht stehen, ein Recht geistigen Eigentums zu verletzen, können unter zollamtlicher Überwachung vernichtet werden, ohne dass festgestellt werden muss, ob gemäß den Rechtsvorschriften des Mitgliedstaats, in dem die Waren angetroffen wurden, ein Recht geistigen Eigentums verletzt ist, sofern alle nachstehend aufgeführten Bedingungen erfüllt sind:
a) Der Inhaber der Entscheidung hat den Zollbehörden innerhalb von zehn Arbeitstagen oder im Fall verderblicher Waren innerhalb von drei Arbeitstagen nach der Mitteilung über die Aussetzung der Überlassung der Waren oder deren Zurückhaltung schriftlich bestätigt, dass seines Erachtens ein Recht geistigen Eigentums verletzt ist;
b) der Inhaber der Entscheidung hat den Zollbehörden seine Zustimmung zur Vernichtung der Waren innerhalb von zehn Arbeitstagen oder im Fall verderblicher Waren innerhalb von drei Arbeitstagen nach der Mitteilung über die Aussetzung der Überlassung der Waren oder deren Zurückhaltung schriftlich bestätigt;
c) der Anmelder oder der Besitzer der Waren hat den Zollbehörden seine Zustimmung zur Vernichtung der Waren innerhalb von zehn Arbeitstagen oder im Fall verderblicher Waren innerhalb von drei Arbeitstagen nach der Mitteilung über die Aussetzung der Überlassung der Waren oder deren Zurückhaltung schriftlich bestätigt. Hat der Anmelder oder der Besitzer der Waren den Zollbehörden innerhalb dieser Fristen weder seine Zustimmung zur Vernichtung der Waren noch seinen Widerspruch gegen diese Vernichtung bestätigt, so können die Zollbehörden davon ausgehen, dass der Anmelder oder der Besitzer der Waren mit der Vernichtung dieser Waren einverstanden ist.

Unmittelbar nach Erfüllung aller Zollförmlichkeiten überlassen die Zollbehörden die Waren oder beenden deren Zurückhaltung, wenn sie vom Inhaber der Entscheidung innerhalb der Fristen gemäß Unterabsatz 1 Buchstaben a und b nicht sowohl die schriftliche Bestätigung, dass seines Erachtens ein

Recht geistigen Eigentums verletzt ist, als auch seine Zustimmung zur Vernichtung der Waren erhalten haben, es sei denn, diese Behörden sind über die Einleitung eines Verfahrens zur Feststellung, ob ein Recht geistigen Eigentums verletzt ist, ordnungsgemäß unterrichtet worden.

(2) ¹Die Vernichtung der Waren erfolgt unter zollamtlicher Überwachung auf Verantwortung des Inhabers der Entscheidung, sofern die nationalen Rechtsvorschriften des Mitgliedstaats, in dem die Waren vernichtet werden, nichts anderes vorsehen. ²Vor der Vernichtung der Waren können Proben oder Muster durch die zuständigen Behörden entnommen werden. ³Vor der Vernichtung entnommene Proben oder Muster können zu Bildungszwecken verwendet werden.

(3) ¹Wenn der Anmelder oder der Besitzer der Waren seine Zustimmung zur Vernichtung nicht schriftlich bestätigt hat und nicht nach Absatz 1 Unterabsatz 1 Buchstabe c unter Beachtung der dort genannten Fristen davon ausgegangen wird, dass er mit der Vernichtung einverstanden ist, teilen die Zollbehörden dem Inhaber der Entscheidung dies unverzüglich mit. ²Der Inhaber der Entscheidung leitet innerhalb von zehn Arbeitstagen oder im Fall verderblicher Waren innerhalb von drei Arbeitstagen nach der Mitteilung über die Aussetzung der Überlassung der Waren oder deren Zurückhaltung ein Verfahren zur Feststellung ein, ob ein Recht geistigen Eigentums verletzt wurde.

(4) Außer im Falle von verderblichen Waren können die Zollbehörden die Fristen gemäß Absatz 3 gegebenenfalls auf ordnungsgemäß begründeten Antrag des Inhabers der Entscheidung um höchstens zehn Arbeitstage verlängern.

(5) Unmittelbar nach Erfüllung aller Zollförmlichkeiten überlassen die Zollbehörden die Waren oder beenden deren Zurückhaltung, wenn sie innerhalb der Fristen gemäß den Absätzen 3 und 4 über die Einleitung von Verfahren zur Feststellung, ob ein Recht geistigen Eigentums verletzt wurde, nicht ordnungsgemäß nach Absatz 3 unterrichtet worden sind.

Art. 24 Frühzeitige Überlassung der Waren

(1) Wenn die Zollbehörden über die Einleitung eines Verfahrens zur Feststellung, ob ein Geschmacksmuster, ein Patent, ein Gebrauchsmuster, eine Topografie eines Halbleitererzeugnisses oder ein Sortenschutzrecht verletzt ist, unterrichtet wurden, kann der Anmelder oder der Besitzer der Waren bei den Zollbehörden die Überlassung der Waren oder die Beendung ihrer Zurückhaltung vor Ende dieses Verfahrens beantragen.

(2) Die Zollbehörden überlassen die Waren oder beenden deren Zurückhaltung nur dann, wenn alle folgenden Bedingungen erfüllt sind:
a) Der Anmelder oder der Besitzer der Waren hat eine Sicherheit geleistet, deren Höhe so bemessen ist, dass sie zum Schutz der Interessen des Inhabers der Entscheidung ausreicht;
b) die Behörde, die für die Feststellung, ob ein Recht geistigen Eigentums verletzt ist, zuständig ist, hat keine Sicherungsmaßnahmen zugelassen;
c) alle Zollförmlichkeiten sind erfüllt.

(3) Die Leistung der Sicherheit nach Absatz 2 Buchstabe a lässt andere Rechtsbehelfe, die der Inhaber der Entscheidung in Anspruch nehmen kann, unberührt.

Art. 25 Zur Vernichtung bestimmte Waren

(1) Gemäß Artikel 23 oder 26 zur Vernichtung bestimmte Waren dürfen nicht
a) in den zollrechtlich freien Verkehr übergeführt werden, es sei denn, die Zollbehörden entscheiden mit Zustimmung des Inhabers der Entscheidung, dass dies zur Wiederverwertung oder zur Verwendung der Waren außerhalb des geschäftlichen Verkehrs, auch zu Sensibilisierungs-, Schulungs- und Bildungszwecken, notwendig ist. Die Bedingungen, unter denen die Waren in den zollrechtlich freien Verkehr übergeführt werden können, werden von den Zollbehörden festgelegt;
b) das Zollgebiet der Union verlassen;
c) ausgeführt werden;
d) wiederausgeführt werden;
e) in ein Nichterhebungsverfahren übergeführt werden;
f) in eine Freizone oder ein Freilager verbracht werden.

(2) Die Zollbehörden können die Beförderung der in Absatz 1 genannten Waren zwischen verschiedenen Orten des Zollgebiets der Union unter zollamtlicher Überwachung zum Zweck der Vernichtung unter zollamtlicher Kontrolle zulassen.

Art. 26 Verfahren für die Vernichtung von Waren in Kleinsendungen

(1) Dieser Artikel gilt für Waren, die alle folgenden Bedingungen erfüllen:
a) Es handelt sich um Waren, die im Verdacht stehen, nachgeahmte oder unerlaubt hergestellte Waren zu sein;

b) es handelt sich nicht um verderbliche Waren;
c) es handelt sich um Waren, für die eine Entscheidung über die Stattgabe eines Antrags ergangen ist;
d) der Inhaber der Entscheidung hat in seinem Antrag die Anwendung des Verfahrens nach diesem Artikel beantragt;
e) es handelt sich um Waren, die in Kleinsendungen transportiert werden.

(2) Wird das Verfahren nach diesem Artikel angewendet, gelten Artikel 17 Absätze 3 und 4 sowie Artikel 19 Absätze 2 und 3 nicht.

(3) ^{1}Die Zollbehörden unterrichten den Anmelder oder den Besitzer der Waren innerhalb eines Arbeitstags nach der Aussetzung der Überlassung der Waren oder deren Zurückhaltung über die Aussetzung der Überlassung der Waren oder deren Zurückhaltung. ^{2}Die Mitteilung über die Aussetzung der Überlassung der Waren oder deren Zurückhaltung enthält folgende Informationen:
a) dass die Zollbehörden beabsichtigen, die Waren zu vernichten,
b) die Rechte des Anmelders oder des Besitzers der Waren gemäß den Absätzen 4, 5 und 6.

(4) Der Anmelder oder der Besitzer der Waren erhält Gelegenheit, innerhalb von zehn Arbeitstagen nach der Mitteilung über die Aussetzung der Überlassung der Waren oder deren Zurückhaltung Stellung zu nehmen.

(5) Die betreffenden Waren können vernichtet werden, wenn der Anmelder oder der Besitzer der Waren innerhalb von zehn Arbeitstagen nach der Mitteilung über die Aussetzung der Überlassung der Waren oder deren Zurückhaltung den Zollbehörden seine Zustimmung zur Vernichtung der Waren bestätigt hat.

(6) Hat der Anmelder oder der Besitzer der Waren den Zollbehörden innerhalb der Frist gemäß Absatz 5 weder seine Zustimmung zur Vernichtung der Waren noch seinen Widerspruch gegen diese Vernichtung bestätigt, so können die Zollbehörden davon ausgehen, dass der Anmelder oder der Besitzer der Waren mit der Vernichtung einverstanden ist.

(7) ^{1}Die Vernichtung erfolgt unter zollamtlicher Überwachung. ^{2}Die Zollbehörden übermitteln dem Inhaber der Entscheidung auf Antrag und soweit angemessen Informationen über die tatsächliche oder vermutete Menge und die Art der vernichteten Waren.

(8) ^{1}Wenn der Anmelder oder der Besitzer der Waren seine Zustimmung zur Vernichtung der Waren nicht bestätigt hat und nicht gemäß Absatz 6 davon ausgegangen wird, dass er seine Zustimmung hierzu bestätigt hat, unterrichten die Zollbehörden den Inhaber der Entscheidung unverzüglich hierüber und über Menge und Art der Waren und übermitteln gegebenenfalls Abbildungen davon. ^{2}Die Zollbehörden informieren den Inhaber der Entscheidung ferner, auf Antrag und soweit ihnen diese Informationen vorliegen, über die Namen und Anschriften des Empfängers, des Versenders, des Anmelders und des Besitzers der Waren, das Zollverfahren sowie den Ursprung, die Herkunft und die Bestimmung der Waren, deren Überlassung ausgesetzt ist oder die zurückgehalten werden.

(9) Unmittelbar nach Erfüllung aller Zollförmlichkeiten genehmigen die Zollbehörden die Überlassung der Waren oder beenden deren Zurückhaltung, wenn sie vom Inhaber der Entscheidung nicht innerhalb von zehn Arbeitstagen nach der Mitteilung gemäß Absatz 8 über die Einleitung eines Verfahrens zur Feststellung, ob ein Recht geistigen Eigentums verletzt ist, unterrichtet wurden.

(10) Der Kommission wird die Befugnis übertragen, gemäß Artikel 35 zur Änderung der Mengenangaben in der Definition des Begriffs „Kleinsendung" delegierte Rechtsakte zu erlassen, wenn sich diese Definition angesichts der Notwendigkeit, die wirksame Abwicklung des im vorliegenden Artikel vorgesehenen Verfahrens zu gewährleisten, als unpraktikabel erweist, oder um erforderlichenfalls eine Umgehung dieses Verfahrens hinsichtlich der Zusammensetzung der Sendungen zu vermeiden.

Kapitel IV. Haftung, Kosten und Sanktionen

Art. 27 Haftung der Zollbehörden

Unbeschadet der nationalen Rechtsvorschriften begründet die Entscheidung über die Stattgabe eines Antrags für den Fall, dass Waren, die im Verdacht stehen, ein Recht geistigen Eigentums zu verletzen, von einer Zollstelle nicht erkannt und überlassen oder nicht zurückgehalten werden, keinen Anspruch des Inhabers dieser Entscheidung auf Entschädigung.

Art. 28 Haftung des Inhabers der Entscheidung

Wird ein nach dieser Verordnung ordnungsgemäß eingeleitetes Verfahren aufgrund einer Handlung oder einer Unterlassung des Inhabers der Entscheidung eingestellt oder werden Proben oder Muster, die gemäß Artikel 19 Absatz 2 entnommen wurden, aufgrund einer Handlung oder einer Unterlassung des Inhabers der Entscheidung nicht zurückgegeben oder aber beschädigt und unbrauchbar oder wird anschließend festgestellt, dass die betreffenden Waren kein Recht geistigen Eigentums verletzen, so haftet der Inhaber der Entscheidung gegenüber dem Besitzer der Waren oder dem Anmelder, der in dieser Hinsicht einen Schaden erlitten hat, im Einklang mit den geltenden anwendbaren Rechtsvorschriften.

Art. 29 Kosten
(1) Auf Verlangen der Zollbehörden erstattet der Inhaber der Entscheidung die Kosten, die den Zollbehörden oder anderen im Auftrag der Zollbehörden handelnden Parteien ab dem Zeitpunkt der Zurückhaltung oder der Aussetzung der Überlassung der Waren, einschließlich Lagerung und Behandlung der Waren, gemäß Artikel 17 Absatz 1, Artikel 18 Absatz 1 und Artikel 19 Absätze 2 und 3 sowie bei der Anwendung von Abhilfemaßnahmen wie z. B. der Vernichtung der Waren gemäß den Artikeln 23 und 26 entstehen.

¹Der Inhaber einer Entscheidung, dem die Aussetzung der Überlassung der Waren oder ihre Zurückhaltung mitgeteilt wurde, wird auf Antrag von den Zollbehörden darüber unterrichtet, wo und in welcher Weise die betreffenden Waren gelagert werden und welche Kosten schätzungsweise mit ihrer Lagerung nach diesem Absatz verbunden sind. ²Die Informationen zu den geschätzten Kosten können je nach den Umständen der Lagerung und der Art der Waren bezogen auf Zeit, Erzeugnisse, Volumen, Gewicht oder Dienstleistung angegeben werden.

(2) Dieser Artikel gilt unbeschadet des Rechts des Inhabers der Entscheidung, vom Rechtsverletzer oder von anderen Personen nach den anwendbaren Rechtsvorschriften Schadensersatz zu fordern.

(3) Der Inhaber einer Entscheidung über die Stattgabe eines Unionsantrags stellt der zuständigen Zolldienststelle oder den Zollbehörden, die im Zusammenhang mit Waren, die im Verdacht stehen, ein Recht geistigen Eigentums zu verletzen, tätig werden sollen, die erforderlichen Übersetzungen zur Verfügung und trägt deren Kosten.

Art. 30 Sanktionen
¹Die Mitgliedstaaten tragen – gegebenenfalls auch durch Festlegung von Bestimmungen über die Einführung von Sanktionen – dafür Sorge, dass der Inhaber der Entscheidung den Verpflichtungen nach dieser Verordnung nachkommt. ²Die vorgesehenen Sanktionen müssen wirksam, verhältnismäßig und abschreckend sein.

Die Mitgliedstaaten teilen der Kommission die betreffenden Bestimmungen und jede spätere Änderung dieser Bestimmungen unverzüglich mit.

Kapitel V. Informationsaustausch

Art. 31 Austausch von Daten zwischen den Mitgliedstaaten und der Kommission über Entscheidungen im Zusammenhang mit Anträgen und mit der Zurückhaltung von Waren
(1) Die zuständigen Zolldienststellen übermitteln der Kommission unverzüglich Folgendes:
a) Entscheidungen über die Stattgabe von Anträgen, einschließlich des Antrags und seiner Anlagen;
b) Entscheidungen über eine Verlängerung des Zeitraums für das Tätigwerden der Zollbehörden oder Entscheidungen, mit denen Entscheidungen über die Stattgabe eines Antrags widerrufen oder geändert werden;
c) die Aussetzung einer Entscheidung über die Stattgabe eines Antrags.

(2) Unbeschadet des Artikels 24 Buchstabe g der Verordnung (EG) Nr. 515/97 übermitteln die Zollbehörden der Kommission, wenn die Überlassung der Waren ausgesetzt wird oder die Waren zurückgehalten werden, alle sachdienlichen Informationen, einschließlich Angaben zu Menge und Art der Waren, Wert, Rechten geistigen Eigentums, Zollverfahren, Herkunfts-, Ursprungs- und Bestimmungsländern und Verkehrswegen und -mitteln, mit der Ausnahme von persönlichen Daten.

(3) ¹Die Übermittlung der Informationen gemäß den Absätzen 1 und 2 dieses Artikels und der gesamte Austausch von Daten über Entscheidungen zu Anträgen gemäß Artikel 14 zwischen den Zollbehörden der Mitgliedstaaten erfolgt über eine zentrale Datenbank der Kommission. ²Die Informationen und Daten werden in dieser Datenbank gespeichert.

(4) ¹Zur Verarbeitung der in den Absätzen 1 bis 3 genannten Informationen wird die in Absatz 3 dieses Artikels genannte zentrale Datenbank in elektronischer Form eingerichtet. ²Die zentrale Datenbank enthält die in Artikel 6 Absatz 3, Artikel 14 und diesem Artikel genannten Informationen, einschließlich personenbezogener Daten.

(5) ¹Die Zollbehörden der Mitgliedstaaten und die Kommission haben zur Erfüllung ihrer rechtlichen Verantwortlichkeiten bei der Anwendung dieser Verordnung den erforderlichen Zugang zu den Informationen in der zentralen Datenbank. ²Der Zugang zu Informationen, die nach Artikel 6 Absatz 3 einer beschränkten Verarbeitung unterliegen sollen, ist auf die Zollbehörden der Mitgliedstaaten begrenzt, in

Vohwinkel 1501

denen ein Tätigwerden der Zollbehörden beantragt wurde. ³Auf begründeten Antrag der Kommission können die Zollbehörden der Mitgliedstaaten der Kommission Zugang zu diesen Informationen gewähren, wenn dies für die Anwendung dieser Verordnung unbedingt erforderlich ist.

(6) ¹Die Zollbehörden geben die Informationen über Anträge, die der zuständigen Zolldienststelle übermittelt wurden, in die zentrale Datenbank ein. ²Die Zollbehörden, die Informationen in die zentrale Datenbank eingestellt haben, ändern, ergänzen, korrigieren oder löschen diese Informationen soweit erforderlich. ³Jede Zollbehörde, die Informationen in die zentrale Datenbank eingestellt hat, ist dafür verantwortlich, dass diese Informationen zutreffend, zweckmäßig und sachdienlich sind.

(7) ¹Die Kommission trifft geeignete technische und organisatorische Vorkehrungen für den zuverlässigen und sicheren Betrieb der zentralen Datenbank. ²Die Zollbehörden der einzelnen Mitgliedstaaten treffen geeignete technische und organisatorische Vorkehrungen für die Wahrung der Vertraulichkeit und die Sicherheit der Datenverarbeitung, was die Bearbeitungsvorgänge durch ihre Zolldienststellen und die im Hoheitsgebiet des jeweiligen Mitgliedstaats für den Zugriff auf die zentrale Datenbank genutzten Geräte betrifft.

Art. 32 Einrichtung einer zentralen Datenbank
¹Die Kommission richtet die in Artikel 31 genannte zentrale Datenbank ein. ²Diese Datenbank ist so bald wie möglich, spätestens aber am 1. Januar 2015, betriebsbereit.

Art. 33 Datenschutzbestimmungen
(1) Die Verarbeitung personenbezogener Daten in der zentralen Datenbank der Kommission erfolgt im Einklang mit der Verordnung (EG) Nr. 45/2001 und unter Aufsicht des Europäischen Datenschutzbeauftragten.

(2) Die Verarbeitung personenbezogener Daten durch die zuständigen Behörden in den Mitgliedstaaten erfolgt im Einklang mit der Richtlinie 95/46/EG und unter Aufsicht der unabhängigen öffentlichen Kontrollstelle des Mitgliedstaats gemäß Artikel 28 jener Richtlinie.

(3) ¹Personenbezogene Daten werden ausschließlich für die Zwecke dieser Verordnung erfasst und genutzt. ²Die entsprechend erfassten personenbezogenen Daten müssen zutreffend sein und ständig aktualisiert werden.

(4) Jede Zollbehörde, die personenbezogene Daten in die zentrale Datenbank eingestellt hat, kontrolliert die Verarbeitung dieser Daten.

(5) Betroffene Personen haben das Recht auf Zugang zu den personenbezogenen Daten, die sie betreffen und die in der zentralen Datenbank verarbeitet werden, und gegebenenfalls auf Berichtigung, Löschung oder Sperrung der personenbezogenen Daten gemäß der Verordnung (EG) Nr. 45/2001 und den innerstaatlichen Rechtsvorschriften zur Umsetzung der Richtlinie 95/46/EG.

(6) ¹Alle Anträge auf Ausübung des Rechts auf Zugang, Berichtigung, Löschung oder Sperrung werden den Zollbehörden übermittelt und von ihnen bearbeitet. ²Hat eine betroffene Person einen Antrag auf Ausübung dieses Rechts bei der Kommission gestellt, so leitet die Kommission diesen Antrag an die zuständigen Zollbehörden weiter.

(7) Personenbezogene Daten werden ab dem Tag, an dem die einschlägige Entscheidung über die Stattgabe des Antrags aufgehoben wurde oder an dem der für das Tätigwerden der Zollbehörden maßgebliche Zeitraum abgelaufen ist, für höchstens sechs Monate gespeichert.

(8) Hat der Inhaber der Entscheidung Verfahren gemäß Artikel 23 Absatz 3 oder Artikel 26 Absatz 9 eingeleitet und die Zollbehörden über die Einleitung dieser Verfahren unterrichtet, so werden personenbezogene Daten für sechs Monate gespeichert, nachdem in den Verfahren endgültig festgestellt worden ist, ob ein Recht geistigen Eigentums verletzt wurde.

Kapitel VI. Ausschuss, Befugnisübertragung und Schlussbestimmungen

Art. 34 Ausschussverfahren
(1) ¹Die Kommission wird von dem Ausschuss für den Zollkodex, der durch die Artikel 247a und 248a der Verordnung (EWG) Nr. 2913/92 eingesetzt wurde, unterstützt. ²Dieser Ausschuss ist ein Ausschuss im Sinne der Verordnung (EU) Nr. 182/2011.

(2) Wird auf diesen Absatz Bezug genommen, so gilt Artikel 4 der Verordnung (EU) Nr. 182/2011.

(3) Wird auf diesen Absatz Bezug genommen, so gilt Artikel 5 der Verordnung (EU) Nr. 182/2011.

Art. 35 Ausübung übertragener Befugnisse
(1) Die Befugnis zum Erlass delegierter Rechtsakte wird der Kommission unter den in diesem Artikel festgelegten Bedingungen übertragen.

(2) Die Befugnis zum Erlass delegierter Rechtsakte gemäß Artikel 26 Absatz 10 wird der Kommission auf unbestimmte Zeit ab dem 19. Juli 2013 übertragen.

(3) ¹Die Befugnisübertragung gemäß Artikel 26 Absatz 10 kann vom Europäischen Parlament oder vom Rat jederzeit widerrufen werden. ²Der Beschluss über den Widerruf beendet die Übertragung der in diesem Beschluss angegebenen Befugnis. ³Er wird am Tag nach seiner Veröffentlichung im *Amtsblatt der Europäischen Union* oder zu einem in dem Beschluss über den Widerruf angegebenen späteren Zeitpunkt wirksam. ⁴Die Gültigkeit von delegierten Rechtsakten, die bereits in Kraft sind, wird von dem Beschluss über den Widerruf nicht berührt.

(4) Sobald die Kommission einen delegierten Rechtsakt erlässt, übermittelt sie ihn gleichzeitig an das Europäische Parlament und den Rat.

(5) ¹Ein delegierter Rechtsakt, der gemäß Artikel 26 Absatz 10 erlassen wurde, tritt nur in Kraft, wenn weder das Europäische Parlament noch der Rat innerhalb einer Frist von zwei Monaten nach Übermittlung dieses Rechtsakts an das Europäische Parlament und den Rat Einwände erhoben haben oder wenn vor Ablauf dieser Frist das Europäische Parlament und der Rat beide der Kommission mitgeteilt haben, dass sie keine Einwände erheben werden. ²Auf Initiative des Europäischen Parlaments oder des Rates wird diese Frist um zwei Monate verlängert.

Art. 36 Gegenseitige Amtshilfe
Die Bestimmungen der Verordnung (EG) Nr. 515/97 gelten sinngemäß für die vorliegende Verordnung.

Art. 37 Berichterstattung
¹Die Kommission übermittelt dem Europäischen Parlament und dem Rat bis zum 31. Dezember 2016 einen Bericht über den Stand der Umsetzung dieser Verordnung. ²Dieser Bericht enthält erforderlichenfalls geeignete Empfehlungen.

Dieser Bericht nimmt Bezug auf etwaige nach dieser Verordnung eingetretene einschlägige Vorfälle im Zusammenhang mit auf der Durchfuhr durch das Zollgebiet der Union befindlichen Arzneimitteln, einschließlich einer Beurteilung ihrer möglichen Auswirkungen auf die Verpflichtungen, die die Union im Rahmen der auf der WTO-Ministerkonferenz in Doha vom 14. November 2001 verabschiedeten „Erklärung über das TRIPS-Übereinkommen und die öffentliche Gesundheit" hinsichtlich des Zugangs zu Arzneimitteln eingegangen ist, sowie der Maßnahmen, die zur Behebung nachteiliger Auswirkungen ergriffen wurden.

Art. 38 Aufhebung
Die Verordnung (EG) Nr. 1383/2003 wird mit Wirkung vom 1. Januar 2014 aufgehoben.

Verweise auf die aufgehobene Verordnung gelten als Verweise auf die vorliegende Verordnung und sind nach Maßgabe der im Anhang festgelegten Entsprechungstabelle zu lesen.

Art. 39 Übergangsbestimmungen
Anträge, denen im Einklang mit der Verordnung (EG) Nr. 1383/2003 stattgegeben wurde, behalten für den in der Entscheidung über die Stattgabe des Antrags festgelegten Zeitraum für das Tätigwerden der Zollbehörden ihre Gültigkeit und werden nicht verlängert.

Art. 40 Inkrafttreten und Anwendung
(1) Diese Verordnung tritt am zwanzigsten Tag nach ihrer Veröffentlichung im Amtsblatt der Europäischen Union in Kraft.

(2) Sie gilt ab dem 1. Januar 2014, mit folgenden Ausnahmen:
a) Die Artikel 6, Artikel 12 Absatz 7 und Artikel 22 Absatz 3 gelten ab 19. Juli 2013;
b) die Artikel 31 Absätze 1 und 3 bis 7 sowie Artikel 33 gelten ab dem Zeitpunkt, an dem die in Artikel 32 genannte zentrale Datenbank eingerichtet ist. Die Kommission veröffentlicht diesen Zeitpunkt.

Anhang Entsprechungstabelle
(nicht abgedruckt)

§ 151 Verfahren nach deutschem Recht bei geografischen Herkunftsangaben

(1) ¹Waren, die widerrechtlich mit einer nach diesem Gesetz oder nach Rechtsvorschriften der Europäischen Union geschützten geographischen Herkunftsangabe versehen sind, unterliegen, soweit nicht die Verordnung (EU) Nr. 608/2013 anzuwenden ist, bei ihrer Einfuhr, Ausfuhr oder Durchfuhr der Beschlagnahme zum Zwecke der Beseitigung der widerrechtlichen Kennzeichnung, sofern die Rechtsverletzung offensichtlich ist. ²Dies gilt für den Verkehr mit anderen Mitgliedstaaten der Europäischen Union sowie mit den anderen Vertragsstaaten des Abkommens über den Europäischen Wirtschaftsraum nur, soweit Kontrollen durch die Zollbehörden stattfinden.

(2) ¹Die Beschlagnahme wird durch die Zollbehörde vorgenommen. ²Die Zollbehörde ordnet auch die zur Beseitigung der widerrechtlichen Kennzeichnung erforderlichen Maßnahmen an.

(3) Wird den Anordnungen der Zollbehörde nicht entsprochen oder ist die Beseitigung untunlich, ordnet die Zollbehörde die Einziehung der Waren an.

(4) ¹Die Beschlagnahme und die Einziehung können mit den Rechtsmitteln angefochten werden, die im Bußgeldverfahren nach dem Gesetz über Ordnungswidrigkeiten gegen die Beschlagnahme und Einziehung zulässig sind. ²Gegen die Entscheidung des Amtsgerichts ist die sofortige Beschwerde zulässig. ³Über die sofortige Beschwerde entscheidet das Oberlandesgericht.

Überblick

Abs. 1 S. 1 regelt den Anwendungsbereich, insbesondere den **Anwendungsvorrang der VO (EU) Nr. 608/2013** (→ Rn. 1) sowie die Voraussetzungen der Beschlagnahme, nämlich die **offensichtlich** (→ Rn. 10) **widerrechtliche Kennzeichnung** (→ Rn. 9) mit einer geschützten **geografischen Herkunftsangabe** (→ Rn. 3).

Nach Abs. 2 S. 1 nehmen die Zollbehörden die Beschlagnahme **von Amts wegen** (→ Rn. 6) vor und zwar nach Abs. 2 S. 2. mit dem vorrangigen **Zweck der Kennzeichenbeseitigung** (→ Rn. 12).

Die Einziehung mit dem Zweck der **Vernichtung** ist für die Fälle des Abs. 3 vorgesehen (→ Rn. 13).

Abs. 4 regelt die **Rechtsmittel** (→ Rn. 14).

A. Anwendungsbereich

1 Der Anwendungsbereich von § 151 steht (genauso wie derjenige von § 146) unter dem **Anwendungsvorrang** der VO (EU) Nr. 608/2013. Dieser Anwendungsvorrang betrifft mehrere Bereiche:

2 Die VO (EU) Nr. 608/2013 gilt in räumlicher Hinsicht für die Tätigkeit der Zollbehörden an den EU-Außengrenzen. Danach verbleibt für § 151 der gesamte **innergemeinschaftliche Warenverkehr**. Dieser ist jedoch wegen dort kaum noch stattfindender Kontrollen, Abs. 1 S. 2, wenig relevant.

3 Ferner gilt die VO (EU) Nr. 608/2013 für diejenigen geografischen Angaben, die **durch EU-Verordnung** geschützt sind (→ § 150 Rn. 16) oder die durch ein **Abkommen** zwischen der EU und einem Drittstaat geschützt sind (→ § 150 Rn. 18). Für diese geografischen Angaben schließt die VO (EU) Nr. 608/2013 eine Anwendung von § 151 (außerhalb des innergemeinschaftlichen Warenverkehrs) aus. Nach der hier vertretenen Auffassung (→ § 150 Rn. 17) stellen auch (sonstige) **geografische Herkunftsangaben nach § 126** ausschließliche Rechte geistigen Eigentums dar und fallen somit gemäß Art. 2 Nr. 4 Buchst. e VO (EU) Nr. 608/2013 in den Anwendungsbereich der VO (EU) Nr. 608/2013. Damit verbleibt für § 151 insgesamt nur ein Anwendungsbereich im (insoweit für Grenzbeschlagnahmen eher unbedeutenden) innergemeinschaftlichen Verkehr.

3.1 Nach der zuvor geltenden VO (EG) Nr. 1383/2003 wurden geografische Herkunftsangaben, die nach nationalem Recht geschützt sind, unstreitig erfasst (Ströbele/Hacker/Hacker Rn. 2). Der daraus resultierende Anwendungsvorrang wurde von der Rechtsprechung allerdings regelmäßig nicht beachtet (vgl. OLG Hamburg MD 2005, 1067 – Hamburg; OLG Hamm GRUR-RR 2006, 12 – Excellanc Germany; OLG Jena BeckRS 2010, 05948 – Lausitzer Früchte). Die damalige Kritik an dem Verfahren nach der VO (EG) 1383/2003, das einen „berechtigten" Ansprechpartner voraussetzt (vgl. Art. 2 Abs. 1

Verfahren nach deutschem Recht bei geografischen Herkunftsangaben § 151 MarkenG

VO (EG) 1383/2003, Art. 4 Abs. 1 VO (EG) 1383/2003; ausführlich Ströbele/Hacker/Hacker 10. Aufl. Rn. 4), hat sich wohl erledigt. Art. 3 Abs. 2 Nr. 1 lit. a VO (EU) Nr. 608/2013, Art. 2 Nr. 8, Nr. 1 Buchst. d, Nr. 4 Buchst. e VO (EU) Nr. 608/2013 sehen ein Antragsrecht auch für die „Rechteinhaber" von geografischen Herkunftsangaben vor (→ § 150 Rn. 34).

B. Beschlagnahme

Die Beschlagnahme nach § 151 entspricht im Wesentlichen derjenigen nach § 146 (→ **4** § 146 Rn. 50), unterscheidet sich jedoch in bestimmten Punkten (zum Antragserfordernis → Rn. 6; zum Transit → Rn. 8) deutlich davon.

I. Verfahrensvorschriften

1. Zuständigkeit

Zuständig für die Grenzbeschlagnahme nach § 151 sind die (Haupt-)Zollämter, soweit sie **5** ein- oder aus- oder durchgeführte Waren stellen, oder Waren bei ihnen angemeldet werden. Sie steht jedoch ebenso wie die Beschlagnahme nach § 146 unter dem **Vorbehalt**, dass die Zollbehörden überhaupt Grenzkontrollen vornehmen (Fezer Rn. 12).

2. Kein Antragserfordernis

Geografische Herkunftsangaben iSd §§ 126 ff. können von mehr als einer Person rechtmä- **6** ßig in Anspruch genommen werden, so dass es an einem persönlich abgrenzbaren „Berechtigten", entsprechend dem Verfügungsberechtigten nach § 146, fehlt. § 151 ist als **reiner Offizialtatbestand** ausgestaltet, die Zollbehörden werden ausschließlich von Amts wegen tätig. Ein Antrag ist weder erforderlich noch vorgesehen. Aus diesem Grund ist auch eine Sicherheitsleistung keine Voraussetzung des Verfahrens nach § 151. Ein Tätigwerden der Zollbehörden kann zwar von jedermann angeregt werden (Ingerl/Rohnke Rn. 2), ein durchsetzbarer Anspruch darauf besteht jedoch nicht.

Ob zukünftig in § 151 – entsprechend dem Verfahren nach der VO (EU) Nr. 608/2013 **7** (→ § 150 Rn. 34) – ein Antragserfordernis vorgesehen wird, bleibt abzuwarten.

II. Voraussetzungen der Beschlagnahme

1. Ein-, Aus- und Durchfuhr

Abweichend von § 146 erfasst § 151 auch den Warentransit, also auch die „Durchfuhr im **8** engeren Sinne" (→ § 146 Rn. 38 f.; v. Schultz/Eble § 146 Rn. 16).

2. Widerrechtliche Kennzeichnung der Ware

Die Ware (→ § 146 Rn. 26) muss widerrechtlich mit einer geschützten geografischen **9** Herkunftsangabe gekennzeichnet sein. Daher hat ein Verstoß gegen § 127, Art. 13 Abs. 1 VO (EG) 510/2006 oder Art. 16 VO (EG) Nr. 110/2008 vorzuliegen. Die Kennzeichnungen können auch auf der Verpackung der Waren angebracht sein (vgl. OLG Hamburg MD 2005, 1067 – Hamburg; GRUR-RR 2002, 129 – Kfz-Ersatzteile).

3. Offensichtlichkeit

Die Widerrechtlichkeit der Kennzeichnung muss offensichtlich sein. Eine besondere **10** Überprüfung der Rechtmäßigkeit der Verwendung von geografischen Herkunftsangaben auf Waren, Verpackungen, etc müssen die Zollbehörden nicht vornehmen.

Mit Blick auf die Verpflichtungen aus MHA und PVÜ wird das Kriterium der Offensichtlichkeit **10.1** kritisiert, weil es keine Verpflichtung zur gezielten Prüfung von Waren auf die Ordnungsmäßigkeit ihrer geografischen Herkunftsangaben begründet (Ströbele/Hacker/Hacker Rn. 8).

4. Geschäftlicher Verkehr

11 Schließlich muss die Ein-, Aus- oder Durchfuhr im geschäftlichen Verkehr erfolgen, andernfalls scheidet eine Verletzung der §§ 126 ff. aus (für das Unionsrecht vgl. Art. 1 Abs. 4 VO (EU) Nr. 608/2013, Art. 16 S. 1 VO (EG) Nr. 110/2008). Der private Reise- oder Geschenkverkehr (zu den Wertgrenzen → § 146 Rn. 30.1) unterliegt der Beschlagnahme nicht, sofern nicht Anlass zur Annahme eines Handelns im geschäftlichen Verkehr (→ § 146 Rn. 30) besteht (Ströbele/Hacker/Hacker § 151 Rn. 6).

C. Verfahren nach Beschlagnahme

I. Kennzeichenbeseitigung (Abs. 2 S. 2)

12 Wurden die aufgegriffenen Waren beschlagnahmt, so ordnet die Zollbehörde die Maßnahmen an, die sie zur Beseitigung der widerrechtlichen Kennzeichen für erforderlich hält (Abs. 2 S. 2). Ihr kommt insofern Auswahlermessen zu.

II. Einziehung und Vernichtung (Abs. 3)

13 Die Beseitigung kann im Einzelfall untunlich sein (Abs. 3). Dies ist der Fall, wenn zB die Kennzeichnung nicht zu entfernen ist, ohne die Ware zu beschädigen oder zu zerstören, oder die Kosten der Beseitigung im Vergleich zum Wert der Ware unverhältnismäßig hoch wären. In diesen Fällen ist die Einziehung der Waren anzuordnen (v. Schultz/Eble Rn. 3). So ist auch zu verfahren, wenn der Anordnung zur Beseitigung der Kennzeichen nicht entsprochen wird (Ingerl/Rohnke Rn. 4).

D. Rechtsmittel (Abs. 4)

14 Dem Verfügungsberechtigten stehen nach Abs. 4 gegen Beschlagnahme und Einziehung die gleichen Rechtsmittel wie bei § 148 Abs. 3 zur Verfügung (→ § 148 Rn. 13). Nicht geregelt ist hingegen, ob und ggf. welches Rechtsmittel gegen die Anordnung der Beseitigung nach Abs. 2 S. 2 stattfindet. Insofern wird das Rechtsmittel gegen die Beschlagnahmeanordnung, also die gerichtliche Entscheidung (→ § 148 Rn. 14 f.), auch auf die Beseitigungsanordnung für anwendbar gehalten (Ströbele/Hacker/Hacker Rn. 11).

Teil 9 Übergangsvorschriften

§ 152 Anwendung dieses Gesetzes

Die Vorschriften dieses Gesetzes finden, soweit nachfolgend nichts anderes bestimmt ist, auch auf Marken, die vor dem 1. Januar 1995 angemeldet oder eingetragen oder durch Benutzung im geschäftlichen Verkehr oder durch notorische Bekanntheit erworben worden sind, und auf geschäftliche Bezeichnungen Anwendung, die vor dem 1. Januar 1995 nach den bis dahin geltenden Vorschriften geschützt waren.

Überblick

Die §§ 152–164 enthalten Übergangsvorschriften zum Inkrafttreten des MarkenG am 1.1.1995. § 152 bestimmt die grundsätzliche Anwendbarkeit des MarkenG auch auf vor seinem Inkrafttreten geschützte Marken und geschäftliche Bezeichnungen, soweit die §§ 153–164 keine gegenteiligen Anordnung enthalten.

A. Allgemeines

Die Übergangsvorschriften der §§ 152–164 beruhen im Wesentlichen auf Vorgaben der MRL und sind mit ihr konform (Fezer Rn. 2). Allerdings ordnet die Richtlinie – anders als § 152 im deutschen Recht – die **grundsätzliche Anwendbarkeit** des neuen Kennzeichenrechts auf bereits geschützte Kennzeichen nicht ausdrücklich an. Sie geht vielmehr in den Art. 3 Abs. 4, 4 Abs. 6, 5 Abs. 4 und 10 Abs. 3 Buchst. a davon aus und bestimmt Detail- und Ausnahmeregeln, die sich in den §§ 153–164 wiederfinden. 1

B. Anwendungsbereich

§ 152 ist anwendbar auf alle **Marken,** die vor dem 1.1.1995 durch Anmeldung oder Eintragung, Benutzung im geschäftlichen Verkehr oder notorische Bekanntheit geschützt waren. Er ist ferner anwendbar auf **geschäftliche Bezeichnungen,** die nach bisherigem Recht, namentlich den § 16 UWG aF, § 12 BGB, geschützt waren. Dagegen waren **Geografische Herkunftsangaben** vor Inkrafttreten des MarkenG noch nicht als subjektive Immaterialgüterrechte anerkannt (Fezer Rn. 5); auf sie sind die §§ 152 ff. daher folgerichtig nicht anwendbar. 2

Die durch § 152 angeordnete Anwendbarkeit des MarkenG bezieht sich nur auf bereits geschützte **Rechte,** nicht aber die Rechte betreffende **Verfahrenshandlungen.** Für frist- und formgebundene **Erklärungen** und **Gebührenzahlungen** gilt daher weiterhin das zum Zeitpunkt der Vornahme der Handlung geltende Recht (BGH GRUR 2000, 328 (329) – Verlängerungsgebühr II; Ströbele/Hacker/Hacker Rn. 3). 3

Unberührt bleiben auch Sachverhalte, die vor Inkrafttreten des MarkenG bereits rechtlich **abgeschlossen** sind. Gemeint sind damit **bereits entstandene Schuldverhältnisse:** Auskunfts- und Schadensersatzansprüche, die sich auf Kennzeichenverletzungen beziehen, die vor Inkrafttreten des MarkenG begangen wurden, sind bereits vollständig entstanden. Auf sie ist daher ausschließlich das zum Zeitpunkt der Verletzung geltende Recht anzuwenden. Dieser für Schuldverhältnisse allgemeingültige Grundsatz ergibt sich aus dem Rechtsgedanken des Art. 170 EGBGB (MüKoBGB/Krüger EGBGB Art. 170 Rn. 3) und wird durch § 152 nicht verändert. 4

Anders verhält es sich bei **in die Zukunft gerichteten Ansprüchen:** Unterlassungs- und Beseitigungsansprüche sind **nicht rechtlich abgeschlossen;** sie bestehen in jedem Moment, in dem ein geschütztes Kennzeichen verletzt ist. Sie richten sich daher wegen § 152 allein nach den Vorschriften des MarkenG (Ingerl/Rohnke Rn. 5). 5

§ 153 Schranken für die Geltendmachung von Verletzungsansprüchen

(1) Standen dem Inhaber einer vor dem 1. Januar 1995 eingetragenen oder durch Benutzung oder notorische Bekanntheit erworbenen Marke oder einer geschäftlichen Bezeichnung nach den bis dahin geltenden Vorschriften gegen die Benutzung der Marke, der geschäftlichen Bezeichnung oder eines übereinstimmenden Zeichens keine Ansprüche wegen Verletzung zu, so können die Rechte aus der Marke oder aus der geschäftlichen Bezeichnung nach diesem Gesetz nicht gegen die Weiterbenutzung dieser Marke, dieser geschäftlichen Bezeichnung oder dieses Zeichens geltend gemacht werden.

(2) Auf Ansprüche des Inhabers einer vor dem 1. Januar 1995 eingetragenen oder durch Benutzung oder notorische Bekanntheit erworbenen Marke oder einer geschäftlichen Bezeichnung ist § 21 mit der Maßgabe anzuwenden, daß die in § 21 Abs. 1 und 2 vorgesehene Frist von fünf Jahren mit dem 1. Januar 1995 zu laufen beginnt.

Überblick

§ 153 enthält in Abs. 1 und Abs. 2 zwei unabhängige Übergangsregelungen, welche die Geltendmachung von Verletzungsansprüchen aus Altrechten beschränken. Abs. 1 bestimmt, dass der Inhaber einer Marke oder einer geschäftlichen Bezeichnung dann nicht aus dem MarkenG gegen die Weiterbenutzung eines über § 152 geschützten Altkennzeichens vorgehen kann, wenn schon nach den vormals geltenden Vorschriften keine Verletzungsansprüche wegen der Benutzung bestanden (→ Rn. 1). Der inzwischen obsolete Abs. 2 ist eine Übergangsregelung für die durch das MarkenG neu eingeführte fünfjährige Höchstfrist innerhalb der Verwirkungsregeln nach § 21 Abs. 1 und 2 (→ Rn. 4).

A. Weitergeltung rechtmäßiger Benutzung (Abs. 1)

1 § 153 Abs. 1 dient der Umsetzung von Art. 5 Abs. 4 MRL und soll verhindern, dass gegen **Benutzungshandlungen,** die nach bisherigem Recht rechtmäßig waren, nun über § 152 nach neuem Recht vorgegangen wird. Eine solche Regelung wurde für notwendig erachtet, da der unbestimmte Rechtsbegriff der **Ähnlichkeit** in Art. 5 Abs. 1 Buchst. b und Abs. 2 MRL dazu führen könnte, dass **bisher rechtmäßige** Benutzungshandlungen von nun an beanstandet werden könnten (BT-Drs. 12/6581, 128). Neue Unterlassungsansprüche hinsichtlich bisher rechtmäßigen Verhaltens sollten durch das Inkrafttreten der nationalen Umsetzungen der Richtlinie gerade nicht entstehen.

2 § 153 Abs. 1 gilt gleichermaßen für **Marken** und **geschäftliche Bezeichnungen.** In beiden Fällen kann gegen die nach **altem Recht** rechtmäßige Weiterbenutzung nicht nach Vorschriften des MarkenG vorgegangen werden. Eine tatbestandliche **Weiterbenutzung** liegt nur vor, wenn die Benutzung nicht zwischenzeitlich mit endgültigem Willen eingestellt wurde (Ingerl/Rohnke Rn. 11).

3 Bei § 153 Abs. 1 handelt es sich um eine **Einwendung.** Er ist daher auch ohne Geltendmachung des Beklagten **von Amts wegen** zu beachten. Das Recht auf Weiterbenutzung besteht nur für den Benutzer selbst und ist **nicht** durch Rechtsgeschäft auf einen Dritten **übertragbar.**

B. Verwirkung (Abs. 2)

4 § 153 Abs. 2 bezieht sich auf die durch das MarkenG erstmals geschaffene Höchstfrist von fünf Jahren in den Verwirkungstatbeständen nach § 21 Abs. 1 und Abs. 2. Die Regelung ist missverständlich formuliert: Die Höchstfrist beginnt nicht, wie der Wortlaut vermuten lässt, zwingend **am,** sondern nur **nicht vor** dem 1.1.1995 zu laufen. Die Vorschrift hat heute aber offenkundig **keine rechtliche Bedeutung mehr** (Ingerl/Rohnke Rn. 22).

§ 154 Dingliche Rechte; Zwangsvollstreckung; Konkursverfahren

(1) Ist vor dem 1. Januar 1995 an dem durch die Anmeldung oder Eintragung einer Marke begründeten Recht ein dingliches Recht begründet worden oder war das durch die Anmeldung oder Eintragung begründete Recht Gegenstand von Maßnahmen der Zwangsvollstreckung, so können diese Rechte oder Maßnahmen nach § 29 Abs. 2 in das Register eingetragen werden.

(2) Absatz 1 ist entsprechend anzuwenden, wenn das durch die Anmeldung oder Eintragung einer Marke begründete Recht durch ein Konkursverfahren erfaßt worden ist.

Überblick

Vor Inkrafttreten des MarkenG am 1.1.1995 war unter dem WZG die nach § 29 Abs. 2 mögliche Eintragung dinglicher Rechte oder Zwangsvollstreckungsmaßnahmen sowie eines Konkursvermerks in das Register nicht ausdrücklich vorgesehen. Dem trägt § 154 Rechnung.

Abs. 1 bestimmt, dass dingliche Rechte oder Maßnahmen der Zwangsvollstreckung, die vor dem Inkrafttreten des MarkenG begründet wurden, auch noch nach Inkrafttreten des MarkenG in das Register eingetragen werden können (BPatG Beschl. v. 10.5.1995 – 28 W (pat) 24/95). **1**

Gleiches gilt nach Abs. 2 für Konkursverfahren und entsprechend für Gesamtvollstreckungsverfahren des Beitrittsgebiets (§ 1 Abs. 4 S. 2 GesO; vgl. Fezer Rn. 2). **2**

Heute hat die Vorschrift aufgrund des zeitlichen Bezugs zu Ereignissen aus der Zeit vor dem 1.1.1995 praktisch keine Bedeutung mehr (vgl. Ingerl/Rohnke Rn. 1). **3**

§ 155 Lizenzen

Auf vor dem 1. Januar 1995 an dem durch die Anmeldung oder Eintragung, durch die Benutzung oder durch die notorische Bekanntheit einer Marke begründeten Recht erteilte Lizenzen ist § 30 mit der Maßgabe anzuwenden, daß diesen Lizenzen die Wirkung des § 30 Abs. 5 nur insoweit zugute kommt, als es sich um nach dem 1. Januar 1995 eingetretene Rechtsübergänge oder an Dritte erteilte Lizenzen handelt.

Überblick

Die Vorschrift regelt als Übergangsbestimmung die Behandlung von Lizenzverträgen, die vor dem 1.1.1995, dh vor Inkrafttreten des Markengesetzes, abgeschlossen wurden.

§ 155 ist eine **Übergangsvorschrift**. Sie regelt den Umgang mit Lizenzen, die an gemäß § 4 geschützten Marken **vor dem 1.1.1995** erteilt wurden. Soweit es sich um Lizenzen iSd § 30 handelt (→ § 30 Rn. 10 ff.), gilt auch für diese § 30. Jedoch wird der Sukzessionsschutz nur eingeschränkt gewährt: Er wird dem Lizenznehmer nur gegenüber solchen später erteilten Lizenzen oder Rechtsübergängen zuteil, die „nach dem 1. Januar 1995" erfolgt sind. **1**

Der Wortlaut „nach dem 1. Januar 1995" wurde aufgrund eines **Redaktionsversehens** gewählt. Gemeint ist „ab dem 1. Januar 1995", weil das Markengesetz bereits zu diesem Zeitpunkt in Kraft war (BT-Drs. 12/6581, 129). **2**

Gegenüber vor dem 1.1.1995 erteilten Lizenzen und Rechtsübergängen greift der Sukzessionsschutz des § 30 Abs. 5 nicht, weil „sich die Beteiligten an der (...) bisherigen Rechtslage orientiert haben" (BT-Drs. 12/6581, 129). Diese frühere Rechtslage erkannte Lizenzen ausschließlich schuldrechtliche Wirkungen zu. Lizenzen und Rechtsübergänge, die zwar zeitlich an zweiter Stelle, jedoch vor dem 1.1.1995 erfolgt sind, schmälern die Wirkung der zuerst erteilten Lizenz daher möglicherweise, so dass sich Haftungsfragen ergeben können. **3**

§ 156 Löschung einer eingetragenen Marke wegen absoluter Schutzhindernisse

¹Ist vor dem 1. Januar 1995 ein Verfahren von Amts wegen zur Löschung der Eintragung einer Marke wegen des Bestehens absoluter Schutzhindernisse nach § 10 Abs. 2 Nr. 2 des Warenzeichengesetzes eingeleitet worden oder ist vor diesem Zeitpunkt ein Antrag auf Löschung nach dieser Vorschrift gestellt worden, so wird die Eintragung nur gelöscht, wenn die Marke sowohl nach den bis dahin geltenden Vorschriften als auch nach den Vorschriften dieses Gesetzes nicht schutzfähig ist. ²Dies gilt auch dann, wenn nach dem 1. Januar 1995 ein Verfahren nach § 54 zur Löschung der Eintragung einer Marke eingeleitet wird, die vor dem 1. Januar 1995 eingetragen worden ist.

Überblick

§ 156 wurde durch Art. 4 Nr. 31 Gesetz zur Änderung des Designgesetzes und weiterer Vorschriften des gewerblichen Rechtsschutzes vom 4.4.2016 (BGBl. I 558) geändert und enthält Übergangsregelungen für Löschungsverfahren wegen absoluter Schutzhindernisse (aufgrund von Löschungsanträgen wegen absoluter Schutzhindernisse, für die ausschließlich das DPMA zuständig ist), deren Gegenstand vor dem 1.1.1995 eingetragene Marken sind (§ 162 Abs. 2 aF, § 162 Abs. 1 ist jetzt weggefallen).

Die Vorschrift enthält Bestimmungen über die Anwendung der sog. „**Meistbegünstigungsklausel**" mit der Maßgabe, dass in § 156 (wie auch in § 157 Abs. 1) die Anwendung des Prinzips der Meistbegünstigung unabhängig davon eingreift, wann der Löschungsantrag gestellt worden ist (dh ob vor oder nach dem Stichtag des 1.1.1995). Davon ausgehend, dass nach § 50 Abs. 2 S. 1 eine Marke wegen absoluter Schutzhindernisse immer nur dann löschungsreif ist, wenn das Schutzhindernis sowohl im Anmeldezeitpunkt (vgl. BGH GRUR 2013, 1143 – Aus Akten werden Fakten) wie im Entscheidungszeitpunkt gegeben ist, regelt § 156 S. 2 den Spezialfall, dass zu den beiden fraglichen Zeitpunkten unterschiedliche gesetzliche Bestimmungen anwendbar waren, nämlich im Eintragungszeitpunkt das WZG, im Entscheidungszeitpunkt das MarkenG.

1 Die Löschung einer eingetragenen Marke wegen absoluter Schutzhindernisse nach § 50 setzt grundsätzlich voraus, dass ein Schutzhindernis sowohl im Zeitpunkt der Anmeldung (vgl. BGH GRUR 2013, 1143 – Aus Akten werden Fakten) als auch im Entscheidungszeitpunkt gegeben war (mit Umsetzung der neuen RL (EU) 2015/2436 wird sich das wahrscheinlich ändern); die im WZG enthaltene Regelung hat demgegenüber auf eine Löschungsreife zum Eintragungszeitpunkt abgestellt (Fezer Rn. 3). Daher bestimmt § 156 S. 1, dass bei Auseinanderfallen der rechtlichen Entscheidungsgrundlagen zu den maßgeblichen Zeitpunkten, WZG einerseits und MarkenG andererseits, die Marke sowohl nach WZG als auch nach MarkenG löschungsreif sein muss.

2 Die Meistbegünstigungsklausel gilt zum einen für vor dem 1.1.1995 gestellte Löschungsanträge (§ 156 S. 1) als auch nach § 156 S. 2 für nach dem 1.1.1995 gestellte Löschungsanträge, die sich auf vor dem 1.1.1995 eingetragene Marken beziehen (BGH GRUR 2006, 588 – Scherkopf; Ströbele/Hacker/Hacker Rn. 4; Fezer Rn. 4, 5; Ingerl/Rohnke Rn. 1, der die Regelung aber für überflüssig erachtet, da nach § 54 ohnehin eine Löschungsreife zum Zeitpunkt der Eintragung und zum Entscheidungszeitpunkt vorgesehen ist).

3 Problematisch erscheinen diejenigen Fälle, in denen Schutzhindernisse nach dem WZG unter geänderten Voraussetzungen bestanden haben, so etwa bei der abstrakten Unterscheidungseignung nach § 3 Abs. 1, sowie bei den Tatbeständen des § 3 Abs. 2 Nr. 1–3, die zwar auch nach dem WZG anerkannt waren, jedoch unter abweichenden Voraussetzungen (BGH GRUR 2006, 588 – Scherkopf, zum Schutzhindernis des § 3 Abs. 2 Nr. 2 bei Abbildung der Ware; GRUR 2007, 325 – Kinder (schwarz-rot), zur Einordnung des Benutzungswillens; Ströbele/Hacker/Hacker Rn. 6). Auch die Bösgläubigkeit, die zwar im WZG keinen Eintragungsversagungstatbestand bildete, war bereits vor Inkrafttreten des MarkenG, wenn auch aufgrund außerzeichenrechtlicher Vorschriften (Beseitigung eines rechtswidrigen Störungszustands nach UWG), zu berücksichtigen (Ströbele/Hacker/Hacker Rn. 7; BGH GRUR 2007, 324 f. – Kinder (schwarz-rot); GRUR 1980, 110 – TORCH).

Löschung einer eingetragenen Marke wegen des Bestehens älterer Rechte § 157 MarkenG

Außer der Frage, welche materiell-rechtlichen Bestimmungen (WZG oder MarkenG) 4
in absoluten Löschungsverfahren zur Anwendung kommen, sind Verfahrensvorschriften für
Löschungsanträge in der Übergangsvorschrift des § 156 nicht gesondert geregelt.

Das Erfordernis der Erhebung eines Löschungsantrags in der zeitlichen Grenze von zehn 5
Jahren ab Eintragung der Marke in den Fällen des § 8 Abs. 2 Nr. 1–3 (§ 50 Abs. 2 S. 2) ist
auf Löschungsanträge, die vor dem 1.1.1995 gestellt wurden, nicht anwendbar (BPatGE 38,
40 – Propack; offengelassen in BGH GRUR 2006, 588 – Scherkopf; Ingerl/Rohnke Rn. 1;
Ströbele/Hacker/Hacker Rn. 8). Dies wird jedoch anders zu sehen sein im Falle eines nach
dem 1.1.1995 gestellten Löschungsantrags gegen eine aufgrund WZG eingetragene Marke,
wenn auch der Wortlaut des § 50 Abs. 2 S. 2 voraussetzt, dass eine Marke entgegen § 8 Abs. 2
Nr. 1–3 MarkenG eingetragen ist, was bei einer Eintragung nach WZG begrifflich nicht der
Fall sein kann (Ströbele/Hacker/Hacker Rn. 8). Auf Löschungsverfahren, in denen eine
mangelnde Schutzfähigkeit einer nach WZG eingetragenen Marke gemäß § 3 Abs. 1, Abs. 2,
§ 8 Abs. 2 Nr. 4–10 geltend gemacht wird, ist § 50 Abs. 2 S. 2 nicht anwendbar, da es sich
um Schutzhindernisse im Allgemeininteresse handelt, die insoweit einem Vertrauens- oder
Bestandsschutz des Zeicheninhabers vorgehen (Ströbele/Hacker/Hacker Rn. 9; BGH
GRUR 2006, 588 Rn. 14 – Scherkopf, wobei im Ergebnis die Frage der generellen Anwendbarkeit von § 50 Abs. 2 S. 2 auf Altmarken aber offengelassen wurde).

§ 157 Löschung einer eingetragenen Marke wegen des Bestehens älterer Rechte

(1) ¹Ist vor dem 1. Januar 1995 eine Klage auf Löschung der Eintragung einer
Marke aufgrund einer früher angemeldeten Marke nach § 11 Abs. 1 Nr. 1 des
Warenzeichengesetzes oder aufgrund eines sonstigen älteren Rechts erhoben worden, so wird, soweit in Absatz 2 nichts anderes bestimmt ist, die Eintragung nur
gelöscht, wenn der Klage sowohl nach den bis dahin geltenden Vorschriften als
auch nach den Vorschriften dieses Gesetzes stattzugeben ist. ²Dies gilt auch dann,
wenn nach dem 1. Januar 1995 eine Klage nach § 55 auf Löschung der Eintragung
einer Marke erhoben wird, die vor dem 1. Januar 1995 eingetragen worden ist.

(2) ¹In den Fällen des Absatzes 1 Satz 1 ist § 51 Abs. 2 Satz 1 und 2 nicht anzuwenden. ²In den Fällen des Absatzes 1 Satz 2 ist § 51 Abs. 2 Satz 1 und 2 mit der
Maßgabe anzuwenden, daß die Frist von fünf Jahren mit dem 1. Januar 1995 zu
laufen beginnt.

Überblick

§ 157 (vgl. BGBl. 2016 I 558; § 163 aF) enthält Übergangsregelungen für Löschungsklagen
wegen des Bestehens älterer Rechte (§ 55) sowohl für Fälle, in denen eine Löschungsklage
bei den Zivilgerichten vor dem 1.1.1995 erhoben wurde als auch hinsichtlich Klagen, die
nach dem 1.1.1995 erhoben wurden, jedoch Marken betreffen, die aufgrund des WZG
eingetragen wurden. Die Regelung des § 157 soll eine reibungslose Anwendung des MarkenG unter Berücksichtigung des Bestandsschutzes für Marken, die aufgrund des WZG
eingetragen wurden, gewährleisten (Amtl. Begr. zu § 163; Ströbele/Hacker/Hacker Rn. 1;
Fezer Rn. 2).

In § 157 Abs. 1 ist die sog. Meistbegünstigungsklausel enthalten, wobei die Regelung in
§ 157 Abs. 1 § 156 entspricht. § 157 Abs. 2 schließt die Anwendbarkeit der Verwirkungsrege-
lung durch Duldung (§ 51 Abs. 2) aus.

A. Meistbegünstigungsklausel (Abs. 1)

Wurde gemäß § 157 Abs. 1 S. 1 eine Löschungsklage vor dem 1.1.1995 erhoben, konnte 1
diese nur erfolgreich sein, wenn sie sowohl nach dem WZG als auch nach dem MarkenG
begründet war (Meistbegünstigungsklausel). Gemäß § 157 Abs. 1 S. 2 findet das Prinzip der
Meistbegünstigung auch Anwendung auf die Verfahren, in denen eine Löschungsklage nach
dem Stichtag 1.1.1995 gegen die Eintragung einer Marke erhoben wird, die nach WZG
eingetragen wurde oder vor dem Stichtag angemeldet, aber erst nach Inkrafttreten des Mar-

kenG eingetragen wurde; auf letztere war § 157 entsprechend anzuwenden (BGH GRUR 2000, 875 f. – Davidoff; GRUR 2004, 235 (238) – Davidoff II; GRUR 2000, 1032 f. – EQUI 2000; Fezer Rn. 5; Ingerl/Rohnke Rn. 4).

2   Der Hauptanwendungsfall der Meistbegünstigungsklausel führte dazu, dass in Fällen des erweiterten Schutzumfangs der älteren Marke (abgestufte Regelungen des § 9) aufgrund des MarkenG gegenüber dem WZG die jüngere Marke gleichwohl nicht löschungsreif war, wenn sie vor dem Inkrafttreten des MarkenG nicht vom damals anzusetzenden Schutzumfang umfasst worden war (Fezer Rn. 5), da die ältere Marke nicht nachträglich von einem Rechtszuwachs profitieren konnte (Ingerl/Rohnke Rn. 5 unter Hinweis auf die Amtl. Begr. zu § 163). Weiterhin betraf § 157 Abs. 1 die Fälle, in denen die ältere Marke wegen mangelnder Benutzung aufgrund der strengeren Vorschriften im WZG den Benutzungszwang betreffend löschungsreif war, die Einrede gemäß § 51 Abs. 4 Nr. 1 jedoch mit Inkrafttreten des geänderten § 26 Abs. 3 nicht mehr durchgriff und deshalb eine Löschungsreife der jüngeren Marke nicht mehr gegeben war. Ebenso stand § 157 der Löschungsreife aufgrund außerzeichenrechtlicher Löschungsklagen, die sich auf einen Beseitigungsanspruch aus früherem Recht, zB § 1 UWG oder § 823 Abs. 1 BGB iVm § 1004 BGB gründen, entgegen (Ingerl/Rohnke Rn. 5).

B. Einschränkung der Meistbegünstigung bei Verwirkung (Abs. 2)

3   Einer Ausnahme bedarf allerdings die Anwendung der Meistbegünstigungsklausel auf die Verwirkung. Da die in § 51 Abs. 2 S. 1 und 2 vorgesehene Verwirkung des Löschungsanspruchs im WZG nicht enthalten war, kommt eine rückwirkende Anwendung nicht in Betracht. Nach § 157 Abs. 2 beginnt daher die in § 51 Abs. 2 S. 1 und S. 2 enthaltene Frist von fünf Jahren, in der eine Duldung der Benutzung der jüngeren Marke durch den Inhaber des älteren Rechts stattgefunden hat, frühestens mit dem Stichtag des Inkrafttretens des MarkenG am 1.1.1995 zu laufen (Amtl. Begr. zu § 162; Ströbele/Hacker/Hacker Rn. 5; Fezer Rn. 6).

§ 158 Übergangsvorschriften

(1) Artikel 229 § 6 des Einführungsgesetzes zum Bürgerlichen Gesetzbuche findet mit der Maßgabe entsprechende Anwendung, dass § 20 in der bis zum 1. Januar 2002 geltenden Fassung den Vorschriften des Bürgerlichen Gesetzbuchs über die Verjährung in der bis zum 1. Januar 2002 geltenden Fassung gleichgestellt ist.

(2) Ist die Anmeldung vor dem 1. Oktober 2009 eingereicht worden, gilt für den gegen die Eintragung erhobenen Widerspruch § 42 in der bis zum 1. Oktober 2009 geltenden Fassung.

(3) [1]Für Erinnerungen und Beschwerden, die vor dem 1. Oktober 2009 eingelegt worden sind, gelten die §§ 64 und 66 in der bis zum 1. Oktober 2009 geltenden Fassung. [2]Für mehrseitige Verfahren, bei denen von einem Beteiligten Erinnerung und von einem anderen Beteiligten Beschwerde eingelegt worden ist, ist für die Anwendbarkeit der genannten Vorschriften der Tag der Einlegung der Beschwerde maßgebend.

Überblick

Diese Vorschrift, die früher § 165 war und durch das Art. 4 Nr. 33 Gesetz zur Änderung des Designgesetzes und weiterer Vorschriften des gewerblichen Rechtsschutzes vom 4.4.2016 (BGBl. I 558, 564) zu § 158 wurde, ist eine stets im Wandel begriffene Übergangsregelung bei Gesetzesänderungen.

1   Zur Verjährung → § 20 Rn. 3; Fezer § 165 Rn. 7, 8; zur Wahl zwischen Erinnerung und Beschwerde → § 64 Rn. 24 ff., → § 66 Rn. 3 ff.

2   Soweit Abs. 7 in seiner bis 30.6.2006 geltenden alten Fassung (→ Rn. 2.1) noch Relevanz für Inlandsvertreter (→ § 96 Rn. 1 ff.) haben sollte, s. Ingerl/Rohnke § 96 Rn. 3; Ströbele/Hacker/Hacker § 165 Rn. 9.

(aufgehoben) § 163 MarkenG

§ 165 Abs. 7 aF: „Für die in § 96 genannten Verfahren, die vor dem 1. Januar 2002 anhängig 2.1
geworden sind, gilt § 96 in der bis zum 1. Januar 2002 geltenden Fassung." Diese enthielt in § 96 Abs. 2
folgenden Satz 2: „In diesem Fall kann ein Verfahren jedoch nur betrieben werden, wenn im Inland
ein Rechtsanwalt oder Patentanwalt als Zustellungsbevollmächtigter bestellt worden ist."

§ 159 (aufgehoben)

Überblick

§ 159 wurde durch Art. 4 Gesetz zur Änderung des Designgesetzes und weiterer Vorschriften des gewerblichen Rechtsschutzes vom 4.4.2016 (BGBl. I 558) aufgehoben.

Die Übergangsregel betraf ausschließlich Anmeldungen, die am 1.1.1995 noch anhängig 1
waren, und war ohne Bedeutung.

§ 160 (aufgehoben)

Überblick

§ 160 wurde durch Art. 4 Gesetz zur Änderung des Designgesetzes und weiterer Vorschriften des gewerblichen Rechtsschutzes vom 4.4.2016 (BGBl. I 558) aufgehoben.

Die Übergangsvorschrift regelte, dass die Verlängerungsgebühr für Marken, deren Schutz- 1
dauer vor Inkrafttreten des MarkenG ablief, noch nach dem Warenzeichengesetz gezahlt
werden konnte. Sie war nicht mehr von Bedeutung.

§ 161 (aufgehoben)

Überblick

§ 161 wurde durch Art. 4 Nr. 30 Gesetz zur Änderung des Designgesetzes und weiterer
Vorschriften des gewerblichen Rechtsschutzes vom 4.4.2016 (BGBl. I 558) aufgehoben.

§ 162 (aufgehoben)

Überblick

§ 162 wurde durch Art. 4 Nr. 30 Gesetz zur Änderung des Designgesetzes und weiterer
Vorschriften des gewerblichen Rechtsschutzes vom 4.4.2016 (BGBl. I 558) aufgehoben (vgl.
jetzt § 156).

§ 163 (aufgehoben)

Überblick

§ 163 wurde durch Art. 4 Nr. 30 Gesetz zur Änderung des Designgesetzes und weiterer
Vorschriften des gewerblichen Rechtsschutzes vom 4.4.2016 (BGBl. I 558) aufgehoben (vgl.
jetzt § 157).

§ 164 (aufgehoben)

Überblick

§ 164 wurde durch Art. 3 Nr. 9 PatRModG mWv 1.10.2009 (BGBl. I 2521) aufgehoben.

§ 165 (aufgehoben)

Überblick

§ 165 wurde durch Art. 4 Nr. 30 Gesetz zur Änderung des Designgesetzes und weiterer Vorschriften des gewerblichen Rechtsschutzes vom 4.4.2016 (BGBl. I 558) aufgehoben.

1 Sein Inhalt, eine stets im Wandel begriffene Übergangsregelung bei Gesetzesänderungen, ist jetzt in § 158 geregelt (→ § 158 Rn. 1 ff.).

2 Soweit seine bis 30.6.2006 geltende Fassung (→ Rn. 2.1) noch Relevanz für Inlandsvertreter haben sollte, s. Ingerl/Rohnke § 96 Rn. 3; Ströbele/Hacker/Hacker Rn. 9.

2.1 § 165 Abs. 7 aF: „Für die in § 96 genannten Verfahren, die vor dem 1. Januar 2002 anhängig geworden sind, gilt § 96 in der bis zum 1. Januar 2002 geltenden Fassung." Diese enthielt in § 96 Abs. 2 folgenden Satz 2: „In diesem Fall kann ein Verfahren jedoch nur betrieben werden, wenn im Inland ein Rechtsanwalt oder Patentanwalt als Zustellungsbevollmächtigter bestellt worden ist."

Verordnung (EG) Nr. 207/2009 des Rates vom 26. Februar 2009 über die Unionsmarke (UMV)

(ABl. Nr. L 78 S. 1),
zuletzt geändert durch VO vom 16. Dezember 2015
(ABl. Nr. L 341 S. 21, ber. 2016 Nr. L 110 S. 4 und 2016 Nr. L 267 S. 1)

Titel I Allgemeine Bestimmungen

Art. 1 Unionsmarke

(1) Die entsprechend den Voraussetzungen und Einzelheiten dieser Verordnung eingetragenen Marken für Waren oder Dienstleistungen werden nachstehend „Unionsmarken" genannt.

(2) ¹Die Unionsmarke ist einheitlich. ²Sie hat einheitliche Wirkung für die gesamte Union: sie kann nur für dieses gesamte Gebiet eingetragen oder übertragen werden oder Gegenstand eines Verzichts oder einer Entscheidung über den Verfall der Rechte des Inhabers oder die Nichtigkeit sein, und ihre Benutzung kann nur für die gesamte Union untersagt werden. ³Dieser Grundsatz gilt, sofern in dieser Verordnung nichts anderes bestimmt ist.

Überblick

Art. 1 führt die Unionsmarke als Rechtsinstitut ein und legt zugleich ihre grundlegenden Wirkungen fest. Wesentlich und in Art. 1 Abs. 2 niedergelegt ist das Prinzip der Einheitlichkeit im Unionsgebiet (→ Rn. 5 ff.; Abs. 2). Weitere grundlegende Prinzipien sind die der Koexistenz und der Autonomie.

A. Begriff der Unionsmarke

Der Begriff der „Gemeinschaftsmarke" wurde mit dem Vertrag von Lissabon obsolet, da **1** die Europäische Gemeinschaft in der Rechtspersönlichkeit der EU aufging. Entsprechende Änderungen wurden in der am 23.3.2016 in Kraft getretenen Änderungsverordnung (VO (EU) 2015/2424 des Europäischen Parlaments und des Rates vom 16.12.2015) berücksichtigt. Aus der Gemeinschaftsmarke wurde die **„Unionsmarke"** (dementsprechend auch nunmehr **„Verordnung über die Unionsmarke"** – UMV, „Unionskollektivmarke", „Unionsgewährleistungsmarke" und „Unionsmarkengerichte"). Einstweilen behält lediglich die GMDV ihre alte Bezeichnung, wenn auch das EUIPO bereits die Abkürzung UMDV verwendet. Richtig ist die alte Bezeichnung, weil die GMDV ja gerade nicht umbenannt wurde. Zudem wird „UMDV" wohl für die erst noch nach Art. 163 zu erlassenden Durchführungsvorschriften verwendet werden, die zum 1.10.2017 in Kraft treten sollen (und zu denen derzeit noch keine Entwurfsfassung vorliegt). Diese neue UMDV wird dann an die Seite der – ganz neuen – delegierten Rechtsakte nach Art. 163a treten, deren Kurzname erst noch bekannt gemacht wird.

B. Entstehung mittels Eintragung; Typen

Der Wortlaut von Abs. 1 stellt klar, dass der Begriff der „Unionsmarke" eingetragenen **2** Marken vorbehalten ist. Weitere Kommentare hierzu finden sich unter Art. 6 (→ Art. 6 Rn. 1 ff.). Unionsmarken können Unionsindividualmarken sein, Unionskollektivmarken (→ Art. 66 Rn. 1 ff.) oder, ab 1.10.2017, Unionsgewährleistungsmarken (→ Art. 74a § 0

v. Bomhard 1515

Rn. 5 ff.). Alle unterliegen in gleicher Weise den Grundprinzipien der Unionsmarke der Koexistenz, Autonomie, Einheitlichkeit und Äquivalenz. Allerdings existieren Kollektiv- und Gewährleistungsmarken nicht notwendig in gleicher Weise auf nationaler Ebene, da ihre Einführung nach RL 95/2008/EG optional war.

2.1 Die Einführung von Gewährleistungsmarken auf nationaler Ebene bleibt auch weiterhin optional (Art. 29 RL (EU) 2015/2436), zwingend vorgesehen ist nur die Einführung von Kollektivmarken (Art. 28 RL (EU) 2015/2436).

C. Grundprinzipien der Unionsmarke

I. Koexistenz

3   Die Unionsmarke hat die nationalen Marken nicht ersetzt, sondern wurde ihnen an die Seite gestellt. Die Systeme koexistieren. Weitere Anmerkungen hierzu finden sich in der Einleitung (→ MarkenR Einleitung Rn. 105 ff.). Soweit das Prinzip der Koexistenz bedeutet, dass Unionsmarken auf nationaler Ebene in (mindestens) gleicher Weise geschützt sind wie nationale Marken, und ältere nationale Marken sich gegenüber späteren Unionsmarken durchsetzen, spricht man auch vom Grundsatz der Äquivalenz (→ Rn. 10 ff.).

II. Grundsatz der Autonomie

4   Die UMV ist alleinige Grundlage für Wirksamkeit, Schutz und Reichweite der Unionsmarke. Sie ist unabhängig von der Interpretation derselben Begriffe durch nationale Instanzen autonom auszulegen. Insofern wird der Grundsatz der Autonomie immer wieder bemüht, um trotz weitreichender Harmonisierung des nationalen und des Unionsmarkenrechts nationalen auch höchstrichterlichen Entscheidungen keine Präzedenzwirkung zukommen zu lassen in Unionsmarkensachen (ständige Rechtsprechung, aus jüngerer Zeit zB EuG T-647/14, BeckRS 2016, 80060 Rn. 36 – DUALTOOLS; EuGH C-445/12 P, GRUR Int 2014, 161 (164) Rn. 48 – Passaia/BASKAYA). Freilich können solche Vorentscheidungen nicht nur berücksichtigt werden (EuG T-535/08, BeckRS 2012, 82080 Rn. 89 – Emidio Tucci/Tuzzi), sie müssen es sogar: ihre Nichtberücksichtigung kann zur Aufhebung der Entscheidung führen (so zB EuG T-378/13, BeckRS 2016, 81249 – ENGLISH PINK; insofern nicht Gegenstand des Beschwerdeverfahrens vor dem EuGH, s. EuGH C-226/15 P, GRUR-RR 2016, 328). Die Autonomie wird nur durch vorrangiges Unionsprimärrecht und daraus resultierende Grundsätze eingeschränkt (EuGH C-226/15 P, GRUR-RR 2016, 328 Rn. 51, 66 – PINK LADY); Unionssekundärrecht findet daneben ergänzende Anwendung, soweit die UMV keine abschließende Regelung trifft. Auf ergänzendes Unionsrecht verweist die UMV ausdrücklich in Bereich der absoluten (Art. 7 Abs. 1 Buchst. j bis m) und der relativen Eintragungshindernisse (Art. 8 Abs. 4, 4a) sowie – subsidiär – in Titel X hinsichtlich der gerichtlichen Zuständigkeit und der Anerkennung und Vollstreckung von Entscheidungen in Zivil- und Handelssachen (Art. 94 Abs. 1).

III. Einheitlichkeit

5   Abs. 2 legt fest, dass die Eintragung der Unionsmarke nur für das gesamte Gebiet der Union erfolgt und sie auch nur für dieses Gesamtgebiet Wirkung hat. Es handelt sich also nicht um ein Bündel nationaler (oder territorialer) Rechte. Art. 44, 49 erlauben nur eine sachliche, nicht aber geografische Teilung der Anmeldung oder Eintragung (→ MarkenR Einleitung Rn. 101 ff.).

6   Für Erwerb und Verlust der Unionsmarke ist der Einheitlichkeitsgrundsatz für den Inhaber umfassend, was nicht nur vorteilhaft ist. Bereits bei Vorliegen eines relativen oder absoluten Eintragungshindernisses in einem einzigen Mitgliedstaat ist die Eintragung zu versagen. Auch im Widerspruchsverfahren kann die Verwechslungsgefahr in einem einzigen Sprachraum der Marke insgesamt erfolgreich entgegengehalten werden (EuG T-33/03, GRUR Int 2005, 586 – Shark/HAI). Über die Inhaberschaft der Marke kann nur einheitlich verfügt werden. Etwas anderes gilt nur für Lizenzen (→ Art. 22 Rn. 12). Andererseits kann der Unionsmarke Bekanntheitsschutz nach Art. 9 Abs. 1 Buchst. c schon dann zufallen, wenn sie nur in einem

Mitgliedstaat bekannt ist (EuGH C-301/07, GRUR 2009, 1158 – PAGO/Tirolmilch), und dies sogar dann, wenn die Bekanntheit nicht in dem Mitgliedstaat besteht, in dem die Verletzung vorliegt; Voraussetzung ist dann, dass ein wirtschaftlich nicht unerheblicher Teil der Verkehrskreise in dem entsprechenden Mitgliedstaat die Marken kennt (EuGH C-125/14, GRUR 2015, 1002 – Iron & Smith/Unilever; vgl. hierzu BPatG BeckRS 2016, 09573 – OXFORD/OXFORD CLUB; Rechtsbeschwerde anhängig).

In dem Beschluss OXFORD/OXFORD CLUB entschied das BPatG, eine Vermutung durchschnittlicher Kennzeichnungskraft sei nicht gerechtfertigt bei einer aufgrund erlangter Unterscheidungskraft eingetragenen Unionsmarke. Dem Inhaber der Marke obliege die Darlegungslast dafür, dass im Eintragungsverfahren vor dem EUIPO ausreichende Nachweise zur Durchsetzung in allen Mitgliedstaaten vorhanden waren. Darüber hinaus wurde für den Nachweis erhöhter Kennzeichnungskraft der Unionsmarke nur die Benutzung innerhalb Deutschlands berücksichtigt, nicht aber in der übrigen EU. Die Entscheidung scheint dem Gedanken der Einheitlichkeit der Unionsmarke zu widersprechen. Rechtsbeschwerde ist anhängig (Az. I ZB 45/16). **6.1**

Auch die **Durchsetzung** der Unionsmarke erfolgt grundsätzlich für das gesamte Unionsgebiet. Auch hier konnte ihr das Einheitlichkeitsprinzip zum Verhängnis werden. Dem Anspruch konnte früher ein älteres Recht des Beklagten irgendwo in der Union im Wege der Einrede nach Art. 99 Abs. 3 aF entgegengehalten werden und dies wohl auch dann, wenn der Anspruch nur für ein Gebiet geltend gemacht wurde, in dem dieses ältere Recht gerade nicht bestand. Dies wurde aber durch die Änderungsverordnung VO (EU) 2015/2424 korrigiert, indem die Einrede des älteren Rechts in Art. 99 Abs. 3 gestrichen wurde und gemäß Art. 9 Abs. 2 nunmehr das Ausschließlichkeitsrecht nur unbeschadet älterer Rechte des Anspruchsgegners gilt (→ Art. 9 Rn. 1 ff.; → Art. 99 Rn. 1). **7**

Im Übrigen hat das Einheitlichkeitsprinzip bei der **Durchsetzung** der Unionsmarke zahlreiche wichtige Ausnahmen und kann die Durchsetzung **beschränkt** erfolgen (hierzu näher → MarkenR Einleitung Rn. 103 ff.). Zwar erstreckt sich zunächst die Reichweite des von einem gemäß Art. 97 Abs. 1–4 zentral zuständigen Unionsmarkengericht, soweit es ein Wohnsitzgericht oder ein diesem gleichgestelltes Gericht ist, ausgesprochenen Verbots von Handlungen, die eine Unionsmarke verletzen oder zu verletzen drohen, grundsätzlich auf das gesamte Gebiet der Union (EuGH C-235/09, GRUR Int 2011, 514 – DHL/Chronopost; → Art. 97 Rn. 1 ff.). Der Markeninhaber kann allerdings bereits in seinen Anträgen die Reichweite der Entscheidung territorial begrenzen. Eine weitere Beschränkung der territorialen Wirkung einer Entscheidung muss zudem erfolgen, wenn der Beklagte den Beweis erbringt, dass die Benutzung des fraglichen Zeichens in bestimmten Bereichen insbesondere aus sprachlichen Gründen die Funktionen der Marke nicht beeinträchtigt oder nicht beeinträchtigen kann (EuGH C-235/09, GRUR Int 2011, 514 Rn. 48 – DHL/Chronopost). **8**

Auch gegen die **Benutzung der Unionsmarke** können aus älteren nationalen Marken oder sonstigen Rechten Unterlassungsansprüche begründet sein, die ihre Einheitlichkeit einschränken (→ Art. 110 Rn. 1 ff., → Art. 111 Rn. 1 f.). Für die nachträglich zum Unionsgebiet hinzugetretenen Mitgliedstaaten (zuletzt Kroatien am 1.7.2013) gilt das Gleiche gemäß Art. 165 (→ Art. 165 Rn. 1, → Art. 165 Rn. 8). **9**

IV. Grundsatz der Äquivalenz

Unionsmarken und nationale Marken sind im Verhältnis zueinander gleichwertig. Unionsmarke haben in nationalen Verfahren die Wirkung eines älteren Rechts (Art. 5 Abs. 2 Buchst. a (i) RL (EU) 2015/2436; für Deutschland § 125b MarkenG). In Widerspruchsverfahren vor dem Amt können Unionsmarken auch nationale Marken (Art. 8 Abs. 2 Buchst. a (ii)) und IR-Marken mit Wirkung für einen Mitgliedstaat (Art. 8 Abs. 2 Buchst. a (iii)) entgegengehalten werden sowie sonstige nicht eingetragene Kennzeichenrechte (Art. 8 Abs. 4) und geografische Herkunftsangaben (Art. 8 Abs. 4a). Für das Nichtigkeitsverfahren kommen zudem nationale Rechte nicht kennzeichenrechtlicher Art hinzu, insbesondere Namensrechte und Urheberrechte (→ Art. 53 Rn. 16 ff. zu Art. 53 Abs. 2). **10**

Auch hinsichtlich des Benutzungszwangs in Verfahren vor dem Amt werden Unionsmarken und nationale Marken im Wesentlichen gleichbehandelt (Art. 42 Abs. 3; für das Nichtig- **11** keitsverfahren vgl. Art. 57 Abs. 3; → Art. 57 Rn. 1 ff.). Gleiches gilt für nationale Verfahren (§ 125b Nr. 4 MarkenG; → MarkenG § 125b Rn. 1 ff.).

11.1 Der EuGH hat entschieden, dass bei der Beurteilung des Erfordernisses nach Art. 15 Abs. 1, ob eine Marke in der Union ernsthaft benutzt wird, die Grenzen des Hoheitsgebiets der Mitgliedstaaten außer Betracht zu lassen sind (EuGH C-149/11, GRUR 2013, 182 – ONEL/OMEL). Eine Benutzung der Unionsmarke in dem Mitgliedstaat, in dem die Ansprüche geltend gemacht werden, ist nicht zu verlangen (Eisenführ/Schennen/Schennen Rn. 61; → MarkenG § 125b Rn. 15). In der Amtspraxis unterscheiden sich die Anforderungen an die ernsthafte Benutzung einer Unionsmarke nicht merklich von denen bei einer nationalen Marke.

12 Die Äquivalenz kommt auch in den Rechtsinstituten der Umwandlung und des Zeitrangs (Seniorität) zum Tragen. Bei Umwandlung einer Unionsmarke oder Unionsmarkenanmeldung in eine nationale Anmeldung gilt nach Art. 112 das Anmelde- oder Prioritätsdatum der Unionsmarke für die nationale Anmeldung (→ Art. 112 Rn. 1 ff.). Das Institut der Zeitrangansprüche (→ Art. 34 Rn. 1 ff.) zeigt die vom Gesetz gewollte wechselseitige Austauschbarkeit von Unionsmarke und nationalen Marken, was ihre Rechtswirkungen auf nationalem Gebiet betrifft.

Art. 2 Amt

(1) Es wird ein Amt der Europäischen Union für geistiges Eigentum (im Folgenden „Amt") errichtet.

(2) Alle Verweise auf das Harmonisierungsamt für den Binnenmarkt (Marken, Muster und Modelle) im Unionsrecht gelten als Verweise auf das Amt.

Überblick

Art. 2 war die Grundlage für die Errichtung des Amtes der Europäischen Union für geistiges Eigentum, vormals Harmonisierungsamt für den Binnenmarkt (Marken, Muster und Modelle), kurz HABM. Die vom Amt favorisierte Abkürzung für den Namen des Amtes ist seit 23.3.2016 „EUIPO" (Englisch: „European Union Intellectual Property Office"), die in allen Sprachversionen verwendet werden soll.

A. Allgemeines

1 Das Amt mit Sitz in Alicante, Spanien, ist die zentrale Instanz für die Anmeldung und Eintragung, sowie weitgehend auch für die Löschung (Ausnahme: Art. 100) von Unionsmarken. Das Amt ist als Agentur der Union (Art. 115; → Art. 115 Rn. 1 ff.) der Rechtsaufsicht der Kommission unterstellt (→ MarkenR Einleitung Rn. 56). Die Kompetenzen des Amtes sind nicht auf Unionsmarken beschränkt, sondern erstrecken sich auch auf eingetragene Gemeinschaftsgeschmacksmuster. Im Juni 2012 wurde ferner die Europäische Beobachtungsstelle für Verletzungen von Rechten des geistigen Eigentums („Observatory") in die Zuständigkeit des EUIPO überführt. Im Übrigen unterstützt das Amt Harmonisierung und Rechtsvereinheitlichung im Bereich des Marken- und Designrechts in der EU und sogar weltweit und treibt diese voran.

B. Aufbau und Zuständigkeit

2 Vorschriften über Aufbau und Zuständigkeiten des Amtes sind in Titel XII (Art. 115 ff.) konzentriert. Die Rechtsstellung des Amtes als Agentur der Union mit Rechtspersönlichkeit ist in Art. 115 angesprochen. Art. 124 ff. regeln Zusammensetzung und Aufgaben des Verwaltungsrates, Art. 128 ff. die Aufgaben und Rechtsstellung des Exekutivdirektors (vormals: Präsidenten), und Art. 130 ff. die Zusammensetzung und Zuständigkeiten der operativen Abteilungen (→ Art. 130 Rn. 1).

3 Die Zuständigkeiten des Amtes im Bereich des Schutzes des Geistigen Eigentums in der EU und darüber hinaus sind umfassend und nunmehr in Art. 123b kodifiziert. Verwiesen wird auch auf die auf Erwägungsgründe 29 und 30 VO (EU) 2015/2424. Das Amt nahm aber bereits seit längerem zahlreiche Aufgaben jenseits der Eintragung von Marken und Designs wahr. So wurden 2010 der Kooperationsfonds und 2011 das Konvergenzprogramm aus der Wiege gehoben und das Europäische Netzwerk für Marken und Geschmacksmuster (ETMDN) herausgebildet. Beim Kooperationsfonds geht es um die gemeinsame Entwicklung und Nutzung von Arbeitsmitteln oder „Tools" im Bereich des geistigen Eigentums, also eine überwiegend technische Zusammenarbeit der Ämter, die so wichtige Arbeitsmittel wie TMview, TMclass, Similarity Datenbank, DesignView und DesignClass hervorgebracht hat. Das Konvergenzprogramm hingegen zielt auf eine weitere Annäherung der Praktiken der Ämter in der EU, die das harmonisierte Recht anwenden, wie etwa hinsichtlich der Klassifizierung (KP1 und 2), der Behandlung von schwarz-weißen im Verhältnis zu farbigen Marken (KP4), der Eintragbarkeit und Bedeutung für den Schutzbereich von beschreibenden Wortelementen in Kombinationsmarken (KP3 und 5). Weitere Informationen hierzu sowie Zugang zu den genannten Arbeitsmitteln finden sich auf der Webseite des Netzwerks, www.tmdn.org. Kooperationsfonds und Konvergenzprogramm haben jetzt in Art. 123c eine konkrete gesetzliche Grundlage gefunden (→ Art. 123c Rn. 1 ff.).

Art. 3 Rechtsfähigkeit

Für die Anwendung dieser Verordnung werden Gesellschaften und andere juristische Einheiten, die nach dem für sie maßgebenden Recht die Fähigkeit haben, im eigenen Namen Träger von Rechten und Pflichten jeder Art zu sein, Verträge zu schließen oder andere Rechtshandlungen vorzunehmen und vor Gericht zu stehen, juristischen Personen gleichgestellt.

Überblick

Art. 3 stellt teilrechtsfähige Personenverbände den juristischen Personen gleich und erweitert damit den Kreis derer, die Unionsmarken innehaben (Art. 5) und in Verfahren vor dem Amt auftreten können. Maßgeblich ist dabei das jeweils für die Personenmehrheit geltende Recht (→ Rn. 2).

Der Verweis in das jeweils anwendbare Recht ist ein **Rechtsgrundverweis,** kein Rechtsfolgenverweis: Es kommt nicht darauf an, ob das nationale Recht die betreffende Personenmehrheit juristischen Personen gleichstellt, sondern lediglich darauf, dass diese Rechten und Pflichten „jeder Art" haben, Rechtshandlungen im eigenen Namen vornehmen und vor Gericht stehen kann. In der Regel wird freilich auch das anwendbare Recht eine entsprechende Gleichstellung vornehmen (für das deutsche Recht → MarkenG § 7 Rn. 11). 1

Unsicherheit besteht nach wie vor bei **teilrechtsfähigen Personenmehrheiten.** Die Beschwerdekammer des Amtes etwa hatte für eine niederländische maatschap (vergleichbar der deutschen Außen-GbR) die Fähigkeit zur Markeninhaberschaft anerkannt, weil der Anmelder niederländische Urteile vorgelegt hatte, die gegen maatschappen ergangen waren (HABM BK v. 28.7.1998 – R 195/1998-1 – Nauta Dutilh). Daraus allein folgt aber noch nicht die Rechtsfähigkeit der maatschap (Eisenführ/Schennen/Schennen Rn. 19). Für die Beschwerdekammer war entscheidend, dass die Personenmehrheit unter einem gemeinsamen Namen auftritt und die Fähigkeit besitzt, im eigenen Namen am Handelsverkehr teilzunehmen und ihr daraus Rechte und Pflichten erwachsen können. 1.1

Anwendbar ist jeweils das **nationale Recht des Sitzlandes.** Dies gilt unabhängig davon, ob das Sitzland ein EU-Mitgliedstaat ist. Bei europäischen Rechtsformen, etwa der Europäischen Wirtschaftlichen Interessenvereinigung (EWIV), Europäischen Aktiengesellschaft (SE) oder Europäischen Genossenschaft (SCE), entscheidet sich die Rechtsfähigkeit nach Unionsrecht. 2

Vorgesehen war ursprünglich auch die Entwicklung einer europäischen GmbH, der **Societas Privata Europaea** (SPE). Unter den Mitgliedstaaten konnte indes bisher kein Konsens über den bereits 2008 vorgelegten Kommissionsvorschlag (KOM (2008) 396) erzielt werden. Die von der Kommission vorgeschlagene europäische Einmanngesellschaft, Societas Unius Personae (SUP) (s. den Vorschlag vom 9.4.2014, KOM [2014] 212 final) stellt dagegen keine genuine Unionsrechtsform dar, sondern eine harmonisierte Rechtsform nach den einzelnen Rechtsordnungen der Mitgliedstaaten. 2.1

2.2 Zu **Körperschaften des öffentlichen Rechts** hatte das EuG Gelegenheit, sich im Falle SUEDTIROL zu äußern (EuG T-11/15, BeckRS 2016, 81641 Rn. 18 ff.) und bereits zuvor – incidenter – im Falle MONACO (EuG T-197/13, BeckRS 2015, 80074 Rn. 32).

2.3 Ein Beispiel für einen Fall, in dem das **Fehlen der Rechtsfähigkeit** angenommen wurde, findet sich in der Entscheidung der BK v. 5.11.2014 – R 2463/2013-5 – slim choc. Hier war der Widersprechende ein **Trust** nach dem Recht von Gibraltar. Die Beschwerdekammer entschied, dass ein Trust, wie ein Joint Venture, keine eigene Rechtspersönlichkeit besitze.

3 Hat das Amt wegen der **Teilrechtsfähigkeit** der betreffenden Personenmehrheit nach dem anwendbaren Recht Zweifel, so ist es an deren Vertreter, diese zu zerstreuen, wobei eine der Amtssprachen zu verwenden ist. Zu den notwendigen Angaben über den Anmelder in der Unionsmarkenanmeldung → Art. 26 Rn. 3. Bei fehlender Rechtsfähigkeit wird die Anmeldung zurückgewiesen.

4 Bei späterem **Wegfall der Rechtsfähigkeit** gilt: Eine nicht rechtsfähige Person ist nicht postulationsfähig und kann weder gegenüber dem Amt Verfahrenshandlungen vornehmen noch Rechte auf die Marke oder aus ihr wahrnehmen (Eisenführ/Schennen/Schennen Art. 3 Rn. 6). Eine Markenanmeldung ist nach Wegfall der Rechtsfähigkeit des Anmelders zurückzuweisen. Widersprüche oder Nichtigkeitsanträge werden unzulässig (für die zuweilen abweichende Praxis des Amtes bei bereits eingelegten Widersprüchen und Nichtigkeitsanträgen aber → Art. 5 Rn. 4.3).

Titel II Materielles Markenrecht

Abschnitt 1 Begriff und Erwerb der Unionsmarke

Art. 4 Markenformen

Unionsmarken können alle Zeichen sein, die sich grafisch darstellen lassen, insbesondere Wörter einschließlich Personennamen, Abbildungen, Buchstaben, Zahlen und die Form oder Aufmachung der Ware, soweit solche Zeichen geeignet sind, Waren oder Dienstleistungen eines Unternehmens von denjenigen anderer Unternehmen zu unterscheiden.

Fassung mWv 1.10.2017 gemäß VO (EU) 2015/2424 vom 16.12.2015:
Unionsmarken können Zeichen aller Art sein, insbesondere Wörter, einschließlich Personennamen, oder Abbildungen, Buchstaben, Zahlen, Farben, die Form oder Verpackung der Ware oder Klänge, soweit solche Zeichen geeignet sind,
a) Waren oder Dienstleistungen eines Unternehmens von denjenigen anderer Unternehmen zu unterscheiden und
b) in dem Register der Unionsmarken (im Folgenden „Register") in einer Weise dargestellt zu werden, dass die zuständigen Behörden und das Publikum den Gegenstand des dem Inhaber einer solchen Marke gewährten Schutzes klar und eindeutig bestimmen können.

Überblick

Art. 4 bestimmt die als Unionsmarken zulässigen Markenformen. Die Markenform ist in der Unionsmarkenanmeldung anzugeben; dies bedeutet aber nicht, dass jedes Zeichen notwendig einer bereits anerkannten Kategorie zuzuordnen sein muss (→ Rn. 4). Nach Art. 4 derzeit geltender Fassung muss ein Zeichen zwei Voraussetzungen erfüllen, um als Unionsmarke eingetragen werden zu können. Es muss erstens zur Unterscheidung von Waren oder Dienstleistungen grundsätzlich geeignet, also abstrakt unterscheidungskräftig (→ Rn. 5), und zweitens grafisch darstellbar sein (→ Rn. 6). Von praktischer Relevanz ist insbesondere das Erfordernis der grafischen Darstellbarkeit, das allerdings mit Inkrafttreten der Neufassung des Art. 4 zum 1.10.2017 entfällt. Die GMDV gilt ebenfalls in bisheriger Fassung weiter, bis – wiederum zum 1.10.2017 – neue von der Kommission nach Art. 26 Abs. 4 erlassene Durchführungsrechtsakte die Erfordernisse für die Darstellung von Marken neu regeln. Einstweilen finden sich die konkreten Anforderungen an die grafische Darstellung bestimmter Markenformen in der GMDV (→ Rn. 6). Zuweilen ist auch eine Beschreibung erforderlich (→ Rn. 12). Genügt ein Zeichen nicht den Anforderungen des Art. 4, ist dies iVm Art. 7 Abs. 1 Buchst. a und ggf. Art. 52 Abs. 1 Buchst. a ein absolutes Eintragungshindernis oder ein absoluter Nichtigkeitsgrund (→ Rn. 26). Die Nennung bestimmter Markenformen in Art. 4 besagt im Übrigen nichts für ihre konkrete Unterscheidungskraft (→ Rn. 25).

Übersicht

	Rn.		Rn.
A. Nicht abschließende Liste der möglichen Zeichen	1	D. Anforderungen an die Darstellung in der Anmeldung, Erfordernis der Beschreibung	12
B. Abstrakte Unterscheidungskraft	5	E. Keine Vermutung der konkreten Unterscheidungskraft	25
C. Grafische Darstellbarkeit	6		

A. Nicht abschließende Liste der möglichen Zeichen

Art. 4 nennt eine Reihe von möglichen Markenformen. Er ist wortgleich zu Art. 2 **1** RL 2008/95/EG, der sich wiederum – mit Ergänzungen – in § 3 Abs. 1 MarkenG wiederfindet (→ Art. 3 Rn. 1 ff.). § 3 Abs. 2 MarkenG hingegen hat seine unionsmarkenrechtliche Entsprechung in Art. 7 Abs. 1 Buchst. e (→ Art. 7 Rn. 73 ff.). Die zum 1.10.2017 in Kraft tretende Neufassung des Art. 4 mit einer erweiterten Liste von Markenformen entspricht ihrerseits der Neufassung in Art. 2 RL (EU) 2015/2436. Wie in § 3 Abs. 1 MarkenG ist die Liste der als Unionsmarken denkbaren Zeichen (ob in der geltenden oder der neuen Fassung) nicht abschließend (→ MarkenG § 3 Rn. 46). Die möglichen Markenformen sind theoretisch unbegrenzt. Voraussetzung ist lediglich, dass es sich um ein „Zeichen" handelt. Zeichen werden durch die fünf Sinne des Menschen wahrgenommen. Die Grenze liegt dort, wo der betreffende Gegenstand nur durch den Intellekt, also durch Einsatz des Verständnisses, wahrzunehmen ist, es sich also um ein „Konzept" handelt (EuGH C-321/03, GRUR 2007, 231 – Dyson; → MarkenG § 3 Rn. 18).

1.1 Statt es hier am Zeichenbegriff fehlen zu lassen, hätte sich der „Dyson"-Fall, in dem es laut Beschreibung der Marke um einen durchsichtigen Staubauffangbehälter unbestimmter Form ging, auch über die ungenügende Bestimmtheit des Zeichens lösen lassen.

2 Art. 4, anders als § 3 Abs. 1 MarkenG, nennt derzeit weder **Hörzeichen** noch **Farben** oder Farbzusammenstellungen noch **Verpackungen.** Diese sind in die Neufassung aufgenommen worden. Im Übrigen hieß die fehlende Nennung noch nie, dass diese Zeichen nicht als Unionsmarken zulässig seien (→ Rn. 25). Die grundsätzliche Zulässigkeit neuer Markenformen wurde seitens des Amtes nie bezweifelt. In der Tat sind zahlreiche in Art. 4 und auch in § 3 Abs. 1 MarkenG nicht genannte Markenformen als Unionsmarken eingetragen, wie etwa **Bewegungsmarken, Positionsmarken** und **Hologramme** (→ Rn. 4). Deren Eintragung und vor allem Darstellung wird durch den Wegfall der verpflichtend grafischen Darstellung voraussichtlich erheblich einfacher. Bis zum 1.10.2017 gelten jedoch die bisherigen Regelungen und Formvorschriften einschließlich derjenigen in der Durchführungsverordnung, auf die nun näher eingegangen wird.

3 Die Markenform ist in der Unionsmarkenanmeldung anzugeben. Regel 3 GMDV sieht die „Angabe" zwar nur für Zeichen außer Wortmarken (Abs. 3) und für dreidimensionale Zeichen (Abs. 4 S. 1) vor. Die Angabe der Markenform wird jedoch vom Amt für alle Markenformen verlangt, wobei sie sich bei Wortmarken von selbst ergibt.

3.1 Das elektronische Anmeldeformular verlangt zwingend eine – nicht notwendig die richtige – Angabe der Markenform. Ursprünglich hat das Amt ohne entsprechende Angabe seitens des Anmelders selbst die Markenform bestimmt. Vielfach haben Anmelder, insbesondere in der Anfangszeit, sog. Positionsmarken als dreidimensionale Zeichen statt als „andere" bezeichnet. In der Folge gab es Diskussionen über die Frage, ob die Markenform im Laufe des Eintragungsverfahrens oder gar nach Eintragung geändert werden könne. Diese Frage ist eng mit der Hinzufügung oder Änderung der Beschreibung verbunden und wird daher im Zusammenhang mit dieser besprochen (→ Rn. 12 ff.).

4 Dabei hält das Anmeldeformular des Amtes folgende **Kategorien** bereit: Wort, Bild, dreidimensional, Farbe, Hörmarke und „andere". Unter die Kategorie „andere" fallen insbesondere Positionsmarken, Bewegungsmarken und ggf. Hologramme. Bereits die Existenz der Kategorie „andere" zeigt, dass das Amt gegenüber in Art. 4 nicht genannten Markenformen durchaus aufgeschlossen ist.

B. Abstrakte Unterscheidungskraft

5 Nach Art. 4 muss ein Zeichen zur Unterscheidung von Waren oder Dienstleistungen grundsätzlich geeignet sein. Die konkrete Unterscheidungskraft erwächst noch nicht aus der allgemeinen Markenfähigkeit (EuGH C-265/09, BeckEuRS 2010, 526211 – HABM/BORCO-Marken-Import Matthiesen; zuletzt verb. Rs. C-217/13 und C-218/13, EuZW 2014, 707 mAnm Samwer; BeckRS 2014, 81013 – Oberbank et al./Deutscher Sparkassen- und Giroverband e.V.). Die Unterscheidungseignung iSv Art. 4 ist unabhängig von den konkret von einer Marke abzudeckenden Waren oder Dienstleistungen zu prüfen. Nach Unionsmarkenrecht gibt es keine Kategorie von Zeichen, die von Haus aus ungeeignet sind, Waren oder Dienstleistungen zu unterscheiden (EuGH C-299/99, GRUR 2002, 804 – Philips/Remington).

Anschaulich ist das häufige Beispiel von „Apple" – eine für Äpfel natürlich glatt beschreibende **5.1**
Angabe, für Computer hingegen eine ohne weiteres (auch konkret) unterscheidungskräftige Marke.
Eine besonders hohe Komplexität des Zeichens könnte unter Umständen der Unterscheidungseig- **5.2**
nung entgegenstehen, weil die relevanten Verkehrskreise nicht in der Lage sind, sich das Zeichen
einzuprägen. Dies könnte sich auch aus dem Merkmal der "In-sich-Abgeschlossenheit" ergeben (→
MarkenG § 3 Rn. 28). Allerdings ist kein Fall bekannt, in dem eine Anmeldung aufgrund ihrer hohen
Komplexität bereits als nicht markenfähig zurückgewiesen worden sei. Das EuG hat hingegen eine
Kombination zahlreicher farbiger Quadranten wegen ihrer Komplexität für nicht konkret unterscheidungskräftig gehalten (EuG T-400/07, GRUR Int 2009, 513 – GretagMacbeth LLC/HABM).

C. Grafische Darstellbarkeit

Von praktischer Relevanz ist im Rahmen des Art. 4 in erster Linie die grafische Darstell- **6**
barkeit der Zeichen, die den Kreis der als Unionsmarken eintragbaren Zeichen einschränkt.
Nachdem es keine nicht eingetragenen Unionsmarken gibt, heißt dies zugleich, dass grafisch
nicht darstellbaren Zeichen überhaupt kein gemeinschaftsweiter Schutz zukommen kann.
Das Erfordernis der grafischen Darstellbarkeit entfällt zum 1.10.2017. Insofern hat sich der
Vorschlag in der Studie des Max-Planck-Instituts zur Modernisierung des europäischen Markenrechts durchgesetzt (Knaak/Kur/v. Mühlendahl GRUR Int 2012, 197 (199 f.)). Allerdings
müssen Unionsmarken weiterhin im Register dargestellt werden, und zwar auf eine Weise,
die es den zuständigen Behörden und dem Publikum ermöglicht, den genauen Gegenstand
des gewährten Schutzes klar und eindeutig zu bestimmen. Nicht entfallen werden insbesondere die „Sieckmann-Kriterien", wonach die Darstellung der Marke „klar, eindeutig, in
sich abgeschlossen, leicht zugänglich, verständlich, dauerhaft und objektiv" sein muss (→
MarkenG § 3 Rn. 23 ff.). Diese Kriterien finden im Gegenteil explizite Aufnahme im Erwägungsgrund Nr. 9 der VO (EU) 2015/2424 (wobei „klar" durch „präzise" ersetzt wird).
Praktische Auswirkungen dürfte der Wegfall des Erfordernisses der grafischen Darstellung
daher in erster Linie für Hörmarken und Bewegungsmarken haben, während sich bei
Geruchs- wie auch bei haptischen Marken die unten dargestellte Rechtslage kaum ändern
wird.

Die Grundsatzfragen hinsichtlich der grafischen Darstellung sind durch einschlägige **7**
EuGH-Rechtsprechung geklärt. Insofern gilt hier im Prinzip dasselbe wie bei § 3 Abs. 1
MarkenG (→ MarkenG § 3 Rn. 23 ff.). Für praktisch alle Zeichenformen mit Ausnahme
der Geruchsmarken (→ Rn. 8) stehen Möglichkeiten der grafischen Darstellung bereit. Einzelheiten für bestimmte Markenformen werden im Zusammenhang mit den Anforderungen
an die Darstellung in der Anmeldung erörtert (→ Rn. 12 ff.).

Geruchsmarken fehlt die grafische Darstellbarkeit. Es ist schon fraglich, ob eine Beschrei- **8**
bung des Geruchs in Worten als grafische Darstellung gelten könnte. Jedenfalls ist eine
Beschreibung eines Geruchs nicht klar, eindeutig und objektiv genug (EuGH C-273/00,
GRUR 2003, 145 Rn. 70 – Sieckmann). Auf Geruchsmarken wird daher unten nicht weiter
eingegangen (aber → MarkenG § 3 Rn. 42 f.).

Die gegenteilige, vielfach beachtete frühe Beschwerdekammerentscheidung zu der Marke „THE **8.1**
SMELL OF FRESH CUT GRASS" (HABM BK R 156/1998-2, IIC 1999, 308 – smell of fresh cut
grass) ist insoweit bereits durch die Sieckmann-Entscheidung (EuGH C-273/00, GRUR 2003, 145
Rn. 68 ff. – Sieckmann/DPMA) überholt. Das Gleiche gilt für den mittels des Bildes einer Erdbeere
und der Beschreibung „Duft einer reifen Erdbeere" grafisch dargestellten Erdbeergeruch für eine Reihe
von Produkten einschließlich Bekleidung, Schreibwaren und Reinigungs- und Pflegeprodukten (EuG
T-305/04, GRUR 2006, 327 – Eden SARL/HABM).

Das Amt hegt an der grundsätzlichen Markenfähigkeit von ertastbaren Oberflächen (**Tast-** **9**
marken oder **haptischen Marken**) keinen Zweifel, sofern die grafische Darstellung es
ermöglicht, das Zeichen insbesondere mit Hilfe von Figuren, Linien oder Schriftzeichen
sichtbar so wiederzugeben, dass es genau identifiziert werden kann. Insbesondere sind auch
die Maße der Marke, die Beschaffenheit der Materialien (zB: hart, weich) und die Beweglich-
keit des Objekts insgesamt (verbiegbar, starr) anzugeben. Die Einreichung eines Musters ist
nicht zulässig (HABM BK Rs. 1174/2006-1 – Tastmarke).

Ist die grafische Darstellbarkeit gegeben, schließt Art. 4 nicht aus, dass auch zusätzliche **10**
Formen der Darstellung zugelassen werden. Dies gilt insbesondere für **Hörmarken**, für die

Regel 3 Abs. 6 GMDV seit der Novelle 2005 im Fall der elektronischen Anmeldung die Möglichkeit der Einreichung einer elektronischen Datei vorsieht (→ Rn. 14).

11 Die grafische Darstellung kann hingegen durch andere Arten der Darstellung (bislang) nicht ersetzt werden. Eine Beschreibung einer Marke kann als grafische Darstellung qualifiziert werden, ist aber in der Regel – und für Geruchsmarken wohl generell – nicht klar, eindeutig und objektiv genug (→ Rn. 8).

11.1 Inwieweit sich eine **Notenschrift** von einer Beschreibung in Worten unterscheidet, bleibt fraglich, denn in beiden Fällen bildet die grafische Darstellung das wahrzunehmende Zeichen nicht unmittelbar ab (vgl. zur grafischen Darstellbarkeit in diesen Fällen EuGH C-283/01, GRUR 2004, 54 – Shield Mark/Kist). Die Diskussion ist jedoch mit Blick auf die klare Rechtslage müßig (→ Rn. 18 f.).

D. Anforderungen an die Darstellung in der Anmeldung, Erfordernis der Beschreibung

12 Regel 3 GMDV gilt bis 1.10.2017 fort. Die nach Art. 26 Abs. 4 UMV zu erlassenden Durchführungsrechtsakte werden die Erfordernisse für die Darstellung von Marken neu regeln, was für einige Markenformen, insbesondere Hör- und Bewegungsmarken, aber wohl auch dreidimensionale Marken, sicherlich Erleichterungen in der Praxis mit sich bringen wird. Einzelheiten sind zum Zeitpunkt dieser Kommentierung noch nicht bekannt. In der Folge wird auf die einstweilen geltenden Regelungen eingegangen, also Regel 3 GMDV, ergänzt durch Beschlüsse des Präsidenten. Diese enthalten konkrete Anforderungen an die grafische Darstellung bestimmter Markenformen. In der Amtspraxis hat sich darüber hinaus für bestimmte Marken ein Erfordernis der Beschreibung herausgebildet.

13 Gemäß Regel 3 Abs. 1 GMDV müssen **Wortmarken** durch Standardschrift angegeben werden. Eine Wortmarke, die über mehr als eine Zeile verläuft, wird das Amt als Bildmarke behandeln (vgl. Neue Richtlinien, Teil B, Abschnitt 2, Nr. 9.1). Das Amt übernimmt die Groß- und Kleinschreibung sowie etwaige Sonderzeichen so, wie durch den Anmelder angegeben. Auch Binnenversalien machen aus einer Wort- keine Bildmarke. Zahlensymbole, Tastatursymbole und Interpunktionszeichen sind ebenso zulässig als Bestandteile von Wortmarken.

13.1 Die Richtlinien des Amtes führen kryptisch aus, dass „Zeichen, die nicht über eine Tastatur wiedergegeben werden können," als Bildmarken behandelt werden. Das lässt insbesondere offen, wie mit Sonderzeichen verfahren wird, die zwar nicht auf der Tastatur abgebildet sind, jedoch durch Tastenkombinationen abgebildet werden können. Aus der Praxis des Amtes ist bisher erkennbar, dass Sonderzeichen wie „©" oder „®" durchaus als Bestandteile von Wortmarken anerkannt werden.

14 Standardschrift ist jedoch nur eine in der EU amtliche Schrift. Wörter, die in nicht europäischer Schrift wie etwa in chinesischer oder arabischer Schrift wiedergegeben werden, werden beim Amt als Bildmarken geführt. Im Unterschied zu diversen anderen Markensystemen verlangt das Amt bei solchen Zeichen weder eine Transliteration noch eine Übersetzung.

14.1 Seit dem Beitritt Bulgariens zur EU zum 1.1.2007 ist Kyrillisch eine anerkannte Standardschrift; zuvor waren kyrillisch geschriebene Wörter nicht als Wortmarken eintragbar.

15 **Bildmarken** sind alle Zeichen, die grafische Besonderheiten jedweder Art aufweisen, insbesondere also auch in einer besonderen Schriftart oder in **Farbe** gehaltene Wörter. Den Begriff „Wort-/Bildmarke" kennt das Unionsmarkenrecht nicht. Bildmarken sind gemäß Regel 3 Abs. 2 GMDV auf einem gesonderten DIN-A4 Blatt oder bei elektronischer Anmeldung in jpg-Form beizufügen.

15.1 Regel 3 Abs. 2 GMDV enthält sehr konkrete Vorgaben zur Größe der grafischen Wiedergabe von Bildmarken auf dem Sonderblatt. Praktisch relevanter sind jedoch mittlerweile die Vorgaben für die elektronische Wiedergabe von Bildzeichen, wonach diese 2 MB nicht überschreiten darf, andererseits mindestens 800 x 600 Pixel (maximal 2.835 x 2.008 Pixel) haben muss.

16 Wird die Eintragung einer Bildmarke gewünscht, muss der Anmelder dies entsprechend angeben (Regel 3 Abs. 3 S. 1 GMDV). Eine **Beschreibung** der Bildmarke ist gemäß Regel 3 Abs. 3 S. 2 GMDV grundsätzlich optional. Bildmarken, deren Eintragung in Farbe beantragt wird, bedürfen jedoch gemäß Regel 3 Abs. 5 S. 2 GMDV einer Angabe der Farben in

Worten. Diese Angabe kann, muss aber nicht anhand eines anerkannten Farbcodes (RAL, Pantone) gemacht werden. Das Amt prüft die Farbangabe bei farbigen Marken sehr genau und besteht auf der Aufnahme sämtlicher Farben und Farbschattierungen in die Auflistung, einschließlich Weiß, soweit dies nicht nur Hintergrund, sondern von dem Bild ansonsten vollständig umschlossen ist.

Für **dreidimensionale** Zeichen sieht Regel 3 Abs. 4 GMDV vor, dass sie als solche **17** bezeichnet werden müssen. Ihre Darstellung muss aus „einer fotografischen Darstellung oder einer grafischen Wiedergabe" – also normalerweise Zeichnungen – bestehen. Es können bis zu sechs Ansichten der Formmarke beigefügt werden. Hierfür gelten aber im Übrigen die gleichen Regeln wie für Bildmarken, insbesondere darf nur ein gesondertes Blatt oder ein jpg angefügt werden. Verschiedene Ansichten müssen dementsprechend auf dem einen Blatt untergebracht werden. Das Amt verlangt auch, dass die verschiedenen Ansichten alle denselben Gegenstand zeigen. Ausschnittvergrößerungen sind danach nicht zulässig (wenn es auch freilich Beispiele gibt für Marken, die mit mehr als sechs Ansichten oder Ausschnittvergrößerungen eingetragen wurden).

Für **Hörmarken** bestimmt Regel 3 Abs. 6 GMDV, dass eine grafische Wiedergabe der **18** Klangfolge einzureichen sei, „vornehmlich in Form einer Notenschrift". Anstelle einer Notenschrift ist auch ein Sonagramm denkbar, allerdings hat das Amt hier 2006 die Eignung zur in sich abgeschlossenen Darstellung („self-contained representation") bezweifelt (HABM BK R 708/2006-4 – TARZANSCHREI). Die seit 2005 ohnehin zusätzlich einreichbare Tondatei muss im **mp3-Format** vorliegen und darf nicht größer als 2 MB sein (vgl. Neue Richtlinien, Teil B, Abschnitt 2, Nr. 9.4). Das Einreichen einer elektronischen Datei ersetzt jedoch die grafische Wiedergabe nicht und senkt auch nicht die Anforderungen an deren Bestimmtheit.

In der „Shield Mark"-Entscheidung hat der EuGH klargestellt, dass eine zulässige **19** Beschreibung in der **Notenschrift** erfordert, dass das Zeichen durch ein in Takte gegliedertes Notensystem dargestellt wird, das insbesondere einen Notenschlüssel, Noten- und Pausenzeichen, deren Form ihren relativen Wert angeben, und ggf. Vorzeichen enthält (EuGH C-283/01, GRUR 2004, 54 Rn. 62 – Shield Mark/Kist). Eine Angabe der Instrumentierung wurde jedoch nicht verlangt, obwohl natürlich die Klänge, die zB durch Geige, Gitarre, Xylophon, Saxophon, Mundorgel, menschliche Stimme oder Synthesizer erzeugt werden, einen durchaus sehr unterschiedlichen Gesamteindruck hervorrufen.

In Art. 4 und Regel 3 GMDV nicht genannt sind **Farbmarken,** die Kategorie ist allerdings **20** im Anmeldeformular enthalten. Insofern gelten die Formerfordernisse für Bildmarken. Was die grafische Darstellung abstrakter Farbmarken betrifft, ist spätestens seit „Libertel" (EuGH C-104/01, GRUR 2003, 604 – Libertel) anerkannt, dass diese durch ein entsprechend eingefärbtes Feld auf einem der Anmeldung beigefügten Blatt dargestellt werden können. Um die Dauerhaftigkeit der im Register enthaltenen Angaben zu garantieren, verlangte der EuGH die Angabe eines Farbcodes (RAL, Pantone etc). Das Amt stellte jedoch in der Folge klar, dass die Dauerhaftigkeit einer elektronischen Darstellung auch ohne Farbcodeangabe gewährleistet sei, und bestand daher nicht auf dessen Angabe (Mitteilung des Präsidenten Nr. 6/03 vom 10.11.2003). Dennoch empfahl das Amt bei Anmeldungen für eine Farbe als solche, dass die Angabe der Farbe, die gemäß Regel 3 Abs. 5 GMDV erforderlich ist, nach Möglichkeit die Bezeichnung der Farbe nach einem international anerkannten Kennzeichnungscode enthalten sollte. Ist eine solche Angabe nicht möglich, beispielsweise weil die Farbe oder Farbschattierung in dem jeweiligen Kennzeichnungscode nicht existiert, so können geeignete Angaben in Form einer Angabe gemäß Regel 3 Abs. 5 GMDV gemacht werden. Für die Beurteilung der Unterscheidungskraft habe die Art der Beschreibung der Farbe keine Relevanz; letztere werde auf der Grundlage der Wiedergabe der Marke, so wie sie in der Datenbank des Amtes aufgenommen ist, und der beanspruchten Waren und Dienstleistungen erfolgen (Mitteilung des Präsidenten Nr. 6/03 vom 10.11.2003).

Das Amt hat auch die **Hinzufügung einer Farbcodeangabe** nach Anmeldung und Eintragung der **20.1** Farbmarke zugelassen (Mitteilung des Präsidenten Nr. 6/03 vom 10.11.2003; s. etwa UM Nr. 212787 – magenta). Diese wurde nicht als unzulässige Änderung der Marke, sondern als nachgeschobene weitere Konkretisierung der in erster Linie durch die Wiedergabe der Farbe selbst bestimmten Marke gesehen. Dies trägt der Tatsache Rechnung, dass Markeninhaber vor Erlass des Libertel-Urteils (EuGH C-104/01, GRUR 2003, 604) keine Veranlassung hatten, anzunehmen, dass ein Farbcode notwendig sei, und greift nicht in mögliche Rechte Dritter ein, da nur Farbcodes zugelassen werden, die der in der grafischen Wiedergabe gezeigten Farbe entsprechen.

21 Für **Farbkombinationen** gilt das Gleiche wie für abstrakte Farbmarken. Ihre grafische Darstellung ist durch entsprechend eingefärbte Felder auf dem Zusatzblatt möglich. Zusätzlich ist es ratsam, Farbcodes anzugeben. Notwendig ist seit „Heidelberger Bauchemie" (EuGH C-49/02, GRUR 2004, 858 – Heidelberger Bauchemie GmbH) auch die Angabe der prozentualen Verteilung der Farben in Bezug auf die angemeldeten Waren oder Dienstleistungen. Hier hatte der EuGH gesagt, dass bei einer grafischen Darstellung von zwei oder mehr abstrakt und konturlos beanspruchten Farben nur dann die eindeutige und dauerhafte Wiedergabe gewährleistet sei, wenn sie systematisch so angeordnet seien, dass die betreffenden Farben in vorher festgelegter und beständiger Weise verbunden sind. Die bloße form- und konturlose Zusammenstellung zweier oder mehrerer Farben oder die Nennung zweier oder mehrerer Farben „in jeglichen denkbaren Formen" weise dagegen nicht die erforderlichen Merkmale der Eindeutigkeit und Beständigkeit auf. Die Anmeldung müsse eine **systematische Anordnung** enthalten, in der die betreffenden Farben in vorher festgelegter und beständiger Weise verbunden sind. Insofern ist also eine **Beschreibung** erforderlich. Nicht zwingend ist, dass die Beschreibung genau besagt, wie die Farben auf dem Produkt verteilt sind (HABM BK R 828/2012-1 Rn. 21 – abstrakte Farbmarke). Dies ist allerdings häufig, und dann ist die Grenze zur Positionsmarke fließend.

21.1 Strenge Anforderungen stellte das Amt an die Darstellung und Beschreibung einer abstrakten Zweifarbenmarke in der Nichtigkeitssache Optimum Mark gegen Red Bull (HABM BK R 2037/2013-1, Klage zum EuG anhängig unter T-102/15). Hier ging es um die Farben Blau/Silber, gegenübergestellt in zwei gleichgroßen Rechtecken und mit der Beschreibung versehen, dass die Farben in gleicher Proportion und einander gegenübergestellt auf dem Produkt erscheinen. Das Amt hielt dies für nicht hinreichend präzise, weil die Beschreibung zahlreiche Erscheinungsbilder und Zuordnung der Farben zulasse. In dem vor dem EuG anhängigen Verfahren wurde mit Beschluss vom 18. November 2015 die Nutzerorganisation MARQUES als Streithelfer zugelassen, T-102/15.

22 Die **Positionsmarke** ist eine weitere vom Amt anerkannte Kategorie, die aber weder in Art. 4 und Regel 3 GMDV genannt noch im Anmeldeformular vorgesehen ist. Sie zeichnet sich aus durch die Positionierung eines grafischen Elements auf einem Gegenstand. Diese kann fotografisch oder zeichnerisch dargestellt werden. Zusätzlich ist eine Beschreibung erforderlich, um den Gegenstand der Marke klar zu bestimmen. Im Anmeldeformular wird als Art der Marke in der Regel „andere" anzugeben sein. Positionsmarken sind meistens zugleich dreidimensional. Welche Art der Marke anzugeben ist, hängt von dem für den Schutzgegenstand wesentlichen Charakter ab.

22.1 Die Positionsmarke wurde durch die Beschwerdekammern in das Unionsmarkenrecht eingeführt, nachdem sie zuvor bereits in Deutschland anerkannt worden war (grundlegend HABM BK R 938/2000-1 – Positionsmarke; s. auch HABM BK R 983/2001-3 – Roter Punkt; BK R 174/2001-2 – Webkante; BK R 394/2005-4 – Bremstrommel; BK R 306/2007-1 – Zwei Streifen auf Schuh; BK R 247/2007 – Längsrillen; aus der Rspr. des EuGH: C-429/2010, GRUR Int 2011, 720 – Strumpfspitze in Orange II; EuG Rs. T-434/12, GRUR 2014, 285 – Steiff).

23 Das Amt erkennt auch **Bewegungsmarken** an. Auch diese sind weder im Gesetz noch im Anmeldeformular genannt, sondern unter „andere" zu verzeichnen. Für ihre grafische Darstellung gilt das für Bildmarken Gesagte (→ Rn. 15 ff.). Freilich bedarf die Darstellung einer Bewegung einer Mehrzahl von Bildern. Obwohl Regel 3 GMDV für Bildmarken eigentlich nur eine und für dreidimensionale Marken maximal sechs Ansichten vorsieht, hat sich das Amt hier flexibel gezeigt und lässt auch eine größere Anzahl von Darstellungen zu, um die Bewegung zu zeigen. Allerdings müssen diese alle auf einem Blatt bzw. in einer jpg-Datei angeordnet werden.

23.1 Die Einreichung von weiteren Darstellungen, insbesondere mp4 Dateien, ist bislang nicht zulässig. Dies sollte sich am 1.10.2017 ändern, wenn das Erfordernis der grafischen Darstellbarkeit wegfallen lässt. Einzelheiten zur neuen Durchführungsverordnung sind zum Zeitpunkt dieser Kommentierung noch nicht bekannt.

24 Als letzte Sonderkategorie ist die der **Hologramme** zu nennen. Deren Eintragbarkeit wird grundsätzlich bejaht, auch wenn es bislang keine technischen Möglichkeiten gibt, ein

Hologramm grafisch für eine korrekte Wiedergabe im Unionsmarkenblatt abzubilden. Die Darstellung wird in Farbe und in Schwarz-Weiß angenommen und die Beschreibung besagt, dass es sich um ein Hologramm handelt.

E. Keine Vermutung der konkreten Unterscheidungskraft

Die Nennung in Art. 4 besagt nichts über die konkrete Unterscheidungskraft bestimmter Markenformen. Selbst die Regel, dass für alle Markenformen die gleichen Grundsätze zur Beurteilung der Unterscheidungskraft gelten, folgt nicht aus Art. 4, sondern unmittelbar aus Art. 7. Allerdings sollte eine Beurteilung im Rahmen des Art. 7 nicht dazu führen, dass die Eintragbarkeit bestimmter Kategorien von Zeichen grundsätzlich in Frage gestellt wird. Für hiermit vereinbar wird die Rechtsprechung gehalten, wonach bestimmte Zeichen dem Verbraucher weniger zu seiner Orientierung in einem diversifizierten Markt dienen als andere. Soweit jedoch gesagt wird, dass Produktformen und -verpackungen deshalb nicht als Herkunftshinweis aufgefasst werden, weil sie stets mit Wort- oder Bildmarken versehen werden, ist dies mit Art. 4 unvereinbar, der Produktformen ausdrücklich nennt (vgl. EuGH C-344/10, GRUR 2012, 610 Rn. 49 ff. – Freixenet; s. auch EuGH C-265/09, GRUR 2010, 1096 – Buchstabe alpha, zu den ebenfalls in Art. 4 genannten Einzelbuchstaben). **25**

Bei der zunehmenden Ausweitung der Auslegung von Art. 7 Abs. 1 Buchst. e in der Rechtsprechung (EuGH C-205/13, GRUR 2014, 1097 – Hauck/Tripp-Trapp Stuhl; C-215/14, GRUR 2015, 1198 – Nestlé/Cadbury [KitKat] = EuZW 2015, 827 mit Anm. Ebert-Weidenfeller) stellt sich freilich die Frage, ob es überhaupt noch Marken geben kann, die aus der Form einer Ware bestehen. Nach Hauck ist der äquivalente Art. 3 Abs. 1 Buchst. e dritter Gedankenstrich der Richtlinie anwendbar auf Zeichen, die ausschließlich aus der Form einer Ware mit mehreren Eigenschaften bestehen, die ihr in unterschiedlicher Weise jeweils einen wesentlichen Wert verleihen können. Er lässt sich damit nicht auf eine rein ästhetische Funktionalität beschränken. Dies wird viele Formmarken, die einmal die Hürde der Unterscheidungskraft genommen haben, zu Fall bringen. **25.1**

Genügt ein Zeichen nicht den Anforderungen des Art. 4, ist dies iVm Art. 7 Abs. 1 Buchst. a und ggf. Art. 52 Abs. 1 Buchst. a ein absolutes Eintragungshindernis oder ein absoluter Nichtigkeitsgrund (→ Art. 7 Rn. 19 ff.). **26**

Art. 5 Inhaber von Unionsmarken

Inhaber von Unionsmarken können alle natürlichen oder juristischen Personen, einschließlich Körperschaften des öffentlichen Rechts sein.

Überblick

Nach Art. 5 können alle natürlichen und juristischen Personen Inhaber von Unionsmarken sein. Art. 3 stellt den juristischen Personen solche Vereinigungen gleich, die nach dem für sie maßgeblichen Recht Inhaber von Rechten und Pflichten sein können (→ Rn. 2). Art. 5 erweitert den Kreis des Weiteren um Körperschaften des öffentlichen Rechts. Die Rechtsform ist in der Unionsmarkenanmeldung anzugeben (→ Rn. 3). Eine geographische Einschränkung gibt es seit der ersten Unionsmarkenreform 2004 nicht mehr (→ Rn. 4). Zugleich ist der Verlust der Fähigkeit, Rechtsinhaber zu sein, als Verfalls- und Nichtigkeitsgrund entfallen.

Inhaber von Unionsmarken können zunächst alle **natürlichen Personen** sein. Die Rechtsfähigkeit wird vom Gemeinschaftsrecht nicht vorausgesetzt. Hier gelten jeweils die Beschränkungen des nationalen Rechts. **1**

Ferner können auch **juristische Personen** und **Personenvereinigungen**, die nach dem für sie maßgeblichen Recht Inhaber von Rechten und Pflichten sein können, Inhaber von Unionsmarken sein (→ Art. 3 Rn. 1 ff.). **2**

Die **Rechtsform** juristischer Personen sowie der **Sitz** und das **maßgebliche Recht** sind in der Unionsmarkenanmeldung anzugeben. Dabei kann die nach dem maßgeblichen Recht übliche Abkürzung (zB GmbH, Ltd., S.r.l.) verwendet werden. Nachweise der Existenz oder **3**

Rechtsfähigkeit werden vom Amt nicht verlangt. Auch Anmeldungen von in Gründung befindlichen juristischen Personen werden vom Amt akzeptiert (vgl. EUIPO Richtlinien, Teil B, Abschnitt 2, Nr. 7.1).

3.1 Bei US-amerikanischen Gesellschaften ist der Staat anzugeben, dessen Recht die juristische Person unterliegt.

3.2 Das Amt prüft, ob der Anmelder Markeninhaber iSv Art. 5 sein kann. Verneint das Amt dies, fordert es den Anmelder auf, fristgemäß Stellung zu nehmen und weist bei fehlender oder ungenügender Antwort die Anmeldung als unzulässig zurück (Regel 10 GMDV).

4 Eine geografische Beschränkung enthält Art. 5 nicht. Die **Beschränkung** auf Angehörige von Staaten der PVÜ und solcher, bei denen Reziprozität gewährleistet war, und die bereits aufgrund des TRIPS Abkommens auf Angehörige von WTO-Staaten erweitert worden war, wurde in der Novelle 2004 **gestrichen** (hinsichtlich der Fortgeltung geografischer Beschränkungen bei der Inanspruchnahme von Priorität → Art. 29 Rn. 10). Zugleich wurden Art. 51 Abs. 1 und Art. 52 Abs. 1 Buchst. a aF gestrichen, wonach die fehlende Qualifizierung als Unionsmarkeninhaber Nichtigkeits- und ihr Wegfall Verfallsgrund waren. Dies führt dazu, dass die UMV keine Rechtsfolgen für den Verlust der Fähigkeit bereithält, gemäß Art. 5 und Art. 3 Inhaber von Unionsmarken zu sein. Eine eingetragene Unionsmarke kann daher nach Auffassung des Amtes auch dann, wenn ihr Inhaber nicht mehr existiert, nicht gelöscht werden, weil es keine ungeschriebenen Löschungsgründe gebe (s. aber zum Verfall Art. 51 Abs. 1 Buchst. a).

4.1 Die Nichtigkeitsabteilung des Amtes hatte noch zur GMV 2004 entschieden (Entscheidung Nr. 340C 000256511/1 – The Cabouchon Collection Plc./Tarsi Coorp NV), dass selbst wenn der Markeninhaber aus dem Handelsregister gestrichen wurde, kein Löschungsgrund vorläge, da Unionsmarken als Immaterialgut regelmäßig im Zuge einer Insolvenz einen Käufer fänden. Dabei übersieht das Amt nach diesseitiger Auffassung jedoch den Unterschied zwischen Insolvenz und Liquidation einer Gesellschaft.

4.2 Von einer solchen „Geistermarke" können weiterhin **Rechtswirkungen** ausgehen. Zwar werden mangels handlungsfähigen Inhabers keine Verletzungsstreitigkeiten oder Widersprüche aufgrund relativer Eintragungshindernisse iSd Art. 8 mehr angestrengt (zu laufenden Widersprüchen → Rn. 4.3). Soweit jedoch nationale Ämter in der EU weiterhin von Amts wegen relative Eintragungshindernisse prüfen, könnten hier Anmelder nationaler Marken auf unüberwindliche Hindernisse stoßen, da von nicht existenten Gesellschaften ja auch keine Zustimmungsschreiben mehr zu bekommen sind.

4.3 Für das **Widerspruchs- und Nichtigkeitsverfahren** ist zu differenzieren. Bei Wegfall des Anmelders oder Inhabers wird das Verfahren automatisch unterbrochen (Regel 73 GMDV). Für den Widersprechenden oder Nichtigkeitsantragsteller gilt das nicht (Richtlinien des Amtes, Teil C, Abschnitt 1, Nr. 6.5.5; ebenso für das **Nichtigkeitsverfahren:** Richtlinien, Teil D, Abschnitt 1, Nr. 7.2; s. auch BK v. 28.4.2015 – R 2404/2013-4 – Gestickte Naht). Über die Rechtsfolgen des Wegfalls des Widersprechenden oder Nichtigkeitsantragstellers besteht keine Einigkeit. Zum Fehlen dessen Rechtsfähigkeit s. BK v. 5.11.2014 – R 2463/2013-5 – slim choc.

Art. 6 Erwerb der Unionsmarke
Die Unionsmarke wird durch Eintragung erworben.

Überblick

Art. 6 besagt, dass es nur eingetragene Unionsmarken gibt. Unionsbenutzungsmarken gibt es nicht, und in der Union notorisch bekannte Marken gemäß Art. 6bis PVÜ werden nur nach dem jeweiligen nationalen Recht der Mitgliedstaaten geschützt. Im Übrigen erkennt die Verordnung nicht eingetragene nach nationalem Recht geschützte Rechte an und schützt diese im Verhältnis zu jüngeren Unionsmarken.

1 Unionsmarken können nach Art. 6 nur durch Eintragung erworben werden. Ohne Eintragung kann kein unionsweit einheitlich wirkender Markenschutz erworben werden. Nicht eingetragene Markenrechte können hingegen nur nach dem nationalen Recht der Mitgliedstaaten erworben werden, wobei die Voraussetzungen sehr unterschiedlich sind und nament-

Absolute Eintragungshindernisse

lich Spanien, Frankreich und die Benelux-Staaten außer iSv Art. 6bis PVÜ notorisch bekannten Zeichen keinerlei Markenschutz zukommen lassen.

Die von der Kommission in Auftrag gegebene Studie zum Funktionieren des Markensystems in Europa vom 15.2.2011, durchgeführt vom Max Planck Institut, hatte vorgeschlagen, den bisher nur in manchen Mitgliedstaaten bestehenden Schutz nicht eingetragener bekannter Marken entsprechend Art. 6bis PVÜ auf die Unionsebene zu übertragen (s. hierzu Knaak/Kur/v. Mühlendahl GRUR Int 2012, 197 (201); auch → MarkenR Einleitung Rn. 266). Dabei sollte der Schutz nur für solche Bereiche des Unionsgebiets gewährt werden, in denen Bekanntheit vorliege (GRUR Int 2012, 197 (201, 203 f.)). Entsprechende Regelungen wurden jedoch in der VO (EU) 2015/2424 nicht aufgenommen. 1.1

Das Eintragungsprinzip des Art. 6 kommt in der Verordnung weiter dadurch zum Ausdruck, dass der Begriff „Unionsmarke" ohne weitere Qualifikation nur für bereits eingetragene Marken, nicht aber für Unionsmarkenanmeldungen gilt. Soweit Vorschriften auch für Anmeldungen gelten, wird dies ausdrücklich festgehalten (zB Art. 24). Dem entspricht auch die Regelung des Art. 9b Abs. 1, wonach Rechte aus der Unionsmarke Dritten erst mit **Veröffentlichung der Eintragung** entgegengehalten werden können. 2

Vor Veröffentlichung der Eintragung der Unionsmarke ist der Anmelder jedoch nicht völlig rechtlos gestellt. Der Europäische Gerichtshof für Menschenrechte hat festgestellt, dass bereits die durch die Markenanmeldung begründete **Anwartschaft** dem grundrechtlich geschützten Privateigentum unterfällt (EGMR GrK v. 11.1.2007 – 73049/01, GRUR 2007, 696 – Anheuser Busch). Art. 9b Abs. 2 gibt dem Unionsmarkeninhaber Kompensationsrechte für rechtsverletzende Handlungen ab Veröffentlichung der Anmeldung (hierzu EuGH C-280/15, GRUR 2016, 810 = GRUR Prax 2016, 403 mit Anm. Schoene; ferner → Art. 9b Rn. 2). Das Vollrecht entsteht jedoch erst mit der Veröffentlichung der Eintragung. 3

Die Verordnung erkennt nicht eingetragene nach nationalem Recht geschützte Rechte an und schützt sie im Verhältnis zu Unionsmarken. Als Widerspruchs- und Nichtigkeitsgründe werden notorisch bekannte (Art. 8 Abs. 2 Buchst. c) und nicht eingetragene Marken (Art. 4) ausdrücklich genannt. Art. 8 Abs. 4 nennt weiter „sonstige im geschäftlichen Verkehr benutzte Kennzeichenrechte" (→ Art. 8 Rn. 178 ff.). Dies macht diese nicht eingetragenen Rechte freilich nicht zu unionsweiten Rechten. Das Unionsmarkenrecht hält lediglich Rechtsfolgen für solche Rechte bereit, deren Schutz sich im Übrigen nach nationalem Recht richtet. 4

Art. 7 Absolute Eintragungshindernisse

(1) Von der Eintragung ausgeschlossen sind
a) Zeichen, die nicht unter Artikel 4 fallen;
b) Marken, die keine Unterscheidungskraft haben;
c) Marken, die ausschließlich aus Zeichen oder Angaben bestehen, welche im Verkehr zur Bezeichnung der Art, der Beschaffenheit, der Menge, der Bestimmung, des Wertes, der geografischen Herkunft oder der Zeit der Herstellung der Ware oder der Erbringung der Dienstleistung oder zur Bezeichnung sonstiger Merkmale der Ware oder Dienstleistung dienen können;
d) Marken, die ausschließlich aus Zeichen oder Angaben zur Bezeichnung der Ware oder Dienstleistung bestehen, die im allgemeinen Sprachgebrauch oder in den redlichen und ständigen Verkehrsgepflogenheiten üblich geworden sind;
e) Zeichen, die ausschließlich bestehen aus
  i) der Form oder einem anderen charakteristischen Merkmal, die bzw. das durch die Art der Ware selbst bedingt ist;
  ii) der Form oder einem anderen charakteristischen Merkmal der Ware, die bzw. das zur Erreichung einer technischen Wirkung erforderlich ist;
  iii) der Form oder einem anderen charakteristischen Merkmal der Ware, die bzw. das der Ware einen wesentlichen Wert verleiht;
f) Marken, die gegen die öffentliche Ordnung oder gegen die guten Sitten verstoßen;

g) Marken, die geeignet sind, das Publikum zum Beispiel über die Art, die Beschaffenheit oder die geografische Herkunft der Ware oder Dienstleistung zu täuschen;
h) Marken, die mangels Genehmigung durch die zuständigen Stellen gemäß Art. 6ter der Pariser Verbandsübereinkunft zum Schutz des gewerblichen Eigentums, nachstehend „Pariser Verbandsübereinkunft", zurückzuweisen sind;
i) Marken, die nicht unter Art. 6ter der Pariser Verbandsübereinkunft fallende Abzeichen, Embleme und Wappen, die von besonderem öffentlichem Interesse sind, enthalten, es sei denn, dass die zuständigen Stellen ihrer Eintragung zugestimmt haben;
j) Marken, die nach Maßgabe von Unionsvorschriften, von nationalem Recht oder von internationalen Übereinkünften, denen die Union oder der betreffende Mitgliedstaat angehört, und die Ursprungsbezeichnungen und geografische Angaben schützen, von der Eintragung ausgeschlossen sind;
k) Marken, die nach Maßgabe von Unionsvorschriften oder von internationalen Übereinkünften, denen die Union angehört, und die dem Schutz von traditionellen Bezeichnungen für Weine dienen, von der Eintragung ausgeschlossen sind;
l) Marken, die nach Maßgabe von Unionsvorschriften oder von internationalen Übereinkünften, denen die Union angehört, und die dem Schutz von garantiert traditionellen Spezialitäten dienen, von der Eintragung ausgeschlossen sind;
m) Marken, die aus einer im Einklang mit den Unionsvorschriften oder nationalem Recht oder internationalen Übereinkünften, denen die Union oder der betreffende Mitgliedstaat angehört, zu Sortenschutzrechten eingetragenen früheren Sortenbezeichnung bestehen oder diese in ihren wesentlichen Elementen wiedergeben und die sich auf Pflanzensorten derselben Art oder eng verwandter Arten beziehen.

(2) Die Vorschriften des Absatzes 1 finden auch dann Anwendung, wenn die Eintragungshindernisse nur in einem Teil der Union vorliegen.

(3) Die Vorschriften des Absatzes 1 Buchstaben b, c und d finden keine Anwendung, wenn die Marke für die Waren oder Dienstleistungen, für die die Eintragung beantragt wird, infolge ihrer Benutzung Unterscheidungskraft erlangt hat.

Überblick

Art. 7 enthält die sog. absoluten Eintragungshindernisse für Unionsmarken, analog zu den absoluten Schutzhindernissen des § 8 MarkenG.

Da die absoluten Eintragungshindernisse nicht dem Schutz privater, sondern öffentlicher Interessen dienen, sind sie vom EUIPO von Amts wegen zu prüfen (→ Rn. 2). Ihr Vorliegen muss stets zur Zurückweisung der angemeldeten Unionsmarke, oder auf Antrag Dritter zu deren Nichtigerklärung führen (→ Art. 52 Rn. 1 ff.).

Die einzelnen, in Art. 7 Abs. 1 Buchst. a bis m normierten, Eintragungshindernisse weisen erhebliche Überschneidungen mit denen des § 8 Abs. 1 und Abs. 2 Nr. 1 bis 10 MarkenG auf, da die UMV alle Eintragungshindernisse enthält, die nach Art. 3 Abs. 1 MRL für die Mitgliedstaaten verpflichtend sind.

Im Unterschied zum deutschen Recht sieht die UMV für Formmarken und andere nicht traditionelle Marken, die in technischer oder ästhetischer Hinsicht funktional sind, ein absolutes Eintragungshindernis vor (Art. 7 Abs. 1 Buchst. e; → Rn. 106 ff.), anstatt ihnen bereits die Markenfähigkeit abzusprechen (→ MarkenG § 3 Rn. 60 ff.). Daneben stellt die UMV zusätzliche Eintragungshindernisse für Marken auf, die geografische Angaben oder Ursprungsbezeichnungen enthalten (Art. 7 Abs. 1 Buchst. j; → Rn. 159 ff.), sowie seit der Reform 2016 (→ Rn. 15) auch für Marken, die mit älteren traditionellen Bezeichnungen für Weine (Buchst. k, → Rn. 164 ff.) und garantiert traditionellen Spezialitäten (Buchst. l, → Rn. 167 f.) in Konflikt stehen. Ebenfalls im Zuge der Reform 2016 neu eingeführt wurde Art. 7 Abs. 1 Buchst. m, der vorsieht, dass Marken, die eine geschützte Sortenangabe

Absolute Eintragungshindernisse   **Art. 7 UMV**

enthalten, unter bestimmten Voraussetzungen von der Eintragung ausgeschlossen sind (→ Rn. 169 ff.).

Das Unionsmarkenrecht enthält anders als das deutsche Markenrecht (→ MarkenG § 8 Rn. 759 ff.) kein absolutes Eintragungshindernis für bösgläubig angemeldete Marken. Wenn der Anmelder bei der Anmeldung der Marke bösgläubig war, führt dies nach Art. 52 Abs. 1 Buchst. b jedoch auf Antrag beim EUIPO oder auf Widerklage im Verletzungsverfahren zur Nichtigerklärung der Marke (→ Art. 52 Rn. 29 ff.).

Für die Zurückweisung der Marke genügt es gemäß Art. 7 Abs. 2, dass eines der in Abs. 1 genannten Eintragungshindernisse in einem Teil der Union vorliegt (→ Rn. 172).

Analog zur Verkehrsdurchsetzung im deutschen Recht (→ MarkenG § 8 Rn. 79 ff.) sieht Art. 7 Abs. 3 vor, dass Marken, denen es an Unterscheidungskraft fehlt, die beschreibenden Charakter haben, oder zur Bezeichnung der fraglichen Waren und Dienstleistungen üblich geworden sind, dennoch eingetragen werden können, falls sie infolge ihrer Benutzung Unterscheidungskraft erlangt haben (→ Rn. 178 ff.).

Ist eine Unionsmarke entgegen Art. 7 eingetragen worden, so wird sie gemäß Art. 52 Abs. 1 Buchst. a auf Antrag beim EUIPO oder auf Widerklage im Verletzungsverfahren für nichtig erklärt (→ Art. 52 Rn. 1 ff.). Hat sie erst nach dem Anmeldetag die Unterscheidungskraft verloren, so kann dies allenfalls zur Erklärung des Verfalls nach Art. 51 Abs. 1 Buchst. b führen (→ Art. 51 Rn. 29 ff.).

Übersicht

	Rn.		Rn.
A. Einleitung	1	2. Formen bzw. Merkmale der Ware, die zur Erreichung einer technischen Wirkung erforderlich sind (Abs. 1 Buchst. e (ii))	114
I. Allgemeine Prüfungsmaßstäbe	1		
II. Keine Bindung des EUIPO an eigene Entscheidungen	7	3. Formen bzw. Merkmale, die der Ware einen wesentlichen Wert verleihen (Abs. 1 Buchst. e (iii))	120
III. Verhältnis zum Nichtigkeitsverfahren	10		
IV. Verhältnis zum nationalen Recht	11	VI. Verstoß gegen die öffentliche Ordnung oder gegen die guten Sitten (Abs. 1 Buchst. f)	125
V. Verhältnis zum internationalen Recht	14		
VI. Reform 2016	15	VII. Täuschende Marken (Abs. 1 Buchst. g)	141
B. Katalog der absoluten Eintragungshindernisse (Abs. 1)	19	VIII. Staatliche Hoheitszeichen (Abs. 1 Buchst. h, i)	150
I. Fehlende Markenfähigkeit (Abs. 1 Buchst. a)	19	1. Abs. 1 Buchst. h	150
II. Fehlende Unterscheidungskraft (Abs. 1 Buchst. b)	22	2. Abs. 1 Buchst. i	157
1. Allgemeine Prüfungsmaßstäbe	27	IX. Kollision mit geschützten Ursprungsbezeichnungen und geografischen Angaben (Abs. 1 Buchst. j)	159
2. Maßgeblicher Zeitpunkt; Prozessuales	35		
3. Unterscheidungskraft einzelner Kategorien von Marken	37	X. Kollision mit traditionellen Bezeichnungen für Weine bzw. mit garantiert traditionellen Spezialitäten (Abs. 1 Buchst. k, l)	164
III. Beschreibender Charakter (Abs. 1 Buchst. c)	77		
1. Allgemeines	77	1. Traditionelle Bezeichnungen für Weine (Abs. 1 Buchst. k)	165
2. Maßgebliche Merkmale	89		
IV. Üblich gewordene Bezeichnungen (Abs. 1 Buchst. d)	96	2. Garantiert traditionelle Spezialitäten (Abs. 1 Buchst. l)	167
V. Aus der Art der Ware resultierende, funktional bedingte oder wertbildende Formen und andere charakteristische Warenmerkmale (Abs. 1 Buchst. e)	106	XI. Kollision mit geschützten Sortenangaben (Abs. 1 Buchst. m)	169
		C. Eintragungshindernis nur in einem Teil der Union (Abs. 2)	172
1. Formen bzw. Merkmale, die durch die Art der Ware selbst bedingt sind (Abs. 1 Buchst. e (i))	112	**D. Erlangte Unterscheidungskraft (Abs. 3)**	178

A. Einleitung

I. Allgemeine Prüfungsmaßstäbe

1 Die einzelnen Eintragungshindernisse sind im Licht des Allgemeininteresses auszulegen, das ihnen jeweils zu Grunde liegt. Sie sind voneinander unabhängig und müssen getrennt geprüft werden (EuGH verb. Rs. C-53/01 – C-55/01, GRUR 2003, 514 Rn. 67, 72 – Linde/Winward/Rado; zur Kritik daran → Rn. 78.1). Dies soll – trotz Überschneidungen – auch für Art. 7 Abs. 1 Buchst. b bis d UMV gelten (EuGH C-517/99, GRUR Int 2002, 145 Rn. 68 – Merz & Krell („Bravo"); C-363/99, GRUR 2004, 674 Rn. 67 – Postkantoor; näher zu diesem interessenbezogenen Ansatz des EuGH → MarkenG § 8 Rn. 60 ff.). Aus der Art des Zeichens dürfen sich keine Unterschiede für den Prüfungsmaßstab ergeben (EuGH verb. Rs. C-53/01 – C-55/01, GRUR 2003, 514 Rn. 42 – Linde/Winward/Rado; C-64/02 P, GRUR 2004, 1027 Rn. 33 f. – Das Prinzip der Bequemlichkeit).

1.1 Das Verbot unterschiedlicher Prüfungsmaßstäbe schließt es jedoch nicht aus, zu berücksichtigen, dass die Verbraucher verschiedene Zeichenformen unterschiedlich wahrnehmen (EuGH verb. Rs. C-53/01, C-55/01, GRUR 2003, 514 Rn. 48 – Linde/Winward/Rado; C-218/01, GRUR 2004, 428 Rn. 38 – Henkel zu Waren- und Verpackungsformen; C-104/01, GRUR Int 2003, 638 Rn. 27, 66 f. – Libertel zu Farben; C-64/02 P, GRUR 2004, 1027 Rn. 35 f. – Das Prinzip der Bequemlichkeit zu Slogans; → MarkenG § 8 Rn. 34 f.).

2 Der Sachverhalt, aufgrund dessen ein absolutes Eintragungshindernis vorliegen könnte, ist gemäß Art. 76 Abs. 1 UMV vom EUIPO **von Amts wegen zu prüfen.** Dies darf nicht zu Lasten des Anmelders relativiert oder umgekehrt werden (EuGH C-265/09 P, GRUR 2010, 1096 Rn. 58 – Buchstabe α).

3 Der EuGH hat entschieden, dass sich die Prüfung der Anmeldungen nicht auf ein Mindestmaß beschränken darf, sondern **streng und umfassend** sein muss. Hierdurch soll eine ungerechtfertigte Eintragung von Marken verhindert und sichergestellt werden, dass Marken, deren Benutzung vor Gericht mit Erfolg entgegengetreten werden könnte, nicht eingetragen werden (EuGH C-104/01, GRUR 2003, 604 Rn. 59 – Libertel; zur Rezeption dieser Rechtsprechung in Deutschland → MarkenG § 8 Rn. 27 ff.). Das EUIPO darf sich bei der Prüfung der absoluten Schutzhindernisse nicht ohne schlüssige Begründung auf Annahmen oder bloße Zweifel berufen, da dies den Zweck der Vorabkontrolle vereiteln würde (EuGH C-265/09 P, GRUR 2010, 1096 Rn. 46 – Buchstabe α).

4 Ob die angemeldete Marke unter eines der Eintragungshindernisse fällt, ist, anders als bei der Beurteilung der abstrakten Markenfähigkeit im Rahmen des Art. 4, stets konkret in **Bezug auf die angemeldeten Waren oder Dienstleistungen** zu prüfen. Die Prüfung ist hierbei für jede der angemeldeten Waren oder Dienstleistungen einzeln durchzuführen und kann dementsprechend zu unterschiedlichen Ergebnissen kommen (EuGH C-239/05, GRUR 2007, 425 Rn. 32 – MT&C/BMB; C-363/99, GRUR 2004, 674 Rn. 33, 73 – Postkantoor; → MarkenG § 8 Rn. 36 f.) bzw. eine Beschränkung des Waren- und Dienstleistungsverzeichnisses, etwa in zu weiten Oberbegriffen, verlangen.

4.1 Die Eintragung ist insgesamt zu versagen, wenn das Zeichen auch nur hinsichtlich eines Teils der von einem Oberbegriff erfassten Waren bzw. Dienstleistungen nicht schutzfähig ist. Eine Ausnahme gilt für täuschende Angaben gemäß Abs. 1 Buchst. g (→ Rn. 144 f.). Eine Beschränkung kann nur der Anmelder selbst vornehmen. Das Amt hat lediglich zu prüfen, ob die Beschränkung im Interesse der Rechtssicherheit für Dritte nachvollziehbar ist und die Art der Ware objektiv bestimmt (EuGH C-363/99, GRUR 2004, 674 Rn. 114 f. – Postkantoor). Eine hilfsweise Einschränkung unter der Bedingung, dass die zu streichenden Waren oder Dienstleistungen beanstandet werden, ist nicht zulässig und muss weder vom EUIPO noch von den Europäischen Gerichten berücksichtigt werden (EuG T-402/02, GRUR Int 2005, 317 Rn. 33 f. – Bonbonverpackung; T-219/00, GRUR Int 2002, 600 Rn. 60 f. – Ellos).

5 Die Entscheidung, mit der die Eintragung einer Marke abgelehnt wird, ist grundsätzlich **für jede der betroffenen Waren oder Dienstleistungen separat zu begründen.** Eine pauschale Begründung für alle betroffenen Waren oder Dienstleistungen ist nur dann möglich, wenn dasselbe Eintragungshindernis einer Kategorie oder einer Gruppe von Waren oder Dienstleistungen entgegengehalten wird (EuGH C-239/05, GRUR 2007, 425 Rn. 34,

37 – MT&C/BMB), was eine entsprechende Homogenität der jeweiligen Waren bzw. Dienstleistungen voraussetzt (EuG T-118/06, GRUR Int 2009, 741 Rn. 28 – Ultimate Fighting Championship).

Die Prüfung des angemeldeten Begriffs bzw. der Wortbestandteile der angemeldeten 6 Marke ist in allen **Amtssprachen der EU** durchzuführen. Sprachen gesonderter Gruppen innerhalb der Mitgliedsländer (zB nationale Minderheiten oder Personen aus dem EU-Ausland) werden dagegen vom EUIPO nicht berücksichtigt, es sei denn der fremdsprachige Ausdruck ist diskriminierend (zur entsprechenden Praxis des DPMA → MarkenG § 8 Rn. 47 ff.).

II. Keine Bindung des EUIPO an eigene Entscheidungen

Die Entscheidungen des EUIPO über die Eintragung eines Zeichens als Unionsmarke 7 gemäß der UMV sind, obwohl dem Amt durchaus ein weiter Beurteilungsspielraum zukommt, keine Ermessensentscheidungen, sondern **gebundene Entscheidungen**. Ihre Rechtmäßigkeit ist daher allein auf der Grundlage der UMV in ihrer Auslegung durch den Unionsrichter und nicht auf der Grundlage einer vorherigen Entscheidungspraxis des Amtes zu bestimmen (EuGH C-37/03 P, GRUR 2006, 229 Rn. 47 – BioID). Eine Selbstbindung des EUIPO an frühere Entscheidungen existiert folglich nicht.

Aus der Pflicht des EUIPO, seine Befugnisse im Einklang mit den allgemeinen Grundsät- 8 zen des Unionsrechts, wie dem Grundsatz der Gleichbehandlung und dem Grundsatz der ordnungsgemäßen Verwaltung, auszuüben, ergibt sich jedoch, dass das Amt im Rahmen der Prüfung der Anmeldung einer Unionsmarke Entscheidungen, die zu ähnlichen Anmeldungen ergangen sind, berücksichtigen muss und besonderes Augenmerk auf die Frage richten muss, ob im gleichen Sinne zu entscheiden ist oder nicht (EuGH C-51/10 P, GRUR 2011, 1035 Rn. 73, 74 – 1000).

Der Grundsatz der Gleichbehandlung und der Grundsatz der ordnungsgemäßen Verwal- 9 tung müssen jedoch mit dem Gebot rechtmäßigen Handelns in Einklang stehen. Folglich kann sich der Anmelder einer Unionsmarke nicht auf eine fehlerhafte Rechtsanwendung zugunsten eines Dritten berufen, um eine identische Entscheidung zu erlangen (EuGH C-51/10 P, GRUR 2011, 1035 Rn. 75, 76 – 1000). Zur Berücksichtigung von Voreintragungen durch das DPMA → MarkenG § 8 Rn. 43 ff.

III. Verhältnis zum Nichtigkeitsverfahren

Wurde eine Marke entgegen Art. 7 eingetragen, kann sie auf Antrag für nichtig erklärt 10 werden (Art. 52 Abs. 1 Buchst. a). Über die Nichtigkeit entscheidet das EUIPO oder, soweit Nichtigkeitswiderklage im Verletzungsverfahren vor den Unionsmarkengerichten erhoben wurde, das angerufene Gericht. Die Nichtigkeitsgründe wegen absoluter Schutzhindernisse sind mit den absoluten Eintragungshindernissen des Art. 7 Abs. 1 deckungsgleich. Lediglich die **bösgläubige Anmeldung** kommt im Nichtigkeitsverfahren noch hinzu (→ Art. 52 Rn. 29).

IV. Verhältnis zum nationalen Recht

Das Unionsmarkenrecht ist ein **autonomes System,** das aus einer Gesamtheit von Vor- 11 schriften besteht und Zielsetzungen verfolgt, die ihm eigen sind, und dessen Anwendung von jedem nationalen System unabhängig ist. Angemeldete Marken sind daher allein auf der Grundlage der einschlägigen Unionsregelung zu beurteilen (ständige Rechtsprechung, s. EuGH C-238/06 P, GRUR 2008, 339 Rn. 65 f. – Develey). Bei in Mitgliedstaaten bestehenden Voreintragungen handelt es sich lediglich um einen Umstand, der für die Eintragung einer Unionsmarke (indiziell) berücksichtigt werden kann, ohne entscheidend zu sein (EuGH C-238/06 P, GRUR 2008, 339 Rn. 68 – Develey). Zur Konvergenz der Prüfung als Ziel der Rechtsangleichung → MarkenG § 8 Rn. 41 f.

Das EUIPO ist dementsprechend weder gehalten, sich die von der zuständigen Markenbe- 12 hörde des Ursprungslandes gestellten Anforderungen und vorgenommene Beurteilung zu eigen zu machen, noch ist es dazu verpflichtet, die Anmeldemarke deshalb zur Eintragung zuzulassen, weil die nationale Behörde dies getan hat (EuGH C-238/06 P, GRUR 2008, 339 Rn. 73 – Develey).

13 Wird eine Unionsmarkenanmeldung zurückgewiesen, so berührt dies weder die Gültigkeit noch den Schutz einer identischen voreingetragenen nationalen Marke (EuGH C-238/06 P, GRUR 2008, 339 Rn. 56 – Develey). Dies ergibt sich zwanglos aus der Autonomie des nationalen und des Unionsmarkensystems und lässt sich auch aus Erwägungsgrund Nr. 6 der UMV folgern, demzufolge das Unionsmarkenrecht nicht an die Stelle der nationalen Markenrechte tritt.

V. Verhältnis zum internationalen Recht

14 Art. 7 wurde in Teilen wörtlich aus Art. 6^{quinquies} B Nr. 2 PVÜ übernommen und zeigt so den Einfluss des internationalen Rechts auf das Unionsmarkenrecht (s. hierzu Beier GRUR Int 1992, 243, 246 ff.).

14.1 Maßgeblich geblieben ist der Wortlaut der PVÜ ua für das Schutzhindernis der beschreibenden Angaben (Art. 3 Abs. 1 Buchst. c MRL und Art. 7 Abs. 1 Buchst. c UMV). Auch der Schutz amtlicher Hoheits- und Prüfzeichen sowie der Schutz von Zeichen zwischenstaatlicher Organisationen findet seine Grundlage in der PVÜ. Beim Schutz geografischer Angaben setzt Art. 7 Abs. 1 Buchst. j die aus Art. 23 TRIPS resultierende Verpflichtung um. Die Vorschrift dient zudem dem Schutz älterer Rechte sowie der Verhinderung von Verkehrstäuschungen und steht insoweit im Einklang mit Art. 6^{quinquies} B Nr. 1 sowie Art. 10bis PVÜ. Eingehend zur Geschichte und zur Kritik → MarkenG § 8 Rn. 8 f. Zu den für Art. 7 Abs. 1 Buchst. e erforderlichen Beschränkungen → MarkenG § 8 Rn. 11.1.

VI. Reform 2016

15 Am 23.3.2016 ist die VO (EU) 2015/2424 des Europäischen Parlaments und des Rates zur Änderung der Gemeinschaftsmarkenverordnung (Änderungsverordnung) in Kraft getreten. Durch die Reform haben sich eine Reihe von Änderungen des Art. 7 ergeben (→ Rn. 16, → Rn. 17).

16 Die Reform hat insbesondere zu einer Ausdehnung des Anwendungsbereichs der Eintragungshindernisse des Art. 7 Abs. 1 Buchst. e geführt. Diese betrafen nach bisheriger Rechtslage nur **Warenformmarken.** Nach der Reform sind sie nun auch auf Marken anwendbar, die ausschließlich aus einem **anderen charakteristischen Merkmal** der jeweils geschützten Waren bestehen, wenn sich dieses Merkmal aus der Art der Ware selbst ergibt, es zur Erreichung einer technischen Wirkung erforderlich ist, oder es der Ware einen wesentlichen Wert verleiht (→ Rn. 106 ff.).

17 Geschützte **Ursprungsbezeichnungen und geografische Angaben** werden seit dem Inkrafttreten der Reform zudem umfassender als bisher vor jüngeren, mit ihnen in Konflikt tretenden Marken geschützt, indem neben Eintragungshindernissen aufgrund von Unionsrecht auch solche Eintragungshindernisse berücksichtigt werden, die sich aus nationalen Vorschriften sowie internationalen Übereinkünften zum Schutz von geografischen Herkunftsangaben ergeben (vgl. Art. 7 Abs. 1 Buchst. j; → Rn. 159 ff.). Auch im Hinblick auf geschützte **traditionelle Bezeichnungen** von **Weinen** und **garantiert traditionelle Spezialitäten** ist es zu einer Erweiterung der bisher bestehenden Eintragungshindernisse gekommen (vgl. Art. 7 Abs. 1 Buchst. k; → Rn. 164 ff.; und Buchst. l; → Rn. 167 ff.). Durch die Reform wurde außerdem in Art. 7 Abs. 1 Buchst. m ein absolutes Eintragungshindernis für Marken eingeführt, die mit eingetragenen **Sortenangaben** in Konflikt treten (→ Rn. 169).

18 Die **bösgläubige Anmeldung** stellt dagegen auch nach der Reform kein Eintragungshindernis für Unionsmarken dar. Die in den Kommissionsvorschlägen (KOM(2013) 161 endg.) ursprünglich vorgesehene Einführung eines entsprechenden relativen Eintragungshindernisses wurde im Laufe des Gesetzgebungsprozesses wieder verworfen. Marken, die bösgläubig eingetragen wurden, werden jedoch wie auch bisher nach Art. 52 Abs. 1 Buchst. b auf Antrag für nichtig erklärt (→ Art. 52 Rn. 29).

B. Katalog der absoluten Eintragungshindernisse (Abs. 1)

I. Fehlende Markenfähigkeit (Abs. 1 Buchst. a)

Nach Abs. 1 Buchst. a sind Zeichen von der Eintragung ausgeschlossen, die nicht unter 19
Art. 4 fallen, dh Zeichen, die keine Unionsmarke sein können, weil es ihnen entweder an
der erforderlichen Darstellbarkeit fehlt (→ Art. 4 Rn. 6 ff.) oder weil sie bereits abstrakt
nicht geeignet sind, die Waren oder Dienstleistungen eines Unternehmens von denjenigen
anderer Unternehmen zu unterscheiden (→ Art. 4 Rn. 5).

Hierdurch soll sichergestellt werden, dass Zeichen, die nicht hinreichend klar definiert 20
werden können, nicht als Marke eingetragen werden. Problematisch ist dies insbesondere
bei so genannten neuen Markenformen, wie etwa Geruchs- oder Geschmacksmarken (EuG
T-305/04, GRUR 2006, 327 – Duft einer reifen Erdbeere; → Rn. 75), oder bei Farbmarken
(→ Rn. 68 ff.), die Schutz für eine Farbkombination in jeglicher Erscheinungsform beanspruchen
(EuGH C-49/02, GRUR 2004, 858 – Heidelberger Bauchemie), s. hierzu im
Einzelnen → Art. 4 Rn. 21.

Im Zuge der Reform 2016 (→ Rn. 15) wird das bisherige Erfordernis der **grafischen** Darstellbar- 20.1
keit zum 1.10.2017 entfallen, → Art. 4 Rn. 6. Marken müssen aber auch nach diesem Zeitpunkt
weiterhin im Register so dargestellt werden können, dass die zuständigen Behörden und das Publikum
den Gegenstand des Schutzrechtes **klar** und **eindeutig** bestimmen können. Die Problematik der
Bestimmtheit bei manchen neuen Markenformen stellt sich damit auch in Zukunft.

Das Eintragungshindernis der fehlenden Markenfähigkeit kann anders als die Eintragungs- 21
hindernisse des Art. 7 Abs. 1 Buchst. b bis d nicht dadurch überwunden werden, dass der
Anmelder nachweist, dass die angemeldete Marke infolge ihrer Benutzung Unterscheidungskraft
erlangt hat (→ Rn. 178 ff.).

II. Fehlende Unterscheidungskraft (Abs. 1 Buchst. b)

Marken, die keine Unterscheidungskraft haben, sind nach Art. 7 Abs. 1 Buchst. b von der 22
Eintragung als Unionsmarke ausgeschlossen.

Eine Marke besitzt Unterscheidungskraft im Sinne der Vorschrift, wenn sie geeignet ist, 23
die Waren oder Dienstleistungen, für welche die Eintragung beantragt wird, als von einem
bestimmten Unternehmen stammend zu kennzeichnen und sie somit von denjenigen anderer
Unternehmen zu unterscheiden (EuGH C-456/01 P und C-457/01 P, GRUR Int 2004,
631 Rn. 34 – Dreidimensionale Tablettenform I). Der EuGH hat die vom EuG regelmäßig
verwendete Formel, es genüge ein „Mindestmaß" bzw. „Minimum" an Unterscheidungskraft
bisher nur in einer Entscheidung und dort in eher beiläufiger Form aufgegriffen (EuGH C-
398/08 P, GRUR 2010, 228 Rn. 39 – Vorsprung durch Technik); näher hierzu sowie zur
Rezeption dieser Rechtsprechung in Deutschland → MarkenG § 8 Rn. 27 ff. Zum Leitmotiv
des EuGH „Gewährleistung des unverfälschten Wettbewerbs" → MarkenG § 8 Rn. 26.

Aus der allgemeinen Markenfähigkeit eines Zeichens (→ Rn. 19) ergibt sich nicht not- 24
wendig, dass dieses Zeichen im Hinblick auf eine bestimmte Ware oder Dienstleistung auch
Unterscheidungskraft iSv Abs. 1 Buchst. b hat (EuGH C-456/01 P und C-457/01 P, GRUR
Int 2004, 631 Rn. 32 – Dreidimensionale Tablettenform I). Unterscheidungskraft verlangt
allerdings auch keine besondere Originalität oder Kreativität und keine Neuheit (EuGH C-
329/02 P, GRUR 2004, 943 Rn. 40 – SAT.2); diese können jedoch Indizien für Unterscheidungskraft
sein (EuGH C-398/08 P, GRUR 2010, 228 Rn. 57 – Vorsprung durch Technik).

Der Anwendungsbereich des Abs. 1 Buchst. b weist gewisse Überschneidungen mit dem 25
des Abs. 1 Buchst. c (beschreibender Charakter; → Rn. 77 ff.) auf. Ist eine Marke beschreibend
iSv Abs. 1 Buchst. c, so fehlt es ihr regelmäßig auch an Unterscheidungskraft (ständige
Rechtsprechung, s. EuGH C-191/01, GRUR 2004, 146 Rn. 30 – DOUBLEMINT). Nach
der Rechtsprechung des EuGH gilt jedoch auch im Verhältnis von Art. 7 Abs. 1 Buchst. b
zu Art. 7 Abs. 1 Buchst. c der Grundsatz, dass die einzelnen Eintragungshindernisse unabhängig
und getrennt voneinander zu prüfen sind (EuGH C-517/99, GRUR Int 2002, 145
Rn. 68 – Merz & Krell (Bravo); C-363/99, GRUR 2006, 500 Rn. 67 – Postkantoor; hierzu
und zur Frage der (fehlenden) Notwendigkeit einer solchen Diversifikation → MarkenG
§ 8 Rn. 60 f., → MarkenG § 8 Rn. 63 ff.).

26 Ein etwaiger beschreibender Charakter ist indes nicht der einzige Grund, aus dem einer Marke die Unterscheidungskraft fehlen kann. Insoweit unterscheidet sich die Regelung des Abs. 1 Buchst. b von der des Abs. 1 Buchst. c dadurch, dass sie alle Umstände erfasst, aufgrund derer ein Zeichen die Waren oder Dienstleistungen eines Unternehmens von denen anderer Unternehmen nicht zu unterscheiden vermag (EuGH C-51/10 P, GRUR 2011, 1035 Rn. 46 f. – 1000).

1. Allgemeine Prüfungsmaßstäbe

27 Bei der Prüfung der Unterscheidungskraft sind neben der Marke in der angemeldeten Form **alle relevanten Tatsachen und Umstände** zu berücksichtigen (EuGH C-363/99, GRUR 2004, 674 Rn. 37 – Postkantoor).

28 Die Unterscheidungskraft einer Marke ist zum einen in Bezug auf die angemeldeten **Waren** oder **Dienstleistungen** und zum anderen im Hinblick auf die Anschauung der maßgeblichen **Verkehrskreise** zu beurteilen, die sich aus den durchschnittlich informierten, aufmerksamen und verständigen Durchschnittsverbrauchern dieser Waren oder -empfängern dieser Dienstleistungen zusammensetzen (EuGH C-210/96, GRUR Int 1998, 795 – Gut Springenheide; verb. C-53/01 – C-55/01, GRUR 2003, 514 Rn. 41 – Linde/Winward/Rado). Die maßgeblichen Verkehrskreise sind also an Hand der beanspruchten Waren- und Dienstleistungen zu ermitteln. „Durchschnittsverbraucher" meint dabei nicht nur Endverbraucher, sondern ebenso entsprechende Fachkreise (EuGH C-421/04, GRUR 2006, 411 Rn. 24 – Matratzen Concord; C-45/11 P, GRUR Int 2012, 333 Rn. 49 – Deutsche Bahn/HABM), die aufgrund ihrer Fachkenntnisse ein abweichendes Zeichenverständnis haben können. Zur Behandlung unterschiedlicher Verkehrsauffassungen → MarkenG § 8 Rn. 107.

29 Da der Durchschnittsverbraucher eine Marke normalerweise als Ganzes wahrnimmt und nicht auf die verschiedenen Einzelheiten achtet, ist für die Beurteilung der Unterscheidungskraft einer Marke auf den von ihr hervorgerufenen **Gesamteindruck** abzustellen (ständige Rechtsprechung, vgl. EuGH C-104/00 P, GRUR 2003, 58 Rn. 24 – Companyline; C-468/01 P und C-472/01 P, GRUR Int 2004, 635 Rn. 44 – Dreidimensionale Tablettenform II; C-453/11 P, BeckRS 2012, 81266 Rn. 40 – Timehouse). Ein zusammengesetztes Zeichen kann deshalb insgesamt unterscheidungskräftig sein, selbst wenn die einzelnen Bestandteile für sich genommen dies nicht sind (EuGH C-304/06 P, GRUR 2008, 608 Rn. 41 – EuroHYPO; C-37/03 P, GRUR 2006, 229 Rn. 29 – BioID; → Rn. 37).

30 Dies schließt jedoch nicht aus, dass die einzelnen Gestaltungselemente der Marke zunächst nacheinander geprüft werden. Es kann sich nämlich als zweckmäßig erweisen, bei der Gesamtbeurteilung jeden einzelnen Bestandteil der Marke zu untersuchen (EuGH C-468/01 P – C-472/01 P, GRUR Int 2004, 635 Rn. 45 – Dreidimensionale Tablettenform II).

31 Ist eine aus beschreibenden Bestandteilen zusammengesetzte Marke auch als Ganzes beschreibend, so fehlt es der Marke auch dann an Unterscheidungskraft, wenn der fragliche Begriff in den allgemeinen Sprachgebrauch eingegangen ist und dort eine ihm eigene Bedeutung erlangt hat. Denn auch wenn dies der Fall sein sollte, kann eine solche Marke nicht das von Art. 7 Abs. 1 Buchst. b geschützte öffentliche Interesse der Gewährleistung der Ursprungsidentität der mit der Marke gekennzeichneten Ware oder Dienstleistung erfüllen. Dieser Umstand spielt daher bei Art. 7 Abs. 1 Buchst. b keine Rolle, wohl aber bei Art. 7 Abs. 1 Buchst. c (s. hierzu EuGH C-304/06 P, GRUR 2008, 608 Rn. 60–62 – EuroHYPO).

32 Aufgrund von sprachlichen, kulturellen, sozialen und wirtschaftlichen Unterschieden zwischen den Mitgliedstaaten kann eine Marke in einem Mitgliedstaat über Unterscheidungskraft verfügen, in einem anderen aber nicht (EuGH C-421/04, GRUR 2006, 411 Rn. 25 – Matratzen Concord/Hukla). Fehlt es der Marke auch nur in einem Mitgliedstaat an Unterscheidungskraft, ist ihre Eintragung nach Abs. 1 Buchst. b in Verbindung mit Abs. 2 (→ Rn. 172 ff.) abzulehnen.

33 Das EUIPO ist nicht verpflichtet, die konkrete Prüfung der Unterscheidungskraft auf andere Verwendungen der angemeldeten Marke zu erstrecken als diejenige, die es mit Hilfe seiner Sachkunde auf diesem Gebiet als die wahrscheinlichste erkennt (EuGH C-307/11 P, GRUR Int 2013, 134 Rn. 55 – Deichmann (umsäumter Winkel)). Insbesondere kommt es auf die tatsächliche Benutzung der Marke durch den Anmelder nicht an, auch nicht auf Umstände, die in der Person des Anmelders liegen (zB Luxushersteller, Traditionsunternehmen etc), oder etwa die konkrete Preisgestaltung. Die Prüfung ist insofern abstrakt, als sie sich nur auf die aus der Anmeldung selbst ersichtlichen Umstände beziehen kann (zur deutschen Rechtsprechung → MarkenG § 8 Rn. 127).

Der Umstand, dass die maßgeblichen Verkehrskreise fachlich spezialisiert sind, hat keine entscheidenden Auswirkungen auf die rechtlichen Kriterien für die Beurteilung der Unterscheidungskraft eines Zeichens. Zwar trifft es zu, dass der Aufmerksamkeitsgrad von Fachkreisen naturgemäß höher ist als der des Durchschnittsverbrauchers, doch folgt hieraus nicht zwangsläufig, dass eine geringere Unterscheidungskraft des Zeichens ausreicht, wenn die maßgeblichen Verkehrskreise fachlich spezialisiert sind (EuGH C-311/11 P, GRUR Int 2012, 914 Rn. 48 – Wir machen das Besondere einfach). 34

2. Maßgeblicher Zeitpunkt; Prozessuales

Der maßgebliche Zeitpunkt für die Beurteilung der Unterscheidungskraft ist der **Anmeldetag** der Marke (EuGH MarkenR 2010, 439 – Flugbörse). Wenn sich das Eintragungsverfahren über einen längeren Zeitraum hinzieht, kann dies dazu führen, dass das EUIPO ggf. sehenden Auges Marken eintragen muss, denen im Zeitpunkt der Prüfung die Unterscheidungskraft fehlt, wenn diese denn im Anmeldezeitpunkt vorhanden war. Dies erscheint sinnwidrig, ergibt sich aber zwingend aus der oben zitierten EuGH-Rechtsprechung. 35

Der Anmelder muss nur dann konkrete und fundierte Anzeichen für das Vorliegen von Unterscheidungskraft vorlegen, wenn er sich entgegen der (strengen und umfassenden, → Rn. 3) Prüfung des EUIPO auf die Unterscheidungskraft der angemeldeten Marke beruft. Eine unzureichende Prüfung durch das EUIPO löst dagegen keine Darlegungs- oder Beweislast des Anmelders aus (EuGH C-265/09 P, GRUR 2010, 1096 Rn. 59, 60 – Buchstabe α). 36

3. Unterscheidungskraft einzelner Kategorien von Marken

a) Wortmarken. Bei aus mehreren Wörtern oder aus einem Wort und einer Zahl **zusammengesetzten Marken** kann die Prüfung der Unterscheidungskraft zunächst für jeden ihrer Begriffe oder Bestandteile getrennt erfolgen. Das Endergebnis muss aber auf jeden Fall von einer Prüfung der Marke in ihrer Gesamtheit abhängen (→ Rn. 29). Der Umstand allein, dass die einzelnen Bestandteile für sich genommen nicht unterscheidungskräftig sind, heißt nicht, dass ihre Kombination nicht unterscheidungskräftig sein könnte (EuGH C-329/02 P, GRUR 2004, 943 Rn. 28 – SAT.2). Die Vermutung, dass Bestandteile, die isoliert betrachtet nicht unterscheidungskräftig sind, auch im Falle ihrer Kombination nicht unterscheidungskräftig sein können, ist daher unzulässig. Es ist stets auf die Gesamtwahrnehmung der Wortzusammenstellung durch den Durchschnittsverbraucher (→ Rn. 28) abzustellen (EuGH C-329/02 P, GRUR 2004, 943 Rn. 35 – SAT.2). 37

Die Tatsache, dass eine Kombination wie etwa SAT.2 nicht ungewöhnlich ist und keinen besonders hohen Grad an Erfindungsreichtum ausdrückt, genügt nicht zum Nachweis fehlender Unterscheidungskraft. Die Eintragung eines Zeichens als Marke hängt nicht von der Feststellung eines bestimmten Niveaus der sprachlichen oder künstlerischen Kreativität oder Einbildungskraft des Markeninhabers ab. Eine dem Urheberrecht entsprechende Schöpfungshöhe ist nicht erforderlich (→ Rn. 24). Es genügt, dass die Marke es den maßgeblichen Verkehrskreisen ermöglicht, die Herkunft der durch diese Marke bezeichneten Waren oder Dienstleistungen zu erkennen und sie von denen anderer Unternehmen zu unterscheiden (EuGH C-329/02 P, GRUR 2004, 943 Rn. 40 f. – SAT.2). 38

Art. 4 sieht ausdrücklich vor, dass auch **Personennamen** Unionsmarken sein können. Marken, die aus einem Personennamen bestehen, werden nach denselben Kriterien beurteilt wie andere Marken auch; es dürfen keine strengeren Beurteilungskriterien angewendet werden, selbst wenn es sich um einen verbreiteten Namen handelt (EuGH GRUR 2004, 946 Rn. 25, 26 – Nichols; Onken, Die Verwechslungsgefahr bei Namensmarken, 2011, 91 f.; v. Bassewitz GRUR Int 2005, 660 f.; zur strengeren Handhabung in den USA → MarkenG § 8 Rn. 300.1). Dieser Umstand kann sich allerdings auf den Schutzumfang auswirken. Gleiches gilt für Namen von Prominenten, auch von Staatsoberhäuptern. Seine frühere Praxis, Namen von Staatsoberhäuptern als nicht unterscheidungskräftig zu beanstanden, hat das 39

EUIPO mittlerweile ausdrücklich aufgegeben (vgl. Prüfungsrichtlinien, Teil B, Abschnitt 4, Rn. 2.2.2). Etwas anderes gilt nur, wenn ein Name zur beschreibenden Sachangabe geworden ist (EuG T-304/06, GRUR Int 2009, 410 – Mozart für Süßwaren). Bei gesetzlich geschützten Namen kann die Anmeldung als Unionsmarke außerdem einen Verstoß gegen die guten Sitten bzw. die öffentliche Ordnung iSv Art. 7 Abs. 1 Buchst. f darstellen (HABM BK Entsch. v. 17.9.2012 – R 2613/2011-2 – ATATURK; → Rn. 133).

40 **Einzelne Buchstaben** können Art. 4 zufolge grundsätzlich ebenfalls Unionsmarken darstellen. Einen Grundsatz, dass Marken, die aus einzelnen Buchstaben bestehen, keine Unterscheidungskraft zukäme, gibt es nicht. Der EuGH verweist auch in diesem Zusammenhang darauf, dass die Eintragung eines Zeichens als Marke nicht von der Feststellung eines bestimmten Niveaus der sprachlichen oder künstlerischen Kreativität oder Einbildungskraft des Markeninhabers abhängt (→ Rn. 24), räumt aber ein, dass die Feststellung der Unterscheidungskraft sich für eine Marke, die aus einem einzelnen Buchstaben besteht, im Einzelfall als schwieriger erweisen kann als für andere Wortmarken (→ Rn. 1.1; EuGH C-265/09 P, GRUR 2010, 1096 Rn. 38, 39 – Buchstabe α).

41 Auch der Umstand, dass ein Zeichen ausschließlich aus **Ziffern** besteht (die wie Buchstaben in Art. 4 aufgeführt sind), steht als solcher dessen Eintragung als Marke nicht entgegen (EuGH C-51/10 P, GRUR 2011, 1035 Rn. 29 – 1000), wobei jedoch stets im Einzelfall zu prüfen ist, ob die angemeldeten Ziffern für die fraglichen Waren bzw. Dienstleistungen beschreibend (im Fall von „1000" bejaht für Druckerzeugnisse; → Rn. 79.1) oder sonst nicht unterscheidungskräftig sind.

42 **Abkürzungen** sind nach den allgemeinen Grundsätzen schutzfähig (EuG T-318/09, BeckRS 2011, 81066 Rn. 18 f. – TDI). Sie dürfen aber nicht in der Marke als Abkürzung beschreibender Begriffe erläutert werden (EuGH C-90/11, C-91/11, GRUR 2012, 616 Rn. 32 – MMF/NAI; kritisch Haberer GRUR-Prax 2013, 130; → Rn. 86).

43 Für **Werbeslogans** gelten nach der Rspr grundsätzlich die gleichen Kriterien zur Beurteilung der Unterscheidungskraft wie bei allen anderen Markenformen (→ Rn. 1, EuGH C-311/11 P, GRUR Int 2012, 914 Rn. 25 – Wir machen das Besondere einfach; C-398/08 P, GRUR 2010, 228 Rn. 35 f. – Vorsprung durch Technik).

44 Die Schwierigkeiten, die im Falle von Werbeslogans möglicherweise mit der Bestimmung der Unterscheidungskraft einhergehen, rechtfertigen es nicht, besondere Kriterien aufzustellen, die das Kriterium der Unterscheidungskraft ersetzen oder von ihm abweichen (EuGH C-64/02 P, GRUR 2004, 1027 Rn. 36 – DAS PRINZIP DER BEQUEMLICHKEIT). Es ist daher rechtsfehlerhaft, wenn die angeblich fehlende Unterscheidungskraft eines Slogans damit begründet wird, ihm fehle es an „Originalität" bzw. an einem „Phantasieüberschuss" (→ Rn. 24; EuGH C-64/02 P, GRUR 2004, 1027 Rn. 11, 12, 36 – DAS PRINZIP DER BEQUEMLICHKEIT; C-311/11 P, GRUR Int 2012, 914 Rn. 25 – Wir machen das Besondere einfach).

45 Die Rechtsprechung hat jedoch eine Reihe von Kriterien aufgestellt, deren Erfüllung dafür spricht, dass ein Slogan Unterscheidungskraft besitzt, ohne dass es sich hierbei um Voraussetzungen im eigentlichen Sinne handelte, nämlich wenn die Marke:
- mehrere Bedeutungen hat,
- ein Wortspiel darstellt,
- als phantasievoll, überraschend und unerwartet und damit als merkfähig aufgefasst wird,
- eine besondere Originalität oder einen besonderen Anklang hat, oder
- bei Verbrauchern einen Denkprozess anstößt oder einen Interpretationsaufwand erfordert (EuGH C-398/08 P, GRUR 2010, 228 Rn. 47 – Vorsprung durch Technik; C-311/11 P, GRUR Int 2012, 914 Rn. 37 – Wir machen das Besondere einfach).

Auch Prägnanz und Kürze können zur Unterscheidungskraft führen (EuGH C-398/08 P, GRUR 2010, 228 Rn. 57 – Vorsprung durch Technik).

46 Die Tatsache, dass eine Marke von den angesprochenen Verkehrskreisen als Werbeslogan wahrgenommen wird und dass andere Unternehmen sie sich im Hinblick auf ihren lobenden Charakter zu eigen machen könnten, reicht nicht aus, um den Schluss zu ziehen, dass dieser Marke die Unterscheidungskraft fehlt (EuGH C-398/08 P, GRUR 2010, 228 Rn. 44 – Vorsprung durch Technik). Insbesondere schließt der anpreisende Sinn einer Wortmarke nicht aus, dass sie geeignet ist, die Herkunft der bezeichneten Waren und Dienstleistungen zu gewährleisten (EuGH C-398/08 P, GRUR 2010, 228 Rn. 45 – Vorsprung durch Tech-

Absolute Eintragungshindernisse   **Art. 7 UMV**

nik). Trotz dieser Rechtsprechung ist bei der Anmeldung von Werbeslogans als Unionsmarke Vorsicht geboten, da diesen vom EUIPO weiterhin regelmäßig die Unterscheidungskraft abgesprochen wird, wenn es der Ansicht ist, dass der jeweilige Slogan ausschließlich als Werbeformel wahrgenommen wird. Die Anmeldung von Slogans hat regelmäßig nur dann Aussicht auf Erfolg, wenn sich anhand der oben (→ Rn. 45) genannten Kriterien argumentieren lässt, dass in ihnen mehr als eine bloße Werbebotschaft gesehen wird.

Der Slogan eines deutschen Automobilherstellers – „Vorsprung durch Technik" – wurde **47** vom EuGH als unterscheidungskräftig angesehen (EuGH C-398/08 P, GRUR 2010, 228 Rn. 52 ff.). Unterscheidungskraft wurde ebenfalls bejaht im Fall der Marke „WET DUST CAN'T FLY", angemeldet unter anderem für Staubsauger (EuG T-133/13), da hier eine gewisse Originalität gegeben und ein Interpretationsaufwand erforderlich sei. Demgegenüber hat das EuG die Unterscheidungskraft des Slogans „Qualität hat Zukunft", unter anderem für Schreibwaren und Büroartikel abgelehnt (EuG T-22/12, BeckRS 2012, 82612 – Fomanu AG/HABM). Ebenfalls nicht schutzfähig: „Leistung aus Leidenschaft" (EuG T-538/11, BeckRS 2014, 80608), „INVESTING FOR A NEW WORLD" (EuG T-59/14) und „SO WHAT DO I DO WITH MY MONEY" (EuG T-609/13), alle unter anderem für Finanzdienstleistungen. Nicht schutzfähig auch „Ab in den Urlaub" für Reisedienstleistungen (EuG T-273/12, BeckRS 2014, 81051).

Die für Slogans geltenden Grundsätze (→ Rn. 43 ff.) gelten auch für **Werbeschlagwör-** **48** **ter** sowie Aufforderungen, Grußformeln usw (EuG T-310/08, GRUR-RR 2011, 250 – executive edition).

Die übliche Bezeichnung sportlicher oder kultureller (Groß-)**Veranstaltungen** (Fußball **49** WM, Olympische Spiele, Preisverleihungen) oder sonstiger Ereignisse ist in der Regel weder für das Ereignis selbst unterscheidungskräftig, noch für Waren und Dienstleistungen, die mit diesem Ereignis in Zusammenhang gebracht werden, sei es als Sonderanfertigung, als Sonderangebot oder als notwendige oder zusätzliche Leistung aus Anlass dieses Ereignisses (HABM BK v. 20.6.2008 – R 1466/2005-1 – World Cup 2006, zitiert bei v. Kapff GRUR Int 2011, 676 (682); so auch für Deutschland BGH GRUR 2006, 850 Rn. 20 – FUSSBALL WM 2006; s. auch Lerach MarkenR 2008, 461 ff.).

Internetadressen können zwar unterhalb einer Top-Level-Domain nur einmal vergeben **50** werden (EuG T-117/06, GRUR Int 2008, 330 Rn. 44 – suchen.de), dennoch muss ein als Marke angemeldeter Domainname in Bezug auf die mit der Anmeldung beanspruchten Waren und Dienstleistungen unterscheidungskräftig sein (näher → MarkenG § 8 Rn. 294 f.).

b) Bildmarken (mit Wortbestandteilen). Bei Marken, die **Wort- und Bildelemente** **51** kombinieren, kommt es, wenn der Wortbestandteil nicht unterscheidungskräftig ist, für die Frage der Eintragungsfähigkeit regelmäßig darauf an, ob die Bildelemente dem Gesamteindruck der angemeldeten Marke Unterscheidungskraft verleihen (EuGH C-37/03 P, GRUR 2006, 229 – BioID; C-92/10, GRUR Int 2011, 255 – Best Buy). Um Schutz begründen zu können, muss die Grafik ein hinreichendes Gewicht innerhalb des Gesamtzeichens haben. Dieses Gewicht kann geringer sein, wenn der Wortbestandteil an der oberen Grenze zur Unterscheidungskraft steht. Die Grafik darf aber in keinem Fall hinter dem schutzunfähigen Wortbestandteil dergestalt zurücktreten, dass ausschließlich letzterer das Gesamtzeichen prägt (EuGH C-37/03 P, GRUR 2006, 229 Rn. 71 ff. – BioID; → MarkenG § 8 Rn. 370). Das Zeichen ® verleiht einem Zeichen für sich genommen noch keine Unterscheidungskraft (EuGH C-37/03 P, GRUR 2006, 229 Rn. 72 – BioID).

Wenn das Wortelement als Hauptbestandteil und vorherrschendes Element der fraglichen **52** Marke seinem Inhalt nach dem Verbraucher auf ein Merkmal der Waren oder Dienstleistungen hinweist und in erster Linie als verkaufsfördernde bzw. Werbebotschaft aufgefasst wird, fehlt der Marke regelmäßig die Unterscheidungskraft. Dies gilt auch dann, wenn das Wortelement keine Informationen über die Art der bezeichneten Waren oder Dienstleistungen vermittelt (EuG T-122/01, GRUR Int 2003, 834 Rn. 30 – Best Buy).

Fehlt dem Wortelement die Unterscheidungskraft, so führen eine grafische Ausgestaltung **53** des Wortes oder weitere Bildelemente nicht ohne Weiteres zur Unterscheidungskraft der Marke als Ganzes. An der Unterscheidungskraft fehlt es insbesondere dann, wenn es sich bei den Bildelementen um einfache geometrische Formen oder übliche Darstellungsformen handelt (vgl. hierzu zB EuG T-504/12, BeckRS 2014, 82348 – NOTFALL CREME; T-344/14, BeckRS 2014, 82662 – Deluxe).

54   Nachdem Bildmarken mit nicht unterscheidungskräftigen Wortelementen und sehr einfach gehaltenen Bildelementen jahrelang vom EUIPO trotz der gegenläufigen EuG(H)-Rechtsprechung regelmäßig eingetragen wurden, ist die Amtspraxis in den letzten Jahren deutlich strenger geworden, wie sich auch der im Rahmen des Konvergenzprogramms vom EUIPO zusammen mit den nationalen Markenämtern erarbeiteten Gemeinsamen Praxis zur Unterscheidungskraft von Wort-/Bildmarken mit beschreibenden bzw. nicht unterscheidungskräftigen Wörtern (kurz: CP3, abrufbar unter www.tmdn.org) entnehmen lässt.

55   **c) Bildmarken (ohne Wortbestandteile).** Äußerst einfach gehaltene Zeichen, die aus einer **geometrischen Grundfigur** wie einem Kreis, einer Linie, einem Rechteck oder einem Fünfeck bestehen, fehlt es regelmäßig an Unterscheidungskraft, da sie von den Verbrauchern nicht als Marke angesehen werden, sofern sie keine weiteren Elemente enthalten, die sie von der üblichen Darstellung solcher Formen unterscheiden (EuG T-304/05, GRUR Int 2008, 51 – Darstellung eines Fünfecks). Dies gilt bei sehr einfachen Figuren auch dann, wenn sie in Farbe gehalten sind (EuG T-499/09, BeckRS 2011, 81119 – purpurnes Rechteck). Die **Kombination mehrerer einfacher Figuren** kann demgegenüber ein hinreichendes Maß an Eigentümlichkeit aufweisen und so als betrieblicher Herkunftshinweis wirken (HABM BK R 37/99-3, GRUR Int 1999, 966 f. – Dreiecke, unter Bezugnahme auf R 182/1998-1 – sedici quadrati und R 199/1998-2 – sechseckige Gitterform)).

56   Einfachen, **geschwungenen Linien** wird regelmäßig die originäre Unterscheidungskraft fehlen, insbesondere für Waren, bei denen entsprechende Gestaltungen üblich sind, wie etwa bei Schuhen (vgl. EuG T-53/13, BeckRS 2014, 82560 – Vans, Inc./HABM) oder Hosen (EuG T-283/07, BeckRS 2009, 70503 – Gesäßtasche rechts). Ebenfalls nicht unterscheidungskräftig für Waren aus dem Bekleidungssektor sind unauffällige, allgemein übliche **Karomuster** (EuG T-26/11, BeckRS 2012, 81937 – V. Fraas GmbH/HABM). Vorsicht ist darüber hinaus geboten bei Bildmarken, die aus einer **Darstellung der beanspruchten Waren** oder deren Verpackung bestehen; ihnen kann nach den Grundsätzen der Rspr zu dreidimensionalen Marken die Unterscheidungskraft fehlen (→ Rn. 57, → Rn. 61).

57   **d) Dreidimensionale Marken.** Nicht selten werden **dreidimensionale Marken** angemeldet, die aus der Form der Ware selbst oder ihrer Verpackung bestehen. Zuweilen ist in diesem Fall bereits eines der dann vorrangig zu prüfenden absoluten Eintragungshindernisse des Art. 7 Abs. 1 Buchst. e erfüllt (→ Rn. 107 ff.). Ist dies nicht der Fall, wird es der Marke häufig aber an Unterscheidungskraft fehlen. Hierzu hat die Rechtsprechung eine Reihe von Grundsätzen entwickelt (kritisch zum Ansatz des EuGH Kur → MarkenG § 8 Rn. 66 ff.).

58   Danach ist zunächst zu berücksichtigen, dass Marken, die aus der Form der Ware selbst bestehen, von den maßgeblichen Verkehrskreisen nicht notwendig in gleicher Weise wahrgenommen werden wie Wort- oder Bildmarken, die von dem Erscheinungsbild der mit der Marke bezeichneten Waren unabhängig sind (→ Rn. 1.1). Fehlen grafische oder Wortelemente, so schließen die Durchschnittsverbraucher aus der Form der Waren oder der ihrer Verpackung gewöhnlich nicht auf deren Herkunft (EuGH C-456/01 P und C-457/01 P, GRUR Int 2004, 631 Rn. 38 – Dreidimensionale Tablettenform I). In der Praxis kann es daher schwieriger sein, die Unterscheidungskraft einer aus der Form der Ware bestehenden Marke nachzuweisen, als die einer Wort- oder Bildmarke (EuGH verb. Rs. C-53/01 – C-55/01, GRUR 2003, 514 Rn. 46, 48 – Linde/Winward/Rado).

59   Je mehr sich die angemeldete Form der Form annähert, in der die betreffende Ware am wahrscheinlichsten in Erscheinung tritt, umso eher ist zu erwarten, dass dieser Form die Unterscheidungskraft fehlt. Demzufolge besitzt nur eine Marke, deren Form **erheblich von der Norm oder der Branchenüblichkeit abweicht** und deshalb ihre wesentliche herkunftskennzeichnende Funktion erfüllt, Unterscheidungskraft (EuGH C-456/01 P und C-457/01 P, GRUR Int 2004, 631 Rn. 39 – Dreidimensionale Tablettenform I). Dies steht in einem Spannungsverhältnis zu Abs. 1 Buchst. e (iii) (→ Rn. 122 f.). Der Umstand, dass die angemeldete Form eine „Variante" der üblichen Formen dieser Warengattung ist, reicht nach der Rechtsprechung dagegen nicht aus, um der Marke Unterscheidungskraft zu verleihen (EuGH C-136/02 P, GRUR Int 2005, 135 Rn. 32 – Maglite), weil dann Gestaltungselemente umso weniger als Hinweis auf die betriebliche Herkunft der Waren wirken (EuGH C-98/11 P, GRUR Int 2012, 637 – Schokoladenhase; C-24/05 P, GRUR Int 2006, 842 – Bonbons in leicht ovaler Form; EuG T-15/05, GRUR Int 2006, 746 und T-449/07, GRUR

Int 2009, 861 zu Wurstformen). Unerheblich ist ein bestehender Schutz als Design bzw. Gemeinschaftsgeschmacksmuster und ein renommierter Designer als Schöpfer der Marke (EuGH C-136/02 P, GRUR Int 2005, 135 Rn. 24 f. – Maglite; EuG T-71/06, BeckRS 2007, 70924 Rn. 30 – Gondelverkleidung; EuG T-351/07, BeckEuRS 2008, 488270 – Sonnendach).

Diese Grundsätze gelten auch für Waren, die nur verpackt vermarktet werden können (zB Flüssigkeiten, Pulver), mit der Maßgabe, dass für die Beurteilung auf die Verpackungsform abzustellen ist. Eine dreidimensionale Marke, die aus einer solchen **Verpackung** besteht, hat nur dann Unterscheidungskraft, wenn die Verpackungsform erheblich von der Norm oder Branchenüblichkeit abweicht (EuGH C-344/10 P, C-345/10 P, GRUR 2012, 610 Rn. 47 – Freixenet; zur Kritik an dieser Rechtsprechung → MarkenG § 8 Rn. 477). **60**

Gleiches gilt im Falle von Bildmarken, die aus einer **zweidimensionalen Darstellung der Ware oder ihrer Verpackung** bestehen (EuGH C-25/05 P, GRUR 2006, 1022 Rn. 29 – Wicklerform), sowie für alle weiteren Fälle, in denen die Marke mit dem Erscheinungsbild der Ware „verschmilzt" (vgl. EuG T-547/09, BeckRS 2010, 90732 Rn. 26 – X Technology Swiss/HABM (Einfärbung des Zehenbereichs einer Socke); GRUR 2013, 865 (869)). **61**

Ein Verschmelzen ist beispielsweise der Fall bei Marken, die nicht aus der Form der Verpackung also solcher, sondern lediglich aus einem bestimmten Aspekt derselben bestehen, wie zB der mattierten Oberfläche von Flaschen in Verbindung mit einem bestimmten Farbton. Auch in einem solchen Fall besteht die Marke nicht aus einem Zeichen, das vom Erscheinungsbild der mit ihr gekennzeichneten Ware unabhängig ist (EuGH C-344/10 P, C-345/10 P, GRUR 2012, 610 Rn. 48 – Freixenet). Einen weiteren Fall des Verschmelzens von Ware und Marke bilden die im deutschen Recht als eigene Markenform anerkannten Kennfadenmarken (→ MarkenG § 8 Rn. 511 f.). **62**

Die bloße Feststellung, eine bestimmte dreidimensionale Marke könne ohne Hinzufügung eines Wortelementes nicht als Marke „funktionieren", darf indes nicht die Prüfung ersetzen, ob die Marke erheblich von der Norm oder der Branchenüblichkeit (→ Rn. 59) abweicht. Eine solche Beurteilung hätte nämlich zur Folge, dass Marken, die aus dem Erscheinungsbild der Aufmachung der Ware selbst bestehen und keine Aufschrift oder kein Wortelement aufweisen, systematisch von dem durch die UMV gewährten Schutz ausgeschlossen würden. Eine Entscheidung, die allein auf einer solchen Erwägung beruht, ist daher rechtsfehlerhaft (EuGH C-344/10 P, C-345/10 P, GRUR 2012, 610 Rn. 49–52 – Freixenet). **63**

Auf Vorlage des BPatG (GRUR 2013, 932 – Apple, mit Anm. v. Mühlendahl GRUR 2013, GRUR 2013, 942), hat der EuGH entschieden, dass grundsätzlich auch der zeichnerischen Darstellung der **Ausstattung einer Verkaufsstätte** die für die Markenfähigkeit erforderliche abstrakte Unterscheidungskraft zukommen kann, falls die jeweilige Darstellung erheblich von der Branchennorm oder -üblichkeit abweicht. Dies bedeutet jedoch nicht notwendig, dass einer solchen Marke auch konkrete Unterscheidungskraft in Bezug auf die angemeldeten Waren und Dienstleistungen zukommt, was stets im Einzelfall zu prüfen ist (EuGH C-421/13, GRUR 2014, 866 Rn. 20 ff. – Apple/DPMA, mit Anm. Knaak GRUR 2014, 868). **64**

e) Positionsmarken. So genannte **Positionsmarken** werden weder in der UMV noch in der Durchführungsverordnung als eigene Markenkategorie erwähnt. Da Art. 4 keine abschließende Aufzählung der Zeichen enthält, die Unionsmarken sein können (→ Art. 4 Rn. 1, → Art. 4 → Art. 4 Rn. 22 f.), ist dies für die Eintragungsfähigkeit von Positionsmarken jedoch ohne Bedeutung (EuG T-547/09, BeckRS 2010, 90732 Rn. 19 – X Technology Swiss/HABM m. Anm. Bogatz GRUR-Prax 2010, 412). **65**

Positionsmarken haben die (durch eine **Beschreibung** genau festzulegende, → Art. 4 Rn. 22) Anbringung von Bild- oder dreidimensionalen Elementen an einer bestimmten Stelle auf der Produktoberfläche zum Gegenstand und stehen daher sowohl den Bildmarken als auch den dreidimensionalen Marken nahe. Ob es sich bei einer Positionsmarke um eine Bildmarke, eine dreidimensionale Marke oder eine eigene Markenkategorie handelt, ist für die Beurteilung der Unterscheidungskraft ohne Bedeutung (EuG T-547/09, BeckRS 2010, 90732 Rn. 20, 21 – X Technology Swiss/HABM). Für eine eigenständige sonstige Markenform spricht, dass sich die Positionsmarke nicht in einer zwei- bzw. dreidimensionalen Gestaltung erschöpft (so Schumacher → MarkenG § 8 Rn. 484.1). **66**

67 Auch Positionsmarken dürften regelmäßig mit dem Erscheinungsbild der Waren verschmelzen. Ist dies der Fall, so sind die Grundsätze zur Unterscheidungskraft von dreidimensionalen Marken (EuG Rs. T-547/08, BeckRS 2010, 90732 Rn. 26 – X Technology Swiss/HABM, für Einfärbung des Zehenbereichs einer Socke; → Rn. 57 ff.) anzuwenden, dh es muss eine erhebliche Abweichung von der Norm oder der Üblichkeit in der jeweiligen Branche vorliegen, damit der Marke Unterscheidungskraft zukommt (EuG T-208/12, BeckRS 2013, 81459 Rn. 33, 36 – Think Schuhwerk/HABM, für rote Schnürsenkelenden; T-152/07, BeckRS 2009, 70997 – Lange Uhren/HABM, für geometrische Felder auf dem Zifferblatt einer Uhr). Keine erhebliche Abweichung im o.g. Sinne sah das EuG beispielsweise im Fall eines Knopfs im Ohr eines Stofftieres bzw. eines mittels Knopfes befestigten Fähnchens (EuG T-434/12, GRUR 2014, 285 – Steiff/HABM, mit Anm. Becker; EuG T-433/12, BeckRS 2014, 80046).

67.1 Zu den ähnlichen Erwägungen der deutschen Rechtsprechung → MarkenG § 8 Rn. 484 ff. Schumacher (→ MarkenG § 8 Rn. 490) lehnt angesichts der vielen möglichen Positionsmarken allgemeingültige Vorgaben dazu ab, nach welchen Regeln sich die Bestimmung ihrer Schutzfähigkeit zu richten hat, da diese je nach Art des Zeichens verschieden sein müssen.

68 **f) Farbmarken.** Im Zusammenhang mit abstrakten **Farbmarken** (→ Rn. 20) hat der EuGH in seinem Urteil in der Rechtssache Libertel (C-104/01, GRUR 2003, 604) ein Allgemeininteresse anerkannt, die allgemeine Verfügbarkeit von Farben nicht ungerechtfertigt zu beschränken (→ MarkenG § 8 Rn. 62 ff.). Dies gilt auch im Zusammenhang mit Dienstleistungen (vgl. EuGH C-45/11 P, GRUR Int 2012, 333 – Deutsche Bahn/HABM; näher → MarkenG § 8 Rn. 448). Zur grafischen Darstellbarkeit von Farbmarken und zur Praxis des EUIPO (→ Art. 4 Rn. 20 f.); zur Entwicklung der Rechtsprechung auf EU-Ebene und in Deutschland → MarkenG § 8 Rn. 429 ff.

69 Der Verbraucher wird regelmäßig nur in der betreffenden Branche ungewöhnliche Farben oder Farbkombinationen als Unterscheidungszeichen auffassen (EuG T-499/09, GRUR Int 2011, 948 – Rechteck in Purpur; T-400/07, GRUR Int 2009, 513 – Kombination von 24 Farbkästchen). Es darf sich also nicht um eine Farbe handeln, die regelmäßig und üblicherweise im Zusammenhang mit den beanspruchten Waren und Dienstleistungen verwendet wird (Warnfarben, Geschmacksangaben etc). Hellgrün gilt zB als werbeüblicher Hinweis auf Frische und Natürlichkeit (HABM BK R 122/1998-3, GRUR Int 1999, 543 – light green).

70 Je größer die Zahl der Waren oder Dienstleistungen ist, für die die Eintragung der Marke beantragt wird, umso eher kann sich das durch die Marke gewährte Ausschließlichkeitsrecht als übertrieben erweisen und der Aufrechterhaltung eines unverfälschten Wettbewerbssystems sowie dem Allgemeininteresse zuwiderlaufen, dass die Verfügbarkeit der Farben für andere Wirtschaftsteilnehmer nicht ungerechtfertigt beschränkt wird (EuGH C-104/01, GRUR 2003, 604 Rn. 55, 56 – Libertel).

71 Vor diesem Hintergrund kommt einer **einzelnen Farbe** als solcher unabhängig von ihrer Benutzung nur unter außergewöhnlichen Umständen Unterscheidungskraft zu. Vorstellbar ist dies etwa dann, wenn die Anzahl der Waren und Dienstleistungen, für die die Marke angemeldet wird, sehr beschränkt und der maßgebliche Markt sehr spezifisch ist (EuGH C-104/01, GRUR 2003, 604 Rn. 66 – Libertel; zum spezifischen Markt → MarkenG § 8 Rn. 434 ff.). Eine einzelne Farbe kann aber grundsätzlich Unterscheidungskraft durch Benutzung erwerben (→ Rn. 171 ff.; EuGH C-104/01, GRUR 2003, 604 Rn. 67 – Libertel; bejaht von HABM 2. BK Entsch. v. 4.5.2007 – R 1620/2006-2 – Farbmarke lila; 1. BK Entsch. v. 28.5.2008 – R 550/2005-1 – Farbmarke rot).

72 Marken, die aus der **Kombination zweier Farben** bestehen, können im Einzelfall bereits über originäre Unterscheidungskraft verfügen (vgl. HABM 2. BK R 325/2002-2, GRUR 2005, 598 – Farbmarke blau/rot; 1. BK Entsch. v. 27.10.2003 – R 31/2003-1 – Farbmarke blau/gelb; EuG T-316/00, GRUR Int 2003, 59 Rn. 61 – Grau und Grün; EuGH C-45/11 GRUR Int 2012, 333 Rn. 49 – Lichtgrau/Verkehrsrot). Von besonderer Bedeutung bei Farbkombinationsmarken ist die der Prüfung der Unterscheidungskraft vorgelagerte Frage der grafischen Darstellbarkeit (→ Art. 4 Rn. 21), da der EuGH in diesem Zusammenhang gesteigerte Anforderungen an die Bestimmtheit der Farbkombination stellt (EuGH C-49/02, GRUR 2004, 858 – Heidelberger Bauchemie).

Absolute Eintragungshindernisse Art. 7 UMV

Kombinationen von drei und mehr Farben dürften regelmäßig über die erforderliche 73
Unterscheidungskraft verfügen, jedenfalls wurde eine Vielzahl solcher Farbkombinationsmarken vom EUIPO beanstandungslos eingetragen. Besteht die Marke aus einer Vielzahl verschiedener Farben, kann es ihr jedoch dann an Unterscheidungskraft fehlen, wenn die Farbkombination so komplex ist, dass es den relevanten Verkehrskreisen schwerfallen wird, sich zuverlässig an die genauen Farben und deren Anordnung zu erinnern. Dies hat das EuG im Falle einer Kombination von 24 Farben angenommen, die ohne eine bestimmte Systematik in mehreren Spalten und Reihen angeordnet waren, so dass die angemeldete Marke den Eindruck eines farbigen Gitters hervorrief (EuG T-400/07, GRUR Int 2009, 513 – Kombination von 24 Farbkästchen).

g) Weitere nicht traditionelle Markenformen. Hinsichtlich der Unterscheidungskraft 74
von **Hörmarken** (Schallmarken) gelten die allgemeinen Prüfungsmaßstäbe. Einfachste Tonfolgen, wie beispielsweise zwei aufeinanderfolgende identische Noten, bleiben dem Verkehr nicht in Erinnerung und werden dementsprechend gar nicht erst als Marke wahrgenommen, so dass es ihnen an Unterscheidungskraft fehlt (vgl. EuG T-408/15, BeckRS 2016, 82345 Rn. 50ff. – Globo/EUIPO); zur Problematik der grafischen Darstellbarkeit (→ Art. 4 Rn. 18f.). An der abstrakten Markenfähigkeit von **Tastmarken** dürften zwar keine Zweifel bestehen (von der Rechtsprechung in Deutschland wurde diese bereits ausdrücklich anerkannt; → MarkenG § 8 Rn. 500). Fraglich ist aber, wie bei anderen nicht traditionellen Markenformen, auch hier, ob die maßgeblichen Verbraucher sie als Herkunftshinweis wahrnehmen (→ Rn. 1.1; vgl. EuGH C-25/05 P, GRUR 2006, 1022 Rn. 27 – Storck/HABM (Wicklerform); C-96/11 P, GRUR Int 2012, 1017 Rn. 35 – Storck/HABM (Schokoladenmaus); C-104/01, GRUR 2003, 604 Rn. 65 – Libertel; C-64/02 P, GRUR 2004, 1027 Rn. 34 – Das Prinzip der Bequemlichkeit). Ob die zur Oberflächengestaltung einer Flasche ergangene Entscheidung des EuGH C-344/10 P, C-345/10 P, GRUR 2012, 610 – Freixenet, die Eintragung haptischer Marken erleichtern kann, bleibt abzuwarten.

Die abstrakte Markenfähigkeit olfaktorischer Zeichen (**Geruchsmarken;** → Rn. 20) hat 75
der EuGH (C-273/00, GRUR 2003, 145 – Sieckmann) grundsätzlich anerkannt, jedoch an die Darstellbarkeit der Marke kaum erfüllbare Anforderungen gestellt. Jedenfalls muss die Geruchsmarke, um unterscheidungskräftig zu sein, einen gegenüber den Waren funktional unabhängigen und eigenständigen Charakter haben (HABM BK R 711/1999-3, GRUR 2002, 348 Rn. 40 – Der Duft von Himbeeren). Gleiches gilt für **Geschmacksmarken** (gustatorische Marken).

Als weitere nichtkonventionelle Markenkategorien nennt Schumacher (→ MarkenG § 8 76
Rn. 510) **Lichtmarken,** zB für den Schutz von Lichtinszenierungen oder Lichtinstallationen aus dem künstlerischen Bereich oder der Unterhaltungsindustrie, **virtuelle Marken** für computergenerierte elektronische Darstellungen bzw. Grafiken und **Bewegungsmarken** (vgl. hierzu auch Fezer MarkenG § 3 Rn. 628ff., 632f. und 634f.). Bei diesen Markenformen stellt sich im Einzelfall ebenfalls die Frage, ob die jeweilige Marke tatsächlich als Herkunftshinweis aufgefasst wird.

III. Beschreibender Charakter (Abs. 1 Buchst. c)

1. Allgemeines

Nach Art. 7 Abs. 1 Buchst. c sind Marken von der Eintragung ausgeschlossen, die aus- 77
schließlich aus Zeichen oder Angaben bestehen, welche im Verkehr zur Bezeichnung der **Art,** der **Beschaffenheit,** der **Menge,** der **Bestimmung,** des **Wertes,** der **geografischen Herkunft** oder der **Zeit der Herstellung der Ware** oder der **Erbringung der Dienstleistung** oder zur Bezeichnung **sonstiger Merkmale** der Ware oder Dienstleistung dienen können.

Abs. 1 Buchst. c verfolgt das im Allgemeininteresse liegende Ziel, dass Zeichen oder 78
Angaben, die die Waren- oder Dienstleistungsgruppen beschreiben, für die die Eintragung beantragt wird, von allen frei verwendet werden können (EuGH verb. Rs. C-108/97, C-109/97, GRUR Int 1999, 727 Rn. 25 – Chiemsee). Die Anwendung der Vorschrift hängt jedoch nicht vom Bestehen eines konkreten, gegenwärtigen oder ernsthaften Freihaltebedürfnisses ab (EuGH verb. Rs. C-108/97, C-109/97, GRUR Int 1999, 727 Rn. 35 – Chiem-

see). Auch die Anzahl der Konkurrenten des Anmelders, die ein Interesse an der Nutzung der angemeldeten Marke haben könnten, ist unerheblich (EuGH C-363/99, GRUR 2004, 674 Rn. 58 – Postkantoor).

78.1 Kur hält die starre und ausschließliche Deutung der Eintragungshindernisse der fehlenden Unterscheidungskraft und des beschreibenden Charakters als Ausprägungen unterschiedlicher Formen des Allgemeininteresses durch den EuGH nicht für sachgerecht. Der Ansatz der EuGH-Rechtsprechung ist ihr zufolge abzulehnen, da und soweit er verhindert, dass substanzielle Freihaltungsinteressen bei der Prüfung der Schutzhindernisse berücksichtigt werden können. Vielmehr seien Aspekte des Freihaltungsinteresses zu berücksichtigen, soweit dafür ein besonderer Anlass bestehe (→ MarkenG § 8 Rn. 73 ff.). Nach der von Kur vertretenen Auffassung ist die von der hM postulierte, kategoriale Trennung zwischen den einzelnen Schutzhindernissen des Art. 7 Abs. 1 Buchst. b bis d zugunsten eines flexibleren Ansatzes aufzugeben. Diese Schutzhindernisse sind Teilelemente einer umfassenden Prüfung, deren Ergebnis als „konkrete Markenfähigkeit" – in Entsprechung zur „abstrakten Markenfähigkeit" (Art. 4) – bezeichnet werden kann.

79 Eine Marke ist beschreibend iSv Abs. 1 Buchst. c, wenn sie zu den fraglichen Waren oder Dienstleistungen einen **hinreichend direkten und konkreten Bezug** aufweist, der es den angesprochenen Verkehrskreisen ermöglicht, **unmittelbar und ohne weitere Überlegung** eine Beschreibung dieser Waren oder Dienstleistungen oder einer ihrer Merkmale zu erkennen (EuG T-19/04, GRUR Int 2005, 842 Rn. 25 – PAPERLAB; vgl. auch EuGH C-494/08 P, GRUR 2010, 534 Rn. 29 – Pranahaus; C-383/99 P, GRUR 2001, 1145 – baby-dry). Lediglich **beschreibende Anklänge** und Andeutungen stehen der Eintragung dagegen nicht entgegen. Bei **Abwandlungen** und **Fehlschreibweisen** ist zu fragen, ob sie der Verbraucher als solche erkennt oder ohne Weiteres mit der beschreibenden Angabe gleichsetzt (EuG T-48/07, GRUR Int 2008, 1037 Rn. 30 – BioGeneriX) oder ob die Abwandlung selbst zu einer beschreibenden Angabe geworden ist (EuG GRUR Int 2002, 604 Rn. 33 – lite statt light). Trotz abweichender Schreibweise als beschreibend zurückgewiesen wurde zB „FRESHHH" für Lebensmittel (EuG T-147/06, GRUR Int 2009, 516).

79.1 Weitere Beispiele beschreibender Marken aus der Rechtsprechung des EuG/EuGH:
- ecoDoor (unter anderem für Haushalts- und Küchengeräte, Verkaufsautomaten für Getränke), EuGH C-126/13 P, GRUR-RR 2014, 448 – beschreibend hinsichtlich Teil der Waren (Tür);
- RESTORE (EuGH BeckRS 2013, 80173): beschreibend für chirurgische und ärztliche Instrumente und Apparate; Stents; Katheter; Führungsdrähte (Kl. 10), da von den angesprochenen Fachkreisen ohne weiteres verstanden iSv „heilen, wiederherstellen (der Gesundheit)";
- PERLÉ (für Weine und Schaumweine), EuG, T-104/11, BeckRS 2013, 80207;
- STEAM GLIDE (für Bügeleisen), EuG T-544/11, BeckRS 2013, 80119;
- TDI (für Kraftfahrzeuge), EuG T-318/09, BeckRS 2011, 81066;
- 1000 (unter anderem für Druckerzeugnisse, Zeitungen – beschreibt Menge), EuGH C-51/10 P, GRUR 2011, 1035 Rn. 29.

79.2 Kein beschreibender Charakter wurde demgegenüber angenommen für:
- COLLEGE (unter anderem für Dienstleistungen eines Reisebüros, Organisation von Sightseeing-Touren, Hoteldienstleistungen), EuG T-165/11, BeckRS 2012, 81709.

80 Für einen **Oberbegriff** im Waren- und Dienstleistungsverzeichnis besteht das Eintragungshindernis bereits dann, wenn das Zeichen für eine unter den Oberbegriff fallende Ware oder Dienstleistung beschreibend ist; einschränken kann dies nur der Anmelder (→ Rn. 4.1).

81 Für einen beschreibenden Charakter der angemeldeten Marke ist es nicht erforderlich, dass diese im Anmeldezeitpunkt tatsächlich zur Beschreibung der Merkmale der angemeldeten Waren oder Dienstleistungen benutzt wird. Der lexikalische Nachweis und die (zB mittels einer Internetsuchmaschine ermittelte) tatsächliche Verwendung des Zeichens bzw. dessen Fehlen sprechen für sich genommen weder gegen noch für die Schutzfähigkeit (EuG T-28/06, GRUR Int 2008, 151 Rn. 27 – Vom Ursprung her vollkommen). Entscheidend ist vielmehr, ob die Marke beschreibend verwendet werden **kann**. Art. 7 Abs. 1 Buchst. c greift bereits dann, wenn die Marke zumindest in **einer ihrer möglichen Bedeutungen** ein Merkmal der angemeldeten Waren oder Dienstleistungen bezeichnet (EuGH C-80/09 P, GRUR Int 2010, 503 Rn. 37 – Patentconsult; C-265/00, GRUR 2004, 680 Rn. 39 – biomild). Beschreibend kann daher auch ein Begriff sein, der einen vagen Inhalt aufweist oder **mehrdeutig** ist (EuGH C-191/01, GRUR 2004, 146 Rn. 32 f. – DOUBLEMINT).

Absolute Eintragungshindernisse   **Art. 7 UMV**

Ob es andere Zeichen oder Angaben gibt, die zur Bezeichnung der Merkmale der ange- 82
meldeten Waren oder Dienstleistungen gebräuchlicher sind, als die angemeldete Marke, ist
unerheblich. Es muss sich bei der angemeldeten Marke nicht um die ausschließliche Bezeichnung der fraglichen Merkmale handeln (EuGH C-363/99, GRUR 2004, 674 Rn. 57 –
Postkantoor).

Maßgeblich sind **sämtliche Verbraucherkreise,** die als Abnehmer oder Interessenten 83
der beanspruchten Waren oder Dienstleistungen in Betracht kommen (EuGH C-421/04,
GRUR 2006, 411 Rn. 26 – Matratzen Concord; verb. Rs. C-108/97, C-109/97, GRUR
1999, 723 Rn. 29 – Chiemsee). Sind mehrere entscheidungserhebliche Verkehrskreise vorhanden, liegt das Eintragungshindernis schon dann vor, wenn einer dieser Verkehrskreise
dem Zeichen beschreibenden Charakter beimisst (EuGH C-363/99, GRUR 2004, 674
Rn. 58 – Postkantoor).

Für die Frage, ob ein Begriff in beschreibender Weise verwendet werden kann, ist nicht 84
ausschließlich auf dessen Bedeutung in den **offiziellen Amtssprachen** der Union bzw.
Mitgliedstaaten abzustellen. Auch ein Begriff aus einer Sprache, die keine Amtssprache der
Union oder eines Mitgliedstaats ist, muss nach Art. 7 Abs. 1 Buchst. c iVm Art. 7 Abs. 2
(→ Rn. 172 ff.) zurückgewiesen werden, wenn er von einem wesentlichen Teil der angesprochenen Verkehrskreise zumindest in einem Teil der Union als beschreibend verstanden wird
(EuG T-72/11, BeckRS 2012, 82225 Rn. 35, 36 – Espetec, für die katalanische Bezeichnung
einer Wurstsorte). Zudem kann bei der Ermittlung des beschreibenden Charakters eines
Begriffs auch seine **Benutzung außerhalb der EU** berücksichtigt werden, wenn sich aus
dieser Benutzung entsprechende Rückschlüsse auf eine **mögliche** beschreibende Verwendung auch in der EU ziehen lassen. Dies kann beispielsweise bei einer beschreibenden
Verwendung in den USA im Hinblick auf das englischsprachige Territorium in der EU der
Fall sein (EuG T-108/09, GRUR Int 2010, 877 Rn. 32 – MEMORY).

Zusammengesetzte Zeichen sind stets nach ihrem **Gesamteindruck** zu untersuchen 85
(EuGH C-363/99, GRUR 2004, 674 Rn. 96 – Postkantoor; C-408/08 P, GRUR 2010,
931 Rn. 62 – Color Edition; C-265/00, GRUR 2004, 680 Rn. 41 – Biomild).

Die bloße **Kombination von Bestandteilen,** die für sich genommen beschreibend sind, 86
bleibt im Allgemeinen ihrerseits selbst beschreibend. Dies kann jedoch anders sein, wenn
der Gesamteindruck, der durch die Kombination entsteht, hinreichend weit von dem
abweicht, der durch die bloße Zusammenfügung der einzelnen Bestandteile entsteht und
somit über die Summe dieser Bestandteile hinausgeht, oder wenn das zusammengesetzte
Wort in den allgemeinen Sprachgebrauch eingegangen ist und dort eine ihm eigene Bedeutung erlangt hat, so dass es nunmehr gegenüber seinen Bestandteilen autonom ist (EuGH
C-363/99, GRUR 2004, 674 Rn. 98–100 – Postkantoor). Umgekehrt kann ein an sich
unterscheidungskräftiger Bestandteil, etwa eine nichtssagende Buchstabenkombination,
durch Hinzufügung weiterer, beschreibender, Bestandteile seine Unterscheidungskraft verlieren, wenn er sich im Gesamteindruck der angemeldeten Marke als **Abkürzung** der beschreibenden Bestandteile darstellt (EuGH C-90/11, C-91/11, GRUR 2012, 616 Rn. 29 ff. –
Multi Markets Fund MMF/NAI – Der Natur-Aktien-Index; → Rn. 70). Eine so zusammengesetzte Marke ist dann insgesamt beschreibend und nach Buchst. c zurückzuweisen.

Die **grafische Ausgestaltung** eines beschreibenden Begriffes lässt den beschreibenden 87
Charakter der angemeldeten Marke nicht entfallen, wenn es sich bei den Bildelementen
lediglich um einfache geometrische Formen oder nur gering stilisierte Schriftarten handelt
(EuG T-559/10, BeckRS 2012, 82084 Rn. 25–27 – natural beauty).

Marken, die ausschließlich aus beschreibenden Angaben bestehen, können im Einzelfall 88
dennoch eingetragen werden, wenn sie gemäß Art. 7 Abs. 3 infolge ihrer Benutzung Unterscheidungskraft erlangt haben (→ Rn. 178 ff.).

2. Maßgebliche Merkmale

Ob es sich bei den beschriebenen Merkmalen um solche handelt, die wirtschaftlich 89
wesentlich sind, oder ob es sich um nebensächliche Merkmale handelt, spielt keine Rolle;
Abs. 1 Buchst. c nimmt insoweit keine Unterscheidung vor (EuGH C-363/99, GRUR
2004, 674 Rn. 102 – Postkantoor; C-51/10 P, GRUR 2011, 1035 Rn. 49 – 1000).

89.1 Soweit teilweise von „wesentlichen Merkmalen" die Rede ist (EuGH C-494/08 P, GRUR 2010, 534 Rn. 28 – Pranahaus; C-383/99 P, GRUR 2001, 1145 Rn. 39 – Baby-dry), beruht dies auf einer unglücklichen Formulierung. Ebenso ist es unerheblich, ob der beschriebene Umstand für die beanspruchten Waren und Dienstleistungen einen (technischen) Sinn hat (EuG T-28/06, GRUR Int 2008, 151 Rn. 35 – Vom Ursprung her vollkommen) und ob diese das Merkmal tatsächlich aufweisen. Es genügt, wenn die Verbraucher eine Angabe als möglicherweise merkmalsbeschreibend ansehen (Fezer MarkenG § 8 Rn. 379).

90 Bei der **Bestimmung** der Waren und Dienstleistungen kann es sich der Amtspraxis zufolge um eine spezifische Art und Weise ihrer Anwendung oder Funktion, sowie allgemein um deren Anwendungsbereich handeln. Um eine Bestimmung der Waren oder Dienstleistungen in diesem Sinne handelt es sich auch bei dem von ihrer Nutzung zu erwartenden Ergebnis. Beschreibend ist daher bspw die Bezeichnung „Trustedlink" für Waren und Dienstleistungen aus dem IT-Bereich (Hinweis auf vertrauenswürdige Verbindung, EuG T-345/99, GRUR Int 2001, 241 Rn. 36 – Trustedlink). Unerheblich ist, ob es sich bei der beschriebenen Verwendung um die einzige Nutzungsmöglichkeit handelt, oder ob daneben weitere in Betracht kommen (so auch Ingerl/Rohnke MarkenG § 8 Rn. 232). So hat das EuG hat zB die Wortmarke ROCKBASS, angemeldet für Bassgitarren und deren Zubehör, auch in Bezug auf das Zubehör (ua Koffer und Taschen) als beschreibend angesehen (EuG T-315/03, GRUR Int 2005, 837 – ROCKBASS).

90.1 Bestimmungsangaben im o.g. Sinn sind weiterhin Angaben über die intendierten **Abnehmerkreise** (EuG T-219/00, GRUR Int 2002, 600 Rn. 33 – Ellos, span. ugs. für „Männer"), den **Ort** des Vertriebs, die **Art der Nutzung** einer Ware oder den **Zweck** der Erbringung einer Dienstleistung (zB EuG GRUR Int 2008, 851 – The Coffee Store; T-286/08, BeckRS 2010, 91465 – Hallux für „Bequemschuhe"; EuGH C-21/12 P, BeckRS 2013, 80173 – Restore (Wiederherstellen der Gesundheit)).

91 **Wertbeschreibende Angaben** sind beispielsweise allgemeine Aussagen wie „echt", „wertvoll", „preiswert", „exklusiv", „billig" etc, vgl. Ingerl/Rohnke Rn. 233; außerdem Angaben wie „Premium XL" bzw. „Premium L" (EuG verb. Rs. T-582/11 und T-583/11, BeckRS 2013, 80121) oder „GG" (Abkürzung für „Großes Gewächs" im Weinsektor, EuG Rs. T-278/09, BeckRS 2012, 82434).

92 Erhebliche Bedeutung kommt der Beschreibung der **geografischen Herkunft** zu. Bei Marken, die Ortsangaben enthalten, ist zunächst vorrangig zu prüfen, ob die Bezeichnung als Ursprungsbezeichnung oder geografische Angabe geschützt ist, so dass die Marke möglicherweise bereits nach Art. 7 Abs. 1 Buchst. j (→ Rn. 159 ff.) von der Eintragung ausgeschlossen ist. Ist dies nicht der Fall, so kommt es darauf an, ob das angesprochene Publikum die Angabe mit der Ware oder Dienstleistung gegenwärtig in Verbindung bringt bzw. vernünftigerweise zukünftig in Verbindung bringen kann; dabei genügt es auch, dass das Publikum aufgrund der geografischen Angabe eine besondere Wertschätzung oder positive Vorstellungen mit den damit gekennzeichneten Waren oder Dienstleistungen verbindet (EuGH verb. Rs. C-108/97, C-109/97, GRUR 1999, 726 Rn. 37 und 26 – Chiemsee; bejaht bei EuG, T-197/13, GRUR-RR 2015, 143 Rn. 47 – Monaco). Die Schwelle zur beschreibenden Angabe liegt niedrig; es bedarf besonderer Anhaltspunkte dafür, dass eine Ortsbezeichnung ausnahmsweise nicht geeignet ist, als Angabe über die geografische Herkunft zu wirken. Dies ist etwa dann der Fall, wenn die Bezeichnung den beteiligten Verkehrskreisen entweder gar nicht oder zumindest nicht als Bezeichnung eines geografischen Ortes bekannt ist (dies nachzuweisen ist Sache des Amtes), oder wenn wegen der Eigenschaften des bezeichneten Ortes die Annahme wenig wahrscheinlich ist, dass die betreffenden Waren oder Dienstleistungen von diesem Ort stammen oder dort konzipiert werden können (EuGH verb. Rs. C-108/97, C-109/97, GRUR 1999, 726 Rn. 33 – Chiemsee). Bei Anwendung dieser Maßstäbe nicht beschreibend: „Cloppenburg" für Einzelhandelsdienstleistungen der Klasse 35 (EuG T-379/03, GRUR 2006, 240 – Cloppenburg).

93 Nicht nur Wortmarken, sondern zB auch **dreidimensionale Marken,** die aus der Form der Ware bestehen, können beschreibend iSv Abs. 1 Buchst. c sein (EuGH GRUR 2003, 514 Rn. 66 ff. – Linde, zu Warenformmarken; GRUR 2004, 428 Rn. 39 – Henkel, zu einer Verpackungsformmarken betreffenden Vorlagefrage des BPatG), da die Vorschrift hinreichend offen formuliert ist, um eine Vielzahl unterschiedlicher Marken, einschließlich Warenformmarken, zu erfassen (EuGH verb. Rs. C-53/01 – C-55/01, GRUR 2003, 514 Rn. 69 – Linde/Winward/Rado).

Zuweilen ist in diesem Fall bereits eines der vorrangigen Eintragungshindernisse des Art. 7 Abs. 1 **93.1** Buchst. e erfüllt (→ Rn. 106 ff.). In der Praxis beanstandet das EUIPO dreidimensionale Marken normalerweise jedoch nicht aufgrund von Abs. 1 Buchst. c. Zur etwas anderen BGH-Rechtsprechung → MarkenG § 8 Rn. 474 ff.

Sonstige Merkmale: nach der Amtspraxis des EUIPO ist eine Marke auch dann beschrei- **94** bend iSv Buchst. c, wenn sie geeignet ist, den **gedanklichen Inhalt** oder den **Gegenstand** der angemeldeten Waren oder Dienstleistungen anzugeben. Dies kann etwa bei Datenträgern oder Druckerzeugnissen der Fall sein, aber auch bei Bildungs- und Unterhaltungsdienstleistungen oder Veranstaltungen (vgl. EuG T-32/00, GRUR Int 2001, 338 Rn. 42–44 – Electronica: nicht schutzfähig für Messen im Zusammenhang mit elektronischen Waren). Ebenfalls nicht eintragungsfähig, da für die jeweiligen Waren bzw. Dienstleistungen beschreibend, wären etwa KLASSIK für CDs, HISTORY für Bücher, ROM für Reiseführer, oder ENGLISH für Sprachkurse.

Nach aA beschreiben offene Bezeichnungen, die ohne Kontext für alles stehen können, den Inhalt **94.1** nicht in einer den Markenschutz verhindernden Weise, zumal nahezu jedes aussagekräftige Wort etwas bezeichne, das Inhalt einer publizistischen Darstellung oä sein könne (so Rohnke, FS 50 Jahre BPatG, 2011, 707 ff.). Dieser Ansicht zufolge sind solche Wörter keine hinreichend eingeschaftsbeschreibenden Angaben, da es an einer eindeutigen Inhaltsangabe fehle. Das angesprochene Publikum könne allein daraus nicht auf einen bestimmten Inhalt schließen. So könne es sich um Sachbücher, Bildbände oder Romane handeln. Als inhaltsbeschreibende Angaben seien aber nur solche Aussagen von der Eintragung ausgeschlossen, die dem Konsumenten eine konkrete Vorstellung vom Inhalt vermittelten.

Nach neuerer Amtspraxis werden auch **Namen von Farben** nach Buchst. c beanstandet, **95** wenn sie für Waren angemeldet werden, bei denen die fragliche Farbe vernünftigerweise von den maßgeblichen Verkehrskreisen als eines ihrer Merkmale wahrgenommen werden kann, so zB im Falle von GRÜN für Tee oder BRAUN für Zucker (vgl. EUIPO-Richtlinien Teil B, Abschnitt 4, Rn. 2.3.2.9).

IV. Üblich gewordene Bezeichnungen (Abs. 1 Buchst. d)

Art. 7 Abs. 1 Buchst. d stellt ein absolutes Eintragungshindernis für Marken auf, die aus- **96** schließlich aus Zeichen oder Angaben zur Bezeichnung der Ware oder Dienstleistung bestehen, die im allgemeinen Sprachgebrauch oder in den redlichen und ständigen Verkehrsgepflogenheiten üblich geworden sind. Ebenso wie Marken ohne originäre Unterscheidungskraft und beschreibende Marken können auch Marken, die unter Abs. 1 Buchst. d fallen, dennoch eingetragen werden, wenn sie gemäß Art. 7 Abs. 3 infolge ihrer Benutzung für die beanspruchten Waren und Dienstleistungen (ggf. wieder) Unterscheidungskraft erlangt haben (→ Rn. 178 ff.).

Der Anwendungsbereich des Buchst. d weist offensichtliche Überschneidungen mit denen **97** der Buchst. b und c auf. Die Geltung des Buchst. d ist jedoch nicht auf Marken beschränkt, die aus beschreibenden Angaben bestehen, da die Vorschrift anderenfalls keine praktische Wirksamkeit hätte. Marken, die Buchst. d unterfallen, sind vielmehr wegen ihrer üblichen Benutzung in den Verkehrskreisen, in denen die angemeldeten Waren und Dienstleistungen gehandelt werden, von der Eintragung ausgeschlossen. Darauf, ob sie Eigenschaften oder Merkmale dieser Waren und Dienstleistungen beschreiben, kommt es nicht an (EuGH C-517/99, GRUR 2001, 1148 Rn. 35 ff. – Bravo). Nach der Rspr. des EuGH fehlt es üblich gewordenen Bezeichnungen stets auch an Unterscheidungskraft (EuGH C-517/99, GRUR 2001, 1148 Rn. 37 – Bravo).

Aufgrund der erwähnten Überschneidungen mit anderen absoluten Eintragungshindernis- **98** sen spielt die Vorschrift des Buchst. d in der Praxis des EUIPO eine geringe Rolle und wird nur in seltenen Fällen als eigenständige Rechtsgrundlage einer Zurückweisung herangezogen.

Allein die Tatsache, dass der angemeldete Begriff Eingang in den allgemeinen Sprachge- **99** brauch gefunden hat, reicht nicht aus, damit Abs. 1 Buchst. d zur Anwendung kommt. Vielmehr muss der Begriff gerade **zur Bezeichnung der angemeldeten Waren und Dienstleistungen** üblich geworden sein (EuGH C-517/99, GRUR 2001, 1148 Rn. 31 –

Bravo; → MarkenG § 8 Rn. 538 ff.). Dies ergibt sich mittlerweile auch aus dem Wortlaut von Art. 7 Abs. 1 Buchst. d UMV (anders dagegen Art. 4 Abs. 1 Buchst. d MRL und Art. 6^{quinquies} B Nr. 2 PVÜ).

100 Ob dies der Fall ist, ist auf den konkreten Einzelfall bezogen zu prüfen, wobei auch hier auf die relevanten Verkehrskreise abzustellen ist. Die angemeldete Bezeichnung muss von verschiedenen Wirtschaftsteilnehmern auf dem Markt benutzt worden sein. Die Benutzung nur durch ein einziges vom Anmelder verschiedenes Unternehmen reicht hierfür nicht aus, insbesondere dann nicht, wenn diese Drittbenutzung vom Markenanmelder unterbunden werden konnte (EuG GRUR Int 2011, 1081 Rn. 62–64 – 16PF).

101 Die Tatsache, dass die angemeldete Marke aus Zeichen oder Angaben besteht, die sonst als Werbeschlagworte, Qualitätshinweise oder Aufforderungen zum Kauf der Waren oder Dienstleistungen, auf die sich die Marke bezieht, verwendet werden, reicht für sich genommen nicht aus, um den Tatbestand des Abs. 1 Buchst. d zu erfüllen (vgl. EuGH C-517/99, GRUR 2001, 1148 Rn. 40 – Bravo).

102 **Maßgeblicher Zeitpunkt,** auf den bei der Beurteilung abzustellen ist, ist auch im Falle des Abs. 1 Buchst. d ausschließlich der **Anmeldetag** (EuGH BeckRS 2005, 70092 Rn. 40 – BSS). Dies ist in der deutschsprachigen Literatur zum Teil auf Kritik gestoßen (zB Eisenführ/Schennen Rn. 188, 33). Auch wenn der Ansatz des EuGH im Einzelfall dazu führen kann, dass Marken, die erst im Laufe des Eintragungsverfahrens üblich werden, dennoch eingetragen werden, sorgt das konsequente Abstellen der Rechtsprechung auf den Anmeldetag für eine einheitliche Auslegung der einzelnen absoluten Eintragungshindernisse und damit für Rechtssicherheit. Dies führt auch nicht zu unbilligen Ergebnissen, da Marken, die nach Eintragung üblich geworden sind, nach Art. 51 Abs. 1 Buchst. b für verfallen erklärt werden können, wenn die Ursache hierfür im Verhalten oder der Untätigkeit ihres Inhabers liegt (→ Art. 51 Rn. 29 ff.). Bei Eintreten der Üblichkeit zwischen Anmelde- und Eintragungsdatum könnte man eine analoge Anwendung dieser Vorschrift in Erwägung ziehen.

103 Zur Üblichkeit von Marken, die dem Namen bekannter **Kulturgüter, gemeinfreier oder urheberrechtlich geschützter Werke entsprechen** gibt es, soweit ersichtlich, auf Europäischer Ebene bislang keine Rechtsprechung. Zur Diskussion in Deutschland → MarkenG § 8 Rn. 520.

104 Die Nennung einer Marke in **Wörterbüchern, Lexika** und dergleichen ist für sich allein kein Beweis für eine Umwandlung eines Begriffs in eine Gattungsbezeichnung. Sonst hätte Art. 10, der den Inhabern eingetragener Marken formale Rechte einräumt, keinen Sinn. Dagegen zeigt die Nennung in Verzeichnissen wie dem INN (International Non-Proprietary Names) ein Verständnis als Gattungsbezeichnung.

105 Es folgen Beispiele aus der Rechtsprechung des EuG:

105.1 Üblichkeit bejaht:
- 5HTP (Abkürzung für Wirkstoff ‚5-Hydroxytryptophan'), unter anderem für pharmazeutische Erzeugnisse (EuG T-190/09, GRUR Int 2011, 519);
- WEISSE SEITEN, unter anderem für Branchenverzeichnisse (EuG T-322/03, GRUR 2006, 498);
- BSS (Abkürzung für ‚Balanced Salt Solutions'), für pharmazeutische Augenheilmittel (EuG T-237/01, GRUR Int 2003, 751).

105.2 Üblichkeit verneint:
- 16PF (Abkürzung für ‚16 personality factors'), unter anderem für Persönlichkeitstests (EuG T-507/08, GRUR Int 2011, 1081);
- I.T.@MANPOWER, für Waren und Dienstleistungen in Klassen 9, 16, 35, 38, 41 und 42 (EuG T-248/05, Slg. 2008, II-00196 Rn. 58–63).

V. Aus der Art der Ware resultierende, funktional bedingte oder wertbildende Formen und andere charakteristische Warenmerkmale (Abs. 1 Buchst. e)

106 Gemäß Art. 7 Abs. 1 Buchst. e sind von der Eintragung ausgeschlossen:
- Zeichen, die ausschließlich aus der Form oder einem anderen charakteristischen Merkmal der Ware bestehen, die bzw. das durch die Art der Ware selbst bedingt ist (Art. 7 Abs. 1 Buchst. e (i)),
- Zeichen, die ausschließlich aus der Form oder einem anderen charakteristischen Merkmal der Ware bestehen, die bzw. das zur Erreichung einer technischen Wirkung erforderlich ist, (Art. 7 Abs. 1 Buchst. e (ii)),

- Zeichen die ausschließlich aus der Form oder einem anderen charakteristischen Merkmal der Ware bestehen, die bzw. das der Ware einen wesentlichen Wert verleiht (Art. 7 Abs. 1 Buchst. e (iii)).

Die Vorschrift steht der Eintragung von ausschließlich aus der Form (oder einem anderen **107** charakteristischen Merkmal) einer Ware bestehenden Zeichen entgegen, wenn einer der in Art. 7 Abs. 1 Buchst. e (i) bis (iii) genannten Tatbestände erfüllt ist (EuGH C-299/99, GRUR 2002, 804 Rn. 76 – Philips). Die in Art. 7 Abs. 1 Buchst. e genannten Eintragungshindernisse gehen denen der fehlenden Unterscheidungskraft (→ Rn. 22 ff., zu 3D-Marken → Rn. 57 ff.) und des beschreibenden Charakters (→ Rn. 77 ff., zu 3D-Marken → Rn. 93) vor. Sie sind jeweils eigenständig und unabhängig voneinander anzuwenden (EuGH C-205/13, GRUR 2014, 1097 Rn. 39 – Hauck/Stokke). Es ist grundsätzlich möglich, dass eine Marke unter mehrere der in Buchst. e genannten Eintragungshindernisse fällt. Die Zurückweisung der Anmeldung setzt dann jedoch voraus, dass mindestens eines dieser Eintragungshindernisse auf das fragliche Zeichen voll anwendbar ist (EuGH C-215/14, GRUR Int 2015, 1028 Rn. 48 – Nestlé/Cadbury). Es genügt für eine Zurückweisung also nicht, wenn die einzelnen Eintragungshindernisse jeweils nur Teile der Marke betreffen und erst durch die Kombination mehrerer Eintragungshindernisse die Marke in ihrer Gesamtheit erfasst würde.

Die Ratio der in Art. 7 Abs. 1 Buchst. e vorgesehenen Eintragungshindernisse besteht **108** darin, zu verhindern, dass der Schutz des Markenrechts seinem Inhaber ein Monopol für technische Lösungen oder Gebrauchseigenschaften einer Ware einräumt, die der Benutzer auch bei den Waren der Mitbewerber suchen kann. Hierdurch soll vermieden werden, dass der durch das Markenrecht gewährte Schutz über den Schutz der Zeichen hinausgeht, anhand derer sich eine Ware oder Dienstleistung von den von Mitbewerbern angebotenen Waren oder Dienstleistungen unterscheiden lassen, und zu einem Hindernis für die Mitbewerber wird, Waren mit diesen technischen Lösungen oder diesen Gebrauchseigenschaften im Wettbewerb mit dem Markeninhaber frei anzubieten (EuGH C-299/99, GRUR 2002, 804 Rn. 78 – Philips). Insbesondere gilt es zu verhindern, dass über den Umweg des Markenrechts andere gewerbliche Schutzrechte mit begrenzter Schutzdauer (Patente, Geschmacksmuster) verewigt werden (EuGH C-205/13, GRUR 2014, 1097 Rn. 19 – Hauck/Stokke).

Art. 7 Abs. 1 Buchst. e (i) betrifft zunächst Marken, die ausschließlich aus der **„Form 109 der Ware"** bestehen (→ Rn. 57 ff.). Insoweit ist in der Rspr anerkannt, dass die „Form der Ware" in diesem Sinne auch die Form der **Verpackung** sein kann, nämlich dann, wenn die betreffenden Waren keine ihnen innewohnende Form haben und ihre Vermarktung daher eine Verpackung verlangt. Dies ist etwa der Fall bei Waren, die in körniger, pudriger oder flüssiger Konsistenz hergestellt werden und bereits ihrer Art nach keine eigene Form besitzen (EuGH C-456/01 P und C-457/01 P, GRUR 2004, 428 Rn. 33–37 – Henkel; → Rn. 60). Aus der Form der Ware im o.g. Sinne bestehen im Übrigen auch Marken, bei denen es sich um eine **zweidimensionale Darstellung** der Warenform (oder der Verpackungsform) handelt (s. zu Buchst. e (ii) EuG BeckRS 2012, 81253 Rn. 24 ff. – Oberfläche mit schwarzen Punkten; → Rn. 61).

Art. 7 Abs. 1 Buchst. e (i) bis (iii) betreffen seit dem Inkrafttreten der VO (EU) 2015/ **110** 2424 am 23.3.2016 (→ Rn. 15) darüber hinaus auch Marken, die ausschließlich aus einem **anderen charakteristischen Merkmal** der beanspruchten Waren bestehen, wenn dieses Merkmal durch die Art der Ware selbst bedingt ist, zur Erreichung einer technischen Wirkung erforderlich ist oder der Ware einen wesentlichen Wert verleiht. Solche charakteristischen Merkmale könnten etwa die Farbe, der Geruch oder auch der Klang einer Ware sein (hierzu auch → MarkenG § 3 Rn. 68 f.). Zwar gibt es zur Auslegung des Begriffes des „anderen charakteristischen Merkmals" noch keine Unionsrechtsprechung. Die Neufassung der Vorschrift dürfte jedoch zu einer erheblichen Ausweitung des Anwendungsbereichs von Buchst. e (i) bis (iii) führen. So können nunmehr nicht nur Warenformmarken, sondern auch andere neue Markenformen, wie zB Farb-, Klang- oder Geruchsmarken unter die Eintragungshindernisse des Buchst. e fallen. Dies dürfte die Eintragung solcher Marken als Unionsmarken, die bereits in der Vergangenheit vielfach mit Schwierigkeiten behaftet war, in Zukunft weiter erschweren.

Anders als die Eintragungshindernisse des Art. 7 Abs. 1 Buchst. b bis d können die Eintra- **111** gungshindernisse des Art. 7 Abs. 1 Buchst. e nicht durch eine Benutzung der Marke im Verkehr (→ Rn. 178 ff.) überwunden werden. Dies ergibt sich bereits aus dem Wortlaut von Art. 7 Abs. 3, der ausdrücklich nur auf Art. 7 Abs. 1 Buchst. b bis d Bezug nimmt.

1. Formen bzw. Merkmale, die durch die Art der Ware selbst bedingt sind (Abs. 1 Buchst. e (i))

112 Gemäß Abs. 1 Buchst. e (i) sind Zeichen, die ausschließlich aus der Form oder einem anderen charakteristischen Merkmal der Ware bestehen, die bzw. das durch die Art der Ware selbst bedingt ist, von der Eintragung ausgeschlossen. Die Norm hatte ursprünglich einen sehr engen Anwendungsbereich und erfasste lediglich die Fälle, in denen die angemeldete Form mit der Form der Ware identisch ist. Die Vorschrift soll zunächst verhindern, dass Markeninhaber ein Monopol auf ganze Warenkategorien erhalten (Gielen/v. Bomhard/v. Kapff Art. 7 Kap. 8.a). Das EUIPO nennt in seinen Prüfungsrichtlinien (Teil B, Abschnitt 4, Rn. 2.5.2) als Beispiel für eine solche Anwendung von Buchst. e (i) die realistische Darstellung einer Banane, angemeldet für Bananen. Ein weiteres Beispiel wäre etwa die Form eines Fußballs, angemeldet für Fußbälle.

113 Neben solchen offensichtlichen Fällen ist die Vorschrift nach neuerer Rspr darüberhinaus auf alle Formen anzuwenden, deren wesentliche Eigenschaften der oder den gattungstypischen Funktionen der jeweiligen Ware innewohnen (EuGH C-205/13, GRUR 2014, 1097 Rn. 23 ff. – Hauck/Stokke). Wann dies der Fall sein soll, lässt sich der Rspr indes nicht entnehmen. Die zitierte Auslegung der Vorschrift durch den EuGH stiftet mehr Verwirrung, als dass sie Klarheit schafft, auch weil durch die Bezugnahme auf die „gattungstypischen Funktionen" die Grenze zu Art. 7 Abs. 1 Buchst. e (ii) verwischt wird. Nach der Reform 2016 (→ Rn. 15) erfasst Art. 7 Abs. 1 Buchst. e (i) zudem nun auch Marken, die ausschließlich aus einem „anderen charakteristischen Merkmal" der Ware, als der Form, bestehen. Diese Erweiterung sorgt für zusätzliche Rechtsunsicherheit.

2. Formen bzw. Merkmale der Ware, die zur Erreichung einer technischen Wirkung erforderlich sind (Abs. 1 Buchst. e (ii))

114 Nach Art. 7 Abs. 1 Buchst. e (ii) sind Zeichen, die ausschließlich aus der Form oder einem anderen charakteristischen Merkmal der Ware bestehen, die bzw. das zur Erreichung einer technischen Wirkung erforderlich ist, von der Eintragung ausgeschlossen.

115 Die Vorschrift soll verhindern, dass Formen, deren wesentliche Merkmale einer technischen Funktion entsprechen, eingetragen werden, da dies zur Folge hätte, dass die dem Markenrecht innewohnende Ausschließlichkeit die Mitbewerber daran hindern würde, eine Ware mit einer solchen Funktion anzubieten oder zumindest die technische Lösung frei zu wählen, die sie einsetzen möchten, um ihre Ware mit einer solchen Funktion auszustatten (EuGH C-299/99, GRUR 2002, 804 Rn. 79 – Philips). Gleiches gilt seit dem Inkrafttreten der Reform 2016 (→ Rn. 15) auch für Marken, die ausschließlich aus einem anderen charakteristischen Merkmal einer Ware bestehen, falls dieses Merkmal zur Erreichung einer technischen Wirkung erforderlich ist. Die Vorschrift verfolgt somit das im Allgemeininteresse liegende Ziel, dass eine Form bzw. ein anderes charakteristisches Merkmal der Ware, die bzw. das im Wesentlichen einer technischen Funktion entspricht und gewählt wurde, um diese zu erfüllen, von allen frei verwendet werden kann (EuGH C-299/99, GRUR 2002, 804 Rn. 80 – Philips), soweit nicht Patent-, Gebrauchsmuster-, oder Design- bzw. Geschmacksmusterrechte entgegenstehen.

116 Durch die Verwendung der Wörter „ausschließlich" und „erforderlich" in Abs. 1 Buchst. e (ii) soll der Rspr. des EuGH zufolge sichergestellt werden, dass nach dieser Vorschrift allein diejenigen Warenformen bzw. -merkmale von der Eintragung ausgeschlossen sind, durch die nur eine technische Lösung verkörpert wird und deren Eintragung als Marke deshalb die Verwendung dieser technischen Lösung durch andere Unternehmen tatsächlich behindern würde (EuGH C-48/09 P, GRUR 2010, 1008 Rn. 48 – Lego). Der Begriff der „technischen Lösung" beschränkt sich in diesem Zusammenhang auf die **Funktionsweise der Ware** selbst. Dagegen bezieht sich die Bestimmung nicht auf die Herstellungsweise der Ware, wie der EuGH im Zusammenhang mit der Form des KitKat-Riegels entschieden hat (EuGH C-215/14, GRUR Int 2015, 1028 Rn. 57 – Nestlé/Cadbury). Ist die Form einer Ware einer bestimmten Herstellungsmethode geschuldet, spricht dies demnach nicht gegen die Eintragungsfähigkeit dieser Form als Marke (kritisch zu dieser Entscheidung → MarkenG § 3 Rn. 79).

Eine Form bzw. ein anderes charakteristisches Merkmal fällt dann unter Abs. 1 Buchst. e **117** (ii), wenn ihre bzw. seine **wesentlichen funktionellen Merkmale** nur der erwünschten technischen Wirkung zuzuschreiben sind (EuGH C-299/99, GRUR 2002, 804 Rn. 84 – Philips). Indem auf die „wesentlichen" Merkmale abgestellt wird, soll gewährleistet werden, dass Abs. 1 Buchst. e (ii) nicht die Eintragung von Marken ausschließt, die ein wichtiges nichtfunktionelles Element enthalten, zB ein dekoratives oder phantasievolles Element, welches für die Form bzw. das betreffende Merkmal von Bedeutung ist (EuGH C-48/09 P, GRUR 2010, 1008 Rn. 52 – Lego). Verfügt die Form bzw. das Merkmal dagegen lediglich über eines oder mehrere geringfügige willkürliche Elemente, bleibt Abs. 1 Buchst. e (ii) anwendbar, da dann die wesentlichen Merkmale des angemeldeten Zeichens weiterhin durch die technische Lösung bestimmt sind (EuGH C-48/09 P, GRUR 2010, 1008 Rn. 42 – Lego). Bei der Beurteilung der Frage, welches die wesentlichen Merkmale einer Form sind, ist das EUIPO nicht verpflichtet, auf die Wahrnehmung der Marke durch die angesprochenen Verkehrskreise abzustellen. Die vermutete Wahrnehmung des Zeichens durch den Durchschnittsverbraucher kann allenfalls ein nützliches Beurteilungskriterium bei der Ermittlung der wesentlichen Merkmale bilden (EuGH C-48/09 P, GRUR 2010, 1008 Rn. 75 f. – Lego).

In Anwendung dieser Maßstäbe hat das EuG in der Form der bekannten Lego-Spielfiguren **118** keinen funktionalen Charakter im Sinne der Vorschrift des Abs. 1 Buchst. e (ii) gesehen. Die wesentlichen Merkmale der Marke seien der Kopf, der Rumpf, sowie die Arme und Beine der Figur, die ihr ein menschliches Aussehen verleihen. Diese Merkmale seien nicht zur Erreichung einer technischen Wirkung erforderlich. Die an einigen Stellen der Figur vorhandenen Löcher, die dazu dienen, sie mit anderen Spielbausteinen zu verbinden, sind nach zutreffender Ansicht des Gerichts dagegen keine wesentlichen Merkmale der Form (EuG T-395/14, BeckRS 2015, 81084 Rn. 31 ff. – Best-Lock/Lego).

Der Anwendung von Abs. 1 Buchst. e (ii) steht nicht entgegen, dass es auch andere **119** Formen bzw. Merkmale gibt, mit denen sich die gleiche technische Wirkung erzielen lässt (EuGH C-299/99, GRUR 2002, 804 Rn. 84 – Philips). Die betreffende Form bzw. das jeweilige Merkmal ist auch dann „erforderlich" zur Erreichung einer technischen Wirkung iSv Abs. 1 Buchst. e (ii), wenn diese Wirkung auch auf andere Art und Weise erreicht werden kann (EuGH C-48/09 P, GRUR 2010, 1008 Rn. 53 – Lego). Dies zeigt, dass die Herstellungsmodalitäten der Ware für die Frage, welches die wesentlichen funktionellen Merkmale ihrer Form sind, nicht maßgeblich sind (EuGH C-215/14, GRUR Int 2015, 1028 Rn. 56 – Nestlé/Cadbury).

3. Formen bzw. Merkmale, die der Ware einen wesentlichen Wert verleihen (Abs. 1 Buchst. e (iii))

Zeichen die ausschließlich aus der Form oder einem anderen charakteristischen Merkmal **120** der Ware bestehen, die bzw. das der Ware einen wesentlichen Wert verleiht, sind nach Abs. 1 Buchst. e (iii) von der Eintragung ausgeschlossen (sog. „ästhetische Funktionalität"). Zweck der Vorschrift war es ursprünglich nur, ein Monopol auf **Formen,** die der Ware einen wesentlichen Wert verleihen, zu verhindern (EuG GRUR Int 2012, 560 Rn. 66 – Form eines Lautsprechers II). Nach der Reform 2016 (→ Rn. 15) kann nun auch anderen charakteristischen Merkmalen, die der Ware einen wesentlichen Wert verleihen, der Markenschutz nach Abs. 1 Buchst. e (iii) versagt werden.

Ein Zeichen, das unter Abs. 1 Buchst. e (iii) fällt, kann auch dann nicht eingetragen **121** werden, wenn es bereits vor seiner Anmeldung aufgrund von Werbemaßnahmen, bei denen die spezifischen, in der Form verkörperten, Merkmale der betreffenden Ware herausgestellt wurden, durch seine Bekanntheit als Unterscheidungsmerkmal Anziehungskraft erworben hat (EuGH GRUR 2007, 970 Rn. 28 – Benetton/G-Star).

Bei Waren, bei denen das Design ein sehr wichtiges Kriterium für die Wahl des Verbrau- **122** chers ist, kann das Eintragungshindernis des Abs. 1 Buchst. e (iii) erfüllt sein, wenn die angemeldete Form ein ganz besonderes Design aufweist, welches die Anziehungskraft der fraglichen Ware erhöht und dem erhebliches Gewicht als Verkaufsargument zukommt (EuG GRUR Int 2012, 560 Rn. 73–75 – Form eines Lautsprechers II). Das EuG hat dies für die Form eines Bang & Olufsen-Lautsprechers bejaht (EuG GRUR Int 2012, 560 Rn. 73–78 – Form eines Lautsprechers II).

123 Die Vorschrift des Abs. 1 Buchst. e (iii) steht in einem Spannungsfeld zur Rechtsprechung des EuGH zu Abs. 1 Buchst. b, der zufolge Marken, die aus der Form der Ware bestehen, nur dann Unterscheidungskraft besitzen, wenn ihre Form erheblich von den branchenüblichen Formen abweicht (EuGH C-456/01 P und C-457/01 P, GRUR Int 2004, 631 Rn. 39 – Dreidimensionale Tablettenform I; C-136/02 P, GRUR Int 2005, 135 Rn. 31 – Maglite; → Rn. 59). Denn sobald diese Abweichung dazu führt, dass das Design die Anziehungskraft der Waren für die Verbraucher erhöht, kann die Marke aus diesem Grund zurückgewiesen werden.

124 Im Ergebnis wird so besonders gutes Design mit dem Entzug der Möglichkeit bestraft, kennzeichenrechtlichen Schutz zu erlangen. Da es hierfür keinen triftigen Grund gibt, ist die Regelung als verfehlt anzusehen (so auch → MarkenG § 3 Rn. 96 zu den Parallelvorschriften des § 3 Abs. 2 Nr. 3 MarkenG bzw. Art. 3 Abs. 1 Buchst. e iii MRL).

124.1 Der Vorschlag des Max-Planck-Instituts, Art. 7 Abs. 1 Buchst. e (iii) vor diesem Hintergrund abzuschaffen (s. Study on the Overall Functioning of the European Trade Mark System, 2011, 72 ff.), wurde leider nicht umgesetzt. Stattdessen wurde der Anwendungsbereich der Vorschrift im Zuge der Reform 2016 weiter ausgedehnt, da sie nun nicht mehr nur Formen, sondern auch andere charakteristische Warenmerkmale betrifft (→ Rn. 110).

VI. Verstoß gegen die öffentliche Ordnung oder gegen die guten Sitten (Abs. 1 Buchst. f)

125 Nach Art. 7 Abs. 1 Buchst. f sind Marken, die gegen die öffentliche Ordnung oder gegen die guten Sitten verstoßen, von der Eintragung ausgeschlossen. Der Vorschrift liegt nach der Ansicht des EUIPO neben dem Schutz des Moralempfindens der Gesellschaft auch der Gedanke zugrunde, dass Staats- und Verwaltungsorgane nicht aktiv diejenigen unterstützen sollten, die zur Förderung ihrer geschäftlichen Zwecke Marken verwenden, die gegen bestimmte Grundwerte einer zivilisierten Gesellschaft verstoßen (HABM Große BK Entsch. v. 6.7.2006 – R 495/2005-G Rn. 13 – SCREW YOU).

126 Abs. 1 Buchst. f erfasst zunächst alle Zeichen, deren Verwendung durch eine Vorschrift des Unionsrechts oder des nationalen Rechts **verboten** ist (vgl. EuG T-526/09, GRUR Int 2012, 247 Rn. 12 – PAKI – dort war allerdings kein gesetzliches Verbot einschlägig). In Deutschland sind dies beispielsweise nach § 86a StGB verbotene Kennzeichen **verfassungswidriger Organisationen.** Darauf, ob die angemeldeten Waren oder Dienstleistungen in einem bestimmten Mitgliedstaat generell oder durch den Anmelder legal angeboten werden dürfen oder nicht, kommt es dagegen nicht an (EuG T-140/02, GRUR Int 2005, 1017 Rn. 33 – INTERTOPS).

127 Insbesondere aus sprachlichen, historischen, sozialen und kulturellen Gründen sind die Zeichen, die von den maßgeblichen Verkehrskreisen als gegen die öffentliche Ordnung oder gegen die guten Sitten verstoßend wahrgenommen werden können, nicht in allen Mitgliedstaaten die gleichen. Ob eine Marke gegen die öffentliche Ordnung oder die guten Sitten verstößt, wird deshalb von Umständen beeinflusst, die dem Mitgliedstaat eigen sind, in dem sich die zu den maßgeblichen Verkehrskreisen gehörenden Verbraucher befinden. Bei der Beurteilung ist daher nicht nur auf die allen Mitgliedstaaten gemeinsamen Umstände abzustellen, sondern auch auf die besonderen Umstände in den einzelnen Mitgliedstaaten, welche die Wahrnehmung der maßgeblichen Verkehrskreise im Gebiet dieser Staaten beeinflussen können (EuG T-232/10, GRUR Int 2012, 364 Rn. 32–34 – Wappen der ehemaligen UdSSR).

128 Bei der Entscheidung, die Eintragung einer Marke im Hinblick auf die öffentliche Ordnung oder die guten Sitten auszuschließen, muss das Amt die Maßstäbe einer vernünftigen Person mit normaler Empfindlichkeits- und Toleranzschwelle zugrunde legen. Das Amt darf die Eintragung einer Marke nicht zurückweisen, an der nur eine kleine Minderheit äußerst sittenstrenger Bürger Anstoß nähme. Gleichermaßen darf es die Eintragung einer Marke nicht allein deshalb zulassen, weil es am anderen Ende des Spektrums eine ähnlich kleine Minderheit gibt, die auch grobe Obszönitäten akzeptabel findet (EuG T-526/09, GRUR Int 2012, 247 Rn. 12 – PAKI). Die in diesem Zusammenhang oft betonte fortschreitende Liberalisierung der Anschauungen über Sitte und Moral (Sack WRP 1985, 1; Baudenbacher

GRUR 1981, 19) betrifft keinesfalls diffamierende und rassistische oder sonst die Menschenwürde beeinträchtigende Aussagen (→ Rn. 132).

Gegen die öffentliche Ordnung verstoßen neben Marken, die ausdrücklich verbotene **129** Zeichen beinhalten, auch Marken, die als Unterstützung oder Verherrlichung einer **terroristischen Gruppierung** oder Einzelperson verstanden werden können. Als Orientierung kann hier die Liste des Gemeinsamen Standpunkts des Rats der Europäischen Union zur Terrorismusbekämpfung dienen, die terroristische Organisationen und Einzelpersonen aufführt und in regelmäßigen Abständen aktualisiert wird (Gemeinsamer Standpunkt 2001/931/GASP des Rates über die Anwendung besonderer Maßnahmen zur Bekämpfung des Terrorismus, ABl. Nr. L 344 vom 28.12.2001, 93, aktualisiert durch Gemeinsamer Standpunkt 2009/468/GASP des Rates, abrufbar unter http://eur-lex.europa.eu/LexUriServ/LexUriServ.do?uri=OJ:L:2009:151:0045:0050:DE:PDF).

Auch ohne Erwähnung in dieser Liste sind Zeichen, die den Terrorismus verherrlichen **130** oder Terroropfer beleidigen, nach Art. 7 Abs. 1 Buchst. f nicht eintragungsfähig (HABM 2. BK Entsch. v. 29.9.2004 – R 176/2004-2 – BIN LADIN).

Symbole untergegangener **Diktaturen** oder **verbrecherischer Organisationen** verlet- **131** zen uU die Opfer und deren Nachkommen (EuG T-232/10, GRUR Int 2012, 364 zum Sowjetwappen). Nach deutscher Rechtsprechung soll dies jedoch nur Zeichen betreffen, die mit Handlungen, die ein System zu einem Unrechtssystem gemacht haben, in einer konkreten Beziehung stehen und standen; dagegen soll es nicht genügen, dass ein Zeichen (ausschließlich) in einem Unrechtsstaat verwendet wurde (BPatG BeckRS 2012, 22054 – gehendes Ampelmännchen).

Ebenfalls gegen die öffentliche Ordnung oder die guten Sitten verstoßen Marken, die **132** eine klare **rassistische oder diskriminierende Botschaft** haben. Diese Botschaft muss vom Anmelder nicht beabsichtigt sein, sondern es genügt, wenn sie entsprechend verstanden werden kann (EuG T-526/09, GRUR Int 2012, 247 Rn. 15, 20 ff. – PAKI), was bei „Paki", im Vereinigten Königreich eine abwertende Bezeichnung für Menschen pakistanischer Herkunft, der Fall ist. Ein Verstoß gegen den „guten Geschmack" allein reicht dagegen nicht aus. Menschen(gruppen) dürfen nicht wegen ihres Geschlechts, ihrer Abstammung, ihrer Rasse, ihrer Sprache, ihrer körperlichen oder psychischen Verfassung, ihrer Heimat und Herkunft, ihres Glaubens sowie ihrer religiösen oder politischen Anschauungen diskriminiert werden (zur Werbung Fezer JZ 1998, 265). Die Bekämpfung jeder Form von Diskriminierung ist ein grundlegender Wert der EU (Bender MarkenR 2012, 41 (49)).

Dass der in der Türkei an den Staatspräsidenten Mustafa Kemal verliehene Name Atatürk **133** (Vater der Türken) durch Gesetz Nr. 2622 v. 17.12.1934 geschützt ist, hat das EUIPO (Entsch. v. 17.9.2012 – R 2613/2011-2) als Löschungsgrund iSv Art. 7 Abs. 1 Buchst. f für die eingetragene Unionsmarke „ATATURK" angesehen, zumal viele Türken in Ländern der EU lebten.

Zum **postmortalen Persönlichkeitsschutz** gibt es bislang in diesem Zusammenhang **134** nur Aussagen aus der deutschen Rechtsprechung (→ MarkenG § 8 Rn. 643 ff.), ebenso zur Verwendung **religiöser Begriffe** für Waren und Dienstleistungen (→ MarkenG § 8 Rn. 629 ff.).

Wo die Grenze zwischen allein geschmacklosen Begriffen und solchen, die gegen die **135** guten Sitten verstoßen, verläuft, lässt sich im Einzelfall nur schwer vorhersagen. Während das EUIPO beispielsweise die Marke SCREW YOU (jedenfalls für bestimmte Waren → Rn. 137) für eintragungsfähig befunden hat (HABM Große BK Entsch. v. 6.7.2006 – R 495/2005-G Rn. 21, 29 – SCREW YOU), hat es die Markenanmeldungen FICKEN und FICKEN LIQUORS zurückgewiesen. Die hiergegen gerichteten Klagen der Anmelderin wies das EuG mit der Begründung ab, dass eine vernünftige Person mit einer durchschnittlichen Empfindlichkeits- und Toleranzschwelle das Wort „ficken" als vulgär, anstößig, obszön und abstoßend wahrnehme (EuG T-54/13 (und ebenso EuG T-52/13, BeckRS 2013, 82162 – FICKEN; T-54/13, BeckRS 2013, 82163 – FICKEN LIQUORS). Damit legt das EuG einen deutlich strengeren Maßstab an als der 26. Senat des Bundespatentgerichts, der die Eintragungsfähigkeit der identischen Marken auf nationaler Ebene bejaht hat, da sie keine massiv diskriminierende oder die Menschenwürde beeinträchtigende Aussage enthielten (BPatG BeckRS 2011, 21631 – FICKEN; T-54/13, BeckRS 2012, 00692 – FICKEN LIQUORS). Dieser vergleichsweise strenge Ansatz setzt sich fort in der Zurückweisung der

Bezeichnung CURVE (auf Rumänisch ein abschätziger Ausdruck für Prostituierte, EuG T-266/13, BeckRS 2014, 81980).

136 Ein Verstoß gegen die guten Sitten liegt zwar bei erkennbar nicht ernst, sondern witzig gemeinten **Aussagen** oft fern. Dass ein Ausdruck in anderem Kontext übertragen mit einer unverfänglichen Bedeutung verwendet wird, führt aber ebenso wie eine ironische Verwendung nicht automatisch zur Schutzfähigkeit als Marke, wenn dies die eigentliche Bedeutung nicht verdrängt. Markenschutz darf auch ironischen Verwendungen sittenwidriger Bezeichnungen keine Bühne geben (HABM BK v. 1.9.2011 – R 168/2011-1 – fucking freezing, zitiert bei Bender MarkenR 2012, 41 Fn. 69).

137 Fraglich ist, inwieweit bei der Prüfung von Buchst. f die angemeldeten Waren und die voraussichtliche **Art ihrer Benutzung** zu berücksichtigen sind. Im Fall der Anmeldung „SCREW YOU" ließ die Große Beschwerdekammer des EUIPO die Marke für bestimmte Waren zu, die ausschließlich in Sexshops verkauft werden, da die hiervon angesprochenen Verbraucher an dieser Bezeichnung keinen Anstoß nehmen würden (Entsch. v. 6.7.2006 – R 495/2005-G Rn. 21, 29 – SCREW YOU). Bei für **Jugendliche** bestimmten Produkten (Computerspielen) werden in der deutschen Rspr. dagegen strengere Maßstäbe angelegt (→ MarkenG § 8 Rn. 652 f.).

138 Nach Ansicht des EuG darf die Prüfung von Abs. 1 Buchst. f dagegen nicht lediglich auf die Verkehrskreise begrenzt werden, an die sich die Waren und Dienstleistungen, auf die sich die Anmeldung bezieht, unmittelbar richten. Begründet wird dies damit, dass das Zeichen auch bei anderen Personen Anstoß erregen könnte, die ihm im Alltag zufällig begegnen, ohne, dass sie selbst an den fraglichen Waren und Dienstleistungen interessiert wären (EuG T-526/09, GRUR Int 2012, 247 Rn. 18 – PAKI, BeckRS 2013, 82162 Rn. 19 – FICKEN; so auch die Rspr in Deutschland → MarkenG § 8 Rn. 655 f.; Bender MarkenR 2012, 41, 49), zumal der Einzelne im Bereich der Werbung oft nicht ausweichen kann.

138.1 Der Supreme Court der USA spricht deshalb von „captive audience" (zB in Frisby v. Schultz 487 U.S. 474; Cohen v. California, 403 U.S. 15, 21 (1971); Erznoznik v. City of Jacksonville, 422 U.S. 205, 209-10 (1975); Fikentscher NJW 1998, 1337).

139 Eine **langjährige unbeanstandete Benutzung** ist ein Indiz für eine tolerante Auffassung des Publikums. Das kann auch die Verwendung entsprechender Begriffe in einer Branche betreffen, wie zB religiöse Begriffe bei Wein und Arzneien.

140 Dass sich ein Verstoß gegen die guten Sitten auch aus einzelnen **Bestandteilen** eines Zeichens ergeben kann, ist bislang nur zum deutschen Recht entschieden (→ MarkenG § 8 Rn. 659 ff.).

VII. Täuschende Marken (Abs. 1 Buchst. g)

141 Art. 7 Abs. 1 Buchst. g schließt Marken von der Eintragung aus, die geeignet sind, das Publikum zum Beispiel über die Art, die Beschaffenheit oder die geografische Herkunft der Ware oder Dienstleistung zu täuschen. Dies setzt entweder eine tatsächliche Irreführung der Verbraucher oder eine hinreichend schwerwiegende Gefahr einer solchen voraus (EuGH GRUR Int 1999, 443 Rn. 41 – Gorgonzola/Cambozola). Dass die Marke ausschließlich aus zur Täuschung geeigneten Angaben besteht, ist für die Anwendung der Vorschrift nicht erforderlich. Eine entgegen Art. 7 Abs. 1 Buchst. g eingetragene Marke kann nach Art. 52 auf Antrag für nichtig erklärt werden. Dagegen verfällt eine Marke nach Art. 51 Abs. 1 Buchst. c (→ Art. 51 Rn. 41), wenn sich die Irreführungsgefahr erst nach der Eintragung infolge der Benutzung entwickelt.

142 Nach der Rspr. der Beschwerdekammern liegt eine Täuschung insbesondere dann vor, wenn die Marke an sich im Verhältnis zur beanspruchten Ware eine unrichtige Angabe enthält, die objektiv in jedem vernünftigerweise denkbaren Fall ihrer anmeldungsgemäßen Benutzung zur Irreführung geeignet ist (HABM 1. BK Entsch. v. 4.11.2010 – R 778/2010-1, Rn. 8 – BEST MEDICAL). Hierbei ist auf die mutmaßliche Erwartung eines durchschnittlich informierten, aufmerksamen und verständigen Durchschnittsverbrauchers abzustellen, wobei eventuelle soziale, kulturelle und sprachliche Eigenheiten zu berücksichtigen sind (vgl. EuGH C-220/98, NJW 2000, 1173 Rn. 27, 29 – Lifting). Zum Kriterium der Ersichtlichkeit im deutschen Recht (→ MarkenG § 8 Rn. 551).

Absolute Eintragungshindernisse   **Art. 7 UMV**

Die hM in Deutschland verlangt zudem, dass die täuschende Angabe geeignet ist, das **143**
Publikum in seinen wirtschaftlichen Entschlüssen zu beeinflussen (→ MarkenG § 8 Rn. 570).
Während dies in früheren Entscheidungen der Beschwerdekammern ebenfalls ausdrücklich
gefordert wurde (vgl. zB HABM 1. BK Entsch. v. 19.6.2003 – R 580/2001-1 Rn. 88 –
WEISSE SEITEN), gehen Entscheidungen aus jüngerer Zeit hierauf nicht mehr ein.

Der EuGH (C-281/12, BeckRS 2013, 82378 Rn. 33 ff. – Trento Sviluppo/AGCM), hat zur Richtli- **143.1**
nie über unlautere Geschäftspraktiken entschieden, dass eine irreführende Geschäftspraxis geeignet sein
muss, den Verbraucher zu einer geschäftlichen Entscheidung zu veranlassen. In der Literatur wird
teilweise eine Übertragung dieser Rechtsprechung auf markenrechtliche Sachverhalte befürwortet, da
auch das Markenrecht die Irreführung im Interesse des Konsumentenschutzes und des unverfälschten
Wettbewerbs bekämpfe (Brömmelmeyer WRP 2006, 1275 (1280) Fn. 69, 70, 7; ähnlich Lange MarkenR/KennzeichenR Rn. 1057). Die Eignung des ®-Zeichens, das Publikum in seinen wirtschaftlichen
Entschlüssen zu beeinflussen, ist fraglich (EuGH C-238/89, GRUR Int 1991, 215 – Pall; zur Diskussion
in Deutschland → MarkenG § 8 Rn. 597).

Grundlage für die Beurteilung der Irreführungsgefahr ist allein die Marke in ihrer angemel- **144**
deten Form in Bezug auf die beanspruchten Waren und Dienstleistungen (vgl. Beispiele für
die Irreführungsgefahr in den EUIPO-Richtlinien, Teil B, Abschnitt 4, Rn. 2.8.1; so auch
im deutschen Recht, → MarkenG § 8 Rn. 553). Das EUIPO geht bei der Prüfung des
Abs. 1 Buchst. g davon aus, dass der Durchschnittsverbraucher angemessen aufmerksam ist
und nicht allzu leicht einer Täuschung aufsitzen dürfte. Außerdem wird seitens des Amtes
angenommen, dass Anmelder Marken nicht gezielt anmelden, um Verbraucher zu täuschen,
sondern die angemeldete Marke (sofern möglich) in einer Art und Weise benutzen werden,
die nicht irreführend ist. Ist das Warenverzeichnis so abgefasst, dass eine nicht täuschende
Benutzung möglich ist, soll daher keine Beanstandung ergehen.

Sprechen die angemeldeten Waren und Dienstleistungen in besonderem Maße Kinder und **Jugendli-** **144.1**
che an, spricht jedoch vieles dafür, die Eignung zur Irreführung eher zu bejahen (Liesching CR 2001,
845; Jahn/Palzer GRUR 2014, 332). Maßstab sollen dabei nach Albrecht (GRUR 2003, 385 (388 f.))
gefährdungsgeneigte Jugendliche sein.

Nach der Amtspraxis sollen Markenanmeldungen insbesondere dann nach Abs. 1 Buchst. **145**
g beanstandet werden, wenn sie begrifflich eine **klare Erwartung** wecken, die im **völligen**
Gegensatz zur Art, Qualität oder geografischen Herkunft der Waren steht. Dies ist
etwa dann der Fall, wenn die Marke Angaben zur Beschaffenheit der Waren macht, die auf
die im Waren- und Dienstleistungsverzeichnis aufgeführten Waren von vornherein nicht
zutreffen können, wie zB die Bezeichnung LACTOFREE für die Waren „Laktose" (HABM
BK – R 892/2009-1). Aus der Prämisse des Amtes, dass die angemeldete Marke im Zweifelsfall auf nicht täuschende Weise verwendet werden wird, folgt auch, dass eine Einschränkung
einer für einen Oberbegriff angemeldeten Marke nicht erforderlich ist, falls unter den fraglichen Begriff auch Waren oder Dienstleistungen fallen, über deren Eigenschaften die Marke
nicht täuscht.

Täuschend ist beispielsweise die Marke BEST MEDICAL für Schuhe in Klasse 25, da **146**
nach der Ansicht des EUIPO die Verbraucher den Begriff BEST MEDICAL im Zusammenhang mit diesen Waren als Hinweis auf medizinische, insbesondere orthopädische Schuhe
auffassen. Diese fallen jedoch in Warenklasse 10 (1. BK Entsch. v. 4.11.2010 – R 778/2010-
1). Nicht für täuschend hielt das EUIPO dagegen die Marke „METALJACKET". Für Jacken
aus Textilien sei diese Bezeichnung nur suggestiv, aber nicht irreführend (1. BK Entsch. v.
23.10.2002 – R 314/2002-1 – METALJACKET).

Dem absoluten Eintragungshindernis des Abs. 1 unterfallen außerdem Marken, die einen **147**
offiziellen Status vortäuschen, zB INTERNATIONAL STAR REGISTRY (1. BK
Entsch. v. 4.4.2001 – R 468/1999-1). Die Bezeichnung THE E-COMMERCE AUTHORITY wurde von der Beschwerdekammer des EUIPO dagegen für anspielend, nicht aber
für täuschend gehalten (1. BK Entsch. v. 11.7.2001 – R 803/2000-1). Denkbar ist eine
Täuschung (dann über die geografische Herkunft) auch bei Farbkombinationsmarken, wenn
die beanspruchten Waren/Dienstleistungen einen Bezug zu Ländern oder Städten bewirken
(so BPatG BeckRS 2012, 19612 – RTL).

Eine Marke, die aus dem **Namen** des Designers und ersten Herstellers der mit dieser **148**
Marke versehenen Waren besteht, aber von einem Dritten angemeldet wird, ist allein auf-

Heitmann 1555

grund dieser Besonderheit nicht täuschend iSv Art. 7 Abs. 1 Buchst. g und darf auch nicht aus diesem Grund für verfallen erklärt werden. Dies gilt insbesondere dann, wenn der mit dieser Marke verbundene Goodwill zusammen mit dem Geschäftsbetrieb der Herstellung der Waren, auf die sich die Marke bezieht, auf den Anmelder übertragen worden ist (EuGH C-259/04, GRUR 2006, 416 Rn. 53 – ELIZABETH EMANUEL). Zur möglichen Täuschung über **Persönlichkeitsrechte** → MarkenG § 8 Rn. 574 ff.).

149 Art. 68 Abs. 2 erweitert das Irreführungsverbot des Art. 7 Abs. 1 Buchst. g um Täuschungen über den Charakter oder die Bedeutung der Marke selbst. Eine **Kollektivmarke** kann deshalb irreführend sein, wenn sie den Eindruck erweckt, eine Individualmarke zu sein, oder wenn die Marke eine Qualitätszusage enthält, welche die zugehörige Satzung nicht aufstellt (→ Art. 68 Rn. 3).

VIII. Staatliche Hoheitszeichen (Abs. 1 Buchst. h, i)

1. Abs. 1 Buchst. h

150 Art. 7 Abs. 1 Buchst. h schließt Marken von der Eintragung aus, die mangels Genehmigung durch die zuständigen Stellen gemäß Art. 6ter PVÜ zum Schutz des gewerblichen Eigentums zurückzuweisen sind.

151 Die Vorschrift des Art. 6ter PVÜ regelt, dass Wappen, Flaggen und andere staatliche Hoheitszeichen der Verbandsstaaten sowie heraldische Nachahmungen derselben nicht als Marke eingetragen werden dürfen, sofern der jeweilige Hoheitsträger dies nicht ausdrücklich genehmigt.

152 Eine „heraldische Nachahmung" im oben genannten Sinne setzt eine hohe Ähnlichkeit der Anmeldemarke (oder eines Bestandteils derselben) mit dem fraglichen staatlichen Hoheitszeichen voraus. Die Marke muss gerade die für das Hoheitszeichen typischen heraldischen Konnotationen enthalten, die das Hoheitszeichen von anderen Zeichen unterscheiden. Ob dies der Fall ist, überprüft das EUIPO anhand der offiziellen heraldischen Beschreibung des jeweiligen Hoheitszeichens. Hierbei ist jedoch zu berücksichtigen, dass nicht jeder von einem Heraldik-Fachmann festgestellte Unterschied zwischen der betreffenden Marke und dem Hoheitszeichen notwendigerweise auch vom Durchschnittsverbraucher wahrgenommen wird. Für letzteren kann sich die fragliche Marke trotz Unterschieden auf der Ebene bestimmter heraldischer Details dennoch als Nachahmung des in Rede stehenden Hoheitszeichens darstellen (s. hierzu EuG T-413/11, GRUR Int 2013, 250 Rn. 37 – EUROPEAN DRIVESHAFT SERVICES).

153 Ebenfalls von dem Eintragungsverbot betroffen sind Wappen, Flaggen und andere Kennzeichen von internationalen zwischenstaatlichen **Organisationen,** zB der EU. Im letzteren Fall ist zusätzliche Voraussetzung für einen Eintragungsausschluss allerdings, dass die Marke geeignet ist, beim Publikum den Eindruck einer **Verbindung** zwischen der betreffenden Organisation und den angemeldeten Wappen, Flaggen oder anderen Kennzeichen hervorzurufen (vgl. Art. 6ter Abs. 1 Buchst. c PVÜ). Ob dies der Fall ist, ist im Rahmen einer Gesamtschau des angemeldeten Zeichens zu beurteilen (EuG T-413/11, GRUR Int 2013, 250 Rn. 59 – EUROPEAN DRIVESHAFT SERVICES). Eine Verbindung ist zum einen dann zu bejahen, wenn die in Rede stehende Marke die Verbraucher hinsichtlich der Herkunft der von ihr bezeichneten Waren und Dienstleistungen irreführt, so dass sie meinen, diese stammten von der betroffenen Organisation. Die geforderte Verbindung besteht aber auch dann, wenn die Verbraucher zwar nicht irregeführt werden, aber glauben könnten, die mit der Marke versehenen Waren oder Dienstleistungen seien mit einer Genehmigung oder Garantie der genannten internationalen zwischenstaatlichen Organisation ausgestattet oder stünden in anderer Weise mit dieser in Verbindung (EuG T-430/12, GRUR Int 2014, 681 Rn. 62 – European Network Rapid Manufacturing).

154 Das Eintragungshindernis des Art. 7 Abs. 1 Buchst. h gilt **auch für Dienstleistungsmarken,** obwohl Art. 6ter PVÜ diese nicht ausdrücklich erwähnt (EuGH C-202/08 und 208/08, GRUR Int 2010, 45 Rn. 78 – American Clothing Associates).

155 Nach Buchst. h wurde unter anderem die Eintragung des Wappens des Hauses von Hannover als Unionsmarke zurückgewiesen, da das Wappen eine heraldische Nachahmung bestimmter Hoheitszeichen des Vereinigten Königreichs darstelle. Dass sich die Wappen

parallel entwickelt hatten bzw. das fragliche Wappen des englischen Königshauses aus historischen Gründen dem Wappen des Hauses von Hannover nachempfunden ist, spielte dabei keine Rolle (EuGH T-397/09, GRUR Int 2011, 949 – Darstellung eines Wappens).

Die WIPO unterhält auf ihrer Internetseite eine Datenbank, mit der die unter Art. 6ter **156** PVÜ fallenden geschützten Hoheitszeichen der einzelnen Staaten bzw. Organisationen abgefragt werden können (abrufbar unter http://www.wipo.int/ipdl/en/6ter/). Die Flaggen der jeweiligen Staaten sind allerdings auch ohne Aufnahme in diese Liste geschützt.

2. Abs. 1 Buchst. i

Art. 7 Abs. 1 Buchst. i schließt in Ergänzung zu Abs. 1 Buchst. h auch Marken von der **157** Eintragung aus, die nicht unter Art. 6ter PVÜ fallende Zeichen von besonderem öffentlichen Interesse enthalten, es sei denn dass die Zustimmung der zuständigen Stellen vorliegt.

Von besonderem öffentlichen Interesse sind beispielsweise Zeichen, die durch völkerrecht- **158** liche Verträge geschützt sind, wie etwa das von der Genfer Konvention geschützte Symbol des Roten Kreuzes (ebenso der Rote Halbmond) oder auch die olympischen Ringe, welche Gegenstand des Vertrags von Nairobi über den Schutz des olympischen Symbols sind. Zu den nach Buchst. i geschützten Emblemen gehört auch das Euro-Zeichen (EuG T-3/12, BeckRS 2013, 81436 – Kreyenberg/HABM).

IX. Kollision mit geschützten Ursprungsbezeichnungen und geografischen Angaben (Abs. 1 Buchst. j)

Art. 7 Abs. 1 Buchst. j regelt, dass Marken nicht eingetragen werden können, die nach **159** Maßgabe von Unionsvorschriften, von nationalem Recht oder von internationalen Übereinkünften, denen die Union oder der betreffende Mitgliedstaat angehört, zum Schutz von Ursprungsbezeichnungen und geografischen Angaben, von der Eintragung ausgeschlossen sind. Die Vorschrift fasst die bisherigen, bis zum Inkrafttreten der Reform am 23.3.2016 (→ Rn. 15) geltenden Buchstaben j und k zusammen. Durch die Reform wurde Buchst. j so abgeändert, dass die Regelung nunmehr alle Marken erfasst, die aufgrund von Unionsrecht oder nationalen Vorschriften der Mitgliedstaaten zum Schutz von Ursprungsbezeichnungen und geografischen Angaben, bzw. aufgrund von entsprechenden internationalen Übereinkünften, denen die Union oder ein Mitgliedstaat angehört, von der Eintragung ausgeschlossen sind.

Die folgenden EU-Verordnungen enthalten Eintragungshindernisse für Marken, die in **160** den Anwendungsbereich von Art. 7 Abs. 1 Buchst. j fallen: VO (EU) Nr. 1308/2013 über den Schutz geografischer Angaben für **Weine,** VO (EU) Nr. 251/2014 über den Schutz geografischer Angaben für **aromatisierte Weine,** VO (EG) Nr. 110/2008 über den Schutz geografischer Angaben für **Spirituosen,** VO (EU) Nr. 1151/2012 über den Schutz geografischer Angaben für **Agrarerzeugnisse und Lebensmittel.** Diese Verordnungen schützen die auf ihrer Grundlage eingetragenen Ursprungsbezeichnungen bzw. geografischen Angaben jeweils auf dreifache Weise: (1) gegen eine direkte oder indirekte **gewerbliche Verwendung** der geschützten Bezeichnung, (2) gegen widerrechtliche **Aneignung, Nachahmung** oder **Anspielung,** sowie (3) gegen sonstige **irreführende Praktiken.**

Die entsprechenden Regelungen finden sich für Weine in Art. 103 Abs. 2 VO (EU) Nr. 1308/2013, **160.1** für aromatisierte Weine in Art. 20 VO (EU) Nr. 251/2014, für Spirituosen in Art. 16 der VO (EG) Nr. 110/2008 und für Agrarerzeugnisse und Lebensmittel in Art. 13 Abs. 1 VO (EU) Nr. 1151/2012.

Ältere Ursprungsbezeichnungen und geografische Angaben, die nach einer der o.g. Ver- **161** ordnungen geschützt sind, gehen einer jüngeren Marke grundsätzlich vor. Voraussetzung für die Anwendung von Art. 7 Abs. 1 Buchst. j ist neben einer direkten oder indirekten Verwendung, einer widerrechtlichen Aneignung, Nachahmung oder Anspielung oder einer sonstigen Irreführung in Bezug auf die geschützte Bezeichnung außerdem, dass die angemeldete Marke identische oder zumindest vergleichbare Waren enthält, wie diejenigen, die unter die geschützte Ursprungsbezeichnung bzw. geografische Angabe fallen.

Falls einer der in Art. 13 VO (EU) Nr. 1151/2012 aufgeführten Tatbestände gegeben **162** ist, und die Marke die gleiche Art von Agrarerzeugnis oder Lebensmittel betrifft, welches Gegenstand der Ursprungsbezeichnung bzw. der geografischen Angabe ist, ist die Marke gemäß Art. 7 Abs. 1 Buchst. j von der Eintragung ausgeschlossen, wenn ihr Anmeldetag nach dem Zeitpunkt der Einreichung des Antrags auf Eintragung der Ursprungsbezeichnung oder der geografischen Angabe bei der Kommission liegt. Ein weiteres Beispiel für die Anwendung von Art. 7 Abs. 1 Buchst. j wäre eine Marke, die den Bestandteil „BORDEAUX" enthält und die für „Weine" (ohne nähere Spezifizierung) angemeldet wurde. Nach Art. 103 Abs. 2 VO (EU) Nr. 1308/2013 dürfte diese Marke nicht eingetragen werden, da das Warenverzeichnis auch Weine aus einer anderen Region als dem Bordeaux enthält, was zu einer Täuschung der Verbraucher führen könnte. Möglich wäre dagegen eine Eintragung für „Weine, die den Spezifikationen der geschützten Ursprungsbezeichnung BORDEAUX entsprechen". Das EUIPO besteht in solchen Fällen auf einer entsprechenden Einschränkung des Warenverzeichnisses, damit die Marke zur Eintragung gelangen kann.

163 Eine **Anspielung** auf eine geschützte Ursprungsbezeichnung bzw. geografische Angabe kann vorliegen, wenn statt der geschützten Bezeichnung ein ähnlich klingender Begriff in einer anderen Sprache verwendet wird (zB „Parmesan" statt der geschützten Ursprungsbezeichnung „Parmeggiano Reggiano"), wobei es nicht darauf ankommt, ob es sich bei dem verwendeten Begriff um die genaue Übersetzung der geschützten Bezeichnung handelt (EuGH C-132/05, GRUR 2008, 524 Rn. 50 – Parmesan). Voraussetzung für eine Anspielung ist jedoch stets, dass der Verbraucher durch den Namen des Erzeugnisses veranlasst wird, gedanklich einen Bezug zu der Ware herzustellen, die die geschützte Bezeichnung trägt (EuGH C-87/97, GRUR Int 1999, 443 Rn. 25 – Gorgonzola/Cambozola). Dies ist im Beispielsfall „Parmesan" aufgrund der bildlichen und klanglichen Ähnlichkeit zur geschützten Ursprungsbezeichnung „Parmeggiano Reggiano" bei einer Verwendung für geriebenen Hartkäse der Fall (EuGH C-132/05, GRUR 2008, 524 Rn. 46 ff. – Parmesan).

X. Kollision mit traditionellen Bezeichnungen für Weine bzw. mit garantiert traditionellen Spezialitäten (Abs. 1 Buchst. k, l)

164 Art. 7 Abs. 1 Buchst. k und l stellen weitere absolute Eintragungshindernisse für Marken auf, die nach Maßgabe von Unionsvorschriften zum Schutz von traditionellen Bezeichnungen für Weine (Buchst. k, → Rn. 165) bzw. zum Schutz von garantiert traditionellen Spezialitäten (Buchst. l, → Rn. 167) oder durch entsprechende internationale Übereinkünfte, denen die Union angehört, von der Eintragung ausgeschlossen sind. Durch die im Zuge der Verordnungsreform 2016 (→ Rn. 15) eingeführte Vorschrift soll sichergestellt werden, dass traditionelle Bezeichnungen für Weine und garantiert traditionelle Spezialitäten ebenso vor Konflikten mit jüngeren Marken geschützt sind, wie geschützte Ursprungsbezeichnungen und geografische Angaben. Diese Angleichung beschränkt sich allerdings auf die Ebene des Unionsrechts bzw. des internationalen Rechts, da der Wortlaut von Buchst. k und l – im Gegensatz zu dem von Buchst. j – nicht auf entsprechende nationale Regelungen der Mitgliedstaaten verweist.

1. Traditionelle Bezeichnungen für Weine (Abs. 1 Buchst. k)

165 Regelungen zu traditionellen Bezeichnungen für Weine finden sich auf Unionsebene in der VO Nr. 1308/2013 des Rates und der VO Nr. 607/2009 der Kommission. Unter traditionellen Bezeichnungen für Weine versteht man Begriffe, die dem Verbraucher zusätzlich zu geschützten Ursprungsbezeichnungen und geografischen Angaben Hinweise auf die Besonderheiten und die Qualität der mit ihnen gekennzeichneten Weine geben. Beispiele für solche Begriffe sind etwa „crianza", „fino", „Grand cru", „Vin de pays" oder auch „Federweisser". Um einen fairen Wettbewerb zu gewährleisten und eine Irreführung der Verbraucher zu verhindern, können diese traditionellen Bezeichnungen in der Union geschützt werden (vgl. Erwägungsgrund Nr. 104 der VO Nr. 1308/2013). Eine Auflistung der in der Union geschützten traditionellen Bezeichnungen für Weine enthält die von der Europäischen Kommission betriebene Datenbank „E-Bacchus".

166 Die Voraussetzungen für den Schutz als traditionelle Bezeichnung für Wein sind in Art. 112 VO Nr. 1308/2013 des Rates geregelt. Der Schutzumfang wird durch Art. 113 Abs. 2 VO (EU) Nr. 1308/2013 und Art. 40 Abs. 2 VO (EU) Nr. 607/2009 der Kommission festgelegt. Der Schutz ist auf die Sprache des Begriffes und die Art der Weinbauerzeugnisse, auf die sich der Begriff bezieht, beschränkt. Gewährt wird Schutz gegen (1) jede **widerrecht-**

liche Aneignung des Begriffs, selbst wenn er zusammen mit Ausdrücken wie „Art", „Typ", „Verfahren", „Fasson", „Nachahmung", „Aroma", oder Ähnlichem verwendet wird, sowie (2) alle **sonstigen falschen oder irreführenden Angaben,** die sich auf Art, Merkmale oder wesentliche Eigenschaften des Erzeugnisses beziehen, und (3) alle **sonstigen Praktiken, die geeignet sind, den Verbraucher irrezuführen,** indem insbesondere der Anschein hervorgerufen wird, dass der Wein die Anforderungen für den geschützten traditionellen Begriff erfüllt. Einer Marke, die einen dieser Tatbestände erfüllt und die Schutz für Weine beansprucht, für die der traditionelle Begriff nicht verwendet werden darf, ist gemäß Art. 41 VO (EU) Nr. 607/2009 der Kommission die Eintragung zu versagen. Ist dies der Fall, so ist der Tatbestand des Art. 7 Abs. 1 Buchst. k erfüllt. Eine hierauf gestützte Beanstandung durch das EUIPO lässt sich ausräumen, indem das Warenverzeichnis der angemeldeten Marke auf Weine eingeschränkt wird, die mit der Begriffsbestimmung bzw. den Verwendungsbedingungen des in der Marke enthaltenen traditionellen Begriffs übereinstimmen.

2. Garantiert traditionelle Spezialitäten (Abs. 1 Buchst. l)

Regelungen zum Schutz garantiert traditioneller Spezialitäten auf Unionsebene finden sich in der VO (EU) Nr. 1151/2012 (Art. 17 ff.). Nach Art. 18 VO (EU) Nr. 1151/2012 kann ein Name als garantiert traditionelle Spezialität eingetragen werden, wenn er ein spezifisches Erzeugnis oder Lebensmittel beschreibt, das eine traditionelle Herstellungsart, Verarbeitungsart oder eine traditionelle Zusammensetzung aufweist, die der traditionellen Praxis für jenes Erzeugnis oder Lebensmittel entspricht, oder das aus traditionell verwendeten Rohstoffen oder Zutaten hergestellt ist. Ähnlich den traditionellen Bezeichnungen für Wein (→ Rn. 165) sind eingetragene Namen von garantiert traditionellen Spezialitäten gegen jede **widerrechtliche Aneignung, Nachahmung oder Anspielung** sowie gegen alle **sonstigen Praktiken, die den Verbraucher irreführen können,** geschützt (vgl. Art. 24 VO (EU) Nr. 1151/2012). Über die DOOR-Datenbank der Europäischen Kommission lassen sich geschützte Begriffe von traditionell garantierten Spezialitäten einfach abrufen. 167

Die VO (EU) Nr. 1151/2012 enthält keine ausdrücklichen Regelungen zur Kollision von garantiert traditionellen Spezialitäten mit Marken, sondern schützt erstere nur gegen widerrechtliche bzw. irreführende **Benutzungshandlungen.** Der Wortlaut von Abs. 1 Buchst. l, der auf Marken abstellt, die nach Unionsvorschriften zum Schutz von garantiert traditionellen Spezialitäten von der **Eintragung** ausgeschlossen sind, geht streng genommen also fehl. Die Vorschrift ist jedoch im Lichte der Systematik der Buchst. j und k des Art. 7 Abs. 1 UMV und analog zu diesen auszulegen. Eine Marke ist danach gemäß Art. 7 Abs. 1 Buchst. l von der Eintragung ausgeschlossen, wenn ihre Benutzung für die angemeldeten Waren den Tatbestand des Art. 24 VO (EU) Nr. 1151/2012 erfüllen würde. Wird eine Markenanmeldung auf der Grundlage von Abs. 1 Buchst. l beanstandet, kann die Beanstandung ausgeräumt werden, indem das Warenverzeichnis der Anmeldung auf Waren beschränkt wird, die mit der Produktspezifikation der betreffenden garantiert traditionellen Spezialität übereinstimmen. 168

XI. Kollision mit geschützten Sortenangaben (Abs. 1 Buchst. m)

Der durch die Reform 2016 (→ Rn. 15) eingeführte Art. 7 Abs. 1 Buchst. m enthält ein neu geschaffenes Eintragungshindernis für Marken, die mit einer früheren, im Einklang mit nationalem Recht, Unionsrecht oder internationalen Übereinkünften geschützten Sortenangabe in Konflikt stehen. 169

Eine Sortenangabe ist „früher" iSv Abs. 1 Buchst. m, wenn sie vor dem Anmeldetag (bzw. dem Prioritätsdatum) der Unionsmarkenanmeldung eingetragen wurde. Bei der Sortenangabe kann es sich um eine nach der VO (EG) Nr. 2100/94 des Rates über den gemeinschaftlichen Sortenschutz (GSortV) geschützte Angabe handeln, um eine Angabe nach dem Internationalen Übereinkommen zum Schutz von Pflanzenzüchtungen (UPOV-Übereinkommen), oder um eine nach nationalem Recht – in Deutschland nach dem Sortenschutzgesetz (SortSchG) – geschützte Angabe. Durch die Bezugnahme auf das UPOV-Übereinkommen erfasst Abs. 1 Buchst. m auch Sortenangaben, die lediglich in Drittländern geschützt sind, die dem Übereinkommen beigetreten sind. 170

171 Abs. 1 Buchst. m ist anwendbar, wenn die folgenden Voraussetzungen erfüllt sind: (1) es existiert eine frühere Sortenangabe im oben genannten Sinne, (2) die angemeldete Marke besteht aus der früheren Sortenangabe oder gibt diese in ihren wesentlichen Elementen wieder, (3) die angemeldete Marke betrifft Pflanzensorten der gleichen oder einer eng verwandten Spezies, wie die der geschützten Sortenangabe.

C. Eintragungshindernis nur in einem Teil der Union (Abs. 2)

172 Nach Art. 7 Abs. 2 gelten die in Art. 7 Abs. 1 genannten Eintragungshindernisse auch dann, wenn sie nur in einem Teil der Union vorliegen.

173 Die Vorschrift ist Ausdruck des in Art. 1 Abs. 2 festgeschriebenen Prinzips der **Einheitlichkeit der Unionsmarke.** Sie führt dazu, dass eine Unionsmarke entweder nur für die Union als Ganze oder gar nicht eingetragen werden kann.

174 Konkret bedeutet dies, dass eine angemeldete Unionsmarke bereits dann zurückzuweisen ist, wenn auch nur in einem Mitgliedstaat eines der in Art. 7 Abs. 1 Buchst. a bis k normierten absoluten Eintragungshindernisse, zB beschreibender Charakter oder ein gesetzliches Verbot iSv Buchst. f, gegeben ist (vgl. EuGH C-25/05 P, GRUR 2006, 1022 Rn. 83 – Wicklerform). Abs. 2 findet auch Anwendung, wenn eine grundsätzlich EU-weit fehlende Unterscheidungskraft nach Buchst. b nur in bestimmten Ländern nachweislich durch Benutzung gemäß Abs. 3 (→ Rn. 178 ff.) überwunden werden konnte.

175 Die Anwendung von Art. 7 Abs. 2 ist indes **nicht an nationale Grenzen gebunden.** „Teil der Union" im Sinne der Vorschrift kann daher auch ein Gebiet sein, welches nicht mit den Grenzen eines Mitgliedstaates übereinstimmt. Daraus folgt, dass auch Begriffe aus einer Sprache, die nicht zu den **offiziellen Amtssprachen** der Union oder eines Mitgliedstaats gehört, einem der Eintragungshindernisse des Art. 7 Abs. 1 unterfallen können, wenn die betreffende Sprache in einem Teil der Union gesprochen wird (s. hierzu EuG T-72/11, BeckRS 2012, 82225 Rn. 35 – Espetec; → Rn. 84).

176 Lässt sich klar nach Mitgliedstaaten abgrenzen, ob ein Eintragungshindernis vorliegt oder nicht, steht dem Anmelder die Möglichkeit offen, für die Länder, in denen dies nicht der Fall ist, die Umwandlung der Unionsmarkenanmeldung in nationale Markenanmeldungen zu beantragen (Art. 112).

177 Die Reformvorschläge der EU-Kommission vom 27.3.2013 (KOM (2013) 161 endg.) sahen vor, Abs. 2 so zu erweitern, dass die einzelnen Eintragungshindernisse des Abs. 1 auch dann schon anwendbar gewesen wären, wenn sie sich erst aus der Übersetzung bzw. Transkription einer in einer Fremdsprache oder fremden Schrift ausgedrückten Marke in eine Amtssprache der Mitgliedstaaten ergeben hätten. Dieser Vorschlag war jedoch höchst umstritten und wurde im Verlauf des Gesetzgebungsverfahrens wieder verworfen.

D. Erlangte Unterscheidungskraft (Abs. 3)

178 Nach Art. 7 Abs. 3 kann der Anmelder die absoluten Eintragungshindernisse des Art. 7 Abs. 1 Buchst. b, c und d überwinden, falls er nachweist, dass die angemeldete Marke für die Waren oder Dienstleistungen, deren Eintragung beantragt wird, infolge Benutzung Unterscheidungskraft erlangt hat. Die übrigen Eintragungshindernisse des Art. 7 Abs. 1 bleiben demgegenüber selbst im Fall von erlangter Unterscheidungskraft bestehen. Der Begriff der erlangten Unterscheidungskraft nach Abs. 3 ist vergleichbar mit dem der „Verkehrsdurchsetzung" im deutschen Recht (→ MarkenG § 8 Rn. 79 ff., ausführlich → MarkenG § 8 Rn. 861 ff.).

179 Das EUIPO und die Rechtsprechung stellen sehr hohe Anforderungen an die Annahme von erlangter Unterscheidungskraft. Grundsätzlich gilt, dass der Anmelder umso höhere Chancen darauf hat, dass eine durch Benutzung erlangte Unterscheidungskraft bejaht wird, je umfangreicher die vorgelegten Nachweise sind, und – falls das Hindernis in der gesamten EU gilt – je mehr Mitgliedstaaten diese betreffen. Wird eine Marke aufgrund erlangter Unterscheidungskraft eingetragen, so wird dies im Unionsmarkenregister entsprechend vermerkt.

180 Wie sich bereits aus dem Wortlaut des Abs. 3 ergibt („erlangt hat", „infolge ihrer Benutzung"), muss die Marke bereits **am Anmeldetag** durch eine **vorherige Benutzung** Unter-

scheidungskraft erlangt haben (EuGH C-542/07, GRUR Int 2009, 917 Rn. 42 – Imagination Technologies/EUIPO).

Hier liegt ein wesentlicher Unterschied zu § 8 Abs. 3 MarkenG, der Verkehrsdurchsetzung **181** „vor dem Zeitpunkt der Entscheidung über die **Eintragung**" verlangt. Die Rechtslage in Deutschland kann im Vergleich zur Unionsebene folglich zu einer Begünstigung des Anmelders führen, wenn sich das Eintragungsverfahren länger hinzieht, da dann auch noch eine Benutzung der Marke während dieser Zeit berücksichtigt wird, wenn auch unter Prioritätsverschiebung (→ MarkenG § 8 Rn. 87).

Umgekehrt kommt das Abstellen auf den Anmeldetag dem Anmelder einer Unionsmarke **182** zugute, wenn es während des Anmeldeverfahrens zu Erweiterungen der EU kommt, da dann der Nachweis der erlangten Unterscheidungskraft nur für die EU in ihrer Ausdehnung am Anmeldetag zu führen ist (EuG T-28/08, BeckRS 2009, 70779 Rn. 46, 47 – Bounty).

Im Übrigen ist in der Unionsrechtsprechung anerkannt, dass sich auch aus Beweismitteln, **183** die **nach dem Anmeldetag** datieren, Rückschlüsse auf das Vorliegen von erlangter Unterscheidungskraft im maßgeblichen Zeitpunkt ziehen lassen (EuGH C-192/03 P, BeckRS 2005, 70092 Rn. 41 – BSS).

Von erlangter Unterscheidungskraft ist dann auszugehen, wenn zumindest ein **erheblicher** **184** **Teil** der beteiligten Verkehrskreise aufgrund der Marke annimmt, dass die Waren oder Dienstleistungen von einem bestimmten Unternehmen stammen (EuGH verb. Rs. C-108/97, C-109/97, GRUR Int 1999, 727 Rn. 52 – Chiemsee). Es genügt, dass das angemeldete Zeichen als Herkunftshinweis fungiert, ohne dass den beteiligten Verkehrskreisen bekannt sein müsste, von welchem konkreten Unternehmen die Waren oder Dienstleistungen herrühren.

Bei der Prüfung erlangter Unterscheidungskraft ist insbesondere auf den von der Marke **185** gehaltenen **Marktanteil,** die **Intensität,** die **geografische Verbreitung** und die **Dauer ihrer Benutzung,** den **Werbeaufwand** des Unternehmens für die Marke, den Teil der beteiligten Verkehrskreise, der die Ware aufgrund der Marke als von einem bestimmten Unternehmen stammend erkennt, sowie auf Erklärungen von Industrie- und Handelskammern oder von anderen Berufsverbänden abzustellen (EuGH verb. Rs. C-108/97, C-109/97, GRUR Int 1999, 727 Rn. 51 – Chiemsee).

Ob die Marke tatsächlich Unterscheidungskraft erlangt hat, darf jedoch **nicht** nur aufgrund **186** von generellen und abstrakten Angaben, wie zB **bestimmten Prozentsätzen,** beurteilt werden (EuGH verb. Rs. C-108/97, C-109/97, GRUR Int 1999, 727 Rn. 52 – Chiemsee).

Die Praxis des EUIPO und die Unionsrechtsprechung verlangen daher, anders als die **187** Rechtsprechung in Deutschland (→ MarkenG § 8 Rn. 887 ff.), für die Bejahung von erlangter Unterscheidungskraft nicht notwendig, dass mindestens 50% der maßgeblichen Verkehrskreise die Marke als Herkunftshinweis ansehen. Für **abstrakte Farbmarken** gilt nichts Anderes (EuGH C-217/13, GRUR 2014, 776 Rn. 33 ff. – Oberbank ua/DSGV, zu Art. 3 Abs. 1 S. 1, Abs. 3 MRL). Insoweit hat der EuGH dem im Vorlagebeschluss des BPatG (GRUR 2013, 844 – Sparkassen-Rot) zum Ausdruck kommenden Wunsch nach einer starren Grenze von einem Zuordnungsgrad von mindestens 70% eine deutliche Absage erteilt.

Die Wahrnehmung des angemeldeten Zeichens durch die Verbraucher als Herkunftshinweis **188** muss auf einer Benutzung **als Marke** beruhen (EuGH C-299/99, GRUR 2002, 804 Rn. 64 – Philips; C-353/03, GRUR 2005, 763 Rn. 26 – Nestlé/Mars). Daran kann es beispielsweise dann fehlen, wenn das angemeldete Zeichen in unmittelbar beschreibender Weise verwendet wird (EuG T-318/09, BeckRS 2011, 81066 Rn. 70 ff. – TDI).

Eine eigenständige Benutzung der Marke ist nicht erforderlich. Vielmehr kann eine Marke **189** auch infolge ihrer **Benutzung als Teil oder iVm einer anderen eingetragenen Marke** Unterscheidungskraft erwerben (EuGH C-353/03, GRUR 2005, 763 Rn. 27, 32 – Nestlé/Mars). Allerdings muss der Anmelder für die Eintragung der fraglichen Marke aufgrund erlangter Unterscheidungskraft nachweisen, dass der Verkehr **allein aufgrund dieser Marke** und nicht aufgrund etwaiger anderer auf der Ware vorhandenen Marken auf die Herkunft der Waren schließt (EuGH C-215/14, GRUR Int 2015, 1028 Rn. 66 f. – Nestlé/Cadbury). Die Thematik ist in der Praxis von großer Relevanz im Zusammenhang mit Bildmarken und so genannten neuen Markenformen, zB Form- und Farbmarken, die regelmäßig nicht isoliert, sondern iVm anderen Wort- oder Bildelementen benutzt werden. In kontradiktorischen Verfahren (zB Nichtigkeit) wird die Unterscheidungskraft solcher ausschließlich in Kombination benutzten Marken häufig bestritten. Dem lässt sich ggf. mit einer Verkehrsumfrage (→ Rn. 195.1) zur Bekanntheit und Funktion als Herkunftshinweis, zB einer Farbkombination oder einer Warenform, entgegentreten.

190 Die Tatsache, dass eine Marke nachweislich in großem Umfang und über einen langen Zeitraum benutzt und beworben wurde, reicht für sich genommen für den Erwerb von Unterscheidungskraft noch nicht aus. Insbesondere wenn Angaben zum Marktanteil der Marke und zum Verhältnis der Werbeaufwendungen zu den Gesamtaufwendung im maßgeblichen Markt fehlen, darf der Erwerb von Unterscheidungskraft aus diesem Grunde abgelehnt werden (EuGH C-25/05 P, GRUR 2006, 1022 Rn. 79 – Wicklerform).

191 Eine Marke kann nur dann nach Art. 7 Abs. 3 zur Eintragung zugelassen werden, wenn der **Nachweis** erbracht ist, dass sie durch ihre Benutzung Unterscheidungskraft in dem Teil der Union erworben hat, in dem sie keine originäre Unterscheidungskraft besaß (EuGH C-25/05 P, GRUR 2006, 1022 Rn. 83 – Wicklerform).

192 Bei diesem Gebiet kann es sich im Einzelfall nur um einen einzigen Mitgliedstaat handeln, etwa dann, wenn die Marke aus einem Wort besteht, welches nur in einer der EU-Amtssprachen beschreibend ist, und diese Sprache nicht auch in anderen Mitgliedstaaten gesprochen wird. Enthält die Marke dagegen keine Wortelemente, handelt es sich also etwa um eine reine Farb- oder dreidimensionale Marke, so muss der Nachweis grundsätzlich für das Gebiet der **EU als Ganzes** geführt werden (EuG T-152/07, BeckRS 2009, 70997 Rn. 133 ff. – Lange Uhren), es sei denn es liegen konkrete, gegenteilige Anhaltspunkte vor (EuG GRUR 2011, 425 Rn. 66 – Goldhase I). Der EuGH hat jedoch zum Ausdruck gebracht, dass es zu weit ginge, den Nachweis von erlangter Unterscheidungskraft für **jeden einzelnen Mitgliedstaat** zu verlangen (EuGH C-98/11 P, GRUR 2012, 925 Rn. 62 – Goldhase II). Auch bereits zuvor hatte die Rechtsprechung es nicht grundsätzlich ausgeschlossen, und war es seit jeher Amtspraxis, aus bestimmten Daten, wie etwa Angaben zu Marktanteil oder Verkehrsumfragen, die nur für bestimmte Mitgliedstaaten vorliegen, Rückschlüsse auf die Verhältnisse in anderen Mitgliedstaaten zu ziehen, falls die jeweiligen Marktbedingungen vergleichbar sind (EuG T-28/08, BeckRS 2009, 70779 Rn. 55 ff. – Bounty).

193 Was hieraus im Einzelnen für den Anmelder, zB einer Form- oder einer Farbmarke, folgt, der es in der EU als Ganzes an originärer Unterscheidungskraft fehlt, ist letzten Endes weiterhin offen. Teilweise wird dafür plädiert, erlangte Unterscheidungskraft in der gesamten EU bereits dann anzunehmen, wenn diese in einer Mehrzahl der Märkte des Unionsgebiets nachgewiesen werden kann (s. Max-Planck-Institut, Studie zum Funktionieren des Europäischen Markenrechtssystems, Teil III, Kap. 3, B.V.3). Dem Vorschlag der Studie zufolge soll ein Beweis des ersten Anscheins für erlangte Unterscheidungskraft gelten, falls der Anmelder nachweisen kann, dass die angemeldete Marke in der gesamten EU umfangreich und ausschließlich durch ihn benutzt wurde. Angaben zum Marktanteil oder zu Werbeausgaben für jeden einzelnen Mitgliedstaat würden so entbehrlich.

194 Eine solche Vorgehensweise würde es Markenanmeldern wesentlich erleichtern, sich auf erlangte Unterscheidungskraft zu berufen. Es bleibt abzuwarten, ob die Rechtsprechung diese Vorschläge aufgreift, nachdem sie in die zum 23.3.2016 in Kraft getretene Reform der Verordnung (→ Rn. 15) keinen Eingang gefunden haben. Der sicherste Weg für Markenanmelder besteht vorerst weiterhin darin, so viele aussagekräftige Nachweise wie irgend möglich vorzulegen.

195 Die möglichen Beweismittel sind nicht auf die in Art. 78 Abs. 1 aufgeführten Beispiele beschränkt (→ Art. 78 Rn. 8 ff.). Taugliche Nachweise für erlangte Unterscheidungskraft sind insbesondere **Verkehrsumfragen,** die bei entsprechenden Ergebnissen als direkter Nachweis der Unterscheidungskraft angesehen werden. **Erklärungen** von Industrie-, Handels- oder Verbraucherorganisationen können ebenfalls direkte Nachweise der Unterscheidungskraft darstellen. Daneben kommen als indirekte Nachweise insbesondere Zahlen zu **Umsatz, Marktanteil** oder **Werbeausgaben** in Betracht, außerdem Berichterstattung über die fragliche Marke in **Zeitungen** und (Fach-) **Zeitschriften,** Beispiele erfolgreichen Vorgehens gegen Nachahmer usw.

195.1 **Verkehrsumfragen** sind bei korrekter Fragestellung und Durchführung durch ein anerkanntes Meinungsforschungsinstitut ein besonders probates Mittel für den Nachweis von erlangter Unterscheidungskraft. Sie sind jedoch nicht zwingend erforderlich, da der Nachweis auch mit anderen Mitteln (zB den oben genannten) erbracht werden kann (s. hierzu EuG T-137/08, GRUR Int 2010, 153

Rn. 41 – Grün und Gelb). Werden Verkehrsumfragen vorgelegt, müssen sie Angaben zur Methodik und zur Auswahl der befragten Personen enthalten (EuG T-289/08, GRUR Int 2010, 520 Rn. 66 – Deutsche BKK). Die Umfrage muss in den relevanten Verkehrskreisen durchgeführt worden sein. Sind dies hauptsächlich Durchschnittsverbraucher, so ist der Beweiswert einer Umfrage, die in Fachkreisen durchgeführt wurde, beschränkt. Auch wenn die Umfrage erst nach dem Anmeldetag durchgeführt wurde, wirkt sich dies negativ auf ihren Beweiswert aus (EuG T-289/08, GRUR Int 2010, 520 Rn. 82, 83 – Deutsche BKK).

Im Hinblick auf die **Methodik der Fragestellung** ist die Rechtsprechung des EuG nicht einheitlich. **195.2** Zuweilen wurden Fragen, in denen die Marke und die maßgeblichen Waren oder Dienstleistungen genannt wurden (zB „Haben Sie [Marke] schon einmal im Zusammenhang mit [Waren] gesehen/gehört?"), als leitende Fragen beurteilt, so dass den Ergebnissen nur geringer Beweiswert zukomme (EuG T-277/04, GRUR Int 2007, 137 Rn. 39 – Vitakraft). Dieser Ansatz wurde in jüngerer Zeit auch von den Beschwerdekammern des EUIPO vermehrt vertreten (s. etwa R 1374/2012-2 Rn. 31 – IKEA (Farbmarke blau/gelb), R 0107/2012-2 Rn. 53 – Red Bull, Bull – Bulldog). In anderen Fällen hat das EuG vergleichbare Fragestellungen in Verkehrsumfragen jedoch nicht kritisiert (EuG T-137/08, GRUR Int 2010, 153 Rn. 60 ff. – Grün und Gelb) bzw. ausdrücklich für unbedenklich befunden (EuG Rs. T-164/03, BeckRS 2005, 70652 Rn. 81 – monBebé).

Zum **Marktanteil** hat das EuG festgestellt, dass dieser nicht zwingend hoch sein muss, damit die **195.3** Marke Unterscheidungskraft erlangen kann. Insbesondere wenn es sich bei den fraglichen Waren um höherpreisige Güter handelt, vor deren Erwerb sich der Verbraucher genau über das Produktangebot informiert und die verschiedenen konkurrierenden Modelle vergleicht und prüft, braucht eine Marke keinen großen Marktanteil zu erzielen. Vielmehr genügt der Nachweis, dass die Marke über einen längeren Zeitraum konstant auf dem Markt präsent war (EuG T-137/08, GRUR Int 2010, 153 Rn. 43, 44 – Grün und Gelb, für land- und forstwirtschaftliche Arbeitsmaschinen). Im Falle von Marken, die aus der Form der Ware bestehen, geht der EuGH demgegenüber davon aus, dass diese nur dann Unterscheidungskraft erlangen können, wenn die mit ihnen gekennzeichneten Waren einen nicht zu vernachlässigenden Anteil am fraglichen Produktmarkt erreichen (EuGH C-25/05 P, GRUR 2006, 1022 Rn. 76 – Wicklerform).

Erklärungen von Industrie, Handels-, oder Verbraucherorganisationen werden in der Praxis häufig **195.4** erst anlässlich eines konkreten Eintragungs- oder Nichtigkeitsverfahrens auf Wunsch des Markenanmelders bzw. -inhabers abgegeben, der ihre Anfertigung häufig auch koordiniert. Diese Tatsache allein ist nicht geeignet, den Inhalt und den Beweiswert solcher Erklärungen in Frage zu stellen. Vielmehr ist mangels Gegenbeweises davon auszugehen, dass die Erklärungen freiwillig abgegeben wurden und der Erklärende sich ihren Inhalt zu eigen macht. Es kommt allein darauf an, ob die fraglichen Organisationen unabhängig sind und ihre Erklärungen abgeben konnten, ohne dem spezifischen Interesse des Markenanmelders Rechnung tragen zu müssen (EuG T-137/08, GRUR Int 2010, 153 Rn. 50 ff. – Grün und Gelb).

Art. 8 Relative Eintragungshindernisse

(1) Auf Widerspruch des Inhabers einer älteren Marke ist die angemeldete Marke von der Eintragung ausgeschlossen,
a) wenn sie mit der älteren Marke identisch ist und die Waren oder Dienstleistungen, für die die Marke angemeldet worden ist, mit den Waren oder Dienstleistungen identisch sind, für die die ältere Marke Schutz genießt;
b) wenn wegen ihrer Identität oder Ähnlichkeit mit der älteren Marke und der Identität oder Ähnlichkeit der durch die beiden Marken erfassten Waren oder Dienstleistungen für das Publikum die Gefahr von Verwechslungen in dem Gebiet besteht, in dem die ältere Marke Schutz genießt; dabei schließt die Gefahr von Verwechslungen die Gefahr ein, dass die Marke mit der älteren Marke gedanklich in Verbindung gebracht wird.

(2) „Ältere Marken" im Sinne von Absatz 1 sind
a) Marken mit einem früheren Anmeldetag als dem Tag der Anmeldung der Unionsmarke, gegebenenfalls mit der für diese Marken in Anspruch genommenen Priorität, die den nachstehenden Kategorien angehören:
  i) Unionsmarken;

ii) in einem Mitgliedstaat oder, soweit Belgien, Luxemburg und die Niederlande betroffen sind, beim BENELUX-Amt für geistiges Eigentum eingetragene Marken;
iii) mit Wirkung für einen Mitgliedstaat international registrierte Marken;
iv) aufgrund internationaler Vereinbarungen mit Wirkung in der Union eingetragene Marken;
b) Anmeldungen von Marken nach Buchstabe a, vorbehaltlich ihrer Eintragung;
c) Marken, die am Tag der Anmeldung der Unionsmarke, gegebenenfalls am Tag der für die Anmeldung der Unionsmarke in Anspruch genommenen Priorität, in einem Mitgliedstaat im Sinne des Artikels 6bis der Pariser Verbandsübereinkunft notorisch bekannt sind.

(3) Auf Widerspruch des Markeninhabers ist von der Eintragung auch eine Marke ausgeschlossen, die der Agent oder Vertreter des Markeninhabers ohne dessen Zustimmung auf seinen eigenen Namen anmeldet, es sei denn, dass der Agent oder Vertreter seine Handlungsweise rechtfertigt.

(4) Auf Widerspruch des Inhabers einer nicht eingetragenen Marke oder eines sonstigen im geschäftlichen Verkehr benutzten Kennzeichenrechts von mehr als lediglich örtlicher Bedeutung ist die angemeldete Marke von der Eintragung ausgeschlossen, wenn und soweit nach dem für den Schutz des Kennzeichens maßgeblichen Recht der Union oder des Mitgliedstaats
a) Rechte an diesem Kennzeichen vor dem Tag der Anmeldung der Unionsmarke, gegebenenfalls vor dem Tag der für die Anmeldung der Unionsmarke in Anspruch genommenen Priorität, erworben worden sind;
b) dieses Kennzeichen seinem Inhaber das Recht verleiht, die Benutzung einer jüngeren Marke zu untersagen.

(4a) Auf Widerspruch einer Person, die gemäß dem einschlägigen Recht zur Ausübung der aus einer Ursprungsbezeichnung oder geografischen Angabe entstehenden Rechte berechtigt ist, ist die angemeldete Marke von der Eintragung ausgeschlossen, wenn und soweit nach den Unionsvorschriften oder dem nationalen Recht zum Schutz der Ursprungsbezeichnung oder der geografischen Angaben
i) ein Antrag auf Eintragung einer Ursprungsbezeichnung oder geografischen Angabe im Einklang mit den Unionsvorschriften oder mit dem nationalen Recht bereits vor dem Antrag auf Eintragung der Unionsmarke oder der für die Anmeldung in Anspruch genommenen Priorität vorbehaltlich der späteren Eintragung gestellt worden war;
ii) diese Ursprungsbezeichnung oder geografische Angabe das Recht verleiht, die Benutzung einer jüngeren Marke zu untersagen.

(5) Auf Widerspruch des Inhabers einer eingetragenen älteren Marke im Sinne des Absatzes 2 ist die angemeldete Marke auch dann von der Eintragung ausgeschlossen, wenn sie mit einer älteren Marke identisch ist oder dieser ähnlich ist, ungeachtet dessen, ob die Waren oder Dienstleistungen, für die sie eingetragen werden soll, mit denen identisch oder denen ähnlich oder nicht ähnlich sind, für die eine ältere Marke eingetragen ist, wenn es sich im Falle einer älteren Unionsmarke um eine in der Union bekannte Marke und im Falle einer älteren nationalen Marke um eine in dem betreffenden Mitgliedstaat bekannte Marke handelt und die Benutzung der angemeldeten Marke die Unterscheidungskraft oder die Wertschätzung der älteren Marke ohne rechtfertigenden Grund in unlauterer Weise ausnutzen oder beeinträchtigen würde.

Überblick

Art. 8 regelt die relativen Eintragungshindernisse, die nicht von Amts wegen, sondern nur auf Widerspruch Berechtigter zur vollständigen oder teilweisen Zurückweisung der Unionsmarkenanmeldung führen. Hier sind zunächst die älteren, in Abs. 2 definierten Marken zu nennen (→ Rn. 2), die Markeninhaber bei Vorliegen von Doppelidentität oder Verwechslungsgefahr gemäß **Abs. 1** der Eintragung einer Unionsmarke entgegenhalten können. Die

Kommentierung folgt der Reihenfolge der Eintragungsgründe, wie sie das Gesetz nennt, wobei auf **Abs. 2** im Zusammenhang mit Abs. 1 eingegangen wird.

Abs. 3 berechtigt Markeninhaber, sich der Eintragung von Agentenmarken mittels Widerspruchs zu widersetzen (→ Rn. 151 ff.), es sei denn der Anmelder kann rechtfertigende Gründe geltend machen (→ Rn. 174).

Abs. 4 betrifft ältere nicht eingetragene Marken und sonstige Kennzeichen, die nach nationalem Recht geschützt werden und, soweit sie nicht lediglich von örtlicher Bedeutung sind, Widerspruchsgründe sein können (→ Rn. 178 ff.).

Abs. 4a (→ Rn. 206 ff.) betrifft ältere geographische Herkunftsangaben.

Abs. 5 schließt den Bogen zu den in Abs. 2 definierten älteren Marken und stellt der Doppelidentität und der Verwechslungsgefahr für ältere bekannte Marken (→ Rn. 210 ff.) die weiteren Eintragungshindernisse der Rufausbeutung, Verwässerung, und Rufschädigung (→ Rn. 241 ff.) an die Seite.

Art. 8 betrifft im Übrigen nur die materiellrechtlichen Voraussetzungen von Widersprüchen und Nichtigkeitsanträgen aufgrund älteren Rechts; zu den formellen Aspekten dieser Verfahren → Art. 41 Rn. 6 ff.; → Art. 56 Rn. 12 ff.

Zur Beweislast und den Beweismitteln → Rn. 253 ff.

Bösgläubigkeit ist entgegen den Kommissionsvorschlägen weiterhin kein Widerspruchsgrund (→ Rn. 177).

Übersicht

	Rn.
A. Doppelidentität und Verwechslungsgefahr (Abs. 1)	1
I. Allgemeines	1
II. Ältere Marke gemäß Abs. 2	2
III. Doppelidentität (Abs. 1 Buchst. a)	7
1. Identität der Marken	9
2. Identität der Waren und Dienstleistungen	16
3. Keine weiteren Voraussetzungen	23
IV. Verwechslungsgefahr	24
1. Markenähnlichkeit	27
2. Ähnlichkeit der Waren und Dienstleistungen	88
3. Umfassende Beurteilung der Verwechslungsgefahr	106
B. Widerspruch gegen Agentenmarke (Abs. 3)	151
I. Einleitung	151
II. Anwendungsbereich	156
1. Berechtigter	156
2. Schutzgebiet der älteren Marke	157
III. Agenten- bzw. Vertreterstellung	160
IV. Weitere Voraussetzungen einer Agentenmarke	165
1. Im eigenen Namen	166
2. Ohne Zustimmung des Inhabers	169
3. Verhältnis angemeldete Marke – ältere Marke	172
V. Rechtfertigung	174
VI. Reform 2016	177
C. Widerspruch aufgrund von nicht eingetragenen Marken und sonstigen Kennzeichenrechten (Abs. 4)	178
I. Nicht eingetragene Marke oder sonstiges im geschäftlichen Verkehr benutztes Kennzeichenrecht	178
1. Arten älterer Rechte	179
2. Benutzung im geschäftlichen Verkehr	185
II. Mehr als lediglich örtliche Bedeutung	190
III. Erwerb und Schutzumfang des älteren Rechts	196
1. Älteres Recht	197
2. Recht, die Benutzung einer jüngeren Marke zu untersagen	201
D. Widerspruch aufgrund von Ursprungsbezeichnungen und geografischen Angaben (Abs. 4a)	206
E. Widerspruch aus einer bekannten Marke	210
I. Allgemeines	210
II. Normzweck	212
III. Anwendungsbereich	214
1. Ältere Marken	214
2. Identische und ähnliche oder nicht ähnliche Waren und Dienstleistungen	217
IV. Bekanntheit	218
1. Relevanter Zeitpunkt	218
2. Bekanntheitsgrad	226
3. Bezug zu Waren und Dienstleistungen der älteren Marke	227
4. Verbraucherkreis	229
5. Territoriale Reichweite der Bekanntheit	231
V. Gedankliche Verknüpfung	233
VI. Beeinträchtigung, Ausnutzung	241
VII. Rechtfertigender Grund	251
VIII. Beweisfragen	253
1. Berufung auf Art. 8 Abs. 5	253
2. Vortrags- und Beweislastverteilung	254
3. Anforderungen an die Beweismittel	261

A. Doppelidentität und Verwechslungsgefahr (Abs. 1)

I. Allgemeines

1   Bei weitem die meisten Widersprüche werden auf ältere Marken iSd Art. 8 Abs. 2 und die in Abs. 1 genannten Gründe der Doppelidentität und Verwechslungsgefahr gestützt. Dabei gibt es zur Doppelidentität verhältnismäßig wenige Entscheidungen, weil in solchen Fällen die Beteiligten Widersprüche in der Regel gütlich oder durch Rücknahme der Anmeldung beilegen. Dafür ist die Kasuistik des Amtes und des Gerichts zu allen Aspekten der Verwechslungsgefahr reichhaltig. In der vorliegenden Kommentierung kann dabei weitgehend auf die Kommentierung zu § 14 MarkenG verwiesen und soll lediglich auf die unionsmarkenrechtlichen Spezifika eingegangen werden.

II. Ältere Marke gemäß Abs. 2

2   Die Eintragungshindernisse der Doppelidentität und der Verwechslungsgefahr gemäß Abs. 1 kommen nur im Falle älterer Marken zum Tragen. Diese wiederum werden in Abs. 2 abschließend definiert. Danach kommen als Widerspruchsgründe ältere Unionsmarken (Abs. 2 Buchst. a lit. i), nationale Marken (einschließlich Benelux-Marken) (lit. ii) sowie mit Wirkung für einen Mitgliedstaat, für Benelux oder für die Union international eingetragene Marken (lit. iii, iv) in Betracht.

3   Widersprüche können auch auf **Anmeldungen** solcher Marken gestützt werden (Abs. 2 Buchst. b), vorbehaltlich ihrer Eintragung. Daraus folgt, dass eine bloße Markenanmeldung kein Eintragungshindernis darstellen kann; es heißt aber nicht, dass über den Widerspruch vor Eintragung der älteren Anmeldung nicht entschieden werden kann. Kommt das Amt zu der Überzeugung, dass der Widerspruch zurückzuweisen ist, kann es entsprechend entscheiden, obwohl die ältere Marke noch nicht eingetragen ist.

3.1   Im Falle älterer internationaler Eintragungen muss das Eintragungsverfahren abgeschlossen und Schutz gewährt sein. Es muss also entweder positiv der Schutz ausgesprochen worden oder die Frist für die Zurückweisung abgelaufen sein. Vorher liegt im Sinne des Abs. 2 Buchst. b eine bloße Anmeldung vor.

4   Gemäß Abs. 2 Buchst. c sind ältere Marken im Sinne des Abs. 1 auch in einem Mitgliedstaat gemäß Art. 6bis PVÜ **notorisch bekannte Marken.** Dies sind die einzigen im Rahmen des Abs. 1 zu berücksichtigenden nicht eingetragenen Marken.

4.1   Notorisch bekannte Marken existieren nicht auf Unionsebene, sondern nur auf der Ebene der Mitgliedstaaten. Der Vorschlag der MPI Studie, dies zu ändern und in der Union notorisch bekannte Marken als geschützte, den eingetragenen Unionsmarken gleichgestellte Markenrechte anzuerkennen (Knaak/Kur/v. Mühlendahl GRUR 2012, 197 (201); → MarkenR Einleitung Rn. 18, → MarkenR Einleitung Rn. 266 ff.), scheiterten im Gesetzgebungsverfahren.

5   **Älter** sind solche Marken dann, wenn ihr Anmelde- oder Prioritätstag vor dem Anmelde- oder Prioritätstag der angegriffenen Unionsmarkenanmeldung liegt.

5.1   Dabei sind nur Kalendertage ausschlaggebend; auf Stunden und Minuten kommt es anders als etwa im spanischen Recht nicht an (EuGH C-190/10, GRUR 2012, 613 – Génesis/Boys Toys SA).

5.2   Nachdem das Amt bei Teilpriorität nicht veröffentlicht, dass sich die Priorität nur auf einen Teil der Unionsmarkenanmeldung bezieht (und auf welchen), ist Widersprechenden zu raten, die Prioritätsdokumente zu konsultieren, um für die Waren oder Dienstleistungen, gegen den sich der Widerspruch richten soll, den ausschlaggebenden Zeitpunkt zu ermitteln und sicherzustellen, dass ihre Marke tatsächlich älter ist.

5.3   Ein auf eine jüngere Marke gestützter Widerspruch ist unzulässig.

5.4   Zu berücksichtigen ist Art. 165 Abs. 3 für ältere Marken in Beitrittsgebieten, soweit der Prioritäts- oder Anmeldetag der Unionsmarkenanmeldung vor dem Beitritt liegt. Diese können der Unionsmarkenanmeldung im Wege des Widerspruchs nur entgegengehalten werden, wenn der Prioritäts- oder Anmeldetag der Unionsmarkenanmeldung in die sechs Monate vor dem Beitritt fällt. Im Rahmen von Nichtigkeitsverfahren entfällt auch dieses Sechs-Monats-Fenster. Entsprechend können in den Beitrittsgebieten vor Beitritt bestehende Marken solchen Unionsmarken nicht entgegengehalten werden, deren Prioritäts- oder Anmeldetag auf die Zeit vor dem Beitrittstag (oder auf diesen selbst) fällt.

Unerheblich ist, ob der Anmelder der Unionsmarke selbst ältere Rechte hat, die der **6** Widerspruchsmarke entgegengehalten werden konnten. Unerheblich sind auch etwaige Zeitranganspruche, die im Rahmen der Unionsmarkenanmeldung gemäß Art. 34 erhoben wurden. Diese wirken sich nicht auf die Priorität der Anmeldung aus und entfalten ohnehin keine Rechtswirkungen bis zum Untergang der nationalen Eintragung(en) (→ Art. 34 Rn. 31 f.).

III. Doppelidentität (Abs. 1 Buchst. a)

Eine ältere Marke ist gemäß Abs. 1 Buchst. a ein Eintragungshindernis, wenn Doppelidentität **7** vorliegt, wenn also sowohl die Marken als auch die Waren oder Dienstleistungen identisch sind. Nachdem das Widerspruchs- wie auch das Nichtigkeitsverfahren auf die Anmelde- bzw. Registerlage abheben und die Benutzung des jüngeren Zeichens dabei keine Rolle spielt, ergeben sich für die Feststellung eines Eintragungshindernisses aufgrund von Doppelidentität kaum Probleme.

Zeichen unterschiedlicher Art (etwa Bild- und Wortzeichen) können untereinander nicht **8** identisch sein.

1. Identität der Marken

Das Amt legt den Rechtsbegriff der Markenidentität stets gleich aus, unabhängig davon, **9** ob es um Zeitrang- oder Prioritätsansprüche geht oder um den Zeichenvergleich im Konfliktfall. Es hält sich bei der Auslegung des Begriffs an die Vorgaben des EuGH. Dieser wiederum hat der Vorstellung, dass auch die identische Übernahme eines älteren Zeichens in ein jüngeres Gesamtzeichen mit weiteren Elementen zu einer Zeichenidentität führe, eine Absage erteilt und das Kriterium der Markenidentität restriktiv ausgelegt, was er zum einen mit dem Wortsinn und zum anderen damit begründet hat, dass die Grenze zur Verwechslungsgefahr nicht verwischt werden solle (EuGH C-291/00, GRUR 2003, 422 Rn. 50 – Arthur/Arthur et Félicie). Identität im Rechtssinn besteht folglich nur dann, wenn das jüngere Zeichen ohne Änderung oder Hinzufügung alle Elemente wiedergibt, welche die ältere Marke bilden (ebenso EuGH C-558/08, GRUR 2010, 841 Rn. 47 – Portakabin/Primakabin).

Diesen Maßstab relativiert der EuGH allerdings unter Hinweis darauf, dass die Wahrnehmung **10** der Identität aus der Sicht des Durchschnittsverbrauchers zu beurteilen ist, welchem sich nur selten die Möglichkeit bietet, zwei Marken unmittelbar miteinander zu vergleichen, sondern der sich auf das unvollkommene Bild verlassen muss, das er von ihnen im Gedächtnis behalten hat (→ Rn. 40). Ferner ist nach Auffassung des EuGH zu beachten, dass die Aufmerksamkeit des Durchschnittverbrauchers je nach Art der Waren oder Dienstleistungen unterschiedlich hoch sein kann (EuGH C-291/00, GRUR 2003, 422 Rn. 52 – Arthur/Arthur et Félicie). „Unbedeutende" Unterschiede zwischen den Marken können dem Durchschnittsverbraucher daher entgehen. Daher sei Identität auch dann gegeben, wenn die jüngere Marke als Ganzes betrachtet Unterschiede gegenüber der älteren Marke aufweist, die so geringfügig sind, dass sie einem Durchschnittsverbraucher entgehen können (EuGH C-291/00, GRUR 2003, 422 Rn. 53 f. – Arthur/Arthur et Félicie; C-558/08, GRUR 2010, 841 Rn. 47 – Portakabin/Primakabin).

Tatsächlich scheint der EuGH den Begriff der Markenidentität anhand dieser Grundsätze **11** überraschend weit auszulegen. So hat er eine Identität beispielsweise zwischen der Marke „Portakabin" und den Zeichen „Portacabin", „Portokabin" und „Portocabin" für möglich erklärt, die Entscheidung im Ergebnis aber sodann dem nationalen Gericht überlassen (EuGH C-558/08, GRUR 2010, 841 Rn. 46, 48 – Portakabin/Primakabin). Entsprechendes gilt für die Wort-/Bildmarke „BergSpechte Outdoor-Reisen und Alpinschule Edi Koblmüller" und das angegriffene Zeichen „Bergspechte" (EuGH C-278/08, GRUR 2010, 451 – BergSpechte/trekking.at).

Der Ansatz des EuGH ist bedenklich. Zum einen ist er nicht mit dem Wortsinn des Begriffs **11.1** „Identität" vereinbar. Zum anderen verschiebt der EuGH die Frage der Prägung des Gesamteindrucks von der Markenähnlichkeit in den Bereich der Markenidentität und dehnt damit den Anwendungsbereich des entsprechenden Verletzungstatbestands über Gebühr und entgegen seiner in Arthur/Arthur et Félicie (EuGH C-291/00, GRUR 2003, 422 Rn. 51) geäußerten Auffassung aus.

11.2 Im Rahmen des Verletzungstatbestandes macht dieses Vorgehen allerdings einen gewissen Sinn, soweit der angebliche Verletzer die leicht verfremdete Marke nicht – wie in EuGH C-291/00, GRUR 2003, 422 – Arthur et Félicie – zur Bezeichnung der eigenen Waren oder Dienstleistungen, sondern als Bezeichnung der Waren oder Dienstleistungen des Markeninhabers verwendet, wie dies in EuGH C-558/08, GRUR 2010, 841 – Portakabin/Primakabin und EuGH C-278/08, GRUR 2010, 451 – BergSpechte/trekking.at der Fall war. Denn anders als in den zuerst genannten Fällen macht es wenig Sinn, diese Konstellation dem Tatbestand der Verwechslungsgefahr zuzuweisen: Zwar kann nach der Rechtsprechung des EuGH in diesen Fällen eine Beeinträchtigung der Herkunftsfunktion vorliegen; diese folgt jedoch nicht, wie von § 14 Abs. 2 Nr. 2 gefordert, aus der Ähnlichkeit der für die jeweiligen Waren oder Dienstleistungen verwendeten Kennzeichen, sondern beruht auf Umständen, die für identische wie für leicht abgewandelte, aber die Marke nach wie vor eindeutig kenntlich machende Adwords gleichermaßen gelten. Entsprechendes gilt für die Verwendung leicht verfremdeter, den Markeninhaber jedoch eindeutig kenntlich machender Zeichen in der vergleichenden Werbung: Auch dort macht die (vom EuGH – in diesem Fall allerdings postulierte (C-533/06, GRUR 2008, 698 Rn. 53 f. – O2/Hutchinson) – Zuweisung an den Tatbestand der Verwechslungsgefahr wenig Sinn, da es nicht auf die Ähnlichkeit der verwendeten Zeichen, sondern nur darauf ankommt, ob der Werbevergleich insgesamt zulässig ist. Diese Besonderheiten des Verletzungstatbestandes fehlen allerdings im Eintragungsverfahren, so dass es keinen Grund gibt, dort von der engen Auslegung der Identität abzuweichen. Dass die Maßstäbe in beiden Verfahren nicht notwendig übereinstimmen müssen, zeigt sich unter anderem auch bei der Frage, inwieweit die Form der tatsächlichen Benutzung einer Marke im Verletzungs- bzw. Eintragungsverfahren berücksichtigt werden kann (→ Rn. 15, → Rn. 34).

12 Das Amt folgt der weiten Lesart des EuGH nicht (s. EUIPO Richtlinien Teil C 2.4.2); es verlangt **Identität der Zeichen auf allen Ebenen** (bildlich, klanglich, begrifflich). Unterschiede zwischen den Zeichen müssen schon sehr gering sein, damit davon ausgegangen werden kann, dass sie der Durchschnittsverbraucher übersieht. Nur selten gelten etwa zusätzliche Zeichenbestandteile als so unerheblich, dass sie beim Zeichenvergleich völlig außer Acht gelassen bleiben.

12.1 Insofern sind die Beispiele zu „unbedeutenden Zeichenbestandteilen" in den Richtlinien Teil C 2.4.1.5, nicht auf Identität zu beziehen, sondern nur auf ihre Unwesentlichkeit für den Zeichenvergleich im Rahmen der Verwechslungsgefahr.

13 Bei **Wortmarken** genügt bereits die Abweichung in einem Buchstaben oder die Hinzufügung eines Bindestrichs, um Identität zu verhindern. Selbst eine bloß abweichende Schriftart steht (bei leicht stilisierten Wortmarken, technisch also Bildmarken) zuweilen der Annahme von Identität entgegen. Groß- oder Kleinschreibung soll hingegen keinen Einfluss auf den bildlichen Gesamteindruck haben, was sogar für Binnenversalien gelten soll.

13.1 S. zur weiteren Veranschaulichung die zahlreichen Beispiele in den Richtlinien Teil C 2.4.2.3. Die frühe Beschwerdekammerentscheidung zur Identität bei Zeitranganspüchen, die einen hinzugefügten Bindestrich für unerheblich hielt, dürfte als überholt gelten.

14 Marken mit **Farbanspruch** sind grundsätzlich mit solchen ohne Farbanspruch (oft fälschlich schwarz-weiß genannt) nicht identisch (→ MarkenG § 14 Rn. 352).

14.1 Dies haben die europäischen Markenämter in der Gemeinsamen Erklärung zum Convergenzprogramm CP 4 fast vollständig übereinstimmend so festgehalten (abrufbar auf www.tmdn.org – Convergenz der Verfahren). In der Gemeinsamen Erklärung finden sich auch Beispiele für Marken, bei denen ein kleiner – kaum wahrzunehmender – Farbanteil keinen Einfluss auf den von der Marke vermittelten Gesamteindruck haben soll, was bedeutet, dass die farbige Marke zur Marke ohne Farbanspruch identisch bleibt. S. hierzu auch EUIPO Richtlinien, Teil C 2 4.2.6. In der Praxis ergeben sich solche Fälle freilich kaum.

15 Der Zeichenvergleich findet (außer natürlich bei den notorisch bekannten Marken) ausschließlich auf Basis der **eingetragenen älteren Marke** statt. Auf deren Benutzung kommt es nicht an. Wenn die ältere Marke dem Benutzungszwang unterliegt und ihr Inhaber eine ausreichende Benutzung nachgewiesen hat, bleibt für den Zeichenvergleich die Eintragung ausschlaggebend, und zwar auch dann, wenn die ältere Marke in einer abweichenden Form benutzt wurde. Dies könnte nach dem EuGH zwar in einem Verletzungsverfahren zum Tragen kommen (EuGH C-252/12, GRUR 2013, 922 Rn. 41 – Specsavers), für eine

Berücksichtigung im Widerspruchsverfahren fehlt jedoch die Handhabe (s. EuG T-623/11, BeckRS 2014, 81819 Rn. 38 – Milanówek cream fudge).

2. Identität der Waren und Dienstleistungen

Doppelidentität gemäß Abs. 2 Buchst. a erfordert neben der Identität der Marken auch **16** die der Waren und Dienstleistungen, oder jedenfalls eines Teils derselben.

Soweit die Begriffe in den Verzeichnissen übereinstimmen, entsteht hier keine Schwierig- **17** keit. Dies gilt auch dann, wenn zwar die gewählten Begriffe nicht vollständig übereinstimmen, sie aber einander nach der Nizza-Klassifikation entsprechen.

Die Übersetzungen der Oberbegriffe der Nizza-Klassifikation führt zu theoretischen Abweichungen; **17.1** Klasse 3 ist hierfür ein anschauliches Beispiel: Dem deutschen Begriff „Mittel zu Körper- und Schönheitspflege" stehen im Englischen „cosmetics" gegenüber, die, mit „Kosmetika" rückübersetzt, doch etwas recht anderes sind. Entsprechende Begriffe gelten jedoch von Rechts wegen als identisch.

Dass zwei Begriffe jeweils Oberbegriffe der Nizza-Klassifikation sind, schließt die **18** Annahme von Identität nicht aus.

So sind etwa „Verbandmaterial" und „Pflaster" beide in Klasse 5 als Oberbegriffe aufgeführt, letzterer **18.1** aber eindeutig von ersterem umfasst. Gleiches gilt in Klasse 1 für Klebstoffe für gewerbliche Zwecke, die von chemischen Erzeugnissen für gewerbliche Zwecke umfasst sind (s. EUIPO Richtlinien Teil C 2.2.1.2.3).

Identität der Waren oder Dienstleistungen liegt auch insoweit vor, als die einander gegen- **19** überstehenden Verzeichnisse Begriffe enthalten, die identische Waren oder Dienstleistungen umfassen, darüber aber jeweils hinausgehen. Dabei ist es unerheblich, ob der weitere Begriff im Verzeichnis der älteren Marke oder in der Unionsmarkenanmeldung enthalten ist. Auch eine nur teilweise Überlappung von zwei weiten Begriffen, die jeweils auch noch andere, unterschiedliche Waren oder Dienstleistungen umfassen, führt dazu, dass die beiden Begriffe für die Zwecke des Widerspruchs als (teil-)identisch angesehen werden. Soweit der Anmelder seine Anmeldung nicht so einschränkt, dass die identischen Waren oder Dienstleistungen ausgeschlossen sind, wird für den gesamten allgemeinen Begriff in seiner Anmeldung Identität angenommen. Es ist nicht Aufgabe des Amtes, dem Anmelder Hilfestellung zu leisten und Identität nur insoweit anzunehmen, als die Begriffe überlappen (→ Rn. 88; EuG T-133/05, GRUR Int 2007, 412 Rn. 29 – Pam-Pim's Baby-Prop).

So wäre etwa zwischen „Gürteln" und „Bekleidungsstücken" Identität anzunehmen, es sei denn, **19.1** der Anmelder würde entweder „Gürtel" explizit ausschließen, oder „Bekleidungsstücke" streichen und zB durch „Hemden, Hosen, Jacken" ersetzen. Das Amt könnte den Widerspruch nach Abs. 2 Buchst. a nicht nur für „Gürtel" stattgeben und etwa das Verzeichnis der Anmeldung entsprechend selbst einschränken. Anschaulich hierzu die Darstellung in den EUIPO Richtlinien Teil C 2.2.2.3.

Der Schutzumfang der älteren Marke kann bei Verwendung von **Oberbegriffen** davon **20** abhängen, ob es sich um eine Unions- oder eine nationale Markeneintragung handelt. Bei nationalen älteren Marken kann sich die nationale Praxis auf den Schutzumfang der älteren Rechts auswirken. Dabei geht das EUIPO davon aus, dass Warenverzeichnisse von Marken, die seit dem Urteil des EuGH in Sachen IP-TRANSLATOR vom 19.6.2012 (EuGH C-307/10, GRUR 2012, 822) angemeldet wurden, unabhängig von der nationalen Praxis ihrem allgemeinen Wortsinn nach auszulegen sind. Für vor diesem Zeitpunkt angemeldete Marken wird hingegen je nach nationaler Praxis unterschieden.

Bulgarien, Finnland, Griechenland, Ungarn, Italien, Litauen, Malta und Rumänien legen Oberbe- **20.1** griffe über den Wortsinn hinaus aus. Das EUIPO geht bei Marken aus diesen Ländern aus der Zeit vor IP TRANSLATOR daher davon aus, dass sie über den Wortsinn hinaus die alphabetische Liste der Nizza-Klassifikation in der zum Zeitpunkt der nationalen Anmeldung gültigen Ausgabe abdecken. Dies kann freilich immer noch hinter der nationalen Auslegung zurückbleiben, die ggf. keine Eingrenzung auf die alphabetische Liste vorsieht (s. EUIPO Richtlinien Teil C 2.2.2.5).

Das Problem wird sich mittelfristig erledigen, wenn nämlich die vor IP TRANSLATOR angemelde- **20.2** ten Marken zunehmend dem Benutzungszwang unterliegen. In aller Regel wird ja keine Marke für sämtliche Waren oder Dienstleistungen einer Klasse benutzt.

21 Wie mit Begriffen in älteren Marken umzugehen ist, die – nach jetziger Praxis der Markenämter in der Union – im Lichte von IP TRANSLATOR als zu unbestimmt gelten, ist noch nicht vollkommen geklärt.

21.1 In einem Fall, in dem die ältere spanische Marke in Klasse 35 für „eine Werbeaussage" eingetragen war, stimmte das EuG dem Amt darin zu, dass dies für die Feststellung einer Dienstleistung zu ungenau und daher für den Widerspruch nicht zu berücksichtigen ist (EuG T-571/11, BeckRS 2013, 80595 Rn. 24, 54 – Corte Inglés/HABM/CLUB GOURMET; Beschwerde zum EuGH erfolglos: EuGH C-301/13 P, BeckEuRS 2014, 429626).

21.2 In der weiteren Konsequenz müsste das Amt eigentlich alle „ungenauen" Begriffe für den Warenvergleich ignorieren – so weit scheint es aber doch nicht zu gehen. Die sonst sehr ausführlichen Richtlinien schweigen zu dieser Frage. Dies überrascht bei der hohen praktischen Relevanz, da ja sehr viele Marken, die vor Juni 2012 angemeldet wurden, solche Begriffe enthalten.

22 Im Unterschied zum Zeichenvergleich hängt der Vergleich der Waren oder Dienstleistungen von der Benutzung der älteren Marke ab, wenn diese dem Benutzungszwang unterliegt und ein Benutzungsnachweis erforderlich ist. Die ältere Marke wird dann nur insoweit berücksichtigt, als ihre Benutzung nachgewiesen wurde. In diesem Bereich wirkt sich die ALADIN-Rechtsprechung des Gerichts aus (EuG T-126/03, GRUR Int 2005, 914). Wenn danach davon auszugehen ist, dass die Marke bei Benutzung für ein bestimmtes Produkt für eine hinreichend bestimmt aber umfassendere Unterkategorie benutzt wurde, so ist es diese Unterkategorie, auf die der Warenvergleich mit der Unionsmarkenanmeldung zu stützen ist. Selbst wenn die Anmeldung nur ein ganz bestimmtes Produkt umfasst, das sich von dem konkreten Produkt der älteren Marke unterscheidet, aber der gleichen Unterkategorie zuzuordnen ist, liegt im Rechtssinne Warenidentität vor.

22.1 Kritik an der ALADIN-Entscheidung ist angebracht, geht das doch deutlich weiter als die Berücksichtigung geringfügiger Abweichungen bei der Gestaltung der Marken.

3. Keine weiteren Voraussetzungen

23 Bei Identität der Marken und der Waren oder Dienstleistungen liegt ohne weitere Voraussetzungen ein Eintragungshindernis vor. Die Verteidigungsmöglichkeiten des Unionsmarkeninhabers sind dementsprechend begrenzt. Insbesondere kann er sich nicht mit älteren Rechten verteidigen oder etwa mit einer Zustimmung des Widersprechenden zur Markenanmeldung (im Umkehrschluss zu Art. 53 Abs. 3, → Art. 53 Rn. 24). Bei Vorliegen solcher Umstände bleibt dem Anmelder nur ein Angriff auf die ältere Marke oder der Weg zum nationalen Gericht, um einen vertraglichen Anspruch auf Rücknahme des Widerspruchs durchzusetzen. Wenn die ältere Marke nach dem gemäß Art. 42 Abs. 2, 3 ausschlaggebenden Zeitpunkt in den Benutzungszwang läuft, ist der Anmelder gezwungen, vor der zuständigen Instanz einen Verfallsantrag oder eine Verfallsklage zu erheben, wenn er seine Anmeldung retten möchte. Unterdessen sollte das Widerspruchsverfahren ausgesetzt werden, soweit die betreffende ältere Marke entscheidungserheblich ist.

IV. Verwechslungsgefahr

24 Soweit entweder die Marken oder die Waren und Dienstleistungen oder beide nicht identisch, sondern nur ähnlich sind, muss Verwechslungsgefahr vorliegen, damit ein Eintragungshindernis nach Abs. 1 Buchst. b gegeben ist.

25 Verwechslungsgefahr ist gegeben, wenn die angesprochenen Kreise annehmen können, damit bezeichnete Waren oder Dienstleistungen stammten aus demselben oder jedenfalls aus wirtschaftlich miteinander verbundenen Unternehmen. Dies ist unter **Berücksichtigung aller Umstände des Einzelfalls** umfassend zu beurteilen; dabei genügt die abstrakte Gefahr von Verwechslungen; tatsächliche Verwechslungen sind allenfalls ein Indiz für das Vorliegen einer Verwechslungsgefahr im Rechtssinne (→ MarkenG § 9 Rn. 10).

26 Für die Beurteilung der Verwechslungsgefahr ist grundsätzlich der **Zeitpunkt** der Entscheidung über den Widerspruch bzw. der Zeitpunkt der letzten mündlichen Verhandlung entscheidend.

1. Markenähnlichkeit

Bei der Ähnlichkeit der Marken handelt es sich um eine unabdingbare Voraussetzung der Verwechslungsgefahr. Fehlt jegliche Ähnlichkeit zwischen den Marken, reicht weder die Bekanntheit der älteren Marke noch eine etwaige Identität der Waren oder Dienstleistungen allein aus, um Verwechslungsgefahr anzunehmen (EuGH C-552/09, GRUR Int 2011, 500 Rn. 65 f. – TiMi KINDERJOGHURT; C-254/09 P, GRUR 2010, 1098 Rn. 53 – Calvin Klein/HABM). **27**

a) Rechtsnatur, Revisibilität. Nach Auffassung des EuGH handelt es sich bei der Beurteilung der Markenähnlichkeit um eine Tatsachenwürdigung, die – vorbehaltlich einer Verfälschung von Tatsachen und Beweismitteln – allein dem EuG bzw. dem EUIPO vorbehalten ist (EuGH C-182/14 P, GRUR Int 2015, 463 Rn. 48 f. – MEGA Brands International/HABM; C-84/10, BeckEuRS 2010, 511566 Rn. 33 f. – Kids Vits/VITS4KIDS; C-22/10 P, BeckEuRS 2010, 545212 Rn. 32 f. – Clinair/Clina). Gleichermaßen lehnt es der EuGH ab, Feststellungen der Vorinstanz zu der Frage, welches von mehreren Markenelementen den von einer Marke ausgehenden Gesamteindruck prägt, zu kontrollieren. Dabei handelt es sich nach Auffassung des EuGH nicht um eine Rechtsfrage, sondern um eine Würdigung von Tatsachen, die grundsätzlich nicht der Überprüfung durch den EuGH unterliegt (vgl. zB EuGH C-42/12 P, BeckRS 2012, 82678 Rn. 43, 65 – ALPINE PRO SPORTSWEAR & EQUIPMENT; C-214/05 P, GRUR 2006, 1054 Rn. 26 – SISSI ROSSI/MISS ROSSI). **28**

Ebenso fallen Feststellungen zu Merkmalen des relevanten Publikums sowie zur Aufmerksamkeit, Wahrnehmung oder Einstellung dieses Publikums in den Bereich der Tatsachenwürdigung und entziehen sich mithin der Kontrolle des EuGH (EuGH C-581/13 P, BeckRS 2014, 82421 Rn. 62 – GOLDEN BALLS/BALLON D'OR; C-84/10, BeckEuRS 2010, 511566 Rn. 29 f. – Kids Vits/VITS4KIDS). Dies gilt insbesondere für die Frage, ob das Publikum in der Lage ist, dem Wortelement einer Marke ohne Weiteres eine klare und eindeutige Bedeutung beizumessen (EuGH C-171/06 P, BeckRS 2007, 70219 Rn. 50 f. – T.I.M.E. ART/HABM), oder ob es die Bedeutung fremdsprachiger Begriffe kennt (EuGH C-581/13 P, BeckRS 2014, 82421 Rn. 62 – GOLDEN BALLS/BALLON D'OR). **29**

Demgegenüber ist der EuGH bereit, sich mit der Frage auseinanderzusetzen, ob das EuG die Ähnlichkeit der Marken umfassend, also unter Berücksichtigung der relevanten Umstände des Einzelfalls, beurteilt hat (vgl. zB EuGH C-42/12 P, BeckRS 2012, 82678 Rn. 41, 42 – ALPINE PRO SPORTSWEAR & EQUIPMENT; C-51/09 P, GRUR 2010, 933 Rn. 40 f. – Barbara Becker). Ist dies nicht geschehen, weil das Gericht es zB versäumt hat, alle Aspekte zu prüfen, welche die Beschwerdekammer in ihre Beurteilung einbezogen hat (vgl. EuGH C-317/10 P, GRUR 2011, 915 Rn. 52 – UNI), stellt dies einen Rechtsfehler dar, der als solcher vor dem EuGH im Rahmen eines Rechtsmittels geltend gemacht werden kann (EuGH C-317/10 P, GRUR 2011, 915 Rn. 45 – UNI; C-51/09 P, GRUR 2010, 933 Rn. 40 – Barbara Becker). Weiterhin besteht die Möglichkeit, im Rahmen eines Rechtsmittels zum EuGH geltend zu machen, dass das EuG bei der Beurteilung der Zeichenähnlichkeit gegen die gesetzlichen Vorschriften bzw. allgemein gültige, vom EuGH aufgestellte Beurteilungsgrundsätze verstoßen hat (vgl. EuGH C-334/05 P, GRUR 2007, 700 Rn. 29 f. – HABM/Shaker). **30**

Soweit der Feststellung der Markenähnlichkeit Tatsachenfragen zugrunde liegen, erfolgt sie im Prozess anhand eigener Sachkunde. Ein Rückgriff auf demoskopische Gutachten ist zwar grundsätzlich nicht unzulässig (zur wettbewerbsrechtlichen Irreführung EuGH C-220/98, GRUR Int 2000, 354 Rn. 31 – Estée Lauder/Lancaster; C-210/96, BeckRS 2004, 74997 Rn. 35 ff. – Gut Springenheide), in der Praxis aber unüblich. **30.1**

Im Gegensatz dazu ist die Beurteilung der Markenähnlichkeit nach der Rechtsprechung des BGH im Wesentlichen eine Rechtsfrage, in deren Rahmen die Feststellungen der Tatsacheninstanzen zwar zu beachten sind, das Ergebnis jedoch nicht präjudizieren. **31**

Ungeklärt ist bisher, inwieweit der unterschiedlichen Rechtsauffassung des BGH gegenüber der Rechtsprechung des EuGH überwiegend verfahrensrechtliche oder materiellrechtliche Bedeutung zukommt. Im ersten Fall wäre sie ungeachtet der Rechtsharmonisierung zulässig; im zweiten Fall würde sie hingegen grundsätzlich der im Hinblick auf den materiellen Inhalt des harmonisierten Rechts bestehenden Auslegungshoheit des EuGH zuwiderlau- **32** fen. Soweit ersichtlich, besteht allerdings weder in Deutschland noch in anderen EU-Ländern ein Interesse daran, diese Frage zu thematisieren und sie womöglich zum Gegenstand eines Vorlagebeschlusses zu machen. Solange dies nicht erfolgt, bleibt es dabei, dass in Verfahren vor dem EUIPO und dem EuG einerseits und den nationalen Gerichten einschließlich der Unionsmarkengerichte andererseits unter Umständen unterschiedliche Maßstäbe gelten.

33 **b) Gegenstand des Markenvergleichs.** Im **Widerspruchsverfahren** ist bei der Beurteilung der Zeichenähnlichkeit laut EuGH lediglich auf die originären Merkmale der angegriffenen Marke abzustellen (EuG T-425/03, GRUR Int 2008, 494 Rn. 90 f. – AMS Advanced Medical Services; T-211/03, GRUR Int 2005, 600 Rn. 37 – Faber). Umstände, die das Verhalten des Anmelders einer Marke betreffen, sind hingegen irrelevant (EuGH C-254/09 P, GRUR 2010, 1098 Rn. 46 – Calvin Klein/HABM). Entsprechend ist auch bei der älteren Marke grundsätzlich nur auf deren eingetragene Form abzustellen. Ist eine Marke farbig im Register eingetragen, ist sie auf die betreffende Farbgebung beschränkt (zur Bedeutung des Farbanspruchs s. auch → MarkenG § 14 Rn. 351).

33.1 Bei nicht eingetragenen Marken, die aufgrund Verkehrsgeltung geschützt sind, kommt es auf die Form an, in der die Marke Verkehrsgeltung bzw. Notorietät erlangt hat.

34 Für **Verletzungsverfahren** gilt dies nicht zwingend in gleichem Maße. Der Rechtsprechung des EuGH zufolge kann sich der Inhaber einer älteren, schwarz-weiß eingetragenen Unionsmarke im Rahmen des Abs. 1 Buchst. b auf eine bestimmte Farbgestaltung seiner Marke berufen, wenn er die Marke vielfach in dieser Farbe oder Farbkombination benutzt hat und sie deshalb ein erheblicher Teil des Publikums gedanklich mit der Farbe oder Farbkombination in Verbindung bringt. Die Farbe oder die Farben, welche für die Darstellung des angegriffenen Zeichens verwendet werden, sind dann für die umfassende Beurteilung der Verwechslungsgefahr von Bedeutung (EuGH C-252/12, BeckRS 2013, 81512 Rn. 41 – Specsavers-Gruppe/Asda). Konkret heißt dies: Wird die Farbe oder Farbkombination, in der die ältere, schwarz-weiße Marke benutzt wird, in dem jüngeren Zeichen übernommen, vermag dies die Gefahr von Verwechslungen zu erhöhen. Das ist dem EuGH zufolge darauf zurückzuführen, dass die Farbe oder die Farbkombination, in der eine Marke tatsächlich benutzt wird, die Wirkung dieser Marke auf den Durchschnittsverbraucher beeinflusst (EuGH C-252/12, BeckRS 2013, 81512 Rn. 37 – Specsavers-Gruppe/Asda). Eine Verringerung der Verwechslungsgefahr ist laut EuGH demgegenüber möglich, wenn der (vermeintliche) Markenverletzer von einem erheblichen Teil des Publikums selbst gedanklich mit der Farbe oder Farbkombination in Verbindung gebracht wird, die er zur Darstellung seines Zeichens verwendet. Auch dabei handelt es sich, so der EuGH, um einen Gesichtspunkt, dem bei der Prüfung der Verwechslungsgefahr eine gewisse Bedeutung zukommt (EuGH C-252/12, BeckRS 2013, 81512 Rn. 46, 48 – Specsavers-Gruppe/Asda).

35 **c) Der relevante Verkehrskreis.** Während die Aufmerksamkeit des Verbrauchers und etwaige Erwartungshaltungen erst im Rahmen der Verwechslungsgefahr zum Tragen kommen, ist der relevante Verkehrskreis bereits für die Feststellung der Markenähnlichkeit von Bedeutung. Dies gilt insbesondere für die Sprachkenntnisse, aber auch für etwaige Spezialkenntnisse. Auf den bildlichen Vergleich wirkt sich dies nicht aus; aber bereits im klanglichen Vergleich muss auf die jeweils ausschlaggebende Aussprache abgestellt werden. Ein begrifflicher Vergleich ist erst möglich, wenn das Verständnis des relevanten Verbrauchers feststeht.

36 Wenn auf beiden Seiten Unionsmarken stehen, ist auf den relevanten Verkehrskreis in der Union abzustellen. Hier kann es sich um die durchschnittlichen Verbraucher- oder um Fachkreise handeln; aber eine geographische Einschränkung kommt nicht in Betracht.

37 Ist der Widerspruch auf eine nationale Marke gestützt, ist der relevante Verkehrskreis nur derjenige des entsprechenden Mitgliedstaates; dessen Sprachverständnis ist dann maßgeblich.

38 **d) Allgemeine Beurteilungskriterien hinsichtlich der Markenähnlichkeit.** Nach ständiger Rechtsprechung des EuGH (seit C-251/95, GRUR 1998, 387 – Puma/Sabel) muss die Ähnlichkeit der Marken umfassend beurteilt werden, nämlich in den Kategorien Bild, Klang und Bedeutung (→ MarkenG § 14 Rn. 320; EuGH C-498/07, GRUR Int 2010, 129 Rn. 60 – Carbonell/La Española). Dabei ist jeweils auf den **Gesamteindruck** abzustellen, den die Marken hervorrufen (EuGH C-182/14 P, GRUR Int 2015, 463

Rn. 31 – MEGA Brands International/HABM; C-252/12, BeckRS 2013, 81512 Rn. 35 – Specsavers-Gruppe/Asda; C-655/11 P, BeckRS 2013, 80365 Rn. 71 – SEVEN). Für diesen Gesamteindruck sind wiederum vor allem die unterscheidungskräftigen und dominierenden Elemente der zu vergleichenden Marken von Bedeutung (EuGH C-182/14 P, GRUR Int 2015, 463 Rn. 31 – MEGA Brands International/HABM; C-252/12, BeckRS 2013, 81512 Rn. 35 – Specsavers-Gruppe/Asda; C-655/11 P, BeckRS 2013, 80365 Rn. 71 – SEVEN). Die in älteren Entscheidungen zu findende Formulierung der „unterscheidenden und dominierenden Elemente" beruht auf einem Übersetzungsfehler des englischen Wortes „distinctive" und ist mittlerweile überholt (→ MarkenG § 14 Rn. 354).

Der Begriff der „sie unterscheidenden" Elemente, der in älteren EuGH-Entscheidungen anstelle **38.1** von „unterscheidungskräftigen" Elementen verwendet wurde (vgl. zB noch EuGH C-120/04, GRUR 2005, 1042 Rn. 30 – THOMSON LIFE), ist zu vermeiden. Er wurde seinerzeit dahingehend missverstanden, dass der EuGH den Unterschieden zweier Marken größeres Gewicht beimessen wolle als ihren Übereinstimmungen. Tatsächlich beruhte die Verwendung des Wortes „unterscheidend" aber auf einem Fehler bei der Übersetzung des englischen Wortes „distinctive", welches richtigerweise „unterscheidungskräftig" heißt. Dass Übereinstimmungen für die Annahme einer Verwechslungsgefahr eine größere Rolle spielen als Abweichungen, lehnt der EuGH ab.

Die Maßgeblichkeit des Gesamteindrucks bedeutet nicht, dass sämtliche Markenbestandteile stets **38.2** gleichgewichtig sind. Vielmehr existieren verschiedene Fallkonstellationen, in denen die Übereinstimmung oder Ähnlichkeit zweier Marken in nur einem ihrer Elemente zu Verwechslungsgefahr führen kann.

Nach langjähriger anderer Praxis ist das EUIPO im Jahr 2015 durch Änderung seiner **39** Richtlinien dahin zurückgekehrt, dass die kennzeichnungskräftigen Elemente der einander gegenüberstehenden Marken festzustellen und bereits beim Zeichenvergleich zu berücksichtigen sind (EUIPO Richtlinien Teil C 2.4.3.2).

Maßgeblich ist stets, wie die Marke auf den **Durchschnittsverbraucher** der von ihr **40** erfassten Waren bzw. Dienstleistungen wirkt (grundlegend EuGH C-342/97, GRUR Int 1999, 734 Rn. 25 f. – Lloyd). Insoweit gilt die Regel, dass der Durchschnittsverbraucher eine Marke als Ganzes wahrnimmt und nicht auf die verschiedenen Einzelheiten achtet (EuGH C-252/12, GRUR 2013, 922 Rn. 35 – Specsavers-Gruppe/Asda; C-655/11 P, BeckRS 2013, 80365 Rn. 71 – SEVEN; C-120/04, GRUR 2005, 1042 Rn. 28 – THOMSON LIFE; C-327/11 P, BeckRS 2012, 81832 Rn. 45 – U.S. POLO ASSN.). Daneben bietet sich dem Durchschnittsverbraucher nur selten die Möglichkeit, verschiedene Marken unmittelbar miteinander zu vergleichen, so dass er sich auf das unvollkommene Bild verlassen muss, das er von ihnen im Gedächtnis behalten hat (EuGH C-412/05 P, GRUR Int 2007, 718 Rn. 60 – TRAVATAN II). Die Deutlichkeit des Erinnerungsbildes hängt unter anderem vom Aufmerksamkeitsgrad ab, den der Verbraucher der Marke entgegenbringt.

Der Zeichenvergleich richtet sich nach einer Reihe von **Faustregeln,** die in der Recht- **41** sprechung gewachsen und teils unumstößlich sind; zugleich können sie einander widersprechen. Die diversen Regeln zeigen die EUIPO Richtlinien in Teil C 2.4.3.4 umfangreich und anschaulich.

Zum schriftbildlichen Vergleich s. EUIPO Richtlinien Ziff. 2.4.3.4.1, zum klanglichen Vergleich **41.1** 3.4.2, zum begrifflichen Vergleich Ziff. 3.4.3.

Für den **Vergleich von Wort-/Bildmarken miteinander bzw. von Wort-/Bildmar-** **42** **ken mit Wortmarken** gilt der Erfahrungssatz, dass sich der Verbraucher regelmäßig am Wortbestandteil orientiert, weil der die einfachste Möglichkeit der Benennung ist. Das Amt schränkt diesen Erfahrungssatz nicht auf den klanglichen Vergleich ein. Er gilt aber nicht automatisch, insbesondere nicht im bildlichen Vergleich (EuG T-54/12, BeckRS 2013, 80234 Rn. 40 – K2 SPORTS/SPORT).

Regelmäßig wird angenommen, dass der Verbraucher dem **Anfang eines Wortzeichens** **43** mehr Aufmerksamkeit widmet als dessen Ende (zB EuG T-133/05, GRUR Int 2007, 412 Rn. 51 – PAM-PIM'S BABY-PROP; s. auch EUIPO Richtlinien Teil C 2.4.3.4.6.2 mit zahlreichen weiteren Beispielen). Ein entsprechend die Gerichte bindender Grundsatz existiert nach Auffassung des EuGH freilich nicht (EuGH C-599/11 P, BeckRS 2012, 82692 Rn. 31 – TOFUKING; → MarkenG § 14 Rn. 371 f.). Es steht den Gerichten vielmehr frei, das Ende einer Marke für kennzeichnungskräftiger oder dominanter zu halten als deren Anfang. Ebenso kann den **Zeichenenden und -anfängen** die gleiche Kennzeichnungskraft beigemessen werden (EuGH BeckRS 2012, 82692 Rn. 31 – TOFUKING). Insbesondere bei relativ kurzen Zeichen hat das EuG zuweilen gerade nicht auf den Zeichenanfang abgestellt, sondern ausdrücklich festgestellt, dass die mittleren Elemente gleichermaßen bedeutsam seien (EuG T-95/07, BeckRS 2010, 13226 Rn. 43 – PREZAL/PRAZOL; T-501/12, BeckRS 2014, 81809 – PENTASA/OCTASA). An anderer Stelle hat der EuGH allerdings die Feststellung des EuG unbeanstandet gelassen, dass Markenanfänge den Gesamteindruck stärker beeinflussen als Markenenden und daher das Wort, mit dem eine Marke beginnt, die Aufmerksamkeit der Verbraucher stärker auf sich zieht als die anderen Markenelemente (EuGH BeckRS 2013, 80365 Rn. 74 ff., 102 ff. – SEVEN). Lediglich zu einem absoluten Grundsatz erhoben werden darf diese Regel laut EuGH nicht (vgl. EuGH C-16/06 P, GRUR Int 2009, 397 Rn. 92 – OBELIX/MOBILIX).

44 Bei **Kurzzeichen,** insbesondere einsilbigen Wörtern wirken sich Unterschiede grundsätzlich stärker (negativ) auf die Markenähnlichkeit aus als bei längeren Wörtern; auch die Linguistik bestätigt diese Annahme (Albrecht GRUR 2000, 648 (651); → MarkenG § 14 Rn. 374). Zum Begriff „Kurzwort" → MarkenG § 14 Rn. 374.1. Auch hier ist jedoch Vorsicht angezeigt. Bereits früh entschied das EuG, dass das ältere Bildzeichen ILS zu der jüngeren Wortmarke ELS ähnlich war (EuG T-388/00, GRUR Int 2003, 237 – ILS/ELS). Selbst bei **Zweibuchstabenmarken** wirkt sich eine bildlich unterschiedliche Darstellung nicht notwendig so aus, dass sie die Ähnlichkeit verhindert (so für die Wortmarke GE gegen eine stilisierte Darstellung von „GE", ohne Berücksichtigung der Bekanntheit von GE: EuG T-520/11, BeckRS 2014, 81508). Ein hinzugefügter Bindestrich reichte hingegen aus, um S-HE hinreichend von SHE für Bekleidung zu unterscheiden (EuG T-391/06, BeckRS 2009, 71049 – S-HE). Bei **Einbuchstabenmarken** freilich wird es regelmäßig auch auf den zu vergleichenden Marken vermittelten Gesamteindruck einschließlich einer graphischen Ausgestaltung ankommen (vgl. Richtlinien Teil C 2.4.3.4.1.6), obwohl sie klanglich identisch sind.

45 Bestehen zwei Marken aus denselben Wörtern bzw. Silben, jedoch in unterschiedlicher Reihenfolge, liegt also eine **Rotation von Markenteilen** vor, können die Verbraucher das eine Zeichen mangels klarer Erinnerung für das andere halten (EuG T-484/08, BeckRS 2009, 71391 Rn. 33 – Kids Vits/VITS4KIDS).

46 Beim **klanglichen Vergleich** von Marken kommt es zunächst auf die jeweils ausschlaggebende Aussprache an. Hierfür ist es besonders wichtig, zunächst den relevanten Verbraucher festzustellen und die diversen **Aussprachevarianten** nach verschiedenen Sprachen durchzuspielen, wobei allerdings ungewöhnliche Dialekte nicht zu berücksichtigen sind. Grundsätzlich ist davon auszugehen, dass die Wiedergabe eines Wortes den **allgemeinen Sprachregeln** folgt. Eine sprachregelwidrige Aussprache kommt in Betracht, wenn die Lautfolgen der zu vergleichenden Zeichen nur unwesentlich voneinander abweichen und die ältere Marke über einen gewissen Bekanntheitsgrad verfügt und anders gesprochen wird, als dies die allgemeinen Sprachregeln nahelegen. Die **bekannte Marke** ist dann „stilbildend" für die Gewohnheiten auf dem Markt. Das kann auch Zahlen, wie etwa 4711, betreffen, und die Regel, zusammengeschriebene Wörter zusammenhängend auszusprechen, kann zu vernachlässigen sein; zu alledem → MarkenG § 14 Rn. 377.

47 Für den klanglichen Vergleich von Wörtern sind **Länge, Silbenzahl** und **Intonation** des ausgesprochenen Wortes ausschlaggebend. Dabei werden „**lesbare" Symbole** oder Zeichen wie Zahlzeichen, „&" oder „@" entsprechend ihrer (im jeweils relevanten Gebiet) üblichen Aussprache einbezogen (zum Ganzen EUIPO Richtlinien, Teil C 2.4.3.4.2). Reine **Bildzeichen** können in der Regel nicht „gelesen" werden (anders aber EuG T-599/13, GRUR-Prax 2015, 274 mit Anm. Ringle – Cosmowell/HABM – Haw Par (GELENKGOLD); T-424/10, GRUR-Prax 2012, 108 mit Anm. Ebert-Weidenfeller (Elefanten); R 1107/2010-2 (Pferd- und Fahrradpolospieler; Klage zum EuG zurückgezogen)). Völlig unbedeutende Wortelemente – zum Beispiel infolge ihrer geringen Größe – werden nicht mitgelesen. Insofern findet dann kein klanglicher Vergleich statt. Sonderzeichen, die in manchen Sprachen zu einer Lautveränderung führen, in anderen aber nicht existieren und auch nicht bekannt sind, werden in diesen anderen Sprachen ignoriert (EuG T-88/10, BeckEuRS 2011, 607320 Rn. 40 – GLANZ/GLÄNSA).

Auch Feststellungen hinsichtlich der **begrifflichen Zeichenähnlichkeit** hängen zunächst **48** sehr stark von dem relevanten Verbraucher und dessen Verständnis ab. Dies gilt für das Gesamtzeichen sowie für einzelne Elemente daraus, soweit sie vernünftigerweise für sich genommen wahrgenommen werden, was wiederum von ihrer Verständlichkeit abhängt. Dabei ist – gerade im Zusammenhang mit unionsmarkenrechtlichen Sachverhalten – Vorsicht angebracht und darf man nicht vorschnell davon ausgehen, dass die eigene Vorstellung von „Verständlichkeit" für den relevanten Verbraucher sich notwendig mit derjenigen des Amtes deckt.

So wäre z. B. nach Auffassung des Amtes „RIGHT" und „WRITE" für den spanischen Verbraucher **48.1** unähnlich – sowohl klanglich als auch begrifflich (Beispiel aus EUIPO Richtlinien Teil C 2.4.3.4.2.3).

Die weithin mit „doughnut" gleichgesetzte Fehlschreibung „donut" ist eine in Spanien geschützte **48.2** Marke, die auch als solche und nicht als beschreibender Begriff aufgefasst wird (zuletzt war Panrico jedoch aufgrund des unterschiedlichen Gesamteindrucks nicht erfolgreich gegen „Krispy Kreme DOUGHNUT": EuG T-534/13, BeckEuRS 2015, 456949 – Panrico/HABM; Beschwerde anhängig unter C-655/15 P).

Für den zyprischen Verbraucher wurde angenommen, dass er sowohl des Türkischen als auch des **48.3** Griechischen mächtig sei und daher verstehe, dass HELLIM (Türkisch) und HALLOUMI (Griechisch) eine Käseart betreffen (EuG T-534/10, BeckRS 2012, 81205 Rn. 41).

Laut EuGH ist die begriffliche Ähnlichkeit unabhängig davon zu beurteilen, ob die zu **49** vergleichenden Begriffe über einen **beschreibenden Gehalt** verfügen. Auch eine fehlende Unterscheidungskraft der Zeichen bzw. der Zeichenelemente soll sich auf die begriffliche Ähnlichkeit nicht auswirken (EuGH C-42/12 P, BeckRS 2012, 82678 Rn. 66 – ALPINE PRO SPORTSWEAR & EQUIPMENT; EuG T-333/11, GRUR-Prax 2012, 529 mit Anm. Op den Camp – STAR SNACKS/STAR FOODS (Beschwerde zurückgewiesen – EuGH C-608/12 P, BeckRS 2014, 80899); EuG T-283/11, GRUR-Prax 2013, 83 mit Anm. Pohlmann – fon/nfon (Beschwerde zurückgewiesen – EuGH BeckRS 2014, 80268, C-193/13 P)).

Hat ein **Kombinationszeichen** eine Gesamtbedeutung, ist nicht – oder nicht nur – auf **50** die Bedeutung jedes einzelnen seiner Wortelemente abzustellen. Das Hinzufügen weiterer Elemente kann die Gesamtbegriffe auch jeweils unähnlich machen.

Die Richtlinien, Teil C 2.4.3.4.1, nennen hier das anschauliche Beispiel des Begriffspaars „MOUN- **50.1** TAIN" und „MOUNTAIN BIKER".

Eine begriffliche Identität, die sich erst im Zuge der **Übersetzung** erschließt, reicht **51** normalerweise nicht aus, Verwechslungsgefahr anzunehmen – auch nicht, wenn die ältere Marke bekannt ist (EuGH C-581/13 P und C-582/13 P, BeckRS 2014, 82421 – BALLON D'OR/GOLDEN BALLS mit Anm. Weiser, GRUR-Prax 2014, 545; C-603/14 P, BeckEuRS 2015, 467822 – El Corte Inglés/The English Cut; EuG T-128/15, BeckEuRS 2015, 465929 – Rotkäppchen/RED RIDING HOOD; aus der älteren Rechtsprechung: EuG T-33/03, GRUR Int 2005, 586 – Osotspa/HABM [Hai/SHARK]).

e) Verhältnis der einzelnen Ähnlichkeitskategorien zueinander. Um zu beurteilen, **52** wie weit die Ähnlichkeit zweier Marken reicht, muss der Grad der Ähnlichkeit im Bild, im Klang und in der Bedeutung bestimmt werden (vgl. zB EuGH C-234/06 P, GRUR 2008, 343 Rn. 32 – Il Ponte Finanziaria Spa/HABM). Mit anderen Worten: Die Ähnlichkeit der Zeichen ist stets in jeder der **drei Kategorien** Klang, Bild und Bedeutung zu prüfen. Sodann ist unter Berücksichtigung der Art der fraglichen Waren oder Dienstleistungen und der Bedingungen, unter denen sie vertrieben werden, zu bewerten, welche Bedeutung den einzelnen Ähnlichkeitskategorien beizumessen ist (EuGH C 334/05 P, GRUR 2007, 700 Rn. 36 – HABM/Shaker; C-361/04 P, GRUR 2006, 237 Rn. 37 – PICASSO). Kommen sich zwei Marken in klanglicher, bildlicher und begrifflicher Hinsicht zwar jeweils nahe, aber nicht so, dass dies jeweils für sich genommen eine Verwechslungsgefahr begründet, kann das Zusammenwirken der Gemeinsamkeiten in Ausnahmefällen zu einer markenrechtlich relevanten „komplexen Markenähnlichkeit" führen (→ MarkenG § 14 Rn. 367).

Nach deutscher Rechtsprechung genügt grundsätzlich die Markenähnlichkeit in einer der **53** maßgeblichen Kategorien. In dieser Ansicht sah sie sich zunächst durch den EuGH (C-342/ 97, GRUR Int 1999, 734 Rn. 28 – Lloyd) bestätigt.

54 Wie der EuGH mittlerweile aber mehrfach ausdrücklich festgestellt hat, besteht Verwechslungsgefahr seiner Meinung gerade nicht notwendig immer dann, wenn die Zeichen nur klanglich ähnlich sind. Dem EuGH zufolge ist es nicht ausgeschlossen, dass allein die **klangliche Ähnlichkeit** eine Verwechslungsgefahr hervorrufen kann (→ MarkenG § 14 Rn. 368 ff.). Dem steht insbesondere nicht entgegen, dass die Existenz von Verwechslungsgefahr im Rahmen einer umfassenden Beurteilung der Markenähnlichkeit in Bedeutung, Bild und Klang zu ermitteln ist (EuGH C-234/06 P, GRUR 2008, 343 Rn. 32 ff. – Il Ponte Finanziaria Spa/HABM; C-206/04 P, GRUR 2006, 413 Rn. 21 f. – ZIRH/SIR). Die klangliche Ähnlichkeit ist nur einer der relevanten Umstände im Rahmen der umfassenden Beurteilung.

54.1 Nach der Rechtsprechung des BGH kann ein klanglicher Zeichenvergleich bei Marken ausscheiden, die aus Einzelbuchstaben bestehen. Zumindest in der Modebranche gibt es laut BGH keine Gewohnheit, aus einem einzelnen Buchstaben gebildete Marken mit dem Lautwert des Einzelbuchstabens ohne weitere Zusätze zu benennen (BGH GRUR 2012, 930 Rn. 47 – Bogner B/Barbie B). Im Einklang mit der Rechtsprechung des EuG steht dies allerdings nicht (EuG T-22/10, BeckRS 2011, 81619 Rn. 94 – Esprit International LP/HABM).

55 Das EuG hält es nicht für angebracht, die klangliche Wahrnehmung einer reinen Bildmarke (wörtliche Benennung des Motivs) mit der klanglichen Wahrnehmung anderer Marken zu vergleichen (EuG T-424/10, BeckRS 2012, 80272 Rn. 45 – Dosenbach-Ochsner AG Schuhe und Sport/HABM). Andernfalls würde der Grundsatz unterlaufen, dass das Markenrecht keinen Motivschutz gewährt (EuGH C-251/95, GRUR 1998, 387 Rn. 24, 25 – Springende Raubkatze). Anders aber EuG T-599/13, GRUR-Prax 2015, 274 mit Anm. Ringle – Cosmowell/HABM – Haw Par (GELENKGOLD).

56 Weisen zwei Marken **begriffliche Unterschiede** auf, können diese bildliche bzw. klangliche Ähnlichkeiten zwischen den Marken **neutralisieren** mit dem Ergebnis, dass eine Markenähnlichkeit entfällt. Dies setzt voraus, dass zumindest eine der kollidierenden Marken aus Sicht der maßgeblichen Verkehrskreise eine eindeutige und bestimmte Bedeutung hat, welche die Verkehrskreise ohne weiteres erfassen können (EuGH C-16/06 P, GRUR Int 2009, 397 Rn. 98 – OBELIX/MOBILIX; C-171/06 P, BeckRS 2007, 70219 Rn. 49 – T.I.M.E. ART/HABM). Entsprechendes gilt, wenn zu den begrifflichen Unterschieden visuelle hinzukommen (EuGH C-234/06 P, GRUR 2008, 343 Rn. 34 – Il Ponte Finanziaria/HABM; C-206/04 P, GRUR 2006, 413 Rn. 35 – ZIRH/SIR; C-361/04 P, GRUR 2006, 237 Rn. 20 – PICASSO).

57 Selbst der EuGH (C-361/04 P, GRUR 2006, 237 Rn. 20 – PICASSO) hat aber eine „Neutralisierung" von Übereinstimmungen in einer Ähnlichkeitskategorie durch Unterschiede in einer anderen bisher nur in Fällen angenommen, in denen die **Unterschiede zumindest auch begrifflicher Natur** waren. Der Auffassung des EuG, nach der eine klangliche Ähnlichkeit auch durch nur visuelle Unterschiede neutralisiert werden könne, hat sich der EuGH bisher nicht ausdrücklich angeschlossen.

58 Sind allerdings die visuellen und klanglichen Ähnlichkeiten der zu vergleichenden Marken sehr ausgeprägt, kann ein begrifflicher Unterschied in Anbetracht der hochgradigen visuellen und klanglichen Ähnlichkeiten der Aufmerksamkeit der maßgeblichen Verkehrskreise entgehen (EuGH C-22/10 P, BeckEuRS 2010, 545212 Rn. 46 f. – Clinair/Clina). Eine Neutralisierung der visuellen und klanglichen Übereinstimmungen durch begriffliche Unterschiede findet dann nicht statt.

59 Nach der Rechtsprechung des EuG können die **Bildelemente** der zu vergleichenden Marken erhöhte Bedeutung gewinnen, wenn es sich bei den fraglichen Waren um gängige Konsumartikel handelt, die überwiegend in großflächigen Einzelhandelsgeschäften oder Geschäften verkauft werden, in denen die Produkte aufgereiht in Regalen stehen. In solchen Fällen werde der Verbraucher stärker durch den visuellen Eindruck der von ihm gesuchten Marke geleitet. Diese Feststellungen hat der EuGH in seinem Urteil Carbonell/La Española (EuGH C-498/07, GRUR Int 2010, 129 Rn. 75 f.) gebilligt, weil gängige Konsumartikel des täglichen Bedarfs im Wesentlichen auf Sicht gekauft würden, dabei aber verkannt, dass mit der visuellen Wahrnehmung einer Marke in aller Regel auch eine Vorstellung von deren Klang einhergeht. Spätestens wenn eine Marke im Hörfunk oder Fernsehen beworben bzw. im Gespräch zwischen Verbrauchern oder Verbrauchern und Verkäufern empfohlen oder kritisiert wird, erhält diese Marke eine klangliche Komponente. Kategorisch ausgeschlossen werden kann dies für keine Art von Waren oder Dienstleistungen.

Die bildliche oder auch visuelle Ähnlichkeit spielt vor allem bei Bild- bzw. Kombinations- 60 marken mit Bildelementen eine Rolle. Daneben kommt bildliche Ähnlichkeit auch bei Wortmarken in Betracht, ist jedoch auf etwaige Übereinstimmungen im Schriftbild beschränkt. Übereinstimmungen in ästhetischen Grundformen, Darstellungen der Ware selbst, einfachen geometrischen Formen oder Gestaltungselementen begründen aus Rechtsgründen regelmäßig keine Markenähnlichkeit. Erforderlich ist vielmehr, dass die Bildmarken bzw. -elemente einander in den Besonderheiten der konkreten Darstellung ähneln.

Ob auf die klangliche oder die bildliche Übereinstimmung besonders abzuheben ist, hängt 61 unter anderem von der Art der betreffenden Waren oder Dienstleistungen ab. So soll beispielsweise bei Bekleidung regelmäßig der visuelle Eindruck im Vordergrund stehen (vgl. EuG T-593/10, BeckRS 2012, 80491 Rn. 47 mwN); ob dies freilich neben dem Modeartikel selbst auch für die Marke richtig ist, sei dahingestellt. Der visuelle Eindruck ist auch wichtiger bei hochtechnologischen Begriffen (zB EuG T-394/10, BeckRS 2014, 80344 – VOLVO/SOLVO) und generell im IT-Bereich. Bei Getränken hingegen wurde eine besondere Bedeutung des klanglichen Eindrucks angenommen (so HABM BK R 251/2000-3, GRUR-RR 2002, 104, insofern von EuG T-99/01, GRUR Int 2003, 760 nicht in Frage gestellt – MIXERY/MYSTERY).

f) **Mehrteilige Marken.** In der Praxis stehen sich häufig Marken gegenüber, von denen 62 zumindest eine aus mehreren Wort-, Bild-, Farb- und/oder dreidimensionalen Elementen besteht. Ähneln diese Marken einander in allen Elementen, ergeben sich keine Besonderheiten. Weisen sie hingegen nur in einem von mehreren Bestandteilen Übereinstimmungen auf, kann Markenähnlichkeit insgesamt nur unter bestimmten, nachfolgend dargestellten Voraussetzungen angenommen werden (→ MarkenG § 14 Rn. 416 ff.). Abzugrenzen ist dabei die Kennzeichnung von Waren bzw. Dienstleistungen durch ein komplexes, mehrteiliges Zeichen und die durch mehrere, voneinander unabhängige Zeichen (sog. Mehrfachkennzeichnung, → MarkenG § 14 Rn. 346).

aa) **Prägung des Gesamteindrucks.** Für die Beurteilung der Ähnlichkeit mehrteiliger 63 Marken gilt der Grundsatz, dass der Verbraucher Marken regelmäßig als Ganzes wahrnimmt und nicht auf verschiedene Einzelheiten achtet (EuGH C-20/14, BeckRS 2015, 81459 Rn. 35 – BGW; C-120/04, GRUR 2005, 1042 Rn. 28 – THOMSON LIFE; → MarkenG § 14 Rn. 420 ff.). Daraus folgt, dass nicht nur ein Bestandteil einer mehrteiligen Marke berücksichtigt werden und mit einer anderen Marke verglichen werden darf. Vielmehr sind zwei Marken stets als Ganzes miteinander zu vergleichen. Dies schließt allerdings nicht aus, dass der Gesamteindruck, den eine Marke im Gedächtnis der angesprochenen Verkehrskreise hervorruft, durch einen oder mehrere ihrer Bestandteile geprägt werden kann (EuGH C-182/14 P, GRUR Int 2015, 463 Rn. 31 – MEGA Brands International/HABM; C-20/14, BeckRS 2015, 81459 Rn. 36 f. – BGW; C-120/04, GRUR 2005, 1042 Rn. 29 – THOMSON LIFE; zur Prägetheorie allgemein → MarkenG § 14 Rn. 420 ff.).

Ob ein Markenbestandteil den von der Marke ausgehenden Gesamteindruck prägt, ist grundsätzlich 63.1 allein anhand der Marke selbst zu bestimmen. Es kommt nicht darauf an, wie die jeweils andere Marke gestaltet ist.

Allein auf den prägenden bzw. dominierenden Bestandteil kommt es für die Beurteilung 64 der Markenähnlichkeit aber nur dann an, wenn alle anderen Markenbestandteile im Gesamteindruck der Marke zu vernachlässigen sind (EuGH C-182/14 P, GRUR Int 2015, 463 Rn. 38 – MEGA Brands International/HABM; C-20/14, BeckRS 2015, 81459 Rn. 37 – BGW; Rs. C 334/05 P, GRUR 2007, 700 Rn. 42 – HABM/Shaker).

Während der BGH bei der Beurteilung der Prägung des Gesamteindrucks vor allem 65 auf die Kennzeichnungskraft der einzelnen Markenbestandteile abstellt (→ MarkenG § 14 Rn. 428), genügt es nach der Rechtsprechung des EuGH für die Prägung des Gesamteindrucks, wenn sich der fragliche Markenbestandteil unabhängig von seiner Kennzeichnungskraft durch seine Position in der Marke oder seine Größe der Wahrnehmung des Verbrauchers aufdrängen und ins Gedächtnis einprägen kann (EuGH C-20/14, BeckRS 2015, 81459 Rn. 40 – BGW).

66 Aus den vorstehenden Grundsätzen folgt allerdings nicht, dass teilweise übereinstimmende Marken nur ähnlich sein können, wenn die übereinstimmenden Bestandteile den von den Marken hervorgerufenen Gesamteindruck prägen bzw. dominieren. Vielmehr kommt eine Ähnlichkeit nach der Rechtsprechung des EuGH ebenfalls in Betracht, wenn die betreffenden Elemente für den Gesamteindruck der Marken **hinreichend großes Gewicht** haben (EuGH C-327/11 P, BeckRS 2012, 81832 Rn. 58 ff. – U.S. POLO ASSN.) bzw. nicht zu vernachlässigen sind (EuGH C-254/09 P, GRUR 2010, 1098 Rn. 56 – Calvin Klein/HABM). Gebilligt hat der EuGH die Annahme einer gewissen, Verwechslungsgefahr begründenden Markenähnlichkeit so zum Beispiel in einem Fall, in dem die angegriffene Marke mit dem zweiten Wortbestandteil der älteren Marke nahezu identisch war, das EuG die beiden Wortbestandteile der älteren Marke aber als gleichermaßen unterscheidungskräftig und dominierend eingestuft hatte (EuGH C-204/10 P, BeckEuRS 2010, 561848 Rn. 24 f. – ENERCON/TRANSFORMERS ENERGON).

67 Immerhin kann aber nach der EuGH-Rechtsprechung der dominierende Charakter eines Markenbestandteils nicht festgestellt werden, ohne die Eigenschaften etwaiger weiterer Bestandteile der Marke und deren Bedeutung für den Gesamteindruck zu prüfen (EuGH Rs. 182/14 P, GRUR Int 2015, 463 Rn. 39 ff. – MEGA Brands International; zur Rechtsprechung des BGH → MarkenG § 14 Rn. 433).

68 **bb) Übereinstimmung in nicht unterscheidungskräftigen Bestandteilen.** Anders als nach herrschender deutscher Auffassung (→ MarkenG § 14 Rn. 383 ff., → MarkenG § 14 Rn. 432) ist Markenähnlichkeit nach der Rechtsprechung des EuGH auch dann möglich, wenn zwei Marken ausschließlich in einem glatt beschreibenden Element übereinstimmen. Beschreibende und damit als solche an sich schutzunfähige Markenelemente können nach Ansicht des EuGH den von einer Marke ausgehenden Gesamteindruck sogar dominieren (vgl. zB EuGH C-182/14 P, GRUR Int 2015, 463 Rn. 34 – MEGA Brands International/HABM, wo der EuGH darauf hinweist, dass es der Anerkennung eines Wortbestandteils als dominierendes Element im Rahmen der Beurteilung der Ähnlichkeit einander gegenüberstehender Zeichen nicht entgegenstehe, wenn er als rein beschreibend anzusehen ist). Das Argument, dass aus einer Übereinstimmung zweier Marken in einem schutzunfähigen Bestandteil keine Verwechslungsgefahr folgen kann, weist der EuGH bislang regelmäßig pauschal mit der folgenden Begründung zurück: Er meint, der Kennzeichnungskraft der älteren Marke könne beim Markenvergleich keine derartige Bedeutung zukommen, da es sich nicht um einen Faktor handele, der den Eindruck beeinflusse, welchen der Verbraucher von der Ähnlichkeit der Marken habe (EuGH C-42/12 P, BeckRS 2012, 82678 Rn. 57 – ALPINE PRO SPORTSWEAR & EQUIPMENT; C-235/05 P, BeckRS 2009, 71218 Rn. 41 f. – L'Oréal/HABM; EuG T-492/08, BeckRS 2010, 90568 Rn. 56–58 – star foods/STAR SNACKS).

68.1 Nach der Rechtsprechung des EuGH kann die prägende Wirkung eines nicht unterscheidungskräftigen Bestandteils nicht verneint werden, wenn eben dieser Bestandteil für sich genommen eingetragen ist, etwa in Form der älteren Marke selbst. Das gilt jedenfalls im unionsmarkenrechtlichen Widerspruchsverfahren. Dort kann die Gültigkeit der älteren Marke nicht in Frage gestellt werden (EuGH C-196/11 P, GRUR 2012, 825 Rn. 40 ff. – F1-Live; aA HABM BK v. 15.9.2014 – R 2519/2013-4 Rn. 21, 24 – NEOFON/Fon; → Art. 64 Rn. 20.1). Die Bindung an die Eintragung führt jedoch nicht notwendigerweise dazu, dass bei Übernahme der eingetragenen Marke in eine jüngere, mehrteilige Marke Markenähnlichkeit besteht (vgl. zB BGH GRUR 2009, 672 – OSTSEE-POST). Vielmehr kann die zulässige Annahme minimaler Kennzeichnungskraft einer Marke zur Folge haben, dass ihr Schutzumfang auf ein Minimum reduziert wird und sogar eine identische Verwendung der Marke in einem jüngeren Zeichen keine Markenähnlichkeit nach sich zieht (BGH GRUR 2008, 909 Rn. 21 – Pantogast; OLG Dresden NJW 2001, 615 (617) – Johann Sebastian Bach).

69 Auch im Rahmen der Beurteilung der Verwechslungsgefahr führt der Umstand, dass sich die Ähnlichkeit der Marken auf einen schutzunfähigen Bestandteil beschränkt, dem EuGH zufolge nicht zum Ausschluss von Verwechslungsgefahr. Der EuGH führt insoweit aus, dass die Kennzeichnungskraft der älteren Marke zwar bei der Beurteilung der Verwechslungsgefahr zu berücksichtigen sei, aber nur einen der bei dieser Beurteilung zu berücksichtigenden Faktoren darstelle (EuGH C-42/12 P, BeckRS 2012, 82678 Rn. 61 – ALPINE PRO SPORTSWEAR & EQUIPMENT). Würde man eine Verwechslungsgefahr in entsprechenden Fällen ablehnen, liefe dies laut EuGH darauf hinaus, den Faktor der Zeichenähnlichkeit zugunsten des Faktors, der auf der Unterscheidungskraft der älteren Marke beruht, zu neutralisieren, womit Letzterem eine übermäßige Bedeutung eingeräumt würde (EuG T-492/08, BeckRS 2010, 90568 Rn. 56–58 – star foods/STAR SNACKS). Dies hätte nach Auffassung des EuGH zum Ergebnis, dass eine Verwechslungsgefahr bei älteren Marken mit schwacher Unterscheidungskraft nur dann gegeben wäre, wenn diese durch die Markenanmeldung vollständig reproduziert würden, und zwar unabhängig vom Grad der zwischen den Zeichen bestehenden Ähnlichkeit (EuGH C-42/12 P, BeckRS 2012, 82678 Rn. 62 – ALPINE PRO SPORTSWEAR & EQUIPMENT; C-171/06 P, BeckRS 2007, 70219 Rn. 41 – T.I.M.E. ART/HABM; C-235/05 P, BeckRS 2009, 71218 Rn. 45 – L'Oréal/HABM). Ein solches Ergebnis wäre jedoch nicht mit dem Wesen der umfassenden Beurteilung vereinbar, welche die zuständigen Behörden nach Abs. 1 Buchst. b vorzunehmen haben (EuGH C-42/12 P, BeckRS 2012, 82678 Rn. 62 – ALPINE PRO SPORTSWEAR & EQUIPMENT; C-171/06 P, BeckRS 2007, 70219 Rn. 41 – T.I.M.E. ART/HABM).

69.1 Im Einklang damit hat der EuGH auch die folgenden Feststellungen des EuG gebilligt, mit welchen das EuG die Entscheidung der Beschwerdekammer des EUIPO über den Widerspruch aus der Marke „fon" gegen die Unionsmarkenanmeldung „nfon" abgeändert, die Beschwerde zurückgewiesen und damit im Ergebnis dem Widerspruch stattgegeben hat: Das EuG meinte, die Beschwerdekammer habe sich zur Begründung ihrer Entscheidung nicht auf die geringe Unterscheidungskraft der älteren Marke stützen dürfen, um eine Verwechslungsgefahr auszuschließen, und habe zu Unrecht die Auffassung vertreten, dass die Übereinstimmung, die sich aus dem Vorhandensein des gemeinsamen Bestandteils „fon" in den fraglichen Zeichen ergebe, keinen Gesichtspunkt darstelle, der es verdiente, Berücksichtigung zu finden (EuGH C-193/13, BeckRS 2014, 80268 Rn. 15, 26 ff. – nfon/fon).

70 Wird eine ältere Marke in ein jüngeres Zeichen übernommen, kann, so der EuGH, Zeichenähnlichkeit ebenfalls nicht mit der Begründung verneint werden, dass die ältere Marke in dem jüngeres Zeichen nicht als kennzeichnungskräftiger, sondern nur als beschreibender Bestandteil wahrgenommen wird (EuGH C-196/11 P, GRUR 2012, 825 Rn. 49 ff. – F1-Live). Bei der Prüfung, wie die maßgeblichen Verkehrskreise ein mit der älteren nationalen Marke identisches Zeichen in der jüngeren Unionsmarke auffassen, sei zwar ggf. der Grad der Unterscheidungskraft des älteren nationalen Zeichens zu bestimmen. Dies dürfe jedoch nicht zu der Feststellung führen, dass dem jüngeren Zeichen die Unterscheidungskraft fehlt. Zur Begründung beruft sich der EuGH darauf, dass die **Gültigkeit nationaler Marken** in einem Verfahren vor dem EUIPO nicht in Frage gestellt werden kann und daher einer nationalen Marke, die einer Unionsmarke entgegengehalten wird, ein gewisser Grad an Unterscheidungskraft zuerkannt werden muss (EuGH C-196/11 P, GRUR 2012, 825 Rn. 42 ff. – F1-Live). Ob diese Rechtsprechung auch anwendbar ist, wenn zwei Unionsmarken einander gegenüberstehen, wurde bislang nicht entschieden. Aufgrund der Bindung der Widerspruchsabteilung an die Eintragung auch von Unionsmarken ist davon jedoch auszugehen.

71 Jedenfalls folgerichtig hat der EuGH eine Anwendung der Grundsätze, welche er in den Entscheidungen Strigl (MMF) und Securvita (NAI) (EuGH C-90/11 und C-91/11, GRUR 2012, 616) zur Unterscheidungskraft von Buchstabenkürzeln aufgestellt hat (→ MarkenG § 14 Rn. 166, → MarkenG § 14 Rn. 232), bei der Beurteilung der Verwechslungsgefahr abgelehnt (EuGH C-20/14, BeckRS 2015, 81459 Rn. 32 ff. – BGW). Ein Buchstabenkürzel kann folglich ein aus diesem Kürzel und seiner Erläuterung bestehendes Zeichen prägen, obwohl dem Zeichen nach Auffassung des EuGH die Unterscheidungskraft fehlt und das Buchstabenkürzel in dem Zeichen lediglich akzessorische Bedeutung hat (EuGH C-20/14, BeckRS 2015, 81459 Rn. 44 – BGW).

71.1 Die Rechtsprechung des EuGH überzeugt nicht. Sie verkennt, dass gemäß Art. 7 Abs. 1 Buchst. b und c beschreibende bzw. sonst nicht unterscheidungskräftige Zeichen nicht zugunsten eines Unternehmens monopolisiert werden dürfen. Folgte man jedoch der vom EuGH vertretenen Auffassung, hätte dies in letzter Konsequenz zur Folge, dass eine Marke mit beschreibendem Wortelement, welche lediglich aufgrund weiterer Wort- oder Bildelemente eingetragen wurde, einem Zeichen entgegengehalten werden könnte, das aus dem gleichen beschreibenden Wortelement besteht oder dieses enthält. Dies liefe jedoch auf einen – vom Gesetzgeber ausdrücklich nicht gewünschten – Schutz der beschreibenden Angabe zugunsten eines einzigen Unternehmens hinaus. Zustimmung verdient daher vielmehr die vom

EuGH abweichende Rechtsprechung des BGH, auch wenn diese im Ergebnis EU-rechtswidrig sein dürfte (aA BGH GRUR 2013, 631 Rn. 59 – AMARULA/Marulablu; vgl. auch BGH BeckRS 2015, 08338 Rn. 13 – TNT POST, wo der BGH den o.a. Gründen der EuGH-Entscheidung F1-Live, C-196/11 P, GRUR 2012, 825, keine Bedeutung einräumt, die über die konkret zu entscheidende Fallkonstellation und das Problem der Koexistenz der markenrechtlichen Schutzsysteme hinausreicht, EuGH C-193/13, BeckRS 2014, 80268 – nfon/fon).

71.2 Zur dezidiert gegenteiligen Auffassung der Vierten Beschwerdekammer auch → Art. 64 Rn. 20.1.

72 Anders als der EuGH in den vorstehenden Angelegenheiten hat allerdings das EuG im Fall „TPG POST" entschieden (EuG T-102/14, BeckRS 2015, 80643 Rn. 45 ff.). Dem Verfahren lag ein Widerspruch aus der in Deutschland verkehrsdurchgesetzten Marke „POST" gegen die Unionsmarkenanmeldung „TPG POST" zugrunde. Das EuG lehnte eine Zeichenähnlichkeit mit der Begründung ab, dass das Wort „POST" in der zusammengesetzten Unionsmarkenanmeldung anders wahrgenommen werde als in Alleinstellung. Dies gelte – insoweit unterscheidet sich der Fall maßgeblich von der Sache F1-Live – insbesondere dann, wenn der älteren Marke in der zusammengesetzten Marke ein kennzeichnungskräftigerer Hinweis auf ein bestimmtes anderes Unternehmen vorausgehe und entsprechend gestaltete Marken verschiedener Unternehmen branchenüblich seien. Das Element „POST" präge das Zeichen „TPG POST" daher nicht. Eine selbständig kennzeichnende Stellung des Wortes „POST" scheitere an dessen allenfalls geringer Unterscheidungskraft und der von den Begriffen „TPG" und „POST" gebildeten „logischen Einheit".

73 Weil die Ämter die hier aufgeworfenen Fragen sehr unterschiedlich behandeln, sollte das Convergenzprogramm CP5 eine Vereinheitlichung herbeiführen. Danach gilt grundsätzlich, dass rein beschreibenden oder sonst nicht unterscheidungskräftigen Markenbestandteilen in der Regel keine prägende Bedeutung zukommt. Dies hat zur Folge, dass die Übereinstimmung zweier Marken in einem schutzunfähigen Element keine Markenähnlichkeit begründet, und verhindert, dass beschreibende oder sonst nicht schutzfähige Begriffe entgegen Sinn und Zweck des Art. 7 doch zugunsten eines Unternehmers monopolisiert werden.

74 Leider folgen EuG und EuGH dem bisher überwiegend noch nicht.

75 Auch nach dem CP5 ist Verwechslungsgefahr bei Marken aus schwachen Bestandteilen anzunehmen, wenn die Bestandteile jeweils in besonderer Weise verbunden sind. Ein schutzunfähiger Bestandteil kann auch prägende Wirkung haben, wenn er aufgrund besonderer graphischer **Gestaltung** dominierend ist, weil weitere schutzfähige Bestandteile in der zusammengesetzten Marke fehlen.

76 Ein Aspekt bei der Beurteilung der Frage, ob ein Markenbestandteil den von einer Marke ausgehenden Gesamteindruck prägt, kann die Art seiner grafischen Darstellung sein. Steht er aufgrund seiner Größe, Platzierung, Schriftgestaltung oder Farbe derart im Blickfang der Marke, dass alle anderen Elemente nebensächlich erscheinen, wird man jedenfalls in bildlicher Hinsicht von einer prägenden Stellung ausgehen können

77 Der Farbe eines mehrteiligen Zeichens misst das Publikum regelmäßig keine prägende Bedeutung bei (→ MarkenG § 14 Rn. 438 ff.).

78 Eine Prägung des von einer Marke ausgehenden Gesamteindrucks durch einen (Wort-)Bestandteil scheidet aus, wenn dieser mit einem anderen Wortelement zu einem **Gesamtbegriff** verschmilzt. Von einem Gesamtbegriff ist auszugehen, wenn die fragliche Wortkombination einen eigenständigen Bedeutungsgehalt hat. Ein weiteres Indiz für die Annahme einer Gesamtbegrifflichkeit ist die Zusammenschreibung zweier Wörter (→ MarkenG § 14 Rn. 441 f.).

79 **Unternehmenskennzeichen** treten im Allgemeinen in der Bedeutung für den Gesamteindruck zurück; gleiches gilt für **Angaben zur Rechtsform** (→ MarkenG § 14 Rn. 443).

80 Bei **Domainnamen** ist die Top-Level-Domain für den Gesamteindruck zu vernachlässigen (→ MarkenG § 14 Rn. 447).

81 **cc) Selbständig kennzeichnende Stellung.** Eine Ausnahme von dem Grundsatz, dass der Durchschnittsverbraucher eine Marke als Ganzes wahrnimmt und Verwechslungsgefahr eine Ähnlichkeit im Gesamteindruck voraussetzt (→ Rn. 63; → MarkenG § 14 Rn. 451), kommt unter den folgenden Umständen in Betracht: Eine ältere Marke wird von einem Dritten in einem zusammengesetzten Zeichen benutzt. Dieses zusammengesetzte Zeichen enthält neben der älteren Marke die Unternehmensbezeichnung des Dritten. Die ältere

Marke behält in dem zusammengesetzten Zeichen eine selbständig kennzeichnende Stellung, ohne jedoch dessen dominierenden Bestandteil zu bilden (EuGH C-120/04, GRUR 2005, 1042 Rn. 30 – THOMSON LIFE). In einem solchen Fall kann trotz Unähnlichkeit der Marken als Ganzes eine Verwechslungsgefahr dahingehend bestehen, dass das Publikum glaubt, die betroffenen Waren bzw. Dienstleistungen stammten aus dem gleichen oder aus wirtschaftlich miteinander verbundenen Unternehmen. Würde die Feststellung von Verwechslungsgefahr in solchen Fällen von der Voraussetzung abhängig gemacht, dass der von dem zusammengesetzten Zeichen hervorgerufene Gesamteindruck von dem Teil des Zeichens dominiert wird, das der älteren Marke entspricht, würde der Inhaber der älteren Marke seiner ausschließlichen Rechte beraubt (EuGH C-120/04, GRUR 2005, 1042 Rn. 31 ff. – THOMSON LIFE). Zur selbständig kennzeichnenden Stellung allgemein → MarkenG § 14 Rn. 451 ff., und im Einzelnen:
- zu besonderen Umständen → MarkenG § 14 Rn. 454 f.,
- zum Grad der Übereinstimmung → MarkenG § 14 Rn. 456,
- zur Prioritätslage → MarkenG § 14 Rn. 457,
- zur Kennzeichnungskraft der älteren Marke → MarkenG § 14 Rn. 458 ff.,
- zu Eigenschaften übereinstimmender Markenbestandteile → MarkenG § 14 Rn. 461 ff.,
- zu Eigenschaften abweichender Markenbestandteile → MarkenG § 14 Rn. 466 ff.,
- zum Verhältnis der Bestandteile des jüngeren Zeichens zueinander → MarkenG § 14 Rn. 471 ff.,
- zu sonstigen Faktoren → MarkenG § 14 Rn. 476.

Als weiteres Beispiel für den Anwendungsbereich des vorstehenden Grundsatzes nennt der **82** EuGH den Fall, dass der Inhaber einer bekannten Marke ein zusammengesetztes Zeichen benutzt, das neben seiner bekannten Marke die nicht bekannte Marke eines Dritten enthält, welche älter als das zusammengesetzte Zeichen ist. Darüber hinaus soll die genannte Rechtsprechung einschlägig sein, wenn das zusammengesetzte Zeichen aus einer unbekannten älteren Marke und einem bekannten Handelsnamen besteht (EuGH C-120/04, GRUR 2005, 1042 Rn. 34 – THOMSON LIFE).

Außerhalb dieser Fallgruppen ist die Feststellung, ob ein Markenbestandteil eine selbstän- **83** dig kennzeichnende Stellung besitzt, auf der Grundlage einer Prüfung aller relevanten Faktoren des Einzelfalls zu treffen (EuGH C-51/09 P, GRUR 2010, 933 Rn. 38 – Barbara Becker). So kann zum Beispiel nicht davon ausgegangen werden, dass in einer aus Vor- und Nachnamen bestehenden Marke der Nachname eine selbständig kennzeichnende Stellung besitzt, nur weil er als Nachname wahrgenommen wird (zu den ggf. zu berücksichtigen Kriterien → Rn. 84). Allein die schwache Kennzeichnungskraft eines Markenbestandteils schließt indes nicht aus, dass dieser in der zusammengesetzten, jüngeren Marke eine selbständig kennzeichnende Stellung einnimmt. Auch die Position bzw. die Größe eines Bestandteils können dessen selbständig kennzeichnende Stellung begründen (EuGH C-20/14, BeckRS 2015, 81459 Rn. 40 – BGW). Bildet ein Markenbestandteil hingegen mit den anderen Bestandteilen der Kombinationsmarke in der Gesamtbetrachtung eine Einheit, die einen anderen Sinn als die einzelnen Bestandteile hat, scheidet eine selbständig kennzeichnende Stellung aus (EuGH C-20/14, BeckRS 2015, 81459 Rn. 39 – BGW).

In der Praxis des EUIPO von ca. 2002 bis 2015 war die Prüfung der Kennzeichnungskraft der **83.1** übereinstimmenden Markenelemente ausschließlich bei der Verwechslungsgefahr angesiedelt. 2015 wurden die Richtlinien geändert; nun wird wieder im Rahmen der Markenähnlichkeit geprüft, welche die dominierenden und unterscheidungskräftigen Bestandteile sind, statt einer bloßen sogenannten objektiven Betrachtungsweise. Diese mündete auch häufig in Tautologien (nämlich der Feststellung, dass die Marken ähnlich seien, soweit sie Ähnlichkeiten aufweisen) und in der irreführenden Feststellung am Ende der Prüfung der Markenähnlichkeit, dass die Marken ähnlich seien, nur um dann – bei der umfassenden Beurteilung – die Verwechslungsgefahr allein wegen nicht ausreichender Markenähnlichkeit zu verneinen. Dies hat letztlich das Fehlverständnis des EuG zur Wertung der (niedrigen oder gar fehlenden) Kennzeichnungskraft der übereinstimmenden Markenbestandteile verursacht oder wenigstens dazu beigetragen.

g) Namensmarken. Bei der Beurteilung der Zeichenähnlichkeit bzw. Verwechslungsge- **84** fahr von Marken, die aus dem Vor- und/oder Nachnamen einer – realen oder fiktiven – Person bestehen, gelten grundsätzlich keine besonderen Regeln. Wie auch sonst sind stets die Gegebenheiten des Einzelfalls zu berücksichtigen. Setzt sich eine Marke aus Vor- und Nachnamen zusammen, kommt sowohl eine Prägung des von der Marke erzeugten Gesamteindrucks durch einen der Namensbestandteile in Betracht als auch die Einnahme einer selbständig kennzeichnenden Stellung durch Vor- bzw. Nachnamen. Zu den im Einzelfall relevanten Gegebenheiten zählt laut EuGH insbesondere die Frage, ob der Nachname entweder gängig oder sehr verbreitet ist. Dies kann Auswirkungen auf die Unterscheidungskraft des Nachnamens haben kann (EuGH C-51/09 P, GRUR 2010, 933 Rn. 38 – Barbara Becker). Weiterhin ist eine etwaige Prominenz des Namensträgers zu berücksichtigen, welche geeignet ist, die Wahrnehmung der Marke durch die maßgeblichen Verkehrskreise zu beeinflussen (EuGH C-51/09 P, GRUR 2010, 933 Rn. 38 – Barbara Becker; Onken MarkenR 2011, 141).

84.1 Zu der Frage, wie sich die Prominenz des Namenträgers auf die Wahrnehmung der Marke durch den Verkehr seines Erachtens auswirken kann, hat sich der EuGH in der Entscheidung Barbara Becker (C-51/09 P, GRUR 2010, 933) nicht explizit geäußert. Vermag der Verkehr eine prominente Person nur anhand der Kombination ihres Vor- **und** Nachnamen zu identifizieren, spricht einiges gegen eine selbständig kennzeichnende Stellung der einzelnen Namensbestandteile. Entsprechend erscheint je nach den konkreten Umständen des Einzelfalls sowohl eine Steigerung als auch eine Verringerung der Verwechslungsgefahr möglich. Ausschlaggebend dürfte sein, ob der Verkehr den bloßen Vor- oder Nachnamen einer prominenten Person im Zusammenhang mit den jeweils betroffenen Waren bzw. Dienstleistungen als Hinweis auf die prominente Person versteht oder ob er davon ausgeht, dass sich hinter dem Vor- oder Nachnamen in Alleinstellung eine beliebige andere Person verbirgt.

85 Keinesfalls kann man nach der Rechtsprechung des EuGH pauschal davon ausgehen, dass der Nachnamensbestandteil einer aus Vor- und Nachnamen bestehenden Marke allein deshalb eine selbständig kennzeichnende Stellung besitzt, weil er als Nachname wahrgenommen wird (EuGH C-51/09 P, GRUR 2010, 933 Rn. 38 – Barbara Becker). Bei gängigen Nachnamen oder in Fällen, in denen sich die Hinzufügung des Vornamens auf die Wahrnehmung der zusammengesetzten Marke durch die Verkehrskreise auswirkt, wird der Nachname gerade keine selbständig kennzeichnende Stellung innehaben (vgl. EuGH C-51/09 P, GRUR 2010, 933 Rn. 39 – Barbara Becker).

86 **h) Abstrakte Farbmarken.** Ebenso wie bei sonstigen Zeichen kommt es beim Vergleich von bzw. mit abstrakten Farbmarken auf den Gesamteindruck an, den die einander gegenüber stehenden Marken hervorrufen (→ MarkenG § 14 Rn. 407). Aufgrund ihrer im Allgemeinen geringen Kennzeichnungskraft verfügen Farbmarken allerdings regelmäßig über einen geringen Schutzumfang.

87 Zwar sollten die Anforderungen an die Ähnlichkeit von Farbmarken untereinander bzw. Farbmarken mit Farbbestandteilen mehrteiliger Marken nicht allzu hoch sein, da die Verbraucher geringe Unterschiede in Farbtönen kaum feststellen können (EuGH C-104/01, GRUR 2003, 604 Rn. 47 – Libertel). Dennoch waren die Inhaber abstrakter Farbkombinationsmarken vor dem EUIPO bisher glücklos (vgl. HABM BK R 755/2009-4 – Gelb/Grün; R 628/2008-4 – Blau/Silber gegen Bildmarke in Blau und Silber); Widerspruchs- oder Nichtigkeitsverfahren aus abstrakten Einfarbenmarken sind nicht bekannt. EuG und EuGH mussten sich bisher nicht mit der Durchsetzung abstrakter Farbmarken auseinandersetzen.

2. Ähnlichkeit der Waren und Dienstleistungen

88 Betrifft die Kollision nur einen Teil der Waren/Dienstleistungen der jüngeren Marke, wird diese nur insoweit gelöscht. Oberbegriffe kann weder das EUIPO noch das EuG von sich aus aufgliedern; auch der Widerspruchsführer kann insoweit keinen beschränkten Antrag stellen. Sie müssen den Schutz damit insgesamt versagen, wenn auch nur für einen Teil der unter den Oberbegriff fallenden Waren/Dienstleistungen eine Verwechslungsgefahr gegeben ist. Will der Inhaber des angegriffenen Zeichens dies vermeiden, muss er Oberbegriffe von sich aus einschränken und damit auf die Marke teilweise verzichten (→ Rn. 19).

89 **a) Richtlinien, Similarity Datenbank.** Zur Ähnlichkeit der Waren und Dienstleistungen gibt es eine ebenso reichhaltige Kasuistik des EUIPO wie zur Zeichenähnlichkeit. Die Richtlinien des Amtes (Teil C Abschnitt 2 Kapitel 2) widmen dem Waren- und Dienstleistungsvergleich (inklusive der Identität) fast 70 Seiten. Davon sind fast 30 Seiten Anhang, in dem auf einzelne Branchen und konkrete Vergleiche eingegangen wird.

Hilfreich ist die (auch im Deutschen so genannte) Similarity-Datenbank, abrufbar bei 90 euipo.europa.eu/sim oder auf tmdn.org. Hier können Begriffspaare (ungelenk „Terme" übersetzt) oder Paare von Klassen eingegeben werden. Die Datenbank wirft dann aus, ob diese in der Regel als ähnlich gesehen werden, und zu welchem Grad, und gibt zuweilen auch die zugehörige Quelle in der Rechtsprechung an.

Die Datenbank wächst ständig und ist damit zunehmend praktisch einsetzbar. Die Suchergebnisse 90.1 der Datenbank entsprechen der Amtspraxis, an die sich die Prüfer jedenfalls dann halten, wenn ihnen nicht sehr überzeugende gegenläufige Beweise vorgelegt werden.

b) Kriterien für die Feststellung der Ähnlichkeit. Ähnlichkeit der Waren/Dienstleis- 91 tungen ist gegeben, wenn diese so enge Berührungspunkte aufweisen, dass die beteiligten Kreise davon ausgehen, dass die betroffenen Waren/Dienstleistungen aus demselben oder jedenfalls aus wirtschaftlich miteinander verbundenen Unternehmen stammen. Dabei kommt es vor allem darauf an, ob das Publikum erwarten kann, dass die Waren/Dienstleistungen unter der Kontrolle desselben Unternehmens hergestellt oder vertrieben bzw. erbracht werden, welches für ihre Qualität verantwortlich ist (EuGH C-39/97, GRUR 1998, 922 Rn. 28 – Canon; C-299/99, GRUR 2002, 804 Rn. 30 – Philips).

Bei der Beurteilung der Ähnlichkeit der Waren/Dienstleistungen sind **alle erheblichen** 92 **Faktoren** (→ MarkenG § 14 Rn. 293 ff.) zu berücksichtigen, die das Verhältnis zwischen den Waren/Dienstleistungen kennzeichnen; hierzu gehören insbesondere die Art der Waren/ Dienstleistungen, ihr Verwendungszweck, ihre Nutzung sowie die Eigenart als miteinander konkurrierende oder einander ergänzende Waren/Dienstleistungen (EuGH C-39/97, GRUR 1998, 922 Rn. 22 ff. – Canon; C 416/04 P, GRUR 2006, 582 Rn. 85 – VITA-FRUIT). Diese sogenannten **Canon-Kriterien** stehen im Mittelpunkt der Praxis des EUIPO.

Darüber sind regelmäßig auch der **Vertriebsweg** und die betriebliche **Herkunft** wesentli- 93 che Kriterien. Vor allem letztere sollte mit Blick auf die durch Verwechslungsgefahr geschützte Herkunftsfunktion das wichtigste Kriterium sein (→ MarkenR Einleitung Rn. 115 ff. und → MarkenG § 14 Rn. 119 ff., → MarkenG § 14 Rn. 297).

Dabei geht es darum, ob die betreffenden Waren und Dienstleistungen aus der Sicht des relevanten 93.1 Publikums (also nicht notwendigerweise tatsächlich) üblicherweise von den gleichen Unternehmen hergestellt oder zumindest verantwortet werden. Hier ist nicht auf extrem diversifizierte Unternehmen abzustellen (zB Yamaha – Musikinstrumente, Dämmmaterialien, Motorräder, Boote, früher auch Skier; oder Virgin – Musiklabel, Medienunternehmen, Airline, Spaceline, Sportzentren), sondern auf das, was der relevante Konsument aus einer Hand erwarten würde.

Dem entsprechen die Amtspraxis und die des EuG freilich nicht ganz. Insbesondere erken- 94 nen sie die folgende **Testfrage** nicht als zentral an: Ist eine Ähnlichkeit trotz (unterstellter) Identität der Marken und maximaler Kennzeichnungskraft des älteren Zeichens wegen des Abstands der Waren/Dienstleistungen von vornherein ausgeschlossen? (EuGH C-39/97, GRUR 1998, 922 Rn. 22 – Canon; C-398/07 P, GRUR Int 2009, 911 Rn. 34 – Waterford Stellenbosch; vgl. auch EuGH C-16/06 P, GRUR-RR 2009, 356 Rn. 67 – Edition Albert René; Ingerl/Rohnke § 14 Rn. 674). Daher kommt es zuweilen zu fraglichen Wertungen.

So hat zB das EuG entgegen dem EUIPO angenommen, dass zwischen Restaurantdienstleistungen 94.1 und praktisch sämtlichen (auch normalerweise verpackt und nicht zubereitet gekauften) Lebensmitteln eine Ähnlichkeit bestehe, weil diese „komplementär" seien: EuG T-711/13 BeckEuRS 2016, 468628 und T-716/13, BeckEuRS 2013, 393705 – HARRY'S BAR). Die oben genannte Testfrage, ob ein vernünftiger Durchschnittsverbraucher annähme, Mehl oder Salz käme aus der gleichen wirtschaftlichen Quelle wie Restaurantdienstleistungen, wurde offensichtlich nicht gestellt, denn sie hätte verneint werden müssen.

Zunehmend wichtiger werden **funktionelle Zusammenhänge** der betreffenden Waren/ 95 Dienstleistungen, die einen gemeinsamen betrieblichen Verantwortungsbereich nahelegen. Die deutsche Rechtsprechung nimmt dabei eine für Ähnlichkeit sprechende „ergänzende Anwendung" bzw. „funktionelle Ergänzung" leichter an als das EUIPO (→ MarkenG § 14

Rn. 298). Eine „funktionelle Ergänzung" ergibt sich aber nicht schon aus jedem thematischen Bezug (EuGH C-398/07 P, GRUR Int 2009, 911 Rn. 45 – Waterford Stellenbosch).

96 Nach Ansicht des EuGH handelt es sich bei diesem Ergänzungskriterium um ein selbständiges Beurteilungskriterium; einer weiteren Beurteilung der betroffenen Waren im Hinblick auf Herkunft, Vermarktung, Vertriebswege und Verkaufsstätten bedarf es dann nicht mehr (EuGH C-50/15 P, GRUR-RS 2016, 80153 – Carrera/CARRERA).

97 Dass die Klassifizierung nach der Nizza-Klassifikation keine Bedeutung hat für die Frage der Warenähnlichkeit, ist jetzt in Art. 28 Abs. 7 explizit festgehalten. Dennoch kann zuweilen die Klassifizierung helfen, die Natur der von der Eintragung oder Anmeldung umfassten Ware bzw. Dienstleistung näher einzugrenzen (→ Art. 28 Rn. 4 f., → Art. 28 Rn. 11).

97.1 Ein Beispiel ist Eventmanagement. Dabei geht es in der Regel um Unterhaltung (Kl. 41), es ist aber auch ein technischer Begriff im IT-Bereich. Ist er in Klasse 42 enthalten, muss angenommen werden, dass es um IT-Eventmanagement geht.

98 Irrelevant sind **Umstände der tatsächlichen Markenbenutzung,** wie zB Preis, Vertriebsmodalitäten, Produktverpackungen sowie Werbemaßnahmen und Marketingkonzepte (EuGH C-171/06 P, BeckRS 2007, 70219 Rn. 59 – T.I.M.E ART).

99 Hinsichtlich der Beurteilung der **Ähnlichkeit von Dienstleistungen** untereinander gelten grundsätzlich dieselben Grundsätze wie hinsichtlich der Ähnlichkeit von Waren (EuGH C-39/97, GRUR 1998, 922 Rn. 23 – Canon). Zu den Faktoren gehören angesichts der fehlenden Körperlichkeit von Dienstleistungen insbesondere Art und Zweck der Dienstleistung, dh der Nutzen für den Empfänger der Dienstleistung und die Vorstellung des Publikums, dass die Dienstleistungen unter der gleichen betrieblichen Verantwortung erbracht werden.

100 c) **Vergleich von Dienstleistungen und Waren.** Zwischen Einzelhandelsdienstleistungen für bestimmte Waren und eben diesen oder ähnlichen Waren wird in der Regel Ähnlichkeit angenommen (für Bekleidung: EuG T-116/06, GRUR Int 2009, 421 Rn. 45–58 – O STORE; für Matratzen, Bettdecken, Bettwäsche" (Klassen 10, 20, 24) und „Einzelhandelsdienstleistungen für Matratzen und Kissen" EuG T-526/14, BeckRS 2015 Rn. 29–36 – Matratzen Concord/MATRATZEN). Auch wenn sich dies nach deutscher Rechtsprechung nicht verallgemeinern lässt (→ MarkenG § 14 Rn. 306), entspricht es doch gängiger Praxis des EUIPO, die auch vom EuG gebilligt wird.

101 Ebenso aufgrund der komplementären Natur der Waren und der Dienstleistungen hat das EuG (entgegen der differenzierenden, praxisnäheren Auffassung des EUIPO) eine allgemeine Ähnlichkeit angenommen zwischen Restaurantdienstleistungen und Lebensmitteln sowie Getränken (EuG T-711/13, BeckEuRS 2016, 468628 und T-716/13, BeckEuRS 2013, 393705 – HARRY'S BAR). Bei unselbstständigen Nebenleistungen oder -waren ist jedoch eine Ähnlichkeit zu verneinen (EuGH C-196/06 P, BeckEuRS 2007, 450686 Rn. 29 – Alecansan/HABM; → Rn. 92).

102 d) **Auslegung von Oberbegriffen und Kategoriebezeichnungen.** Die Zugehörigkeit der beiderseitigen Waren bzw. Dienstleistungen zu einem jeweils **gemeinsamen sprachlichen Oberbegriff,** der aber als solcher nicht im Waren/Dienstleistungs-Verzeichnis enthalten ist, reicht allein nicht aus, um eine Ähnlichkeit zu bejahen, mag aber dafür sprechen.

103 Wenn eine Marke für den betreffenden Oberbegriff eingetragen ist, ist dies freilich anders (→ MarkenG § 14 Rn. 312; → Rn. 20). Hier gilt nunmehr generell: wenn der Oberbegriff die konkrete Ware umfasst, liegt nicht nur Ähnlichkeit vor, sondern Identität. Dabei ist seit 24.9.2016 unabhängig vom Anmelde- oder Eintragungszeitpunkt der älteren Marke ausschließlich von der Wortbedeutung des Oberbegriffs auszugehen. Die vormalige Differenzierung zwischen Unionsmarken von vor oder nach der IP-Translator-Entscheidung des EuGH (C-307/10, GRUR 2012, 822 – IP-Translator; → Art. 26 Rn. 6 f.) ist durch die Neufassung des Art. 28 zum 23.3.2016 und den Ablauf der Frist für Erklärungen nach Art. 28 Abs. 8 am 24.9.2016 beendet worden, jedenfalls für Unionsmarken (näher → Rn. 20 ff.; → Art. 28 Rn. 6 ff.).

104 e) **Zu berücksichtigende Waren und Dienstleistungen.** Auf Seiten der **jüngeren Marke** sind im Rahmen des Widerspruchsverfahrens die registrierten Waren und Dienstleis-

tungen zu berücksichtigen, es sei denn, der Widerspruch ist auf einzelne Waren und/oder Dienstleistungen beschränkt. Auf Seiten der **älteren Marke** sind bei eingetragenen Marken grundsätzlich die Waren und Dienstleistungen maßgeblich, für die das Zeichen im Register eingetragen ist. Nicht relevant ist, für welche Waren/Dienstleistungen der Inhaber die Marke tatsächlich nutzt (EuG T-346/04, GRUR Int 2006, 144 Rn. 35 – ARTHUR ET FELICIE; T-205/06, GRUR Int 2009, 56 Rn. 31 – Presto! Bizcard Reader). Wenn die Benutzung der älteren Marke zulässigerweise bestritten wird, finden allerdings nur die Waren/Dienstleistungen Berücksichtigung, für welche die Benutzung glaubhaft gemacht bzw. nachgewiesen worden ist.

f) Grad der Ähnlichkeit. Soweit die Waren/Dienstleistungen ähnlich sind, kommt es 105 auf den konkreten Grad der Ähnlichkeit (geringe, mittlere, große oder hochgradige) an. Er kann je nach dem Grad der Markenähnlichkeit und der Kennzeichnungskraft der älteren Marke für die Annahme einer Verwechslungsgefahr ausreichen. Fehlt jegliche Waren-/Dienstleistungsähnlichkeit, kommt eine Löschung allenfalls nach Abs. 5 in Betracht (→ Rn. 210 ff.).

3. Umfassende Beurteilung der Verwechslungsgefahr

Ist eine – zumindest gewisse – Ähnlichkeit sowohl der Marken als auch der Waren und 106 Dienstleistungen festgestellt, hat eine umfassende Beurteilung weiterer für die Feststellung von Verwechslungsgefahr **relevanter Kriterien** zu erfolgen. Dazu zählen insbesondere: die Kennzeichnungskraft der älteren Marke (→ Rn. 110), die Frage, ob eine Markenfamilie vorliegt (→ Rn. 122), der Grad der Aufmerksamkeit der relevanten Verkehrskreise (→ Rn. 128) und ggf. andere branchenspezifische Gesichtspunkte (→ Rn. 134), etwaige Nachweise tatsächlicher Verwechslung (→ Rn. 135), die Entscheidungspraxis, ggf. eine friedliche Koexistenz der Marken in dem relevanten Gebiet (→ Rn. 139). Dabei wird in der Unionsmarkenpraxis in der Regel nicht feinsinnig zwischen direkter und mittelbarer Verwechslungsgefahr differenziert.

Was häufig ebenfalls seitens der Anmelder in Widerspruchsverfahren vorgetragen, aber 107 **regelmäßig nicht berücksichtigt** wird, sind die Bekanntheit der angemeldeten Marke, ein etwa eingeschränktes Zielpublikum derselben, die Existenz eigener älterer Rechte des Anmelders oder andere vertragliche oder gesetzliche Hindernisse, die einer Durchsetzung der Markenrechte des Widersprechenden entgegenstehen könnten.

Widersprechende weisen häufig auch auf angebliche Absichten des Anmelders hin, die 108 ebenfalls in aller Regel irrelevant sind.

Die Kriterien der Verwechslungsgefahr sind zwar voneinander unabhängig, stehen aber 109 in einer **Wechselwirkung** zueinander (→ MarkenG § 14 Rn. 258). So kann ein höherer Grad eines Faktors einen niedrigeren Grad eines anderen Faktors ausgleichen, jedoch nicht das völlige Fehlen einer der Komponenten (EuGH C-39/97, GRUR 1998, 922 Rn. 17 ff. – Canon; C-234/06 P, GRUR 2008, 343 Rn. 48 – Il Ponte Finanziaria Spa/HABM; C-398/07 P, GRUR Int 2009, 911 Rn. 34 – Waterford Stellenbosch; C-254/09 P, GRUR 2010, 1098 Rn. 53 – Calvin Klein/HABM).

a) Kennzeichnungskraft der älteren Marke. Außer von der Identität bzw. vom Grad 110 der Ähnlichkeit der Zeichen und der Waren bzw. Dienstleistungen hängt die Verwechslungsgefahr von der Kennzeichnungskraft der älteren Marke ab (→ MarkenG § 14 Rn. 264, EuGH C-16/06, GRUR-RR 2009, 356 Rn. 64 – Editions Albert René). Die Kennzeichnungskraft ist daher ein wichtiges Kriterium für die Beurteilung der Verwechslungsgefahr. Marken mit erhöhter Kennzeichnungskraft genießen einen erweiterten Schutzumfang (EuGH C-39/97, GRUR 1998, 922 Rn. 18 – Canon; C-398/07 P, GRUR Int 2009, 911 Rn. 32 – Waterford Stellenbosch).

Dass eine Verwechslungsgefahr umso eher angenommen wird, je größer die Kennzeich- 111 nungskraft des älteren Zeichens ist (EuGH C-251/9, GRUR 1998, 387 Rn. 24 – Sabèl/Puma), bedeutet nicht, dass aus einer großen Kennzeichnungskraft automatisch eine Verwechslungsgefahr folgt.

Für die Feststellung der Kennzeichnungskraft der älteren Marke kommt es im Wider- 112 spruchsverfahren zunächst auf den **Zeitpunkt** des Anmeldetags der jüngeren Marke an.

113 Eine ursprünglich gesteigerte Kennzeichnungskraft der Widerspruchsmarke, etwa infolge der durch Benutzung entstandenen gesteigerten Verkehrsbekanntheit, kann sich auch nur auf bestimmte Verwendungsformen (Schriftart, Farbe etc) beziehen (EuGH C-252/12, GRUR 2013, 922 – Specsavers/Asda). Erst nach dem Prioritätszeitpunkt der jüngeren Marke eingetretene **Steigerungen** sind unbeachtlich.

114 Die Kennzeichnungskraft eines Zeichens kann durch intensive Benutzung gesteigert sein.

115 Die Kennzeichnungskraft kann aber auch nachträglich geschwächt werden, etwa durch die Benutzung von Drittzeichen. Ein solcher Verlust an Kennzeichnungskraft ist bis zur Entscheidung über den Widerspruch zu berücksichtigen (→ MarkenG § 9 Rn. 26).

116 Allerdings kann nur eine erhebliche Anzahl von Drittmarken, die dem älteren Zeichen ähnlich nahekommen, eine Schwächung begründen; die Marken müssen zudem auf gleichen, allenfalls eng benachbarten Waren/Dienstleistungsgebieten tatsächlich verwendet werden. Eine Schwächung können grundsätzlich nur **benutzte Drittmarken** herbeiführen, weil nur das Nebeneinander der Zeichen auf dem jeweiligen Markt die Verbraucher zwingt, auf geringfügige Unterschiede zu achten bzw. eine Gewöhnung des Publikums an die Existenz weiterer Zeichen im Ähnlichkeitsbereich dergestalt bewirken kann, dass bereits geringe Unterschiede genügen können, eine Verwechslungsgefahr auszuschließen (→ Rn. 139.1; → MarkenG § 14 Rn. 283 ff.).

117 Um die Kennzeichnungskraft einer Marke zu bestimmen, ist umfassend zu prüfen, ob die Marke geeignet ist, die Waren oder Dienstleistungen, für die sie eingetragen worden ist, als von einem bestimmten Unternehmen stammend zu kennzeichnen und damit diese Waren oder Dienstleistungen von denen anderer Unternehmen zu unterscheiden (EuGH C-342/97, GRUR Int 1999, 734 Rn. 22 – Lloyd). Dafür sind **alle relevanten Umstände des Einzelfalls** heranzuziehen, wie beschreibende Elemente, der von der Marke gehaltene Marktanteil, die Intensität, geographische Verbreitung und Dauer ihrer Benutzung, der Werbeaufwand des Unternehmens für eine Marke und der Anteil der beteiligten Verkehrskreise, der die Waren oder Dienstleistungen aufgrund der Marke als von einem bestimmten Unternehmen stammend erkennt (EuGH C-342/97, GRUR Int 1999, 734 Rn. 23 – Lloyd). Bestimmte Prozentsätze in Bezug auf den Bekanntheitsgrad der Marke können nicht pauschal angeben, wann eine Marke eine hohe Kennzeichnungskraft besitzt (EuGH C-342/97, GRUR Int 1999, 734 Rn. 24 – Lloyd).

118 Die Bestimmung der Kennzeichnungskraft muss sich auf die **ältere Marke als Ganzes** beziehen und nicht auf einzelne Bestandteile (EuGH C-108/07 P, BeckRS 2008, 70504 Rn. 35 – FERRO/FERRERO). Die Kennzeichnungskraft einzelner Zeichenbestandteile besagt nicht unmittelbar etwas über die Kennzeichnungskraft eines zusammengesetzten Zeichens aus.

119 Grundsätzlich wird eine originär durchschnittliche Kennzeichnungskraft vermutet, sofern keine Anhaltspunkte für eine geringere Kennzeichnungskraft von Haus aus vorliegen. Die Eintragung einer Marke belegt keinen bestimmten Grad an Kennzeichnungskraft, aber stets einen Mindestgrad an Unterscheidungskraft (EuGH C-196/11 P, GRUR 2012, 825 Rn. 47 – F1-Live).

120 Ein Zeichen verfügt regelmäßig von Haus aus nur über unterdurchschnittliche Kennzeichnungskraft, wenn es sich erkennbar an einen waren- oder dienstleistungsbeschreibenden Begriff anlehnt. Der Schutzumfang eines solchen Zeichens beschränkt sich dann auf die **Eigenprägung.** Eine relevante Ähnlichkeit liegt deshalb nicht vor, soweit sich Übereinstimmungen auf die beschreibende oder sonst schutzunfähige Angabe beschränken. Nur Übereinstimmungen in den Merkmalen, die die Eigenprägung der älteren Marke begründen, können zur Ähnlichkeit führen (→ MarkenG § 14 Rn. 277).

121 **Aufgrund von Verkehrsdurchsetzung eingetragene Marken** haben regelmäßig eine mindestens durchschnittliche Kennzeichnungskraft, die sich regelmäßig auf die verkehrsdurchgesetzte Marke in der eingetragenen Form bezieht, nicht aber auf einzelne Bestandteile.

122 **b) Markenfamilie (Serienmarken).** Eine Verwechslungsgefahr zwischen Marken, die nur in einem ihrer Bestandteile übereinstimmen, kommt ferner in Betracht, wenn ein Angriff aus mehreren Marken erfolgt, die gemeinsame Merkmale aufweisen und infolgedessen als Teil einer Markenfamilie oder als Serienmarken angesehen werden können (EuGH C-317/10 P, GRUR 2011, 915 Rn. 54 – UNI; C-234/06 P, GRUR 2008, 343 Rn. 62 – Il Ponte Finanziaria; vgl. auch EUIPO Richtlinien, Teil C 2.6.2).

Relative Eintragungshindernisse **Art. 8 UMV**

Das Vorliegen einer Markenfamilie ist nach der Rechtsprechung des EuGH bei der Beurteilung der Verwechslungsgefahr zu berücksichtigen und gehört zur Frage der mittelbaren Verwechslungsgefahr (→ Rn. 123.2; EuG T-301/12, BeckRS 2012, 82217 Rn. 21 – CITIGATE). Im Rahmen der Prüfung der Zeichenähnlichkeit soll die Markenfamilie nur eine untergeordnete Rolle spielen, weil eine gewisse Ähnlichkeit der Marken Voraussetzung dafür sei, dass eine Markenfamilie oder -serie überhaupt in Betracht kommt (EuGH C-552/09, GRUR Int 2011, 500 Rn. 97 ff. – TiMi KINDERJOGHURT). **123**

Im deutschen Recht ist der Begriff der „Serienmarke" üblich, die allerdings im englischen Recht etwas ganz anderes ist (nämlich die Verbindung mehrerer ähnlicher Marken in einer Anmeldung einer „series mark"), weshalb auf EU-Ebene von Markenfamilie (family of marks) gesprochen wird. **123.1**

Die Verwechslungsgefahr ergibt sich in solchen Fällen daraus, dass sich der Verbraucher hinsichtlich der Herkunft oder des Ursprungs der von der Markenanmeldung erfassten Waren oder Dienstleistungen irren kann und zu Unrecht annimmt, dass die Markenanmeldung zu der Familie oder Serie von Marken des Widersprechenden gehört (EuGH C-317/10 P, GRUR 2011, 915 Rn. 54 – UNI; C-234/06 P, GRUR 2008 Rn. 63 – Il Ponte Finanziaria). Voraussetzung ist allerdings, dass eine gewisse Anzahl von Marken existiert, die eine Markenfamilie bzw. -serie bilden. **123.2**

Die der Markenfamilie oder -serie angehörenden Marken müssen zudem **auf dem Markt präsent** sein. Insoweit hat die Partei, welche die Existenz einer Markenfamilie bzw. -serie geltend macht, die Benutzung jeder einzelnen Marke dieser Markenfamilie bzw. -serie zu beweisen oder zumindest eine Reihe davon (EuG T-63/09, GRUR-RR 2012, 458 Rn. 116 – Swift GTi). Die Frage, wie viele Marken benutzt sein müssen, hat der EuGH der Einzelfallbeurteilung überlassen („genügende Anzahl", vgl. EuGH GRUR 2008, 343 Rn. 65 – Il Ponte Finanziaria Spa/HABM; im Fall CITIGATE genügten sieben benutzte Marken, vgl. EuG T-301/09, BeckRS 2012, 82217). Dabei kann sich der Angreifer zum Nachweis der Benutzung einer Marke nicht auf den Benutzungsnachweis berufen, den er für eine andere Marke erbracht hat. Das Argument, die erstgenannte Marke stelle nur eine leichte Abwandlung der letztgenannten Marke dar, verfängt in diesem Kontext nicht. Die Berufung auf die Benutzung einer Marke als Beleg für die Benutzung einer anderen Marke ist, so der EuGH, nämlich dann nicht möglich, wenn der **Nachweis für die Benutzung** einer hinreichenden Zahl von Marken derselben „Familie" erbracht werden soll (EuGH C-553/11, GRUR 2012, 1257 Rn. 29 – PROTI). Werden nicht genügend viele Marken benutzt, um eine Familie oder Serie zu bilden, kann vom Verkehr nicht erwartet werden, dass er in diesen Marken ein gemeinsames Element entdeckt und/oder eine Marke mit dem gleichen Element mit diesen Marken in Verbindung bringt (EuGH C-234/06 P, GRUR 2008, 343 Rn. 64 – Il Ponte Finanziaria Spa/HABM). **123.3**

Dass schon die erstmaliger Benutzung einer einzigen Marke den Eindruck eines Serienzeichens erwecken kann (BGH GRUR 1998, 927 (928) – COMPO-SANA), gilt nicht mehr (EuGH C-234/06 P, GRUR 2008, 343 Rn. 64 – Il Ponte Finanziaria Spa/HABM). Im Schrifttum war hierzu die Meinung ohnehin immer schon gespalten (vgl. Goldmann GRUR 2012, 234 (242); Schmidhuber/Torka WRP 2009, 545 (549)). **123.4**

Die angegriffene Marke muss nicht nur zu den Marken der Familie ähnlich sein, sondern auch Merkmale aufweisen, die geeignet sind, sie damit in Verbindung zu bringen (EuG T-63/09, GRUR-RR 2012, 458 Rn. 116 – Swift GTi). So kann eine unterschiedliche grafische Gestaltung des als Stammbestandteil in Betracht kommenden Elements in den älteren Marken die Eigenschaft als Stammbestandteil verhindern. **Kennzeichnungsschwache Zeichenteile** können keine Grundlage einer mittelbaren Verwechslungsgefahr sein (EuG T-63/09, GRUR-RR 2012, 458 Rn. 117 – Swift GTi; vgl. auch EuGH C-317/10 P, GRUR 2011, 915 Rn. 58 – UNI). **124**

Als Stammbestandteil ist nur ein Bestandteil geeignet, der aus dem Gesamtzeichen als solcher hervortritt (Eichelberger WRP 2006, 316 ff.); er darf nicht in einer Gesamtbezeichnung aufgehen. Außerdem muss ihm ein Hinweischarakter auf den Inhaber der älteren Marke zukommen. **125**

Das Bainbridge-Urteil klingt danach, als sei es erforderlich, aus allen Marken, die zu der fraglichen Serie gehören, **Widerspruch** einzulegen (EuGH C-16/06 P, GRUR-RR 2009, 356 Rn. 100 – Editions Albert René; C-234/06 P, GRUR 2008, 343 Rn. 62 – Il Ponte Finanziaria Spa/HABM). Dies entspricht jedoch nicht der Praxis des Amtes und ist auch nicht korrekt. Die Markenfamilie kann nämlich auch auf die Benutzung zahlreicher ähnlich gestalteter Zeichen („Familienmitglieder") gestützt werden, ohne dass jedes einzelne davon rechtlichen Schutz genießen müsste. Allerdings sollte der Widerspruch vorsichtshalber auf **126** mehrere Marken gestützt werden (EuGH C-16/06 P, GRUR Int 2009, 397 Rn. 100 f. – OBELIX/MOBILIX).

127 Das Entscheidende an der Markenfamilie ist schließlich, dass die Aufmerksamkeit des Verbrauchers auf den „Stammbestandteil" gelenkt wird, der – im typischen Fall der Anlehnung an eine Markenfamilie – in dem jüngeren Zeichen gleichermaßen auftaucht. Dies führt dazu, dass er das jüngere Zeichen quasi in die Familie einreiht und denkt, es gehöre dazu – oder es zumindest damit gedanklich in Verbindung bringt. Das EuG hat nun klargestellt, dass das Argument der Markenfamilie auch im Bereich des Bekanntheitsschutzes zum Tragen kommt (offen bei EuG T-301/09, BeckRS 2012, 82217 – CITIGATE, nunmehr ganz klar: EuG T-518/13, BeckRS 2016, 81646 Rn. 39 ff. – McDonald's (et al.)/MACCOFFEE).

128 **c) Grad der Aufmerksamkeit des relevanten Verkehrs und andere branchenspezifische Gesichtspunkte.** Bei der umfassenden Beurteilung der Verwechslungsgefahr kommt es entscheidend darauf an, wie die Marken auf den Durchschnittsverbraucher der fraglichen Waren bzw. den Durchschnittsempfänger der fraglichen Dienstleistungen wirken. Welche Verkehrsauffassung im Einzelfall zugrunde zu legen ist, beurteilt sich im Wesentlichen nach den beteiligten Verkehrskreisen (→ MarkenG § 14 Rn. 321 ff.), deren Aufmerksamkeit (→ MarkenG § 14 Rn. 328) und dem maßgeblichen Verbraucherleitbild (→ MarkenG § 14 Rn. 327). Dabei ist der Durchschnittsverbraucher als normal informiert und angemessen aufmerksam und verständig anzusehen (EuGH C-20/14, GRUR 2015 Rn. 22 – Loutfi/Meatproducts ua; C-254/09 P, GRUR 2010, 1089 Rn. 45 – Calvin Klein/HABM; C-498/07, GRUR Int 2010, 129 Rn. 74 – Carbonell/La Española), wobei die Aufmerksamkeit des Durchschnittsverbrauchers je nach Art der betreffenden Waren/Dienstleistungen unterschiedlich hoch sein kann (EuGH C-342/97, GRUR Int 1999, 734 Rn. 26 – Lloyd).

128.1 Unter „Verbraucher" fallen hierbei nicht nur private Endkunden, sondern auch Fachleute, Zwischenhändler und gewerbliche Endkunden und damit alle aktuellen und potentiellen Abnehmer der maßgeblichen Waren/Dienstleistungen. Als beteiligte Verkehrskreise kommen alle Angehörigen des Handels und der Verbraucherschaft in dem Gebiet in Betracht, in dem die Klagemarke Schutz genießt (vgl. EuGH C-421/04, GRUR 2006, 411 Rn. 24 – Matratzen Concord/Hukla). Überdies können auch zwischengeschaltete Personen, die an der Vermarktung eines Produktes beteiligt sind, dem maßgeblichen Publikum zuzurechnen sein (EuGH C-412/05 P, GRUR Int 2007, 718 Rn. 56 – TRAVATAN II). Mitglied der beteiligten Verkehrskreise ist jeder, dessen Meinung für die jeweilige Kaufentscheidung zumindest mitursächlich ist. Es ist weder zwingend erforderlich noch allein ausreichend, dass die betreffende Person die Waren oder Dienstleistungen selbst konsumiert oder einkauft.

129 Die Aufmerksamkeit des Durchschnittsverbrauchers kann je nach Art der fraglichen Waren oder Dienstleistungen variieren (EuGH C-342/97, GRUR Int 1999, 734 Rn. 26 – Lloyd; C-498/07, GRUR Int 2010, 129 Rn. 74 – Carbonell/La Española). Erwirbt der Durchschnittsverbraucher ein bestimmtes Produkt wegen seiner objektiven Merkmale erst nach einer besonders aufmerksamen Prüfung, kann dies die Verwechslungsgefahr zwischen Marken für solche Produkte verringern (EuGH C-361/04 P, GRUR 2006, 237 Rn. 38 ff. – PICASSO); zu den Beispielen → Rn. 132.

130 Von **Fachkreisen** kann grundsätzlich ein höherer Aufmerksamkeitsgrad erwartet werden als vom Verbraucher im Allgemeinen (EuG T-359/02, GRUR Int 2005, 925 Rn. 29 – STAR TV). Sie haben zudem meist genaue Kenntnis von den Kennzeichnungsgewohnheiten auf dem jeweiligen Marktsektor. Damit werden sie Unterschiede zwischen Marken eher wahrnehmen und besser in Erinnerung behalten. Die **Anforderungen an die Markenähnlichkeit** sind bei Spezialwaren daher **tendenziell erhöht.** Hinzu kommt, dass bestimmte Fachkreise über Sonderwissen in Bezug auf fachsprachliche Begriffe verfügen.

131 Bei Waren und Dienstleistungen, die sich an die Allgemeinheit richten, ist vor allem zwischen Waren und Dienstleistungen des täglichen Bedarfs und solchen zu unterscheiden, deren Anschaffung selten bzw. regelmäßig Folge reiflicher Überlegungen ist. Auch die Bedeutung (Image etc), welche eine Ware oder Dienstleistung für den Konsumenten hat, ist von Belang.

132 So ist zB bei preiswerten Getränken des täglichen Bedarfs (Bier, Mineralwasser, Fruchtsäfte) kein besonders hoher Aufmerksamkeitsgrad zu erwarten (EuG T-347/10, BeckRS 2013, 80818 Rn. 17), bei Waren der Klassen 18 und 25 ein mittlerer (EuG T-22/10, BeckRS 2011, 81619 Rn. 45–47 – Esprit International LP/HABM), bei Versicherungen, Immobilien,

Finanzprodukte, Rechtsberatungsdienstleistungen dagegen ein sehr hoher (vgl. EuG T-390/03, GRUR Int 2005, 928 Rn. 26 f. – CM) und ebenso bei Kraftfahrzeugen (EuGH C-361/04 P, GRUR 2006, 237 Rn. 59 – PICASSO). Ein hohes Maß ist nach der Rechtsprechung auch beim Vertrieb von Fernsehprogrammen und damit in Zusammenhang stehenden Dienstleistungen gegeben (EuG T-359/02, GRUR Int 2005, 925 Rn. 29 – STAR TV).

Handelt es sich bei den fraglichen Waren um Arzneimittel, die in **Apotheken** an den Endverbraucher abgegeben werden, zählt der Endverbraucher neben medizinischen Fachleuten, nämlich den das Arzneimittel verordnenden Ärzten und den es abgebenden Apothekern, zum maßgeblichen Publikum. **133**

Im Übrigen bilden sich zuweilen **Erfahrungssätze** heraus, die in bestimmten Branchen auf die umfassende Beurteilung Einfluss nehmen können. So heißt es beispielsweise für die **Bekleidungsbranche,** dass hier häufig ein und dieselbe Marke je nach der Art der mit ihr gekennzeichneten Waren verschiedene Gestaltungen aufweise. In dieser Branche „ist es nämlich üblich, dass ein Modeunternehmen zur Unterscheidung seiner verschiedenen Produktlinien für Bekleidung Untermarken verwendet, dh von einer Hauptmarke abgeleitete Zeichen, die ein gemeinsames dominierendes Merkmal mit ihr teilen" (vgl. EuG T-101/11, BeckRS 2012, 80827 Rn. 47 – Mizuno/HABM/Golfino; T-117/03 bis T-119/03 und T-171/03, BeckEuRS 2004, 389821 – New Look/HABM – NLSPORT, NLJEANS, NLACTIVE und NLCollection). Deshalb wird hier zuweilen trotz geringer Ähnlichkeiten im Gesamteindruck auf Verwechslungsgefahr geschlossen. **134**

Ob dies so stimmt, sei dahingestellt – es gehört zur ständigen Rechtsprechung und scheint kaum aus der Welt zu schaffen. Der Ursprung dieses Satzes, der auf die frühen Entscheidungen zu Miss Fifties (EuG T-104/01, GRUR Int 2003, 247 Rn. 49) und zu BUDMEN zurückgeht (EuG T-129/01, GRUR Int 2003, 939 Rn. 57), rechtfertigt diese Tatsachenannahme eher nicht. **134.1**

d) Nachweise tatsächlicher Verwechslung. Der Nachweis tatsächlicher Verwechslungen ist weder erforderlich für den Erfolg eines Widerspruchs gegen Unionsmarken aufgrund von Verwechslungsgefahr, noch zieht er diesen zwingend nach sich. Auch das EUIPO geht davon aus, dass Verwechslungsgefahr ein Rechtsbegriff ist, der dem Beweis nicht notwendig zugänglich ist. **135**

Allerdings können entsprechende Nachweise natürlich recht überzeugend sein. Außerdem können sie – mittelbar – die besondere Kennzeichnungskraft des übereinstimmenden Bestandteils aufzeigen. **135.1**

e) Existierende Entscheidungspraxis. Es ist weithin bekannt, dass das Zitieren früherer Entscheidungen des Amtes, des Gerichts oder nationaler Instanzen häufig nicht den gewünschten Erfolg hat. Zunächst ist das Amt nicht an seine früheren Entscheidungen gebunden. Häufig wird angenommen, dass diese keine vergleichbaren Fälle betrafen. Das Amt setzt sich jedoch in jüngeren Entscheidungen näher mit einer entsprechenden Praxis auseinander. **136**

Was speziell nationale Gerichtsurteile und Amtsentscheidungen betrifft, sind diese – gerade wenn sie die konkreten Marken betreffen – mit aller **gebotenen Sorgfalt** zu prüfen und ggf. auch zu berücksichtigen. Ihre Nichtberücksichtigung kann zur Aufhebung der Amtsentscheidung führen (EuG T-108/08, GRUR Int 2011, 1092 – The Good Life; T-378/13, BeckRS 2016, 81249 – English Pink). **137**

Eine **absolute Bindungswirkung** ist freilich **auszuschließen.** Insbesondere führt ein unionsweit geltendes, rechtskräftiges Unterlassungsurteil keine res iudicata gegenüber einem Widerspruch vor dem EUIPO herbei, da die Ansprüche andere sind (hierzu EuGH C-226/15 P, GRUR-RR 2016, 328 – Apple and Pear Australia/EUIPO (English Pink)). **138**

In dem Fall hatte der Widersprechende vor dem EuG die Aufhebung der BK-Entscheidung erwirkt, weil die BK das nationale Urteil nicht berücksichtigt hatte. Vor dem EuGH verfolgte er sein Abänderungsbegehren weiter. Er argumentierte, dass dem Widerspruch zwingend stattzugeben sei, unter Berufung auf ein rechtskräftiges EU-weites Unterlassungsgebot, das das Handelsgericht Brüssel in einem Verletzungsverfahren zwischen den Parteien zu denselben Marken erlassen hatte. Der EuGH wies die Rechtsbeschwerde jedoch zurück (EuGH C-226/15 P, GRUR-RR 2016, 328 – Apple and Pear Australia/EUIPO (English Pink)). **138.1**

139 **f) Friedliche Koexistenz der Marken.** Sehr häufig verteidigen sich Anmelder unter Berufung auf eine (angebliche) Koexistenz der Marken. Erfolg hat dieses Argument nur, wenn sie tatsächlich nachweisen können, dass die konkreten Marken auf dem relevanten Markt friedlich koexistiert haben und dies aus einer Abwesenheit von Verwechslungen resultierte (vgl. EUIPO Richtlinien Teil C 2.6.3.1 mwN).

139.1 In den seltensten Fällen funktioniert das **„crowded field"**-Argument, wonach es zahlreiche ähnliche Marken gebe und daher eine Art Verwässerung vorliege. Keinesfalls ist es relevant, wenn – was regelmäßig der Fall ist – auf eine bloße Koexistenz im Register verwiesen wird. Es muss vielmehr Koexistenz auf dem Markt gezeigt werden, was bei unionsweiten Sachverhalten naturgemäß sehr aufwendig ist. Im Übrigen gehört dieses Argument auch weniger in den Bereich der „Koexistenz" als in den der Kennzeichnungskraft der älteren Marke (→ Rn. 115 f.).

140 Selbst wenn Koexistenz mit der **konkret angemeldeten Marke** gezeigt werden kann, muss diese auf dem **relevanten Markt** vorgelegen haben. Ist die Widerspruchsmarke in der Union geschützt, ist auch eine umfangreiche und nachgewiesene Koexistenz in dem einen oder anderen Mitgliedstaat völlig unerheblich, da es ja noch zahlreiche Gebiete gibt, in denen eben keine Koexistenz vorlag. Es müssen ferner dieselben Marken in derselben Situation während eines signifikanten Zeitraums koexistiert haben.

141 Schließlich stehen der Annahme friedlicher Koexistenz jedwede Verfahren zwischen den Parteien entgegen.

141.1 In anderen Worten: Koexistenz ist ein stumpfes Schwert in der Verteidigung. Sie liegt zudem im Spannungsfeld zwischen Koexistenzvereinbarungen und Verwirkung. Gerade das Institut der Verwirkung darf durch eine vorschnelle Annahme von verwechslungsvermeidender Koexistenz nicht unterlaufen werden.

141.2 Koexistenzvereinbarungen für sich genommen binden das Amt nicht. Sie besagen nichts über das Vorliegen von Verletzungsgefahr und können allenfalls als Indizien herangezogen werden. Dies ergibt sich auch daraus, dass selbst eine explizite Gestattung der Unionsmarkenanmeldung dem Widerspruch nicht entgegensteht. Dies ergibt sich aus dem Umkehrschluss zu Art. 53 Abs. 3, der im Widerspruchsverfahren gerade nicht gilt.

142 **g) Nicht relevante Gesichtspunkte.** Die – häufig eingewendete – **Bekanntheit** der angemeldeten Marke ist nach Auffassung des EUIPO und des EuG für die Verwechslungsgefahr im Sinne von Abs. 1 Buchst. b irrelevant (EuG T-183/13, BeckRS 2015, 80653 Rn. 49 f. – SKY/skype; Rechtsbeschwerde durch Rücknahme des Widerspruchs infolge Einigung erledigt: EuGH, C-382/15-P). Eine umfassende Benutzung der angemeldeten Marke, die zu diese Bekanntheit geführt hat, kann unter dem Gesichtspunkt der Koexistenz (→ Rn. 139 ff.) berücksichtigt werden. Dass jedoch die bereits erlangte Bekanntheit der Marke dazu führen kann, dass die relevanten Verbraucher diese als solche erkennen und sie eben deshalb nicht mit der älteren Marke in Verbindung bringen, erkennt das EuG nicht an, wobei die Begründung nicht überzeugt. Ggf. kann die eigene Bekanntheit der angemeldeten Marke allerdings im Rahmen des Art. 8 Abs. 5 eine Rolle spielen, etwa weil eine bekannte Marke keinen Ruf einer anderen Marke ausbeutet etc (→ Rn. 241), oder weil ihre Benutzung gerechtfertigt ist (→ Rn. 251).

143 Ein etwa unterschiedliches **Zielpublikum** der Marken ist ebenfalls irrelevant, soweit es sich nicht unmittelbar aus dem Waren- und Dienstleistungsverzeichnis ergibt. So lässt sich zB in Bezug auf Parfum, Bekleidung nicht argumentieren, dass es sich im konkreten Falle einerseits um Luxusware und andererseits um Supermarktprodukte handele; dies gilt auch dann, wenn auf einer Seite eine Supermarkt-Eigenmarke betroffen ist, da die Waren und Dienstleistungen unabhängig vom Eigentümer oder Anmelder interpretiert werden müssen. Eine „Luxus"eigenschaft ist freilich manchen Waren durchaus inhärent (Jachten, Polospieler-Ausrüstung ...). Gleiches gilt für Dienstleistungen; Hoteldienstleistungen etwa können nicht differenziert werden, Dienstleistungen eines Privatpiloten hingegen sind von Haus aus dem Luxusbereich zuzuordnen.

144 Ebenso wenig kann der Anmelder dem Widerspruch die **Existenz eigener älterer Rechte** entgegen halten. Die in Art. 8 festgehaltenen Eintragungshindernisse blenden solche Gesichtspunkte aus, die nicht direkt in den einander gegenüberstehenden Markenrechten liegen. Wenn der Anmelder relevante ältere Rechte (→ Rn. 2) hat, bleibt ihm nur der

Angriff auf die Wirksamkeit der Widerspruchsmarke. Unterdessen wird in der Regel das Widerspruchsverfahren ausgesetzt.

Hat der Widersprechende zahlreiche ältere Rechte eingeworfen, kann dies freilich für den Anmelder recht teuer werden, zumal einstweilen in vielen Mitgliedstaaten wie in Deutschland noch Gerichtsverfahren für die Nichtigerklärung aufgrund relativer Gründe erforderlich sind. In so einem Fall kann der Anmelder strategisch vorgehen und den Angriff auf die ähnlichsten Rechte mit der größten Reichweite richten. Wenn das Amt aufgrund der nicht angegriffenen Rechte dem Widerspruch nicht insgesamt stattgeben kann, wird es in aller Regel auch dann aussetzen, wenn noch nicht angegriffene ältere Rechte verbleiben. 144.1

Die Aussetzung liegt im Ermessen des Amtes, wird aber in aller Regel angeordnet, es sei denn, der Angriff auf die Widerspruchsmarke(n) stellt sich als rechtsmissbräuchlich dar, nämlich ausschließlich zur Verzögerung des Verfahrens. 144.2

Ähnliches gilt bei Vorliegen **anderer vertraglicher oder gesetzlicher Hindernisse**, die einer Durchsetzung der Markenrechte des Widersprechenden entgegenstehen. Auch hier bleibt dem Anmelder nur der Gegenangriff – nämlich eine Klage auf Rücknahme des Widerspruchs (→ MarkenG § 44 Rn. 34). 145

Als vertragliches Hindernis kommt insbesondere eine zwischen den Parteien bestehende **Abgrenzungsvereinbarung** in Betracht. Hier kann zB darüber Uneinigkeit bestehen, ob sie die Anmeldung einer oder gerade dieser Unionsmarke umfasst, oder ob sie den Widersprechenden bindet. Damit verbundene Auslegungsfragen, die ggf. nach außereuropäischem Recht zu beurteilen sind, können der Widerspruchsabteilung nicht inzidenter im Rahmen des Widerspruchsverfahrens abverlangt werden. 146

Aber selbst ein expliziter **Konsent** kann dem Widerspruch nicht entgegengehalten werden. Art. 8 stellt eine abschließende Regelung der Eintragungshindernisse dar und sieht keine Ausnahmen vor für Zustimmungserklärungen. Zudem ergibt sich dies aus dem Umkehrschluss zu Art. 53 Abs. 3 (→ Art. 53 Rn. 24). 147

Ein gesetzliches Hindernis wäre zB **Verwirkung** und daraus resultierende Rechtsmissbräuchlichkeit des Widerspruchs. Wenn feststeht, dass die Rechtsposition des Widersprechenden durch die Eintragung der Unionsmarke in keiner Weise geschmälert wird, weil er im Geltungsbereich seiner Marke die Benutzung der jüngeren Marke ohnehin nicht verhindern kann, sollte er nicht auf der Formalposition beharren dürfen, die sich aus seiner älteren Eintragung ergibt. Entscheidungen hierzu sind allerdings nicht bekannt. Zur Verwirkung → Art. 13a Rn. 25, → Art. 13a Rn. 49, → Art. 54 Rn. 1, → Art. 110 Rn. 3. 148

Unwesentlich sind schließlich die **Absichten** des Anmelders. Diese können im Rahmen des Art. 8 Abs. 5 als Indizien herangezogen werden (EuG T-332/10, BeckRS 2012, 80405, VIAGRA/VIAGUARA; → Rn. 250), bei der Verwechslungsgefahr spielt es jedoch objektiv keine Rolle, ob sich der Anmelder bewusst und gewollt an die ältere Marke anlehnte, oder ob das gutgläubig geschah; zur Bösgläubigkeit als Nichtigkeitsgrund → Art. 52 Rn. 12. 149

Subjektiv können entsprechende Nachweise natürlich doch einen Einfluss auf die Entscheidungsfindung haben. Wenn sich aus dem Gesamtverhalten des Anmelders ableiten lässt, dass er immer wieder ältere Marken anderer aufgreift, ein bisschen abwandelt und als eigene anmeldet oder benutzt, dürfte das zumindest dafür sprechen, dass der Anmelder selbst die Marke für ähnlich hielt. 150

B. Widerspruch gegen Agentenmarke (Abs. 3)

I. Einleitung

Die Vorschrift des Art. 8 Abs. 3 hat ihren Ursprung in Art. 6^{septies} PVÜ. Dieser schreibt vor, dass der Inhaber einer Marke der Eintragung dieser Marke widersprechen, ihre Löschung, oder ihre Übertragung auf sich selbst verlangen kann, wenn sie von seinem Agenten oder Vertreter ohne seine Zustimmung angemeldet wurde, es sei denn, dass der Agent oder Vertreter seine Handlungsweise rechtfertigt. Nach Art. 6^{septies} Abs. 2 PVÜ ist der Inhaber zudem berechtigt, die Benutzung einer solchen Marke ohne seine Zustimmung zu untersagen. 151

Art. 8 Abs. 3 regelt das Widerspruchsrecht des Markeninhabers gegen eine Agentenmarke. In Verbindung mit Art. 53 Abs. 1 Buchst. b kann der Inhaber zudem die Löschung einer 152 bereits eingetragenen Agentenmarke verlangen. Der Benutzungsuntersagungsanspruch des Markeninhabers ist in Art. 11 (→ Art. 11 Rn. 5 ff.), der Übertragungsanspruch in Art. 18 (→ Art. 18 Rn. 1 ff.) geregelt. Vergleichbare Regelungen zu Agentenmarken finden sich auch im deutschen Recht (zur Löschung → MarkenG § 11 Rn. 1 ff., zur Übertragung → MarkenG § 17 Rn. 10 ff. und zur Unterlassung → MarkenG § 17 Rn. 21 ff.).

153 Die Bestimmung des Art. 8 Abs. 3 soll verhindern, dass es zu einem Missbrauch einer Marke durch den Agenten des Markeninhabers kommt, indem der Agent die Kenntnisse und Erfahrungen, die er während seiner Handelsbeziehung mit dem Markeninhaber erworben hat, ausnutzt und so ungerechtfertigt Vorteile aus den vom Markeninhaber selbst erbrachten Anstrengungen und Investitionen zieht (EuG T-6/05, GRUR Int 2007, 51 Rn. 38 – First Defense I).

154 Ein auf Art. 8 Abs. 3 gestützter Widerspruch ist begründet, wenn die folgenden Voraussetzungen erfüllt sind: 1. der Widersprechende ist Inhaber der älteren Marke (→ Rn. 156), 2. der Anmelder ist (oder war) Agent oder Vertreter des Widersprechenden (→ Rn. 160 ff.), 3. der Agent oder Vertreter hat die Marke im eigenen Namen (→ Rn. 166 ff.) und ohne Zustimmung des Inhabers (→ Rn. 169 ff.) angemeldet, 4. die angemeldete Marke und die ältere Marke des Widersprechenden sind identisch oder ähnlich (→ Rn. 172 f.), 5. der Agent bzw. Vertreter kann seine Handlungsweise nicht rechtfertigen (→ Rn. 174 ff.).

155 Eine Bösgläubigkeit des Anmelders ist danach nicht erforderlich, aber auch nicht ausreichend für einen Widerspruch nach Art. 8 Abs. 3. Zur in den Reformvorschlägen der Kommission (KOM(2013) 161 endg.) vorgesehenen, im Zuge der Reform 2016 dann aber nicht umgesetzten Erweiterung von Art. 8 Abs. 3 auf Fälle der bösgläubigen Anmeldung von Marken, die mit älteren, rechtserhaltend benutzten Marken außerhalb der EU verwechselbar ähnlich sind, → Rn. 177.

II. Anwendungsbereich

1. Berechtigter

156 Zum Widerspruch aus Art. 8 Abs. 3 ist allein der **Inhaber** der älteren Marke berechtigt (HABM BK Entsch. v. 14.6.2010 – R 1795/2008-4 Rn. 50 – ZAPPER-CLICK). Dies ergibt sich bereits aus dem Wortlaut der Vorschrift, kommt aber auch in Art. 41 Abs. 1 Buchst. b zum Ausdruck, der in den Fällen des Art. 8 Abs. 3 gerade keine Möglichkeit für Lizenznehmer vorsieht, mit ausdrücklicher Ermächtigung des Inhabers Widerspruch einzulegen (anders im Fall von auf Art. 8 Abs. 1 und 8 Abs. 5 gestützten Widersprüchen, vgl. Art 41 Abs. 1 Buchst. a).

2. Schutzgebiet der älteren Marke

157 Die Anwendung von Art. 8 Abs. 3 setzt **nicht** voraus, dass der Widersprechende Inhaber einer älteren Unionsmarke oder einer in einem EU-Mitgliedstaat geschützten Marke ist (vgl. EuG verb. Rs. T-537/10 und T-538/10, BeckRS 2012, 82524 Rn. 19 – Fagumit). Es genügt vielmehr, dass diesem irgendwo auf der Welt ältere Markenrechte zustehen.

158 Dies ergibt sich daraus, dass Art. 8 Abs. 3, anders als Abs. 1 und Abs. 5, nicht auf Art. 8 Abs. 2 verweist. Die dortige Definition der „älteren Marke" ist folglich im Rahmen von Art 8 Abs. 3 nicht maßgeblich. Ein solches Verständnis entspricht auch dem Schutzzweck der Vorschrift, der gerade darin besteht, Inhabern von **außerhalb der EU** geschützten Marken die Möglichkeit zu geben, gegen unlautere Unionsmarkenanmeldungen ihrer Agenten bzw. Vertreter vorzugehen. Wer bereits Inhaber eines älteren Rechts in der EU oder einem Mitgliedstaat ist, wird sich dagegen idR auf einen der übrigen Widerspruchsgründe des Art. 8 berufen können.

159 Nach der Amtspraxis soll ein Widerspruch aus Art. 8 Abs. 3 auch auf anhängige Markenanmeldungen, sowie auf nicht eingetragene Marken und notorisch bekannte Marken iSv Art. 6bis PVÜ gestützt werden können, nicht dagegen auf reine im Geschäftsverkehr benutzte Zeichen oder andere gewerbliche Schutzrechte (vgl. EUIPO-Richtlinien Teil C, Abschnitt 3, Rn. 3.1). Dies entspricht dem Wortlaut des Abs. 3, der von „Marken" spricht, aber nicht ausdrücklich auf eingetragene Marken beschränkt ist.

III. Agenten- bzw. Vertreterstellung

Art. 8 Abs. 3 setzt eine Markenanmeldung durch einen **Agenten** oder **Vertreter** des 160
Markeninhabers voraus. Die Begriffe „Agent" und „Vertreter" sind in diesem Zusammenhang **weit** auszulegen. Umfasst sind alle Arten vertraglicher Gestaltungen, bei denen eine Seite die Interessen der anderen Seite wahrnimmt, unabhängig von der Qualifizierung des Vertragsverhältnisses zwischen dem Inhaber oder dem Auftraggeber auf der einen und dem Anmelder der Unionsmarke auf der anderen Seite.

Insoweit genügt es, wenn zwischen den Parteien eine **Vereinbarung über eine geschäft-** 161
liche Zusammenarbeit besteht, die ein Treuhandverhältnis beinhaltet und dem Anmelder entweder ausdrücklich oder implizit eine allgemeine **Treuepflicht zur Wahrnehmung der Interessen des Markeninhabers** auferlegt. Für die Annahme einer solchen Vereinbarung muss nicht unbedingt ein schriftlicher Vertrag zwischen den Parteien bestehen. Sie kann sich zB auch aus der Geschäftskorrespondenz zwischen den Parteien ergeben (EuG T-184/12, GRUR Int 2015, 157 Rn. 60 ff. – HEATSTRIP). Das Fehlen eines Auftragsverhältnisses, einer Ausschließlichkeitsklausel oder eines Wettbewerbsverbots bzw. die fehlende Einbindung des Anmelders in die Vertriebsstruktur des Inhabers schließt die Annahme einer Vereinbarung mit entsprechender Treuepflicht ebenfalls nicht aus (EuG T-184/12, GRUR Int 2015, 157 Rn. 69 f. – HEATSTRIP).

Handelt der Anmelder dagegen völlig unabhängig, ohne jede Beziehung zum Markenin- 162
haber, ist er nicht als Agent iSv Art. 8 Abs. 3 anzusehen. Ein bloßer Abnehmer oder Kunde des Inhabers ist daher idR mangels Treueverhältnisses kein „Agent" oder „Vertreter" im Sinne der Vorschrift (vgl. hierzu EuG T-262/09, GRUR Int 2011, 612 Rn. 64 – First Defense II).

Art. 8 Abs. 3 schützt den Markeninhaber auch nach Beendigung der Vereinbarung vor 163
einer Markenanmeldung des (ehemaligen) Agenten oder Vertreters, sofern im Zeitpunkt der Anmeldung noch ein nachwirkendes Treueverhältnis besteht (EuG T-262/09, GRUR Int 2011, 612 Rn. 65 – First Defense II). Ob dies der Fall ist, ist anhand der Umstände des Einzelfalls zu beurteilen.

In einem Fall, in dem die Anmeldung gut ein Jahr nach Beendigung der vertraglichen Vereinbarung 163.1
zwischen den Parteien vorgenommen wurde, hat das EUIPO ein nachwirkendes Treueverhältnis verneint (HABM BK Entsch. v. 19.11.2007 – R 73/2006-4 – Porter), bei einem Zeitraum von weniger als drei Monaten dagegen bejaht (Entsch. v. 21.2.2002 – B 167 927 – AZONIC).

Die Beweislast für das Bestehen eines Vertretungsverhältnisses liegt beim Widersprechen- 164
den (EuG T-262/09, GRUR Int 2011, 612 Rn. 67 – First Defense II). Hat ein früherer Markeninhaber der Markenanmeldung durch den Agenten zugestimmt, folgt daraus nicht, dass auch zwischen dem jetzigen Markeninhaber als Rechtsnachfolger und dem Anmelder ein Vertretungsverhältnis besteht, auf das sich der neue Markeninhaber im Rahmen eines Widerspruchs berufen könnte (EuG T-262/09, GRUR Int 2011, 612 Rn. 48 – First Defense II).

IV. Weitere Voraussetzungen einer Agentenmarke

Neben den oben (→ Rn. 156 ff., → Rn. 160 ff.) genannten Voraussetzungen müssen für 165
die Anwendung des Abs. 3 folgende weitere Bedingungen erfüllt sein: der Agent muss die Marke **im eigenen Namen** (→ Rn. 166 ff.) sowie **ohne Zustimmung** des Inhabers (→ Rn. 169 ff.) angemeldet haben. Schließlich müssen das angemeldete Zeichen und die angemeldeten Waren und Dienstleistungen hauptsächlich **identisch** oder **ähnlich** mit denen der älteren Marke sein (→ Rn. 172 f.).

1. Im eigenen Namen

Der Agent oder Vertreter muss nach dem Wortlaut des Abs. 3 die Marke im eigenen 166
Namen anmelden. Dieses Kriterium wird in den meisten Fällen einfach zu beurteilen und unproblematisch gegeben sein.

Auch dann, wenn ein Dritter die Marke angemeldet hat, kann jedoch im Einzelfall eine 167
Anwendung des Abs. 3 geboten sein, etwa wenn es sich um bei dem Anmelder um den

Geschäftsführer des Agenten handelt (vgl. 1. BK Entsch. v. 3.9.2010 – R 1002/2009-1 Rn. 41 ff. – Fagumit).

168 Darüber hinaus kommt eine Anwendung der Vorschrift auch dann in Betracht, wenn der Agent den Anmelder kontrolliert, oder mit ihm eine Absprache getroffen hat, deren Ziel es ist, Abs. 3 zu umgehen, so dass die Wirkung der Anmeldung letztendlich die gleiche ist, wie wenn der Agent selbst die Marke angemeldet hätte. Das EUIPO legt Abs. 3 in diesen Fällen **großzügig** aus, um eine Umgehung der Vorschrift zu verhindern (vgl. EUIPO-Richtlinien Teil C, Abschnitt 3 Rn. 4.2).

2. Ohne Zustimmung des Inhabers

169 Der Agent muss die Anmeldung ohne die Zustimmung des Markeninhabers vorgenommen haben. In Bezug auf das Kriterium der Zustimmung ist die **Beweislast umgekehrt**; da die fehlende Zustimmung des Markeninhabers eine negative Tatsache ist, die dieser nicht beweisen kann, obliegt dem Anmelder der Nachweis, dass die Anmeldung mit Zustimmung des Inhabers erfolgt ist.

170 Die Zustimmung muss **eindeutig, präzise** und **unbedingt** sein (vgl. EuG T-6/05, GRUR Int 2007, 51 Rn. 40 – First Defense I). Hieran fehlt es beispielsweise dann, wenn aus der Zustimmung nicht klar hervorgeht, dass die Anmeldung einer **Unionsmarke** (in Abgrenzung zu einer nationalen Marke) genehmigt wird. Auch die Person des Anmelders muss aus der Zustimmung explizit hervorgehen (vgl. EuG verb. Rs. T-537/10 und T-538/10, BeckRS 2012, 82524 Rn. 25 – Fagumit, mit Anm. Slopek GRUR-Prax 2013, 9).

171 Duldet der Markeninhaber im Zusammenhang mit dem Inverkehrbringen von ihm erzeugter Waren die Benutzung der angemeldeten Marke durch Dritte, so kann darin kein Verzicht auf die angemeldete Marke gesehen werden, der es jedem ermögliche, diese als Unionsmarke anzumelden (vgl. EuG verb. Rs. T-537/10 und T-538/10, BeckRS 2012, 82524 Rn. 27 – Fagumit).

3. Verhältnis angemeldete Marke – ältere Marke

172 Aus dem Wortlaut des Abs. 3 könnte man schlussfolgern, dass die vom Agenten angemeldete Marke mit der älteren Marke des Inhabers identisch sein müsse. Der Rechtsprechung des Gerichts zufolge genügt es jedoch, dass die Anmeldung „**hauptsächlich identische oder ähnliche**" Zeichen und Waren betrifft, wie die der älteren Marke (EuG T-262/09, GRUR Int 2011, 612 Rn. 61 – First Defense II).

173 In der Praxis des EUIPO wird Abs. 3 dementsprechend auch dann angewandt, wenn die Agentenmarke die ältere Marke mit geringfügigen Variationen wiedergibt, die ihre Unterscheidungskraft nicht berühren. Hier liegt es nahe, die gleichen Kriterien anzulegen, wie im Falle der Benutzung einer Marke in abweichender Form gemäß Art. 15 Abs. 1 Buchst. a (→ Art. 15 Rn. 46). Im Hinblick auf die zu vergleichenden Waren und Dienstleistungen lässt das EUIPO es ausreichen, dass diese in enger Beziehung zu einander stehen oder in wirtschaftlicher Hinsicht äquivalent sind (vgl. EUIPO-Richtlinien, Teil C, Abschnitt 3, Rn. 4.5).

173.1 Beispiele aus der Amtspraxis, in denen das EUIPO trotz fehlender Identität der Zeichen Art. 8 Abs. 3 angewandt hat: HABM BK Entsch. v. 4.5.2012 – R- 493/2002-4 – First Defense (II); Entsch. v. 3.8.2010 – R 1367/2011-2 – BERIK DESIGN; Entsch. v. 3.5.2012 – R 1642/2011-2 – Maritime Acopafi.

V. Rechtfertigung

174 Der Markeninhaber kann der Anmeldung der Agentenmarke selbst beim Vorliegen aller oben genannten Voraussetzungen nicht mit Erfolg widersprechen, wenn der Agent oder Vertreter seine Handlungsweise rechtfertigt.

175 Der Wortlaut des Abs. 3 („es sei denn, dass ...") macht zum einen deutlich, dass die Beweislast für die Rechtfertigung beim Anmelder liegt. Trägt der Anmelder keine Rechtfertigungsgründe vor, so ist es nicht Sache des Amtes, Spekulationen über eine mögliche Rechtfertigung anzustellen (EuG T-184/12, GRUR Int 2015, 157 Rn. 73 f. – HEATSTRIP). Zum anderen lässt sich der Formulierung entnehmen, dass die Rechtfertigung in einem

anderen Umstand als der Zustimmung des Markeninhabers bestehen muss, bei deren Fehlen es sich um ein selbständiges Tatbestandsmerkmal handelt. Falls eine Zustimmung vorliegt, ist Abs. 3 bereits von vornherein nicht anwendbar.

Soweit ersichtlich hat das EUIPO bislang in keinem Fall des Abs. 3 eine Rechtfertigung 176 bejaht. Vorstellbar erscheint eine Rechtfertigung der Anmeldung einer Agentenmarke trotz Vorliegens aller Voraussetzungen des Abs. 3 dann, wenn die Anmeldung ausschließlich zum Schutz des eigentlichen Markeninhabers erfolgt, etwa, wenn der Agent hierdurch der unmittelbar bevorstehenden missbräuchlichen Anmeldung der Marke durch einen Dritten zuvorkommen will und aus Zeitnot nicht in der Lage ist, die Zustimmung des Inhabers einzuholen, wobei er gleichzeitig die Absicht zum Ausdruck bringt, die Marke später auf den Inhaber übertragen zu wollen.

VI. Reform 2016

Die Reformvorschläge der EU-Kommission (KOM (2013) 161 endg.) sahen die Einfü- 177 gung eines zusätzlichen Tatbestandes in Abs. 3 vor. Danach sollten Inhaber von außerhalb der EU geschützten Marken auch bösgläubigen Markenanmeldungen Dritter widersprechen können, wenn zwischen den Marken Verwechslungsgefahr besteht und die ältere Marke zum Zeitpunkt der Anmeldung der angegriffenen Marke rechtserhaltend benutzt wurde. Dies hätte Inhabern von nicht in der EU geschützten Marken eine Möglichkeit zum Widerspruch gegen bösgläubige Markenanmeldungen gegeben, bei der eine Agenten- bzw. Vertreterstellung des Anmelders nicht erforderlich gewesen wäre. Dieser Vorschlag konnte sich jedoch im Laufe des Gesetzgebungsverfahrens nicht durchsetzen und wurde in die am 23.3.2016 in Kraft getretene VO (EU) 2015/2424 nicht aufgenommen. Durch die Reform haben sich daher für Art. 8 Abs. 3 **keine Änderungen** ergeben. Erwähnenswert ist in diesem Zusammenhang jedoch die Einführung eines Übertragungsverfahrens vor dem Amt für eingetragene Agentenmarken (→ Art. 18 Rn. 22 f.). Berechtigte Markeninhaber mögen sich strategisch überlegen, ob sie Widerspruch einreichen oder – mit ähnlichem Aufwand und identischen Nachweisen – nicht lieber die Eintragung abwarten und dann die Übertragung der Marke beantragen möchten.

C. Widerspruch aufgrund von nicht eingetragenen Marken und sonstigen Kennzeichenrechten (Abs. 4)

I. Nicht eingetragene Marke oder sonstiges im geschäftlichen Verkehr benutztes Kennzeichenrecht

Nach Art. 8 Abs. 4 kann ein Widerspruch auch auf prioritätsältere nicht eingetragene 178 Marken oder sonstige im geschäftlichen Verkehr benutzte Kennzeichenrechte gestützt werden. Der Widerspruch ist begründet, wenn das ältere Kennzeichen von mehr als lediglich örtlicher Bedeutung ist (→ Rn. 190 ff.) und seinen Inhaber dazu berechtigt, die Benutzung einer jüngeren Marke zu untersagen (→ Rn. 201 ff.).

1. Arten älterer Rechte

Nicht eingetragene Marken können nach dem nationalen Recht vieler Mitgliedstaaten 179 durch Benutzung erworben werden (aber zB nicht in den Benelux-Staaten, Frankreich, Rumänien, Spanien). Sie zählen zu den häufigsten Grundlagen von Widersprüchen nach Art. 8 Abs. 4. Der Begriff der **sonstigen im geschäftlichen Verkehr benutzten Kennzeichenrechte** umfasst zunächst sämtliche Arten von **Unternehmenskennzeichen,** zB **Firmen- und Handelsnamen,** sowie **Geschäftsabzeichen.** Auch **Domainnamen** und **Werktitel** können hierunter fallen, falls sie nach dem Recht des jeweils maßgeblichen Mitgliedstaates als Kennzeichen geschützt sind. Widersprüche aufgrund von Firmenrechten kommen in der Praxis häufig vor. Regelmäßig werden Widersprüche nach Art. 8 Abs. 4 außerdem auf das common law-Rechtsinstitut des **„passing off"** (→ Rn. 182) gestützt.

Ursprungsbezeichnungen und **geografische Angaben** wurden in der Vergangenheit 180 als ebenfalls als sonstige Kennzeichenrechte iSv Art. 8 Abs. 4 angesehen, und damit als taugliche Grundlage eines auf diese Vorschrift gestützten Widerspruchs (vgl. EuGH C-96/09 P,

GRUR 2011, 737 – BUD). Seit dem Inkrafttreten der VO (EU) 2015/2424 am 23.3.2016 findet auf Widersprüche aufgrund von Ursprungsbezeichnungen und geografischen Angaben nunmehr **ausschließlich** der neu eingeführte Art. 8 Abs. 4a Anwendung (→ Rn. 206 ff.).

181 Die Verwendung des Wortes **„Kennzeichenrecht"** zeigt, dass andere Rechte des geistigen Eigentums, denen keine Identifikationsfunktion zukommt, wie beispielweise Urheber-, Patent- oder Geschmacksmusterrechte, keine älteren Rechte iSv Art. 8 Abs. 4 sein können (so für Urheberrecht EuG T-255/08, GRUR Int 2011, 63 – Jose Padilla). Gleiches gilt grundsätzlich auch für Namen natürlicher Personen, es sei denn sie genießen Schutz als Unternehmenskennzeichen (→ MarkenG § 5 Rn. 21 ff.). Dies ergibt sich auch im Wege des Umkehrschlusses aus Art. 53 Abs. 2 Buchst. a bis d, der für das **Nichtigkeitsverfahren** den Kreis der älteren Rechte, die einer eingetragenen Unionsmarke entgegengehalten werden können, auf „sonstige Rechte", insbesondere auf Namensrechte, Rechte an der eigenen Abbildung, Urheberrechte und gewerbliche Schutzrechte erweitert (→ Art. 53 Rn. 16 ff.).

182 Ein Widerspruch aus Art. 8 Abs. 4 kann auch auf ein Kennzeichen gestützt werden, das nach den Regeln des common law gegen **„passing off"** geschützt ist (hierzu EuG T-114/07, GRUR Int 2010, 147 Rn. 48 ff. – LAST MINUTE TOUR), auch wenn der eigentliche Schutzgegenstand dieses Rechtsinstituts nicht das Kennzeichen selbst, sondern der mit der Ausübung eines Geschäftsbetriebs unter einem bestimmten Namen bzw. Zeichen verbundene „goodwill" ist.

183 Eine Aufzählung aller als Grundlage eines Widerspruchs aus Art. 8 Abs. 4 in Betracht kommenden Rechte würde angesichts der Vielzahl der Regelungen in den einzelnen Mitgliedstaaten den Rahmen der Kommentierung sprengen. Das EuG und der EuGH haben sich in der Vergangenheit im Rahmen des Art. 8 Abs. 4 unter anderem mit folgenden älteren Rechten beschäftigt:
- Werktitel (EuG T-435/05, GRUR Int 2010, 50 – Dr. No),
- portugiesischer Handelsname (EuG verb. Rs. T-318/06 bis T-321/06, GRUR Int 2009, 728 – GENERAL OPTICA),
- nicht eingetragene englische Marke/„passing off" (EuG T-114/07, GRUR Int 2010, 147 – Last Minute Tour; T-303/08, BeckRS 2010, 91412 – GOLDEN ELEPHANT),
- spanischer Handelsname (EuG T-485/07, BeckRS 2011, 81346 – Olive Line),
- deutscher Firmenname (EuG T-506/11, BeckRS 2013, 80812 – Peek & Cloppenburg, bestätigt durch EuGH C-325/13 P, GRUR Int 2014, 952),
- französischer Firmenname (EuG T-453/11 – Forge de Laguiole),
- geografische Herkunftsangabe nach Lissabonner Abkommen und einem bilateralen Abkommen (unter anderem EuGH C-96/09 P, GRUR 2011, 737 – BUD),
- schwedischer Handelsname (EuG T-474/09, BeckRS 2013, 80229 – JACSON OF SCANDINAVIA AB).

184 Die **Richtlinien** des EUIPO (Teil C, Abschnitt 4, S. 37 ff.) enthalten außerdem eine (nicht abschließende und lediglich informatorische) **Liste** mit nationalen Rechten, die ältere Kennzeichenrechte iSv Art. 8 Abs. 4 sein können. Die Liste enthält auch Informationen zu Schutzvoraussetzungen und Schutzumfang der jeweiligen Rechte. Sie basiert auf Rückmeldungen von nationalen Markenämtern und Nutzergruppen aus den Jahren 2013/2014 und ist insofern hilfreich, als sie eine erste Orientierung erlaubt. Sobald ein ausländisches Kennzeichenrecht als Widerspruchsgrundlage ernsthaft in Betracht gezogen wird, empfiehlt es sich jedoch, einen mit dem jeweiligen nationalen Recht vertrauten Rechtsanwalt zu Rate zu ziehen. Zur Darlegungs- und Beweislast des Inhabers des älteren Kennzeichenrechts im Widerspruchsverfahren → Rn. 197 ff.

2. Benutzung im geschäftlichen Verkehr

185 Das Kennzeichen, auf dem der Widerspruch basiert, muss nach dem Wortlaut des Art. 8 Abs. 4 im geschäftlichen Verkehr benutzt worden sein. Bei der Benutzung im geschäftlichen Verkehr handelt es sich um ein **autonomes Tatbestandsmerkmal,** welches im Lichte des Unionsrechts auszulegen ist (EuG T-318/06 bis T-321/06, GRUR Int 2009, 728 Rn. 33 – GENERAL OPTICA). Ob die unionsrechtlichen Anforderungen an eine Benutzung im geschäftlichen Verkehr erfüllt sind, ist daher unabhängig von etwaigen durch das nationale Recht aufgestellten Benutzungsanforderungen für den Erwerb des älteren Kennzeichenrechts

zu prüfen. Erst recht gilt dies, wenn der Erwerb des älteren Kennzeichenrechts von vornherein nicht an eine Benutzung geknüpft ist.

Dem Wortlaut von Art. 8 Abs. 4 („Auf Widerspruch des Inhabers einer nicht eingetragenen Marke **oder** eines sonstigen im geschäftlichen Verkehr benutzten Kennzeichenrechts") lässt sich nicht mit letzter Gewissheit entnehmen, ob das Erfordernis der Benutzung im geschäftlichen Verkehr auch für nicht eingetragene Marken gelten soll, wofür indes die Wendung des „**sonstigen** im geschäftlichen Verkehr benutzten" Recht spricht. Das EUIPO geht zutreffend davon aus, dass das Merkmal auch insoweit Anwendung findet (vgl. HABM-BK Entsch. v. 17.3.2011 – R 1529/2010-1 – GLADIATOR, zu nicht eingetragener tschechischer Marke). 185.1

Benutzung im geschäftlichen Verkehr entspricht nicht der „ernsthaften Benutzung" iSv Art. 43 Abs. 2, 3 (EuGH C-96/09 P, GRUR 2011, 737 Rn. 143 ff. – BUD). Der EuGH hat zur Frage der markenmäßigen Benutzung entschieden, dass eine Benutzung eines Zeichens im geschäftlichen Verkehr dann vorliegt, wenn sie im Zusammenhang mit einer auf einen wirtschaftlichen Vorteil gerichteten kommerziellen Tätigkeit und nicht im privaten Bereich erfolgt (EuGH C-206/01, GRUR Int 2003, 229 Rn. 40 – Arsenal). Zwar muss das Tatbestandsmerkmal im Rahmen von Art. 8 Abs. 4 angesichts des unterschiedlichen Normzwecks nicht notwendigerweise genauso ausgelegt werden, es spricht jedoch dem gewöhnlichen Verständnis, dass mit Benutzung im geschäftlichen Verkehr im Wesentlichen eine **kommerzielle Benutzung** des Zeichens gemeint ist (EuGH C-96/09 P, GRUR 2011, 737 Rn. 144 – BUD). 186

Dies bedeutet indes nicht, dass die Benutzung stets entgeltlich sein müsste. Vielmehr können unter Umständen auch kostenlose Lieferungen berücksichtigt werden, wenn sie im Zusammenhang mit einer auf einen wirtschaftlichen Vorteil gerichteten kommerziellen Tätigkeit erfolgt sein könnten, etwa zur Eroberung neuer Absatzmärkte (EuGH C-96/09 P, GRUR 2011, 737 Rn. 152 – BUD). 187

Das ältere Kennzeichen muss **vor dem Anmeldetag** der angegriffenen Unionsmarke im geschäftlichen Verkehr benutzt worden sein. Dies ergibt sich zwar nicht unmittelbar aus dem Wortlaut von Art. 8 Abs. 4 Buchst. a (wonach die Rechte an dem Kennzeichen vor Anmeldung der Unionsmarke erworben werden müssen), ist aber Ausdruck des Prioritätsprinzips. Hierdurch soll verhindert werden, dass ein Widerspruch aus Art. 8 Abs. 4 auf Rechte gestützt wird, deren Benutzung nur aufgenommen wurde, um die Eintragung einer neuen Marke zu verhindern (EuGH C-96/09 P, GRUR 2011, 737 Rn. 166 f. – BUD). Außerdem dürften ältere Rechte, die bereits vor der Anmeldung der angegriffenen Marke benutzt wurden, auch eher über die erforderliche mehr als lediglich örtliche Bedeutung (→ Rn. 190 ff.) iSv Art. 8 Abs. 4 verfügen (EuGH C-96/09 P, GRUR 2011, 737 Rn. 168 – BUD). 188

Fraglich ist, ob die Benutzung des älteren Kennzeichenrechts auch im Zeitpunkt der Anmeldung bzw. des Prioritätsdatums der angegriffenen Marke noch fortdauern muss. Das Amt scheint dies teilweise anzunehmen. Richtigerweise handelt es sich hierbei jedoch um eine Frage des Fortbestands des älteren Kennzeichenrechts, die allein nach nationalem Recht zu beurteilen ist, die für die Erfüllung des unionsrechtlichen Merkmals der Benutzung im geschäftlichen Verkehr dagegen keine Rolle spielen sollte. 188.1

Weiterhin muss die Benutzung in dem Gebiet stattgefunden haben, in dem das ältere Kennzeichen Schutz genießt (EuGH C-96/09 P, GRUR 2011, 737 Rn. 161 f. – BUD, anders dagegen noch die Vorinstanz, EuG T-225/06 Rn. 167 – BUD). Dies ergibt sich aus dem **Territorialitätsprinzip**. Die Frage der Benutzung im geschäftlichen Verkehr ist für jedes Gebiet, in dem das geltend gemachte ältere Recht geschützt ist, getrennt zu prüfen (vgl. EuGH C-96/09 P, GRUR 2011, 737 Rn. 163 – BUD). Auch dies hatte das EuG in der Vorinstanz noch anders gesehen. 189

II. Mehr als lediglich örtliche Bedeutung

Das ältere Kennzeichenrecht muss von mehr als lediglich örtlicher Bedeutung sein. Das Tatbestandsmerkmal der mehr als lediglich örtlichen Bedeutung ist, ebenso wie das Erfordernis der Benutzung im geschäftlichen Verkehr, ausschließlich im Lichte des **Unionsrechts** auszulegen (EuG verb. Rs. T-318/06 bis T-321/06, GRUR Int 2009, 728 Rn. 33 – GENERAL OPTICA). 190

191 Ob das ältere Recht über mehr als lediglich örtliche Bedeutung verfügt, ist, anders als es der Wortlaut der Vorschrift vermuten ließe, nicht allein nach Maßgabe der geografischen Reichweite seines Schutzes, sondern in erster Linie anhand von **wirtschaftlichen, auf die tatsächliche Benutzung** des Zeichens bezogenen, Gesichtspunkten zu beurteilen. Dass der Schutz des in Rede stehenden Zeichens ein Gebiet umfasst, das nicht als lediglich örtlich angesehen werden kann, genügt für sich genommen nicht. Anderenfalls könnte ein Zeichen, dessen Schutzausdehnung nicht nur örtlich ist, allein aus diesem Grund die Eintragung einer Unionsmarke verhindern, und zwar selbst dann, wenn es nur sporadisch im geschäftlichen Verkehr benutzt würde. Die Möglichkeit eines Widerspruchs aus Art. 8 Abs. 4 soll jedoch auf Zeichen beschränkt sein, die auf ihrem relevanten Markt **tatsächlich und wirklich präsent** sind (EuGH C-96/09 P, GRUR 2011, 737 Rn. 157, 158 – BUD).

192 Um dies sicherzustellen, stellt die Rechtsprechung bei der Prüfung dieses Tatbestandsmerkmals auch auf die **Dauer** und die **Intensität der Benutzung** des älteren Zeichens ab, insbesondere auf seine Benutzung in der Werbung und in geschäftlicher Korrespondenz (EuGH C-96/09 P, GRUR 2011, 737 Rn. 160 – BUD), sowie auf den Kreis der Adressaten (Verbraucher, Wettbewerber, Lieferanten), denen das Zeichen als unterscheidungskräftiges Element bekannt ist (EuG verb. Rs. T-318/06 bis T-321/06, GRUR Int 2009, 728 Rn. 37 – GENERAL OPTICA). Verkaufs- und Werbekataloge sind als Beweis dafür, dass eine Marke hinreichend bedeutsam benutzt worden ist, allerdings nicht ausreichend, wenn sie keinerlei Aussage über den Warenabsatz, den Marktanteil oder die Höhe des Warenumsatzes treffen (EuG T-581/11, GRUR Int 2014, 365 – Baby Bambolina).

193 Im Fall GENERAL OPTICA, in dem das ältere Zeichen im maßgeblichen Zeitpunkt zwar fast seit zehn Jahren benutzt worden war, sich die Benutzung aber auf eine portugiesische Stadt mit 120.000 Einwohnern beschränkte, hat das EuG das Kriterium der mehr als lediglich örtlichen Bedeutung als nicht erfüllt angesehen (EuG verb. Rs. T-318/06 bis T-321/06, GRUR Int 2009, 728 Rn. 44 – GENERAL OPTICA).

194 Die Benutzung der Bezeichnung BUD, die zwar in mehreren Städten, aber im Vergleich zum durchschnittlichen Bierabsatz im relevanten Markt nur in einem verhältnismäßig geringen Umfang erfolgte, hat das EuG ebenfalls für nicht ausreichend befunden, um ihr eine mehr als lediglich örtliche Bedeutung beizumessen (vgl. EuG T-225/06 RENV, BeckRS 2013, 80241 – BUD). Insgesamt scheinen die Europäischen Gerichte zunehmend strengere Anforderungen an die Erfüllung des Kriteriums der mehr als lediglich örtlichen Bedeutung zu stellen (vgl. analog zur ernsthaften Benutzung EuG T-355/09, GRUR Int 2013, 340 – Walzertraum).

195 Der Inhaber eines älteren Kennzeichenrechts, welches von bloß örtlicher Bedeutung ist, kann zwar die Eintragung einer verwechselbar ähnlichen Unionsmarke nicht verhindern, ist aber auch nicht völlig schutzlos gestellt. Art. 111 Abs. 1 erlaubt ihm, die Benutzung einer eingetragenen Unionsmarke in dem Gebiet zu untersagen, in dem sein älteres Recht geschützt ist, sofern das Recht des jeweiligen Mitgliedstaates dies vorsieht (→ Art. 111 Rn. 1 f.).

195.1 Ein Wertungswiderspruch kann dann entstehen, wenn das ältere Recht zwar bei Anwendung der unionsrechtlichen Maßstäbe als ein lediglich örtliches anzusehen ist, ihm jedoch nach nationalem Recht landesweit Schutz zukommt. Da Art. 111 Abs. 1 dem Inhaber des älteren örtlichen Rechts das Recht verleiht, die Benutzung einer jüngeren Unionsmarke im Schutzgebiet seines Rechts zu untersagen, soweit dies nach dem nationalen Recht zulässig ist, kann dies bei landesweitem Schutz dazu führen, dass der Inhaber des älteren Kennzeichenrechts unter gleichzeitigem Vorgehen gegen die Benutzung der Unionsmarke seine eigene Benutzung so weit ausdehnt, dass diese irgendwann nicht mehr lediglich örtlich iSv Art. 8 Abs. 4 ist.

III. Erwerb und Schutzumfang des älteren Rechts

196 Weitere Voraussetzung der Anwendung des Art. 8 Abs. 4 ist ein **älteres Kennzeichenrecht,** welches seinem Inhaber nach dem jeweils maßgeblichen Recht der Union oder eines Mitgliedstaates das Recht verleiht, die **Benutzung** einer jüngeren Marke zu **untersagen.**

1. Älteres Recht

Zur Substantiierung eines Widerspruchs auf der Grundlage von Art. 8 Abs. 4 müssen der **Erwerb**, der **Fortbestand** und der **Schutzumfang** (→ Rn. 201) des älteren Rechts nachgewiesen werden (s. Regel 19 Abs. 2 Buchst. d GMDV). Soweit es sich hierbei um ein nationales Recht handelt, hat der Widersprechende in diesem Zusammenhang auch **die rechtlichen Voraussetzungen** der Entstehung, dh die jeweils einschlägigen nationalen Rechtsvorschriften, sowie deren Erfüllung im konkreten Fall nachzuweisen (vgl. EuGH C-263/09, GRUR Int 2011, 821 Rn. 60 – ELIO FIORUCCI; EuG T-579/10, GRUR Int 2013, 646 Rn. 50 – makro). Dem entspricht auch die langjährige Amtspraxis des EUIPO (vgl. EUIPO-Richtlinien Teil C, Abschnitt 4, Rn. 4.2.1). 197

Das Amt darf sich allerdings nicht lediglich darauf beschränken, das nationale Recht anhand der ihm hierzu vorgelegten Unterlagen zu bestätigen, sondern darf diese überprüfen und muss sich ggf. von Amts wegen mit den ihm hierzu zweckdienlich erscheinenden Mitteln über das nationale Recht informieren, falls entsprechende Kenntnisse für seine Beurteilung erforderlich sind (EuGH C-530/12 P, GRUR Int 2014, 452 – HABM/National Lottery Commission). Dies entbindet den Widersprechenden indes nicht von der ihm im Ausgangspunkt obliegenden Beweislast (HABM-BK Entsch. v. 2.6.2014, R 1587/2013-4 Rn. 26 – GROUP; Entsch. v. 30.6.2014 – R 2256/2013-2 Rn. 26 – ENERGY). 198

Das EUIPO stellt strenge Anforderungen an den Nachweis des nationalen Rechts. Die bloße Ablichtung der Beispielliste des Amtes zu älteren nationalen Rechten (→ Rn. 184) bzw. der Verweis hierauf reicht keinesfalls aus (HABM-BK Entsch. v. 22.1.2013 – R1182/2011-4 – CROWN). Vielmehr ist der Gesetzestext der jeweils einschlägigen nationalen Bestimmungen in der **Originalsprache** vorzulegen und ggf. in die Verfahrenssprache zu **übersetzen.** Nationale Rechtsprechung oder Literatur, auf die sich der Widersprechende beruft, ist in Kopie beizufügen (die bloße Angabe einer Fundstelle genügt nicht) und ebenfalls in die Verfahrenssprache zu übersetzen (s. hierzu EUIPO-Richtlinien Teil C, Abschnitt 4, Rn. 4.2.1). 198.1

Das Amt verlangt außerdem einen substantiierten Vortrag des Widersprechenden, weshalb die Voraussetzungen für den Schutz des älteren Rechts tatsächlich erfüllt sind. Bei einem auf eine deutsche Benutzungsmarke gestützten Widerspruch müssten daher nicht nur die einschlägigen Rechtsvorschriften, sondern auch die Benutzung der Marke nachgewiesen werden. Weiterhin müsste anhand des Gesetzeswortlauts sowie des Schrifttums bzw. der einschlägigen Rechtsprechung erläutert werden, was Verkehrsgeltung ist und nach welchen Kriterien ihr Vorliegen geprüft wird. Schließlich müsste eine logische Argumentation dafür vorgebracht werden, warum diese im konkreten Fall erfüllt sind. 198.2

Die oben dargestellten Grundsätze gelten entsprechend, wenn der Widerspruch auf ein Unionsrecht geschütztes älteres Recht gestützt ist; allerdings ist der Widersprechende in diesem Fall nicht verpflichtet, den Text der geltend gemachten Rechtsvorschriften vorzulegen (EUIPO-Richtlinien Teil C Abschnitt 4 Rn. 4.2.2). 198.3

Die geschilderten Substantiierungserfordernisse gelten für die innerhalb der vom EUIPO gesetzten Frist einzureichende Widerspruchsbegründung. Für die Zulässigkeit des Widerspruchs genügt es, dass das Widerspruchsformular eine Wiedergabe des älteren Rechts enthält, außerdem Angaben zur Art des älteren Rechts und zu dessen Schutzgebiet (entweder einer oder mehrere Mitgliedstaaten oder die Union als Ganzes), vgl. Regel 15 Abs. 2 Buchst. b (iii) GMDV. Die fehlerhafte Ausfüllung des Formulars (bspw. durch Angabe der EU anstatt einzelner Mitgliedstaaten, durch fehlerhafte Bezeichnung der Art des älteren Rechts oder allgemein durch widersprüchliche Angaben) führt nicht zwingend zur Unzulässigkeit des Widerspruchs. Jedenfalls dann, wenn sich die notwendigen Informationen aus weiteren, zusammen mit der Widerspruchsschrift eingereichten Unterlagen ergeben, ist der Widerspruch zulässig, mit der Folge, dass das EUIPO das Vorliegen der Tatbestandsvoraussetzungen des Art. 8 Abs. 4 prüfen muss (EuG T-356/12, BeckRS 2014, 81053 – SÔ:UNIC). 198.4

Das ältere Kennzeichenrecht muss gemäß Art. 8 Abs. 4 Buchst. a **vor dem Anmeldetag** der angegriffenen Unionsmarkenanmeldung, ggf. vor dem Tag der in Anspruch genommenen Priorität, **entstanden** sein. Der Entstehungszeitpunkt richtet sich nach nationalem Recht. Setzt das nationale Recht lediglich eine Eintragung voraus, genügt dies jedenfalls den Anforderungen des Art. 8 Abs. 4 Buchst. a. Sieht das nationale Recht dagegen eine Benutzung des Zeichens vor, muss diese vor dem Anmeldetag der angegriffenen Marke begonnen haben. Dies gilt unabhängig von der Tatsache, dass auch die Benutzung im geschäftlichen Verkehr vor der Anmeldung stattgefunden haben muss (→ Rn. 188). Soweit das nationale Recht Verkehrsdurchsetzung oder Bekanntheit voraussetzt, müssen diese eben- 199 falls am Anmeldetag der angegriffenen Anmeldung vorgelegen haben (s. zB zum „goodwill" als Voraussetzung des „passing off" EuG T-303/08, BeckRS 2010, 91412 Rn. 99 – GOLDEN ELEPHANT).

200 Erforderlich, aber auch ausreichend ist, dass der Widersprechende in dem Zeitpunkt, in dem das EUIPO über den Widerspruch entscheidet, ein älteres Recht iSv Art. 8 Abs. 4 geltend machen kann, das nicht durch eine unanfechtbar gewordene gerichtliche Entscheidung für ungültig erklärt wurde (EuGH C-96/09 P, GRUR 2011, 737 Rn. 94 – BUD). Das EUIPO muss zwar die Entscheidungen der Gerichte der betreffenden Mitgliedstaaten über die Gültigkeit der geltend gemachten älteren Rechte berücksichtigen, um sich zu vergewissern, dass diese immer noch die nach Art. 8 Abs. 4 geforderte Wirkung haben. Es darf jedoch nicht seine eigene Beurteilung an die Stelle derjenigen der zuständigen nationalen Gerichte setzen, da ihm diese Befugnis durch die UMV nicht verliehen wird (EuGH C-96/09 P, GRUR 2011, 737 Rn. 95 – BUD). Ist der Bestand des älteren Rechts vor den nationalen Gerichten auf dem Prüfstand, so spricht indes vieles für eine Aussetzung des Widerspruchsverfahrens. Insofern sollte nichts Anderes gelten, als im Falle eingetragener nationaler Marken; hier setzt das EUIPO regelmäßig aus, wenn diese angegriffen werden.

2. Recht, die Benutzung einer jüngeren Marke zu untersagen

201 Gemäß Art. 8 Abs. 4 Buchst. b muss das ältere Kennzeichenrecht seinem Inhaber das Recht verleihen, die **Benutzung** einer jüngeren Marke zu **untersagen**. Dieses Erfordernis gilt nicht nur abstrakt, sondern muss auch im **konkreten Fall** erfüllt sein, dh der Widersprechende muss nach nationalem Recht in der Lage sein, die Benutzung gerade der angegriffenen Marke untersagen zu können (EuG verb. Rs. T-57/04 und T-71/04, BeckRS 2007, 70395 Rn. 89 – Budweiser King of Beers). Soweit der Widerspruch auf ein nationales Kennzeichenrecht gestützt ist, ergeben sich die materiell-rechtlichen Fragen nicht im Rückgriff auf Art. 8 Abs. 1 oder Abs. 5, sondern unmittelbar aus dem nationalen Recht. Soweit dieses auf (unions-)markenrechtliche Kriterien wie Verwechslungsgefahr und Warenähnlichkeit zurückgreift, dürften allerdings keine ausführlicheren rechtlichen Darlegungen erforderlich sein, als bei einem Widerspruch, der auf eingetragene Marken gestützt ist. Anderes gilt dagegen bei rein nationalrechtlichen Kriterien, wie etwa der Branchennähe (→ MarkenG § 15 Rn. 44 f.) im deutschen Firmenrecht.

202 Die Beweislast für das Vorliegen des Untersagungsrechts trifft den Widersprechenden. Er muss belegen, dass er auf der Grundlage der maßgeblichen innerstaatlichen Regelung und den in dem betreffenden Mitgliedstaat ergangenen Gerichtsentscheidungen die Benutzung der angemeldeten Marke untersagen könnte. Dagegen braucht der Widersprechende nicht nachzuweisen, dass dieses Untersagungsrecht auch ausgeübt worden ist, dass er also tatsächlich ein Verbot einer solchen Benutzung erwirken konnte (EuGH C-96/09 P, GRUR 2011, 737 Rn. 190 f. – BUD). Hinsichtlich der Anforderungen an den Nachweis gilt das zum Erwerb des älteren Kennzeichenrechts Gesagte (→ Rn. 198.1 f.) entsprechend.

202.1 Die Auffassung des EuGH, wonach es auf die tatsächliche Ausübung des Benutzungsuntersagungsrechts nicht ankommt, steht im Einklang mit dem Wortlaut der Vorschrift. Es stellt sich jedoch die Frage, ob auch ein Widersprechender, der seit Jahren versucht, die Benutzung eines Zeichens zu untersagen, welches der angemeldeten Unionsmarke entspricht, hiermit jedoch in vielen Instanzen erfolglos geblieben ist, wirklich seiner Darlegungslast nach Art. 8 Abs. 4 Buchst. b nachkommt. In einer solchen Situation erscheint eine Aussetzung des Widerspruchsverfahrens oder gar eine Zurückweisung des Widerspruchs geboten – immerhin liegt ja die Darlegungs- und Beweislast für die Möglichkeit, aufgrund des älteren Zeichens die Benutzung einer jüngeren Marke zu untersagen, beim Widersprechenden, so dass sich anhaltende Zweifel zu seinen Lasten auswirken sollten.

203 Regelmäßig berufen sich Widersprechende im Rahmen von Art. 8 Abs. 4 auf nationale Vorschriften, die ihnen ein Widerspruchsrecht gegen nationale Markenanmeldungen oder einen Anspruch auf Löschung einer nationalen Marke verleihen. Beides ist jedoch in diesem Zusammenhang irrelevant, da es allein um die Frage geht, ob die **Benutzung** des jüngeren Zeichens verboten werden kann, was sich regelmäßig nach anderen Vorschriften richtet.

204 Die Benutzung der angemeldeten Marke muss nicht im gesamten Gebiet des Mitgliedstaates, dessen Recht zur Anwendung kommt, untersagt werden können (EuGH verb. Rs. C-325/13 P und C-326/13 P, GRUR Int 2014, 952 Rn. 58 – Peek & Cloppenburg). Ein

Widerspruch aus Art. 8 Abs. 4 kann danach grundsätzlich mit Erfolg auch auf ältere Rechte gestützt werden, die zwar von mehr als lediglich örtlicher Bedeutung sind, aber eben nicht im gesamten Gebiet des betreffenden Mitgliedstaates Schutz genießen bzw. durchsetzbar sind, beispielsweise weil ihnen in einem Teil des Hoheitsgebiets Rechte eines Gleichnamigen (→ MarkenG § 23 Rn. 14 ff.) entgegenstehen.

Der Entscheidung des EuGH ist zuzustimmen. Ein anderes Ergebnis würde das Kriterium **205** der mehr als lediglich örtlicher Bedeutung entwerten, welches maßgeblich darauf abstellt, dass das ältere Kennzeichenrecht auf dem relevanten Markt tatsächlich und wirklich präsent ist (→ Rn. 191). Diese Voraussetzung kann indes dann auch erfüllt sein, wenn kein landesweiter Anspruch auf Untersagung der Benutzung besteht. Umgekehrt werden längst nicht alle Rechte, aus denen sich ein landesweiter Unterlassungsanspruch ergibt, tatsächlich in einem Umfang benutzt, der den Anforderungen an eine mehr als lediglich örtliche Bedeutung genügt. Dass infolge der Entscheidung der Inhaber eines nicht bundesweit geschützten älteren Kennzeichenrechts zwar die Eintragung einer kollidierenden Unionsmarke, mangels bundesweiten Unterlassungsanspruchs (→ MarkenG § 12 Rn. 18 ff.) jedoch nicht die Eintragung einer deutschen Marke verhindern kann, ist Ausdruck der Autonomie des Unionsmarkensystems.

D. Widerspruch aufgrund von Ursprungsbezeichnungen und geografischen Angaben (Abs. 4a)

Art. 8 Abs. 4a ist durch die VO (EU) 2015/2424 neu eingeführt worden. Die Vorschrift **206** regelt die Voraussetzungen für einen Widerspruch auf der Grundlage von prioritätsälteren **Ursprungsbezeichnungen** und **geografischen Angaben** erstmals ausdrücklich und **ausschließlich**. Ein gänzlich neuer Widerspruchsgrund wird hierdurch indes nicht geschaffen. Auch vor Einführung des Art. 8 Abs. 4a konnte ein Widerspruch bereits auf Ursprungsbezeichnungen und geografische Angaben als „sonstige im geschäftlichen Verkehr benutzte Kennzeichenrechte" nach Art. 8 Abs. 4 gestützt werden (→ Rn. 180). Allerdings mussten für einen erfolgreichen Widerspruch sämtliche Voraussetzungen des Art. 8 Abs. 4 erfüllt sein. Insbesondere musste die ältere Ursprungsbezeichnung oder geografische Angabe im geschäftlichen Verkehr benutzt worden und von mehr als lediglich örtlicher Bedeutung sein. Dies gilt nach der neuen Regelung des Art. 8 Abs. 4a nicht mehr (→ Rn. 209).

Da die Änderungsverordnung keine Übergangsvorschriften vorsieht, findet Art. 8 Abs. 4a **207** auf alle Widersprüche Anwendung, die ab dem Datum seines Inkrafttretens erhoben werden, unabhängig davon, ob der Anmeldetag bzw. das Prioritätsdatum der angefochtenen Markenanmeldung vor oder nach dem Inkrafttreten der Vorschrift liegt. Art. 8 Abs. 4 ist dagegen seit dem Inkrafttreten der Verordnungsreform nicht mehr auf Widersprüche aus Ursprungsbezeichnungen und geografischen Angaben anwendbar, obwohl sich der Wortlaut der Vorschrift nicht geändert hat. Das Amt legt Widersprüche, die fälschlicherweise noch auf Art. 8 Abs. 4 gestützt werden, jedoch zugunsten des Widersprechenden aus, wenn aus der Widerspruchsschrift klar erkennbar ist, dass der Widerspruch auf eine geschützte Ursprungsbezeichnung oder geografische Angabe (und damit auf Art. 8 Abs. 4a) gestützt werden soll (vgl. EUIPO-Richtlinien, Teil C, Abschnitt 4, Ziff. 5.1).

Nach Art. 8 Abs. 4a kann jede Person Widerspruch einlegen, die gemäß dem einschlägi- **208** gen nationalen oder Unionsrecht zur Ausübung der aus einer Ursprungsbezeichnung oder geografischen Angabe entstehenden Rechte berechtigt ist. Unionsrechtliche Vorschriften zum Schutz von Ursprungsbezeichnungen und geografischen Angaben enthalten die VO (EU) Nr. 1308/2013 über den Schutz geografischer Angaben für **Weine**, die VO (EU) Nr. 251/2014 über den Schutz geografischer Angaben für **aromatisierte Weine**, die VO (EG) Nr. 110/2008 über den Schutz geografischer Angaben für **Spirituosen**, sowie die VO (EU) Nr. 1151/2012 über den Schutz geografischer Angaben für **Agrarerzeugnisse und Lebensmittel**. Diese Verordnungen schützen die auf ihrer Grundlage eingetragenen Ursprungsbezeichnungen bzw. geografischen Angaben jeweils auf dreifache Weise: (1) gegen eine direkte oder indirekte **gewerbliche Verwendung** der geschützten Bezeichnung, (2) gegen widerrechtliche **Aneignung, Nachahmung** oder **Anspielung**, sowie (3) gegen sonstige **irreführende Praktiken**.

209 Die Eintragung der angemeldeten Marke wird zurückgewiesen, wenn die im Einklang mit Unionsvorschriften oder nationalem Recht geschützte Ursprungsbezeichnung oder geografische Angabe **prioritätsälter** ist und nach dem für sie jeweils maßgeblichen Recht (zB nach den in → Rn. 208 genannten Verordnungen) zur **Untersagung der Benutzung** einer jüngeren Marke berechtigt. Diese Voraussetzungen, die auch nach der bisherigen Rechtslage galten, bleiben bestehen. Dagegen ist es anders als bisher unter Geltung des Art. 8 Abs. 4a nun **nicht mehr erforderlich,** dass die geografische Angabe oder die Ursprungsbezeichnung auch iSv Art. 8 Abs. 4 im geschäftlichen Verkehr benutzt wird und von mehr als lediglich örtlicher Bedeutung ist. Der Wortlaut des Art. 8 Abs. 4a sieht dies in klarer Abgrenzung zu Art. 8 Abs. 4 nicht vor. Dies stellt eine wesentliche Änderung gegenüber der bisherigen Rechtslage dar, die aufgrund der mit ihr verbundenen Beweiserleichterung zu einer deutlichen Absenkung der Anforderungen an einen erfolgreichen Widerspruch auf der Grundlage von Ursprungsbezeichnungen und geografischen Angaben führt.

E. Widerspruch aus einer bekannten Marke

I. Allgemeines

210 Art. 8 Abs. 5 enthält **vier Tatbestandsmerkmale,** Zeichenidentität oder -ähnlichkeit, Waren- und Dienstleistungsähnlichkeit, Bekanntheit der älteren Marke(n) und den Eingriffstatbestand. Das vierte Merkmal zerfällt dabei noch einmal in drei Unter-Tatbestandsmerkmale: Ausnutzung der Wertschätzung (Rufausbeutung, → Rn. 244), Beeinträchtigung der Unterscheidungskraft (Verwässerung → Rn. 242) und Beeinträchtigung der Wertschätzung (→ Rn. 243).

211 Die Vorschrift ist mit identischem Wortlaut in Art. 5 Abs. 3 lit. a RL (EU) 2015/2436, der Parallelbestimmung in der MRL, enthalten. Alle Mitgliedstaaten der EU haben bereits auf Grundlage der RL 2008/95/EG, die dies in die Wahl der Mitgliedstaaten stellte, eine Bestimmung über den Schutz bekannter Marken in ihre nationalen Markengesetze aufgenommen. Allerdings spielt dies für Widerspruchs- und Nichtigkeitsverfahren vor dem EUIPO keine Rolle, weil Art. 8 Abs. 5 bekannte nationale Marken ausdrücklich erwähnt und damit eine unmittelbar anwendbare Rechtsgrundlage darstellt. Die auf die Mitgliedstaaten bezogenen Bestimmungen sind lediglich für nationale Amtsverfahren sowie Verletzungsverfahren vor den nationalen Gerichten notwendig.

II. Normzweck

212 Art. 8 Abs. 5 erweitert den Schutz der Marke, den Art. 8 Abs. 1 Buchst. b bietet. Während dieser die Herkunftsfunktion der Marke im Blick hat, schützt jener die **Qualitäts- und Werbefunktion** der Marke oder – wie es die Amtliche Begründung zum MarkenG formuliert – den „Goodwill" der Marke (Begr. RegE, BT-Drs. 12/6581, 72). Dieser ist der wirtschaftliche Wert (Ingerl/Rohnke MarkenG § 14 Rn. 1292). Es geht um die Nutzung einer Marke als Kommunikationsmittel und Träger einer allgemeinen Marketingbotschaft (so Generalanwältin Sharpston in ihren Schlussanträgen vom 26.6.2008, C-252/07, Rn. 13 – Intel). Insofern soll die Marke hier nicht nur Waren und Dienstleistungen dem Markeninhaber zuordnen, sondern auch dem Verbraucher ein Image vom Markeninhaber und seinen Waren und Dienstleistungen vermitteln und so für ihn werben.

213 Eine bekannte Marke iSd Art. 8 Abs. 5 genießt daher Schutz nur aufgrund der **Benutzung** für die von ihr gekennzeichneten Waren und Dienstleistungen, nicht weil sie etwa auf eine berühmte Person oder ein berühmtes Ereignis verweist (EuG T-255/08, GRUR Int 2011, 63 Rn. 55, 56 – JOSE PADILLA; EuGH C-361/04 P, GRUR 2006, 237 Rn. 17 – Picasso/Picaro; C-16/06 P, GRUR Int 2009, 397 Rn. 96 – OBELIX/MOBILIX). Die Benutzung spiegelt sich vor allem in den **Investitionen,** die in die Marke fließen, wieder. Dieser wirtschaftliche Aufwand soll geschützt werden.

III. Anwendungsbereich

1. Ältere Marken

Art. 8 Abs. 5 ist ausweislich seines Wortlauts ausschließlich anwendbar auf ältere **eingetragene oder früher zur Eintragung angemeldete Marken**. Dies umfasst Unionsmarken, IR-Marken, Benelux- und nationale Markeneintragungen oder -anmeldungen. Nicht eingetragene notorisch bekannte Marken iSv Art. 6bis PVÜ sind zwar „ältere Marken" iSv Art. 8 Abs. 2 Buchst. c, sie können jedoch nicht den erweiterten Schutz nach Art. 8 Abs. 5 in Anspruch nehmen, s. EuG T-255/08, GRUR Int 2011, 63 Rn. 47, 48 – JOSE PADILLA). 214

Nicht eingetragene notorisch bekannte Marken können aber als ältere Rechte iSv Art. 8 Abs. 1 Buchst. b oder Art. 8 Abs. 4 geschützt sein. Sieht das maßgebliche nationale Recht für solche nicht eingetragenen Marken einen Schutz auch im Bereich nichtähnlicher Waren vor, kann dieser erweiterte Schutz über Art. 8 Abs. 4 geltend gemacht werden. Dies gilt unter anderem für die in Deutschland notorisch bekannten Marken. 215

Zu beachten ist in diesem Zusammenhang, dass Art. 6bis PVÜ nur Warenmarken schützt, nicht auch Dienstleistungsmarken. Nach Art. 16 TRIPS ist aber die Gleichstellung von Dienstleistungsmarken international verbindlich festgeschrieben und daher auch für die EU verbindlich (insoweit → MarkenR Einleitung Rn. 228). Art. 8 Abs. 2 Buchst. c ist damit auch vereinbar, da er nur hinsichtlich des **Maßstabs** der notorischen Bekanntheit auf Art. 6bis PVÜ verweist, nicht aber hinsichtlich des Schutzgegenstands, dh Dienstleistungsmarken erhalten nach EU-Recht (wie auch nach nationalem Recht) exakt den gleichen Schutz wie Produktmarken. 216

Diese Beschränkung auf eingetragene Marken wurde in der Studie über das Gesamtfunktionieren des Europäischen Markensystems des Max-Planck-Instituts bemängelt (vgl. Studie S. 93/94 Rn. 2.134–2.139). Die Studie forderte eine Erweiterung des Schutzes der bekannten Marke in der UMV auf nicht eingetragene Marken (vgl. Studie Rn. 2.136). Der Forderung wurde jedoch nicht Rechnung getragen. 216.1

Im Rahmen des Art. 8 Abs. 1 Buchst. b kann sich der Anmelder nicht auf eine Bekanntheit seiner Anmeldung berufen, weil ein Bekanntheitsschutz (durch erweiterten Schutzbereich) grundsätzlich nur dem Inhaber der älteren Marke zugutekommt (vgl. EUIPO BK v. 26.7.2012 – R 1561/2010-4 Rn. 30 – SKY/SKYPE, bestätigt durch EuG T-423/12, BeckRS 2015, 80655 Rn. 71 – SKY/SKYPE). Das gilt auch für Art. 8 Abs. 5. Auch im Rahmen des hier zu prüfenden Zeichenvergleichs kann sich der Anmelder nicht darauf berufen, die Anmeldung würde sich aufgrund ihrer Bekanntheit begrifflich von der älteren Marke unterscheiden. Allerdings kann eine entsprechende Bekanntheit durchaus der Rufausbeutung entgegenstehen oder einen rechtfertigenden Grund darstellen. 216.2

2. Identische und ähnliche oder nicht ähnliche Waren und Dienstleistungen

Art. 8 Abs. 5 galt seinem früheren Wortlaut nach nur für unähnliche Waren und Dienstleistungen, wurde aber auf identische oder ähnliche Waren und Dienstleistungen analog angewendet (EuGH C-292/00, GRUR Int 2003, 353 Rn. 30 – Davidoff). Der Wortlaut wurde durch die VO (EU) 2015/2424 dieser Realität angepasst. Dies ist – neben der in → Rn. 211 angesprochenen Änderung der MRL – die einzige Änderung in Bezug auf den Bekanntheitsschutztatbestand im Zuge der Reform. 217

IV. Bekanntheit

1. Relevanter Zeitpunkt

Im Widerspruchsverfahren muss die Bekanntheit in dem für den Zeitrang des jüngeren Zeichens maßgeblichen Zeitpunkt bestehen, also grundsätzlich zum **Zeitpunkt der Anmeldung** der jüngeren Marke. Sämtliche Dokumente, die zum Nachweis der Bekanntheit eingereicht werden, müssen also grundsätzlich aus der Zeit vor der Anmeldung stammen. Im Fall einer Marke, die eine Priorität in Anspruch nimmt, ist auf den **Prioritätszeitpunkt** abzustellen. 218

Im Rahmen eines Nichtigkeitsantrags nach Art. 53 Abs. 1 Buchst. a UMV muss der Inhaber der älteren Marke die Bekanntheit zum einen für den Zeitraum bis zur Veröffentlichung der Anmeldung der jüngeren Marke, zum anderen für den Zeitraum bis zum Tag der 219

Einreichung des Nichtigkeitsantrags belegen (vgl. den Wortlaut von Art. 57 Abs. 2 UMV). Das kann problematisch sein, wenn die Marke in der Zwischenzeit verwässert wurde oder die Bekanntheit infolge geringerer Benutzung der Marke abgenommen hat. Das wird aber in der Praxis die Ausnahme sein.

220 Die Bekanntheit muss grundsätzlich bis zum Zeitpunkt der Entscheidung der Widerspruchs- bzw. der Nichtigkeitsabteilung (und im Beschwerdeverfahren der Beschwerdekammer) weiterbestehen. Verfällt die Bekanntheit zwischenzeitlich, muss der Markenanmelder oder -inhaber dies vortragen und die Entscheidungsinstanzen müssen dies entsprechend berücksichtigen. Dies wird in der Praxis aber die Ausnahme sein.

221 Zu beachten ist immer, dass es bei der Bewertung der Bekanntheit einer Marke nicht wie bei der Benutzung auf einen bestimmten Zeitraum ankommt, sondern grundsätzlich sämtliches vor der Veröffentlichung der Anmeldung datiertes Material in Frage kommt. Hier gibt es **keine feste zeitliche Grenze.** Wenn der Widerspruchsführer oder Nichtigkeitskläger allerdings ausschließlich sehr alte Dokumente vorlegt, die aus einer Zeit viele Jahre vor dem relevanten Datum stammen, ist der Beweiswert dieser Dokumente geringer und die Bekanntheit nur sehr zurückhaltend zu bejahen.

222 Ebenso wie bei Benutzungsnachweisen ist der relevante Stichtag nicht als eine absolute Ausschlussgrenze zu sehen. Stammen Teile der Dokumente aus der Zeit nach dem Veröffentlichungstag der Anmeldung der jüngeren Marke oder sind sie überhaupt nicht datiert, ist dieses Material nicht rundheraus zurückzuweisen, sondern kritisch zu prüfen. Wird die (große) Bekanntheit klar mit Dokumenten, die nach dem Stichtag datiert sind, belegt, so besteht die Vermutung, dass die Bekanntheit nicht von heute auf morgen entstanden ist, sondern vermutlich bereits weit vor dem Stichtag bestand. Auch hier wird das Amt, je nach Beweislage, die Bekanntheit gegebenenfalls zurückhaltender bejahen.

222.1 Vgl. hierzu die EUIPO Richtlinien Teil C Widerspruch, Abschnitt 5 Bekannte Marken Art. 8 Abs. 5 UMV, Ziffer 3.1.2.5; die 4. Beschwerdekammer hat beispielsweise eine Entscheidung des BPatG aus dem Jahr 1972 als zu lange zurückliegend angesehen, um die Bekanntheit der älteren Marke für Einzelhandelsdienstleistungen für Parfüm-, Kosmetik- und Seifenwaren im Jahr 2006 zu beweisen. Dieser Zeitraum war für die Kammer eindeutig zu lang. Desgleichen hat sie eine Entscheidung des EuG von 2005, die die Bekanntheit der in Rede stehenden älteren Marke im Zeitpunkt 1996 beurteilt, ebenfalls als ungeeignet angesehen, die Bekanntheit derselben Marke im Jahr 2006 zu belegen. Auch ein Zeitraum von zehn Jahren war der Kammer also noch zu lange, vgl. EUIPO BK v. 9.11.2010 – R 1033/2009-4 Rn. 31 – bebe/PEPE; in der BEATLES-Entscheidung war die sich über einen langen Zeitraum erstreckende Bekanntheit hingegen sogar von Vorteil, vgl. EuG T-369/10, GRUR Int 2012, 791 Rn. 36 – BEATLES/BEATLE. Die ältere Marke der Beatles Gruppe war von der Beschwerdekammer als für Film- und Tonträger sowie Spiele und Spielzeug bekannt angesehen worden (für erstere überragende Bekanntheit, für letztere zumindest von einem gewissen Umfang). Hier wies die Beschwerdekammer insbesondere darauf hin, dass sich Bild- und Tonträger der Beatles in den Jahren 1995 bis 2010 in Rekordzahl verkauft hätten. Auch betonte die Beschwerdekammer, dass der durch verschiedene schriftliche Quellen (unter anderem Wikipedia) bestätigte Ruf der Beatles Band seit über 40 Jahren bestehe.

223 Hier ist auch zu berücksichtigen, um welche Waren und Dienstleistungen es geht und wie schnell sich ein bestimmtes wirtschaftliches Umfeld ändert (EUIPO Richtlinien, Teil C, Abschnitt 5, Bekannte Marken, Ziffer 3.1.2.5). Beispiele sind die sich immer noch schnell verändernden Branchen Computertechnologie, Internet und Mobilfunkkommunikation. Hier kann eine zügig aufgebaute Bekanntheit auch schnell vergehen, wenn beispielsweise der Markeninhaber in Insolvenz geht oder aus einer führenden Marktposition verdrängt wird (obwohl auch in diesem Feld „große" Marken bereits seit langer Zeit etabliert sind, man denke an Microsoft, Google und Facebook). Grundsätzlich akzeptiert das Amt aber auch hier Beweismittel, die **nach dem ausschlaggebenden Zeitpunkt** datiert sind. Denn auch in schnelllebigen Branchen entsteht Bekanntheit nicht über Nacht.

223.1 In der Entscheidung BOTOX/BOTOLIST hatte das EuG zu klären, ob das vorgelegte Beweismaterial zum Nachweis der Bekanntheit der im Jahre 2002 angemeldeten älteren Marke Botox ausreichte. Obwohl Teile der Beweise, unter anderem eine aussagekräftige Umfrage zur Bekanntheit von Botox, aus der Zeit nach dem Anmeldedatum der älteren Marke datierten, entschied das EuG, dass die Bekanntheit hinreichend dargelegt worden war (EuG verb. Rs. T-345/08 und 357/08, BeckRS 2011, 80724 Rn. 60, 63 – BOTOX/BOTOLIST; bestätigt durch EuGH C-100/11, GRUR Int 2012, 630). Teilweise datierten die Dokumente nur kurze Zeit nach Anmeldung der jüngeren Marke, die Umfrage gab unter anderem Werte von 2003 wieder. Hier berücksichtigte das EuG, dass die Bekanntheit einer Marke sich über einen bestimmten Zeitraum langsam aufbaut. Zudem waren auch die Indizien aus der Zeit vor der Anmeldung der jüngeren Marke stark, beispielsweise war der mit Botox-Produkten erzielte Umsatz in den Jahren 1999 bis 2002 sehr stark angestiegen (EuG verb. Rs. T-345/08 und 357/08, BeckRS 2011, 80724, Rn. 46, 52 – BOTOX/BOTOLIST). Der Entscheidung ist zuzustimmen, sie ist ein Beispiel für eine ausgewogene Beweiswürdigung (vgl. auch EuG verb. Rs. T-345/08 und 357/08, BeckRS 2011, 80724, Rn. 48–63 – BOTOX/BOTUMAX, zur Beweiswürdigung, ein ganz ähnlich gelagerter Fall, in dem das EuG ebenfalls ausführlich zur Beweislage Stellung nimmt). Anders hat das EuG zu Recht in dem Fall EMIDIO TUCCI/EMILIO PUCCI entschieden. Hier hatte der Widersprechende, die spanische Kaufhauskette Corte Inglés, fast ausschließlich Material aus der Zeit nach der Anmeldung der angefochtenen Marke vorgelegt. Dies genügte der Beschwerdekammer und auch dem EuG nicht (EuG T-8/03, BeckRS 2004, 78263 Rn. 71, 72 – EMIDIO TUCCI/EMILIO PUCCI).

Natürlich sind manche Beweismittel stets **nach dem Anmeldezeitpunkt** datiert, wenn 224 sie erst zum Zwecke der Vorlage im streitigen Verfahren erstellt wurden, zB Umfragen, die erst während des laufenden Verfahrens durchgeführt werden. Das stellt das Amt grundsätzlich in Rechnung, und in der Regel wird dies kein Problem sein. Wie stets müssen dann alle Beweismittel in einer Gesamtschau bewertet und festgestellt werden, ob sie den Anforderungen genügen oder nicht.

Problematischer kann dies sein, wenn eine Umfrage, die bereits zu Beginn des Verfahrens 225 zur Verfügung stand, erst in der zweiten Instanz vor der Beschwerdekammer vorgelegt wird. Hier gelten die allgemeinen Regeln über die Zulassung von Beweismitteln in der Beschwerdeinstanz (→ Art. 76 Rn. 73 ff. zu Art. 76 Abs. 2).

2. Bekanntheitsgrad

Den Begriff der Bekanntheit hat der EuGH im Urteil Chevy konkretisiert (EuGH C- 226 375/97, GRUR Int 2000, 73 – Chevy). Er hat sich dabei in Rn. 22 ausdrücklich zu einer **Bekanntheitsschwelle** bekannt, dh die Bekanntheit muss einen bestimmten Grad erreichen. Einen bestimmten Prozentsatz hat der EuGH dabei nicht gefordert. Konkret formulierte der EuGH, dass die ältere Marke einem **„bedeutenden Teil" des Publikums bekannt** sein müsste (EuGH C-375/97, GRUR Int 2000, 73 Rn. 26 – Chevy). Im Rahmen der Prüfung des Grads der Bekanntheit müssen „alle relevanten Umstände des Falls" berücksichtigt werden (vgl. Richtlinien des EUIPO, Teil C Widerspruch, Abschnitt 5 Bekannte Marken Artikel 8 Absatz 5 UMV, Ziffer 3.1.2.1).

Als **Beurteilungskriterien** nennt der EuGH den Marktanteil der Marke, die Intensität, die geogra- 226.1 phische Ausdehnung und die Dauer ihrer Benutzung sowie den Umfang der Investitionen, die der Markeninhaber zu ihrer Förderung getätigt hat. Diese Liste ist aber nicht erschöpfend, und so kommt grundsätzlich jedes Beweismittel in Frage. Die Kriterien sind auch nicht kumulativ. Sind bestimmte Beweismittel überzeugend und ausreichend, müssen nicht zwingend alle genannten Dokumente vorgelegt werden (EuG T-verbundene Rechtssachen T-345/08 und 357/08, GRUR Int 2011, 420, Rn. 76 – BOTOX/BOTOLIST, BOTOCYL: hoher Marktanteil der Botox-Marke und hohe Werte in Bekanntheitsumfragen; EuG T-47/06 BeckEuRS 2007, 449401 Rn. 51, 52 – NASDAQ/NASDAQ: hier bejahte das EuG vor allem wegen der Werbeausgaben und der Erwähnung von Nasdaq in der Presse die Bekanntheit der Marke Nasdaq). Einen Überblick über die Beweismittel geben die Richtlinien, siehe EUIPO Richtlinien Teil C Widerspruch, Abschnitt 5 Bekannte Marken Art. 8 Abs. 5 UMV, Ziffer 3.1.4.3; ein Beispiel für eine kritische Beweiswürdigung ist die Entscheidung EUIPO BK v. 10.12.2007, R 216/200-4, Rn. 36–51 – Miles & More/DEGUSMILES & More.

Damit gilt auch im Rahmen des Art. 8 Abs. 5, dass die Bekanntheit vor allem über **quantitative** 226.2 **Kriterien** ermittelt wird, auch wenn qualitative Kriterien Berücksichtigung finden können. Dabei kommt in der Praxis des Amtes den durch Umfragen ermittelten Bekanntheitswerten sowie Angaben zu Umsatzzahlen und Werbeausgaben die größte Bedeutung zu. Das Amt bejaht die Bekanntheit zwar auch ohne solche Umfragen, wenn die übrigen Beweismittel überzeugend sind; Umfragen helfen aber in hohem Maße, sofern sie bestimmten Anforderungen genügen. Sie können eine ansonsten eher wenig überzeugend bewiesene Bekanntheit „retten", und sogar ohne jeden weiteren Beweis genügen, wenn die Bekanntheitswerte überragend sind (vgl. EUIPO BK v. 5.6.2000 – R 802/1999-1 Rn. 21 – DUPLO/DUPLO).

3. Bezug zu Waren und Dienstleistungen der älteren Marke

227 Wenn die Bekanntheit der älteren Marke nur für einen **Teil** der Waren oder Dienstleistungen, für die sie eingetragen ist, nachgewiesen werden kann, dann kann Art. 8 Abs. 5 nur in diesem Maß geltend gemacht werden. Folglich können nur diese Waren bei der Prüfung berücksichtigt werden (EuG T-357/09 BeckRS 2012, 82125 Rn. 74 – EMILIO TUCCI/ EMIDIO PUCCI). Diese Überlegung ist bei der Verteidigung von Marken gegen bekannte Marken nützlich. Der Anmelder muss hier stets genau prüfen, auf welche Waren und Dienstleistungen sich die vorgelegten Beweismittel beziehen. Nur in diesem Umfang kann eine Bekanntheit überhaupt geltend gemacht werden (vgl. EUIPO BK v. 9.11.2010 – R 1033/ 2009-4 Rn. 31 – bebe/PEPE).

227.1 In der Entscheidung BEATLES/BEATLE erkannte das EuG die Bekanntheit der Marke der berühmten Popband für Schallplatten, Videos und Filme an, aber auch für Merchandisingprodukte. Letztere sah es als erwiesen an, weil die Lizenzierung der Marke „BEATLES" und die Herstellung von Merchandising-Produkten nachgewiesen worden war. Ausdrücklich sah das EuG die Bekanntheit für Merchandising-Produkte aber als geringer an (EuG T-369/10 GRUR Int 2012, 791 Rn. 38 – BEATLES/ BEATLE).

228 Allerdings muss die ältere Marke nicht für die Waren und Dienstleistungen der jüngeren Marke bekannt sein (so ausdrücklich EuG T-32/10 BeckRS 2012, 80565 Rn. 33 – ELLE/ ELLA VALLEY). Ob das Eintragungshindernis greift, ist eine Frage des Eingriffstatbestands (→ Rn. 241).

4. Verbraucherkreis

229 Mit der Prüfung, auf welche Waren und Dienstleistungen sich die Bekanntheit bezieht, wird zugleich festgelegt, an welchen Verbraucherkreis sich die bekannte Marke wendet. Nur wenn sich dieser mit dem Verbraucherkreis der jüngeren Marke **überschneidet,** kann Art. 8 Abs. 5 zur Anwendung kommen (so ausdrücklich EuG T-32/10, BeckRS 2012, 80565 Rn. 34 – ELLE/ELLA VALLEY). Dabei ist bei der Prüfung der Bekanntheit stets auf die Waren und Dienstleistungen abzustellen, für die die ältere Marke eingetragen ist (EuGH C-252/07, GRUR 2009, 56 Rn. 33, 34 – Intel).

229.1 Allerdings spricht der EuGH in der Chevy-Entscheidung von der „vermarkteten" Ware oder Dienstleistung (EuGH C-375/97, GRUR Int 2000, 73 Rn. 24 – Chevy), stellt also eigentlich auf die Aktivität des Inhabers der älteren Marke ab. Das EuG prüft aber stets die unter der älteren Marke eingetragenen Waren und Dienstleistungen, vgl. EuG T-369/10, GRUR Int 2012, 791 Rn. 33 – BEATLES/BEATLE; T-32/10, BeckRS 2012, 80565 Rn. 32 – ELLE/ELLA VALLEY).

230 In der Chevy-Entscheidung definierte der EuGH das **relevante Publikum** folgendermaßen: „Das Publikum, bei dem die ältere Marke Bekanntheit erlangt haben muss, ist dasjenige, das von dieser Marke betroffen ist, also je nach der vermarkteten Ware oder Dienstleistung die breite Öffentlichkeit oder ein spezielleres Publikum, zB ein bestimmtes berufliches Milieu" (EuGH C-375/97, GRUR Int 2000, 73 Rn. 24 – Chevy). Massenwaren richten sich an die breite Öffentlichkeit, Spezialwaren an die spezifischen Abnehmer. Abzustellen ist hier auf den Zweck der Ware. Unter Umständen erreicht die Ware oder die Dienstleistung, für die die Marke benutzt wird, mittelbar einen weiteren Verbraucherkreis. So entschied das EuG, dass die Marke Nasdaq nicht nur Angestellte der Finanzindustrie, sondern auch nichtprofessionelle Verbraucher erreiche (EuG T-47/06, BeckEuRS 2007, 449401 Rn. 47 – NASDAQ/NASDAQ). Bei auf mehreren Stufen vermarkteten Waren genügt Bekanntheit bei einem einzigen betroffenen Verbraucherkreis.

230.1 Im Fall ELLE/ELLA VALLEY Vineyards schützte die ältere Marke Bücher und Zeitschriften, die jüngere Marke war für Wein angemeldet worden. Beide Marken richteten sich aber an ein Massenpublikum, also an die breite Öffentlichkeit. Die jüngere Marke schützte keine besondere Art von Weinen und richtete sich damit nicht an ein spezialisiertes Publikum, sondern an die Allgemeinheit (EuG T-32/10, BeckRS 2012, 80565 Rn. 29, 35 – ELLE/ELLA VALLEY; das EuG verneinte eine gedankliche Verknüpfung, weil es die Zeichen für unähnlich hielt).

230.2 Das EuG hat im Fall VIPS den Eingriffstatbestand verneint, weil sich die jüngere Marke an ein spezielles Publikum richtete, welches sich mit dem der älteren Marke nicht überschnitt (EuG T-215/ 03, GRUR Int 2007, 730 Rn. 63 – VIPS).

Im VIPS-Fall war die jüngere Marke für „Erstellen[s] von Computerprogrammen für den Betrieb 230.3
von Hotels, Verpflegung von Gästen in Restaurants, Gaststätten" in Klasse 42 angemeldet worden, die
ältere Marke beanspruchte in Klasse 42 „Dienstleistungen in Zusammenhang mit der Bereitstellung
verzehrfertiger Speisen und Getränke; Restaurants; Selbstbedienungsrestaurants, Kantinen, Bars, Cafeterias, Hoteldienstleistungen". Die ältere Marke richtet sich an alle Verbraucher, die jüngere ausschließlich
an die Inhaber von Restaurants und anderen Verpflegungsbetrieben. Eine Überschneidung wurde vom
EuG für kaum denkbar gehalten (EuG T-215/03, GRUR Int 2007, 730 Rn. 63 – VIPS). Zudem waren
für das EuG sonst keine Gründe dafür erkennbar, einen Eingriffstatbestand zu bejahen. Ein irgendwie
gearteter Zusammenhang zwischen den betroffenen Dienstleistungen reichte nicht (EuG T-215/03,
GRUR Int 2007, 730 Rn. 67 – VIPS). Hieran kann man zweifeln, weil Inhaber von Restaurants unter
Umständen auch in anderen Restaurants speisen und somit zum Allgemeinpublikum gehören. Zudem
ist denkbar, dass gerade die Profis der Branche eine Software, die denselben Namen wie ein Schnellrestaurant hat, mit letzterem in Verbindung bringen. Zu Recht hat es das EuG allerdings verneint, dass
die Assoziation mit einer Schnellrestaurantkette zu einer Rufausbeutung oder Schädigung führt, da eine
Assoziation zu Schellimbiss nicht per se positiv sei und das Publikum der jüngeren Marke die von ihr
geschützten Dienstleistungen in Ruhe und mit Überlegung in Anspruch nehme (vgl. EuG T-215/03,
GRUR Int 2007, 730 Rn. 57, 67 und 73, 74 – VIPS).

5. Territoriale Reichweite der Bekanntheit

Bereits in der Chevy-Entscheidung hat der EuGH bestätigt, dass es für die Feststellung 231
der Bekanntheit der älteren Marke genügt, dass letztere auf einem Teil des Benelux-Gebiets
bekannt ist (EuGH C-375/97, GRUR Int 2000, 73 Rn. 31 – Chevy).

Später hat der EuGH dann in der Pago-Entscheidung klargestellt, dass die Bekanntheit in 232
einem Mitgliedstaat ausreichen kann, soweit es sich dabei um einen wesentlichen Teil des
Unionsgebiets handelt (EuGH C-301/07, GRUR 2009, 1158 Rn. 30 – PAGO). Im konkreten Fall wurde hinzugefügt, dass „angesichts der Umstände des Ausgangsverfahrens" die
Bekanntheit in Österreich ausreichend sei.

Der EuGH hat die Frage des territorialen Schutzes der Unionsmarke in der Entscheidung „Iron & 232.1
Smith" weiter verfeinert (vgl. EuGH C-125/14, GRUR 2015, 1002 Rn. 25 – Iron & Smith). Im
konkreten Fall ging es um einen Widerspruch aus einer älteren Unionsmarke für „Impulse" gegen eine
nationale Markenanmeldung in Ungarn für „be impulsive". Die Bekanntheit der älteren Marke war für
das Vereinigte Königreich und Italien anerkannt worden. Dies reichte nach Ansicht des ungarischen
Markenamts aus, um von einer Bekanntheit in einem wesentlichen Teil der Union auszugehen. Das
vorlegende Rechtsmittelgericht wollte wissen, ob und unter welchen Voraussetzungen der Bekanntheitsschutz auch greift, wenn die Widerspruchsmarke nicht im Mitgliedstaat, in dem die jüngeren Marke
angemeldet wurde, sondern ausschließlich in einem anderen Mitgliedstaat (oder mehreren anderen)
bekannt ist. Der EuGH stellte fest, dass die Bekanntheit nicht notwendigerweise in dem Mitgliedstaat
vorliegen muss, in dem die Anmeldung der jüngeren Marke erfolgt ist. Die Entscheidung betrifft die
Auslegung von Art. 4 Abs. 2 RL 2008/95/EG (nun Art. 5 Abs. 3 RL (EU) 2015/2436). In Widerspruchsverfahren vor dem EUIPO besteht das Problem nicht, denn die angegriffene Anmeldung ist
ebenfalls stets eine Unionsmarke, die im Territorium aller EU-Mitgliedstaaten gilt (also auch stets
in demjenigen, für welchen die Bekanntheit festgestellt wird). Der Vollständigkeit halber soll diese
Entscheidung hier aber erwähnt werden, weil sie für den Schutzumfang der Unionsmarke erheblich
ist.

Es stellt sich dann in der Prüfung weiter die Frage, ob in einem solchen Fall auch von einer 232.2
gedanklichen Verbindung ausgegangen werden kann. Denn die Verbraucher im Anmeldemitgliedstaat
kennen die ältere Marke ja gerade nicht in dem Maße, das für eine Bekanntheit erforderlich ist. Der
EuGH hält es, selbst wenn die ältere Unionsmarke einem erheblichen Teil der maßgeblichen Verkehrskreise des Mitgliedstaats, in dem die Anmeldung der jüngeren nationalen Marke erfolgt ist, unbekannt
ist, dennoch nicht für ausgeschlossen, dass der Bekanntheitsschutz eingreift, wenn ein „wirtschaftlich
nicht unerheblicher Teil" dieser Verkehrskreise die Unionsmarke kennt und sie mit der jüngeren nationalen Marke gedanklich verbindet. Das Gleiche gilt für die Beeinträchtigung bzw. die ernsthafte Gefahr
einer künftigen Beeinträchtigung der älteren Marke(n). Das bedeutet, ein wirtschaftlich nicht unerheblicher Teil dieser Verkehrskreise muss die ältere Marke kennen, sie mit der jüngeren nationalen Marke
gedanklich verbinden und es muss unter Berücksichtigung aller relevanten Umstände des konkreten
Falles entweder eine tatsächliche und gegenwärtige Beeinträchtigung der Unionsmarke vorliegen oder,
wenn es daran fehlt, die ernsthafte Gefahr einer solchen künftigen Beeinträchtigung bestehen (EuGH
C-125/14, GRUR 2015, 1002 Rn. 34 – Iron & Smith). Die Entscheidung enthält jedoch keine weiteren

Ausführungen im Hinblick auf das Kriterium eines „wirtschaftlich nicht unerheblichen Teils". Wann ein solcher Teil des nationalen Adressatenkreises wirtschaftlich nicht unerheblich ist, wird noch zu klären sein.

V. Gedankliche Verknüpfung

233 Nach der EuGH-Rechtsprechung setzt der Eingriffstatbestand beim erweiterten Schutz bekannter Marken stets voraus, dass die betroffenen Verbraucher zwischen den kollidierenden Marken eine gedankliche Verknüpfung herstellen. Dies wird bereits in der Chevy-Entscheidung formuliert (EuGH C-375/97, GRUR Int 2000, 73 Rn. 23 – Chevy). Diese Verknüpfung definiert der EuGH in der adidas-Entscheidung als einen bestimmten Grad der Ähnlichkeit zwischen den Marken, „auf Grund dessen die beteiligten Verkehrskreise einen Zusammenhang zwischen dem Zeichen und der Marke sehen, dh die beiden gedanklich miteinander verknüpfen, ohne sie jedoch zu verwechseln" (EuGH C-408/01, GRUR 2004, 58 Rn. 29 – adidas; seither ständige Rechtsprechung von EuGH und EuG, vgl. EuGH C-487/07, GRUR 2009, 756 Rn. 26 Rn. 36 – L'Oréal; C-252/07, GRUR 2009, 56 Rn. 30 – Intel).

234 Die gedankliche Verknüpfung ist ein eigenes Tatbestandsmerkmal des Art. 8 Abs. 5 und entspricht strukturell der Verwechslungsgefahr (EuGH C-408/01, GRUR 2004, 58 Rn. 27 – adidas). Letztere ist aber gerade keine zwingende Voraussetzung. Der EuGH stellte bereits in Sabèl fest, dass der Schutz bekannter Marken eine Verwechslungsgefahr nicht voraussetzt (EuGH C-251/95, GRUR Int 1998, 56 Rn. 20, 21 – SABEL). Art. 8 Abs. 5 ist gegenüber Art. 8 Abs. 1 Buchst. b insofern ein aliud. Wenn die angesprochenen Verkehrskreise klar erkennen, dass bestimmte Waren von verschiedenen Unternehmen stammen, können sie sie dennoch miteinander gedanklich verknüpfen, was markenrechtlich geahndet wird, falls es zu einer Rufausbeutung oder -beeinträchtigung führt (EuG T-215/03, GRUR Int 2007, 730 Rn. 42 – VIPS; EuG T-32/10 BeckRS 2012, 80565 Rn. 37 – ELLE/ELLA VALLEY).

235 Die gedankliche Verknüpfung ist grundsätzlich unter Berücksichtigung aller relevanten Umstände des Einzelfalls umfassend zu beurteilen (EuGH C-252/07, GRUR 2009, 56 Rn. 62 – Intel) und ergibt sich insbesondere aus dem Zusammenspiel der folgenden Faktoren (EuGH C-252/07, GRUR 2009, 56 Rn. 42 – Intel; instruktiv EuG T-369/10, GRUR Int 2012, 791 Rn. 49–59 – BEATLES/BEATLE):

- Der **Grad der Ähnlichkeit** der einander gegenüberstehenden Marken. Die Wahrscheinlichkeit einer gedanklichen Verknüpfung liegt umso eher vor, je größer der Grad der Ähnlichkeit ist (EuGH C-252/07, GRUR 2009, 56 Rn. 44 – Intel).
- Die **Art der Waren und Dienstleistungen,** für die die einander gegenüberstehenden Marken jeweils eingetragen sind, einschließlich des Grades der Nähe oder der Unähnlichkeit dieser Waren und Dienstleistungen sowie der betreffenden Verkehrskreise. Bei völlig unterschiedlichen Verkehrskreisen ist die Verknüpfung zu verneinen (EuGH C-252/07, GRUR 2009, 56 Rn. 49 – Intel).
- Das **Ausmaß der Bekanntheit** der älteren Marke. Aufgrund einer besonders hohen Bekanntheit der Marke, die über die eigentlich von ihr angesprochenen Verkehrskreise hinausgeht, kann auch ein Verbraucher, der mit der jüngeren Marke in einem ganz anderen Bereich konfrontiert wird, die Verknüpfung herstellen (EuGH C-252/07, GRUR 2009, 56 Rn. 53– Intel). Eine irgendwie geartete Einmaligkeit der älteren Marke kann als Aspekt berücksichtigt werden, genügt aber für sich nicht (EuGH C-252/07, GRUR 2009, 56 Rn. 64 – Intel).
- Der Grad der der älteren Marke innewohnenden oder von ihr durch Benutzung erworbenen **Unterscheidungskraft.** Je höher die Unterscheidungskraft, desto größer ist auch die Wahrscheinlichkeit der gedanklichen Verknüpfung (EuGH C-252/07, GRUR 2009, 56 Rn. 54 – Intel).
- Das Bestehen einer **Verwechslungsgefahr,** die immer die gedankliche Verknüpfung einschließt (EuGH C-252/07, GRUR 2009, 56 Rn. 57 – Intel). Wenn erstere bejaht wird, liegt auch letztere vor. Dieser Punkt ist eine Kontrollüberlegung, nicht ein eigener Faktor.
- Die Existenz einer **Markenfamilie.** Letztere kann als zusätzlicher Faktor für eine gedankliche Verknüpfung sprechen (EuG T-301/09, BeckRS 2012, 82217 Rn. 106 – Citigate). In der Zeichenähnlichkeit ist sie allerdings nicht zu berücksichtigen (EuGH C-552/09, GRUR Int 2011, 500 Rn. 98 – KINDER/TIMI KINDERJOGHURT).

Methodisch ähnelt diese Prüfung derjenigen der Verwechslungsgefahr (vgl. Schlussantrag der 236
Generalanwältin Sharpston, C-252/07 BeckRS 2008, 70693 Rn. 52– Intel). Abzustellen ist
stets auf den normal informierten und angemessen aufmerksamen und verständigen **Durchschnittsverbraucher** (EuGH C-252/07, GRUR 2009, 56 Rn. 60 – Intel). Dies bedeutet,
dass die Verknüpfung nicht nachgewiesen werden muss, sondern normativ festgestellt wird.
Stets ist aber eine umfassende Beurteilung vorzunehmen. So hat der EuGH auf eine entsprechende Frage des vorlegenden Gerichts hin erklärt, die Tatsache, dass die ältere Marke für
verschiedene bestimmte Arten von Waren oder Dienstleistungen sehr bekannt ist, diese
Waren oder Dienstleistungen den Waren oder Dienstleistungen, für die die jüngere Marke
eingetragen ist, unähnlich oder in hohem Maße unähnlich sind und die ältere Marke in
Bezug auf Waren oder Dienstleistungen gleich welcher Art einmalig ist, impliziere nicht
zwangsläufig das Bestehen einer Verknüpfung (EuGH C-252/07, GRUR 2009, 56 Rn. 61,
64 – Intel).

Die **Ähnlichkeit der Zeichen** ist nach den üblichen Grundsätzen zu prüfen, also in 237
bildlicher, klanglicher und gedanklicher Hinsicht (EuG T-207/09, GRUR Int 2012, 245
Rn. 31 – NIKE/NC NICKOL). Dasselbe gilt für die Waren- und Dienstleistungsähnlichkeit.
Zu beachten ist, dass aus der Bekanntheit der älteren Marke nicht die Ähnlichkeit der zu
vergleichenden Zeichen folgt. Die Bekanntheit macht lediglich eine gedankliche Verknüpfung der betroffenen Marken durch die beteiligten Verkehrskreise wahrscheinlicher (EuGH
C-552/09, GRUR Int 2011, 500 Rn. 58 – KINDER/TIMI KINDERJOGHURT). Eine
gedankliche Verknüpfung ist damit auch zwischen Zeichen denkbar, die nur entfernt ähnlich
sind. Je ähnlicher sich die Marken sind, desto wahrscheinlicher ist auch eine gedankliche
Verknüpfung. Sind die Zeichen aber absolut unähnlich, so kann auch keine gedankliche
Verknüpfung bestehen (EuGH C-552/09, GRUR Int 2011, 500 Rn. 65 – KINDER/TIMI
KINDERJOGHURT). Das entspricht der Rechtsprechung zu Art. 8 Abs. 1 Buchst. b, der
bei absoluter Zeichenunähnlichkeit ebenso unanwendbar ist (vgl. zB EuG T-586/10, BeckRS
2012, 80887 Rn. 63–65 – Parfums Givenchy). Zu beachten ist jedoch, ob der vorhandene,
wenn auch geringe Ähnlichkeitsgrad im Hinblick auf das Vorliegen anderer relevanter Faktoren wie der Bekanntheit oder der Wertschätzung der älteren Marke ausreichen kann, damit
die angesprochenen Verkehrskreise eine gedankliche Verknüpfung vornehmen (EuGH C-603/14 P, BeckRS 2015, 81979 Rn. 48 – The English Cut; C-581/13 P, C-582/13 P,
BeckRS 2014, 82421 Rn. 76 – Golden Balls; → Rn. 235). Dabei ist nach dem EuGH
ausdrücklich nicht erforderlich, dass der Zusammenhang, den die Verbraucher zwischen den
einander gegenüber stehenden Zeichen herstellen können, unmittelbar ist (EuGH C-603/14 P, BeckRS 2015, 81979 Rn. 50 – El Corte Inglés).

Gerade Bildmarken werden vom EUIPO streng beurteilt. So konnte sich die ProSieben Sat.1 AG, 237.1
mit ihrem 7-Logo nicht gegen eine diesem ähnliche Unionsmarkenanmeldung für identische Dienstleistungen durchsetzen. Auch die überragende Bekanntheit des Logos konnte nicht über die bildlichen
Unterschiede hinweg helfen (EUIPO BK v. 14.2.2012 – R 1999/2010-2, 7 (fig.)/7 (fig.)) Rn. 33, 34).
Eine derart strenge Beurteilung reduziert den Schutz von Bildmarken ganz erheblich. Eine gedankliche
Verknüpfung fehlt auch, wenn zwar die Zeichen identisch, aber die Waren oder Dienstleistungen zu
weit voneinander entfernt sind (EuGH C-252/07, GRUR 2009, 56 Rn. 49 – Intel). Hier ist daran zu
erinnern, dass es auch vorkommen kann, dass sich die von der älteren bekannten Marke angesprochenen
Verkehrskreise mit denjenigen, die von der jüngeren Marke angesprochen werden, nicht überschneiden
(→ Rn. 229 zur Bekanntheit).

Ein Beispiel für das Zusammenspiel der Faktoren ist die Entscheidung SPA/SPAGO des EuG. In 237.2
diesem Fall hielt das EuG die Zeichen nur für schwach ähnlich. Trotz der nachgewiesenen großen
Bekanntheit der älteren SPA Marken sah das EuG keine gedankliche Verknüpfung zwischen den sich
gegenüberstehenden Waren Mineralwasser und alkoholische Getränke (EuGH T-438/07, BeckRS 2009,
71368 Rn. 30, 31 – SPA/SPAGO). Das stimmt mit der sonstigen Rechtsprechung zu genannten Waren
überein, die von einer schwachen Ähnlichkeit ausgeht (vgl. EuG T-421/10, BeckRS 2012, 80473
Rn. 32– ROSALIA DE CASTRO). Eine absolut überragende Bekanntheit kann Zeichen trotz sehr
entfernter Waren oder höchst unterschiedlicher Verbraucherkreise miteinander verknüpfen (so ausdrücklich EuGH C-252/07, GRUR 2009, 56 Rn. 51, 52 – Intel).

Weitere **Fälle,** in denen das EuG eine gedankliche Verknüpfung **bejaht** hat, sind VIAGRA/VIAG- 237.3
UARA (EuG T-332/10, BeckRS 2012, 80405 Rn. 43–53 – VIAGRA/VIAGUARA) für pharmazeutische Präparate/alkoholfreie und alkoholische Getränke, bejaht wegen der großen Bekanntheit der älteren

Marke und der hohen Zeichenähnlichkeit), BOTOX/BOTOLIST, BOTOCYL (EuG T-345, 357/08, BeckRS 2011, 80724 Rn. 68–79 – BOTOX/BOTOLIST, BOTOCYL für pharmazeutische Präparate/ Kosmetik-, Hygiene- und Schminkartikel, bejaht wegen der großen Bekanntheit der älteren Marke und der hohen Zeichenähnlichkeit), BOTOX/BOTUMAX (EuG T-345/08, T-357/08, BeckRS 2011, 80724 Rn. 83–86 – BOTOX/BOTUMAX für pharmazeutische Präparate/Waren der Klassen 3, 5 und 16, bejaht wegen der großen Bekanntheit der älteren Marke und einer noch ausreichenden Zeichenähnlichkeit), SPA/SPA LINE (EuG T-21/07, GRUR Int 2009, 735, Rn. 24–36 – SPA/SPALINE für Mineralwasser und alkoholfreie Getränke/Waren der Klasse 3, bejaht wegen Bekanntheit der älteren Marke und der Zeichenähnlichkeit); SPA/MINERAL SPA ((EuG T-21/07, GRUR Int 2009, 735, Rn. 30-32 – SPA/MINERAL SPA; hier geht das EuG im Rahmen der Prüfung der gedanklichen Verknüpfung überhaupt nicht auf die Waren ein, außer unter Rn. 29: „goods which have a certain nexus with mineral water", für Mineralwasser und alkoholfreie Getränke/Waren der Klasse 3, bejaht wegen Bekanntheit der älteren Marke und der Zeichenähnlichkeit), CITIBANK/CITI (EuG T-181/ 05, GRUR Int 2009, 53 Rn. 66–74 – CITIBANK/CITI, bejaht wegen der hohen Bekanntheit der älteren Marken, Ähnlichkeit der Zeichen und hohen Ähnlichkeit der Dienstleistungen), La PERLA (fig.)/NIMEI LA PERLA MODERN CLASSIC (EuG T-137/05, BeckEuRS 2007, 449395 Rn. 41– 52 – NIMEI LA PERLA MODERN CLASSIC für Unterwäsche/Schmuckwaren, bejaht wegen Bekanntheit der älteren Marke und der Zeichenähnlichkeit).

237.4 **Verneint** wird Art. 8 Abs. 5 regelmäßig, weil die Zeichen nicht hinreichend ähnlich sind (Beispiele: EuGH T-438/07, BeckRS 2009, 71368 Rn. 20–37 – SPA/SPAGO; EuG T-308/08, BeckEuRS 2009, 503078 Rn. 62, 63 – J'ADORE, ADIORABLE/MANGO adorably; EuGH C-552/09, GRUR Int 2011, 500 Rn. 53–69 – KINDER/TIMI KINDERJOGHURT; EuG T-309/08, BeckRS 2011, 87410, Rn. 25–36 – G-STAR/G-STAR RAW DENIM). Das hat das EuG zu Unrecht auch im Fall ELLE (fig.)/ELLA VALLEY VINEYARDS (fig.) EuG T-32/10, BeckRS 2012, 80565 Rn. 36– 57 – ELLE/ ELLA VALLEY) angenommen. Im Ergebnis ist die Entscheidung allerdings korrekt, weil die Waren sehr unterschiedlich waren.

238 Der EuGH hat in Golden Balls ausdrücklich klargestellt, dass der Bekanntheitsschutz auch dann greifen kann, wenn der Grad an Markenähnlichkeit geringer ist als es für die Bejahung der Verwechslungsgefahr notwendig wäre (EuGH C-581/13 P, C-582/13 P, BeckRS 2014, 82421). Verfahrensgegenstand waren zwei parallele Widersprüche, die auf die Wortmarke „BALLON D'OR" gestützt wurden und sich gegen zwei Wortmarken „GOLDEN BALLS" richteten. Das EuG hatte Art. 8 Abs. 5 gar nicht mehr geprüft, weil es bereits das Vorliegen von Verwechslungsgefahr wegen zu geringer Zeichenähnlichkeit verneint hatte. Der EuGH stellte klar, dass eine solches Vorgehen methodisch nicht korrekt ist und hielt ausdrücklich fest, dass Art. 8 Abs. 5 zu prüfen ist, wenn die Marken nicht für eindeutig unähnlich befunden werden (EuGH C-581/13 P, C-582/13 P, BeckRS 2014, 82421 Rn. 73). Auch ein sehr geringer Grad an Markenähnlichkeit kann für den Schutztatbestand der bekannten Marke ausreichen (EuGH C-581/13 P, C-582/13 P, BeckRS 2014, 82421 Rn. 76). Art. 8 Abs. 5 setzt (→ Rn. 234) nicht das Vorliegen einer Verwechslungsgefahr voraus (EuGH C-581/13 P, C-582/13 P, BeckRS 2014, 82421 Rn. 72).

238.1 Der EuGH hat in der Entscheidung „The English Cut" noch einmal ausdrücklich bestätigt, dass eine Anwendung der Art. 8 Abs. 5 UMV keinesfalls zwangsläufig ausgeschlossen ist, auch wenn der erforderliche Ähnlichkeitsgrad für die Anwendung des Art. 8 Abs. 1 lit. b UMV nicht vorliegt (EuGH C-603/14 P, BeckRS 2015, 81979 Rn. 41 f.).

239 Aus dem Vorliegen einer gedanklichen Verknüpfung kann nicht automatisch gefolgert werden, dass die Bekanntheit der älteren Marke ausgenutzt bzw. ihre Bekanntheit oder Wertschätzung beeinträchtigt wird (EuGH C-252/07, GRUR 2009, 56 Rn. 32 – Intel). Die Kriterien, welche für eine gedankliche Verknüpfung ausschlaggebend sind, stellen aber auch Anhaltspunkte dafür dar, ob ein Eingriffstatbestand vorliegt (EuGH C-252/07, GRUR 2009, 56 Rn. 68 – Intel; dies erkennt die Generalanwältin Sharpston in ihren Schlussanträgen vom 26.6.2008 ausdrücklich an, s. C-252/07, GRUR 2009, 56 Rn. 45 – Intel).

240 Art. 8 Abs. 5 ist als Schutztatbestand auch geeignet in Fällen, in denen wegen der geringen Ähnlichkeit der Waren und Dienstleistungen eine Verwechslungsgefahr nach Art. 8 Abs. 1 Buchst. b ausscheidet. Hierfür ist die Vorschrift ja ursprünglich geschaffen worden.

240.1 Die einschlägigen Waren unterschieden sich von den Waren und Dienstleistungen der früheren Marken. Dennoch ist das EuG davon ausgegangen, dass die absolut überragende Bekanntheit der früheren Marke, welche den Bandnamen der Popband Beatles darstellte, zu einer gedanklichen Verknüpfung der Zeichen führte und eine Beeinträchtigung nahelegte (EuG T-369/10, GRUR Int 2012, 791 Rn. 71, 72 – BEATLES/BEATLE). Diese Entscheidung ist ein Beispiel für die gängige Praxis, aus einer überragenden Bekanntheit sowohl die gedankliche Verknüpfung als auch den Eingriffstatbestand abzuleiten, so wie es der EuGH vorgegeben hat. Zu Recht hat das EuG auch im Fall CITIGATE die gedankliche Verknüpfung bejaht (EuG T-301/09, BeckRS 2012, 82217 Rn. 108 – CITIGATE).

Ein Bewertungsfaktor kann in diesem Zusammenhang auch der jeweilige Sektor sein, auf dem die betroffenen Waren vertrieben werden. Das EuG hat festgestellt, dass eine gedankliche Verbindung insbesondere bei High-End-Luxusgütern aus verschiedenen Bereichen vorliegen kann. Im konkreten Fall waren dies Qualitätswein auf der einen Seite und Designer-Kleidung auf der anderen Seite. Das in der älteren Marke verkörperte Image von Verfeinerung und Einzigartigkeit führe bei den betroffenen Verbrauchern zu einer gedanklichen Verknüpfung zwischen den Marken (in der englischen Version der Entscheidung: „the sophisticated and iconic image conveyed by the earlier trade mark"; s. EUG T-414/13, BeckEuRS 2013, 739644 Rn. 53 f. – Tsujimoto/Kenzo). **240.2**

VI. Beeinträchtigung, Ausnutzung

Art. 8 Abs. 5 findet Anwendung, wenn die ältere bekannte Marke durch die Benutzung der jüngeren Marke beeinträchtigt oder ihr Ruf ausgenutzt wird und hierfür kein rechtfertigender Grund vorliegt (EuGH E C-375/97, GRUR Int 2000, 73 Rn. 23 – Chevy; EuGH C-252/07, GRUR 2009, 56 Rn. 30 – Intel). **241**

Art. 8 Abs. 5 unterscheidet drei Formen der Beeinträchtigung: Erstens die Beeinträchtigung der Unterscheidungskraft der älteren Marke (**„Verwässerung", „Schwächung"**); eine solche liegt vor, „wenn die Eignung dieser Marke, die Waren oder Dienstleistungen, für die sie eingetragen ist und benutzt wird, als vom Inhaber dieser Marke stammend zu identifizieren, geschwächt wird, weil die Benutzung der jüngeren Marke zur Auflösung der Identität der älteren Marke und ihrer Bekanntheit beim Publikum führt" (EuGH C-252/07, GRUR 2009, 56 Rn. 29 – Intel). Die Unterscheidungskraft wird geschwächt, wenn der Verbraucher auch bei Waren und Dienstleistungen, für die die Marke nicht benutzt wird, an den Markeninhaber denkt. **242**

Zweitens regelt Art. 8 Abs. 5 die Beeinträchtigung der Wertschätzung dieser Marke (**„Verunglimpfung", „Herabsetzung"**); sie liegt vor, „wenn die Waren oder Dienstleistungen, für die das identische oder ähnliche Zeichen von Dritten benutzt wird, auf die Öffentlichkeit in einer solchen Weise wirken können, dass die Anziehungskraft der Marke geschmälert wird. Die Gefahr einer solchen Beeinträchtigung kann sich insbesondere daraus ergeben, dass „die von Dritten angebotenen Waren oder Dienstleistungen Merkmale oder Eigenschaften aufweisen, die sich negativ auf das Bild einer bekannten älteren Marke auswirken können" (EuGH C-487/07, GRUR 2009, 756 Rn. 40 – L'Oréal). **243**

Unzulässig ist drittens das **unlautere Ausnutzen** der Unterscheidungskraft oder der Wertschätzung dieser Marke („parasitäres Verhalten" und „Trittbrettfahren", vgl. EuGH C-252/07, GRUR 2009, 56 Rn. 27 – Intel). Es liegt vor, wenn aufgrund der Übertragung des Bildes der Marke oder der durch sie vermittelten Merkmale auf die mit dem identischen oder ähnlichen Zeichen gekennzeichneten Waren eine Ausnutzung der bekannten Marke gegeben ist (EuGH C-487/07, GRUR 2009, 756 Rn. 41 – L'Oréal). Der EuGH beschreibt den Vorgang der Ausnutzung anschaulich dahingehend, dass ein Dritter eine ältere bekannte Marke immer dann ausnutzt, wenn er sich durch die Verwendung eines Zeichens, das einer bekannten Marke ähnlich ist, in den Bereich der Sogwirkung dieser Marke begibt, um von ihrer Anziehungskraft, ihrem Ruf und ihrem Ansehen zu profitieren, ohne jede finanzielle Gegenleistung und ohne dafür eigene Anstrengungen machen zu müssen (EuGH C-487/07, GRUR 2009, 756 Rn. 49 – L'Oréal). Dann nutzt er die wirtschaftlichen Anstrengungen des Markeninhabers zur Schaffung und Aufrechterhaltung des Images dieses Zeichens aus. Das EuG spricht von der Gefahr, dass „das Bild der bekannten Marke oder die durch sie vermittelten Merkmale auf die mit der angemeldeten Marke gekennzeichneten Waren übertragen werden, so dass deren Vermarktung durch diese gedankliche Verbindung mit der bekannten älteren Marke erleichtert wird" (EuG T-215/03, GRUR Int 2007, 730 Rn. 40 – VIPS). Dies macht anschaulich, worum es geht. Oft liegt ein Ausnutzen vor, wenn die in Rede stehenden Waren auf benachbarten Absatzmärkten vertrieben werden. **244**

245 Es genügt eine der vorgenannten Beeinträchtigungen für einen Verstoß gegen Art. 8 Abs. 5 (EuGH T-215/03, GRUR 2009, 56 Rn. 28 – Intel). Ob dies der Fall ist, muss wiederum unter Berücksichtigung aller relevanten Umstände des Einzelfalls festgestellt werden. Maßstab ist auch hier der normal informierte, angemessen aufmerksame und verständige Durchschnittsverbraucher. Es ist zu beachten, dass es für die Beeinträchtigung der Unterscheidungskraft und Wertschätzung auf die von den älteren Marken angesprochenen Verbraucher, für die Ausnutzung hingegen auf die von den jüngeren Marken angesprochenen Verbraucher ankommt (EuGH C-252/07, GRUR 2009, 56 Rn. 35, 36 – Intel). Methodisch besteht kein Unterschied zur Prüfung der gedanklichen Verknüpfung. Der EuGH erwähnt dies in seiner Intel Entscheidung ausdrücklich (EuGH C-252/07, GRUR 2009, 56 Rn. 68 – Intel). Da die Beeinträchtigung aus der gedanklichen Verknüpfung der kollidierenden Marken folgt, wird sie aber umso eher vorliegen, je enger die gedankliche Verknüpfung ist, also je größer Unterscheidungskraft und Wertschätzung der älteren Marke sind (so bereits EuGH C-375/97, GRUR Int 2000, 73 Rn. 30 – Chevy; auch EuGH C-487/07, GRUR 2009, 756 Rn. 44 – L'Oréal). Das gilt auch für die unlautere Ausnutzung.

245.1 Im Fall VIAGRA/VIAGUARA beispielsweise hatte der Anmelder die alkoholischen Getränke, welche er unter der Marke VIAGUARA auf den Markt brachte, mit dem Hinweis auf ihre aphrodisierende Wirkung beworben (EuG T-332/10, BeckRS 2012, 80405 Rn. 74 – VIAGRA/VIAGUARA). Zudem war auf den Packungen der Getränke die Silhouette eines Mannes mit erigiertem Penis abgebildet (EuG T-332/10 BeckRS 2012, 80405 Rn. 75 – VIAGRA/VIAGUARA). Dies wertete das EuG als Hinweis auf eine Ausbeutungsabsicht. Ein weiteres gutes Beispiel für eine tatsächlich nachweisbare Ausbeutung ist der Fall LA PERLA/LA PERLA NIMEI. Die Widersprechende La Perla stellt Luxus-Damenunterwäsche und -Badebekleidung her. Der Anmelder, ein Perlen- und Schmuckunternehmen, hatte Badebekleidung und andere Kleidung mit Perlenbesatz auf Modeschauen vorgestellt. Die Widersprechende hat Berichterstattung zu diesen Veranstaltungen vorgelegt, aus der hervorging, dass (sogar) die Fachpresse eine Verbindung zur Widersprechenden hergestellt hatte. Das EuG sah damit eine Ausbeutung als bewiesen an (EuG T-137/05, BeckEuRS 2007, 449395 Rn. 50–54 – NIMEI LA PERLA MODERN CLASSIC). Auch in einem Fall, der sich um die Marke des Nachrichtendienstes Twitter drehte, wurde die Ausbeutung bejaht in Bezug auf Waren der Klassen 14, 18 und 25 und Dienstleistungen der Klassen 38, 42 und 45 (EUIPO BK v. 16.3.2012 – R 1074/2011-5 Rn. 40 – Twitter/Twitter (fig.)).

246 Der Wortlaut des Art. 8 Abs. 5 stellt klar, dass es für die Feststellung einer Beeinträchtigung ausreicht, wenn die Beeinträchtigung **wahrscheinlich eintritt**. Denn Art. 8 Abs. 5 greift nach seinem Wortlaut bereits dann, wenn die Benutzung der angemeldeten Marke die Unterscheidungskraft oder die Wertschätzung der älteren Marke in unlauterer Weise ausnutzen oder beeinträchtigen „würde". Das ist selbstverständlich, weil die zur Anmeldung gebrachten Marken in vielen Fällen noch nicht benutzt werden. Dann liegt auch noch kein Schaden vor. Stattdessen muss der Widersprechende aufzeigen, dass ein solcher wahrscheinlich eintreten wird. Dies hat der EuGH in Intel bestätigt EuGH C-252/07, GRUR 2009, 56 Rn. 71, vgl. auch Rn. 44, 45 – Intel). Er fordert eine „tatsächliche und gegenwärtige Beeinträchtigung" der älteren Marke oder – wenn nur eine Anmeldung vorliegt und die Marke noch nicht benutzt wird – zumindest eine ernsthafte Gefahr einer künftigen Beeinträchtigung.

247 Konkret muss sich hinsichtlich der **Beeinträchtigung der Unterscheidungskraft** der älteren Marke das wirtschaftliche Verhalten des Durchschnittsverbrauchers der Waren oder Dienstleistungen, für die die ältere Marke eingetragen ist, infolge der Benutzung der jüngeren Marke geändert haben oder zumindest die „ernsthafte Gefahr einer künftigen Änderung dieses Verhaltens" bestehen (EuGH C-252/07, GRUR 2009, 56 Rn. 77 – Intel). Hingegen ist es nicht notwendig, dass der Inhaber der jüngeren Marke aus der Unterscheidungskraft der älteren Marke einen tatsächlichen wirtschaftlichen Vorteil zieht (E EuGH C-252/07, GRUR 2009, 56 Rn. 78 – Intel). Das wird aber meist der Fall sein. Bei der Ausnutzung verhält es sich genau anders herum, hier kommt es allein auf den Vorteil an, den der Dritte aus der Benutzung seiner Marke zieht. Der Ausnutzungstatbestand ist selbständig und setzt eine Beeinträchtigung nicht voraus (vgl. (EuGH C-487/07, GRUR 2009, 756 Rn. 43 – L'Oréal).

247.1 Der Nachweis einer Beeinträchtigung in der Form der Rufausbeutung ist dem Widersprechenden im Fall BEATLES/BEATLE gelungen. Das EuG hat die Entscheidung der Beschwerdekammer bestätigt, nach der ein Imagetransfer und damit eine Ausbeutung nahelag, weil die älteren Marken der Popband

The Beatles überragend bekannt sind und noch heute für Freiheit, Jugendlichkeit und Mobilität stehen. Zwar war die Bekanntheit unter anderem nur für Schallplatten, Videos und Film anerkannt worden, aber das EuG sah eine Übertragung auf die von der Anmeldung beanspruchten Rollstühle als wahrscheinlich an (EuG T-369/10 GRUR Int 2012, 791 Rn. 72 und 74 – BEATLES/BEATLE).

In der EuG-Entscheidung CAMEL/CAMELO des EuG hatte die Inhaberin der berühmten Camel-Zigarettenmarke Widerspruch gegen eine Unionsmarkenanmeldung für Röstkaffee eingelegt, die ein Bild mit einem Kamel und einem dem Bild der Camel-Zigarettenschachtel sehr ähnlichen Hintergrund zeigte. Das EuG kam zu dem Schluss, dass kein Eingriffstatbestand vorliege, weil Röstkaffee vom Image der Tabakwaren nicht profitieren könne und beide zu weit voneinander entfernt seien, als dass eine Verwässerungswirkung eintreten könne (vgl. EuGH T-128/06, BeckEuRS 2008, 466572 Rn. 58, 62, 66 – CAMEL/CAMELO). Beide Waren sind im Supermarkt nebeneinander erhältlich, werden von denselben Verbrauchern und oft zur selben Zeit und sogar zusammen konsumiert und sind über eine ganze Reihe von Assoziationen (beides Suchtmittel, im Arbeitsalltag zur Entspannung genutzt, zB in der Kaffeepause oder Zigarettenpause, Waren ausschließlich für Erwachsene, „cooles" Image) miteinander verbunden. Für die Beeinträchtigung reicht dies aber gerade nicht aus. Entscheidend sind das Ausmaß der Bekanntheit und die Nähe der in Rede stehenden Waren oder Dienstleistungen bzw. Branchen. Je ähnlicher letztere sind und je bekannter die ältere Marke ist, desto wahrscheinlicher wird es sein, dass die Verbraucher künftig ihr Verhalten ändern. Die Verwendung des Wortes CAMELO für Kaffee wird die Marke CAMEL für Zigaretten aller Voraussicht nach nicht verwässern, weswegen dem EuG zuzustimmen ist. 248

In der Entscheidung NASDAQ hat das EuG die Benutzung des Wortes Nasdaq für High-Tech-Sportausrüstung als Rufausbeutung angesehen, weil eine Übertragung des Images von Modernität nahelege (EuG T-47/06, BeckEuRS 2007, 449401 Rn. 60 – NASDAQ/NASDAQ; bestätigt durch EuG T-47/06, BeckEuRS 2007, 449401 Rn. 53 – NASDAQ/NASDAQ). 249

Eine Rufausbeutung setzt nicht zwingend eine Absicht voraus. Das EuG berücksichtigt aber durchaus, welche Gedanken sich der Anmelder zu seiner Marke gemacht hat. 250

So konnte in den Entscheidungen BOTOX/BOTOLIST, BOTOCYL (EuG T-345, 357/08, BeckRS 2011, 80724 Rn. 68–79 – BOTOX/BOTOLIST) der Anmelder die Wahl der Buchstabenfolge BOTO nicht mit dem Hinweis rechtfertigen, BOTO verweise auf das neurotoxische Protein Botulin und nicht auf BOTOX. Das EuG führte aus, dass der Anmelder dann ja BOTU statt BOTO hätte wählen können. Zudem sei BOTO ausgesprochen ungewöhnlich, was nahelege, dass es vom Anmelder bewusst gewählt worden sei ((EuG T-345, 357/08, BeckRS 2011, 80724 Rn. 70, 72 – BOTOX/BOTOLIST; bestätigt durch EuGH C-100/11 P, GRUR Int 2012, 630 Rn. 83-90). Desgleichen hat das EuG im Fall VIAGRA/VIAGUARA die Überlegung der Beschwerdekammer akzeptiert, dass die Wahl des Präfixes VIA für GUARA kein Zufall sei. (EuG T-332/10, BeckRS 2012, 80405 Rn. 65 – VIAGRA/VIAGUARA). In diesem Fall gab es allerdings noch weitere starke Hinweise auf eine Ausbeutungsabsicht (EuG T-332/10, BeckRS 2012, 80405 Rn. 74, 75 – VIAGRA/VIAGUARA). Bei objektiv vorhandenem Ausnutzungspotenzial verlangt das EuG vom Benutzer der jüngeren Marke somit, dass er die Wahl seines Zeichens rechtfertigt. 250.1

Auch das Amt ist bereits in frühen Entscheidungen von ähnlichen Grundsätzen ausgegangen (insbesondere EUIPO Widerspruchsabteilung v. 25.3.1999 – B 2073 S. 6 – HOLLYWOOD/HOLLYWOOD). Es hat betont, dass der Eingriffstatbestand – auch im Widerspruchsverfahren – stets voll vorzutragen und ggf. auch zu substantiieren ist (EUIPO BK v. 5.6.2000 – R 802/1999-1 Rn. 23, 24 – DUPLO/DUPLO. Der Widersprechende kann sich aller Beweismittel, insbesondere der nach Art. 78 Abs. 1, bedienen. 250.2

Weitere Fälle aus der Rechtsprechung des EuG: 250.3
- Ausbeutung: Hersteller von Luxuskleidung und Luxusschuhen vermarkten zunehmend auch Sonnenbrillen, Schmuck und Uhren unter der Kleidungsmarke, daher wurde eine Ausbeutung einer Marke in Klassen 9 und 14 durch eine Anmeldung in Klasse 25 bejaht (EuG T-357/09, BeckRS 2012, 82125 Rn. 72, 79–81 – EMILIO TUCCI/EMIDIO PUCCI); Bier und Theaterunterhaltung ergänzen einander, was bei ähnlichen Zeichen die Ausbeutung nahelegt (EuG T-60/10, GRUR-Int 2013, 52 Rn. 59–63 – ROYAL SHAKESPEARE).
- Beeinträchtigung der Wertschätzung: Eine Marke für Luxuskleidung und Luxusschuhe wird durch Alltagswaren der Klassen 3, 16 (Klopapier) und 21 beeinträchtigt ((EuG T-357/09, BeckRS 2012,

82125 Rn. 84, 85 – EMILIO TUCCI/EMIDIO PUCCI; s. auch(EuG T-357/09, BeckRS 2012, 82125 Rn. 68 – EMILIO TUCCI/EMIDIO PUCCI).
- Beeinträchtigung der Unterscheidungskraft: Die Wahl eines Zeichens, das auffällig und für die betroffenen Waren untypisch ist, führt bei ähnlichen Waren zu Verwässerung (EuG T-570/10, GRUR Int 2012, 1132 Rn. 55–66 – WOLF JARDIN/Kanidenkopf (fig.)).

VII. Rechtfertigender Grund

251 Art. 8 Abs. 5 kommt nicht zur Anwendung, wenn die Anmeldung der Marke gerechtfertigt ist. Typischerweise liegt ein solcher Grund darin, dass der Anmelder die Marke bereits vor dem Widersprechenden benutzt und hieraus ältere Rechte erlangt hat oder dass die Marken lange Zeit friedlich koexistiert haben. Der EuGH hat in der Entscheidung zur Rechtssache C-65/12 festgehalten, dass ein rechtfertigender Grund vorliegt, wenn
- ein der (älteren) Marke ähnliches Zeichen,
- das bereits vor Eintragung der älteren Marken benutzt wurde,
- für identische Waren,
- in gutem Glauben

benutzt wird (vgl. hierzu EuGH C-65/12, BeckEuRS 2014, 749262 Rn. 60 – Bulldog). Um zu beurteilen, ob letzteres der Fall ist, hat das nationale Gericht insbesondere folgende Gesichtspunkte zu berücksichtigen:
- die Verkehrsdurchsetzung und den Ruf des Zeichens bei den betroffenen Verkehrskreisen,
- den Grad der Nähe zwischen den Waren und Dienstleistungen, für die das Zeichen ursprünglich benutzt wurde, und der Ware, für die die bekannte Marke eingetragen ist, und
- die wirtschaftliche und handelsmäßige Erheblichkeit der Benutzung des der Marke ähnlichen Zeichens für die fragliche Ware (zu allen drei Punkten EuGH C-65/12, BeckEuRS 2014, 749262 Rn. 60 – Bulldog).

252 Eine Liste von Entscheidungen, in denen das EuG einen rechtfertigenden Grund angenommen hat, findet sich in den Richtlinien des EUIPO (EUIPO Richtlinien Teil C Widerspruch, Abschnitt 5 Bekannte Marken Art. 8 Abs. 5 UMV, Ziffer 3.5.1.1). Es handelt sich bei dem Fehlen eines rechtfertigenden Grundes um einen Bestandteil des Anspruchstatbestands; für anspruchsbegründende Tatsachen trägt jedoch grundsätzlich der Anspruchsteller die Beweislast. Hier besteht jedoch die Besonderheit, dass es sich um eine negative Tatsache handelt. In diesem Fall ist es sinnvoll, dem Anspruchsgegner die Darlegungslast aufzuerlegen. Dementsprechend geht das EUIPO in der Praxis davon aus, dass kein rechtfertigender Grund vorliegt, wenn hierzu vom Anmelder nichts vorgetragen wird. Die Beweislast (iSd der sog. Feststellungslast) bleibt jedoch grundsätzlich beim Anspruchsteller.

VIII. Beweisfragen

1. Berufung auf Art. 8 Abs. 5

253 Es genügt, wenn sich der Widersprechende in der Widerspruchsschrift auf Art. 8 Abs. 5 erkennbar beruft, auch wenn er im Widerspruchsformular Art. 8 Abs. 5 nicht angekreuzt hat (vgl. EUIPO Widerspruchsabteilung v. 4.10.2001 – R 799/1999-1 Rn. 20 – RODIO/RHODIA). Allerdings muss der Widersprechende in der Folge auch zu Art. 8 Abs. 5 Stellung nehmen. Tut er dies nicht, kommt eine Prüfung von Art. 8 Abs. 5 nicht in Betracht (vgl. ausdrücklich EUIPO BK v. 10.12.2007 – R 216/2007-4 10 Rn. 35 – Miles & More/DEGUSMILES & More). Trägt der Widersprechende zu Art. 8 Abs. 5 das erste Mal in einem Verfahren vor dem EuG vor, ist es jedenfalls für einen solchen Vortrag zu spät, auch wenn er den Widerspruch in der Widerspruchsschrift auf Art. 8 Abs. 5 gestützt hat (vgl. EuG T-207/08, BeckEuRS 2011, 576239 Rn. 69, 70 – COHIBA (fig.)/KIOWA (fig.)). Allerdings ist die Frage, ob Bekanntheit vorliegt, grundsätzlich eine Rechtsfrage, die von EuG und EuGH überprüft werden kann. Lediglich die Ermittlung der Beurteilungsgrundlagen ist eine Tatsachenfrage.

2. Vortrags- und Beweislastverteilung

Die Bekanntheit in den relevanten Verkehrskreisen und die Ausnutzung bzw. Beeinträchtigung sind Tatsachenfragen. Für sie trägt der Widersprechende die Vortrags- und Beweislast (Regel 19 Abs. 2 Buchst. c GMDV). In Inter-partes-Verfahren (Widerspruch, Nichtigkeitsverfahren) beschränkt sich die Ermittlung des Sachverhalts nach Art. 76 Abs. 1 S. 2 auf das Vorbringen und die Anträge der Parteien. Das Amt darf bei der Beurteilung, ob die ältere Marke Bekanntheit genießt, nicht aus eigener Sachkunde entscheiden und darf auch nicht von Amts wegen Ermittlungen durchführen. Es darf sein Ergebnis ausschließlich auf das Vorbringen des Widersprechenden stützen. 254

Allerdings macht das Amt Ausnahmen von der Regel und nimmt bestimmte Tatsachen als gegeben hin, wenn sie außer Frage stehen. Dies entspricht § 291 ZPO im deutschen Zivilprozess. Allerdings kennt die UMV eine solche Regel nicht; es handelt sich hier also um reine Amtspraxis. 255

In Bezug auf die Bekanntheit hat die Beschwerdekammer entschieden, dass bei überragender Bekanntheit die Beweisanforderungen jedenfalls deutlich geringer sind (vgl. bereits früh EUIPO BK v. 4.2.2002 – R 0007/2001-1 Rn. 22 – ASPIR-WILLOW/ASPIRIN). In vorgenannter Entscheidung hat die Beschwerdekammer festgestellt: „Zwar ist die Kammer gemäß Artikel 74 Absatz 1 GMV bei der Ermittlung des Sachverhalts auf das Vorbringen der Beteiligten beschränkt, doch bedeutet dies nicht, dass die Kammer offenkundige Tatsachen nicht zur Kenntnis nehmen dürfte. An die Beweismittel, die zum Nachweis einer allgemeinkundigen Tatsache erforderlich sind, sind keine hohen Anforderungen zu stellen." Bestätigt wurde dies durch die BK in Sachen APSIRIN/ASPITEC (v. 10.1.2006 – R 0743/2004-2 Rn. 34 – APSIRIN/ASPITEC) und zuletzt wieder von der BK (v. 7.3.2012 – R 2227/2010-2 Rn. 21-23 – DHL (fig.)/CHL (fig.)). Das EuG hat diesen Grundsatz im Zusammenhang mit dem Namen Picasso bestätigt (EuG T-185/02, GRUR Int 2004, 850 Rn. 29 – PICASSO/PICARO). Es dürfte auch ohne aufwändigen Beweis „angenommen werden, dass die Mehrzahl der europäischen Verbraucher den Begriff PICASSO mit dem weltweit berühmtesten Maler des 20. Jahrhunderts, Pablo Picasso, in Verbindung bringt". Andererseits darf das EUIPO nicht einfach ohne Prüfung der vorgelegten Beweismittel annehmen, es sei nur ein Teil der Marke bekannt (EuG T-420/10, BeckRS 2012, 81133 Rn. 34 – AJ ARMANI JUNIOR/AJ AMICI JUNIOR). 255.1

Die Nachweise können entweder zusammen mit der Widerspruchsschrift (Regel 15 Abs. 3 Buchst. b GMDV) oder später innerhalb einer Frist von zwei Monaten nach Ablauf der Cooling-off-Frist eingereicht werden, vgl. Regel 19 Abs. 2 Buchst. c GMDV. Dies ist die Frist für den Widersprechenden, die Widerspruchsbegründung einzureichen. In der Praxis hat man hier meist etwas mehr Zeit, weil das EUIPO in der Regel ein bis zwei Wochen benötigt, um den Widerspruch für zulässig zu erklären und Fristen zu setzen. Wenn parallel zum streitigen Verfahren noch Verhandlungen zur gütlichen Beilegung des Streits zwischen den Parteien laufen, empfiehlt es sich, die Beweismittel erst mit der Widerspruchsbegründung einzureichen, insbesondere wenn die „Cooling-off-Frist" noch einmal verlängert werden sollte, was in der Praxis häufig ist. Der Widersprechende kann sich aller in Art. 78 Abs. 1 aufgeführten Beweismittel bedienen. 256

Die in der Praxis am häufigsten benutzten Beweismittel sind: Erklärungen, die unter Eid oder an Eides statt abgegeben wurden, Angaben zum Werbebudget, Meinungsumfragen und Markterhebungen, Artikel in der allgemeinen Presse oder in Fachveröffentlichungen, Angaben zum Umsatz und Marktanteil, zB in Jahresberichten, Rechnungen, Entscheidungen von Gerichten oder Verwaltungsbehörden sowie Entscheidungen des EUIPO. Die Dokumente müssen lediglich als Nachweis geeignet sein, dass die Marke die erforderliche Bekanntheit tatsächlich besitzt (Dieselben Beweismittel können auch vorgelegt werden, um zu beweisen, dass die ältere Marke eine erhöhte Kennzeichnungskraft iSd Art. 8 Abs. 1 Buchst. b besitzt oder gemäß Art. 8 Abs. 2 Buchst. c notorisch bekannt ist). Der Widersprechende kann auch auf Tatsachen und Beweise Bezug nehmen, die in einem anderen Widerspruchsverfahren vorgebracht wurden. Hier müssen die relevanten Unterlagen eindeutig angegeben werden, und die Verfahrenssprache muss in beiden Fällen dieselbe sein (oder eine Übersetzung beigefügt werden). 256.1

Wenn die Dokumente, die als Beweis für die Bekanntheit eingereicht werden, nicht in der Sprache des Verfahrens abgefasst sind, muss der Widersprechende gemäß Regel 19 Abs. 3 GMDV für die Übersetzung in die Verfahrenssprache sorgen. Es reicht aus, nur die ausschlaggebenden Teile von langen Dokumenten oder Veröffentlichungen zu übersetzen. Alles andere 257 wäre angesichts des Umfangs der Dokumente, die häufig zum Nachweis der Bekanntheit eingereicht werden, wenig praktikabel. Es ist auch nicht notwendig, Dokumente oder Teile von Dokumenten vollständig zu übersetzen, wenn diese hauptsächlich Zahlen oder Statistiken enthalten, deren Bedeutung ohne Übersetzung verständlich ist, was häufig der Fall ist bei Rechnungen, Bestellformularen, Diagrammen, Broschüren, Katalogen usw.

258 Somit müssen im Prinzip alle Beweismittel in Bezug auf sämtliche Tatbestandsmerkmale des Art. 8 Abs. 5 samt Übersetzung in der genannten Viermonatsfrist eingereicht werden. Nicht eingereichte Beweismittel können nicht später „nachgeholt" werden (vgl. Regel 19 Abs. 4 GMDV), es sei denn, es handelt sich um Ergänzungen.

259 Die Beweise sind in einer Gesamtschau zu würdigen. Das Gewicht der einzelnen Beweisstücke ist gesondert zu bewerten und dann in den Zusammenhang zu stellen. In der Vorbereitung des Vortrags ist darauf zu achten, dass das Beweismaterial nicht ausschließlich aus der Sphäre des Widersprechenden stammt und zu einem guten Teil quantitative Daten und Zahlen aus neutralen Quellen enthält (vgl. EuG T-500/10, BeckRS 2012, 81028 Rn. 49, 54 – DORMA (fig.)/doorsa FÁBRICA DE PUERTAS AUTOMÁTICAS). Vor allem wenn letztere fehlen, ist es nämlich schwierig, das EUIPO davon zu überzeugen, dass die Widerspruchsmarke bekannt ist.

260 Hinsichtlich der gedanklichen Verknüpfung trägt die Beweislast wieder gemäß Art. 76 Abs. 1 S. 2 der Widersprechende. Somit obliegt es dem Widersprechenden, aufzuzeigen, dass die tatsächliche oder zukünftige Benutzung der Anmeldung eine Beeinträchtigung der Unterscheidungskraft oder der Wertschätzung der älteren Marke verursacht hat oder wahrscheinlich verursachen wird, oder dass sie diese in unlauterer Weise ausgenutzt hat oder wahrscheinlich ausnutzen wird. Auch hier stehen die in Art. 78 Abs. 1 genannten Beweismittel zur Verfügung.

3. Anforderungen an die Beweismittel

261 EUIPO bzw. EuG haben im Lauf der Zeit bestimmte Regeln für den Umgang mit bestimmten Beweismitteln entwickelt. Eine Zusammenfassung findet sich in den Richtlinien (Richtlinien des EUIPO, Teil C Widerspruch, Abschnitt 5 Bekannte Marken Artikel 8 Absatz 5 UMV, Ziffer 3.4.4.1).

262 Einer **eidesstattlichen Versicherung** sind beispielsweise stets Unterlagen beizulegen, die die Aussagen der Erklärung unterstützen (EUIPO BK v. 10.12.2007 – R 216/2007-4 10 Rn. 45 – Miles & More/DEGUSMILES & More). Die in der Erklärung gemachten Angaben müssen eindeutig sein und spezifische Tatsachen betreffen.

263 Immer wieder werden von den Parteien in streitigen Verfahren vor dem EUIPO nationale Entscheidungen vorgelegt, beispielsweise als Beleg dafür, dass das jeweilige nationale Markenamt die Bekanntheit der älteren Marke festgestellt hat oder dass es von einer gedanklichen Verknüpfung der Marken ausgegangen ist. **Nationale Entscheidungen** werden vom EUIPO bzw. EuG grundsätzlich beachtet (vgl. aus EuG T-159/15, BeckRS 2016, 82326 Rn. 34–37 – PUMA (fig.)). Lediglich wenn die Entscheidungen nicht oder nicht ordentlich übersetzt sind oder nicht erkennen lassen, auf welcher Grundlage das Gericht oder das Markenamt zu dem Schluss kam, dass Bekanntheit vorliegt, werden sie ausnahmsweise nicht berücksichtigt.

264 Das EUIPO betrachtet grundsätzlich **Umfragen** als das am besten geeignete Beweismittel für den Beweis der Bekanntheit der älteren Marke (Richtlinien des EUIPO, Teil C Widerspruch, Abschnitt 5 Bekannte Marken Artikel 8 Absatz 5 UMV, Ziffer 3.1.4.3). Kann der Widersprechende beispielsweise aussagekräftige Umfragen mit Bekanntheitswerten von über 75% vorlegen und dies mit einigen andern Beweismitteln untermauern, ist eine Anerkennung der Bekanntheit durch das EUIPO ausgesprochen wahrscheinlich. Die Beschwerdekammer hat in verschiedenen Entscheidungen festgelegt, welchen Anforderungen Umfragen genügen müssen, um als Beweismittel ernst genommen zu werden (beispielsweise EUIPO BK v. 22.1.2016 – R 922/2015-2 Rn. 39 – BUNNIES; v. 17.10.2013 – R 1148/2011-1 Rn. 32–34 – COCCODRILLO (fig.); v. 8.7.2015 – R 2627/2014-4 Rn. 25 – BAKER STREET; v. 17.6.2014 – R 107/2014-5 Rn. 58 – Eros Helios (fig.); v. 1.6.2011 – R 1345/2010-1 Rn. 58 – Fukato Fukato).

Die Umfrage muss den Ersteller erkennen lassen, also das Umfrageinstitut, damit festgestellt werden **264.1** kann, ob die Umfrage aus einer seriösen Quelle stammt. Die Methode der Befragung, die Anzahl der Teilnehmer sowie die Zusammensetzung der Teilnehmergruppe müssen erkennbar sein. Es sollten mindestens zwischen 1000 und 2000 durch Zufall ausgewählte Personen befragt werden. Weiter muss die Umfrage klar erkennen lassen, in welcher Reihenfolge die Fragen gestellt wurden und ob die Angaben über prozentuale Anteile sich auf sämtliche Befragten oder nur auf diejenigen beziehen, die geantwortet haben. Wenn die Voraussetzungen einer seriösen Umfrage nicht vorliegen, kann die betreffende Umfrage kaum als Beweismittel berücksichtigt werden. Liegen sie vor, ist aber bestimmten Anforderungen nicht genügt, ist der Beweiswert entsprechend vermindert (nicht ausreichend waren Umfragen beispielsweise in folgenden Fällen: EUIPO BK v. 8.7.2015 – R 2627/2014-4 Rn. 25 – BAKER STREET; v. 17.6.2014 – R 107/2014-5 Rn. 58 – Eros Helios (fig.); v. 1.6.2011 – R 1345/2010-1 Rn. 58 – Fukato Fukato).

Nach Umfragen sind Angaben zu Umsatz, Marktanteil und Werbeausgaben sowie die **265** Präsenz in der Presse die wichtigsten Beurteilungsfaktoren. Insbesondere Presseartikel in seriösen Zeitschriften und Zeitungen liefern in der Regel ein aussagekräftiges Bild von der Bekanntheit der Marke. Rechnungen, Geschäftskorrespondenz, Jahresabschlüsse, Preise, Auszeichnungen und alle sonstigen Beweismittel werden vom EUIPO wie die zuvor genannten Beweismittel beurteilt. Je mehr quantitative Daten in diesen zuletzt genannten Beweismitteln enthalten sind, desto stärker ist ihr Beweiswert. Hintergrundinformationen über die Geschichte der Marke runden das Bild ab und erleichtern dem EUIPO die Beurteilung.

Abschnitt 2 Wirkungen der Unionsmarke

Art. 9 Rechte aus der Unionsmarke

(1) Mit der Eintragung einer Unionsmarke erwirbt ihr Inhaber ein ausschließliches Recht an ihr.

(2) Der Inhaber dieser Unionsmarke hat unbeschadet der von Markeninhabern vor dem Zeitpunkt der Anmeldung oder dem Prioritätstag der Unionsmarke erworbenen Rechte das Recht, Dritten zu verbieten, ohne seine Zustimmung im geschäftlichen Verkehr ein Zeichen für Waren oder Dienstleistungen zu benutzen, wenn
a) das Zeichen mit der Unionsmarke identisch ist und für Waren oder Dienstleistungen benutzt wird, die mit denjenigen identisch sind, für die die Unionsmarke eingetragen ist;
b) das Zeichen mit der Unionsmarke identisch oder ihr ähnlich ist und für Waren oder Dienstleistungen benutzt wird, die mit denjenigen identisch oder ihnen ähnlich sind, für die die Unionsmarke eingetragen ist, und für das Publikum die Gefahr einer Verwechslung besteht, die die Gefahr einschließt, dass das Zeichen mit der Marke gedanklich in Verbindung gebracht wird;
c) das Zeichen mit der Unionsmarke identisch oder ihr ähnlich ist, unabhängig davon, ob es für Waren oder Dienstleistungen benutzt wird, die mit denjenigen identisch sind oder denjenigen ähnlich sind oder nicht ähnlich sind, für die die Unionsmarke eingetragen ist, wenn diese in der Union bekannt ist und die Benutzung des Zeichens die Unterscheidungskraft oder die Wertschätzung der Unionsmarke ohne rechtfertigenden Grund in unlauterer Weise ausnutzt oder beeinträchtigt.

(3) Sind die Voraussetzungen des Absatzes 2 erfüllt, so kann insbesondere verboten werden,
a) das Zeichen auf Waren oder deren Verpackung anzubringen;
b) unter dem Zeichen Waren anzubieten, in Verkehr zu bringen oder zu den genannten Zwecken zu besitzen oder unter dem Zeichen Dienstleistungen anzubieten oder zu erbringen;
c) Waren unter dem Zeichen einzuführen oder auszuführen;

d) das Zeichen als Handelsnamen oder Unternehmensbezeichnung oder als Teil eines Handelsnamens oder einer Unternehmensbezeichnung zu benutzen;
e) das Zeichen in den Geschäftspapieren und in der Werbung zu benutzen;
f) das Zeichen in der vergleichenden Werbung in einer der Richtlinie 2006/114/ EG des Europäischen Parlaments und des Rates (*) zuwiderlaufenden Weise zu benutzen.

(4) Unbeschadet der von Inhabern vor dem Zeitpunkt der Anmeldung oder dem Prioritätstag der Unionsmarke erworbenen Rechte ist der Inhaber dieser Unionsmarke auch berechtigt, Dritten zu untersagen, im geschäftlichen Verkehr Waren in die Union zu verbringen ohne diese in den zollrechtlich freien Verkehr zu überführen, wenn die Waren, einschließlich ihrer Verpackung, aus Drittstaaten stammen und ohne Zustimmung eine Marke aufweisen, die mit der für derartige Waren eingetragenen Unionsmarke identisch ist oder in ihren wesentlichen Aspekten nicht von dieser Marke zu unterscheiden ist.

Die Berechtigung des Inhabers einer Unionsmarke gemäß Unterabsatz 1 erlischt, wenn während eines Verfahrens, das der Feststellung dient, ob eine Unionsmarke verletzt wurde, und das gemäß der Verordnung (EU) Nr. 608/2013 des Europäischen Parlaments und des Rates (**) zur Durchsetzung der Rechte geistigen Eigentums durch die Zollbehörden eingeleitet wurde, der zollrechtliche Anmelder oder der Besitzer der Waren nachweist, dass der Inhaber der Unionsmarke nicht berechtigt ist, das Inverkehrbringen der Waren im endgültigen Bestimmungsland zu untersagen.

Amtliche Anm.:
(*) Richtlinie 2006/114/EG des Europäischen Parlaments und des Rates vom 12. Dezember 2006 über irreführende und vergleichende Werbung (ABl. L 376 vom 27.12.2006, S. 21)
(**) Verordnung (EU) Nr. 608/2013 des Europäischen Parlaments und des Rates vom 12. Juni 2013 zur Durchsetzung der Rechte geistigen Eigentums durch die Zollbehörden und zur Aufhebung der Verordnung (EG) Nr. 1383/2003 des Rates (ABl. L 181 vom 29.6.2013, S. 15)

Überblick

Art. 9 **Abs. 1** stellt klar, dass (erst) die Eintragung einer Unionsmarke dem Markeninhaber ein ausschließliches, dh ein subjektives, grundsätzlich gegenüber jedermann bestehendes Recht gewährt. Dabei stellt Abs. 1 keine eigene Anspruchsgrundlage dar, denn die Voraussetzungen des Ausschließlichkeitsrechts ergeben sich erst aus Art. 9 Abs. 2 Buchst. a bis c und Art. 9 Abs. 4.

Abs. 2 Buchst. a bis c erlauben einem Unionsmarkeninhaber gegen einen Dritten vorzugehen, sofern dieser Zeichen iSv Art. 9 Abs. 2 Buchst. a bis c im geschäftlichen Verkehr und ohne Zustimmung des Markeninhabers benutzt.

Der Unterlassungsanspruch kann konkret gegen die Benutzung eines mit der Unionsmarke identischen Zeichens für Waren oder Dienstleistungen, die mit denjenigen der Unionsmarke identisch sind, dh wenn Doppelidentität gegeben ist, geltend gemacht werden (Art. 9 Abs. 2 Buchst. a), gegen die Benutzung eines mit der Unionsmarke identischen/ähnlichen Zeichens für Waren oder Dienstleistungen, die mit denjenigen der Unionsmarke identisch/ähnlich sind, wenn Verwechslungsgefahr besteht (Art. 9 Abs. 2 Buchst. b) bzw. gegen die Benutzung solcher Zeichen geltend gemacht werden, die die Wertschätzung oder Unterscheidungskraft einer Unionsmarke ohne rechtfertigenden Grund in unlauterer Weise ausnutzen oder beeinträchtigen, wenn diese in der Union bekannt ist.

Um klarzustellen, dass **Abs. 2–4** vollumfänglich den Prioritätsgrundsatz entsprechend Art. 16 Abs. 1 TRIPS-Übereinkommen (→ MarkenR Einleitung Rn. 191 ff.) berücksichtigt, demzufolge ältere Rechte Vorrang vor einer später eingetragenen Unionsmarke haben, steht die Durchsetzung der Rechte aus Art. 9 Abs. 2 unter dem ausdrücklichen Vorbehalt, dass solche Rechte unbeeinträchtigt bleiben.

Abs. 3 enthält einen nicht abschließenden Katalog bestimmter Benutzungshandlungen, die der Inhaber im Falle einer Verletzung seiner Unionsmarke gemäß Abs. 2 verbieten kann (→ Rn. 67 ff.).

Rechte aus der Unionsmarke **Art. 9 UMV**

Abs. 4 gibt dem Markeninhaber einen Anspruch gegen Verletzungen vorzugehen, die Ware betrifft, die zwar in die Union verbracht aber nicht in den zollrechtlich freien Verkehr überführt wird („Transitware") (→ Rn. 81 ff.)

Übersicht

	Rn.		Rn.
A. Einführung	1	1. Anbringen, Anbieten, Inverkehrbringen, Besitz, Einfuhr, Ausfuhr (Abs. 3 Buchst. a bis c)	68
B. Anspruchsinhaber	5	2. Benutzung als Handelsname oder Unternehmensbezeichnung (Abs. 3 Buchst. d)	72
C. Anspruchsgegner	6	3. Benutzung in Geschäftspapieren und in der Werbung (Abs. 3 Buchst. e)	74
D. Tatbestandsvoraussetzungen	12	4. Benutzung in vergleichender Werbung (Abs. 3 Buchst. f)	75
I. Verletzungstatbestände	13	E. Transit	81
1. Doppelidentität	13	I. Einführung	81
2. Verwechslungsgefahr	19	II. Anspruchsvoraussetzungen	83
3. Erweiterter Schutz der bekannten Marke	29	1. Verbringung von Waren aus Drittstaaten in die Union ohne diese in den zollrechtlich freien Verkehr zu überführen	83
II. Benutzung im geschäftlichen Verkehr	44	2. Handeln im geschäftlichen Verkehr	911
III. Ohne Zustimmung des Markeninhabers	47	3. Ohne Zustimmung des Markeninhabers	93
IV. Benutzung als Marke/Funktionsbeeinträchtigung der Unionsmarke	51	4. Identische oder hochgradig ähnliche Ware und Marken	94
1. Herkunftsfunktion der Marke	59	5. Kein Nachweis der Nichtberechtigung/ Beweislastumkehr	98
2. Qualitätsfunktion	64		
3. Werbefunktion	65		
4. Investitionsfunktion	66		
V. Verbotsumfang	67		

A. Einführung

Die Eintragung einer Marke als Unionsmarke gewährt dem Markeninhaber zahlreiche 1 Ansprüche und Rechte. Durch die Eintragung einer Unionsmarke wird beispielsweise ein relatives Eintragungshindernis (Art. 8) gegen die Anmeldung einer kollidierenden Unionsmarke mit jüngerem Zeitrang als der Unionsmarke begründet, welches durch Widerspruch (Art. 41) oder Nichtigkeitsantrag (Art. 56) bzw. Nichtigkeitswiderklage (Art. 100) geltend gemacht werden kann. Gleiches gilt auf nationaler Ebene. Dieses Eintragungshindernis wäre allerdings wertlos, wenn die Unionsmarke dem Markeninhaber nicht auch einen Unterlassungsanspruch gegen die Benutzung verletzender Marken und anderer Zeichen zusprechen würde. Genau diesen Zweck erfüllt Art. 9. Diese Norm gibt dem Markeninhaber einen Unterlassungsanspruch gegen die Benutzung von mit der Unionsmarke identischen Zeichen für identische Waren oder Dienstleistungen (Art. 9 Abs. 2 Buchst. a; **„Doppelidentität"**), gegen die Benutzung von mit der Unionsmarke ähnlichen Zeichen für Waren oder Dienstleistungen, die mit denjenigen der Unionsmarke identisch oder ähnlich sind, wenn durch die Benutzung Verwechslungsgefahr bei den angesprochenen Verbrauchern hervorgerufen wird (Art. 9 Abs. 2 Buchst. b; **„Verwechslungsgefahr"**) sowie gegen die Benutzung von mit der Unionsmarke identischen oder ähnlichen Zeichen, auch ohne dass die Benutzung für Waren oder Dienstleistungen erfolgt, die mit denjenigen der Unionsmarke identisch oder ähnlich sind, wenn die Unionsmarke in der Union bekannt ist und die Benutzung des Zeichens die Wertschätzung oder Unterscheidungskraft der Unionsmarke in unlauterer Weise ausnutzt oder beeinträchtigt (Art. 9 Abs. 2 Buchst. c; **„bekannte Marke"**). Der Unterlassungsanspruch folgt direkt aus Art. 9 Abs. 2, während die Durchsetzung des Unterlassungsanspruchs den nationalen Gemeinschaftmarkengerichten überlassen ist. Hinsichtlich weitergehender Ansprüche wegen Verletzung der Unionsmarke nach Art. 9 verweist Art. 101 Abs. 2 auf das Recht des Mitgliedstaats, in dem die Verletzungshandlung begangen wurde oder droht (→ Art. 101 Rn. 5 ff.).

Art. 9 erlaubt es dem Unionsmarkeninhaber gegen einen Dritten vorzugehen, sofern 2 dieser Zeichen iSv Art. 9 Abs. 2 Buchst. a bis c im geschäftlichen Verkehr und ohne seine Zustimmung benutzt. Er kann sich somit einer rechtsverletzenden Zeichenbenutzung widersetzen.

3   Das **Ausschließlichkeitsrecht** des Markeninhabers ist nicht unbegrenzt, sondern **unterliegt** den **allgemeinen Beschränkungen** der UMV. Das Ausschließlichkeitsrecht unterliegt den Schutzschranken der Art. 12 (Wirkungsbeschränkung, → Art. 12 Rn. 1 ff.), Art. 13 (Erschöpfung, → Art. 13 Rn. 1) sowie Art. 13a (Zwischenrechte, → Art. 13a Rn. 1 ff.), dh einem möglichen Anspruchsverlust durch Zustimmung gemäß Art. 53 Abs. 1, 3 oder 4 (→ Art. 53 Rn. 24 ff.), Verwirkung gemäß Art. 54 Abs. 1 oder 2 (→ Art. 54 Rn. 1 ff.) oder Verfall gemäß Art. 57 Abs. 2 (→ Art. 57 Rn. 22 ff.) auf die Art. 13a jeweils verweist. So kann der Markeninhaber die Benutzung eines Zeichens nur insoweit verbieten, wie die Rechte des Inhabers – weder zum Zeitpunkt der Erhebung der Verletzungsklage noch bei Entstehung der jüngeren Marke – hätten für verfallen erklärt werden können. Außerdem ist der Markeninhaber nicht berechtigt, die Benutzung einer Marke zu untersagen, wenn diese jüngere Marke wegen Zustimmung gemäß Art. 53 Abs. 3, oder aufgrund von Verwirkung gemäß Art. 54 Abs. 1, 2 nicht für nichtig erklärt werden könnte.

4   Des Weiteren unterliegt der Anspruch nach Art. 9 der **Benutzungsvoraussetzung** des Art. 15 (→ Art. 15 Rn. 1 ff.). Hat der Markeninhaber oder ein Dritter mit Zustimmung des Markeninhabers die Unionsmarke nicht innerhalb von fünf Jahren nach Eintragung der Unionsmarke ernsthaft für die Waren und Dienstleistungen, für die die Unionsmarke eingetragen ist, in der Union benutzt, und wird der Einwand der Nichtbenutzung im Rahmen eines Verletzungsverfahrens gemäß Art. 99 Abs. 3 (→ Art. 99 Rn. 14 ff.) oder durch eine Widerklage gemäß Art. 100 erhoben (→ Art. 100 Rn. 1 ff.), wird dies bei Nichtbenutzung zu einem vollständigen Rechtsverlust der Ansprüche aus Art. 9 oder bei Teilbenutzung zu einem Teilrechtsverlust der Ansprüche aus Art. 9 führen.

B. Anspruchsinhaber

5   Anspruchsinhaber ist der **Markeninhaber.** Markeninhaber kann gemäß **Art. 6** jede natürliche oder juristische Person, einschließlich Körperschaften des öffentlichen Rechts sein. Wurde eine Unionsmarke – wie in Art. 17 Abs. 1 ausdrücklich gestattet – auf einen **Rechtsnachfolger** übertragen, so ist der Rechtsnachfolger (erst) ab Zeitpunkt seiner Eintragung als Inhaber im Markenregister und deren Veröffentlichung (Art. 17 Abs. 6; → Art. 17 Rn. 51 ff.) aktivlegitimiert. Ein **Lizenznehmer** kann nur mit Zustimmung des Markeninhabers den Unterlassungsanspruch gemäß Art. 9 im Wege der Abmahnung und Klageerhebung geltend machen (Art. 22 Abs. 3 Abs. 1). Der Zustimmung bedarf es dann nicht, wenn es sich um eine ausschließliche Lizenz handelt und der Unionsmarkeninhaber „nach Aufforderung (durch den Lizenznehmer) nicht selber innerhalb einer angemessenen Frist die Verletzungsklage erhoben hat" (Art. 22 Abs. 3 Abs. 2). Allerdings wird diese Bestimmung in Lizenzverträgen für den Inhaber einer ausschließlichen Lizenz häufig wirksam abbedungen. Sollte er aber ausnahmsweise den Unterlassungsanspruch geltend machen und der Beklagte eine Widerklage erheben, so ist der Markeninhaber darüber gemäß Art. 100 Abs. 3 zu informieren und mag – nach dem nationalen Zivilprozessrecht – dem Verfahren als Partei beitreten (s. auch Renck in Gielen/v. Bomhard, Concise European Trade Mark and Design Law, 2011, Art. 22 Rn. 3).

C. Anspruchsgegner

6   Der Anspruch richtet sich immer gegen den **Benutzer** des rechtsverletzenden Zeichens. Benutzer iSv **Art. 9** ist grundsätzlich derjenige, der ein Zeichen in Bezug auf Waren und Dienstleistungen – identisch oder ähnlich denen, die von der geschützten Marke erfasst sind – im geschäftlichen Verkehr ohne Zustimmung des Markeninhabers benutzt.

7   Grundsätzlich dürfte der Benutzer sich relativ leicht bestimmen lassen. Allerdings gibt es auch Konstellationen, in denen nicht klar ist, wer alles als Benutzer iSv Art. 9 – und damit als Anspruchsgegner – anzusehen ist. Der EuGH musste sich in jüngerer Vergangenheit gleich mehrfach mit dieser Frage auseinandersetzen. Diesen Entscheidungen ist grundsätzlich zu entnehmen, dass Benutzer nur ein Dritter sein kann, der unmittelbar oder mittelbar die Herrschaft über die Benutzungshandlung hat und tatsächlich in der Lage ist, die Benutzung zu beenden und sich damit an das Verbot zu halten (EuGH C-179/15, GRUR 2016, 375 Rn. 41 – Daimler; C-236/08 bis C-238/08, GRUR 2010, 447 Rn. 57 – Google-France;

EuZW 2012, 111 Rn. 29 – Red Bull; C-324/09, GRUR 2011, 1025, 1031 Rn. 101–104 – L'Oréal/eBay). Eine andere Auslegung verstößt nach Ansicht des EuGH gegen den Rechtsgrundsatz des „impossibilium nulla obligatio est" [Nichts ist Pflicht bei Unmöglichkeit] (EuGH C-179/15, GRUR 2016, 375 Rn. 42 – Daimler).

In seinem Urteil „Daimler" hat der EuGH darauf hingewiesen, dass der Wortlaut des Art. 5 Abs. 1 RL (EU) 2008/95/EG „zu benutzen" nach seinem üblichen Sinn ein aktives Verhalten und eine unmittelbare oder mittelbare Herrschaft über die Benutzungshandlung beinhaltet. Dies ist nicht der Fall, wenn die Handlung von einem unabhängigen Wirtschaftsteilnehmer ohne Zustimmung des Werbenden und sogar gegen seinen ausdrücklichen Willen vorgenommen wird (EuGH C-179/15, GRUR 2016, 375 Rn. 39 – Daimler). 7.1

Die einfache Beschaffung technischer Voraussetzungen für die Benutzung eines Zeichens bedeutet nicht, dass der Beschaffende dieses Zeichen selbst benutzt, selbst dann nicht, wenn der Beschaffende sich diese Dienstleistung vergüten lässt (EuGH C-236/08 bis C-238/08, GRUR 2010, 447 Rn. 57 – Google-France; C-119/10, EuZW 2012, 111 Rn. 29 – Red Bull; C-324/09, GRUR 2011, 1025, 1031 Rn. 101–104 – L'Oréal/eBay). 8

Einem Werbenden sind **selbständige Handlungen anderer Wirtschaftsteilnehmer,** mit denen der Werbende keine unmittelbare oder mittelbare Beziehung unterhält und die nicht im Auftrag und für Rechnung des Werbenden, sondern auf eigene Initiative und im eigenen Namen handeln, nicht zuzurechnen. Dies betrifft insbesondere Sachverhalte, in denen Internetreferenzierungsdienstleistungen involviert sind. 9

Der EuGH entschied im „Daimler"-Urteil daher, dass ein Dritter, der in einer auf einer Website veröffentlichten Anzeige genannt ist, die ein Zeichen enthält, das mit einer Marke identisch oder ihr ähnlich ist, so dass der Eindruck einer Geschäftsbeziehung zwischen ihm und dem Markeninhaber besteht, keine Benutzung dieses Zeichens vornimmt, die vom Inhaber nach dieser Bestimmung verboten werden kann, wenn die Anzeige weder von diesem Dritten noch in seinem Namen platziert worden ist oder, falls die Anzeige von diesem Dritten oder in seinem Namen mit Zustimmung des Inhabers platziert worden ist, wenn dieser Dritte den Betreiber der Website, bei dem er die Anzeige in Auftrag gegeben hatte, ausdrücklich aufgefordert hat, die Anzeige oder die in ihr enthaltene Nennung der Marke zu löschen (EuGH C-179/15, GRUR 2016, 375 Rn. 44 – Daimler). 9.1

Im „Google-France"-Urteil entschied der EuGH, dass „der Anbieter eines **Internetreferenzierungsdienstes,** der ein mit einer Marke identisches Zeichen als Schlüsselwort speichert und dafür sorgt, dass auf dieses Schlüsselwort Anzeigen angezeigt werden", nicht als Benutzer iSv Art. 9 Abs. 1 angesehen werden kann, da der Anbieter zwar zulässt, dass seine Kunden Zeichen benutzten, die mit Marken identisch oder ihnen ähnlich seien, diese Zeichen jedoch nicht selbst benutzt (EuGH C-236/08 bis C-238/08, GRUR 2010, 447 Rn. 53–58 – Google-France). 9.2

Ähnlich lautet der Tenor des „Red Bull"-Urteils, in dem der EuGH entschied, dass ein Dienstleistender, der im Auftrag und nach Anweisungen eines Dritten Aufmachungen abfüllt, die der Dritte ihm zur Verfügung gestellt hat und auf welchen zuvor ein mit einer eingetragenen Marke ähnliches oder identisches Zeichen versehen wurden, nicht Benutzer iSv Art. 9 Abs. 1 ist (EuGH EuZW 2012, 111 Rn. 30 – Red Bull). 9.3

Es ist nicht zu befürchten, dass diese Entscheidungen dem Kunden des Dienstleistenden einen **Spielraum** schaffen, um den Schutz des Art. 9 zu unterlaufen, indem er seinen Herstellungsprozess aufspaltet und an Dienstleister out-sourced, denn diese Leistungen können dem betreffenden Kunden zugerechnet werden, so dass dieser verantwortlich bleibt (EuGH C-119/10, EuZW 2012, 111 Rn. 36 – Red Bull). 10

Allerdings gilt ein **Zwischenhändler** – welcher im eigenen Namen, aber für Rechnung des Verkäufers handelt und kein Interesse am Verkauf der Ware hat – als Benutzer iSv Art. 9, wenn er in seinen Geschäftspapieren ein mit einer Unionsmarke identisches Zeichen für Waren oder Dienstleistungen benutzt, die mit denjenigen identisch sind, für die die Unionsmarke eingetragen ist (EuGH C-62/08, GRUR 2009, 1156 Rn. 54 – Brandtraders). 11

D. Tatbestandsvoraussetzungen

Das Gesetz nennt drei Grundvoraussetzungen, welche **kumulativ** vorliegen müssen, damit überhaupt von einer rechtswidrigen Benutzung iSv Art. 9 gesprochen werden kann. Zum einen muss es sich um eine rechtsverletzende Benutzung eines Zeichens iSv Art. 9 Abs. 2 12

Buchst. a („Doppelidentität", → Rn. 13), iSv Art. 9 Abs. 2 Buchst. b („Verwechslungsgefahr", → Rn. 19) oder iSv Art. 9 Abs. 2 Buchst. c („bekannte Marke", → Rn. 29) handeln. Zum anderen muss diese Benutzung im geschäftlichen Verkehr erfolgen (→ Rn. 44 ff.). Dritte Voraussetzung ist, dass diese Benutzung ohne Zustimmung des Markeninhabers (→ Rn. 47 ff.) erfolgt. Daraus lässt sich bereits schließen, dass nicht jede Benutzung der Marke tatbestandsmäßig ist. Der EuGH hat durch ständige Rechtsprechung gar ein weiteres Tatbestandsmerkmal gebildet, welches zusätzlich erfüllt sein muss, um dem Markeninhaber das Recht zu geben, gegen den Störer vorzugehen. Der Gerichtshof verlangt, dass die **Funktionen der Unionsmarke** (→ MarkenG § 14 Rn. 249; → MarkenR Einleitung Rn. 133), insbesondere ihre Hauptfunktion der Gewährleistung der Herkunft der Waren oder Dienstleistungen gegenüber den Verbrauchern, durch die Zeichenbenutzung **beeinträchtigt werden bzw. beeinträchtigt werden könnten,** also dass eine Benutzung als Marke gegeben ist (→ Rn. 51 ff.).

I. Verletzungstatbestände

1. Doppelidentität

13   Art. 9 Abs. 2 Buchst. a sieht zunächst den Tatbestand der sogenannten **„Doppelidentität"** vor. Eine solche ist gegeben, wenn sowohl die sich gegenüberstehende **Zeichen,** als auch die sich jeweils gegenüberstehenden **Waren und/oder Dienstleistungen identisch** sind. Auf weitergende Kriterien, wie zB das Vorliegen von Verwechslungsgefahr kommt es dann nicht an.

14   Das Kriterium der Zeichenidentität ist restriktiv auszulegen. Zeichenidentität setzt grundsätzlich eine vollständige Übereinstimmung der kollidierenden Zeichen voraus; unschädlich sind so geringfügige Unterschiede zwischen den Zeichen, von denen davon auszugehen ist, dass ein angemessen aufmerksamer Verbraucher diesen Unterschied nur dann bemerkt, wenn er die Marken nebeneinander legt und vergleicht (EuGH C-291/00, GRUR 2003, 422 Rn. 50 ff. – Arthur/Arthur et Félicie; BGH GRUR 2015, 607 Rn. 22 – Uhrenverkauf).

15   Dabei wird berücksichtigt, dass ein Verbraucher die Zeichen nicht unmittelbar miteinander vergleicht, sondern die Wahrnehmung der Identität aus der Erinnerung heraus erfolgt. Daher können dem Durchschnittsverbraucher unbedeutende Unterschiede zwischen einem Zeichen und der Marke entgehen. Von Identität kann daher auch noch auszugehen sein, wenn das benutzte Zeichen zwar bei einem Direktvergleich Unterschiede gegenüber der Marke aufweist, diese Unterschiede aber so geringfügig sind, dass sie einem Durchschnittsverbraucher entgehen können (EuGH C-291/00, GRUR 2003, 422 Rn. 52 – Arthur/Arthur et Félicie). Entscheidend ist allerdings, dass der Unionsmarke keine Elemente hinzugefügt werden dürfen, dies gilt auch für beschreibende Bestandteile (EuGH C-291/00, GRUR 2003, 422 Rn. 54 – Arthur/Arthur et Félicie).

16   Der Schutz von **Wortmarken** bezieht sich grundsätzlich auf eine übliche Schriftart. Wird eine Wortmarke in einer schriftbildlichen Ausgestaltung verwendet, stellt dies möglicherweise keine Benutzung eines mit der Wortmarke identischen Zeichens dar. Entscheidend ist auch insofern, ob die Abweichung dem Durchschnittverbraucher aus der Erinnerung heraus auffällt.

17   Auch wenn **farbig registrierte Marken** in einer farblichen Ausgestaltung benutzt werden, die von der eingetragenen Marke abweicht, kommt es darauf an, ob die Farbabweichung derart unbedeutend erscheint, dass davon auszugehen ist, dass die Abweichung einem Durchschnittsverbraucher – wiederum aus der Erinnerung heraus – nicht auffällt. Dass eine Farbabweichung in einem direkten Vergleich festzustellen ist, ist nicht zwingend ausreichend. Vergleichbare Maßstäbe hat auch das EUIPO in seinen Richtlinien zur Prüfung eines Prioritätsanspruchs (HABM Prüfungsrichtlinien, Teil B, Abschnitt 15, 2.1) aufgestellt, bei denen es auf die Beurteilung der Identität von in Schwarz und Weiß bzw. in Graustufen eingereichten Marken im Vergleich zu in Farbe eingereichten Marken geht. Demnach ist eine in Schwarz und Weiß bzw. in Graustufen eingereichte Marke nicht mit der gleichen Marke identisch ist, wenn diese in Farbe eingereicht wird, es sei denn, die Unterschiede hinsichtlich der Farbe bzw. Graustufen sind so geringfügig, dass sie vom Durchschnittsverbraucher möglicherweise völlig unbemerkt bleiben.

In Bezug auf das Erfordernis der **Waren- und Dienstleistungsidentität** ist von einem 18
eher großzügigen Maßstab auszugehen. Ausreichend ist dabei, wenn die Waren und Dienstleistungen, für die das angegriffenen Zeichen benutzt wird, sich unter einem Oberbegriff der älteren Marke subsumieren lassen (EuG T-434/10, BeckRS 2012, 81025 Rn. 41 – ALPINE PRO SPORTSWEAR & EQUIPMENT).

2. Verwechslungsgefahr

Art. 9 Abs. 2 Buchst. b schützt die Unionsmarke gegen die Benutzung eines Zeichens, 19
das mit der Unionsmarke identisch oder ähnlich ist, für Waren oder Dienstleistungen, die mit denen identisch oder ähnlich sind, für die die Unionsmarke eingetragen ist, sofern die Gefahr besteht, dass das Zeichen mit der Unionsmarke verwechselt wird, dies schliesst die Gefahr ein, dass das Zeichen mit der Marke gedanklich in Verbindung gebracht wird (auch → Art. 8 Rn. 27 ff. zu Art. 8).

Bei der Beurteilung der **Verwechslungsgefahr** ist auf die Wahrnehmung der maßgeblichen Verkehrskreise abzustellen, die sich aus den durchschnittlich informierten, aufmerksamen und verständigen **Durchschnittsverbrauchern** dieser Waren oder Durchschnittsempfängern dieser Dienstleistungen zusammensetzen (EuGH C-251/95, GRUR 1998, 387 Rn. 23 – Sabèl/Springende Raubkatze). 20

Das Vorliegen einer möglichen Verwechslungsgefahr zwischen der Unionsmarke und dem 21
in Rede stehenden Zeichen ist nach ständiger Rechtsprechung des EuGH unter Berücksichtigung aller relevanten Umstände des Einzelfalls umfassend zu beurteilen.

Dabei besteht eine **Wechselwirkung** zwischen den in Betracht kommenden Faktoren, 22
insbesondere der Ähnlichkeit der Zeichen und der Ähnlichkeit der mit ihnen gekennzeichneten Waren oder Dienstleistungen sowie der Kennzeichnungskraft der geschützten Marke. Dies bedeutet, dass ein geringerer Grad der Ähnlichkeit der Waren oder Dienstleistungen durch einen höheren Grad der Ähnlichkeit der Zeichen oder durch eine erhöhte **Kennzeichnungskraft** der Marke ausgeglichen werden kann und umgekehrt. Bei der Kennzeichnungskraft handelt es sich um ein ungeschriebenes Kriterium, das im Rahmen der Beurteilung des Vorliegens einer Verwechslungsgefahr von grosser Bedeutung ist. Entscheidend ist die Kennzeichnungskraft der älteren Marke, die Kennzeichnungskraft des jüngeren Zeichens ist nicht relevant (EuGH C-39/97, EuZW 1998, 702 Rn. 24 – Canon). Diese Wechselbeziehung zwischen den Faktoren kommt auch im achten Erwägungsgrund der UMV zum Ausdruck, wonach der Begriff der Ähnlichkeit im Hinblick auf die Verwechslungsgefahr auszulegen ist, deren Feststellung ihrerseits von zahlreichen Faktoren abhängt, unter anderem von dem Bekanntheitsgrad der Marke auf dem Markt, der gedanklichen Verbindung, die zwischen ihr und dem benutzten Zeichen hergestellt werden kann und dem Grad der Ähnlichkeit zwischen der Marke und dem Zeichen sowie zwischen den damit gekennzeichneten Waren oder Dienstleistungen.

Bei der Beurteilung der **Zeichenähnlichkeit** ist auf den jeweiligen Gesamteindruck der 23
sich gegenüberstehenden Zeichen abzustellen und umfasst einen Vergleich der einander gegenüberstehenden Zeichen in bildlicher, klanglicher und begrifflicher Hinsicht, wobei insbesondere ihre unterscheidungskräftigen und dominierenden Elemente zu berücksichtigen sind (ua EuGH C-251/95, GRUR Int 1998, 56 Rn. 23 – Sabèl/Springende Raubkatze).

Abzustellen ist wie das Zeichen auf den Durchschnittsverbraucher der Waren oder Dienst- 24
leistungen wirken, wobei davon auszugehen ist, dass der Durchschnittsverbraucher ein Zeichen regelmäßig als Ganzes wahrnimmt und nicht auf die verschiedenen Einzelheiten achtet (EuGH C-251/95, GRUR Int 1998, 56 Rn. 23 – Sabèl/Springende Raubkatze; EuGH C-342/97, GRUR Int 1999, 734 Rn. 26 – Lloyd Schuhfabrik Meyer).

Ein oder mehrere **Bestandteile eines komplexen** Zeichens können für den durch die 25
Marke im Gedächtnis der angesprochenen Verkehrskreise hervorgerufenen Gesamteindruck **prägend** sein (EuGH C-120/04, GRUR 2005, 1042 Rn. 29 – Thomson Life). Bei Identität oder Ähnlichkeit eines selbstständig kennzeichnenden Bestandteils mit der älteren Unionsmarke kann bei den angesprochenen Verkehrskreisen der Eindruck hervorgerufen werden, dass die fraglichen Waren oder Dienstleistungen zumindest aus wirtschaftlich miteinander verbundenen Unternehmen stammen (EuGH C-120/04, GRUR 2005, 1042 Rn. 31 – Thomson Life). Erforderlich ist dafür, dass die fremde Marke innerhalb des zusammengesetz-

ten Zeichens eine **selbstständig kennzeichnende Stellung** behält, dass diese das Erscheinungsbild der komplexen Kennzeichnung „prägt" oder „dominiert" ist nicht erforderlich (EuGH C-120/04, GRUR 2005, 1042 Rn. 30 – Thomson Life).

26 Eine **Ähnlichkeit der Waren/Dienstleistungen** ist gegeben, wenn diese so enge Berührungspunkte aufweisen, dass die beteiligten Kreise davon ausgehen, dass die betroffenen Waren/Dienstleistungen aus demselben oder jedenfalls **aus wirtschaftlich miteinander verbundenen Unternehmen** stammen.

27 Auch bei der Beurteilung der Ähnlichkeit der betroffenen Waren oder Dienstleistungen sind alle erheblichen Faktoren zu berücksichtigen, die das Verhältnis zwischen ihnen kennzeichnen. Zu diesen Faktoren gehören insbesondere die Art, der Verwendungszweck, die Vertriebswege, die Nutzung der Waren/Dienstleistungen sowie die Eigenart als miteinander konkurrierende oder einander ergänzende Waren oder Dienstleistungen (EuGH C-416/04 P, GRUR 2006, 582 Rn. 85 – Sunrider/HABM).

28 Das Recht des Unionsmarkeninhabers die Benutzung eines Zeichens zu verbieten, das mit seiner Marke identisch oder ihr ähnlich ist, kann auch gegen solche Dritte geltend gemacht werden, die Inhaber einer jüngeren Unionsmarke sind, ohne dass diese letztere Marke zuvor für nichtig erklärt werden muss (EuGH C-561/11, GRUR 2013, 516 Rn. 52 – Fédération Cynologique Internationale/Federación Canina Internacional de Perros de Pura Raza).

3. Erweiterter Schutz der bekannten Marke

29 Art. 9 Abs. 2 Buchst. c sieht einen erweiterten Schutz solcher Unionsmarken vor, die **in der Union bekannt** sind, sofern der Nutzende die Unterscheidungskraft oder die Wertschätzung der Unionsmarke ohne rechtfertigenden Grund in unlauterer Weise ausnutzt oder beeinträchtigt.

30 Wenn eine ältere Marke einen hinreichenden Bekanntheitsgrad hat, kann das Publikum, wenn es mit einem Zeichen konfrontiert wird, das mit dieser älteren Marke zumindest ähnlich ist, auch bei nicht ähnlichen Waren oder Dienstleistungen, eine Verbindung zwischen diesem Zeichen und der bekannten Marke herstellen. Dann läge eine Beeinträchtigung der älteren Marke vor.

31 Art. 9 Abs. 2 Buchst. c gilt seinem Wortlaut nach zugunsten einer Unionsmarke für Waren oder Dienstleistungen, die nicht denen ähnlich sind, für die die Unionsmarke eingetragen ist. Unter Berücksichtigung der allgemeinen Systematik und der Ziele der Regelung des Art. 9 Abs. 2 Buchst. c kann jedoch der Schutz bekannter Unionsmarken im Fall der Benutzung eines Zeichens für identische oder ähnliche Waren oder Dienstleistungen nicht geringer sein als im Fall der Benutzung eines Zeichens für nicht ähnliche Waren oder Dienstleistungen (EuGH C-301/07, GRUR 2009, 1158 Rn. 17 f. – Pago/Tirolmilch). Daher gilt Art. 9 Abs. 1 Buchst. c auch zugunsten einer bekannten Unionsmarke für Waren oder Dienstleistungen, die denjenigen ähnlich sind, für die diese Marke eingetragen ist (EuGH C-301/07, GRUR 2009, 1158 Rn. 19 – Pago/Tirolmilch).

32 Der EuGH geht davon aus, dass – da beide Rechtstexte fast identische Vorschriften haben – die Formulierung „in der Union bekannt" in Art. 4 Abs. 3 RL (EU) 2008/95 (Art. 5 Abs. 3 Buchst. a RL (EU) 2015/2436) und in Art. 9 Abs. 2 Buchst. c gleich auszulegen ist, daher kann auf die Rechtsprechung zu Art. 4 RL (EU) 2008/95 auch hier zurückgegriffen werden (EuGH C-125/14, GRUR 2015, 1002 Rn. 16 – IRON & SMITH/UNILEVER).

33 Der Begriff „bekannt" setzt einen gewissen Grad an **Bekanntheit beim maßgeblichen Publikum** voraus. Das maßgebliche Publikum ist dasjenige, das von der Unionsmarke betroffen ist, also je nach der vermarkteten Ware oder Dienstleistung die breite Öffentlichkeit oder ein spezielleres Publikum, z. B. bestimmte Fachkreise (EuGH C-301/07, GRUR 2009, 1158 Rn. 21 f. – Pago/Tirolmilch)

34 Der erforderliche Bekanntheitsgrad ist als erreicht anzusehen, wenn die Unionsmarke **einem bedeutenden Teil des Publikums bekannt** ist, das von den durch diese Marke erfassten Waren oder Dienstleistungen betroffen ist (EuGH C-301/07, GRUR 2009, 1158 Rn. 21, 24 – Pago/Tirolmilch).

35 Bei der Prüfung, ob eine Unionsmarke in der Union bekannt ist, sind **alle relevanten Umstände**, dh insbesondere der Marktanteil der mit der Marke gekennzeichneten Waren

und/oder Dienstleistungen, die Intensität, die geografische Ausdehnung und die Dauer ihrer Benutzung sowie der Umfang der Investitionen, die der Markeninhaber zu ihrer Förderung getätigt hat, zu berücksichtigen (EuGH C-301/07, GRUR 2009, 1158 Rn. 25 – Pago/Tirolmilch).

Beim Nachweis der Bekanntheit wird den Marktanteilen von den Gerichten häufig eine 36 relativ geringe Bedeutung beigemessen. Dies gilt auch für konkrete Bekanntheitsgrade in Prozent. So hat der EuGH wiederholt festgestellt, dass nicht verlangt werden könne, dass die Marke einem bestimmten Prozentsatz des Publikums bekannt sei (EuGH C-301/07, GRUR 2009, 1158 Rn. 23 – Pago/Tirolmilch; C-408/99, EuZW 2000, 56 Rn. 25 – General Motors Corporation).

In **territorialer Hinsicht** ist die Voraussetzung der Bekanntheit als erfüllt anzusehen, 37 wenn die Unionsmarke in einem **wesentlichen Teil des Unionsgebiets** bekannt ist. Die von der Rechtsprechung aufgestellten Kriterien für den Nachweis der ernsthaften Benutzung der Unionsmarke „in der Union" (Art. 15 und Art. 51) sind bei der Beurteilung der Bekanntheit einer Unionsmarke „in der Union" nicht einschlägig, da die betreffenden Bestimmungen jeweils andere Ziele verfolgen. Der Begriff „in der Union" gemäß Art. 9 Abs. 2 Buchst. c betrifft die Voraussetzungen für den Schutz, der sich über die Kategorien von Waren und Dienstleistungen hinaus erstreckt, für die eine Unionsmarke eingetragen wurde, der Begriff „in der Union" in Art. 15 und Art. 51 betrifft die Mindestvoraussetzung für eine Benutzung, die alle Marken erfüllen müssen, um geschützt zu werden (EuGH C-125/14, GRUR 2015, 1002 Rn. 21 – IRON & SMITH/UNILEVER).

Die Bekanntheit in einem wesentlichen Teil des Unionsgebiets als anspruchsbegründendes 38 Tatbestandsmerkmal des Art. 9 Abs. 2 Buchst. c kann bereits dann gegeben sein, wenn die Bekanntheit **nur in dem Gebiet eines einzigen Mitgliedstaats** vorliegt (EuGH C-301/07, GRUR 2009, 1158 Rn. 27, 29 – PAGO/Tirolmilch).

Die Beurteilung der Bekanntheit der Unionsmarke gemäß Art. 9 Abs. 2 Buchst. c hängt 39 dabei wesentlich von dem Umfang des Unterlassungsanspruchs ab, der geltend gemacht wird, wobei es nicht zwingend erforderlich ist, dass die Bekanntheit in dem Mitgliedstaat nachgewiesen wird, in dem der Markeninhaber gegen die Benutzung des jüngeren Zeichen vorgeht (vgl. EuGH C-125/14, GRUR 2015, 1002 Rn. 20 – IRON & SMITH/UNILEVER). Dies wird damit gerechtfertigt, dass – selbst wenn die ältere Unionsmarke einem erheblichen Teil der maßgeblichen Verkehrskreise des Mitgliedstaats, in dem gegen ein jüngeres Zeichen vorgegangen wird, unbekannt ist – es nicht ausgeschlossen ist, dass **ein wirtschaftlich nicht unerheblicher Teil der maßgeblichen Verkehrskreise** die Marke kennt und sie mit dem jüngeren Zeichen gedanklich verbindet.

Eine ältere Unionsmarke kann daher, sofern diese bereits in einem wesentlichen Teil des 40 Unionsgebiets Bekanntheit erlangt hat, nicht aber bei den maßgeblichen Verkehrskreisen des Mitgliedstaats, in dem gegen die Benutzung eines jüngeren Zeichens vorgegangen wird, Schutz genießen, wenn sich herausstellt, dass ein wirtschaftlich nicht unerheblicher Teil der maßgeblichen Verkehrskreise die ältere Unionsmarke kennt, sie mit dem jüngeren Zeichen gedanklich verbindet und unter Berücksichtigung aller relevanten Umstände des konkreten Falls entweder eine **tatsächliche und gegenwärtige Beeinträchtigung** der Unionsmarke im Sinne dieser Bestimmung vorliegt oder, wenn es daran fehlt, die **ernsthafte Gefahr einer** solchen **künftigen Beeinträchtigung** besteht (EuGH C-125/14, GRUR 2015, 1002 Rn. 34 – Iron & Smith kft/Unilever NV).

Der BGH hat den Schutzumfang der bekannten Marke bislang vermeintlich restriktiver 41 beurteilt, indem seiner Einschätzung nach eine Beeinträchtigung der Unterscheidungskraft der bekannten Marke gemäß Art. 9 Abs. 2 Buchst. c nur in dem Gebiet der Europäischen Union in Betracht kommt, in dem die Unionsmarke auch „die Voraussetzungen der Bekanntheit" erfüllt (vgl. BGH GRUR 2013, 1239 Rn. 67 – VOLKSWAGEN/VOLKS-INSPEKTION).

Der EuGH legt zwar das Erfordernis des Nachweises der Bekanntheit weit aus, eine 42 Einschränkung erfolgt aber dadurch, dass ein Anspruch nach Art. 9 Abs. 2 Buchst. c neben der Bekanntheit der Marke auch eine **Rufbeeinträchtigung** oder **Rufausbeutung** voraussetzt. Die Benutzung des jüngeren Zeichens muss „die Unterscheidungskraft oder die Wertschätzung der Unionsmarke in dem Gebiet in dem das jüngere Zeichen benutzt wird, in unlauterer Weise ausnutzen oder beeinträchtigen". Dies setzt zwingend voraus, dass die

Marke einem bedeutendem Teil der angesprochenen Verkehrskreise – oder wie es der EuGH nun formuliert „einem wirtschaftlich nicht unerheblichen Teil" – bekannt ist, denn nur wo ein Ruf besteht, kann dieser ausgebeutet werden.

43 Die jeweilige Betrachtungsweise scheint im Ergebnis daher kaum abweichend. Es ist in jedem Fall eine **Beeinträchtigung der Marke** nachzuweisen. Dem Erfordernis, dass der Inhaber der älteren Unionsmarke nachzuweisen hat, dass die Benutzung des jüngeren Zeichens die **Unterscheidungskraft** oder die **Wertschätzung der Unionsmarke in unlauterer Weise ausnutzt** oder **beeinträchtigt**, kommt besondere Bedeutung zu. Denn damit wird verhindert, dass der Schutz der bekannten Marke auf Länder ausgedehnt wird, in denen tatsächlich keine Beeinträchtigung der Marke zu befürchten ist.

II. Benutzung im geschäftlichen Verkehr

44 Das Tatbestandsmerkmal der „Benutzung im geschäftlichen Verkehr" stellt sehr deutlich klar, dass nicht jede Drittbenutzung eines mit der Unionsmarke kollidierenden Zeichens durch den Markeninhaber untersagt werden kann. Vielmehr ist der Unterlassungsanspruch nach Art. 9 auf die Benutzung im geschäftlichen Verkehr begrenzt. Die Benutzungshandlung muss also dem Waren- oder Dienstleistungsverkehr entspringen und die Benutzung muss sich als eine **kommerzielle Tätigkeit** darstellen, die **auf einen wirtschaftlichen Vorteil gerichtet** ist. Nach Ansicht des EuGH gilt ein Zeichen bereits als im geschäftlichen Verkehr benutzt, wenn die Benutzung im Zusammenhang mit einer auf einen wirtschaftlichen Vorteil gerichteten kommerziellen Tätigkeit und nicht im privaten Bereich erfolgt (EuGH C-236/08 bis C-238/08, GRUR 2010, 445 Rn. 50 – Google France; C-206/01, GRUR Int 2003, 229 Rn. 40 – Arsenal FC; C-17/06, GRUR 2007, 971 Rn. 17 – Celine). Ferner hat der EuGH festgestellt, dass es ausreichend ist, dass die Benutzung im Rahmen der eigenen kommerziellen Tätigkeit oder Kommunikation des Benutzers erfolgt, zB in der Werbung oder durch die Verwendung von Keywords (EuGH C-236/08 bis C-238/08, GRUR 2010, 455 Rn. 5 – Google France und Google). Auch wenn die Benutzungshandlung **nur im Zusammenhang** mit einer auf einen wirtschaftlichen Vorteil gerichteten kommerziellen Tätigkeit steht, so handelt es sich um Benutzung im geschäftlichen Verkehr (EuGH C-48/05, GRUR 2007, 319 Rn. 18 – Opel; C-206/01, GRUR Int 2003, 229 Rn. 40 – Arsenal).

45 Der österreichische OGH ist in seinem „Amadé"-Urteil sogar davon ausgegangen, dass das Tatbestandsmerkmal „im geschäftlichen Verkehr" bereits dann erfüllt sei, wenn das beanstandete Verhalten objektiv geeignet ist, fremden Wettbewerb zu fördern und bei objektiver Betrachtung keine andere Zielsetzung eindeutig überwiegt. Dieser Grundsatz gilt auch für die Verwendung einer geschützten Marke in einer Internetdomain, unabhängig davon ob der Inhaber der Domain aus dem Betrieb der betreffenden Website unmittelbar einen Gewinn erzielt oder subjektiv die Förderung fremden Wettbewerbs beabsichtigt (OGH GRUR Int 2011, 762 – Amadé). Ebenso ist die Benutzung im Rahmen des Betriebs eines „keyword service", wie von Suchmaschinen vielfach angeboten, eine Benutzung im geschäftlichen Verkehr, da eine kommerzielle Tätigkeit ausgeübt und ein wirtschaftlicher Vorteil angestrebt wird (EuGH C-236/08 bis C-238/08, GRUR 2010, 447 Rn. 53–58 – Google-France). Allerdings ist der Suchmaschinenbetreiber nicht Störer (→ Rn. 9).

46 Gerade im Zusammenhang mit dem Tatbestandsmerkmal „Benutzung im geschäftlichen Verkehr" wird Art. 13 (Erschöpfung) häufig in Erscheinung treten, insbesondere dann, wenn es um die Wiedergabe einer Marke zum Angebot von Waren oder Dienstleistungen geht, die im Zusammenhang mit der Ware stehen, die verkauft wurde (Angebot von Reparaturdienstleistungen in Bezug auf oder Ersatzteile für Fahrzeuge oder Baumaschinen, etc). Auf die Erläuterungen zu Art. 13, namentlich auf die von der Rechtsprechung entwickelten Einschränkungen, wird verwiesen (→ Art. 13 Rn. 1 ff.; → MarkenG § 24 Rn. 1 ff.).

46.1 Abzugrenzen von der Benutzung im geschäftlichen Verkehr sind **Benutzungshandlungen** im rein **privaten** und **wissenschaftlichen** Bereich. So sind beispielsweise Verweise in Wörterbüchern, Lexika oder ähnlichen Nachschlagewerken nicht vom Schutzbereich des Art. 9 umfasst (→ Art. 10 Rn. 9 ff.). Auch private Benutzungshandlungen sind – unabhängig von einer etwaigen Vorteilverschaffungsabsicht – nicht tatbestandsmäßig. Diese Tatbestandsvoraussetzung verursacht in der Praxis gerade dann Probleme, wenn Privatpersonen für die persönliche Nutzung gefälschte Ware einführen, weil sie damit gerade nicht im geschäftlichen Verkehr agieren.

III. Ohne Zustimmung des Markeninhabers

Der Anspruch auf Unterlassung setzt voraus, dass die Zeichenbenutzung des Dritten ohne **47**
Zustimmung des Markeninhabers erfolgt (hierzu auch → MarkenG § 14 Rn. 20 ff.). Hat
der Markeninhaber der Benutzung **ausdrücklich oder konkludent** zugestimmt, kann er
die Benutzung nicht unter Berufung auf Art. 9 Abs. 2 verbieten.

Es gibt verschiedene Arten der Zustimmung. Eine Möglichkeit der Zustimmung besteht **48**
in der **Lizenzierung** (Art. 22; näher → Art. 22 Rn. 1 ff.). Allerdings kann die Benutzung
eines mit der eingetragenen Unionsmarke (nur) ähnlichen Zeichens nicht lizenziert werden,
sondern lediglich das durch die Eintragung begründete Recht selbst (vgl. BGH GRUR
2001, 54 – Subway). Benutzt der Lizenznehmer die Marke außerhalb des im Lizenzvertrag
vereinbarten Umfangs dh unter Verstoß gegen vereinbarte Dauer, Markenform, die vereinbarten Waren oder Dienstleistungen, das vereinbarte Gebiet oder die vereinbarte Qualität der
Waren/Dienstleistungen, ist eine solche Benutzung nicht von der im Lizenzvertrag erteilten
Zustimmung erfasst und die Ansprüche des Art. 9 können gegen den Lizenznehmer geltend
gemacht werden, Art. 22 Abs. 2 (Eisenführ/Schennen/Schennen Art. 22 Rn. 32). Die
Zustimmung kann allerdings auch in einer **schuldrechtlichen Vereinbarung** erteilt werden
(in der Praxis häufig eine **Abgrenzungs- oder Vorrechtsvereinbarung**), mit der sich der
Markeninhaber verpflichtet, seine Rechte aus Art. 9 nicht geltend zu machen. Grundsätzlich
will der Inhaber einer älteren Marke sein Ausschließlichkeitsrecht allerdings möglichst wenig
beschränken, so dass es sich empfiehlt, sehr genau zu prüfen, ob die Vereinbarung eine
Zustimmung zu der konkreten Benutzung enthält. Die Formulierungen derartiger Vereinbarungen sind bei Zweifeln restriktiv auszulegen. Dies gilt gerade auch im Hinblick auf den
geographischen Umfang derartiger Vereinbarungen: gibt es hierzu keine Regelung, so gilt
die Zustimmung nur für das Land bzw. die Länder, die Gegenstand des Markenkonfliktes
sind, der Grundlage der Vereinbarung sind. Ist die Zustimmung an Bedingungen geknüpft,
zB auf bestimmte Produkte oder eine bestimmte Darstellung der Marke beschränkt und
verstößt die Benutzung gegen diese Bedingungen, liegt keine Zustimmung des Markeninhabers vor (Eisenführ/Schennen/Eisenführ/Eberhardt Rn. 69).

Die Zustimmung muss keinesfalls schriftlich erfolgen, es kann sogar ausreichen, dass die **49**
Zustimmung nur **konkludent** erklärt wird.

Im Rahmen des Zustimmungserfordernisses nach Art. 13 wurde eine konkludente Zustimmung – **49.1**
die in diesem Fall nicht unmittelbar gegenüber dem Verletzer zu erfolgen hat, sondern auch ggü einem
Dritten, zB einem Importeur abgegeben werden kann – darin gesehen, dass eine die Marke tragende
Ware im EWR-Ausland durch den Markeninhaber in den Verkehr gebracht wurde und anschließend
ohne dessen Widerspruch in die Gemeinschaft eingeführt wurde. Eine Erschöpfung nach Art. 13 ist in
diesem Fall ausgeschlossen, da die Ware außerhalb des EWR in den Verkehr gebracht wurde. Allerdings
sollte eine konkludente Zustimmung angenommen werden, wenn sich mit Bestimmtheit erkennen lässt,
dass sich der Unionsmarkeninhaber dem Inverkehrbringen der Ware im EWR nicht widersetzen werde
(EuGH C-414/99 bis C-416/99, GRUR Int 2002, 147 Rn. 47 – Davidoff).

Der EuGH legte im gleichen Urteil fest, dass sich aus folgenden Verhaltensweisen **keine konklu-** **49.2**
dente Zustimmung ergeben kann (EuGH C-414/99 bis C-416/99, GRUR Int 2002, 147 Rn. 60 –
Davidoff):
- der Markeninhaber hat nicht alle nachfolgenden Erwerber der außerhalb des EWR in den Verkehr
  gebrachten Waren über seinen Widerspruch gegen den Vertrieb im EWR informiert;
- auf den Waren ist nicht angegeben, dass das Inverkehrbringen im EWR verboten ist;
- der Markeninhaber hat das Eigentum an den mit der Marke versehenen Waren ohne vertragliche
  Beschränkung übertragen und das übertragene Eigentumsrecht gestattet den Vertrieb im EWR.

Die Annahme einer konkludenten Zustimmung ist nur in den wenigsten Fällen gerechfer- **50**
tigt und auf besondere Einzelsituation zu beschränken.

IV. Benutzung als Marke/Funktionsbeeinträchtigung der Unionsmarke

Gemäß Art. 9 Abs. 2 gilt der Schutz der Unionsmarke nur gegenüber der rechtsverletzen- **51**
den Benutzung eines Zeichens „für Waren und Dienstleistungen". Dies stellt Art. 9 Abs. 2
nun sowohl im Einleitungssatz als auch in Abs. 2 Buchst. a, b und c explizit klar. Einen Schutz
gegenüber der Verwendung eines Zeichens zu anderen Zwecken als der Unterscheidung

von Waren oder Dienstleistungen, wie Art. 10 Abs. 6 RL (EU) 2015/2436 dies vorsieht, sieht die UMV nicht vor.

52 Dem **Wortlaut** des Art. 9 Abs. 2 Buchst. a zufolge erscheint jede – im Geschäftsverkehr auftretende – Benutzung eines mit der Unionsmarke identischen Zeichens für Waren oder Dienstleistungen, die mit denen identisch sind, für die sie eingetragen ist, tatbestandserfüllend, und zwar **unabhängig von einer Funktionsbeeinträchtigung** der Unionsmarke durch deren Drittbenutzung.

53 Dem hat der **EuGH** allerdings frühzeitig einen Riegel vorgeschoben, indem er klarstellte, dass eine solche „doppelidentische" Zeichenbenutzung nur rechtsverletzenden Charakter iSv Art. 9 Abs. 2 Buchst. a haben kann, sofern diese die **Hauptfunktion der Unionsmarke,** dh deren **Herkunftsfunktion, beeinträchtigt bzw. beeinträchtigen könnte.** So stellte der EuGH im Jahre 1999 in seinem „BWM"-Urteil fest, dass die Anwendbarkeit des Art. 9 Abs. 1 Buchst. a (aF, entspricht Art. 9 Abs. 2 Buchst. a UMV) davon abhänge, „ob die Marke zur Unterscheidung von Waren und Dienstleistungen als solchen eines bestimmten Unternehmens, also als Marke, benutzt wird, oder ob die Benutzung zu anderen Zwecken erfolgt" (EuGH C-63/97, GRUR Int 1999, 441 Rn. 38 – BMW). Der EuGH machte einen Anspruch nach Art. 9 Abs. 1 Buchst. a (aF, entspricht Art. 9 Abs. 2 Buchst. a UMV) also von einer Beeinträchtigung der Herkunftsfunktion abhängig. Entscheidend ist daher, dass eine **Benutzung „als Marke"** erfolgt. Eine Benutzung als Marke ist gegeben, wenn die Benutzung eine der Markenfunktionen beeinträchtigen kann. Dabei ist zu berücksichtigen, dass der Benutzungsbegriff auf der MarkenRL beruht und auf Grund des Gebots der richtlinienkonformen Auslegung autonom, dh gemeinschaftsweit einheitlich zu bestimmen ist (von der Groeben/Schwarz/Gaitanides EGV Art. 220 Rn. 53).

54 Die Rechtsprechung des EuGH hat sich insofern zu Gunsten des Markeninhabers nämlich dahingehend entwickelt, dass nunmehr nicht lediglich die Hauptfunktion der Marke, dh deren Herkunftsfunktion, von Art. 9 Abs. 2 **geschützt** ist, sondern vielmehr **sämtliche Funktionen** der Unionsmarke, unter anderem auch deren Qualitäts-, Kommunikations-, Investitions-, oder Werbefunktion (EuGH C-323/09, GRUR 2011, 1124 Rn. 62 – Interflora; C-206/01, GRUR Int 2003, 229, 233 Rn. 51 – Arsenal; C-487/07, GRUR Int 2009, 1015 Rn. 58 – L'Oréal).

54.1 Der **EuGH** wendet bei der Beurteilung, ob eine Markenverletzung gegeben ist, eine **zweistufige Prüfung** an: Zunächst ist festzustellen, dass eine **Benutzung im geschäftlichen Verkehr** für Waren oder Dienstleistungen erfolgt. Auf der zweiten Stufe ist festzustellen, ob die **Benutzung eine der Markenfunktionen beeinträchtigt.** Dabei sind im letzteren Fall nicht lediglich die Hauptfunktion der Marke, dh deren Herkunftsfunktion, sondern sämtliche Funktionen der Unionsmarke, u.a. auch deren Qualitäts-, Kommunikations-, Investitions-, oder Werbefunktion zu berücksichtigen (EuGH C-323/09, GRUR 2011, 1124 Rn. 62 – Interflora; C-206/01, GRUR Int 2003, 229, 233 Rn. 51 – Arsenal; C-487/07, GRUR Int 2009, 1015 Rn. 58 – L'Oréal).

54.2 Hinsichtlich der anderen Funktionen der Marke als der herkunftshinweisenden Funktion hat der EuGH in seinem Urteil „Interflora" ausdrücklich festgestellt, dass sowohl der Unionsgesetzgeber – durch Verwendung des Wortes „insbesondere" im zehnten Erwägungsgrund der RL 89/104 und im siebten Erwägungsgrund der VO (EWG) Nr. 40/94 (bestätigt im sechzehnten Erwägungsgrund der RL (EU) 2015/2436) – als auch der EuGH durch Verwendung der Formulierung „Funktionen der Marke" seit dem Urteil „Arsenal Football Club" zum Ausdruck gebracht haben, dass die herkunftshinweisende Funktion der Marke nicht deren einzige Funktion ist, die gegenüber Beeinträchtigungen durch Dritte schutzwürdig ist. Damit wird berücksichtigt, dass eine Marke häufig neben einem Hinweis auf die Herkunft der Waren oder Dienstleistungen ein Instrument der Geschäftsstrategie darstellt, das ua zu Werbezwecken oder zum Erwerb eines Rufs eingesetzt wird, um den Verbraucher zu binden. Somit kann ein Markeninhaber nunmehr auch gegen einen Dritten vorgehen, wenn dessen „doppelidentische" Zeichenbenutzung in Bezug auf deren Herkunft, Bezugsquelle, Qualität oder Wertschätzung irreführend sein könnte (Schlussanträge des Generalanwalts Ruiz-Jarabo Colomer in C-206/01 Rn. 49). Dies begründete der EuGH damit, dass dem Markeninhaber das in Art. 9 ausschließliche Recht gewährt wurde, um ihm den Schutz seiner spezifischen Interessen als Inhaber der Marke zu ermöglichen, dh um sicherzustellen, dass seine Marke sämtliche Funktionen erfüllen kann (EuGH C-323/09, GRUR 2011, 1124 Rn. 40 – Interflora; C-206/01, GRUR Int 2003, 229, 233 Rn. 51 – Arsenal). Somit ist die Definition der rechtsverletzenden Zeichenbenutzung nicht mehr lediglich auf das Schutzobjekt – die Marke –, sondern ebenso auf das Schutzsubjekt – den Markeninhaber – bezogen.

Die Berücksichtigung zusätzlicher Funktionen – neben der Herkunftsfunktion – wider- 55
spricht nicht der bisherigen Rechtsprechung des EuGH, dass die Marke beim relevanten
Verkehr die Vorstellung hervorruft, die mit der Marke versehenen Produkte seien unter der
Kontrolle eines einzigen Unternehmens produziert worden, welches für deren Qualität bürgt
(EuGH C-39/97, GRUR 1998, 922 (924) Rn. 28 – Canon; C-10/89, GRUR Int 1990,
960 Rn. 13 – Hag II). Das mit einer Marke verknüpfte Bild von Qualität und Ansehen hat
nämlich die Einheitlichkeit der Kontrolle der unter der Marke vertriebenen Produkte zur
Voraussetzung und genau diese Einheitlichkeit des Auftritts unter der Marke soll ebenfalls
geschützt werden (ausführlicher, Eisenführ/Schennen/Eisenführ/Eberhardt Rn. 33 ff.).
Der durch Art. 9 Abs. 2 Buchst. a gewährte Schutz ist somit weiter als nach Art. 9 Abs. 2 56
Buchst. b, dessen Anwendung das Vorliegen einer Verwechslungsgefahr und demnach die
Möglichkeit der Beeinträchtigung einer Hauptfunktion der Marke zwingend voraussetzt
(EuGH C-236/08 bis C-238/08, GRUR 2010, 445 Rn. 78 – Google France; C-487/07,
GRUR Int 2009, 1015 Rn. 59 – L'Oréal). Dies ist auch gerechtfertigt, da der durch die
Eintragung gewährte Markenschutz bei sog. **Doppelidentität** (Art. 9 Abs. 2 Buchst. a) absolut ist, während im Fall der **Ähnlichkeit** (Art. 9 Abs. 2 Buchst. b) die Verwechslungsgefahr
die primäre Voraussetzung für den Schutz darstellt. Art. 9 Abs. 2 Buchst. b betrifft also nur
den Fall, dass für das Publikum wegen der Identität oder der Ähnlichkeit sowohl der Marken
als auch der gekennzeichneten Waren oder Dienstleistungen eine Verwechslungsgefahr
besteht, dh die Herkunftsfunktion muss in Gefahr sein (EuGH C-533/06, GRUR 2008,
698 Rn. 57 f. – O2). Der Tatbestand des Art. 9 Abs. 2 Buchst. b setzt daher zwingend eine
potentielle Beeinträchtigung der Herkunftsfunktion voraus.
Auch die Ausübung des Unterlassungsanspruchs aus Art. 9 Abs. 2 Buchst. a ist auf die 57
Fälle begrenzt, in denen eine der Markenfunktionen beeinträchtigt wird oder beeinträchtigt
werden könnte, denn andernfalls liegt schon keine Benutzung „als Marke" vor. Der EuGH
hat in zahlreichen Fällen klargestellt, dass der Markeninhaber einer Markenbenutzung nicht
widersprechen kann, wenn diese Benutzung keine der Funktionen der Marke beeinträchtigen
kann (EuGH C-236/08 bis C-238/08, GRUR 2010, 445 Rn. 75 – Google France; C-206/
01, GRUR Int 2003, 229 Rn. 54 – Arsenal; C-48/05, GRUR 2007, 319 Rn. 22 – Opel;
GRUR 2011, 2011, 1025 Rn. 83 – L'Oréal ua).
Benutzungen einer Marke, die **lediglich beschreibende Zwecke** verfolgen, können 58
demnach vom Anwendungsbereich des Art. 9 Abs. 1 ausgenommen sein. In seinem „Hölterhoff"-Urteil befand der EuGH, dass die Benutzung einer Marke im Rahmen eines Verkaufs-
gesprächs keine tatbestandsmäßige Benutzung iSv Art. 9 Abs. 1 Buchst. a darstellt, sofern
der Verkäufer offenbart, dass es sich beim Verkauf um Ware aus eigener Produktion handelt
und er das betreffende Zeichen ausschließlich zur Kennzeichnung der besonderen Eigenschaften der Ware verwendet, so dass ausgeschlossen ist, dass die benutzte Marke im Verkehr
als betriebliches Herkunftszeichen betrachtet wird (EuGH C-2/00, GRUR 2002, 692 (693)
Rn. 17 – Hölterhoff; auch → MarkenG § 14 Rn. 102; → MarkenR Einleitung Rn. 130).

1. Herkunftsfunktion der Marke

Dem EuGH zufolge liegt in der Herkunftsfunktion, dh in der Gewährleistung der Her- 59
kunft der Ware gegenüber den Verbrauchern, die Hauptfunktion der Unionsmarke (EuGH
C-48/05, GRUR 2007, 319 Rn. 21 – Opel). Die Herkunftsfunktion der Marke wird auch
im jetzt sechzehnten Erwägungsgrund zur RL (EU) 2015/2436 sowie im achten Erwägungsgrund zur VO (EU) Nr. 207/2009 besonders betont. Sie soll dem Verbraucher die Möglichkeit geben, sich beim Einkauf ohne Irreführung zu entscheiden, ob er ein bereits gekauftes
Produkt abermals kauft oder ob er dieses ablehnt (EuGH C-206/01, GRUR Int 2003, 229
(233) Rn. 48 – Arsenal). Damit diese Herkunftsgarantie geleistet werden kann, muss der
Markeninhaber vor Konkurrenten geschützt werden, die unter Missbrauch der Stellung bzw.
des guten Rufes der Marke mit dieser Marke versehene Waren veräußern (EuGH C-206/
01, GRUR Int 2003, 229 (233) Rn. 50 – Arsenal). Wird beim relevanten Publikum also
durch die Benutzung der Marke der Eindruck einer betrieblichen Herkunft erweckt, so ist
die Herkunftsfunktion der Marke beeinträchtigt.
Auf eine **Beeinträchtigung der herkunftshinweisenden Funktion** ist dabei bereits zu 60
schließen, wenn dem Verbraucher suggeriert wird, dass zwischen dem Dritten und dem

Markeninhaber eine wirtschaftliche Verbindung besteht oder – selbst wenn keine wirtschaftliche Verbindung suggeriert wird – die Herkunft der fraglichen Waren oder Dienstleistungen für den Verbraucher so vage erscheint, dass ein normal informierter und angemessen aufmerksamer Verbraucher nicht erkennen kann, ob der Dritte im Verhältnis zum Markeninhaber Dritter oder vielmehr mit diesem wirtschaftlich verbunden ist (EuGH C-323/09, GRUR 2011, 1124 Rn. 45 – Interflora; C-236/08 bis C-238/08, GRUR 2010, 445 Rn. 90 – Google France und Google; C-558/08, GRUR 2010, 841 Rn. 35 – Portakabin).

61 Entscheidend hierbei ist nicht der Eindruck eines beliebigen Publikums, sondern der **Eindruck des potentiellen Käuferpublikums.** Denn zu berücksichtigen ist die mutmaßliche Wahrnehmung eines durchschnittlich informieren, aufmerksam und verständigen Durchschnittsverbraucher der fraglichen Waren und Dienstleistungen (EuGH C-218/01, GRUR 2004, 428 Rn. 50 – Henkel; C-251/95, GRUR 1998, 387 Rn. 32 – Springende Raubkatze). Dies ist auch sachgerecht, denn je sensibler das relevante Publikum ist, desto wahrscheinlicher ist, dass bei diesem Publikum keine Irreführung durch Drittverwendung einer Marke stattfindet. So stellte der EuGH in seinem „Opel"-Urteil fest, „dass der normal informierte und angemessen aufmerksame und verständige Durchschnittsverbraucher von Waren der Spielzeugindustrie in Deutschland daran gewöhnt sei, dass die Modelle sich an reale Vorbilder anlehnten, und dass er sogar weitgehend Wert auf absolute Originaltreue lege (EuGH C-48/05, GRUR 2007, 318 Rn. 23 – Opel). Dementsprechend verstünde dieser „das mit dem Opel-Logo identische Zeichen auf von Autec vertriebenen verkleinerten Modellen nicht als Angabe darüber, dass diese Waren von Adam Opel oder einem mit dieser wirtschaftlich verbundenen Unternehmen stammten (...) (und deshalb sei) die Hauptfunktion des Opel-Logos als für Spielzeug eingetragene Marke nicht beeinträchtigt" (EuGH C-48/05, GRUR 2007, 318 Rn. 24 – Opel). Dieser Betrachtungsweise ist nicht zuzustimmen, denn der Verbraucher könnte denken, dass Opel eine Lizenz an Autec erteilt hat und damit mittelbar als Hinweis auf Opel dienen soll. Das „Opel"-Urteil ist daher restriktiv auszulegen.

62 Wie aus dem „Interflora"-Urteil des EuGH hervorgeht, ist eine Beeinträchtigung der Herkunftsfunktion nicht ausschließlich nach formalen Kriterien zu prüfen, sondern vielmehr auch unter Berücksichtigung der Marktverhältnisse (EuGH C-323/09, GRUR 2011, 1124 Rn. 49 ff. – Interflora).

63 Im „Arsenal"-Urteil stellte der EuGH fest, dass die Benutzung eines Zeichens, welches mit einer Marke identisch ist, durchaus die Herkunftsgarantie dieser Marke beeinträchtigen kann, auch wenn das betreffende Zeichen im Rahmen der Benutzung durch den Dritten als Ausdruck der Unterstützung, der Treue oder der Zugehörigkeit gegenüber dem Markeninhaber aufgefasst wird (EuGH C-206/01, GRUR Int 2003, 229 (234) Rn. 60 ff. – Arsenal). Dem Urteil des EuGH ist voll und ganz zuzustimmen, denn eine solche Benutzung der fremden Marke erweckt den Eindruck, dass eine Verbindung zwischen den betroffenen Waren und dem Markeninhaber besteht.

2. Qualitätsfunktion

64 Die Qualitätsfunktion der Marke ist besonders von Bedeutung, da der Käufer häufig Produkte einer Marke nicht deshalb kauft, weil er mit dieser Marke einen Hersteller verbindet, sondern weil er die Marke an sich mit einer besonders guter Qualität oder besonderer Wertschätzung verbindet. Die Marke entwickelt ein Eigenleben, sie drückt eine Qualität aus, einen Ruf und in bestimmten Fällen gar eine Lebensauffassung aus (vgl. Schlussanträge des Generalanwalts Ruiz-Jarabo Colomer in C-206/01 Rn. 49). Die Marke zeigt sozusagen, dass die Ware den Qualitätsstandards entspricht, für die die Marke steht. Generell gehen Qualitätsfunktion und Herkunftsfunktion der Marke in der Tat Hand in Hand. Allerdings kann die Marke auch die Qualität einer Ware wiedergeben, ohne zugleich auf ihre spezifische Herkunft hinzuweisen (vgl. Schlussanträge der Generalanwältin Kokott in C-46/10 Rn. 45– 47). Demnach ist die Qualitätsfunktion regelmäßig beeinträchtigt, wenn Waren oder Dienstleistungen mit einer Marke gekennzeichnet sind, deren Qualitätsansprüchen sie nicht genügen. Die Qualitätsfunktion ist besonders dann betroffen, wenn **gefälschte Luxuswaren** (teure Uhren und Handtaschen) an Stränden zum Billigpreis verkauft werden: kein Konsument würde hier Zweifel an der Herkunft der Ware haben. Allerdings wird die Qualitätsfunktion der Marke erheblich beeinträchtigt, denn die gefälschten Waren werden später schnell

Mängel aufweisen und Dritte, die das Produkt zu diesem späteren Zeitpunkt sehen, werden über die (eigentliche) Qualität der Ware getäuscht, wodurch die Qualitätsfunktion der Marke beeinträchtigt wird.

3. Werbefunktion

In seinem „Google France"-Urteil hat der EuGH erstmals konkret Bezug auf die Funktionsbeeinträchtigung der Werbefunktion einer Unionsmarke genommen, auch wenn am Ende die Beeinträchtigung der Werbefunktion im konkreten Fall verneint wurde. Der EuGH wies darauf hin, dass der Inhaber einer Marke mit dieser nicht lediglich auf die Herkunft seiner Waren oder Dienstleistungen hinweisen will, sondern die Marke angesichts der im geschäftlichen Verkehr angebotenen Vielfalt an Waren und Dienstleistungen eventuell auch für Werbezwecke einsetzen möchte, um den Verbraucher zu informieren und zu überzeugen („Werbefunktion"). Nach Ansicht des EuGH liegt eine Beeinträchtigung der Werbefunktion dann vor, wenn durch die Benutzung die Möglichkeit des Markeninhabers, die Marke als Element der Verkaufsförderung oder Instrument der Handelsstrategie einzusetzen, beeinträchtigt wird (EuGH C-236/08 bis C-238/08, GRUR 2010, 445 Rn. 92 – Google France). Demzufolge darf ein Markeninhaber die Benutzung eines mit seiner Marke identischen Zeichens – bei identischen Waren und Dienstleistungen – verbieten, wenn die Benutzung seine Möglichkeit, die Marke als Instrument der Verkaufsförderung bzw. Handelsstrategie einzusetzen, einschränkt oder einschränken könnte (EuGH C-236/08 bis C-238/08, GRUR 2010, 449 Rn. 91 f. – Google France). 65

4. Investitionsfunktion

Konkreter Bezug auf die Investitionsfunktion der Unionsmarke wurde erstmals im „Interflora"-Urteil genommen, in welchem der EuGH darauf hinwies, dass der Markeninhaber seine Marke auch dazu einsetzen kann, um einen Ruf zu erwerben bzw. zu wahren, der möglicherweise Verbraucher anzieht oder bindet. Diese sog. „Investitionsfunktion" der Marke kann sich zwar mit der Werbefunktion überschneiden, ist jedoch von dieser verschieden (EuGH C-323/09, GRUR 2011, 1124 Rn. 61 – Interflora). Der Markeninhaber darf die Benutzung eines seiner Marke identischen Zeichens – bei identischen Waren und Dienstleistungen – verbieten, wenn dieses Zeichen es dem Markeninhaber wesentlich erschwert, seine Marke zum Erwerb oder zur Beibehaltung seines Rufs einzusetzen, der geeignet ist, Verbraucher anzuziehen bzw. zu binden. Die Benutzung eines identischen Zeichens, die lediglich zur Folge hat, dass der Markeninhaber seine Anstrengungen zum Erwerb bzw. zur Haltung des Rufs anpassen muss, reicht nicht aus (EuGH C-323/09, GRUR 2011, 1124 Rn. 60–66 – Interflora). Die Benutzung eines Zeichens, die einem **fairen Wettbewerb** entspricht, kann nicht untersagt werden. Ebenso wenig kann der Markeninhaber mit Erfolg den Umstand anführen, dass diese Benutzung einige Verbraucher veranlassen werde, sich von Waren oder Dienstleistungen der genannten Marke abzuwenden (EuGH C-323/09, GRUR 2011, 1124 Rn. 64 – Interflora). 66

V. Verbotsumfang

Sind alle Tatbestandsvoraussetzungen des Art. 9 Abs. 2 erfüllt, so nennt **Art. 9 Abs. 3** bestimmte Benutzungshandlungen, die der Markeninhaber dem Störer definitiv untersagen kann. Durch das Wort „insbesondere" im Wortlaut des Art. 9 Abs. 3 wird aber klarstellt, dass die Aufzählung der Untersagungsrechte in Art. 9 Abs. 3 Buchst. a bis f keinesfalls abschließend ist (EuGH C-236/08 bis C-238/08, GRUR 2010, 445 Rn. 65 – Google France und Google; C-206/01, GRUR 2003, 55 Rn. 38 – Arsenal). So hat der EuGH unter anderem festgestellt, dass auch wenn ein Dritter ein Zeichen zu Werbezwecken benutzt, ohne dass dieses Zeichen in der Werbung selbst vorkommt („Keyword Advertising"), dies nicht bedeutet, dass diese Benutzung von den Benutzungsformen, die der Markeninhaber verbieten kann, nicht enthalten ist (EuGH C-236/08 bis C-238/08, GRUR 2010, 455 Rn. 65 – Google France und Google). 67

1. Anbringen, Anbieten, Inverkehrbringen, Besitz, Einfuhr, Ausfuhr (Abs. 3 Buchst. a bis c)

68 Verboten ist das unmittelbare **Anbringen** des Zeichens auf der Ware selbst oder ihrer Verpackung, dh die Herstellung einer körperlichen Verbindung des Zeichens mit der Ware. Vorbereitungshandlungen, die zu einem Anbringen des Zeichens auf der Ware führen, unterliegen Art. 9a (→ Art. 9a Rn. 1 ff.). Der Begriff der **Verpackung** ist weit zu verstehen und erfasst, wie zuvor der Begriff der „Aufmachung", sämtliche Umhüllungen der Waren wie Kartons, Tüten, Dosen, Flaschen und andere Behältnisse (vgl. Büscher/Dittmer/Schiwy/ Büscher MarkenG § 14 Rn. 567).

69 Ein **Anbieten** von Waren oder Dienstleistungen ist gegeben, wenn die Waren oder Dienstleistungen Dritten zur Überlassung angeboten werden. Ausreichend ist jedwede Präsentation von Waren oder Dienstleistungen zum Erwerb einschließlich auf Messen, in Katalogen oder im Internet, solange sie auf das Gebiet der Union bezogen ist.

70 Waren und Dienstleistungen gelten als **in den Verkehr gebracht,** wenn die Verfügungsgewalt über die Waren Dritten übertragen wird. Dabei liegt kein Inverkehrbringen vor, wenn Testartikel/Proben kostenlos an Verbraucher abgegeben werden, da diese Waren nicht mit dem Ziel des Verkaufs, sondern mit dem Ziel der Bewerbung der Waren vertrieben werden (EuGH C-324/09, GRUR 2011, 1025 Rn. 71 – L'Oréal/eBay; GRUR 2009, 410 Rn. 20 – Silberquelle/Maselli). Waren aus **Drittländern** gelten erst als in den Verkehr in der Union gebracht, wenn diese Waren in den zollrechtlichen freien Verkehr iSd Art. 29 AEUV überführt wurden (EuGH C-379/14l, GRUR 2015, 897 Rn. 35 – TOP Logistics BV ua/Bacardi; C-405/03, GRUR 2006, 146 Rn. 35 – Class International).

71 Auch der **bloße Besitz** von mit dem verletzenden Zeichen gekennzeichneter Ware kann verboten werden, Art. 9 Abs. 3 Buchst. b. Entscheidend ist aber, dass der Besitz erfolgt, um die so gekennzeichneten Waren anzubieten oder in den Verkehr zu bringen.

2. Benutzung als Handelsname oder Unternehmensbezeichnung (Abs. 3 Buchst. d)

72 Art. 9 Abs. 3 Buchst. d sieht nun ausdrücklich vor, dass auch die Benutzung einer geschäftlichen Bezeichnung eine Verletzungshandlung in Bezug auf eine eingetragene Unionsmarke ist. Damit wird die Benutzung einer geschäftlichen Bezeichnung grundsätzlich als markenrechtlich relevante Benutzungshandlung angesehen. Gleichzeitig beschränkt Art. 12 Abs. 1 Buchst. a den Ausschlussgrund auf die Benutzung des persönlichen Namens, schließt mithin den Firmennamen als Rechtfertigung für eine Markenverletzung aus. Damit ist die Rechtsprechung des EuGH gesetzlich umgesetzt worden. Denn der EuGH hatte in seinem „Céline"-Urteil klargestellt, dass ein Markeninhaber gemäß Art. 5 Abs. 1 Buchst. a RL (EU) 2008/95 die Benutzung einer geschäftlichen Bezeichnung, also eines Handelsnamens oder eines Firmenzeichens – welche mit einer älteren Marke identisch ist – durch einen Dritten für den Vertrieb von Waren – welche mit denjenigen identisch sind, für die die Marke eingetragen wurde – verbieten darf, sofern die Benutzung die Funktionen der Marke beeinträchtigt oder beeinträchtigen kann (EuGH C-17/06, GRUR 2007, 971 Rn. 36 – Céline). **Ausgenommen vom Schutzbereich** des Art. 9 wurde demnach lediglich die Benutzung des Handelsnamens, wenn er nicht auch als **Produktbezeichnung** fungiert. Die ausdrückliche Aufnahme in Art. 9 Abs. Buchst. d, dass die Benutzung einer geschäftlichenBezeichnung eine Verletzungshandlung darstellt, lässt vermuten, dass damit eine grundsätzliche Vermutung besteht, dass die Benutzung einer geschäftlichen Bezeichnung zur Kennzeichnung von Waren/Dienstleistungen erfolgt und damit eine markenrechtlich relevante Benutzung darstellt, die es ggfs. zu widerlegen gilt.

73 Die Benutzung einer geschäftlichen Bezeichnung als Produktbezeichnung kann auch nicht mehr über Art. 12 Buchst. a gerechtfertigt werden. Diese Bestimmung besagt, dass die Marke ihrem Inhaber nicht das Recht gewährt, einem Dritten zu verbieten, seinen Namen im geschäftlichen Verkehr zu benutzen, wenn es sich bei dem Dritten um eine natürliche Person handelt und sofern die Benutzung den anständigen Gepflogenheiten in Gewerbe und Handel entspricht. Zwar hatte der EuGH die Ansicht vertreten, dass Art. 12 Buchst. a (aF) auch Gesellschaftsbezeichnungen, Handelsnamen und Firmennamen umfasse (EuGH C-245/02, GRUR 2005, 157 Rn. 81 – Anheuser-Busch), dieser Betrachtungsweise ist durch die Neufassung der UMV und dem eindeutigen Wortlaut von Art. 12 Abs. 1 Buchst. a die Grundlage entzogen (→ Art. 12 Rn. 1).

3. Benutzung in Geschäftspapieren und in der Werbung (Abs. 3 Buchst. e)

Art. 9 Abs. 3 Buchst. e erfasst die rechtsverletzende Benutzung eines Zeichens in 74 Geschäftspapieren und in der Werbung. Der Begriff der **Geschäftspapiere** ist umfassend zu verstehen und erfasst sämtliche geschäftliche Unterlagen wie Rechnungen, Preislisten, Schreiben uÄ. Entscheidend ist, dass die Geschäftspapiere in der Union eingesetzt werden, auch eine nur innerbetriebliche Verwendung von Geschäftspapieren ist nicht relevant, da eine Benutzung im geschäftlichen Verkehr ausscheidet. Der **Begriff der Werbung** erfasst jedwede Verbreitung von Informationen in der Öffentlichkeit oder an ausgesuchte Zielgruppen, zwecks Bekanntmachung, Verkaufsförderung oder Imagepflege von mit der Marke gekennzeichneter Ware oder Dienstleistung. Erfasst sind sämtliche Werbemaßnahme unabhängig von dem verwandten Medium und schließt ua Print Medien, Radio, TV, Online Medien, Kino, Product Placement und Sponsoring ein. Der Tatbestand der **vergleichenden Werbung,** als Werbemaßnahmen, in denen die Leistung eines oder mehrerer Wettbewerber mit dem eigenen Angebot verglichen wird, ist in Art. 9 Abs. 3 Buchst. f gesondert geregelt.

4. Benutzung in vergleichender Werbung (Abs. 3 Buchst. f)

Werbemaßnahmen, die eine zulässige vergleichende Werbung darstellen, sind durch die 75 Richtlinie über irreführende und vergleichende Werbung (RL (EU) 2006/114 iVm RL (EU) 2005/29) privilegiert, dies ist in Art. 9 Abs. 3 Buchst. f nun ausdrücklich klargestellt.

Unter vergleichender Werbung ist gemäß Art. 2 Abs. 2 Buchst. a RL (EU) 2006/114 jede Werbung zu verstehen, die unmittelbar oder mittelbar einen Mitbewerber oder die Erzeugnisse oder Dienstleistungen, die von einem Mitbewerber angeboten werden, erkennbar macht. Nach Ansicht des EuGH ist diese Definition der vergleichenden Werbung weit zu verstehen, und erfasst alle Arten der vergleichenden Werbung, so auch Äußerungen, die – auch nur mittelbar – auf einen Mitbewerber oder die Erzeugnisse oder Dienstleistungen, die dieser anbietet, Bezug nimmt (EuGH C-533/06, GRUR 2008, 698 Rn. 41 – O2).

Art. 9 Abs. 3 Buchst. f sieht vor, dass der Markeninhaber die Benutzung eines Zeichens 76 in einer vergleichenden Werbung verbieten lassen kann, wenn die Werbemaßnahme nicht den Voraussetzungen der RL (EU) 2006/114 entspricht und dadurch gerechtfertigt ist. Damit wird die Benutzung eines Zeichens in einer vergleichenden Werbung grundsätzlich als markenrechtlich relevante Benutzungshandlung angesehen. Dem Wortlaut nach ist der Inhaber einer Unionsmarke daher immer berechtigt, einem Dritten die Benutzung eines mit seiner Marke identischen oder ihr ähnlichen Zeichens in einer vergleichenden Werbung zu verbieten, wenn diese nicht die in Art. 4 RL (EU) 2006/114 genannten Zulässigkeitsvoraussetzungen erfüllt. Umgekehrt ist dann, wenn der Werbende die Voraussetzungen der RL (EU) 2006/114 einhält und die Unionsmarke in zulässiger Weise benutzt, keine Markenverletzung gegeben.

Für einen Anspruch nach Art. 9 ist es aber auch entscheidend, dass die Unionsmarke in 77 der vergleichenden Werbung so benutzt wird, dass eine der Markenfunktionen beeinträchtigt wird (→ Rn. 51 ff.). Bei vergleichender Werbung handelt es sich um Fälle, in denen der Werbende die markenrechtlich geschützten Zeichen so benutzt, dass auf den Inhaber der Unionsmarke hingewiesen wird. Die Zeichen werden gerade nicht unmittelbar für die Bewerbung der eigenen Produkte benutzt. Grundsätzlich nutzt vergleichende Werbung aber gerade die Herkunftsfunktion einer Marke, da es ja gerade der Sinn und Zweck vergleichender Werbung ist, nicht über die betriebliche Herkunft der Produkte zu täuschen, sondern beide Produkte einander klar gegenüberzustellen. In einer vergleichenden Werbung geht es gerade darum, gegenüber dem Verbraucher klar erkennbar zu machen, dass die verwendeten Zeichen auf eine unterschiedliche Herkunft hinweisen. Diese Ausnutzung der Herkunftsfunktion sollte daher in diesen Fällen ausreichend sein, andernfalls wäre der Anwendungsbereich von Art. 9 Abs. 3 Buchst. f äußerst gering.

Denn auch wenn der EuGH in seinem „L'Oréal"-Urteil bestätigt hat, dass nicht nur die 78 Hauptfunktion, dh die Herkunftsfunktion, der Marke von Art. 5 Abs. 1 Buchst. a RL (EU) 2008/95 geschützt wird, sondern eben auch sämtliche anderen Markenfunktionen, unter anderem die Qualitäts-, Kommunikations-, Investitions- oder Werbefunktion (EuGH C-487/07, GRUR Int 2009, 1015 Rn. 65 – L'Oréal), werden sowohl die Werbe- als auch Investitionsfunktion bislang restriktiv ausgelegt. So erforderte die Beeinträchtigung der Investitionsfunktion nach Ansicht des EuGH, dass es dem Markeninhaber durch die Benutzung wesentlich erschwert wird, seine Marke zum Erwerb oder zur Beibehaltung seines Rufs einzusetzen, um Verbraucher anzuziehen bzw. zu binden. Dass der Markeninhaber seine Anstrengungen zum Erwerb bzw. zur Haltung des Rufs anpassen muss, reiche dabei nicht aus. Ebenso wenig reiche es aus, wenn dargelegt werden kann, dass diese Benutzung einige Verbraucher veranlassen werde, sich von Waren oder Dienstleistungen der genannten Marke abzuwenden (EuGH C-323/09, GRUR 2011, 1124 Rn. 64 – Interflora). Eine Beeinträchtigung der Werbefunktion liege nach Ansicht des EuGH dann vor, wenn durch die Benutzung die Möglichkeit des Markeninhabers, die Marke als Element der Verkaufsförderung oder Instrument der Handelsstrategie einzusetzen, beeinträchtigt wird (EuGH C-236/08 bis C-238/08, GRUR 2010, 445 Rn. 92 – Google France).

79 Bei der Beurteilung des Anwendungsbereichs von Art. 9 Abs. 3 Buchst. f ist aber sowohl der 14. Erwägungsgrund zur VO (EU) 2015/2424 sowie der Wortlaut von Art. 9 Abs. 3 Buchst. f zu berücksichtigen. Demnach ist es erklärtes Ziel der Vorschrift, dem Inhaber einer Unionsmarke die Möglichkeit zu geben, einem Dritten die Benutzung eines Zeichens in der vergleichenden Werbung verbieten zu lassen, sobald die Werbung gegen RL (EU) 2006/114 verstößt. Seinem Wortlaut nach gibt Art. 9 Abs. 3 Buchst. f dem Unionsmarkeninhaber einen Anspruch gegen jede Benutzung seiner Marke in einer vergleichenden Werbung durch Dritte vorzugehen, die gegen RL (EU) 2006/114 verstößt. Dieser Anspruch des Unionsmarkeninhabers ist vor allem dann relevant, wenn die Benutzung seiner Marke in der vergleichenden Werbung keine Verwechslungsgefahr hervorruft. Eine weite Interpretation der „Beeinträchtigung" der Herkunftsfunktion scheint daher gerechtfertigt.

80 Gleichzeitig bedeutet dies, dass ein Werbender die Marke eines Dritten als Zeichen verwenden darf, sofern die Voraussetzungen der vergleichenden Werbung erfüllt sind.

E. Transit

I. Einführung

81 In dem neu eingefügten Abs. 4 wird die Verbringungen von Waren in die Union ohne Überführung in den zollrechtlich freien Warenverkehr, der sog. Transit, als markenrechtlich **relevante Benutzungshandlung** statuiert, soweit Unionsmarken betroffen sind. Für nationale Marken gibt es bislang keine entsprechenden Regelungen, Art. 10 Abs. 4 RL (EU) 2015/2436 sieht eine entsprechende Regelung allerdings auch insofern vor. Der Gesetzgeber schließt damit eine viel diskutierte Regelungslücke im Hinblick auf die Frage, ob und unter welchen Voraussetzungen die **bloße Durchfuhr von Waren** eine Markenverletzung darstellen kann.

81.1 Der Transit und seine markenrechtliche Bewertung war in der Vergangenheit Gegenstand zahlreicher Entscheidungen der höchstrichterlichen Rechtsprechung. So hat der EuGH in der prominenten Entscheidung Philips/Nokia eine Markenverletzung nur für den Fall bejaht, dass die sich im Transit befindenden Waren nachweislich für das **Inverkehrbringen** in der Union bestimmt sind (EuGH C-446/09, C-495/09, GRUR 2012, 828 – Philips und Nokia). Die bloße Gefahr, dass die Waren nicht an ihrem Zielort ankommt und eventuell unbefugt in der Union in den Verkehr gebracht wird, wurde nicht als ausreichend erachtet, um eine Markenverletzung anzunehmen (EuGH C-446/09, C-495/09, GRUR 2012, 828 Rn. 55 ff. – Philips und Nokia). Der **Markeninhaber** hatte damit die **Beweislast** für das Inverkehrbringen der Waren in die Union. Diese Beweislastverteilung wurde als unverhältnismäßig schwere Bürde des Markeninhabers empfunden, denn der Markeninhaber kann einen solchen Nachweis in der Praxis so gut wie nie erbringen, mit der Folge, dass Waren im Transit regelmäßig nicht gestoppt werden konnten.

81.2 Die Kommission hat in ihrem Vorschlag zur Änderung von VO (EU) 207/2009 diese Problematik aufgenommen, da angesichts der steigenden Anzahl von Fällen der Produktpiraterie eine europäische Regelung dringend geboten ist. Der Vorschlag der Kommission wurde im Wesentlichen in Art. 4 aufgenommen, allerdings mit einer zusätzlichen Regelung betreffend die Beweislast (Abs. 4 S. 2).

Der Markeninhaber hat nun das Recht, die Einfuhr rechtsverletzender Waren zu verhindern, selbst wenn das in der Rechtsprechung stets geforderte Inverkehrbringen der jeweiligen Waren in der Union nicht bezweckt wird. Die **Beweislast** wird zudem auf den **zollrechtlichen Anmelder** übertragen: dieser muss beweisen, dass der Inhaber der Unionsmarke nicht berechtigt ist, das Inverkehrbringen der Waren im jeweiligen Bestimmungsland zu untersagen. Dies steht im Einklang mit einem Kernziel der Markenreform: der Bekämpfung von Produktpiraterie. 82

II. Anspruchsvoraussetzungen

1. Verbringung von Waren aus Drittstaaten in die Union ohne diese in den zollrechtlich freien Verkehr zu überführen

Die Waren müssen aus einem Drittland, einem Gebiet, das nicht zum Zollgebiet der Union gehört, in die Union verbracht werden **ohne** dass die Waren in den zollrechtlich freien Verkehr überführt werden. 83

Ausweislich der 16. Erwägungsgründe der ÄnderungsVO (EU) 2015/2424 umfasst die Verbringung von Waren in die Union die Einfuhr rechtsverletzender Waren und ihre Überführung in **alle zollrechtlichen Situationen.** Dazu zählen die **Durchfuhr, Umladung, Lagerungen, Freizonen, vorübergehende Verwahrung, aktive Veredelung** und die **vorübergehende Verwendung.** 84

Eine „**Durchfuhr**" von Ware ist gegeben, wenn die Ware durch ein Staatsgebiet transportiert wird, ohne eingeführt und zum freien Warenverkehr abgefertigt zu werden und ohne eine sonstige zollrechtliche Bestimmung zu erhalten, wie beispielsweise das Verbringen in ein Zolllager. 85

Soll eine ins Zollgebiet der Union verbrachte Nichtgemeinschaftsware wieder ausgeführt werden, wird die Ware im Zolllager verwahrt. **Zolllager** bieten für bestimmte, regelmäßig zeitlich nicht begrenzte Zeiträume die Möglichkeit, Transitware unverzollt im Zollgebiet der Union zu lagern. 86

Freizonen und **Freilager** dienen in erster Linie dem außenhandelsbezogenen Umschlag und der Lagerung von Waren. Die Waren gelten als noch nicht im Zollgebiet befindlich. Die Mitgliedstaaten der Gemeinschaft können gemäß Art. 167 Unionszollkodex bestimmte Teile des Zollgebiets zu Freizonen erklären oder Freilager bewilligen. In Deutschland eingerichtete Freizonen betreffen sämtlich Häfen, so dass man auch von Freihäfen spricht. 87

Bis zum Erhalt einer zollrechtlichen Bestimmung (Überführung in ein Zollverfahren, Verbringen in eine Freizone oder ein Freilager, Wiederausfuhr, Vernichtung oder Zerstörung, Aufgabe zugunsten der Staatskasse) gelten Waren als „**vorübergehend verwahrte Waren**". 88

Wenn Ware in die Union verbracht werden soll, um dort bearbeitet und danach wieder ausgeführt zu werden, kann die Ware zur **aktiven Veredelung** angemeldet werden. 89

Wird Nichtgemeinschaftsware im Zollgebiet der Union zu einem bestimmten Zweck vorübergehend bzw. befristet genutzt, während ihrer Verwendung nicht verändert und ist die Ware von vornherein zur Wiederausfuhr aus dem Zollgebiet bestimmt, steht das Zollverfahren der **vorübergehenden Verwendung** zur Verfügung. 90

Die Überführung in den zollrechtlich freien Verkehr setzt die **Abgabe einer Zollanmeldung** durch den Wirtschaftsbeteiligten (Anmelder, Vertreter, Fiskalvertreter), die **Annahme** dieser Zollanmeldung durch die Zollstelle, die **Überprüfung der Papiere und der Waren** (Beschau), ggf. Entnahme von Mustern und Proben, die Fertigung eines **Zollbefundes** sowie die Berechnung der **Einfuhrabgaben,** ggf. unter Fristsetzung für die Zahlung voraus. Wenn die Einfuhrabgaben entrichtet wurden, werden die Waren überlassen und die zollamtliche Überwachung beendet. Die Waren haben dann den Status als „**Unionsware**" (Art. 5 Ziff. 23 Buchst. b VO (EU) Nr. 952/2013) und gelten als in den freien Warenverkehr überführt. Abs. 4 ist auf diese Waren nicht anwendbar, da dann eine Einfuhr in die Union gegeben ist und Abs. 3 Buchst. c zur Anwendung kommt. 91

2. Handeln im geschäftlichen Verkehr

Der Vorschlag der Kommission hatte ausdrücklich von dem Erfordernis eines Handelns im geschäftlichen Verkehr abgesehen und nur ein Handeln im Rahmen einer kommerziellen Tätigkeit gefordert. 91.1

Damit wäre sichergestellt gewesen, dass bei einer Einfuhr von Waren in die Union auch gegen Beteiligte vorgegangen werden kann, die nicht im geschäftlichen Verkehr handeln, solange der Versender aus kommerziellen Beweggründen handelt (Ziff. 5.3 Vorschlag der Kommission zur Änderung der VO (EU) Nr. 207/2009). Diesem Vorschlag ist man bei der Umsetzung der UMV nicht gefolgt, so dass nun ein Handeln im geschäftlichen Verkehr erforderlich ist. Ein Vorgehen gegen Beteiligte, die selber nicht im geschäftlichen Verkehr handeln, bleibt damit ausgeschlossen.

92 Der Anwendungsbereich von Abs. 4 setzt ein Handeln im geschäflichen Verkehr voraus. Ausreichend ist aber, dass die Einfuhr von Waren in die Union der Abwicklung eines Verkaufs an einen Dritten dient, solange zumindest der Anbieter gewerblich handelt (EuGH C-16/03, GRUR 2005, 507 Rn. 39 – Peak Holding).

3. Ohne Zustimmung des Markeninhabers

93 Der Anspruch auf Unterlassung setzt voraus, dass die Zeichenbenutzung des Dritten ohne Zustimmung des Markeninhabers erfolgt. Hat der Markeninhaber der Benutzung ausdrücklich oder konkludent zugestimmt, kann er die Benutzung nicht unter Berufung auf Art. 9 Abs. 4 verbieten (→ Rn. 16; → MarkenG § 14 Rn. 20).

4. Identische oder hochgradig ähnliche Ware und Marken

94 Art. 9 Abs. 4 geht davon aus, dass eine Benutzung einer Marke untersagt werden kann, die mit der eingetragenen Unionsmarke identisch ist oder in ihren wesentlichen Aspekten nicht von dieser Marke zu unterscheiden ist, sofern die Benutzung für „derartige" Waren erfolgt, für die die Unionsmarke eingetragen ist.

95 Der Gesetzgeber hat sich gegen eine Verwendung des im Markenrecht üblichen Begriff „Ähnlichkeit" entschieden. Die Begriffe „keine Abweichung in wesentlichen Aspekten" und „derartige Waren" sind **enger als der markenrechtliche Ähnlichkeitsbegriff** zu verstehen. Es ist daher davon auszugehen, dass die Marken **identisch** sein müssen oder die verletzende Marke eine **offensichtliche Nachahmung** der Unionsmarke ist. Dies erscheint auch sachgerecht, da es im Bereich der Produktpiraterie, dies ist erklärter Anwendungsbereich von Abs. 4, üblicherweise um mehr oder weniger gelungene Nachahmungen geht. Ziel der Produktpiraten ist immer eine identische Nachahmung des Originalproduktes. Dennoch weisen Prouktpiraterieprodukte bisweilen gewisse – mutmaßlich unbeabsichtigte – Abweichungen vom Original auf. Solange eine offensichtliche Nachahmung erkennbar ist, ist davon auszugehen, dass keine Abweichung in wesentlichen Aspekten gegeben ist.

96 Ob der **Beurteilungsmaßstab,** den der EuGH zur Feststellung der **Verwechslungsgefahr** entwickelt hat und nach dem insbesondere die die Kollisionsmarken unterscheidenden und dominierenden Zeichenelemente zu berücksichtigen sind, auch in diesem Fall anwendbar ist, ist fraglich und wohl zu verneinen.

97 Da der **Beurteilungsspielraum** der **„wesentlichen Abweichung"** restriktiver zu sein scheint, als der Beurteilungsspielraum der „Ähnlichkeit", empfiehlt es sich, verstärkt auch Produktaufmachungen als Bildmarke oder 3D-Marke zu schützen, um den weiten Anwendungsbereich von Abs. 4 umfassend nutzen zu können.

5. Kein Nachweis der Nichtberechtigung/Beweislastumkehr

98 In den Erwägungsgründen (Nr. 17) zur VO (EU) 2015/2424 wird betont, dass die Durchsetzung der Markenrechte mit dem Grundsatz des **freien Handels mit rechtmäßigen Waren** in Einklang zu bringen ist. Deshalb gibt Abs. 4 S. 2 dem jeweiligen Anmelder oder Besitzer der Waren die Möglichkeit, sich gegen den Unterlassungsanspruch des Markeninhabers aus Abs. 4 S. 1 mit einer rechtsvernichtenden Einwendung zu verteidigen. Dazu muss er nachweisen, dass der Markeninhaber keinen Anspruch hat, das Inverkehrbringen der Waren im endgültigen Bestimmungsland zu untersagen. Entscheidend ist, dass Abs. 4 S. 2 insofern eine Beweislastumkehr zu Lasten den Anmelders/Besitzers der Waren vorsieht, denn nicht der Markeninhaber muss nachweisen, dass er berechtigt ist, das Inverkehrbringen im Zielland zu untersagen, sondern der Durchführende hat den Nachweis zu erbringen, dass das Inverkehrbringen im Zielland nicht untersagt werden kann.

Der Wortlaut „nicht berechtigt ist, das Inverkehrbringen zu untersagen" umfasst **jegliche** 99
Ansprüche und ist **nicht auf markenrechtliche Ansprüche** beschränkt. Dies führt dazu, dass jegliche Ansprüche, die ein Inverkehrbringen im Bestimmungsland verhindern können und die der Markeninhaber im Bestimmungsland geltend machen kann möglich sind, zB wettbewerbsrechtliche, zivilrechtliche oder – wo dies möglich ist – auch regulatorische Ansprüche.

Vom Wortlaut nicht unmittelbar umfasst ist die Frage, ob ein Markeninhaber auch geltend 100 machen kann, dass das Produkt im Bestimmungsland aus regulatorischen Gründen nicht verkehrsfähig ist. Es ist aber davon auszugehen, dass Abs. 4 S. 2 nur Ansprüche betrifft, die der Markeninhabers geltend machen kann, so dass vermutlich solche Verstöße ausscheiden, die nicht vom Markeninhaber, sondern nur von Dritten geahndet werden können.

Unklar ist, welche konkreten Anforderungen an den „Beweis" zu stellen sind, dass der 101 Markeninhaber keine Berechtigung hat, ein Inverkehrbringen der Waren im Bestimmungsland zu untersagen und der vom Anmelder oder Besitzer zu erbringen ist. Dies wird die Gerichte des Durchfuhrstaates, die dann eine Beurteilung des Sachverhaltes unter Anwendung des Rechts des Bestimmungslandes vorzunehmen haben, in naher Zukunft sicher umfangreich beschäftigen.

In jedem Fall ist es dem Markeninhaber immer möglich – auch proaktiv – einen Gegenbe- 102 weis zu führen, dass er berechtigt ist, das Inverkehrbringen der Waren im Bestimmungsland zu untersagen.

Art. 9a Recht auf Untersagung von Vorbereitungshandlungen im Zusammenhang mit der Benutzung der Verpackung oder anderer Kennzeichnungsmittel

Besteht die Gefahr, dass die Verpackung, Etiketten, Anhänger, Sicherheits- oder Echtheitshinweise oder -nachweise oder andere Kennzeichnungsmittel, auf denen die Marke angebracht wird, für Waren oder Dienstleistungen benutzt wird und dass diese Benutzung eine Verletzung der Rechte des Inhabers einer Unionsmarke nach Artikel 9 Absätze 2 und 3 darstellt, so hat der Inhaber der Unionsmarke das Recht, die folgenden Handlungen zu verbieten, wenn diese im geschäftlichen Verkehr vorgenommen werden:
a) das Anbringen eines mit der Unionsmarke identischen oder ihr ähnlichen Zeichens auf der Verpackung, auf Etiketten, Anhängern, Sicherheits- oder Echtheitshinweisen oder -nachweisen oder anderen Kennzeichnungsmitteln, auf denen die Marke angebracht werden kann;
b) das Anbieten, Inverkehrbringen oder Besitzen für diese Zwecke oder die Einfuhr oder Ausfuhr von Verpackungen, Etiketten, Anhängern, Sicherheits- oder Echtheitshinweisen oder -nachweisen oder anderen Kennzeichnungsmitteln, auf denen die Marke angebracht wird.

Überblick

Die Vorschrift wurde mWv 23.3.2016 durch VO (EU) 2015/2424 vom 16.12.2015 eingefügt.

A. Allgemeines

Mit Art. 9a (der Art. 11 RL (EU) 2015/2436 entspricht) wurde ein Recht des Markenin- 1 habers auf Untersagung von Vorbereitungshandlungen im Zusammenhang mit der Verpackung sowie anderen Kennzeichnungsmitteln von Waren eingeführt. Damit soll für Inhaber von Unionsmarken das Vorgehen gegen Nachahmungen erleichtert werden (Erwägungsgrund 20).

B. Vorbereitungshandlungen

Nach Art. 9a kann der Markeninhaber sowohl gegen das **Anbringen** eines mit der Marke 2 identischen oder eines ihr ähnlichen Zeichens auf Verpackungen, Etiketten, Anhängern,

Sicherheits- oder Echtheitshinweisen oder anderen Kennzeichnungsmitteln (Art. 9a lit. a) als auch gegen das **Anbieten, Inverkehrbringen** oder **Besitzen zum Zwecke des Anbietens oder Inverkehrbringens** sowie die **Einfuhr** und **Ausfuhr** solcher Kennzeichnungsmittel (Art. 9a lit. b) vorgehen. Damit wird der Unterlassungsanspruch des Markeninhabers über Art. 9 Abs. 3 lit. a (→ Art. 9 Rn. 40 ff.) hinaus auf Vorbereitungshandlungen im Zusammenhang mit solchen Kennzeichnungsmitteln erweitert, die grundsätzlich für rechtsverletzende Produkte verwendet werden können, aber mit diesen körperlich noch nicht verbunden sind.

3 Voraussetzung des Unterlassungsanspruchs nach Art. 9a ist, dass die angegriffene Vorbereitungshandlung im geschäftlichen Verkehr erfolgt.

C. Gefahr einer Markenverletzung

4 Der gegen Vorbereitungshandlungen gerichtete Unterlassungsanspruchs setzt die Gefahr voraus, dass das Kennzeichnungsmittel für Waren oder Dienstleistungen benutzt wird und dass diese Benutzung eine Markenverletzung nach Art. 9 Abs. 2 und 3 (→ Art. 9 Rn. 1 ff.) darstellen würde. Das bedeutet insbesondere, dass der Anspruch entfällt, wenn die Anbringung des Kennzeichnungsmittels außerhalb des territorialen Schutzbereichs der Unionsmarke erfolgt und die Gefahr des Reimports nicht dargetan ist (→ MarkenG § 14 Rn. 243).

Art. 9b Zeitpunkt, ab dem Rechte Dritten entgegengehalten werden können

(1) Rechte aus der Unionsmarke können Dritten erst nach der Veröffentlichung der Eintragung der Marke entgegengehalten werden.

(2) Es kann eine angemessene Entschädigung für Handlungen verlangt werden, die nach Veröffentlichung der Anmeldung einer Unionsmarke vorgenommen werden und die nach Veröffentlichung der Eintragung aufgrund der Veröffentlichung verboten wären.

(3) Ein angerufenes Gericht trifft bis zur Veröffentlichung der Eintragung keine Entscheidung in der Hauptsache.

Überblick

Die Vorschrift wurde mWv 23.3.2016 durch VO (EU) 2015/2424 vom 16.12.2015 eingefügt.

1 Gemäß Art. 9b Abs. 1 kann der Unterlassungsanspruch einem Dritten erst **nach** der Veröffentlichung der **Eintragung** der Marke entgegengehalten werden. Da gemäß Art. 41 innerhalb von drei Monaten nach Veröffentlichung der Anmeldung der Unionsmarke Widerspruch gegen die Eintragung der Unionsmarke eingelegt werden kann, tritt der Schutz der Unionsmarke grundsätzlich erst nach rechtskräftigem **Abschluss** eines etwaigen **Widerspruchsverfahrens** ein. Für Schutzerstreckungen von **Internationalen Registrierungen** auf die EU gilt als Veröffentlichung der Eintragung gemäß Art. 151 Abs. 3 die zweite Veröffentlichung nach Art. 152 Abs. 2 (→ Art. 151 Rn. 8). Schon allein aus Zeitgründen kann es daher sinnvoll sein, sich bereits vor Veröffentlichung der Eintragung direkt an den Benutzer eines kollidierenden Zeichens zu wenden, um Möglichkeiten einer kurzfristigen, ggfs. auch einvernehmlichen Lösung der Markenkollision zu nutzen. Dabei sollten generell und insbesondere im Hinblick auf Abmahnschreiben an englische Vertreter oder Unternehmen die sogenannten „Threats Provisions" des UK Trade Mark Act 1994, sec. 21 zu berücksichtigt werden (im Detail s. Edenborough/Elias/v. Bomhard in Gielen/v. Bomhard, Concise European Trade Mark and Design Law, 2011, Art. 9 Rn. 11).

2 Aber auch in der **Zeit zwischen Anmeldung und Eintragung** ist der Markeninhaber nicht vollkommen schutz- und rechtelos. Art. 9b Abs. 2 sieht vor, dass dem Inhaber ein Recht auf **angemessene Entschädigung** für Handlungen zusteht, die **nach** der **Veröffentlichung der Anmeldung** der Unionsmarke vorgenommen werden und die nach der Veröffentlichung der Eintragung aufgrund der Unionsmarke verboten wären.

3 Der Begriff der „angemessenen Entschädigung" gemäß Art. 9b Abs. 2 ist autonom und einheitlich auszulegen, da Art. 9b Abs. 2 für die Ermittlung seines Inhalts und seiner Trag-

weite nicht ausdrücklich auf das Recht der Mitgliedstaaten verweist, die Ausleung hat dabei „unter Berücksichtigung des Regelungszusammenhangs und des mit der betreffenden Regelung verfolgten Zwecks" zu erfolgen (EuGH C-280/15, GRUR 2016, 931 Rn. 45 – Nikolajeva/Multi Protect). Der Schadensersatzanspruch der „angemessenen Entschädigung" gemäß Art. 9b Abs. 2 ist von dem Schadensersatzanspruch wegen Verletzung einer eingetragenen Marke zu unterscheiden (EuGH C-280/15, GRUR 2016, 931 Rn. 50). Die Entstehung des Markenschutzes ist im Zeitraum zwischen Veröffentlichung der Anmeldung und Eintragung der Marke noch ungewiss, so dass den Rechten aus einer Unionsmarkenanmeldung vor Eintragung der Marke ein „bedingter" Charakter zukommt. Die „angemessene Entschädigung" ist nach Auffassung des EuGH daher geringer zu bemessen, als der Schadenerstaz wegen Verletzung einer bereits eingetragenen Marke. Der EuGH berücksichtigt dabei vor vor allem die Regelungen des Art. 13 RL (EU) 2004/48 (EuGH C-280/15, GRUR 2016, 931 Rn. 53 ff. – Nikolajeva/Multi Protect). Während Art. 13 Abs. 1 RL (EU) 2004/48, der wissentlich begangene Verletzungshandlungen betrifft, grundsätzlich einen vollständigen Ausgleich für den tatsächlich erlittenen Schaden vorsieht, der einen immateriellen Schaden einschliessen kann, gestattet Art. 13 Abs. 2 RL (EU) 2004/48, der nicht wissentlich vorgenommene Verletzungshandlungen betrifft, nur die Herausgabe der Gewinne oder die Zahlung von Schadensersatz. Der in Form einer „angemessenen Entschädigung" geschuldete Ausgleich gemäß Art. 9b Abs. 2 darf daher die in Art. 13 Abs. 2 RL (EU) 2004/48 vorgesehene – und gegenüber Art. 13 Abs. 1 RL (EU) 2004/48 herabgesetzte – Entschädigung nicht überschreiten und ist **auf die Herausgabe des von Dritten durch die Nutzung der Marke tatsächlich erzielten Gewinns beschränkt.** Ein Ersatz des von dem Inhaber der Marke möglicherweise erlittenen weitergehenden Schadens, einschliesslich eines etwaigen immateriellen Schadens, ist ausgeschlossen (EuGH C-280/15, GRUR 2016, 931 Rn. 57 – Nikolajeva/Multi Protect). Die Berechnung des Schadens im Wege der Lizenzanalogie ist damit ebenfalls ausgeschlossen.

Dem Inhaber einer Unionsmarkenanmeldung stehen – neben Schadensersatzansprüchen in Form einer „angemessenen Entschädigung" ab Veröffentlichung der Anmeldung einer Unionsmarke – gemäß Art. 103 Abs. 1 auch vorläufige Schutzmaßnahmen zu, die das nationale Recht dem Markeninhaber gewährt (→ Art. 103 Rn. 1 ff.). Zu beachten sind hierbei aber die materiellrechtlichen Grenzen des Art. 9b, der dem Inhaber der Unionsmarkenanmeldung nur einen Anspruch auf angemessene Entschädigung für die ansonsten schutzfreie Zeit zwischen Veröffentlichung der Anmeldung und Eintragung der Unionsmarke gibt. Die Durchsetzung eines Unterlassungsanspruchs wegen Verletzung einer Unionsmarkenanmeldung im Wege des einstweiligen Rechtsschutzes dürften daher, da auch Art. 14 insoweit keinen Verweis auf eine ergänzende Anwendung des nationalen Rechts der Mitgliedstaaten enthält, nicht vom Anwendungsbereich des Art. 103 gedeckt sein (→ Art. 103 Rn. 25). Die vorläufigen Schutzmassnahmen dürfen sich aber auf die Sicherung des in Art. 9b vorgesehenen Anspruchs auf angemessene Entschädigung beziehen. 4

Im Übrigen kann der Markeninhaber auch schon vor Eintragung der Unionsmarke Widerspruch auf Grundlage der Anmeldung der Unionsmarke einlegen (Art. 41 Abs. 1 Buchst. a iVm Art. 8 Abs. 1, Abs. 2 Buchst. b). 5

Art. 10 Wiedergabe der Unionsmarke in Wörterbüchern

Erweckt die Wiedergabe einer Unionsmarke in einem Wörterbuch, Lexikon oder ähnlichen Nachschlagewerk den Eindruck, als sei sie eine Gattungsbezeichnung der Waren oder Dienstleistungen, für die sie eingetragen ist, so stellt der Verleger des Werkes auf Antrag des Inhabers der Unionsmarke sicher, dass der Wiedergabe der Marke spätestens bei einer Neuauflage des Werkes der Hinweis beigefügt wird, dass es sich um eine eingetragene Marke handelt.

Überblick

Art. 10 erlaubt dem Inhaber einer Unionsmarke gegen den generischen Gebrauch seiner Marke in verschiedenen Publikationen vorzugehen, indem dem Markeninhaber ein

Anspruch darauf zusteht, dass der Wiedergabe der Marke ein Hinweis beigefügt wird, dass es sich dabei um eine eingetragene Marke handelt. Damit kann sichergestellt werden, dass Marken sich im Rahmen dieser Benutzung nicht zu Gattungsbezeichnungen entwickeln. Im Rahmen der Reform 2016 wurde allerdings der Art. 10 entsprechende Art. 12 RL (EU) 2015/2436 eingeführt.

Übersicht

	Rn.		Rn.
A. Einführung	1	IV. Antrag des Markeninhabers	15
B. Anspruchsvoraussetzungen	5	C. Anspruchsinhaber und Anspruchsgegner	16
I. Eingetragene Marke	6	D. Rechtsfolge	18
II. Wiedergabe im Wörterbuch, Lexikon oder ähnlichen Nachschlagewerk	9	I. Hinweis auf Antrag des Markeninhabers	18
III. Eindruck einer Gattungsbezeichnung	13	II. Zeitpunkt des Hinweises	20

A. Einführung

1 Art. 10 gewährt Marken **Schutz gegen** den **Verlust ihrer Unterscheidungskraft** durch Entwicklung zu einer üblichen **Gattungsbezeichnung.** Hat sich eine Marke infolge des Verhaltens oder der Untätigkeit ihres Inhabers im geschäftlichen Verkehr zu einer üblichen Gattungsbezeichnung entwickelt, kann sie wegen Verfalls gemäß Art. 51 Abs. 1 Buchst. b (→ Art. 51 Rn. 32) gelöscht werden.

2 Eine Entwicklung zur Gattungsbezeichnung und damit ein Verlust der Unterscheidungskraft droht, wenn Marken in Wörterbüchern, Lexika oder sonstigen Nachschlagewerken als Sach- oder Gattungsangaben benutzt werden, ohne daß gleichzeitig darauf hingewiesen wird, daß es sich um eine geschützte Marke handelt. Der Grund dieser Regelung liegt in dem Umstand, dass der Verkehr bei der Erläuterung von Worten und Begriffen in derartigen Nachschlagewerken eine abgesicherte Erklärung von Begriffen des allgemeinen oder fachspezifischen Sprachgebrauchs erwartet, so dass bei der Verwendung von Marken als Gattungsangaben in derartigen, den allgemeinen oder fachspezifischen Sprachgebrauch dokumentierenden Publikationen eine erhebliche Gefahr für die Unterscheidungskraft von Marken ausgeht (OLG Frankfurt GRUR 2000, 1066, 1067 – Abkürzung ACC).

3 Wird eine Marke in einem Wörterbuch, Lexika oder sonstigem Nachschlagewerk als Sach- oder Gattungsangaben benutzt, steht dem Markeninhaber gegenüber dem Verleger eines solchen Nachschlagewerkes keine Unterlassungsansprüche nach Art. 9 zu, da die Benutzung keine Benutzung als Marke darstellt. Denn die Benutzung erfolgt gerade nicht zur Kennzeichnung von Waren und Dienstleistungen, sondern „zu anderen Zwecken als der Unterscheidung von Waren und Dienstleistungen", nämlich als Referenz oder Gattungsbezeichnung (→ Rn. 14; OLG Frankfurt GRUR 2000, 1066 (1067) – Abkürzung ACC).

4 Damit ein Markeninhaber aber nicht hilflos dem Verfall seiner Marke zusehen muss, steht dem Markeninhaber nach Art. 10 ein Anspruch darauf zu, dass der Wiedergabe der Marke ein Hinweis beigefügt wird, dass es sich um eine eingetragene Marke handelt. Ein solcher Hinweis „hilft der Verwässerung der Marke ab und verhindert, dass die Marke an Unterscheidungskraft verliert oder gar als generische Angabe für verfallen erklärt werden kann" (HABM BK vom 3.5.2012 – R 362/2011-1 Rn. 76). Zweck der Norm ist es, der Entwicklung von Marken zu Gattungsbezeichnungen entgegen zu wirken und so das Ausschließlichkeitsrecht des Markeninhabers aus der Marke über den Anwendungsbereich von Art. 9 hinaus zu stärken (vgl. Fezer MarkenG § 16 Rn. 4). Die praktische Relevanz des Art. 10 ist allerdings eher gering, da die meisten der bekannten Nachschlagewerke bereits standardmäßig einen Registriermarkenhinweis enthalten (vgl. Ingerl/Rohnke MarkenG § 16 Rn. 4).

B. Anspruchsvoraussetzungen

5 Der Anspruch darauf, dass der Wiedergabe der Marke ein Hinweis beigefügt wird, dass es sich um eine eingetragene Marke handelt, setzt voraus, dass es sich bei der wiedergegebenen Marke um eine **eingetragene Unionsmarke** handelt (→ Art. 6 Rn. 1 ff.), die in einem

Wörterbuch, Lexikon oder einem ähnlichen Nachschlagewerk wiedergegeben wird (→ Rn. 9 ff.), die den Eindruck entstehen lässt, als sei die Marke eine **Gattungsbezeichnung** der Waren oder Dienstleistungen, für die sie eingetragen ist (→ Rn. 13 f.). Der Anspruch setzt einen **Antrag** des Markeninhabers voraus (→ Rn. 15).

I. Eingetragene Marke

Vom Schutzbereich des Art. 10 sind nach dem Wortlaut der Vorschrift nur eingetragene 6 Unionsmarken erfasst. Eine analoge Anwendung auf lediglich angemeldete Marken, auf Benutzungs- und Notorietätsmarken oder auf sonstige Kennzeichen ist nicht möglich. Aus Gründen der Rechtssicherheit kann nur verlangt werden, solche Marken mit einem Hinweis zu vermerken, die im Unionsmarkenregister eingetragen sind (vgl. Fezer MarkenG § 16 Rn. 11). Nur dann ist sichergestellt ist, dass das EUIPO die Schutzvoraussetzungen geprüft hat, namentlich ob die Marke schutzfähig ist, und der Anspruchsgegner eine vertrauenswürdige und ohne weiteres zugängliche Überprüfungsmöglichkeit hat (vgl. Ingerl/Rohnke MarkenG § 16 Rn. 6).

Ist die Unionsmarke, die Gegenstand des Hinweisanspruchs ist, bereits seit mehr als 5 7 Jahren eingetragen (Art. 15), kann die **mangelnde Benutzung** dem Anspruch aus Art. 10 nicht als Einrede entgegenhalten werden, denn eine solche Einrede sieht die UMV nicht vor (vgl. auch Ingerl/Rohnke MarkenG § 16 Rn. 5). Der Verleger der Publikation kann daher die Aufnahme eines Hinweises nicht von dem Nachweis einer rechtserhaltenden Benutzung abhängig machen. Allerdings kann der Verleger eine mögliche mangelnde rechtserhaltende Benutzung in einem unabhängigen Löschungsverfahren nach Art. 56 Abs. 1 (→ Art. 56 Rn. 1 ff.) oder ggf. im Wege der Widerklage nach Art. 100 Abs. 1 (→ Art. 100 Rn. 1 ff.) geltend machen.

Der Wortlaut „Gattungsbezeichnung" (im Englischen: „generic name") legt nahe, dass 8 primär Wortmarken vom Schutzbereich des Art. 10 umfasst sind. Allerdings scheint auch das Einbeziehen aller Arten von Marken, wie etwa **Wortmarken, Bildmarken, Hörmarken** (Fezer MarkenG § 16 Rn. 11) sachgerecht. Entscheidend ist dann allerdings, dass die Marke in der eingetragenen Form wiedergegeben ist und der Hinweisanspruch sich auf die Marke in ihrer eingetragenen Form bezieht. Andernfalls könnten Markeninhaber, die figurative Marken mit einem generischen Begriff allein aufgrund eines Bildelementes zur Eintragung gebracht haben, einen Anspruch aus Art. 10 in Bezug auf generische Wörter geltend machen. Dies widerspricht dem Sinn und Zweck der Bestimmung des Art. 10.

II. Wiedergabe im Wörterbuch, Lexikon oder ähnlichen Nachschlagewerk

Der Anspruch nach Art. 10 besteht nur für den Fall, dass die Marke im Werk selbst 9 wiedergegeben wird. Um eine übermäßige Verantwortung des Verlegers auszuschließen, sind **Drittveröffentlichungen** nicht vom Schutzbereich des Art. 10 umfasst.

Zweifelsfrei – durch den eindeutigen Wortlaut – sind Wiedergaben in Wörterbuch und 10 Lexikon vom Schutzbereich umfasst. Strittig ist allerdings wie weit bzw. eng der Begriff **„ähnliches Nachschlagewerk"** auszulegen ist. Grundsätzlicher Gegenstand des Schutzes ist die Verwendung einer Marke im Zusammenhang mit der Erläuterung von Worten und Begriffen in denen der Verbraucher eine abgesicherte Erklärung von Begriffen des allgemeinen oder fachspezifischen Sprachgebrauchs erwartet. Entscheidend ist daher die objektive funktionale Fähigkeit des Nachschlagewerks, beim Leser das Vertrauen zu erwecken, dass das Geschriebene eine abgesicherte Erklärung von Begriffen des allgemeinen oder fachspezifischen Sprachgebrauchs darstellt. Demzufolge sollten neben Wörterbüchern und Lexika auch **Enzyklopädien, wissenschaftliche Kommentare, Lehrbücher, branchenbezogene Nachschlagewerke,** zB die „Rote Liste" für Arzneimittel, sowie **offizielle Veröffentlichungen** wie zB des EUIPO unter den Schutzbereich des Art. 10 fallen (teilweise zustimmend Fezer MarkenG § 16 Rn. 6; engere Auslegung bei Ingerl/Rohnke MarkenG § 16 Rn. 7). Diese Liste sollte **nicht** als **abschließend** betrachtet werden. Nach Art. 10 sollten Markeninhaber insbesondere einen Anspruch gegen Markenämter haben, die in ihren Richtlinien oder bei der Übersetzung von **Warenverzeichnissen** Unionsmarken als **generischen Begriff** zulassen. Art. 10 sollte dann auch einen mittelbaren Anspruch gegen Unternehmen begründen, die eine Unionsmarke bewusst in ihre Warenverzeichnissen aufnehmen, um auf diese Weise eine Unionsmarke generisch werden zu lassen. Ein solches Verhalten, zB eines Wettbewerbers, ist anderenfalls kaum zu stoppen und Art. 10 erscheint hier die richtige Anspruchsgrundlage.

11 Entgegen der hM und Rechtsprechung sollte auch die **tägliche Berichterstattung** in der Presse vom Schutzbereich umfasst sein. Zwar ist richtig, dass solche Berichte keinen einem Nachschlagewerk vergleichbaren, lexikalischen Zweck erfüllen (vgl. so BGH GRUR 2000, 1067 – ACC). Wie die praktische Erfahrung aber zeigt, kann gerade die generische Benutzung einer Unionsmarke in der täglichen Presse sehr schnell dazu führen, dass eine Marke sich zu einer Gattungsbezeichnung entwickelt. De lege ferenda sollte Art. 10 vorzugsweise auch einen Anspruch gegen Wettbewerber geben, die eine Unionsmarke generisch benutzen, um so den Wert der Unionsmarke des Wettbewerbers zu mindern, da dies vermehrt zu einem tatsächlichen Problem sehr bekannter Marken in einem speziellen Bereich wird. Das Trägermedium der Informationsvermittlung spielt für die Tatbestandsmäßigkeit keine Rolle, dh Nachschlagewerke in Form **elektronischer Datenbanken** oder die Gewährung des Zugangs zu einer elektronischen Datenbank sind den Printmedien gleichgestellt. Dies ergibt sich in der Richtlinie aus dem eindeutigen Wortlaut von Art. 12 RL (EU) 2015/2436 „Wörterbuch, Lexikon oder ähnlichen Nachschlagwerk in gedruckter oder elektronischer Form". Art. 10 hingegen wurde im Zuge der Reform 2016 nicht geändert.

12 Grundsätzlich ist es ausreichend, wenn das Nachschlagewerk in einem Mitgliedstaat vertrieben wird. Gleiches gilt für Nachschlagewerke, die zwar im EU-Ausland erscheinen, aber auch zusätzlich für den innereuropäischen Markt bestimmt sind und in einer nicht unerheblichen Anzahl vertrieben werden (vgl. Ingerl/Rohnke MarkenG § 16 Rn. 7). Bei elektronischen Datenbanken kommt es primär darauf an, ob diese für den Gemeinschaftsmarkt bestimmt sind (vgl. Fezer MarkenG § 16 Rn. 8).

III. Eindruck einer Gattungsbezeichnung

13 Dem Wortlaut des Gesetzes folgend, besteht der Anspruch nur, falls durch die Wiedergabe einer Unionsmarke der Eindruck erweckt wird, als sei sie eine Gattungsbezeichnung der Waren oder Dienstleistungen, für die sie eingetragen ist. Entscheidend hierfür ist, dass die Marke selbst oder die Art und Weise ihrer Wiedergabe in dem Nachschlagewerk und die Waren und Dienstleistungen, für die sie eingetragen ist, derart in Beziehung zueinander gesetzt werden können, dass die Marke als Gattungsbezeichnung der Waren und Dienstleistungen, für die sie eingetragen ist, verstanden wird. Ist hingegen ein Verständnis als Gattungsbezeichnung für die eingetragenen Waren/Dienstleistungen zweifelsfrei ausgeschlossen, so besteht der Anspruch nach Art. 10 nicht. Die bloße Gefahr, dass die Marke durch die Wiedergabe zu Gattungsbezeichnung verwässert, ist hingegen ausreichend. Denn Sinn und Zweck des Art. 10 ist gerade, den Markeninhaber vor der Entwicklung von Marken zu Gattungsbezeichnungen zu schützen (vgl. Fezer MarkenG § 16 Rn. 4). Deshalb sollte dieses Tatbestandsmerkmal auch stets markeninhaberfreundlich ausgelegt werden.

14 Ob ein solcher Eindruck erweckt wird, ist aus der Sicht eines durchschnittlich informierten, angemessen aufmerksamen und verständigen Nutzers des Nachschlagewerks (vgl. Fezer MarkenG § 16 Rn. 10; Ingerl/Rohnke MarkenG § 16 Rn. 10) unter Berücksichtigung der Gestaltung der Veröffentlichung nach den Gesamtumständen (BeckOK UMV/Ebert-Weidenfeller Rn. 14) zu beurteilen. Für einen solchen Eindruck kann zB sprechen, dass andere Marken mit Registriermarkenhinweis aufgeführt werden.

IV. Antrag des Markeninhabers

15 Die Aufnahme eines Hinweises, dass es sich bei dem verwandten Zeichen um eine eingetragene Marke handelt, wird nur auf Antrag des Markeninhabers aufgenommen. Der Antrag ist direkt an den Verleger bzw. Anspruchsgegner (→ Rn. 16 f.) des Nachschlagewerkes, das die zu **beanstandende** Wiedergabe enthält, zu richten.

C. Anspruchsinhaber und Anspruchsgegner

16 **Anspruchsinhaber** ist nach dem ausdrücklichen Wortlaut von Art. 10 der **Inhaber der wiedergegebenen Marke.** Lizenznehmer, auch solche einer ausschließlichen Lizenz, scheiden als Anspruchsinhaber aus, da Art. 22 Abs. 3 insofern nicht anwendbar ist. Denn der Verleger ist kein Verletzer iSv Art. 22 Abs. 3 iVm Art. 9 Abs. 3, der die Marke im geschäftlichen Verkehr unbefugt für von der Marke erfasste Waren oder Dienstleistungen benutzt. Eine analoge Anwendung scheidet ebenso aus, da Zweck von Art. 10 ist, der Entwicklung von Marken zu Gattungsbezeichnungen entgegenwirken und nicht, Markenverletzungen zu ahnden. Daher ist der Anspruchsinhaberkreis nicht auf Lizenznehmer auszudehnen, allerdings ist eine Aktivlegitimation zivilprozessual im Rahmen einer Prozessstandschaft denkbar (Ingerl WRP 1997, 817 (819)).

Als **Anspruchsgegner** ist in Art. 10 der **Verleger** des Werkes genannt. Der Wortlaut von **17** Art. 10 verpflichtet namentlich den Verleger, auf Antrag des Markeninhabers einen Hinweis, dass es sich bei der Wiedergabe der Marke um eine eingetragene Marke handelt, aufzunehmen. Dies ist auch gerechtfertigt, da dieser die tatsächliche Möglichkeit hat, auf den Inhalt der Publikation zuzugreifen. Denn Anspruchsgegner ist **derjenige**, der die **tatsächliche Verfügungsgewalt** über den die Marke enthaltenden Text oder das Bild hat (Fezer MarkenG § 16 Rn. 25). In Bezug auf elektronische Publikationen und Datenbanken ist Anspruchsgegner daher **derjenige, der die Datenbank betreibt.** Autoren, Herausgebern oder anderen für den Vertrieb zuständigen Personen fehlt regelmäßig eine Einwirkungsmöglichkeit in tatsächlicher Hinsicht und scheiden als Anspruchsgegner aus (vgl. Ingerl/Rohnke MarkenG § 16 Rn. 16).

D. Rechtsfolge

I. Hinweis auf Antrag des Markeninhabers

Der Anspruch aus Art. 10 ist darauf gerichtet, dass der Verleger auf Antrag des Markenin- **18** habers die Wiedergabe der Marke mit einem Hinweis kennzeichnet, aus dem klar hervorgeht, dass es sich um eine registrierte Unionsmarke handelt. Art und Weise des Hinweises bleiben dem Verleger überlassen, solange der Hinweis den Anschein einer Gattungsbezeichnung für den Leser **unmissverständlich** beseitigt. Das Minimum dürfte dabei das einfache Einfügen des Symbols ® sein. Bloße Erläuterungen reichen regelmäßig nicht aus, es sei denn, sie lassen eindeutig die Qualität des Zeichens als eingetragene Marke erkennen (allerdings werden die Verleger diese eher kostbare Änderung eher nicht vornehmen wollen). Werden für eingetragene Marken bereits einheitliche Hinweise verwendet, kann ein Hinweis nach konkret diesen Prinzipien verlangt werden. Die **Nennung des Markeninhabers** oder sonstige Details sind nach hM grundsätzlich nicht erforderlich (vgl. BeckOK UMV/Ebert-Weidenfeller Rn. 17; Ingerl/Rohnke MarkenG § 16 Rn. 11). Allerdings wäre es vorzugswürdig, eine solche Nennung des Markeninhabers vorzuschreiben, weil gerade durch einen solchen Hinweis Klarheit beim Konsumenten entsteht und so besonders effektiv einer Entwicklung der Marke zum Gattungsbegriff entgegengewirkt werden kann.

Allein die **Nennung des Markeninhabers** genügt regelmäßig nicht, da dadurch nicht **19** kenntlich gemacht ist, dass es sich bei dem verwandten Zeichen um eine eingetragene Marke handelt. Ebenso wenig ist ein pauschaler Hinweis zu Beginn eines Nachschlagewerks, dass es sich bei den verwandten Zeichen um eingetragene Marken handelt/handeln kann, ausreichend (vgl. Fezer MarkenG § 16 Rn. 13). Ist die Gefahr, dass sich die Marke zu einer Gattungsbezeichnung entwickelt, bereits besonders hoch, können die Anforderungen an die Qualität des Hinweises allerdings höher sein, so dass dann unter Umständen auch erläuternde Hinweise gefordert werden können (Eisenführ/Schennen/Eberhardt Rn. 5). Ein Recht auf Abänderung eines Textes besteht grundsätzlich nicht, da dies ein Eingriff in die gestalterische Freiheit des Verlegers darstellt.

II. Zeitpunkt des Hinweises

Der Hinweis, dass es sich bei dem verwandten Zeichen um eine eingetragene Marke **20** handelt, muss entsprechend des Wortlauts des Art. 10 „spätestens bei einer Neuauflage des Werkes" erfolgen. Art. 12 RL (EU) 2015/2436 definiert diesen Zeitpunkt mit „unverzüglich – bei Druckereierzeugnissen spätestens bei einer Neuauflage des Werkes". Der Begriff „unverzüglich" bestimmt sich damit ausdrücklich unter Berücksichtigung der unterschiedlichen Veröffentlichungsmedien und den damit verbundenen unterschiedlichen, dem

Anspruchsgegner zumutbaren Reaktionszeiten. Der Hinweis muss so schnell aufgenommen werden, wie es dem Anspruchsgegner, unter Berücksichtigung des Veröffentlichungmediums, zumutbar ist, dies kann auch vor „Neuauflage des Werkes" sein. Auch im Rahmen des Art. 10 ist davon auszugehen, dass „unverzüglich" zu handeln ist, wobei dieser ausfüllungsbedürftige Begriff sich danach bestimmt, wie schnell eine Umsetzung möglich und dem Anspruchsgegner zumutbar ist. Ist das Werk bereits auf dem Markt verfügbar, so besteht der Anspruch auf den Hinweis in der folgenden Auflage (vgl. Eisenführ/Schennen/Eisenführ Rn. 3). Gibt es keine Folgeauflage oder liegen mehrere Jahre zwischen den Auflagen, so muss der Verleger nach zumutbarer Möglichkeit suchen, um auf den „Fehler" aufmerksam machen. Bei **Online-Datenbanken** besteht der Anspruch auf Einfügung eines Hinweises innerhalb eines angemessenen kurzen Zeitraums (Eisenführ/Schennen/Eberhardt Rn. 3), wobei von maximal drei Monaten ausgegangen werden sollte. Ist das (neue) Werk bereits bzw. noch in Produktion, so muss die Schutzwürdigkeit des Markeninhabers (Gefahr der Verwässerung zu Gattungsbezeichnung) mit der Schutzwürdigkeit des Verlegers (Produktionskosten) abgewogen und einzelfallspezifisch entschieden werden. Bei Ansprüchen gegen Markenämter, die die notwendige Änderung von existierenden Markeneintragungen Dritter betreffen, sollten für die Berechnung der Änderungsfrist auch etwaige rechtliche Regelungen berücksichtigt werden, die eine Konsultation des betroffenen Markeninhabers verlangen.

Art. 11 Untersagung der Benutzung der Unionsmarke, die für einen Agenten oder Vertreter eingetragen ist

Ist eine Unionsmarke für einen Agenten oder Vertreter dessen, der Inhaber der Marke ist, ohne Zustimmung des Markeninhabers eingetragen worden, so ist der Markeninhaber berechtigt, sich dem Gebrauch seiner Marke durch seinen Agenten oder Vertreter zu widersetzen, wenn er diesen Gebrauch nicht gestattet hat, es sei denn, dass der Agent oder Vertreter seine Handlungsweise rechtfertigt.

Überblick

Neben Art. 53 Abs. 1 Buchst. b (Löschungsgrund), Art. 8 Abs. 3 (Widerspruchsgrund) und Art. 18 (Übertragungsanspruch), gewährt Art. 11 dem Inhaber einer Marke einen Unterlassungsanspruch gegen den untreuen Agenten. Diese Regelung hilft dem – mangels eigener Markeneintragung in der EU ansonsten schutzlosen – Geschäftsherren, gegen die Benutzung seiner Marke ohne seine Einwilligung durch den Agenten vorzugehen. Art. 11 beruht auf Umsetzung von Art. 6^{septies} Abs. 2 PVÜ.

Übersicht

	Rn.		Rn.
A. Einleitung	1	III. Marke des Inhabers	12
B. Anspruchsvoraussetzungen	5	IV. Eintragung erfolgte ohne Zustimmung des Markeninhabers	14
I. Agentenstellung	6	V. Rechtfertigung	15
II. Eintragung als Unionsmarke für Agenten	8	C. Anspruchsgegner	16
1. Eintragung für Agenten	9	D. Rechtsfolge	21
2. Zeitpunkt des Anspruchs	10		

A. Einleitung

1   Wann immer ein Markeninhaber selbständige Vertreter bzw. Agenten (von nun an: „Agenten") in anderen Ländern oder Kontinenten einschaltet, mag es verschiedene Beweggründe geben, dort Marken im Namen des Agenten eintragen zu lassen. Diese können sprachlicher, finanzieller oder organisatorischer Natur sein und sowohl im Interesse des Markeninhabers als auch im Interesse des Agenten sein (Eisenführ/Schennen/Eisenführ Rn. 1). Der typische Fall ist aber derjenige, dass der Agent ohne Kenntnis des Markeninhabers eine Marke anmeldet, um seine eigene wirtschaftliche Position gegenüber dem Markeninhaber während oder

nach Beendigung des Agentenverhältnisses zu stärken (sog. **rechtswidrige Agentenmarken**).

Um solch treuwidrigem Verhalten Einhalt zu gebieten, stehen dem Markeninhaber nach der UMV zahlreiche Schutzvorschriften zu. Gemäß Art. 8 Abs. 3 kann der Anmeldung einer Agentenmarke ohne Zustimmung des Inhabers widersprochen werden. Kommt es zur Eintragung der Agentenmarke, so besteht nach Art. 53 Abs. 1 Buchst. b ein zum Löschungsantrag berechtigender Nichtigkeitsgrund und nach Art. 18 ein Übertragungsanspruch zugunsten des Markeninhabers, der künftig (ab 1.10.2017) infolge der Neufassung des Art. 18 mittels Verfahren vor der Löschungsabteilung des Amtes durchgesetzt werden kann. In diese Kette von Ansprüchen reiht sich Art. 11 ein, welcher dem Markeninhaber das Recht gibt, sich dem Gebrauch der Unionsmarke durch seinen Agenten zu widersetzen. Art. 11 entspricht den Vorgaben des **Art. 6^{septies} Abs. 2 PVÜ**. Der besondere Schutz des Markeninhabers beruht dabei auf der Verpflichtung des Agenten, die Interessen des Geschäftsherrn wahrzunehmen (BGH GRUR 2008, 612 Rn. 20 – audison). Mit diesem Schutz verstärkt Art. 11 das Ausschließlichkeitsrecht des Markeninhabers über den Anwendungsbereich von Art. 9 hinaus. Allerdings steht der Unterlassungsanspruch des Art. 11 nur dem Geschäftsherrn zu, der zumindest im EU-Ausland eine ältere Marke besitzt.

All diesen Vorschriften ist gemein, dass sie nur Geltung finden, sofern die **Handlungsweise** des Agenten nicht gerechtfertigt war. Die UMV sieht – im Gegensatz zu manch nationalen Markenrechtsgesetzen, wie zB in Deutschland § 17 Abs. 2 S. 2 MarkenG, **keine Schadensersatzansprüche** des originären Markeninhabers vor. Dies schließt aber keinesfalls Schadensersatzansprüche basierend auf anderen Anspruchsgrundlagen aus. Der Unterlassungsanspruch setzt **kein Verschulden** voraus, dh er besteht unabhängig davon, ob der Agent etwa gutgläubig dachte, im Interesse und/oder mit Einverständnis des originären Markeninhabers gehandelt zu haben.

Art. 11 ist grundsätzlich immer dann von großer Bedeutung, wenn die ältere Marke des Markeninhabers lediglich im EU-Ausland geschützt ist und dem Markeninhaber daher in der Union keine Unterlassungsansprüche aus eigenem Recht zustehen (vgl. Ingerl/Rohnke MarkenG § 17 Rn. 7).

B. Anspruchsvoraussetzungen

Der Anspruch nach Art. 11 besteht nur, wenn alle folgenden Tatbestandsvoraussetzungen erfüllt sind. Zwischen „treuwidrigen Agenten" und Markeninhaber muss eine Agenten- oder Vertreterstellung bestehen (→ Rn. 6 f.). Die „neue" Marke muss als Unionsmarke für den Agenten eingetragen worden sein (→ Rn. 8 ff.). Bei dieser Marke muss es sich um eine „originäre" Marke des Inhabers handeln (→ Rn. 12 f.). Die Eintragung muss ohne Zustimmung des Markeninhabers erfolgt sein (→ Rn. 14). Zu guter Letzt darf die Handlungsweise des Agenten nicht gerechtfertigt sein (→ Rn. 15). Vor Eintragung der Marke steht dem Markeninhaber gemäß Art. 8 Abs. 3 auch ein Widerspruchsrecht gegen die Unionsmarkenanmeldung des treuwidriger Agenten zu (→ Art. 8 Rn. 151 ff.), sowie nach erfolgter Eintragung einer solchen Marke entsprechend Art. 18 – neben dem Unterlassungsanspruch aus Art. 11 – auch ein Anspruch auf Übertragung der Marke zu (→ Art. 18 Rn. 1 ff.).

I. Agentenstellung

Grundvoraussetzung für einen Unterlassungsanspruch nach Art. 11 ist eine **durch Vertragsverhältnis begründete Agentenstellung** zwischen Agent und Markeninhaber. Grundsätzlich ist der Begriff der Agentenstellung sehr großzügig auszulegen (→ Art. 8 Rn. 160). Ein klassisches Über- und Unterordnungsverhältnis ist für das Bestehen eines Agentenverhältnisses nicht notwendig (BGH GRUR 2008, 612 Rn. 11 – audison). Ergibt sich aus der Beziehung zwischen den Parteien eine (Neben-)Pflicht des Agenten, die Interessen des Geschäftsherrn zu wahren, so kann in der Regel von einem Agentenverhältnis ausgegangen werden (BGH GRUR 2008, 612 Rn. 21 – audison). Das Agentenverhältnis muss zum **Zeitpunkt der Anmeldung** der Marke durch den Agenten bestehen. Es muss aber nicht mehr im Zeitpunkt der Klageerhebung bestehen, denn der Anspruch wird mit der Anmeldung begründet.

7 Im Falle von **Markenpirateriefällen** – dh Fallkonstellationen, bei denen **kein Vertragsverhältnis** zwischen Markeninhaber und Anmeldendem besteht – ist eine analoge Anwendung von Art. 11 nicht gerechtfertigt. Der Anspruch aus Art. 11 beruht auf einer Verletzung des Agentenverhältnisses. Gerade dieses existiert in Fallkonstellationen der Markenpiraterie nicht, da keinerlei Vertragsverhältnis zwischen dem Markeninhaber und dem Anmeldenden, der dann kein Vertreter sondern Dritter ist, besteht und der Anmelder somit vertraglich weder zur Interessenswahrung noch zur Interessenswahrnehmung (vgl. Fezer MarkenG § 17 Rn. 12) verpflichtet ist. Dennoch kann der Markeninhaber in einem solchen Fall Löschung, nicht aufgrund einer Agentenmarke, sondern wegen Bösgläubigkeit nach Art. 52 Abs. 1 lit. b beantragen.

II. Eintragung als Unionsmarke für Agenten

8 Dem Wortlaut des Art. 11 folgend, muss die „neue" Marke als Unionsmarke für den Agenten eingetragen worden sein. Jedoch wird es häufig Konstellationen geben, in denen sich der Sachverhalt nicht ganz leicht unter den genauen Wortlaut des Art. 11 subsumieren lässt. Zu erörtern ist, ob der Anspruch ebenfalls besteht, wenn die Unionsmarke für jemand anderes als den Agenten eingetragen ist. Des Weiteren ist zu erörtern, ob der Anspruch nach Art. 11 erst ab Eintragung oder bereits ab Anmeldung der Unionsmarke besteht.

1. Eintragung für Agenten

9 Der Wortlaut des Art. 11 verlangt, dass die Marke als Unionsmarke **für den Agenten** eingetragen wird. Allerdings ist das Tatbestandsmerkmal „für den Agenten" weit auszulegen, denn eine enge Wortlautauslegung würde dem Agenten zahlreiche Umgehungsmöglichkeiten gewähren. So könnte bei Ermächtigungen von Unternehmen als Agenten einfach ein Geschäftsführer, ein Gesellschafter, eine andere dem Agenten nahestehende Person oder etwaige Subunternehmen als Unionsmarkeninhaber eingetragen werden, um Art. 11 zu übergehen. Um solchen Umgehungstatbeständen vorzubeugen, ist es daher ausreichend, wenn die Marke für eine solche **dem Agenten nahestehende Person** oder für einen **Strohmann** eingetragen wird (vgl. BGH GRUR 2008, 612 Rn. 13 – audison; Fezer MarkenG § 17 Rn. 15). Das Gleiche gilt, falls die Unionsmarke für einen **Rechtsnachfolger** oder **Lizenznehmer** des Agenten eingetragen ist. Es wird manchmal schwierig sein, eine Beziehung des Agenten zum Anmelder der Unionsmarke nachzuweisen. Hier können ggf. Regelungen zu ex parte „Discovery" und „Disclosure" Verfahren, wie diese in angelsächsischen Rechtsordnungen vorgesehen sind, helfen, um relevante Informationen von Dritten oder dem Agenten zu bekommen.

2. Zeitpunkt des Anspruchs

10 Der Unterlassungsanspruch besteht – entgegen dem Wortlaut des Art. 11 – bereits zum Zeitpunkt der **Anmeldung zur Unionsmarke,** sofern diese auch tatsächlich angemeldet und dann benutzt wird (BGH GRUR 2008, 612 Rn. 5 – audison). Dies wird zum einen damit begründet, dass die Anmeldung bereits einen selbständigen Vermögensgegenstand darstellt, nämlich die Markenanwartschaft, und zum anderen dadurch, dass die Bearbeitungsdauer des Eintragungsverfahrens nicht zu Lasten des originären Markeninhabers gehen darf (Fezer MarkenG § 17 Rn. 18).

11 Fraglich ist ob der Anspruch nach Art. 11 – ggf. analog – auch dann besteht, wenn es sich bei der Agentenmarke nicht um eine eingetragene Unionsmarke, sondern um eine **Notorietätsmarke** iSv Art. 8 Abs. 2 Buchst. c handelt, wenn also der Agent über viele Jahre für die Marke des Geschäftsherrn im Markt notorisch bekannt geworden ist. Der Wortlaut des Art. 11 verbietet meines Erachtens eine analoge Anwendung, weil er klar eine Unionsmarkeneintragung (oder wenigstens eine Anmeldung) voraussetzt. Allerdings würde der Geschäftsherr in solchen Fällen dann nahezu ohne Anspruch dastehen (allenfalls käme ein Unterlassungsanspruch nach UWG in Betracht, aber dieser existiert nicht in allen EU-Ländern). Sollte man also contra legem einen solchen Anspruch in diesen seltenen Fällen annehmen wollen, dann ist zunächst zu prüfen, wem die notorische Bekanntheit zuzurechnen ist. Dies hängt davon ab, ob die Marke vom relevanten Verkehr als Herstellermarke oder als

Handelsmarke angesehen wird. Ist die notorische Bekanntheit dem Geschäftsherren zuzuordnen, so ist ohnehin dieser Inhaber der Marke und es handelt sich nicht um eine Agentenmarke. Ist diese allerdings dem Agenten zuzurechnen, so besteht der Anspruch nach Art. 11 wohl nicht – auch nicht analog. Dies wird zum einen damit begründet, dass der Agent in solchen Konstellationen keinen Verstoß gegen seine Verpflichtung zur Interessenswahrung – welche den Rechtsgrund des Unterlassungsanspruchs darstellt – begangen haben dürfte. Denn eine Marke wird nicht so schnell notorisch bekannt, als dass die lange Duldung des Geschäftsherren dann als fehlender Interessenkonflikt gewertet werden kann. Zum anderen erfolgten die Benutzungshandlungen, welche zur notorischen Bekanntheit der Marke führten, dann wohl in der Regel nicht pflichtwidrig, sondern vielmehr mit impliziter Zustimmung des Geschäftsherrn (ähnlich Ingerl/Rohnke MarkenG § 17 Rn. 21–23).

III. Marke des Inhabers

Anspuchsinhaber ist nach dem Gesetzestext der „Inhaber der Marke", dh der Markeninhaber der eine nationale innereuropäische oder außereuropäische Marke besitzt. Die Qualität dieser originären Marke ist allerdings nicht näher im Gesetz definiert. Es ist nicht notwendig, dass die Marke eine Registermarke ist. Um den Schutz von Art. 11 in Anspruch zu nehmen ist es ausreichend, wenn die Marke in Beziehung zu den Waren und Dienstleistungen, die während der Zusammenarbeit mit dem Agenten vermarktet wurden, steht (BeckOK UMV/Stuyck/Vanbrabant/Weidenfeller Rn. 11). Denn dadurch ist sichergestellt, dass der Agent sich nicht auf Gutgläubigkeit berufen kann. Schließlich verwendet er eine Marke, die ähnlich oder identisch einer Marke ist, die er vertreten hat und von der er positiv weiß, dass sie einer anderen Person gehört. Um dem Schutzzweck der Norm gerecht zu werden, ist es demnach ausreichend, wenn es sich um eine **Benutzungsmarke** iSv § 4 Abs. 2 MarkenG (vgl. Eisenführ/Schennen/Eisenführ Rn. 4) oder um eine **Notorietätsmarke** iSv Art. 8 Abs. 2 Buchst. c handelt, wobei der Nachweis – gerade für nicht-eingetragene Marken im Ausland – dann schwer zu führen sein wird. Vorteilhafter ist es in jedem Fall, wenn der Geschäftsherr sich auf eine eingetragene Marke berufen kann. Die territoriale Herkunft der Marke spielt dabei keine Rolle. 12

Ebenso wenig wie die Eintragung der Marke des Inhabers eine notwendige Voraussetzung ist, ist es auch nicht notwendig, dass die für den Agenten eingetragene Marke mit der des originären Inhabers identisch ist. Ausreichend ist die Ähnlichkeit der beiden Marken iSv Art. 8 Abs. 1 Buchst. b (Eisenführ/Schennen/Eisenführ Rn. 5). Sollte eine Unähnlichkeit bestehen, greift der Schutz von Art. 11 trotzdem, wenn die Abweichungen von der neuen Marke gegenüber der originären des Markeninhabers nicht derart signifikant sind, sodass Verwechslungen möglich sind (BeckOK UMV/Stuyck/Vanbrabant/Weidenfeller Art. 10 Rn. 13). Ansonsten könnten unredliche Vertreter durch kleinste Abänderungen der Marke Art. 11 umgehen. 13

IV. Eintragung erfolgte ohne Zustimmung des Markeninhabers

Weitere Tatbestandsvoraussetzung ist, dass die Eintragung der Unionsmarke ohne Zustimmung des originären Markeninhabers erfolgte. Erfolgte die Eintragung hingegen mit Zustimmung des Markeninhabers, kann sich dieser zu einem späteren Zeitpunkt nicht mehr auf Art. 11 berufen, auch wenn der Agent die Marke auf eine Art und Weise benutzt, die der originäre Markeninhaber nicht gestattet hat (Eisenführ/Schennen/Eisenführ Rn. 7). Hier hätte der Markeninhaber im Zeitpunkt der Zustimmung eine klare Regelung zu Fragen der Benutzung und ggf. auch zur Rückgabe der Markeneintragung bei Beendigung des Agentenverhältnisses regeln sollen. Hat er es nicht getan, kann er dies später nicht über Art. 11 nachholen. 14

V. Rechtfertigung

Selbst wenn alle oben genannten Tatbestandsvoraussetzungen erfüllt sind, besteht der Anspruch nach Art. 11 nicht, falls das Handeln des Agenten gerechtfertigt war. Die Worte „es sei denn" legen nahe, dass die Beweislast des Rechtfertigungstatbestandes allerdings auf der Seite des Agenten liegt. Bisher gibt es keine Rechtsprechung zu etwaigen Rechtferti- 15 gungsgründen. Möglicher Rechtfertigungsgrund könnte eine drohende Anmeldung eines Wettbewerbers im Gebiet es Agenten sein, wenn der Geschäftsherr nicht auf den Hinweis des Agenten reagiert und so den Agenten ggf. schutzlos stellen würde. Dann darf auch der Agent anmelden, um so seine Benutzung abzusichern. Zu beachten ist allerdings, dass die Rechtfertigungstatbestände eine seltene Ausnahme darstellen sollten, da der Agent grundsätzlich vor Anmeldung die Einwilligung des Markeninhabers einzuholen hat.

C. Anspruchsgegner

16 Ist der Agent als Inhaber der Unionsmarke eingetragen, so richtet sich der Anspruch konsequenterweise direkt gegen den Agenten. Ist die Unionsmarke allerdings für eine dem Agenten nahe stehende Person eingetragen, so richtet sich der Anspruch gegen sowohl den Agenten als auch gegen die ihm nahe stehende Person. Um dem „originären" Markeninhaber größtmöglichen Schutz zu garantieren, sollte sich der Anspruch **gegen jeden** an der Verletzungshandlung **teilnehmenden Störer** richten (vgl. Fezer MarkenG § 17 Rn. 20).

17 Strittig ist, ob auch ein **gutgläubiger Rechtsnachfolger** passivlegitimiert sein kann. Nach einer engen Auslegung ist der Unterlassungsanspruch lediglich gegen den Agenten und an dessen Störungshandlung mitwirkende Störer durchsetzbar, weil „wer eigenständige Verletzungshandlungen begeht und hierfür Rechte an der Agentenmarke vom Agenten ableitet, darf (…) nicht schlechter gestellt werden als ein Dritter, der die Marke ohne Bezug zum Agenten benutzt" (Ingerl/Rohnke MarkenG § 17 Rn. 16). Dem gegenüber steht eine weitere Auffassung, dass sich in solchen Konstellationen der Unterlassungsanspruch direkt gegen den Dritten richtet. Der vom Agenten ermächtigte Dritte sei nämlich von einem unbeteiligten Dritten dadurch zu unterscheiden, dass Verletzungshandlungen des Ersteren gleichsam von der Interessenintegration des Agenten belastet sind (Fezer MarkenG § 17 Rn. 21).

18 Da das Unionsmarkenrecht keinen gutgläubigen lastenfreien Erwerb außerhalb des Art. 23 vorsieht, der hier nicht eingreift, ist das Recht eines durch den Agenten ermächtigten Dritten mit dem Unterlassungsanspruch des originären Markeneigentümers belastet. Aus diesem Grunde erscheint letztere Ansicht vorzugswürdig und ein Unterlassungsanspruch gegen den Dritten gerechtfertigt. Im Übrigen kann nach hM eine einmal bösgläubig angemeldete Marke auch dann gelöscht werden, wenn die Rechtsnachfolger nicht bösgläubig waren. Die Bösgläubigkeit haftet der Marke dauerhaft an. So sollte es auch hier sein: der Vertrauensbruch wird automatisch mit Übertragung der Marke weitergeleitet.

19 **Lizenznehmern** lastet gegenüber unbeteiligten Dritten auch die Interessenintegration des Agenten an, sodass die Passivlegitimation auch für sie gilt. Allerdings könnte der Markeninhaber in dem Fall, dass der Agent die Marke lizenziert hat, sie aber nicht selbst verwendet, zusätzlich den Agenten in Anspruch nehmen (BeckOK UMV/Stuyck/Vanbrabant/Weidenfeller Rn. 15).

20 Erfolgt eine Eintragung der neuen Marke für einen Strohmann des Agenten, ist dieser Anspruchsgegner (Eisenführ/Schennen/Eisenführ § 17 Rn. 5). Die Eintragung eines für den Agenten handelnden Strohmanns steht der Eintragung für den Agenten selbst gleich (BGH GRUR 2008, 611 (612)).

D. Rechtsfolge

21 Dem Agenten und den an der Verletzungshandlung beteiligten Störern (OLG Schleswig NJWE-WettbR 2000, 119 (121) – LUXIS) ist jeglicher Gebrauch der Marke iSv Art. 9 verboten und ein entsprechender Unterlassungstenor ist auszusprechen.

Art. 12 Beschränkung der Wirkungen der Unionsmarke

(1) Die Unionsmarke gewährt ihrem Inhaber nicht das Recht, einem Dritten zu verbieten, Folgendes im geschäftlichen Verkehr zu benutzen:
a) den Namen oder die Adresse des Dritten, wenn es sich bei dem Dritten um eine natürliche Person handelt;
b) Zeichen oder Angaben ohne Unterscheidungskraft oder über die Art, die Beschaffenheit, die Menge, die Bestimmung, den Wert, die geografische Her-

kunft oder die Zeit der Herstellung der Ware oder der Erbringung der Dienstleistung oder über andere Merkmale der Ware oder Dienstleistung;
c) die Unionsmarke zu Zwecken der Identifizierung oder zum Verweis auf Waren oder Dienstleistungen als die des Inhabers dieser Marke, insbesondere wenn die Benutzung der Marke als Hinweis auf die Bestimmung einer Ware, insbesondere als Zubehör oder Ersatzteil, oder einer Dienstleistung erforderlich ist.

(2) Absatz 1 findet nur dann Anwendung, wenn die Benutzung durch den Dritten den anständigen Gepflogenheiten in Gewerbe oder Handel entspricht.

Überblick

Art. 12 begrenzt die Rechte des Markeninhabers aus wettbewerbspolitischen Erwägungen.

Bestimmte Benutzungshandlungen sind nach dem Willen des Gesetzgebers freigestellt (freie Benutzung), obwohl sie an sich geschützte Kennzeichen verletzen. Art. 12 sieht drei Fallgruppen vor, nach denen der Markeninhaber es Dritten eine Benutzung im geschäftlichen Verkehr nicht untersagen kann: als Name oder Anschrift (→ Rn. 6 ff.), ohne Unterscheidungskraft (→ Rn. 14 ff.) oder als Angabe über die Art, die Beschaffenheit, die Menge, die Bestimmung, den Wert, die geografische Herkunft oder die Zeit der Herstellung der Ware oder der Erbringung der Dienstleistung oder über andere Merkmale der Ware oder Dienstleistung (→ Rn. 8 ff.) sowie zu Zwecken der Identifizierung oder zum Verweis auf den Inhaber dieser Marke (→ Rn. 19 ff.).

Allerdings muss diese Benutzung jeweils den anständigen Gepflogenheiten im Gewerbe oder Handel entsprechen (→ Rn. 23 ff.).

Übersicht

	Rn.		Rn.
A. Allgemeines	1	II. Nicht unterscheidungskräftige Zeichen	14
B. Name und Adresse	6	D. Freie Benutzung zu Zwecken der Identifizierung oder zum Verweis auf Waren oder Dienstleistungen als die des Inhabers dieser Marke	19
C. Nicht unterscheidungskräftige oder beschreibende Angaben oder Zeichen	8		
I. Anwendungsbereich; beschreibende oder zur Beschreibung dienende Angaben	8	E. Anständige Gepflogenheit	23

A. Allgemeines

Ziel der Norm ist ein Ausgleich zwischen den Individualinteressen des Kennzeicheninhabers an der Monopolisierung seiner Schutzrechte auf der einen und den Interessen des freien Wettbewerbs auf der anderen Seite (EuGH C-100/02, GRUR 2004, 234 (235) – Gerolsteiner Brunnen). Nach der **Systematik** des Gesetzes ist die Anwendbarkeit der Norm auf Fälle beschränkt, in denen dem Rechteinhaber Ansprüche aus einer Kennzeichenverletzung zustehen. Denn wenn schon kein Verletzungstatbestand vorliegt, bedarf es eines Rückgriffs auf Art. 12 nicht (vgl. Eisenführ/Schennen Rn. 5). Auf der anderen Seite sind bei der Verwendung identischer oder ähnlicher Zeichen in beschreibendem Sinn oder bei Benutzung von Marken als Hinweis auf die Waren oder Dienstleistungen des Markeninhabers die Grenzen zwischen der Feststellung einer rechtserheblichen Benutzung und der Anwendung der Schrankentatbestände fließend (→ MarkenG § 14 Rn. 105). Es kann daher uU sinnvoll sein, bei der Beurteilung des Verletzungstatbestandes die in Art. 12 geregelten Schranken des Rechts ergänzend heranzuziehen. Die Frage, ob bereits die tatbestandsmäßige Benutzung abzulehnen ist oder ob es sich um einen Anwendungsfall der Schrankentatbestände handelt, kann bei dieser Sachlage in der Praxis offen bleiben (so BGH GRUR 2005 Rn. 26 – DAX). 1

Zur Verteilung der Beweislast zwischen den Parteien → MarkenG § 23 Rn. 9 f.; zur Ablehnung des Grundsatzes, dem zufolge Schranken eng auszulegen sind, → MarkenG § 23 Rn. 26 (BGH GRUR 2009, 678 (681) – POST/Regiopost). 2

Bei Beurteilungsfehlern im Eintragungsverfahren verhindert die Anwendung von Art. 12, dass sich daraus in der Praxis gravierende Auswirkungen ergeben. Als eine vom Gesetz intendierte „Korrektur" von Fehlbeurteilungen im Eintragungsverfahren lässt sich dies jedoch 3 nicht verstehen (so aber wohl HK-MarkenR/Bender Rn. 1); eine Korrektur kann nur im Löschungsverfahren herbeigeführt werden. Von diesem unterscheidet sich Art. 12 dadurch, dass die Schutzfähigkeit des betroffenen Kennzeichens nicht in Frage gestellt wird; es geht lediglich um eine Begrenzung des Schutzumfangs zugunsten einer freien Benutzung durch Mitbewerber (EuGH C-108/01 und C-109/01, GRUR Int 1999, 727 (730) – Windsurfing Chiemsee).

4 Soweit Art. 12 inhaltlich mit § 23 MarkenG übereinstimmt, erfolgt die ausführliche Kommentierung dort. Der Schwerpunkt der folgenden Ausführungen liegt hingegen bei den durch die Markenrechtsreform eingeführten **Änderungen**.

4.1 Bis zur Umsetzung der entsprechenden Vorschriften der RL (EU) 2015/2436 in das MarkenG ist in Verfahren wegen Verletzung von Unionsmarken bei Anwendung der Schrankenbestimmungen die unterschiedliche Rechtslage zu beachten.

5 Neben der Beschränkung der Anwendbarkeit von Abs. 1 Buchst. a auf Namen und Adressen natürlicher Personen (→ Rn. 6) sind die Änderungen von Abs. 1 Buchst. b und c von Interesse. Sie **erweitern** die Verteidigungsmöglichkeiten des als Verletzer in Anspruch Genommenen insoweit, als sich dieser auf die fehlende Unterscheidungskraft des benutzten Zeichens (→ Rn. 14 ff.) sowie, über den schon bisher in Art. 12 Abs. 1 Buchst. c verankerten Hinweis auf die Zweckbestimmung hinausgehend, in genereller Form darauf berufen kann, dass die Benutzung der fremden Marke „zu Zwecken der Identifizierung oder zum Verweis auf Waren oder Dienstleistungen als die des Inhabers dieser Marke" erfolgt ist (→ Rn. 22). Damit wird deutlicher als bisher klargestellt, dass die sog. „referierende Benutzung" von Marken zulässig ist, wenn sie sich im Rahmen des lauteren Wettbewerbs hält.

5.1 Für die deutsche Rechtspraxis wird sich voraussichtlich wenig ändern, da sich die Gerichte bereits heute in der Regel bemühen, den durch die Erweiterung der Schrankentatbestände geschützten Interessen Rechnung zu tragen. Die mit der Gesetzesreform erfolgte explizite Regelung der referierenden Benutzung sowie der Benutzung nicht unterscheidungskräftiger Marken bietet jedoch die Chance für größere Transparenz und damit für eine stärkere Vereinheitlichung der Rechtsprechung innerhalb der EU (→ Rn. 16).

B. Name und Adresse

6 Nach Abs. 1 Buchst. a kann ein Markeninhaber einem Dritten nicht den lauteren Gebrauch der Marke als Angabe seines Namens oder seiner Adresse im geschäftlichen Verkehr verbieten, wenn es sich bei dem Dritten um eine **natürliche Person** handelt. Durch die Beschränkung auf Namen und Adressen natürlicher Personen wird die bisherige Rechtsprechung des EuGH obsolet, nach der Art. 12 Buchst. a GMV auch gewillkürte Handels- und Unternehmensnamen erfasst (EuGH C-245/02, GRUR 2005, 153 Rn. 80 f. – Anheuser Busch; C-17/06, GRUR 2007, 971 Rn. 31 – Celine).

6.1 Grund der Beschränkung auf Namen und Adresse natürlicher Personen ist nach Erwägungsgrund 21 zur UMV die Angleichung des Schutzumfangs von Unionsmarken und Handelsnamen: Um für Handelsnamen und Unionsmarken bei Konflikten gleiche Bedingungen zu schaffen, sollte die Benutzung von Handelsnamen vor dem Hintergrund, dass diesen regelmäßig unbeschränkter Schutz vor jüngeren Marken eingeräumt wird, nur die Verwendung des Personennamens des Dritten einschließen. Ob diese Änderung erhebliche Auswirkungen auf die Rechtspraxis haben wird, muss sich erst zeigen (Kur, FS Fezer, 2016, 649 (651)). Denn auch bisher stand das Privileg der Benutzung gewillkürter Handelsnamen unter dem Vorbehalt, dass die Benutzung den anständigen Gepflogenheiten in Gewerbe und Handel entsprach (→ Rn. 23; eingehend → MarkenG § 23 Rn. 21 ff.). Soweit die Benutzung prioritätsjüngerer, gewillkürter Handelsnamen den Verletzungstatbestand von Art. 9 Abs. 1 Buchst. a oder b GMV erfüllte, waren ihrer Zulässigkeit iSv Art. 12 Abs. 1 Buchst. a schon immer enge Grenzen gesetzt.

7 Von dieser Einschränkung abgesehen entspricht Abs. 1 Buchst. a der Parallelvorschrift von § 23 Nr. 1 MarkenG. Zur Anwendung bei Gleichnamigkeit → MarkenG § 23 Rn. 14 ff.; zum Verstoß gegen die anständigen Gepflogenheiten → MarkenG § 23 Rn. 21 ff.

C. Nicht unterscheidungskräftige oder beschreibende Angaben oder Zeichen

I. Anwendungsbereich; beschreibende oder zur Beschreibung dienende Angaben

Abs. 1 Buchst. b erlaubt es dem Dritten, ein mit der Unionsmarke identisches oder ähnliches Zeichen zu benutzen, wenn es keine Unterscheidungskraft besitzt oder eine Angabe über die Art, die Beschaffenheit, die Menge, die Bestimmung, den Wert, die geografische Herkunft oder die Zeit der Herstellung der Ware oder der Erbringung der Dienstleistung oder über andere Merkmale der Ware oder Dienstleistung darstellt, vorausgesetzt diese Benutzung entspricht den anständigen Gepflogenheiten im Gewerbe oder Handel (→ Rn. 23; eingehend → MarkenG § 23 Rn. 33 ff.). Die Vorschrift zielt speziell darauf ab, allen Wirtschaftsteilnehmern die Möglichkeit zu erhalten, beschreibende Angaben zu benutzen; sie stellt insoweit eine Ausprägung des Freihaltebedürfnisses dar (EuGH C-108/01 und C-109/01, GRUR Int 1999, 727 Rn. 28 – Windsurfing Chiemsee; C-102/07, GRUR 2008, 503 Rn. 46 – Adidas/Marca Mode).

Zwar soll Abs. 1 Buchst. b in erster Linie verhindern, dass ein Markeninhaber Wettbewerbern verbietet, einen **beschreibenden Begriff** oder Begriffe, die Teil seiner Marke sind, zu verwenden, um auf Merkmale ihrer eigenen Waren hinzuweisen (EuGH C-108/01 und C-109/01, GRUR Int 1999, 727 Rn. 28 – Windsurfing Chiemsee). Da jedoch der Wortlaut der Vorschrift nicht auf diesen Fall beschränkt ist, kann auch eine nicht beschreibende Marke von einem Dritten dazu benutzt werden, Angaben über die von ihm vertriebenen Waren zu machen, soweit dies in lauterer Weise erfolgt (EuGH C-48/05, GRUR 2007, 318 Rn. 42 f. – Adam Opel/Autec).

Die Überlegung, dass sich die Anwendbarkeit von Abs. 1 Buchst. b nicht auf beschreibende Zeichen beschränkt, liegt bereits den Schlussanträgen von Generalanwalt Jacobs in der „Hölterhoff"-Entscheidung zugrunde. Er führte aus, dass die zu beschreibenden Zwecken erfolgte Benutzungshandlung des Beklagten auch bei Bejahung einer Markenverletzung nicht vom Kläger untersagt werden könne, da jedenfalls Art. 12 Abs. 1 Buchst. b (bzw. Art. 6 Abs. 1 Buchst. b RL 2008/95/EG; jetzt: Art. 14 Abs. 1 Buchst. b RL (EU) 2015/2436) einschlägig sei (Schlussanträge des Generalanwalts Jacobs vom 20.9.2001, C-2/00, BeckEuRS 2001, 250712 Rn. 54); → MarkenG § 23 Rn. 28.

Durch die Erweiterung von Abs. 1 Buchst. c auf alle Fälle der referierenden Benutzung (→ Rn. 22) ist diese Option in der Praxis weitgehend irrelevant geworden.

Abs. 1 Buchst. b ist jedoch in Fällen nicht anwendbar, in denen ein Dritter die Marke für Waren benutzt, die der Erschöpfung unterliegen, dh die vom Inhaber der Marke oder mit dessen Zustimmung im Inland bzw. im Europäischen Wirtschaftsraum in den Verkehr gebracht worden sind.

Die Bestimmung des Art. 13 stellt in ihrem Anwendungsbereich gegenüber der Vorschrift des Art. 12 eine vorrangige Sonderregelung dar (BGH MMR 2014, 232 – UsedSoft II; GRUR 2011, 1135 – GROSSE INSPEKTION FÜR ALLE).

Nicht von Abs. 1 Buchst. b privilegiert ist ein ornamentaler oder dekorativer Gebrauch der geschützten Marke, der keine Angabe über die vom Verwender des Zeichens angebotenen Waren oder erbrachten Dienstleistungen enthält. Zwar beruht Abs. 1 Buchst. b auf dem Gedanken des Freihaltebedürfnisses; diesem kommt jedoch keine selbstständige Bedeutung zu, die eine über die explizit genannten Fälle hinausgehende Anwendung der Vorschrift rechtfertigen würde (EuGH C-102/07, GRUR 2008, 503 Rn. 47 – adidas).

Das Freihaltebedürfnisses ist ein von der EUIPO nach Art. 7 Abs. 1 Buchst. c bei der Eintragung einer Marke zu prüfendes Kriterium und gerade nicht eine Begrenzung des Schutzumfangs der Unionsmarke zulasten des Rechtsinhabers bei der Durchsetzung seiner Rechte. Art. 12 Abs. 1 Buchst. b nennt ausdrücklich die Fälle, in denen der Markeninhaber eine Beschränkung des Schutzumfangs seiner Unionsmarke dulden muss, so dass gegen die Rechtssicherheit und die Grenzen zulässiger Normauslegung verstoßen würde, wenn man ein Freihaltebedürfnis als weitere, ungeschriebene Schranke zu Lasten des Markeninhabers mit in Art. 12 Abs. 1 Buchst. b aufnehmen würde (vgl. dazu Schlussanträge des Generalanwalts Colomer vom 16.1.2008, C-102/07, BeckRS 2008, 70049 – Adidas AG und Adidas Benelux BV gegen Marca Mode CV, C&A Nederland, H&M Hennes & Mauritz Netherlands BV und Vendex KBB Nederland BV).

12 Keine Angabe über Merkmale des Angebots eines Dritten ist dem EuGH zufolge in der Anbringung einer ua für Kraftfahrzeuge eingetragenen Marke auf verkleinerten Modellen dieses Fahrzeugtyps zu sehen: Dies sei Teil der originalgetreuen Nachbildung und könne nicht als Angabe über diese Modelle dienen (EuGH C-48/05, GRUR 2007, 318 Rn. 44 – Adam Opel/Autec).

12.1 Zu einem anderen Ergebnis war Generalanwalt Ruiz-Jarabo Colomer in seinen Schlussanträgen gelangt: Gerade weil das Wesen der Herstellung von Modellen in der getreuen und detaillierten Nachbildung der Wirklichkeit liege, sei davon auszugehen, dass die Anbringung des Logos als Angabe über „andere Merkmale" iSv Art. 6 Abs. 1 Buchst. b RL 2008/95/EG zu verstehen sei (Schlussanträge vom 7.3.2006, BeckEuRS 2006, 422976 Rn. 51). In der Tat ist nicht ersichtlich, wieso der Umstand, dass die Anbringung des Logos Teil der Nachbildung war, die Benutzung als Angabe über die betreffenden Waren ausschließen soll: Letzteres ist eine Frage des Verkehrsverständnisses, das auch dem Teil einer Nachbildung durchaus die Bedeutung einer Angabe über Merkmale des darin verkörperten Angebots beimessen kann. Der EuGH hätte daher auch dann, wenn eine rechtsverletzende Benutzung nach Art. 9 Abs. 2 Buchst. a und Buchst. c (bzw. im konkreten Fall: nach Art. 5 Abs. 1 Buchst. a und Abs. 2 RL 2008/95/EG) bejaht worden wäre, diese Benutzung ggf. über die Schranke des Art. 12 Abs. 1 Buchst. b (bzw. Art. 6 Abs. 1 Buchst. b RL 2008/95/EG) freistellen können.

13 Zu Einzelheiten der Rechtspraxis zu Abs. 1 Buchst. b in seiner bisherigen, mit § 23 Nr. 2 MarkenG übereinstimmenden Fassung → MarkenG § 23 Rn. → MarkenG § 23 Rn. 24 ff., insbesondere → MarkenG § 23 Rn. → MarkenG § 23 Rn. 27 ff.; zur Vereinbarkeit mit anständigen Gepflogenheiten → MarkenG § 23 Rn. → MarkenG § 23 Rn. 33 ff.

II. Nicht unterscheidungskräftige Zeichen

14 Die Erweiterung von Abs. 1 Buchst. b auf Zeichen (oder Angaben) ohne Unterscheidungskraft beruht auf dem Gedanken, dass die den Schutzhindernissen von Art. 7 Abs. 1 Buchst. b und Buchst. c zugrundeliegenden Allgemeininteressen auch im Bereich der Schranken als **gleichgewichtig** anzusehen sind.

14.1 Ein entsprechender Vorschlag samt Begründung findet sich in der Markenstudie des MPI (Teil III, Kap. 2 Rn. 2.256).

15 Dagegen ließe sich einwenden, dass ein Unterschied zwischen ursprünglich beschreibenden und nicht unterscheidungskräftigen Marken besteht: Während erstere ihre immanente Beschreibungseignung auch dann nicht vollständig verlieren, wenn sie aufgrund von Verkehrsdurchsetzung als Marke eingetragen werden, könnte für ursprünglich nicht unterscheidungskräftige Zeichen mit dem Erwerb von Unterscheidungskraft der ursprünglich bestehende Mangel vollständig überwunden sein, so dass kein Raum für die Berücksichtigung fehlender Unterscheidungskraft im Rahmen der Schranken verbleibt. Gegen diesen Einwand spricht jedoch, dass auch nach der Rechtsprechung des BGH die rechtsgültige Eintragung (und damit die Anerkennung vorhandener Unterscheidungskraft) einer Marke kein Hindernis dafür darstellt, im konkreten Fall die Frage zu stellen, ob die Benutzung des gleichen oder eines ähnlichen Zeichens als Herkunftshinweis wahrgenommen wird und damit **markenmäßig** erfolgt. Diese Rechtsprechung ist insbesondere bei Zeichen relevant, die üblicherweise nicht ohne weiteres als Marke erkannt werden, wie insbesondere Farben (→ MarkenG § 14 Rn. → MarkenG § 14 Rn. 158 f.) oder die Form einer Ware (BGH GRUR 2005, 414 (416) – Russisches Schaumgebäck; GRUR 2007, 780 (782) – Pralinenform; GRUR 2008, 793 (795) – Rillenkoffer; GRUR 2008, 505 f. – TUC-Salzcracker; sowie die entsprechenden Hinweise in BGH GRUR 2003 332 (334) – Abschlussstück, und GRUR 2007, 235 (237) – Goldhase; → MarkenG § 14 Rn. → MarkenG § 14 Rn. 164 ff.).

16 Nach geltender Systematik sind die Überlegungen zur markenmäßigen Benutzung allerdings bereits im Rahmen des **Verletzungstatbestandes** anzustellen; insoweit scheint die Verankerung einer auf weitgehend parallelen Erwägungen beruhenden Vorschrift in den Schranken des Markenschutzes überflüssig zu sein. Dabei ist jedoch zu bedenken, dass die Rechtsprechung des BGH nicht unbedingt dem europäischen Standard entspricht. Der EuGH spricht nicht von markenmäßiger Benutzung, sondern begnügt sich mit der Feststellung, ob eine Benutzung „für" (bzw. „in Zusammenhang mit") Waren oder Dienstleistungen erfolgt, wobei ein relativ weiter Maßstab angelegt wird (→ Art. 9 Rn. 51). Hinzu tritt in

Fällen der Doppelidentität noch die Frage einer erfolgten oder drohenden Funktionsverletzung (→ Art. 9 Rn. 53 ff.). Beides bietet keine Gewähr dafür, dass problematische Fälle, die der BGH unter dem Aspekt der markenmäßigen Benutzung erfasst, auch in anderen europäischen Ländern entsprechend gehandhabt werden. Durch die explizite Erweiterung von Abs. 1 Buchst. b werden die Voraussetzungen für eine **Vereinheitlichung der europäischen Praxis** in diesem Bereich verbessert: Die Vorschrift zwingt die Rechtsanwender europaweit dazu, sich im Einzelfall mit der konkreten Wirkung prinzipiell nicht unterscheidungskräftiger Zeichen zu befassen.

Die strukturelle Verlagerung vom Verletzungs- in den Schrankentatbestand kann allerdings dazu führen, dass den Interessen Dritter an der Benutzung nicht unterscheidungskräftiger Zeichen **größeres Gewicht** als bisher beizumessen ist. Zwar sind die Übergänge zwischen beiden Aspekten der rechtlichen Prüfung fließend (→ Rn. 1); grundsätzlich ist jedoch davon auszugehen, dass die Bejahung einer tatbestandsmäßigen Verletzung (hier also: der markenmäßigen Benutzung des angegriffenen Zeichens) die Anwendung der Schranke nicht ausschließt und auch nicht per se als Verstoß gegen die anständigen Gepflogenheiten anzusehen ist (EuGH C-100/02, GRUR 2004, 234 Rn. 25 – Gerolsteiner/Putsch). 17

Praktische Bedeutung kommt der Erweiterung von Abs. 1 Buchst. b ua in den Fällen zu, in denen Zeichen, die prinzipiell **innerhalb der gesamten Union als nicht unterscheidungskräftig** anzusehen sind, auf der Grundlage erworbener Unterscheidungskraft als Unionsmarke eingetragen werden, ohne dass sie tatsächlich in allen Mitgliedstaaten Unterscheidungskraft aufweisen (→ Art. 7 Rn. → Art. 7 Rn. 192; EuGH C-98/11 P, GRUR 2012, 925 Rn. 62 – Lindt & Sprüngli). In diesem Fall kann sich derjenige, der das gleiche oder ein ähnliches Zeichen in einem Mitgliedstaat benutzt, in dem keine konkrete Unterscheidungskraft nachweisbar ist, auf die Schranke berufen. 18

Zu denken ist ferner an die Situation, dass eine ursprünglich aufgrund von Unterscheidungskraft eingetragene Marke den dafür notwendigen Durchsetzungsgrad infolge nachlassender Werbeanstrengungen etc später wieder verliert. Dies führt zwar nicht zur Löschung, da und soweit darin keine Entwicklung zur Gattungsbezeichnung gesehen werden kann; der Nutzer eines übereinstimmenden oder ähnlichen Zeichens hat jedoch die Möglichkeit, sich auf die fehlende Unterscheidungskraft des prioritätsälteren Zeichens (bzw. darauf, dass die als verletzend angegriffene Gestaltung keine Unterscheidungskraft besitzt, zumal diese bereits der eingetragenen Marke fehlt) zu berufen. Zu diesen und anderen Anwendungsfällen s. Kur, FS Fezer, 2016, 649 (651 ff.). 18.1

D. Freie Benutzung zu Zwecken der Identifizierung oder zum Verweis auf Waren oder Dienstleistungen als die des Inhabers dieser Marke

Abs. 1 Buchst. c stellt die Benutzung der Marke zum Zweck der Identifizierung oder Bezugnahme auf Waren oder Dienstleistungen als von dem Markeninhaber stammend frei. Als Hauptbeispiel („insbesondere") wird auf die Benutzung als Hinweis auf die Bestimmung der Ware, etwa als Zubehör oder Ersatzteil, verwiesen. Diese Form der Benutzung stellte bisher den einzigen im Gesetz genannten Anwendungsfall von Abs. 1 Buchst. c darstellte (dazu → MarkenG § 23 Rn. 40 ff.; zur Vereinbarkeit mit den guten Sitten → MarkenG § 23 Rn. → MarkenG § 23 Rn. 45 ff.). 19

Wie sich aus dem Wortlaut von Abs. 1 Buchst. c ergibt, stellt die Formulierung „insbesondere als Zubehör oder Ersatzteil", eine lediglich beispielhafte – nicht abschließende – Aufzählung der Konstellationen dar, auf die sich die Benutzung der Marke als Bestimmungshinweis beziehen kann (EuGH C-228/03, GRUR 2005, 509 Rn. 32 – Gillette; vgl. auch Hildebrandt, Marken und andere Kennzeichen, 2. Aufl. 2009, § 15 Rn. 17). Unter Abs. 1 Buchst. c fällt nach der Rechtsprechung des EuGH daher auch eine Benutzung der Marke als Hinweis darauf, dass der Werbende auf den Verkauf von Waren mit dieser Marke spezialisiert ist oder solche Waren instandsetzt oder wartet (EuGH C-63/97, EuZW 1999, 244 (248) – BMW; C-228/03, GRUR 2005, 509 Rn. 33 – Gillette). 20

So konnte der Inhaber der Marke „Gillette" einem Dritten nicht verbieten, Rasierklingen mit einem Verpackungsetikett mit der Aufschrift „diese Klinge passt für alle (...) Gillette Sensor Apparate" zu benutzen. Denn eine solche Benutzung der Marken „Gillette" durch den Wettbewerber mit dem Ziel der verständlichen und vollständigen Information der Öffentlichkeit über die Bestimmung der von dem 20.1

UMV Art. 12

Dritten vertriebenen Waren, dh darüber, dass diese Waren zu der Originalware mit den genannten Marken passt, falle unter Art. 12 Abs. 1 Buchst. c (EuGH GRUR 2005, 509 Rn. 34 – Gillette).

20.2 Der BGH bejahte eine freie Benutzung in einem Fall, in dem ein Dritter seine Staubsaugerfiltertüten unter Verwendung einer fremden Marke eines Dritten in dem Aufdruck „Filtertüte passend für VORWERK KOBOLD 130" versah, da dieser Hinweis notwendig sei, den Verkehr darüber zu informieren, für welchen Staubsaugertyp die Ware verwendet werden kann (BGH GRUR 2005, 423 (425) – Staubsaugerfiltertüten; → MarkenG § 23 Rn. 43).

21 Allerdings steht die Freistellung einer solchen Benutzung stets unter dem Vorbehalt, dass sie auch **erforderlich** ist. Abs. 1 Buchst. c spricht von „erforderlich", das den bisherigen Begriff „notwendig" ersetzt hat. Diese redaktionelle Änderung dürfte inhaltlich keine Auswirkungen haben. Nach wie vor muss die konkrete Benutzung praktisch das einzige Mittel darstellen, um eine solche Information etwa auf die Bestimmung der Ware zu liefern (EuGH C-228/03, GRUR 2005, 509 Rn. 35 – Gillette; → MarkenG § 23 Rn. 44).

22 In seiner seit März 2016 gültigen Fassung bezieht sich Abs. 1 Buchst. c ferner generell auf die Benutzung der Marke „zu Zwecken der Identifizierung oder zum Verweis auf Waren oder Dienstleistungen als die des Inhabers dieser Marke". Damit wird sichergestellt, dass die relativ weite Öffnung des Verletzungstatbestands, die sich durch die Funktionsrechtsprechung insbesondere in Fällen der Doppelidentität ergeben hat (→ MarkenG § 14 Rn. 119 ff.), spätestens auf der Ebene der Schranken einen angemessenen Ausgleich finden kann. Die auf die Fälle der Markenbenutzung zur Angabe der Zweckbestimmung bezogene Einschränkung, dass die Nennung der Marke „erforderlich" sein muss, findet sich in der allgemeinen Formulierung nicht. Zu beachten bleibt jedoch auch insoweit, dass Anlass und Form der Benutzung in Einklang mit den anständigen Gepflogenheiten stehen müssen (→ Rn. 23 ff.).

22.1 Vom Europäischen Parlament war eine explizitere Formulierung von Abs. 1 Buchst. c vorgeschlagen worden. Ausdrücklich genannt werden sollten ua die Benutzung in der vergleichenden Werbung sowie in der Werbung für „erschöpfte" oder gebrauchte Waren, die Benutzung zum Zweck der zur Information über alternative Angebote, oder als Kritik, Parodie oder für künstlerische Zwecke. Dabei waren einige dieser Vorschläge redundant (die Zulässigkeit der Benutzung von Marken im Kontext rechtmäßiger vergleichender Werbung folgt bereits aus Art. 9 Abs. 3 Buchst. f) oder systematisch verfehlt (die Zulässigkeit der Markenbenutzung für erschöpfte oder gebrauchte Waren gehört in den Kontext von Art. 13; → Rn. 10); zum Teil ergibt sich die Zulässigkeit entsprechender Benutzungen auch bereits aus den allgemeinen Voraussetzungen des Verletzungstatbestands. Der Parlamentsvorschlag wurde daher abgelehnt; seine Spuren finden sich jedoch in Erwägungsgrund 21 der VO (EU) 2015/2424 (entsprechend: Erwägungsgrund 25 der RL (EU) 2015/2436): „Eine Benutzung einer Marke durch Dritte mit dem Ziel, die Verbraucher auf den Wiederverkauf von Originalwaren aufmerksam zu machen, die ursprünglich vom Inhaber der Unionsmarke selbst oder mit dessen Einverständnis in der Union verkauft wurden, sollte als rechtmäßig betrachtet werden, solange die Benutzung gleichzeitig den anständigen Gepflogenheiten in Gewerbe oder Handel entspricht. Eine Benutzung einer Marke durch Dritte zu künstlerischen Zwecken sollte als rechtmäßig betrachtet werden, sofern sie gleichzeitig den anständigen Gepflogenheiten in Gewerbe oder Handel entspricht. Außerdem sollte die vorliegende Verordnung so angewendet werden, dass den Grundrechten und Grundfreiheiten, insbesondere dem Recht auf freie Meinungsäußerung, in vollem Umfang Rechnung getragen wird."

22.2 Gewisse Bedeutung hätte die (im Übrigen weitgehend überflüssige) Ergänzung von Abs. 1 Buchst. c im Sinne des Parlamentsvorschlages für Parodien entfalten können. Soweit sich die Parodie nicht auf ein konkretes Produkt bezieht, sondern Botschaften allgemeiner Art vermitteln soll (was innerhalb gewisser Grenzen hinzunehmen ist; s. etwa BGH GRUR 1984, 684 – Mordoro), könnte sich die Frage stellen, ob die Formulierung von Abs. 1 Buchst. c weit genug ist, um auch solche Fälle zu erfassen. Allerdings treten Parodien selten in der Form der Doppelidentität auf, und Verwechslungsgefahr wird ebenfalls kaum zu bejahen sein (s. LG Nürnberg GRUR-RR 2010, 384 – Storch Heinar). Da das Objekt solcher Darstellungen bzw. Verfremdungen zudem in der Regel eine bekannte Marke ist, wird es häufig um den Tatbestand der Rufausbeutung oder -beeinträchtigung gehen, in dessen Rahmen unter dem Aspekt des „rechtfertigenden Grundes" ohnehin eine umfassende Interessenabwägung stattfindet, die die Belange der Kunst- und Meinungsfreiheit notwendigerweise berücksichtigt. Insoweit dürfte sich das Fehlen einer Schrankenregelung in der Praxis kaum auswirken.

E. Anständige Gepflogenheit

Art. 12 beschränkt den Schutzumfang von Unionsmarken zugunsten anderer Marktteilnehmer mit dem Ziel das System eines freien Wettbewerbs auf dem Markt für diese Ware oder diese Dienstleistung zu erhalten. 23

Dies stellt einen Eingriff in die Ausschließlichkeitsrechte des Markeninhabers dar. Um die schützenswerten Interessen des Markeninhabers nicht über Gebühr zu beanspruchen, wurde in Art. 12 eine sog. Schranken-Schranke aufgenommen. Diese stellt die Benutzung einer geschützten Marke nur dann frei, wenn diese Benutzung anständigen Gepflogenheiten in Gewerbe und Handel entspricht. Die Voraussetzung der „anständigen Gepflogenheiten" ist im Gesetz nicht näher definiert, entspricht aber der Sache nach der Pflicht des Dritten, den berechtigten Interessen des Markeninhabers nicht in unlauterer Weise zuwider zu handeln (EuGH C-245/02, GRUR 2005, 123 (157) – Anheuser Busch; Lange IntMarkenR/KennzeichenR Teil 1 Kap. 3 Rn. 1006). 24

Die Beurteilung der Notwendigkeit der freien Benutzung ist Aufgabe des jeweiligen angerufenen nationalen Gerichts, welches eine globale Beurteilung aller Umstände des Einzelfalls vorzunehmen hat (EuGH C-100/02, GRUR 2004, 234 (235) – Gerolsteiner Brunnen). Nach der Rechtsprechung des EuGH entspricht die Benutzung eines zu der Unionsmarke identischen oder ähnlichen Zeichens dann jedenfalls nicht den anständigen Gepflogenheiten in Gewerbe oder Handel, wenn 25

- sie in einer Weise erfolgt, die Glauben machen kann, dass eine Handelsbeziehung zwischen dem Dritten und dem Markeninhaber besteht;
- sie den Wert der Marke dadurch beeinträchtigt, dass sie deren Unterscheidungskraft oder deren Wertschätzung in unlauterer Weise ausnutzt;
- durch sie diese Marke herabgesetzt oder schlecht gemacht wird, oder
- der Dritte seine Ware als Imitation oder Nachahmung der Ware mit der Marke darstellt, deren Inhaber er nicht ist (EuGH C-228/03, GRUR 2005, 509 Rn. 49 – Gillette).

Letztlich bedarf es immer einer Abwägung aller Umstände des Einzelfalles unter Berücksichtigung der von der Rechtsprechung herausgearbeiteten Kriterien, um zu beurteilen, wie weit der Schutzumfang einer Unionsmarke reicht und ob dieser in Fällen, in dem dies durch die Notwendigkeit der Aufrechterhaltung eines freien Wettbewerbs zugunsten der Allgemeinheit und von Mitbewerbern notwendig ist, eingeschränkt werden kann. 26

So kann auf der einen Seite die Benutzung der Marke „BMW" durch eine Autowerkstatt mit dem Ziel, die Öffentlichkeit auf die Instandsetzung und Wartung von BMW-Fahrzeugen hinzuweisen, zulässig sein. Unzulässig wäre eine Benutzung der Marke „BMW" wegen eines Eingriffs in die berechtigten Interessen des Markeninhabers aber dann, wenn die Benutzung der BMW-Marke den Eindruck erweckt, dass das Unternehmen des Wiederverkäufers dem Vertriebsnetz des Markeninhabers angehört oder eine Sonderbeziehung zwischen den beiden Unternehmen besteht (EuGH C-63/97, GRUR Int 1999, 38 – BMW/Deenik). 26.1

Art. 13 Erschöpfung des Rechts aus der Unionsmarke

(1) Eine Unionsmarke gewährt ihrem Inhaber nicht das Recht, die Benutzung der Marke für Waren zu untersagen, die unter dieser Marke von ihm oder mit seiner Zustimmung im Europäischen Wirtschaftsraum in den Verkehr gebracht worden sind.

(2) Absatz 1 findet keine Anwendung, wenn berechtigte Gründe es rechtfertigen, dass der Inhaber sich dem weiteren Vertrieb der Waren widersetzt, insbesondere wenn der Zustand der Waren nach ihrem Inverkehrbringen verändert oder verschlechtert ist.

Art. 13 ist **inhaltsgleich** mit § 24 MarkenG. Art. 13 dient ebenso wie Art. 15 RL 2008/95/EG (künftig: Art. 28 RL (EU) 2015/2436) und Art. 36 AEUV dem **Zweck,** die grundlegenden Belange des Markenschutzes mit denen des freien Warenverkehrs im EWR in Einklang zu bringen. 1

2 Da diese Bestimmungen dieselbe Zielrichtung haben, sind sie **im gleichen Sinne auszulegen** (BGH GRUR 2008, 1089 Rn. 24 – Klacid Pro). Näher daher → MarkenG § 24 Rn. 1 ff.

Art. 13a Zwischenrecht des Inhabers einer später eingetragenen Marke als Einrede in Verletzungsverfahren

(1) In Verletzungsverfahren ist der Inhaber einer Unionsmarke nicht berechtigt, die Benutzung einer später eingetragenen Unionsmarke zu untersagen, wenn diese jüngere Marke nach Maßgabe von Artikel 53 Absätze 1, 3 oder 4, Artikel 54 Absätze 1 oder 2 oder Artikel 57 Absatz 2 dieser Verordnung nicht für nichtig erklärt werden könnte.

(2) In Verletzungsverfahren ist der Inhaber einer Unionsmarke nicht berechtigt, die Benutzung einer später eingetragenen nationalen Marke zu untersagen, wenn diese später eingetragene nationale Marke nach Maßgabe von Artikel 8 oder Artikel 9 Absätze 1 oder 2 oder Artikel 46 Absatz 3 der Richtlinie (EU) 2015/2436 des Europäischen Parlaments und des Rates nicht für nichtig erklärt werden könnte.

(3) Ist der Inhaber einer Unionsmarke nicht berechtigt, die Benutzung einer später eingetragenen Marke nach Absatz 1 oder 2 zu untersagen, so kann sich der Inhaber der später eingetragenen Marke im Verletzungsverfahren der Benutzung der älteren Unionsmarke nicht widersetzen.

Überblick

Die Vorschrift wurde mWv 23.3.2016 durch VO (EU) 2015/2424 vom 16.12.2015 eingefügt. Die Einreden des Inhabers einer eingetragenen Unionsmarke sind in Abs. 1 (→ Rn. 19) geregelt, in Abs. 2 (→ Rn. 45) die Einreden des Inhabers einer eingetragenen nationalen Marke. Abs. 3 (→ Rn. 73) stellt klar, dass der Inhaber der eingetragenen jüngeren Marke, sich seinerseits nicht der Benutzung der älteren Marke widersetzen kann.

Übersicht

	Rn.		Rn.
A. Allgemeines	1	1. Doppelidentität, Art. 53 Abs. 1 iVm Art. 8 Abs. 1 Buchst. a	34
I. Gesetzgeberische Erwägungsgründe	4	2. Verwechslungsgefahr, Art. 53 Abs. 1 iVm Art. 8 Abs. 1 Buchst. b	36
II. Umsetzung in Art. 13a	6	3. Bekanntheit, Art. 53 Abs. 1 iVm Art. 8 Abs. 5	40
III. Zwischenrechte	10	IV. Verweis auf Art. 53 Abs. 1 Buchst. c und d	44
IV. Rechtshemmende Einreden	16		
V. Keine relativen Nichtigkeitsgründe nach Art. 53 Abs. 1 Buchst. a am Anmeldetag bzw. Prioritätstag der jüngeren Marke	18	**C. Einreden des Inhabers einer jüngeren eingetragenen nationalen Marke (Abs. 2)**	45
B. Einreden des Inhabers einer jüngeren Unionsmarke (Abs. 1)	19	I. Zwischenrechte	46
I. Zwischenrechte	20	1. Verfall wegen mangelnder rechtserhaltender Benutzung	46
1. Verfall wegen mangelnder rechtserhaltender Benutzung	20	2. Fehlende Unterscheidungskraft	47
2. Fehlende Unterscheidungskraft	22	II. Rechtshemmende Einreden	49
II. Rechtshemmende Einreden	25	1. Verwirkung durch Duldung	49
1. Verwirkung durch Duldung	25	2. Zustimmung zur Eintragung der nationalen Marke	52
2. Zustimmung zur Eintragung der Unionsmarke	28	3. Zustimmung zur Eintragung einer Agentenmarke bzw. Vorliegen eines Rechtfertigungsgrundes	53
3. Zustimmung zur Eintragung einer Agentenmarke bzw. Vorliegen eines Rechtfertigungsgrundes	30	4. Verbot der Doppelantragsstellung	54
4. Verbot der Doppelantragsstellung	31	5. Sonstige Einreden	55
5. Sonstige Einreden	32	III. Keine relativen Nichtigkeitsgründe nach Art. 8 Buchst. b, c RL (EU) 2015/2436 am Anmelde- bzw. Prioritätstag der jüngeren nationalen Marke	56
III. Keine relativen Nichtigkeitsgründe nach Art. 53 Abs. 1 Buchst. a iVm Art. 8 Abs. 1, Abs. 5 am Anmelde- bzw. Prioritätstag der jüngeren Unionsmarke	33		

Rn.		Rn.
1. Doppelidentität, Art. 5 Abs. 1 Buchst. a RL (EU) 2015/2436 57	E. Einreden des Erwerbers der jüngeren Marke	62
2. Verwechslungsgefahr, Art. 5 Abs. 1 Buchst. b RL (EU) 2015/2436 59	F. Inhaber sonstiger jüngerer Rechte ...	66
3. Bekanntheit, Art. 5 Abs. 3 Buchst. a RL (EU) 2015/2436 60	G. Verhältnis von Abs. 1 und Abs. 2 zu Art. 99 Abs. 1	72
D. Einreden von Lizenznehmern 61	H. Koexistenz (Abs. 3)	73

A. Allgemeines

Anders als das deutsche Recht in § 22 Abs. 1 Nr. 2 MarkenG (→ MarkenG § 22 Rn. 1 ff.), enthielt die GMV keine Regelung, die dem beklagten Inhaber einer jüngeren Marke die Einrede des Bestehens eines Zwischenrechts gewährte. **1**

Neben Deutschland gibt es auch in Benelux ein gesetzlich geregeltes Zwischenrecht, wobei in Benelux – anders als in § 22 MarkenG – nicht auf den Zeitpunkt der Veröffentlichung der Marke, sondern auf den Zeitpunkt der Entstehung, dh der Anmeldung oder Priorität abgestellt wird (Art. 22.27 Abs. 3, 4 Benelux Vertrag inzake de Intellectuele Eigendom). In den meisten anderen Staaten der Europäischen Union sowie in der Schweiz enthalten die nationalen Markenrechtsordnungen jedoch keine Regelung zu Zwischenrechten (s. hierzu die Darstellung von v. Bomhard MarkenR 2008, 291). **1.1**

Die neue **RL (EU) 2015/2436** des Europäischen Parlaments und des Rates vom 16.12.2015 zur Angleichung der Rechtsvorschriften der Mitgliedstaaten über die Marken sieht nunmehr in **Art. 18 RL (EU) 2015/2436** die gemeinschaftsweite Einführung von Zwischenrechten auch in den nationalen Markenrechtsordnungen vor. Art. 18 RL (EU) 2015/2436 stellt auf den Zeitpunkt des Anmelde- bzw. Prioritätstags der jüngeren Marke ab. Insoweit bedarf die deutsche Regelung in § 22 MarkenG einer richtlinienkonformen Gesetzesänderung. **1.2**

Mit der **Änderungsverordnung VO (EU) 2015/2424 vom 16.12.2015** wurden in der UMV erstmals in Art. 13a Zwischenrechte des beklagten Inhabers einer später eingetragenen Unions- oder nationalen Marke festgeschrieben, die von diesem in einem Verletzungsverfahren **zusätzlich zu den Verteidigungsmöglichkeiten der Widerklage nach Art. 100** (→ Art. 100 Rn. 1 ff.) und/oder der **Einrede der mangelnden Benutzung nach Art. 99 Abs. 3** (→ Art. 99 Rn. 9) als Einrede vorgebracht werden können. **2**

Die Konzeption eines Zwischenrechts war in der GMV bereits in Art. 57 Abs. 2 S. 2 GMV (jetzt: Art. 57 Abs. 2 S. 2 UMV, → Art. 57 Rn. 23) enthalten. Danach war die jüngere Gemeinschaftsmarke, gegen die wegen eines älteren Rechts die Erklärung der Nichtigkeit vor dem Amt betrieben wird, vor einer Löschung geschützt, wenn die ältere nationale Marke oder die ältere Gemeinschaftsmarke am Tag der Veröffentlichung der Anmeldung der angegriffenen jüngeren Gemeinschaftsmarke nicht rechtserhaltend benutzt worden und somit löschungsreif war. Die GMV hat somit die Löschung einer jüngeren Gemeinschaftsmarke aus einer ehemals nicht benutzten älteren Marke verhindert und somit deren Bestandskraft gesichert. Jedoch fehlte eine entsprechende Regelung im Verletzungsverfahren. Dies führte zu einem Wertungswiderspruch, weil das Gemeinschaftsmarkengericht, welches wegen Verletzung der ehemals nicht benutzten älteren Gemeinschaftsmarke angerufen wurde, trotz der gesicherten Bestandskraft der jüngeren Marke ein Benutzungsverbot aussprechen konnte. **3**

I. Gesetzgeberische Erwägungsgründe

Der Gesetzgeber hat beabsichtigt, diese Gesetzeslücke nunmehr in der UMV zu schließen und hat dies in Art. 13a auch weitestgehend umgesetzt. In dem **Erwägungsgrund Nr. 22** der **VO (EU) 2015/2424** vom 16.12.2015 wurde seitens des Gesetzgebers hierzu Folgendes ausgeführt: „Zur Gewährleistung von Rechtssicherheit und zum Schutz rechtmäßig erworbener Markenrechte ist es angemessen und notwendig, unbeschadet des Grundsatzes, wonach eine jüngere Marke vor einer älteren Marke zurücksteht, festzulegen, dass Inhaber von Unionsmarken nicht berechtigt sein sollten, sich der Benutzung einer jüngeren Marke zu widersetzen, wenn die jüngere Marke zu einem Zeitpunkt erworben wurde, zu dem die ältere Marke gegenüber der jüngeren Marke nicht durchgesetzt werden konnte." **4**

5 Ein entsprechender gesetzgeberischer Wille ist auch im **Erwägungsgrund Nr. 30 der neuen RL (EU) 2015/2436,** dort auch für das Widerspruchs- und Löschungsverfahren, festgehalten.

II. Umsetzung in Art. 13a

6 In Art. 13a sind Zwischenrechte des aus einer älteren Unionsmarke angegriffenen Inhabers einer jüngeren Marke geregelt. Allerdings hat der Gesetzgeber in Art. 13a **nicht alle Konstellationen erfasst,** in denen zugunsten des Inhabers der jüngeren Marke ein Zwischenrecht entstehen kann. Insoweit ist jedoch der **Wille des Gesetzgebers,** wie er sich in den Erwägungsgründen Nr. 22 der VO (EU) 2015/2424 vom 16.12.2015 und Nr. 30 der RL (EU) 2015/2436 niedergeschlagen hat, ausschlaggebend, wonach **Zwischenrechte in der gesamten europäischen Gemeinschaft lückenlos und gleichförmig geregelt werden sollen.**

7 Zudem hat der Gesetzgeber in Art. 13a Einreden des Inhabers der jüngeren Marke aufgenommen, bei denen es sich ihrer Rechtsnatur nach nicht um Zwischenrechte, sondern um rechtshemmende Einreden handelt.

8 Schließlich ist in Art. 13a geregelt, dass sich der beklagte Inhaber einer jüngeren Marke Verbietungsansprüchen aus einer älteren Unionsmarke widersetzen kann, wenn im Zeitpunkt des Anmeldetags oder Prioritätstags der jüngeren Marke Verbietungsansprüche aufgrund relativer Nichtigkeitsgründe nicht bestanden.

9 Der Begriff der „Zwischenrechte" in der deutschen Sprachfassung von Art. 13a ist insofern ungenau, weil sich **Art. 13a nicht nur auf die Regelung der im deutschen Markenrecht als „Zwischenrechte" bekannten Rechte beschränkt.**

9.1 Die englische, französische und spanische Fassung von Art. 13a spricht insofern von „intervening right", „droit d'intervention" und „derecho de intervención", was im Sinne von „eingreifende Rechte" mehr umfasst, als die im deutschen Recht in §§ 22 Abs. 1 Nr. 2, 51 Abs. 4 MarkenG geregelten Zwischenrechte.

III. Zwischenrechte

10 **Zweck der Konzeption des Zwischenrechts** ist es, den Inhaber einer jüngeren Marke in seinem **Vertrauen darauf zu schützen, dass er aus älteren Marken** nicht in Anspruch genommen werden kann, **die am Anmeldetag bzw. Prioritätstag der jüngeren Marke zwar eingetragen, jedoch löschungsreif waren, d.h. nur formal existierten** (vgl. Ingerl/Rohnke MarkenG § 22 Rn. 8; Ingerl/Rohnke MarkenG § 52 Rn. 10).

11 **Ein Zwischenrecht zugunsten des Inhabers der jüngeren Marke entsteht,** wenn die ältere Unionsmarke am Anmeldetag bzw. Prioritätstag der jüngeren Marke löschungsreif war, d.h. nur noch formal existierte, aufgrund
- **fehlender Unterscheidungskraft** (Art. 52 Abs. 1 Buchst. a, → Art. 52 Rn. 1 f., iVm Art. 7 Abs. 1 Buchst. b, c, d, → Art. 7 Rn. 1 f.) (**zu Abs. 1** → Rn. 22 und **zu Abs. 2** → Rn. 47);
- **mangelnder rechtserhaltender Benutzung** (Art. 51 Abs. 1 Buchst. a, → Art. 51 Rn. 1 f., iVm Art. 57 Abs. 2 S. 2, → Art. 57 Rn. 1 f., iVm Art. 42 Abs. 2, → Art. 42 Rn. 1 f.) (**zu Abs. 1** → Rn. 20 und **zu Abs. 2** → Rn. 46).

12 Ist die ältere Unionsmarke aufgrund der **absoluten Eintragungshindernisse des Art. 7 Abs. 1 Buchst. a, e bis m** (→ Art. 7 Rn. 1 f.) **löschungsreif,** ist der Inhaber der jüngeren Marke **nicht auf die Einräumung eines Zwischenrechts angewiesen,** weil **diese** Eintragungshindernisse nicht wie bei den Eintragungshindernissen nach Art. 7 Abs. 1 Buchst. b, c und d (→ Art. 7 Rn. 1 f.) **nachträglich ausgeräumt werden können.** Der Inhaber der jüngeren Marke kann sich gegen den Angriff aus der älteren Unionsmarke daher mit einem Nichtigkeitsantrag nach Art. 56 (→ Art. 56 Rn. 1 f.), Art. 52 Abs. 1 Buchst. a (→ Art. 52 Rn. 1 f.) iVm Art. 7 Abs. 1 Buchst. a, e bis m (→ Art. 7 Rn. 1 f.) oder einer Widerklage nach Art. 100 Abs. 1 (→ Art. 100 Rn. 1 f.) iVm Art. 52 Abs. 1 Buchst. a (→ Art. 52 Rn. 1 f.) iVm Art. 7 Abs. 1 Buchst. a, e bis m (→ Art. 7 Rn. 1 f.) verteidigen.

13 Gleiches gilt, wenn der Anmelder der älteren Unionsmarke **bei der Anmeldung der älteren Unionsmarke bösgläubig** war. Auch in diesem Fall ist der beklagte Inhaber der

jüngeren Marke nicht auf ein Zwischenrecht angewiesen, weil auch dieser Nichtigkeitsgrund nicht nachträglich geheilt werden kann. Vielmehr kann der beklagte Inhaber der jüngeren Marke auch hier die Löschung der älteren Marke durch einen entsprechenden Nichtigkeitsantrag nach Art. 52 Abs. 1 Buchst. b (→ Art. 52 Rn. 12 f.) oder durch Erhebung einer Widerklage nach Art. 100 (→ Art. 100 Rn. 1 f.) herbeiführen.

Anders ist dies jedoch, wenn die **ältere Unionsmarke** am Anmeldetag bzw. Prioritätstag der jüngeren Marke aufgrund der **absoluten Eintragungshindernisse des Art. 7 Abs. 1 Buchst. b, c, d** (→ Art. 7 Rn. 1 f.) **löschungsreif** war, jedoch **nachträglich Unterscheidungskraft infolge Benutzung erlangt** hat. In diesem Fall **wären ein Nichtigkeitsantrag oder eine Widerklage** des angegriffenen Inhabers der jüngeren Marke gegen die ältere Unionsmarke **wegen Art. 52 Abs. 2** (→ Art. 52 Rn. 33 f.) **erfolglos**, wonach die Unionsmarke, die entgegen Art. 7 Abs. 1 Buchst. b, c oder d (→ Art. 7 Rn. 1) eingetragen worden ist, nicht für nichtig erklärt werden kann, wenn sie durch Benutzung im Verkehr Unterscheidungskraft erlangt hat. 14

Gleiches gilt, wenn die ältere Unionsmarke am Anmeldetag bzw. Prioritätstag der jüngeren Marke aufgrund **Verfalls wegen nicht rechtserhaltender Benutzung löschungsreif** war, die rechtserhaltende **Benutzung jedoch nachträglich aufgenommen wurde.** Auch in diesem Fall wären ein Nichtigkeitsantrag oder eine Widerklage des angegriffenen Inhabers der jüngeren Marke gegen die ältere Unionsmarke **wegen Art. 51 Abs. 1 Buchst. a S. 2** (→ Art. 51 Rn. 12) **erfolglos.** In beiden Fällen ist der beklagte Inhaber der jüngeren Marke daher auf die Geltendmachung eines Zwischenrechts angewiesen. 15

IV. Rechtshemmende Einreden

Der beklagte Inhaber der jüngeren Marke kann den Ansprüchen aus der älteren Unionsmarke ua folgende rechtshemmende Einreden entgegenhalten: 16
- **Verwirkung durch Duldung** (Art. 54, → Art. 54 Rn. 1 f.; Art. 9 RL (EU) 2015/2436) (zu Abs. 1 → Rn. 25 und zu Abs. 2 → Rn. 49);
- **Zustimmung zur Eintragung der Marke** (Art. 53 Abs. 3, → Art. 53 Rn. 24 f.; Art. 5 Abs. 5 RL (EU) 2015/2436) (zu Abs. 1 → Rn. 28 und zu Abs. 2 → Rn. 52);
- **Zustimmung zur Eintragung einer Agentenmarke bzw. Vorliegen eines Rechtfertigungsgrunds** (Art. 53 Abs. 1 Buchst. b, → Art. 53 Rn. 1 f., iVm Art. 8 Abs. 3, → Art. 8 Rn. 1 f.; Art. 5 Abs. 3 Buchst. b RL (EU) 2015/2436) (zu Abs. 1 → Rn. 30 und zu Abs. 2 → Rn. 53);
- **Verbot der sog. Doppelantragsstellung** (Art. 53 Abs. 4, → Art. 53 Rn. 1 ff.) (zu Abs. 1 → Rn. 31 und zu Abs. 2 → Rn. 54).

Die vorstehende Aufzählung ist nicht abschließend. Weitere Einreden des beklagten Inhabers der jüngeren Marke können, soweit sie nicht in der UMV geregelt sind, über Art. 101 Abs. 2, 3 (→ Art. 101 Rn. 1 f.) aus dem anwendbaren nationalen Recht folgen, so etwa die Verjährung. 17

V. Keine relativen Nichtigkeitsgründe nach Art. 53 Abs. 1 Buchst. a am Anmeldetag bzw. Prioritätstag der jüngeren Marke

Schließlich kann der beklagte Inhaber der jüngeren Marke den Ansprüchen aus der älteren Unionsmarke entgegenhalten, dass der jüngeren Marke **im Zeitpunkt des Anmeldetags oder Prioritätstags keine relativen Nichtigkeitsgründe** aus der älteren Unionsmarke entgegengestanden haben, aufgrund von 18
- **Doppelidentität** (Art. 53 Abs. 1 Buchst. a, → Art. 53 Rn. 1 f., iVm Art. 8 Abs. 1 Buchst. a, → Art. 8 Rn. 1 f.; Art. 5 Abs. 1 Buchst. a (EU) 2015/2436) (zu Abs. 1 → Rn. 34 und zu Abs. 2 → Rn. 57);
- **Verwechslungsgefahr** (Art. 53 Abs. 1 Buchst. a, → Art. 53 Rn. 1 f., iVm Art. 8 Abs. 1 Buchst. b, → Art. 8 Rn. 1 f.; Art. 5 Abs. 1 Buchst. b RL (EU) 2015/2436) (zu Abs. 1 → Rn. 36 und zu Abs. 2 → Rn. 59);
- **Bekanntheit** (Art. 53 Abs. 1 Buchst. a, → Art. 53 Rn. 1 f., iVm Art. 8 Abs. 5, → Art. 8 Rn. 1 f.; Art. 5 Abs. 3 Buchst. a RL (EU) 2015/2436) (zu Abs. 1 → Rn. 40 und zu Abs. 2 → Rn. 60).

B. Einreden des Inhabers einer jüngeren Unionsmarke (Abs. 1)

19 Abs. 1 regelt die Einreden, die der beklagte Inhaber einer jüngeren Unionsmarke in einem Verletzungsverfahren den Ansprüchen aus einer älteren Unionsmarke entgegenhalten kann.

I. Zwischenrechte

1. Verfall wegen mangelnder rechtserhaltender Benutzung

20 Der beklagte Inhaber einer jüngeren Unionsmarke kann sich nach Abs. 1 iVm Art. 57 Abs. 2 S. 2 (→ Art. 57 Rn. 22 f.) auf ein zu seinen Gunsten entstandenes Zwischenrecht an seiner jüngeren Unionsmarke berufen, wenn die ältere Unionsmarke **am Anmeldetag bzw. Prioritätstag der jüngeren Marke wegen Verfalls aufgrund mangelnder rechtserhaltender Benutzung** hätte gelöscht werden können.

21 **Abs. 1 iVm Art. 57 Abs. 2 S. 2** (→ Art. 57 Rn. 22) **ergänzt die Möglichkeit** des beklagten Inhabers einer jüngeren Unionsmarke **nach Art. 99 Abs. 3** (→ Art. 99 Rn. 9 f.) zur Erhebung der Einrede des Verfalls der Klageunionsmarke aufgrund mangelnder rechtserhaltender Benutzung. Nach **Art. 99 Abs. 3** (→ Art. 99 Rn. 13) kann der Verfall der Klageunionsmarke wegen mangelnder rechtserhaltender Benutzung **im Zeitpunkt der Erhebung der Verletzungsklage** eingewendet werden, nach **Art. 13a Abs. 1 iVm Art. 57 Abs. 2 S. 2** der Verfall der Klageunionsmarke wegen mangelnder rechtserhaltender Benutzung im Zeitpunkt des **Anmelde- bzw. Prioritätstags der jüngeren Marke.** In beiden Fällen hat der Kläger nachzuweisen, dass die Klageunionsmarke in den entsprechenden Zeitpunkten rechtserhaltend benutzt worden ist.

2. Fehlende Unterscheidungskraft

22 **Nicht geregelt hat der Gesetzgeber in Abs. 1** – anders als in Abs. 2 (→ Rn. 47) iVm Art. 8 Buchst. a RL (EU) 2015/2436 – die **Einrede eines Zwischenrechts aufgrund fehlender Unterscheidungskraft der älteren Unionsmarke** am Anmelde- bzw. Prioritätstag der jüngeren Marke.

23 Insoweit ist jedoch der **Wille des Gesetzgebers,** wie er sich in Erwägungsgrund Nr. 22 der VO (EU) 2015/2424 vom 16.12.2015 (→ Rn. 4) und Erwägungsgrund Nr. 30 der RL (EU) 2015/2436 niedergeschlagen hat, ausschlaggebend, wonach Zwischenrechte in der gesamten europäischen Gemeinschaft lückenlos und gleichförmig geregelt werden sollen. Die insoweit bestehende **Gesetzeslücke** ist daher unter Berücksichtigung der vorgenannten Erwägungsgründe im Wege der Analogie zu schließen. Dem angegriffenen Inhaber einer jüngeren Unionsmarke ist daher in **analoger Anwendung von Abs. 2** (→ Rn. 47) **iVm Art 8 Buchst. a RL (EU) 2015/2436** für den Fall, dass die ältere Unionsmarke im Zeitpunkt der Anmeldung bzw. am Prioritätstag der jüngeren Marke noch keine Unterscheidungskraft infolge Benutzung gemäß Art. 7 Abs. 3 (→ Art. 7 Rn. 178) erlangt hatte, die Einrede eines Zwischenrechts aufgrund fehlender Unterscheidungskraft nach Art. 7 Abs. 1 Buchst. b, c, d einzuräumen.

24 Der Einräumung eines Zwischenrechts aufgrund der absoluten Eintragungshindernisse nach Art. 7 Abs. 1 Buchst. a, e bis m (→ Rn. 12) bzw. bösgläubiger Markenanmeldung, Art. 52 Abs. 1 Buchst. b (→ Rn. 13) bedarf es nicht, weil diese absoluten Nichtigkeitsgründe nicht nachträglich geheilt werden können und der beklagte Inhaber der jüngeren Unionsmarke sich insoweit mit einem Nichtigkeitsantrag oder einer Widerklage verteidigen kann.

II. Rechtshemmende Einreden

1. Verwirkung durch Duldung

25 Der beklagte Inhaber einer jüngeren Unionsmarke kann gegenüber den Ansprüchen des Inhabers der älteren Unionsmarke nach **Abs. 1 iVm Art. 54** (→ Art. 54 Rn. 1 f.) **die Einrede der Verwirkung durch Duldung** erheben, wenn der Inhaber der älteren Unionsmarke die Benutzung der jüngeren Unionsmarke in der Union während eines Zeitraums von fünf aufeinanderfolgenden Jahren in Kenntnis dieser Benutzung geduldet hat, es sei denn, dass die Anmeldung der jüngeren Unionsmarke bösgläubig vorgenommen worden ist.

Abs. 1 verweist sowohl auf Art. 54 Abs. 1, als auch auf Art. 54 Abs. 2. In Art. 54 **26** Abs. 2 ist jedoch die Verwirkung der Ansprüche des Inhabers einer in Art. 8 Abs. 2 genannten älteren nationalen Marke oder eines in Art. 8 Abs. 4 genannten sonstigen älteren Kennzeichenrechts geregelt. Art. 13a Abs. 1 regelt jedoch ausschließlich die Einwände gegen Ansprüche aus einer älteren Unionsmarke, so dass Art. 54 Abs. 2 insoweit keinen Anwendungsbereich findet.

Es stellt sich daher die **Frage, welcher Anwendungsbereich dem Verweis auf Art. 54** **27** **Abs. 2 zukommt.** So wäre denkbar, dass der Fall geregelt werden soll, wonach der klagende Inhaber einer älteren Unionsmarke zuvor Inhaber einer älteren eingetragenen nationale Marke war und aus dieser Marke während eines Zeitraums von fünf Jahren nicht gegen die Benutzung der rechtsverletzenden jüngeren Unionsmarke des Beklagten vorgegangen ist. Nach Ablauf dieser fünf Jahre meldet der Kläger nunmehr die Klageunionsmarke an, nimmt für diese die Seniorität der älteren eingetragenen nationalen Marke nach Art. 34 (→ Art. 34 Rn. 1 f.), 35 (→ Art. 35 Rn. 1 f.) in Anspruch und geht aus dieser Unionsmarke gegen die ursprünglich geduldete Benutzung der jüngeren Unionsmarke im Klagewege vor. Hiergegen könnte der beklagte Inhaber der jüngeren Unionsmarke möglicherweise über **Art. 13a Abs. 1 iVm Art. 54 Abs. 2** (→ Art. 54 Rn. 1 f.) die Einrede der **Verwirkung** aufgrund des **Nichtvorgehens aus der älteren eingetragenen nationalen Marke** erheben (s. auch Abs. 2; → Rn. 51).

Hierfür könnte sprechen, dass der Inhaber der jüngeren Unionsmarke in seinem durch Duldung **27.1** der Benutzung hervorgerufenen Vertrauen darauf geschützt werden soll, dass der duldende Inhaber der älteren eingetragenen nationalen Marke nach fünf Jahren der Duldung nicht mehr gegen die Benutzung der jüngeren Marke rechtlich vorgehen kann. Aus Sicht des Inhabers der jüngeren Unionsmarke ist insofern maßgeblich auf die Person des Inhabers der älteren Rechte und dessen Duldung abzustellen und nicht darauf, aus welchen älteren Rechten ein rechtliches Vorgehen möglich wäre und wann diese älteren Rechte zur Entstehung gelangt sind. Eine Klärung hierzu müsste letztlich durch den EuGH erfolgen.

2. Zustimmung zur Eintragung der Unionsmarke

Der beklagte Inhaber der jüngeren Unionsmarke kann den Ansprüchen des Inhabers der **28** älteren Unionsmarke gegen die Benutzung der jüngeren Unionsmarke nach **Abs. 1 iVm Art. 53 Abs. 3** (→ Art. 53 Rn. 24) die Einrede der Zustimmung zur Eintragung der jüngeren Unionsmarke entgegenhalten. **Art. 53 Abs. 3** regelt unter anderem auch die **Zustimmung des Inhabers einer in Art. 8 Abs. 2 genannten älteren nationalen Marke.** Insofern könnte auch hier der Fall geregelt sein, dass der Kläger als Inhaber einer nationalen Marke der Eintragung der jüngeren Unionsmarke zugestimmt hat, nunmehr jedoch aus einer Unionsmarke, welche die Seniorität der älteren nationalen Marke in Anspruch nimmt, die Benutzung der prioritätsjüngeren Unionsmarke untersagen möchte (zur Verwirkung auch → Rn. 27).

Die Einrede der Zustimmung zur Eintragung der Unionsmarke gegenüber Unterlassungs- **29** ansprüchen ist zukünftig bei der **Gestaltung von Abgrenzungsvereinbarungen** und **Einigungen im Rahmen der „cooling-off"-Periode** zu beachten, was gegebenenfalls zu einer differenzierten Zustimmung zu im Einzelnen benannten Waren/Dienstleistungen führt (vgl. auch BeckOK UMV/Müller Rn. 5).

3. Zustimmung zur Eintragung einer Agentenmarke bzw. Vorliegen eines Rechtfertigungsgrundes

Der beklagte Inhaber der jüngeren Unionsagentenmarke kann den Ansprüchen des Inha- **30** bers der älteren Unionsmarke gegen die Benutzung der jüngeren Unionsagentenmarke nach **Abs. 1 iVm Art. 53 Abs. 1 Buchst. b** (→ Art. 53 Rn. 1 f.) **iVm Art. 8 Abs. 3** (→ Art. 8 Rn. 1 f.) die Einrede der Zustimmung zur Eintragung der jüngeren Unionsagentenmarke bzw. Rechtfertigungsgründe für die Anmeldung der Unionsagentenmarke entgegenhalten.

4. Verbot der Doppelantragsstellung

Nach **Abs. 1 iVm Art. 53 Abs. 4** (→ Art. 53 Rn. 1 ff.) kann der beklagte Inhaber der **31** jüngeren Unionsmarke den Ansprüchen des Inhabers der älteren Unionsmarke das Verbot der sog. Doppelantragstellung entgegenhalten. Danach kann der Inhaber der älteren Unionsmarke die Rechte aus der älteren Unionsmarke nicht im Klagewege geltend machen, wenn er bereits zuvor aufgrund eines anderen in Art. 53 Abs. 1 oder 2 genannten älteren Rechts gegen die Benutzung der jüngeren Unionsmarke Verletzungsklage erhoben hat und er die Ansprüche aus der älteren Unionsmarke zur Unterstützung dieser Klageansprüche bereits hätte geltend machen können.

5. Sonstige Einreden

32 Weitere, nicht in Abs. 1 explizit geregelten Einreden des beklagten Inhabers der jüngeren Unionsmarke können, soweit sie nicht in der UMV geregelt sind, **über Art. 101 Abs. 2, 3** (→ Art. 101 Rn. 1 f.) **aus dem anwendbaren nationalen Recht** folgen, so etwa die Verjährung.

III. Keine relativen Nichtigkeitsgründe nach Art. 53 Abs. 1 Buchst. a iVm Art. 8 Abs. 1, Abs. 5 am Anmelde- bzw. Prioritätstag der jüngeren Unionsmarke

33 Der beklagte Inhaber der jüngeren Unionsmarke kann den Ansprüchen des Inhabers der älteren Unionsmarke nach **Abs. 1 iVm Art. 53 Abs. 1** (→ Art. 53 Rn. 1 f.) **iVm Art. 8 Abs. 1, Abs. 5** (→ Art. 8 Rn. 1 f.) entgegenhalten, dass der jüngeren Unionsmarke an deren Anmelde- bzw. Prioritätstag aus der älteren Unionsmarke keine relativen Nichtigkeitsgründe nach Art. 8 Abs. 1, Abs. 5 entgegengestanden haben.

1. Doppelidentität, Art. 53 Abs. 1 iVm Art. 8 Abs. 1 Buchst. a

34 Da Unionsmarken im Hinblick auf das angemeldete Zeichen nachträglich nicht geändert und im Hinblick auf die geschützten Waren-/Dienstleistungen nachträglich nicht erweitert werden können, liegt eine am Anmelde- bzw. am Prioritätstag der jüngeren Unionsmarke bereits nicht existente Doppelidentität auch nicht im Zeitpunkt der Klageerhebung vor, so dass der beklagte Inhaber der jüngeren Unionsmarke bei fehlender Doppelidentität insofern keiner Einrede nach Abs. 1 bedarf.

35 Als **Anwendungsbereich** könnte aber der Fall in Betracht kommen, dass der älteren Unionsmarke am Anmeldetag bzw. Prioritätstag die erforderliche Unterscheidungskraft fehlte und diese erst danach durch Benutzung erlangt wurde. In diesem Fall würde zugunsten des Inhabers der jüngeren Marke ein Zwischenrecht entstehen (→ Rn. 22).

2. Verwechslungsgefahr, Art. 53 Abs. 1 iVm Art. 8 Abs. 1 Buchst. b

36 Der beklagte Inhaber der jüngeren Unionsmarke kann den Ansprüchen des Inhabers der älteren Unionsmarke nach **Abs. 1 iVm Art. 53 Abs. 1** (→ Art. 53 Rn. 1 f.) **iVm Art. 8 Abs. 1 Buchst. b** (→ Art. 8 Rn. 1 f.) entgegenhalten, dass am Anmeldetag bzw. Prioritätstag der jüngeren Unionsmarke **kein relativer Nichtigkeitsgrund aufgrund von Verwechslungsgefahr** bestanden hat.

37 Als **Anwendungsbereich** kommt der Fall in Betracht, dass der älteren Unionsmarke am Anmeldetag bzw. Prioritätstag der jüngeren Unionsmarke die **ursprüngliche Unterscheidungskraft** iSv Art. 7 Abs. 1 Buchst. b, c, d (→ Art. 7 Rn. 1 f.) (Entstehung eines Zwischenrechts, → Rn. 22) bzw. die für die Bejahung einer Verwechslungsgefahr im Einzelfall **erforderliche hinreichende Unterscheidungskraft fehlte** und diese erst durch nachträgliche Benutzung erlangt hat.

38 Des Weiteren könnte aus der Bezugnahme auf den Anmelde- bzw. Prioritätstag der jüngeren Unionsmarke folgen, dass **bei der Prüfung der Verwechslungsgefahr alle sonstigen Umstände, die erst zeitlich danach eingetreten sind** (vgl. EuGH GRUR 2013, 922 Rn. 34 f, Rn. 45 f. – Specsavers-Gruppe/Asda) nicht zu berücksichtigen wären. Dies würde bedeuten, dass die Benutzung einer jüngeren Unionsmarke trotz einer im Zeitpunkt der Entscheidung zu bejahenden Verwechslungsgefahr dann nicht untersagt werden könnte, wenn im Zeitpunkt des Anmelde- bzw. Prioritätstags dieser jüngeren Unionsmarke keine Verwechslungsgefahr bestanden hat, etwa weil die durch die Art der Benutzung hervorgerufenen besonderen Umstände, durch die eine Verwechslungsgefahr begründet wäre, erst nach dem Anmelde- bzw. Prioritätstag eingetreten sind.

Allerdings sieht die **parallele Regelung in Abs. 2 iVm Art. 8 Buchst. b RL (EU)** 39
2015/2436 (→ Rn. 59) vor, dass die **Einrede fehlender Verwechslungsgefahr** zum Zeitpunkt der Anmeldung bzw. des Prioritätstag der jüngeren Marke **darauf beschränkt** ist, dass die ältere Unionsmarke **noch keine hinreichende Unterscheidungskraft erworben hatte,** um die Feststellung zu stützen, dass die Gefahr einer Verwechslung besteht. Ob der Regelung in Abs. 1 iVm Art. 53 Abs. 1 iVm Art. 8 Abs. 1 Buchst. b tatsächlich eine Beschränkung der Verbietungsansprüche des Inhabers einer älteren Unionsmarke unter Ausschluss derjenigen sonstigen Umstände zukommt, die erst zeitlich nach dem Anmelde- bzw. Prioritätstag der jüngeren Unionsmarke eingetreten sind, oder ob Abs. 1 iVm Art. 53 Abs. 1 iVm Art. 8 Abs. 1 Buchst. b einschränkend im Sinne der parallelen Regelung in Abs. 2 iVm Art. 8 Buchst. b RL (EU) 2015/2436 auszulegen ist, wäre letztendlich durch den EuGH zu klären.

3. Bekanntheit, Art. 53 Abs. 1 iVm Art. 8 Abs. 5

Der beklagte Inhaber der jüngeren Unionsmarke kann den Ansprüchen des Inhabers der 40
älteren Unionsmarke nach **Abs. 1 iVm Art. 53 Abs. 1** (→ Art. 53 Rn. 1 f.) **iVm Art. 8 Abs. 5** (→ Art. 8 Rn. 1 f.) entgegenhalten, dass am Anmeldetag bzw. Prioritätstag der jüngeren Unionsmarke kein relativer Nichtigkeitsgrund aufgrund des erweiterten Schutzes bekannter Marken bestanden hat.

Als **Anwendungsbereich** kommt der Fall in Betracht, dass die ältere Unionsmarke am 41
Anmeldetag bzw. Prioritätstag der jüngeren Unionsmarke die **erforderliche Bekanntheit fehlte** und diese erst durch nachträgliche Benutzung erlangt hat. Hierbei handelt es sich letztlich um eine **Ausprägung des Prioritätsgrundsatzes.**

Der erweiterte Schutz bekannter Marken erfordert neben der Bekanntheit der älteren 42
Marke **des Weiteren eine Unlauterkeit** im Sinne einer Ausnutzung oder Beeinträchtigung der Unterscheidungskraft oder Wertschätzung der bekannten Marke ohne rechtfertigenden Grund in unlauterer Weise. Hierbei sind nach der Rechtsprechung alle relevanten Umstände des Einzelfalles umfassend zu beurteilen (vgl. EuGH GRUR Int 2000, 899 Rn. 42 – Adidas/Marca Mode; GRUR 2013, 922 Rn. 39 f., 46 f. – Specsavers-Gruppe/Asda). Aus der Bezugnahme in Art. 53 Abs. 1 auf den Anmelde- bzw. Prioritätstag der jüngeren Unionsmarke könnte folgen, dass bei der Prüfung des erweiterten Schutzes bekannter Marken **alle sonstigen Umstände, die erst zeitlich danach eingetreten sind,** nicht zu berücksichtigen wären. Dies würde bedeuten, dass die Benutzung einer jüngeren Unionsmarke trotz eines im Zeitpunkt der Entscheidung zu bejahenden Schutzes aus einer bekannten Marke dann nicht untersagt werden könnte, wenn im Zeitpunkt des Anmelde- bzw. Prioritätstags dieser jüngeren Unionsmarke kein erweiterter Schutz aus einer bekannten Marke bestanden hat, etwa weil die besonderen Umstände, durch die eine Unlauterkeit begründet wäre, erst nach dem Anmelde- bzw. Prioritätstag eingetreten sind.

Allerdings sieht die **parallele Regelung in Abs. 2 iVm Art. 8 Buchst. c RL (EU)** 43
2015/2436 (→ Rn. 60) vor, dass die **Einrede eines fehlenden erweiterten Schutzes aus einer bekannten Marke** zum Zeitpunkt der Anmeldung bzw. des Prioritätstag der jüngeren Marke **darauf beschränkt** ist, dass die ältere Unionsmarke **noch keine Bekanntheit erlangt hatte.** Ob der Regelung in Abs. 1 iVm Art. 53 Abs. 1 iVm Art. 8 Abs. 5 tatsächlich eine Beschränkung der Verbietungsansprüche des Inhabers einer älteren bekannten Unionsmarke unter Ausschluss derjenigen Unlauterkeitsumstände zukommt, die erst zeitlich nach dem Anmelde- bzw. Prioritätstag der jüngeren Unionsmarke eingetreten sind, oder ob Abs. 1 iVm Art. 53 Abs. 1 iVm Art. 8 Abs. 5 einschränkend im Sinne der parallelen Regelung in Abs. 2 iVm Art. 8 Buchst. c RL (EU) 2015/2436 auszulegen ist, wäre letztendlich durch den EuGH zu klären.

IV. Verweis auf Art. 53 Abs. 1 Buchst. c und d

Abs. 1 verweist durch die Bezugnahme auf Art. 53 Abs. 1 ferner auf dessen Abs. 1 Buchst. 44
c und d (→ Art. 53 Rn. 1 f.). **Art. 53 Abs. 1 Buchst. c** regelt die relativen Nichtigkeitsgründe aus einer älteren nicht eingetragenen Marke oder eines sonstigen im geschäftlichen Verkehr benutzten Kennzeichenrechts von mehr als lediglich örtlicher Bedeutung iSv Art. 8 Abs. 4 (→ Art. 8 Rn. 178 f.). **Art. 53 Abs. 1 Buchst. d** regelt die relativen Nichtigkeits-

gründe aus einer älteren Ursprungsbezeichnung oder geographischen Angabe iSv Art. 8 Abs. 4a (→ Art. 8 Rn. 178 f.). Da Art. 53 Abs. 1 Buchst. c und d somit keine Anwendung auf eine ältere Unionsmarke finden, hat der in Abs. 1 befindliche Verweis auf diese beiden Regelungen im Rahmen der Einredemöglichkeiten des Inhabers einer jüngeren Unionsmarke gegen Ansprüche des Inhabers einer älteren Unionsmarke in einem Verletzungsrechtsstreit keinen Anwendungsbereich. **Der Verweis auf Art. 53 Abs. 1 Buchst. c und d läuft somit ins Leere.**

C. Einreden des Inhabers einer jüngeren eingetragenen nationalen Marke (Abs. 2)

45 Abs. 2 regelt die Einreden, die der beklagte Inhaber einer jüngeren eingetragenen nationalen Marke in einem Verletzungsverfahren den Ansprüchen aus einer älteren Unionsmarke entgegenhalten kann.

I. Zwischenrechte

1. Verfall wegen mangelnder rechtserhaltender Benutzung

46 Der beklagte Inhaber einer jüngeren eingetragenen nationalen Marke kann sich nach **Abs. 2 iVm Art. 46 Abs. 2, 3 RL (EU) 2015/2436** auf ein zu seinen Gunsten entstandenes Zwischenrecht an seiner jüngeren eingetragenen nationalen Marke berufen, wenn die ältere Unionsmarke **am Anmeldetag bzw. Prioritätstag der jüngeren eingetragenen nationalen Marke wegen Verfalls aufgrund mangelnder rechtserhaltender Benutzung hätte gelöscht werden können.** Abs. 1 iVm Art. 46 Abs. 2, 3 RL (EU) 2015/2436 ergänzt die Möglichkeit des beklagten Inhabers einer jüngeren eingetragenen nationalen Marke nach Art. 99 Abs. 3 (→ Art. 99 Rn. 13 f.) zur Erhebung der Einrede des Verfalls der Klageunionsmarke aufgrund mangelnder rechtserhaltender Benutzung. Nach **Art. 99 Abs. 3** (→ Art. 99 Rn. 14) kann der Verfall der Klageunionsmarke wegen mangelnder rechtserhaltender Benutzung **im Zeitpunkt der Erhebung der Verletzungsklage** eingewendet werden, nach **Art. 13a Abs. 1 iVm** Art. 46 Abs. 2, 3 RL (EU) 2015/2436 der Verfall der Klageunionsmarke wegen mangelnder rechtserhaltender Benutzung im Zeitpunkt des **Anmelde- bzw. Prioritätstags der jüngeren eingetragenen nationalen Marke.** In beiden Fällen hat der Kläger nachzuweisen, dass die Klageunionsmarke in den entsprechenden Zeitpunkten rechtserhaltend benutzt worden ist.

2. Fehlende Unterscheidungskraft

47 Der beklagte Inhaber einer jüngeren eingetragenen nationalen Marke kann sich nach **Abs. 2 iVm Art. 8 Buchst. a RL (EU) 2015/2436** auf ein zu seinen Gunsten entstandenes Zwischenrecht an seiner jüngeren eingetragenen nationalen Marke berufen, wenn die ältere Unionsmarke am Anmelde- bzw. Prioritätstag der jüngeren eingetragenen nationalen Marke wegen fehlender Unterscheidungskraft hätte gelöscht werden können. Allerdings bezieht sich Art. 8 Buchst. a RL (EU) 2015/2436 **dem Wortlaut nach auf eine ältere nationale Marke,** die entgegen den Schutzhindernissen von Art. 4 RL (EU) 2015/2436 eingetragen worden ist, und nicht auf eine ältere Unionsmarke. Insoweit ist jedoch der **Wille des Gesetzgebers,** wie er sich in den **Erwägungsgründen Nr. 22 der VO (EU) 2015/2424** vom 16.12.2015 und **Nr. 30 der RL (EU) 2015/2436** niedergeschlagen hat (→ Rn. 4), ausschlaggebend, wonach Zwischenrechte in der gesamten EU lückenlos und gleichförmig geregelt werden sollen. Der in Abs. 2 enthaltene Verweis auf Art. 8 Buchst. a RL (EU) 2015/2436 ist daher im vorgenannten Sinne **dahingehend auszulegen, dass die ältere Unionsmarke** wegen fehlender Unterscheidungskraft nach Art. 7 Abs. 1 Buchst. b, c, d **löschungsreif war.**

48 Der Einräumung eines Zwischenrechts aufgrund der absoluten Eintragungshindernisse nach Art. 7 Abs. 1 Buchst. a, e bis m (→ Art. 7 Rn. 1 f.) bzw. bösgläubiger Markenanmeldung, Art. 52 Abs. 1 Buchst. b bedarf es nicht, weil diese absoluten Nichtigkeitsgründe nicht nachträglich geheilt werden können und der beklagte Inhaber der jüngeren eingetragenen

nationalen Marke sich insoweit mit einem Nichtigkeitsantrag (→ Art. 52 Rn. 12) oder einer Widerklage (→ Art. 100 Rn. 1) verteidigen kann.

II. Rechtshemmende Einreden

1. Verwirkung durch Duldung

Der beklagte Inhaber einer jüngeren eingetragenen nationalen Marke kann gegenüber 49 den Ansprüchen des Inhabers der älteren Unionsmarke nach **Abs. 2 iVm Art. 9 RL (EU) 2015/2436** die Einrede der Verwirkung durch Duldung erheben, wenn der Inhaber der älteren Unionsmarke die Benutzung der jüngeren eingetragenen nationalen Marke in diesem Mitgliedstaat während eines Zeitraums von fünf aufeinanderfolgenden Jahren in Kenntnis dieser Benutzung geduldet hat, es sei denn, dass die Anmeldung der jüngeren nationalen Marke bösgläubig vorgenommen worden ist.

Abs. 2 verweist sowohl auf Art. 9 Abs. 1 RL (EU) 2015/2436, als auch auf Art. 9 50 **Abs. 2 RL (EU) 2015/2436.** In Art. 9 Abs. 2 RL (EU) 2015/2436 ist jedoch die Verwirkung der Ansprüche des Inhabers einer in Art. 5 Abs. 4 Buchst. a RL (EU) 2015/2436 genannten älteren eingetragenen Marke oder eines sonstigen im geschäftlichen Verkehr benutzten Zeichens sowie die Verwirkung der Ansprüche des Inhabers eines in Art. 5 Abs. 4 Buchst. b RL (EU) 2015/2436 genannten sonstigen älteren Rechts geregelt. Art. 13a Abs. 2 regelt jedoch ausschließlich die Einwände gegen Ansprüche aus einer älteren Unionsmarke, sodass Art. 9 Abs. 2 RL (EU) 2015/2436 insoweit keinen Anwendungsbereich findet und der **Verweis in Abs. 2 insoweit ins Leere geht.**

Art. 9 Abs. 1 RL (EU) 2015/2436 nimmt auf **Inhaber einer älteren Marke iSv Art. 5** 51 **Abs. 2 RL (EU) 2015/2436 Bezug,** zu denen neben den Unionsmarken auch die eingetragenen nationalen Marken zählen. Aufgrund dessen wäre denkbar, dass der Verweis in Abs. 2 auf Art. 9 Abs. 1 RL (EU) 2015/2436 auch den Fall regeln soll, wonach der klagende Inhaber einer älteren Unionsmarke zuvor Inhaber einer älteren eingetragenen nationale Marke war und aus dieser Marke während eines Zeitraums von fünf Jahren nicht gegen die Benutzung der rechtsverletzenden jüngeren eingetragenen nationalen Marke des Beklagten vorgegangen ist. Nach Ablauf dieser fünf Jahre meldet der Kläger nunmehr die Klageunionsmarke an, nimmt für diese die Seniorität der älteren eingetragenen nationalen Marke nach Art. 34 (→ Art. 34 Rn. 1 f.), Art. 35 (→ Art. 35 Rn. 1) in Anspruch und geht aus dieser Unionsmarke gegen die ursprünglich geduldete Benutzung der jüngeren eingetragenen nationalen Marke im Klagewege vor. Hiergegen könnte der beklagte Inhaber der jüngeren eingetragenen nationalen Marke **möglicherweise über Art. 13a Abs. 2 iVm Art. 9 Abs. 1 RL (EU) 2015/2436 die Einrede der Verwirkung aufgrund des Nichtvorgehens aus der älteren eingetragenen nationalen Marke erheben** (s. auch Abs. 1; → Rn. 26 f.).

Hierfür könnte sprechen, dass der Inhaber der jüngeren eingetragenen nationalen Marke in seinem 51.1 durch Duldung der Benutzung hervorgerufenen Vertrauen darauf geschützt werden soll, dass der duldende Inhaber der älteren eingetragenen nationalen Marke nach fünf Jahren der Duldung nicht mehr gegen die Benutzung der jüngeren eingetragenen nationalen Marke rechtlich vorgehen kann. Aus Sicht des Inhabers der jüngeren eingetragenen nationalen Marke ist insofern maßgeblich auf die Person des Inhabers der älteren Rechte und dessen Duldung abzustellen und nicht darauf, aus welchen älteren Rechten ein rechtliches Vorgehen möglich wäre und wann diese älteren Rechte zur Entstehung gelangt sind. Eine Klärung hierzu müsste letztlich durch den EuGH erfolgen.

2. Zustimmung zur Eintragung der nationalen Marke

Anders als Abs. 1 (→ Rn. 28 f.) **regelt Abs. 2 nicht die Einrede der Zustimmung** 52 **des Inhabers der älteren Unionsmarke zur Eintragung der nationalen Marke.** Nach **Art. 5 Abs. 5 RL (EU) 2015/2436** stellten die Mitgliedstaaten sicher, dass unter geeigneten Umständen keine Pflicht zur Ablehnung der Eintragung oder zur Nichtigerklärung der Marke besteht, wenn der Inhaber der älteren Marke der Eintragung der jüngeren Marke zustimmt. Inhaber der älteren Marke ist dabei nach Art. 5 Abs. 2 Buchst. a Buchst. i) RL (EU) 2015/2436 auch der Inhaber einer Unionsmarke. Insoweit besteht in der RL (EU) 2015/2436 eine **parallele Regelung zu Art. 53 Abs. 3** (→ Art. 53 Rn. 24). Die insoweit bestehende **Gesetzeslücke in Abs. 2 könnte gemeinschaftsweit über eine analoge Anwendung von Abs. 1** (→ Rn. 28) **iVm Art. 53 Abs. 3** (→ Art. 53 Rn. 24) **geschlossen werden.** Andernfalls könnte dem angegriffenen Inhaber der jüngeren eingetragenen nationalen Marke über Art. 101 Abs. 2, 3 (→ Art. 101 Rn. 1 f.) aus dem jeweils anwendbaren nationalen Recht eine entsprechende Einrede, so etwa aus einer Art. 5 Abs. 5 RL (EU) 2015/2436 umsetzenden nationalen Gesetzesvorschrift oder unter dem Gesichtspunkt des Rechtsmissbrauchs bzw. des „venire contra factum proprium", zur Verfügung stehen. Allerdings erscheint eine analoge Anwendung der Regelungen der UMV zur Erreichung einer gemeinschaftsweit einheitlichen Regelung vorzugswürdig, da sich auch bei der Umsetzung von Richtlinien in nationale Vorschriften Unterschiede geben können.

3. Zustimmung zur Eintragung einer Agentenmarke bzw. Vorliegen eines Rechtfertigungsgrundes

53   Anders als Abs. 1 (→ Rn. 30) **regelt Abs. 2 nicht die Einrede der Zustimmung** des Inhabers der älteren Unionsmarke **zur Eintragung einer jüngeren nationalen Agentenmarke** bzw. die **Einrede von Rechtfertigungsgründe** für die Anmeldung einer jüngeren nationalen Agentenmarke. **Art. 5 Abs. 3 Buchst. b RL (EU) 2015/2436 enthält eine zu Art. 8 Abs. 3, Art. 53 Abs. 1 Buchst. b** (→ Art. 53 Rn. 10 f.) **parallele Regelung.** Nach **Art. 5 Abs. 5 RL (EU) 2015/2436** stellten die Mitgliedstaaten ferner sicher, dass unter geeigneten Umständen keine Pflicht zur Ablehnung der Eintragung oder zur Nichtigerklärung der Marke besteht, wenn der Inhaber der älteren Marke der Eintragung der jüngeren Marke zustimmt. Inhaber der älteren Marke ist dabei nach Art. 5 Abs. 2 Buchst. a Buchst. i RL (EU) 2015/2436 auch der Inhaber einer Unionsmarke. Insoweit besteht in der RL (EU) 2015/2436 eine parallele Regelung zu den Regelungen in der UMV. Die insoweit bestehende **Gesetzeslücke in Abs. 2 könnte gemeinschaftsweit über eine analoge Anwendung von Abs. 1** (→ Rn. 30) **iVm Art. 53 Abs. 1 Buchst. b iVm Art. 8 Abs. 3 geschlossen werden.** Andernfalls könnte dem angegriffenen Inhaber der jüngeren eingetragenen nationalen Agentenmarke über Art. 101 Abs. 2, 3 (→ Art. 101 Rn. 1 f.) aus dem jeweils anwendbaren nationalen Recht eine entsprechende Einrede, so etwa aus einer Art. 5 Abs. 3 Buchst. b, Abs. 5 RL (EU) 2015/2436 umsetzenden nationalen Gesetzesvorschrift oder unter dem Gesichtspunkt des Rechtsmissbrauchs bzw. des „venire contra factum proprium", zur Verfügung stehen. Allerdings erscheint eine analoge Anwendung der Regelungen der UMV zur Erreichung einer gemeinschaftsweit einheitlichen Regelung vorzugswürdig, da sich auch bei der Umsetzung von Richtlinien in nationale Vorschriften Unterschiede geben können.

4. Verbot der Doppelantragsstellung

54   Anders als in Abs. 1 (→ Rn. 31) iVm Art. 53 Abs. 4 **regelt Abs. 2 nicht die Einrede des Verbots der sog. Doppelantragstellung.** In **Art. 18 Abs. 2 RL (EU) 2015/2436** findet sich lediglich eine Regelung, wonach sich der Inhaber einer jüngeren Unionsmarke gegenüber dem Inhaber einer älteren Marke auf die Einrede des Verbots der sogenannten Doppelantragstellung nach Art. 53 Abs. 4 berufen kann. Eine entsprechende Regelung für den Inhaber einer jüngeren eingetragenen nationalen Marke existiert in der RL (EU) 2015/2436 nicht. Eine solche Einrede wäre daher für den Inhaber einer jüngeren eingetragenen nationalen Marke **nur dann über Art. 101 Abs. 2, 3** (→ Art. 101 Rn. 1 f.) **möglich, wenn diese im jeweils anwendbaren nationalen Recht vorgesehen ist.**

5. Sonstige Einreden

55   Weitere, nicht in Abs. 2 explizit geregelten Einreden des beklagten Inhabers der jüngeren eingetragenen nationalen Marke können, soweit sie nicht in der UMV geregelt sind, über Art. 101 Abs. 2, 3 (→ Art. 101 Rn. 1 f.) aus dem anwendbaren nationalen Recht folgen, so etwa die Verjährung.

III. Keine relativen Nichtigkeitsgründe nach Art. 8 Buchst. b, c RL (EU) 2015/2436 am Anmelde- bzw. Prioritätstag der jüngeren nationalen Marke

Der beklagte Inhaber der jüngeren eingetragenen nationalen Marke kann den Ansprüchen 56
des Inhabers der älteren Unionsmarke nach **Abs. 2 iVm Art. 8 Buchst. b, c RL (EU) 2015/2436** entgegenhalten, dass der jüngeren eingetragenen nationalen Marke an deren Anmelde- bzw. Prioritätstag aus der älteren Unionsmarke **keine relativen Nichtigkeitsgründe nach Art. 5 Abs. 1 Buchst. b, Art. 5 Abs. 3 Buchst. a RL (EU) 2015/2436 entgegengestanden haben.**

1. Doppelidentität, Art. 5 Abs. 1 Buchst. a RL (EU) 2015/2436

Anders als in Abs. 1 (→ Rn. 34) iVm Art. 53 Abs. 1 Buchst. a iVm Art. 8 Abs. 1 Buchst. 57
a UMV **enthält Abs. 2 keinen Verweis auf den relativen Nichtigkeitsgrund der Doppelidentität,** Art. 5 Abs. 1 Buchst. a RL (EU) 2015/2436. Da Unionsmarken im Hinblick auf das angemeldete Zeichen nachträglich nicht geändert und im Hinblick auf die geschützten Waren-/Dienstleistungen nachträglich nicht erweitert werden können, liegt eine am Anmelde- bzw. am Prioritätstag der jüngeren eingetragenen nationalen Marke nicht existente Doppelidentität auch nicht im Zeitpunkt der Klageerhebung vor, so dass der beklagte Inhaber der jüngeren eingetragenen nationalen Marke bei fehlender Doppelidentität insofern keiner Einrede nach Abs. 1 bedarf.

Der Fall, dass der älteren Unionsmarke am Anmeldetag bzw. Prioritätstag der jüngeren 58
eingetragenen nationalen Marke die erforderliche Unterscheidungskraft fehlte und diese erst danach durch Benutzung erlangt wurde, ist über **Abs. 2 iVm Art. 8 Buchst. a RL (EU) 2015/2436** geregelt (→ Rn. 47).

2. Verwechslungsgefahr, Art. 5 Abs. 1 Buchst. b RL (EU) 2015/2436

Der beklagte Inhaber der jüngeren eingetragenen nationalen Marke kann den Ansprüchen 59
des Inhabers der älteren Unionsmarke nach **Abs. 2 iVm Art. 5 Abs. 1 Buchst. b RL (EU) 2015/2436** entgegenhalten, dass die ältere Unionsmarke am Anmeldetag bzw. Prioritätstag der jüngeren eingetragenen nationalen Marke **noch keine hinreichende Unterscheidungskraft** erworben hatte, um die Feststellung zu stützen, dass Verwechslungsgefahr besteht. Anders als in Abs. 1 (→ Rn. 36 f.) ist die Einrede fehlender Verwechslungsgefahr zum Zeitpunkt der Anmeldung bzw. des Prioritätstag der jüngeren Marke nach Abs. 2 ausdrücklich darauf beschränkt, dass die ältere Unionsmarke noch keine hinreichende Unterscheidungskraft erworben hatte, um die Feststellung zu stützen, dass die Gefahr einer Verwechslung besteht.

3. Bekanntheit, Art. 5 Abs. 3 Buchst. a RL (EU) 2015/2436

Der beklagte Inhaber der eingetragenen jüngeren nationalen Marke kann den Ansprüchen 60
des Inhabers der älteren Unionsmarke nach **Abs. 2 iVm Art. 5 Abs. 3 Buchst. a RL (EU) 2015/2436** entgegenhalten, dass am Anmeldetag bzw. Prioritätstag der jüngeren nationalen Marke kein relativer Nichtigkeitsgrund aufgrund des erweiterten Schutzes bekannter Marken bestanden hat, weil die ältere Unionsmarke zu diesem Zeitpunkt **noch keine Bekanntheit** iSv Art. 5 Abs. 3 Buchst. a RL (EU) 2015/2436 erlangt hatte. Anders als in Abs. 1 (→ Rn. 40) ist die Einrede des fehlenden erweiterten Schutzes bekannter Marken zum Zeitpunkt der Anmeldung bzw. des Prioritätstag der jüngeren eingetragenen nationalen Marke nach Abs. 2 ausdrücklich darauf beschränkt, dass die ältere Unionsmarke noch keine Bekanntheit erlangt hatte.

D. Einreden von Lizenznehmern

Ein Zwischenrecht kann nicht nur durch den beklagten Inhaber der jüngeren Marke 61
geltend gemacht werden, sondern auch durch solche **Beklagte, die von dem Inhaber der bestandskräftigen jüngeren Unionsmarke ein Benutzungsrecht,** etwa durch Lizenzvereinbarung, ableiten können. So kann ein Antrag auf Erklärung des Verfalls oder der Nichtigkeit vor dem Amt nicht nur von dem Inhaber des älteren Rechts gestellt werden, sondern

nach Art. 56 Abs. 1 Buchst. b (→ Art. 56 Rn. 30) iVm Art. 41 (→ Art. 41 Rn. 19) auch von Lizenznehmern, die von den Inhabern dieser Marken hierzu ausdrücklich ermächtigt worden sind, und nach Art. 56 Abs. 1 Buchst. c (→ Art. 56 Rn. 31) von Personen, die nach dem jeweiligen nationalen Recht berechtigt sind, diese Rechte geltend zu machen. Gleiches muss auch für die **Einrede von Zwischenrechten aus einer bestandskräftigen jüngeren Marke** in Verletzungsverfahren gegen Dritte gelten, die von dem Inhaber der bestandskräftigen jüngeren Marke ein Benutzungsrecht ableiten können.

E. Einreden des Erwerbers der jüngeren Marke

62 Wird die **jüngere Marke auf einen Dritten übertragen**, so stellt sich die Frage, ob sich der Erwerber der jüngeren Marke ebenfalls auf die Einreden aus Art. 13a berufen kann, die dem ursprünglichen Inhaber der jüngeren Marke gegenüber der älteren Klageunionsmarke zugestanden haben.

63 Stand dem ursprünglichen Inhaber der jüngeren Marke gegenüber Ansprüchen aus der älteren Unionsmarke die **Einrede eines Zwischenrechts** zu, weil die ältere Unionsmarke am Anmeldetag bzw. Prioritätstag der jüngeren Marke wegen fehlender Unterscheidungskraft oder mangelnder rechtserhaltender Benutzung löschungsreif war, **so dürfte sich auch der Erwerber der jüngeren Marke auf ein solches Zwischenrecht nach Art. 13a berufen können** (vgl. zum Markenrecht BGH GRUR 2000, 1032 (1034) – EQUI 2000; Ingerl/Rohnke § 52 Rn. 10).

64 Gleiches dürfte für die **Einrede** gelten, dass **die jüngere Marke** im Zeitpunkt deren Anmelde- bzw. Prioritätstag **aufgrund fehlender Unterscheidungskraft bzw. mangelnder Bekanntheit** der älteren Unionsmarke **nicht aus relativen Nichtigkeitsgründen hätte gelöscht werden können,** da die jüngere Marke im maßgeblichen Zeitpunkt bestandskräftig war.

65 Ebenso dürfte sich der Erwerber einer jüngeren Marke erfolgreich auf eine **Zustimmung** des Inhabers der älteren Unionsmarke **zur Eintragung** der jüngeren Marke bzw. jüngeren Agentenmarke berufen können. Gleiches dürfte für den Fall gelten, wenn der Inhaber der älteren Unionsmarke gegenüber dem Veräußerer der jüngeren Marke auf die Geltendmachung von Ansprüchen aus der älteren Unionsmarke gegen die Benutzung der jüngeren Marke verzichtet hat, wie etwa im Rahmen **vertraglicher Nichtangriffsabreden, Abgrenzungsvereinbarungen** oder **sonstiger Verzichtserklärungen,** und der **Erwerber der jüngeren Marke insoweit Rechtsnachfolger ist** (vgl. zum Markenrecht BGH GRUR 2002, 967 (970) – Hotel Adlon).

F. Inhaber sonstiger jüngerer Rechte

66 Art. 13a regelt ausschließlich die Zwischenrechte und Einreden der Inhaber jüngerer eingetragener Marken. Es stellt sich daher die **Frage, ob auch den** aus einer älteren Unionsmarke angegriffenen **Inhabern sonstiger jüngerer Kennzeichenrechte** iSv Art. 8 Abs. 4 (→ Art. 8 Rn. 178 f.) und Art. 8 Abs. 4a (→ Art. 8 Rn. 180 f.) und den angegriffenen **Inhabern sonstiger jüngerer Rechte** iSv Art. 53 Abs. 2 **in analoger Anwendung der Regelung des Art. 13a entsprechende Zwischenrechte und Einreden** gegen die Ansprüche aus einer älteren Unionsmarke einzuräumen sind.

67 Im **deutschen Markenrecht** ist eine entsprechende Einräumung von Zwischenrechten zugunsten der Inhaber nichteingetragener Kennzeichenrechte **anerkannt** (vgl. BGH GRUR 1994, 288 (291) – Malibu; GRUR 1983, 764 (766) – Haller II; GRUR 1981, 591 (592) – Gigi-Modelle; GRUR 2004, 512 (513) – Leysieffer; OLG Hamburg MD 1998, 396 (401) – Brinkmann II; Ingerl/Rohnke § 22 Rn. 16; Ströbele/Hacker/Hacker § 22 Rn. 5, 9; → MarkenG § 22 Rn. 16 f.).

68 Der Art. 13a zugrunde liegende Normzweck sowie der Grundsatz der Gleichwertigkeit der Kennzeichenrecht ihrer Art nach sprechen dafür, auch den Inhabern sonstiger jüngerer Kennzeichenrechte iSv Art. 8 Abs. 4 und Art. 8 Abs. 4a und den Inhabern sonstiger jüngerer Rechte iSv Art. 53 Abs. 2 die Einrede eines Zwischenrechts gegenüber Ansprüchen aus einer älteren Unionsmarke, die im Zeitpunkt der Vollendung des jeweiligen Entstehungstatbestandes des jüngeren Rechts wegen fehlender Unterscheidungskraft oder Verfalls wegen

mangelnder rechtserhaltender Benutzung löschungsreif war, einzuräumen. Der Inhaber eines sonstigen jüngeren Rechts ist in beiden vorgenannten Fällen ebenso wie die Inhaber eingetragener Marken schutzbedürftig, da er die ältere Klageunionsmarke nicht mehr im Wege eines Nichtigkeitsantrags oder der Erhebung einer Widerklage zu Fall bringen kann, wenn diese durch nachträgliche Benutzung Unterscheidungskraft erlangt hat bzw. nachträglich die rechtserhaltende Benutzung aufgenommen wurde. Die Berufung auf die im Zeitpunkt der Entstehung des jüngeren Rechts löschungsreife und nur noch formal existierende Klageunionsmarke wäre gleichfalls unbillig.

Entsprechendes müsste auch für den Fall gelten, dass im Zeitpunkt der Vollendung des jeweiligen Entstehungstatbestandes des jüngeren Rechts aus der älteren Unionsmarke mangels erforderlicher Unterscheidungskraft bzw. Bekanntheit keine Ansprüche aus Art. 9 Abs. 2 Buchst. a, b, c unter dem Gesichtspunkt der Doppelidentität, der Verwechslungsgefahr bzw. Bekanntheit bestanden haben. **69**

Demjenigen, der ein **Zeichen lediglich benutzt ohne dass hierdurch zu seinen Gunsten ein Recht Sinne von Art. 8 Abs. 4, Art. 8 Abs. 4a oder Art. 53 Abs. 2 entsteht,** kann die Möglichkeit, sich auf Zwischenrechte und Einreden im vorgenannten Sinne zu berufen, jedoch nicht eingeräumt werden, da er **insoweit keine schützenswerte Rechtsposition innehat** (zum Markenrecht → MarkenG § 22 Rn. 18). So kann sich derjenige, der ein Zeichen lediglich benutzt, gegenüber dem Inhaber einer Marke auch nicht auf ein sog. Vorbenutzungsrecht berufen. **70**

Des Weiteren können dem Inhabern sonstiger Rechte iSv Art. 8 Abs. 4, Art. 8 Abs. 4a oder Art. 53 Abs. 2 aus dem über Art. 101 Abs. 2, 3 (→ Art. 101 Rn. 1 f.) anwendbaren nationalen Recht sonstige Einreden, wie etwa die Einrede der Verwirkung, der Verjährung oder des Rechtsmissbrauchs, zur Verfügung stehen. **71**

G. Verhältnis von Abs. 1 und Abs. 2 zu Art. 99 Abs. 1

Nach Art. 99 Abs. 1 (→ Art. 99 Rn. 1) haben die Unionsmarkengerichte von der Rechtsgültigkeit der Unionsmarke auszugehen, sofern diese nicht durch den Beklagten mit einer Widerklage auf Erklärung des Verfalls oder der Nichtigkeit angefochten wird. Nach Art. 99 Abs. 3 (→ Art. 99 Rn. 13 f.) ist ferner der Einwand des Verfalls der Unionsmarke wegen mangelnder ernsthafter Benutzung zum Zeitpunkt der Verletzungsklage zulässig. Art. 13a erweitert nunmehr die in Art. 99 zugelassenen Einwände des Beklagten gegen die Rechtsgültigkeit der Klageunionsmarke in einem Rechtsstreit vor einem Unionsmarkengericht bezogen auf den Anmeldetag bzw. Prioritätstag der jüngeren eingetragenen Verletzungsmarke. **72**

H. Koexistenz (Abs. 3)

Abs. 3 stellt klar, dass die bestandskräftige, eingetragene jüngere Marke und die Klageunionsmarke **hinsichtlich ihrer tatsächlichen Benutzung miteinander koexistieren** (zum Markenrecht → MarkenG § 22 Rn. 22; Ingerl/Rohnke § 22 Rn. 17). Der beklagte Inhaber der eingetragenen jüngeren Marke ist daher im Verletzungsverfahren nicht berechtigt, gegen die Benutzung der älteren Unionsmarke vorzugehen. **73**

Für das **Löschungsverfahren wegen relativer Nichtigkeitsgründe** enthält Art. 54 Abs. 3 (→ Art. 54 Rn. 19) eine entsprechende Koexistenzregelung, wenn der Nichtigkeitsantrag aufgrund Verwirkung durch Duldung unbegründet ist. **74**

Art. 14 Ergänzende Anwendung des einzelstaatlichen Rechts bei Verletzung

(1) ¹**Die Wirkung der Unionsmarke bestimmt sich ausschließlich nach dieser Verordnung.** ²**Im Übrigen unterliegt die Verletzung einer Unionsmarke dem für die Verletzung nationaler Marken geltenden Recht gemäß den Bestimmungen des Titels X.**

(2) **Diese Verordnung lässt das Recht unberührt, Klagen betreffend eine Unionsmarke auf innerstaatliche Rechtsvorschriften insbesondere über die zivilrechtliche Haftung und den unlauteren Wettbewerb zu stützen.**

(3) Das anzuwendende Verfahrensrecht bestimmt sich nach den Vorschriften des Titels X.

Überblick

Nach Art. 14 Abs. 1 ergeben sich die materiell-rechtlichen Wirkungen der Unionsmarke allein aus der UMV (Abs. 1 S. 1), während für Verletzungsfragen das nationale Recht der Mitgliedstaaten (Abs. 1 S. 2) zur Anwendung kommt (→ Rn. 1). Abs. 2 stellt klar, dass sonstige, außermarkenrechtliche nationale Ansprüche wegen der Verletzung einer Unionsmarke keiner Beschränkung durch die UMV unterliegen (→ Rn. 2). Abs. 3 verweist auf das anzuwendende Verfahrensrecht der Vorschriften des Titels X, namentlich der Art. 94 ff. (→ Rn. 3).

A. Wirkungen der Unionsmarke (Abs. 1)

1   Art. 14 hat in erster Linie klarstellenden Charakter und ist zentrale **Verweisungsnorm**. Er dient als Trennlinie zwischen nationalem Recht und Unionsrecht in Bezug auf die Unionsmarke. Abs. 1 S. 1 stellt wenig überraschend klar, dass sich die materiell-rechtlichen Wirkungen der Unionsmarke allein aus der UMV selbst ergeben. Der eigentliche Sinn dieser Feststellung ergibt sich erst in Abs. 1 S. 2: Die UMV regelt eben **nur** die **materielle Wirkung** der Unionsmarke abschließend, **nicht** aber die **Rechtsfolgen im Verletzungsfall**. In der UMV selbst sind im Grunde nur die **Verbots- und damit Unterlassungsansprüche** geregelt (Art. 9, 11 und 22 Abs. 2 iVm Art. 102 Abs. 1). Daneben enthält sie spezielle Ansprüche in Art. 10 (Markenhinweis in Nachschlagewerken) und Art. 18 (Übertragungsanspruch von Agentenmarken). **Schadensersatz- oder Auskunftsansprüche** enthält sie aber nicht. Verletzungsansprüche dieser Art richten sich daher gemäß Art. 14 Abs. 1 S. 2 iVm Art. 102 Abs. 2 nach dem **nationalen Recht** desjenigen Mitgliedstaates, **in dessen Gebiet die Verletzung begangen** wurde. Im deutschen Recht wurde dementsprechend § 125b Nr. 2 MarkenG geschaffen, der die nationalen Vorschriften für Schadensersatz, Vernichtung, Rückruf, Auskunft und weitere Nebenansprüche für die Unionsmarke für anwendbar erklärt.

B. Nationale außermarkenrechtliche Ansprüche (Abs. 2)

2   Nach Abs. 2 haben die Vorschriften der UMV keinen Einfluss auf die Anwendbarkeit **nationaler Ansprüche außerhalb des Markenrechts**. Abs. 2 nennt beispielhaft zivilrechtliche Haftungsansprüche und Ansprüche aus dem Gesetz gegen den unlauteren Wettbewerb. Damit sind insbesondere Ansprüche aus **Produkthaftung** und **Wettbewerbsverstoß** wie zB die unlautere Anlehnung oder Rufausbeutung gemeint, soweit die Unionsmarke jeweils Anknüpfungspunkt ist (Eisenführ/Schennen Rn. 4). Immer dann, wenn eine nationale Marke zusätzlichen, außermarkenrechtlichen **Schutz** genießen würde, soll dies auch für die Unionsmarke gelten. Umgekehrt kann auch **gegen** die Unionsmarke vorgegangen werden, wenn eine gleichlautende nationale Marke gegen eine außerkennzeichenrechtliche Norm verstoßen würde.

C. Verfahrensrecht (Abs. 3)

3   Abs. 3 ist ein rein deklaratorischer Verweis auf die **Verfahrensvorschriften** der UMV in den **Art. 94 ff.** (→ MarkenG § 94 Rn. 1 ff.).

Abschnitt 3 Benutzung der Unionsmarke

Art. 15 Benutzung der Unionsmarke

(1) Hat der Inhaber die Unionsmarke für die Waren oder Dienstleistungen, für die sie eingetragen ist, innerhalb von fünf Jahren, gerechnet von der Eintragung

an, nicht ernsthaft in der Union benutzt, oder hat er eine solche Benutzung während eines ununterbrochenen Zeitraums von fünf Jahren ausgesetzt, so unterliegt die Unionsmarke den in dieser Verordnung vorgesehenen Sanktionen, es sei denn, dass berechtigte Gründe für die Nichtbenutzung vorliegen.

Folgendes gilt ebenfalls als Benutzung im Sinne des Unterabsatzes 1:
a) die Benutzung der Unionsmarke in einer Form, die von der Eintragung nur in Bestandteilen abweicht, ohne dass dadurch die Unterscheidungskraft der Marke beeinflusst wird, unabhängig davon, ob die Marke in der benutzten Form auch auf den Namen des Inhabers eingetragen ist;
b) das Anbringen der Unionsmarke auf Waren oder deren Aufmachung in der Union ausschließlich für den Export.

(2) Die Benutzung der Unionsmarke mit Zustimmung des Inhabers gilt als Benutzung durch den Inhaber.

Überblick

Art. 15 regelt die materiellrechtlichen Anforderungen an die rechtserhaltende Benutzung. Die Folgen der Nichtbenutzung sind in den weiteren Vorschriften geregelt, auf die Art. 15 verweist (→ Rn. 4). Die Benutzungsschonfrist beträgt fünf Jahre. Der Markeninhaber hat also fünf Jahre ab Eintragung Zeit, die Unionsmarke in Benutzung zu nehmen. Falls dann keine Benutzung stattfindet oder der Markeninhaber keine berechtigten Gründe für eine Nichtbenutzung geltend machen kann, ist die Marke latent löschungsreif (→ Rn. 27). Gemäß Art. 15 muss eine ernsthafte, markenmäßige Benutzung in der Union für die geschützten Waren und Dienstleistungen stattfinden (→ Rn. 6). Zwar ist die Marke generell in ihrer eingetragenen Form zu benutzen, aus Art. 15 Abs. 1 lit. a ergibt sich jedoch, dass eine rechtserhaltende Benutzung auch dann gegeben ist, wenn zwar eine abweichende Form benutzt, die Unterscheidungskraft der Marke dadurch aber nicht beeinflusst wird (→ Rn. 46). Dies gilt auch dann, wenn die benutzte abweichende Form ebenfalls als Marke eingetragen ist (Art. 15 Abs. 1 lit. a aE). Während die Unionsmarke in der Regel in der Union zu benutzen ist, legt Art. 15 Abs. 1 lit. b fest, dass das Anbringen der Unionsmarke auf Waren oder deren Aufmachung in der Union ausschließlich für den Export als ernsthafte Benutzung iSv Art. 15 gilt (→ Rn. 44). Schließlich sieht Art. 15 Abs. 2 vor, dass eine Benutzung der Unionsmarke mit Zustimmung des Inhabers durch einen Dritten als Benutzung durch den Inhaber gilt, was den Benutzungsnachweis im Falle einer Benutzung durch einen Lizenznehmer oder ein Tochterunternehmen deutlich vereinfacht (→ Rn. 69).

Übersicht

	Rn.		Rn.
A. Allgemeines	1	4. Umgehung der Benutzungsschonfrist durch Wiederholungsanmeldung	34
B. Prozessuale Einbindung des Art. 15	4	III. Ort der Benutzung: Benutzung in der Union	39
C. Benutzungspflicht	6	IV. Benutzung in abweichender Form (Abs. 1 lit. a)	46
I. Ernsthaftigkeit der Benutzung	7	1. Einleitung	46
1. Umfang der Benutzung	9	2. Benutzung einer Wortmarke in stilisierter Form	48
2. Markenmäßige Benutzung	14	3. Hinzufügungen und Weglassungen	49
3. Benutzung im Zusammenhang mit den geschützten Waren und Dienstleistungen	22	4. Gleichzeitige Benutzung mehrerer Marken, Kombinationszeichen	53
II. Benutzungsschonfrist und Zeitraum der Benutzung	26	5. Benutzung einer schwarz-weißen Marke in Farbe und umgekehrt	58
1. Relevanter Benutzungszeitraum im Widerspruchs- und Nichtigkeitsverfahren	28	**D. Berechtigte Gründe für die Nichtbenutzung**	60
2. Relevanter Benutzungszeitraum im Verfallsverfahren und bei Widerklage	30	**E. Benutzung der Unionsmarke mit Zustimmung des Inhabers (Abs. 2)**	69
3. Dauer der Benutzung	31		

A. Allgemeines

1 Art. 15 regelt die Benutzungspflicht. Bereits in der Präambel ist geregelt, dass die Rechte aus der Unionsmarke den Markeninhaber nur dann berechtigen, wenn die Marke auch tatsächlich benutzt wird (s. Erwägungsgrund 10). Der Gesetzgeber hat damit klargestellt, dass es reine Defensivmarken nicht geben soll. Die Folgen der Nichtbenutzung sind jedoch nicht in Art. 15, sondern in weiteren Vorschriften geregelt.

2 Die sog. **Benutzungsschonfrist** beträgt **fünf Jahre**. Der Markeninhaber hat fünf Jahre ab Registrierung Zeit, die Marken in Benutzung zu nehmen. Der Gesetzgeber hat hier berücksichtigt, dass der Markeninhaber in der Regel umfangreiche und zeitraubende Vorbereitungen für die Benutzungsaufnahme treffen muss und insoweit eine unmittelbare Benutzungsaufnahme im Regelfall kaum zumutbar wäre (Eisenführ/Schennen/Holderied Rn. 1). Nach Ablauf der Frist kann der Markeninhaber seine Rechte an der Marke nur noch insoweit durchsetzen, als auch eine Benutzung stattfindet oder berechtigte Gründe für die Nichtbenutzung vorliegen. Wenn die Unionsmarke auch nach fünf Jahren nach Eintragung nicht in Benutzung genommen wurde oder keine berechtigten Gründe für die Nichtbenutzung vorliegen, ist diese latent löschungsreif (zum Verfallsverfahren → Art. 51 Rn. 8). Die (Wieder-)aufnahme einer Benutzung heilt jedoch die Löschungsreife.

3 Der **Normzweck** des Erfordernisses, dass eine Marke ernsthaft benutzt worden sein muss, besteht darin, Markenkonflikte zu begrenzen, soweit kein berechtigter wirtschaftlicher Grund vorliegt, der einer tatsächlichen Funktion der Marke auf dem Markt entspringt. Diese Auslegung wird durch Erwägungsgrund 31 der RL (EU) 2015/2436 gestützt, in der auf dieses Ziel ausdrücklich Bezug genommen wird (s. auch EuG T-174/01, GRUR Int 2003, 763 Rn. 38 – Silk Cocoon).

B. Prozessuale Einbindung des Art. 15

4 Aus Art. 15 ergeben sich die materiellrechtlichen Anforderungen an die rechtserhaltende Benutzung. Die Folgen der Nichtbenutzung sind in Vorschriften geregelt, auf die Art. 15 verweist. Bedeutung hat Art. 15 im Hinblick auf den in Art. 42 geregelten Benutzungsnachweis im Widerspruchsverfahren (→ Art. 42 Rn. 6), im Nichtigkeitsverfahren nach Art. 57 Abs. 2 (→ Art. 57 Rn. 22) sowie im Verfallsverfahren nach Art. 51 (→ Art. 51 Rn. 8). Von hoher praktischer Bedeutung sind zudem der Verfallseinwand nach Art. 99 Abs. 3 (→ Art. 99 Rn. 13) sowie die Widerklage nach Art. 100 (→ Art. 100 Rn. 10), mit der die Erklärung des Verfalls einer Unionsmarke aufgrund von Nichtbenutzung erreicht werden kann.

4.1 **Art. 42:** Im Rahmen des Widerspruchsverfahrens kann der Anmelder gemäß Art. 42 Abs. 2 den Widersprechenden zum Nachweis der Benutzung der älteren Marke auffordern, wenn diese im Zeitpunkt des Widerspruchs bereits dem Benutzungszwang unterlag. Den Widersprechenden trifft dann die Beweislast, den Nachweis einer ernsthaften Benutzung zu erbringen. Nach Regel 22 Abs. 3 GMDV ist der Markeninhaber verpflichtet, Angaben über Ort, Zeit, Umfang und Art der Benutzung zu erbringen. Diese Anforderungen an den Benutzungsnachweis sind kumulativ (EuG T-92/09, BeckEuRS 2010, 524278 Rn. 43 – STRATEGI). Zu den Anforderungen an den Benutzungsnachweis im Widerspruchsverfahren → Art. 42 Rn. 15 ff.

4.2 **Art. 57:** Auf Grundlage von Art. 57 kann ein Markeninhaber die Erklärung der Nichtigkeit einer jüngeren Unionsmarkeneintragung aufgrund relativer Eintragungshindernisse beantragen. Der Inhaber der jüngeren Marke kann jedoch im Gegenzug den Nachweis der Benutzung der älteren Marke verlangen (→ Art. 57 Rn. 17 ff.).

4.3 **Art. 51:** Auf einen Verfallsantrag nach Art. 51 kann eine Unionsmarke aufgrund von Nichtbenutzung für verfallen erklärt werden. Voraussetzung für die Nichtigerklärung ist, dass die Unionsmarke innerhalb eines ununterbrochenen Zeitraums von fünf Jahren für die eingetragenen Waren oder Dienstleistungen in der Union nicht ernsthaft benutzt worden ist oder keine berechtigten Gründe für die Nichtbenutzung vorliegen (→ Art. 51 Rn. 8 → Art. 51 Rn. 17 ff.).

4.4 **Art. 99 Abs. 3:** Im Rahmen von Verletzungsklagen wird oftmals die Wirksamkeit der älteren Unionsmarke in Frage gestellt. Art. 99 stellt den Grundsatz auf, dass generell von der Wirksamkeit der Unionsmarke auszugehen ist, sofern nicht deren Wirksamkeit vom Beklagten in Frage gestellt wird. Art. 99 Abs. 3 stellt klar, dass der Beklagte in einem Verletzungsverfahren den Einwand des Verfalls der Unionsmarke nicht im Wege der Widerklage geltend machen muss, sondern sich lediglich darauf zu berufen braucht, dass die Unionsmarke zum Zeitpunkt der Verletzungsklage für verfallen erklärt werden konnte (→ Art. 99 Rn. 13).

Art. 100: Der Beklagte im Verletzungsverfahren kann nach Art. 100 im Wege der Widerklage die Wirksamkeit einer Unionsmarke angreifen. Dies beinhaltet auch die Verfallserklärung aufgrund fehlender ernsthafter Benutzung. Art. 100 Abs. 5 verweist insoweit ausdrücklich auf die Regelungen des Art. 57 Abs. 2–5 (→ Art. 100 Rn. 10). **4.5**

Art. 15 gilt direkt nur für Unionsmarken. In Bezug auf nationale Marken, Benelux- **5** Marken und Internationale Registrierungen ist im Hinblick auf das Widerspruchsverfahren Art. 42 Abs. 3 iVm Art. 8 Abs. 2 lit. a zu berücksichtigen. Zudem ist der Begriff der Benutzungspflicht durch Art. 16 RL (EU) 2015/2436 harmonisiert, weshalb für nationale Marken in der Sache dasselbe gilt wie für Unionsmarken. Bei nationalen Marken ist eine Benutzung jedoch in dem Mitgliedstaat nachzuweisen, in dem die Marke eingetragen ist (→ Rn. 45).

C. Benutzungspflicht

Art. 15 verlangt, dass eine **ernsthafte Benutzung in der Union** stattfindet. Die Marke **6** muss also **„ernsthaft"** benutzt werden, was eine umfangreiche und markenmäßige Benutzung sowie eine Benutzung im Zusammenhang mit den **geschützten Waren und Dienstleistungen** voraussetzt. Zudem muss die Benutzung im relevanten Zeitraum, welcher je nach Verfahrensart variieren kann, und **in der Union** stattfinden. Außerdem muss die Marke entweder wie eingetragen oder in einer abweichenden Form benutzt werden, durch die die Unterscheidungskraft der Marke nicht beeinflusst wird.

I. Ernsthaftigkeit der Benutzung

Art. 15 verlangt, dass die Benutzung „ernsthaft" ist. Unter ernsthafter Benutzung ist nach **7** Ansicht des EuGH in der Rs. „Ansul" eine Benutzung zu verstehen, die nicht symbolisch allein zum Zweck der Wahrung der durch die Marke verliehenen Rechte erfolgt, sondern der die Hauptfunktion der Marke entspricht, dem Verbraucher die Ursprungsidentität einer Ware oder Dienstleistung zu garantieren, indem ihm ermöglicht wird, diese Ware oder Dienstleistung ohne Verwechslungsgefahr von Waren oder Dienstleistungen anderer Herkunft zu unterscheiden (EuGH C-40/01, GRUR 2003, 425 Rn. 36 – Ansul). Es muss also eine **tatsächliche nach außen gerichtete Benutzung** stattfinden. Eine reine **Scheinbenutzung,** die ausschließlich dazu dienen soll, die Markenrechte zu erhalten, aber keine wirtschaftliche Bedeutung im geschäftlichen Verkehr besitzt, ist nicht ausreichend.

Die Ernsthaftigkeit der Benutzung einer Marke ist anhand sämtlicher Tatsachen und **8** Umstände zu beurteilen, die die tatsächliche geschäftliche Verwertung der Marke belegen können. Dazu gehören insbesondere Verwendungen, die **im betreffenden Wirtschaftszweig** als gerechtfertigt angesehen werden, um Marktanteile für die durch die Marke geschützten Waren oder Dienstleistungen zu halten oder hinzuzugewinnen. Zudem sind die Merkmale des Marktes sowie der Umfang oder die Häufigkeit der Benutzung der Marke von besonderer Bedeutung für die Feststellung, ob eine ernsthafte Benutzung stattfindet (EuG T-353/12, BeckRS 2013, 81014 Rn. 17 – Alaris). Bei der Beurteilung des Vorliegens einer ernsthaften Benutzung ist der jeweils relevante Wirtschaftsbereich zu berücksichtigen.

1. Umfang der Benutzung

Ob eine ernsthafte Benutzung stattfindet, wird regelmäßig an dem Kriterium des **9** „Umfangs der Benutzung" festgemacht. Wenn eine **intensive** Benutzung über einen **langen Zeitraum** stattfindet, spricht dies dafür, dass die Benutzung der Schaffung oder Erhaltung eines Marktanteils dient und damit als ernsthaft anzusehen ist. In welchem Umfang eine Marke rechtserhaltend zu benutzen ist, ist jeweils im Einzelfall zu entscheiden. Der Gesetzestext enthält keine Hinweise auf die zu fordernde Intensität. Entscheidend ist, dass der Markeninhaber eine tatsächliche geschäftliche Verwertung der Marke belegt (auch → MarkenG § 26 Rn. 78).

Gefordert wird grundsätzlich nicht, dass ein Markeninhaber wirtschaftlich erfolgreich ist **10** (EuG T-21/14, BeckRS 2015, 81605 Rn. 37 – SANDTER 1953). Im „La Mer"-Beschluss stellte der EuGH den Grundsatz auf, dass eine **De-minimis-Regel grundsätzlich nicht** aufgestellt werden kann (EuGH C-259/02 Rn. 25 – La Mer). Eine Einschränkung erfährt dieser Grundsatz jedoch dann, wenn die Benutzung so gering ist, dass lediglich eine Scheinbenutzung zur Aufrechterhaltung der Markenrechte anzunehmen ist.

11 Bezüglich des Umfangs der Benutzung sind insbesondere das **Handelsvolumen,** der **Benutzungszeitraum** oder die **Häufigkeit** der nachgewiesenen Benutzung relevant (EuG T-334/01, GRUR Int 2004, 955 Rn. 35 – HIPOVITON). Zwischen diesen einzelnen Faktoren besteht eine gewisse Wechselbeziehung, weshalb ein geringeres Volumen durch eine große Häufigkeit oder Konstanz ausgeglichen werden kann und umgekehrt (EuG T-334/01, GRUR Int 2004, 955 Rn. 36 – HIPOVITON).

12 Entscheidend ist, ob die Benutzung **im betreffenden Wirtschaftsraum** als gerechtfertigt angesehen werden kann. Bei Konsumgütern, die in hohen Stückzahlen vertrieben werden, mag ein anderer Maßstab anzulegen sein, als etwa bei hochspezialisierten technischen Anlagen, die nur in geringen Stückzahlen, aber zu hohen Preisen vertrieben werden (s. etwa EUIPO 2. BK Entsch. v. 4.9.2007 – R 35/2007-2 – DINKY, in der der Verkauf von rund 1000 Miniatur-Spielzeugautos als ausreichend anerkannt wurde, da diese zu einem hohen Preis in einem besonderen Markt an Sammler verkauft werden). Auch der Verkauf von Waren an lediglich einen Kunden kann im Hinblick auf die weiteren Umstände als ausreichend angesehen werden (EuGH C-259/02 Rn. 25 – Rn. 24 – La Mer).

13 Der Grundsatz, dass eine De-minimis-Regel nicht aufgestellt werden kann, gilt auch in Ansehung der jüngeren Rechtsprechung (s. etwa EuG T-21/14, BeckRS 2015, 81605 Rn. 35 – SANDTER 1953). Jedoch wurde dieser Grundsatz durch verschiedene jüngere Entscheidungen relativiert. Es ist eine klare Tendenz zu erkennen, dass das EuG bei Massenprodukten einen höheren Maßstab zu verlangen scheint und bei nur geringer zeitlicher oder volumenmäßiger Benutzung eine ernsthafte Benutzung ablehnt (s. etwa EuG T-355/09, GRUR Int 2013, 340 – Walzertraum, bestätigt durch EuGH C-141/13 P, GRUR Int 2014, 956; EuG T-495/12 bis T-497/12, BeckRS 2014, 81641 – Dracula).

13.1 In der Rs. „**Walzertraum**" konnte der Markeninhaber über einen Zeitraum von 22 Monaten den konstanten monatlichen Verkauf von rund 3,6 kg exklusiver, handgemachter Schokoladewaren nachweisen. Der Verkauf erfolgte jedoch ausschließlich in einer Bäckerei in einer relativ kleinen Stadt in Deutschland. Obwohl die Schokolade auch auf der Webseite des Markeninhabers, die weltweit zugänglich ist, beworben wurde, konnte sie nur in der Bäckerei des Markeninhabers bestellt und erworben werden. Aufgrund der territorialen Beschränkung und der mengenmäßig relativ niedrigen Verkaufszahlen für ein Massenprodukt wie Schokolade hielt das Gericht die nachgewiesene Benutzung der dem Rechtsstreit zugrundeliegenden deutschen Marke nicht für ausreichend.

13.2 In der Rs. „**Dracula**" verneinte das EuG das Vorliegen einer ernsthaften Benutzung, da der Markeninhaber zum Nachweis der Benutzung der älteren Marke für Wodka lediglich sechs Rechnungen vorlegte, die nur einen Zeitraum von zweieinhalb Monaten abdeckten. Zudem wurde nur ein Verkauf von 900 Einheiten pro Monat nachgewiesen. Das Gericht berücksichtigte hier, dass dieses Volumen im Hinblick auf den durchschnittlichen Wodka-Konsum im relevanten Territorium Rumänien als marginal anzusehen sei. Mengenmäßig war die Benutzung jedoch der in VITAFRUIT vergleichbar gewesen, wo es um Fruchtsäfte ging und eine ernsthafte Benutzung angenommen wurde (EuGH C-416/04 P, GRUR Int 2005, 47 – VITAFRUIT).

2. Markenmäßige Benutzung

14 Es muss eine markenmäßige Benutzung gegeben sein. Eine rein beschreibende Benutzung einer Marke, die nicht dazu dient, die Waren eines Anbieters von denen eines anderen Anbieters zu unterscheiden, kann keine ernsthafte Benutzung iSd Art. 15 darstellen (EuGH C-416/04 P, GRUR Int 2005, 47 Rn. 70 – VITAFRUIT).

15 Für eine rechtserhaltende Benutzung ist es nicht notwendig, die Marke unmittelbar an der Ware anzubringen. Eine Benutzung einer Marke **im konkreten Zusammenhang mit dem Produkt,** etwa in der **Werbung** oder auf **Verpackungen** ist in der Regel ausreichend. Voraussetzung ist jedoch, dass eine eindeutige Verbindung zwischen der Benutzung der Marke und den betreffenden Waren oder Dienstleistungen besteht (EuG T-105/13, BeckRS 2014, 82651 Rn. 28 – TrinkFix).

16 Eine rein interne Benutzung ist nicht ausreichend (EuGH C-40/01, GRUR 2003, 425 Rn. 37 – Ansul). Vielmehr muss die Marke, so wie sie in dem fraglichen Gebiet geschützt

ist, **öffentlich** und **nach außen gerichtet** benutzt werden (EuG T-174/01, GRUR Int 2003, 763 Rn. 39 – Silk Cocoon; auch → MarkenG § 26 Rn. 51 ff.).

In der „Radetzky-Orden"-Entscheidung hat der EuGH entschieden, dass die Tatsache, 17 dass ein karitativer Verein keine Gewinnerzielungsabsicht verfolgt, nicht ausschließt, dass er bestrebt sein kann, für seine Waren oder Dienstleistungen einen Absatzmarkt zu erschließen oder zu sichern (EuGH C-442/07, EuZW 2009, 114 Rn. 17 – Radetzky-Orden). Daher war nach Ansicht des EuGH Art. 12 RL 89/104/EWG so auszulegen, dass eine Marke dann ernsthaft benutzt wird, wenn ein ideeller Verein sie in der **Öffentlichkeit** auf Ankündigungen von Veranstaltungen, auf Geschäftspapieren und auf Werbematerial verwendet, und sie von Mitgliedern beim Sammeln und Verteilen von Spenden in der Form verwendet wird, dass die Mitglieder entsprechende Ansteckzeichen tragen. Jedoch stellte der EuGH gleichzeitig klar, dass die Verwendung einer Marke durch einen ideellen Verein bei der Ankündigung oder Bewerbung rein privater Veranstaltungen eine interne Verwendung der Marke und keine „ernsthafte Benutzung" darstellt (EuGH C-442/07, EuZW 2009, 114 Rn. 22 – Radetzky-Orden).

Diese restriktive Auffassung des EuGH zu der Benutzung einer Marke auf privaten Veranstaltungen 17.1 durch einen ideellen Verein ist nicht unkritisch. Schließlich sind viele gemeinnützige Organisationen von Mitgliedsbeiträgen oder Spenden finanziell abhängig. In der Regel sind diese Mitgliedsbeiträge oder Spenden die einzige Einnahmequelle und alle Dienstleistungen des Vereins oder der Organisation werden ansonsten kostenlos den Mitgliedern gegenüber erbracht. Daher wird teilweise hinterfragt, ob die Benutzung einer Marke innerhalb einer Organisation ihren Mitgliedern gegenüber stets als interne Benutzung anzusehen ist (v. Mühlendahl, Trademark Law in Europe, 2016, Rn. 8.95).

Bei einer **Dienstleistungsmarke** ist es grundsätzlich nicht möglich, diese auf einem 18 bestimmten Produkt anzubringen, weshalb eine Benutzung auf Geschäftspapieren, in der Werbung oder in anderer direkter oder indirekter Verbindung zu der jeweiligen Dienstleistung in der Regel ausreichend ist. Es muss jedoch erkennbar sein, dass nicht nur etwa ein Geschäftsbetrieb benannt ist, sondern auch eine klar bestimmte Leistung bezeichnet wird (EuG T-463/12, BeckRS 2014, 82335 – MB&P).

In der Rs. „Silberquelle" hatte sich der EuGH mit der Problematik zu befassen, ob die 19 kostenlose Verteilung von Getränken zu **Werbezwecken** eine ernsthafte Benutzung darstellt (EuGH C-495/07, GRUR 2009, 410 – Silberquelle). Der Markeninhaber, der generell Kleidungsstücke herstellt, hatte in dem Fall Getränke, die mit der Marke versehen waren, kostenlos an seine Kunden verteilt. Ein Verkauf der Getränke fand nicht statt. In dem Verfallsverfahren war daher zu entscheiden, ob dies eine ernsthafte Benutzung für Getränke darstellt. Der EuGH verneinte dies, da diese Getränke nicht mit dem Ziel vertrieben wurden, Anteile im Markt für Getränke zu erzielen. Unter diesen Umständen trägt nach Ansicht des EuGH die Anbringung der Marke auf den Gegenständen weder dazu bei, einen Absatzmarkt für diese zu schaffen, noch, diese Gegenstände im Interesse des Verbrauchers von Waren zu unterscheiden, die von anderen Unternehmen stammen (EuGH C-495/07, GRUR 2009, 410 Rn. 21 – Silberquelle; krit. hierzu Berlit GRUR 2009, 810).

Von den reinen kostenlosen Werbemitteln zu unterscheiden sind die „echten" **Merchan-** 20 **dising-Waren.** Diese werden in der Regel zu einem bestimmten Verkaufswert vertrieben und es liegt eine eigene Wertschöpfung vor, weshalb in einem solchen Fall üblicherweise davon auszugehen ist, dass ein Absatzmarkt erschlossen wird. Dementsprechend muss hier in der Regel von einer ernsthaften Benutzung ausgegangen werden. Dies gilt auch dann, wenn der Preis für die Ware nicht gesondert ausgewiesen ist, der Markeninhaber aber aufzeigen kann, dass ihre Abgabe in den Gesamtpreis mit einkalkuliert ist und die Merchandising Ware mit angeboten wurde.

Inwieweit die Benutzung der Marke für eine Ware, die nicht selbständig für den Verkehr 21 bestimmt, aber integraler Bestandteil einer anderen Ware oder zur Erbringung einer bestimmten Dienstleistung notwendig ist, rechtserhaltend ist, ist bisher nicht abschließend geklärt. Benutzt zB facebook® rechtserhaltend für die Ware Software, obwohl diese nicht an Endverbraucher verkauft und damit auch kein Absatzmarkt erschlossen wird? Zunächst ist zu beachten, dass nach Auffassung des EuG in „TEFLON" die Benutzung einer Marke als Hinweis auf einen Ausgangsstoff nicht zugleich die Benutzung der Marke für Endprodukte darstellt, die diesen Ausgangsstoff enthalten (EuG T-660/11, GRUR-Prax 2015, 402 – TEFLON; s.

auch zur Benutzung einer Marke als Hinweis auf Ausgangsstoff Douglas GRUR-Prax 2015, 402). Es besteht also eine klare Trennung zwischen Ausgangsstoff einerseits und Endprodukt andererseits. Mit dem Verhältnis zwischen der Herstellung einer bestimmten Ware und den damit im Zusammenhang stehenden Dienstleistungen hat sich der EuGH in der Rs. „ANSUL" auseinander gesetzt. Hier der EuGH anerkannt, dass eine ernsthafte Benutzung der Marke unter bestimmten Bedingungen auch bei bereits vertriebenen Waren vorliegen kann, für die die Marke eingetragen wurde und die nicht mehr zum Verkauf angeboten werden (EuGH C-40/01, GRUR 2003, 425 Rn. 40 – Ansul). In diesem Fall hatte der Markeninhaber im betreffenden Zeitraum lediglich Servicedienstleistungen angeboten und Ersatzteile für die bereits vertriebenen Waren verkauft. In bestimmten Konstellationen ist damit auch eine ernsthafte Benutzung noch anzuerkennen, wenn zwar keine direkte wirtschaftliche Verwendung der Marke zur Schaffung eines Absatzmarktes für eine Ware mehr stattfindet, aber mit der Ware im Zusammenhang stehende Dienstleistungen angeboten werden. Jedoch ist auch in Ansehung von „Ansul" eine enge Auslegung angezeigt, denn eine Unionsmarke ist grundsätzlich im Zusammenhang mit den geschützten Waren und Dienstleistungen zu benutzen (→ Rn. 22).

3. Benutzung im Zusammenhang mit den geschützten Waren und Dienstleistungen

22 Die Marke muss für die **Waren oder Dienstleistungen benutzt werden, für die sie eingetragen ist.** Regelmäßig werden Marken nicht so umfangreich benutzt, wie sie geschützt sind. Wenn eine Unionsmarke nur für einen Teil der Waren oder Dienstleistungen, für die sie eingetragen ist, im relevanten Zeitraum benutzt wurde, gilt sie nur für diese Ware oder Dienstleistung als eingetragen (im Rahmen des Widerspruchsverfahrens etwa → Art. 42 Rn. 6; im Rahmen des Verfallsverfahrens → Art. 57 Rn. 17; im Rahmen des Nichtigkeitsverfahrens → Art. 57 Rn. 22 ff.; zur Nichtbenutzungseinrede im Rahmen der Widerklage → Art. 100 Rn. 16 ff.).

23 Außerdem werden Marken von Markeninhabern gelegentlich auch für andere als die geschützten Waren oder Dienstleistungen benutzt, was im Ergebnis keine rechtserhaltende ernsthafte Benutzung darstellt. Eine Benutzung für **lediglich ähnliche Waren und Dienstleistungen** ist, auch wenn eine hochgradige Ähnlichkeit besteht, **nicht ausreichend.** So hat das EuG beispielsweise feststellt, dass eine Benutzung einer Marke für Einzelhandelsdienstleistungen für Schuhwaren der Klasse 35 keine ernsthafte Benutzung für Schuhwaren der Klasse 25 darstellt (EuG T-183/08, BeckRS 2009, 70589 Rn. 32 – SCHUHPARK). Auch stellt eine Benutzung einer Marke für Wegwerfwindeln aus Papier und Zellulose in Klasse 16 keine ernsthafte Benutzung für Babywindeln aus Stoff in Klasse 25 dar (EUIPO 1. BK – R 1519/2008 Rn. 29 – DODOT).

24 Regelmäßig stellt sich die Frage, inwiefern die **Teilbenutzung** einer Marke für eine spezielle Ware oder Dienstleistung eine ernsthafte Benutzung für eine etwas weiter gefasste **Untergruppe** sein kann. Wenn eine Marke für Waren oder Dienstleistungen eingetragen worden ist, die so genau definiert worden sind, dass es nicht möglich ist, innerhalb der betreffenden Gruppe eindeutige Unterteilungen vorzunehmen, deckt nach Auffassung des EuG in „ALADIN" der Nachweis der ernsthaften Benutzung der Marke für diese Waren oder Dienstleistungen für die Zwecke des Widerspruchsverfahrens zwangsläufig diese ganze Gruppe ab (EuG T-126/03, GRUR Int 2005, 914 Rn. 45 – ALADIN). Zwar soll ein Markeninhaber kein Exklusivrecht an einer Marke halten, die er nicht benutzt, um das Register nicht für Dritte zu blockieren (Erwägungsgrund 31 der RL (EU) 2015/2436), das EuG berücksichtigte hier jedoch, dass dem Markeninhaber ein gewisser **Bewegungsspielraum** eingeräumt werden muss (EuG Rs. T-126/03, GRUR Int 2005, 914 Rn. 46 – ALADIN). Ein strickte Einschränkung auf eine bestimmte Ware oder Dienstleistung, für die die Marke benutzt wird, hätte ansonsten die Konsequenz, dass eine spätere kleine Produkterweiterung bereits eine Neuanmeldung der Marke erfordern würde (s. Eisenführ/Schennen/Holderied Rn. 24). Inwieweit eine Benutzung für ein bestimmtes Produkt auch eine Benutzung für die geschützte Untergruppe darstellt, ist im jeweiligen Einzelfall zu prüfen.

25 Bedeutung hat diese Frage in allen Wirtschaftsbereichen, sie tritt jedoch regelmäßig im Bereich der **pharmazeutischen Präparate** auf. Pharmamarken sind in der Regel für „phar-

mazeutische Erzeugnisse" geschützt, werden jedoch nur für eine bestimmte therapeutische Indikation verwendet. In solchen Fällen erkennen das EUIPO sowie das EuG lediglich eine ernsthafte Benutzung für die bestimmte Untergruppe an (EuG T-483/04, GRUR Int 2007, 416 Rn. 28 – GALZIN; T-256/04, BeckRS 2007, 70124 Rn. 26 – RESPICUR). So hat das EuG zB „pharmazeutische Präparate zur Herzbehandlung" (EuG Urt. v. 16.6.2016 – T-487/08 Rn. 61 – KREMEZIN) oder „pharmazeutische Präparate für Atemwegserkrankungen" (EuG T-256/04, BeckRS 2007, 70124 Rn. 36 – RESPICUR) als relevante **Unterkategorien** anerkannt.

II. Benutzungsschonfrist und Zeitraum der Benutzung

Die Benutzungspflicht trifft den Markeninhaber, wenn die Marke **fünf Jahre lang eingetragen** ist. Da auf den Zeitpunkt der Eintragung abzustellen ist, kann ein langes Eintragungsverfahren, etwa aufgrund eines anhängigen Widerspruchsverfahrens, den Beginn der Benutzungsschonfrist zeitlich nach hinten verschieben. 26

Für **Internationale Registrierungen** mit Benennung der EU regelt Art. 160, dass für die Zwecke der Anwendung von Art. 15 Abs. 1 das Datum der Veröffentlichung gemäß Art. 152 Abs. 2 an die Stelle des Datums der Eintragung tritt. Für Internationale Eintragungen mit EU-Erstreckung beginnt die Benutzungsschonfrist damit ab dem Datum der zweiten Nachveröffentlichung (→ Art. 160 Rn. 1). 26.1

Bei **nationalen Marken** bestimmt sich der Beginn der Benutzungsschonfrist nach nationalem Markenrecht. Art. 16 RL (EU) 2015/2436 legt lediglich fest, dass die Benutzungsschonfrist die „fünf Jahre nach Abschluss des Eintragungsverfahrens" umfasst. Der Tag des Abschlusses des Eintragungsverfahrens, der zur Berechnung der Benutzungsschonfrist herangezogen wird, bestimmt sich nach den Verfahrensregeln der einzelnen Mitgliedstaaten (EuGH C-256/05, GRUR 2007, 702 Rn. 26–28 – Le Chef de Cuisine). Zum Beginn der Benutzungsschonfrist bei deutschen Marken s. → MarkenG § 26 Rn. 15. 26.2

Der **Beginn** der Benutzungsschonfrist bei Internationalen Registrierungen, in denen ein EU-Mitgliedstaat benannt ist, hängt von der jeweiligen Regelung des benannten Mitgliedstaats ab. Auch für nationale Erstreckungen von Internationalen Registrierungen gilt, dass dem Markeninhaber die Benutzungsaufnahme im jeweiligen benannten Land solange nicht zugemutet werden kann, wie eine Schutzverweigerung durch das zuständige Markenamt noch möglich ist. Nach Art. 5 Abs. 2 lit. a und b PMMA können die Bestimmungsländer eine Schutzverweigerung innerhalb einer Frist von 12 bzw. 18 Monaten ab dem Tag der Benachrichtigung über die Benennung aussprechen. 26.3

Wenn bei einer Unionsmarke der Zeitrang einer identischen nationalen Marke in einem Mitgliedstaat in Anspruch genommen wurde (→ Art. 34 Rn. 1) und dieser Zeitrang bereits aufgrund des Erlöschens der nationalen Marke wirksam geworden ist, stellt sich die Frage, ob für diesen **nationalen Zeitrang** ein Benutzungsnachweis zu erbringen ist, wenn dieser bereits dem Benutzungszwang unterliegt. In der Rs. R 977/2010-1 entschied die 1. BK, dass für einen solchen Zeitrang ein Benutzungsnachweis grundsätzlich zu erbringen ist, selbst wenn sich die Unionsmarke noch in der Benutzungsschonfrist befindet (EUIPO 1. BK Entsch. v. 31.3.2011 – R 977/2010-1 Rn. 25–29 – NATURAL VISCO/VLISCO). 26.4

Wenn eine Marke in dem Fünfjahreszeitraum nicht benutzt worden ist, ist sie **latent löschungsreif.** Das bedeutet, dass sie weiter eingetragen bleibt, aber auf Antrag für verfallen erklärt werden kann (→ Art. 51 Rn. 11). Die latente Verfallsreife wird jedoch geheilt, wenn eine Benutzung (wieder) aufgenommen wird (Eisenführ/Schennen/Holderied Art. 51 Rn. 11). Für welchen Zeitraum ein Benutzungsnachweis zu erbringen ist, hängt von der jeweiligen Verfahrensart ab. 27

1. Relevanter Benutzungszeitraum im Widerspruchs- und Nichtigkeitsverfahren

Im Widerspruchsverfahren nach Art. 42 war bis zur EU-Markenrechtsreform die Fünfjahresfrist rückwärts vom Datum der Veröffentlichung der angegriffenen Marke aus zu berechnen. Für Altverfahren (also für vor Inkrafttreten der VO (EU) 2015/2424 eingelegte Widersprüche) gilt weiterhin die bis zum 23.3.2016 geltende Rechtslage. Die neue Fassung des Art. 42 sieht vor, dass der Benutzungsnachweis **für den Zeitraum der letzten fünf Jahre vor dem Anmeldetag oder dem Prioritätsdatum der Anmeldung** zu erbringen ist (→ Art. 42 Rn. 6). 28

Im Nichtigkeitsverfahren nach Art. 57 hat der Inhaber einer älteren Unionsmarke, auf die dieser sich im Nichtigkeitsverfahren beruft, auf Verlangen der gegnerischen Partei den Nach- 29 weis einer ernsthaften Benutzung **für den Zeitraum der letzten fünf Jahre vor Stellung des Antrags auf Erklärung der Nichtigkeit zu erbringen** oder nachzuweisen, dass berechtigte Gründe für die Nichtbenutzung vorliegen, **sofern diese ältere Unionsmarke zum Zeitpunkt der Antragsstellung bereits fünf Jahre eingetragen ist** (Art. 57 Abs. 2 S. 1). Es ist also im Falle einer Unionsmarke, die bereits mindestens fünf Jahre vor Antragsstellung eingetragen war, jedenfalls ein Benutzungsnachweis über den Zeitraum der letzten fünf Jahre vor Antragsstellung zu erbringen. Soweit die ältere Marke am Anmelde- oder Prioritätstag der angegriffenen Eintragung bereits fünf Jahre lang eingetragen war, ist auch für diesen Zeitraum ein Benutzungsnachweis zu erbringen (s. Art. 57 Abs. 2 S. 2, der explizit auf Art. 42 Abs. 2 verweist). Es muss im Nichtigkeitsverfahren also ggf. nicht nur eine Benutzung im Fünfjahreszeitraum vor Antragsstellung nachgewiesen werden, sondern zusätzlich auch in dem Fünfjahreszeitraum vor Anmelde- bzw. Prioritätsdatum der angegriffenen Unionsmarke. Dies ist eine Ausprägung des Prinzips der Zwischenrechte, die schon vor Inkrafttreten der VO (EU) 2015/2424 Teil des Unionsmarkenrechts war.

2. Relevanter Benutzungszeitraum im Verfallsverfahren und bei Widerklage

30 Im Falle eines Verfallsantrags nach Art. 51 Abs. 1 lit. a oder einer Widerklage im Verletzungsverfahren hat der Markeninhaber eine ernsthafte Benutzung in den fünf Jahren vor Stellung des Verfallsantrags oder Erhebung der Widerklage zu erbringen (zur Widerklage → Art. 100 Rn. 1). Wenn oder soweit eine Marke in diesem Zeitraum nicht ernsthaft in Benutzung war, wird sie für verfallen erklärt. Wenn eine Marke zwar über einen längeren Zeitraum nicht benutzt, dann jedoch eine Benutzung (vor Stellung des Verfallsantrags oder der Widerklage) wieder aufgenommen wurde, wird dadurch die Löschungsreife **geheilt**. Eine Ausnahme sieht jedoch Art. 51 Abs. 1 lit. a S. 2 vor. Wenn nämlich der Markeninhaber davon Kenntnis erlangt, dass ein Verfallsantrag gestellt oder eine Widerklage erhoben werden könnte und dann erst die Benutzung aufnimmt, so bleibt diese erstmalige oder erneute Benutzung der Marke unberücksichtigt, wenn sie innerhalb der letzten drei, vollständig außerhalb der Fünfjahresfrist liegenden Monate vor der Antragstellung bzw. Widerklageerhebung stattfand (→ Art. 51 Rn. 12 ff.). Wenn jedoch eine (erneute) Benutzungsaufnahme oder zumindest ernsthafte Vorbereitungshandlungen zur Benutzungsaufnahme früher als drei Monate vor Stellung des Verfallsantrags stattfanden, so wird die Löschungsreife geheilt. Widerkläger oder Verfallsantragsteller sollten daher spätestens drei Monate nachdem der Markeninhaber Kenntnis erlangt hat, den entsprechenden Antrag stellen oder Widerklage erheben, um diese Heilungsmöglichkeit zu verhindern.

3. Dauer der Benutzung

31 Eine Benutzung muss nach Wortlaut des Art. 15 im relevanten Zeitraum vorliegen. Es ist jedoch nicht notwendig, dass eine Benutzung für den **gesamten Fünfjahreszeitraum** nachgewiesen wird – eine Benutzung während eines Teils des relevanten Zeitraums ist ausreichend (EuG T-86/07, GRUR Int 2009, 609 Rn. 52 – Deitech). Eine Unionsmarke kann dementsprechend auch dann nicht für verfallen erklärt werden, wenn die Markenbenutzung lediglich für einen gewissen, kurzen Zeitraum erfolgte. Dies gilt auch für **Vorbereitungshandlungen zur Aufnahme der Benutzung**. Schon in der Rs. „Ansul" stellte der EuGH fest, dass die Benutzung der Marke sich auf Waren oder Dienstleistungen beziehen muss, die bereits vertrieben werden oder deren Vertrieb von dem Unternehmen zur Gewinnung von Kunden insbesondere im Rahmen von Werbekampagnen **vorbereitet wird und unmittelbar bevorsteht** (EuGH C-40/01, GRUR 2003, 425 Rn. 37 – Ansul). Dass eine Marke nur während eines Teils des relevanten Zeitraums benutzt worden sein muss, können sich zudem Markeninhaber zunutze machen, indem sie beispielsweise historische Marken (sog. vintage marks), die zwar generell nicht mehr in Benutzung sind, für einen kürzeren Zeitraum nochmals in Benutzung nehmen, um somit den Markenschutz aufrecht zu erhalten, sofern echte wirtschaftliche Motive gegeben sind. Eine reine Scheinbenutzung ist nicht ausreichend. Wenn jedoch die historische Marke in kurzfristige Benutzung genommen wird, um weiterhin eine gewisse Marktpräsenz zu zeigen, kann dies – je nach Umfang der Benutzung – zur Aufrechterhaltung des Markenschutzes ausreichend sein.

In „HIPOVITON" hat das EuG eine Benutzung über einen nachgewiesenen Zeitraum von lediglich 31.1
viereinhalb Monaten als ausreichend angesehen (EuG T-334/01, GRUR Int 2004, 995 Rn. 45–50 –
HIPOVITON). Auch hat das EuG bereits eine ernsthafte Benutzung in einem Fall anerkannt, in dem
eine Benutzung in einem Zeitraum von nur elfeinhalb Monaten nachgewiesen wurde (EuG T-203/02,
GRUR Int 2005, 47 Rn. 46 – VITAFRUIT).

Nachweise über eine Benutzung außerhalb des relevanten Zeitraums sind grundsätzlich 32
als unerheblich anzusehen. Nachweise, die indirekte Rückschlüsse auf die Benutzung im
relevanten Zeitraum zulassen, können jedoch relevant sein. In „La Mer" hat der EuGH
anerkannt, dass bei der Prüfung der Ernsthaftigkeit der Benutzung innerhalb des einschlägigen Zeitraums gegebenenfalls Umstände zu berücksichtigen sind, die nach dieser Antragstellung liegen. Solche Umstände können es erlauben, die Tragweite der Benutzung der Marke
innerhalb des einschlägigen Zeitraums sowie die tatsächlichen Absichten des Inhabers innerhalb dieses Zeitraums zu bestätigen oder besser zu beurteilen (EuGH C-259/02 Rn. 31 –
La Mer).

Unbeachtlich ist regelmäßig die Tatsache, dass unter Umständen in den Verkehrskreisen 33
noch eine gewisse Bekanntheit der Marke besteht, die Marke aber über einen Zeitraum von
mehr als fünf Jahren nicht mehr in Benutzung war. Davon unabhängig besteht jedoch die
Möglichkeit, dass trotz Nichtbenutzung nach nationalem Recht ggf. noch nicht eingetragene
Markenrechte aufgrund von erhöhter Verbraucherwahrnehmung oder notorisch bekannte
Marken nach Art. 6bis PVÜ geltend gemacht werden können (→ Art. 8 Rn. 178).

4. Umgehung der Benutzungsschonfrist durch Wiederholungsanmeldung

Umstritten ist weiterhin, ob dem Markeninhaber auch dann die fünfjährige Benutzungs- 34
schonfrist zusteht, wenn die Anmeldung einzig dem Ziel dient, einen neuen Fünfjahreszeitraum für eine bereits eingetragene, aber unbenutzte Marke zu schaffen (Überblick über die
aktuelle Rechtsprechung zu Wiederholungsanmeldung in Stumpf, Repeated filings of a
European Community trade mark, JIPLP 2014, 225; Ingerl/Rohnke MarkenG § 25
Rn. 32 ff.). Problematisch sind solche Wiederholungsanmeldungen, weil diese nicht benutzten Marken das Register ungerechtfertigterweise besetzen. Es besteht daher in Literatur und
Rechtsprechung das Bedürfnis, dem berechtigten Interesse gerecht zu werden, dass nicht
benutzte Marken das Register nicht blockieren (s. auch Erwägungsgrund 31 der RL (EU)
2015/2436).

Eine Wiederholungsanmeldung liegt vor, wenn ein Markeninhaber dieselbe Marke in 35
(fast) identischer Form für dieselben Waren und Dienstleistungen nochmals anmeldet und
dadurch die Benutzungsschonfrist künstlich verlängert (s. auch → MarkenG § 26 Rn. 22 ff.).
Bei der Neuanmeldung nur eines leicht veränderten Firmenlogos ist nach Ansicht des EuG
nicht schon von einer bösgläubigen Wiederholungsanmeldung auszugehen, da die Fortentwicklung eines Logos eine übliche Geschäftspraxis darstellt, und es alleine dem Markeninhaber obliegt, zu beurteilen, ob es sinnvoll ist, dafür eine neue Gemeinschaftsmarke anzumelden
(EuG T-136/11, GRUR Int 2013, 144 – Pelikan; s. auch Slopek GRUR Int 2013, 101).

Die **UMV enthält keine explizite Regelung für Wiederholungsanmeldungen**. Wie 36
dieses Problem zu behandeln ist, ist daher umstritten. Teilweise wird vorgeschlagen, die
Wiederholungsmarke als bösgläubig einzustufen. Nach den Prüfungsrichtlinien des EUIPO
kann der Versuch eines Unionsmarkeninhabers, die Benutzungsschonfrist durch die wiederholte Anmeldung einer älteren Unionsmarke künstlich zu verlängern, um die Folgen des
Verlusts eines Rechts wegen Nichtbenutzung zu vermeiden, einen Umstand darstellen, der
bei der Prüfung der Bösgläubigkeit zu berücksichtigen ist (s. Prüfungsrichtlinien für Unionsmarken vom 1.8.2016, Teil D, Löschung, Abschnitt 2, mit Verweis auf EuG T-136/11,
GRUR Int 2013, 144 Rn. 27 – Pelikan). Bösgläubigkeit ist jedoch kein Grund, der im
Widerspruchsverfahren geltend gemacht werden kann, sondern nur im Rahmen des Nichtigkeitsverfahrens nach Art. 52 Abs. 1 (→ Art. 52 Rn. 28 ff.). Bei **Wiederholungsanmeldungen** wird nach Ansicht des **EUIPO** jedoch **nicht generell von Bösgläubigkeit auszugehen sein**. In der Rs. „RED BULL" hat die Nichtigkeitsabteilung entschieden, dass die
nochmalige Anmeldung einer Marke für identische Waren und Dienstleistungen dann nicht
bösgläubig ist, wenn die Neuanmeldung innerhalb der fünfjährigen Benutzungsschonfrist der
ursprünglichen Marke erfolgte und wenn diese Marke vor Ablauf der Benutzungsschonfrist

in Benutzung war (EUIPO Nichtigkeitsabteilung Entsch. v. 21.3.2007 – 1344 C – AX 26 – SARL/RED BULL).

37   Die Beschwerdekammern des EUIPO haben im Rahmen des **Widerspruchsverfahrens gegensätzliche Entscheidungen zur Frage der Benutzungspflicht bei Wiederholungsanmeldungen getroffen.** Der Widersprechende wurde teilweise verpflichtet, einen Nachweis der ernsthaften Benutzung der Wiederholungsanmeldung zu erbringen, obwohl sich diese formell noch in der Benutzungsschonfrist befand, teilweise wurde der Antrag auf Benutzungsnachweis jedoch mit Verweis auf eine fehlende rechtliche Regelung zurückgewiesen.

37.1   In „NAVIGO" hatte sich der Anmelder auch auf die Tatsache berufen, dass der Widerspruch auf eine Wiederholungsanmeldung gestützt war, und einen Benutzungsnachweis verlangt. Die 2. BK stellte fest, dass der Wortlaut von Art. 42 klar voraussetzt, dass nur dann ein Benutzungsnachweis zu erbringen ist, wenn die ältere Marke mehr als fünf Jahre registriert ist. Daher war der Antrag auf Nachweis der Benutzung als unzulässig zurückzuweisen. Nach Auffassung der 2. BK des EUIPO gibt es in der UMV keine Regelung, die dazu führt, dass den Widersprechenden die Pflicht zum Benutzungsnachweis trifft, auch wenn dieser wiederholt identische nationale Marken angemeldet hatte (EUIPO 2. BK – R 2181/2010-2 Rn. 18 – NAVIGO). Auch lehnte die BK den Einwand ab, dass es sich um eine bösgläubige Wiederholungsanmeldung handele. Da Bösgläubigkeit nur im Nichtigkeitsverfahren geltend gemacht werden kann, jedoch keinen Widerspruchsgrund darstellt, war dieser Einwand zurückzuweisen.

37.2   Trotz fehlender rechtlicher Regelung hat hingegen die 4. BK des EUIPO in der Rs. „Pathfinder" (EUIPO 4. BK – R 1785/2008-4 – Pathfinder) entschieden, dass den Widersprechenden die Pflicht zum Benutzungsnachweis trifft, obwohl sich die Widerspruchsmarke noch in der Benutzungsschonfrist befand. Die nationale Widerspruchsmarke stellte eine Neuanmeldung zweier identischer Voreintragungen dar, die bereits dem Benutzungszwang unterlagen. Obwohl diese beiden Voreintragungen nach Ablauf der Benutzungsschonfrist aufgegeben wurden und die Neuanmeldung erst drei Jahre später erfolgte, ging die 4. BK davon aus, dass die Neuanmeldung einzig zum Zweck der künstlichen Verlängerung der Benutzungsschonfrist erfolgte (EUIPO 4. BK – R 1785/2008-4 Rn. 13 – Pathfinder). Die 4. BK begründete ihre Entscheidung, dass ein Benutzungsnachweis zu erbringen war, mit der wörtlichen Auslegung des Merkmals der „älteren Marke" im Rahmen von Art. 42 Abs. 2 S. 1. Nach Ansicht der BK müsse dieses Merkmal nicht notwendigerweise als „die Registrierungsnummer der Marke" interpretiert werden, sondern in der Bedeutung von „dieselbe Marke" (im Sinne der Wiedergabe der Marke nach Art. 26). An dieser Entscheidung wird Kritik geübt (so etwa in Eisenführ/Schennen/Eisenführ/Holderied Rn. 45). Die Tatsache, dass in „Pathfinder" zwischen Aufgabe der älteren Marke und Neuanmeldung drei Jahre lagen, spricht dafür, dass ein zeitlicher Zusammenhang fehlte, und dass sich die neu angemeldete Widerspruchsmarke in der Tat noch in der Benutzungsschonfrist befand.

37.3   In „CANAL+" vertrat dann auch die 2. BK mit explizitem Verweis auf „Pathfinder" die Auffassung, dass der Markeninhaber einen Benutzungsnachweis für Wiederholungsanmeldungen zu erbringen hatte (EUIPO 2. BK – R 1260/2013-2 Rn. 12 – 28 – CANAL+).

38   Aufgrund fehlender höchstrichterlicher Rechtsprechung besteht weiter Unklarheit in dieser Frage, weshalb Markeninhaber im Zweifel damit rechnen müssen, dass ein Benutzungsnachweis für eine Wiederholungsanmeldung zu erbringen ist, auch wenn sich diese formell noch in der Benutzungsschonpflicht befindet.

III. Ort der Benutzung: Benutzung in der Union

39   Art. 15 sieht vor, dass die Unionsmarke „in der Union" benutzt wird. Welche geographischen Anforderungen an die Benutzung einer Unionsmarke zu stellen sind, ist umstritten. Insbesondere ist fraglich, inwieweit eine **eingeschränkte geographische Benutzung,** etwa nur in einem Mitgliedstaat, als ernsthafte Benutzung „in der Union" anerkannt werden kann. In seiner „Leno Merken"-Entscheidung hatte sich der EuGH mit dieser Frage befasst und festgestellt, dass für die Beurteilung, ob eine „ernsthafte Benutzung in der Gemeinschaft" iSv Art. 15 Abs. 1 vorliegt, die Grenzen der Hoheitsgebiete der Mitgliedstaaten außer Betracht zu lassen sind (EuGH C-149/11, EuZW 2013, 228 Rn. 44 – Leno Merken).

40   Die Entscheidung des EuGH in „Leno Merken" hat damit zwar zur Klärung dieser Rechtsfrage beigetragen, jedoch hat es anschließend Amts- und Gerichtsentscheidungen gegeben, die diese Entscheidung unterschiedlich ausgelegt haben. Es wurde teilweise angenommen, dass die Benutzung einer Unionsmarke in nur einem Mitgliedstaat der EU für

eine rechtserhaltende Benutzung nicht ausreichen soll. So hat ein englisches Gericht eine Unionsmarke für nichtig erklärt, da es mit Verweis auf „Leno Merken" davon ausging, dass die nachgewiesene Benutzung der Marke für Möbel ausschließlich im Vereinigten Königreich für die rechtserhaltende Benutzung einer Unionsmarke nicht ausreichend sei(Intellectual Property Enterprise Court Entsch. v. 29.6.2015, [2015] EWHC 1773 (IPEC) – The Sofa Workshop Ltd./Sofaworks Ltd.). Diese Haltung ist fragwürdig. Das EuG und das EUIPO legen „Leno Merken" anders aus. Danach gilt weiterhin der **Grundsatz,** dass eine **grenzüberschreitende Benutzung nicht gefordert** werden kann. In seiner „NOW"-Entscheidung hat das EuG beispielsweise eine nachgewiesene Benutzung einer Marke für kabellose Breitbanddienste ausschließlich im Gebiet London und Themse-Tal als Nachweis einer ernsthaften Benutzung in der Union anerkannt (EuG T-278/13, BeckRS 2016, 80100 – NOW). Das EUIPO und anschließend das EuG hatten dabei berücksichtigt, dass London die größte Stadt des Vereinigten Königreichs und ein Ballungszentrum mit einer geschätzten Bevölkerung zwischen 12 und 14 Millionen Menschen ist. Zudem wurden weitere Aspekte wie die Häufigkeit und die Regelmäßigkeit der Benutzung in die Gesamtabwägung einbezogen.

Zudem wurde anerkannt, dass der Verkauf von höherpreisigen Sportwagen ausschließlich **41** im Vereinigten Königreich eine ernsthafte Benutzung einer Unionsmarke darstellt. Das EuG berücksichtigte, dass es sich um einen sehr kleinen, speziellen Markt handelt, der sich durch eine relativ geringe Nachfrage, durch eine Produktion auf Bestellung und durch den Verkauf einer begrenzten Anzahl an Automobilen kennzeichnet (EuG T-398/13, BeckRS 2015, 80958 Rn. 57 – TVR). Selbst eine Benutzung fast ausschließlich in Luxemburg wurde vom EuG in Ansehung der „Leno Merken"-Entscheidung als ausreichend angesehen (EuG T-24/13, BeckRS 2015, 81576 – CACTUS).

Eine regionale Beschränkung der Benutzung allein ist daher nicht ausreichend, um eine **42** ernsthafte Benutzung zu verneinen. Richtigerweise wird ein Markeninhaber eine nur **regionale Benutzung** durch eine **höhere Intensität** der Benutzung **ausgleichen** können (s. zB EUIPO 5. BK Entsch. v. 29.10.2015 – R 2825/2014-5 Rn. 17–24 – Pret à manger). Dies entspricht auch der Intention des EuGH in der „Leno Merken"-Entscheidung, die klar festgestellt hat, dass es unmöglich ist, im Vorhinein abstrakt festzulegen, auf welche Gebietsgröße abzustellen ist. Vielmehr beruht die Beurteilung der Ernsthaftigkeit der Benutzung einer Marke auf sämtlichen Tatsachen und Umständen, die belegen können, dass die geschäftliche Verwertung der Marke es ermöglicht, Marktanteile zu gewinnen oder zu behalten (EuGH C-149/11, EuZW 2013, 228 Rn. 55 – Leno Merken).

Ein Verkauf eines Produktes ausschließlich in US Militärbasen in Deutschland wurde als **43** nicht ausreichend angesehen (s. EUIPO Nichtigkeitsabteilung Entsch. v. 10.1.2012 – 4162 C – BIG RED). Diese regional eingeschränkte Benutzung war nicht als ernsthaft iSv Art. 15 zu betrachten, da diese nicht der Bildung eines Absatzmarktes in der Union diente. Zudem stellt die Benutzung einer Marke in der Schweiz keine ernsthafte Benutzung einer deutschen IR-Erstreckung dar, auch wenn ein entsprechendes internationales Abkommen zwischen beiden Staaten die Benutzung in der Schweiz einer solchen in Deutschland gleichstellt (auch → MarkenG § 26 Rn. 98 ff.).

In „BASKAYA" hatte der Markeninhaber eine ernsthafte Benutzung für die deutsche Erstreckung **43.1** einer Internationalen Registrierung nachzuweisen (EuGH C-445/12 P, BeckRS 2013, 82331 – BASKAYA). Der Markeninhaber legte lediglich Nachweise der Benutzung in der Schweiz vor und berief sich im Übrigen auf Art. 5 Übereinkommen vom 13.4.1892 zwischen Deutschland und der Schweiz, das bei einer ernsthaften Benutzung in der Schweiz eine Benutzung in Deutschland entbehrlich macht. Die Beschwerdekammer des EUIPO, das EuG und der EuGH wiesen diese Argumentation zurück, da nach Art. 42 Abs. 2 und 3 die ältere Marke in dem Mitgliedstaat ernsthaft benutzt worden sein muss, in dem sie geschützt ist. Aufgrund der Autonomie des Unionsmarkensystems kann das Deutsch-Schweizerische Abkommen von 1892 für den Nachweis der Benutzung einer Marke, die in Deutschland Schutz genießt, keine Relevanz haben kann (EuGH C-445/12 P, BeckRS 2013, 82331 Rn. 48, 49 – BASKAYA).

Eine **Ausnahme** zu der Regel, dass eine Marke in der Union zu benutzen ist, stellt **44** Art. 15 **Abs. 1 lit. b** auf, der festlegt, dass das Anbringen der Unionsmarke auf Waren oder deren Aufmachung in der Union ausschließlich für den **Export** als ernsthafte Benutzung iSv Art. 15 UAbs. 1 gilt. Hintergrund dieser Regelung ist, dass auch solche Unternehmen geschützt werden sollen, die hauptsächlich Waren für den Export herstellen, und die ansonsten aufgrund Nichtbenutzung ihrer Marken in der EU nicht gegen Nachahmerprodukte vorgehen könnten (Hasselblatt/Nordemann Rn. 54).

45 In Bezug auf nationale Marken regelt Art. 16 RL (EU) 2015/2436 iVm nationalem Recht, dass diese in dem Land, in dem sie geschützt sind, ernsthaft benutzt werden müssen (auch → MarkenG § 26 Rn. 93 ff.). Hier ist eine Benutzung in einem Teil des Mitgliedstaates in der Regel ausreichend (EuGH C-416/04 P, GRUR Int 2005, 47 Rn. 60, 66, 76 – VITAFRUIT). Aber auch im Falle einer nationalen Eintragung wird eine Gesamtabwägung durchzuführen sein, die neben der geographischen Reichweite auch andere Faktoren, wie Dauer und Intensität der Benutzung, berücksichtigt. Schließlich müssen internationale Registrierungen, in den EU-Mitgliedstaaten, in denen Erstreckungen bestehen, benutzt werden.

IV. Benutzung in abweichender Form (Abs. 1 lit. a)

1. Einleitung

46 Eine Marke ist grundsätzlich in ihrer eingetragenen Form zu benutzen. Gemäß Art. 15 Abs. 1 lit. a ist jedoch auch eine rechtserhaltende Benutzung gegeben, wenn zwar eine abweichende Form benutzt, die **Unterscheidungskraft** der Marke dadurch aber **nicht beeinflusst** wird. Dies gilt auch dann, wenn die benutzte abweichende Form ebenfalls als Marke eingetragen ist. Dies wurde durch den EuGH in „PROTI" klargestellt (EuGH C-553/11, GRUR 2012, 1257 Rn. 30 – PROTI) und in „Colloseum" bestätigt (EuGH C-12/12, GRUR Int 2013, 566 – Colloseum; → Rn. 54).

47 Art. 15 Abs. 1 lit. a berücksichtigt, dass Produktverpackungen oder Werbematerialien oftmals aktualisiert und weiterentwickelt werden. Das Markenrecht erlaubt daher die Möglichkeit einer leicht veränderten Benutzung (s. auch EuG T-482/08, GRUR Int 2011, 60 Rn. 30 – Atlas Transport). Zudem wird eine Wortmarke auf einem Produkt nie ohne weitere Kennzeichnungen verwendet, sei es auch nur in Form eines Etiketts, auf dem die Wortmarke angebracht ist, oder im Zusammenhang mit anderen Zeichen. Ob ein zusätzliches Element die Unterscheidungskraft der eingetragenen Marke verändert, ist im jeweiligen Einzelfall zu prüfen und hängt vor allem von der Unterscheidungskraft der eingetragenen Marke sowie von der Art und Unterscheidungskraft der zusätzlichen oder veränderten Elemente ab (zur deutschen Rechtsprechung → MarkenG § 26 Rn. 126 ff.).

2. Benutzung einer Wortmarke in stilisierter Form

48 Generell können Wortmarken in stilisierter Form oder als Wort-Bild-Marken benutzt werden, ohne dass sich dadurch die Unterscheidungskraft der Wortmarke verändert. Wenn die zusätzlichen Bildelemente rein dekorativer Natur oder gar zu vernachlässigen sind, wird die Unterscheidungskraft der Wortmarke nicht beeinflusst (EuG T-551/12, BeckRS 2014, 80240 Rn. 43 – SEMBELLA; T-105/13, BeckRS 2014, 82651 Rn. 49 – DRINKFIT).

3. Hinzufügungen und Weglassungen

49 Die Unterscheidungskraft einer Marke wird dann nicht beeinflusst, wenn das hinzugefügte Element schwach oder nicht unterscheidungskräftig ist (EuG T-353/08, GRUR Int 2010, 318 Rn. 29–33 – COLORIS). Ebenso verändert auch die Weglassung eines Elements, das eine untergeordnete Rolle einnimmt und keine Kennzeichnungskraft besitzt, nicht die Unterscheidungskraft der eingetragenen Marke (EuG T-135/04, GRUR Int 2006, 232 Rn. 37 – ONLINE BUS).

50 Der Umstand, dass eine eingetragene Marke manchmal mit und ohne zusätzliche Elemente benutzt wird, kann nach Ansicht des EuG eines der Kriterien darstellen, aus dem geschlossen werden kann, dass die Unterscheidungskraft nicht beeinflusst wird (EuG T-482/08, GRUR Int 2011, 60 Rn. 36 – Atlas Transport).

51 Die Unterscheidungskraft einer Marke wird aber dann beeinflusst, wenn Verbraucher die benutzte Marke nicht mehr als die eingetragene Marke erkennt. Nach Auffassung des EuG stellte daher die Benutzung von „FRUIT OF THE LOOM" keine Benutzung der Marke

„FRUIT" dar (EuG T-514/10, BeckRS 2012, 82072 Rn. 40 – FRUIT OF THE LOOM, mit Anm. Weiß GRUR-Prax 2012, 530).

Das Gericht hatte in dem Fall berücksichtigt, dass die Bezeichnung „FRUIT OF THE LOOM" 51.1
für den englisch-sprachigen Verbraucher eine originelle, kreative Bedeutung hat, die sich jedoch von der Bedeutung des Worts „FRUIT" unterscheidet. Im Hinblick auf den nicht englisch-sprachigen Verbraucher ging das EuG davon aus, dass das Wort „FRUIT" nicht das dominante Element in „FRUIT OF THE LOOM" darstellt. Vielmehr seien beide Wörter „FRUIT" und „LOOM" von gleichrangiger Bedeutung für den Gesamteindruck des benutzten Zeichens. Daher beeinflusste die Hinzufügung der Wortelemente „OF THE LOOM" die Unterscheidungskraft der Marke „FRUIT", weshalb eine ernsthafte Benutzung nicht gegeben war.

Zudem wurde auch die Benutzung von EMIDIO TUCCI lediglich als Benutzung der 52
Marke EMIDIO TUCCI anerkannt, nicht jedoch als Benutzung der ebenfalls eingetragenen Marke E. TUCCI (EuG T-39/10, BeckRS 2012, 82134 Rn. 37 – PUCCI).

4. Gleichzeitige Benutzung mehrerer Marken, Kombinationszeichen

Mehrere Zeichen können **gleichzeitig nebeneinander benutzt** werden. Weitere Kenn- 53
zeichnungen sind daher für die Frage, ob die Benutzung in der eingetragenen Form erfolgte, außer Acht zu lassen, es sei denn, sie sind integraler Bestandteil der Marke, so wie eingetragen (EuG T-29/04, GRUR Int 2006, 307 Rn. 33–38 – Cristal Castellblanch).

Umstritten war – jedenfalls außerhalb des Geltungsbereichs des MarkenG – die Frage, ob 54
auch dann eine Benutzung einer Marke gegeben ist, wenn auch die **benutzte abgewandelte Version als Marke registriert** war. In „Bainbridge" hatte der EuGH die Auffassung vertreten, dass die Regelung des Art. 15 nicht erlaubte, „den einer eingetragenen Marke zukommenden Schutz mittels des Nachweises ihrer Benutzung auf eine andere eingetragene Marke, deren Benutzung nicht nachgewiesen ist, mit der Begründung auszuweiten, dass die letztgenannte Marke nur eine leichte Abwandlung der erstgenannten Marke darstelle" (EuGH C-234/06 P, GRUR 2008, 343 Rn. 86 – Bainbridge). In „PROTI" stellte der EuGH jedoch klar, dass es dem Inhaber einer eingetragenen Marke nicht verwehrt ist, sich zum Nachweis für deren Benutzung darauf zu berufen, dass sie in einer von ihrer Eintragung abweichenden Form benutzt wird, ohne dass die Unterschiede zwischen diesen beiden Formen die Unterscheidungskraft der Marke beeinflussen, und zwar ungeachtet dessen, dass die abweichende Form ihrerseits als Marke eingetragen ist (EuGH C-553/11, GRUR 2012, 1257 Rn. 30 – PROTI). Den (scheinbaren) Widerspruch mit der zuerst ergangenen „Bainbridge"-Entscheidung erklärte der EuGH in „PROTI" damit, dass sich der Markeninhaber in „Bainbridge" auf eine Markenfamilie gestützt hatte, deren Benutzung nachzuweisen war, weshalb es in einem solchen Fall nicht möglich sei, sich auf die Benutzung einer Marke als Beleg für die Benutzung einer anderen Marke zu berufen (EuGH C-553/11, GRUR 2012, 1257 Rn. 29 – PROTI; s. auch Anm. Rohnke GRUR 2012, 1260). In der Neufassung des Art. 15 Abs. 1 lit. a kodifizierte der Gesetzgeber die beschriebene Rechtsprechung des EuGH in „PROTI" und stellte klar, dass eine Benutzung in abweichender Form auch dann eine ernsthafte Benutzung einer Marke darstellen kann, wenn auch die benutzte abweichende Form ebenfalls als Marke registriert ist.

Zudem bestand lange Unklarheit darüber, ob die **gleichzeitige, überlappende Benut-** 55
zung mehrerer Marken eine ernsthafte Benutzung der **einzelnen Marken** darstellen kann. Markeninhaber haben oftmals einzelne Elemente ihrer Produktaufmachung durch mehrere Marken geschützt, die jedoch stets oder regelmäßig gemeinsam benutzt werden. In „Colloseum" hat der EuGH bestätigt, dass „die Voraussetzung einer ernsthaften Benutzung einer Marke iSv Art. 15 Abs. 1 VO (EWG) Nr. 40/94 erfüllt sein kann, wenn eine eingetragene Marke, die ihre Unterscheidungskraft infolge der Benutzung einer anderen, zusammengesetzten Marke erlangt hat, deren Bestandteil sie ist, nur vermittels dieser anderen zusammengesetzten Marke benutzt wird oder wenn sie nur in Verbindung mit einer anderen Marke benutzt wird und beide Marken zusammen zusätzlich als Marke eingetragen sind (EuGH C-12/12, EuZW 2013, 555 Rn. 36 – Colloseum; s. auch Anm. Bogatz GRUR-Prax 2013, 179).

In „Colloseum" ging es um die ernsthafte Benutzung eines roten Stofffähnchens an der Rückseite 55.1
einer Jeanshose. Dieses rote Stofffähnchen wurde zwar stets nur im Zusammenhang mit der Aufschrift

LEVI'S benutzt, aber vom EUIPO aufgrund erlangter Unterscheidungskraft nach Art. 7 Abs. 3 auch ohne Schriftzug als Marke eingetragen. Gleichzeitig war die Kombination aus rotem Stofffähnchen mit LEVI'S ebenfalls als nationale Marke eingetragen. Im Zusammenhang mit einer Benutzungseinrede in einem Verletzungsverfahren hatte der Markeninhaber den Nachweis der ernsthaften Benutzung für das (wortlose) rote Stofffähnchen zu erbringen. Das verweisende deutsche Gericht sah es als unklar an, ob in einem solchen Fall, in dem eine eingetragene Marke, die ein Bestandteil einer anderen Marke ist und infolge der Benutzung der anderen Marke Unterscheidungskraft iSv Art. 7 Abs. 3 erlangt hat, durch die Verwendung dieser anderen Marke auch iSv Art. 15 rechterhaltend benutzt werden kann. Der EuGH verwies in seinem Urteil ausdrücklich auf seine Entscheidung in der Rs. „HAVE A BREAK" (EuGH C-353/03, GRUR 2005, 763 Rn. 30 – HAVE A BREAK), in der er festgestellt hatte, dass sich der Erwerb der Unterscheidungskraft sowohl aus der Benutzung eines Teils einer eingetragenen Marke als deren Bestandteil als auch aus der Benutzung einer anderen Marke in Verbindung mit einer eingetragenen Marke ergeben kann. Nach Ansicht des EuGH entsprechen die Anforderungen an die Prüfung der ernsthaften Benutzung einer Marke iSv Art. 15 Abs. 1 denen, die für den Erwerb der Unterscheidungskraft eines Zeichens durch Benutzung im Hinblick auf dessen Eintragung iSv Art. 7 Abs. 3 gelten (EuGH C-12/12, EuZW 2013, 555 Rn. 34 – Colloseum). In einer solchen Konstellation ist daher in der Regel anhand von Verkehrsumfragen nachzuweisen, dass der Verbraucher die Marke, die nur als Teil einer zusammengesetzten Marke oder in Verbindung mit einer anderen Marke benutzt wird, weiterhin als Herkunftshinweis wahrgenommen wird.

56 Eine ähnliche Entscheidung traf der EuGH in der Rs. „Specsavers", in der es um die Frage einer rechtserhaltenden Benutzung einer wortlosen Bildmarke ging, die stets nur in Kombination mit einer die Bildmarke überlappende Wortmarke benutzt wurde. Der EuGH erkannte an, dass die **Benutzung** einer solchen **komplexen Kombinationsmarke** aus Wort- und Bildmarke **auch eine Benutzung der (wortlosen) Bildmarke darstellen** kann, jeweils **vorausgesetzt,** dass die abweichende Art der Benutzung die **Unterscheidungskraft der Bildmarke nicht verändert** (EuGH C-252/12, GRUR 2013, 922 Rn. 24–26 – Specsavers).

56.1 In „Specsavers" lag der Sachverhalt etwas anders als in „Colloseum", da die wortlose Bildmarke nicht infolge erlangter, sondern aufgrund originärer Unterscheidungskraft eingetragen worden war. Der EuGH ging in „Specsavers" davon aus, dass durch die Überlagerung der (wortlosen) Bildmarke mit dem Wortzeichen „Specsavers" die **Form, in der die Marke eingetragen worden war, verändert** wurde. Nach Auffassung des EuGH war kein schlichtes Nebeneinanderstellen zweier Marken gegeben, da bestimmte Teile der (wortlosen) Bildmarke durch das Wortzeichen verdeckt wurden. Daher kommt es nach Auffassung des EuGH in einem solchen Fall bei der Frage der ernsthaften Benutzung darauf an, ob durch die kombinierte Art der Benutzung die Unterscheidungskraft der Bildmarke verändert wurde oder nicht.

57 Damit hat der EuGH zwei erfreuliche, praxisnahe, wenn auch in der Herangehensweise unterschiedliche Entscheidungen getroffen. So lange der Verbraucher die einzelnen Marken weiterhin als Marke in der registrierten Form wahrnimmt, ist es gerechtfertigt, dass auch eine kombinierte Benutzung als rechtserhaltende Benutzung der jeweiligen Marken anerkannt wird (s. auch Büscher GRUR 2015, 305). In der Praxis wird der Markeninhaber daher Verkehrsumfragen vorzulegen haben, um nachzuweisen sein, dass der Verbraucher die entsprechende Marke (weiterhin) als Herkunftsnachweis wahrnimmt und die Unterscheidungskraft der Marke durch die überlappende Benutzung mit einer anderen Marke nicht beeinflusst wurde.

5. Benutzung einer schwarz-weißen Marke in Farbe und umgekehrt

58 Im Rahmen des Konvergenzprogramms 4 haben das EUIPO und die Markenämter der Mitgliedstaaten Grundsätze zur Frage vorgelegt, inwieweit die Benutzung eines Zeichens in Farbe als ernsthafte Benutzung einer in schwarz-weiß bzw. in Graustufen eingetragenen Marke angesehen werden kann. Die gemeinsame Praxis der Markenämter stellt darauf ab, dass farbige und schwarz-weiß Marken nicht identisch sind, dass jedoch die reine Farbänderung die Unterscheidungskraft der Marke nicht beeinflusst, solange (i) die Wort- und Bildbestandteile übereinstimmen und die unterscheidungskräftigen Elemente bilden, (ii) der Farbkontrast erhalten bleibt, (iii) die Farbe oder die Farbkombination selbst keine Unterscheidungskraft hat und (iv) die Farbe nicht maßgeblich zur allgemeinen Unterscheidungskraft des Zeichens beiträgt. Diese Voraussetzungen stehen im Einklang mit der bisherigen EuG-Rechtsprechung, nach der die Benutzung einer Marke in einer anderen Form akzeptabel ist, solange die Anordnung der Wort- und Bildbestandteile gleich bleibt, die Wort- und Bildbestandteile übereinstimmen und die unterscheidungskräftigen Elemente bilden sowie der Farbkontrast erhalten bleibt (EuG T-152/11, BeckRS 2012, 81704 Rn. 41, 45 – MAD). Regelmäßig reicht daher die Benutzung eines farbigen Zeichens zur Rechtserhaltung einer schwarz-weißen Marke aus (s. auch Büscher GRUR 2015, 305).

Die im Konvergenzprogramm 4 genannten Voraussetzungen, die gegeben sein müssen **59** damit eine Farbänderung die Unterscheidungskraft der Marke nicht beeinflusst, gelten grundsätzlich sowohl für schwarz-weiße als auch für farbige Marken. Farbige Marken werden jedoch oftmals gerade deshalb angemeldet, weil der Markeninhaber der Auffassung ist, dass der Farbgebung eine besondere Bedeutung zuzumessen ist, die zur allgemeinen Unterscheidungskraft beiträgt. In einem solchen Fall besteht das Risiko, dass bei einer Farbänderung bzw. einer Benutzung in schwarz-weiß im Einzelfall eine ernsthafte Benutzung nicht mehr anzunehmen ist.

D. Berechtigte Gründe für die Nichtbenutzung

Abs. 1 sieht die Ausnahme vor, dass es berechtigte Gründe für eine Nichtbenutzung **60** geben kann. Diese Vorschrift ist eng auszulegen, damit nicht jedes kleine Hindernis für eine Rechtfertigung der Nichtbenutzung ausreicht (EuGH C-246/05, GRUR 2007, 702 Rn. 51 – La Chef de Cuisine). Welche Gründe als berechtigt anzusehen sind, ist im Einzelfall zu prüfen. Nach Ansicht des EuGH können allein die Hindernisse als „berechtigte Gründe" iSv Art. 15 angesehen werden, die die einen **ausreichend unmittelbaren Zusammenhang** mit der Marke aufweisen, ihre Benutzung unmöglich oder unzumutbar machen und vom Willen des Markeninhabers unabhängig sind. Zudem sei jeweils im konkreten Fall zu prüfen, ob eine Änderung der Unternehmensstrategie zur Umgehung des jeweiligen Hindernisses die Benutzung der Marke unzumutbar macht (EuGH C-246/05, GRUR 2007, 702 Rn. 54 – La Chef de Cuisine). Daher fallen reine bürokratische Hindernisse, die lediglich die Ausführung einer Unternehmensstrategie verzögern, nicht unter diese Ausnahme (EuGH C-246/05, GRUR 2007, 702 Rn. 32 – La Chef de Cuisine). Rein wirtschaftliche Probleme, etwa finanzielle Schwierigkeiten des Markeninhabers, können dementsprechend ebenfalls richtigerweise keinen berechtigten Grund für eine Nichtbenutzung darstellen, da diese nicht vom Markeninhaber unabhängig sind, sondern vielmehr ein allgemeines Risiko jedes Geschäftsbetriebes darstellen (EUIPO 1. BK Entsch. v. 12.1.2012 – R 2412/2010-2 Rn. 25).

Es ist davon auszugehen, dass eine komplexes Zulassungsverfahren für Arzneimittel einen **61** solchen berechtigten Grund darstellt (EUIPO 1. BK Entsch. v. 18.4.2007 – R 155/2006-1 Rn. 23–40). Aber auch in solchen Fällen wird den Markeninhaber regelmäßig die Pflicht treffen, nachzuweisen, dass er sich bemüht hatte, das Zulassungsverfahren zu einem zügigen Abschluss zu bringen (auch → MarkenG § 26 Rn. 188).

Andere staatliche Einflussnahmen, wie **Einfuhrhindernisse** oder Beschränkungen der **62** Verkehrsfähigkeit bestimmter Produkte werden ebenfalls als berechtigte Gründe für eine Nichtbenutzung angesehen, da sie Akte höherer Gewalt darstellen, die außerhalb der Einflusssphäre des Markeninhabers liegen (EUIPO 4. BK Entsch. v. 9.3.2010 – R 764/2009-4 Rn. 25 – HUGO BOSS).

Einstweilige Verfügungen oder **gerichtliche Beschlüsse,** die ein beschränkendes Ver- **63** äußerungs- oder Verfügungsverbot beinhalten, können ebenfalls einen berechtigten Grund für eine Nichtbenutzung darstellen, weil der Markeninhaber dadurch gezwungen wird, seine Marke im geschäftlichen Verkehr nicht zu benutzen. Hat etwa ein Dritter eine einstweilige Verfügung gegen die Benutzung einer Marke erwirkt, würde der Markeneigentümer sich ggf. schadensersatzpflichtig machen, wenn er die Benutzung aufnähme. Auch wenn im Rahmen eines Insolvenzverfahrens ein gerichtliches Verfügungsverbot erlassen wird, wonach die Verwaltungs- und Verfügungsbefugnis über das Vermögen des Markeninhabers und damit auch alle Verfügungs- und Benutzungshandlungen hinsichtlich der Marke im Geschäftsverkehr auf den Insolvenzverwalter übertragen wurden, wird dies als berechtigter Grund für eine Nichtbenutzung anerkannt (EUIPO 1. BK Entsch. v. 11.12.2007 – R 77/2006-1 Rn. 51 – Miss Intercontinental).

64 Hingegen stellen ein **anhängiges Verfallsverfahren** oder **Produktionsprobleme** in der Regel **keine** berechtigten Gründe für eine Nichtbenutzung dar (EuG T-250/13, BeckRS 2016, 81643 Rn. 62–74 – SMART WATER, bestätigt durch EuGH C-252/15 P, BeckRS 2016, 80631 Rn. 91–98).

64.1 Das EuG und der EuGH waren in „SMART WATER" der Auffassung, dass ein anhängiges Verfallsverfahren einer dritten Partei es dem Eigentümer nicht unmöglich macht, die Marke zu benutzen (EuGH C-252/15 P, BeckRS 2016, 80631 Rn. 98 – SMART WATER). In „SMART WATER" hatte sich der Markeninhaber zudem darauf berufen, dass eine Benutzung der Marke nicht möglich gewesen sei, da die mit der Marke versehenen Getränke mangelhaft waren und daher vom Markt genommen werden mussten. Der Markeninhaber befürchtete, sich beim weiteren Verkauf der mangelhaften Waren schadensersatzpflichtig zu machen. Hier hatten die BK und das EuG richtigerweise darauf hingewiesen, dass es dem Markeninhaber möglich gewesen wäre, neue fehlerfreie Waren zu produzieren und auf den Markt zu bringen. Selbst wenn die Marke tatsächlich später für verfallen erklärt werden sollte und der Eigentümer einen Schadensersatzprozess zu befürchten hätte, stellt ein Schadensersatztitel gegen den Eigentümer noch keine direkte Konsequenz des Verfallsverfahrens dar (EuGH C-252/15 P, BeckRS 2016, 80631 Rn. 98 – SMART WATER), weshalb kein berechtigter Grund für eine Nichtbenutzung gegeben war.

65 Nach Ansicht der 4. BK des EUIPO kann auch ein anhängiges **nationales Nichtigkeitsverfahren** gegen eine Widerspruchsmarke nicht als berechtigter Grund für eine Nichtbenutzung anerkannt werden (s. EUIPO 4. BK Entsch. v. 9.3.2010 – R 764/2009-4 Rn. 25 – HUGO BOSS).

66 Die reine **Drohung mit einem Verletzungsverfahren** stellt ebenfalls keinen berechtigten Grund für eine Nichtbenutzung dar. Die mögliche Gefahr eines Verletzungsverfahrens und einer möglichen Schadensersatzpflicht trifft jeden Markeninhaber. Der Markeninhaber allein ist dafür verantwortlich, zu entscheiden, ob seine Marke ggf. Markenrechte Dritter verletzt.

67 In „WEBSHIPPING" hatte der Markeninhaber argumentiert, seine Marke nicht in Benutzung genommen zu haben, da ein **Mitbewerber die identische Marke dauerhaft und intensiv in verletzender Weise benutzte** (s. EUIPO 4. BK Entsch. v. 28.1.2015 – R 2425/2013 – WEBSHIPPING). In dem Verfallsverfahren des markenverletzenden Mitbewerbers berief sich dieser auf die Nichtbenutzung der Marke. Die 4. BK des EUIPO stellte sich auf die Seite des Markeneigentümers. Die systematische Verletzung einer Marke bis zu ihrer Löschung würde ansonsten dazu führen, dass der Eigentümer *de facto* zwangsenteignet wird. Eine Klage gegen diese Entscheidung ist zurzeit beim EuG anhängig (EuG T-142/15).

68 Berechtigte Gründe für eine Nichtbenutzung ersetzen richtigerweise nicht die rechtserhaltende Benutzung, sondern **hemmen lediglich den Ablauf der fünfjährigen Benutzungsschonfrist,** solange sie andauern. Nach Entfallen der berechtigten Gründe beginnt die (restliche) Benutzungsschonfrist wieder zu laufen (Eisenführ/Schennen/Holderied Rn. 68). Dies gilt selbstverständlich nur für Marken, die bereits dem Benutzungszwang unterliegen. Die Ausnahme der berechtigten Nichtbenutzung iSd Art. 15 greift nur ein, wenn die Marke bereits dem Benutzungszwang unterliegt. Wenn eine Marke noch in der Benutzungsschonfrist ist, muss sich der Markeninhaber nicht auf diese Ausnahme berufen. Lediglich im Falle einer Marke, die schon mehr als fünf Jahre eingetragen ist, können berechtigte Gründe für eine Nichtbenutzung einen „Hemmungseffekt" haben. Bei Wegfall der berechtigten Gründe für die Nichtbenutzung ist davon auszugehen, dass der Fünfjahreszeitraum nicht von neuem zu laufen beginnt, sondern lediglich während des Zeitraums der berechtigten Nichtbenutzungsgründe suspendiert war.

E. Benutzung der Unionsmarke mit Zustimmung des Inhabers (Abs. 2)

69 Nach Abs. 2 gilt die Benutzung der Unionsmarke mit Zustimmung des Inhabers durch einen Dritten als Benutzung durch den Inhaber. Dies setzt voraus, dass der Inhaber der Benutzung durch den Dritten vor Aufnahme der Benutzung zugestimmt haben muss. Eine nachträgliche Genehmigung ist nicht ausreichend. Jedoch kann sich der Nachweis einer vorherigen Zustimmung auch aus den Umständen des Einzelfalls ergeben und muss nicht explizit nachgewiesen werden (vgl. EuGH C-416/04 P, GRUR 2006, 582 Rn. 70 – VITA-FRUIT; auch → MarkenG § 26 Rn. 167 ff.).

Aufgrund der Tatsache, dass Marken großer Unternehmen oftmals im Namen einer Holdinggesellschaft registriert, jedoch von verschiedenen Tochterunternehmen in verschiedenen EU-Mitgliedstaaten benutzt werden, kommt der Regelung des Art. 15 Abs. 2 **hohe praktische Bedeutung** zu. Diese vereinfacht deutlich die Nachweispflicht, da die genaue Gesellschafts- und Anteilsstruktur in den Unternehmen nicht in Detail dargelegt werden muss, um den Nachweis einer Benutzung durch ein Tochterunternehmen zu belegen (EuG T-203/02, GRUR Int 2005, 47 Rn. 25 – VITAFRUIT). Den Markeninhaber wird aber dann eine weitere Beweislast treffen, wenn ausdrücklich bestritten wird, dass die Benutzung durch einen Dritten mit Zustimmung des Markeninhabers erfolgte. 70

Wenn Waren vom Markeninhaber nur hergestellt, diese aber von Vertriebshändlern im Groß- oder Einzelhandel in Verkehr gebracht werden, wird dies gleichfalls als ernsthafte Benutzung des Markeninhabers angesehen (EuG T-324/09, BeckRS 2011, 80715 Rn. 32 – FRIBOI). 71

Zudem vereinfacht die Regelung des Art. 15 Abs. 2 deutlich den Benutzungsnachweis im Falle einer **Benutzung durch einen Lizenznehmer.** In vielen Rechtssystemen ist eine eingetragene Lizenz Voraussetzung für die Anerkennung einer Drittbenutzung (zB in China, Taiwan, Korea, Thailand, Ecuador oder Kolumbien; s. INTA Committee Position Paper on Elimination of Mandatory Trademark License Recording Requirements). Die Regelung der UMV verlangt keine Eintragung von Lizenzen und ist damit sehr Markeninhaber- bzw. Lizenznehmerfreundlich. Zwar sieht Art. 22 Abs. 5 die Möglichkeit vor, Lizenzen eintragen zu lassen, dies hat aber lediglich eine Klarstellungsfunktion und ist nicht Voraussetzung für deren Rechtswirksamkeit (→ Art. 22 Rn. 16). Im Falle einer lizensierten Benutzung geht das EUIPO daher in der Regel von einer Benutzung mit Zustimmung des Inhabers aus, wenn sich der Inhaber sich auf diese Benutzung explizit bezieht. Damit wird die Benutzung eines Lizenznehmers nicht anders bewertet als die Benutzung durch die Markeninhaber selbst. Dies ist von deutlichem Vorteil für den Lizenznehmer, da dieser etwa auch nach Art. 41 Widersprechender im Widerspruchsverfahren sein kann (→ Art. 41 Rn. 19). 72

Abschnitt 4 Die Unionsmarke als Gegenstand des Vermögens

Art. 16 Gleichstellung der Unionsmarke mit der nationalen Marke

(1) Soweit in den Artikeln 17 bis 24 nichts anderes bestimmt ist, wird die Unionsmarke als Gegenstand des Vermögens im Ganzen und für das gesamte Gebiet der Union wie eine nationale Marke behandelt, die in dem Mitgliedstaat eingetragen ist, in dem nach dem Register
a) der Inhaber zum jeweils maßgebenden Zeitpunkt seinen Wohnsitz oder Sitz hat;
b) wenn Buchstabe a nicht anwendbar ist, der Inhaber zum jeweils maßgebenden Zeitpunkt eine Niederlassung hat.

(2) Liegen die Voraussetzungen des Absatzes 1 nicht vor, so ist der nach Absatz 1 maßgebende Mitgliedstaat der Staat, in dem das Amt seinen Sitz hat.

(3) ¹Sind mehrere Personen als gemeinsame Inhaber in das Gemeinschaftsmarkenregister eingetragen, so ist für die Anwendung des Absatzes 1 der zuerst genannte gemeinsame Inhaber maßgebend; liegen die Voraussetzungen des Absatzes 1 für diesen Inhaber nicht vor, so ist der jeweils nächstgenannte gemeinsame Inhaber maßgebend. ²Liegen die Voraussetzungen des Absatzes 1 für keinen der gemeinsamen Inhaber vor, so ist Absatz 2 anzuwenden.

Überblick

Die Vorschrift enthält ein Statut zur grundsätzlichen Anwendung derjenigen nationalen Markenrechtsordnung, nach der die Unionsmarke als Vermögensgegenstand zu beurteilen ist.

Festgelegt ist ein Kaskadenprinzip, das sich an der Registerlage orientiert und bei juristischen Personen den Sitz, bei natürlichen Personen den Wohnsitz des registrierten Inhabers zum Kriterium der Wahl der einschlägigen Rechtsordnung macht.

A. Unionsmarke als unabhängiger Gegenstand des Vermögens

1   Art. 16 benennt die Unionsmarke als Gegenstand des Vermögens. Die Vorschrift führt damit die bereits in der **Präambel** der UMV getroffene Festlegung fort, nach der „die Unionsmarke (...) als ein von dem Unternehmen, dessen Waren oder Dienstleistungen sie bezeichnen, unabhängiger Gegenstand des Vermögens" zu behandeln ist (Präambel Nr. 11). Das Unionsmarkensystem hat sich damit **gegen** das **Prinzip der Akzessorietät** von Marke und Geschäftsbetrieb entschieden. Art. 17 Abs. 1 betont die Unabhängigkeit der Marke von einem Geschäftsbetrieb noch einmal ausdrücklich. Nachdem Griechenland als letzter Mitgliedstaat die freie Übertragbarkeit der nationalen Marke nach griechischem Markenrecht eingeführt hat, ist das Prinzip der Akzessorietät heute in allen Mitgliedländern gefallen (zur Entwicklung aus rechtsvergleichender Sicht vgl. Fezer MarkenG § 27 Rn. 6).

2   Die Marke stellt heute ein **Wirtschaftsgut** dar, dessen Wert bei entsprechender Pflege sowohl in rechtlicher wie auch in werblich/kommunikativer Hinsicht den Unternehmenswert erheblich und dynamisch (mit-) bestimmt. Zur Ermittlung des wirtschaftlichen Wertes einer Marke im Rahmen von Markenbewertungsverfahren → MarkenG § 27 Rn. 8 ff. Zur handels- und steuerrechtlichen Relevanz des Markenwertes → MarkenG § 27 Rn. 7.

3   Die Unionsmarke als Vermögensgegenstand ist jeder Möglichkeit der **Verfügung** zugänglich. Sie kann übertragen (Art. 17, 18), belastet (Art. 19) und lizenziert (Art. 22) werden. Sie kann Gegenstand von Zwangsvollstreckungsmaßnahmen (Art. 20) sein und grundsätzlich auch von einem Insolvenzverfahren erfasst werden (Art. 21).

B. Anwendungsbereich

4   Da Art. 16 nur die Unionsmarke als solche betrifft, gilt das Statut des Art. 16 ausschließlich für dingliche, nicht dagegen für schuldrechtliche Fragen (Ekey/Kippel/v. Kapff Rn. 8, 21 ff. mwN; Ströbele/Hacker/Hacker MarkenG § 27 Rn. 64). Letztere unterliegen dem Recht, welches nach internationalem Privatrecht zur Anwendung gelangt. Hinsichtlich der Markenübertragung gilt Art. 16 deshalb ausschließlich für das **Verfügungsgeschäft.** Soweit für das Verfügungsgeschäft hiernach deutsches Recht zur Anwendung gelangt, lässt die Rechtsprechung des BGH (BGH GRUR 2002, 972 – FROMMIA) jedoch auf eine einheitliche Anwendung deutschen Rechts auch für das Verpflichtungsgeschäft schließen (→ MarkenG § 27 Rn. 16 f.).

C. Allgemeine Erwägungen zur Bestimmung der Rechtsordnung nach Art. 16

5   Art. 16 bestimmt die einheitliche Festlegung derjenigen nationalen Rechtsordnung, nach deren Vorschriften die Unionsmarke als Vermögensgegenstand grundsätzlich zu behandeln ist (zur Notwendigkeit der Zuweisung einer bestimmten Rechtsordnung eines Mitgliedstaates vgl. Eisenführ/Schennen/Schennen Rn. 1 f.). Dieses Statut gilt dann für alle Mitgliedsländer **einheitlich.** Eine zergliedernde Betrachtung der Unionsmarke nach den unterschiedlichen nationalen Rechtsordnungen der geografischen Teilschutzbereiche der Marke ist ausgeschlossen. Eine solche würde dem Grundsatz der Einheitlichkeit der Unionsmarke zuwiderlaufen (vgl. Art. 1 Abs. 2 sowie Präambel Nr. 3).

6   Das nach Art. 16 festzulegende nationale Recht gilt, soweit die nachfolgenden Art. 17 bis 24 nichts anderes bestimmen. Insoweit finden sich **abweichende Regelungen** in Art. 21 und Art. 23. Für die Zuständigkeit der für **Zwangsvollstreckungsmaßnahmen** zuständigen Gerichte und Behörden ist in Art. 20 auf das gemäß Art. 16 zu bestimmende Recht ausdrücklich verwiesen. Eine entsprechende Verweisung findet sich in Art. 23 Abs. 3, der die Wirkung einer Zwangsvollstreckungsmaßnahme gegenüber Dritten betrifft. Hier ist ebenfalls auf die Bestimmung der nationalen Rechtsordnung nach Art. 16 verwiesen.

Taxhet

Das für anwendbar erklärte nationale Recht ist das nationale Recht insgesamt einschließ- 7
lich des internationalen Privatrechts, das wiederum auf die Rechtsordnung eines anderen
Staates **verweisen** kann (EUIPO Richtlinien Teil E, Abschn. 3, Kap. 1, 1.4).

Die Frage, ob das nach Art. 16 anzuwendende nationale Recht in einem Verfahren vor 8
dem Gericht der EU richtig angewandt wurde, obliegt dem EuGH (EuGH C-263/09,
GRUR Int 2011, 821 – Edwin Co./HABM (ELIO FIORUCCI)).

D. Bestimmung der nationalen Rechtsordnung

I. Sitz und Niederlassung des Inhabers

1. Registerlage

Art. 16 legt der Bestimmung der anzuwendenden nationalen Rechtsordnung eine Art 9
Kaskadenprinzip zugrunde. Dieses orientiert sich an der formellen Registerlage. Sofern
(bei juristischen Personen) der Sitz bzw. (bei natürlichen Personen) der Wohnsitz des Markeninhabers im Register als in einem Mitgliedstaat gelegen vermerkt ist, findet gemäß Art. 16
Abs. 1 Buchst. a das Recht dieses Mitgliedstaates Anwendung. Sofern der (Wohn-) **Sitz**
des Markeninhabers nicht als in einem Mitgliedstaat belegen im Register vermerkt ist, der
Markeninhaber aber eine Niederlassung in einem der Mitgliedstaaten unterhält, findet gemäß
Art. 16 Abs. 1 Buchst. b das Recht desjenigen Mitgliedstaates Anwendung, in dem die
Niederlassung unterhalten wird. In allen anderen Fällen kommt gemäß Art. 16 Abs. 2 das
Recht des Mitgliedstaates zur Anwendung, in dem das Amt seinen Sitz hat. Es gilt in
diesen Fällen das **spanische Markenrecht.** Betroffen von der **subsidiären Zuweisung**
der Rechtsordnung des Landes, in dem das Amt seinen Sitz hat, sind Fälle, in denen der
Markeninhaber die Nationalität eines Nichtmitgliedstaates aufweist und auch keine Niederlassung in einem der Mitgliedsländer unterhält.

Der Terminus „Niederlassung" kann in Übereinstimmung mit den Erwägungen des „Guide to the 9.1
international registration of Marks" B.II.3 Ziff. 02.06 in Anlehnung an Art. 3 PVÜ definiert werden.
Ausgeschlossen sind demnach nur Scheinniederlassungen, während jede Art der geschäftlichen Tätigkeit
ausreichend ist. Es genügt eine Zweigniederlassung.

Für Markenanmeldungen gelten die Regelungen des Art. 16 gemäß Art. 24 entsprechend, 10
so dass es auf den im Register vermerkten (Wohn-) Sitz und hiernach auf die Niederlassung
des im Register vermerkten Anmelders ankommt.

Sind **mehrere Personen** als Inhaber einer Unionsmarke eingetragen, ist das in Art. 16 11
Abs. 1 definierte Kaskadenprinzip gemäß Art. 16 Abs. 2 nach der Reihenfolge der Eintragungen der Inhaber anzuwenden. Es ist danach zunächst zu prüfen, ob der im Register zuerst
genannte Inhaber seinen (Wohn-) Sitz in einem Mitgliedstaat hat, hiernach, ob er eine
Niederlassung in einem Mitgliedstaat unterhält. Es gilt die nationale Rechtsordnung des
Landes, in dem der (Wohn-) Sitz bzw. die Niederlassung gelegen ist. Fällt die Prüfung negativ
aus, ist sie in entsprechender Weise zunächst für den an zweiter Stelle registrierten und
sodann für jeden im Folgenden registrierten Inhaber zu prüfen. Erst wenn die Registerlage
für keinen der registrierten Eigentümer einen (Wohn-) Sitz oder eine Niederlassung in einem
der Mitgliedstaaten ausweist, kommt spanisches Recht zur Anwendung.

2. Keine Ausnahmen von der Registerlage

Der Wortlaut des Art. 16 macht die Bestimmung der nationalen Rechtsordnung von der 12
Registerlage abhängig. Es ist fraglich, ob über die Registerlage hinausgehend gleichwohl die
Möglichkeit besteht, die Anwendung eines bestimmten Rechts auch dadurch zu erwirken,
dass dem Amt der Sitz oder eine Niederlassung des Inhabers in einem bestimmten Mitgliedstaat **nachgewiesen** wird (so Eisenführ/Schennen/Schennen Rn. 4). Eine entsprechende
Handhabung würde indes insbesondere in Fällen, in denen mehrere Markeninhaber registriert sind, zu Rechtsunsicherheiten führen und ist deshalb abzulehnen. Denn es wäre in
diesem Falle in das Belieben der Inhaber gestellt, durch die situative Wahl des Nachweises
zum Sitz/zur Niederlassung eines beliebigen Inhabers ein dem Anlass gerade günstiges Recht
auszuwählen (im Ergebnis ebenso Ströbele/Hacker/Hacker MarkenG § 27 Rn. 65). Die

Anknüpfung an die Registerlage wurde überdies durch den **Gesetzgeber** bewusst gewählt; dafür spricht jedenfalls, dass sie in dem ursprünglichen, geänderten Vorschlag der Kommission (KOM (84) 470 endg., ABl. C 230 vom 31.8.1984, 139) noch nicht vorhanden war.

13   Den Anmeldern einer Marke ist angeraten, gebührende **Sorgfalt** auf die zur Eintragung gelangenden Angaben zu legen. Es mag sein, dass eine natürliche Person über **mehrere Wohnsitze** verfügt, so dass die Wahl des anzugebenden Wohnsitzes bereits über die später anzuwendende Rechtsordnung entscheidet. Entsprechendes gilt für **verschiedene Niederlassungen** einer juristischen Person sowie für die Reihenfolge, in der mehrere Inhaber einer Marke bei der Anmeldung benannt werden.

II. Jeweils maßgeblicher Zeitpunkt

14   Als Zeitpunkt, zu dem das anzuwendende nationale Markenrecht zu bestimmen ist, nennt Art. 16 „den jeweils maßgeblichen Zeitpunkt". Damit ist auf den Zeitpunkt abzustellen, zu dem sich die Frage nach dem nationalen Recht stellt. Das Statut ist damit **„zeitlich wandelbar"** (Eisenführ/Schennen/Schennen Rn. 7). Es kann von dem jeweils betroffenen Markeninhaber durch Verlegung seines Sitzes oder durch Verlegung/Neubegründung einer Niederlassung und einer entsprechenden Registrierung dieser Sachverhalte beim Amt beeinflusst werden.

15   Die **Rechtsunsicherheit,** die mit der Wandelbarkeit des anzuwendenden nationalen Rechts einhergeht, ist vom Gesetzgeber gewollt. Der ursprüngliche Vorschlag der Kommission hatte den Zeitpunkt der Markenanmeldung als für jeden Fall maßgeblichen Zeitpunkt zur Bestimmung der Rechtsordnung vorgesehen (KOM (84) 470 endg., ABl. C 230 vom 31.8.1984, 13). Nachdem sich dieser Vorschlag nicht durchgesetzt hat, ist davon auszugehen, dass die mit der aktuellen Gesetzeslage einhergehenden Rechtsunsicherheiten bewusst in Kauf genommen wurden.

E. Formvorschriften

16   Soweit Verfügungen oder Belastungen des Rechts an der Marke nach dem geltenden nationalen Recht eine besondere Form erfordern, ist diese ebenfalls zu beachten. Dies gilt jedenfalls so weit, wie diese Formerfordernisse unmittelbar aus der Verfügung über die Marke selbst resultieren. Werden sie lediglich durch Begleitumstände, zB kartellrechtlicher Art, gesetzt, verweist Art. 16 hierauf nicht, weil die Vorschrift lediglich die vermögensrechtlichen Wirkungen der Unionsmarke regelt.

17   Zu den vermögensrechtlichen Wirkungen gehört auch das Verhältnis mehrerer Markeninhaber zueinander. Es gelten die jeweiligen zivil- und gesellschaftsrechtlichen Regelungen der nach Art. 16 anzuwendenden nationalen Rechtsordnung.

Art. 17 Rechtsübergang

(1) Die Unionsmarke kann, unabhängig von der Übertragung des Unternehmens, für alle oder einen Teil der Waren oder Dienstleistungen, für die sie eingetragen ist, Gegenstand eines Rechtsübergangs sein.

(2) ¹Die Übertragung des Unternehmens in seiner Gesamtheit erfasst die Unionsmarke, es sei denn, dass in Übereinstimmung mit dem auf die Übertragung anwendbaren Recht etwas anderes vereinbart ist oder eindeutig aus den Umständen hervorgeht. ²Dies gilt entsprechend für die rechtsgeschäftliche Verpflichtung zur Übertragung des Unternehmens.

(3) Vorbehaltlich der Vorschriften des Absatzes 2 muss die rechtsgeschäftliche Übertragung der Unionsmarke schriftlich erfolgen und bedarf der Unterschrift der Vertragsparteien, es sei denn, sie beruht auf einer gerichtlichen Entscheidung; anderenfalls ist sie nichtig.

(4) Ergibt sich aus den Unterlagen über den Rechtsübergang in offensichtlicher Weise, dass die Unionsmarke aufgrund des Rechtsübergangs geeignet ist, das Publikum insbesondere über die Art, die Beschaffenheit oder die geografische Herkunft

der Waren oder Dienstleistungen, für die die Marke eingetragen ist, irrezuführen, so weist das Amt die Eintragung des Rechtsübergangs zurück, sofern der Rechtsnachfolger nicht damit einverstanden ist, die Eintragung der Unionsmarke auf Waren und Dienstleistungen zu beschränken, hinsichtlich deren sie nicht irreführend ist.

(5) Der Rechtsübergang wird auf Antrag eines Beteiligten in das Register eingetragen und veröffentlicht.

(6) Solange der Rechtsübergang nicht in das Register eingetragen ist, kann der Rechtsnachfolger seine Rechte aus der Eintragung der Unionsmarke nicht geltend machen.

(7) Sind gegenüber dem Amt Fristen zu wahren, so können, sobald der Antrag auf Eintragung des Rechtsübergangs beim Amt eingegangen ist, die entsprechenden Erklärungen gegenüber dem Amt von dem Rechtsnachfolger abgegeben werden.

(8) Alle Dokumente, die gemäß Artikel 79 der Zustellung an den Inhaber der Unionsmarke bedürfen, sind an den als Inhaber Eingetragenen zu richten.

Änderungen mWv 1.10.2017 gemäß VO (EU) 2015/2424 vom 16.12.2015 (Abs. 4 wird aufgehoben, Abs. 5a–5f werden ergänzt):

(4) (aufgehoben)

(5a) [1]Ein Antrag auf Eintragung eines Rechtsübergangs enthält Angaben zur Unionsmarke, zum neuen Inhaber und zu den Waren und Dienstleistungen, auf die sich der Rechtsübergang bezieht, sowie Unterlagen, aus denen sich der Rechtsübergang gemäß den Absätzen 2 und 3 ergibt. [2]Der Antrag kann zudem gegebenenfalls Informationen zur Identifizierung des Vertreters des neuen Markeninhabers enthalten.

(5b) Die Kommission erlässt Durchführungsrechtsakte, in denen Folgendes festgelegt wird:
a) die Einzelheiten, die in dem Antrag auf Eintragung eines Rechtsübergangs anzugeben sind;
b) die Art der Unterlagen, die für den Rechtsübergang erforderlich sind, unter Berücksichtigung der vom eingetragenen Markeninhaber und dem Rechtsnachfolger getroffenen Vereinbarungen;
c) die Einzelheiten der Behandlung von Anträgen auf teilweisen Rechtsübergang, bei denen sicherzustellen ist, dass sich die Waren und Dienstleistungen der verbleibenden Eintragung und der neuen Eintragung nicht überschneiden und dass für die neue Eintragung eine getrennte Akte mit einer neuen Eintragungsnummer angelegt wird.
Diese Durchführungsrechtsakte werden nach dem Prüfverfahren gemäß Artikel 163 Absatz 2 erlassen.

(5c) [1]Sind die in den Absätzen 1 bis 3 oder in den in Absatz 5b genannten Durchführungsrechtsakten festgelegten Bedingungen für die Eintragung eines Rechtsübergangs nicht erfüllt, so teilt das Amt dem Antragsteller die Mängel mit. [2]Werden die Mängel nicht innerhalb einer vom Amt festgelegten Frist beseitigt, so weist es den Antrag auf Eintragung des Rechtsübergangs zurück.

(5d) Für zwei oder mehrere Marken kann ein einziger Antrag auf Eintragung eines Rechtsübergangs gestellt werden, sofern der eingetragene Markeninhaber und der Rechtsnachfolger in jedem Fall dieselbe Person ist.

(5e) Die Absätze 5a bis 5d gelten auch für Anmeldungen von Unionsmarken.

(5f) [1]Im Falle eines teilweisen Rechtsübergangs gilt ein Antrag des ursprünglichen Markeninhabers, über den in Bezug auf die ursprüngliche Eintragung noch nicht entschieden ist, in Bezug auf die verbleibende Eintragung und die neue Eintragung als noch nicht erledigt. [2]Müssen für einen solchen Antrag Gebühren gezahlt werden und hat der ursprüngliche Markeninhaber diese Gebühren entrichtet, so ist der neue Inhaber nicht verpflichtet, zusätzliche Gebühren für diesen Antrag zu entrichten.

Überblick

Art. 17 regelt die Voraussetzungen des derivativen Erwerbs der Rechte an einer Unionsmarke sowie die Folgen der fehlenden Registrierung eines solchen Rechtserwerbs.

Abs. 1 legt fest, dass die Marke zum einen unabhängig von einem Unternehmen, zu dessen Vermögenswerten sie gehört, übertragen werden kann (→ Rn. 1), und dass ein Rechtserwerb zum anderen für alle oder nur für Teile des Waren- und Dienstleistungsverzeichnisses möglich ist (→ Rn. 3, → Rn. 34).

Für den Fall, dass ein Unternehmen im Ganzen übertragen wird, stellt **Abs. 2** eine Vermutung für den Rechtsübergang auch an den zugehörigen Unionsmarken auf (→ Rn. 8 f.).

Die Übertragung der Rechte an einer Unionsmarke muss gemäß **Abs. 3** grundsätzlich schriftlich erfolgen (→ Rn. 10).

Der Rechtsübergang wird gemäß **Abs. 5** auf Antrag eines Beteiligten in das Register eingetragen, es sei denn, das Amt erkennt gemäß **Abs. 4** aus den eingereichten Unterlagen eine Irreführungsgefahr für die angesprochenen Verkehrskreise (→ Rn. 44 ff.). Mit Wirkung zum 1.10.2017 werden Verfahrensregeln zum Eintrag des Rechtsübergangs in Abs. 5a–5f getroffen sein. Entsprechende Regelungen finden sich heute in Regel 31 f. GMDV.

Bis zum Zeitpunkt der Eintragung kann der neue Inhaber seine Rechte aus der Eintragung der Unionsmarke gemäß **Abs. 6** nicht geltend machen (→ Rn. 51 ff.).

Auch das Amt korrespondiert bis zu einer Eintragung des Rechtsübergangs gemäß **Abs. 8** weiter mit dem bisherigen Eigentümer (→ Rn. 52). Jedoch kann der neue Eigentümer bereits vor der Änderung des Registers gemäß **Abs. 7** fristwahrende Erklärungen gegenüber dem Amt abgeben (→ Rn. 53).

Übersicht

	Rn.		Rn.
A. Allgemeine Erwägungen	1	4. Inhalt des Antrags	28
B. Rechtsübergang	5	5. Nachweis des Rechtsübergangs	32
I. Rechtsgeschäftliche Übertragung	7	6. Besonderheiten bei teilweisem Rechtsübergang	34
1. Vermutung des Rechtsübergangs bei Übertragung des Unternehmens in seiner Gesamtheit	8	7. Unionsmarke als Erstreckung des internationalen Markenschutzes nach dem Protokoll zum MMA	39
2. Schriftform (Abs. 3)	10	III. Rückgängigmachung einer unrichtigen Änderung	40
3. Formvorschriften des nationalen Rechts	12	IV. Zurückweisung des Antrags wegen Irreführungsgefahr	44
II. Rechtsübergang durch Gesetz	13	1. Voraussetzungen	45
1. Allgemeine Erwägungen	13	2. Rechtsfolgen	49
2. Beispielsfälle für einen Rechtsübergang durch Gesetz	14	V. Rechtsfolgen der Eintragung	50
C. Eintragung des Rechtsübergangs im Register	17	1. Stellung der Beteiligten (Abs. 6, 7)	50
I. Allgemeine Erwägungen	17	2. Gebührenfolgen	57
II. Formaliter	24	3. Konsequenzen für die Vertragsgestaltung	60
1. Sprache	24	**D. Übergang von Markenanmeldungen**	61
2. Gebühren	26		
3. Verfahrensbeteiligte	27		

A. Allgemeine Erwägungen

1 Die Unionsmarke ist selbständiger Vermögensgegenstand. Sie kann unabhängig von einem Geschäftsbetrieb, zu dem sie gehört, gemäß Art. 17 Abs. 1 übertragen werden. Zur fehlenden Akzessorietät zwischen Marke und Geschäftsbetrieb → Art. 16 Rn. 1. Dieser Grundsatz der **Unabhängigkeit der Unionsmarke von dem Geschäftsbetrieb** wird lediglich durch die Vermutung des Art. 17 Abs. 2 durchbrochen.

2 Der **Rechtsübergang** kann aufgrund eines Rechtsgeschäfts oder durch Gesetz erfolgen. Die rechtsgeschäftliche Übertragung eines Unternehmens in seiner Gesamtheit umfasst gemäß Art. 17 Abs. 2 grundsätzlich auch die zu dem Unternehmen gehörenden Unionsmarken.

3 Die Rechte an der Marke können insgesamt oder bezogen auf einzelne Waren und/oder Dienstleistungen auf einen Rechtsnachfolger übergehen. Nicht möglich ist dagegen eine nur teilweise Übertragung der Marke hinsichtlich ihres geographischen Schutzbereichs. Die Rechte an einer Unionsmarke nur bezogen auf einzelne Mitgliedstaaten können daher nicht übergehen. Der **Grundsatz der Einheitlichkeit der Unionsmarke** steht einer solchen

Aufteilung entgegen (vgl. Art. 1 Abs. 2 sowie Präambel Nr. 2; v. Mühlendahl/Ohlgart Gemeinschaftsmarke S. 8). Jedoch ist unter den Voraussetzungen der Art. 112 ff. eine **Umwandlung** der Unionsmarke in nationale Marken möglich. Die aus einer Umwandlung resultierenden nationalen Marken können sodann auch einzeln übertragen werden.

Für die Übertragung der Rechte an der Unionsmarke sowie für die anschließende Ände- 4
rung des Registers sind aktuell die EUIPO Richtlinien Teil E, Abschn. 3, Kap. 1 (veröffentlicht unter www.euipo.europa.eu), sowie Regel 31, 32 GMDV zu beachten. Mit Wirkung zum 1.10.2017 werden Regel 31, 32 GMDV durch die Abs. 5a–5f dieses Artikels ersetzt.

B. Rechtsübergang

Art. 17 bezieht sich auf **alle Fälle des Übergangs der Rechte an einer Unionsmarke.** 5
Diese können Folge einer rechtsgeschäftlichen Übertragung oder einer gesetzlichen Regelung sein. Gemäß Art. 16 findet auf beide Fälle des Rechtsübergangs grundsätzlich das nationale Recht des Mitgliedstaates Anwendung, in dem der Inhaber seinen Sitz oder Wohnsitz hat (→ Art. 16 Rn. 9 ff.).

Der materielle Rechtsübergang ist von der Änderung des Registers zu unterscheiden. 6
Letztere ist keine konstitutive Voraussetzung für den Rechtsübergang als solchen sondern folgt auf Antrag dem zeitlich früheren Übergang des dinglichen Rechts nach. Der Rechtsübergang vollzieht sich außerhalb des Registers (HABM BK Entscheidung v. 1.8.2008 – R0251/2008-4 – POHLSCHRÖDER). Gleichwohl ist die Änderung des Registers Voraussetzung dafür, dass ein Rechtsübergang auch im Verfahren vor dem Amt Beachtung findet (→ Rn. 50 ff.).

I. Rechtsgeschäftliche Übertragung

Die rechtsgeschäftliche Übertragung des durch eine Marke begründeten Rechts erfordert, 7
wie jede Vermögensverfügung, ein schuldrechtliches und ein dingliches Geschäft. Hiervon geht auch Art. 17 Abs. 2 S. 2 aus. Da die Eintragung der Änderung der Inhaberschaft im Register nicht konstitutiv ist, fallen Kausal- und Verfügungsgeschäft in der Regel zusammen. Etwas anderes gilt, wenn zwischen den Vertragspartnern ausdrücklich etwas anderes **vereinbart ist.**

1. Vermutung des Rechtsübergangs bei Übertragung des Unternehmens in seiner Gesamtheit

Gemäß Art. 17 Abs. 2 wird vermutet, dass die rechtsgeschäftliche Übertragung eines 8
Unternehmens in seiner Gesamtheit diejenigen Unionsmarken erfasst, welche zu dem Unternehmen gehören. Die Regelung stellt eine **widerlegliche Vermutung** dar. Für eine Widerlegung müssen eindeutige Anhaltspunkte sprechen. Diese sind zB bei einer ausdrücklich anderen Vereinbarung anzunehmen. Die Beweislast für solche Tatsachen, die die Vermutung widerlegen, trifft denjenigen, der sich auf sie beruft (zur Annahme entsprechender Anhaltspunkte hinsichtlich der ähnlichen Vermutungsregelung des § 27 Abs. 2 MarkenG vgl. OLG Köln GRUR-RR 2003, 187 – Weinbrandpraline).

Anders als im deutschen Markenrecht greift die Vermutung des Art. 17 Abs. 2 nicht 9
bei der Übertragung lediglich eines Geschäftsbetriebsteils, zu dem die Marke gehört. Die Vermutung erfordert vielmehr „die Übertragung des Unternehmens in seiner Gesamtheit". Wann von einer solchen auszugehen ist, entscheidet sich gemäß Art. 16 nach der dort vorgegebenen Rechtsordnung. Zu den Voraussetzungen für die Annahme des Übergangs eines Geschäftsbetriebs nach deutschem Recht → MarkenG § 27 Rn. 22 ff.

2. Schriftform (Abs. 3)

Gemäß Art. 17 Abs. 3 muss die rechtsgeschäftliche Übertragung der Marke **grundsätzlich** 10
schriftlich erfolgen. Sofern die Schriftform nicht eingehalten wird, ist die Übertragung der Marke nichtig. Die Wirkungen des Art. 17 Abs. 3 sind damit materiell-rechtlicher Natur und nicht auf die Registerlage beschränkt. Die Formvorschrift gilt unabhängig davon, ob das gemäß Art. 16 zur Anwendung gelangende Recht ein entsprechendes Erfordernis vor-

sieht. Das **Schriftformerfordernis entfällt** nur in den Fällen, in denen die Übertragung auf einer gerichtlichen Entscheidung oder auf einer Übertragung des Unternehmens in seiner Gesamtheit beruht, von der die Unionsmarken umfasst sind (Art. 17 Abs. 2). Erforderlich ist die Unterschrift beider Vertragspartner auf derselben Vertragsurkunde (vgl. Eisenführ/Schennen/Schennen Rn. 20).

11 Die Formvorschrift des Art. 17 Abs. 3 betrifft **ausschließlich das dingliche Rechtsgeschäft**. Dies ergibt sich aus dem Wortlaut der Vorschrift „... Übertragung der Unionsmarke ..." (ebenso HK-MarkenR/Ekey/Klippel Rn. 20; Fezer MarkenG § 27 Rn. 30). Da überwiegend Kausal- und Verfügungsgeschäft zusammenfallen, ist jedoch auch das Verpflichtungsgeschäft in aller Regel schriftlich gefasst.

3. Formvorschriften des nationalen Rechts

12 Über die Vorgaben des Art. 17 Abs. 3 hinaus sind alle **Formerfordernisse** zu beachten, die von derjenigen **nationalen Rechtsordnung** vorgegeben werden, nach der sich gemäß Art. 16 der Rechtsübergang vollzieht. Soweit deutsches Recht zur Anwendung kommt, sind keine weiteren Formerfordernisse zu beachten, die die Markenübertragung an sich betreffen.

II. Rechtsübergang durch Gesetz

1. Allgemeine Erwägungen

13 Die Rechte an einer Unionsmarke können ebenfalls durch Gesetz übergehen. In Betracht kommt zB der Rechtsübergang durch Erbfolge nach dem Tod des Markeninhabers, durch gesellschaftsrechtliche Gesamtrechtsnachfolge (zB im Wege der Verschmelzung, nicht dagegen bei Erwerb von Gesamtheiten einzelner Wirtschaftsgüter im Wege eines Asset Deals vgl. BGH BeckRS 2015, 20721), durch Zwangsversteigerung im Wege des Zuschlags sowie gemäß der gesetzlichen Vermutung des Übergangs der Rechte an einer Unionsmarke gemäß Art. 17 Abs. 2 bei einer Übertragung des Unternehmens in seiner Gesamtheit.

2. Beispielsfälle für einen Rechtsübergang durch Gesetz

14 Ein Rechtsübergang ist immer dann anzunehmen, wenn sich die Person(en), die **Inhaber** der Marke ist/sind, **ändern** (Eisenführ/Schennen/Schennen Rn. 11). Ob dies der Fall ist, ist nach dem gemäß Art. 16 anwendbaren nationalen Recht zu beurteilen.

15 Ein **Rechtsübergang** liegt zB in folgenden Fällen vor:
- Fusion zweier juristischer Personen (EUIPO Richtlinien Teil E, Abschn. 3, Kap. 1, Nr. 1.1.3),
- Gesamtrechtsnachfolge im Erbfalle (EUIPO Richtlinien Teil E, Abschn. 3, Kap. 1, Nr. 1.1.2),

16 **Kein Rechtsübergang** liegt zB in folgenden Fällen vor:
- es ändern sich lediglich die Besitzverhältnisse an einer Kapitalgesellschaft,
- es ändert sich lediglich der Name/die Firma des Inhabers (EUIPO Richtlinien Teil E, Abschn. 3, Kap. 1, Nr. 2),
- Umwandlung nach § 190 DE-Umwandlungsgesetz (HABM BK R 686/2033, – ROCKWOOL; Eisenführ/Schennen/Schennen Rn. 12).

C. Eintragung des Rechtsübergangs im Register

I. Allgemeine Erwägungen

17 Gemäß Art. 17 Abs. 5 wird der Rechtsübergang an einer Unionsmarke **nur auf Antrag** in das Register eingetragen. Es gelten die Verfahrensvorschriften der Regel 31, 32 GMDV. Zum 1.10.2017 werden diese durch Abs. 5a–5f ersetzt. Der Antrag kann zu jeder Zeit auch mit zeitlichem Abstand zu dem erfolgten Rechtsübergang gestellt werden (HABM BK Entscheidung v. 1.8.2008 – R 0251/2008-4 – POHLSCHRÖDER). Sofern die Änderung des Registers wegen eines erfolgten Inhaberwechsels erfolgen soll und Zwischenverfügungen über das Recht an der betroffenen Marke nach der Eigentümerstellung des noch eingetrage-

nen Inhabers und des aktuellen Eigentümers stattgefunden haben, ist eine Eintragung der Zwischenverfügungen nicht erforderlich.

Von dem Antrag auf Eintragung eines Rechtsübergangs ist die Änderung des Registers wegen einer **bloßen Namensänderung** des Inhabers zu unterscheiden. Letztere erfolgt gemäß Regel 26 GMDV und ab dem 1.10.2017 gemäß Art. 48a UMV. **18**

Die zuständige Abteilung des Amtes prüft bei Eingang des Antrags, ob ungeachtet dessen Wortlauts tatsächlich ein Antrag auf Eintragung eines Rechtsübergangs oder lediglich einer Namensänderung vorliegt. Dem Antragsteller wird für den Fall, dass das Amt den Antrag abweichend von dessen Wortlaut versteht, eine entsprechende Mitteilung gemacht und Gelegenheit gegeben, mögliche Mängel des Antrags zu beheben. Nach Zurückweisung des Antrags kann derselbe jederzeit erneut gestellt werden. **19**

Das Amt nimmt **keine zivilrechtliche Wirksamkeitsprüfung** der materiell-rechtlichen Übertragung vor. Dies gilt auch bei Eintragung eines Vermerks über die Eröffnung des Insolvenzverfahrens (HABM BK Entscheidung v. 1.8.2008 – R0251/2008-4 – POHL-SCHRÖDER). **20**

Der Antrag auf Eintrag des Rechtsübergangs kann **für** eine **Mehrzahl von Unionsmarken gemeinsam** gestellt werden, wenn Rechtsnachfolger und ursprünglicher Inhaber jeweils identisch sind (Regel 31 GMDV, Art. 5d UMV). Dies gilt auch für eine Kombination von Rechtsübergängen an Markenanmeldungen und registrierten Rechten. **21**

Ein Rechtsübergang wird nur zugunsten solcher Personen eingetragen, die gemäß Art. 5 Inhaber von Unionsmarken sein können. Nachdem mit der VO (EG) Nr. 422/2004 die frühere Beschränkung der Anmeldeberechtigung auf Staatsangehörige oder Personen mit Wohnsitz in einem Mitgliedstaat der EU, der PVÜ oder der WTO aufgehoben wurde, ist nunmehr **jede** rechtsfähige natürliche und juristische **Person** anmeldebefugt und kann daher auch bei einer Rechtsänderung im Register eingetragen werden. **22**

Sofern der neue Rechtsinhaber keinen Sitz innerhalb des EWR hat, muss er sich gemäß Art. 92 Abs. 2 durch einen gemäß Art. 93 zugelassenen Vertreter vertreten lassen. **23**

II. Formaliter

1. Sprache

Der Antrag auf Eintragung eines Rechtsübergangs an einer Unionsmarken**anmeldung** muss gemäß Regel 95 Buchst. a GMDV in der **ersten oder zweiten Sprache der Anmeldung** gestellt werden. Der Antrag auf Eintragung eines Rechtsübergangs an einer **registrierten** Unionsmarke kann gemäß Regel 95 Buchst. b GMDV in **jeder Sprache des Amtes** gestellt werden. Sofern mit einem Antrag mehrere Rechtsübergänge zur Registrierung beantragt werden, muss eine Sprache gewählt werden, die unter den vorbezeichneten Voraussetzungen für alle betroffenen Rechte zur Verfügung steht. Existiert eine solche nicht, müssen mehrere Anträge gestellt werden (EUIPO Richtlinien Teil E, Abschn. 3, Kap. 1, Nr. 3.1). **24**

Die mit dem Antrag eingereichten **Unterlagen** können gemäß Regel 96 Abs. 2 GMDV **in jeder Sprache der Europäischen Union** eingereicht werden. Das Amt setzt ggf. eine Frist zur Einreichung von Übersetzungen in die Verfahrenssprache oder nach Wahl des Antragstellers in eine Sprache des Amtes. Wird diese nicht eingehalten, so gilt die Übersetzung gemäß Regel 98 Abs. 2 GMDV als nicht eingegangen (vgl. EUIPO Richtlinien Teil E, Abschn. 3, Kap. 1, Nr. 3.1). **25**

2. Gebühren

Gebühren für die Eintragung sowohl des teilweisen als auch des vollständigen Rechtsübergangs sind mit der VO (EG) Nr. 1041/2005 der Kommission vom 29.5.2005 **entfallen**. **26**

Zugleich wurden die Gebühren für die Teilung der Unionsmarke sowie für die Eintragung einer Lizenz oder eines anderen Rechts an einer eingetragenen oder angemeldeten Unionsmarke eingeführt, die nunmehr in Anhang-I A.25 und 26 aufgenommen wurden. **26.1**

3. Verfahrensbeteiligte

27 Gemäß Art. 17 Abs. 5 ist der Antrag auf Änderung des Registers von einem „Beteiligten" zu stellen. „Beteiligter" können der ursprüngliche Inhaber und/oder der Rechtsnachfolger sein. Das Amt korrespondiert jeweils mit dem/den Antragsteller(n). In Zweifelsfällen kann es von den Verfahrensbeteiligten Klarstellung verlangen (EUIPO Richtlinien Teil E, Abschn. 3, Kap. 1, Nr. 3.3).

4. Inhalt des Antrags

28 Der notwendige **Inhalt des Antrags** ist in Regel 31 GMDV niedergelegt. Für den teilweisen Rechtsübergang werden diese durch Regel 32 GMDV ergänzt. Anzugeben sind Anmeldungs- oder Eintragungsnummer des betroffenen Rechts, es sind Angaben über den neuen Inhaber gemäß Regel 1 Abs. 1 Buchst. b GMDV zu machen, bei teilweisem Rechtsübergang sind die Waren und Dienstleistungen anzugeben, auf die sich der Rechtsübergang bezieht, des weiteren sind Name und Geschäftsanschrift des Vertreters, sofern bestellt, anzugeben. Ebenso ist ein Nachweis des Rechtsübergangs zu erbringen. Zum 1.10.2017 werden diese Regeln durch Abs. 5a, 5b ersetzt. Abs. 5a legt die Art der Angaben fest, die mit einem Antrag auf Eintrag des Rechtsübergangs zu treffen sind. Dabei handelt es sich um Angaben zur Unionsmarke, zum neuen Inhaber und zu den Waren und Dienstleistungen, auf die sich der Rechtsübergang bezieht. Zudem wird das Einreichen von Unterlagen gefordert, aus denen sich der Rechtsübergang ergibt. Abs. 5b bestimmt, dass die Kommission Durchführungsakte erlässt, in denen Einzelheiten zu den vorbenannten Angaben und Unterlagen geregelt sind.

29 Sind die Voraussetzungen für den Antrag auf Eintragung des Rechtsübergangs nicht erfüllt, teilt das Amt dem Antragsteller den Mangel mit und setzt eine Frist zur Beseitigung des Mangels. Werden **Beanstandungen** des Amtes **nicht fristgerecht behoben,** weist das Amt den Antrag auf Änderung des Registers gemäß Regel 31 Abs. 6 GMDV zurück. Zum 1.10.2017 wird die Regel inhaltsgleich durch Abs. 5c ersetzt.

30 Ursprünglicher Rechtsinhaber und Rechtsnachfolger können **denselben Vertreter** haben, der **für beide Parteien** Erklärungen abgeben und unterzeichnen kann. Der Vertreter kann dann aufgefordert werden, eine von dem neuen Inhaber unterzeichnete Vollmacht einzureichen (EUIPO Richtlinien Teil E, Abschn. 3, Kap. 1, Nr. 3.4.3). Dies geschieht jedoch nur in seltenen Fällen. In der Praxis ist dies die einfachste und schnellste Variante, da sie ohne Vorlage weiterer Dokumente und rein elektronisch erfolgen kann.

31 Wird die Unionsmarke auf mehrere Personen übertragen, gilt für diese die Bestellung eines gemeinsamen Vertreters gemäß Regel 75 GMDV.

5. Nachweis des Rechtsübergangs

32 Das Amt prüft nicht, ob sich der vorgetragene Rechtsübergang materiellrechtlich auch wirklich vollzogen hat (EUIPO – Richtlinien Teil E, Abschn. 3, Kap. 1, Nr. 1.2 und Nr. 3.5). **Geprüft** wird **lediglich,** ob ein **Nachweis** für den vorgetragenen Rechtsübergang in der **gemäß GMDV** vorgeschriebenen Form erbracht wird (EuG T-83/09, GRUR Int 2012, 61 Rn. 31 – Chalk/HABM (CRAIC)).

33 Folgende **Nachweise** werden gemäß Regel 31 Abs. 5 GMDV **akzeptiert:**
- Unterzeichnung des Antrags durch ursprünglichen Inhaber und Rechtsnachfolger oder deren Vertreter, wobei ein Vertreter für beide Parteien unterzeichnen kann (→ Rn. 30).
- Vorlage einer Zustimmungserklärung des ursprünglichen Inhabers oder seines Vertreters bei Antragstellung durch den Rechtsnachfolger,
- Vorlage des ausgefüllten Formblatts und einer Urkunde über den Rechtsübergang (Kopie ist ausreichend) sowie Unterzeichnung des Formblatts durch beide Parteien bzw. deren Vertreter.

6. Besonderheiten bei teilweisem Rechtsübergang

34 Gemäß Art. 17 Abs. 1 kann eine Marke „für alle oder einen Teil der Waren oder Dienstleistungen des Unternehmens, für die sie eingetragen ist, Gegenstand eines Rechtsübergangs sein". Ein Teilrechtsübergang bezogen auf einen **geographischen Teil** des Markenrechts

Rechtsübergang   **Art. 17 UMV**

ist wegen des Grundsatzes der Einheitlichkeit des Markenrechts (vgl. Art. 1 Abs. 2 sowie Erwägungsgrund Nr. 3) **nicht möglich**. Für Markenanmeldungen gilt gemäß Art. 24 Entsprechendes.

Nach Zugang des Antrags auf Änderung des Registers wegen Teilrechtsübergangs legt das 35 Amt für den übertragenen Teil des Registerrechts eine neue Akte mit einem neuen Aktenzeichen an. Prioritäten und Senioritäten der ursprünglichen Registrierung werden übernommen, soweit sie den übertragenen Teil betreffen. **Beide Rechte** sind daher **gleichberechtigt**. Sofern sich die Waren und Dienstleistungen beider Verzeichnisse in einem Ähnlichkeitsbereich zueinander befinden, hat keiner der Inhaber bessere Rechte gegenüber dem anderen (ebenso Eisenführ/Schennen/Schennen Rn. 62).

Eine **Dopplung** der registrierten Rechte ist **unzulässig**. Es ist deshalb bei der teilweisen 36 Rechtsübertragung darauf zu achten, dass die Summe der Waren und Dienstleistungen beider Verzeichnisse im Vergleich zu dem ursprünglichen Verzeichnis keine Erweiterung darstellt (Regel 32 Abs. 2 GMDV). Sofern das Verzeichnis der ursprünglichen Marke einen Oberbegriff X enthielt, dessen zugehörige Waren Y und Z sind, von denen Y in das Verzeichnis der neu angelegten Akte übertragen und dessen Leistungen Z im Verzeichnis der alten Marke verbleiben sollen, so ist im Verzeichnis der ursprünglichen Registrierung eine entsprechende Klarstellung („X ausgenommen Y") vorzunehmen (EUIPO Richtlinien Teil E, Abschn. 3, Kap. 1, Nr. 4.1).

Änderungen des ursprünglichen Verzeichnisses werden bei Antragstellung durch den 37 neuen Rechtsinhaber von der Zustimmung durch den ursprünglichen Rechtsinhaber abhängig gemacht (EUIPO Richtlinien Teil E, Abschn. 3, Kap. 1, Nr. 4.2).

Sofern über einen Antrag des ursprünglichen Markeninhabers zum Zeitpunkt der Antrag- 38 stellung auf Registrierung eines teilweisen Rechtsübergangs noch nicht entschieden ist, so gilt dieser Antrag sowohl für den bei dem ursprünglichen Rechtsinhaber verbleibenden Teil als auch für den übertragenen Teil als noch nicht erledigt. Der neue Markeninhaber ist jedoch kein Schuldner noch offener Gebührenansprüche. Die Regelung wird aktuell gemäß Regel 32 Abs. 5 GMDV getroffen. Zum 1.10.2017 wird sie durch Abs. 5f inhaltsgleich ersetzt.

7. Unionsmarke als Erstreckung des internationalen Markenschutzes nach dem Protokoll zum MMA

Soweit es sich bei der Unionsmarke um eine Erstreckung des Markenschutzes nach dem 39 Protokoll zum Madrider Markenabkommen handelt, ist für die Änderung des Registers zu beachten, dass **nur nach dem Madrider System qualifizierte Inhaber** in das Register der WIPO eingetragen werden können. Zu Einzelheiten → MarkenG § 27 Rn. 68 ff. Zu den Rechtsfolgen einer möglichen Irreführungsgefahr, die aus der Übertragung einer Unionsmarke(nanmeldung) resultiert, die eine Schutzrechtserstreckung nach dem Protokoll zum Madrider Markenabkommen darstellt, → Rn. 48.

III. Rückgängigmachung einer unrichtigen Änderung

Sofern die Eintragung des Inhaberwechsels auf einem offensichtlichen, dem Amt anzulas- 40 tenden **Verfahrensfehler** beruht, widerruft oder löscht das Amt die Eintragung gemäß Art. 80 auf Antrag oder von Amtswegen.

Gegen die Entscheidung des Amtes kann gemäß Art. 58 ff. **Beschwerde** eingelegt werden. 41

Über die Beschwerde wird gemäß Art. 61 zunächst durch die Stelle entschieden, deren Entscheidung 41.1 angegriffen wird. Hilft die Stelle nicht ab, hat sie die Beschwerde der Beschwerdekammer vorzulegen.

Auch im Beschwerdeverfahren wird nur geprüft, ob das Amt gegen die einschlägigen 42 Regeln der GMDV verstoßen hat. Eine **materiell rechtliche Prüfung** der Inhaberschaft ist **nicht** Sache des Amtes und auch nicht des Gerichtshofs im Rahmen einer späteren Klage gemäß Art. 65. Die materiell rechtliche Überprüfung der Inhaberschaft ist vielmehr den Unionsmarkengerichten der Mitgliedstaaten vorbehalten (EuG T-83/09, GRUR Int 2012, 61 Rn. 25 – Chalk/HABM (CRAIC)).

Setzt sich das Amt innerhalb des Beschwerdeverfahrens vor dem Hintergrund der gemäß 43 Regel 31 GMDV zugelassenen Beweismittel erneut mit der Frage des Nachweises der Inhaberschaft auseinander, verbleibt die **Beweislast** bei demjenigen, der die Inhaberschaft als für sich günstigen Sachverhalt in Anspruch nimmt. Durch die Änderung der Parteistellung im Beschwerdeverfahren wird die Beweislast nicht berührt (HABM BK Entscheidung v. 1.8.2008 – R0251/2008-4 – POHLSCHRÖDER). Das Amt nimmt zugunsten derjenigen Person, die als Inhaber im **Register** vermerkt ist, eine **Vermutung** für den Fortbestand dessen Inhaberschaft an, die von dem angeblich neuen Inhaber zu entkräften ist (HABM BK Entscheidung v. 1.8.2008 – R0251/2008-4 – POHLSCHRÖDER). Soweit sich die Änderung der Inhaberschaft gemäß Art. 16 nach deutschem Recht richtet, ist ein solches Vorgehen vor dem Hintergrund der gesetzlichen Vermutung gemäß § 28 Abs. 1 MarkenG richtig. Soweit andere nationale Rechtsordnungen, die gemäß Art. 16 zur Anwendung gelangen können, eine entsprechende gesetzliche Vermutung nicht vorsehen, fehlt die gesetzliche Grundlage für das Vorgehen des Amtes.

IV. Zurückweisung des Antrags wegen Irreführungsgefahr

44 Die Regelung des Abs. 4 hat in der Praxis keine Bedeutung erlangt (vgl. Stellungnahme der Deutschen Vereinigung für gewerblichen Rechtsschutz und Urheberrecht e.V. vom 2.7.2013). Aus diesem Grund wird sie mWv 1.10.2017 gemäß VO (EU) 2015/2424 vom 16.12.2015 ersatzlos wegfallen.

1. Voraussetzungen

45 Gemäß Art. 17 Abs. 4 lehnt das Amt die Änderung des Registers ab, wenn die Unionsmarke aufgrund des Rechtsübergangs geeignet wäre, „das Publikum insbesondere über die Art, die Beschaffenheit oder die geographische Herkunft der Waren oder Dienstleistungen (…) irrezuführen". Kriterium ist also eine **Irreführung aufgrund geänderter Inhaberschaft.** Nicht richtig wäre es deshalb, Art. 17 Abs. 4 als Grundlage für eine umfassende Kontrolle jeglicher Art einer Irreführungsgefahr von Amtswegen etwa aus Gründen des Verbraucherschutzes zu betrachten (ebenso Eisenführ/Schennen/Schennen Rn. 49). Betroffen sind ausschließlich Irreführungstatbestände, die aus dem Wechsel der Inhaberschaft resultieren. Bereits die der Marke innewohnende Möglichkeit zur Lizenzierung schließt eine grundsätzliche Annahme einer Irreführungsgefahr aus. Eine Irreführungsgefahr gemäß Art. 17 Abs. 4 kommt daher im Ergebnis nur dann in Betracht, wenn die Marke selbst **beschreibende Angaben zu dem Inhaber** enthält, die nach einem Inhaberwechsel nicht mehr zutreffen.

46 Eine Irreführungsgefahr muss in eindeutiger Art und Weise gegeben sein und aus der Aktenlage hervorgehen. **Keine „Angabe"** iSd Art. 17 Abs. 4 ist der **Name des Inhabers.** Inhaberwechsel in Unternehmen sind im Laufe der Entwicklung eines Unternehmens üblich. Insoweit entsteht durch eine Übertragung der Marke keine Situation, die sich von einer üblichen, zu erwartenden Unternehmensentwicklung unterscheiden würde (HABM BK R 238/2005-1 – ELIO FIORUCCI; EuG T-165/06, BeckRS 2009, 70501 Rn. 30 ff. – ELIO FIORUCCI). Im Gegenteil werden die Merkmale und Eigenschaften der gekennzeichneten Produkte auch durch den neuen Markeninhaber weiter garantiert (EuG T-0165/06, BeckRS 2009, 70501 Rn. 30 ff. – ELIO FIORUCCI). Der Verkehr ist daran gewöhnt, dass Marken übertragen werden, und geht deshalb auch nicht davon aus, dass sich hinter jeder aus einem Personennamen gebildeten Marke zwangsläufig ein Leistungsträger selben Namens verbirgt (HABM BK R 238/2005-1 – ELIO FIORUCCI; EuG T-0165/06, BeckRS 2009, 70501 Rn. 30 ff. – ELIO FIORUCCI). Die Tatsache, dass zukünftig die gekennzeichneten Leistungen ggf. von einer anderen Person angeboten werden, stellt daher keine Irreführungsgefahr iSd Art. 17 Abs. 4. **Genauso wenig** ist der **Sitz** des neuen Inhabers, der einer geographischen Angabe in einer Marke nicht mehr entspricht, Anlass für die Annahme einer Irreführungsgefahr iSd Art. 17 Abs. 4.

46.1 In der anschließenden Entscheidung des EuGH (EuGH C-263/09, GRUR Int 2011, 821 – ELIO FIORUCCI) war die Frage einer möglichen Irreführungsgefahr, die nach dem Inhaberwechsel eines Unternehmens aus der mit dem Namen des ursprünglichen Unternehmensinhabers identischen Marke resultieren könnte, nicht mehr Entscheidungsgegenstand.

Rechtsübergang **Art. 17 UMV**

Nicht ausreichend für die Annahme einer Irreführungsgefahr gemäß Art. 17 Abs. 4 sind 47
ebenso Spekulationen über zukünftige Veränderungen des Gegenstandes der Markennutzung wie etwa eine **veränderte Qualität** der gekennzeichneten Waren/Dienstleistungen. Merkmale und Eigenschaften der Waren und Dienstleistungen werden in diesem Fall auch von dem neuen Inhaber weiterhin garantiert (EuGH C-259/04, GRUR Int 2006, 594 – Elizabeth Florence Emanuel).

Sofern es sich bei der Unionsmarke(nanmeldung) um eine Erstreckung nach dem Proto- 48
koll zum MMA handelt, hat das Amt nach entsprechender Benachrichtigung über den Antrag auf Änderung des Registers durch die WIPO die Möglichkeit, gemäß Rule 27 Abs. 4 der „Common Regulations under the Madrid Agreement concerning the International Registration of Marks and the Protocol Relating to that Agreement", der WIPO gegenüber eine **„declaration that a change in ownership has no effect"** abzugeben. Die Erklärung muss innerhalb von 18 Monaten nach Unterrichtung des Amtes bei der WIPO eingehen. Die Erklärung hat zur Folge, dass die Änderung des Registers bei der WIPO als für die Unionsmarke nicht erfolgt behandelt wird. Die materielle Rechtslage hinsichtlich des Inhaberwechsels ist hierdurch zunächst nicht berührt. Sie richtet sich nach dem zugrunde liegenden nationalen Recht, wird also im Falle einer Erstreckung des Markenschutzes im Madrider System durch eine Unionsmarke nach Art. 16 bestimmt.

2. Rechtsfolgen

Von der Zurückweisung der Eintragung durch das Amt ist zunächst **nur die Registerlage** 49
betroffen. Der materiell-rechtlich wirkende Wechsel in der Inhaberschaft ist nicht berührt. Jedoch fehlt es dem neuen Rechtsinhaber wegen Art. 17 Abs. 6, 8 an der notwendigen Handlungsfähigkeit (→ Rn. 51). Der frühere Inhaber ist wegen des Wegfalls seiner materiellen Berechtigung ebenfalls nicht ausreichend handlungsfähig. Es bedarf der Prüfung im Einzelfall, ob diese Situation dazu anhält, die Übertragung der Rechte an der Marke rückabzuwickeln.

V. Rechtsfolgen der Eintragung

1. Stellung der Beteiligten (Abs. 6, 7)

Das Amt trägt den Rechtsübergang gemäß Regel 84 Abs. 3 Buchst. g GMDV iVm Regel 50
85 Abs. 2 GMDV in das Register ein, soweit kein Grund für eine Zurückweisung des Antrags vorliegt.

Gemäß Art. 17 Abs. 6 kann der Rechtsnachfolger seine Rechte aus der „Eintragung der 51
Unionsmarke" **erst** dann geltend machen, wenn er als neuer Inhaber **im Register eingetragen** ist. Entsprechend dem Wortlaut der Vorschrift, die nicht von den Rechten aus der Unionsmarke sondern von den **Rechten aus der Eintragung** derselben spricht, betrifft diese Einschränkung ausschließlich das registerrechtliche Verfahren (zu weitergehenden Einschränkungen, die aus einer fehlenden Änderungen des Registers für nachfolgende Verfügungen resultieren, → Art. 23 Rn. 1 ff.). Dagegen ist die materielle Rechtslage nicht betroffen. Die **Eintragung** des Inhaberwechsels ist für den Rechtsübergang **nicht konstitutiv**. Die Frage, unter welchen Voraussetzungen ein bereits abschließend vollzogener Inhaberwechsel anzuerkennen ist, entscheidet sich alleine nach der einschlägigen nationalen Rechtsordnung. Welches nationale Recht Anwendung findet, bestimmt Art. 16 ergänzt durch das jeweilige internationale Privatrecht.

Hinsichtlich des Registerverfahrens führt Art. 17 Abs. 6 hingegen dazu, dass mit Aus- 52
nahme von fristwahrenden Handlungen (vgl. Art. 17 Abs. 7) allein der frühere Inhaber nach Stellung des Antrags auf Eintragung bis zur Änderung des Registers **Verfahrenshandlungen** vornehmen kann. Er ist es auch, an den gemäß Art. 17 Abs. 8 iVm Art. 79 alle Zustellungen seitens des Amtes gerichtet werden.

Eine **Ausnahme** zu der Regelung des Art. 17 Abs. 6 stellt Art. 17 Abs. 7 auf. Hiernach 53
kann der neue Inhaber auch **vor Änderung** des Registers bereits selbst **fristwahrende Erklärungen** gegenüber dem Amt abgeben. Er kann zB einen Beanstandungsbescheid, den ein Prüfer im Eintragungsverfahren wegen absoluter Schutzhindernisse erlässt, fristwahrend

Taxhet

beantworten (EUIPO Richtlinien Teil E, Abschn. 3, Kap. 1, Nr. 1.2) und Widersprüche aus der Marke einlegen.

54 Erfolgt während des **Anmeldeverfahrens** ein teilweiser Rechtsübergang an der Markenanmeldung, der dem Amt in gemäß Art. 17 Abs. 3 wirksamer Weise nachgewiesen wird, so gebietet es der Grundsatz der Gewährung rechtlichen Gehörs, dass der **neue Inhaber** seitens des Amtes **gesondert** über die Eintragungsfähigkeit des ihm gehörenden Teils der Anmeldung **informiert** wird. Dem neuen Inhaber steht das Recht zu, Rechtsmittel gegen eine ihn belastende Entscheidung einzulegen (HABM BK Nr. 448522 Rn. 16 – XXL).

55 Nach erfolgter Änderung des Registers ist der neue Rechtsinhaber **automatisch Beteiligter** aller beim Amt anhängigen Verfahren. Er ist ebenfalls der **Schuldner** fälliger Gebühren. Bereits gesetzte **Fristen** bleiben bestehen (EUIPO Richtlinien Teil E, Abschn. 3, Kap. 1, Nr. 5).

56 Bei einem Teilrechtsübergang wird der neue Markeninhaber **zusätzlich** zu dem ursprünglichen Inhaber **Verfahrensbeteiligter.** Das Amt behandelt noch zu entscheidende Anträge als zu beiden Marken gesondert gestellt und entscheidet insoweit auch gesondert.

2. Gebührenfolgen

57 **Verlängerungsanträge,** die vor Eintragung des Rechtsübergangs gestellt werden, gelten sowohl für die verbleibende wie für die neue Registrierung. Die Inhaber werden Verfahrensbeteiligte zu den jeweils zu ihnen gehörenden Registrierungen. Soweit die Gebühren erst nach Eintragung des Rechtsübergangs eingezahlt werden, sind Grundgebühren zuzüglich der für den jeweiligen Markenteil anfallenden Klassengebühren von beiden Inhabern gesondert zu entrichten. Sind die Gebühren durch den ursprünglichen Markeninhaber bereits vor Änderung der Registerlage entrichtet worden, so werden nach Eintragung der geänderten Inhaberschaft keine erneuten Gebühren für die neue Marke mehr fällig.

58 Bei einem **Teilrechtsübergang** ist hinsichtlich einer Aufteilung fälliger Gebühren auf beide registrierten Rechte der **Zeitpunkt der Registrierung der Rechtsänderung** der maßgebliche Stichtag. Die entsprechend einem Antrag fälligen Gebühren entstehen bezogen auf die neue Registrierung dann nicht ein zweites Mal, wenn die Gebühren zwar nach Eingang des Antrags auf Eintragung des teilweisen Rechtsübergangs, jedoch vor Eintragung des Rechtsübergangs gezahlt worden sind (Regel 32 Abs. 5 GMDV iVm EUIPO Richtlinien Teil E, Abschn. 3, Kap. 1, Nr. 5.1.).

59 Bei der Teilübertragung einer Markenanmeldung werden die **Grundgebühren kein zweites Mal** erhoben. Zahlt der Inhaber der ursprünglichen Anmeldung Gebühren für alle Klassen der ursprünglichen Anmeldung bevor die Änderung der Inhaberschaft im Register vermerkt wird, erfolgt keine Gebührenerstattung. Die Gebühren waren bei Zahlungseingang in dieser Form fällig. In allen anderen Fällen werden die **Klassengebühren** entsprechend der Situation nach Änderung des Registers **aufgeteilt.** Für die verbleibende Anmeldung sind daher die Grundgebühren zzgl. einer Klassengebühr für jede weitere ab der vierten Klasse zu zahlen. Für die neue Anmeldung werden lediglich die Klassengebühren für jede weitere ab der vierten Klasse fällig. Sofern der Rechtsübergang nur einzelne Waren und Dienstleistungen einer Klasse betrifft, fallen die Klassengebühren für beide Markenanmeldungen an (Regel 32 Abs. 5 GMDV iVm EUIPO Richtlinien Teil E Abschn. 3, Kap. 1, Nr. 5.1.).

3. Konsequenzen für die Vertragsgestaltung

60 Die dargestellten Rechtsfolgen müssen bei der Gestaltung des Markenübertragungsvertrags berücksichtigt werden. Es ist erforderlich, vertragliche Pflichten des ursprünglichen Inhabers zu definieren, die ihn bis zur Änderung des Registers zur **Einleitung** aller **Maßnahmen** anhalten, die der neue Inhaber (noch) nicht einleiten kann, oder von deren Notwendigkeit er keine Kenntnis erhält. Hierzu sind **Kostenregelungen** zu treffen. Des Weiteren sollten **Informationspflichten** vereinbart werden, die gewährleisten, dass der neue Inhaber von allen Zustellungen, die an den Rechtsvorgänger erfolgen, Kenntnis nehmen kann.

D. Übergang von Markenanmeldungen

61 Die Übertragung von Rechten an einer Markenanmeldung sowie die diesbezügliche Änderung des Registers erfolgt gemäß Art. 24 **in entsprechender Form** zu der Übertra-

gung bereits registrierter Markenrechte. Die EUIPO Richtlinien Teil E sowie die Regeln der GMDV gelten entsprechend. Mit Wirkung vom 1.10.2017 findet sich ein entsprechender Verweis in Abs. 5e auf die Abs. 5a–5d. Zu Fragen des rechtlichen Gehörs bei der teilweisen Übertragung von Unionsmarkenanmeldungen → Rn. 54. Zu Fragen fällig werdender Anmeldegebühren bei der teilweisen Übertragung einer Unionsmarkenanmeldung → Rn. 59.

Art. 18 Übertragung einer Agentenmarke

(1) Ist eine Unionsmarke für den Agenten oder Vertreter des Inhabers dieser Marke ohne dessen Zustimmung eingetragen worden, so ist der Inhaber dieser Marke berechtigt, die Übertragung der Eintragung der Unionsmarke zu seinen Gunsten zu verlangen, es sei denn, dass der Agent oder Vertreter seine Handlungsweise rechtfertigt.

Einfügung eines Abs. 2 mWv 1.10.2017 gemäß VO (EU) 2015/2424 vom 16.12.2015:
(2) Der Inhaber kann bei folgenden Stellen eine Übertragung nach Absatz 1 dieses Artikels beantragen:
a) beim Amt nach Artikel 53 Absatz 1 Buchstabe b, statt eines Antrags auf Erklärung der Nichtigkeit;
b) bei einem Unionsmarkengericht nach Artikel 95, statt einer Widerklage auf Erklärung der Nichtigkeit auf der Grundlage von Artikel 100 Absatz 1.

Überblick

Art. 18 Abs. 2 UMV wird gemäß Art. 4 VO (EU) 2015/2424 ab dem 1.10.2017 anwendbar sein.

Art. 18 gewährt dem Inhaber, dessen Marke durch einen Agenten/Vertreter, im eigenen Namen als Unionsmarke registriert wird, einen Anspruch auf Übertragung dieser treuwidrig angemeldeten Unionsmarke (→ Rn. 1 ff.). Etwas anderes gilt nur dann, wenn der Agent/Vertreter die Zustimmung des Prinzipals oder einen anderen Rechtfertigungsgrund darlegen und nachweisen kann (→ Rn. 7).

Übersicht

	Rn.		Rn.
A. Allgemeines	1	IV. Registrierung ohne sonstigen Rechtfertigungsgrund für den Agenten/Vertreter	11
B. Voraussetzungen	2	V. Zeichenrechte der Parteien iSd Art. 18	15
I. Prinzipal und Agent/Vertreter	2	1. Marke des Prinzipals	15
II. Markenregistrierung im Namen des Agenten/Vertreters	6	2. Identische oder ähnliche Marke des Agenten/Vertreters	18
III. Registrierung ohne Zustimmung des Prinzipals	7	C. Verfahren	20
		D. Weitere Antragsverfahren ab 1.10.2017	22

A. Allgemeines

Art. 18 UMV setzt gemeinsam mit Art. 8 Abs. 3, Art. 11 und Art. 52 Abs. 1 Buchst. b UMV Art. 6^{septies} PVÜ um. Die **Verletzung der wirtschaftlichen Interessen** des Prinzipals, der dem Vertreter/Agenten im Rahmen eines Treueverhältnisses Kenntnisse und Erfahrungen über den Wert der eigenen Marke verschafft hat, **soll vermieden werden** (HABM BK R 493/2002-4 (II) Rn. 17 – First Defense II; HABM BK R 0085/2010-4 – Lingham's). Um dies zu erreichen, werden dem Prinzipal mit den genannten Vorschriften verschiedene Instrumente an die Hand gegeben, die es ihm ermöglichen, unberechtigten Markenanmeldungen des Agenten zu begegnen. Während Art. 8 Abs. 3 dem Prinzipal ein besonderes Widerspruchsrecht zugesteht, mit dem die Markenregistrierung des Vertreters/Agenten verhindert werden kann, ermöglicht Art. 18 die **Vereinnahmung** des neu begründeten Rechts selbst. Die Vorschrift entspricht § 17 Abs. 1 MarkenG (→ MarkenG § 17 Rn. 3).

B. Voraussetzungen

I. Prinzipal und Agent/Vertreter

2   Die Begriffe „Agent" bzw. „Vertreter" sind **weit auszulegen** (EuG T-184/12, BeckRS 2014, 81170 – Moonich Produktkonzepte & Realisierung GmbH/HABM; T-262/09, GRUR Int 2011, 612 Rn. 64 – Safariland/HABM (FIRST DEFENSE AEROSOL PEPPER PROJECTOR II); HABM 110/2001 – Daawat/Daawat; 74/2002 – AZONIC; 244/2001 – GORDON and SMITH; vgl. auch → Art. 8 Rn. 160 ff., → Art. 11 Rn. 6). Eine Differenzierung zwischen beiden Begriffen ist entsprechend der Ratio der Vorschrift nicht erforderlich. Art. 18 soll die Interessen jedes Prinzipals schützen, der mit einer anderen Person aus Gründen einer wirtschaftlichen Zusammenarbeit in einem tatsächlichen Treueverhältnis steht (EuG T-184/12, BeckRS 2014, 81170 – Moonich Produktkonzepte & Realisierung GmbH/HABM; T-262/09, GRUR Int 2011, 612 Rn. 64 – Safariland/HABM (FIRST DEFENSE AEROSOL PEPPER PROJECTOR II); HABM 174/2002 – AZONIC). Von einer Agenten- bzw. Vertreterstellung ist deshalb immer dann auszugehen, wenn die Zusammenarbeit zwischen Agent/Vertreter und dem Prinzipal so gestaltet war, dass ersterer die Möglichkeit hatte, den Wert der Marke zu erfahren und hierdurch motiviert wurde, das Zeichen als Unionsmarke im eigenen Namen anzumelden (HABM BK R 493/2002-4 (II) Rn. 17 – First Defense II). Handelte der Anmelder der Unionsmarke dagegen völlig unabhängig von dem Markeninhaber, ist er kein Agent/Vertreter (ebenso → Art. 8 Rn. 162).

3   Als **Agenten/Vertreter** kommen auch Lizenznehmer (HABM 174/2002 – AZONIC; 244/2001 – GORDON and SMITH; aA Eisenführ/Schennen/Schennen Rn. 3), autorisierte Vertriebspartner (HABM BK R 493/2002-4 (II) Rn. 18 – First Defense II; 110/2001 – Daawat/Daawat; 244/2001 – GORDON and SMITH), Rechtsanwälte, Markenanwälte und Berater sowie Werbeagenturen (EuGH T-184/12, BeckRS 2014, 81170 – Moonich Produktkonzepte & Realisierung GmbH/HABM) in Betracht. Dagegen sind bloße Abnehmer oder Kunden in aller Regel **keine Agenten/Vertreter** iSd Art. 18 (EuG T-262/09, GRUR Int 2011, 612 Rn. 64 – Safariland/HABM – FIRST DEFENSE AEROSOL PEPPER PROJECTOR II; OLG Hamm BeckRS 2014, 12911). Auch eine Handelsbeziehung, die über eine Reihe einzelner Verkäufe nicht hinausgeht, führt nicht zu der Annahme einer Agenten- oder Vertreterstellung (HABM 110/2001 – Daawat/Daawat). Ebenso → Art. 8 Rn. 162. Ebenfalls stellen Mitarbeiter des Prinzipals keine Agenten/Vertreter dar, da die Vorschriften der Art. 8 Abs. 3, 18 nicht den Zweck haben, den Markeninhaber vor Risiken aus der eigenen betrieblichen Sphäre zu schützen.

4   Die Geschäftsbeziehungen zwischen Markeninhaber und Agent/Vertreter müssen zum **Zeitpunkt der Anmeldung** der Unionsmarke bereits vorgelegen haben (HABM 110/2001 – Daawat/Daawat). Die bloße Anbahnung von Geschäftsbeziehungen reicht nicht aus (HABM B 26759 – EAST SIDE MARIO'S). Jedoch muss das Geschäftsverhältnis zum Zeitpunkt der Anmeldung der Unionsmarke nicht mehr fortbestehen (EuG T-262/09, GRUR Int 2011, 612 Rn. 65 – Safariland/HABM – FIRST DEFENSE AEROSOL PEPPER PROJECTOR II; ebenso → Art. 8 Rn. 163; aA → Art. 11 Rn. 6). Die Geschäftsbeziehung muss die **Europäische Union oder einen Teil von ihr** betreffen. Weltweite und europaweite Vereinbarungen sind ebenfalls von Art. 18 erfasst. Geschäftsbeziehungen, die lediglich Drittstaaten betreffen, führen dagegen nicht zur Anwendung des Art. 18 (vgl. zu der parallelen Problematik bei Art. 8 Abs. 3 UMV EUIPO Richtlinien Teil C Abschnitt 3, Nr. 4.1.3).

5   Soweit der **Prinzipal** den ihm zustehenden Übertragungsanspruch geltend macht, muss er die Voraussetzungen des **Art. 5** erfüllen, dh er muss eine natürliche oder juristische Person des privaten oder des öffentlichen Rechts sein. Die **Beweislast** für ein Agenten/Vertreter-Auftragsverhältnis liegt beim Prinzipal (vgl. zu der parallelen Problematik bei Art. 8 Abs. 3 HABM R 998/2009-1 – FUSION; EuG T-262/09, First Defense Technology; EUIPO Richtlinien Teil C, „Unbefugte Anmeldung durch Agenten des Markeninhabers Artikel 8

Absatz 3 UMV", Nr. 4.1.1). Die Beweisführung anhand von Geschäftskorrespondenz ist möglich (vgl. zu der parallelen Problematik bei Art. 8 Abs. 3 EuG T-184/12 – Heatstrip).

II. Markenregistrierung im Namen des Agenten/Vertreters

Art. 18 setzt voraus, dass die betroffene Unionsmarke **im Namen des Agenten/Vertreters** registriert wurde. Jedoch ist die Vorschrift auch anwendbar, wenn die Registrierung zu Gunsten eines **Strohmanns** des Agenten/Vertreters erfolgt ist. Dieser Fall ist jedoch häufig nur schwer nachweisbar. Handelt es sich bei dem Agenten/Vertreter um eine juristische Person, unterliegt deren Vertreter denselben Beschränkungen wie der Agent/Vertreter selbst (vgl. zu der parallelen Problematik bei Art. 8 Abs. 3 UMV EUIPO Richtlinien Teil C, Abschnitt 3, Nr. 4.2; HABM 174/2002 – AZONIC und → Art. 8 Rn. 166 ff., sowie zu der parallelen Problematik bei Art. 11 → Art. 11 Rn. 9). 6

III. Registrierung ohne Zustimmung des Prinzipals

Die **Beweislast** für die erteilte Zustimmung trägt der Agent/Vertreter. Aus der Zustimmung muss hervorgehen, um welches Zeichen es genau geht. Sie muss klar und eindeutig gefasst sein (EuG T-262/09, GRUR Int 2011, 612 Rn. 40 – Safariland/HABM (FIRST DEFENSE AEROSOL PEPPER PROJECTOR II; HABM BK R 493/2002-4 (II) Rn. 19 – First Defense II – mwN; s. auch EuG Rs. T-537/10 und T-538/10, BeckRS 2012, 82524 Rn. 23 ff. – Adamowski/HABM (Fagumit)). Zu den Anforderungen an eine Zustimmung vgl. auch → Art. 8 Rn. 169, → Art. 11 Rn. 14. 7

Folgende Fälle stellen **keine Zustimmung** zur Anmeldung einer Unionsmarke durch den Agenten/Vertreter dar (vgl. auch → Art. 11 Rn. 14 ff. und → Art. 8 Rn. 169 ff.): Die Zustimmung zur „Benutzung" einer Marke sowie zum „Vorbehalt" derselben stellt keine Zustimmung zur Eintragung des Zeichens als Unionsmarke dar, wenn die Zustimmung weder ausdrücklich eine Registrierung enthält noch den Agenten als Berechtigten ausdrücklich namentlich benennt (EuG T-537/10 und T-538/10, BeckRS 2012, 82524 Rn. 23 ff. – Adamowski/HABM (Fagumit)). Die Zustimmung zu der Anmeldung einer Unionsmarke stellt nicht gleichzeitig die Zustimmung zu einer Anmeldung derselben im Namen des Agenten/Vertreters dar. Die Tatsache, dass der Markeninhaber unbefugte Anmeldungen durch den Agenten/Vertreter geduldet hat, lässt nicht auf eine konkludente Zustimmung zur Anmeldung einer konkreten Unionsmarke schließen. Die bloße Tatsache, dass der Prinzipal es unterlässt, unverzüglich gegen die Markenanmeldung des Agenten/Vertreters Widerspruch einzulegen, lässt keine konkludente Zustimmung vermuten (HABM BK R 493/2002-4 (II) Rn. 22 – First Defense II). Ebenfalls ist einer vertraglichen Absprache zwischen Prinzipal und Agent/Vertreter, mit welcher der Agent/Vertreter beauftragt wird, „die Marke zu entwickeln", keine Zustimmung zur Anmeldung der Unionsmarke durch den Agenten/Vertreter zu entnehmen. Entsprechendes gilt für Fälle, in denen der Prinzipal die Unionsmarkenanmeldung aus Kostengründen unterlässt (HABM BK R 493/2002-4 (II) Rn. 23, 24 – First Defense II; 174/2002 – AZONIC). 8

Die Tatsache, dass der **Inhalt** einer abgegebenen Zustimmungserklärung **atypisch** ist, kann für sich alleine die Gültigkeit der Zustimmung nicht in Frage stellen (EuG T-6/05, GRUR Int 2007, 51 Rn. 45 – Def-Tec). Der ausdrücklich erklärte Verzicht auf „alle Rechte an der für von der Eintragung in Europa erfassten Marke" stellt eine eindeutige, präzise und unbedingte und damit ausreichende Verzichtserklärung des Prinzipals dar (EuG T-6/05, GRUR Int 2007, 51 Rn. 44, 47 – Def-Tec). 9

Sofern der Prinzipal eine Zustimmungserklärung gegenüber dem Agenten/Vertreter erteilt hat, sodann zwischen der Erteilung der Zustimmung und der Anmeldung der Unionsmarke durch den Agenten/Vertreter aber ein **Inhaberwechsel** bzgl. der älteren Marke des Prinzipals eintritt, bestimmt sich die Frage, ob die Zustimmung weiterhin auch gegen den neuen Inhaber der älteren Marke Gültigkeit hat, nach dem Recht, welches für die zwischen den Beteiligten existierende Handelsbeziehungen gilt (EuG T-6/05, GRUR Int 2007, 51 Rn. 48 f. – Def-Tec). 10

IV. Registrierung ohne sonstigen Rechtfertigungsgrund für den Agenten/Vertreter

11 Ein Rechtfertigungsgrund ist jedenfalls bei vorliegender Zustimmung des Prinzipals gegeben (aA → Art. 8 Rn. 175, der die Zustimmung dogmatisch für keinen Rechtfertigungsgrund hält). Bei mangelnder Zustimmung können nur **außergewöhnliche Umstände** einen Rechtfertigungsgrund für den Agenten/Vertreter bilden (HABM 2309/2001 – Apex). Solche Umstände sollen darin zu sehen sein, dass der Prinzipal „innerhalb einer angemessenen Frist" ab Kenntnisnahme von der Absicht des Agenten/Vertreters nicht reagiert (vgl. zu der parallelen Problematik bei Art. 8 Abs. 3 UMV EUIPO Richtlinien Teil C, Abschnitt 3, Nr. 4.4). In diesem Falle ist allerdings bereits von einer konkludenten Zustimmung des Prinzipals auszugehen. Welche Frist als „angemessen" zu erkennen ist, hängt von den Umständen des Einzelfalls ab.

12 Erweckt der Prinzipal den Eindruck, dass er die Marke aufgeben möchte, etwa weil er sie über einen **längeren Zeitraum nicht benutzt,** liegt hierin ein Rechtfertigungsgrund (vgl. zu der parallelen Problematik bei Art. 8 Abs. 3 UMV EUIPO Richtlinien Teil C, Abschnitt 3, Nr. 4.4). Ein „längerer Zeitraum" in dem vorbezeichneten Sinne, kann aber frühestens dann angenommen werden, wenn die Benutzungsschonfrist der in Rede stehenden Marke abgelaufen ist. Nimmt der Markeninhaber die Benutzung nach Ablauf der Benutzungsschonfrist (wieder) auf, kann ein Rechtfertigungsgrund nicht mehr angenommen werden. Andernfalls würde der Prinzipal in seinen wirtschaftlichen Interessen, die durch Art. 18 geschützt werden, beeinträchtigt. Dem Agenten/Vertreter steht es überdies frei, sich um eine ausdrückliche Zustimmung des Prinzipals zu bemühen, damit entsprechende Unwägbarkeiten für ihn ausgeschlossen werden können.

13 Sofern der Prinzipal aus **wirtschaftlichen Interessen** eine eigene Anmeldung der Unionsmarke unterlässt, liegt hierin kein Rechtfertigungsgrund (vgl. zu der parallelen Problematik bei Art. 8 Abs. 3 UMV EUIPO Richtlinien Teil C, Abschnitt 3, Nr. 4.4).

14 Der Agent/Vertreter, der **eigene wirtschaftliche Aufwendungen** für die Entwicklung der Marke erbringt, die von dem Prinzipal nicht vergütet werden, kann diesen Sachverhalt nicht als Rechtfertigung für eine Anmeldung der Unionsmarke im eigenen Namen heranziehen. Er hat sich vielmehr um eine vertragliche Ausgleichsregelung zu bemühen (HABM 2309/2001 – Apex).

V. Zeichenrechte der Parteien iSd Art. 18

1. Marke des Prinzipals

15 Der Prinzipal muss Inhaber eines **älteren Markenrechts** sein, welches der Registrierung der Unionsmarke des Agenten/Vertreters entgegen steht. Aus dem Wortlaut der Vorschrift folgt, dass andere Zeichenrechte als Marken diese Voraussetzung nicht erfüllen (vgl. zu der parallelen Problematik bei Art. 8 Abs. 3 EuG T-484/09 – Powerball; HABM BK R 1795/2008-4 – ZAPPER-CLICK; EUIPO Richtlinien Teil C, Abschnitt 3, Nr. 3.1). Insbesondere stellen ältere geschäftliche Bezeichnungen keine ausreichende Rechtsposition des Prinzipals dar (vgl. zu der parallelen Problematik bei Art. 8 Abs. 3 UMV EUIPO Richtlinien Teil C, Abschnitt 3, Nr. 3.1). Jedoch umfasst der Begriff **auch Markenanmeldungen** (vgl. zu der parallelen Problematik bei Art. 8 Abs. 3 UMV EUIPO Richtlinien Teil C, Abschnitt 3, Nr. 3.1; iE Eisenführ/Schennen/Schennen Rn. 8).

16 Der Schutztatbestand der älteren Marke kann auch auf anderem Wege als durch Eintragung entstanden sein, wenn die nationale Rechtsordnung eine solche Schutzentstehung vorsieht. Auch **notorisch bekannte Marken** gemäß § 4 Nr. 3 MarkenG und solche mit **Verkehrsgeltung** gemäß § 4 Nr. 2 MarkenG stellen ältere Marken iSd Art. 18 dar (vgl. zu der parallelen Problematik bei Art. 8 Abs. 3 UMV EUIPO Richtlinien Teil C, Abschnitt 3, Nr. 3.1; auch → Art. 11 Rn. 12; aA Eisenführ/Schennen/Schennen Rn. 4, der die Benutzungsmarken gemäß § 4 Nr. 2 MarkenG, die lediglich einen Schutztatbestand für ein Teilgebiet der Bundesrepublik Deutschland aufweisen, aus dem Schutzbereich des Art. 18 ausnehmen möchte).

17 Mangels Bezugnahme auf ein bestimmtes Territorium in Art. 18 muss die ältere Marke nicht in der Europäischen Union geschützt sein (vgl. zu der parallelen Problematik bei Art. 8 Abs. 3 UMV HABM BK R 0085/2010-4 – Lingham's; EUIPO Richtlinien Teil C, Abschnitt 3, Nr. 3.2; auch → Art. 11 Rn. 12). Ebenso ist es nicht erforderlich, dass die

ältere Marke des Prinzipals in einem Verbandsland der PVÜ geschützt ist (ebenso Eisenführ/Schennen/Schennen Rn. 2). Ausreichend ist damit **jede prioritätsältere Marke(nanmeldung)** des Prinzipals, auch eine Unionsmarkenanmeldung (aA, jedoch ohne Begründung Eisenführ/Schennen/Schennen Rn. 6, der den Prinzipal in solchen Fällen auf seine Rechte aus Art. 8 verweist).

2. Identische oder ähnliche Marke des Agenten/Vertreters

Art. 18 bezieht sich nicht nur auf identische Marken des Agenten/Vertreters sondern schließt auch solche Marken ein, die die ältere Marke des Prinzipals „**im Wesentlichen**" wiedergeben und „allenfalls mit solchen Änderungen, Hinzufügungen oder Weglassungen, die die Unterscheidungskraft der älteren Marke nicht wesentlich beeinträchtigen", versehen sind. Andernfalls wäre dem wirtschaftlichen Interesse des Prinzipals nicht hinreichend Rechnung getragen (zu der parallelen Problematik bei Art. 8 Abs. 3 UMV EUIPO Richtlinien Teil C, Abschnitt 3, Nr. 4.5 → Art. 8 Rn. 172 f.; auch → Art. 11 Rn. 13; HABM BK R 0244/2001-1 – GORDON and SMITH; HABM 2309/2001 – Apex). Die Kriterien entsprechen damit denjenigen, die an erlaubte Abwandlungen einer Marke im Rahmen deren rechtserhaltender Benutzung zu stellen sind. 18

Auch die Waren und Dienstleistungen, für welche die Agentenmarke eingetragen ist, müssen nicht identisch zu denjenigen der Marke des Prinzipals sein. Es reicht eine **Ähnlichkeit zwischen den Waren und Dienstleistungen** (HABM 174/2002 – AZONIC; HABM – BK R 0244/2001-1 – GORDON and SMITH; HABM 2309/2001 – Apex). Auch Unionsmarkenanmeldungen zu solchen Verzeichnissen sind von dem Anwendungsbereich des Art. 18 erfasst, deren Waren und Dienstleistungen von den angesprochenen Verkehrskreisen als durch den Prinzipal „**autorisierte Produkte**" und Dienstleistungen verstanden werden (vgl. zu der parallelen Problematik bei Art. 8 Abs. 3 UMV, HABM – BK R 0407/2013-4, WOUXUN/WOUXUN; EUIPO Richtlinien Teil C, Abschnitt 3, Nr. 4.5; → Art. 8 Rn. 173). Es gilt dasselbe Abgrenzungskriterium, welches für die Beurteilung der Waren- und Dienstleistungsähnlichkeit im Rahmen des Art. 9 maßgeblich ist. 19

C. Verfahren

Der Anspruch gemäß Art. 18 kann von dem Prinzipal aktuell (zur Rechtslage ab dem 1.10.2017 → Rn. 22) nur **gerichtlich geltend gemacht werden.** Zuständig sind gemäß Art. 106 die ordentlichen Zivilgerichte (→ Art. 106 Rn. 5). 20

Der Anspruch richtet sich auf Abgabe der Willenserklärung, die seitens des Agenten/Vertreters für die Übertragung der Rechte an der Marke auf den Prinzipal erforderlich ist. Diese Willenserklärung wird dann durch das gerichtliche Urteil ersetzt. Mit dem rechtskräftigen Urteil kann der Prinzipal gemäß Art. 17 Abs. 5 die Änderung des Registers beantragen. 21

D. Weitere Antragsverfahren ab 1.10.2017

Am 23.3.2016 ist die VO (EU) 2015/2424 in Kraft getreten. Sie sieht gemäß Art. 1, Nr. 19 die Erweiterung des Art. 18 GMV durch die UMV um einen Abs. 2 vor. Gemäß Art. 4 Abs. 2 VO (EU) 2015/2424 sind die Neuregelungen des Art. 18 jedoch erst **ab dem 1.10.2017 anwendbar.** Während Abs. 1 auch nach dem 1.10.2017 weiterhin den materiellrechtlichen Anspruch des Markeninhabers auf Übertragung der Agentenmarke regeln wird, benennt der neu eingefügte Abs. 2 dann zwei zusätzliche Möglichkeiten der Durchsetzung dieses Übertragungsanspruchs. 22

Zum einen wird gemäß Abs. 2 Buchst. a die Möglichkeit eröffnet, den Übertragungsanspruch vor dem Amt anstelle des Antrags auf Erklärung der Nichtigkeit gemäß Art. 53 Abs. 1 Buchst. b zu stellen. Gemäß dem Wortlaut der Vorschrift handelt es sich um eine Rechtsgrundverweisung. Die Voraussetzungen des Art. 53 Abs. 1 Buchst. b müssen daher vorliegen. Es gilt somit insbesondere auch hier das Verbot der Doppelantragstellung gemäß Art. 53 Abs. 4 (→ Art. 53 Rn. 24). Das Amt gedenkt im Übrigen, das Übertragungsverfahren entsprechend dem Löschungsverfahren zu regeln, und geht – mit Blick auf den Wortlaut des Art. 18 Abs. 2 Buchst. a („statt eines Antrags auf Erklärung der Nichtigkeit") – davon aus, dass sich Übertragungs- und Löschungsverfahren gegenseitig ausschließen. Zu erwarten 23 ist, dass in der Praxis Löschungsverfahren nach Art. 53 Abs. 1 Buchst. b kaum noch geführt werden, weil der Aufwand und die Voraussetzungen für die Übertragung dieselben sind, die Rechtsfolge aber vorteilhafter ist.

24 Zum anderen wird gemäß Abs. 2 Buchst. b die Möglichkeit eröffnet, den Anspruch auf Übertragung derjenigen Unionsmarke, die sich als Agentenmarke darstellt, im Wege der Widerklage vor einem Unionsmarkengericht geltend zu machen. Die Antragstellung ist anstelle einer Widerklage gerichtet auf Erklärung der Nichtigkeit auf der Grundlage von Art. 100 Abs. 1 möglich.

Art. 19 Dingliche Rechte

(1) Die Unionsmarke kann unabhängig vom Unternehmen verpfändet werden oder Gegenstand eines sonstigen dinglichen Rechts sein.

(2) Die in Absatz 1 genannten Rechte werden auf Antrag eines Beteiligten in das Register eingetragen und veröffentlicht.

Änderungen mWv 1.10.2017 gemäß VO (EU) 2015/2424 vom 16.12.2015:
(2) Die in Absatz 1 genannten Rechte oder der Übergang dieser Rechte werden auf Antrag eines Beteiligten in das Register eingetragen und veröffentlicht.
(3) Eine Eintragung im Register im Sinne des Absatzes 2 wird auf Antrag eines Beteiligten gelöscht oder geändert.

Überblick

Die Unionsmarke kann als nichtakzessorisches, selbstständiges Immaterialgut durch rechtsgeschäftliche Vereinbarung dinglich belastet werden (→ Rn. 3). Gleiches gilt für die Unionsmarkenanmeldung (Art. 24). Welche Arten von dinglichen Rechten bestellt werden können und auf welche Weise dies zu erfolgen hat, bestimmt sich nach dem nationalen Recht des nach Art. 16 maßgeblichen Mitgliedstaates (→ Rn. 4). Auf Antrag eines Beteiligten werden die dinglichen Rechte in das Register eingetragen und veröffentlicht (→ Rn. 9). Nach Art. 23 entfalten die dinglichen Rechte gegenüber Dritten erst dann Wirkung, wenn sie in das Register eingetragen sind, es sei denn der Dritte hatte Kenntnis von der dinglichen Belastung des Markenrechts oder es handelt sich um den Erwerb der Marke im Wege der Gesamtrechtsnachfolge (→ Rn. 14).

A. Allgemeines

1 Die **Unionsmarke,** wie auch die **Anmeldung einer Unionsmarke** (vgl. Art. 24; **zur Rechtsnatur der Unionsmarkenanmeldung** → Rn. 1.1) sind infolge des in Art. 17 (→ Art. 17 Rn. 1) festgeschriebenen Grundsatzes der freien Übertragbarkeit selbstständige Wirtschaftsgüter, die unabhängig vom Unternehmen veräußert, sicherungsübereignet oder dinglich belastet werden können. Die Unionsmarke sowie die Unionsmarkenanmeldung stellen somit einen eigenständigen Vermögenswert eines Unternehmens dar.

1.1 Die Rechtsnatur der Unionsmarkenanmeldung wird uneinheitlich beurteilt (Anwartschaftsrecht bejahend Fezer MarkenG § 31 Rn. 1; Ströbele/Hacker/Hacker § 31 Rn. 1 im Sinne eines anwartschaftsähnlichen Rechts; Anwartschaftsrecht bejahend mit Veröffentlichung der Unionsmarkenanmeldung Schlussanträge Generalanwalt Wathelet C-280/15, BeckRS 2016, 81242 Rn. 44 – Nikolajeva; aA Anwartschaftsrecht verneinend → MarkenG § 4 Rn. 12 (Weiler); → Art. 24 Rn. 2 (Taxhet)). Ob die Anmeldung ein Anwartschaftsrecht begründet oder nicht, ist jedoch im Wesentlichen eine Frage der Terminologie. Entscheidend ist vielmehr, dass die Rechtsfolgen der Unionsmarkenanmeldung in der UMV klar geregelt sind. Danach ist die Unionsmarkenanmeldung vor allem in den vermögensrechtlichen Regelungen dem Vollrecht gleichgestellt (Art. 24). Zudem ergibt sich auch bei rechtsverletzender Drittbenutzung bereits aufgrund einer Unionsmarkenanmeldung nach deren Veröffentlichung ein Entschädigungsanspruch nach Art. 9b (→ Art. 9b Rn. 1). Nach hiesiger Ansicht liegt daher jedenfalls mit Veröffentlichung der Unionsmarkenanmeldung ein Anwartschaftsrecht vor.

Bei einer Unionsmarke handelt es sich um ein **absolutes Recht** und nicht um eine 2
Forderung (zur deutschen Marke → MarkenG § 29 Rn. 3) oder eine bewegliche oder unbewegliche Sache (vgl. Eisenführ/Schennen/Schennen Rn. 4). Die Unionsmarke ist in allen Mitgliedstaaten einheitlich als ein solches absolutes Recht zu behandeln (vgl. Eisenführ/Schennen/Schennen Rn. 4).

B. Dingliche Rechte

Welche Arten von dinglichen Rechten an einer Unionsmarke oder einem Unionsmarken- 3
anwartschaftsrecht bestellt werden können und auf welche Weise dies zu erfolgen hat, ist in der UMV nicht geregelt. Insoweit verweist die UMV auf das nationale Recht der Mitgliedstaaten.

I. Maßgebliches Recht (Art. 16)

Das für die Bestellung dinglicher Rechte maßgebliche Recht ist über Art. 16 zu bestim- 4
men (→ Art. 16 Rn. 5 ff.). Die Erwähnung des Pfandrechts in Art. 19 hat nur beispielhaften Charakter. Ob die Bestellung eines Pfandrechts zulässig ist, bemisst sich ausschließlich nach dem über Art. 16 zu bestimmenden nationalen Recht (vgl. Eisenführ/Schennen/Schennen Rn. 4).

Aufgrund des Grundsatzes der Einheitlichkeit der Unionsmarke (Art. 1; → Art. 1 Rn. 5) 5
und deren Rechtsnatur als absolutes Recht können an einer Unionsmarke und einem Unionsmarkenanwartschaftsrecht **ausschließlich diejenigen dinglichen Rechte bestellt werden, die nach dem über Art. 16 zu bestimmenden nationalen Recht eines Mitgliedstaates an Rechten bestellt werden können** (vgl. Eisenführ/Schennen/Schennen Rn. 4, 5). Art. 16 schließt daneben die Anwendbarkeit der nationalen Rechtsordnungen anderer Mitgliedstaaten aus. Dingliche Rechte, die in den Rechtsordnungen anderer, als des nach Art. 16 maßgeblichen Mitgliedstaates existieren, können somit nicht wirksam nach dem Recht dieser Mitgliedstaaten bestellt werden (vgl. Eisenführ/Schennen/Schennen Rn. 5).

Ungeklärt ist, ob die Bestellung eines dinglichen Rechts nach dem nationalen Recht 6
eines nicht nach Art. 16 maßgeblichen Mitgliedstaates in die Bestellung eines dinglichen Rechts nach dem gemäß Art. 16 anwendbaren nationalen Recht umgedeutet werden kann (vgl. Eisenführ/Schennen/Schennen Rn. 5).

Hinsichtlich der für die Bestellung eines dinglichen Rechts **maßgeblichen nationalen** 7
Rechtsordnung eines Mitgliedstaates **kann ein Wechsel eintreten**, so etwa, wenn der Inhaber der Unionsmarke seinen Wohnsitz in einen anderen Mitgliedstaat verlegt. Nach der bisherigen Rechtsordnung bestellte dingliche Rechte bleiben hiervon unberührt (vgl. Eisenführ/Schennen/Schennen Rn. 6). Neu zu bestellende dingliche Rechte müssen nach dem nationalen Recht des jeweils aktuell maßgeblichen Mitgliedstaates bestellt werden.

II. Dingliche Rechte nach deutschem Recht

Die zulässigen Arten dinglicher Rechte und die Voraussetzungen deren Bestellung an 8
Unionsmarken und Unionsmarkenanwartschaften nach deutschem Recht entsprechen derjenigen bezüglich deutscher Marken. Insoweit wird auf die Kommentierung zu § 29 MarkenG verwiesen (→ MarkenG § 29 Rn. 1 ff.).

C. Registereintragung (Abs. 2)

Die an einer Unionsmarke oder Unionsmarkenanwartschaft nach Abs. 1 bestellten dingli- 9
chen Rechte können auf Antrag eines Beteiligten nach Abs. 2 in das Register eingetragen und veröffentlicht werden. Auf Antrag eines Beteiligten kann auch die Übertragung der nach Abs. 1 bestellten dinglichen Rechte in das Register eingetragen werden. Dies richtet sich derzeit nach Regel 33 Abs. 3 GMDV, ab dem 1.10.2017 ist dies unmittelbar in der UMV in Art. 19 Abs. 2 nF geregelt. In dem ab dem 1.10.2017 geltenden, neu hinzugefügten Abs. 3 wird erstmals unmittelbar in der UMV geregelt, dass ein Eintrag gemäß Abs. 2 auf Antrag eines Beteiligten gelöscht oder geändert werden kann. Dies ist bislang in Regel 35 Abs. 1 GMDV geregelt.

I. Verfahren

10 Antragsberechtigt sind als Beteiligte der Inhaber der Unionsmarke sowie der Inhaber des dinglichen Rechts, nicht jedoch staatliche Stellen (vgl. Eisenführ/Schennen/Schennen Rn. 17).

11 Das Verfahren ist gebührenpflichtig und richtet sich derzeit nach Regel 33 GMDV (vgl. Eisenführ/Schennen/Schennen Rn. 16), ab dem 1.10.2017 nach Abs. 2 iVm. Art. 22a. Die Gebührenhöhe beträgt 200 Euro und ergibt sich aus Anhang-I A.26 (→ Anhang-I Rn. 13 f.). Das Verfahren entspricht grundsätzlich dem Verfahren für die Eintragung von Lizenzen (→ Art. 22 Rn. 34 ff.).

12 Das dingliche Recht wird im Unionsmarkenblatt veröffentlicht und im Register eingetragen (Art. 19 Abs. 2, Regel 84 Abs. 3 Buchst. h, 85 Abs. 2 GMDV). Wird das dingliche Recht übertragen oder gelöscht, gilt Gleiches derzeit nach Regel 35, 84 Abs. 3 Buchst. h, s GMDV. Ab dem 1.10.2017 finden Art. 19 Abs. 3 iVm Art. 24a Anwendung. Auch die Löschung ist gebührenpflichtig, wie sich nach Regel 33 Abs. 3 GMDV ergibt. Ab dem 1.10.2016 ist dies in Art. 24a Abs. 3 geregelt. Die Gebührenhöhe beträgt 200 Euro und ergibt sich aus Anhang-I A.27 (→ Anhang-I Rn. 13 f.).

II. Wirkungen der Eintragung im Register

13 Die Eintragung der dinglichen Rechte in das Register ist für deren Rechtserwerb nicht konstitutiv (vgl. Eisenführ/Schennen/Schennen Art. 23 Rn. 2).

14 Allerdings entfalten dinglichen Rechte gegenüber Dritten nach Art. 23 (→ Art. 23 Rn. 15) erst dann Wirkung, wenn sie in das Register eingetragen sind, es sei denn der Dritte hatte Kenntnis von der dinglichen Belastung des Markenrechts oder es handelt sich um den Erwerb der Marke im Wege der Gesamtrechtsnachfolge. Dies hat zur Folge, dass **dingliche Rechte, die nicht in das Register eingetragen sind, bei einer Veräußerung der Unionsmarke an einen Dritten, der von dem dinglichen Recht keine Kenntnis hatte, erlöschen** (vgl. Eisenführ/Schennen/Schennen Rn. 15).

Art. 20 Zwangsvollstreckung

(1) Die Unionsmarke kann Gegenstand von Maßnahmen der Zwangsvollstreckung sein.

(2) Für die Zwangsvollstreckungsmaßnahmen sind die Gerichte und Behörden des nach Artikel 16 maßgebenden Mitgliedstaats ausschließlich zuständig.

(3) Die Zwangsvollstreckungsmaßnahmen werden auf Antrag eines Beteiligten in das Register eingetragen und veröffentlicht.

Änderungen mWv 1.10.2017 gemäß VO (EU) 2015/2424 vom 16.12.2015:
(4) Eine Eintragung im Register im Sinne des Absatzes 3 wird auf Antrag eines Beteiligten gelöscht oder geändert.

Überblick

Die Unionsmarke kann als nichtakzessorisches, selbstständiges Immaterialgut (→ Rn. 1) Gegenstand der Zwangsvollstreckung sein. Gleiches gilt für die Unionsmarkenanmeldung (Art. 24). Die Zwangsvollstreckungsmaßnahmen und das Verfahren der Zwangsvollstreckung bestimmen sich nach dem nationalen Recht des gemäß Art. 16 maßgeblichen Mitgliedstaates (→ Rn. 3; → Rn. 5). Für Zwangsvollstreckungsmaßnahmen sind ausschließlich die Gerichte und Behörden des nach Art. 16 maßgeblichen Mitgliedstaates zuständig (→ Rn. 4). Auf Antrag eines Beteiligten werden die die vorgenommenen Zwangsvollstreckungsmaßnahmen in das Register eingetragen und veröffentlicht (→ Rn. 7).

A. Allgemeines

1 Die **Unionsmarke,** wie auch die **Unionsmarkenanmeldung** (Art. 24), sind infolge des in Art. 17 festgeschriebenen Grundsatzes der freien Übertragbarkeit selbstständige Wirtschaftsgüter, die unabhängig vom Unternehmen veräußert, sicherungsübereignet oder dinglich belastet und Gegenstand der Zwangsvollstreckung sein können. Die Unionsmarke sowie das Unionsmarkenanwartschaftsrecht stellen somit eigenständige Vermögenswerte eines Unternehmens dar, die **Gegenstand von Maßnahmen der Zwangsvollstreckung** sein können. Zur **Rechtsnatur der Unionsmarkenanmeldung** → Art. 19 Rn. 1.1.

Bei einer Unionsmarke handelt es sich um ein **absolutes Recht** und nicht um eine 2 Forderung (zur deutschen Marke → MarkenG § 29 Rn. 3) oder eine bewegliche oder unbewegliche Sache (vgl. Eisenführ/Schennen/Schennen Art. 19 Rn. 4). Die Unionsmarke ist in allen Mitgliedstaaten einheitlich als ein solches absolutes Recht zu behandeln (vgl. Eisenführ/Schennen/Schennen Art. 19 Rn. 4).

B. Zwangsvollstreckung

Welche Zwangsvollstreckungsmaßnahmen hinsichtlich einer Unionsmarke oder einem 3 Unionsmarkenanwartschaftsrecht vorgenommen werden können und auf welche Weise die Zwangsvollstreckung zu erfolgen hat, ist in der UMV nicht geregelt. Insoweit verweist die UMV auf das nationale Recht der Mitgliedstaaten (vgl. Art. 16).

I. Ausschließliche Zuständigkeit (Abs. 2)

Nach Abs. 2 sind für Zwangsvollstreckungsmaßnahmen die Gerichte und Behörden des 4 nach Art. 16 maßgeblichen Mitgliedstaates (→ Art. 16 Rn. 5 ff.) ausschließlich zuständig. Zwangsvollstreckungsmaßnahmen von Behörden oder Gerichten anderer Mitgliedstaaten oder Drittstaaten sind unwirksam und können auch nicht in das Register eingetragen werden.

II. Anwendbares Recht

Die nach Abs. 2 zuständigen Behörden und Gerichte haben ihr nationales Recht anzuwen- 5 den (Art. 16). Aufgrund des Grundsatzes der Einheitlichkeit der Unionsmarke (Art. 1; → Art. 1 Rn. 5) und deren Rechtsnatur als absolutes Recht können im Hinblick auf eine Unionsmarke und ein Unionsmarkenanwartschaftsrecht **ausschließlich solche Zwangsvollstreckungsmaßnahmen** vorgenommen werden, **die in dem nationalen Recht des nach Art. 16 maßgeblichen Mitgliedstaates** zur Zwangsvollstreckung **in Rechte vorgenommen werden können**. Art. 16 schließt daneben die Anwendbarkeit der nationalen Rechtsordnungen anderer Mitgliedstaaten aus.

III. Zwangsvollstreckung nach deutschem Recht

Die Zwangsvollstreckung in Unionsmarken und Unionsmarkenanwartschaften nach deut- 6 schem Recht entspricht derjenigen bezüglich deutscher Marken (→ MarkenG § 29 Rn. 29 ff.).

C. Registereintragung (Abs. 3)

Die im Hinblick auf eine Unionsmarke oder Unionsmarkenanwartschaft nach Abs. 1 7 vorgenommenen Zwangsvollstreckungsmaßnahmen können auf Antrag eines Beteiligten nach Abs. 3 in das Register eingetragen und veröffentlicht werden. Das Verfahren richtet sich derzeit nach Regel 33 GMDV und die Löschung solcher Einträge nach Regel 35 GMDV. Diese Regelungen werden mit Wirkung vom 1.10.2017 ersetzt durch die durch VO (EU) 2015/2424 eingeführten Art. 22a für die Eintragung und Art. 20 Abs. 4 iVm Art. 24a für die Löschung.

I. Verfahren

Antragsberechtigt sind als Beteiligte der Inhaber der Unionsmarke sowie der Gläubiger, 8 der die Zwangsvollstreckung betreibt, nicht jedoch das nationale Vollstreckungsgericht (Eisenführ/Schennen/Schennen Art. 19 Rn. 17).

Das Verfahren ist gebührenpflichtig und richtet sich derzeit nach Regel 33 GMDV (vgl. 9 Eisenführ/Schennen/Schennen Art. 19 Rn. 16), ab dem 1.10.2016 nach Art. 22a. Es entspricht grundsätzlich, mit einer Ausnahme (vgl. Regel 33 Abs. 1 Buchst. a GMDV), dem Verfahren für die Eintragung von Lizenzen (→ Art. 22 Rn. 34). Die Gebührenhöhe beträgt 200 Euro und ergibt sich aus Anhang-I A.26 (→ Anhang-I Rn. 13 f.).

10 Die Löschung der Eintragung der Zwangsvollstreckungsmaßnahme ist ebenfalls gebührenpflichtig und richtet sich derzeit nach Regel 35 GMDV (vgl. Eisenführ/Schennen/Schennen Rn. 18), ab dem 1.10.2016 nach Art. 24a. Die Gebührenhöhe beträgt 200 Euro und ergibt sich aus Anhang-I A.27 (→ Anhang-I Rn. 13 f.).

11 Die Zwangsvollstreckungsmaßnahme sowie deren Aufhebung werden im Unionsmarkenblatt veröffentlicht und im Register eingetragen (Art. 20 Abs. 3, Regel 84 Abs. 3 Buchst. i, s GMDV, Regel 85 Abs. 2 GMDV).

II. Wirkungen der Eintragung im Register

12 Die Eintragung der Zwangsvollstreckungsmaßnahme in das Register ist für deren Wirksamkeit nicht erforderlich. Da Art. 23 Abs. 1 auf Zwangsvollstreckungsmaßnahmen nicht anwendbar ist (→ Art. 23 Rn. 13), entfalten diese auch dann gegen Dritte Wirkung, wenn sie nicht in das Register eingetragen worden sind. Die nicht eingetragene Zwangsvollstreckungsmaßnahme verliert bei einer Veräußerung der Marke an einen Dritten daher nicht aufgrund ihrer Nichteintragung an Wirkung. Vielmehr richtet sich die Wirkung einer Zwangsvollstreckungsmaßnahme gegenüber Dritten gemäß Art. 23 Abs. 3 nach dem nationalen Recht des nach Art. 16 maßgeblichen Mitgliedstaates (→ Art. 23 Rn. 13).

Art. 21 Insolvenzverfahren

(1) Eine Unionsmarke kann nur dann von einem Insolvenzverfahren erfasst werden, wenn dieses in dem Mitgliedstaat eröffnet wird, in dessen Hoheitsgebiet der Schuldner den Mittelpunkt seiner Interessen hat.

Ist der Schuldner jedoch ein Versicherungsunternehmen oder ein Kreditinstitut im Sinne der Richtlinie 2001/17/EG des Europäischen Parlaments und des Rates vom 19. März 2001 über die Sanierung und Liquidation von Versicherungsunternehmen bzw. der Richtlinie 2001/24/EG des Europäischen Parlaments und des Rates vom 4. April 2001 über die Sanierung und Liquidation von Kreditinstituten, so kann eine Unionsmarke nur dann von einem Insolvenzverfahren erfasst werden, wenn dieses in dem Mitgliedstaat eröffnet wird, in dem dieses Unternehmen bzw. dieses Institut zugelassen ist.

(2) Absatz 1 ist im Fall der Mitinhaberschaft an einer Unionsmarke auf den Anteil des Mitinhabers entsprechend anzuwenden.

(3) Wird die Unionsmarke von einem Insolvenzverfahren erfasst, so wird dies auf Antrag der zuständigen nationalen Stelle in das Register eingetragen und in dem Blatt für Unionsmarken gemäß Artikel 89 veröffentlicht.

Überblick

Eine Unionsmarke kann als nichtakzessorisches, selbstständiges Immaterialgut von einem Insolvenzverfahren erfasst werden. Gleiches gilt für Anwartschaften aus einer Unionsmarkenanmeldung (Art. 24). Wird ein Insolvenzverfahren in einem Drittstaat eröffnet, so hat dieses auf die Unionsmarke keine Wirkung (→ Rn. 10). Hat der Unionsmarkeninhaber den Mittelpunkt seiner Interessen in einem Mitgliedstaat, wird die Unionsmarke nur von einem in diesem Mitgliedstaat eröffneten Insolvenzverfahren erfasst (Art. 21 Abs. 1 S. 1; → Rn. 4). Für Versicherungsunternehmen und Kreditinstitute gilt entsprechendes, wenn das Insolvenzverfahren in dem Mitgliedstaat eröffnet worden ist, in dem diese zugelassen sind (Art. 21 Abs. 1 S. 2; → Rn. 11). Für Anteile eines Mitinhabers an einer Unionsmarke gilt entsprechendes (Art. 21 Abs. 2; → Rn. 4). Wird eine Unionsmarke gemäß Art. 21 Abs. 1 und 2 durch ein Insolvenzverfahren erfasst, so wird auf Antrag der zuständigen nationalen Stellen ein Insolvenzvermerk in das Register eingetragen und veröffentlicht (→ Rn. 15). Es handelt sich um eine rein fakultative Eintragung (→ Rn. 20).

Übersicht

	Rn.		Rn.
A. Allgemeines	1	II. Versicherungsunternehmen und Kreditinstitute (Abs. 1 S. 2)	11
B. Insolvenzverfahren	4	C. Registereintragung (Abs. 3)	15
I. Normale Schuldner (Abs. 1 S. 1)	4	I. Verfahren	16
		II. Wirkungen der Eintragung im Register	20

A. Allgemeines

Art. 21 ist mit Wirkung zum 10.3.2004 durch die VO (EG) Nr. 422/2004 des Rates vom 1 19.2.2004 neu gefasst worden. Die Neufassung trägt der unionsweiten Harmonisierung des grenzüberschreitenden Insolvenzverfahrens durch die **VO (EG) Nr. 1346/2000 vom 29.5.2000 (EuInsVO)** Rechnung, die am 31.5.2002 mit Ausnahme Dänemarks und mit Einschränkungen für Großbritannien in Kraft getreten ist (vgl. Eisenführ/Schennen/Schennen Rn. 13).

Am **25.6.2015** ist die **neue EU-Insolvenzordnung (VO (EU) 2015/848) des Europä-** 2 **ischen Parlaments und des Rates vom 20.5.2015 über Insolvenzverfahren** (ABl. L 141, 19 vom 5.6.2015) mit Einschränkungen für Großbritannien und weiteren Mitgliedstaaten (vgl. Art. 85 Abs. 3 VO (EU) 2015/848) in Kraft getreten. **Diese Verordnung gilt** (mit Ausnahme der Art. 24, 25 und 86, für die in Art. 92 VO (EU) 2015/848 spätere Zeitpunkte geregelt sind) **ab dem 26.6.2017** und ist nach Art. 84 Abs. 1 VO (EU) 2015/848 nur auf solche **Insolvenzverfahren** anzuwenden, die **nach dem 26.6.2017 eröffnet** worden sind. Die VO (EG) Nr. 1346/2000 wird durch die neue EU-Insolvenzordnung VO (EU) 2015/848 aufgehoben. Sie gilt jedoch nach Art. 84 Abs. 2 VO (EU) 2015/848 weiterhin für Verfahren, die in den Geltungsbereich der VO (EG) Nr. 1346/2000 fallen und vor dem 26.6.2017 eröffnet wurden.

Die Verzahnung der Vorgaben der EuInsVO mit deutschem Verfahrensrecht erfolgt im Hinblick auf 2.1 die **VO (EG) Nr. 1346/2000 vom 29.5.2000 (EuInsVO)** durch Art. 102 §§ 1–11 EGInsO. Im Hinblick auf die **VO (EU) 2015/848 vom 20.5.2015** wird die Einpassung in das deutsche Verfahrensrecht über einen durch das Gesetz zur Durchführung der Verordnung (EU) 2015/848 über Insolvenzverfahren neu einzufügenden Art. 102c EGInsO erfolgen.

Art. 21 und die entsprechende Regelung in Art. 12 EuInsVO bzw. Art. 15 VO (EU) 3 2015/848 (neue EU-Insolvenzordnung) tragen dem Grundsatz der Einheitlichkeit der Unionsmarke (Art. 1 Abs. 2; → Art. 1 Rn. 5) dadurch Rechnung, dass die Unionsmarke nur von einem einzigen in einem Mitgliedstaat eröffneten Insolvenzverfahren erfasst werden kann.

B. Insolvenzverfahren

I. Normale Schuldner (Abs. 1 S. 1)

Wird über das Vermögen eines Unionsmarkeninhabers, bei dem es sich **nicht um ein** 4 **Versicherungsunternehmen oder Kreditinstitut iSv Abs. 1 S. 2** handelt, das Insolvenzverfahren eröffnet, so kann dessen Unionsmarke von diesem Insolvenzverfahren nur dann erfasst werden, wenn es sich um **ein innerhalb der Europäischen Gemeinschaft eröffnetes Insolvenzverfahren** handelt und der Unionsmarkeninhaber **in dem Mitgliedstaat, in dem das Insolvenzverfahren eröffnet wird, den Mittelpunkt seiner Interessen** hat (Abs. 1 S. 1). Gleiches gilt nach Abs. 2 im Fall der Mitinhaberschaft an einer Unionsmarke für den Anteil des Mitinhabers. Wird das Insolvenzverfahren in Deutschland eröffnet, findet **§ 125h MarkenG** Anwendung. (**Zu Insolvenzverfahren in Deutschland** → MarkenG § 29 Rn. 56 ff.).

Handelt es sich um ein innerhalb der EU **nach dem 31.5.2002 und vor dem 26.6.2017** 5 eröffnetes grenzüberschreitendes Insolvenzverfahren so gilt – **mit Ausnahme Dänemarks** – die **VO (EG) Nr. 1346/2000 (EuInsVO).** Für Insolvenzverfahren, die **nach dem**

26.6.2017 **eröffnet** worden sind, gilt die **neue EU-Insolvenzordnung VO (EU) 2015/848** (im Einzelnen → Rn. 2).

5.1 Die **EuInsVO** regelt grenzüberschreitende Insolvenzverfahren innerhalb der Mitgliedstaaten, die nach dem 31.5.2002 eröffnet worden sind. Keine Anwendung findet die EuInsVO, wenn der Mittelpunkt der hauptsächlichen Interessen des Schuldners in einem Drittstaat (vgl. Erwägungsgrund 14) bzw. Dänemark liegt. Nicht anwendbar ist die EuInsVO ferner auf Insolvenzverfahren über das Vermögen von Versicherungsunternehmen und Kreditinstituten (Art. 1 Abs. 2 EuInsVO). Für diese gilt die RL 2001/17/EG des Europäischen Parlaments und des Rates vom 19.3.2001 über die Sanierung und Liquidation von Versicherungsunternehmen bzw. die RL 2001/24/EG des Europäischen Parlaments und des Rates vom 4.4.2001 über die Sanierung und Liquidation von Kreditinstituten, deren Regelungsgehalt Art. 21 Abs. 1 S. 2 übernimmt.

5.2 Die EuInsVO unterscheidet zwischen Hauptinsolvenzverfahren (Art. 3 Abs. 1 EuInsVO) und Partikularverfahren (Art. 3 Abs. 2, 4 EuInsVO). Nach Art. 3 Abs. 1 S. 1 EuInsVO ist ein Insolvenzverfahren (Hauptinsolvenzverfahren) grundsätzlich in dem Mitgliedstaat zu eröffnen, im dem der Schuldner den Mittelpunkt seiner hauptsächlichen Interessen hat. Dieser wird bei Gesellschaften und juristischen Personen widerlegbar an deren satzungsmäßigen Sitz vermutet (Art. 3 Abs. 1 S. 2 EuInsVO). Wurde der **Sitz rechtsmissbräuchlich nur zum Schein in einen Mitgliedstaat verlegt** um die Vorteile des dortigen Insolvenzverfahrens in Anspruch zu nehmen, so kann sich der Mitgliedstaat, in dem der Sitz ursprünglich bestanden hat, nach Art. 26 EuInsVO weigern, das in dem anderen Mitgliedstaat eröffnete Insolvenzverfahren anzuerkennen (vgl. BFH BeckRS 2016, 95276 Rn. 22 ff.). Daneben können Partikularverfahren, in denen nur das in dem betreffenden Mitgliedstaat belegene Schuldnervermögen verwertet werden kann, in jedem Mitgliedstaat eröffnet werden, in dem der Schuldner eine Niederlassung besitzt.

5.3 Das auf Insolvenzverfahren nach der EuInsVO und dessen Wirkungen anwendbare Recht regelt Art. 4 Abs. 1 EuInsVO, wonach das Recht des Staates der Verfahrenseröffnung gilt, mithin das Insolvenzrecht des Mitgliedstaats, in dem das Verfahren eröffnet wird.

6 Nach Art. 12 EuInsVO bzw. Art. 15 VO (EU) 2015/848 (neue EU-Insolvenzordnung) kann eine Unionsmarke **nur in einem Hauptinsolvenzverfahren iSv Art. 3 Abs. 1 EuInsVO/VO (EU) 2015/848 verwertet werden.** Dies entspricht Art. 21 Abs. 1 S. 1. Der Schuldner muss den Mittelpunkt seiner hauptsächlichen Interessen in dem Mitgliedstaat haben, in dem das Insolvenzverfahren eröffnet wird. Dieser wird bei Gesellschaften und juristischen Personen widerlegbar an deren satzungsmäßigen Sitz vermutet (Art. 3 Abs. 1 S. 2 EuInsVO; Art. 3 Abs. 1 S. 3 VO (EU) 2015/848). Art. 3 EuInsVO/VO (EU) 2015/848 legt nur die internationale Zuständigkeit für ein Hauptinsolvenzverfahren fest. Er regelt jedoch nicht das Verfahrensrecht des angerufenen Gerichts. Dieses wendet vielmehr sein nationales Recht an (BGH NJW 2012, 936 Rn. 10; NZI 2012, 823 Rn. 10).

6.1 Das **deutsche Insolvenzgericht** ist nach **§ 5 Abs. 1 S. 1 InsO** verpflichtet, alle Umstände zu ermitteln, die für das Insolvenzverfahren von Bedeutung sind, wobei diese Ermittlungspflicht von Amts wegen erst einsetzt, wenn der Verfahrensstand Anlass hierzu bietet (BGH NZI 2012, 823 Rn. 10). Hierzu gehört auch die internationale Zuständigkeit. Die Pflicht des Gerichts, die internationale Zuständigkeit zu ermitteln, wird nicht durch die Vermutung in Art. 3 Abs. 1 S. 2 EuInsVO/Art. 3 Abs. 1 S. 3 VO (EU) 2015/848 beschränkt (vgl. BGH NJW 2012, 936 Rn. 13 mwN). Art. 3 EuInsVO/VO (EU) 2015/848 regelt nicht das zur Klärung der internationalen Zuständigkeit anzuwendende Verfahrensrecht. Daher greift die dort aufgestellte Vermutung nur dann ein, wenn die Ermittlungen von Amts wegen zu keinem abweichenden Ergebnis geführt haben (vgl. BGH NJW 2012, 936 Rn. 13 mwN).

6.2 Bestehen bei einem Insolvenzantrag mit grenzüberschreitenden Bezug **Zweifel daran, wo der Schuldner den Mittelpunkt seiner hauptsächlichen Interessen hat** und ob das angerufene Gericht daher international zuständig ist, so muss das deutsche Insolvenzgericht Sachaufklärung betreiben (§ 5 Abs. 1 S. 1 InsO). Hierzu kann es ein Sachverständigengutachten zu der Frage des Mittelpunktes der hauptsächlichen Interessen anordnen, wie auch zu der Frage, ob in einem anderen Mitgliedstaat bereits ein Insolvenzverfahren eröffnet worden ist. Das Insolvenzgericht kann den Gutachter hierzu ermächtigen, Auskünfte bei Dritten über die Vermögensverhältnisse des Schuldners einzuholen, und den Schuldner verpflichten Auskünfte zu erteilen und dem Gutachter Einsicht in seine Bücher und Geschäftspapiere zu geben (§ 20 Abs. 1 InsO; vgl. BGH NZI 2012, 823 Rn. 11).

7 Welche **Auswirkungen** die Eröffnung eines solchen Insolvenzverfahrens **auf die Unionsmarke** hat, richtet sich gemäß **Art. 4 Abs. 1 EuInsVO/Art. 7 VO (EU) 2015/848** nach dem Recht des Mitgliedstaates, in dem das Hauptinsolvenzverfahren eröffnet wurde.

Liegt bei grenzüberschreitenden Insolvenzverfahren, die vor dem 26.6.2017 eröffnet worden sind (zur **neuen EU-Insolvenzordnung VO (EU) 2015/848** → Rn. 2; → Art. 16 Rn. 5 ff.). Kommt danach **deutsches Recht** zur Anwendung **gelten die §§ 335, 343 ff. InsO**, die an die Stelle des Art. 102 EGInsO aF getreten sind (vgl. Ströbele/Hacker/Hacker MarkenG § 29 Rn. 31). 8

Wird das Insolvenzverfahren über das Vermögen des Unionsmarkeninhabers in einem Mitgliedstaat eröffnet, befindet sich der **Mittelpunkt seiner Interessen jedoch in einem Drittstaat**, so gilt das nationale Recht des Mitgliedstaates (vgl. Eisenführ/Schennen/Schennen Rn. 19; Fezer MarkenG § 29 Rn. 8). 9

Wird das **Insolvenzverfahren** über das Vermögen des Unionsmarkeninhabers **in einem Drittstaat eröffnet,** so wird die Unionsmarke von diesem nicht erfasst und unterfällt nicht der materiellrechtlichen Verwertungsbefugnis des betreffenden Insolvenzgerichts (vgl. Eisenführ/Schennen/Schennen Rn. 19; Fezer MarkenG § 29 Rn. 8). 10

II. Versicherungsunternehmen und Kreditinstitute (Abs. 1 S. 2)

Wird über das Vermögen eines Versicherungsunternehmens oder Kreditinstituts iSv Abs. 1 S. 2 das Insolvenzverfahren eröffnet, so können deren Unionsmarken von diesem nur dann erfasst werden, wenn es sich um ein **Insolvenzverfahren** handelt, das **in dem Mitgliedstaat eröffnet wird, in dem das Versicherungsunternehmen bzw. Kreditinstitut zugelassen ist (Abs. 1 S. 2).** Gleiches gilt nach Abs. 2 im Fall der Mitinhaberschaft an einer Unionsmarke für den Anteil des Mitinhabers. Wird das Insolvenzverfahren in Deutschland eröffnet, findet § 125h MarkenG Anwendung. (Zu Insolvenzverfahren in Deutschland → MarkenG § 29 Rn. 56 ff.) 11

Die EuInsVO/VO (EU) 2015/848 findet keine Anwendung (Art. 1 Abs. 2 EuInsVO/VO (EU) 2015/848). 12

Wird das Insolvenzverfahren über das Vermögen des Versicherungsunternehmens bzw. des Kreditinstituts in einem Mitgliedstaat eröffnet, ist dieses jedoch **in einem Drittstaat zugelassen,** so gilt das nationale Recht des Mitgliedstaates (vgl. Eisenführ/Schennen/Schennen Rn. 19; Fezer MarkenG § 29 Rn. 8). 13

Wird das Insolvenzverfahren über das Vermögen des Versicherungsunternehmens bzw. des Kreditinstituts **in einem Drittstaat eröffnet,** so wird die Unionsmarke von diesem nicht erfasst und unterfällt nicht der materiellrechtlichen Verwertungsbefugnis des betreffenden Insolvenzgerichts (vgl. Eisenführ/Schennen/Schennen Rn. 19; Fezer MarkenG § 29 Rn. 8). 14

C. Registereintragung (Abs. 3)

Wird die Unionsmarke oder Unionsmarkenanwartschaft nach Abs. 1 und 2 von einem Insolvenzverfahren erfasst, so kann dies auf Antrag der zuständigen nationalen Stelle nach Abs. 3 in das Register eingetragen und veröffentlicht werden. Insolvenzverfahren, die in einem Drittstaat eröffnet wurden, können, da sie vermögensrechtlich keine Auswirkungen auf die Unionsmarke haben, nicht in das Register eingetragen werden. 15

I. Verfahren

Antragsberechtigt sind die zuständigen nationalen Stellen. Welche dies sind, bestimmt das jeweilige nationale Recht. In Deutschland sind dies das Insolvenzgericht, der Insolvenzverwalter oder der Sachwalter (§ 125h MarkenG). 16

Das Verfahren richtet sich derzeit nach Regel 33 GMDV, ab dem 1.10.2017 nach Art. 22a und ist nicht gebührenpflichtig (Regel 33 Abs. 2 GMDV, Art. 22a Abs. 2), da in Regel 33 Abs. 2 GMDV die Eintragung eines Insolvenzvermerks nicht genannt ist. Der Verweis in Art. 22a Abs. 2 auf „Rechte nach Abs. 1" bezieht sich nicht auf einen Insolvenzvermerk, da es sich hierbei nicht um ein Recht handelt. Zudem sind in der Regelung der Gebührenhöhe in Anhang-I A.26 Insolvenzverfahren nicht genannt. Die Eröffnung des Insolvenzverfahrens muss gegenüber dem Amt nicht nachgewiesen werden. Wird der Antrag vom Insolvenzverwalter gestellt, so muss dieser jedoch seine Vertretungsbefugnis nachweisen, dh nachweisen dass er als Insolvenzverwalter über das Vermögen des Unionsmarkeninhabers bestellt worden ist (Regel 33 Abs. 1 Buchst. b iVm Regel 31 Abs. 1 Buchst. d, Abs. 5 GMDV). Das Amt 17 muss prüfen, ob es sich um ein Insolvenzverfahren handelt, von dem die Unionsmarke nach Abs. 1, 2 erfasst wird, und ob der Antrag von einer antragsbefugten zuständigen nationalen Stelle gestellt worden ist. Ist dies nicht der Fall, insbesondere bei Anträgen von nationalen Stellen außerhalb der Europäischen Gemeinschaft, so muss das Amt den Antrag zurückweisen (vgl. Eisenführ/Schennen/Schennen Rn. 27).

18 Die Löschung der Eintragung des Insolvenzvermerks ist ebenfalls gebührenfrei und richtet sich derzeit nach Regel 35 GMDV (vgl. Eisenführ/Schennen/Schennen Rn. 28), ab dem 1.10.2017 nach Art. 24a. Ein Nachweis, dass die Unionsmarke nicht mehr von dem Insolvenzverfahren erfasst ist, bedarf es nicht (Umkehrschluss aus Regel 35 Abs. 4 GMDV; vgl. Eisenführ/Schennen/Schennen Rn. 28).

19 Die Insolvenzmaßnahme sowie deren Aufhebung werden im Blatt für Unionsmarken veröffentlicht und im Register eingetragen (Art. 21 Abs. 3, Regel 84 Abs. 3 Buchst. i, s GMDV, Regel 85 Abs. 2 GMDV).

II. Wirkungen der Eintragung im Register

20 Die Eintragung der Insolvenzmaßnahme in das Register ist für deren Wirksamkeit nicht erforderlich. Sie bewirkt weder einen Übergang der Verfügungsbefugnis auf den Insolvenzverwalter, noch einen Übergang der Inhaberschaft an der Unionsmarke (vgl. Eisenführ/Schennen/Schennen Rn. 30). Ihr kommt eine rein informative Funktion zu. Die Wirkungen des eröffneten Insolvenzverfahrens richten sich nach nationalem Recht. Da **Art. 23 Abs. 1 auf Insolvenzverfahren nicht anwendbar** ist (→ Art. 23 Rn. 14), entfaltet dieses auch dann gegenüber Dritten seine Wirkung, wenn es nicht in das Register eingetragen worden ist.

Art. 22 Lizenz

(1) ¹Die Unionsmarke kann für alle oder einen Teil der Waren oder Dienstleistungen, für die sie eingetragen ist, und für das gesamte Gebiet oder einen Teil der Union Gegenstand von Lizenzen sein. ²Eine Lizenz kann ausschließlich oder nicht ausschließlich sein.

(2) Der Inhaber einer Unionsmarke kann die Rechte aus der Unionsmarke gegen einen Lizenznehmer geltend machen, der hinsichtlich des Folgenden gegen eine Bestimmung des Lizenzvertrags verstößt:
a) der Dauer der Lizenz;
b) der von der Eintragung erfassten Form, in der die Marke verwendet werden darf;
c) der Art der Waren oder Dienstleistungen, für die die Lizenz erteilt wurde;
d) des Gebiets, in dem die Marke angebracht werden darf;
e) der Qualität der vom Lizenznehmer hergestellten Waren oder erbrachten Dienstleistungen.

(3) ¹Unbeschadet der Bestimmungen des Lizenzvertrags kann der Lizenznehmer ein Verfahren wegen Verletzung einer Unionsmarke nur mit Zustimmung ihres Inhabers abhängig machen. ²Jedoch kann der Inhaber einer ausschließlichen Lizenz ein solches Verfahren anhängig machen, wenn der Inhaber der Unionsmarke nach Aufforderung nicht selber innerhalb einer angemessenen Frist die Verletzungsklage erhoben hat.

(4) Jeder Lizenznehmer kann einer vom Inhaber der Unionsmarke erhobenen Verletzungsklage beitreten, um den Ersatz seines eigenen Schadens geltend zu machen.

(5) Die Erteilung oder der Übergang einer Lizenz an einer Unionsmarke wird auf Antrag eines Beteiligten in das Register eingetragen und veröffentlicht.

Änderungen mWv 1.10.2017 gemäß VO (EU) 2015/2424 vom 16.12.2015 (Abs. 6 wird eingefügt):

(6) Eine Eintragung im Register im Sinne des Absatzes 5 wird auf Antrag eines Beteiligten gelöscht oder geändert.

Lizenz   Art. 22 UMV

Überblick

Die Vorschrift regelt die Erteilung von Benutzungsrechten/Lizenzen durch den Inhaber einer Marke gegenüber Dritten.

Abs. 1 erläutert den Umfang, in dem solche Lizenzen erteilt werden können (→ Rn. 12).

Abs. 2 räumt dem Markeninhaber/Lizenzgeber gegen den Lizenznehmer in bestimmten, enumerativ aufgeführten Fällen von Verletzungen des Lizenzvertrags neben den vertraglichen Rechten auch Rechte aus der Marke ein (→ Rn. 18 ff.).

Abs. 3 und 4 definieren, in welcher Weise der Lizenznehmer seine Rechte aus der Marke bzw. aus dem Lizenzvertrag gegenüber Dritten auf dem Gerichtswege wahren kann (→ Rn. 21 ff.). Eine Klage des Lizenznehmers wegen Verletzung der Marke ist gemäß Art. 22 Abs. 3 nur mit Zustimmung des Markeninhabers möglich. Jedoch kann der Lizenznehmer gemäß Art. 22 Abs. 4 einer Verletzungsklage des Markeninhabers jederzeit beitreten.

Abs. 5 regelt die Möglichkeit einer Eintragung der Lizenz in das Register (→ Rn. 33 ff.). Diese ist gemäß Art. 23 erforderlich, um die Wirkung der Lizenz gegenüber Dritten in Kraft zu setzen (→ Art. 23 Rn. 1 ff.).

Mit Wirkung vom 1.10.2017 regelt **Abs. 6** die Möglichkeit, die Eintragung einer Lizenz im Register zu löschen oder zu ändern. Eine inhaltsgleiche Regelung findet sich heute in Regel 35 GMDV.

Übersicht

	Rn.
A. Allgemeines	1
B. Die Rechtsnatur der Lizenz	5
C. Gegenstand und Umfang der Lizenz	10
I. Gegenstand der Lizenz	10
II. Umfang der Lizenzerteilung	11
1. Auslegung des Vertrags	11
2. Vollständige oder teilweise Lizenzierung der Marke	12
3. Dauer des Lizenzvertrags	13
4. Ausschließliche oder nicht ausschließliche Lizenz (Abs. 1 S. 2)	14
5. Sukzessionsschutz	15
III. Form der Lizenzerteilung	16
D. Rechte des Lizenzgebers	18
E. Rechte des Lizenznehmers	21
I. Verletzungsklage durch den Lizenznehmer im eigenen Namen (Abs. 3)	21

	Rn.
1. Prozessführungsbefugnis	21
2. Materiellrechtlicher Anspruch des Lizenznehmers aus der Marke	24
II. Beitritt des Lizenznehmers zu einer Verletzungsklage des Markeninhabers (Abs. 4)	26
III. Sonstige Rechte	27
F. Eintragung von Lizenzen (Abs. 5)	33
I. Allgemeines	33
II. Verfahren der Eintragung	34
1. Allgemeines	34
2. Mögliche Antragsteller und anschließendes Verfahren	37
3. Inhalt des Antrags	43
III. Rechtsfolgen der Eintragung	47
G. Löschung und Änderung der Eintragung	50
H. Registrierung der Lizenz an einer Unionsmarkenanmeldung	53

A. Allgemeines

Die MRL – RL (EU) 2015/2436 – hat sich – dem Modell des Unionsmarkenrechts **1** folgend – in Art. 25 RL (EU) 2015/2436 weitgehend an Art. 22 UMV orientiert. Ihre Regelungen sind jedoch erst bis zum 14.1.2019 umzusetzen. Art. 22 Abs. 3 und 4, welche die Rechte der Lizenzvertragsparteien und die prozessuale Möglichkeit der Umsetzung dieser Rechte regeln, entsprechen bereits jetzt § 30 Abs. 3 und 4 MarkenG mit einer Abweichung in Abs. 3 (→ Rn. 21). Zu den entsprechenden Rechten der Vertragsparteien gemäß § 30 MarkenG → MarkenG § 30 Rn. 63 ff. Ein Sukzessionsschutz zu Gunsten des Lizenznehmers für den Fall des Rechtsübergangs oder der Erteilung nachfolgender Lizenzen ist in Art. 23 geregelt (→ Art. 23 Rn. 1 ff.). Zu einem entsprechenden Sukzessionsschutz gemäß § 30 Abs. 5 MarkenG → MarkenG § 30 Rn. 164 ff. Künftig müssen auch die Mitgliedstaaten für nationale Marken die Eintragung von Lizenzen im Markenregister ermöglichen, was in Deutschland zu einer Rechts- und Praxisänderung führen wird (→ MarkenG § 30 Rn. 7). In der GMV war dies bereits anfänglich vorgesehen.

Im Unterschied zu § 4 MarkenG lässt die UMV gemäß Art. 6 (ebenso wie die MRL) **2** Markenschutz nur durch die Eintragung in das Register entstehen. Gemäß Art. 22 können

Taxhet   1715

daher naturgemäß und anders als gemäß § 30 MarkenG nur eingetragene und angemeldete Unionsmarken lizenziert werden.

3 Art. 22 wird durch Art. 23 und mWv 1.10.2017 des Weiteren durch Art. 22a, 24a ergänzt. Gemäß Art. 23 wird die Wirkung der Lizenz gegenüber Dritten grundsätzlich von der Eintragung der Lizenz im Register abhängig gemacht. Etwas anderes gilt für die Aktivlegitimation des Lizenznehmers, die unabhängig von der Eintragung gegeben ist (EuGH C-163/15, GRUR 2016, 372 – Hassan/Breiding (ARKTIS); → Art. 23 Rn. 11). Art. 22a und 24a regeln das Verfahren zur Eintragung, Löschung und Änderung der Lizenz einer Lizenz im Register. Aktuell sind diese Verfahren in Regel 33, 35 GMDV geregelt (→ Rn. 50).

4 Die gemäß Art. 22 erteilte Lizenz ist dinglicher Natur (str.; → Rn. 5). Formerfordernisse einer wirksamen Lizenzerteilung sind daher von der gemäß Art. 16 anzuwendenden nationalen Rechtsordnung abhängig (→ Art. 16 Rn. 4; → Art. 16 Rn. 6).

B. Die Rechtsnatur der Lizenz

5 Welcher **Rechtsnatur** die Lizenz an einer Unionsmarke ist, ist umstritten. Die UMV selbst enthält zu dieser Frage keine ausdrückliche Regelung.

6 Teilweise wird eine Differenzierung nach dinglichem und schuldrechtlichem Charakter der Unionsmarkenlizenz ganz abgelehnt und die Rechtsnatur der Lizenz insoweit zwar nicht als dinglich jedoch als „absolut" bezeichnet. Gegen eine dingliche Rechtsnatur der Unionsmarkenlizenz soll insoweit sprechen, dass die Lizenz in Art. 19 nicht eigens als dingliches Recht genannt ist (Eisenführ/Schennen/Schennen Rn. 6). Diese Begründung überzeugt nicht. Mit Art. 19 Abs. 1 Alt. 2 existiert eine Auffangklausel, die deshalb auch die Lizenz an einer Unionsmarke ohne deren ausdrückliche Bezeichnung in Art. 19 erfassen kann.

7 Aus den Schlussanträgen der Generalanwältin Trstenjak vom 27.1.2009 in der Rechtssache „Falco Privatstiftung und Thomas Rabitsch gegen Gisela Weller-Lindhorst" (EuGH C-533/07, BeckEuRS 2009, 487396) lässt sich ein rein schuldrechtliches Verständnis von der Unionsmarkenlizenz entnehmen. Dort wird ausgeführt, durch die Erteilung der Lizenz „gestatte der Lizenzgeber dem Lizenznehmer die Vornahme von Handlungen, die ohne Lizenzerteilung eine Verletzung der Rechte des geistigen Eigentums darstellen würden" (Schlussanträge der Generalanwältin Trstenjak vom 27.1.2009 zu der Entscheidung des EuGH „Falco Privatstiftung und Thomas Rabitsch gegen Gisela Weller-Lindhorst" (EuGH C-533/07, BeckEuRS 2009, 487396)).

8 Zutreffend ist jedoch ein **dinglicher Charakter** der Lizenz an einer Unionsmarke anzunehmen. Einen diesbezüglichen Hinweis gibt bereits Art. 22 Abs. 2 selbst, der dem Markeninhaber in bestimmten Fällen „Rechte aus der Unionsmarke" zuweist. Diese bestehen neben den vertraglichen Ansprüchen des Lizenzgebers. Sie sind entsprechend ihrer Regelung gemäß Art. 9 ff. dinglicher Natur. Die Wirkung der jedenfalls eingetragenen Lizenz gegenüber Dritten gemäß Art. 23 spricht ebenfalls für deren dinglichen Charakter. Entsprechendes ergibt sich aus den EUIPO Richtlinien Teil E, Abschn. 3, Kap. 2, Nr. 1.1, nach denen „eine bloße Duldung oder Zustimmung des Markeninhabers gegenüber dem Dritten, der die Marke verwendet, (...) noch keine Lizenz" darstellt. Die ausdrücklichen Regelungen des Sukzessionsschutzes (→ Rn. 1) und der Klageberechtigung des Lizenznehmers (→ Rn. 21 ff.) gelten ungeachtet der Rechtsnatur der Lizenz.

9 Der dingliche Charakter der Lizenz an einer Unionsmarke entspricht dem Charakter der gemäß § 30 MarkenG geregelten Lizenz an einer deutschen nationale Marke. Zu den hieraus resultierenden Rechtsfolgen → MarkenG § 30 Rn. 10.

C. Gegenstand und Umfang der Lizenz

I. Gegenstand der Lizenz

10 Gegenstand der Lizenz ist die **Gebrauchsüberlassung** des durch Eintragung begründeten Rechts gegenüber einem Dritten in einem zu definierenden Umfang. Eine Lizenz iSd Art. 22 kann daher **nur** an dem Gegenstand der Eintragung erteilt werden. Die Erteilung der Lizenz an einer ähnlichen Marke iSd Art. 15 Abs. 1 Buchst. a unterfällt nicht der Reglung des Art. 22. Jedoch ist es dem Markeninhaber möglich, bezüglich solcher Kennzeichen, die zwar nicht Gegenstand der Registrierung jedoch von dem daraus resultierenden Verbotsrecht gemäß Art. 9 erfasst sind, auf die Ausübung der Rechte gemäß Art. 9 zu verzichten. Insoweit spricht er eine schuldrechtliche und lediglich inter partes wirkende Gestattung aus (zu der vergleichbaren Problematik der §§ 30, 26 MarkenG → MarkenG § 30 Rn. 19).

II. Umfang der Lizenzerteilung

1. Auslegung des Vertrags

Der Umfang der Lizenz wird durch die **Inhalte des Lizenzvertrags** bestimmt. Da von dem dinglichen Charakter der gemäß Art. 22 zu erteilenden Lizenz auszugehen ist (str.; → Rn. 5 ff.), ist für die Auslegung des Vertrags, jedenfalls was den Umfang der Lizenz angeht, das gemäß Art. 16 anzuwendende nationale Recht heranzuziehen. Zu den maßgeblichen **Auslegungsgrundsätzen** nach deutschem Recht → MarkenG § 30 Rn. 27. 11

2. Vollständige oder teilweise Lizenzierung der Marke

Der Umfang der erteilten Markenlizenz kann das Recht an der lizenzierten Marke gemäß Art. 22 Abs. 1 sowohl in sachlicher (dh bezogen auf die betroffenen Waren/Dienstleistungen) als auch in räumlicher (geographischer) Hinsicht **vollständig** erfassen **oder** nur **eingeschränkt** enthalten. Eine vollständige Lizenzierung der Marke bezieht sich sachlich auf das gesamte Waren- und Dienstleistungsverzeichnis. Sie bezieht sich räumlich auf den gesamten Bereich der Europäischen Union. Soweit die Regelung in räumlicher Hinsicht die Möglichkeit bietet, die Lizenz „für das gesamte Gebiet oder einen Teil der Union" zu erteilen, ist es nicht nur möglich, die Aufteilung nach Mitgliedstaaten vorzunehmen. Ebenso kann die Lizenz nur für einen Teil des Gebietes eines Mitgliedstaates erteilt werden. Der **Grundsatz der Einheitlichkeit** der Unionsmarke ist an dieser Stelle **durchbrochen** (→ Art. 1 Rn. 6). 12

3. Dauer des Lizenzvertrags

Auch in zeitlicher Hinsicht kann die Lizenz eingeschränkt oder für die gesamte Dauer des Schutztatbestandes erteilt werden. Zu Gestaltungsmöglichkeiten die Laufzeit eines Markenlizenzvertrages betreffend → MarkenG § 30 Rn. 141. 13

4. Ausschließliche oder nicht ausschließliche Lizenz (Abs. 1 S. 2)

Die Marke kann in einfacher oder ausschließlicher Form oder als Alleinlizenz lizenziert werden. Art. 22 Abs. 1 S. 2 spricht insoweit von einer „ausschließlichen oder nicht ausschließlichen" Lizenz. Eine **ausschließliche** Markenlizenz beinhaltet die Verpflichtung für den Lizenzgeber, eine Lizenz des (auch teilweise) selben Inhalts zukünftig nicht an sonstige Dritte zu vergeben und sich auch selbst einer solchen Markennutzung zu enthalten. Von der ausschließlichen Lizenz zu unterscheiden ist die sog. **Alleinlizenz.** Bei dieser verpflichtet sich der Markeninhaber, inhaltsgleiche Lizenzen nicht gegenüber Dritten zu erteilen. Er bleibt jedoch in eigener Person zu Markennutzung weiter berechtigt. Die Werthaltigkeit der erteilten Lizenz hängt nicht zuletzt davon ab, wie viele weitere Personen die betroffene Marke in gleicher Weise nutzen dürfen, wie der Lizenznehmer (→ MarkenG § 30 Rn. 34 ff.). 14

5. Sukzessionsschutz

Hatte der Lizenzgeber bereits eine (teilweise) inhaltsgleiche Lizenz zu einem früheren Zeitpunkt gegenüber einem Dritten erteilt, gilt Art. 23. Anders als das deutsche MarkenG kennt das Unionsmarkenrecht **keinen grundsätzlichen Sukzessionsschutz.** Gegenüber Dritten, denen der Lizenzgeber (vertragswidrig) eine inhaltsgleiche Lizenz an derselben Marke erteilt, kann der prioritätsältere Inhaber einer ausschließlichen oder Alleinlizenz seine Lizenzrechte aus der Marke nur dann geltend machen, wenn seine Lizenz registriert ist (Art. 23 Abs. 1 S. 1). Etwas anderes gilt nur dann, wenn der zeitlich nachfolgende Lizenznehmer zum Zeitpunkt des eigenen Rechtserwerbs bösgläubig hinsichtlich der früheren Lizenz war (Art. 23 Abs. 1 S. 2). Dem Inhaber einer ausschließlichen Lizenz ist daher jedenfalls anzuraten, die Registrierung der Lizenz zu besorgen. Neben etwaigen Rechten aus der 15

Lizenz an der Marke sind die betroffenen Lizenznehmer auf Schadensersatz- und Gewährleistungsrechte gegenüber dem Lizenzgeber verwiesen (→ Art. 23 Rn. 1 ff.).

III. Form der Lizenzerteilung

16 Die UMV knüpft an die Wirksamkeit der Lizenzerteilung gemäß Art. 22 **keine Formerfordernisse.** Auch die Eintragung der Lizenz stellt gemäß Art. 23 keine konstitutive formale Voraussetzung für die wirksame Erteilung einer Lizenz dar. Nur die Wirkung der Lizenz gegenüber Dritten ist gemäß Art. 23 grundsätzlich an die Eintragung der Lizenz gebunden. Ebenfalls setzt die rechtserhaltende Benutzung der Marke durch den Lizenznehmer gemäß Art. 15 Abs. 2 nicht die Existenz eines schriftlichen Lizenzvertrags voraus, da Art. 15 Abs. 2 lediglich die Zustimmung des Markeninhabers zur Nutzung der Marke durch einen Dritten fordert (vgl. EuG T-186/14, BeckRS 2015, 81285 – X-TREME).

17 Die Eintragung einer Lizenz kann dennoch als konstitutive Voraussetzung von derjenigen Rechtsordnung gefordert sein, die gemäß Art. 16 anwendbar ist. Das deutsche Markenrecht sieht keine besondere Form vor. Nach dem Wegfall des § 34 GWB aF bestehen auch keine kartellrechtliche Formvorschriften mehr. Allerdings ist nach deutscher Rechtsprechung für den **Nachweis des Zustandekommens** eines Lizenzvertrags im kaufmännischen Geschäftsverkehr im Regelfall die Vorlage einer **schriftlichen Dokumentation** erforderlich, die durch Vorlage eines schriftlichen Lizenzvertrags, einer schriftlichen Dokumentation des Vertragsschlusses oder durch Vorlage von Besprechungsprotokollen erbracht werden kann (BGH BeckRS 2015, 20721).

D. Rechte des Lizenzgebers

18 Dem Lizenzgeber stehen gegen den Lizenznehmer im Falle von Vertragsverletzungen **vertragliche Ansprüche** sowie in bestimmten, gemäß Art. 22 Abs. 2 aufgezählten Fällen, **Rechte aus der Marke** zu. Die Vorschrift ist wortgleich zu Art. 25 Abs. 2 RL (EU) 2015/2436. Ebenso wie diese (EuGH C-59/08 GRUR 2009, 593 – Copad zu Art. 8 Abs. 2 RL 89/104/EWG) hat sie **abschließenden Charakter.**

19 Soweit ein Fall des Art. 22 Abs. 2 vorliegt, finden die Vorschriften der Art. 9 ff. Anwendung. Der Lizenzgeber kann dann aus der Marke auch gegen den Lizenznehmer vorgehen. Eine Erschöpfung des Markenrechts gemäß Art. 13 findet in solchen Fällen einer rechtswidrigen Markennutzung durch den Lizenznehmer nicht statt.

20 Art. 22 Abs. 2 UMV entspricht vollinhaltlich der Regelung des § 30 Abs. 2 MarkenG (zu Einzelheiten → MarkenG § 30 Rn. 63 ff.).

E. Rechte des Lizenznehmers

I. Verletzungsklage durch den Lizenznehmer im eigenen Namen (Abs. 3)

1. Prozessführungsbefugnis

21 Art. 22 Abs. 3 sieht die **Möglichkeiten des Lizenznehmers vor,** gegen Dritte, die die lizenzierte Marke verletzen, **gerichtlich** vorzugehen. Eine Eintragung der Lizenz ist hierfür nicht erforderlich (EuGH C-163/15, GRUR 2016, 372 – Hassan/Breiding (ARKTIS); → Art. 23 Rn. 11). Die Vorschrift regelt die Prozessführungsbefugnis des Lizenznehmers. Sie regelt keine Fragen der Inhaberschaft eines materiellen Schadensersatzanspruchs. Anders als § 30 Abs. 3 MarkenG (→ MarkenG § 30 Rn. 85 ff.) unterscheidet die Vorschrift zwischen den Möglichkeiten des Inhabers einer ausschließlichen Lizenz und den Rechten sonstiger Lizenznehmer.

22 Der Lizenznehmer einer **einfachen Lizenz** kann Verletzungsklage gegen einen Dritten gemäß Art. 22 Abs. 3 S. 1 ohne Ausnahme nur mit Zustimmung des Lizenzgebers erheben. Diese Regelung entspricht § 30 Abs. 3 MarkenG, auf dessen weitere Kommentierung daher verwiesen wird (→ MarkenG § 30 Rn. 87 ff.).

23 Der Lizenznehmer einer **ausschließlichen Lizenz** kann eigene Ansprüche gegen einen markenverletzenden Dritten gemäß Art. 22 Abs. 3 S. 1 ebenfalls grundsätzlich nur mit Zustimmung des Markeninhabers geltend machen. Etwas anderes gilt gemäß Art. 22 Abs. 3

S. 2 jedoch in dem Fall, in dem der Inhaber der Unionsmarke nach Aufforderung durch den Lizenznehmer nicht selbst innerhalb einer angemessenen Frist Verletzungsklage erhoben hat. Die Regelung geht über die Vorschrift des § 30 MarkenG hinaus, nach der die Zustimmung des Markeninhabers für die Prozessführungsbefugnis des Lizenznehmers immer erforderlich ist (→ MarkenG § 30 Rn. 87 ff.). Sie trägt der Tatsache Rechnung, dass die ausschließliche Markenlizenz den vollständigen inhaltlichen und hiermit einhergehenden wirtschaftlichen Nutzen der Marke von dem Inhaber auf den Lizenznehmer verlagert. Bei dem Markeninhaber verbleibt nur die formale Berechtigung, die – jedenfalls für den Fall der Lizenzregistrierung – gemäß Art. 23 ebenfalls nicht ohne Berücksichtigung der erteilten Lizenz genutzt werden kann. Die Regelung spiegelt daher auf rechtlicher Ebene die tatsächliche und damit auch wirtschaftliche Situation wieder, in der die Vertragsparteien einer ausschließlichen Lizenz zueinander stehen.

2. Materiellrechtlicher Anspruch des Lizenznehmers aus der Marke

Die UMV enthält keine Regelung zu markenrechtlichen Schadensersatzansprüchen vergleichbar dem § 14 Abs. 6 MarkenG. Art. 14 Abs. 1 S. 2 iVm Art. 101 Abs. 2 **verweisen** hinsichtlich der in der UMV grundsätzlich nicht geregelten markenrechtlichen Ansprüche **auf** das einschlägige **nationale Markenrecht**. Des Weiteren stellt Art. 16 die Lizenz an einer Unionsmarke der Lizenz an einer nationalen Marke hinsichtlich ihres dinglichen Charakters gleich und verweist insoweit ebenfalls auf das nationale Markenrecht (vgl. EUIPO Richtlinien Teil E, Abschn. 3, Kap. 2, Nr. 1.2). 24

Soweit das **deutsche** nationale **Markenrecht** anwendbar ist, steht dem Lizenznehmer einer Unionsmarke **kein** eigener markenrechtlicher **Schadensersatzanspruch** zu. Nach der Rechtsprechung des BGH gilt dies sowohl für den Inhaber einer ausschließlichen wie für den Inhaber einfachen Markenlizenz (→ MarkenG § 30 Rn. 92 ff.). 25

II. Beitritt des Lizenznehmers zu einer Verletzungsklage des Markeninhabers (Abs. 4)

Gemäß Art. 22 Abs. 4 ist es dem Lizenznehmer möglich, einer vom Markeninhaber erhobenen Verletzungsklage beizutreten, um den Ersatz eines eigenen Schadens geltend zu machen. Die Regelung entspricht nahezu wörtlich § 30 Abs. 4 MarkenG. Auf die dortige Kommentierung wird verwiesen (→ MarkenG § 30 Rn. 101). 26

III. Sonstige Rechte

Der Lizenznehmer kann gemäß Art. 41 Abs. 1 Buchst. a mit ausdrücklicher Ermächtigung des Markeninhabers **Widerspruch** einlegen. 27

Gemäß Art. 56 Abs. 1 Buchst. b iVm Art. 53, 41 Abs. 1 kann der Lizenznehmer ebenso wie der Markeninhaber in einem Verletzungsverfahren, in dem er selbst auf Passivseite steht, **widerklagend** beantragen, die **Gegenmarke** für **nichtig** zu erklären. 28

Eine Registrierung der Lizenz gemäß Art. 23 ist für die Geltendmachung der vorbezeichneten Rechte nicht erforderlich (EuGH C-163/15, GRUR 2016, 372 – Hassan/Breiding (ARKTIS); → Art. 23 Rn. 11). 29

Gemäß Art. 50 Abs. 3, S. 2 wird nach dem Verzicht auf eine Marke diese für den Fall einer registrierten Lizenz erst dann aus dem Register gelöscht, wenn der Markeninhaber die vorherige **Unterrichtung des Lizenznehmers über** die beabsichtigte **Verzichtserklärung** glaubhaft gemacht hat. Gemäß Art. 50 Abs. 3, S. 3 wird der Verzicht drei Monate nach dem Tag eingetragen, an dem der Inhaber der Unionsmarke gegenüber dem Amt glaubhaft gemacht hat, dass er den Lizenznehmer von seiner Verzichtsabsicht unterrichtet hat. Eine frühere Eintragung des Verzichts erfolgt, wenn der Markeninhaber dem Amt die Zustimmung des Lizenznehmers zum Verzicht auf den Markenschutz nachweist. Ein Einspruchs- oder Widerspruchsrecht, das der Wirksamkeit der Verzichtserklärung des Markeninhabers registerrechtlich entgegen stehen würde, ist dem Lizenznehmer nicht zuerkannt, auch dann nicht, wenn die Lizenz gemäß Art. 23 registriert ist. Dies gilt trotz des dinglichen Charakters der Lizenz (→ Rn. 5 ff.) und auch für den Inhaber einer ausschließlichen Lizenz (→ Rn. 14), auf den der inhaltliche und wirtschaftliche Nutzen der Marke von dem Markeninhaber für 30 die Dauer der Lizenz verlagert ist (→ Rn. 23). Anders als Art. 41 Abs. 1 Buchst. a für den Fall des Widerspruchs (→ Rn. 27) und Art. 56 Abs. 1 Buchst. b iVm Art. 53, 41 Abs. 1 für den Fall der Nichtigkeitsklage/des Nichtigkeitsantrags (→ Rn. 28) sieht Art. 50 kein weitergehendes Verteidigungsrecht zu Gunsten des Lizenznehmers vor als die Pflicht zu seiner Information über den bevorstehenden Verzicht. Der Lizenznehmer kann versuchen, innerhalb des jedenfalls dreimonatigen Zeitraums zwischen seiner Unterrichtung und der Markenlöschung vor dem Unionsmarkengericht die vorläufige Rücknahme der Verzichtserklärung des Lizenzgebers ggf. durch eine einstweilige Beschlussverfügung ersetzen zu lassen. Darüber hinaus ist er auf Sekundäransprüche gegen den Lizenznehmer verwiesen. Letzterer hat als vertragliche Nebenpflicht alles zu unterlassen, was die Ausübung des Lizenzrechts beeinträchtigen könnte. Das Ergebnis erscheint trotz ggf. erheblicher wirtschaftlicher Investitionen, die der Lizenznehmer in dem Vertrauen auf den Fortbestand der Lizenz getätigt haben mag, vertretbar. Soweit die Interessenlage hinsichtlich des Fortbestandes der Marke zwischen Lizenznehmer und Lizenzgeber kollidiert, gebührt die abschließende Entscheidung dem Lizenzgeber als Markeninhaber. Denn nach Ablauf der Lizenz fällt auch das dingliche Recht des Lizenznehmers wieder an den Lizenzgeber zurück. Überdies beschränkt sich das berechtigte Interesse des Lizenznehmers an dem Fortbestand der Marke auf den Teil der Unionsmarke, der Gegenstand des Lizenzgebiets ist. Der Verzicht kann aber gemäß Art. 2 Abs. 2 aufgrund der einheitlichen Wirkung der Unionsmarke nur für das gesamte Gebiet der EU erklärt werden.

31 Gemäß Art. 47 Abs. 2 wird auch der registrierte Lizenznehmer durch das Amt rechtzeitig vor dem Ablauf der Eintragung der Marke von deren drohendem Ablauf **unterrichtet.** Der Lizenznehmer kann – wie jede andere Person – die Verlängerungsgebühren anstelle des Markeninhabers einzahlen. Wünscht der Markeninhaber eine entsprechend aufgedrängte Bereicherung nicht, kann er den Verzicht auf die Marke erklären (→ Rn. 30).

32 Dem Lizenznehmer ist es – sofern vertraglich nichts Abweichendes vereinbart wird – möglich, gegen Markenneuanmeldungen des Lizenzgebers vorzugehen etwa im Wege eines Antrags auf Erklärung der Nichtigkeit gemäß Art. 53. Dies gilt auch dann, wenn er den Lizenzgeber innerhalb des Lizenzvertrags als Rechteinhaber anerkannt hat (HABM Entscheidung v. 8.7.2013 – R 1700/2012-4).

F. Eintragung von Lizenzen (Abs. 5)

I. Allgemeines

33 Gemäß Art. 22 Abs. 5 ist es möglich – nicht obligatorisch – die Erteilung einer Lizenz oder deren Übergang in das Register eintragen und damit veröffentlichen zu lassen.

II. Verfahren der Eintragung

1. Allgemeines

34 Gemäß Regel 95 Buchst. b GMDV kann der Antrag auf Registrierung der Lizenz an einer bereits registrierten Unionsmarke **in jeder Amtssprache** gestellt werden. Der Antrag auf Registrierung der Lizenz an der Anmeldung einer Unionsmarke muss dagegen gemäß Regel 95 Buchst. a GMDV in der ersten oder zweiten Sprache der Anmeldung erfolgen (vgl. EUIPO Richtlinien Teil E, Abschn. 3, Kap. 2, Nr. 2.2).

35 Der Antrag auf Eintragung der Lizenz gilt gemäß Regel 33 Abs. 2 GMDV – ab 1.10.2017: Art. 22a Abs. 2 – erst dann als gestellt, wenn die **Gebühr** gezahlt ist.

35.1 Die Gebühr beträgt gemäß Anhang-I Ziff. A.26 200 Euro.

36 Sofern der Antragsteller eine Person ist, die weder einen Wohnsitz noch eine tatsächliche gewerbliche- oder Handelsniederlassung im Europäischen Wirtschaftsraum hat, muss er die notwendigen Erklärungen vor dem Amt durch einen **zugelassenen Vertreter** abgeben lassen (vgl. Art. 92, 93).

Lizenz   Art. 22 UMV

2. Mögliche Antragsteller und anschließendes Verfahren

Der Antrag kann gemäß Art. 22 Abs. 5 von einer der Vertragsparteien (oder deren Vertre- 37
ter) oder von beiden Vertragsparteien (oder deren Vertretern) gemeinsam gestellt werden.
Das Amt empfiehlt eine Antragstellung durch den Lizenzgeber oder durch beide Vertragsparteien (oder durch die jeweiligen Vertreter), „da so eine schnellere und reibungslosere Bearbeitung des Antrags (…) gewährleistet ist" (EUIPO Richtlinien Teil E, Abschn. 3, Kap. 2,
Nr. 2.4.1).

Wird der Antrag vom Markeninhaber gestellt, ist ein Nachweis der Lizenz nicht erforder- 38
lich. Das Amt unterrichtet den Lizenznehmer nicht von der Antragstellung. Erfährt der
Lizenznehmer auf anderem Wege von der Antragstellung und möchte sich dieser widersetzen,
ist er auf das Verfahren zur Beantragung der Löschung oder Änderung einer Lizenz verwiesen
(→ Rn. 51). Sein Einwand wird im Registrierungsverfahren nicht berücksichtigt. Das Amt
beachtet innerhalb der Registrierungsverfahren gleichfalls nicht, ob zwischen den Vertragsparteien vertraglich die Registrierung der Lizenz ausgeschlossen wurde.

Wird der Antrag auf Registrierung der Lizenz von beiden Vertragsparteien gemeinsam 39
gestellt, gilt der gemeinsame Antrag als Nachweis der Lizenz. Eines weitergehenden Nachweises bedarf es nicht.

Wird der Antrag auf Registrierung von dem Lizenznehmer alleine gestellt, ist ein Nach- 40
weis der Lizenz erforderlich. Dieser kann alternativ erbracht werden durch:
* eine entsprechende Erklärung des Markeninhabers oder dessen Vertreters,
* einen Auszug aus dem Lizenzvertrag, der die Vertragsparteien, die Marke und die Unterschrift der Vertragsparteien erkennen lässt, wobei eine einfache Kopie ausreichend ist,
* eine unbeglaubigte Erklärung der Lizenz auf dem WIPO-Standardformblatt, welches von beiden Vertragsparteien zu unterzeichnen ist.

Die Unterlagen können in **jeder Sprache der EU** eingereicht werden. Ist die Sprache nicht 41
die Verfahrenssprache (→ Rn. 34), so kann das Amt innerhalb einer zu setzenden Frist eine
Übersetzung verlangen. Wird die Lizenz eingetragen, so unterrichtet das Amt gemäß Regel
84 Abs. 5 GMDV hiervon auch den Markeninhaber.

Ein Recht zum Widerspruch gegen die Eintragung der Lizenz durch die jeweils andere 42
Vertragspartei besteht im Falle der Antragstellung durch nur einen Vertragspartner nicht.

3. Inhalt des Antrags

Das Amt stellt für den Antrag auf Registrierung einer Markenlizenz ein entsprechendes 43
Formblatt zur Verfügung. Es wird empfohlen, das Formblatt zu verwenden, um sicherzustellen, dass alle gemäß Regel 31, 33 GMDV erforderlichen Angaben im Antrag enthalten sind.

Nur sofern der oder die Antragssteller dies ausdrücklich wünschen, werden gemäß Regel 44
34 GMDV Einschränkungen der Lizenz in das Register aufgenommen, die sich auf einzelne
Waren oder Dienstleistungen beziehen, für welche die Lizenz nur zeitlich oder territorial
begrenzt erteilt ist. Das Datum des Ablaufs einer zeitlich begrenzten Lizenz wird nicht
eingetragen. Auch das Lizenzgebiet wird nicht benannt. Die Waren und Dienstleistungen,
auf welche die Lizenz beschränkt ist, werden nicht einzeln aufgeführt. Mit Wirkung vom
1.10.2017 tritt eine entsprechende Regelung mit Art. 22a Abs. 3 in Kraft.

Der ausschließliche Charakter einer Lizenz kann eingetragen werden. 45

Die Lizenz kann als Unterlizenz eingetragen werden, wenn der Lizenzgeber der Unterli- 46
zenz bereits als Lizenznehmer der Hauptlizenz im Register eingetragen ist.

III. Rechtsfolgen der Eintragung

Erst ab dem Zeitpunkt der Eintragung der Lizenz kann sich der Lizenznehmer **gegenüber** 47
Dritten, die Rechte an der Marke erworben haben, gemäß Art. 23 **auf die Rechte aus
der Lizenz berufen** (EuGH C-163/15, GRUR 2016, 372 – Hassan/Breiding (ARKTIS);
→ Art. 23 Rn. 11), es sei denn der Dritte hat die Rechte an der Marke in Kenntnis der
Lizenz erworben (EUIPO Richtlinien Teil E, Abschn. 3, Kap. 2, Nr. 1.3). Die Aktivlegitimation des Lizenznehmers als solche ist jedoch bei Zustimmung des Markeninhabers auch ohne
Eintragung der Lizenz gegeben (EuGH C-163/15, GRUR 2016, 372 – Hassan/Breiding
(ARKTIS); → Art. 23 Rn. 11). Sofern der Markeninhaber also Lizenzen erteilt, die unterei-

Taxhet   1721

nander inkompatibel sind, kommt es für die Rechtstellung der Lizenznehmer untereinander zunächst auf den Zeitpunkt deren Eintragung an. Sind jedoch beide Lizenzen gemäß Art. 23 in das Register eingetragen, wirken sie jeweils ex tunc auf den Zeitpunkt der Lizenzerteilung zurück (→ Art. 23 Rn. 5). Sofern der spätere Lizenznehmer zum Zeitpunkt der eigenen Lizenzerteilung bezüglich des früheren Rechts eines anderen Lizenznehmers bereits bösgläubig war, kann er sein Recht gemäß Art. 23 Abs. 1, S. 2 auch bei Eintragung desselben in das Register demjenigen Lizenznehmer nicht entgegenhalten, der zwar noch nicht eingetragen ist, dessen Lizenz jedoch zu einem früheren Zeitpunkt erteilt wurde.

48   Die Eintragung der Lizenz gewährleistet dem Lizenznehmer die Unterrichtung über die Absicht des Lizenzgebers, auf die Marke zu verzichten (→ Rn. 30).

49   Alle übrigen Rechte aus der Lizenz stehen dem Lizenznehmer auch ohne Registrierung zu. Dies gilt insbesondere für seine Rechte aus Art. 22 Abs. 2, 3, und 4. Die Eintragung ist auch keine Voraussetzung dafür, dass die Nutzung der Marke durch den Lizenznehmer dem Lizenzgeber gemäß Art. 15 Abs. 3 zugerechnet wird. Allerdings entbindet die Eintragung der Lizenz im Rahmen eines Widerspruchsverfahrens den Widerspruchsführer davon, seine Berechtigung durch Einreichung des Lizenzvertrags nachzuweisen, wenn sich seine Berechtigung aus dem eingetragenen Lizenzvertrag ergibt (HABM Entsch. v. 26.3.2015 – B 2353616).

G. Löschung und Änderung der Eintragung

50   Die Registrierung der Lizenz wird auf Antrag gemäß Regel 35 GMDV gelöscht oder geändert. Der Antrag kann wahlweise von dem Markeninhaber, von dem Lizenznehmer oder von beiden Vertragsparteien oder dem/den jeweiligen Vertreter(n) gestellt werden. Dabei ist es nicht erforderlich, dass der ursprüngliche Antragsteller bezüglich der Eintragung und der spätere Antragsteller bezüglich der Löschung identisch sind. Zu dem notwendigen Inhalt des Antrags vgl. Regel 35 GMDV. Mit Wirkung vom 1.10.2017 bildet Abs. 6 iVm Art. 24a die zugehörige Rechtsgrundlage.

51   Sofern der Antrag auf Löschung der Registrierung nur durch den Markeninhaber gestellt wird, ist ihm ein Nachweis über den Wegfall der Lizenz oder eine entsprechende Erklärung des Lizenznehmers beizufügen. Das Amt stellt **keine materiell rechtliche Prüfung** zur Frage des Wegfalls der Lizenz an.

52   Sofern ein Antrag auf Änderung der Lizenz gestellt wird, so ist ein **Nachweis** über die erfolgte Änderung notwendig, wenn der Antrag alleine von derjenigen Vertragspartei gestellt wird, zu deren Gunsten die Änderung Rechtswirkungen entfalten würde. Soll zB eine ausschließliche Lizenz nun als nicht ausschließliche Lizenz registriert werden, und wird der Antrag durch den Markeninhaber gestellt, ist ein entsprechender Nachweis einzureichen.

H. Registrierung der Lizenz an einer Unionsmarkenanmeldung

53   Gemäß Art. 24 gilt Art. 22 entsprechend für die Anmeldung von Unionsmarken. Auch an Unionsmarkenanmeldungen können daher Lizenzen erteilt werden, die gemäß Art. 22 Abs. 5 in das Register eingetragen werden können. Die Lizenz wird eingetragen und im Register der Unionsmarken zu demjenigen Zeitpunkt veröffentlicht, zu dem die Marke eingetragen wird.

54   Wird die Löschung oder Änderung der Registrierung einer Markenlizenz noch im Anmeldeverfahren der Marke beantragt, wird die Löschung oder Änderung in den Akten vermerkt. Bei Eintragung der Veröffentlichung der Markenregistrierung wird dann ausschließlich der zu diesem Zeitpunkt aktuelle Registerstand veröffentlicht.

Art. 22a Verfahren zur Eintragung von Lizenzen und anderen Rechten in das Register

(1) Artikel 17 Absätze 5a und 5b und die gemäß diesem Artikel erlassenen Vorschriften sowie Artikel 17 Absatz 5d gelten entsprechend für die Eintragung eines dinglichen Rechts oder des Übergangs eines dinglichen Rechts im Sinne des Artikels 19 Absatz 2, einer Zwangsvollstreckung im Sinne des Artikels 20 Absatz 3, einer Beteiligung an einem Insolvenzverfah-

ren im Sinne des Artikels 21 Absatz 3 sowie für die Eintragung einer Lizenz oder eines Übergangs einer Lizenz im Sinne des Artikels 22 Absatz 5, vorbehaltlich des Folgenden:
a) Die Anforderung in Bezug auf die Angabe der Waren und Dienstleistungen, auf die sich der Übergang bezieht, gilt nicht für einen Antrag auf Eintragung eines dinglichen Rechts, einer Zwangsvollstreckung oder eines Insolvenzverfahrens.
b) Die Anforderung in Bezug auf die Unterlagen zum Nachweis des Übergangs gilt nicht, wenn der Antrag vom Inhaber der Unionsmarke gestellt wird.
(2) Der Antrag auf Eintragung der Rechte gemäß Absatz 1 gilt erst als eingereicht, wenn die geforderte Gebühr entrichtet worden ist.
(3) ¹Mit dem Antrag auf Eintragung einer Lizenz kann beantragt werden, dass die Lizenz als eine oder mehrere der folgenden Arten von Lizenzen im Register eingetragen wird:
a) als ausschließliche Lizenz;
b) als Unterlizenz, wenn sie von einem Lizenznehmer erteilt wird, dessen Lizenz im Register eingetragen ist;
c) als Teillizenz, die sich auf einen Teil der Waren oder Dienstleistungen beschränkt, für die die Marke eingetragen ist;
d) als Teillizenz, die sich auf einen Teil der Union beschränkt;
e) als befristete Lizenz.
²Wird der Antrag gestellt, die Lizenz als eine in Unterabsatz 1 Buchstaben c, d und e genannten Lizenz einzutragen, so ist im Antrag auf Lizenzeintragung anzugeben, für welche Waren und Dienstleistungen, für welchen Teil der Union und für welchen Zeitraum die Lizenz gewährt wird.
(4) ¹Sind die in den Artikeln 19 bis 22, in den Absätzen 1 und 3 des vorliegenden Artikels und in den sonstigen anwendbaren Regeln, die nach dieser Verordnung erlassen werden, festgelegten Bedingungen für eine Eintragung nicht erfüllt, so teilt das Amt dem Antragsteller den Mangel mit. ²Wird der Mangel nicht innerhalb einer vom Amt festgelegten Frist beseitigt, so weist es den Eintragungsantrag zurück.
(5) Die Absätze 1 und 3 gelten entsprechend für Anmeldungen von Unionsmarken.

Überblick

Die Vorschrift ist gemäß VO (EU) 2015/2424 vom 16.12.2015 **ab 1.10.2017** anwendbar. Art. 22a regelt das Verfahren zur Eintragung von Lizenzen und anderen Rechten in das Register. Die Vorschrift wird ergänzt durch Art. 24a, der das Verfahren zur Löschung und Änderung der Registrierung solcher Rechte betrifft.

Art. 22a ist eine **Verfahrensvorschrift.** Sie regelt die **Eintragung** von Lizenzen und anderen Rechten in das Register. Sie wird ergänzt durch Art. 24a, der das Verfahren zur Änderung und Löschung der insoweit eingetragenen Rechte regelt. Dem Art. 22a entsprechende Vorschriften finden sich heute bereits in Regel 33 GMDV, Regel 34 GMDV ergänzt durch die EUIPO Richtlinien Teil E Abschn. 3, Kap. 2, 3. 1

Gemäß **Abs. 1** gelten Art. 17 Abs. 5a, 5b und 5d sowie die von der Kommission noch zu erlassenden Durchführungsrechtsakte grundsätzlich entsprechend für die Eintragung von dinglichen Rechten (Art. 19 Abs. 2), welche das gemäß Art. 16 anwendbare nationale Recht (→ Art. 16 Rn. 1 ff.) kennt, des Weiteren für die Eintragung der Zwangsvollstreckung (Art. 20 Abs. 3), die Eintragung einer Beteiligung an einem Insolvenzverfahren (Art. 21 Abs. 3) sowie für die Eintragung einer Lizenz oder den Übergang einer Lizenz (Art. 22 Abs. 5). Der Antrag auf Eintragung solcher Rechte muss daher grundsätzlich Angaben zu der Unionsmarke, die von dem dinglichen Recht, der Zwangsvollstreckung, dem Insolvenzverfahren oder der Lizenz betroffen ist, sowie zu derjenigen Person enthalten, die Inhaber des dinglichen Rechts oder der Lizenz ist. Sofern sich eine Lizenz nur auf einen Teil des Waren- und Dienstleistungsverzeichnisses der betroffenen Unionsmarke bezieht, können auch die insoweit betroffenen Waren und Dienstleistungen innerhalb des Antrags bezeichnet werden. Hierzu besteht gemäß Abs. 3 Buchst. c, der von „kann" spricht, jedoch keine Pflicht. Dagegen ist die Bezeichnung einzelner betroffener Waren und Dienstleistungen bezüglich eines Antrags auf Registrierung eines dingliche Rechts oder eines Insolvenz- bzw. Zwangsvollstreckungsverfahrens gemäß Abs. 1 Buchst. a ausgeschlossen. Der Grundsatz der Einheit- 2 lichkeit der Unionsmarke (vgl. Art. 1 Abs. 2 sowie Präambel Nr. 2; v. Mühlendahl/Ohlgart Gemeinschaftsmarke S. 8) verbietet es insoweit, die Unionsmarke nur bezogen auf einige Waren oder Dienstleistungen zum Gegenstand eines dinglichen Rechts, der Zwangsvollstreckung oder eines Insolvenzverfahrens zu machen.

3   Dem Antrag sind **Unterlagen beizufügen,** aus denen sich für das Amt zweifelsfrei die Existenz des zur Eintragung beantragten Rechts oder des zur Eintragung beantragten Verfahrens ergibt. Da das Amt keine Prüfung der materiellen Rechtslage vornimmt, muss sich aus den einzureichenden Unterlagen im Falle des Eintrags eines Insolvenz- oder Zwangsvollstreckungsverfahrens ebenfalls zweifelsfrei ergeben, dass die in Rede stehende Unionsmarke von diesem Verfahren erfasst ist. Der Einreichung entsprechender Unterlagen bedarf es gemäß Abs. 1 Buchst. b nicht, wenn der Antrag auf Registrierung vom Inhaber der Unionsmarke selbst gestellt wird.

4   Sofern **mehrere Unionsmarken** von demselben dinglichen Recht, demselben Insolvenz- oder Zwangsvollstreckungsverfahren oder derselben Lizenz betroffen sind, kann die Eintragung in das Register gemäß Abs. 1 iVm Art. 17d innerhalb eines Antrags geltend gemacht werden.

5   Der Antrag gilt gemäß **Abs. 2** erst als eingereicht, wenn die geforderten **Gebühren entrichtet** worden sind.

6   Nur sofern der oder die Antragssteller dies ausdrücklich wünschen, werden gemäß **Abs. 3** Einschränkungen der Lizenz in das Register aufgenommen. Solche können sich daraus ergeben, dass die Lizenz nur auf einzelne Waren oder Dienstleistungen bezogen oder nur zeitlich oder territorial begrenzt erteilt ist. Das Datum des Ablaufs einer zeitlich begrenzten Lizenz wird nicht eingetragen. Auch das Lizenzgebiet wird nicht benannt. Die Waren und Dienstleistungen, auf welche die Lizenz beschränkt ist, werden nicht einzeln aufgeführt. Auch der Charakter einer Lizenz als ausschließliche oder als Unterlizenz wird gemäß Abs. 3 Buchst. a, b nur eingetragen, sofern ein solcher Eintrag durch den oder die Antragsteller ausdrücklich gewünscht wird.

7   Sofern der Antrag auf Eintragung des betroffenen Rechts **mangelhaft** ist, teilt das Amt dem Antragsteller diesen Mangel gemäß **Abs. 4** zusammen mit einer Frist mit, innerhalb derer der Mangel zu beheben ist. Wird der Mangel nicht innerhalb der gesetzten Frist behoben, weist das Amt den Eintragungsantrag gemäß Abs. 4 zurück.

Art. 23 Wirkung gegenüber Dritten

(1) ¹Die in den Artikeln 17, 19 und 22 bezeichneten Rechtshandlungen hinsichtlich einer Unionsmarke haben gegenüber Dritten in allen Mitgliedstaaten erst Wirkung, wenn sie eingetragen worden sind. ²Jedoch kann eine Rechtshandlung, die noch nicht eingetragen ist, Dritten entgegengehalten werden, die Rechte an der Marke nach dem Zeitpunkt der Rechtshandlung erworben haben, aber zum Zeitpunkt des Erwerbs dieser Rechte von der Rechtshandlung wussten.

(2) Absatz 1 ist nicht in Bezug auf eine Person anzuwenden, die die Unionsmarke oder ein Recht an der Unionsmarke im Wege des Rechtsübergangs des Unternehmens in seiner Gesamtheit oder einer anderen Gesamtrechtsnachfolge erwirbt.

(3) Die Wirkung einer in Artikel 20 bezeichneten Rechtshandlung gegenüber Dritten richtet sich nach dem Recht des nach Artikel 16 maßgebenden Mitgliedstaats.

(4) Bis zum Inkrafttreten gemeinsamer Vorschriften für die Mitgliedstaaten betreffend das Konkursverfahren richtet sich die Wirkung eines Konkursverfahrens oder eines konkursähnlichen Verfahrens gegenüber Dritten nach dem Recht des Mitgliedstaats, in dem nach seinen Rechtsvorschriften oder nach den geltenden einschlägigen Übereinkünften das Verfahren zuerst eröffnet wird.

Überblick

Die Vorschrift regelt das Verhältnis zwischen dem Erwerber einer Unionsmarke oder von dinglichen Rechten an einer solchen und Dritten im Kollisionsfall um dieselbe Unionsmarke.

Wirkung gegenüber Dritten **Art. 23 UMV**

Die Wirkung des Erwerbs einer Unionsmarke, eines dinglichen Recht an derselben und von Lizenzen kann Dritten innerhalb eines Streits um dieselbe Marke grundsätzlich erst ab dem Zeitpunkt der Registrierung des Rechts entgegen gehalten werden (→ Rn. 1). Etwas anderes gilt bei Kenntnis des Dritten und bei einem Rechtserwerb im Wege der Gesamtrechtsnachfolge (→ Rn. 15). Für den Rechtserwerb im Wege von Zwangsvollstreckungsmaßnahmen und von Konkurs- bzw. Insolvenzverfahren ist in Art. 23 Abs. 3 und 4 auf das nationale Recht des gemäß Art. 16 zu ermittelnden Landes bzw. auf das Recht desjenigen Landes verwiesen, in dem das Konkurs- oder Insolvenzverfahren zuerst eröffnet wurde (→ Rn. 12 ff.).

A. Grundsatz der negativen Publizität des Registers

I. Allgemeine Erwägungen

1. Negative Publizitätswirkung des Registers

Art. 23 definiert eine Publizitätswirkung des Unionsmarkenregisters, die dem deutschen Markenregister des DPMA fremd ist (zur Situation im deutschen Markenrecht → MarkenG § 27 Rn. 32). Entsprechend dem Wortlaut der Vorschrift kann der Rechtsnachfolger eines früheren Unionsmarkeninhabers seine Rechte an dieser Marke einem Dritten gegenüber grundsätzlich erst ab dem Zeitpunkt geltend machen, zu dem seine diesbezügliche Legitimation aus dem Register hervorgeht. Entsprechendes gilt für den Inhaber eines sonstigen dinglichen Rechts gemäß Art. 19 sowie für den Lizenznehmer gemäß Art. 22. Jedenfalls für letzteren soll sich eine insoweit negative Publizitätswirkung des Registers jedoch nur gegenüber Personen auswirken, die Rechte an der von der Lizenz betroffenen Unionsmarke als Gegenstand des Vermögens haben oder haben könnten (EuGH C-163/15, GRUR 2016, 372 – Hassan/Breiding (ARKTIS); → Rn. 11). Der **gute Glaube Dritter** darauf, dass im Register nicht vermerkte Rechte der vorbezeichneten Art auch tatsächlich nicht existieren, dh also ein jedenfalls temporäres Vertrauen auf die Vollständigkeit des Registers, ist nur partiell geschützt (zur Frage der Reichweite des Vertrauens → Rn. 10). 1

Es existiert kein Schutz des Vertrauens auf die Richtigkeit des Registers. Eine **positive Publizitätswirkung** wird durch das Register **nicht** entfaltet. Insoweit unterscheidet sich das Unionsmarkenregister zB vom Grundbuch (Eisenführ/Schennen/Schennen Rn. 9). 2

2. Keine konstitutive Voraussetzung der Eintragung für den Rechtserwerb

Der konstitutive Akt des Rechtserwerbs ist durch Art. 23 nicht betroffen. Der materielle Rechtserwerb vollzieht sich außerhalb des Registers. Dies gilt sowohl für die Übertragung von Unionsmarken als auch für die Übertragung sonstiger dinglicher Rechte als auch für die Einräumung von Lizenzen. 3

Die Regelung geht nationalen Regelungen, die gemäß Art. 16 oder nach internationalem Privatrecht Anwendung finden, vor. 4

II. Wirkung der Rechtshandlungen mit Eintragung ex tunc

Art. 23 knüpft (lediglich) die Wirkung des Rechtserwerbs gegenüber Dritten – nicht dagegen die Frage der Wirksamkeit des Rechtserwerbs an sich – an die Eintragung. Andernfalls bestünde die Möglichkeit mehrerer zeitgleicher Inhaberschaften an demselben Recht. In solcher Weise ist die Inhaberschaft eines absoluten Rechts nicht auf spaltbar. 5

Fraglich ist indes, ob mit Eintragung die Wirkung des Rechtserwerbs ex tunc oder ex nun gilt, ob der Erwerber sein Recht also ab dem Zeitpunkt der Eintragung auch solchen Dritten entgegen halten kann, deren Recht über eine Priorität verfügt, die zwischen derjenigen des nunmehr registrierten Inhabers und dessen Registrierung liegt. 6

Beispiel: A lizenziert seine Marke X an B. C meldet seinerseits eine verwechslungsfähige Marke Y zu eigenen Gunsten an. Die Marke Y verfügt über ein Anmeldedatum, das nach demjenigen der Marke X liegt. Die Eintragung der Marke Y erfolgt zeitlich vor Registrierung der Lizenz von B. Kann B dem C seine Lizenz mit Priorität der Marke X nach Registrierung derselben entgegen halten? 6.1

7 Art. 23 selbst gibt hierzu keine Anhaltspunkte. Vor dem Hintergrund einer notwendig **einheitlichen Anwendung** des Art. 23 für Markenübertragungen, sonstige dingliche Rechte gemäß Art. 19 und für Lizenzen ist jedoch davon auszugehen, dass der Gesetzgeber eine mögliche Rückwirkung der Eintragung bezüglich aller dieser Rechte einheitlich verstanden wissen möchte (iE so auch Eisenführ/Schennen/Schennen Rn. 7 ff.).

8 Auszugehen ist von einer Wirkung der Eintragung **ex tunc**. Hierfür spricht zunächst die Regelung des Art. 17 Abs. 6. Gemäß Art. 17 Abs. 6 kann der neue Inhaber einer Marke seine Rechte aus der Eintragung der Unionsmarke (nur) so lange nicht geltend machen, wie der Rechtsübergang nicht in das Register eingetragen ist. Nach Eintragung des Rechtsübergangs in das Register kann er jedoch alle Rechte, die sich aus seiner Marke ergeben, jedermann gegenüber geltend machen. Art. 17 Abs. 6 trifft keinerlei Einschränkungen gegenüber Dritten mit kollidierenden Rechten. Einen weiteren Grund für die Annahme einer Wirkung der Eintragung ex tunc stellen die geltenden Prioritätsgrundsätze des Markenrechts dar. Die **Priorität** einer Unionsmarke, die gemäß Art. 8 Abs. 2 durch das Anmeldedatum bestimmt wird, entscheidet allein über den Status der Marke im Verhältnis zu anderen Rechten. Der Prioritätszeitpunkt einer Marke ist mit ihrer Eintragung formell bekannt gemacht worden und gilt verbindlich. Ein solches Schutzrechtsmerkmal kann nicht im Einzelfall faktisch zur Disposition innerhalb eines Verletzungsrechtsfalls gestellt werden (vgl. OLG Hamburg GRUR-RR 2009, 365). Da die Lizenz als dingliches Recht einen Ausschnitt des Markenrechts darstellt, gilt dieser Grundsatz auch für die Lizenz.

9 Art. 23 definiert daher allein die **Zeitspanne** zwischen Rechtserwerb und Registrierung als solche, in der der Inhaber mit der Geltendmachung seiner Rechte sozusagen „on hold" gestellt ist. Nach Registrierung kann er seine Rechte jedem Dritten in Gänze entgegen halten.

III. Rechtsfolgen

1. Kein gutgläubiger Erwerb

10 Art. 23 führt nicht zu der Möglichkeit eines gutgläubigen Erwerbs dinglicher Rechte an Marken, erst recht nicht zu der Möglichkeit eines gutgläubigen Erwerbs einer Unionsmarke selbst. Das Unionsmarkenregister entfaltet lediglich eine **temporäre** negative Publizitätswirkung, die nach Berichtigung des Registers wieder entfällt. Der derivative Erwerb einer Unionsmarke ist Rechtserwerb, der gutgläubig nicht möglich ist und nur von dem Berechtigten erfolgen kann (Eisenführ/Schennen/Schennen Rn. 9; gegen den gutgläubigen Erwerb geistiger Eigentumsrechte allgemein McGuire/v. Zumbusch/Joachim GRUR Int 2006, 682; aA OLG Düsseldorf BeckRS 2011, 17100, relativiert in OLG Düsseldorf GRUR Int 2015, 957; HK-MarkenR/v. Kapff Rn. 2; Ströbele/Hacker/Hacker MarkenG § 27 Rn. 70; McGuire GRUR 2008, 11). Art. 23 führt auch **nicht** zu einem gutgläubigen **lastenfreien** Erwerb von Unionsmarken (aA HK-MarkenR/v. Kapff Rn. 2). Dies gilt jedenfalls dann, wenn die Unionsmarke gemäß Art. 16 wie eine nationale deutsche Marke zu behandeln ist und sich damit das dingliche Verfügungsgeschäft (→ Art. 16 Rn. 4) entsprechend dem geltenden Territorialitätsprinzip (→ MarkenG § 27 Rn. 16) nach deutschem Recht richtet. In diesem Falle scheitert der gutgläubige (lastenfreie) Erwerb an der dem deutschen Recht nicht bekannten Möglichkeit des gutgläubigen Rechtserwerbs.

2. Temporäre Restriktion der Wirkung derivativ erworbener dinglicher Rechte

11 Entsprechend dem Wortlaut des Abs. 1 S. 1 kann der Inhaber eines der genannten dinglichen Rechte an einer Marke dieses Recht einem Dritten erst dann entgegen halten, wenn er als Inhaber dieses Rechts im Register vermerkt ist (BGH BeckRS 2015, 20721). Etwas anderes gilt für den Inhaber einer Markenlizenz. Der Lizenznehmer kann Klage wegen Verletzung der Unionsmarke, welche Gegenstand seiner Lizenz ist, entgegen dem Wortlaut der Vorschrift Dritten gegenüber auch dann geltend machen, wenn die Lizenz nicht in das Register eingetragen ist. Erforderlich ist alleine die gemäß Art. 22 Abs. 3 erforderliche Zustimmung des Markeninhabers. Die **Aktivlegitimation** des **Lizenznehmers hängt** also **nicht von der Eintragung** der Lizenz im Register **ab** (EuGH GRUR 2016, 372 – Hassan/Breiding (ARKTIS); iE ähnlich Würtenberger/Loschelder GRUR 2015, 759). Die Entschei-

dung des EuGH geht auf eine Vorlageentscheidung des OLG Düsseldorf gemäß Art. 267 AEUV zurück (vgl. OLG Düsseldorf GRUR Int 2015, 957). Sie ist insbesondere begründet mit der gesetzessystematischen Stellung des Art. 23 innerhalb des Abschnitts 4 des Titels II, welcher die Überschrift „Die Unionsmarke als Gegenstand des Vermögens" trägt. Der EuGH leitet hieraus die Einschätzung ab, auf das Eintragungserfordernis könnten sich nur solche Personen berufen, die selbst Rechte an der von der Lizenz betroffenen Unionsmarke als eigene Vermögensrechte geltend machen. Dagegen beziehe sich die Vorschrift nicht auf Fälle, in denen ein Dritter mit einer Verletzung der Marke gegen die Rechte aus der Unionsmarke verstoße. Zudem spräche das Fehlen einer Art. 17 Abs. 6 vergleichbaren Regelung in Art. 23 gegen das Erfordernis einer Eintragung der Lizenz für die Aktivlegitimation. Die Begründung überzeugt nicht völlig. Sie erfolgt zum einen entgegen dem ausdrücklichen Wortlaut der Vorschrift. Das Wesen der Unionsmarke als Gegenstand des Vermögens ist zudem sowohl für den Lizenznehmer als auch für den potenziellen Verletzer immer betroffen, wenn die Marke als Grundlage vermögenswerter Ansprüche in Rede steht. Dies gilt sowohl dann, wenn um dasselbe Registerrecht gestritten wird, als auch dann, wenn verschiedene Schutzrechte miteinander konkurrieren. Versteht man Art. 23 Abs. 1 entsprechend seinem Wortlaut, kann auch das Fehlen einer Art. 17 Abs. 6 entsprechenden Regelung nicht beanstandet werden. Jedoch ist die Entscheidung des EuGH zu dieser Frage eindeutig und damit bis auf Weiteres maßgeblich für die Auslegung des Art. 23.

B. Ausnahmen

Die negative Publizität des Registers greift nicht in jedem Fall. **12**

Nicht ausdrücklich genannt in der Aufzählung des Art. 23 Abs. 1 ist Art. 20. Rechtswirkungen der **Zwangsvollstreckung** gegenüber Dritten sind deshalb nicht gemäß Art. 23 Abs. 1 S. 1 von einer Eintragung abhängig. Die diesbezügliche Rechtslage richtet sich nach dem gemäß Art. 16 zu bestimmenden nationalen Recht. Soweit dies durch das anzuwendende nationale Recht entsprechend vorgesehen ist, stehen Zwangsvollstreckungsmaßnahmen unabhängig von ihrer Eintragung im Register weiteren Rechtsgeschäften entgegen, deren Gegenstand die betroffene Marke ist. Für das deutsche Recht ergibt sich dies aus § 857 Abs. 2 ZPO. **13**

Darüber hinaus ist die Wirksamkeit von Maßnahmen innerhalb eines **Insolvenzverfahrens** gegenüber Dritten gemäß Art. 23 Abs. 4 bis zum Inkrafttreten gemeinsamer Vorschriften für die Mitgliedstaaten ausdrücklich nicht an eine Eintragung gebunden. Insoweit gilt das nationale Recht desjenigen Staats, in dem das Insolvenzverfahren zuerst eröffnet wurde. **14**

Gemäß Art. 23 Abs. 1 S. 2 werden solche Personen bezogen auf Rechte gemäß Art. 17, 19 und 22 nicht geschützt, die ihre Rechte erst nach der (noch) nicht eingetragenen Rechtshandlung erworben haben und zum Zeitpunkt des Erwerbs **positive Kenntnis** von der tatsächlichen Rechtslage hatten. Die Kenntnis der tatsächlichen Umstände, die auf die Vornahme der Rechtshandlung schließen lassen, ist ausreichend. Nicht erforderlich ist eine Vorstellung des Dritten von den fraglichen Rechtshandlungen (BGH BeckRS 2015, 20721). **15**

Gemäß Art. 23 Abs. 2 greift die negative Publizität auch nicht zum Nachteil von Rechtsinhabern, die ihre Rechte im Wege der **Gesamtrechtsnachfolge** erworben haben. Dies gilt entsprechend dem Wortlaut der Regelung sowohl für eine Gesamtrechtsnachfolge durch die Übertragung eines Unternehmens in seiner Gesamtheit gemäß Art. 17 Abs. 2 als auch für jeden anderen Fall der Gesamtrechtsnachfolge. **16**

Art. 24 Die Anmeldung der Unionsmarke als Gegenstand des Vermögens

Die Artikel 16 bis 23 gelten entsprechend für die Anmeldungen von Unionsmarken.

Überblick

Art. 24 erklärt Art. 16–23 für analog anwendbar auf Markenanmeldungen.

Die **Anmeldung** einer Marke wirkt sich bereits auf die Situation des Anmelders im Markt aus. Sie begründet die **Priorität** und damit nicht zuletzt die wirtschaftliche Stellung, die **1** der spätere Inhaber mit seinen Leistungen durch die spätere Registrierung auf dem Markt erlangen kann

1.1 Ob die Markenanmeldung **ein Anwartschaftsrecht** begründet, ist fraglich. Voraussetzung hierfür wäre, dass die Registrierung nach erfolgter Anmeldung nur noch von dem Willen des Anmelders abhängig ist. Die Registrierung ist jedoch sowohl von der Beurteilung der Eintragungsfähigkeit durch den Prüfer als auch von der Existenz und der Geltendmachung prioritätsälterer Rechte Dritter abhängig (missverständlich insoweit v. Mühlendahl/Ohlgart Gemeinschaftsmarke S. 71). Im Ergebnis kann die Entscheidung der Frage vor dem Hintergrund der Gleichstellung der Anmeldung mit der Registrierung gemäß Art. 24 dahinstehen. Vgl. hierzu → Art. 19 Rn. 1 (Grüger).

2 Die Markenanmeldung begründet **kein Anwartschaftsrecht.** Voraussetzung hierfür wäre, dass die Registrierung nach erfolgter Anmeldung nur noch von dem Willen des Anmelders abhängig wäre. Dem ist nicht so. Die Registrierung ist sowohl von der Beurteilung der Eintragungsfähigkeit durch den Prüfer als auch von der Existenz und der Geltendmachung prioritätsälterer Rechte Dritter abhängig (missverständlich insoweit v. Mühlendahl/Ohlgart Gemeinschaftsmarke S. 71).

3 Da bereits die Anmeldung selbst einen bedeutenden **wirtschaftlichen Wert** begründen und Gegenstand von Rechtsgeschäften sein kann (EGMR GRUR 2007, 696 (699) – Anheuser-Busch Inc./Portugal), ist es folgerichtig, dass das Gesetz diejenigen Vorschriften, welche die Marke als Gegenstand des Vermögens regeln, auf Markenanmeldungen für **analog anwendbar** erklärt. Der Gesetzgeber wollte hierdurch die **Einheitlichkeit der Marke** bereits im Vorfeld der Eintragung sicherstellen (v. Mühlendahl/Ohlgart Gemeinschaftsmarke S. 71).

4 Das Registerverfahren sieht folgende **Besonderheiten** für Markenanmeldungen im Gegensatz zu Markenregistrierungen vor:
- Der **Antrag** auf Eintragung eines Rechtsübergangs an einer Markenanmeldung muss gemäß Regel 95 GMDV und ab dem 1.10.2017 gemäß Art. 119 Abs. 5a (vgl. auch EUIPO Richtlinien Teil E, Abschnitt 3, Kap. 1, Nr 3.1) in der ersten oder der zweiten **Sprache**, die in der Unionsmarkenanmeldung angegeben sind, gestellt werden.
- Im Falle der Beantragung der Eintragung eines Rechtsübergangs an einer Markenanmeldung wird der Rechtsübergang gemäß Regel 31 Abs. 8 GMDV während des Anmeldeverfahrens nicht im Register, sondern in den vom Amt geführten **Anmeldungsakten** eingetragen.

5 Erfolgt während des Anmeldeverfahrens ein **teilweiser Rechtsübergang** an der Markenanmeldung, der dem Amt in gemäß Art. 17 Abs. 3 konformer Weise nachgewiesen wird, so gebietet es der Grundsatz der Gewährung rechtlichen Gehörs, dass der neue Inhaber seitens des Amtes gesondert über die Eintragungsfähigkeit des ihm zugeordneten Teils der Anmeldung informiert wird. Ihm steht das Recht zu, Rechtsmittel gegen eine ihn belastende Entscheidung einzulegen (HABM BK – R 482/1999-3 – XXL).

Art. 24a Verfahren zur Löschung oder Änderung der Eintragung einer Lizenz und anderer Rechte im Register

(1) Die Eintragung gemäß Artikel 22a Absatz 1 wird auf Antrag eines der Beteiligten gelöscht oder geändert.

(2) Der Antrag muss die Nummer der Eintragung der betreffenden Unionsmarke und die Bezeichnung des Rechts, dessen Eintragung gelöscht oder geändert werden soll, enthalten.

(3) Der Antrag auf Löschung einer Lizenz, eines dinglichen Rechts oder einer Zwangsvollstreckungsmaßnahme gilt erst als gestellt, wenn die diesbezügliche Gebühr entrichtet worden ist.

(4) Dem Antrag sind Unterlagen beizufügen, aus denen hervorgeht, dass das eingetragene Recht nicht mehr besteht oder dass der Lizenznehmer oder der Inhaber eines anderen Rechts der Löschung oder Änderung der Eintragung zustimmt.

(5) ¹Sind die Erfordernisse für die Löschung oder Änderung der Eintragung nicht erfüllt, so teilt das Amt dem Antragsteller den Mangel mit. ²Wird der Mangel nicht innerhalb einer vom Amt festgelegten Frist beseitigt, so weist es den Antrag auf Löschung oder Änderung der Eintragung zurück.

Verfahren zur Löschung oder Änderung der Eintragung　　　　　　　　**Art. 24a UMV**

(6) Die Absätze 1 bis 5 dieses Artikels gelten entsprechend für Einträge, die gemäß Artikel 22a Absatz 5 in die Akte aufgenommen werden.

Überblick

Die Vorschrift ist gemäß VO (EU) 2015/2424 vom 16.12.2015 **ab 1.10.2017** anwendbar. Art. 24a regelt das Verfahren zur Löschung oder Änderung der Eintragung einer Lizenz und anderer Rechte in das Register. Die Vorschrift wird ergänzt durch Art. 22a, der das Verfahren zur Eintragung entsprechender Rechte in das Register betrifft.

Art. 24a ist eine **Verfahrensvorschrift.** Sie regelt die **Löschung und Änderung** von 1 Lizenzen und anderen Rechten im Register. Sie wird ergänzt durch Art. 22a, der das Verfahren zur Eintragung entsprechender Rechte in das Register regelt. Daher sind „andere Rechte" im Sinne der Vorschrift solche Rechte, die gemäß Art. 22a eintragungsfähig sind (→ Art. 22a Rn. 2). Dem Art. 24a entsprechende Vorschriften finden sich heute bereits in Regel 35 GMDV, ergänzt durch die EUIPO Richtlinien Teil E, Abschn. 3, Kap. 2, Ziff. 3 für Lizenzen sowie durch Teil E, Abschn. 3, Kap. 3 Ziff. 3 für sonstige dingliche Rechte.

Die Eintragung der Löschung oder Änderung von Lizenzen und sonstigen Rechten iSd 2 Vorschrift erfolgt gemäß **Abs. 2** nur auf Antrag. Antragsberechtigt sind nach aktueller Rechtslage alternativ der Unionsmarkeninhaber bzw. -anmelder, der Lizenznehmer bzw. Inhaber des eingetragenen Rechts sowie beide Parteien gemeinsam. Verfahrenssprache ist die Sprache, in der die Eintragung anzumelden war. (vgl. EUIPO Richtlinien Teil E, Abschn. 3, Kap. 2, 3).

Der Antrag muss gemäß Abs. 2 die Nummer der Eintragung der betroffenen Unionsmarke 3 sowie die Bezeichnung desjenigen Rechts enthalten, dessen Eintragung zu löschen oder zu ändern beantragt wird.

Der Antrag auf Löschung einer Lizenz, eines dinglichen Rechts oder einer Zwangsvollstre- 4 ckungsmaßnahme gilt gemäß **Abs. 3** erst dann als gestellt, wenn die diesbezügliche Gebühr entrichtet worden ist. Für die Änderung der Eintragung einer Lizenz oder eines dinglichen Rechts wird keine Gebühr erhoben. Die Bearbeitung des Antrags auf eine diesbezügliche Änderung ist daher auch nicht von einer Gebührenzahlung abhängig.

Nach dem Wortlaut des **Abs. 4** sind dem Antrag Unterlagen beizufügen, aus denen her- 5 vorgeht, dass das eingetragene Recht nicht mehr besteht, oder dass der Lizenznehmer oder der Inhaber eines anderen Rechts der Löschung oder Änderung der Eintragung zustimmt. Die Regelung unterscheidet sich zu der aktuellen Rechtslage. Derzeit fordert Regel 35 Abs. 4 GMDV die Vorlage von Urkunden, aus denen hervorgehen soll, dass das eingetragene Recht nicht mehr besteht, oder eine Erklärung des Lizenznehmers oder des Inhabers eines anderen Rechts, dass er in die Löschung der Eintragung einwilligt. In Fällen, in denen der Lizenznehmer bzw. Inhaber des sonstigen Rechts den Antrag alleine einreicht, wird der Nachweis über die Änderung der materiellen Rechtslage in der Antragstellung selbst erkannt. Ein weitergehender Nachweis ist nur erforderlich, wenn eine Registeränderung begehrt wird, die eine Erweiterung der Rechte des Lizenznehmers bedeuten würde. Inhaltlich anders lautende Stellungnahmen des Markeninhabers verhindern nicht die antragsgemäße Löschung der Eintragung der Lizenz bzw. des sonstigen Rechts. Soweit der Markeninhaber einen Betrugsverdacht gegen den Lizenznehmer äußert, führt dies nicht zur Aufnahme von Ermittlungen durch das Amt. Eine Berücksichtigung des geäußerten Verdachts findet nur statt, wenn der Markeninhaber eine gerichtliche Anordnung vorlegt (vgl. EUIPO Richtlinien Teil E, Abschn. 3, Kap. 2, 3). Der Wortlaut des Abs. 4 fordert nunmehr für jeden Fall, dh auch für den Fall der alleinigen Antragstellung durch den Lizenznehmer bzw. durch den Inhaber des betroffenen Rechts die Vorlage von Unterlagen, aus denen die geänderte materielle Rechtslage hervorgeht.

Das Amt prüft den Antrag sowie die eingereichten Unterlagen auf die formellen Vorausset- 6 zungen und teilt dem Antragsteller eventuelle Mängel gemäß **Abs. 5** mit. Die andere Partei erhält keine entsprechende Mitteilung. Zusammen mit der Mitteilung setzt das Amt eine Frist zur Behebung der Mängel. Gemäß EUIPO Richtlinien Teil E, Abschn. 3, Kap. 2, 3 beträgt diese Frist derzeit zwei Monate. Werden die Mängel in dieser Frist nicht behoben, so weist das Amt den Antrag zurück. Entspricht das Amt dem Antrag, erhält nach derzeitiger

Taxhet

Rechtslage nur der Antragsteller eine entsprechende Mitteilung. Wurde der Antrag von dem Lizenznehmer bzw. von dem Inhaber des betroffenen Rechts alleine gestellt, erhält der Markeninhaber jedoch eine Kopie der Mitteilung (EUIPO Richtlinien Teil E, Abschn. 3, Kap. 2, 3).

7   Gemäß **Abs. 6** gilt die Vorschrift auch für Anträge auf Löschung oder Änderung von Lizenzen und sonstigen Rechten, die in Bezug auf die Anmeldung einer Marke gestellt werden.

Titel III Die Anmeldung der Unionsmarke

Abschnitt 1 Einreichung und Erfordernisse der Anmeldung

Art. 25 Einreichung der Anmeldung

(1) Die Anmeldung einer Unionsmarke wird beim Amt eingereicht.

(2) ¹Das Amt stellt dem Anmelder unverzüglich eine Empfangsbescheinigung aus, die mindestens das Aktenzeichen, eine Wiedergabe, eine Beschreibung oder sonstige Identifizierung der Marke, die Art und Zahl der Unterlagen und den Tag ihres Eingangs enthält. ²Diese Empfangsbescheinigung kann elektronisch ausgestellt werden.

Überblick

Die Einreichung einer Unionsmarke kann durch jede natürliche oder juristische Person, einschließlich öffentlich-rechtlicher Körperschaften, vorgenommen werden. Voraussetzung ist, dass der Antragsteller in einem Mitgliedstaat der EU, einem Vertragsstaat der Pariser Union oder der Welthandelsorganisation wohnhaft oder ansässig ist (→ Rn. 10).

Um ein wirksames Verfahren zu garantieren und zu verhindern, dass die Parteien unterschiedlichen Bedingungen ausgesetzt werden, wird ein einheitliches Anmeldeverfahren angewendet. Das Anmeldeverfahren der Unionsmarke erlaubt es jeder natürlichen Person und jedem Unternehmen, das in der EU oder außerhalb ansässig ist, durch einen einheitlichen Antrag und ein einheitliches Verfahren in einer einzigen Sprache einen Antrag auf Eintragung einer Unionsmarke zu stellen.

Der Antrag auf Eintragung der Unionsmarke wird beim Amt der europäischen Union für geistiges Eigentum (EUIPO) eingereicht (→ Rn. 1). Die Unionsmarkenanmeldung kann online, per Fax, oder Post eingereicht werden (→ Rn. 5 ff.). Es gibt ein Formular für die Anmeldung, das aber nicht zwingend benutzt werden muss (→ Rn. 9). Alle Angaben, die jedoch in dem Formular verlangt werden, müssen auch ggf. in dem Antrag in anderer Form enthalten sein.

A. Allgemeines

Die Unionsmarkenanmeldung kann seit dem Inkrafttreten der VO (EU) 2015/2424 am 23. März 2016 nur noch bei dem Amt der europäischen Union für geistiges Eigentum (EUIPO) erfolgen. Alternativ zur Direktanmeldung kann über den Weg einer internationalen Registrierung bei der WIPO auch die EU als Vertragsstaat des Madrider Protokolls benannt werden. **1**

Durch die Reform der UMV wurde das Anmeldeverfahren der Unionsmarke umfassend geändert. Die Möglichkeit der Anmeldung bei den nationalen Markenämtern oder beim Benelux Markenamt nach Art. 25 Abs. 1 Buchst. b ist nach der abgeschafft worden. Es wurde festgestellt, dass im Jahre 2012 96,3% der Anmeldungen durch das elektronische Anmeldesystem direkt beim Amt erfolgten. Somit gab es keinen Grund mehr dafür, das doppelgleisige Anmeldesystem über die europäische und die nationalen Behörden aufrechtzuerhalten. Infolgedessen fielen auch die Regelungen nach Art. 25 Abs. 2 und Abs. 3 über die Pflichten der nationalen Behörden zur Weiterleitung der Anmeldung, die Weiterleitungsgebühr und die Fristen der Weiterleitung weg. Das Verfahren wurde dadurch vereinfacht. **2**

Das zentrale Verfahren vor dem EUIPO ist einfach und schnell. Es wird auf den Internetseiten des EUIPO leicht verständlich erklärt. Die formalen Anforderungen an die Anmeldung richten sich derzeit nach Regel 79 ff. GMDV, die zum 1.10.2016 durch nach Art. 26 Abs. 4 zu erlassende neue Durchführungsrechtsakte ersetzt werden. **3**

Um das Verfahren noch weiter zu beschleunigen, wurde ein neues vereinfachtes Anmeldungsverfahren, das sog. „Fast-Track" Verfahren eingerichtet. Dieses Verfahren ermöglicht **4** es, bei einfachen Anmeldungen unter bestimmten Voraussetzungen ein beschleunigtes Anmeldeverfahren durchzuführen, ohne dafür mehr Gebühren zahlen zu müssen (Stürmann GRUR-Prax 2015, 269). In diesem Fall muss die Zahlung der Gebühren zur gleichen Zeit wie die Anmeldung erfolgen. Wenn bei der Prüfung der Anmeldung keine Mängel erkennbar sind, kann die Anmeldung im Fast-Track-Verfahren unter erheblicher Beschleunigung des Prüfungsverfahrens angemeldet werden. Dies führt zu einer Kürzung der Verfahrensdauer auf die Hälfte oder weniger der regulären Dauer, so dass in diesem Verfahren in nur wenigen Wochen (ca. vier bis fünf Wochen) die Anmeldung und Veröffentlichung einer Marke ohne erhöhte Kosten erfolgen können. Das Verzeichnis der Waren und Dienstleistungen darf dabei nur Begriffe enthalten, die auf einer Liste (der sog. harmonisierten Datenbank) eingetragen sind und die bereits vom Amt oder den nationalen Ämtern für geistigen Eigentum in der EU akzeptiert wurden. Für die Anmeldung einer Marke im „Fast-Track"-Verfahren gibt es ein spezielles Anmeldeformular.

B. Anmeldung beim EUIPO

I. Schriftform

5   Die Anmeldung ist schriftlich und vom Anmelder unterzeichnet einzureichen. Sie kann nach Regel 79 GMDV elektronisch, auf dem Postweg, persönlich oder per Fax erfolgen. Bei einer Anmeldung auf dem Postweg oder durch eigenhändige Übergabe des Antrags muss der Antrag im Original eingereicht werden und handschriftlich von dem Anmelder oder dem bestellten Vertreter unterschrieben sein. Wenn auch die Form der Anmeldung frei gewählt werden kann, muss sie den inhaltlichen Mindestanforderungen entsprechen (→ Art. 26 Rn. 1 ff.).

1. Sprache

6   Die Anmeldung kann in jeder Amtssprache der EU, also auch auf Deutsch eingereicht und das Prüfungsverfahren kann auf Deutsch geführt werden. Es muss lediglich eine zweite Sprache, die zu den fünf Amtssprachen des EUIPO gehört, in dem Antrag als weitere Verfahrenssprache angegeben werden. In dieser Sprache können Widerspruchsverfahren und Löschungsanträge behandelt werden. Diese Sprachenregelung besteht für die Unionsmarke ab Anmeldung und kann später auch dann nicht geändert werden, wenn die Anmeldung (oder Eintragung) beispielsweise auf einen anderssprachigen Inhaber übertragen wird.

2. Fax

7   Bei einer Anmeldung durch Fax (Regel 80 GMDV) reicht die telekopierte Unterschrift des Antrags aus. Das zugrundeliegende Original muss aber eigenhändig unterschrieben sein und die ankommende Ablichtung die bildliche Wiedergabe dieser Unterschrift enthalten. Die spätere Bestätigung des Faxes durch das Originaldokument auf dem Postweg ist nicht erforderlich.

7.1   Bei vorab per Fax eingereichten Anmeldungen ist zu beachten, dass auf der später eingehenden Originalanmeldung auf das vorhergehende Fax hingewiesen werden sollte. Ansonsten kann es vorkommen, dass der Antrag doppelt bearbeitet wird, wenn die Annahmestelle nicht bemerkt, dass es sich um dieselbe Anmeldung wie eine frühere Anmeldung per Fax handelt (HABM NJWE-WettbR 2000, 22).

7.2   Soweit bei einer Faxübermittlung die Übermittlungsqualität nicht einwandfrei den Inhalt des Antrags erkennen lässt oder wenn das Amt Zweifel an der Vollständigkeit des Antrags hat, kann das Amt nach Regel 80 Abs. 2 GMDV die Wiederholung der Übermittlung verlangen. In diesem Fall berührt die erneute Übersendung nicht den ursprünglichen Anmeldetag, der maßgebend bleibt (HABM NJWE-WettbR 2000, 22).

3. Elektronische Anmeldung

8   Die elektronische Anmeldung ist eine Dienstleistung des EUIPO, die es dem Anmelder ermöglicht, direkt online anzumelden. Sie ist heute mit Abstand die am häufigsten gewählte Anmeldeform, nicht zuletzt wegen der finanziellen Anreize (s. hierzu Anhang-I A.1, 2; →

Anhang-I Rn. 3), die bei der Anmeldung einer Klasse einen Unterschied von 150 Euro vorsehen). Die elektronische Anmeldung folgt der Regel 82 GMDV. Bei dieser Art der Anmeldung wird der Anmeldetag sofort automatisch zugewiesen. Die elektronische Anmeldung ist leicht auszufüllen. Eine Anmeldung durch elektronische Post ist dagegen nicht ausreichend. Bei elektronischer Anmeldung der Marke erhält der Anmelder sofort eine Anmeldenummer.

4. Verwendung des Anmeldeformulars

Die Benutzung eines Formulars ist empfehlenswert aber nicht vorgeschrieben. Die Formulare sind in Papierform oder elektronischer Form beim EUIPO erhältlich. Sie müssen so ausgefüllt werden, dass ihr Inhalt elektronisch übernommen und gespeichert werden kann. In welcher Form der Antrag auch immer gestellt wird, muss er den inhaltlichen Anforderungen entsprechen und sämtliche Elemente enthalten, die auch in dem vom EUIPO zur Verfügung gestellten Formular eingetragen werden müssen. 9

II. Anmelder

Inhaber der Unionsmarke können alle natürlichen oder juristischen Personen sein (→ Art. 5 Rn. 1 f.). Voraussetzung ist die Rechtsfähigkeit gemäß Art. 3. Dies sind natürliche Personen, juristische Personen und juristischen Personen gleichgestellte Personeneinheiten. Ob eine einer juristischen Person gleichgestellte Einheit nach Gemeinschaftsrecht markenregisterfähig ist, richtet sich nach dem für die juristische Einheit maßgeblichen jeweiligen nationalen Recht (→ Art. 3 Rn. 1 ff.). Jede natürliche oder juristische Person aus jedem Land der Welt kann eine Anmeldung einreichen. Soweit die Unionsmarke als Basismarke einer IR-Marke verwendet wird, muss der Anmelder allerdings in der EU ansässig sein (Art. 1 Abs. 3 MMA). 10

Um den Anmelder hinreichend zu identifizieren, muss die Anmeldung den Namen des Anmelders, seine Anschrift und Staatsangehörigkeit sowie den Staat des Wohnsitzes oder Geschäftssitzes oder Sitzes der Niederlassung des Anmelders enthalten. Bei natürlichen Personen sind der Vor- und Familienname anzugeben. Bei juristischen Personen sowie bei gleichgestellten Einheiten iSd Art. 3 sind die amtliche Bezeichnung sowie die Rechtsform anzugeben. 11

III. Empfangsbestätigung

Nach Eingang der Unionsmarkenanmeldung sendet das EUIPO dem Anmelder eine Empfangsbestätigung zu und beginnt mit dem Prüfungsverfahren (→ Art. 27 Rn. 1). 12

Art. 26 Erfordernisse der Anmeldung

(1) Die Anmeldung der Unionsmarke muss Folgendes enthalten:
a) einen Antrag auf Eintragung einer Unionsmarke;
b) Angaben, die es erlauben, die Identität des Anmelders festzustellen;
c) ein Verzeichnis der Waren oder Dienstleistungen, für die die Eintragung begehrt wird;
d) eine Wiedergabe der Marke.

(2) Für die Anmeldung der Unionsmarke sind die Anmeldegebühr für eine Klasse von Waren oder Dienstleistungen und gegebenenfalls eine oder mehrere Klassengebühren für jede Klasse von Waren und Dienstleistungen, die über die erste Klasse hinausgeht, und gegebenenfalls die Recherchegebühr zu entrichten.

(3) Die Anmeldung der Unionsmarke muss den in der Durchführungsverordnung nach Artikel 162 Absatz 1, nachstehend „Durchführungsverordnung" genannt, vorgesehenen Erfordernissen entsprechen.

(4) [1]Die Kommission erlässt Durchführungsrechtsakte, in denen die Einzelheiten, die bei der Anmeldung anzugeben sind, festgelegt werden. [2]Diese Durchfüh-

rungsrechtsakte werden nach dem Prüfverfahren gemäß Artikel 163 Absatz 2 erlassen.

künftige Fassung mWv 1.10.2017 gemäß VO (EU) 2015/2424 vom 16.12.2015:
Art. 26 Abs. 1 Buchst. d erhält folgende Fassung:
   d) eine Wiedergabe der Marke, die den Erfordernissen des Artikels 4 Buchstabe b genügt.

Art. 26 Abs. 3 erhält folgende Fassung:
   (3) ¹Zusätzlich zu den in den Absätzen 1 und 2 genannten Erfordernissen muss die Anmeldung der Unionsmarke den in dieser Verordnung und in den gemäß dieser Verordnung erlassenen Durchführungsrechtsakten vorgesehenen Formerfordernissen entsprechen. ²Ist in diesen Erfordernissen vorgesehen, dass die Marke elektronisch darzustellen ist, so darf der Exekutivdirektor die Formate und die maximale Größe einer derartigen elektronischen Datei bestimmen.

Überblick

Die Mindestanforderungen für die Eintragung der Marke sind der Name und die Anschrift des Antragstellers (→ Rn. 3 f.), die Angabe der ersten und zweiten Sprache (→ Rn. 32), eine Wiedergabe der Marke (→ Rn. 12), ein Verzeichnis der Waren und Dienstleistungen (→ Rn. 5 ff.) für die die Marke eingetragen werden soll, die Zahlung der Gebühren (→ Rn. 27) und die Unterschrift (→ Rn. 24). Diese einzelnen Punkte des Inhalts der Anmeldung werden in Regel 1 GMDV näher beschrieben.

Der Tag der Einreichung der Anmeldung wird nur dann als Anmeldetag anerkannt, wenn die Anmeldung die in Art. 26 genannten Mindestangaben enthält (Art. 27).

Der Markenanmelder sollte den Gegenstand der Anmeldung genau beschreiben, bevor er die Unionsmarke anmeldet. Hierdurch wird der Schutzumfang der Marke bestimmt. Er muss genau definieren für welche konkreten Waren und Dienstleistungen er die Marke benutzen will (→ Art. 28 Rn. 10).

Falls eine Priorität nach Art. 30 oder 33 in Anspruch genommen wird, muss diese ebenfalls in der Anmeldung erklärt werden.

Übersicht

	Rn.		Rn.
A. Mindestanfordernisse des Antrags	1	2. Beschreibung der Marke	26
I. Angabe des Anmelders	3	**B. Sonstige Anmeldeerfordernisse**	27
1. Mindestangaben	3	I. Zahlung der Gebühr	27
2. Weitere Angaben	4	II. Nennung des Vertreters	31
II. Verzeichnis der Waren und Dienstleistungen		III. Angabe der Sprache	32
	5	IV. Unterschrift	33
1. Klassifikation von Nizza	6		
2. Individuell formuliertes Verzeichnis	8	**C. Mängel bei der Anmeldung**	34
III. Wiedergabe der Marke	11	I. Prüfung der Anmeldung	34
1. Graphische Darstellung	13	II. Zurückweisung des Antrags	35

A. Mindestanfordernisse des Antrags

1 Der Tag der Anmeldung wird nur dann als Anmeldetag anerkannt, wenn die Anmeldung einen eindeutigen Antrag auf Eintragung einer Unionsmarke darstellt und Angaben enthält, die die Identität des Anmelders erkennen lassen, sowie ein Verzeichnis der Waren und Dienstleistungen, für die die Eintragung beantragt wird und eine Wiedergabe der Marke.

2 Für jede Marke ist eine gesonderte Anmeldung erforderlich. Wenn der Anmelder jedoch mehrere Marken in derselben Anmeldung benennt, fordert das EUIPO den Anmelder auf zu bestimmen, welche Marke er mit der Anmeldung weiterverfolgen will und welche er zurücknimmt oder welche er ggf. mit getrennten Anmeldungen weiterverfolgen will. In dem Fall, in dem der Anmelder nur eine unter den genannten Marken weiterverfolgt, bleibt der ursprüngliche Anmeldetag für diese Marke erhalten. Für die weiteren Marken, die er

mit getrennten Anmeldungen verfolgt, wird jeweils nach Eingang der Anmeldungen ein neuer Anmeldetag bestimmt.

I. Angabe des Anmelders

1. Mindestangaben

Es reichen dabei Mindestangaben aus, die die zweifelsfreie Feststellung der Identität des Anmelders erlauben. Dies gilt selbst dann, wenn die Identifizierung des Anmelders nicht ohne weitere Nachforschungen seitens des Amtes möglich ist. 3

2. Weitere Angaben

Die weiteren Angaben sind nicht für die Erteilung des Anmeldetages unabdingbar. Sie müssen jedoch ggf. nachgereicht werden. Hierzu gehören die vollständige Anschrift des Anmelders, die Firma wie sie im Handelsregister eingetragen ist und der Firmensitz. Bei einer natürlichen Person müssen der Vor- und Nachname sowie die Wohnanschrift angegeben werden. Wenn ein Vertreter bestellt ist, ist die Anschrift des Vertreters zusätzlich als Zustelladresse anzugeben. 4

II. Verzeichnis der Waren und Dienstleistungen

Um das Verzeichnis von Waren- und Dienstleistungen zu erstellen, sollte der Anmelder vor der Anmeldung den Gegenstand der Anmeldung genau definieren. Dabei muss die geplante Nutzung der Marke feststehen. Für die Zuerkennung des Anmeldetages reicht es aus, wenn das Waren- und Dienstleistungsverzeichnis so eindeutig ist, dass der Schutzumfang der Marke bestimmt werden kann. Nähere Anforderungen an das Waren- und Dienstleistungsverzeichnis sind in Regel 2 GMDV bestimmt. Das Verzeichnis von Waren- und Dienstleistungen kann nach Eingang der Anmeldung nicht mehr erweitert, sondern nur noch beschränkt werden. Wenn der Anmelder eine Erweiterung wünscht kann er nur eine neue Anmeldung vornehmen. 5

1. Klassifikation von Nizza

Das EUIPO wendet für die Klassifizierung von Unionsmarken die Klasseneinteilung des Abkommens von Nizza in seiner Fassung vom 1.1.2012 an (Art. 28; dazu Pohlmann, Verfahrensrecht der Gemeinschaftsmarke, 2012, 80). Seit dem Jahr 2013 werden außerdem jährlich neue Versionen des Abkommens veröffentlicht. Am 1.1.2016 ist die „Version 2016" der 10. Ausgabe der Nizza-Klassifikation (NCL 10-2016) in Kraft getreten. Diese ersetzt die seit dem 1.1.2015 gültige „Version 2015" der 10. Ausgabe der Nizza-Klassifikation (NCL 10-2015). Für die Zuerkennung des Anmeldetages reichte es nach der bisherigen Praxis des HABM dabei aus, wenn nur die Oberbegriffe der betroffenen Klassen der Klasseneinteilung benannt werden. Durch die Reform der Unionsmarke wurde diese bisherige Praxis bei den Anforderungen an die Verwendung der Nizzaklassen in Art. 28 festgeschrieben (→ Art. 28 Rn. 1 ff.). Die Angabe der Einzelprodukte statt der Warengattung ist nicht erforderlich. Nach dem Bestimmtheitsgrundsatz müssen allerdings dabei alle beanspruchten Klassen genau bestimmbar sein. Allgemeine Angaben reichen aus, wenn dadurch die Identifizierung der Waren und Dienstleistungen möglich ist. 6

In der Grundgebühr ist nunmehr nur noch eine Waren- oder Dienstleistungsklasse enthalten (Anhang 1 Nr. 1, 3). Soweit das in der Anmeldung vorgelegte Waren und Dienstleistungsverzeichnis mehr als eine Klasse umfasst, fallen zusätzliche Gebühren an (→ Rn. 30). 7

Die Angabe „alle denkbaren Waren und Dienstleistungen" ist nicht ausreichend. Fraglich war die Verwendung der Bezeichnung „Einzelhandelsdienstleistungen". Im „Praktiker"-Urteil des EuGH (GRUR 2005, 764) hat der Gerichtshof präzisiert, dass die Kategorie „Einzelhandelsdienstleistungen" in der Markenanmeldung unter der Voraussetzung verwendet werden kann, dass die Waren und Dienstleistungen auf die sich die Einzelhandelstätigkeit beziehen soll, genau genannt werden, auch wenn sie sich nicht eindeutig einer der Warenklassen zuordnen lassen (Pohlmann, Verfahrensrecht der Gemeinschaftsmarke, 2012, 81 f.). 7.1

2. Individuell formuliertes Verzeichnis

8 In der Anmeldung müssen die Waren und Dienstleistungen im Einzelnen so genau beschrieben werden, dass die Klassifizierung jeder einzelnen Ware und Dienstleistung in eine Klasse der Klasseneinteilungen nach dem Abkommen von Nizza möglich ist. Aus praktischen Gründen sollten die Begriffe der Nizzaer Klassifizierung verwendet werden. Dabei ist es ratsam, die konkret gewünschten Waren und Dienstleistungen in der Anmeldung im Einzelnen genau zu bezeichnen und nicht nur global die Überschriften der Klassen des Abkommens von Nizza zu verwenden, obwohl die Benennung der Klassen ausreichend ist (→ Art. 28 Rn. 6). Nur auf diese Weise kann der Schutzumfang genau bestimmt und können die Waren oder Dienstleistungen von anderen Erzeugnissen inhaltlich klar abgegrenzt werden.

9 Bei der Verwendung des Wortes „insbesondere" wird dies als beispielsweise und nicht abschließende Aufführung von Waren und Dienstleistungen einer bestimmten Kategorie vom Amt ausgelegt. Somit erschöpft sich der Schutz nicht in den Beispielen, sondern kann alle Waren und Dienstleistungen der Kategorie umfassen (Pohlmann, Verfahrensrecht der Gemeinschaftsmarke, 2012, 81).

10 Eine falsche Klassifizierung kann dazu führen, dass die tatsächlich mit der Marke oder Dienstleistung gekennzeichnete Ware nicht von dem Schutzumfang der Eintragung erfasst wird. Bei der individuellen Beschreibung der Waren und Dienstleistungen ist besonders darauf zu achten, dass keine unbestimmten Angaben oder Begriffe verwendet werden.

10.1 So sind zB die allgemeinen Begriffe, wie „Zubehör", „Anlagen", „Hilfsmittel", „Instrumente", „Apparate", Beigabe" oder „Ergänzung" zu vermeiden. Ebenfalls sollten auch bei Dienstleistungen unbestimmte Begriffe, wie „elektronischer Handel", „Handelsdienstleistungen" oder „Hilfsdienstleistungen" konkretisiert werden.

10.2 Im „Praktiker"-Urteil (EuGH GRUR 2005, 764) hat der EuGH entschieden, dass nationale Marken in der EU für Einzelhandelsdienstleistungen eingetragen werden können. Voraussetzung dafür ist, dass nähere Angaben zu den Waren oder Dienstleistungen gemacht werden auf die sich die Marke bezieht. Seit dieser Rechtsprechung verlangt das Amt, dass für Einzelhandelsdienstleistungen die Waren oder Dienstleistungen eindeutig benannt werden. Nicht absolut erforderlich ist die Einordnung zu einer Klasse der Nizzaer Klassifikation.

III. Wiedergabe der Marke

11 Bezüglich der Wiedergabe der Marke sind aufgrund des Wegfalls des Erfordernisses der graphischen Wiedergabe Änderungen zu erwarten, die durch delegierte Rechtsakte näher bestimmt werden (→ Rn. 22). Diese Rechtsakte liegen jedoch noch nicht vor, auch nicht im Entwurf, daher erfolgt die nachstehende Darstellung anhand der derzeitigen Vorschriften.

12 Die Anforderungen an die Wiedergabe der Marke werden in Regel 3 GMDV aufgestellt. Der Anmelder muss insbesondere angeben, welche Form der Marke er anmeldet, wie zB Bildmarke, dreidimensionale Marke, Farbmarke, Wortmarke etc (Regel 3 Abs. 3 GMDV). Aus der Wiedergabe der Marke muss erkennbar sein, was nach dem Willen des Anmelders Gegenstand des Schutzes ist. Um den Schutzbereich der Marke zu bestimmen, ist es entscheidend, dass der Anmelder eine klare Darstellung der Marke einreicht.

1. Graphische Darstellung

13 Die Anforderungen, die an die graphische Darstellung der Marke gestellt werden, richten sich im Einzelnen nach der vom Anmelder gewählten Markenform (→ Art. 4 Rn. 12 ff.). In Regel 3 GMDV werden die Anforderungen an die graphische Darstellung für die einzelnen Markenformen geregelt (→ Art. 4 Rn. 7). Dabei sollte die Kategorie der Marke (zB Wortmarke, Bildmarke, Klangmarke etc) angegeben werden. Dies dient der Erleichterung der Einordnung der Marke durch das EUIPO. Es ist wesentlich, dass die bildliche Darstellung der Marke klar und deutlich sein muss, um einen Anmeldetag zu erhalten.

14 Die **Wortmarke** kann aus Groß- und Kleinbuchstaben, Symbolen, Zahlen und Zeichen bestehen. Da bei der Wortmarke (Regel 3 Abs. 1 GMDV) nur das oder die Worte an sich geschützt werden, ist es ausreichend, dass bei der graphischen Darstellung das/die Worte in einer üblichen Druckschrift wiedergegeben werden. Sie werden in der Amtsschrift veröffentlicht. Wenn eine Wortmarkenanmeldung Sonderzeichen enthält, die in der üblichen Druck-

Erfordernisse der Anmeldung **Art. 26 UMV**

schrift nicht erfasst werden können, wird die Marke als Wort-Bildmarke (Unterfall der Bildmarke) behandelt.

Nach Regel 3 Abs. 2 GMDV muss für eine Marke, die keine reine Wortmarke, sondern eine andere Art von Marke ist, eine Wiedergabe der Marke getrennt vom Textblatt der Anmeldung auf einem gesonderten Blatt beigefügt werden (HABM Entsch. v. 21.1.1998 – R 4/97-2). Gemäß Regel 3 Abs. 4 S. 2 GMDV muss die Wiedergabe in einer photographischen oder graphischen Darstellung (Zeichnung oder Ähnliches) bestehen. 15

Soweit eine Kombination von Worten mit Bildelementen oder auch graphisch gestalteten Schriftzügen in der Anmeldung enthalten ist, liegt eine **Bildmarke** vor. Die Bildmarke besteht aus graphischen Elementen, stilisierter Schrift, Logos und Kombinationen von Wort und Bild. 16

Wenn eine **Farbmarke** angemeldet werden soll, muss die Darstellung der Marke farbig eingereicht werden (Regel 3 Abs. 5 GMDV). Zusätzlich müssen die verwendeten Farben in Worten beschrieben werden. Dabei können anerkannte Farbcodes verwendet werden. Die Angabe der anerkannten Farbcodes genügt auch ohne graphische Darstellung bereits den Erfordernissen der Anmeldung nach Art. 26 Abs. 1 Buchst. d, um einen Anmeldetag zuerkannt zu bekommen (HABM Entsch. v. 13.4.2000 – R 210/1999-3). Bei Widersprüchen zwischen der eingereichten Abbildung und der Farbangabe selbst, korrigiert das Amt die Farbangabe von sich aus. Der Anmelder wird aber hiervon informiert und erhält Gelegenheit zur Stellungnahme. Nimmt der Anmelder den Vorschlag des Amtes bezüglich der Änderung der Farbangabe nicht an und beseitigt er selbst nicht den Mangel, muss das Amt die Anmeldung zurückweisen. Bei Farbkombinationsmarken muss auch die Anordnung der verschiedenen Farben aus der Darstellung bzw. Beschreibung zu erkennen sein. Bei Faxübermittlung des Antrags ist die schwarz-weiß Darstellung zunächst ausreichend für die Erteilung des Anmeldetags, wenn die Farben wörtlich oder durch die Verwendung des Farbcodes bezeichnet sind (Schmidt GRUR 2001, 653 (654)). Die farbliche Darstellung kann nachgereicht werden. 17

Eine **Schwarz-weiß-Marke** darf dagegen nur in einer Schwarz-weiß-Darstellung angemeldet werden. Dabei wird eine Marke generell schwarz auf weißem Grund eingetragen, sofern der Anmelder nicht ausdrücklich eine farbige Eintragung beantragt. Sollen dagegen bestimmte Grautöne geschützt werden, müssen diese ebenfalls zusätzlich zu der graphischen Darstellung beschrieben werden. Wenn für eine Bildmarke keine bestimmte Farbkombination beantragt wird, erstreckt sich der Schutz auch auf alle möglichen Farbkombinationen. Neue farbige Anmeldungen des identischen Zeichens verletzen deshalb das Schutzrecht der älteren Schwarz-weiß-Marke (EuG T-418/07, GRUR-RR 2009, 420 – LIBERO/LIBRO). Dies ist erforderlich, da häufig die Wiedergabe einer Marke in schwarz-weiß erfolgt, obwohl es sich um eine Farbmarke handelt, zB bei Fotokopien oder Telefax. 18

Wird eine **dreidimensionale Marke** (zB Behälter, Verpackung, Ware selbst) angemeldet, muss der Anmelder die Marke photographisch oder graphisch derart wiedergeben, dass die verschiedenen Perspektiven der Marke zu erkennen sind (Regel 3 Abs. 4 GMDV). Dabei können bis zu sechs verschiedene Perspektiven wiedergegeben werden. Alle Perspektiven müssen dasselbe Objekt zeigen und das Objekt in seiner Gesamtheit darstellen und sich nicht auf Einzelteile beschränken. Die Gestaltungsmerkmale werden nur geschützt soweit sie sich eindeutig aus der Darstellung ergeben. Nur die klar aus den eingereichten Abbildungen erkennbaren Stilelemente werden geschützt. Nicht erkennbare äußere Eigenschaften und nicht sichtbare Perspektiven bleiben unberücksichtigt. Dreidimensionale Marken können auch farbig angemeldet werden und Bild- oder Wortbestandteile enthalten. In diesem Fall sollte der Anmelder der Anmeldung eine Beschreibung beifügen. 19

Bei den **sonstigen Markenformen,** wie Hörmarken, Positionsmarken oder einer abstrakten konturlosen Farbmarke ist die graphische Wiedergabe besonders wichtig. Diese Marken müssen als solche in der Anmeldung bezeichnet werden. 20

Bei der **Klangmarke** (Regel 3 Abs. 6 GMDV) ist die Wiedergabe in graphischer Form, also in üblicher Notenschrift bisher noch unabdingbar für die Erteilung des Anmeldetags (Schmidt MarkenG § 32 Rn. 33 f.). Aus diesem Grund waren bisher Hörmarken, wie Geräusche wie zB Tierschreie, Vogelgezwitscher und ähnliches nicht markenrechtsfähig, da sie nicht durch Notenschrift graphisch dargestellt werden können. Sie können jedoch in einer Klangdatei treu wiedergegeben werden. Bereits in der Vergangenheit konnte zusätzlich zu 21 der notenschriftlichen Darstellung die klangliche Wiedergabe als Datei (mp3-Datei) in elektronischer Form eingereicht werden. Nur durfte auf die graphische Darstellung nicht verzichtet werden.

22 **Wegfall des Erfordernisses der graphischen Darstellung:** Das Erfordernis der graphischen Darstellung der Marke wird jedoch im Rahmen der Reform der Unionsmarke nach der VO (EU) 2015/2424 aus Art. 4 Buchst. b gestrichen. Dieses Erfordernis gilt als nicht mehr zeitgemäß, da die Wiedergabe der Marke mit anderen als graphischen Mitteln (zB durch eine Klangdatei bei einer Klangmarke) möglich ist und zu mehr Rechtssicherheit führen kann, da die andere Darstellungsweise zu einer präziseren Bestimmung der Marke führt. Die vorgeschlagene neue Definition der Marke eröffnet die Möglichkeit der Eintragung von Zeichen, die sich heute mit technologischen Mitteln darstellen lassen, die ausreichend sind, um eine treue und dauerhafte Wiedergabe der Marke zu ermöglichen und eine klare und eindeutige Bestimmung des Inhalts der Marke durch das Publikum, die aber keiner graphischen (zweidimensionalen) Darstellung zugänglich waren. Es soll damit sowohl eine höhere Flexibilität bei der Eintragung von Marken als auch mehr Rechtssicherheit erreicht werden. Die Änderung des Art. 26 Abs. 1 Buchst. d und Abs. 3 tritt jedoch nach Art. 4 VO (EU) 2015/242 erst am **1.10.2017** in Kraft. Die GMDV wird ebenfalls durch Art. 2 VO (EU) 2015/2424 geändert. Regel 3 GMDV bezüglich der Wiedergabe der Marke bleibt jedoch unverändert.

23 Geruchszeichen, sogenannte olfaktorische Marken und Geschmackszeichen (→ MarkenG § 3 Rn. 43 ff., → MarkenG § 8 Rn. 506 ff., → MarkenG § 36 Rn. 24), sind zurzeit ebenfalls nicht graphisch darstellbar und können daher bisher nicht Gegenstand einer unionsrechtlichen Markenanmeldung sein (vgl. online Richtlinien des EUIPO, Stand 1.8.2016, Teil B „Prüfung", Abschnitt 2, 10.7; → Art. 4 Rn. 8). Auch für diese Markenformen ist infolge der Reform der europäischen Marke zu erwarten, dass eine Änderung eintritt. Die olfaktorische Marke kann möglicherweise durch die Kombination mehrerer Darstellungsformen (detaillierte Beschreibung des Geruchs und der Eigenschaften sowie genaue chemische Formel) präzise bezeichnet werden (→ Art. 4 Rn. 8; → Art. 4 Rn. 11). Es bleibt jedoch abzuwarten, wie die Praxis des Amtes sich in Bezug auf Geschmacks- und Geruchsmarken nach der Markenrechtsreform entwickelt. Die eindeutige Bestimmung der Marke bleibt mangels einer eindeutigen technischen Möglichkeit, die den Geruch oder Geschmack zweifelsfrei und dauerhaft darstellt, schwierig. Daher wird die Anerkennung dieser Markenformen meiner Meinung nach auch nach dem Wegfall des Erfordernisses der graphischen Darstellbarkeit problematisch bleiben. Hologramme werden dagegen vom Amt zur Anmeldung als Marke zugelassen, obwohl die Darstellung auf Papier nicht den gleichen Effekt der „Änderung" des Bildes hat, wie es auf Hologrammpapier möglich ist. Eine eindeutige Beschreibung des Hologramms ist jedoch möglich (→ MarkenG § 3 Rn. 47) (vgl. online Richtlinien des EUIPO, Stand 1.8.2016, Teil B „Prüfung", Abschnitt 2, 10.6).

24 Bei der **Positionsmarke** ist der besondere Ort der Anbringung der Marke auf dem Produkt das maßgebliche schutzbegründende Merkmal. Deshalb muss bei der graphischen Wiedergabe die mit der Marke zu versehene Ware selbst dargestellt werden, auf der die Positionierung der Marke zu erkennen ist.

25 Bei gemischten Marken genießt nur die Kombination der Gestaltungsmerkmale nach der Darstellung der Marke als Ganzes Schutz. Es kann zusätzlich zu der Darstellung der Marke eine Markenbeschreibung der Anmeldung angefügt werden.

2. Beschreibung der Marke

26 Nach Regel 3 Abs. 3 GMDV kann eine Beschreibung der Marke zusätzlich erfolgen, reicht aber allein nicht für die Anmeldung aus, da sich aus ihr alleine nicht das Erscheinungsbild der Marke selbst eindeutig ergibt (HABM Entsch. v. 21.1.1998 – R 4/97-2). Der Anmelder kann aber auf diese Weise die tatsächliche Wiedergabe der Marke näher erklären und das Erscheinungsbild der Marke erläutern und somit mehr Rechtssicherheit schaffen.

B. Sonstige Anmeldeerfordernisse

I. Zahlung der Gebühr

Die Grundgebühr für die Anmeldung beträgt bei einer elektronischen Anmeldung 850 Euro und für eine nicht elektronische Anmeldung 1000 Euro. In der Grundgebühr sind aber Waren- und Dienstleistungsklassifizierungen nur für eine Klasse des Abkommens von Nizza eingeschlossen. Für die zweite Klasse sind zusätzliche Klassengebühren von 50 Euro zu entrichten. Ab der dritten und für alle weiteren Klassen fallen für jede Klasse weitere Gebühren in Höhe von 150 Euro pro Klasse an. Für die Anerkennung des Anmeldetages ist nur die Entrichtung der Grundgebühr (Regel 4 Buchst. a GMDV) erforderlich (→ Art. 27 Rn. 3 ff.). Diese muss innerhalb eines Monats ab der Einreichung der Anmeldung erfolgen. Die Zahlung kann durch Kreditkarte online, Überweisung oder ein laufendes Konto bei dem EUIPO erfolgen. Werden zusätzlich anfallende Klassengebühren nicht mit der Anmeldung bezahlt, fordert das EUIPO den Anmelder auf, die Gebühren innerhalb einer vom Amt festgelegten Frist zu entrichten. Der Prüfer vermerkt in der Akte, wenn Klassengebühren nicht gezahlt wurden und Klassen deshalb zurückgewiesen werden und teilt dies dem Anmelder mit. 27

Vorschläge, die Einmonatsfrist für die Zahlung der Anmeldegebühr zu streichen und eine sofortige Bezahlung als Bedingung für die Zuerkennung eines Anmeldetags zu verlangen, konnten sich nicht durchsetzen. Allerdings hat sich im Zuge der Diskussion die Amtspraxis geändert: die Prüfung der Anmeldung erfolgt nunmehr erst nach Zahlung der Gebühr. Soweit der Anmelder daher an einer raschen Prüfung interessiert ist, oder gar am Fast Track (→ Art. 25 Rn. 5), sollte er die Option wählen, die Zahlung sofort vorzunehmen. 27.1

Neben der Grundgebühr der Anmeldung und der einen oder den mehreren Klassengebühren ist ggf. eine **Recherchegebühr** zu entrichten. Mit der Reform 2016 wurde auch die VO (EG) Nr. 2869/95 über die zu entrichtenden Gebühren aufgehoben. Die Gebühren werden nunmehr festgelegt durch Anhang I. Diese Neuregelung ist am 23.3.2016 in Kraft getreten (→ Anhang-I Rn. 1 ff.). 28

Fraglich ist, ob das Unterlassen des Amtes einen Hinweis zur Zahlung der Gebühr zu geben einen wesentlichen Verfahrensmangel darstellt (angesprochen, aber letztlich offengelassen von EuG Urteil vom 14.06.2001 – Verbundene Rechtssachen T-357/99 und T-358/99, GRUR Int 2001, 975). Nach der UMV besteht im Gegensatz zum deutschen Recht keine ausdrückliche Pflicht des Amtes zur Mahnung des Anmelders zur Entrichtung der Anmeldegebühr. Daher erscheint es als unwahrscheinlich, dass bei Versäumen der Zahlungsfrist bei unterlassenem Hinweis durch das Amt die genannten Rechtfolgen ggf. im Klageweg abgewendet werden können. 28.1

Soweit innerhalb dieser Frist die zusätzlichen Gebühren nicht bezahlt werden, gilt die Anmeldung für die zusätzlichen Klassen als zurückgenommen (Regel 9 Abs. 5 GMDV). 29

Nach der Reform der Unionsmarke nach der **VO (EU) 2015/2424** wird die Kommission in einem neuen Abs. 4 zum Erlass von Durchführungsrechtsakten gemäß Art. 163 Abs. 2 ermächtigt, um die Einzelheiten hinsichtlich des Inhalts der Anmeldung einer Unionsmarke zu bestimmen (→ MarkenR Einleitung Rn. 205 f.). 30

II. Nennung des Vertreters

Da der Vertretungszwang des Art. 92 Abs. 2 gemäß der Vorschrift nicht für die Einreichung der Unionsmarke gilt, können auch Unternehmen, die außerhalb der EU ansässig sind, eine Unionsmarke ohne Vertreter anmelden. Allerdings muss der Anmelder dann unmittelbar nach Einreichung der Anmeldung einen zugelassenen Vertreter gemäß Art. 93 innerhalb der EWR bestellen. Das EUIPO fordert den Anmelder zur Bestellung eines Vertreters auf. Gegebenenfalls müssen der Name und die Geschäftsanschrift des Vertreters angegeben werden. 31

III. Angabe der Sprache

Die Anmeldung muss in einer der Amtssprachen der EU formuliert werden und die Sprache, in der die Anmeldung eingereicht wurde, angeben. Die Textelemente der Anmel- 32 dung müssen durchgehend in der gewählten Sprache sein. Zusätzlich muss gemäß Art. 119 Abs. 3 eine Sprache des Amtes nach Art. 119 Abs. 2 als Verfahrenssprache angegeben werden. Diese Sprachenregelung besteht für die Unionsmarke ab Anmeldung und kann später auch dann nicht geändert werden, wenn die Anmeldung (oder Eintragung) beispielsweise auf einen anderssprachigen Inhaber übertragen wird.

IV. Unterschrift

33   Der Antrag muss gemäß Regel 79 GMDV von dem Anmelder oder seinem Vertreter eigenhändig unterschrieben sein. Bei der elektronischen Anmeldung reicht das Äquivalent der Unterschrift nach Regel 80 Abs. 3 GMDV aus (→ Art. 25 Rn. 7).

C. Mängel bei der Anmeldung

I. Prüfung der Anmeldung

34   Das Amt prüft zunächst die formellen Voraussetzungen der Anmeldung. Für die Mindestanforderungen enthält Regel 9 Abs. 3 GMDV eine Checkliste, nach der das Amt prüft, ob der Anmeldeantrag vollständig ist. Soweit das EUIPO bei der Prüfung des Antrags Mängel feststellt, weist es den Anmelder durch ein entsprechendes Beanstandungsschreiben auf diese Mängel hin und gibt ihm eine Frist zur Mangelbeseitigung auf oder gibt ihm Gelegenheit zur Stellungnahme.

II. Zurückweisung des Antrags

35   Werden die Mängel nicht zufriedenstellend beseitigt oder überzeugen die Argumente des Anmelders nicht, weist das EUIPO den Anmeldeantrag ganz oder teilweise zurück. Es informiert den Anmelder über die ganze oder teilweise Zurückweisung. Die bereits gezahlten Gebühren werden zurückerstattet. Gegen den Zurückweisungsbescheid kann der Anmelder Beschwerde einlegen.

Art. 27 Anmeldetag

Der Anmeldetag einer Unionsmarke ist der Tag, an dem die die Angaben nach Artikel 26 Absatz 1 enthaltenden Unterlagen vom Anmelder beim Amt eingereicht worden sind, sofern innerhalb eines Monats nach Einreichung der genannten Unterlagen die Anmeldegebühr entrichtet wird.

Überblick

Die Unionsmarke ist ein reines Registerrecht, für dessen Entstehung es der Anmeldung und Eintragung bedarf. Der Anmeldetag ist nach Art. 27 grundsätzlich der Tag, an dem die ordnungsgemäße Anmeldung beim EUIPO eingegangen ist (→ Rn. 1 f.) und für die binnen eines Monats ab Einreichung der vollständigen Anmeldung die Anmeldegebühr bezahlt wurde (→ Rn. 3 ff.).

Das Prüfungsverfahren beginnt mit der Zuweisung des Anmeldetags (→ Rn. 7). Das EUIPO sendet dem Anmelder nach Eingang der Anmeldung eine Empfangsbestätigung zu und beginnt mit der Prüfung, ob die Anmeldung die Mindestanforderungen erfüllt, dh ob die Anmeldung die in Art. 26 genannten Voraussetzungen erfüllt, wie Name und Anschrift des Anmelders, eine Wiedergabe der Marke, ein Verzeichnis der Waren und Dienstleistungen sowie die Zahlung der Gebühr. Soweit dies bejaht wird weist es den Anmeldetag zu.

Die Anmeldegebühr muss grundsätzlich innerhalb eines Monats nach Einreichung der Anmeldung bezahlt werden. Geschieht dies nicht innerhalb der Monatsfrist erhält die Anmeldung nicht den Tag der Einreichung der Anmeldung als Anmeldetag, sondern den späteren Tag der Zahlung (→ Rn. 3).

Der Zeitpunkt der Anmeldung ist ausschlaggebend für die Bestimmung des Zeitrangs der Marke (→ Rn. 10) und ist der Ausgangspunkt für die Schutzdauer der Marke (→ Rn. 9).

A. Zuteilung des Anmeldetags

I. Vollständiger Antrag

Das EUIPO prüft zunächst, ob der Antrag den formellen Mindestanforderungen genügt 1 und vollständig ist. Es vermerkt auf der Anmeldung sofort den Eingangstag und das Aktenzeichen der Anmeldung (Regel 4 Abs. 1 GMDV) und sendet dem Anmelder eine Empfangsbestätigung.

1. Mangelbeseitigung

Erfüllt die Anmeldung nicht die Erfordernisse nach Art. 26, so teilt das Amt dies dem 2 Anmelder mit und unterrichtet ihn darüber das kein Anmeldetag zuerkannt werden konnte (Regel 9 Abs. 1 GMDV). Der Antragsteller hat innerhalb einer Frist von zwei Monaten nach Empfang der Mitteilung Gelegenheit, den beanstandeten Mangel zu beheben. Wird der Mangel behoben, so wird der Tag als Anmeldetag zuerkannt, an dem der Mangel behoben wurde. Wird der Mangel dagegen nicht fristgerecht behoben, so wird die Anmeldung vorläufig zurückgewiesen und nicht weiterbehandelt. Gegen diese Zurückweisung kann bei den Beschwerdekammern des EUIPO Beschwerde eingelegt werden. Bereits entrichtete Gebühren werden erstattet (Regel 9 Abs. 2 GMDV).

2. Zahlung der Gebühr

Nach Regel 9 Abs. 1 Buchst. b GMDV wird auch kein Anmeldetag zuerkannt, wenn die 3 Grundgebühr nicht innerhalb der Frist eines Monats ab dem Tag des Eingangs der Anmeldung beim Amt entrichtet worden ist. Die Anmeldegebühr muss innerhalb eines Monats nach Einreichung der Anmeldung gezahlt werden, andernfalls erhält die Anmeldung nicht den Tag der Antragseinreichung als Anmeldetag, sondern den späteren Tag der Zahlung (Art. 27, 36 Abs. 1 Buchst. a, Abs. 2 und 3).

Gebühren für das EUIPO sind grundsätzlich bereits fällig mit der Antragstellung. Da 4 Art. 27 aber eine Zahlungsfrist von einem Monat festsetzt, reicht es aus, wenn die Zahlung innerhalb dieser Frist erfolgt. Dennoch kann eine Zahlung, die erst nach Ablauf der Frist beim EUIPO eingeht, als fristgerecht angesehen werden, wenn der Anmelder den Nachweis bringt, dass er innerhalb der Frist in einem Mitgliedstaat die Zahlung bei einer Bank vorgenommen oder eine Zahlungsanweisung gegeben oder einen Scheck per Post an das EUIPO geschickt hat.

Entgegen der Regelung in § 139 ZPO hat das EUIPO keine Pflicht, den Anmelder von 5 Amts wegen darauf hinzuweisen, dass der Antrag bei Nichtzahlung der Grundgebühr innerhalb der Frist zurückgewiesen wird. Das Amt hat in der Rechtssache „Dakota" (EuG verb. Rs. T-357/99 und T-358/99, GRUR Int 2001, 975 = BeckEuRS 2001, 335812 – Dakota) darauf hingewiesen, dass es die Anmelder auf ihre Pflicht zur Entrichtung der Gebühren aufmerksam macht, aber keine Mahnung zur Entrichtung der Anmeldegebühren erfolge.

Soweit die Monatsfrist abläuft, ohne dass die Zahlung der Grundgebühr beim Amt eingeht, 6 teilt das Amt dem Anmelder mit, dass aufgrund dieses Mangels kein Anmeldetag zuerkannt werden kann. Erfolgt die Zahlung verspätet, wird der Anmeldetag auf den Zeitpunkt des Eingangs der Zahlung verschoben. Gemäß Regel 9 Abs. 2 GMDV setzt das Amt dem Anmelder eine Frist von weiteren zwei Monaten zur Nachholung der Zahlung. Bei erneuter Versäumung der Zahlung innerhalb dieser Zweimonatsfrist ist keine Weiterbehandlung nach Art. 82 möglich.

II. Bestimmung des Anmeldetags

Bei der Bestimmung des Anmeldetages wird nur der jeweilige Kalendertag berücksichtigt. 7 Daher spielen auch Zeitverschiebungen in verschiedenen Zeitzonen keine Rolle. Die genaue Stunde und Minute der Einreichung der Anmeldung wird nicht berücksichtigt.

Dies gilt auch dann, wenn eine Unionsmarke und eine nationale Marke am selben Tag 8 angemeldet werden und nach der nationalen Reglung für die Anmeldung der nationalen Marke die Stunde und die Minute der Einreichung berücksichtigt werden (EuGH C-344/

10 P, C-345/10 P, GRUR 2012, 613 = EuZW 2012, 353). Da es den nationalen Rechtsordnungen überlassen bleibt, die Verfahrensbestimmungen für die Eintragung von nationalen Marken zu erlassen, können die Reglungen auch von den gemeinschaftsrechtlichen Reglungen abweichen. Die RL (EU) 2015/2436 enthält in Art. 37 und 38 RL (EU) 2015/2436 nur wenige Vorschriften über das Erfordernis der Rechtsangleichung für das Verfahren der Einreichung von nationalen Marken, die die Minimalanforderungen für die Anmeldung einer Marke und der Erteilung des Anmeldetags festlegen. Das Unionsmarkensystem samt seiner Verfahrensvorschriften ist dagegen ein autonomes System, das unabhängig von jeweiligen nationalen Vorschriften besteht. Art. 27 enthält eine spezifische Reglung für die Bestimmung des Anmeldetags, die nicht von einer Berücksichtigung der Stunde oder Minute der Anmeldung ausgeht. Auch nach Regel 5 Abs. 1 GMDV müssen die Stunde und Minute der Anmeldung nicht auf den Anmeldeunterlagen vermerkt werden. Diese Reglung ist für das Gemeinschaftsrecht abschließend, da sie nicht auf einzelstaatliche nationale Vorschriften verweist. Daher können die Angaben von Stunde und Minute bei der Unionsmarkenanmeldung nicht berücksichtigt werden, auch wenn diese auf der Anmeldung des nationalen Markenamtes vermerkt sind. Diese Kriterien dürfen daher nicht herangezogen werden, um über den zeitlichen Vorrang einer Unionsmarke über eine am selben Tag angemeldete nationale Marke zu entscheiden.

B. Wirkung des Anmeldetags

9 Mit der Zuerkennung des Anmeldetages beginnt an diesem Tag die Schutzwirkung der Marke. Diese Wirkung kann eventuell rückwirkend eintreten, wenn der Anmeldetag erst nach der Berichtigung oder Vervollständigung der Anmeldung zuerkannt wird. Die Schutzdauer der Marke von zehn Jahren beginnt mit dem Anmeldetag (Art. 46 S. 1).

I. Zeitrang der Marke

10 Der Zeitrang der Unionsmarke richtet sich grundsätzlich nach dem Anmeldetag. Der Anmeldetag ist ebenfalls der Ausgangspunkt für die Dauer der Priorität von sechs Monaten (Art. 29), wenn die Anmeldung der Unionsmarke die Erstanmeldung der Marke ist.

II. Unveränderliche Einheit der Marke

1. Abänderungsverbot

11 Die Marke stellt vom Anmeldetag an eine unveränderliche und unteilbare Einheit dar (HABM BK NJWE-WettbR 1999, 288 – Natural Beauty). Aus diesem Grund darf die Marke nach der Zuteilung des Anmeldetags nicht mehr in ihrem Erscheinungsbild verändert werden. Weder Form noch Aussehen der Marke dürfen durch Hinzufügen oder Wegnahme von Elementen verändert werden. Dieses Prinzip kommt auch in Art. 43 Abs. 2 zum Ausdruck. Änderungen sind daher nur am Anmeldetag selbst möglich.

12 Wenn auch die Marke selbst nicht verändert werden darf, so ist es jedoch möglich die Anmeldung zurückzunehmen oder das Waren- und Dienstleistungsverzeichnis einzuschränken. Das Verzeichnis von Waren- und Dienstleistungen kann nach Eingang der Anmeldung nicht mehr erweitert, sondern nur noch beschränkt werden. Wenn der Anmelder eine Erweiterung wünscht kann er nur eine neue Anmeldung vornehmen. Offensichtliche Unrichtigkeiten können nach Art. 43 Abs. 2 berichtigt werden, soweit damit nicht der Schutzbereich der Marke verändert wird, also nicht der Inhalt oder das Erscheinungsbild der Marke betroffen ist. Wenn die Anmeldung mit größeren Fehlern behaftet ist, kann sie dagegen nur zurückgezogen werden. Will der Anmelder nach Eingang der Anmeldung das Aussehen der Marke ändern, kann er nur die Anmeldung zurücknehmen und eine neue Anmeldung vornehmen, die aber einen neuen Anmeldetag erhält.

2. Berichtigung offensichtlicher Unrichtigkeiten

13 Art. 43 Abs. 2 gestattet es jedoch, eine Berichtigung der Marke vorzunehmen, insbesondere um sprachliche Fehler, Schreibfehler oder offensichtliche Unrichtigkeiten zu berichti-

gen, soweit die Berichtigung nicht den Inhalt der Marke berührt (→ Art. 43 Rn. 25 f.). Durch diese Art der Berichtigung wird nicht die Zuteilung des ursprünglichen Anmeldetags in Frage gestellt. Der EuGH hat entschieden, dass es bei der Berichtigung der Marke TELEYE in TELEEYE um einen solchen offensichtlichen Schreibfehler handelt, der ohne Auswirkung auf den Anmeldetag, bzw. die Priorität berichtigt werden konnte (EuG T-128/99, GRUR Int 2002, 528; → Art. 29 Rn. 7).

III. Basis für eine internationale Registrierung

Die EU ist mit Wirkung zum 1.10.2004 dem Protokoll zum Madrider Markenabkommen (PMMA) beigetreten. Seitdem kann eine nationale Marke im Wege der Erstreckung auf dem gesamten Gebiet der EU Schutz erlangen und umgekehrt kann eine Unionsmarke als Basismarke für eine internationale Registrierung dienen (Jaeger-Lenz/Freiwald GRUR 2005, 118 (119)). Die bloße Anmeldung der Unionsmarke reicht aus, um diese zur Grundlage einer internationalen Registrierung der Marke zu machen. Die endgültige Eintragung der Marke muss nicht abgewartet werden. Für die Priorität kann in diesem Fall das Anmeldedatum der Unionsmarke in Anspruch genommen werden (Art. 29). 14

Art. 28 Bezeichnung und Klassifizierung von Waren und Dienstleistungen

(1) Die Waren und Dienstleistungen, die Gegenstand einer Markenanmeldung sind, werden gemäß dem im Abkommen von Nizza über die internationale Klassifikation von Waren und Dienstleistungen für die Eintragung von Marken vom 15. Juni 1957 festgelegten Klassifikationssystem (im Folgenden „Nizza-Klassifikation") klassifiziert.

(2) Die Waren und Dienstleistungen, für die Markenschutz beantragt wird, sind vom Anmelder so klar und eindeutig anzugeben, dass die zuständigen Behörden und die Wirtschaftsteilnehmer allein auf dieser Grundlage den beantragten Schutzumfang bestimmen können.

(3) Für die Zwecke des Absatzes 2 können die in den Klassenüberschriften der Nizza-Klassifikation enthaltenen Oberbegriffe oder andere allgemeine Begriffe verwendet werden, sofern sie den Anforderungen dieses Artikels in Bezug auf Klarheit und Eindeutigkeit entsprechen.

(4) Das Amt weist eine Anmeldung bei unklaren oder nicht eindeutigen Begriffen zurück, sofern der Anmelder nicht innerhalb einer vom Amt zu diesem Zweck gesetzten Frist eine geeignete Formulierung vorschlägt.

(5) [1]Die Verwendung allgemeiner Begriffe, einschließlich der Oberbegriffe der Klassenüberschriften der Nizza- Klassifikation, ist dahin auszulegen, dass diese alle Waren oder Dienstleistungen einschließen, die eindeutig von der wörtlichen Bedeutung des Begriffs erfasst sind. [2]Die Verwendung derartiger Begriffe ist nicht so auszulegen, dass Waren oder Dienstleistungen beansprucht werden können, die nicht darunter erfasst werden können.

(6) Beantragt der Anmelder eine Eintragung für mehr als eine Klasse, so fasst der Anmelder die Waren und Dienstleistungen gemäß den Klassen der Nizza-Klassifikation zusammen, wobei er jeder Gruppe die Nummer der Klasse, der diese Gruppe von Waren oder Dienstleistungen angehört, in der Reihenfolge dieser Klassifikation voranstellt.

(7) Waren und Dienstleistungen werden nicht deswegen als ähnlich angesehen, weil sie in derselben Klasse der Nizza-Klassifikation erscheinen, und Waren und Dienstleistungen werden nicht deswegen als verschieden angesehen, weil sie in verschiedenen Klassen der Nizza-Klassifikation erscheinen.

(8) Inhaber von vor dem 22. Juni 2012 angemeldeten Unionsmarken, die in Bezug auf die gesamte Überschrift einer Nizza-Klasse eingetragen sind, dürfen erklären, dass es am Anmeldetag ihre Absicht war, Schutz in Bezug auf Waren oder Dienstleistungen zu beantragen, die über diejenigen hinausgehen, die von der

wörtlichen Bedeutung der Überschrift der betreffenden Klasse erfasst sind, sofern die so bezeichneten Waren oder Dienstleistungen im alphabetischen Verzeichnis für diese Klasse in der zum Zeitpunkt der Anmeldung geltenden Fassung der Nizza-Klassifikation aufgeführt sind.

¹In der Erklärung, die beim Amt bis zum 24. September 2016 einzureichen ist, müssen klar, genau und konkret die Waren und Dienstleistungen angegeben werden, die nicht eindeutig von der wörtlichen Bedeutung der Begriffe in der Klassenüberschrift, unter die sie nach der ursprünglichen Absicht des Inhabers fielen, erfasst sind. ²Das Amt ergreift angemessene Maßnahmen, um das Register entsprechend zu ändern. ³Die Möglichkeit der Abgabe einer Erklärung nach Unterabsatz 1 dieses Absatzes lässt die Anwendung des Artikels 15, des Artikels 42 Absatz 2, des Artikels 51 Absatz 1 Buchstabe a und des Artikels 57 Absatz 2 unberührt. Unionsmarken, für die keine Erklärung binnen der in Unterabsatz 2 genannten Frist eingereicht wird, gelten nach Fristablauf nur für diejenigen Waren oder Dienstleistungen, die eindeutig von der wörtlichen Bedeutung der Begriffe in der Überschrift der einschlägigen Klasse erfasst sind.

(9) ¹Wird das Register geändert, so hindern die durch die Unionsmarke gemäß Artikel 9 verliehenen ausschließlichen Rechte einen Dritten nicht daran, eine Marke weiterhin für Waren oder Dienstleistungen zu benutzen, wenn und soweit die Benutzung der Marke für diese Waren oder Dienstleistungen
a) vor Änderung des Registers begann und
b) die Rechte des Inhabers auf der Grundlage der wörtlichen Bedeutung der damaligen Eintragung der Waren und Dienstleistungen im Register nicht verletzte.
²Ferner gibt die Änderung der Liste der in das Register eingetragenen Waren oder Dienstleistungen dem Inhaber der Unionsmarke nicht das Recht, sich der Benutzung einer jüngeren Marke zu widersetzen oder eine Erklärung der Nichtigkeit einer solchen Marke zu beantragen, wenn und soweit
a) vor Änderung des Registers die jüngere Marke entweder für die Waren oder Dienstleistungen benutzt wurde oder ein Antrag auf Eintragung der Marke für die Waren oder Dienstleistungen eingereicht worden war, und
b) die Benutzung der Marke für diese Waren oder Dienstleistungen die Rechte des Inhabers auf der Grundlage der wörtlichen Bedeutung der damaligen Eintragung der Waren und Dienstleistungen im Register nicht verletzte oder verletzt hätte.

Überblick

Im Rahmen des Prüfungsverfahrens vor dem EUIPO wird die Klassifizierung der Waren und Dienstleistungen überprüft (→ Rn. 9). Art. 28 legt das genaue Verfahren für die Klassifizierung der angemeldeten Waren- und Dienstleistungen fest und enthält umfassende Regelungen für die Formulierung des Verzeichnisses von Waren und Dienstleistungen. Bei der Neuformulierung von Art. 28 handelt es sich vorwiegend um die Kodifizierung der bisherigen Rechtsprechung. Für die Klassifizierung ist danach das Nizzaer Abkommen anwendbar. Am 1.1.2012 ist die 10. Ausgabe der Nizzaer Klassifikation, und am 1.1.2016 die Version 2016 des Abkommens in Kraft getreten. Obwohl die EU dem Abkommen von Nizza vom 15.6.1957 nicht beigetreten ist, wendet das Amt seit jeher für die Klassifizierung von Unionsmarken die Klasseneinteilung des Abkommens von Nizza an (vgl. Pohlmann, Verfahrensrecht der Gemeinschaftsmarke, 2012, 80). Anmeldungen, die vor diesem Zeitpunkt gemacht wurden, wurden jedoch nicht an die jeweils neueste Version der Nizzaer Klassifizierung angepasst.

In der Grundgebühr ist nunmehr nur noch eine Waren- oder Dienstleistungsklasse des Nizzaer Abkommens enthalten. Umfasst die Anmeldung mehr als eine Waren- oder Dienstleistungsklasse, muss der Anmelder außerdem zusätzliche Klassengebühren entrichten (→ Anhang-I Rn. 4).

Um den Schutzumfang der Marke zu bestimmen, müssen die Waren- und Dienstleistungen für die der Schutz beantragt wird, genau bezeichnet und klassifiziert werden. Denn die Anmeldung eines Zeichens muss stets in Bezug auf bestimmte Waren und Dienstleistungen erfolgen. Eine unrichtige Angabe kann dazu führen, dass die Benutzung der Marke für bestimmte Waren und Dienstleistungen nicht von der Eintragung umfasst ist.

A. Klassifizierung nach dem Nizzaer Abkommen

Die Klassifizierung im Sinne des in der diplomatischen Konferenz von Nizza am 15.6.1957 geschlossenen Abkommens von Nizza (Art. 1 Nizzaer Abkommen) über die internationale Klassifizierung von Waren und Dienstleistungen für die Eintragung von Marken, letztmalig revidiert am 13.5.1977 in Genf und geändert am 28.9.1979, wird nach Art. 28 auch bei der Anmeldung von Unionsmarken angewendet. Das Abkommen wurde gestützt auf Art. 19 PVÜ. **1**

Die Nizzaer Klassifikation wird alle fünf Jahre von einem Sachverständigenausschuss revidiert. Ab 1.1.2012 gilt die zehnte Ausgabe der Nizzaer Klassifikation. Darüber hinaus wird für das Abkommen seit 2013 eine jährliche Version des Abkommens veröffentlicht, in der neue Einträge, Streichungen oder Umformulierungen vorgenommen werden. Wichtigere Änderungen des Abkommens bleiben den Ausgaben vorbehalten, die früher stets in einem Fünfjahresrhythmus erarbeitet wurden. Am 1.1.2016 ist die „Version 2016" der 10. Ausgabe der Nizza-Klassifikation (NCL 10-2016) in Kraft getreten. Das Abkommen über die internationale Klassifizierung von Waren und Dienstleistungen für die Eintragung von Marken sieht die Aufteilung aller denkbaren Waren und Dienstleistungen in 45 Klassen (34 Waren- und 11 Dienstleistungsklassen) vor. **2**

Die Nizzaer Klassifizierung wird von der WIPO verwaltet und besteht nach Art. 1 Nizzaer Abkommen aus einer Klasseneinteilung mit erläuternden Anmerkungen. Um eine zutreffende Einordnung der Waren und Dienstleistungen zu ermöglichen, kann der Anmelder erläuternde Anmerkungen zu den einzelnen Klassen in der Anleitung für den Benutzer des Abkommens einsehen. **3**

I. Klassifizierung für Verwaltungszwecke

Die Klassifizierung dient zunächst ausschließlich Verwaltungszwecken, nämlich vor allem der Berechnung der Gebühren. Sie dient aber auch der Bestimmung des Schutzumfangs der Marke. Deshalb sind für die Beurteilung der Ähnlichkeit der Waren- und Dienstleistungen nicht die angegebenen Klassen ausschlaggebend, sondern die genaue Beschreibung der Waren- und Dienstleistungen (Art. 28 Abs. 7). Diese sollten so genau wie möglich formuliert und klassifiziert werden, damit keine Unklarheiten und Auslegungsschwierigkeiten des Antrags entstehen. Die erläuternden Anmerkungen zum Nizzaer Abkommen erklären, welche Waren in eine Gruppe gehören und welche nicht. Sie sind integrierender Bestandteil der Klassifikation. Weitere Hinweise finden sich in den EUIPO Richtlinien (EUIPO online Richtlinien Marken, Stand 1.8.2016, Teil B Prüfung, Abschnitt 3 Klassifizierung). **4**

II. Materiell-rechtliche Bedeutung der Klassifizierung

Die Klassifizierung dient darüber hinaus aber auch der Bestimmung des Schutzumfangs der Marke. Fragen der Eintragungshindernisse oder der Gültigkeit der Marke richten sich nach den in der Anmeldung konkret benannten Waren und Dienstleistungen. Daher besteht ein Erfordernis einer klaren und deutlichen Angabe der Waren und Dienstleistungen für die der Schutz der Marke gelten soll (EuGH C-307/10, GRUR 2012, 822 Rn. 42 – IP-Translator). Aus dieser Angabe allein muss sich bereits der Schutzumfang herleiten lassen. Dem steht aber eine Verwendung von Oberbegriffen oder Warengattungen grundsätzlich nicht entgegen (Art. 28 Abs. 5). **5**

Die gleiche Ware oder Dienstleistung kann in verschiedene Klassen der Nizzaer Klassifizierung eingeordnet werden. In diesem Fall sollte verhindert werden, dass zu generelle Warenklassen insgesamt in der Anmeldung übernommen werden. Beispielsweise können ätherische Öle in mehrere verschiedene Klassen eingeordnet werden: Sie können zur Klasse 3 als Mittel zur Körper- und Schönheitspflege zugehörig sein oder als Brennstoffe zur Klasse 4 gehören sowie auch als Hygienepräparate für pharmazeutische Zwecke der Klasse 5 gelten. Soweit solche Begriffe überhaupt zulässig und nicht als zu vage beanstandet werden, ist dann die Klassifizierung für die weitere Bestimmung der Natur der umfassten Waren oder Dienstleistungen heranzuziehen. **5.1**

III. Angabe der Oberbegriffe der Klassen

6   Nach der Praxis des Amtes reicht es aus, dass die Warengattung bezeichnet wird. Die Angabe des Einzelprodukts ist nicht unbedingt erforderlich. Nach der Mitteilung Nr. 4/03 des Präsidenten des HABM vom 16.6.2003 über die Verwendung von Klassenüberschriften in Verzeichnissen der Waren und Dienstleistungen für Gemeinschaftsmarkenanmeldungen- und Eintragungen (ABl. HABM 9/03, 1647) war die Angabe der Waren und Dienstleistungen dann ordnungsgemäß und allumfassend, wenn „der Oberbegriff oder die vollständigen Klassenüberschriften, die in der Nizzaer Klassifikation enthalten sind, verwendet wurden" (Ziff. III Abs. 2 der Mitteilung).

7   Es stellte sich aber die Auslegungsfrage, ob bei Angabe der Überschriften der Klassen automatisch sämtliche Waren und Dienstleistungen der Klasse abgedeckt werden. Diese Frage wurde durch die Rechtsprechung des EuGH (EuGH C-307/10, GRUR 2012, 822 Rn. 50 ff. – IP-Translator) geklärt. Hier hat der EuGH festgestellt, dass bei der Verwendung von Überschriften der Klassen des Nizzaer Abkommens in der Markenanmeldung hinreichend klargestellt werden muss, ob **alle** oder nur einige **bestimmte** Waren der Klasse von der Marke umfasst werden sollen. Eine Anmeldung, die dies nicht erkennen lässt, genügt nicht dem Grundsatz der Klarheit und Eindeutigkeit der Anmeldung. Soweit der Schutz der Marke nur einige bestimmte Waren und Dienstleistungen erfassen soll, müssen diese ausdrücklich und zweifelsfrei angegeben werden. Diese Rechtsprechung wurde nunmehr in die Neuformulierung von Art. 28 Abs. 5 aufgenommen.

8   Nach Art. 28 Abs. 2 müssen die Waren und Dienstleistungen vom Anmelder derart klar und eindeutig angegeben werden, dass die zuständigen Behörden und Wirtschaftsteilnehmer allein auf dieser Grundlage den beantragten Schutzumfang definieren können. Nach Art. 28 Abs. 4 kann das Amt die Anmeldung andernfalls zurückweisen, soweit der Anmelder nicht innerhalb einer vom Amt gesetzten Frist eine Klarstellung beibringt.

B. Überprüfung der Klassifizierung durch das EUIPO

9   Art. 28 Abs. 3 und 5 regeln den Gebrauch von Klassenüberschriften und Oberbegriffen. Grundsätzlich akzeptiert das EUIPO danach die Benutzung der Klassenüberschriften. Aber auch diese werden an dem Erfordernis der Klarheit gemessen. Angaben wie „alle Waren der Klasse X" sind zu ungenau und gelten deshalb als unzulässig. Sie werden vom Amt in die jeweiligen Klassenüberschriften abgeändert (vgl. (EUIPO online Richtlinien Marken, Stand 1.8.2016, Teil B Prüfung, Abschnitt 3 Klassifizierung). Insbesondere ist es nicht mehr möglich, durch die Nennung der Oberbegriffe der Klassen alle von der betreffenden Klasse umfassten Waren oder Dienstleistungen zu erfassen. Mit dieser Regelung wurde die Rechtsprechung des EuGH in der Entscheidung „IP-Translator" (EuGH C-307/10, GRUR 2012, 822 Rn. 50 ff. – IP-Translator) gesetzlich umgesetzt. Bei der Verwendung der Oberbegriffe muss der Anmelder im Einzelnen klarstellen, ob sich die Anmeldung auf alle oder nur einige der in der alphabetischen Liste der betreffenden Klassen aufgeführten Marken und Dienstleistungen bezieht (→ Art. 26 Rn. 1 ff.; Marten GRUR Int 2016, 117).

10 Die frühere Praxis des Amtes bezüglich der Verwendung der Klassenüberschriften des Nizzaer Abkommens und die entsprechende Rechtsprechung des Gerichtshofs hierzu wurden durch VO (EU) 2015/2424 in Art. 28 übernommen. Durch eine viel detailliertere Formulierung des Art. 28 als bisher soll die rechtliche Wirkung der Klassifizierung von Waren und Dienstleistungen nach dem Nizzaer Abkommen an Klarheit gewinnen und in der UMV grundlegend geregelt werden.

C. Ähnlichkeit der Waren und Dienstleistungen

11 Art. 28 Abs. 7 stellt klar, dass die Tatsache, dass sich Waren und Dienstleistungen in der gleichen Nizza Klasse befinden, keinen Einfluss auf die Frage der Ähnlichkeit der Waren und Dienstleistungen hat. Fies ist freilich dann nicht ganz richtig, wenn die Klassifizierung ausnahmsweise doch für die Bestimmung der Natur der Warenherangezogen wird (→ Rn. 5.1).

D. Übergangsregelung

Art. 28 Abs. 8 bestimmte als Übergangsregelung, dass Inhaber von vor dem 22.6.2012 **12** angemeldeten und vor Inkrafttreten der VO (EU) 2015/2424 eingetragenen Unionsmarken, die alle Oberbegriffe einer Klasse als Waren und Dienstleistungsverzeichnis angegeben haben, erklären durften, dass sie auch Waren und Dienstleistungen aus der alphabetischen Liste beanspruchen wollen, die nicht unter die wörtliche Bedeutung der Oberbegriffe fallen (Marten GRUR Int 2016, 118). Das Datum des 22.9.2012 wurde als Stichtag bestimmt, weil ab diesem Zeitpunkt in der Praxis des Amtes die Änderung aufgrund des Urteils „IP Translator" (→ Rn. 9) in Kraft traten. Heranzuziehen war dabei jeweils die alphabetische Liste der Auflage des Nizzaer Abkommens, das zum Zeitpunkt der Anmeldung der fraglichen Unionsmarke galt. Ausschlaggebend waren hier also fünf verschiedene Versionen, nämlich von der 6. Auflage (einschlägig für im Jahr 1996 eingereichte Anmeldungen) bis zur 10. Auflage (die am 1.1.2012 in Kraft trat).

Wichtig und vielfach missverstanden war, dass die Erklärungen nach Art. 28 Abs. 8 gerade nicht **12.1** dem Zweck dienen sollten, endlose und weitgehend redundante Einzelaufzählungen zu ermöglichen, sondern nur der Aufnahme solcher Begriffe, die nicht klar von den Oberbegriffen umfasst waren. Das Amt erlässt zahlreiche Beanstandungsbescheide, die gerade gegen eine uferlose aber unnötige Ausweitung der Verzeichnisse gerichtet sind.

Die Erklärungsfrist endete am 24.9.2016. Soweit eine entsprechende Erklärung nicht **13** innerhalb der Frist abgegeben wurde, ist der Schutzbereich der Marke auf die wörtliche Bedeutung der genannten Oberbegriffe beschränkt.

Art. 28 Abs. 9 bestimmt zum Schutz von Dritten, bei Änderung des Registers infolge **14** einer Erklärung nach Abs. 8, dass diese unter bestimmten Voraussetzungen, insbesondere erfolgter Vorbenutzung, solche Zeichen weiterhin benutzen dürfen, die nur aufgrund der Änderung mit der eingetragenen Unionsmarke kollidieren (Marten GRUR Int 2016, 118).

Abschnitt 2 Priorität

Art. 29 Prioritätsrecht

(1) Jedermann, der in einem oder mit Wirkung für einen Vertragsstaat der Pariser Verbandsübereinkunft oder des Übereinkommens zur Errichtung der Welthandelsorganisation eine Marke vorschriftsmäßig angemeldet hat, oder sein Rechtsnachfolger genießt hinsichtlich der Anmeldung derselben Marke als Unionsmarke für die Waren oder Dienstleistungen, die mit denen identisch sind, für welche die Marke angemeldet ist, oder die von diesen Waren oder Dienstleistungen umfasst werden, während einer Frist von sechs Monaten nach Einreichung der ersten Anmeldung ein Prioritätsrecht.

(2) Als prioritätsbegründend wird jede Anmeldung anerkannt, der nach dem innerstaatlichen Recht des Staates, in dem sie eingereicht worden ist, oder nach zwei- oder mehrseitigen Verträgen die Bedeutung einer vorschriftsmäßigen nationalen Anmeldung zukommt.

(3) Unter vorschriftsmäßiger nationaler Anmeldung ist jede Anmeldung zu verstehen, die zur Festlegung des Tages ausreicht, an dem sie eingereicht worden ist, wobei das spätere Schicksal der Anmeldung ohne Bedeutung ist.

(4) ¹Als die erste Anmeldung, von deren Einreichung an die Prioritätsfrist läuft, wird auch eine jüngere Anmeldung angesehen, die dieselbe Marke und dieselben Waren oder Dienstleistungen betrifft wie eine erste ältere in demselben oder für denselben Staat eingereichte Anmeldung, sofern diese ältere Anmeldung bis zur Einreichung der jüngeren Anmeldung zurückgenommen, fallengelassen oder zurückgewiesen worden ist, und zwar bevor sie öffentlich ausgelegt worden ist und ohne dass Rechte bestehen geblieben sind; ebenso wenig darf diese ältere Anmeldung schon Grundlage für die Inanspruchnahme des Prioritätsrechts gewesen sein.

²Die ältere Anmeldung kann in diesem Fall nicht mehr als Grundlage für die Inanspruchnahme des Prioritätsrechts dienen.

(5) Ist die erste Anmeldung in einem Staat eingereicht worden, der nicht zu den Vertragsstaaten der Pariser Verbandsübereinkunft oder des Übereinkommens zur Errichtung der Welthandelsorganisation gehört, so finden die Vorschriften der Absätze 1 bis 4 nur insoweit Anwendung, als dieser Staat gemäß einer veröffentlichten Feststellung aufgrund einer ersten Anmeldung beim Amt ein Prioritätsrecht gewährt, und zwar unter Voraussetzungen und mit Wirkungen, die denen dieser Verordnung vergleichbar sind.

künftige Fassung mWv 1.10.2017 gemäß VO (EU) 2015/2424 vom 16.12.2015:
a) An Abs. 5 werden folgende Sätze angefügt:
²Falls erforderlich, beantragt der Exekutivdirektor bei der Kommission, eine Prüfung zu erwägen, um festzustellen, ob ein Staat im Sinne von Satz 1 die Gegenseitigkeit gewährt.
³Stellt die Kommission fest, dass die Gegenseitigkeit nach Satz 1 gewährt wird, so veröffentlicht sie eine entsprechende Mitteilung im Amtsblatt der Europäischen Union.

b) Folgende Absätze werden angefügt:
(6) ¹Absatz 5 findet Anwendung ab dem Tag, an dem die Mitteilung über die Feststellung, dass die Gegenseitigkeit gewährt ist, im Amtsblatt der Europäischen Union veröffentlicht wurde, sofern die Mitteilung kein früheres Datum nennt, ab dem Absatz 5 Anwendung findet. ²Er gilt nicht mehr ab dem Tag, an dem die Kommission im Amtsblatt der Europäischen Union eine Mitteilung des Inhalts veröffentlicht, dass die Gegenseitigkeit nicht länger gewährt wird, sofern die Mitteilung kein früheres Datum nennt, ab dem Absatz 5 nicht mehr gilt.
(7) Mitteilungen nach den Absätzen 5 und 6 werden auch im Amtsblatt des Amtes veröffentlicht.

Überblick

Auch im Unionsmarkenrecht gilt das Prioritätsprinzip. Das Prioritätsrecht erlaubt es dem Anmelder einer Marke in einem Mitgliedstaat des PVÜ den Anmeldetag dieser früheren nationalen Anmeldung für die spätere Anmeldung einer Unionsmarke in Anspruch zu nehmen, soweit die Anmeldung der Unionsmarke innerhalb einer Frist von sechs Monaten ab dem Zeitpunkt der ersten nationalen Anmeldung erfolgt (→ Rn. 1).

Das Prioritätsrecht hat somit die Wirkung, dass ein Zeitvorrang während einer bestimmten Dauer (sechs Monate) für die Erstanmeldung besteht (→ Rn. 12). Dabei ist das spätere Schicksal der Ersteintragung unerheblich (→ Rn. 4). Die Priorität der früheren nationalen Markenanmeldung kann nur dann zuerkannt werden, wenn die Unionsmarkenanmeldung spätestens innerhalb von sechs Monaten ab der Anmeldung der früheren Basismarke erfolgt.

Die Voraussetzungen für die Inanspruchnahme des Prioritätsrechts sind in Art. 29 bestimmt. Die UMV sieht dabei verschiedene Möglichkeiten vor, nach denen der für das Prioritätsrecht maßgebliche Zeitpunkt vor den Anmeldetag vorverlegt wird. Dies kommt in Betracht nach den Voraussetzungen des Art. 29 für eine frühere nationale Anmeldung der Marke und für die Ausstellungspriorität nach Art. 33. Außerdem kann für die Unionsmarke nach Art. 34, 35 der Zeitrang älterer nationaler Marken beansprucht werden, was häufig im Zusammenhang mit der Priorität erwähnt wird, damit aber doch kaum etwas zu tun hat (→ Art. 34 Rn. 3).

A. Prioritätsrecht für Unionsmarken

1   Nach Art. 29 Abs. 1 kann der Anmelder einer Unionsmarke das Prioritätsrecht einer früheren Anmeldung in Anspruch nehmen (Lange IntMarkenR/KennzeichenR Rn. 769 ff.). Dazu muss er die Unionsmarke innerhalb einer Frist von sechs Monaten nach der Einreichung der ersten Anmeldung für identische Waren und Dienstleistungen (→ Rn. 7) beim EUIPO anmelden. Damit wird die **Unionspriorität** nach Art. 4 PVÜ auch für Unionsmarken zuerkannt, obwohl eine unmittelbare Anwendung von Art. 4 PVÜ nicht möglich ist, da die EU nicht Mitglied der PVÜ ist (Jaeger-Lenz/Freiwald GRUR 2005, 118).

I. Frühere nationale Anmeldung oder frühere Unionsmarke

Nach Art. 29 kann die Priorität aufgrund einer früheren identischen Marke beansprucht 2
werden. Prioritätsbegründet sind hierbei Anmeldungen in allen Mitgliedstaaten der PVÜ und
den Vertragsstaaten der WTO. Darüber hinaus ist nach Art. 29 Abs. 5 auch die Anmeldung
in einem Staat, der nicht Mitglied der PVÜ oder der WTO ist, prioritätsbegründend, wenn
Gegenseitigkeit entsprechend der Regel 101 GMDV gewährt wurde (→ Rn. 10). Auch eine
frühere Unionsmarke kann gemäß Regel 6 Abs. 1 S. 3 GMDV prioritätsbegründend sein
(→ Rn. 3).

1. Frühere Unionsmarkenanmeldung

Die auf eine frühere Unionsmarkenanmeldung gestützte Priorität setzt voraus, dass die 3
frühere Anmeldung die Voraussetzungen für die Zuerteilung des Anmeldetags gemäß Art. 27
erfüllt und die Anmeldegebühr entrichtet wurde.

2. Schicksal der Voranmeldung

Nach Art. 29 Abs. 3 ist das Schicksal der Voranmeldung für die Inanspruchnahme der 4
Priorität unerheblich. Auch wenn die frühere Anmeldung zum Zeitpunkt der Anmeldung
der Unionsmarke bereits verfallen ist, kann die Priorität für diese Anmeldung wirksam
beansprucht werden. Entscheidend ist, dass die frühere Anmeldung nach dem Recht des
Staates, in dem sie eingereicht worden ist, die Bedeutung einer vorschriftsmäßigen nationalen
Anmeldung hat. Die Anmeldung muss den Mindestvoraussetzungen für die Zuteilung eines
Anmeldetages genügen. Danach kann eine deutsche Anmeldung prioritätsbegründend sein,
wenn sie den Anforderungen der § 33 Abs. 1 iVm § 32 Abs. 2 MarkenG genügt. Anders als
bei der Unionsmarke kann die deutsche Markenanmeldung auch prioritätsbegründend sein,
wenn die Anmeldegebühr noch nicht bezahlt wurde.

II. Voraussetzungen der Priorität

1. Dreifache Identität

Die Priorität wird zugestanden, wenn die betreffende Marke, für die die Priorität bean- 5
sprucht wird, mit der angemeldeten Unionsmarke identisch ist und die angemeldeten Waren
und Dienstleistungen ebenfalls identisch sind oder die in der Unionsmarkenanmeldung
bezeichneten Waren und Dienstleistungen zumindest in dem Waren- und Dienstleistungsverzeichnis des früheren Antrags enthalten sind und der Anmelder dieselbe Person oder sein
Rechtsnachfolger ist. Dies wird mit dem Begriff der Identität zwischen der Erstanmeldung
und der Zweitanmeldung bezeichnet. Wenn eine der drei Identitätsanforderungen nicht
gegeben ist, wird der Prioritätsantrag zurückgewiesen.

a) Identität der Marken. Die Unionsmarke, bei deren Anmeldung sich der Inhaber der 6
älteren Marke auf die Priorität beruft, sollte vollkommen identisch mit der Voranmeldung
der früheren Prioritätsmarke sein (Mitteilung des Präsidenten des DPMA Nr. 2/00 vom
25.2.2000). Die Voraussetzung der Markenidentität ist dabei restriktiv auszulegen. Alle Elemente der nationalen Marke müssen ohne Änderung die Unionsmarke bilden. Soweit Unterschiede bestehen, müssen diese so geringfügig sein, dass sie einem Durchschnittsverbraucher
entgehen können (EuGH C-291/00, Slg. 2003, I-2799 Rn. 54 = GRUR Int 2003, 533 –
LTJ Diffusion; EuG T-103/11, GRUR Int 2012, 654). Selbst geringe Unterschiede zwischen
den Marken, zB in der Farbgebung können bereits zur Zurückweisung der Priorität führen.

Identität zwischen den Marken liegt zB nicht vor, wenn die Anmeldung der früheren nationalen 6.1
Marke schwarz-weiß und die der Gemeinschaftsmarke farbig ist (HABM BK v. 16.10.2008 – R 61/
2008-1 – BIMBO).

Wenn die Priorität bereits mit der Anmeldung der Unionsmarke erklärt wird, sich aber 7
aus der Anmeldung ergibt, dass die Wiedergabe der Unionsmarke nicht mit der Wiedergabe
der älteren Marke übereinstimmt, kann dies berichtigt werden, ohne dass der Anmeldetag
verschoben wird soweit die Abweichung auf einer offensichtlichen Unrichtigkeit der Antrag-

stellung nach Art. 43 Abs. 2 beruht und der wesentliche Inhalt der Unionsmarke nicht berührt wird (EuG T-128/99, GRUR Int 2002, 528).

8 **b) Identität der Waren- oder Dienstleistungen.** Eine vollständige Übereinstimmung des Waren oder Dienstleistungskatalogs ist nicht erforderlich. Es genügt, wenn die Waren und Dienstleistungen wenigstens teilweise übereinstimmen, um eine **Teilpriorität** zu beanspruchen. Entweder kann der Anmelder die Priorität für einen Teil der Waren- und Dienstleistungen, die von dem Antrag auf die Eintragung einer Unionsmarke umfasst werden oder für einen Teil der Waren und Dienstleistungen, der früheren Eintragung der Marke beantragen. Bei nur teilweise Übereinstimmung kann allerdings die Priorität auch nur für den übereinstimmenden Teil der Waren und Dienstleistungen beansprucht werden. Der Antragsteller muss seinen Antrag dahingehend beschränken.

9 **c) Identität des Anmelders.** Die Identität des Anmelders wird auch dann angenommen, wenn der Rechtsnachfolger des Erstanmelders das Prioritätsrecht beansprucht. Auch dem Rechtsnachfolger steht das Prioritätsrecht zu, da dieses Recht übertragbar ist. Es reicht aus, dass der Anmelder oder sein Rechtsnachfolger identisch mit dem Anmelder der Unionsmarke ist. Eine Identität des Inhabers ist dagegen nicht gegeben, wenn der Inhaber der einen Marke ein Tochterunternehmen oder ein anderes mit dem Inhaber der anderen Marke verbundenes Unternehmen ist.

2. Frühere Anmeldung in einem Nicht-PVÜ-Staat

10 Nach Art. 29 Abs. 5 kann innerhalb der Sechsmonatsfrist auch die Priorität einer früheren ausländischen Anmeldung in einem nicht der PVÜ oder der WTO angehörigen Staat in Anspruch genommen werden, wenn dieser Staat auf Grund einer Unionsmarkenanmeldung ein vergleichbares Prioritätsrecht gewährt (Prinzip der Gegenseitigkeit). Dies führt dazu, dass auch bei der Erstanmeldung in Staaten, mit denen kein internationales Abkommen besteht, die Priorität in Anspruch genommen werden kann, wenn der Staat seinerseits Erstanmeldungen in der EU als prioritätsbegründend anerkennt und die Kommission auf Antrag des Exekutivdirektors des EUIPO und nach entsprechender Prüfung eine Bekanntmachung der Gewährleistung der Gegenseitigkeit im Amtsblatt der EU veröffentlicht hat (Regel 101 Abs. 2 GMDV). Bisher gab es im Amtsblatt drei Mitteilungen über das Ergebnis einer von der Kommission durchgeführten Gegenseitigkeitsrecherche. Nationale Markenanmeldungen in Taiwan wurden im Jahre 1999 für schutzfähig erklärt, im Jahre 2000 ebenfalls Prioritätsanträge aus Andorra. Für die Kaiman Inseln wurde im Jahre 2001 dagegen eine Prioritätserklärung abgelehnt (vgl. Länderaufstellung in den Prüfungsrichtlinien des EUIPO, Teil B Abschn. 2.15, S. 42 f. (Stand 10.3.2016)).

11 Nach Reform durch die VO (EU) 2015/2424 bleibt das Erfordernis der Gegenseitigkeit für die Inanspruchnahme der Priorität seitens Angehörigen von Nicht-PVÜ Staaten unverändert bestehen. Das Amt wird lediglich in Art. 29 Abs. 5 S. 2 weiterreichend ermächtigt, besondere Verfahrensschritte vorzunehmen, um die Gegenseitigkeit zu ermitteln. Die Änderung der Rechtslage tritt jedoch erst **ab dem 1.10.2017** ein.

III. Dauer der Priorität

12 Die Prioritätsfrist beträgt sechs Monate ab dem Anmeldetag der Erstanmeldung. Damit kann im Ergebnis die Unionspriorität nach Art. 4 PVÜ auch für Unionsmarken in Anspruch genommen werden. Eine unmittelbare Anwendung von Art. 4 PVÜ auf Unionsmarken kommt dagegen nicht in Betracht, da die Europäische Gemeinschaft nicht Mitglied der PVÜ ist. Die Berechnung des Fristendes bestimmt sich nach Regel 70 und 72 GMDV.

13 Bei Versäumung der sechsmonatigen Prioritätsfrist besteht die Möglichkeit der Wiedereinsetzung in den vorherigen Stand nach Art. 81. Die erfolgreiche Wiedereinsetzung führt dazu, dass das Prioritätsrecht trotz der Fristüberschreitung berücksichtigt wird (v. Mühlendahl GRUR Int 2008, 685 (687)).

B. Prioritätsbegründung durch die Erstanmeldung

14 Prioritätsbegründend ist nach dem Wortlaut des Art. 29 Abs. 1 nur die erste Anmeldung für identische Waren oder Dienstleistungen. Kettenprioritäten, die jeweils auf mehrere zeit-

lich aufeinanderfolgende Anmeldungen begründet werden, sind unzulässig (Pohlmann, Verfahrensrecht der Gemeinschaftsmarke, 2012, 83, Rn. 41), da dadurch die Dauer der Prioritätsfrist von sechs Monaten im Ergebnis verlängert werden würde.

Unter den Voraussetzungen des Art. 29 Abs. 4 kann ausnahmsweise auch eine spätere identische Voranmeldung für die Unionsmarke prioritätsbegründend sein, wenn die ältere Voranmeldung bis zur Einreichung der jüngeren Voranmeldung ohne Weiterbestehen von Rechten vor ihrer Veröffentlichung untergegangen ist. 15

Art. 30 Inanspruchnahme der Priorität

¹Der Anmelder, der die Priorität einer früheren Anmeldung in Anspruch nehmen will, hat eine Prioritätserklärung und eine Abschrift der früheren Anmeldung einzureichen. ²Ist die frühere Anmeldung nicht in einer der Sprachen des Amtes abgefasst, so hat der Anmelder eine Übersetzung der früheren Anmeldung in einer dieser Sprachen einzureichen.

(2) ¹Die Kommission erlässt Durchführungsrechtsakte, in denen festgelegt wird, welche Art von Unterlagen für die Inanspruchnahme der Priorität einer früheren Anmeldung nach Absatz 1 dieses Artikels beizubringen sind. ²Diese Durchführungsrechtsakte werden nach dem Prüfverfahren gemäß Artikel 163 Absatz 2 erlassen.

künftige Fassung mWv 1.10.2017 gemäß VO (EU) 2015/2424 vom 16.12.2015:

(1) ¹Eine Inanspruchnahme der Priorität wird zusammen mit der Anmeldung einer Unionsmarke beantragt und enthält das Datum, die Nummer und das Land der früheren Anmeldung. ²Die Unterlagen zur Unterstützung der Inanspruchnahme der Priorität sind innerhalb von drei Monaten nach dem Anmeldetag einzureichen.

(3) Der Exekutivdirektor kann bestimmen, dass der Anmelder zur Unterstützung der beantragten Inanspruchnahme der Priorität weniger als die in den Spezifikationen, die gemäß Absatz 2 erlassen werden, festgelegten Unterlagen beizubringen hat, sofern dem Amt die benötigten Informationen aus anderen Quellen zur Verfügung stehen.

Überblick

Die Inanspruchnahme der Priorität einer früheren Anmeldung muss vom Anmelder innerhalb einer bestimmten Frist erklärt und die Unterlagen der früheren Anmeldung eingereicht werden (→ Rn. 1).

Wenn der Anmelder aufgrund einer älteren identischen Marke Priorität beanspruchen will, kann er diese entweder sofort mit der Unionsmarkenanmeldung (→ Rn. 3) oder binnen einer Frist von zwei Monaten ab dem Anmeldetag der Unionsmarkenanmeldung beanspruchen (→ Rn. 4).

Wenn der Anmelder eine Priorität für eine oder mehrere ältere Anmeldungen in Anspruch nehmen möchte, muss er eine Prioritätserklärung unter Angabe des Anmeldedatums und des Landes der früheren Anmeldung innerhalb von zwei Monaten ab dem Anmeldetag der Unionsmarke abgeben (→ Rn. 1).

Die Inanspruchnahme der Priorität ist bestimmten Formalitäten unterstellt. So muss der Anmelder eine Abschrift der früheren Anmeldung einreichen (→ Rn. 6 ff.). Darüber hinaus ist eine Übersetzung der Abschrift anzufertigen, wenn die frühere Anmeldung nicht in einer Sprache des Amtes abgefasst ist (→ Rn. 7).

A. Prioritätserklärung

I. Erklärungsfrist der Priorität

Die Priorität kann entweder unmittelbar mit der Unionsmarkenanmeldung oder innerhalb einer Frist von zwei Monaten ab dem Anmeldetag der Unionsmarke beantragt werden (Regel 6 Abs. 2 GMDV). Die Frist beginnt mit der Hinterlegung der Erstanmeldung. Die 1

Rechtsfolge bei Fristversäumung ist der Verlust der Priorität. Dagegen ist nach Art. 78 die Wiedereinsetzung in den vorherigen Stand möglich. Die Weiterbehandlung ist dagegen nach Art. 82 ausgeschlossen (v. Mühlendahl GRUR Int 2008, 685 (687)).

2   Nach der Reform der Unionsmarke durch die VO (EU) 2015/2424 muss die Inanspruchnahme der Priorität zusammen mit der Anmeldung der Unionsmarke beantragt werden. Diese Änderung tritt jedoch erst mit Wirkung vom 1.10.2017 in Kraft.

1. Prioritätserklärung mit der Anmeldung

3   Wenn der Anmelder die Priorität bereits zum Zeitpunkt der Anmeldung der Unionsmarke beansprucht hat, muss er innerhalb einer Dreimonatsfrist ab Eingang der Prioritätserklärung gegenüber dem EUIPO die Anmeldenummern der früheren Anmeldung und eine Abschrift der früheren Anmeldung, aus der sich das Anmeldedatum ergibt, einreichen (Regel 6 Abs. 1 GMDV; → Rn. 6).

2. Prioritätserklärung nach der Anmeldung

4   Wenn der Anmelder eine Priorität bezüglich einer oder mehrerer Anmeldungen nach der Abgabe der Anmeldungen beanspruchen will, muss die Prioritätserklärung das Datum und das Land der früheren Anmeldung benennen und innerhalb der Erklärungsfrist von zwei Monaten ab der Anmeldung (Regel 6 Abs. 2 GMDV) abgegeben werden. Die Anmelder können die Priorität für einen Teil der Waren oder Dienstleistungen, die von der Unionsmarke gedeckt werden, oder für einen Teil der Waren oder Dienstleistungen der früheren Marke beanspruchen.

5   Nach der Reform der Unionsmarke durch die VO (EU) 2015/2424 wird die Möglichkeit einer Inanspruchnahme der Priorität zu einem späteren Zeitpunkt nach der Anmeldung zukünftig ausgeschlossen. Die Inanspruchnahme der Priorität muss dann zwingend bereits zusammen mit der Anmeldung erklärt werden. Dieses Erfordernis wird in die Neuformulierung von Art. 30 Abs. 1 aufgenommen. Die Wirkung der Priorität bleibt dagegen unverändert bestehen. Die Änderung tritt allerdings erst mit dem **1.10.2017** in Kraft.

II. Abschrift der früheren Anmeldung

6   Nach dem Beschluss des Präsidenten des HABM Nr. Ex-03-5 vom 20.1.2003 (ABl. HABM 2003, 869) reichen Kopien anstatt der Originale der in Regel 6 Abs. 1 GMDV genannten Unterlagen der früheren Anmeldung oder Verlängerung der Marke aus. Für den Nachweis der Priorität reichen einfache nicht beglaubigte Fotokopien der Unterlagen des betreffenden nationalen Markenamtes aus. Der Auszug muss dabei alle für die Prüfung der Priorität durch das EUIPO erforderlichen Angaben enthalten, wie zB den Anmelde- und Eintragungstag, die Eintragungsnummer, die Identität des Inhabers, die Wiedergabe der Marke und ein Waren- und Dienstleistungsverzeichnis der älteren Marke. Bei einer Farbmarke muss die Fotokopie ebenfalls in Farbe sein.

7   Soweit diese notwendigen Angaben auf der Internetseite des nationalen Markenamtes abrufbar sind oder das Amt auf die erforderlichen Unterlagen aus anderen Quellen Zugriff hat, kann auf die Einreichung der Unterlagen verzichtet werden. Nach dem Beschluss des Präsidenten des HABM Nr. Ex-05-5 vom 1.7.2005 (ABl. HABM 2005, 280) prüft das EUIPO, wenn der Anmelder die Priorität beansprucht und die erforderlichen Unterlagen nicht vorgelegt hat, selbst ob die Unterlagen für die Prioritätsbeanspruchung auf der Webseite eines nationalen Markenamtes stehen. Wenn die Unterlagen anderswo zur Verfügung stehen, macht das Amt einen Aktenvermerk hierüber. Ist dies nicht der Fall, fordert das Amt den Anmelder auf, gemäß Regel 9 Abs. 3 Buchst. c GMDV die genannten Unterlagen vorzulegen.

8   Nach der Reform der Unionsmarke durch die VO (EU) 2015/2424 wird diese bisherige Praxis des Amtes bezüglich der einzureichenden Unterlagen nunmehr in einen neuen Abs. 3 des Art. 30 aufgenommen. Zusätzlich wird die Kommission in einem neuen Abs. 2 des Art. 30 zum Erlass von Durchführungsrechtsakten gemäß Art. 163 Abs. 2 ermächtigt, um das Verfahren in Bezug auf die für die Inanspruchnahme der Priorität einzureichenden

Informationen und Unterlagen genau festzulegen. Auch Art. 30 Abs. 3 wird erst zum **1.10.2017** in Kraft treten.

Soweit weitere Unterlagen erforderlich sind, fordert das EUIPO den Antragsteller zur 9
Einreichung der ergänzenden Unterlagen auf. Es obliegt dabei aber grundsätzlich allein dem Anmelder darauf zu achten, dass die Prioritätsunterlagen vollständig vorgelegt werden. Trotz der Hinweispflicht des Amtes, lässt sich keine verfahrensrechtliche Rechtspflicht des Amtes begründen, dessen Verletzung dazu führen würde, dass bei Unterlassung des Hinweises ein Anspruch des Anmelders auf Fristverlängerung oder Wiedereinsetzung in den Vorherigen Stand besteht.

III. Übersetzung

Wenn die frühere Anmeldung nicht in einer der Amtssprachen des EUIPO erfolgt ist, 10
muss der Anmelder innerhalb von drei Monaten eine Übersetzung der früheren Anmeldung in eine der Amtssprachen beim Amt vorlegen (Regel 6 Abs. 3 GMDV).

B. Prüfungsumfang und Dokumentierung von Prioritätsansprüchen

Eine Anmeldung unter Inanspruchnahme der Priorität bedeutet nicht, dass das Prioritäts- 11
recht automatisch zugestanden werden muss, wenn die Voraussetzungen für die Anmeldung der Unionsmarke vorliegen. Vielmehr unterliegt auch die Geltendmachung der Priorität einer getrennten Prüfung durch das EUIPO, in der untersucht wird, ob die formellen und materiellen Voraussetzungen der Priorität vorliegen.

I. Prüfungsumfang

Die formellen und materiellen Voraussetzungen des Prioritätsrechtes werden durch das 12
EUIPO im Rahmen des Verfahrens zur Eintragung der Unionsmarke, für die die Priorität beansprucht wird, überprüft. Der Prüfungsumfang des EUIPO bei einem Prioritätsantrag bezieht sich lediglich auf die Vorlage der erforderlichen Dokumentation, die Identität der Marke und die Inhaberschaft der früheren und der Unionsmarke. Dem Amt obliegt dabei auch eine Prüfungskompetenz, ob der Erstanmeldung wirksam ein Anmeldetag zugeordnet werden kann, soweit die Prioritätsunterlagen nicht eindeutig die Zuerkennung des Anmeldetags ausweisen (BeckOK UMV/Ebert-Weidenfeller Rn. 6–9). Wenn das Bestehen des Prioritätsanspruchs vom Amt festgestellt wird, wird er im Register mit dem Datum, dem Land und dem amtliche Aktenzeichen der Prioritätsanmeldung vermerkt. Da die Veröffentlichung des Amtes aber nicht erkennen lässt, für welche Waren und Dienstleistungen die Inanspruchnahme der Priorität tatsächlich zuerkannt wurde, also ob eine Teil- oder Vollpriorität vorliegt, müssen bei Prioritätsansprüchen immer die Prioritätsunterlagen eingesehen werden, um das wirkliche Datum zu ermitteln.

II. Dokumentierung von Prioritätsansprüchen

Die für die Prioritätsunterlagen erforderlichen Angaben sind nach Regel 6 GMDV das 13
Aktenzeichen, der Anmeldetag, der Name des Anmelders oder Inhabers, die Wiedergabe der Marke und das Verzeichnis der Waren und Dienstleistungen. Fotokopien der Prioritätsunterlagen reichen dafür aus. Sofern diese Unterlagen auf der Webseite des zuständigen Markenamtes abrufbar sind, braucht der Antragsteller keine Prioritätsunterlagen vorzulegen (→ Rn. 6 f.).

Art. 31 Wirkung des Prioritätsrechts

Das Prioritätsrecht hat die Wirkung, dass für die Bestimmung des Vorrangs von Rechten der Prioritätstag als Tag der Anmeldung der Unionsmarke gilt.

Überblick

Der Vorrang der Rechte des Anmelders einer Marke bestimmt sich normalerweise nach dem Anmeldetag (Art. 27). Das Prioritätsrecht wirkt in der Weise, dass bei Inanspruchnahme der Priorität für die Bestimmung des Vorrangs der Rechte nicht der Anmeldetag, sondern ein früherer Prioritätstag ausschlaggebend ist (→ Rn. 2).

Das Prioritätsrechts hat außerdem zur Folge, dass Rechte Dritter, die am Tag der Erstanmeldung bestanden, gewahrt bleiben.

A. Entstehung des Prioritätsrechts

1   Das Prioritätsrecht entsteht nicht durch Rechtsakt (Verwaltungsakt). Die Eintragung hat keine konstitutive Wirkung für das Prioritätsrecht, sondern dieses entsteht kraft internationaler Vereinbarung (Art. 4 PVÜ iVm Art. 29 UMV).

B. Wirkung des Prioritätsrechts

2   Bei Konflikten zwischen Marken richtet sich der Zeitrang der Marke grundsätzlich nach dem Anmeldetag. Der Anmeldetag (Art. 27) bestimmt also den Zeitrang. Alternativ ist der Prioritätstag für den Zeitrang ausschlaggebend, wenn eines der Prioritätsrechte vom Anmelder in Anspruch genommen wurde. Das Prioritätsrecht hat also die Wirkung, dass der Prioritätstag als Anmeldetag der Unionsmarke gilt. Es führt somit zu einer Art Rückwirkung der späteren Anmeldung. Dies führt dazu, dass in dem Zeitraum der sechs Monate Prioritätsfrist, jede Anmeldung einer identischen oder ähnlichen Marke durch einen Dritten, in einem der betreffenden Staaten, hinter der auf die Priorität gestützten Anmeldung zurücktritt (mit Ausnahme dessen, dass der Dritte sich selbst auf ein noch früher liegendes Prioritätsrecht stützen kann).

3   Der Grundsatz nach dem die Verletzungsgerichte an die Eintragung der Marke gebunden sind, wurde von der Rechtsprechung auch auf die Feststellung des Prioritätszeitpunktes ausgedehnt, da die Feststellung des Prioritätsdatums ein Verwaltungsakt der europäischen Behörde sei und somit nicht der Kontrolle nationaler Gerichte unterliegen könne (OLG Hamburg GRUR-RR 2009, 365 – Five Four; Thiering GRUR-RR 2010, 313; Reinartz GRUR Int 2012, 493 (494)).

4   Der Prioritätsanspruch kann dabei auch im Rahmen eines Widerspruchsverfahrens geprüft werden. Wenn der Widerspruch auf ein Prioritätsrecht gestützt wird, müssen die Prioritätsunterlegen im Rahmen des Widerspruchsverfahrens vorgelegt werden. Der Prioritätszeitpunkt wird auf deren Grundlage festgestellt und bestimmt den Ausgang des Widerspruchsverfahrens (EuG T-186/12, BeckEuRS 2015, 433051 – Copernikus).

C. Anmeldungen Dritter während der Prioritätsfrist

5   Das Prioritätsrecht gibt dem Markenanmelder eine zeitlich begrenzte Immunität gegen Anmeldungen derselben Marke, die Dritte während der Prioritätsfrist einreichen könnten (EuG T-128/99, GRUR Int 2002, 528). Das PVÜ hat diese Zeitdauer auf sechs Monate festgelegt (Art. 4 PVÜ). Diese Dauer wurde von der UMV übernommen und damit der Unionsmarke eine Art Unionspriorität zuerkannt (vgl. Art. 29).

Art. 32 Wirkung einer nationalen Hinterlegung der Anmeldung

Die Anmeldung der Unionsmarke, deren Anmeldetag feststeht, hat in den Mitgliedstaaten die Wirkung einer vorschriftsmäßigen nationalen Hinterlegung, gegebenenfalls mit der für die Anmeldung der Unionsmarke in Anspruch genommenen Priorität.

Überblick

In dieser Vorschrift wird das Prinzip der Gleichstellung der Unionsmarke mit einer nationalen Marke festgeschrieben. In gleicher Weise, wie für eine frühere nationale Marke kann auch die Unionsmarke Grundlage für die Inanspruchnahme einer Priorität sein (→ Art. 29 Rn. 2). Nach Art. 32 hat die Anmeldung einer Unionsmarke in den Mitgliedstaaten die gleiche Wirkung wie eine nationale Anmeldung, dh der Anmeldetag der Unionsmarke kann für eine Priorität einer anderen nationalen Marke oder einer IR-Marke in Anspruch genommen werden. Somit hat die Anmeldung der Unionsmarke dieselbe rechtliche Wirkung wie die Anmeldung einer nationalen Marke bei den nationalen Markenämtern (→ Rn. 2).

Nach Art. 32 hat die Anmeldung einer Unionsmarke, deren Anmeldung feststeht, in den Mitgliedstaaten die Wirkung einer vorschriftsmäßigen nationalen Hinterlegung. Diese Regelung beschränkt sich darauf, den Anmeldungen von Unionsmarken beim EUIPO die gleiche Rechtswirkung zu verleihen, wie Anmeldungen bei nationalen Ämtern. Sie führt nicht zu einer subsidiären Anwendung der Vorschriften nationalen Rechts.

A. Wirkung der Eintragung der Unionsmarke

I. Verhältnis der Unionsmarke zur nationalen Marke

Unionsmarken und nationale Marken existieren gleichwertig nebeneinander in der EU. 1 Die Wirkung beider Markenarten ist nach Art. 32 gleichgestellt. Das Prinzip der Gleichwertigkeit besteht hinsichtlich des Inhalts und des Zeitrangs der Marken (→ Art. 1 Rn. 2 ff.). Daher kann ein Widerspruchsverfahren gegen eine nationale Marke auf eine ältere Unionsmarke gestützt werden und umgekehrt (→ MarkenG § 42 Rn. 82).

Dieses Prinzip wird für das deutsche Recht im Markengesetz ausdrücklich festgeschrieben. 2 Nach § 125b Nr. 1 MarkenG stellt die ältere oder eingetragene Unionsmarke den älteren Rechten nach § 9 MarkenG gleich.

Das Prinzip der Autonomie bedeutet darüber hinaus, dass die Unionsmarke von der 3 jeweiligen nationalen Marke unabhängig ist, aber mit einer identischen nationalen Marke koexistieren kann. Das System der Unionsmarke existiert gleichberechtigt neben den nationalen Marken (Äquivalenzprinzip). Beide Markentypen gehören zwei unabhängig voneinander bestehenden Rechtssystemen an. Aufgrund dieses Prinzips der Autonomie wird die Anmeldung einer Unionsmarke nur nach den Vorschriften des Unionsmarkenrechts beurteilt.

Durch die UMV wurde ein übernationales Schutzrecht geschaffen, das aufgrund einer 4 einzigen Anmeldung mit einheitlicher Wirkung für alle Mitgliedstaaten entsteht (→ MarkenR Einleitung Rn. 101 ff.). Daher hat die unionsrechtliche Anmeldung dieselbe Wirkung wie nationale Eintragungen in allen Mitgliedstaaten (EuGH C-190/10, EuZW 2012, 353 = GRUR 2012, 613).

II. Gleichstellung der Unionsmarke mit der nationalen Marke

Nach dem Prinzip der Koexistenz der nationalen Marken und der Unionsmarken existie- 5 ren beide Markenformen gleichwertig nebeneinander (→ MarkenR Einleitung Rn. 105 f.). Daher kann, ebenso wie eine Priorität auf eine frühere nationale Marke gestützt werden kann, diese auch auf eine Unionsmarke gestützt werden (→ Art. 29 Rn. 2 f.).

B. Inanspruchnahme der Priorität der Unionsmarke

Wird aufgrund der Unionsmarke eine Priorität in Anspruch genommen, so wird die 6 nationale Zweitanmeldung so behandelt, als sei sie zum Zeitpunkt der Unionsmarkenanmeldung eingereicht werden. Damit hat sie eine bessere Priorität als zwischenzeitlich angemeldete Marken Dritter. Das weitere Schicksal der Unionsmarke ist für die Priorität der nationalen Anmeldung ohne Bedeutung.

Abschnitt 3 Ausstellungspriorität

Art. 33 Ausstellungspriorität

(1) Hat der Anmelder der Unionsmarke Waren oder Dienstleistungen unter der angemeldeten Marke auf einer amtlichen oder amtlich anerkannten internationalen Ausstellung im Sinne des am 22. November 1928 in Paris unterzeichneten und zuletzt am 30. November 1972 revidierten Übereinkommens über internationale

Ausstellungen zur Schau gestellt, kann er, wenn er die Anmeldung innerhalb einer Frist von sechs Monaten seit der erstmaligen Zurschaustellung der Waren oder Dienstleistungen unter der angemeldeten Marke einreicht, von diesem Tag an ein Prioritätsrecht im Sinne des Artikels 31 in Anspruch nehmen.

(2) Der Anmelder, der die Priorität gemäß Absatz 1 in Anspruch nehmen will, hat gemäß den in der Durchführungsverordnung geregelten Einzelheiten Nachweise für die Zurschaustellung der Waren oder Dienstleistungen unter der angemeldeten Marke einzureichen.

(3) Eine Ausstellungspriorität, die in einem Mitgliedstaat oder einem Drittland gewährt wurde, verlängert die Prioritätsfrist des Artikels 29 nicht.

(4) ¹Die Kommission erlässt Durchführungsrechtsakte, in denen die Art und die Einzelheiten der Nachweise festgelegt werden, die für die Inanspruchnahme einer Ausstellungspriorität nach Absatz 2 dieses Artikels beizubringen sind. ²Dieser Durchführungsrechtsakt wird nach dem Prüfverfahren gemäß Artikel 163 Absatz 2 erlassen.

künftige Fassung mWv 1.10.2017 gemäß VO (EU) 2015/2424 vom 16.12.2015:
a) In Absatz 1 wird folgender Satz angefügt:
Die Inanspruchnahme der Priorität wird zusammen mit der Anmeldung der Unionsmarke beantragt.

b) Absatz 2 erhält folgende Fassung:
(2) Der Anmelder, der die Priorität gemäß Absatz 1 in Anspruch nehmen will, hat innerhalb von drei Monaten nach dem Anmeldetag Nachweise für die Zurschaustellung der Waren oder Dienstleistungen unter der angemeldeten Marke einzureichen.

Überblick

Nach Art. 33 kann der Anmelder für die Unionsmarke auch die Ausstellungspriorität einer internationalen Ausstellung nach dem Übereinkommen über internationale Ausstellungen vom 22.11.1928 in Anspruch nehmen, wenn er Waren oder Dienstleistungen unter der angemeldeten Marke auf einer solchen amtlichen oder amtlich anerkannten Ausstellung zur Schau gestellt hat.

Die Inanspruchnahme der Ausstellungspriorität ist unter die formale Anforderung der fristgemäßen Prioritätserklärung (→ Rn. 1 f.) und gemäß Art. 33 Abs. 2 der Einreichung der Nachweise für die Zurschaustellung der Waren gestellt (→ Rn. 4 f.).

Im Gegensatz zu dem Prioritätsrecht nach Art. 29 kommt es bei der Ausstellungspriorität nicht auf den Anmeldetag, sondern auf den Tag der ersten öffentlichen Ausstellung der Ware an (→ Rn. 10). Hier wird der Zeitpunkt der Priorität noch vor den ersten Anmeldetag der Marke vorverlagert. Die Dauer der Priorität beträgt sechs Monate ab der erstmaligen Zurschaustellung der Waren oder Dienstleistungen unter der angemeldeten Marke (→ Rn. 7 f.).

Die internationalen Ausstellungen werden durch Mitteilung des Präsidenten des HABM amtlich anerkannt und bekannt gemacht (→ Rn. 9).

A. Anforderungen an die Erklärung der Ausstellungspriorität

I. Inhalt der Erklärung

1   Soweit der Anmelder nach der Anmeldung eine Ausstellungspriorität beansprucht, muss er eine Prioritätserklärung abgeben, die den Namen des Ausstellers und das Datum der ersten Ausstellung der Waren oder Dienstleistungen enthält.

1. Fristen und Prioritätsunterlagen

2   Die Prioritätserklärung muss gemäß Regel 7 Abs. 2 GMDV innerhalb einer Frist von zwei Monaten ab dem Anmeldetag der Marke abgegeben werden. Er muss weiterhin innerhalb von

drei Monaten nach der Prioritätserklärung alle für den Nachweis der Ausstellungspriorität erforderlichen Unterlagen einreichen. Es reicht aus, wenn die Unterlagen in Fotokopien vorgelegt werden (→ Art. 30 Rn. 6).

Nach der Reform der Unionsmarke durch die VO (EU) 2015/2424 wird die Möglichkeit einer Inanspruchnahme der Priorität zu einem späteren Zeitpunkt nach der Anmeldung in Zukunft ausgeschlossen. Die Inanspruchnahme der Priorität muss dann zwingend bereits zusammen mit der Anmeldung erklärt werden. Dieses Erfordernis wird in die Neuformulierung von Art. 33 Abs. 1 aufgenommen. Die Wirkung der Ausstellungspriorität bleibt dagegen unverändert bestehen. Zusätzlich wird die Kommission in einem neuen Abs. 4 von Art. 33 zum Erlass delegierter Rechtsakte gemäß Art. 163 Abs. 2 ermächtigt, um die Art und die Einzelheiten der Nachweise für die Inanspruchnahme einer Ausstellungspriorität genau festzulegen. Die Dreimonatsfrist nach der Prioritätserklärung zur Vorlage der Nachweise der Ausstellungspriorität wird nunmehr in einen neuen Abs. 2 von Art. 33 aufgenommen. Die Neuformulierung von Abs. 1 und 2 tritt jedoch erst mit dem **1.10.2017** in Kraft. 3

2. Bescheinigung des Ausstellers

Der Anmelder muss gemäß Regel 7 Abs. 1 GMDV innerhalb der Dreimonatsfrist eine Bestätigung durch den Aussteller beim Amt vorlegen, aus der sich ergibt, inwieweit die betreffende Marke tatsächlich für Waren oder Dienstleistungen auf der Ausstellung benutzt wurde, der Zeitpunkt der Eröffnung der Ausstellung und soweit dieser nicht mit dem der Eröffnung identisch ist, der Zeitpunkt der ersten öffentlichen Benutzung der Marke. Die Bestätigung muss während der Ausstellung von dem verantwortlichen Veranstalter erstellt worden sein. Der Bestätigung muss weiterhin eine detaillierte Beschreibung der tatsächlichen Benutzung der Marke anliegen. 4

3. Übersetzung

Wenn die in den dem Amt vorgelegten Unterlagen nicht in einer der fünf Sprachen des Amtes abgefasst sind, müssen diese innerhalb von zwei Monaten eine Übersetzung der Unterlagen in die Sprache der Anmeldung oder in eine der Amtssprachen des EUIPO eingereicht werden. Diese Frist kann auf Antrag aus nachzuvollziehenden Gründen um weitere zwei Monate verlängert werden (vgl. Regel 6 Abs. 3 GMDV). 5

4. Wiedereinsetzung

Bei Versäumung sowohl der Fristen für die Abgabe der Prioritätserklärung als auch der für die Einreichung der Prioritätsunterlagen kann nach Art. 78 die Wiedereinsetzung in den vorherigen Stand gewährt werden. Die Weiterbehandlung ist dagegen nach Art. 82 ausgeschlossen (v. Mühlendahl GRUR Int 2008, 685 (687)). 6

B. Voraussetzungen der Ausstellungspriorität

I. Prioritätszeitraum

Das Prioritätsrecht kann nur dann zugestanden werden, wenn die Unionsmarkenanmeldung innerhalb der Prioritätsfrist von sechs Monaten ab der ersten Zurschaustellung der Marke auf einer anerkannten Ausstellung erfolgt. 7

Die beiden Prioritätsmöglichkeiten nach Art. 29 und 34 können nicht für eine Verlängerung der Prioritätsfrist kumuliert angewendet werden. Es ist nur das erste prioritätsbegründende Ereignis ausschlaggebend, entweder eine frühere nationale Anmeldung nach Art. 29 oder eine frühere öffentliche Ausstellung nach Art. 34. 8

II. Anerkennung der Ausstellung

Nicht jede Ausstellung ist prioritätsbegründend, sondern nur Ausstellungen, die durch den Präsidenten des EUIPO anerkannt und bekannt gemacht werden (Fezer MarkenG § 35 Rn. 8). Die Bekanntmachung ist konstitutiv für die Eignung der Ausstellung, prioritätsbegründend zu wirken. Sonstige Kriterien spielen keine Rolle. Derartige Ausstellungen sind 9 sehr selten (vgl. Mitt Nr. 1/03, ABl. HABM 2003, 880). Die Zurschaustellung auf anderen Ausstellungen ist nicht geschützt.

III. Öffentliches Zurschaustellen

10 Die Waren oder Dienstleistungen müssen tatsächlich im Rahmen der Ausstellung der Öffentlichkeit zugänglich gemacht worden sein. Dafür ist ausreichend, dass bestimmte Kreise Zugang zu der Ausstellung hatten.

11 Unter Umständen können auch Benutzungshandlungen, die vor dem Zeitpunkt der Eröffnung der Ausstellung liegen, als eine Zurschaustellung zu beurteilen sein, wenn ein unmittelbarer örtlicher und sachlicher Zusammenhang zwischen den vorbereitenden Benutzungshandlungen und der Ausstellung besteht.

C. Mängel der Inanspruchnahme der Priorität

12 Soweit die Inanspruchnahme der Priorität Mängel aufweist, fordert das Amt den Anmelder auf, die Mängel innerhalb einer vom Amt festgelegten Frist zu beseitigen. Erfüllt der Anmelder die Anforderungen der Aufforderung nicht, so erlischt gemäß Regel 9 Abs. 6 GMDV der Prioritätsanspruch für die Anmeldung. Wenn die Priorität für die Ausstellung daher nicht zum Tragen kommt, kommt der Anmeldung die Priorität des Anmeldetages gemäß Art. 27 iVm Art. 29 zu.

Abschnitt 4 Inanspruchnahme des Zeitrangs einer nationalen Marke

Art. 34 Inanspruchnahme des Zeitrangs einer nationalen Marke

(1) Der Inhaber einer in einem Mitgliedstaat, einschließlich des Benelux-Gebiets, oder einer mit Wirkung für einen Mitgliedstaat international registrierten älteren Marke, der eine identische Marke zur Eintragung als Unionsmarke für Waren oder Dienstleistungen anmeldet, die mit denen identisch sind, für welche die ältere Marke eingetragen ist, oder die von diesen Waren oder Dienstleistungen umfasst werden, kann für die Unionsmarke den Zeitrang der älteren Marke in Bezug auf den Mitgliedstaat, in dem oder für den sie eingetragen ist, in Anspruch nehmen.

(2) Der Zeitrang hat nach dieser Verordnung die alleinige Wirkung, dass dem Inhaber der Unionsmarke, falls er auf die ältere Marke verzichtet oder sie erlöschen lässt, weiter dieselben Rechte zugestanden werden, die er gehabt hätte, wenn die ältere Marke weiterhin eingetragen gewesen wäre.

(3) [1]Der für die Unionsmarke in Anspruch genommene Zeitrang erlischt, wenn die ältere Marke, deren Zeitrang in Anspruch genommen worden ist, für nichtig oder für verfallen erklärt wird. [2]Wird die ältere Marke für verfallen erklärt, erlischt der Zeitrang, sofern der Verfall vor dem Anmeldetag oder dem Prioritätstag der Unionsmarke eintritt.

(5) [1]Die Kommission erlässt Durchführungsrechtsakte, in denen festgelegt wird, welche Art von Unterlagen für die Inanspruchnahme des Zeitrangs einer nationalen Marke oder einer aufgrund internationaler Übereinkünfte eingetragenen Marke mit Wirkung in einem Mitgliedstaat nach Absatz 1a dieses Artikels beizubringen sind. [2]Diese Durchführungsrechtsakte werden nach dem Prüfverfahren gemäß Artikel 163 Absatz 2 erlassen.

künftige Fassung mWv 1.10.2017 gemäß VO (EU) 2015/2424 vom 16.12.2015:
Folgende Absätze werden eingefügt:
(1a) [1]Anträge auf Inanspruchnahme des Zeitrangs müssen entweder zusammen mit der Anmeldung der Unionsmarke oder innerhalb von zwei Monaten nach dem Anmeldetag eingereicht werden und Angaben enthalten zu dem Mitgliedstaat oder den Mitgliedstaaten, in dem/ denen oder für den/die die Marke eingetragen ist, zur Nummer und zum Anmeldetag der

maßgeblichen Eintragung und zu den Waren und Dienstleistungen, für die die Marke eingetragen ist. ²*Wird der Zeitrang einer oder mehrerer eingetragener älterer Marken bei der Anmeldung in Anspruch genommen, so müssen die Unterlagen zur Unterstützung der beantragten Inanspruchnahme des Zeitrangs innerhalb von drei Monaten ab dem Anmeldetag eingereicht werden.* ³*Will der Antragsteller den Zeitrang nach der Einreichung der Anmeldung in Anspruch nehmen, so müssen die Unterlagen zur Unterstützung der beantragten Inanspruchnahme des Zeitrangs dem Amt innerhalb von drei Monaten nach Eingang des Antrags auf Inanspruchnahme des Zeitrangs vorgelegt werden.*

(4) Das Amt unterrichtet das Benelux-Amt für geistiges Eigentum oder die Zentralbehörde für den gewerblichen Rechtsschutz des betreffenden Mitgliedstaats über die wirksame Inanspruchnahme des Zeitrangs.

(6) Der Exekutivdirektor kann bestimmen, dass der Anmelder zur Unterstützung der beantragten Inanspruchnahme des Zeitrangs weniger als die in den Spezifikationen, die gemäß Absatz 5 erlassen werden, festgelegten Unterlagen beizubringen hat, sofern dem Amt die benötigten Informationen aus anderen Quellen zur Verfügung stehen.

Überblick

Wenn der Anmelder einer Unionsmarke bereits Inhaber einer älteren identischen nationalen Marke oder einer internationalen Marke in einem der Mitgliedstaaten der EU ist, kann er den **Zeitrang** dieser älteren Eintragung der Marke in Anspruch nehmen mit der Wirkung, dass ihm die Rechte aus der früheren nationalen Marke weiterhin zustehen (→ Rn. 22 ff.). Dies kann mit der Anmeldung geschehen (Art. 34) oder nach Eintragung der Unionsmarke (Art. 35).

Nach Art. 34 Abs. 2 kommt der Zeitranganspruch zum Tragen, wenn die nationale Marke erlischt oder der Inhaber auf sie verzichtet (→ Rn. 15 ff.).

Die Unionsmarke wird durch diese Vorschrift privilegiert. Für eine jüngere Unionsmarke kann nach dieser Vorschrift die **Seniorität** einer älteren nationalen Marke in Anspruch genommen werden. Hierdurch werden die Voraussetzungen geschaffen, dass die nationalen Marken hinter der Unionsmarke zurücktreten und es für den Inhaber der Marke nicht erforderlich ist, Unionsmarke und nationale Marke gleichzeitig zu halten. Er kann somit sein Markenportfolio auf die Unionsmarke beschränken. Die Wirkung der Seniorität geht daher in eine andere Richtung als die der Priorität, was zu Unklarheiten führt, wenn man bei beidem vom Zeitrang spricht. Daher ist der Ausdruck Seniorität oder **Altersrang** zur Abgrenzung beider Konzepte besser geeignet (→ Rn. 3, → Rn. 30).

Die Wirkung der Seniorität liegt darin, dass dem Inhaber einer Unionsmarke, falls er auf eine ältere nationale Marke verzichtet hat oder diese hat erlöschen lassen, die gleichen Rechte zuerkannt werden, die er gehabt hätte, wenn die ältere nationale Marke weiter bestanden hätte. Er behält daher die Vorteile aus dem Anmeldedatum der älteren nationalen Marke (→ Rn. 22 ff.).

Zu beachten ist zudem Art. 14 RL 95/2008/EG und nunmehr Art. 6 RL (EU) 2015/2436 hinsichtlich des späteren Verlustes des Zeitrangs.

Übersicht

	Rn.		Rn.
A. Zweck der Regelung	1	3. Nichtverlängerung	20
B. Voraussetzungen der Seniorität	4	IV. Formelle Voraussetzungen	21
		1. Erklärung	21
I. Anforderungen an die nationale Marke, deren Seniorität beansprucht wird	7	2. Frist	22
		3. Vorlage der Senioritätsunterlagen	23
II. Vorliegen der dreifachen Identität	8	C. Wirkung der Seniorität	25
1. Identität der Marke	10	I. Fiktion des Fortbestehens des nationalen Rechts	28
2. Identität des Inhabers	14	1. Zeitpunkt des Eintritts der Seniorität	30
3. Identität der Waren und Dienstleistungen	15	2. Abgrenzung der Seniorität zur Priorität	31
III. Aufgabe der nationalen Marke	16	II. Wirkung bezüglich der Benutzungsschonfrist	33
1. Zeitpunkt der Aufgabe der nationalen Marke	17		
2. Verzicht	19	III. Erlöschen der Senioritätseintragung	35

Rn.		Rn.
1. Nachträgliche Feststellung der Ungültigkeit		2. Nachweis der Seniorität 42
keit 35		3. Zuständiges Gericht 43
2. Verzicht auf die Unionsmarke 36		V. Übertragung der Unionsmarke, für die
3. Umwandlung in eine neue nationale		die Seniorität beansprucht wird 44
Marke 37		D. Inanspruchnahme der Seniorität
IV. Vorgehen aus der Seniorität 38		**nach Art. 34 bei einer internationalen**
1. Wirkung der Seniorität im Widerspruchsverfahren 40		**Registrierung** 46

A. Zweck der Regelung

1   Zweck der Regelung besteht darin, die Bündelung EU-weiter Markenportfolios unter dem Dach der Unionsmarke zu ermöglichen, indem die Aufgabe nationaler Marken erleichtert wird. Die Unionsmarke ist so konzipiert, dass sie die nationalen Markensysteme ergänzt. Daher können Anmelder, die bereits Inhaber einer nationalen Marke für identische Waren oder Dienstleistungen sind, den Zeitrang der nationalen Marke für die Unionsmarke beanspruchen. Dadurch soll langfristig der Verwaltungsaufwand reduziert und ein Mehrfachschutz der Marke verhindert werden (zur Seniorität im Gemeinschaftsmarkenrecht Reinartz GRUR Int 2012, 493). Somit ist für den Markeninhaber auch eine nicht unerhebliche Kosteneinsparung möglich.

2   Das Unionsmarkensystem ergänzt die nationalen Schutzsysteme. Wenn jemand bereits Inhaber einer Marke in einem oder mehreren Mitgliedstaaten ist und eine identische Marke für die gleichen Waren und Dienstleistungen als Unionsmarke anmeldet, kann er daher die **Seniorität** der nationalen Marke in der Unionsmarkenanmeldung in Anspruch nehmen.

3   Das deutsche Gesetz spricht dabei von dem **Zeitrang**. Dies kann zu Verwechslungen mit der Priorität führen und ist deshalb ungenau (vgl. Ingerl/Rohnke MarkenG § 125c Rn. 5). Der Begriff Seniorität ist dagegen ein neues Konzept, das eine enge Verbindung zwischen der nationalen Marke und der Unionsmarke schafft. Statt Zeitrangs sollte man das Konzept besser als „**Seniorität**" der Marke bezeichnen, damit es nicht zu Verwechslungen mit der Priorität kommt.

B. Voraussetzungen der Seniorität

4   Die Seniorität kann nur auf ältere nationale Marken in den Mitgliedstaaten der EU und Erstreckung von IR-Marken auf Mitgliedstaaten der EU gestützt werden. Ältere Unionsmarken bilden keine Grundlage für die Seniorität. Die nationale Marke aufgrund derer Seniorität beansprucht wird, muss im Zeitpunkt der Beanspruchung in einem Mitgliedstaat registriert und älter als die Unionsmarke sein. Die Seniorität kann nur auf eine frühere nationale Eintragung der Marke gestützt werden, eine Anmeldung reicht dagegen nicht aus. Die Eintragung muss auch bis zur Beanspruchung der Seniorität fortbestehen. Daher kann auch keine Seniorität einer Benutzungsmarke beansprucht werden.

5   Der Prüfungsumfang des EUIPO bei einem Senioritätsantrag bezieht sich lediglich auf die Vorlage der erforderlichen Dokumentation, die Identität der Marke (→ Rn. 10) und die Inhaberschaft der früheren und der Unionsmarke (→ Rn. 14).

6   Der Senioritätsanspruch kommt nach Art. 34 und 35 nur dann zum Tragen, wenn die ältere nationale Marke nach Eintragung der Unionsmarke freiwillig durch Verzicht oder Nichtverlängerung fallengelassen wird (→ Rn. 16 ff.).

I. Anforderungen an die nationale Marke, deren Seniorität beansprucht wird

7   Die nationale Marke, deren Seniorität beansprucht wird, muss älter sein als die Unionsmarke und im Zeitpunkt der Beanspruchung eingetragen sein.

II. Vorliegen der dreifachen Identität

8   Um die Seniorität der älteren Marke in Anspruch zu nehmen, ist zunächst eine Identität der Unionsmarke und der nationalen Marke in ihrer Form und ihrem Inhalt erforderlich. Dabei muss die Identität in dreifacher Hinsicht vorliegen. Der **Inhaber**, die **Marke** und die

Waren und Dienstleistungen, die Gegenstand der Anmeldung und der älteren nationalen Eintragung sind, müssen identisch sein.

Von der erforderlichen dreifachen Identität wird allerdings nur die Identität der Marke vom EUIPO überprüft (Prüfungsrichtlinien des EUIPO, Teil B Abschn. 2.17.3, S. 62 (Stand 10.3.2016)). Die Identität des Inhabers und die der Waren und Dienstleistungen muss von dem Antragsteller selbst und auf eignes Risiko überprüft werden. Wegen der relativ hohen Rechtsunsicherheit sollte die Aufgabe der nationalen Marke deshalb nur dann erfolgen, wenn sich der Markeninhaber vollkommen sicher ist, dass die dreifache Identität gegeben ist, und er dies auch entsprechend dokumentiert hat für einen möglichen späteren Nachweis. 9

1. Identität der Marke

Bei der Prüfung der Identität des Zeichens wendet das EUIPO einen strengen Maßstab an (Prüfungsrichtlinien des EUIPO, Teil B Abschn. 2.17.2, S. 60 ff. (Stand 10.3.2016)). Die Vorschrift des Art. 34 erfasst nur identische und keine ähnlichen Marken. Verwechslungsgefahr spielt keine Rolle. Identität wird hier ebenso ausgelegt wie im Bereich der Doppelidentität bei Markenverletzungen. Insofern gilt die Entscheidung „LTJ Diffusion", wonach Markenidentität nur dann vorliegt, „wenn die nationale Marke ohne Änderung oder Hinzufügung alle Elemente wiedergibt, die die Unionsmarke bilden, oder wenn sie, als Ganzes betrachtet, Unterschiede aufweist, die so geringfügig sind, dass sie einem Durchschnittsverbraucher entgehen können" (EuGH C-291/00, GRUR Int 2003, 533 Rn. 54 – LTJ Diffusion). 10

Fraglich ist allerdings inwieweit diese Prüfung durch das EUIPO für die nationalen Gerichte und Markenämter bindend ist. Es bleibt grundsätzlich den nationalen Stellen überlassen, eine Prüfung der Senioritätsvoraussetzungen vorzunehmen. Es gibt aber kein isoliertes nationales Verfahren zur Überprüfung der Senioritätsvoraussetzungen oder der Richtigkeit einer Senioritätseintragung. Dennoch stellt die Möglichkeit der inzidenten Überprüfung in Verfahren vor den nationalen Ämtern eine **Rechtsunsicherheit** dar. Wenn das nationale Amt die Richtigkeit der Senioritätseintragung verneint und der Antragsteller im Vertrauen auf die Wirksamkeit bereits auf die nationale Marke verzichtet hat oder die nationale Marke nicht verlängert hat, hat er unwiederbringlich seine Rechtsposition verloren. Dieses Risiko soll durch die Anwendung eines strengen Prüfungsmaßstabs durch das EUIPO einschränkt werden. 11

Für die Beurteilung der Identität der Marke ist bei reinen Wortmarken die Groß- und Kleinschreibung unerheblich. Dies soll auch für Binnenversalien gelten. Es kommt aber unter anderem auf die Schriftart an, da auch diese von dem Schutz der Marke umfasst wird. Auch die Position der einzelnen Zeichenbestandteile muss identisch sein. 12

Die Identität der Marke muss vollständig sein. Wenn nur einzelne Elemente der Marke, wie zB das Wortelement identisch sind und andere nicht, ist es nicht möglich die Geltendmachung der Seniorität auf einen Teil der Marke zu beschränken, da die Marke eine Einheit darstellt. 13

In einer Entscheidung des EuG waren bei einer nationalen Basismarke, die aus Wort- und Bildelementen bestand, und einer Unionsmarke zwar das Wortelement „justing" identisch, aber die Bildelemente und die Schriftart unterschiedlich. (EuG T-103/11, GRUR Int 2012, 654). 13.1

2. Identität des Inhabers

Auch der Inhaber muss strikt identisch sein. Wenn die Rechtspersönlichkeiten der Inhaber auseinanderfallen, ist eine Identität des Inhabers nicht gegeben, auch wenn dieselben wirtschaftlichen Interessen dahinterstehen, also etwa der Inhaber der nationalen Marke ein Tochterunternehmen oder ein anderes mit dem Inhaber der Unionsmarke verbundenes Unternehmen ist. 14

3. Identität der Waren und Dienstleistungen

Es genügt, wenn die Waren und Dienstleistungen wenigstens teilweise übereinstimmen. Eine vollständige Übereinstimmung des Waren oder Dienstleistungskatalogs ist nicht erforderlich. Bei nur teilweiser Übereinstimmung kann allerdings die Seniorität auch nur für 15 den übereinstimmenden Teil der Waren und Dienstleistungen beansprucht werden. Der Antragsteller muss seinen Antrag dahingehend beschränken. Dabei ist es jedoch zulässig, zu sagen, dass Seniorität insoweit beansprucht werde, wie die Waren und Dienstleistungen der älteren nationalen Marke in der Unionsmarke enthalten sind. Dies ist insbesondere hilfreich, wenn die Unionsmarke Oberbegriffe, die nationale Marke jedoch spezifische Produkte umfasst. In dem Fall ist von Teilidentität der Waren auszugehen und der Senioritätsanspruch daher möglich.

III. Aufgabe der nationalen Marke

16 Die nationale Marke muss nach dem klaren Wortlaut des Abs. 2 durch Verzicht oder Nichtverlängerung aufgegeben werden, damit die Seniorität seine Wirkung entfaltet. Solange die nationale Marke fortbesteht, kann sich die Wirkung der Seniorität nicht entfalten.

1. Zeitpunkt der Aufgabe der nationalen Marke

17 Die nationale Marke sollte nicht aufgegeben werden, wenn sie als Basismarke für eine internationale Registrierung dient und diese sich noch innerhalb der fünfjährigen Abhängigkeitsfrist von der Basismarke befindet. Fällt der Schutz der Basismarke weg, wird gemäß Art. 6 Abs. 3 MMA und PMMA die internationale Registrierung ebenfalls gelöscht. Die Fiktion der nationalen Marke gilt lediglich im Bereich des Unionsmarkenrechtes und hat nach hM keine Wirkung im internationalen Markenrechtschutz.

18 Es bleibt umstritten, wie anhängige Widerspruchsverfahren behandelt werden, wenn während des anhängigen Verfahrens auf die nationale Marke verzichtet wird oder diese aus sonstigen Gründen nicht fortbesteht. Nach einer Ansicht wird der Widerspruch nicht unzulässig, sondern das Verfahren auf der Basis der Unionsmarke fortgeführt, und zwar in dem Stadium in dem es sich zum Zeitpunkt der Beanspruchung der Seniorität befand (→ MarkenG § 66 Rn. 55). Nach einer kürzlich vom Bundespatentgericht in der Entscheidung IPSOS vertretenen anderen Ansicht (BPatG BeckRS 2013, 5944 – IPSOS, Rechtsbeschwerde zugelassen) kann das Widerspruchsverfahren nicht auf der Basis der Unionsmarke fortgeführt werden, da es im deutschen Recht keine gesetzliche Regelung zur Wirkung der Seniorität gibt und somit an einer gesetzlichen Grundlage für dieses Vorgehen fehlt. Soweit im Einzelfall noch Verfahren, die auf die nationale Marke gestützt sind, gerichtlich anhängig sind, sollte der Markeninhaber nach der heutigen Rechtslage bis zum Ende der Verfahren von einer Löschung der nationalen Marke abgesehen, da nicht sicher ist, ob Verfahren im Falle der Löschung der nationalen Marke dennoch fortgesetzt werden können.

2. Verzicht

19 Durch die VO (EU) 2015/2424 wurde in Art. 34 Abs. 3 die Nennung des Verzichtes vor Eintragung der Unionsmarke als Grund für den Wegfall der Senioritätswirkung gestrichen. In einem zweiten Satz wurde klargestellt, dass die Wirkung der Seniorität entfällt, wenn die ältere nationale Marke vor dem Anmelde- oder Prioritätstag der Unionsmarke für verfallen erklärt wird. Der Verzicht darf jedoch nicht vor der Inanspruchnahme der Seniorität erfolgen. Nach Art. 34 Abs. 3 tritt die Seniorität erst mit Eintragung der Unionsmarke ein. Deshalb sollte die nationale Marke nicht vor Eintragung der Unionsmarke aufgegeben werden (→ Rn. 30).

3. Nichtverlängerung

20 Die mangelnde Verlängerung der Schutzdauer der nationalen Marke hat dagegen keinen Einfluss auf die Wirksamkeit der Seniorität. Die Seniorität erlischt nicht, wenn die ältere Marke später, nach Antragstellung aber vor Eintragung der Unionsmarke nicht verlängert wird, sofern die nationale Marke zum Zeitpunkt der Geltendmachung der Seniorität und der Antragstellung auf die Eintragung der Unionsmarke noch eingetragen war (Reinartz GRUR Int 2012, 493 (494)). Die Schutzdauer muss jedoch mindestens bis zum Zeitpunkt der Antragstellung auf Eintragung der Unionsmarke reichen.

IV. Formelle Voraussetzungen

1. Erklärung

Für die Eintragung der Seniorität muss eine förmliche Erklärung beim EUIPO durch 21
den Markeninhaber abgegeben werden. Dabei muss die nationale Marke, deren Seniorität
beansprucht wird, identifiziert und nachgewiesen sowie angegeben werden, wie weit der
Senioritätsanspruch reicht.

2. Frist

Die Seniorität einer nationalen Marke kann entweder zusammen mit der Anmeldung der 22
Unionsmarke oder innerhalb von zwei Monaten ab der Anmeldung (Regel 8 Abs. 2 GMDV)
beansprucht werden. Mit Wirkung vom 1.10.2017 ist diese Frist in dem neuen Abs. 1a
niedergelegt. Nach Ablauf der Zweimonatsfrist kann die Seniorität erst wieder nach Eintragung der Unionsmarke nach Art. 35 geltend gemacht werden.

3. Vorlage der Senioritätsunterlagen

Der Anmelder muss nach Regel 8 Abs. 1 GMDV – ab 1.10.2017 nach Abs. 1a S. 2 – 23
innerhalb von drei Monaten nach Inanspruchnahme der Seniorität Unterlagen zum Nachweis der nationalen Eintragung einreichen. Nach dem Beschluss des Präsidenten des HABM
Nr. Ex-03-5 vom 20.1.2003 (ABl. HABM 2003, 869) reichen einfache Fotokopien anstatt
der Originale der nach Regel 8 Abs. 1 GMDV für den Nachweis der Seniorität erforderlichen
Unterlagen des betreffenden nationalen Markenamtes aus. Der Auszug muss dabei alle für
die Prüfung der Seniorität durch das EUIPO erforderlichen Angaben enthalten, wie zB
Angaben zur Priorität, der Anmelde- und Eintragungstag, die Eintragungsnummer, die Identität des Inhabers, die Wiedergabe der Marke und ein Waren- und Dienstleistungsverzeichnis
der älteren Marke. Bei einer Farbmarke muss die Fotokopie ebenfalls in Farbe sein.

Soweit diese notwendigen Angaben auf der Internetseite des nationalen Markenamtes 24
abrufbar sind, kann auf die Einreichung der Unterlagen verzichtet werden (Regel 8 Abs. 4
GMDV). Nach der VO (EU) 2015/2424 wird diese Regelung in Art. 34 Abs. 6 aufgenommen. Dies tritt zwar erst mit dem 1.10.2017 in Kraft, perpetuiert aber lediglich die bereits
bestehende Praxis. Soweit weitere Unterlagen erforderlich sind, fordert das EUIPO den
Antragsteller zur Einreichung der ergänzenden Unterlagen auf.

C. Wirkung der Seniorität

Die materiell rechtliche Wirkung der Seniorität ergibt sich aus Art. 34 Abs. 2. Danach 25
hat er die alleinige Wirkung, dass dem Inhaber der Unionsmarke weiter dieselben Rechte aus
der nationalen Marke zugestanden werden, die ihm zustehen würden, wenn diese weiterhin
eingetragen wäre. Er wird also so gestellt, als ob die nationale Marke nicht erloschen wäre.
Die Seniorität hat somit eine starke Auswirkung auf das jeweilige nationale Markenrecht.
Nach Prüfung der durch das EUIPO unterrichtet das Amt daher das zuständige nationale
Markenamt über die wirksame Inanspruchnahme der Seniorität (Regel 8 Abs. 3 GMDV).

Die nationale Marke kann erlöschen und braucht nicht mehr verlängert zu werden, wenn 26
sie als Seniorität unter die Unionsmarke gestellt wird. Sie verliert dennoch das Anmeldedatum
der früheren nationalen Marke nicht. Der Inhaber der nationalen Marke kann diese aufgeben
ohne auf die Vorteile der Seniorität zu verzichten. Falls der Inhaber der Unionsmarke in
diesen Fällen später auf die Unionsmarke verzichtet oder die Marke löscht, kann er nach
Art. 112 einen Umwandlungsantrag stellen, der den früheren nationalen Altersrang der
Marke mit dem ursprünglichen Anmeldetag wieder aufleben lässt (Pohlmann, Verfahrensrecht
der Gemeinschaftsmarke, 2012, 85, Rn. 50).

Allerdings besitzt die Eintragung der Seniorität keinerlei Rechtsverbindlichkeit 27
(→ Rn. 11) da die nationalen Gerichte die Voraussetzungen des Senioritätsanspruchs überprüfen und dabei auch die Seniorität einer nationalen Marke aberkennen können. Insgesamt
ist die verfahrensrechtliche Wirkung der Seniorität bisher nicht geregelt, was zu Rechtsunsicherheiten führt. Die Ersetzung der nationalen Marke durch die Senioritätseintragung erfolgt

nur auf materiell-rechtlicher, aber nicht auch auf verfahrensrechtlicher Ebene (Reinartz GRUR Int 2012, 499 (501)). Daher ist auch nicht sicher aus welchem Recht der Inhaber in diesem Fall vorgeht, ob aus dem Recht der fingierten nationalen Marke oder dem der eingetragenen Unionsmarke mit dem akzessorischen Inhalt der nationalen Marke (→ Rn. 40). Nach der Entscheidung des BPatG vom 5.3.2013 (BPatG BeckRS 2013, 5944 – IPSOS, Rechtsbeschwerde zugelassen) kann der Inhaber der Marke jedenfalls in einem Widerspruchsverfahren nur aus der Unionsmarke vorgehen und nicht aus der erloschenen älteren nationalen Marke. Wenn das Widerspruchsverfahren aufgrund der nationalen Marke vor deren Erlöschen begonnen wurde, kann es nicht auf der Basis der Unionsmarke, für die die Seniorität der älteren Marke in Anspruch genommen wurde, fortgeführt werden (BPatG BeckRS 2013, 5944 – IPSOS).

I. Fiktion des Fortbestehens des nationalen Rechts

28   Das Fortbestehen des ursprünglichen Markenrechts wird über eine Fiktion des Fortbestehens der erloschenen nationalen Marke erreicht. Erforderlich für den Eintritt der Fiktion ist, dass die nationale Marke auch tatsächlich erloschen ist. Der Inhalt der nationalen Marke erlangt dann über die Fiktionswirkung ein gemeinschaftsrechtliches Fortbestehen.

29   Durch die Seniorität wird eine Verbindung zwischen der älteren nationalen Marke und der Unionsmarke hergestellt. Durch diese **Ankopplung** wird bewirkt, dass die nationale Marke akzessorisch mit der Unionsmarke verknüpft wird (Ingerl/Rohnke MarkenG § 125c Rn. 5). Der gesamte Inhalt der erloschenen älteren nationalen Markeneintragung wird in die Unionsmarke integriert und somit besteht dieser Inhalt fingiert in der Unionsmarke fort (BPatG BeckRS 2013, 5944 – IPSOS).

1. Zeitpunkt des Eintritts der Seniorität

30   Da der nach Art. 34 Abs. 3 erst mit Eintragung der Unionsmarke eintritt (→ Rn. 19), sollte die nationale Marke nicht vor Eintragung der Unionsmarke aufgegeben werden.

2. Abgrenzung der Seniorität zur Priorität

31   Die Wirkung und die Voraussetzungen der Priorität müssen klar von der der Seniorität unterschieden werden. Durch den Senioritätsanspruch wird keine Priorität geltend gemacht. Es gelten auch nicht die gleichen Fristen für die Geltendmachung. Damit es nicht zu Verwechslungen kommt, ist es besser von Seniorität oder Altersrang in Abgrenzung zur Priorität zu sprechen, als vom Zeitrang, da dieser Begriff gesetzlich sowohl in den Vorschriften zur Priorität als auch zur Seniorität verwendet wird und daher ungenau ist.

32   Die Seniorität betrifft die Geltendmachung des Altersrangs einer früheren nationalen Marke. Durch die Seniorität wird aber nicht der Altersrang der Unionsmarke verändert, der weiterhin durch den tatsächlichen Anmelde- oder Prioritätstag der Unionsmarke bestimmt wird. Nach hM in Rechtsprechung und Lehre erlangt daher durch die Zuerkennung der Seniorität nicht etwa die Unionsmarke eine bessere Teilpriorität für den betroffenen Mitgliedstaat (Reinartz GRUR Int 2012, 497 (498); BPatG GRUR 2006, 612 (613); Eisenführ/Schennen Rn. 21–25). Die Seniorität führt lediglich zu einer Konsolidierung älterer nationaler Eintragungen.

II. Wirkung bezüglich der Benutzungsschonfrist

33   Die Seniorität wirkt sich auf die Benutzungsschonfrist nicht wirklich aus. Gemäß Art. 14 RL 95/2008/EG und – noch klarer – Art. 6 RL (EU) 2015/2436 kann die Ungültigkeit der nationalen Marke auch „a posteriori" – also nach ihrem Erlöschen – festgestellt werden. Wie Art. 6 RL (EU) 2015/2436 nun klarstellt, ist hierfür erforderlich, dass die Marke nicht nur zum Zeitpunkt des Löschungsantrags, sondern bereits zu dem Zeitpunkt ihres Erlöschens (durch Verzicht oder Nichtverlängerung) löschungsreif war.

34   Konkret auf den Benutzungszwang bezogen heißt dies, dass zwar die Unionsmarke aufrechterhalten wird durch Benutzung irgendwo in der Union, der Senioritätsanspruch aber nachträglich zum Erlöschen gebracht werden kann, wenn die Marke nicht in dem Mitgliedstaat benutzt wird, in dem die nationale Marke eingetragen war. Dies wiederum erfordert

jedoch weiterhin, dass die nationale Marke bereits zum Zeitpunkt ihrer Löschung dem Benutzungszwang unterlag und nicht benutzt wurde. Insofern ist der Inhaber des Senioritätsanspruchs nach Aufgabe der nationalen Marke leicht besser gestellt, als wenn die nationale Marke eingetragen bleibt. In letzterem Fall kann die nationale Marke natürlich für verfallen erklärt werden, wenn sie in den letzten fünf Jahren nicht benutzt wurde, unabhängig davon, was in den Jahren davor war.

III. Erlöschen der Senioritätseintragung

1. Nachträgliche Feststellung der Ungültigkeit

Wenn die nationale Marke deren Seniorität in Anspruch genommen wurde, nachträglich 35
für verfallen oder nichtig erklärt wird (→ Rn. 33 f.), erlischt auch die Senioritätseintragung gemäß Art. 34 Abs. 3 und Art. 35 Abs. 2. Wenn die nationale Marke allerdings vorher aufgegeben wurde, ist ihre nachträgliche Löschung nicht mehr möglich. Nach § 125c MarkenG kann in Deutschland dennoch die Ungültigkeit oder der Verfall der Marke nachträglich im Wege der Feststellungsklage gerichtlich festgestellt werden. Dadurch wird verhindert, dass von der Löschung bedrohte nationale Marken durch die Eintragung einer Seniorität bei der Unionsmarke bestehen bleiben (→ MarkenG § 125c Rn. 1).

2. Verzicht auf die Unionsmarke

Gemäß Art. 34 Abs. 3 und Art. 35 Abs. 2 verliert die Senioritätseintragung ihre Wirkung, 36
wenn auf die Unionsmarke verzichtet wird, da sich die Seniorität auf die Unionsmarke bezieht. Es ist aber auch möglich bei Beibehalten der Unionsmarke nur auf die Senioritätseintragung zu verzichten.

3. Umwandlung in eine neue nationale Marke

Die Ankopplung der nationalen Marke an die Unionsmarke kann solange nicht mehr 37
aufgehoben werden, wie die Unionsmarke besteht. Bei Untergang der Unionsmarke wird die Verbindung gelöst und durch Umwandlung nach Art. 112 kann die nationale Marke unter den allgemeinen Voraussetzungen wieder aufleben. Dadurch kann eine neue nationale Marke mit dem Zeitrang der früheren Marke erlangt werden.

IV. Vorgehen aus der Seniorität

Aus den Vorschriften der UMV geht nicht eindeutig hervor, ob die an die Seniorität 38
gekoppelten Rechte aus der Unionsmarke oder aus der gelöschten nationalen Marke geltend gemacht werden.

Wenn sich der Markeninhaber auf die Seniorität berufen möchte, muss er nach hM aus 39
der Unionsmarke vorgehen, da die nationale Marke tatsächlich nicht mehr fortbesteht, sondern nur durch die Fiktionswirkung aufrechterhalten wird und formal gesehen nicht mehr existiert. Dies gilt jedenfalls in Deutschland, die Regelung kann jedoch von einem Mitgliedstaat zum anderen verschieden sein. Es kann Länder geben, in denen etwaige Verfahren auf die nationale Marke gestützt werden müssen.

1. Wirkung der Seniorität im Widerspruchsverfahren

Bei Fortführung eines auf eine nationale Widerspruchsmarke gestützten Widerspruchsver- 40
fahrens vor dem DPMA müsste das Verfahren nach Erlöschen der nationalen Marke auf die Unionsmarke gestützt werden, indem die Seniorität der identischen Unionsmarke beansprucht wird (BPatG GRUR 2006, 612 (613)). Der Grundsatz, dass der nachträgliche Wegfall der Widerspruchsmarke zur nachträglichen Unzulässigkeit des Widerspruchs führt, sollte hier aufgrund der Wirkung der Seniorität nicht gelten (→ MarkenG § 42 Rn. 79 f.; Fezer MarkenG § 42 Rn. 72). Eine andere Ansicht hierzu vertritt das BPatG in einer Entscheidung vom 5.3.2013 (BPatG BeckRS 2013, 5944 – IPSOS, Rechtsbeschwerde zugelassen). Nach dieser Entscheidung ist die Weiterführung des Widerspruchsverfahrens nach Löschung der nationalen Widerspruchsmarke auf der Grundlage der Unionsmarke mangels gesetzlicher

Grundlage in dem deutschen Markengesetz nicht zulässig. Das deutsche Recht enthalte keine dem Art. 34 Abs. 2 entsprechende Regelung über die Wirkung der Seniorität im deutschen Recht und da das deutsche Recht autonom sei, könne die Regelung der UMV nicht hierauf übertragen werden, insbesondere weil die Rechtsfrage hier verfahrensrechtlicher Art sei und aus dem Unionsmarkenrecht keine verfahrensrechtliche Regelung in diesem Bereich abgeleitet werden könne.

41 In einem Widerspruchsverfahren gegen die Anmeldung einer Unionsmarke, die im Vergleich zu der nationalen Widerspruchsmarke jünger, gegenüber der Unionsmarke des Widersprechenden, aber älter ist, müsste der Widerspruch formal aufgrund der Unionsmarke eingelegt werden. Er muss aber mit der Seniorität begründet werden (Ingerl/Rohnke MarkenG § 125c Rn. 5). Das EUIPO geht von einer Gleichwertigkeit der Rechte aus und gestattet den Übergang von einem zum anderen Widerspruchsrecht, wenn die nationale Marke während des laufenden Verfahrens wegfällt.

2. Nachweis der Seniorität

42 Die wirksame Inanspruchnahme der Seniorität nach den Art. 34, 35 wird in das Unionsmarkenregister eingetragen und veröffentlicht (Regel 82 Abs. 2 Buchst. j, Abs. 3 Buchst. f GMDV). Das EUIPO benachrichtigt die zuständige nationale Markenbehörde über die wirksame Inanspruchnahme der Seniorität (Regel 8 Abs. 3, 28 Abs. 3 GMDV). Der Inhalt der Regel 8 Abs. 3 GMDV wird durch die VO (EU) 2015/2424 zum 1.10.2017 in einen neuen Abs. 4 in Art. 34 eingefügt. Die nationalen Markenbehörden vermerken die Seniorität ohne weitere Prüfung im Markenregister der betreffenden nationalen Marke. In Deutschland erfolgt ein Vermerk im elektronischen Register der deutschen Marke sowie bei ihrer Löschung die Angabe des Löschungsgrundes (DPMA-Präsident Mitt Nr. 22/99, Bl. 1999, 392). Durch Abs. 5 wird die Kommission zum von Durchführungsrechtsakten gemäß Art. 163 Abs. 2 ermächtigt, um die Art und die Einzelheiten des Verfahrens für die Inanspruchnahme einer Seniorität genau festzulegen.

3. Zuständiges Gericht

43 Die unionsrechtliche Reglung der Seniorität enthält keine prozessuale Regelung betreffend der gerichtlichen Zuständigkeit (→ Rn. 27). Um die Wirkung der Seniorität für den Markeninhaber aber vollständig zu verwirklichen, muss davon ausgegangen werden, dass die gerichtliche Zuständigkeit so bestimmt werden muss, als ob die nationale Marke noch bestehen würde. Daher sollten auch die entsprechenden nationalen Gerichte für zuständig erklärt werden.

V. Übertragung der Unionsmarke, für die die Seniorität beansprucht wird

44 Die Tatsache, dass für eine Unionsmarke Seniorität beansprucht wird, ändert nichts an der Übertragbarkeit der Marke Hier ist zu unterscheiden zwischen der Situation vor und nach Aufgabe der nationalen Marke. Soweit die nationale Marke noch besteht, muss sie mitübertragen werden, sonst fällt die Inhaberschaft der Marken auseinander und verliert der Senioritätsanspruch seine Grundlage. Ist die nationale Marke aber bereits erloschen, ist die Fiktion des Art. 34 Abs. 2 wirksam geworden und wird die nationale (fiktiv fortbestehende) Marke automatisch mitübertragen, so dass auch der neue Inhaber der Marke die Fiktionswirkung der früheren nationalen Marke in Anspruch nehmen kann.

45 Problematischer ist die Rechtslage bei teilweiser Übertragung der Unionsmarke. Bei einer teilweisen Übertragung müsste auch die Fiktionswirkung der nationalen Basismarke für die Seniorität geteilt werden und teilweise auf den neuen Inhaber übergehen, soweit dieser der Unionsmarke erwirbt (DPMA-Präsident Mitt Nr. 22/99, Bl. 1999, 392; Ingerl/Rohnke MarkenG § 125c Rn. 8).

D. Inanspruchnahme der Seniorität nach Art. 34 bei einer internationalen Registrierung

46 Gemäß Art. 153 Abs. 1 kann auch der Inhaber einer internationalen Registrierung einer Marke, in der die Unionsmarke benannt ist, ab dem Zeitpunkt der Veröffentlichung den

Altersrang einer älteren Marke in einem Mitgliedstaat der EU nach den in Regel 108, 109 GMDV genannten Voraussetzungen in Anspruch nehmen (→ Art. 153 Rn. 2 ff.). Für die Beanspruchung der Seniorität der älteren Marke gemäß Art. 153 Abs. 1 iVm Regel 108 GMDV gelten dieselben Voraussetzungen wie für dessen Beanspruchung nach Art. 34.

Art. 35 Inanspruchnahme des Zeitrangs nach Eintragung der Unionsmarke

(1) Der Inhaber einer Unionsmarke, der Inhaber einer in einem Mitgliedstaat, einschließlich des Benelux-Gebiets, oder einer mit Wirkung für einen Mitgliedstaat international registrierten identischen älteren Marke für Waren oder Dienstleistungen ist, die mit denen identisch sind, für welche die ältere Marke eingetragen ist, oder die von diesen Waren oder Dienstleistungen umfasst werden, kann den Zeitrang der älteren Marke in Bezug auf den Mitgliedstaat, in dem oder für den sie eingetragen ist, in Anspruch nehmen.

(2) Artikel 34 Absätze 2 und 3 sind entsprechend anzuwenden.

künftige Fassung mWv 1.10.2017 gemäß VO (EU) 2015/2424 vom 16.12.2015:
a) Absatz 2 erhält folgende Fassung:
(2) Anträge auf Inanspruchnahme des Zeitrangs gemäß Absatz 1 dieses Artikels müssen die Nummer der Eintragung der Unionsmarke, den Namen und die Anschrift ihres Inhabers, Angaben zu dem Mitgliedstaat oder den Mitgliedstaaten, in dem/denen oder für den/die die ältere Marke eingetragen ist, zur Nummer und zum Anmeldetag der maßgeblichen Eintragung, zu den Waren und Dienstleistungen, für die die Marke eingetragen ist, und zu jenen, für die der Zeitrang in Anspruch genommen wird, sowie die unterstützenden Unterlagen gemäß den nach Artikel 34 Absatz 5 angenommenen Vorschriften enthalten.

b) Folgende Absätze werden angefügt:
(3) ¹Sind die Erfordernisse für die Inanspruchnahme des Zeitrangs nicht erfüllt, so teilt das Amt dem Inhaber der Unionsmarke den Mangel mit. ²Wird der Mangel nicht innerhalb einer vom Amt festgesetzten Frist beseitigt, so weist es den Antrag zurück.
(4) Es gilt Artikel 34 Absätze 2, 3, 4 und 6.

Überblick

Die Geltendmachung des Zeitrangs oder der Seniorität einer früheren in einem Mitgliedstaat für identische Waren oder Dienstleistungen der Unionsmarke eingetragenen nationalen Marke kann nicht nur gem. Art. 34 im Anmeldeverfahren, sondern darüber hinaus gemäß Art. 35 durch Erklärung nach der Eintragung der Unionsmarke erfolgen.

A. Inanspruchnahme der Seniorität nach der Eintragung der Unionsmarke

Soweit der Anmelder nicht die Seniorität der nationalen Marke im Rahmen der Unionsmarke gem. Art. 34 in Anspruch genommen hat, kann er dies zu jedem Zeitpunkt nach Eintragung der Unionsmarke tun. **1**

I. Formale Anforderungen

Gemäß Regel 28 Abs. 1 GMDV muss der Inhaber einer Unionsmarke, der nach Abschluss **2** des Anmeldeverfahrens der Marke die Seniorität seiner identischen nationalen Marke für die Unionsmarke in Anspruch nehmen möchte, bei seinem Antrag folgende Angaben machen:
- Nummer der Eintragung der Unionsmarke;
- Name und Anschrift des Inhabers der Unionsmarke;
- Angabe des Mitgliedstaates oder der Mitgliedstaaten, in denen die ältere Marke die ältere Marke eingetragen ist, die Nummer und der Anmeldetag sowie die Waren und Dienstleistungen für die die ältere Marke eingetragen ist;
- Waren und Dienstleistungen für die die Seniorität in Anspruch genommen wird;

- genaue beglaubigte Abschrift der betreffenden Eintragung.
3 Soweit diese notwendigen Angaben auf der Internetseite des nationalen Markenamtes abrufbar sind, kann auf die Einreichung der Unterlagen verzichtet werden (Regel 28 Abs. 4 GMDV). Aufgrund der VO (EU) 2015/2424 wird mit Wirkung vom **1.10.2017** der Inhalt der Regel 28 Abs. 1 GMDV in einen neuen Abs. 2 des Art. 35 aufgenommen. Regel 28 Abs. 4 GMDV wird in Art. 34 Abs. 6 aufgenommen, auf den durch einen neuen Art. 35 Abs. 4 verwiesen wird.
4 Soweit die Voraussetzungen der Inanspruchnahme der Seniorität nicht erfüllt sind oder weitere Unterlagen erforderlich sind, teilt das EUIPO dies dem Antragsteller mit (Regel 9 Abs. 7 UMVD) und fordert ihn auf, den Mangel zu beseitigen (Regel 28 Abs. 2 GMDV). Erfüllt der Anmelder die Anforderungen der Aufforderung nicht, so weist das EUIPO gemäß Regel 28 Abs. 2 S. 2 GMDV den Antrag zurück, teilt dem Antragsteller mit, dass er die Seniorität verloren habe und weist ihn darauf hin, dass er gemäß Regel 54 GMDV eine Entscheidung über die Feststellung des Rechtverlustes beantragen könne. Durch VO (EU) 2015/2424 wird der Inhalt der Regel 9 Abs. 7 und 28 Abs. 2 GMDV in einen neuen Abs. 3 des Art. 35 aufgenommen. Diese Änderung tritt jedoch erst am **1.10.2017** in Kraft.

II. Entsprechende Anwendung von Art. 34 Abs. 2 und 3

5 Die Wirkung der Seniorität nach Art. 35 ist gleich mit der Wirkung der bei der Anmeldung beanspruchten Seniorität nach Art. 34 Abs. 2 (→ Art. 34 Rn. 25 ff.). Die Seniorität erlischt nicht nach Art. 34 Abs. 2, sondern kommt zum Tragen, also wird wirksam.

B. Inanspruchnahme der Seniorität nach Art. 35 bei einer internationalen Registrierung

6 Gemäß Art. 153 Abs. 2 kann auch der Inhaber einer internationalen Registrierung einer Marke, in der die Unionsmarke benannt ist, ab dem Zeitpunkt der Veröffentlichung die Seniorität einer älteren Marke in einem Mitgliedstaat der europäischen Gemeinschaft nach den in Regel 110 GMDV genannten Voraussetzungen in Anspruch nehmen (→ Art. 153 Rn. 2). Infolge der Reform 2016 richtet sich die Inanspruchnahme der Seniorität einer älteren Marke aufgrund der internationalen Registrierung ab dem **1.10.2017** nach Art. 153a GMDV nF.

Titel IV Eintragungsverfahren

Abschnitt 1 Prüfung der Anmeldung

Art. 36 Prüfung der Anmeldungserfordernisse

(1) Das Amt prüft, ob
a) die Anmeldung der Unionsmarke den Erfordernissen für die Zuerkennung eines Anmeldetages nach Artikel 27 genügt;
b) die Anmeldung der Unionsmarke den in dieser Verordnung und in der Durchführungsverordnung vorgesehenen Erfordernissen genügt;
c) gegebenenfalls die Klassengebühren innerhalb der vorgeschriebenen Frist entrichtet worden sind.

(2) Entspricht die Anmeldung nicht den in Absatz 1 genannten Erfordernissen, so fordert das Amt den Anmelder auf, innerhalb der vorgeschriebenen Frist die festgestellten Mängel zu beseitigen oder die ausstehende Zahlung nachzuholen.

(3) [1]Werden innerhalb dieser Fristen die nach Absatz 1 Buchstabe a festgestellten Mängel nicht beseitigt oder wird die nach Absatz 1 Buchstabe a festgestellte ausstehende Zahlung nicht nachgeholt, so wird die Anmeldung nicht als Anmeldung einer Unionsmarke behandelt. [2]Kommt der Anmelder der Aufforderung des Amtes nach, so erkennt das Amt der Anmeldung als Anmeldetag den Tag zu, an dem die festgestellten Mängel beseitigt werden oder die festgestellte ausstehende Zahlung nachgeholt wird.

(4) Werden innerhalb der vorgeschriebenen Fristen die nach Absatz 1 Buchstabe b festgestellten Mängel nicht beseitigt, so weist das Amt die Anmeldung zurück.

(5) [1]Wird die nach Absatz 1 Buchstabe c festgestellte ausstehende Zahlung nicht innerhalb der vorgeschriebenen Fristen nachgeholt, so gilt die Anmeldung als zurückgenommen, es sei denn, dass eindeutig ist, welche Waren- oder Dienstleistungsklassen durch den gezahlten Gebührenbetrag gedeckt werden sollen.

(6) Wird den Vorschriften über die Inanspruchnahme der Priorität nicht entsprochen, so erlischt der Prioritätsanspruch für die Anmeldung.

(7) Sind die Voraussetzungen für die Inanspruchnahme des Zeitrangs einer nationalen Marke nicht erfüllt, so kann deren Zeitrang für die Anmeldung nicht mehr beansprucht werden.

Änderungen mWv 1.10.2017 gemäß VO (EU) 2015/2424 vom 16.12.2015:
a) Absatz 1 Buchstabe b erhält folgende Fassung:
b) die Anmeldung der Unionsmarke den in Artikel 26 Absatz 3 festgelegten Bedingungen und Erfordernissen genügt;
b) In Absatz 2 werden die Worte „innerhalb der vorgeschriebenen Frist" durch „innerhalb von zwei Monaten nach Eingang der entsprechenden Mitteilung" ersetzt.
c) In Absatz 5 wird folgender Satz angefügt:
[2]Liegen keine anderen Kriterien vor, um zu bestimmen, welche Klassen durch den gezahlten Gebührenbetrag gedeckt werden sollen, so trägt das Amt den Klassen in der Reihenfolge der Klassifikation Rechnung. [3]Die Anmeldung gilt für diejenigen Klassen als zurückgenommen, für die die Klassengebühren nicht oder nicht in voller Höhe gezahlt worden sind.
d) Folgender Absatz 8 wird angefügt:
(8) Betrifft die Nichterfüllung der in Absatz 1 Buchstaben b und c genannten Erfordernisse lediglich einige Waren oder Dienstleistungen, so weist das Amt die Anmeldung nur in Bezug auf diese Waren oder Dienstleistungen zurück, oder es erlischt der Anspruch in Bezug auf die Priorität oder den Zeitrang nur in Bezug auf diese Waren und Dienstleistungen.

Überblick

Art. 36 regelt zusammen mit Regel 9 GMDV die Prüfung der Anmeldung sowohl in Hinsicht auf die Anmeldetagsvoraussetzungen (→ Rn. 1) als auch hinsichtlich der Formalvorschriften (→ Rn. 2 ff.) und der Entrichtung der ggf. anfallenden Klassengebühren (→ Rn. 32) sowie die Rechtsfolgen bei Mängeln in der Anmeldung. Darüber hinaus werden im Rahmen des Prüfungsverfahrens auch die Voraussetzungen für die Inanspruchnahme von Priorität (→ Rn. 33 ff.) und Seniorität/Zeitrang (→ Rn. 38) geprüft, die Rechtsfolgen bei Mängeln richten sich nach Art. 36 Abs. 6 respektive Art. 7.

Übersicht

	Rn.		Rn.
A. Anmeldetagsvoraussetzungen	1	11. Bewegungsmarken	25
		12. Positionsmarken	26
B. Formalprüfung	2	13. Kennfäden	27
I. Name und Anschrift des Anmelders	3	14. Muster	28
II. Name und Anschrift des Vertreters	4	15. Widersprüche im Zusammenhang mit der Markenwiedergabe	29
III. Angabe der ersten und zweiten Sprache	5	16. Serienmarken	30
1. Erste und zweite Sprache	5	17. Markenbeschreibungen	31
2. Korrespondenzsprache	6		
3. Maßgeblichkeit für Übersetzungen	7	C. Entrichtung der Klassengebühren	32
4. Maßgeblichkeit der Sprachwahl für Einschränkungen des Waren- und Dienstleistungsverzeichnisses	8	D. Inanspruchnahme der Priorität	33
		I. Priorität	33
		1. Materielle Voraussetzungen	34
IV. Unterschrift	9	2. Formelle Prüfung der Inanspruchnahme der Priorität	35
V. Markenkategorie	10		
1. Angabe der Kategorie	10	3. Rechtsfolgen von Mängeln	36
2. Spezifische Anmeldungserfordernisse	11	II. Ausstellungspriorität	37
3. Korrektur der Kategorie	12		
VI. Verzeichnis der Waren und Dienstleistungen	13	E. Inanspruchnahme der Seniorität	38
		I. Prüfung der Voraussetzungen für die Inanspruchnahme	38
VII. Wiedergabe der Marke	14	II. Rechtsfolgen bei Mängeln	39
1. Wortmarken	15	III. Inanspruchnahme der Seniorität im Rahmen von EU-Erweiterungen	40
2. Bildmarken	16		
3. 3D-Marken	17	F. Reform	41
4. Anmeldungen in Farbe	18	I. Markenkategorie	41
5. Anmeldungen „in Farbe" per Fax	19	1. Die Gewährleistungsmarke als neue Kategorie	41
6. Schwarz-weiße „Anmeldungen in Farbe"	20		
7. Farbmarken	21	2. Spezifische Anmeldevoraussetzungen	42
8. Hörmarken	22	II. Wiedergabe der Marke	43
9. Hologramme	23		
10. Geruchsmarken	24		

A. Anmeldetagsvoraussetzungen

1   Die Anmeldetagsvoraussetzungen sind in Art. 26 geregelt (→ Art. 26 Rn. 1 ff.). Ist eine dieser Voraussetzungen nicht erfüllt, wird dies dem Anmelder mitgeteilt und eine Frist von zwei Monaten ab Zugang dieser Mitteilung gesetzt, um den Mangel zu beheben. Wird der Mangel fristgerecht behoben, erhält die Anmeldung als Anmeldetag den Tag, an dem der Mangel beseitigt worden ist (Art. 36 Abs. 3 S. 2). Falls die Anmeldegebühr nicht innerhalb eines Monats nach Einreichung beim EUIPO eingegangen ist, kann ggf. trotzdem der vorläufige Anmeldetag beibehalten werden: Hierzu muss der Anmelder zunächst nachweisen, dass der Zahlungsauftrag an die von ihm angewiesene Bank vor Ablauf des Monats ordnungsgemäß erteilt wurde. Ist der Zahlungsauftrag innerhalb der letzten zehn Tage des Monats ab Einreichung der Anmeldung erteilt worden, muss der Anmelder zudem innerhalb der vom Amt gesetzten Frist einen 10-prozentigen Zuschlag zur Anmeldegebühr zahlen (Art. 144b Abs. 3). Erfolgte die ordnungsgemäße Zahlungsanweisung mehr als zehn Tage vor Ablauf des Monats, genügt der fristgerechte Nachweis der Erteilung der Zahlungsanweisung zur Wahrung des ursprünglichen Anmeldetags; ein Zuschlag ist nicht zu zahlen. Weist der Anmelder nicht nach, dass er innerhalb des Monats ab Einreichung die Zahlung ordnungsgemäß angewiesen hat und wird die Zahlung auch nicht innerhalb der vom Amt

Prüfung der Anmeldungserfordernisse   **Art. 36 UMV**

gesetzten Frist nachgeholt, gilt die Anmeldung als nicht eingereicht (Art. 36 Abs. 3 S. 1). Seit einer Praxisänderung zum 24.11.2014 beginnt das Amt erst nach Zahlungseingang der Anmeldegebühr mit der Prüfung der angemeldeten Marke. Der Grund für die Praxisänderung war, dass die Zahl der Anmeldungen, bei denen nach Beanstandung die Anmeldegebühr nicht bezahlt wurde, stieg (vgl. Veröffentlichung des Amtes, abzurufen im Internet unter https://euipo.europa.eu/ohimportal/de/web/guest/news/-/action/view/1593085).

B. Formalprüfung

Über die Anmeldetagserfordernisse hinaus regelt die GMDV weitere Formerfordernisse, **2** die im Prüfungsverfahren geprüft werden (Name und Anschrift des Anmelders, → Rn. 3; Name und Anschrift des Vertreters, → Rn. 4; Angabe der ersten und zweiten Sprache, → Rn. 5 ff.; Unterschrift, → Rn. 9; Angabe der Markenkategorie, → Rn. 10 ff.; Verzeichnis der Waren und Dienstleistungen, → Rn. 13; Wiedergabe der Marke, → Rn. 14 ff.). Soweit nicht im Folgenden ausdrücklich anders angegeben, erhält der Anmelder bei Unvollständigkeiten oder Fehlern der Angaben eine Frist zur Nachbesserung von in der Regel zwei Monaten. Wird innerhalb dieses Zeitraums der Mangel der Anmeldung nicht beseitigt, wird die Anmeldung zurückgewiesen (Art. 36 Abs. 4).

I. Name und Anschrift des Anmelders

Gemäß Regel 1 Abs. 1 Buchst. b GMDV muss der Anmelder Namen, Anschrift, Staatsan- **3** gehörigkeit und den (Wohn-)Sitzstaat angeben. Für natürliche Personen sind Vor- und Nachname(n), bei juristischen Personen der volle Name anzugeben; lediglich die Gesellschaftsform darf in einer üblichen Weise abgekürzt werden (zB „AG" oder „GmbH"). Fehlt die Angabe der Rechtsform oder ist die Rechtsform fehlerhaft angegeben (jeweils für das Amt erkennbar), wird dem Anmelder eine Frist zur Nachbesserung (Angabe der fehlenden Rechtsform, Korrektur der fehlerhaften Rechtsformbezeichnung) gesetzt. Sofern der Anmelder bereits über eine eigene Identifikationsnummer beim EUIPO verfügt, genügt die Angabe dieser Nummer, über die die weiteren Daten intern vom EUIPO abgerufen und in der Anmeldung ergänzt werden können.

II. Name und Anschrift des Vertreters

Falls ein Vertreter bestellt werden soll, muss in der Anmeldung nach Regel 1 Abs. 1 **4** Buchst. e GMDV dessen Name und Anschrift ebenfalls angegeben werden (zu den Details → Rn. 3). Sind mehrere Vertreter unter unterschiedlichen Adressen oder ein Vertreter mit mehreren Anschriften benannt, muss angegeben werden, welche Anschrift die Zustellanschrift sein soll; andernfalls versendet das EUIPO die Korrespondenz an die erste in der Anmeldung genannte Adresse. Unterliegt ein Anmelder dem Vertretungszwang, weil er weder (Wohn-)Sitz noch eine tatsächliche gewerbliche oder eine Handelsniederlassung im Europäischen Wirtschaftsraum hat, hat in der Anmeldung aber keinen Vertreter benannt, wird dem Anmelder eine Frist zur Benennung eines Vertreters gesetzt. Hierbei kann auf bereits beim EUIPO in der Vertreterdatenbank geführte Vertreter zurückgegriffen werden; die Datenbank ist online einseh- und recherchierbar. Darüber hinaus kann ein gewünschter aber bisher noch nicht vor dem EUIPO aktiver Vertreter benannt werden, sofern er die Voraussetzungen erfüllt (→ Art. 93 Rn. 1 ff.). Falls ein angestellter Vertreter iSv Art. 92 Abs. 3 benannt wird, muss dieser seit der Reform mit Wirkung zum 23.3.2016 der Anmeldung keine Vollmacht seines Arbeitgebers mehr beifügen; in Zweifelsfällen kann jedoch das Amt die Vorlage einer Vollmacht verlangen. Legt ein Vertreter trotz Aufforderung keine Vollmacht vor, setzt das EUIPO das Verfahren direkt mit dem Vertretenen fort; Handlungen des Vertreters mit Ausnahme der Einreichung der Anmeldung gelten als nicht erfolgt, außer, der Anmelder genehmigt sie (vgl. Regel 76 Abs. 4 GMDV). Das gilt allerdings nicht in Fällen, in denen der Anmelder dem Vertretungszwang unterliegt; in diesen Fällen kann das Verfahren nicht direkt mit dem Anmelder fortgeführt werden bzw. die Fortführung besteht in der Mitteilung der Zurückweisung der Anmeldung gemäß Regel 9 Abs. 3 GMDV.

III. Angabe der ersten und zweiten Sprache

1. Erste und zweite Sprache

5 Gemäß Art. 119 Abs. 1 (→ Art. 119 Rn. 1 ff.) können Unionsmarkenanmeldungen in jeder der Amtssprachen der Union eingereicht werden. Daneben muss nach Art. 119 Abs. 3 iVm Regel 1 Abs. 1 Buchst. j GMDV eine zweite Sprache angegeben werden, nämlich eine Sprache des EUIPO (Deutsch, Englisch, Französisch, Italienisch und Spanisch, Art. 119 Abs. 2). Die zweite Sprache muss eine zusätzliche, von der ersten Sprache unterschiedliche Sprache sein. Sie dient als (ggf. zusätzliche) Sprache für Widerspruchs-, Verfalls- und Nichtigkeitsverfahren (diese können nur in den Sprachen des EUIPO iSv Art. 119 Abs. 2 geführt werden, s. Art. 119 Abs. 5). Alle Angaben in der Anmeldung (einschließlich des Verzeichnisses der Waren und Dienstleistungen) müssen in der ersten Sprache erfolgen, wenngleich auch ein Formular des EUIPO in einer anderen Sprache verwendet werden kann, in das die Angaben (in der gewünschten ersten Sprache!) eingetragen werden. Zu beachten ist, dass die Sprachwahl (als solche; zur Wahl der Korrespondenzsprache → Rn. 6) im weiteren Verfahren nicht mehr geändert werden kann, zB wenn die Anmeldung auf einen Erwerber übertragen wird, der (und dessen Vertreter) die zwei gewählten Sprachen nicht (gut) versteht/beherrscht.

2. Korrespondenzsprache

6 Im Verlauf des Prüfungsverfahrens bis zur Eintragung korrespondiert das Amt mit dem Anmelder in der Regel in der ersten Sprache der Anmeldung. Ist diese keine Sprache des Amtes (also weder Deutsch, Englisch, Französisch, Italienisch noch Spanisch), kann der Anmelder als Korrespondenzsprache auch die zweite Sprache der Anmeldung ausdrücklich wählen, und zwar auch noch, wenn bereits Korrespondenz in der ersten Sprache erfolgt ist. Ist eine von der ersten Sprache abweichende Korrespondenzsprache gewählt worden, verfasst das EUIPO (ab dem Zeitpunkt, zu dem der Anmelder die abweichende Korrespondenzsprache gewählt hat) Mitteilungen an den Anmelder, die keinen Entscheidungscharakter haben, in dieser Sprache. Ist die erste Sprache allerdings ebenfalls eine Sprache des Amtes, wird diese auch Korrespondenzsprache; hat der Anmelder davon abweichend die zweite Sprache als Wunsch-Korrespondenzsprache in der Anmeldung angegeben, wird diese Sprachwahl amtlicherseits korrigiert und der Anmelder hierüber informiert (vgl. Prüfungsrichtlinien vor dem Amt, Teil B Abschnitt 2, Prüfung der Formerfordernisse, S. 12).

3. Maßgeblichkeit für Übersetzungen

7 Das Waren- und Dienstleistungsverzeichnis und alle „mehrsprachigen Elemente" („multilingual elements") der Anmeldung werden in alle Amtssprachen der Union übersetzt. Die „Quellsprache" für die Übersetzungen, dh die Sprache, aus der in die anderen Amtssprachen der Union übersetzt wird, ist regelmäßig die erste Sprache der Anmeldung. Wurde als erste Sprache eine der Sprachen des EUIPO gewählt, ist diese immer für die Übersetzung maßgeblich. Hat der Anmelder als erste Sprache eine andere Sprache als Deutsch, Englisch, Französisch, Italienisch oder Spanisch gewählt, aber eine Übersetzung aller relevanten Elemente (Verzeichnis der Waren und Dienstleistungen und weitere übersetzungsbedürftige Teile der Anmeldung wie zB eine Markenbeschreibung) in die zweite Sprache der Anmeldung beigefügt, wird die zweite Sprache als maßgebliche Quellsprache für die Übersetzung herangezogen. Hat der Anmelder keine Übersetzung beigefügt, bleibt es dabei, dass die erste Sprache für die Übersetzung maßgeblich ist, auch wenn es sich dabei nicht um eine der Sprachen des EUIPO handelt.

4. Maßgeblichkeit der Sprachwahl für Einschränkungen des Waren- und Dienstleistungsverzeichnisses

8 Die Sprachwahl in der Anmeldung beeinflusst auch Änderungswünsche hinsichtlich des Waren- und Dienstleistungsverzeichnisses nach Anmeldung aber vor Eintragung der Marke: Soll in diesem Zeitraum das Verzeichnis eingeschränkt werden, muss die Einschränkung regelmäßig in der ersten Sprache der Anmeldung erfolgen. Eine Ausnahme besteht nur,

Prüfung der Anmeldungserfordernisse **Art. 36 UMV**

wenn die erste Sprache keine der Sprachen des EUIPO (Deutsch, Englisch, Französisch, Italienisch, Spanisch) ist und als Korrespondenzsprache ausdrücklich die zweite Sprache der Anmeldung gewählt wurde; in diesem Fall kann die Einschränkung des Waren- und Dienstleistungsverzeichnisses in der zweiten Sprache erfolgen. Von Interesse ist dies insbesondere in Fällen, in denen der Anmelder schon vor einem potentiellen Widerspruch mit Dritten über Einschränkungen des Verzeichnisses zur Vermeidung von Kollisionen verhandelt; hier bietet es sich an, verhandelte Einschränkungen nach Möglichkeit (zumindest auch) in der Sprachfassung zu vereinbaren, die direkt an das EUIPO als Einschränkung des Verzeichnisses kommuniziert werden können. Nach Eintragung ist eine „Einschränkung" des Verzeichnisses ein partieller Verzicht (Art. 50); hierfür stehen als Verfahrenssprachen alle fünf Sprachen des EUIPO zur Wahl (vgl. Prüfungsrichtlinien vor dem Amt, Teil E.1 Änderungen in Eintragungen, S. 5).

IV. Unterschrift

Nach Regel 1 Abs. 1 Buchst. k GMDV iVm Regel 79, 80 und 82 GMDV sind schriftliche Anmeldungen zu unterschreiben, bei Fax genügt die Faxkopie der Unterschrift, bei Computerfax und elektronischer Übermittlung genügt die Namensangabe. Nach langjähriger erstinstanzlicher Prüfungspraxis des Amtes konnte die Anmeldung mit dem Namen (zB) der Kanzlei unterschrieben werden; es war nicht erforderlich, dass die Anmeldung von einer natürlichen Person mit ihrem Namen unterzeichnet war; dies war im Handbuch zur Markenpraxis ausdrücklich als zulässig vermerkt (s. The Manual Concerning Examination of Formalities, Part B.2). Dagegen wurde in einigen Entscheidungen der Beschwerdekammern des EUIPO die Unterschrift mit dem Namen einer natürlichen Person für notwendig gehalten (s. zB HABM BK v. 7.3.2006 – R 1074/2005-4 Rn. 12 – WINE OH!). Die neuen Richtlinien (s. Prüfungsrichtlinien vor dem Amt, Teil B Abschnitt 2, Prüfung der Formerfordernisse, S. 11) sehen die Möglichkeit, mit dem Kanzleinamen zu unterschreiben, nicht mehr vor. 9

V. Markenkategorie

1. Angabe der Kategorie

Nach Regel 1 Abs. 1 Buchst. i GMDV ist in der Anmeldung anzugeben, falls eine **Unionskollektivmarke** beantragt wird. Im Gegensatz zu Individualmarken, die gemäß Art. 5 von jeder natürlichen oder juristischen Person einschließlich Körperschaften des öffentlichen Rechts beantragt werden können, sind Kollektivmarken nach Art. 66 Abs. 1 bestimmten Verbänden und Körperschaften des öffentlichen Rechts vorbehalten. Auch der Zweck von Individual- und Kollektivmarken unterscheidet sich: Während Individualmarken der Unterscheidung der Waren und Dienstleistungen ihres Inhabers von denen anderer Erzeuger und Dienstleistungserbringer dienen, sollen Kollektivmarken Waren und Dienstleistungen der Mitglieder eines bestimmten Verbandes von denen Dritter unterscheiden. Kollektivmarken können zB dazu dienen, Waren mit einer bestimmten Herkunft besonders zu kennzeichnen und so den Ruf einer Region für typische Produkte zu vermarkten (s. zB UM 360 800 „Spreewalder Gurken"; zu Kollektivmarken → Art. 66 Rn. 1 ff.). 10

2. Spezifische Anmeldungserfordernisse

Gemäß Art. 67 iVm Regel 43 GMDV muss bei Anmeldung oder innerhalb von zwei Monaten ab Einreichung der Anmeldung einer Unionskollektivmarke eine Satzung für die angemeldete Marke eingereicht werden (zu den Anforderungen an die Satzung → Art. 67 Rn. 1 ff.). Ist keine oder eine unzureichende Satzung eingereicht worden, wird dies beanstandet und zwei Monate Frist zur Behebung des Mangels gesetzt. Wird der Mangel nicht behoben, wird die Anmeldung zurückgewiesen. 11

3. Korrektur der Kategorie

Wird versehentlich eine Anmeldung als Kollektivmarkenanmeldung bezeichnet, obwohl eine Individualmarke gewünscht ist, wird dies amtlicherseits bei Anmeldung durch natürliche 12

Stamm

Personen ohne weiteres als offensichtlicher Fehler angesehen, der im Anmeldeverfahren korrigiert werden kann; die überschüssige Gebühr wird erstattet. Die Offensichtlichkeit des Fehlers (vgl. Art. 43 Abs. 2) wird damit begründet, dass natürliche Personen nach Art. 66 als Inhaber von Kollektivmarken von vornherein nicht in Betracht kommen. Bei Anmeldungen durch juristische Personen ließ das Amt in der Vergangenheit keinen Wechsel von der Kollektiv- zur Individualmarke zu, weil grundsätzlich eine juristische Person der Rechtsform nach als Inhaberin einer Kollektivmarke in Betracht kommen kann. Nach einer Praxisänderung hängt nun allerdings die Korrigierbarkeit der versehentlich falsch gewählten Markenkategorie (nur noch) davon ab, ob eventuell neben der Auswahl der Kategorie im Anmeldeformular weitere Tatsachen dafür sprechen, dass zumindest zu Beginn des Anmeldeverfahrens eine Kollektivmarke gewollt war. So lässt jetzt das EUIPO einen Wechsel von der Kollektivmarke zur Individualmarke zu, wenn zB die Bezeichnung als Kollektivmarke nicht im angemeldeten Zeichen enthalten ist, aus dem Namen des Anmelders nicht hervorgeht, dass es sich bei dem Anmelder um einen Verband handelt und auch keine Satzung für die Kollektivmarke eingereicht wurde (vgl. Prüfungsrichtlinien vor dem Amt, Teil B Abschnitt 2, Prüfung der Formerfordernisse, S. 19). Diese neue Praxis ist anmelderfreundlich, lässt sich aber schwerlich mit Art. 43 Abs. 2 in Einklang bringen.

VI. Verzeichnis der Waren und Dienstleistungen

13   Gemäß Regel 1 Abs. 1 Buchst. c GMDV ist ein nach Regel 2 GMDV ordnungsmäßiges Verzeichnis der Waren und Dienstleistungen einzureichen. Im Zuge der Reform des Unionsmarkenrechts wurde Regel 2 GMDV gestrichen. Einzelheiten zum Verzeichnis der Waren und Dienstleistungen sind nun in Art. 28 geregelt. Dass überhaupt ein Verzeichnis eingereicht wird, ist nach Art. 26 bereits Anmeldetagsvoraussetzung. Die weitere Formalprüfung befasst sich damit, ob das eingereichte Verzeichnis den Anforderungen nach Art. 28 genügt (zu den Anforderungen → Art. 28 Rn. 1 ff.).

VII. Wiedergabe der Marke

14   Regel 1 Abs. 1 Buchst. d GMDV setzt voraus, dass die als Anmeldetagsvoraussetzung einzureichende Markenwiedergabe auch den Anforderungen von Regel 3 GMDV genügt. Hierauf richtet sich auch die Formalprüfung. Die Anforderungen variieren zum Teil je nach gewünschter Markenform (Wortmarke, → Rn. 15; Bildmarke, → Rn. 16; 3D-Marken, → Rn. 17; Anmeldungen in Farbe, → Rn. 18 ff.; Farbmarken, → Rn. 21; Hörmarken, → Rn. 22; Hologramme, → Rn. 23; Geruchsmarken, → Rn. 24; Bewegungsmarken, → Rn. 25; Positionsmarken, → Rn. 26; Kennfäden, → Rn. 27; Muster, → Rn. 28; auftretende Widersprüche, → Rn. 29; „Serienmarken", → Rn. 30; Markenbeschreibungen, → Rn. 31). Insbesondere können nur Wortmarken in die Anmeldung (dh in das Anmeldeformular des EUIPO) eingetragen werden (Regel 3 Abs. 1 GMDV); alle anderen Marken müssen auf einem gesonderten Blatt eingereicht und es muss angegeben werden, welche Markenform gewünscht ist (Regel 3 Abs. 2 und 3 S. 1 GMDV). Das gesonderte Blatt darf zudem nicht größer als DIN A4 sein und die Fläche, auf der die Marke wiedergegeben wird, darf 26,2 x 17 cm nicht überschreiten. Auf dem Zusatzblatt ist ein linker Rand von mindestens 2,5 cm einzuhalten. Sofern die korrekte Ausrichtung sich nicht von selbst ergibt, ist anzugeben, wo „oben" ist. Qualitativ muss die Wiedergabe so gut sein, dass sie die Verkleinerung oder Vergrößerung der Wiedergabe auf 8 cm Breite und 16 cm Höhe (das Format für die Veröffentlichung im Blatt für Unionsmarken) zulässt. Diese Formatvorschriften sichern die Erkennbarkeit der Marke auch in der Größe der Veröffentlichung. Hinsichtlich der Wiedergabe der Marke dürften sich ab dem 1.10.2017 nicht unerhebliche Veränderungen ergeben (→ Rn. 43).

1. Wortmarken

15   Wortmarken sind in der Anmeldung in üblicher Schreibweise wiederzugeben (Regel 3 Abs. 1 GMDV), und zwar als Fließtext. Das bedeutet, dass die verwendeten Zeichen nicht grafisch/farblich besonders ausgestaltet sein können. Als Wortmarke behandelt werden im Übrigen nur solche Texte, die über eine einzige Zeile verlaufen. Wortfolgen, die über

Prüfung der Anmeldungserfordernisse **Art. 36 UMV**

mehrere Zeilen verlaufen, werden vom Amt als Bildmarke behandelt, auch wenn die Marke weiter keine Bildelemente enthält. Als Wortmarken akzeptiert sind nur solche Zeichenkombinationen, deren Buchstaben einem Alphabet der offiziellen EU Amtssprachen entstammen, und/oder Zeichen, die über eine Tastatur erzeugt werden können sowie Kombinationen dieser Buchstaben und Zeichen (vgl. Prüfungsrichtlinien vor dem Amt, Teil B Abschnitt 2, Prüfung der Formerfordernisse, S. 20).

2. Bildmarken

Bildmarken können aus grafisch besonders ausgestalteten Wortelementen, aus einer Kombination von Wort- und zusätzlichen Bildelementen und aus reinen Bilddarstellungen bestehen. Entsprechend den vorstehenden Grundsätzen zur Wiedergabe von Wortmarken sind im Übrigen auch Zeichen mit Wortelementen aus EU-fremden Alphabeten und sonstige Zeichen, die nicht über eine (in der EU handelsübliche) Tastatur reproduzierbar sind, als Bildmarken einzuordnen. Sie sind auf einem Zusatzblatt zur Anmeldung wiederzugeben (→ Rn. 14). **16**

3. 3D-Marken

Ist eine 3D-Marke gewünscht, muss dies ausdrücklich angegeben werden (Regel 3 Abs. 4 GMDV). Wird eine nicht näher spezifizierte Marke mit nur einer Abbildung eingereicht, wird die Marke als Bildmarke behandelt. Die Wiedergabe einer 3D-Marke kann fotografisch oder zeichnerisch erfolgen, wobei bis zu sechs Perspektiven derselben Form abgebildet werden können. Die Abbildungen müssen in einer einzelnen JPEG-Datei bzw. auf einem einzelnen DIN A4-Blatt eingereicht werden. Werden verschiedene Perspektiven als Einzelabbildungen eingereicht, erhält der Anmelder Gelegenheit, sich eine der Abbildungen auszusuchen und mit ihr die Anmeldung weiterzubetreiben. Die anderen Abbildungen werden nicht weiter berücksichtigt. Bei der Abbildung verschiedener Perspektiven in einer JPEG-Datei bzw. auf einem DIN A4-Blatt ist darauf zu achten, dass auf jedem Bild erkennbar der gleiche Gegenstand (nämlich die gleiche Form, bei farbiger Wiedergabe auch in der gleichen Farbe) abgebildet ist. Ist dies nicht der Fall, ist die Markenwiedergabe unrettbar fehlerhaft. Die Anmeldung müsste dann neu eingereicht werden, dh mit einem späteren Anmeldedatum; falls die Gebühr für die fehlerhafte Anmeldung schon bezahlt sein sollte, verdoppeln sich zudem die Kosten, weil für die Neuanmeldung auch eine neue Anmeldegebühr fällig wird. Ist die Gebühr noch nicht bezahlt, kann der Anmelder die fehlerhafte Anmeldung zurücknehmen oder verfallen lassen, um wenigstens den Kostennachteil zu minimieren (bei Abrechnung über ein laufendes Konto müsste aber ggf. das Amt umgehend angewiesen werden, das Konto nicht zum Ablauf des auf die Einreichung folgenden Monats automatisch zu belasten). Fehler treten in diesem Zusammenhang in der Praxis insbesondere dann auf, wenn derselbe Gegenstand aus unterschiedlicher Sicht in verschiedenen Farben abgebildet wird; in einem solchen Fall zählt jeder (verschiedenfarbige) Gegenstand als ein neuer Gegenstand, nicht schlicht wie eine Abbildung der Grundform aus einer anderen Perspektive (vgl. hierzu s. Prüfungsrichtlinien vor dem Amt, Teil B Abschnitt 2, Prüfung der Formerfordernisse, insbesondere S. 25 mit der Abbildung der UM 9 739 731 – verschiedenfarbige Flaschen). **17**

4. Anmeldungen in Farbe

Jedes Zeichen kann auch in Farbe angemeldet werden, wobei die Anmeldung eines Wortes in Farbe automatisch dazu führt, dass die Marke nunmehr keine Wort-, sondern eine Bildmarke ist (→ Rn. 15). Gemäß Regel 3 Abs. 5 GMDV muss die Wiedergabe der Marke in diesem Fall farbig erfolgen und die Farben sind durch Worte zu benennen; Angaben wie „mehrfarbig" oder „bunt" sind unzulässig (vgl. HABM BK v. 25.8.2010 – R 1270/2010-4 Rn. 11 – Form von Prüfköpfen). Die Angabe eines internationalen Farbcodes ist optional. Sind die Farben der Abbildung in der Anmeldung nicht angegeben, schlägt der Prüfer dem Anmelder eine Farbbenennung vor. Widerspricht der Anmelder nicht innerhalb von zwei Monaten, gilt der Vorschlag als angenommen. Widerspricht der Anmelder ohne selbst eine passende Farbbezeichnung vorzuschlagen, wird die Anmeldung mit Fristablauf zurückgewie- **18** sen (Regel 9 Abs. 4 iVm Regel 3 Abs. 5 GMDV); Entsprechendes gilt, wenn der Prüfer die Farben nicht selbst identifizieren kann und der Anmelder auf Aufforderung keine Farben benennt. Ist die Markenabbildung in Farbe eingereicht worden, wird die Anmeldung automatisch als eine Anmeldung in Farbe behandelt; es ist nicht möglich, die Anmeldung in eine Anmeldung in schwarz-weiß abzuändern (vgl. HABM BK v. 25.8.2010 – R 1270/2010-4 Rn. 11 – Form von Prüfköpfen). Umgekehrt kann eine schwarz-weiß eingereichte Marke nicht mit einem Farbanspruch (anderer) Farben erfolgen (eine Ausnahme besteht nur für Anmeldungen per Fax, → Rn. 19) oder in eine Anmeldung in Farbe abgeändert werden. Erfolgt die Anmeldung in Farbe und die Abbildung enthält auch weiße, graue oder schwarze Elemente, die nicht nur der Schattierung oder Umrandung der eigentlichen Bildbestandteile dienen, müssen auch diese „Farben" in der wörtlichen Farbbenennung angegeben werden.

5. Anmeldungen „in Farbe" per Fax

19 Wird eine Marke per Fax angemeldet, kann die farbige Abbildung anmeldetagswahrend innerhalb eines Monats nachgereicht werden (Regel 80 Abs. 1 GMDV). Diese Monatsfrist ist nicht verlängerbar. Geht innerhalb des Monats beim EUIPO keine Abbildung in Farbe ein, sind die Prüfer angewiesen, die in der Faxanmeldung enthaltene Farbangabe in eine zur Abbildung passende Benennung als „schwarz", „weiß" und/oder „grau" abzuändern (vgl. Prüfungsrichtlinien vor dem Amt, Teil B Abschnitt 2, Prüfung der Formerfordernisse, S. 38).

6. Schwarz-weiße „Anmeldungen in Farbe"

20 Im Rahmen von Anmeldungen „in Farbe" ist zu beachten, dass das EUIPO auch Schwarz, Weiß und Grau als „Farben" behandelt, wenn in der Anmeldung die Farben wörtlich benannt sind. Das bedeutet, dass solche Anmeldungen als Marken mit Farbanspruch behandelt und ggf. eingetragen werden (vgl. Prüfungsrichtlinien vor dem Amt, Teil B Abschnitt 2, Prüfung der Formerfordernisse, S. 37). Soll also keine Farbe beansprucht werden, bleibt das Feld zu Farbangaben im Anmeldeformular leer.

7. Farbmarken

21 Von Anmeldungen in Farbe abzugrenzen ist der Sonderfall einer reinen Farbmarke. Im Gegensatz zur Bildmarke in Farbe sind hier nicht Bild- oder Schriftelemente in farbiger Ausgestaltung geschützt, sondern eine oder mehrere konkrete Farbtöne und deren Verhältnis zueinander. Dementsprechend muss/müssen bei Anmeldung die Farbe(n) konturlos wiedergegeben werden. Die Farbe(n) muss/müssen im Feld zur Farbangabe benannt werden; die Angabe eines internationalen Farbcodes ist optional und ersetzt die wörtliche Benennung der Farben nicht. Bei Farbkombinationen sind die jeweiligen Anteile jeder Farbe und ihre Anordnung im Feld zur Markenbeschreibung anzugeben (vgl. zB UM 4 381 471 Blau und Silber). Fehlen die Angaben, erhält der Anmelder Gelegenheit zur Nachbesserung. Enthält die Marke zusätzliche Bild- oder Schriftelemente, handelt es sich nicht um eine Farbmarke, sondern um eine Bildmarke. In diesem Fall korrigiert der Prüfer die angegebene Markenform und setzt dem Anmelder eine zweimonatige Frist zur Stellungnahme.

8. Hörmarken

22 Nach Regel 3 Abs. 6 GMDV ist bei der Anmeldung von Hörmarken die Klangfolge grafisch darzustellen, vornehmlich in Notenschrift; eine Datei mit klanglicher Wiedergabe ist fakultativ. Wird allerdings auf die Einreichung einer Klangfolge in Notenschrift verzichtet oder ist diese aufgrund der Art des Geräuschs nicht möglich, genügt die Wiedergabe der Marke Regel 3 Abs. 6 GMDV nach Auffassung des EUIPO nur, wenn neben einem Sonagramm auch eine Tondatei der Anmeldung beigefügt ist. Ein Sonagramm allein reicht nicht, weil sich aus der Abbildung allein der tatsächliche Klang nicht entnehmen lässt (vgl. auch HABM BK v. 27.9.2007 – R 708/2006-4 Rn. 20 ff. – TARZANSCHREI). Ebenfalls nicht ausreichend ist die bloße Wiedergabe der Marke in einer Tondatei. Soll eine Tondatei eingereicht werden, kann sie als MP3-Datei von nicht mehr als zwei Megabyte an die elektronische Anmeldung angehängt werden (vgl. Prüfungsrichtlinien vor dem Amt, Teil B Abschnitt 2, Prüfung der Formerfordernisse, S. 26).

9. Hologramme

Grundsätzlich sind die Zeichenformen nach Art. 4 offen. Neben den in Regel 3 GMDV 23 getroffenen spezifischen Anforderungen für bestimmte Markenformen sind daher auch formell korrekte Anmeldungen zu weiteren Zeichen möglich, zB auch von Hologrammen. Diese sind allerdings grafisch relativ schwer darstellbar, da die Änderung im Bild auch in der Abbildung der Marke wiedergegeben sein muss. Diese Schwierigkeit kann mit einer präzisen Markenbeschreibung und der Abbildung von hinreichend vielen Einzelbildern der „Bewegungsfolge" überwunden werden. Das EUIPO akzeptiert Wiedergaben von Hologrammen mit mehreren Abbildungen, vorausgesetzt die Bildfolge ist in einem einzigen JPEG-Dokument bzw. auf einem einzigen DIN A4-Blatt abgebildet und lässt die Bildveränderung des Hologramms hinreichend klar erkennen (vgl. Prüfungsrichtlinien vor dem Amt, Teil B Abschnitt 2, Prüfung der Formerfordernisse, S. 28).

10. Geruchsmarken

Nach derzeitigem Stand der Praxis und Rechtsprechung akzeptiert das EUIPO die Anmeldung von Geruchsmarken mangels grafischer Darstellbarkeit nicht (vgl. Prüfungsrichtlinien 24 vor dem Amt, Teil B Abschnitt 2, Prüfung der Formerfordernisse, S. 29 unter Verweis auf EuGH C-273/00, BeckRS 2004, 75882 – Sieckmann). Hierbei scheitert die Anmeldung regelmäßig schon an den Anmeldetagsvoraussetzungen; nach Ansicht des EUIPO liegt keine mangelhafte Abbildung iSv Regel 3 GMDV, sondern gar keine Abbildung der eigentlichen Marke vor, wenn der Geruch lediglich in der Markenbeschreibung beschrieben wird; die Markenanmeldung gilt dann als nicht eingereicht. Wird der Versuch einer grafischen Darstellung des Geruchs eingereicht, wird die Anmeldung im Rahmen der Prüfung der absoluten Schutzhindernisse zurückgewiesen (vgl. Prüfungsrichtlinien vor dem Amt, Teil B Abschnitt 2, Prüfung der Formerfordernisse, S. 29).

11. Bewegungsmarken

Es können als „sonstige" Marken iSd Anmeldeformulars auch Bildsequenzen eingereicht 25 werden, um eine Bewegungsfolge als Marke eintragen zu lassen. Voraussetzung ist, dass die Bildsequenz in einer einzelnen JPEG-Datei bzw. auf einem einzelnen DIN A4-Blatt abgebildet ist und sich die Bewegung klar aus der Bildfolge und der Markenbeschreibung ergibt. „Sonstige Marken" müssen regelmäßig eine Markenbeschreibung enthalten, die erklärt, was genau als Marke geschützt sein soll (vgl. Prüfungsrichtlinien vor dem Amt, Teil B Abschnitt 2, Prüfung der Formerfordernisse, S. 29). Für traditionelle Markenformen wie die Wort- oder Bildmarke ist eine Markenbeschreibung nach Regel 3 Abs. 3 S. 2 GMDV optional.

12. Positionsmarken

Ebenfalls eine „sonstige Marke" ist die Positionsmarke. Sie schützt die Anbringung eines 26 bestimmten Zeichens an einer ganz bestimmten Stelle einer Ware. Neben der Abbildung der Positionierung des Zeichens ist eine Markenbeschreibung einzureichen, aus der sich ergibt, dass es sich bei der Marke um eine Positionsmarke handelt. Darüber hinaus muss aus Bild und Beschreibung klar sein, wo genau auf den abgedeckten Waren die Marke platziert wird. Allgemein gehaltene Angaben wie etwa, dass das Zeichen auf der Außenseite der betreffenden Waren angebracht wird, sind nicht hinreichend bestimmt. Enthält das Waren- und Dienstleistungsverzeichnis (auch) Waren, für die die Positionierung unklar oder so wie beschrieben nicht möglich ist, wird die Anmeldung insoweit beanstandet und ggf. zurückgewiesen (s. zB UM 8 316 184, bei der ein roter Kupferring am oberen Rand von Töpfen und Pfannen auch angemeldet war für Küchengerätschaften im Allgemeinen – die nicht notwendigerweise eine entsprechende Form und Anbringungsmöglichkeit aufweisen).

13. Kennfäden

Auch Kennfäden können als Marken angemeldet werden. Hierbei handelt es sich um 27 farbige Linien oder Fäden, die an bestimmten Waren angebracht werden, zB als Streifen auf Schläuchen oder Rohren oder als farbige, in Stoffbahnen eingearbeitete Fäden (vgl. HABM

BK v. 1.8.2002 – R 174/2002-2 – WEBKANTE). Die Markenbeschreibung sollte klarstellen, dass Schutz für einen Kennfaden beantragt wird (Englisch „tracer mark"). Die jeweilige Farbe ist wörtlich zu benennen.

14. Muster

28 Das EUIPO behandelt die Anmeldung von Mustern nicht als gesonderte Markenform, sondern als Bildmarke (vgl. Prüfungsrichtlinien vor dem Amt, Teil B Abschnitt 2, Prüfung der Formerfordernisse, S. 21). Für die Abbildung gelten daher die Grundsätze unter → Rn. 16 (und bei Anmeldung in Farbe → Rn. 18).

15. Widersprüche im Zusammenhang mit der Markenwiedergabe

29 Im Zusammenhang mit der Markenwiedergabe einerseits und den weiteren in der Anmeldung enthaltenen Informationen andererseits ergeben sich immer wieder bestimmte Arten von Widersprüchen oder Unklarheiten. So werden häufig Bildmarken in Farbe irrig als „Farbmarke" angemeldet (→ Rn. 21) oder Bildmarken, die aus grafisch besonders gestalteten Wortelementen oder Wortwiedergaben in Farbe bestehen, werden als „Wortmarke" angemeldet. Ist die gewählte Markenform im Vergleich mit der Abbildung klar falsch, korrigiert das EUIPO die Markenform und gewährt dem Anmelder zwei Monate Zeit zur Stellungnahme. Erklärt sich der Anmelder einverstanden oder äußert sich innerhalb der Frist nicht, gilt die Korrektur als angenommen. Beharrt der Anmelder auf der objektiv falsch gewählten Markenform, wird die Marke zurückgewiesen. Ist aus der Anmeldung insgesamt unklar, welche Markenform angemeldet wird, erhält der Anmelder Gelegenheit zur Klarstellung; äußert er sich nicht oder besteht darauf, ein widersprüchliches Element der Anmeldung beizubehalten, wird die Anmeldung zurückgewiesen.

16. Serienmarken

30 Im Gegensatz zu manchen nationalen Rechtsordnungen ist es nach der UMV nicht möglich, eine Serienmarke anzumelden, also im Wesentlichen dasselbe Zeichen in verschiedener Ausgestaltung. Es kommt gelegentlich vor, dass Anmelder zB Wortmarken in verschiedenen Sprachen anmelden, und zwar in derselben Anmeldung. Das führt nicht dazu, dass die Wortfolge als solche jeweils in den einzelnen Sprachen geschützt ist; vielmehr ist die Marke dann als Ganzes, nämlich als eine Einheit mit der Wiederholung der Wortfolge in den verschiedenen Sprachen geschützt. Eine Beanstandung erfolgt in einem solchen Fall nicht. Entsprechendes gilt, wenn die Ausgestaltung bildlich ist und die verschiedenen Versionen der Marke in ein und demselben JPEG-Dokument oder auf einem DIN A4-Blatt eingereicht wird. Werden die verschiedenen Ausgestaltungen der Marke dagegen in Form verschiedener JPEG-Dokumente oder auf mehreren Seiten abgebildet, erhält der Anmelder zwei Monate Frist um sich für eine der Ausgestaltungen als Marke zu entscheiden. Die weiteren Versionen müssen fallengelassen bzw. in neuen separaten Anmeldungen weiter verfolgt werden.

17. Markenbeschreibungen

31 Nach Regel 3 Abs. 3 S. 2 GMDV sind Markenbeschreibungen zwar grundsätzlich fakultativ, doch müssen für manche Marken Beschreibungen zur Klärung des Schutzgegenstands beigefügt werden (zB „sonstige Marken", → Rn. 25, → Rn. 26). Für Wortmarken sind demgegenüber Beschreibungen nicht vorgesehen. Enthält eine Wortmarkenanmeldung dennoch eine Beschreibung, wird diese vom EUIPO gelöscht und der Anmelder informiert. Markenbeschreibungen können im Übrigen nur enthalten, was auf der Abbildung zu sehen oder in einer Hörmarke zu hören ist; davon abweichender bzw. darüber hinausgehender Beschreibungsinhalt ist zu löschen. Eine Art Ausnahme von diesem Grundsatz besteht bei Marken, die Buchstaben aus einem Nicht-EU-Alphabet enthalten; gibt der Anmelder hier die Transliteration des fremden Zeichens in einem der EU-Alphabete in der Markenbeschreibung wieder, wird die Wiedergabe nicht vom EUIPO auf Richtigkeit geprüft. Die Richtigkeit der Angabe wird jedoch angenommen und die „Beschreibung" nicht von Amts wegen gelöscht. Bei sich aus der Markenbeschreibung ergebenden Mängeln ist zu unterscheiden: Ist für eine angemeldete Markenform die Beschreibung zum Verständnis der Marke zwingend

notwendig (zB Bewegungsmarken → Rn. 25 oder Positionsmarken → Rn. 26) aber mangelhaft und bessert der Anmelder nicht fristgerecht nach, wird die Anmeldung zurückgewiesen. Betrifft die mangelhafte Beschreibung eine Markenform, für die die Beschreibung zum Verständnis der begehrten Marke nicht notwendig ist (zB Bildmarke), und bessert der Anmelder die Beschreibung nicht in der gesetzten Frist nach, löscht das Amt die Beschreibung und fährt mit dem Prüfungs-/Eintragungsverfahren fort (vgl. Prüfungsrichtlinien vor dem Amt, Teil B Abschnitt 2, Prüfung der Formerfordernisse, S. 41).

C. Entrichtung der Klassengebühren

Nach Art. 36 Abs. 5 gilt die Anmeldung mangels Zahlung etwaiger Klassengebühren als zurückgenommen, es sei denn es ist eindeutig, welche Klassen durch die insgesamt gezahlten Gebühren abgedeckt sein sollen. Durch Regel 9 Abs. 5 S. 2 GMDV wird diese Vorgabe jedoch modifiziert. Wenn die gezahlten Gebühren nicht für die Anmeldung mit allen abgedeckten Klassen ausreichen und sonst keine Hinweise auf die bevorzugten Klassen vorliegen, verfährt das EUIPO in der Reihenfolge der Klassifizierung; dh, dass angefangen mit der niedrigsten Klassennummer in aufsteigender Reihenfolge all die Klassen als abgedeckt gelten, für die die jeweils fällige Gebühr in voller Höhe gezahlt wurde. Wurde nur die Anmeldegebühr bezahlt, sind dies die ersten drei von insgesamt mehreren Klassen. Die Situation, dass nicht ausreichend Klassengebühren angewiesen wurden, ergibt sich insbesondere, wenn im Zuge der Klassifizierung durch das EUIPO im Prüfungsverfahren zusätzlich zu den angemeldeten weitere Klassen eröffnet werden. Will der Anmelder in einem solchen Fall nicht die erhöhten Gebühren tragen, muss er prüfen, welche der dann relevanten Klassen er beibehalten will und diese ggf. ausdrücklich spezifizieren. 32

D. Inanspruchnahme der Priorität

I. Priorität

Wird für die Anmeldung Priorität beansprucht, ist dies nach Regel 1 Abs. 1 Buchst. f GMDV in der Anmeldung zu erklären, andernfalls nach Regel 6 Abs. 2 GMDV innerhalb einer Frist von zwei Monaten nach dem Anmeldetag. Innerhalb von drei Monaten nach dem Anmeldetag, respektive drei Monate nach der Prioritätserklärung gemäß Regel 6 Abs. 2 GMDV sind zudem das Aktenzeichen der früheren Anmeldung und ggf. eine (beglaubigte) Abschrift der Voranmeldung einzureichen (Regel 6 Abs. 1 GMDV). 33

1. Materielle Voraussetzungen

Das EUIPO prüft, ob die materiellen Voraussetzungen für die Priorität vorliegen (zu den Prioritätsvoraussetzungen → Art. 29 Rn. 1), also ob 34
- die Voranmeldung die Wirkung einer Anmeldung in einem PVÜ- oder WTO-Staat oder in einem Staat hat, der die Gegenseitigkeit gewährleistet,
- die Nachanmeldung innerhalb von sechs Monaten eingereicht wurde,
- die Voranmeldung die erste Anmeldung der Marke gewesen ist,
- Marken, Anmelder und Waren und Dienstleistungen identisch sind.

2. Formelle Prüfung der Inanspruchnahme der Priorität

In formeller Hinsicht wird insbesondere geprüft, ob die Prioritätserklärung rechtzeitig, dh innerhalb von zwei Monaten ab Anmeldedatum der Nachanmeldung ein- und der Prioritätsbeleg, soweit notwendig, fristgerecht nachgereicht wurde. Im Übrigen bestehen ggü. den Vorgaben in Regel 6 GMDV (→ Rn. 33) einige Erleichterungen: Wird keine Abschrift eingereicht, versucht das EUIPO zunächst, die erforderlichen Informationen auf der Webseite des betreffenden nationalen Amtes zu finden. Darüber hinaus sind auch keine beglaubigten Abschriften nötig. Es reicht, wenn die eingereichten Kopien und Auszüge alle relevanten Informationen enthalten und eine amtliche Veröffentlichung wiedergeben bzw. einer offiziellen Datenbank entstammen (vgl. Mitteilung des Präsidenten Nr. 2/00 und Beschlüsse des Präsidenten Nr. EX-03-5 und EX-05-5). Stehen die benötigten Informationen dem EUIPO 35 nicht aus anderer Quelle zur Verfügung, erhält der Anmelder eine Zweimonatsfrist zur Einreichung der Nachweise. Diese Frist wird in der Regel nicht verlängert; das EUIPO geht insoweit davon aus, dass die gewährten Erleichterungen die Inanspruchnahme der Priorität hinreichend vereinfachen. Ist die Sprache der Voranmeldung nicht eine der fünf Sprachen des EUIPOs, kann eine Übersetzung angefordert werden; hierfür wird in der Regel eine Frist von drei Monaten eingeräumt. Sofern allerdings die Sprache der Voranmeldung eine andere Amtssprache der EU ist, werden die Prüfer oftmals auf die Übersetzung verzichten und entsprechende sprachliche Unterstützung von Kollegen suchen.

3. Rechtsfolgen von Mängeln

36   Bestehen in materieller oder formeller Hinsicht Mängel bei der Inanspruchnahme der Priorität, erhält der Anmelder Gelegenheit zur Nachbesserung bzw. Stellungnahme. Wird der Mangel nicht behoben, erlischt das Prioritätsrecht (Art. 36 Abs. 6). Dies wird dem Anmelder amtlich mitgeteilt und eine Frist eingeräumt, innerhalb derer er eine förmliche, beschwerdefähige Entscheidung über den Rechtsverlust anfordern kann. Auf entsprechende Anforderung ergeht die förmliche Entscheidung des Amtes.

II. Ausstellungspriorität

37   Für die Inanspruchnahme der Ausstellungspriorität nach Art. 33 iVm Regel 7 GMDV ist die Inanspruchnahme nach Regel 1 Abs. 1 Buchst. g GMDV in der Anmeldung zu erklären, gemäß Regel 7 Abs. 2 GMDV jedoch spätestens innerhalb von zwei Monaten nach dem Anmeldedatum der Unionsmarkennachanmeldung. Innerhalb von drei Monaten ab Anmeldetag bzw. der Prioritätserklärung nach Regel 7 Abs. 2 GMDV ist eine Ausstellungsbescheinigung einzureichen. Die Bescheinigung muss von der zuständigen Stelle erteilt sein und bestätigen, dass die Marke für die entsprechenden Waren oder Dienstleistungen tatsächlich benutzt worden ist. Sie muss außerdem den Tag der Eröffnung der Ausstellung und ggf. den Tag der ersten öffentlichen Benutzung der Marke angeben. Geprüft wird, ob es sich bei der Ausstellung um eine anerkannte Ausstellung, nämlich um eine amtliche oder amtlich anerkannte internationale Ausstellung iSd Übereinkommens von Paris vom 22.11.1928 handelte und ob die Nachanmeldung innerhalb von sechs Monaten seit der erstmaligen Zurschaustellung der Waren oder Dienstleistungen erfolgte; zu den geprüften materiellen Prioritätsvoraussetzungen im Übrigen → Rn. 34; zu den Rechtsfolgen bei nicht fristgerecht behobenen Mängeln in der Inanspruchnahme → Rn. 36).

E. Inanspruchnahme der Seniorität

I. Prüfung der Voraussetzungen für die Inanspruchnahme

38   Soll der Zeitrang (Seniorität) einer oder mehrerer älterer nationaler Marken in Anspruch genommen werden (zu den Voraussetzungen und Wirkungen → Art. 34 Rn. 1 ff.), ist dies gemäß Regel 1 Abs. 1 Buchst. h GMDV in der Anmeldung anzugeben, andernfalls nach Regel 8 Abs. 2 GMDV innerhalb einer Frist von zwei Monaten nach dem Anmeldetag, zusammen mit den erforderlichen Daten der nationalen Marken (Benennung des oder der Mitgliedstaats/-staaten, für den oder die die Marke(n) eingetragen sind, Prioritätsdatum der Marken, Nummern der Eintragungen und Angabe der eingetragenen Waren und Dienstleistungen). Gemäß Regel 8 Abs. 1 GMDV hat der Anmelder zudem innerhalb von drei Monaten nach Anmeldedatum bzw. nach dem Eingang der Senioritätserklärung (Regel 8 Abs. 2 GMDV) eine beglaubigte Abschrift zu der/den nationalen Marke(n) einzureichen. Auch hier bestehen aber Nachweiserleichterungen (vgl. Mitteilung des Präsidenten Nr. 2/00, Beschlüsse des Präsidenten Nr. EX-03-5 und EX-05-5). Werden keine Senioritätsunterlagen eingereicht, versucht das EUIPO zunächst, die relevanten Informationen online zu beschaffen. Ist das nicht möglich, wird eine Frist gesetzt, innerhalb derer die Unterlagen (einfache Kopien und Registerauszüge genügen, → Rn. 35) nachgereicht werden können.

II. Rechtsfolgen bei Mängeln

War die nationale Marke zum Anmeldedatum der Unionsmarke noch nicht oder nicht 39 mehr eingetragen, ist sie nicht identisch mit der Unionsmarkenanmeldung, wurde die Inanspruchnahme zu spät erklärt oder sind die Senioritätsbelege, sofern erforderlich, mangelhaft und wurde nicht auf entsprechende Fristsetzung nachgebessert, kann der Zeitrang für die Anmeldung nicht mehr beansprucht werden (Art. 36 Abs. 7). Die Mitteilung an den Anmelder erfolgt zunächst mit einfacher amtlicher Mitteilung. Verlangt dies der Anmelder innerhalb der hierfür gesetzten Frist, wird eine förmliche beschwerdefähige Entscheidung über den Rechtsverlust erlassen. Allerdings kann die Seniorität auch nach Eintragung der Unionsmarke gemäß Art. 35 in Anspruch genommen werden.

III. Inanspruchnahme der Seniorität im Rahmen von EU-Erweiterungen

Durch die automatische Erstreckung von Unionsmarken auf neue Mitgliedstaaten bei 40 EU-Erweiterungen (→ Art. 165 Rn. 1) ergibt sich für die Inanspruchnahme des Zeitrangs nationaler Marken der neuen Mitgliedstaaten sowie IR-Marken mit Wirkung für neue Mitgliedstaaten die Besonderheit, dass der Zeitrang dieser Marken unter Umständen auch für Unionsmarken beansprucht werden kann, die ein früheres Anmelde- oder Prioritätsdatum haben als das entsprechende nationale Anmelde- oder Prioritätsdatum. Das liegt daran, dass die erstreckten Unionsmarken in dem neuen Mitgliedstaat erst mit Erstreckung, also ab dem offiziellen Beitrittsdatum Wirkung entfalten. Liegt daher das Prioritäts- oder Anmeldedatum der nationalen Marke, deren Zeitrang beansprucht werden soll, vor dem Beitrittsdatum, ist diese Marke für Senioritätszwecke „früher" als die entsprechende Unionsmarke, selbst wenn diese eigentlich nach ihrem Prioritäts-/Anmeldedatum die ältere der Marken wäre (vgl. zB UM 2 094 860 – TESTOCAPS mit Anmeldedatum 20.2.2001 und Inanspruchnahme von Zeitrang für eine zyprische Marke mit Anmeldedatum 28.2.2001).

F. Reform

I. Markenkategorie

1. Die Gewährleistungsmarke als neue Kategorie

Die VO (EU) 2015/2424 führt die Unionsgewährleistungsmarke ein. Der neue Art. 74a 41 definiert sie als „eine Unionsmarke, die bei der Anmeldung als solche bezeichnet wird und geeignet ist, Waren oder Dienstleistungen, für die der Inhaber der Marke das Material, die Art und Weise der Herstellung der Waren oder der Erbringung der Dienstleistungen, die Qualität, Genauigkeit oder andere Eigenschaften – mit Ausnahme der geografischen Herkunft – gewährleistet, von solchen zu unterscheiden, für die keine derartige Gewährleistung besteht." Während die VO (EU) 2015/2424 selbst am 23.3.2016 in Kraft getreten ist, müssen für die Umsetzung der Vorschriften zur Unionsgewährleistungsmarke noch Durchführungsvorschriften erlassen werden. Die Bestimmungen zur Unionsgewährleistungsmarke sind ab dem nächsten Monatsersten 18 Monate nach Inkrafttreten der Änderungsverordnung anwendbar, dh ab dem 1.10.2017.

2. Spezifische Anmeldevoraussetzungen

Die Unionsgewährleistungsmarke muss bei der Anmeldung als solche bezeichnet werden 42 und kann von natürlichen oder juristischen Personen, einschließlich Einrichtungen, Behörden und juristischen Personen des öffentlichen Rechts angemeldet werden, sofern diese selbst nicht die Waren oder Dienstleistungen für die die Gewährleistung bestehen soll, liefern (Art. 74a Abs. 2 nF). Auch für die Gewährleistungsmarke wird der Anmelder innerhalb von zwei Monaten nach dem Anmeldetag eine Satzung vorlegen müssen. In dieser sind die zur Benutzung der Marke befugten Personen, die durch die Marke zu gewährleistenden Eigenschaften, die Art und Weise, wie die betreffende Stelle diese Eigenschaften zu prüfen und die Benutzung der Marke zu überwachen hat, sowie die Bedingungen für die Benutzung der Marke, einschließlich Sanktionen, anzugeben.

II. Wiedergabe der Marke

43 Nach der VO (EU) 2015/2424 entfällt das Erfordernis, Marken grafisch wiederzugeben. Zulässig ist künftig jede geeignete Form der Darstellung unter Verwendung allgemein zugänglicher Technologie, soweit die Darstellung eindeutig, präzise, in sich abgeschlossen, leicht zugänglich, verständlich, dauerhaft und objektiv ist, dh die in EuGH C-273/00, BeckRS 2004, 75882 – Sieckmann aufgestellten Kriterien werden herangezogen. Während die Änderungsverordnung als solche am 23.3.2016 in Kraft getreten ist, sind allerdings noch Durchführungsvorschriften zu verabschieden, die diese Änderungen umsetzen. Die Änderung bezüglich der Darstellung der Marke soll ab dem nächsten Monatsersten 18 Monate nach Inkrafttreten der Änderungsverordnung anwendbar sein, dh ab dem 1.10.2017.

Art. 37 Prüfung auf absolute Eintragungshindernisse

(1) Ist die Marke nach Artikel 7 für alle oder einen Teil der Waren oder Dienstleistungen, für die die Unionsmarke angemeldet worden ist, von der Eintragung ausgeschlossen, so wird die Anmeldung für diese Waren oder Dienstleistungen zurückgewiesen.

(2) (aufgehoben)

(3) Die Anmeldung kann nur zurückgewiesen werden, wenn dem Anmelder zuvor Gelegenheit gegeben worden ist, die Anmeldung zurückzunehmen, zu ändern oder eine Stellungnahme einzureichen.

Änderungen mWv 1.10.2017 gemäß VO (EU) 2015/2424 vom 16.12.2015:

(3) ¹Die Anmeldung kann nur zurückgewiesen werden, wenn dem Anmelder zuvor Gelegenheit gegeben worden ist, die Anmeldung zurückzunehmen, zu ändern oder eine Stellungnahme einzureichen. ²Hierzu teilt das Amt dem Anmelder mit, welche Hindernisse der Eintragung entgegenstehen, und setzt ihm eine Frist für die Zurücknahme oder Änderung der Anmeldung oder zur Einreichung einer Stellungnahme. ³Beseitigt der Anmelder die der Eintragung entgegenstehenden Hindernisse nicht, so weist das Amt die Eintragung ganz oder teilweise zurück.

Überblick

Art. 37 Abs. 1 und 3 regelt zusammen mit Regel 11 Abs. 1 und 3 GMDV die materielle Prüfung der Anmeldung (→ Rn. 1 ff.). Danach ist die Marke zurückzuweisen, soweit sie für alle oder einen Teil der Waren und Dienstleistungen nicht iSv Art. 7 markenfähig ist (→ Rn. 8). Vor der (Teil-)Zurückweisung ist dem Anmelder Gelegenheit zur Stellungnahme (→ Rn. 4 ff.) zu geben, bzw. zur Zurücknahme der Anmeldung (→ Rn. 14). Die ursprünglich nach Art. 37 Abs. 2 iVm Regel 11 Abs. 2 GMDV vorgesehenen Disclaimer sind durch die Reform gemäß VO (EU) 2015/2424 vom 16.12.2015 mWv 23.3.2016 abgeschafft (→ Rn. 16 ff.).

Übersicht

	Rn.		Rn.
A. Materielle Prüfung der Anmeldung	1	4. Rücknahme der Anmeldung	14
B. Beanstandung	2	C. Zurückweisung	15
I. Allgemeines	2	D. Disclaimer	16
II. Relevanter Zeitpunkt	3	I. Allgemeines	16
III. Möglichkeiten für den Anmelder, der Beanstandung zu begegnen	4	II. Voraussetzungen	17
1. Rechtliche Entgegnung	4	III. Unzulässige Disclaimer	18
2. Einschränkung des Waren- und Dienstleistungsverzeichnisses	5	IV. Verfahren zur Abgabe des Disclaimers	19
		V. Wirkung des Disclaimers	20
3. Nachweis der erworbenen Unterscheidungskraft	6	1. Wirkung gemäß UMV	20
		2. Wechselwirkung mit nationalem Recht	21

A. Materielle Prüfung der Anmeldung

Während Art. 36 die formelle Prüfung der Anmeldung regelt, betrifft Art. 37 die materielle Prüfung, bis zum 23.3.2016 einschließlich der Möglichkeit eines Disclaimers, der aber inhaltlich mit der materiellen Prüfung der Anmeldung nicht zusammenhing (vgl. Eisenführ/Schennen/Schennen Rn. 3). Die materielle Prüfung der Anmeldung ist der formellen Prüfung nicht zwingend nachgeschaltet. Zwar ist das Amt bestrebt, die Prüfung der Anmeldungen möglichst einheitlich zu gestalten und die Gesamtbetreuung einer Anmeldung bei einem Prüfer zusammenzufassen („one file one examiner"), doch wird im Sinne der Beschleunigung des Verfahrens in großem Umfang arbeitsteilig durch spezialisierte Prüfer geprüft und vergleichsweise wenige Prüfer behandeln sowohl die formelle als auch die materielle Prüfung. Durch parallele Zugriffsmöglichkeiten auf die elektronische Akte werden die einzelnen Prüfungsschritte weitgehend parallel durchgeführt, dh eine Anmeldung kann bereits wegen absoluter Eintragungshindernisse iSv Art. 7 zurückgewiesen werden, wenn die formelle Prüfung noch nicht abgeschlossen ist.

B. Beanstandung

I. Allgemeines

Die Prüfung der Anmeldung hat eingehend und umfassend zu erfolgen (EuGH GRUR 2004, 674 Rn. 123 – Postkantoor). Ist das Amt der Auffassung, es bestehen – zumindest für einen Teil der Waren und/oder Dienstleistungen – absolute Eintragungshindernisse, hat es diese dem Anmelder mitzuteilen und eine Frist zur Stellungnahme oder Zurücknahme der Anmeldung zu setzen (Regel 11 Abs. 1 GMDV). Für eine solche Beanstandung wird ein Formschreiben verwendet, der sog. Brief „L 110". Dass dieser Brief in alle Amtssprachen der Gemeinschaft übersetzt vorliegt, hat für Anmelder und berufsmäßige Vertreter den Vorteil, dass die relevanten Informationen strukturell immer gleich gestaltet und leicht zu finden sind. Grundsätzlich kann eine Beanstandung jederzeit und bis zur tatsächlichen Eintragung der Marke erfolgen (vgl. EuG GRUR Int 2004, 947 Rn. 60 – TELEPHARMACY SOLUTIONS). Die Prüfer sind aber gehalten, alle absoluten Eintragungshindernisse in der ersten Beanstandung zu behandeln, um das Verfahren möglichst zu straffen. Eine Nachbeanstandung kann dennoch im Einzelfall notwendig werden, insbesondere wenn sich aufgrund von Einschränkungen des Waren- und Dienstleistungsverzeichnisses neue absolute Eintragungshindernisse ergeben. In diesem Zusammenhang erwähnenswert sind Fälle, bei denen das Waren- und Dienstleistungsverzeichnis so eingeschränkt wird, dass es für die beanstandeten Waren und/oder Dienstleistungen nicht mehr iSv Art. 7 Abs. 1 Buchst. c beschreibend ist, was aber dazu führt, dass die Neufassung potentiell irreführend iSv Art. 7 Abs. 1 Buchst. g ist.

II. Relevanter Zeitpunkt

Bei der Prüfung ist auf absolute Eintragungshindernisse am Anmeldetag abzustellen, nicht auf den Tag der Eintragung, also den Zeitpunkt, in dem der Prüfer über die Anmeldung entscheidet (vgl. EuGH BeckRS 2010, 91251 Rn. 41 – FLUGBÖRSE). Nach EuGH und EuG lässt sich nur durch diese Auslegung vermeiden, dass der Verlust der Eintragungsfähigkeit umso wahrscheinlicher wird, je länger das Eintragungsverfahren dauert. So könne durch den langen Instanzenzug das Verfahren bis zur Eintragung bis zu mehrere Jahre dauern, während derer der Anmelder sich gegen einen Gebrauch der Marke durch Dritte nicht wehren könne, was dazu führen könne, dass die Marke eine gebräuchliche Gattungsbezeichnung werde (vgl. EuGH BeckRS 2010, 91251 Rn. 48 f. – FLUGBÖRSE). Auch sei eine Parallele zu Art. 7 Abs. 3 zu ziehen; für diese Vorschrift gelte anerkanntermaßen, dass nur eine zum Anmeldetag bereits erlangte Unterscheidungskraft zur Eintragungsfähigkeit führe. Andernfalls könnte der Anmelder ungerechtfertigt privilegiert werden (vgl. EuGH BeckRS 2010, 91251 Rn. 52 ff. – FLUGBÖRSE). Im Übrigen biete sich nach der UMV auch die Möglichkeit, Marken, die nach Anmeldung ihre Unterscheidungskraft verlieren, infolge eines Verfallsantrags löschen zu lassen. Diese Regelung ermögliche es, Entwicklungen, die während des Eintragungsverfahrens eintreten können, hinreichend Rechnung zu tragen (vgl. EuGH BeckRS 2010, 91251 Rn. 50 f. – FLUGBÖRSE). Eine andere Auslegung soll sich nach den Gerichten insbesondere auch nicht daraus ergeben, dass nach dem Wortlaut von Art. 52 Abs. 1 Buchst. a Marken für nichtig zu erklären sind, wenn sie „entgegen den Vorschriften des Artikels 7 eingetragen worden" sind. Diese Vorschrift regele nur, wann eine Marke für nichtig erklärt werden könne, enthalte aber keinen Hinweis darauf, welches der für die Prüfung der absoluten Nichtigkeitsgründe maßgebliche Zeitpunkt sei. Allerdings dürfen nach der Rechtsprechung für die Beurteilung der Unterscheidungskraft im Anmeldezeitpunkt auch Umstände herangezogen werden, die aus der Zeit danach stammen, vorausgesetzt, sie lassen Rückschlüsse auf die Situation zum Anmeldedatum zu (EuGH BeckRS 2010, 91251 Rn. 43 – FLUGBÖRSE).

III. Möglichkeiten für den Anmelder, der Beanstandung zu begegnen

1. Rechtliche Entgegnung

4 Der Anmelder kann zunächst den rechtlichen Ausführungen des Prüfers entgegentreten. Dies bietet sich vornehmlich an, falls stichhaltige Gründe dafür sprechen, dass die angeführten absoluten Eintragungshindernisse im konkreten Fall nicht einschlägig sind. Statistisch gesehen hat nur ein kleiner Teil dieser Art der Stellungnahme Erfolg. Das liegt in der Mehrzahl der Fälle daran, dass bei der weit überwiegenden Zahl der Beanstandungen die beschreibende Eigenschaft der Marke oder die mangelnde Unterscheidungskraft relevant ist; diesbezüglich ist aber die erstinstanzliche Prüfungspraxis des Amts tendenziell recht großzügig und nur ein kleiner Teil der Anmeldungen wird überhaupt materiell beanstandet. Erfolgreich ist die Entgegnung daher in der Regel nur, wenn der Prüfer den Bedeutungsgehalt der Marke tatsächlich verkannt hat und sich davon durch die Entgegnung auch überzeugen lässt. Häufig gebrauchen Anmelder jedoch Argumente, die schon nach gefestigter Rechtsprechung nicht greifen. Diese werden mit entsprechenden Verweisen vom Amt regelmäßig zurückgewiesen. **Typische Argumente** in diesem Sinne sind:

- die Marke wird von den (zB) deutschen **Verbrauchern nicht als beschreibend wahrgenommen;** dieses Argument geht regelmäßig fehl, wenn die Marke in einer anderen Sprache als (hier im Beispiel) Deutsch beschreibend ist; wegen der Einheitlichkeit der Unionsmarke muss die Marke in **allen** Mitgliedstaaten unterscheidungskräftig und somit auch nicht beschreibend sein; abzustellen ist somit auf alle Verbraucher in der Gemeinschaft, und zwar gerade auf die, die die Marke im Zweifel verstehen
- es gibt eine oder mehrere **nationale Voreintragung(en);** es kann sein, dass in einzelnen Mitgliedstaaten eine Marke (hinreichend) kennzeichnungskräftig ist. Das bedeutet aber nicht, dass dies auch auf alle anderen Mitgliedstaaten zutrifft; auf Unionsebene wirken sich regelmäßig die unterschiedlichen Sprachen des angesprochenen Publikums aus (vgl. zB EuG GRUR Int 2003, 834 Rn. 40 – BEST BUY). Auch sind die Prüfungsmaßstäbe der nationalen Ämter und die des Amts aller Harmonisierungsbemühungen zum Trotz immer noch nicht gleich. Es kann daher sogar vorkommen, dass das Amt eine Anmeldung als beschreibend/nicht unterscheidungskräftig beanstandet und dabei auf das Verkehrsverständnis in einem Mitgliedstaat abstellt, in dem dieselbe Marke eingetragen wurde (vgl. zB HABM BK v. 31.5.2001 – R 909/2000-3 Rn. 29 – GenProfile).
- es gibt eine **Voreintragung in derselben maßgeblichen Sprache;** dieses Argument betrifft vor allem auf Englisch beschreibende Marken und Voreintragungen in den USA. In den USA ist aber die Prüfungspraxis eine vollkommen andere (s. zB HABM BK v. 14.9.2006 – R 376/2006-1 Rn. 27 – CALCIFOOD) und häufig weicht auch das Sprachverständnis von dem des europäischen Englisch ab.
- es gibt **Voreintragungen beim Amt selbst;** nach ständiger Rechtsprechung von EuGH und EuG ist im Rahmen der Prüfung kein Platz für eine Selbstbindung der Verwaltung (zB EuGH GRUR 2009, 667 Rn. 14, 18 – VOLKSHANDY); die Prüfung hat allein auf Grundlage der UMV zu erfolgen (zB EuGH GRUR Int 2005, 1012 Rn. 47 – BioID). Zwar hat das Amt bei einem Hinweis auf eine Voreintragung sorgfältig zu prüfen, ob die Marke doch eintragungsfähig ist, es ist aber nicht an die Voreintragung(en) gebunden (EuGH GRUR 2009, 667 Rn. 17 – VOLKSHANDY), weil es keinen Anspruch auf Gleichbehandlung im Unrecht gibt (EuG GRUR Int 2004, 947 Rn. 59 – TELEPHARMACY SOLUTIONS). Im Übrigen muss nicht auf jede der Voreintragungen im Einzel-

nen eingegangen werden; es genügt eine zusammenfassende Erörterung (EuG GRUR Int 2009, 410 Rn. 54–56 – MOZART).
- es wurde **keine beschreibende Benutzung nachgewiesen;** nach gefestigter Rechtsprechung muss nicht nachgewiesen werden, dass ein Ausdruck tatsächlich schon beschreibend benutzt wird; nach dem Wortlaut von Art. 7 Abs. 1 Buchst. c genügt, dass die verwendeten Wörter zur Beschreibung der Waren und Dienstleistungen geeignet sind (zB EuGH GRUR 2004, 146 Rn. 33 – DOUBLEMINT).
- **fehlendes Freihaltebedürfnis;** obwohl Art. 7 Abs. 1 Buchst. c ein öffentliches Interesse zugrunde liegt, eine Monopolisierung beschreibender Angaben im Interesse aller Marktteilnehmer zu vermeiden (EuGH GRUR Int 1999, 727 Rn. 25 – CHIEMSEE), muss das Amt nicht nachweisen, dass ein konkretes Marktbedürfnis daran besteht, gerade den angemeldeten Ausdruck bei der Vermarktung/Beschreibung der relevanten Waren und/oder Dienstleistungen zu verwenden (EuGH GRUR Int 1999, 727 Rn. 16, 3. Gedankenstrich und Rn. 35 – CHIEMSEE).
- das **Zeichen ist mehrdeutig;** mit diesem Argument werden häufig insbesondere englische beschreibende Begriffe in ihre Einzelteile zerlegt, die verschiedenen möglichen Bedeutungen der einzelnen Vokabeln aufgeführt und daraus geschlossen, dass neben dem vom Amt angeführten beschreibenden Sinngehalt auch komplett andere (unterscheidungskräftige) Bedeutungsgebilde möglich seien (zB HABM BK v. 14.11.2009 – R 795/2009-4 Rn. 13 – Light Car); das Argument geht fehl; nach dem eindeutigen Wortlaut von Art. 7 Abs. 1 Buchst. c genügt es, dass die Wortfolge zur Beschreibung geeignet ist; ist sie es in einer Auslegung, die im Zusammenhang mit den betreffenden Waren und Dienstleistungen sinnvoll ist, sind weitere Auslegungsmöglichkeiten irrelevant (EuGH GRUR 2004, 146 Rn. 32 – DOUBLEMINT).

2. Einschränkung des Waren- und Dienstleistungsverzeichnisses

Darüber hinaus kann das Waren- und Dienstleistungsverzeichnis eingeschränkt werden; hierbei handelt es sich eigentlich um eine Teilrücknahme der Anmeldung. Sie bietet sich typischerweise an, falls es auf die Waren und/oder Dienstleistungen, für die die Marke beschreibend wäre, im konkreten Einzelfall nicht ankommt. Zu beachten ist allerdings, dass bei der Einschränkung der Wortlaut des Verzeichnisses nicht schlicht so geändert werden kann, dass Waren mit der konkreten Eigenschaft, für die die Marke beschreibend wäre, ausgeschlossen sind (vgl. EuGH GRUR 2004, 674 Rn. 114 – Postkantoor); es muss vielmehr die ganze Warengruppe, die das (potentiell) beschriebene Merkmal aufweisen könnte, gestrichen werden. Zur Zulässigkeit von Einschränkungen → Art. 43 Rn. 14 ff.

3. Nachweis der erworbenen Unterscheidungskraft

Dieser Nachweis nach Art. 7 Abs. 3 steht nicht gegen alle absoluten Eintragungshindernisse zur Verfügung (→ Art. 7 Rn. 178 ff.). Sofern sich jedoch die Beanstandung darauf stützt, dass die Marke iSv Art. 7 Abs. 1 Buchst. b und/oder c beschreibend/nicht unterscheidungskräftig ist, kann sich der Anmelder den Nachweis der erworbenen Unterscheidungskraft in seiner Erwiderung auf die Beanstandung vorbehalten, um zunächst zu versuchen, den Prüfer zur Eintragung aufgrund originärer Unterscheidungskraft zu veranlassen. Steht entsprechendes Nachweismaterial grundsätzlich zur Verfügung oder kann es beschafft werden, sollte ein ausdrücklicher Hinweis in die Erwiderung auf die Beanstandung aufgenommen werden. Der Anmelder riskiert sonst, dass die Marke zunächst zurückgewiesen wird und der Nachweis erst um den zusätzlichen Preis der Beschwerdegebühr in der Beschwerde erfolgt.

Die Berufung auf erworbene Unterscheidungskraft kann grundsätzlich zu jedem Zeitpunkt des Verfahrens vor dem Amt erfolgen, auch im Beschwerdeverfahren. Allerdings genügt es nicht, erworbene Unterscheidungskraft nur zu behaupten und Nachweise dazu anzukündigen. Hat der Anmelder bis zum Beschwerdeverfahren noch keine Nachweise vorgelegt und legt auch keine Nachweise zusammen mit der Beschwerdebegründung vor, werden keine weiteren Fristen zur Vorlage von Nachweisen eingeräumt und die Anmeldung zwecks Prüfung erworbener Unterscheidungskraft auch nicht mehr an den Prüfer zurückverwiesen. Vielmehr wird dann der Vortrag des Anmelders als verspätet iSv Art. 76 Abs. 2 angesehen (HABM BK v. 28.1.2009 – R 915/2008-1 Rn. 71–80 – Shape of a Triangle).

8 Die Geltendmachung von erworbener Unterscheidungskraft kann im Rahmen eines Hilfsantrags erfolgen, muss aber ausdrücklich sein. Zwar muss der Anmelder Art. 7 Abs. 3 in seinem Vortrag nicht unbedingt zitieren, er darf sich aber auch nicht darauf beschränken, auf eine bereits erfolgte Benutzung der Marke hinzuweisen. Ein so allgemeiner Sachvortrag dient im Zweifel dazu, die inhärente Unterscheidungskraft der Marke zu belegen. Der Anmelder muss also klar und eindeutig vortragen, dass die Marke aufgrund der Benutzung Unterscheidungskraft erworben hat (HABM BK v. 21.3.2007 – R 1032/2006-4 Rn. 27 ff. – FARBE ROT). In jedem Fall muss der Prüfer zunächst die inhärente Unterscheidungskraft verneinen, bevor er die Voraussetzungen von Art. 7 Abs. 3 prüfen kann, weil die fehlende inhärente Unterscheidungskraft die Voraussetzung dafür ist, Art. 7 Abs. 3 überhaupt anzuwenden.

9 Der Nachweis erworbener Unterscheidungskraft ist allein Sache des Anmelders. Der Prüfer stellt hierzu keine eigenen Nachforschungen an. Das bedeutet insbesondere, dass ein Hinweis des Anmelders darauf, wo Nachweise über die erworbene Unterscheidungskraft zu finden sind (häufig als Hinweis auf URLs zu verschiedenen Internetseiten), nicht ausreicht. Der Anmelder selbst hat Nachweise vorzulegen, aus denen sich die erworbene Unterscheidungskraft ohne weiteres ergibt.

10 Zum Nachweis zugelassen sind grundsätzlich alle Arten von Beweismaterialien. Für den Erfolg des Nachweises ist entscheidend, ob sich aus dem Beweismaterial Rückschlüsse auf die Benutzung im relevanten Gebiet und die erworbene Unterscheidungskraft zum Anmeldedatum ergeben. Geeignet sind insbesondere Nachweise über den gehaltenen Marktanteil, die Intensität der Bewerbung der Waren/Dienstleistungen unter der Marke, das Ausmaß der geografischen Verbreitung der Marke, deren Benutzungsdauer und den Anteil der beteiligten Verkehrskreise, der die Waren/Dienstleistungen als von einem bestimmten Unternehmen stammend erkennt (s. zB EuGH GRUR Int 1999, 727 Rn. 51 – CHIEMSEE). Demnach kommen zwar auch Meinungsumfragen als direkte Nachweise infrage, aber auch andere Nachweise wie Erklärungen von Industrie- und Handelskammern und Berufsverbänden, Markenrankings in Wirtschaftszeitschriften, Nachweise über die Werbung in Printmedien, Fernsehen oder Rundfunk, Internetwerbung mit Nachweisen über die Häufigkeit des Aufrufs der Fundstellen durch Nutzer, Berichte von Markforschungsunternehmen zu Marktanteilen, allgemeine Presseberichte über das Unternehmen und die Marke etc. Beim Nachweis mittels Umfragen kommt es darauf an, ob diese nach anerkannten demoskopischen Grundsätzen erstellt wurden und ob die Fragestellung zum Nachweis von Unterscheidungskraft tauglich war. Gutachten müssen komplett eingereicht werden und die Kriterien für die Auswahl der befragten Zielpersonen sind offenzulegen; bei selektiver Vorlage einzelner Teile eines Gutachtens ist das Material nicht aussagekräftig. Ist das Gutachten grundsätzlich aussagekräftig, entscheidet, ob ein relevanter Anteil der Befragten das angemeldete Zeichen als einen Hinweis auf ein einziges Unternehmen ansieht, auch wenn diese Befragten nicht notwendigerweise wissen müssen, welchem Unternehmen die Marke gehört.

11 Die Nachweise müssen die Benutzung der angemeldeten Marke betreffen, nicht die Benutzung eines signifikant anderen wenn auch ähnlichen Zeichens und sich auf die Benutzung für die angemeldeten Waren/Dienstleistungen beziehen. Die Unterscheidungskraft muss zum Anmeldetag erworben sein (EuGH GRUR Int 2009, 917 Rn. 42, 52 – Pure Digital).

12 Die erworbene Unterscheidungskraft muss für alle Mitgliedstaaten nachgewiesen werden, für die die inhärente Unterscheidungskraft fehlt. Es genügt insbesondere nicht, die erworbene Unterscheidungskraft für einen Großteil der Mitgliedstaaten zu belegen und von diesen auch auf eine entsprechende Unterscheidungskraft im Rest der Mitgliedstaaten zu schließen (vgl. EuG BeckEuRS 2009, 500459 Rn. 55, 61 – BOUNTY-RIEGEL). Ist die erworbene Unterscheidungskraft aber sehr überzeugend für die Mehrzahl der relevanten Mitgliedstaaten nachgewiesen, kann für andere Staaten der Benutzungsnachweis in etwas geringerem Umfang ausreichend sein. Klassisches Beispiel hierfür ist bei englischen beschreibenden Wortzeichen der Benutzungsnachweis für Malta. Nach derzeitiger Amtspraxis kann der Nachweis für Malta nicht schlicht unterbleiben. Ist aber die erworbene Unterscheidungskraft für das Vereinigte Königreich und Irland überzeugend nachgewiesen worden, kann ggf. für Malta der Nachweis einer nicht nur sporadischen markenmäßigen Benutzung ausreichen.

Für beschreibende Wortmarken sind in der Regel die Mitgliedstaaten relevant, in denen 13
die verwendete Sprache Amtssprache ist. Infrage kommen aber auch andere Mitgliedstaaten, wenn dort der entsprechende Ausdruck ebenfalls als beschreibend verstanden wird. Hat der Prüfer in der Beanstandung wegen Art. 7 Abs. 1 Buchst. b und/oder c zunächst nur auf die Mitgliedstaaten abgestellt, in denen die maßgebliche Sprache Amtssprache ist, präkludiert dies nicht die Zurückweisung wegen mangelnden Nachweises erworbener Unterscheidungskraft für andere Mitgliedstaaten, in denen der Ausdruck auch verstanden wird. Es kann daher notwendig werden, Benutzungsnachweise auch für Staaten zu erbringen, in denen die Marke von einem erheblichen Anteil der Verbraucher als beschreibend verstanden wird, obwohl sie nicht deren Muttersprache entstammt. Zwar sollte der Prüfer bei einer Ausweitung der Beanstandung auf weitere relevante Mitgliedstaaten erneut Gelegenheit zur Stellungnahme geben, doch bietet es sich an, schon bei Vorlage von Nachweisen bzgl. der zunächst als relevant bezeichneten Staaten vorsorglich zusätzliche Nachweise für weitere Mitgliedstaaten anzubieten. Farbmarken wird in der Regel im gesamten Unionsgebiet die Unterscheidungskraft fehlen; der Nachweis muss daher für alle Mitgliedstaaten erbracht werden (→ Rn. 12), was regelmäßig nicht gelingt. Entsprechendes gilt für 3D-Marken, die aus einer im Wesentlichen handelsüblichen Form der Ware selbst oder ihrer Verpackung bestehen (vgl. EuG BeckEuRS 2009, 500459 Rn. 46 f. – BOUNTY-RIEGEL).

4. Rücknahme der Anmeldung

Zwar hat der Anmelder durch die Rücknahme die Anmeldung ebenso „verloren", wie 14
wenn die Anmeldung zurückgewiesen worden wäre, doch ist dann die fehlende Unterscheidungskraft nicht sozusagen „amtlich dokumentiert". Nicht wenige Anmelder ziehen daher bei Beanstandung die Anmeldung (teilweise) zurück oder zahlten in der Vergangenheit die Anmeldegebühr nicht (durch das beschleunigte Prüfverfahren erging bis zu einer Praxisänderung zum 24.11.2014 – s. hierzu → Art. 36 Rn. 1 am Ende – die Beanstandung oft schon vor Ablauf der Frist für die Zahlung der Anmeldegebühr nach Art. 27). Allerdings ist die Rücknahme der Anmeldung auch noch nach Entscheidung durch den Prüfer möglich, nämlich bis zum Ablauf der Beschwerdefrist (vgl. HABM BK v. 27.9.2006 – R 331/2006-G Rn. 18 f. – OPTIMA). Sofern der Anmelder sich also Chancen ausrechnet, zumindest einen Teil der Waren und Dienstleistungen, auf die es ihm ankommt, nach Erwiderung auf die Beanstandung „durchzubekommen", kann es sinnvoll sein, mit einer (Teil-)Rücknahme der Anmeldung bis nach der Entscheidung des Prüfers zu warten.

C. Zurückweisung

Sofern der Anmelder mit seiner Erwiderung nicht erfolgreich ist, wird die Marke zumin- 15
dest für einen Teil der Waren und Dienstleistungen zurückgewiesen. Hierbei ist von Amts wegen darauf zu achten, dass die Zurückweisung nur für solche Waren und/oder Dienstleistungen erfolgt, für die das absolute Eintragungshindernis vorliegt (EuGH GRUR 2007, 425 Rn. 33 – THE KITCHEN COMPANY); das Eintragungshindernis ist daher für die Waren und Dienstleistungen der Anmeldung jeweils gesondert zu prüfen (EuGH GRUR 2007, 425 Rn. 32 – THE KITCHEN COMPANY). Das Ergebnis der gesonderten Prüfung muss aber nicht für jeden Warenbegriff einzeln erläutert werden; vielmehr können die Waren/Dienstleistungen zu Gruppen zusammengefasst und das einschlägige Eintragungshindernis global für die jeweilige Waren-/Dienstleistungsgruppe erläutert werden, wenn dasselbe Hindernis aus denselben Gründen auf die ganze Gruppe zutrifft (EuGH GRUR 2007, 425 Rn. 37 – THE KITCHEN COMPANY). Hiervon abzugrenzen ist ohnehin der Fall, dass die Marke für Waren/Dienstleistungen beschreibend ist, die in einem in dem Verzeichnis enthaltenen Oberbegriff enthalten sind. Hier ist es nicht Sache des Amts, eine für den Anmelder möglichst schonende Einschränkung des Waren- und Dienstleistungsverzeichnisses zu finden, sondern die Anmeldung wird für den gesamten Oberbegriff zurückgewiesen (vgl. EuG GRUR Int 2001, 970 Rn. 33 – EuroHealth).

D. Disclaimer

I. Allgemeines

16 Durch die Reform gemäß VO (EU) 2015/2424 vom 16.12.2015 wurde Abs. 2 von Art 37 ebenso gestrichen wie Regel 1 Abs. 3 GMDV. Demzufolge gibt es mWv 23.3.2016 weder verpflichtende noch freiwillige Disclaimer. Nach den bisherigen Rechtsgrundlagen erklärte Disclaimer bleiben jedoch wirksam und werden weiter im Register geführt. Ein solcher Disclaimer ist die Erklärung des Anmelders, dass er an einem Bestandteil der Marke kein ausschließliches Recht in Anspruch nehmen wird. Nach der Rechtslage vor Inkrafttreten der Reform standen Disclaimer mit der materiellen Prüfung der Anmeldung nur in einem zeitlichen Zusammenhang. Einer Marke, die nicht eintragungsfähig war, konnte auch ein Disclaimer nicht zur Eintragung verhelfen. Auch spielte der in Art. 37 Abs. 2 vorgesehene Fall, dass das Amt einen Disclaimer verlangte, in der Praxis selten eine Rolle. Vielmehr wurde immer wieder von Anmeldern freiwillig ein Disclaimer vorgeschlagen, sei es, um der Marke doch noch zur Eintragung zu verhelfen, sei es, um schon im Vorfeld Konflikten mit Wettbewerbern aus dem Weg zu gehen. Sofern der Disclaimer selbst zulässig war (→ Rn. 17), nahm das Amt regelmäßig anmelderseitig vorgeschlagene Disclaimer auf. Der Anmelder hatte jedoch keinen Anspruch darauf, dass ein Disclaimer aufgenommen wurde (EuGH BeckRS 2008, 70368 Rn. 51).

II. Voraussetzungen

17 Der Disclaimer konnte schon in der Anmeldung erklärt (vgl. Regel 1 Abs. 3 GMDV) aber auch nach Anmeldung jederzeit eingefügt werden (Prüfungsrichtlinien vor dem Amt, Teil B.2, Prüfung der Formerfordernisse, S. 44), allerdings nicht mehr nach Eintragung. Der Disclaimer konnte nur für „einen Bestandteil" der Marke abgegeben werden (Art. 37 Abs. 2), dh nicht für die Marke als Ganzes (EuG BeckRS 2009, 71052 Rn. 67 – Griff); bestand die Marke nur aus einem Wort, war kein Disclaimer diesbezüglich möglich (EuG GRUR 2004, 148 Rn. 64 – Oldenburger). Bestand allerdings die Marke aus mehreren Worten, die jedes für sich gesehen beschreibend gewesen wären und ergab sich die Schutzfähigkeit nur aus der ungewöhnlichen Art der Kombination dieser Worte, konnte ein Disclaimer bezüglich eines jeden einzelnen dieser Worte aufgenommen werden (nach der Amtspraxis vor der Reform war dies allerdings nicht notwendig, wenn der beschreibende/nicht unterscheidungskräftige Charakter der einzelnen Bestandteile offensichtlich war – vgl. Prüfungsrichtlinien vor dem Amt, Teil B.2, Prüfung der Formerfordernisse, S. 43). Der Disclaimer musste sich auf einen abgrenzbaren Teil des Zeichens beziehen. Obwohl schon ein Disclaimer bezüglich einer Wortkombination akzeptiert wurde (CTM 971 411 Der kleine Schlemmeratlas), sprach der Wortlaut von Art. 37 Abs. 2 wohl dagegen (s. ablehnend Eisenführ/Schennen/Schennen Rn. 25). Nach dem Wortlaut von Art. 37 Abs. 2 musste der Disclaimer ein nicht unterscheidungskräftiges Element der Marke betreffen. Wie bereits erwähnt, nahm aber das Amt auch freiwillige Disclaimer auf, die per se unterscheidungskräftige Bestandteile des Zeichens betrafen (zur Wirkung aber → Rn. 20). Weitere Voraussetzung für einen amtsseitig geforderten Disclaimer war, dass der fragliche Bestandteil des Zeichens ohne den Disclaimer Anlass zu Zweifeln über den Schutzumfang der Marke gegeben hätte. Da nach Ansicht des Amts offensichtlich beschreibende Elemente solche Zweifel regelmäßig nicht begründeten, kam ein gegen den Willen des Anmelders geforderter Disclaimer nur in Ausnahmefällen in Betracht (zB EuG BeckRS 2009, 71300 Rn. 27 ff.; HABM BK v. 29.5.2007 – R 1187/2006-4 Rn. 19 – Kunststoffhohlkammerprofil).

III. Unzulässige Disclaimer

18 Obwohl das Amt in der Regel freiwillige Disclaimer akzeptierte (→ Rn. 16), und zwar entgegen dem Wortlaut von Art. 37 Abs. 2 auch für eigentlich unterscheidungskräftige Bestandteile einer Marke (vgl. Prüfungsrichtlinien vor dem Amt, Teil C.2.4, Widerspruch, Vergleich von Zeichen, S. 26), mussten die sonstigen Voraussetzungen unter Art. 37 Abs. 2 (→ Rn. 17) eingehalten sein, dh der Disclaimer musste sich auf einen Bestandteil eines Zeichens beziehen. In der Praxis traten typischerweise gewünschte „Disclaimer" auf, die

keine waren. Als „Disclaimer" unzulässig waren zB Erklärungen, dass die Marke in bestimmten Ländern oder für bestimmte Waren nicht benutzt werden sollte. Soweit die Benutzung für bestimmte Waren ausgeschlossen werden sollte, war das Waren- und Dienstleistungsverzeichnis entsprechend einzuschränken (vgl. Prüfungsrichtlinien vor dem Amt, Teil B.2, Prüfung der Formerfordernisse, S. 44).

IV. Verfahren zur Abgabe des Disclaimers

War der Prüfer der Auffassung, ein Disclaimer werde benötigt, setzte er dem Anmelder eine Frist (regelmäßig zwei Monate) zur Abgabe eines Disclaimers. Der Anmelder konnte während der Frist entweder den Disclaimer erklären oder der Rechtsauffassung des Prüfers entgegentreten. Wurde kein Disclaimer abgegeben und war der Prüfer ggf. trotz Stellungnahme des Anmelders überzeugt, dass ein Disclaimer notwendig sei, wurde die Anmeldung zurückgewiesen. Handelte es sich um einen freiwilligen aber unzulässigen Disclaimer und behob der Anmelder den Mangel nicht, wurde der Disclaimer gelöscht (Prüfungsrichtlinien vor dem Amt, Teil B.2, Prüfung der Formerfordernisse, S. 45). Freiwillige Disclaimer wurden nach erstinstanzlicher Amtspraxis vor der Reform bis zur Eintragung angenommen (→ Rn. 17). Nach anderer Auffassung (vgl. Eisenführ/Schennen/Schennen Rn. 36) sollte aber die Aufnahme eines freiwilligen Disclaimers schon mit Veröffentlichung der Anmeldung ausscheiden, was auch die Möglichkeit ausschloss, einen Widerspruch durch Aufnahme eines freiwilligen Disclaimers zu erledigen (diese Möglichkeit war aber in den Prüfungsrichtlinien des Amts ausdrücklich vorgesehen, s. Prüfungsrichtlinien vor dem Amt, Teil B.2, Prüfung der Formerfordernisse, S. 45). Vor dem EuG und EuGH konnte ein Disclaimer selbst dann nicht mehr aufgenommen werden, wenn das Eintragungsverfahren noch nicht abgeschlossen war. Das lag daran, dass gerichtlich nur die Rechtmäßigkeit der Entscheidung der Beschwerdekammer überprüft wird, und zwar auf denselben tatsächlichen Grundlagen, die der Entscheidung der Beschwerdekammer zugrunde lagen.

V. Wirkung des Disclaimers

1. Wirkung gemäß UMV

Der mit dem Disclaimer belegte Teil des Zeichens ist auch nach der Reform als nicht unterscheidungskräftig zu behandeln, und zwar unabhängig davon, ob der Disclaimer von Amts wegen verlangt oder freiwillig abgegeben wurde (vgl Prüfungsrichtlinien vor dem Amt, Teil C.2.4, Widerspruch, Vergleich von Zeichen, S. 26). Wie unter → Rn. 16 erwähnt, konnte ein Disclaimer einer nicht unterscheidungskräftigen Marke nicht zur Eintragung verhelfen (vgl. HABM BK v. 26.10.1998 – R 45/1998-1 Rn. 14 – DisplayWare). Die Marke muss also außer dem Bestandteil, für den der Disclaimer abgegeben wurde, noch ein unterscheidungskräftiges Element aufweisen, und sei es nur die ungewöhnliche Wortkombination einer mehrgliedrigen Wortmarke. Für Widerspruchsverfahren ist zu unterscheiden: Kollidiert eine vor Inkrafttreten der Reform eingereichte Unionsmarkenanmeldung mit Disclaimer mit einer früheren Marke und stimmen die Marken just in dem Element überein, für das der Disclaimer besteht, wird eine Verwechslungsgefahr dennoch nicht vermieden, weil der Disclaimer nicht den Effekt haben kann, den Schutzbereich einer früheren Marke zu beschränken (vgl. Prüfungsrichtlinien vor dem Amt, Teil C.2.4, Widerspruch, Vergleich von Zeichen, S. 26). Wird jedoch die Marke mit dem Disclaimer selbst später als Widerspruchsmarke benutzt und stimmt die angegriffene Marke nur in dem Element mit der Widerspruchsmarke überein, für das der Disclaimer besteht, wird in der Regel eine Verwechslungsgefahr vermieden, da dem betreffenden Element der älteren Marke keine Unterscheidungskraft zukommt, und zwar unabhängig davon, ob der nicht kennzeichnungskräftige Bestandteil in allen Sprachen der Gemeinschaft nicht unterscheidungskräftig wäre (HABM BK v. 6.10.2008 – R 21/2008-4 Rn. 19 f. – Jabugo/Flor de Sierra de Jabugo). Der Disclaimer bestimmt darüber hinaus auch den Schutzumfang der betreffenden Marke für Löschungs- und Verletzungsverfahren.

2. Wechselwirkung mit nationalem Recht

21 Trifft eine ältere nationale Marke mit einem Disclaimer zB als Widerspruchsmarke auf eine Unionsmarkenanmeldung, wird der Disclaimer so behandelt, wie ein Disclaimer iSv Art. 37 Abs. 2, unabhängig von den Wirkungen, die ein Disclaimer nach dem der älteren Marke zugrundeliegenden nationalen Recht hätte (Eisenführ/Schennen/Schennen Rn. 41). Wird aber eine Unionsmarkenanmeldung mit Disclaimer in nationale Markenanmeldungen umgewandelt, richtet sich das weitere Schicksal des Disclaimers nach dem dann jeweils anwendbaren nationalen Recht. Das bedeutet, dass der Disclaimer – sofern im nationalen Recht vorgesehen – die Wirkungen hat, die ihm nach dem Recht des jeweiligen Ziellandes zukommen; kennt die „aufnehmende" Rechtsordnung keine Disclaimer, geht der Disclaimer der Unionsmarkenanmeldung in dem betreffenden Zielland unter (Eisenführ/Schennen/Schennen Rn. 41).

Abschnitt 2 Recherche

Art. 38 Recherchenbericht

(1) Das Amt erstellt auf Antrag des Anmelders der Unionsmarke bei Einreichung der Anmeldung einen Unionsrecherchenbericht, in dem diejenigen ermittelten älteren Unionsmarken oder Anmeldungen von Unionsmarken aufgeführt werden, die gemäß Artikel 8 gegen die Eintragung der angemeldeten Unionsmarke geltend gemacht werden können.

(2) Beantragt der Anmelder bei der Anmeldung einer Unionsmarke, dass von den Zentralbehörden für den gewerblichen Rechtsschutz der Mitgliedstaaten ein Recherchenbericht erstellt wird, und wurde die entsprechende Recherchengebühr innerhalb der für die Zahlung der Anmeldegebühr vorgesehenen Frist entrichtet, so übermittelt das Amt den Zentralbehörden für den gewerblichen Rechtsschutz derjenigen Mitgliedstaaten, die dem Amt ihre Entscheidung mitgeteilt haben, für Anmeldungen von Unionsmarken in ihren eigenen Markenregistern eine Recherche durchzuführen, unverzüglich eine Abschrift dieser Anmeldung einer Unionsmarke.

(3) Jede Zentralbehörde für den gewerblichen Rechtsschutz der Mitgliedstaaten gemäß Absatz 2 dieses Artikels übermittelt einen Recherchenbericht, in dem entweder alle älteren nationalen Marken, Anmeldungen nationaler Marken oder aufgrund internationaler Übereinkünfte eingetragenen Marken mit Wirkung in dem betreffenden Mitgliedstaat bzw. den betreffenden Mitgliedstaaten, die von ihr ermittelt wurden und die gemäß Artikel 8 gegen die Eintragung der angemeldeten Unionsmarke geltend gemacht werden können, aufgeführt sind, oder in dem mitgeteilt wird, dass solche Rechte bei der Recherche nicht festgestellt wurden.

(4) Das Amt legt nach Anhörung des in Artikel 124 vorgesehenen Verwaltungsrats (im Folgenden „Verwaltungsrat") den Inhalt und die Modalitäten der Berichte fest.

(5) [1]Das Amt zahlt jeder Zentralbehörde für den gewerblichen Rechtsschutz einen Betrag für jeden Recherchenbericht, den die Behörde gemäß Absatz 3 vorlegt. [2]Dieser Betrag, der für jede Zentralbehörde gleich hoch zu sein hat, wird vom Haushaltsausschuss durch mit Dreiviertelmehrheit der Vertreter der Mitgliedstaaten gefassten Beschluss festgesetzt.

(6) Das Amt übermittelt dem Anmelder der Unionsmarke auf Antrag den Unionsrecherchenbericht und auf Antrag die eingegangenen nationalen Recherchenberichte.

(7) [1]Bei der Veröffentlichung der Anmeldung einer Unionsmarke unterrichtet das Amt die Inhaber älterer Unionsmarken oder Anmeldungen von Unionsmarken, die in dem Unionsrecherchenbericht genannt sind, von der Veröffentlichung der

Anmeldung der Unionsmarke. ²Letzteres gilt unabhängig davon, ob der Anmelder darum ersucht hat, einen Unionsrecherchenbericht zu erhalten, es sei denn, der Inhaber einer älteren Eintragung oder Anmeldung ersucht darum, die Mitteilung nicht zu erhalten.

Überblick

Art. 38 regelt zusammen mit Regel 10 GMDV die Recherche potentiell konfliktträchtiger älterer Marken durch das Amt bzw. durch die Zentralbehörden der Mitgliedstaaten. Zu älteren Unionsmarken oder Unionsmarkenanmeldungen erfolgt die Recherche seit Inkrafttreten der Reform am 23.3.2016 nicht mehr von Amts wegen, sondern nur noch auf Antrag des Anmelders (zum Unionsrecherchenbericht → Rn. 1, → Rn. 2). Auf Antrag kann außerdem ein Recherchenbericht zu potenziellen nationalen Widerspruchsmarken erstellt werden, allerdings nur für die Länder, die sich an diesem System beteiligen und vorausgesetzt, der Anmelder zahlt fristgemäß die vorgesehene Recherchegebühr (zur nationalen Recherche → Rn. 3). Bei der Veröffentlichung der Anmeldung informiert das Amt die Inhaber der im Unionsrecherchenbericht genannten älteren Unionsmarken oder Unionsmarkenanmeldungen über die Veröffentlichung der neuen Anmeldung, es sei denn, diese haben das Amt ersucht, dies nicht zu tun; diese Benachrichtigung erfolgt auch dann, wenn der Anmelder keinen Unionsrecherchenbericht angefordert hat (→ Rn. 5).

A. Unionsrecherchenbericht

I. Zielsetzung und Wirkung

Ziel des Unionsrecherchenberichts ist es, den Anmelder über potentiell konfliktträchtige **1** ältere Unionsmarken/-anmeldungen bzw. IR-Marken mit Erstreckung auf die Union zu informieren, damit er ggf. die Anmeldung noch vor deren Veröffentlichung zurückziehen kann, um einen Widerspruch oder mehrere Widersprüche zu vermeiden. Die Suche erfolgt aber anhand rein schematischer Kriterien, dh über ein vergleichsweise grobes Raster (→ Rn. 2). Der Unionsrecherchenbericht ist dementsprechend auch nicht verbindlich und hat keine Folgen (und sei es auch nur Indizwirkung) für spätere Widerspruchs-, Nichtigkeits- oder Verletzungsverfahren. Dem Anmelder erwächst aus dem potentiell lückenhaften Unionsrecherchenbericht kein Nachteil. Er kann sich ohne weitere Kosten auch nach der Veröffentlichung noch entscheiden, die Anmeldung fallenzulassen, wenn ein Widerspruch aufgrund einer ähnlichen älteren Marke eingelegt wird: Nimmt er innerhalb des Cooling-off-Frist die Anmeldung zurück oder beschränkt sie auf Waren und Dienstleistungen, die nicht mit dem Widerspruch angegriffen werden, wird das Widerspruchsverfahren eingestellt und es ergeht keine Kostenentscheidung (Regel 18 Abs. 1, 2 und 4 GMDV).

II. Verfahren

Der Unionsrecherchenbericht ist nicht gesondert gebührenpflichtig. Die Recherche **2** erfolgt automatisch. Das Suchprogramm recherchiert nach vorgegebenen Parametern übereinstimmende/ähnliche Wortelemente. Bei Bildmarken werden anhand der EUIPO-Variante der Wiener Klassifikation (das entsprechende Handbuch ist nur in Englisch oder Französisch auf der Webseite des Amts publiziert; Englisch: http://euipo.europa.eu/pdf/mark/vienna-en.pdf) ähnliche Bildelemente gesucht und die Suche nach potentiell ähnlichen Waren und Dienstleistungen erfolgt über die Klassennummern der Klassifikation von Nizza. Das Suchprogramm des Amts berücksichtigt nicht nur ältere Marken mit exakt den gleichen Klassennummern wie die neue Anmeldung, sondern auch mit Klassen, die mit den angemeldeten Ähnlichkeiten aufweisen. Insbesondere werden neue Anmeldungen mit den Klassen 43, 44 und 45 auch mit älteren Eintragungen in Klasse 42 kreuzrecherchiert, weil die seit 1.1.2002 in den Klassen 43 bis 45 enthaltenen Dienstleistungen unter der davor geltenden 7. Auflage der Klassifikation von Nizza alle in Klasse 42 fielen (vgl. Mitteilung Nr. 9/02 des Präsidenten des Amtes vom 16.7.2002). Zur Auflistung der älteren Marken bedient sich der Bericht der WIPO INID-Codes. Die älteren Wortmarken sind in dem Bericht wiedergegeben und die jeweils abgedeckten Waren- und Dienstleistungsklassen aufgeführt (nur Klassennummern). Die Abbildungen von Bildmarken können unter Nutzung der weiteren Informationen aus dem Bericht online über die Datenbanken des Amts kostenlos abgerufen werden.

B. Nationale Recherche

I. Zielsetzung und Hintergrund

3   Gemäß Art. 38 Abs. 2 iVm Regel 10 GMDV können Recherchenberichte auch für ältere nationale Marken beantragt werden. Ziel ist auch hier die Identifikation potenzieller Widerspruchsmarken, aber auf nationaler Ebene. Allerdings nehmen nicht alle nationalen Ämter an dem Recherchesystem teil (zurzeit nur noch die Tschechische Republik, Dänemark, Litauen, Ungarn, Rumänien und Slowakei). Das liegt daran, dass der nationale Recherchenbericht seit 10.3.2008 für Anmelder nicht mehr obligatorisch sondern optional ist und viele Anmelder seither darauf verzichten (Näheres zu den historischen Hintergründen vgl. Eisenführ/Schennen/Schennen Rn. 16 ff.). Auch die nationalen Recherchenberichte haben sich als Mittel zur Vermeidung potenzieller Konflikte als nicht hinreichend verlässlich erwiesen und Nutzer zeigen nur wenig Interesse an den Berichten.

II. Verfahren

4   Der Antrag kann nur gleichzeitig mit der Einreichung der Anmeldung gestellt werden. Wird der Antrag gestellt, gilt er automatisch für alle teilnehmenden nationalen Ämter; der Anmelder kann sich nicht die ihn (besonders) interessierenden Länder auswählen. Der Antrag ist gebührenpflichtig (Art. 38 Abs. 5 iVm Anhang I A Nr. 9; die Gebühr beträgt zurzeit 72 Euro, nämlich 12 Euro je teilnehmendem Amt; → Anhang-I Rn. 1 ff.). Ist die Gebühr nicht innerhalb eines Monats ab Anmeldetag eingegangen, erfolgt keine Recherche auf nationaler Ebene. Die Zentralbehörden der Länder, die sich an dem Recherchesystem beteiligen, übermitteln ihren Bericht dem Amt (Art. 38 Abs. 3). Inhaber von IR-Marken, die die Union benennen, müssen den Antrag beim Amt stellen, und zwar innerhalb eines Monats nach Mitteilung der IR-Marke durch WIPO an das Amt. Innerhalb dieser Zeit sind auch die Gebühren zu bezahlen. Die Recherchenberichte erfolgen nach den Vorgaben des Amts (Art. 38 Abs. 4). Sie enthalten neben Aktenzeichen von älteren Markenanmeldungen bzw. Eintragungsnummern älterer eingetragener Marken Anmelde- und ggf. Prioritätstag und/oder Tag der Eintragung der aufgeführten älteren Marken sowie den Kontaktdaten der jeweiligen Inhaber mit der Angabe des jeweils betroffenen Amtes. Das Amt übermittelt den Unionsrecherchenbericht und etwaige nationale Recherchenberichte (Art. 38 Abs. 6); dabei ist es reiner Bote. Die Verantwortlichkeit für den Inhalt des Recherchenberichts liegt bei dem jeweiligen nationalen Amt. Eventuelle Rückfragen sind daher direkt an die nationalen Ämter zu stellen.

C. Mitteilungen an die Inhaber älterer Marken

5   Nach Veröffentlichung der neuen Anmeldung informiert das Amt die Inhaber der älteren Unionsmarken(anmeldungen)/IR-Marken mit Benennung der Union über die neue Anmeldung (Art. 38 Abs. 7). Sie können sich dann überlegen, ob sie gegen die neue Anmeldung Widerspruch einlegen wollen. Für die Inhaber älterer Marken kann die potentielle Lückenhaftigkeit des Recherchenberichts dazu führen, dass ein Widerspruch gegen eine ähnliche jüngere Anmeldung unterbleibt, weil die ältere Marke bei der Recherche nicht als ähnlich identifiziert und somit deren Inhaber bei Veröffentlichung auch nicht benachrichtigt wurde. Wird deshalb die Widerspruchsfrist verpasst, bleibt dem Inhaber der älteren Marke noch die Möglichkeit eines Löschungsverfahrens nach Eintragung der jüngeren Marke (Art. 53). Die Mitteilung an die Inhaber älterer Unionsmarken erfolgt unabhängig davon, ob der Anmelder selbst einen Unionsrecherchenbericht angefordert hat. Der Anmelder kann daher diese Mitteilungen an Inhaber potenziell kollidierender älterer Unionsmarken nicht einseitig dadurch verhindern, dass er selbst keinen Unionsmarkenbericht anfordert. Die Inhaber älterer Unionsmarken hingegen haben die Möglichkeit, diesen Informationsautomatismus (pauschal) abzuwählen.

Abschnitt 3 Veröffentlichung der Anmeldung

Art. 39 Veröffentlichung der Anmeldung

(1) Sind die Erfordernisse für die Anmeldung einer Unionsmarke erfüllt, so wird die Anmeldung für die Zwecke des Artikels 41 veröffentlicht, soweit sie nicht gemäß Artikel 37 zurückgewiesen wird.

(2) Wird die Anmeldung nach ihrer Veröffentlichung gemäß Artikel 37 zurückgewiesen, so wird die Entscheidung über die Zurückweisung veröffentlicht, sobald sie unanfechtbar geworden ist.

(5) ¹Die Kommission erlässt Durchführungsrechtsakte mit den Einzelheiten, die die Veröffentlichung der Anmeldung zu enthalten hat. ²Diese Durchführungsrechtsakte werden nach dem Prüfverfahren gemäß Artikel 163 Absatz 2 erlassen.

künftige Fassung mWv 1.10.2017 gemäß VO (EU) 2015/2424 vom 16.12.2015:
(1) ¹Sind die Erfordernisse für die Anmeldung einer Unionsmarke erfüllt, so wird die Anmeldung für die Zwecke des Artikels 41 veröffentlicht, soweit sie nicht gemäß Artikel 37 zurückgewiesen wird. ²Die Veröffentlichung der Anmeldung lässt die im Einklang mit dieser Verordnung oder mit gemäß dieser Verordnung erlassenen Rechtsakten dem Publikum bereits anderweitig zur Verfügung gestellten Informationen unberührt.
(3) Enthält die Veröffentlichung der Anmeldung einen dem Amt zuzuschreibenden Fehler, so berichtigt das Amt von sich aus oder auf Antrag des Anmelders den Fehler und veröffentlicht diese Berichtigung.
Die gemäß Artikel 43 Absatz 3 angenommenen Vorschriften finden entsprechend Anwendung, wenn eine Berichtigung vom Anmelder beantragt wird.
(4) Artikel 41 Absatz 2 findet auch Anwendung, wenn die Berichtigung die Liste der Waren oder Dienstleistungen oder die Wiedergabe der Marke betrifft.

Überblick

Art. 39 regelt zusammen mit Regel 12 GMDV die Veröffentlichung der Unionsmarkenanmeldung (zu Zeitpunkt, Voraussetzungen und Form → Rn. 1, zum Inhalt → Rn. 2, → Rn. 3, zur Wirkung → Rn. 4) und bestimmt, wann auch die Zurückweisung einer Marke veröffentlicht werden muss (→ Rn. 5). Die Korrektur von Fehlern in der Veröffentlichung richtet sich nach Regel 14 GMDV und wird ebenfalls veröffentlicht (→ Rn. 6 f.), die Veröffentlichung von Umwandlungsanträgen bzgl. einer bereits veröffentlichten Unionsmarkenanmeldung richtet sich nach Regel 46 GMDV (→ Rn. 8).

A. Veröffentlichung der Unionsmarkenanmeldung

I. Zeitpunkt, Voraussetzungen und Form der Veröffentlichung

Die Veröffentlichung erfolgt nach Abschluss der Prüfung der formellen und materiellen 1 Eintragungserfordernisse im Blatt für Unionsmarken (Art. 89 Buchst. a), Teil A. Mit Inkrafttreten der Reform am 23.3.2016 entfiel das Erfordernis, mit der Veröffentlichung bis einen Monat nach der Übermittlung der Recherchenberichte an den Anmelder zu warten (vgl Art. 38 Abs. 7). Die Anmeldung wird nur veröffentlicht, wenn und soweit sie für zumindest einen Teil der Waren und Dienstleistungen eintragungsfähig iSv Art. 7 ist und die notwendigen Formerfordernisse erfüllt sind. Die Anmeldung wird in allen Amtssprachen der Gemeinschaft veröffentlicht (Art. 120 Abs. 1), dh die Veröffentlichung findet erst statt, wenn die notwendigen Übersetzungen in allen Sprachen vorliegen. Bei einer Erweiterung der Gemeinschaft (die letzte erfolgte am 1.7.2013, auf Kroatien) werden vor dem Beitrittsdatum alle Anmeldungen nur in den Amtssprachen der Länder veröffentlicht, die schon Mitgliedstaat sind; ab dem Datum des Beitritts werden die Anmeldungen auch in der Amtssprache des neuen Mitgliedstaats veröffentlicht (vgl. zu Erweiterungen Mitteilung des Präsidenten Nr. 4/

12 vom 12.12.2012 und Prüfungsrichtlinien vor dem Amt, Teil A.9, Allgemeine Regeln, Erweiterung, S. 6).

II. Inhalt der Veröffentlichung

2   Soweit jeweils einschlägig enthält die Veröffentlichung die folgenden Angaben:
• Anmeldetag und Anmeldenummer,
• die Wiedergabe der Marke, ggf. in Farbe,
• die Angabe, dass es sich um eine Kollektivmarke handelt,
• die Angabe der Markenform für Marken die keine Wortmarken sind (3D-Marken, Hologramme, Hörmarken, Marken in Farbe, sonstige Marken),
• die Markenbeschreibung,
• die Angabe, ob erworbene Unterscheidungskraft vorliegt,
• Name, Adresse und Nationalität des Anmelders,
• Name und Adresse des Vertreters,
• erste und zweite Sprache,
• Waren und Dienstleistungen gemäß der Klassifikation von Nizza,
• Prioritätsdaten,
• Ausstellungsprioritätsdaten,
• Zeitrangdaten,
• Umwandlung.

3   Hierzu im Einzelnen: Ist die Wiedergabe der Marke in Farbe, werden auch die Farbangaben veröffentlicht. Sind in der Anmeldung mehrere Vertreter mit derselben Geschäftsanschrift genannt, wird nur der Name des an erster Stelle genannten Vertreters mit dem Zusatz „und andere" veröffentlicht. Gibt es mehrere Vertreter mit unterschiedlichen Anschriften, wird nur die Zustellanschrift veröffentlicht. Bei einem Zusammenschluss von Vertretern wird nur die Sozietät genannt, nicht die Sozien (wenn nicht der Name der Sozietät aus den Namen aller Sozien besteht). Die Waren und Dienstleistungen werden jeweils gruppiert nach Klasse und in der (aufsteigenden) Reihenfolge der Klassennummern veröffentlicht, und zwar mit dem vollen Wortlaut der Liste, in allen 23 Sprachen (Art. 120 Abs. 1). Zur Priorität werden Aktenzeichen und Anmeldetag(e) des/der Voranmeldung(en) veröffentlicht sowie das oder die Land/Länder der Voranmeldung. Zum Zeitrang (Seniorität) werden Eintragungsnummer(n), Tag(e) des Schutzbeginns und Mitgliedstaat(en), in dem/denen bzw. für den/die die Eintragung(en) besteht/bestehen angegeben. Bei der Veröffentlichung werden weitgehend die WIPO INID-Codes verwendet. Die Bedeutung dieser Codes ist am Ende des Vademecum zum Unionsmarkenblatt (→ Art. 89 Rn. 1) in einer Liste zusammengestellt.

III. Wirkung der Veröffentlichung

4   Nach der Veröffentlichung kann Akteneinsicht (Art. 88 Abs. 3) verlangt werden. Außerdem beginnt mit der Veröffentlichung die dreimonatige Widerspruchsfrist gemäß Art. 41 Abs. 1. De facto dient die Veröffentlichung hauptsächlich dazu, den Inhabern bestimmter älterer Rechte die Möglichkeit zu geben, die Eintragung durch Widerspruch zu verhindern, wenn die Benutzung der jüngeren Anmeldung in ihre Rechte eingreifen würde (Art. 8 iVm Art. 41). Darüber hinaus kann der Anmelder gemäß Art. 9b Abs. 2 von Dritten, die nach der Veröffentlichung der Anmeldung Handlungen vornehmen, die nach Eintragung der Marke verboten wären, eine angemessene Entschädigung fordern. Die Verbietungsrechte nach Art. 9 Abs. 2 und 3 entstehen aber erst mir Eintragung (Art. 9 Abs. 1).

B. Veröffentlichung der Zurückweisung

5   Die Zurückweisung einer Marke wird nur veröffentlicht, wenn die Anmeldung vorher bereits veröffentlicht worden ist. Wird also eine Anmeldung aus formellen oder materiellen Gründen bereits im Zuge der Prüfung (vollständig) zurückgewiesen, wird die Zurückweisung nicht veröffentlicht. Sie ist lediglich über die Datenbank der Entscheidungen des Amts als zurückgewiesene Marke recherchierbar. Eine Veröffentlichung der Zurückweisung kommt nur in Betracht, wenn die Marke nach Veröffentlichung wegen formeller Mängel oder absoluter Eintragungshindernisse zurückgewiesen wurde, zB weil ein notwendiger Vertreter

(Art. 92 Abs. 2) im Laufe des Verfahrens das Mandat niedergelegt hat und kein neuer Vertreter bestellt wurde oder infolge Bemerkungen Dritter (Art. 40). Wird eine Anmeldung nach Veröffentlichung im Zuge eines Widerspruchsverfahrens zurückgewiesen, ist für die Veröffentlichung Art. 42 Abs. 6 einschlägig. Wird die Marke nach Veröffentlichung voll zurückgewiesen, erscheint die Veröffentlichung der Zurückweisung im Teil A.2.4.1. des Unionsmarkenblatts; wird die Marke nur teilweise zurückgewiesen, erfolgt die Veröffentlichung in Teil A.2.4.2. des Unionsmarkenblatts (Vademecum zum Blatt für Unionsmarken S. 10).

C. Veröffentlichung von Fehlerkorrekturen

I. Voraussetzungen der Veröffentlichung von Berichtigungen

Enthält die Veröffentlichung der Anmeldung Fehler, wird die Korrektur gemäß Regel 14 GMDV ebenfalls veröffentlicht, und zwar unabhängig davon, ob der Fehler auf Betreiben des Anmelders korrigiert wird oder dem Amt (Prüfer) selbst auffällt. Voraussetzung ist, dass der Fehler dem Amt zuzuschreiben ist. Fehler, die dem Anmelder unterlaufen sind, können nur nach Art. 43 Abs. 2 iVm Regel 13 GMDV berichtigt werden. Außerdem müssen die Fehler „in der Veröffentlichung enthalten" sein. Nicht bei jedem Fehler des Amts kann also schlicht die Veröffentlichung korrigiert werden. So sind Verfahrensfehler nur unter den Voraussetzungen und nach dem Verfahren von Art. 80 korrigierbar. Fällt der Fehler dem Anmelder auf, kann er gebührenfrei einen Antrag auf Berichtigung stellen (Regel 14 Abs. 2 GMDV). Der Antrag muss das Aktenzeichen der Anmeldung, Namen und Anschrift des Anmelders, den fehlerhaften Teil der Anmeldung und eine korrigierte Fassung dieses Teils (ggf. eine korrigierte Wiedergabe der Marke gemäß Regel 3 GMDV) enthalten (Regel 14 Abs. 2 GMDV iVm Regel 13 Abs. 1 GMDV). 6

II. Erneuter Lauf der Widerspruchsfrist

Sind in der Veröffentlichung Fehler bei der Markenwiedergabe (zB verunglückte Farbwiedergabe oder verzerrte Abbildung) oder der veröffentlichten Liste der Waren und Dienstleistungen aufgetreten (zB versehentlich nicht alle angemeldeten Waren und Dienstleistungen berücksichtigt), beginnt die Widerspruchsfrist neu zu laufen. Allerdings läuft die Widerspruchsfrist nach der Praxis des Amts nicht bei allen Fehlern, die das Waren- und Dienstleistungsverzeichnis betreffen, neu. Die erneute Widerspruchsfrist gibt es vielmehr nur, wenn zunächst ein zu begrenztes Verzeichnis veröffentlicht wurde. Enthielt die Erstveröffentlichung dagegen ein zu weit gefasstes Verzeichnis (zB weil Einschränkungen oder Teilzurückweisungen nicht oder nicht in allen 23 Sprachfassungen berücksichtigt wurden, ist eine erneute Veröffentlichung zu Widerspruchszwecken nicht in jedem Fall notwendig (vgl. Prüfungsrichtlinien vor dem Amt, Teil A.6, Allgemeine Regeln S. 11). Diese Praxis ist sachgerecht, weil nur bei einer Aufnahme zusätzlicher, noch nicht veröffentlichter Waren und Dienstleistungen ein berechtigtes Interesse Dritter bestehen kann, wegen der neu hinzugekommenen Waren und Dienstleistungen Widerspruch einzulegen. Berichtigungen von Fehlern, die die Widerspruchsfrist nicht erneut in Gang setzen, werden in Teil B.2 des Unionsmarkenblatts veröffentlicht, Berichtigungen, aufgrund derer die Widerspruchsfrist erneut zu laufen beginnt, im Teil A.2.1.2 des Unionsmarkenblatts (vgl. Prüfungsrichtlinien vor dem Amt, Teil A.6, Allgemeine Regeln S. 11). 7

D. Veröffentlichung von Umwandlungsanträgen

Auch der Antrag zur Umwandlung der Unionsmarkenanmeldung in eine/mehrere nationale Anmeldungen wird veröffentlicht, wenn die Unionsmarkenanmeldung selbst vorher veröffentlicht war (Art. 113 Abs. 2, Regel 46 Abs. 1 GMDV). 8

Abschnitt 4 Bemerkungen Dritter und Widerspruch

Art. 40 Bemerkungen Dritter

(1) Natürliche oder juristische Personen sowie die Verbände der Hersteller, Erzeuger, Dienstleistungsunternehmer, Händler und Verbraucher können beim

UMV Art. 40

Amt schriftliche Bemerkungen einreichen, in denen sie erläutern, aus welchen der in den Artikeln 5 und 7 aufgeführten Gründen die Marke nicht von Amts wegen eingetragen werden sollte.

Personen und Verbände nach Unterabsatz 1 sind an dem Verfahren vor dem Amt nicht beteiligt.

(2) Die Bemerkungen Dritter sind vor Ablauf der Widerspruchsfrist oder, wenn ein Widerspruch gegen eine Marke eingereicht wurde, vor der abschließenden Entscheidung über den Widerspruch einzureichen.

(3) Die Einreichung gemäß Absatz 1 berührt nicht das Recht des Amtes, erforderlichenfalls die absoluten Eintragungshindernisse von Amts wegen jederzeit vor der Eintragung erneut zu prüfen.

(4) Die in Absatz 1 genannten Bemerkungen werden dem Anmelder mitgeteilt, der dazu Stellung nehmen kann.

Überblick

Nach Art. 40 Abs. 1 S. 1 ist es einem am Eintragungsverfahren selbst nicht beteiligten Dritten gestattet, beim EUIPO während des Eintragungsverfahrens schriftliche Bemerkungen mit Gründen einzureichen, aus denen sich die fehlende Schutzfähigkeit der angemeldeten Unionsmarke ergeben kann. Der Dritte wird gemäß Art. 40 Abs. 1 S. 2 durch die Einreichung der Bemerkung nicht am Eintragungsverfahren beteiligt (→ Rn. 15 f.). Der Stichtag für die Einreichung von Bemerkungen ist nach Art. 40 Abs. 2 das Ende der Widerspruchsfrist bzw. der Abschluss des Widerspruchsverfahrens (→ Rn. 9). Durch Art. 40 Abs. 3 wird klargestellt, dass das Amt der Europäischen Union für geistiges Eigentum (EUIPO) durch die Einreichung der Bemerkungen des Dritten nicht daran gehindert ist, das Vorliegen von absoluten Eintragungshindernissen jederzeit von Amts wegen zu prüfen. Der Anmelder der Unionsmarke wird nach Art. 40 Abs. 4 durch das EUIPO über den Eingang und Inhalt der Bemerkung des Dritten informiert und erhält Gelegenheit zur Stellungnahme (→ Rn. 11 ff.).

A. Allgemeines

1 Durch Art. 40 erhalten Dritte bereits während des laufenden Eintragungsverfahrens die Möglichkeit, Einwendungen gegen die Schutzfähigkeit der Unionsmarke gegenüber dem EUIPO vorzubringen. Hierdurch soll erreicht werden, dass Einwendungen gegen die Erteilung der Unionsmarke zu einem möglichst frühen Zeitpunkt Berücksichtigung finden können und nicht erst im Rahmen eines Nichtigkeitsverfahrens nach Art. 56 geklärt werden müssen.

2 Weitergehende Beteiligungsrechte am Eintragungsverfahren stehen dem Dritten allerdings nicht zu, insbesondere wird er durch die Einreichung seiner Bemerkung nicht selbst zum Verfahrensbeteiligten (Art. 40 Abs. 1 S. 2), weshalb das EUIPO dem Dritten im weiteren Verfahrensverlauf weder rechtliches Gehör gewähren muss, noch ihm gegenüber eine Mitteilungspflicht hat. Nach erfolgter Eintragung der Unionsmarke kann der Dritte bei Vorliegen absoluter Eintragungshindernisse die Nichtigerklärung der Unionsmarke nach Art. 56 beantragen (vgl. zur Gemeinschaftsmarke EuG T-430/12, GRUR-Prax 2014, 151 = BeckRS 2014, 80554; Eisenführ/Schennen/Schennen Rn. 1).

3 Inhaltlich kann der Dritte seine Bemerkung auf sämtliche Einwände stützen, die von Amts wegen bei der Prüfung der Schutzfähigkeit der beantragten Unionsmarke zu berücksichtigen sind. Insoweit kann der Dritte das Fehlen der persönlichen Anforderungen an die Inhaberschaft einer Unionsmarke (Art. 5), das Vorliegen absoluter Eintragungshindernisse (Art. 7) sowie das Fehlen der besonderen Eintragungsvoraussetzungen für Unionskollektivmarken (Art. 66) einwenden (vgl. zur Gemeinschaftsmarke Eisenführ/Schennen/Schennen Rn. 2). Als Einwendungen im Rahmen des Eintragungsverfahrens untauglich ist dagegen das Bestehen eines relativen Schutzhindernisses (Art. 8) wie auch die Nichterfüllung von Formerfordernissen (vgl. zur Gemeinschaftsmarke Eisenführ/Schennen/Schennen Rn. 2).

4 Die von einem Dritten im Rahmen des Eintragungsverfahrens vorgebrachten Einwendungen haben insbesondere in den Fällen Bedeutung, in denen der Prüfer des EUIPO erst

durch die Bemerkung des Dritten von Materialien erfährt, die gegen die Eintragung der Unionsmarke sprechen, etwa weil diese Materialien nur fachkundigen Wettbewerbern zugänglich sind (vgl. zur Gemeinschaftsmarke Eisenführ/Schennen/Schennen Rn. 4). In Einzelfällen können durch die Bemerkung eines Dritten auch eindeutige Fehleinschätzungen des EUIPO vermieden werden (vgl. zur Gemeinschaftsmarke Schramek MarkenR 2006, 150; Eisenführ/Schennen/Schennen Rn. 4).

B. Persönliche Voraussetzungen

Zur Einreichung von Bemerkungen sind nach Art. 40 Abs. 1 S. 1 zunächst sämtliche **natürlichen und juristischen Personen** befugt. Aus Art. 3 ergibt sich insoweit, dass Gesellschaften und andere juristische Einheiten, die nach dem für sie maßgebenden Recht rechtsfähig sind, den juristischen Personen gleichstellt sind. Daneben können auch **Verbände** der Hersteller, Erzeuger, Dienstleistungsunternehmen, Händler oder Verbraucher ihre Einwendungen vorbringen. 5

Aufgrund der ausdrücklichen Erwähnung von Verbänden – neben den ausdrücklich berechtigten juristischen Personen – ist zu folgern, dass auch solche Verbände im Rahmen des Art. 40 Abs. 1 S. 1 zur Einreichung von Bemerkungen berechtigt sein sollen, die selbst nicht rechtsfähig sind (vgl. zur Gemeinschaftsmarke Eisenführ/Schennen/Schennen Rn. 5). Insbesondere ist ein spezifisches Rechtsschutzbedürfnis oder die Wahrnehmung eigener bzw. fremder Interessen im Rahmen des Art. 40 nicht erforderlich (vgl. zur Gemeinschaftsmarke Eisenführ/Schennen/Schennen Rn. 5). 6

C. Sachliche Anforderungen an die Bemerkungen

Die Bemerkung des Dritten muss **schriftlich** erfolgen. Zudem muss sie in einer zugelassenen Sprache verfasst sein; insoweit können die Einwendungen in einer der fünf **Amtssprachen des EUIPO** (Spanisch, Deutsch, Englisch, Französisch und Italienisch), aber auch in der **Sprache des Eintragungsverfahrens** eingereicht werden (vgl. zur Gemeinschaftsmarke Mitteilung Nr. 2/09, ABl. HABM 2009 Nr. 12; Eisenführ/Schennen/Schennen Rn. 8). 7

Um eine Vermischung von Einwendungen zu absoluten und relativen Schutzhindernissen zu vermeiden, verlangte das HABM bislang, dass der eine Einwendung im Eintragungsverfahren vorbringende Dritte seine Bemerkung **nicht innerhalb eines Widerspruchsschriftsatzes** vorbringt, sondern seine Argumente dem HABM mittels einer separaten Einreichung übermittelt (vgl. zur Gemeinschaftsmarke Mitteilung Nr. 2/09, ABl. HABM 2009 Nr. 12; Eisenführ/Schennen/Schennen Rn. 9). 8

Das EUIPO zieht bei der Prüfung der Anmeldung einer Unionsmarke, gegen die kein Widerspruch erhoben wurde, nach Art. 40 Abs. 2 Alt. 1 nur solche Bemerkungen in Betracht, die dem EUIPO **vor dem Ablauf der Widerspruchsfrist**, dh binnen drei Monaten nach der Veröffentlichung, zugehen (vgl. zur Gemeinschaftsmarke Mitteilung Nr. 2/09, ABl. HABM 2009 Nr. 12; Eisenführ/Schennen/Schennen Rn. 10). Allerdings übermittelt das EUIPO dem Anmelder unter Verweis auf den verspäteten Eingang jedwede nach Ablauf der Widerspruchsfrist eingegangene Bemerkung und informiert den Dritten über die Verspätung und die Weiterleitung an den Anmelder (Mitteilung Nr. 2/09, ABl. HABM 2009 Nr. 12; Eisenführ/Schennen/Schennen Rn. 10). Ist dagegen ein Widerspruch gegen die Anmeldung der Unionsmarke erhoben worden, kann der Dritte seine Bemerkung nach Art. 40 Abs. 2 2. Alt. bis zur abschließenden Entscheidung des EUIPO über den Widerspruch einreichen. 9

Aus der Änderung des Art. 40 Abs. 1 ergibt sich, dass der Dritte bereits vor der Veröffentlichung der Unionsmarkenanmeldung Bemerkungen vorbringen kann (so schon für Art. 40 GMV aF Eisenführ/Schennen/Schennen Rn. 11). 10

D. Behandlung der Bemerkung durch das EUIPO

Sobald das EUIPO eine Bemerkung zu der Anmeldung einer Unionsmarke von einem Dritten erhält, stellt es dem Dritten eine Empfangsbestätigung aus und teilt ihm mit, dass die Bemerkung dem Anmelder übermittelt wird (vgl. zur Gemeinschaftsmarke Mitteilung Nr. 2/09, ABl. HABM 2009 Nr. 12). 11

12 Das EUIPO entscheidet in der Regel binnen eines Monats nach Eingang der Bemerkung, ob diese ernsthafte Zweifel an der Eintragungsfähigkeit der Unionsmarke begründet oder nicht (vgl. zur Gemeinschaftsmarke Mitteilung Nr. 2/09, ABl. HABM 2009 Nr. 12). Ergeben sich solche ernsthaften Zweifel aus der Bemerkung nicht, so übermittelt das EUIPO dem Anmelder die Bemerkung kommentarlos. Bestehen dagegen aufgrund der Bemerkung ernsthafte Zweifel an der Schutzfähigkeit, so erlässt das EUIPO nach Art. 37 einen Beanstandungsbescheid und fügt diesem die Bemerkung des Dritten bei (vgl. zur Gemeinschaftsmarke Eisenführ/Schennen/Schennen Rn. 12).

13 Mit Ausnahme der Eingangs- und Weiterleitungsbestätigung erhält der Dritte keine weiteren Benachrichtigungen durch das EUIPO. Insbesondere wird der Dritte nicht über den Ausgang der Überprüfung der Anmeldung unterrichtet. Allerdings kann der Dritte den Status der Anmeldung einer Unionsmarke über die Website des EUIPO einsehen und Zugriff auf die veröffentlichten Anmeldungen und Eintragungen von Unionsmarken erhalten (vgl. zur Gemeinschaftsmarke Mitteilung Nr. 2/09, ABl. HABM 2009 Nr. 12).

E. Rechtliche Folgen für den Anmelder

14 Wird das EUIPO durch die Bemerkung des Dritten auf das Bestehen eines Eintragungshindernisses aufmerksam gemacht und begründet sie erhebliche Zweifel am Vorliegen der Schutzvoraussetzungen, so beanstandet das EUIPO die Anmeldung der Unionsmarke und informiert den Antragsteller über die möglichen Zurückweisungsgründe. Zugleich setzt das EUIPO dem Anmelder eine Frist zur Stellungnahme und droht die Zurückweisung der Anmeldung an (vgl. zur Gemeinschaftsmarke Eisenführ/Schennen/Schennen Rn. 14). Kann der Anmelder die Beanstandungen des EUIPO innerhalb der Frist nicht entkräften, so weist das EUIPO die Anmeldung der Unionsmarke nach Art. 37 Abs. 1 zurück. Können etwaige ernsthafte Zweifel des EUIPO durch den Antragsteller ausgeräumt werden, wird die Anmeldung durch das EUIPO zur Eintragung übermittelt.

F. Status des Dritten

15 Der Dritte ist am Eintragungsverfahren nicht selbst beteiligt und erhält unmittelbar durch das EUIPO auch keine Informationen darüber, ob seine Bemerkung das Eintragungsverfahren beeinflusst hat oder nicht.

16 Dem Dritten steht im Rahmen des Erteilungsverfahrens auch kein Rechtsmittel gegen Wertungen oder Entscheidungen des EUIPO zu, etwa wenn das EUIPO auf seine Bemerkung nicht eingeht oder das Bestehen ernsthafter Zweifel an der Schutzfähigkeit der Unionsmarke nicht für gegeben erachtet (vgl. zur Gemeinschaftsmarke Eisenführ/Schennen/Schennen Rn. 17). Die Beschwerde gegen eine Mitteilung des EUIPO, die Bemerkung des Dritten hätte keine ernsthaften Zweifel an der Schutzfähigkeit der Unionsmarke geweckt, ist daher bereits unzulässig (vgl. zur Gemeinschaftsmarke EuG T-224/01, GRUR Int 2003, 829 Rn. 74 – Nu-Tride/Tufftride; Eisenführ/Schennen/Schennen Rn. 17).

Art. 41 Widerspruch

(1) **Innerhalb einer Frist von drei Monaten nach Veröffentlichung der Anmeldung der Unionsmarke kann gegen die Eintragung der Unionsmarke Widerspruch mit der Begründung erhoben werden, dass die Marke nach Artikel 8 von der Eintragung auszuschließen ist; der Widerspruch kann erhoben werden**
a) **in den Fällen des Artikels 8 Absätze 1 und 5 von den Inhabern der in Artikel 8 Absatz 2 genannten älteren Marken sowie von Lizenznehmern, die von den Inhabern dieser Marken hierzu ausdrücklich ermächtigt worden sind;**
b) **in den Fällen des Artikels 8 Absatz 3 von den Inhabern der dort genannten Marken;**
c) **in den Fällen des Artikels 8 Absatz 4 von den Inhabern der dort genannten älteren Marken oder Kennzeichenrechte sowie von den Personen, die nach dem anzuwendenden nationalen Recht berechtigt sind, diese Rechte geltend zu machen.**

d) in den Fällen des Artikels 8 Absatz 4a von den Personen, die gemäß den Unionsvorschriften oder dem nationalen Recht zur Ausübung der dort genannten Rechte berechtigt sind.

(2) Gegen die Eintragung der Marke kann unter den Voraussetzungen des Absatzes 1 ebenfalls Widerspruch erhoben werden, falls eine geänderte Anmeldung gemäß Artikel 43 Absatz 2 Satz 2 veröffentlicht worden ist.

(3) ¹Der Widerspruch ist schriftlich einzureichen und zu begründen. ²Er gilt erst als erhoben, wenn die Widerspruchsgebühr entrichtet worden ist.

(4) Der Widerspruchsführer kann innerhalb einer vom Amt bestimmten Frist zur Stützung des Widerspruchs Tatsachen, Beweismittel und Bemerkungen vorbringen.

Überblick

Mit Art. 41 wird für Inhaber bestimmter älterer Marken- bzw. Kennzeichenrechte die Möglichkeit eröffnet, innerhalb von drei Monaten nach der Veröffentlichung der Anmeldung gegen die Eintragung der Unionsmarke Widerspruch einzulegen. Mit der VO (EU) 2015/2424 vom 16.12.2015 (ABl. L 341, 21) ist zudem seit dem 23.3.2016 die Möglichkeit geschaffen worden, den Widerspruch gegen die Eintragung einer Unionsmarke mit bestimmten älteren Ursprungsbezeichnungen oder geografischen Angaben zu begründen (Abs. 1 Buchst. d iVm Art. 8 Abs. 4a). Art. 41 regelt einerseits die formellen Anforderungen an diesen Widerspruch und gibt gleichzeitig in materieller Hinsicht vor, dass der Widerspruch nur auf das Vorliegen relativer Eintragungshindernisse iSd Art. 8 gestützt werden kann.

Abs. 1 sieht vor, dass die Widerspruchsberechtigung in der Person des Inhabers der älteren Marke bzw. des älteren Kennzeichens sowie den aus der Ursprungsbezeichnung bzw. der geografischen Angabe berechtigten Personen besteht (→ Rn. 19). Zudem werden durch **Abs. 1** die Widerspruchsgründe (→ Rn. 22 ff.) sowie die Widerspruchsfrist (→ Rn. 11 ff.) geregelt. Aus **Abs. 2** ergibt sich, dass ein Widerspruch auch dann zulässig ist, wenn die Anmeldung der Unionsmarke geändert und dies veröffentlicht wird (→ Rn. 11). Des Weiteren gibt **Abs. 3** vor, dass der Widerspruch schriftlich einzureichen ist und begründet werden muss (→ Rn. 7) sowie von der (rechtzeitigen) Einzahlung der Widerspruchgebühr abhängig ist (→ Rn. 13). Aus **Abs. 4** ergibt sich, dass der Widerspruchsführer innerhalb einer durch das EUIPO gesetzten Frist seinen Widerspruch weiter begründen kann.

Übersicht

	Rn.		Rn.
A. Allgemeines	1	Marke (Abs. 1 Buchst. a iVm Art. 8 Abs. 1 Buchst. b)	26
B. Einlegung des Widerspruchs	6	3. Ausnutzen der Bekanntheit einer älteren Marke (Abs. 1 Buchst. a iVm Art. 8 Abs. 5)	33
I. Widerspruchsschrift	7		
II. Widerspruchsfrist	11		
III. Widerspruchsgebühr	13	4. Agenten- oder Vertretermarken (Abs. 1 Buchst. b iVm Art. 8 Abs. 3)	37
IV. Schriftform	16		
V. Weitere formelle Voraussetzungen	17	5. Nicht eingetragene Marken und im Verkehr benutzte Kennzeichen (Abs. 1 Buchst. c iVm Art. 8 Abs. 4)	40
VI. Widerspruchsgründe	22		
1. Identität mit einer älteren Marke mit identischen Waren oder Dienstleistungen (Abs. 1 Buchst. a iVm Art. 8 Abs. 1 Buchst. a)	22	6. Ursprungsbezeichnungen und geografische Angaben (Abs. 1 Buchst. d iVm Art. 8 Abs. 4 Buchst. a)	46
2. Vorliegen einer Verwechslungsgefahr mit einer älteren identischen oder ähnlichen		7. Veröffentlichung einer geänderten Anmeldung (Abs. 2 iVm Art. 43 Abs. 2 S. 2)	47

A. Allgemeines

Bei dem Widerspruchsverfahren handelt es sich um ein kontradiktorisches Verfahren, an welchem als **Widerspruchsführer** der Inhaber eines älteren Marken- oder Kennzeichenrechts bzw. die aus einer Ursprungsbezeichnung oder einer geografischen Angabe berechtigte 1

Person sowie als **Widerspruchsgegner** der Anmelder einer veröffentlichten Unionsmarke beteiligt sind.

2   Nach Art. 76 Abs. 1 S. 2 ist das EUIPO bei der Ermittlung des zugrundeliegenden Sachverhalts innerhalb des Widerspruchsverfahrens auf das Vorbringen und die Anträge der Beteiligten beschränkt **(Dispositions- bzw. Beibringungsmaxime).** Des Weiteren ergibt sich aus Art. 76 Abs. 2, dass das EUIPO bei der Durchführung des Widerspruchsverfahrens Tatsachen und Beweismittel, die von einem Beteiligten verspätet – dh erst nach Ablauf einer gesetzlichen oder dem Beteiligten durch das EUIPO gesetzten Frist – vorgebracht worden sind, nicht zu berücksichtigen braucht. Sofern das EUIPO dies im Rahmen des Art. 77 für sachdienlich erachtet, kann über den Widerspruch **mündlich verhandelt** werden. Die Anforderungen an eine vor dem EUIPO in Rahmen des Widerspruchsverfahrens durchzuführende **Beweisaufnahme** ergeben sich aus Art. 78.

3   Nach Art. 130 Buchst. b iVm Art. 132 sind für die Durchführung des Widerspruchsverfahrens die **Widerspruchsabteilungen des EUIPO** zuständig. Die Widerspruchsabteilungen entscheiden grundsätzlich in der Besetzung von drei Mitgliedern, von denen mindestens ein Mitglied rechtskundig sein muss. Nach den in Regel 100 GMDV geregelten Fällen ist auch die Entscheidung durch ein einzelnes Mitglied der Widerspruchsabteilung zulässig.

4   Die **Einzelheiten des Widerspruchsverfahrens** ergeben sich aus Regel 15–22 GMDV, welche durch VO (EG) Nr. 1041/2005 (ABl. HABM 2005, 1098) in weiten Teilen überarbeitet worden ist. Die Neuregelung des Widerspruchsverfahrens zielt auf eine Straffung und Beschleunigung des Verfahrensablaufs, weshalb auch die Möglichkeit zur Nachreichung von Unterlagen eingeschränkt worden ist und die rechtlichen Folgen eines verspäteten Vorbringens von Tatsachen klarer geregelt worden ist (vgl. zur Gemeinschaftsmarke Eisenführ/Schennen/Schennen Rn. 4).

5   Die rechtliche Grundlage für einen **Widerspruch gegen eine IR-Marke,** die auch für das Gebiet der EU Geltung beansprucht, findet sich in Art. 156 und ist in Regel 114–116 GMDV konkretisiert. Die im Falle des Widerspruchs anfallende **Gebühr** ergibt sich aus Anhang-I der UMV.

B. Einlegung des Widerspruchs

6   Die formellen Anforderungen an die Einlegung des Widerspruchs ergeben sich aus Art. 41 sowie im Einzelnen aus Regel 15 Abs. 1 GMDV.

I. Widerspruchsschrift

7   Nach Regel 15 GMDV kann der Widerspruch auf eine oder mehrere **ältere Marken** iSd Art. 8 Abs. 2 bzw. auf ein oder mehrerer **sonstige ältere Rechte** iSd Art. 8 Abs. 4 gestützt werden, sofern die im Widerspruchsverfahren geltend gemachten älteren Marken oder Rechte **demselben Inhaber** (bzw. denselben Inhabern) gehören. Steht die ältere Marke bzw. das ältere Recht im **Miteigentum,** so kann der Widerspruch von einem, mehreren oder allen Miteigentümern erhoben werden. Zudem kann der Widerspruch nach Art. 8 Abs. 4a auch auf eine ältere Ursprungsbezeichnung oder eine ältere geografische Angabe gestützt werden.

8   Aus der Widerspruchsschrift müssen sich nach Regel 15 Abs. 2 GMDV mindestens

- das **Aktenzeichen** der Anmeldung der Unionsmarke (gegen die der Widerspruch eingelegt wird),
- der **Name bzw. die Firmenbezeichnung des Anmelders** der Unionsmarke,
- eine eindeutige **Bezeichnung der älteren Marke, des älteren Rechts, der älteren Ursprungsbezeichnung oder der älteren geografischen Angabe** (auf die der Widerspruch gestützt wird),
- die **Gründe,** auf die der Widerspruch gestützt wird,
- der Tag der Anmeldung, der Eintragung und – soweit eine solche in Anspruch genommen wurde – der Priorität der älteren Marke bzw. des älteren Rechts,
- eine **Wiedergabe der älteren Marke** bzw. des älteren Rechts,
- das **Waren- und Dienstleistungsverzeichnis der älteren Marke** bzw. des älteren Rechts (auf die der Widerspruch gestützt wird),

- eine Angabe darüber, in welchem Mitgliedstaat und für welche Waren oder Dienstleistungen die ältere Marke bzw. das ältere Recht Wertschätzung genießen bzw. bekannt sind (sofern der Widerspruch auf Art. 8 Abs. 5 gestützt wird),
- der **Name bzw. die Firmenbezeichnung** und die **Anschrift des Widersprechenden**, ebenso von dessen Vertreter sowie – sofern der Widerspruch durch einen Lizenznehmer eingelegt wird – eine Bevollmächtigung oder Befugnis zur Einlegung des Widerspruchs durch den Inhaber der älteren Marke bzw. des älteren Rechts

ergeben.

Darüber hinaus soll die Widerspruchsschrift 9
- die Angabe der **Waren und Dienstleistungen der angemeldeten Unionsmarke** (gegen die der Widerspruch eingelegt wird),
- eine **Begründung** mit den wesentlichen Fakten und Argumenten, auf die der Widerspruch gestützt wird, sowie
- die Angabe der diese Begründung stützenden **Beweismittel**

enthalten.

Nach Art. 119 Abs. 6 iVm Regel 16 GMDV muss eine nicht in der Sprache der Anmeldung der 9.1 Unionsmarke eingereichte Widerspruchsschrift innerhalb eines Monats nach Ablauf der Widerspruchsfrist in einer Übersetzung eingereicht werden. Entsprechendes gilt, sofern sich die Parteien nach Art. 119 Abs. 7 auf eine andere Verfahrenssprache geeinigt haben; in diesem Fall muss der Widerspruchsführer die Widerspruchsschrift innerhalb der vorgenannten Frist in einer entsprechenden Übersetzung einreichen.

Dem Anmelder der Unionsmarke, gegen die der Widerspruch eingelegt wurde, werden 10 anschließend die Widerspruchsschrift sowie die vom Widerspruchsführer vorgelegten Unterlagen einschließlich etwaiger Mitteilung des EUIPO übermittelt.

II. Widerspruchsfrist

Der Widerspruch muss innerhalb einer **Frist von drei Monaten** ab dem Zeitpunkt der 11 Veröffentlichung der Unionsmarke nach Art. 39 erklärt werden. Abzustellen ist insoweit auf das Datum, das in der elektronischen Veröffentlichung des EUIPO als Veröffentlichungsdatum benannt wird (Regel 85 Abs. 3 GMDV). Unter den Voraussetzungen des Art. 41 Abs. 2 kann, sofern eine **geänderte Anmeldung** gemäß Art. 43 Abs. 2 S. 2 veröffentlicht worden ist, ebenfalls Widerspruch eingelegt werden. Diese erneute Widerspruchsfrist gilt jedoch nur für diejenigen Waren oder Dienstleistungen, die durch die Änderung der Anmeldung neu hinzu gekommen sind (vgl. zur Gemeinschaftsmarke Eisenführ/Schennen/Schennen Rn. 9).

Für die **Berechnung der Widerspruchsfrist** sind Regel 70 ff. GMDV maßgeblich. Danach ist für 11.1 den Beginn der Fristberechnung auf den Tag abzustellen, der auf den Tag folgt, an dem das die Frist auslösende Ereignis eingetreten ist (Regel 70 Abs. 2 GMDV). Wird die Frist – wie in Art. 41 Abs. 1 – in Monaten angegeben, ergibt sich unter Berücksichtigung von Regel 70 Abs. 4 GMDV, dass die Frist an dem Tag des nachfolgenden dritten Monats endet, an dem die Unionsmarke veröffentlicht worden ist. Nach Regel 72 Abs. 1 GMDV ist zudem zu beachten, dass bei Fristen, die an einem Tag ablaufen, an dem eine Zustellung beim EUIPO nicht möglich ist, auf den nächstfolgenden Tag erstreckt werden, an dem diese Zustellung möglich wird.

Wird die Widerspruchsfrist versäumt, so kann dies weder durch eine **Wiedereinsetzung** 12 **in den vorherigen Stand** (Art. 81 Abs. 5) noch durch eine **Weiterbehandlung** (vgl. Art. 82 Abs. 2) behoben werden (vgl. zur Gemeinschaftsmarke Eisenführ/Schennen/Schennen Rn. 11). Dem Inhaber des älteren Rechts verbleibt aber die Möglichkeit eines Nichtigkeitsantrags.

III. Widerspruchsgebühr

Innerhalb der dreimonatigen Widerspruchsfrist muss auch die Widerspruchsgebühr – der- 13 zeit 320 Euro – beim EUIPO eingegangen sein. Hat der Widerspruchsführer die Zahlung nachweisbar vor dem Fristablauf veranlasst, geht diese jedoch tatsächlich erst nach dem Ablauf der Frist beim EUIPO ein, so kann das EUIPO dem Widerspruchsführer nach Art. 8 des Gebührenverzeichnisses eine Nachfrist setzen (vgl. zur Gemeinschaftsmarke Eisenführ/ Schennen/Schennen Rn. 12).

14 Der Widerspruch gilt als **nicht eingelegt,** sofern entweder die Widerspruchsgebühr oder die Widerspruchsschrift erst nach Ablauf der Widerspruchsfrist eingehen (vgl. Art. 41 Abs. 3 iVm Regel 17 Abs. 1 GMDV).

14.1 In einem solchen Falle erstattet das EUIPO dem Widerspruchsführer eine bereits gezahlte Widerspruchsgebühr zurück. Die Feststellung des EUIPO, dass der Widerspruch aufgrund Fristablaufs als nicht eingelegt gilt, kann der Widerspruchsführer mit einer Gegenvorstellung überprüfen lassen (vgl. Regel 54 GMDV). Nach Regel 17 Abs. 5 GMDV wird der Anmelder der Unionsmarke über die Einreichung der verspäteten Widerspruchsschrift informiert, allerdings folgt auf den nicht fristgerecht eingereichten Widerspruch kein streitiges Verfahren (vgl. zur Gemeinschaftsmarke Eisenführ/Schennen/Schennen Rn. 13). Auch eine Kostenerstattungspflicht des Widerspruchsführers besteht insoweit nicht (vgl. zur Gemeinschaftsmarke HABM BK vom 3.9.2008 – R 1350/2007-1 Nr. 32 – SCHNEIDER/SCHNEIDER; HABM BK vom 22.1.2008 – R 1387/2007-4 Nr. 18 – ONDACELL/OKACELL; Eisenführ/Schennen/Schennen Rn. 13).

15 Eine **verspätet eingereichte Widerspruchsschrift** führt zur Unzulässigkeit des Widerspruchs (vgl. Regel 17 Abs. 2 GMDV). Die zuständige Widerspruchsabteilung des EUIPO hört den Widerspruchsführer aus formalen Gründen zur Verspätung zwar an, allerdings ist diese Anhörung nur dann von Bedeutung, wenn durch den Widerspruchsführer die Widerspruchsgebühr rechtzeitig eingezahlt worden ist (vgl. zur Gemeinschaftsmarke Eisenführ/Schennen/Schennen Rn. 14).

IV. Schriftform

16 Die Widerspruchsschrift ist nach Art. 41 Abs. 3 S. 1 schriftlich einzureichen. Die Verwendung des Formblattes nach Regel 83 Abs. 1 Buchst. b GMDV wird grundsätzlich empfohlen, ist aber für die Wahrung der Form des Widerspruches nicht zwingend erforderlich. Die Übermittlung per **Telefax** sowie die **elektronische Einreichung** der Widerspruchsschrift kommen – unter Beachtung der insoweit geltenden Voraussetzungen nach Regel 79 ff. GMDV – ebenfalls in Betracht (vgl. zur Gemeinschaftsmarke Eisenführ/Schennen/Schennen Rn. 15).

V. Weitere formelle Voraussetzungen

17 Der Widerspruch kann nur gegen eine Unionsmarke gerichtet werden. Wird der Widerspruch abweichend hiervon **gegen mehrere Unionsmarken** gerichtet, ist der Widerspruch insgesamt unzulässig (vgl. zur Gemeinschaftsmarke Eisenführ/Schennen/Schennen Rn. 16). Zudem ergibt sich aus Regel 15 Abs. 2 Buchst. a GMDV sowie Regel 17 Abs. 2 GMDV, dass der Widerspruch ohne die Möglichkeit einer nachträglichen Korrektur unzulässig ist, sofern nicht eindeutig festgestellt werden kann, gegen welche konkrete Unionsmarke er gerichtet ist (vgl. zur Gemeinschaftsmarke Eisenführ/Schennen/Schennen Rn. 16).

18 Dagegen kann der Widerspruch gegen eine bestimmte Unionsmarke inhaltlich auf verschiedene ältere Marken, Kennzeichenrechte, Ursprungsbezeichnungen oder geografische Angaben gestützt werden, ohne dass dies zu einer Erhöhung der Gebühren oder der Kosten des Verfahrens führt (vgl. zur Gemeinschaftsmarke Eisenführ/Schennen/Schennen Rn. 17).

19 **Widerspruchsberechtigt** ist der Inhaber der älteren Marke bzw. des älteren Rechts, durch den auch der Widerspruch eingelegt werden muss. Durch **mehrere Personen** darf ein Widerspruch nur dann eingelegt werden, wenn sie im Hinblick auf das jeweils geltend gemachte ältere Recht Mitinhaber sind oder es sich um den Inhaber des älteren Rechts sowie einen Lizenznehmer handelt (vgl. Regel 15 GMDV). Bei **Unklarheiten** im Hinblick auf die in der Widerspruchsschrift geltend gemachten älteren Marken oder Rechte werden die Beteiligten durch das EUIPO zu einer entsprechenden Klarstellung aufgefordert, mit wem das Verfahren durchgeführt werden soll. Erfolgt diese Klarstellung nicht, so wird der Widerspruch durch das EUIPO als unzulässig abgewiesen (vgl. zur Gemeinschaftsmarke Eisenführ/Schennen/Schennen Rn. 19).

20 Bei einem **Wechsel des Inhabers** einer Widerspruchsmarke ist danach zu differenzieren, ob es sich um eine Unionsmarke oder um eine nationale Marke handelt. Bei einer **Unionsmarke** ergibt sich aus Art. 17 Abs. 6 und Abs. 7, dass der neue Inhaber der Unionsmarke mit seiner Eintragung automatisch Partei des Widerspruchsverfahrens wird. Der Anmelder

Widerspruch | **Art. 41 UMV**

der angegriffenen Unionsmarke muss insoweit dem Parteiwechsel nicht gesondert zustimmen. Sofern der neue Inhaber der Widerspruchsmarke an der Fortführung des Widerspruches kein Interesse hat, so kann er das Widerspruchsverfahren durch Rücknahme seines Widerspruchs zurücknehmen.

Bei einer **nationalen Marke** kann der neue Inhaber seine Berechtigung entweder dadurch 21 nachweisen, dass er gegenüber dem EUIPO den vertraglichen Rechtsübergang belegt oder er seine Eintragung beim nationalen Markenamt nachweist (vgl. zur Gemeinschaftsmarke Eisenführ/Schennen/Schennen Rn. 211).

VI. Widerspruchsgründe

1. Identität mit einer älteren Marke mit identischen Waren oder Dienstleistungen (Abs. 1 Buchst. a iVm Art. 8 Abs. 1 Buchst. a)

Der Widerspruch kann durch den Widerspruchsführer zunächst auf das Vorliegen einer 22 sogenannten **Doppelidentität** gestützt werden (Art. 41 Abs. 1 Buchst. a iVm Art. 8 Abs. 1 Buchst. a). Diese setzt voraus, dass die Unionsmarke, gegen die sich der Widerspruch richtet, sowie die ältere Marke des Widerspruchsführers identisch sind und sowohl die Unionsmarke als auch die ältere Marke für identische Waren oder Dienstleistungen angemeldet wurden. Auf die Frage, ob durch die Verwendung der identischen Zeichen für identische Waren oder Dienstleistungen eine Verwechslungsgefahr begründet wird, kommt es im Rahmen des Widerspruchsgrundes nach Art. 41 Abs. 1 Buchst. a nicht an (vgl. zur Gemeinschaftsmarke Eisenführ/Schennen/Schennen Art. 8 Rn. 37).

Das Vorliegen einer Verwechslungsgefahr wird erst dann relevant, wenn entweder die für die Unions- 22.1 marke und die Widerspruchsmarke verwendeten Zeichen oder das diesbezüglich Waren- und Dienstleistungsverzeichnis nicht den Anforderungen an das Bestehen einer Identität genügen. Dabei ist allerdings zu berücksichtigen, dass der Widerspruchsgrund der Doppelidentität nach Art. 41 Abs. 1 Buchst. a und der Widerspruchsgrund der Verwechslungsgefahr nach Art. 41 Abs. 1 Buchst. b vom EUIPO als **einheitliches Eintragungshindernis** verstanden werden und deshalb nicht gesondert geltend gemacht werden müssen (vgl. zur Gemeinschaftsmarke HABM BK vom 13.3.2001 – R 067/2000-2 – ABl. HABM HBM 2001, 2286 Nr. 15 – FLEXI/FLEXY; Eisenführ/Schennen/Schennen Art. 8 Rn. 37).

Von einer **Produktidentität** ist auszugehen, wenn die für die jeweiligen Marken angemel- 23 deten Waren oder Dienstleistungen gattungsgleich sind, sie also ihrer Art nach übereinstimmen. Nicht erforderlich ist, dass die Produktangaben sprachlich identisch sein müssen, vielmehr ist es ausreichend, wenn sie inhaltlich eine gleiche Bedeutung haben (vgl. zur Gemeinschaftsmarke Eisenführ/Schennen/Schennen Art. 8 Rn. 38). Auch die Verwendung von gleichartigen oder gleichwertigen Angaben führt zu einer Identität der Waren. Die erforderliche Produktidentität ist immer dann gegeben, wenn die Angaben zu Produkten, die unter der Unionsmarke geschützt werden sollen, mit den Produktangaben der älteren Marke übereinstimmen. Die Identität beschränkt sich nur auf diejenigen Produkte, die auch in dem Waren- und Dienstleistungsverzeichnis der älteren Marke angegeben sind; soweit die Unionsmarke darüber hinaus weitere Produktangaben enthält, ist diesbezüglich keine Identität gegeben. Allerdings ist zu prüfen, ob in diesen Fällen ggf. die Voraussetzung einer Produktähnlichkeit iSd Art. 41 Abs. 1 Buchst. b zu bejahen ist (vgl. zur Gemeinschaftsmarke Eisenführ/Schennen/Schennen Art. 8 Rn. 38).

Eine **Zeichenidentität** der Unionsmarke und der älteren Marke ist gegeben, wenn die 24 für beide Marken verwendeten Zeichen ohne weitere Veränderung – entweder durch Weglassen oder Hinzufügen bestimmter Zeichenelemente – vollständig übereinstimmen oder die tatsächlich bestehenden Unterschiede so unwesentlich sind, dass sie bei einer Gesamtbetrachtung des Zeichens vollkommen in den Hintergrund treten und dem Durchschnittsverbraucher entgehen können (vgl. zur Gemeinschaftsmarke Eisenführ/Schennen/Schennen Art. 8 Rn. 39). Ebenfalls ausgenommen sind solche Elemente des Zeichens (zB eine Umrandung der Marke oder eine bloße Verzierung), die von dem relevanten Verkehr nicht als Bestandteil der Marke wahrgenommen werden (vgl. zur Gemeinschaftsmarke Eisenführ/Schennen/Schennen Art. 8 Rn. 39). Bei **reinen Wortmarken** tritt im Rahmen der Identitätsprüfung die gewählte Schriftart in den Hintergrund, so dass es für die Bejahung der Identität ausreichend ist, wenn die Unionsmarke dieselbe Buchstabenfolge verwendet wie die ältere Marke.

25 Hinsichtlich der weiteren Einzelheiten zum Vorliegen einer Doppelidentität → MarkenG § 14 Rn. 247 ff.

2. Vorliegen einer Verwechslungsgefahr mit einer älteren identischen oder ähnlichen Marke (Abs. 1 Buchst. a iVm Art. 8 Abs. 1 Buchst. b)

26 Darüber hinaus kann ein Widerspruch gegen die Unionsmarke auch auf den Widerspruchsgrund der Verwechslungsgefahr nach Art. 41 Abs. 1 Buchst. a iVm Art. 8 Abs. 1 Buchst. b gestützt werden. Insoweit sind für die Verwechslungsfähigkeit diejenigen angemeldeten oder benutzten Drittzeichen maßgeblich, die dem für die Unionsmarke verwendeten Zeichen sowie dem für die Unionsmarke angemeldeten Waren- und Dienstleistungsverzeichnis ähnlich sind. Durch die Verwechslungsgefahr wird die Reichweite des Schutzes der Unionsmarke bestimmt, die sich von den bereits bekannten Kennzeichen und Marken abheben muss. Durch das Eintragungshindernis der Verwechslungsgefahr soll vermieden werden, dass die Herkunftsfunktion der älteren Marke beeinträchtigt wird (vgl. zur Gemeinschaftsmarke Eisenführ/Schennen/Schennen Art. 8 Rn. 40).

27 Dem Widerspruchsgrund der Verwechslungsgefahr kommt, da die Verwendung identischer Kennzeichen für identische Waren oder Dienstleistungen eher die Ausnahme ist, im Vergleich zum Widerspruchsgrund der Doppelidentität die höhere praktische Bedeutung zu. Erfasst werden sowohl die Fälle, in denen
- die Unionsmarke ein mit einer älteren Marke identisches Zeichen für ein ähnliches Waren- und Dienstleistungsverzeichnis verwendet,
- die Unionsmarke einer älteren Marke bzw. einem älteren Kennzeichen lediglich ähnlich ist, für beide aber identische Waren oder Dienstleistungen angemeldet worden sind sowie
- die Unionsmarke einer älteren Marke bzw. einem älteren Kennzeichen ähnlich ist und auch das Waren- und Dienstleistungsverzeichnis für ähnliche Produkte und Dienstleistungen angemeldet worden ist.

28 Die Verwechslungsgefahr ist eine spezifische Voraussetzung für den Schutz älterer Marken und Kennzeichen und hängt von einer Vielzahl von Umständen ab, insbesondere der Bekanntheit der älteren Marke auf dem Markt, der Beurteilung des Risikos, dass die ältere Marke mit der angemeldeten Unionsmarke in Verbindung gebracht werden kann sowie dem Grad der Ähnlichkeit zwischen dem für die Unionsmarke sowie die ältere Marke verwendeten Zeichen und den insoweit gekennzeichneten Waren oder Dienstleistungen (vgl. zur Gemeinschaftsmarke Eisenführ/Schennen/Schennen Art. 8 Rn. 42).

29 Für die Verwechslungsgefahr sind daher die Kriterien der Produktähnlichkeit, der Zeichenähnlichkeit sowie der Kennzeichnungskraft der älteren Marke maßgeblich, die in einer Wechselbeziehung zueinander stehen, durch welche auch ein geringerer Grad der Ähnlichkeit der gekennzeichneten Waren oder Dienstleistungen durch einen höheren Grad der Zeichenähnlichkeit ausgeglichen werden kann und umgekehrt (vgl. zur Gemeinschaftsmarke EuG T-162/01, GRUR Int 2003, 840 Rn. 32 – GIORGIO BEVERLY HILLS; Eisenführ/Schennen/Schennen Art. 8 Rn. 43). Hat die ältere Marke eine hohe Kennzeichnungskraft, so genügt grundsätzlich auch eine weniger ausgeprägte Ähnlichkeit des Waren- und Dienstleistungsverzeichnisses, um die Verwechslungsgefahr begründen zu können (vgl. zur Gemeinschaftsmarke EuGH C-39/97, GRUR 1998, 922 Rn. 29 – Canon; C-16/06, BeckEuRS 2008, 489454 Rn. 64 – Obelix/Mobelix; EuG T-185/07, GRUR-RR 2009, 333 Rn. 33 – CK; Eisenführ/Schennen/Schennen Art. 8 Rn. 43).

30 Für die Beurteilung der für die angesprochenen Verkehrskreise bestehenden Verwechslungsgefahr sind daher sämtliche relevanten Umstände des Einzelfalles umfassend zu würdigen. Dabei ist hinsichtlich der Beurteilung der Ähnlichkeit der Gesamteindruck der angemeldeten Unionsmarke und der älteren Marke bzw. des älteren Kennzeichens nach ihrem Bild, Klang sowie der Bedeutung, die die zu vergleichenden Marken hervorrufen, zu würdigen. Im Rahmen des Vergleichs sind insbesondere die jeweils unterscheidungskräftigen und dominierenden Elemente der jeweiligen Marke zu beachten. Abzustellen ist auf die Wahrnehmung eines Durchschnittsverbrauchers, der sich von den beiden zu vergleichenden Marken einen Gesamteindruck verschafft. Insoweit ist der normal informierte, aufmerksame und verständige Durchschnittsverbraucher maßgeblich, der sich für die von der älteren Marke geschützten Waren bzw. Dienstleistungen interessiert. Darüber hinaus ist bei der Beurteilung der

Verwechslungsgefahr auch die Aufmerksamkeit zu berücksichtigen, die der Durchschnittsverbraucher der betreffenden Art von Waren oder Dienstleistungen entgegenbringt. Zudem fließt in die Beurteilung der Verwechslungsgefahr ein, ob die ältere Marke über eine hohe Kennzeichnungskraft verfügt, da diese sich dem Durchschnittsverbraucher leichter einprägt und ihm im Gedächtnis bleibt. Daraus folgt, dass Marken mit einer geringen Kennzeichnungskraft von vornherein eine geringere Verwechslungsfähigkeit haben, als Marken mit hoher Kennzeichnungskraft (vgl. zur Gemeinschaftsmarke Eisenführ/Schennen/Schennen Art. 8 Rn. 44). Auch die Bekanntheit der älteren Marke ist ein wesentliches Kriterium für die Feststellung des Vorliegens einer Verwechslungsgefahr.

Für die Beurteilung der Verwechslungsgefahr ist dagegen grundsätzlich nicht maßgeblich, 31 ob es tatsächlich zu Verwechslungen gekommen ist oder nicht (freilich können nachweisbare Verwechslungen als Indiz für das Bestehen einer Verwechslungsgefahr gewertet werden). Ausreichend ist vielmehr, dass bei den angesprochenen Verkehrskreisen der Eindruck entstehen kann, dass es sich bei den beiden zu vergleichenden Zeichen um dieselben Marken handelt und der Durchschnittsverbraucher aufgrund dieser Verwechslung die unter der Unionsmarke angemeldeten Waren oder Dienstleistungen dem falschen Unternehmen zuordnet.

Hinsichtlich der weiteren Einzelheiten zum Vorliegen einer Verwechslungsgefahr iSd 32 Art. 8 Abs. 1 Buchst. b → MarkenG § 14 Rn. 247 ff.

3. Ausnutzen der Bekanntheit einer älteren Marke (Abs. 1 Buchst. a iVm Art. 8 Abs. 5)

Der Widerspruch kann nach Art. 41 Abs. 1 Buchst. a iVm mit Art. 8 Abs. 5 auch darauf 33 gestützt werden, dass die von der Unionsmarke angesprochenen Verkehrskreise im Falle der Benutzung diese gedanklich mit einer bekannten älteren Marke – entweder eine bekannte ältere Unionsmarke oder eine in einem Mitgliedstaat bekannte nationale Marke – in Verbindung bringen und dies zu einer Ausbeutung oder Beschädigung des Rufes der bekannten älteren Marke führt bzw. die Kennzeichnungskraft der älteren Marke verwässert werden würde, sofern das Verhalten des Inhabers der angemeldeten Unionsmarke im Rahmen einer Gesamtbetrachtung unlauter ist. Das Vorliegen einer Verwechslungsgefahr ist in diesem Fall nicht erforderlich, so dass der Anwendungsbereich dieses Widerspruchsgrundes auch solche Unionsmarken erfasst, deren Waren- und Dienstleistungsverzeichnis sich deutlich von den Waren und Dienstleistungen der bekannten älteren Marke unterscheidet und deshalb vom Vorliegen einer Verwechslungsgefahr nicht auszugehen ist (vgl. zur Gemeinschaftsmarke Eisenführ/Schennen/Schennen Art. 8 Rn. 30). Insoweit ist allerdings zu berücksichtigen, dass der aus Art. 41 Abs. 1 Buchst. a iVm Art. 8 Abs. 5 abgeleitete Bekanntheitsschutz nur für eingetragene ältere Marken besteht (vgl. zur Gemeinschaftsmarke Eisenführ/Schennen/ Schennen Art. 8 Rn. 30).

Nach der Rechtsprechung des EuGH ist der Bekanntheitsschutz für eingetragene ältere 34 Marken auch nicht auf die Fälle beschränkt, in denen eine Verwechslungsgefahr nicht besteht. Vielmehr ist erst recht davon auszugehen, dass der besondere Schutz des Art. 8 Abs. 5 auch für solche bekannten eingetragenen älteren Marken besteht, bei denen aufgrund der Identität oder Ähnlichkeit der verwendeten Zeichen und des Waren- und Dienstleistungsverzeichnisses eine Verwechslungsgefahr gegeben ist (vgl. zur Gemeinschaftsmarke EuGH C-292/00, GRUR 2003, 240 – Davidoff/Durffee; Eisenführ/Schennen/Schennen Art. 8 Rn. 32).

Voraussetzung für den Bekanntheitsschutz ist, dass die Benutzung der im Widerspruchsver- 35 fahren angegriffenen Unionsmarke die Unterscheidungskraft oder die Wertschätzung der älteren Marke in unlauterer Weise ausnutzt oder beeinträchtigt und dafür kein rechtfertigender Grund vorliegt (vgl. zur Gemeinschaftsmarke Eisenführ/Schennen/Schennen Art. 8 Rn. 34).

Hinsichtlich der weiteren Einzelheiten zum Bekanntheitsschutz nach Art. 8 Abs. 5 → 36 → Art. 8 Rn. 102 ff.

4. Agenten- oder Vertretermarken (Abs. 1 Buchst. b iVm Art. 8 Abs. 3)

Der Widerspruch kann nach Art. 41 Abs. 1 Buchst. b iVm Art. 8 Abs. 3 auch darauf 37 gestützt werden, dass ein Agent oder Vertreter des Markeninhabers ohne dessen Zustimmung eine Unionsmarke auf seinen eigenen Namen angemeldet hat, es sei denn, dass der Agent oder Vertreter seine Handlungsweise rechtfertigen kann. Dieser Widerspruchsgrund betrifft den „untreuen Agenten" bzw. „untreuen Vertreter", der ohne Zustimmung des Inhabers eines älteren geschützten Kennzeichens für sich selbst eine entsprechende Unionsmarke zur Eintragung angemeldet hat und der Agent bzw. Vertreter sein Handeln nicht rechtfertigen kann (vgl. zur Gemeinschaftsmarke HABM BK vom 30.9.2009 – R 1547/2006-4 Nr. 10 f. – POWERBALL; Eisenführ/Schennen/Schennen Art. 8 Rn. 25).

38 Für das Vorliegen des Widerspruchsgrundes nicht erheblich ist, ob die Anmeldung der Unionsmarke durch den Agenten bzw. Vertreter während der Dauer eines Vertragsverhältnisses mit dem Inhaber des älteren geschützten Kennzeichens erfolgte (vgl. zur Gemeinschaftsmarke Eisenführ/Schennen/Schennen Art. 8 Rn. 26). Insoweit ist von einer nachwirkenden Verpflichtung zur Vertragstreue des Agenten bzw. Vertreters auszugehen (vgl. zur Gemeinschaftsmarke Eisenführ/Schennen/Schennen Art. 8 Rn. 26). Diese nachwirkende Treueverpflichtung des Agenten bzw. Vertreters erlischt frühestens ein Jahr nach der Beendigung des Vertragsverhältnisses mit dem Inhaber des älteren geschützten Kennzeichens (vgl. zur Gemeinschaftsmarke HABM BK vom 19.11.2007 – R 73/2006-4 Nr. 26 – PORTER; Eisenführ/Schennen/Schennen Art. 8 Rn. 26).

39 Hinsichtlich der weiteren Einzelheiten → Art. 8 Rn. 43 ff.

5. Nicht eingetragene Marken und im Verkehr benutzte Kennzeichen (Abs. 1 Buchst. c iVm Art. 8 Abs. 4)

40 Nach Art. 41 Abs. 1 Buchst. c iVm Art. 8 Abs. 4 kann ein Widerspruch auch von dem Inhaber einer nicht eingetragenen Marke oder eines sonstigen im geschäftlichen Verkehr benutzten Kennzeichens von mehr als lediglich örtlicher Bedeutung geltend gemacht werden, wenn und soweit das Recht an der nicht eingetragenen Marke bzw. an dem nicht eingetragenen Kennzeichen vor dem Tag der Anmeldung der Unionsmarke (oder der von dieser in Anspruch genommenen Priorität) erworben worden ist und die nicht eingetragene Marke bzw. das nicht eingetragene Kennzeichen seinem Inhaber das Recht verleiht, die Benutzung der jüngeren Marke zu untersagen.

41 Hieraus ergeben sich folgende Voraussetzungen, die für das Vorliegen des Widerspruchsgrundes nachgewiesen werden müssen (vgl. zur Gemeinschaftsmarke Eisenführ/Schennen/Schennen Art. 8 Rn. 19):
- Es muss eine Benutzung der nicht eingetragenen Marke bzw. des nicht eingetragenen Kennzeichens im geschäftlichen Verkehr stattgefunden haben;
- die nicht eingetragene Marke bzw. das nicht eingetragene Kennzeichen muss eine überregionale Bedeutung aufweisen;
- der Erwerb der nicht eingetragenen Marke bzw. des nicht eingetragenen Kennzeichens muss vor dem Zeitrang der mit dem Widerspruch angegriffenen Unionsmarke erfolgt sein;
- die nicht eingetragene Marke bzw. das nicht eingetragene Kennzeichen muss nach dem nationalen Recht dem Inhaber das Recht verleihen, die Benutzung einer jüngeren Marke im betreffenden Mitgliedstaat zu untersagen (vgl. zur Gemeinschaftsmarke HABM ABl. HABM 2002, 1426 – DAVINCI/DA VINCI; ABl. HABM 2002, 2406 – NEW GAMES; HABM ABl. HABM 2002, 152 – THE CHALLENGER AGENCY; HABM BK vom 30.9.2009 – R 1547/2006-4 Nr. 15 f. – POWERBALL).

42 Für die Auslegung der Benutzung im geschäftlichen Verkehr sowie der überregionalen Bedeutung ist das Gemeinschaftsrecht maßgeblich (vgl. zur Gemeinschaftsmarke Eisenführ/Schennen/Schennen Art. 8 Rn. 20). Dagegen kommt es für den Erwerb des Zeitranges sowie der aus der nicht eingetragenen Marke bzw. dem nicht eingetragenen Kennzeichen abgeleiteten Untersagungsrechte auf eine Beurteilung nach nationalem Recht an (Eisenführ/Schennen/Schennen Art. 8 Rn. 20). Der Widerspruchsführer muss deshalb nicht nur nachweisen, dass er nach nationalem Recht über entsprechende Untersagungsrechte verfügt, vielmehr muss er darlegen und beweisen, dass die Widerspruchsmarke bzw. das Widerspruchskennzeichen eine über eine rein regionale Wirkung hinausgehende Bedeutung hat (Eisenführ/Schennen/Schennen Art. 8 Rn. 20).

43 Der Widerspruchsführer muss zudem nachweisen, dass er die nicht eingetragene Marke bzw. das nicht eingetragene Kennzeichen im geschäftlichen Verkehr benutzt hat. Insoweit muss der Widerspruchsführer gemäß Art. 42 Abs. 2 eine ernsthafte Benutzung der Marke

bzw. des Kennzeichens nachweisen. Erforderlich ist insoweit insbesondere, dass der Widerspruchsführer eine markenmäßige Benutzung der nicht eingetragene Marke bzw. des nicht eingetragene Kennzeichens nachweisen kann (Eisenführ/Schennen/Schennen Art. 8 Rn. 21).

Für den Nachweis des Bestehens der nationalen Marke bzw. des nationalen Kennzeichens 44 und der daraus abgeleiteten Untersagungsrechte muss der Widerspruchsführer dem EUIPO die entsprechenden Gesetzestexte (einschließlich Übersetzung in die Verfahrenssprache) und ggf. auch die insoweit maßgeblichen nationalen Gerichtsentscheidungen vorlegen (Eisenführ/Schennen/Schennen Art. 8 Rn. 22).

Hinsichtlich der weiteren Einzelheiten zu Art. 8 Abs. 4 → Art. 8 Rn. 70 ff. 45

6. Ursprungsbezeichnungen und geografische Angaben (Abs. 1 Buchst. d iVm Art. 8 Abs. 4 Buchst. a)

Durch die VO (EU) 2015/2424 vom 16.12.2015 (ABl. L 341, 21) ist mit Art. 41 Abs. 1 46 seit dem 23.3.2016 ein **zusätzlicher Widerspruchsgrund** eingeführt worden. Danach kann der Widerspruch gegen die Eintragung einer Unionsmarke auch damit begründet werden, dass ein Antrag auf Eintragung einer **Ursprungsbezeichnung** oder der **geografischen Angabe** bereits vor dem Antrag auf Eintragung der Unionsmarke oder der für die Anmeldung in Anspruch genommenen Priorität vorbehaltlich der späteren Eintragung gestellt worden war, sofern diese Ursprungsbezeichnung oder geografische Angabe dem Widerspruchsführer das Recht verleiht, die Benutzung einer jüngeren Marke zu untersagen (zu Art. 8 Abs. 4 Buchst. a → Art. 8 Rn. 98 ff.).

7. Veröffentlichung einer geänderten Anmeldung (Abs. 2 iVm Art. 43 Abs. 2 S. 2)

Aus Art. 41 Abs. 2 ergibt sich zudem, dass ein Widerspruch auch dann auf die vorstehend 47 genannten Widerspruchsgründe gestützt werden kann, wenn nach Art. 43 Abs. 2 S. 2 eine **geänderte Anmeldung der Unionsmarke** veröffentlicht worden ist. Insoweit läuft die Frist (drei Monate) ab dem Zeitpunkt der Veröffentlichung der Änderung der Anmeldung der Unionsmarke. Voraussetzung ist nach Art. 43 Abs. 2 S. 2, dass die Änderungen die Wiedergabe der Marke oder das Waren- und Dienstleistungsverzeichnis betreffen und nach der Veröffentlichung der ursprünglichen Anmeldung vorgenommen worden sind.

Art. 42 Prüfung des Widerspruchs

(1) Bei der Prüfung des Widerspruchs fordert das Amt die Beteiligten so oft wie erforderlich auf, innerhalb einer von ihm zu bestimmenden Frist eine Stellungnahme zu seinen Bescheiden oder zu den Schriftsätzen anderer Beteiligter einzureichen.

(2) [1]Auf Verlangen des Anmelders hat der Inhaber einer älteren Unionsmarke, der Widerspruch erhoben hat, den Nachweis zu erbringen, dass er innerhalb der letzten fünf Jahre vor dem Anmeldetag oder dem Prioritätstag der Anmeldung der Unionsmarke die ältere Unionsmarke in der Union für die Waren oder Dienstleistungen, für die sie eingetragen ist und auf die er sich zur Begründung seines Widerspruchs beruft, ernsthaft benutzt hat, oder dass berechtigte Gründe für die Nichtbenutzung vorliegen, sofern zu diesem Zeitpunkt die ältere Unionsmarke seit mindestens fünf Jahren eingetragen ist. [2]Kann er diesen Nachweis nicht erbringen, so wird der Widerspruch zurückgewiesen. [3]Ist die ältere Unionsmarke nur für einen Teil der Waren oder Dienstleistungen, für die sie eingetragen ist, benutzt worden, so gilt sie zum Zwecke der Prüfung des Widerspruchs nur für diese Waren oder Dienstleistungen als eingetragen.

(3) Absatz 2 ist auf ältere nationale Marken im Sinne von Artikel 8 Absatz 2 Buchstabe a mit der Maßgabe entsprechend anzuwenden, dass an die Stelle der Benutzung in der Gemeinschaft die Benutzung in dem Mitgliedstaat tritt, in dem die ältere Marke geschützt ist.

(4) Das Amt kann die Beteiligten ersuchen, sich zu einigen, wenn es dies als sachdienlich erachtet.

(5) ¹Ergibt die Prüfung, dass die Marke für alle oder einen Teil der Waren oder Dienstleistungen, für die die Gemeinschaftsmarke beantragt worden ist, von der Eintragung ausgeschlossen ist, so wird die Anmeldung für diese Waren oder Dienstleistungen zurückgewiesen. ²Ist die Marke von der Eintragung nicht ausgeschlossen, so wird der Widerspruch zurückgewiesen.

(6) Die Entscheidung über die Zurückweisung der Anmeldung wird veröffentlicht, sobald sie unanfechtbar geworden ist.

Überblick

Art. 42 betrifft die Prüfung des Widerspruchs durch das EUIPO. Abs. 1 sieht insoweit vor, dass das EUIPO die Beteiligten im erforderlichen Umfang zu Stellungnahmen zu seinen Bescheiden oder zu Schriftsätzen anderer Beteiligten auffordern kann. Nach Abs. 2 kann der Anmelder der Unionsmarke von dem Inhaber der älteren Unionsmarke, auf die der Widerspruch gestützt wird, den Nachweis verlangen, dass diese ältere Unionsmarke in den letzten fünf Jahren vor dem Anmeldetag oder dem Prioritätstag der Anmeldung der Unionsmarke in der Union für die angemeldeten Waren oder Dienstleistungen ernsthaft benutzt worden ist oder berechtigte Gründe für eine Nichtbenutzung gegeben sind (→ Rn. 8 ff.). Kann der Widerspruchsführer diesen Nachweis nicht erbringen, so wird der Widerspruch nach Art. 42 Abs. 2 S. 2 zurückgewiesen (→ Rn. 47). Wird der Benutzungsnachweis nur für einen Teil der Waren oder Dienstleistungen der älteren Unionsmarke erbracht, so fingiert Art. 42 Abs. 2 S. 3, dass die Widerspruchsmarke im Rahmen der Prüfung des Widerspruchs nur für diese benutzten Waren oder Dienstleistungen als eingetragen gilt. Aus Art. 42 Abs. 3 ergibt sich, dass der Benutzungsnachweis bzw. die Begründung der Nichtbenutzung auch für nationale Marken, die als Widerspruchsmarke herangezogen werden, mit der Maßgabe gilt, dass an die Stelle der Benutzung in der Union die Benutzung in dem jeweiligen Mitgliedstaat tritt, in dem die ältere nationale Marke geschützt ist. Ferner kann das EUIPO den Beteiligten auch eine gütliche Einigung empfehlen, wenn es dies für sachdienlich erachtet (Art. 42 Abs. 4, → Rn. 21 ff.). Art. 42 Abs. 5 regelt sodann die Entscheidungsmöglichkeiten des EUIPO, nämlich einerseits die Zurückweisung der Anmeldung der Unionsmarke, wenn sich aufgrund der Prüfung ergibt, dass diese für alle oder einen Teil der Waren oder Dienstleistungen von der Eintragung ausgeschlossen ist (Art. 42 Abs. 5 S. 1; → Rn. 52) oder die Zurückweisung des Widerspruchs, wenn die angemeldete Unionsmarke nicht von der Eintragung ausgeschlossen ist (Art. 42 Abs. 5 S. 2; → Rn. 55). Schließlich sieht Art. 42 Abs. 6 vor, dass die Entscheidung über die Zurückweisung der Anmeldung der Unionsmarke veröffentlicht wird, sobald sie unanfechtbar geworden ist.

Übersicht

	Rn.
A. Zulässigkeit des Widerspruchs	1
B. Antrag auf Benutzungsnachweis	6
I. Zeitpunkt	7
II. Inhalt	8
III. Beteiligung des Widerspruchsführers	11
IV. Anforderungen an den Benutzungsnachweis	15
C. Gütliche Einigung (Abs. 4)	21
I. Mitteilung des EUIPO	22
II. Verlängerung der Frist	23
III. Einigung während der Frist	27
IV. Einigung nach der Frist	33
D. Darlegungs- und Beweislast	36
I. Nachweis des Bestehens einer älteren Marke	37
II. Übersetzungen	40
III. Verlängerungsnachweise	44
IV. Rechtsfolgen	46
E. Weiterer Ablauf des Widerspruchsverfahrens	48
F. Entscheidung über den Widerspruch	52
G. Mehrere Widersprüche	58
H. Parteiwechsel	61
I. Wechsel des Inhabers der angegriffenen Unionsmarke	61
II. Wechsel des Inhabers der älteren Marke	64
I. Widerspruch gegen eine IR-Marke	68

Prüfung des Widerspruchs   **Art. 42 UMV**

A. Zulässigkeit des Widerspruchs

Nach dem Eingang eines Widerspruchs unterrichtet das EUIPO zunächst den Anmelder 1
der Unionsmarke über diesen Widerspruch sowie jede weitere schriftliche Stellungnahme
des Widerspruchsführers (vgl. Regel 16a GMDV). Die Prüfung der Zulässigkeit des Widerspruchs durch das EUIPO richtet sich dann nach Regel 17 GMDV. Voraussetzung für die
Zulässigkeitsprüfung ist danach, dass der Widerspruchsführer die **Widerspruchsgebühr**
rechtzeitig bezahlt hat und diese beim EUIPO eingegangen ist. Wird die Widerspruchsgebühr nicht innerhalb der Widerspruchsfrist entrichtet, so gilt der Widerspruch als nicht
erhoben. Zahlt der Widerspruchsführer die Widerspruchsgebühr erst nach Ablauf der Widerspruchsfrist, so wird ihm zwar die Widerspruchsgebühr erstattet, eine **Wiedereinsetzung
in die versäumte Frist** erfolgt jedoch nicht.

Nach Regel 17 Abs. 2 GMDV erfolgt eine **Zurückweisung des Widerspruchs** auch 2
dann, wenn
- die Widerspruchsschrift nicht innerhalb der Widerspruchsfrist vorgelegt wird,
- die Widerspruchsschrift nicht eindeutig erkennen lässt, gegen welche Anmeldung einer
Unionsmarke der Widerspruch erhoben wird oder auf welche Marke bzw. welches ältere
Recht sich der Widerspruch gründet, oder
- die Widerspruchsschrift keine ausreichende Widerspruchsbegründung enthält,
und die vorgenannten Mängel nicht vor Ablauf der Widerspruchsfrist beseitigt werden.

Eine Zurückweisung des Widerspruchs als unzulässig erfolgt nach Regel 17 Abs. 3 GMDV 3
dann, wenn der Widerspruchsführer die erforderliche **Übersetzung der Widerspruchsschrift** nicht einreicht. Legt der Widerspruchsführer lediglich eine unvollständige Übersetzung vor, so bleiben die nicht übersetzten Teile bei der Prüfung der Zulässigkeit des Widerspruchs unberücksichtigt.

Genügt die Widerspruchsschrift **sonstigen formellen Anforderungen** nicht, so benach- 4
richtigt das EUIPO den Widerspruchsführer und fordert ihn auf, die festgestellten Mängel
binnen zwei Monaten zu beseitigen (Regel 17 Abs. 4 GMDV). Erfolgt die Beseitigung der
Mängel nicht fristgerecht, so weist das EUIPO den Widerspruch ebenfalls als unzulässig
zurück.

Sofern die Prüfung der Zulässigkeit des Widerspruchs zu dem Ergebnis führt, dass der 5
Widerspruch nicht fristgerecht eingereicht worden ist oder eine Zulässigkeitsvoraussetzung
fehlt, erhält der Anmelder der Unionsmarke nach Regel 17 Abs. 5 hierüber eine entsprechende Mitteilung des EUIPO.

B. Antrag auf Benutzungsnachweis

Sofern im Zeitpunkt der Anmeldung bzw. der Priorität der Unionsmarke, gegen die sich 6
der Widerspruch richtet, die ältere Marke bzw. das ältere Kennzeichen seit mehr als fünf
Jahren eingetragen ist, so kann der Anmelder der Unionsmarke von dem Widerspruchsführer
verlangen, dass dieser die rechtserhaltende Benutzung der älteren Marke nachweist.

Nach Art. 42 GMV war der ausschlaggebende Zeitpunkt für die Berechnung der Benutzungsschon- 6.1
frist der älteren Marke die Veröffentlichung der Unionsmarkenanmeldung, nicht deren Anmelde- oder
Prioritätstag. Diese Änderung durch die VO (EU) 2015/2424 steht im Einklang mit einer generell
größeren Gewichtung des Anmelde- oder Prioritätstags der Unionsmarke als Entstehungszeitpunkt des
Rechts. Sie kann – vor allem im Zusammenhang mit den in Art. 57 Abs. 2, 3 und Art. 13a (→ Art. 13a
Rn. 1 ff.) geregelten Zwischenrechten – ganz erhebliche Auswirkungen haben für den Fortbestand und
die Benutzung eingetragener Unionsmarken, soweit das Anmelde- und das Veröffentlichungsdatum
erheblich auseinanderfallen, was ja – gerade bei den Unionsmarken der ersten Generation – der Regelfall
war.

I. Zeitpunkt

Der Antrag des Anmelders der Unionsmarke, mit dem er die Führung des Benutzungs- 7
nachweises durch den Widerspruchsführer fordert, muss **mit der Widerspruchserwiderung** innerhalb der durch das EUIPO gesetzten Frist erfolgen (Regel 20 GMDV). Ein
erstmals in der **Beschwerdeinstanz** gestellter Antrag auf Beibringung des Benutzungsnachweises ist verspätet und damit unzulässig (vgl. zur Gemeinschaftsmarke EuG T-112/03,

GRUR Int 2005, 589 Rn. 37 – Flexi-Air/Flex; Eisenführ/Schennen/Schennen Rn. 154). Ein Benutzungszwang für solche älteren Marken und Kennzeichen, die erst während des Verfahrens die fünfjährige Benutzungsschonfrist erfüllen, besteht nicht (vgl. zur Gemeinschaftsmarke Eisenführ/Schennen/Schennen Rn. 155). Das Widerspruchsverfahren sollte vor Eintragung eine Klärung aller relevanten Streitpunkte zwischen den Beteiligten herbeiführen und ein Löschungsverfahren entbehrlich machen; die Erstellung des Benutzungsnachweises ist für den Widersprechenden oft umständlich und teuer (vgl. zur Gemeinschaftsmarke v. Kapff GRUR-Prax 2013, 371 (372)).

II. Inhalt

8   Der Benutzungsnachweis nach Art. 42 Abs. 2 bedarf eines **Antrags** des Anmelders der Unionsmarke. Der entsprechende Antrag muss **ausdrücklich erklärt** werden und darf **keine Bedingungen** enthalten (vgl. zur Gemeinschaftsmarke EuG T-112/03, GRUR Int 2005, 589 Rn. 24 – Flexi-Air/Flex; T-183/02 und T-184/02, GRUR Int 2004, 647 Rn. 38 – Mundicor/Mundicolor; Eisenführ/Schennen/Schennen Rn. 156). Das **bloße Bestreiten** einer Benutzung der älteren Marke sowie das Erheben einer Einrede genügen im Zweifel dem Antragserfordernis nicht. Ein Antrag auf Nachweis einer Benutzung liegt auch dann nicht vor, wenn der Anmelder der Unionsmarke die von dem Widerspruchsführer vorsorglich bereits vorgelegten Benutzungsnachweise bestreitet, da es mangels Antragsstellung erst gar nicht zur Beweiserhebung kommt (vgl. zur Gemeinschaftsmarke Eisenführ/Schennen/Schennen Rn. 158).

9   **Gegenstand des Antrags** auf Beibringung der Benutzungsnachweise sind die Waren und Dienstleistungen, die für die ältere Marke bzw. das ältere Kennzeichen eingetragen worden sind. Der Antrag muss sich nicht auf solche Waren oder Dienstleistungen erstrecken, die den für die ältere Marke angemeldeten Waren oder Dienstleistungen lediglich ähnlich sind. Auch für Waren oder Dienstleistungen, die nur durch die mit dem Widerspruch angegriffene Unionsmarke benutzt werden, muss der Widerspruchsführer keine Nachweise erbringen, da diese von vornherein nicht Gegenstand des Widerspruchsverfahrens sind.

10 Nicht erforderlich ist ein Antrag auf Beibringung eines Benutzungsnachweises dann, wenn der Anmelder der Unionsmarke die Benutzung zuvor **ausdrücklich zugestanden** hat (vgl. zur Gemeinschaftsmarke Eisenführ/Schennen/Schennen Rn. 168). **Beschränkt** der Anmelder der Unionsmarke seinen Antrag auf Benutzungsnachweis auf bestimmte Waren und Dienstleistungen, die unter der älteren Marke geschützt sind, so muss der Widerspruchsführer auch lediglich für diese Waren und Dienstleistungen entsprechende Benutzungsnachweise erbringen. Ebenso kann der Anmelder der Unionsmarke seinen Antrag auf eine von mehreren älteren Marken bzw. Kennzeichen stützen, die in das Widerspruchsverfahren eingeführt worden sind. Auch in diesem Fall muss der Widerspruchsführer lediglich für die in dem Antrag genannten älteren Marken bzw. Kennzeichen die entsprechenden Nachweise erbringen (vgl. zur Gemeinschaftsmarke Eisenführ/Schennen/Schennen Rn. 170).

III. Beteiligung des Widerspruchsführers

11 Sofern der Antrag auf Nachweis der Benutzung des Anmelders der Unionsmarke zulässig ist, wird der Widerspruchsführer durch das EUIPO aufgefordert, den entsprechenden Benutzungsnachweis zu erbringen (Regel 22 Abs. 2 GMDV). Aus Art. 42 Abs. 2 und 57 Abs. 2 ergibt sich der Grundsatz, dass der Markeninhaber am besten und in bestimmten Fällen sogar als Einziger in der Lage ist, den Nachweis konkreter Handlungen zu erbringen, die die Behauptung stützen, dass er seine Marke ernsthaft benutzt habe, oder berechtigte Gründe für ihre Nichtbenutzung darzulegen (vgl. zur Gemeinschaftsmarke EuGH C-610/11, GRUR Int 2013, 1047).

12 Das EUIPO setzt dem Widerspruchsführer hierfür in der Regel eine **Frist von zwei Monaten,** die **verlängerbar** ist (Regel 71 GMDV). Allerdings wird die Verlängerung üblicherweise nur gewährt, wenn der Anmelder der Unionsmarke der Fristverlängerung zugestimmt hat – was im Rahmen des Verlängerungsantrags ggf. glaubhaft zu machen ist – oder eine nachvollziehbare Begründung für das Verlängerungsbegehren gegeben und glaubhaft gemacht wird.

Prüfung des Widerspruchs **Art. 42 UMV**

Bei der **Versäumung der Frist** durch den Widerspruchsführer kann dieser einen Antrag 13
auf **Wiedereinsetzung in den vorigen Stand** oder **Weiterbehandlung** stellen (vgl.
Art. 82).

Hat das EUIPO einen zulässigen Antrag auf Nachweis der Benutzung nicht berücksichtigt, 14
und den Widerspruchsführer nicht zum Nachweis der entsprechenden Benutzung aufgefordert, so führt dies nicht zur Zurückweisung des Widerspruches, sondern die entsprechende
Aufforderung ist auch im Beschwerdeverfahren noch nachzuholen (Regel 22 Abs. 2 GMDV).

IV. Anforderungen an den Benutzungsnachweis

Der Widerspruchsführer muss den Benutzungsnachweis in der Regel durch **Vorlage von** 15
Urkunden und Beweisstücken erbringen (Regel 22 Abs. 4 GMDV). Damit sind für den
Benutzungsnachweis grundsätzlich nur schriftliche Unterlagen zulässig, eine Vernehmung
von Zeugen dagegen nicht (vgl. zur Gemeinschaftsmarke Eisenführ/Schennen/Schennen
Rn. 175). Möglich, aber in jedem Einzelfall gesondert abzuwägen, ist die Vorlage einer
schriftlichen Zeugenaussage. Da nach Regel 79 Buchst. b GMDV die Vorlage von
Schriftstücken erforderlich ist, können auch die **Verpackungen** oder **Proben** der benutzten
Waren nicht unmittelbar vorgelegt werden; allerdings genügt es in diesen Fällen, entsprechende **Fotographien** in das Widerspruchsverfahren einzuführen (vgl. zur Gemeinschaftsmarke Eisenführ/Schennen/Schennen Rn. 175). Ebenfalls nicht gestattet ist dem Widerspruchsführer die Vorlage von **Speichermedien** (CDs, DVDs, USB-Sticks, etc), um den
Benutzungsnachweis zu führen (vgl. zur Gemeinschaftsmarke Eisenführ/Schennen/Schennen Rn. 175).

Darüber hinaus muss der Widerspruchsführer dem EUIPO nach Regel 79 Buchst. a 16
GMDV von allen vorgelegten Urkunden und sonstigen Beweisstücken eine **zweite Ausfertigung** zur Weiterleitung an den Anmelder der Unionsmarke beifügen. Schon aus verfahrenstaktischen Gründen ist auch zu empfehlen, die Urkunden und Beweisstücke sortiert und
in der im Schriftsatz angegebenen Reihenfolge vorzulegen, um zu vermeiden, dass eine der
Urkunden oder eines der Beweisstücke übersehen wird. Zudem ist es auch nicht Aufgabe
des EUIPO und des Verfahrensgegners, die vom Widerspruchsführer zum Nachweis der
Benutzung vorgelegten Urkunden und Beweisstücke selber zu sortieren (vgl. zur Gemeinschaftsmarke Eisenführ/Schennen/Schennen Rn. 177).

Abweichend von der im Widerspruchsverfahren im Allgemeinen üblichen Handhabung 17
müssen die Urkunden und Beweisstücke nach Regel 22 Abs. 6 GMDV **nicht zwingend**
in der Verfahrenssprache vorgelegt werden (vgl. zur Gemeinschaftsmarke Eisenführ/
Schennen/Schennen Rn. 178). Allerdings kann das EUIPO den Widerspruchsführer zu einer
Übersetzung der vorgelegten Urkunden und Beweisstücke auffordern und ihm hierfür eine
Nachfrist setzen.

Für den Nachweis der Benutzung ist nicht erforderlich, dass jedes von dem Widerspruchs- 18
führer vorgelegte Beweisstück sämtliche Kriterien der Benutzung belegt. Vielmehr ergibt
sich die Benutzung aus der Gesamtschau der von dem Widerspruchsführer vorgelegten Nachweise (vgl. zur Gemeinschaftsmarke Eisenführ/Schennen/Schennen Rn. 179). Erforderlich
ist aber, dass für sämtliche vorgelegten Beweisstücke klar ist, auf welches konkrete ältere
Kennzeichen sie sich beziehen und wann die entsprechenden Benutzungshandlungen tatsächlich vorgenommen worden sind.

Die Vorlage von **Werbemitteln** (zB Katalogen, Produktlisten, Werbebroschüren) genügt 19
für sich noch nicht zum Nachweis der Benutzung, da dadurch nicht zweifelsfrei nachgewiesen
wird, dass die in dem Werbemittel angebotenen Waren oder Dienstleistungen auch tatsächlich
benutzt wurden (vgl. zur Gemeinschaftsmarke EuG T-39/01, GRUR Int 2003, 456 Rn. 42 –
Hiwatt; Eisenführ/Schennen/Schennen Rn. 180). Der Widerspruchsführer muss daher in
aller Regel neben dem jeweiligen Werbematerial auch entsprechende **Rechnungen** oder
Lieferscheine vorlegen, aus denen sich ergibt, dass die angebotenen Waren bzw. Dienstleistungen unter der Marke auch tatsächlich erbracht worden sind.

In rechtlicher Hinsicht führt der Antrag des Anmelders einer Unionsmarke auf Nachweis 20
der Benutzung der älteren Marke bzw. des älteren Kennzeichens im Rahmen des Widerspruchsverfahrens zugleich zu einem Bestreiten der Benutzung der älteren Marke (vgl. zur
Gemeinschaftsmarke Eisenführ/Schennen/Schennen Rn. 182). Dies hat zur Folge, dass der

Anmelder der Unionsmarke die vom Widerspruchsführer im Zusammenhang mit den Benutzungsnachweisen vorgebrachten Tatsachenbehauptungen nicht erneut bestreiten muss. Vielmehr muss das EUIPO durch **freie Beweiswürdigung** darüber entscheiden, ob die von dem Widerspruchsführer vorgelegten Nachweise für eine tatsächliche Benutzung ausreichend sind oder nicht (vgl. zur Gemeinschaftsmarke Eisenführ/Schennen/Schennen Rn. 182).

C. Gütliche Einigung (Abs. 4)

21 Nach Art. 42 Abs. 4 kann das EUIPO die Beteiligten des Widerspruchsverfahrens ersuchen, sich zu einigen, wenn es dies für sachdienlich erachtet.

I. Mitteilung des EUIPO

22 Ist der Widerspruch nach Regel 17 GMDV zulässig, so teilt das EUIPO den Beteiligten mit, dass das Widerspruchsverfahren **zwei Monate** nach Empfang der Mitteilung beginnt. Gleichzeitig wird dem Widerspruchsführer nach Regel 17 Abs. 1 GMDV eine **Frist** gesetzt, innerhalb der er sämtliche Tatsachen, Beweismittel und Gründe für den Widerspruch vorzubringen, zu ergänzen oder zu vervollständigen hat. Diese weitere Frist endet in der Regel zwei Monate nach der Eröffnung des Widerspruchsverfahrens mithin vier Monate nach Zustellung der Mitteilung (vgl. Regel 18 Abs. 1 GMDV). Danach wird durch das EUIPO dem Anmelder eine Frist gesetzt, innerhalb der er auf den Widerspruch erwidern kann (vgl. Regel 20 Abs. 2 GMDV). Auch diese Frist beträgt zwei Monate ab dem Ablauf der dem Widerspruchsführer gesetzten Frist zur Begründung und Substantiierung seines Widerspruchs, mithin sechs Monate nach der Zustellung der Mitteilung.

II. Verlängerung der Frist

23 Um den Parteien die Möglichkeit für eine **gütliche Einigung** zu eröffnen, ist in Regel 18 Abs. 1 GMDV vorgesehen, dass die Mitteilung, wonach das Widerspruchsverfahren zwei Monate nach Zustellung der Mitteilung des EUIPO beginnt, um **höchstens 24 Monate** verlängert werden kann, wenn dies von beiden Parteien vor Beginn des Widerspruchsverfahrens **beantragt** wird. Auf eine derartige Verlängerung der Frist bis zur Eröffnung des Widerspruchsverfahrens wird sich der Widerspruchsführer natürlich nur dann einlassen, wenn der Anmelder der Unionsmarke mit ihm in ernsthafte Verhandlungen über eine gütliche Einigung eintritt.

24 In formaler Hinsicht muss der **Verlängerungsantrag** entweder von beiden Parteien (bzw. deren Vertretern) unterschrieben sein oder es müssen von beiden Parteien gleichlautende Fristverlängerungsanträge gestellt werden (vgl. zur Gemeinschaftsmarke Eisenführ/Schennen/Schennen Rn. 93).

24.1 Etwas unglücklich formuliert ist die deutsche Fassung der Regel 18 Abs. 1 GMDV, wonach die Frist bis zur Eröffnung des Widerspruchsverfahrens um höchstens 24 Monate verlängert werden kann. Insoweit legt der Wortlaut nahe, dass die Frist bei einer entsprechenden Verlängerung insgesamt 26 Monate betragen kann. Es herrscht jedoch unter Rückgriff auf die englische Fassung der GMDV Einigkeit, dass die Frist bis zur Eröffnung des Widerspruchsverfahrens **insgesamt maximal 24 Monate** beträgt, die Frist also höchstens um 22 Monate verlängert werden kann (vgl. zur Gemeinschaftsmarke Eisenführ/Schennen/Schennen Rn. 94).

25 Die maximal mögliche Verschiebung des Beginns des Widerspruchsverfahrens von bis zu 24 Monaten ist einerseits durch das öffentliche Interesse an einer zeitnahen Entscheidung über den Widerspruch gegen eine angemeldete Unionsmarke gerechtfertigt, andererseits ist den Beteiligten eine ausreichende Zeitspanne zu gewähren, um ihre Vergleichsverhandlungen zu einem gütlichen Abschluss bringen zu können. Im Übrigen bleibt auch eine **Einigung nach Eröffnung des Widerspruchsverfahrens** möglich, allerdings profitieren die Parteien dann nicht mehr von dem Kostenprivileg (Regel 18 Abs. 4 GMDV) und müssen zudem parallel zu den Vergleichsgesprächen das Widerspruchsverfahren betreiben (vgl. zur Gemeinschaftsmarke Eisenführ/Schennen/Schennen Rn. 95).

26 Das EUIPO verlängert die Frist bis zur Eröffnung des Widerspruchsverfahrens **generell bis zur Höchstdauer von 24 Monaten,** unabhängig davon, welche konkrete Fristverlänge-

Prüfung des Widerspruchs   **Art. 42 UMV**

rung die Parteien beantragt haben (vgl. zur Gemeinschaftsmarke Eisenführ/Schennen/ Schennen Rn. 96). Jede Partei hat es dann selbst in der Hand, durch Abgabe einer entsprechenden Erklärung die Frist bis zur Eröffnung des Widerspruchsverfahrens zu beenden. Grund für diese Praxis des EUIPO ist eine Vereinfachung des Verfahrensablaufs, da das EUIPO hierdurch von Vornherein sich wiederholende oder gar widersprüchliche Fristverlängerungsanträge vermeidet und so entlastet wird. Wird die Frist bis zur Eröffnung des Widerspruchsverfahrens auf 24 Monate verlängert, so verlängern sich auch die nachfolgenden Fristen für den Widerspruchsführer zur Begründung seines Widerspruchs sowie für den Widerspruchsgegner zur Erwiderung auf den Widerspruch entsprechend (vgl. zur Gemeinschaftsmarke Eisenführ/Schennen/Schennen Rn. 97). Wird die Frist zur Eröffnung des Widerspruchsverfahrens durch eine Erklärung einer der Parteien beendet, so übermittelt das EUIPO den Beteiligten eine weitere Mitteilung, in der die Frist zur Begründung des Widerspruchs auf zwei Monate und die Frist zu Erwiderung auf den Widerspruch auf vier Monate ab der Zustellung dieser erneuten Mitteilung festgelegt werden.

III. Einigung während der Frist

Die Parteien des Widerspruchsverfahrens können sich während der Frist bis zur Eröffnung 27 des Widerspruchsverfahrens auf verschiedene Arten gütlich einigen. So kommt in Betracht, dass der Widerspruchsführer sich bereit erklärt, den Widerspruch zurückzunehmen. Folge hiervon ist, dass durch das EUIPO keine Kostenentscheidung ergeht (vgl. Regel 18 Abs. 4 GMDV), was bedeutet, dass der Widerspruchsführer die Kosten des Anmelders der Unionsmarke nicht tragen muss. Die Widerspruchsgebühr verbleibt dagegen vollständig beim EUIPO und wird auch nicht anteilig an den Widerspruchsführer zurück erstattet. Da durch die **Rücknahme des Widerspruchs** das Hindernis für die Eintragung der Unionsmarke beseitigt ist, wird die Unionsmarke – sofern keine weiteren Widersprüche anhängig sind – durch das EUIPO anschließend eingetragen.

Eine weitere Möglichkeit zur gütlichen Einigung der Beteiligten besteht darin, dass diese 28 dem EUIPO mitteilen, dass das **Widerspruchsverfahren eingestellt** werden soll oder dass eine **gütliche Einigung erzielt** werden konnte. Für diesen Fall gelten die Ausführungen zur Rücknahme des Widerspruchs (→ Rn. 27) entsprechend.

In Betracht kommt auch, dass der Anmelder als Ergebnis der gütlichen Einigung die 29 **Anmeldung der Unionsmarke zurücknimmt.** Auch in diesem Fall wird durch das EUIPO keine Kostenentscheidung getroffen (vgl. Regel 18 Abs. 4 GMDV), allerdings wird dem Widerspruchsführer nach Regel 18 Abs. 5 GMDV die Widerspruchsgebühr erstattet (vgl. zur Gemeinschaftsmarke Eisenführ/Schennen/Schennen Rn. 102).

Schließlich kommt als Ergebnis der gütlichen Einigung auch in Betracht, dass der Anmel- 30 der sein **Waren- und Dienstleistungsverzeichnis einschränkt** und der Widerspruchsführer daraufhin den Widerspruch gegen die angemeldete Unionsmarke zurücknimmt. Auch in diesem Fall ergeht keine Kostenentscheidung (Regel 18 Abs. 4 GMDV) und die Widerspruchsgebühr wird nach Regel 18 Abs. 5 GMDV an den Widerspruchsführer zurück erstattet. Mit der Rücknahme des Widerspruchs kann die angemeldete Unionsmarke anschließend mit dem (geänderten) Waren- und Dienstleistungsverzeichnis durch das EUIPO eingetragen werden, sofern gegen die Unionsmarke keine weiteren Widersprüche eingereicht worden sind.

Nach Regel 18 Abs. 3 GMDV muss – sofern der Anmelder der Unionsmarke das Waren- 31 und Dienstleistungsverzeichnis einschränkt – zunächst der Widerspruchsführer erklären, ob er den Widerspruch aufrecht erhält. Gibt der Widerspruchsführer eine entsprechende Erklärung gegenüber dem EUIPO ab, so kann das Widerspruchsverfahren eingestellt werden (vgl. zur Gemeinschaftsmarke Eisenführ/Schennen/Schennen Rn. 104).

Kommt es in einem parallel geführten Widerspruchsverfahren zu einer Zurückweisung 32 der angegriffenen Unionsmarke, so werden die übrigen gegen diese Unionsmarke gerichteten Widerspruchsverfahren durch das EUIPO eingestellt (Regel 21 Abs. 3 GMDV). Eine Entscheidung über die Kosten ergeht auch in diesem Fall nicht; nach Regel 21 Abs. 4 erstattet das EUIPO jedem Widersprechenden, dessen Widerspruch sich durch die Zurückweisung der angegriffenen Unionsmarke in einem anderen Widerspruchsverfahren erledigt hat, die Hälfte der entrichteten Widerspruchsgebühr zurück.

IV. Einigung nach der Frist

33 Wie bereits ausgeführt können sich die Beteiligten des Widerspruchsverfahrens auch nach Eröffnung des Verfahrens noch gütlich einigen. Hierzu können die Beteiligten, falls erforderlich, eine **Aussetzung des Widerspruchsverfahrens** beim EUIPO beantragen, die – sofern sie nicht zu einer erheblichen Verzögerung des Widerspruchsverfahrens führt – durch das EUIPO in der Regel auch gewährt wird, wenn beide Beteiligte die Aussetzung beantragen (vgl. zur Gemeinschaftsmarke Eisenführ/Schennen/Schennen Rn. 107). Insoweit steht die Entscheidung über die Aussetzung des Widerspruchsverfahrens im Ermessen des EUIPO (vgl. Regel 20 Abs. 7 lit. c GMDV). Bei einem Aussetzungsantrag durch beide Beteiligte gewährt das EUIPO – unabhängig von den konkreten Anträgen – die Aussetzung stets für ein ganzes Jahr. Auch hier kann aber jeder Beteiligte die Aussetzung jederzeit durch Einreichung eines entsprechenden Schriftsatzes beim EUIPO beenden („Opt-out").

33.1 Eine Aussetzung des Widerspruchsverfahrens kommt dann nicht in Betracht, wenn dies zur Folge hätte, dass eine den Beteiligten durch das EUIPO gesetzte Frist – etwa die Frist zur Begründung des Widerspruchs oder die Frist zur Stellungnahme des Anmelders der Unionsmarke zum Widerspruch – verlängert werden müsste (vgl. zur Gemeinschaftsmarke HABM BK vom 18.4.2008 – R 1341/2007-G Rn. 7, 14 – KOSMO/COSMONE; Eisenführ/Schennen/Schennen Rn. 108). Darüber hinaus dürfte auch mangels Erforderlichkeit für einen Aussetzungsantrag vor Eröffnung des Widerspruchsverfahrens kein Raum sein (vgl. zur Gemeinschaftsmarke Eisenführ/Schennen/Schennen Rn. 109).

34 Einigen sich die Beteiligten während des laufenden Widerspruchsverfahrens, so besteht der wesentliche Unterschied zu einer Einigung vor Verfahrensbeginn darin, dass eine Kostenentscheidung des EUIPO ergeht, es sei denn, die Beteiligten verzichten ausdrücklich auf eine solche oder informieren das EUIPO darüber, dass sie sich auch im Hinblick auf die Kosten des Verfahrens geeinigt haben (Art. 85 Abs. 5). Zudem wird die von dem Widerspruchsführer gezahlte Widerspruchsgebühr durch das EUIPO nicht erstattet, weshalb die Parteien bei einer gütlichen Einigung während des Widerspruchsverfahrens im Rahmen der zu treffenden Kostenregelung darauf achten sollten, dass die Widerspruchsgebühr nicht erstattet wird. Anders ist dies nur, sofern die angemeldete Unionsmarke in einem parallel geführten Widerspruchsverfahren zurück gewiesen wird (vgl. Regel 21 Abs. 3 GMDV).

35 In der Praxis macht das EUIPO von der ihm eröffneten Möglichkeit, den Beteiligten Vorschläge für eine mögliche gütliche Einigung zu unterbreiten, keinen Gebrauch, sondern beschränkt sich vielmehr ausschließlich darauf, den Beteiligten eine gütliche Einigung nahe zulegen. Dass das EUIPO keine eigenen Vorschläge für eine solche Einigung unterbreitet, wird häufig mit der gebotenen Neutralität des EUIPO begründet. Entscheidender dürfte aber sein, dass die Widerspruchsstelle des EUIPO die wirtschaftlichen Rahmenbedingungen für eine derartige Einigung nicht kennt und deshalb auch nicht in einen möglichen Vorschlag einbeziehen kann (vgl. zur Gemeinschaftsmarke Eisenführ/Schennen/Schennen Rn. 113).

D. Darlegungs- und Beweislast

36 Der Widerspruchsführer muss innerhalb der ihm durch das EUIPO nach Regel 19 Abs. 1 GMDV gesetzten Frist sämtliche Tatsachen vortragen und Beweismittel vorlegen, die erforderlich sind, um den von ihm eingelegten Widerspruch zu begründen. Insoweit muss er insbesondere den Bestand und den Schutzbereich des von ihm eingewandten älteren Rechts nachweisen. Sofern der Widerspruch darauf gestützt wird, muss der Widerspruchsführer auch

- die Bekanntheit der älteren Marke (Art. 8 Abs. 5),
- seine Inhaberschaft bezüglich der älteren Marke sowie den Status des Anmelders der Unionsmarke als sein Agent bzw. Vertreter (Art. 8 Abs. 3),
- den Umfang der Benutzung der älteren Marke (Art. 8 Abs. 1 lit. b),
- den Bestand und die Benutzung der nicht eingetragenen älteren Marke oder des älteren Kennzeichens (Art. 8 Abs. 4) sowie
- den Bestand und den Umfang der Benutzung der Ursprungsbezeichnung bzw. der geografischen Angabe (Art. 8 Abs. 4a)

nachweisen.

Prüfung des Widerspruchs **Art. 42 UMV**

I. Nachweis des Bestehens einer älteren Marke

Zum Nachweis des Bestandes der gegen die angemeldete Unionsmarke vorgebrachten 37
älteren nationalen oder IR-Marke muss der Widerspruchsführer innerhalb der durch das
EUIPO gesetzten Frist eine **Urkunde** vorlegen, aus der sich ergibt, dass die betreffende
ältere Marke bestandskräftig ist und mindestens noch bis zur voraussichtlichen Beendigung
des Widerspruchsverfahrens in Kraft ist (vgl. zur Gemeinschaftsmarke Eisenführ/Schennen/
Schennen Rn. 115).

Der Nachweis kann durch den Widerspruchsführer mit einem **amtlichen Dokument,** 38
welches von einem nationalen Markenamt oder der WIPO ausgestellt worden ist, geführt
werden. In Betracht kommt insoweit die Vorlage eines **Registerauszuges,** der **Eintragungsurkunde,** der **Verlängerungsurkunden,** sowie eines Auszugs aus den **offiziellen
Veröffentlichungsblättern** der jeweiligen nationalen Markenämter. Dagegen reichen **Ausdrucke aus privaten Datenbanken** nicht aus (vgl. zur Gemeinschaftsmarke Eisenführ/
Schennen/Schennen Rn. 117). Erforderlich ist auch, dass auf der jeweiligen von dem Widerspruchsführer vorgelegten Urkunde die **ausstellende Behörde ersichtlich** ist (vgl. zur
Gemeinschaftsmarke HABM-BK vom 9.1.2009 – R 788/2008-4 Rn. 19 – LOCKMASTER/LOCK; Eisenführ/Schennen/Schennen Rn. 117).

Aus den von dem Widerspruchsführer vorgelegten Urkunden muss die geltend gemachte 39
ältere **Marke** vollständig ersichtlich sein, zudem müssen das **Waren- und Dienstleistungsverzeichnis,** die **Anmelde- und Eintragungsdaten** sowie die **Beschreibung** nachvollziehbar sein. Kann der Bestand oder der Umfang der älteren Marke durch das EUIPO nicht
anhand der vorgelegten Urkunden festgestellt werden, so ist – selbst wenn entsprechender
Sachvortrag in der Widerspruchsschrift erfolgt – der Widerspruch unsubstantiiert und wird
durch das EUIPO ggf. zurückgewiesen. Dies gilt auch für **farbige Darstellungen** der älteren
Marke, bei der die Urkunden in der angemeldeten Farbzusammensetzung vorgelegt werden
müssen (vgl. zur Gemeinschaftsmarke HABM BK vom 15.6.2004 – R 609/2003-2 Rn. 14 –
RUFF RYDERS/RR RUFFRYDERS; HABM BK vom 13.3.2006 – R 911/2005-4
Rn. 27 – DOPODOPO/DP DOPO; HABM BK vom 19.9.2008 – R 760/2008-4 Rn. 17 –
PRIMESOURCING/PT PRIMESOURCE; Eisenführ/Schennen/Schennen Rn. 119).

II. Übersetzungen

Nach Regel 19 Abs. 3 S. 2 GMDV ist innerhalb der für den Widerspruchsführer laufenden 40
Frist zur Begründung des Widerspruchs eine **Übersetzung** der jeweiligen Urkunden in die
Verfahrenssprache vorzulegen. Die Übersetzung muss eine Bezugnahme auf die Originalurkunde enthalten und in Struktur und Inhalt der Originalurkunde entsprechen (Regel 98
Abs. 1 GMDV). Nach Regel 98 Abs. 2 GMDV führt die Nichteinreichung der den formalen
Kriterien entsprechenden Übersetzungen oder eine Versäumung der Frist durch den Widerspruchsführer dazu, dass die Originalurkunde als nicht eingereicht gilt (vgl. zur Gemeinschaftsmarke Eisenführ/Schennen/Schennen Rn. 122).

Es genügt demnach grundsätzlich nicht, wenn der Widerspruchsführer die Übersetzung 41
aus verschiedenen Einzeldokumenten herleitet oder er lediglich auszugsweise das Originaldokument übersetzt (vgl. zur Gemeinschaftsmarke Eisenführ/Schennen/Schennen Rn. 123).

Zudem muss der Widerspruchsführer die von ihm in das Widerspruchsverfahren einge- 42
führten Beweisstücke **in ihrer Gesamtheit vollständig übersetzt** vorlegen (vgl. zur
Gemeinschaftsmarke HABM BK vom 16.6.2006 – R 705/2005-4 Rn. 32 – SEKURA/
PAXSECURA; Eisenführ/Schennen/Schennen Rn. 125). Insbesondere ist es nicht ausreichend, wenn der Widerspruchsführer nur das Waren- und Dienstleistungsverzeichnis übersetzen lässt (vgl. zur Gemeinschaftsmarke HABM-BK vom 28.4.2003 – R 516/2002-1 Rn. 19 –
BODYLINE/BODYFINE; Eisenführ/Schennen/Schennen Rn. 125). Lediglich **rein administrative Angaben** – wie das Dienstsiegel oder die Bezeichnung der Behörde – sowie die
Teile des Waren- und Dienstleistungsverzeichnisses, die für den Widerspruch keine Rolle
spielen, dürfen bei einer Übersetzung ausgelassen werden, wobei dies dann an der entsprechenden Stelle der Übersetzung deutlich kenntlich zu machen ist (vgl. zur Gemeinschaftsmarke Eisenführ/Schennen/Schennen Rn. 125).

Aus Regel 19 Abs. 3 GMDV folgt, dass die Übersetzung der vorgelegten Urkunden 43
innerhalb der für die Vorlage des Originals geltenden Frist einzureichen sind, da das EUIPO

anderenfalls die Entscheidung über den Widerspruch auf die bis zum Ablauf der Frist vorliegenden Beweismittel stützt. Dem Widerspruchsführer wird demnach **keine Nachfrist zur Übersetzung** der Urkunden eingeräumt (vgl. zur Gemeinschaftsmarke Eisenführ/Schennen/Schennen Rn. 129).

III. Verlängerungsnachweise

44 Der Widerspruchsführer muss innerhalb des Widerspruchsverfahrens gegenüber dem EUIPO auch nachweisen, dass die von ihm in das Widerspruchsverfahren eingeführte ältere Marke noch bestandskräftig ist. Insoweit muss er, sofern die ursprüngliche Schutzdauer der Marke im Zeitpunkt der Einreichung der Widerspruchsschrift bereits abgelaufen ist, nachweisen, dass er die Schutzdauer der Marke verlängert hat. Unterlässt der Widerspruchsführer den Nachweis der Verlängerung der Widerspruchsmarke, so wird der Widerspruch durch das EUIPO zurückgewiesen (vgl. Regel 20 Abs. 1 GMDV). Da es für den Nachweis des Bestandes der Widerspruchsmarke darauf ankommt, ob die Marke tatsächlich verlängert worden ist, ist für das Widerspruchsverfahren auch nicht maßgeblich, ob der Widerspruchsführer noch die Möglichkeit zur Verlängerung der Schutzdauer der Widerspruchsmarke hat (vgl. zur Gemeinschaftsmarke Eisenführ/Schennen/Schennen Rn. 131).

45 Läuft die Schutzdauer der von dem Widerspruchsführer eingewandten älteren Marke erst während des Widerspruchsverfahrens ab, so wird der Widerspruchsführer durch das EUIPO unter Fristsetzung zum Nachweis der Verlängerung der Schutzdauer aufgefordert, falls dieser einen entsprechenden Verlängerungsnachweis nicht bereits von sich aus vorgelegt hat (Eisenführ/Schennen/Schennen Rn. 132).

IV. Rechtsfolgen

46 Der Widerspruchsführer wird durch das EUIPO mit der Fristsetzung darüber belehrt, welche Anforderungen an die Substantiierung des Widerspruches bestehen. Insbesondere wird der Widerspruchsführer darüber in Kenntnis gesetzt, dass er das Bestehen und die Verlängerung der von ihm entgegengehaltenen älteren Marken und Kennzeichen mit einer Übersetzung in die Verfahrenssprache nachweisen muss. Ein derartiger **Hinweis** durch das EUIPO ist aber weder verpflichtend, noch hindert die Nichterteilung des Hinweises die Zurückweisung des Widerspruchs bei Nichtvorlage entsprechender Nachweise durch den Widerspruchsführer. Denn auch dann wenn der Widerspruchsführer nicht über die Anforderungen an die Substantiierung des Widerspruches belehrt worden ist, kann das EUIPO den Widerspruch bei fehlenden oder unzureichenden Nachweisen als unbegründet zurückweisen (vgl. zur Gemeinschaftsmarke EuG T-232/00, ABl. HABM 2002, 1834 – Cheff/Chef; Beschluss vom 17.6.2008 – T-420/03 Rn. 66, GRUR Int 2009, 39 – BoomerangTV/Boomerang; T-107/02, GRUR Int 2004, 1029 Rn. 43, 70 – Biomate; Eisenführ/Schennen/ Schennen Rn. 141). Auch ein **Anhörungsrecht** durch die Widerspruchsabteilung des EUIPO vor der beabsichtigten Entscheidung über den Widerspruch besteht grundsätzlich nicht, was sich auch aus Regel 20 Abs. 6 S. 2 GMDV ergibt (vgl. zur Gemeinschaftsmarke Eisenführ/Schennen/Schennen Rn. 141 f.).

47 Folge der nicht rechtzeitigen bzw. nicht vollständigen Einreichung von Nachweisen durch den Widerspruchsführer ist, dass das EUIPO seiner Entscheidung über den Widerspruch nur die von dem Widerspruchsführer fristgerecht eingereichten Nachweise zugrunde legt. Sind sämtliche Nachweise durch den Widerspruchsführer nicht, verspätet oder nur unvollständig vorgelegt worden, so führt dies zu einer Zurückweisung des Widerspruchs und zur Eintragung der angemeldeten Unionsmarke.

E. Weiterer Ablauf des Widerspruchsverfahrens

48 Nachdem der Widerspruchsführer den von ihm eingelegten Widerspruch begründet und die entsprechenden Nachweise vorgelegt hat, erhält der Anmelder der Unionsmarke Gelegenheit zur **Stellungnahme** (Regel 20 Abs. 2 GMDV). Erfolgt durch den Anmelder der Unionsmarke keine weitergehende Stellungnahme, so entscheidet das EUIPO nach Lage der Akten (Regel 20 Abs. 3 GMDV). Hieraus folgt, dass der Anmelder der Unionsmarke zu den

Ausführungen des Widerspruchsführers in der Widerspruchsschrift Stellung nehmen kann, aber nicht muss (vgl. zur Gemeinschaftsmarke Eisenführ/Schennen/Schennen Rn. 148).

Nach Ablauf der dem Anmelder der Unionsmarke gesetzten Stellungnahmefrist prüft **49** das EUIPO unter Heranziehung der von dem Widerspruchsführer rechtzeitig vorgelegten Nachweise, ob ein **relatives Eintragungshindernis** iSd Art. 8 gegeben ist. Hierzu führt es von Amts wegen einen Vergleich der angemeldeten Unionsmarke mit der entgegengehaltenen älteren Marke sowie den für diese Marken angemeldeten Waren und Dienstleistungen durch. Die **Beweislast** für die von dem Widerspruchsführer behaupteten Umstände und Tatsachen trifft den Widerspruchsführer, so dass der Widerspruch nur dann begründet ist, wenn das EUIPO vom Vorliegen eines relativen Eintragungshindernisses iSd Art. 8 überzeugt ist.

Der Anmelder der Unionsmarke kann auf die Begründung des Widerspruchs durch den **50** Widerspruchsführer mit eigenen Rechtsausführungen und Tatsachenbehauptungen reagieren. Insbesondere kann er beantragen, dass der Widerspruchsführer den Benutzungsnachweis führen muss. Wird ein derartiger Antrag auf Führung des Benutzungsnachweises durch den Anmelder der Unionsmarke gestellt, so wird der Widerspruchsführer unter Fristsetzung zur Vorlage entsprechender Benutzungsnachweise aufgefordert. Anschließend erhält der Anmelder der Unionsmarke erneut Gelegenheit zur Stellungnahme. Nach Regel 19 Abs. 4 GMDV kann sich eine weitere Stellungnahme des Widerspruchsführers zu den Einwendungen des Anmelders der Unionsmarke anschließen.

Da das EUIPO nach Art. 41 Abs. 1 unter dem Gesichtspunkt der Sachdienlichkeit darüber **51** entscheidet, wie oft die Beteiligten des Widerspruchsverfahren Stellung nehmen können, kann das EUIPO den Parteien auch darüber hinausgehende **weitere Schriftsatznachlässe** gewähren, allerdings wird davon nur in begründeten Ausnahmefällen Gebrauch gemacht (vgl. zur Gemeinschaftsmarke Eisenführ/Schennen/Schennen Rn. 151).

F. Entscheidung über den Widerspruch

Sofern das Widerspruchsverfahren nicht zuvor durch Rücknahme des Widerspruchs oder **52** der Anmeldung der Unionsmarke beendet worden ist, entscheidet das EUIPO über den Widerspruch. Ist der Widerspruch unzulässig, so weist das EUIPO den Widerspruch zurück. Ist der Widerspruch dagegen zulässig so kann das EUIPO
- dem Widerspruch stattgeben und die Eintragung der Unionsmarke vollständig oder teilweise zurückweisen,
- den Widerspruch vollständig abweisen und die angemeldete Unionsmarke eintragen, oder
- dem Widerspruch teilweise stattgeben und die angemeldete Unionsmarke in eingeschränktem Umfang eintragen.

Soweit die Unionsmarke in ihrem Waren- und Dienstleistungsverzeichnis einen übergeordneten Oberbegriff enthält, so kann das EUIPO entscheiden, dass die Unionsmarke nur für **53** einen Teil dieser unter den Oberbegriff fallenden Waren eingetragen werden kann und im Übrigen zurückzuweisen ist. Dies gilt auch dann, wenn der Anmelder im Rahmen des Widerspruchsverfahrens keinen Hilfsantrag auf eingeschränkte Aufrechterhaltung der Unionsmarke gestellt hat (vgl. zur Gemeinschaftsmarke Eisenführ/Schennen/Schennen Rn. 189).

Sofern der Widerspruchsführer im Widerspruchsverfahren mehrere ältere Marken bzw. **54** Kennzeichen in das Verfahren eingeführt hat, ist eine Abweisung des Widerspruchs nur dann zulässig, wenn das EUIPO unter Berücksichtigung sämtlicher entgegengehaltener älterer Marken und Kennzeichen zu dem Ergebnis gelangt, dass diese der Eintragung der Unionsmarke nicht entgegenstehen. Führt dagegen eine von mehreren eingewandten älteren Marken oder Kennzeichen zu dem Ergebnis, dass die angemeldete Unionsmarke nicht eingetragen werden kann, so kann das EUIPO seine Entscheidung auf diese eine ältere Marke beschränken, da eine Prüfung sämtlicher in das Widerspruchsverfahren eingeführter älterer Marken und Kennzeichen dann nicht mehr erforderlich ist. Allerdings darf das EUIPO seiner Entscheidung nur diejenigen älteren Marken und Kennzeichen zugrunde legen, für die – bei einer entsprechenden Antragstellung durch den Anmelder der Unionsmarke – der Widerspruchsführer den Benutzungsnachweis erbracht hat.

Das EUIPO weist den Widerspruch zurück, wenn **55**

- für keine der von dem Widerspruchsführer geltend gemachten älteren Marken oder Kennzeichen eine Benutzung nachgewiesen worden ist;
- das EUIPO feststellt, dass die von der älteren Marke bzw. dem älteren Kennzeichen und der angemeldeten Unionsmarke zugrunde gelegten Zeichen so unterschiedlich sind, dass eine Verwechslungsgefahr von vornherein nicht in Betracht kommt (vgl. zur Gemeinschaftsmarke Eisenführ/Schennen/Schennen Rn. 194); oder
- wenn die Waren oder Dienstleistungen der entgegengehaltenen älteren Marke bzw. des älteren Kennzeichens den Waren oder Dienstleistungen der Unionsmarke unähnlich sind.

56 Sind in das Widerspruchsverfahren mehrere ältere Marken oder Kennzeichen eingeführt worden, so legt das EUIPO lediglich diejenigen älteren Marken bzw. Kennzeichen der Prüfung des Widerspruchs zugrunde, für die der Widerspruchsführer eine ausreichende Benutzung nachgewiesen hat. Von den verbleibenden älteren Marken bzw. Kennzeichen legt das EUIPO für die Prüfung des Widerspruchs zunächst das Schutzrecht zugrunde, welches die größte Zeichenähnlichkeit mit der angemeldeten Unionsmarke aufweist (vgl. zur Gemeinschaftsmarke Eisenführ/Schennen/Schennen Rn. 196).

57 Sofern das EUIPO über den Widerspruch entscheidet, trifft es auch eine **Entscheidung über die Kostenverteilung**.

G. Mehrere Widersprüche

58 Nach Regel 21 GMDV können Widerspruchsverfahren, die sich gegen dieselbe Unionsmarke richten, **verbunden** werden. Darüber hinaus ist auch eine **Aussetzung der weiteren Widerspruchsverfahren** möglich, bis über das Widerspruchsverfahren, welches die Unionsmarke nach Lage der Akte im weitesten Umfang einschränken wird, rechtskräftig entschieden worden ist. Da die Beurteilung, welches Widerspruchsverfahren die Unionsmarke im weitesten Umfang beeinträchtigen wird, nur eingeschränkt antizipiert werden kann, wird in vielen Fällen durch das EUIPO von einer Aussetzung des Widerspruchsverfahrens abgesehen (vgl. zur Gemeinschaftsmarke Eisenführ/Schennen/Schennen Rn. 200).

59 Führt ein anderes Widerspruchsverfahren zur Zurückweisung der Anmeldung der Unionsmarke und war das Widerspruchsverfahren noch nicht eröffnet, so erhält der Widerspruchsführer die Hälfte seiner Widerspruchsgebühr zurückerstattet (Regel 21 Abs. 4 GMDV).

60 Sofern der Anmelder im Zuge eines Widerspruchsverfahrens das Waren- und Dienstleistungsverzeichnis der Unionsmarke einschränkt, so teilt das EUIPO dies auch allen anderen Widerspruchsführern mit. Zugleich werden die Widerspruchsführer der anderen Widerspruchsverfahren um Mitteilung gebeten, ob sie unter Berücksichtigung des eingeschränkten Waren- und Dienstleistungsverzeichnisses den Widerspruch nach wie vor aufrechterhalten wollen (vgl. zur Gemeinschaftsmarke Eisenführ/Schennen/Schennen Rn. 203).

H. Parteiwechsel

I. Wechsel des Inhabers der angegriffenen Unionsmarke

61 Aus Art. 17 Abs. 6 ergibt sich, dass ein Rechtsübergang, der noch nicht im Register eingetragen ist, dazu führt, dass der **Rechtsnachfolger** seine Rechte aus der Eintragung der Unionsmarke nicht geltend machen kann. Aus Art. 17 Abs. 7 folgt auch, dass für die Wahrung von Fristen gegenüber dem EUIPO Erklärungen des Rechtsnachfolgers nur dann zu beachten sind, wenn der Antrag auf Eintragung des Rechtsübergangs beim EUIPO eingegangen ist.

62 Mit der Eintragung des **neuen Anmelders** der angegriffenen Unionsmarke beim EUIPO wird der neue Anmelder automatisch Partei des Widerspruchsverfahrens, ohne dass es hierfür einer Zustimmung des Widerspruchsführers bedarf (vgl. zur Gemeinschaftsmarke Eisenführ/Schennen/Schennen Rn. 207).

63 Bei einem **teilweisen Rechtsübergang** bezüglich der angegriffenen Unionsmarke führt die Aufspaltung in zwei getrennte Eintragungsverfahren dazu, dass auch zwei Widerspruchsverfahren anhängig werden, die unabhängig voneinander fortgeführt werden können (vgl. zur Gemeinschaftsmarke Eisenführ/Schennen/Schennen Rn. 208).

II. Wechsel des Inhabers der älteren Marke

Handelt es sich bei der älteren Marke, die in das Widerspruchsverfahren eingeführt worden ist, um eine Unionsmarke, so tritt der neue Inhaber dieser älteren Unionsmarke nach Art. 17 Abs. 6 und Abs. 7 mit der Eintragung des Inhaberwechsels automatisch in das Widerspruchsverfahren ein. Auch hier muss der Anmelder der Unionsmarke dem Parteiwechsel nicht zustimmen, da der neue Inhaber der älteren Unionsmarke die ausschließliche Verfügungsbefugnis über dieses Schutzrecht erhält, kann er eigenständig entscheiden, ob er den Widerspruch aufrecht erhalten möchte oder nicht. 64

Ist die in das Widerspruchsverfahren eingeführte ältere Marke ein national geschütztes Kennzeichen, so kann der Widerspruchsführer entweder gegenüber dem EUIPO den Rechtsübergang nachweisen oder er weist die Eintragung des neuen Inhabers in das nationale Markenregister nach (vgl. zur Gemeinschaftsmarke Eisenführ/Schennen/Schennen Rn. 211). Auch in diesem Fall tritt der neue Inhaber der älteren nationalen Marke bzw. des älteren nationalen Kennzeichens automatisch anstelle des bisherigen Inhabers in das Widerspruchsverfahren. 65

Ist gegenüber dem EUIPO der Wechsel des Inhabers der älteren nationalen Marke angezeigt worden, so darf eine Entscheidung über den Widerspruch durch das EUIPO erst dann getroffen werden, wenn der Rechtsübergang in das nationale Register eingetragen ist (vgl. zur Gemeinschaftsmarke Eisenführ/Schennen/Schennen Rn. 214). 66

Ist der Rechtsübergang an der oder den Widerspruchsmarken zweifelhaft, so führt das EUIPO das Verfahren bis zur Klärung der Zweifelsfrage mit dem bisherigen Widerspruchsführer fort. Verteidigt sich dieser damit, dass er nicht mehr Inhaber der Widerspruchsmarke sei, so führt dies in der Regel zur Zurückweisung des Widerspruchs als unbegründet (vgl. zur Gemeinschaftsmarke Eisenführ/Schennen/Schennen Rn. 215). 67

I. Widerspruch gegen eine IR-Marke

Für den Widerspruch gegen eine IR-Marke, die auch für das Gebiet der EU benannt ist, gilt Art. 156 iVm Regel 114–116 GMDV (vgl. zur Gemeinschaftsmarke Eisenführ/Schennen/Schennen Rn. 227). Insoweit wird auf die Ausführungen zu Art. 156 verwiesen (→ Art. 156 Rn. 1 ff.). 68

Art. 42a Übertragung von Befugnissen

Der Kommission wird die Befugnis übertragen, gemäß Artikel 163a delegierte Rechtsakte zu erlassen, in denen die Einzelheiten des Verfahrens für die Anmeldung und Prüfung eines Widerspruchs gemäß den Artikeln 41 und 42 festgelegt werden.

Überblick

Die Vorschrift wurde mWv 23.3.2016 gemäß VO (EU) 2015/2424 vom 16.12.2015 eingefügt.

Durch den neu eingeführten Art. 42a ist der Europäischen Kommission nach Maßgabe des Art. 163a die Befugnis übertragen worden, Einzelheiten des Verfahrens für die Anmeldung und Prüfung eines Widerspruchs festzulegen. Durch diese Befugnisübertragung soll eine wirksame, effiziente und zügige Prüfung und Eintragung von Anmeldungen einer europäischen Marke sichergestellt werden (→ Art. 163a Rn. 1). 1

Die Übertragung der in Art. 42a eingeräumten Befugnis gilt seit dem 23.3.2016 auf unbestimmte Zeit (vgl. Art. 163a Abs. 2 S. 1). Vor dem Erlass entsprechender Rechtsakte soll die Europäische Kommission Konsultationen mit Sachverständigen durchführen (vgl. Art. 163a Abs. 2 S. 2). 2

Das Europäische Parlament oder der Rat können die Befugnisübertragung jederzeit widerrufen (vgl. Art. 163a Abs. 3 S. 1). Bereits in Kraft getretene delegierte Rechtsakte der Europäischen Kommission bleiben jedoch auch nach einem solchen Widerruf in Kraft (vgl. Art. 163a Abs. 3 S. 4). 3

Abschnitt 5 Zurücknahme, Einschränkung, Änderung und Teilung der Anmeldung

Art. 43 Zurücknahme, Einschränkung und Änderung der Anmeldung

(1) [1]Der Anmelder kann seine Anmeldung jederzeit zurücknehmen oder das in der Anmeldung enthaltene Verzeichnis der Waren und Dienstleistungen einschränken. [2]Ist die Anmeldung bereits veröffentlicht, so wird auch die Zurücknahme oder Einschränkung veröffentlicht.

(2) [1]Im Übrigen kann die Anmeldung der Gemeinschaftsmarke auf Antrag des Anmelders nur geändert werden, um Name und Adresse des Anmelders, sprachliche Fehler, Schreibfehler oder offensichtliche Unrichtigkeiten zu berichtigen, soweit durch eine solche Berichtigung der wesentliche Inhalt der Marke nicht berührt oder das Verzeichnis der Waren oder Dienstleistungen nicht erweitert wird. [2]Betreffen die Änderungen die Wiedergabe der Marke oder das Verzeichnis der Waren oder Dienstleistungen und werden sie nach Veröffentlichung der Anmeldung vorgenommen, so wird die Anmeldung in der geänderten Fassung veröffentlicht.

(3) Der Kommission wird die Befugnis übertragen, gemäß Artikel 163a delegierte Rechtsakte zu erlassen, in denen die Einzelheiten des Verfahrens für die Änderung der Anmeldung festgelegt werden.

Überblick

In Art. 43 ist die Zurücknahme, Einschränkung und Änderung einer Anmeldung geregelt. Ergänzende Vorschriften sind in Regel 13, 26 und 84 Abs. 3 Buchst. a GMDV vorhanden.

Übersicht

	Rn.		Rn.
A. Allgemeines	1	1. Zeitpunkt	15
B. Zurücknahme	2	2. Formalien	17
I. Vollständige Zurücknahme	2	3. Möglichkeiten der Einschränkung	20
1. Zeitpunkt	3	C. Änderung	24
2. Formalien	7	I. Fehler in der Anmeldung	25
3. Wirksamwerden und Widerruf	9	II. Gewillkürte Änderungen	26
4. Wirkung	11	III. Veränderte Umstände	27
5. Gebühren	12	D. Delegierte Rechtsakte	28
II. Einschränkung des Waren- und Dienstleistungsverzeichnisses	14		

A. Allgemeines

1   Art. 43 betrifft Änderungen der Markenanmeldung oder deren Status in dem Zeitraum bis zu deren Eintragung. Nach der Eintragung der Markenanmeldung greifen andere Vorschriften. So kann die Marke zB nur noch im Wege des Verzichts, Art. 50, teilweise oder ganz zurückgenommen oder nach Art. 48 geändert werden.

B. Zurücknahme

I. Vollständige Zurücknahme

2   Art. 43 Abs. 1 S. 1 Hs. 1 regelt die vollständige Zurücknahme der Anmeldung. Die vollständige Zurücknahme ist frei und liegt gänzlich in der Hand des Anmelders. Eine Zustimmung oder Unterrichtung Dritter ist nicht erforderlich.

Zurücknahme, Einschränkung, Änderung der Anmeldung   **Art. 43 UMV**

1. Zeitpunkt

Art. 43 Abs. 1 S. 1 Hs. 1 stellt klar, dass die vollständige Zurücknahme „jederzeit" erfolgen 3
kann. Dies bedeutet, dass eine vollständige Zurücknahme während der gesamten Zeit der
Anhängigkeit der Anmeldung bis zur Eintragung der Marke möglich ist, also während des
gesamten Verfahrens vor dem EUIPO (inklusive etwaigen Widerspruchsverfahren in allen
Instanzen). Eine konkrete Frist existiert nicht. Faktisch ist letztmöglicher Zeitpunkt für die
Zurücknahme der Moment vor dem Einzug der Eintragungsgebühr durch das EUIPO.

a) Zurücknahme innerhalb der Beschwerdefrist. Nachdem eine Markenanmeldung 4
zB aufgrund absoluter Gründe abgewiesen worden ist, kann in der Praxis ein Negativeintrag
im Statusfeld in dem Markenregister durch eine vollständige Zurücknahme innerhalb der
zweimonatigen Beschwerdefrist verhindert werden. Dies ergibt sich einerseits aus dem Gesetzeswortlaut („jederzeit") und wurde andererseits von der Großen Beschwerdekammer in
seiner **Optima-**Entscheidung (HABM Gr. BK v. 27.9.2006 – R 331/2006-G Rn. 14 –
Optima) bestätigt. Dies ist inzwischen auch in den Prüfungsrichtlinien für Unionsmarken
explizit erklärt (vgl. Prüfungsrichtlinien für Unionsmarken, Teil B, Abschnitt 1, 5.1.1;
→ Rn. 6).

Art. 57 Abs. 1 S. 2 weist nämlich **Beschwerden** aufschiebende Wirkung zu und meint 5
damit unstreitig tatsächlich eingelegte Beschwerden. Jedoch ist die Markenanmeldung während der Beschwerdefrist gleichfalls **anhängig,** auch wenn eine solche letztendlich nicht
eingelegt wird. Aus Art. 58 Abs. 1 S. 2 kann auch nichts Gegenteiliges gelesen werden, denn
diese Vorschrift ist lediglich eine Klarstellung für den Verfahrenszeitraum **ab** einer wirksam
eingelegten Beschwerde und trifft keinerlei Aussagen über den Zeitraum der Frist zur Einlegung einer Beschwerde (aA Eisenführ/Schennen/Schennen Rn. 9).

Die in den alten Richtlinien (Richtlinien für die Verfahren vor dem HABM, Teil E, Abschnitt 3, 5.1
S. 3, Stand November 2005) getroffene Aussage, für den Fall der Ermangelung einer tatsächlichen
Beschwerdeeinlegung fehle die Anhängigkeit der Markenanmeldung schon ab Beginn der Beschwerdefrist, wurde bei der im August 2014 erfolgten Aktualisierung gemäß der **Optima-**Entscheidung korrigiert. In den aktualisierten Richtlinien wird nun ausdrücklich klargestellt, dass eine Beschwerdeeinlegung nicht notwendige Voraussetzung für die Zurücknahme ist (erstmals Richtlinien für die Verfahren
vor dem HABM, Teil B, Abschnitt 1, S. 8, Stand 1.8.2014, nunmehr Prüfungsrichtlinien für Unionsmarken, Teil B, Abschnitt 1, 5.1.1). Auch während der Fristen zur Einlegung von Rechtsmitteln vor dem
EuG und EuGH bzw. bis zum Abschluss der Rechtsmittelverfahren kann die Anmeldung zurückgenommen werden (EuGH C-588/11 P, GRUR Int 2012, 57 – OMNICARE/HABM). Dies ist nach oben
Gesagtem logisch.

b) Übermittlung der Rechercheberichte. Die spezielle Vorschrift des Art. 38 Abs. 7 6
regelt, dass die Veröffentlichung der Markenanmeldung nun nicht mehr erst nach Ablauf
eines Monats nach der Übermittlung der Rechercheberichte an den Anmelder erfolgt. Der
Anmelder hat also **seit der Reform 2016** nicht mehr einen Monat lang Zeit, die in den
Rechercheberichten zitierten älteren Marken zu analysieren und ggf. seine Anmeldung
zurückzunehmen. Die Inhaber besagter älterer Rechte werden somit direkt in Kenntnis der
Markenanmeldung gesetzt und etwaige Widersprüche können eingelegt werden. Dies dient
der Beschleunigung des Verfahrens.

2. Formalien

Ein bestimmtes Verfahren oder die Stellung eines Antrags ist für die vollständige Zurück- 7
nahme nicht vorgesehen. Entsprechend sieht auch Regel 83 GMDV kein Formblatt vor.
Die Zurücknahme ist allerdings **ausdrücklich** und **unbedingt** zu erklären (EuG T-219/00,
GRUR Int 2001, 600 Rn. 61 – ELLOS/HABM; T-219/00, GRUR Int 2005, 322 Rn. 19 –
Form eines Bonbons).

Eine stillschweigende Zurücknahme ist nicht möglich. Art. 44 bezieht sich nämlich aus- 8
schließlich auf den Anmelder. Die Dienststellen des EUIPOs können sich also nicht auf diese
Bestimmung berufen und aus dem Verhalten des Anmelders die Zurücknahme ableiten (EuG
T-171/06, GRUR Int 2009, 725 Rn. 42 ff. – Laytoncrest/HABM (TRENTON)). Aufgrund

der substantiellen Rechtsfolgen einer Zurücknahme (Nichtexistenz der Markenanmeldung) macht dies auch Sinn.

3. Wirksamwerden und Widerruf

9   Die Zurücknahme wird mit dem Zugang der Erklärung beim Amt wirksam. Jedoch ist ein Widerruf der Zurücknahme noch am selben Tag möglich. Unabhängig von dem Zeitpunkt des Eingangs (also auch **vor** dem Eingang der eigentlichen Zurücknahme) hebt ein solcher tagglciche Widerruf die Zurücknahme also auf (vgl. Prüfungsrichtlinien für Unionsmarken, Teil B, Abschnitt 1, 5.1.2). Auch während der Anhängigkeit des Verfahrens vor dem EuG oder EuGH ist die Zurücknahme ausschließlich beim Amt zu beantragen. Das Amt teilt dann dem EuG oder EuGH mit, ob die Zurücknahme annehmbar und gültig ist, woraufhin das EuG bzw. der EuGH dann abschließend entscheidet (vgl. auch Prüfungsrichtlinien für Unionsmarken, Teil B, Abschnitt 1, 5.1.2).

10   Das EuG bzw. der EuGH haben bisher noch nicht Stellung dazu beziehen müssen, ob die Erklärung der Zurücknahme, zB aufgrund eines Irrtums anfechtbar ist. Eine entsprechende Regelung ist in der GMV nicht vorhanden. Die Möglichkeit einer Anfechtung könnte aber mit der Heranziehung von in den Mitgliedstaaten allgemein anerkannter Grundsätze begründet werden (Eisenführ/Schennen/Schennen Rn. 11). Die Anfechtung ist ein in den Rechtsordnungen der Mitgliedstaaten normiertes Gestaltungsrecht im Zusammenhang von Willenserklärungen. Aufgrund einer ähnlichen Interessenslage erscheint die Anwendbarkeit im Rahmen der Zurücknahme sachgerecht.

4. Wirkung

11   Die wirksame und vollständige Zurücknahme hat zur Folge, dass die Anmeldung nicht mehr anhängig ist und auch keine Rechtswirkungen entfaltet.

11.1   Das EuG hat die Regelung des Art. 43 zum Anlass genommen, festzustellen, dass auch die Rücknahme eines Widerspruchs jederzeit möglich sei. Zwar habe der Gesetzgeber dies nicht ausdrücklich vorgesehen. Jedoch stehen Markenanmelder und Widerspruchsführer im Widerspruchsverfahren auf gleicher Stufe. Das gelte eben auch für die Möglichkeit der Rücknahme von Verfahrenshandlungen (EuG T-10/01, BeckEuRS 2003, 277656 Rn. 15 – LICHTWER PHARMA/HABM – BIOFARMA (SEDONIUM); T-120/03, Slg. 2004, II-509 Rn. 19 – SYNOPHARM/HABM – PENTAFARMA(DERMASYN)). Aus der Systematik der UMV und im speziellen aus Art. 43 ergibt sich also auch das Recht des Widerspruchsführers zur Rücknahme eines Widerspruchs.

5. Gebühren

12   Die vollständige Zurücknahme einer Marke ist gebührenfrei möglich. Andererseits werden bereits gezahlte Gebühren wie zB die Anmelde- und Klassengebühren grundsätzlich nicht zurückerstattet, wenn sie bereits gezahlt wurden.

13   Eine Erstattung dieser Gebühren findet lediglich statt, wenn das Amt eine diesbezügliche Erklärung erhält,
- sofern die Zahlung per Banküberweisung vor oder spätestens am gleichen Tag erfolgt ist, an dem der Betrag effektiv auf dem Bankkonto des Amtes verbucht wird;
- sofern die Zahlung per Debit- oder Kreditkarte erfolgt ist, am selben Tag der Anmeldung, welche die Anweisungen/Daten der Debit- oder Kreditkarte enthält;
- sofern die Zahlung über ein laufendes Konto getätigt wird, innerhalb der Frist von einem Monat für die Zahlung der Grundgebühr für die Anmeldung oder, sofern die Anweisung zur unmittelbaren Belastung des laufenden Kontos schriftlich erteilt wurde, vor oder spätestens zum Datum, an dem die Anweisung eingegangen ist.

Klassengebühren werden für diese Fälle auch zurückerstattet (Prüfungsrichtlinien für Unionsmarken, Teil A, Abschnitt 3, 5.2).

II. Einschränkung des Waren- und Dienstleistungsverzeichnisses

14   Art. 43 Abs. 1 S. 1 Hs. 2 regelt die Einschränkung des Waren- und Dienstleistungsverzeichnisses. Diese hat den rechtlichen Charakter einer teilweisen Zurücknahme, weshalb in beiden Fällen grundsätzlich dieselben Vorschriften anwendbar sind.

Zurücknahme, Einschränkung, Änderung der Anmeldung   **Art. 43 UMV**

1. Zeitpunkt

Wie schon die Zurücknahme kann auch die Einschränkung „jederzeit" erfolgen und liegt 15
vollständig in der Hand des Anmelders (EuGH C-104/01, GRUR Int 2005, 277 Rn. 52 –
Farbe Orange). Auch sonst ergeben sich im Vergleich zu der vollständigen Zurücknahme
keine Unterschiede und die obigen Ausführungen gelten entsprechend (→ Rn. 3).

Innerhalb eines Widerspruchsverfahrens ergeben sich je nach Umfang und Zeitpunkt der 16
Einschränkung unterschiedliche Folgen, insbesondere in Bezug auf die Kosten:

Zeitpunkt	Umfang der Einschränkung	Folge
vor dem Ende der Cooling-Off-Periode	alle angegriffenen Waren/Dienstleistungen	➢ Regel 18 Abs. 2, 4, 5 GMDV • Einstellung des Widerspruchsverfahrens • Benachrichtigung der Beteiligten; • Erstattung der Widerspruchsgebühr; • keine Kostenentscheidung
	nur Teil der angegriffenen Waren/Dienstleistungen	➢ Regel 18 Abs. 3 GMDV • Widerspruch bleibt für die restlichen angegriffenen Waren/Dienstleistungen bestehen; • Benachrichtigung an Widersprechenden mit Möglichkeit der Rücknahme
nach dem Ende der Cooling-Off-Periode	alle angegriffenen Waren/Dienstleistungen	• Benachrichtigung der Beteiligten; • Keine Erstattung der Widerspruchsgebühr; • Kostenentscheidung, wenn keine Vereinbarung
	nur Teil der angegriffenen Waren/Dienstleistungen	• Widerspruch bleibt für die restlichen angegriffenen Waren/Dienstleistungen bestehen; • Benachrichtigung an Widersprechenden mit Möglichkeit der Rücknahme

2. Formalien

Die Einschränkungserklärung richtet sich nach den obigen Ausführungen zu der Zurück- 17
nahmeerklärung. Es ist ein schriftlicher Antrag erforderlich, der **ausdrücklich** und **unbedingt** gestellt wird.

Ein bloßer Vorschlag, das Waren- und Dienstleistungsverzeichnis für den Fall einzuschrän- 18
ken, dass das EUIPO beabsichtigt, die Anmeldung für bestimmte Waren oder Dienstleistungen zurückzuweisen, genügt den Erfordernissen der ausdrücklichen und unbedingten Erklärung nicht (EuG T-219/00, GRUR Int 2001, 600 Rn. 62 – ELLOS/HABM). Dies gilt
auch für einen entsprechenden Hilfsantrag (EuG T-219/00, GRUR Int 2005, 322
Rn. 20 ff. – Form eines Bonbons).

Die Tatsache, dass eine Einschränkung bedingungsfeindlich ist, bedeutet auch, dass die 19
Einschränkung nicht beantragt werden kann, sofern die Dienststellen des EUIPOs die Markenanmeldung innerhalb eines Widerspruchsverfahrens aufgrund von Verwechslungsgefahr
abweisen.

3. Möglichkeiten der Einschränkung

Es bestehen grundsätzlich drei Möglichkeiten, das Waren- und Dienstleistungsverzeichnis 20
einer Marke zu beschränken. Zulässig ist

1. die Streichung einzelner Begriffe;
2. das Hinzufügen einschränkender Formulierungen wie zB „alle vorgenannten Waren ausgenommen für den Bereich ..."; oder
3. die Konkretisierung eines Oberbegriffes auf einen speziellen Begriff.

21 Praktische Formulierungsmöglichkeiten umfassen die **positive** und **negative** Einschränkung. Der Anmelder kann also entweder bestimmte Bereiche aus der Anmeldung ausnehmen (negative Einschränkung; zB „Finanzdienstleistungen, **ausgenommen** Finanzierungen") oder aber alle Waren oder Dienstleistungen aufzählen, die in der Anmeldung verbleiben sollen (positive Einschränkung).

22 Unzulässig ist die Einschränkung des Waren- und Dienstleistungsverzeichnis in der Form, dass die Anmeldung nur Waren umfassen soll, die ein bestimmtes Merkmal nicht aufweisen. Dies gebietet die Rechtssicherheit und -klarheit über den Umfang des Markenschutzes (EuGH C-363/99, GRUR 2004, 674 Rn. 114 f. – Postkantoor).

23 Nach Art. 26 Abs. 1 UMV iVm Regel 2 Abs. 2 GMDV müssen die Waren und Dienstleistungen so formuliert werden, dass sich deren Art klar erkennen lässt. Dies erfordert das Bestimmtheitsgebot. Folglich ist eine Einschränkung hinsichtlich eines bestimmten Zielpublikums (zB „für den Vertrieb gegenüber Fachkreisen ...") unzulässig (HABM 1. BK v. 3.9.2008 – R 1138/2007-1 Rn. 17 f. – Strahlregler). Dasselbe muss für Einschränkungen in Bezug auf Vertriebsmodalitäten gelten.

C. Änderung

24 In Art. 43 Abs. 2 sind die sonstigen zulässigen Änderungen einer Markenanmeldung normiert. Ausschlaggebend für diese Änderungen ist ausschließlich die Motivation des Anmelders. Änderungen aufgrund einer Beanstandung durch das EUIPO sind dagegen von Art. 37 Abs. 3 umfasst. Nach der Eintragung bestimmen sich die möglichen Änderungen nach Art. 48.

I. Fehler in der Anmeldung

25 Art. 43 Abs. 2 umfasst drei Fälle der Änderung bei Fehlern in der Anmeldung. So können sprachliche Fehler, Schreibfehler und offensichtliche Unrichtigkeiten korrigiert werden. Voraussetzung ist, dass der jeweilige Fehler **offensichtlich** ist und die Änderung den **wesentlichen Inhalt der Marke nicht berührt,** Dabei sind strenge Maßstäbe anzusetzen. Das Waren und Dienstleistungsverzeichnis darf keinesfalls erweitert werden.

25.1 Zulässige Änderungen:
- Die Änderung des angemeldeten Zeichens „TELEYE" in „TELEEYE" wurde aufgrund eines offensichtlichen Schreibfehlers für zulässig erachtet. Der Anmelder hatte in dem Anmeldeformular Priorität für „TELEEYE" beansprucht (EuG T-128/99, BeckEuRS 2001, 353803 – SIGNAL COMMUNICATIONS/HABM(TELEYE)).
- Mit derselben Begründung wurde die Änderung von „TOPFLOW" zu „TOP FLOW" zugelassen. Auch hier wurde Priorität für das korrekte Zeichen „TOP FLOW" beansprucht (HABM 2. BK v. 5.8.2002 – R 851/1999-2. – TOP FLOW).

25.2 Unzulässige Änderungen (vgl. Prüfungsrichtlinien für Unionsmarken, Teil B, Abschnitt 2, 19.1):
- Hinzufügung eines Buchstabens (angemeldet als Wortmarke RANIER, gewünschte Änderung RAINIER) – dies wäre eine wesentliche Änderung;
- Korrektur der Rechtschreibung eines Zeichens (angemeldet als Wortmarke „ELECTROLITIC BOLUS", gewünschte Änderung „ELECTROLITYC BOLUS") – auch dies wäre eine wesentliche Änderung und kein offensichtlicher Fehler, denn der Anmelder ist nicht daran gehindert, fehlerhaft geschriebene Zeichen anzumelden;
- Eine Markenanmeldung bestehend aus zwei Darstellungen einer Produktverpackung ist nicht dahingehend abänderbar, dass diese auch lediglich eine Darstellung reduziert wird. Dies gilt auch, wenn Priorität für eine entsprechende Marke beantragt wurde und die Beschreibung des Zeichens sich nur auf eine Darstellung bezieht. Die Änderung würde nämlich den wesentlichen Inhalt der Markenanmeldung ändern. Dies ist aber nicht zu verallgemeinern und es muss immer eine Einzelfallprüfung erfolgen (s. unten).

25.3 Änderung der „Markenkategorie" (HABM 3. BK v. 17.11.1999 – R 301/1999-3 Rn. 11 – Bremstrommel):

Teilung der Anmeldung   **Art. 44 UMV**

- In dieser Entscheidung hatte die Dritte Beschwerdekammer angenommen, dass die Markenanmeldung ab dem Anmeldetag eine unveränderliche Einheit darstelle. Der Wechsel der Markenkategorie (zwei- in dreidimensionale Marke) stelle eine wesentliche Veränderung der Anmeldung dar. Dieselbe Begründung führte die Dritte Beschwerdekammer bei der Hinzufügung eines Bildelementes zu einer Wortmarkenanmeldung an (HABM 3. BK v. 10.9.1998 – R 40/1998-3 – NATURAL BEAUTY). Diese Generalisierung ist jedoch abzulehnen. Vielmehr ist auch eine solche Änderung unter den Voraussetzungen des Art. 44 Abs. 2 möglich (insofern richtig Eisenführ/Schennen/Schennen Rn. 43).

II. Gewillkürte Änderungen

Der Name, die Adresse und die Nationalität des Anmelders oder dessen Vertreters sind 26 nach Art. 44 Abs. 2 frei änderbar. Lediglich wenn die vorgenannten Änderungen Folgen der Übertragung der Markenanmeldung oder des Austauschs des Vertreters sind, greift Art. 44 Abs. 2 nicht ein.

III. Veränderte Umstände

In der Literatur wird zudem noch ein über Art. 44 hinausgehender Änderungsgrund 27 angebracht, nämlich bei veränderten Umständen, die zB die Änderung der Beschreibung erforderlich machen (Eisenführ/Schennen/Schennen Rn. 44). Praktisch sind solche Änderungen zwar wenig relevant, der Existenz dieses Änderungsgrundes ist aber zuzustimmen.

D. Delegierte Rechtsakte

Durch VO (EU) 2015/2424 wurde Abs. 3 eingefügt, durch den die Kommission zum 28 Erlass delegierter Rechtsakte gemäß Art. 163a ermächtigt wird. Ein Entwurf lag bei Drucklegung noch nicht vor.

Art. 44 Teilung der Anmeldung

(1) ¹Der Anmelder kann die Anmeldung teilen, indem er erklärt, dass ein Teil der in der ursprünglichen Anmeldung enthaltenen Waren oder Dienstleistungen Gegenstand einer oder mehrerer Teilanmeldungen sein soll. ²Die Waren oder Dienstleistungen der Teilanmeldung dürfen sich nicht mit den Waren oder Dienstleistungen der ursprünglichen Anmeldung oder anderen Teilanmeldungen überschneiden.

(2) Die Teilungserklärung ist nicht zulässig:
a) wenn gegen die ursprüngliche Anmeldung Widerspruch eingelegt wurde und die Teilungserklärung eine Teilung der Waren oder Dienstleistungen, gegen die sich der Widerspruch richtet, bewirkt, bis die Entscheidung der Widerspruchsabteilung unanfechtbar geworden ist oder das Widerspruchsverfahren eingestellt wird;
b) während der in der Durchführungsverordnung festgelegten Zeiträume.

(3) Die Teilungserklärung muss den Bestimmungen der Durchführungsverordnung entsprechen.

(4) ¹Die Teilungserklärung ist gebührenpflichtig. ²Sie gilt als nicht abgegeben, solange die Gebühr nicht entrichtet ist.

(5) Die Teilung wird an dem Tag wirksam, an dem sie in der vom Amt geführten Akte der ursprünglichen Anmeldung vermerkt wird.

(6) ¹Alle vor Eingang der Teilungserklärung beim Amt für die ursprüngliche Anmeldung eingereichten Anträge und gezahlten Gebühren gelten auch als für die Teilanmeldungen eingereicht oder gezahlt. ²Gebühren für die ursprüngliche Anmeldung, die wirksam vor Eingang der Teilungserklärung beim Amt entrichtet wurden, werden nicht erstattet.

(7) Die Teilanmeldung genießt den Anmeldetag sowie gegebenenfalls den Prioritätstag und den Zeitrang der ursprünglichen Anmeldung.

(8) *(noch nicht anwendbar)*

(9) ¹**Die Kommission erlässt Durchführungsrechtsakte, in denen Folgendes festgelegt wird:**
a) **die Einzelheiten, die bei einer Teilungserklärung in Bezug auf eine nach Absatz 1 getätigte Anmeldung anzugeben sind;**
b) **die Einzelheiten der Bearbeitung einer Erklärung über die Teilung einer Anmeldung, wobei sicherzustellen ist, dass eine getrennte Akte, einschließlich einer neuen Anmeldungsnummer, für die Teilanmeldung angelegt wird;**
c) **die Einzelheiten, die bei der Veröffentlichung der Teilanmeldung nach Absatz 8 anzugeben sind.**
²**Diese Durchführungsrechtsakte werden nach dem Prüfverfahren gemäß Artikel 163 Absatz 2 erlassen.**

künftige Fassung mWv 1.10.2017 gemäß VO (EU) 2015/2424 vom 16.12.2015:
a) Absatz 2 Buchstabe b erhält folgende Fassung:
   b) vor der Festlegung des Anmeldetags im Sinne des Artikels 27 durch das Amt und während der in Artikel 41 Absatz 1 vorgesehenen Widerspruchsfrist.
b) Absatz 3 wird gestrichen.
c) Folgende Absätze werden eingefügt:
   (4a) ¹Stellt das Amt fest, dass die in Absatz 1 und in den nach Absatz 9 Buchstabe a angenommenen Vorschriften festgelegten Anforderungen nicht erfüllt sind, so fordert es den Anmelder auf, die Mängel innerhalb einer vom Amt festzulegenden Frist zu beseitigen. ²Werden die Mängel nicht fristgerecht beseitigt, so weist das Amt die Teilungserklärung als unzulässig zurück.
   (8) ¹Bezieht sich die Teilungserklärung auf eine Anmeldung, die bereits gemäß Artikel 39 veröffentlicht worden ist, so wird die Teilung veröffentlicht. ²Die Teilanmeldung wird veröffentlicht. ³Die Veröffentlichung setzt keine neue Widerspruchsfrist in Gang.

Überblick

Art. 44 normiert die Voraussetzungen der Teilung einer Anmeldung auf Antrag des Anmelders. Eine ergänzende Vorschrift befindet sich in Regel 13a GMDV. Nach der Eintragung der Anmeldung bestimmt sich die Teilung der Marke nur noch nach Art. 49 (→ Art. 49 Rn. 1).

Übersicht

	Rn.		Rn.
A. Allgemeines	1	II. Zahlung der Gebühr	15
B. Zulässigkeit der Teilung	3	III. Keine Überschneidung der Waren und Dienstleistungen	17
I. Eingelegter Widerspruch	4		
II. Zeitlich	7	D. Wirkung der Teilung (Abs. 5–7)	19
1. Zeitraum vor Zuerkennung eines Anmeldetages	8	I. Teilanmeldung	21
2. Während Widerspruchsfrist	9	II. Ursprüngliche Anmeldung	25
C. Voraussetzungen	11	III. Veröffentlichung im Markenregister	26
I. Erklärung	12	E. Reform 2016	29

A. Allgemeines

1 Die Teilung der Anmeldung ist ein nützliches Mittel, um eine Anmeldung für diejenigen Waren bzw. Dienstleistungen zur Eintragung zu bringen, die nicht mit einem Widerspruch angegriffen wurden.

2 Richtet sich ein Widerspruch also nur gegen einen Teil des angemeldeten Waren- und Dienstleistungsverzeichnisses, so können die unstrittigen Waren und Dienstleistungen abgeteilt werden. Die entstehende **Teilanmeldung** kann dann bereits zur Eintragung gelangen,

während die **ursprünglich Anmeldung** mit den verbleibenden Waren bzw. Dienstleistungen noch das Widerspruchsverfahren durchlaufen muss.

B. Zulässigkeit der Teilung

Die Teilung einer Anmeldung ist in bestimmten Fällen nicht zulässig. 3

I. Eingelegter Widerspruch

Art. 44 Abs. 2 Buchst. a UMV bestimmt ausdrücklich, dass die Teilung unzulässig ist, 4 sofern sie eine Teilung derjenigen Waren bzw. Dienstleistungen bewirken würde, die mit einem eingelegten Widerspruch angegriffen sind.

So soll ein „Auseinanderreißen" des Widerspruchs (mit nachteiliger Kostenfolge für den 5 Widerspruchsführer) verhindert und eine einheitliche Entscheidung gewährt werden. Möglich ist demnach, dass die Waren bzw. Dienstleistungen, gegen die kein Widerspruch eingelegt wurde, von denen geteilt werden, die angegriffen wurden. In jedem Fall müssen die vom Widerspruch erfassten Waren bzw. Dienstleistungen unter der ursprünglichen Anmeldung bestehen bleiben. Nur nicht betroffenen Waren bzw. Dienstleistungen können unter die Teilanmeldung gezogen werden. Ansonsten würde nämlich der Gegenstand des Widerspruchs unzulässig geändert werden.

Ist die Teilung aufgrund der Anhängigkeit eines Widerspruchs unzulässig, so dauert dieses 6 Verbot von der Einlegung des Widerspruchs bis zur Rechtskraft der Entscheidung oder der sonstigen Erledigung des Widerspruchs (zB Rücknahme).

II. Zeitlich

Die UMV und GMDV legen fest, dass die Teilung einer Anmeldung zeitlich nicht immer 7 zulässig ist. Dies ergibt sich aus Art. 44 Abs. 2 Buchst. b UMV iVm Regel 13a Abs. 3 GMDV.

1. Zeitraum vor Zuerkennung eines Anmeldetages

Zeitlich unzulässig ist die Teilung einer Anmeldung vor Zuerkennung eines Anmeldetages 8 (Art. 44 Abs. 2 Buchst. b UMV iVm Regel 13a Abs. 3 Buchst. a GMDV). Das EUIPO muss dem Anmelder also den Anmeldetag **mitgeteilt** haben, erst dann ist die Teilung zeitlich zulässig.

2. Während Widerspruchsfrist

Auch innerhalb der Widerspruchsfrist ist eine Teilung unzulässig (Art. 44 Abs. 2 Buchst. 9 b UMV iVm Regel 13a Abs. 3 Buchst. b GMDV).

Dies gebietet die Rechtssicherheit. Die potentiellen Widerspruchsführer müssen in der 10 Widerspruchsfrist Gewissheit über den Inhalt einer Markenanmeldung haben. Aus diesem Grund ist eine Veränderung der Markenanmeldung in Form einer Teilung während dieses Zeitraums „gesperrt".

C. Voraussetzungen

Art. 44 erfordert, dass der Anmelder eine entsprechende Erklärung abgegeben hat, die 11 den Bestimmungen der Durchführungsverordnung entspricht (→ Rn. 12). Des Weiteren muss der Anmelder die Teilungsgebühr gezahlt haben (→ Rn. 15).

I. Erklärung

Die nach Art. 44 Abs. 1 vom Anmelder abzugebende Teilungserklärung muss die in Regel 12 13a Abs. 1 GMDV festgelegten Formalitäten einhalten.

Die folgenden Angaben müssen enthalten sein: 12.1
1. das Aktenzeichen der Anmeldung;
2. Name und Anschrift des Anmelders

3. das Waren- und Dienstleistungsverzeichnis, das Gegenstand der Teilanmeldung ist (bzw. bei mehreren Teilungen eines für jede Teilanmeldung);
4. das Waren- und Dienstleistungsverzeichnis, das Gegenstand der ursprünglichen Anmeldung ist.

13 Entspricht die Erklärung diesen Formalitäten nicht, fordert das EUIPO den Anmelder mit Fristsetzung zur Mängelbeseitigung auf (Regel 13a Abs. 2 GMDV).

14 Die Teilungserklärung ist bedingungsfeindlich und kann nicht etwa hilfsweise erklärt werden (Eisenführ/Schennen/Schennen Rn. 12).

II. Zahlung der Gebühr

15 Die Teilungsgebühr beträgt 250 Euro gemäß Anhang I A Nr. 25 (→ Anhang-I Rn. 13; früher: Art. 2 Nr. 22 VO (EG) Nr. 2869/95).

16 Nach Art. 44 Abs. 4 gilt die Teilungserklärung als nicht abgegeben, solange diese Gebühr nicht gezahlt wurde. Die Zahlung der Teilungsgebühr ist also Voraussetzung für die Wirksamkeit der Teilung. Ohne Zahlung der Teilungsgebühr wird die Teilung nicht wirksam.

III. Keine Überschneidung der Waren und Dienstleistungen

17 Die Waren bzw. Dienstleistungen der Teilanmeldung dürfen sich nicht mit denen der ursprünglichen Anmeldung überschneiden (Art. 44 Abs. 1 S. 1). Zusammengenommen dürfen die ursprüngliche und die Teilanmeldung also nur exakt das ursprüngliche Waren- und Dienstleistungsverzeichnis abdecken. Bei einer Überschneidung wären aber bestimmte Waren bzw. Dienstleistungen doppelt vorhanden. Dies muss ausgeschlossen werden.

18 Das ursprüngliche Waren- und Dienstleistungsverzeichnis teilt sich somit genau auf die ursprüngliche Markenanmeldung und die Teilanmeldung(-en) auf. Ohne zeitgleiche Beschränkung können also auch keine Waren bzw. Dienstleistungen weggelassen werden.

D. Wirkung der Teilung (Abs. 5–7)

19 Die Wirkungen der Teilung sind in Art. 44 Abs. 5–7 geregelt.

20 Die Teilung der Anmeldung wird mit dem Teilungsvermerk in den Akten beim EUIPO wirksam (Art. 44 Abs. 5).

I. Teilanmeldung

21 Mit der wirksamen Teilung entsteht die Teilanmeldung, dh eine neue Markenanmeldung. Diese Teilanmeldung umfasst die abgetrennten Waren und Dienstleistungen, entspricht aber im Übrigen der ursprünglichen Markenanmeldung.

22 Alle für die ursprüngliche Markenanmeldung gestellten Anträge, wie zB Anträge auf Änderung der Markenanmeldung oder Eintragung einer Lizenz, sowie gezahlten Gebühren wirken auch für die neue Teilanmeldung (Art. 44 Abs. 6). Eine Erstattung etwaiger Gebühren findet allerdings nicht statt, sofern diese bereits vor Eingang der Teilungserklärung wirksam entrichtet wurden (Art. 44 Abs. 6 S. 2).

23 Letztlich wird der Teilanmeldung derselbe Anmeldetag, Prioritätstag und Zeitrang wie bei der ursprünglichen Anmeldung zuteil.

24 Bis auf das Waren- und Dienstleistungsverzeichnis entspricht die Teilanmeldung folglich der ursprünglichen Anmeldung. Daraus ergibt sich auch, dass die Veröffentlichung der Teilanmeldung keine neue Widerspruchsfrist in Gang setzt (vgl. Regel 13a Abs. 6 S. 3 GMDV).

II. Ursprüngliche Anmeldung

25 Die ursprüngliche Markenanmeldung besteht fort. Die einzige Änderung ist, dass die abgeteilten Waren und Dienstleistungen nunmehr in der Teilanmeldung vorhanden sind und nicht mehr in der ursprünglichen Markenanmeldung. Das Waren- und Dienstleistungsverzeichnis ist dementsprechend „beschränkt".

III. Veröffentlichung im Markenregister

26 Eine Veröffentlichung der Teilung erfolgt lediglich, wenn die ursprüngliche Anmeldung schon veröffentlicht war (Regel 13a Abs. 6 S. 1 GMDV).

Eintragung   **Art. 45 UMV**

In diesem Fall wird auch die Teilanmeldung selbst veröffentlicht, allerdings keine neue 27
Widerspruchsfrist in Gang gesetzt (Regel 13a Abs. 6 S. 3 GMDV). Die betreffenden Waren
und Dienstleistungen waren bereits Gegenstand einer Widerspruchsfrist.

Wird die Teilung der Anmeldung wirksam bevor die ursprüngliche Anmeldung veröffent- 28
licht wurde, so erfolgt eine parallele Veröffentlichung, als ob es sich um zwei Markenanmeldungen handeln würde.

E. Reform 2016

VO (EU) 2015/2424 sieht für Art. 44 mit Wirkung ab 1.10.2017 einige Änderungen 29
vor, insbesondere Regelungen, um Einzelheiten zur Teilung und des entsprechenden Verfahrens von der Durchführungsverordnung in die Hauptverordnung zu überführen.

So wird zB **Abs. 2** konkretisiert und enthält nun direkt den Ausschluss der Teilung vor 30
der Festlegung des Anmeldetags iSd Art. 27 durch das Amt und während der in Art. 41
Abs. 1 vorgesehenen Widerspruchsfrist.

Abs. 3, der bezüglich der Teilungserklärung auf die Formvorschriften der Durchführungs- 31
verordnung verwies, wird konsequenterweise ersatzlos gestrichen.

Mit dem neuen **Abs. 4a** wird die Vorschrift zu Mängeln des Teilungsantrags direkt in die 32
Hauptverordnung eingefügt. Bestehen Mängel, fordert das Amt den Anmelder auf, diese
in einer festzulegenden Frist zu beseitigen und, sollte dies nicht geschehen, weist es die
Teilungserklärung als unzulässig zurück.

Auch der neue **Abs. 8** ist Konsequenz der Überführung der Regelungen der Durchfüh- 33
rungsverordnung in die Hauptverordnung. Abs. 8 regelt die Veröffentlichung der Teilung,
sofern die ursprüngliche Anmeldung schon veröffentlicht war. Eine neue Widerspruchsfrist
wird, wie schon zuvor, nicht in Gang gesetzt.

Der neue **Abs. 9** gilt bereits seit 23.3.2016 und ermöglicht der Kommission Durchfüh- 34
rungsrechtsakte gemäß Art. 163 zu erlassen, und zwar zu
- den anzugebenden Einzelheiten bei der Teilungserklärung;
- den Einzelheiten der Bearbeitung einer Teilungserklärung einer Anmeldung; und
- den zu veröffentlichenden Einzelheiten im Falle des Abs. 8.

Abschnitt 6 Eintragung

Art. 45 Eintragung

(1) ¹Entspricht die Anmeldung den Vorschriften dieser Verordnung und wurde innerhalb der Frist gemäß Artikel 41 Absatz 1 kein Widerspruch erhoben oder hat sich ein erhobener Widerspruch durch Zurücknahme, Zurückweisung oder auf andere Weise endgültig erledigt, so wird die Marke mit den in Artikel 87 Absatz 2 genannten Angaben in das Register eingetragen. ²Die Eintragung wird veröffentlicht.

(2) ¹Das Amt stellt eine Eintragungsurkunde aus. ²Diese Urkunde kann elektronisch ausgestellt werden. ³Das Amt stellt beglaubigte oder unbeglaubigte Abschriften der Urkunde aus, für die eine Gebühr zu entrichten ist, wenn diese Abschriften nicht elektronisch ausgestellt werden.

(3) ¹Die Kommission erlässt Durchführungsrechtsakte, in denen die Einzelheiten, die in der in Absatz 2 dieses Artikels genannten Eintragungsurkunde anzugeben sind, und die Form der in Absatz 2 dieses Artikels genannten Eintragungsurkunde im Einzelnen festgelegt werden. ²Diese Durchführungsrechtsakte werden nach dem Prüfverfahren gemäß Artikel 163 Absatz 2 erlassen.

Überblick

Art. 45 regelt die Voraussetzungen, unter denen eine Markenanmeldung eingetragen wird.
Sie stellt den Abschluss des Prüfungs- und etwaiger Widerspruchsverfahren dar.

Leister   1829

UMV Art. 45

Art. 45 stellte vor der Reform 2016 drei Voraussetzungen für die Eintragung auf, nämlich die Übereinstimmung der Anmeldung mit der Verordnung (→ Rn. 5), dass Widersprüche nicht erhoben wurden oder nicht zur vollständigen Abweisung der Markenanmeldung geführt haben (→ Rn. 8) und die Zahlung der Eintragungsgebühr (→ Rn. 9).

Durch VO (EU) 2015/2424 wurde Abs. 1 mit Blick auf die Beendigungsarten von Widerspruchsverfahren konkretisiert und entfiel nun auch im Gesetz die Eintragungsgebühr, die bereits seit langem nicht mehr erhoben wurde (→ Rn. 19).

Übersicht

	Rn.		Rn.
A. Allgemeines	1	E. Veröffentlichung der Eintragung	12
B. Übereinstimmung mit den Vorschriften der Verordnung	5	F. Folgen der Eintragung	13
		I. Entstehung der Markenrechte und Umfang	14
C. Keine vollständige Zurückweisung der Marke im Widerspruchsverfahren	8	II. Eintragungsurkunde	16
		III. Fehler	17
D. Zahlung der Eintragungsgebühr	9	G. Reform 2016	19

A. Allgemeines

1 Die Eintragung der angemeldeten Unionsmarke setzt voraus, dass das Prüfungsverfahren positiv abgeschlossen wurde sowie etwaige Widersprüche erledigt sind und nicht zur Zurückweisung der (gesamten) Unionsmarkenanmeldung geführt haben.

2 Zudem darf es nicht zu Nachbeanstandungen aufgrund förmlicher Mängel oder absoluter Gründe gekommen sein. Diese kann das Amt aus Eigeninitiative oder auf der Grundlage von Beanstandungen Dritter zwischen der Veröffentlichung und der Eintragung prüfen.

3 Mit der Eintragung der Markenanmeldung in das Markenregister entstehen die Rechte, die sich aus Art. 9 für die Markeneintragung ergeben (→ Rn. 14).

4 Bei Erfüllung der Tatbestandsmerkmale ist die Eintragung der Marke die unmittelbare Folge. Die Eintragung ergibt sich damit aus der bloßen Feststellung, dass die Tatbestandsvoraussetzungen des Art. 45 erfüllt sind. Die Dienststellen des EUIPO erlassen insoweit keine förmliche Entscheidung, die Gegenstand eines Rechtsbehelfs sein könnte (EuG T-285/08, BeckEuRS 2009, 498012 Rn. 17 ff. – Securvita/HABM (Natur-Aktien-Index)).

B. Übereinstimmung mit den Vorschriften der Verordnung

5 Die Eintragung erfolgt nur, wenn die einzutragende Marke den Vorschriften der UMV entspricht. Es dürfen insbesondere keine absoluten Gründe zur Schutzverweigerung vorliegen (→ Art. 7 Rn. 1) und die entsprechenden Anmeldegebühren müssen fristgerecht gezahlt worden sein.

6 Die Prüfung der Übereinstimmung mit der UMV wird allerdings zum Zeitpunkt der Eintragung nicht nochmals geprüft, sondern erfolgt vorher innerhalb des Prüfungsverfahrens (Eisenführ/Schennen/Schennen Rn. 8).

7 Die vorherige Veröffentlichung der Markenanmeldung nach Art. 39 (→ Art. 39 Rn. 1 ff.) ist für die Eintragung einer Marke notwendig (HABM Dritte BK v. 7.12.2000 – R292/1999-3 Rn. 15 – MST).

C. Keine vollständige Zurückweisung der Marke im Widerspruchsverfahren

8 Die ausdrückliche Aufzählung in Art. 45 S. 1 umfasste vor der Reform 2016 zwar solche Fälle nicht, in denen der Widerspruch anderweitig erledigt wurde, zB wenn dieser von dem Widerspruchsführer zurückgenommen wurde. In solchen Fällen musste aber natürlich auch eine Eintragung erfolgen. Im Rahmen der Reform 2016 wurde ein klarstellender Zusatz aufgenommen, der die Fälle nun genauer bezeichnet.

D. Zahlung der Eintragungsgebühr

Gemäß Art. 45 GMV aF iVm Regel 23 GMDV und Art. 2 Nr. 7–11 VO (EG) Nr. 2869/95 ergab sich vor der Reform 2016, dass tatsächlich keine Eintragungsgebühr mehr gezahlt werden muss. Die Grund- und Klassengebühren betrugen jeweils Null Euro. **9**

Der Wegfall dieser Gebühren erfolgte mit Wirkung zum 1.5.2009. Dies führte zu einer erheblichen Beschleunigung des Anmeldeverfahrens für eine Marke. Auch die am 24.11.2014 erfolgte Einführung des sog. „Fast Track"-Verfahrens (beschleunigtes Verfahren zur Prüfung und Veröffentlichung einer Unionsmarkenanmeldung) zeigt, dass das EUIPO die Verkürzung der Dauer von Einreichung einer Anmeldung bis deren Eintragung fokussiert. **10**

Nunmehr vgl. (mit Wirkung ab 23.3.2016) Anhang I (→ Anhang-I Rn. 1). Die Bedingung der Zahlung der Eintragungsgebühr ist in der Neufassung des Art. 45 nach der Reform 2016 nicht mehr enthalten. **11**

E. Veröffentlichung der Eintragung

Sind die Tatbestandsvoraussetzungen erfüllt und wird die Marke in das Register eingetragen, so erfolgt die Veröffentlichung der Eintragung (Abs. 1 S. 2; früher: Regel 23 Abs. 4 GMDV). **12**

F. Folgen der Eintragung

Zeitlich maßgeblich für die Eintragung ist die tatsächliche Eintragung in der Datenbank des Amtes (Eisenführ/Schennen/Schennen Rn. 15). **13**

I. Entstehung der Markenrechte und Umfang

Grundsätzlich entstehen die Rechte aus der Marke im Zeitpunkt der Eintragung, vgl. Art. 9. Jedoch existieren auch einige Rechte, die auf Sachverhalte vor der Eintragung der Marke Auswirkungen haben können. Beispielsweise kann nach Art. 9 Abs. 3 S. 2 in bestimmten Fällen von Dritten eine angemessene Entschädigung für Handlungen nach der Veröffentlichung der Anmeldung verlangt werden (EuG T-247/01, GRUR Int 2003, 646 Rn. 41 f. – ECOPY/HABM (ECOPY)). **14**

Die Eintragung legt den Inhalt der Marke und den Umfang des Markenschutzes fest, also die Waren und Dienstleistungen, für die Schutz besteht. Änderungen sind nur unter strengen Voraussetzungen nach Art. 48 möglich (→ Art. 48 Rn. 4, → Art. 48 Rn. 5; Eisenführ/Schennen/Schennen Rn. 16). **15**

II. Eintragungsurkunde

Nach Abs. 2 S. 1 (früher: Regel 24 Abs. 1 GMDV) wird dem Markeninhaber von dem EUIPO eine Eintragungsurkunde ausgestellt. Gegen Entrichtung einer Gebühr sind beim EUIPO beglaubigte und unbeglaubigte Abschriften zu bekommen. **16**

III. Fehler

Erfolgt die Eintragung in fehlerhafter Form durch Verschulden auf Seiten des EUIPO, erfolgt eine formlose Korrektur. **17**

Andere fehlerbehaftete Eintragungen sind nach dem Verfahren des Art. 80 zu korrigieren (Eisenführ/Schennen/Schennen Rn. 18). **18**

G. Reform 2016

Die **VO (EU) 2015/2424** führte zu einer Neufassung von Art. 45. In **Abs. 1** wurde eine Konkretisierung der Fälle der Erledigung eines Widerspruchs (Zurücknahme, Zurückweisung oder auf andere Weise) als Voraussetzung eingefügt. Die Zahlung der Eintragungsgebühr, die vorher sowieso Null Euro betrug, fiel als Bedingung weg. Die Veröffentlichung der Eintragung wurde nunmehr in Abs. 1 S. 2 geregelt. **19**

Mit **Abs. 2** wurde eine Regelung über die Eintragungsurkunde direkt in die Vorschrift des Art. 45 aufgenommen. **20**

21 **Abs. 3** erlaubt die Regelung von den in der Eintragungsurkunde anzugebenden Einzelheiten und deren Form durch einen Durchführungsrechtsakt der Kommission.

Titel V Dauer, Verlängerung, Änderung und Teilung der Unionsmarke

Art. 46 Dauer der Eintragung

¹Die Dauer der Eintragung der Unionsmarke beträgt zehn Jahre, gerechnet vom Tag der Anmeldung an. ²Die Eintragung kann gemäß Artikel 47 um jeweils zehn Jahre verlängert werden.

Überblick

In Art. 46 S. 1 ist die zehnjährige Schutzdauer der Marke geregelt. Art. 46 S. 2 verweist für die Verlängerung der Schutzdauer um weitere zehn Jahre auf Art. 47. Es sind beliebig viele Verlängerungen möglich. Die VO (EU) 2015/2424 brachte für Art. 46 keine inhaltlichen Veränderungen.

A. Beginn der Schutzdauer

Gemäß Art. 46 S. 1 beginnt die zehnjährige Schutzdauer mit dem **Tag der Anmeldung**, 1 dh nach Art. 27 iVm Art. 26 UMV, Regel 9 GMDV. Dies kann zunächst verwirren, sind die Rechte aus der Marke Dritten gegenüber doch grundsätzlich erst ab der **Veröffentlichung** der Eintragung der Marke durchsetzbar (→ Art. 9 Rn. 1).

Dennoch erweist sich der Anmeldetag als Datum für den Schutzbeginn als richtig. Das 2 Anmeldedatum ist schließlich das ausschlaggebende Prioritätsdatum gegenüber jüngeren Marken(anmeldungen). Der Markeninhaber genießt also nach der Eintragung der Marke Schutz für den Zeitraum ab dem Anmeldetag. Entsprechend ist dann auch die Schutzdauer zu berechnen.

Ohne Auswirkungen auf die Schutzdauer ist die Beanspruchung der Priorität gemäß 3 Art. 29.

B. Dauer der Schutzdauer

Die Schutzdauer beträgt zehn Jahre und hat damit dieselbe Dauer wie im deutschen 4 Recht, vgl. § 47 Abs. 1 MarkenG (→ MarkenG § 47 Rn. 1).

C. Ablauf der Schutzdauer

Die Schutzdauer läuft nach zehn Jahren mit dem Tag ab, der dem Anmeldetag entspricht 5 (anders jedenfalls bisher im deutschen Recht, → MarkenG § 47 Rn. 1).

Ist der Anmeldetag einer Marke also zB der 21.7.2013, so endet die Schutzdauer am 6 21.7.2023 um 24:00 Uhr.

D. Verlängerung der Schutzdauer

Bezüglich der Verlängerung der Schutzdauer verweist Art. 46 S. 2 auf Art. 47 (→ Art. 47 7 Rn. 1). Es sind beliebig viele Verlängerungen der Schutzdauer um zehn Jahre möglich.

Art. 47 Verlängerung

(1) Die Eintragung der Unionsmarke wird auf Antrag des Inhabers der Unionsmarke oder einer von ihm hierzu ausdrücklich ermächtigten Person verlängert, sofern die Gebühren entrichtet worden sind.

(2) ¹Das Amt unterrichtet den Inhaber der Unionsmarke und die im Register eingetragenen Inhaber von Rechten an der Unionsmarke mindestens sechs Monate vor dem Ablauf der Eintragung. ²Das Unterbleiben dieser Unterrichtung hat keine Haftung des Amtes zur Folge und berührt nicht den Ablauf der Eintragung.

(3) ¹Der Antrag auf Verlängerung ist innerhalb von sechs Monaten vor Ablauf der Eintragung einzureichen. Innerhalb dieser Frist sind auch die Grundgebühr für die Verlängerung sowie gegebenenfalls eine oder mehrere Klassengebühren für jede Klasse von Waren oder Dienstleistungen, die über die erste Klasse hinausgeht, zu entrichten. ²Der Antrag und die Gebühren können noch innerhalb einer Nachfrist von sechs Monaten nach Ablauf der Eintragung eingereicht bzw. gezahlt werden, sofern innerhalb dieser Nachfrist eine Zuschlagsgebühr für die verspätete Zahlung der Verlängerungsgebühr oder für die verspätete Einreichung des Antrags auf Verlängerung entrichtet wird.

(4) Der Antrag auf Verlängerung umfasst
a) den Namen der Person, die die Verlängerung beantragt;
b) die Eintragungsnummer der zu verlängernden Unionsmarke;
c) falls die Verlängerung nur für einen Teil der eingetragenen Waren und Dienstleistungen beantragt wird, die Angabe der Klassen oder der Waren und Dienstleistungen, für die die Verlängerung beantragt wird, oder der Klassen oder der Waren und Dienstleistungen, für die die Verlängerung nicht beantragt wird; zu diesem Zweck sind die Waren und Dienstleistungen gemäß den Klassen der Nizza- Klassifikation in Gruppen zusammenzufassen, wobei jeder Gruppe die Nummer der Klasse dieser Klassifikation, zu der diese Gruppen von Waren oder Dienstleistungen gehört, vorangestellt und jede Gruppe in der Reihenfolge der Klassen dieser Klassifikation dargestellt wird.

Wenn die Zahlung gemäß Absatz 3 erfolgt ist, gilt diese als Antrag auf Verlängerung, vorausgesetzt, es sind alle erforderlichen Angaben zur Feststellung des Zwecks der Zahlung vorhanden.

(5) ¹Beziehen sich der Antrag auf Verlängerung oder die Entrichtung der Gebühren nur auf einen Teil der Waren oder Dienstleistungen, für die die Unionsmarke eingetragen ist, so wird die Eintragung nur für diese Waren oder Dienstleistungen verlängert. ²Reichen die entrichteten Gebühren nicht für alle Klassen von Waren und Dienstleistungen aus, für die die Verlängerung beantragt wird, so wird die Eintragung verlängert, wenn eindeutig ist, auf welche Klasse oder Klassen sich die Gebühren beziehen. ³Liegen keine anderen Kriterien vor, so trägt das Amt den Klassen in der Reihenfolge der Klassifikation Rechnung.

(6) Die Verlängerung wird am Tag nach dem Ablauf der Eintragung wirksam. Sie wird eingetragen.

(7) Wenn der Antrag auf Verlängerung innerhalb der Fristen gemäß Absatz 3 gestellt wird, aber die anderen in diesem Artikel genannten Erfordernisse für eine Verlängerung nicht erfüllt sind, so teilt das Amt dem Antragsteller die festgestellten Mängel mit.

(8) ¹Wird ein Verlängerungsantrag nicht gestellt oder erst nach Ablauf der Frist gemäß Absatz 3 gestellt oder werden die Gebühren nicht entrichtet oder erst nach Ablauf der betreffenden Frist entrichtet oder werden die in Absatz 7 genannten Mängel nicht fristgemäß beseitigt, so stellt das Amt fest, dass die Eintragung abgelaufen ist, und teilt dies dem Inhaber der Unionsmarke entsprechend mit. ²Ist diese Feststellung rechtskräftig geworden, so löscht das Amt die Marke im Register. ³Die Löschung wird am Tag nach dem Ablauf der Eintragung wirksam. ⁴Wenn die Verlängerungsgebühren entrichtet wurden, die Eintragung aber nicht verlängert wird, werden diese Gebühren erstattet.

(9) Für zwei und mehr Marken kann ein einziger Antrag auf Verlängerung gestellt werden, sofern für jede Marke die erforderlichen Gebühren entrichtet werden und es sich bei dem Markeninhaber bzw. dem Vertreter um dieselbe Person handelt.

Überblick

Art. 47 lässt die Verlängerung der Marke auf Antrag (→ Rn. 2) des Markeninhabers oder einer hierzu ausdrücklich ermächtigten Person zu (→ Rn. 12). Dafür muss die notwendige

Verlängerung | **Art. 47 UMV**

Gebühr gezahlt (→ Rn. 8) und der Antrag innerhalb von sechs Monaten vor Ablauf der Schutzdauer eingereicht werden (→ Rn. 10). Gegen die Zahlung eines Zuschlags kann die Marke auch in der sechsmonatigen Nachfrist verlängert werden (→ Rn. 11).

Übersicht

	Rn.		Rn.
A. Allgemeines	1	I. Zuständigkeit	14
B. Voraussetzungen	2	II. Umfang der Prüfung	15
I. Antrag	2	**D. Folgen**	18
II. Eingetragene Marke	6	I. Verlängerung	20
III. Gebühr	8	II. Löschung der Marke	22
IV. Frist	10	**E. Verlängerung von Internationale Registrierungen und Umwandlung in nationale Marken**	24
V. Inhaber oder ermächtigte Person	12		
C. Verfahren	14		

A. Allgemeines

Art. 47 wurde durch Regel 30 GMDV, der nun direkt in Art. 47 aufgenommen wurde, **1** ergänzt. Es werden die Voraussetzungen an den zu stellenden Antrag sowie die zu entrichtende Gebühr geregelt.

B. Voraussetzungen

I. Antrag

Art. 47 Abs. 1 macht die Stellung eines Antrags auf Verlängerung erforderlich. Wird lediglich die Verlängerungsgebühr gezahlt, so ist dies mangels Antrags nicht ausreichend. Dies steht im Gegensatz zum deutschen Markenrecht (→ MarkenG § 47 Rn. 11). **2**

Die nach Abs. 4 (früher: Regel 30 GMDV) erforderlichen Angaben, die der Antrag enthalten muss, sind wie folgt: **2.1**
1. Name des Antragstellers;
2. Eintragungsnummer der zu verlängernden Unionsmarke;
3. Bei Teilverlängerung die Angabe der betreffenden Waren und Dienstleistungen.

Ergeben sich allerdings die nach Abs. 4 erforderlichen Angaben aus einem Überweisungsträger, so gilt dieser sowohl als Zahlung als auch als Antrag (vgl. Abs. 4). **3**

Neben der vollständigen Verlängerung einer Marke ist auch eine Teilverlängerung nur für **4** bestimmte Waren und Dienstleistungen möglich. Diese müssen dann ausdrücklich bezeichnet werden (Art. 47 Abs. 4 Buchst. c).

Für mehrere Marken genügt ein einziger Verlängerungsantrag. Dabei sind die für jede **5** Marke, die denselben Markeninhaber haben muss, erforderlichen Gebühren zu entrichten (vgl. Abs. 9; früher: Regel 30 Abs. 8 GMDV).

II. Eingetragene Marke

Selbstverständlich kann ausschließlich eine eingetragene Marke verlängert werden. **6**

In dem ungewöhnlichen Fall, dass eine Markenanmeldung selbst nach zehn Jahren noch **7** nicht eingetragen sein sollte, muss diese trotzdem verlängert werden. Dies gilt aber erst nach ihrer Eintragung. Das EUIPO erhebt dann die Verlängerungsgebühr zusammen mit der Eintragungsgebühr, sobald die Anmeldung zur Eintragung ansteht (vgl. Mitteilung Nr. 5/05 des Präsidenten des Amtes vom 27.7.2005).

III. Gebühr

Die zu zahlende Gebühr setzt sich zusammen aus einer Grundgebühr und ab der vierten **8** Klasse von Waren und Dienstleistungen einer Klassengebühr für jede zusätzliche Klasse.

9   Untenstehend befindet sich eine Übersicht der aktuellen Gebühren (Anhang-I A 1 ff.; früher: Art. 2 VO (EG) Nr. 2869/95):

Art	Gebühr	Gebühr („e-renewal")
Individualmarke	1000 Euro	850 Euro
Kollektivmarke	1800 Euro	1500 Euro
zweite Klasse	50 Euro	50 Euro
zusätzlich Klasse (ab 3.)	150 Euro	150 Euro
Zuschlag (maximal 1500 Euro)	25% des Gesamtbetrags	25% des Gesamtbetrags

IV. Frist

10   Die Frist für die Verlängerung der Marke beträgt sechs Monate und endet an dem letzten Tag der Schutzdauer.

10.1   Vor der Reform 2016 war dies der letzte Tag des Monats, in dem die Schutzdauer endete. War eine Marke also am 1.4.2006 angemeldet worden, endete die Verlängerungsfrist am 30.4.2016. Der Verlängerungsantrag konnte damit vom 1.11.2015 bis zum 30.4.2016 gestellt werden (tatsächlich der 2.5.2016, da der 30.4.2016 auf einen Samstag fiel); vgl. Richtlinien für die Verfahren vor dem HABM, Teil E, Abschnitt 4, S. 9, Stand 2.1.2014.

11   In Art. 47 Abs. 3 S. 2 ist zusätzlich eine sechsmonatige Nachfrist geregelt. Die Verlängerung ist noch sechs weitere Monate gegen Zuschlagszahlung möglich. Beginn der Nachfrist ist der auf das Ende der Schutzfrist folgende Tag, egal ob dieser Tag auf einen Feiertag oder ein Wochenende fällt. In dem obigen Beispiel dauert die Nachfrist demnach vom 1.5.2016 bis zum 31.10.2016.

11.1   Etwas Verwirrung herrschte bei der Umsetzung des neuen Rechts Anfang 2016 über die Frage, ab wann das neue Recht anzuwenden sei. Das EUIPO wollte ursprünglich alle Marken, für die die Sechsmonatsfrist für den Antrag auf Verlängerung bereits vor dem 23.3.2016 begonnen hatte, nach dem alten Recht behandeln (und auch die alten, sehr viel höheren Verlängerungsgebühren einziehen). Es besann sich auf Protest zahlreicher Nutzerverbände eines anderen. Das EUIPO blieb jedoch auf dem Standpunkt, dass diese Marken noch jeweils bis zum Ablauf des Monats, in den das Ende der Schutzdauer fiel, verlängert werden konnten. Ob solche Verlängerungen verlässlich waren, erscheint fraglich, da auch für diese Auffassung des EUIPOs eine Rechtsgrundlage fehlte.

V. Inhaber oder ermächtigte Person

12   Nur der Markeninhaber oder die von ihm ausdrücklich ermächtigte Person sind Beteiligte am Verfahren über die Verlängerung.

13   Ohne ausdrückliche Ermächtigung ist auch ein Lizenznehmer dagegen nicht Beteiligter im Verlängerungsverfahren, selbst wenn er Inhaber einer Exklusivlizenz ist (EuG T-410/07 Rn. 16 f. – Jurado Hermanos/HABM).

C. Verfahren

I. Zuständigkeit

14   Für die Verlängerung ist die Markenverwaltungs- und Rechtsabteilung zuständig (vgl. Art. 133; real: Dienststelle Register und Gebühren, → Art. 133 Rn. 1).

II. Umfang der Prüfung

15   Die Prüfung des Verlängerungsantrags beschränkt sich auf Formalien, nämlich auf die Einhaltung der Frist sowie der in Abs. 4 festgelegten formellen Voraussetzungen (vgl. Prüfungsrichtlinien für Unionsmarken, Teil E, Abschnitt 4, 6.1).

16   Bei einer Teilverlängerung prüft das EUIPO zusätzlich noch, ob das angegebene, nun eingeschränkte, Waren- und Dienstleistungsverzeichnis zulässig ist, falls nicht, erlässt es eine Beanstandung.

Änderung   **Art. 48 UMV**

Eine Überprüfung der Eintragungsfähigkeit der Marke bzw. eine rechtserhaltende Benutzung findet nicht statt (vgl. Prüfungsrichtlinien für Unionsmarken, Teil E, Abschnitt 4, 6.1). 17

D. Folgen

Sind alle Voraussetzungen erfüllt, so wird die Schutzdauer der Marke um zehn Jahre verlängert (Art. 47 Abs. 1 und 3 iVm Art. 46 S. 2; → Rn. 20). 18

Andernfalls stellt das EUIPO fest, dass die Eintragung abgelaufen ist, teilt dies dem Inhaber mit und löscht die Marke aus dem Register (Art. 47 Abs. 1 und 3 UMV iVm Regel 30 Abs. 5 und 6 GMDV; → Rn. 22). 19

I. Verlängerung

Bei erfolgreicher Verlängerung wird diese, unabhängig von dem Zeitpunkt der Zahlung der Gebühr, gemäß Art. 47 Abs. 5 S. 1 am Tag nach dem Ablauf der Eintragung wirksam. 20

Nach Art. 47 Abs. 5 S. 2 ist die Verlängerung in das Markenregister einzutragen. 21

II. Löschung der Marke

Sind die Voraussetzungen einer Verlängerung nicht erfüllt und wurden etwaige Mängel nicht fristgerecht beseitigt, so stellt das EUIPO dies fest und teilt es dem Inhaber mit (Ab. 8). 22

Mit Rechtskraft dieser Feststellung erfolgt die Löschung der Marke aus dem Register mit Wirkung am Tag nach Ablauf der Eintragung (Abs. 8). 23

E. Verlängerung von Internationale Registrierungen und Umwandlung in nationale Marken

Das EUIPO ist nicht zuständig für Verlängerungen von Internationalen Registrierungen, die die EU bezeichnen. Die Verlängerung läuft ausschließlich über WIPO, die das EUIPO über diese informiert. 24

Wird eine solche Internationale Registrierung nicht verlängert, kann diese nach Art. 159 Abs. 1 in nationale Marken/eine Unionsmarke umgewandelt werden. 25

Falls die Marke nicht nach Art. 47 verlängert wird, kann sie innerhalb von drei Monaten nach Ablauf der Verlängerungsfrist beantragt werden (vgl. Art. 112 Abs. 5; → Art. 112 Rn. 12). 26

Ein Unionsmarkeninhaber, der seine Unionsmarke bereits teilweise, dh nur für bestimmte und nicht alle in Anspruch genommenen Waren/Dienstleistungen verlängert hat, kann auch zu einem **späteren Zeitpunkt** noch die Verlängerung von anderen (zuvor noch nicht verlängerten) Waren/Dienstleistungen beantragen. Voraussetzung dafür ist lediglich, dass der Verlängerungsantrag bezüglich der noch nicht verlängerten Waren/Dienstleistungen noch vor dem Ende der sechsmonatigen Nachfrist gestellt wird. Dies hat der EuGH in einer Entscheidung ausdrücklich klargestellt (EuGH C-207/15 P, BeckRS 2016, 81348 – CVTC). Insoweit können sich Unionsmarkeninhaber jedenfalls auf die sechsmonatige Nachfrist verlassen. Die Zahlung des Zuschlags ist die einzige Voraussetzung für die verspätete Verlängerung und die Tatsache, dass eine Teilverlängerung bereits erfolgt ist, bedeutet keinen Teilverzicht bezüglich der anderen Waren/Dienstleistungen. Die Teilverlängerung innerhalb der Nachfrist widerspricht auch nicht dem Gedanken der Rechtssicherheit. 27

Art. 48 Änderung

(1) Die Gemeinschaftsmarke darf weder während der Dauer der Eintragung noch bei ihrer Verlängerung im Register geändert werden.

(2) Enthält jedoch die Gemeinschaftsmarke den Namen und die Adresse ihres Inhabers, so kann die Änderung dieser Angaben, sofern dadurch die ursprünglich eingetragene Marke in ihrem wesentlichen Inhalt nicht beeinträchtigt wird, auf Antrag des Inhabers eingetragen werden.

Leister

(3) Der Antrag auf Änderung umfasst den zu ändernden Bestandteil der Marke und denselben Bestandteil in seiner geänderten Fassung.
¹Die Kommission erlässt Durchführungsrechtsakte, in denen die in dem Antrag auf Änderung anzugebenden Einzelheiten im Einzelnen festgelegt werden. ²Diese Durchführungsrechtsakte werden nach dem Prüfverfahren gemäß Artikel 163 Absatz 2 erlassen.

(4) ¹Der Antrag gilt erst als gestellt, wenn die Gebühr gezahlt worden ist. ²Wurde die Gebühr nicht oder nicht vollständig entrichtet, so teilt das Amt dies dem Antragsteller mit. ³Für die Änderung desselben Bestandteils in zwei oder mehr Eintragungen desselben Markeninhabers kann ein einziger Antrag gestellt werden. ⁴Die diesbezügliche Gebühr ist für jede zu ändernde Eintragung zu entrichten. ⁵Sind die Erfordernisse für die Änderung der Eintragung nicht erfüllt, so teilt das Amt dem Antragsteller den Mangel mit. ⁶Wird der Mangel nicht innerhalb einer vom Amt festzusetzenden Frist beseitigt, so weist es den Antrag zurück.

(5) ¹Die Veröffentlichung der Eintragung der Änderung enthält eine Wiedergabe der geänderten Unionsmarke. ²Innerhalb einer Frist von drei Monaten nach Veröffentlichung können Dritte, deren Rechte durch die Änderung beeinträchtigt werden können, die Eintragung der Änderung der Marke anfechten.

Anfügung mWv 1.10.2017:
³*Die Artikel 41 und 42 und die gemäß Artikel 42a erlassenen Regeln gelten für die Veröffentlichung der Eintragung der Änderung.*

Überblick

Art. 48 regelt die Änderung einer Marke und betrifft Änderungen deren Wiedergabe. Eine solche Änderung ist nur sehr eingeschränkt möglich, nämlich wenn es um die Änderung des in der Wiedergabe der Marke vorhandenen Namens des Inhabers oder der Adresse geht.

Die bloße Änderung des Namens oder der Adresse des Markeninhabers an sich ist dagegen ohne weiteres und kostenfrei nach Art. 48a möglich. Dies ist aber kein Anwendungsfall von Art. 48.

Übersicht

	Rn.		Rn.
A. Allgemeines	1	III. Keine wesentliche Beeinträchtigung des Markeninhalts	10
B. Grundsatz	4		
C. Ausnahmefall für Änderung der Wiedergabe der Marke	5	D. Verfahren	13
I. Markenform	8	E. Veröffentlichung	17
II. Tatsächliche Änderung der Angaben	9	F. Anfechtung durch Dritte	18

A. Allgemeines

1 Art. 48 betrifft die Änderung einer Marke und umfasst damit den Zeitraum ab Eintragung einer Marke. Während des Zeitraums vor der Eintragung bestimmt sich die Änderung einer Markenanmeldung nach Art. 43 (→ Art. 43 Rn. 1).

2 Die Korrektur von offensichtlichen Fehlern wird vom EUIPO ex officio oder auf Antrag des Inhabers vorgenommen (Regel 14, 27 GMDV) und sind daher von dieser Vorschrift nicht umfasst (vgl. Prüfungsrichtlinien für Unionsmarken, Teil E, Abschnitt 1, 2.1).

3 Abs. 3 S. 2 ermächtigt die Kommission zum Erlass von Durchführungsrechtsakten hinsichtlich des Antrags auf Änderung, die an die Stelle von Regel 25 GMDV treten werden.

B. Grundsatz

4 Art. 48 legt fest, dass eine Marke während der Dauer der Eintragung nicht geändert werden kann. Dies gebieten der Rechtsschutz und der Publizitätsgedanke des Markenregisters.

C. Ausnahmefall für Änderung der Wiedergabe der Marke

Von dem zuvor beschriebenen Grundsatz des Verbots der Änderung einer Marke macht 5
Art. 48 in Abs. 2 eine Ausnahme.

Eine Änderung ist demnach möglich, wenn drei Voraussetzungen gegeben sind: 6
1. Die Marke muss in ihrer abgebildeten Form den Namen und die Adresse des Inhabers enthalten (→ Rn. 8);
2. Diese Angaben müssen sich tatsächlich geändert haben (→ Rn. 9);
3. Diese Änderung darf die eingetragene Marke nicht in ihrem wesentlichen Inhalt beeinträchtigen (→ Rn. 10).

Art. 48 betrifft lediglich die Änderung der Namens- und Adressangabe des Inhabers innerhalb 7
der Wiedergabe einer Marke, nicht aber von anderen Bestandteilen. Auch erlaubt Art. 48
Abs. 2 nicht etwa die Änderung des Waren- und Dienstleistungsverzeichnisses (HABM 2.
BK v. 9.7.2008 – R 585/2008-2 Rn. 16 – SAGA).

I. Markenform

Nur solche Marken, die den Namen und die Anschrift des Inhabers enthalten, sind vom 8
Anwendungsbereich des Art. 48 umfasst. Dabei muss die Marke nicht notwendigerweise
beide Angaben enthalten. Vielmehr werden auch solche Marken erfasst, die nur eine der
beiden Angaben beinhalten, also Name **oder** Adresse (Prüfungsrichtlinien für Unionsmarken, Teil E, Abschnitt 1, 2.3).

II. Tatsächliche Änderung der Angaben

Die betreffenden Angaben, also der Name oder die Adresse des Inhabers muss sich tatsäch- 9
lich geändert haben. Der bloße Wille des Markeninhabers nunmehr seine Adresse oder
seinen Namen nicht mehr in der Marke wiedergeben zu wollen, ist nicht umfasst, eine
entsprechende Änderung in diesem Fall mithin nicht möglich.

III. Keine wesentliche Beeinträchtigung des Markeninhalts

Die von Art. 48 aufgestellten Anforderungen sind streng auszulegen. Der Inhalt der Marke 10
darf durch die Änderung nicht wesentlich beeinträchtigt werden. Dies ist aber schon der
Fall, wenn der Bestandteil, der geändert werden soll und den Namen oder die Adresse des
Inhabers enthält, kennzeichnungskräftig ist. Dann nämlich würde sich der Charakter der
Marke ändern, was eine wesentliche Beeinträchtigung wäre (Prüfungsrichtlinien für Unionsmarken, Teil E, Abschnitt 1, 2.3).

Nicht von Art. 48 umfasst wird zum Beispiel das Eliminieren eines in der Wiedergabe 11
einer Marke vorhanden Teils des Unternehmensnamens. Dies würde einerseits nicht den
Namen und die Adresse des Inhabers betreffen, sondern nur einen Teil des Namens. Andererseits handelt es sich dabei nicht um eine Änderung, sondern eben um das „Eliminieren" des
Bestandteils.

Mit dieser Begründung hat die Vierte Beschwerdekammer in ihrer Entscheidung vom 25.5.2012 in 11.1
der Rechtssache R2136/2011-4 einen Änderungsantrag des Markeninhabers Metso Corporation für
die eingetragene Marke „METSO POWDERMET" in „POWDERMET" abgewiesen.

Eine Ausnahme kann allerdings zugelassen werden, wenn die Änderung die abgekürzte 12
Rechtsform des eingetragenen Inhabers betrifft, zB GmbH oder AG (Prüfungsrichtlinien
für Unionsmarken, Teil E, Abschnitt 1, 2.3).

Ein Beispiel für eine zulässige Änderung nach Art. 48 wäre die Adressänderung des Inhabers aufgrund 12.1
Verlegung des Firmensitzes. Ein als Marke eingetragenes Flaschenlabel, auf dem die Adresse des Inhabers
in kleinen Buchstaben als untergeordnetes Element vorhanden ist, könnte entsprechend geändert werden
(vgl. Prüfungsrichtlinien für Unionsmarken, Teil E, Abschnitt 1, 2.3).

D. Verfahren

Regel 25 GMDV (diese Vorschrift wird von den Durchführungsrechtsakten der Kommis- 13
sion ersetzt werden; → Rn. 3 aE) ergänzt Art. 48 und stellt die verfahrensrechtlichen Voraus-

UMV Art. 48a   Titel V Dauer, Verlängerung, Änderung und Teilung

setzungen für eine Änderung der Marke auf. Demnach ist ein schriftlicher Antrag mit den Angaben nach Regel 25 Abs. 1 GMDV erforderlich.

13.1 Der Antrag muss die folgenden Angaben enthalten:
1. Nummer der Eintragung;
2. Namen und Anschrift des Markeninhabers; und
3. Angabe des zu ändernden Bestandteils und denselben Bestandteil in der geänderten Fassung.

14 Die Änderung der Marke ist nur möglich, wenn eine Gebühr in Höhe von 200 Euro gezahlt wird (→ Anhang-I Rn. 1 ff.; früher: Regel 25 Abs. 2 GMDV iVm Art. 2 Nr. 25 VO (EG) Nr. 2869/95). Das EUIPO teilt dem Inhaber mit, sofern die Gebühr nicht oder nicht vollständig gezahlt wird. Bis zur vollständigen Zahlung gilt der Antrag aber als nicht gestellt (vgl. Abs. 4).

15 Jegliche Mängel im Antrag werden vom EUIPO an den Markeninhaber mitgeteilt. Dieser hat die Gelegenheit diese Mängel in der vom EUIPO gesetzten Frist zu beheben. Gelingt ihm dies nicht, so wird der Antrag abgewiesen (vgl. Abs. 4).

16 Sofern mehrere Markeneintragungen dasselbe zu ändernde Element beinhalten, kann ein einziger Antrag zur Änderung aller betroffenen Markeneintragungen gestellt werden. Jedoch ist für jede Änderung eine separate Gebühr zu zahlen (Abs. 4 S. 3).

E. Veröffentlichung

17 Ist die Änderung der Markeneintragung wirksam, so wird sie nach Art. 48 Abs. 3 S. 1 UMV iVm Regel 84 Abs. 3 Buchst. D und Regel 85 Abs. 2 GMDV in Teil C.3.4 des Amtsblatts veröffentlicht. Die Veröffentlichung enthält eine Wiedergabe der Marke.

F. Anfechtung durch Dritte

18 Innerhalb von drei Monaten nach der Veröffentlichung der Änderung können Dritte die Änderung anfechten. Zur Anfechtung berechtigt sind nur diejenigen Dritten, die durch die Änderung in ihren Rechten beeinträchtigt sein könnten (Art. 48 Abs. 5 S. 2).

19 Die in der UMV und der GMDV für den Widerspruch vorgesehenen Regelungen sind auf das Anfechtungsverfahren entsprechend anwendbar.

20 Ein Fall, in dem die Änderung nach Art. 48 die Rechte eines Dritten beeinträchtigen könnte, ist kaum denkbar. Wie oben aufgezeigt, sind die Anforderungen an Art. 48 Abs. 2 sehr hoch. Änderungsmöglichkeiten betreffen nur Bestandteile einer Marke, die den Namen bzw. die Adresse des Markeninhabers beinhalten. Zudem dürfen diese Bestandteile nicht in dem Sinne kennzeichnungskräftig sein, dass deren Änderung auch den Charakter der Marke ändern würde. Eine Änderung dieser „unbedeutenden" Elemente einer Marke kann sich aber kaum auf die Rechte Dritter auswirken (Eisenführ/Schennen/Schennen Art. 49 Rn. 23).

Art. 48a Änderung des Namens oder der Anschrift

(1) Eine Änderung des Namens oder der Adresse des Inhabers einer Unionsmarke, die keine Änderung der Unionsmarke gemäß Artikel 48 Absatz 2 darstellt und bei der es sich nicht um die Folge einer vollständigen oder teilweisen Übertragung der Unionsmarke handelt, wird auf Antrag des Inhabers in das Register eingetragen.
[1]Die Kommission erlässt Durchführungsrechtsakte, in denen die in dem Antrag auf Änderung des Namens oder der Adresse gemäß Unterabsatz 1 anzugebenden Einzelheiten im Einzelnen festgelegt werden. [2]Diese Durchführungsrechtsakte werden nach dem Prüfverfahren gemäß Artikel 163 Absatz 2 erlassen.
(2) Für die Änderung des Namens oder der Adresse in Bezug auf zwei oder mehr Eintragungen desselben Markeninhabers kann ein einziger Antrag gestellt werden.
(3) [1]Sind die Erfordernisse für die Eintragung einer Änderung nicht erfüllt, so teilt das Amt dem Inhaber der Unionsmarke den Mangel mit. [2]Wird der Mangel nicht innerhalb einer vom Amt festzusetzenden Frist beseitigt, so weist es den Antrag zurück.
(4) Die Absätze 1 bis 3 gelten auch für eine Änderung des Namens oder der Adresse des eingetragenen Vertreters.

Teilung der Eintragung   Art. 49 UMV

(5) ¹*Die Absätze 1 bis 4 gelten für Anmeldungen von Unionsmarken.* ²*Die Änderung wird in der vom Amt geführten Akte über die Anmeldung der Unionsmarke vermerkt.*

Überblick

Die Vorschrift wird (mit Ausnahme des Abs. 1 UAbs. 2) mWv 1.10.2017 gemäß VO (EU) 2015/2424 vom 16.12.2015 eingefügt. Abs. 1 UAbs. 2 wurde mWv 23.3.2016 eingefügt.

Der durch die VO (EU) 2015/2424 neu eingefügte Art. 48a enthält Vorschriften zu der 1
Änderung des Namens oder der Anschrift des Inhabers einer Unionsmarke. Es werden nur Fälle abgedeckt, die nicht unter Art. 48 Abs. 2 fallen bzw. die nicht die Folge einer Übertragung der Marke sind.

Der Antrag ist von dem Inhaber oder seinem Vertreter zu stellen und muss in einer der 2
fünf Sprachen des Amtes eingereicht werden. Es erfolgt eine Eintragung und Veröffentlichung im Register.

Regel 26 GMDV enthält eine Regelung, nach der der Name, inklusive der Rechtsform, 3
und die Anschrift des Inhabers frei geändert werden können. Dies setzt aber voraus, dass die Änderung nicht
- auf einem Rechtsübergang beruht (bei der Änderung des Namens) und
- nicht auf Grundlage der Ersetzung eines Vertreters erfolgt (bei Änderung des Namens des Vertreters).

Art. 49 Teilung der Eintragung

(1) ¹Der Inhaber einer Gemeinschaftsmarke kann die Eintragung teilen, indem er erklärt, dass ein Teil der in der ursprünglichen Eintragung enthaltenen Waren oder Dienstleistungen Gegenstand einer oder mehrerer Teileintragungen sein soll. ²Die Waren oder Dienstleistungen der Teileintragung dürfen sich nicht mit den Waren oder Dienstleistungen der ursprünglichen Eintragung oder anderer Teileintragungen überschneiden.

(2) Die Teilungserklärung ist nicht zulässig,
a) wenn beim Amt ein Antrag auf Erklärung des Verfalls oder der Nichtigkeit gegen die ursprüngliche Eintragung eingereicht wurde und die Teilungserklärung eine Teilung der Waren oder Dienstleistungen, gegen die sich der Antrag auf Erklärung des Verfalls oder der Nichtigkeit richtet, bewirkt, bis die Entscheidung der Nichtigkeitsabteilung unanfechtbar geworden oder das Verfahren anderweitig erledigt ist;
b) wenn vor einem Gemeinschaftsmarkengericht eine Widerklage auf Erklärung des Verfalls oder der Nichtigkeit anhängig ist und die Teilungserklärung eine Teilung der Waren oder Dienstleistungen, gegen die sich die Widerklage richtet, bewirkt, bis der Hinweis auf die Entscheidung des Gemeinschaftsmarkengerichts gemäß Artikel 100 Absatz 6 im Register eingetragen ist.

(3) Die Teilungserklärung muss den Bestimmungen der Durchführungsverordnung entsprechen.

(4) ¹Die Teilungserklärung ist gebührenpflichtig. ²Sie gilt als nicht abgegeben, solange die Gebühr nicht entrichtet ist.

(5) Die Teilung wird an dem Tag wirksam, an dem sie im Register eingetragen wird.

(6) ¹Alle vor Eingang der Teilungserklärung beim Amt für die ursprüngliche Eintragung eingereichten Anträge und gezahlten Gebühren gelten auch als für die Teileintragungen eingereicht oder gezahlt. ²Gebühren für die ursprüngliche Eintragung, die wirksam vor Eingang der Teilungserklärung beim Amt entrichtet wurden, werden nicht erstattet.

(7) Die Teileintragung genießt den Anmeldetag sowie gegebenenfalls den Prioritätstag und den Zeitrang der ursprünglichen Eintragung.

Leister

(8) Die Kommission erlässt Durchführungsrechtsakte, in denen Folgendes festgelegt wird:
a) die Einzelheiten, die bei einer Teilungserklärung für eine Eintragung nach Absatz 1 anzugeben sind;
b) die Einzelheiten der Bearbeitung einer Teilungserklärung für eine Eintragung, wobei sicherzustellen ist, dass eine getrennte Akte, einschließlich einer neuen Eintragungsnummer, für die Teileintragung angelegt wird.

Diese Durchführungsrechtsakte werden nach dem Prüfverfahren gemäß Artikel 163 Absatz 2 erlassen.

künftige Fassung des Abs. 3 mWv 1.10.2017 gemäß VO (EU) 2015/2424 vom 16.12.2015:
(3) ¹Sind die Anforderungen nach Absatz 1 und nach den in Absatz 8 genannten Durchführungsrechtsakten nicht erfüllt oder überschneidet sich die Liste der Waren und Dienstleistungen, die Gegenstand der Teileintragung sind, mit den Waren und Dienstleistungen, die in der ursprünglichen Eintragung verbleiben, so fordert das Amt den Inhaber der Unionsmarke auf, die Mängel innerhalb einer vom Amt festgelegten Frist zu beseitigen. ²Werden die Mängel nicht fristgerecht beseitigt, so weist das Amt die Teilungserklärung als unzulässig zurück.

Überblick

Nach der Eintragung bestimmt sich die Teilung einer Marke ausschließlich nach Art. 49. Diese Vorschrift knüpft an Art. 44 an, der die Teilung einer **Anmeldung** regelt. Im Wesentlichen entsprechen sich aber beide Regelungen.

Art. 49 wird durch Regel 25a GMDV ergänzt, die durch die nach Abs. 8 zum 1.10.2017 zu erlassenden Durchführungsrechtsakte ersetzt werden wird.

Übersicht

	Rn.		Rn.
A. Allgemeines	1	C. Folgen der Teilung	12
B. Voraussetzungen	3	I. Teileintragung	14
I. Erklärung	3	II. Ursprüngliche Eintragung	18
II. Zahlung der Teilungsgebühr	6	III. Veröffentlichung im Markenregister	19
III. Keine Überschneidung der Waren und Dienstleistungen	7	D. Teilung einer Internationalen Registrierung	20
IV. Zulässigkeit der Teilung	9		

A. Allgemeines

1   Neben der teilweisen Übertragung einer Marke ist auch die freie Teilung einer Marke durch Erklärung des Markeninhabers möglich.

2   Die Teilung kann in eine oder mehrere Teileintragungen erfolgen, so dass das Waren- und Dienstleistungsverzeichnis nach der wirksamen Teilung auf die ursprüngliche Eintragung und eine oder mehrere Teileintragungen aufgeteilt ist.

B. Voraussetzungen

I. Erklärung

3   Die Teilung setzt eine wirksam abgegebene Teilungserklärung voraus.

3.1   Nach Regel 25a GMDV muss die Erklärung enthalten:
1. die Nummer der Eintragung;
2. den Namen und die Anschrift des Markeninhabers;
3. das Waren- und Dienstleistungsverzeichnis, das Gegenstand der Teileintragung ist (bzw. bei mehreren Teilungen eines für jede Teileintragung);
4. das Waren- und Dienstleistungsverzeichnis, das Gegenstand der ursprünglichen Eintragung ist.

Teilung der Eintragung Art. 49 UMV

Liegen Mängel in der Teilungserklärung vor, beanstandet das EUIPO diese und setzt eine 4
Frist zur Mängelbehebung. Erst wenn diese Nachfrist erfolglos verstreicht, führt dies zur
Abweisung der Teilungserklärung (Regel 25a Abs. 2 GMDV).

Die Teilungserklärung ist bedingungsfeindlich und kann nicht etwa hilfsweise erklärt wer- 5
den.

II. Zahlung der Teilungsgebühr

Die Teilung ist gebührenpflichtig. Nach Art. 49 Abs. 4 S. 1 iVm → Anhang-I Rn. 1 6
(zuvor: Art. 2 Nr. 22 VO (EG) Nr. 2869/95) beträgt diese Gebühr 250 Euro. Wird die
Gebühr nicht entrichtet, so gilt die Teilungserklärung als nicht abgegeben (Art. 49 Abs. 4
S. 2).

III. Keine Überschneidung der Waren und Dienstleistungen

Das Waren- und Dienstleistungsverzeichnis der ursprünglichen Eintragung vor der Teilung 7
muss exakt auf diejenigen der Teileintragung und der ursprünglichen Eintragung nach der
Teilung aufgeteilt werden (Art. 49 Abs. 1 S. 2). Es darf also keine Überlappungen geben,
noch dürfen Waren oder Dienstleistungen weggelassen werden. Letzteres ist jedoch praktisch
mit einem gleichzeitig beantragten Teilverzicht möglich (→ Art. 50 Rn. 2).

Werden dennoch überschneidende Waren- und Dienstleistungsverzeichnissen eingereicht, 8
so ist die Teilung nicht unmittelbar unzulässig, sondern das EUIPO erlässt vielmehr eine
Beanstandung und setzt eine Frist zur Mängelbehebung, vgl. Regel 25a Abs. 2 GMDV.

IV. Zulässigkeit der Teilung

Art. 49 Abs. 2 regelt die Fälle, in denen eine Teilung ausgeschlossen ist. Dies ist der Fall, 9
wenn ein Dritter ein Löschungsverfahren gegen die Eintragung angestrengt hat, welches noch
nicht rechtskräftig abgeschlossen oder anderweitig erledigt ist (Abs. 2 Buchst. a). Daneben
gilt der Ausschluss auch für Fälle der anhängigen Widerklage auf Erklärung des Verfalls oder
der Nichtigkeit vor einem Unionsmarkengericht (Abs. 2 Buchst. b).

Wie schon bei Art. 44 (→ Art. 44 Rn. 4, → Art. 44 Rn. 5) hat diese Regelung den 10
Zweck, eine Aufspaltung gegen die Eintragung anhängiger Verfahren und eine damit einhergehende negative Kostenfolge für den Gegner zu verhindern.

Folglich können nur die Waren und Dienstleistungen abgetrennt werden, die nicht ange- 11
griffen sind. Angegriffene Waren und Dienstleistungen müssen in jedem Fall in der ursprünglichen Eintragung verbleiben. Auch ist es nicht zulässig, alle angegriffenen Waren und Dienstleistungen in die neue Teileintragung abzutrennen, da sonst der Gegenstand des Verfahrens
geändert würde (Prüfungsrichtlinien für Unionsmarken, Teil E, Abschnitt 1, 5.2.3).

C. Folgen der Teilung

Die Wirkungen der Teilung sind in Art. 49 Abs. 5–7 geregelt und werden mit dem Regis- 12
tereintrag über die Teilung wirksam (Art. 44 Abs. 5).

Ist die Teilung unzulässig oder unwirksam, bleibt die Eintragung unverändert bestehen. 13
Bei einer wirksamen Teilung ergibt sich Folgendes:

I. Teileintragung

Die Teileintragung ist eine neue Eintragung mit einer neuen Eintragungsnummer (Regel 14
25a Abs. 4 S. 2 GMDV) und dem Datum der Eintragung der Teilung. Sie behält aber das
Anmeldedatum sowie etwaige Prioritätsdaten und Senioritäten der ursprünglichen Eintragung bei.

Anträge und Gebühren, die für die ursprüngliche Anmeldung gestellt bzw. gezahlt wurden, 15
gelten ebenso für die Teileintragung. Bei Gebühren, die für die ursprüngliche Eintragung
gezahlt wurden, findet jedoch keine Erstattung statt (vgl. Art. 49 Abs. 6 S. 2).

Die Teileintragung entspricht somit bis auf das Waren- und Dienstleistungsverzeichnis der 16
ursprünglichen Eintragung.

17 Das EUIPO legt nach vollzogener Teilung eine neue Akte für die Teileintragung an und nimmt in dieser den gesamten Inhalt der Akte der ursprünglichen Eintragung auf (vgl. Regel 25a Abs. 4 S. 1 GMDV).

II. Ursprüngliche Eintragung

18 Die ursprüngliche Markeneintragung besteht „eingeschränkt" fort. Die mit der Teileintragung abgeteilten Waren und Dienstleistungen sind nicht mehr in dem Waren- und Dienstleistungsverzeichnis der ursprünglichen Eintragung vorhanden. Ansonsten ergeben sich keine Änderungen.

III. Veröffentlichung im Markenregister

19 In dem Markenregister wird die Teileintragung als neue Unionsmarke eingetragen. Zudem wird das eingeschränkte Waren- und Dienstleistungsverzeichnis der ursprünglichen Eintragung eingetragen (vgl. Regel 84 Abs. 3 Buchst. w GMDV).

D. Teilung einer Internationalen Registrierung

20 Das Markenregister für Internationale Registrierungen wird ausschließlich von WIPO geführt. Das EUIPO ist für eine Teilung einer Internationalen Registrierung mit Benennung der EU nicht zuständig (Prüfungsrichtlinien für Unionsmarken, Teil E, Abschnitt 5.1).

Titel VI Verzicht, Verfall und Nichtigkeit

Abschnitt 1 Verzicht

Art. 50 Verzicht

(1) Die Gemeinschaftsmarke kann Gegenstand eines Verzichts für alle oder einen Teil der Waren oder Dienstleistungen sein, für die sie eingetragen ist.

(2) ¹Der Verzicht ist vom Markeninhaber dem Amt schriftlich zu erklären. ²Er wird erst wirksam, wenn er eingetragen ist.

(3) ¹Ist im Register eine Person als Inhaber eines Rechts eingetragen, so wird der Verzicht nur mit Zustimmung dieser Person eingetragen. ²Ist eine Lizenz im Register eingetragen, so wird der Verzicht erst eingetragen, wenn der Markeninhaber glaubhaft macht, dass er den Lizenznehmer von seiner Verzichtsabsicht unterrichtet hat; die Eintragung wird nach Ablauf der in der Durchführungsverordnung vorgeschriebenen Frist vorgenommen.

(4) (noch nicht anwendbar)

(5) ¹Die Kommission erlässt Durchführungsrechtsakte, in denen die Einzelheiten, die in einer Verzichtserklärung gemäß Absatz 2 dieses Artikels anzugeben sind, und die Art der Unterlagen, die zur Feststellung der Zustimmung eines Dritten gemäß Absatz 3 dieses Artikels erforderlich sind, im Einzelnen festgelegt werden. ²Diese Durchführungsrechtsakte werden nach dem Prüfverfahren gemäß Artikel 163 Absatz 2 erlassen.

künftige Fassung mWv 1.10.2017 gemäß VO (EU) 2015/2424 vom 16.12.2015:

(2) ¹Der Verzicht ist vom Markeninhaber dem Amt schriftlich zu erklären. ²Er wird erst wirksam, wenn er im Register eingetragen ist. ³Die Gültigkeit des Verzichts auf eine Unionsmarke, der gegenüber dem Amt nach der Einreichung eines Antrags auf Erklärung des Verfalls dieser Marke im Sinne des Artikels 56 Absatz 1 erklärt wird, setzt die abschließende Zurückweisung des Antrags auf Erklärung des Verfalls oder dessen Rücknahme voraus.

(3) ¹Ist im Register eine Person als Inhaber eines Rechts im Zusammenhang mit der Unionsmarke eingetragen, so wird der Verzicht nur mit Zustimmung dieser Person eingetragen. ²Ist eine Lizenz im Register eingetragen, so wird der Verzicht erst eingetragen, wenn der Inhaber der Unionsmarke glaubhaft macht, dass er den Lizenznehmer von seiner Verzichtsabsicht unterrichtet hat. ³Die Eintragung des Verzichts wird nach Ablauf einer Frist von drei Monaten ab dem Zeitpunkt vorgenommen, zu dem der Inhaber dem Amt glaubhaft gemacht hat, dass er den Lizenznehmer von seiner Verzichtsabsicht unterrichtet hat, oder vor Ablauf dieser Frist, sobald er die Zustimmung des Lizenznehmers nachweist.

(4) ¹Sind die Voraussetzungen für den Verzicht nicht erfüllt, so teilt das Amt dem Erklärenden die Mängel mit. ²Werden die Mängel nicht innerhalb einer vom Amt festzusetzenden Frist beseitigt, so lehnt es die Eintragung des Verzichts in das Register ab.

Überblick

Art. 50 regelt den Verzicht bzw. Teilverzicht einer Marke und wird durch Regel 36 GMDV ergänzt. Ein Verzicht ist jederzeit ab Eintragung der Marke möglich und kann die gesamte Eintragung oder nur einen Teil des Waren- und Dienstleistungsverzeichnisses betreffen. Nach Abs. 5 werden Durchführungsrechtsakte der Kommission an die Stelle der GMDV treten.

Übersicht

	Rn.		Rn.
A. Allgemeines	1	I. Zuständigkeit	18
B. Voraussetzungen	4	II. Mängel	19
I. Erklärung	4	**D. Folgen des Verzichts**	20
II. Zusätzliche Erfordernisse bei eingetragenen Lizenzen und sonstigen Rechten	8	I. Verfahrensrechtliche Wirkungen	22
1. Sonstige Rechte	9	II. Materiell-rechtliche Wirkungen	23
2. Lizenzen	10	III. Auswirkung auf anhängige Verfahren	27
III. Voraussetzungen eines Teilverzichts	12	**E. Widerruf des Verzichts**	29
C. Verfahren	18	**F. Reform 2016**	30

A. Allgemeines

1 Das EUIPO unterzieht den Verzicht einer Wirksamkeitsprüfung und weist ihn ggf. nach Abs. 4 ab. Ist der Verzicht wirksam so hat er ex nunc Wirkung, dh die Wirkungen des Verzichts treten erst ab Eintragung des Verzichts ein.

2 Art. 50 Abs. 1 Alt. 2 erlaubt einen teilweisen Verzicht für einen Teil der eingetragenen Waren und Dienstleistungen.

3 Der Verzicht ist gebührenfrei möglich.

B. Voraussetzungen

I. Erklärung

4 Der Verzicht setzt eine wirksame und schriftliche Verzichtserklärung durch den Inhaber oder seinen Vertreter voraus (vgl. Art. 49 Abs. 2 S. 1).

4.1 Nach Regel 36 GMDV muss die Erklärung enthalten:
1. die Nummer der Eintragung;
2. den Namen und die Anschrift des Markeninhabers;
3. bei einem Teilverzicht das Waren- und Dienstleistungsverzeichnis, das Gegenstand des Teilverzichts ist (bzw. das der bestehenbleibenden Eintragung).

5 Der Verzicht setzt eine wirksame und schriftliche Verzichtserklärung durch den Inhaber oder seinen Vertreter voraus (vgl. Art. 49 Abs. 2 S. 1).

6 Die Erklärung ist bedingungsfeindlich und kann nicht hilfsweise erklärt werden (Prüfungsrichtlinien für Unionsmarken, Teil E, Abschnitt 1, 1.3.1)

7 Auch der Vertreter des Inhabers kann den Verzicht wirksam erklären, sofern die erteilte Vollmacht dies nicht ausschließt.

II. Zusätzliche Erfordernisse bei eingetragenen Lizenzen und sonstigen Rechten

8 Art. 50 Abs. 3 stellt weitere Voraussetzungen auf, wenn für die Marke, für die der Verzicht begehrt wird, eine **Lizenz** oder ein **sonstiges Recht** eingetragen ist.

1. Sonstige Rechte

9 Ist ein sonstiges Recht eingetragen (zB ein dingliches Recht nach Art. 19 (→ Art. 19 Rn. 1), ist die ausdrückliche Zustimmung des Inhabers des sonstigen Rechts für den Verzicht erforderlich. Dies lässt sich mit dem tiefgreifenden Eingriff in die Rechtsposition des Inhabers des sonstigen Rechts durch den Verzicht erklären.

2. Lizenzen

10 Besteht an der Marke eine Lizenz, setzt Art. 49 Abs. 3 voraus, dass der Markeninhaber **glaubhaft macht,** den Lizenznehmer von dem beabsichtigten Verzicht unterrichtet zu haben. Lizenznehmer sind also in einer sehr viel schwächeren Position als die Inhaber sonsti-

ger Rechte (→ Rn. 9). Die Zustimmung des Lizenznehmers ist nämlich nicht erforderlich. Dies ist also anders als bei der bloßen Löschung einer Lizenz (→ Art. 22 Rn. 51).

Drei Monate nachdem der Markeninhaber die Unterrichtung an den Lizenznehmer 11 gegenüber dem EUIPO glaubhaft gemacht hat, trägt das EUIPO den Verzicht in das Register ein. Weist der Markeninhaber davor allerdings die Zustimmung des Lizenznehmers zu dem beabsichtigten Verzicht nach, wird der Verzicht sofort eingetragen. Diese Regelung wurde mit der Reform 2016 von der Durchführungsverordnung in die Hauptverordnung übernommen.

III. Voraussetzungen eines Teilverzichts

Es ist möglich, den Verzicht nur für einen Teil des Waren- und Dienstleistungsverzeichnis- 12 ses zu erklären. Der Teilverzicht muss in einem nach Regel 2 Abs. 2 GMDV gültigen verbleibenden Waren- und Dienstleistungsverzeichnis resultieren. Das Verzeichnis darf dabei nicht erweitert werden, dh es darf nur ein Teil des ursprünglichen Verzeichnisses bestehen bleiben.

Eine Teilverlängerung einer Unionsmarke bedeutet nicht einen unmittelbaren Teilverzicht 13 hinsichtlich der nicht verlängerten Waren und Dienstleistungen: Ein Unionsmarkeninhaber, der seine Unionsmarke bereits teilweise, das heißt nur für bestimmte Waren/Dienstleistungen verlängert hat, kann auch zu einem späteren Zeitpunkt noch die Verlängerung von anderen (zuvor noch nicht verlängerten) Waren/Dienstleistungen beantragen. Voraussetzung dafür ist lediglich, dass der Verlängerungsantrag bezüglich der noch nicht verlängerten Waren/Dienstleistungen noch vor dem Ende der sechsmonatigen Nachfrist gestellt wird. Dies hat der EuGH in einer Entscheidung ausdrücklich klargestellt (EuGH C-207/15 P, BeckRS 2016, 81348 – CVTC). Insoweit können sich Unionsmarkeninhaber auf die sechsmonatige Nachfrist verlassen. Die Zahlung des Zuschlags ist einzige Voraussetzung für die verspätete Verlängerung und die Tatsache, dass eine Teilverlängerung bereits erfolgt ist, bedeutet keinen Teilverzicht bezüglich der anderen Waren/Dienstleistungen. Die Verlängerung in der Nachfrist widerspricht auch nicht der Rechtssicherheit.

Bei einem Teilverzicht waren seit der IP TRANSLATOR-Entscheidung des EuGH 14 (EuGH C-307/10, GRUR 2012, 822 – IP TRANSLATOR) vor der Reform 2016 Besonderheiten zu beachten:

Nach der aufgrund dieses Urteils erlassenen Mitteilung Nr. 2/12 des Präsidenten des 15 HABM (nun EUIPO) vom 20.6.2012 wurde davon ausgegangen, dass **vor dem 21.6.2012** eingereichte Markenanmeldungen, die für alle Oberbegriffe einer Klassenüberschrift insgesamt angemeldet wurde, auch die alphabetische Liste dieser Klasse der Nizza Klassifikation der entsprechend geltenden Ausgabe abdecken. Es folgte, dass bei diesen Markenanmeldungen ein Teilverzicht auch zulässig ist, wenn nur solche Waren- oder Dienstleistungen bestehen bleiben, die zwar nicht im ursprünglichen Verzeichnis ausdrücklich genannt sind, aber eben in der natürlichen und üblichen Bedeutung der verwendeten Begriffe oder in der abgedeckten alphabetischen Liste vorhanden sind. Der Markenanmelder, der ein Zeichen für die Oberbegriffe in Klasse 9 angemeldet hatte, konnte also zB einen Teilverzicht für „Magnete" erklären, obwohl diese eigentlich nicht ausdrücklich im Verzeichnis genannt waren. Anmeldungen, die **am 21.6.2012 oder danach** ausschließlich für die Oberbegriffe einer Klassenüberschrift eingereicht wurden, decken hingegen nur diese selbst und deren natürliche und übliche Bedeutung ab. Ein Teilverzicht war nur in diesem Rahmen möglich. Wurden sie hingegen auch explizit für das alphabetische Verzeichnis angemeldet, so ist dieses in die Anmeldung mit einbezogen und kann auch von dem Teilverzicht umfasst sein (Richtlinien für die Verfahren vor dem HABM, Teil E, Abschnitt 1, S. 6, Stand 2.1.2013 und Teil B, Stand 1.8.2014).

Mit der Reform 2016 ist Art. 28 im Lichte des Urteils in Sachen IP-TRANSLATOR 16 vollständig überarbeitet worden (→ Art. 28 Rn. 1 ff.). Danach gilt das oben für die Zeit ab 21.6.2012 Beschriebene, nämlich, dass die Nennung aller Oberbegriffe nicht mehr automatisch die Abdeckung der gesamten alphabetischen Liste bedeutet. Nach Art. 28 Abs. 8 müssen die Inhaber von „alten" Unionsmarken (Gemeinschaftsmarken), die Oberbegriffe insgesamt abdecken, bis zum 24.9.2016 eine Erklärung einreichen, ob die Abdeckung der alphabetischen Liste gewünscht ist. Erfolgt die Erklärung nicht, wird die alphabetische Liste nicht einbezogen. Dies führt ab dem 24.9.2016 zu einer erheblichen Erleichterung, die die oben beschriebene Problematik für den Teilverzicht entfallen lässt. Die dann wieder bestehende Einheitlichkeit ist zu begrüßen.

17 Unionsmarkeninhaber sind gut beraten, solche Eintragungen im Wege des Teilverzichts zu präzisieren, die Begriffe abdecken, die durch Gemeinsame Erklärung der Markenämter der Union im Rahmen des Konvergenzprogramms Nr. 2 für zu vage erklärt wurden. Dies sind – nach Überarbeitung des Nizzaer Abkommens zum 1.1.2016 – nur fünf Begriffe. Diese Präzisierung ist weder an Fristen noch an die alphabetische Liste gebunden.

C. Verfahren

I. Zuständigkeit

18 Für die Prüfung des Verzichts und dessen Eintragung ist das EUIPO zuständig. Im Beschwerdeverfahren entscheidet die zuständige Kammer über den Verzicht.

II. Mängel

19 Bei Mängeln im Verzichtsantrag teilt das EUIPO diese dem Markeninhaber mit und setzt eine Nachfrist zur Mängelbehebung, die regelmäßig zwei Monate beträgt (Abs. 4; früher Regel 36 Abs. 3 GMDV). Kommt der Markeninhaber dieser Anforderung nicht nach, so lehnt das EUIPO den Verzicht ab.

D. Folgen des Verzichts

20 Der Verzicht wird mit seiner Eintragung in das Markenregister wirksam (Art. 50 Abs. 2 S. 2).
21 Der Verzicht hat verfahrensrechtliche (→ Rn. 22) und materiell-rechtliche Wirkungen (→ Rn. 23).

I. Verfahrensrechtliche Wirkungen

22 Der Verzicht hat zur Folge, dass die Markenrechte des Markeninhabers und damit auch etwaiger Lizenznehmern erlöschen. Anhängige Verfahren vor dem EUIPO enden grundsätzlich und die Marke wird zudem aus dem Markenregister gelöscht. Diese Folgen sind zwar in der UMV nicht explizit festgeschrieben, sie sind aber die logischen Konsequenzen. Während Verfahren anhängig sind, können diese bei Einreichung eines Verzichtsantrags ausgesetzt werden, bis über den Verzichtsantrag entschieden ist.

II. Materiell-rechtliche Wirkungen

23 Der Verzicht hat auch materiell-rechtliche Wirkung, nämlich, dass der Verzichtserklärende gegenüber Dritten darauf verzichtet, sich in Zukunft auf die Rechte aus der Marke zu berufen. Das EUIPO stellt nicht mehr ausdrücklich klar, dass dies aber eine spätere Wiederholungsanmeldung nicht ausschließt. Der Verzichtserklärende kann nach der früheren Klarstellung trotz eines Verzichts zu einem späteren Zeitpunkt eine der gelöschten Marke identische Markenanmeldung einreichen (Richtlinien für die Verfahren vor dem HABM, Teil E, Abschnitt 3, S. 4, Stand 1.8.2014).

24 Die Marke, die Gegenstand eines Verzichts ist, verliert erst mit der Eintragung des Verzichts ihre Wirkung. Im Gegensatz zu einer Nichtigerklärung, die nach Art. 55 Abs. 2 **ex tunc** Wirkung hat („von Anfang an"), wirkt der Verzicht **ex nunc**.

25 Aus diesem Grund kann ein wirksam erfolgter Verzicht auch nicht zu einem fehlenden Rechtsschutzinteresse führen, wenn die Marke zum Zeitpunkt des Verzichts Gegenstand eines Nichtigkeitsantrags oder Widerspruchs bzw. eines Rechtsmittels zu einer entsprechenden Entscheidung ist. Durch die ex nunc-Wirkung des Verzichts erlöschen die sich aus der Markeneintragung ergebenden Rechte erst im Zeitpunkt der Eintragung des Verzichts. Für den Zeitraum zwischen Markeneintragung und Eintragung des Verzichts ergibt sich also eine Rechtsposition des Markeninhabers, die sich aufgrund der ex tunc Wirkung eines Nichtigkeitsantrags (bzw. Widerspruchs) nicht ergeben würde. Diese Folgen beseitigen zu wollen, stellt aber ein berechtigtes Interesse auf Seiten des Nichtigkeitsantragstellers bzw.

Widersprechenden dar. Folglich ist nach einem wirksamen Verzicht ein Nichtigkeitsantrag, ein Widerspruch bzw. ein entsprechendes Rechtsmittel nicht aufgrund fehlenden Rechtsschutzinteresses zurückzuweisen (vgl. EuGH C-552/09 P, GRUR Int 2011, 500 Rn. 42 ff. – Ferrero/HABM (Tirol Milch)).

Dieses Rechtsschutzinteresse ist allerdings konkret nachzuweisen. Es kann sich daraus 26 ergeben, dass der Markeninhaber den die Marke Angreifenden in dem Zeitraum zwischen der Markeneintragung und dem Verzicht in Anspruch genommen hat. Auch die drohende Umwandlung der Marke nach Art. 112 kann dem Nachweiserfordernis genügen. Nach Art. 112 Abs. 2 wäre nämlich mit einer Widerspruchs- oder Nichtigkeitsentscheidung die Umwandlung für bestimmte Mitgliedstaaten eventuell ausgeschlossen. Der Markeninhaber soll dem nicht durch einen wirksamen Verzicht entgehen können.

III. Auswirkung auf anhängige Verfahren

Ein während eines anhängigen Verfahrens erklärter Verzicht beendet dieses Verfahren **nicht** 27 unmittelbar. Vielmehr wird die für das Verfahren zuständige Dienststelle (zB die Nichtigkeitsabteilung) informiert, die dann den Antragsteller fragt, ob er das Verfahren fortsetzen möchte.

Ist das Verfahren vor den Beschwerdekammern oder dem Gericht der Europäischen Union 28 anhängig, so wird die Geschäftsstelle der Beschwerdekammern bzw. die Dienststelle Gerichtsverfahren informiert. Die Dienststelle Register und Gebühren erwartet dann die Freigabe oder Zurückweisung der Anfrage. Bei einem Verfahren vor dem Gericht der Europäischen Union informiert das EUIPO dann das Gericht, ob der Verzicht seiner Meinung nach gültig und annehmbar ist. Das Verzichtsverfahren wird ausgesetzt, bis zu einer endgültigen Entscheidung des Gerichts oder Gerichtshofs (Prüfungsrichtlinien für Unionsmarken, Teil E, Abschnitt 1, 1.4.1).

E. Widerruf des Verzichts

Der Verzicht wird gegenüber dem EUIPO bereits mit Eingang der Verzichtserklärung 29 wirksam, nicht erst mit Eintragung in das Markenregister. Ein Widerruf des Verzichts ist nur möglich, wenn eine entsprechende Erklärung noch am Tag des Eingangs der Verzichtserklärung beim EUIPO eintrifft. Ansonsten ist der Erklärende während des Verfahrens zur Eintragung des Verzichts an die Verzichtserklärung gebunden (Prüfungsrichtlinien für Unionsmarken, Teil E, Abschnitt 1, 1.2).

F. Reform 2016

Die Reform der VO (EG) 207/2009 durch die VO (EU) 2015/2424 bedeutet für Art. 50 30 die Hinzufügung eines Zusatzes in Abs. 2 mWv 1.10.2017. Demnach ist ein Verzicht nur gültig, wenn ein etwaig anhängiger Verfallsantrag gegen die Marke zurückgewiesen oder zurückgenommen worden ist. Dies ist gerade für die Möglichkeit einer Umwandlung relevant.

Die Amtspraxis nimmt dasselbe, was für anhängige Verfallsverfahren geregelt wird, für 31 anhängige Nichtigkeitsverfahren an. Hierfür sollten die Richtlinien nicht als Rechtsgrundlage reichen. Dies gilt gerade vor dem Hintergrund, dass die Kommission vorgeschlagen hatte, in Art. 50 Abs. 2 S. 3 Verfalls- **und** Nichtigkeitsverfahren aufzunehmen, letztere aber – infolge heftiger Proteste von Nutzerverbänden – wieder gestrichen hat.

Abschnitt 2 Verfallsgründe

Art. 51 Verfallsgründe

(1) Die Unionsmarke wird auf Antrag beim Amt oder auf Widerklage im Verletzungsverfahren für verfallen erklärt,
a) wenn die Marke innerhalb eines ununterbrochenen Zeitraums von fünf Jahren in der Union für die Waren oder Dienstleistungen, für die sie eingetragen ist, nicht ernsthaft benutzt worden ist und keine berechtigten Gründe für die Nicht-

benutzung vorliegen; der Verfall der Rechte des Inhabers kann jedoch nicht geltend gemacht werden, wenn nach Ende dieses Zeitraums und vor Antragstellung oder vor Erhebung der Widerklage die Benutzung der Marke ernsthaft begonnen oder wieder aufgenommen worden ist; wird die Benutzung jedoch innerhalb eines nicht vor Ablauf des ununterbrochenen Zeitraums von fünf Jahren der Nichtbenutzung beginnenden Zeitraums von drei Monaten vor Antragstellung oder vor Erhebung der Widerklage begonnen oder wieder aufgenommen, so bleibt sie unberücksichtigt, sofern die Vorbereitungen für die erstmalige oder die erneute Benutzung erst stattgefunden haben, nachdem der Inhaber Kenntnis davon erhalten hat, dass der Antrag gestellt oder die Widerklage erhoben werden könnte;

b) wenn die Marke infolge des Verhaltens oder der Untätigkeit ihres Inhabers im geschäftlichen Verkehr zur gebräuchlichen Bezeichnung einer Ware oder einer Dienstleistung, für die sie eingetragen ist, geworden ist;

c) wenn die Marke infolge ihrer Benutzung durch den Inhaber oder mit seiner Zustimmung für Waren oder Dienstleistungen, für die sie eingetragen ist, geeignet ist, das Publikum insbesondere über die Art, die Beschaffenheit oder die geografische Herkunft dieser Waren oder Dienstleistungen irrezuführen.

(2) Liegt ein Verfallsgrund nur für einen Teil der Waren oder Dienstleistungen vor, für die die Unionsmarke eingetragen ist, so wird sie nur für diese Waren oder Dienstleistungen für verfallen erklärt.

Überblick

Die Verfallsreife einer Unionsmarke tritt im Gegensatz zur Nichtigkeit aus absoluten oder relativen Gründen (vgl. Art. 52, 53), die bereits zum Zeitpunkt der Eintragung besteht, erst nach ihrer Eintragung ein, und zwar bedingt durch ein Tun oder Unterlassen ihres Inhabers.

Art. 51 Abs. 1 enthält drei Verfallsgründe: a) die nicht ernsthafte Markenbenutzung (→ Rn. 8), b) die Umwandlung in eine gebräuchliche Bezeichnung (→ Rn. 32) sowie c) die irreführende Benutzung (→ Rn. 45). Weitere Verfallsgründe sind nicht vorgesehen (vgl. insoweit zum Unterschied § 49 Abs. 2 Nr. 3 MarkenG, der nach nationalem Recht einen Verfall auch bei fehlender Markenrechtsfähigkeit des Inhabers der Marke bejaht; → MarkenG § 49 Rn. 53).

Eine Unionskollektivmarke unterliegt gemäß Art. 73 weiteren Verfallsgründen (→ Art. 73 Rn. 1 ff.).

Das Amtsverfahren vor dem EUIPO ist im Gegensatz zum nationalen Verfahren wegen Verfalls vor dem DPMA nicht lediglich ein dem Klageverfahren vorgeschaltetes, rein formales Verfahren; vielmehr findet eine Prüfung der Zulässigkeit und der Begründetheit statt.

Abs. 2 sieht einen teilweisen Verfall vor, wenn ein Verfallsgrund nur hinsichtlich eines Teils der eingetragenen Waren oder Dienstleistungen vorliegt (→ Rn. 54).

Während Art. 51 die Verfallsgründe aufführt, enthalten Art. 56 und 57 die formalen Regelungen für den Antrag auf Erklärung des Verfalls (und der Nichtigkeit) sowie das Verfallsverfahren.

Die Wirkungen des Verfalls ergeben sich aus Art. 55 (→ Art. 55 Rn. 1 ff.), wobei insbesondere die Regelungen zu einem früheren Verfallszeitpunkt zu beachten sind.

Übersicht

	Rn.		Rn.
A. Geltendmachung des Verfalls	1	III. Berechtigte Gründe der Nichtbenutzung	29
B. Verfallsgrund der mangelnden Benutzung	8	C. Verfallsgrund der gebräuchlichen Bezeichnung	32
I. Ort, Zeit, Umfang und Art der Benutzung	16	D. Verfallsgrund der Irreführung	45
II. Nachweis der Benutzung	24	E. Teilweiser Verfall (Abs. 2)	54

A. Geltendmachung des Verfalls

Der Verfall kann entweder durch Antrag beim EUIPO im **Verfallsverfahren** (→ Art. 56 **1** Rn. 1 ff.) oder im Wege einer Widerklage **im Verletzungsverfahren** beim Unionsmarkengericht (→ Art. 100 Rn. 1 ff.) geltend gemacht werden; eine alternative Verfallsklage oder eine Klage nach erfolglosem Verfahren beim EUIPO zum Zivilgericht wie im nationalen Recht (§§ 53, 55 MarkenG) sieht die UMV nicht vor.

Zur Antragstellung ist **jedermann** berechtigt, der prozessfähig ist (Art. 56 Abs. 1 Buchst. a **2** bis c; → Art. 56 Rn. 18 ff.). Die Verfallserklärung erfolgt nur auf Antrag bzw. auf Erhebung der Widerklage, nicht von Amts wegen. Dies gilt auch dann, wenn sich etwa in einem Widerspruchsverfahren die Verfallsreife einer Unionsmarke wegen Nichtbenutzung gezeigt hat.

Der Antrag ist zu begründen, wobei aber für den Verfallsantrag wegen Nichtbenutzung **3** die bloße Nennung des Löschungsgrundes nach Art. 51 Abs. 1 Buchst. a ohne weitere **Begründung** zur Nichtbenutzung als ausreichend erachtet wird (→ Art. 56 Rn. 43).

Eine **Frist** für die Geltendmachung des Verfalls ist nicht vorgesehen. Allerdings sollte der **4** Antragsteller eines Verfalls wegen Nichtbenutzung den sich aus Art. 51 Abs. 1 Buchst. a ergebenden Zeitraum von drei Monaten ab der Kenntnis einer möglichen künftigen Antragstellung oder Widerklage beachten, nach dessen Ablauf Benutzungshandlungen des Inhabers der Unionsmarke beachtlich sein können (→ Rn. 12).

Bis zum rechtskräftigen Abschluss des Verfahrens kann der Antrag jederzeit zurückgenommen **5** werden, wobei eine Fortsetzung des Verfahrens von Amts wegen unter dem Gesichtspunkt des Allgemeininteresses an der Löschung der Marke nicht in Betracht kommt, auch nicht wegen Verfallsreife (→ Art. 56 Rn. 28).

Die Verfallserklärung durch das EUIPO wirkt gegenüber jedermann. Demgegenüber fin- **6** det die Geltendmachung einer Nichtbenutzung im Widerspruchsverfahren (Art. 42 Abs. 2), im Nichtigkeitsverfahren (Art. 57 Abs. 2) oder im Verletzungsverfahren (Art. 96) nur zwischen den Parteien im jeweils anhängigen Verfahren Berücksichtigung; die Unionsmarke bleibt in diesen Fällen eingetragen.

Zu weiteren Einzelheiten zur Durchführung des Verfahrens wird auf die Kommentierung **7** zu Art. 56 (→ Art. 56 Rn. 1 ff.) und Art. 57 (→ Art. 57 Rn. 1 ff.) verwiesen.

B. Verfallsgrund der mangelnden Benutzung

Gemäß Art. 51 Abs. 1 Buchst. a ist eine Marke für verfallen zu erklären, wenn sie innerhalb **8** eines ununterbrochenen Zeitraums von fünf Jahren für die eingetragenen Waren oder Dienstleistungen in der Union nicht ernsthaft benutzt worden ist und keine berechtigten Gründe für die Nichtbenutzung vorliegen. Der Verfall stellt eine nach Art. 15 vorgesehene Sanktion im Fall einer Nichtbenutzung dar (→ Art. 15 Rn. 4).

Für die ernsthafte Benutzung gelten **dieselben rechtlichen Maßstäbe** wie bei der Beur- **9** teilung der Benutzung der Widerspruchsmarke im Rahmen des Widerspruchsverfahrens (→ Art. 42 Rn. 15). Ebenso sind Art. 15 Abs. 1 Buchst. a und b und Art. 15 Abs. 2 anwendbar, wonach eine Benutzung in abweichender Form (→ Art. 15 Rn. 46), für den Export oder durch Dritte (→ Art. 15 Rn. 69) rechtserhaltend wirken kann.

Der Begriff der Benutzung ist unionsrechtlich mit Blick auf die **Hauptfunktion der 10 Marke** auszulegen, nämlich die Garantie der Ursprungsidentität für die eingetragenen Waren und Dienstleistungen (EuGH C-40/01, GRUR 2003, 425 – ANSUL/AJAX). Aus dem zehnten Erwägungsgrund der UMV ergibt sich, dass der Gesetzgeber der Europäischen Union die Aufrechterhaltung der an die Unionsmarke anknüpfenden Rechte von deren tatsächlicher Benutzung abhängig machen wollte. Eine nicht ernsthaft benutzte Unionsmarke könnte den Wettbewerb dadurch behindern, dass das Spektrum der für andere Marktteilnehmer verfügbare Zeichen beschränkt und den Mitbewerbern die Möglichkeit zur Verwendung dieser oder verwechselbar ähnlicher Marke genommen werden kann (EuGH C-610/11, BeckEuRS 2011, 649997 – Centrotherm).

Ist der Fünfjahreszeitraum abgelaufen, ohne dass die Unionsmarke benutzt worden ist, **11** liegt eine **latente Verfallsreife** vor, d.h. die Marke bleibt eingetragen, ihr kann aber durch einen Antrag auf Verfallserklärung jederzeit ihre Wirkung entzogen werden.

12 Eine erst nach der Antragstellung bzw. Erhebung der Widerklage erfolgte Benutzung kann eine zuvor gänzlich unbenutzte Marke nicht vor der Löschung bewahren. Der Beginn bzw. die Wiederaufnahme einer ernsthaften Benutzung nach Ablauf des Fünfjahreszeitraums, aber noch vor Stellung des Antrags auf Verfallserklärung oder Erhebung der Widerklage kann die Nichtbenutzung jedoch **heilen.** Allerdings ist dies ausgeschlossen, wenn der Inhaber die Unionsmarke erst in einem **Zeitraum von drei Monaten** (beginnend erst ab Ablauf des Fünfjahreszeitraums) vor Antragstellung oder Erhebung der Widerklage benutzt und zwar in **Kenntnis** der zu erwartenden Antragstellung oder Klageerhebung. Beide Voraussetzungen müssen kumulativ vorliegen (siehe auch: → MarkenG § 49 Rn. 21). Soweit früher als drei Monate vor Stellung des Löschungsantrags eine ernsthafte Benutzung der Marke aufgenommen wurde und zwar für den gesamten Zeitraum bis zur Stellung des Löschungsantrags – nicht etwa nur für den Zeitraum bis zum Beginn des Dreimonatszeitraums – verbleibt es unabhängig von einer Kenntnis des Markeninhabers um zu erwartende Angriffe bei der Heilungsmöglichkeit (siehe auch → MarkenG § 49 Rn. 16). Antragsteller bzw. Widerkläger müssen also dieses dreimonatige Fenster beachten, um den Inhaber einer Unionsmarke die Möglichkeit einer rechtserhaltenden Benutzung nach Erlangung der Kenntnis durch rechtzeitige Antragstellung bzw. Erhebung der Widerklage zu nehmen.

13 Die **Beweislast für die vorgenannte Kenntnis** obliegt nach der Praxis der Nichtigkeitsabteilung dem Antragsteller, wenn sich der Inhaber auf eine Benutzung innerhalb des Dreimonatszeitraums beruft. Für die Kenntnis genügt nicht schon die latente Verfallsreife nach Ablauf des Fünfjahreszeitraums, sondern sie muss sich aus konkreten Umständen ergeben. Ungeklärt ist, ob wie im deutschen Recht die Erhebung der Einrede der Nichtbenutzung im Rahmen eines Verletzungs- oder Widerspruchsverfahrens eine Kenntnis in Bezug auf eine angestrebte Löschung begründet (→ MarkenG § 49 Rn. 24).

14 Die Androhung eines Antrags auf Verfallserklärung oder einer Widerklage durch eine **andere Person** als dem späteren Antragsteller bzw. Widerkläger soll ebenfalls eine Kenntnis begründen (Eisenführ/Schennen/Holderied Rn. 14). Für diese Auffassung spricht, dass eine Benutzung in keinem Fall ernsthaft sein kann, weil bei einer Kenntnis zu Lasten des Inhabers unterstellt werden kann, dass die Benutzung allein zur Aufrechterhaltung der Eintragung erfolgt. Demgegenüber scheint nach der Praxis der Nichtigkeitsabteilung im Falle eines Verfallsantrags eine Androhung durch den späteren Antragsteller selbst erforderlich zu sein (vgl. EUIPO-Prüfungsrichtlinien, Teil D: Löschung, Abschnitt 2: Wesentliche Vorschriften).

15 Art. 51 Abs. 1 Buchst. a verweist auf **Vorbereitungen** für die Benutzung innerhalb des vorgenannten Zeitraums von drei Monaten (zum Begriff der Vorbereitungshandlungen in Bezug auf Markenverletzungen: → Art. 9a Rn. 2). Nach Art. 15 genügt allerdings eine bloße Vorbereitung nicht, sondern verlangt eine tatsächliche Benutzung (HABM BK v. 8.7.2013 – R 1095/2012-4 – VOODOO III). Außerdem tragen rein betriebsinterne Maßnahmen eine ernsthafte Benutzung nicht (EuG T-345/13, BeckRS 2014, 81463 – CPI Copisa Industrial).

I. Ort, Zeit, Umfang und Art der Benutzung

16 Nach Regel 22 Abs. 3 GMDV (iVm Regel 40 Abs. 5 GMDV) sind zum Nachweis der Ernsthaftigkeit wie im Widerspruchsverfahren Angaben zum **Ort, Zeit, Umfang und Art** der Benutzung erforderlich. Nach ständiger Rechtsprechung ist bei der konkreten Prüfung der Ernsthaftigkeit der Benutzung eine umfassende Beurteilung unter Berücksichtigung **aller relevanten Faktoren des Einzelfalls** vorzunehmen (EuG T-325/06, BeckRS 2009, 71217 Rn. 31 – CAPIO). Insbesondere sind die vorgenannten Angaben **miteinander in Beziehung zu setzen.** So kann ein geringer Umfang der Benutzung durch eine sehr langwierige bzw. regelmäßige Benutzung ausgeglichen werden (EuG T-131/06, BeckEuRS 2008, 472913 Rn. 41 – SONIA SONIA RYKIEL).

17 Die Unionsmarke muss **innerhalb der Europäischen Union** benutzt werden. Die Benutzung ist allein durch das Unionsrecht erschöpfend geregelt, so dass es auf nationale bilaterale Abkommen mit Drittstaaten zur gegenseitigen Anerkennung der Markenbenutzung nicht ankommt (zu dem am 13.4.1892 in Berlin unterzeichneten Übereinkommen zwischen Deutschland und der Schweiz betreffend den gegenseitigen Patent-, Muster und Markenschutz in geänderter Fassung EuGH C-445/12P, BeckEuRS 2012, 692010 – BASKAYA/ Passaia).

Innerhalb des Binnenmarktes sind die Grenzen des Hoheitsgebiets der Mitgliedstaaten 18 außer Betracht zu lassen. Zwar ist die Erwartung nachvollziehbar, dass eine Gemeinschaftsmarke in einem größeren Gebiet benutzt wird als eine nationale Marke. Es ist aber nicht erforderlich, dass diese Benutzung in einem größeren räumlichen Gebiet erfolgt, um als ernsthaft qualifiziert zu werden, denn eine solche Qualifizierung hängt von den Merkmalen der betreffenden Ware oder Dienstleistung auf dem entsprechenden Markt ab (EuGH C-149/11, BeckEuRS 2011, 575284 – ONEL/OMEL). Im Rahmen der vorzunehmenden Gesamtabwägung kann eine enge und lokale Benutzung allerdings entscheidend gegen eine hinreichend ernsthafte Benutzung sprechen (EuG T-355/09, GRUR Int 2013, 340 – Walzertraum).

Unionsmarken müssen nicht durchgehend während des gesamten maßgeblichen Zeit- 19 raums ernsthaft benutzt werden (EuG T-30/09, BeckRS 2010, 90892 – Peter Storm). Zu einer ernsthaften Benutzung zählen nur Umstände, die **innerhalb des einschlägigen Zeitraums** liegen und der Stellung des Antrags auf Verfallserklärung zeitlich vorausgehen; jedoch sind bei der Prüfung der Ernsthaftigkeit der Benutzung für den einschlägigen Zeitraum auch Umstände zu berücksichtigen, die außerhalb des relevanten Zeitraums liegen, sofern sie es erlauben, die Tragweite der Benutzung der Marke innerhalb des Zeitraums sowie die tatsächlichen Absichten des Inhabers zu bestätigen oder besser zu beurteilen (EuGH C-259/02, BeckRS 2004, 75764 – La Mer; C-40/01, GRUR 2003, 425 – ANSUL/AJAX). Je kürzer der Benutzungszeitraum vor der Stellung des Löschungsantrags ist, desto eher erscheinen Zweifel an einer ernsthaften Benutzung und damit die Annahme einer Scheinbenutzung gerechtfertigt (→ MarkenG § 49 Rn. 19).

Der erforderliche mengenmäßige **Umfang der Benutzung** hängt vom Einzelfall ab. Der 20 EuGH hat diesbezüglich keine Mindeststandards vorgegeben (EuGH C-416/04 P, GRUR Int 2006, 735 – VITAFRUIT). Auch eine geringfügige Markenbenutzung kann uU ernsthaft sein (EuGH C-259/02, BeckRS 2004, 75764 – La Mer). Es ist aber für die Gesamtabwägung zu berücksichtigen, dass besonders bei einem nur geringen Umfang der Benutzung die weiteren Beweismittel mögliche Zweifel an der Ernsthaftigkeit beseitigen müssen (EuG T-427/09, BeckRS 2011, 81352 – CENTROTHERM). Insbesondere eine regelmäßige bzw. lang andauernde Benutzung ist dazu geeignet. Der Umfang der Benutzung ist nicht allein anhand absoluter Zahlen, sondern unter anderem mit Blick auf die Art der Waren und Dienstleistungen sowie die Marktumgebung zu beurteilen (EuG T-409/07, BeckEuRS 2009, 504108 – acopat).

Es kommt für die Erschließung oder Sicherung eines Absatzmarktes nicht zwingend darauf 21 an, ob die Waren und Dienstleistungen entgeltlich angeboten werden (EuGH C-320/07 P, BeckEuRS 2009, 495376 – Nasdaq). Ebenso wenig ist eine ernsthafte Benutzung ausgeschlossen, wenn ein karitativer Verein mittels der angebotenen Waren und Dienstleistungen keine Gewinnerzielungsabsicht verfolgt (EuGH C-442/07, EuZW 2009, 114 – Feldmarschall Radetzky). Allerdings kann bei Anbringung der Marke auf kostenlosen Zugaben eine ernsthafte Benutzung verneint werden (EuGH C-495/07, GRUR 2009, 410 – SILBERQUELLE).

Die **Art der Benutzung** muss markenmäßig erfolgen. Bei firmenmäßiger Benutzung ist 22 dies nicht immer gegeben (zu weiteren Benutzungshandlungen, wie zB der Abgabe von Angeboten, vgl. EuGH C-495/07, GRUR 2009, 410 – SILBERQUELLE; EuG T-482/08, GRUR Int 2011, 60 – ATLAS TRANSPORT; EuG T-152/11, BeckRS 2012, 81704 – MAD).

Außerdem muss die Unionsmarke in ihrer **eingetragenen Form** benutzt werden (EuG 23 T-514/10, GRUR Prax 2012, 530 Ls. – FRUIT). Allerdings gilt es nach Art. 15 Abs. 1 Buchst. a als eine Benutzung der Unionsmarke, wenn sie in einer Form benutzt wird, die von der Eintragung nur in Bestandteilen abweicht, ohne dass dadurch die Unterscheidungskraft der Marke beeinflusst wird (→ Art. 15 Rn. 46).

II. Nachweis der Benutzung

Regel 22 Abs. 4 GMDV (iVm Regel 40 Abs. 5 GMDV) nennt beispielhaft als **mögliche** 24 **Beweismittel** die Vorlage von Urkunden und Beweisstücken, wie Verpackungen, Etiketten,

Preislisten, Katalogen, Rechnungen, Fotografien, Zeitungsanzeigen und die in Art. 78 Abs. 1 Buchst. f (→ Art. 78 Rn. 54) genannten schriftlichen Erklärungen.

25 Bei der Beurteilung des **Beweiswerts eines Dokuments** sind die Wahrscheinlichkeit und der Wahrheitsgehalt der darin enthaltenen Information zu prüfen. Insbesondere ist zu berücksichtigen, von wem das Dokument stammt, unter welchen Umständen es erstellt worden ist, an wen es gerichtet ist und ob es seinem Inhalt nach vernünftig und glaubwürdig wirkt (EuG T-28/09, GRUR Int 2011, 427 – Pine Tree). Soweit **schriftliche Erklärungen** nicht von unabhängigen Dritten, sondern von dem Inhaber zurechenbaren Personen stammen, gilt nach ständiger Rechtsprechung, dass diesen nur dann ein relevanter Beweiswert zukommt, wenn die darin gemachten Tatsachenangabe durch weitere Beweismittel gestützt werden (EuG T-348, 12, BeckEuRS 2014, 753376 – SPORT TV INTERNACIONAL). Die Beweiskraft der Beweismittel für die Markenbenutzung einschließlich der eidesstattlichen Erklärungen sind nicht im Licht der innerstaatlichen Rechtsvorschriften eines Mitgliedstaats zu prüfen (EuG T-278/12, BeckEuRS 2012, 688367 – PROFLEX). Eine **eidesstattliche Versicherung im Sinne des deutschen Rechts** allein genügt somit nicht zum Nachweis der erforderlichen Angaben zu Ort, Zeit, Umfang und Art der Benutzung (→ Art. 78 Rn. 56).

26 Nicht jedes einzelne Beweismittel muss sämtliche Angaben enthalten. Die zu beweisenden Tatsachen lassen sich anhand eines **Bündels von Beweismitteln** nachweisen, obwohl jedes dieser Beweismittel für sich allein den Nachweis der Richtigkeit dieser Tatsachen nicht erbringen könnte (EuGH C-108/07 P, BeckRS 2008, 70504 – FERRO). Im Rahmen der Gesamtabwägung kann bei Zweifeln zu Lasten des Beweisführenden auch berücksichtigt werden, wie schwer weitere Beweismittel zu erlangen gewesen wären (EuG T-382/08, GRUR Int 2011, 432 – VOGUE).

27 Hinsichtlich der **Übersetzung der Beweismittel** in die Sprache des Verfallsverfahrens wird Regel 22 Abs. 6 GMDV entsprechend angewendet, wonach es im Ermessen der Nichtigkeitsabteilung liegt, Übersetzungen anzufordern. Insoweit hat die Nichtigkeitsabteilung einerseits zu berücksichtigen, was sie selbst für die Entscheidungsfindung und was der Antragssteller mit Blick auf die Wahrung seiner Verfahrensrechte vernünftigerweise verstehen kann. Andererseits kann auch eine Rolle spielen, wie aufwändig eine Übersetzung für den Inhaber ist. Es kann ausreichend sein, nur die relevanten Teile eines Beweismittels zu übersetzen (→ Art. 57 Rn. 12).

28 Im Ergebnis lässt sich die ernsthafte Benutzung einer Marke nicht mit Wahrscheinlichkeitsannahmen oder Vermutungen nachweisen, sondern muss auf **konkreten und objektiven Umständen** beruhen, die ihre tatsächliche und ausreichende Benutzung auf dem betreffenden Markt belegen (EuG T-183/08, BeckRS 2009, 70589 – jello SCHUHPARK).

III. Berechtigte Gründe der Nichtbenutzung

29 Berechtigte Gründe für die Nichtbenutzung liegen vor, wenn es sich um Hindernisse handelt, die in unmittelbarem Zusammenhang mit der Marke stehen und die Benutzung der Marke unmöglich oder unzumutbar machen, ohne dass sie vom Willen des Markeninhabers abhängen (→ Art. 15 Rn. 60). Lediglich wirtschaftliche Schwierigkeiten reichen nicht aus (EuG T-156/01, GRUR Int 2003, 843 – GIORGIO AIRE). Die in Art. 19 Abs. 1 des TRIPs-Übereinkommens, dem die Europäische Union beigetreten ist, vorgenommene Begriffsbestimmung kann als Auslegungshilfe für den Begriff der berechtigten Gründe herangezogen werden (EuGH C-246/05, GRUR 2007, 702 – Le Chef de Cuisine). Danach werden als triftige Gründe für die Nichtbenutzung Umstände angesehen, die **unabhängig vom Willen** des Markeninhabers eintreten und die ein **Hindernis für deren Benutzung** bilden, wie zum Beispiel Einfuhrbeschränkungen oder sonstige staatliche Auflagen für die durch die Marke geschützten Waren oder Dienstleistungen. Ebenso gelten Tatbestände höherer Gewalt als berechtigte Gründe für die Nichtbenutzung, weil sie dem Einfluss des Markeninhabers nicht zugänglich sind.

30 Der Begriff der berechtigten Gründe für die Nichtbenutzung einer Marke darf **nicht zu weit ausgelegt** werden. Die Verwirklichung des in dem zehnten Erwägungsgrund der UMV genannten Ziels wäre nämlich gefährdet, wenn jedes auch noch so kleine Hindernis, solange es nur vom Willen des Markeninhabers unabhängig wäre, für die Rechtfertigung der Nicht-

benutzung der Marke ausreichte (EuGH C-246/05, GRUR 2007, 702 – Le Chef de Cuisine).

In der Praxis werden berechtigte Gründe der Nichtbenutzung selten anerkannt. Für den 31 relativ häufig genannten Grund eines arzneimittelrechtlichen Zulassungsverfahrens muss zumindest ein behördlicher Zulassungsantrag gestellt worden sein, denn die bloße Existenz gesetzlicher Vorschriften über arzneimittelrechtliche Zulassungsverfahren befreit die Inhaber von Arzneimittelmarken noch nicht vom Benutzungszwang (HABM BK v. 18.6.2010 – R 997/2009-4 – MOON-POWER). Sogenannte Defensiveintragungen, die eine tatsächlich verwendete Hauptmarke im Register vor Eintragungen ähnlicher Marken abschirmen sollen, genügen nicht als Grund (EuGH C-234/06 P, GRUR 2008, 343 – BAINBRIDGE).

C. Verfallsgrund der gebräuchlichen Bezeichnung

Eine Marke wird nach Art. 51 Abs. 1 Buchst. b für verfallen erklärt, wenn sie infolge des 32 Verhaltens oder der Untätigkeit des Inhabers zur gebräuchlichen Bezeichnung der eingetragenen Waren oder Dienstleistungen geworden ist.

Das Tatbestandsmerkmal der **gebräuchlichen Bezeichnung** ist mit Art. 7 Abs. 1 33 Buchst. d deckungsgleich (→ Art. 7 Rn. 96 ff.). Als Eintragungshindernis muss eine gebräuchliche Bezeichnung aber schon zum Zeitpunkt der Anmeldung vorhanden gewesen sein (→ Art. 7 Rn. 102). Außerdem kommt es dort nicht auf ein Verhalten oder eine Untätigkeit des Anmelders an. Art. 51 Abs. 1 Buchst. b greift dagegen dann ein, wenn eine Entwicklung zur gebräuchlichen Bezeichnung erst **nach der Eintragung** stattgefunden hat. Ein Zeichen, das zu einer bestimmten Zeit „markenfähig" war, kann durch seine Benutzung durch Dritte, unter Umständen auch durch den Markeninhaber selbst, als übliche Bezeichnung eines Produkts die Fähigkeit verlieren, die Funktionen einer Marke zu erfüllen. Daher steht es der Entwicklung zu einer gebräuchlichen Bezeichnung nicht entgegen, dass der Markeninhaber die Marke eingeführt hat (EuG T-237/01, BeckEuRS 2003, 277635 – BSS).

Der von der UMV verwendete Begriff der „gebräuchlichen Bezeichnung" entspricht dem 34 Begriff der **Gattungsbezeichnung** (→ MarkenG § 8 Rn. 515).

In der Praxis werden Unionsmarken relativ selten als eine gebräuchliche Bezeichnung für 35 verfallen erklärt. Dies kommt insbesondere dann in Betracht, wenn sie als Kennzeichen für eine **neue Produktart** verwendet wird, für die keine andere originäre Bezeichnung zur Verfügung steht (Eisenführ/Schennen/Holderied Rn. 20).

Es kommt für das Vorliegen einer gebräuchlichen Bezeichnung allerdings nicht entschei- 36 dend darauf an, ob es für die betreffende Ware oder Dienstleistung möglicherweise eine **alternative Bezeichnung** gibt (EuGH C-409/12, GRUR 2014, 373 – KORNSPITZ). Nach der Praxis der Nichtigkeitsabteilung soll es sich gleichwohl um ein Indiz für die Gebräuchlichkeit handeln, wenn keine alternative Bezeichnung vorliegt (vgl. EUIPO-Prüfungsrichtlinien, Teil D: Löschung, Abschnitt 2: Wesentliche Vorschriften).

In die Beurteilung, ob eine gebräuchliche Bezeichnung vorliegt, sind sämtliche relevante 37 **Verkehrskreise** einzubeziehen, die mit der Ware/Dienstleistung in Berührung kommen (nicht nur Verbraucher und Endabnehmer, sondern zB auch Zwischenhändler, vgl. EuGH C-371/02, GRUR 2004, 682 – Bostongurka). Allerdings kann eine Marke für verfallen erklären werden, wenn sie etwa allein aus Sicht der Endverbraucher der betreffenden Waren zur gebräuchlichen Bezeichnung dieser Waren geworden ist (EuGH C-409/12, GRUR 2014, 373 – KORNSPITZ).

Ein Verfall kann nur dann erklärt werden, wenn die Unionsmarke **infolge des Verhaltens** 38 **oder der Untätigkeit ihres Inhabers** zu einer gebräuchlichen Bezeichnung wird. Trotz des Verlustes der Unterscheidungskraft einer Unionsmarke ist ihr Verfall also ausgeschlossen, wenn dies dem Inhaber nicht zugerechnet werden kann.

Die **Anforderungen** an vom Inhaber der Unionsmarke zu treffende Maßnahmen, um 39 der Entwicklung zur gebräuchlichen Bezeichnung entgegenzuwirken, sind **nicht zu gering** anzusetzen. Zum einen darf er selbst seine Marke nicht als beschreibenden Begriff verwenden. Insoweit reicht es unter Umständen nicht alleine aus, der Marke das ®-Symbol hinzuzufügen, um eine beschreibende Verwendung zu vermeiden (HABM BK v. 26.2.2014 – R 1326/2012-4 und R 1326/2012-4 – PRAEBIOTIK, noch nicht rechtskräftig). Zum anderen muss er einer Verwendung durch Dritte, sei es als Marke oder beschreibende Angabe, klar entgegentreten.

40 Eine vor allem insoweit relevante **Untätigkeit** umfasst alle Unterlassungen, mit denen der Markeninhaber keine genügende Wachsamkeit im Hinblick auf die Bewahrung der Unterscheidungskraft seiner Marke an den Tag legt (EuGH C-409/12, GRUR 2014, 373 – KORNSPITZ). Sie kann insbesondere darin bestehen, nicht rechtzeitig bei der zuständigen Stelle zu beantragen, betroffenen Dritten die Benutzung des Zeichens zu verbieten, für das eine Verwechslungsgefahr besteht (EuGH C-145/05, GRUR Int 2006, 597 – Levi Strauss/Casucci). Dies gilt auch dann, wenn vertraglich verbundene Dritte die Unionsmarke verwenden, etwa auf eine Weise, die aus alleiniger Sicht der Endabnehmer der Waren der Dritten die Unionsmarke als gebräuchlich erscheinen lässt (EuGH C-409/12, GRUR 2014, 373 – KORNSPITZ). In jedem Fall können vom Unionsmarkeninhaber zur Verteidigung seiner Marke aber nur wirtschaftlich sinnvolle Aktivitäten verlangt werden.

41 Außerdem ist in diesem Zusammenhang auf Art. 10 zu verweisen, wonach der Inhaber eine Verwendung der Unionsmarke in Nachschlagewerken untersagen kann, die den Eindruck einer Gattungsbezeichnung erweckt (→ Art. 10 Rn. 1 ff.). Dies ist in der Praxis sehr relevant, denn Einträge in Nachschlagewerke können ein starkes Indiz, wenn auch kein Nachweis, für die Entwicklung zu einer gebräuchlichen Bezeichnung sein (→ Art. 7 Rn. 104).

42 Die **Beweislast** für das Vorliegen einer gebräuchlichen Bezeichnung liegt beim Antragsteller. Zeigen die Beweismittel eine beschreibende Verwendung durch den Inhaber, belegt dies zugleich ein dem Inhaber zurechenbares Verhalten. Demgegenüber wird es bei einem alleinigen Nachweis einer Verwendung als gebräuchliche Bezeichnung durch unverbundene Dritte für den Antragsteller schwer möglich sein, die in diesem Fall maßgebliche Untätigkeit des Inhabers zu belegen. In diesem Fall scheint es angezeigt zu sein, dass der Inhaber vortragen und belegen muss, nicht untätig gewesen zu sein (vgl. aber die insoweit nicht differenzierende Praxis der Nichtigkeitsabteilung: EUIPO-Prüfungsrichtlinien, Teil D: Löschung, Abschnitt 2: Wesentliche Vorschriften).

43 Ebenso wie das Vorliegen absoluter Eintragungshindernisse in einem Mitgliedstaat für die Versagung der Eintragung als Unionsmarke ausreicht, genügt es, wenn die Umwandlung zu einer Gattungsbezeichnung **in nur einem Mitgliedstaat** der EU stattgefunden hat. Dabei sind unter anderem auch Entwicklungen in anderen Sprachräumen zu berücksichtigen, die die Entwicklung zur Gattungsbezeichnung nahelegen (HABM BK v. 26.2.2014 – R 1171/2012-4 und R 1326/2012-4 – PRAEBIOTIK, noch nicht rechtskräftig).

44 Bei Verfall in nur einem Mitgliedstaat besteht die Möglichkeit der Aufrechterhaltung der Markeneintragung in den nicht betroffenen Mitgliedstaaten durch **Umwandlung** nach Art. 112 (→ Art. 112 Rn. 1 ff.).

D. Verfallsgrund der Irreführung

45 Eine Marke unterliegt nach Art. 51 Abs. 1 Buchst. c dem Verfall, wenn sie geeignet ist, infolge ihrer Benutzung das Publikum über Art, Beschaffenheit oder geografische Herkunft der eingetragenen Waren oder Dienstleistungen irrezuführen.

46 Unberührt von Art. 51 Abs. 1 Buchst. c bleibt gemäß Art. 110 Abs. 2 die Möglichkeit, eine irreführende **Benutzung** aufgrund des Zivil-, Verwaltungs- oder Strafrechts eines Mitgliedstaats oder aufgrund von Bestimmungen des Unionsrechts **zu untersagen** (→ Art. 110 Rn. 4).

47 Die Irreführungsgefahr nach Art. 51 Abs. 1 Buchst. c muss sich **nach der Eintragung** infolge der Benutzung entwickelt haben. Hat eine Täuschungsgefahr hingegen bereits zum Eintragungszeitpunkt bestanden, kann die Marke nur nach Art. 52 iVm Art. 7 Abs. 1 Buchst. g auf Antrag für nichtig erklärt werden (→ Art. 52 Rn. 8; → Art. 7 Rn. 141).

48 Im Eintragungsverfahren wird eine Marke nicht gemäß Art. 7 Abs. 1 Buchst. g zurückgewiesen, wenn eine nicht täuschende Verwendung objektiv und vernünftig möglich erscheint (→ Art. 7 Rn. 142). Dies gilt etwa, wenn das Anmeldeverzeichnis weite Oberbegriffe enthält, die für bestimmte darunter fallende Waren oder Dienstleistungen eine nicht täuschende Verwendung der Marke zulassen. Benutzt der Inhaber dann aber die Marke für andere davon erfasste Waren oder Dienstleistungen, in Bezug auf die die Marke den Verbraucher in die

Irre führt, ermöglicht Art. 51 Abs. 1 Buchst. c die Erklärung des Verfalls der Marke (vgl. Beispiele in EUIPO-Prüfungsrichtlinien, Teil D: Löschung, Abschnitt 2: Wesentliche Vorschriften). Insoweit ergänzen sich also Art. 7 Abs. 1 Buchst. g und Art. 51 Abs. 1 Buchst. c und sind mit Blick aufeinander auszulegen.

Neben einer Irreführung über Art oder Beschaffenheit kommt eine Anwendung von Art. 51 Abs. 1 Buchst. c insbesondere dann in Betracht, wenn die Unionsmarke eine bestimmte **geografische Herkunft** der Waren oder Dienstleistungen indiziert, die diese tatsächlich aber nicht aufweisen (Art. 51 Abs. Buchst. c bejahend: HABM BK v. 12.2.2009 – R 697/2008-1 – MÖVENPICK OF SWITZERLAND; Art. 51 Abs. Buchst. c verneinend: HABM BK v. 9.2.2016 – R 237/2015-2 – WATERFORD). Es gelten insoweit dieselben Maßstäbe wie sie an eine geografische Herkunftsangabe nach Art. 7 Abs. 1 Buchst. c angelegt werden (HABM BK, 1.9.2011 – R 1120/2010-1 – Original Stastnik Arlberger), d.h. die beteiligten Verkehrskreisen schließen dann nicht auf eine geografische Herkunft, wenn die Angabe zumindest nicht als Bezeichnung eines geografischen Ortes bekannt ist oder wenn es wegen der Eigenschaften des bezeichneten Ortes wenig wahrscheinlich ist, dass die Waren oder Dienstleistungen aus diesem Ort stammen (EuG T-295/01, GRUR 2004, 148 – Oldenburger). 49

Es muss sich eine **tatsächliche Irreführung** der Verbraucher oder eine **hinreichend schwere Gefahr** einer solchen feststellen lassen (EuGH C-87/97, GRUR Int 1999, 443 – Cambozola; EuG T-165/06, BeckRS 2009, 70501 – ELIO FIORUCCI). 50

Ungeklärt ist, ob weitere Umstände der tatsächlichen Verwendung der Marke ebenfalls zu berücksichtigen sind, die zu einer Irreführung beitragen oder diese ausschließen können, insbesondere Zusätze (s. zB die Angabe „Made in Germany" auf der Verpackungsrückseite, obwohl die Marke eine anderweitige Herkunft angibt: HABM BK v. 12.2.2009 – R 697/2008-1 – MÖVENPICK OF SWITZERLAND). Dies dürfte zu bejahen sein, weil dies zur Benutzung durch den Inhaber oder mit seiner Zustimmung gehört und maßgeblich auf die Verbrauchersicht abzustellen ist. Eine aufgrund solcher Zusätze im Ergebnis nicht irreführende Benutzung kann einen Verfall der Unionsmarke nicht rechtfertigen. Umgekehrt greift aber die Sanktionierung nach Art. 51 Abs. 1 Buchst. c, wenn die Marke in einen Kontext gestellt wird, durch den sie in die Irre führt. Insoweit kann nichts anderes als bei einer Verwendung der Marke gelten, die sich nur aufgrund der konkreten Waren und Dienstleistungen als irreführend erweist (→ Rn. 48). 51

Darüber hinaus kommt eine Irreführung auch dann in Betracht, wenn die Marke nach ihrer Eintragung einem Bedeutungswandel unterliegt, aus dem eine Irreführung resultiert (Eisenführ/Schennen/Holderied Rn. 30). 52

Ausreichend für die Verfallserklärung ist die Irreführungsgefahr in einem **Teil** der Union, entweder in einem Mitgliedstaat oder in einem Sprachgebiet. Für die Gebiete, in denen keine Irreführungsgefahr besteht, kann auf Antrag eine **Umwandlung** der Unionsmarke nach Art. 112 erfolgen, wenn diesbezüglich keine Gefahr der Irreführung oder ein sonstiges Hindernis für die Eintragung einer nationalen Marke besteht. 53

E. Teilweiser Verfall (Abs. 2)

Der teilweise Verfall ist vor allem bei der Verfallserklärung wegen Nichtbenutzung relevant, da häufig eine Benutzung nur hinsichtlich einzelner Waren oder Dienstleistungen stattfindet. Jedoch kann auch die Entwicklung zur Gattungsbezeichnung oder zur irreführenden Bezeichnung nur in Bezug auf einen Teil der Waren oder Dienstleistungen eingetreten sein. 54

Wenn im Falle einer Nichtbenutzung eine Marke für eine Gruppe von Waren und Dienstleistungen eingetragen worden ist, die so weit gefasst ist, dass innerhalb der Gruppe verschiedene, jeweils **selbständige Untergruppen** bestimmt werden können, kommt daher der Benutzungsnachweis nur derjenigen bzw. denjenigen Untergruppe(n) zugute, zu der oder zu denen die Waren oder Dienstleistungen gehören. Sind die Waren und Dienstleistungen indes so genau definiert, dass eine Untergruppenbildung nicht möglich ist, deckt der Nachweis der ernsthaften Markenbenutzung für diese genau definierten Waren und Dienstleistungen immer die ganze Gruppe ab. (EuG T-126/03, GRUR Int 2005, 914 – ALADIN/ALADDIN mit dem Beispiel „Poliermittel für Metalle"). 55

55.1 Der Begriff umfasst hinsichtlich Funktion (Polieren) und Bestimmung (Metalle) die Warenuntergruppe „Putz-, Polier-, Fettentfernungs- und Schleifmittel"; daneben gehört diese Gruppe zur größeren Klasse 3, die auch noch die Waren „Wasch- und Bleichmittel; Seifen; Parfümeriewaren, ätherische Öle, Mittel zur Körper- und Schönheitspflege, Haarwässer; Zahnputzmittel" enthält. Durch den Nachweis der Benutzung für ein „Erzeugnis zum Polieren von Metallen, bestehend aus mit einem Poliermittel imprägnierter Baumwolle" ist der Nachweis für die gesamte Untergruppe „Putz-, Polier-, Fettentfernungs- und Schleifmittel" – nicht nur für die Spezialware – erbracht, nicht jedoch hinsichtlich der größeren Gruppe der Klasse 3.

56 Diese für die Prüfung der ernsthaften Benutzung im Rahmen des Widerspruchsverfahrens entwickelte Rechtsprechung gilt auch für das Verfallsverfahren (EuG T-353/12, BeckRS 2013, 81014 – ALARIS). Im Verfallsverfahren ist somit das Verzeichnis der angegriffenen Unionsmarke in der Entscheidung über den Verfallsantrag neu zu formulieren, wenn sie für einen Teil der Waren oder Dienstleistungen oder nur für bestimmte Untergruppen dazu ernsthaft benutzt worden ist.

57 Nach der insbesondere hinsichtlich des weiten Warenbegriffs der „Arzneimittel" entwickelten Rechtsprechung kommt es bei der **Definition der selbständigen Untergruppe** jedenfalls für diese Art von Waren vor allem auf deren Zweck oder Bestimmung an, weil es sich dabei um das entscheidende Auswahlkriterium für den Verbraucher handelt (EuG T-256/04, BeckRS 2007, 70124 – RESPICUR; EuG T-353/12, BeckRS 2013, 81014 – ALARIS). In der Rechtsprechung und Entscheidungspraxis des Amts ist dieses Kriterium auch für andere Waren und Dienstleistungen prägend. Mit Blick auf den Zweck der Definition einer Untergruppe, nämlich die wirtschaftliche Tätigkeit des Inhabers in Bezug auf die Verwendung der Marke nicht ungebührlich einzuschränken, sollte bei der Definition der Untergruppe aber nicht allein auf den Verbraucher abgestellt werden. Vielmehr ist auch zu berücksichtigen, wie weit eine Untergruppe unter Berücksichtigung der üblichen Marktgegebenheiten aus betrieblicher Sicht wirtschaftlich sinnvoll zu ziehen ist, damit eine Verwendung der Marke für innerhalb der jeweiligen Kategorie nahestehende Waren und Dienstleistungen nicht unnötig erschwert wird. Diese Marktgegebenheiten können sich auch beim Vertrieb der Waren oder Dienstleistungen widerspiegeln. So kann beispielsweise im Bereich der Kleidung die Oberkleidung für Erwachsene eine selbständige Untergruppe bilden (HABM BK v. 28.5.2008 – R 1237/2007-1 – Laura Ashley).

Abschnitt 3 Nichtigkeitsgründe

Art. 52 Absolute Nichtigkeitsgründe

(1) Die Unionsmarke wird auf Antrag beim Amt oder auf Widerklage im Verletzungsverfahren für nichtig erklärt,
a) wenn die Unionsmarke entgegen den Vorschriften des Artikels 7 eingetragen worden ist;
b) wenn der Anmelder bei der Anmeldung der Marke bösgläubig war.

(2) Ist die Unionsmarke entgegen Artikel 7 Absatz 1 Buchstabe b, c oder d eingetragen worden, kann sie nicht für nichtig erklärt werden, wenn sie durch Benutzung im Verkehr Unterscheidungskraft für die Waren oder Dienstleistungen, für die sie eingetragen ist, erlangt hat.

(3) Liegt ein Nichtigkeitsgrund nur für einen Teil der Waren oder Dienstleistungen vor, für die die Unionsmarke eingetragen ist, so kann sie nur für diese Waren oder Dienstleistungen für nichtig erklärt werden.

Überblick

Art. 52 verweist in Abs. 1 als Gründe für die Nichtigerklärung einer Unionsmarke auf die absoluten Eintragungshindernissen gemäß Art. 7 (→ Rn. 8). Diese korrigiert rückwirkend

Absolute Nichtigkeitsgründe **Art. 52 UMV**

fehlerhafte Eintragungen. Bei erst nach der Eintragung entstandenen Eintragungshindernissen kommt nur eine Verfallserklärung (Art. 51) in Betracht.

Eine Bösgläubigkeit bei der Anmeldung ist nach der UMV nur ein Nichtigkeitsgrund (→ Rn. 12), im Unterschied zum nationalen Verfahren, wo sie als absolutes Eintragungshindernis nach § 8 Abs. 2 Nr. 10 MarkenG bereits einer Eintragung entgegenstehen kann.

Nach Abs. 2 ist die Nichtigerklärung einer Marke bei nachträglicher Erlangung der Unterscheidungskraft durch Benutzung, dh bei Verkehrsdurchsetzung, ausgeschlossen (→ Rn. 33).

Nach Abs. 3 kann die Nichtigkeit wegen absoluter Eintragungshindernisse auch nur hinsichtlich eines Teils der Waren und Dienstleistungen festgestellt werden, sofern ein Nichtigkeitsgrund nicht für alle eingetragenen Waren oder Dienstleistungen besteht (→ Rn. 38).

Die Unionskollektivmarke unterliegt weiteren Nichtigkeitsgründen nach Art. 74 (→ Art. 74 Rn. 1 ff.) iVm Art. 68 (→ Art. 68 Rn. 1 ff.).

Während Art. 52 die absoluten Nichtigkeitsgründe aufführt, enthalten Art. 56 und 57 die formalen Regelungen für den Antrag auf Erklärung der Nichtigkeit (und des Verfalls) sowie das Nichtigkeitsverfahren.

Die Wirkungen der Nichtigkeit sind in Art. 55 geregelt (→ Art. 55 Rn. 1 ff.).

Übersicht

	Rn.		Rn.
A. Geltendmachung der Nichtigkeit ...	1	D. Nach der Eintragung erworbene Unterscheidungskraft (Abs. 2)	33
B. Verstoß gegen Art. 7 (Abs. 1 Buchst. a)	8		
C. Bösgläubigkeit (Abs. 1 Buchst. b) ...	12	E. Teilweise Nichtigkeit (Abs. 3)	38

A. Geltendmachung der Nichtigkeit

Unabhängig von ihrer materiell-rechtlichen Schutzfähigkeit entfaltet eine Marke durch **1** die Eintragung in das Register ihre Schutzwirkung; die Eintragung hat daher konstitutiven Charakter. Um die Wirkungen der Eintragung zu beseitigen, bedarf es einer Löschung der Marke im Register. Wird eine eingetragene Marke nicht angegriffen, kann sie – trotz möglicherweise bestehender Schutzunfähigkeit – praktisch unendlich im Register eingetragen bleiben, wenn ihre Eintragung kontinuierlich verlängert wird.

Der Antrag auf Nichtigerklärung aus absoluten Gründen kann entweder durch Antrag **2** beim EUIPO (→ Art. 56 Rn. 1 ff.) oder im Wege der **Widerklage im Verletzungsverfahren** vor den nationalen Unionsmarkengerichten geltend gemacht werden (→ Art. 100 Rn. 1 ff.). Eine Nichtigerklärung wegen absoluter Eintragungshindernisse von Amts wegen – wie im nationalen Verfahren aufgrund Amtslöschung gemäß § 50 Abs. 3 MarkenG – ist in der UMV nicht vorgesehen (→ Art. 56 Rn. 28).

Die Nichtigerklärung setzt eine eingetragene Marke voraus; ist die Marke noch nicht **3** eingetragen, ist der Antrag unzulässig (→ Art. 56 Rn. 38).

Für die Einreichung des Antrags auf Erklärung der Nichtigkeit ist – entgegen dem nationa- **4** len Verfahren hinsichtlich der Eintragungshindernisse des § 8 Abs. 2 Nr. 1–3 MarkenG – eine **Frist** nicht vorgesehen. Der Markeninhaber ist damit zeitlich unbegrenzt dem Risiko der Nichtigerklärung seiner Marke ausgesetzt.

Der Antrag auf Erklärung der Nichtigkeit wegen absoluter Eintragungshindernisse kann **5** in jeder Lage des Verfahrens **zurückgenommen** werden, so auch im Beschwerde- oder Klageverfahren, sofern die Entscheidung über den Antrag noch nicht unanfechtbar geworden ist (→ Art. 57 Rn. 53).

Eine Eintragung im Register kann im Falle eines dem Amt anzulastenden Verfahrensfehlers **6** unter den engen Voraussetzungen des Art. 80 gelöscht werden (→ Art. 80 Rn. 1 ff.).

Zu weiteren Einzelheiten zur Durchführung des Verfahrens wird auf die Kommentierung **7** zu Art. 56 (→ Art. 56 Rn. 1 ff.) und Art. 57 (→ Art. 57 Rn. 1 ff.) verwiesen.

B. Verstoß gegen Art. 7 (Abs. 1 Buchst. a)

Die absoluten Eintragungshindernisse nach Art. 7 werden im Rahmen des Art. 52 Abs. 1 **8** Buchst. a materiell-rechtlich nicht anders geprüft (→ Art. 7 Rn. 19 ff.). Insbesondere führt die mit der Eintragung verbundene Vermutung der Rechtsgültigkeit (→ Art. 99 Rn. 1) nicht zu einer Verschiebung der Prüfungsmaßstäbe.

9 Dabei ist ebenso wie im Eintragungsverfahren auf den **Zeitpunkt der Anmeldung** der angegriffenen Unionsmarke abzustellen, um die Schutzfähigkeit der Unionsmarke zu beurteilen (EuG T-189/07, GRUR Int 2010, 145 – FLUGBÖRSE, bestätigt durch EuGH C-332/09, BeckEuRS 2010, 522732). Gleichwohl können Umstände berücksichtigt werden, die zwar nach dem Zeitpunkt der Anmeldung lagen, aber Rückschlüsse auf die Situation zu diesem Zeitpunkt zulassen (EuGH C-192/03, BeckRS 2005, 70092 – BSS; C-259/02, BeckRS 2004, 75764 – La Mer).

9.1 So setzt die Aufnahme von Wörtern in ein Wörterbuch voraus, dass sie in einem bestimmten Kontext wiederholt verwendet werden, bis sie eine anerkannte Bedeutung erlangt haben. Daher kann der Eintrag in einem Wörterbuch, das Jahre nach dem Anmeldezeitpunkt datiert, unter Umständen herangezogen werden, um die Bedeutung des Wortes zum Anmeldezeitpunkt zu ermitteln (EuG T-223/14, BeckRS 2016, 80030 – VENT ROLL).

10 Daneben bestehen jedoch erhebliche prozessuale Unterschiede zum Eintragungsverfahren, da es sich beim Nichtigkeitsverfahren um ein **kontradiktorisches Verfahren** handelt. Das Amt prüft die Schutzfähigkeit der Unionsmarke nämlich nicht von Amts wegen, sondern ist bei seiner Prüfung gemäß Art. 76 Abs. 1 S 3 grundsätzlich auf die von den Parteien angeführten Gründe und Argumente beschränkt (→ Art. 57 Rn. 36).

11 Neben den absoluten Eintragungshindernissen nach Art. 7 tritt im Nichtigkeitsverfahren der Nichtigkeitsgrund der Bösgläubigkeit des Anmelders hinzu.

C. Bösgläubigkeit (Abs. 1 Buchst. b)

12 Weder die UMV noch die GMDV definieren den Begriff der Bösgläubigkeit (EuG T-291/09, GRUR Int 2012, 453 Rn. 44 – Pollo Tropical CHICKEN ON THE GRILL). Er bezieht sich auf einen subjektiven Beweggrund des Markenanmelders, nämlich auf eine **unredliche Absicht oder ein sonstiges unlauteres Motiv** (EuG T-82/14, BeckRS 2016, 81483 – LUCEO). Nach der Praxis der Beschwerdekammer kann ein Anmelder aber auch dann bösgläubig handeln, wenn er sich als moralisch und rechtlich berechtigt sieht, die Unionsmarke anzumelden (HABM BK v. 9.7.2015 – R 879/2013-2 Rn. 25 – Hispano Suiza).

13 Absichten und Motive alleine genügen nicht. Sie müssen vielmehr in ein Verhalten münden, das den anständigen Gepflogenheiten in Gewerbe und Handel widerspricht (zu diesem Art. 12 entliehenen Standard: EuG T-33/11, GRUR Int 2012,647 – BIGAB). Insoweit kann insbesondere ein zweckwidriger Einsatz der Unionsmarke eine Bösgläubigkeit begründen, beispielsweise wenn ihre Eintragung Dritten den Marktzugang erschweren soll oder sie als sonstiges Druckmittel ohne jede eigene Benutzungsabsicht dient.

14 Maßgeblich sind die Ziele und Motive des Anmelders **zum Anmeldezeitpunkt,** wie sie aufgrund aller bekannten Indizien feststellbar sind. Dies schließt es aber nicht aus, solche Umstände zu berücksichtigen, die sich vor oder nach dem Anmeldezeitpunkt manifestieren. Dazu zählen etwa die unternehmerische Logik, in die sich die Anmeldung einfügt (EuG T-33/11, GRUR Int 2012,647 Rn. 21 – BIGAB), allgemein die Geschehensabfolge bei der Anmeldung (EuG T-257/11, BeckRS 2016, 80859 Rn. 68 – COLOURBLIND) oder auch eine Strategie missbräuchlicher Markenanmeldungen (EuG T-82/14, BeckRS 2016, 81483 – LUCEO).

15 Die Bösgläubigkeit ist stets **einzelfallbezogen,** aber nach in der Europäischen Union einheitlichen Maßstäben festzustellen (EuGH C-320/12, GRUR 2013, 919 – Malaysia Dairy). In der Rechtsprechung des Gerichts haben sich einige Grundsätze entwickelt, die Orientierung geben können.

16 In seinem ersten richtungsweisenden Urteil hat der EuGH (C-529/07, GRUR 2009, 763 Rn. 53 – Goldhase) festgehalten, dass bei der Prüfung der Bösgläubigkeit alle erheblichen Faktoren zu berücksichtigen sind, die zum Anmeldezeitpunkt Relevanz besitzen, und hat hierfür die nachfolgenden Kriterien genannt. Diese sind insbesondere mit Blick auf das betreffende Vorabentscheidungsersuchen maßgeblich gewesen, hinsichtlich anderer Fallumstände aber nur als Beispiele zu verstehen (vgl. EuG T-227/09, GRUR Int 2012, 651 – FS):

Absolute Nichtigkeitsgründe **Art. 52 UMV**

- die Tatsache, dass der Anmelder weiß oder wissen muss, dass ein Dritter in mindestens einem Mitgliedstaat ein gleiches oder ähnliches Zeichen für eine gleiche oder mit dem angemeldeten Zeichen verwechselbar ähnliche Ware verwendet,
- die Absicht des Anmelders, diesen Dritten an der weiteren Verwendung eines solchen Zeichens zu hindern, sowie
- den Grad des rechtlichen Schutzes, den das Zeichen des Dritten und das angemeldete Zeichen genießen.

Nach diesen Kriterien der EuGH-Entscheidung in „Goldhase" kann es ausreichend sein, 17 wenn eine Kenntnis des Anmelders von einer Verwendung eines gleichen oder ähnlichen Zeichens für gleiche oder ähnliche Waren oder Dienstleistungen aufgrund der Fallumstände vermutet werden kann. Eine Kenntnis („Wissenmüssen") kann insbesondere dann vorliegen, wenn etwa die Ähnlichkeit zwischen Bildmarken kein bloßer Zufall sein kann (EuG T-335/14, BeckRS 2016, 80710 – DoggiS; s. aber auch EuG T-291/09, GRUR Int 2012, 453 – Pollo Tropical CHICKEN ON THE GRILL, worin das Gericht aufgrund der Fallumstände trotz offensichtlicher Ähnlichkeit der Marken nicht von einer Kenntnis ausgegangen ist). Eine allgemeine Kenntnis einer Verwendung eines gleichen oder ähnlichen Zeichens auf dem betreffenden Wirtschaftssektor kann sich insbesondere aus der Dauer der Verwendung ergeben; je länger eine Verwendung bereits besteht, desto wahrscheinlicher ist es, dass der Anmelder im Anmeldezeitpunkt Kenntnis davon hatte (EuGH C-529/07, GRUR 2009, 763 – Goldhase).

Die Identität oder Ähnlichkeit der Zeichen ist bei diesen Fallumständen nicht nur im 18 summarischen Vergleich, sondern anhand ihrer bildlichen, klanglichen und begrifflichen Ähnlichkeit und dem darauf beruhenden Gesamteindruck der Zeichen zu beurteilen (EuG T-227/09, GRUR Int 2012, 651 Rn. 39 – FS mwN).

Eine **bloße Kenntnis der Drittverwendung** allein reicht allerdings für die Annahme 19 einer Bösgläubigkeit nicht aus. Dies folgt schon aus dem in Art. 8 Abs. 2 niedergelegten Grundsatz des „ersten Anmelders", wonach die bloße Benutzung einer nicht eingetragenen Marke durch einen Dritten der Eintragung einer identischen oder ähnlichen Marke als Unionsmarke für identische oder ähnliche Waren oder Dienstleistungen nicht entgegensteht (EuG T-100/13, BeckEuRS 2015, 436667 Rn. 30 – CAMOMILLA). Dieser Grundsatz würde umgangen, wenn schon die bloße Kenntnis einer Vorbenutzung durch einen Dritten ausreiche, um die Anmeldung als bösgläubig zu qualifizieren.

Maßgeblich ist nach den Fallumständen in der „Goldhase"-Entscheidung daher zudem 20 auf die **Absicht** abzustellen, einen Dritten an der **Vermarktung der Ware zu hindern**, ohne selbst die Marke benutzen zu wollen. In diesem Fall wird die Marke nicht in ihrer Hauptfunktion, nämlich der Hinweis- und Unterscheidungsfunktion in Bezug auf bestimmte Waren oder Dienstleistungen eingesetzt, sondern zweckentfremdet, indem sie auf ihre Ausschlussfunktion reduziert wird.

Eine Behinderungsabsicht kann unter anderem dann vorliegen, wenn mittels der Anmel- 21 dung der Unionsmarke allein der bevorstehende Vertrieb von Waren und Dienstleistungen im Binnenmarkt der EU, die bereits in Drittstaaten erfolgreich vermarktet werden, erschwert werden soll (HABM BK v. 23.1.2015 – R 2553/2013-2 – senpilic).

Verwendet ein Dritter seit langem das gleiche oder ähnliche Zeichen für gleiche oder 22 ähnliche Waren mit der Folge, dass das Zeichen einen **gewissen rechtlichen Schutz** für den Dritten genießt, spricht dieser Umstand erheblich für eine Bösgläubigkeit des Anmelders. Umgekehrt ist aber nicht auszuschließen, dass der Anmelder ein berechtigtes Eigeninteresse verfolgt, um sich selbst eine gesicherte Rechtsposition zu verschaffen und um zu vermeiden, nicht berechtigten Ansprüchen ausgesetzt zu sein (EuG T-507/08, GRUR Int 2011, 1081 – Psytech International), insbesondere wenn ein dritter Verwender erst seit kurzem auf dem Markt tätig ist (EuGH C-529/07, GRUR 2009, 763 – Goldhase).

Die Rechtsprechung hat noch nicht weiter konkretisiert, wann genau ein **hinreichender** 23 **Grad** des rechtlichen Schutzes erreicht ist.

Ohne weiteres bejaht wird es etwa, wenn der Name eines bekannten Modedesigners aus den USA 23.1 angemeldet wird (HABM BK v. 12.1.2016 – R 3135/2014-2 Rn. 86 – ALEXANDER WANG). Selbst eine bloße Restbekanntheit einer ehemals weit verwendeten Marke kann ausreichend sein, wenn deren Wertschätzung ausgebeutet werden soll (EuG T-327/12, GRUR Int 2014, 1047 Rn. 72 – SIMCA;

Hanne

HABM BK v. 21.12.2015 – R 3028/2014-5 – PM PEDRO MORAGO). In einem eng begrenzten Marktumfeld kann etwa die Erwähnung der älteren Marke in der Fachpresse und der dreimonatige Vertrieb von gekennzeichneten Waren genügen (HABM BK v. 6.4.2016 – R 35/2015-5 – Iodent). Die bloße Registrierung einer Marke in einem Drittstaat wird in der Regel wohl nicht genügen (so im Ergebnis: HABM BK v. 18.2.2015 – R 1991/2013-2 – PlayNow).

24 Ein weiterer Faktor für die Beurteilung der Bösgläubigkeit ist die **Art bzw. Gestaltung der angemeldeten Marke.** Besteht das Zeichen zB in der Gesamtform und -aufmachung aus einer Ware, kann die Bösgläubigkeit des Anmelders zu bejahen sein, wenn die Wahlfreiheit der Mitbewerber hinsichtlich Form und Aufmachung der Ware aufgrund technischer und kommerzieller Erwägungen so beschränkt ist, dass die Mitbewerber durch die Marke an der Vermarktung vergleichbarer Waren gehindert werden können (EuGH C-529/07, GRUR 2009, 763 – Goldhase). Gleiches gilt im Fall einer Wortmarke, in die Sonderzeichen nur eingefügt wurden, um einen Gattungsbegriff zu verschleiern und sich zunutze zu machen, dass Sonderzeichen bei der Domain-Registrierung eines geschützten Begriffs entfernt oder durch Bindestrich ersetzt werden (EuGH C-569/08, GRUR 2010, 733 – www.reifen.eu). Es begründet aber noch keine Bösgläubigkeit, wenn die angemeldete Marke bildlich identisch zu einem älteren Bildzeichen ist, jedenfalls soweit eine bloße Kopie nicht bewiesen ist (EuG T-291/09, GRUR Int 2012, 453 Rn. 90 – Pollo Tropical CHICKEN ON THE GRILL).

25 **Namensgleiche** oder Markeninhaber, deren Zeichen in einer Gleichgewichtslage (langjährige unbeanstandete Parallelnutzung gleicher Marken, Abgrenzungsvereinbarungen, Betriebstrennungen) stehen, haben bestimmte Rücksichten zu nehmen (→ MarkenG § 8 Rn. 822). Je nach den Umständen des Einzelfalls kann eine Bösgläubigkeit als Korrektiv des Prioritätsgrundsatzes wirken, wenn die Anmeldung den anständigen Gepflogenheiten in Gewerbe und Handel widerspricht.

26 Eine Bösgläubigkeit kann auch dann vorliegen, wenn der Anmelder der Unionsmarke durch die Eintragung beabsichtigt, sich die Marke eines Dritten anzueignen, mit dem er **vertragliche oder vorvertragliche Beziehungen** gepflegt hat. Es ist allerdings zu beachten, dass ein vertraglicher Verstoß allein noch keine Bösgläubigkeit einer späteren Anmeldung begründet. Daher dürfte es etwa darauf ankommen, wie weit an die vertraglichen Beziehungen auch gegenseitige Loyalitäts- und Redlichkeitspflichten geknüpft sind (EuG T-321/10, GRUR Int 2014, 172 – SALINI). Aus diesem Grund sollte der Nichtigkeitsantragsteller seine Begründung nicht allein auf einen einfachen Vertragsverstoß stützen, zumal die Nichtigkeitsabteilung ohnehin nicht kompetent ist, darüber abschließend zu befinden.

27 **Abmahnungen,** die auf eine eingetragene Unionsmarke gestützt werden, können herangezogen werden, um auf die Absichten des Anmelders zum maßgeblichen Anmeldezeitpunkt zu schließen. Grundsätzlich gehören außergerichtliche Unterlassungsaufforderungen aber zu den mit der Eintragung einer Unionsmarke verbundenen Befugnisse nach Art. 9 (EuG T-33/11, GRUR Int 2012, 647 – BIGAB). Insbesondere wenn der Inhaber zum Anmeldezeitpunkt noch über keine Kenntnisse von dem Drittzeichen verfügt, kann eine Abmahnung gegen die weitere Verwendung allein noch keine Bösgläubigkeit des Inhabers begründen (EuG T-327/12, GRUR Int 2014, 1047 – SIMCA). Gleichwohl können sie als eine Bösgläubigkeit begründender Rechtsmissbrauch bewertet werden. Dieser ist dadurch gekennzeichnet, dass zum einen trotz formaler Einhaltung der unionsrechtlichen Bedingungen das Ziel der Unionsregelung nicht erreicht wird und zum anderen die Absicht besteht, sich dadurch einen unionsrechtlich vorgesehenen Vorteil zu verschaffen, dass die entsprechenden Voraussetzungen willkürlich geschaffen werden (zur Strategie missbräuchlicher Markenanmeldungen EuG T-82/14, BeckRS 2016, 81483 – LUCEO).

28 Auch kann Bösgläubigkeit vorliegen, wenn eine Marke, die bereits in einem Mitgliedstaat wegen Bösgläubigkeit gelöscht worden ist, als Unionsmarke angemeldet wird. Dies gilt dann nicht, wenn sie unabhängig von einer Bösgläubigkeit zurückgewiesen worden ist. Da ein Verzicht auf eine Marke auf unterschiedlichen Erwägungen beruhen kann, ist eine **erneute Anmeldung nach einem Verzicht** nicht von vornherein missbräuchlich. Diente der Verzicht zur Beilegung eines Streits, hatten es die daran Beteiligten in der Hand, eine erneute Anmeldung durch entsprechende Vereinbarungen auszuschließen und zu sanktionieren.

29 **Wiederholungsanmeldungen** können zwar gegen einen generellen Benutzungswillen sprechen, gelten aber nicht in jedem Fall als missbräuchlich (auch zur Umgehung der Benut-

Absolute Nichtigkeitsgründe   **Art. 52 UMV**

zungsschonfrist → Art. 15 Rn. 34; ein Interesse an der Verfügbarkeit identischer Zeichen ist denkbar (Ingerl Mitt 1997, 391 f.; Fezer MarkenG § 25 Rn. 24, 25, 29). Daher sind weitere Indizien für eine Bösgläubigkeit erforderlich (EuG T-136/11, BeckRS 2012, 82710 – Pelikan; Loschelder, FS Bornkamm, 2014, 637 (643)).

Dem EuG genügten bei Pelikan (T-136/11, BeckRS 2012, 82710) die Zusammenfassung zweier 29.1
älterer Marken im Rahmen einer Modernisierung anlässlich des 125jährigen Bestehens zu nunmehr einer sowie eine Erweiterung von speziellen Waren und Dienstleistungen auf weite Oberbegriffe, eine Bösgläubigkeit zu verneinen (Bender MarkenR 2013, 1 (11)). Eine bloße Abwandlung der wiederholten Anmeldung alleine ohne einen solchen betrieblichen Hintergrund kann aber nicht genügen, um eine Bösgläubigkeit wegen einer missbräuchlichen Wiederholungsanmeldung auszuschließen. Auch beim untreuen Agenten reichen geringfügige Variationen, wie im Rahmen des Art. 15 Abs. 1a, nicht aus, solange die Marken in wirtschaftlicher Hinsicht äquivalent sind.

Darüber hinaus können weitere Anmeldungen des Inhabers, die ebenfalls den Ruf von 30
Zeichen Dritter ausbeuten, ein starkes Indiz für dessen Bösgläubigkeit sein und zwar selbst dann, wenn sie außerhalb der Europäischen Union erfolgten (HABM BK v. 12.1.2016 – R 3135/2014-2 – ALEXANDER WANG).

Zu weit geht es, Markenanmeldung von Gestaltungsformen parallel oder nachgehend zu 31
entsprechenden Patenten, Gebrauchs- oder Unionsgeschmacksmusters bzw. eingetragenen Designrechten als missbräuchliche Verlängerung dieser zeitlich begrenzten Rechte anzusehen (so aber Körner/Gründig-Schnelle GRUR 1999, 535 (541)). Eine Kumulation von Immaterialgüterrechten ist möglich, da Marken und andere Immaterialgüterrechte unterschiedlichen Zielen dienen und auch unterschiedliche Schutzvoraussetzungen haben. Es muss nicht verhindert werden, dass parallele Schutzrechte komplementär wirken und in Summe einen stärkeren Schutz gewährleisten (Albrecht VPP-Rundbrief 2013, 164 (169))).

Die Bösgläubigkeit des Anmelders führt nach einem Urteil des EuG zu einer **Nichtigkeit** 32
der Unionsmarke in ihrer Gesamtheit, auch wenn sich die Bösgläubigkeit insbesondere mit Blick auf bestimmte Waren oder Dienstleistungen ergeben hat (EuG T-321/10, GRUR Int 2014, 172 – SALINI). Es liegt keine gesicherte Rechtsprechung vor, ob dies in jedem Fall zu gelten hat.

D. Nach der Eintragung erworbene Unterscheidungskraft (Abs. 2)

Art. 52 Abs. 2 schließt eine Nichtigkeitserklärung wegen absoluter Eintragungshindernisse 33
von Marken aus, die entgegen Art. 7 Abs. 1 Buchst. b, c oder Buchst. d eingetragen worden sind, wenn diese nach der Eintragung durch Benutzung im Verkehr für die eingetragenen Waren oder Dienstleistungen Unterscheidungskraft als betrieblicher Herkunftshinweis erlangt haben, d.h. also **verkehrsdurchgesetzt** sind.

Neben dem Erwerb der Unterscheidungskraft nach der Eintragung der angegriffenen 34
Unionsmarke, kann deren Inhaber im Nichtigkeitsverfahren auch geltend machen, diese sei schon zum Anmeldezeitpunkt verkehrsdurchgesetzt gewesen und damit schon nicht gegen Art. 7 Abs. 1 eingetragen worden.

Die **Voraussetzungen** der Erlangung von Unterscheidungskraft entsprechen den Anfor- 35
derungen des Art. 7 Abs. 3 (→ Art. 7 Rn. 178; spezifisch zu Art. 52 Abs. 2: vgl. EuG T-444/08, T-445/08, T-446/08, T-447/08, BeckEuRS 2010, 560302 – Ferrero). Der Erwerb der Unterscheidungskraft durch Benutzung setzt voraus, dass ein erheblicher Teil der angesprochenen Verkehrskreise die betreffenden Waren oder Dienstleistungen einem bestimmten Unternehmen zuordnet. Die Verkehrsdurchsetzung muss für den Teil der Union nachgewiesen werden, in dem die Marke ursprünglich keine Unterscheidungskraft besessen hat (EuG T-28/08, BeckRS 2009, 70778 – BOUNTY; vgl. hierzu auch EuG T-589/11, BeckRS 2012, 82501 – PAGINE GIALLE: Die Marke blieb eingetragen, da sie in Italien Verkehrsdurchsetzung erlangt habe und im übrigen Europa nicht verstanden werde).

Hinsichtlich der **Beweislast** ist davon auszugehen, dass nur der Inhaber der Unionsmarke 36
eine erworbene Unterscheidungskraft behaupten kann und diese im Fall des Bestreitens auch beweisen muss (vgl. EUIPO-Prüfungsrichtlinien, Teil D: Löschung, Abschnitt 2: Wesentliche Vorschriften); er muss daher geeignete und hinreichende Beweismittel zum Nachweis dafür vorlegen, dass die Marke Unterscheidungskraft durch Benutzung erlangt hat (EuG T-190/09, GRUR-RR 2011, 258 Rn. 46 – 5 HTP).

37 Bei einem Nachweis einer nachträglichen Verkehrsdurchsetzung gilt die Unionsmarke als von Anfang an schutzfähig und behält dementsprechend ihren Anmelde- bzw. Prioritätstag. Somit kann dessen Inhaber sie auch gegen Marken mit einem späteren, aber noch vor der Verkehrsdurchsetzung liegenden Anmelde- bzw. Prioritätstag geltend machen. Dem Dritten wird zwar nach dem Wortlaut des Art. 13a kein sog. **Zwischenrecht** eingeräumt, jedoch gebietet dies der Zweck dieser Vorschrift (→ Art. 13a Rn. 14).

E. Teilweise Nichtigkeit (Abs. 3)

38 Liegt nur für einen Teil der Waren oder Dienstleistungen der Unionsmarke einer der absoluten Nichtigkeitsgründe vor, ist nur für diese die Nichtigkeit der Eintragung zu erklären. Die Teilnichtigkeit kann auch in den Fällen des Art. 52 Abs. 2 gegeben sein, wenn die Verkehrsdurchsetzung nur für einen Teil der Waren oder Dienstleistungen nachträglich erworben worden ist und somit der Nichtigerklärung nur beschränkt entgegensteht.

39 Besteht der absolute Nichtigkeitsgrund für eine Ware oder Dienstleistung eines nicht untergliederten Oberbegriffs, ist die Marke für den Oberbegriff nichtig (→ MarkenG § 50 Rn. 24). Die Nichtigkeit wegen Bösgläubigkeit betrifft in der Regel sämtliche Waren und Dienstleistungen (→ Rn. 32).

Art. 53 Relative Nichtigkeitsgründe

(1) Die Unionsmarke wird auf Antrag beim Amt oder auf Widerklage im Verletzungsverfahren für nichtig erklärt,
a) wenn eine in Artikel 8 Absatz 2 genannte ältere Marke besteht und die Voraussetzungen der Absätze 1 oder 5 des genannten Artikels erfüllt sind;
b) wenn eine in Artikel 8 Absatz 3 genannte Marke besteht und die Voraussetzungen des genannten Absatzes erfüllt sind;
c) wenn ein in Artikel 8 Absatz 4 genanntes älteres Kennzeichenrecht besteht und die Voraussetzungen des genannten Absatzes erfüllt sind;
d) wenn eine in Artikel 8 Absatz 4a genannte ältere Ursprungsbezeichnung oder geografische Angabe besteht und die Voraussetzungen des genannten Absatzes erfüllt sind.
Alle in Unterabsatz 1 genannten Voraussetzungen müssen am Anmeldetag oder am Prioritätstag der Unionsmarke erfüllt sein.

(2) Die Unionsmarke wird auf Antrag beim Amt oder auf Widerklage im Verletzungsverfahren ebenfalls für nichtig erklärt, wenn ihre Benutzung aufgrund eines sonstigen älteren Rechts gemäß dem für dessen Schutz maßgebenden Unionsrecht oder nationalen Recht untersagt werden kann insbesondere eines
a) Namensrechts;
b) Rechts an der eigenen Abbildung;
c) Urheberrechts;
d) gewerblichen Schutzrechts.

(3) Die Unionsmarke kann nicht für nichtig erklärt werden, wenn der Inhaber eines der in Absatz 1 oder 2 genannten Rechte der Eintragung der Unionsmarke vor der Stellung des Antrags auf Nichtigerklärung oder der Erhebung der Widerklage ausdrücklich zustimmt.

(4) Hat der Inhaber eines der in Absatz 1 oder 2 genannten Rechts bereits einen Antrag auf Nichtigerklärung der Unionsmarke gestellt oder im Verletzungsverfahren Widerklage erhoben, so darf er nicht aufgrund eines anderen dieser Rechte, das er zur Unterstützung seines ersten Begehrens hätte geltend machen können, einen neuen Antrag auf Nichtigerklärung stellen oder Widerklage erheben.

(5) Artikel 52 Absatz 3 ist entsprechend anzuwenden.

Überblick

Mittels des Antrags auf Erklärung der Nichtigkeit aufgrund relativer Eintragungshindernisse können ältere Rechte geltend gemacht werden, die mit der angegriffenen Marke kollidieren.

Relative Nichtigkeitsgründe   **Art. 53 UMV**

Es gibt fünf Kategorien älterer Rechte, auf die ein Nichtigkeitsantrag aufgrund relativer Rechte gestützt werden kann: ältere Markenrechte (Abs. 1 Buchst. a), die Agentenmarke (Abs. 1 Buchst. b), ältere Kennzeichenrechte (Abs. 1 Buchst. c), ältere Ursprungsbezeichnungen oder geografische Angaben (Abs. 1 Buchst. d) und sonstige ältere Rechte (Abs. 2).

Damit können in Nichtigkeitsverfahren im Vergleich zu Widerspruchsverfahren zusätzliche ältere Rechte geltend gemacht werden, die nicht kennzeichenrechtlichen Ursprungs sind und nicht der europäischen Harmonisierung durch die RL (EU) 2015/2436 unterliegen.

Die Nichtigerklärung einer Unionsmarke kann nach Abs. 3 nicht erfolgen, wenn der Inhaber eines älteren Rechts nach Art. 53 Abs. 1 oder Abs. 2 vor der Stellung des Nichtigkeitsantrags bzw. Widerklageerhebung der Eintragung der Unionsmarke ausdrücklich zugestimmt hat (→ Rn. 20).

Abs. 4 bestimmt, dass alle Ansprüche wegen älterer Rechte in einem Antrag bzw. in einer Widerklage geltend zu machen sind, d.h. eine sukzessive Geltendmachung in mehreren Anträgen ist nicht zulässig, sondern nur eine kumulative in einem Antrag (→ Rn. 24).

Abs. 5 verweist auf Art. 52 Abs. 3 (→ Art. 52 Rn. 38), wonach beim Vorliegen des absoluten Nichtigkeitsgrundes für nur einen Teil der Waren und Dienstleistungen eine Nichtigerklärung nur teilweise erfolgt.

Während Art. 53 die relativen Nichtigkeitsgründe aufführt, enthalten Art. 56 und 57 die formalen Regelungen für den Antrag auf Erklärung der Nichtigkeit (und des Verfalls) sowie das Nichtigkeitsverfahren.

Die Wirkungen der Nichtigkeit sind in Art. 55 geregelt (→ Art. 55 Rn. 1 ff.).

Übersicht

	Rn.		Rn.
A. Geltendmachung der Nichtigkeit ...	1	D. Kumulationsgebot (Abs. 4)	24
B. Nichtigkeitsgründe	10		
C. Zustimmung (Abs. 3)	20	E. Teilweise Nichtigkeit (Abs. 5)	25

A. Geltendmachung der Nichtigkeit

Der Anspruch auf Nichtigerklärung wegen relativer Eintragungshindernisse kann entweder durch **Antrag** beim EUIPO (→ Art. 56 Rn. 1) oder im Wege der **Widerklage** im Verletzungsverfahren vor den nationalen Unionsmarkengerichten nach Art. 100 (→ Art. 100 Rn. 1 ff.) geltend gemacht werden; eine Klage auf Nichtigerklärung wegen eines älteren Rechts kann im Gegensatz zum nationalen Verfahren (→ MarkenG § 51 Rn. 1 ff.) nicht vor den Zivilgerichten erhoben werden. 1

Im Unterschied zum Widerspruchsverfahren nach Art. 41 ist der Nichtigkeitsantrag **nicht fristgebunden.** Allerdings kann er erst nach der Eintragung der Unionsmarke gestellt werden (→ Art. 56 Rn. 38). 2

Art. 52 stellt nunmehr ausdrücklich fest, dass die Voraussetzungen der in Abs. 1 genannten Rechte schon am Anmeldetag oder am Prioritätstag der Unionsmarke erfüllt sein müssen. Diese auch für einen Widerspruch geltende Voraussetzung stellt sicher, dass eine Unionsmarke nicht aufgrund von älteren Rechten gelöscht werden kann, auf die ein Widerspruch nicht erfolgreich hätte gestützt werden können. Es wird dadurch aber nicht ausgeschlossen, dass weitere Voraussetzungen auch noch bei der Stellung des Antrags vorliegen müssen, also etwa die überörtliche Bedeutung eines Kennzeichens nach Art. 8 Abs. 4 (→ Art. 8 Rn. 190). 3

Für die älteren Rechte nach Abs. 2 kann mit Blick auf die Rechtsfolge der Erklärung der Nichtigkeit nichts anderes gelten, denn die Wirkungen der Unionsmarke gelten nach Art. 55 Abs. 2 von Anfang an als nicht eingetreten (→ Art. 55 Rn. 5). 4

Im Gegensatz zu den Anträgen auf Nichtigerklärung wegen absoluter Eintragungshindernisse oder wegen Verfalls ist der Kreis der **Antragsberechtigten** auf die Inhaber älterer Rechte beschränkt (→ Art. 56 Rn. 30). 5

Der Antrag ist gemäß Art. 56 Abs. 2 unzulässig, wenn eine **rechtskräftige Entscheidung** eines Gerichts eines Mitgliedstaates oder der Nichtigkeitsabteilung selber über denselben Anspruch zwischen denselben Parteien vorliegt (→ Art. 56 Rn. 63). Eine frühere Entschei- 6 dung des EUIPO in einem Widerspruchsverfahren schließt einen späteren Antrag auf Nichtigerklärung aufgrund derselben älteren Rechte aber nicht aus (→ Art. 56 Rn. 68).

7 Gegen eine ältere Registermarke kann gemäß Art. 57 Abs. 2 oder Abs. 3 eine **Benutzungseinrede** erhoben werden (→ Art. 57 Rn. 22). Im Unterschied zum Widerspruchsverfahren muss sie gesetzlich nicht zwingend bereits in der ersten Stellungnahme des Inhabers der Unionsmarke erhoben werden (→ Art. 57 Rn. 26). Der Nichtigkeitsantrag ist zurückzuweisen, wenn der Nachweis für einen der beiden relevanten Zeiträume nicht (fristgerecht) erbracht wurde.

8 Der Verfahrensablauf beim Nichtigkeitsverfahren aus relativen Gründen stellt sich weitgehend deckungsgleich mit dem Nichtigkeitsverfahren aus absoluten Gründen (→ Art. 52 Rn. 1 ff.) und dem Verfallsverfahren dar (→ Art. 51 Rn. 1 ff.).

9 Zu weiteren Einzelheiten zur Durchführung des Verfahrens wird auf die Kommentierung zu Art. 56 (→ Art. 56 Rn. 1 ff.) und Art. 57 (→ Art. 57 Rn. 1 ff.) verwiesen.

B. Nichtigkeitsgründe

10 Die relativen Nichtigkeitsgründe nach Art. 53 Abs. 1 setzen alternativ voraus, dass
- eine **ältere Marke** iSd Art. 8 Abs. 2 vorliegt und die Voraussetzungen des Art. 8 Abs. 1 gegeben sind, nämlich Identität oder Ähnlichkeit der Waren oder Dienstleistungen und Identität oder Verwechslungsgefahr (einschließlich der Gefahr gedanklicher Verbindung) der Zeichen (→ Art. 8 Rn. 2). Ist keine Identität oder Ähnlichkeit der Waren oder Dienstleistungen gegeben, kann der Nichtigkeitsantrag nach Art. 8 Abs. 5 erfolgreich sein, wenn es sich um eine in der Union bzw. einem nationalen Mitgliedstaat bekannte identische oder ähnliche Marke handelt (→ Art. 8 Rn. 210).
- eine **Agentenmarke** iSd Art. 8 Abs. 3 vorliegt (→ Art. 8 Rn. 151);
- ein **älteres Kennzeichenrecht** nach Art. 8 Abs. 4 gegeben ist und die diesbezüglichen Voraussetzungen vorliegen (→ Art. 8 Rn. 178);
- eine **ältere Ursprungsbezeichnung oder geografische Angabe** nach Art. 8 Abs. 4a besteht und die diesbezüglichen Voraussetzungen vorliegen (→ Art. 8 Rn. 206).

11 Art. 53 Abs. 1 Buchst. d nennt nunmehr ausdrücklich **ältere Ursprungsbezeichnungen oder geografische Angaben** als relative Nichtigkeitsgründe, soweit sie von Art. 8 Abs. 4 Buchst. a umfasst sind. Diese konnten zuvor bereits nach Art. 53 Abs. 1 Buchst. c im Nichtigkeitsverfahren als älteres Kennzeichenrecht geltend gemacht werden, sind nunmehr aber ausschließlich Gegenstand von Art. 53 Abs. 1 Buchst. d. In Abgrenzung zu Art. 8 Abs. 4 ist eine Benutzung von mehr als nur örtlicher Bedeutung nicht mehr erforderlich (→ Art. 8 Rn. 209).

11.1 Dies wirft insbesondere für das Nichtigkeitsverfahren die Frage auf, ob das Erfordernis einer Benutzung von mehr als nur örtlicher Bedeutung auch dann nicht mehr gilt, wenn eine ältere Ursprungsbezeichnungen oder geografische Angaben gegen eine Unionsmarke geltend gemacht wird, die vor dem Inkrafttreten der VO (EU) 2015/2424 am 23.3.2016 angemeldet worden ist oder deren Prioritätstag davor liegt. Nach der Praxis der Nichtigkeitsabteilung wird allein auf die originären Voraussetzungen für ältere Ursprungsbezeichnungen oder geografische Angaben abgestellt (vgl. EUIPO-Prüfungsrichtlinien, Teil D: Löschung, Abschnitt 2: Wesentliche Vorschriften; in der ab dem 1.8.2016 geltenden Fassung), dh dieses Erfordernis nach Art. 8 Abs. 4 wird auch bei solchen Unionsmarken nicht mehr geprüft.

12 Die relativen Nichtigkeitsgründe nach Abs. 2 umfassen die dort beispielhaft genannten, **sonstigen älteren Rechte** (nicht abschließend, da „insbesondere"), die nicht Kennzeichnungsrechte sind und dem Schutz von Interessen unterschiedlichster Art dienen (EuGH C-263/09, GRUR Int 2011, 821 – ELIO FIORUCCI). Dazu zählen das Namensrecht (Abs. 2 Buchst. a), das Recht an der eigenen Abbildung (Buchst. b), das Urheberrecht (Buchst. c) oder ein gewerbliches Schutzrecht (Buchst. d). Diese können im Widerspruchsverfahren nicht geltend gemachte werden.

13 Berücksichtigungsfähig sind nach dem ausdrücklichen Wortlaut des Art. 53 Abs. 2 ältere sonstige Rechte sowohl nach dem **Unionsrecht** als auch nach dem **nationalen Recht** eines Mitgliedstaates.

14 Die Geltendmachung des **Namensrechts** (Rechtsgrundlage in Deutschland ist § 13 Abs. 1, Abs. 2 Nr. 1 MarkenG iVm § 12 BGB) ist nicht beschränkt auf Sachverhalte, in denen

Relative Nichtigkeitsgründe   **Art. 53 UMV**

die Eintragung einer Unionsmarke in Konflikt mit dem Recht gerät, das ausschließlich dem Schutz des Namens des Betroffenen als eines Attributs der Persönlichkeit dient, sondern es ist weit auszulegen und umfasst auch die wirtschaftliche Nutzung des Namens (EuGH C-263/09, GRUR Int 2011, 821 – ELIO FIORUCCI).

Das Namensrecht kann wohl nach dem nationalen Recht der meisten Mitgliedstaaten als Grundlage **14.1** für eine Untersagung dienen (Griechenland: HABM BK v. 30.6.2015 – R 285/2014-2 – MARIA CALLAS; Schweden bzw. in Finnland: HABM NA v. 24.5.2006 – 831C und 841C – FAZER).

In die Kategorie der sonstigen älteren Rechte können zudem auch **Titel von Filmen** **15** **oder anderen Publikationen** fallen, soweit sie nicht deren betriebliche Herkunft, sondern deren künstlerischen Ursprung angeben (EuG T-435/05, GRUR Int 2010, 50 – Dr. No).

Das Recht an der **eigenen Abbildung** gründet sich in Deutschland auf § 13 Abs. 1, **16** Abs. 2 Nr. 2 iVm § 22 KunstUrhG als spezieller Ausdruck des allgemeinen Persönlichkeitsrechts. Nach dieser Vorschrift dürfen Bildnisse nur mit Einwilligung des Abgebildeten verbreitet oder öffentlich zur Schau gestellt werden (auf das allgemeine Persönlichkeitsrecht nach §§ 823 BGB und Art. 2 Abs. 1 GG iVm Art. 1 Abs. 1 GG abstellend HABM BK v. 17.7.2013 – R 944/2012-2 – BILLIE JEAN DANCE WALKING).

Übernimmt eine Marke ein **urheberrechtlich** geschütztes Werk oder entsprechend **17** geschützte Teile davon, kann sie gemäß § 13 Abs. 1, Abs. 2 Nr. 3 MarkenG iVm UrhG gelöscht werden. Es greift ungeachtet der Waren und Dienstleistungen der angegriffenen Unionsmarke (HABM BK v. 16.5.2012 – R 1925/2011-4 – HAPPY ANGELS). Das nationale Urheberrecht der Mitgliedstaaten kann verschiedenste Zeichen schützen (für den Namen einer Filmfigur nach spanischem Recht HABM BK v. 31.10.2012 – R 1163/2011-1 – TONY MONTANA). Soweit nach dem nationalen Recht eine gewisse Schöpfungshöhe für die Entstehung eines Urheberrechts erforderlich ist, wird sich dessen Nachweis aber oft schwer gestalten (s. etwa HABM BK v. 9.11.2012 – R 1299/2011-4 – CZECHTRADE).

Das jeweilige nationale Recht gilt im Rahmen der für sämtliche Mitgliedstaaten verbindlichen **17.1** Berner Übereinkunft zum Schutze von Werken der Literatur und Kunst sowie dem Übereinkommen über handelsbezogene Aspekte der Rechte des geistigen Eigentums (HABM BK v. 2.6.2014 – R 904/2013-4 – KMM THE ORIGINAL STYLE).

Ein sonstiges **gewerbliches Schutzrecht** nach nationalem Recht stellt zB ein eingetragenes **18** Design nach § 13 Abs. 2 Nr. 6 MarkenG iVm § 38 DesignG dar sowie eine Sortenbezeichnung nach § 13 Abs. 2 Nr. 4 MarkenG iVm § 14 SortSchG.

In jedem Fall ist der Inhalt des anzuwendenden Recht **durch den Antragsteller nachzu-** **19** **weisen** (zum Namensrecht EuGH C-263/09, GRUR Int 2011, 821 – ELIO FIORUCCI; HABM BK v. 24.3.2014 – R 782/2012-4 – JIMI HENDRIX; zum Urheberrecht EuGH C-530/12 P, GRUR-RS 2014, 80617 – National Lottery Commission). Im Fall der Berufung auf ein eingetragenes Gemeinschaftsgeschmacksmuster ist jedoch kein Nachweis des Geschmacksmusterrechts der Europäischen Union notwendig (vgl. EUIPO-Prüfungsrichtlinien, Teil D: Löschung, Abschnitt 2: Wesentliche Vorschriften).

C. Zustimmung (Abs. 3)

Nach Abs. 3 kann eine Unionsmarke nicht auf Antrag für nichtig erklärt werden, wenn **20** der Inhaber eines älteren Rechts nach Abs. 1 oder 2 der Eintragung der jüngeren Unionsmarke vor der Stellung des Antrags auf Nichtigerklärung oder der Erhebung der Widerklage ausdrücklich zugestimmt hat (zB durch Vertrag zwischen den Parteien). Dies stünde im Widerspruch zum früheren Verhalten („venire contra factum proprium"; vgl. auch Bender in Fezer, HdB Markenpraxis, I 2 Rn. 1541).

In diesem Zusammenhang ist zudem die Vorschrift des Art. 54 zu beachten, die im Falle **21** einer Verwirkung durch Duldung einen Antrag auf Nichtigkeit ausschließt (→ Art. 54 Rn. 1).

Die **Zustimmung** muss nicht vor dem Datum der Eintragung gegeben werden, es genügt, **22** wenn diese vor Stellung des Antrags auf Nichtigerklärung erfolgt (vgl. EUIPO-Prüfungsrichtlinien, Teil D: Löschung, Abschnitt 2: Wesentliche Vorschriften).

Eine **konkludente** Zustimmung, die sich aus den Umständen ergibt, reicht für die **23** Anwendbarkeit des Art. 53 Abs. 3 nicht aus. Nach dessen Wortlaut muss sie ausdrücklich

Hanne

erfolgen. Angesichts der mit der Zustimmung verbundenen Rechtsfolge muss sie unzweifelhaft vorliegen (HABM BK v. 24.2.2015 – R 267/2014-2 – BONA/bonaSystemS). Ebenso wenig genügt eine Verwirkung durch Duldung im Sinne von Art. 54 (HABM BK v. 15.9.2005 – R 1196/2004-1 – CUCCHI GIOVANNI/PIETRO CUCCHI).

D. Kumulationsgebot (Abs. 4)

24 Abs. 4 sieht ein Verbot der sog. „Doppelantragstellung" vor: bei einem bereits erhobenen Antrag auf Nichtigerklärung aufgrund eines in Art. 53 Abs. 1 oder Art. 53 Abs. 2 genannten Rechts oder bei einer Widerklage ist das Stellen eines neuen Antrags oder die Erhebung einer neuen Widerklage aufgrund eines anderen Rechts (Marke, Kennzeichen oder sonstiges Recht), das mit dem ersten Antrag hätte geltend gemacht werden können, nicht zulässig. Dies gilt auch im Fall der Unzulässigkeit oder Zurücknahme des ersten Antrags.

E. Teilweise Nichtigkeit (Abs. 5)

25 Abs. 5 verweist auf Art. 52 Abs. 3, wonach die teilweise Nichtigerklärung vorgesehen ist, wenn das relative Schutzhindernis nur für einen **Teil** der Waren oder Dienstleistungen vorliegt (→ Art. 52 Rn. 38).

Art. 54 Verwirkung durch Duldung

(1) Hat der Inhaber einer Unionsmarke die Benutzung einer jüngeren Unionsmarke in der Union während eines Zeitraums von fünf aufeinander folgenden Jahren in Kenntnis dieser Benutzung geduldet, so kann er für die Waren oder Dienstleistungen, für die die jüngere Marke benutzt worden ist, aufgrund dieser älteren Marke nicht die Nichtigerklärung dieser jüngeren Marke verlangen, es sei denn, dass die Anmeldung der jüngeren Unionsmarke bösgläubig vorgenommen worden ist.

(2) Hat der Inhaber einer in Artikel 8 Absatz 2 genannten älteren nationalen Marke oder eines in Artikel 8 Absatz 4 genannten sonstigen älteren Kennzeichenrechts die Benutzung einer jüngeren Unionsmarke in dem Mitgliedstaat, in dem diese ältere Marke oder dieses sonstige ältere Kennzeichenrecht geschützt ist, während eines Zeitraums von fünf aufeinander folgenden Jahren in Kenntnis dieser Benutzung geduldet, so kann er für die Waren oder Dienstleistungen, für die die jüngere Unionsmarke benutzt worden ist, aufgrund dieser älteren Marke oder dieses sonstigen älteren Kennzeichenrechts nicht die Nichtigerklärung der Unionsmarke verlangen, es sei denn, dass die Anmeldung der jüngeren Unionsmarke bösgläubig vorgenommen worden ist.

(3) In den Fällen der Absätze 1 und 2 kann der Inhaber der jüngeren Unionsmarke sich der Benutzung des älteren Rechts nicht widersetzen, obwohl dieses Recht gegenüber der jüngeren Unionsmarke nicht mehr geltend gemacht werden kann.

Überblick

Die Verwirkungstatbestände des Art. 54 schränken im Interesse der Rechtssicherheit und zum Schutz der legitimen Interessen des langjährigen Verwenders einer jüngeren Unionsmarke in Abs. 1 die Geltendmachung von älteren Unionsmarken und in Abs. 2 die Geltendmachung von älteren nationalen und sonstigen Kennzeichenrechten in Nichtigkeitsverfahren ein, es sei denn die jüngere Unionsmarke ist bösgläubig (→ Rn. 19) angemeldet worden.

Die Verwirkung sanktioniert eine fünfjährige wissentliche Duldung der Benutzung der jüngeren Unionsmarke (→ Rn. 1 ff.).

In diesen Fällen kann der Inhaber der älteren Rechte die Nichtigerklärung der Unionsmarke nicht verlangen.

Davon abzugrenzen ist die Vorschrift des Art. 53 Abs. 3, wonach der Inhaber älterer Rechte die Nichtigerklärung einer jüngeren Unionsmarke nicht verlangen kann, wenn er der Eintragung dieser jüngeren Marke vor der Stellung des Nichtigkeitsantrags ausdrücklich zugestimmt hat (→ Art. 53 Rn. 24).

Im Unterschied dazu umfasst Art. 54 nicht die in Art. 53 Abs. 2, 3 ebenfalls genannten sonstigen Rechte, die somit einer Duldung grundsätzlich nicht unterliegen können.

Übersicht

	Rn.		Rn.
A. Duldung durch den Inhaber des älteren Rechts	1	III. Ort der Benutzung der jüngeren Unionsmarke	16
I. Zeitraum der Duldung	8	B. Darlegungs- und Beweislast	18
II. Kenntnis von der Benutzung der jüngeren Unionsmarke	10	C. Folgen der Verwirkung (Abs. 3)	19
		D. Ausschluss der Verwirkung	20

A. Duldung durch den Inhaber des älteren Rechts

Art. 54 differenziert nach Inhabern älterer Rechte. Während Art. 54 Abs. 1 auf den **Inhaber einer älteren Unionsmarke** als Inhaber des älteren Rechts abstellt, erfasst Art. 54 Abs. 2 den **Inhaber einer älteren nationalen Marke** (Art. 8 Abs. 2) oder den Inhaber sonstiger älterer Kennzeichenrechte, was nach dem Wortlaut des Art. 8 Abs. 4 sowohl ältere Kennzeichnungsrechte nach Unionsrecht als auch nach nationalem Recht einschließt. 1

Sonstige ältere Rechte wie sie in Art. 53 Abs. 3, der auf Art. 52 Abs. 1 und Abs. 2 verweist, gegenüber der Unionsmarke Berücksichtigung finden, können nicht durch Duldung verwirkt werden; aus ihnen könnte der Inhaber des älteren Rechts gegen die jüngere Unionsmarke auch dann vorgehen, wenn er eine Benutzung fünf Jahre lang geduldet hat; allerdings kann in diesen Fällen die Verwirkung aufgrund nationaler Vorschriften bestehen, auch wenn Art. 110 Abs. 1 S. 1 vorsieht, dass Ansprüche wegen Verletzung älterer Rechte iSd Art. 8 oder Art. 53 Abs. 2 gegenüber einer jüngeren Unionsmarke unberührt bleiben (Eisenführ/Schennen/Holderied Rn. 1, 5). 2

Das Ingangsetzen der Frist für die Verwirkung der Duldung bei der Benutzung einer jüngeren Marke, die mit einer älteren Marke identisch oder verwechselbar ist, erfordert folgende vier Voraussetzungen: Eintragung der jüngeren Marke; gutgläubige Vornahme der Anmeldung der jüngeren Marke; Benutzung der jüngeren Marke in dem Mitgliedstaat, in dem die ältere Marke Schutz genießt; Kenntnis des Inhabers der älteren Marke von der Benutzung der jüngeren Marke (EuG T-417/12, BeckEuRS 2013, 740621 – AQUA FLOW/VAQUA FLOW). 3

Zudem greift der Tatbestand der Verwirkung durch Duldung nur ein, soweit eine Benutzung der jüngeren Unionsmarke für die beanspruchten Waren oder Dienstleistungen stattgefunden hat. Hat der Inhaber der jüngeren Unionsmarke diese für einen **Teil der eingetragenen Waren oder Dienstleistungen** nicht benutzt, tritt nur teilweise Verwirkung ein mit der Konsequenz, dass der Inhaber der älteren Rechte bezüglich der unbenutzten Waren oder Dienstleistungen seine Unterlassungs- und Nichtigkeitsansprüche behält. 4

Die Frist für eine Verwirkung kann nur bei Kenntnis einer jüngeren Unionsmarke, nicht bei einer jüngeren **Unionsmarkenanmeldung** eintreten; die Frist für die Verwirkung der Duldung kann also nicht ab dem Zeitpunkt der bloßen Benutzung der jüngeren Marke nach der Anmeldung zu laufen beginnen (EuGH C-482/09, WRP 2011, 1559 (1563) Rn. 54 – Budweiser). Der Inhaber der älteren Marke soll nicht bloß die Benutzung der Marke nach ihrer Eintragung kennen, sondern auch Kenntnis von der Eintragung haben (EuGH C-482/09, WRP 2011, 1559 (1563) Rn. 58 – Budweiser). 5

Soweit eine Abgrenzungsvereinbarung zwischen den Parteien dem Inhaber der älteren Marke untersagt, die jüngere Marke anzugreifen, kann eine Duldung im Sinne von Art. 54 ausgeschlossen sein, die dann erst ab der Auflösung dieser Vereinbarung erfolgen kann (HABM BK v. 24.2.2015 – R 267/2014-2 Rn. 31– BONA/BONASYSTEMS). 6

Die Frage, ob die Duldung einer jüngeren nationalen Marke, die auch als Unionsmarke registriert ist, durch den Inhaber eines älteren nationalen Rechts, den Duldungstatbestand 7 eröffnen kann, ist zunächst verneint worden (HABM BK v. 19.10.2004 – R 741 und 752/ 2002-4 – ROMA ROMAR). Demgegenüber ist aber später die Möglichkeit der Verwirkung bejaht worden, wenn eine ursprünglich nur national eingetragene Marke, die erst später als Unionsmarke registriert wird, geduldet wurde (HABM BK v. 21.10.2008 – BK R 1299/ 2007-2 – GHIBLI; Eisenführ/Schennen/Holderied Rn. 2, 3).

I. Zeitraum der Duldung

8   Die Verwirkung durch Duldung setzt voraus, dass der Inhaber der älteren Marken- oder Kennzeichnungsrechte die Benutzung der jüngeren Unionsmarke über einen **ununterbrochenen Zeitraum von fünf Jahren** wissentlich geduldet hat. Als Maßnahme zur Verhinderung des Eintritts der Verwirkung durch Duldung soll jedes verwaltungsmäßige oder gerichtliche Verfahren ausreichen (EuGH C-482/09, WRP 1011, 1559 – Budweiser).

9   Die Duldung kann zB auch dadurch unterbrochen werden, dass eine Benutzung der Unionsmarke für einen erheblichen Zeitraum nicht stattgefunden hat; wann es sich um einen erheblichen Zeitraum handelt, hängt vom Einzelfall ab. Ist eine Benutzung für einen nicht zu vernachlässigenden Zeitraum nicht erfolgt, wird die Frist von fünf Jahren für die Duldung der Benutzung der Unionsmarke erneut in Gang gesetzt (Eisenführ/Schennen/Holderied Rn. 7). Einzelne unterbrochene Zeiträume können nicht zu einem fünfjährigen Verwirkungszeitraum addiert werden.

II. Kenntnis von der Benutzung der jüngeren Unionsmarke

10   Voraussetzung für den Tatbestand der Verwirkung ist, dass der Inhaber der älteren Marken- oder Kennzeichnungsrechte **positive Kenntnis** von der Benutzung der Unionsmarke hatte und in dieser Kenntnis eine fünfjährige Benutzung der jüngeren Unionsmarke geduldet hat, dh in diesem Zeitraum untätig geblieben ist bzw. keine Maßnahmen zur Verhinderung der Benutzung ergriffen hat. Fahrlässige Unkenntnis bzw. Kennenmüssen der Benutzung der jüngeren Unionsmarke genügen nicht (Eisenführ/Schennen/Holderied Rn. 12, wonach das Bestehen einer Internet-Domain der jüngeren Unionsmarke, die im Mitgliedstaat des älteren Rechteinhabers abrufbar ist, nicht genügen soll unter Bezugnahme auf HABM BK v. 17.1.2006 – R 412/2004-4 – SER).

11   Es reicht nach der Praxis der Nichtigkeitsabteilung aber aus, wenn vernünftigerweise anzunehmen ist, dass der Inhaber der älteren Rechte von der Benutzung der jüngeren Unionsmarke Kenntnis gehabt hat, wie dies beispielsweise der Fall ist, wenn beide Inhaber bei derselben Veranstaltung Waren oder Dienstleistungen unter ihrer jeweiligen Marke angeboten haben (vgl. EUIPO-Prüfungsrichtlinien, Teil D: Löschung, Abschnitt 1: Löschungsverfahren; vgl. zur Duldung bei langjähriger Geschäftsbeziehung der Parteien: HABM BK v. 20.7.2012 – R 2230/2010-4 – AQUA FLOW). Die Rechtsprechung ist insoweit aber zum Teil strenger, indem der Beweis tatsächlicher Kenntnisse gefordert wird und insoweit je nach den Umständen des Einzelfalls auch die Kenntnis der Eintragung der Marke und der Nachweis von Umsätzen und Marketingmaßnahmen nicht ausreichend sein müssen (EuG T-77/ 15, BeckEuRS 2015, 433466 – SkyTec/SKY).

12   Dem Erfordernis der positiven Kenntnis des Rechteinhabers von der jüngeren Unionsmarke steht beim Inhaber der jüngeren Unionsmarke nicht spiegelbildlich das Erfordernis der Kenntnis des älteren kollidierenden Rechts gegenüber sowie das Vertrauen auf die Duldung durch den Rechteinhaber.

13   Abzustellen ist stets auf die **Kenntnis des Inhabers** der älteren Unionsmarke bzw. älterer Kennzeichenrechte. Bei einer einzelnen natürlichen Person ist dies unproblematisch. Bei einer Inhabergemeinschaft, bestehend aus mehreren Personen, wird die Kenntnis eines einzelnen Mitglieds ausreichen, die den übrigen zugerechnet wird. Handelt es sich um eine juristische Person, wird die Kenntnis des vertretungsberechtigten Organs ausreichen.

14   Bei einem **Inhaberwechsel** während der Fünfjahresfrist kann die Kenntnis des bisherigen Inhabers dem neuen Inhaber nur dann zugerechnet werden, wenn dieser vom bisherigen Inhaber über dessen Duldung informiert worden ist, was in der Praxis Beweisprobleme aufwerfen kann (Eisenführ/Schennen/Holderied Rn. 14).

15   Ob auch die Kenntnis der Benutzung durch **Lizenznehmer** für den Tatbestand der Verwirkung relevant sein kann, ist zweifelhaft. Zum Teil wird die Auffassung vertreten,

eine Erstreckung auf deren Kenntnis trage der Marktnähe der Lizenznehmer Rechnung. Andererseits spricht der Wortlaut des Art. 54 Abs. 1 und 2 jeweils eindeutig vom Inhaber der Rechte und nicht vom Lizenznehmer (vgl. HABM BK v. 20.7.2012 – R 2230/2010-4 – AQUA FLOW).

III. Ort der Benutzung der jüngeren Unionsmarke

Ausreichend ist die Benutzung der jüngeren Unionsmarke in nur einem Mitgliedstaat. Es muss keine Benutzung in weiten Teilen der Union erfolgen. Allerdings ist eine Verwirkung nur dann gegeben, wenn die jüngere Unionsmarke in einem Mitgliedstaat benutzt wird, für den die ältere Marke Rechte beanspruchen kann. 16

Hat der Inhaber der älteren Rechte keine Kenntnis von der Benutzung der jüngeren Unionsmarke nur in einem anderen Mitgliedstaat, in dem seine Rechte nicht bestehen, kann eine Verwirkung nicht eintreten (HABM BK v. 31.5.2015 – R 3026/2014-5 Rn. 16 – BURLINGTON ENGLISH). Die jüngere Unionsmarke kann immer dann angegriffen werden, wenn deren Inhaber die Benutzung in dem Mitgliedstaat aufnimmt, für den der ältere Rechteinhaber Marken- bzw. Kennzeichnungsschutz beanspruchen kann. 17

B. Darlegungs- und Beweislast

Der die Verwirkung Einwendende, also der Inhaber der jüngeren Unionsmarke, trägt die Darlegungs- und Beweislast für den Nachweis der positiven Kenntnis des älteren Rechteinhabers oder des Beginns des Laufs der Fünfjahresfrist (vgl. EUIPO-Prüfungsrichtlinien, Teil D: Löschung, Abschnitt 1: Löschungsverfahren). 18

C. Folgen der Verwirkung (Abs. 3)

Ist Verwirkung eingetreten, beschränkt sich diese auf die Geltendmachung der Rechte gegenüber der jüngeren Unionsmarke. In ihrem Rechtsbestand bleiben die älteren Marken- bzw. Kennzeichnungsrechte unverändert. Dem Inhaber der jüngeren Unionsmarke bleibt es unabhängig von Verwirkungsfragen unbenommen, zB den Verfall der älteren Unionsmarke wegen mangelnder Benutzung nach Art. 51 geltend zu machen. 19

D. Ausschluss der Verwirkung

Eine Verwirkung ist ausgeschlossen, wenn der Inhaber der jüngeren Unionsmarke, der die Verwirkung geltend macht, seine Marke **bösgläubig** angemeldet hat, selbst wenn sämtliche übrigen Verwirkungsvoraussetzungen vorliegen. Zu den Voraussetzungen für die Annahme der Bösgläubigkeit (→ Art. 52 Rn. 12). 20

Der Ausschluss der Berücksichtigung einer Duldung führt aber nicht zur Feststellung der Bösgläubigkeit und damit nicht zur Löschungsreife der jüngeren Marke. 21

Abschnitt 4 Wirkungen des Verfalls und der Nichtigkeit

Art. 55 Wirkungen des Verfalls und der Nichtigkeit

(1) ¹Die in dieser Verordnung vorgesehenen Wirkungen der Unionsmarke gelten in dem Umfang, in dem die Marke für verfallen erklärt wird, als von dem Zeitpunkt der Antragstellung oder der Erhebung der Widerklage an nicht eingetreten. ²In der Entscheidung kann auf Antrag einer Partei ein früherer Zeitpunkt, zu dem einer der Verfallsgründe eingetreten ist, festgesetzt werden.

(2) Die in dieser Verordnung vorgesehenen Wirkungen der Unionsmarke gelten in dem Umfang, in dem die Marke für nichtig erklärt worden ist, als von Anfang an nicht eingetreten.

(3) Vorbehaltlich der nationalen Rechtsvorschriften über Klagen auf Ersatz des Schadens, der durch fahrlässiges oder vorsätzliches Verhalten des Markeninhabers

verursacht worden ist, sowie vorbehaltlich der nationalen Rechtsvorschriften über ungerechtfertigte Bereicherung berührt die Rückwirkung des Verfalls oder der Nichtigkeit der Marke nicht:
a) Entscheidungen in Verletzungsverfahren, die vor der Entscheidung über den Verfall oder die Nichtigkeit rechtskräftig geworden und vollstreckt worden sind;
b) vor der Entscheidung über den Verfall oder die Nichtigkeit geschlossene Verträge insoweit, als sie vor dieser Entscheidung erfüllt worden sind; es kann jedoch verlangt werden, dass in Erfüllung des Vertrags gezahlte Beträge aus Billigkeitsgründen insoweit zurückerstattet werden, als die Umstände dies rechtfertigen.

Überblick

Art. 55 regelt – in weitgehender Übereinstimmung zur nationalen Vorschrift des § 52 MarkenG – die Wirkungen der Löschung wegen Verfalls und Nichtigkeit.

Die Wirkungszeitpunkte von einerseits Verfall und andererseits Nichtigkeit aus absoluten oder relativen Gründen sind unterschiedlich geregelt, weil der Verfall aufgrund nach der Eintragung der Unionsmarke eintretender Umstände erklärt wird, während absolute oder relative Schutzhindernisse bereits im Eintragungszeitpunkt vorgelegen haben müssen.

Art. 55 Abs. 1 sieht für den Verfall als Wirkungszeitpunkt daher den Zeitpunkt der Antragstellung bzw. die Erhebung der Widerklage vor, wobei ein früherer Zeitpunkt auf Antrag festgesetzt werden kann. Die Erklärung der Nichtigkeit aufgrund absoluter oder relativer Schutzhindernisse wirkt nach Art. 55 Abs. 2 demgegenüber ex tunc, dh von Anfang an.

Art. 55 Abs. 3 sieht gewisse Einschränkungen der Regelungen der Abs. 1 und 2 hinsichtlich früherer, abgeschlossener Verletzungsverfahren und bereits erfüllter Verträge vor (→ Rn. 8).

Die Auswirkungen einer Löschung auf schwebende Verfahren ergeben sich nicht aus Art. 55 (→ Rn. 12).

A. Die unterschiedlichen Wirkungszeitpunkte nach Abs. 1 und Abs. 2

1   Wird eine Unionsmarke nach der Eintragung aus den in Art. 51 genannten Gründen für verfallen erklärt, tritt die **Wirkung der Verfallserklärung** grundsätzlich mit dem Tag der Erhebung des Antrags auf Verfall beim EUIPO oder mit dem Tag der Erhebung der Widerklage beim Unionsmarkengericht ein.

2   Nach Art. 55 Abs. 1 S. 2 kann in der Entscheidung über die Verfallserklärung auf Antrag einer Partei ein **früherer Zeitpunkt** des Verfalls festgestellt werden. Wird der Verfall nach Art. 51 Abs. 2 Buchst. a wegen nicht ernsthafter Benutzung geltend gemacht, kann ein früherer Zeitpunkt aber nicht vor dem Tag des Ablaufs der Benutzungsschonfrist der Unionsmarke oder der fünfjährigen Wiederkehr des Tages der letzten rechtserhaltenden Benutzung liegen (Eisenführ/Schennen/Holderied Rn. 5).

3   Der Verfahrensbeteiligte, der einen früheren Verfallszeitpunkt beantragt, ist für dessen Voraussetzungen darlegungs- und beweispflichtig (→ MarkenG § 52 Rn. 7). Zu diesem Zweck sollte er auch ein **legitimes Interesse zur Feststellung eines früheren Zeitpunkts** darlegen, obwohl dies nach dem Wortlaut von Art. 55 Abs. 1 nicht erforderlich ist (daher das Erfordernis des Nachweises eines legitimen Interesses verneinend: HABM BK v. 5.10.2011 – R 81/2009-2 Rn. 21 – RBS).

4   Außerdem muss sich der **frühere Verfallszeitpunkt mit hinreichender Sicherheit bestimmen lassen** und dessen Festlegung kann nicht dem Ermessen des Amtes überlassen werden (HABM BK v. 27.4.2014 – R 1720/2013-4 und R 1901/2013-4 – TRILOGY COMMUNICATIONS). Die Anforderungen daran dürften aber nicht zu hoch anzusetzen sein, weil etwa der genaue Tag, an dem eine Marke nicht mehr ernsthaft benutzt worden ist, oder an dem eine Marke zu einer gebräuchlichen Bezeichnung geworden ist, in der Regel nicht exakt festgestellt werden kann.

5   Bei Nichtigerklärung einer Unionsmarke wegen absoluter oder relativer Schutzhindernisse (Art. 52, 53) gelten die Wirkungen der Unionsmarke nach Art. 55 Abs. 2 als von Anfang

an, dh ex tunc, nicht eingetreten. Es entfallen alle rechtlichen und tatsächlichen Wirkungen der Eintragung rückwirkend, sofern nicht Art. 55 Abs. 3 eingreift.

Ist der Verfall oder die Nichtigkeit nur für einen Teil der eingetragenen Waren oder Dienstleistungen gegeben, treten die Wirkungen der Erklärung des Verfalls oder der Nichtigkeit nur insoweit ein (vgl. Art. 51 Abs. 2, Art. 52 Abs. 3 und Art. 53 Abs. 5). Es gilt aber zu beachten, dass eine Teilungserklärung während eines laufenden Verfalls- oder Nichtigkeitsverfahrens bis zu dessen rechtskräftigem Abschluss nach Art. 49 Abs. 2 Buchst. a unzulässig ist, soweit die betroffenen Waren oder Dienstleistungen Gegenstand des Löschungsverfahrens sind (→ Art. 49 Rn. 9). 6

Ein **Verzicht** wird erst mit der Eintragung in das Register wirksam (→ Art. 50 Rn. 20), also erst zu einem späteren Zeitpunkt als Verfall und Nichtigkeit. Daher kann der Antragsteller bzw. der Widerkläger ein besonderes rechtliches Interesse an der **Fortsetzung des Verfalls- oder Nichtigkeitsverfahrens** und an der Feststellung des Verfalls bzw. der Nichtigkeit zu einem früheren Zeitpunkt geltend machen (→ Art. 57 Rn. 57). 6.1

Eine Unionsmarke, die ihre Wirkung durch Erklärung des Verfalls oder Nichtigkeit verloren hat, kann umgewandelt werden, soweit die Ausschlussgründe nach Art. 112 Abs. 2 nicht greifen (→ Art. 112 Rn. 13). 7

B. Einschränkungen der Rückwirkung der Löschung (Abs. 3)

Art. 55 Abs. 3 sieht im Interesse der Rechtssicherheit in Übereinstimmung mit § 52 Abs. 3 MarkenG Ausnahmen von der Rückwirkung der Löschung ex tunc vor. Dies gilt für Fälle, in denen vor der Entscheidung über die Löschung entweder Entscheidungen in Verletzungsverfahren rechtskräftig geworden und vollstreckt (Art. 55 Abs. 3 Buchst. a) oder abgeschlossene Verträge erfüllt worden sind (Art. 55 Abs. 3 Buchst. b). In letzterem Fall greift ein Billigkeitsregulativ ein. 8

Rechtskräftige und vollstreckte Gerichtsentscheidungen in Verletzungsverfahren sind als abgeschlossene Sachverhalte grundsätzlich von einer Rückwirkung der Erklärung des Verfalls oder der Nichtigkeit der Unionsmarke nicht betroffen (Art. 55 Abs. 3 Buchst. a). Dabei ist auf den Eintritt der Rechtskraft der Entscheidung über den Verfall oder die Nichtigkeit abzustellen, also nicht auf den früheren Zeitpunkt des Wirkungseintritts von Verfall oder Nichtigkeit. Eine Entscheidung ist nach Art. 55 Abs. 3 auch als vollstreckt anzusehen, wenn auf sie freiwillig geleistet wurde (vgl. für das nationale Verfahren Ingerl/Rohnke MarkenG § 52 Rn. 17). 9

Auch geschlossene und erfüllte Verträge werden von der Rückwirkung der Löschung nicht berührt (Art. 55 Abs. 3 Buchst. b). Dies betrifft sämtliche Verträge, unabhängig von der Rolle des Markeninhabers im Vertragsverhältnis sowie auch bei einseitiger Erfüllung des Vertrags (zum nationalen Recht → MarkenG § 52 Rn. 23). Eine Rückzahlung bereits geleisteter Zahlungen kann aber unter Umständen aufgrund von Billigkeitserwägungen verlangt werden. 10

C. Auswirkungen bei schwebenden Verfahren

Art. 55 regelt nicht, welche Auswirkungen eine Verfalls- oder Nichtigerklärung auf schwebende, d.h. anhängige Verfahren hat. 11

Soweit beim EUIPO noch weitere Löschungsverfahren gegen die verfallene oder nichtige Marke anhängig sind, werden diese gegenstandslos und erledigen sich (zur Aussetzung des Verfahrens bei mehreren Löschungsverfahren oder gleichzeitiger Widerklage → Art. 57 Rn. 47). Dies gilt ebenfalls, soweit ein auf die verfallene oder nichtige Marke gestütztes Widerspruchsverfahren noch anhängig ist. Bei nur teilweisem Verfall oder teilweiser Nichtigkeit erfolgt eine Fortsetzung des jeweiligen Verfahrens mit dem nach dem Wegfall von Waren oder Dienstleistungen entsprechend angepasstem Waren-/Dienstleistungsverzeichnis. Entsprechendes gilt in den Verfahren vor der Beschwerdekammer. 12

Ebenso erledigt sich ein Rechtsstreit vor dem Gerichtshof der Europäischen Union (Gericht oder Gerichtshof) in der Hauptsache, wenn die angegriffene Marke untergeht oder die ältere Marke für nichtig erklärt wird. Wenn die ältere Marke aber erst mit Wirkung nach dem Erlass der angegriffenen Entscheidung der Beschwerdekammer für verfallen erklärt wird 13 oder aus sonstigen Gründen ihre Wirkung verliert, kann dies die Kontrolle der Rechtmäßigkeit der angegriffenen Entscheidung, die allein Gegenstand der Klage vor Gericht ist, nicht berühren. Damit bleibt im Grundsatz die Hauptsache bestehen, so dass das Gericht über die Rechtmäßigkeit der Entscheidung befinden kann, jedenfalls soweit ein legitimes Interesse daran fortbesteht (EuGH C-268/12 P, BeckRS 2013, 81056 – ZYDUS; anders EuG T-549/11, BeckRS 2012, 82589 – real BIO).

14 Sind aufgrund der für verfallen oder nichtig erklärten Unionsmarke **nationale Widerspruchsverfahren oder Löschungsverfahren** eingeleitet oder eine Verletzungsklage erhoben worden, ist eine Umwandlung der Unionsmarke in (eine) nationale Anmeldung(en) nach Art. 112 Abs. 1 in Betracht zu ziehen, um die Anspruchsgrundlage zu ersetzen (→ Art. 112 Rn. 1).

15 § 125d MarkenG enthält keine Regelungen hinsichtlich der Umwandlung einer Unionsmarke in eine nationale Markenanmeldung bzw. Marke im Rahmen eines Widerspruchs- oder Verletzungsverfahrens (→ MarkenG § 125d Rn. 1); insoweit finden daher die Vorschriften der ZPO Anwendung (Eisenführ/Schennen/Holderied Rn. 15).

Abschnitt 5 Verfahren zur Erklärung des Verfalls oder der Nichtigkeit vor dem Amt

Art. 56 Antrag auf Erklärung des Verfalls oder der Nichtigkeit

(1) Ein Antrag auf Erklärung des Verfalls oder der Nichtigkeit der Unionsmarke kann beim Amt gestellt werden:
a) in den Fällen der Artikel 51 und 52 von jeder natürlichen oder juristischen Person sowie jedem Interessenverband von Herstellern, Erzeugern, Dienstleistungsunternehmen, Händlern oder Verbrauchern, der nach dem für ihn maßgebenden Recht prozessfähig ist;
b) in den Fällen des Artikels 53 Absatz 1 von den in Artikel 41 Absatz 1 genannten Personen;
c) in den Fällen des Artikels 53 Absatz 2 von den Inhabern der dort genannten älteren Rechte sowie von den Personen, die nach den Unionsvorschriften oder dem Recht des betroffenen Mitgliedstaats berechtigt sind, diese Rechte geltend zu machen.

(2) ¹Der Antrag ist schriftlich einzureichen und zu begründen. ²Er gilt erst als gestellt, wenn die Gebühr entrichtet worden ist.

(3) Der Antrag auf Erklärung des Verfalls oder der Nichtigkeit ist unzulässig, wenn entweder das Amt oder das in Artikel 95 genannte Unionsmarkengericht über einen Antrag wegen desselben Anspruchs zwischen denselben Parteien in der Hauptsache bereits rechtskräftig entschieden hat.

Überblick

Art. 56 regelt wesentliche Zulässigkeitsvoraussetzungen eines Antrags auf Erklärung des Verfalls oder der Nichtigkeit (Löschungsantrag). Dazu zählen die Gebührenzahlung (→ Rn. 15), die Antragsberechtigung (→ Rn. 18), die Schriftform (→ Rn. 33) und eine Begründung (→ Rn. 43). Außerdem darf kein rechtskräftiger Entscheid wegen desselben Anspruchs zwischen denselben Beteiligten vorliegen (res judicata) (→ Rn. 63). Neben Art. 56 sieht Art. 53 Abs. 4 (neuer Antrag entgegen Kumulierungsgebot) eine weitere Zulässigkeitsvoraussetzung für relative Nichtigkeitsgründe vor (→ Rn. 77). Im Übrigen gelten die allgemeinen Vorschriften über die Verfahren beim Amt, etwa in Bezug auf die Sprache (→ Rn. 53) oder die Vertretung (→ Rn. 79).

Regel 37 GMDV bis Regel 39 GMDV spezifizieren die für die Zulässigkeit erforderlichen Mindestangaben (→ Rn. 35) und legen den Ablauf der Zulässigkeitsprüfung fest. Die

Antrag auf Erklärung des Verfalls oder der Nichtigkeit **Art. 56 UMV**

GMDV wird insoweit mit Wirkung vom 1.10.2017 durch die nach Art. 57a zu erlassenden delegierten Rechtsakte ersetzt (→ Art. 57a Rn. 1).
Die Nichtigkeitsabteilung leitet das Verfahren und ist gemäß Art. 134 zuständig für Entscheidungen im Zusammenhang mit dem Löschungsantrag.
Die Praxis der Nichtigkeitsabteilung ist in den Richtlinien des EUIPO zum Löschungsverfahren festgehalten.

Übersicht

	Rn.		Rn.
A. Allgemeines	1	IV. Erforderliche Angaben, Regel 37 GMDV	35
B. Ablauf des Löschungsverfahrens im Überblick	4	1. Hinsichtlich der angegriffenen Unionsmarke	38
C. Zulässigkeit des Löschungsantrags	12	2. Hinsichtlich der Gründe für den Antrag	43
		3. Hinsichtlich des Antragstellers	52
I. Gebührenzahlung	15	V. Sprache	53
II. Antragsberechtigung	18	VI. Res Judicata	63
1. Verfall und Nichtigkeit aufgrund absoluter Nichtigkeitsgründe	25	VII. Sonstige Zulässigkeitsvoraussetzungen	77
		1. Antragsinteresse	80
2. Nichtigkeit aufgrund relativer Nichtigkeitsgründe	30	2. Rechtsmissbrauch	83
		D. Zurückweisung des Löschungsantrags als unzulässig	90
III. Schriftform	33		

A. Allgemeines

Der Verfall oder die Nichtigkeit (Oberbegriff: Löschung) einer Unionsmarke oder einer 1 internationalen Registrierung mit EU-Benennung kann nur im Wege des **amtlichen Löschungsverfahrens** gemäß Art. 56 und 57 von der Nichtigkeitsabteilung oder im Rahmen einer **Widerklage im Verletzungsverfahren** gemäß Art. 100 von einem Unionsmarkengericht erklärt werden.

Die Anzahl der Löschungsverfahren hat in den vergangenen Jahren eine erhebliche prozentuale Steigerung erfahren, in absoluten Zahlen machen sie mit rund 1400 gestellten Anträgen im Jahr 2014 verglichen mit rund 15700 Widersprüchen aber nur einen geringen Anteil der amtlichen inter-partes-Verfahren aus. 2

Laut dem **amtlichen Pünktlichkeitsstandard** für das Jahr 2016 soll innerhalb von zehn 3 Wochen nach Abschluss des streitigen Teils des Verfahrens die Entscheidung der Nichtigkeitsabteilung in der Sache ergehen. Bei einem von vornherein zulässigen Löschungsantrag und einem sich anschließenden Austausch von Stellungnahmen innerhalb der amtlichen Fristen sollte damit ein Löschungsverfahren nach Prüfung der Zulässigkeit bei einem normalen Verlauf als **Daumenregel nach etwa einem Jahr** vor der Nichtigkeitsabteilung abgeschlossen sein.

B. Ablauf des Löschungsverfahrens im Überblick

Das Löschungsverfahren gliedert sich für sämtliche Löschungsgründe in die **Zulässig-** 4 **keitsprüfung** und den sich anschließenden **Austausch der Stellungnahmen** der Beteiligten.

Nach festgestellter Entrichtung der **Antragsgebühr** überprüft die Nichtigkeitsabteilung 5 im ersten Verfahrensteil die **Zulässigkeit des Antrags** vor allem anhand Art. 56 sowie Regel 37–39 GMDV. Entspricht der Antrag nicht den Anforderungen der Regel 37 GMDV, den sog. relativen Zulässigkeitsvoraussetzungen, fordert die Nichtigkeitsabteilung den Antragsteller gemäß Regel 39 Abs. 3 GMDV auf, den Mangel innerhalb einer Frist zu beseitigen (→ Rn. 90).

Bei sonstigen Verfahrenshindernissen, den sog. absoluten Zulässigkeitsvoraussetzungen, ist 6 dagegen eine Mängelbeseitigung ausgeschlossen. Dem Antragsteller wird zur Wahrung des rechtlichen Gehörs lediglich die Möglichkeit der Stellungnahme gegeben. Dazu zählen nach der Praxis der Nichtigkeitsabteilung unter anderem das Erfordernis der Eintragung der angegriffenen Unionsmarke (→ Rn. 38), ein vorheriger Entscheid mit res iudicata-Effekt

Hanne 1875

(→ Rn. 63), ein Antrag entgegen dem Kumulierungsgebot (→ Rn. 77), ein Verfallsantrag wegen Nichtbenutzung gegen eine noch nicht seit mehr als fünf Jahren eingetragene Marke (→ Rn. 78) sowie ein nicht in eine mögliche Verfahrenssprache übersetzter Löschungsantrag (→ Rn. 59) (vgl. EUIPO-Prüfungsrichtlinien, Teil D: Löschung, Abschnitt 1: Löschungsverfahren).

7 Bei der Zulässigkeitsprüfung handelt es sich um ein **Ex-parte-Verfahren.** Der Inhaber der Unionsmarke wird in diesem Stadium, in dem er noch nicht Verfahrensbeteiligter ist, entsprechend Regel 40 Abs. 1 S. 1 GMDV lediglich über das Vorliegen eines Antrags informiert; er erhält aber keine Mitteilung über die konkreten Mängel.

7.1 Der Inhaber kann jedoch jederzeit die auf der Webseite des Amtes vorgehaltene Datenbank eSearch Plus konsultieren, die Zugang zu der elektronischen Akte seiner Unionsmarke und damit Einblick in die amtliche Korrespondenz an den Antragsteller gewährt.

7.2 „[A]ngenommene[r] Antrag" gemäß Regel 40 Abs. 1 S. 1 GMDV ist im Sinne von gestellter Antrag zu lesen, also ein Antrag, für den die Gebühr entrichtet worden ist.

8 Der **zweite Teil des Löschungsverfahrens** beginnt, wenn die Nichtigkeitsabteilung den Antrag für zulässig erklärt. Der Inhaber der Unionsmarke wird gemäß Regel 40 Abs. 1 S. 2 GMDV unter Übersendung des Löschungsantrags zur **Stellungnahme** und ggf. zur **Einreichung von Beweismitteln aufgefordert.** Damit wird der Inhaber der angegriffenen Unionsmarke zum Beteiligten des Verfahrens, das von einem Ex-parte- zu einem **Inter-partes-Verfahren** wechselt. Im Unterschied zum Widerspruchsverfahren sieht das Löschungsverfahren **keine Vermittlungsphase („cooling off")** vor. Die Beteiligten können gemäß Art. 57 Abs. 1 so oft wie erforderlich ihre Stellungnahmen einreichen (→ Art. 57 Rn. 1). Während die erste Stellungnahmefrist für den Inhaber der angegriffenen Unionsmarke amtlicherseits in der Regel auf drei Monate festgesetzt wird, betragen die weiteren Fristen zur Stellungnahme grundsätzlich nur noch zwei Monate.

9 Mit der Erklärung der Zulässigkeit des Löschungsantrags wird außerdem der Tag der Stellung des Löschungsantrags gemäß Regel 84 Abs. 3 Buchst. n GMDV in das **Register für Unionsmarken** eingetragen.

10 In der Regel wird diese streitige Phase des Verfahrens **nach der zweiten Stellungnahme** des Inhabers der angegriffenen Unionsmarke seitens der Nichtigkeitsabteilung **geschlossen** (→ Art. 57 Rn. 3). Weitere Stellungnahmen der Beteiligten bleiben grundsätzlich unberücksichtigt. Die Nichtigkeitsabteilung trifft daraufhin eine Entscheidung in der Sache, die mit der Beschwerde anfechtbar ist.

11 Sobald die **Entscheidung unanfechtbar** ist, wird auf sie nach Art. 57 Abs. 6 im **Register für Unionsmarken** hingewiesen.

C. Zulässigkeit des Löschungsantrags

12 Das Löschungsverfahren sieht im Unterschied zum Widerspruchsverfahren **keine gesonderte Substantiierung** des Löschungsantrags vor. Vielmehr sind gemäß Regel 37 GMDV bereits mit der Stellung des Löschungsantrags etwa die Antragsberechtigung sowie Tatsachen, Beweismittel und Bemerkungen anzugeben, ggf. einschließlich des Nachweises der älteren Rechte (→ Art. 57 Rn. 1). Fehlen diese Angaben, kann der Löschungsantrag bereits unzulässig sein.

13 Allerdings wird dem Antragsteller bei festgestellten Mängeln in Bezug auf die nach Regel 37 GMDV erforderlichen Angaben die **Mängelbeseitigung ermöglicht** (→ Rn. 90).

14 Anders als im nationalen Verfahren hinsichtlich der Schutzhindernisse der Nr. 1–3 des § 8 Abs. 2 MarkenG besteht hier **keine Frist,** innerhalb derer der Antrag gestellt werden muss.

I. Gebührenzahlung

15 Die Zahlung der Gebühr wird als eine **vorgelagerte Sachentscheidungsvoraussetzung** von der Nichtigkeitsabteilung zunächst überprüft, denn nach Art. 56 Abs. 2 gilt der Löschungsantrag erst als gestellt, wenn die Gebühr entrichtet worden ist. Die Gebühr beträgt 630 Euro (→ Anhang-I Rn. 14).

16 Im Falle einer **nicht entrichteten Gebühr** fordert die Nichtigkeitsabteilung den Antragsteller nach Regel 39 Abs. 1 GMDV auf, innerhalb einer amtlichen Frist (in der Regel ein

Antrag auf Erklärung des Verfalls oder der Nichtigkeit Art. 56 UMV

Monat) zu zahlen. Wenn die Gebühr erst nach Ablauf dieser Frist entrichtet worden ist, wird sie erstattet.

Erfolgt die **Zahlung der Gebühr** zeitlich erst **nach der Antragstellung,** aber noch 17 innerhalb der amtlichen Frist zur Zahlungsaufforderung gemäß Regel 39 Abs. 1 GMDV (oder bereits vor der Zahlungsaufforderung), gilt nach der Praxis der Nichtigkeitsabteilung der **Antrag bereits mit dem Eingang des Antrags** als gestellt und nicht erst mit dem Zahlungseingang. Dies ist vor allem mit Blick auf die Wirkungen eines Verfalls von Bedeutung, die nach Art. 55 Abs. 1 von dem Zeitpunkt der Antragstellung an eintreten (→ Art. 55 Rn. 1).

II. Antragsberechtigung

Der **Kreis der Antragsberechtigten** richtet sich gemäß Art. 56 Abs. 1 nach der jeweiligen Verfahrensart. 18

In **Verfallsverfahren** sowie in **Nichtigkeitsverfahren wegen absoluter Nichtigkeitsgründe** gehören zu den Antragsberechtigten nach Art. 56 Abs. 1 Buchst. a neben natürlichen und juristischen Personen auch prozessfähige Interessenverbände (EuGH C-408/08 P, GRUR 2010, 931 – COLOR EDITION; EuG T-223/08, BeckRS 2009, 71359 – Bahmann; T-245/08, GRUR Int 2010, 322 – TIR 20 FILTER CIGARETTES; T-27/09, GRUR Int 2010, 324 – STELLA). Demgegenüber beschränkt sich dieser Kreis in **Nichtigkeitsverfahren wegen relativer Nichtigkeitsgründe** auf Inhaber und ggf. ermächtigte Lizenznehmer bzw. nach nationalem Recht berechtigte Personen. 19

In diesen unterschiedlichen Kreisen der Antragsberechtigten kommt das hinter der jeweiligen Verfahrensart stehende **geschützte Interesse** zum Ausdruck, nämlich zum einen das **allgemeine Interesse,** verfallsreife oder gegen absolute Schutzhindernisse verstoßende Marken aus dem Register zu entfernen, und zum anderen das **private Interesse** von Schutzrechtsinhabern im Nichtigkeitsverfahren wegen relativer Nichtigkeitsgründe. 20

Derselbe Antrag kann von **mehreren Personen bzw. Verbänden** gestellt werden, soweit sie jeweils individuell die Voraussetzungen von Art. 56 Abs. 1 erfüllen (HABM BK v. 30.1.2012 – R 1049/2011-4 Rn. 14 – LA TERRE). Die UMV oder die GMDV enthalten dazu zwar keine ausdrückliche Regelung, jedoch gehen Regel 75 GMDV zur Bestellung eines gemeinsamen Vertreters sowie Regel 74 Abs. 7 Buchst. e GMDV zu den Vertretungskosten bei mehreren Personen als Antragsteller von dieser Möglichkeit eines gemeinsamen Antrags mehrerer Personen aus. Im relativen Nichtigkeitsverfahren ist jedoch zu beachten, dass bei **mehreren älteren Rechten** in analoger Anwendung von Regel 15 Abs. 1 GMDV mehrere Personen bzw. Verbände nur dann zugleich antragsberechtigt sind, wenn alle älteren Rechte demselben Inhaber bzw. denselben Inhabern gehören (HABM BK v. 5.3.2012 – R 826/2010-4 Rn. 17 – MANUFACTURE PRIM 1949). 21

Bei einem **Wechsel der Beteiligten** im Löschungsverfahren **aufgrund eines Rechtsübergangs** gelten die allgemeinen Bestimmungen, insbesondere also Art. 17 Abs. 6 und 7 (→ Art. 17 Rn. 51). Danach tritt im Löschungsverfahren im Grundsatz der Rechtsnachfolger an die Stelle des vorherigen Rechtsinhabers. Im Einzelnen – etwa hinsichtlich einer nur teilweisen Übertragung – richtet sich die Praxis der Nichtigkeitsabteilung nach derjenigen der Widerspruchsabteilung (vgl. EUIPO-Prüfungsrichtlinien, Teil C: Widerspruch, Abschnitt 2: Verfahrensfragen). Dies gilt auch hinsichtlich des bloßen Wechsels eines Namens eines Beteiligten oder bei einem Vertreterwechsel. 22

Für den **Wechsel eines Antragstellers im Verfahren wegen Verfalls oder absoluter Nichtigkeitsgründe** findet sich im Gesetz keine Regelung. In der Praxis der Nichtigkeitsabteilung wurde ein solcher Wechsel, der nur sehr selten vorkommt, bisher grundsätzlich akzeptiert (HABM BK v. 28.2.2007 – R 1209/2005-1 Rn. 18 – Payless ShoeSource), wohl insbesondere weil diese Verfahren im öffentlichen Interesse liegen und keine prozessualen Regelungen oder schutzwürdigen Interessen auf Seiten des Inhabers der angegriffenen Unionsmarke dagegen sprechen. 23

Von der Antragsberechtigung zu unterscheiden ist die Frage, ob der Antragsteller im Löschungsverfahren über ein **gesondertes Antragsinteresse** verfügen muss. Diese stellt sich insbesondere im Verfallsverfahren und im Nichtigkeitsverfahren wegen absoluter Nich- 24

Hanne

tigkeitsgründe (→ Rn. 80). Ebenso ist der **Rechtsmissbrauch** ein gesondertes, auf allgemeinen Verfahrensgrundsätzen beruhendes Verfahrenshindernis (→ Rn. 83).

1. Verfall und Nichtigkeit aufgrund absoluter Nichtigkeitsgründe

25 Der Kreis der Antragsberechtigten wird gesetzlich sehr weit gezogen; in Entscheidungen ist oftmals von **„jedermann"** bzw. einem **„Popularantrag"** die Rede.
26 Den **juristischen Personen** gemäß Art. 56 Abs. 1 Buchst. a werden nach Art. 3 sonstige rechtsfähige juristische Einheiten gesetzlich gleichgestellt.
27 Bei **prozessfähigen Interessenverbänden**, die gemäß Art. 40 (→ Art. 40 Rn. 6) und Art. 69 (→ Art. 69 Rn. 1) ebenso Bemerkungen Dritter einreichen können, wird es sich in der Regel zugleich um juristische Personen oder um solche juristischen Einheiten handeln. Deren Antragsberechtigung spiegelt ebenfalls das hinter dieser Verfahrensart stehende Allgemeininteresse wider.
28 Obgleich das Verfallsverfahren sowie das Nichtigkeitsverfahren wegen absoluter Nichtigkeitsgründe auch im Allgemeininteresse durchgeführt wird, hängt das Verfahren von einem **Antrag** ab, der vom Antragsteller bis zum rechtskräftigen Abschluss des Verfahrens jederzeit zurückgenommen werden kann. Dies gilt also auch noch nach Zustellung der Entscheidung der Nichtigkeitsabteilung, solange diese noch nicht bestandskräftig geworden ist. Eine **antragsunabhängige Fortsetzung** des Verfahrens seitens des Amtes etwa unter dem Gesichtspunkt des allgemeinen Interesses an der Löschung einer Marke **ist nicht möglich** (HABM BK 24.1.2008 – R 285/2005-1 Rn. 23 – Le MERIDIEN), auch wenn sich im Verfahren etwa deren Verfallsreife gezeigt hat. S. auch die Kommentierung zu Art. 57 zum Problem der Erweiterung des Löschungsantrags (→ Art. 57 Rn. 32) und zur Möglichkeit einer Entscheidung ultra petitum (→ Art. 57 Rn. 35).
29 Von Amts wegen kann das Amt trotz seiner Rechtspersönlichkeit gemäß Art. 115 (→ Art. 115 Rn. 1.2) ein Verfallsverfahren oder ein absolutes Nichtigkeitsverfahren nicht einleiten. Die UMV sieht im Unterschied zum deutschen MarkenG **kein Amtslöschungsverfahren** vor. Im Übrigen folgt dies aus der Systematik des Gesetzes, das in abschließender Weise eine Eigenkorrektur von amtlichen Entscheidungen nur bei Verfahrensfehlern gemäß Art. 80 oder bei sprachlichen Fehlern, Schreibfehlern oder offensichtlichen Fehlern in einer Entscheidung gemäß Regel 53 GMDV vorsieht.

2. Nichtigkeit aufgrund relativer Nichtigkeitsgründe

30 Soweit die älteren Rechte ihrer Art nach im Widerspruchsverfahren geltend gemacht werden können, **decken sich im Widerspruchs- und im Nichtigkeitsverfahren wegen relativer Nichtigkeitsgründe die Kreise der Antragsberechtigten** aufgrund des gesetzlichen Verweises gemäß Art. 56 Abs. 1 Buchst. b. Insoweit wird auf die Kommentierung zu Art. 41 Abs. 1 verwiesen (→ Art. 41 Rn. 19 ff.).
31 Für die **sonstigen älteren Rechte** iSv Art. 53 Abs. 2 sieht Art. 56 Abs. 1 Buchst. c vor, dass Inhaber sowie nach nationalem Recht berechtigte Personen einen Nichtigkeitsantrag stellen können. Wie schon bei nationalen Kennzeichenrechten iSv Art. 8 Abs. 4 überlässt es die UMV bei diesen Rechten also teilweise dem nationalem Recht, den Kreis der Antragsberechtigten festzulegen.
32 Wie sich aus Regel 37 Buchst. a iii GMDV ergibt, gehören bei diesen sonstigen älteren Rechten die Inhaberschaft bzw. die Berechtigung zur Geltendmachung zu den **zwingenden Angaben** des Antrags. Im Unterschied etwa zu der Geltendmachung von Registermarken, deren Inhaberschaft sich bereits aus der einzureichenden Eintragungsurkunde ergibt, ist darauf zu achten, diese bereits für die Zulässigkeitsprüfung des Antrags darzulegen (HABM BK v. 16.5.2012 – R 1925/2011-4 – HAPPY ANGELS).

III. Schriftform

33 Nach Art. 56 Abs. 2 ist der Antrag schriftlich einzureichen. Das Amt stellt entsprechend Regel 83 Abs. 1 Buchst. c GMDV gebührenfrei Formblätter für den Löschungsantrag zur Verfügung; es herrscht aber kein Formzwang.

Antrag auf Erklärung des Verfalls oder der Nichtigkeit Art. 56 UMV

Regel 79 GMDV gestaltet die Übermittlungsart von Anträgen und weiteren Mitteilungen 34
näher aus. Eine Übermittlung durch elektronische Mittel (anders als durch Fernkopierer)
gemäß Regel 82 GMDV ist bisher jedenfalls in Gestalt von Online-Formularen („e-filing")
für das Löschungsverfahren nicht vorgesehen.

IV. Erforderliche Angaben, Regel 37 GMDV

Regel 37 GMDV erfordert Angaben zu der angegriffenen Unionsmarke (Regel 37 Buchst. 35
a GMDV), zu den Gründen für den Antrag (Regel 37 Buchst. b GMDV) sowie zu dem
Antragsteller (Regel 37 Buchst. c GMDV).

Dabei trifft Regel 37 GMDV im Unterschied zu Regel 15 GMDV zu der Widerspruchs- 36
schrift **keine Unterscheidung zwischen Muss- und Sollangaben.** Vielmehr bezweckt
Regel 37 GMDV, den Streitgegenstand von vornherein eindeutig zu definieren, was mit
dem Fehlen einer Vermittlungsphase („cooling off") zu erklären ist.

Widersprüchliche Angaben können unschädlich sein und keine Mängelbeseitigung 37
erfordern, soweit im Wege der Auslegung eine eindeutige Identifizierung möglich ist
(HABM BK v. 10.2.2011 – R 654/2010-1 Rn. 13 – TOUCHNET).

1. Hinsichtlich der angegriffenen Unionsmarke

Ein Löschungsantrag kann nur gegen eine Unionsmarke gestellt werden. Eine Unions- 38
marke wird nach Art. 6 erst mit der **Eintragung** erworben. Dementsprechend stellt Regel
37 Buchst. a i GMDV auf eine Eintragung als Ziel der Löschungserklärung ab. Im Falle
einer internationalen Registrierung mit EU-Benennung richtet sich die Frage, wann dieser
die Wirkung einer eingetragenen Marke zukommt, nach Art. 151 Abs. 2 (→ Art. 151
Rn. 5).

Ein Antrag gegen eine bloße Anmeldung einer Gemeinschafsmarke wird als unzulässig 39
zurückgewiesen. Allerdings steht dies einer erneuten Stellung des Antrags nach erfolgter
Eintragung nicht entgegen (HABM BK v. 22.10.2007 – R 284/2007-4 Rn. 20 – VISION).
Hingegen dürfte angesichts des klaren Wortlauts von Regel 37 GMDV eine vorherige Veröffentlichung der Eintragung nicht erforderlich sein (dies aber offenlassend HABM BK v.
22.10.2007 – R 284/2007-4 Rn. 18 – VISION).

Nach ständiger Entscheidungspraxis wird ein gegen eine Anmeldung gerichteter 40
Löschungsantrag auch **nicht mit der Eintragung** der betreffenden Anmeldung **nachträglich zulässig** (HABM BK v. 30.6.2009 – R 572/2007-4 Rn. 9 – CHATKA). Das Verfahren
wird nicht bis zur Eintragung der angegriffenen Anmeldung ausgesetzt, sondern der
Löschungsantrag wird als unzulässig zurückgewiesen.

Zur Begründung wird angeführt, dass es im Ergebnis auf eine Verlängerung der Widerspruchsfrist 40.1
hinausliefe, wenn der Antragsteller auch nach Ablauf der Widerspruchsfrist die Anmeldung angreifen
könnte. Außerdem sei es nicht Aufgabe des Amtes, für den Antragsteller die Markenüberwachung zu
übernehmen, indem das Verfahren bloß ausgesetzt wird (HABM BK v. 15.3.2011 – R 2427/2010-4
Rn. 8 – FOR-LINE PRODUCTS).

Neben der Eintragungsnummer und dem Namen des Inhabers der angegriffenen Unions- 41
marke verlangt Regel 37 Buchst. a ii – im Unterschied zum Widerspruchsverfahren – zusätzlich die Angabe der **Anschrift des Inhabers.**

Der Sinn und Zweck dieser zusätzlichen Angabe ist im Vergleich zum Widerspruchsverfahren nicht 41.1
erkennbar. Bereits die Eintragungsnummer und der Inhabername erlauben jedenfalls zusammen mit
den zur Begründung vorgebrachten Tatsachen, Beweismitteln und Bemerkungen eine eindeutige Identifizierung der angegriffenen Unionsmarke. Für Zustellungszwecke ist diese Angabe im Falle eines möglichen Rechtsübergangs ebenfalls nicht erforderlich, denn die Nichtigkeitsabteilung hat gemäß Art. 17
Abs. 8 in jedem Fall an den als Inhaber Eingetragenen zuzustellen.

Außerdem verlangt Regel 37 Buchst. a iii GMDV eine Erklärung dazu, für **welche Waren** 42
und Dienstleistungen die angegriffene Unionsmarke gelöscht werden soll. Dies gilt auch
für den Fall, dass die Unionsmarke insgesamt angegriffen werden soll, denn für das
Löschungsverfahren greift die gesetzliche Fiktion der Regel 15 Abs. 3 GMDV nicht, wonach
in Ermangelung einer Angabe im Widerspruchsverfahren der Widerspruch als gegen sämtli-

che Waren und Dienstleistungen erhoben gilt. Eine falsche, fehlende oder widersprüchliche Angabe der angegriffenen Waren und Dienstleistungen wird während der Zulässigkeitsprüfung seitens der Nichtigkeitsabteilung mitunter nicht erkannt und kann eine nachträgliche, d.h. im kontradiktorischen Teil des Verfahrens erfolgende Aufforderung zur Mängelbeseitigung erfordern, soweit diese dann noch möglich ist (→ Rn. 93). Dies kann nach bisheriger Praxis selbst noch im Beschwerdeverfahren festgestellt werden und zu einer Zurückverweisung der Angelegenheit an die Nichtigkeitsabteilung führen (HABM BK v. 23.10.2008 – R 1817/2007-1 Rn. 13 – China Club). Im Falle eines **Verfallsantrags wegen Nichtbenutzung** kann es auch zulässig sein, wenn sich dieser nur gegen spezifische Waren und/oder Dienstleistung richtet, die unter die weiteren, im Verzeichnis enthaltenen Waren- und/oder Dienstleistungsoberbegriffe fallen (EuG T-307/13, BeckRS 2014, 82543 – ORIBAY).

2. Hinsichtlich der Gründe für den Antrag

43   Regel 37 Buchst. b GMDV gestaltet das **Begründungserfordernis** nach Art. 56 Abs. 2 näher aus. Regel 37 Buchst. b i–iii GMDV fordert zum einen eine Angabe der Verfalls- oder Nichtigkeitsgründe bzw. Angaben zu den älteren Rechten. Zum anderen schreibt Regel 37 Buchst. b iv GMDV hinsichtlich sämtlicher Löschungsgründe eine Angabe der zur Begründung vorgebrachten Tatsachen, Beweismittel und Bemerkungen vor.

44   Ungeachtet der Frage, ob nach Art. 76 für das Löschungsverfahren der Amtsermittlungs- oder der Beibringungsgrundsatz gilt, führt eine fehlende Angabe von Gründen für den Antrag bereits zu dessen Unzulässigkeit (HABM BK v. 3.7.2012 – R 1402/2011-2 – FABERGE MUSEUM).

45   **Mögliche Löschungsgründe** sind abschließend in Art. 51, Art. 52, Art. 53, Art. 73 und Art. 74 aufgezählt. Diese sind eindeutig mit der Antragstellung anzugeben (zu einer nachträglichen Erweiterung des Löschungsantrags → Art. 57 Rn. 32). Die Nichtigkeitsabteilung darf sich aber nicht auf die Prüfung der im Formblatt für den Antrag auf Erklärung der Nichtigkeit angekreuzten Gründe beschränken, sondern sie hat den Antrag in seiner Gesamtheit und insbesondere anhand der Antragsbegründung zu prüfen (EuG T-419/09, BeckRS 2011, 80304 – AK 47). In der Praxis wird dies besonders häufig bei auf Art. 7 gestützten Anträgen relevant, denn das amtliche Antragsformular spezifiziert bisher nicht die einzelnen Eintragungshindernisse des Art. 7 (HABM BK v. 12.3.2012 – R 471/2011-2 Rn. 15 – MANGO).

46   Der Antrag auf Erklärung des Verfalls oder der Nichtigkeit kann jeweils auf **mehrere Verfalls- oder Nichtigkeitsgründe** gestützt werden. Dies gilt auch soweit absolute und relative Nichtigkeitsgründe in einem Nichtigkeitsantrag kombiniert werden. Im Fall einer vollständigen Löschung der angegriffenen Unionsmarke kann sich die Nichtigkeitsabteilung aber auf die Prüfung eines einzigen durchgreifenden Löschungsgrundes beschränken, soweit dieser dieselbe Wirkung wie die übrigen entfaltet. Der Antragsteller hat **keinen Anspruch auf Prüfung der weiteren Verfalls- oder Nichtigkeitsgründe** (EuG T-300/08, BeckEuRS 2009, 501470 – Golden Elephant Brand).

47   Entgegen ihrer früheren Praxis, die von der Beschwerdekammer nicht in Frage gestellt worden ist (HABM BK v. 6.4.2006 – R 238/2005-1 – ELIO fiorucci), akzeptiert die Nichtigkeitsabteilung **keine Kombinierung von Verfalls- und Nichtigkeitsgründen** in ein und demselben Antrag. Dies wird mit der im Gesetz angelegten Unterscheidung zwischen Verfalls- und Nichtigkeitsverfahren begründet. Die Beschwerdekammer hat bisher noch nicht über die Rechtmäßigkeit dieser Praxis entschieden (für die Zulässigkeit einer solchen Kombination v. Mühlendahl/Ohlgart Unionsmarke § 19 Rn. 93).

47.1   Zwar findet diese gesetzliche Unterscheidung auch in den verschiedenen Wirkungen des Verfalls und der Nichtigkeit ihren Ausdruck, allerdings spricht rechtlich nichts zwingend gegen eine Kombinierung von Verfalls- und Nichtigkeitsgründen in einem Antrag. Verfalls- und Nichtigkeitsanträge können nach Regel 41 Abs. 1 auch verbunden werden (→ Art. 57 Rn. 44). Relevant wird diese Problematik vor allem mit Blick auf die Gebühr iHv 630 Euro, die für einen weiteren Antrag fällig wird.

48   Die Nichtigkeitsabteilung akzeptiert auch **keine hilfsweise Geltendmachung eines Löschungsgrundes,** obwohl der Antragsteller an einem solchen Abhängigkeitsverhältnis ein Interesse haben mag. Denkbar ist etwa, dass der Antragsteller seine nicht eingetragene Marke gestützt auf den relativen Nichtigkeitsgrund nach Art. 53 Abs. 1 Buchst. c gegen eine identische Unionsmarke durchsetzen will. Falls dieser Anspruch aber nicht durchgreift, mag

Antrag auf Erklärung des Verfalls oder der Nichtigkeit **Art. 56 UMV**

er erreichen wollen, die Unionsmarke auf Grundlage eines absoluten Nichtigkeitsgrundes nach Art. 53 Abs. 1 Buchst. a zu löschen. Dies mag er allerdings nur hilfsweise erreichen wollen, weil dann auch die Schutzfähigkeit seines eigenen Zeichens mittelbar in Frage stünde. Die Nichtigkeitsabteilung behandelt den hilfsweise gestellten Löschungsgrund in der Regel wie einen weiteren (Haupt-) Antrag. Im vorigen Beispiel könnte die Nichtigkeitsabteilung nach ihrer Praxis also die Nichtigkeit der Unionsmarke aufgrund eines absoluten Nichtigkeitsgrund erklären und den relativen Nichtigkeitsgrund dahinstehen sein lassen.

Die EUIPO-Prüfungsrichtlinien betreffend das Löschungsverfahren legt diese Praxis aber nicht fest; **48.1** aA etwa Eisenführ/Schennen/Eberhardt Rn. 15 unter Hinweis auf v. Mühlendahl/Ohlgart Gemeinschaftsmarke § 19 Rn. 93, worin zur Begründung angeführt wird, dass dies der Regelung über die Widerklage gemäß Art. 100 entspreche. Insoweit lässt sich dem Wortlaut dieser Vorschrift aber nichts entnehmen. Ob die bloß hilfsweise Stellung der Widerklage selber oder eines Löschungsgrundes im Rahmen einer Widerklage möglich ist, hängt vom nationalen Prozessrecht ab. Daher folgt aus dem Verweis auf Art. 100 nicht zwingend die Zulässigkeit einer bloß hilfsweisen Antragstellung.

Nach der Praxis der Nichtigkeitsabteilung genügt bei einem **Verfallsantrag wegen** **49** **Nichtbenutzung** die bloße Nennung des Löschungsgrundes nach Art. 51 Abs. 1 Buchst. a. Darüber hinaus ist **keine weitere Begründung** zur Nichtbenutzung der angegriffenen Unionsmarke erforderlich, was mit der beim Inhaber der Unionsmarke liegenden Beweislast erklärt wird (zur Beweislast HABM BK v. 23.4.2014 – R 1971/2014-4 Rn. 14 – BAG PAX). Zwar ist eine solche Beweislastverteilung in der Tat im Gesetz in Regel 40 Abs. 5 GMDV angelegt (HABM BK v. 10.2.2011 – R 654/2010-1 Rn. 16 – TOUCHNET), gleichwohl wird mit Blick auf Regel 37 Buchst. b iv GMDV empfohlen, mit dem Verfallsantrag jedenfalls eine Kurzbegründung einzureichen, die ggf. auf eine erfolglose Recherche nach der Unionsmarke im Internet verweist (HABM BK v. 28.2.2007 – R 1209/2005-1 Rn. 20 – Payless ShoeSource). Ein Verfallsantrag soll allerdings auch (teilweise) unzulässig sein können, wenn der Antragsteller prozessual wirksam zugesteht, dass die Unionsmarke (teilweise) benutzt worden ist (HABM BK v. 23.4.2014 – R 1971/2014-4 Rn. 14 – BAG PAX).

Bei einem **Nichtigkeitsantrag wegen relativer Nichtigkeitsgründe** fordert Regel 37 **50** Buchst. b ii und iii GMDV „Angaben" zu dem älteren Recht. Diese mussten nach der alten Praxis der Nichtigkeitsabteilung entsprechend Regel 19 Abs. 2 GMDV den **Nachweis der Existenz, der Gültigkeit und des Schutzumfangs des älteren Rechts** umfassen (so auch HABM BK v. 17.12.2010 – R 883/2009-4 Rn. 16 – MUSTANG). Nach der neuen Praxis der Nichtigkeitsabteilung soll es aber für die Zulässigkeit des Antrags genügen, wenn das ältere Recht klar identifiziert wird und die Beweismittel zur Begründung angegeben werden. Der Nachweis kann noch im späteren Verfahren erfolgen und führt bei Mängeln zu einer Unbegründetheit des Nichtigkeitsantrags (s. aber zur Zurückweisung als unzulässig: HABM BK v. 4.11.2015 – R 102/2015-2 Rn. 23 – Formata).

Die **Gültigkeit des älteren Rechts** muss sich sowohl auf den **Anmelde- bzw. Priori-** **51** **tätszeitpunkt** der angegriffenen Unionsmarke als auch auf den **Zeitpunkt der Stellung des Löschungsantrags** erstrecken (HABM BK v. 1.4.2011 – R 354/2009-2 Rn. 46 – FORTRESS). Dies folgt aus einer entsprechenden Anwendung von Regel 19 Abs. 2 Buchst. d GMDV, wonach der Fortbestand des älteren Rechts nachzuweisen ist (HABM BK v. 3.8.2011 – R 1822/2010-2 Rn. 15 – BABY BAMBOLINA). Im Übrigen lässt es sich aus dem Wortlaut von Art. 53 Abs. 1 ableiten, der nicht bloß auf die Vorschriften nach Art. 8 verweist, sondern gesondert ein bestehendes Recht verlangt.

3. Hinsichtlich des Antragstellers

Regel 37 Buchst. c GMDV verweist hinsichtlich der notwendigen Angaben zum Antrag- **52** steller sowie ggf. zu seinem Vertreter auf Regel 1 Abs. 1 GMDV, worin die erforderlichen Angaben im Detail aufgeführt sind. Im Unterschied zu der entsprechenden Vorschrift im Widerspruchsverfahren (Regel 15 Abs. 2 Buchst. h GMDV) verlangt Regel 37 Buchst. c GMDV keine Angaben zur Bevollmächtigung oder Befugnis eines Lizenznehmers oder einer nach nationalem Recht zur Ausübung eines älteren Rechts befugten Person. Allerdings sind diese Angaben gemäß Regel 37 Buchst. b GMDV erforderlich.

V. Sprache

53 Art. 119 Abs. 5 und 6 legen für das Löschungsverfahren die Verfahrenssprache fest (→ Art. 119 Rn. 23). Ungeachtet dessen können die Beteiligten im weiteren Verlauf des Verfahrens eine andere Verfahrenssprache vereinbaren (→ Rn. 62).

54 Nach Art. 119 Abs. 5 ist der **Löschungsantrag** in einer der **fünf Sprachen des Amtes** (Deutsch, Englisch, Französisch, Italienisch und Spanisch) einzureichen. Falls diese gewählte Sprache einer der beiden Sprachen der angegriffenen Unionsmarke entspricht, wird sie gemäß Art. 119 Abs. 6 die Sprache des Löschungsverfahrens. Der Antragsteller hat also eine **Wahlmöglichkeit,** wenn beide Sprachen der angegriffenen Marke zu den Sprachen des Amtes gehören, anderenfalls richtet sich die Verfahrenssprache nach der zweiten Sprache der angegriffenen Unionsmarke.

55 Ist der Löschungsantrag in keiner der möglichen Verfahrenssprachen gestellt, hat der Antragsteller eine **Übersetzung** einzureichen, und zwar entweder in die erste Sprache der angegriffenen Unionsmarke, vorausgesetzt diese ist eine der fünf Sprachen des Amtes, oder in deren zweiten Sprache, die nach Art. 119 Abs. 3 in jedem Fall eine der fünf Sprachen des Amtes sein muss. Eine Ausnahme von dem Übersetzungserfordernis sieht Regel 95 Buchst. b GMDV im Falle der Verwendung eines **amtlichen Formblatts** vor, das als solches nicht übersetzt zu werden braucht. Diese Ausnahme gilt aber nicht für die im Formblatt anzugebenden Informationen, die daher zu übersetzen sind.

56 Dieses Sprachenregime ist durch das Erfordernis gerechtfertigt, den **Anspruch auf rechtliches Gehör** und die **Waffengleichheit** zwischen den Beteiligten zu wahren (EuGH GRUR Int 2012, 630 Rn. 102 – BOTOX).

57 Die **Frist zur Einreichung der Übersetzung** des **Löschungsantrags** beträgt nach Art. 119 Abs. 6 iVm Regel 38 Abs. 1 GMDV **einen Monat** ab dessen Einreichung. Davon ausgenommen sind nach Regel 38 Abs. 2 GMDV die zur Begründung des Antrags vorgelegten **Beweismittel,** obwohl sie nach Regel 37 Buchst. b iv GMDV Teil des Antrags sind. Für solche Beweismittel beträgt die Frist **zwei Monate.**

57.1 Regel 38 GMDV trifft also eine Unterscheidung der Fristdauer je nach dem zu übersetzenden Teil des Antrags. Beweismittel sind oftmals schwieriger zu übersetzen als die übrigen Angaben des Löschungsantrags, etwa aufgrund ihres Umfangs und/oder weil sie nach Regel 98 GMDV Struktur und Inhalt des Originalschriftstücks wiedergeben sollen. Diese Unterscheidung findet sich nicht in der entsprechenden Regelung zum Widerspruchsverfahren (Regel 16 GMDV). Grund dafür ist wohl, dass der Löschungsantrag nach Regel 37 Buchst. a iv GMDV im Unterschied zur Widerspruchsschrift bereits Beweismittel enthalten muss, während sie im Widerspruchsverfahren erst mit der Substantiierung vorgelegt werden müssen.

58 Abgesehen von der Fristdauer unterscheiden sich auch die **Rechtsfolgen** im Fall einer nicht rechtzeitigen Übersetzung des Löschungsantrags und der zur Begründung des Antrags vorgebrachten Beweismittel.

59 Soweit der Löschungsantrag nicht fristgerecht übersetzt wird, ist dieser gemäß Regel 38 Abs. 1 GMDV und der damit übereinstimmenden Regel 39 Abs. 2 GMDV als **unzulässig** zurückzuweisen. Nach der Praxis der Nichtigkeitsabteilung wird eine fehlende Übersetzung des Löschungsantrags entsprechend der gesetzlichen Regelung **nicht als ein Mangel iSv Regel 39 Abs. 3 GMDV behandelt.** Daher erhält der Antragsteller keine Aufforderung, eine Übersetzung einzureichen. Dem Antragsteller wird nach fruchtlosem Ablauf dieser gesetzlichen Frist zum Zwecke der Wahrung des rechtlichen Gehörs bloß die Gelegenheit gegeben, zum Fehlen der Übersetzung Stellung zu nehmen. Lediglich in Fällen, in denen der Antragsteller die Verfahrenssprache wählen kann, diese sich aber nicht eindeutig aus seinem Löschungsantrag ergibt, wird er zur Festlegung der Sprache aufgefordert.

60 Für unübersetzt eingereichte Beweismittel sieht Regel 38 Abs. 2 GMDV demgegenüber keine Rechtsfolge vor. Diese sind schlicht als nichtvorliegend zu behandeln, was sich im Falle verspätet eingereichter Beweismittel auch aus der gesetzlichen Anordnung nach Regel 98 Abs. 2 Buchst. a GMDV ergibt. Demnach greift für nicht übersetzte Beweismittel das nach Regel 39 Abs. 3 GMDV für festgestellte Mängel vorgesehene Verfahren, wonach der Antragsteller zur **Mängelbeseitigung,** d.h. vorliegend zur Übersetzung aufzufordern ist. Erst nach fruchtlosem Ablauf der entsprechenden Frist kann der Löschungsantrag aufgrund nicht vorliegender Beweismittel als unzulässig zurückgewiesen werden.

Antrag auf Erklärung des Verfalls oder der Nichtigkeit Art. 56 UMV

Sind nur **Teile der Beweismittel nicht übersetzt** worden, so dass der Antrag zulässig **61** ist, stellt sich die Frage, ob die nicht übersetzten Teile trotz Regel 98 GMDV **in die Beweiswürdigung einbezogen** werden können oder ob sie gänzlich zu missachten sind. Laut dem Europäischen Gericht kann die bloße Existenz der Beweismittel unter Umständen berücksichtigt werden. So stütze allein die Erwähnung einer Marke in nicht übersetzten Fach- und Presseartikeln deren geltend gemachte Berühmtheit (EuG GRUR Int 2011, 420 Rn. 54 – BOTOX; dies aber mit Blick auf die spezifischen Fallumstände in „BOTOX" anzweifelnd GA Mengozzi BeckRS 2012, 80354 – BOTOX). Im Übrigen ist mit Blick auf die Rechtfertigung für das Sprachenregime (→ Rn. 56) zu berücksichtigen, ob der andere Beteiligte das betreffende Beweismittel tatsächlich verstanden hat und daher seine Verteidigungsrechte berührt sind (EuGH C-100/11 P, GRUR Int 2012, 630 Rn. 103 – BOTOX; HABM BK v. 11.8.2015 – R 1840/2014-1 Rn. 32 – SUMMER OF SOUL).

Gemäß Art. 119 Abs. 7 können die am Verfalls- oder Nichtigkeitsverfahren Beteiligten **62** eine andere Amtssprache der Europäischen Union als Verfahrenssprache **vereinbaren** (→ Art. 119 Rn. 29). In der Praxis kommt dies nur sehr selten vor. Regel 38 Abs. 3 GMDV legt die entsprechenden Fristen fest. Danach gilt eine **Zweimonatsfrist für die Mitteilung der Vereinbarung** seitens eines der Beteiligten an das Amt, beginnend mit Empfang der Mitteilung an den Inhaber der angegriffenen Unionsmarke über das Vorliegen eines zulässigen Löschungsantrags gemäß Regel 40 Abs. 1 GMDV. Regel 38 Abs. 3 GMDV knüpft an diesen Zeitpunkt an, weil der Inhaber der angegriffenen Unionsmarke erst mit Empfang dieser Mitteilung die Stellung eines Beteiligten erlangt, die auch von Art. 119 Abs. 7 vorausgesetzt wird. Weiterhin gilt eine **Einmonatsfrist zur Einreichung der Übersetzung** in die vereinbarte Verfahrenssprache, die mit Ablauf der vorgenannten Zweimonatsfrist (also nicht mit Mitteilung der Vereinbarung) zu laufen beginnt. Wird diese Übersetzung nicht oder nicht rechtzeitig eingelegt, bleibt es nach Regel 38 Abs. 3 aE GMDV bei der ursprünglichen Verfahrenssprache.

VI. Res Judicata

Im Europäischen Recht ist der **Rechtsgrundsatz** der res judicata **allgemein anerkannt,** **63** der über Art. 83 auch im Unionsmarkenrecht gilt. Im deutschen Recht findet er insbesondere in den Normen zu der Rechtskraft von Entscheidungen seinen Ausdruck. Zur Gewährleistung des Rechtsfriedens und der Beständigkeit rechtlicher Beziehungen sowie einer geordneten Rechtspflege sollen nach Ausschöpfung des Rechtswegs oder nach Ablauf der entsprechenden Rechtsmittelfristen unanfechtbar gewordene Gerichtsentscheidungen nicht mehr in Frage gestellt werden können (EuGH C-234/04, BeckEuRS 2006, 423438 – Rosmarie Kapferer/Schlank & Schick GmbH).

In Art. 56 Abs. 3 ist dieser Rechtsgrundsatz für den Fall **gesetzlich geregelt,** dass ein **64** **Gericht eines Mitgliedstaats** über einen Antrag wegen desselben Anspruchs zwischen denselben Parteien **bereits rechtskräftig entschieden** hat. Dies ist nur für **Widerklagen** einschlägig, denn nur im Rahmen dieser können die Löschungsgründe nach Art. 51 ff. vor einem Unionsmarkengericht geltend gemacht werden.

Neben Art. 56 Abs. 3 findet der Rechtsgrundsatz der res judicata auch in Art. 109 betreffend gleich- **64.1** zeitige und aufeinanderfolgende Klagen aus Unionsmarken und aus nationalen Marken seinen Ausdruck (→ Art. 109 Rn. 1).

Das Verfahrenshindernis der res judicata ist **von Amts wegen** zu prüfen. Die Unionsmar- **65** kengerichte haben dem Amt gemäß Art. 100 Abs. 6 rechtskräftige Entscheidungen auch über zurückgewiesene Widerklagen auf Erklärung des Verfalls oder der Nichtigkeit in Form einer Ausfertigung dieser Entscheidung zuzustellen (→ Art. 100 Rn. 40). Ein Hinweis auf die Entscheidung wird im Register für Unionsmarken eingetragen. Außerdem sieht das **amtliche Formularblatt** eine Erklärung des Antragstellers vor, dass über denselben Anspruch zwischen denselben Parteien nicht bereits rechtskräftig von einem Gericht eines Mitgliedstaates entschieden worden ist.

Umgekehrt kann eine **bestandskräftige Entscheidung im amtlichen Löschungsver-** **66** **fahren** (anders als eine Widerspruchsentscheidung) gemäß Art. 100 Abs. 2 (→ Art. 100 Rn. 46) einer **Widerklage** vor einem Unionsmarkengericht **entgegenstehen.** Insoweit können die Gerichte dem Register für Unionsmarken einen Hinweis auf die Entscheidung des Amtes entnehmen (Art. 57 Abs. 6).

67 Außerdem wurde Art. 56 Abs. 3 nach der Praxis der Nichtigkeitsabteilung im Verhältnis von **aufeinanderfolgenden Löschungsverfahren** analog angewandt, wenn der vorherige Löschungsantrag nicht nur als unzulässig zurückgewiesen (HABM BK v. 9.12.2015 – R 610/ 2015-2 Rn. 18 – FLAMAIRE), sondern in der Sache entschieden worden ist (so auch HABM BK v. 17.11.2014 – R 489/2013/2 Rn. 14 – PRIVATE). Zwar gilt der allgemeine Rechtsgrundsatz der res judicata nur für gerichtliche und nicht für amtliche Entscheidungen (EuG GRUR Int 2010, 58 Rn. 34 – Timi Kinderjoghurt), angesichts des res judicata-Effekts amtlicher Löschungsentscheidungen für Gerichte war diese Praxis auf der Grundlage eines erst recht Schlusses aber gerechtfertigt (HABM BK v. 12.3.2010 – R 361/2009-4 Rn. 23 – Schachbrettmuster). Diese amtliche Praxis wurde nunmehr mit dem Inkrafttreten der neuen UMV in Art. 56 Abs. 3 kodifiziert.

67.1 Im Übrigen ist bei **aufeinanderfolgenden Löschungsanträgen wegen relativer Nichtigkeitsgründe** das **Kumulierungsgebot** nach Art. 53 Abs. 4 zu beachten, das wie res judicata ein Verfahrenshindernis darstellen kann.

68 Dagegen stellt eine **vorherige Widerspruchsentscheidung** trotz möglicher Anspruchs- und Parteienidentität kein Verfahrenshindernis für ein nachfolgendes Löschungsverfahren dar (EuG T-140/08, GRUR Int 2010, 58 Rn. 34 – Timi Kinderjoghurt; EuG T-11/13, BeckRS 2014, 81958 – MEGO). Im Unterschied zu aufeinanderfolgenden Löschungsverfahren enthält die UMV keinen Anknüpfungspunkt dafür, dieser amtlichen Entscheidung einen res judicata-Effekt zuzubilligen. Eine gerichtliche Entscheidung in einem Widerspruchsverfahren sollte aber nach den allgemeinen Rechtsgrundsätzen der res judicata einem nachgeschalteten Nichtigkeitsverfahren auf Grundlage derselben älteren Rechte als Verfahrenshindernis entgegenstehen.

69 Ebenso wenig steht eine Entscheidung einer Beschwerdekammer im **Anmeldeverfahren,** wonach keine absoluten Eintragungshindernisse nach Art. 7 vorliegen, einer späteren Entscheidung einer anderen Beschwerdekammer im Löschungsverfahren entgegen, diese wegen der zuvor bereits geprüften absoluten Nichtigkeitsgründe nach Art. 7 für nichtig zu erklären (EuG T-275/10, BeckRS 2012, 80861 Rn. 15 ff. – MPAY24).

70 Zu der Auslegung der **Voraussetzungen** von Art. 56 Abs. 3, nämlich das Vorhandensein einer **rechtskräftigen Entscheidung** und einer **Anspruchs- und Parteienidentität,** liegen nur wenige Entscheidungen vor.

71 Unproblematisch ist die Prüfung, ob eine Entscheidung in **Rechtskraft** erwachsen ist. Wenn eine Widerklage erhoben, darüber aber noch nicht rechtskräftig entschieden worden ist, greift Art. 56 Abs. 3 nicht. Für diesen Fall sieht Art. 104 vor, ob das gerichtliche oder das amtliche Verfahren auszusetzen ist (→ Art. 104 Rn. 1). Wenn bei einer zuvor erhobenen Widerklage das amtliche Löschungsverfahren ausgesetzt und anschließend die Widerklage rechtskräftig abgewiesen wird, kann dies nachträglich ein Verfahrenshindernis nach Art. 56 Abs. 3 darstellen (im Erfolgsfall würde die Unionsmarke gelöscht und der Löschungsantrag gegenstandslos).

72 Weiterhin ist eine **Anspruchsidentität** erforderlich. Wie ein Blick auf die übrigen Sprachfassungen in den vier weiteren Sprachen des Amtes zeigt („same subject matter and cause of action" (EN)/„le même objet et la même cause" (FR)/„el mismo objeto y la misma causa" (ES)/„lo stesso oggetto e la stessa causa" (IT)), umfasst der Anspruch nicht nur den **Löschungsgrund,** sondern auch den zugrundeliegenden **Sachverhalt.**

73 Die Anspruchsidentität kann fraglich sein, soweit **unterschiedliche, aber sich überschneidende Löschungsgründe** Gegenstand der vorherigen Entscheidung gewesen sind. Dies kann etwa im Verhältnis von Art. 7 Abs. 1 Buchst. b zu Art. 7 Abs. 1 Buchst. c gelten. Da den Löschungsgründen jeweils ein eigenständiger Anwendungsbereich verbleibt, sollte nur bei identischen Löschungsgründen eine Anspruchsidentität vorliegen.

74 Der Sachverhalt kann sich insbesondere bei Löschungsgründen ändern, bei denen sich der **maßgebliche Beurteilungszeitpunkt erheblich verschoben** hat und sich seit der rechtskräftigen Entscheidung die tatsächlichen Umstände geändert haben können. Dies gilt vor allem für die Verfallsgründe nach Art. 51, die an das Verhalten bzw. die Untätigkeit des Inhabers anknüpfen.

Hinsichtlich des Sachverhalts kann sich das Problem stellen, dass sich Widerklage und 75
Löschungsverfahren nur darin unterscheiden, dass der Gegenstand **zum einen eine nationale Marke und zum anderen eine Unionsmarke** ist, deren Zeichen und Waren oder Dienstleistungen (teil-) identisch sind. Nach der ständigen Praxis der Nichtigkeitsabteilung handelt es sich in diesem Fall nicht um einen identischen Sachverhalt, denn es liegen unterschiedliche Rechte vor (so bereits HABM NA v. 5.4.2001 − 91 C 000371096/1 Rn. 11 − Weisse Seiten). Nach einer jüngeren Entscheidung der Beschwerdekammer betreffend den allgemeinen Rechtsgrundsatz der res judicata soll dies unter Umständen anders sein können (HABM BK v. 30.7.2009 − R 1203/2005-1 − BRUTT).

Die BRUTT Entscheidung geht nicht auf Art. 56 Abs. 3 ein. Sie bejaht die Voraussetzungen von 75.1
res judicata als einen allgemeinen Rechtsgrundsatz, wonach dieser nicht nur ein Verfahrenshindernis sein, sondern auch dieselbe Entscheidung in der Sache verlangen kann. Die Beschwerdekammer sah sich gebunden, im Ergebnis genauso wie ein nationales Gericht zu befinden, dass eine nationale Marke gelöscht hatte. Die Beschwerdekammer hat folglich die Unionsmarke gelöscht, die ihre Priorität von der nationalen Marke abgeleitet hat, ohne die Voraussetzungen des Löschungsgrundes (Bösgläubigkeit) selber zu prüfen. Andere Entscheidungen scheinen von einer solchen möglichen Bindungswirkung nicht auszugehen (HABM BK v. 20.3.2009 − R 239/2007-4 − HOUSE DOCTOR) bzw. verneinen deren Voraussetzungen unter den gegebenen Fallumständen (HABM BK v. 1.2.2012 − R 1386/2010-4 − Bfree/DR BROWNS).

Bei der **Parteienidentität** handelt es sich nach bisheriger Praxis um ein rein formelles 76
Kriterium. Dementsprechend steht bereits der **Wechsel des Inhabers** eines Rechts, das zuvor Gegenstand einer Widerklage war, einem res judicata-Effekt nach Art. 56 Abs. 3 entgegen. Bei Popularanträgen auf der Basis eines Verfalls- oder absoluten Nichtigkeitsgrundes ist ungeklärt, ob die Stellung durch einen sog. Strohmann zulässig ist (zum deutschen Recht → MarkenG § 54 Rn. 10).

VII. Sonstige Zulässigkeitsvoraussetzungen

Als weiteres Verfahrenshindernis bei einem **Nichtigkeitsantrag wegen relativer Nich-** 77
tigkeitsgründe ist das Kumulationsgebot gemäß Art. 53 Abs. 4 von Amts wegen zu prüfen (→ Art. 53 Rn. 24). Danach kann ein älteres Recht präkludiert sein, wenn es bereits im Rahmen eines vorherigen Nichtigkeitsantrags hätte geltend gemacht werden können.

Zudem weist die Nichtigkeitsabteilung einen **Verfallsantrag wegen Nichtbenutzung** 78
gemäß Art. 51 Abs. 1 Buchst. a gegen eine noch nicht seit mehr als fünf Jahren eingetragene Unionsmarke als unzulässig zurück. Bei einer internationalen Registrierung mit EU-Benennung tritt an die Stelle des Datums der Eintragung gemäß Art. 160 iVm Art. 152 Abs. 2 das Datum der Veröffentlichung, dass der internationalen Registrierung der Schutz nicht verweigert oder eine solche Verweigerung widerrufen wird.

Darüber hinaus gelten die allgemeinen Verfahrensvorschriften, so etwa die Grundsätze zur 79
Vertretung gemäß Art. 92, aus denen sich die Unzulässigkeit eines Löschungsantrags ergeben kann (→ Art. 92 Rn. 5).

1. Antragsinteresse

Ein **gesondertes Antragsinteresse (Rechtsschutzbedürfnis)** ist im amtlichen Verfah- 80
ren − anders als im gerichtlichen Verfahren − **nicht erforderlich**. Für das Nichtigkeitsverfahren wegen absoluter Schutzhindernisse findet ein solches Antragsinteresse im Gesetz keine Grundlage, das zudem einen weiten Kreis von Antragsberechtigten definiert hat, was zugleich das Allgemeininteresse an der Durchführung dieses Verfahrens zeigt (EuGH C-408/08 P, GRUR 2010, 931 Rn. 36 ff. − COLOR EDITION). Entsprechendes gilt für einen Verfallsantrag, der einem möglichst breiten Personenkreis die Möglichkeit bieten soll, eine Unionsmarke anzufechten, die während einer bestimmten Zeit nicht ernsthaft benutzt wurde. Dies schließt Personen mit ein, die nicht die Staatsangehörigkeit eines Mitgliedstaats oder einen Wohnsitz in einem Mitgliedstaat der Europäischen Union besitzen (EuG T-245/08, GRUR Int 2010, 322 Rn. 23 − TIR 20 FILTER CIGARETTES).

Dementsprechend kann auch ein **Rechtsanwalt** im eigenen Namen oder im Namen 81
seiner Kanzlei einen solchen Antrag stellen (HABM BK v. 28.2.2007 − R 1209/2005-1 Rn. 17 − Payless ShoeSource).

82 Ein gesondertes Antragsinteresse steht auch dann nicht in Frage, wenn der Antragsteller – wie in aller Regel – aus **vordergründig eigenem Interesse** handelt, also etwa die Verwertung einer eigenen identischen oder ähnlichen Marke beabsichtigt, der die angegriffene Unionsmarke entgegenstehen würde (HABM BK v. 14.5.2008 – R 855/2007-4 – PAN AM). Solche Eigeninteressen sind grundsätzlich irrelevant.

2. Rechtsmissbrauch

83 Nach ständiger Rechtsprechung kann das Unionsrecht nach einem **allgemeinen Rechtsgrundsatz** (→ Art. 83 Rn. 1) nicht missbräuchlichen oder betrügerischen Zwecken dienen. Ein solcher Rechtsmissbrauch kann auch im Löschungsverfahren ein Verfahrenshindernis darstellen. Es kann sich als rechtsmissbräuchlich erweisen, einen Vorteil aus dem Unionsrecht ziehen zu wollen, indem es objektiv zwar eingehalten, aber entgegen seinem Zweck gehandelt wird (EuG T-204/10, BeckRS 2012, 82100 Rn. 59 f. – COLOR FOCUS).

84 Ein solcher Rechtsmissbrauch wurde allerdings – soweit ersichtlich – im Unionsmarkenrecht bisher nicht bejaht. Im Gegenteil: So steht der Umstand, dass der Löschungsantragsteller seinen Antrag mit dem Ziel stellen kann, das fragliche Zeichen später auf seinen Waren anzubringen, laut der Rechtsprechung genau im Einklang mit dem durch Art. 7 Abs. 1 Buchst. c geschützten Allgemeininteresse der Verfügbarkeit und freien Verwendbarkeit. Auch der Umstand, dass der Geschäftsführer des Löschungsantragstellers auf Erklärung der Nichtigkeit zu dem Zeitpunkt, zu dem die Anmeldung eingereicht wurde, der Geschäftsführer der Markeninhaberin war, berührt in keiner Weise sein Recht, einen Löschungsantrag zu stellen. Selbst unterstellt, ein Antrag auf Nichtigerklärung wäre Teil eines im Rahmen einer geschäftlichen Konfrontation bestehenden Gesamtplans, der auch wettbewerbsrechtlich unlautere Methoden umfasst, ist die Löschung einer beschreibenden oder nicht unterscheidungskräftigen Marke eine durch Art. 57 Abs. 5 und 6 vorgegebene Rechtsfolge (EuG T-396/11, GRUR Int 2013, 794 – ULTRAFILTER INTERNATIONAL).

85 Ein **Löschungsantrag gegen eine Widerspruchsmarke** begründet kein rechtsmissbräuchliches Verhalten des Löschungsantragstellers (zu einem Verfallsantrag gegen eine Widerspruchsmarke EuG GRUR Int 2010, 324 Rn. 21 ff. – Stella). Ebenso stellt es grundsätzlich ein legitimes Verteidigungsmittel dar, einen Löschungsantrag gegen eine Marke zu stellen, aufgrund derer der Löschungsantragsteller in einem **Markenverletzungsverfahren** in Anspruch genommen wird (HABM BK v. 8.9.2011 – R 1458/2010-1 Rn. 17 – Wiedergabe eines Bären).

86 Ein **Antrag auf Erklärung der Nichtigkeit wegen relativer Nichtigkeitsgründe** ist nicht allein deswegen rechtsmissbräuchlich, weil **zuvor ein Widerspruch** auf Grundlage derselben älteren Rechte zurückgewiesen worden ist. Dies gilt selbst dann, wenn gerichtlich über die Zurückweisung des Widerspruchs entschieden worden ist, denn es handelt sich jeweils um eigenständige Verfahren (HABM BK v. 16.10.2012 – R 1596/2011-4 Rn. 9 – REDROCK).

87 Besondere **vertragliche Verpflichtungen** zwischen den Beteiligten etwa in Gestalt einer **Nichtangriffsabrede** begründen grundsätzlich ebenfalls keinen Rechtsmissbrauch. Sie bleiben für die amtliche Zulässigkeitsprüfung grundsätzlich unberücksichtigt (HABM BK v. 18.5.2011 – R 374/2010-4 Rn. 34 – ULTRAFILTER INTERNATIONAL). Sie können zivilrechtlich mit dem Ziel verfolgt werden, dass der Antragsteller zur Rücknahme seines Antrags verpflichtet wird (s. aber HABM BK v. 29.9.2011 – R 1736/2010-2 – SKYRADIO, wonach dies aber zu einer Zwickmühlensituation führen kann, wenn das Amt auf die Gerichte und die Gerichte auf das Amt verweisen, so dass in diesem Fall die Beschwerdekammer den Löschungsantrag nicht zugelassen hat). Ein anhängiges gerichtliches Verfahren kann jedoch ein Aussetzungsgrund für das amtliche Löschungsverfahren sein (HABM BK v. 24.1.2008 – R 285/2005-1 Rn. 24 – Le MERIDIEN).

88 Ebenso kann es legitim sein, nach der **Zurückweisung einer eigenen Anmeldung** entsprechende Unionsmarken Dritter auf der Grundlage eines absoluten Nichtigkeitsgrundes anzugreifen (HABM BK v. 18.5.2011 – R 374/2010-4 Rn. 34 – ULTRAFILTER INTERNATIONAL).

89 Im Unterschied zum deutschen Recht sieht die UMV für keines der Löschungsverfahren eine **Ausschlussfrist** vor. Abgesehen von dem durch den Verwirkungseinwand nach Art. 54

geschützten Vertrauenstatbestand, sind der Stellung eines Löschungsantrags auch unter dem Gesichtspunkt des Rechtsmissbrauchs grundsätzlich keine zeitlichen Grenzen gesetzt. Auch nach Jahrzehnte langer Eintragung einer Unionsmarke muss deren Inhaber also mit der Nichtigkeit seiner Marke etwa aufgrund absoluter Eintragungshindernisse rechnen, wenn der Nachweis der Schutzunfähigkeit zum Anmeldezeitpunkt dann noch gelingt.

D. Zurückweisung des Löschungsantrags als unzulässig

Regel 39 Abs. 3 GMDV sieht nur für die nach Regel 37 Abs. 1 GMDV erforderlichen **90** Angaben ein **Mängelbeseitigungsverfahren** vor, bei der das Amt zur Beseitigung eines Mangels eine amtliche Frist setzt (in der Regel zwei Monate). Soweit die zur Begründung des Antrags vorgebrachten Beweismittel nicht innerhalb der gesetzlichen Zweimonatsfrist gemäß Regel 38 Abs. 2 in die Verfahrenssprache übersetzt worden sind (→ Rn. 60), greift dieses Verfahren anschließend ebenfalls.

In Regel 39 Abs. 3 GMDV muss es anstelle von „Anmelder" richtig natürlich „Antragsteller" heißen. **90.1**

Für die neben Regel 37 Abs. 1 GMDV bestehenden Verfahrenshindernisse ist der Antrag- **91** steller vor der Zurückweisung des Antrags als unzulässig zur Wahrung des rechtlichen Gehörs **anzuhören.** Die Anhörung kann auch dazu dienen, die Sach- und Rechtslage aufzuklären, so dass die Nichtigkeitsabteilung ihre vorläufige Auffassung über die Zulässigkeit ggf. noch revidiert.

Ungeachtet dessen tritt die Nichtigkeitsabteilung im Wege der Amtsermittlung (→ **92** Art. 57 Rn. 36) unter Umständen mit dem Antragsteller in Verbindung, um **Unklarheiten bei der Antragstellung** zu beseitigen. Der amtlichen Mitwirkung zur Stellung eines zulässigen Antrags sind mit Blick auf den kontradiktorischen Charakter des weiteren Löschungsverfahrens aus Gründen der erforderlichen Unparteilichkeit aber Grenzen gesetzt.

Die Erklärung der Zulässigkeit des Antrags nach Regel 40 Abs. 1 GMDV stellte **nach** **93** **alter Praxis keine abschließende Entscheidung,** sondern eine **bloß verfahrensleitende Maßnahme** dar. Daher konnte die Nichtigkeitsabteilung ungeachtet der Vorschrift über den Widerruf einer Entscheidung gemäß Art. 80 und insbesondere der darin vorgesehenen sechsmonatigen Ausschlussfrist auch noch nach Erklärung der Zulässigkeit einen Löschungsantrag jederzeit für unzulässig befinden. Selbst im **Beschwerdeverfahren** konnten Zulässigkeitsmängel noch entdeckt werden. Die Beschwerdekammer konnte dann entsprechend Art. 64 Abs. 1 die Angelegenheit an die Nichtigkeitsabteilung zurückverweisen, etwa um ein Mängelbeseitigungsverfahren durchzuführen (zum Widerspruchsverfahren HABM BK v. 14.1.2002 – R 752/2000-4 – NOBODY), oder sie konnte den Antragsteller selbst zur Mängelbeseitigung auffordern (HABM BK v. 8.6.2011 – R 1093/2010-1 Rn. 22 ff. – ESCHBACH).

Diese Praxis wird nach einem Urteil des Gerichtshofs **nicht mehr aufrechterhalten** **94** (EuGH C-402/11 P, GRUR Int 2012, 1102 – REDTUBE). Danach handelt es sich bei der **Mitteilung über das Vorliegen eines zulässigen Widerspruchs** nach Regel 18 Abs. 1 GMDV um eine **Entscheidung** iSv Art. 80 Abs. 1, die nur unter den dort genannten Voraussetzungen widerrufen werden kann. Insbesondere muss dem Widerruf ein **offensichtlicher Verfahrensfehler** zugrunde liegen und er muss **binnen sechs Monaten** nach Erlass der Entscheidung angeordnet werden. Anderenfalls ist der kontradiktorische Teil des Verfahrens auch bei einem an sich unzulässigen Antrag fortzusetzen und eine Entscheidung in der Sache zu erlassen, gegen die dann ggf. aufgrund einer fehlerhaften Prüfung der Zulässigkeit eine Beschwerde eingelegt werden kann. Entsprechendes muss für die Auslegung der für das **Löschungsverfahren** gleich lautenden Regel 40 Abs. 1 GMDV gelten. Allerdings hat dieses Urteil insofern eine größere praktische Bedeutung für das Löschungsverfahren, als die Zulässigkeitsprüfung umfassender als im Widerspruchsverfahren ist, in dem die Prüfung wesentlicher Sachentscheidungsvoraussetzung erst Teil der Substantiierung des Widerspruchs nach Regel 19 GMDV im kontradiktorischen Teil des Verfahrens ist.

Stellt sich ein Zulässigkeitsproblem erst nach Erklärung der Zulässigkeit heraus und ist ein **95** Widerruf der Entscheidung iSv Regel 40 Abs. 1 GMDV nach Art. 80 noch möglich, ist dem Verfahrensstand insoweit Rechnung zu tragen, als der Inhaber der angegriffenen Unionsmarke nunmehr die Stellung eines Beteiligten und dementsprechend Anspruch auf rechtliches Gehör hat (HABM BK v. 2.3.2007 – R 300/2006-4 Rn. 29 – ACTILON). Zudem laufen ggf. bereits auszusetzende Fristen zur Stellungnahme zu der Begründetheit des Antrags. Es obliegt der Kompetenz der Nichtigkeitsabteilung, insoweit das Verfahren sachgerecht zu leiten und die Beteiligten aufzufordern, auch zu amtlichen Bescheiden Stellungnahmen einzureichen.

96 Ein Antrag kann sich auch als nur **teilweise unzulässig** erweisen, etwa wenn mehrere ältere Rechte geltend gemacht werden, der Antragsteller die erforderlichen Beweismittel aber nicht in Bezug auf alle Rechte einreicht. Im Unterschied zu der Praxis der Widerspruchsabteilung prüft die Nichtigkeitsabteilung die Zulässigkeit des Antrags auf der Basis jedes älteren Rechts. Erweist sich der Antrag nicht in Bezug auf alle älteren Rechte als zulässig, wird das Verfahren aber auf Basis des für zulässig erklärten Teils des Antrags fortgeführt.

97 Entsprechend Regel 39 Abs. 4 GMDV wird jede Entscheidung über die Unzulässigkeit eines Antrags sowohl dem Antragsteller als auch dem Inhaber der Unionsmarke **mitgeteilt.** Demgegenüber verpflichtet Regel 39 GMDV das Amt im Falle einer **fehlenden Gebührenentrichtung** nicht, den **Inhaber der Unionsmarke** über den gestellten Antrag zu informieren. Regel 39 Abs. 1 GMDV sieht für diesen Fall nur eine Mitteilung an den Antragsteller vor. Da erst mit der Erklärung der Zulässigkeit des Löschungsantrags gemäß Regel 84 Abs. 3 Buchst. n GMDV eine Eintragung in das Register vorzunehmen ist, erfährt der Inhaber der Unionsmarke amtlicherseits nach bisheriger Praxis nichts über den Löschungsantrag. Der Inhaber kann jedoch jederzeit die auf der Webseite des Amtes vorgehaltene Datenbank eSearch Plus konsultieren, die Zugang zu der elektronischen Akte seiner Unionsmarke gewährt, die solche Anträge ggf. aufzeigt.

98 Entscheidungen über die Unzulässigkeit des Löschungsantrags sind nach Art. 58 Abs. 1 unmittelbar **beschwerdefähig.** Soweit der Löschungsantrag für zulässig befunden worden ist, kann der Inhaber dies nach Art. 58 Abs. 2 nur zusammen mit der Endentscheidung anfechten.

Art. 57 Prüfung des Antrags

(1) Bei der Prüfung des Antrags auf Erklärung des Verfalls oder der Nichtigkeit fordert das Amt die Beteiligten so oft wie erforderlich auf, innerhalb einer von ihm zu bestimmenden Frist eine Stellungnahme zu seinen Bescheiden oder zu den Schriftsätzen der anderen Beteiligten einzureichen.

(2) ¹Auf Verlangen des Inhabers der Unionsmarke hat der Inhaber einer älteren Unionsmarke, der am Nichtigkeitsverfahren beteiligt ist, den Nachweis zu erbringen, dass er innerhalb der letzten fünf Jahre vor Stellung des Antrags auf Erklärung der Nichtigkeit die ältere Unionsmarke in der Union für die Waren oder Dienstleistungen, für die sie eingetragen ist und auf die der Inhaber der älteren Marke sich zur Begründung seines Antrags beruft, ernsthaft benutzt hat oder dass berechtigte Gründe für die Nichtbenutzung vorliegen, sofern zu diesem Zeitpunkt die ältere Unionsmarke seit mindestens fünf Jahren eingetragen ist. ²War die ältere Unionsmarke am Anmeldetag oder am Prioritätstag der Anmeldung der Unionsmarke bereits mindestens fünf Jahre eingetragen, so hat der Inhaber der älteren Unionsmarke auch den Nachweis zu erbringen, dass die in Artikel 42 Absatz 2 genannten Bedingungen an diesem Tage erfüllt waren. ³Kann er diesen Nachweis nicht erbringen, so wird der Antrag auf Erklärung der Nichtigkeit zurückgewiesen. ⁴Ist die ältere Unionsmarke nur für einen Teil der Waren oder Dienstleistungen, für die sie eingetragen ist, benutzt worden, so gilt sie zum Zwecke der Prüfung des Antrags auf Erklärung der Nichtigkeit nur für diesen Teil der Waren oder Dienstleistungen als eingetragen.

(3) Absatz 2 ist auf ältere nationale Marken im Sinne des Artikels 8 Absatz 2 Buchstabe a mit der Maßgabe entsprechend anzuwenden, dass an die Stelle der Benutzung in der Union die Benutzung in dem Mitgliedstaat tritt, in dem die ältere Marke geschützt ist.

Prüfung des Antrags **Art. 57 UMV**

(4) Das Amt kann die Beteiligten ersuchen, sich zu einigen, wenn es dies als sachdienlich erachtet.

(5) ¹Ergibt die Prüfung des Antrags auf Erklärung des Verfalls oder der Nichtigkeit, dass die Marke für alle oder einen Teil der Waren oder Dienstleistungen, für die sie eingetragen ist, von der Eintragung ausgeschlossen ist, so wird die Marke für diese Waren oder Dienstleistungen für verfallen oder für nichtig erklärt. ²Ist die Marke von der Eintragung nicht ausgeschlossen, so wird der Antrag zurückgewiesen.

(6) In das Register wird ein Hinweis auf die Entscheidung des Amtes über einen Antrag auf Erklärung des Verfalls oder der Nichtigkeit eingetragen, sobald sie unanfechtbar geworden ist.

Überblick

Art. 57 regelt in wenigen Grundzügen den kontradiktorischen Teil des Löschungsverfahrens, das von der Nichtigkeitsabteilung geleitet wird (zum Ablauf des gesamten Löschungsverfahrens: → Art. 56 Rn. 4). Die Nichtigkeitsabteilung hat gemäß Art. 57 Abs. 1 die Beteiligten so oft wie erforderlich zur Stellungnahme aufzufordern (→ Rn. 1). Im Falle einer zulässigen Benutzungseinrede iSv Art. 57 Abs. 2 setzt die Nichtigkeitsabteilung eine Frist zur Einreichung von Benutzungsnachweisen (→ Rn. 22). Regel 40 GMDV trifft nähere Bestimmungen zu diesen amtlichen Aufforderungen einschließlich derjenigen im Verfallsverfahren wegen Nichtbenutzung (→ Rn. 17; → Art. 57a Rn. 1).

Art. 57 Abs. 4 ermöglicht der Nichtigkeitsabteilung, die Beteiligten zu einer Einigung zu ersuchen (→ Rn. 51).

Betreffend das Ergebnis der Prüfung des Löschungsantrags sieht Art. 57 Abs. 5 entweder die (teilweise) Erklärung des Verfalls bzw. der Nichtigkeit der angegriffenen Unionsmarke oder die (teilweise) Zurückweisung des Antrags vor (→ Rn. 64). Auf eine unanfechtbare Entscheidung wird nach Art. 57 Abs. 6 im Register für Dritte hingewiesen.

Art. 57 wird zudem durch Regel 41 GMDV ergänzt, die die Verbindung (→ Rn. 43) und die Aussetzung (→ Rn. 46) von Verfahren betrifft (→ Art. 57a Rn. 1).

Im Übrigen ergeben sich die Verfahrensvorschriften für den kontradiktorischen Teil des Löschungsverfahrens aus sonstigen Vorschriften. Dazu zählen etwa Regelungen betreffend die Fristen (→ Rn. 5), die Sprache (→ Rn. 10) sowie die Ermittlung des Sachverhalts (→ Rn. 36).

Für Widerklagen gelten die Vorschriften des Art. 57 Abs. 2 bis Abs. 5 entsprechend (Art. 100 Abs. 5; → Art. 100 Rn. 27).

Übersicht

	Rn.		Rn.
A. Verfahrensverlauf	1	VIII. Verbindung der Verfahren	43
I. Aufforderung zur Einreichung von Stellungnahmen	1	IX. Aussetzung des Verfahrens	46
II. Fristen	5	X. Einigungsersuch seitens der Nichtigkeitsabteilung	51
III. Sprache	10	XI. Rücknahme des Löschungsantrags	53
IV. Aufforderung zum Benutzungsnachweis im Verfallsverfahren	17	XII. Verzicht auf die angegriffene Unionsmarke	56
V. Aufforderung zum Benutzungsnachweis im Nichtigkeitsverfahren	22	XIII. Teilung der angegriffenen Unionsmarke	62
VI. Erweiterung des Löschungsantrags	32	B. Entscheidung der Nichtigkeitsabteilung	64
VII. Ermittlung des Sachverhalts	36		

A. Verfahrensverlauf

I. Aufforderung zur Einreichung von Stellungnahmen

Für den kontradiktorischen Teil des Verfahrens gibt Art. 57 Abs. 1 vor, dass die Beteiligten **1** **so oft wie erforderlich** zur Abgabe einer Stellungnahme aufgefordert werden. Die Art. 57

Abs. 1 ergänzende Regel 40 Abs. 1 und 3 GMDV verlangt nur, dass der Inhaber der Unionsmarke mit der Mitteilung des für zulässig befundenen Antrags aufzufordern ist, eine Stellungnahme abzugeben. Bereits die weitere Übermittlung der Stellungnahme des Inhabers an den Antragsteller erfolgt nur „erforderlichenfalls". Der Antragsteller sollte daher bereits in seinem Antrag umfassend unter Einreichung sämtlicher relevanter Beweismittel vortragen und nicht auf die Möglichkeit einer zweiten Stellungnahme vertrauen.

2 Es obliegt der **Kompetenz der Nichtigkeitsabteilung,** ob sie die Beteiligten über Regel 40 Abs. 1 und 3 GMDV hinaus zur Abgabe von weiteren Stellungnahmen auffordert. Nach deren Praxis kann der Antragsteller, falls der Inhaber der Unionsmarke eine Stellungnahme abgegeben hat, in der Regel darauf antworten. Danach erhält der Inhaber der Unionsmarke – im Unterschied zum regelmäßigen Verlauf im Widerspruchsverfahren – ebenfalls zum zweiten Mal die Möglichkeit, Stellung zu nehmen. Mit der Übermittlung dieser Stellungnahme an den Antragsteller schließt die Nichtigkeitsabteilung in der Regel den kontradiktorischen Teil des Verfahrens und teilt den Beteiligten zugleich mit, dass keine weiteren Stellungnahmen eingereicht werden können.

3 Eine **Entscheidungsreife** wird in diesem Verfahrensstadium **pauschal angenommen,** ohne dass geprüft wird, ob angesichts eines entscheidungserheblichen neuen Vortrags – etwa unter dem Gesichtspunkt des rechtlichen Gehörs – eine weitere Vortragsrunde erforderlich ist. Auch für den Abschnitt nach Schließung des kontradiktorischen Teils gilt allerdings Regel 40 Abs. 4 GMDV, wonach alle von den Beteiligten vorgelegten Stellungnahmen der Gegenpartei übermittelt werden müssen, sofern gemäß Regel 69 GMDV davon nicht abgesehen werden kann, weil das Schriftstück kein neues Vorbringen enthält und die Sache entscheidungsreif ist. Sollten sich also neue Umstände ergeben haben und deswegen eine weitere Stellungnahme erforderlich sein, ist dies im Schriftsatz deutlich herauszustellen, damit diese an die Gegenpartei nicht bloß zur Kenntnisnahme, sondern ggfs. nach einer Wiedereröffnung des Verfahrens zur Stellungnahme übersandt wird.

4 In diesem Zusammenhang hat die Nichtigkeitsabteilung Art. 75 zu beachten, wonach Entscheidungen des Amtes nur auf **Gründe** gestützt werden dürfen, zu denen die Beteiligten sich **äußern konnten** (→ Art. 75 Rn. 57). Reicht ein Beteiligter etwa Beweismittel ein, die für die Entscheidung maßgeblich sind, muss die Nichtigkeitsabteilung dem anderen Beteiligten **zur Wahrung des rechtlichen Gehörs** die Möglichkeit zur Stellungnahme geben (EuG T-317/05, GRUR Int 2007, 330 Rn. 24 ff. – Form einer Gitarre). Anderenfalls kann die Entscheidung der Nichtigkeitsabteilung aufgrund dieses Verfahrensfehlers aufgehoben werden (HABM BK v. 3.10.2008 – R 40/2008-2 – Barbera il mago del caffè ... dal 1870/barbera il mago del caffè). Dies gilt unter Umständen aber nicht, wenn sich ein Verstoß gegen Regel 40 Abs. 4 GMDV nicht auf das Ergebnis der Entscheidung auswirkt (HABM BK v. 9.10.2012 – R 1809/2011-2 Rn. 30 – SPORT).

II. Fristen

5 Die Fristen zur Einreichung der Stellungnahmen werden amtlicherseits festgesetzt. Während die **erste Stellungnahmefrist** für den Inhaber der angegriffenen Unionsmarke in der Regel **drei Monate** beträgt, belaufen sich die **weiteren Fristen** zur Stellungnahme grundsätzlich nur noch auf **zwei Monate.**

6 Bei amtlicherseits festgelegten Fristen, im Unterschied etwa zu den gesetzlichen Fristen der Sprachenregelung gemäß Regel 38 GMDV, kann der betreffende Beteiligte **innerhalb der noch laufenden Frist** eine **Fristverlängerung** beantragen. Die Praxis der Nichtigkeitsabteilung entspricht insoweit derjenigen der Widerspruchsabteilung. Diese lässt sich dahin zusammenfassen, dass einem **ersten Fristverlängerungsgesuch stets stattgegeben** wird, einem weiteren aber nur dann, wenn außergewöhnliche Umstände überzeugend dargelegt werden.

7 Die **Weiterbehandlung** gilt gemäß Art. 82 **für sämtliche Fristen während des Löschungsverfahrens** (→ Art. 82 Rn. 4). Bei Versäumung einer Frist im Löschungsverfahren kann also innerhalb von zwei Monaten nach deren Ablauf ein solcher **gebührenpflichtiger Antrag** gestellt werden, mit dem zugleich die versäumte Handlung nachzuholen ist. Die Weiterbehandlungsgebühr beträgt 400 Euro (→ Anhang-I Rn. 13).

Prüfung des Antrags **Art. 57 UMV**

Ungeachtet der Weiterbehandlung kann die Nichtigkeitsabteilung verspätet vorgebrachte 8
Tatsachen und Beweismittel **gemäß Art. 76 Abs. 2 nach pflichtgemäßen Ermessen**
zulassen, soweit dem keine gesetzliche Regelungen ausdrücklich entgegenstehen (→ Art. 76
Rn. 69; EuGH C-29/05, GRUR Int 2007, 516 – ARCOL/CAPOL). Für die Ausübung
des Ermessens gelten für das Löschungsverfahren die allgemeinen Grundsätze. Allerdings
nimmt die Beschwerdekammer zum Teil an, dass im Löschungsverfahren eher Gründe für
eine Zulassung auch in einem späteren Verfahrensstadium sprechen, weil ein besonderes
Interesse an der umfassenden Sachklärung besteht. Im Vergleich zum Widerspruchsverfahren
ist der Löschungsantrag das letzte Mittel, ältere Rechte durchzusetzen, so dass das Ermessen
weiter als im Widerspruchsverfahren sein soll (HABM BK v. 1.4.2011 – R 354/2009-2
Rn. 35 – FORTRESS). Gleichwohl sollten sich die Beteiligten nicht darauf verlassen, dass
die Nichtigkeitsabteilung, die sich in erster Linie an der sehr strengen Handhabung von
Fristen im Widerspruchsverfahren orientiert, im Regelfall einen verspäteten Vortrag zulassen
wird. Besonders bei einem verspäteten Vortrag möglicherweise fallentscheidender Tatsachen
und Beweismittel ist dem Beteiligten anzuraten, vorsorglich eine Weiterbehandlung zu beantragen.

Die Zulassung eines erstmaligen, aber verspäteten Vorbringens über Art. 76 Abs. 2 scheidet 9
von vornherein bei der **Frist zum Nachweis einer rechtserhaltenden Benutzung** im
Rahmen eines Verfalls- oder Nichtigkeitsverfahrens aus, weil Regel 40 Abs. 5 und 6 GMDV
zwingend anordnet, dass die Unionsmarke in diesem Fall verfällt bzw. der Nichtigkeitsantrag
zurückgewiesen wird. Der Nichtigkeitsabteilung steht in diesen Fällen schon kein Ermessen
zu (zum Nachweis der rechtserhaltenden Benutzung der älteren Marke im Nichtigkeitsverfahren EuG T-250/09, BeckRS 2012, 80395 Rn. 20 – Mangiami; HABM BK v. 1.2.2012 –
R 1386/2010-4 – Bfree/DR BROWNS).

III. Sprache

Ungeachtet der Festlegung der Verfahrenssprache mit Stellung des Löschungsantrags kön- 10
nen sich die Beteiligten im kontradiktorischen Teil des Verfahrens gemäß Art. 119 Abs. 7
iVm Regel 38 Abs. 3 GMDV auf eine **andere Amtssprache** der EU als Verfahrenssprache
einigen (→ Art. 56 Rn. 62).

Für **erforderliche Übersetzungen in die Verfahrenssprache** enthält die UMV für das 11
Löschungsverfahren keine besonderen Vorschriften. Regel 96 GMDV sieht für das schriftliche Verfahren **allgemeine Vorschriften** betreffend die Verwendung der Sprache und Übersetzungen vor. Gemäß Regel 96 Abs. 1 GMDV können die Beteiligten unbeschadet Art. 115
Abs. 4 und 7 GMDV, also ungeachtet der danach festgelegten Verfahrenssprache, im schriftlichen Verfahren **grundsätzlich jede Sprache des Amtes** benutzen. Wenn ein Beteiligter
also die Verfahrenssprache (zB Italienisch) nicht beherrscht, kann er zur Fristwahrung eine der
vier anderen Sprachen des Amtes für seinen Schriftsatz verwenden (zB Deutsch). Allerdings
ist dann eine **Übersetzung in der Verfahrenssprache innerhalb eines Monats** nach
Vorlage des Schriftsatzes vorzulegen.

Regel 96 Abs. 2 GMDV sieht eine besondere Regelung für „**Schriftstücke, die in** 12
Verfahren vor dem Amt verwendet werden sollen" vor. Zwar umfasst der Begriff des
Schriftstücks im übrigen Sprachgebrauch der GMDV insbesondere auch Schriftsätze der
Beteiligten. Nach der Praxis des Amtes handelt es sich bei den Schriftstücken iSv Regel 96
Abs. 2 GMDV aber nur um **Beweismittel**. Diese Lesart macht in Abgrenzung zu Abs. 1
und angesichts des für diese „Schriftstücke" vorgesehenen Regelungsgehalts auch Sinn.
Beweismitteln kann nämlich unter Umständen auch ohne oder bei einer nur teilweiligen
Übersetzung ein Beweiswert zukommen. Allerdings kann das Amt eine Übersetzung verlangen. Somit erlaubt Regel 96 Abs. 2 GMDV für Beweismittel eine **Entscheidung im Einzelfall, ob eine Übersetzung erforderlich** ist.

Für die demnach erforderliche **Ermessensausübung** gelten im Löschungsverfahren keine 13
Besonderheiten im Vergleich zum Widerspruchsverfahren. Die Interessen der Beteiligten
sind gegeneinander abzuwägen (HABM BK v. 11.3.2010 – R 167/2009-1 Rn. 25 – INA/
INA). Insbesondere ist der allgemeine Rechtsgrundsatz der Verhältnismäßigkeit zu beachten
(HABM BK v. 10.2.2011 – R 1688/2008-1 Rn. 30 – powered by Galileo). Die Übersetzung
muss geeignet sein, den Beweisgegenstand zu erleuchten. Sie muss notwendig sein, um eine

Hanne

Entscheidung über den Beweisgegenstand treffen zu können. Weiterhin muss sie angemessen sein, und zwar insbesondere angesichts einerseits des Kosten- und Zeitaufwands für den beweisführenden Beteiligten und andererseits des Rechts des anderen Beteiligten, das Beweismittel zu verstehen und sich zu verteidigen. Oftmals kann für den anderen Beteiligten angenommen werden, dass er den Inhalt der Beweismittel erfassen kann, etwa weil er sich inhaltlich bereits zu Beweismitteln in der entsprechenden Sprache geäußert hat. Bei der Verhältnismäßigkeitsprüfung kann dies entscheidend gegen das Erfordernis einer Übersetzung sprechen (HABM BK v. 9.12.2010 – R 1430/2009-2 Rn. 26 – MY SPACE).

14 Möchte der **beweisführende Beteiligte** sein Beweismittel nicht übersetzen, sollte dieser im begleitenden Schriftsatz vorsorglich **ausführen, warum die Übersetzung nicht erforderlich ist.** Im Zweifel werden die Mitarbeiter der Nichtigkeitsabteilung nämlich im laufenden Verfahren aus zwei Gründen eine Übersetzung anfordern. Zum einen ist die Ermessensausübung im laufenden Verfahren seitens der für die Durchführung des Verfahrens verantwortlichen Mitarbeiter der Nichtigkeitsabteilung in Ermangelung einer Kenntnis der näheren Fallumstände sehr schwierig. Zum anderen kann es im Falle einer nicht vorliegenden, aber erforderlichen Übersetzung notwendig sein, das Verfahren zwecks Aufforderung zur Einreichung wiederzueröffnen, wenn sich dies erst bei der Entscheidungsfindung herausstellt.

15 Zu den weiteren Vorschriften der Regel 98 GMDV und Regel 99 GMDV s. die entsprechende Kommentierung, insbesondere zu Regel 98 Abs. 2 GMDV, wonach eine verspätet eingereichte Übersetzung als nicht beim Amt eingegangen gilt (→ Art. 119 Rn. 26).

16 Werden die zur **Begründung des Antrags vorgebrachten Beweismittel** nicht in der Sprache des Verfalls- oder des Nichtigkeitsverfahrens eingereicht, so muss der Antragsteller nach Regel 38 Abs. 2 GMDV eine **Übersetzung** der betreffenden Beweismittel in dieser Sprache innerhalb einer Frist von zwei Monaten nach Einreichung der Beweismittel vorlegen. Nach der Praxis der Nichtigkeitsabteilung soll diese Regel nicht nur im Rahmen der Zulässigkeit des Löschungsantrags, sondern auch noch **im kontradiktorischen Teil des Verfahrens anwendbar** sein. Daher soll Regel 38 Abs. 2 eine von Regel 96 Abs. 2 GMDV, wonach Beweismittel des Antragstellers grundsätzlich nur nach einem Verlangen des Amtes zu übersetzen sind, abweichende Regelung darstellen. Allerdings wendet die Nichtigkeitsabteilung Regel 22 Abs. 6 GMDV analog an, gemäß der – in Übereinstimmung mit Regel 96 Abs. 2 GMDV – Beweismittel für den Benutzungsnachweis der älteren Marke nur dann zu übersetzen sind, wenn das Amt dies verlangt.

16.1 Nach der hier vertretenen Auffassung bedarf es aber keines Rückgriffs auf Regel 22 Abs. 6 GMDV. Regel 38 Abs. 2 GMDV sollte nämlich ausschließlich für die Zulässigkeitsprüfung gelten. Zwar legt die amtliche Überschrift zu Regel 38 GMDV, "Sprachenregelung im Verfalls- oder Nichtigkeitsverfahren", eine Anwendung von Regel 38 Abs. 2 GMDV auch im kontradiktorischen Verfahrensteil nahe, zumal sich die für das Widerspruchsverfahren entsprechende Regel 16 GMDV mit ihrer Überschrift „Sprachen der Widerspruchsschrift" klar nur auf die Zulässigkeitsprüfung bezieht. Letztere Überschrift hat aber erst im Zuge einer umfänglichen Neufassung der Regel 15–20 GMDV mit der VO Nr. 1041/2005 vom 29.6.2005 eine sprachliche Präzisierung erfahren. Zuvor lautete die Überschrift in der damaligen Regel 17 der VO 2868/95 vom 13.12.1995 „Sprachenregelung für den Widerspruch". Deren Regel 17 Abs. 2 GMDV, die für das Widerspruchsverfahren der heutigen Regel 38 Abs. 2 GMDV entsprach, wurde nach der Praxis des Amtes aber nur auf die Zulässigkeitsprüfung bezogen. Im Übrigen spricht die systematische Stellung von Regel 38 GMDV zwischen zwei Regeln zur Zulässigkeitsprüfung gegen die Praxis der Nichtigkeitsabteilung. Außerdem macht Regel 38 Abs. 2 GMDV vor allem als eine Ausnahme zu dem vorangehenden Abs. 1 Sinn, wohingegen bei einer Anwendung im kontradiktorischen Teil des Verfahrens nicht erkennbar ist, warum in Abweichung zu Regel 96 Abs. 2 GMDV die weiteren, über die Zulässigkeitsprüfung hinausgehenden Beweismittel ebenfalls zwingend zu übersetzen sind, anstatt dies einer Beurteilung im Einzelfall zu überlassen. Allerdings verweist auch die Beschwerdekammer zum Teil auf Regel 22 Abs. 6 GMDV. Dies ist nach hiesiger Auffassung aber damit zu erklären, dass Regel 22 Abs. 6 GMDV eine spezialgesetzliche Regelung und nicht eine Ausnahme zu Regel 96 Abs. 2 GMDV ist.

IV. Aufforderung zum Benutzungsnachweis im Verfallsverfahren

17 Wenn ein nach Art. 51 Abs. 1 Buchst. a zulässiger Verfallsantrag vorliegt, fordert die Nichtigkeitsabteilung nach Regel 40 Abs. 5 GMDV den Inhaber der Unionsmarke zum

Prüfung des Antrags **Art. 57 UMV**

Nachweis einer ernsthaften Benutzung der Unionsmarke innerhalb der letzten fünf Jahre vor Stellung des Verfallsantrags auf. Die Frist dazu wird stets auf drei Monate festgelegt. Wird der Nachweis nicht innerhalb der gesetzten Frist erbracht, wird der Verfall der Unionsmarke erklärt.

Nach Regel 22 Abs. 3 GMDV, der auf Anträge auf Verfallserklärung nach Regel 40 Abs. 5 **18** GMDV anwendbar ist, muss sich der Benutzungsnachweis auf den **Ort,** die **Zeit,** den **Umfang** und die **Art der Benutzung** beziehen (EuG T-434/09, GRUR Int 2012, 356 Rn. 23 – Centrotherm).

Werden die Beweismittel fristgemäß, aber nicht in der Sprache des Nichtigkeitsverfahrens **19** vorgelegt, kann die Nichtigkeitsabteilung den Inhaber außerdem auffordern (→ Art. 56 Rn. 59), eine **Übersetzung der Beweismittel** in diese Sprache innerhalb einer vom Amt gesetzten Frist vorzulegen (HABM BK v. 10.2.2011 – R 1688/2008-1 Rn. 29 – powered by Galileo; HABM BK v. 11.3.2010 – R 167/2009-1 Rn. 24 – INA/INA).

Für den weiteren Austausch der Stellungnahmen gelten dieselben Grundsätze wie bei **20** allen übrigen Löschungsgründen (→ Rn. 1).

Zum erforderlichen Inhalt des Benutzungsnachweises s. die Kommentierung zu Art. 42 **21** Abs. 2 (→ Art. 42 Rn. 15) und zu Art. 51 Abs. 1 Buchst. a (→ Art. 51 Rn. 16).

V. Aufforderung zum Benutzungsnachweis im Nichtigkeitsverfahren

Nach Art. 57 Abs. 2 und 3 kann der Inhaber der angegriffenen Unionsmarke den **Nach- 22 weis der rechtserhaltenden Benutzung** der älteren Marke verlangen, wenn diese im Zeitpunkt der Stellung des Löschungsantrags seit mehr als fünf Jahren eingetragen gewesen ist. Insoweit entsprechen die relevanten Zeitpunkte denjenigen, die für einen Verfallsantrag nach Art. 51 Abs. 1 Buchst. a gelten. Ebenso beläuft sich der Benutzungszeitraum auf die **fünf Jahre vor Stellung des Nichtigkeitsantrags.** Dahinter steht der Gedanke, dass es aus einer älteren Marke nur dann möglich sein soll, gegen eine jüngere Unionsmarke vorzugehen, wenn die ältere Marke selber nicht verfallsreif ist.

Außerdem kann der Inhaber der angegriffenen Unionsmarke gemäß Art. 57 Abs. 2 den **23** Nachweis der Benutzung in den **fünf Jahren vor dem Anmelde- oder Prioritätstag der angegriffenen Unionsmarke** verlangen, wiederum wenn die ältere Marke zu diesem Zeitpunkt seit mehr als fünf Jahren eingetragen gewesen ist. Die relevanten Zeitpunkte und der sich ergebende Benutzungszeitraum entsprechen denjenigen im Widerspruchsverfahren. Daraus wird auch Sinn und Zweck dieses zweiten Benutzungszeitraums deutlich: Dem Inhaber einer im Zeitraum einer laufenden Widerspruchsfrist verfallsreifen älteren Marke soll es nicht möglich sein, anstelle eines Widerspruchs zu einem späteren Zeitpunkt einen Nichtigkeitsantrag zu stellen, nachdem die Benutzung erst wieder aufgenommen worden ist. Dies entspricht konzeptionell einem sog. Zwischenrecht bzw. einer rechtshemmenden Einrede des Inhabers der angegriffenen Unionsmarke im Verhältnis zum Inhaber der für diesen Zeitraum nicht benutzten, älteren Marke (→ Art. 13a Rn. 3).

Mit Blick auf die vorgenannten Zwecke der Benutzungszeiträume wird auch deutlich, **24** dass der Nichtigkeitsantrag nach Regel 40 Abs. 6 GMDV bereits dann **zurückzuweisen** ist, wenn der erforderliche Nachweis **für einen der beiden Zeiträume scheitert.**

Alternativ zu einer Benutzungseinrede kann der Inhaber der angegriffenen Unionsmarke **25** auch einen **Verfallsantrag wegen Nichtbenutzung** nach Art. 51 Abs. 1 Buchst. a stellen (→ Art. 51 Rn. 8). In diesem Fall wird das Nichtigkeitsverfahren bis zur bestandskräftigen Entscheidung über den Verfallsantrag ausgesetzt. Für den Verfallsantrag gilt allerdings nur der fünfjährige Benutzungszeitraum vor dessen Stellung.

Die GMDV sieht nicht vor, dass die **Benutzungseinrede** bereits in der **ersten Stellung- 26 nahme** des Inhabers der angegriffenen Unionsmarke erhoben werden muss. Die Nichtigkeitsabteilung wendet insoweit die für das Widerspruchsverfahren geltende Regel 22 Abs. 1 GMDV nicht analog an.

Gleichwohl ist dazu zu raten, die Benutzungseinrede in der ersten Stellungnahme zu erheben. Falls **26.1** der Antragsteller keine zweite Stellungnahme einreicht, erklärt die Nichtigkeitsabteilung nämlich die Sache unmittelbar für entscheidungsreif. Außerdem kann nicht ausgeschlossen werden, dass die Beschwerdekammer, die an die Praxis der Nichtigkeitsabteilung in keiner Weise gebunden ist, Regel

22 Abs. 1 GMDV analog mit der Begründung anwendet, dass die dadurch bezweckte Beschleunigung des Verfahrens auch für das Nichtigkeitsverfahren sinnvoll ist.

27　Die Benutzungseinrede muss ausdrücklich und bedingungslos erfolgen. Es gelten insoweit dieselben Grundsätze wie im Widerspruchsverfahren (→ Art. 42 Rn. 8). In jedem Fall ist zu raten, die Benutzungseinrede **deutlich hervorzuheben,** möglichst auf der ersten oder letzten Seite der Stellungnahme, damit sie auch bei einer oberflächlichen Durchsicht seitens der Mitarbeiter des Amtes nicht übersehen wird.

28　Die Benutzungseinrede kann auch in Bezug auf nur **einen der beiden Zeiträume erhoben** werden. Angesichts der Wichtigkeit dieses Verteidigungsmittel muss eine solche Beschränkung aber klar zum Ausdruck kommen. Bestreitet der Inhaber etwa pauschal die Benutzung und bezieht sich in seiner Argumentation nur auf einen der beiden Zeiträume, liegt darin noch keine Beschränkung der Einrede begründet (HABM BK v. 5.7.2004 – R 627/2003-2 Rn. 19 – McSalad/McSALAD).

29　Die Nichtigkeitsabteilung prüft die Zulässigkeit der Benutzungseinrede mit Blick auf beide Benutzungszeiträume und fordert den Antragsteller nach Regel 40 Abs. 6 GMDV zur Einreichung von Nachweisen auf. Die Frist dazu wird in der entsprechenden Mitteilung festgesetzt (in der Regel zwei Monate).

30　**Unterlässt die Nichtigkeitsabteilung** eine solche Aufforderung gemäß Regel 40 Abs. 6 GMDV, stellt dies einen **Verfahrensfehler** dar. Dies gilt ungeachtet der Frage, ob der Antragsteller von sich aus die Benutzungseinrede erkennt, Benutzungsunterlagen einreicht, der Inhaber der Unionsmarke dazu Stellung nimmt und die Nichtigkeitsabteilung über die rechtserhaltende Benutzung entscheidet. Nach einer Entscheidung der Beschwerdekammer kann dieser Verfahrensfehler selbst dann zu einer Aufhebung der Entscheidung und Zurückverweisung der Angelegenheit an die Nichtigkeitsabteilung führen, wenn die Nichtigkeitsabteilung eine rechtserhaltende Benutzung angenommen hat (HABM BK v. 28.2.2011 – R 16/2010-4 Rn. 23 ff. – COLORPLUS).

30.1　Fraglich ist, ob in dem COLORPLUS Fall der Verfahrensfehler so schwerwiegend gewesen ist, dass er eine Aufhebung der Entscheidung rechtfertigt. Wenn ein Verfahrensfehler nämlich keinen Einfluss auf die Entscheidung in der Sache haben konnte, ist die Aufhebung der Entscheidung grundsätzlich nicht gerechtfertigt (EuG T-137/09 GRUR Int 2011, 160 Rn. 30 – R10/R10; T-222/09, BeckRS 2011, 80114 Rn. 33 – ALPHA D3/ALPHAREN). Dementsprechend können auch die Beschwerdekammern von einer Aufhebung einer Entscheidung absehen, auch wenn der Verfahrensfehler in einer fehlenden Aufforderung nach Regel 40 Abs. 6 GMDV besteht (s. HABM BK v. 8.4.2011 – R 925/2010-2 Rn. 8 und 16 – 1 CLEAN! 2 FRESH! 3 STRONG!/FRESH & CLEAN). Unverständlich ist in der COLORPLUS Entscheidung zudem, welchen Sinn eine Zurückverweisung der Angelegenheit haben soll, wenn die Beteiligten voraussichtlich dieselben Unterlagen nochmals einreichen und die Nichtigkeitsabteilung in der Sache dann wohl genauso entscheiden wird. Im Interesse der Beteiligten dürfte dies nicht liegen.

31　Zum erforderlichen Inhalt des Benutzungsnachweises s. die Kommentierung zu Art. 42 Abs. 2 (→ Art. 42 Rn. 15) und auch zu Art. 51 Abs. 1 Buchst. a (→ Art. 51 Rn. 17).

VI. Erweiterung des Löschungsantrags

32　Während es dem Antragsteller jederzeit freisteht, seinen Antrag einzuschränken oder ihn ganz zurückzunehmen, ist nach der **Praxis der Nichtigkeitsabteilung** eine Erweiterung des Löschungsantrags bereits im einseitigen Teil des Verfahrens **nicht möglich.** Dies gilt erst recht für den kontradiktorischen Teil des Verfahrens. Eine Erweiterung des Löschungsantrags kann insbesondere darin bestehen, weitere Waren oder Dienstleistungen der Unionsmarke angreifen oder zusätzliche ältere Rechte oder Löschungsgründe geltend machen zu wollen.

33　Die **Beschwerdekammer** hat zu einer möglichen Erweiterung des Antrags im Löschungsverfahren noch **keine feste Spruchpraxis** entwickelt. Zum Teil wird die Praxis der Nichtigkeitsabteilung unter Hinweis auf die entsprechenden Grundsätze im Widerspruchsverfahren bestätigt, die für das Löschungsverfahren aufgrund seines res judicata-Effekts im Verhältnis zu Unionsmarkengerichten erst recht gelten sollen (HABM BK v. 21.12.2009 – R 1517/2007-4 Rn. 20 – KICK-POINT/KICKERS; so im Ergebnis auch HABM BK v.

Prüfung des Antrags   Art. 57 UMV

27.5.2008 – R 247/2006-4 Rn. 48 – BALI KITCHEN/BALI). In jedem Fall spricht Regel 37 Buchst. b GMDV gegen eine mögliche Erweiterung des Antrags im Wege zusätzlicher Löschungsgründe, denn diese Regel verlangt die Angabe der Gründe als eine zwingende Zulässigkeitsvoraussetzung bereits mit der Antragstellung. Für eine spätere Geltendmachung sieht die GMDV hingegen keine Bestimmung vor (im Ergebnis aber offenlassend HABM BK v. 14.12.2010 – R 486/2010-2 Rn. 12 – SHAPE OF A CHAIR).

Soweit sich das Löschungsverfahren in der **Beschwerde** befindet, ist eine Erweiterung **34** des Antrags bereits nach den allgemeinen Grundsätzen des Beschwerdeverfahrens nicht möglich, denn die Beschwerdekammer ist nur für Entscheidungen über Beschwerden gegen Entscheidungen unter anderem der Nichtigkeitsabteilungen zuständig und nicht befugt, selbst über einen neuen Antrag zu entscheiden (EuG T-28/09, GRUR Int 2011, 427 Rn. 46 – PINE TREE; HABM BK v. 29.3.2007 – R 252/2006-1 Rn. 11 – TELESIS; v. 28.2.2011 – R 861/2009-1 Rn. 53 – BIODERMA).

Allerdings soll es nach einer älteren Entscheidung der Beschwerdekammer unter Umstän- **35** den möglich sein, den Antrag im Falle absoluter Eintragungshindernisse **von Amts wegen zu erweitern,** insbesondere wenn es für die Prüfung einer im Antrag geltend gemachten Bösgläubigkeit ohnehin erforderlich ist, als Vorfrage eine beschreibende Bedeutung der Unionsmarke iSv Art. 7 zu klären (HABM BK v. 4.6.2009 – R 916/2004-1 – GERSON). Einer solchen Entscheidung ultra petitum steht nach hiesiger Auffassung aber der kontradiktorische Charakter des Verfahrens entgegen. Außerdem kennt die UMV kein von Amts wegen eingeleitetes Löschungsverfahren, auch wenn Verfalls- und Nichtigkeitsverfahren wegen absoluter Eintragungshindernisse im Allgemeininteresse durchgeführt werden. Einer Erweiterung stehen auch Entscheidungen der Beschwerdekammern entgegen, wonach selbst bei den sich überlappenden Art. 7 Abs. 1 Buchst. b bis Buchst. d das Amt an das konkret geltend gemachte Eintragungshindernis gebunden ist (HABM BK v. 8.8.2008 – R 618/2008-4 Rn. 9 – MPPI). Aus demselben Grund kann ein Verfallsverfahren wegen Nichtbenutzung auch dann nicht von Amts wegen **fortgeführt** werden, wenn der Antragsteller seinen Antrag zurücknimmt, obwohl sich im Verfahren die mangelnde Benutzung bereits gezeigt hat (s. HABM BK 24.1.2008 – R 285/2005-1 Rn. 23 – Le MERIDIEN).

VII. Ermittlung des Sachverhalts

Nach Art. 76 Abs. 1 S 1 ermittelt grundsätzlich das Amt den für ihre Entscheidung maß- **36** geblichen Sachverhalt.

Ungeachtet der Geltung des Amtsermittlungsgrundsatzes kann und hat das Amt in sämtli- **37** chen Verfahren **allgemein bekannte Tatsachen** zu berücksichtigen, d.h. Tatsachen, die jeder kennen kann oder die allgemein zugänglichen Quellen entnommen werden können (→ Art. 76 Rn. 8; EuG T-185/02, GRUR Int 2004, 850 Rn. 29 – Picasso).

Eine **Ausnahme** von dem **Amtsermittlungsgrundsatz** sieht Art. 76 Abs. 1 S 2 für **38** **relative Eintragungshindernisse** vor, bei der das Amt auf das Vorbringen und die Anträge der Beteiligten beschränkt ist. Darunter fallen für das Löschungsverfahren die relativen Nichtigkeitsgründe nach Art. 53 (EuG T-288/03, GRUR Int 2005, 692 Rn. 66 – TELETECH GLOBAL VENTURES; T-303/08, BeckRS 2010, 91412 Rn. 65 – GOLDEN ELEPHANT), einschließlich der sonstigen älteren Rechte iSv Art. 53 Abs. 2 (HABM BK v. 16.5.2012 – R 1925/2011-4 Rn. 31 – HAPPY ANGELS).

Außerdem sieht Art. 76 Abs. 1 S 3 seit Inkrafttreten der VO (EU) 2015/2424 vor, dass **39** das Amt ebenso in Nichtigkeitsverfahren nach Art. 52 betreffend **absolute Eintragungshindernisse** nur die von den Beteiligten angeführten Gründe und Argumente betreffend absoluter Schutzhindernisse und einer geltend gemachten Bösgläubigkeit prüft.

Hinsichtlich der **absoluten Nichtigkeitsgründe** nach Art. 52 Abs. 1 Buchst. a iVm Art. 7 hatte **39.1** sich schon zuvor die Rechtsprechung herausgebildet, dass der Löschungsantragsteller die Schutzunfähigkeit zu belegen hat, im Wesentlichen weil für die eingetragene Unionsmarke aufgrund der vorherigen amtlichen Prüfung im Eintragungsverfahren eine Vermutung der Rechtsgültigkeit spricht (EuG T-320/10, BeckRS 2013, 81733 Rn. 27 – CASTEL). Für das Nichtigkeitsverfahren wegen einer Bösgläubigkeit galt dies, weil eine gutgläubig erfolgte Anmeldung vermutet wird (EuG T-136/11, GRUR Int 2013, 144 – Pelikan).

Hanne

39.2 Praktisch relevant wurde die Frage der Geltung des Amtsermittlungsgrundsatzes insbesondere dann, wenn der für die Beurteilung maßgebliche Anmeldezeitpunkt bereits einige Zeit zurückliegt und sich dafür allgemein bekannte Tatsachen schwer postulieren lassen und/oder der Antragsteller sich auf die Einreichung von aktuellen Internetausdrucken beschränkt, die keine relevanten Rückschlüsse etwa zu einem damaligen Sprachgebrauch zulassen (s. zB HABM BK v. 21.9.2011 – R 1105/2010-5 – FLUGBÖRSE, in dem die Beschwerdekammer Ende 2010 ein Sprachgutachten unter anderem zur Bedeutung der Worte „Flug" und „Börse" im April 1996 in Auftrag gegeben hat).

39.3 S. auch zu den Auswirkungen einer solchen Verteilung der Darlegungs- und Beweislast in Fällen, in denen die Beteiligten das Zeichen als Geschäftspartner ehemals gemeinsam und gleichberechtigt verwendet haben: HABM BK v. 30.7.2009 – R 1203/2005-1 Rn. 42 – BRUTT.

40 Neben Art. 76 Abs. 1 S 2 ergibt sich aus Regel 40 Abs. 5 GMDV eine **weitere Ausnahme** von dem Amtsermittlungsgrundsatz, nämlich für das **Verfallsverfahren wegen Nichtbenutzung** gemäß Art. 51 Abs. 1 Buchst. a (HABM BK v. 10.2.2011 – R 654/2010-1 Rn. 16 – TOUCHNET). Danach setzt das Amt dem Inhaber der Unionsmarke eine Frist, innerhalb derer er den Nachweis der ernsthaften Benutzung der Marke zu führen hat. Diese Verteilung der Darlegungs- und Beweislast auf den Inhaber der Unionsmarke ist auch sachgerecht, denn nur der Markeninhaber wird die für den Benutzungsnachweis erforderlichen Angaben zu Ort, Zeit, Umfang und Art der Benutzung machen können (HABM BK v. 10.2.2011 – R 583/2010-1 Rn. 31 – EMTEC).

41 Für den **Verfall wegen irreführender Benutzung** nach Eintragung der Marke gemäß Art. 51 Abs. 1 Buchst. c hat das Europäische Gericht festgestellt, dass der Antragsteller eine irreführende Benutzung nachzuweisen hat (EuG BeckRS 2009, 70501 Rn. 36 – ELIO FIORUCCI). Demgegenüber ist die Beschwerdekammer in einer Entscheidung von einer Geltung des Amtsermittlungsgrundsatzes ausgegangen (HABM BK v. 1.9.2011 – R 1120/2010-1 Rn. 18 – Original Stastnik Arlberger). Sonstige Urteile oder Entscheidungen zu dieser Problematik liegen nicht vor. Ebenso steht eine Klärung der Rechtslage für den Verfallsantrag gemäß Art. 51 Abs. 1 Buchst. b wegen Entwicklung einer eingetragenen Marke zur Gattungsbezeichnung noch aus. Da dieser inhaltlich mit den absoluten Eintragungshindernissen nach Art. 7 Abs. 1 Buchst. d und g verwandt ist, spräche dies dafür, die Amtsermittlung bzw. Beibringung im Gleichklang mit den Verfahren wegen absoluter Nichtigkeitsgründe gemäß Art. 52 Abs. 1 Buchst. a iVm Art. 7 zu handhaben.

42 Dem Löschungsantragsteller ist daher für **sämtliche Löschungsgründe** (mit Ausnahme des Verfallsverfahrens wegen Nichtbenutzung) zu **raten, den Sachverhalt erschöpfend darzulegen** und **alle erforderlichen Beweismittel** von sich aus **einzureichen**.

VIII. Verbindung der Verfahren

43 Nach Regel 41 GMDV kann die Nichtigkeitsabteilung mehrere bei ihr anhängige Löschungsanträge, die dieselbe Unionsmarke betreffen, innerhalb desselben Verfahrens bearbeiten. Die Nichtigkeitsabteilung kann anschließend entscheiden, die Anträge wieder getrennt zu bearbeiten.

44 Diese Regel entspricht wortgleich Regel 21 Abs. 1 GMDV für das Widerspruchsverfahren und wird dementsprechend im Löschungsverfahren gehandhabt (vgl. EUIPO-Prüfungsrichtlinien, Teil C: Widerspruch, Abschnitt 2: Verfahrensfragen).

45 Wie die Aussetzung des Verfahrens stellt die Verbindung und ggf. Trennung der Verfahren eine **verfahrensleitende Maßnahme** dar, die als solche nicht beschwerdefähig ist. Sie steht im Ermessen der Nichtigkeitsabteilung, das sich vor allem nach Verfahrensstand und Sachzusammenhang der Verfahren richtet. Nach der amtlichen Praxis erfordert eine Verbindung der Verfahren, dass die Antragsteller einen gemeinsamen Vertreter bestellen. Eine Verbindung wird in der Regel nur dann sachgerecht sein, wenn es sich um denselben oder wirtschaftlich verbundene Antragsteller handelt.

45.1 Es ist einem Antragsteller grundsätzlich nicht verwehrt, mehrere getrennte Löschungsanträge zu stellen. Zu beachten ist aber das Kumulierungsgebot nach Art. 53 Abs. 4 (→ Art. 53 Rn. 1 ff.).

IX. Aussetzung des Verfahrens

46 Eine Aussetzung des Verfahrens kommt bei **mehreren anhängigen Löschungsverfahren** gemäß Regel 41 Abs. 2 GMDV iVm Regel 21 Abs. 2 GMDV, bei einer gleichzeitigen

Prüfung des Antrags	Art. 57 UMV

Anfechtung der Rechtsgültigkeit der Unionsmarke im Wege der Widerklage nach Art. 104 und insbesondere in Betracht, wenn es den Umständen entsprechend **zweckmäßig** ist gemäß Regel 20 Abs. 7 Buchst. c GMDV analog.

Aussetzungen nach Regel 20 Abs. 7 Buchst. a und b GMDV analog spielen bei Löschungsverfahren 46.1 praktisch keine Rolle, denn bloße Anmeldungen als ältere Rechte sind in der Regel nicht prioritätsälter als die angegriffene Unionsmarke.

Die Aussetzung des Verfahrens dient vor allem der Verfahrensökonomie und der Vermei- 47 dung widersprüchlicher Entscheidungen. Sie erfolgt von Amts wegen oder auf Antrag eines oder beider Beteiligten. Der Nichtigkeitsabteilung steht jeweils ein **Ermessen** betreffend dieser **verfahrensleitenden Maßnahme** zu, die als solche gemäß Art. 58 Abs. 2 nicht separat, sondern **nur zusammen mit der Endentscheidung anfechtbar** ist.

Bei mehreren anhängigen Löschungsverfahren kann die Nichtigkeitsabteilung im Rahmen 48 ihres Ermessens insbesondere die **Erfolgsaussichten** der jeweiligen Verfahren berücksichtigen. Mit Blick auf die **ex-tunc-Wirkung der Nichtigkeit** (Art. 55 Abs. 2) wird ein Nichtigkeitsverfahren einem Verfallsverfahren mit der **ex-nunc-Wirkung eines Verfalls** (Art. 55 Abs. 1) in der Regel vorgehen (s. HABM BK v. 26.9.2005 – R 208/2005-1 und R 285/2005-1 Rn. 15 – Vuelta BY RODI/VUELTA). Erklärt die Nichtigkeitsabteilung gleichwohl die Unionsmarke nach Aussetzung des Nichtigkeitsverfahrens für verfallen, erhält der Nichtigkeitsantragsteller im Rahmen seiner Anhörung zur Einstellung seines Verfahrens die Möglichkeit, ein rechtliches Interesse an der **Weiterverfolgung** seines Nichtigkeitsverfahrens mit dem Ziel einer **Feststellungsentscheidung** darzutun (vgl. EUIPO-Prüfungsrichtlinien, Teil D: Löschung, Abschnitt 1: Löschungsverfahren).

Den Antragstellern der Anträge, die sich aufgrund einer bestandskräftigen Löschung der 49 Unionsmarke erledigt haben, steht nach Regel 41 Abs. 2 GMDV iVm Regel 21 Abs. 4 GMDV zwar grundsätzlich eine **Erstattung der Hälfte der Antragsgebühr** zu. Allerdings gilt nach der Praxis der Widerspruchsabteilung, dass nur bei einer Aussetzung in einem frühen Verfahrensstadium, d.h. konkret vor Ablauf der Vermittlungsphase („cooling off"), eine Erstattung erfolgt. Übersetzt ins Löschungsverfahren bedeutet dies wohl, dass nur bei einer Aussetzung vor oder mit der Mitteilung gemäß Regel 40 Abs. 1 GMDV (→ Rn. 1) mit einer Erstattung gerechnet werden kann. Es besteht aber keine etablierte Praxis der Nichtigkeitsabteilung zu dieser Frage.

Die in Regel 20 Abs. 7 Buchst. c GMDV geregelte Möglichkeit zur Aussetzung im Wider- 50 spruchsverfahren bei **Zweckmäßigkeit** ist Ausdruck eines **allgemein anerkannten Grundsatzes** (→ Art. 83 Rn. 1) und im Löschungsverfahren analog anzuwenden (EuG T-145/08, GRUR Int 2011, 863 Rn. 66 – ATLAS AIR). Eine Aussetzung kann sich insbesondere als zweckmäßig erweisen, wenn die **Rechtsgültigkeit des geltend gemachten älteren Rechts anderweitig angegriffen** wird. Entsprechend der amtlichen Praxis im Widerspruchsverfahren wird die Nichtigkeitsabteilung ein Verfahren in der Regel auch dann aussetzen, wenn dies beide Beteiligten mit Blick auf **laufende Verhandlungen** beantragen. Stehen **vertragliche Vereinbarungen wie eine Nichtangriffsabrede** zwischen den Beteiligten in Streit, kann dies ebenfalls eine Aussetzung rechtfertigen oder sie bei einer bereits gerichtlich verfolgten Durchsetzung der Nichtangriffsabrede unter Umständen zwingend erfordern (HABM BK v. 24.1.2008 – R 285/2005-1 Rn. 24 – Le MERIDIEN).

X. Einigungsersuch seitens der Nichtigkeitsabteilung

Nach Art. 57 Abs. 4 kann die Nichtigkeitsabteilung die Beteiligten ersuchen, sich zu 51 einigen, wenn es dies als **sachdienlich** erachtet. Bisher hat die Nichtigkeitsabteilung soweit ersichtlich von dieser Möglichkeit keinen Gebrauch gemacht.

Allerdings regt die Beschwerdekammer die Beteiligten gestützt auf Art. 57 Abs. 4 iVm 52 Art. 64 Abs. 1 S 2 mitunter zu einer Einigung an. Außerdem dient Art. 57 Abs. 4 neben Art. 42 Abs. 4 als rechtliche Grundlage für den vom Amt angebotenen **Mediationsdienst** (vgl. Entscheidung des Präsidiums der Beschwerdekammern Nr. 2011-1 vom 14.4.2011 betreffend die gütliche Einigung von Streitigkeiten). Mit dem Inkrafttreten der VO (EU) 2015/2424 wurde dem Amt außerdem die Rechtsgrundlage dafür verliehen, ein Mediationszentrum einzurichten (→ Art. 137a Rn. 1).

XI. Rücknahme des Löschungsantrags

53 Der Antragsteller kann seinen Antrag **jederzeit zurücknehmen** bis eine Entscheidung der Nichtigkeitsabteilung unanfechtbar wird. Da eine Beschwerde gegen eine Entscheidung der Nichtigkeitsabteilung nach Art. 58 Abs. 1 S 2 eine aufschiebende Wirkung hat und weiterhin die Entscheidung über die Beschwerde bei einer dagegen gerichteten Klage beim Gerichtshof nach Art. 64 Abs. 3 erst mit deren rechtskräftigen Abweisung wirksam wird, kann der Löschungsantrag noch bis dahin zurückgenommen werden.

53.1 Zwar ergibt sich die Möglichkeit zur Rücknahme nicht ausdrücklich aus dem Gesetz, sie folgt aber aus der Systematik der GMDV, wonach die Beteiligten auf einer Stufe stehen und der Inhaber der angegriffenen Unionsmarke auf diese jederzeit verzichten kann (so zum Widerspruchsverfahren EuG T-10/01, BeckEuRS 2003, 277656 – Sedonium).

54 Die **Kostenverteilung** im Falle einer Rücknahme ergibt sich wie im Widerspruchsverfahren aus Art. 85 Abs. 3 (→ Art. 85 Rn. 56) bzw. im Falle einer Vereinbarung der Beteiligten aus Art. 85 Abs. 5 (→ Art. 85 Rn. 12). Die Praxis der Nichtigkeitsabteilung richtet nach derjenigen im Widerspruchsverfahren, wobei die in Bezug auf die Vermittlungsphase („cooling off") geltenden Besonderheiten nicht zum Tragen kommen (vgl. EUIPO-Prüfungsrichtlinien, Teil C: Widerspruch, Abschnitt 2: Verfahrensfragen).

55 Eine **Fortführung des Verfahrens von Amts wegen** kommt auch bei solchen Verfalls- und Nichtigkeitsgründen nicht in Betracht, die zur Löschung einer Marke im allgemeinen Interesse führen können (HABM BK v. 24.1.2008 – R 285/2005-1 Rn. 23 – Le MERIDIEN).

XII. Verzicht auf die angegriffene Unionsmarke

56 Der Inhaber der angegriffenen Unionsmarke kann gemäß Art. 50 Abs. 1 auf diese **jederzeit** ganz oder teilweise verzichten, solange eine Entscheidung, die Marke ganz oder teilweise (für die verzichteten Waren und/oder Dienstleistungen) zu löschen, **noch anfechtbar** ist (→ Art. 50 Rn. 1). Dies gilt wie bei der Rücknahme eines Löschungsantrags ggf. bis zu einer rechtskräftigen gerichtlichen Entscheidung in der Sache.

57 Bei einem Verzicht auf die Unionsmarke wird das Verfahren gegenstandslos. Dementsprechend erklärt die Nichtigkeitsabteilung, nachdem der Antragsteller dazu angehört worden ist, die **Einstellung des Verfahrens**. Zugleich trifft sie eine **Kostenentscheidung** gemäß Art. 85 Abs. 3, es sei denn die Beteiligten haben zuvor gemäß Art. 85 Abs. 5 die Nichtigkeitsabteilung über eine anderweitige Kostenvereinbarung informiert (→ Art. 85 Rn. 1).

58 Der Verzicht wird mit dessen Eintragung ins Register nach Art. 50 Abs. 2 wirksam. Damit eröffnet sich nach Art. 112 Abs. 1 Buchst. b für den Inhaber der angegriffenen Unionsmarke die Möglichkeit, diese in nationale Marken **umzuwandeln** (→ Art. 112 Rn. 1). Eine Umwandlung wäre ihm im Falle einer Löschungsentscheidung in der Sache nach Art. 112 Abs. 2 verwehrt, soweit sich aus dieser für den betreffenden Mitgliedstaat ein Verfalls- oder Nichtigkeitsgrund ergibt. Bei einem vorherigen Verzicht und einer Umwandlung kann der Inhaber neben der Wahrung des Zeitrangs je nach dem nationalen Recht sogar eine erneute Benutzungsschonfrist (Art. 112 Abs. 3) gewinnen. Aus Sicht des Antragstellers, der seinen Anspruch unter Umständen in unterschiedlichen Mitgliedstaaten weiterverfolgen muss, ist dies unbefriedigend. Es ergibt sich aber aus den Vorschriften zur Umwandlung und steht nicht zur Disposition des Amtes (HABM BK v. 3.8.2012 – R 428/2012-4 – STORMBERG II; EuG T-457/12, BeckRS 2014, 80175 – STORMBERG).

59 Nach Praxis der Nichtigkeitsabteilung setzt das Amt aber die **Eintragung des Verzichts** einer in einem Löschungsverfahren angegriffenen Marke faktisch aus und gibt dem Antragsteller nach Aufforderung seitens der Nichtigkeitsabteilung die Möglichkeit, innerhalb einer Frist von zwei Monaten sein Interesse an der Verfahrensfortsetzung zu bekunden.

60 Darüber hinaus ist entgegen der früheren Praxis ein besonderes **rechtliches** Interesse an der **Fortsetzung des Verfahrens** nicht mehr erforderlich (s. aber HABM BK v. 24.1.2013-4 – R 883/2013-4 – ALLURE, worin die Beschwerdekammer von diesem Erfordernis in seiner Prüfung ausgeht). Neben der vorgenannten Verhinderung einer Umwandlung wird sich ein rechtliches Interesse ohnehin oft aus der unterschiedlichen zeitlichen Wirkung des Verzichts einerseits (Art. 50 Abs. 2 S 2) und des Verfalls (Art. 55 Abs. 1) und der Nichtigkeit

Prüfung des Antrags   Art. 57 UMV

(Art. 55 Abs. 2) andererseits ergeben (HABM BK v. 22.10.2010 – R 463/2009-4 Rn. 27 – MAGENTA). Die Kostenverteilung für das fortgesetzte Verfahren richtet sich dann nach dem Unterliegen in der Hauptsache gemäß Art. 85 Abs. 1 und 2.

Zu der ab dem 1.10.2017 geltenden Rechtslage zur Wirksamkeit eines Verzichts, der nach 61
der Einreichung eines Antrags auf Erklärung des Verfalls dieser Marke erklärt wird, s. Art. 50
(→ Art. 50 Rn. 1).

XIII. Teilung der angegriffenen Unionsmarke

Soweit sich der Löschungsantrag nicht gegen sämtliche Waren und Dienstleistungen der 62
Unionsmarke richtet, kann der Inhaber seine Marke betreffend die Waren und Dienstleistungen teilen, gegen die sich der Löschungsantrag nicht richtet (vgl. EUIPO-Prüfungsrichtlinien, Teil E: Register, Abschnitt 1: Änderungen in Eintragungen).

Im Übrigen ist aber nach Art. 49 Abs. 2 eine **Teilung bereits mit Einreichung des** 63
Löschungsantrags ausgeschlossen, um zu verhindern, dass dadurch zwei oder mehr Löschungsverfahren ins Leben gerufen werden bzw. sich der Streitgegenstand ändert.

B. Entscheidung der Nichtigkeitsabteilung

Art. 57 Abs. 5 gibt den möglichen **Ausgang der Prüfung** des Löschungsantrags durch die 64
Nichtigkeitsabteilung vor, nämlich die Erklärung des (teilweisen) Verfalls bzw. der (teilweisen) Nichtigkeit der Unionsmarke oder die Zurückweisung des Antrags, die ebenfalls teilweise erfolgen kann.

Ist der Antrag auf Erklärung der Nichtigkeit auf **mehrere Gründe** gestützt (mehrere 65
absolute oder absolute und relative), reduziert sich die Prüfung des EUIPO in der Regel auf nur einen Nichtigkeitsgrund, wenn dieser die Nichtigerklärung begründet. Dem Antragsteller fehlt dann hinsichtlich der Geltendmachung weiterer Nichtigkeitsgründe in einem anschließenden Beschwerdeverfahren die Beschwer, was zur Unzulässigkeit der Beschwerde führt (EuG T-300/08, BeckEuRS 2009, 498794 – Golden Elephant); soweit diese nicht für nichtig erklärt worden ist, ist es ihm aber grundsätzlich unbenommen, erneut einen Antrag auf Erklärung der Nichtigkeit unter Bezugnahme auf die nicht erörterten Gründe zu erheben, da das EUIPO über diese noch nicht entschieden hat.

Wird ein Nichtigkeitsantrag auf ein **älteres Recht** gestützt, prüft die Nichtigkeitsabteilung 66
entsprechend der Praxis im Widerspruchsverfahren, ob dieses noch **fortbesteht.** Ist etwa die Schutzdauer einer nationalen Marke laut der im Zulässigkeitsverfahren eingereichten Eintragungsurkunde im weiteren Verfahren abgelaufen, fordert die Nichtigkeitsabteilung den Antragsteller auf, die Verlängerung der Schutzdauer nachzuweisen (zum Widerspruchsverfahren EuG T-191/04, GRUR Int 2006, 1019 – METRO; T-318/03, GRUR Int 2005, 686 – ATOMIC; zum Nichtigkeitsverfahren HABM BK v. 13.11.2014 – R 2529/2013-1 Rn. 23, 26 – mobile.dk).

Der **Verfall** kann nach Art. 55 Abs. 1 auf Antrag einer Partei mit **Wirkung für einen** 67
früheren Zeitpunkt als demjenigen der grundsätzlich maßgeblichen Antragstellung erklärt werden (→ Art. 55 Rn. 2).

Außerdem kann eine Erklärung des teilweisen Verfalls wegen Nichtbenutzung mit **Neu-** 68
formulierungen breiter Waren- und Dienstleistungsbegriffe einhergehen, die entsprechend der tatsächlichen Benutzungslage und den wirtschaftlichen Gegebenheiten durch engere Untergruppen ersetzt werden (→ Art. 51 Rn. 55).

Die Entscheidung der Nichtigkeitsabteilung soll **in keiner Weise durch die vorherige** 69
Entscheidung des Prüfers im Anmeldeverfahren, der Widerspruchsabteilung oder der Beschwerdekammer, die zu einer Eintragung der Unionsmarke geführt haben, **beeinflusst** sein (HABM BK v. 28.2.2002 – R 766/2000-2 – PLAYING CARD KING). Das Löschungsverfahren eröffnet eine vollkommen neue Prüfung der Eintragung. Dementsprechend kann sich der Inhaber einer Unionsmarke etwa in einem Nichtigkeitsverfahren wegen absoluter Nichtigkeitsgründe nach Art. 7 auch nicht auf ein **schutzwürdiges Vertrauen** berufen (EuG T-108/09, GRUR Int 2010, 877 Rn. 25 – MEMORY).

Neben der Hauptsache entscheidet die Nichtigkeitsabteilung zudem gemäß Art. 85 über 70
die **Kostenverteilung** und setzt den Betrag der zu erstattenden Kosten betreffend der an das Amt gezahlten Gebühren und die Vertretungskosten fest.

71 Die Entscheidung der Nichtigkeitsabteilung ist nach Art. 58 Abs. 1 mit der Beschwerde **anfechtbar**.
72 Sobald sie unanfechtbar geworden ist, wird nach Art. 57 Abs. 6 im **Register** ein Hinweis auf die Entscheidung eingetragen.

Art. 57a Übertragung von Befugnissen

Der Kommission wird die Befugnis übertragen, gemäß Artikel 163a delegierte Rechtsakte zu erlassen, in denen die Einzelheiten der Verfahren zur Erklärung des Verfalls oder der Nichtigkeit einer Unionsmarke gemäß den Artikeln 56 und 57 sowie zur Übertragung einer Agentenmarke gemäß Artikel 18 festgelegt werden.

Überblick

Die Vorschrift wurde eingefügt mWv 23.3.2016 durch VO (EU) Nr. 2015/2424 vom 16.12.2015 (ABl. L 341, 21).
Art. 57a dient ebenso wie Art. 42a für das Widerspruchsverfahren (→ Art. 42a Rn. 1) als Rechtsgrundlage für die Übertragung von Befugnissen zur Festlegung von Einzelheiten des Verfahrens auf die Europäische Kommission (zu weiteren Befugnisübertragungen → Art. 65a Rn. 1; → Art. 93a Rn. 1; → Art. 136b Rn. 1).

1 Die nach Art. 57a iVm Art. 163a zu erlassenden delegierten Rechtsakte treten für das Verfalls- und Nichtigkeitsverfahren an die Stelle von Regel 37–41 GMDV. Sie werden zum 1.10.2017 in Kraft treten.
2 Für Einzelheiten betreffend die Übertragung von Befugnissen im Wege delegierter Rechtsakte → Art. 163a Rn. 1 ff.

Titel VII Beschwerdeverfahren

Art. 58 Beschwerdefähige Entscheidungen

(1) ¹Die Entscheidungen der in Artikel 130 Buchstaben a bis d und gegebenenfalls Buchstabe f aufgeführten Entscheidungsinstanzen des Amtes sind mit der Beschwerde anfechtbar. ²Diese Entscheidungen werden erst ab dem Zeitpunkt des Ablaufs der Beschwerdefrist gemäß Artikel 60 wirksam. ³Die Einlegung der Beschwerde hat aufschiebende Wirkung.

(2) Eine Entscheidung, die ein Verfahren gegenüber einem Beteiligten nicht abschließt, ist nur zusammen mit der Endentscheidung anfechtbar, sofern nicht in der Entscheidung die gesonderte Beschwerde zugelassen ist.

Überblick

Art. 58 regelt, welche Entscheidungen des EUIPO mit Beschwerde bei den Beschwerdekammern angefochten werden können. Dabei handelt es sich grundsätzlich um abschließende Entscheidungen betreffend die Prüfung einer Unionsmarkenanmeldung auf absolute oder relative Eintragungshindernisse sowie die Entscheidungen betreffend die Löschung einer Marke. Ausnahmsweise kann, sofern die angefochtene Entscheidung dies erlaubt, auch eine Zwischenentscheidung angefochten werden. Der Beschwerde kommt aufschiebende Wirkung zu.

Übersicht

	Rn.		Rn.
A. Zuständigkeit	1	D. Gesonderte Beschwerde	14
B. Aufschiebende Wirkung	4	E. Nichtakte	16
C. Beschwerdefähige Entscheidung	8	F. Mediation	21

A. Zuständigkeit

Abs. 1 zählt durch Verweis auf Art. 130 jene **Instanzen** des Amtes auf, deren Entscheidungen mit **Beschwerde angefochten** werden können. Dabei handelt es sich um Entscheidungen der **Prüfer,** der **Widerspruchsabteilungen,** der **Registerabteilung,** der **Nichtigkeitsabteilungen** sowie jeder **anderen vom Exekutivdirektor hierfür bestimmten Stelle oder Person.** 1

Rein formell besteht nach dem **Organigramm** des Amtes weder eine Widerspruchs-, eine Register-, eine Rechts- noch eine Nichtigkeitsabteilung, doch sind die inhaltlichen Tätigkeiten, die durch diese Dienststellen erledigt werden, in der **Hauptabteilung Kerngeschäft** zusammengefasst. 2

Prüfer erlassen Entscheidungen (hoheitliche Bescheide) im **Eintragungsverfahren.** Sie werden von **Amts wegen** tätig und haben den Sachverhalt von Amts wegen zu prüfen (Art. 76 Abs. 1 S. 1). 2.1

Die **Widerspruchsabteilung** erlässt Entscheidungen im Widerspruchsverfahren. Sie wird in der Regel in der Besetzung von **drei Mitgliedern** tätig. Sie ist bei der Ermittlung des Sachverhaltes an den **Vortrag der Parteien** gebunden (Art. 76 Abs. 1 S. 2). 2.2

Die Registerabteilung ist für alle Fragen des Registers zuständig. 2.3

Die **Nichtigkeitsabteilung** ist für Verfahren betreffend **Verfall** und **Löschung** zuständig. Sie wird nur auf **Antrag tätig.** Sofern es sich um Verfahren betreffend absolute Eintragungshindernisse handelt, hat sie den Sachverhalt von Amts wegen zu prüfen (Art. 76 Abs. 1 S. 1). In Verfahren betreffend relative Eintragungshindernisse ist sie an den Vortrag der Parteien gebunden (Art. 76 Abs. 1 S. 2). 2.4

Nicht alle Entscheidungen des Amtes sind bei den Beschwerdekammern anfechtbar. 3

So sind Entscheidungen betreffend die Bediensteten ausschließlich beim Gericht für den öffentlichen Dienst (Art. 91 EU-BeamtStat) anzufechten. 3.1

3.2 Entscheidungen betreffend den Zugang zu Dokumenten können ebenso wenig bei den Beschwerdekammern angefochten werden; der Rechtszug geht in diesen Verfahren zum Bürgerbeauftragen oder zum Gerichtshof (Art. 123).

B. Aufschiebende Wirkung

4 Der Beschwerde kommt aufschiebende Wirkung zu. Durch das Einlegen der Beschwerde wird der Vollzug des Tenors der erstinstanzlichen Entscheidung **gehemmt** (→ Art. 64 Rn. 28).

5 Der Beschwerde kommt aufschiebende Wirkung zu, sobald diese als **eingelegt gilt.** Hierfür ist innerhalb offener Beschwerdefrist eine **Beschwerdeschrift** (→ Art. 60 Rn. 1) beim Amt einzureichen und die **Beschwerdegebühr** zu zahlen. Auch einer **unzulässigen Beschwerde,** zB weil keine Beschwerdebegründung eingereicht wurde, kommt aufschiebende Wirkung zu.

5.1 Keine aufschiebende Wirkung tritt ein, wenn die Beschwerde als nicht eingelegt gilt, weil die Beschwerdegebühr nicht rechtzeitig bezahlt wurde (→ Art. 60 Rn. 2, → Art. 60 Rn. 13 ff.).

6 Die aufschiebende Wirkung hat zur Folge, dass das Amt keine Maßnahme setzen oder erlassen darf, die sich aufgrund des Tenors der erstinstanzlichen Entscheidung ergibt. Die aufschiebende Wirkung dauert auch während des Verfahrens aufgrund einer Klage vor dem Gericht oder aufgrund eines Rechtsmittels vor dem Gerichtshof an.

6.1 Somit kann die Zurückweisung einer Unionsmarkenanmeldung, die sich aufgrund der Entscheidung der Widerspruchsabteilung ergibt, nicht in das Register eingetragen werden.

6.2 Ebenso kann die Löschung einer Unionsmarke, die von der Nichtigkeitsabteilung ausgesprochen wurde, nicht eingetragen werden.

7 Durch das Einlegen der Beschwerde geht in allen Fragen, die das Verfahren betreffen, die **Zuständigkeit** auf die Beschwerdekammern über.

7.1 Dies bedeutet, dass Rücknahmen der Unionsmarkenanmeldung oder der Anträge durch die Beschwerdekammer zu bestätigen sind; Gleiches gilt für die Einschränkung des Waren- und Dienstleistungsverzeichnisses, soweit dieser Antrag das Beschwerdeverfahren betrifft.

7.2 Jedoch steht es der Beschwerdekammer nicht zu, andere Verfahrensschritte zu setzen (→ Art. 64 Rn. 20).

C. Beschwerdefähige Entscheidung

8 Grundsätzlich kann nur gegen Entscheidungen der ersten Instanz, die ein Verfahren **abschließen,** Beschwerde eingelegt werden.

8.1 Nicht alle Entscheidungen schließen ein Verfahren ab. Zunächst ist an verfahrensleitende Maßnahmen zudenken, wie zB im Eintragungsverfahren die Aufforderung zur Stellungnahme (Art. 37 Abs. 3), oder im Widerspruchsverfahren die Aufforderung gemäß Regel 19 Abs. 1 GMDV, den Widerspruch zu substantiieren, oder aufgrund des entsprechenden Antrages des Inhabers der Unionsmarke(nanmeldung) die Aufforderung an den Inhaber der älteren Marke, den Nachweis der ernsthaften Benutzung zu erbringen (Art. 42 Abs. 2 bzw. Art. 57 Abs. 2).

8.2 Die Mitteilung, dass der Widerspruch zulässig ist, stellt zwar eine Entscheidung dar (EuGH GRUR Int 2012, 1102 Rn. 75), doch wird dadurch das Verfahren nicht abgeschlossen. Sie kann daher nicht eigenständig angefochten werden.

9 Abschließende Entscheidungen sind mit einer **Rechtsmittelbelehrung** zu versehen (Regel 52 Abs. 2 GMDV). Fehlt diese, hat dies jedoch keine Auswirkungen auf den Charakter der Entscheidung, da die Parteien aus der **Unterlassung** der Rechtsmittelbelehrung **keine Ansprüche** herleiten können (Regel 52 Abs. 2 letzter Satz GMDV).

10 Es kommt nicht darauf an, ob das Schriftstück mit „Entscheidung" oder „Bescheid" betitelt ist. Es kommt ausschließlich auf den **materiellen Inhalt** (Regelungsgehalt) des Schriftstückes an, der sich aufgrund des **Tenors** ergibt. Dieser ist in Entscheidungen der Prüfer vor allem im Eintragungsverfahren nicht immer klar zu erkennen, da er nicht als solcher bezeichnet wird.

Beschwerdefähige Entscheidungen **Art. 58 UMV**

Ein Schriftstück, das den Titel „Entscheidung" trägt, jedoch das Verfahren nicht abschließt, stellt **10.1** keine Entscheidung im Sinne des Gesetzes dar, da es keinen Regelungsgehalt, der angegriffen werden kann, enthält (aA Eisenführ/Schennen/Schennen Art. 57 Rn. 7).

Wird in einem solchen Fall eine Beschwerde eingelegt, so ist diese als unzulässig zurückzuweisen. **10.2** Da dem Beschwerdeführer jedoch Kosten entstanden sind, ist zu prüfen, ob das Amt nicht schadensersatzpflichtig wurde.

Die **Zuerkennung** eines **Anmelde- bzw. Prioritätstages** stellt eine **anfechtbare Ent-** **11** **scheidung** dar. Die Prüfung betreffend formelle Aspekte erfolgt regelmäßig vor der Prüfung der materiellen Aspekte einer Unionsmarkenanmeldung und auch durch andere Prüfer. Oftmals liegt eine Entscheidung zur Frage der Zuerkennung des Anmeldetages bereits zu einem Zeitpunkt vor, zu dem noch keine materielle Prüfung auf Eintragungshindernisse gemäß Art. 7 begonnen wurde. Somit ist aus Gründen des **Rechtsschutzinteresses** davon auszugehen, dass es sich jedenfalls um eine Entscheidung handelt, die anfechtbar ist (in diesem Sinne ua HABM R 30/1998-1 – The Kennel Club; R 227/1998-3 – clubhouse).

In allen Fällen, in denen keine Zurückweisung der Unionsmarkenanmeldung erfolgt, könnte dann **11.1** keine Beschwerde mehr eingelegt werden. Zum Zeitpunkt der Mitteilung, dass die Unionsmarkenanmeldung zur Veröffentlichung zugelassen wird, wird regelmäßig die Beschwerdefrist (gegen die Zuerkennung des Anmeldetages) bereits abgelaufen sein.

Mitteilungen betreffend das Eintreten eines **Rechtsverlustes,** zB aufgrund der Nichtver- **12** längerung einer Unionsmarke, stellen **keine Entscheidungen** im Sinne des Art. 58 dar. Sofern die Partei mit dem Inhalt einer solchen Mitteilung nicht einverstanden ist, kann sie den Erlass einer Entscheidung beantragen (Regel 54 Abs. 2 GMDV). Nur die darauf ergangene Entscheidung ist anfechtbar, soweit die Partei durch die Entscheidung beschwert ist. Kommt das Amt zum Ergebnis, dass kein Rechtsverlust eingetreten ist, ersetzt es seine Mitteilung ohne förmliche Entscheidung.

Problematisch stellt sich die Situation dar, sofern die erste Instanz eine neuerliche, zweite **13** Entscheidung in derselben Sache erlässt. Eine solche zweite Entscheidung erfolgt regelmäßig, jedoch fälschlicherweise, im Falle der Berichtigung von Entscheidungen der ersten Instanz gemäß Regel 53 GMDV. Eine **Berichtigung** stellt jedoch **keine neue Entscheidung** dar. Eine **Berichtigung** ersetzt nicht die bereits zu einem früheren Zeitpunkt ergangen Entscheidung, sondern **korrigiert** sie bloß. Sie kann den Inhalt, insbesondere nicht den Tenor der bereits ergangenen Entscheidung ändern.

Eine Berichtigung kommt nur in Frage, soweit ein **sprachlicher Fehler,** ein **Schreibfehler** oder **13.1** ein **offensichtlicher** Fehler in einer Entscheidung vorliegt.

Ein offensichtlicher Fehler kann dann vorliegen, wenn zB das Wort „nicht" in einem Satz fehlt, **13.2** jedoch aufgrund der Entscheidungsgründe und des Tenors kein Zweifel daran bestehen kann, dass dieses gesetzt werden hätte sollen.

Ein offensichtlicher Fehler liegt auch dann vor, wenn bei der Berechnung der Kosten ein Additions- **13.3** fehler vorliegt.

Eine **zweite Entscheidung** eröffnet daher **nicht,** selbst wenn sie eine Rechtsmittelbelehrung ent- **13.4** hält, eine neue **Rechtsmittelfrist.**

D. Gesonderte Beschwerde

Entscheidungen, die ein Verfahren **nicht abschließen,** können auch dann angefochten **14** werden, wenn die Beschwerde in der Entscheidung **ausdrücklich zugelassen wurde.**

Eine Recherche in den Datenbanken des Amtes zeigt, dass bisher keine einzige Entschei- **15** dung auf Grundlage des Art. 57 Abs. 2 eingelegt wurde. Die praktische Bedeutung dieser Bestimmung ist daher sehr gering.

E. Nichtakte

Nach ständiger Rechtsprechung besteht grundsätzlich die Vermutung der **Gültigkeit der** **16** **Rechtsakte** der Organe und Einrichtungen der EU, solange sie nicht aufgehoben oder zurückgenommen werden. Als Ausnahme von diesem Grundsatz ist allerdings bei Rechtsakten, die **offensichtlich** mit einem derart **schweren Fehler** behaftet sind, dass er von der

Rechtsordnung der EU **nicht geduldet werden kann** – auch von Amts wegen – davon auszugehen, dass sie **keine Rechtswirkung** entfaltet haben, dh, dass sie als rechtlich inexistent zu betrachten sind (EuG T-36/09, GRUR Int 2012, 171 Rn. 83 – dm; T-275/10, BeckRS 2012, 80861 Rn. 26 – mPAY24).

17   Damit wird ein Gleichgewicht zwischen zwei grundlegenden, manchmal jedoch einander gegensätzlichen Prinzipien gewahrt; es stehen sich nämlich Rechtssicherheit und Rechtmäßigkeit gegenüber. Die Schwere der rechtlichen Folgen, die mit der Feststellung der Inexistenz eines Rechtsaktes verbunden sind, verlangt daher aufgrund der **Rechtssicherheit**, dass diese Feststellung auf ganz **außergewöhnliche Fälle** beschränkt wird (EuG T-36/09, GRUR Int 2012, 171, Rn. 83 – dm; T-275/10, BeckRS 2012, 80861 Rn. 26 – mPAY24).

18   Rechtsakte, die mit so schweren Fehlern behaftet sind, die ihre wesentlichen Voraussetzungen erfüllen, sind als rechtlich nicht existent anzusehen (EuGH C-137/92, BeckRS 2004, 74359 Rn. 51 f. – Kommission/BASF ua) und von der Beschwerdekammer als solche zu bezeichnen.

19   Die **fehlende Approbationsbefugnis,** dh die Ermächtigung des Unterzeichners, hoheitliche Akte zu setzen, stellt regelmäßig einen **schwerwiegenden Verstoß** dar. Doch nicht jeder Verstoß führt sofort zu einem Nichtakt; es ist vielmehr zu prüfen, ob es sich dabei um eine Einzelentscheidung oder um eine Entscheidung eines Kollegialorganes gehandelt hat.

19.1   Die fehlerhafte Zusammensetzung eines Kollegialorganes ist nämlich nicht derart schwerwiegend, dass eine Entscheidung als rechtlich inexistent anzusehen wäre (EuGH C-137/92, BeckRS 2004, 74359 Rn. 52 f. – Kommission/BASF ua). Somit scheint ausgeschlossen, dass eine Entscheidung im Widerspruchs- oder Nichtigkeitsverfahren aufgrund der fehlerhaften Zusammensetzung als Nichtakt qualifiziert werden könnte.

19.2   Dagegen kommt ein Nichtakt im Prüfungsverfahren durchaus in Frage. Dabei ist zunächst an alle Fälle zu denken, in denen die „Entscheidung" durch Personen unterschrieben ist, die nicht dem Amt zuzurechnen sind, zB Personen des Reinigungspersonals oder des Wachdienstes.

19.3   Die bis 2004 gültige Fassung der GMDV sah in Regel 100 GMDV vor, dass Mitarbeiter des Amtes formell zu Prüfern ernannt werden. Auch wenn diese Bestimmung mittlerweile aufgehoben wurde, muss eine Ernennung zum Prüfer erfolgen. Es kann nicht davon ausgegangen werden, dass jeder Mitarbeiter des Amtes durch seine Anstellung bereits zum Prüfer ernannt wird; auch eine Zuteilung in eine bestimmte Abteilung oder Dienststelle kann einer Ernennung nicht gleichgesetzt werden. Hinzu kommt, dass durchaus Personen im Amt arbeiten, die aufgrund der Bestimmungen des Unionsrechts nicht mit einer Approbationsbefugnis ausgestattet werden können. Eine solche Befugnis kann nur an Personen erteilt werden, die den dienstrechtlichen Vorschriften der EU unterliegen (EuG T-45/01, BeckRS 2005, 70038 Rn. 15 – Sanders). Weder abgeordnete nationale Experten noch Personal, das über Zeitarbeitsfirmen beschäftigt wird, unterliegen den dienstrechtlichen Vorschriften. Entscheidungen im Prüfungsverfahren, die von solchen Personen erlassen werden, sind daher als rechtlich nicht existent anzusehen. Dies kann jedoch zu schwerwiegenden Problemen führen, wenn es sich dabei um die Entscheidung, eine Unionsmarkenanmeldung einzutragen, handelt.

20   Sofern die Instanz, die die Entscheidung erlassen hat, **keine Kompetenz** zum Erlassen des konkreten Aktes (mehr) zukommt, ist von einem **Nichtakt** auszugehen (HABM Entscheidung vom 24.1.2013 – R 843/2012-1 – PetMedica). Dagegen sind Entscheidungen, in denen die zuständige Instanz ihre **Kompetenz überschreitet, nicht** als **null und nichtig** anzusehen, sondern aufzuheben.

20.1   Sofern der Widerspruchsabteilung keine Kompetenz zum Erlassen einer Entscheidung zukommt, handelt es sich um einen Nichtakt, der keine Rechtswirkung entfalten kann (EuG T-36/09, GRUR Int 2012, 171 Rn. 92 – dm; HABM Entscheidung vom 24.1.2013 – R 843/2012-1 – PetMedica). Durch den Erlass der Entscheidung geht die Kompetenz der Widerspruchsabteilung auf die Beschwerdekammer über, so dass nur noch diese, es sei denn die UMV enthält spezielle Normen, über die Sache entscheiden kann.

20.2   Die Kompetenz zum Erlassen einer Berichtigung (Regel 53 GMDV) verbleibt grundsätzlich bei der ersten Instanz. Gleiches gilt für die Abhilfe (→ Art. 61 Rn. 1), die nur durch die erste Instanz gewährt werden kann.

20.3   Dies schließt jedoch nicht aus, dass die Geschäftsstelle der Beschwerdekammer der oder den Parteien mitteilt, dass der Abhilfe stattgegeben wurde. Wichtig ist, dass aus dem Akt, und sei es nur in der elektronischen Version, klar hervorgeht, dass der Beschwerde durch die zuständige Stelle abgeholfen

Beschwerdefähige Entscheidungen Art. 58 UMV

wurde. Die darauffolgende Mitteilung stellt keine Entscheidung dar und kann daher auch von der Geschäftsstelle der Beschwerdekammern mitgeteilt werden.

Inwieweit die erste Instanz derzeit nach Einlegen der Beschwerde auch noch die Kompetenz **20.4** zukommt, die angefochtene Entscheidung zu widerrufen (Art. 80) ist durchaus strittig. So hat die Große Beschwerdekammer einen Widerruf der angefochtenen Entscheidung nach Einlegung der Beschwerde gegen diese Entscheidung für unzulässig erachtet, da durch das Einlegen der Beschwerde die Kompetenz auf die Beschwerdekammern übergegangen ist (HABM Entscheidung vom 28.4.2009 – R 323/2008-G Rn. 27 f. – BEHAVIOURAL INDEXING). Das Gericht hat jedoch ausgesprochen, dass die Möglichkeit des Widerrufs (→ Art. 80 Rn. 8) unbeschadet des Rechts der Beteiligten, Beschwerde einzulegen, bestehe (EuG T-36/09, GRUR Int 2012, 171 Rn. 100 – dm). Dies scheint auch vernünftig zu sein. Der Widerruf stellt die Möglichkeit dar, schwere Verfahrensfehler der ersten Instanz zu sanieren, indem die damit behaftete Entscheidung aufgehoben wird. Sie ermöglicht daher, eine schnelle und einfache Lösung des Beschwerdeverfahrens. Es ist nicht im Interesse der Parteien, ein langwieriges Beschwerdeverfahren zu führen, und keine Entscheidung in der Sache zu erhalten, da in den meisten Fällen dann die Sache an die erste Instanz zurückzuverweisen sein wird. Ein Abwarten, ob das Amt einen Widerruf vornimmt, ist nicht zweckmäßig, da die Beschwerdefrist selbst dann nicht ausgesetzt wird, wenn das Amt einen Widerruf ankündigt (EuG T-36/09, GRUR Int 2012, 171 Rn. 101 mwN – dm).

Der durch VO (EU) 2424/2015 geänderte Art. 80 tritt mit 1.10.2017 in Kraft. Inwieweit die **20.5** ergänzenden Bestimmungen des Delegierten Rechtsaktes dieses Problem ansprechen und eine Lösung anbieten werden, bleibt abzuwarten.

F. Mediation

Seit 2011 bietet das Amt die Möglichkeit an, anhängige Verfahren im Rahmen der Media- **21** tion zu lösen. Grundlage dafür ist der Beschluss Nr. 2011-1 des Präsidiums der Beschwerdekammern vom 14.4.2011 über die gütliche Beilegung von Streitfällen. **Voraussetzung** ist dafür, dass eine **Beschwerde** eingelegt wurde.

Das Präsidium stützt sich dabei auf Art. 42 Abs. 4 (→ Art. 42 Rn. 21) und Art. 57 Abs. 4 **22** (→ Art. 57 Rn. 52). Diese Normen sehen vor, dass das Amt die Parteien ersuchen kann, sich zu einigen, sofern es dies für sachdienlich erachtet.

Durch die VO (EU) 2015/2424 wurde Art. 137a in die UMV eingefügt, der es dem Amt **23** erlaubt, ein Mediationszentrum einzurichten (→ Art. 137a Rn. 1).

Mediation kommt nur in **Inter-partes-Verfahren** in Frage und findet **parallel** zum **24** **Beschwerdeverfahren** statt, welches **ausgesetzt** wird, um den Parteien eine gütliche Beilegung zu ermöglichen, ohne dass eine Entscheidung der Beschwerdekammern in der Sache ergehen muss. Dabei tritt ein **Mediator** als ein **neutraler Vermittler** zwischen den Verfahrensbeteiligten auf und erleichtert eine Einigung zwischen diesen. Die **Verfahrensbeteiligten** behalten die **Kontrolle** über den Ablauf des **Verfahrens** und dessen Ausgang. Sie können nicht zur Mediation gezwungen werden; sie können jederzeit wieder aus dem Mediationsverfahren ohne Angabe von Gründen aussteigen. Den Parteien kann auch keine Mediationsvereinbarung auferlegt werden, sondern diese muss **freiwillig** vereinbart werden. Im Mediationsverfahren stehen die **Interessen der Parteien** und nicht deren (Rechts-)Positionen im Vordergrund.

Mediation kann eine geeignete Form sein, Widerspruchs- und Löschungsverfahren zur Zufrieden- **24.1** heit der Parteien zu lösen.

Die vor dem Amt geführten Verfahren betreffen reine Registerverfahren, also Streitigkeiten, die sich **24.2** allein aufgrund des Registerstandes ergeben. Oftmals lässt eine Recherche im Internet die Vermutung zu, dass sich die Parteien am Markt entweder aufgrund der tatsächlich benutzten Waren oder Dienstleistungen oder aufgrund der räumlichen Situation niemals begegnen werden. In solchen Fällen stellt Mediation eine geeignete Möglichkeit dar, Konflikte zu lösen.

Mediation findet in Alicante am **Sitz des Amtes** statt und ist **gebührenfrei**. Sofern **25** die Parteien dies wünschen, kann auch in den Räumlichkeiten des Amtes in **Brüssel** das Mediationsverfahren durchgeführt werden; in diesem Fall sind von den Parteien die pauschal berechneten Reise- und Aufenthaltskosten des Mediators in der Höhe von 750 Euro zu tragen.

Bartos 1905

26 Die Parteien steht es frei, den Mediator zu benennen, wobei der bereits bestellte Berichterstatter nicht benannt werden sollte, da er bereits den gesamten Akt kennen könnte. Auf der Homepage des Amtes (https://euipo.europa.eu/ohimportal/de/mediators) sind die Lebensläufe der Mediatoren einsehbar. Das Mediationsverfahren findet grundsätzlich in der **Verfahrenssprache** statt, doch können die Parteien sich auch auf jede andere Sprache einigen, sofern ein Mediator zur Verfügung steht, der diese Sprache beherrscht. Die Mediatoren des Amtes sind von renommierten Einrichtungen **ausgebildet** und nehmen regelmäßig an Schulungsveranstaltungen teil.

27 Sofern die Parteien sich die Parteien **nicht gütig einigen** können, geht der Fall an die **Beschwerdekammer,** der der Fall ursprünglich zugewiesen wurde, zurück. Diese trifft dann eine **Entscheidung** in der Sache und stellt den Abschluss des Beschwerdeverfahrens fest, wobei der Mediator nicht an der Entscheidungsfindung teilnehmen darf.

Art. 59 Beschwerdeberechtigte und Verfahrensbeteiligte

¹Die Beschwerde steht denjenigen zu, die an einem Verfahren beteiligt waren, das zu einer Entscheidung geführt hat, soweit sie durch die Entscheidung beschwert sind. ²Die übrigen an diesem Verfahren Beteiligten sind am Beschwerdeverfahren beteiligt.

Überblick

Verfahrensbeteiligte können eine Beschwerde einlegen, sofern sie durch die angefochtene Entscheidung beschwert sind (→ Rn. 1 ff.). Die anderen an dem Verfahren Beteiligten werden automatisch Partei im Beschwerdeverfahren (→ Rn. 7 ff.).

Übersicht

	Rn.		Rn.
A. Beschwer	1	C. Parteiwechsel	12
B. Beteiligte am Beschwerdeverfahren	7	D. Stellung des Amtes	15

A. Beschwer

1 Die **Beschwerde** steht nur jener Partei des erstinstanzlichen Verfahrens zu, die durch die Entscheidung **beschwert** ist. Wer nicht am erstinstanzlichen Verfahren beteiligt war, kann keine Beschwerde einlegen.

2 Die **Beschwer** ist im Lichte des **Antrags** im **erstinstanzlichen Verfahren** auszulegen. Dabei kommt es nicht auf die Entscheidungsgründe, sondern ausschließlich auf den **Tenor** der erstinstanzlichen Entscheidung an.

3 Wird dem Antrag im Hinblick auf alle Waren und Dienstleistungen stattgegeben, liegt keine Beschwer vor (EuG Beschl. v. 11.5.2006 – T-194/05 Rn. 22 – TELETECH INTERNATIONAL; T-342/02, GRUR Int 2005, 56 Rn. 45 – Moser Group Media). Beschwert ist somit nur derjenige, der mit seinen **Anträgen** im erstinstanzlichen Verfahren **unterlegen** ist. Die Beschwer setzt somit auch ein **Rechtsschutzinteresse** voraus, welches **bestehen** und **gegenwärtig** sein muss (EuG T-342/02, GRUR Int 2005, 56 Rn. 44 – Moser Group Media; T-138/89, EuZW 1993, 103 Rn. 33 – NBV und NVB/Kommission). Sofern das Rechtsschutzinteresse eine **zukünftige Rechtssituation** betrifft, muss nachgewiesen werden, dass die Beeinträchtigung dieser Rechtssituation bereits **feststeht**; ein Verweis auf eine zukünftige und ungewisse Situationen reicht nicht aus (EuG T-342/02, GRUR Int 2005, 56 Rn. 44 – Moser Group Media; T-138/89, EuZW 1993, 103 Rn. 33 – NBV und NVB/Kommission).

3.1 Eine Beschwerde, die nur zum Ziel hat, die Begründung durch eine für den Beschwerdeführer bessere Begründung zu ersetzen, ist unzulässig, da keine Beschwer vorliegt.

3.2 Im Eintragungsverfahren ist der Anmelder nicht beschwert, wenn seinem Antrag auf Eintragung nur wegen eines Hilfsantrages auf Eintragung aufgrund Verkehrsdurchsetzung stattgegeben wird. Er kann daher nicht vor der Beschwerdekammer geltend machen, dass die Unionsmarkenanmeldung bereits per se eintragungsfähig gewesen wäre.

Das Widerspruchsverfahren zielt darauf ab, die Eintragung einer Unionsmarkenanmeldung zu verhindern. Somit liegt keine Beschwer vor, sobald die Unionsmarkenanmeldung aufgrund der Entscheidung der Widerspruchsabteilung nicht zur Eintragung gelangen kann. Es spielt daher keine Rolle, aufgrund welcher der geltend gemachten Gründe (Art. 8 Abs. 1 Buchst. a, Buchst. b, Abs. 3, Abs. 4 oder Abs. 5) dem Widerspruch stattgegeben wird. Ebenfalls ist es für die Beschwer unerheblich, aufgrund welchen älteren Rechts dem Widerspruch stattgegeben wurde. Dass aufgrund der Entscheidung der Widerspruchsabteilung die Möglichkeit der Umwandlung (→ Art. 112 Rn. 1 ff.) besteht, ist dabei irrelevant, da der Antrag auf Umwandlung zu diesem Zeitpunkt noch nicht gestellt ist und das Rechtschutzinteresse eine zukünftige und ungewisse Situation betrifft (EuG T-342/02, GRUR Int 2005, 56 Rn. 44 – Moser Group Media; T-138/89, EuZW 1993, 103 Rn. 33 – NBV und NVB/Kommission). Das Widerspruchsverfahren dient ausschließlich dazu, einer Unionsmarkenanmeldung die Registrierung zu untersagen, nicht jedoch der Verhinderung möglicher nationaler Konflikte. **3.3**

Gleiches gilt im Nichtigkeitsverfahren, wobei zu berücksichtigen ist, dass im Falle der Geltendmachung von Nichtigkeits- und Verfallsgründen zunächst die Nichtigkeitsgründe zu prüfen wären, da diese ex tunc Wirkung entfalten. Sofern dem Antrag aufgrund von Verfallsgründen stattgeben wurde, allfällige Nichtigkeitsgründe jedoch abgewiesen wurden, kann der Antragsteller dennoch Beschwerde einlegen, sofern er den Nachweis erbringt, dass er ein entsprechendes Rechtschutzinteresse hat. **3.4**

Keine Beschwer kann vorliegen, wenn die Anmeldung, der Widerspruch oder der Antrag auf Erklärung der Nichtigkeit oder des Verfalles zurückgenommen wurde. In diesem Fall ist das Verfahren ohne Entscheidung in der Sache zu schließen. **4**

Allenfalls könnte in Bezug auf die Kostenverteilung Beschwer vorliegen. **4.1**

Dritte, die nicht am erstinstanzlichen Verfahren beteiligt waren, können **nicht beschwert** sein. **5**

So kann der Lizenznehmer des Unionsmarkeninhabers, der im Nichtigkeitsverfahren unterlegen ist, keine Beschwerde gegen die Löschung der Marke einlegen. **5.1**

Aufgrund klarer gesetzlicher Regelung (→ Art. 40 Rn. 2) wird der **Dritte**, der **Bemerkungen** betreffend das mögliche Vorliegen absoluter Eintragungshindernisse einreicht, **nicht Partei** am Verfahren. Somit kann dieser Dritte, wenn seinen Bemerkungen nicht gefolgt wird, nicht Beschwerde einlegen, da er nicht Partei im erstinstanzlichen Verfahren war. **6**

B. Beteiligte am Beschwerdeverfahren

Am Beschwerdeverfahren Beteiligte sind der **Beschwerdeführer** sowie die andere **Partei des Ausgangsverfahrens.** **7**

Die **Parteistellung** ergibt sich **automatisch** und bedarf keines weiteren Antrages seitens des Beschwerdegegners. Dem Beschwerdegegner werden die Beschwerde und die Beschwerdebegründung zugestellt. **8**

Es besteht jedoch **keine Verpflichtung** für den Beschwerdegegner, an dem Beschwerdeverfahren **aktiv** teilzunehmen. Somit kann **Schweigen nicht als Zustimmung** dahingehend ausgelegt werden, dass der Beschwerdegegner dem Antrag des Beschwerdeführers zustimmt oder die Unionsmarkenanmeldung zurücknimmt (EuG T-171/06, GRUR Int 2009, 725 Rn. 55 – TRENTON). **8.1**

Der **Beschwerdeführer** verfügt über den **Streitgegenstand**. Der Streitgegenstand ist im Lichte der Anträge im **erstinstanzlichen Verfahren** auszulegen. **9**

Im Fall eines Widerspruchs gestützt auf mehrere Rechte und mehrere Gründe, kann die Beschwerde und somit der Streitgegenstand auf das Vorliegens von Verwechslungsgefahr aufgrund eines bestimmten älteren Rechtes reduziert werden. **9.1**

Der Beschwerdeführer kann jedoch nicht gewisse Aspekte im Bereich der Verwechslungsgefahr, wie zB die Ähnlichkeit der Waren und Dienstleistungen oder die Ähnlichkeit der Zeichen, außer Streit stellen. **9.2**

Der Beschwerdekammer obliegt die Pflicht zur vollständigen Prüfung der Beschwerde in tatsächlicher und rechtlicher Hinsicht (EuGH C-29/05, GRUR Int 2007, 516 Rn. 57 – Arcol; EuG T-215/03, GRUR Int 2007, 730 Rn. 99 – VIPS). **9.3**

10 Gemäß Art. 60 Abs. 2 (→ Art. 60 Rn. 26) kann der Beschwerdegegner eine **Anschlussbeschwerde** einbringen, in der er die Überprüfung der erstinstanzlichen Entscheidung in jenen Punkten verlangen kann, in denen er beschwert ist.

11 Durch die Beschwerde wird der Verfahrenstyp, ex-parte-Verfahren oder inter-partes-Verfahren, nicht geändert. Sofern der Beschwerdegegner nicht am Verfahren beteiligt wird, liegt grundsätzlich eine Verletzung des rechtlichen Gehörs vor (→ Art. 75 Rn. 84 ff.).

C. Parteiwechsel

12 Sofern im Laufe des Verfahrens ein Rechtsübergang an einem der älteren Rechte oder an der Unionsmarke(nanmeldung) eintritt, ist dies dem Amt mitzuteilen. Gleichzeitig sind geeignete Unterlagen vorzulegen, um den Rechtsübergang nachzuweisen.

12.1 Die Wirksamkeit des Übergangs richtet sich dabei nach dem anwendbaren nationalen Recht.

13 Sobald der Nachweis erbracht ist, tritt der neue Inhaber als Partei in das Verfahren ein und muss das Verfahren in dem Stand übernehmen, in dem es sich befindet. Er hat sich dabei alle Handlungen (und Unterlassungen) des früheren Inhabers zurechnen zu lassen.

14 Eine Änderung des Namens stellt keinen Parteiwechsel dar, da es sich um die gleiche juristische oder natürliche Person handelt.

D. Stellung des Amtes

15 Die **Beschwerdekammern** sind, wie auch die erste Instanz, **Teil des Amtes** (→ Art. 135 Rn. 1). Somit kommt der ersten Instanz keine Parteistellung im Beschwerdeverfahren zu.

16 Die Kammer kann von sich aus oder aufgrund schriftlichen, begründeten Antrags den Exekutivdirektor auffordern, sich zu Fragen von **allgemeinem Interesse,** die sich im Rahmen eines vor der Beschwerdekammer anhängigen Verfahrens stellen, schriftlich oder mündlich zu **äußern** (Art. 11 HABMVfO). Von dieser Möglichkeit wurde zu Beginn mehrmals Gebrauch gemacht; die Fragen sind allerdings leider nicht recherchierbar. In den vergangenen zehn Jahren ist jedoch weder eine Einladung von Seiten der Kammer an den Exekutivdirektor erfolgt noch wurde ein solcher Antrag gestellt. Es handelt sich somit um totes Recht.

16.1 Die Parteien des Verfahrens haben das Recht, zu der Stellungnahme des Exekutivdirektors gehört zu werden (Art. 11 letzter Satz HABMVfO).

16.2 Sofern der Exekutivdirektor eine Stellungnahme abgibt, wird weder er noch das Amt Verfahrensbeteiligter; somit kommt ihnen auch keine Parteistellung zu.

17 Art. 128 Abs. 4 lit. l (→ Art. 128 Rn. 7) und Art. 135 Abs. 4 (→ Art. 135 Rn. 5), beide durch VO (EU) 2424/2015 mit Wirkung vom 23.3.2016 eingeführt, sehen vor, dass der Exekutivdirektor im Interesse einer **einheitlichen Anwendung** der UMV die **Große Beschwerdekammer** auffordern kann, zu Rechtsfragen eine **Stellungnahme** abzugeben. Ein solcher Antrag ist insbesondere dann gerechtfertigt, wenn die Beschwerdekammern in der Frage unterschiedlich entschieden haben. Die Stellungnahme gemäß Art. 136 Abs. 8 (→ Art. 136 Rn. 7) für das gesamte Amt, und somit auch für die Beschwerdekammern, **bindend.** Es handelt sich damit um ein Verfahren, dass dem **Vorabentscheidungsverfahren** vor dem EuGH nachempfunden ist. Die Große Beschwerdekammer gibt somit ein – bis zu einem gegenteiligen Urteil des EuG oder EuGH – eine **verbindliche Interpretation** der UMV und der darauf basierenden Rechtsakte ab.

17.1 Art. 128 Abs. 4 Buchstabe l (→ Art. 128 Rn. 7) und Art. 135 Abs. 4 (→ Art. 135 Rn. 5) geben dem Exekutivdirektor und der Großen Beschwerdekammer weitergehende Kompetenzen als Art. 11 HABMVfO; es bleibt daher abzuwarten, ob Art. 11 HABMVfO in den noch zu erlassenden Delegierten Rechtsakt aufgenommen wird.

Art. 60 Frist und Form

(1) ¹Die Beschwerde ist innerhalb von zwei Monaten nach Zustellung der Entscheidung schriftlich beim Amt einzulegen. ²Die Beschwerde gilt erst als eingelegt,

wenn die Beschwerdegebühr entrichtet worden ist. ³Die Beschwerdeschrift muss in der Verfahrenssprache eingereicht werden, in der die Entscheidung, die Gegenstand der Beschwerde ist, ergangen ist. ⁴Innerhalb von vier Monaten nach Zustellung der Entscheidung ist die Beschwerde schriftlich zu begründen.

(2) ¹In mehrseitigen Verfahren kann der Beschwerdegegner in seiner Stellungnahme zur Beschwerdebegründung Anträge stellen, die auf die Aufhebung oder Abänderung der angefochtenen Entscheidung in einem in der Beschwerde nicht geltend gemachten Punkt gerichtet sind. ²Derartige Anträge werden gegenstandslos, wenn die Beschwerde zurückgenommen wird.

Überblick

Abs. 1 sieht ein zweigliedriges System vor. Zunächst ist eine formelle Beschwerde einzulegen sowie die Beschwerdegebühr zu entrichten. Erst in einem weiteren Schritt ist die Beschwerde auch zu begründen. **Abs. 2** sieht die sog. Anschlussbeschwerde vor.

Übersicht

	Rn.		Rn.
A. Beschwerdeschrift	1	B. Mängel	16
I. Schriftlichkeit	1	I. Nicht behebbare Mängel	17
II. Frist	4	II. Behebbare Mängel	19
III. Sprache	6	C. Beschwerdebegründung	22
IV. Inhalt	8	D. Anschlussbeschwerde	26
V. Gebühr	13		

A. Beschwerdeschrift

I. Schriftlichkeit

Die Beschwerde muss schriftlich beim Amt eingelegt werden. Gemäß den allgemeinen 1 Regeln (Regel 79, 80, 82 GMDV) kann dies durch Einreichung des unterzeichneten Originalschriftstückes beim Amt beispielsweise durch **Post,** durch **eigenhändige Übergabe** oder auf andere Weise, wie zB **Kurierdienst** oder durch Übermittlung per **Fax** sowie durch Übertragung auf **elektronischem Wege** erfolgen.

Übermittlungen per Fax sollten grundsätzlich an die **zentrale Faxnummer** (Faxserver) des Amtes 1.1 gerichtet werden und nicht an etwaige andere Geräte. Dies ermöglicht eine schnellere Bearbeitung, da das Fax nicht verloren gehen kann und innerhalb kürzester Zeit an die zuständige Stelle elektronisch weitergeleitet wird. Schriftstücke, die an anderen Faxgeräten als dem zentralen Faxserver des Amtes eingehen, dürfen nicht unberücksichtigt bleiben (EuG T-263/11, BeckRS 2013, 80243 Rn. 42 f. – achteckiger grüner Rahmen).

Das Amt betrachtet derzeit die Übermittlung per **E-Mail als nicht zulässig.** Elektronischer Verkehr 1.2 mit dem Amt kann nur über das MYPAGE System (https://secure.euipo.europa.eu/mypage/login?action=login&langId=DE) erfolgen.

Die Beschwerde sowie alle anderen Schriftstücke an das Amt sollten an die **Anschrift des Amtes** 1.3 **in Alicante** übermittelt werden.

Das Amt unterhält derzeit auch ein (Verbindungs-)Büro in **Brüssel.** Schriftstücke, die innerhalb 1.4 offener Frist dort per Post oder Fax eingehen oder persönlich abgegeben werden, sind aufgrund fehlender gesetzlicher Vorschrift somit rechtzeitig beim Amt eingegangen (EuG T-263/11, BeckRS 2013, 80243 Rn. 42 f. – achteckiger grüner Rahmen).

Das Amt unterhält **keinen Nachtbriefkasten.** Die Sicherheitskräfte, die das Gebäude bewachen, 1.5 sind nicht befugt, Schriftstücke in Empfang zu nehmen.

Grundsätzlich ist ein eigener **Schriftsatz** einzureichen. Die Beschwerde gilt zwar erst 2 dann als eingelegt, wenn die **Beschwerdegebühr entrichtet** worden ist, doch kann allein die **Überweisung** des entsprechenden Betrages **nicht** als **gleichwertig** mit der nach Regel 48 GMDV erforderlichen Schriftform angesehen werden (EuG T-373/03, GRUR Int 2005,

689 Rn. 58 – PARMITALIA). Sofern am Überweisungsbeleg jedoch alle notwendigen Angaben enthalten sind (→ Rn. 8 ff.) und dieser rechtzeitig vor Ablauf der Beschwerdefrist beim Amt eingeht, ist wohl die Schriftform gegeben.

3 Die Beschwerde ist, wie alle anderen Schriftstücke auch, zu **unterschreiben**. Im Falle der elektronischen Übermittlung (elektronisches Fax, MYPAGE) gilt die Angabe des Namens als Unterschrift. Die Unterschrift dient zur Sicherstellung, dass die Verantwortung für den Schriftsatz von einer Person übernommen wird, die die Partei vor dem Amt vertreten darf (→ Art. 93 Rn. 1ff). Es ist dabei irrelevant, ob die Unterschrift am Anfang oder am Ende des Schriftsatzes aufscheint (HABM vom 5.11.2003 – R 490/2003-2 Rn. 14 – Limonadenflasche, für 3D-Marke). Weder muss die Unterschrift leserlich sein (EuG T-418/07, GRUR-RR 2009, 420 Rn. 27 ff. – Libro), noch muss sie den Namen des Unterzeichnenden wiedergeben. Englische Kanzleien reichen regelmäßig Schriftsätze ein, auf denen der Name der Kanzlei als Unterschrift erscheint. Schriftsätze, auf denen ein Unterschriftstempel erscheint, dürften den Anforderungen der Regel 79 GMDV nicht genügen (HABM vom 11.6.2001 – R 440/2000-3 Rn. 17 – HydroHoist).

II. Frist

4 Die Beschwerdeschrift ist innerhalb von **zwei Monaten** nach **Zustellung** (Art. 79; Regel 61 ff. GMDV) der angefochtenen Entscheidung beim Amt einzureichen. Die Berechnung der Frist erfolgt gemäß Regel 70 ff. GMDV. Der **Eingang** beim Amt ist maßgeblich, wobei es für die Wahrung der Frist irrelevant ist, ob die Beschwerdeschrift auch innerhalb der Frist bei der Geschäftsstelle der Beschwerdekammern einlangt.

5 Die Frist ist **nicht verlängerbar.** Sie kann **nicht ausgesetzt** werden. Dies kann sich unter Umständen für mögliche **Mediationsversuche** negativ auswirken, da der Beschwerdeführer jedenfalls eine Beschwerde und eine Beschwerdebegründung, auch wenn sie noch so kurz ist, einreichen muss.

5.1 Sofern die Frist zum Einreichen der Beschwerde versäumt wurde, besteht **keine** Möglichkeit, einen Antrag auf **Weiterbehandlung** (→ Art. 82 Rn. 6) zu stellen. Ein Antrag auf **Wiedereinsetzung in den vorherigen Stand** (→ Art. 81 Rn. 1 ff.) ist jedoch **möglich**.

III. Sprache

6 Die Beschwerdeschrift muss in der **Verfahrenssprache** eingereicht werden, in der die **Entscheidung,** die Gegenstand der Beschwerde ist, ergangen ist (Regel 48 Abs. 2 GMDV).

6.1 Problematisch stellt sich die Situation dann, wenn aufgrund eines Versehens des Amtes die Entscheidung der ersten Instanz nicht in der Verfahrenssprache ergangen ist. Der Partei kann dieser Fehler jedoch nicht vorgehalten werden, da er durch das Amt verschuldet wurde. Solche Fälle sind seit EuG T-120/99, GRUR Int 2001, 978 – KIK eher selten, treten jedoch im Eintragungsverfahren gelegentlich auf, wenn die erste Sprache der Anmeldung keine Sprache des Amtes ist (→ Art. 119 Rn. 2).

7 Wird die Beschwerde in einer Sprache des Amtes, die **nicht Sprache des erstinstanzlichen Verfahrens** war, eingereicht, so kann **innerhalb** einer **Frist** von **einem Monat** eine **Übersetzung** in die Verfahrenssprache nachgereicht werden (Regel 96 Abs. 1 GMDV). Sofern es sich um ein ex-parte-Verfahren handelt, kann die Übersetzung auch in die zweite Sprache der Anmeldung erfolgen (Regel 96 Abs. 1 GMDV). Dies führt jedoch aufgrund fehlender gesetzlicher Bestimmung nicht zu einer Änderung der Verfahrenssprache.

IV. Inhalt

8 Gemäß Regel 48 GMDV muss die Beschwerdeschrift folgende Angaben enthalten
- Name und Anschrift des Beschwerdeführers;
- Name und Anschrift des Vertreters, soweit einer bestellt ist;
- die Benennung der angefochtenen Entscheidung; und
- eine Erklärung betreffend den Umfang der Beschwerde

9 Wie bei allen anderen Verfahrensschritten vor dem Amt empfiehlt es sich, das vom Amt zur Verfügung gestellte **Formular** zu verwenden, da dadurch Fehler vermieden werden können.

Frist und Form **Art. 60 UMV**

Oftmals enthält die Beschwerdeschrift nur den Namen des Beschwerdeführers oder des 10
Vertreters, ohne auch die Anschrift anzuführen. Die Geschäftsstelle geht mit diesem **(behebbaren) Mangel** sehr locker um und verlangt auch keine Behebung, wenn die ID-Nummer des Beschwerdeführers angeführt ist. Gleiches gilt in Bezug auf den Namen und die Anschrift des Vertreters.

Die GMDV enthält keinen Hinweis darauf, wie die **angefochtene Entscheidung** zu 11
bezeichnen ist. Es entspricht dem Grundsatz der Rechtssicherheit, dass der Beschwerdeführer dem Amt mitteilt, gegen welche Entscheidung seine Beschwerde gerichtet ist. Das Nicht-Einlegen eines Rechtsmittels führt dazu, dass eine Entscheidung der ersten Instanz nach Ablauf der Rechtsmittelfrist rechtskräftig wird. Die Benennung der Entscheidung dient auch dazu, alle in Rechtskraft erwachsenen Entscheidungen identifizierbar zu machen und es dem Amt zu ermöglich, in Bezug auf diese die notwendigen Verfahrensschritte einleiten zu können. Diese Verpflichtung dient auch der Verwaltungsökonomie. Durch eine klare und eindeutige Benennung kann das Amt rasch die notwendigen internen Schritte veranlassen und den (elektronischen) Akt erstellen sowie ggf. die anderen am Verfahren beteiligten Parteien informieren (HABM vom 13.3.2003 – R 969/2001-1 Rn. 17 – BONUSCALL).

Es ist ausreichend, dass aufgrund der Angaben die Geschäftsstelle der Beschwerdekammern die 11.1
angefochtene Entscheidung ohne besonderen Aufwand klar und deutlich identifizieren kann. Es ist nicht notwendig, das Aktenzeichen der angefochtenen Entscheidung oder die Nummer der Unionsmarke(nanmeldung) anzuführen.

Sofern an einem bestimmten Tag nur eine Entscheidung gegen eine Partei ergangen ist, reicht somit 11.2
wohl die Angabe des Tages bereits aus, um die angefochtene Entscheidung ausreichend zu identifizieren.

Die **Erklärung** betreffend den Umfang der Beschwerde kann **kurz gehalten** werden. 12
Sofern die Entscheidung **vollumfänglich** angefochten wird, reicht es aus, das entsprechende Kästchen anzukreuzen. **Angaben** sind daher **notwendig,** wenn die Beschwerde nur **teilweise** erhoben wird. In diesem Fall sind Angaben dazu notwendig, in Bezug auf welche Waren und Dienstleistungen oder geltend gemachten Gründe (Art. 8 Abs. 1 Buchst. b oder Art. 8 Abs. 5) oder auf welche älteren Rechte der Antrag aufrecht erhalten bleibt.

Vollumfänglich ist dabei immer im Lichte der Beschwer zu interpretieren, so dass eine Entscheidung 12.1
auch dann „vollumfänglich" angefochten werden kann, wenn der Beschwerdeführer mit seinen Anträgen nur teilweise vor der ersten Instanz unterlegen ist. Sofern vom Beschwerdegegner weder eine selbstständige Beschwerde noch eine Anschlussbeschwerde (Art. 60 Abs. 2; → Rn. 26 ff.) eingelegt wird, erwächst der Teil, in dem der Beschwerdeführer obsiegte, in Rechtskraft und kann von der Beschwerdekammer nicht mehr behandelt werden.

V. Gebühr

Innerhalb der zweimonatigen Frist ist auch die Beschwerdegebühr in der Höhe von 720 13
Euro (→ Anhang-I Rn. 14) zu entrichten. **Zahlungstag** ist dabei grundsätzlich der Tag, an dem die Gebühr beim Amt **eingeht,** dh dem Konto des Amtes **gutgeschrieben** wird (→ Art. 144b Rn. 1; früher Art. 8 Abs. 1 Buchst. a VO (EG) Nr. 2869/95).

Sofern die Zahlung rechtzeitig vor Ablauf der Beschwerdefrist in Auftrag gegeben wurde, aber erst 13.1
nach Fristende beim Amt eingeht, kann durch Zahlung einer Zuschlagsgebühr in der Höhe von 10%, dh 72 Euro, die Wahrung der Frist bewirkt werden (Art. 144b Abs. 3; früher Art. 8 Abs. 3 Buchst. b VO (EG) Nr. 2869/95).

Eine Nachfrist auf die Nachfrist besteht nicht. Für die Einhaltung der Nachfrist kommt es daher 13.2
nur auf die rechtzeitige Veranlassung der Zahlung an.

Rechtsfolge für die **verspätete Zahlung** ist nicht die Unzulässigkeit der Beschwerde, 14
sondern dass die Beschwerde als **nicht eingelegt** gilt.

Die Beschwerdekammer stellt mit Entscheidung fest, dass die Beschwerde als nicht eingelegt gilt. 14.1
Gebühren, die verspätet eingehen, werden zurückgezahlt, da die Zahlung ohne Rechtsgrund erfolgt. 14.2
Gilt die Beschwerde als nicht eingelegt, kann der Beschwerdeführer auch nicht zum Tragen der 14.3
Kosten, die dem Beschwerdegegner im Beschwerdeverfahren entstanden sind, verpflichtet werden.

Sofern die Zahlung über das beim Amt eingerichtete **laufende Konto** erfolgt, erfolgt die 15
Abbuchung erst am letzten Tag der Beschwerdefrist (Beschluss EX-96-1 des Präsidenten

Art. 7 Abs. h in der gültigen Fassung). Somit kann die Beschwerde innerhalb offener Frist jederzeit noch zurückgenommen werden, ohne dass die Beschwerdegebühr zu erstatten wäre (HABM vom 18.10.2004 – R 449/2004-2 – MOBILE ID).

B. Mängel

16 Regel 49 GMDV unterscheidet zwischen **behebbaren** und **nicht behebbaren Mängeln**. Während behebbare Mängel innerhalb einer von der Geschäftsstelle der Beschwerdekammern gesetzten Frist noch behoben werden können (Regel 49 Abs. 1 GMDV), führen nicht behebbare Mängel zur Unzulässigkeit der Beschwerde, sofern sie nicht vor dem Ende der Beschwerdefrist behoben werden (Regel 49 Abs. 1 GMDV).

I. Nicht behebbare Mängel

17 Folgende Mängel (nicht behebbare Mängel) müssen bis zum Ablauf der Beschwerdefrist behoben werden:
- **Schriftlichkeit** (→ Rn. 1 ff.),
- **Frist** (→ Rn. 4),
- Beschwerde in der **Verfahrenssprache** (→ Rn. 6 ff.),
- **Angaben** betreffend die **angefochtene Entscheidung** (→ Rn. 11),
- **Angaben** betreffend den **Umfang** (→ Rn. 12),
- **anfechtbare Entscheidung** (→ Art. 58 Rn. 8 ff.),
- **Beschwer** (→ Art. 59 Rn. 1 ff.).

18 Liegt einer dieser Mängel vor, wird die Beschwerde als **unzulässig** zurückgewiesen, wobei dem Beschwerdeführer zuvor noch die Möglichkeit der Stellungnahme gegeben wird. Der Beschwerdegegner wird dabei regelmäßig nicht gehört, sondern nur über das Vorliegen dieser schwerwiegenden Mängel informiert.

18.1 Sollte der Beschwerdeführer in seiner Stellungnahme darlegen können, dass kein Mangel vorgelegen hat, zB die Beschwerde fristgerecht eingegangen ist, so wird das Beschwerdeverfahren normal fortgeführt. Es erfolgt kein Zwischenbeschluss betreffend die Zulässigkeit.

II. Behebbare Mängel

19 Alle anderen Mängel sind behebbar. Dies bedeutet, dass die Beschwerde, sofern der Mangel innerhalb der von der Geschäftsstelle gesetzten Frist behoben wurde, zulässig ist.
20 Folgende Mängel können **behoben** werden:
- **Unterzeichnung** der Beschwerdeschrift (→ Rn. 3),
- **Angabe** des **Namens** und der **Anschrift** des **Beschwerdeführers** (→ Rn. 10),
- Angabe des Namens und der Anschrift des Vertreters,

21 Auch die **Vollmacht** fällt unter die Kategorie der behebbaren Mängel. Grundsätzlich ist von der Vorlage einer Vollmacht abgesehen, es sei denn, es bestehen Zweifel an dieser oder es handelt sich um einen Angestelltenvertreter (→ Art. 92 Rn. 3 f., → Art. 93 Rn. 12).

C. Beschwerdebegründung

22 Die Beschwerdebegründung kann gemeinsam mit der Beschwerdeschrift eingereicht werden oder innerhalb von **vier Monaten** nach **Zustellung** der angefochtenen Entscheidung.
23 Jede **Begründung**, und sei sie noch so **kurz** oder **unschlüssig**, **reicht** aus. Auf die Schlüssigkeit des Vortrages kommt es nicht an; auch reicht ein inhaltlich unzulässiger Vortrag aus, um eine zulässige Beschwerdebegründung einzureichen. Wichtig ist jedoch, dass die Beschwerdebegründung einen Antrag und eine diesen Antrag unterstützende Begründung enthält (EuG T-398/14, BeckRS 2014, 82665 Rn. 13 f. – Form einer Spielzeugfigur). Die Beschwerdekammer muss in der Lage sein, die Gründe zu **erkennen,** warum die angefochtene Entscheidung **rechtswidrig** sein sollte. Der Beschwerdeführer kann sich somit **nicht** auf eine **bloße Wiederholung** des früheren, ebenso pauschalen, Schriftsatzes beschränken, so als ob es die angefochtene Entscheidung gar nicht gäbe (EUIPO vom 4.4.2014 – R 1896/2013-4 Rn. 16 – Form einer Spielzeugfigur).

Die Beschwerdebegründung, die ausschließlich einen verspäteten Antrag enthält, ist zuläs- 24
sig (HABM vom 31.1.2006 – R 440/2004-4 – RODEO/RODEO; aA HABM vom
20.5.2008 – R 1801/2007-4 – SABECO/SABECO). Gleiches gilt wohl auch für eine
Beschwerdebegründung, die ausschließlich Tatsachen und Beweismittel enthalten, die aufgrund ihrer Verspätung zurückzuweisen sind (aA Eisenführ/Schennen/Schennen Rn. 13).

Zur Zuständigkeit der Beschwerdekammer gehört nach ständiger Rechtsprechung eine Überprüfung 24.1
der Entscheidung, die die als erste Instanz entscheidende Stelle des Amtes erlassen hat. Im Rahmen
dieser Überprüfung hängt der Erfolg der Beschwerde davon ab, ob zu dem Zeitpunkt, zu dem über
die Beschwerde entschieden wird, eine neue Entscheidung mit dem gleichen Tenor wie die mit der
Beschwerde angefochtene Entscheidung rechtmäßig erlassen werden kann oder nicht. So kann die
Beschwerdekammer der Beschwerde auf der Grundlage neuer Tatsachen oder Beweismittel stattgeben,
die der Beschwerdeführer vorbringt; eine Einschränkung ergibt sich allerdings aus Art. 76 Abs. 2 (→
Art. 76 Rn. 73 ff.) und Regel 50 Abs. 3 GMDV. Der Umfang der Prüfung, der die Beschwerdekammer
die mit der Beschwerde angefochtene Entscheidung zu unterziehen hat, wird grundsätzlich nicht durch
die vom Beschwerdeführer geltend gemachten Beschwerdegründe bestimmt.

Daher hat die Beschwerdekammer, auch wenn der Beschwerdeführer einen bestimmten Beschwerde- 24.2
grund nicht vorgetragen hat, gleichwohl im Licht aller relevanten rechtlichen und tatsächlichen Gesichtspunkte zu prüfen, ob zu dem Zeitpunkt, zu dem über die Beschwerde entschieden wird, eine neue
Entscheidung mit dem gleichen Tenor wie die mit der Beschwerde angefochtene Entscheidung rechtmäßig erlassen werden kann oder nicht (EuG T-112/03, GRUR Int 2005, 589 Rn. 36). Die Beschwerdekammer hat somit eine komplette Prüfung in rechtlicher und tatsächlicher Hinsicht vorzunehmen (EuG
T-278/10, BeckRS 2012, 81933 Rn. 71 f. – Western Gold).

Ein begründeter, auch wenn unzulässiger Antrag stellt einen Antrag dar, der den Anforderungen 24.3
des Gerichts (EuG T-398/14, BeckRS 2014, 82665 Rn. 13 f. – Form einer Spielzeugfigur) entspricht.

Eine **Außerstreitstellung** von (Teil-)Aspekten ist **nicht möglich.** Die Kammern schlie- 25
ßen sich jedoch regelmäßig jenem Teil der angefochten Entscheidung ohne weitere Ausführungen an, zu dem die unterlegene Partei nicht vorgetragen hat (HABM vom 29.1.2013 –
R 866/2012-4 Rn. 14 – AGLAIA/ALAÏA; vom 19.11.2012 – R 1656/2011-4 Rn. 20 –
REFLEXX/REFLECTS), es sei denn, er war offensichtlich falsch.

D. Anschlussbeschwerde

In mehrseitigen Verfahren kann der **Beschwerdegegner** gemäß Abs. 2 in seiner Stellung- 26
nahme zur Beschwerdebegründung **Anträge** stellen, die auf die **Aufhebung** oder **Abänderung** der angefochtenen Entscheidung in einem in der Beschwerde nicht geltend gemachten
Punkt gerichtet sind. Derartige Anträge werden gegenstandslos, wenn die Beschwerde
zurückgenommen wird.

Die Neufassung des Art. 60 hat die frühere Bestimmung des Art. 8 Abs. 3 HABMVfO in 27
die UMV übernommen. Der Gesetzgeber hat somit auf die teilweise bestehende Kritik an
der Regelung der Anschlussbeschwerde reagiert und die Anschlussbeschwerde wohl nun
rechtlich einwandfrei gelöst. Problematisch ist jedoch, dass die Bestimmung sofort in Kraft
getreten ist, aber jedoch noch weiter ausgestaltet werden muss, so dass die genauen Anforderungen an die Anschlussbeschwerde derzeit unklar sind.

Art. 61 Abhilfe in einseitigen Verfahren

**(1) Ist der Beschwerdeführer der einzige Verfahrensbeteiligte und erachtet die
Stelle, deren Entscheidung angefochten wird, die Beschwerde als zulässig und
begründet, so hat sie ihr abzuhelfen.**

(2) Wird der Beschwerde nicht binnen eines Monats nach Eingang der Beschwerdebegründung abgeholfen, so ist die Beschwerde unverzüglich ohne sachliche Stellungnahme der Beschwerdekammer vorzulegen.

Überblick

Die Abhilfe soll es der ersten Instanz ermöglichen, offensichtlich falsche Entscheidungen
schnell und formlos zu korrigieren. Dabei kann sie jedoch nur nach dem Prinzip „alles oder
nichts" vorgehen.

Übersicht

	Rn.		Rn.
A. Verfahren	1	D. Inhalt der Abhilfe	10
B. Vorlage	5	E. Beschwerdegebühr	19
C. Zulässigkeit und Begründetheit	7	F. Verhältnis zu anderen Rechtsinstituten	20

A. Verfahren

1 **Abhilfe** ist in **ex-parte-Verfahren** durch die erste Instanz zu gewähren, wenn diese die Beschwerde für **zulässig** und **begründet** erachtet.

1.1 Folgende Verfahren fallen unter Art. 61:
- Zurückweisungsbeschlüsse im Prüfungsverfahren,
- Zurückweisung von Anträgen auf Eintragung im Register,
- Zurückweisung von Anträgen auf Eintragung in die Liste der zugelassenen Vertreter,
- Zurückweisung von Einsprüchen gegen die Führung des laufenden Kontos.

1.2 Alle anderen Verfahren betreffen grundsätzlich mehrerer Parteien; seit dem Inkrafttreten der VO (EU) 2424/2015 am 23.3.2016 kann solchen Verfahren nicht abgeholfen werden.

2 Da die **Abhilfe** Teil des Beschwerdeverfahrens ist, wird der **Schriftverkehr** zwischen dem Amt und der Partei durch die Geschäftsstelle der Beschwerdekammern geführt. Somit ist die **Geschäftsstelle** der Beschwerdekammern auch formell für die Einstellung des Beschwerdeverfahrens zuständig, sofern der Beschwerde abgeholfen wird. Es erfolgt **keine Entscheidung** durch die Beschwerdekammer.

3 Abhilfe kann nur nach dem Prinzip **alles oder nichts** gewährt werden. Abhilfe nur für einen Teil der Beschwerde ist nicht möglich.

4 In den vergangenen Jahren wurde ca. 5% der Beschwerden durch die erste Instanz abgeholfen. Der Abhilfe kommt daher keine wirklich wichtige Rolle in der Korrektur von erstinstanzlichen Entscheidungen zu.

B. Vorlage

5 Die Geschäftsstelle der Beschwerdekammer legt der ersten Instanz, die die angefochtene Entscheidung erlassen hat, die **Beschwerde** und **Beschwerdebegründung** zur Abhilfe vor.

5.1 Weder die UMV noch die GMDV kennen eine Frist, innerhalb derer die Geschäftsstelle die Beschwerde zur Abhilfe vorlegen muss.

5.2 Da jedoch der ersten Instanz eine Frist gesetzt wurde, die mit Einreichen der Beschwerdebegründung zu laufen beginnt, ist die Geschäftsstelle angehalten, die Beschwerde unverzüglich nach Eingang der Beschwerdebegründung zur Abhilfe vorzulegen.

5.3 Sofern aus organisatorischen Fehlern die Beschwerde nicht innerhalb eines Monats nach Eingang der Beschwerdebegründung der ersten Instanz vorgelegt wurde, ist sie nicht mehr vorzulegen, da der ersten Instanz keine Kompetenz mehr zur Abhilfe zukommt.

6 Abhilfe findet **vor** der **Zulässigkeitsprüfung** der Beschwerde durch die Beschwerdekammer statt; somit ist **jede Beschwerde**, die als eingelegt gilt, zur Abhilfe **vorzulegen**. Somit sind auch unzulässige Beschwerden zur Abhilfe vorzulegen. Dagegen ist eine Beschwerde, die wegen Nichtzahlung der Beschwerdegebühr als nicht eingelegt gilt, nicht zur Abhilfe vorzulegen.

C. Zulässigkeit und Begründetheit

7 Aufgrund des gesetzlichen Wortlautes kommt es nicht darauf an, ob die Beschwerde tatsächlich zulässig und begründet war, sondern ausschließlich darauf, ob die erste Instanz die Beschwerde als **zulässig erachtet**.

8 Dabei ist die erste Instanz an die **Prüfungsrichtlinien** gebunden und beurteilt den Sachverhalt nicht im Lichte der einschlägigen Entscheidungspraxis der Beschwerdekammern und der Rechtsprechung des Gerichts und des Gerichtshofes.

Somit kann nur jenen Beschwerde abgeholfen werden, in denen der ersten Instanz ein Beurteilungsfehler im Hinblick auf die Prüfungsrichtlinien unterlaufen ist. Dies erklärt, wieso der Abhilfe nicht stattgegeben wird, jedoch die Beschwerdekammer die Entscheidung wegen fehlerhafter Beurteilung des Sachverhaltes aufheben kann. 8.1

Kommt die erste Instanz zur Ansicht, dass ihr ein Beurteilungsfehler im Hinblick auf die Prüfungsrichtlinien unterlaufen ist, so besteht die **Pflicht zur Abhilfe** (aA Eisenführ/Schennen/Schennen Rn. 38). 9

Der gesetzliche Wortlaut spricht klar von einer Verpflichtung (Deutsch: „hebt auf" (Spanisch: „deberá estimarlo", English: „shall rectify", Französisch: „doit y faire droit", Italienisch: „deve accogliere"). 9.1

Es besteht jedoch kein Rechtsmittel gegen eine zu Unrecht nicht angeordnete Abhilfe. Auch besteht keine wie auch immer geartete Sanktionsmöglichkeit durch die Beschwerdekammer. 9.2

D. Inhalt der Abhilfe

Ziel der Abhilfe ist es, offensichtlich **unrichtige Entscheidungen** der ersten Instanz durch schnelle, **unbürokratische** Hilfe aus der Welt zu schaffen. Die Abhilfe dient daher der **Verfahrensökonomie**. 10

Der klassische Fall der Abhilfe betrifft das Eintragungsverfahren, wobei zwei verschiedene Sachverhalte festzustellen sind. Zunächst kann die Zurückweisung des Prüfers auf **formellen Fehler** in der Anmeldung basieren. Andererseits können auch **materiell-rechtliche Probleme** zur Zurückweisung der Anmeldung führen. 11

Bei formellen Fehlern kann es sich zunächst um behebbare Mängel handeln (→ Art. 26 Rn. 1 ff.). Sofern durch die Beschwerdebegründung solche **Mängel behoben** werden, ist der Abhilfe stattzugeben. Dies führt jedoch nicht zur Veröffentlichung der Unionsmarkenanmeldung, sondern ausschließlich dazu, dass in die materiell-rechtliche Prüfung eingetreten wird. 12

Auch kann der Prüfer den **Sachverhalt falsch beurteilt** haben und fälschlicherweise das Vorliegen von Mängeln oder anderen formellen Voraussetzungen angenommen haben. Werden diese durch die Beschwerdebegründung ausgeräumt, ist abzuhelfen. Dies führt jedoch nicht zur Veröffentlichung der Unionsmarkenanmeldung, sondern ausschließlich dazu, dass in die materiell-rechtliche Prüfung eingetreten wird. 13

Etwas komplizierter stellt sich die Situation dar, wenn die Zurückweisung aufgrund einer materiell-rechtlichen Prüfung erfolgt ist. Die Abhilfe führt grundsätzlich dazu, dass dem Antrag des Beschwerdeführers nachzukommen ist. In solchen Fällen ist der Antrag stets auf die Zulassung der Unionsmarkenanmeldung zur Veröffentlichung gerichtet. Somit ist die **Unionsmarkenanmeldung**, wenn der **Beschwerde abgeholfen** wurde, zu **veröffentlichen**. 14

Sofern die Beschwerdeführerin auch gleichzeitig einen Verfahrensfehler rügt, z. B. Verletzung des rechtlichen Gehörs, ist nur dann abzuhelfen, wenn dieser Fehler entscheidungsrelevant war und somit zu einem anderen Ergebnis geführt hätte. 14.1

Dies bedeutet jedoch **nicht**, dass eine **Bindung** des Amtes eintritt. Ungeachtet der Abhilfe können weitere Eintragungshindernisse vorliegen und die Unionsmarkenanmeldung daher aufgrund anderer, noch nicht geltend gemachter Gründe von der Eintragung ausgeschlossen sein. 15

Aufgrund ständiger Rechtsprechung stellt die **Veröffentlichung** der Unionsmarkenanmeldung **keine Garantie** zur **Eintragung** dar; vielmehr kann die Prüfung betreffend das Vorliegen absoluter Eintragungshindernisse jederzeit von Amts wegen oder aufgrund von Bemerkungen Dritter (→ Art. 40 Rn. 1 ff.) wieder eröffnet werden (EuG T-293/10, BeckRS 2012, 81769 Rn. 33 – Farbmarke). 15.1

Auch wenn das Amt zur vollständigen Prüfung der Unionsmarkenanmeldung verpflichtet ist (EuGH C-363/99, GRUR 2004, 674 Rn. 137 – Postkantoor) und insbesondere die absoluten Eintragungshindernisse gemäß Art. 7 Abs. 1 Buchst. e bis k vorrangig prüfen sollte (EuG T-508/08, GRUR Int 2012, 560 Rn. 44 – Lautsprecher), besteht aufgrund der Verfahrensökonomie kein Grundsatz, alle möglichen Eintragungshindernisse gleichzeitig bekanntzugeben; dies mag im Ergebnis zu für den Anmelder ungewünschten Situationen führen, da die Situation auftreten könnte, dass der Anmelder aufgrund der 15.2

Beanstandung nach Art. 7 Abs. 1 Buchst. b, c oder d die Verkehrsdurchsetzung nachweist, aber trotzdem seine Marke nicht zur Veröffentlichung zugelassen wird, da der Prüfer weiter absolute Eintragungshindernisse nachschiebt. Dabei handelt es sich zweifelsfrei um nicht wünschenswerte Situationen, die jedoch Einzelfälle darstellen werden und gegen das Interesse des Amtes und der anderen Anmelder auf eine schnelle (und somit kostengünstige) Prüfung der Unionsmarkenanmeldung abgewogen werden müssen.

16 Umfasst die Beschwerde auch einen **Antrag** auf **Wiedereinsetzung** in den vorherigen Stand gesetzt, weil entweder die **Frist** zum Einreichen der **Beschwerde**, die Frist zum Einreichen der **Beschwerdebegründung** oder die Frist zur Zahlung der **Beschwerdegebühr** versäumt wurde, kann die erste Instanz der **Abhilfe nicht stattgeben**, da sie der Entscheidung der Zulässigkeit und Begründetheit des Antrags auf Wiedereinsetzung in den vorherigen Stand vorweggreifen müsste.

16.1 Gemäß Art. 81 Abs. 4 entscheidet die Dienststelle über den Antrag, die über die versäumte Handlung zu entscheiden hat.

16.2 Die genannten Fristen betreffen alle das Beschwerdeverfahren; somit ist für die Beurteilung des Antrages die Beschwerdekammer zuständig. Eine Devolution an die erste Instanz im Rahmen der Abhilfe ist gesetzlich nicht vorgesehen und kann auch nicht als implizit angesehen werden, da die Zuständigkeit für Wiedereinsetzungsanträge in solchen Fällen ausschließlich bei der Beschwerdekammer liegt.

17 Betrifft die Beschwerde einen Sachverhalt, der auch einen Antrag auf **Wiedereinsetzung** in den vorherigen Stand während des **erstinstanzlichen Verfahrens** umfasst, so kann die erste Instanz der Beschwerde **abhelfen**, wenn sie der Ansicht ist, dass die Beschwerde zulässig und begründet ist.

18 Wird der Beschwerde **nicht** innerhalb der **vorgesehen Frist** abgeholfen oder die Abhilfe ausdrücklich **verweigert**, wird die Beschwerde der **Beschwerdekammer vorgelegt**. Weder die Abhilfe noch deren nicht Gewährung bedürfen einer Begründung.

E. Beschwerdegebühr

19 Wird der Beschwerde **abgeholfen**, so wird gemäß Regel 51 Abs. 1 GMDV die **Rückerstattung** der **Beschwerdegebühr** angeordnet. Unterlässt jedoch die erste Instanz die Anordnung der Rückerstattung, so besteht kein Rechtsmittel dagegen.

19.1 Dies stellt jedoch eine Lücke im Rechtschutzsystem dar; ob diese durch analoge Anwendungen gefüllt werden kann, ist noch nicht geklärt.

F. Verhältnis zu anderen Rechtsinstituten

20 Abhilfe und Widerruf verfolgen unterschiedliche Zielsetzungen; sie stehen daher auch in keinem widersprüchlichen Verhältnis zu einander (aA Eisenführ/Schennen/Schennen Rn. 3). Auch aus der Entscheidung der Großen Kammer vom 28.4.2009 – R 323/2008-G – BEHAVIOURAL INDEXING, ergibt sich kein solcher Grundsatz.

20.1 In dieser Entscheidung hat die Große Kammer festgestellt, dass die Befugnis, über die angefochtene Sache zu entscheiden, unmittelbar nach dem Einreichen der Beschwerde vom Prüfer an die Beschwerdekammern übertragen wird und somit die Dienststelle, die die angefochtene Entscheidung erlassen hat, nicht mehr befugt ist, über die Sache zu entscheiden (HABM Entscheidung der Großen Kammer vom 28.4.2009 – R 323/2008-G Rn. 22 f. – BEHAVIOURAL INDEXING).

20.2 Diese Sichtweise ist aufgrund der Verfahrensökonomie nicht zielführend und ist unter Umständen auch aufgrund nachfolgenden Urteils des Gerichts als rechtswidrig anzusehen (EuG T-36/09, GRUR Int 2012, 171 – dm). Dieses Problem löst sich durch das Inkrafttreten der neuen Bestimmungen des Art. 80 Abs. 4 mit Wirkung vom 1.10.2017; diese Bestimmung sieht vor, dass die Löschung oder der Widerruf unbeschadet des Rechts der Beteiligten gilt, gemäß den Art. 58 und Art. 65 Beschwerde einzulegen, sowie der Möglichkeit, Fehler und offensichtliche Versehen gemäß Art. 79d zu berichten.

20.3 Der Widerruf (→ Art. 80 Rn. 1 ff.) ist an enge Voraussetzungen gebunden, nämlich im ex-parte-Verfahren an einen Verfahrensfehler, der dem Amt anzulasten ist. Gerade in solchen Situationen ist es oftmals nicht möglich, sofort und ohne weitere Verfahrensschritte zu setzen, eine Entscheidung in der

Prüfung der Beschwerde **Art. 63 UMV**

Sache zu erlassen. Auch mag es im Ergebnis nicht möglich sein, dem Antrag des Beschwerdeführers nach einem Widerruf vollumfänglich nachzukommen.

Wird der ersten Instanz in solchen Fällen die Möglichkeit des Widerrufs genommen, wird sowohl das Amt als auch die Partei in das Beschwerdeverfahren gezwungen, das nicht nur kostspielig, sondern auch langwierig sein kann. Es wäre aus verfahrensökonomischen Gründen sowohl für das Amt als auch die Partei zielführend, Abhilfe zu gewähren und das Eintragungsverfahren fortzusetzen. 20.4

Art. 62 (aufgehoben)

Die Abhilfe im zweiseitigen Verfahren (Art. 62) ist durch **VO (EU) 2015/2424** mit Wirkung vom 23.3.2016 aufgehoben worden. 1

Sie war 2004 eingeführt worden, hatte jedoch keine praktische Bedeutung erlangt, nicht zuletzt weil sie auch bei offensichtlichen Fehlern, selbst bei eklatanten Verfahrensfehlern wie Verletzung des rechtlichen Gehörs, von der Zustimmung des Beschwerdegegners abhängig war. 2

Art. 63 Prüfung der Beschwerde

(1) Ist die Beschwerde zulässig, so prüft die Beschwerdekammer, ob die Beschwerde begründet ist.

(2) Bei der Prüfung der Beschwerde fordert die Beschwerdekammer die Beteiligten so oft wie erforderlich auf, innerhalb einer von ihr zu bestimmenden Frist eine Stellungnahme zu ihren Bescheiden oder zu den Schriftsätzen der anderen Beteiligten einzureichen.

Überblick

Nachdem die Beschwerdekammer die Beschwerde für zulässig erachtet hat, prüft sie, ob sie auch begründet ist. Dabei fordert sie die Parteien auf, zu den Schriftsätzen der anderen Partei oder zu eigenen Mitteilungen Stellung zu nehmen.

Übersicht

	Rn.		Rn.
A. Das Beschwerdeverfahren	1	D. Anwendung der Grundsätze des Verfahrens vor der ersten Instanz	29
B. Gegenstand der Beschwerde	18	E. Aussetzung des Beschwerdeverfahrens	33
C. Ermessensspielraum	28		

A. Das Beschwerdeverfahren

Den Beschwerdekammern ist eine **zentrale Geschäftsstelle** beigeordnet. Die Geschäftsstelle ist für den **Posteingang und Postausgang** der Beschwerdekammern zuständig. 1

Nachdem die Beschwerdeschrift bei der Geschäftsstelle eingegangen ist, wird ihr ein **Geschäftszeichen** zugeteilt. Gleichzeitig wird die Beschwerde einer Beschwerdekammer zugeteilt. Die Zuteilung erfolgt aufgrund der im jeweils gültigen Beschluss zur Organisation der Beschwerdekammern (der Großen Beschwerdekammern und der Übertragung von Beschwerden auf einzelne Mitglieder) aufgestellten Kriterien. 2

Derzeit sind fünf Kammern eingerichtet, wobei sich vier davon mit Unionsmarken befassen. Alle Verfahren betreffend Gemeinschaftsgeschmacksmuster sind bei einer einzigen Kammer gebündelt (3. Beschwerdekammer). Grundsätzlich werden die Verfahren im Verhältnis der Zahl ihrer Mitglieder gleichmäßig im Rotationssystem auf die Kammern verteilt. 2.1

Hinzu kommt, dass derzeit Verfahren in deutscher Sprache nicht der 2. Beschwerdekammer zugewiesen werden, Verfahren in italienischer Sprache nur der 4. Beschwerdekammer zugeteilt werden. 2.2

2.3	Verfahren, die dasselbe Ausgangsverfahren betreffen, werden grundsätzlich derselben Beschwerdekammer zugewiesen und in einem Verfahren behandelt (Art. 7 Abs. 1 HABMVfO). Verfahren, die zwar unterschiedliche Ausgangsverfahren betreffen, aber an denen dieselben Parteien beteiligt sind oder die dieselbe Rechtsfrage betreffen, können derselben Beschwerdekammer zugewiesen werden.
3	Nachdem der Beschwerde eine Geschäftszahl zugewiesen wurde, wird dem Beschwerdeführer der **Empfang** bestätigt. Sofern am Ausgangsverfahren eine **weitere Partei** beteiligt war, wird diese gleichzeitig über den Eingang der Beschwerde **informiert**.
3.1	Die Geschäftsstelle nimmt davor eine erste Prüfung vor, ob die Beschwerde zulässig zu sein scheint und ob die Beschwerdegebühr auch entrichtet wurde. Sofern Probleme festgestellt werden, verständigt die Geschäftsstelle den Beschwerdeführer und fordert ihn zur Stellungnahme bzw. zur Behebung der Mängel auf.
4	Nachdem die Beschwerdebegründung eingegangen ist, wird die Beschwerde der ersten Instanz zur **Abhilfe** vorgelegt (→ Art. 61 Rn. 1 ff.). Wird der Beschwerde nicht abgeholfen, wird sie der Beschwerdekammer zur Entscheidung vorgelegt.
5	Sofern es sich dabei um **zweiseitiges Verfahren,** dh Widerspruchs-, Löschungs- oder Verfallverfahren, handelt, erhält die andere am Verfahren beteiligte Partei die Möglichkeit zur **Stellungnahme.**
5.1	Die Frist dafür ist in der UMV nicht geregelt. Sie beträgt jedoch **regelmäßig zwei Monate.** Sie ist, da es sich um eine vom Amt gesetzte Frist handelt, die einzige Frist im Beschwerdeverfahren, die verlängert werden kann.
6	Der Beschwerdegegner kann gemäß Art. 60 Abs. 2 eine **Anschlussbeschwerde** (→ Art. 60 Rn. 26) einbringen, in der er die Überprüfung der erstinstanzlichen Entscheidung in jenen Punkten verlangen kann, in denen er beschwert ist.
7	Nachdem die Stellungnahme des Beschwerdegegners eingelangt ist, wird diese dem Beschwerdeführer zur Information übermittelt.
7.1	Sofern der jeweilige Vorsitzende der Beschwerdekammer es für zweckdienlich hält, kann dem Beschwerdeführer die Möglichkeit einer **Replik**, sowie dem Beschwerdegegner die Möglichkeit einer **Duplik** eingeräumt werden (Art. 8 Abs. 2 HABMVfO). Die Frist dafür beträgt jeweils zwei Monate nach Zugang der Aufforderung zur Stellungnahme; da die Frist in der HABMVfO geregelt ist, kann sie nicht verlängert werden.
8	Bevor die Beschwerde der Beschwerdekammer vorgelegt wird, erstellt die **Geschäftsstelle** eine **Stellungnahme** zur **Zulässigkeit** der Beschwerde, indem auf etwaige Probleme betreffend die Zulässigkeit hingewiesen wird.
8.1	Ein solcher Bericht kann jedoch auch schon früher an den Vorsitzenden der jeweiligen Beschwerdekammer gerichtet werden. Dies ist insbesondere dann sinnvoll, wenn Mängel nicht behoben wurden und die Beschwerde daher entweder als nicht eingelegt gilt oder unzulässig ist.
9	Der Vorsitzende ernennt ein Mitglied der Beschwerdekammer oder sich selbst zum **Berichterstatter.**
10	Der Berichterstatter ist dafür zuständig, alle weiteren **verfahrensleitenden Maßnahmen** zu setzen sowie einen **Entscheidungsentwurf,** der der Beschwerdekammer zur Beratung vorgelegt wird, **vorzubereiten.**
10.1	Er kann dabei von einem oder mehreren wissenschaftlichen Mitarbeitern unterstützt werden.
11	Der Berichterstatter kann jederzeit noch **weitere Mitteilungen** an die **Parteien** richten. Der Inhalt einer solchen Mitteilung bindet die Beschwerdekammer nicht für das weitere Verfahren (Art. 10 HABMVfO).
11.1	Dies ist insbesondere im einseitigen Verfahren der Fall, wenn die Beschwerdekammer die Zurückweisung auf einen nicht in der angefochtenen Entscheidung behandelten Grund stützen möchte. Im zweiseitigen Verfahren ist dies insbesondere dann der Fall, wenn zwischenzeitlich die Gültigkeit des Nachweises des älteren Rechts abgelaufen ist und Nachweise zur Verlängerung vorzulegen sind.
12	Die Beschwerdekammer kann jederzeit eine **mündliche Verhandlung** anberaumen.

Prüfung der Beschwerde **Art. 63 UMV**

Die Parteien können eine solche mündliche Verhandlung beantragen, haben jedoch **keinen Rechtsanspruch** auf die Durchführung einer solchen. Die Beschwerdekammer ordnet diese an, wenn sie dieses für **zweckdienlich** erachtet. Ihr kommt dabei ein **weites Ermessen** zu (EuG T-108/09, GRUR Int 2010, 877 Rn. 46 – MEMORY). **12.1**

Bisher fanden zwei mündliche Verhandlungen statt. Solange das Gericht dem Antrag auf Abhaltung einer mündlichen Verhandlung stattgibt, stellt dies kein Problem im Zusammenhang mit Art. 6 EMRK und dem „fair trial"-Prinzip dar. **12.2**

Die Beschwerdekammer kann weiterhin beschließen, das Verfahren an die **Große Beschwerdekammer** zu **verweisen,** wenn die **rechtliche Schwierigkeiten,** die **Bedeutung** des Falles oder das Vorliegen **besonderer Umstände** dies rechtfertigen (→ Art. 135 Rn. 4). **13**

Sobald der **Entscheidungsentwurf** vorgelegt wurde, wird dieser von den Mitgliedern **beraten.** **14**

Die Mitglieder sind an **keine Weisungen** gebunden (→ Art. 136 Rn. 4 ff.). Sie treffen ihre Entscheidungen auf Grundlage der UMV sowie der darauf basierenden Durchführungsverordnungen sowie der Interpretation dieser Rechtsakte durch das Gericht oder den Gerichtshof. **14.1**

Die Beschwerdekammer entscheidet aufgrund des **Mehrheitsprinzips.** Eine Überstimmung des Berichterstatters ist dabei möglich; dies führt jedoch nicht dazu, dass ein neuer Berichterstatter ernannt wird. **14.2**

Bei der Abstimmung stimmt der Berichterstatter zuerst, der Vorsitzende immer zuletzt ab. **14.3**

Es ist nicht vorgesehen, das Ergebnis der Abstimmung zu veröffentlichen. Dieses unterliegt, wie auch die Beratung an sich, dem **Beratungsgeheimnis.** Es ist daher auch nicht vorgesehen, dass das überstimmte Mitglied eine „dissenting opinion" abgibt. **14.4**

Entscheidungen werden von den Mitgliedern **unterschrieben,** wobei die Unterschrift auch elektronisch erfolgen kann. **15**

Sofern ein Mitglied bei der Unterschriftsleistung verhindert ist, wird die Unterschrift durch die Unterschrift des Vorsitzenden ersetzt. Bei Verhinderung des Vorsitzenden unterschreibt das dienstälteste Mitglied an seiner statt. **15.1**

Die Entscheidung wird danach von einem Bediensteten der Geschäftsstelle gegengezeichnet. **15.2**

Nach dem Unterschreiben wird die Entscheidung der Partei oder den Parteien **zugestellt.** **16**

Im zweiseitigen Verfahren erfolgt die Zustellung regelmäßig am selben Tag. Es kann jedoch durchaus vorkommen, dass die Zustellung an die Parteien an unterschiedlichen Tagen erfolgt, insbesondere wenn einer Partei die Entscheidung der Fax, der anderen Partei jedoch per Post zugestellt wird. **16.1**

Das Beschwerdeverfahren dauert derzeit im Schnitt von Übermittlung der Beschwerde an den Vorsitzenden im einseitigen Verfahren ca. vier Monate, im zweiseitigen Verfahren ca. fünf Monate. **17**

B. Gegenstand der Beschwerde

Die **Beschwerdekammer** ist bei der Beurteilung des Sachverhaltes an den **Streitgegenstand gebunden,** der sich aufgrund der **angefochtenen Entscheidung** und der **gestellten Anträge** in der Beschwerde ergibt. Dabei ist ausschließlich der **Tenor** der angefochtenen Entscheidung und nicht die ihm zugrundeliegende Begründung von Bedeutung. **18**

Eine Erweiterung des Streitgegenstandes ist nur aufgrund einer Anschlussbeschwerde möglich. **18.1**

Streitgegenstand im erstinstanzlichen Verfahren ist **19**
– im Prüfungsverfahren die Eintragbarkeit der Gemeinschaftsmarkenanmeldung,
– im Widerspruchsverfahren die Begründetheit des Widerspruchs,
– im Verfallsverfahren und im Nichtigkeitsverfahren die Begründetheit des betreffenden Antrages.

Die Parteien können **keine** Aspekte, die sich aufgrund der Begründung ergeben, **streitfrei stellen.** **20**

Die Definition des relevanten Verbrauchers, seine Aufmerksamkeit und seine Wahrnehmung sind Teil der Begründung und nicht des Tenors; die Beschwerdekammer ist daher nicht nur berechtigt sondern auch verpflichtet, in ihrer Entscheidung diese Aspekte umfassend zu beurteilen. **20.1**

UMV Art. 63 Titel VII Beschwerdeverfahren

20.2 Gleiches gilt betreffend den Vergleich der Waren und Dienstleistungen oder der Zeichen sowie anderen Aspekten der Begründung im Widerspruchsverfahren wie zB Kennzeichnungskraft des älteren Rechts.

21 Die Beschwerdekammer ist somit **nicht** an die von den Parteien vorgetragenen **Argumente** gebunden (EuG T-308/01, GRUR Int 2003, 1015 Rn. 29 – Kleencare). Somit muss die Beschwerdekammer, auch wenn die Parteien die Würdigung bestimmter Beweisstücke, die zB den Nachweis der ernsthaften Benutzung betreffen, nicht in Frage gestellt haben, von sich aus diese würdigen und ist nicht an die Beurteilung der ersten Instanz gebunden.

22 Die Beschwerdekammer hat eine **umfassende Prüfung** des Sachverhaltes aufgrund aller **Tatsachen-** und **Rechtsfragen** vorzunehmen (EuG T-308/01, GRUR Int 2003, 1015 Rn. 28 – Kleencare; T-112/03, GRUR Int 2005, 589 Rn. 36 – FLEXI AIR).

23 Die Beschwerde darf aber **nicht** den **Streitgegenstand** des erstinstanzlichen Verfahrens **erweitern**.

23.1 Der Beschwerdekammer kommen dieselben Kompetenzen wie der ersten Instanz zu (→ Art. 64 Rn. 10).

23.2 Das Verfahren zur Prüfung absoluter Eintragungshindernisse kann jederzeit vor der Eintragung neu eröffnet werden (EuG T-293/10, BeckRS 2012, 81769 Rn. 33 – Farbmarke). Dabei kann die Beschwerdekammer aber nur neue Gründe geltend machen, dh die Gründe für die Zurückweisung ändern (EuG T-122/99, GRUR Int 2002, 73 Rn. 27 – Form einer Seife), nicht jedoch die Gemeinschaftsmarkenanmeldung auch noch für andere Ware und Dienstleistungen, als jene, für die sie vom Prüfer zurückgewiesen wurde, zum Gegenstand des Beschwerdeverfahrens machen. Entsprechende Versuche der Beschwerdekammer, eine Gemeinschaftsmarkenanmeldung unter Wahrung des rechtlichen Gehörs für weitere Waren und Dienstleistungen zurückzuweisen, wurden vom Gericht gestoppt (EuG T-236/12, BeckRS 2013, 81390 Rn. 24 ff. – Neo). Dies ist jedoch nicht zielführend, da das Amt jederzeit des Prüfungsverfahren neu eröffnen kann (EuG T-293/10, BeckRS 2012, 81769 Rn. 33 – Farbmarke) und somit der Anmelder eigentlich schlechter gestellt wird, da das Verfahren verlängert wird.

23.3 Im Löschungsverfahren betreffend absolute Eintragungshindernisse kann die Beschwerdekammer die Rechtsgrundlage nicht ändern (aA. HABM vom 4.6.2009 – R 916/2004-1 Rn. 17 f. – GERSON).

23.4 In Verfahren betreffend absoluter Eintragungshindernisse, gestützt auf Art. 52 Abs. 1 Buchst. a (also Verstoß gegen Art. 7), kann nicht mehr nachträglich jener des Buchst. b (Bösgläubigkeit) geltend gemacht werden.

23.5 Auch können in ein Nichtigkeitsverfahren keine Verfallsgründe eingeführt werden (HABM vom 21.9.2011 – R 1105/2010-5 Rn. 84 – Flugbörse).

23.6 Im Beschwerdeverfahren betreffend relative Eintragungshindernisse kann kein neuer Rechtsgrund oder kein neues älteres Recht mehr eingeführt werden.

23.7 Die Beschwerdekammer kann aber ohne Probleme sich auf einen anderen geltend gemachten Rechtsgrund, zB Art. 8 Abs. 1 Buchst. b statt Art. 8 Abs. 5 (EuG T-215/03, GRUR Int 2007, 730 Rn. 97 – VIPS), oder ein anderes älteres Recht stützen, das geltend gemacht wurde.

23.8 Die Frage der Kennzeichnungskraft bzw. Bekanntheit des älteren Rechts stellt eine Tatsachenfrage dar, die auch im Beschwerdeverfahren erstmals geltend gemacht werden kann (EuGH C-29/05 P, GRUR 2007, 504 Rn. 68 – ARCOL).

23.9 Die Beschwerdekammer kann im Widerspruchsverfahren die Unionsmarkenanmeldung nicht aufgrund eines absoluten Eintragungshindernisses zurückweisen; hat sie (berechtigte) Zweifel betreffend das Vorliegen von absoluten Eintragungshindernissen, so kann sie das Widerspruchsverfahren aussetzen und die Unionsmarkenanmeldung zur neuerlichen Prüfung an den Prüfer zurückverweisen (HABM vom 23.1.2013 – R 2305/2011-1 & 2349/2011-1 – The Leading Travel Agencies of the World (fig. Mark)/The Leading Hotels of the World (fig. Mark)). Die Beschwerdekammer kann die Gültigkeit, dh die Existenz der älteren Marke, irrelevant ob nationale Marke oder Unionsmarke, nicht anzweifeln; sie kann und muss selbständig die Kennzeichnungskraft beurteilen und kann, entgegen der Ansicht des Gerichtshofes (EuGH C-196/11 P, BeckRS 2012, 80972 Rn. 47 – F1-LIVE/F1 et al.) auch feststellen, dass der älteren Marke keine Unterscheidungskraft zukommt (HABM vom 15.9.2014 – R 2519/2013-4 Rn. 26 – Neofon/Fon et al.).

24 Die Beschwerdekammer muss von sich aus **stets** die **Zulässigkeit** des **erstinstanzlichen Antrages prüfen;** somit kann sie selbst dann, wenn die Widerspruchsabteilung dem Widerspruch stattgegeben hat, und der Anmelder zB die Zulässigkeit des Widerspruchs nicht in Zweifel gezogen hat, diesen als unzulässig zurückweisen (EuG T-6/05, GRUR Int 2007, 51 Rn. 23 – Def-Tec).

Prüfung der Beschwerde   Art. 63 UMV

Grundsätzlich hat die Beschwerdekammer bei der Beurteilung der **Tatsachen-** und 25
Rechtsfragen auf den **Zeitpunkt ihrer Entscheidung** abzustellen.

Somit hat die Beschwerdekammer im Rahmen eines Verfahrens betreffend relative Eintragungshin- 25.1
dernisse zu prüfen, ob das ältere Recht, aufgrund dessen der Unionsmarkenanmeldung die Eintragung
versagt wird oder die Unionsmarke gelöscht wird, noch besteht (EuG T-191/04, GRUR Int 2006,
1019 Rn. 36 ff. – metro).

Ist dieses zwischenzeitlich abgelaufen, hat die Beschwerdekammer die Partei aufzufordern, einen 25.2
entsprechenden Nachweis der Verlängerung einzureichen.

Gleiches gilt, sofern sie Zweifel am Schutzumfang des älteren Rechts hat, insbesondere aufgrund 25.3
von (Teil-)Löschungen.

Einschränkungen hierzu können sich jedoch aus anderen Gründen ergeben. 26

Die Beschwerdekammer muss bei der Beurteilung der Tatsachen und Rechtsfragen im Hinblick auf 26.1
absolute Eintragungshindernisse auf den Zeitpunkt der Anmeldung bzw. Prioritätstag abstellen (EuGH
C-332/09 P, BeckRS 2010, 91251 Rn. 44 f., 51 – FLUGBÖRSE).

Bei der Beurteilung der ernsthaften Benutzung oder der Bekanntheit des älteren Rechts ergeben 26.2
sich auch andere Stichtage.

Dies führt jedoch **nicht** dazu, dass die Beschwerdekammer **Tatsachen** und **Beweise**, die 27
erstmals im Beschwerdeverfahren **vorgelegt** wurden, bei der Beurteilung der Tatsachen-
und Rechtsfragen zu **berücksichtigen** hat. Einschränkungen ergeben sich insbesondere
aufgrund von Art. 76 Abs. 2 (→ Art. 76 Rn. 77 ff.) und Regel 50 Abs. 1 UAbs. 3 GMDV.

Gemäß dieser Bestimmung der GMDV beschränkt sich die Beschwerdekammer bei der Prüfung 27.1
der Beschwerde betreffend Entscheidungen der Widerspruchsabteilung auf die Sachverhalte und Beweismittel, die innerhalb der von der Widerspruchsabteilung gesetzten Fristen vorgelegt wurden, sofern es
sich nicht um zusätzliche oder ergänzende Sachverhalte und Beweismittel handelt, die gemäß Art. 76
Abs. 2 zu berücksichtigen sind.

Regel 50 Abs. 1 UAbs. 3 GMDV kommt eigentlich keine wirkliche Bedeutung zu, da verspäteter 27.2
Vortrag nur ausnahmsweise zulässig ist. Diese Bestimmung ist 2005 in die GMDV aufgenommen worden.
Im Urteil vom 10.11.2004 hatte das Gericht ausgeführt (EuG T-164/02, GRUR Int 2005, 327 –
ARCOL), dass aufgrund der funktionalen Kontinuität im Beschwerdeverfahren alle Fristen neu zu
laufen beginnen und daher aufgrund von Art. 76 Abs. 2 kaum jemals ein Vortrag zurückgewiesen
werden könnte. Die Bestimmung stellte den Versuch dar, die Auswirkungen des Urteils in Widerspruchsverfahren so gering wie möglich zu halten. Da jedoch der Gerichtshof das Urteil in weiterer
Folge aufgehoben hat und klare Regeln zum verspäteten Beweis- und Sachvortrag aufgestellt hat, ist
die Bestimmung, obwohl oftmals in Entscheidungen zitiert, eigentlich als irrelevant anzusehen.

C. Ermessensspielraum

Entscheidungen betreffend absolute und relative Eintragungshindernisse sind **gebundene** 28
Entscheidungen (EuGH C-73/03, GRUR Int 2003, 548 Rn. 47 – BioID). Dem Amt,
und somit auch der Beschwerdekammer, kommt bei der rechtlichen Beurteilung des Sachverhaltes **kein Ermessen** zu. Die Beschwerdekammer ist daher bei der rechtlichen Beurteilung
des Sachverhaltes auch **nicht** an **andere Entscheidungen** in ähnlichen Fällen oder an
Urteile und **Entscheidungen nationaler Behörden** – auch nicht in identisch gelagerten
Fällen – **gebunden** (EuG T-323/00, GRUR Int 2002, 858 Rn. 61 – SAT.2). Das Amt ist
jedoch verpflichtet darzulegen, warum es zu einem anderen Ergebnis kommt.

D. Anwendung der Grundsätze des Verfahrens vor der ersten Instanz

Die verfahrensrechtlichen Bestimmungen zum Beschwerdeverfahren in der UMV, der 29
GMDV und der HABMVfO sind sehr kurz gehalten. Soweit diese Vorschriften keine abweichenden Bestimmungen enthalten, finden die jeweiligen **verfahrensrechtlichen Vorschriften** für das **erstinstanzliche** Verfahren Anwendung.

Die Bestimmungen betreffend das Beschwerdeverfahren in der GMDV sowie in der HABMVfO 29.1
sind sehr kurz gehalten. Die Kommission hat aufgrund Art. 65a (→ Art. 65a Rn. 1), der mit 1.10.2017
in Kraft tritt, die Befugnis, delegierte Rechtsakte zu erlassen, die den formalen Inhalt der Beschwerde

und das Verfahren für das Einlegen und die Prüfung der Beschwerde, den formalen Inhalt und die Form der Entscheidungen der Beschwerdekammer sowie die Erstattung betreffen.

30   Art. 7 HABMVfO sieht zwei unterschiedliche Sachverhalte für die **Verbindung** von Beschwerdeverfahren vor.

31   Werden **mehrere Beschwerden** gegen **eine Entscheidung** eingelegt, so **muss** die Beschwerdekammer die Beschwerdeverfahren verbinden.

31.1   Es handelt sich dabei um alle jene Fälle, in denen im inter-partes Verfahren beide Parteien mit ihren Anträgen im erstinstanzlichen Verfahren teilweise unterlegen sind und beide Parteien Beschwerde eingelegt haben.

32   Die zweite Fallkonstellation betrifft **Beschwerden** gegen **verschiedene Entscheidungen** und ist an weitere Voraussetzungen gebunden.

32.1   So muss für die Behandlung der Beschwerde eine Beschwerdekammer in derselben Zusammensetzung zuständig, und die Parteien müssen der Verbindung der Verfahren zustimmen.

32.2   Darüber hinaus muss wohl auch ein Sachzusammenhang zwischen den Verfahren bestehen, auch wenn diese Voraussetzung in Art. 7 HABMVfO nicht erwähnt wird. Eine offizielle Verbindung von Verfahren fand, soweit recherchierbar, nur ein einziges Mal in ex-parte Verfahren statt (HABM verb. Rs. R 237/1999-2, R 241/1999-2 – Taschenlampen). Dessen ungeachtet werden Verfahren, die dieselben Parteien und dieselben Rechts- und Tatsachenfragen betreffen in den jeweiligen Beschwerdekammern parallel geführt und grundsätzlich in derselben Zusammensetzung entschieden.

E. Aussetzung des Beschwerdeverfahrens

33   Die Beschwerdekammern können das Beschwerdeverfahren jederzeit **aussetzen,** wenn sie dies für **zweckdienlich** erachten. Ihnen kommt hierbei ein **Ermessensspielraum** zu.

34   Gemäß Art. 8 Abs. 2 Buchst. b gelten (Unions-) Markenanmeldungen als ältere Rechte im Widerspruchs- und Löschungsverfahren. Dessen ungeachtet darf aber dem Widerspruch bzw. der Löschung nur stattgegeben werden, wenn die (Unions-) Markenanmeldung zur Eintragung gelangt ist. Sollte die (Unions-) Markenanmeldung das einzige Recht sein, aufgrund dessen dem Widerspruch bzw. der Löschung stattzugeben wäre, ist das Verfahren bis zur Eintragung auszusetzen.

35   Darüber hinaus können auch anhängige **Löschungsverfahren** vor dem Amt, nationalen Ämtern oder Gerichten einen ausreichenden **Grund darstellen**, ein Verfahren auszusetzen. Eine Aussetzung scheint durchaus sinnvoll zu sein, denn sobald das ältere Recht gelöscht wurde, kann keine Verwechslungsgefahr mehr vorliegen. Somit scheitert der Widerspruch bzw. das Löschungsverfahren aufgrund eines fehlenden älteren Rechts.

35.1   Zu berücksichtigen gilt, dass Anträge auf Löschung auch als taktische Maßnahme zur Verzögerung des Verfahrens eingereicht werden könnten.

36   Oftmals werden Beschwerdeverfahren auch **ausgesetzt**, um auf ein **Urteil** des **Gerichts** zu warten, welchem **Präjudizwirkung** in anderen Verfahren betreffend die gleichen Parteien und dieselben Rechts- und Tatsachenfragen zukommt.

37   Schließlich kann das Verfahren auch auf **gemeinsamen Antrag** der Parteien ausgesetzt werden, um eine gütliche Einigung zu ermöglichen. Die Beschwerdekammern geben einem solchen Antrag, unabhängig ob er mit einem Antrag auf **Mediation** (→ Art. 58 Rn. 21 ff.) verbunden ist, grundsätzlich statt. Vorsicht ist bei Verlängerungen geboten, da die Beschwerdekammern nach einer ersten Verlängerung der Aussetzung einen Nachweis der Ernsthaftigkeit der Verhandlungen verlangen.

38   Die Aussetzung des Verfahrens bewirkt jedoch nicht, dass **gesetzliche Fristen** dadurch **unterbrochen** werden. Somit ist der Beschwerdeführer angehalten, die Beschwerdefrist einzuhalten, die Beschwerdebegründung rechtzeitig einzureichen und die Beschwerdegebühr rechtzeitig zu entrichten.

39   In weiteren in der Regel 73 GMDV genannten Gründen muss die Beschwerdekammer das Verfahren unterbrechen.

40   Die Aussetzung des Verfahrens erfolgt entweder durch verfahrensleitende Maßnahme durch die Geschäftsstelle auf Anordnung des Berichterstatters oder durch Zwischenentscheidung der Beschwerdekammer.

Art. 64 Entscheidung über die Beschwerde

(1) ¹Nach der Prüfung, ob die Beschwerde begründet ist, entscheidet die Beschwerdekammer über die Beschwerde. ²Die Beschwerdekammer wird entweder im Rahmen der Zuständigkeit der Dienststelle tätig, die die angefochtene Entscheidung erlassen hat, oder verweist die Angelegenheit zur weiteren Entscheidung an diese Dienststelle zurück.

(2) Verweist die Beschwerdekammer die Angelegenheit zur weiteren Entscheidung an die Dienststelle zurück, die die angefochtene Entscheidung erlassen hat, so ist diese Dienststelle durch die rechtliche Beurteilung der Beschwerdekammer, die der Entscheidung zugrunde gelegt ist, gebunden, soweit der Tatbestand derselbe ist.

(3) Die Entscheidungen der Beschwerdekammer werden erst mit Ablauf der in Artikel 65 Absatz 5 vorgesehenen Frist oder, wenn innerhalb dieser Frist eine Klage beim Gericht eingelegt worden ist, mit deren Abweisung oder mit der Abweisung einer beim Gerichtshof eingelegten Beschwerde gegen die Entscheidung des Gerichts wirksam.

Überblick

Nach Prüfung der Begründetheit der Beschwerde entscheidet die Beschwerdekammer über die Beschwerde. Sie hat dabei die Möglichkeit, in der Sache abschließend zu entscheiden oder die Sache zur Fortführung des Verfahrens an die erste Instanz zurückzuverweisen.

Im Falle der Zurückverweisung ist die erste Instanz an die Beurteilung des Tatsachen- und Rechtsvortrages gebunden.

Die Entscheidungen der Beschwerdekammer werden erst mit Ablauf der Frist für Klagen vor dem Gericht bzw. nach Abschluss dieser Verfahren wirksam und rechtskräftig.

Übersicht

	Rn.		Rn.
A. Entscheidung	1	B. Kompetenz	10
I. Verfahren	1	C. Bindungswirkung	24
II. Zustellung	3		
III. Veröffentlichung	7	D. Wirksamkeit und Rechtskraft	28

A. Entscheidung

I. Verfahren

Die Entscheidung der Beschwerdekammer muss neben gewissen **formellen** Aspekten, insbesondere dem **Rubrum** (Regel 50 Abs. 2 Buchst. e a bis e GMDV), auch **materiellen Ansprüchen** Genüge tun (Regel 50 Abs. 2 Buchst. f bis i GMDV). Auch muss sie unterschrieben werden (Regel 55 GMDV), wobei die Unterschrift auch elektronisch erfolgen kann. 1

Die Entscheidung muss die Anträge der Beteiligten, eine kurze Darstellung des Sachverhaltes, die Entscheidungsgründe sowie einen Tenor und eine Entscheidung betreffend die Kosten enthalten. 1.1

Die formellen Aspekte beziehen sich auf die Feststellung, dass die Entscheidung durch die Beschwerdekammer erlassen wurde, ihr Datum, Name und Anschrift der Parteien sowie der Vertreter sowie Name des Vorsitzenden und der übrigen Mitglieder der Beschwerdekammer, die bei der Entscheidung mitgewirkt haben, sowie den Namen des zuständigen Bediensteten der Geschäftsstelle. 1.2

Keinem der Mitglieder der Beschwerdekammer kommt ein **Vetorecht** zu, so dass auch der Berichterstatter überstimmt werden kann. 2

II. Zustellung

3 Die **Entscheidung** der Beschwerdekammer wird den Parteien durch die **Geschäftsstelle zugestellt**. Die Zustellung erfolgt elektronisch, sofern die Parteien über ein EUIPO Nutzerkonto (→ Art. 79 Rn. 13) verfügen. Die Zustellung gilt als fünf Tage nach Hinterlegung im elektronischen Postfach als bewirkt (→ Art. 79 Rn. 19).

3.1 Art. 8 Beschluss 2009-3 des Präsidiums der Beschwerdekammern vom 10.12.2009 betreffend Anweisungen an die Geschäftsstelle der Beschwerdekammern entspricht nicht mehr der gängigen Praxis, da er die Zustellung per Fax als erste Zustellungsart vorsieht. Die Zustellung per Fax gilt an dem Tag als bewirkt, an dem die Entscheidung auf dem Faxgerät des Empfängers einlangt (→ Art. 79 Rn. 10 ff.; Art. 79 UMV iVm Regel 65 GMDV).

4 Sofern eine Zustellung per Fax nicht möglich ist, oder der Berichterstatter dies ausdrücklich anordnet, erfolgt die Zustellung per **Kurierdienst**.

4.1 Eine Zustellung per Kurierdienst ist weder in der UMV noch der GMDV vorgesehen (C-144/07 P, GRUR Int 2008, 1026 – K-SWIS). Diese somit rechtswidrige Zustellung stellt einen Zustellungsmangel dar, der jedoch nicht die Wirksamkeit der Zustellung betrifft. Gemäß Regel 68 GMDV gilt die Zustellung an dem Tag bewirkt, an dem das Schriftstück dem Empfänger zugegangen ist. Diesen Tag kann das Amt auch regelmäßig nachweisen, da es vom Kurierdienst eine Bestätigung betreffend die Zustellung erhält.

5 Durch die Zustellung wird die **Frist** zur **Klage** beim Gericht in Gang gesetzt (→ Art. 65 Rn. 9 ff.).

6 Grundsätzlich erfolgt die Zustellung in inter-partes-Verfahren an beide Parteien gleichzeitig. Aus unterschiedlichen Gründen, etwa wenn die Übermittlung per Fax an eine Partei scheitert, kann der Tag der Zustellung an die Parteien auseinanderfallen.

III. Veröffentlichung

7 Alle **Entscheidungen** der Beschwerdekammer werden nach einer kurzen Sperrfrist im Internetportal des Amtes unter Recht und Praxis, Rechtsprechung durchsuchen, **veröffentlicht** (https://euipo.europa.eu/eSearchCLW/). Dabei besteht die Möglichkeit über die Datenbank nicht nur nach Entscheidungsnummer, sondern unter anderem auch nach den zitierten Bestimmungen der UMV und der GMDV oder nach Keywords zu suchen.

8 Die Entscheidungen werden dabei im **Volltext** veröffentlicht. Es findet grundsätzlich keine Schwärzung von Angaben statt, auch wenn auf Antrag gewisse Stellen anonymisiert werden können. Dadurch wird versucht, den schutzwürdigen Interessen der Parteien entgegen zu kommen.

8.1 Vielen Beteiligten ist nicht bewusst, dass die Entscheidungen im Internet frei abrufbar sind, so dass ein solcher Antrag auf Anonymisierung so gut wie nie gestellt wird.

8.2 Insbesondere in Verfahren betreffend die Wiedereinsetzung in den vorherigen Stand scheint es zweifelhaft, dass die Namen der Sachbearbeiter, deren außergewöhnlicher und entschuldbarer Fehler zur Versäumung der Frist geführt hat, veröffentlicht werden.

8.3 Auch liegt es nicht auf der Hand, dass die Namen von Unterzeichnern von (eidesstattlichen) Erklärungen, die zum Nachweis der Verkehrsdurchsetzung, der ernsthaften Benutzung oder der Bekanntheit eingereicht werden, der Öffentlichkeit zugänglich sind. Es besteht kein öffentliches Interesse an der Kenntnis, welche Person in welcher (Geschäfts-)Beziehung zu einer anderen Person oder zu einem Unternehmen steht.

8.4 Aufgrund VO (EU) 2424/2015 ist mit Wirkung vom 23.3.2016 Art. 87b eingeführt worden, der es Beteiligte an dem Verfahren, das zum Erlass der Entscheidung geführt hat, ermöglicht, eine Anonymisierung ihn betreffende personenbezogene Daten in der Entscheidung zu beantragen (→ Art. 87b Rn. 1).

9 Auch sieht Art. 88 (→ Art. 88 Rn. 1) vor, dass Einsicht in die Akten von Unionsmarken, die noch nicht veröffentlicht wurden, nur mit Zustimmung des Anmelders erfolgen darf. Somit läuft die Veröffentlichung der Entscheidung, die die Unionsmarkenanmeldung zurückweist, den Interessen dieser Bestimmung zuwider.

B. Kompetenz

Zur Zuständigkeit der Beschwerdekammer gehört eine **Überprüfung** der **Entscheidungen**, die die als erste Instanz entscheidenden Stellen des Amtes erlassen. Im Rahmen dieser Überprüfung hängt der Erfolg der Beschwerde davon ab, ob in dem Zeitpunkt, in dem über die Beschwerde entschieden wird, eine **neue Entscheidung** mit dem **gleichen Tenor** wie die mit der Beschwerde angefochtene Entscheidung rechtmäßig **erlassen** werden kann oder nicht. 10

So können die Beschwerdekammern der Beschwerde auf der Grundlage neuer Tatsachen oder Beweismittel stattgeben, die der Beschwerdeführer vorbringt; eine Einschränkung ergibt sich insoweit nur aus Art. 76 Abs. 2 (→ Art. 76 Rn. 73 ff.). 11

Die Beschwerdekammer hat eine **umfassende Prüfung** des Sachverhaltes aufgrund aller **Tatsachen-** und **Rechtsfragen** vorzunehmen (EuG T-308/01, GRUR Int 2003, 1015 Rn. 28 – Kleencare; T-112/03, GRUR Int 2005, 589 Rn. 36 – FLEXI AIR). 12

Zwischen der ersten Instanz und der Beschwerdekammer besteht eine **funktionelle Kontinuität** (in Bezug auf ex-parte-Verfahren s. EuG T-163/98, NJWE-WettbR 1999, 223 Rn. 38 – Baby-Dry; in Bezug auf inter-partes-Verfahren s. EuG T-308/01, GRUR Int 2003, 1015 Rn. 25 – KLEENCARE). 13

Der Beschwerdekammer kommen daher im Rahmen des Beschwerdeverfahrens die **gleichen Kompetenzen** zu wie der ersten Instanz. 14

Die Beschwerdekammer kann ihre **Entscheidungsbefugnis** in **dreierlei Arten** wahrnehmen. 15

Die Beschwerdekammer kann rein **kassatorisch** entscheiden. 16

Sie wird diesen Ansatz immer dann wählen, wenn die angefochtene Entscheidung mit Verfahrensfehlern behaftet war und eine Entscheidung in der Substanz ohne weitere Verfahrensschritte, wie der Anhörung der Parteien, noch nicht möglich ist (zB HABM v. 29.1.2013 – R 23/2011-4 – PICKWICK). 16.1

Die erste Instanz ist dann an die rechtliche Beurteilung des Sachverhaltes gebunden und hat die nach der Entscheidung als notwendig ergebenden Schritte unverzüglich, dh nach fruchtlosem Verstreichen der Klagefrist, zu unternehmen. 16.2

Die Beschwerdekammer kann die **Kompetenz** der ersten Instanz **an sich ziehen** und im Rahmen ihrer Zuständigkeit tätig werden. 17

Dieser Ansatz wird von der Beschwerdekammer in der überwiegenden Anzahl der Fälle gewählt. Die Beschwerdekammer entscheidet dann in der Sache selbst und kommt zu einem abschließenden Ergebnis im Hinblick auf alle Anträge. 17.1

Im Prüfungsverfahren weist sie entweder den Antrag auf Eintragung der Unionsmarkenanmeldung (teilweise) zurück oder stellt fest, dass die geltend gemachten Eintragungshindernisse (teilweise) nicht vorliegen. Das Amt hat dann die aufgrund der Entscheidung notwendigen Verfahrensschritte, wie zB die Veröffentlichung der Unionsmarkenanmeldung, zu setzen. 17.2

Im Widerspruchsverfahren weist die Beschwerdekammer entweder die Unionsmarkenanmeldung (teilweise) zurück oder stellt fest, dass der Widerspruch (teilweise) unbegründet ist. Auch hier muss das Amt die aufgrund der Entscheidung notwendigen Verfahrensschritte setzen, ohne dazu ausdrücklich durch die Beschwerdekammer aufgefordert zu werden. 17.3

Im Verfalls- und Nichtigkeitsverfahren weist die Beschwerdekammer entweder den entsprechenden Antrag (teilweise) zurück oder löscht die Unionsmarke. Auch hier muss das Amt die aufgrund der Entscheidung notwendigen Verfahrensschritte setzen, ohne dazu ausdrücklich durch die Beschwerdekammer aufgefordert zu werden. Dabei handelt es sich entweder um die (teilweise) Löschung der Unionsmarke oder um die Löschung der Eintragung im Register, dass ein Löschungsverfahren anhängig ist. 17.4

Der Beschwerdekammer steht es dabei frei, alle **notwendigen Verfahrensschritte** zu setzen und auch Anträge oder (Teil-)Aspekte anzusprechen, die in der angefochtenen Entscheidung nicht angesprochen wurden, obwohl sie Gegenstand des erstinstanzlichen Verfahrens waren. 18

Die Beschwerdekammer kann dabei im Verfahren betreffend **absolute Eintragungshindernisse** auch **neue Gründe** in das Verfahren aufnehmen. 19

Dagegen kann die Beschwerdekammer **keine Aspekte** aufgreifen, die **nicht Gegenstand** des erstinstanzlichen Verfahrens waren. 20

20.1 Die Beurteilung der Kennzeichnungskraft der älteren Marke stellt einen Aspekt dar, der Teil der umfassenden Beurteilung der Verwechslungsgefahr nach Art. 8 ist. Die Beschwerdekammer ist dabei an die Tatsache, dass die ältere Marke eingetragen ist, gebunden; sie muss ihr jedoch nicht aufgrund dieser Tatsache zumindest einen geringen Grad an Unterscheidungskraft zubilligen (HABM v. 18.9.2003 – R 1462/2012-G Rn. 35, 38 – ULTIMATE GREENS/ULTIMATE NUTRITION; v. 15.9.2014 – R 2519/2013-4 Rn. 21, 24 – NEOFON/Fon; aA EuGH C-196/11 P, GRUR 2012, 825 Rn. 52 – F1). Die Feststellung der fehlenden Unterscheidungskraft der älteren Marke im Widerspruchs- oder Löschungsverfahren kommt nur Wirkung in Bezug auf dieses Verfahren zu (ähnlich wie der Antrag auf Nachweis der ernsthaften Benutzung gemäß Art. 42 Abs. 2).

21 Schließlich steht der Beschwerdekammer noch die **Möglichkeit** zu, **teilweise** eine **Sachentscheidung** vorzunehmen, **teilweise** aber die **Sache** zur **Fortsetzung** des Verfahrens an die erste Instanz **zurückzuverweisen**.

21.1 Um „Aufzugsfälle" zu vermeiden, dh Verfahren, die mehrmals zur Beschwerdekammer gelangen, wird dieser Ansatz eher selten angewandt. Wird er angewandt, handelt es sich letztendlich um Sachverhalte, in denen der ersten Instanz ihr eigener Fehler klar vor Augen geführt werden soll. Meistens handelt es sich dabei um Fälle, bei denen die erste Instanz aufgrund der von ihr erzielten Ergebnisse umfangreiches Beweismaterial nicht berücksichtigen musste.

21.2 Ein weiteres Problem, das sich bei dieser Problemlösung stellt, ist die Bindungswirkung der Entscheidung der Beschwerdekammer (→ Rn. 24 ff.).

21.3 Sobald die Waren und Dienstleistungen unähnlich sind, bedarf es keiner Analyse der Verwechslungsgefahr. Somit ist die erhöhte Kennzeichnungskraft der älteren Marke in Folge von Benutzung für den Ausgang irrelevant. Liegt keine Verwechslungsgefahr vor, so bedarf es auch nicht der Analyse der eingereichten Beweismittel betreffend die ernsthafte Benutzung der älteren Marke.

22 Die Parteien können **keine Aspekte,** die sich aufgrund der Begründung ergeben, **streitfrei** stellen. Die Definition des relevanten Verbrauchers, seine Aufmerksamkeit und seine Wahrnehmung sind Teil der Begründung und nicht des Tenors; die Beschwerdekammer ist daher nicht nur berechtigt sondern auch verpflichtet, in ihrer Entscheidung diese Aspekte umfassend zu beurteilen. Gleiches gilt betreffend den Vergleich der Waren und Dienstleistungen oder der Zeichen sowie anderer Aspekte der Begründung im Widerspruchsverfahren wie zB die Kennzeichnungskraft des älteren Rechts.

23 Die Beschwerdekammer ist somit **nicht** an die von den Parteien **vorgetragenen Argumente gebunden** (EuG T-308/01, GRUR Int 2003, 1015 Rn. 29 – Kleencare). Somit muss die Beschwerdekammer, auch wenn die Parteien die Würdigung bestimmter Beweisstücke, die zB den Nachweis der ernsthaften Benutzung betreffen, nicht in Frage gestellt haben, von sich aus diese würdigen und ist nicht an die Beurteilung der ersten Instanz gebunden (aA EuG T-390/15, BeckRS 2016, 82343 Rn. 32 f.).

C. Bindungswirkung

24 Gemäß Abs. 2 ist im Falle der Zurückverweisung der Sache an die erste Instanz diese durch die **rechtliche Beurteilung** der Beschwerdekammer, die der Entscheidung zugrunde gelegen ist, **gebunden,** soweit der Tatbestand derselbe ist.

25 Der Gesetzeswortlaut differenziert dabei nicht sehr genau, da er nur von der „rechtlichen Beurteilung" spricht. Es ist davon auszugehen, dass darunter die **„Beurteilung** der **Tatsachen** und **Rechtsfragen"** zu verstehen ist.

26 Würde der Wortlaut nämlich nur in Bezug auf die „rechtliche Beurteilung der Rechtsfragen" verstanden werden, bestünde regelmäßig keine Bindungswirkung, da die Beschwerdekammer oftmals keine abschließende Beurteilung einer Rechtsfrage vornimmt, sondern Tatsachenfragen würdigt.

26.1 Die Frage, ob die Benutzungseinrede rechtsgültig erhoben wurde, stellt keine Rechts-, sondern eine Tatsachenfrage dar.

26.2 Die Beurteilung der Ähnlichkeit der Waren und Dienstleistungen oder der Zeichen stellt gleichfalls eine Tatsachenfrage dar.

26.3 Würde keine Bindungswirkung im Hinblick auf die Beurteilung der Tatsachenfragen bestehen, könnte die erste Instanz erneut die gleiche Entscheidung treffen.

Somit stellt sich die Frage der **Bindungswirkung** auch für **weitere Beschwerdeverfahren**. Da die erste Instanz an die Beurteilung der Tatsachenfragen durch die Beschwerdekammer gebunden war, kann in einem weiteren Beschwerdeverfahren diese Tatsachenfeststellung **nicht mehr angegriffen** werden. 27

In einem Widerspruchsverfahren wird der Widerspruch wegen fehlender Warenähnlichkeit als unbegründet zurückgewiesen. In einem ersten Beschwerdeverfahren stellt die Beschwerdekammer jedoch fest, dass die Waren zumindest eine geringe Ähnlichkeit aufweisen und verweist die Sache zur Fortsetzung des Verfahrens, insbesondere zur Beurteilung der Zeichenähnlichkeit sowie der Gesamtabwägung, an die Widerspruchsabteilung zurück. Diese kommt dann zum Ergebnis, dass Verwechslungsgefahr vorliegt. In einem weiteren Beschwerdeverfahren kann die Frage der Warenähnlichkeit nicht mehr angegriffen werden (aA HABM v. 31.8.2009 – R 214/2008-4 Rn. 9 ff. – SERENISSIMA/LA SERENISIMA). 27.1

D. Wirksamkeit und Rechtskraft

Gemäß Abs. 3 werden Entscheidungen der Beschwerdekammer mit Ablauf der Klagefrist zum Gericht (→ Art. 65 Rn. 9) **wirksam** und **rechtskräftig**. 28

Einer **Klage** kommt somit **aufschiebende Wirkung** zu. Dieser Effekt hält bis zum **rechtskräftigen Abschluss** im Verfahren vor dem Gericht an. Wird gegen das Urteil oder den Beschluss des Gerichts das Rechtsmittel eingelegt, so bleibt die aufschiebende Wirkung bestehen, bis auch der Gerichtshof das Verfahren abgeschlossen hat. 29

Somit kann das Amt während der Rechtsmittelfrist sowie des Verfahrens vor dem Gericht **keine Eintragungen** in das Register vornehmen, die sich aufgrund des **Tenors** der angefochtenen Entscheidung der Beschwerdekammer **ergeben** würden. 30

Gleichzeitig bedeutet dies, dass die **Parteien** bis zur Rechtskraft der angefochtenen Entscheidung der Beschwerdekammer, die entweder aufgrund des Ablaufs der Klagefrist oder aufgrund eines ausdrücklichen Rechtsmittelverzichts bereits früher eintritt, **Herr des Verfahrens** bleiben. 31

So kann der Anmelder jederzeit, auch noch während des Verfahrens vor dem Gericht, seine Unionsmarkenanmeldung zurücknehmen. Die Entscheidung der Beschwerdekammer wird dadurch obsolet. 31.1

Auch kann der Widersprechende jederzeit seinen Widerspruch zurücknehmen, sodass die Unionsmarkenanmeldung, sofern keine weiteren Widersprüche eingelegt wurden, ins Register eingetragen werden kann. Auch in diesem Fall wird die Entscheidung der Beschwerdekammer, wie auch die Entscheidung der Widerspruchsabteilung, obsolet. Gleiches gilt sinngemäß für Löschungs- und Nichtigkeitsverfahren. 31.2

Auch kann die Beschwerde noch nach dem Erlass der Entscheidung der Beschwerdekammer zurückgenommen werden. Dadurch wird die Entscheidung der Beschwerdekammer obsolet und die Entscheidung der ersten Instanz rechtskräftig, so dass das Amt den Tenor der ersten Instanz umzusetzen hat. 31.3

Inwieweit die **rechtskräftige Entscheidung** der Beschwerdekammer in einem Widerspruchsverfahren res iudicata darstellt, ist noch **nicht** endgültig **geklärt**. Der neue Wortlaut des Art. 56 Abs. 3 deutet jedoch darauf hin, dass der Entscheidung der Widerspruchsabteilung res iudicata zukommt (aA → Art. 56 Rn. 63 ff.). 32

Durch die Änderung des Art. 56 Abs. 3 scheint die frühere hierzu ergangene Rechtsprechung, insbesondere EuG T-140/08, GRUR Int 2010, 58 – Timi Kinderjoghurt, obsolet zu sein. 32.1

Res iudicata kann jedenfalls nur in Bezug auf die **gleichen Gründe** (selben Anspruch) eintreten; somit kann der erfolglose Widersprechende, dessen Waren und Dienstleistungen zu jenen der jüngeren Unionsmarkenanmeldung unähnlich angesehen worden sind, noch einen Antrag auf Nichtigkeit gestützt auf Art. 8 Abs. 5 einbringen. Ebenso steht es ihm zu, andere ältere Rechte vorzutragen. Er ist somit nicht grundsätzlich präkludiert, ein Nichtigkeitsverfahren einzubringen. 33

Eine Durchbrechung dieses Grundsatzes erfolgt Kraft gesetzlicher Bestimmung in Bezug auf absolute Eintragungshindernisse (→ Art. 52 Rn. 1 ff.). 34

Art. 65 Klage beim Gerichtshof

(1) Die Entscheidungen der Beschwerdekammern, durch die über eine Beschwerde entschieden wird, sind mit der Klage beim Gericht anfechtbar.

(2) Die Klage ist zulässig wegen Unzuständigkeit, Verletzung wesentlicher Formvorschriften, Verletzung des EG-Vertrags, dieser Verordnung oder einer bei ihrer Durchführung anzuwendenden Rechtsnorm oder wegen Ermessensmissbrauchs.

(3) Das Gericht kann die angefochtene Entscheidung aufheben oder abändern.

(4) Die Klage steht den an dem Verfahren vor der Beschwerdekammer Beteiligten zu, soweit sie durch die Entscheidung beschwert sind.

(5) Die Klage ist innerhalb von zwei Monaten nach Zustellung der Entscheidung der Beschwerdekammer beim Gericht einzulegen.

(6) Das Amt ergreift die notwendigen Maßnahmen, die sich aus dem Urteil des Gerichts oder, im Falle der Einlegung eines Rechtsmittels gegen dieses Urteil, des Gerichtshofs ergeben.

Überblick

Art. 65 regelt die **Anfechtungsklage** im Unionsmarkenrecht. Da die Überprüfung der erstinstanzlichen Entscheidungen des Amtes amtsintern durch Beschwerdekammern erfolgt, bedarf es einer gerichtlichen Kontrollinstanz. Die vor der Beschwerdekammer unterliegende Partei kann Klage zum **Gericht der Europäischen Union** erheben (→ Rn. 1 ff.). Die Klage ist gegen das Amt zu richten. In kontradiktorischen Verfahren wie Widerspruchs-, Verfalls- und Nichtigkeitssachen wird der andere Beteiligte vor der Beschwerdekammer Streithelfer durch Einreichung einer Stellungnahme zum Verfahren und behält diese Stellung, wenn er eine Klagebeantwortung einreicht. Er hat dann dieselben Rechte wie die Parteien.

Am 1.7.2015 ist die **neue Verfahrensordnung** des Gerichts in Kraft getreten. Der vorliegende Kommentar ist auf die neuen Regelungen gestützt. Bei praxisrelevanten Änderungen und insbesondere soweit für anhängige Verfahren zum Teil noch die alten Regeln fortgelten, wird auch auf die alten Vorschriften verwiesen.

Die Klage ist binnen **zwei Monaten** nach Zustellung der Beschwerdeentscheidung beim Gericht einzureichen; zu der Zweimonatsfrist sind zehn Tage Entfernungsfrist hinzuzurechnen (→ Rn. 9 ff.). Die Klage ist schriftlich zu erheben und die besonderen Formvorschriften nach der Verfahrensordnung des Gerichts sind zu beachten. Verwiesen wird auf die umfangreichen und hilfreichen **Praktischen Durchführungsbestimmungen zur Verfahrensordnung** des Gerichts, die als Leitfaden für das gesamte Verfahren herangezogen werden können und deren Lektüre unbedingt zu empfehlen ist.

Die Klage ist gebührenfrei. Sie kann in jeder **Sprache** der EU erhoben werden (→ Rn. 20 ff.). In kontradiktorischen Verfahren wird allerdings auf Widerspruch des anderen Beteiligten vor der Beschwerdekammer ggf. eine andere Sprache als Verfahrenssprache festgesetzt, und zwar die Sprache, in der die angefochtene Beschwerdekammerentscheidung abgefasst war.

Nach Feststellung der Zulässigkeit der Klage und ggf. Festlegung der Verfahrenssprache wird die Klage zugestellt. Anschließend haben das Amt und andere Verfahrensbeteiligte zwei Monate (wiederum plus zehn Tage Entfernungsfrist) Zeit für die Klagebeantwortung (→ Rn. 39 ff.). Damit ist das schriftliche Verfahren abgeschlossen, es sei denn, es sei eine Anschlussklage eingereicht worden. Auf Antrag kann in der Folge eine **mündliche Verhandlung** anberaumt werden (→ Rn. 45 ff.), und etwa drei bis fünf Monate später wird die Entscheidung erlassen. Die **Gesamtdauer** des Verfahrens liegt derzeit zwischen 12 und 18 Monaten.

Das Gericht kann die Klage abweisen oder die angefochtene Entscheidung des Amtes aufheben oder abändern (→ Rn. 51 ff.). Von der Abänderungsbefugnis wird in jüngerer Zeit häufiger Gebrauch gemacht. Das Gericht entscheidet über die Kosten (→ Rn. 61 ff.), eine *Kostenfestsetzung* erfolgt aber nur, wenn dies gesondert beantragt wird, per separatem Beschluss. Die Kostenentscheidung ist nicht selbständig und die Kostenfestsetzung überhaupt nicht anfechtbar.

Klage beim Gerichtshof **Art. 65 UMV**

Gegen die Entscheidung des Gerichts kann binnen zwei Monaten **Rechtsmittel zum Gerichtshof** erhoben werden (→ Rn. 67 ff.), das jedoch auf Rechtsfragen beschränkt ist.

Übersicht

	Rn.		Rn.
A. Funktionelle Zuständigkeit; Verfahrensordnung	1	H. Klagebeantwortung	39
B. Klagebefugnis	4	I. Anschlussklage und Beantwortung; Abschluss des schriftlichen Verfahrens	40
C. Rollen im Klageverfahren; Streithilfe	7	J. Mündliche Verhandlung: Antrag und Ablauf	45
D. Fristen, Verlängerung und Aussetzung	9	K. Rechtsmittelgründe	51
E. Sprache	20	L. Berücksichtigung neuer Tatsachen	53
F. Vertretung und Nachweis der Rechtspersönlichkeit des Verfahrensbeteiligten; Ersetzung von Parteien	27	M. Entscheidung in der Sache; Abänderungsbefugnis	56
G. Anforderungen an die Klageschrift: notwendiger Inhalt, Übermittlung, Form	33	N. Kostenentscheidung und Kostenfestsetzung	61
		O. Rechtsmittel zum EuGH	67

A. Funktionelle Zuständigkeit; Verfahrensordnung

Gegen Entscheidungen des Amtes kann die unterlegene Partei Klage zum Gericht der **1** Europäischen Union erheben. Art. 65 aF sprach insofern von der Klage beim Gerichtshof. Funktionell zuständig war jedoch schon zuvor gemäß Art. 256 Abs. 1 iVm Art. 263 Abs. 1 AEUV das **Gericht** der Europäischen Union. Dem hat die Neufassung des Art. 65 durch VO (EU) 2015/2424 Rechnung getragen.

Das Verfahren vor dem Gericht richtet sich nach dessen **Verfahrensordnung**. Zum **2** 1.7.2015 ist die neue Verfahrensordnung des Gerichts in Kraft getreten (ABl. L 105, 1 vom 23.4.2015). Sonderregelungen zu Rechtsstreitigkeiten betreffend die Rechte des geistigen Eigentums finden sich im Titel IV, Art. 17–191 EuGVfO. Im Unterschied zur vorherigen Fassung der Verfahrensordnung sind die speziellen Sprachenregelungen nunmehr ausgegliedert und finden sich in Titel II, hier insbesondere Art. 45 Abs. 4 EuGVfO. Ansonsten gelten die allgemeinen Bestimmungen des Titels III, hier insbesondere die zu Zustellung, Einreichung von Schriftstücken, mündlicher Verhandlung und Kosten.

Art. 257 AEUV sieht die Bildung von Fachgerichten für besondere Sachgebiete vor. Dies wurde **2.1** ausdrücklich auch für Unionsmarkenangelegenheiten diskutiert. Bislang hat sich jedoch in der Richtung nichts weiter entwickelt, im Gegenteil. Das seit 1989 bestehende Gericht für den öffentlichen Dienst der Europäischen Union wird wieder dem Gericht eingegliedert. S. hierzu zuletzt Stellungnahme der Kommission vom 22.2.2016, COM(2016) 81 final. S. ferner VO (EU) Nr. 2015/2422 (VO EU, Euratom) zur Änderung des Protokolls Nr. 3 über die Satzung des Gerichtshofs der Europäischen Union; ABl. L 341, 14 vom 24.12.2015, die die schrittweise Erhöhung der Richterzahl am Europäischen Gericht auf 56 (zwei pro Mitgliedstaat) ab dem 1.9.2019 vorsieht. Auf die Gesamtzahl dürfte sich der voraussichtliche Austritt des Vereinigten Königreichs aus der EU auswirken. Derzeit (August 2016) hat das Gericht 38 Mitglieder.

Besonders hinzuweisen ist auf die **Praktischen Durchführungsbestimmungen zur** **3** **Verfahrensordnung** des Gerichts (Praktische Durchführungsbestimmungen zur Verfahrensordnung des Gerichts, ABl. L 152, 1 vom 18.6.2015), die auf der Internetseite des Gerichts zu finden sind (curia.europa.eu – Gericht – Verfahren) und regelmäßig ergänzt werden. Sie enthalten detaillierte Angaben zum notwendigen Inhalt von Klageschrift und Klagebeantwortungen sowie zu den zahlreichen Formerfordernissen und können als Leitfaden für das gesamte Verfahren einschließlich der mündlichen Verhandlung herangezogen werden.

B. Klagebefugnis

Klage zum Gericht kann erheben, wer durch eine Entscheidung der Beschwerdekammern **4** des Amtes **beschwert** ist (Art. 65 Abs. 4). Eine Beschwer ist nicht gegeben, wenn der Kläger das Ziel seines Antrags erreicht hatte, wenn auch nicht mit der von ihm gewünschten Begründung.

4.1 Insofern kann ein Widersprechender, dessen Widerspruch aufgrund eines älteren Rechts stattgegeben wurde, die Entscheidung nicht anfechten, weil das Amt die weiteren geltend gemachten älteren Rechte nicht geprüft hat (EuG Urteil vom 16.9.2004 – T-342/02 Rn. 48 – MGM; allerdings ließ das Gericht die Klage nicht bereits an der Klagebefugnis scheitern).

5 Das **Amt** ist nicht „Beteiligter" im Verfahren vor der Beschwerdekammer und damit **nicht klagebefugt.** Es ist andererseits nicht verpflichtet, den Standpunkt der Beschwerdekammer zu unterstützen, und kann sich auf die Seite des Klägers stellen (ständige Rechtsprechung, EuG T-22/04, BeckRS 2005, 70314 Rn. 17 – Westlife/West; T-379/03, GRUR Int 2006, 47 Rn. 22, 25 – Cloppenburg; T-97/05 Rn. 16 – Marcorossi/Sergio Rossi; T-6/05, GRUR Int 2007, 51 Rn. 41 – Def-Tec; T-466/04 und T-467/04, GRUR Int 2006, 329 Rn. 31 – Geronimo Stilton/Stilton; T-191/04, GRUR Int 2006, 1019 Rn. 14 – Metro/Metro; T-53/05, GRUR Int 2007, 919 Rn. 27 – Calvo/Calavo; T-171/06, GRUR Int 2009, 725 Rn. 27 – Trenton/Lenton).

6 Dies gilt sowohl bei einseitigen als auch in zweiseitigen Ausgangsverfahren. Das Amt macht hiervon allerdings nur in Ausnahmefällen Gebrauch, nämlich wenn eine Beschwerdekammerentscheidung grundlegend von der Linie der Beschwerdekammern, den Richtlinien des Amtes oder der Rechtsprechung des Gerichts oder des Gerichtshofs abweicht.

C. Rollen im Klageverfahren; Streithilfe

7 Das **Amt** ist stets **Beklagter.** In einem Verfahren, das auf einer einseitigen Angelegenheit basiert (Anmelde- oder Registerverfahren), stehen sich daher nur der Kläger und das Amt als Beklagter gegenüber.

8 In zweiseitigen Ausgangsverfahren, also Widerspruchs-, Verfalls- und Nichtigkeitsverfahren, wird der **andere Beteiligte** vor der Beschwerdekammer durch Einreichung einer Stellungnahme zum Verfahren (eines „Verfahrensschriftstücks") **Streithelfer,** verliert allerdings diesen Status wieder, wenn er nicht form- und fristgerecht eine Klagebeantwortung einreicht (Art. 173 Abs. 2 EuGVfO). Der Streithelfer hat dieselben prozessualen Rechte wie die Parteien und kann eigenständige, von den Parteien unabhängige, Anträge stellen (Art. 173 Abs. 3 EuGVfO). Dies schließt die Möglichkeit der Anschlussbeschwerde ein, die dem Streithelfer nach Art. 182 EuGVfO offen steht.

8.1 Insbesondere kann der Streithelfer auch eigene **Kostenanträge** stellen. Natürlich kann auch Kostenantrag gegen ihn gestellt werden, dies auch erst in der mündlichen Verhandlung.

8.2 Tritt der andere Beteiligte dem Rechtsstreit durch form- und fristgerechte Klagebeantwortung bei, kann auch dann kein Versäumnisurteil gemäß Art. 123 EuGVfO ergehen, wenn das Amt ausnahmsweise versäumen sollte, eine fristgerechte Klagebeantwortung einzureichen (Art. 173 Abs. 6 EuGVfO).

8.3 Nach Art. 134 § 1 EuGVfO aF wurde der andere Beteiligte nicht automatisch, sondern erst durch Klagebeantwortung Streithelfer. Seine prozessualen Rechte vor Klagebeantwortung – insbesondere im Hinblick auf die Sprachenfrage – hingen dadurch in der Luft. Auch bedeutete diese unklare Verfahrensstellung im Anfangsstadium für den Kläger und das Amt, dass sie den anderen Beteiligten in ihren Schriftsätzen nicht als Streithelfer bezeichnen konnten und Kostenanträge gegen den Streithelfer unter die Bedingung des Streitbeitritts stellen mussten.

8.4 Auch in Verfahren in Unionsmarkensachen vor dem Gericht gelten im Übrigen die **allgemeinen Vorschriften für die Streithilfe** vor dem Gericht (Art. 142 f. EuGVfO iVm Art. 40 Abs. 2 EuGH-Satzung). Die Frist für den Antrag auf Zulassung als Streithelfer beträgt sechs Wochen ab Veröffentlichung der Klage im Amtsblatt (Art. 143 Abs. 1 EuGVfO). Voraussetzung ist jedoch jeweils, dass der Antragsteller ein berechtigtes Interesse am Ausgang des Verfahrens glaubhaft machen kann (Art. 40 Abs. 2 EuGH-Satzung). Ein Beispiel für einen erfolgreichen Antrag auf Zulassung als Streithelfer vor dem EuG ist EuG 18.11.2015 – T-102/15 Rn. 21, 27 – Red Bull/EUIPO – Blau/Silber. Hier wurde der Interessenverband MARQUES auf Klägerseite zugelassen. Ähnlich vor dem EuGH die Organisation INTA in der Rechtssache Voss of Norway: EuGH C-445/13 P, BeckRS 2015, 80606 Rn. 7 – Voss of Norway/HABM. Im Übrigen steht es den Parteien stets frei, ihren Schriftsätzen ein Positionspapier eines Interessenverbandes zur Unterstützung ihrer Position beizufügen.

D. Fristen, Verlängerung und Aussetzung

Die Frist für die **Klagerhebung** beträgt **zwei Monate** ab Zustellung der Entscheidung 9
der Beschwerdekammer (Art. 65 Abs. 5). Für die Zustellung als solche gelten die Vorschriften
der UMV und ggf. ergänzend die GMDV und Richtlinien. Insbesondere also gelten die
Zehn-Tage-Fiktion nach Regel 62 Abs. 5 GMDV bzw. 1.3.2.2 Richtlinien des Amtes (Teil
A, Allgemeine Verfahrensvorschriften vor dem Amt) im Fall der Zustellung per Post und
die Fünf-Tage-Fiktion nach Nr. 1.3.2.5 Richtlinien des Amtes bei Zustellung über myPage
(zu dieser Zustellungsfiktion für die Beschwerdefrist s. EuG T-657/13, BeckEuRS 2015,
436496 Rn. 18 ff. – ALEX).

Wenn auch der Beginn der Frist von den Zustellungsvorschriften der UMV abhängt, 10
richtet sich doch die **Berechnung** der Frist nach Art. 65 Abs. 5 nicht nach der UMV,
sondern nach der EuGVfO, genauer nach Art. 58 EuGVfO.

Daraus folgt auch, dass eine etwaige Wiedereinsetzung in den vorigen Stand nicht durch das Amt 10.1
gewährt werden kann. Art. 81 ist daher nicht einschlägig. Allenfalls käme eine Anwendung von Art. 45
Abs. 2 EuGH-Satzung in Betracht, s. EuG Urt. v. 8.6.2016 – T-583/15 – Friedenssymbol, Monster
Energy. Die Anforderungen sind aber hoch.

Auch die Frist für die **Klagebeantwortung** beträgt **zwei Monate** (Art. 179 EuGVfO). 11
Diese läuft ab Zustellung der Klage an das Amt (als Beklagten) und ggf. andere Beteiligte
im Verfahren vor der Beschwerdekammer.

Hinzu kommt jeweils die **zehntägige Entfernungsfrist** nach Art. 60 EuGVfO, die unab- 12
hängig von der Form der Einreichung (also auch bei Nutzung von e-Curia) und dem
Wohnort des Klägers oder seines Vertreters eingreift.

Zu beachten ist ferner, dass Fristen, deren Ende auf einen Samstag, Sonntag oder gesetzli- 13
chen Feiertag fällt, erst mit Ablauf des folgenden Werktags ablaufen (Art. 58 Abs. 2 EuGVfO).
Für die Fristenberechnung s. im Übrigen Art. 58 Abs. 1 EuGVfO.

Der Gerichtshof veröffentlicht alljährlich im Amtsblatt der Europäischen Union die für ihn und das 13.1
Gericht geltende Liste der gesetzlichen Feiertage, s. für Gerichtsjahr 2016/2017 Beschluss des Gerichtshofs vom 9.3.2016 über die gesetzlichen Feiertage und die Gerichtsferien, ABl. C 145 vom 25.4.2016,
2 f.

Berechnungsbeispiel: Die Beschwerdekammer entschied am 17.8.2015, einen Widerspruch 13.2
zurückzuweisen. Die Geschäftsstelle der Beschwerdekammern stellte die Entscheidung am selben Tag
ordnungsgemäß auf myPage ein. Die Frist für die Klage lief am 3.11.2015 ab (17.8. + fünf Tage
Zustellungsfiktion + zwei Monate Klagefrist + zehn Tage Entfernungsfrist wäre auf den 1.11.2013
gefallen; dieser fiel auf Sonntag, der 2.11.2015 war ein Feiertag für das Gericht, also Dienstag,
3.11.2015).

Wenn auch die Entfernungsfrist ursprünglich wegen unterschiedlicher Postlaufzeiten unterschiedlich 13.3
für Verfahrensbeteiligte aus verschiedenen Mitgliedstaaten eingerichtet wurde, ist sie heute ohne Differenzierung zwischen verschiedenen Einreichungsarten und Mitgliedstaaten in Art. 60 EuGVfO verankert. Bei der Einführung von e-Curia gab es Diskussionen, ob sie bei elektronischer Übermittlung
noch gerechtfertigt ist. Nachdem die Entfernungsfrist jedoch auch bei Übermittlung mittels Fax stets
galt, wurde an ihr auch für die elektronische Übermittlung festgehalten. Erneute Versuche des Gerichts,
die Entfernungsfrist in der neuen Verfahrensordnung abzuschaffen, scheiterten am Widerstand der
Mitgliedstaaten.

Die **Zehn-Tage-Entfernungsfrist** nach Art. 60 EuGVfO gilt auch für alle weiteren 14
Fristen im Verfahren vor dem Gericht, soweit das Gericht sie nicht ausdrücklich abbedingt.
Dies gilt insbesondere für die gesetzliche Frist von zwei Monaten für die Klagebeantwortung,
für die auch die sonstigen obigen Anmerkungen gelten (inklusive zehn Tage Nachreichungsfrist für Anlagen).

Die Entfernungsfrist wird gewöhnlich abbedungen bei Fristsetzungen mit Blick auf die mündliche 14.1
Verhandlung, etwa wenn das Gericht im Bericht für die mündliche Verhandlung Fragen stellt und für
deren Beantwortung eine (häufig recht kurze) Frist setzt. Gleiches gilt in der Regel für Stellungnahmen
zu prozessleitenden Maßnahmen.

Bei Einreichen der Klage in Papierform kann der Kläger die Klageschrift nebst Anlagenver- 15
zeichnis (→ Rn. 38, → Rn. 36.1) fristwahrend vorab per Fax einreichen, soweit er die

vollständige im Original unterschriebene Klageschrift mit allen Anlagen und mit der erforderlichen Anzahl beglaubigter Kopien (→ Rn. 36, → Rn. 38.1) binnen zehn Tagen nach Einreichung nachreicht (Art. 73 Abs. 3 EuGVfO; A.2 Rn. 79 Praktische Durchführungsbestimmungen). Die **zehntägige Nachreichungsfrist** für das Einreichen des Originals nebst Anlagen und der Kopien gilt bei Nutzung von e-Curia grundsätzlich nicht, weil das Original ja überhaupt nicht eingereicht werden muss.

15.1   Die Nachreichungsfrist gilt bei e-Curia nur für Anlagen, die ihrem Wesen nach nicht über e-Curia eingereicht werden können, was für Schriftstücke nicht zutrifft (A.1 Rn. 76 der Praktischen Durchführungsbestimmungen).

15.2   Die Nachreichungsfrist gilt ab Einreichung der Klage mittels Fax und nicht ab Ablauf der Klagefrist (EuG T-322/03, GRUR Int 2006, 416 Rn. 13, 16 – Weisse Seiten; T-358/07, BeckRS 2008, 70573 Rn. 13 – Publicare). Wird die Kopie also vor Fristablauf geschickt, sind die zehn Tage ab dem früheren Zeitpunkt zu berechnen. Auch kann von der Nachreichungsfrist nur Gebrauch gemacht werden, wenn die Urschrift zu der vorab eingereichten Kopie identisch ist. Ist dies nicht der Fall, gilt das Schriftstück erst zu dem späteren Zeitpunkt als eingereicht, was bei knappen Fristen schwerwiegende Folgen haben kann (A.2 Rn. 81 der Praktischen Durchführungsbestimmungen). Ferner gilt die Entfernungsfrist für die zehntägige Nachreichungsfrist nicht erneut.

16   **Fristverlängerungen** sind im Verfahren vor dem Gericht die Ausnahme. Gesetzliche Fristen wie insbesondere die Klagefrist sind nicht verlängerbar, hierfür fehlt es an einer Rechtsgrundlage. Die Möglichkeit der Verlängerung durch den Kammerpräsidenten ist jedoch für die zweimonatige Frist für die Klagebeantwortung ausdrücklich vorgesehen, soweit außergewöhnliche Umständen vorliegen (Art. 179 S. 2 EuGVfO). Sie ist auch für die Dreiwochenfrist für den Antrag auf mündliche Verhandlung ausdrücklich vorgesehen (Art. 106 Abs. 2 S. 2 EuGVfO).

16.1   Als außergewöhnliche Umstände hat das Gericht in der Vergangenheit hohe Arbeitsbelastung beim Amt und Urlaubszeiten anerkannt. Bei privaten Parteien ist eine weniger großzügige Praxis zu beobachten.

17   Fristen, die vom Gericht aufgrund der Verfahrensordnung festgesetzt werden, können gemäß Art. 61 EuGVfO grundsätzlich verlängert werden. Verlassen sollte man sich jedoch nicht darauf, dass tatsächlich verlängert wird, wenn nicht sehr triftige Gründe vorgetragen werden.

18   Die **Aussetzung** des Verfahrens richtet sich nach Art. 69 ff. EuGVfO. Sie steht stets im Ermessen des Gerichts, wird jedoch in der Regel angeordnet, wenn beide Parteien dies beantragen (Art. 69 Buchst. c EuGVfO).

18.1   Möglich ist die Aussetzung ansonsten, weil etwa eine identische Rechtsfrage dem Gerichtshof vorliegt (Art. 69 Buchst. a EuGVfO iVm Art. 54 Abs. 3 EuGH-Satzung), oder weil die Aussetzung in sonstigen besonderen Fällen den Erfordernissen einer geordneten Rechtspflege entspricht (Art. 69 Buchst. d EuGVfO). Die Aussetzung ohne gemeinsamen Antrag ist jedoch die Ausnahme. Insbesondere setzt das Gericht nicht deswegen aus, weil die ältere Marke in einem Widerspruchs- oder Nichtigkeitsverfahren ihrerseits angegriffen und möglicherweise in ihrem Bestand gefährdet ist. Die Begründung hierfür ist, dass das Gericht nur die Richtigkeit der Entscheidung der Beschwerdekammer zu überprüfen habe und spätere Tatsachen daher nicht relevant seien. Dies steht freilich im Widerspruch zu der Tatsache, dass auch das Gericht (in der Regel) die Sache für erledigt erklärt, wenn die Widerspruchsmarke während des Gerichtsverfahrens für verfallen oder nichtig erklärt wird (EuG T-474/11, BeckRS 2013, 80895 – IGAMA/GAMA). Näher → Rn. 52 ff. (neue Tatsachen).

19   Wird ausgesetzt, erfolgt dies durch Aussetzungsbeschluss (Art. 70 Abs. 1 EuGVfO). Dieser kann das Ende der Aussetzung festlegen. Tut er das nicht, bestimmt sich dies nach dem Wiederaufnahmebeschluss (Art. 71 Abs. 3 EuGVfO).

19.1   Wiedereinsetzung in den vorigen Stand sieht die EuGVfO nicht vor. Anwendbar ist jedoch Art. 45 Abs. 2 EuGH-Satzung, wonach der Ablauf von Fristen keinen Rechtsnachteil zur Folge hat, wenn der Betroffene nachweist, dass ein Zufall oder ein Fall höherer Gewalt vorliegt. Die Hürde ist jedoch hoch: Obwohl Brand und Flut das Faxgerät des Kläger außer Gefecht gesetzt hatten und er deshalb keine Kenntnis von der Beschwerdeentscheidung nehmen konnte, ging das Gericht davon aus, dass er bei Walten aller erforderlicher Sorgfalt das Amt hätte fragen müssen, ob während des Ausfalls des Faxgeräts

Mitteilungen an ihn gerichtet worden waren, s. EuG Urt. v. 8.6.2016 – T-583/15 – Friedenssymbol, Monster Energy.

E. Sprache

Das Verfahren vor dem Gericht folgt seinen eigenen Sprachenregelungen, die sich in Art. 44 f. EuGVfO finden. Die Sprachenregeln vor dem HABM spielen mittelbar eine Rolle bei zweiseitigen Ausgangsverfahren. 20

Der Kläger kann die **Klage** nach seiner Wahl in jeder der **24 EU-Amtssprachen** einreichen (Art. 44, 45 Abs. 1 EuGVfO). Bei einseitigen Ausgangsverfahren wird damit bereits die Verfahrenssprache festgelegt (Art. 45 Abs. 4 Buchst. a EuGVfO). 21

In zweiseitigen Verfahren wird die vom Kläger gewählte Sprache Verfahrenssprache, wenn der Streithelfer nicht binnen der hierfür von der Geschäftsstelle gesetzten Frist widerspricht (Art. 45 Abs. 4 Buchst. b EuGVfO). 22

Widerspricht jedoch der Streithelfer fristgerecht, wird die **Sprache der angefochtenen Beschwerdekammerentscheidung** Verfahrenssprache (Art. 45 Abs. 4 Buchst. c EuGVfO). Hierin liegt eine praxisrelevante Änderung gegenüber der vorherigen Verfahrensordnung, nach der in solchen Fällen in der Regel die Erstsprache der Unionsmarke oder Unionsmarkenanmeldung, um die es ging, Verfahrenssprache wurde (Art. 131 § 2 Abs. 3 EuGVfO aF). 23

Das Gericht hatte nach der früheren Verfahrensordnung zwar die Möglichkeit, eine andere EU-Sprache als Verfahrenssprache zu bestimmen, wenn die Wahl der Erstsprache der Anmeldung dazu führte, dass eine der Parteien in ihrer Verteidigung gehindert wird (Art. 131 § 2 Abs. 3 EuGVfO aF); allerdings sind keine Fälle bekannt, wo dies anerkannt wurde. 23.1

Die Änderung des Sprachenregimes hat dazu geführt, dass eine noch größere Anzahl der Gerichtsverfahren in englischer Sprache geführt wird. Englisch liegt mit 65% an der Spitze der Sprachen in Beschwerdeverfahren vor dem Amt, gefolgt von Deutsch mit knapp 20%. Weniger als 7% der Fälle sind auf Spanisch, und die verbleibenden 8% verteilen sich auf Französisch, Italienisch und andere Sprachen (in der Regel ex parte-Fälle). Diese Prozentverteilung überträgt sich nun auf Verfahren vor dem Gericht zu Unionsmarken und Gemeinschaftsgeschmacksmustern. 23.2

Die Änderung hat im Übrigen zu einer Straffung des Beginns des Gerichtsverfahrens geführt, weil das Amt dem Gericht nicht mehr mitteilen muss, welche die Erst- und die Zweitsprachen der Anmeldung waren, und es nicht mehr zu einer Diskussion über die Frage kommt, ob eine der Parteien in ihrer Verteidigung gehindert wird. Hierdurch werden Monate gespart. 23.3

Es besteht auch die Möglichkeit, dass sich die Parteien auf eine andere Sprache einigen (Art. 45 Abs. 1 Buchst. b EuGVfO); entsprechende Fälle sind aber nicht bekannt. 24

Führt der Widerspruch der anderen Verfahrensbeteiligten dazu, dass Verfahrenssprache eine andere als die vom Kläger gewählte Sprache wird, muss der Kläger die Klageschrift nicht **übersetzen**. Diese Aufgabe übernimmt das Gericht auf eigene Kosten (Art. 45 Abs. 4 Buchst. c EuGVfO). Weitere Schriftsätze (also insbesondere die Klagebeantwortungen) müssen in der Verfahrenssprache eingereicht oder – ggf. nach Fristsetzung – auf Kosten der Parteien in diese übersetzt werden. 25

Die Parteien können nicht mehr frei wählen, ob sie für einen Teil des Verfahrens, insbesondere die mündliche Verhandlung, eine andere Sprache als die Verfahrenssprache verwenden möchten. Das war nach Art. 131 Abs. 3 EuGVfO aF anders. Jetzt können die Parteien allenfalls nach Art. 45 Abs. 1 Buchst. c EuGVfO beantragen, eine andere Sprache verwenden zu dürfen. Die anderen Parteien müssen dazu gehört werden. Ob das Gericht entsprechende Genehmigungen großzügig erteilt oder hier einen strengen Maßstab anlegt, bleibt abzuwarten. 26

F. Vertretung und Nachweis der Rechtspersönlichkeit des Verfahrensbeteiligten; Ersetzung von Parteien

Vor dem Gericht besteht **Anwaltspflicht**. Dies ergibt sich für die Hauptparteien aus Art. 51 Abs. 1 EuGVfO iVm Art. 19 Abs. 3 EuGH-Satzung und wird für die Streithelfer in Art. 173 Abs. 4 EuGVfO klargestellt. 27

28 Der vertretende Anwalt muss befugt sein, vor einem Gericht eines Mitgliedstaates oder eines EWR-Staates aufzutreten (Art. 19 Abs. 4 EuGH-Satzung); der entsprechende Nachweis, also etwa die **Zulassungsurkunde,** ist vorzulegen (Art. 51 Abs. 2 EuGVfO).

28.1 Nach deutschem Recht zugelassene Patentanwälte sind nicht vertretungsbefugt (Hackspiel Mitt 2001, 540). Gleiches gilt für Justiziare. Andererseits sind zB englische Solicitors vertretungsbefugt und ist vor dem EuG ein Barrister nicht erforderlich. Trade Mark Attorneys nach englischem Recht sind wiederum nicht zugelassen (EuG T-14/04, BeckEuRS 2004, 390091).

28.2 Wie angeführt, müssen Anwälte jeweils ihre Zulassungsurkunden vorlegen. Eine Übersetzung derselben in die Verfahrenssprache ist nicht erforderlich. Das Gericht führt keine Liste, so dass auch bei wiederholtem Auftreten vor dem Gericht jeweils wieder die Zulassungsurkunden in Kopie vorgelegt werden müssen.

29 Vertreter müssen sich durch eine **schriftliche Vollmacht** für das konkrete Verfahren legitimieren. Die Kopie einer privatschriftlichen Vollmacht ist ausreichend.

30 Juristische Personen des Privatrechts müssen zudem einen Nachweis ihrer **Rechtspersönlichkeit** vorlegen und nachweisen, dass die dem Anwalt ausgestellte Vollmacht von einer intern hierzu befugten Person ausgefertigt wurde (Art. 177 Abs. 5 EuGVfO).

30.1 Bei Unternehmen aus Ländern, die ein Handelsregister führen, ist dies in der Regel einfach, da sich aus dem **Handelsregisterauszug** sowohl die Existenz als auch die Zeichnungsbefugnis ergeben. Anderenfalls, etwa bei US-amerikanischen Unternehmen, kann es ein schwieriges und zeitraubendes Unterfangen werden, das Gericht von der Legitimation zu überzeugen. Vorzulegen sind hier in der Regel Articles of Incorporation, Certificate of Good Standing, By-Laws (ggf. im Auszug) und möglicherweise Beschlüsse des Board of Directors, wonach der Unterschreibende, oder alle diejenigen, die den Rang des Unterschreibenden haben, zeichnungsbefugt sind. Lautet der Beschluss nicht auf den Namen, sondern nur auf den Rang des Unterschreibenden, muss auch noch der Nachweis der Ernennung, zB zum Associate General Counsel, vorgelegt werden. Die vorhandenen Papiere und Erfordernisse ändern sich von Fall zu Fall und Staat zu Staat, ein Allgemeinrezept gibt es also nicht.

31 Die mit der Vollmacht zusammenhängen Dokumente zum Nachweis der Rechtspersönlichkeit und ordnungsgemäßen Bevollmächtigung sind für die Zulässigkeit der Klage oder Klagebeantwortung erforderlich, nicht aber für die Fristwahrung. Stellt die Geschäftsstelle des Gerichts hier Mängel fest, fordert sie die entsprechende Partei auf, den Mangel binnen einer vom Gericht – in der Regel ohne Entfernungsfrist – gesetzten angemessenen Frist zu beheben (Art. 51 Abs. 4 EuGVfO).

32 In Art. 174–176 EuGVfO behandeln die Ersetzung von Parteien. Ist das von dem Rechtsstreit betroffene Recht des geistigen Eigentums auf einen Dritten übertragen worden, so kann der Rechtsnachfolger beantragen, an die Stelle der ursprünglichen Partei im Verfahren vor dem Gericht zu treten (Art. 174 EuGVfO). Der Ersetzungsantrag wird den anderen Parteien zur Stellungnahme zugeleitet und per Beschluss verbeschieden (Art. 176 Abs. 1–3 EuGVfO). Findet die Parteiersetzung statt, tritt der Rechtsnachfolger in das Verfahren ein in dem Stadium, in dem es sich gerade befindet (Art. 176 Abs. 5 EuGVfO).

G. Anforderungen an die Klageschrift: notwendiger Inhalt, Übermittlung, Form

33 Der notwendige **Inhalt** der **Klageschrift** ergibt sich aus Art. 177 EuGVfO. Danach muss die Klage enthalten: Namen und Wohnsitz des Klägers, Stellung und Anschrift des Vertreters des Klägers, die Bezeichnung des Amtes, gegen das sich die Klage richtet, den Streitgegenstand, die geltend gemachten Klagegründe und Argumente sowie eine kurze Darstellung der Klagegründe, und die Anträge des Klägers. Fehlt es an diesen Angaben, ist die Klage unzulässig; Art. 177 Abs. 7 EuGVfO sieht keine Nachfrist vor für entsprechende Mängel.

34 Ferner muss die ordnungsgemäße Vertretung nachgewiesen werden (→ Rn. 27 ff.), und die Klageschrift muss nach Art. 177 Abs. 2 EuGVfO die Namen und Anschriften aller Parteien des Verfahrens vor der Beschwerdekammer enthalten. Die angefochtene Entscheidung der Beschwerdekammer ist beizufügen und das Datum ihrer Zustellung an den Kläger anzugeben (Art. 177 Abs. 3 EuGVfO). Bei diesbezüglichen Mängeln erhält der Kläger gemäß Art. 177 Abs. 7 EuGVfO eine Nachfrist zur Behebung.

Klage beim Gerichtshof **Art. 65 UMV**

Die Klageschrift ist wie alle Eingaben bei Gericht mittels einer der zugelassenen **Über-** 35
mittlungsformen einzureichen, also in Papierform oder elektronisch (Art. 72–74
EuGVfO). Art. 73 Abs. 1 EuGVfO erfordert die **Unterschrift** durch den Anwalt; eine
handschriftliche Unterschrift ist jedoch **nicht erforderlich bei elektronischer Übermittlung mittels e-Curia** (Art. 74 EuGVfO, Art. 3 Beschluss des Gerichts vom 14.9.2011 über
die Einreichung und die Zustellung von Verfahrensschriftstücken im Wege der Anwendung
e-Curia, ABl. 2011 C 289, 7).

Bei Übermittlung mittels e-Curia ist in Abweichung von Art. 73 Abs. 2 EuGVfO eine 36
einfache Eingabe ausreichend (III.A.2 Praktische Durchführungsbestimmungen). Alle anderen Eingaben müssen im Original und mit vier (bei einseitigen Ausgangsverfahren) oder
fünf Kopien eingereicht werden (je eine für die anderen Beteiligten und drei für das Gericht,
Art. 73 Abs. 2 EuGVfO). Die Kopien müssen vom Klägervertreter beglaubigt sein.

Wichtig ist, dass immer nur ein Original überreicht werden darf. Die Kopien müssen erkennbar die 36.1
Unterschrift in Kopie enthalten und auf der Vorderseite beglaubigt sein.

Nach der alten Fassung der Verfahrensordnung mussten jeweils fünf Kopien für das Gericht einge- 36.2
reicht werden.

Der Klägervertreter hat anzugeben, ob Zustellungen an ihn mittels **Fax oder elektro-** 37
nisch (e-Curia) stattfinden sollen (Art. 177 Abs. 6 iVm Art. 77 EuGVfO). Eine Zustellungsanschrift in Luxemburg ist nicht mehr vorgesehen. Bei Übermittlung der Klage per e-Curia
wird das Gericht auch weiterhin über e-Curia kommunizieren. Ansonsten und wenn eine
entsprechende Angabe fehlt, wird keine Nachfrist gesetzt, sondern wird das Gericht mittels
eingeschriebenen Briefes kommunizieren. Dies ist für den Kläger nachteilig, weil der Brief
am Tag der Aufgabe zur Post in Luxemburg als zugegangen gilt und sich damit Fristen nicht
unerheblich verkürzen können (Art. 177 Abs. 6 iVm Art. 77 Abs. 2 EuGVfO).

Das Gericht hat im Übrigen strenge **Formerfordernisse,** auf deren Einhaltung es besteht, 38
ggf. durch Setzen von Nachfristen. Verwiesen wird auf die bereits erwähnten ausführlichen
Praktischen Durchführungsbestimmungen, die sich mit der zulässigen Länge, Schriftgröße,
Marginierung, Fassung des Anlagenverzeichnisses und Paginierung befassen. Hervorzuheben
ist insbesondere die **Begrenzung der Länge der Klageschrift auf 20 Seiten,** von der nur
in besonders komplexen Fällen Ausnahmen gewährt werden können (Art. 75 Abs. 1 EuGVfO, IV.A.2
Praktische Durchführungsbestimmungen).

Bei Überschreitung der zulässigen Seitenzahl läuft die Partei Gefahr, dass nicht alles berücksichtigt 38.1
wird. Die Schriftart muss Standard sein, zB Times New Roman oder Arial, die zugelassene Schriftgröße
ist mindestens 12, die Seitenabstände (oben, unten, rechts und links) müssen mindestens 2,5 cm und
der Zeilenabstand mindestens 1 sein. Die Absätze müssen durchnummeriert sein. Das Anlagenverzeichnis muss die Anlagen vollständig auflisten und dazu angeben, in welchem Absatz des Schriftsatzes auf
die Anlage verwiesen wird und auf welchen Seiten sich die Anlagen jeweils befinden. Die gesamte
Eingabe – Klageschrift, Anlagenverzeichnis und Anlagen – ist zu paginieren, und auf die entsprechenden
Seitenzahlen ist zu verweisen. Farbige Anlagen sollten ausdrücklich als solche bezeichnet werden. Zum
Ganzen s. C.1. der Praktischen Durchführungsbestimmungen.

H. Klagebeantwortung

Für die Klagebeantwortung gilt im Wesentlichen das Gleiche wie für die Klageschrift, 39
nur dass die angefochtene Entscheidung nicht erneut vorgelegt werden muss und die Sachverhaltsdarstellung in der Regel wesentlich kürzer gehalten werden kann. Die Frist für ihre
Einreichung beträgt **zwei Monate** ab Zustellung der Klageschrift (Art. 179 EuGVfO); diese
Frist kann auf Antrag ausnahmsweise verlängert werden. Der notwendige Inhalt der Klagebeantwortung ergibt sich aus Art. 180 EuGVfO. Der Vertreter des betroffenen Beteiligten hat
sich zu legitimieren und Rechtspersönlichkeit und ordnungsgemäße Bevollmächtigung durch
den Beteiligten nachzuweisen.

Auch für die Klagebeantwortung gilt die Obergrenze von 20 Seiten Länge nach IV.A.2 Rn. 116 39.1
Praktische Durchführungsbestimmungen.

I. Anschlussklage und Beantwortung; Abschluss des schriftlichen Verfahrens

40 Die Klagebeantwortung führt normalerweise zum Abschluss des schriftlichen Verfahrens (Art. 181 EuGVfO). Die vormals (in Art. 135 Abs. 2 EuGVfO aF) vorgesehene Möglichkeit von schriftlicher **Erwiderung und Gegenerwiderung,** die auf Antrag zugelassen werden konnten, wurde mit dem Ziel der Straffung des Verfahrens **abgeschafft.**

41 Allerdings können der Beklagte oder, soweit vorhanden, der Streithelfer eine **Anschlussklage** erheben (Art. 182 Abs. 1 EuGVfO). Dies muss mittels eines **separaten Schriftsatzes** erfolgen (Art. 182 Abs. 2 EuGVfO), dessen Inhalt im Wesentlichen der Klageschrift entspricht (Art. 183 EuGVfO). Der Anschlusskläger muss klar darlegen, gegen welche von der Klage nicht umfassten Punkte in der angefochtenen Entscheidung sich die Anschlussklage richtet (Art. 184 EuGVfO). Die Anschlussklage hängt von der Klage insofern ab, als sie für erledigt erklärt wird, wenn die Klage zurückgenommen oder für offensichtlich unzulässig erklärt wird (Art. 187 EuGVfO).

42 Wird Anschlussklage erhoben, können die anderen Parteien jeweils binnen zwei Monaten nach Zustellung derselben hierauf antworten (Art. 185 EuGVfO). Die Frist ist ausnahmsweise verlängerbar.

43 Für Anschlussklage und deren Beantwortung gelten die gleichen Formvorschriften wie für Klage und Klagebeantwortung, allerdings ist die Seitenzahl auf jeweils 15 Seiten begrenzt (IV.A.2 Rn. 116 Praktische Durchführungsbestimmungen).

44 Die Beantwortung der Anschlussklage beendet das schriftliche Verfahren (Art. 186 EuGVfO). Dies wird den Parteien entsprechend schriftlich mitgeteilt.

J. Mündliche Verhandlung: Antrag und Ablauf

45 Die Mitteilung, dass das schriftliche Verfahren abgeschlossen ist, setzt eine (verlängerbare) **Dreiwochenfrist** in Gang, binnen derer eine **mündliche Verhandlung beantragt** werden kann, Art. 106 Abs. 2 EuGVfO (diese Frist betrug vormals einen Monat, Art. 135a EuGVfO aF). Das Gericht kann auch ohne entsprechenden Antrag eine mündliche Verhandlung anberaumen, wird dies jedoch in Verfahren zu Marken- oder Geschmacksmustersachen kaum tun.

45.1 Der Antrag auf mündliche Verhandlung sollte darlegen, weshalb eine mündliche Verhandlung der Rechtsfindung zuträglich wäre, und sich auf maximal drei Seiten beschränken. Ein bloßer Verweis auf die Wichtigkeit des Falls ist zu vermeiden (V.A.1. Rn. 180 Praktische Durchführungsbestimmungen).

46 Ohne Antrag entscheidet das Gericht ohne mündliche Verhandlung. Wird eine mündliche Verhandlung beantragt, wird sie in der Regel auch anberaumt. Ob sie anberaumt wird, erfahren die Parteien durch die Ladung, die oft Monate nach Antragstellung erfolgt. Normalerweise muss die Ladung mindestens einen Monat vor der mündlichen Verhandlung erfolgen (V.B. Rn. 184 Praktische Durchführungsbestimmungen).

46.1 Eine **Verschiebung** des Termins liegt im Ermessen des Gerichts. Andere Verpflichtungen der Prozessvertreter werden in der Regel nur dann anerkannt, wenn es sich um anderweitige Gerichtstermine handelt. Bereits geplante und bezahlte Auslandsreisen, Konferenzen etc. werden nur selten als Gründe für eine Verschiebung anerkannt.

47 Vor der mündlichen Verhandlung erhalten die Parteien den vom Berichterstatter erstellten **Bericht für die mündliche Verhandlung,** der die Sach- und Rechtslage, wie sie dem Gericht vorliegt, kurz zusammenfasst. Etwaige Widersprüche zu den Vorträgen der Parteien können schriftlich vor dem Termin oder im Gesprächstermin direkt vor der mündlichen Verhandlung angesprochen werden.

48 Zuweilen stellt das Gericht den Parteien **konkrete Fragen** im Bericht für die mündliche Verhandlung. In dem Fall setzt es entweder eine Frist für die schriftliche Beantwortung vor dem Termin oder fordert die Parteien auf, die Antworten in ihren Plädoyers zu geben. Auch ohne konkrete Fragen kann das Gericht die Parteien auffordern, sich in ihren Plädoyers auf bestimmte Aspekte zu konzentrieren; in der Regel bedeutet dies, dass nur dazu vorgetragen werden soll.

Klage beim Gerichtshof **Art. 65 UMV**

Der **Ablauf der mündlichen Verhandlung,** die in öffentlicher Sitzung in Luxemburg 49
abgehalten wird, folgt strengen Regeln. Vor Eröffnung werden die Prozessvertreter der Parteien in die Richterkammer zu einer kurzen Vorab-Besprechung gebeten, wo sie Anmerkungen zu dem Bericht für die mündliche Verhandlung machen können. Nach Eröffnung wird unmittelbar dem Kläger das Wort erteilt. Er bekommt im Regelfall 15 Minuten Redezeit, Verlängerungen werden gelegentlich vorab gewährt bei besonders komplexen Fällen. Sodann bekommen auch die anderen Parteien je 15 Minuten Redezeit. An die Plädoyers schließen sich die möglichen Fragen des Berichterstatters und der weiteren Kammermitglieder an. Zuletzt werden alle Beteiligten aufgefordert, soweit sie möchten, noch Schlussbetrachtungen zu machen, wiederum in der Reihenfolge Kläger – Amt – Streithelfer.

Eigentlich bekommt der Streithelfer nach § 201 der Praktischen Durchführungsbestimmungen nur 49.1
10 Minuten Zeit. In Rechtssachen, die das geistige Eigentum betreffen, sieht jedoch die „Merkliste – Mündliche Verhandlung" auch für den Streithelfer 15 Minuten vor. Die Merkliste ist abrufbar auf der Internetseite des Gerichts, curia.europa.eu – Gericht – Verfahren – Weitere nützliche Informationen.

Die mündliche Verhandlung wird in der Verfahrenssprache abgehalten; dabei können 50
die Richter jedoch für Fragen an die Parteien zwischen der Verfahrenssprache und der Gerichtssprache Französisch wählen. Die Parteien können nach Art. 45 Abs. 1 Buchst. c EuGVfO beantragen, in einer anderen Sprache plädieren zu dürfen. Die anderen Beteiligten werden dazu gehört. In dem Fall, dass dies genehmigt wird, und für die möglichen Fragen auf Französisch stellt das Gericht für alle Beteiligten Simultanübersetzung zur Verfügung (Art. 47 EuGVfO).

Die mündlichen Einlassungen werden für die Richter in deren jeweilige Sprache simultan übersetzt 50.1
und häufig folgen die Richter dieser Übersetzung auch dann, wenn sie der Verfahrenssprache ohne weiteres mächtig sind. Es ist daher ratsam, sich in der mündlichen Verhandlung einer sehr einfachen Sprache mit kurzen Sätzen zu bedienen und nicht zu schnell zu sprechen, um die Übersetzung zu vereinfachen. Im Übrigen kann die Qualität der Übersetzung dadurch positiv beeinflusst werden, dass den Dolmetschern vorab eine Kopie des Plädoyers oder zumindest der wesentlichen Punkte des Plädoyers überreicht oder per Email übermittelt wird.

K. Rechtsmittelgründe

Die Klage kann nur auf die in Art. 65 Abs. 2 genannten Rechtsgründe gestützt werden, 51
kurz also auf Verletzungen des primären oder abgeleiteten **Gemeinschaftsrechts.** Dies bedeutet jedoch nicht, dass das Gericht nur über Rechts- und nicht über Tatsachenfragen entscheiden könne. Tatsächlich geht die **Entscheidungsbefugnis** des Gerichts so weit wie die des Amtes. Insbesondere entscheidet das Gericht eigenständig über die Beurteilung von Fragen der Zeichen- und Warenähnlichkeit, der relevanten Verkehrskreise und deren Einschätzung usw. – alles nach der Rechtsprechung des Gerichtshofs Sach- und nicht Rechtsfragen. Nachdem es allerdings um die Prüfung der Rechtmäßigkeit der Entscheidung der Beschwerdekammer geht, werden grundsätzlich nur Tatsachen berücksichtigt, die bereits der Beschwerdekammer vorlagen (→ Rn. 53 ff.).

Der Vortrag des Klägers ist auf die der Klage zugrundeliegenden Rechtsgründe zu beziehen. 52
Gerügt wird also die Verletzung einer konkreten Norm, und die Gründe für die Rüge sind darunter zu fassen.

Lässt sich aus dem Vortrag des Klägers nicht entnehmen, welche Norm als verletzt gerügt wird, ist 52.1
die Klage insoweit unzulässig. Das Gericht ist allerdings großzügig bei der Interpretation von Parteivorbringen und bereit, die möglicherweise einschlägige Vorschrift selbst zu ergänzen.

Die Klage, die auf Überprüfung der Rechtmäßigkeit der Beschwerdekammerentscheidung gerichtet 52.2
ist, muss sich konkret gegen diese Entscheidung richten. Hat die Beschwerdekammer eine Beschwerde als unzulässig zurückgewiesen, ist eine Klage, die die Begründetheit der Beschwerde darlegt, aber nicht, dass und warum es falsch war, sie als unzulässig zurückzuweisen, ihrerseits offensichtlich unbegründet, s. EuG Beschl. v. 24.10.2014 – T-398/14 – LEGO Minifiguren.

L. Berücksichtigung neuer Tatsachen

Gemäß Art. 188 EuGVfO können die Schriftsätze der Parteien den vor der Beschwerde- 53
kammer verhandelten Streitgegenstand nicht ändern (zu Art. 135 § 4 EuGVfO aF EuG T-

336/03, GRUR Int 2006, 49 Rn. 16, 20 – Mobilix/Obelix). Dies interpretiert das Gericht dahingehend, dass seine Aufgabe allein die Prüfung der Rechtmäßigkeit der Entscheidung der Beschwerdekammer sei und Tatsachen, die der Beschwerdekammer nicht vorlagen, nicht berücksichtigt werden können (EuG T-164/03, BeckRS 2005, 70652 Rn. 29 – monBeBé/BeBe). Normalerweise wird daher neuer oder auch nur ergänzender Tatsachenvortrag nebst entsprechenden Nachweisen als unzulässig zurückgewiesen.

54 Soweit auf Tatsachenvortrag und Beweismittel vor der Beschwerdekammer verwiesen wird, muss der Verweis präzise sein (EuG T-126/08, BeckRS 2009, 70223 Rn. 18 – Okalux), und können die Beweismittel nicht im Nachhinein geändert werden.

54.1 Wurden beispielsweise vor der Beschwerdekammer Abbildungen nur in Schwarz-Weiß vorgelegt, etwa weil per Fax eingereicht wurde, ist die Vorlage der farbigen Abbildungen vor dem Gericht grundsätzlich unzulässig.

55 Die wichtigsten Ausnahmen von dieser Regel sind allgemein bekannte Tatsachen und Rechtsprechung (EuGH Rs. C-88/11 P, BeckRS 2012, 80141 Rn. 29 – KOMPRESSOR PLUS; EuG T-353/11 Rn. 23 f. – eventer/Event; zur nachträglichen Einreichung von Auszügen aus Wörterbüchern s. EuG T-197/12, BeckRS 2013, 81458 Rn. 16 – METRO/GRUPOMETROPOLIS; T-284/11, BeckRS 2013, 80869 Rn. 16 – METRO/METRO-INVEST).

55.1 Auch andere neue Tatsachen werden zuweilen berücksichtigt. So wurde beispielsweise in einem Verfahren eine erst nach Erlass der Beschwerdekammerentscheidung durchgeführte **Verkehrsumfrage** zugelassen (EuG T-363/04, GRUR Int 2008, 406 Rn. 77 – Carbonell). Dies bildet jedoch die Ausnahme.

55.2 In der mündlichen Verhandlung vorgelegtes Anschauungsmaterial dürfte – mangels mündlicher Verhandlungen vor dem Amt – in aller Regel erstmals vorgelegt werden, dient aber häufig nur dem besseren Verständnis oder der Illustration der schriftlich vorgetragenen Tatsachen, und wird in dem Fall auch zumeist zugelassen. Selbst wenn es unzulässig ist, kann eine entsprechende Veranschaulichung das Plädoyer auflockern und den gewünschten psychologischen Effekt erzielen.

M. Entscheidung in der Sache; Abänderungsbefugnis

56 Das Gericht entscheidet per Beschluss, wenn die Klage offensichtlich unzulässig oder unbegründet ist (Art. 126 EuGVfO), ansonsten per Urteil. Das Urteil ergeht etwa drei bis sechs Monate nach der mündlichen Verhandlung. Sein notwendiger Inhalt ergibt sich aus Art. 117 EuGVfO, das eines Beschlusses aus Art. 119 EuGVfO. Die **Verkündung** des Urteils ergeht in öffentlicher Sitzung, zu der die Parteien geladen werden (Art. 118 Abs. 1 EuGVfO).

56.1 Es ist nicht erforderlich und auch unüblich, zur Urteilsverkündung zu erscheinen. Urteile des EuG sind in der Regel ab ca. 11:00 Uhr auf der Internetseite des Gerichts abrufbar. Die Parteien erhalten das Urteil nicht vorab per Fax, auch wenn es bereits um 9:30 Uhr verkündet wurde und bei Gericht auslag. Bei erheblichem Medieninteresse kann es daher vorkommen, dass die Presse bereits den Ausgang des Verfahrens berichtet, bevor die Parteien das Urteil in Händen halten. Dies gilt insbesondere dann, wenn das Gericht eine Pressemitteilung herausgibt. Auch diese geht den Parteien nicht gesondert zu.

57 Die **Urteilsformel** lautet regelmäßig darauf, dass die Klage zurückgewiesen wird (was einer Bestätigung der Entscheidung der Beschwerdekammer gleichkommt), oder dass die Entscheidung der Beschwerdekammer ganz oder teilweise aufgehoben wird.

58 Im Fall der vollständigen oder anteiligen **Aufhebung** (und soweit die Entscheidung des Gerichts rechtskräftig wird) geht die Sache an das Amt zurück, das gemäß Art. 65 Abs. 6 die Maßnahmen zu ergreifen hat, die sich aus dem Urteil des Gerichts ergeben. Je nachdem, welcher Spielraum dem Amt nach dem Urteil verbleibt, kann dies unmittelbar zu einer Eintragung der in Frage stehenden Unionsmarkenanmeldung führen, oder eine neue Entscheidung der Beschwerdekammer oder auch der ersten Instanz nach sich ziehen. Das hängt davon ab, welche weitere Rechts- und Tatsachenfindung erforderlich ist.

58.1 So wurden beispielsweise die Anmeldungen der Wortmarke BUD für Bier im Jahre 2013 als Folge der zuletzt ergangenen Entscheidung des EuG T-225/06 RENV, BeckRS 2013, 80241 – BUD ohne weitere Entscheidung des Amtes eingetragen. Andererseits entschied die Beschwerdekammer bezüglich der Flaschenausstattungen der Freixenet Flaschen in Folge des Urteils des EuGH C-344/10 P und C-

Klage beim Gerichtshof **Art. 65 UMV**

345/10 P (GRUR 2012, 610) erneut, dieses Mal, dass die Formmarken eintragungsfähig seien (HABM 2. BK Entscheidung vom 1.2.2012 – R 2464/2011-2; vom 1.2.2012 – R 2465/2011-2). Die jeweiligen Anmeldungen stammten vom 1.4.1996.

Das Gericht hat allerdings nach Art. 65 Abs. 3 auch eine **Abänderungsbefugnis**. Hiervon wird zunehmend Gebrauch gemacht. Voraussetzung hierfür ist, dass die Sache aus Sicht des Gerichts entscheidungsreif ist (s. zB EuG T-283/11, BeckRS 2013, 80167 – nfon/fon). 59

Soweit das Gericht meint, dass eine Abänderung des Urteils nicht angezeigt ist, ist auch der entsprechende Antrag unzulässig. In der Regel hat dies jedoch keine Auswirkungen auf die Kostenentscheidung. 60

In den ersten Jahren der Rechtsprechung des Gerichts in Unionsmarkensachen wurden entsprechende Anträge, etwa auf Zurückweisung des Widerspruchs oder Zulassung der Unionsmarke zur Veröffentlichung, regelmäßig gestellt und als unzulässig zurückgewiesen (EuG T-163/98, GRUR Int 1999, 1060 Rn. 53 – Baby-Dry; T-247/01, GRUR Int 2003, 646 Rn. 13 – Ecopy; T-359/02, GRUR Int 2005, 925 Rn. 12 – Star TYTStar; T-35/04, GRUR Int 2006, 510 Rn. 15 – Ferró/Ferrero). In jüngerer Zeit hingegen zeigt sich eine Tendenz des Gerichts, zunehmend durchzuentscheiden. 60.1

In EuGH C-226/15 P, GRUR-RR 2016, 328 – PINK LADY/English Pink hatte das EuG der Klage auf Aufhebung der BK-Entscheidung stattgegeben, wollte der Kläger aber weitergehend eine Abänderung durchsetzen. Die entsprechende Beschwerde blieb erfolglos – sie war aber nicht unzulässig. In der Sache ging es um (nach EuGH fehlende) Bindungswirkung eines EU-weit geltenden rechtskräftigen Unterlassungsurteils für den parallelen Widerspruch gegen eine Unionsmarkenanmeldung (zwischen denselben Parteien und dieselben Marken betreffend). Das Unterlassungsbegehren und der Widerspruch betrafen nicht denselben Anspruch. 60.2

N. Kostenentscheidung und Kostenfestsetzung

Gemäß Art. 133 EuGVfO enthalten das Urteil oder der Beschluss auch die Entscheidung über die Kosten, soweit Kostenanträge gestellt wurden (Art. 134 Abs. 1 EuGVfO) – anderenfalls tragen die Parteien ihre Kosten selbst (Art. 136 Abs. 4 EuGVfO). Dabei geht es um die Kostenverteilung; eine Kostenfestsetzung erfolgt auf gesonderten Antrag per Beschluss. 61

Die Kosten werden der **unterliegenden Partei** auferlegt (Art. 134 Abs. 1 EuGVfO). Unterliegen das Amt und der Streithelfer, entscheidet das Gericht über die Kostenverteilung (Art. 134 Abs. 2 EuGVfO). Allerdings kann das Gericht entscheiden, dass das Amt nur seine eigenen Kosten trägt, auch wenn die angefochtene Entscheidung der Beschwerdekammer aufgehoben wird (Art. 190 Abs. 1 EuGVfO). 62

Im Falle der **Klagerücknahme** werden die Kosten dem Kläger auferlegt, soweit die Gegenpartei dies beantragt (Art. 136 Abs. 1 EuGVfO). Haben sich die Parteien über die Kostenfrage geeinigt, wird sich der Kostenbeschluss danach richten (Art. 136 Abs. EuGVfO). 62.1

Bei teilweisem Obsiegen und Unterliegen jeder Partei werden die Kosten normalerweise aufgehoben es sei denn, es liegen besondere Umstände vor (Art. 134 Abs. 3 EuGVfO). Auch aus Billigkeitsgründen oder wenn Kosten böswillig verursacht wurden kann das Gericht eine andere Kostenverteilung anordnen (Art. 135 EuGVfO). 63

Teilunterliegen des Klägers nimmt das Gericht zuweilen auch dann an, wenn er mit diversen Rügen nicht durchgedrungen ist, eine der Rügen jedoch zur vollständigen Aufhebung der angefochtenen Entscheidung der Beschwerdekammer geführt hat (so geschehen in EuG T-225/06 RENV, T-255/06 RENV, T-257/06 RENV, T-309/06 RENV, BeckRS 2013, 80241 – BUD). 63.1

Die Kostenentscheidung ist nicht selbständig anfechtbar, sondern nur zusammen mit der Entscheidung in der Sache (Art. 58 EuGH-Satzung). 64

Im Urteil entscheidet das Gericht nicht über die zu erstattenden Kosten. Insofern wird zunächst erwartet, dass sich die Parteien einigen. Kommt keine Einigung zustande, setzt das Gericht auf Antrag einer Partei und nach Anhörung der Gegenpartei die Kosten fest. Der **Kostenfestsetzungsbeschluss** ist nicht anfechtbar (Art. 170 EuGVfO). 65

Als **erstattungsfähige Kosten** gelten Reise- und Aufenthaltskosten sowie die Vergütung der Prozessbevollmächtigten (Art. 140 Buchst. b EuGVfO). Gemäß Art. 190 Abs. 2 EuGVfO sind auch die Kosten erstattungsfähig, die für das Verfahren vor der Beschwerdekammer notwendig waren. 66

66.1 Nicht von den erstattungsfähigen Kosten erfasst sind die im erstinstanzlichen Verfahren vor dem Amt entstandenen Kosten. Nachdem die Tatsachenarbeit in der Regel auf dieser Ebene geleistet werden, fallen damit nicht unerhebliche Verfahrenskosten weg, die natürlich mit den nach der Gebührenordnung des Amtes zu erstattenden 300 oder 350 Euro nicht abgegolten werden.

66.2 Die Höhe der vom Gericht in Unionsmarkensachen anerkannten Kosten liegt erfahrungsgemäß zwischen 4.000 und 10.000 Euro und nur in besonders komplexen Verfahren von großer rechtlicher Tragweite und nebst EuGH-Verfahren auch einmal bei rund 30.000 Euro (EuG T-270/06, BeckRS 2011, 80699 – DEP).

O. Rechtsmittel zum EuGH

67 Das Urteil des Gerichts wird mit der Verkündung, der Beschluss mit der Zustellung wirksam (Art. 121 EuGVfO). Gegen die Endentscheidung ist das **Rechtsmittel** zum Gerichtshof gegeben (Art. 56 Abs. 1 EuGH-Satzung). Das Rechtsmittel ist binnen **zwei Monaten** zu erheben (plus zehn Tage Entfernungsfrist, Art. 51 EuGHVfO) und auf Rechtsfragen beschränkt (Art. 58 Abs. 1 EuGH-Satzung).

68 Art. 65 Abs. 2 wurde dem Wortlaut von Art. 58 Abs. 1 EuGH-Satzung nachgebildet, allerdings fehlt die ausdrückliche Beschränkung auf Rechtsfragen, so dass das Gericht auch über Tatsachenfragen entscheidet (→ Rn. 51). Das Rechtsmittel zum EuGH ist jedoch eindeutig auf Rechtsfragen beschränkt.

69 Das Rechtsmittel hat gemäß Art. 60 EuGH-Satzung **keine aufschiebende Wirkung,** was aber nichts daran ändert, dass die Beschwerdekammerentscheidung erst mit ihrer endgültigen Bestätigung wirksam wird (Art. 64 Abs. 3).

70 Das Rechtsmittelverfahren entspricht im Ablauf und in den Formvorschriften im Wesentlichen dem Klageverfahren; für Einzelheiten wird insoweit auf den Fünften Titel der EuGHVfO verwiesen (Art. 167 ff. EuGHVfO). Die Verfahrenssprache im Rechtsmittelverfahren ist die des Verfahrens vor dem Gericht (Art. 37 Abs. 2 Buchst. a EuGHVfO).

71 Der Gerichtshof entscheidet über das Rechtsmittel mittels Beschluss oder Urteil. Wenn das Rechtsmittel begründet ist und zur vollständigen oder anteiligen Aufhebung des Urteils des Gerichts führt, entscheidet der Gerichtshof entweder selbst in der Sache oder verweist die Sache an das Gericht zurück (Art. 61 EuGH-Satzung).

Art. 65a Übertragung von Befugnissen

Der Kommission wird die Befugnis übertragen, gemäß Artikel 163a delegierte Rechtsakte zu erlassen, in denen Folgendes festgelegt wird:
a) der formale Inhalt der Beschwerde nach Artikel 60 und das Verfahren für das Einlegen und die Prüfung der Beschwerde;
b) der formale Inhalt und die Form der Entscheidungen der Beschwerdekammer nach Artikel 64;
c) die Erstattung der Beschwerdegebühr nach Artikel 60.

Überblick

Die Vorschrift wurde mit Wirkung vom 23.3.2016 durch VO (EU) 2015/2424 eingefügt. Die Kommission wird darin zum Erlass delegierter Rechtsakte hinsichtlich verfahrenstechnischer Einzelheiten zum Beschwerdeverfahren ermächtigt. Die delegierten Rechtsakte, die sich derzeit im Entwurfsstadium befinden, sollen zum 1.10.2017 in Kraft treten.

1 Mittels des Art. 65a wird der Kommission die Befugnis zum Erlass delegierter Rechtsakte übertragen, die Formerfordernisse für die Beschwerde, Inhalt und Form der Beschwerdekammerentscheidungen und die Erstattung der Beschwerdegebühr enthalten. Diese Vorschriften werden an die Stelle der einstweilen noch fortgeltenden Regeln 48–51 GMDV treten, die bis zum Inkrafttreten der delegierten Rechtsakte weitergelten. Die Kommission arbeitet derzeit an den Entwürfen der delegierten Rechtsakte, die zum 1.10.2017 in Kraft treten sollen.

Titel VIII Spezifische Bestimmungen über Unionskollektivmarken und Unionsgewährleistungsmarken

Abschnitt 1 Unionskollektivmarken

Art. 66 Unionskollektivmarken

(1) ¹Eine Kollektivmarke der Europäischen Union (im Folgenden „Unionskollektivmarke") ist eine Unionsmarke, die bei der Anmeldung als solche bezeichnet wird und dazu dienen kann, Waren und Dienstleistungen der Mitglieder des Verbands, der Markeninhaber ist, von denen anderer Unternehmen zu unterscheiden. ²Verbände von Herstellern, Erzeugern, Dienstleistungserbringern oder Händlern, die nach dem für sie maßgebenden Recht die Fähigkeit haben, im eigenen Namen Träger von Rechten und Pflichten jeder Art zu sein, Verträge zu schließen oder andere Rechtshandlungen vorzunehmen und vor Gericht zu stehen, sowie juristische Personen des öffentlichen Rechts können Unionskollektivmarken anmelden.

(2) ¹Abweichend von Artikel 7 Absatz 1 Buchstabe c können Unionskollektivmarken im Sinne des Absatzes 1 des vorliegenden Artikels aus Zeichen oder Angaben bestehen, die im Verkehr zur Bezeichnung der geografischen Herkunft der Waren oder der Dienstleistungen dienen können. ²Die Unionskollektivmarke gewährt ihrem Inhaber nicht das Recht, einem Dritten zu verbieten, solche Zeichen oder Angaben im geschäftlichen Verkehr zu benutzen, sofern die Benutzung den anständigen Gepflogenheiten in Gewerbe oder Handel entspricht; insbesondere kann eine solche Marke einem Dritten, der zur Benutzung einer geografischen Bezeichnung berechtigt ist, nicht entgegengehalten werden.

(3) Auf Unionskollektivmarken sind die Vorschriften dieser Verordnung anzuwenden, soweit in den Artikeln 67 bis 74 nicht etwas anderes bestimmt ist.

Änderungen mWv 1.10.2017 gemäß VO (EU) 2015/2424 vom 16.12.2015:
Art. 66 Abs. 3 erhält folgende Fassung:
(3) Auf Unionskollektivmarken sind die Titel I bis VII und IX bis XIV anzuwenden, soweit in diesem Abschnitt nichts anderes bestimmt ist.

Überblick

Art. 66 behandelt die Funktion der Unionskollektivmarke (→ Rn. 1 ff.), ihre möglichen Inhaber (→ Rn. 5 ff.) und spezielle Schranken (→ Rn. 17). In Abs. 2 trifft er Regelungen für die Eintragung geografischer Herkunftsangaben als Unionskollektivmarken (→ Rn. 13 ff.).

Übersicht

	Rn.		Rn.
A. Allgemeines	1	II. Geografische Herkunftsangaben (Abs. 2)	13
B. Entstehung des Markenschutzes	3	1. Eintragungsfähigkeit (Abs. 2 S. 1)	13
C. Inhaberschaft (Abs. 1 S. 2)	5	2. Schranken (Abs. 2 S. 2)	17
D. Inhalt der Kollektivmarke	9		
I. Marken nach Abs. 1	9	E. Reform 2016	18

A. Allgemeines

Unionskollektivmarken dienen gemäß Abs. 1 S. 1 dazu, Waren und Dienstleistungen der **1 Mitglieder eines Verbands** von den Waren und Dienstleistungen anderer Marktteilnehmer zu unterscheiden. Wie reguläre Unionsmarken erfüllen sie also eine **Herkunftsfunktion**, verweisen dabei aber statt auf ein einzelnes Unternehmen auf die Herkunft von Mitgliedern eines **Verbands** (Abs. 1 S. 2 Alt. 1), alternativ auf die Herkunft von bestimmten **juristischen Personen des öffentlichen Rechts** (Abs. 1 S. 2 Alt. 2). Hierin gleichen Unionskollektivmarken ihrem nationalen Gegenstück aus §§ 97 ff. MarkenG (→ MarkenG § 97 Rn. 7 ff.).

2   Wie § 97 Abs. 2 MarkenG für die nationale Kollektivmarke bestimmt Abs. 3 für die Unionskollektivmarke, dass die **allgemeinen Regeln** für Individualmarken gelten, soweit Art. 66–74 keine Sondervorschriften aufstellen.

B. Entstehung des Markenschutzes

3   Wie jede Unionsmarke (Art. 6) kann eine Unionskollektivmarke **nur durch Eintragung** entstehen, nicht aufgrund Benutzung. In dieser Hinsicht unterscheidet sie sich von der deutschen Kollektivmarke (→ MarkenG § 97 Rn. 19 ff.). Darüber hinaus muss die Unionskollektivmarke gemäß Abs. 1 S. 1 **bei der Eintragung als solche bezeichnet** werden.

3.1   Die **Anmeldegebühren** für Unionskollektivmarken sind wie folgt: Die Grundgebühr beträgt mit Inkrafttreten der **VO (EU) 2015/2424** 1800 Euro, bei elektronischer Anmeldung 1500 Euro. Für die zweite Klasse sind 50 Euro zu entrichten, für jede weitere Klasse 150 Euro (Anhang-I Nr. 5 ff.; → Anhang-I Rn. 6 ff.).

4   Die Eintragung setzt daneben voraus, dass der Anmelder eine **Satzung** nach Art. 67 vorlegt oder nachreicht.

C. Inhaberschaft (Abs. 1 S. 2)

5   Die UMV enthält keine Definition des Begriffes „**Verband**". Grundsätzlich sind deshalb alle Rechtsformen denkbar. Ausschlaggebend ist allein die **Rechtsfähigkeit;** diese richtet sich gemäß Abs. 1 S. 2 nach dem für den Verband maßgeblichen nationalen Recht. Damit es sich um einen „Verband" handelt, muss der Inhaber allerdings ein **Zusammenschluss** mehrerer Hersteller, Erzeuger, Dienstleistungserbringer oder Händler sein. Kein Verband sind nach den Prüfungsrichtlinien des EUIPO Kapitalgesellschaften; eine GmbH scheidet also beispielsweise als Inhaberin einer Unionskollektivmarke aus (Prüfungsrichtlinien des EUIPO, Teil B, Ziff. 2.14.2). Ebenso können danach „zeitweilige Unternehmenszusammenschlüsse" keine Kollektivmarken anmelden (Prüfungsrichtlinien, Teil B, Ziff. 2.14.2). Auch **natürliche Personen** oder Gesamthandsgemeinschaften können nach Abs. 1 S. 2 nicht Inhaber einer Kollektivmarke sein. Ein **Dachverband** oder ein Spitzenverband – also ein Verband, dessen Mitglieder selbst Verbände sind – kommt hingegen als Inhaber einer Unionskollektivmarke in Frage (Nr. 17 der Protokollerklärungen des Rates und der Kommission, ABl. HABM 1996, 606, 618). Die Unternehmen, die die Marke nutzen, sind dann nur mittelbar Angehörige des Verbands, dem die Marke gehört.

6   Gemäß Abs. 1 Hs. 2 können auch juristische Personen des **öffentlichen Rechts** Inhaber einer Kollektivmarke sein. Bislang gingen die Prüfungsrichtlinien davon aus, dass sie eine mitgliedschaftliche Struktur aufweisen müssen; als Anmelder kamen demnach etwa Gemeindeverbände in Betracht, einzelne Gemeinden sollten hingegen ausgeschlossen sein (so ausdrücklich noch die Prüfungsrichtlinien in der Fassung vom April 2008, Teil B, 10.2). Die neuere Entscheidungspraxis lässt dagegen auch eine **einzelne juristischen Person des öffentlichen Rechts** als Inhaber zu; in der Entscheidung R 828/2011-1 war dies etwa die Europäische Union. Dementsprechend nennen die Prüfungsrichtlinien mittlerweile auch **Staaten und Gemeinden** als mögliche Inhaber einer Kollektivmarke (Prüfungsrichtlinien Teil B, Abschnitt 4 Nr. 2.11.2). Dies entspricht letztlich auch dem Wortlaut des Art. 66 Abs. 1 Hs. 2, der kein Erfordernis einer mitgliedschaftlichen Struktur enthält.

7   Unionskollektivmarken können nach allgemeinen Regeln **lizenziert** werden, soweit dies nicht ihrem Charakter als Kollektivmarke widerspricht, also nicht ihrer Herkunftsfunktion hinsichtlich eines Verbands entgegensteht (so auch v. Mühlendahl/Ohlgart/v. Bomhard Gemeinschaftsmarke § 11 Rn. 32, S. 88, die als Beispiel eine Verbandspublikation nennen, die durch ein externes Unternehmen herausgegeben wird; restriktiv, wenn auch mit wohl gleichem Ergebnis: Eisenführ/Schennen Rn. 7; danach muss die Lizenzvergabe notwendig sein, um eine zulässige Benutzung der Kollektivmarke zu ermöglichen).

Die **Aktivlegitimation** im Rahmen einer Verletzungsklage richtet sich nach Art. 72. **8**

D. Inhalt der Kollektivmarke

I. Marken nach Abs. 1

Als Unionskollektivmarke kann jede **Markenform** eingetragen werden, die nach Art. 4 **9** zulässig ist. Möglich wäre also etwa auch die Eintragung der Verpackung oder Form einer Ware. Typischerweise werden Verbandsnamen oder Verbandssymbole als Kollektivmarken eingetragen.

Die sog. **Gewährleistungsmarke** (auch bezeichnet als Gütezeichen oder Garantiemarke) **10** ist nach der bislang geltenden Rechtslage als Sonderfall der Kollektivmarke behandelt. Mit Wirkung zum **1.10.2017** wird sich dies ändern; dann gelten für Gewährleistungsmarken die neuen **Spezialregeln in Art. 74a ff.** (→ Rn. 19).

Gewährleistungsmarken stehen für die Einhaltung bestimmter qualitativer Standards, Ver- **11** arbeitungs- oder Herstellungsregeln eines Verbands; Beispiele dafür sind etwa Prüfsiegel oder Qualitätszertifikate. Sie unterscheiden sich in ihrer Funktion von regulären Kollektivmarken: Generell haben Gemeinschaftskollektivmarken, wie alle Gemeinschaftsmarken, primär eine Herkunftsfunktion; eine Qualitätsfunktion ergibt sich allenfalls mittelbar aus den Erfahrungen, die die Verbraucher mit den gekennzeichneten Produkten sammeln. Gewährleistungskollektivmarken bürgen dagegen unmittelbar für bestimmte Eigenschaften der Ware oder Dienstleistung. Die UMV enthält **in der derzeitigen Fassung** keine Regeln für solche Marken. Nach der Praxis des EUIPO sind sie bisher **als Gemeinschaftskollektivmarke eintragungsfähig** (vgl. Prüfungsrichtlinien Teil B Ziff. 2.14.1: „Kollektivmarken müssen nicht unbedingt die Qualität der Waren bestätigen, auch wenn dies gelegentlich der Fall ist. Markensatzungen enthalten beispielsweise häufig Bestimmungen über die Bestätigung der Qualität von Waren und Dienstleistungen der Mitglieder des Verbands, und dies ist durchaus akzeptabel (s. HABM v. 10.5.2012 – R 1007/2011-2 Rn. 13)." Vgl. ebenfalls Regel 121 GMDV, wonach internationale Registrierungen, die auf einer Garantiemarke beruhen, als Gemeinschaftskollektivmarke eingetragen werden können.

Über die **Markensatzung** nach Art. 67 kann der Inhaber die Markenbenutzung an **12** bestimmte Qualitätsmerkmale des Produkts knüpfen oder die Mitgliedschaft im Verband nur für Betriebe zulassen, die sich zur Einhaltung bestimmter Produktionsstandards verpflichtet haben. Werden die qualitativen Vorgaben nicht eingehalten, kann dies der Inhaber nach Art. 67 Abs. 2 S. 1 sanktionieren.

II. Geografische Herkunftsangaben (Abs. 2)

1. Eintragungsfähigkeit (Abs. 2 S. 1)

Abs. 2 S. 1 bestimmt ausdrücklich, dass Zeichen oder Angaben „die im Verkehr zur **13** **Bezeichnung der geografischen Herkunft** der Waren oder der Dienstleistungen dienen können" als Kollektivmarke eingetragen werden können. Er begründet damit eine Ausnahme vom Verbot beschreibender Marken in Art. 7 Abs. 1 Buchst. c, das eine Eintragung geografischer Angaben als Individualmarke verhindert. Die übrigen in Art. 7 genannten Eintragungshindernisse gelten dagegen auch für Kollektivmarken. Wird demnach eine geografische Angabe vom Markt als **beschreibend** verstanden, so ist sie **nicht eintragungsfähig**. Privilegiert sind nur die Fälle, in denen eine geografische Angabe vom Markt als Angabe der Herkunft einer Ware oder Dienstleistung verstanden wird. Als nicht eintragungsfähig behandelt demnach das EuG die Bezeichnung „Original Eau de Cologne", da sie zur Bezeichnung eines Produkts Eingang in den allgemeinen Sprachgebrauch gefunden hat (EuG T-556/13, BeckRS 2014, 82416 – Original Eau de Cologne; auch der Zusatz „Original" könne die beschreibend gewordene Bezeichnung nicht zur geografischen Angabe machen; er werde nur als Hinweis auf die Echtheit des Produkts verstanden). Ebenfalls nicht als eintragungsfähig anerkannt wurde ist die Bezeichnung „De-Mail"; es handele sich um eine **Beschreibung der Leistung**, da Telekommunikationsdienstleistungen für den deutschen Markt beschrieben würden (HABM BK vom 25.1.2016 – R 93/2015-5 – De-Mail).

14 Die Eintragung einer geografischen Angabe als Unionskollektivmarke erschließt den Berechtigten den **zusätzlichen Schutz nach der UMV**. Der national- oder unionsrechtliche Schutz als geografische Herkunftsangabe wird durch die Eintragung als Marke nicht beeinträchtigt (vgl. Ingerl/Rohnke MarkenG § 99 Rn. 2: „kumulativer Schutz"; Loschelder, FS Ullmann, 2006, 285 (288)). Wenn allerdings eine nach VO (EG) Nr. 1151/2012 geschützte Marke auch als Unionskollektivmarke eingetragen wird, dürfen die Anforderungen nach der **Markensatzung** nicht hinter denen der Verordnung zurückbleiben (so auch v. Mühlendahl/Ohlgart/v. Bomhard Gemeinschaftsmarke § 11 Rn. 16, S. 86; Loschelder, FS Ullmann, 2006, 285 (288)). Die Eintragungsfähigkeit richtet sich für die Eintragung als Marke nach der UMV und für die Eintragung als g.U. oder g.g.A. nach der VO (EU) Nr. 1151/2012. Die Prüfungsmaßstäbe können dabei unterschiedlich sein (vgl. Loschelder, FS Ullmann, 2006, 6 ff.).

15 „Zeichen oder Angaben, die im Verkehr zur Bezeichnung der geografischen Herkunft dienen können" iSd Abs. 2 S. 1 sind sowohl Angaben, die bereits als **geschützte geographische Angabe** oder **geschützte Ursprungsbezeichnung** eingetragen sind, aber auch sonstige geografische Bezeichnungen. Nach der Rechtsprechung des EuGH ist die Vorschrift als Ausnahmeregelung allerdings **eng auszulegen** (EuG T-341/09, GRUR Int 2011, 1094 Rn. 35 – Consejo Regulador de la Denominación de Origen Txakoli de Alava ua/HABM; T-534/10, BeckRS 2012, 81205 Rn. 49 – Organismos Kypriakis Galaktokomikis Viomichanias/HABM – HELLIM). Eintragungsfähig seien demnach **nicht** die Begriffe, die **nur „im Grunde"** eine geografische Angabe darstellen (EuG T-341/09, GRUR Int 2011, 1094 Rn. 35 ff. – Consejo Regulador de la Denominación de Origien Txakoli de Alava ua/HABM). **Ergänzende traditionelle Begriffe**, die lediglich **charakteristische Eigenschaften** eines regionalen Produkts bezeichnen, nicht aber seine geografische Herkunft, können demnach nicht als Kollektivmarke eingetragen werden (EuG T-341/09, GRUR Int 2011, 1094 Rn. 28, 35 ff. – Consejo Regulador de la Denominación de Origen Txakoli de Alava ua/HABM).

15.1 Der Begriff „Txakoli", der auch nach der VO (EG) Nr. 479/2008 nur in Kombination mit einer Ortsangabe als geschützte Ursprungsbezeichnung geschützt ist, also als „Txakoli de ....", war insofern nicht als Kollektivmarke eintragungsfähig. Eine davon abweichende Prüfung durch das HABM würde, so das EuG, in die Kompetenzen der Behörden eingreifen, die für die Schaffung neuer Ursprungsbezeichnungen und geografischer Angaben zuständig sind (EuG T-341/09, GRUR Int 2011, 1094 Rn. 36 – Consejo Regulador de la Denominación de Origen Txakoli de Alava ua/HABM).

16 Da nach Abs. 2 auch beschreibende Kollektivmarken als geografische Herkunftsangaben eingetragen werden können, vermag die **Eintragung** einer Kollektivmarke in diesem Bereich konsequenterweise **keine Vermutung ihrer mittleren Kennzeichnungskraft** zu begründen (EuG T-534/10, BeckRS 2012, 81205 Rn. 52 – Organismos Kypriakis Galaktokomikis Viomichanias/HABM – HELLIM; bestätigt durch EuGH C-393/12 P, BeckRS 2013, 80684 Rn. 33, 36). Die Kennzeichnungskraft muss also im Einzelfall untersucht werden.

2. Schranken (Abs. 2 S. 2)

17 Ergänzend zu Art. 12 beschränkt Abs. 2 S. 2 die Rechte der Inhaber einer als Kollektivmarke eingetragenen geografischen Herkunftsangabe, um eine Monopolisierung geografischer Herkunftsangaben zu verhindern. Insbesondere stellt Hs. 2 sicher, dass ortsansässige Produzenten die Bezeichnung weiterhin verwenden können, auch wenn sie nicht Mitglied des Verbands werden, dem Kollektivmarke gehört. Dies gilt aber nur für die Bezeichnung als solche – soweit die konkret eingetragene Marke etwa in ihrer grafischen Gestaltung über die bloße Herkunftsbezeichnung hinausgeht, bleibt ihre Benutzung den Mitgliedern vorbehalten. Zum Begriff der „anständigen Gepflogenheiten in Gewerbe oder Handel" → Art. 12 Rn. 13 f.

E. Reform 2016

18 Für Kollektivmarken brachte die VO (EU) 2015/2424 nur minimale, oft redaktionelle Änderungen. So heißt die frühere Gemeinschaftskollektivmarke im Einklang mit der allgemeinen Terminologie der Verordnung inzwischen „Unionskollektivmarke". Weitere geringfügige Anpassungen sind in den jeweiligen Vorschriften kommentiert (→ Art. 67 Rn. 5; → Art. 71 Rn. 3). Die Verweisung in **Art. 66 Abs. 3** wird ab dem 1.10.2017 zwar neu gefasst werden, dies bringt jedoch keine inhaltliche Änderung. Auch künftig bestimmt Abs. 3 bestimmt, dass für Kollektivmarken die allgemeinen Regeln gelten, sofern die Art. 66 ff. nichts anderes vorsehen. Verweisung benennt lediglich die konkret anwendbaren Titel der Verordnung, statt abstrakt auf die „Vorschriften dieser Verordnung" hinzuweisen.

Inhaltliche Neuerungen bringt die Reform für **Gewährleistungsmarken.** Am 1.10.2017 **19** treten die neuen **Art. 74a–74k** in Kraft, die eigene Regeln für eine Unionsgewährleistungsmarke aufstellen. Dadurch ändert sich die Natur der europäischen Gewährleistungsmarke. Statt einer Kollektivmarke wird sie künftig eine Individualmarke sein: Nach dem neuen Art. 74a Abs. 2 kann eine einzelne Person Inhaberin einer Gewährleistungsmarke werden und diese zu bestimmten, an die Qualität des Produkts gebundenen Kriterien an andere lizenzieren. Dabei darf die Inhaberin selbst keine gewerbliche Tätigkeit ausüben, die die Lieferung von Waren oder Dienstleistungen, für die eine Gewährleistung besteht, umfasst (Art. 74a Abs. 2; näher zur Unionsgewährleistungsmarke → Art. 74a § 0 Rn. 1 ff.).

Art. 67 Markensatzung

(1) Der Anmelder einer Unionskollektivmarke muss innerhalb der vorgeschriebenen Frist eine Satzung vorlegen.

(2) ¹**In der Satzung sind die zur Benutzung der Marke befugten Personen, die Voraussetzungen für die Mitgliedschaft im Verband und gegebenenfalls die Bedingungen für die Benutzung der Marke, einschließlich Sanktionen, anzugeben.** ²**Die Satzung einer Marke nach Artikel 66 Absatz 2 muss es jeder Person, deren Waren oder Dienstleistungen aus dem betreffenden geografischen Gebiet stammen, gestatten, Mitglied des Verbandes zu werden, der Inhaber der Marke ist.**

(3) ¹**Die Kommission erlässt Durchführungsrechtsakte, in denen die in der in Absatz 2 dieses Artikels genannten Satzung anzugebenden Einzelheiten im Einzelnen festgelegt werden.** ²**Diese Durchführungsrechtsakte werden nach dem Prüfverfahren gemäß Artikel 163 Absatz 2 erlassen.**

künftige Fassung des Abs. 1 mWv 1.10.2017 gemäß VO (EU) 2015/2424 vom 16.12.2015:
(1) Der Anmelder einer Unionskollektivmarke muss innerhalb von zwei Monaten nach dem Anmeldetag eine Satzung vorlegen.

Überblick

Art. 67 regelt das Erfordernis einer Markensatzung (→ Rn. 1) und legt zugleich deren Mindestinhalt fest (→ Rn. 2 ff.). Er ist damit die Parallelvorschrift zum deutschen § 102 MarkenG.

Der Anmelder einer Unionskollektivmarke muss nach **Abs. 1** eine **Satzung vorlegen,** **1** in der er die Benutzung der Marke regelt. Anders als nach § 102 Abs. 1 MarkenG muss die Satzung nicht bereits der Anmeldung beilegen, sondern kann gemäß Abs. 1 **nachgereicht** werden. Hierfür gilt eine Frist von **zwei Monaten** ab Anmeldetag (Regel 43 Abs. 1 GMDV). Wird die Satzung nicht innerhalb dieser Frist, gegebenenfalls nach Verlängerung, nachgereicht, so weist das Amt die Anmeldung gemäß Art. 68 Abs. 1 zurück. Gleiches gilt, wenn die Satzung nicht den inhaltlichen Anforderungen des Art. 67 entspricht.

Die **inhaltlichen Anforderungen** an die Satzung richten sich nach **Abs. 2 S. 1;** sie **2** werden in Regel 43 Abs. 2 GMDV (→ Rn. 2.1) weiter ausgestaltet. Optional kann der Verband **Bedingungen** für die Nutzung der Kollektivmarke aufstellen; sofern er dies tut, muss er die Bedingungen in der Satzung veröffentlichen (Pollaud-Dulian, La propriété industrielle, 2010, 1096). Ist der Anmelder eine **juristische Person des öffentlichen Rechts,** die keine mitgliedschaftliche Struktur aufweist (also etwa eine einzelne Gemeinde), so muss die Satzung konsequenterweise keine Voraussetzungen für die Mitgliedschaft nennen (Prüfungsrichtlinien Teil B Nr. 2.12.2; vgl. auch R 828/2011-1, R 1007/2011-2).

2.1 Regel 43 Abs. 2 GMDV lautet:
Die Satzung für die Gemeinschaftskollektivmarke muß folgende Angaben enthalten:
a) den Namen des Anmelders und die Anschrift seiner (eingetragenen) Niederlassung;
b) den Zweck des Verbandes oder den Gründungszweck der juristischen Person des öffentlichen Rechts;
c) die zur Vertretung des Verbandes oder der juristischen Person befugten Organe;
d) die Voraussetzungen für die Mitgliedschaft;
e) die zur Benutzung der Marke befugten Personen;
f) gegebenenfalls die Bedingungen für die Benutzung der Marke, einschließlich Sanktionen;
g) gegebenenfalls die Möglichkeit gemäß Artikel 65 Absatz 2 Satz 2 (nunmehr Artikel 67 Absatz 2 Satz 2) der Verordnung, Mitglied des Verbandes zu werden.

3 **Abs. 2 S. 2** begründet für geographische Herkunftsangaben ein **Beitrittsrecht** zum Verband und verhindert so eine Monopolisierung geographischer Angaben. Er entspricht dem deutschen § 102 Abs. 3 MarkenG. Das Beitrittsrecht muss in die Satzung aufgenommen werden. Es soll allerdings nur bestehen, wenn die Kollektivmarke ausschließlich aus einer geographischen Angabe besteht; weist sie weitere, selbständig unterscheidungskräftige Bestandteile auf, so muss die Satzung keine Öffnungsklausel vorsehen (Eisenführ/Schennen Rn. 2 unter Berufung auf den Wortlaut der Vorschrift). Ein entsprechendes Eintrittsrecht für **Gewährleistungsmarken,** wie es im deutschen Recht angenommen wird (→ MarkenG § 97 Rn. 10), ergibt sich aus der UMV nicht.

4 Die Satzung wird **nicht** im Markenregister **veröffentlicht;** weder sieht Art. 67 dies vor, noch gibt es eine andere Sonderregelung.

5 Spätere **Änderungen** der Satzung sind nach Art. 71 möglich.

6 Die **Reform 2016** bringt keine inhaltlichen Änderungen. Neu eingefügt wurde **Abs. 3,** der ausdrücklich regelt, dass die Kommission in **Durchführungsrechtsakten** Anforderungen an die Satzung festlegen kann. Auch bisher hat die Kommission getan, und zwar in Form der GMDV. **Ab dem 1.10.2017** wird Abs. 1 explizit vorschreiben, dass die Satzung innerhalb einer Frist von zwei Monaten nachgereicht werden muss, was sich bisher schon aus Regel 43 GMDV ergibt.

Art. 68 Zurückweisung der Anmeldung

(1) Über die in den Artikeln 36 und 37 genannten Gründe für die Zurückweisung der Anmeldung der Unionsmarke hinaus wird die Anmeldung für eine Unionskollektivmarke zurückgewiesen, wenn den Vorschriften der Artikel 66 oder 67 nicht Genüge getan ist oder die Satzung gegen die öffentliche Ordnung oder die guten Sitten verstößt.

(2) Die Anmeldung einer Unionskollektivmarke wird außerdem zurückgewiesen, wenn die Gefahr besteht, dass das Publikum über den Charakter oder die Bedeutung der Marke irregeführt wird, insbesondere wenn diese Marke den Eindruck erwecken kann, als wäre sie etwas anderes als eine Kollektivmarke.

(3) Die Anmeldung wird nicht zurückgewiesen, wenn der Anmelder aufgrund einer Änderung der Markensatzung die Erfordernisse der Absätze 1 und 2 erfüllt.

Überblick

Art. 68 begründet zwei besondere Eintragungshindernisse für Unionskollektivmarken: die Rechtswidrigkeit der Satzung (→ Rn. 2) und die Irreführungsgefahr (→ Rn. 3). Daneben regelt er eine Heilungsmöglichkeit für Satzungsmängel (→ Rn. 4).

1 In Art. 68 sind besondere **Eintragungshindernisse** für Unionskollektivmarken geregelt. Sie gelten **neben den allgemeinen Anforderungen** an die Eintragungsfähigkeit.

2 Nach **Abs. 1** kann die Anmeldung einer Kollektivmarke zurückgewiesen werden, wenn die Marke beziehungsweise die zugehörige Satzung nicht den Anforderungen des Art. 66

oder 67 entspricht. Ein Zurückweisungsgrund ist es daneben, wenn die **Satzung** gegen die öffentliche **Ordnung oder die guten Sitten** verstößt. Art. 68 weitet also das Schutzhindernis des Art. 7 Abs. 1 Buchst. j – die Zurückweisung für den Fall, dass die Marke gegen die öffentliche Ordnung oder die guten Sitten verstößt – auf die Markensatzung aus. Zum Begriff der öffentlichen Ordnung und der guten Sitten → Art. 7 Rn. 124. Unzulässig ist danach beispielsweise eine Satzung, die aufgrund des Geschlechts, des Glaubens oder der Hautfarbe diskriminiert (Prüfungsrichtlinien des EUIPO, Teil B Nr. 2.14.3.3). Gleiches gilt für eine Satzung, die ungerechtfertigte wettbewerbliche Beschränkungen errichtet.

Abs. 2 verschärft das in Art. 7 Abs. 1 Buchst. g enthaltene allgemeine **Irreführungsverbot**, indem er ein Eintragungshindernis nicht nur an Täuschungen über die Ware oder Dienstleistung knüpft, sondern auch an Täuschungen über „den Charakter oder die Bedeutung" der Marke. Irreführungsgefahr über die Bedeutung der Marke besteht etwa, wenn diese eine Qualitätszusage enthält, die die zugehörige Satzung nicht aufstellt (v. Mühlendahl/Ohlgart/v. Bomhard Gemeinschaftsmarke S. 86) oder wenn die Marke den Eindruck vermittelt, man könne sie bei entsprechender Qualität des Produkts verwenden, ohne Verbandsmitglied zu sein (Nr. 18 der Protokollerklärungen des Rates und der Kommission, ABl. HABM 1996, 606). 3

Nach **Abs. 3** können die Eintragungshindernisse durch Änderung der Markensatzung **geheilt** werden. 4

Zu den **Rechtsfolgen** einer entgegen Art. 68 vorgenommenen Eintragung s. Art. 73 und 74. 5

Art. 69 Bemerkungen Dritter

Werden beim Amt schriftliche Bemerkungen nach Artikel 40 zu einer Unionskollektivmarke eingereicht, so können diese auch auf die spezifischen Gründe gestützt sein, aus welchen die Anmeldung der Unionskollektivmarke gemäß Artikel 68 zurückgewiesen werden sollte.

Überblick

Art. 69 ermöglicht es Dritten, schriftliche Bemerkungen beim Amt einzureichen, die sich auf die speziellen Eintragungshindernissen nach Art. 68 zu stützen.

Für Bemerkungen Dritter zu Eintragungshindernissen gelten grundsätzlich die allgemeinen Regeln aus Art. 40. Zusätzlich zu den allgemeinen Eintragungshindernissen können sich die Bemerkungen auch auf die Eintragungshindernisse nach **Art. 68** beziehen, etwa darauf, dass die Marke den Eindruck erweckt, sie sei etwas anderes als eine Kollektivmarke (Art. 68 Abs. 2) oder darauf, dass die Satzung nicht den Anforderungen des Art. 67 Abs. 2 entspricht. 1

Zu den berechtigten Personen → Art. 40 Rn. 5. Zum Verfahren bei entsprechenden Bemerkungen → Art. 40 Rn. 11. 2

Art. 70 Benutzung der Marke

Die Benutzung der Unionskollektivmarke durch eine hierzu befugte Person genügt den Vorschriften dieser Verordnung, sofern die übrigen Bedingungen, denen die Benutzung der Unionsmarke aufgrund dieser Verordnung zu entsprechen hat, erfüllt sind.

Überblick

Art. 70 regelt die Anforderungen an den Benutzungszwang (Art. 15) für Kollektivmarken. In Frage kommt eine Benutzung durch ein Verbandsmitglied (→ Rn. 1) oder durch den Verband selbst (→ Rn. 2).

Nach Art. 70 kann bereits die **Benutzungshandlung eines einzigen Verbandsmitglieds** den Verfall der Unionskollektivmarke verhindern; es ist nicht erforderlich, dass eine 1

Mehrheit oder kritische Masse der Mitglieder die Marke nutzt (v. Mühlendahl/Ohlgart/v. Bomhard Gemeinschaftsmarke § 11, S. 88). Das deutsche Pendant zu dieser Vorschrift findet sich in § 100 Abs. 2 MarkenG.

2 Nach allgemeinen Regeln ist auch die **Benutzung durch den Verband selbst,** etwa in dessen Briefkopf, eine relevante Benutzungshandlung (v. Mühlendahl/Ohlgart/v. Bomhard Gemeinschaftsmarke § 11, S. 88). Auch im Übrigen gelten die Anforderungen des Art. 15.

Art. 71 Änderung der Markensatzung

(1) Der Inhaber der Unionskollektivmarke hat dem Amt jede Änderung der Satzung zu unterbreiten.

(2) Auf die Änderung wird im Register nicht hingewiesen, wenn die geänderte Satzung den Vorschriften des Artikels 67 nicht entspricht oder einen Grund für eine Zurückweisung nach Artikel 68 bildet.

(3) Schriftliche Bemerkungen gemäß Artikel 69 können auch in Bezug auf geänderte Satzungen eingereicht werden.

(4) Zum Zwecke der Anwendung dieser Verordnung wird die Satzungsänderung erst ab dem Zeitpunkt wirksam, zu dem der Hinweis auf die Änderung ins Register eingetragen worden ist.

Überblick

Art. 71 knüpft Änderungen der Markensatzung an bestimmte Voraussetzungen. Der Markeninhaber muss die Änderung melden (→ Rn. 1) und eintragen lassen (→ Rn. 2). Dabei prüft das Amt die Rechtmäßigkeit der Änderung (→ Rn. 3).

1 Um dem Amt eine Kontrolle der Anforderungen aus Art. 67 Abs. 2 und 68 Abs. 1 zu ermöglichen, begründet Art. 71 eine **Melde- und Eintragungspflicht** für Änderungen der Satzung. Das deutsche Pendant findet sich in § 104 MarkenG.

2 Billigt das Amt die Änderung, so nimmt es einen entsprechenden Vermerk ins Register auf (vgl. **Abs. 2**). Dies steht in einem gewissen Kontrast dazu, dass die Satzung selbst nicht ins Register aufgenommen wird; weder sieht Art. 67 dies vor, noch gilt eine andere Sonderregelung.

3 Das Amt kann die Eintragung der Änderung gemäß Abs. 2 **ablehnen,** wenn die gewünschte Neuregelung nicht den Anforderungen der UMV entspricht. Es steht dem Markeninhaber dann offen, eine **erneute Änderung** einzureichen. Solange die Änderung nicht eingetragen ist, tritt sie gemäß **Abs. 4** nicht in Kraft; dies gilt jedenfalls im Hinblick auf ihre markenrechtlichen Auswirkungen („zum Zwecke der Anwendung dieser Verordnung"). Im Verhältnis der Verbandsmitglieder untereinander gilt dagegen die geänderte Satzung (so auch Eisenführ/Schennen Rn. 6).

Art. 72 Erhebung der Verletzungsklage

(1) Die Vorschriften des Artikels 22 Absätze 3 und 4 über die Rechte der Lizenznehmer gelten für jede zur Benutzung einer Unionskollektivmarke befugte Person.

(2) Der Inhaber der Unionskollektivmarke kann im Namen der zur Benutzung der Marke befugten Personen Ersatz des Schadens verlangen, der diesen Personen aus der unberechtigten Benutzung der Marke entstanden ist.

Überblick

Art. 72 regelt die Klagebefugnis für Verletzungsklagen aus der Kollektivmarke.

1 Der **Verband selbst** kann als Inhaber der Kollektivmarke die Rechte aus der Marke im eigenen Namen geltend machen; dies ergibt sich bereits aus den allgemeinen Regeln. Darü-

ber hinaus ist er nach Abs. 2 befugt, den Schaden eines Verbandsmitglieds in dessen Namen geltend zu machen. **Verbandsmitglieder** können dagegen wegen der Verweisung des Abs. 1 auf Art. 22 Abs. 3, 4 nur mit **Zustimmung des Verbands** Verletzungsklage erheben. Die in Art. 22 Abs. 3 S. 2 vorgesehene Möglichkeit, dass Inhaber einer ausschließlichen Lizenz nach Fristsetzung auch ohne Zustimmung des Rechtsinhabers klagen, ist für die Kollektivmarke nicht relevant; schließlich haben Verbandsmitglieder kein ausschließliches Nutzungsrecht an der Kollektivmarke haben, sondern nutzen nebeneinander.

Eine abweichende Bestimmung zur Klagebefugnis kann in der **Satzung** getroffen werden. 2
Dies ergibt sich daraus, dass auch Art. 22 Abs. 3 für Lizenznehmer nur „unbeschadet der Bestimmungen des Lizenzvertrags" gilt.

Die Verweisung auf Art. 22 Abs. 4 bewirkt, dass die **Verbandsmitglieder** einem vom 3
Verband eingeleiteten Schadensersatzverfahren **beitreten** können, um ihren eigenen Schaden geltend zu machen. Alternativ kann der Verband den Schaden des Mitglieds in dessen Namen geltend machen (Abs. 2).

Zwar spricht Art. 72 Abs. 2 nur von der Benutzung der Kollektivmarke selbst; nach dem 4
Sinn der Vorschrift ist allerdings davon auszugehen, dass sie auch die unzulässige **Benutzung eines ähnlichen Zeichens** umfasst, wie § 101 Abs. 2 MarkenG dies für die nationale Kollektivmarke festlegt. Wenn bereits im unkomplizierteren Fall einer identischen Benutzung der Marke grundsätzlich nur der Verband klagen können soll, gilt dies erst recht für komplexeren Fall der Art. 9 Abs. 1 Buchst. b und c.

Art. 73 Verfallsgründe

Außer aus den in Artikel 51 genannten Verfallsgründen wird die Unionskollektivmarke auf Antrag beim Amt oder auf Widerklage im Verletzungsverfahren für verfallen erklärt, wenn
a) ihr Inhaber keine angemessenen Maßnahmen ergreift, um eine Benutzung der Marke zu verhindern, die nicht im Einklang stünde mit den Benutzungsbedingungen, wie sie in der Satzung vorgesehen sind, auf deren Änderung gegebenenfalls im Register hingewiesen worden ist;
b) die Art der Benutzung der Marke durch ihren Inhaber bewirkt hat, dass die Gefahr besteht, dass das Publikum im Sinne von Artikel 68 Absatz 2 irregeführt wird;
c) entgegen den Vorschriften von Artikel 71 Absatz 2 im Register auf eine Änderung der Satzung hingewiesen worden ist, es sei denn, dass der Markeninhaber aufgrund einer erneuten Satzungsänderung den Erfordernissen des Artikels 71 Absatz 2 genügt.

Überblick

Art. 73 ergänzt die allgemeinen Verfallsgründe. Für die Unionskollektivmarke gibt es danach auch einen Verfall wegen geduldeten Missbrauchs (→ Rn. 1), wegen Irreführungsgefahr (→ Rn. 2) und wegen unzulässiger Satzungsänderung (→ Rn. 3).

Nach **Buchst. a** kann es zum Verfall führen, wenn der Markeninhaber nicht gegen die 1
satzungswidrige Benutzung der Kollektivmarke vorgeht. Dies gilt sowohl für die satzungswidrige Benutzung durch Mitglieder als auch für die satzungswidrige Benutzung durch Verbandsfremde (v. Mühlendahl/Ohlgart/v. Bomhard Gemeinschaftsmarke § 11 Rn. 39, S. 90; Eisenführ/Schennen Rn. 3). Nach dem Zweck der UMV muss die rechtsverletzende Benutzung allerdings geeignet sein, die Unterscheidungskraft der Kollektivmarke zu schwächen (Eisenführ/Schennen Rn. 3).

Buchst. b behandelt den Verfall wegen **Irreführungsgefahr.** Dabei knüpft er an eine 2
irreführende Benutzung der Marke „durch ihren Inhaber" an, betrifft nach seinem Wortlaut also nur Benutzungshandlungen des Verbands, nicht aber seiner Mitglieder. Dies erscheint widersinnig, da eher die Verbandsmitglieder die Marke nutzen als der Verband selbst, so dass von ihnen im Zweifel eine stärkere Gefahr der Irreführung ausgeht. Ihrem Sinn und Zweck nach ist die Vorschrift demnach auch auf Benutzungshandlungen der Verbandsmitglieder

anzuwenden (so im Ergebnis auch v. Mühlendahl/Ohlgart/v. Bomhard Gemeinschaftsmarke § 11 Rn. 40, S. 90; Eisenführ/Schennen Rn. 4; aA Le Goffic, La protection des indications géographiques, 2011, 67).

3 **Buchst. c** betrifft den Fall, dass eine geänderte **Satzung** gegen die Anforderungen der Art. 67 oder 68 verstößt und deshalb der Hinweis auf die Änderung nicht hätte eingetragen werden dürfen. Der Verband kann dem Verfall entgegentreten, indem er die Satzung erneut ändert und an die Anforderungen der UMV anpasst. Das Verfallsverfahren muss in diesem Fall bis zur Eintragung der Änderung ausgesetzt werden, da die Löschungsabteilung bzw. die Gemeinschaftsmarkengerichte insoweit nicht prüfungszuständig sind (v. Mühlendahl/ Ohlgart/v. Bomhard Gemeinschaftsmarke § 11 Rn. 39, S. 90).

Art. 74 Nichtigkeitsgründe

Außer aus den in den Artikeln 52 und 53 genannten Nichtigkeitsgründen wird die Unionskollektivmarke auf Antrag beim Amt oder auf Widerklage im Verletzungsverfahren für nichtig erklärt, wenn sie entgegen den Vorschriften des Artikels 68 eingetragen worden ist, es sei denn, dass der Markeninhaber aufgrund einer Satzungsänderung den Erfordernissen des Artikels 68 genügt.

Art. 74 ergänzt die allgemeinen Nichtigkeitsgründe der UMV.

1 Für Kollektivmarken gelten zunächst, wie für alle Unionsmarken, die Nichtigkeitsgründe aus Art. 52, 53. Daneben können Dritte vor dem Amt oder im Verletzungsverfahren als **besonderen Eintragungshindernisse** die Nichtigkeitsgründe aus Art. 68 geltend machen, also die Irreführungsgefahr und die Rechtswidrigkeit der Satzung. Nach dem Wortlaut der Vorschrift („„eingetragen worden ist") müssen die Hindernisse bereits im Zeitpunkt der Eintragung vorgelegen haben.

2 Der letzte Halbsatz der Vorschrift („es sei denn") begründet eine **Heilungsmöglichkeit**. Der Markeninhaber kann danach die Löschung verhindern, indem er eine geänderte Satzung vorlegt.

3 Eine parallele Regelung findet sich für das deutsche Recht in § 106 MarkenG (→ MarkenG § 106 Rn. 1 ff.).

Abschnitt 2 Unionsgewährleistungsmarken

Art. 74a Unionsgewährleistungsmarken

(1) Eine Unionsgewährleistungsmarke ist eine Unionsmarke, die bei der Anmeldung als solche bezeichnet wird und geeignet ist, Waren oder Dienstleistungen, für die der Inhaber der Marke das Material, die Art und Weise der Herstellung der Waren oder der Erbringung der Dienstleistungen, die Qualität, Genauigkeit oder andere Eigenschaften – mit Ausnahme der geografischen Herkunft – gewährleistet, von solchen zu unterscheiden, für die keine derartige Gewährleistung besteht.

(2) Natürliche oder juristische Personen, einschließlich Einrichtungen, Behörden und juristische Personen des öffentlichen Rechts können eine Unionsgewährleistungsmarke anmelden, sofern sie keine gewerbliche Tätigkeit ausüben, die die Lieferung von Waren oder Dienstleistungen, für die eine Gewährleistung besteht, umfasst.

(3) Auf Unionsgewährleistungsmarken sind die Titel I bis VII und IX bis XIV anzuwenden, soweit in diesem Abschnitt nichts anderes bestimmt ist.

Überblick

Die Vorschrift wird mWv 1.10.2017 gemäß VO (EU) 2015/2424 vom 16.12.2015 eingefügt. In Titel VIII der VO (EU) 207/2009 wird folgender Abschnitt angefügt: Abschnitt 2. Unionsgewährleistungsmarken

Übersicht

	Rn.		Rn.
A. Vorbemerkungen zu den Art. 74a–74k	1	B. Begriffsbestimmung (Abs. 1)	13
I. Gesetzgebungsverfahren	1	C. Inhaber (Abs. 2)	17
II. Frühere Praxis	7		
III. Bewertung	12	D. Generalverweis (Abs. 3)	21

A. Vorbemerkungen zu den Art. 74a–74k

I. Gesetzgebungsverfahren

Die Überlegungen zur Einführung einer Gewährleistungsmarke reichen bis an die Anfänge 1
des Gemeinschaftsmarkensystems zurück. Schon 1976 veröffentlichte die Kommission ein Memorandum (Commission of the European Communities, Memorandum on the creation of an EEC trade mark, 1976, Ausführungen zu „certification marks" finden sich in Tz. 53, 69 und 71; IIC 1976, 367), in dem sie der „certification mark" eine wachsende Bedeutung als Mittel zur Entwicklung, Standardisierung und Bewertung von Qualitätsprodukten sowie zur Verbraucherinformation vorausgesagt hat. Obwohl sich die Kommission in diesem Memorandum klar für die Einführung einer Gewährleistungsmarke aussprach, enthielt die 1996 in Kraft getretene GMV keine diesbezüglichen Regelungen.

Während der deutsche Gesetzgeber die in der Markenrichtlinie verschiedentlich angespro- 2
chene Gewährleistungsmarke in § 97 Abs. 1 MarkenG als Unterfall der Kollektivmarke ausgestaltet hat, fehlte eine solche Regelung in der gemeinschaftsmarkenrechtlichen Parallelvorschrift Art. 66 Abs. 1. In Ermangelung einer noch nicht einmal rudimentären rechtlichen Ausgestaltung der Gewährleistungsmarke, entstand Unklarheit darüber, wie sich die verschiedenen auf dem Markt benutzten Gütezeichen, Qualitätssiegel usw. in das gemeinschaftsmarkenrechtliche Koordinatensystem einordnen lassen könnten.

Eine 2011 veröffentlichte Untersuchung zur allgemeinen Leistungsfähigkeit des Systems 3
der Gemeinschaftsmarke bemängelte, dass es hinsichtlich der rechtlichen Behandlung von Gewährleistungsmarken zwischen einigen mitgliedstaatlichen Systemen und dem Gemeinschaftsmarkensystemen ein Ungleichgewicht gäbe (Max Planck Institute for Intellectual Property and Competition Law, Study on the Overall Functioning of the European Trade Mark System, 2011, 212). Zudem zeige die Praxis, dass es sowohl öffentliche als auch private Einrichtungen gäbe, die Schwierigkeiten hätten, ihre Gewährleistungsmarken angemessen zu schützen. Vor diesem Hintergrund sprachen sich die Verfasser der Studie dafür aus, auf Gemeinschaftsebene ein vom HABM verwaltetes System zum Schutz von Gewährleistungsmarken einzuführen.

Was der europäische Gesetzgeber bei der Einführung der Gemeinschaftsmarke zunächst 4
versäumt hat, holte er bei deren Weiterentwicklung zur Unionsmarke nach zwei Dekaden nach. Die Gesetzesmaterialien enthalten dabei nicht nur einen Hinweis auf die vorgenannte Studie, sondern bemerkenswerterweise auch darauf, dass die Kommission selbst Schwierigkeiten hatte, für die EU eine Gewährleistungsmarke als Gemeinschaftsmarke zu registrieren (working paper vom 2.4.2013, SWD (2013) 95 final).

In Erwägungsgrund 27 der UMV heißt es insoweit, dass es notwendig sei, spezifische 5
Vorschriften zum Schutz der sog. Unionsgewährleistungsmarke einzuführen. Ziel sei, die bestehenden Vorschriften über Gemeinschaftskollektivmarken zu ergänzen und dem Ungleichgewicht zwischen den mitgliedstaatlichen System und dem Markensystem der EU abzuhelfen. Dazu enthalten die neu eingeführten Art. 74a–74k eine präzise rechtliche Ausgestaltung der Unionsgewährleistungsmarke. Sie werden ergänzt durch zahlreiche weitere Vorschriften in der UMV, die weitere Detailregelungen enthalten. Hierzu gehören namentlich Bestimmungen zur Ausweisung als Unionsgewährleistungsmarke im Register (Art. 87 Abs. 2 Buchst. m), zur Registrierung von Satzungsänderungen gemäß Art. 74f (Art. 87 Abs. 3 Buchst. y) sowie zur Behandlung als Unionsgewährleistungsmarke, wenn die Basismarke einer IR, in der die Union benannt ist, eine Gewährleistungsmarke ist (Art. 154a Abs. 1). Schließlich ist auch Art. 8 Abs. 4 zu berücksichtigen, über den mitgliedstaatliche Gewährleis-

tungsmarken als relative Eintragungshindernisse in Betracht kommen (vgl. hierzu auch EuG Urteil vom 18.11.2015 – T-508/13 zu der Frage, ob die Gewährleistungsmarke HALAL MALAYSIA in Großbritannien über das Instrument des passing off der Eintragung einer Gemeinschaftsmarke entgegengehalten werden kann; BeckEuRS 2013, 448724).

6 Damit gehen die Regelungen in der UMV inhaltlich deutlich über die Regelungen hinaus, mit denen Art. 28 RL (EU) 2015/2436 den Mitgliedstaaten die Möglichkeit zur Eintragung von Garantie- oder Gewährleistungsmarken einräumt.

II. Frühere Praxis

7 Das EuG unterstrich, dass die GMV die Kategorie der Gewährleistungsmarke nicht kenne und Zeichen, die als Individualmarke angemeldet werden und denen die Eintragungshindernisse der Art. 7 Abs. 1 Buchst. b oder c entgegenstehen, namentlich auch dann von der Eintragung ausgeschlossen seien, wenn sie in einem Mitgliedstaat als Gewährleistungsmarke eingetragen seien (EuG Urteil vom 7.10.2015 – verb. Rs T-292/14 und T-293/14 in Bezug auf die Wortmarken XAOYMI und HALLOUMI; BeckEuRS 2013, 448724 – Vergamini, HALAL MALAYSIA).

8 Auch wenn die GMV die Gewährleistungsmarke als solche nicht unter Schutz stellte und auch sonst keine Regelungen enthielt, die solche Marken umfassten, gibt es doch mehrere Entscheidungen der Beschwerdekammern, die sich auf die eine oder andere Weise mit diesem Markentypus auseinandersetzen.

9 Die meisten Entscheidungen betreffen die Schutzfähigkeit von Gewährleistungsmarken.

10 Die Eintragung der als Kollektivmarke angemeldeten Gewährleistungsmarke BIODYNAMIC wurde wegen Bestehens absoluter Eintragungshindernisse und unter Hinweis darauf, dass Gewährleistungsmarken im Zweifel als Individualmarken angemeldet werden müssten, zurückgewiesen (HABM BK Entscheidung vom 15.2.2011 – 675/2010-2 Rn. 19 f. – BIODYNAMIK). Ganz ähnlich lehnte das HABM die Eintragung des in Kanada als Gewährleistungsmarke geschützten Zeichens DOWNMARK als Kollektivmarke wegen absoluter Eintragungshindernisse ab. In der Begründung ging die Beschwerdekammer umfangreich auf das Thema Gewährleistungsmarke ein und unterstrich, dass das Gemeinschaftsmarkenrecht gegenwärtig Gewährleistungsmarken nicht unter Schutz stelle (HABM BK Entscheidung vom 12.12.2014 – R 1360/2014-5 Rn. 34–39 – DOWNMARK). Schließlich lehnte das HABM auch die Registrierung der Wortmarke BioSign aufgrund absoluter Eintragungshindernisse ab und führte dabei aus, dass das Element „Sign" im Sinne einer Gewährleistungsmarke verstanden werde (HABM BK Entscheidung vom 30.4.2014 – R 2467/2013-4 Rn. 11 – BioSign).

11 Andere Entscheidungen betreffen die Frage des Benutzungszwangs. So soll eine Benutzung als Gewährleistungsmarke nicht die Voraussetzungen erfüllen, die gemäß Art. 42 an die rechtserhaltende Benutzung als Individualmarke zu stellen seien (HABM BK Entscheidung vom 16.8.2011 – R 87/2010-2 Rn. 32 – DVC/DVB). Soweit Gewährleistungsmarken in Mitgliedstaaten nur Schutz als Individualmarke genießen, konnte dies folglich auf Gemeinschaftsebene zu Schwierigkeiten bei der Rechtsdurchsetzung führen (vgl. auch HABM BK Entscheidung vom 24.2.2009 – R 970/2008-2 Rn. 39–41 – NF/NFB, wonach eine französische Gewährleistungskollektivmarke für die Dienstleistungen als rechtserhaltend benutzt angesehen wurde, auf die sich die Gewährleistung bezog).

III. Bewertung

12 In der Literatur wurde teilweise die Ansicht vertreten, dass es kein Bedürfnis gäbe, die Gewährleistungsmarke in der Gemeinschaft als eigene Kategorie einzuführen (Eisenführ/Schennen/Schennen Art. 66 Rn. 11). Angesichts der praktischen Schwierigkeiten und rechtlichen Unwägbarkeiten, wie Gewährleistungsmarken einzuordnen und zu behandeln sind, ist die Implementierung der Gewährleistungsmarke in das europäische Markensystem nach hier vertretener Ansicht gleichwohl zu begrüßen. Die Unionsgewährleistungsmarke wird die Attraktivität des europäischen Markensystems weiter steigern. Gewährleistungsmarken haben nicht nur eine zunehmende wirtschaftliche Bedeutung, sondern geben dem Verbraucher eine über klassische Marken hinausgehende Orientierung im Produktdschungel. Dies verdient Schutz in Form von europaweit einheitlichen, verlässlichen und interessengerechten

rechtlichen Rahmenbedingungen. Ob die nunmehr eingeführten Art. 74a–74k diese Erwartungen auch in der Praxis erfüllen können, wird sich in den nächsten Jahren zeigen, wenn das Amt und die Gerichte die neuen Vorschriften anwenden.

B. Begriffsbestimmung (Abs. 1)

Art. 74a Abs. 1 enthält eine Begriffsbestimmung der Unionsgewährleistungsmarke. Eine 13
präzise Definition war vor allem auch deswegen notwendig, weil es zwischen den verschiedenen – und sogar innerhalb der einzelnen – mitgliedstaatlichen Markensystemen eine Vielzahl an wenig trennscharfen und sich inhaltlich oft überlappenden Begriffen gab, die alle mehr oder weniger artverwandte Zeichen meinten. So ist beispielsweise im deutschen Recht neben Gewährleistungsmarken auch von Garantiemarken oder Gütesiegeln die Rede.

Nach der nunmehr gefundenen Definition handelt es sich bei der Unionsgewährleistungs- 14
marke um einen Unterfall der Unionsmarke, die bei der Anmeldung als solche bezeichnet wird. Das Erfordernis der Benennung dient der Rechtsklarheit und ist konstitutiv. Darüber hinaus muss die Unionsgewährleistungsmarke geeignet sein, bestimmte Eigenschaften von Waren und Dienstleistungen, die der Inhaber der Unionsgewährleistungsmarke gewährleistet, von solchen zu unterscheiden, für die keine Gewährleistung besteht. Insoweit erfährt die Unterscheidungsfunktion, die sich bei der Gemeinschaftsmarke klassischerweise auf die betriebliche Herkunft einer gekennzeichneten Ware bezog, für die Unionsgewährleistungsmarke eine inhaltliche Anpassung.

Die Vorschrift listet verschiedene Eigenschaften auf, auf die sich die Gewährleistung bezie- 15
hen kann, nämlich das Material, die Art und Weise der Herstellung der Waren oder der Erbringung der Dienstleistungen, die Qualität und Genauigkeit. Es handelt sich um eine beispielhafte, nicht abschließende Aufzählung. Rein beschreibenden oder anpreisenden Zeichen, wie zB dem Begriff „1a Qualität", ohne jedwede graphische Ausgestaltung, wird aber auch weiterhin der Schutz versagt sein.

Die im Gesetzgebungsverfahren zunächst diskutierte Definition sah noch vor, dass der 16
Katalog an möglichen Eigenschaften, auf die sich die Gewährleistungsmarke beziehen kann, auch die geografische Herkunft der Waren und Dienstleistungen benennt (s. hierzu auch Wong Comms. L. 2014, 19(2), 56, 60). Hiervon hat der Gesetzgeber im Ergebnis Abstand genommen. Dazu hat er nicht nur die geografische Herkunft aus dem Beispielskatalog gestrichen, sondern ausdrücklich klargestellt, dass es sich um eine Eigenschaft handelt, auf die sich die Unionsgewährleistungsmarke nicht beziehen kann. Damit bleibt es bei der Grundregel des Art. 7 Abs. 1 Buchst. c, dass Zeichen, die lediglich Angaben zu der geografischen Herkunft beinhalten, vom Markenschutz ausgeschlossen sind.

C. Inhaber (Abs. 2)

Abs. 2 bestimmt, dass grundsätzlich alle natürlichen oder juristischen Personen eine Uni- 17
onsgewährleistungsmarke anmelden können. Zugleich wird klargestellt, dass der Begriff der juristischen Personen weit zu verstehen ist und auch Einrichtungen, Behörden und juristische Personen des öffentlichen Rechts umfasst. Ausgenommen sind allerdings solche natürlichen und juristischen Personen, die eine gewerbliche Tätigkeit ausüben, die die Lieferung von Waren oder Dienstleistungen, für die eine Gewährleistung besteht, umfasst. Diese für Gewährleistungsmarken charakteristische Regelung zielt darauf, dass der Inhaber der Gewährleistungsmarke als solcher unabhängig bleibt (vgl. Belson JIPLP 2012, 96 (103); González JIPLP 2012, 251 (253)). Wer für seine eigenen Produkte firmeneigene Gütesiegel oder ähnliche Zeichen schützen möchte, kann hierfür aber wie auch bisher eine Individualmarke anmelden.

Die nunmehr geltende Fassung von Art. 74a Abs. 2 weicht in zwei Punkten von früheren 18
Versionen ab, die im Gesetzgebungsverfahren diskutiert wurden. So war ursprünglich nicht vorgesehen, dass auch natürliche Personen Unionsgewährleistungsmarken anmelden können. Diese Einschränkung wurde aber ebenso fallengelassen, wie die angedachte Regelung, dass nur solche (juristischen) Personen Unionsgewährleistungsmarken anmelden dürfen, die kompetent sind, die von der Marke beanspruchten Produkte zu zertifizieren. Gerade die letztgenannte Regelung, wie sie etwa in den britischen Vorschriften zur Gewährleistungsmarke zu

finden ist, hätte das Anmeldeverfahren belastet. Ohnehin kann der Markt die Qualifikation und Kompetenz von Markenanmeldern im Zweifel besser beurteilen, als das Amt.

19 Wenn die Unionsgewährleistungsmarke auf einen anderen Inhaber übertragen werden soll, so muss dieser ebenfalls die Voraussetzungen des Art. 74a Abs. 2 erfüllen (vgl. Art. 74g).

20 Wenn der Inhaber der Marke die an ihn gestellten Voraussetzungen nicht mehr erfüllt, so ist die Marke gemäß Art. 74 Buchst. i verfallsreif. Dazu kann es namentlich dann kommen, wenn der Inhaber der Unionsgewährleistungsmarke nach deren Eintragung beginnt, Produkte zu liefern, auf die sich die Gewährleistungsmarke bezieht.

D. Generalverweis (Abs. 3)

21 Die Unionsgewährleistungsmarke ist ein Unterfall der Unionsmarke. Die Art. 74a–74k enthalten lediglich Spezialregelungen, durch die die allgemeinen Vorschriften modifiziert und ergänzt werden. Im Übrigen erklärt Art. 74a Abs. 3 die allgemeinen Vorschriften mittels Generalverweis für anwendbar. Titel VIII ist von dem Verweis nicht erfasst. Soweit der Titel über die Unionsgewährleistungsmarke hinaus Regelungen zu Unionskollektivmarken enthält, sind diese nicht anwendbar.

Art. 74b Satzung der Unionsgewährleistungsmarke

(1) Der Anmelder einer Unionsgewährleistungsmarke muss innerhalb von zwei Monaten nach dem Anmeldetag eine Satzung der Gewährleistungsmarke vorlegen.

(2) [1]In der Satzung sind die zur Benutzung der Marke befugten Personen, die durch die Marke zu gewährleistenden Eigenschaften, die Art und Weise, wie die betreffende Stelle diese Eigenschaften zu prüfen und die Benutzung der Marke zu überwachen hat, anzugeben. [2]In der Satzung sind außerdem die Bedingungen für die Benutzung der Marke, einschließlich Sanktionen, anzugeben.

(3) [1]Die Kommission erlässt Durchführungsrechtsakte, in denen die Einzelheiten, die die in Absatz 2 dieses Artikels genannte Satzung zu enthalten hat, festgelegt werden. [2]Diese Durchführungsrechtsakte werden nach dem Prüfverfahren gemäß Artikel 163 Absatz 2 erlassen.

Überblick

Die Vorschrift wird (mit Ausnahme des Abs. 3) mWv 1.10.2017 gemäß VO (EU) 2015/2424 vom 16.12.2015 eingefügt; Abs. 3 wird mWv 23.3.2016 eingefügt.

1 Art. 74b enthält grundlegende Regelungen zur Satzung der Unionsgewährleistungsmarke. Die Vorschrift wird flankiert durch weitere Bestimmungen, die Details ausgestalten, darunter insbesondere Art. 74c Abs. 1 (Zurückweisung der Anmeldung bei Nichtvorlage oder Fehlerhaftigkeit der Satzung), Art. 74f (Änderung der Markensatzung) sowie Art. 74i Buchst. b und c (Verfallsgründe).

2 Art. 74b Abs. 1 bestimmt, dass der Anmelder binnen zwei Monaten nach der Anmeldung eine Satzung vorlegen muss. Tut er dies nicht, so wird die Anmeldung gemäß Art. 74c Abs. 1 zurückgewiesen.

3 Art. 74b Abs. 2 zählt vier allgemeine Bereiche auf, die durch die Satzung zwingend geregelt werden müssen, nämlich
- wer zur Benutzung der Marke befugt ist,
- was für Eigenschaften durch die Marke gewährleistet werden,
- wie die Zertifizierungsstelle diese Eigenschaften zu prüfen und die Benutzung der Marke zu überwachen hat, sowie
- welche Bedingungen für die Benutzung der Marke bestehen.

4 Damit es sich bei den satzungsgemäßen Nutzungsbedingungen nicht nur um zahnlose Papiertiger handelt, müssen diese Bedingungen zwingend mit Sanktionsregelungen versehen sein. Macht der Inhaber von diesen Sanktionen oder anderen ihm zur Verfügung stehenden Mitteln der Einflussnahme nicht angemessen Gebrauch, um so die satzungsgemäße Benutzung

Zurückweisung der Anmeldung   **Art. 74c UMV**

der Marke sicherzustellen, kann die Marke gemäß Art. 74i Buchst. b für verfallen erklärt werden.
Einzelheiten zu den Satzungsinhalten werden gemäß Art. 74b Abs. 3 durch einen von der 5
Kommission zu erlassenden Durchführungsrechtsakt festgelegt.

Art. 74c Zurückweisung der Anmeldung

(1) Über die in den Artikeln 36 und 37 genannten Gründe für die Zurückweisung der Anmeldung einer Unionsmarke hinaus wird die Anmeldung einer Unionsgewährleistungsmarke zurückgewiesen, wenn den Vorschriften der Artikel 74a und 74b nicht Genüge getan ist oder die Satzung gegen die öffentliche Ordnung oder die guten Sitten verstößt.

(2) Die Anmeldung einer Unionsgewährleistungsmarke wird außerdem zurückgewiesen, wenn die Gefahr besteht, dass das Publikum über den Charakter oder die Bedeutung der Marke irregeführt wird, insbesondere wenn diese Marke den Eindruck erwecken kann, als wäre sie etwas anderes als eine Gewährleistungsmarke.

(3) Die Anmeldung wird nicht zurückgewiesen, wenn der Anmelder aufgrund einer Änderung der Markensatzung die Erfordernisse der Absätze 1 und 2 erfüllt.

Überblick

Die Vorschrift wird mWv 1.10.2017 gemäß VO (EU) 2015/2424 vom 16.12.2015 eingefügt.

A. Zurückweisungsgründe (Abs. 1)

Art. 74c Abs. 1 benennt drei verschiedene Gründe, aufgrund derer die Anmeldung einer 1
Unionsgewährleistungsmarke zurückgewiesen werden kann.
Zunächst werden über Art. 74c Abs. 1 Alt. 1 die in Art. 36 und Art. 37 genannten Gründe 2
ausdrücklich für anwendbar erklärt, mit der Folge, dass die Anmeldung bei Nichtvorliegen bestimmter Anmeldungserfordernisse oder bei Bestehen absoluter Eintragungshindernisse nicht eingetragen wird. Es handelt sich insoweit nur um eine Klarstellung, da die beiden vorgenannten Vorschriften über den Generalverweis in Art. 74a Abs. 3 ohnehin anwendbar wären.
Darüber hinaus bestimmt Art. 74c Abs. 1 Alt. 2 weiter, dass die Anmeldung auch dann 3
zurückzuweisen ist, wenn die einzelnen, in Art. 74a und Art. 74b enthaltenen Vorgaben nicht erfüllt sind. Dies bedeutet konkret, dass die Anmeldung nicht zur Eintragung gelangt, wenn
- es sich bei der angemeldeten Marke um ein Zeichen handelt, dem die speziell für eine Unionsgewährleistungsmarke notwendige Unterscheidungskraft fehlt (Art. 74 Abs. 1),
- der Anmelder eine Tätigkeit ausübt, die die Lieferung von Produkten umfasst, für die eine Gewährleistung bestehen soll (Art. 74a Abs. 2),
- wenn die Satzung nicht fristgerecht eingereicht wird (Art. 74b Abs. 1), oder
- wenn die Satzung nicht die notwendigen Mindestregelungen enthält (Art. 74b Abs. 2 und 3).

Schließlich darf die Satzung nach Art. 74c Abs. 1 Alt. 3 auch nicht gegen die öffentliche 4
Ordnung oder gegen die guten Sitten verstoßen. Es handelt sich um unbestimmte Rechtsbegriffe, die auch in anderen Vorschriften verwendet werden (vgl. Art. 7 Abs. 1 Buchst. f sowie Art. 68 Abs. 1). Die Begriffe werden innerhalb der UMV einheitlich ausgelegt, so dass bei der Bestimmung, wann die Satzung einer Unionsgewährleistungsmarke gegen die öffentliche Ordnung oder die guten Sitten verstößt, auf die Entscheidungspraxis zu den vorgenannten Vorschriften zurückgegriffen werden kann.

B. Zurückweisung bei Irreführungsgefahr (Abs. 2)

Art. 74c Abs. 2 enthält einen vierten Zurückweisungsgrund, der gleichrangig neben die 5
drei in Abs. 1 genannten Gründe tritt. Demnach ist eine Unionsgewährleistungsmarke auch dann von der Eintragung ausgeschlossen, wenn die Gefahr besteht, dass der Verkehr über

Slopek

den Charakter oder die Bedeutung der Marke irregeführt wird. Insofern wird beispielhaft auf den Fall verwiesen, dass der fälschliche Eindruck erweckt wird, als wäre die Marke etwas anderes als eine Gewährleistungsmarke (also zB eine Kollektivmarke).

6 Die Vorschrift dient dem Schutz des Verkehrs, was für eine tendenziell weite Auslegung spricht. Demnach wäre eine Unionsgewährleistungsmarke zum Beispiel dann zurückzuweisen, wenn sie durch ihre Gestaltung den fälschlichen Eindruck erwecken kann, als handele es sich um ein staatliches Gütesiegel, obwohl der Anmelder tatsächlich eine Privatperson ist.

7 Wenn der Inhaber erst durch die tatsächliche Benutzung der Unionsgewährleistungsmarke die Gefahr schafft, dass der Verkehr irregeführt wird, so ist sie nachträglich gemäß Art. 74i Buchst. c für verfallen zu erklären.

C. Abhilfe durch Satzungsänderung (Abs. 3)

8 Art. 74c Abs. 3 räumt dem Anmelder die Möglichkeit ein, eine drohende Zurückweisung der Anmeldung durch eine nach Art. 74f mögliche Änderung der Markensatzung abzuwenden.

Art. 74d Bemerkungen Dritter

Werden beim Amt schriftliche Bemerkungen nach Artikel 40 zu einer Unionsgewährleistungsmarke eingereicht, so können diese auch auf die spezifischen Gründe gestützt sein, auf deren Grundlage die Anmeldung einer Unionsgewährleistungsmarke gemäß Artikel 74c zurückgewiesen werden sollte.

Überblick

Die Vorschrift wird mWv 1.10.2017 gemäß VO (EU) 2015/2424 vom 16.12.2015 eingefügt.

1 Art. 74a Abs. 3 iVm Art. 40 eröffnet Dritten die Möglichkeit, durch Einreichung von Drittbemerkungen auf die Zurückweisung der Anmeldung einer Unionsgewährleistungsmarke hinzuwirken. Hierzu stellt Art. 74d klar, dass die Drittbemerkungen sich über den in Art. 40 hervorgehobenen Fall („insbesondere") des Vorliegens absoluter Eintragungshindernisse iSv Art. 7 hinaus, auch auf die spezifischen Zurückweisungsgründe des Art. 74c Abs. 1 und 2 stützen können.

2 Mit Drittbemerkungen können auch etwaige Satzungsänderungen beanstandet werden (vgl. Art. 74f Abs. 3).

Art. 74e Benutzung der Unionsgewährleistungsmarke

Die Benutzung einer Unionsgewährleistungsmarke durch eine gemäß der in Artikel 74b genannten Satzung hierzu befugte Person genügt den Vorschriften dieser Verordnung, sofern die übrigen in dieser Verordnung genannten Bedingungen erfüllt sind.

Überblick

Die Vorschrift wird mWv 1.10.2017 gemäß VO (EU) 2015/2424 vom 16.12.2015 eingefügt.

1 Unionsgewährleistungsmarken unterfallen dem Benutzungszwang (Art. 74a Abs. 3 iVm Art. 15 Abs. 1). Da der Inhaber der Gewährleistungsmarke diese nicht selbst benutzt, sondern Dritten die Benutzung des Zeichens gestattet, bestimmt Art. 74e, dass die Benutzung durch eine nach der Satzung befugte Person den Vorschriften der UMV genügt, wenn und soweit die übrigen in der Verordnung genannten Bedingungen erfüllt sind. Soweit es zu inhaltlichen Abweichungen zu Art. 15 Abs. 2 kommen sollte, dürfte Art. 74a als speziellere Vorschrift vorgehen.

Art. 74f Änderung der Markensatzung

(1) Der Inhaber einer Unionsgewährleistungsmarke hat dem Amt jede Änderung der Satzung zu unterbreiten.

(2) Auf Änderungen wird im Register nicht hingewiesen, wenn die geänderte Satzung den Vorschriften des Artikels 74b nicht entspricht oder einen Grund für eine Zurückweisung nach Artikel 74c bildet.

(3) Schriftliche Bemerkungen gemäß Artikel 74d können auch in Bezug auf geänderte Satzungen eingereicht werden.

(4) Zum Zwecke dieser Verordnung wird die Satzungsänderung erst ab dem Zeitpunkt wirksam, zu dem der Hinweis auf die Änderung ins Register eingetragen worden ist.

Überblick

Die Vorschrift wird mWv 1.10.2017 gemäß VO (EU) 2015/2424 vom 16.12.2015 eingefügt.

Nach Art. 74f Abs. 1 obliegt es dem Inhaber der Unionsgewährleistungsmarke dem Amt 1 etwaige Satzungsänderungen mitzuteilen. Durch die Mitteilung wird das Amt in die Lage versetzt, zu prüfen, ob auch die geänderte Satzung noch den Vorschriften des Art. 74b entspricht, oder ob gemäß Art. 74c ein Grund für deren Zurückweisung besteht. Um das Amt bei der Prüfung zu unterstützen, können Drittbemerkungen iSv Art. 74d nach Art. 74f Abs. 3 auch gegen etwaige Satzungsänderungen gerichtet werden. Bestehen keine Bedenken, weist das Amt auf die Satzungsänderung hin (vgl. Art. 74f Abs. 2). Nach Art. 74g Abs. 4 ist die Eintragung der Satzungsänderung nicht nur deklaratorisch, sondern konstitutiv. Änderungen werden deshalb erst ab ihrer Eintragung ins Register wirksam.

Für den Fall, dass sich nachträglich herausstellt, dass die Satzungsänderung entgegen den 2 in Art. 74f Abs. 2 niedergelegten Bedingungen im Register eingetragen worden ist und der Inhaber der Marke dem nicht durch eine erneute Satzungsänderung Abhilfe schafft, kann die Marke gemäß Art. 74i Buchst. d für verfallen erklärt werden.

Art. 74g Rechtsübergang

Abweichend von Artikel 17 Absatz 1 kann eine Unionsgewährleistungsmarke nur auf eine Person übertragen werden, die die Erfordernisse des Artikels 74a Absatz 2 erfüllt.

Überblick

Die Vorschrift wird mWv 1.10.2017 gemäß VO (EU) 2015/2424 vom 16.12.2015 eingefügt.

Art. 74g schränkt die in Art. 17 Abs. 1 vorgesehene Übertragungsfreiheit der Marke dahin- 1 gehend ein, dass auch der neue Inhaber die Voraussetzungen des Art. 74a Abs. 2 erfüllen muss. Sinn und Zweck ist es, eine andernfalls allzu leichte Umgehung des Art. 74a Abs. 2 zu verhindern.

Art. 74h Erhebung der Verletzungsklage

(1) Nur der Inhaber einer Unionsgewährleistungsmarke oder eine speziell von ihm hierzu ermächtigte Person kann eine Verletzungsklage erheben.

(2) Der Inhaber einer Unionsgewährleistungsmarke kann im Namen der zur Benutzung der Marke befugten Personen Ersatz des Schadens verlangen, der diesen Personen aus der unberechtigten Benutzung der Marke entstanden ist.

Überblick

Die Vorschrift wird mWv 1.10.2017 gemäß VO (EU) 2015/2424 vom 16.12.2015 eingefügt.

1 Art. 74h Abs. 1 bestimmt, dass nur der Inhaber der Unionsgewährleistungsmarke oder aber eine speziell von ihm hierzu ermächtigte Person, eine Verletzungsklage erheben kann. Eine entsprechende Regelung in allgemeinen Vertragsbedingungen zwischen dem Inhaber der Unionsgewährleistungsmarke und dem zu deren Nutzung Berechtigten, sollte den Anforderungen an eine solche Ermächtigung (ähnlich wie bei der einfachen Lizenz) allerdings genügen.

2 Der Umstand, dass der zur Benutzung einer Unionsgewährleistungsmarke Berechtigte keine Möglichkeit hat, selbst Verletzungsklage zu erheben, soll den Verletzer nicht besserstellen. Aus diesem Grund räumt Art. 74h Abs. 2 dem Inhaber der Unionsgewährleistungsmarke das Recht ein, zusätzlich zu den selbst erlittenen Schäden, im Namen der Benutzungsberechtigten den von ihnen erlittenen Schaden ersetzt zu verlangen.

Art. 74i Verfallsgründe

Außer aus den in Artikel 51 genannten Verfallsgründen wird die Unionsgewährleistungsmarke auf Antrag beim Amt oder auf Widerklage im Verletzungsverfahren für verfallen erklärt, wenn eine der folgenden Voraussetzungen erfüllt ist:
a) der Inhaber erfüllt die Erfordernisse des Artikels 74a Absatz 2 nicht mehr;
b) der Inhaber ergreift keine angemessenen Maßnahmen, um eine Benutzung der Marke zu verhindern, die nicht im Einklang steht mit den Benutzungsbedingungen, wie sie in der Satzung vorgesehen sind, auf deren Änderung gegebenenfalls im Register hingewiesen worden ist;
c) die Art der Benutzung der Marke durch ihren Inhaber hat bewirkt, dass die Gefahr besteht, dass das Publikum im Sinne von Artikel 74c Absatz 2 irregeführt wird;
d) es ist entgegen Artikel 74f Absatz 2 im Register auf eine Änderung der Satzung hingewiesen worden, es sei denn, dass der Markeninhaber aufgrund einer erneuten Satzungsänderung den Erfordernissen des genannten Artikels genügt.

Überblick

Die Vorschrift wird mWv 1.10.2017 gemäß VO (EU) 2015/2424 vom 16.12.2015 eingefügt.

1 Art. 74i erklärt die in Art. 51 aufgeführten allgemeinen Verfallsgründe für Unionsgewährleistungsmarken für anwendbar. Darüber hinaus enthält die Vorschrift vier spezielle Gründe, aus denen eine Unionsgewährleistungsmarke verfallen kann.

2 Nach Art. 74i Buchst. a wird eine Unionsgewährleistungsmarke verfallsreif, wenn ihr Inhaber die an ihn gestellten Voraussetzungen iSv Art. 74a Abs. 2 nicht mehr erfüllt. Dies ist namentlich dann der Fall, wenn der Inhaber der Marke nach deren Eintragung beginnt, die Produkte zu liefern, auf die sich die Gewährleistungsmarke bezieht.

3 Nach Art. 74i Buchst. b ist eine Unionsgewährleistungsmarke auch dann für verfallen zu erklären, wenn ihr Inhaber keine angemessenen Maßnahmen ergreift, um sicherzustellen, dass die Marke entsprechend der satzungsmäßigen Bedingungen benutzt wird. Auf diese Weise soll gewährleistet werden, dass die Benutzungsbedingungen, die gemäß Art. 74a Abs. 2 zwingend durch Sanktionen abgesichert sein müssen, auch tatsächlich eingehalten werden.

4 Art. 74i Buchst. c bestimmt weiter, dass eine Unionsgewährleistungsmarke für verfallen erklärt wird, wenn ihr Inhaber durch ihre tatsächliche Benutzung die Gefahr schafft, dass der Verkehr iSv Art. 74c Abs. 2 über den Charakter oder die Bedeutung der Marke irregeführt wird.

5 Schließlich bestimmt Art. 74i Buchst. d, dass die Marke auch dann für verfallen zu erklären ist, wenn sich nachträglich herausstellt, dass eine im Register eingetragene Satzungsänderung entgegen den in Art. 74f Abs. 2 niedergelegten Bedingungen erfolgt ist. Dem Inhaber der Marke wird insoweit aber die Möglichkeit eingeräumt, mittels einer erneuten Satzungsänderung dafür zu sorgen, dass die Satzung wieder den gesetzlichen Anforderungen entspricht.

Art. 74j Nichtigkeitsgründe

Über die in den Artikeln 52 und 53 genannten Nichtigkeitsgründe hinaus wird eine Unionsgewährleistungsmarke auf Antrag beim Amt oder auf Widerklage im Verletzungsverfahren für nichtig erklärt, wenn sie entgegen den Vorschriften des Artikels 74c eingetragen worden ist, es sei denn, dass der Markeninhaber aufgrund einer Satzungsänderung den Erfordernissen des Artikels 74c genügt.

Überblick

Die Vorschrift wird mWv 1.10.2017 gemäß VO (EU) 2015/2424 vom 16.12.2015 eingefügt.

Unionsgewährleistungsmarken können auf einen entsprechenden Antrag beim Amt oder auf Widerklage im Verletzungsverfahren hin für nichtig erklärt werden. Über die in Art. 52 und Art. 53 enthaltenen allgemeinen Nichtigkeitsgründe hinaus, bestimmt Art. 74j, dass eine Unionsgewährleistungsmarke auch dann für nichtig erklärt werden kann, wenn die Marke entgegen den Vorschriften des Art. 74c eingetragen worden ist. Wenn und soweit ein Antrag auf Nichtigerklärung eingereicht wurde, hat der Inhaber der Unionsgewährleistungsmarke auch hier die Möglichkeit, durch eine entsprechende Satzungsänderung gemäß Art. 74f Abhilfe zu schaffen und eine Nichtigerklärung zu vermeiden.

Art. 74k Umwandlung

Unbeschadet des Artikels 112 Absatz 2 findet keine Umwandlung einer Anmeldung einer Unionsgewährleistungsmarke oder einer eingetragenen Unionsgewährleistungsmarke statt, wenn die Eintragung von Garantie- oder Gewährleistungsmarken gemäß Artikel 28 der Richtlinie (EU) 2015/2436 in den nationalen Rechtsvorschriften des betreffenden Mitgliedstaats nicht vorgesehen ist.

Überblick

Die Vorschrift wird mWv 1.10.2017 gemäß VO (EU) 2015/2424 vom 16.12.2015 eingefügt.

Wie schon nach alter Rechtslage, so räumt Art. 28 Abs. 1 RL (EU) 2015/2436 den Mitgliedstaaten das Recht ein, Garantie- oder Gewährleistungsmarken zur Eintragung vorzusehen. Es handelt sich um eine voluntative Vorschrift, so dass auch zukünftig nicht in jedem Mitgliedstaat Garantie- oder Gewährleistungsmarken als solche schutzfähig sein werden. Aus diesem Grund stellt Art. 74k die Möglichkeit der Umwandlung einer Unionsgewährleistungsmarke unter den Vorbehalt, dass der jeweilige Mitgliedstaat von der Möglichkeit des Art. 28 Abs. 1 RL (EU) 2015/2436 Gebrauch und Garantie- bzw. Gewährleistungsmarken ausdrücklich unter Schutz gestellt hat. Demnach ist es insbesondere nicht möglich, die Unionsgewährleistungsmarke in eine nationale Individual- oder Kollektivmarke umzuwandeln, und zwar wohl auch dann nicht, wenn das jeweilige mitgliedstaatliche Recht die Garantie- oder Gewährleistungsmarke als möglichen Unterfall einer solchen Markengattung behandelt.

Titel IX Verfahrensvorschriften

Abschnitt 1 Allgemeine Vorschriften

Art. 75 Begründung der Entscheidungen

¹Die Entscheidungen des Amtes sind mit Gründen zu versehen. ²Sie dürfen nur auf Gründe gestützt werden, zu denen die Beteiligten sich äußern konnten.

künftige Fassung mWv 1.10.2017 gemäß VO (EU) 2015/2424 vom 16.12.2015:
Art. 75 Entscheidungen und Mitteilungen des Amtes
(1) ¹Die Entscheidungen des Amtes sind mit Gründen zu versehen. ²Sie dürfen nur auf Gründe gestützt werden, zu denen die Beteiligten sich äußern konnten. ³Findet eine mündliche Verhandlung vor dem Amt statt, so kann die Entscheidung mündlich ergehen. ⁴Die Entscheidung wird den Beteiligten anschließend in Schriftform zugestellt.
(2) ¹In allen Entscheidungen, Mitteilungen oder Bescheiden des Amtes sind die zuständige Dienststelle oder Abteilung des Amtes sowie die Namen des oder der zuständigen Bediensteten anzugeben. ²Sie sind von dem oder den betreffenden Bediensteten zu unterzeichnen oder stattdessen mit einem vorgedruckten oder aufgestempelten Dienstsiegel des Amtes zu versehen. ³Der Exekutivdirektor kann bestimmen, dass andere Mittel zur Feststellung der zuständigen Dienststelle oder Abteilung des Amtes und des oder der zuständigen Bediensteten oder eine andere Identifizierung als das Siegel verwendet werden dürfen, wenn Entscheidungen, Mitteilungen oder Bescheide des Amtes über Fernkopierer oder andere technische Kommunikationsmittel übermittelt werden.
(3) ¹Die Entscheidungen des Amtes, die mit der Beschwerde angefochten werden können, sind mit einer schriftlichen Belehrung darüber zu versehen, dass jede Beschwerde innerhalb von zwei Monaten nach Zustellung der fraglichen Entscheidung schriftlich beim Amt einzulegen ist. ²In der Belehrung sind die Beteiligten auch auf die Artikel 58, 59 und 60 hinzuweisen. ³Die Beteiligten können aus der Unterlassung der Rechtsmittelbelehrung seitens des Amtes keine Ansprüche herleiten.

Überblick

Art. 75 regelt die Pflicht des Amtes, seine Entscheidung hinreichend zu begründen (→ Rn. 1 ff.) und den Anspruch der Beteiligten auf rechtliches Gehör (→ Rn. 57 ff.). Im Zuge der Reform durch die VO (EU) 2015/2424 werden die Regel 52 Abs. 1 GMDV (Form der Entscheidungen), Regel 52 Abs. 2 GMDV (Rechtsmittelbelehrung) und Regel 55 GMDV (Unterschrift, Name, Dienstsiegel) in Art. 75 mit Wirkung zum 1.10.2017 inkorporiert. Eine inhaltliche Änderung ist hiermit nicht verbunden (→ Rn. 106.).

Übersicht

	Rn.		Rn.
A. Begründungspflicht (S. 1)	1	IV. Umfang der Begründung bei relativen Eintragungshindernissen	26
I. Inhalt	1	1. Allgemein	26
II. Umfang	7	2. Irrelevante Tatsachen	27
III. Umfang der Begründung bei absoluten Eintragungshindernissen	13	3. Waren- und Zeichenvergleich	29
1. Allgemein	13	4. Verschiedene Verbrauchergruppen	33
2. Gruppierung von Waren und Dienstleistungen	14	5. Erhöhte Kennzeichnungskraft	34
		6. Koexistenz von Marken	36
3. Keine Stellungnahme des Anmelders	17	7. Rechtserhaltende Benutzung	37
4. Teilweise Zurückweisung der Anmeldung	18	8. Art. 8 Abs. 5	42
		9. Verspätet eingereichte Unterlagen	44
5. Irrelevante Tatsachen	19	V. Sonstige Fallgruppen	45
6. Allgemein bekannte Tatsachen	24	1. Auseinandersetzung mit Amtspraxis und Rechtsprechung	45
7. Wiederholungsanmeldung	25		

	Rn.		Rn.
2. Verweise	49	V. Fallgruppen bei relativen Eintragungshindernissen	84
VI. Rechtsfolge	52	1. Weiterleitung von Dokumenten	84
B. Anspruch auf rechtliches Gehör (S. 2)	57	2. Anhörung zu Argumenten der anderen Partei	90
I. Inhalt	57	3. Nichtentscheidungserhebliche Tatsachen	92
II. Umfang	61	4. Stützung der Entscheidung auf ein anderes älteres Recht	93
1. Tatsächliche und rechtliche Gesichtspunkte	61	5. Allgemein bekannte Tatsachen und Rechtsfragen	94
2. Auswirkungen auf das Entscheidungsergebnis	66	VI. Fallgruppen im Rahmen der Beschwerde	96
III. Beweislast	69	VII. Weitere Fallgruppe: Tatsachen- und Beweiswürdigung	99
IV. Fallgruppen bei absoluten Eintragungshindernissen	72	VIII. Rechtsfolge	101
1. Von Amts wegen ermittelte Tatsachen	72	**C. Form von Entscheidungen, Mitteilungen, Beschlüssen**	106
2. Angaben aus dem Anmeldeformular	76	I. Schriftform/Verkündung	106
3. Zurückweisung einer Anmeldung aufgrund zusätzlicher absoluter Eintragungshindernisse	77	II. Unterschrift/Name/Dienstsiegel	108
		III. Rechtsmittelbelehrung	112

A. Begründungspflicht (S. 1)

I. Inhalt

Nach Art. 75 S. 1 sind die Entscheidungen des Amtes mit Gründen zu versehen. Regel 50 Abs. 2 Buchst. h GMDV stellt zusätzlich klar, dass eine Entscheidung der Beschwerdekammer Entscheidungsgründe enthalten muss. Zu den Formvorschriften für Entscheidungen des Amtes (→ Rn. 106 ff.). 1

Die Begründungspflicht iSd Art. 75 S. 1 hat denselben Umfang wie die iSv Art. 296 EUV und Art. 41 Abs. 2 Buchst. c EU-GRCharta (EuGH C-45/11 P, BeckRS 2012, 80108 Rn. 56 – Kombination der Farben Grau und Rot; BeckRS 2009, 70115 Rn. 29 – Windenergiekonverter; GRUR Int 2005, 227 Rn. 64 – Orange; EuG BeckRS 2012, 82133 Rn. 61 – Emidio Tucci; BeckRS 2012, 81907 Rn. 14 – Karomuster). Demnach ist eine Entscheidung verständlich und eindeutig zu begründen (vgl. EuG 2.7.2015 – T-657/13 Rn. 29 – ALEX). 2

Zweck der Begründungspflicht ist, erstens, die **Beteiligten** ausreichend **zu informieren,** damit sie ihre Rechte ordnungsgemäß verteidigen können und, zweitens, den Mitgliedern der Beschwerdekammern bzw. den Unionsrichtern zu ermöglichen, die **Rechtmäßigkeit der angegriffenen Entscheidung zu überprüfen** (EuGH BeckRS 2012, 80108 Rn. 58 – Kombination der Farben Grau und Rot; GRUR Int 2005, 227 Rn. 65 – Orange; EuG 2.7.2015 – T-657/13 Rn. 29, 36 – ALEX; BeckRS 2013, 80132 Rn. 39 – FUN; BeckRS 2012, 81907 Rn. 14 – Karomuster). 3

Art. 75 S. 1 ist eine **wesentliche Formvorschrift,** die **von Amts wegen zu prüfen** ist (EuGH C-45/11 P, BeckRS 2012, 80108 Rn. 57 – Kombination der Farben Grau und Rot; BeckRS 2009, 70115 Rn. 29 f. – Windenergiekonverter; T-295/11, BeckRS 2012, 82216 Rn. 40 – DUSCHO Harmony; EuG 16.6.2015 – T-660/11 Rn. 19 – POLYTETRAFLON; BeckRS 2014, 80621 Rn. 22 f. – EQUINET; BeckRS 2013, 82250 Rn. 41 – HERBA SHINE). 4

Wird eine Entscheidung aufgrund Begründungsmangels allerdings von einer der Parteien angefochten, sollte der Beschwerte **ausdrücklich darlegen und ggf. nachweisen,** inwieweit das Fehlen einer Begründung ihn in der Verteidigung seiner Rechte tatsächlich beeinflusst (vgl. EuGH BeckRS 2012, 80909 Rn. 117 – BOTOLIST/BOTOCYL; EuG BeckRS 2011, 80405 Rn. 83 ff. – FIRST DEFENSE AEROSOL PEPPER PROJECTOR; BeckRS 2008, 70360 Rn. 19 – PNEUMO UPDATE). Bei einem pauschalen Hinweis auf die Verletzung der Begründungspflicht läuft der Beteiligte Gefahr, dass das Amt keinen Anhaltpunkt für einen Verstoß sieht. Rügt der Betroffene eine Verletzung der Begründungspflicht durch die erste Instanz vor der Beschwerdekammer und ist aufgrund dessen eine Zurückverweisung an die erste Instanz erwünscht (→ Rn. 54) sollte **ausdrücklich** beantragt und dargelegt 5 werden, weshalb eine **Zurückverweisung** als sinnvoll erachtet wird. Wird eine Begründungsmangel durch die erste Instanz vor den Kammern des Amtes gerügt, ist ein Mangel in der Regel allerdings durch die Entscheidung der Beschwerdekammer geheilt (→ Rn. 53).

6 Art. 75 S. 1 dient auch der **Qualitätskontrolle** von Entscheidungen. In den Jahren 2015 und 2016 haben das Gericht und die Beschwerdekammern vermehrt Fälle aufgrund eines Begründungsmangels an die jeweils untere Instanz zurückverwiesen. Die Zurückverweisungen erfolgten im Rahmen der Prüfung absoluter Eintragungshindernisse insbesondere wegen einer unzureichenden Prüfung der Anwendung des Zurückweisungsgrundes auf die konkret beanspruchten Waren und Dienstleistungen und des angemeldeten Zeichens (→ Rn. 14) oder bei einer fehlenden bzw. unzureichenden Prüfung von Beweismaterial zum Nachweis einer erlangen Unterscheidungskraft (Art. 7 Abs. 3). Zudem erfolgten eine Zurückverweisung im Rahmen relativer Eintragungshindernisse bei einer fehlenden bzw. unzureichenden Prüfung von Material zum Nachweis einer rechtserhaltenden Benutzung (→ Rn. 37 ff.) oder zum Nachweis einer gesteigerten Kennzeichnungskraft der älteren Marke (→ Rn. 34).

II. Umfang

7 Aus dem Normzweck (→ Rn. 3) folgt, dass das Amt nur die Gründe zu nennen hat, die zum Erlass der Entscheidung geführt haben (EuGH BeckRS 2012, 81822 Rn. 86 – Schokoladenmaus), also nur **entscheidungserhebliche** Gründe (→ Rn. 19 ff., → Rn. 27 ff.).

8 Ob der Begründungspflicht genügt wurde, ist im Einzelfall anhand des Wortlautes der Entscheidung, ihres Kontextes und sämtlicher Vorschriften auf dem einschlägigen Gebiet zu beurteilen (EuGH BeckRS 2009, 70115 Rn. 31 – Windenergiekonverter; GRUR Int 2005, 227 Rn. 64 – Orange; EuG 2.7.2015 – T-657/13 Rn. 29 – ALEX; BeckRS 2014, 80621 Rn. 24 – EQUINET; BeckRS 2013, 80215 Rn. 106 – Carrelette manuelle; BeckRS 2012, 82585 Rn. 58 ff. – QUADRATUM). Im Allgemeinen sind die relevanten absoluten bzw. relativen Eintragungshindernisse, die einschlägige Bestimmung und der der Entscheidung zu Grunde liegende Sachverhalt anzugeben (EuG v. 23.12.2014 – T-68/12 Rn. 28 – CARE TO CARE; BeckRS 2012, 82434 Rn. 19 – GG; BeckRS 2012, 81907 Rn. 15 – Karomuster).

9 Die Umstände des Einzelfalles können die Begründungspflicht erhöhen. Je spezifischer und relevanter der Vortrag einer Partei ist, desto eher ist eine spezifische Begründung der Entscheidung seitens des Amtes erforderlich (EuG BeckRS 2012, 81907 Rn. 16 – Karomuster; BeckRS 2008, 70758 Rn. 54 – Mozart; → Rn. 47).

10 **Nicht** erforderlich ist, dass das Amt ausdrücklich und erschöpfend **jedes einzelne Argument** der Beteiligten erörtert (EuGH BeckRS 2012, 81822 Rn. 88 – Schokoladenmaus; EuG T-389/11, BeckRS 2012, 81775 Rn. 16 – GUDDY). Das Amt kann etwa **implizit** auf die Argumente der Beteiligten eingehen, solange die Gründe für die Entscheidung eindeutig erkennbar sind (EuG 2.7.2015 – T-657/13 Rn. 31 – ALEX; T-486/12, BeckRS 2014, 81639 Rn. 19 ff. – METABOL; BeckRS 2013, 80132 Rn. 41 – FUN; BeckRS 2012, 82036 Rn. 43 – BIMBO DOUGHNUTS die Frage wurde nicht erörtert in dem nachfolgenden Urteil EuGH C-591/12 P, BeckRS 2012, 81907 Rn. 17 – Karomuster; BeckRS 2011, 80730 Rn. 58 – TORO DE PIEDRA).

11 Klarheit und Eindeutigkeit der Entscheidung sind nicht mit der Entscheidungslänge zu verwechseln. Eine **Entscheidung kann** klar und eindeutig, aber **knapp sein** (EuGH BeckRS 2012, 80909 Rn. 116 ff. – BOTOLIST/BOTOCYL; EuG T-415/09, BeckEuRS 2009, 505154 Rn. 42 – FISHBONE; GRUR Int 2005, 908 Rn. 75 – TOP). Insbesondere ist ein Verweis auf Urteile, Entscheidungen und andere Dokumente möglich (→ Rn. 49 ff.).

12 Auch eine **falsche Begründung** ist grundsätzlich eine Begründung im Sinne der Vorschrift (EuG T-295/11, BeckRS 2012, 82216 Rn. 41 – DUSCHO Harmony). In diesem Fall liegt in der Regel kein Begründungsmangel vor, sondern die Entscheidung ist möglicherweise materiell unrechtmäßig (EuG 2.7.2015 – T-657/13 Rn. 40 – ALEX; BeckEuRS 2015, 436477 Rn. 18, 95 – VIÑA ALBERDI; BeckRS 2013, 80132 Rn. 44 – FUN; T-389/11, BeckRS 2012, 81775 Rn. 17 – GUDDY, mit Verweis auf EuGH BeckRS 2008, 70755 Rn. 181 – Bertelsmann and Sony Corporation of America v Impala).

Begründung der Entscheidungen　　　　　　　　　　　　　　　　　　　　　　Art. 75 UMV

III. Umfang der Begründung bei absoluten Eintragungshindernissen

1. Allgemein

Grundsätzlich soll der Prüfer den Anmelder bei Zurückweisung einer Anmeldung über die **13** einschlägigen Regelungen informieren und die Gründe für die Entscheidung ausdrücklich formulieren. Jeder Zurückweisungsgrund sollte gesondert genannt und begründet werden (EUIPO-Richtlinien, Teil B, Prüfung, Abschnitt 4, 1.1). Außerdem sollte der Prüfer auf alle entscheidungserheblichen Argumente des Anmelders eingehen. Dies heißt nicht, dass die Entscheidung besonders ausführlich sein oder das Amt auf alle Argumente eingehen muss (→ Rn. 10 f.; → Rn. 49 ff.)

2. Gruppierung von Waren und Dienstleistungen

Hauptanwendungsfall für die Aufhebung einer Entscheidung aufgrund einer mangelnden **14** Begründung ist die unzureichende Anwendung des Zurückweisungsgrundes auf die konkret angemeldeten Waren und Dienstleistungen. Die Prüfung absoluter Eintragungshindernisse muss sich grundsätzlich auf jede mit der Anmeldung beanspruchte Ware und Dienstleistung beziehen (s. EUIPO-Richtlinien, Teil B, Prüfung, Abschnitt 4, 1.6). Insbesondere bei Zurückweisung von Slogans und Anmeldungen mit langen Waren- und Dienstleistungsverzeichnissen fehlt es den Entscheidungen bisweilen an einer ausreichenden Prüfung eines konkreten Zusammenhangs des angemeldeten Zeichens mit den einzelnen Waren und Dienstleistungen. Das Amt kann sich nur dann auf eine **globale Begründung hinsichtlich der beanspruchten Waren oder Dienstleistungen** beschränken, falls einer **homogenen** Kategorie oder einer Gruppe von Waren oder Dienstleistungen dasselbe Eintragungshindernis entgegengehalten wird (EuGH C-282/09 P, BeckEuRS 2010, 517230 Rn. 37 ff. – P@YWEB CARD und PAYWEB CARD; BeckRS 2010, 90217 Rn. 46 – P RANAHAUS; EuG BeckRS 2014, 80846 Rn. 49 f. – VALORES DE FUTURO; BeckRS 2014, 80608 Rn. 14 f. – Leistung aus Leidenschaft; BeckRS 2012, 80760 Rn. 53 f. – EcoPerfect; BeckRS 2012, 80220 Rn. 41 – arrybox; BeckRS 2011, 81046 Rn. 15 ff. – ReValue). Sind die vom Amt gebildeten Gruppen zu pauschal und nicht homogen, liegt ein Begründungsmangel vor, der zur Aufhebung der Entscheidung führen kann (EuG T-501/13, GRUR Int 2016, 447 Rn. 53 ff. – WINNETOU; T-222/14, BeckRS 2016, 81668 Rn. 16 ff. – deluxe; T-687/13, BeckRS 2014, 82113 Rn. 24 ff. – deux lignes et quatre etoiles; T-171/11, BeckRS 2012, 82523 Rn. 45 ff. – Clampflex; BeckRS 2011, 81064 Rn. 43 ff. – BETWIN; HABM BK v. 8.9.2014 – R 660/2014-5 Rn. 11 ff. – Active Touch).

Dabei sind an die Gruppierung der Waren und Dienstleistungen allerdings gerade bei **15** Zeichen, die eine allgemeine (belobigende) Aussage vermitteln, keine zu hohen Anforderungen zu stellen (EuG v. 14.7.2016 – T-491/14 Rn. 44 – ConnectedWork; v. 12.5.2016 – T-590/14 Rn. 16 ff. – ULTIMATE FIGHTING CHAMPIONSHIP).

Rügt der Anmelder einen Begründungsmangel aufgrund einer pauschalen Prüfung unter- **16** schiedlicher Waren bzw. Dienstleistungen, sollte er darlegen, weshalb diese keine homogene Gruppe bilden und separat hätten geprüft werden müssen (vgl. EuG BeckRS 2014, 80846 Rn. 50 – VALORES DE FUTURO).

3. Keine Stellungnahme des Anmelders

Die Pflicht zur Begründung der Zurückweisung wird nicht dadurch geschmälert, dass der **17** Anmelder keine Stellungnahme auf die Beanstandung einreicht. Zurückweisungsgrund nach Art. 7, 37 und nach Regel 11 Abs. 3 GMDV ist das Fehlen der gesetzlichen Voraussetzungen für die Eintragung der Marke und nicht das Fehlen einer Stellungnahme auf einen Bescheid (vgl. HABM BK v. 22.5.2015 – R 204/2014-4 – GRIPPER; 29.10.2014 – R 1151/2014-4 – VANGUARD; 14.10.2014 – R 1351/2014-4 Rn. 7 – STIERFÖRMIGER USB-STICK; 6.9.2012 – R 492/2012-4 – BIOARCHIVE).

4. Teilweise Zurückweisung der Anmeldung

Der Prüfer weist eine Anmeldung mitunter für nur einen Teil der beanspruchten Waren **18** und Dienstleistungen zurück. Der Beschwerdekammer steht es nicht zu, die Anmeldung nach zu beanstanden soweit diese bereits von dem Prüfer zugelassen wurde. Der Beschwerdegegenstand ist auf die Zurückweisung der Anmeldung beschränkt (EuG T-236/12, BeckRS 2013, 81390 – NEO). Ist die Beschwerdekammer allerdings der Auffassung, dass eine teilweise Zulassung der Anmeldung ohne ausreichende Begründung erfolgt ist, kann sie den Fall aufgrund eines Begründungsmangels an den Prüfer zurücksenden und ihm auferlegen, die Anmeldung erneut vollumfänglich zu überprüfen. Eine Zurückweisung aufgrund Begründungsmangels kann insbesondere dann sinnvoll sein, falls die teilweise Zulassung der Anmeldung willkürlich erscheint (HABM BK v. 8.9.2014 – R 660/2014-5 – Active Touch (Bild); 19.6.2014 – R 1883/2013-5 – THERMOFORM).

5. Irrelevante Tatsachen

19 Der Prüfer muss sich **nicht** mit Tatsachen oder Argumenten auseinandersetzen, die für die **Entscheidung irrelevant** sind (EuG BeckRS 2013, 80132 Rn. 42 – FUN; s. EUIPO-Richtlinie, Teil B, Prüfung, Abschnitt 4, 1.5; → Art. 37 Rn. 4).

20 So ist das Bestehen eines **Eintragungshindernisses** in einem **Teil der Union** für eine Zurückweisung ausreichend (vgl. Art. 7 Abs. 2). Das Amt muss daher (selbst mit Blick auf eine mögliche Umwandlung) nicht prüfen, ob auch in weiteren Teilen der EU Eintragungshindernisse bestehen (EuG BeckRS 2014, 81186 Rn. 78 ff. – Echte Kroatzbeere; BeckRS 2013, 81390 Rn. 55 ff. – NEO).

21 Ebenso ist irrelevant, ob ein angemeldetes Zeichen neben seiner rein beschreibenden bzw. nicht unterscheidungskräftigen Bedeutung **möglicherweise weitere Bedeutungen** haben kann (EuGH GRUR Int 2004, 124 Rn. 32 f. – Doublemint).

22 Das Amt muss für die Zurückweisung einer Anmeldung **keinen Nachweis** erbringen, dass die Anmeldung tatsächlich im Verkehr **beschreibend benutzt** wird (EuGH GRUR Int 2004, 124 Rn. 32 f. – Doublemint; EuG T-352/12, BeckRS 2014, 81465 Rn. 25 ff. – FLEXI; BeckRS 2011, 80254 Rn. 17 – LE GOMMAGE DES FACADES). Nach dem Wortlaut von Art. 7 Abs. 1 Buchst. c genügt es, dass das Zeichen dazu „dienen kann", Merkmale der Waren oder Dienstleistungen zu bezeichnen. Auch ein faktisches Monopol an einer Ware oder Dienstleistung für die die Marke beschreibend ist, ist daher grds. für die Anwendung des Art. 7 Abs. 1 Buchst. c nicht ausschlaggebend.

23 Der Prüfer ist nicht verpflichtet, sich zum Bestehen eines zukünftigen **Freihaltebedürfnisses** bei der Prüfung von Art. 7 Abs. 1 Buchst. b zu äußern. Das Freihaltebedürfnisses ist kein Kriterium, das für die Auslegung von Art. 7 Abs. 1 Buchst. b relevant ist (EuG BeckRS 2008, 71052 Rn. 45 ff. – Intelligent Voltage Guard). Im Rahmen des Art. 7 Abs. 1 Buchst. c ist ein Freihaltebedürfnis nicht zwingend erforderlich, obwohl der Zurückweisungsgrund dem öffentlichen Interesse dient, beschreibende Begriffe für alle Mitbewerber frei verfügbar zu halten (EuGH C-108/97 und C-109/97, BeckEuRS 1999, 234733 Rn. 35 – Chiemsee).

6. Allgemein bekannte Tatsachen

24 Falls das Amt sich bei der Zurückweisung einer Anmeldung auf allgemein bekannte Tatsachen stützt, ist es ist nicht verpflichtet, diese mit Beispielen zu belegen (→ Art. 76 Rn. 8). In diesen Fällen obliegt es regelmäßig dem **Anmelder,** durch konkrete und fundierte Angaben **darzulegen, warum die Anmeldung unterscheidungskräftig** ist (EuGH C-445/13, BeckEuRS 2015, 432607 Rn. 66 ff., 81 ff. – Form einer zylindrischen Flasche; EuG T-424/07, BeckEuRS 2009, 490572 Rn. 46 – OPTIMUM; BeckRS 2006, 70218 Rn. 20 ff. – Develey-Flasche; → Art. 76 Rn. 15 ff.).

7. Wiederholungsanmeldung

25 Wird eine bereits zurückgewiesene Anmeldung erneut angemeldet, kann das Amt auf die Zurückweisung der vorherigen Anmeldung verweisen und sich auf die Prüfung beschränken, ob neue tatsächliche oder rechtliche Gesichtspunkte eine abweichende Beurteilung gebieten (→ Rn. 49 ff.). Der Anmelder sollte daher konkret darlegen, inwiefern eine Änderung der Sach- bzw. die Rechtslage eine Eintragung der Wiederholungsanmeldung gebietet (vgl. EuG BeckRS 2011, 80111 Rn. 28 ff. – INSULATE FOR LIFE). Dies ist insbesondere auch deshalb zu empfehlen, da die Kammern eine Beschwerde gegen die Zurückweisung einer

Widerholungsanmeldung tendenziell als unzulässig zurückweisen, wobei die rechtliche Grundlage hierfür nicht zweifelfrei erscheint (HABM GBK v. 16.11.2015 – R 1649/2011-G Rn. 14 ff. – SHAPE OF A BOTTLE (3D)).

IV. Umfang der Begründung bei relativen Eintragungshindernissen

1. Allgemein

Für die Begründung einer Entscheidung hinsichtlich relativer Eintragungshindernisse ist 26 ausreichend, dass die Beschwerdekammer die **Voraussetzungen** der geltend gemachten **Widerspruchs- bzw. Nichtigkeitsgründe** prüft (EuG 2.7.2015 – T-657/13 Rn. 31 ff. – ALEX T-600/11, BeckEuRS 2014, 752414 Rn. 22 ff. – Carrera panamericana; BeckRS 2012, 82585 Rn. 58 ff. – QUADRATUM; BeckRS 2012, 81116 Rn. 29–35 – KARRA/KARA; BeckRS 2011, 80730 Rn. 59 – D.ORIGEN TORO). Grundsätzlich genügt eine **knappe** Begründung. Das Amt kann sich auch bei der Prüfung relativer Eintragungshindernisse auf allgemein bekannte Tatsachen stützen, ohne diese zu belegen (EuG BeckRS 2013, 80605 Rn. 46 – KIMBO, die Frage wurde nicht erörtert in dem nachfolgenden Urteil EuGH C-285/13 P, BeckRS 2014, 81254). Es muss die Parteien zu den vom Amt in das Verfahren eingeführte Tatsachen aber ggf. hören (EuG T-489/13, BeckEuRS 2015, 436477 Rn. 96 – VINA ALBERDI; → Rn. 94).

2. Irrelevante Tatsachen

Das Amt muss nicht auf Argumente der Parteien eingehen bzw. Tatsachen prüfen, die 27 irrelevant für den Ausgang des Verfahrens sind.
- Wird das Bestehen einer Verwechslungsgefahr geprüft (Art. 8 Abs. 1 Buchst. b) und liegt eine Ähnlichkeit oder Identität der Waren und Dienstleistungen der angegriffenen Anmeldung zu einem Teil der Waren und Dienstleistungen der älteren Marke(n) und folglich eine Verwechslungsgefahr vor, muss das Amt **nicht** die weiteren **Waren und Dienstleistungen** der älteren Marke prüfen. Es genügt für den Erfolg des Widerspruchs, das eine Verwechslungsgefahr hinsichtlich eines Teil der Waren und Dienstleistungen der älteren Marke besteht (EuG 3.6.2014 – T-273/14 Rn. 24 – LITHOFIX; BeckEuRS 2009, 504116 Rn. 22 ff. – LA LIBERTÉ N'A PAS DE PRIX).
- Ist ein Widerspruch bzw. ein Nichtigkeitsantrag auf mehrere ältere Marken gestützt und ist dem Antrag schon in Bezug auf eine der älteren Marken vollumfänglich stattzugeben, muss das Amt nicht prüfen, ob dem Antrag auch hinsichtlich weiterer älterer Marken stattzugeben wäre.
- Bei der Verneinung einer Verwechslungsgefahr aufgrund **Zeichenunähnlichkeit** sind die **Unterscheidungskraft des älteren Zeichens** sowie die Frage einer Ähnlichkeit der sich gegenübersehenden Waren und Dienstleistungen nicht relevant. Das Amt muss die beigebrachten Nachweise für eine erhöhte Kennzeichnungskraft in diesem Fall nicht prüfen (EuGH BeckEuRS 2014, 747922 Rn. 50 – WESTERN GOLD; BeckRS 2011, 562136 Rn. 65–68 – TiMiKinderjoghurt; BeckRS 2010, 561856 Rn. 38 ff. – A+/AirPlus International; EuG BeckRS 2015, 80643 Rn. 10 – TPG POST; BeckRS 2012, 82080 Rn. 60 ff. – TUZZI; BeckRS 2012, 81732 Rn. 101 – COSMOBELLEZA).
- Fehlt es an jeglicher Ähnlichkeit aller sich gegenüberstehenden Waren und Dienstleistungen, ist eine Prüfung der weiteren Tatbestandsvoraussetzungen wie der Zeichenvergleich entbehrlich.
- Es ist grundsätzlich irrelevant, ob die **Eintragung der älteren Marke rechtsmissbräuchlich** war. Die UMV sieht keine solche Einrede vor (EuG BeckRS 2012, 80953 Rn. 30 f. – Kindertraum; anders aber hinsichtlich der Neuanmeldung zur Umgehung der Benutzungspflicht Entscheidung der HABM BK v. 13.2.2014 – R 1260/2013-2 – KABELPLUS). Der Anmelder bzw. Inhaber der angegriffenen Marke sollte in diesem Fall einen Nichtigkeitsantrag gegen die ältere Marke stellen und versuchen, das Verfahren gegen seine Anmeldung bzw. jüngere Unionsmarke bis zur Entscheidung über seinen Nichtigkeitsantrag auszusetzen.

Söder

- Das Amt muss nicht zwingend auf jedes einzelne Beweismittel eingehen, falls sich insgesamt aus der Entscheidung ergibt, weshalb die Beweise unzureichend sind (EuG v. 2.2.2016 – T-169/13 Rn. 31 ff. – MOTO B).

28 Problematisch ist die Abgrenzung relevanter von irrelevanten Tatsachen. Prüft die erste Instanz bestimmte Aspekte aus prozessökonomischen Gründen nicht, etwa die Benutzung der älteren Marke oder den Vergleich der Waren und Dienstleistungen da eine Verwechslungsgefahr aufgrund der Zeichenunähnlichkeit ausgeschlossen wird, so werden diese nicht geprüften Aspekte relevant, falls die höhere Instanz von einer Ähnlichkeit der Zeichen ausgeht (→ Rn. 37).

3. Waren- und Zeichenvergleich

29 Grundsätzlich hat das Amt im **Waren- und Dienstleistungsvergleich** alle angefochtenen Waren und Dienstleistungen mit denen der älteren Marken bzw. des älteren Rechts zu vergleichen. Wird eine Ähnlichkeit zu einem Teil der Waren oder Dienstleistungen des älteren Rechts und im Ergebnis eine Verwechslungsgefahr insofern festgestellt, ist irrelevant ob des Weiteren eine Ähnlichkeit und Verwechselungsgefahr hinsichtlich weiterer Waren und Dienstleistungen des älteren Rechts besteht (→ Rn. 27). Das Amt kann die Waren und Dienstleistungen in **homogene Gruppen** zusammenfassen und diese Gruppen miteinander vergleichen. Es muss nicht zwingend jede einzelne Ware und Dienstleistung miteinander verglichen werden (EuG T-489/13, BeckEuRS 2015, 436477 Rn. 44 ff., 97 – VIÑA ALBERDI). Unter Umständen genügt zur Begründung ein Verweis auf bereits ergangene Entscheidungen oder Urteile zur Ähnlichkeit der relevanten Waren und Dienstleistungen (EuG 2.7.2015 – T-657/13 Rn. 31 ff., 37 – ALEX; → Rn. 49 ff.).

30 Im Rahmen des **Zeichenvergleichs** hat das Amt zu erörtern aus welchen Gründen die Zeichen bildlich, klanglich oder begrifflich ähnlich bzw. unähnlich sind. Eine pauschale Feststellung ist nicht ausreichend (EuG T-595/10, BeckRS 2014, 81532 Rn. 20 ff. – RIPASSA).

31 Was den **klanglichen** Vergleich der Zeichen betrifft, kann die Kammer sich hinsichtlich der Aussprache der Zeichen auf allgemein bekannte Tatsachen stützen. Allerdings muss es der beeinträchtigten Partei grundsätzlich Gelegenheit geben, zu den der Entscheidung zu Grunde gelegten Tatsachen Stellung zu nehmen und zu widerlegen, dass es sich um eine allgemein bekannte Tatsache handelt (EuG T-489/13, BeckEuRS 2015, 436477 Rn. 56 ff., 97 – VIÑA ALBERDI).

32 **Beweismaterial**, das zum Nachweis einer fehlenden Unterscheidungskraft bestimmter Zeichenelemente beigebracht wird, ist vom Amt grundsätzlich zu berücksichtigen (EuG T-605/13, BeckEuRS 2014, 402960 Rn. 20 ff. – SOTTO IL SOLE ITALIANO SOTTO il SOLE). Hingegen hat das Amt nicht ausdrücklich zu erörtern, ob eines der Elemente des angemeldeten Zeichens **eine erhöhte Kennzeichnungskraft** hat, falls es feststellt, dass keines der Elemente des angemeldeten Zeichens zu vernachlässigen ist (EuG BeckRS 2012, 82036 Rn. 43 – BIMBO DOUGHNUTS die Frage wurde nicht erörtert in dem nachfolgenden Urteil EuGH v. 6.3.2014 – C-591/12 P).

4. Verschiedene Verbrauchergruppen

33 Wird bei der Prüfung des Bestehens einer Verwechslungsgefahr auf verschiedene Verbrauchergruppen im Zeichenvergleich abgestellt (zum Beispiel auf das Verständnis der englischsprachigen und nicht-englischsprachigen Verbraucher), so sind die verschiedenen Sichtweisen der Verbraucher auch in der Gesamtbewertung der Verwechslungsgefahr zu berücksichtigen (EuG T-170/12, BeckRS 2014, 81775 Rn. 92 – BEYOND VINTAGE).

5. Erhöhte Kennzeichnungskraft

34 Ist die Frage des Grades der Kennzeichnungskraft einer älteren Marke relevant (→ Rn. 27 dritter Spiegelstrich) muss das Amt zur Feststellung einer erhöhten Kennzeichnungskraft (eines Teils) des Zeichens grundsätzlich auf das **rechtzeitig eingereichte Beweismaterial** eingehen (EuG BeckRS 2012, 81133 Rn. 33 f. – AJ AMICI JUNIOR/AJ ARMANI JEANS). Es sollte aus der Entscheidung ersichtlich sein, dass das Amt die Unterlagen berück-

sichtigt und untersucht hat, ob diese eine erhöhte Unterscheidungskraft in Bezug auf die konkret relevanten Waren und Dienstleistungen zeigen (EuG T-389/11, BeckRS 2012, 81775 Rn. 20 – GUDDY). Dies gilt selbst dann, falls der Widersprechende bzw. Antragsteller nur vor der ersten Instanz mit einer erhöhten Kennzeichnungskraft aufgrund Bekanntheit argumentiert, diese Argumente aber nicht explizit vor der Beschwerdekammer wiederholt. Solange der Widersprechende bzw. der Antragsteller die Geltendmachung einer erhöhten Kennzeichnungskraft nicht explizit zurücknimmt, hat die Beschwerdekammer diesbezügliche Argumente und Beweismittel zumindest zur Kenntnis zu nehmen (EuG T-502/07, BeckEuRS 2011, 576213 Rn. 56 – McKENZIE). Entsprechendes gilt für Beweismaterial, das eingereicht wird, um eine besonders geringe Kennzeichnungskraft der älteren Marke nachzuweisen (EuG T-605/13, BeckEuRS 2014, 402960 Rn. 20 ff. – SOTTO IL SOLE ITALIANO SOTTO il SOLE).

Macht der Inhaber der älteren Marke eine erhöhte Kennzeichnungskraft **erstmalig vor** **35** **der Kammer** geltend und reicht **erstmalig** entsprechendes **Beweismaterial,** steht es im Ermessen der Kammer, ob es dieses als verspätet zurückweist. In diesem Fall muss die Kammer sich der Natur der Sache nach inhaltlich nicht zwingend mit dem Material auseinandersetzen; wohl aber muss die Kammer ihr Ermessen ausüben und begründen, weshalb es das verspätet eingereichte Material zurückweist oder aber zulässt (vgl. EuG T-249/13, BeckRS 2014, 81787 Rn. 18 ff. – DORATO; EuG BeckRS 2013, 81018 Rn. 27 ff. – zwei ineinander geflochtene Sicheln; → Rn. 44; → Art. 76 Rn. 952; → Art. 76 Rn. 114 ff.).

6. Koexistenz von Marken

Das EuG hob eine Entscheidung der Beschwerdekammer auf, da diese die Ausführungen **36** des Anmelders zu einer jahrelangen Koexistenz der Marken auf dem Portugiesischen Mark nicht beachtet und zur Relevanz der Koexistenz keine Stellung genommen hatte (EuG v. 21.7.2016 – T-804/14 Rn. 156 ff. – Tropical). Der Fall wurde zur erneuten Prüfung an die Kammer verwiesen (→ Art. 65 Rn. 58).

7. Rechtserhaltende Benutzung

Nach der derzeitigen Praxis prüft die Widerspruchsabteilung einen Vergleich der Waren **37** und Dienstleistungen und die Frage, ob eine ältere Marke rechtserhaltend benutzt wurde, bisweilen nicht, falls sie zu dem Ergebnis kommt, dass aufgrund der Unterschiede in den Zeichen keine Verwechslungsgefahr besteht (Art. 8 Abs. 1 Buchst. b; EUIPO-Richtlinien, Teil C Widerspruch, Abschnitt 6, 3.7.2). Ein solches Vorgehen ist nur dann rechtens, falls die Zeichen vollkommen unterschiedlich sind. Wird hingegen eine auch nur geringe, bildliche, klangliche oder begriffliche Ähnlichkeit der Zeichen festgestellt, so ist ein Waren- und Dienstleistungsvergleich und ggf. eine Prüfung der rechtserhaltenden Benutzung der älteren Marke vorzunehmen (HABM BK v. 5.6.2014 – R-1208/2103-5 Rn. 15 ff. – Zotal/Zoosal; → Rn. 54).

Grundsätzlich ist das Amt verpflichtet zu begründen, weshalb es beigebrachte **Benut-** **38** **zungsunterlagen** für **unerheblich** hält (ausführlich EuG BeckRS 2013, 82250 Rn. 43 ff. – HERBA SHINE; s. auch T-445/12, BeckRS 2014, 81981 Rn. 32 ff. – KW SURGICAL INSTRUMENTS).

Das Amt muss konkret darlegen, auf welche Beweisunterlagen die Feststellung einer rechts- **39** erhaltenden Benutzung gestützt ist. Eine pauschale Begründung, dass eine Benutzung nachgewiesen wurde genügt der Begründungspflicht nicht (EuG BeckRS 2014, 80621 Rn. 33 – EQUINET).

Das Amt muss die eingereichten Benutzungsunterlagen unter das **konkret eingetragene** **40** **Waren- und Dienstleistungsverzeichnis subsumieren** (EuG 16.6.2015 – T-660/11 Rn. 21 ff. – POLYTETRAFLON). Stellt es etwa pauschal fest, dass die Marke für „Finanzdienstleistungen, Bewertungs- und Forschungsdienstleistungen, Öffentlichkeitsarbeit und Unternehmensberatung" benutzt wurde und enthält der Wortlaut des Verzeichnisses diese konkreten Formulierungen nicht, fehlt es an einer hinreichenden Begründung der Entscheidung. Selbst falls die konkret eingetragenen Dienstleistungen unter diese Begriffe fallen können, lässt eine solche Begründung nicht erkennen, welche der registrierten Dienstleistungen damit gemeint sind (vgl. EuG BeckRS 2014, 80621 Rn. 25 ff. – EQUINET). Dabei sind die eingetragenen Waren und Dienstleistungen ggf. in Unterkategorien aufzuteilen und es ist zu untersuchen, ob eine Benutzung für alle Unterkategorien oder nur für einen Teil erfolgt ist. Nur falls die eingetragenen Begriffe so eng sind, dass keine Untergruppierung möglich ist, ist anzunehmen, dass eine Benutzung für die gesamte Kategorie erfolgt ist. Fehlt es der Entscheidung an einer solch detaillierten Analyse liegt grundsätzlich ein Begründungsmangel vor (EuG 16.6.2015 – T-660/11 Rn. 24 ff., 35 – POLYTETRAFLON).

41 Der Inhaber des älteren Rechts sollte konkret darlegen für welche der **eingetragenen Waren und Dienstleistungen die Marke benutzt wurde, um seiner Darlegungs- und Beweislast** zu genügen und einem Begründungsmangel vorzubeugen.

8. Art. 8 Abs. 5

42 Für die Bejahung von Art. 8 Abs. 5 genügt nicht, dass das Amt eine Bekanntheit der älteren Marke, eine gedankliche Verknüpfung der Anmeldung mit der älteren Marke und eine Wahrscheinlichkeit einer Beeinträchtigung der Wertschätzung der älteren Marke feststellt. Es muss zudem darlegen, ob eine ernsthafte und nicht nur hypothetische Gefahr besteht, dass die streitige Marke auf die Ausnutzung der Unterscheidungskraft und der Wertschätzung der älteren Marken gerichtet ist (EuG BeckRS 2012, 81881 Rn. 57 ff. – erkat).

43 Es genügt der Begründungpflicht, falls das Amt zur Feststellung einer Bekanntheit der älteren Marke auf die Marktpräsenz, das Publikum und das Gebiet der Benutzung abstellt (EuG BeckRS 2012, 82133 Rn. 61 ff. – EMIDIO TUCCI).

9. Verspätet eingereichte Unterlagen

44 Das Amt hat nach Art. 76 Abs. 2 ein **Ermessen,** verspätet eingereichte Unterlagen zu berücksichtigen. Dies hat es auszuüben. Das Gericht hat im vergangenen Jahr vermehrt Entscheidungen an die Beschwerdekammern zurückverwiesen, in denen Beweismaterial mit dem pauschalen Argument der Verspätung nicht berücksichtigt wurde (EuG BeckEuRS 2014, 407436 Rn. 55 ff. – Form eines Grashalms in einer Flasche). Eine implizite Ermessungsausübung ist nicht möglich (eingehend → Art. 76 Rn. 120).

V. Sonstige Fallgruppen

1. Auseinandersetzung mit Amtspraxis und Rechtsprechung

45 Häufig zitieren Parteien in Verfahren vor dem Amt pauschal Voreintragungen oder vermeintlich einschlägige Entscheidungen, um eine auf den Einzelfall anwendbare Amtspraxis nachzuweisen und eine identische Entscheidung aufgrund einer Selbstbindung der Verwaltung zu erreichen (→ Art. 76 Rn. 20; → Art. 83 Rn. 5).

46 Grundsätzlich muss des Amt in diesen Fällen nicht explizit auf die zitierten **Entscheidungen bzw. Voreintragungen** eingehen, solange die Entscheidung erkennen lässt, aus welchen Gründen die anderen Entscheidungen nicht einschlägig sind oder bei der Würdigung Berücksichtigung gefunden haben (EuGH BeckRS 2007, 70866 Rn. 67 ff. – Form einer Kunststoffflasche; EuG BeckRS 2014, 81186 Rn. 76 – Echte Kroatzbeere; BeckRS 2014, 80920 Rn. 49 – EXACT; BeckRS 2013, 80356 Rn. 16 ff. – MEDINET die Frage wurde nicht erörtert in dem nachfolgenden Urteil BeckRS 2014, 80734; BeckRS 2012, 81907 Rn. 17 ff. – Karomuster; BeckRS 2012, 82087 Rn. 28 – PENTEO; BeckRS 2012, 81177 Rn. 59 – ALLERNIL; BeckRS 2008, 70758 Rn. 53 ff. – Mozart; T-198/00, WRP 2002, 818 Rn. 36 – Kiss Device with plume). Regelmäßig beschränkt sich das Amt auf einen allgemeinen Hinweis, dass es an eine etwaige Amtspraxis nicht gebunden ist. Es muss aus der Entscheidung aber zumindest hervorgehen, dass das Amt die zitierten Entscheidungen und Voreintragungen gesehen hat (vgl. EuG T-378/13 Rn. 32 – English pink).

47 Je konkreter die Partei darlegt, dass tatsächlich eine Amtspraxis besteht und weshalb diese auf den Einzelfall Anwendung findet, desto eher macht der Vortrag eine spezifische Prüfung und Begründung seitens des Amtes erforderlich (vgl. EuGH BeckEuRS 2010, 513144 Rn. 73 ff. – 1000; EuG BeckRS 2013, 81390 Rn. 50 – NEO; BeckRS 2013, 81368 Rn. 50 – PURE POWER; BeckRS 2011, 81670 Rn. 17 ff. – TENNIS WAREHOUSE; → Rn. 9; → Art. 83 Rn. 5 ff.). Ignoriert das Amt den Vortrag völlig, obwohl dieser relevant ist, kann

neben einer Verletzung der Begründungspflicht auch eine Verletzung des Amtsermittlungsgrundsatzes vorliegen (→ Art. 76 Rn. 20 f.). Im Ergebnis ist das Amt zwar nicht an eine bestehende Praxis gebunden (→ Art. 83 Rn. 5), es muss sich bei einem dezidierten Vortrag der Parteien aber zumindest damit auseinandersetzen (EuGH BeckEuRS 2010, 513144 Rn. 73 ff. – 1000; EuG BeckRS 2013, 81368 Rn. 50 – PURE POWER).

Die Ausführungen gelten entsprechend für eine Auseinandersetzung des Amtes mit Urteilen des Gerichts und des Gerichtshofes. Das Amt ist nicht verpflichtet, sich mit jedem Urteil der EU-Rechtsprechung auseinanderzusetzen, solange die Entscheidung ausreichend begründet ist (vgl. EuG 2.7.2015 – T-657/13 Rn. 43 f. – ALEX). **48**

2. Verweise

Die Beschwerdekammer kann sich die Begründung der angefochtenen, erstinstanzlichen Entscheidung zu Eigen machen (EuG BeckRS 2012, 80953 Rn. 32 – Kindertraum). Zudem kann ein **Verweis auf** die Begründung anderer **Entscheidungen** bzw. **Urteile** ausreichen (EuGH BeckRS 2012, 80909 Rn. 116 – BOTOLIST, BOTOCYL; eingehend EuG 2.7.2015 – T-657/13 Rn. 31 ff., 37 – ALEX und T-489/13, BeckEuRS 2015, 436477 Rn. 18, 97 – VIÑA ALBERDI; T-599/11, BeckRS 2014, 81650 Rn. 31, 36 – EMI; zur **Wiederholungsanmeldung** → Rn. 25). Andererseits ist insbesondere bei einem Verweis auf nationale Urteile Vorsicht geboten. Ein Verweis kann die eigene Bewertung des Falles durch das Amt nicht ersetzen. Das Amt muss darlegen, weshalb es sich der Begründung einer Entscheidung oder eines Urteiles in einem anderen Fall anschließt (EuG T-501/13, GRUR Int 2016, 447 Rn. 39 ff., 42 – WINNETOU). **49**

Die Entscheidung der Kammer wurde im Fall Winnetou aufgehoben, da die Kammer lediglich auf die Feststellungen des Bundesgerichtshofes verwiesen hatte, ohne eine eigene Bewertung vorzunehmen. Eine Aufhebung hätte möglicherweise durch den ausdrücklichen Hinweis der Kammer, dass sie sich den Erwägungen des Bundesgerichtshofes anschließt, vermieden werden können. **49.1**

Ganz allgemein können **Dokumente,** die den Parteien übermittelt worden sind, durch Verweis zum Inhalt der Entscheidung und damit zur Begründung werden (vgl. EuGH C-45/11 P, BeckRS 2012, 80108 Rn. 62 – Kombination der Farben Grau und Rot; EuG BeckRS 2013, 82250 Rn. 51 f. – HERBA SHINE; BeckRS 2013, 80215 Rn. 108 – Carrelette manuelle; BeckRS 2011, 81836 Rn. 20 – Schinken King; BeckRS 2008, 70758 Rn. 48 – Mozart). Dies gilt insbesondere auch für den **Parteivortrag** (EuG BeckRS 2013, 82250 Rn. 41 – HERBA SHINE). **50**

Grundsätzlich hat ein **Verweis ausdrücklich** in den Entscheidungsgründen zu erfolgen (vgl. zum Parteivortrag EuG BeckRS 2013, 82250 Rn. 41 – HERBA SHINE), wobei keine zu hohen Anforderungen an den Verweis zu stellen sind. In der Regel genügt ein allgemeiner Verweis, zum Beispiel „wie die Widerspruchsabteilung zu Recht festgestellt hat" (vgl. EuG BeckRS 2013, 81018 Rn. 32 – zwei ineinander geflochtene Sicheln) oder die bloße Zitierung des einschlägigen Urteils (vgl. EuG T-489/13, BeckEuRS 2015, 436477 Rn. 18, 95 – VIÑA ALBERDI). Hinsichtlich der Begründung einer Beschwerdeentscheidung, die die erstinstanzliche Entscheidung vollumfänglich **bestätigt** wird zum Teil angenommen, dass die Begründung der erstinstanzlichen Entscheidung automatisch Teil der Beschwerdeentscheidung ist (so EuG T-326/14, BeckEuRS 2016, 473521 Rn. 24 – HOT JOKER; T-595/10, BeckRS 2014, 81532 Rn. 26 – RIPASSA; ähnlich BeckRS 2011, 81836 Rn. 19 ff. – Schinken King; strenger aber BeckRS 2010, 90810 Rn. 25 f. – Matratzen Concord). **51**

VI. Rechtsfolge

Hinsichtlich der Rechtsfolge ist danach zu unterscheiden, in welcher Instanz ein Begründungsmangel vorliegt bzw. gerügt wird. **52**

Ein **Begründungsmangel** in einer Entscheidung der **ersten Instanz** (zB durch den Prüfer, die Widerspruchs- oder die Löschungsabteilung) kann durch eine angemessene Begründung seitens der **Beschwerdekammer geheilt** werden. Dies folgt aus der funktionalen Kontinuität zwischen der ersten Instanz und den Beschwerdekammern (vgl. Art. 64 Abs. 1). Die Kammer muss den Beteiligten allerdings ggf. die Gelegenheit geben, zu neuen Gründen Stellung zu nehmen (→ Rn. 64 f., → Rn. 78 ff., → Rn. 91, → Rn. 99). **53**

54 Alternativ kann die Kammer die Sache an die erste Instanz zurückverweisen. Insbesondere besteht die Tendenz zu einer Zurückweisung der Sache, falls die erstinstanzliche Entscheidung sich **nicht mit Beweismitteln auseinandersetzt** (zB fehlende Analyse einer Verkehrsdurchsetzung iSd Art. 7 Abs. 3; fehlende Prüfung von Beweismittel zu einer rechtserhaltenden Benutzung der älteren Marke → Rn. 37 ff., ihrer Bekanntheit → Rn. 42 ff. oder einer erhöhten Unterscheidungskraft → Rn. 34 ff.), einen Widerspruch zurückweist, ohne **alle geltend gemachten älteren Rechte zu berücksichtigen**, auf einen Vergleich der Waren und Dienstleistungen unzulässiger Weise verzichtet oder bei **Zurückweisung der Anmeldung wegen absoluter Eintragungshindernisse** keine Analyse hinsichtlich der konkret beanspruchten Waren und Dienstleistungen vornimmt (HABM BK v. 8.9.2014 – R 660/2014-5 Rn. 11 ff. – Active Touch).

55 Ein positiver Nebeneffekt bei einer Zurückverweisung an die erste Instanz ist, dass die Kammer die Zurückerstattung der Beschwerdegebühr nach Regel 51 Buchst. b GMDV anordnen kann (vgl. HABM BK v. 8.9.2014 – R 660/2014-5 Rn. 30 – Active Touch; v. 24.4.2012 – R 1798/2011-2 Rn. 40 – ACQUIA/AKOYA et al.; v. 22.3.2012 – R 1359/2011-2 Rn. 12 ff. – REBBL/REBEL; v. 12.1.2012 – R 842/2011-1 – CITRONIC/CYTRON; v. 17.6.2003 – R 813/2001-4 Rn. 16 – Telecom Europa).

56 Die Verletzung der Begründungspflicht ist ein Klagegrund iSd Art. 65 Abs. 2. **Vor Gericht** kann das Amt grundsätzlich **keine Gründe nachschieben** (EuG T-378/13 Rn. 35 – English pink; BeckRS 2010, 90810 Rn. 23 – MATRATZEN CONCORD). Das Gericht hebt die angefochtene Entscheidung im Falle eines Begründungsmangels in der Regel auf, **es sei denn,** dass die Kammer erneut eine Entscheidung mit **gleichem Inhalt** erlassen müsste (EuG BeckRS 2011, 81635 – Rn. 63 ff., insbesondere Rn. 81 – RESTORE; T-502/07, BeckEuRS 2011, 576213 Rn. 66 – McKENZIE; GRUR Int 2004, 328 Rn. 97 – TDI).

B. Anspruch auf rechtliches Gehör (S. 2)

I. Inhalt

57 Art. 75 S. 2 regelt den Anspruch der Beteiligten auf rechtliches Gehör. Die Entscheidungen des Amtes dürfen nur auf Gründe gestützt werden, zu denen sich die Beteiligten äußern konnten.

58 Art. 75 S. 2 ist eine Ausgestaltung des **Grundsatzes des Schutzes der Verteidigungsrechte,** der in Art. 41 Abs. 2 EU-GRCharta niedergelegt ist (ABl. EU 2010 C 83, 389). Nach diesem Grundsatz müssen Adressaten behördlicher Entscheidungen, deren Interesse durch die Entscheidung spürbar berührt sind, die Gelegenheit erhalten, ihren Standpunkt gebührend darzulegen (EuGH BeckRS 2012, 81822 Rn. 74 – Schokoladenmaus; GRUR Int 2005, 227 Rn. 21 – Orange; EuG BeckRS 2012, 81207 Rn. 70 – CIRCON; 16.7.2015 – T-631/14 Rn. 20 – Nuance der Farbe Rot für Schuhsohle).

59 Der Grundsatz rechtlichen Gehörs kommt außerdem für die Prüfung **absoluter Eintragungshindernisse** in **Art. 37 Abs. 3,** für die Prüfung **relativer Eintragungshindernisse** in **Art. 42 Abs. 1, in Regel 16a GMDV und in Regel 20 Abs. 2 GMDV** und für die Beschwerde in **Art. 63 Abs. 2, Regel 50 Abs. 1 iVm Regel 20 GMDV** zum Ausdruck.

60 Die Parteien berufen sich bisweilen auf eine Verletzung des Anspruchs auf rechtliches Gehör, falls ihre **Argumente** bzw. die von ihnen eingereichten **Dokumente keine Berücksichtigung in der Entscheidung** des Amtes **gefunden** haben. In der Regel handelt es sich aber um keine Verletzung des Anspruchs auf rechtliches Gehör, da die Partei grundsätzlich angehört wurde (vgl. EuG v. 1.6.2015 – T-240/15 Rn. 62 – 3D:Chocolate). Ein **völliges Übersehen** des Vortrages kommt allerdings einer Nichtanhörung gleich (aber → Rn. 68). Daneben kommt ein Verstoß gegen den Amtsermittlungsgrundsatz (→ Art. 76 Rn. 34 zu Art. 76 Abs. 1) oder eine **Verletzung der Begründungspflicht** (Art. 75 S. 1) in Betracht (→ Rn. 34, → Rn. 38; → Art. 80 Rn. 19 ff.; HABM BK v. 18.4.2014 – R 1904/2014-5 Rn. 14 ff. – Dualproof).

II. Umfang

1. Tatsächliche und rechtliche Gesichtspunkte

Die Beteiligten müssen zu allen tatsächlichen und rechtlichen Gesichtspunkten sowie zu 61 etwaigen **Beweisen** gehört werden, die die Grundlage der Entscheidungsfindung bilden (EuG 16.7.2015 – T-631/14 Rn. 20 – Nuance der Farbe Rot für Schuhsohle; BeckRS 2013, 80818 Rn. 56 ff. – Form einer Flasche mit einer reliefartigen Abbildung; BeckRS 2012, 81207 Rn. 70 – CIRCON; GRUR Int 2007, 330 Rn. 24, 26, 27 – Form einer Gitarre).

Im Falle **absoluter Eintragungshindernisse** muss das Amt den Anmelder über die 62 Gründe der Zurückweisung informieren und ihm Gelegenheit geben, hierzu Stellung zu nehmen (vgl. Art. 37 Abs. 3). Der Prüfer sendet dem Anmelder in der Regel eine vorläufige Beanstandung der Anmeldung und räumt eine zweimonatige Stellungnahmefrist ein, die einmalig auf Antrag verlängert wird. Insbesondere ist der Anmelder in der Beanstandung über von Amts wegen ermittelte Tatsachen zu informieren (Fallgruppen → Rn. 72).

In **mehrseitigen Verfahren** ist das Amt nach Art. 76 Abs. 1 auf das Vorbringen und die 63 Anträge der Beteiligten beschränkt, so dass in der Regel keine **Tatsachen** von Amts wegen recherchiert werden. Prüft das Amt Rechtsfragen oder (allgemein bekannte) Tatsachen, die nicht von den Parteien vorgetragen wurden, ist den Parteien grundsätzlich Gelegenheit zur Stellungnahme zu geben (→ Rn. 94). Hiervon unabhängig muss das Amt einer Partei sämtliche Dokumente und Unterlagen, die von der jeweils anderen Partei eingereicht wurden, weiterleiten und sie zu den relevanten Tatsachen und rechtlichen Argumenten hören (vgl. Regel 69 GMDV; Fallgruppen → Rn. 84 ff.). Von der Zustellung kann abgesehen werden, falls das Schriftstück kein neues Vorbringen enthält und die Sache entscheidungsreif ist (Regel 69 S. 2 GMDV).

Bei einer **Beschwerde** im **zweiseitigen Verfahren** muss die Kammer die Beschwerdebe- 64 gründung und die Beschwerdeerwiderung der jeweils anderen Partei übermitteln und ihr Gelegenheit geben, hierzu Stellung zu nehmen (Regel 50 Abs. 1 iVm Regel 20 Abs. 2 GMDV). Auch alle anderen von den Parteien eingereichten Dokumente müssen zumindest der anderen Partei zur Kenntnis gereicht werden. Wird von dem Beschwerdegegner eine Anschlussbeschwerde nach Art. 60 Abs. 2 erhoben (→ Art. 60 Rn. 26), hat die Kammer den Beschwerdeführer (Anschlussbeschwerdegegner) grundsätzlich zur Anschlussbeschwerde zu hören.

Zu **Tatsachen,** zu denen die Beteiligten bereits in der **vorherigen Instanz** Stellung 65 nehmen konnten, **müssen** sie **nicht** erneut **gehört** werden (EuGH GRUR-RR 2008, 335 Rn. 92 – Aire Limpio; EuG BeckRS 2013, 82011 Rn. 26 ff. – PROSEPT; BeckRS 2013, 80244 Rn. 21 f. – MEDIGYM; T-198/00, WRP 2002, 818 Rn. 36 ff. – Kiss Device with plume). Wurde ein Beteiligter innerhalb des Verfahrens vor der ersten Instanz nicht gehört, ist ein Verstoß regelmäßig durch die Möglichkeit zur Stellungnahme im Rahmen der Beschwerdebegründung geheilt (→ Rn. 102 f.). Schließlich muss das Amt den Beteiligten seine **finale Rechtsposition nicht vorab mitteilen** (EuG BeckRS 2013, 82011 Rn. 26 ff. – PROSEPT; BeckRS 2013, 80605 Rn. 45 – KIMBO, die Frage wurde nicht erörtert in dem nachfolgenden Urteil EuGH C-285/13 P, BeckRS 2014, 81254 Rn. 27 – BELLRAM; → Rn. 91). So muss das Amt dem Anmelder nicht vor Entscheidungsfindung mitteilen, ob eine Beschränkung des Anmeldeverzeichnisses als zulässig erachtet wird (EuG BeckRS 2015, 80859 Rn. 40 ff. – Form eines zylindrischen, weiß-roten Gefäßes).

2. Auswirkungen auf das Entscheidungsergebnis

Eine **Verletzung** der **Verteidigungsrechte** führt nur dann zur Aufhebung der Entschei- 66 dung, **falls** das **Verfahren** bei Beachtung der Verteidigungsrechte der Beteiligten möglicherweise **zu einem anderen Ergebnis geführt hätte** (EuGH BeckRS 2012, 81822 Rn. 80 – Schokoladenmaus; EuG 16.7.2015 – T-631/14 Rn. 21 ff. – Nuance der Farbe Rot für Schuhsohle; 15.7.2015 – T-215/13 Rn. 77 – Recticel (Lambda); eingehend EuG 5.5.2015 – T-715/13 Rn. 81 ff. – Castello; BeckRS 2014, 80607 Rn. 32 ff. – Fleet Data Services und Truck Data Services; BeckEuRS 2013, 728098 Rn. 76 – VORTEX; T-410/07, BeckRS 2009, 70499 Rn. 32 – JURADO).

67 Unschädlich ist, falls die Beteiligten zu Nachweisen, die das Amt von Amts wegen ermittelt hat, nicht gehört werden, solange diese **Nachweise nur zur Bestätigung** der Beurteilung des Amtes oder als **Hilfsbegründung** angeführt werden (zB zusätzliche Nachweise zur Untermauerung einer fehlenden Unterscheidungskraft der Anmeldung, s. EuGH GRUR Int 2005, 227 Rn. 46 ff. – Orange; EuG T-371/11, BeckRS 2012, 82034 Rn. 50 ff. – CLIMA COMFORT; GRUR Int 2005, 908 Rn. 63 ff. – TOP; T-198/00, WRP 2002, 818 Rn. 22 ff. – Kiss Device with plume). Für eine Verletzung des Anspruchs auf rechtliches Gehör, muss der Gesichtspunkt, zu dem die Beteiligten nicht gehört wurden, einen **Ausgangspunkt** der Entscheidung bilden (GRUR Int 2007, 330 Rn. 54, 55 – Form einer Gitarre), **der nicht hinweggedacht werden kann.**

68 Unschädlich ist auch, falls der Betroffene sich bei Anhörung **nicht sachgerechter verteidigen** und somit die Entscheidung nicht hätte beeinflussen **können.** Dies ist etwa der Fall, falls
- der Betroffene lediglich rügt, zu einer Feststellung nicht gehört worden zu sein, diese an sich aber gar nicht in Abrede stellt (vgl. EuG BeckRS 2014, 80607 Rn. 34 f. – Fleet Data Services und Truck Data Services);
- eine Partei nicht zu einer Stellungnahme der Gegenseite gehört wird, auf die sich die Entscheidung nicht stützt, etwa weil sie verspätet eingereicht wurde (→ Rn. 87);
- eine Stellungnahme vom Amt übersehen wird, die keine neuen Argumente enthält, die zu einem abweichenden Ergebnis hätten führen können (EuG BeckRS 2015, 80963 Rn. 17 ff. – HOT);
- weitere Dokumente ohnehin als verspätet zurückzuweisen wären, zB im Falle eines verspäteten Prioritätsnachweises (EuG 26.6.2015 – T-186/12 Rn. 88 ff. – LUCEA LED).

III. Beweislast

69 Nach ständiger Rechtsprechung des EuG haben **grundsätzlich die Parteien** darzulegen (und ggf. nachzuweisen), dass eine Verletzung ihrer Verteidigungsrechte vorliegt (EuG 15.7.2015 – T-215/13 Rn. 80 – Recticel (Lambda); BeckRS 2009, 71377 Rn. 41 ff. – Stella; GRUR Int 2010, 54 Rn. 63 – OKATECH).

70 In wenigen Fällen hat das EuG abweichend festgestellt, dass es **dem Amt obliege, nachzuweisen,** dass es seinen Verpflichtungen genügt hat (EuG BeckRS 2012, 81207 Rn. 72 – CIRCON). Es ist den **Parteien** dennoch **zu empfehlen,** eine **Verletzung** ihrer Verteidigungsrechte **ausführlich darzulegen und ggf. Nachweise beizubringen.**

71 Eine Verletzung des Rechts auf rechtliches Gehör in der ersten Instanz muss vor der Beschwerdekammer geltend gemacht werden. Eine erstmalige Geltendmachung vor dem EuG ist nicht möglich, da das Gericht auf die Kontrolle der Rechtmäßigkeit der Beschwerdekammerentscheidung beschränkt ist (EuG 15.7.2015 – T-215/13 Rn. 77 – Recticel (Lambda); BeckRS 2013, 80132 Rn. 60 ff. – FUN). Dies gilt entsprechend für eine Verletzung des rechtlichen Gehörs durch die Beschwerdekammer, die vor dem EuG geltend zu machen ist. Eine erstmalige Geltendmachung vor dem EuGH ist nicht möglich, da dieser die Rechtmäßigkeit des Urteils des EuG überprüft.

IV. Fallgruppen bei absoluten Eintragungshindernissen

1. Von Amts wegen ermittelte Tatsachen

72 Recherchiert das Amt im **Internet,** um zB nachzuweisen, dass es einer Anmeldung an **Unterscheidungskraft** fehlt, so muss es den Anmelder grundsätzlich zu den Nachweisen hören. Das Amt recherchiert insbesondere bei Farbanmeldungen, 3D-Anmeldungen oder Wortneuschöpfungen, inwiefern die angemeldete Farbe, Form oder das Wort auf dem relevanten Markt verwendet wird, um festzustellen, ob sie/es als Herkunftshinweis erkannt wird (vgl. EuGH GRUR Int 2005, 227 Rn. 43 – Orange; EuG GRUR Int 2007, 330 Rn. 4 – Form einer Gitarre; HABM BK v. 8.1.2015 – R 119/2014-5 – EUV). Da sich der Inhalt eines Internetlinks jederzeit ändern kann, muss das Amt dem Anmelder den **Inhalt der Internetseiten** selbst übermitteln (EuG BeckRS 2013, 80132 Rn. 54 ff. – FUN; GRUR Int 2007, 330 Rn. 24 ff. – Form der Gitarre; GRUR Int 2005, 908 Rn. 60 ff. – TOP).

Die **Verletzung** des Anspruchs auf rechtliches Gehör greift **nicht** durch, falls die Kammer 73
die Entscheidung lediglich **ergänzend** auf eine **Internetrecherche** stützt, zu der der Anmelder nicht gehört wurde (EuG BeckRS 2013, 80818 Rn. 59 – Form einer Flasche mit einer reliefartigen Abbildung; T-216/02, GRUR Int 2004, 653 Rn. 39 ff. – LOOKS LIKE GRASS ... FEELS LIKE GRASS ... PLAYS LIKE GRASS; → Rn. 66 f.).

Nicht übermittelt werden müssen **Kopien** von allgemein zugänglichen Informationsquellen wie **Büchern** (EuG BeckRS 2013, 80244 Rn. 25 – MEDIGYM). Unschädlich ist auch, 74
falls die Kammer die Bedeutung einer Anmeldung, die bereits vom erstinstanzlichen Prüfer genannt wurde, durch **Wörterbuchauszüge** nachweist. In diesem Fall hatte der Anmelder bereits Gelegenheit, zur Bedeutung der Anmeldung Stellung zu nehmen (EuG BeckRS 2010, 91079 Rn. 15 ff. – packaging; GRUR Int 2005, 908 Rn. 63 ff. – TOP). Außerdem hätte sich der Anmelder in diesen Fällen regelmäßig nicht besser verteidigen können, falls ihm die relevante Quelle übermittelt worden wäre (vgl. EuG BeckRS 2011, 81635 Rn. 70 – RESTORE).

Stützt das Amt die Zurückweisung der Anmeldung auf eine **allgemein bekannte Tatsache** (zur Definition → Art. 76 Rn. 8 ff.), muss es diese nicht nachweisen (→ Rn. 24). Tut 75
es dies dennoch, so ist der Nachweis kein notwendiger Bestandteil der Begründung der Zurückweisung der Anmeldung (vgl. EuG BeckRS 2013, 80818 Rn. 59 ff. – Form einer Flasche mit einer reliefartigen Abbildung; GRUR Int 2005, 908 Rn. 65 ff. – TOP). Eine Verletzung des Anspruchs auf rechtliches Gehör greift in diesen Fällen also grundsätzlich nicht durch. So muss das Amt den Anmelder für die Zurückweisung einer Anmeldung nach Art. 7 Abs. 1 Buchst. b und c nicht dazu hören, dass ein Wort bzw. eine Wortzusammensetzung oder die Form einer weit verbreiten Packung üblich sind (vgl. EuG BeckRS 2013, 80818 Rn. 59 – Form einer Flasche mit einer reliefartigen Abbildung; T-346/07, BeckEuRS 2008, 486358 Rn. 79 ff. – EASYCOVER; GRUR Int 2005, 908 Rn. 65 – TOP). Dies bedeutet allerdings nicht, dass der Anmelder nicht zur allgemein bekannten Tatsache an sich zu hören ist, dem es unbenommen bleibt zu widerlegen, dass es sich überhaupt um eine allgemein bekannte Tatsache handelt (EuG 29.6.2015 – T-618/14 Rn. 28 aE – Form einer mexikanischen Tortilla; → Rn. 94).

2. Angaben aus dem Anmeldeformular

Das Amt muss dem Anmelder bei Zurückweisung einer Anmeldung aufgrund absoluter 76
Eintragungshindernisse nicht zu Umständen hören, die sich aus der Anmeldeakte ergeben und die die Anmelderin kannte (zB Wiedergabe der Anmeldung im Anmeldeformular). Es kann sämtliche Angaben aus dem Anmeldeformular heranziehen, ohne dem Anmelder Gelegenheit zu geben, sich hierzu zu äußern (EuG T-198/00, WRP 2002, 818 Rn. 20 – Kiss Device with plume).

3. Zurückweisung einer Anmeldung aufgrund zusätzlicher absoluter Eintragungshindernisse

Die Kammer kann die Zurückweisung einer Anmeldung auf andere oder weitere Gründe 77
stützen als der Prüfer in der ersten Instanz. Dies folgt aus der funktionalen Kontinuität zwischen der ersten Instanz und den Beschwerdekammern (vgl. Art. 64 Abs. 1; zu zweiseitigen Verfahren EuG BeckRS 2012, 81207 Rn. 93 f. – CIRCON).

Stützt die Beschwerdekammer die Zurückweisung auf **absolute Eintragungshindernisse**, auf die die Entscheidung des Prüfers in der ersten Instanz nicht gestützt ist, muss der 78
Kammer den Anmelder zu dem neuen Eintragungshindernis hören (EuG BeckEuRS 2000, 352017 – Form einer Seife).

Die **Verletzung** des Anspruchs auf rechtliches Gehör **greift** aber **nicht durch,** falls die 79
Kammer lediglich **zusätzlich** zu dem Zurückweisungsgrund des Prüfers der ersten Instanz einen weiteren Zurückweisungsgrund anführt und die Entscheidung auch ohne den zusätzlichen Grund zur Zurückweisung der Anmeldung führte. Dies hängt davon ab, welches Eintragungshindernis zusätzlich angeführt wird und ob der ursprünglich in der erstinstanzlichen Entscheidung genannte Zurückweisungsgrund tatsächlich begründet ist:

Stützt der Prüfer der ersten Instanz die Zurückweisung der Anmeldung auf Art. 7 Abs. 1 80
Buchst. b und/oder c und macht die Kammer zusätzlich **Art. 7 Abs. 1 Buchst. e** geltend,

so ist der Anmelder anzuhören. Das Eintragungshindernisse iSd **Art. 7 Abs. 1 Buchst. e** geht in der Rechtsfolge über Art. 7 Abs. 1 Buchst. b und c hinaus. Im Gegensatz zu Art. 7 Abs. 1 Buchst. b und c können die Eintragungshindernisse nach Art. 7 Abs. 1 Buchst. e nicht durch den Nachweis einer erlangten Unterscheidungskraft iSd Art. 7 Abs. 3 überwunden werden (vgl. EuG BeckEuRS 2000, 352017 – Form einer Seife). Das Ergebnis der Entscheidung ist somit, selbst falls auch die Eintragungshindernisse nach Art. 7 Abs. 1 Buchst. b und c bestehen, ein anderes. Gleiches muss grundsätzlich für eine zusätzliche Zurückweisung nach Art. 7 Abs. 1 Buchst. a UMV gelten. Allerdings liegt **keine Verletzung** des rechtlichen Gehörs vor, **falls die Erwägungen** zu Art. Art. 7 Abs. 1 Buchst. a oder e UMV **lediglich am Rande** erfolgen und die Zurückweisung letztlich nicht hierauf gestützt wird (EuG BeckRS 2013, 81459 Rn. 14 – Rote Schnürsenkelenden).

81 Hat der Prüfer die Zurückweisung der Eintragung ausschließlich auf **Art. 7 Abs. 1 Buchst. b** (fehlende Unterscheidungskraft) gestützt und stellt die Kammer **zusätzlich** auch auf **Art. 7 Abs. 1 Buchst. c** (beschreibender Charakter) ab, ohne dass der Anmelder hierzu gehört wurde, liegt zwar grundsätzlich eine Verletzung des rechtlichen Gehörs vor. Die Verletzung greift aber in der Regel nicht durch, da das Ergebnis der Entscheidung auch bei Nichtprüfung des zweiten Zurückweisungsgrundes identisch gewesen wäre. Die Anmeldung wäre in jedem Fall als nicht unterscheidungskräftig zurückgewiesen gewesen. Das Bestehen eines relativen Eintragungshindernisses ist für die Zurückweisung einer Anmeldung ausreichend (vgl. EuG LMRR 2002, 16 Rn. 13 ff. – LITE; → Rn. 67).

82 Gleiches gilt, falls der Prüfer eine Zurückweisung zunächst auf den beschreibenden Charakter einer Anmeldung (Art. 7 Abs. 1 Buchst. c) stützt und die Kammer die Zurückweisung **zusätzlich** mit einer fehlenden Unterscheidungskraft der Anmeldung (Art. 7 Abs. 1 Buchst. b) begründet. Die Verletzung des Anspruchs rechtlichen Gehörs greift nur durch, falls die Anmeldung nicht beschreibend ist (EuG GRUR Int 2010, 993 Rn. 34 f. – Golden Toast; GRUR Int 2002, 592 Rn. 17 ff. – EuroCOOL).

83 Die vorstehenden Ausführungen finden entsprechend in der ersten Instanz Anwendung, falls der Prüfer die Anmeldung zunächst gestützt auf einen bestimmten Grund beanstandet und diesen dann in der erstinstanzlichen Entscheidung ändert oder ergänzt. Vor Treffen der Entscheidung ist der Anmelder nach den vorstehenden Grundsätzen ggf. zu hören (s. EUIPO-Richtlinien, Teil B, Prüfung, 1.1 aE 1.2). Die Verletzung wird allerdings regelmäßig durch die Möglichkeit in der Beschwerdebegründung zu dem zusätzlichen Zurückweisungsgrund Stellung zu nehmen geheilt (→ Rn. 102 f.).

V. Fallgruppen bei relativen Eintragungshindernissen

1. Weiterleitung von Dokumenten

84 Grundsätzlich hat das Amt in zweiseitigen Verfahren die von einer Partei eingereichten Unterlagen der jeweils anderen Partei weiterzuleiten **und** ggf. die Gelegenheit einzuräumen, hierzu Stellung zu nehmen (vgl. Art. 42 Abs. 1, Regel 16a, Regel 69; Regel 50 Abs. 1 iVm Regel 20 GMDV; vgl. hierzu EuG 5.5.2015 – T-715/13 Rn. 77 – Castello; BeckRS 2014, 81170 Rn. 33 ff. – HEATSTRIP; BeckRS 2012, 81207 Rn. 71 – CIRCON; BeckRS 2012, 81461 Rn. 23 ff. – 100% Capri).

85 Beruht eine Entscheidung des Amtes auf von einem Verfahrensbeteiligten vorgelegte Beweise, für die nicht nachgewiesen ist, dass sie dem anderen Beteiligten vollständig und ohne Änderung übermittelt worden sind, ist der Anspruch auf rechtliches Gehör grundsätzlich verletzt (EuG 5.5.2015 – T-715/13 Rn. 68 ff. – Castello; BeckRS 2012, 81207 Rn. 70 – CIRCON). Die **Beweislast** trägt insoweit das **Amt** (vgl. Regel 68 GMDV; EuG BeckRS 2012, 81207 Rn. 81 – CIRCON).

86 Stellt das Amt zB eine **rechtserhaltende Benutzung** der Widerspruchsmarke aufgrund von Unterlagen fest, die die Widersprechende eingereicht hat, muss es diese an den Anmelder zuvor weitergeleitet und ihm die Gelegenheit gegeben haben, hierzu Stellung zu nehmen (EuG BeckRS 2012, 81207 Rn. 73 ff. – CIRCON). Die übermittelten Dokumente **müssen lesbar sein.**

87 Werden im Laufe des Verfahrens Verlängerungsurkunden zum Nachweis des Bestehens eines entscheidungserheblichen älteren Rechts eingereicht, ist dem Anmelder die Urkunde weiterzuleiten und er ist hierzu zu hören (EuG 5.5.2015 – T-715/13 Rn. 81 ff. – Castello).

Stellungnahmen, die von den Parteien **nach Abschluss des schriftlichen Verfahrens** 88
unaufgefordert eingereicht werden und **auf die sich die Entscheidung** folglich **nicht stützt,** müssen vom Amt **nicht** an die jeweils andere Partei weitergeleitet werden. Da die Stellungnahme vom Amt nicht in die Entscheidungsfindung einbezogen wird, hätte sich die Gegenseite insofern nicht besser verteidigen können, selbst falls sie hierzu gehört worden wäre (EuG 16.7.2015 – T-631/14 Rn. 20 ff., 25 – Nuance der Farbe Rot für Schuhsohle). Sollte das Amt die Stellungnahme im Ausnahmefall jedoch für relevant halten, ist sie der anderen Partei zuzustellen und ihr ist Gelegenheit zu Stellungnahme einzuräumen.

Schränkt der Anmelder seine Anmeldung aufgrund eines Widerspruches ein und erklärt 89
der Widersprechende, dass der Widerspruch dennoch aufrechterhalten wird, so kann die Widerspruchsabteilung über den Widerspruch direkt entscheiden. Sie muss dem Anmelder nicht erneut die Möglichkeit einräumen, seine Anmeldung weiter zu beschränken. Auch eine **fehlende Weiterleitung der Absicht des Widersprechenden, den Widerspruch aufrecht** zu **erhalten** an den Anmelder verletzt nach dem EuG nicht das Recht des Anmelders auf rechtliches Gehör (EuG T-750/14, BeckRS 2016, 81010 Rn. 37 ff. – ELGO).

2. Anhörung zu Argumenten der anderen Partei

Bringt eine der Parteien in zweiseitigen Verfahren Argumente oder Tatsachen vor, auf die 90
sich das Amt in der Entscheidung stützt, hat sie der anderen Partei die **Gelegenheit** zu geben, hierzu **Stellung zu nehmen.** Auch wenn sich der Anmelder zB in seiner Beschwerdebegründung bereits zur Kennzeichnungskraft der älteren Marke geäußert hat, muss er erneut gehört werden, falls die Beschwerdekammer bei ihrer Bejahung des Vorliegens einer Kennzeichnungskraft der älteren Marke die **Wortwahl des Widersprechenden** in einem ihrem Schriftsätze übernimmt, zu dem der Anmelder keine Stellung nehmen konnte (EuG BeckRS 2012, 81461 Rn. 36 – 100% Capri).

Der Beschwerdekammer steht es frei, die Beteiligten so oft wie erforderlich aufzufordern 91
(zu bestimmten Gesichtspunkten) Stellung zu nehmen. Wird eine Stellungnahme eingereicht, ist der jeweils anderen Partei grundsätzlich ebenfalls Gelegenheit zur Stellungnahme einzuräumen. Nicht erforderlich ist, dass die Kammer die Beteiligten zugleich auffordert, zu einer Amtsmitteilung Stellung zu nehmen (EuG BeckRS 2014, 81170 Rn. 33 ff. – HEATSTRIP).

3. Nichtentscheidungserhebliche Tatsachen

Bei der Prüfung relativer Eintragungshindernisse müssen die Beteiligten nicht zu Gesichts- 92
punkten gehört werden, die nicht relevant sind. Zum Beispiel müssen die Beteiligten nicht zum **Aufmerksamkeitsgrad der Verbraucher** gehört werden, falls die Zeichen unabhängig vom Grad der Aufmerksamkeit der Verbraucher unähnlich sind (EuG BeckRS 2005, 70282 Rn. 67 – CALPICO). In diesen Fällen wäre das Amt auch bei Anhörung der Beteiligten notwendigerweise zu demselben Ergebnis gelangt.

4. Stützung der Entscheidung auf ein anderes älteres Recht

Ist ein Widerspruch auf mehrere ältere Rechte gestützt, so kann die Beschwerdekammer 93
ihre Entscheidung auf ein älteres Recht stützen, das von der Widerspruchsabteilung nicht berücksichtigt wurde. Da der Anmelder regelmäßig bereits erstinstanzlich Gelegenheit hatte zur Begründetheit des Widerspruchs insgesamt und damit zu allen geltend gemachten älteren Rechten Stellung zu nehmen, ist die Kammer nicht verpflichtet, die Beteiligten über ihre Absicht zu unterrichten, im Rahmen ihrer Prüfung der Verwechslungsgefahr eine der älteren Marken oder alle älteren Marken zu berücksichtigen (EuG T-278/10 R, BeckEuRS 2015, 456111 Rn. 54 ff. – WESTERN GOLD; BeckRS 2013, 80069 Rn. 27 ff. – BELLRAM).

5. Allgemein bekannte Tatsachen und Rechtsfragen

Nach Art. 76 Abs. 1 S. 2 ist das Amt grundsätzlich in der Ermittlung des Sachverhalts auf 94
das Vorbringen und die Anträge der Beteiligten beschränkt. Es kann sich allerdings in der Entscheidung auf **allgemein bekannte Tatsachen** (→ Art. 76 Rn. 54 ff.) stützen, die nicht von den Parteien vorgetragen wurden. In diesem Fall ist die benachteiligte Partei grundsätzlich zu den vom Amt ins Verfahren eingeführten Tatsachen zu hören, der es frei steht zu

wiederlegen, dass es sich um eine allgemeine Tatsache handelt oder einen Verstoß gegen die Neutralitätspflicht zu rügen (EuG T-631/14, BeckEuRS 2015, 436477 Rn. 96 – VIÑA ALBERDI). Der Anmelder wird konkret vortragen müssen, weshalb die Tatsache nicht allgemein bekannt bzw. unzutreffend ist (EuG 19.4.2016 – T-236/14 Rn. 95 – HOT JOKER).

95 Das Amt kann zudem **Rechtsfragen** überprüfen, die nicht von den Parteien bestritten werden. Auch insofern hat es die Parteien grundsätzlich zu hören (EuG 15.7.2015 – T-24/13 Rn. 29 f. – Cactus; 26.6.2015 – T-186/12 Rn. 88 ff. – LUCEA LED), es sei denn, dass eine Anhörung nicht auf das Entscheidungsergebnis durchzuschlagen vermag (→ Rn. 68).

VI. Fallgruppen im Rahmen der Beschwerde

96 Art. 60 Abs. 2 sieht seit dem 23.3.2016 ausdrücklich die Möglichkeit einer Anschlussbeschwerde in zweiseitigen Verfahren vor (→ Art. 60 Rn. 26). Momentan ist allerdings kein konkretes Verfahren für die Anschlussbeschwerde in der Durchführungsverordnung vorgesehen.

97 Die Kammern erachten es momentan bisweilen nicht für notwendig, den Beschwerdeführer hinsichtlich der Anschlussbeschwerde zu hören. Dies ist insbesondere dann relevant, falls etwa der Widersprechende Beschwerdeführer ist, und dieser in der ersten Instanz eine Benutzung seiner älteren Marke erfolgreich nachgewiesen hat, im Ergebnis aber teilweise mit seinem Widerspruch unterlegen ist. In der Beschwerde gegen die teilweise Zurückweisung des Widerspruchs wird der Widersprechende grundsätzlich kein Wort zum erfolgreichen Nachweis der Benutzung seiner Marke verlieren. Legt aber der Anmelder Anschlussbeschwerde ein und bestreitet die Benutzung der älteren Marke, ist der Widersprechende zu diesem Punkt grundsätzlich zu hören, insbesondere falls die Kammer von den Feststellungen der ersten Instanz in diesem Punkt abweicht (s. auch Rücknahme der Entscheidung HABM BK v. 2.12.2013 – R 686/2013, da der Beschwerdeführer versehentlich nicht zur Anschlussbeschwerde gehört wurde und HABM BK v. 22.01.2010 – R 1673/2008-2 – FIESTA/FIESTA (FIG.) et al.).

98 Wird Anschlussbeschwerde eingereicht und der Beschwerdeführer nicht hierzu gehört, ist letzterem eine sofortige Rüge der Verletzung seines Anspruchs auf rechtliches Gehör zu empfehlen. Es bleibt abzuwarten, ob die zukünftige UMDV eine ausdrückliche Anhörung des Anschlussbeschwerdegegners vorsieht.

VII. Weitere Fallgruppe: Tatsachen- und Beweiswürdigung

99 Das Amt muss den Beteiligten seine Rechtsansicht nicht vorab mitteilen. Es ist in der Tatsachenwürdigung frei. Dies ist regelmäßig in Fallkonstellationen relevant, in denen der Beteiligte Unterlagen zum Nachweis einer **erlangten Unterscheidungskraft** der Anmeldung iSd Art. 7 Abs. 3 (hierzu EuG GRUR Int 2010, 520 Rn. 20 – Deutsche BKK; GRUR-RR 2004, 239 Rn. 71 ff. – TDI), zur **rechtserhaltenden Benutzung** einer Widerspruchsmarke iSd Art. 42 Abs. 2 (EuG BeckRS 2012, 81018 Rn. 101 – BIODANZA) oder zum **Nachweis der Bekanntheit** einer Widerspruchsmarke (EuG BeckRS 2013, 80605 Rn. 27 ff. – KIMBO, die Frage wurde nicht erörtert in dem nachfolgenden Urteil EuGH C-285/13 P, BeckRS 2014, 81254) einreicht, diese Unterlagen aber unzulänglich sind. Da die Partei in diesen Fällen die fraglichen Unterlagen selbst eingereicht hat, konnte sie sich offensichtlich zu diesen Unterlagen und deren Erheblichkeit äußern (EuG GRUR Int 2010, 520 Rn. 20 – Deutsche BKK). Das Amt ist nicht verpflichtet, den Beteiligten vorab darauf hinzuweisen, dass es die Nachweise als ungenügend erachtet. Anders ist die Sachlage aber, falls die betreffende Partei keine Gelegenheit zur Einreichung von Unterlagen erhalten hat (eingehend zum Nachweis der Verkehrsdurchsetzung → Art. 76 Rn. 26).

100 Strikt ist die Prüfungsabteilung bei Geltendmachung einer **Verkehrsdurchsetzung** einer inhärent beschreibenden oder nicht unterscheidungskräftigen Anmeldung. In der Regel diskutiert der Prüfer die Voraussetzungen eines Nachweises der erlangten Unterscheidungskraft der Anmeldung nicht mit dem Anmelder. Der Anmelder hat alle Nachweise bereits in seiner ersten Stellungnahme auf den Beanstandungsbescheid beizubringen. Diese strikte Praxis ist mit Blick auf die Kosten von Verkehrsumfragen zweifelhaft und steht der Gewährung rechtlichen Gehörs entgegen (vgl. HABM BK – R-1787/2014-5 – IRRESISTIBLY SMOOTH).

VIII. Rechtsfolge

101 Hinsichtlich der Rechtsfolge ist danach zu unterscheiden, in welcher Instanz der Anspruch auf rechtliches Gehör verletzt ist bzw. eine Verletzung geprüft wird.

102 Hat das Amt den Anspruch des Beteiligten auf rechtliches Gehör in der ersten Instanz verletzt, so kann der Mangel bereits dadurch **geheilt** sein, dass die Beteiligten in der Beschwerdeschrift oder der Beschwerdeerwiderung zu den relevanten tatsächlichen oder rechtlichen Gesichtspunkten Stellung nehmen konnten (vgl. EuG 15.7.2015 – T-215/13 Rn. 80 – Recticel (Lambda); BeckRS 2013, 80244 Rn. 20 ff. – MEDIGYM; BeckEuRS 2013, 728098 Rn. 74 – VORTEX; HABM BK v. 14.3.2012 – R 1827/2011-1 Rn. 10 – Fashionnow).

103 Außerdem kann die Beschwerdekammer die Beteiligten nachträglich anhören, in dem sie zur Stellungnahme auffordert. Schließlich kann die Kammer die Sache an die erste Instanz zurückverweisen und ihr aufgeben, die Beteiligten erneut zu den relevanten Gesichtspunkten zu hören. Ob die Kammer die Beteiligten selbst anhört oder den Fall zurückverweist, steht ihr frei (EuG BeckRS 2012, 81769 Rn. 41 f. – seven squares of different colors).

104 Liegt eine durchgreifende Verletzung der Verteidigungsrechte seitens der Beschwerdekammer vor, wird die Entscheidung **vom EuG** aufgehoben. Liegt die Rechtssache den Kammern dann nach Art. 65 Abs. 6 zur erneuten Entscheidung **vor,** sieht die Verordnung **keine Pflicht** des Amtes vor, die Parteien erneut zu hören. Art. 75 S. 2 schreibt nicht vor, dass die Parteien nach Wiedereröffnung des Verfahrens vor dem Amt erneut aufzufordern wären, sich zu den rechtlichen und tatsächlichen Gesichtspunkten, zu denen sie bereits im Rahmen des vorher durchgeführten schriftlichen Verfahrens jede Gelegenheit hatten, Stellung zu nehmen, zu äußern. Dies gilt allerdings nur, soweit der Vorgang unverändert wiederaufgenommen wird und die Kammer die erneute Entscheidung nicht auf neue Gesichtspunkte stützt (EuGH C-193/09 P, BeckEuRS 2010, 522757 Rn. 60 – ARCOL; EuG BeckRS 2011, 80405 Rn. 83 ff. – FIRST DEFENSE AEROSOL PEPPER PROJECTOR). Bewertet die Beschwerdekammer, die erneut über die Sache zu entscheiden hat etwa, dass die Tatsache, zu der eine der Parteien nicht gehört wurde nicht relevant ist, wird sie die Partei nicht hören und den Fall anderweitig entscheiden (HABM BK v. 12.8.2013 – R 2120/2012-2 – CIRCON). Die Zurückverweisung der Sache garantiert also nicht, dass die Partei letztlich gehört wird.

105 Die Verletzung des Anspruchs auf rechtliches Gehör durch eine Instanz muss in der jeweils darauffolgenden Instanz geltend gemacht werden (→ Rn. 71).

C. Form von Entscheidungen, Mitteilungen, Beschlüssen

I. Schriftform/Verkündung

106 Entscheidungen des Amtes ergehen in aller Regel schriftlich (Regel 52 Abs. 1 S. 1 GMDV). Bislang hat das Amt von seiner Möglichkeit, eine Entscheidung zu verkünden keinen Gebrauch gemacht (eingehend → Art. 77 Rn. 19).

107 Nach der Reform enthält Art. 75 mit Wirkung zum 1.10.2017 auch Regelungen zur Form von Entscheidungen. Abs. 1 S. 2 stellt zukünftig klar, dass eine Entscheidung nach einer mündlichen Verhandlung direkt verkündet werden **kann.** Die Parteien erhalten in diesem Fall allerdings nach Abs. 1 S. 3 anschließend eine Abschrift in Schriftform. Inkorporiert werden damit Regel 52 Abs. 1 S. 2 und 3 GMDV. Eine inhaltliche Änderung ist hiermit nicht verbunden.

II. Unterschrift/Name/Dienstsiegel

108 Art. 75 Abs. 3 wird im Zuge der Reform mit Wirkung zum 1.10.2017 eingepflegt. Es wird die bisherige Regel 55 GMDV inkorporiert. Eine inhaltliche Änderung ist damit nicht verbunden.

109 Nach Art. 75 Abs. 2 sind in allen Entscheidungen, Mitteilungen oder Bescheide des Amtes die zuständige Dienststelle oder Abteilung des Amtes sowie die Namen des oder der zuständigen Bediensteten anzugeben. Sie sind von dem oder den betreffenden Bediensteten zu unterzeichnen oder stattdessen mit einem vorgedruckten oder aufgestempelten Dienstsiegel des Amtes zu versehen.

110 Nach Abs. 3 S. 3 kann der Exekutivdirektor bestimmen, dass andere Mittel zur Feststellung der zuständigen Dienststelle oder Abteilung des Amtes und des oder der zuständigen Bediensteten oder eine andere Identifizierung als das Siegel verwendet werden dürfen, falls Entscheidungen, Mitteilungen oder Bescheide des Amtes über **Fernkopierer** oder andere **technische Kommunikationsmittel** übermittelt werden.

111 Es genügt nach Art. 1 des Beschlusses Nr. EX-97-1 des Präsidenten des Amtes (jetzt: Exekutivdirektor) und nach Art. 8 der Beschlüsse Nr. EX-13-2 und Nr. EX-15-1 des Präsidenten des Amtes (jetzt: Exekutivdirektor), dass ein Fax (→ Art. 79 Rn. 9 ff.) bzw. eine elektronische Mitteilung (→ Art. 79 Rn. 13 ff.) die Dienststelle und den Namen des Bediensteten nennt. Es wird auf die Kommentierung zu Regel 55 GMDV in → Art. 79 Rn. 5 f. und → Art. 79 Rn. 20.1 verwiesen.

III. Rechtsmittelbelehrung

112 Nach dem zukünftigen Abs. 3 sind mit der Beschwerde angreifbaren Entscheidungen mit einer Rechtsmittelbelehrung zu versehen. Inkorporiert wird Regel 52 Abs. 2 GMDV. Enthält der Beteiligte eine Mitteilung, die er mit einer Beschwerde anzugreifen beabsichtigt, kann er nach Regel 54 GMDV bzw. Art. 79a → Art. 79a Rn. 1 den Erlass einer formellen Entscheidung beantragen.

Art. 76 Ermittlung des Sachverhalts von Amts wegen

(1) ¹In dem Verfahren vor dem Amt ermittelt das Amt den Sachverhalt von Amts wegen. ²Soweit es sich jedoch um Verfahren bezüglich relativer Eintragungshindernisse handelt, ist das Amt bei dieser Ermittlung auf das Vorbringen und die Anträge der Beteiligten beschränkt. ³In Nichtigkeitsverfahren nach Artikel 52 beschränkt das Amt seine Prüfung auf die von den Beteiligten angeführten Gründe und Argumente.

(2) Das Amt braucht Tatsachen und Beweismittel, die von den Beteiligten verspätet vorgebracht werden, nicht zu berücksichtigen.

Überblick

Art. 76 Abs. 1 regelt den Amtsermittlungsgrundsatz. Während das Amt in Verfahren betreffend absoluter Eintragungshindernisse frei darin ist, den Sachverhalt zu ermitteln (→ Rn. 1 ff.), ist es im Verfahren betreffend relativer Eintragungshindernisse nach Art. 76 Abs. 1 S. 2 grundsätzlich auf den Vortrag der Beteiligten beschränkt (→ Rn. 32 ff.). Die Beschränkung gilt nach dem im März 2016 neu hinzugekommenen Abs. 1 S. 3 auch in Löschungsverfahren hinsichtlich absoluter Eintragungshindernisse. Somit unterscheidet sich der Amtsermittlungsgrundsatz im Anmeldeverfahren von dem im Löschungsverfahren (→ Rn. 69). Art. 76 Abs. 2 regelt die Rechtsfolge bei verspätet eingereichten Unterlagen (→ Rn. 73 ff.).

Übersicht

	Rn.		Rn.
A. Amtsermittlungsgrundsatz bei Prüfung absoluter Eintragungshindernisse im Anmeldeverfahren (Abs. 1 S. 1)	1	5. Vom Anmelder vorgetragene Tatsachen	18
		III. Keine Amtsermittlung bei Verkehrsdurchsetzung	23
I. Inhalt	1	IV. Rechtsfolge	30
II. Umfang	3	B. Amtsermittlungsgrundsatz bei relativen Eintragungshindernissen (Abs. 1 S. 2)	32
1. Allgemein	3		
2. Methoden zur Ermittlung des Sachverhalts	5	I. Inhalt	32
3. Allgemein bekannte Tatsachen	8		
4. Mitwirkungspflicht des Anmelders	15	II. Reichweite der Ausnahme	36

	Rn.		Rn.
III. Keine Anwendbarkeit in bestimmten Fällen	42	1. Grundsatz	84
1. Überblick	42	2. Widerspruchsschrift	86
2. Tatsachen- und Beweiswürdigung	44	3. Verspätete Substantiierung eines Widerspruchs	88
3. Rechtsfragen	49	4. Antrag auf Nachweis der Benutzung einer älteren Marke	96
4. Allgemein bekannte Tatsachen	55	5. Nachweis der Benutzung	101
5. Grenze zwischen allgemein bekannten Tatsachen, Tatsachen und Rechtsfragen	58	6. Beschwerdeeinreichung und -begründung	104
IV. Rechtsfolge	67	7. Ermessen bei ergänzenden Unterlagen	105
C. Amtsermittlungsgrundsatz im Löschungsverfahren	69	8. Anwendbarkeit der vorstehenden Grundsätze auf die Beschwerdekammern?	114
D. Verspäteter Vortrag	73	V. Ermessen	120
I. Überblick Voraussetzungen	73	1. Einseitige Verfahren	123
II. Tatsachen- und Beweismittel	76	2. Zweiseitige Verfahren	129
III. Verspätet	77	VI. Rechtsfolge	142
IV. Keine gegenteilige Vorschrift	84	VII. Rechtsbehelfe	145

A. Amtsermittlungsgrundsatz bei Prüfung absoluter Eintragungshindernisse im Anmeldeverfahren (Abs. 1 S. 1)

I. Inhalt

Weist das Amt eine Anmeldung von Amts wegen aufgrund absoluter Eintragungshindernisse zurück, ermittelt es nach Art. 76 Abs. 1 S. 1 den Sachverhalt von Amts wegen, aus dem sich das Vorliegen eines solchen Eintragungshindernisses ergibt (vgl. EuGH BeckRS 2010, 91041 Rn. 57 – α (alpha); BeckRS 2006, 70218 Rn. 16 – Form einer Kunststoffflasche). **1**

„**Ermittlung des Sachverhalts**" meint die Feststellung der dem Fall zu Grunde liegenden **Tatsachen.** Hierzu gehören beispielsweise die Wirkung einer Marke auf die relevanten Verbraucher (EuGH GRUR 2006, 229 Rn. 42 – BioID; EuG BeckRS 2008, 70757 Rn. 43 – E), die Verkehrsanschauung (EuG BeckRS 2010, 90152 Rn. 22 – Deutsche BKK), die Marktgegebenheiten (vgl. EuG BeckRS 2006, 70218 Rn. 19 – Form einer Kunststoffflasche) oder die Bedeutung eines Wortes (EuG T-363/10, BeckRS 2011, 81635 Rn. 31 ff. – RESTORE). **2**

II. Umfang

1. Allgemein

Die Prüfung der Anmeldung darf sich nach ständiger Rechtsprechung nicht auf ein Mindestmaß beschränken, sondern muss **streng und umfassend** sein, um eine ungerechtfertigte Eintragung von Marken zu verhindern (EuGH C-51/10 P, GRUR 2011, 1035 Rn. 77 – 1000; BeckRS 2010, 91041 Rn. 45 – α (alpha); GRUR 2003, 604 Rn. 59 – Libertel; EuG GRUR 2006, 770 Rn. 17 – EuroHYPO). **3**

Die Behörde hat grundsätzlich **alle relevanten** Tatsachen und Umstände zu berücksichtigen (vgl. EuGH GRUR 2004, 674 Rn. 29 ff. – Postkantoor; EuG BeckRS 2007, 70649 Rn. 62 ff. – GRANA BIRAGHI hinsichtlich der Anforderungen an die Prüfung einer Geografischen Ursprungsbezeichnung). Das Amt darf nicht allgemein und abstrakt darauf abstellen, dass einer Anmeldung die Unterscheidungskraft fehlt (EuG BeckRS 2008, 70757 Rn. 40 – E; s. auch EuGH GRUR 2004, 674 Rn. 29 ff. – Postkantoor). Beispielsweise hat das Amt die „Eigenschaften" der angemeldeten Marke zu berücksichtigen; dazu gehören die Art der Marke (Wortmarke, Bildmarke usw) und, soweit anwendbar, ihre Bedeutung (vgl. EuGH GRUR 2004, 674 Rn. 32 – Postkantoor). Das Amt ist nicht verpflichtet, **irrelevante** Umstände von Amts wegen zu ermitteln (EuG BeckRS 2014, 80237 Rn. 40 – NORWEGIAN GETAWAY); → Rn. 18.1. **4**

2. Methoden zur Ermittlung des Sachverhalts

5 Die Verordnung regelt nicht, in welcher Weise das Amt den Sachverhalt zu ermitteln hat (EuG GRUR 2006, 770 Rn. 18 – EuroHYPO). Es kann auf verschiedene Mittel zurückgreifen (vgl. EuG BeckRS 2011, 80096 Rn. 33 ff. – Kombination der Farben Ginstergelb und Silbergrau).

6 Das Amt kann die in Art. 78 genannten Beweismittel von dem Anmelder einfordern, diese in Auftrag geben oder sie **selbst ermitteln.** So kann es zB selbst Tatsachen im Internet oder in Lexika recherchieren (vgl. EuG BeckRS 2014, 81182 Rn. 46 ff. – Wash & Coffee; BeckRS 2014, 81186 Rn. 77 – Echte Kroatzbeere; T-391/07, BeckRS 2009, 71052 Rn. 19 – Griff) oder es kann ein Gutachten in Auftrag geben (HABM BK v. 21.9.2011 – R 1105/2010-5 Rn. 22 – Flugbörse). Auch kann es den Anmelder so oft, wie erforderlich, **auffordern**, eine **Stellungnahme einzureichen** (vgl. Art. 37 Abs. 3, Art. 63 Abs. 2; vgl. EuG BeckRS 2011, 80096 Rn. 33 – Kombination der Farben Ginstergelb und Silbergrau) und ihm konkrete Fragen stellen (→ Art. 75 Rn. 72).

7 Nach Art. 77 Abs. 1 kann das Amt, sofern es dies als sachdienlich erachtet, eine **mündliche Verhandlung** anberaumen. Es ist hierzu aber **nicht verpflichtet** (→ Art. 77 Rn. 4).

3. Allgemein bekannte Tatsachen

8 Das Amt kann seine Entscheidung grundsätzlich auf allgemein bekannte Tatsachen stützen. Dies sind solche, die auf der allgemeinen praktischen Erfahrung beruhen und die **jedermann** und insbesondere dem Verbraucher der Waren bzw. Dienstleistungen bekannt sein können (vgl. EuG 29.6.2015 – T-618/14 Rn. 30 – Form einer mexikanischen Tortilla; T-382/12, BeckRS 2014, 81630 Rn. 56 – Nobel; BeckRS 2013, 81459 Rn. 25 – Rote Schnürsenkelenden; BeckRS 2011, 80096 Rn. 36 – Kombination der Farben Ginstergelb und Silbergrau; BeckRS 2009, 70472 Rn. 23 – Form eines Zerstäubers; BeckRS 2006, 70218 Rn. 19 – Form einer Kunststoffflasche). Die Berücksichtigung allgemein bekannter Tatsachen kommt insbesondere in Betracht, falls der von der Anmeldung angesprochene Verbraucher das **allgemeine Publikum** ist (vgl. EuG 29.6.2015 – T-618/14 Rn. 30 f. – Form einer mexikanischen Tortilla; BeckRS 2013, 81459 Rn. 25 – Rote Schnürsenkelenden).

9 Das Amt ist grundsätzlich **nicht verpflichtet, die allgemeinen, praktischen** Erfahrung mit **Beweisen** zu belegen (EuGH BeckRS 2006, 70488 Rn. 54 – Wickler; v. 29.6.2015 T-618/14 Rn. 28, 30 – Form einer mexikanischen Tortilla; BeckRS 2014, 81182 Rn. 65 – Wash & Coffee; BeckRS 2013, 81459 Rn. 24 – Rote Schnürsenkelenden; T-523/09, BeckRS 2011, 80768 Rn. 41 – WIR MACHEN DAS BESONDERE EINFACH, im Ergebnis bestätigt durch EuGH BeckRS 2012, 81446; → Art. 75 Rn. 75). Allerdings ist dem Anmelder ggf. Gelegenheit zu geben, Stellung zu nehmen, um zu widerlegen, dass es sich um eine allgemein bekannte Tatsache handelt (EuG 29.6.2015 – T-618/14 Rn. 28 – Form einer mexikanischen Tortilla; → Art. 75 Rn. 75 aE).

10 Das EuG bewertete insbesondere folgende Tatsachen als allgemein bekannt (weitere Beispiele → Rn. 55):
- **Bedeutung von Wörtern** (vgl. EuG BeckRS 2014, 81182 Rn. 48 ff. – Wash & Coffee; T-363/10, BeckRS 2011, 81635 Rn. 31 ff. – RESTORE; GRUR 2006, 770 Rn. 20 – EuroHYPO).
- **Werbeverhalten** von Firmen. Der Verbraucher ist an kurze, kompakte und schlagfertige Werbeslogans gewöhnt ist (EuG T-523/09, BeckRS 2011, 80768 Rn. 41 – WIR MACHEN DAS BESONDERE EINFACH, bestätigt durch EuGH BeckRS 2012, 81446).
- **Verpackungsgepflogenheiten im Süßwarensektor** (EuG BeckRS 2010, 91468 Rn. 36 ff., 50 f. – Schokoladenhase mit rotem Band, bestätigt durch EuGH BeckRS 2012, 80976 Rn. 46 – Schokoladenhase mit rotem Band; EuG BeckRS 2004, 7813 Rn. 58 – Wickler, bestätigt durch EuGH BeckRS 2006, 70488 Rn. 54 – Wickler).
- **Form von Snacks** (EuG 29.6.2015 – T-618/14 Rn. 28 ff. – Form einer mexikanischen Tortilla).
- Gestaltung von **Bekleidung und Schuhen** (EuG T-85/13, BeckRS 2014, 81657 Rn. 18 – STRIPES ON FOOTWEAR; BeckRS 2013, 81459 Rn. 14 ff., 23 ff. – Rote Schnürsenkelenden; BeckEuRS 2009, 499159 Rn. 32 f. – Bildzeichen, das einen mit gestrichelten

Linien umsäumten Winkel darstellt, bestätigt durch EuGH BeckRS 2012, 81316 – Bildzeichen, das einen mit gestrichelten Linien umsäumten Winkel darstellt).
- Puppen können mit Baby- oder Kinderbekleidung bekleidet sein. Es besteht eine Tendenz, dass Hersteller von **Spielen und Spielwaren** auch **Bekleidungswaren** herstellen bzw. durch Lizenznehmer herstellen lassen (EuG BeckRS 2013, 14111 Rn. 58 ff. – KNUT – DER EISBÄR).
- Gestaltung von **Parfumflaschen** (EuG BeckRS 2009, 70472 Rn. 20 ff. – Form eines Zerstäubers).
- Form **weit verbreiteter Verpackungen** (EuG BeckRS 2013, 80818 Rn. 59 – Form einer Flasche mit einer reliefartigen Abbildung).
- Erwerb von **Wasch- und Reinigungsmitteln** nach ihrer Form (EuG BeckRS 2004, 78262 Rn. 34 – Form einer weißen und transparenten Flasche).
- **Kissen, Decken, Bettzeug** sind die Grundausstattung, um eine **Matratze** zu benutzen. Matratzenschoner werden niemals ohne Matzen benutzt und ihre Größe muss der Matratze entsprechen. Bettbezüge werden zusammen mit Kissen und Matratzen zum Schlafen benutzt (EuG T-382/12, BeckRS 2014, 81630 Rn. 41, 56 ff. – Nobel).

Sind die angemeldeten Waren und Dienstleistungen solche, die sich ausschließlich an ein **11** **spezialisiertes Publikum** richten, oder stellt das Amt in erster Linie auf ein spezialisiertes Publikum ab, handelt es sich regelmäßig bei den Tatsachen, die zur Zurückweisung einer Anmeldung führen können, **nicht** um solche, die **allgemein bekannt** sind (vgl. EuG v. 16.10.2014 – T-444/12 Rn. 53 – LINEX; BeckRS 2008, 70757 Rn. 47 – E).

In diesem Fall wird das Amt konkrete Nachweise für die Tatsachen suchen und vorbringen **12** müssen, die zur Zurückweisung der Anmeldung führen. Es hat dem Anmelder diese Nachweise zur Kenntnis zu bringen und ihm nach Art. 37 Abs. 3 Gelegenheit zu geben, Stellung zu nehmen (vgl. EuG T 171/12, BeckRS 2014, 81971 Rn. 44 – Form eines Spannschlosses; BeckRS 2008, 70757 Rn. 42; → Art. 75 Rn. 62 ff.; → Art. 75 Rn. 72 ff.). Je spezialisierter die Waren und Dienstleistungen sind desto schwieriger ist es, den Sachverhalt von Amts wegen zu ermitteln. Der Anmelder ist daher zur Mitwirkung verpflichtet (→ Rn. 15).

Die Grenze zwischen einer noch allgemein bekannten Tatsache und eines Umstandes, der **13** Spezialwissen erfordert und nachzuweisen ist, ist fließend (→ Rn. 58 ff.).

In dem Urteil EuG GRUR Int 2004, 324 Rn. 35 – ROBOTUNITS wurde die Eintragungsfähigkeit **13.1** einer Anmeldung überprüft, die Waren umfasste, die sich ausschließlich an ein Fachpublikum richten. Dennoch wurde als allgemein bekannt bewertet, dass Bauteile für Maschinen, die automatisch arbeiten oder programmiert werden, überall zum Einsatz kommen, sei es in Werkhallen zur Montage von Autos oder zum Transport von Waren durch Förderbänder.

Die Beurteilung, ob eine Tatsache allgemein bekannt ist, ist eine Frage der **Tatsachen- 14 würdigung,** die außer bei deren Verfälschung, nicht der Kontrolle des **EuGH** im Rahmen eines Rechtsmittels unterliegen (EuGH BeckRS 2012, 81446 Rn. 57 ff. – WIR MACHEN DAS BESONDERE EINFACH).

4. Mitwirkungspflicht des Anmelders

Das Amt hat den Sachverhalt nur soweit aufzuklären, wie es ihm möglich ist. Es muss **15** nicht in alle Richtungen ermitteln (vgl. EuG T-315/03, GRUR Int 2005, 837 Rn. 21 – ROCKBASS). Dem Amt kann kein Spezialwissen abverlangt werden. Beanstandet das Amt die Anmeldung und ist diese Beanstandung **hinreichend konkret,** obliegt dem Anmelder eine **Mitwirkungspflicht.** Macht der Anmelder entgegen der (allgemein bekannten) Tatsachen, auf die sich das Amt beruft, geltend, dass der Anmeldung Unterscheidungskraft zukommt, hat er durch konkrete und fundierte Angaben darzulegen, dass die Anmeldung von Haus aus unterscheidungskräftig ist oder eine Unterscheidungskraft durch Benutzung erworben hat. Es wird angenommen, dass der Anmelder aufgrund seiner Marktkenntnisse in der Regel wesentlich besser hierzu in der Lage ist (vgl. EuGH BeckRS 2011, 80096 Rn. 59 – α (alpha); EuG BeckRS 2014, 81186 Rn. 75 – Echte Kroatzbeere; BeckRS 2014, 81182 Rn. 52 – Wash & Coffee; T-85/13, BeckRS 2014, 81657 Rn. 18 ff. – STRIPES ON FOOTWEAR; BeckRS 2013, 81459 Rn. 26 – Rote Schnürsenkelenden; BeckRS 2009, 70472 Rn. 22 ff. – Form eines Zerstäubers; BeckRS 2006, 70218 Rn. 21 – Form einer Kunststoffflasche; GRUR Int 2003, 754 Rn. 48 – ovoide Geschirrspülmitteltablette).

16 Die **Grenze** zwischen **Amtsermittlungsgrundsatz und der Mitwirkungspflicht** des Anmelders ist nicht leicht zu ziehen. Das Amt beruft sich in Entscheidungen bisweilen pauschal auf **vermeintlich** allgemein bekannte Tatsachen und überlässt es dem Anmelder, das Gegenteil zu beweisen. Die Pflicht zur Ermittlung des Sachverhalts von Amts wegen kann grundsätzlich nicht zum Nachteil des Anmelders relativiert oder umgekehrt werden (EuGH BeckRS 2011, 80096 Rn. 58 − α (alpha)). Nur falls das Amt den Sachverhalt überhaupt zu einem **gewissen Maß** ermittelt, kann es an dem Anmelder sein, gegenteilige Tatsachen vorzutragen (in diesem Sinne EuG BeckRS 2011, 81386 Rn. 39 − Sowjetisches Staatswappen). In der Regel genügt allerdings der Hinweis des Amtes auf allgemein bekannte Tatsachen (s. EuG 29.6.2015 − T-618/14 Rn. 32 ff. − Form einer mexikanischen Tortilla; 13.6.2014 − T-85/13 Rn. 18 ff., 56 − STRIPES ON FOOTWEAR; BeckRS 2013, 81459 Rn. 26 f. − Rote Schnürsenkelenden). Je spezifischer die Waren und Dienstleistungen sind desto höher ist die Mitwirkungspflicht des Anmelders (→ Rn. 11 ff.).

17 Rügt der Anmelder die Verletzung des Amtsermittlungsgrundsatzes, so sollte er konkret benennen, dass und warum das Amt weitere Tatsachen im Rahmen der Amtsermittlung hätte berücksichtigen müssen (vgl. HABM BK v. 22.4.2008 − R 1268/2007-4 Rn. 29 − LÄNGSSTREIFEN AUF SCHLAUCH).

5. Vom Anmelder vorgetragene Tatsachen

18 Das Amt hat den Vortrag des Anmelders bei der Prüfung der Anmeldung zu **berücksichtigen** soweit dieser **relevant** ist (vgl. EuGH GRUR 2004, 674 Rn. 35 − Postkantoor; EuG BeckRS 2014, 80237 Rn. 40 − NORWEGIAN GETAWAY).

18.1 Irrelevant ist beispielsweise der Vortrag des Anmelders hinsichtlich Waren und Dienstleistungen, die nicht Gegenstand des Verfahrens sind.

19 Die Anmelder berufen sich bei Nichtberücksichtigung ihrer Argumente bisweilen darauf, dass ihr Anspruch auf rechtliches Gehör verletzt worden sei. Der Anspruch auf rechtliches Gehör gibt dem Anmelder aber keinen Anspruch darauf, dass das Amt auf alle Tatsachen und Argumente des Anmelders eingeht (→ Art. 75 Rn. 60). Es ist vielmehr der Amtsermittlungsgrundsatz, der dem Amt gebietet, sich mit den vom Anmelder vorgebrachten (neuen) Tatsachen, die **relevant** sind, auseinanderzusetzen; unter Umständen auch mit solchen, die **verspätet vorgetragen** wurden (vgl. EuGH GRUR 2004, 674 Rn. 36 − Postkantoor; vgl. EuG T-240/15, BeckRS 2016, 82094 Rn. 62 − 3D:Chocolate; eng aber EuG GRUR Int 2004, 324 Rn. 50 − ROBOTUNITS; → Rn. 123 ff.).

20 Der Amtsermittlungsgrundsatz kann etwa verletzt sein, falls das Amt von einer **bestehende Amtspraxis** abweicht, ohne diese überhaupt in seine Erwägungen einzubeziehen, zB falls eine Anmeldung zurückgewiesen wird, ohne dass das Amt überhaupt berücksichtigt, dass bereits **identische** Unionsmarken eingetragen wurden. Zwar ist das Amt an seine bisheriger Praxis nicht gebunden (vgl. EuGH C-51/10 P, GRUR 2011, 1035 Rn. 76 − 1000; EuG BeckRS 2014, 81175 Rn. 50 − SUBSCRIBE; BeckRS 2011, 80096 Rn. 40 − Kombination der Farben Ginstergelb und Silbergrau; BeckRS 2008, 70758 Rn. 61 ff. − Mozart). Auch ist es nicht verpflichtet, eine Beurteilung früher eingetragener Marken vorzunehmen, die nicht Gegenstand des Verfahrens sind (vgl. EuG BeckRS 2011, 80096 Rn. 41 − Kombination der Farben Ginstergelb und Silbergrau). Es muss sich aber zumindest mit einer tatsächlich bestehenden Praxis auseinandersetzen (vgl. EuGH C-51/10 P, GRUR 2011, 1035 Rn. 73 ff. − 1000; BeckRS 2014, 80920 Rn. 45 − EXACT). Ignoriert die Entscheidung den Vortrag völlig, kommt außerdem eine Verletzung der Begründungspflicht in Betracht (→ Art. 75 Rn. 13 ff.).

20.1 Allerdings dürfte ein Verstoß im Ergebnis regelmäßig nicht zur Aufhebung der Entscheidung führen, da das Amt nicht an Voreintragungen gebunden ist und somit selbst bei Beachtung der Voreintragungen in der Regel keine abweichende Entscheidung ergangen wäre (→ Art. 75 Rn. 56).

21 Häufig setzt sich das Amt mit zitierten **Voreintragungen und Entscheidungen** berechtigterweise deshalb nicht eingehend auseinander, weil der Anmelder schon nicht darlegt, inwiefern, erstens, tatsächlich eine Amtspraxis besteht und, zweitens, warum diese auf den verfahrensgegenständlichen Sachverhalt anzuwenden ist (vgl. EuG 29.6.2015 − T-618/14

Rn. 46 – Form einer mexikanischen Tortilla; BeckRS 2011, 80096 Rn. 43 – Kombination der Farben Ginstergelb und Silbergrau; vgl. hinsichtlich nationaler Eintragungen EuG BeckRS 2010, 91464 Rn. 47 – CHROMA). Der Anmelder sollte Voreintragungen und -entscheidungen **nicht** nur **pauschal** zitieren, sondern konkret darlegen, worin die vermeintliche Amtspraxis besteht und weshalb sie im konkreten Fall einschlägig ist. Dies gilt entsprechend für nationale Eintragungen (vgl. EuG BeckRS 2004, 78262 Rn. 43 ff. – Form einer weißen und transparenten Flasche, hier hat das EuG ein Indiz für die Unterscheidungskraft darin gesehen, dass die Anmeldung in elf von damals 15 Mitgliedstaaten eingetragen wurde).

Bei seiner Mitwirkung zur Aufklärung des Sachverhalts sollte der Anmelder zudem **darauf** 22 **achten,** dass er keine Unterlagen einreicht, aus denen sich gerade eine fehlende Schutzfähigkeit der Anmeldung ergibt. Dies scheint zwar selbstverständlich, tatsächlich ist es aber häufig der Anmelder selbst, der entsprechende Tatsachen beibringt.

III. Keine Amtsermittlung bei Verkehrsdurchsetzung

Nicht zu den Tatsachen, die von Amts wegen zu ermitteln sind, gehören solche, die 23 eine **erlangte Unterscheidungskraft** der Marke **durch Benutzung** iSd **Art. 7 Abs. 3** begründen.

Die Verkehrsdurchsetzung einer Anmeldung ist ein Ausnahmetatbestand, der das Bestehen 24 von absoluten Eintragungshindernissen überwindet. Dem Amt ist eine Prüfung nur möglich, falls sich der Anmelder auf die erlangte Unterscheidungskraft beruft (EuG GRUR Int 2010, 520 Rn. 25 – Deutsche BKK). Die Darlegungs- und Beweislast trifft insofern den Anmelder, ohne dass das Amt eigene Ermittlungen anstellen muss, etwa um einen Mangel an Beweiskraft der eingereichten Dokumente zu beheben (EuG GRUR Int 2010, 520 Rn. 27 – Deutsche BKK; T-247/01, GRUR Int 2003, 646 Rn. 44 – ECOPY). Das heißt andererseits nicht, dass sich das Amt zur Feststellung einer Verkehrsdurchsetzung nicht auf allgemein bekannte Tatsachen stützen kann (so in EUIPO BK R 1969/2015-2 Rn. 116 ff. – Van Gogh Museum Amsterdam).

Ebenso muss das Amt einen entsprechenden Nachweis nur dann berücksichtigen, falls der 25 Anmelder ihn im Laufe des Verfahrens dem Amt vorgelegt hat (EuG GRUR Int 2010, 520 Rn. 26 – Deutsche BKK; T-399/02, GRUR Int 2004, 664 Rn. 52 – Form einer Flasche, bestätigt durch EuGH BeckRS 2005, 70483).

Die Anmelder bitten bisweilen in ihren Stellungnahmen um einen Hinweis bzw. ein 26 Gespräch hinsichtlich der Erforderlichkeit und des Umfangs der einzureichenden **Nachweise,** da das Zusammentragen **aufwendig und kostspielig** sei (insbesondere das Erstellen von Meinungsumfragen).

Das **Amt gibt** einem solchen **Gesuch regelmäßig nicht statt.** Es begründet die Ableh- 27 nung bisweilen damit, dass dies „unfair" gegenüber anderen Anmeldern sei. Dies ist in Verfahren absoluter Eintragungshindernisse nicht überzeugend. Letztlich ist es das Interesse des Anmelders, das hier grundsätzlich im Vordergrund steht. Auch das Argument der „Verschleppung" des Verfahrens greift regelmäßig nicht (vgl. HABM BK – R 327/2012-1 Rn. 41 ff. – PICKUP MUTE).

Das EuG hat im Urteil „TDI" (BeckRS 2009, 70098 Rn. 85) nicht ausgeschlossen, dass 28 in der Nichtgewährung einer erneuten Stellungnahmefrist bzw. eines Gesprächs über die Anforderungen an den Nachweis einer erlangten Unterscheidungskraft möglicherweise ein Rechtsverstoß liegt. Im Urteil „MANPOWER" (EuG BeckRS 2008, 71054 Rn. 124) scheint es, dass das EuG annimmt, dass dem Amt unter Umständen nach Art. 76 Abs. 1 obliegt, den Markeninhaber im Falle eines Nichtigkeitsantrags zur Beibringung ergänzender Nachweise aufzufordern. In der Sache „PICKUP MUTE" (R 327/2012-1 Rn. 41 ff.) hat die Beschwerdekammer die Sache an die Prüfungsabteilung zur erneuten Prüfung nach Anhörung des Anmelders zurückverwiesen.

Beabsichtigt der Anmelder eine Verkehrsdurchsetzung nachzuweisen verfügt er aber inner- 29 halb seiner Stellungnahmefrist (noch) nicht über entsprechende Dokumente, sollte er, um auf Nummer Sicher zu gehen, bereits in seiner **ersten Stellungnahme** konkret darlegen, welche Nachweise er beizubringen beabsichtigt (zB Meinungsumfrage für bestimmte Gebiete der Union) und weshalb er diese nicht innerhalb der gesetzten Frist beibringen kann. Er sollte um die Gewährung einer zweiten Stellungnahmefrist bzw. um eine Aussetzung des Verfahrens bitten. Wird ihm dies verwehrt und die Anmeldung zurückgewiesen, bleibt ihm der Versuch, in der Beschwerde weitere Unterlagen vorzulegen. Die Kammer hat in diesem Fall zu entscheiden, ob die Unterlagen überhaupt verspätet sind (→ Rn. 73 ff.). Falls ja, muss sie abwägen, ob die Unterlagen trotz der Verspätung zu berücksichtigen sind (→ Rn. 120 ff.).

IV. Rechtsfolge

30 Ist ein Sachverhalt nicht ausreichend von Amts wegen ermittelt worden, kann die Beschwerdekammer die Entscheidung des Prüfers aufheben und den Fall zur erneuten Entscheidung zurückverweisen oder den Sachverhalt selbst ermitteln und entscheiden (HABM BK v. 13.6.2007 – R 332/2007-2 Rn. 12 ff. – NAUTICA). Weist sie den Fall an den Prüfer zurück, liegt eine Erstattung der Beschwerdegebühr nahe.

31 Das EuG hebt die Entscheidung der Beschwerdekammer bei einem Verstoß gegen den Amtsermittlungsgrundsatz in der Regel mit ex tunc Wirkung auf und macht nicht von seiner Befugnis Gebrauch, diese abzuändern (vgl. EuG BeckRS 2013, 81399 Rn. 37 ff. – ALPHAREN/ALPHA D3; BeckRS 2008, 70757 Rn. 50 – E). Das Gericht verweist den Fall bei Aufhebung der angefochtenen Entscheidung nach ständiger Rechtsprechung nicht ausdrücklich zurück und gibt dem Amt grundsätzlich auch keine Anweisung zur Umsetzung des Urteils. Gemäß Art. 65 Abs. 6 muss das Amt (von sich aus) die Maßnahmen ergreifen, die sich aus dem Urteil ergeben. Da der Sachverhalt im Falle der Verletzung des Amtsermittlungsgrundsatzes weiter aufzuklären sein wird, wird das Präsidium der Kammern den Fall regelmäßig einer anderen Beschwerdekammer, deren Mitglieder nicht an der vorherigen Entscheidung beteiligt waren, zur erneuten Entscheidung nach Art. 1d Abs. 2 VerfO vor den Beschwerdekammern zuweisen (vgl. EuG BeckRS 2013, 81399 Rn. 23 ff. – ALPHAREN/ALPHA D3). Die Beschwerdekammer entscheidet den Fall dann unter Berücksichtigung des Urteils erneut (vgl. HABM BK v. 14.1.2011 – R 894/2010-1 Rn. 13, HOMEZONE; v. 22.4.2009 – R 1157/2004-2 Rn. 19 – IFS). Gegen die Entscheidung ist abermals eine Klage vorm EuG möglich. Es wird im Einzelnen auf die Kommentierung zu Art. 65 UMV verwiesen.

B. Amtsermittlungsgrundsatz bei relativen Eintragungshindernissen (Abs. 1 S. 2)

I. Inhalt

32 In Verfahren bezüglich relativer Eintragungshindernisse ist das Amt nach Art. 76 Abs. 1 S. 2 in der Ermittlung des Sachverhalts grundsätzlich auf das Vorbringen und die Anträge der Beteiligten beschränkt.

33 Das Amt ist gegenüber den Beteiligten zur **Neutralität** und **Unparteilichkeit** verpflichtet (HABM BK v. 12.5.2010 – R 1023/2009-1 Rn. 28 – BUDIVENT/budiair; v. 26.3.2007 – R 225/2005-4 Rn. 38 – roba/RÖ WA et al.; zur Befangenheit vgl. Art. 137 Abs. 3). Der **Gesetzeszweck** liegt außerdem darin, die **Verwaltung** von der Aufgabe zu **entlasten,** in Inter-partes-Verfahren den Sachverhalt selbst zu ermitteln (EuG GRUR Int 2004, 850 Rn. 31 – PICARO; im Ergebnis bestätigt durch EuGH C-361/04 P, GRUR 2006, 237).

34 Das Amt hat die von den Parteien vorgetragenen Tatsachen und Beweise, soweit diese relevant und nicht verspätet sind, **grundsätzlich zu berücksichtigen,** wobei es nicht auf alle Argumente der Beteiligten eingehen muss (vgl. EuG v. 21.7.2106 T-804/14 Rn. 165 ff. – Tropical; BeckRS 2013, 81458 Rn. 22 – METRO; BeckRS 2012, 82087 Rn. 40 – PENTEO; zur Begründungspflicht → Art. 75 Rn. 10).

35 Die Beschränkung des Amtsermittlungsgrundsatzes gilt für alle Verfahren, die relative Eintragungshindernisse betreffen, also für Widerspruchs- und für Nichtigkeitsverfahren betreffend relativer Eintragungshindernisse (zum Nichtigkeitsverfahren EuGH v. 27.3.2007 – C-312/05 P Rn. 39 ff. – Teletech Global Ventures; EuG BeckRS 2010, 91412 Rn. 65 – Golden Elephant). Zu Verfallsverfahren → Rn. 69.

II. Reichweite der Ausnahme

Das Amt ist in verschiedene Richtungen in der Amtsermittlung beschränkt (so EuG **36** BeckRS 2012, 82216 Rn. 34 – DUSCHO Harmony). Umgekehrt ist es grundsätzlich nicht verpflichtet, den Sachverhalt über die Vorträge der Parteien hinaus zu ermitteln (vgl. EuGH v. 27.3.2007 – C-312/05 P Rn. 41 – Teletech Global Ventures). Aber → Rn. 47.

Das Amt ist an die von den Parteien **gestellten Anträge** gebunden (EuG BeckRS 2012, **37** 82216 Rn. 34 – DUSCHO Harmony). Ist der Widerspruch etwa nur gegen einen Teil der von einer Anmeldung beanspruchten **Waren und Dienstleistung** gerichtet oder auf einen Teil der Waren und Dienstleistungen der geltend gemachten älteren Marken gestützt, kann das Amt den Widerspruch nicht hinsichtlich weiterer Waren und Dienstleistungen prüfen (vgl. EuG v. 18.3.2016 – T-785/14 Rn. 33 – MOTORTOWN; BeckRS 2006, 70074 Rn. 16 ff. – DERBIVARIANT; HABM BK v. 15.3.2011 – R 693/2009-4 Rn. 11 ff. – MultiBank/MULTIBANCO). Beschränkt der Widersprechende den Umfang seines Widerspruch im Laufe des Verfahrens ist das Amt auch an diese Beschränkung gebunden (vgl. EuG v. 14.10.2003 – T-292/01 Rn. 24 – BASS/PASH). Entsprechendes gilt für einen Nichtigkeitsantrag.

Es besteht außerdem eine Bindung des Amtes an die von dem Widersprechenden bzw. **38** Nichtigkeitsantragsteller angegebenen konkreten **Gründe** (EuG BeckRS 2013, 81111 Rn. 62 – SERVICEPOINT; BeckRS 2012, 82216 Rn. 34 – DUSCHO Harmony; GRUR Int 2004, 850 Rn. 28 – PICARO, bestätigt durch EuGH C-361/04 P, GRUR 2006, 237) und die **geltend gemachten älteren Rechte** (Eisenführ/Schennen Rn. 15). Stützt ein Widersprechender bzw. Nichtigkeitsantragsteller seinen Antrag beispielsweise auf Art. 8 Abs. 1 Buchst. b (Verwechslungsgefahr) kann das Amt den Antrag nicht von Amts wegen hinsichtlich Art. 8 Abs. 5 prüfen. Die Widerspruchs- bzw. Nichtigkeitsantragsgründe können nach Ablauf der Widerspruchsfrist nicht mehr ergänzt werden (HABM BK v. 22.10.2012 – R 290/2012-1 Rn. 15 ff. – Culture (FIG. MARK)/CULTURE et al; v. 25.1.2011 – R 185/2010-4 Rn. 18 ff. – VITREX/VITREX). Andererseits hat das Amt alle geltend gemachten Widerspruchsgründe zu prüfen, soweit diese für den Ausgang des Verfahrens relevant sind (EuG BeckRS 2013, 82016 Rn. 62 ff. – GOLDEN BALLS). Zudem ist das Amt verpflichtet, die Anträge der Parteien unter Berücksichtigung des gesamten Vortrages auszulegen. In der Prüfung der Zulässigkeit von Widersprüchen verfolgt das Amt bisweilen einen zu engen Ansatz (EuG T-356/12, BeckRS 2014, 81053 Rn. 41 ff. – SÒ :UNIC; Frage war nicht Gegenstand des nachfolgende Verfahrens EuGH C-270/14 P, BeckRS 2015, 81444).

Schließlich ist das Amt grundsätzlich an die von den Parteien **vorgetragen Tatsachen** **39** **und Beweismittel** gebunden (vgl. EuG BeckRS 2013, 81111 Rn. 62 – SERVICEPOINT; BeckRS 2012, 82216 Rn. 34 – DUSCHO Harmony; GRUR Int 2004, 850 Rn. 28 – PICARO, bestätigt durch EuGH C-361/04 P, GRUR 2006, 237; T-232/00, WRP 2002, 822 Rn. 45 – Chef). Zwecks Tatsachen und Beweiswürdigung ist das Amt aber ggf. berechtigt bzw. verpflichtet, neue Tatsachen und Beweismittel in das Verfahren einzuführen, die einen falschen Vortrag widerlegen (→ Rn. 44 ff., → Rn. 55 ff., → Rn. 58 ff.).

Im Widerspruch und im Nichtigkeitsantrag gestützt auf eine ältere Marke verbietet die **40** **Neutralitätspflicht** dem Amt, den Anmelder bzw. Inhaber einer angegriffenen Unionsmarke darauf hinweisen, dass er den Nachweis der Benutzung der älteren Marke verlangen kann (EUIPO-Richtlinien, Teil C, Widerspruch, Abschnitt 6, 3.1). Aus gleichem Grunde weist das Amt nicht von Amts wegen darauf hin, dass die Benutzungsunterlagen unstrukturiert oder unzureichend sind (EUIPO-Richtlinien, Teil C, Widerspruch, Abschnitt 6, 3.3.2.1.).

Bei der Überprüfung der Rechtmäßigkeit der erstinstanzlichen Entscheidung ist die **41** **Beschwerdekammer** zwar an den Umfang der Beschwerde aber nicht an die von dem Beschwerten konkret vorgetragenen (rechtlichen) Argumente gebunden. Sie kann bzw. muss im Rahmen des Umfangs der Beschwerde grundsätzlich auch prüfen, ob die erstinstanzliche Entscheidung aus anderen Gründen als die explizit von dem Beschwerdeführer vorgetragenen rechtswidrig ist (vgl. EuG T-132/12, BeckRS 2014, 82072 Rn. 23 f. – LAMBRETTA; T-445/12, BeckRS 2014, 81981 Rn. 27 ff. – KW SURGICAL INSTRUMENTS; GRUR Int 2003, 1015 Rn. 29 ff. – KLEENCARE; → Rn. 48). Umgekehrt hat die Kammer auch zu prüfen, ob die angefochtene Entscheidung aus anderen Gründen aufrecht zu erhalten ist, etwa aufgrund eines älteren Rechts, das von der Widerspruchsabteilung nicht geprüft wurde (→ Art. 75 Rn. 93). Die Kammer hat die Beteiligten ggf. zu hören, wie auch die folgenden Fallgruppen zeigen.

III. Keine Anwendbarkeit in bestimmten Fällen

1. Überblick

42 Art. 76 Abs. 1 S. 2 ist als Ausnahmetatbestand vom Grundsatz der Ermittlung des Sachverhalts von Amts wegen **eng auszulegen**. Die Reichweite des Ausnahmetatbestandes wird so definiert, dass er nicht über das für die Erreichung seines Zweckes Erforderliche hinausgeht (EuG GRUR Int 2004, 850 Rn. 31 – PICARO, bestätigt durch EuGH C-361/04 P, GRUR 2006, 237; zum Zweck → Rn. 33).

43 In folgenden Konstellationen ist der Ausnahmetatbestand daher grundsätzlich nicht einschlägig.

2. Tatsachen- und Beweiswürdigung

44 Art. 76 Abs. 1 S. 2 findet keine Anwendung auf **die Tatsachen- und Beweiswürdigung durch das Amt**. Das Amt muss bzw. darf seiner Entscheidung keine (zugestandenen) Tatsachen zu Grunde legen, die falsch sind (EuG 24.2.2016 – T-816/14 Rn. 39 – REAL; 15.7.2015 – T-24/13 Rn. 23 – Cactus; BeckRS 2013, 82011 Rn. 17 – PROSEPT; BeckRS 2012, 82216 Rn. 35 – DUSCHO Harmony; GRUR Int 2004, 850 Rn. 32 – PICARO, bestätigt durch EuGH C-361/04 P, GRUR 2006, 237; → Art. 75 Rn. 99).

45 Es ist zB nicht an beigebrachte **Nachweise für eine Ähnlichkeit der Zeichen** gebunden, selbst falls diese nicht von der anderen Partei bestritten werden (EuG BeckRS 2010, 91412 Rn. 66 – Golden Elephant; T-244/09, BeckEuRS 2010, 535138 Rn. 39 – acsensa; T-179/07, BeckEuRS 2008, 482582 Rn. 72 ff. – Aprile; BeckRS 2005, 70820 Rn. 32 ff. – MOBILIX, indirekt bestätigt durch EuGH BeckRS 2008, 71349 Rn. 112 – MOBILIX).

46 Gesteht der Anmelder die **Benutzung** einer älteren Marke zu, bindet dies die Widerspruchsabteilung nicht. Es nimmt eine eigene Würdigung der Beweise vor (EUIPO-Richtlinien, Teil C, Widerspruch, Abschnitt 6, 3.7.; EuG T-24/13, BeckRS 2015, 81576 Rn. 28 – Cactus). Es hat die Parteien allerdings ggf. zu hören (EuG T-24/13, BeckRS 2015, 81576 Rn. 29 ff. – Cactus). In der **Beschwerde** soll es der Kammer allerdings **nicht** zustehen, eine von der Widerspruchsabteilung festgestellte Benutzung bzw. Nichtbenutzung der älteren Marke zu überprüfen, falls keine der Parteien die Feststellungen der Widerspruchsabteilung in Abrede stellt (EuG 14.12.2011 – T-504/09 Rn. 36 – VÖLKL; nicht ganz klar EuG T-382/14, GRUR-Prax 2016, 258 Rn. 24 – PROTICURD; der EuG sagt hier die Kammer „muss nicht" prüfen, was nicht heißt, dass sie hierzu nicht befugt wäre). Die Frage der Benutzung sei nach dieser Rechtsprechung **nicht Beschwerdegegenstand**.

47 Beruft sich der Widersprechende bzw. Nichtigkeitsantragsteller auf ein **nationales älteres Recht** (zB im Rahmen von Art. 8 Abs. 4 oder Art 53 Abs. 2 UMV), ist es an dem Amt zu prüfen, ob **die insofern vorgetragenen** Behauptungen zutreffen (EuG BeckRS 2010, 91412 Rn. 67 – Golden Elephant, insbesondere zu passing-off; EuG T-727/14, BeckRS 2016, 82153 Rn. 48 – ANIMAL; → Rn. 53). Es hat eine weite Befugnis bzw. Pflicht, sich von Amts wegen zu informieren, um den Inhalt, die Tatbestandsvoraussetzungen und die Tragweite der nationalen Rechtsvorschriften prüfen zu können und somit eine effektive Kontrolle durchzuführen (EuGH BeckRS 2014, 80617 Rn. 32 ff. – Mano Portafortuna; EuG 21.10.2014 – T-453/11 Rn. 36 ff., 44 – LAGUIOLE).

48 Im Übrigen steht es der Beschwerdekammer **im Rahmen des Beschwerdeumfangs** frei, zu prüfen, ob die **Feststellungen der ersten Instanz** zutreffen, auch falls diese nicht explizit bestritten werden (EuG BeckRS 2013, 82011 Rn. 19 – PROSEPT). Die Beschwerdekammer hat die Parteien allerdings ggf. anzuhören (→ Art. 75 Rn. 94 f.).

3. Rechtsfragen

49 Art. 76 Abs. 1 S. 2 findet keine Anwendung auf Rechtsfragen. Das Amt ist frei darin, Rechtsfragen zu ermitteln bzw. zu erörtern, auch wenn die Parteien insofern nichts vorgetra-

gen haben (EuG T-24/13, BeckRS 2015, 81576 Rn. 23 – Cactus; BeckRS 2013, 80071 Rn. 32 ff. – EUROPEAN DRIVESHAFT SERVICES; BeckRS 2005, 70103 Rn. 21 – Hooligan). Es ist also im Einzelfall danach zu unterscheiden, ob das Amt eine **Tatsachen- oder** eine **Rechtsfrage** ermittelt hat (zur Abgrenzung → Rn. 58 ff.). Prüft das Amt Rechtsfragen, die nicht von den Parteien gestellt wurden, hat es diese ggf. zu hören (→ Art. 75 Rn. 95).

Zu den rechtlichen Gesichtspunkten, die der Prüfung des Amtes unterliegen, gehören zB 50 die **Tatbestandsvoraussetzungen** eines relativen Eintragungshindernisses oder jeder anderen Bestimmung, auf die sich die Beteiligten zur Begründung ihrer Anträge berufen (EuG BeckRS 2010, 90401 Rn. 34 ff. – tosca de fedeoliva; BeckRS 2005, 70103 Rn. 21 – Hooligan). Von Amts wegen überprüft das Amt etwa das **Bestehen und den Umfang eines älteren Rechts** oder die **Einhaltung von Fristen** (EuG 5.5.2015 – T-715/13 Rn. 75 ff. – Castello; Eisenführ/Schennen/Schennen Rn. 16; s. auch EUIPO-Richtlinien, Teil A, Allgemeine Regeln, Abschnitt 2, 2.2). Das Amt prüft ggf. auch das Bestehen einer **Priorität** des geltend gemachten älteren Rechts, ohne dass diese bestritten wurde (EUG 26.6.2015 – T-186/12 Rn. 88 ff. – LUCEA LED). Nach der Rechtsprechung handelt es sich zudem bei dem **Grad der Zeichenähnlichkeit** und insbesondere bei der Frage, wie ein Zeichen ausgesprochen wird, um eine Rechtsfrage, die das Amt selbst zu ermitteln hat (EuG BeckRS 2012, 82216 Rn. 37 – DUSCHO Harmony).

In den EUIPO-Richtlinien des Amtes (Teil A, Allgemeine Regeln, Abschnitt 2, 2.2) heißt 51 es: „Im Gegensatz dazu werden Rechtsfragen durch das Amt unabhängig davon berücksichtigt, ob sie von den Beteiligten vorgebracht wurden oder nicht. Beispiele: die Beurteilung der Ähnlichkeit zwischen Kennzeichen oder Waren, die anhand des Vergleichs der beiden Anmeldungen/Eintragungen von Marken vorgenommen wird." Das EuG und der EuGH haben nun bestätigt, dass der Warenvergleich im Widerspruch eine grundsätzlich vom Amt zu prüfende Rechtsfrage ist, auch wenn die Parteien nicht dazu vortragen (→ Rn. 59 ff.). Allerdings beruht der Vergleich selbst auf **Tatsachen,** die ggf. vom Widersprechenden darzulegen und zu beweisen sind, insbesondere falls es sich um besonders technische Waren handelt, die sich an ein spezialisiertes Publikum richten (EuGH 17.9.2015 – C-548/14 Rn. 39 – GRAZIA; EuG 11.12.2015 – T-751/14 Rn. 42 ff. – Hikari).

Auch die **originäre Kennzeichnungskraft** einer älteren Marke, die ohne weiteren Tatsa- 52 chenvortrag allein anhand der Marke beurteilt werden kann, ist von Amts wegen zu prüfen (EuG 24.2.2016 – T-816/14 Rn. 41 – REAL; BeckRS 2013, 81111 Rn. 63 – SERVICEPOINT). Hingegen ist die Frage, ob die **Kennzeichnungskraft durch Benutzung** erhöht ist nicht von Amts wegen zu prüfen (EuG BeckRS 2013, 81018 Rn. 29 – zwei ineinander geflochtene Sicheln).

Problematisch ist die Einordnung von **nationalem Recht:** 53
- Im Rahmen von Art. 8 Abs. 4 ist die Darlegung nationalen Rechts zunächst ein **Tatsachenvortrag** (vgl. EuGH BeckRS 2014, 80617 Rn. 34 – Mano Portafortuna; EuG T-567/14, BeckRS 2016, 82128 Rn. 33 ff. – Group Company Tourism & Travel; EuG v. 21.10.2014 – T-453/11 Rn. 50 – LAGUIOLE; BeckRS 2013, 80812 Rn. 34 – Peek & Cloppenburg). Das Amt hat das nationale Recht **nicht** von Amts wegen zu ermitteln, falls es insofern **völlig** an einem Parteivortrag fehlt oder dieser offensichtlich unzureichend ist. Die Partei muss zumindest erhebliche Angaben zum Inhalt des nationalen Rechts vortragen, so dass das Amt in die Lage versetzt wird, das Recht zu verstehen und die sich andere Partei im Verfahren verteidigen kann (EuG T-567/14, BeckRS 2016, 82128 Rn. 33 – Group Company Tourism & Travel; T-727/14, BeckRS 2016, 82153 Rn. 27, 30, 46 ff. – ANIMAL).
- Hat die Partei vorgetragen, so ist das Amt verpflichtet, den Tatsachenvortrag zu prüfen und im Rahmen dessen **ggf. eigene Nachforschungen** anzustellen (→ Rn. 47).
- Nationales Recht ist zum Teil **allgemein bekannt,** so dass es von Amts wegen berücksichtigt werden **kann** (→ Rn. 56). Dies gilt insbesondere sofern die Richtlinien zur Praxis des Amtes die nationalen Rechte darstellen (EuG BeckRS 2014, 81170 Rn. 29 f. – HEATSTRIP). Ein allgemeiner Verweis auf die Richtlinien genügt der Darlegungspflicht allerdings nicht (EuG v. 29.6.2016 – T-727/14 Rn. 32 f. – ANIMAL).
- Wird **nationale Rechtsprechung** zur Auslegung und Anwendung der Unionsmarkenverordnung herangezogen, handelt es sich um eine **Rechtsfrage** (EuG BeckRS 2013, 80071 Rn. 32 – EUROPEAN DRIVESHAFT SERVICES).

54 Das Amt ist gehalten, von den Parteien (verspätet) vorgetragene **rechtliche** Ausführungen zu berücksichtigen (vgl. EuG BeckRS 2013, 81111 Rn. 64 – SERVICEPOINT; BeckRS 2013, 80812 Rn. 33 – Peek & Cloppenburg; BeckRS 2010, 90401 Rn. 45 – tosca de fedeoliva; → Rn. 76 f.).

4. Allgemein bekannte Tatsachen

55 Es widerspricht dem Zweck (→ Rn. 33) von Art. 76 Abs. 1 S. 2 nicht, allgemein bekannte Tatsachen (zur Definition → Rn. 8 ff.) von Amts wegen zu berücksichtigen (vgl. EuG T-623/11, BeckRS 2014, 81819 Rn. 19 – MILANOWEK CREAM FUDGE; BeckRS 2013, 81399 Rn. 51 – ALPHAREN/ALPHA D3; T-99/06, BeckEuRS 2009, 504045 Rn. 94 – FILDOR; T-179/07, BeckEuRS 2008, 482582 Rn. 71 – APRILE; v. 27.2.2008 – T-325/04 Rn. 51 ff. – WORDLINK; GRUR Int 2004, 850 Rn. 31 – PICARO, bestätigt durch EuGH C-361/04 P, GRUR 2006, 237). Die Parteien sind zu Tatsachen, die vom Amt in das Verfahren eingeführt werden, ggf. zu hören (→ Art. 75 Rn. 94).

56 Zu **allgemein bekannten Tatsachen** zählen in Verfahren hinsichtlich relativer Eintragungshindernisse unter anderen folgenden Tatsachen (siehe weitere Beispiele in → Rn. 10):
- Die **Wahrnehmung** der sich gegenüberstehenden Marken durch den **allgemeinen Verbraucher**.
- Die **Sprachkenntnisse** der Verbraucher (EuG T-135/14, BeckEuRS 2016, 467767 Rn. 114 – kicktipp).
- Die **Bedeutung** der **Zeichen** hinsichtlich der relevanten Waren und Dienstleistungen (EuG 27.2.2008 – T-325/**04 Rn. 53 – WORDLINK/LINK**).
- Die Verwendung eines Zeichens in weit verbreiteten **Büchern und Filmen** (EuG v. 19.4.2016 T-326/14 Rn. 93 ff. – HOT JOKER; die Kammer hatte darauf abgestellt, dass „Joker" durch die weit verbreiteten „Batman" Filme und Comics bekannt sei).
- **Die Marktgepflogenheiten eines Sektors, der das allgemeine Publikum betrifft, zB die Benutzung von Dach- und Untermarken** im Bereich des Finanzsektors (EuG 27.2.2008 – T-325/04 Rn. 53 – WORDLINK/LINK).
- Die **Verkaufsmethoden** hinsichtlich Massenkonsumgütern (zB mündlicher Verkauf bestimmter Waren; EuG T-99/06, BeckEuRS 2009, 504045 Rn. 94 – FILDOR).
- Das **Unionsrecht** sowie **Teile** der **Rechte der Mitgliedstaaten** (→ Rn. 53).
- Nationales Recht, das bereits Gegenstand von Unionsrechtsprechung war wie zB passing-off.

57 Andererseits ist das Amt **nicht** verpflichtet, alle allgemein bekannten Tatsachen zu berücksichtigen (vgl. EuGH 27.3.2007 – C-312/05 P Rn. 41 – Teletech Global Ventures).

5. Grenze zwischen allgemein bekannten Tatsachen, Tatsachen und Rechtsfragen

58 Die Grenze zwischen allgemein bekannten Tatsachen, nicht allgemein bekannten Tatsachen und Rechtsfragen ist nicht leicht zu ziehen.

59 Die Einordnung von **nationalem Recht** liegt nicht immer auf der Hand. Je nach den konkreten Umständen des Einzelfalles kann es sich um eine Tatsachenfrage, eine Rechtsfrage oder eine allgemein bekannte Tatsache handeln (→ Rn. 53).

60 Die Abgrenzung zwischen Tatsachen, allgemein bekannten Tatsachen und Rechtsfrage spielt insbesondere dann eine Rolle, falls das Amt von sich aus neue „Tatsachen" in das Verfahren einführt. In dem Fall ALPHAREN/ALPHA D3 hatte das Amt Tatsachen in das Verfahren eingebracht, die vom EuG **nicht** als allgemein bekannt bewertet wurden (EuG BeckRS 2011, 80114). Die Zweite Beschwerdekammer hatte eigene Nachforschungen angestellt, um zu beurteilen, ob „pharmazeutische und veterinärmedizinische Erzeugnisse, die Magnesiumhydroxycarbonat, Eisen und Hydrotalcit bzw. Derivate dieser Inhaltsstoffe enthalten" und „Bindephosphate für die Behandlung von Hyperphosphatämie" ähnlich sind. Es hatte sich zur Bestimmung der sich gegenüberstehenden Waren auf **medizinische Onlinewörterbücher** und einer **Webseite** der amerikanischen Regierung, die klinischen Versuchen gewidmet ist, berufen. Obwohl diese **Quellen allgemein zugänglich** sind, handelt es sich nach dem Urteil **nicht** um **allgemein bekannte** Tatschen (EuG BeckRS 2011, 80114 Rn. 31). Die pharmazeutischen Erzeugnisse und ihre therapeutischen Indikationen

sind **zu technisch.** Zugleich entschied das EuG, dass dem Widersprechenden **keine Beweislast** für die Ähnlichkeit der Waren und Dienstleistungen obliegt. Die Entscheidung wurde daher aufgehoben.

Der Fall wurde sodann der Ersten Beschwerdekammer durch das Präsidium der Kammern nach Art. 1 Buchst. d HABMVfO zur erneuten Entscheidung zugeteilt (→ Rn. 30 f.). Der Berichterstatter sendete den Beteiligten eine **Mitteilung,** in der er sie aufforderte, zu dem Urteil und insbesondere zu den von der Zweiten Kammer beigebrachten Nachweisen zur Ähnlichkeit der Waren Stellung zu nehmen und ggf. eigene Nachweise einzureichen. Lediglich die Widersprechende antwortete. Im Ergebnis stütze die Kammer ihre Entscheidung sodann nur auf Beweismaterial, das von der Widersprechenden auf die Mitteilung hin eingereicht wurde (HABM v. 2.12.2011 – R 1235/2011-1 Rn. 57 – ALPHAREN/ALPHA D3). Auf die vom Amt selbstermittelten Nachweise kam es also im Ergebnis nicht mehr an. 61

Da die Erste Kammer ihre Entscheidung letztlich nur auf Beweismaterial stützte, das von den Beteiligten beigebracht wurde, und die von Amts wegen recherchierten Tatsachen nur ergänzend anführte lag keine Verletzung des Art. 76 Abs. 1 S. 2 vor (nun bestätigt durch das zweite Urteil des EuG BeckRS 2013, 81399 Rn. 57 – ALPHAREN/ALPHA D3). Nach dem ersten Urteil des EuG kann das Amt zwar nicht nach **Beweislastregeln** entscheiden. Weder die Verordnung noch das Urteil verbieten es der Kammer aber, den Parteien **konkrete Fragen zu stellen** (HABM v. 2.12.2011 – R 1235/2011-1 Rn. 57 – ALPHAREN/ALPHA D3). Dies hat das zweite Urteil des EuG nun bestätigt. 62

Problematisch ist allerdings, falls der Fall nicht entscheidungsreif ist und sich die Parteien zu konkreten Fragen des Amtes nicht äußern. Für diesen Fall hat die Kammer bereits im Fall Alpharen/Apha D 3 vorsorglich entschieden, dass es sich berechtigt sieht, **eigene Beweismittel in das Verfahren einzubringen,** in dem es die von Amts wegen ermittelten Nachweise den Partien offenbart und ihnen Gelegenheit gibt, hierzu Stellung zu nehmen (HABM v. 2.12.2011 – R 1235/2011-1 Rn. 58 – ALPHAREN/ALPHA D3). Die Kammer geht davon aus, dass es sich bei der Bewertung der **Ähnlichkeit der Waren und Dienstleistungen** um eine **Rechtsfrage** handelt, die **von Amts wegen zu prüfen** ist (HABM v. 2.12.2011 – R1235/2011-1 Rn. 43 – ALPHAREN/ALPHA D3). Das EuG hat hierzu keine Stellung nehmen müssen (EuG BeckRS 2013, 81399 Rn. 50 ff. – ALPHAREN/ALPHA D3). 63

Es bleibt damit weiter abzuwarten, ob eine solch mittelbare Einführung der von Amts wegen ermittelten Tatsachen in Verfahren relativer Eintragungshindernisse zulässig ist oder hierin eine Umgehung von Art. 76 Abs. 1 S. 2 liegt. 64

Auch in anderen Fällen hat die Beschwerdekammer den Inhalt der sich gegenüberstehenden Waren als eine Rechtsfrage von Amts wegen ermittelt und die Parteien hierzu bei spezialisierten Waren und Dienstleistungen nicht einmal gehört (HABM BK v. 17.9.2012 – R 2426/2011-2 Rn. 38 ff. – POSTURALMED/POSTURAL). Von einer Verletzung des Art. 76 Abs. 1 S. 2 abgesehen, ist bei diesem Vorgehen zweifelhaft, ob der Grundsatz des rechtlichen Gehörs gewahrt ist (→ Art. 75 Rn. 61; → Art. 75 Rn. 65). 65

Das Amt steckt in diesen Fällen in einem Dilemma. Einerseits hat das EuG festgestellt, dass dem Widersprechenden keine Beweislast für eine Ähnlichkeit der Waren und Dienstleistungen obliegt, wobei das Amt an den Parteivortrag grundsätzlich gebunden ist, andererseits soll es sich nicht um eine Rechtsfrage handeln. Es bleibt abzuwarten, wie Fälle hinsichtlich sehr spezifischer Waren und Dienstleistungen bei einem fehlenden Parteivortrag gelöst werden. Eine Entscheidung über die **Beweislastverteilung** bzw. über eine **Mitwirkungspflicht** der Beteiligten zum Nachweis der Tatsachen, auf denen der rechtliche Warenvergleich beruht, wäre die pragmatischste Lösung. 66

IV. Rechtsfolge

Bei einem Verstoß gegen Art. 76 Abs. 1 S. 2 kann die Beschwerdekammer die Entscheidung der Widerspruchs bzw. Löschungsabteilung aufheben und den Fall zur erneuten Entscheidung zurückverweisen oder selbst entscheiden (vgl. HABM BK v. 12.5.2010 – R 1023/2009-1– BUDIVENT/budiair). Auch kann sie die Beschwerdegebühr zurückerstatten (HABM BK v. 12.5.2010 – R 1023/2009-1– BUDIVENT/budiair). 67

68 Bei einer Verletzung von Art. 76 Abs. 1 S. 2 durch die Kammer hebt das EuG die Entscheidung auf, falls diese ohne die von Amts wegen ermittelten Information anders ausgefallen wäre (EuG v. 24.2.2016 – T-816/14 Rn. 33 – REAL; BeckRS 2011, 80114 Rn. 34 – ALPHAREN/ALPHA D3). Zum Verfahren → Rn. 30 f.

C. Amtsermittlungsgrundsatz im Löschungsverfahren

69 Bislang unterschied Art. 76 Abs. 1 nicht zwischen Anmelde-, Widerspruchs- und Nichtigkeitsverfahren. Es wurde lediglich zwischen Verfahren hinsichtlich absoluter und relativer Eintragungshindernisse differenziert. Dennoch ging die Löschungsabteilung davon aus, dass im **Nichtigkeitsverfahren betreffend absoluter Eintragungshindernisse** (Art. 52), anders als im Anmeldeverfahren, eine **Beibringungspflicht** der Beteiligten besteht. Die Entscheidungspraxis der **Beschwerdekammern** war uneinheitlich (→ Art. 57 Rn. 36 ff.; → Art. 57 Rn. 42). Das **EuG** und der **EuGH** haben im Jahre 2015 mehrfach bestätigt, dass das EUIPO im Rahmen eines Nichtigkeitsverfahrens nicht verpflichtet ist, die vom Prüfer vorgenommene Ermittlung des relevanten Sachverhalts von Amts wegen erneut durchzuführen. Die Vermutung der Gültigkeit der Marke beschränkt die Amtsermittlungspflicht des Amtes im Nichtigkeitsverfahren auf die Ermittlung der von den Prüfern des EUIPO und ggf. von den Beschwerdekammern im Verfahren zur Eintragung der Marke durchgeführten Prüfung der Unionsmarkenanmeldung. Die **Darlegungs- und Beweislast** für die Nichtigkeit der angegriffenen Marke trägt grundsätzlich der **Antragsteller.** Auch wenn das Amt hierzu nicht verpflichtet ist, **kann** es sich aber auf weitere offenkundige, von ihm im Rahmen des Nichtigkeitsverfahrens ermittelte Tatsachen stützen. Zudem ist das Amt in der Überprüfung der Tatsachen frei (EuG T 223/14, BeckRS 2016, 80030 Rn. 56 ff. – VENT ROLL; Urt. v. 23.11.2015 – T-766/14 Rn. 32 ff. – FoodSafe).

70 Der neue Gesetzeswortlaut stellt nun klar, dass das Amt im Nichtigkeitsverfahren aufgrund **absoluter Eintragungshindernisse** (Art. 52) an die von den Beteiligten angeführten Gründe und Argumente grds. gebunden ist. Macht der Nichtigkeitsantragsteller etwa geltend, dass die angefochtene Marke entgegen Art. 7 Abs. 1 Buchst. c (beschreibender Charakter) eingetragen wurde wird das Amt **von sich aus** nicht ohne weiteres Art. 7 Abs. 1 Buchst. f (Verstoß gegen die öffentliche Ordnung) prüfen können, **es sei denn** der Vortrag der Parteien gibt hierzu Anlass.

71 In Nichtigkeitsverfahren bezüglich **relativer Eintragungshindernisse** (Art. 53) findet der Ausnahmetatbestand des Art. 76 Abs. 1 S. 2 Anwendung (→ Rn. 35). Dies folgt aus dem Wortlaut von Art. 76 Abs. 1 S. 2, nachdem das Amt bei der Ermittlung in Verfahren „bezüglich relativer Eintragungshindernisse [...] auf das Vorbringen und die Anträge der Beteiligten beschränkt" ist. Die Regelung unterscheidet nicht nach Widerspruchs- und Nichtigkeitsverfahren. Die Reform ändert hieran nichts.

72 Für **Verfallsverfahren** (Art. 51) hat der EuGH entscheiden, dass eine rechtserhaltende Benutzung der angegriffenen Marke nicht von Amts wegen zu ermitteln ist, sondern dem Markeninhaber obliegt. Es steht nach dem EuGH außer Frage, dass der Markeninhaber am besten und in bestimmten Fällen als einziger zum Nachweis der Benutzung in der Lage ist (EuGH BeckRS 2013, 81874 Rn. 52 ff. – Centrotherm).

D. Verspäteter Vortrag

I. Überblick Voraussetzungen

73 Nach Art. 76 Abs. 2 braucht das Amt Tatsachen und Beweismittel, die von den Beteiligten verspätet vorgebracht werden, nicht zu berücksichtigen. Bei der Anwendung von Art. 76 Abs. 2 spielen folgende Kriterien eine Rolle:

- Erstens, ist danach zu unterscheiden, ob es sich bei dem Vortrag des Beteiligten um **Tatsachen- und Beweismittel** oder um einen Rechtsvortrag handelt. Rechtliche Argumente sind grundsätzlich vom Amt zu berücksichtigen (→ Rn. 76).
- Zweitens, muss für die Anwendbarkeit von Art. 76 Abs. 2 der Vortrag überhaupt **verspätet** sein (→ Rn. 77 ff.), andernfalls muss das Amt den Vortrag grundsätzlich berücksichtigen.
- Handelt es sich, drittens, um verspätet vorgetragene Tatsachen- und Beweismittel, so ist danach zu unterscheiden, ob eine nach der Verordnung vorgesehene „**harte**" Frist oder

eine (vom Amt gesetzte) „gewöhnliche" Frist versäumt wurde. Handelt es sich um eine „harte" Frist, so kann das Amt grundsätzlich keine verspätet eingereichten Unterlagen berücksichtigen, **es sei denn** die Verspätung ist gerechtfertigt oder die Unterlagen sind **ergänzend** (→ Rn. 84 ff.). Zum Ermessen der Beschwerdekammern → Rn. 114 ff.
- Steht dem Amt ein **Ermessen** zur Berücksichtigung verspätet eingereichter Unterlagen zu, hat es dieses **auszuüben** und eine Nichtberücksichtigung ggf. zu begründen (→ Rn. 120 ff.; → Rn. 132).

Als **Faustregel** gilt, dass das Amt insbesondere in der **ersten Instanz,** verspätet Unterlagen **74** in aller Regel **nicht beachtet.** Den Beteiligten ist daher unbedingt zu empfehlen, alle zur Verfügung stehenden Unterlagen fristgerecht einzureichen. Ist dies absolut nicht möglich, sollte sich der Betroffene um eine Fristverlängerung bemühen und konkret darlegen, warum eine rechtzeitige Beibringung unmöglich ist. Wurde eine Frist tatsächlich versäumt und lehnt das Amt es ab, den verspäteten Vortrag zu berücksichtigen kann der Betroffenen versuchen, eine **Wiedereinsetzung** in den vorigen Stand (Art. 81) oder eine **Weiterbehandlung** (**Art. 82**) zu erreichen.

Für Verfahren mit zwei oder mehr Beteiligten heißt es in den EUIPO-Richtlinien: „Werden nach **74.1** Ablauf einer vom Amt gesetzten Frist Schriftstücke eingereicht oder Erklärungen abgegeben, werden diese als verspätet erbracht betrachtet, was zur Folge hat, dass das entsprechende Schriftstück unberücksichtigt bleibt." (EUIPO Richtlinien Teil A, Allgemeine Regeln, Abschnitt 2, 2.2).

Das Amt hat seine Praxis in der ersten Instanz hinsichtlich **ergänzender** Nachweise zum Nachweis **74.2** einer rechtserhaltenden Benutzung eines älteren Rechts im inter partes Verfahren mit Blick auf die jüngere Rechtsprechung geändert (→ Rn. 102.2). Soweit verspätete Unterlagen **ergänzend** sind, übt es nunmehr sein Ermessen hinsichtlich deren Berücksichtigung aus. Im Ergebnis heißt dies aber nicht, dass verspätete Unterlagen zugelassen werden. Die Änderung bewirkt lediglich, dass das Amt (detaillierter) begründet, weshalb es die Unterlagen als verspätet zurückweist (s. zur „neuen" Amtspraxis EUIPO-Richtlinien Teil C, Widerspruch, Abschnitt 6, 3.3.1).

Art. 76 bezieht sich nur auf Unterlagen, die dem Amt vorgelegt werden. Erstmals vor **75** Gericht vorgebrachte Tatsachen und Beweismittel sind grundsätzlich unzulässig (EuG T-320/03, GRUR Int 2006, 44 Rn. 14 ff. – LIVE RICHLY; vgl. Art. 65).

II. Tatsachen- und Beweismittel

Nach der Vorschrift braucht das Amt Tatschen- und Beweismittel, die verspätet vorgetragen **76** wurden, nicht zu beachten. Nicht von Art. 76 Abs. 2 erfasst sind daher neue und relevante **rechtliche Ausführungen** (→ Rn. 49 ff.). Diese sind grundsätzlich zu berücksichtigen.

III. Verspätet

Damit Art. 76 Abs. 2 überhaupt Anwendung findet, müssen die Tatsachen und Beweismit- **77** tel verspätet vorgetragen worden sein. Sind die Unterlagen schon nicht verspätet eingereicht worden, sind sie grundsätzlich vom Amt zu berücksichtigen (vgl. EuGH C-216/10 P Rn. 46, BeckEuRS 2010, 561856 – A Plus; BeckRS 2015, 80963 Rn. 14 ff., 18 – HOT; HABM BK v. 9.2.2012 – R 1807/2010-1 Rn. 18 – E.CLEAR/ECLEAR).

Ein Vortrag ist insbesondere verspätet, falls er nicht in der **hierfür vorgesehenen Frist** **78** erfolgt (vgl. EuG BeckEuRS 2010, 559950 Rn. 35 – BIMBO DOUGHNUTS; BeckRS 2007, 70897 Rn. 54 – REVIAN's).

Wurde eine erstinstanzliche **Frist** tatsächlich versäumt, **lebt** diese **durch** die Einreichung **79** einer **Beschwerde nicht** wieder **auf** (EuGH BeckRS 2007, 70187 Rn. 61 – ARCOL; BeckRS 2007, 70897 Rn. 52 – REVIAN's).

Bei einem Vorwurf, Unterlagen verspätet eingereicht zu haben, sollte der Beteiligte genau **80** prüfen, ob die betreffende Frist tatsächlich wirksam in Gang gesetzt wurde, die Frist angemessen lang war und, falls ja, ob diese bei Einreichung der Unterlagen vollständig abgelaufen war (→ Art. 79 Rn. 52). Zur Fristberechnung → Art. 79c Rn. 1 ff.

Außerdem ist zu überprüfen, welche Dokumente überhaupt innerhalb der Frist beizubrin- **81** gen waren bzw. zu welchen Handlungen der Betroffene verpflichtet war und ob diese tatsächlich nicht vorgenommen wurden (vgl. HABM BK v. 9.2.2012 – R 1807/2010-1 Rn. 18 –

E.CLEAR/ECLEAR). Ist der Beteiligte zu einer bestimmten Handlung nicht verpflichtet, kann diese auch nicht verspätet erfolgen.

81.1 Vgl. hierzu EuGH BeckEuRS 2010, 522892 Rn. 75 ff. – Budweiser. Nach dem Urteil bestand vor der Reform der GMDV keine Pflicht zur unaufgeforderten Beibringung von Verlängerungsurkunden. Die Rechtslage hat sich nach der Reform allerdings geändert (→ Rn. 89.1).

82 Unklar ist, ob eine **Geltendmachung der Verkehrsdurchsetzung** iSd Art. 7 Abs. 3 nach der ersten Stellungnahmefrist zu einem Beanstandungsbescheid verspätet ist. Grundsätzlich fordert das Amt den Anmelder nach Art. 37 lediglich auf, zu dem Beanstandungsbescheid Stellung zu nehmen. Eine Frist für das Beibringen von Beweismitteln für eine Verkehrsdurchsetzung wird darin bisweilen nicht gestellt. Insofern ist durchaus vertretbar, dass eine spätere Geltendmachung einer Verkehrsdurchsetzung **nicht** verspätet und vom Amt zu berücksichtigen ist (ähnlich EuG GRUR Int 1999, 1060 Rn. 43 f. – BABY DRY; nach HABM BK v. 21.11.2011 – R 1027/2011-2 Rn. 40 – SHAPE OF A COLOUR-CHANGING EGG TIMER ist ein Vortrag zu Art. 7 Abs. 3 stets zu beachten). Eine Säumnis kommt aber in Betracht, falls das Amt den Anmelder ausdrücklich zur Vorlage von Unterlagen für eine Verkehrsdurchsetzung aufgefordert hat und der Anmelder dem nicht nachgekommen ist (so HABM BK R 1217/2010-1 Rn. 32 – GETRIEBERIFFELN; R-1049/2006-2 Rn. 31 ff. – Search Engines STRATEGIES; aA HABM BK v. 21.11.2011 – R 1027/2011-2 Rn. 40 – SHAPE OF A COLOUR-CHANGING EGG TIMER), es sei denn dem Anmelder war es unmöglich, die Unterlagen beizubringen. Sind die Unterlagen tatsächlich verspätet, steht es im Ermessen des Amtes, diese dennoch zu berücksichtigen (HABM BK R 1217/2010-1 Rn. 33 ff. – GETRIEBERIFFELN; R 1304/2011-2 Rn. 25 – SHAPE OF A WINDOW COVERING WITH S-SHAPED VANES; aA HABM BK v. 21.11.2011 – R 1027/2011-2 Rn. 40 – SHAPE OF A COLOUR-CHANGING EGG TIME; → Rn. 120 ff.).

83 Wird ein Fax rechtzeitig eingereicht, ist dieses aber unleserlich, so hat das Amt den Beteiligten grundsätzlich nach Regel 80 Abs. 2 GMDV aufzufordern, das Dokument noch einmal zu senden oder das Originaldokument vorzulegen. Es ist aufgrund der Unleserlichkeit also nicht automatisch verspätet (→ Art. 79 Rn. 71; Pohlmann, Verfahrensrecht der Gemeinschaftsmarke, Kap. 1 § 1 Rn. 67).

IV. Keine gegenteilige Vorschrift

1. Grundsatz

84 Wurde tatsächlich eine Frist versäumt (→ Rn. 77 ff.) haben die Beteiligen des Verfahrens nicht uneingeschränkt die Möglichkeit, Tatsachen und Beweismittel nach Ablauf der dafür gesetzten Frist vorzubringen; vielmehr hängt diese Möglichkeit davon ab, dass **keine gegenteilige Vorschrift** Anwendung findet (EuGH BeckRS 2013, 81900 – PROTIVITAL; BeckRS 2013, 81526 Rn. 22 – FISHBONE; C-90/08 P, BeckRS 2009, 70402 Rn. 34 ff. – CORPO LIVRE, bestätigt indirekt durch EuGH BeckRS 2007, 71041 Rn. 47 – CORPO LIVRE; EuG 15.7.2015 – T-24/13 Rn. 77 – Cactus; BeckRS 2012, 80781 Rn. 43 – OUTBURST).

85 Zu derartigen „gegenteiligen Vorschriften" zählen insbesondere die folgenden in der UMV und GMDV genannten Fristen. Die Fristen sind teilweise einer Verlängerung zugänglich und somit nicht alle Ausschlussfristen im engeren Sinne. Werden sie aber versäumt, finden die verspäteten Vorträge grundsätzlich keine Berücksichtigung (daher im Folgenden **„harte" Fristen**). Die Rechtsprechung hat hiervon zwei **Ausnahmen** entwickelt. Ein Ermessen besteht, falls die Verspätung gerechtfertigt ist (dann liegt streng genommen schon keine Verspätung vor) oder falls der Vortrag **ergänzend** ist (→ Rn. 105 ff.). Zu den **Beschwerdekammern** → Rn. 114.

2. Widerspruchsschrift

86 Nach **Art. 41 Abs. 1** ist ein Widerspruch innerhalb von **drei Monaten** nach Veröffentlichung der Anmeldung einzureichen. **Regel 17 Abs. 1 und 2 GMDV** regeln Mindestanforderungen, die für eine Zulässigkeit des Widerspruchs innerhalb der Widerspruchsfrist erfüllt sein müssen. Wurde die **Widerspruchsgebühr** nicht fristgerecht entrichtet, gilt der Widerspruch als nicht eingelegt. Sind keine **Widerspruchsgründe** angegeben oder die **älteren Rechte** bzw. die angefochtene **Anmeldung** nicht **identifizierbar,** wird der Widerspruch als unzulässig zurückgewiesen. Das Amt kann verspätet eingereichte Unterlagen insofern **nicht** berücksichtigen (ausführlich v. Kapff in Fezer, HdB Markenpraxis Bd. I, 2. Teil, Rn. 2160 ff.). Auch kann der Widersprechende seine Widerspruchsgründe, den Umfang des Widerspruchs oder die geltend gemachten älteren Rechte nachträglich nicht erweitern (→ Rn. 38).

Bei Versäumung der Widerspruchsfrist sind eine **Wiedereinsetzung** (Art. 81 Abs. 5) oder eine **Weiterbehandlung** (Art. 82 Abs. 2) **ausgeschlossen.** Die Frist ist **nicht verlängerbar.** 87

3. Verspätete Substantiierung eines Widerspruchs

Nach Regel 19 Abs. 1 GMDV muss der Widersprechende seinen Widerspruch innerhalb einer von Amt gesetzten Frist substantiieren. Da eine Verlängerung der Substantiierungsfrist gesetzlich nicht ausgeschlossen ist, kann die Substantiierungsfrist auf Antrag verlängert werden. Nach Abs. 2 muss der Widersprechende die Existenz, die Gültigkeit und den Schutzumfang seiner älteren Marke oder seines älteren Rechts sowie seine Aktivlegitimation nachweisen. Nach Regel 19 Abs. 4 GMDV lässt das Amt schriftliche Vorlagen oder Unterlagen oder Teile davon unberücksichtigt, die nicht innerhalb der vom Amt gesetzten Frist vorgelegt oder in die Verfahrenssprache übersetzt wurden. Nach Regel 20 Abs. 1 GMDV wird der Widerspruch als unbegründet abgewiesen, falls der Widersprechende die Existenz, die Gültigkeit und den Schutzumfang seiner älteren Marke oder seines älteren Rechts sowie seine Befugnis zur Einlegung des Widerspruchs **nicht fristgerecht nachweist.** Da die Frist verlängerbar ist handelt es sich zwar um keine wirklichen Ausschluss-, wohl aber um eine „harte" Frist, deren Säumnis das Unterliegen im Widerspruch zur Folge hat (zur Verlängerung → Art. 79c Rn. 5). 88

Versäumt der Widersprechende die Frist zur Substantiierung bzw. zum Nachweis seiner älteren Rechte und seiner Befugnis und bringt **überhaupt keine** Unterlagen bei, kann **die Widerspruchsabteilung** verspätet und somit **erstmals** eingereichte Unterlagen, prinzipiell **nicht** berücksichtigen (HABM GK v. 14.10.2009 – R 172/2008-G Rn. 44 ff. – VISTA/ vistar; HABM BK v. 26.11.2012 – R 271/2011-4 Rn. 37 f. – PEDRO/PEDRO DEL HIERRO; v. 12.11.2012 – R 1932/2011-4 Rn. 16 f. – INFOSERVE/INFO SERV; v. 24.10.2012 – R 2438/2011-1 Rn. 17 ff. – MUCOSPRAY/MUCOS; v. 12.1.2012 – R 964/2011-1 Rn. 16 – SELODERM/Sensoderm; v. 12.5.2010 – R 1023/2009-1 Rn. 30 – BUDIVENT/budiair). Sie hat insofern **grundsätzlich kein Ermessen** und muss folglich auch kein Ermessen ausüben. Andernfalls liefe die „harte" Frist leer (HABM BK v. 8.3.2012 – R 2366/2010-1 Rn. 16 – unisonBrokers Insurance Partners Worldwide/UNIGLOBAL et al.). Zu Nachreichung von Unterlagen in der **Beschwerde** → Rn. 114 ff. 89

Anders als vor der Reform der GMDV (vgl. zur Rechtslage vor der letzten Reform EuGH BeckEuRS 2010, 522892 Rn. 56 ff. – Budweiser) ist der Widersprechende nach Regel 19 Abs. 2 Buchst. a ii) GMDV nun auch verpflichtet, eine nationale **Verlängerungsurkunde** unaufgefordert beizubringen, falls das ältere Recht **vor** Ablauf der Substantiierungspflicht zur Verlängerung anstand (HABM BK v. 5.9.2012 – R 1012/2011-1 Rn. 64 f. – pharma test/test et al. v. 8.3.2012 – R 2366/2010-1 Rn. 16 – unisonBrokers Insurance Partners Worldwide/UNIGLOBAL et al.; anders aber HABM BK v. 23.9.2010 – R 258/2010-1 Rn. 13 ff. – LIO/SIÓ, hier wurde ein Ermessen gesehen und eine verspätet eingereichte Urkunde zugelassen). 89.1

Hat der Widersprechende **versäumt** die Existenz bzw. die **Verlängerung** eines nationalen älteren Rechts durch entsprechende Urkunden **nachzuweisen,** kann er zwar versuchen, eine Verspätung zu **rechtfertigen** (vgl. HABM BK v. 1.9.2011 – R 4/2011-1 Rn. 32 – INCA/incca et al.). Liegt eine Verspätung allerdings in seinem Verantwortungsbereich wird der Anmelder hiermit grundsätzlich **keinen** Erfolg haben (vgl. EuGH BeckRS 2013, 81900 Rn. 40 ff. – PROTIVITAL). 90

Im Übrigen kann der Anmelder versuchen, damit zu argumentieren, dass dem Amt durch die neue Datenbank TMVIEW nunmehr ohne weiteres für die meisten Mitgliedstaaten bekannt ist, ob eine nationale Marke existiert und verlängert wurde. Insofern könnte es sich um eine allgemein bekannte Tatsache handeln, die von Amts wegen ermittelt werden kann 91

(→ Rn. 55 ff.). Die **Aussichten auf Erfolg** sind aber **äußerst gering.** Das Amt geht davon aus, dass keine Verpflichtung zu einer eigenen Recherche besteht (vgl. HABM BK v. 1.9.2011 – R 4/2011-1 Rn. 33 – INCA/incca et al.). Außerdem ist es zur Neutralität gegenüber der anderen Partei verpflichtet (→ Rn. 33). Dem Widersprechenden bleibt das Rechtsmittel der Wiedereinsetzung (Art. 81), obwohl fraglich ist, ob die Säumnis tatsächlich zu einem unmittelbaren Rechtsverlust führt → Art. 81 Rn. 13. Eine Weiterbehandlung ist nach Art. 82 Abs. 2 grundsätzlich zumindest bis zum 1.10.2017 **nicht** möglich. Nach der Reform ist aber ein Antrag auf Weiterbehandlung zu erwägen (→ Art. 82 Rn. 2). Wird keine Wiedereinsetzung bzw. Weiterbehandlung gewährt, bleibt dem Säumigen lediglich abzuwarten, bis die angegriffene Anmeldung eingetragen ist und einen **Nichtigkeitsantrag** zu stellen.

92 Hat der Widersprechende allerdings nicht völlig unerhebliche Dokumente zur **Substantiierung des Widerspruchs fristgerecht beigebracht,** besteht (nach Ansicht der Autorin) ein Ermessen der ersten Instanz verspätet eingereichte Unterlagen im **Ausnahmefall** zu berücksichtigen, solange diese **ergänzend** sind oder ein rechtfertigender Grund vorliegt (→ Rn. 105 ff.).

93 Im Rahmen der Substantiierung eines Widerspruchs gestützt auf Art. 8 Abs. 4 (ein anderes älteres nationales Recht) ist zu beachten, dass Regel 19 Abs. 2 Buchst. d GMDV nicht auflistet, welche Unterlagen zum Nachweis des älteren Rechts beizubringen sind. Verweist der Widersprechende auf nationales Recht, so können spätere Darlegungen und Beweise bereits als ergänzend zu bewerten sein (vgl. EuG v. 29.6.2016 – T-567/14 Rn. 51 ff. – Group Company Tourism & Travel).

94 So gehört insbesondere die Geltendmachung einer **erhöhte Unterscheidungskraft** einer älteren Marke im Widerspruchsverfahren **aufgrund Bekanntheit** (Art. 8 Abs. 1 Buchst. b) zur Substantiierung des Widerspruchs und muss damit grundsätzlich bereits in der Widerspruchsbegründung geltend gemacht werden (vgl. HABM BK v. 23.6.2009 – R 793/2007-4 Rn. 28 ff. – Sun Trips/SUNTREK). Der EuGH hat allerdings entscheiden, dass verspätet eingereichte Unterlagen dennoch Berücksichtigung finden können, solange diese **lediglich ergänzend** sind (in diese Richtung EuGH BeckRS 2008, 70504 Rn. 52 – FERRO; BeckRS 2007, 70187 Rn. 59 ff. – ARCOL; in diese Richtung EuG BeckRS 2013, 81018 Rn. 26 – zwei ineinander geflochtene Sicheln, das Urteil geht davon aus, dass insofern ein Ermessen besteht; → Rn. 105, → Rn. 104 ff., → Rn. 97). Wird eine erhöhte Unterscheidungskraft aber **erstmalig** vor der **Beschwerdekammer** geltend gemacht, wird es sich regelmäßig um einen völlig neuen Sachvortrag handeln, der selbst bei Ausübung eines etwaigen Ermessen (→ Rn. 114) nicht berücksichtigt werden wird. Andernfalls liefe Regel 19 Abs. 4 GMDV leer (so HABM BK R 793/2007-4 Rn. 29 ff. – Sun Trips/SUNTREK). Der Widersprechende sollte daher bereits **in der Widerspruchsbegründung** darauf abstellen, dass der Widerspruchsmarke eine erhöhte Unterscheidungskraft zukommt und darlegen, weshalb er weitere (ergänzende) Unterlagen erst später einzureichen vermag.

95 Zur Substantiierung eines Widerspruchs nach **Art. 8 Abs. 5** gehören grundsätzlich auch der Vortrag sowie der **Nachweis der Bekanntheit der älteren Marke.** Falls Unterlagen aber **gerechtfertigt** zu einem späteren Zeitpunkt eingereicht werden oder die Unterlagen lediglich **ergänzend** sind, können diese ausnahmsweise Berücksichtigung finden (vgl. HABM BK v. 14.9.2012 – R 193/2012-5 Rn. 26 ff. – B/DEVICE OF EXTENDED WINGS WITH A GEOMETRIC DESING IN THE MIDDLE; → Rn. 104 ff.).

4. Antrag auf Nachweis der Benutzung einer älteren Marke

96 Nach **Art. 42 Abs. 2** kann der Anmelder vom **Widersprechenden** verlangen, dass dieser eine **rechtserhaltende Benutzung** seiner älteren Widerspruchsmarken nachweist, falls diese zum Zeitpunkt der Veröffentlichung der angegriffenen Anmeldung bereits fünf Jahre eingetragen war.

97 Nach Regel 22 Abs. 1 GMDV muss der Anmelder diesen Antrag innerhalb der ihm gesetzten (verlängerbaren) Frist zur Widerspruchserwiderung stellen. Stellt der Anmelder den Antrag nicht innerhalb dieser allerersten (verlängerbaren) Stellungnahmefrist, so ist der Antrag verspätet. Aus dem Wortlaut folgt, dass der Widersprechende in diesem Fall nicht zu einem Benutzungsnachweis verpflichtet ist. Dem Amt kommt insofern **kein Ermessen** zu

Ermittlung des Sachverhalts von Amts wegen **Art. 76 UMV**

(ähnlich bereits vor der Reform EuG BeckRS 2005, 70212 Rn. 22 ff. – FLEXI AIR; die Frage wurde im anschließenden Verfahren vom EuGH nicht diskutiert: C-235/05 P).

Hieran ändert auch das EuGH Urteil „PROTIVITAL" (BeckRS 2013, 81900 Rn. 33) **98** nichts, nach dem den Beschwerdekammer nach Regel 50 Abs. 1 UAbs. 3 GMDV stets ein Ermessen hinsichtlich verspätet eingereichter **zusätzlicher** oder **ergänzender** Unterlagen zustehen soll (→ Rn. 114 ff.). Erhebt der Anmelder überhaupt keine Benutzungseinrede, so ist ein späterer Antrag nach Ansicht der Autorin nicht **zusätzlich**. Ließe man eine verspätete Geltendmachung zu, liefe die Frist der Regel 22 Abs. 1 letztlich leer. Eine Ausnahme kann allenfalls dann bestehen falls ganz außergewöhnliche **rechtfertigende** Gründe für die Nichtgeltendmachung der Einrede innerhalb der hierfür vorgesehen Frist bestehen (→ Rn. 106).

Der Säumige kann es mit einem Antrag auf Weiterbehandlung nach Art. 82 und einem **99** Antrag auf Wiedereinsetzung versuchen. Es ist allerdings zweifelhaft, ob diese statthaft sind (→ Art. 81 Rn. 15). Nach der Amtspraxis wird eine Weiterbehandlung aber grundsätzlich gewährt (→ Art. 82 Rn. 18). Mit Wirkung zum 1.10.2017 dürfte eine Weiterbehandlung stets statthaft sein, falls die Übrigen Voraussetzungen des Art. 82 vorliegen.

Keine „gegenteilige Vorschrift" sieht die Verordnung für einen Antrag auf Benutzungs- **100** nachweis einer älteren Marke im **Nichtigkeitsverfahren** gestützt auf **relative Schutzhindernisse** vor (Art. 53 und 57 Abs. 2, Regel 40 Abs. 6 GMDV). Insofern lässt sich argumentieren, dass der Gesetzgeber in diesem Fall keine „harte" Frist hat vorsehen wollen (→ Art. 57 Rn. 26 ff.). Die Nichtigkeitsabteilung wendet Regel 22 Abs. 1 GMDV **nicht** analog an. Andererseits kann nicht ausgeschlossen werden, dass die Beschwerdekammer damit argumentiert, dass dem Inhaber des angegriffenen Rechts vom Amt eine Frist gesetzt wird, um auf den Vortrag des Antragstellers zu erwidern und diese Frist der Straffung des Verfahrens dient. Dieser Zweck liefe leer, falls der Inhaber eine Benutzung der älteren Marke auch zu einem späteren Zeitpunkt geltend machen könnte (vgl. so für das Widerspruchsverfahren EuG BeckRS 2005, 70212 Rn. 27 ff. – FLEXI AIR). Insofern sollte der Inhaber der angegriffenen Unionsmarke einen Benutzungsnachweis auch im Nichtigkeitsverfahren bereits in seiner ersten Stellungnahme geltend machen (→ Art. 57 Rn. 26.1). Ist er säumig, so kann er nach Art. 82 gegen Gebühr von 400 Euro einen **Antrag auf Weiterbehandlung** stellen, der ihm regelmäßig zu gewähren sein wird, solange die weiteren Voraussetzungen vorliegen (→ Art. 82 Rn. 4; → Art. 82 Rn. 29 ff.).

5. Nachweis der Benutzung

Als eine „gegenteilige Vorschrift" gilt auch **Art. 42 Abs. 2 und 3 iVm Regel 22 Abs. 2** **101** **GMDV**. Hiernach hat der Widersprechende auf Antrag des Anmelders eine **rechtserhaltende Benutzung** seiner älteren Marke innerhalb einer vom Amt gesetzten (verlängerbaren) Frist **nachzuweisen**. Legt der Widersprechende innerhalb der gesetzten Frist **keinerlei** Beweismittel vor oder weist das Amt den Widerspruch nach Art. 42 Abs. 2 S. 2, Regel 22 Abs. 2 S. 2 GMDV zurück.

Aus dem Wortlaut folgt grundsätzlich, dass die **erstmalige** Vorlage von Beweismitteln für **102** die Benutzung der älteren Marke nach Ablauf der dafür gesetzten Frist zur Zurückweisung des Widerspruchs führt, **ohne** dass das Amt insoweit über ein **Ermessen** verfügt (EuGH C-90/08 P, BeckRS 2009, 70402 Rn. 35 ff. – CORPO LIVRE; BeckRS 2012, 80781 Rn. 45 – OUTBURST; BeckRS 2011, 80251 Rn. 63 – Dada & Co. Kids; **anders** aber EuGH BeckEuRS 2011, 572696 Rn. 33 ff. – unibanco; EuG 15.7.2015 – T-24/13 Rn. 79 ff., 82 – Cactus). Auch der EuGH sieht im Urteil „PROVITAL" ein Ermessen der **Beschwerdekammern** nur bei **zusätzlichen** und **ergänzenden** Materialien (BeckRS 2013, 81900 Rn. 33; eingehend → Rn. 114 f., → Rn. 98). Ob die ältere Marke ernsthaft benutzt wurde, ist nämlich eine Vorfrage, die als solche beantwortet werden muss, bevor eine Entscheidung über den Widerspruch selbst getroffen wird (EuG 15.7.2015 – T-24/13 Rn. 79 – Cactus; BeckRS 2012, 80781 Rn. 45 – OUTBURST und BeckRS 2007, 71041 Rn. 49 – CORPO LIVRE, indirekt bestätigt durch EuGH C-90/08 P, BeckRS 2009, 70402 Rn. 35 ff. – CORPO LIVRE). Zum Ermessen der Beschwerdekammern eingehend → Rn. 114, → Rn. 115.

Im Urteil BeckEuRS 2011, 572696 Rn. 33 ff. – unibanco hat der EuGH der Kammer kein Ermessen **102.1** abgesprochen erstmals, und verspätet vorgelegte Benutzungsunterlagen zu berücksichtigen. Die Frage, ob es sich bei der bereits vor der letzten Reform der GMDV in Regel 22 Abs. 1 GMDV niedergelegten Frist um eine Ausschlussfrist handelt, wurde in dem Urteil nicht diskutiert. Die Kammer war allerdings zu dem Ergebnis gekommen, dass die Unterlagen ohnehin nicht zu berücksichtigen sind.

102.2 Ein Ermessen (auch der ersten Instanz) besteht in jedem Fall, falls der Inhaber der älteren Marke fristgerecht Benutzungsunterlagen einreicht und (verspätet) weitere Unterlagen nachschiebt oder falls eine Rechtsfertigung für die Verspätung vorliegt. Es wird insofern auf die Ausführungen in → Rn. 105 ff. verwiesen. Zur „neuen" Amtspraxis → Rn. 74.2.

103 Die vorgenannten Grundsätze gelten auch für den Nachweis einer Benutzung im Falle eines **Verfallsantrags** (Art. 51; EuG 15.7.2015 – T-215/13 Rn. 67 ff. – lambda; HABM BK v. 6.9.2012 – R 1761/2011-1 Rn. 13 ff. – RECARO; v. 29.8.2012 – R 1978/2011-2 Rn. 35 ff. – Bésame) bzw. im Falle der rechtserhaltenden Benutzung der älteren Marke im **Nichtigkeitsverfahren** (Art. 53; vgl. EuG T-250/09, BeckRS 2012, 80395 Rn. 26 ff. – Mangiami). Nach Regel 40 Abs. 4 und 5 GMDV findet Regel 22 Abs. 2 GMDV auf diese Fälle entsprechende Anwendung. Nach Regel 40 Abs. 6 GMDV ist ein Antrag auf Erklärung der Nichtigkeit einer Marke zurückzuweisen, falls der Nichtigkeitsantragsteller eine Benutzung seines älteren Rechts innerhalb der ihm vom Amt gesetzten Frist nicht nachweist. Der EuGH hat insofern festgestellt, dass es sich um eine „harte" Frist handelt, falls keinerlei Unterlagen eingereicht werden. Reicht der Markeninhaber hingegen Nachweise ein, können **ergänzende Beweise** berücksichtigt werden (EuGH BeckRS 2013, 81874 Rn. 85 ff. – Centrotherm; EuG 12.5.2014 – T-322/14 Rn. 29 – mobile.de; 15.7.2015 – T-215/13 Rn. 67 ff. – lambda; → Rn. 105 ff.). Der Säumige kann es mit einem Antrag auf Wiedereinsetzung (Art. 81) oder **Weiterbehandlung** (Art. 82) versuchen.

6. Beschwerdeeinreichung und -begründung

104 Nach Art. 60 ist eine Beschwerde innerhalb von zwei Monaten nach Zustellung der erstinstanzlichen Entscheidung einzulegen und innerhalb von vier Monaten zu begründen. Die Fristen sind nicht verlängerbar. Erfolgen Beschwerdeeinreichung oder -begründung verspätet, kann die Kammer diese nicht beachten (aber → Rn. 114 ff.). Die Beschwerde ist in diesem Fall unzulässig (HABM BK v. 15.12.2008 – R 960/2008-1 Rn. 6 ff. – Photovoltaic Technology Show).

7. Ermessen bei ergänzenden Unterlagen

105 Wie oben festgestellt, steht dem Amt (zumindest erstinstanzlich) bei Versäumen einer Ausschlussfrist grundsätzlich kein Ermessen zu, verspätet eingereichte Unterlagen zu berücksichtigen (→ Rn. 84 f.; zu den **Beschwerdekammern** → Rn. 114 ff.). Die Rechtsprechung hat hierzu aber **Ausnahmekonstellationen** entwickelt.

106 Hat der Säumige **überhaupt keine Unterlagen** eingereicht, können diese im Ausnahmefall berücksichtigt werden, falls die Verspätung **gerechtfertigt** ist (EuG BeckRS 2007, 71041 Rn. 49 – CORPO LIVRE, im Ergebnis bestätigt durch EuGH C-90/08, BeckRS 2009, 70402 Rn. 35 ff. – Y LIVRE; vgl. auch EuGH BeckEuRS 2011, 572696 Rn. 33 ff. – unibanco). Dies ist denkbar, falls Beweismittel vorher nicht beigebracht werden konnten. Streng genommen liegt in diesem Fall aber schon keine Verspätung vor (→ Rn. 77). Bei Umständen, die im Verantwortungsbereich des Säumigen liegen ist eine Verspätung in der Regel nicht gerechtfertigt. Der Ausnahmetatbestand ist daher kaum von praktischer Relevanz. In diesen Fällen kann möglicherweise ein Antrag auf Wiedereinsetzung (Art. 81) oder Weiterbehandlung (Art. 82) gestellt werden.

107 Hat der Säumige **bereits Unterlagen eingereicht,** kann das Amt **ergänzend** eingereichte Unterlagen berücksichtigen (EuGH BeckRS 2013, 81526 Rn. 29 f. – FISHBONE; EuG BeckRS 2012, 80781 Rn. 46 – OUTBURST; EuG 15.7.2015 – T-24/13 Rn. 80 ff. – Cactus). Dies gilt insbesondere falls nicht auf einen Fristmissbrauch oder eine absichtliche Verzögerungstaktik des Betroffenen hinweist und folgende Kriterien erfüllt sind (vgl. EuG 15.7.2015 – T-24/13 Rn. 81 – Cactus; BeckRS 2012, 80781 Rn. 53 – OUTBURST).

108 Es ist, **erstens**, entscheidend, dass der Widersprechende **überhaupt** fristgerecht **Unterlagen** eingereicht hat. Es darf sich nicht um die **ersten und einzigen** Beweise für die Benutzung der älteren Marke handeln (EuG BeckRS 2013, 81526 Rn. 28 – FISHBONE; BeckRS 2007, 71041 Rn. 59 – CORPO LIVRE, im Ergebnis bestätigt durch EuGH C-90/08 P,

BeckRS 2009, 70402 Rn. 35 ff. – CORPO LIVRE). Gravierende Fehler in der Widerspruchsschrift (→ Rn. 86), der fehlende Nachweis der Existenz der geltend gemachten älteren Rechte (→ Rn. 88 ff.), der fehlende Antrag auf Nachweis der Benutzung (→ Rn. 96 ff.), eine fehlende Beschwerdeschrift oder Beschwerdebegründung (→ Rn. 104) können nicht nachgeholt werden. In diesen Fällen wurde nichts fristgerecht eingereicht. Daher sind die verspätet eingereichten Unterlagen auch nicht ergänzend. Ergänzende Unterlagen kommen insbesondere beim Nachweis einer rechtserhaltenden Benutzung eines älteren Rechts (→ Rn. 101), der Geltendmachung einer erhöhte Unterscheidungskraft (→ Rn. 94) oder dem Nachweis einer Bekanntheit der älteren Marke im Rahmen von Art. 8 Abs. 5 in Betracht (→ Rn. 95).

109 Zweitens dürfen die fristgerecht eingereichten Unterlagen **nicht offensichtlich unzureichend** gewesen sein. Es genügt also nicht, falls der Betroffene irgendwelche belanglosen Unterlagen einreicht, um die Frist zu wahren. Der Inhaber muss ernsthaft den Versuch unternehmen, die relevante Tatsache fristgerecht nachzuweisen (zB Einreichung von Erklärungen des Widersprechenden oder Dritter, Rechnungen und Fotografien zum Nachweis einer Benutzung vgl. EuGH BeckRS 2013, 81526 Rn. 29 – FISHBONE).

110 Die ergänzenden Unterlagen sollten den Inhalt der ursprünglichen Beweise lediglich **verstärken** oder **verdeutlichen** (EuG BeckRS 2012, 80781 Rn. 51 – OUTBURST). Falls das Amt beabsichtigt, die Unterlagen zu berücksichtigen, muss die andere Partei Gelegenheit erhalten, zu den ergänzend eingereichten Unterlagen Stellung zu nehmen (vgl. EuG BeckRS 2012, 80781 Rn. 54 – OUTBURST; v. 29.9.2011 – T-415/09 Rn. 32 – FISHBONE, im Ergebnis bestätigt durch EuGH BeckRS 2013, 81526; → Art. 75 Rn. 63, → Art. 75 Rn. 84).

110.1 In früheren Urteilen (EuG BeckRS 2007, 71041 Rn. 56 – CORPO LIVRE, im Ergebnis bestätigt durch EuGH C-90/08 P, BeckRS 2009, 70402 Rn. 35 ff. – CORPO LIVRE) forderte das EuG als zusätzliche Bedingung, dass „**neue Gesichtspunkte**" zutage getreten sind, die die verspätete Vorlage rechtfertigen. In jüngeren Urteilen erwähnt das EuG zwar diese Voraussetzung unter Hinweis auf die bisherige Rechtsprechung (EuG BeckRS 2012, 80781 Rn. 53 – OUTBURST). Es lässt aber ausreichend, dass die bisher eingereichten Unterlagen vom **Amt als unzureichend** (EuG BeckRS 2012, 80781 Rn. 53 – OUTBURST; **anders aber** EuG T-250/09, BeckRS 2012, 80395 Rn. 26 ff. – Mangiami) oder vom **Anmelder** als **ungenügend** gerügt wurden (EuG T-250/09, BeckRS 2012, 80395 Rn. 26 ff. – Mangiami; kritisch Pohlmann, Verfahrensrecht der Gemeinschaftsmarke, Kap. 1 § 1 Rn. 63). Letztere Auffassung wurde unlängst durch den EuGH bestätigt (EuGH BeckRS 2013, 81526 – FISHBONE, die Entscheidung des EuG T-415/09 hatte in Rn. 30 ein Nachreichen von Unterlagen aufgrund einer Rüge durch die andere Partei zugelassen). Damit ist das Kriterium des „neuen Gesichtspunktes" entfallen.

111 Die **Abgrenzung,** ob es sich nach den vorgenannten Kriterien, um lediglich **ergänzende** Unterlagen oder um **erstmals** eingereichte **Unterlagen** handelt ist mitunter schwierig. So hat der EuG Benutzungsunterlagen, die zusätzlich zu bereits eingereichten Unterlagen beigebracht wurden in Bestätigung der Kammerentscheidung nicht als „ergänzend" bewertet, weil diese sich auf völlig andere Dienstleistungen als die vorher eingereichten Unterlagen bezogen. Hinsichtlich dieser Dienstleistungen, waren die Unterlagen erstmals und damit unzulässig eingereicht worden (EuG 15.7.2015 – T-24/13 Rn. 82 – Cactus).

112 Die jüngeren Urteile des EuGH und des EuG scheinen die Anforderungen für die Berücksichtigung außerhalb der vom Amt gesetzten Frist eingereichter (Benutzungs-) Unterlagen auf den ersten Blick zu lockern. Allerdings stellen die Urteile es weiterhin in das **weite Ermessen des Amtes,** ob es verspätet vorgelegte Unterlagen berücksichtigt (EuGH BeckRS 2013, 81526 Rn. 23, 30 – FISHBONE; BeckEuRS 2011, 572696 Rn. 33 ff. – unibanco; EuG BeckRS 2012, 80781 Rn. 52 – OUTBURST; BeckRS 2012, 81018 Rn. 97 – BIODANZA). Das Amt muss sein Ermessen zwar ausüben, letztlich steht es ihm aber frei, die Unterlagen als verspätet zurückzuweisen (vgl. EuGH BeckRS 2013, 81900 Rn. 40 ff. – PROTIVITAL).

113 Nach wie vor ist daher zu empfehlen, alle zur Verfügung stehenden Unterlagen rechtzeitig beizubringen und ggf. eine Fristverlängerung zu ersuchen. Dem Amt obliegt es grundsätzlich **nicht,** darauf hinzuweisen, ob die eingereichten Unterlagen ausreichen (EuG BeckRS 2012,

81018 Rn. 98 ff. – BIODANZA). Es ist an dem Inhaber ggf. aus eigener Initiative weitere Unterlagen beizubringen.

8. Anwendbarkeit der vorstehenden Grundsätze auf die Beschwerdekammern?

114 Nach einigen Urteilen des EuG aus 2015 war fraglich, ob die vorstehenden „harten" Fristen der GMDV auf die Beschwerdekammern Anwendung finden oder, ob der Beschwerdekammer stets ein Ermessen zukommt, verspätet eingereichte Unterlagen zu berücksichtigen. Die Rechtsprechung hierzu war nicht einheitlich.

115 Der EuGH hat festgestellt, dass Regel 50 Abs. 1 UAbs. 3 GMDV der Anwendung von Regel 20 Abs. 1 GMDV (→ Rn. 88 ff.) als lex specialis vorgeht und den **Beschwerdekammern damit ein Ermessen zusteht, zusätzliche** und **ergänzende** Unterlagen zu berücksichtigen (EuGH BeckRS 2013, 81900 Rn. 30 – PROTIVITAL; dem folgend EuG 15.7.2015 – T-215/13 Rn. 67 ff. – lambda; T-543/12, BeckRS 2015, 81386 Rn. 17 ff. – Bugui va; T-480/13, BeckRS 2014, 81637 Rn. 25 ff. – YouView+). Die Feststellung, dass **zusätzliche und ergänzende** Unterlagen berücksichtigt werden können entspricht der bisherigen Praxis (→ Rn. 105 ff.). Neu daran ist lediglich die Berufung auf Regel 50 Abs. 1 UAbs. 3 GMDV.

115.1 Der Gerichtshof legt Regel 50 Abs. 1 GMDV als lex specialis zu Regel 20 GMDV (→ Rn. 88 ff.) aus. Dies ist ein Zirkelschluss und ergibt sich nicht aus dem Wortlaut von Regel 50 Abs. 1 UAbs. 3 GMDV. Regel 50 Abs. 1 UAbs. 3 GMDV gibt lediglich wieder, dass die Kammer im Rahmen von Art. 76 Abs. 2 verspätet eingereichte Unterlagen berücksichtigen kann. Art. 76 Abs. 2 findet aber eben grundsätzlich keine Anwendung, falls eine gegenteilige Vorschrift, wie hier Regel 20 GMDV ein verspätetes Vorbringen untersagt. Insofern wäre sachgerechter Regel 20 GMDV eng auszulegen, so dass der Ausnahmetatbestand nur dann Anwendung findet, falls überhaupt nichts eingereicht wird. Werden hingegen Unterlagen eingereicht, so sollte es grundsätzlich auch im Ermessen der ersten Instanz stehen, zusätzliche Unterlagen zu berücksichtigen (so zu Regel 40 GMDV EuGH BeckRS 2013, 81874 Rn. 85 ff. – Centrotherm; → Rn. 105 ff.).

116 Das EuG hatte diesen Ansatz weiterentwickelt. Nach dem Urteil vom 24.10.2014 in T-543/12 „Bugui va" sollte die Kammer nicht nur zusätzliche und ergänzende Unterlagen, sondern auch **erstmals** vorgelegte Unterlagen berücksichtigen können. Das EuG berief sich dabei auf die spanische Fassung des „PROVITAL"-Urteils, nach dem „**neue** Tatsachen und Beweismittel" („hechos y pruebas **nuevos**") berücksichtigt werden können. In der deutschen Fassung heißt es hingegen „**zusätzliche** oder **ergänzende** Sachverhalte und Beweismittel" (EuGH BeckRS 2013, 81900 Rn. 33 – PROTIVITAL). Auch in den Kenzo-Urteilen aus dem Jahre 2015 ist das EuG diesem Ansatz gefolgt (EuG Urt. v. 2.12.2015 – T-414/13 Rn. 17– KENZO ESTATE; s. auch noch Anfang 2016 EuG Urt. v. 2.2.2016 – T-169/15 Rn. 41 ff. – MOTO B). Allerdings war die Rechtsprechung des EuG nicht einheitlich. In anderen Urteil erwähnte der EuG Regel 50 Abs. 1 GMDV nicht und kehrte zu dem bisherigen Grundsatz zurück, dass nur ergänzend eingereichte Unterlagen Berücksichtigung finden können (EuG 15.7.2015 – T-215/13 Rn. 67 ff. – lambda).

117 Der EuGH hat dieser Unsicherheit schließlich ein Ende gesetzt und festgestellt, dass Regel 50 **nicht** dahin ausgelegt werden kann, dass sie das Ermessen der Beschwerdekammer auf **neue Beweismittel** erstreckt (EuGH C-597/14 P, BeckRS 2016, 81618 Rn. 27 – Bugui va). Das Einräumen eines Ermessens für **erstmals** eingereichte Unterlagen widerspricht nicht nur der bisherigen Rechtsprechung (→ Rn. 105 ff.), sondern auch dem Gesetzeswortlaut. Nach Regel 50 Abs. 1 UAbs. 3 GMDV kann die Kammer nur **zusätzliche** oder **ergänzende** Sachverhalte und Beweismittel berücksichtigen. Auch in der spanischen Fassung von Regel 50 GMDV ist nur von ergänzenden Materialien die Rede. Das EuG hatte somit einen Rechtsfehler begangen, indem es befunden hatte, dass die Beschwerdekammer ein Ermessen hinsichtlich erstmals eingereichter Unterlagen habe. Werden die Ausschlussfristen folglich vor der ersten Instanz nicht gewahrt und es wird nichts eingereicht, kann auch die Kammer erstmals eingereichte Unterlagen nicht berücksichtigen. Alles andere würde zu einer Aushöhlung der Fristen führen.

118 Die Kammer **muss** aber in jedem Fall **prüfen, ob** die Unterlagen **erstmalig oder ergänzend** sind. Tut sie dies nicht, kann die Entscheidung aus diesem Grund aufzuheben sein (EuGH C-597/14 P, BeckRS 2016, 81618 Rn. 30 – Bugui va).

Besteht ein Ermessen der Kammer, da die Unterlagen ergänzend sind, soll die Nichtaus- 119
übung des Ermessen durch die Kammer zur Aufhebung der Kammerentscheidung führen
und zwar unabhängig von der Frage, ob die Kammer bei Ermessensausübung zum selben
Ergebnis gekommen wäre (so EuG T-480/13, BeckRS 2014, 81637 Rn. 32 – YouView+).

V. Ermessen

Sind nach den vorgenannten Kriterien Unterlagen verspätet eingereicht worden und findet 120
keine Vorschrift Anwendung, die die Berücksichtigung der Unterlagen untersagt, oder ist
eine der von der Rechtsprechung **entwickelten Ausnahmesituationen** einschlägig (zu
den Fallgruppen → Rn. 105 ff.), steht es **im Ermessen des Amtes,** ob es die Unterlagen
berücksichtigt (zu weiteren Fallgruppen v. Kapff in Fezer, HdB Markenpraxis, Bd. I, 2. Teil,
Rn. 2160 ff.).

Die Beteiligten haben keinen Anspruch auf Berücksichtigung der verspätet eingereichten 121
Unterlagen. Dies würde die Fristen aushöhlen und einer ordnungsmäßigen Verwaltung entgegenstehen (vgl. EuGH BeckRS 2007, 70187 Rn. 43, 45 ff. – ARCOL). Wohl aber besteht
ein **Anspruch auf Ermessensausübung** (→ Rn. 132).

Beim Ermessensspielraum ist danach zu unterscheiden, ob es sich um ein **Inter-partes-** 122
oder ein **Ex-parte-Verfahren** handelt, in denen Interessen anderer Beteiligter eine Rolle
spielen. Während der **Amtsermittlungsgrundsatz** in Verfahren **absolute Eintragungshindernisse** gebieten kann, verspätet eingereichte Unterlagen zu berücksichtigen, kann es
das Interesse anderer Beteiligter in zweiseitigen Verfahren untersagen.

1. Einseitige Verfahren

Wird eine Anmeldung beanstandet, setzt das Amt dem Anmelder nach Art. 37 Abs. 3 123
eine Frist, um zu der Beanstandung Stellung zu nehmen. Reicht der Anmelder eine Stellungnahme erst nach Fristablauf ein, oder trägt er erst Argumente vor der Beschwerdekammer
vor, die er auch schon vor dem Prüfer hätte vortragen können, ist der Vortrag grundsätzlich
verspätet.

Die UMV sieht in Verfahren der Prüfung absoluter Eintragungshindernisse grundsätzlich 124
keine „harten" Fristen vor, nach deren Ablauf der Anmelder neue Tatsachen nicht mehr
geltend machen oder ergänzende Argumente nicht mehr vortragen kann (vgl. EuG T-315/
03, GRUR Int 2005, 837 Rn. 21 – ROCKBASS). Demnach liegt es nach Art. 76 Abs. 2
im Ermessen des Amtes, ob es den Vortrag berücksichtigt.

Art. 76 Abs. 1 S. 1 gebietet es dem Amt, den Sachverhalt vollständig von Amts wegen zu 125
ermitteln (→ Rn. 3 ff.). Das Amt muss daher bis zum Erlass der Entscheidung grundsätzlich
alle Argumente und Tatsachen berücksichtigen (vgl. HABM BK v. 21.11.2011 – R 1027/
2011-2 Rn. 40 – SHAPE OF A COLOUR-CHANGING EGG TIMER). Vor diesem
Hintergrund und weil in einseitigen Verfahren regelmäßig keine Drittinteressen betroffen
sind, spricht in der Regel nichts dagegen, verspätet eingereichte Tatsachen in einseitigen
Verfahren zu berücksichtigen. Das Ermessen kann aufgrund des Amtsermittlungsgrundsatzes
sogar auf Null reduziert sein (vgl. HABM BK v. 21.11.2011 – R 1027/2011-2 Rn. 40 –
SHAPE OF A COLOUR-CHANGING EGG TIMER geht davon aus, dass sie berücksichtigt werden müssen).

Falls das Amt die verspätet eingereichten Unterlagen nicht berücksichtigt, zB weil der 126
Anmelder das Verfahren offensichtlich verschleppt, muss es begründen, weshalb es die verspätet eingereichten Unterlagen nicht berücksichtigt (vgl. EuG T-315/03, GRUR Int 2005,
837 Rn. 31 ff. – ROCKBASS).

Bei verspätet eingereichten Unterlagen zur **Geltendmachung einer Verkehrsdurchset-** 127
zung iSd Art. 7 Abs. 3 steht es ebenfalls im Ermessen des Amtes, ob es diese berücksichtigt
(zum Kriterium der Verspätung → Rn. 77). Eine Berücksichtigung kommt insbesondere in
Betracht, falls die verspäteten Unterlagen entscheidungserheblich sind. Auch spricht für eine
Berücksichtigung, falls der Anmelder davon ausging, dass eine Verkehrsdurchsetzung nur für
einen Teil der Europäischen Union nachzuweisen ist und er erst durch die erstinstanzliche
Entscheidung darauf hingewiesen wurde, dass eine Verkehrsdurchsetzung für weitere Teile
erforderlich ist (HABM BK v. 26.5.2011 – R 1217/2010-1 Rn. 34 – GETRIEBERIFFELN;
v. 12.2.2010 – R 1627/2008-4 Rn. 28 – FLEXI-BAR). Da es sich um ein einseitiges

Verfahren handelt, wird durch die Berücksichtigung keine Rechtspositionen anderer Beteiligter beeinträchtigt (HABM BK v. 26.5.2011 – R 1217/2010-1 Rn. 34 – GETRIEBERIFFELN). Außerdem könnte der Anmelder die Marke im Falle der Zurückweisung erneut anmelden und eine Verkehrsdurchsetzung geltend machen, so dass es durch eine Nichtbeachtung der Unterlagen zu einem unnötigen Verwaltungsaufwand kommen kann.

127.1 HABM BK v. 21.11.2011 – R 1027/2011-2 Rn. 40 – SHAPE OF A COLOUR-CHANGING EGG TIMER geht davon aus, dass die Unterlagen aufgrund des Amtsermittlungsgrundsatzes berücksichtigt werden **müssen**. Der Amtsermittlungsgrundsatz bezieht sich aber grundsätzlich nicht auf die Verkehrsdurchsetzung (→ Rn. 23).

128 Da nicht auszuschließen ist, dass das Amt berechtigte Gründe sieht, die Unterlagen abzulehnen (vgl. EuG T-269/06, BeckEuRS 2008, 486353 Rn. 27 – RAUTARUUKKI), ist dem Anmelder jedenfalls zu empfehlen, Beweismittel für eine Verkehrsdurchsetzung bereits innerhalb der ersten Stellungnahme beizubringen. Kann er dies nicht, sollte er detailliert darlegen, warum eine fristgerechte Beibringung nicht möglich ist. Er sollte eine Fristverlängerung oder eine Aussetzung des Verfahrens beantragen (vgl. EuG T-269/06, BeckEuRS 2008, 486353 Rn. 26 – RAUTARUUKKI; → Rn. 23 ff.). Im Zweifel kann auch ein Anruf beim Prüfer hilfreich sein.

2. Zweiseitige Verfahren

129 In zweiseitigen Verfahren hat die Kammer nicht nur das Interesse des Säumigen zu berücksichtigen, sondern auch die Interessen der anderen Partei (zu den verschiedenen Fallgruppen → Rn. 97, → Rn. 105 ff.; zu weiteren Fallgruppen v. Kapff in Fezer, HdB Markenpraxis Bd. I, 2. Teil, Rn. 2160 ff.).

130 Grundsätzlich hat das Amt ein **weites** Ermessen (EuGH BeckRS 2013, 81526 Rn. 23 – FISHBONE; C-216/10 P, BeckEuRS 2010, 561856 Rn. 45 – A Plus; BeckEuRS 2011, 572696 Rn. 49 – unibanco; BeckRS 2007, 70187 Rn. 43 – ARCOL).

131 Das Amt muss dieses Ermessen aber auch **ausüben** (vgl. EuGH BeckRS 2013, 81526 Rn. 33 – FISHBONE). Es muss aus der Entscheidung hervorgehen, dass das Amt die Unterlagen überhaupt zur Kenntnis genommen hat und, dass es davon ausgeht, dass ihm ein Ermessen zusteht oder aber nicht (vgl. EuGH BeckRS 2013, 81900 Rn. 30 – PROTIVITAL; BeckEuRS 2011, 572696 Rn. 45 – unibanco; EuG T-543/12, BeckRS 2015, 81386 Rn. 24 ff. – Bugui va; T-480/13, BeckRS 2014, 81637 Rn. 25 ff. – YouView+; BeckRS 2007, 70897 Rn. 61 ff. – REVIAN's; T-481/04, BeckEuRS 2007, 456837 Rn. 20 f. – VOGUE; BeckRS 2007, 70499 Rn. 67 – LURA-FLEX). Hierzu muss das Amt zumindest feststellen, dass die Unterlagen erstmalig vorgelegt werden, so dass kein Ermessen besteht, oder aber dass diese ergänzend sind, so dass ein Ermessen auszuüben ist (vgl. EuGH C-597/14 P Rn. 30, BeckRS 2016, 81618 – Bugui va).

132 Das Amt muss abwägen und (zumindest kurz) begründen weshalb die verspätet eingereichten Unterlagen Berücksichtigen finden oder nicht (EuGH BeckRS 2013, 81900 Rn. 37 ff. – PROTIVITAL; BeckRS 2007, 70187 Rn. 43 – ARCOL; EuG T-543/12, BeckRS 2015, 81386 Rn. 31 ff. – Bugui va; T-480/13, BeckRS 2014, 81637 Rn. 25 ff. – YouView+; BeckRS 2007, 70897 Rn. 57 – REVIAN's).

133 Sind die Unterlagen ergänzend und besteht ein Ermessen, so sind bei der Ausübung dieses Ermessens alle einschlägigen Faktoren zu berücksichtigen (HABM BK v. 10.2.2011 – R 583/2010-1 Rn. 24 – EMTEC). Insbesondere spielen folgende Aspekte eine Rolle:
- die **Art** der in Frage stehenden Tatsachen und Beweismittel (EuG BeckRS 2008, 70676 Rn. 43 – BoomerangTV),
- die **Relevanz** der Unterlagen,
- das **Verfahrensstadium,** in dem das verspätete Vorbringen erfolgte, und
- die **Begleitumstände** des Verfahrensstadiums (zu Relevanz, Verfahrensstadium und Begleitumstände EuGH BeckRS 2013, 81526 Rn. 33 f. – FISHBONE; BeckEuRS 2011, 572696 Rn. 43 – unibanco; C-193/09, BeckEuRS 2010, 522757 Rn. 39 – ARCOL; BeckRS 2007, 70187 Rn. 44 – ARCOL; BeckRS 2010, 90507 Rn. 32 – unibanco; BeckRS 2007, 70897 Rn. 58 – REVIAN's).

134 Sind die Unterlagen für den Ausgang des Verfahrens nicht **relevant,** werden diese in der Regel zwar nicht berücksichtigt. Durch das Kriterium der „Relevanz" ist das Amt aber gezwungen, die verspätet eingereichten Unterlagen vollständig zu prüfen. Irrelevant sind etwa verspätet eingereichte Eintragungsurkunden für einen Nachweis der Benutzung. Eintragungsurkunden können keinen Hinweis auf eine tatsächliche Benutzung einer älteren Marke geben (EuGH C-308/10, BeckEuRS 2011, 572696 Rn. 45 – unibanco). Gleiches gilt, falls der Parteivortrag nicht ergiebig ist (vgl. zur verspäteten Geltendmachung einer erhöhten Kennzeichnungskraft EuG BeckRS 2013, 81018 Rn. 28 ff. – zwei ineinander geflochtene Sicheln).

Es kann eine Rolle spielen, ob mit den verspätet eingereichten Unterlagen neue Argumente vorgetragen oder **bereits vorgebrachte Argumente lediglich wiederholt** werden. Bloße Wiederholungen können irrelevant sein (vgl. EuG v. 27.2.2008 – T-325/04 Rn. 45 f. – WORDLINK). 135

Es kann zudem darauf ankommen mit **wie viel Verspätung** die Unterlagen eingereicht wurden. Ein verspätetes Dokument kann umso eher berücksichtigt werden, je früher es eingereicht wurde (HABM BK v. 24.10.2012 – R 2438/2011-1 Rn. 19 – MUCOSPRAY/ MUCOS). Bei der Einreichung von Benutzungsunterlagen **geraume Zeit nach** der hierfür gesetzten Frist hat der EuGH bestätigt, dass diese, ohne weitere Rechtfertigung, nicht berücksichtigt werden müssen (EuGH BeckEuRS 2011, 572696 Rn. 48 – unibanco). Andererseits kann eine Einreichung kurz nach Fristablauf und eine sehr spät darauf folgende Entscheidung des Amtes dafür sprechen, dass kein zeitlicher Hinderungsgrund für die Berücksichtigung der Unterlagen bestand (EuG BeckRS 2007, 70499 Rn. 70 f. – LURA-FLEX; HABM BK v. 3.3.2011 – R 1363/2009-1 Rn. 35 ff. – MÜHLHÄUSER Original/ Bonne Maman et al.). 136

Es kann außerdem entscheidend sein, ob die Unterlagen bereits zu einem früheren Verfahrensstadium **hätten eingereicht werden können** (EuGH BeckRS 2013, 81526 Rn. 36 – FISHBONE; BeckEuRS 2011, 572696 Rn. 48 – unibanco; EuG BeckRS 2008, 70676 Rn. 45 – BoomerangTV). 137

Zudem können Aspekte der **Verfahrensökonomie** eine Rolle spielen. Werden etwa vom Widersprechenden Unterlagen verspätet eingereicht, die zum Erfolg des Widerspruchs führen würden und würden diese aber als verspätet zurückgewiesen, führte dies dazu, dass der Widersprechende später einen Nichtigkeitsantrag stellte und die Unterlagen erneut einreichte. Insofern würde eine Nichtberücksichtigung der Unterlagen lediglich zu einer Verzögerung der Nichteintragung bzw. der Löschung des angegriffenen Rechts führen (vgl. EuGH BeckRS 2007, 70187 Rn. 48 – ARCOL; EuG BeckRS 2007, 70897 Rn. 59 – REVIAN's). 138

Auch können die **Gründe für die verspätete Einreichung** und die Möglichkeit der Beteiligten rechtzeitig eine **Fristverlängerung** zu beantragen, relevant sein (Pohlmann, Verfahrensrecht der Gemeinschaftsmarke, Kap. 1 § 1 Rn. 66). 139

Bei einer **Ermessensausübung durch die Kammern** kann zudem eine Rolle spielen, ob in erster Instanz eine der oben dargelegten „harten" Fristen nicht eingehalten wurde (→ Rn. 84 ff.). Es wird auf die Ausführungen in → Rn. 114 ff. verwiesen. 140

Werden verspätet eingereichte Unterlagen von der Widerspruchsabteilung, Löschungsabteilung oder der Beschwerdekammer nicht akzeptiert und legt der **Betroffene** gegen die Entscheidung Beschwerde bzw. Klage ein, so **sollte er darlegen, warum Art. 76 Abs. 2 einschlägig ist.** Es sollte ausgeführt werden, dass die Verspätung entweder gerechtfertigt ist oder, warum es sich bei den Unterlagen lediglich um ergänzende handelt und dem Amt daher (auch im Falle einer grundsätzlichen „harten" Frist) ein Ermessen zustand. Es ist sodann darzulegen, dass das Amt ein solches Ermessen entweder gar nicht oder aber fehlerhaft ausgeübt hat. Bloß **allgemeine Ausführungen genügen nicht** (EuGH C-90/08 P, BeckRS 2009, 70402 Rn. 37 – CORPO LIVRE; EuG BeckRS 2013, 81018 Rn. 28 ff. – zwei ineinander geflochtene Sicheln; T-500/10, BeckRS 2012, 81028 Rn. 25, 28 – Doorsa FÁBRICA DE PUERTAS AUTOMÁTICAS; T-262/09, GRUR Int 2011, 612 Rn. 97 ff. – FIRST DEFENSE AEROSOL PEPPER PROJECTOR). Daneben kommt bei **Ermessensnichtgebrauch** eine Verletzung der Begründungspflicht nach Art. 75 in Betracht. 141

VI. Rechtsfolge

Wurden in der ersten Instanz fälschlicherweise Unterlagen berücksichtigt, die nicht hätten berücksichtigt werden dürfen oder Unterlagen fälschlicherweise nicht berücksichtigt, kann 142 die Beschwerdekammer (ggf. unter Ausübung des ihr zustehenden Ermessens) zu einer neuen Entscheidung unter Berücksichtigung oder Ausschluss der Unterlagen kommen oder den Fall an die erste Instanz zur erneuten Prüfung zurücksenden (HABM BK v. 3.3.2011 – R 1363/2009-1 Rn. 35 ff. – MÜHLHÄUSER Original/Bonne Maman et al).

143 Allerdings dürfte der EuG bei seiner Kontrolle darauf beschränkt sein, ob ein Ermessen seitens der Kammer ausgeübt wurde und, falls ja, ob ein Ermessensfehlgebrauch vorliegt. Hat die Kammer ein ihr zustehendes Ermessen ausgeübt und die relevanten Kriterien → Rn. 129 ff. berücksichtigt, so steht der Kammer ein weites Ermessen zu (vgl. Überprüfung durch EuG v. 16.6.2016 – T-614/14 Rn. 26 ff. – KULE, der EuG beschränkt sich auf die Prüfung, ob die Ermessenskriterien angewendet wurden).

144 Bei einem Verstoß gegen Art. 76 Abs. 2 seitens der Kammer hebt das EuG die Entscheidung auf, es sei denn, eine identische Entscheidung hätte ergehen müssen, zB falls die Unterlagen irrelevant sind oder zu keinem abweichenden Ergebnis führen (vgl. EuG BeckRS 2013, 81111 Rn. 70 – SERVICEPOINT; BeckRS 2007, 70897 Rn. 65 f. – REVIAN's; vgl. EuG T-315/03, GRUR Int 2005, 837 Rn. 33 ff. – ROCKBASS, die Anmeldung wurde allerdings im anhängigen Verfahren zurückgenommen, so dass sich der Rechtsstreit erledigte: EuGH BeckRS 2007, 70898). Nach den jüngsten Entscheidungen vom EuG (T-543/12, BeckRS 2015, 81386 Rn. 49 ff. – Bugui va; im Ergebnis bestätigt durch EuGH C-597/14 P, BeckRS 2016, 81618; EuG T-480/13, BeckRS 2014, 81637 Rn. 25 ff. – YouView+) ist die Entscheidung der Kammer unabhängig davon, ob eine identische Entscheidung hätte ergehen müssen aufzuheben. Dies ist aus prozessökonomischen Gründen wenig sinnvoll (→ Rn. 119).

VII. Rechtsbehelfe

145 Wird eine Frist versäumt, ist ein Antrag auf Weiterbehandlung (Art. 82) oder Wiedereinsetzung (Art. 81) zu erwägen. Eine Weiterbehandlung kommt insbesondere in Fällen des Versäumens von Fristen in Löschungsverfahren in Betracht und wird bei Vorliegen der (geringen) Voraussetzungen gewährt.

Art. 77 Mündliche Verhandlung

(1) Das Amt ordnet von Amts wegen oder auf Antrag eines Verfahrensbeteiligten eine mündliche Verhandlung an, sofern es dies für sachdienlich erachtet.

(2) Die mündliche Verhandlung vor den Prüfern, vor der Widerspruchsabteilung und vor der Markenverwaltungs- und Rechtsabteilung ist nicht öffentlich.

(3) Die mündliche Verhandlung, einschließlich der Verkündung der Entscheidung, ist vor der Nichtigkeitsabteilung und den Beschwerdekammern öffentlich, sofern die angerufene Dienststelle nicht in Fällen anderweitig entscheidet, in denen insbesondere für eine am Verfahren beteiligte Partei die Öffentlichkeit des Verfahrens schwerwiegende und ungerechtfertigte Nachteile zur Folge haben könnte.

(4) Der Kommission wird die Befugnis übertragen, gemäß Artikel 163a delegierte Rechtsakte zu erlassen, in denen die Modalitäten für mündliche Verfahren, einschließlich der Modalitäten zur Sprachenregelung im Einklang mit Artikel 119, im Einzelnen festgelegt werden.

Überblick

Nach Art. 77 kann das Amt eine mündliche Verhandlung auf Antrag der Verfahrensbeteiligten oder von Amts wegen anordnen. Tatsächlich ist die Vorschrift kaum von Relevanz (→ Rn. 1 ff.). Vorschriften zur Durchführung der mündlichen Verhandlung sind in den Regeln 52, 56, 60, 94 und 97 GMDV enthalten (→ Rn. 8 ff.). Die HABMVfO ergänzt die Vorschriften um Regelungen zur mündlichen Verhandlung in der Beschwerde. Art. 77 Abs. 2 und 3 bestimmen, wann eine mündliche Verhandlung öffentlich ist (→ Rn. 22 f.). Amtsgebühren fallen für die mündliche Verhandlung grundsätzlich nicht an (→ Rn. 24 ff.).

Abs. 4 stellt klar, dass die Kommission weitere Regelungen in einer neuen Durchführungsverordnung erlassen kann (→ Rn. 27).

Übersicht

	Rn.		Rn.
A. Praktische Relevanz	1	III. Säumnis einer Partei	21
B. Durchführung	8	IV. Öffentlichkeit der Verhandlung	22
I. Ladung	8	C. Kosten	24
II. Mündliche Verhandlung	13	D. Abs. 4	27

A. Praktische Relevanz

Nach Art. 77 Abs. 1 kann das Amt von Amts wegen oder auf Antrag eines Verfahrensbeteiligten eine mündliche Verhandlung anordnen. Tatsächlich sind aber (nahezu) alle Verfahren vor dem Amt schriftlich. 1

Eine mündliche Verhandlung wurde im Amt bislang zweimal durchgeführt (HABM BK v. 25.4.2001 – R 283/1999-3 Rn. 13 – HOLLYWOOD/HOLLYWOOD). Die letzte Verhandlung fand am 27. April 2015 statt. Verhandelt wurde in sechs Anmeldeverfahren betreffend Fragen des Sortenschutzes von Pflanzen (HABM R 528/2014-1 – GEISHA; R 895/2014-1 ICE TEA; R 279/2014-1 – Silverado; R 894/2014-1 – SKYFIRE; R 280/2014-1 – GOLDRUSH). 2

Grund für die **restriktive Handhabung** ist die Vermeidung einer Verzögerung des Verfahrens und unnötiger Kosten (vgl. EUIPO-Richtlinien, Teil A, Allgemeine Regeln, Abschnitt 2, 4.2). In den vergangenen Jahren gab es vermehrt Bestrebungen in den Kammern, mündliche Verhandlungen durchzuführen, die bisweilen an einer Bereitschaft der Beteiligten scheiterten. Zwar sind mit der mündlichen Verhandlung keine Amtsgebühren verbunden (→ Rn. 24). Als Grund wird aber angeführt, dass die Kosten der Vertreter, insbesondere deren Reisekosten, und die Kosten etwaiger Dritter (zB Zeugen) zu hoch seien (→ Rn. 26 f.; → Art. 78 Rn. 79 ff.). 3

Die Anberaumung einer mündlichen Verhandlung steht **im weiten Ermessen des Amtes**. Die Parteien haben **keinen Anspruch** auf eine mündliche Verhandlung (EuG T-654/13, BeckRS 2015, 80859 Rn. 41 – Form eines zylindrischen, weiß-roten Gefäßes; T-66/13, BeckRS 2014, 81186 Rn. 88 – Echte Kroatzbeere; EuGH C-412/13 P, BeckRS 2014, 80734 Rn. 72 – MEDINET, das darauffolgende Urteil EuGH C-412/13 P, BeckRS 2014, 80734 Rn. 68 setzt sich mit dieser Frage inhaltlich nicht auseinander; EuG T-300/09, T-299/09, BeckRS 2011, 80096 Rn. 34 – Kombination der Farben Ginstergelb und Silbergrau; T-108/09, GRUR Int 2010, 877 Rn. 45 f. – MEMORY, diese Frage war nicht Gegenstand in dem darauffolgenden Urteil EuGH C-369/10 P, BeckEuRS 2010, 523815; EuG T-115/02, BeckRS 2004, 76465 Rn. 29 ff. – a). 4

Der **Antragsteller sollte** in jedem Fall **darlegen**, was er in einer mündlichen Verhandlung an zusätzlichen, entscheidungsrelevanten Erkenntnismitteln vorzutragen beabsichtigt und weshalb er eine mündliche Verhandlung als notwendig erachtet (vgl. EuG T-66/13, BeckRS 2014, 81186 Rn. 89 – Echte Kroatzbeere; EuGH C-412/13 P, BeckRS 2014, 80734 Rn. 74 – MEDINET, das darauffolgende Urteil EuGH C-412/13 P, BeckRS 2014, 80734 Rn. 68 setzt sich mit dieser Frage inhaltlich nicht auseinander; HABM BK v. 8.3.2001 – R 203/2000-3 Rn. 57 – Schogetten-Stück). Die Rüge einer fehlerhafte Ermessensausübung bzw. Nichtausübung durch die Beschwerdekammer kann vor Gericht nur dann Erfolg haben, falls die Durchführung einer mündlichen Verhandlung zu einem anderen Entscheidungsergebnis geführt hätte. Der Kläger trägt insofern die Darlegungslast (vgl. EuG T-66/13, BeckRS 2014, 81186 Rn. 95 – Echte Kroatzbeere; EuGH C-412/13 P, BeckRS 2014, 80734 Rn. 74 – MEDINET; die darauf folgende Entscheidung EuGH C-412/13 P, BeckRS 2014, 80734 Rn. 68 setzt sich mit dieser Frage inhaltlich nicht auseinander). 5

Eine mündliche Verhandlung kann im **Ausnahmefall** etwa sinnvoll sein, falls ein äußerst komplexes Inter-partes-Verfahren aufgrund ergebnisloser Verhandlungsversuche seit Jahren anhängig ist. Eine Aufbereitung eines lange zurückliegenden, komplexen Sachverhaltes und die Auswertung umfangreicher schriftlicher Beweismittel (zB zum Nachweis der Benutzung 6 oder der Bekanntheit einer Marke) können sich in einer mündlichen Verhandlung als einfacher und zeitsparender erweisen als im schriftlichen Verfahren. Möglicherweise werden die Parteien außerdem durch den auf sie zukommenden Aufwand zu einer gütlichen Beilegung der Streitigkeit bewegt. Alternativ kommt auch eine Vernehmung über Videokonferenz in Betracht (aA HABM BK v. 8.3.2001 – R 203/2000-3 Rn. 57 – Schogetten-Stück, nach der dafür keine Rechtsgrundlage besteht; → Art. 78 Rn. 13). In Ex-parte-Verfahren ist eine mündliche Verhandlung sinnvoll, falls ein in tatsächlicher Hinsicht komplexer Sachverhalt zu ermitteln ist, der besondere Sachkenntnis erfordert. In der letzten im Amt durchgeführten mündlichen Verhandlung sind drei Sachverständige zum Sortenschutz von Pflanzen und den konkreten Marktverhältnissen im Pflanzensektor befragt worden → Rn. 2.

7 Informelle **Anrufe** des Amtes bei den Parteien, zB um auf eine gütlichen Beilegung hinzuwirken, sind keine „mündlichen Verhandlungen" im Sinne der Vorschrift (EUIPO-Richtlinien, Teil A, Prüfung, Abschnitt 2, 5).

B. Durchführung

I. Ladung

8 Entschließt das Amt im Ausnahmefall, eine mündliche Verhandlung anzuberaumen, werden die Beteiligten nach Regel 56 Abs. 1 GMDV zur mündlichen Verhandlung geladen. Die Ladungsfrist beträgt mindestens einen Monat, sofern die Beteiligten nicht mit einer kürzeren Frist einverstanden sind, wie es in der am 27.4.2015 durchgeführten Verhandlung der Fall war (in den Fällen HABM R 528/2014-1 – GEISHA; R 895/2014-1 ICE TEA; R 279/2014-1 – Silverado; R 894/2014-1 – SKYFIRE; R 280/2014-1 – GOLDRUSH). Zukünftig ist die Regelung der Ladungsfrist in Art. 78 Abs. 3 geregelt.

9 Nach Regel 56 Abs. 2 GMDV weist das Amt die Beteiligten in der Ladung auf die Fragen hin, die seiner Ansicht nach im Hinblick auf die Entscheidung erörterungsbedürftig sind.

10 Wird eine mündliche Verhandlung im Beschwerdeverfahren anberaumt, sorgt die Beschwerdekammer nach Art. 9 Abs. 1 HABMVfO dafür, dass die Beteiligten vor der Verhandlung alle entscheidungserheblichen Informationen und Unterlagen vorgelegt haben. Es soll sichergestellt werden, dass alle relevanten Fragen in der mündlichen Verhandlung erörtert werden (vgl. EUIPO-Richtlinien, Teil A, Prüfung, Abschnitt 2, 5.1).

11 Das Amt kann die Parteien außerdem **auffordern,** zur Vorbereitung mündlicher Verhandlungen **Stellungnahmen und Beweismittel** einzureichen (vgl. Art. 9 Abs. 2 HABMVfO; EUIPO-Richtlinien, Teil A, Abschnitt 2, 5.1). Die Verhandlung ist in Inter-partes-Fällen entsprechend spät zu terminieren, um eine Weiterleitung der Stellungnahmen an die jeweils andere Partei zu gewährleisten.

12 Reichen die Parteien **unaufgefordert** Stellungnahmen ein, liegt eine Berücksichtigung dieser Stellungnahmen im Ermessen des Amtes (vgl. EUIPO-Richtlinien, Teil A, Prüfung, Abschnitt 2, 5.1; → Art. 76 Rn. 73 ff.).

II. Mündliche Verhandlung

13 Für den Ablauf einer mündlichen Verhandlung im Beschwerdeverfahren ist nach Art. 1 Abs. 1 Buchst. d HABMVfO das Präsidium der Beschwerdekammern zuständig. An der mündlichen Verhandlung selbst nehmen seitens des Amtes jedenfalls der Berichterstatter, der Vorsitzende der Kammer, das weitere entscheidende Mitglied und ein Protokollant teil. Ist der Fall vor der Großen Kammer anhängig, werden alle neun Mitglieder teilnehmen.

14 Regel 97 GMDV bestimmt, in welchen Sprachen das Verfahren durchgeführt werden kann.

15 Der Ablauf der mündlichen Verhandlung selbst ist (bislang) **nicht in der Verordnung geregelt.** Am Tag der letzten im Amt stattgefundenen mündlichen Verhandlung (→ Rn. 2) wurde die Partei bzw. ihr Vertreter im Amt im Empfang genommen und ein privater Raum zur Vorbereitung zur Verfügung gestellt. Die mündliche Verhandlung fand in einem Saal des Amtes statt. Der Vorsitzende der Kammer eröffnete die mündliche Verhandlung mit der Begrüßung der Anwesenden, die mit Nachnamen angesprochen wurden. Der Leiter der Geschäftsstelle verkündete die zu verhandelnden Fälle. Die Fälle wurden sodann von dem Berichterstatter zusammengefasst. Danach hatte der Vertreter der Anmelder das Wort, wobei

ihm mehrere Fragen seitens der Beschwerdekammermitglieder gestellt wurden. Sodann wurde zur Beweisaufnahme übergegangen und die Sachverständigen befragt. Die Mitglieder beschränkten sich in der Befragung der Sachverständigen und des Vertreters der Anmelder nicht auf den zuvor festgelegten Fragenkatalog, sondern stellten spontan etliche Folgefragen.

Über die mündliche Verhandlung wird nach Regel 60 GMDV eine **Niederschrift** angefertigt, von der die Beteiligten eine Abschrift erhalten (Abs. 2). Die Niederschrift muss folgende Angaben enthalten: 16
- das Datum der Verhandlung,
- die Namen der zuständigen Bediensteten des Amtes, der Parteien und ihrer Vertreter sowie der Zeugen und Sachverständigen, die bei der Verhandlung anwesend sind,
- die Anträge der Parteien,
- die Beweismittel,
- die Erklärungen von Zeugen, Sachverständigen oder Parteien bei Vernehmung nach Art. 78 Abs. 1 Buchst. a oder d (→ Art. 78 Rn. 11 ff.) und
- die Anordnungen oder die Entscheidung des Amtes.

Nach den Prüfungsrichtlinien des Amtes beschränken sich die Niederschrift der Beweisaufnahme und die der mündlichen Verhandlung auf deren wesentliche Aspekte. Insbesondere enthalten sie nicht wortgetreu die abgegebenen Erklärungen und sind auch nicht zur Genehmigung vorzulegen. Eventuelle Erklärungen von Sachverständigen und Zeugen werden auf Band aufgenommen, so dass der genaue Wortlaut der Erklärungen später nachvollzogen werden kann; die Beteiligten erhalten eine Abschrift der Niederschrift (nicht der auf Band aufgenommenen Erklärungen) (s. Teil A, Abschnitt 2, 6). 17

Bei einer mündlichen Verhandlung in der Beschwerdeinstanz kann die Niederschrift vom Geschäftsstellenleiter oder von einem anderen Bediensteten der Beschwerdekammern vorgenommen werden. Ist nicht der Geschäftsstellenleiter Protokollant, bestimmt die betreffende Kammer einen anderen Bediensteten. Der Präsident der Kammer muss der Auswahl zustimmen. 18

Ändert sich die **Zusammensetzung der zuständigen Beschwerdekammer** nach einer mündlichen Verhandlung, so findet nach Art. 6 Abs. 1 HABMVfO eine neue mündliche Verhandlung statt, falls dies von den Beteiligten oder dem neuen Mitglied unter Zustimmung der übrigen Mitglieder der Beschwerdekammer beantragt wird. Dies gilt allerdings nur, solange keine Entscheidung getroffen wurde (Art. 6 Abs. 3 HABMVfO). Verkündet das Amt seine Entscheidung also schon in der mündlichen Verhandlung (Regel 52 Abs. 1 GMDV), ist eine neue mündliche Verhandlung nicht vorgesehen. Die Möglichkeit zur mündlichen Verkündung einer Entscheidung ist nach der Reform auch explizit in Art. 75 Abs. 1 S. 3 niedergelegt. Nach dem zukünftigen (mWv 1.10.2017) Art. 75 Abs. 1 S. 4 wird die Entscheidung den Beteiligten anschließend in Schriftform zugestellt. 19

Nach den Prüfungsrichtlinien des Amtes soll den Beteiligten am Ende der Verhandlung die Möglichkeit gegeben werden, **Schlussplädoyers** zu halten (Teil A, Abschnitt 2, 5.2). Nach Art. 9 Abs. 3 HABMVfO sorgt die Beschwerdekammer dafür, dass die Sache am Ende der mündlichen Verhandlung entscheidungsreif ist, sofern dem nicht besondere Gründe entgegenstehen. Hieraus folgt, dass am Ende einer mündlichen Verhandlung grundsätzlich kein weiteres schriftliches Verfahren erfolgt. Es bleibt abzuwarten, ob die Kommission im Rahmen der Reform hierzu klarstellende Regelungen beschließt (→ Rn. 27 f.). 20

III. Säumnis einer Partei

Nach Regel 56 Abs. 3 GMDV kann das Verfahren fortgesetzt werden, falls ein zu einer mündlichen Verhandlung ordnungsgemäß geladener Beteiligter vor dem Amt nicht erscheint. Der **Geladene muss** also **nicht erscheinen.** Das Amt wird in diesem Fall nach Aktenlage entscheiden. Ihm steht kein Zwangsmittel zur Verfügung. Ein in Deutschland bekanntes Versäumnisurteil sieht die Verordnung nicht vor. 21

IV. Öffentlichkeit der Verhandlung

Nach Art. 77 Abs. 2 ist die mündliche Verhandlung vor den Prüfern, vor der **Widerspruchsabteilung** und vor der Markenverwaltungs- und Rechtsabteilung **nicht** öffentlich. 22

23 Bei einer mündlichen Verhandlung vor der **Beschwerdekammer** oder vor der **Löschungsabteilung** liegt es nach Art. 77 Abs. 3 **im Ermessen des Amtes,** ob die Öffentlichkeit ausgeschlossen ist. Hierfür kann zB die Gefahr von schwerwiegenden und ungerechtfertigten Nachteilen der beteiligten Partei durch die Öffentlichkeit sprechen. Die beiden bislang durchgeführten mündlichen Verhandlungen waren der Öffentlichkeit zugänglich (→ Rn. 2).

C. Kosten

24 Das Amt berechnet für die Durchführung der mündlichen Verhandlung grundsätzlich keine Amtsgebühren. Allerdings hat ein Beteiligter die Kosten einer Beweisaufnahme zu zahlen, falls diese auf seinen Antrag hin erfolgt (Regel 59 Abs. 5 GMDV; → Art. 78 Rn. 79 ff.). Erfolgt die Beweisaufnahme auf Initiative des Amtes, trägt das Amt die Kosten.

25 Im Übrigen sind die Kosten der mündlichen Verhandlung zwar erstattungsfähig, allerdings sind diese nach Regel 94 Abs. 7 GMDV begrenzt. So trägt die obsiegende Partei nur die **Reisekosten** vom Wohn- bzw. Geschäftsort einer Person der anderen Partei **oder,** falls diese vertreten ist, ihres Vertreters (Buchst. a und b). Die Reisekosten sind weiter dadurch gedeckelt, dass bis zu einer Entfernung von 800 km lediglich eine Bahnreise erster Klasse und bei mehr als 800 km ein Hin- und Rückflug der Touristenklasse zu erstatten ist. Die Aufenthaltskosten selbst werden durch Art. 13 des Anhangs VII zum Statut der Beamten der Europäischen Gemeinschaften bestimmt. Die erstattungsfähigen **Vertretungskosten** erhöhen sich im Vergleich zum schriftlichen Verfahren lediglich um 400 Euro (Regel 94 Abs. 7 Buchst. d lit. vii GMDV).

26 Regelmäßig werden die tatsächlich entstandenen Kosten die erstattungsfähigen Kosten übersteigen.

D. Abs. 4

27 Im Zuge der Reform der VO (EG) 207/2009 durch die **VO (EU) 2015/2424** wurde die Vorschrift um Abs. 4 ergänzt, der die Kommission befugt, weitere Regelungen in der Durchführungsverordnung zu erlassen. Wie vorgehend gezeigt, enthalten die Regeln 52, 56, 60, 94 und 97 GMDV bereits Vorschriften zur mündlichen Verhandlung. Es bleibt abzuwarten, inwiefern die neue GMDV weitere Regelungen zur mündlichen Verhandlung einführt oder die bestehenden Regeln modifiziert. Auch bleibt abzuwarten, ob die Verfahrensordnung der Beschwerdekammern vor diesem Hintergrund aktualisiert wird.

Art. 78 Beweisaufnahme

(1) In den Verfahren vor dem Amt sind insbesondere folgende Beweismittel zulässig:
a) **Vernehmung der Beteiligten;**
b) **Einholung von Auskünften;**
c) **Vorlegung von Urkunden und Beweisstücken;**
d) **Vernehmung von Zeugen;**
e) **Begutachtung durch Sachverständige;**
f) schriftliche Erklärungen, die unter Eid oder an Eides statt abgegeben werden oder nach den Rechtsvorschriften des Staates, in dem sie abgegeben werden, eine ähnliche Wirkung haben.

(2) Die befasste Dienststelle kann eines ihrer Mitglieder mit der Durchführung der Beweisaufnahme beauftragen.

(3) Hält das Amt die mündliche Vernehmung eines Beteiligten, Zeugen oder Sachverständigen für erforderlich, so wird der Betroffene zu einer Vernehmung vor dem Amt geladen.

(4) ¹Die Beteiligten werden von der Vernehmung eines Zeugen oder eines Sachverständigen vor dem Amt benachrichtigt. ²Sie sind berechtigt, an der Zeugenver-

nehmung teilzunehmen und Fragen an den Zeugen oder Sachverständigen zu richten.

(5) (noch nicht anwendbar)

(6) Der Kommission wird die Befugnis übertragen, gemäß Artikel 163a delegierte Rechtsakte zu erlassen, in denen die Modalitäten der Beweisaufnahme im Einzelnen festgelegt werden.

künftige Fassung mWv 1.10.2017 gemäß VO (EU) 2015/2424 vom 16.12.2015:
a) In Absatz 3 wird folgender Satz angefügt:
²*Die Frist für die Ladung beträgt mindestens einen Monat, sofern der Betroffene nicht mit einer kürzeren Frist einverstanden sind (gemeint wohl: „ist").*
b) Folgende Absätze werden angefügt:
(5) Der Exekutivdirektor setzt die Beträge der zu erstattenden Auslagen, einschließlich der Beträge etwaiger Vorschüsse, für die Kosten fest, die im Fall einer Beweisaufnahme nach diesem Artikel entstehen.

Überblick

Art. 78 Abs. 1 nennt die vor dem Amt zulässigen Beweismittel (→ Rn. 8 ff.), nämlich die Vernehmung von Beteiligten oder Zeugen (→ Rn. 11 ff.), wobei die Abs. 3 und 4 weitere Bestimmungen hierzu enthalten; die Einholung von Auskünften (→ Rn. 34 ff.); die Vorlegung von Urkunden (→ Rn. 43 ff.) und Beweisstücken (→ Rn. 50 ff.); die Begutachtung durch Sachverständige (→ Rn. 22 ff.) und die schriftliche Erklärung unter Eid oder an Eidesstatt (→ Rn. 54 ff.). Die Aufzählung ist nicht abschließend. Regel 57–59 GMDV ergänzen Art. 78 um weitere Vorschriften zur Beweisaufnahme und der damit verbundenen Kosten (→ Rn. 79 ff.). Nach ständiger Praxis und Rechtsprechung ist das Amt in der Würdigung der Beweismittel frei (→ Rn. 72 ff.). Die Ergänzung des Art. 78 im Zuge der Reform hat keine inhaltlichen Auswirkungen auf die bisherige Praxis (→ Rn. 83).

Übersicht

	Rn.		Rn.
A. Grundsätze	1	V. Urkunden	43
B. Zulässige Beweismittel und Beweisaufnahme	8	1. Grundsatz	43
		2. Meinungsumfragen	48
I. Überblick	8	VI. Sonstige Beweismittel	50
II. Vernehmung von Personen und Augenscheinnahme	11	VII. Eidesstattliche schriftliche Erklärungen	54
1. Grundsatz	11	1. Grundsatz	54
2. Verfahren	15	2. Begriff der eidesstattlichen Erklärung nach dem EuG	58
III. Sachverständigengutachten	22	3. Begriff der eidesstattlichen Erklärung nach den Beschwerdekammern	62
1. Grundsatz	22	4. Würdigung der eidesstattlichen Erklärung	66
2. Verfahren	27		
IV. Einholung von Auskünften	34		
1. Grundsatz	34	**C. Beweiswürdigung**	72
2. Einholung von Auskünften von Amts wegen	38	**D. Kosten**	79
3. Einholung von Auskünften durch die Beteiligten	42	**E. Reform**	83

A. Grundsätze

Grundsätzlich kann **in jedem Verfahren vor dem Amt** eine Beweisaufnahme erfolgen (HABM BK v. 2.12.2011 – R 1353/2011-1 Rn. 36 – ALPHAREN/ALPHA D3; EUIPO-Richtlinien, Teil A, Allgemeine Regeln, Abschnitt 2, 4). 1

Es ist nur das zu beweisen, was **beweisbedürftig** ist. Nicht beweisbedürftig sind allgemein bekannte Tatsachen (→ Art. 75 Rn. 24; → Art. 75 Rn. 75; → Art. 76 Rn. 9; → Art. 76 Rn. 55), Rechtsfragen (→ Art. 76 Rn. 49 ff.) oder Tatsachen, die nicht entscheidungserheblich sind (→ Art. 75 Rn. 7; → Art. 75 Rn. 92). 2

3 Die **Beweislastverteilung** hängt von der jeweils anzuwendenden Norm und den Umständen des Einzelfalles ab. Grundsätzlich ist das Amt nach Art. 76 Abs. 1 zur Amtsermittlung verpflichtet. In Verfahren hinsichtlich relativer Eintragungshindernisse sowie in Nichtigkeitsverfahren aufgrund absoluter Eintragungshindernisse (→ Art. 76 Rn. 69 ff.) ist das Amt aber auf den Vortrag der Beteiligten beschränkt (→ Art. 76 Rn. 32 ff.). Dies heißt allerdings nicht, dass dem Amt in einseitigen Verfahren stets die volle Beweislast für die Zurückweisung einer Anmeldung obliegt. Die Anmelder können zur Mitwirkung verpflichtet sein (→ Art. 76 Rn. 15 ff.). Umgekehrt kann dem Amt im Einzelfall auch in zweiseitigen Verfahren obliegen, Ermittlungen anzustellen und Beweise beizubringen (→ Art. 76 Rn. 42 ff.). Es wird daher hinsichtlich der Beweislastverteilung auf die Kommentierung zu den jeweils einschlägigen Tatbeständen verwiesen.

4 Es steht im **Ermessen des Amtes,** ob es ein eingereichtes Beweismittel beachtet, insbesondere falls es verspätet eingereicht wird (→ Art. 76 Rn. 73 ff.). Das Amt entscheidet auch über die Zweckmäßigkeit der zu ergreifenden Mittel (vgl. EUIPO-Richtlinien, Teil A, Allgemeine Regeln, Abschnitt 2, 4). Das Amt ist aber verpflichtet, das Ermessen auszuüben.

5 Ebenfalls steht die Entscheidung über einen **Beweisantrag eines der Beteiligten** im Ermessen des Amtes. Die Beteiligten haben per se keinen Anspruch auf eine bestimmte Beweisaufnahme, zB auf die Vernehmung von Zeugen. Allerdings kann das Amt aufgrund des ihm obliegenden Amtsermittlungsgrundsatzes nach Art. 76 zur weiteren Ermittlung des Sachverhalts und damit zu einer bestimmten Beweisaufnahme verpflichtet sein.

6 Die **Zurückweisung eines Beweisantrags** kann grundsätzlich nur zusammen mit der Hauptentscheidung im Verfahren angegriffen werden (EUIPO-Richtlinien, Teil A, Allgemeine Regeln, Abschnitt 2, 4). Es kann aber möglicherweise eine Teilentscheidung nach dem zukünftigen Art. 79a beantragt werden.

7 **Sprachregeln** für schriftliche Beweismittel sehen **Regel 96 GMDV für schriftliche** und **Regel 97 GMDV** für **mündliche Verfahren** vorbehaltlich spezieller Regelungen (zB Regel 19 Abs. 3 GMDV und Regel 22 Abs. 6 GMDV) vor.

B. Zulässige Beweismittel und Beweisaufnahme

I. Überblick

8 Nach Art. 78 Abs. 1 sind in den Verfahren vor dem Amt folgende Beweismittel zulässig:
- Vernehmung von Personen (→ Rn. 11 ff.);
- Einholung von Auskünften (→ Rn. 34 ff.);
- Vorlegung von Urkunden und Beweisstücken (→ Rn. 43 ff.);
- Begutachtung durch Sachverständige (→ Rn. 22 ff.);
- schriftliche Erklärungen, die unter Eid oder an Eides statt abgegeben werden oder nach den Rechtsvorschriften des Staates, in dem sie abgegeben werden, eine ähnliche Wirkung haben (→ Rn. 54 ff.).

9 Der Anwendungsbereich der einzelnen Beweismittel überschneidet sich teilweise. Die Auflistung in Art. 78 Abs. 1 ist nicht abschließend. Beweismittel, die keinem der Tatbestände zuzuordnen sind, können folglich trotzdem zulässig sein (→ Rn. 52, → Rn. 62, → Rn. 23).

10 In der Regel sind die **Verfahren** vor dem Amt **schriftlich** (→ Art. 77 Rn. 1 ff.). Eine mündliche Vernehmung von Personen findet grundsätzlich nicht statt. Auch eine Begutachtung durch Sachverständige von Amts wegen wird üblicherweise nicht angeordnet. Relevant sind damit vor allem schriftliche Erklärungen der Beteiligten oder Dritter, Urkunden und Beweisstücke sowie eidesstattliche Erklärungen, wobei letzteren aber nicht der gleiche Beweiswert zukommt wie in Deutschland (→ Rn. 56, → Rn. 61, → Rn. 65 ff.).

II. Vernehmung von Personen und Augenscheinnahme

1. Grundsatz

11 Die Vernehmung von Beteiligten, Zeugen oder Sachverständigen iSd Buchst a und d meint eine **mündliche** Vernehmung (EUIPO-Richtlinien, Teil A, Allgemeine Regeln, Abschnitt 2, 4.2; Eisenführ/Schennen Rn. 74).

Beweisaufnahme   **Art. 78 UMV**

Eine mündliche Vernehmung wird, wie eine mündliche Verhandlung, in der Regel **nicht** 12
als **notwendig** erachtet (→ Art. 77 Rn. 1 ff.). Eine Entscheidung in der Sache ist fast immer
anhand der eingereichten Unterlagen und dem Parteivortrag möglich.

Andererseits ermöglicht es die Technik heutzutage, die Parteien über **Video- oder Tele-** 13
fonkonferenz unter einem vertretbaren Aufwand zu vernehmen. Art. 78 Abs. 1 Buchst. a
und d schreiben nicht vor, in welcher Form die Beteiligten zu vernehmen sind. Es spricht
folglich nichts dagegen, die Vernehmung iSd Art. 78 mit Hilfe von elektronischen Kommunikationsmitteln vorzunehmen (aA HABM BK v. 8.3.2001 – R 203/2000-3 Rn. 57 – Schogetten-Stück, nach der keine Rechtsgrundlage besteht). Wurden etwa umfangreiche Beweismaterialien eingereicht und bestehen Zweifel hinsichtlich ihrer Auswertung, kann eine
Vernehmung der Beteiligten oder Dritter hierzu via Videokonferenz durchaus zweckmäßig
sein.

Regel 57 GMDV nennt außerdem die **Augenscheinnahme.** Von der Betrachtung von 14
Beweismitteln **vor Ort** oder im **Beisein der Beteiligten** macht das Amt grundsätzlich
keinen Gebrauch.

2. Verfahren

Hält das Amt die Vernehmung von Beteiligten, Zeugen oder Sachverständigen im Ausnah- 15
mefall für erforderlich, lädt es die Betroffenen nach Art. 78 Abs. 3. Hierzu erlässt es nach
Regel 57 Abs. 1 GMDV eine Entscheidung, in der das betreffende Beweismaterial, die
rechtserheblichen Tatsachen, Tag, Uhrzeit und Ort angegeben werden.

Erfolgt die Vernehmung auf Antrag eines Beteiligten, setzt das Amt dem Antragsteller in 16
seiner Entscheidung außerdem eine Frist zur Mitteilung des Namens und der Anschrift des
zu vernehmenden Zeugen oder Sachverständigen.

Nach Regel 57 Abs. 2 GMDV beträgt die Frist zur Ladung mindestens einen Monat, 17
sofern die Geladenen nicht mit einer kürzeren Frist einverstanden sind. Der Wortlaut wird
im Zuge der Reform nunmehr direkt in Art. 78 Abs. 3 als S. 3 übernommen. Grundsätzlich
müssen durch das Amt gesetzte Fristen mindestens einen Monat betragen (→ Art. 79c Rn. 3).

Die Ladung muss einen Auszug des Beweisbeschlusses enthalten, aus dem der Tag, die 18
Uhrzeit und der Ort der angeordneten Beweisaufnahme sowie die Tatsachen hervorgehen,
über die die Beteiligten, Zeugen und Sachverständigen vernommen werden sollen. Außerdem muss die Ladung die Namen der am Verfahren Beteiligten nennen und einen Hinweis
auf die Kostenansprüche der Zeugen und Sachverständigen nach Regel 59 Abs. 2–5 GMDV
geben (→ Rn. 79 ff.).

Nach Art. 78 Abs. 4 S. 2 sind die Beteiligten berechtigt, an der Zeugenvernehmung teilzu- 19
nehmen und Fragen an die Zeugen oder Sachverständigen zu richten. Sie werden außerdem
nach S. 1 von der Vernehmung benachrichtigt.

Die befasste Dienststelle kann nach Art. 78 Abs. 2 eines ihrer Mitglieder mit der Durchführung der 19.1
Beweisaufnahme beauftragen. Demnach kann die Vernehmung von nur einem der Mitglieder durchgeführt werde solange dieser von der Dienststelle beauftragt wurde. Außerdem wird die Vernehmung
entsprechend protokolliert oder aufgezeichnet werden müssen, um den weiteren Mitgliedern eine Überprüfung zu ermöglich (aA Eisenführ/Schennen Rn. 102, nach dem alle Mitglieder an einer Vernehmung
teilnehmen müssen).

Regel 97 GMDV enthält Bestimmungen zu den Sprachen, die im mündlichen Verfahren 20
verwendet werden können.

Im Falle der **Inaugenscheinnahme** wird das Amt nach seinen Prüfungsrichtlinien eben- 21
falls eine Entscheidung erlassen, in der die Maßnahme selbst, die rechtserheblichen Tatsachen
sowie das Datum der Maßnahme angegeben werden. Bei der Festlegung des Termins der
Einnahme des Augenscheins muss dem betreffenden Beteiligten ausreichend Zeit zur Vorbereitung eingeräumt werden (EUIPO-Richtlinien, Teil A, Allgemeine Regeln, Abschnitt 2,
4.4).

III. Sachverständigengutachten

1. Grundsatz

22 Eine Begutachtung durch einen Sachverständigen iSd Art. 78 Abs. 1 Buchst. e meint eine **vom Amt veranlasste** Begutachtung (HABM BK v. 7.11.2007 – R 941/2007-4 Rn. 25 – THERMOSTAT; vgl. Eisenführ/Schennen Rn. 77).

23 Freilich können die Parteien von sich aus Gutachten vorlegen (→ Rn. 45). Diese **„Privatgutachten"** sind aber Urkunden iSd Art. 78 Abs. 1 Buchst. c (HABM BK v. 7.11.2007 – R 941/2007-4 Rn. 25 – THERMOSTAT) oder Auskünfte iSd Buchst. d. Für das Privatgutachten sieht die Verordnung, anders als für das Sachverständigengutachten iSd Art. 78 Abs. 1 Buchst. e, **keine besonderen Verfahrensregeln** vor. Bei Einreichung eines Privatgutachtens sollten die Beteiligten darauf achten, dass tatsächlich die für den Einzelfall relevanten Tatsachen begutachtet werden, zB muss das Gutachten auf das für den Fall relevante Publikum abstellen (EuG BeckRS 2013, 80234 Rn. 37 – SPORT).

24 Das Sachverständigengutachten soll kraft Sachkunde des Sachverständigen Erfahrungssätze bekunden. Es geht folglich um die **Begutachtung von Tatsachen.** Die Begutachtung von **Rechtsfragen** zum **Unionsmarkenrecht** oder die Subsumtion von Tatsachen unter unbestimmte Rechtsbegriffe sind Aufgaben des Amtes, die nicht an einen Sachverständigen abgewälzt werden dürfen (vgl. HABM BK v. 7.11.2007 – R 941/2007-4 Rn. 25 – THERMOSTAT).

24.1 Die Beauftragung eines Sachverständigen zur Begutachtung einer Frage des nationalen Rechts sollte aber als Tatsachenfrage möglich sein, insbesondere falls es sich nicht um markenrechtliche Fragen handelt (zB Insolvenzrecht). Das Amt hat bereits Vertreter der Beteiligten zum Insolvenzrecht vernommen (→ Rn. 41). Dann sollte auch eine Begutachtung möglich sein. In einer unlängst ergangenen Entscheidung hat das EuG die Fragen nationalen Rechts als Tatsachenfrage behandelt (BeckRS 2013, 80595 Rn. 34 ff. – CLUB GOURMET).

25 Von einer Beauftragung eines Sachverständigen durch das Amt wurde bislang nur **einmal** Gebrauch gemacht (HABM BK v. 21.9.2011 – R 1105/2010-5 – Flugbörse). Aufgrund des mit der Beauftragung verbundenen Zeit- und Kostenaufwandes wird das Amt von diesem Beweismittel weiterhin nur in Ausnahmefällen Gebrauch machen.

25.1 In dem Fall „Flugbörse" ging es um einen Nichtigkeitsantrag aufgrund absoluter Eintragungshindernisse, der im Jahre 2003 gegen die Unionsmarke „Flugbörse" für Waren und Dienstleistungen der Klassen 16, 39 und 42 gestellt wurde. Die Marke wurde im Jahre 1996 angemeldet und 1998 eingetragen. Die Beschwerdekammer bestätigte die Entscheidung der Löschungsabteilung, nach der die Marke beschreibend und nicht unterscheidungskräftig für einen Teil der Waren und Dienstleistungen war. Die Entscheidung wurde vom EuG aufgehoben, da die Kammer auf den Zeitpunkt der Registrierung anstatt der Anmeldung der Marke abgestellt hatte (EuG T-189/07, BeckEuRS 2009, 498370 – Flugbörse). Das Urteil wurde vom EuGH bestätigt. Bei erneuter Bewertung des Falles entschied die Kammer (HABM BK v. 21.9.2011 – R 1105/2010-5 – FLUGBÖRSE), die Bedeutung des Wortes „Flugbörse" zum Anmeldezeitpunkt 1996 durch ein Sprachgutachten eines Universitätsprofessors ermitteln zu lassen. Der Gutachter kam zu dem Ergebnis, dass das Wort im Jahre 1996 nicht im Sinne von „Internet-Portale, über die Flugreisen bzw. Flüge mit Business-Jets angeboten werden" bekannt war. Die Kammer lehnte den Nichtigkeitsantrag daraufhin ab. Es ist zweifelhaft, ob das Erstellen eines Sachverständigengutachtens tatsächlich notwendig war. Das EuG und der EuGH hatten die Entscheidung nicht deshalb aufgehoben weil der Sachverhalt unzutreffend von der Kammer ermittelt worden war, sondern weil die Kammer auf einen falschen Zeitpunkt abgestellt hatte.

26 Es liegt im weiten Ermessen des Amts, ob die **Begutachtung** durch einen Sachverständigen **erforderlich** ist. In aller Regel ist sie es **nicht.** Die Beauftragung eines Gutachters kann im Ausnahmefall sinnvoll sein, falls der Sachverhalt so spezifisch ist, dass das Amt nicht selbst in der Lage ist, diesen zu ermitteln und die Parteien entgegen ihrer Mitwirkungspflicht nicht oder nicht ausreichend zur Aufbereitung des Sachverhalts beitragen (zB sehr spezifische Waren und Dienstleistungen). Bei fehlender Mitwirkung der Beteiligten ist aber andererseits zweifelhaft, ob das Amt überhaupt zu einer vollständigen Sachverhaltsaufklärung verpflichtet ist oder einfach zu Lasten der nicht ausreichend mitwirkenden Partei entscheiden kann (→ Art. 76 Rn. 15 ff.).

2. Verfahren

Das Amt führt aufgrund des Ausnahmecharakters von Sachverständigengutachten **keine** 27
Liste von Sachverständigen (vgl. EUIPO-Richtlinien, Teil A, Allgemeine Regeln, Abschnitt 2, 4.3). Er wird von dem Prüfer bzw. Berichterstatter ausgewählt (so im „Flugbörse"-Fall; → Rn. 25.1) oder die Begutachtung wird öffentlich ausgeschrieben.

Nach Regel 58 Abs. 4 GMDV können die Beteiligten den vom Amt gewählten Sachver- 28
ständigen aus denselben Gründen ablehnen, die zur Ablehnung eines Prüfers oder Mitglieds einer Abteilung oder Beschwerdekammer gemäß Art. 137 Abs. 1 und 3 berechtigen (zB Befangenheit, Unfähigkeit). Über die Ablehnung entscheidet die zuständige Dienststelle des Amtes, also die Stelle, die das Gutachten in Auftrag gibt (zB Prüfer, Widerspruchs-, Löschungsabteilung oder Beschwerdekammer). Die Ablehnung aufgrund der Staatsangehörigkeit des bestellten Sachverständigen ist nicht möglich (EUIPO-Richtlinien, Teil A, Allgemeine Regeln, Abschnitt 2, 4.3).

Entscheidet das Amt ausnahmsweise, einen Sachverständigen zu beauftragen, muss der 29
Auftrag nach Regel 58 Abs. 2 GMDV folgende Angaben enthalten:
- die genaue Beschreibung des Auftrags;
- die Frist für die Erstattung des Gutachtens;
- die Namen der am Verfahren Beteiligten;
- einen Hinweis auf die Kostenerstattungsansprüche des Gutachters.

Im Flugbörse Fall (→ Rn. 25) stellte das Amt dem Gutachter zB konkrete Fragen. 30

Regel 59 GMDV und die Beschlüsse des Präsidenten (jetzt: Exekutivdirektor) des Amtes 31
Nr. EX-99-1 und Nr. EX- 03-2 bestimmen die Ansprüche des Sachverständigen auf Erstattung etwaiger Reisekosten und auf Vergütung (→ Rn. 79 ff.). Das Amt schließt nach Art. 5 Abs. 2 des Beschlusses Nr. EX-99-1 des Präsidenten (jetzt: Exekutivdirektor) des Amtes einen Vertrag für die Erstellung eines Sachverständigengutachtens, der den Gegenstand des Gutachtens und den Gesamtbetrag der an den Sachverständigen zu zahlenden Vergütung bestimmt.

Die Beteiligten erhalten nach Regel 58 Abs. 3 GMDV eine Abschrift vom Sachverständi- 32
gengutachten.

Hält das Amt das Gutachten für ausreichend und akzeptieren die Beteiligten die Form 33
des Gutachtens, so wird es grundsätzlich in seiner schriftlichen Fassung verwendet (EUIPO-Richtlinien, Teil A, Allgemeine Regeln, Abschnitt 2, 4.3). Ein mündliches Gutachten oder die Vernehmung des Sachverständigen stehen im Ermessen des Amtes (→ Rn. 11 ff.).

IV. Einholung von Auskünften

1. Grundsatz

Die Einholung von Auskünften nach Art. 78 Abs. 1 Buchst. b ist ein Beweismittel, von 34
dem das Amt häufig Gebrauch macht. Die Einholung von Auskünften meint die **schriftliche Einholung**. Die **Auskünfte** selbst sind grundsätzlich **schriftlich**. Sie können entweder vom Amt (→ Rn. 38 ff.) oder den Beteiligten eingeholt werden (→ Rn. 42 ff.).

Die schriftlichen Auskünfte sind in der Regel Urkunden. Damit sind sie nach Art. 78 35
Abs. 1 Buchst. c als Beweismittel zulässig (vgl. HABM BK v. 28.6.2001 – R 726/2000-3 Rn. 34 – TYPHOON/Typhoon Asia ImpEx, Computerhandel GmbH).

Die Verordnung sieht keine besonderen **Verfahrensvorschriften** für die Einholung von 36
Auskünften vor. Es gelten die allgemeinen Regelungen für die Kommunikation mit dem Amt (Fristen, Formen der Zustellung, Weiterleitung der Unterlagen an die andere Partei usw → Art. 79 Rn. 1; EUIPO-Richtlinien, Teil A, Allgemeine Regeln, Abschnitt 2, 4.1).

In der **Würdigung der Auskünfte** ist das Amt grundsätzlich frei (→ Rn. 72 ff.). 37

2. Einholung von Auskünften von Amts wegen

Zu der Einholung von Auskünften durch das Amt zählt zB die **schriftliche Befragung** 38
der **Beteiligten** (EuG T-128/06, BeckEuRS 2008, 466572 Rn. 78 – CAMELO; BeckRS 2009, 71217 Rn. 41 – CAPIO; HABM BK v. 2.12.2011 – R 1353/2011-1 Rn. 35 ff., 53, 57 f. – ALPHAREN/ALPHA D3; aA Eisenführ/Schennen Rn. 61, nach dem die „Auskünfte"

nur von Personen sind, die nicht Beteiligte sind). Das Amt ist nicht verpflichtet, seine Maßnahme zu begründen (EuG T-128/06, BeckEuRS 2008, 466572 Rn. 78 – CAMELO).

39 Hat das Amt Fragen zum Sachverhalt (zB zum Umfang des Waren- und Dienstleistungsverzeichnisses) ist es berechtigt, einem oder mehreren **Beteiligten** eine Mitteilung zu senden, in der es konkrete Fragen stellt oder um Auskünfte und Vorlage von Beweismitteln bittet (EuG v. 30.1.2008 – T-128/06 Rn. 78 – CAMELO). Hierin liegt grundsätzlich kein Verstoß gegen die Beschränkung des Amtes auf den Vortrag der Beteiligten in mehrseitigen Verfahren nach Art. 76 Abs. 1 S. 2 (→ Art. 76 Rn. 6, → Art. 76 Rn. 63).

40 Befragt das Amt in einem Inter-partes-Verfahren nur einen Beteiligten, muss es die Antwort an die andere Partei weiterleiten und ihr grundsätzlich Gelegenheit geben, hierzu Stellung zu nehmen (→ Art. 75 Rn. 64 ff.).

41 Daneben kann das Amt auch **Dritte** befragen, zB Verbände. So hat das Amt die Vertreter eines Beteiligten um Auskunft zum nationalen Insolvenzverfahren aufgefordert (HABM BK v. 1.10.2008 – R 251/2008-4 Rn. 8 – POHLSCHRÖDER). Handelt es sich bei den Dritten um Sachverständige, so ist Art. 78 Abs. 1 Buchst. e iVm Regel 58 GMDV aufgrund der besonderen Verfahrensvorschriften vorrangig einschlägig.

3. Einholung von Auskünften durch die Beteiligten

42 Auch Beteiligte können Auskünfte iSd Art. 78 Abs. 1 Buchst. b einholen, zB von einer Wirtschafts- oder Handelskammer über die Bekanntheit einer Marke oder **von Angestellten bzw. Geschäftsführern** des Beteiligten. Zugleich können die schriftlichen Auskünfte als Urkunde oder eidesstattliche Erklärung zulässig sein (EuG BeckRS 2009, 71217 Rn. 41 – CAPIO; HABM BK v. 17.4.2008 – R 1349/2006-4 Rn. 7, 20 – BOLBASE/OLBAS).

V. Urkunden

1. Grundsatz

43 Urkunden und Beweisstücke iSd Art. 78 Abs. 1 Buchst. c zählen zu den in Amtsverfahren am Häufigsten vorgelegten Beweismitteln.

44 Ein **Urkunde** iSd Art. 78 Abs. 1 Buchst. c ist eine schriftliche Stellungnahme der die Urkunde ausstellenden Person (HABM BK v. 7.11.2007 – R 941/2007-4 Rn. 25 – THERMOSTAT).

45 Zu Urkunden iSd 78 Abs. 1 zählen **beispielsweise**
- von den Parteien eingereichte Gutachten von Sachverständigen oder Verbänden (HABM BK v. 7.11.2007 – R 941/2007-4 Rn. 25 – THERMOSTAT; v. 25.10.2002 – R 243/2000-2 Rn. 20 – POCOLINO/PICCOLINO; → Rn. 23);
- Erklärungen der Beteiligten oder Dritter (zB Angestellter; → Rn. 34, → Rn. 38 ff.);
- Auszüge aus Handelsregistern;
- Verträge;
- Rechnungen oder
- Eintragungsurkunden.

46 Bei den Urkunden kann es sich zugleich um **schriftliche Auskünfte** iSd Buchst. b, die von den Parteien oder dem Amt eingeholt wurden, oder um **eidesstattliche Erklärungen** handeln. Dann ist das Beweismittel nach den Buchst. b, c und e zulässig (vgl. HABM BK v. 19.9.2003 – R 867/2000-2 Rn. 23 – HEXACAN/CEKACAN; v. 12.12.2002 – R 582/2000-2 Rn. 23 – POCOLINO/Topolino (BILDMARKE).

47 Gibt **das Amt** ein **Sachverständigengutachten** in Auftrag, so findet Art. 78 Abs. 1 Buchst. e **vorrangig** Anwendung (→ Rn. 22 ff.), da die Verordnung insofern besondere Verfahrensvorschriften vorsieht.

2. Meinungsumfragen

48 Meinungsumfragen sind Urkunden, die von einem bestimmten Institut ausgestellt werden. Bei Meinungsumfragen ist nach der Rechtsprechung auf folgende Aspekte zu achten:
- Der **Zeitpunkt der Erstellung** muss für das jeweilige Verfahren relevant sein. Wurde eine Marke im Jahre 2010 angemeldet, so gibt eine Meinungsumfrage aus dem Jahre 2001

keine Auskunft über eine mögliche Verkehrsdurchsetzung im Jahre 2010 (HABM BK v. 9.2.2012 – R 728/2011-1 Rn. 24 – HELLGRÜN; v. 9.8.2011 – R 1033/2010-4 Rn. 36 – NO TEARS FORMULA/NO MORE TEARS; v. 10.4.2002 – R 882/2000-3 Rn. 38 – Hai/TAI). Auch eine Umfrage nach dem Anmeldedatum kann irrelevant sein, falls sie keinen Aufschluss auf die Lage zum Anmeldezeitpunkt gibt (EuG BeckRS 2006, 70299 Rn. 34 f. – SELEZIONE ORO Barilla; HABM BK v. 15.4.2008 – R 1247/2006-1 Rn. 19 – T-PLAN/T-LAN). Je größer die Zeitspanne zwischen Anmeldetag und Tag der Entscheidung ist, desto schwieriger ist es, zuverlässiges Material über die Verkehrsdurchsetzung zu erhalten. Meinungsumfragen, die zu einem nicht relevanten Zeitraum erstellt werden, führen möglicherweise zu anderen Ergebnissen, da die Wahrnehmungsbilder sich mit der Zeit verändern (HABM BK v. 22.6.2000 – R 379/1999-1 Rn. 52 – FARBMARKE (GELB RAL 1032).

- Es ist der **relevante Verkehrskreis** zu befragen (vgl. EuG T-490/12, BeckEuRS 2014, 402947 Rn. 56 ff. – GRAZIA; T-171/12, BeckRS 2014, 81971 Rn. 45 – Form eines Spannschlosses). Richten sich die Waren und Dienstleistungen zB an Gewerbetreibende und an das allgemeine Publikum ist eine Befragung nur der Gewerbetreibenden nicht repräsentativ (EuG T-289/08, BeckRS 2010, 90152 Rn. 94 – Deutsche BKK). Ist eine Bekanntheit oder eine Verkehrsdurchsetzung für ein bestimmtes Gebiet nachzuweisen, muss das Publikum in diesem Gebiet befragt werden (EuG T-171/12, BeckRS 2014, 81971 Rn. 45 f. – Form eines Spannschlosses).
- Es muss eine **repräsentative Anzahl** von Personen befragt werden (EuG T-490/12, BeckEuRS 2014, 402947 Rn. 56 ff. – GRAZIA).
- Die Umfrage muss sich auf das **relevante Gebiet** beziehen (EuG BeckRS 2006 Rn. 96, 70998 – VENADO; HABM BK v. 3.5.2004 – R 492/2003-2 Rn. 39 – freenet). Die Befragung von Beteiligten in einem Ort ist möglicherweise nicht repräsentativ für einen Mitgliedstaat (vgl. HABM BK v. 8.3.2001 – R 203/2000-3 Rn. 57 – Schogetten-Stück). Ebenso ist die Befragung von Personen in nur einem Mitgliedstaat möglicherweise nicht repräsentativ für die gesamte EU.
- Es muss sich bei der den Beteiligten gestellten Frage um eine **spontane und offene** Frage handeln, das heißt eine Frage, die **ohne Vorschlag möglicher Antworten** gestellt wird (EuG T-304/06, GRUR Int 2009, 410 Rn. 108 – Mozart; T-277/04, BeckRS 2006, 70520 Rn. 39 – VITACOAT; T-344/03, BeckRS 2006, 70299 Rn. 35 – SELEZIONE ORO Barilla). **Suggestivfragen** sind **nicht** repräsentativ. So sollte der Fragebogen nicht die relevanten Waren im alleinigen Zusammenhang mit der relevanten Marke nennen. Es ist aber zulässig, den befragten Personen die in Rede stehenden Waren zu nennen, ohne die relevante Marke zu erwähnen oder ihnen eine Liste mit verschiedenen Marken, darunter auch der relevanten Marke, vorzulegen (EuG T-277/04, BeckRS 2006, 70520 Rn. 39 – VITACOAT). Generell sollte den Befragten keine Antwort in den Mund gelegt werden (vgl. EuG T-344/03, BeckRS 2006, 70299 Rn. 35 – SELEZIONE ORO Barilla).
- Die Meinungsumfrage kann auch im Lichte weiterer eingereichter Beweismittel ausgelegt werden und somit selbst dann repräsentativ sein, falls sie nicht mit Blick auf das Verfahren erstellt wurde (EuG T-490/12, BeckEuRS 2014, 402947 Rn. 56 f. – GRAZIA).

Das Amt hat in seinem Fortbildungsportal ein umfangreiches Webinar zur Erstellung und Auswertung von Meinungsumfragen zur Verfügung gestellt: https://euipo.europa.eu/knowledge/mod/scorm/view.php?id=24644 (Hinweis: als Gast einloggen). **49**

VI. Sonstige Beweismittel

Sonstige Beweismittel iSd Buchst. b sind zB Fotos, Kataloge, Verpackungen, Etiketten und Preislisten (vgl. Regel 22 Abs. 4 GMDV). **50**

Daten-CDs werden vereinzelt von den Kammern als unzulässig abgelehnt (HABM BK v. 26.10.2012 – R 1259/2011-4 Rn. 13 ff. – GOURMET/GOURMET et al.). Die Ablehnung ist darauf gestützt, dass die Regeln 79 ff. GMDV lediglich die schriftliche **Kommunikation** mit dem Amt, eine Kommunikation per Fax oder eine elektronische Kommunikation vorsehen. Eine Kommunikation auf einem anderen Träger sei daher nicht möglich. **51**

Die Auslegung steht allerdings mit dem Wortlaut der Verordnung nicht in Einklang soweit es sich bei dem Inhalt um Beweismittel und nicht den Schriftsatz selbst handelt. Regel 79 ff. **52**

GMDV bestimmen lediglich die Art der Übermittlung von Schriftstücken und **Beweismitteln.** Zwar ist zutreffend, dass ein Schriftsatz, der per Fax, Post, Kurier oder eigenhändig eingereicht wird, **unterschrieben** und somit als Original **schriftlich** sein sollte. Regel 79 ff. GMDV verbieten aber nicht die Einreichung von **Beweismitteln** in einer anderen als der schriftlichen Form. Regel 79a GMDV unterscheidet ausdrücklich zwischen Schriftstück und Beweismittel, was impliziert, dass ein Beweismittel etwas anderes als ein Schriftstück sein kann. CDs sind von Art. 78 auch nicht als Beweismittel ausgenommen. Selbst falls CDs keine „sonstigen Beweismittel" iSd Buchst. b wären, sind sie als sonstiges, nicht unter Art. 78 genanntes, Beweismittel zuzulassen. Die CD selbst ist der Träger der Information und kein Beweismittel. Es bleibt abzuwarten, ob sich die Praxis im Zuge der Reform ändert. In jedem Fall ist die CD in Inter-partes-Verfahren zweifach einzureichen (EUIPO Richtlinien, Teil C, Widerspruch, Abschnitt 6, 3.3.2.1).

53 Um **sicherzugehen,** ist aber zu empfehlen, etwaige auf der CD gespeicherte Dokumente in Papierform bzw. als Fax einzureichen und im Falle von Videos schriftlich darzulegen, was auf der CD zu sehen ist und einige Sequenzen auszudrucken. Gleiches gilt für Daten auf anderen Trägern, zB **USB-Sticks.** Alternativ möglich ist die elektronische Übertragung der Dokumente über das Online-Tool des Amtes (→ Art. 79 Rn. 76).

VII. Eidesstattliche schriftliche Erklärungen

1. Grundsatz

54 Nach Art. 78 Abs. 1 Buchst. f sind schriftliche Erklärungen, die unter Eid oder an Eides statt abgegeben werden oder nach den Rechtsvorschriften des Staates, in dem sie abgegeben werden, eine ähnliche Wirkung haben als Beweismittel vor dem Amt zulässig.

55 Die UMV enthält weder eine Definition eidesstattlicher Erklärungen noch Regelungen hinsichtlich ihres Beweiswertes. Die Auslegung durch das EuG und die Kammern ist nicht einheitlich.

56 Als **Grundregel** gilt, dass eine eidesstattlichen Erklärung iSd UMV **nicht den Beweiswert** hat **wie** eine eidesstattlichen Erklärung **in der deutschen Praxis.** Eidesstattliche Erklärungen iSd UMV werden regelmäßig als normale Erklärungen bzw. Urkunden behandelt. Grundsätzlich ist eine **eidesstattliche Erklärung,** insbesondere falls sie von einer Partei stammt, **allein nicht ausreichend** für einen Nachweis.

57 Es handelt sich bei den vor dem Amt abgegebenen Erklärungen regelmäßig ohnehin um keine strafbewehrten Erklärungen im Sinne des deutschen Rechts. Weder das deutsche noch das EU-Recht sehen eine Strafbarkeit einer falschen eidesstattlichen Versicherung vor, die vor dem Amt abgegeben wird (HABM BK v. 10.1.2011 – R 246/2009-4 Rn. 24 – CAN DO/CANDA II; v. 12.7.2010 – R 59/2010-4 Rn. 19 – TOPSIT/TOPSIT; v. 5.6.2007 – R 993/2005-4 Rn. 23 ff. – COSANA/SONANA). Eine vor dem Amt eingereichte deutsche Erklärung kann nur strafbewehrt sein, falls der Beteiligte nachweist, dieselbe Erklärung in einem parallelen Verfahren vor deutschen Behörden bzw. Gerichten in Kenntnis der strafrechtlichen Konsequenzen von Falschaussagen geleistet zu haben (HABM BK v. 17.1.2013 – R 797/2011-1 Rn. 26 – IPURI). Zudem muss dem Aussteller nach einigen Entscheidungen der Kammern zum Zeitpunkt der Abgabe vor der deutschen Behörde bekannt gewesen sein, dass sie im Verfahren vor dem Amt verwendet werden könnte (HABM BK v. 12.1.2012 – R 599/2011-4 Rn. 19 – OLYMPIO/OLYMPIA). Selbst falls es sich im Ausnahmefall um eine strafbewehrte Erklärung handelt, kommt ihr allein durch die Strafbewehrtheit nach der Rechtsprechung des EuG und der überwiegenden Rechtsprechung der Beschwerdekammern **keine erhöhte Beweiskraft** zu (zur Kritik → Rn. 70.1 ff.).

2. Begriff der eidesstattlichen Erklärung nach dem EuG

58 Nach mehrheitlicher **Rechtsprechung des EuG** ist der Begriff der eidesstattlichen Erklärung nicht nach Regelungen des nationalen Rechts zu bestimmen. **Jegliche versicherte bzw. mit den Worten „an Eides statt" überschriebene Erklärung vor dem Amt ist hiernach eine Erklärung iSd Art. 78 Abs. 1 Buchst. f** (vgl. EuG T-214/08, BeckRS 2012, 80781 Rn. 32 – OUTBURST; T-303/03, BeckRS 2005, 70415 Rn. 40, 42 – Salvita).

Die Erklärungen haben nach einem Urteil des EuG (T-322/14, BeckRS 2016, 81006 **59**
Rn. 48 ff. – mobile.de) den Charakter von „Erklärungen an Eides" statt, weil der Erklärende
ausdrücklich den Wahrheitsgehalt der darin erwähnten Tatsachen bestätigt und ausführt mit
den damit verbunden Rechtsfolgen vertraut zu sein. Daher sei das Amt auch nicht verpflichtet
zu prüfen, ob der Erklärung nach dem nationalen Recht tatsächlich eine ähnliche Wirkung
zukommt wie unter Eid oder an Eides statt.

In anderen Urteilen lässt das EuG **offen,** ob es sich um eine „eidesstattliche Erklärung" **60**
im Sinne des nationalen Rechts handeln muss (vgl. EuG T-382/08, BeckRS 2011, 80739
Rn. 43 – VOGUE; T-183/08, BeckRS 2009, 70589 – jello Schuhpark; vgl. auch HABM
BK v. 17.4.2008 – R 1349/2006-4 Rn. 7, 20 – BOLBASE/OLBAS).

Unabhängig von der Definition der eidesstattlichen Erklärung ist nach der Rechtsprechung **61**
des EuG jedenfalls die **Beweiskraft nicht** im Licht der innerstaatlichen Rechtsvorschriften
eines Mitgliedstaats zu prüfen (EuG T-196/13, BeckRS 2014, 81614 Rn. 31 – la nana; T-
214/08, BeckRS 2012, 80781 Rn. 32 – OUTBURST; T-183/08, BeckRS 2009, 70589 –
jello Schuhpark; T-303/03, BeckRS 2005, 70415 Rn. 40 – Salvita). Damit kommt es nach
der Rechtsprechung des EuG **nicht** darauf an, ob die Erklärung nach nationalem Recht
strafbewehrt ist. Ihr kommt deshalb **kein erhöhter Beweiswert** zu.

3. Begriff der eidesstattlichen Erklärung nach den Beschwerdekammern

Die **Entscheidungspraxis** der **Beschwerdekammern** ist **uneinheitlich.** Zum Teil wird **62**
angenommen, dass eine eidesstattliche Versicherung den jeweils einschlägigen nationalen
Voraussetzungen entsprechen muss (so HABM BK v. 4.10.2012 – R 2187/2011-1 und R
2507/2011-1 Rn. 19 – PYROX/PYROT et al; v. 30.1.2012 – R 1049/2011-4 Rn. 20 – LA
TERRE; v. 19.1.2012 – R 235/2011-1 Rn. 16 – SAPPÈ juice Me/JUICEA; v. 5.6.2007 –
R 993/2005-4 Rn. 22 ff. – COSANA/SONANA). Erklärungen, die hiernach nicht eides-
stattlich sind, werden als zulässige, nicht in Art. 78 Abs. 1 ausdrücklich genannten Beweismittel (HABM BK v. 30.1.2012 – R 1049/2011-4 Rn. 20 – LA TERRE; v. 5.6.2007 – R 993/
2005-4 Rn. 26 – COSANA/SONANA; → Rn. 9) oder als Urkunde bewertet (→ Rn. 46).

Aufgrund des Erfordernisses der Strafbewehrtheit sprechen die Kammern der eidesstattli- **63**
chen Erklärung **zum Teil einen höheren Beweiswert** zu als einer bloßen Erklärung
(HABM BK v. 4.10.2012 – R 2062/2011-1 Rn. 55 – ISIS; v. 19.1.2012 – R 235/2011-1
Rn. 16 – SAPPÈ juice Me/JUICEA). Zum Teil sprechen die Kammer aber selbst bei einer
strafbewehrten Erklärung von einem **normalen oder sogar begrenzten Beweiswert**
(HABM BK v. 4.10.2009 – R 486/2009-1 – YUMMI FRUITS/YUMMI YUMMI; HABM
BK v. 17.1.2013 – R 797/2011-1 Rn. 33 – IPURI).

In anderen Entscheidungen folgt die Kammer den vom EuG aufgestellten Grundsätzen **64**
(HABM BK v. 26.6.2012 – R 1064/2011-1 Rn. 15 – foliotec/FOLIA TEC et al.; v.
3.5.2012 – R 446/2011-1 Rn. 22 f. – BIOCURA/BIOCURA et al.; v. 3.5.2012 – R 362/
2011-1 Rn. 19 ff. – SEBAFLEX/FLEX; v. 27.3.2012 – R 413/2011-2 Rn. 35 – PROFLEX/
PROFEX; v. 19.5.2011– R 1592/2010-2 Rn. 24 – HYBACS/HYDAC; v. 10.2.2011 – R
644/2010-1 Rn. 20 – Harmonie/Harmonie).

Der **Beteiligte** sollte sich vor diesem Hintergrund **nicht darauf verlassen,** dass die **65**
Kammer in der Beschwerde nationale Maßstäbe anwendet. Die jeweils zu beweisende Tatsache sollte sich aus **weiteren Unterlagen** ergeben, die den Inhalt der eidesstattlichen Erklärung belegen, wie zB Rechnungen, Meinungsumfragen, Werbematerialien, weitere Erklärungen Dritter usw.

4. Würdigung der eidesstattlichen Erklärung

Das Amt prüft die Wahrscheinlichkeit der in der Erklärung enthaltenen Information nach **66**
denselben Maßstäben, die auf jede andere Erklärung Anwendung finden.

Folgende Aspekte spielen für die Würdigung eine Rolle (EuG T-585/13, BeckRS 2015, **67**
80857 Rn. 27 – Gauff JBG Ingenieure; T-196/13, BeckRS 2014, 81614 Rn. 31 – la nana; T-
214/08, BeckRS 2012, 80781 Rn. 34 – OUTBURST; T-382/08, BeckRS 2011, 80739
Rn. 44 – VOGUE; EuG BeckRS 2012, 81204 Rn. 29 – CERATIX; T-86/07, BeckRS
2008, 71322 Rn. 47 – DEITECH; T-303/03, BeckRS 2005, 70415 Rn. 42 – Salvita):
• die Herkunft des Dokuments,

- die Umstände seiner Ausarbeitung,
- sein Adressat,
- Vernünftigkeit und Glaubhaftigkeit des Inhalts des Dokuments.

68 Was den Adressaten betrifft, wird der **Erklärung eines unabhängigen Dritten** nach ständiger Rechtsprechung **eher Glauben** geschenkt als der Erklärung eines Beteiligten (EuG T-214/08, BeckRS 2012, 80781 Rn. 32 – OUTBURST; T-382/08, BeckRS 2011, 80739 Rn. 44 – VOGUE; HABM v. 17.9.2012 – R 1647/2011-2 Rn. 27 – DECOS/MECOS). Auch bei Erklärungen eines Dritten ist aber relevant, ob dieser eigene Interessen verfolgt (→ Rn. 72 ff.).

69 Die **Erklärung eines Beteiligten, seines Vertreters** oder eines **leitenden Mitarbeiters der Beteiligten** wird grundsätzlich **wie** ein **Parteivortrag** behandelt. Die Erklärung ist lediglich ein weiteres Element, das in die Beurteilung der Tatsachen einfließt (EuG T-585/13, BeckRS 2015, 80857 Rn. 29 – Gauff JBG Ingenieure; T-196/13, BeckRS 2014, 81614 Rn. 21 – la nana; T-387/10, BeckRS 2012, 80222 Rn. 38 – ARANTAX). Der Erklärung kommt **für sich genommen ein begrenzter Beweiswert** zu, so dass es **weiterer Nachweise** (zB Rechnungen) bedarf (EuG T-196/13, BeckRS 2014, 81614 Rn. 31 – la nana; v. 21.11.2012 – T-388/11 Rn. 51 – photo.com; T-312/11, BeckRS 2012, 81204 Rn. 30 ff. – CERATIX; T-387/10, BeckRS 2012, 80222 Rn. 30 – ARANTAX; T-434/09, BeckRS 2011, 81353 Rn. 34 – CENTROTHERM; T-183/08, BeckRS 2009, 70589 – jello Schuhpark; T-262/04, BeckRS 2006, 70109 Rn. 77 ff. – BIC-Feuerzeug; T-303/03, BeckRS 2005, 70415 Rn. 43 – Salvita; HABM v. 27.3.2012 – R 413/2011-2 Rn. 36 – PROFLEX/PROFEX).

70 Andererseits kann der Umstand allein, dass die Erklärung von einem Mitarbeiter des Beteiligten stammt, ihr **nicht jeden Wert** nehmen (EuG T-312/11, BeckRS 2012, 81204 Rn. 30 – CERATIX; T-308/06, BeckRS 2011, 81633 Rn. 59 – BUFFALO MILKE Automotive Polishing Products). **Das Amt** kann die Erklärung folglich nicht unberücksichtigt lassen und ist **verpflichtet**, sie frei zu würdigen sowie ihren **Beweiswert zu bestimmen** (EuG T-504/09, BeckRS 2011, 81842 Rn. 114 – VÖLKL). Tatsächlich aber wird der Glaubhaftigkeit der Erklärung bei Fehlen weiterer Unterlagen regelmäßig **nicht untersucht**. Das Beweismittel wird pauschal zurückgewiesen, falls weitere Unterlagen fehlen (HABM BK v. 5.6.2007 – R 993/2005-4 Rn. 27 – COSANA/SONANA).

70.1 Es ist zweifelhaft, ob diese pauschale Praxis dem Einzelfall gerecht wird (kritisch auch Rusconi EIPR 2006, 442–446). So kann es zumindest aus deutscher Sicht durchaus einen Unterschied für den Beweiswert machen, ob eine Erklärung strafbewehrt ist oder nicht bzw., ob der Erklärende von einer Strafe bei Falschaussage ausging. Freilich beruht dieser Erkenntnissatz auf der Vermutung, dass unter Kenntnis der Strafbewehrung eher die Wahrheit gesagt wird als bei fehlender Strafandrohung.

70.2 Für eine besondere Bewertung der eidesstattlichen Erklärung spricht auch der Wortlaut der Verordnung. Buchst. f stellt ausdrücklich auf die **Wirkung** einer eidesstattlichen Erklärung ab, was impliziert, dass diese im Gegensatz zu gewöhnlichen Erklärungen eine besondere Wirkung haben. Auch die separate Auflistung der eidesstattlichen Erklärungen spricht dafür, dass der Gesetzgeber von einer besonderen Wirkung und damit von einem besonderen Beweiswert der eidesstattlichen Erklärung ausging.

70.3 Selbst bei Erklärungen, die nicht strafbewehrt sind, ist kein Grund ersichtlich, der per se vermuten lässt, dass der Erklärende willentlich falsch aussagt. Vielmehr sollte geprüft werden, ob die Erklärung glaubhaft ist (zB ob dargelegt wurde, wie die Kenntnis gewonnen wurde; wann die Erklärung erstellt wurde; welche Fachkenntnisse der Erklärende hat; wie detailliert die Erklärung ist usw). Ist sie das und bestehen keine Zweifel, sollte dies als Nachweis ausreichen können. An einer detaillierten Auswertung der Erklärungen fehlt es den Entscheidungen und Urteilen aber regelmäßig.

71 Was den **Inhalt** der eidesstattlichen Erklärung betrifft, ist entscheidend, wie detailliert diese ausgestaltet ist (vgl. EuG T-196/13, BeckRS 2014, 81614 Rn. 34 – la nana). Der Inhalt ist schlüssig darzulegen. Werden zB Zahlen genannt, ist zu empfehlen darzustellen, woher diese stammen. In der Gesamtschau stellt das Gericht auch darauf ab, ob ergänzendes Material, auf das sich die eidesstattliche Erklärung bezieht, einfach hätte beigebracht werden können, zB Rechnungen, Kataloge, Zeitungen, Werbung, usw (vgl. EuG T-196/13, BeckRS 2014, 81614 Rn. 39 – la nana).

C. Beweiswürdigung

Die Beweiskraft der einzelnen Beweismittel ist in allgemeiner und freier Beweiswürdigung vom Amt umfassend zu prüfen (EuG T-489/13, BeckEuRS 2015, 436477 Rn. 58 – VIÑA ALBERDI; T-303/03, BeckRS 2005, 70415 Rn. 43 – Salvita; HABM BK v. 14.11.2000, R 823/1999-3 Rn. 20 – SIDOL/SIDOLIN; v. 17.4.2008 – R 1349/2006-4 Rn. 20 – BOLBASE/OLBAS; v. 5.6.2007 – R 993/2005-4 Rn. 27 – COSANA/SONANA). 72

Die vorgelegten **Beweise** sind in ihrer **Gesamtheit zu würdigen** (EuG BeckRS 2011, 81633 Rn. 60 f. – BUFFALO MILKE Automotive Polishing Products). Das Amt hat abzuwägen, ob die eingereichten Dokumente ein überzeugendes Gesamtbild geben. 73

Bei der **Würdigung von Dokumenten** spielt generell eine Rolle, von wem und unter welchen Umständen diese ausgestaltet wurden, an wen diese adressiert sind und ob sie in sich und in Würdigung weiterer Beweismittel schlüssig sind (vgl. EuG T-489/13, BeckEuRS 2015, 436477 Rn. 58 – VIÑA ALBERDI; → Rn. 67). So ist etwa bei **Internetauszügen** festzustellen, von wem diese stammen und in welchem Kontext diese erstellt wurden (EuG T-229/14, BeckRS 2015, 80856 Rn. 48 – Yorma Eberl). Bei der **Auswertung von Erklärungen und Auskünften** von Parteien und Dritten können insbesondere folgende Aspekte eine Rolle spielen: 74

- das **prozessuale Verhalten der nicht beweisbelasteten Partei,** zB ob bestimmte Tatsachen von der Gegenseite nicht substantiiert bestritten wurden (Eisenführ/Schennen Rn. 29);
- ob die Erklärung im **Einklang zu früheren Erklärungen** und zu weiteren eingereichten **Dokumenten** steht und sie in sich schlüssig ist (EuG T-490/12, BeckEuRS 2014, 402947 Rn. 53 – GRAZIA; BeckRS 2011, 80043 Rn. 67 – PINE TREE);
- ob das Erklärte auf **eigener Wahrnehmung oder Überprüfung** beruht (HABM BK v. 17.4.2008 – R 1349/2006-4 Rn. 7, 20 – BOLBASE/OLBAS; v. 5.6.2007 – R 993/2005-4 Rn. 30 – Cosana/Sonana);
- bei **Erklärungen von Dritten,** wie sie zur Partei stehen, welche eigenen Interessen sie haben (HABM BK v. 17.4.2008 – R 1349/2006-4 Rn. 7, 20 – BOLBASE/OLBAS; v. 5.6.2007 – R 993/2005-4 Rn. 30 – Cosana/Sonana);
- ob die Erklärung durch **weitere Dokumente** bestätigt wurde.

Einem Dokument ist insbesondere nicht bereits deshalb ein Beweiswert abzusprechen, weil es von einer der Parteien selbst stammt. So kann ein öffentlich gemachtes Dokument (zB Geschäftsberichte) aufgrund seiner Öffentlichkeit durchaus glaubhaft sein (EuG T-490/12, BeckEuRS 2014, 402947 Rn. 53 – GRAZIA). Zur Würdigung einer eidesstattlichen Erklärung → Rn. 68 ff. 75

Bei der Einreichung von Dokumenten, die eine Benutzung beweisen sollen, ist zu beachten, dass zB **Zeitschriften** keine Auskunft darüber geben, ob sie verteilt wurden. Fehlt es an einer entsprechenden Erklärung oder weiteren Beweisen, obwohl diese prima facie einfach hätten beigebracht werden können, spricht dies dafür, dass die Magazine nicht verteilt wurden bzw. keine ausreichende Benutzung der fraglichen Marke nach außen vorliegt (EuG T-298/10, BeckRS 2012, 81018 Rn. 80 – BIODANZA). 76

Wikipedia-Auszügen kommt grundsätzlich ein geringer Beweiswert zu, da deren Inhalt jederzeit und in bestimmten Fällen von jedem Besucher, selbst anonym, geändert werden kann und somit nicht auf gesicherten Informationen beruht (EuG T-229/14, BeckRS 2015, 80856 Rn. 47 – Yorma Eberl). Auch **Google-Recherchen** kommen in der Regel wenig Beweiswert zu (EuG T-559/13, BeckRS 2016, 81698 Rn. 111 f. – GIOVANNI; HABM BK R 1919/2015-4 Rn. 22 – PowerSpiral; R 243/2009-4 Rn. 20 – WANDPLANDIENST). 77

Zur Würdigung **eidesstattlicher Erklärungen** → Rn. 66 ff. 78

D. Kosten

Die Kosten der Beweisaufnahme trägt nach Regel 59 Abs. 5 GMDV grundsätzlich derjenige, der sie veranlasst. Wird eine Beweisaufnahme von Amts wegen durchgeführt, so trägt das Amt die Kosten des Verfahrens. Erfolgt die Beweisaufnahme hingegen auf Antrag eines der Beteiligten, so muss dieser die Kosten, vorbehaltlich der Entscheidung über die Kostenverteilung in Verfahren mit zwei oder mehreren Beteiligten, übernehmen (Richtlinien des 79

Amtes, Teil A Kap. 2, 2.2.6.; EUIPO-Richtlinien, Teil A, Allgemeine Regeln, Abschnitt 2, 4.6,).

80 Bei einer Beweisaufnahme auf Antrag eines der Beteiligten kann das Amt die Beweisaufnahme nach Regel 59 Abs. 1 GMDV davon abhängig machen, dass der Antragsteller beim Amt einen Vorschuss hinterlegt. Die Höhe des Vorschusses wird nach den voraussichtlichen Kosten bestimmt.

81 Zeugen und Sachverständige haben nach Regel 59 Abs. 2 und 3 GMDV Ansprüche auf Kostenersatz. Die Höhe der Ansprüche ist durch die Beschlüsse des Präsidenten (jetzt: Exekutivdirektor) des Amtes Nr. EX-99-1 und Nr. EX-03-2 geregelt. Hiernach haben **Zeugen** und **Sachverständige,** die vom Amt geladen worden sind und vor diesem erscheinen, einen Anspruch auf Erstattung angemessener **Reise- und Aufenthaltskosten** (maximal 141,30 Euro pro Tag). Das Amt kann einen **Vorschuss** auf diese Kosten gewähren. Außerdem haben Zeugen einen Anspruch auf eine angemessene Entschädigung für einen **Verdienstausfall** (maximal 120,05 Euro am Tag). **Sachverständige** haben einen Anspruch auf **Vergütung** (maximal 110,68 Euro pro Stunde). Falls die Vernehmung bzw. Beauftragung von Amts wegen erfolgt, wird der Anspruch erst nach Pflichterfüllung fällig. Es bleibt abzuwarten, ob die Höhe der Kosten nach oben bzw. unten angepasst wird.

82 Art. 78 Abs. 5 stellt zukünftig die Befugnis des Exekutivdirektors klar, die Beträge der zu erstattenden Auslagen, einschließlich der Beträge etwaiger Vorschüsse, für die Kosten festzusetzen, die im Fall einer Beweisaufnahme nach diesem Artikel entstehen.

E. Reform

83 Mit der Ergänzung des Art. 78 durch die VO (EU) 2015/2424 mit Wirkung zum 1.10.2017 sind keine inhaltlichen Änderungen zur bisherigen Praxis verbunden. Es wird lediglich der Wortlaut der Regel 57 Abs. 2 GMDV übernommen (→ Rn. 17). Der zukünftige Abs. 5 stellt klar, dass der Exekutivdirektor die Beträge der zu erstattenden Kosten festlegt (→ Rn. 81). Der ausdrückliche Hinweis in Abs. 6 auf die Befugnis der Kommission Regelungen zur Beweisaufnahme zu erlassen lässt darauf schließen, dass mit einer voraussichtlich detaillierteren Modifizierung der GMDV zu rechnen ist.

Art. 79 Zustellung

Das Amt stellt von Amts wegen alle Entscheidungen und Ladungen sowie die Bescheide und Mitteilungen zu, durch die eine Frist in Lauf gesetzt wird oder die nach anderen Vorschriften dieser Verordnung oder nach der Durchführungsverordnung zuzustellen sind oder für die der Präsident des Amtes die Zustellung vorgeschrieben hat.

(1)–(4) (noch nicht anwendbar)

(5) Der Kommission wird die Befugnis übertragen, gemäß Artikel 163a delegierte Rechtsakte zu erlassen, in denen die Modalitäten für die Zustellung im Einzelnen festgelegt werden.

künftige Fassung mWv 1.10.2017 gemäß VO (EU) 2015/2424 vom 16.12.2015:
(1) Das Amt stellt von Amts wegen alle Entscheidungen und Ladungen sowie alle Bescheide oder sonstigen Mitteilungen zu, durch die eine Frist in Gang gesetzt wird oder die nach anderen Bestimmungen dieser Verordnung oder nach den gemäß dieser Verordnung erlassenen Rechtsakten zuzustellen sind oder für die der Exekutivdirektor die Zustellung vorgeschrieben hat.
(2) Der Exekutivdirektor kann bestimmen, dass auch andere Dokumente als Entscheidungen, durch die eine Beschwerdefrist in Gang gesetzt wird, und Ladungen durch eingeschriebenen Brief mit Rückschein zugestellt werden müssen.
(3) ¹Die Zustellung kann auf verschiedenen Wegen erfolgen, einschließlich auf elektronischem Weg. ²Die Einzelheiten bezüglich des elektronischen Weges werden vom Exekutivdirektor festgelegt.

(4) Erfolgt die Zustellung durch öffentliche Bekanntmachung, bestimmt der Exekutivdirektor die Art der öffentlichen Bekanntmachung und legt den Beginn der einmonatigen Frist fest, nach deren Ablauf die Dokumente als zugestellt gelten.

Überblick

Art. 79 regelt die Zustellung durch das Amt an die Beteiligten (→ Rn. 1 ff.). Die Vorschrift wird ergänzt durch Regel 61–69 GMDV. Vorschriften zur Übermittlung von Schriftstücken durch die Beteiligten an das Amt enthalten Regel 79 ff. GMDV (→ Rn. 55 ff.). Die Regelungen der GMDV werden im Zuge der Reform teilweise in die Neufassung des Art. 79 übernommen. Ergänzt werden diese Regelungen durch den Beschluss Nr. EX-13-2 des Präsidenten des Amtes (jetzt: Exekutivdirektor) vom 26.11.2013 betreffend die elektronische Übermittlung an und durch das Amt („Grundsatzbeschluss zur elektronischen Übermittlung") geändert durch den Beschluss Nr. EX-15-1 des vom 29.1.2015 und die „Bedingungen für die elektronische Übermittlung an und durch das Amt im Nutzbereich (USER AREA)".

Übersicht

	Rn.		Rn.
A. Versendung von Schriftstücken durch das Amt	1	VIII. Zustellungsmängel und Beweislastverteilung	39
I. Grundsätze	1	1. Grundsatz	39
1. Begriff und Arten der Zustellung	1	2. Falscher Empfänger	44
2. Form des zugestellten Schriftstückes	5	3. Falsche Art und Weise der Zustellung	47
3. Zustellungsempfänger	6	IX. Zustellung und Fristbeginn	52
II. Zustellung per Fernkopierer	9		
III. Elektronische Zustellung	13	**B. Übermittlungen ans Amt**	55
IV. Zustellung durch die Post	21	I. Grundsatz	55
1. Grundsatz	21	II. Übermittlung von Originalschriftstücken	59
2. Zustellung per Einschreiben mit Rückschein	24	1. Grundsatz	59
3. Zustellung per gewöhnlichem Brief	28	2. Eigenhändige Einreichung	64
V. Öffentliche Zustellung	32	3. Post	67
VI. Zustellung durch Hinterlegung im Abholfach beim Amt	37	III. Übermittlung per Fernkopierer	68
VII. Zustellung durch eigenhändige Übergabe	38	IV. Elektronische Übermittlung	76
		C. Reform	82

A. Versendung von Schriftstücken durch das Amt

I. Grundsätze

1. Begriff und Arten der Zustellung

Hinsichtlich der Kommunikation mit dem Amt, ist zwischen der Kommunikation an und **1** durch das Amt zu unterscheiden (vgl. EuG BeckRS 2006, 70645 Rn. 25 – FIRST DEFENSE AEROSOL PEPPER PROJECTOR). Art. 79 regelt die **Zustellung** von Schriftstücken des Amtes an die Beteiligten bzw. Dritte. Regel 79 ff. GMDV enthalten Vorschriften zur Übermittlung an das Amt (→ Rn. 55 ff.). Gemäß des seit dem 23.3.2016 neu hinzugekommen Abs. 5 kann die Kommission weitere Rechtsakte erlassen, in denen die Modalitäten für die Zustellung im Einzelnen festgelegt werden. Es bleibt abzuwarten inwiefern Regeln der GMDV zur Zustellung zukünftig modifiziert werden.

Zustellung iSd Art. 79 meint keine förmliche Zustellung sondern die Übermittlung eines **2** Schriftstücks an den Empfänger. Zustellung bedeutet, dass das Schriftstück **in die Sphäre des Empfängers gelangt,** unabhängig davon, ob er das Schriftstück tatsächlich zur Kenntnis nimmt (EUIPO-Richtlinien, Teil A, Allgemeine Regeln, Abschnitt 1, 3.2; EuG v. 22.1.2015 – T-488/13 Rn 19 ff. – engineering for a better world).

Regel 61 Abs. 2 GMDV sieht folgende **Arten der Zustellung** vor: **3**

- Post (→ Rn. 21 ff.);
- eigenhändige Übergabe (→ Rn. 38);
- Hinterlegung im Abholfach beim Amt (→ Rn. 37);
- Fernkopierer (→ Rn. 9 ff.);
- andere technische Kommunikation (User Area) (→ Rn. 13 ff.);
- öffentliche Zustellung (→ Rn. 32 ff.).

4   Falls der Empfänger seine Faxnummer oder andere Kommunikationsmittel angegeben hat, kann das Amt nach Regel 61 Abs. 3 GMDV die Zustellungsart wählen. Die originäre Entscheidung über den Kommunikationsweg liegt damit beim Nutzer. Hat sich der Nutzer allerdings für die Option entschieden, dass das Amt mit ihm elektronisch kommuniziert, erfolgen alle elektronisch verfügbaren offiziellen Mitteilungen des Amtes an den Nutzer grundsätzlich über die elektronische Plattform (Art. 4 Beschluss Nr. EX-15-1 des Präsidenten des Amtes vom 29.1.2015; jetzt: Exekutivdirektor). Der Nutzer kann sich jederzeit umentscheiden und ausdrücklich einen anderen Kommunikationsweg wählen. Die tatsächlich **häufigste Art der Zustellung** durch das Amt ist nach wie vor der **Fernkopierer** (EUIPO-Richtlinien, Teil A, Allgemeine Regeln, Abschnitt 1, 3.2). Die elektronische Zustellung spielt eine zunehmende Rolle (→ Rn. 13 ff.).

2. Form des zugestellten Schriftstückes

5   Nach Regel 61 Abs. 1 GMDV kann entweder das **Originalschriftstück**, eine unbeglaubigte **Abschrift** dieses Schriftstücks oder ein **Computerausdruck** zugestellt werden. Nach Regel 55 Abs. 1 GMDV (nach der Reform Art. 75 Abs. 2) muss das Dokument die zuständige Dienststelle und den Namen des Bediensteten erkennen lassen. Die Dokumente sind grundsätzlich von den Bediensteten zu **unterzeichnen** oder stattdessen mit einem **vorgedruckten oder aufgestempelten Dienstsiegel** des Amtes zu versehen (→ Rn. 20). **Ausnahmen** gelten bei einer Übermittlung per **Fernkopierer oder elektronischer Zustellung**. Es genügt nach Art. 1 des Beschlusses Nr. EX-97-1 des Präsidenten des Amtes (jetzt: Exekutivdirektor) und nach Art. 8 der Beschlüsse Nr. EX-13-2 und Nr. EX-15-1 des Präsidenten des Amtes (jetzt: Exekutivdirektor), dass der Fernkopierer bzw. die elektronische Mitteilung die Dienststelle und den Namen des Bediensteten nennt (→ Rn. 11; → Rn. 20; detailliert → Rn. 20.1).

3. Zustellungsempfänger

6   Falls ein Vertreter bestellt wurde, hat die Zustellung nach Regel 67 Abs. 1 GMDV an den Vertreter zu erfolgen. Eine wirksame Zustellung an den Beteiligten direkt ist mit Bestellung eines Vertreters grundsätzlich nicht (mehr) möglich (EuG BeckRS 2012, 81461 Rn. 29 – 100% Capri; → Rn. 44 ff.).

7   Handelt es sich allerdings um einen **Angestelltenvertreter,** so ist grundsätzlich weiterhin an den Verfahrensbeteiligten selbst zuzustellen. Falls der Verfahrensbeteiligte nach Art. 92 Abs. 3 allerdings durch einen Angestellten einer anderen Gesellschaft vertreten wird, mit der er wirtschaftlich verbunden ist, so hat die Zustellung an den Angestellten zu erfolgen (HABM BK v. 28.5.2010 – R 540/2010-4 Rn. 11 – IONTEC).

8   Sind **mehrere Vertreter** für einen Beteiligten bestellt worden, so genügt nach Regel 67 Abs. 2 GMDV die Zustellung an einen von ihnen, sofern eine bestimmte Zustellanschrift angegeben wurde (HABM BK v. 23.10.2006 – R 521/2006-4 Rn. 13 – GREEN PLUS). Haben **mehrere Beteiligte einen gemeinsamen Vertreter** bestellt, so genügt eine Zustellung an den gemeinsamen Vertreter (Regel 67 Abs. 3 GMDV).

II. Zustellung per Fernkopierer

9   Falls die Beteiligten eine Faxnummer im Verfahren angegeben haben (zB auf dem Anmelde-, Widerspruchs- oder Beschwerdeformular) stellt das Amt grundsätzlich alle Schriftstücke einschließlich Entscheidungen per Fernkopierer an die von dem Beteiligten angegebene Nummer zu (EUIPO-Richtlinien, Teil A, Allgemeine Regeln, Abschnitt 1, 3.2.1). Es ist an der Partei das Amt unverzüglich über eine Änderung der Nummer in Kenntnis zu setzen.

Nach Regel 65 Abs. 1 S. 2 GMDV gilt eine Mitteilung an dem Tag zugestellt, an dem **10** sie auf dem Fernkopierer des Empfängers eingetroffen ist.

Nach Regel 55 Abs. 2 GMDV iVm Art. 1 des Beschlusses Nr. EX-97-1 des Präsidenten **11** des Amtes (jetzt: Exekutivdirektor) vom 1.4.1997 zur Bestimmung der Form von Entscheidungen, Mitteilungen und Bescheiden des Amtes müssen Entscheidungen und Mitteilungen, die **per Fernkopierer** übermittelt werden, **nicht unterzeichnet sein**. Die Angabe des vollständigen Namens des oder der Bediensteten reicht aus. Die Regelung wird zukünftig in Art. 75 Abs. 2 nach der Reform übernommen (→ Rn. 20.1).

Art. 1 des Beschlusses Nr. EX-97-1 des Präsidenten des Amtes (jetzt: Exekutivdirektor) **11.1**
Werden Entscheidungen, Mitteilungen oder Bescheide des Amtes durch Telekopierer übermittelt, so reicht es zur Identifizierung der zuständigen Stelle oder Abteilung des Amtes und des oder der zuständigen Bediensteten aus, wenn die Bezeichnung der Stelle oder Abteilung im Kopfbogen des Schreibens angegeben ist und am Schluss der Entscheidung oder Mitteilung oder des Bescheides der vollständige Name des oder der zuständigen Bediensteten angegeben ist. Der Angabe des Namens des oder der zuständigen Bediensteten kann eine Faksimilewiedergabe der Unterschrift hinzugefügt werden.

Das Amt speichert den Faxreport, um den Übermittlungszeitpunkt und den übermittelten **12** Inhalt im Zweifel nachweisen zu können (vgl. HABM BK v. 14.11.2012 − R 1492/2012-1 Rn. 14 − J&JOY/joy SPORTSWEAR et al.). Weist das Amt den Zugang durch einen Faxreport nach, muss der Empfänger darlegen und ggf. beweisen weshalb er das Schriftstück trotz des Faxberichtes nicht erhalten hat (EuG v. 9.9.2015 − T-666/14 Rn. 22 − GREEN BEANS; 5.5.2015 − T-715/13 Rn. 64 f. − Castello; v. 22.1.2015 − T-488/13 Rn. 21 − engineering for a better world; GRUR Int 2005, 680 Rn. 82 ff. − PAN & CO; HABM BK v. 14.11.2012 − R 1492/2012-1 Rn. 15 f. − J&JOY/joy SPORTSWEAR et al.).

III. Elektronische Zustellung

Nach Regel 61 Abs. 2 Buchst. d GMDV ist eine Zustellung über technische Kommunikationsmittel möglich. Diese Art der Zustellung ist nach Regel 65 Abs. 2 GMDV durch die Beschlüsse Nr. EX-13-2 und Nr. EX-15-1 des Präsidenten des Amtes (jetzt: Exekutivdirektor) vom 29.1.2015 betreffend die elektronische Übermittlung an und durch das Amt (Grundsatzbeschluss zur elektronischen Übermittlung) näher ausgestaltet. Im Zuge der Reform stellt Art. 79 Abs. 3 klar, dass eine Zustellung auf elektronischem Wege erfolgen kann und dass die Einzelheiten in einem Beschluss des Exekutivdirektors geregelt werden. **13**

Nach Art. 2 Grundsatzbeschluss können sich alle natürlichen oder juristischen Personen **14** als Nutzer oder Interessenvertreter für ein elektronisches „Konto" registrieren. Das Amt stellt eine elektronische Kommunikationsplattform zur Verfügung, mit der die Nutzer alle ihnen vom Amt übermittelten elektronisch verfügbaren Schriftstücke und Bescheide empfangen, einsehen, ausdrucken und speichern und auf solche Bescheide antworten, Anträge stellen und andere Schriftstücke einreichen können (→ Rn. 76 ff.). Diese elektronische Plattform wird als Nutzerbereich („User Area") bezeichnet (Art. 3 Abs. 1 Grundsatzbeschluss). Der Nutzerbereich ist eine elektronische Plattform, die ausschließlich über ein persönliches Konto (oder Unterkonto) zugänglich ist und identifizierten Nutzern den individualisierten Zugang zu nutzerbezogenen Informationen und Online-Tools ermöglicht. Der Antrag auf Eröffnung eines Kontos erfolgt online. Sobald der Antrag vom EUIPO validiert worden ist, kann der Nutzer wählen, über welchen Übermittlungsweg er seine Nutzerkennung und sein persönliches Passwort erhalten möchte.

Der Nutzer oder Interessenvertreter ist für die ordnungsgemäße Nutzung und Wahrung **15** der Vertraulichkeit bezüglich seines Kontos, Passworts und gegebenenfalls seiner Unterkonten verantwortlich, unabhängig davon, wer das Konto oder die Unterkonten im Namen des Nutzers oder Interessenvertreters benutzt. Das Passwort ist alle sechs Monate zu ändern. Nutzer/Interessenvertreter können jederzeit die Deaktivierung ihres Nutzer − bzw. Interessenvertreterkontos beantragen.

Der Nutzerbereich bietet unter anderem die Möglichkeit des elektronischen Empfangs **16** aller Mitteilungen des Amtes in einem elektronischen Postfach.

Der Nutzerbereich bietet den Nutzern folgende Möglichkeiten (Bedingungen für die elektronische **16.1** Übermittlung an und durch das Amt im Nutzerbereich (USER AREA) gemäß Grundsatzbeschluss):

Söder

UMV Art. 79 Titel IX Verfahrensvorschriften

- Einsicht in ein Verzeichnis aller früheren und derzeitigen Akten, die sie beim Amt eingerichtet haben;
- Empfangen, Einsehen, Herunterladen, Drucken und Speichern aller elektronisch erstellten Dokumente und Zustellungen, die ihnen vom Amt übermittelt wurden;
- Hochladen, Anzeigen, Drucken und Speichern aller elektronischen Dokumente und Zustellungen, die sie an das Amt übermittelt haben;
- Ausführen verschiedener elektronischer Vorgänge im Zusammenhang mit Unionsmarken und Unionsgeschmacksmustern: Einreichungen, Verfahrensschritte, Verlängerungen usw. auf elektronischem Wege;
- Verwaltung aller ihrer personenbezogenen Daten (Anschrift, Rufnummer usw.);
- Verwaltung eines personalisierten Benachrichtigungssystems (Alerts);
- Verwaltung ihrer laufenden Finanzkonten beim EUIPO.

17   Bei der Einrichtung des Nutzerbereichs ist **Vorsicht geboten.** Entscheidet sich der Nutzer für diese Möglichkeit, übermittelt das Amt alle Bescheide über diese elektronische Plattform, sofern dies aus technischen Gründen nicht unmöglich ist (Art. 4 Abs. 1 Grundsatzbeschluss; vgl. HABM BK v. 17.1.2011 – R 956/2010-4 Rn. 14 – DURAMAXX/DURAMAX). Der Nutzer muss also damit rechnen, dass alle Zustellungen elektronisch erfolgen und sein elektronisches Postfach regelmäßig überprüfen.

18   Der Benutzer kann zwar beantragen, per **E-Mail oder SMS** informiert zu werden, sobald eine Mitteilung an sein Postfach zugestellt wurde. Die E-Mail oder SMS sind aber keine Zustellung (Art. 4 Abs. 2 Grundsatzbeschluss). Der Empfänger darf sich nicht darauf verlassen, dass er per E-Mail oder SMS über die elektronische Zustellung rechtzeitig informiert wird (HABM BK v. 19.4.2011 – R 881/2010-2 Rn. 27 ff. – Sundancer/Dancer (FIG. MARK) et al.). Er muss daher regelmäßig überprüfen, ob Entscheidungen oder andere Dokumente zugestellt wurden.

19   Das Datum, an dem das Schriftstück in das elektronische Postfach des Nutzers gelegt wird, wird vom Amt aufgezeichnet und im Nutzerbereich erwähnt (Art. 4 Abs. 3 Grundsatzbeschluss). Die Zustellung gilt **fünf Kalendertage** nach dem Tag erfolgt, an dem das Dokument von den Systemen des Amtes **generiert** wurde, unabhängig davon, ob und wann der Empfänger den Inhalt der Mitteilung tatsächlich zur Kenntnis nimmt (Art. 4 Abs. 4 Grundsatzbeschluss; HABM BK v. 4.6.2012 – R 575/2012-4 Rn. 12 – DELAY; v. 21.4.2011 – R 766/2010-4 Rn. 10 – ORNILUX/UNILUX). Der **Vorteil bei einer Zustellung über das elektronische Postfach** gegenüber der Zustellung per Fernkopierer liegt darin, dass das Schriftstück in der Regel bereits am Tag der Generierung des Dokumentes zugestellt wird, das Dokument aber **erst fünf Tage später als zugestellt gilt.** Wird in dem zugestellten Dokument eine Frist gesetzt, die ab Zustellung berechnet wird, gewinnt der Nutzer also im Vergleich zum Fernkopierer, das Fax gilt am selben Tag als zugestellt → Rn. 10, fünf weitere Tage.

20   Art. 8 des Grundsatzbeschlusses regelt, dass Entscheidungen, Mitteilungen oder Bescheide, die über die elektronischen Systeme des Amtes übermittelt werden, nicht zu unterzeichnen sind. Die Hauptabteilung oder die Dienststelle und ggf. der/die verantwortliche(n) Bedienstete(n) werden durch Einfügen der Bezeichnung des Amtes, seines Logos, des Namens der Hauptabteilung oder der Dienstelle und ggf. des Namens des/der Bediensteten festgestellt. Die Regelung entspricht Regel 55 Abs. 1 GMDV.

20.1   Vor Inkrafttreten der Änderungen des Grundsatzbeschlusses fehlte es an einer Regelung, so dass die Beschwerdekammer den Beschluss des Präsidenten (jetzt: Exekutivdirektor) hinsichtlich Faxmitteilungen in einem Fall analog angewendet hatte (HABM BK v. 10.7.2009 – R 643/2009-4 Rn. 7 – RE SALE). Für eine analoge Anwendung fehlte es aber an einer Gesetzeslücke. Es findet Regel 55 Abs. 1 GMDV Anwendung, nach der alle Entscheidungen, Mitteilungen oder Bescheide des Amtes von den Bediensteten zu unterzeichnen **oder stattdessen mit einem vorgedruckten oder aufgestempelten Dienstsiegel des Amtes zu versehen sind.** In aller Regel sind Dokumente des Amtes auf der ersten Seite oben links mit einem Logo des Amtes versehen. Das Amt hat bereits hinsichtlich nicht unterzeichneter Dokumente, die per Post zugestellt wurden, entschieden, dass das **Logo auf der Anfangsseite** den Anforderungen nach **Regel 55 Abs. 1 GMDV entspricht** (vgl. HABM BK v. 12.1.2009 – R 668/2008-2 Rn. 22 – LUMINEERS/LUMIN (FIG. MARK); v. 13.9.2006 – R 520/2006-2 – tagger (FIG. MARK)). Dies ist nunmehr durch den Beschluss des Präsidenten (jetzt: Exekutivdirektor) auf elektronische Mitteilungen übertragen worden.

IV. Zustellung durch die Post

1. Grundsatz

Das Amt entscheidet sich in der Regel nur dann für eine Postzustellung, falls eine Zustellung per Fernkopierer nicht möglich ist (keine Faxnummer angegeben; zu umfangreich; farbliche Darstellung ist entscheidend) und der Empfänger kein Benutzer des elektronischen Systems des Amtes ist (→ Rn. 4).

Obwohl Regel 62 Abs. 1 GMDV vorschreibt, dass Entscheidungen, durch die eine Beschwerdefrist in Lauf gesetzt wird, Ladungen und andere vom Präsidenten des Amtes (jetzt: Exekutivdirektor) bestimmte Schriftstücke durch eingeschriebenen Brief mit Rückschein zugestellt werden, ist das Amt hierzu nicht verpflichtet (EuG GRUR Int 2005, 680 Rn. 60 – PAN & CO). Es kann also selbst **Entscheidungen,** die eine Frist in Gang setzen, zB **per Fernkopierer zustellen,** solange die weiteren Voraussetzungen (Zustimmung der Parteien) vorliegen (vgl. EuG GRUR Int 2005, 680 Rn. 61 – PAN & CO; HABM BK v. 7.1.2008 – R 0192/2006-1 Rn. 18 – BSS-Ophtal/BSS et al.).

Mitteilungen, die keine Frist in Gang setzen, erfolgen nach Regel 62 Abs. 1 GMDV durch gewöhnlichen Brief. Auch insofern gilt aber, dass das Amt sich nur für eine Zustellung per Post entscheidet, falls die Partei keine Faxnummer angegeben hat und über kein Online Konto beim Amt verfügt.

2. Zustellung per Einschreiben mit Rückschein

Haben die Parteien keine Faxnummer angegeben und auch sonst keiner elektronischen Zustellung zugestimmt (→ Rn. 4; → Rn. 9) oder entscheidet sich das Amt für eine Zustellung per Post aus anderen Gründen und handelt es sich bei dem Dokument um eine **Entscheidung, durch die eine Beschwerdefrist in Gang gesetzt wird,** so ist diese grundsätzlich nach Regel 62 Abs. 1 S. 1 GMDV per **eingeschriebenen Brief mit Rückschein** zuzustellen. Hat der Empfänger allerdings **keinen (Wohn-)Sitz in der Union,** so wird die Entscheidung nach Abs. 2 als gewöhnlicher Brief zugestellt.

Nach Regel 62 Abs. 2 GMDV gilt ein eingeschriebener Brief mit oder ohne Rückschein mit dem **zehnten Tag** nach der Aufgabe zur Post als zugestellt, **es sei denn,** dass das zuzustellende Schriftstück nicht oder an einem späteren Tag eingegangen ist. Im Zweifel hat das **Amt** den Zugang des Schriftstücks und ggf. den Tag des Zugangs **nachzuweisen.** Nach Abs. 4 gilt die Zustellung durch eingeschriebenen Brief mit oder ohne Rückschein auch dann als bewirkt, falls der Empfänger die Annahme des Briefes verweigert.

Eine Zustellung via **Kurier** gilt nach der Rechtsprechung nicht als eingeschriebener Brief mit Rückschein (EuGH BeckEuRS 2009, 492950 Rn. 30 f. – PINE TREE; BeckRS 2008, 71023 Rn. 22 – K-Swiss).

Werden die Zustellungsvorschriften nicht eingehalten, zB falls der Brief per Kurier versendet wurde, gilt die Zustellungsvermutung nicht. In diesem Fall hat das Amt nachzuweisen, wann das Schreiben tatsächlich beim Empfänger einging. Hat der Empfänger es vorher erhalten, gilt das tatsächliche Datum. Der Empfänger ist folglich bei der Versendung per Kurier schlechter gestellt (vgl. EuGH BeckRS 2008, 71023 Rn. 25 – K-Swiss).

3. Zustellung per gewöhnlichem Brief

Alle Dokumente, die keine Beschwerdefrist in Gang setzen, und alle Dokumente (einschließlich Entscheidungen), die nicht an einen Empfänger in der EU gerichtet sind, werden grundsätzlich als gewöhnlicher Brief zugestellt, es sei denn die Parteien haben einer elektronischen Zustellung bzw. einer Zustellung via Fernkopierer zugestimmt (→ Rn. 4; → Rn. 9). Eine Mitteilung durch **gewöhnlichen Brief** gilt nach Regel 62 Abs. 5 GMDV **zehn Tage nach Aufgabe zur Post** als zugestellt.

Da bei einem gewöhnlichen Brief in der Regel nicht feststellbar ist, ob er tatsächlich zuging, hat das EuG kürzlich festgestellt, dass es auch bei Mitteilungen des Amtes geboten sein kann, diese per Einschreiben mit Rückschein zuzustellen. So ist beispielsweise die Weiterleitung einer Widerspruchsbegründung an den Anmelder keine Ladung und setzt keine Beschwerdefrist in Gang. Sie hat aber eine besondere Bedeutung für die Ausübung der

Verteidigungsrechte des Anmelders. Diese Bedeutung rechtfertigt es, dass die Versendung eines solchen Schriftstücks nach Modalitäten erfolgt, **mit denen man sich seines Empfangs vergewissern kann** (EuG T-191/11, BeckRS 2012, 82275 Rn. 25 – Miura).

30 Versendet das Amt eine (wichtige) Mitteilung trotz der möglichen Schwierigkeiten hinsichtlich des Zugangsnachweises durch **gewöhnlichen Brief,** sieht die GMDV keine genaue **Beweislastverteilung** vor. Nach den Richtlinien des Amtes obliegt es zwar dem Empfänger nachzuweisen, dass er den Brief entgegen dieser Vermutung nicht oder später erhalten hat (Teil A Abschnitt 2, 1.3.2.2; EuG T-191/11, BeckRS 2012, 82275 Rn. 29 ff. – Miura). Allerdings sind die Anforderungen an das **Beweismaß** nach dem EuG **nicht zu hoch** anzusetzen. Andernfalls wäre es für den Adressaten unmöglich, die negative Tatsache des Nichtzugangs nachzuweisen. Dies hätte zur Folge, dass dem Empfänger das Versendungsrisiko aufgebürdet wird, obwohl das Amt die unsichere Zustellung durch gewöhnlichen Brief gewählt hat (EuG T-191/11, BeckRS 2012, 82275 Rn. 33 – Miura). Das **Vorliegen von Indizien,** die einen vernünftigen Zweifel am Empfang der fraglichen Sendung durch den Empfänger aufkommen lassen, **genügt,** für den Nachweis im Sinne der Richtlinien (EuG T-191/11, BeckRS 2012, 82275 Rn. 34 – Miura). So ergibt sich die fehlende Zustellung einer Widerspruchsbegründung bereits aus der Tatsache, dass der Anmelder in der Widerspruchsbegründung keine Stellung zu den Argumenten des Widersprechenden nimmt (EuG T-191/11, BeckRS 2012, 82275 Rn. 37 ff. – Miura). Im Zweifel ist der Brief als nicht zugestellt zu behandeln (HABM BK v. 12.1.2009 – R 668/2008-2 Rn. 25 ff. – LUMINEERS/LUMIN; v. 13.9.2006 – R 520/2006-2 Rn. 19 – tagger). Im Ergebnis muss der Empfänger einen Nichtzugang damit plausibel darlegen. Es wird im Einzelfall anhand des Vortrags des Empfängers, der Aktenlage und des Vortrags des Amtes gewürdigt, ob eine erfolgte Zustellung plausibel erscheint (vgl. EuG v. 5.5.2015 – T-715/13 Rn. 64 f – Castello).

31 Wurde einem Verfahrensbeteiligten in einem inter-partes Verfahren ein Schreiben der Gegenseite oder in einem Ex-parte Verfahren eine Beanstandung des Prüfers **nicht zugestellt,** so kann der **Anspruch auf rechtliches Gehör** nach Art. 75 S. 2 verletzt sein (HABM BK v. 12.1.2009 – R 668/2008-2 Rn. 27 – LUMINEERS/LUMIN; v. 13.9.2006 – R 520/2006-2 Rn. 19 – tagger). Wurde der Fehler in der ersten Instanz begangen, wird die Beschwerdekammer die angefochtene Entscheidung regelmäßig aufheben und den Fall an die erste Instanz zurückverweisen (HABM BK v. 12.1.2009 – R 668/2008-2 – LUMINEERS/LUMIN).

V. Öffentliche Zustellung

32 Eine öffentliche Zustellung kann vom Amt gewählt werden, falls die Anschrift des Empfängers nicht feststellbar ist oder sich eine Zustellung per Post nach wenigstens einem Versuch des Amtes als unmöglich erwiesen hat (Regel 66 Abs. 1 GMDV).

33 Gemäß Regel 66 Abs. 2 GMDV ist die öffentliche Zustellung durch den Beschluss Nr. EX-05-6 des Präsidenten des Amtes (jetzt: Exekutivdirektor) vom 27.7.2005 betreffend die öffentliche Zustellung ausgestaltet. Hiernach erfolgt die öffentliche Zustellung auf der **Webseite des Amtes.**

34 Die Bekanntmachung wird in der Sprache des Verfahrens öffentlich gemacht, auf das sich die Bekanntmachung bezieht (Art. 4 Beschluss Nr. EX-05-6).

35 Das Dokument gilt **einen Monat** nach der Veröffentlichung auf der Website als zugestellt (Art. 3 Beschluss Nr. EX-05-6).

36 Mit Wirkung zum 1.10.2017 wird in Art. 79 Abs. 4 klargestellt, dass der Exekutivdirektor die Art der öffentlichen Bekanntmachung und den Beginn der einmonatigen Frist festlegt, nach deren Ablauf die Dokumente als zugestellt gelten.

VI. Zustellung durch Hinterlegung im Abholfach beim Amt

37 Von einer Zustellung durch Hinterlegung im Abholfach beim Amt wird, von den ortsansässigen Vertretern abgesehen, grundsätzlich kein Gebrauch gemacht. Hat ein Empfänger ein Abholfach beim Amt eingerichtet kann die Zustellung theoretisch durch Hinterlegung im Abholfach erfolgen (Regel 64 GMDV). Über die Hinterlegung ist eine schriftliche Mitteilung zu den Akten zu geben. Auf dem Schriftstück ist zu vermerken, an welchem Tag es

hinterlegt worden ist. Die Zustellung gilt am **fünften Tag nach Hinterlegung im Abholfach** als bewirkt.

VII. Zustellung durch eigenhändige Übergabe

Nach Regel 63 GMDV kann eine Zustellung in den Dienstgebäuden des Amtes durch 38 eigenhändige Übergabe des Schriftstücks an den Empfänger bewirkt werden, der den Empfang zu bescheinigen hat. Von dieser Art der Zustellung wird regelmäßig kein Gebrauch gemacht.

VIII. Zustellungsmängel und Beweislastverteilung

1. Grundsatz

Zustellungsmängel sind in verschiedener Hinsicht denkbar. Ein Schriftstück kann zB an 39 den falschen Empfänger oder die falsche Adresse gesendet worden sein; es kann eine falsche Art der Zustellung gewählt worden oder das Dokument überhaupt nicht angekommen sein.

Der **Nachweis** für eine ordnungsgemäße Zustellung obliegt nach Regel 68 GMDV 40 grundsätzlich dem **Amt** (s. auch Regel 62 Abs. 3 GMDV für den eingeschriebenen Brief).

Befolgt das Amt das vorgesehene Zustellungsverfahren wird eine Zustellung allerdings nach 41 der Praxis des Amtes **grundsätzlich vermutet**. Es ist an dem Empfänger nachzuweisen, dass er das Schriftstück überhaupt nicht oder erst zu einem späteren Zeitpunkt erhalten hat (EUIPO-Richtlinien, Teil A, Allgemeine Regeln, Abschnitt 1, 3.2).

Wurde das ordnungsgemäße Zustellungsverfahren nicht befolgt, wird das Schriftstück dennoch als zugestellt betrachtet, falls das Amt nachweisen kann, dass der Empfänger das Schriftstück tatsächlich erhalten hat (EUIPO-Richtlinien, Teil A, Allgemeine Regeln, Abschnitt 1, 3.2). Das Schriftstück **gilt an dem Tag zugestellt, den das Amt als Tag des Zugangs nachweist**.

Zu den Beweislastregeln für Zustellungsmängel bei der Versendung von Dokumenten per 43 Post und per Fernkopierer → Rn. 12, → Rn. 26 und → Rn. 30.

2. Falscher Empfänger

Das Amt hat die Schriftstücke dem richtigen Empfänger zuzustellen (→ Rn. 6 ff.). 44

Bei einer Zustellung an den falschen Empfänger kann ein wesentlichen Verfahrensfehler 45 vorliegen, der **regelmäßig zu einer Verletzung des Anspruchs auf rechtliches Gehör** führt (→ Art. 75 Rn. 57 ff.; → Art. 75 Rn. 61 ff.; EuG BeckRS 2012, 81461 Rn. 33 f. – 100% Capri).

Nimmt der Beteiligte eine Handlung aufgrund einer Zustellung an den falschen Empfänger außerhalb der vom Amt gesetzten Frist vor, so ist zu prüfen, ob die Frist mangels ordnungsgemäßer Zustellung überhaupt in Gang gesetzt wurde. Ist die Frist in Gang gesetzt worden und wurde die erforderliche Handlung (zB eine Verlängerung der Marke) aufgrund des **Zustellungsmangels** verspätet vorgenommen, so ist grundsätzlich eine **Wiedereinsetzung nach Art. 81** zu gewähren (vgl. EuG BeckRS 2012, 80784 Rn. 47 ff. – BrainLAB).

3. Falsche Art und Weise der Zustellung

In den meisten Konstellationen greift die Wahl einer falschen Zustellungsform durch das 47 Amt im Ergebnis nicht durch, da ein solcher Mangel nach Regel 68 GMDV jedenfalls dann geheilt ist, falls feststeht, dass der Beteiligte das Dokument durch anderweitige Übermittlung erhalten hat.

Beteiligte machen bisweilen in Verfahren geltend, dass die Beschwerdefrist nicht in Gang 48 gesetzt worden sei, da ihnen die erstinstanzliche Entscheidung nicht per eingeschriebenen Brief sondern per Fernkopierer zugestellt wurde. Unabhängig davon, dass das Amt wählen kann, ob es eine Entscheidung per Fernkopierer zustellt, solange eine Faxnummer angegeben wurde (→ Rn. 9), ist im Ergebnis irrelevant, ob eine Zustellung per Fernkopierer zulässig war, falls feststeht, dass der Adressat die Entscheidung erhalten hat. Die Entscheidung ist nach Regel 68 GMDV jedenfalls mit Zugang des Faxes zugestellt (EuG T-380/02 und T-128/03, GRUR Int 2005, 680 Rn. 62 – PAN & CO).

UMV Art. 79   Titel IX Verfahrensvorschriften

49   Gleiches gilt, falls das Amt eine Entscheidung statt per Einschreiben mit Rückschein per Kurier zustellt (→ Rn. 25). Die fehlerhafte Zustellung ist irrelevant, falls fest steht, dass das Schreiben den Empfänger zumindest anderweitig erreicht hat (EuGH T-28/09, BeckEuRS 2009, 492950 Rn. 32 f. – PINE TREE; C-144/07, BeckRS 2008, 71023 Rn. 22 ff. – K-Swiss).

50   Ein Zustellungsmangel **greift aber** dann **durch**, falls dem Beteiligten ein Dokument via **elektronischem Benutzerkonto** zugestellt wurde, obwohl er einer solchen Zustellung **nicht** vorab **zugestimmt** hat (→ Rn. 16 ff.) und falls nicht nachgewiesen ist, dass der Beteiligte von der Entscheidung tatsächlich über sein Benutzerkonto oder durch anderweitige gezielte Zustellung erfahren hat.

51   Regel 68 GMDV setzt allerdings eine als Zustellung beabsichtigte **gezielte Übermittlung** eines Schriftstücks voraus. Eine Kenntnisnahme der Beteiligten durch eigene Suche in der elektronischen Akte auf der Amtsseite fällt nicht unter Regel 68 GMDV (HABM BK v. 4.5.2010 – R 372/2010-4 Rn. 18 – FERI EuroORATING SERVICES II). In diesem Fall ist die Zustellung zu wiederholen.

IX. Zustellung und Fristbeginn

52   Der Zeitpunkt der Zustellung einer erstinstanzlichen Entscheidung ist relevant für die Feststellung des Beginns der Beschwerdefrist. Nach Art. 60 ist die Beschwerde innerhalb von zwei Monaten nach Zustellung der Entscheidung schriftlich beim Amt einzulegen und innerhalb von vier Monaten nach Zustellung der Entscheidung schriftlich zu begründen. Diese Fristen sind Ausschlussfristen, die nicht verlängert werden können (EuGH C-53/11 P, BeckRS 2012, 80092 Rn. 52 f. – R10; → Art. 76 Rn. 104).

53   Fehlt es an einer wirksamen Zustellung, so beginnt grundsätzlich auch keine Beschwerdefrist zu laufen. Allerdings kann eine Entscheidung, die nicht wirksam zugestellt wurde, die der Verfahrensbeteiligte aber tatsächlich erhalten hat, zur Klarstellung mit der Beschwerde angegriffen und aufgrund fehlender Zustellung explizit aufgehoben werden (HABM BK v. 14.12.2009 – R 1269/2009-4 Rn. 25 – GOLDSMITH GROUP). Regel 68 GMDV (→ Rn. 47 ff.) ist auf diesen Fall nicht anwendbar. In der Regel wird das Amt die Beschwerdegebühr aufgrund Vorliegens eines Verfahrensfehlers zurückerstatten (HABM BK v. 14.12.2009 – R 1269/2009-4 Rn. 31 ff. – GOLDSMITH GROUP).

54   Die Berechnung von Fristen ist in → Art. 79c Rn. 1 geregelt (EUIPO-Richtlinien, Teil A Allgemeine Regeln, Abschnitt 1, 4.1.2, S. 9).

B. Übermittlungen ans Amt

I. Grundsatz

55   Die Übermittlung an das Amt ist mit Wirkung zum 1.10.2017 in Art. 79b niedergelegt, der hervorhebt dass eine Übermittlung an das Amt insbesondere auf elektronischem Wege (→ Rn. 68 ff. und (→ Rn. 76 ff.) möglich ist.

56   Die Beteiligten können Schriftstücke insbesondere wie folgt an das Amt übermitteln (Regel 79 GMDV):
- per Fernkopierer (→ Rn. 68 ff.),
- über das Nutzerkonto (→ Rn. 76 ff.),
- per Post (→ Rn. 67),
- per Kurier (→ Rn. 67) oder
- persönlich (→ Rn. 64 ff.).

57   Die Seiten des zu übermittelten Schriftstückes und die Anlagen sollten **durchnummeriert** sein. Dies vereinfacht eine spätere Durchsicht und lässt direkt erkennen, ob Seiten bei der Übermittlung abhandengekommen sind.

58   Alle eingehenden Dokumente werden einer elektronischen Akte zugeordnet. Es sollte daher das **jeweilige Aktenzeichen** des Amtes auf der ersten Seite **hervorgehoben** werden (Pohlmann, Verfahrensrecht der Gemeinschaftsmarke, 2012, Kap. 1 § 1 Rn. 34). Per Post oder eigenhändig eingereichte Unterlagen werden vom Amt eingescannt. Zur Erleichtern des Scannens sollten **lose Blätter** eingereicht werden. Für das Widerspruchsverfahren ist

dies in der Mitteilung Nr. 5/07 vom Präsidenten des Amtes (jetzt: Exekutivdirektor) vom 12.9.2007 ausdrücklich erwähnt.

II. Übermittlung von Originalschriftstücken

1. Grundsatz

Originalschriftstücke können insbesondere per **Post, Kurier oder persönlich eingereicht** werden (Regel 79 Buchst. a GMDV). Der Beteiligte ist frei in der Wahl der Übermittlungsart (HABM BK v. 25.6.2012 – R 1928/2011-4 Rn. 21 – SUN PARK HOLIDAYS/ SUNPARKS). 59

Die Einreichung von Originalen ist zB erforderlich, falls die Farbe in den übermittelten Dokumenten eine Rolle spielt (→ Rn. 70 ff.) oder Materialien eingereicht werden, die nicht anderweitig übermittelt werden können (zB CDs; → Art. 78 Rn. 50 ff.). 60

Es ist darauf zu achten, das Schriftstück zu **unterzeichnen** (HABM BK v. 15.6.2011 – R 725/2011-4 Rn. 11 – SUNSTAR/SUN), es sei denn die Übermittlung erfolgt über das online Nutzerkonto (USER AREA) (→ Rn. 77). Die „Unterzeichnung" kann abschließend **am Ende des Textes** erfolgen **oder** quasi als Überschrift **am Anfang des Dokumentes,** sofern sich eindeutig ergibt, dass die Unterschrift auf dem Deckblatt die gesamten, nachfolgenden Ausführungen decken soll (EUIPO BK v. 1.4.2004 – R 437/2003-2 Rn. 16 – HAIRTRANSFERS). 61

In mehrseitigen Verfahren sind zudem nach Regel 79a GMDV so viele **Abschriften** des **Originalschriftstückes** einzureichen, wie es Beteiligte am Verfahren gibt. Im Widerspruch ist damit in der Regel eine Kopie der Originale einzureichen, die das Amt an die andere Partei weiterleitet. 62

Die **Originale** werden nach der Mitteilung Nr. 8/99 des Präsidenten des Amts (jetzt: Exekutivdirektor) vom 8.11.1999 über die Aufbewahrung der Akten zu Bestandteilen der Akten und werden daher **nicht zurückgesendet.** Ein entsprechender Antrag wird abgelehnt. 63

2. Eigenhändige Einreichung

Die Schriftstücke können **eigenhändig** beim Amt eingereicht werden. Die Geschäftsräume des Amtes sind, außer an den Tagen, an denen das Amt geschlossen ist, zur persönlichen Übergabe von Dokumenten von Montag bis Freitag von 8.30 bis 13.30 Uhr geöffnet. Von der Möglichkeit der persönlichen Einreichung wird vor allem von Vertretern Gebrauch gemacht, die in Alicante und Umgebung ansässig sind. 64

Bei einer eigenhändigen Einreichung sollte der Beteiligte neben dem **unterzeichneten Original** und ggf. der **Abschrift für andere Verfahrensbeteiligte** auch eine **weitere Kopie der ersten Seite** des Originals mitbringen, auf die das Amt einen Stempel mit dem Eingangsdatum setzt. Die gestempelte Kopie dient als Empfangsbestätigung. 65

Das Schriftstück gilt an dem Tag eingereicht, an dem es persönlich übergeben wurde. 66

3. Post

Der Beteiligte kann das Schriftstück auch per Post oder Kurier einreichen. Es ist **darauf zu achten,** dass das Schriftstück **rechtzeitig aufgegeben** wird (→ Art. 81 Rn. 56 ff.). Die **Anschrift** des Amtes lautet: Amt der Europäischen Union für geistiges Eigentum (EUIPO), Avenida de Europa, 4, 03008 Alicante, Spanien. 67

III. Übermittelung per Fernkopierer

Der Beteiligte kann Schriftstücke faxen. Die Faxnummer des Amtes lautet: +34 96 513 1344. Um einen sicheren und zeitnahen Zugang beim Sachbearbeiter zu gewährleisten, sollte **der Beteiligte** Schriftstücke an diese allgemeine Nummer senden. Sendet er Schriftstücke an eine andere Nummer des Amtes, so darf das Amt die Eingabe mangels einer ausdrücklichen Regelung **nicht** deshalb als unzulässig zurückweisen (EuG T-263/11, BeckRS 2013, 80243 Rn. 38 ff. – Achteckiger grüner Rahmen). Unter folgender Nummer wird telefonisch Auskunft erteilt, ob das Fax eingegangen ist: +34 965 138 850. 68

69 Wird ein Schriftstück an das Amt **per Fernkopierer** übermittelt, sollte der Übermittelnde darauf achten, dass das Dokument **unterschrieben** ist. Jede dem Amt durch Fernkopierer übermittelte Mitteilung gilt nach Regel 80 Abs. 3 GMDV als ordnungsgemäß unterzeichnet, falls die Wiedergabe der Unterschrift auf dem Ausdruck des Fernkopierers erscheint. Wird eine Mitteilung elektronisch durch Fernkopierer übermittelt, gilt die Namensangabe des Absenders als Unterschrift.

70 Es ist zu bedenken, dass ein Fernkopierer lediglich in schwarz/weiß übermittelt. Kommt es auf in dem übermittelten Dokument enthaltene **Farben** an (zB Anmeldung einer Bild- oder Farbmarke), kann der Versender das **unterzeichnete** Originalschriftstück innerhalb eines Monats nach Empfang des Faxes nachreichen (Regel 80 Abs. 1 GMDV).

71 Das Amt muss den Absender nach Regel 80 Abs. 2 GMDV mitteilen, falls
- das übermittelte Dokument **unvollständig** ist,
- **unleserlich** ist oder
- das Amt ernste Zweifel in Bezug auf die Richtigkeit der Übermittlung hat.

72 Das Amt muss den Absender in diesem Fall auffordern, das **Originalschriftstück** durch **Fernkopierer** nochmals zu übermitteln oder das **unterzeichnete Originalschriftstück** zB per Post, Kurier oder persönlich vorzulegen. Das Amt setzt dem Beteiligten hierzu eine Frist. Wird der Aufforderung nicht fristgemäß nachgekommen, so gilt die Mitteilung als **nicht eingegangen.**

73 Kommt das Amt seiner **Mitteilungspflicht nicht nach** und reicht der Beteiligte die erforderlichen Unterlagen folglich zu spät oder nicht ein, beruht dieser Mangel auf einem **offensichtlichen Verfahrensfehler** des Amtes. Das Amt hat dem Beteiligten entweder die Gelegenheit zu geben, das Dokument erneut einzureichen oder das verspätet eingereichte Dokument zu beachten (vgl. HABM BK v. 6.9.2012 – R 1455/2010-1 Rn. 36 ff. – usenext/ NEXT et al.; v. 24.5.2011 – R 2118/2010-1 Rn. 13 f. – CLEVER KITCHEN made in germany by ckm/intelligent kitchens; → Art. 76 Rn. 83).

74 Die nachgereichten Unterlagen müssen den bereits per Fernkopierer eingereichten Unterlagen entsprechen. Es dürfen **keine zusätzlichen Dokumente** eingereicht werden (EuG T-50/09, BeckRS 2011, 80251 Rn. 42 ff. – Dada & Co. Kids). Regel 80 Abs. 2 GMDV findet keine Anwendung, falls der Beteiligte nur seinen Schriftsatz fristgerecht einreicht, die Anlagen zu dem Schriftsatz aber separat per Post versendet. Die **Anlagen** sind **zusammen mit dem Schriftsatz** einzureichen (Pohlmann, Verfahrensrecht der Gemeinschaftsmarke, 2012, Kap. 1 § 1 Rn. 41).

75 Regel 80 Abs. 2 GMDV findet auch **keine Anwendung,** falls der Absender die Schriftstücke absichtlich unleserlich übermittelt hat (EuG T-50/09, BeckRS 2011, 80251 Rn. 42 ff. – Dada & Co. Kids).

IV. Elektronische Übermittlung

76 Die Beteiligten können Dokumente über ein elektronisches Nutzerkonto an das Amt senden (→ Rn. 13 ff.). Über den Nutzerbereich können folgende Vorgänge ausgeführt werden (s. Bedingungen für die elektronische Übermittlung an und durch das Amt im Nutzerbereich (USER AREA) gemäß Grundsatzbeschluss):
- Elektronische **Anmeldungen:** Unionsmarken, Unionsgeschmacksmuster, Widersprüche gegen eine Unionsmarke, Löschungs- und Nichtigkeitsanträge, Beschwerden;
- Elektronische **Verlängerungen:** Unionsmarken, Unionsgeschmacksmuster;
- Vorgänge im Zusammenhang mit der **Unionsmarke bzw. Anmeldung:** Rücknahme, Verzicht, vollständiger oder teilweiser Rechtsübergang, Bemerkungen Dritter, Verwaltung von Fristen (Verlängerung, Aussetzung), Einschränkung des Verzeichnisses der Waren und Dienstleistungen, Einreichung von Anträgen, Mitteilungen oder anderen Dokumenten (Zeitrang, Priorität, Übersetzungen, Weiterbehandlung, Wiedereinsetzung in den vorigen Stand), Umwandlungsanträge;
- Vorgänge im Zusammenhang mit dem **Unionsgeschmacksmuster bzw. dessen Anmeldung:** vollständiger Rechtsübergang, Verzicht, Einreichung von Anträgen, Mitteilungen oder anderen Dokumenten (Priorität oder Geschmacksmuster mit aufgeschobener Bekanntmachung);

- Vorgänge im **Widerspruchsverfahren:** Rücknahme des Widerspruchs, Verwaltung von gemeinsamen Anträgen, Verwaltung von Fristen (Verlängerung, Aussetzung), Verwaltung von Zulässigkeitsaspekten (Reaktion auf Mängel, Zahlung), Einreichung von Anträgen, Mitteilungen oder anderen Dokumenten (weitere Tatsachen, Beweismittel und Argumente, Bemerkungen, Benutzungsnachweis, Übersetzungen, Reaktion auf Einschränkungen);
- Vorgänge in **Beschwerdeverfahren:** Rücknahme der Beschwerde, Verwaltung von Mängeln (Reaktion auf Mängel), Verwaltung von Fristen (Verlängerung); Einreichung von Anträgen, Mitteilungen oder anderen Dokumenten (Beschwerdebegründung, Beschwerdeerwiderung, Übersetzungen, Antworten);
- Besondere elektronische Vorgänge in **Löschungs-/Nichtigkeitsverfahren:** Rücknahme des Löschungs-/Nichtigkeitsantrags, Verwaltung von Zulässigkeitsaspekten (Reaktion auf Mängel, Zahlung), Verwaltung von Fristen (Verlängerung, Aussetzung), Einreichung von Anträgen, Mitteilungen oder anderen Dokumenten (Begründung, Bemerkungen, Übersetzungen, Antworten);
- **Sonstige Vorgänge:** Bestellung/Rechtsübergang/Löschung des Vertreters, Aktualisierung von Informationen zum Vertreter/Inhaber, Aktualisierung von Bezugsdaten zum Vertreter/Inhaber, Anträge auf Akteneinsicht, Informationsersuchen, Anträge auf Korrektur von Informationen auf der Website des EUIPO, Rechercheanträge, Kundenbeschwerden.

Gemäß Regel 82 Abs. 3 GMDV müssen elektronisch übermittelten Dokumente nicht unterschrieben sein. Die **Angabe des Namens des Absenders** ist **gleichbedeutend mit der Unterschrift.** 77

Gemäß Regel 82 Abs. 2 GMV findet die **Mitteilungspflicht** des Amtes iSd Regel 80 Abs. 2 GMDV entsprechend Anwendung bei einer fehlerhaften bzw. unvollständigen elektronischen Übermittlung (→ Rn. 71 ff.). 78

Der Inhalt elektronischer Schriftstücke wird nach deren Eingang beim Amt in die Datenbank des Amtes importiert und damit zum Bestandteil der Akte (Art. 5 Abs. 5 Grundsatzbeschluss). Nachdem ein elektronisches Schriftstück beim elektronischen Datenverarbeitungssystem des Amtes eingegangen ist, wird eine elektronische Empfangsbescheinigung ausgestellt, in Form i) einer Bestätigung auf dem Bildschirm des Geräts des Nutzers, ii) gegebenenfalls über eine Mitteilung über die elektronische Plattform, oder iii) in einer anderen in den Allgemeinen Geschäftsbedingungen festgelegten Form (Art. 5 Abs. 6 Grundsatzbeschluss). Als Zeitpunkt der Einreichung eines elektronischen Schriftstücks gilt der Zeitpunkt, zu dem vom System des Amtes eine elektronische Empfangsbescheinigung ausgestellt wurde (Art. 5 Abs. 7 Grundsatzbeschluss). 79

Sollte bei der Übermittlung eines elektronischen Schriftstücks ein **Fehler auftreten,** muss das Dokument auf einem der anderen in den geltenden Vorschriften beschriebenen Übermittlungswege eingereicht werden. **Die entsprechenden Fristen bleiben davon auf jeden Fall unberührt** (Art. 5 Abs. 8 Grundsatzbeschluss)! Der Nutzer sollte daher im Zweifelsfall das zu übermittelnde Dokument zusätzlich faxen. 80

Eine Übermittlung per **E-Mail** außerhalb des Tools sieht das Amt **nicht** vor. E-Mails können nur für die **formlose Kommunikation** mit dem Amt verwendet werden. 81

C. Reform

Dem bisherigen Art. 79 werden im Zuge der Reform der VO (EG) 207/2009 durch die VO (EU) 2015/2424 vier Absätze hinzugefügt. Im Wesentlichen werden einzelne Regelungen der GMDV inkorporiert. Eine inhaltliche Änderung im Vergleich zur bisherigen Praxis ist hiermit nicht verbunden. Zum zukünftigen Abs. 2 → Rn. 21; zum Abs. 3 → Rn. 2, → Rn. 13; zum Abs. 4 → Rn. 36. Die elektronische Übermittlung an das Amt ist mit Wirkung zum 1.10.2017 in Art. 79b geregelt (→ Art. 79b Rn. 1). 82

Art. 79a Mitteilung eines Rechtsverlusts

¹*Stellt das Amt fest, dass ein Rechtsverlust aus dieser Verordnung oder aus den gemäß dieser Verordnung erlassenen Rechtsakten eingetreten ist, ohne dass eine Entscheidung ergangen ist,*

so teilt es dies der betroffenen Person nach dem Verfahren des Artikels 79 mit. ²Die betroffene Person kann innerhalb von zwei Monaten nach Zustellung der Mitteilung eine Entscheidung in der Sache beantragen, wenn sie der Ansicht ist, dass die Feststellung des Amtes unrichtig ist. ³Das Amt erlässt eine solche Entscheidung nur dann, wenn es die Auffassung der beantragenden Person nicht teilt; anderenfalls ändert das Amt seine Feststellung und unterrichtet die beantragende Person.

Überblick

Die Vorschrift wird mWv 1.10.2017 gemäß VO (EU) 2015/2424 vom 16.12.2015 eingefügt.

1 Das Amt entscheidet über einen Antrag bisweilen nicht im Wege einer Entscheidung sondern in Form einer Mitteilung. Ist der Antragsteller mit der Abweisung seines Antrages nicht einverstanden, so hat er eine offizielle Entscheidung zu beantragen, die dann im Wege der Beschwerde angreifbar ist. Dies entspricht der bisherigen Amtspraxis und dem Wortlaut von Regel 54 GMDV. Art. 79a inkorporiert Regel 54 GDMV.

2 Folgende Anträge werden in der Regel im Wege einer Mitteilung zurückgewiesen:
- Priorität;
- Seniorität;
- Markenübertragung;
- Eintragung von dinglichen Rechten (Lizenzen, Anwartschaftsrechte etc);
- Zulässigkeit eines Widerspruchs (die Zulässigkeit ist mit der Endentscheidung über den Widerspruch angreifbar).

3 Regelmäßig geht ein Rechtsverlust mit der Nichtzahlung einer Gebühr einher (Auflistung in → Art. 84 Rn. 5). Grundsätzlich ist dem Beteiligten stets bei Erhalt einer Mitteilung, die einen Rechtsverlust zur Folge hat, zu empfehlen, eine formelle Entscheidung nach Art. 79a zu beantragen, um ggf. gegen diese vorgehen zu können.

Art. 79b Mitteilungen an das Amt

(1) ¹Mitteilungen an das Amt können auf elektronischem Wege erfolgen. ²Der Exekutivdirektor bestimmt, in welchem Umfang und unter welchen technischen Bedingungen diese Mitteilungen elektronisch übermittelt werden können.

(2) Der Kommission wird die Befugnis übertragen, gemäß Artikel 163a delegierte Rechtsakte zu erlassen, in denen die Regeln für Kommunikationsmittel, einschließlich elektronischer Kommunikationsmittel, die von den Beteiligten bei Verfahren vor dem Amt zu benutzen sind, und für die vom Amt bereitzustellenden Formblätter festgelegt werden.

Überblick

Die Vorschrift des Abs. 2 wurde mWv 23.3.2016 gemäß VO (EU) 2015/2424 vom 16.12.2015 eingefügt. Der Abs. 1 tritt mWv 1.10.2017 in Kraft.

1 Grundsätzlich unterschieden wird zwischen Mitteilungen an das Amt und Mitteilungen durch das Amt (→ Art. 100 Rn. 1). Die Mitteilung durch das Amt ist in Art. 79 geregelt und wird durch Regel 61 ff. GMDV ergänzt.

2 Die Kommunikation von Beteiligten an das Amt ist in Regel 79 ff. GMDV und nach Inkrafttreten der Reform auch in Art. 79b niedergelegt.

3 Art. 79 übernimmt Regel 79 Buchst. d GMDV und Regel 82 GMDV. Mit der Aufnahme wird betont, dass vor allem Mitteilungen auf elektronischem Wege erfolgen können. Dies ist die vom Amt präferierte Kommunikationsart. Aus dem Wortlaut „können" folgt aber, dass es weiterhin den Beteiligten frei steht, für welche Kommunikationsart sie sich entscheiden.

4 Es wird auf die detaillierte Kommentierung der Übermittlung von Schriftstücken an das Amt in → Art. 79 Rn. 55 ff. verweisen. Eine inhaltliche Änderung ist mit der Reform nicht verbunden.

Art. 79c Fristen

(1) ¹Die Fristen werden nach vollen Jahren, Monaten, Wochen oder Tagen berechnet. ²Die Berechnung beginnt an dem Tag, der auf den Tag folgt, an dem das relevante Ereignis eingetreten ist. ³Die Dauer der Fristen beträgt nicht weniger als einen Monat und nicht mehr als sechs Monate.

(2) Der Exekutivdirektor legt vor Beginn eines jeden Kalenderjahres die Tage fest, an denen das Amt für die Entgegennahme von Dokumenten nicht geöffnet ist oder an denen gewöhnliche Postsendungen am Sitz des Amtes nicht zugestellt werden.

(3) Im Falle einer allgemeinen Unterbrechung der Postzustellung in dem Mitgliedstaat, in dem das Amt seinen Sitz hat, oder bei einer Störung des Zugangs des Amtes zu den zulässigen elektronischen Kommunikationsmitteln stellt der Exekutivdirektor die Dauer der Unterbrechung fest.

(4) ¹Wird die Kommunikation zwischen dem Amt und den Verfahrensbeteiligten durch ein nicht vorhersehbares Ereignis wie eine Naturkatastrophe oder einen Streik unterbrochen oder gestört, kann der Exekutivdirektor bestimmen, dass für die Verfahrensbeteiligten, die in dem betreffenden Mitgliedstaat ihren Wohnsitz oder Sitz haben oder einen Vertreter mit Geschäftssitz in diesem Mitgliedstaat bestellt haben, alle Fristen, die normalerweise am oder nach dem Tag des von ihm festgestellten Ereigniseintritts ablaufen, bis zu einem von ihm festzusetzenden Tag verlängert werden. ²Bei der Festsetzung dieses Tages berücksichtigt er das voraussichtliche Ende des unvorhersehbaren Ereignisses. ³Ist der Sitz des Amtes von dem Ereignis betroffen, stellt der Exekutivdirektor fest, dass die Fristverlängerung für alle Verfahrensbeteiligten gilt.

(5) Der Kommission wird die Befugnis übertragen, gemäß Artikel 163a delegierte Rechtsakte zu erlassen, in denen die Einzelheiten in Bezug auf die Berechnung und Dauer der Fristen festgelegt werden.

Überblick

Abs. 5 wurde mWv 23.3.2016 gemäß VO (EU) 2015/2424 vom 16.12.2015 eingefügt. Die weiteren Absätze treten erst am 1.10.2017 in Kraft. Art. 79c inkorporiert Regel 70 ff. GMDV teilweise in die UMV, wird aber weiterhin durch diese ergänzt. Eine inhaltliche Änderung zum bisherigen Recht ist mit der Neuregelung nicht verbunden.

Übersicht

	Rn.		Rn.
A. Überblick	1	II. Verfahren	8
B. Fristdauer	2	D. Fristberechnung	18
C. Fristverlängerung	5	E. Fristunterbrechung	29
I. Verlängerbare Fristen	5	F. Versäumnis	35

A. Überblick

Es wird der Wortlaut der Regel 70 ff. GMDV im Zuge der Reform teilweise in Art. 79c eingepflegt. Regel 70 ff. GMDV bleiben zunächst gültig und sind ergänzend für die Fristberechnung und die Festlegung der Fristdauer heranzuziehen. Es bleibt abzuwarten, inwiefern die Regelungen der GMDV angepasst werden.

B. Fristdauer

Das Amt setzt in aller Regel Fristen von zwei Monaten (zB Stellungnahmefristen). Dies gilt insbesondere in Verfahren vor den Prüfern, der Widerspruchsabteilung und der Nichtigkeitsabteilung. In Verfahren vor den Beschwerdekammern werden bisweilen auch nur einmonatige Fristen gewährt. Dies ist insbesondere dann der Fall, falls die Kammer den Parteien konkrete Fragen zur Sachverhaltsaufklärung stellt (zur Einholung von Auskünften → Art. 78 Rn. 34 ff.).

3   Nach Art. 79c Abs. 1 S. 3 hat die vom Amt gesetzte Frist mindestens einen und maximal sechs Monate zu betragen. In Abweichung hierzu sieht der zukünftige Art. 78 Abs. 3 vor, dass eine Ladungsfrist auch weniger als einen Monat betragen kann, falls die Parteien hiermit einverstanden sind.

4   Der Wortlaut des Art. 79c weicht von Regel 71 GMDV ab. Bislang wird hinsichtlich der Mindestfrist danach unterschieden, ob der jeweilige Beteiligte seinen (Wohn-)Sitz innerhalb oder außerhalb der EU hat. Regel 71 Abs. 1 GMDV sieht vor, dass die Mindestfrist für einen Beteiligten außerhalb der EU zwei Monate beträgt. Die bisherige Regelung ist fragwürdig, wenn man bedenkt, dass der Postweg von Deutschland etwa in den Nicht-Mitgliedstaat Schweiz nicht länger ist als in den Mitgliedstaat Polen. Zudem erfolgt die Kommunikation mit dem Amt in aller Regel per Fernkopierer oder elektronisch (→ Art. 79 Rn. 4), so dass die Differenzierung nach EU und nicht EU-Mitgliedstaaten auch insofern nicht gerechtfertigt erscheint. Es bleibt abzuwarten, ob die Mindestfrist für Beteiligte aus Nicht-EU-Mitgliedstaaten zukünftig auf einen Monat reduziert und damit auf eine Differenzierung verzichtet wird.

C. Fristverlängerung

I. Verlängerbare Fristen

5   Handelt es sich **nicht** um eine gesetzlich **nicht** verlängerbare, können die Fristen des Amtes grundsätzlich nach Regel 71 Abs. 1 S. 2 GMDV auf Antrag verlängert werden. **Nicht verlängerbare** Fristen sind Fristen, deren Länge in der Verordnung konkret beziffert ist.

6   Im **Widerspruchsverfahren** sind folgende Fristen nicht **verlängerbar**:
- Art. 41 Abs. 1: dreimonatige Widerspruchsfrist;
- Art. 41 Abs. 3: dreimonatige Frist für Entrichtung der Widerspruchsgebühr;
- Art. 144b Abs. 3 (früher: Art. 8 Abs. 3 Buchst. b VO (EG) Nr. 2869/95): einmonatige Frist für Zuschlagszahlung bei Versäumnis der Widerspruchsgebühr;
- Regel 17 Abs. 4 GMDV: zweimonatige Frist zur Behebung von Mängeln in der Widerspruchsschrift;
- Regel 16 Abs. 1 GMDV: einmonatige Frist zur Übersetzung der Widerspruchsschrift in die Verfahrenssprache.

7   Verlängerbar im Widerspruchsverfahren sind hingegen die Fristen zur Substantiierung des Widerspruchs und die Erwiderungsfrist des Anmelders (Regel 20 Abs. 2 GMDV). Ebenfalls verlängerbar ist die Frist zum Nachweis einer Benutzung der älteren Marke (Art. 42 Abs. 2 und 3 iVm Regel 22 Abs. 2 GMDV). Im **Beschwerdeverfahren** sind die Beschwerdefrist sowie die Beschwerdebegründungsfrist (Art. 60 Abs. 1) nicht verlängerbar. Alle weiteren Fristen sind theoretisch verlängerbar, die Kammern sind aber tendenziell restriktiv in der Gewährung einer Verlängerung (→ Rn. 15).

II. Verfahren

8   Der Antrag auf Fristverlängerung muss vom Beteiligten **vor Fristablauf** beim Amt eingehen.

9   In der **ersten Instanz** des Amtes wird eine einmalige Verlängerung einer Stellungnahmefrist grundsätzlich ohne weitere Begründung gewährt, es sei denn es handelt sich um eine gesetzlich nicht verlängerbare Frist (→ Rn. 5).

10   Jeder weitere Antrag auf Verlängerung derselben Frist wird allerdings zurückgewiesen, es sei denn, der Antragsteller erläutert und belegt **außergewöhnliche Umstände,** die ihn daran gehindert haben, die verlangte Handlung im Verlauf der bisherigen Zeiträume vorzunehmen. Der Antragsteller muss außerdem darlegen, warum diese Umstände ihn **weiterhin** daran hindern, die gebotene Handlung vorzunehmen (s. EUIPO-Richtlinien, Teil A, Abschnitt 4.1.3.).

11   Die Richtlinien des Amtes nennen folgende Beispiele von Begründungen, die zumindest in Verfahren vor den Prüfern, der Widerspruchs- und der Löschungsabteilung akzeptiert werden:
- Begründung des Antragstellers: „Es werden Nachweise von den Vertriebskanälen in mehreren Mitgliedstaaten/allen Lizenznehmern/unseren Lieferanten zusammengetragen. Bisher

haben wir von einigen von ihnen Unterlagen erhalten, doch konnten wir aufgrund der kommerziellen Struktur der Gesellschaft (**siehe beigefügtes Dokument**) mit den übrigen erst vor kurzem Kontakt aufnehmen."
- Begründung des Antragstellers: „Um belegen zu können, dass die Marke durch Benutzung Unterscheidungskraft erlangt hat, haben wir zu Beginn des Zeitraums (am ...) mit Marktumfragen begonnen. Die Feldforschung konnte jedoch erst vor kurzem abgeschlossen werden (**wie aus den beigefügten Unterlagen hervorgeht**), so dass wir eine zweite Verlängerung benötigen, um die Antworten auszuwerten und unsere beim Amt einzureichenden Unterlagen vorzubereiten".

Wichtig ist bei dieser Art von Begründung die konkrete Darlegung und der **Nachweis**, dass tatsächlich bereits ein Dialog mit dem Mandanten stattgefunden hat. Eine **pauschale Behauptung** ist **wenig glaubhaft**. 12

Daneben nennen die Richtlinien „**Ableben**" und eine „**ernsthafte Erkrankung**" als außergewöhnliche Umstände, die eine weitere Fristverlängerung rechtfertigen, sofern kein angemessener Ersatz verfügbar war. Nach Art. 82a ist das Verfahren aber ohnehin automatisch oder auf Antrag des Vertreters bei Ableben der **Partei** zu unterbrechen. Bei Krankheit eines Rechtsanwalts wird indes regelmäßig davon ausgegangen, dass dieser sich rechtzeitig um entsprechenden Ersatz zu kümmern hat (→ Art. 81 Rn. 54). 13

Eine weitere Fristverlängerung wird auch in Fällen „**höherer Gewalt**" gewährt (zB Naturkatastrophen, Kriege und Terrorismus; → Art. 81 Rn. 61). 14

Es ist allerdings **Vorsicht** bei der Beantragung von Fristverlängerungen geboten. Es liegt im **Ermessen des Amtes**, ob es eine (weitere) Fristverlängerung gewährt. Insbesondere **Beschwerdekammern** gewähren trotz der vorgenannten Gründe nicht ohne weiteres eine Verlängerung, gerade falls es sich um eine zweite Verlängerung handelt. Eine Fristverlängerung sollte daher **nicht** am letzten Tag beantragt werden. 15

Falls ein Antrag auf Verlängerung einer verlängerbaren Frist vor Ablauf dieser Frist gestellt wird und diesem Antrag nicht stattgegeben wird, wird dem betreffenden Beteiligten **mindestens ein Tag** eingeräumt, um die Frist einzuhalten, auch wenn der Antrag auf Verlängerung am letzten Tag der Frist eingeht (EUIPO-Richtlinien, Allgemeine Regeln, 4.1.3. aE). 16

Zu denken ist auch an eine mögliche Aussetzung des Verfahrens, in zweiseitigen Verfahren, mit Zustimmung der Gegenseite. Eine **Aussetzung** des Inter-partes-Verfahrens vor den Beschwerdekammern erfolgt **automatisch** bei gemeinsamer Beantragung einer **Mediation**. 17

D. Fristberechnung

Nach Abs. 1 werden die Fristen nach vollen Jahren, Monaten, Wochen oder Tagen berechnet. 18

Die in der Verordnung vorgesehenen bzw. vom Amt gesetzten Fristen sind in aller Regel nach Monaten beziffert (→ Rn. 3). 19

Ist als Frist ein Monat oder eine Anzahl von Monaten bestimmt, so endet die Frist nach Regel 70 Abs. 4 GMDV in dem maßgeblichen folgenden Monat an dem Tag, der durch seine Zahl dem Tag entspricht, an dem das **Ereignis** eingetreten ist. War der Tag, an dem das **Ereignis** eingetreten ist, der letzte Tag des Monats oder hat der betreffende nachfolgende Monat keinen Tag mit der entsprechenden Zahl, so läuft die Frist am letzten Tag dieses Monats ab. 20

Nach Regel 70 Abs. 2 GMDV beginnt die Berechnung an dem Tag, der auf den Tag folgt, an dem das **relevante Ereignis** eingetreten ist. Besteht das relevant Ereignis in einer **Zustellung**, so ist das maßgebliche Ereignis der Zugang des zugestellten Schriftstücks, sofern nichts anderes bestimmt ist (Regel 70 Abs. 2 s. 2 GMDV; → Art. 79 Rn. 52). 21

Beispiel 1: Wird die Zurückweisung einer Anmeldung durch den Prüfer dem Anmelder am 27. April zugestellt (zur Zustellung → Art. 79 Rn. 1 ff.), **beginnt** die zweimonatige Beschwerdefrist am 28. April um 00:00 Uhr zu laufen. Sie **endet** am 27. Juni um 24:00 Uhr. 22

Beispiel 2: Gewährt das Amt einem Beteiligten eine Stellungnahme innerhalb eines Monats und erreicht die Aufforderung des Amtes zur Stellungnahme den Beteiligten am 31. Januar, so endet die Stellungnahmefrist am 28. bzw. 29. Februar (je nachdem, ob es sich um ein Schaltjahr handelt). 23

24 Fällt das Fristende allerdings auf einen Tag, an dem das **Amt nicht** zur Entgegennahme von Schriftstücken **geöffnet ist** oder an dem gewöhnliche Postsendungen in Spanien (Sitz des Amtes) nicht zugestellt werden (zB spanischer nationaler Feiertag), so erstreckt sich die Frist nach Regel 72 Abs. 1 GMDV auf den **nächstfolgenden Tag,** an dem das Amt zur Entgegennahme von Schriftstücken geöffnet ist bzw. an dem die nationale Post wieder zustellt.

25 Nach Art. 79c legt der Exekutivdirektor vor Beginn eines jeden Kalenderjahres die Tage, an denen das Amt geschlossen ist, in einem Beschluss fest. Damit wird Regel 72 Abs. 1 S. 2 GMDV nunmehr direkt in die Verordnung aufgenommen.

26 Nach dem Beschluss des Präsidenten ADM 95-23 vom 22.12.1995 (ABl. 1995, 487) ist das Amt an **Samstagen und Sonntagen** nicht für den Publikumsverkehr geöffnet.

27 Die Liste der weiteren Tage, an denen das Amt im **Jahre 2016** geschlossen ist bzw. an dem das Amt zwar geöffnet ist, aber keine Zustellung erfolgt, weil der Tag in Spanien als Feiertag gilt, ist hier einzusehen: https://oami.europa.eu/tunnel-web/secure/webdav/guest/document_library/contentPdfs/law_and_practice/decisions_president/ex15-8_en.pdf.

28 **Beispiel 3:** Ist der 29. Februar also im obigen Beispiel 2 ein Samstag, so endet die Frist am nächsten Tag, an dem das Amt geöffnet ist: am 2. März (es sei denn, es handelt sich auch beim 2. März um einen Feiertag).

E. Fristunterbrechung

29 Nach Art. 79c Abs. 3 kann der Exekutivdirektor eine Unterbrechung der Frist festsetzen falls die Postzustellung in Spanien allgemein unterbrochen ist oder falls der Zugang des Amtes zu den zulässigen elektronischen Kommunikationsmitteln gestört ist. Damit wird die Bestimmung der Regel 72 Abs. 2 GMDV in die Verordnung übernommen.

30 Der Exekutivdirektor hat von dieser Befugnis unter anderem im Beschluss Nr. EX-14-02 des Präsidenten des Amtes vom 6.6.2014 Gebrauch gemacht. Am 5.6.2014 war die elektronische Kommunikation mit dem Amt weitgehend zusammengebrochen. Die am 5.6.2014 ablaufenden Fristen wurden daher für alle Beteiligten um einen Tag verlängert.

31 Nach Art. 79c Abs. 4 kann der Exekutivdirektor eine Unterbrechung der Fristen für die Beteiligten mit Sitz in einem Mitgliedstaat bestimmen, in dem die Kommunikation zwischen dem Amt und den Verfahrensbeteiligten durch ein nicht vorhersehbares Ereignis wie eine Naturkatastrophe oder einen Streik unterbrochen oder gestört war. Bei der Festsetzung dieses Tages berücksichtigt er das voraussichtliche Ende des unvorhersehbaren Ereignisses. Ist der Sitz des Amtes, also Spanien, von dem Ereignis betroffen, stellt der Exekutivdirektor fest, dass die Fristverlängerung (bzw. -unterbrechung) für alle Verfahrensbeteiligten gilt. Damit wird die Bestimmung der Regel 72 Abs. 2 GMDV in die Verordnung übernommen.

32 Der Exekutivdirektor hat im Jahre 2016 mehrfach Zahlungsfristen (zB Anmeldegebühr; Widerspruchsgebühr; Beschwerdegebühr), die zwischen dem 24.7.2015 und dem 10.8.2015 abliefen, für Beteiligte mit Sitz in Griechenland bis zum 15.8.2015 verlängert, bzw. den Fristablauf für fünf Tage unterbrochen, da die griechische Regierung die Möglichkeit zur Bargeldabhebung in diesem Zeitraum auf 60 Euro pro Tag beschränkt hatte (s. unter anderem Beschluss Nr. EX-15-5 des Präsidenten des Amtes vom 17.7.2015).

33 Es ist den Beteiligten zu empfehlen, das Amt so rasch wie möglich auf derartige allgemeine Störungen hinzuweisen, um auf eine offizielle Unterbrechung hinzuwirken.

34 Im Falle des **Ablebens einer Partei** wird das Verfahren vor dem Amt nach Art. 82a unterbrochen (→ Art. 82a Rn. 1 ff.).

F. Versäumnis

35 Wurde die Frist versäumt, ist an eine Wiedereinsetzung oder Weiterbehandlung nach Art. 81 und 82 zu denken. Zur Berücksichtigung verspätet eingereichten Unterlagen → Art. 76 Rn. 73 ff.

Art. 79d Berichtigung von Fehlern und offensichtlichen Versehen

(1) Das Amt berichtigt sprachliche Fehler oder Transkriptionsfehler und offensichtliche Versehen in seinen Entscheidungen oder ihm zuzuschreibende technische Fehler bei der Eintra-

gung einer Marke oder der Veröffentlichung der Eintragung von Amts wegen oder auf Antrag eines Beteiligten.
(2) Erfolgen Berichtigungen von Fehlern bei der Eintragung einer Marke oder der Veröffentlichung der Eintragung auf Antrag des Inhabers, so gilt Artikel 48a entsprechend.
(3) Berichtigungen von Fehlern bei der Eintragung einer Marke und bei der Veröffentlichung der Eintragung werden vom Amt veröffentlicht.

Überblick

Die Vorschrift wird mWv 1.10.2017 gemäß VO (EU) 2015/2424 vom 16.12.2015 eingefügt.

Übersicht

	Rn.		Rn.
A. Überblick	1	IV. Verhältnis zur Beschwerde/zuständige Stelle	14
B. Voraussetzungen der Berichtigung von Fehlern in Entscheidungen (Abs. 1)	4	C. Berichtigung von Fehlern in der Veröffentlichung einer Anmeldung oder Eintragung	16
I. Fehler	4	I. Regel 14 GMDV – Fehler in der Veröffentlichung einer Anmeldung	16
II. Verfahren, Frist	10		
1. Verfahren	10		
2. Frist	11	II. Regel 27 GMDV, Art. 79 Abs. 1 Hs. 2 – Fehler in der Eintragung einer Marke	20
III. Rechtsfolge	12		

A. Überblick

Im Wege der Reform 2016 werden die Regel 53 GDMV (Berichtigung von Fehlern in Entscheidungen) sowie Regel 14 und 27 GMDV (Berichtigung in der Veröffentlichung einer Anmeldung oder Eintragung) teilweise in Art. 79d übernommen werden. Die folgende Kommentierung unterscheidet zwischen **Fehlern in Entscheidungen** (→ Rn. 4 ff.) und **Fehlern in der Veröffentlichung von Anmeldungen und Eintragungen** (→ Rn. 16 ff.). 1

Zu den verschiedenen weiteren in der Verordnung vorgesehenen Möglichkeiten zur Berichtigung von Fehlern und deren Verhältnis zueinander wird auf die eingehende Kommentierung in → Art. 80 Rn. 1 ff. verwiesen. 2

Der Wortlaut des Art. 79d weicht geringfügig von der Fassung der Regel 53 GMDV ab, der auf sprachliche Fehler, Schreibfehler oder offensichtlichen Fehler abstellte. Art. 79d konkretisiert die Art der Fehler weiter. Eine inhaltliche Änderung zur bisherigen Praxis ist damit nicht verbunden. Anstatt des Wortes „Transkriptionsfehler" wäre „Übersetzungsfehler" wohl eine passendere Übersetzung gewesen. 3

B. Voraussetzungen der Berichtigung von Fehlern in Entscheidungen (Abs. 1)

I. Fehler

Stellt das Amt von Amts wegen oder auf Betreiben eines Verfahrensbeteiligten einen sprachliche Fehler, Übersetzungsfehler oder ein offensichtliches Versehen in einer **Entscheidungen** fest, so sorgt es nach Regel 53 GMDV bzw. zukünftig nach Art. 79d Abs. 1 dafür, dass der Fehler von der zuständigen Dienststelle oder Abteilung korrigiert wird. 4

Nur **Entscheidungen** bedürfen einer formellen Berichtigung nach Art. 79d Abs. 1 bzw. Regel 53 GMDV. Einfache Mitteilungen können durch eine weitere **Mitteilung** „informell" korrigiert werden (EUIPO-Richtlinien, Teil A, Allgemeine Regeln, Abschnitt 6, 2.2.). Außerdem nennen Art. 79d Abs. 1 Hs. 1 bzw. Regel 53 GMDV, anders als Art. 80, **keine Eintragungen**. Offensichtliche **Fehler** im **Register** sind nach Regel 14 GMDV und Regel 27 GMDV bzw. nach Art. 79d Abs. 2 zu korrigieren, der die Regel 27 übernimmt 5

(→ Rn. 16 ff.). Allerdings kann ein Fehler in einer Entscheidung, der zur einer falschen Veröffentlichung führen würde, vor der Veröffentlichung nach Art. 79d Abs. 1 korrigiert werden (HABM BK v. 21.4.2010 – R 357/2008-4 Rn. 14 – RACING GREEN/RACING GREEN).

6 Nach der Rechtsprechung des EuG zählen zu den **Fehlern iSd Regel 53** (zukünftig Art. 79d Abs. 1) (EuG T-36/09, BeckRS 2011, 81321 Rn. 73 ff. – dm; HABM BK v. 12.1.2012 – R 842/2011-1 Rn. 14 – CITRONIC/CYTRON; EUIPO-Richtlinien, Teil A, Allgemeine Regeln, Abschnitt 6, 2.1.1., S. 8) die folgenden Fehler:
- Rechtschreib- oder Grammatikfehler,
- Schreibfehler, zB Fehler bezüglich der Namen der Beteiligten oder der Schreibweise der Zeichen oder
- Fehler, die einen solchen Grad an Offensichtlichkeit aufweisen, dass **keine andere Fassung beabsichtigt gewesen sein konnte** als die, die aus der Berichtigung hervorgeht. Der ersetzende Wortlaut muss sich als zwingend darstellen.

7 Der Begriff des **offensichtlichen Fehlers** ist **restriktiv** auszulegen (→ Art. 80 Rn. 4; → Art. 80 Rn. 23). Keine Fehler iSd Art. 79d Abs. 1 sind solche, die in die eine oder andere Richtung berichtigt werden können (EuG T-36/09, BeckRS 2011, 81321 Rn. 75 – dm). Ein offensichtlicher Fehler ist zB
- ein unvollendeter Satz, dessen Sinn unverständlich ist, der aber offensichtlich nur einen Sinn haben kann (EuG T-36/09, BeckRS 2011, 81321 Rn. 73 – dm);
- es werden beiden Parteien die Kosten auferlegt, obwohl der Anmelder im Widerspruch vollumfänglich unterliegt (HABM BK v. 14.7.2011 – R 2354/2010-1 Rn. 20 – AFRICATEL/àFricaTV (FIG. MARK));
- das Amt legt einer Partei die Vertreterkosten der anderen Partei auf, obwohl diese nicht vertreten wurde (EUIPO-Richtlinien, Teil A, Allgemeine Regeln, Abschnitt 6, 2.1.1);
- das Amt benennt einen der Verfahrensbeteiligten offensichtlich falsch, die Adresse und der Vertreter sind aber zutreffend benannt, so dass nur eine bestimmte Person gemeint sein konnte (EuG T-50/09, BeckRS 2011, 80251 Rn. 29 ff. – Dada & Co. Kids);
- die Widerspruchsabteilung listet die gleichen Waren unter denen auf, für die der Widerspruch Erfolg hat, und unter denen, für die der Widerspruch zurückgewiesen wird. Es ergibt sich aber aus der Entscheidungsbegründung klar, für welche Waren der Widerspruch begründet ist (HABM BK v. 6.6.2011 – R 2030/2010-4 Rn. 16 – PEPPABY/PEPPADEW);
- ein Schreibfehler bei Nennung der verfahrensgegenständlichen Anmeldenummer, falls sich aus der übrigen Begründung eindeutig ergibt, auch welche Anmeldung sie sich bezieht (HABM BK v. 1.3.2012 – R 1720/2011-1 Rn. 19 f. – Form eines Dispensers (3D-MARKE));
- beim Widerspruch werden beim Vergleich der Zeichen die ältere Marke und die angefochtene Marke verwechselt (so EUIPO-Richtlinien, Teil A, Allgemeine Regeln, Abschnitt 6, 2.1., S. 9; dies kann aber nur dann gelten, falls es sich um ein offensichtliches Verschreiben handelt.

8 Hingegen können Fehler, die die **Substanz** der Entscheidung betreffen **nicht** nach Regel 53 GMDV bzw. Art. 79d korrigiert werden (s. Rechtsprechung und Beispiele in → Art. 80 Rn. 19). Betrifft der Fehler den **Tenor der Entscheidung** sind Regel 53 bzw. Art. 79d nicht einschlägig (EUIPO-Richtlinien, Teil A, Allgemeine Regeln, Abschnitt 6, 2.1.1).

9 Die Kammern machen bisweilen Gebrauch von der Möglichkeit der Berichtigung ihrer Entscheidungen wenn diese vor Gericht angegriffen werden und in der Klagebegründung auf einen offensichtlichen Fehler hingewiesen wird oder das Amt im Rahmen der Verteidigung auf einen solchen Fehler aufmerksam wird.

II. Verfahren, Frist

1. Verfahren

10 Die GMDV sieht bislang **kein Verfahren** für eine Berichtigung nach Art. 79d bzw. Regel 53 GMDV vor. In der Praxis informiert das Amt die Beteiligten von der Berichtigung und begründet diese (EUIPO-Richtlinien, Teil A, Allgemeine Regeln, Abschnitt 6, 2.1.2.3). Die Korrektur wird veröffentlicht.

2. Frist

Die GMDV sieht **keine Frist** für eine Fehlerberichtigung nach Art. 79d Abs. 1 bzw. 11
Regel 53 GMV vor. Aus Gründen der Rechtssicherheit kann eine Berichtigung aber nach einem langen Zeitraum unzulässig sein (EUIPO-Richtlinien, Teil A, Allgemeine Regeln, Abschnitt 6, 2.1.2.1).

III. Rechtsfolge

Anders als bei Art. 80 (→ Art. 80 Rn. 44) ist die Folge der Anwendung von Art. 79d 12
Abs. 1 bzw. Regel 53 GMDV nicht der Widerruf der fehlerhaften Entscheidung sondern lediglich die Berichtigung des Fehlers (EuG T-50/09, BeckRS 2011, 80251 Rn. 34 – Dada & Co. Kids; HABM BK v. 6.6.2011 – R 2030/2010-4 Rn. 18 – PEPPABY/PEPPADEW). Die Berichtigung ist klarstellender Natur (HABM BK v. 14.7.2011 – R 2354/2010-1 Rn. 20 – AFRICATEL/àFricaTV (FIG. MARK)). Es ergeht keine neue Entscheidung und die Berichtigung hat keinen Einfluss auf das Datum der Entscheidung.

Wird eine Entscheidung korrigiert, obwohl es sich um keinen Fehler iSd Art. 79d Abs. 1 13
bzw. Regel 53 GMDV handelt und war das Amt auch nach einer anderen Vorschrift nicht zur Korrektur des Fehler berechtigt, ist die Berichtigung nichtig (EuG T-275/10, BeckRS 2012, 80861 Rn. 26 ff. – Mpay24).

IV. Verhältnis zur Beschwerde/zuständige Stelle

Die Berichtigung eines Fehlers iSd Art. 79d Abs. 1 ist von der Stelle oder Abteilung 14
vorzunehmen, die für den Fehler verantwortlich ist. Die Zuständigkeit endet, sobald eine Beschwerde eingereicht wird (→ Art. 80 Rn. 41; EUIPO-Richtlinien, Teil A, Allgemeine Regeln, Abschnitt 6, 2.1.2.2 b)). Die Abteilung der ersten Instanz sollte die zuständige Kammer allerdings auf den Fehler hinweisen (EUIPO-Richtlinien, Teil A, Allgemeine Regeln, Abschnitt 6, 2.1.2.2 b), S. 9).

Die Einleitung eines Verfahrens auf Berichtigung hat keinen Einfluss auf den Ablauf der 15
Beschwerdefrist oder die Möglichkeit, Beschwerde einzulegen (HABM BK v. 14.7.2011 – R 2354/2010-1 Rn. 20 – AFRICATEL/àFricaTV (FIG. MARK)). Dies gilt selbst dann, falls das Amt zunächst darauf hinweist, eine Entscheidung nach Art. 80 widerrufen zu wollen, so dass der Beteiligte mit einer neuen Frist rechnet, der Fehler dann aber lediglich nach Art. 79d korrigiert wird (HABM BK v. 6.6.2011 – R 2030/2010-4 Rn. 19 f. – PEPPABY/PEPPADEW). Ist dem Antragsteller an der Berichtigung eines Fehlers gelegen, sollte er rechtzeitig Beschwerde einlegen.

C. Berichtigung von Fehlern in der Veröffentlichung einer Anmeldung oder Eintragung

I. Regel 14 GMDV – Fehler in der Veröffentlichung einer Anmeldung

Nach Art. 39 werden Unionsmarkenanmeldungen, die nicht wegen absoluter Eintra- 16
gungshindernisse zurückgewiesen wurden, einen Monat nach Vorlage des Rechercheberichts veröffentlicht. **Dem Amt zuzuschreibende Fehler und Irrtümer** bei dieser Veröffentlichung können nach Regel 14 GMDV von Amts wegen oder auf Antrag des Betroffenen berichtigt werden (s. hierzu HABM BK v. 12.1.2011 – R 1340/2010-1 Rn. 15 f. – SWIN-FLUNOV).

Regel 14 GMDV Berichtigung von Fehlern in Veröffentlichungen 16.1
(1) Enthält die Veröffentlichung der Anmeldung einen dem Amt zuzuschreibenden Fehler, so berichtigt das Amt den Fehler von Amts wegen oder auf Antrag des Anmelders.
(2) ¹Stellt der Anmelder einen solchen Antrag, so gilt Regel 13 entsprechend. ²Dieser Antrag ist gebührenfrei.
(3) Die aufgrund dieser Regel vorgenommenen Berichtigungen werden veröffentlicht.
(4) Betrifft die Berichtigung das Verzeichnis der Waren oder Dienstleistungen oder die Wiedergabe der Marke, so gelten Artikel 42 Absatz 2 der Verordnung und die Regeln 15 bis 22 entsprechend.

17 Erfolgt die Berichtigung auf **Antrag des Anmelders,** findet Regel 13 GMDV entsprechend Anwendung. Regel 13 legt unter anderem fest, welche Angaben der Antrag enthalten muss. Weist das Amt die Berichtigung eines Fehlers zurück, kann der Anmelder gegen diesen Bescheid Beschwerde einreichen (HABM BK v. 12.1.2011 – R 1340/2010-1 Rn. 15 f. – SWĪNFLUNOV).

18 Die Berichtigung des Fehlers in einer Veröffentlichung der Anmeldung wird nach Art. 79d **Abs. 3,** Regel 14 Abs. 4 GMDV ebenfalls **veröffentlicht.**

19 Nach Regel 14 Abs. 4 GMDV gelten Art. 41 Abs. 2 UMV und Regel 15–22 GMDV entsprechend, falls die die Berichtigung das Verzeichnis der Waren oder Dienstleistungen oder die Wiedergabe der Marke betrifft. Das heißt, es beginnt mit Veröffentlicht der berichtigten Anmeldung eine neue Widerspruchsfrist zu laufen.

II. Regel 27 GMDV, Art. 79 Abs. 1 Hs. 2 – Fehler in der Eintragung einer Marke

20 Enthält die **Eintragung** einer **Marke einen dem Amt zuzuschreibenden Fehler,** so berichtigt das Amt den Fehler nach Regel 27 GMDV von Amts wegen oder auf Antrag des Markeninhabers. **Die Regelung ist im Zuge der Reform in Art. 79d Abs. 1 Hs. 2 eingegangen.**

21 Fehler in der Eintragung einer Marke iSd Regel 27 GMDV bzw. Art. 79d Abs. 1 Hs. 2 sind zB die Veröffentlichung (EUIPO-Richtlinien, Teil A, Allgemeine Regeln, Abschnitt 6, 3)
- einer Eintragung für weniger Klassen als beantragt und zugelassen,
- eines falschen Verzeichnis von Waren und Dienstleistungen (zB bei Nichtbeachtung einer Beschränkung),
- eines falschen Zeichens.

22 Art. 79d spricht insofern von einem „technischen Fehler".

23 Der Antrag auf Fehlerberichtigung ist nach Regel 27 Abs. 2 S. 2 GMDV gebührenfrei. Stellt der Markeninhaber einen Antrag auf Fehlerberichtigung, so findet gemäß Abs. 2 das Verfahren zur Änderung des Namens oder der Anschrift des Inhabers der Unionsmarke oder seines eingetragenen Vertreters entsprechend Anwendung (Art. 79d Abs. 2; früher: Regel 26 GMDV). Regel 26 GMDV bestimmt, welche Angaben der Antrag enthalten muss. Die Berichtigung mehrerer Fehler kann in einem Antrag gestellt werden. Sind die Voraussetzungen für die Eintragung einer Änderung nicht erfüllt, teilt das Amt dem Antragsteller den Mangel mit. Wird dieser Mangel nicht innerhalb vom Amt festgesetzten Frist beseitigt, so weist das Amt den Antrag zurück. Wird der Antrag zurückgewiesen und will der Antragsteller hiergegen Beschwerde einreichen, sollte er eine Entscheidung nach Regel 54 GMDV, zukünftig Art. 79a beantragen.

24 Berichtigt das Amt den Fehler von Amts wegen oder auf Antrag, wird die Berichtigungen nach Art. 79d **Abs. 3** und Regel 27 Abs. 3 GMDV **veröffentlicht** (eingehend EUIPO-Richtlinien, Teil A, Allgemeine Regeln, Abschnitt 6, 3).

Art. 80 Löschung oder Widerruf

(1) ¹**Nimmt das Amt eine Eintragung ins Register vor oder trifft es eine Entscheidung, so löscht es diese Eintragung oder widerruft diese Entscheidung, wenn die Eintragung oder die Entscheidung offensichtlich mit einem dem Amt anzulastenden Verfahrensfehler behaftet ist.** ²**Gibt es nur einen einzigen Verfahrensbeteiligten und berührt die Eintragung oder der Vorgang dessen Rechte, so werden die Löschung bzw. der Widerruf auch dann angeordnet, wenn der Fehler für den Beteiligten nicht offenkundig war.**

(2) ¹**Die Löschung oder der Widerruf gemäß Absatz 1 werden von Amts wegen oder auf Antrag eines der Verfahrensbeteiligten von derjenigen Stelle angeordnet, die die Eintragung vorgenommen oder die Entscheidung erlassen hat.** ²**Die Löschung oder der Widerruf werden binnen sechs Monaten ab dem Datum der Eintragung in das Register oder dem Erlass der Entscheidung nach Anhörung der Verfahrensbeteiligten sowie der möglichen Inhaber der Rechte an der betreffenden Unionsmarke, die im Register eingetragen sind, angeordnet.**

Löschung oder Widerruf   Art. 80 UMV

(3) **Dieser Artikel gilt unbeschadet des Rechts der Beteiligten, gemäß den Artikeln 58 und 65 Beschwerde einzulegen, sowie der Möglichkeit, nach den in der Durchführungsverordnung festgelegten Verfahren und Bedingungen sprachliche Fehler, Schreibfehler und offensichtliche Fehler in Entscheidungen des Amtes sowie solche Fehler bei der Eintragung der Marke oder bei der Veröffentlichung der Eintragung, die dem Amt anzulasten sind, zu berichtigen.**

künftige Fassung (mit Ausnahme des Abs. 3) mWv 1.10.2017 gemäß VO (EU) 2015/2424 vom 16.12.2015; Abs. 3 wurde mWv 23.3.2016 eingefügt:
Art. 80 Löschung oder Widerruf
(1) [1]Nimmt das Amt eine Eintragung ins Register vor oder trifft es eine Entscheidung, so löscht es diese Eintragung oder widerruft diese Entscheidung, wenn die Eintragung oder die Entscheidung offensichtlich mit einem dem Amt anzulastenden Fehler behaftet ist. [2]Gibt es nur einen einzigen Verfahrensbeteiligten und berührt die Eintragung oder der Vorgang dessen Rechte, so werden die Löschung bzw. der Widerruf auch dann angeordnet, wenn der Fehler für den Beteiligten nicht offenkundig war.
(2) [1]Die Löschung oder der Widerruf gemäß Absatz 1 werden von Amts wegen oder auf Antrag eines der Verfahrensbeteiligten von derjenigen Stelle angeordnet, die die Eintragung vorgenommen oder die Entscheidung erlassen hat. [2]Die Löschung der Eintragung in das Register oder der Widerruf der Entscheidung erfolgen binnen eines Jahres ab dem Datum der Eintragung in das Register oder dem Erlass der Entscheidung nach Anhörung der Verfahrensbeteiligten sowie etwaiger Inhaber der Rechte an der betreffenden Unionsmarke, die im Register eingetragen sind. [3]Das Amt führt Aufzeichnungen über diese Löschungen oder Widerrufe.
(3) *Der Kommission wird die Befugnis übertragen, gemäß Artikel 163a delegierte Rechtsakte zu erlassen, in denen das Verfahren für den Widerruf einer Entscheidung oder für die Löschung einer Eintragung im Register festgelegt werden.*
(4) [1]Dieser Artikel gilt unbeschadet des Rechts der Beteiligten, gemäß den Artikeln 58 und 65 Beschwerde einzulegen, sowie der Möglichkeit, Fehler und offensichtliche Versehen gemäß Artikel 79d zu berichtigen. [2]Wurde gegen eine mit einem Fehler behaftete Entscheidung des Amtes Beschwerde eingelegt, wird das Beschwerdeverfahren gegenstandslos, wenn das Amt seine Entscheidung gemäß Absatz 1 des vorliegenden Artikels widerruft. [3]Im letzteren Fall wird die Beschwerdegebühr dem Beschwerdeführer erstattet.

Überblick

Art. 80 regelt den Widerruf einer Entscheidung oder die Löschung einer Eintragung aufgrund eines offensichtlichen Verfahrensfehlers seitens des Amtes (→ Rn. 8 ff.). Daneben ist eine Berichtigung von Fehlern in Entscheidungen nach Art. 79d Abs. 1 bzw. Regel 53 GMDV (→ Rn. 48 ff.) und in Veröffentlichungen von Anmeldungen oder Eintragungen nach Art. 48a und Art. 79d Abs. 1, 2 und 3 bzw. Regel 14 und 27 GMDV möglich (→ Rn. 48; → Rn. 50; → Art. 79d Rn. 1). Im Zuge der Reform wurde der Wortlaut des ersten und des letzten Absatzes geändert, wodurch die Befugnis des Amtes, Entscheidungen eigenmächtig zu ändern, erweitert wurde.

Übersicht

	Rn.		Rn.
A. Übersicht: Korrektur von Fehlern	1	3. Rechtsfolge bei Nichteinhaltung des Verfahrens	37
B. Widerruf und Löschung (Art. 80)	8	V. Frist (Art. 81 Abs. 2 S. 2)	38
I. Auf Antrag oder von Amts wegen	8	VI. Zuständige Stelle und Verhältnis zur Beschwerde	41
II. Entscheidungen und Eintragungen	11	1. Zuständige Stelle (Abs. 2 S. 1)	41
III. Verfahrensfehler des Amtes	16	2. Kein Einfluss auf die Beschwerde (Abs. 3)	42
1. Allgemein	16	VII. Rechtsfolge	44
2. Praxis der ersten Instanz	20		
3. Fallgruppen der Beschwerdekammern	24	C. Berichtigung von sprachlichen Fehlern, Übersetzungsfehlern, offensichtlichen Versehen in einer Entscheidung	
IV. Verfahren	25		
1. Einseitige Verfahren	25		
2. Mehrseitige Verfahren	32		

	Rn.		Rn.
oder einem dem Amt zuzuschreibenden technischen Fehler	48	D. Berichtigung von Fehlern in der Veröffentlichung einer Anmeldung oder Eintragung (Regel 14, 27 GMDV)	50

A. Übersicht: Korrektur von Fehlern

1 Die UMV und die GMDV sehen insbesondere folgende Möglichkeiten vor, Fehler in Entscheidungen oder Eintragungen zu berichtigen bzw. fehlerhafte Eintragungen oder Entscheidungen zu widerrufen. Im Zuge der Reform sind einige der Regelungen der GMDV nun direkt in die UMV eingepflegt worden.

Norm	Frist	Art des Fehlers	Verfahren
Art. 58 ff. – Beschwerde	Art. 60 – Eine Beschwerde ist zwei Monate nach Zustellung der Entscheidung einzulegen und vier Monate nach Zustellung zu begründen.	Grundsätzlich kann jede Art von Fehlern, insbesondere materielle, mit der Beschwerde angegriffen werden.	• Nur auf Antrag. • Das Verfahren ist in Art. 60 ff. geregelt. • Zuständige Stelle für eine Abhilfe in einseitigen Verfahren ist nach Art. 61 die Dienststelle, die die Entscheidung erlassen hat; falls keine Abhilfe erfolgt, sind die Beschwerdekammern zuständig.
Art. 80 – Löschung oder Widerruf	Art. 80 Abs. 2 – sechs Monate ab Zustellung der Entscheidung. Zukünftig, nach der Reform: ein Jahr nach Zustellung der Entscheidung	Ausschließlich (offensichtliche) Verfahrensfehler, die dem Amt anzulasten sind. zukünftig, nach der Reform: (offensichtliche) Fehler	• Auf Antrag oder von Amts wegen. • Die Beteiligten sind nach Regel 53a GMDV anzuhören. • Zuständige Stelle ist die Dienststelle, die die Entscheidung erlassen hat. • Die Beschwerdefrist bzw. Klagefrist wird durch das Verfahren nicht gehemmt oder unterbrochen. Nur falls die Entscheidung widerrufen wird, kann gegen den Widerruf bzw. die neue Entscheidung eine Beschwerde oder Klage innerhalb einer „neuen" Frist erhoben werden.
Art. 79d, Regel 53 GMDV	Grundsätzlich keine Frist.	Sprachliche Fehler, Schreibfehler oder vergleichbare, offensichtliche Fehler des Amtes.	• Auf Antrag oder von Amts wegen. • Die Beteiligten müssen nicht gehört werden. • Zuständige Stelle ist die Dienststelle, die die Entscheidung erlassen hat. • Das Verfahren hat keinen Einfluss auf die Beschwerde- oder Klagefrist.

Norm	Frist	Art des Fehlers	Verfahren
Art. 48a, Regel 14 GMDV	Keine Frist.	Dem Amt zuzuschreibender Fehler in der Veröffentlichung einer Anmeldung.	• Auf Antrag oder von Amts wegen. • Die Beteiligten müssen nicht gehört werden.
Art. 79d, Regel 27 GMDV	Keine Frist.	Dem Amt zuzuschreibender Fehler in der Eintragung oder Veröffentlichung der Eintragung einer Marke.	• Auf Antrag oder von Amts wegen. • Die Beteiligten müssen nicht gehört werden.

Der „normale" Weg zur Behebung eines Fehlers in einer Entscheidung ist die Beschwerde 2 bzw. Klage (EuG T-36/09, BeckRS 2011, 81321 Rn. 80 – dm). In der Beschwerde kann die Dienststelle, die die fehlerhafte Entscheidung erlassen hat, nach Art. 61 Abhilfe im einseitigen Verfahren schaffen. Tut sie dies nicht, so überprüft die Beschwerde den Fall erneut und kann die Entscheidung aufheben oder abändern. Die Abhilfe in Inter-partes-Fällen wurde mit Wirkung zum 23.3.2016 im Zuge der Reform abgeschafft.

Wird keine Beschwerde oder Klage eingereicht, so werden die Rechtsakte wirksam, selbst 3 falls sie fehlerhaft sind. Aus Gründen der Rechtssicherheit ist das Amt, insbesondere in Inter-partes Fällen, nicht berechtigt, fehlerhafte Entscheidungen eigenmächtig zu ändern (vgl. EuG T-36/09, BeckRS 2011, 81321 Rn. 80 – dm; HABM BK v. 18.4.2014 – R 1904/2014-5 Rn. 16 f. ff. – Dualproof; v. 20.12.2011 – R 311/2011-2 Rn. 18 – PRONOKAL/PRONOKAL), es sei denn es ist ausdrücklich nach der UMV und der GMDV hierzu berechtigt.

Art. 80, Regel 14, 27, 53 GMDV (und nach der Reform Art. 79d) sind **abschließende** 4 **Ausnahmeregelungen** und als solche **restriktiv** auszulegen (vgl. EuG T-36/09, BeckRS 2011, 81321 Rn. 80 ff.; dm; HABM BK v. 5.2.2010 – R 726/2008-4 Rn. 45 – SALVE/SALVEO; v. 18.4.2014 – R 1904/2014-5 Rn. 16 ff. – Dualproof; Eisenführ/Schennen Rn. 2 f.).

Die Möglichkeit der Abänderung oder Aufhebung einer Entscheidung oder eines Eintrags 5 außerhalb der Beschwerde betragen nach dem Wortlaut der Verordnung bis zum 1.10.2017 **lediglich formelle Fehler des Amtes.** Ist die Entscheidung mit einem materiellen Fehler behaftet, zB einer fehlerhaften Auslegung des anzuwendenden Rechts, kann das Amt den Rechtsakt außerhalb der Beschwerde aus Gründen der Rechtssicherheit bis zum 2.10.2017 nicht eigenmächtig ändern. Das Erfordernis eines **„Verfahrens"**-fehlers entfällt aber im Rahmen der **Reform am 1.10.2017.** Die Neufassung des Art. 80 Abs. 1 verlangt nur noch das Vorliegen eines offensichtlichen **Fehlers** in zweiseitigen und eines Fehlers in einseitigen Verfahren. Zudem wird die Frist zur Behebung des Fehlers von sechs Monaten auf ein Jahr erweitert. Damit kann das Amt eine Eintragung einer Marke innerhalb eines Jahres widerrufen. Die Befugnisse des Amtes zur eigenmächtigen Änderung von Entscheidungen wurden somit (nach Ansicht der Autorin) zu Lasten der Rechtssicherheit der Parteien bedenklicher Weise erweitert.

Wird eine Entscheidung geändert oder widerrufen, obwohl die Dienststelle nach den 6 vorgenannten Vorschriften **nicht** hierzu **befugt** war, so haftet der zweiten, abgeänderten Entscheidung ein so schwerwiegender und offensichtlicher Fehler an, dass er von der Rechtsordnung nicht geduldet werden kann (EuG T-36/09, BeckRS 2011, 81321 Rn. 83 ff. – dm; T-275/10, BeckRS 2012, 80861 Rn. 26 ff. – Mpay24). Die Dienststelle des Amtes überschreitet in diesem Fall die ihr von der UMV und der GMDV verliehene Kompetenzen, was eine Unregelmäßigkeit darstellt, die die wesentlichen Voraussetzungen des betreffenden Rechtsakts in Frage stellt (EuG T-36/09, BeckRS 2011, 81321 Rn. 86, 92 – dm). Die **zweite Entscheidung** ist daher **rechtlich inexistent** (HABM BK v. 18.4.2014 – R 1904/2014-5 Rn. 21 – Dualproof; v. 28.4.2009 – R 323/2008-G Rn. 28 – BEHAVIOURAL INDEXING, im Ergebnis bestätigt durch EuG T-310/09 und T-383/09 BeckRS 2011, 80711, wobei dies Frage aber nicht Verfahrensgegenstand war).

7 Um **auf Nummer sicher** zu gehen, sollte sich der Beschwerte nicht darauf verlassen, dass die Ausnahmeregelungen zur Abänderung von Entscheidungen einschlägig sind oder, dass das Amt eine zunächst angekündigte Änderung tatsächlich vornimmt. Der sicherste Weg zur Verteidigung der Rechte des Beschwerten ist die **Beschwerde,** die fristgerecht eingelegt werden sollte, selbst falls das Amt den Anschein gibt, seine Entscheidung ändern zu wollen.

B. Widerruf und Löschung (Art. 80)

I. Auf Antrag oder von Amts wegen

8 Nach Art. 80 Abs. 2 S. 1 wird die Löschung einer Eintragungen oder der Widerruf einer Entscheidungen **von Amts wegen** oder **auf Antrag** eines der Verfahrensbeteiligten angeordnet. Hieran ändert die Reform nichts.

9 Die Beteiligten haben keinen Anspruch auf Löschung oder Widerruf (HABM BK v. 13.7.2009 – R 212/2009-4 Rn. 11 – DYNASOL). Das Amt hat ein weites Ermessen. Andererseits darf das Amt einen Antrag nach Art. 80 nicht ignorieren, sondern muss sein Ermessen ausüben und über den Antrag entscheiden. Andernfalls liegt ein wesentlicher Verfahrensfehler vor (vgl. HABM BK v. 12.1.2011 – R 1340/2010-1 Rn. 16 – SWINFLUNOV).

10 Der Antragsteller sollte in seinem Antrag ausdrücklich auf die Dringlichkeit des Verfahrens aufgrund der laufenden Beschwerdefrist hinweisen und ggf. beim Amt nachhaken, um auf eine möglichst rasche Bearbeitung hinzuwirken (so auch Bender in Fezer, HdB Markenpraxis, Bd. I 2. Teil Rn. 1406).

II. Entscheidungen und Eintragungen

11 Nach Art. 80 können **Entscheidungen** widerrufen und **Eintragungen** gelöscht werden. Nicht anwendbar ist Art. 80 auf Fehler in der Veröffentlichung einer Anmeldung (EuG v. 18.3.2016 – T-33/15 Rn. 28 – BIMBO). Fehler in der **Veröffentlichung einer Anmeldung** sind nach Regel 14 GMDV zu korrigieren (→ Art. 79d Rn. 16 ff.). Fehler in einer Eintragung, die nicht zur Löschung der gesamten Eintragung führen sind nach Regel 27 GMDV zu korrigieren (→ Art. 79d Rn. 21 ff.).

12 Eine **Entscheidung** ist ein Schreiben, welches rechtlich bindend ist und unmittelbar die rechtlichen Interessen einer Partei betrifft (HABM BK v. 11.11.2010 – R 2028/2010-1 Rn. 14 – S7-1200/S-7 1200). Als Entscheidungen wurden folgende Bescheide bewertet
- die Widerspruchsgebühr nicht entrichtet wurde und der Widerspruch damit als nicht eingelegt gilt (HABM BK v. 11.11.2010 – R 2028/2010-1 Rn. 14 – S7-1200/S-7 1200),
- der Widerspruch zulässig ist (EuGH C-402/11 P, BeckRS 2012, 82053 Rn. 48 ff.).

13 Allerdings dürfte es sich hier um keine formellen Entscheidungen handeln, sondern um Bescheide, die den Beteiligten nach Regel 54 GMDV bzw. Art. 79 a dazu berechtigen, eine förmliche Entscheidung zu verlangen. Ist die Entscheidung nicht im Rahmen einer formellen Entscheidung mit entsprechender Rechtsmittelbelehrung, sondern als bloße Mitteilung ergangen, sollte der Beteiligte nach dem zukünftigen Art. 79a (bislang Regel 54 GMDV) den Erlass einer Entscheidung beantragen.

14 Keine Entscheidungen sind bloße **Mitteilungen** ohne eigenen Regelungsgehalt (HABM BK v. 11.11.2010 – R 2028/2010-1 Rn. 12 – S7-1200/S-7 1200). Eine Mitteilung, die eine frühere Entscheidung lediglich bestätigt oder wiederholt ist keine Entscheidung (HABM BK v. 11.11.2010 – R 2028/2010-1 – S7-1200/S-7 1200). Keine Entscheidung ist zB auch die Mitteilung der Fristen zur Substantiierung des Widerspruchs (HABM BK v. 12.5.2010 – R 1023/2009-1 Rn. 27 – BUDIVENT/budiair). Eine bloße Mitteilung bedarf keines förmlichen Widerrufs. Sie kann durch eine neue Mitteilung ersetzt werden (EUIPO-Richtlinien, Teil A, Allgemeine Regeln, Abschnitt 6, 2.2). Auch deshalb ist den Beteiligten zu empfehlen ggf. eine förmliche Entscheidung nach dem zukünftigen Art. 79a (bislang Regel 54 GMDV) zu beantragen.

15 Eine Entscheidung kann auch **teilweise widerrufen** werden. Es kann zB nur die Kostenentscheidung widerrufen werden (EuG T-419/07, BeckRS 2009, 70741 Rn. 37 ff. – OKATECH). Auch ist möglich, eine Entscheidung nur hinsichtlich eines Teils der Waren und Dienstleistungen zu widerrufen (HABM BK v. 29.11.2006 – R 315/2005-4 und R 1335/

2005-4 REV Rn. 11 – HUMANITAS Humanidades Médicas/HUMANITAS online). Der nicht widerrufene Teil wird rechtskräftig, falls nicht rechtzeitig Beschwerde oder Klage eingelegt wird (Bender in Fezer, HdB Markenpraxis, Bd. I 2. Teil Rn. 1394).

III. Verfahrensfehler des Amtes

1. Allgemein

Art. 80 setzte noch bis zum 10.10.2017 voraus, dass die Entscheidung bzw. Eintragung mit einem **Verfahrens**fehler behaftet ist. 16

Nach dem **Prüfungsrichtlinien des Amtes** ist ein **Verfahrens**fehler ein Fehler, der im 17 Verfahren unterlaufen ist, zB falls ein Verfahrensschritt versäumt oder eine verfahrensrechtliche Handlung der Parteien übersehen wurde (EUIPO-Richtlinien, Teil A, Allgemeine Regeln, Abschnitt 6, 1.1, S. 3). Das **EuG** hatte bislang darauf abgestellt, dass der Fehler **prozessuale Folgen** nach sich ziehen muss (EuG T-50/09, BeckRS 2011, 80251 Rn. 31 – Dada & Co. Kids; s. auch enge Auslegung in HABM BK v. 18.4.2014 – R1904/2014-5 Rn. 14 ff. – Dualproof). Im Zuge der Reform wird das Erfordernis eines **Verfahrensfehlers** allerdings gestrichen, so dass das Amt seine Entscheidungen zukünftig auch bei Vorliegen (offensichtlicher) **materieller** Fehler seine Entscheidungen widerrufen kann. Dies ist mit Blick auf die Rechtssicherheit äußerst fragwürdig.

Der Verfahrensfehler muss **dem Amt anzulasten** sein. Fehler, die auf die Beteiligten 18 zurückgehen, können nicht berichtigt werden (HABM BK v. 4.12.2012 – R 2433/2011-4 Rn. 26 ff. – SAN FABIO/SAN; v. 24.5.2012 – R 1369/2011-1 Rn. 10 – RECORDAL ON TRANSFER OF OWNERSHIP; v. 9.11.2009 – R 78/2009-4 Rn. 15 – Hudson; v. 13.10.2009 – R 877/2006-1 Rn. 17 ff. – CHOCOLATE SKATEBOARDS/CHOCOLATE; v. 1.10.2008 – R 251/2008-4 Rn. 16 – POHLSCHRÖDER). Versäumt der Widersprechende zB eine Farbwiedergabe seiner älteren Marke fristgerecht einzureichen, muss das Amt ihn hierauf nicht zwingend hinweisen. Es liegt aufgrund einer fehlenden Hinweispflicht kein Verfahrensfehler des Amtes vor. Das Amt ist nicht berechtigt, seine auf der Annahme beruhende Entscheidung, dass die ältere Marke schwarz/weiß sei, zu widerrufen (HABM BK v. 4.12.2012 – R 2433/2011-4 Rn. 26 ff. – SAN FABIO/SAN). Auch können sich die Beteiligten in Verfahren vor dem Amt grundsätzlich nicht das Recht vorbehalten, später weitere Argumente einzureichen. In der Nichtgewährung einer weiteren Stellungnahmefrist liegt daher nicht automatisch ein Verfahrensfehler seitens des Amtes (HABM BK v. 28.4.2009 – R 323/2008-G Rn. 31 – BEHAVIOURAL INDEXING; EuG T-310/09 und T-383/09, BeckRS 2011, 80711, wobei dies Frage aber nicht Verfahrensgegenstand war).

Nach der bisherigen Rechtslage lag kein Verfahrensfehler bei **Verletzung des materiel-** 19 **len Rechts** vor (HABM BK v. 17.2.2011 – R 2028/201-1Rn. 17 – S7-1200/S7-1200). Durch die Änderung des Wortlauts von Art. 80 Abs. 1 im Zuge der Reform können folgende Fehler ab dem 1.10.2017 allerdings durch das Amt behoben werden, solange die weiteren Voraussetzungen des Art. 80 (zB Offensichtlichkeit) vorliegen:
- einer fehlerhaften Auslegung von Vorschriften (HABM BK v. 7.11.2011 – R 2103/2011-2 Rn. 19 – IOGURT/JOGURTAS et al.),
- die fehlerhafte Zitierung von Rechtsprechung (HABM BK v. 5.12.2012 – R 2055/2010-1 Rn. 19 – WHITE BOX WITH A CHEQUERED LID (3D MARK)),
- das Einfügen eines Paragraphen in die Entscheidung zum beschreibenden Charakter einer Marke (EuG T-275/10, BeckRS 2012, 80861 Rn. 23 – Mpay24),
- die Korrektur eines inneren Widerspruchs zwischen der Begründung und dem Ergebnis der Entscheidung, es sei denn der Fehler ist so offensichtlich, dass nur eine mögliche Alternative gemeint sein konnte (HABM BK v. 12.1.2012 – R 842/2011-1 Rn. 15 – COTRONIC/CYTRON),
- die Nichtbeachtung einer Stellungnahme unter Verstoß gegen Art. 75, 76 (Amtsermittlungsgrundsatz, Anspruch auf rechtliches Gehör und Begründungspflicht; so HABM BK v. 18.4.2014, Rs. R 1904/2014-5 Rn. 14 ff. – Dualproof),
- Substantielle Änderungen im Warenvergleich (HABM BK v. 5.2.2010 – R 726/2008-4 Rn. 45 – SALVE/SALVEO),
- Unregelmäßigkeiten bei der **Zustellung** betreffen nicht die Entscheidung selbst und sind daher **keine Verfahrensfehler** (EuG T-50/09, BeckRS 2011, 80251 Rn. 31 – Dada &

Co. Kids; HABM BK v. 23.11.2010 – R 1736/2008-1 Rn. 20 ff. – PREKUNIL/PROKI-NYL L.P.; aA wohl HABM BK v. 2.7.2010 – R 1065/2009-1 Rn. 20 – Ableiter-Gesamtgerät (3D-MARKE)).

2. Praxis der ersten Instanz

20 Die erste Instanz des Amtes interpretierte Art. 80 bereits vor der Reform recht weit. In den Prüfungsrichtlinien des Amtes sind pauschal Fallgruppen in Ex-parte-und inter-parte-Fällen aufgezählt, in denen ein Widerruf bzw. eine Löschung möglich sein sollen (EUIPO-Richtlinien, Teil A, Allgemeine Regeln, Abschnitt 6, 1.1, S. 3 ff.).

21 Ex-parte-Fallgruppen:
- Eine Anmeldung wird eingetragen, obwohl die Anmeldung zurückgenommen, zurückgewiesen oder die Anmeldegebühr nicht bezahlt wurde.
- Das Anmeldeverfahren wurde bis zur Eintragung weitergeführt, ohne dass Bemerkungen Dritter beachtet wurden.
- Eine Anmeldung wird unter Nichtbeachtung einer Stellungnahme des Anmelders oder vor dem Ablauf seiner Stellungnahmefrist zurückgewiesen (s. aber HABM BK v. 18.4.2014 – Rs. R1904/2014-5 Rn. 14 ff. – Dualproof).
- Das Amt weist eine Anmeldung zurück und übersieht, dass der Anmelder eine Verkehrsdurchsetzung nach Art. 7 Abs. 3 für den Fall geltend macht, dass die Beanstandung aufrechterhalten wird. Das Amt übersieht eingereichte Beweismittel zum Nachweis eine Verkehrsdurchsetzung.

22 Inter-partes-Konstellationen:
- Das Amt gibt einem Widerspruch statt wobei ein Antrag auf Nachweis der Benutzung der Widerspruchsmarke seitens des Anmelders übersehen wird.
- Der Widerspruch wird aufgrund Nichtbenutzung des älteren Rechts zurückgewiesen, obwohl dem Widersprechenden keine Möglichkeit zum Nachweis der Benutzung eingeräumt oder der Benutzungsnachweis übersehen wurde.
- Eine Widerspruchsentscheidung ergeht, obwohl das Verfahren ausgesetzt oder unterbrochen ist oder eine Stellungnahmefrist eine der Beteiligten noch läuft.
- Eine Anmeldung wird eingetragen, obwohl ein Widerspruchsverfahren anhängig ist, oder die Anmeldung aufgrund eines Widerspruchs zurückgewiesen wurde.
- Bei jeder Art der Verletzung des Anspruchs auf rechtliches Gehör (Nichtweiterleitung von Stellungnahmen an die jeweils andere Partei in Fällen, in denen die andere Partei hierzu hätte Stellung nehmen müssen).
- Bei Übersehen einer Kostenvereinbarung der Parteien.
- Ein Rechtsübergang wurde im Register eingetragen, obwohl hierfür kein ausreichender Nachweis eingereicht wurde (allerdings liegt nach Eisenführ/Schennen Rn. 11 in diesem Fall kein Verfahrensfehler des Amtes vor).

23 Eine pauschale Aufzählung von derart weiten Fallgruppen wird dem Ausnahmecharakter der Norm nicht gerecht (vgl. Eisenführ/Schennen Rn. 18 f.). Eine Entscheidung sollte nur dann widerrufen werden, falls der Fehler tatsächlich Auswirkungen auf den Ausgang der Entscheidung hat und derart schwerwiegend ist, dass eine Durchbrechung der Rechtssicherheit gerechtfertigt ist (ausführlich HABM BK v. 18.4.2014 – R 1904/2014-5 Rn. 14 ff. – Dualproof; v. 5.12.2012 – R 2055/2010-1 Rn. 20 – WHITE BOX WITH A CHE QUERED LID (3D MARK); HABM BK v. 9.11.2009 – R 78/2009-4 Rn. 17 f. – Hudson; vgl. hinsichtlich der Nichtigkeit von Entscheidungen entgegen des Prinzips der Rechtssicherheit EuG T-36/09, BeckRS 2011, 81321 Rn. 83 ff. – dm; T-275/10, BeckRS 2012, 80861 Rn. 26 ff. – Mpay24).

3. Fallgruppen der Beschwerdekammern

24 Die Beschwerdekammern haben in folgenden Fällen einen **Verfahrensfehler** angenommen:
- Die Kammer hat übersehen, dass eines der älteren Rechte im Widerspruch rechtzeitig substantiiert wurde und den Widerspruch zurückgewiesen (HABM BK v. 12.4.2012 – R 703/2011-2 Rn. 14 ff. – DEVICE OF A BULL/DEVICE OF A BULL).

Löschung oder Widerruf **Art. 80 UMV**

- Eine Anmeldung wurde eingetragen, obwohl noch ein Widerspruch anhängig ist (HABM BK v. 20.12.2011 – R 311/2011-2 Rn. 15 – PRONOKAL/PRONOKAL; HABM BK v. 9.11.2009 – R 78/2009-4 Rn. 14 – Hudson).
- Die Kammer übersieht relevante Benutzungsunterlagen und stellt fest, dass keine Benutzung nachgewiesen wurde (HABM BK v. 30.11.2009 – R 864/2008-4-REV Rn. 8 – PAGO) oder sie übersieht eine andere relevante Eingabe (v. 18.1.2008 – R 692/2007-4 Rn. 5 – MEGO/TEGO (WIDERRUF)).
- Die Veröffentlichung einer Wordmarke als Bildmarke unter Veränderung des Zeichens (SWĨNFLUNOV anstatt SWĨNFLUNOV). In diesem Fall ist allerdings auch Regel 14 Abs. 1 GMDV anwendbar (→ Art. 79d Rn. 16; HABM BK v. 12.1.2011 – R 1340/2010-1 Rn. 15 f. – SWĨNFLUNOV).
- Es wird einem Widerspruch stattgegeben, obwohl die Anmeldung zwischenzeitlich zurückgenommen wurde (HABM BK v. 12.8.2009 – R 1493/2008-1 Rn. 6 ff. – SHAPE OF TWO POLYGONS).
- Eine Anmeldung wird im Tenor vollumfänglich zurückgewiesen, obwohl sie nur teilweise angegriffen und in der Entscheidungsbegründung auch nur teilweise geprüft wurde (HABM BK v. 4.7.2008 – R 876/2007-4 Rn. 6 ff. – RE MILLENNIUM/millenium (FIG. MARK).
- Eine Anmeldung wird aufgrund eines Widerspruchs für Waren oder Dienstleistungen zurückgewiesen, die nicht Verfahrensgegenstand waren (HABM BK v. 29.11.2006 – R 315/2005-4 REV und R 1335/2005-4 REV – HUMANITAS Humanidades Médicas/HUMANITAS online).
- Eine Beschwerde ist gegen die Zurückweisung einer Anmeldung für alle Waren im Widerspruch gerichtet. Die Kammer hatte den Widerspruch nur für einen Teil der Waren überprüft (HABM BK v. 12.7.2016 – R 1561/2014-3 – ARCODESIGN).
- Die Beschwerdeentscheidung wurde von nur einem Mitglied entschieden, obwohl der Fall nicht auf ein Einzelmitglied hätte übertragen werden und von drei Mitgliedern entschieden werden müssen (HABM BK v. 21.11.2015 – R 2342/2014-5 Rn. 9 ff. – beige circle).

IV. Verfahren

1. Einseitige Verfahren

Hinsichtlich des bei Widerruf einer Entscheidung bzw. Löschung einer Eintragung einzuhaltenden Verfahrens ist zwischen einseitigen und zweiseitigen Verfahren zu unterscheiden. 25

In einem einseitigen Verfahren muss der Fehler für den Beteiligten nach Art. 80 Abs. 1 26
S. 2 **nicht offenkundig** sein, um eine Entscheidung zu widerrufen oder eine Eintragung zu löschen (vgl. HABM BK v. 9.11.2009 – R 78/2009-4 Rn. 16 – Hudson).

Stellt das Amt von Amts wegen fest, dass die Voraussetzungen für den Widerruf einer 27
Entscheidung oder die Löschung einer Registereintragung gegeben sind, unterrichtet es nach Regel 53a Abs. 1 GMDV die betroffene Partei von dem beabsichtigten Widerruf bzw. der Löschung. Die Mitteilung muss Gründe für den Widerruf oder die Löschung enthalten (EUIPO-Richtlinien, Teil A, Allgemeine Regeln, Abschnitt 6, 1.3.2.1).

Nach Regel 53a Abs. 2 GMDV kann die betroffene Partei innerhalb einer vom Amt 28
gesetzten Frist Stellung zu dem beabsichtigten Widerruf bzw. der Löschung nehmen. In der Regel beträgt die Frist für Parteien, die keinen (Wohn-)Sitz in der EU haben, und für Beteiligte mit (Wohn-)Sitz in der EU einen Monat (EUIPO-Richtlinien, Teil A, Allgemeine Regeln, Abschnitt 6, 1.3.2.1).

Stimmt die betroffene Partei dem beabsichtigten Widerruf bzw. der Löschung zu oder 29
nimmt sie nicht oder nicht fristgerecht Stellung, kann das Amt die Entscheidung widerrufen bzw. den Eintrag löschen. Stimmt die betroffene Partei dem beabsichtigten Widerruf bzw. der Löschung nicht zu, so entscheidet das Amt.

Stellt der Beteiligte selbst einen Antrag auf Widerruf bzw. Löschung, so bedarf es keiner 30
zusätzlichen Anhörung. Das Amt kann den Rechtsakt entweder direkt wiederrufen oder den Antrag ablehnen (EUIPO-Richtlinien, Teil A, Allgemeine Regeln, Abschnitt 6, 1.3.2.1).

Durch den Wegfall der Bedingung, dass es sich um einen Verfahrensfehler handeln muss 31
im Zuge der Reform (zukünftig genügt das Vorliegen eines Fehlers → Rn. 5), und durch

Söder 2045

die fehlenden Bedingung der Offensichtlichkeit des Fehlers in einseitigen Verfahren erlangt das Amt eine sehr weite Befugnis zur eigenmächtigen Rücknahme seiner Entscheidungen. Im Grunde genommen besteht in Zukunft in Anmeldeverfahren bis zum Ablauf der zukünftigen Jahresfrist **keinerlei Rechtssicherheit**. Wird eine Anmeldung eingetragen, könnte das Amt hiernach bei Vorliegen eines materiellen Fehlers die Eintragung noch ein Jahr lang wiederrufen! Die Neuregelung scheint mit Blick auf das Gebot der Rechtssicherheit bedenklich.

2. Mehrseitige Verfahren

32 In mehrseitigen Verfahren muss es sich nach Art. 80 Abs. 1 um einen **für die Beteiligten offensichtlichen** Fehler handeln (HABM BK v. 29.11.2006 – R 315/2005-4 und R 1335/2005-4 REV Rn. 9 – HUMANITAS Humanidades Médicas/HUMANITAS online; Eisenführ/Schennen Rn. 14).

33 Das Amt hat nach Regel 53a Abs. 4 iVm Abs. 1 GMDV alle Beteiligten von seiner Absicht, die Entscheidung von Amts wegen zu widerrufen oder die Eintragung zu löschen, zu benachrichtigen und ihnen Gelegenheit zu geben, hierzu Stellung zu nehmen (→ Rn. 27, → Rn. 28). Die Stellungnahme einer Partei ist der jeweils anderen Parteien nach Regel 53a Abs. 1 S. 2 GMDV weiterzuleiten und iht ist ggf. Gelegenheit zu geben, Stellung zu nehmen.

34 Stimmen die Beteiligten der Absicht des Amtes zu oder nehmen sie keine Stellung, so widerruft das Amt die Entscheidung oder löscht die Eintragung und unterrichtet die Parteien entsprechend (HABM BK v. 30.11.2009 – R 864/2008-4-REV Rn. 9 – PAGO). Stimmt eine der Parteien nicht zu, entscheidet das Amt (Regel 53a Abs. 4 iVm Abs. 1 GMDV).

35 Beantragt ein **durch** einen möglichen Fehler **Beschwerter** eine Löschung oder einen Widerruf, prüft das Amt zunächst, ob die Voraussetzungen des Art. 80 vorliegen. Falls ja, unterrichtet es den anderen Beteiligten entsprechend und gibt ihm Gelegenheit zur Stellungnahme. Der Antragsteller enthält hiervon eine Kopie. Stimmt der andere Beteiligte zu, widerruft das Amt die Entscheidung oder löscht die Eintragung. Stimmt er nicht zu, entscheidet es (EUIPO-Richtlinien, Teil A, Allgemeine Regeln, Abschnitt 6, 1.3.2.2).

36 Stellt hingegen ein **durch** einen Fehler **Begünstigter** einen Antrag auf Löschung oder Widerruf und liegen die Voraussetzungen für einen Widerruf vor, bedarf es keiner Anhörung des durch den Fehler Beschwerten. Das Amt informiert den Beschwerten lediglich über den Antrag und den Widerruf der Entscheidung (EUIPO-Richtlinien, Teil A, Allgemeine Regeln, Abschnitt 6, 1.3.2.2). Liegen die Voraussetzungen für einen Widerruf oder eine Löschung aber nicht vor, weist das Amt den Antrag zurück und informiert die Beteiligten (EUIPO-Richtlinien, Teil A, Allgemeine Regeln, Abschnitt 6, 1.3.2.2).

3. Rechtsfolge bei Nichteinhaltung des Verfahrens

37 Wird das in Art. 80 Abs. 1 iVm Regel 53a GMDV vorgesehen Verfahren nicht beachtet, mangelt es dem Widerruf ein einem wesentlichen Verfahrensfehler, der zu einer Aufhebung des Widerrufs oder die einen Widerruf ablehnende Entscheidung führt (HABM BK v. 18.4.2014 – R 1904/2014-5 Rn. 20 – Dualproof; v. 4.12.2012 – R 2433/2011-4 Rn. 26 ff. – SAN FABIO/SAN).

V. Frist (Art. 81 Abs. 2 S. 2)

38 Nach Art. 81 Abs. 2 S. 2 werden die Löschung oder der Widerruf binnen **sechs Monaten** (ab dem 1.10.2017 einem Jahr) ab dem Datum der Eintragung in das Register oder dem Erlass der Entscheidung **angeordnet**. Im Zuge der Reform wird die Frist von sechs Monate auf ein Jahr erhöht worden.

39 Nach der **Praxis des Amtes in der ersten Instanz** genügte es bislang, dass das Amt den Beteiligten innerhalb von sechs Monaten seine Absicht mitteilt, die Entscheidung zu widerrufen oder die Eintragung zu löschen. Der Widerruf selbst konnte später erfolgen (EUIPO-Richtlinien, Teil A, Allgemeine Regeln, Abschnitt 6, 1.3.1 (b)). Diese Praxis stimmte nicht mit dem Wortlaut des Gesetzes überein und dürfte aufgrund der gebotenen, restriktiven Auslegung der Ausnahmevorschrift **rechtswidrig** sein (→ Rn. 4, → Rn. 23). Da die Frist im Zuge der Reform auf ein ganzes Jahr verlängert wird, ist eine vom Amt

vorgenommene weite Auslegung der Vorschrift in Zukunft umso weniger geboten. Noch ist nicht bekannt, ob das Amt seine Praxis mit Blick auf die Fristverlängerung ändern wird.

Nach **Rechtsprechung des EuG und ständiger Praxis der Beschwerdekammern** 40 muss das **Widerrufsverfahren** innerhalb der sechs monatigen Frist ab der Zustellung der Entscheidung bzw. ab Eintragung **abgeschlossen sein** (EuG T-36/09, BeckRS 2011, 81321 Rn. 104 – dm; T-275/10, BeckRS 2012, 80861 Rn. 24 – Mpay24; HABM BK v. 24.5.2012 – R 1369/2011-1 – RECORDAL ON TRANSFER OF OWNERSHIP; v. 9.11.2009 – R 78/2009-4 Rn. 13, 17 – Hudson; v. 11.8.2009 – R 601/2008-4, R 1199/2008-4 Rn. 22 – DIPLOMATICO/DIPLOMAT; v. 18.3.2009 – R 1632/2008-2 Rn. 20 f. – MEPOS (FIG. MARK); v. 25.9.2008 – R 839/2008-4 Rn. 3 – KinaseProfiler; v. 18.1.2008 – R 692/2007-4 Rn. 4 – MEGO/TEGO (WIDERRUF)). Dies muss umso mehr für die zukünftige einjährige Frist gelten.

VI. Zuständige Stelle und Verhältnis zur Beschwerde

1. Zuständige Stelle (Abs. 2 S. 1)

Nach Art. 80 Abs. 2 S. 1 wird die Löschung oder der Widerruf von derjenigen Stelle 41 angeordnet, die die Eintragung vorgenommen oder die Entscheidung erlassen hat. Nach der zum 1.10.2017 in Kraft tretenden Neufassung des Art. 80 Abs. 4 wird ein bereits anhängiges Beschwerdeverfahren gegenstandslos, sobald das Amt seine Entscheidung gemäß Art. 80 Abs. 1 erstinstanzlich widerruft. Die Beschwerdegebühr wird dem Beschwerdeführer dann erstattet.

Damit klärt Abs. 4 die bislang offene Frage, ob die **Zuständigkeit der ersten Instanz** für einen 41.1 Widerruf **endet, sobald** eine **Beschwerde** eingereicht wurde. Nach den Prüfungsrichtlinien des Amtes (Teil A, Allgemeine Regeln, Abschnitt 6, 1.3.1 (c)), einer Entscheidung der Großen Beschwerdekammer aus dem Jahr 2009 (v. 28.4.2009 – R 323/2008-G Rn. 22 ff. – BEHAVIOURAL INDEXING; EuG T-310/09 und T-383/09, BeckRS 2011, 80711, wobei diese Frage aber nicht Verfahrensgegenstand war) und einer Reihe von Beschwerdekammerentscheidungen (HABM BK v. 13.11.2012 – R 1898/2011-4 Rn. 19 – SKYLOG/SKY et al.; v. 11.8.2009 – R 601/2008-4, R 1199/2008-4 Rn. 21 – DIPLOMATICO/DIPLOMAT; v. 9.1.2008 – R 702/2007-1 Rn. 21 – Net Scout/Scout 24) war kein Widerruf durch die Dienststelle der ersten Instanz mehr möglich, sobald eine Beschwerde eingelegt wurde. Widerrief die Stelle der ersten Instanz ihre Entscheidung dennoch und erließ eine korrigierte Entscheidung, so war die zweite, korrigierte Entscheidung aufgrund eines Kompetenzmangels nichtig (→ Rn. 6). Allerdings konnte die Dienststelle erster Instanz innerhalb der Beschwerde nach Art. 61, 62 Abhilfe schaffen.

Hingegen schien das EuG davon auszugehen, dass das Beschwerde- und das Widerrufsverfahren 41.2 **parallel zueinander bestehen.** Da der Widerruf innerhalb von sechs Monaten nach dem Erlass der Entscheidung ergehen müsse, werde die Kammer bis dahin in der Regel noch keine Entscheidung getroffen haben. Mit dem wirksamen Widerruf werde die Beschwerde gegenstandslos. Bestätigte die Beschwerdekammer eine Entscheidung, die später widerrufen wird, habe dies lediglich zur Folge, dass eine neue Entscheidung erlassen werden müsste. Falls die Beschwerdekammer die Entscheidung aufhebe, so sei das Verfahren zum Widerruf der Entscheidung gegenstandslos (EuG T-36/09, BeckRS 2011, 81321 Rn. 104 – dm; HABM BK v. 2.6.2010 – R 222/2009-4 Rn. 10 f. – PLAYBOY/PLAYBOY; v. 29.4. 2009 – R 1016/2008-2 Rn. 12 – Miles&Smiles; v. 10.3.2008 – R 1442/2007-2 Rn. 11 – AVONTEC/AVANTEC; v. 8.5.2007 – R 1273/2006-1 Rn. 11 – C-clear/Zeclar). Dieser Ansatz wurde nun kodifiziert.

2. Kein Einfluss auf die Beschwerde (Abs. 3)

Der Antrag bzw. das Verfahren auf Widerruf einer Entscheidung hat nach Art. 80 Abs. 3 42 keinen Einfluss auf eine mögliche Beschwerde bzw. Klage. Die Beschwerde- oder Klagefrist werden durch ein Widerrufsverfahren nicht gehemmt oder unterbrochen (EuG T-36/09, BeckRS 2011, 81321 Rn. 101 – dm; T-419/07, BeckRS 2009, 70741 Rn. 31 ff. – OKATECH). Hieran ändert auch die Reform nichts.

Um auf **Nummer sicher** zu gehen, sollte der durch die erste, fehlerhafte Entscheidung 43 Beschwerte **fristgerecht eine Beschwerde einlegen,** selbst falls das Amt den Parteien bereits angekündigt hat, die Entscheidung widerrufen zu wollen. Das Amt ist an seine

Absichtserklärung nicht gebunden (HABM BK v. 11.8.2009 – R 601/2008-4, R 1199/2008-4 Rn. 22 – DIPLOMATICO/DIPLOMAT). Legt der Beschwerte kein Rechtsmittel ein, läuft er Gefahr, es zu verlieren (vgl. zum Vertrauensschutz EuG T-36/09, BeckRS 2011, 81321 Rn. 107 ff. – dm; T-419/07, BeckRS 2009, 70741 Rn. 46 ff. – OKATECH).

VII. Rechtsfolge

44 Gegen den Widerruf oder die Löschung kann Beschwerde bzw. Klage eingereicht werden (vgl. HABM BK v. 9.11.2009 – R 78/2009-4 Rn. 4 ff. – Hudson). Die Beschwerde hat aufschiebende Wirkung, so dass die ursprüngliche Entscheidung zunächst wirksam bleibt (vgl. Eisenführ/Schennen Rn. 25).

45 Wurde eine Entscheidung nach Art. 80 rechtswirksam widerrufen oder ein Eintrag gelöscht, so wird die Entscheidung bzw. der Eintrag behandelt, als hätten sie nie existiert. Das Verfahren wird auf den Stand vor Treffen der Entscheidung zurückgesetzt (HABM BK v. 9.11.2009 – R 78/2009-4 Rn. 20 – Hudson; EUIPO-Richtlinien, Teil A, Allgemeine Regeln, Abschnitt 6, 1.1 aE).

46 Hat der Widerruf oder die Löschung Auswirkungen auf eine bereits veröffentlichte Entscheidung bzw. Registereintragung, wird der Widerruf bzw. die Löschung ebenfalls nach Regel 53a Abs. 5 GMDV veröffentlicht (EUIPO-Richtlinien, Teil A, Allgemeine Regeln, Abschnitt 6, 1.3.2.2).

47 Das Amt erlässt nach Widerruf einer Entscheidung eine neue Entscheidung. Die ersetzende Entscheidung kann auch mit dem Widerruf ergehen. Gegen diese Entscheidung steht dann wiederum der Weg der Beschwerde bzw. Klage offen, vorausgesetzt die Entscheidung ist nicht aufgrund eines schwerwiegenden Mangels nichtig (→ Rn. 6; HABM BK v. 5.2.2010 – R 726/2008-4 – SALVE/SALVEO).

C. Berichtigung von sprachlichen Fehlern, Übersetzungsfehlern, offensichtlichen Versehen in einer Entscheidung oder einem dem Amt zuzuschreibenden technischen Fehler

48 Die Berichtigung von sprachlichen Fehler, Schreibfehlern oder offensichtlichen Fehlern ist nunmehr in Art. 79d Abs. 1 geregelt, der die Vorschrift der Regel 53 GMDV übernimmt. Es wird auf die eingehende Kommentierung in → Art. 79d Rn. 1 ff. verwiesen.

49 Gemäß Art. 80 Abs. 4 bestehen die Möglichkeiten eines Widerrufs oder einer Löschung nach Art. 80 und einer Berichtigung nach Art. 79d einer Entscheidung grundsätzlich nebeneinander (so auch Bender in Fezer, HdB Markenpraxis, Bd. I 2. Teil Rn. 1402, aA Eisenführ/Schennen Rn. 5). Während Art. 79d lediglich Fehler wie offensichtliche Verschreiben oder ähnliche Irrtümer, die einfach zu berichtigen sind, umfasst, so dass es keines Widerrufs der Entscheidung bedarf, umfasst Art. 80 schwerwiegende Fehler, die eine Aufhebung der fehlerhaften Entscheidung erfordern. Der Anwendungsbereich kann sich überschneiden (s. auch Pohlmann Kap. 1 § 1 Rn. 241).

D. Berichtigung von Fehlern in der Veröffentlichung einer Anmeldung oder Eintragung (Regel 14, 27 GMDV)

50 Was die Berichtigung von Fehlern einer Eintragung betrifft, kann die Eintragung nach Art. 80 nur vollständig gelöscht werden. Eine Fehlerbehebung der Eintragung ist nach Regel 27 bzw. zukünftig nach Art. 79d Abs. 1 möglich. Es wird auf die Kommentierung zu Art. 79d verwiesen (→ Art. 79d Rn. 1 ff.).

Art. 81 Wiedereinsetzung in den vorigen Stand

(1) Der Anmelder, der Inhaber der Unionsmarke oder jeder andere an einem Verfahren vor dem Amt Beteiligte, der trotz Beachtung aller nach den gegebenen Umständen gebotenen Sorgfalt verhindert worden ist, gegenüber dem Amt eine Frist einzuhalten, wird auf Antrag wieder in den vorigen Stand eingesetzt, wenn

die Verhinderung nach dieser Verordnung den Verlust eines Rechts oder eines Rechtsmittels zur unmittelbaren Folge hat.

(2) ¹Der Antrag ist innerhalb von zwei Monaten nach Wegfall des Hindernisses schriftlich einzureichen. ²Die versäumte Handlung ist innerhalb dieser Frist nachzuholen. ³Der Antrag ist nur innerhalb eines Jahres nach Ablauf der versäumten Frist zulässig. ⁴Ist der Antrag auf Verlängerung der Eintragung nicht eingereicht worden oder sind die Verlängerungsgebühren nicht entrichtet worden, so wird die in Artikel 47 Absatz 3 Satz 3 vorgesehene Frist von sechs Monaten in die Frist von einem Jahr eingerechnet.

(3) ¹Der Antrag ist zu begründen, wobei die zur Begründung dienenden Tatsachen glaubhaft zu machen sind. ²Er gilt erst als gestellt, wenn die Wiedereinsetzungsgebühr entrichtet worden ist.

(4) Über den Antrag entscheidet die Dienststelle, die über die versäumte Handlung zu entscheiden hat.

(5) Dieser Artikel ist nicht auf die in Absatz 2 sowie in Artikel 41 Absätze 1 und 3 und Artikel 82 genannten Fristen anzuwenden.

(6) Wird dem Anmelder oder dem Inhaber der Unionsmarke die Wiedereinsetzung in den vorigen Stand gewährt, so kann er Dritten gegenüber, die in der Zeit zwischen dem Eintritt des Rechtsverlusts an der Anmeldung oder der Unionsmarke und der Bekanntmachung des Hinweises auf die Wiedereinsetzung in den vorigen Stand unter einem mit der Unionsmarke identischen oder ihr ähnlichen Zeichen gutgläubig Waren in den Verkehr gebracht oder Dienstleistungen erbracht haben, keine Rechte geltend machen.

(7) Dritte, die sich auf Absatz 6 berufen können, können gegen die Entscheidung über die Wiedereinsetzung des Anmelders oder des Inhabers der Unionsmarke in den vorigen Stand binnen zwei Monaten nach dem Zeitpunkt der Bekanntmachung des Hinweises auf die Wiedereinsetzung in den vorigen Stand Drittwiderspruch einlegen.

(8) Dieser Artikel lässt das Recht eines Mitgliedstaats unberührt, Wiedereinsetzung in den vorigen Stand in Bezug auf Fristen zu gewähren, die in dieser Verordnung vorgesehen und den Behörden dieses Staats gegenüber einzuhalten sind.

Überblick

Art. 83 regelt die Wiedereinsetzung in den vorherigen Stand (restitutio in integrum) bei Fristversäumnis. Die Abs. 1 bis 3 nennen die **Voraussetzungen** für die Gewährung einer Wiedereinsetzung (→ Rn. 12 ff.). Abs. 5 nennt abschließend **Ausschlussfristen,** bei deren Versäumnis eine Wiedereinsetzung ausgeschlossen ist (→ Rn. 4 ff.). Abs. 4 regelt die **Zuständigkeit** hinsichtlich der Entscheidung über den Antrag auf Wiedereinsetzung (→ Rn. 64 f.). In Abs. 7 ist ein **Rechtsbehelf Dritter** geregelt, die auf den Rechtsverlust des Säumigen vertraut haben (→ Rn. 74 f.). Abs. 6 stellt fest, dass der Säumige keine Rechte gegen den gutgläubigen Dritten, der in den Rechtsverlust vertraut hat, geltend machen kann (→ Rn. 76).

Übersicht

	Rn.		Rn.
A. Inhalt	1	II. Unmittelbarer Rechtsverlust	13
B. Ausschluss der Wiedereinsetzung	4	III. Beteiligter des Verfahrens	16
I. Grundsatz	4	IV. Frist	18
II. Prioritätsanspruch	6	1. Zwei Monate nach Wegfall des Hindernisses	18
III. Widerspruchsfrist und -gebühr	8	2. Maximalfrist ein Jahr	25
IV. Frist für Wiedereinsetzung und Weiterbehandlung	10	3. Vorzunehmende Handlungen	27
		V. Gebühr	28
C. Voraussetzungen	12	VI. Begründeter Antrag	31
I. Grundsatz	12	VII. Nachholung der versäumten Handlung	34

	Rn.		Rn.
VIII. Einhaltung der gebotenen Sorgfalt	35	10. Höhere Gewalt	61
1. Inhalt und Umfang allgemein	35	**D. Rechtsfolge und Verhältnis zu anderen Rechtsmitteln**	62
2. Vertreter	38		
3. Fristenkontrolle	44	I. Rechtsfolge und Verhältnis zur Beschwerde	62
4. Rechtsirrtümer	51		
5. Arbeitsbelastung	52	II. Abgrenzung zur Weiterbehandlung	67
6. Krankheit und anderweitige Abwesenheit	54	**E. Rechtsmittel**	69
7. Abweichende Maßstäbe im nationalen Recht	55	**F. Schutz gutgläubiger Dritter**	74
8. Kurierdienste und Post	56	**G. Nationales Recht**	77
9. Amtsfehler	60		

A. Inhalt

1 Nach Art. 81 Abs. 1 wird ein vor dem Amt Beteiligter, der trotz Beachtung aller nach den gegebenen Umständen gebotenen Sorgfalt verhindert worden ist, gegenüber dem Amt eine Frist einzuhalten, auf Antrag wieder in den vorigen Stand eingesetzt, wenn die Verhinderung nach dieser Verordnung den Verlust eines Rechts oder eines Rechtsmittels zur **unmittelbaren** Folge hat. Durch die Wiedereinsetzung wird eine versäumte Handlung als rechtzeitig behandelt.

2 Der Antrag auf Wiedereinsetzung in den vorherigen Stand hat in der **Praxis** in den **wenigsten** Fällen Aussicht auf **Erfolg**. Die Anträge auf Wiedereinsetzung in den vorherigen Stand scheitern in der Regel daran, dass keine Einhaltung der gebotenen Sorgfalt glaubhaft gemacht wird. Das Amt stellt an die gebotene Sorgfalt **äußerst hohe Anforderungen.** Grundsätzlich ist bei **menschlichem Versagen, IT Problemen, postalischer Verzögerung** oder **wirtschaftlichem Notstand** die gebotene Sorgfalt **nicht gewahrt.** Es müssen außergewöhnliche Umstände zum Fristversäumnis geführt haben, die nicht vorhersehbar sind und nicht vom Willen des Beteiligten abhängen (→ Rn. 35 ff.). Daneben ist der Anwendungsbereich des Art. 81 dadurch beschränkt, dass das Fristversäumnis zu einem unmittelbaren Rechtsverlust führen muss. In vielen Fällen hat etwa die Säumnis einer Stellungnahmefrist keinen unmittelbaren Verlust zur Folge (→ Rn. 13).

2.1 Die Prüfungsrichtlinien vor dem Harmonisierungsamt (Teil A, Allgemeine Regeln, Abschnitt 8, 2) führen hierzu aus: „Wiedereinsetzung wird nur unter außergewöhnlichen Umständen gewährt, die nicht vorhersehbar sind und unabhängig vom Willen des Beteiligten auftreten. Dies umfasst beispielsweise den Fall eines Fehlers eines Kurierdienstes bei der Zustellung einer Mitteilung an das Amt, eines vom Amt herbeigeführten oder begangenen Fehlers oder eines Generalstreiks. Im Unterschied dazu werden menschliches Versagen bei der Verwaltung von Verlängerungsverfahren seitens des Vertreters oder des Betroffenen selbst, EDV -Probleme, Verzögerungen bei der Zustellung durch die Post, wirtschaftliche Schwierigkeiten oder Fehler bei der Berechnung der Fristen oder Missverständnisse im Hinblick auf das anwendbare Recht nicht als außergewöhnliche Umstände gewertet."

3 Die Beteiligten sollten daher **darauf achten,** alle **Handlungen fristgerecht** vorzunehmen. Ist eine Frist versäumt, sollte zunächst erwogen werden, ob alternativ zu einem Antrag auf Wiedereinsetzung eine **Weiterbehandlung** nach Art. 82 in Betracht kommt, für die eine Säumnis nicht gerechtfertigt werden braucht. Eine Weiterbehandlung kann alternativ bzw. parallel zu einer Wiedereinsetzung insbesondere bei der Versäumung einer Frist in einem **Verfahren vor der Löschungsabteilung,** bei der Versäumung eines **Antrags** auf **Nachweis einer Benutzung** oder der Versäumung der Einreichung von **Benutzungsunterlagen** sinnvoll sein (→ Art. 82 Rn. 17 ff.). Kommt keine Weiterbehandlung in Betracht sollte der Betroffene den Antrag auf Wiedereinsetzung sorgfältig begründen. Oftmals fehlt es einer überzeugenden Erklärung.

B. Ausschluss der Wiedereinsetzung

I. Grundsatz

4 Eine Wiedereinsetzung in den vorherigen Stand ist grundsätzlich zwar in **allen Verfahren vor dem Amt** möglich (EUIPO Richtlinien, Teil A, Allgemeine Regeln, Abschnitt 8, 2.1).

Allerdings ist eine Anwendung nach Art. 81 Abs. 5 für die in Art. 41 Abs. 1 und 3 bestimmten Handlungen und bei Versäumnis der in Art. 82 genannten Fristen **ausgeschlossen**. In diesen Fällen ist auch eine Weiterbehandlung nach Art. 82 nicht statthaft (→ Art. 82 Rn. 6 ff.). Neben den nachfolgenden Fristen, deren Versäumen einer Wiedereinsetzung in den vorherigen Stand nicht zugänglich ist, ist eine Wiedereinsetzung auch dann nicht möglich, falls diese zur Folge hätte, dass eine versäumte **Klagefrist vor dem EuG** (Art. 65) wieder aufleben würde (so in EuG v. 8.6.2016 – T-583/15 Rn. 36 ff. – Circle). In diesem Fall ist eine Wiedereinsetzung vor dem EuG zu beantragen.

Da es sich bei Art. 81 Abs. 5 um einen Ausnahmetatbestand handelt, der zur Beschränkung **5** der Verfahrensrechte des Betroffenen führt, ist dieser **eng** auszulegen (EuG T-277/06, GRUR Int 2009, 926 Rn. 49 – OMNICARE; → Rn. 9, → Rn. 11).

II. Prioritätsanspruch

Nach Art. 29 Abs. 1 kann ein Anmelder die Priorität einer identischen älteren nationalen **6** Marke innerhalb von **sechs Monaten** nach Einreichung der ersten nationalen Anmeldung geltend machen. Versäumt der Anmelder diese Frist kommt **keine** Wiedereinsetzung in Betracht.

Wird in der Anmeldung die Priorität einer früheren Anmeldungen in Anspruch genom- **7** men, so muss der Anmelder nach **Regel 6 Abs. 1 GMDV** innerhalb einer Frist von **drei Monaten** nach dem Anmeldetag das Aktenzeichen der früheren Anmeldung angeben und eine Abschrift von ihr einreichen. Ist die frühere Anmeldung nicht in einer der Sprachen des Amtes abgefasst, so fordert das Amt den Anmelder nach **Regel 6 Abs. 4 GMDV** auf, innerhalb einer vom Amt festgesetzten Frist von mindestens **drei Monaten** eine Übersetzung der früheren Anmeldung in einer dieser Sprachen vorzulegen. Wird eine dieser Fristen verpasst, **kommt** eine **Wiedereinsetzung** in den vorherigen Stand **in Betracht** (EUIPO Richtlinien, Teil A, Allgemeine Regeln, Abschnitt 8, 2.4). Ob in diesem Fall auch eine Weiterbehandlung nach Art. 82 statthaft ist, ist unklar (→ Art. 82 Rn. 10).

III. Widerspruchsfrist und -gebühr

Eine Wiedereinsetzung in den vorherigen Stand ist ausgeschlossen bei Versäumung der **8** dreimonatigen **Widerspruchsfrist** ab Veröffentlichung der Anmeldung (Art. 41 Abs. 1), innerhalb der auch die **Widerspruchsgebühr** zu entrichten ist (Art. 41 Abs. 3) (Prüfungsrichtlinien des Amtes, Teil A, Allgemeine Regeln, Abschnitt 8, 2.4; HABM BK v. 10.5.2011 – R 1619/2010-4 Rn. 11 ff. – LIFTRA/LIFTA).

Nicht von der Wiedereinsetzung ausdrücklich **ausgeschlossen** sind die **Widerspruchs-** **9** **begründung** sowie alle **anderen Fristen** im Rahmen des Widerspruchsverfahrens (Mitteilung Nr. 6/05 des Präsidenten des Amtes vom 16.9.2006; HABM BK v. 30.5.2007 – R 571/2006-2 Rn. 35 – DILLON'S/Dillon's, Edward Dillon & Co Limited). Art. 41 Abs. 3 S. 3 enthält selbst keine Frist, sondern bestimmt lediglich, dass das Amt dem Widersprechenden eine zusätzliche Gelegenheit zur Einreichung von Tatsachen, Beweismitteln und Bemerkungen zur Stützung des Widerspruchs geben muss, so dass diese nicht mit dem Widerspruch eingereicht werden müssen. Allerdings ist bei Versäumen einer Stellungnahmefrist zweifelhaft, ob dies einen unmittelbaren Rechtsverlust zur Folge hat (→ Rn. 13 ff.).

IV. Frist für Wiedereinsetzung und Weiterbehandlung

Von einer Wiedereinsetzung sind die Fristen für den Antrag auf Wiedereinsetzung **10** (→ Rn. 12 ff.) und die Frist für den Antrag auf Weiterbehandlung (Art. 82 Abs. 1) ausgeschlossen. Der Ausschluss bezieht sich auf alle im Wiedereinsetzungs- bzw. Weiterbehandlungsverfahren versäumten Handlungen (vgl. Mitteilung Nr. 6/05 des Präsidenten des Amtes vom 16.9.2006; Prüfungsrichtlinien des Amtes, Teil A, Allgemeine Regeln, Abschnitt 8, 2.4).

Nicht von der Wiedereinsetzung ausgeschlossen sind die Fristen, die in Art. 82 Abs. 2 **11** genannt sind (Mitteilung Nr. 6/05 des Präsidenten des Amtes vom 16.9.2006; vgl. auch EuG BeckRS 2009, 70588 Rn. 22 – AURELIA; (→ Art. 82 Rn. 6).

C. Voraussetzungen

I. Grundsatz

12 Die nachfolgenden Voraussetzungen müssen **allesamt** erfüllt sein, damit eine Wiedereinsetzung in den vorherigen Stand gewährt werden kann. Da die Einhaltung von Fristen zum zwingenden Recht gehört, sind Voraussetzungen für die Anwendung von Art. 81 Abs. 1 **strikt auszulegen** (EuG BeckRS 2012, 81909 Rn. 35 – VR; HABM BK v. 26.6.2012 – R 1705/2011-1 Rn. 15, 17 – LiftPartners Great parts. Great people.). Sie hängen nicht davon ab, welcher Art der Rechtsverlust ist (HABM BK v. 24.8.2012 – R 2575/2011-4 Rn. 14 – CLUBLAND IBIZA/CLUBLAND IBIZA).

II. Unmittelbarer Rechtsverlust

13 Nach Art. 81 Abs. 1 ist der Antrag auf Wiedereinsetzung bei der Versäumnis einer Frist zulässig, die den **Verlust eines Rechts** oder eines **Rechtsmittels** zur unmittelbaren Folge hat. Ein unmittelbarer Rechtsverlust soll nach der Praxis des Amtes an die Versäumnis folgender Fristen geknüpft sein:
- Die Versäumnis der Entrichtung der **Anmeldegebühr**. Sie hat zur Folge, dass nicht der Tag, an dem die Anmeldung eingereicht wurde, als Anmeldetag anerkannt wird (EuG GRUR Int 2001, 975 Rn. 55 – DAKOTA).
- Die Versäumnis einer **Stellungnahmefrist bei Beanstandung einer Anmeldung** (Art. 36 Abs. 1 und 4, Art. 37, Regel 11 GMDV. Es besteht ein Zusammenhang zwischen Fristversäumnis und möglicherweise anschließender Zurückweisung der Anmeldung (Prüfungsrichtlinien des Amtes, Teil A, Allgemeine Regeln, Abschnitt 8, 2.5). In diesem Fall ist aber auch an eine Weiterbehandlung zu denken (→ Art. 82 Rn. 14).
- Die Versäumnis einer **Stellungnahmefrist im zweiseitigen Verfahren** (Widerspruchs-, Nichtigkeit- oder Verfallsverfahren), falls das Amt die Stellungnahme nicht nach Art. 76 Abs. 2 berücksichtigt. Der Rechtsverlust soll in der Nichtbeachtung der in der Stellungnahme vorgetragenen Tatsachen und Beweismittel liegen (EUIPO Richtlinien, Teil A, Allgemeine Regeln, Abschnitt 8, 2.5). Im Falle der Versäumnis von Stellungnahmefristen vor der **Löschungsabteilung** sollte der Säumige alternativ zu einem Antrag auf Wiedereinsetzung einen Antrag auf **Weiterbehandlung** erwägen (→ Art. 82 Rn. 4).
- Die Versäumnis der **Beschwerde-**, der **Beschwerdebegründungsfrist** (vgl. EuG BeckRS 2011, 80898 Rn. 33 – PEPEQUILLO; HABM BK v. 26.10.2012 – R 1100/2012-5 Rn. 14 – SYMBIOVAG/SYMBIORAM), der rechtzeitigen Zahlung der **Beschwerdegebühr** und jeder sonstigen Versäumnis einer **Stellungnahmefrist im Beschwerdeverfahren.** Anders als bei der Widerspruchsfrist (→ Rn. 8 f.) ist eine Versäumung der Beschwerdefrist also nicht von der Wiedereinsetzung ausgeschlossen (EuG BeckRS 2011, 81351 Rn. 46 – OMNICARE).
- Die **Versäumnis der Verlängerungsfrist.** Der Rechtsverlust liegt in dem Erlöschen der Unionsmarke.
- Die Versäumnis der Frist für eine **Umwandlung** der Unionsmarke in nationale Rechte (vgl. HABM BK 14.6.2012 – R 2235/2011-1 Rn. 14 ff. – KA).

14 Diese Amtspraxis ist mit Blick auf das Erfordernis der Unmittelbarkeit des Rechtsverlustes nicht unbedenklich. Die Säumnis einer Stellungnahmefrist hat keinen unmittelbaren Rechtsverlust zur Folge. Der weite Anwendungsbereich der restitutio in Inter-partes-Verfahren ist auch deshalb bedenklich, weil der andere Beteiligte nicht gehört wird und keine Beschwerde gegen die Wiedereinsetzung einreichen kann. Die Tatsache, dass eine Beteiligung des anderen Beteiligten nicht vorgesehen ist, spricht dafür, den Anwendungsbereich der Norm auf die Versäumung von Fristen zu beschränken, die tatsächlich einen unmittelbaren Rechtsverlust zur Folge haben, wie etwa das Nichtbezahlen einer Gebühr (siehe aber → Rn. 8). **Keinen** unmittelbaren **Rechtsverlust** hat die Versäumnis jedenfalls von verfahrensrechtlichen Möglichkeiten der Beteiligten zur Folge, wie die Versäumnis der Verlängerung der **Cooling-off** Frist (Art. 18 Abs. 1) oder der **Beantragung einer mündlichen Verhandlung** (Art. 77; EUIPO Richtlinien, Teil A, Allgemeine Regeln, Abschnitt 8, 2.5).

15 Nicht eindeutig ist, ob eine Wiedereinsetzung möglich ist bei der Versäumnis der Stellung eines **Antrags auf Einreichung von Benutzungsunterlagen** im Widerspruch (Art. 42

Abs. 2, Regel 22 Abs. 2 GMDV). Nach der Praxis des Amts soll eine Wiedereinsetzung ausgeschlossen sein, da hiermit kein unmittelbarer Rechtsverlust verbunden sei (Prüfungsrichtlinien des Amtes, Teil A, Allgemeine Regeln, Abschnitt 8, 2.5; Eisenführ/Schennen Art. 76 Rn. 50). Das EuG hat in einer Entscheidung aus dem Jahre 2011 allerdings festgestellt, dass die Versäumnis der Nichtbenutzungseinrede einer Wiedereinsetzung zugänglich ist (EuG v. 11.5.2011 – T-74/10 Rn. 26 – FLACO). Da nach der Amtspraxis jedenfalls eine Weiterbehandlung gewährt wird, sollte der Betroffene es zumindest mit einem Antrag auf Wiedereinsetzung und mit einem Antrag auf Weiterbehandlung versuchen (→ Art. 82 Rn. 18).

III. Beteiligter des Verfahrens

Es muss sich bei dem Antragsteller um einen **Beteiligten** des Verfahrens handeln, in dem die vorzunehmende Handlung versäumt wurde. Hat der Inhaber einer Unionsmarke beispielsweise versäumt, diese fristgerecht zu verlängern, so ist grundsätzlich nur der Inhaber Beteiligter des Verfahrens, es sei denn, er hat ausdrücklich einen Dritten zur Verlängerung ermächtigt (EuG BeckRS 2009, 70499 Rn. 16 – JURADO). Selbst der **ausschließliche Lizenznehmer** ist ohne eine (vertragliche) ausdrückliche Ermächtigung **nicht berechtigt**, die Unionsmarke zu verlängern, und damit nicht Beteiligter des Verfahrens (EuG BeckRS 2009, 70499 Rn. 21, 24 – JURADO). Er kann somit auch keinen Antrag auf Wiedereinsetzung bei Versäumnis der Verlängerung stellen. Der Lizenznehmer wird auch nicht dadurch zum Beteiligten, dass er mit dem Amt im Schriftverkehr steht (EuG BeckRS 2009, 70499 Rn. 17 f. – JURADO). 16

Nach **Art. 25** kann eine Unionsmarke auch bei der Zentralbehörde gewerblichen Rechtsschutzes eines Mitgliedstaates angemeldet werden. Wird der Antrag innerhalb von zwei Monaten von der nationalen Behörde an das Amt weitergeleitet so gilt als Anmeldedatum das Datum, an dem die Anmeldung bei der nationalen Behörde eingereicht wurde. Wird die Zweimonatsfrist versäumt so gilt als Anmeldedatum nach Art. 25 Abs. 3 das Datum, an dem die Anmeldung das Amt tatsächlich erreichte. Da es sich bei der Versäumung der zweimonatigen Frist nicht um die Säumnis durch eine der Parteien handelt, ist diese Frist nicht der Wiedereinsetzung zugänglich (Prüfungsrichtlinien des Amtes, Teil A, Allgemeine Regeln, Abschnitt 8, 2.3). 17

IV. Frist

1. Zwei Monate nach Wegfall des Hindernisses

Nach Art. 81 Abs. 2 S. 1 ist der Antrag auf Wiedereinsetzung in den vorherigen Stand innerhalb von **zwei Monaten nach Wegfall des Hindernisses** schriftlich einzureichen. 18

Der Wegfall des Hindernisses iSd Abs. 2 S. 1 tritt in dem Moment ein, in dem der Betroffene von der Fristversäumnis bzw. den Tatsachen, die zum Fristversäumnis geführt haben, weiß oder hätte wissen müssen (EUIPO Richtlinien, Teil A, Allgemeine Regeln, Abschnitt 8, 3.1). 19

Dies ist **spätestens** der Fall, sobald **das Amt den Beteiligten** oder seinen Vertreter von dem Fristversäumnis bzw. dem Mangel **schriftlich** oder **telefonisch informiert** (EuG GRUR Int 2009, 417 Rn. 77 – Neurim Pharmaceuticals). Das Hindernis ist zB in dem Moment wegegefallen, in dem das Amt den Unionsmarkeninhabers bzw. seine Vertreter darüber informiert, dass die Marke mangels Verlängerung gelöscht wird (vgl. EuGH C-479/09 P, GRUR Int 2011, 258 Rn. 36 ff. – DANELECTRO and QWIK TUNE), dass die Beschwerdeschrift in der falschen Sprache eingereicht (EuG GRUR Int 2009, 417 Rn. 75 – Neurim Pharmaceuticals) oder die Beschwerdegebühr nicht entrichtet wurde (HABM BK v. 25.9.2011 – R 855/2011-4 Rn. 13 – WOLF/WOLF). 20

Hat der Betroffene einen **Vertreter** bestellt ist nach Regel 77 GMDV auf die Kenntnis des Vertreters abzustellen. Es kommt darauf an, wann der Vertreter informiert wurde und nicht, wann der Vertreter die Information an den Betroffenen weiterleitete (EuGH C-479/09 P, GRUR Int 2011, 258 Rn. 41 – DANELECTRO and QWIK TUNE). Sind mehrere Vertreter bestellt genügt nach Regel 67 Abs. 2 GMDV die Benachrichtigung eines Vertreters (EuGH C-479/09 P, GRUR Int 2011, 258 Rn. 48 – DANELECTRO and QWIK TUNE). 21

22 Erfährt der Beteiligte bzw. sein Vertreter bereits vor einer Mitteilung des Amtes davon, dass eine Frist versäumt wurde, ist der Tag entscheidend, an dem Kenntnis erlangt wurde und nicht der Tag, an dem die Amtsmitteilung zugegangen ist. Das Amt ist nicht verpflichtet, den Betroffenen auf die Fristversäumnis bzw. einen entsprechenden Mangel hinzuweisen (EuG GRUR Int 2009, 417 Rn. 77 – Neurim Pharmaceuticals; EuG GRUR Int 2003, 1013 Rn. 41 – BECKETT EXPRESSION).

23 Hat der Beteiligte eine Frist aufgrund **Krankheit** versäumt ist das Hindernis an dem Tag weggefallen, an dem er an seinen Arbeitsplatz zurückkehrt (EuG GRUR Int 2003, 1013 Rn. 38 – BECKETT EXPRESSION; Prüfungsrichtlinien des Amtes, Teil A, Allgemeine Regeln, Abschnitt 8, 3.1; aber → Rn. 54).

24 Der **Hinderungsgrund** muss k**ausal für** die **Nichtvornahme der fristgebundenen Handlung** sein (HABM BK v. 26.3.2012 – R 1088/2011-4 Rn. 8 – VERBUND; v. 20.9.2010 – R 1468/2009-4 Rn. 12 – DOS/VOSS I). Das heißt, dass die gebotene Handlung bei Hinwegdenken des Hinderungsgrundes bzw. bei Hinzudenken der ordnungsgemäßen Handlung fristgemäß vorgenommen worden wäre. **Keine Kausalität** liegt beispielsweise **in folgenden Fällen** vor:
- Ist Hinderungsgrund eine **Störung oder Überlastung eines Faxgerätes,** so fehlt es an einer Kausalität, falls diese Störung einen Tag vor Fristablauf auftritt und der Beteiligte es unterlässt, weitere Übermittlungsversuche zu unternehmen. Ursächlich für den verspäteten Zugang ist dann nicht die vorübergehende Faxstörung sondern der Umstand, dass es der Vertreter sorgfaltswidrig unterlassen hat, erneute Übermittlungsversuche in der verbleibenden Frist vorzunehmen (HABM BK v. 26.3.2012 – R 1088/2011-4 Rn. 10 f. – VERBUND; ähnlich auch EuG v. 9.9.2015 – T-666/14 Rn. 37 ff. – REEN BEAN). In diesem Fall müsste der Beteiligte einen Hinderungsgrund für die Veranlassung erneuter Übermittlungsversuche geltend machen.
- Bei der **fehlerhaften Notierung einer Beschwerdebegründungsfrist** von sechs Monaten anstatt vier Monaten ab Zustellung der angefochtenen Entscheidung ist in der Regel das Fristenkontrollsystem nicht ursächlich für die Säumnis. Vielmehr beruht diese auf einen Rechtsirrtum (→ Rn. 51).
- Ist der Hinderungsgrund, dass der **Säumige eine Frist falsch notiert,** so liegt keine Kausalität vor, falls selbst die falsch notierte Frist nicht eingehalten wird. In diesem Fall wäre es auch zu einer Säumnis gekommen, falls die Frist richtig notiert worden wäre. Die gebotene Sorgfalt umfasst die Einhaltung notierter Fristen generell (HABM BK v. 20.9.2010 – R 1468/2009-4 Rn. 16 – DOS/VOSS I).

2. Maximalfrist ein Jahr

25 Art. 81 Abs. 2 S. 3 sieht eine **Maximalfrist** von **einem Jahr** nach Ablauf der versäumten Frist vor. Falls das Hindernis iSd Abs. 2 S. 1 also erst ein Jahr nach Fristversäumnis entfällt, ist keine Wiedereinsetzung in den vorherigen Stand möglich (vgl. EuG GRUR Int 2005, 680 Rn. 86 – PAN & CO).

26 Handelt es sich bei der versäumten Frist um die **Verlängerung** einer Unionsmarke, so wird dem Inhaber ohnehin nach Art. 47 Abs. 3 eine sechsmonatige Nachfrist nach Ablauf der Schutzdauer der Marke gewährt. Diese sechs Monate sind nach Art. 81 Abs. 2 S. 4 in die Maximalfrist einzurechnen. Nach Ablauf der Nachfrist hat der Anmelder folglich maximal weitere sechs Monate, um eine Wiedereinsetzung in den vorherigen Stand zu beantragen.

3. Vorzunehmende Handlungen

27 Innerhalb der vorgenannten Fristen hat der Betroffene den Antrag auf Wiedereinsetzung zu stellen (→ Rn. 31), den Antrag zu begründen (→ Rn. 33), die Wiedereinsetzungsgebühr zu entrichten (→ Rn. 28) und die versäumte Handlung (→ Rn. 34) nachzuholen. Andernfalls gilt der Antrag als nicht gestellt (bei nicht Zahlung der Gebühr, Art. 81 Abs. 3 S. 2) oder er ist unzulässig.

V. Gebühr

28 Nach Art. 81 Abs. 3 S. 2 gilt der Antrag auf Wiedereinsetzung erst als gestellt, wenn die Wiedereinsetzungsgebühr entrichtet ist (vgl. EuG GRUR Int 2009, 417 Rn. 78 – Neurim

Pharmaceuticals; HABM BK v. 16.4.2012 – R 2205/2011-4 Rn. 8 – SECUSAFE/SECU; HABM BK v. 25.9.2011 – R 855/2011-4 Rn. 15, 17 – WOLF/WOLF). Daraus folgt, dass die Gebühr **innerhalb der Frist** zur Einreichung des Antrags zu leisten ist (→ Rn. 12 ff.; vgl. HABM BK v. 16.4.2012 – R 2205/2011-4 Rn. 8 – SECUSAFE/SECU; HABM BK v. 25.9.2011 – R 855/2011-4 Rn. 15 – WOLF/WOLF). Die Gebühr beläuft sich auch nach der Reform weiterhin auf 200 Euro (ab 23.3.2016 → Anhang-I Rn. 1).

Das Amt ist nicht verpflichtet, den Antragsteller darauf hinzuweisen, dass die Entrichtung 29 der Wiedereinsetzungsgebühr aussteht (HABM BK v. 25.9.2011 – R 855/2011-4 Rn. 16 – WOLF/WOLF).

Die Gebühr wird erstattet, falls diese zu spät entrichtet wird. Sie wird allerdings **nicht** 30 **erstattet,** falls der Antrag auf Wiedereinsetzung unzulässig oder unbegründet ist.

VI. Begründeter Antrag

Eine Wiedereinsetzung wird nur auf Antrag gewährt. Der Antrag auf Wiedereinsetzung 31 muss nach Art. 81 Abs. 2 S. 1 **schriftlich und fristgerecht** (→ Rn. 18 ff.) gestellt werden. Er sollte alle relevanten Daten enthalten (Identität des Antragstellers, Angaben zum Ausgangsverfahren usw.) und **unterschrieben** sein.

Der Antrag ist in der **Sprache** des Ausgangsverfahrens zu stellen: im Eintragungsverfahren 32 also die erste oder zweite Sprache, die in der Anmeldung angegeben wurde; im Widerspruchsverfahren, die Sprache des Widerspruchs und im Verlängerungsverfahren eine der 5 Sprachen des Amtes (Art. 119 Abs. 2; Prüfungsrichtlinien des Amtes, Teil A, Allgemeine Regeln, Abschnitt 8, 3.3).

Der Antrag muss nach Art. 81 Abs. 3 S. 1 **begründet** werden. Der Antragsteller sollte 33 detailliert darlegen, inwiefern er die ihm gebotene Sorgfalt beachtet hat, insbesondere welche Maßnahmen er getroffen hat und weshalb es dennoch zur Fristversäumnis gekommen ist. Er sollte darlegen, weshalb die Umstände, die zum Fristverlust geführt haben außergewöhnliche und somit nicht kraft Erfahrung vorhersehbare Ereignisse sind (EuG T-271/09, GRUR Int 2012, 360 Rn. 61 – Romuald Prinz Sobieski zu Schwarzenberg; HABM BK – 26.10.2012 – R 1100/2012-5 Rn. 17 – SYMBIOVAG/SYMBIORAM; → Rn. 35 ff.). Die zur Begründung dienenden Tatsachen sind **glaubhaft** zu machen. Soweit möglich sollten zur Glaubhaftmachung Beweise vorgelegt werden (Art. 78) wie zB Erklärungen der Beteiligten für die Einhaltung der gebotenen Sorgfalt (EUIPO Richtlinien, Teil A, Allgemeine Regeln, Abschnitt 8, 3.4). Eine **eidesstattliche Versicherung** des Vertreters ist zur Glaubhaftmachung der Tatsachen, anders als im deutschen Recht, regelmäßig **nicht** ausreichend (→ Art. 78 Rn. 66 ff.). Sie ist ggf. durch weitere Beweismittel (zB Erklärungen Dritter, Faxberichte, Kurierbestätigungen) zu ergänzen (EuG T-585/13, BeckRS 2015, 80857 Rn. 27 – Gauff JBG Ingenieure). Auch sollte der Antragsteller darauf achten, dass der geltend gemachte Hinderungsgrund tatsächlich **kausal** für die Säumnis ist (→ Rn. 24). Häufig fehlt es den Anträgen an einer plausiblen Begründung (vgl. EuG T-314/10, BeckRS 2012, 81793 Rn. 23 – COOK's; HABM BK v. 8.3.2012 – R 2602/2011-1 Rn. 19 ff. – ECO Investors).

VII. Nachholung der versäumten Handlung

Die versäumte Handlung muss innerhalb der Frist zur Wiedereinsetzung nachgeholt wer- 34 den. Ist zB versäumt worden, die Beschwerdebegründung fristgerecht einzureichen, muss diese innerhalb der Frist zur Wiedereinsetzung nachgereicht werden (HABM BK v. 26.3.2012 – R 1088/2011-4 Rn. 10 f. – VERBUND; v. 12.3.2012 – R 1302/2011-4 Rn. 8 – DER CHECKER). Es genügt nicht, nur den Antrag auf Wiedereinsetzung fristgerecht zu stellen und die versäumte Handlung zu einem späteren, außerhalb der Frist liegenden, Zeitpunkt vorzunehmen.

VIII. Einhaltung der gebotenen Sorgfalt

1. Inhalt und Umfang allgemein

Ein Antrag auf Wiedereinsetzung ist nur begründet, falls der Antragsteller eine Handlung 35 trotz Einhaltung der gebotenen Sorgfalt versäumt hat (Art. 81 Abs. 1). Das Amt geht von einem **äußerst hohen Sorgfaltsmaßstab** aus. Falls ein Antrag auf Wiedereinsetzung nicht bereits an den vorgenannten Voraussetzungen scheitert, so scheitert er in der Regel daran, dass die gebotene Sorgfalt nicht eingehalten wurde.

36 Eine Wiedereinsetzung wird nur **ausnahmsweise** gewährt, falls die Umstände, die zur Versäumnis geführt haben, **außergewöhnliche und somit nicht kraft Erfahrung vorhersehbare Ereignisse** sind (EuG T-271/09, GRUR Int 2012, 360 Rn. 61 – Romuald Prinz Sobieski zu Schwarzenberg; BeckRS 2011, 81490 Rn. 27 – A; BeckRS 2009, 70588 Rn. 26, 28 – AURELIA). Die Umstände müssen **unabhängig vom Willen** des Säumigen sein (EUIPO-Richtlinien, Teil A, Allgemeine Regeln, Abschnitt 8, 2 → Rn. 2; vgl. HABM BK v. 26.6.2012 – R 1705/2011-1 Rn. 1175 – LiftPartners Great parts. Great people.). Der Fehler muss **entschuldbar** sein (HABM BK v. 26.6.2012 – R 1705/2011-1 Rn. 1715 – LiftPartners Great parts. Great people.). Der Betroffene ist verpflichtet, sich gegen die Folgen ungewöhnlicher Ereignisse zu wappnen, indem er, ohne übermäßige Opfer zu bringen, geeignete Maßnahmen trifft (HABM BK v. 26.6.2012 – R 1705/2011-1 Rn. 19 – LiftPartners Great parts. Great people.). Die Sorgfaltspflicht enthält nach der Rechtsprechung ein **subjektives Merkmal,** das mit der Verpflichtung des gutgläubigen Rechtsbürgers zusammenhängt, die höchste Wachsamkeit und Sorgfalt walten zu lassen, die von einem Wirtschaftsteilnehmern mit normalem Kenntnisstand verlangt werden kann, um den Ablauf des Verfahrens zu überwachen und die vorgesehenen Fristen zu wahren (EuG v. 9.9.2015 – T-666/14 Rn. 37 ff. – REEN BEAN; T-61/13, BeckRS 2014, 80921 Rn. 38 – NUEVA).

37 Der **Umfang** der Sorgfaltspflicht hängt nicht davon ab, ob die durchzuführenden Aufgaben administrativer oder rechtlicher Art sind. Der Maßstab kann etwa bei einer Anmeldung einer Marke nicht höher sein als bei einer Verlängerung. Art. 81 Abs. 1 sieht keine Abgrenzung nach der Art der vorzunehmenden Handlung vor, sondern stellt auf die „gegebenen Umstände" ab (vgl. hierzu EuG BeckRS 2009, 70588 Rn. 20 – AURELIA). Der Umfang der Sorgfaltspflicht hängt auch nicht davon ab, welcher **Art der Rechtsverlust** ist (HABM BK v. 24.8.2012 – R 2575/2011-4 Rn. 14 – CLUBLAND IBIZA/CLUBLAND IBIZA).

2. Vertreter

38 Die Sorgfaltspflicht obliegt in erster Linie dem **Inhaber** des im Verfahren vor dem Amt betroffenen Rechts. **Delegiert** er seine Aufgabe an ausgewählte Personen muss er diese sorgfältig aussuchen. Sie müssen die gebotenen Garantien bieten, um annehmen zu können, dass die genannten Aufgaben ordnungsgemäß durchgeführt werden (EuG BeckRS 2012, 80784 Rn. 37 – Brainlab; BeckRS 2011, 81490 Rn. 25 – A; BeckRS 2009, 70588 Rn. 14 – AURELIA).

39 Dem Inhaber obliegt es trotz Delegierung weiterhin sich in einem gewissen Maße nach dem **Verfahrensstand zu erkundigen** und das **ordnungsgemäße Handeln** des Vertreters **zu überprüfen** (vgl. HABM BK v. 8.3.2012 – R 2602/2011-1 Rn. 28 – ECO Investors).

40 Eine Sorgfaltspflichtverletzung eines **Vertreters** bzw. eines **Beauftragten** wird dem Inhaber des im Verfahren betroffenen Rechts **zugerechnet,** das heißt, die Handlungen werden als Handlungen des Rechtsinhabers selbst angesehen (EuG BeckRS 2011, 81490 Rn. 25 – A; BeckRS 2009, 70588 Rn. 15 – AURELIA). Ihm obliegt die Sorgfaltspflicht genauso wie dem Inhaber, da die ausgesuchte Person im Namen und für Rechnung des Rechtsinhabers auftritt (EuG BeckRS 2012, 80784 Rn. 38 – Brainlab; BeckRS 2011, 81490 Rn. 25 – A; EuG BeckRS 2009, 70588 Rn. 15 – AURELIA).

41 Bestellt der Beauftragte wiederum weitere Personen, so obliegt die Sorgfaltspflicht dem Rechtsinhaber selbst, dem von ihm Beauftragten und dem Unterbeauftragten (EuG BeckRS 2012, 81909 Rn. 21 – VR). In diesem Fall müssen **alle Personen in der Kette** die gebotene Sorgfalt einhalten. Hält der Betroffene die ihm gebotene Sorgfalt in der Auswahl und Überwachung des Beauftragten ein, exkulpiert ihn das nicht, falls der Vertreter oder Untervertreter die wiederum ihnen gebotene Sorgfalt verletzen (EuG BeckRS 2012, 81909 Rn. 38 ff. – VR). Der Betroffene, der Vertreter und etwaige Untervertreter bilden **eine Einheit** (EuG BeckRS 2012, 81909 Rn. 40 – VR).

42 Delegiert eine vertretene Kanzlei die vorzunehmende Aufgabe weiter an Angestellte, so wird auch eine Sorgfaltspflichtverletzung durch die Angestellten dem Rechtsinhaber zuge-

rechnet. Eine **Exkulpation** dahingehend, dass die Arbeitnehmer sorgfältig ausgewählt und überprüft werden, wird **nur im Ausnamefall akzeptiert** (→ Rn. 48).

Das nicht rechtzeitige Erhalten von Weisungen seitens des Mandanten entschuldigt eine 43 Fristversäumnis grundsätzlich nicht. In der Regel liegt entweder ein Organisationsverschulden beim Vertreter oder eine Nichteinhaltung der Sorgfaltspflicht des Mandanten vor.

3. Fristenkontrolle

Hohe Anforderungen stellt das Amt an Fristenkontrollsysteme (EuG T-271/09, GRUR 44 Int 2012, 360 Rn. 60 – Romuald Prinz Sobieski zu Schwarzenberg).

Wird ein **Computersystem** zur Erinnerung an die Fristen eingesetzt, erfordert die nach 45 den gegebenen Umständen gebotene Sorgfalt (EuG BeckRS 2011, 81490 Rn. 28 – A; EuG BeckRS 2009, 70588 Rn. 27 – AURELIA), dass
- die allgemeine Konzeption des Systems die Einhaltung der Fristen gewährleistet (→ Rn. 46),
- dieses System die Möglichkeit bietet, **jeden vorhersehbaren Fehler** bei der Ausübung der den Beschäftigten obliegenden Aufgaben und bei der Arbeit des Computersystems **zu erkennen und zu beheben** (→ Rn. 47), und
- die für die Erfassung der erforderlichen Daten und die Anwendung des genannten Systems verantwortlichen Beschäftigten angemessen ausgebildet sind, ihre Tätigkeiten überprüfen müssen und kontrolliert werden (→ Rn. 48 ff.).

Das System ist zB nicht geeignet, die Einhaltung von Fristen zu gewährleisten, falls es den 46 Anwalt erst **einen Tag vor Fristablauf** erinnert (HABM BK v. 8.3.2012– R 2602/2011-1 Rn. 22 – ECO Investors).

Bei der **Verstümmlung** und dem **Verlust von Daten** handelt es sich um einen vorher- 47 sehbaren Fehler, der bei jedem Computersystem auftreten kann (EuG BeckRS 2012, 81909 Rn. 26 – VR). Die unterlassene Behebung eines Defekts des Computersystems, durch den zB die Versendung von Erinnerungsemails ausbleibt, stellt einen Verstoß gegen die Sorgfaltspflicht dar. Es handelt sich um kein Computersystem, das die Möglichkeit bietet, jeden vorhersehbaren Fehler in der Funktionsweise des Systems zu erkennen und zu beheben (EuG BeckRS 2012, 81909 Rn. 27 – VR). Die Behebung des Defekts kann insbesondere durch ein paralleles Erinnerungssystem oder durch regelmäßige Kontrollen erfolgen (EuG BeckRS 2012, 81909 Rn. 26, 32 – VR).

Die Rechtsprechung geht davon aus, dass **menschliche Fehler** auch von qualifizierten 48 Mitarbeitern niemals auszuschließen sind. Menschliche Fehler sind bei der technischen Verwaltung von Fristen erfahrungsgemäß nicht außergewöhnliche oder unvorhersehbare Ereignisse (EuG BeckRS 2012, 81909 Rn. 24 – VR; BeckRS 2009, 70588 Rn. 28 – AURELIA). Man darf sich nicht darauf verlassen, dass die Fristüberwachung, selbst bei Einsatz eines Computersystems, lediglich durch eine einzige Person in jedem Fall immer korrekt erfolgt (EuG BeckRS 2011, 81490 Rn. 29 – A). Die Fristenkontrolle durch einen Beschäftigen muss daher von einer **aufsichtführenden Person** kontrolliert werden (EuG BeckRS 2011, 81490 Rn. 29 – A; vgl. HABM BK v. 30.6.2016 – R 2325/2015-4 – VINYL STEP; v. 25.2.2015 – R 241/2015-5 Rn. 14 – DREAM DEVELOPMENT; 26.10.2012 – R 1100/2012-5 Rn. 17 – SYMBIOVAG/SYMBIORAM). Ein **doppeltes** internes **Fristenkontrollsystem** ist grundsätzlich **ausreichend** (EuG BeckRS 2012, 80784 Rn. 43 – Brainlab; HABM BK v. 12.3.2012 – R 1302/2011-4 Rn. 9 – DER CHECKER).

Bei einer Fristversäumnis aufgrund Versagens des Fristkontrollsystems sollte der Betroffene 49 detailliert darlegen, wer die Fristen wie notiert und dass die Notierung routinemäßig von einer aufsichtführenden Person, zB einem Anwalt, kontrolliert wird. Es muss aus dem Vortrag hervorgehen, dass tatsächlich eine doppelte Fristenkontrolle erfolgt (HABM BK v. 8.3.2012– R 2602/2011-1 Rn. 19– ECO Investors). Auch sollte dargelegt werden, nach welchen Maßstäben und Abständen Wiedervorlagen erfolgen (HABM BK v. 8.3.2012– R 2602/2011-1 Rn. 23 – ECO Investors). Als Nachweis können zB eine eidesstattliche Versicherung der Person, die die Frist notiert und der, die die Frist überwacht, sowie Auszüge aus dem Fristenbuch dienen (vgl. HABM BK v. 12.3.2012 – R 1302/2011-4 Rn. 6, 9 – DER CHECKER).

50 Das Amt und das Gericht prüfen bisweilen, ob der Betroffene bzw. dessen Vertreter auch in parallelen Verfahren Probleme mit der Einhaltung von Fristen hatte. Falls ja, spricht dies dafür, dass das Fristkontrollsystem nicht ausreichend bzw. die interne Organisation unzulänglich ist (vgl. EuG BeckRS 2010, 91181 Rn. 33 – Hund).

4. Rechtsirrtümer

51 Ein **Rechtsirrtum** kann grundsätzlich nicht zur Wiedereinsetzung führen selbst falls er auf einer Mitteilung des Amtes beruht (vgl. EuG T-61/13, BeckRS 2014, 80921 Rn. 37 ff. – NUEVA; HABM BK v. 12.3.2011 – R 1302/2011-4 Rn. 14 f. – DER CHECKER). Geht der Betroffene beispielsweise davon aus, dass die Frist zur Einreichung einer Beschwerdebegründung mehr als vier Monate nach Einreichung der Beschwerde beträgt oder, dass die Frist erst ab der Einreichung der Beschwerdeschrift zu berechnen ist, so beruht die Säumnis auf einen Rechtsirrtum, der grundsätzlich nicht entschuldbar ist (HABM BK v. 12.3.2012 – R 1302/2011-4 Rn. 10, 12 ff. – DER CHECKER). In diesen Fällen ist nicht das Fristenkontrollsystem kausal für die Fristversäumnis, sondern die unzutreffende Fristberechnung (→ Rn. 24 f.). Gleiches gilt für andere Irrtümer hinsichtlich der Länge einer Frist oder ihrer Berechnung (vgl. HABM BK v. 14.6.2012 – R 2235/2011-1 Rn. 16 ff. – KA hinsichtlich einer Umwandlung).

5. Arbeitsbelastung

52 Eine **vorübergehende übermäßige Arbeitsbelastung** ist grundsätzlich kein unvorhersehbares Ereignis. Es liegt regelmäßig ein Fehler in der Organisation des Betroffenen oder seiner Vertreter vor (EuG BeckRS 2010, 91181 Rn. 34 – Hund; GRUR Int 2001, 975 Rn. 62 – DAKOTA).

53 Auch ein **Umzug** und ein in Folge dessen nicht funktionierendes Kommunikationssystem sind an sich keine unvorhersehbaren und überraschenden Ereignisse. Der Betroffene hat Vorkehrungen zu treffen, die eine Einhaltung der Fristen gewährleisten (HABM BK v. 26.10.2012 – R 1100/2012-5 Rn. 18 – SYMBIOVAG/SYMBIORAM).

6. Krankheit und anderweitige Abwesenheit

54 Plötzliche Krankheit des Betroffenen oder seiner Vertreter kann im Ausnahmefall ein unvorhersehbarer Umstand sein, der eine Versäumnis rechtfertigt (vgl. EuG GRUR Int 2003, 1013 Rn. 38 – BECKETT EXPRESSION; → Rn. 23 f.). In der Regel hat sich ein Betrieb aber so zu organisieren, dass bei Krankheit für eine Vertretung gesorgt ist (vgl. HABM BK v. 11.11.2014 – R 1995/2013-2 Rn. 22 ff. – LIGHT live hûgo (FIG. MARK)/ST. HUGO; v. 20.6.2012 – R 0665/2012-1 Rn. 14 – Lipsy/LISSY). Die pauschale Berufung auf Krankheit genügt für eine Rechtfertigung nicht. Es sollte detailliert dargelegt werden, weshalb der Umstand unvorhersehbar war und die Aufgabe nicht von jemand anderen übernommen werden konnte. Entsprechendes gilt für Abwesenheit aus anderen Gründen (zB **Urlaub**).

7. Abweichende Maßstäbe im nationalen Recht

55 Der Betroffene kann sich grundsätzlich nicht darauf berufen, dass nationale Ämter oder Gerichte einen anderen Sorgfaltsmaßstab anwenden. Die Unionsregelung für Marken ist ein autonomes System und die Rechtmäßigkeit der Entscheidungen des Amtes ist ausschließlich auf Grundlage der UMV in der Auslegung durch den Unionsrichter zu überprüfen (EuGH C-479/09 P, GRUR Int 2011, 258 Rn. 49 – DANELECTRO and QWIK TUNE; EuG BeckRS 2009, 70588 Rn. 16 – AURELIA).

8. Kurierdienste und Post

56 Die gebotene **Sorgfalt** gilt als **eingehalten,** falls der Säumige **rechtzeitig** einen **Kurierdienst** beauftragt hat und davon ausgehen durfte, dass die Sendung das Amt rechtzeitig erreicht. Von einer rechtzeitigen Sendung darf der Betroffene grundsätzlich ausgehen, falls ihm dies vom Kurierunternehmen zugesichert wird (vgl. EuG BeckRS 2011, 80898 Rn. 38 – PEPEQUILLO).

Das EuG geht davon aus, dass die Beauftragung eines Kurierunternehmens noch **einen** 57
Tag vor Ablauf der Frist ausreichen kann, falls dieses **versichert,** dass die Sendung am
nächsten Morgen bis 10:00 Uhr eintrifft (vgl. EuG BeckRS 2011, 80898 Rn. 33 ff. – PEPE-
QUILLO; aA Eisenführ/Schennen Rn. 39). In diesem Fall obliegt es dem Sender nicht, sich
nach dem Stand der Sendung zu erkundigen (vgl. EuG BeckRS 2011, 80898 Rn. 37 –
PEPEQUILLO). Eine alternative Übermittlung per Fax ist nicht vorgeschrieben (vgl. EuG
BeckRS 2011, 80898 Rn. 39 – PEPEQUILLO).

Auch die **rechtzeitige Versendung per Post** ist ausreichend. So genügt die Versendung 58
einer Beschwerdebegründung aus Deutschland **zwei Wochen** vor Fristablauf (HABM BK
v. 25.6.2012 – R 1928/2011-4 Rn. 19 – SUN PARK HOLIDAYS/SUNPARKS; bestätigt
durch EuG T-383/12, BeckRS 2014, 81677, Frage der Wiedereinsetzung war aber nicht
Gegenstand des Verfahrens). Der Säumige muss nicht damit rechnen, dass der Postkasten
nicht geleert wird. Er muss die Sendung auch grundsätzlich nicht beobachten (HABM BK
v. 25.6.2012 – R 1928/2011-4 Rn. 23 – SUN PARK HOLIDAYS/SUNPARKS; bestätigt
durch EuG T-383/12, BeckRS 2014, 81677, Frage der Wiedereinsetzung war aber nicht
Gegenstand des Verfahrens). Problematisch kann aber eine Versendung **kurz vor Fristablauf**
sein (HABM BK v. 25.6.2012 – R 1928/2011-4 Rn. 19 – SUN PARK HOLIDAYS/
SUNPARKS; Schennen schlägt als Faustregel 8 Tage vor Fristablauf vor in Eisenführ Rn. 28).
Eine **Glaubhaftmachung** durch die Person, die den Brief in den Postkasten eingeworfen
hat, kann ausreichen (HABM BK v. 25.6.2012 – R 1928/2011-4 Rn. 16 – SUN PARK
HOLIDAYS/SUNPARKS; bestätigt durch EuG T-383/12, BeckRS 2014, 81677, Frage der
Wiedereinsetzung war aber nicht Gegenstand des Verfahrens).

In der Sache R 2808/2014-5 – FORTUNE (FIG. MARK)/FORTUNE hatte die Post 59
eine erstinstanzliche Entscheidung fälschlicherweise einem Dritten zugestellt, so dass der
Anmelder erst nach Ablauf der Beschwerdefrist Kenntnis erlangte. Die Kammer gewährte
eine Wiedereinsetzung. Richtigerweise ist die Beschwerde allerdings schon gar nicht als
verfristet zu betrachten, da die Beschwerdefrist nach Art. 60 erst mit Zustellung der erstinstanzlichen Entscheidung beginnt.

9. Amtsfehler

Die Sorgfaltspflicht gilt eingehalten, falls die Säumnis auf einen Fehler des Amtes zurück- 60
zuführen ist. Stellt das Amt ein Schreiben etwa einem Beteiligten zu, obwohl dieser einen
Vertreter bestellt hat, so geht eine Fristversäumnis durch den Beteiligten, weil dieser nicht
sofort seine Vertreter informierte, grundsätzlich auf den Fehler des Amtes zurück (EuG
BeckRS 2012, 80784 Rn. 35 ff. – Brainlab). Das Amt muss in diesem Fall selbst Servicemit-
teilungen, wie den anstehende Auslauf der Schutzdauer einer Marke, den Vertretern zustellen
(Regel 67 GMDV). Allerdings muss der Amtsfehler tatsächlich kausal für die Fristversäumnis
sein (vgl. HABM BK v.16.6.2012 – R 1569/2011-2 Rn. 17 ff. – Planio/planio).

10. Höhere Gewalt

Eine Wiedereinsetzung wird grundsätzlich gewährt, falls die Fristversäumnis auf einen 61
Umstand **höherer Gewalt** beruht. Der Begriff der höheren Gewalt bezieht sich auf sachfremde Umstände, die es unmöglich machen, die entsprechende Handlung vorzunehmen
(HABM BK v. 26.6.2012 – R 1705/2011-1 Rn. 18 – LiftPartners Great parts. Great people.).
So ist etwa ein Brand und damit der Ausfall eines Faxgerätes höhere Gewalt. Dennoch muss
auch im Falle höherer Gewalt, die subjektive Sorgfalt eingehalten werden. Daran fehlt es,
falls es einem Vertreter erst sieben Monate nach dem Zustellungsversuch des Amtes und
dem Brand eines Faxgerätes feststellt, dass er die Entscheidung nicht erhalten hat. Dem
Vertreter hätte es oblegen sich nach dem Brand mit dem Amt in Verbindung zu setzen, um
zu prüfen, ob in diesem Zeitpunkt Dokumente zugestellt wurden (EuG v. 9.9.2015 – T-
666/14 Rn. 37 ff. – REEN BEAN).

D. Rechtsfolge und Verhältnis zu anderen Rechtsmitteln

I. Rechtsfolge und Verhältnis zur Beschwerde

62 Wird eine Wiedereinsetzung gewährt, gilt die versäumte Handlung als rechtzeitig vorgenommen (HABM BK v. 8.3.2012 – R 2602/2011-1 Rn. 10 – ECO Investors). Der Rechtsverlust ist nicht eingetreten.

63 Welche Auswirkungen dies im Einzelnen auf ein Verfahren hat, hängt davon ab, **in welchem Verfahrensstadium** eine Handlung versäumt und wann der Antrag auf Wiedereinsetzung gestellt wurde.

64 Wird eine Wiedereinsetzung gewährt **bevor eine erstinstanzliche** Entscheidung ergangen ist, läuft das erstinstanzliche Verfahren weiter. Nach Art. 81 Abs. 4 entscheidet die Abteilung über den Antrag, die auch im Ausgangsverfahren zuständig ist (zB Prüfer, Widerspruchsabteilung oder Löschungsabteilung).

65 Falls **bereits eine erstinstanzliche Entscheidung** ergangen ist und der Betroffene eine Frist vor der Entscheidung versäumt hat, entscheidet nach Art. 81 Abs. 4 ebenfalls die Abteilung der ersten Instanz über den Antrag auf Wiedereinsetzung. Wird die Wiedereinsetzung gewährt, so ist die Entscheidung hinfällig. Es bedarf in diesem Fall folglich keiner Beschwerde gegen die erstinstanzliche Entscheidung (EUIPO-Richtlinien, Teil A, Allgemeine Regeln, Abschnitt 8, 2.6, S. 6). Allerdings wird die Beschwerdefrist nicht durch das Stellen eines Antrags auf Wiedereinsetzung unterbrochen oder gehemmt. Der Betroffene sollte daher neben den Antrag auf Wiedereinsetzung vorsorglich auch eine Beschwerde einreichen. Grundsätzlich hat die erstinstanzliche Abteilung dann zunächst über den Antrag auf Wiedereinsetzung zu befinden. Solange ruht das Beschwerdeverfahren (vgl. Fezer/v. Kapff HdB Markenpraxis Bd. I, 2. Teil Rn. 2031). Wird der Antrag auf Wiedereinsetzung gewährt so ist die Beschwerde erledigt. Die Beschwerdegebühr kann in diesem Fall erstattet werden. Zu den Rechtsmitteln bei Ablehnung oder Gewährung der Wiedereinsetzung → Rn. 69.

66 Wird eine **Frist vor der Beschwerdekammer** versäumt, entscheidet nach Art. 81 Abs. 4 die Kammer über den Antrag auf Wiedereinsetzung. Sie muss über den Antrag nicht gesondert entscheiden, sondern kann dies mit der Entscheidung im Ausgangsverfahren verbinden.

II. Abgrenzung zur Weiterbehandlung

67 Kommt alternativ zur Wiedereinsetzung eine Weiterbehandlung (Art. 82) in Betracht, so sollte der Betroffene den Antrag auf Weiterbehandlung wählen.

67.1 Der Säumige kann einen Antrag auf Weiterbehandlung und Wiedereinsetzung auch parallel stellen. Er muss dann zunächst auch beide Gebühren zahlen. Die Gebühr für den Antrag auf Weiterbehandlung wird aber erstattet, falls dieser keinen Erfolg hat.

68 Die Voraussetzungen für die Gewährung einer Weiterbehandlung sind viel geringer als die Voraussetzungen für die Gewährung einer Wiedereinsetzung (→ Art. 82 Rn. 44 ff.).

E. Rechtsmittel

69 Das Verfahren auf Wiedereinsetzung in den vorherigen Stand ist ein **einseitiges** Verfahren, an dem nur der Antragsteller beteiligt ist, selbst falls der Antrag in einem zweiseitigen Verfahren (zB in einem Widerspruch) gestellt wird (EUIPO Richtlinien, Teil A, Allgemeine Regeln, Abschnitt 8, 3.7; HABM BK v. 25.1.2012 – R 930/2011-4 Rn. 11– TORQUE VERTRIDE).

70 Allerdings werden die **Beteiligten** des Verfahrens, in dem die Frist versäumt wurde, darüber **informiert,** dass ein Antrag auf Wiedereinsetzung gestellt wurde. Zudem werden sie von dem Ausgang des Wiedereinsetzungsverfahrens benachrichtigt (EUIPO Richtlinien, Teil A, Allgemeine Regeln, Abschnitt 8, 3.7). Sie können dem Antrag allerdings **nicht wiedersprechen** (zu Drittverfahren → Rn. 74 ff.).

71 Wird eine **Wiedereinsetzung gewährt,** können andere Beteiligten des Ausgangsverfahrens grundsätzlich **keine Beschwerde** gegen die Entscheidung einreichen, da sie keine Beteiligten des Wiedereinsetzungsverfahrens sind (Art. 59; **anders aber** HABM BK v. 4.5.2011 – R 2138/2010-1 Rn. 13 – YELLOWLINE/Yello, in diesem Fall hatte die Wider-

spruchsabteilung ausdrücklich eine Beschwerde zugelassen). Die Rechtmäßigkeit der Wiedereinsetzungsentscheidung kann aber **inzident** mit der Entscheidung über das Ausgangsverfahren überprüft werden. Stellt zB der Widersprechende Antrag auf Wiedereinsetzung, wird diese gewährt und gewinnt er sodann den Widerspruch und legt der Anmelder gegen die Entscheidung Widerspruch ein, so kann die Beschwerdekammer inzident prüfen, ob die Wiedereinsetzung rechtmäßig war.

Eine **Ablehnung des Antrags** auf Wiedereinsetzung erfolgt in der Regel in der Entscheidung über die Ausgangssache. Der Antragsteller kann die Ablehnung des Antrags auf Wiedereinsetzung in einer Beschwerde gegen die Ausgangsentscheidung angreifen. Nur im Ausnahmefall ergeht eine Interimsentscheidung über den Antrag auf Wiedereinsetzung. Nach der Amtspraxis ist hiergegen keine gesonderte Beschwerde möglich es sei denn, diese wird nach Art. 58 Abs. 2 ausdrücklich zugelassen (EUIPO Richtlinien, Teil A, Allgemeine Regeln, Abschnitt 8, 3.7; HABM BK v. 4.5.2011 – R 2138/2010-1 Rn. 13 – YELLOWLINE/Yello). Der Antragsteller kann auch die Interimsentscheidung in einer Beschwerde gegen die Entscheidung im Ausgangsverfahren angreifen (EUIPO Richtlinien, Teil A, Allgemeine Regeln, Abschnitt 8, 3.7). Wird die Ablehnung aufgehoben und die Wiedereinsetzung gewährt, so ist die erstinstanzliche Entscheidung hinfällig. Der Fall kann an die erste Instanz zurückverwiesen oder durch die Kammer unter Beachtung der versäumten Handlung direkt entschieden werden. 72

Bei der Nichtgewährung einer Wiedereinsetzung in den vorhereigenen Stand durch die Beschwerdekammer und darauffolgender inzidenter Prüfung durch das EuG wird die angefochtene Entscheidung bei unrechtmäßiger Ablehnung des Antrags aufgehoben. Die Kammer hat den Fall sodann unter Berücksichtigung der nachgeholten Handlung erneut zu entscheiden (EuG BeckRS 2011, 81351 Rn. 54 – OMNICARE). 73

F. Schutz gutgläubiger Dritter

Nach Art. 81 Abs. 6 dürfen Dritte grundsätzlich auf den durch Versäumnis eingetretenen Rechtsverlust des Betroffenen vertrauen. Hat der Inhaber einer Unionsmarke beispielsweise versäumt, sein Recht zu verlängern, und wird ihm eine Wiedereinsetzung gewährt, so kann er Dritten gegenüber, die in der Zwischenzeit unter einem mit der Gemeinschaftsmarke identischen oder ihr ähnlichen Zeichen gutgläubig Waren in den Verkehr gebracht oder Dienstleistungen erbracht haben, keine Rechte geltend machen. 74

Dies gilt allerdings nicht unbegrenzt. Das Amt vermerkt eine gewährte Wiedereinsetzung im Register falls das Fristversäumnis eine direkte Auswirkung auf den Status der Unionsmarke hat (EUIPO Richtlinien, Teil A, Allgemeine Regeln, Abschnitt 8, 3.6). Wurde beispielsweise die Frist zur Verlängerung versäumt, so erlischt die Marke. Das Erlöschen aufgrund Nichtverlängerung wird im Register vermerkt. Wird eine Wiedereinsetzung gewährt, so wird auch diese im Register vermerkt (EUIPO Richtlinien, Teil A, Allgemeine Regeln, Abschnitt 8, 3.6). Nach der Bekanntmachung im Register kann der Dritte sich dann nicht mehr auf eine gutgläubige Benutzung berufen. 75

Nach Art. 81 Abs. 7 können Dritte, die sich auf Abs. 6 berufen können, gegen die Entscheidung über die Wiedereinsetzung in den vorigen Stand binnen **zwei Monaten** nach dem Zeitpunkt der **Bekanntmachung** des Hinweises auf die Wiedereinsetzung in den vorigen Stand Drittwiderspruch einlegen. Falls die Wiedereinsetzung im Register veröffentlicht wurde beginnt die Zweimonatsfrist mit Bekanntmachung. Ist keine Bekanntmachung erfolgt, beginnt die Frist mit Erlass der Entscheidung (EUIPO Richtlinien, Teil A, Allgemeine Regeln, Abschnitt 8, 4). Die Verordnung sieht keine Verfahrensregeln für den Drittwiderspruch vor. Als Zuständig wird die Abteilung erachtet, die über die Wiedereinsetzung entschieden hat. Beim Drittwiderspruch handelt es sich um ein Inter-partes-Verfahren, an dem auch der Säumige, dem die Widereinsetzung gewährt wurde, beteiligt ist (EUIPO Richtlinien, Teil A, Allgemeine Regeln, Abschnitt 8, 4). 76

G. Nationales Recht

Art. 81 Abs. 8 stellt klar, dass Art. 81 das Recht eines Mitgliedstaats unberührt lässt, eine Wiedereinsetzung in den vorigen Stand in Bezug auf Fristen zu gewähren, die in dieser Verordnung vorgesehen und den Behörden dieses Staats gegenüber einzuhalten sind. 77

Art. 82 Weiterbehandlung

(1) ¹Dem Anmelder, dem Inhaber einer Unionsmarke oder einem anderen an einem Verfahren vor dem Amt Beteiligten, der eine gegenüber dem Amt einzuhaltende Frist versäumt hat, kann auf Antrag Weiterbehandlung gewährt werden, wenn mit dem Antrag die versäumte Handlung nachgeholt wird. ²Der Antrag auf Weiterbehandlung ist nur zulässig, wenn er innerhalb von zwei Monaten nach Ablauf der versäumten Frist gestellt wird. ³Der Antrag gilt erst als gestellt, wenn die Weiterbehandlungsgebühr gezahlt worden ist.

(2) Dieser Artikel gilt weder für die in Artikel 25 Absatz 3, Artikel 27, Artikel 29 Absatz 1, Artikel 33 Absatz 1, Artikel 36 Absatz 2, Artikel 41, Artikel 42, Artikel 47 Absatz 3, Artikel 60, Artikel 62, Artikel 65 Absatz 5, Artikel 81 und Artikel 112 genannten noch für die in diesem Artikel und für die in der Durchführungsverordnung vorgesehenen Fristen, um nach der Anmeldung eine Priorität gemäß Artikel 30, eine Ausstellungspriorität gemäß Artikel 33 oder einen Zeitrang gemäß Artikel 34 in Anspruch zu nehmen.

(3) Über den Antrag entscheidet die Stelle, die über die versäumte Handlung zu entscheiden hat.

(4) ¹Gibt das Amt dem Antrag statt, so gelten die mit Fristversäumnis verbundenen Folgen als nicht eingetreten. ²Ist zwischen dem Ablauf der Frist und dem Antrag auf Weiterbehandlung eine Entscheidung ergangen, überprüft die Stelle, die über die versäumte Handlung zu entscheiden hat, die Entscheidung und ändert sie ab, sofern es nur darum geht, die versäumte Handlung nachzuholen. ³Kommt das Amt nach der Überprüfung zu dem Schluss, dass die ursprüngliche Entscheidung nicht abgeändert werden muss, bestätigt sie die Entscheidung schriftlich.

(5) Weist das Amt den Antrag zurück, so wird die Gebühr erstattet.

künftige Fassung des Abs. 2 mWv 1.10.2017 gemäß VO (EU) 2015/2424 vom 16.12.2015:
(2) Dieser Artikel gilt weder für die in Artikel 27, Artikel 29 Absatz 1, Artikel 33 Absatz 1, Artikel 36 Absatz 2, Artikel 41 Absätze 1 und 3, Artikel 47 Absatz 3, Artikel 60, Artikel 65 Absatz 5, Artikel 81 Absatz 2 und Artikel 112 genannten noch für die in Absatz 1 dieses Artikels vorgesehenen Fristen, noch für die Frist zur Inanspruchnahme eines Zeitrangs gemäß Artikel 34 nach Einreichung der Anmeldung.

Überblick

Art. 82 regelt die Weiterbehandlung bei Fristversäumnis. Abs. 1 nennt die Voraussetzungen (→ Rn. 29 ff.). Abs. 2 zählt abschließend **die Fristen auf,** bei deren Versäumnis eine Weiterbhandlung ausgeschlossen ist (→ Rn. 6 ff.). Im Rahmen der Reform der GMDV wird die Nummerierung angepasst werden. Der **Anwendungsbereich** ist enger als bei der Wiedereinsetzung (Art. 81) dafür sind die Voraussetzungen aber auch geringer (→ Rn. 44 ff.). Abs. 3 regelt die **Zuständigkeit** hinsichtlich der Entscheidung über den Antrag auf Wiedereinsetzung (→ Rn. 38 ff.). In Abs. 4 und 5 sind die Rechtsfolgen geregelt (→ Rn. 38 ff.). Abs. 4 stellt mit Wirkung zum 1.10.2017 klar, dass eine Weiterbehandlung auch noch nach Treffen einer Entscheidung möglich ist.

Übersicht

	Rn.		Rn.
A. Inhalt	1	VI. Fristen im Widerspruch	15
B. Ausschluss der Weiterbehandlung	6	VII. Abhilfe	21
I. Grundsatz	6	VIII. Fristen im Beschwerdeverfahren	22
II. Anmeldung vor nationalen Behörden	8	IX. Verlängerung einer Unionsmarke	25
III. Anmeldetag	9	X. Klagefrist	26
IV. Prioritätsanspruch und Ausstellungspriorität	10	XI. Wiedereinsetzung und Weiterbehandlung	27
V. Stellungnahme auf Mängel in der Anmeldung	13	XII. Umwandlung	28
		C. Voraussetzungen	29

Weiterbehandlung   **Art. 82 UMV**

	Rn.		Rn.
I. Fristversäumnis	29	VI. Gebühr	36
II. Frist	31	D. Zuständigkeit, Rechtsfolge und Rechtmittel	38
III. Antrag	33		
IV. Beteiligter des Verfahrens	34		
V. Nachholung der versäumten Handlung	35	E. Abgrenzung zur Wiedereinsetzung	44

A. Inhalt

Art. 82 regelt die Weiterbehandlung, falls ein Anmelder, der Inhaber einer Unionsmarke 1
oder ein anderer an einem Verfahren vor dem Amt Beteiligter eine gegenüber dem Amt
einzuhaltende Frist versäumt hat. Der Antrag auf Weiterbehandlung ist nur zulässig, falls er
innerhalb von zwei Monaten nach Ablauf der versäumten Frist gestellt wird. Die versäumte
Handlung ist innerhalb der Frist nachzuholen. Der Antrag gilt als gestellt, sobald die Weiterbehandlungsgebühr gezahlt worden ist.

Abs. 2 zählt abschließend Fristen auf, bei denen eine Weiterbehandlung ausgeschlossen ist 2
(→ Rn. 6 ff.). Der Anwendungsbereich der Norm ist hierdurch sehr eingeschränkt. Die
Liste der Fristen wird mit Wirkung zum 1.10.2017 aktualisiert.

Im Vergleich zum Antrag auf Wiedereinsetzung in den vorherigen Stand nach Art. 81, 3
der nur in den wenigsten Fällen Aussicht auf Erfolg hat, sind die Anforderungen an eine
Weiterbehandlung sehr viel geringer (→ Rn. 44 ff.). Steht der Anwendungsbereich der Weiterbehandlung offen, so sollte der Säumige daher erwägen, einen Antrag auf **Weiterbehandlung anstatt** oder zumindest **parallel** zu einem Antrag auf **Wiedereinsetzung** zu stellen.

Insbesondere ist der Antrag auf Weiterbehandlung grundsätzlich auf **alle Fristen im** 4
Nichtigkeits- und Verfallverfahren anwendbar (EUIPO-Richtlinien, Teil A, Allgemeine
Regeln, Abschnitt 1, 4.1.4 vgl. HABM BK v. 21.32016 – R 150/2015-5 Rn. 23 ff. –
CHATKA; v. 18.10.2011 – R 2081/2012-2 Rn. 15 – Chocolates Café/BUTLERS CHOCOLATE CAFÉ; vgl. Eisenführ/Schennen Rn. 43). Wurde im **Widerspruchsverfahren**
einen **Antrag auf Benutzungsnachweis** versäumt oder wurden **Benutzungsnachweise**
nicht rechtzeitig beigebracht, kommt ebenfalls ein Antrag auf Weiterbehandlung in Betracht
(→ Rn. 18). Auch bei Versäumung einer Stellungnahmefrist im Anmeldeverfahren kann ein
Antrag auf Weiterbehandlung Sinn ergeben (→ Rn. 14).

Ein Antrag auf Weiterbehandlung wird in der **Praxis nur selten gestellt. Rechtspre-** 5
chung gibt es daher vergleichsweise **wenig**. Da die Gebühr bei Nichtgewährung erstattet
wird, spricht aber nichts dagegen, es mit einem Antrag auf Weiterbehandlung zu versuchen.

B. Ausschluss der Weiterbehandlung

I. Grundsatz

Art. 82 Abs. 2 nennt Fristen, bei denen eine Weiterbehandlung ausgeschlossen ist. Nach 6
dem Wortlaut von Art. 82 Abs. 2 ist eine Weiterbehandlung für die in den aufgezählten
Artikeln genannten Fristen ausgeschlossen.

Unklar ist, ob die in der GMDV festgelegten Fristen, die die einzelnen Artikel der UMV 7
weiter ausgestalten, ebenfalls von der Weiterbehandlung ausgenommen sind. Wird davon
ausgegangen, dass es sich bei Abs. 2 um einen Ausnahmetatbestand handelt, der die Verfahrensrechte des Betroffenen beschränkt und somit eng auszulegen ist, dürften die nicht direkt
in den Artikel und nur in der GMDV genannten Fristen nicht durch Abs. 2 ausgenommen
sein (→ Art. 81 Rn. 5). Da insofern aber keine Rechtssicherheit besteht, sollten die Beteiligten darauf achten, alle Fristen, die iVm den in Abs. 2 genannten Artikel stehen, penibel
einzuhalten. Ist die Frist versäumt worden, kann man es freilich mit einem Antrag auf
Weiterbehandlung zumindest versuchen und mit einer engen Auslegung des Abs. 2 argumentieren.

II. Anmeldung vor nationalen Behörden

Wie im Falle des Antrags auf Wiedereinsetzung (→ Art. 81 Rn. 17) war auch der Antrag 8
auf Weiterbehandlung ausgeschlossen, falls eine Unionsmarke bei der Zentralbehörde des

gewerblichen Rechtsschutzes eines Mitgliedstaates angemeldet wurde und es die nationale Behörde versäumte, den Antrag innerhalb von zwei Monaten an das Amt weiterzuleiten. In diesem Fall galt nach Art. 25 Abs. 3 GMV aF nicht der Tag als Anmeldetag, an dem die Anmeldung bei der nationalen Behörde eingereicht wurde, sondern an dem die Anmeldung das Amt tatsächlich erreichte. Durch die Reform ist dieses Problem entfallen. Eine Unionsmarke kann zukünftig ausschließlich beim EUIPO direkt angemeldet werden.

III. Anmeldetag

9   Der Anmeldetag iSd Art. 27 ist einer Weiterbehandlung nicht zugänglich. Anmeldedatum ist grundsätzlich der Tag, an dem die Anmeldung eingereicht wird. Die **Anmeldegebühr** ist innerhalb eines Monats nach Einreichung der Anmeldung zu entrichten. Auch insofern ist eine Weiterbehandlung ausgeschlossen. Eine Wiedereinsetzung ist aber möglich (→ Art. 81 Rn. 13).

IV. Prioritätsanspruch und Ausstellungspriorität

10 Versäumt der Anmelder nach Art. 29 Abs. 1 die Priorität einer identischen älteren nationalen Marke innerhalb von **sechs Monaten** nach Einreichung der ersten nationalen Anmeldung geltend zu machen, ist eine Weiterbehandlung ausgeschlossen. Auch eine Wiedereinsetzung ist nicht möglich (→ Art. 81 Rn. 6).

11 Unklar ist, ob der Ausschluss sich auf die in **Regel 6 Abs. 1 und 4 GMDV** genannten Fristen bezieht (→ Rn. 7, → Art. 81 Rn. 7; befürwortend Eisenführ/Schennen Rn. 26). Der Säumige sollte sich jedenfalls nicht darauf verlassen, dass eine Weiterbehandlung statthaft ist und zusätzlich einen Antrag auf Wiedereinsetzung stellen, falls die Säumnis unverschuldet ist.

12 Auch bei der Versäumnis der Geltendmachung einer Ausstellungspriorität iSd Art. 33 Abs. 1 ist eine Weiterbehandlung ausgeschlossen.

V. Stellungnahme auf Mängel in der Anmeldung

13 Liegen die Erfordernisse für eine Anmeldung iSd Art. 36 Abs. 1 nicht vor, wird dem Anmelder nach Art. 36 Abs. 2 eine Stellungnahmefrist gewährt, um den Mangel zu beseitigen. Die Versäumung dieser Frist ist grundsätzlich von einer Weiterbehandlung ausgeschlossen.

14 Nicht von einer Weiterbehandlung ausgeschlossen, ist hingegen die Stellungnahmefrist auf eine materielle Beanstandung der Anmeldung (Art. 37 Abs. 3). Insofern steht es ohnehin im weiten Ermessen des Amtes, den verspäteten Vortrag zu berücksichtigen (→ Art. 76 Rn. 123 ff.). Alternativ ist ein **Antrag auf Widereinsetzung** möglich (→ Art. 81 Rn. 13). Anwendung soll eine Weiterbehandlung auch auf einen **Antrag auf Fristverlängerung** finden (HABM BK v. 14.2.2008 – R 684/2007-1 Rn. 24 – SHERPA).

VI. Fristen im Widerspruch

15 Die **dreimonatige Widerspruchsfrist** ab Veröffentlichung der Anmeldung, innerhalb der auch die **Widerspruchsgebühr** zu entrichten ist, ist von der Weiterbehandlung **ausgeschlossen** (Art. 41 Abs. 1 und 3). Auch eine Wiedereinsetzung (→ Art. 81 Rn. 8) ist nicht statthaft.

16 Daneben sind die in **Art. 41, 42 Abs. 1, Regeln 19 und 20 Abs. 2 und 4 GMDV** genannten **Stellungnahmefristen** im Widerspruch einer Weiterbehandlung **momentan** grundsätzlich **nicht** zugänglich, zB die Widerspruchsbegründung, -erwiderung und darauf folgende Stellungnahmen (EUIPO-Richtlinien, Teil A, Allgemeine Regeln, Abschnitt 1, 4.1.4; HABM GK v. 14.10.2009 – R 172/2008-G Rn. 27– VISTA/vistar; HABM BK v. 7.12.2011 – R 2462/2010-1 Rn. 34 f. – Pierre Robert/PIERRE ROBERT; v. 7.7.2008 – R 773/2007-4 Rn. 27 – COLOURS OF HTE WORLD/UNITED COLORS OF BENETTON; v. 30.5.2007 – R 571/2006-2 Rn. 43 – DILLON'S/Dillon's, Edward Dillon & Co Limited). Mit Wirkung zum 1.10.2017 wird sich dies voraussichtlich ändern (→ Rn. 20). Der Säumige kann es bis zur Änderung mit einen Antrag auf **Wiedereinset-**

Weiterbehandlung **Art. 82 UMV**

zung versuchen (→ Art. 81 Rn. 9; vgl. HABM BK v. 7.7.2008 – R 773/2007-4 Rn. 27 – COLOURS OF HTE WORLD/UNITED COLORS OF BENETTON).

Nicht ausdrücklich in Art. 82 Abs. 2 genannt sind folgende Fristen im Widerspruch: **17**
- Art. 119 Abs. 6, Regel 16 Abs. 1 Übersetzung des Widerspruchs,
- Regel 17 Abs. 4 GMDV Beseitigung von Zulässigkeitsmängeln,
- Regel 22 Abs. 1 GMDV **Antrag für den Nachweis der Benutzung der Widerspruchsmarke(n)**,
- Regel 22 Abs. 2 GMDV Frist zur **Einreichung von Benutzungsunterlagen** und
- Regel 22 Abs. 6 GMDV Übersetzung der Benutzungsnachweise.

In den Prüfungsrichtlinien des Amtes wird ausdrücklich darauf hingewiesen, dass in den in **18** → Rn. 17 genannten Fällen eine Weiterbehandlung statthaft ist (EUIPO-Richtlinien, Teil A, Allgemeine Regeln, Abschnitt 1, 4.1.4; zu Argumenten → Rn. 7). Andererseits gestalten die Regelungen die Art. 40 und 42 lediglich weiter aus, was für einen Ausschluss der Fristen spricht (Bender in Fezer, HdB Markenpraxis, Bd. I 2. Teil Rn. 2521). Die Beschwerdekammer hat in einer Entscheidung v. 28.5.2009 in der Sache R 1841/2007-1 in Rn. 21 bestätigt, dass der Antrag auf Benutzungsnachweis der Weiterbehandlung zugänglich ist (vgl. auch HABM BK v. 27.3.2012 – R 413/2011-2 Rn. 7 – PROFLEX/PROFEX).

Vor diesem Hintergrund sollten sich die Beteiligten des Widerspruchsverfahrens bei den in **19** → Rn. 17 genannten Fristen **momentan** nicht darauf verlassen, dass eine Weiterbehandlung statthaft ist. Zwar werden sie hiermit erstinstanzlich (und möglicherweise auch zweitinstanzlich) voraussichtlich Erfolg haben. Möglicherweise hält die Gewährung der Weiterbehandlung einer (gerichtlichen) Überprüfung aber nicht statt. Andererseits verliert der Säumige aber auch nichts, falls er es mit einem Antrag auf Weiterbehandlung versucht. Dies gilt insbesondere für die Säumnis des **Antrags auf Benutzungsnachweis,** für den auch die Anwendbarkeit einer Wiedereinsetzung nicht klar ist (→ Art. 81 Rn. 15). Von einer Flucht in die Säumnis, um Zeit zu schinden (so aber Eisenführ/Schennen Rn. 20), ist aufgrund der derzeitigen Rechtsunsicherheit abzuraten.

Mit Wirkung zum **1.10.2017** wird der Verweis auf **Art. 42** gestrichen. Art. 82 verweist **20** dann nur noch auf die Widerspruchsfrist sowie das Erfordernis die Gebühr innerhalb dieser Frist zu entrichten. Streng genommen ist dann nur noch das Versäumen dieser Widerspruchsfrist selbst von einem Antrag auf Weiterbehandlung ausgeschlossen. Selbst die verlängerbare **Substantiierungsfrist,** sowie **alle weiteren Stellungnahmen** der Beteiligten dürften dann aufgrund der Streichung einer Weiterbehandlung zugänglich sein, auch der Antrag auf einen Benutzungsnachweis und der Benutzungsnachweis selbst.

VII. Abhilfe

Wollte die erstinstanzliche Abteilung einer Beschwerde abhelfen, so musste sie dies bislang **21** dem Beschwerdegegner nach Art. 62 Abs. 2 mitteilen. Dieser musste der Abhilfe innerhalb von zwei Monaten ab Erhalt der Mitteilung ausdrücklich zustimmen, andernfalls war die Beschwerde den Kammern vorzulegen. Eine Weiterbehandlung war auf diese Frist nicht anwendbar. Die Abhilfe im zweiseitigen Verfahren ist mit Wirkung zum 23.3.2016 abgeschafft worden. Der Verweis auf Art. 62 wird mit Wirkung zum 1.10.2017 gestrichen.

VIII. Fristen im Beschwerdeverfahren

Die Frist zur **Beschwerde** und zur **Beschwerdebegründung** (Art. 60) sind von der **22** Weiterbehandlung ausgenommen (vgl HABM BK 21.2.2011 – R 1672/2010-2 Rn. 17 – ENERGYFORCE/ENERGIE et al.). Anwendbar ist die Weiterbehandlung aber auf die Einreichung einer **Übersetzung der Beschwerdebegründung** bzw. **-erwiderung** nach Regel 96 Abs. 1 GMDV (so HABM BK v. 26.9.2006 – R-269/2006-4 Rn. 12 f. – A TENN-WORLD).

Nach Regel 50 Abs. 1 ist eine Weiterbehandlung auch nicht auf **andere Stellungnahme-** **23** **fristen** in der Beschwerde anwendbar, falls sich die Beschwerde gegen eine **Widerspruchsentscheidung** richtet, also zB nicht auf die Beschwerdeerwiderung (vgl. HABM BK 22.3.2011 – R 1718/2008-1 Rn. 14 – LINGLONG/LL (FIG. MARK) et al.; v. 25.3.2010 – R 150/2009-1 Rn. 21 ff. – BASE XX/BASS 20 (FIG. MARK) et al.; **anders** HABM BK v. 18.10.2011 – R 2081/2010-2 Rn. 15 – CHOCOLATES CAFÉ (FIG. MARK)/BUTLERS

CHOCOLATE CAFÉ). Im Umkehrschluss ist die Weiterbehandlung bei Versäumnis der Beschwerdeerwiderung in einer Beschwerde gegen eine Entscheidung der Löschungsabteilung statthaft.

24 Für alle Fristen im Beschwerdeverfahren kommt außerdem ein Antrag auf **Wiedereinsetzung** in Betracht (→ Art. 81 Rn. 13), wobei aber in aller Regel kein unmittelbar Rechtsverlust mit der Säumnis verbunden sein dürfte und der Nachweis der Einhaltung der gebotenen Sorgfalt schwierig ist.

IX. Verlängerung einer Unionsmarke

25 Nach Art. 47 Abs. 3 ist ein **Antrag auf Verlängerung** einer Unionsmarke innerhalb eines Zeitraums von **sechs Monaten** vor Ablauf des letzten Tages des Monats, in dem die Schutzdauer endet, einzureichen. Innerhalb dieses Zeitraums sind auch die **Gebühren** zu entrichten (zu den Gebühren und etwaiger Rückerstattungsansprüche → Art. 84 Rn. 27). Der Antrag und die Gebühren können noch innerhalb einer Nachfrist von **sechs Monaten** nach Ablauf des letzten Tages des Monats, in dem die Schutzdauer endet, eingereicht oder gezahlt werden, sofern innerhalb dieser Nachfrist eine **Zuschlagsgebühr** entrichtet wird. Die Verlängerungsfrist und die Nachfrist für die Stellung eines Antrags auf Verlängerung sowie die Zahlung der Gebühren sind von einer Weiterbehandlung ausgeschlossen. Allerdings ist ein Antrag auf **Wiedereinsetzung möglich** (→ Art. 81 Rn. 13; → Art. 81 Rn. 23).

X. Klagefrist

26 Nach Art. 65 Abs. 5 ist eine Klage gegen eine Entscheidung der Beschwerdekammer innerhalb von zwei Monaten nach Zustellung der Entscheidung beim Gerichtshof einzulegen. Eine Weiterbehandlung ist in diesem Fall nicht möglich. Auch eine Wiedereinsetzung ist ausgeschlossen, da Art. 81 nur Anwendung auf Fristen findet, die gegenüber dem Amt einzuhalten sind.

XI. Wiedereinsetzung und Weiterbehandlung

27 Die Fristen für den Antrag auf Wiedereinsetzung (→ Art. 81 Rn. 18 ff.) und die Frist für den Antrag auf Weiterbehandlung (→ Rn. 31) sind weder der Weiterbehandlung noch der Wiedereinsetzung zugänglich (→ Art. 81 Rn. 10).

XII. Umwandlung

28 Letztlich ist auch die Frist zur Umwandlung einer Unionsmarke oder einer Unionsmarkenanmeldung in nationale Marken (Art. 112) von einer Weiterbehandlung ausgeschlossen. Eine Wiedereinsetzung ist aber möglich (→ Art. 81 Rn. 13).

C. Voraussetzungen

I. Fristversäumnis

29 Ein Antrag auf Weiterbehandlung ist möglich, falls der Antragsteller eine Frist gegenüber dem Amt versäumt hat und eine Weiterbehandlung nicht nach Art. 81 Abs. 2 ausgeschlossen ist (→ Rn. 4; → Rn. 6 ff.).

30 Wurde schon gar keine Frist versäumt (→ Art. 76 Rn. 73) oder der verspätet eingereichte Vortrag vom Amt nach Art. 76 Abs. 2 berücksichtigt (→ Art. 76 Rn. 84 ff.; → Art. 76 Rn. 120), bedarf es keiner Weiterbehandlung.

II. Frist

31 Der **Antrag** auf Weiterbehandlung ist nach Art. 82 Abs. 1 S. 2 innerhalb **von zwei Monaten** nach Ablauf der versäumten Frist zu stellen. Das Amt ist nicht verpflichtet, den Betroffenen auf die Säumnis hinzuweisen. Die Frist kann damit wesentlich kürzer als die Frist auf Wiedereinsetzung sein, bei der es auf den Wegfall des Hindernisses bzw. die Kenntnis des Fehlers ankommt (→ Art. 81 Rn. 18 ff.).

Innerhalb dieser Frist ist auch die **Gebühr** für den Antrag auf Wiedereinsetzung 32
(→ Rn. 36) zu entrichten und die **versäumte Handlung** nachzuholen (→ Rn. 35). Die
Frist ist nicht verlängerbar und nicht der Wiedereinsetzung oder Weiterbehandlung zugänglich (→ Rn. 27).

III. Antrag

Eine Weiterbehandlung ist nur auf Antrag des Säumigen statthaft. Der Antrag sollte den 33
Antragsteller, ggf. den Vertreter, das Ausgangsverfahren, die versäumte Handlung und die
Zahlung der Gebühr erkennen lassen. Außerdem ist er zu unterschreiben (Fezer/Bender,
HdB Markenpraxis Bd. I, 2. Teil, Rn. 2497). Der Antrag ist in der **Sprache** des Ausgangsverfahrens zu stellen (→ Art. 81 Rn. 32).

IV. Beteiligter des Verfahrens

Antragsberechtigt ist nur ein Beteiligter des Ausgangsverfahrens. 34

V. Nachholung der versäumten Handlung

Die versäumte Handlung (zB die Zahlung einer Gebühr, die Einreichung einer Stellung- 35
nahme, das Stellen eines Antrags, die Einreichung einer Übersetzung) ist innerhalb der
zweimonatigen Frist für die Stellung des Antrags auf Weiterbehandlung nachzuholen (HABM
BK v. 24.8.2012 – R 2575/2011-4 – CLUBLAND IBIZA/CLUBLAND IBIZA). Geht
man zB davon aus, dass die Weiterbehandlung auf die Versäumnis der Einreichung von
Benutzungsunterlagen Anwendung findet (→ Rn. 17 ff.), müssen die Benutzungsunterlagen
noch vor Fristablauf eingereicht werden.

VI. Gebühr

Die Gebühr für den Antrag auf Weiterbehandlung beträgt auch nach der Reform weiterhin 36
400 Euro (→ Anhang-I Rn. 1; vorher Art. 2 Nr. 21 VO (EG) Nr. 2869/95). Sie ist damit
doppelt so hoch wie die Wiedereinsetzungsgebühr. Die Gebühr ist innerhalb der zweimonatigen Antragsfrist (→ Rn. 31) zu entrichten, andernfalls gilt der Antrag nach Art. 81 Abs. 1
S. 3 als nicht gestellt. Die Gebühr wird in diesem Fall zurückerstattet (HABM BK v.
26.4.2012 – R 2282/2011-2 Rn. 29 – PRONAX/PRONA).

Außerdem wird die Gebühr für die Weiterbehandlung nach Art. 82 Abs. 5, anders als bei 37
der Wiedereinsetzung, erstattet, falls keine Weiterbehandlung gewährt wird (vgl. HABM BK
v. 7.12.2011 – R 2462/2010-1 Rn. 36 – Pierre Robert/PIERRE ROBERT). Insofern
kostet es den Säumigen (abgesehen von etwaigen Vertreterkosten) nichts, es mit einem Antrag
zu versuchen.

D. Zuständigkeit, Rechtsfolge und Rechtsmittel

Über den Antrag auf Weiterbehandlung entscheidet nach Art. 82 Abs. 3 die Stelle, die 38
über die versäumte Handlung zu entscheiden hat, indem sie ihm entweder stattgibt oder ihn
zurückweist. Wurde zB eine Frist vor der Löschungsabteilung versäumt, entscheidet diese
über die Weiterbehandlung.

Liegen die Voraussetzungen für eine Weiterbehandlung vor, ist diese zu gewähren (vgl. 39
HABM BK v. 29.2.2016 – R 1939/2015-4 Rn. 15 – DERMAYON; Eisenführ/Schennen
Rn. 22). **Gegenteiliger Ansicht** ist die Fünfte Beschwerdekammer, die im **Ermessen** sieht
(HABM BK v. 5.7.2015 – R 1585/2015-5 Rn. 13 f. – TP-LINK). Es bleibt abzuwarten,
ob diese Ansicht einer gerichtlichen Überprüfung statt hält. Gibt das Amt dem Antrag statt,
so gelten die mit Fristversäumnis verbundenen Folgen als nicht eingetreten (HABM BK v.
21.32016 – R 150/2015-5 Rn. 24 – CHATKA). Dies wird zukünftig im Art. 82 Abs. 1 S. 1
klargestellt.

Ist zwischen dem Ablauf der Frist und dem Antrag auf Weiterbehandlung eine Entschei- 40
dung ergangen, überprüft die Stelle, die über die versäumte Handlung zu entscheiden hat,
die Entscheidung und ändert sie ab, sofern es nur darum geht, die versäumte Handlung
nachzuholen. Kommt das Amt nach der Überprüfung zu dem Schluss, dass die ursprüngliche

Entscheidung nicht abgeändert werden muss, bestätigt sie die Entscheidung schriftlich (s. zukünftige Fassung von Art. 82 Abs. 4).

41 Es erfolgt also keine Rücknahme der bereits ergangenen Entscheidung, sondern eine Abänderung der bereits bestehenden Entscheidung, was zur Folge hat, dass die Weiterbehandlung **keine Auswirkungen auf die Beschwerdefrist** hat. Wurde folglich eine erstinstanzliche Frist versäumt, für die die Weiterbehandlung statthaft ist, und trifft die erstinstanzliche Abteilung sehr rasch eine Entscheidung, sollte der Säumige nicht nur einen Antrag auf Weiterbehandlung sondern außerdem eine Beschwerde einreichen. In diesem Fall wird die erstinstanzliche Abteilung zunächst über den Antrag auf Weiterbehandlung entscheiden müssen. Die Beschwerde ruht währenddessen. Hat der Antrag auf Weiterbehandlung Erfolg, ist die erstinstanzliche Entscheidung hinfällig und die Beschwerde gegenstandslos (vgl. Eisenführ/Schennen Rn. 45).

42 Wird der **Antrag** auf Wiedereinsetzung in einer gesonderten Entscheidung **zurückgewiesen,** so kann gegen diese Beschwerde eingereicht werden (HABM BK v. 19.7.2007 – R 332/2006-1 Rn. 12 ff. – Orange). Erfolgt die Zurückweisung in der Entscheidung über das Ausgangsverfahren, wird die Entscheidung inzident in einer Beschwerde gegen die Entscheidung im Ausgangsverfahren angegriffen werden können.

43 Wie bei dem Verfahren auf Wiedereinsetzung handelt es sich auch bei dem Verfahren auf Weiterbehandlung um ein **einseitiges Verfahren** selbst falls das Ausgangsverfahren zweiseitig ist. Bei einer **Gewährung einer Weiterbehandlung** kann der andere Beteiligte daher kein Rechtsmittel einreichen (vgl. Eisenführ/Schennen Rn. 23). Es kommt aber eine **inzidente Kontrolle** in Betracht, falls der andere Beteiligte die Entscheidung im Ausgangsverfahren angreift.

E. Abgrenzung zur Wiedereinsetzung

44 Für alle Fristen, für die eine Weiterbehandlung statthaft ist, ist grundsätzlich auch eine Wiedereinsetzung möglich. Einzige Ausnahme ist der Antrag auf Benutzungsnachweis, für den eine Wiedereinsetzung nach bisheriger Amtspraxis ausgeschlossen sein soll (→ Art. 81 Rn. 15). Sofern sich der Anwendungsbereich von Weiterbehandlung und Wiedereinsetzung überschneiden, sollte der einfachere Weg der Weiterbehandlung gewählt werden.

45 Die Weiterbehandlung ist grundsätzlich einfacher zu erhalten als die Wiedereinsetzung, da sie nicht zu begründen ist, sie keinen Rechtsnachteil voraussetzt und keine Einhaltung der Sorgfaltspflicht nachzuweisen ist (EuG T-136/08, BeckRS 2009, 70588 Rn. 22 – AURELIA; HABM BK v. 29.2.2016 – R 1939/2015-4 Rn. 15 – DERMAYON). Der Nachteil der Weiterbehandlung ist die kurze Frist und der enge Anwendungsbereich (vgl. HABM BK v. 20.8.2012 – R 2575/2011-4 Rn. 13 – CLUBLAND IBIZA/CLUBLAND IBIZA).

46 Wiedereinsetzung und Weiterbehandlung schließen sich nicht aus (HABM BK 21.2.2011 – R 1672/2010-2 Rn. 17 ff. – ENERGYFORCE/ENERGIE et al.). Ist nicht sicher, ob eine Weiterbehandlung statthaft, aber klar, dass ein Antrag auf Wiedereinsetzung zulässig ist, so kann der Säumige beide Anträge parallel zueinander stellen (vgl. HABM BK v. 26.4.2012 – R 2282/2011-2 Rn. 26 ff. – PRONAX/PRONA).

47 Die Gemeinsamkeiten und Unterschiede der Weiterbehandlung und der Wiedereinsetzung sind in der nachfolgenden Tabelle dargestellt:

	Weiterbehandlung	**Wiedereinsetzung**
Frist	zwei Monate nach Fristversäumnis	zwei Monate nach Wegfall des Hindernisses, maximal ein Jahr
Gebühr	400 Euro, werden erstattet bei Nichtgewährung	200 Euro, werden grundsätzlich nicht erstattet
Nachholung der versäumten Handlung	+	+
schriftlicher Antrag	+	+
Begründung des Antrags	–	+

	Weiterbehandlung	Wiedereinsetzung
Einhaltung der gebotenen Sorgfalt	–	+
Unmittelbarer Rechtsverlust durch Säumnis	–	+
Schutz gutgläubiger Dritter/Entstehung von Zwischenbenutzungsrechten	–	+

Art. 82a Unterbrechung des Verfahrens

(1) Das Verfahren vor dem Amt wird unterbrochen,
a) wenn der Anmelder oder Inhaber der Unionsmarke oder die Person, die nach nationalem Recht berechtigt ist, in dessen Namen zu handeln, stirbt oder seine bzw. ihre Geschäftsfähigkeit verliert. Solange der Tod oder der Verlust der Geschäftsfähigkeit der genannten Personen die Vertretungsbefugnis eines gemäß Artikel 93 bestellten Vertreters nicht berührt, wird das Verfahren jedoch nur auf Antrag dieses Vertreters unterbrochen;
b) wenn der Anmelder oder Inhaber der Unionsmarke aufgrund eines gegen sein Vermögen gerichteten Verfahrens aus rechtlichen Gründen gehindert ist, das Verfahren vor dem Amt fortzusetzen;
c) wenn der Vertreter des Anmelders oder Inhabers der Unionsmarke stirbt, seine Geschäftsfähigkeit verliert oder aufgrund eines gegen sein Vermögen gerichteten Verfahrens aus rechtlichen Gründen gehindert ist, das Verfahren vor dem Amt fortzusetzen.
(2) Das Verfahren vor dem Amt wird wieder aufgenommen, sobald die Identität der Person, die zur Fortsetzung des Verfahrens berechtigt ist, festgestellt ist.
(3) Der Kommission wird die Befugnis übertragen, gemäß Artikel 163a delegierte Rechtsakte zu erlassen, in denen die Modalitäten in Bezug auf die Wiederaufnahme des Verfahrens vor dem Amt im Einzelnen festgelegt werden.

Überblick

Abs. 3 wurde mWv 23.3.2016 gemäß VO (EU) 2015/2424 vom 16.12.2015 eingefügt. Abs. 1 und 2 werden mWv 1.10.2017 eingefügt.

Art. 82a regelt, wann ein Verfahren vor dem Amt zwingend zu unterbrechen ist. Dies 1 ist der Fall bei Tod, Geschäftsverlust oder Behinderung des Anmelders oder Inhabers der Unionsmarke oder der Person, die nach nationalem Recht berechtigt ist, in dessen Namen zu handeln sowie bei einem Verfahren gegen deren Vermögen. Solange der Tod oder der Verlust der Geschäftsfähigkeit der genannten Personen die Vertretungsbefugnis eines gemäß Art. 93 **bestellten Vertreters** nicht berührt, wird das Verfahren jedoch **nur auf Antrag dieses Vertreters** unterbrochen. Stirbt der Vertreter selbst, ist keine Unterbrechung vorgesehen.

Das Verfahren vor dem Amt wird **wieder aufgenommen,** sobald die Identität der Person, 2 die zur Fortsetzung des Verfahrens berechtigt ist, festgestellt ist.

Damit wird Regel 73 GMDV direkt in die UMV eingepflegt. Eine inhaltliche Änderung 3 ist hiermit nicht verbunden.

Nicht geregelt ist die interessantere Frage, in welchen **weiteren Fällen** das Amt ein 4 zweiseitiges Verfahren aussetzen hat; insbesondere ob und wann einem Antrag auf Aussetzung eines Widerspruchs oder Nichtigkeitsverfahren stattzugeben ist, weil die älteren Marken selbst Gegenstand eines (nationalen) Löschungsverfahrens sind.

Dem Amt kommt grundsätzlich ein **weites Ermessen** hinsichtlich der Gewährung einer 5 Aussetzung zweiseitiger Verfahren zu. Wird das Ermessen ausgeübt, so ist die Kontrolle des Ermessens durch das Gericht auf die Prüfung offensichtlicher Beurteilungsfehler und Ermessensmissbrauch bzw. auf Ermessensnichtgebrauch beschränkt (zum Ermessen → Art. 76 Rn. 129 ff.). Das Amt hat eine **Interessenabwägung** durchzuführen. Hierzu gehört nach Ansicht des EuG eine summarische Prüfung der Erfolgsaussichten eines gegen die ältere Marke anhängigen Löschungsverfahrens (EuG T-544/14, BeckRS 2015, 81733 Rn. 26 – ALETE; T-664/13, BeckRS 2015, 81734 Rn. 34 – PETCO). Dies scheint bedenklich. Solange die ältere Marke nicht gelöscht ist, gilt der Grundsatz der Gültigkeit. Abhängig von dem jeweiligen Einzelfall (zB Stand des Löschungsverfahrens, Verfahren vor nationalen Behörden und Gerichten) wird es der Kammer nicht möglich sein, eine solche Prüfung durchzuführen. Nichtigkeitsverfahren können sich außerdem über Jahre ziehen, so dass eine Aussetzung unabhängig von den Erfolgschancen unter Umständen nicht angemessen ist. Es ist fraglich, ob sich die Kontrolle des EuG in diesem Urteil auf die Feststellung eines offensichtlichen Ermessensfehlgebrauchs beschränkt hat.

6   Im Rahmen einer **Beschwerde** sind die Kammern tendenziell **restriktiv** in der Gewährung einer Aussetzung, selbst was die Gewährung eines beidseitigen Aussetzungsantrags im zweiseitigen Verfahren betrifft. Hier ist ggf. an die Stellung eines gemeinsamen Antrags auf Mediation zu denken. Sobald ein gemeinsamer Antrag der Parteien auf Mediation gestellt wird, wird das Beschwerdeverfahren ausgesetzt. Ein Antrag auf Mediation ist aber erst **nach** dem Einreichen der **Beschwerdebegründung** möglich, bzw. die Begründung der Beschwerde ist auch bei Stellen eines Antrags auf Mediation unerlässlich. Möglicherweise ändert sich dies in Zukunft (s. Art. 137a, der mit Wirkung zum 23.3.2016 eingefügt wurde).

7   Zu Fristverlängerungen auf Antrag → Art. 79c Rn. 8 ff.; zur Fristunterbrechung aufgrund unmöglicher Zustellung → Art. 79c Rn. 29.

Art. 83 Heranziehung allgemeiner Grundsätze

Soweit diese Verordnung, die Durchführungsverordnung, die Gebührenordnung oder die Verfahrensordnung der Beschwerdekammern Vorschriften über das Verfahren nicht enthält, berücksichtigt das Amt die in den Mitgliedstaaten im Allgemeinen anerkannten Grundsätze des Verfahrensrechts.

künftige Fassung mWv 1.10.2017 gemäß VO (EU) 2015/2424 vom 16.12.2015:
Soweit diese Verordnung oder die gemäß dieser Verordnung erlassenen Rechtsakte keine Verfahrensvorschriften enthalten, berücksichtigt das Amt die in den Mitgliedstaaten allgemein anerkannten Grundsätze des Verfahrensrechts.

Überblick

Art. 83 ist das Einfallstor für die Anwendung allgemeiner Grundsätzen des Verfahrensrechts aller Mitgliedstaaten im Falle einer Gesetzeslücke. Mit der Neufassung des Art. 83 im Wege der Reform sind keine inhaltlichen Änderungen verbunden.

Übersicht

	Rn.		Rn.
A. Grundsatz	1	III. Rechtssicherheit	14
		1. Rückwirkungsverbot	14
B. Einzelne Fallgruppen	5	2. Wirksamkeit fehlerhafter Rechtsakte	17
I. Beachtung von Voreintragungen und -entscheidungen	5	3. Auslegung	18
II. Vertrauensschutz	7	C. Res judicata	19

A. Grundsatz

1   Besteht eine **verfahrensrechtliche Lücke** in der UMV und GMDV können nach Art. 83 allgemeine Grundsätze des **Verfahrensrechts der Mitgliedstaaten** herangezogen werden.

2   Der Wortlaut des Art. 83 stellt explizit auf allgemeinen Grundsätzen des Verfahrensrechts ab, die die Mitgliedstaaten anerkennen. Ein Nachweis, dass ein Prinzip in allen Staaten anerkannt ist, ist entsprechend schwierig. Entscheidungen des Amtes, des EuG und des

EuGH stellen daher zwar auf allgemeine verfahrensrechtliche Prinzipien ab, berufen sich aber in der Regel nicht explizit auf Art. 83.

Zu den allgemeinen Grundsätzen des Verfahrensrechts, die nicht ausdrücklich in der UMV und der GMDV geregelt sind, gehören insbesondere: 3
- der Grundsatz des Vertrauensschutzes (→ Rn. 7);
- der Grundsatz der Rechtssicherheit;
- das Gleichbehandlungsprinzip (→ Rn. 5);
- der Grundsatz der Rechtsschutzgarantie (EuG T-360/10, BeckRS 2012, 82166 Rn. 32 ff.);
- der Grundsatz der ordnungsmäßigen Verwaltung (zB Selbstbindung der Verwaltung oder Verfahrensökonomie; → Rn. 5):
- der Grundsatz der Verhältnismäßigkeit und
- das Verbot der „reformatio in peius".

Allgemeine Prinzipien, die ausdrücklich in der UMV Regelung gefunden haben, sind zB die Begründungspflicht (Art. 75 S. 1), der Amtsermittlungsgrundsatz (Art. 76 Abs. 1), der Anspruch auf rechtliches Gehör (Art. 75 S. 2) und die „res iudicata" (→ Art. 56 Rn. 63 ff.). 4

B. Einzelne Fallgruppen

I. Beachtung von Voreintragungen und -entscheidungen

Die Beteiligten bringen häufig in Verfahren vor dem Amt vor, dass das Amt oder ein nationales Amt oder ein Gericht einen vergleichbaren Fall bereits in eine bestimmte Richtung entschieden habe. Sie stützen sich damit auf das Prinzip der **Gleichbehandlung** sowie die **Selbstbindung der Verwaltung** als Auswuchs das Prinzip der ordnungsgemäßen Verwaltung (vgl. EuG BeckRS 2013, 80145 Rn. 33 – DISCO DESIGNER/DICSO; BeckRS 2012, 82385 Rn. 36 – Nutriskin Protection Complex; BeckRS 2012, 81997 Rn. 61 – TEQUILA MATADOR HECHO EN MEXICO /MATADOR; BeckRS 2012, 82087 Rn. 20 – PTENEO/XENTEO; BeckRS 2012, 81255 Rn. 38 – UniversalPHOLED; BeckRS 2012, 81193 Rn. 54 – Bebio/BEBA; BeckRS 2012, 80220 Rn. 44 – arrybox; v. 24.1.2012– T-260/08 Rn. 47 ff. – VISUAL MAP/VISUAL) oder auf den **Vertrauensschutz** (BeckRS 2012, 82454 Rn. 67 ff. – PHOTOS.COM; → Rn. 7 ff.). 5

Diese Grundsätze finden ihre Grenzen im **Gebot des rechtmäßigen Handelns** und im **Prinzip der Rechtssicherheit.** Es soll, wie auch im deutschen Recht, kein Recht im Unrecht geben. Niemand soll sich auf eine fehlerhafte Rechtsanwendung zugunsten eines anderen berufen können, um eine identische Entscheidung zu erlangen (vgl. EuG v. 16.10.2016 – T-458/13 Rn. 36 – GRAPHENE; BeckRS 2012, 82385 Rn. 36 – Nutriskin Protection Complex; BeckRS 2012, 81997 Rn. 62 – TEQUILA MATADOR HECHO EN MEXICO /MATADOR; BeckRS 2012, 82087 Rn. 20 – PTENEO/XENTEO; BeckRS 2012, 81255 Rn. 38 – UniversalPHOLED; BeckRS 2012, 80220 Rn. 44 – arrybox; T-260/08, BeckRS 2012, 80859 Rn. 48 – VISUAL MAP/VISUAL). Nicht schutzfähige Marken sollen demnach nicht eingetragen werden, bloß weil bereits vorher eine identische oder ähnliche Marke fälschlicherweise eingetragen wurde. Es ist stets nach den spezifischen Umständen jedes Einzelfalles zu entscheiden (EuG BeckRS 2013, 80145 Rn. 33 – DISCO DESIGNER/DICSO; BeckRS 2012, 82454 Rn. 69 ff. – PHOTOS.COM; BeckRS 2012, 82385 Rn. 36 – Nutriskin Protection Complex; BeckRS 2012, 81193 Rn. 54 – Bebio/ BEBA). 6

II. Vertrauensschutz

Nach ständiger Rechtsprechung kann sich jeder auf den Vertrauensschutz berufen, der sich in einer Lage befindet, aus der sich ergibt, dass die Unionsverwaltung bei ihm, insbesondere durch **bestimmte Zusicherungen, begründete Erwartungen** geweckt hat (EuG BeckRS 2012, 81335 Rn. 83 – my baby/mybaby; BeckRS 2012, 81769 Rn. 38 f.; GRUR Int 2011, 856 Rn. 52, 55 – REDTUBE/Redtube; T-419/07, GRUR Int 2010, 54 Rn. 46 – OKTATECH). 7

In der Regel scheitert eine Verletzung daran, dass durch das Handeln der Verwaltung keine begründete Erwartung geweckt wird. Der Beschwerdeführer muss auf Erwartungen verweisen können, die sich auf genaue Zusicherungen oder ein Verhalten der Verwaltung 8 gründen, durch das bei einem gutgläubigen Bürger, der die erforderliche Sorgfalt eines durchschnittlich informierten Wirtschaftsteilnehmers an den Tag legt, eine **verständliche Verwirrung** hervorgerufen werden konnte (EuG T-419/07, GRUR Int 2010, 54 Rn. 52 – OKTATECH).

9 Häufig liegt hingegen **keine Zusicherung** im Handeln der Verwaltung. Zusicherungen sind klare, nicht an Bedingungen geknüpfte und übereinstimmende Auskünfte (EuG BeckRS 2012, 81335 Rn. 83 – my baby/mybaby; T-419/07, GRUR Int 2010, 54 Rn. 46 – OKTATECH). Irrelevant ist die Form der Mitteilung.

10 Ein **bloßes (unverbindliches) Telefongespräch,** in dem das Amt mitteilt, dass eine neue Beschwerdefrist gilt, genügt etwa nicht aus, um einen Vertrauensschutz zu begründen. Einem sorgfältigen Beteiligten obliegt es, zumindest eine schriftliche Bestätigung der mündlichen Zusage zu verlangen (EuG T-419/07, GRUR Int 2010, 54 Rn. 53 – OKTATECH).

11 Auch hat ein Anmelder keinen Anspruch auf Eintragung einer Marke weil ein Prüfungsverfahren lange dauert. In der Veröffentlichung eine Anmeldung liegt keine Zusicherung deren späterer Eintragung. Das Prüfungsverfahren kann bis zur Eintragung jederzeit wiedereröffnet werden (EuG BeckRS 2012, 81769 Rn. 38 f.).

12 Liegt eine Zusicherung des Amtes vor begründet diese dennoch **keinen Vertrauensschutz, falls** die Zusicherung „den anwendbaren Bestimmungen des Unionsrechts nicht entspricht" (EuG BeckRS 2012, 81335 Rn. 83, 104 – my baby/mybaby; GRUR Int 2011, 856 Rn. 56 – REDTUBE/Redtube), also **rechtswidrig** ist.

13 Teilt das Amt etwa fälschlicherweise mit, dass ein Widerspruch erhoben wurde, obwohl die Widerspruchsgebühr nicht entrichtet wurde, liegt in der Mitteilung keine Zusicherung. Das Amt kann sich nicht wirksam verpflichten, einen nicht wirksam eingelegten Widerspruch als erhoben zu behandeln.

III. Rechtssicherheit

1. Rückwirkungsverbot

14 Zu dem Prinzip der Rechtssicherheit gehört zB, dass eine Änderung der Rechtslage grundsätzlich **keine rückwirkende Anwendung** finden kann (EuG BeckRS 2010, 90949 Rn. 35 – BUDWEISER/BUDWEISER, zur Rückwirkung der reformierten Durchführungsverordnung).

15 So hat das EuG festgestellt, dass die Änderungen in der Klassifizierungspraxis des Amts aufgrund des „IP-Translator"-Urteils des EuGH (EuGH BeckRS 2012, 81267) und der darauf folgenden Mitteilung des Präsidenten des Amtes Nr. 2/12 erst am 20.6.2012 in Kraft treten. Hiernach müssen Anmelder konkretisieren, ob sie alle Waren und Dienstleistungen der alphabetischen Liste in einer Klasse in Anspruch nehmen wollen, falls sie Klassenüberschriften anmelden. Jedenfalls für Anmeldungen vor dem 20.6.2012 gilt aus Gründen der Rechtssicherheit, wie in der vorherigen Mitteilung des Präsidenten Nr. 4/03 vorgesehen, dass die Klassenüberschriften einer Klasse alle Waren bzw. Dienstleistungen dieser Klasse umfassen (EuG BeckRS 2013, 80236 Rn. 50 – babilu/BABIDU).

16 Das Prinzip des Verbots der Rückwirkung von Rechtsakten spielt auch bei der Reform der UMV und der GMDV eine Rolle.

2. Wirksamkeit fehlerhafter Rechtsakte

17 Aus Gründen der Rechtssicherheit gelten selbst fehlerhafte Rechtsakte als wirksam, falls kein Rechtsmittel erhoben wird. Dieser Grundsatz soll nur in absoluten Ausnahmefällen bei Vorliegen besonders schwerer Fehler durchbrochen werden (→ Art. 80 Rn. 2 ff.).

3. Auslegung

18 Aufgrund des Prinzips der Rechtssicherheit muss einem Begriff, der in verschiedenen Bestimmungen eines Rechtsakts verwendet wird, die gleiche Bedeutung beigemessen werden, unabhängig davon, in welcher Bestimmung er sich findet (EuG BeckRS 2013, 80356 Rn. 41 – MEDINET/MEDINET).

C. Res judicata

Das EuG hat mehrfach festgestellt, dass das Prinzip der res judicata grundsätzlich **nicht** 19
auf die Entscheidungen des Amtes Anwendung finde, da es sich nicht um Gerichtsentscheidungen handele und die Verordnung keine solche Wirkung vorsehe. Somit haben etwa **Widerspruchsentscheidungen keine bindende Wirkung** auf nachfolgende Nichtigkeits- oder Verfallsanträge zwischen denselben Parteien und hinsichtlich derselben Marken (EuG v. 8.12.2015 – T-583/14 Rn. 21 – FLAMINAIRE) oder auf **parallele Widerspruchsverfahren** (EuG v. 4.3.2015 – T-543/13 Rn. 25 – PRANAYUR).

Allerdings ist der **Antrag auf Erklärung des Verfalls oder der Nichtigkeit** nach Art. 56 20
Abs. 2 **unzulässig,** wenn entweder das Amt oder das in Art. 95 genannte Unionsmarkengericht über einen Antrag wegen desselben Anspruchs zwischen denselben Parteien in der Hauptsache bereits rechtskräftig entschieden hat. Das Prinzip der res iudicata ist also in der UMV für Löschungsverfahren niedergelegt (→ Art. 56 Rn. 63). Der Anwendungsbereich ist aber entsprechend eng.

Fraglich ist, inwiefern aber eine **Beschwerdekammerentscheidung** die untere Instanz 21
oder ein später eingereichtes Verfahren in derselben Sache bindet (→ Art. 64 Rn. 32, insbesondere die Detailausführungen).

Nach ständiger Rechtsprechung stellt eine Entscheidung, durch die lediglich eine frühere, 22
nicht fristgerecht angefochtene Entscheidung bestätigt wird, keine anfechtbare Handlung dar. Das EuG hat daher hinsichtlich einer (identischen!) Anmeldung, die bereits von der Kammer rechtskräftig zurückgewiesen wurde, entschieden, dass eine Klage gegen die erneute Zurückweisung der Wiederholungsanmeldung unzulässig sei (EuG T-157/08, BeckRS 2011, 80111 Rn. 28 ff. – Insulate for life; T-545/14, BeckEuRS 2015, 447225 Rn. 18 ff. – engineering for a better world). Anderenfalls würde die Klagefrist hinsichtlich der ersten Zurückweisung, gegen die keine Klage erhoben worden war, durch eine Wiederholungsanmeldung ausgehöhlt. Die große Beschwerdekammer hat diesen Grundsatz auf Wiederholungsanmeldungen, gegen deren Zurückweisung Beschwerde eingereicht wird, angewendet. Beschwerden gegen die erstinstanzliche Zurückweisung einer Wiederholungsanmeldungen seien damit unzulässig (HABM BK v. 16.11.2015 – R1649/2011-G Rn. 16 ff. – SHAPE OF A BOTTLE). Es bleibt abzuwarten, ob diese gewagte Theorie vor Gericht standhält. In jedem Fall ist den Anmeldern bei einer Wiederholungsanmeldung zu empfehlen, ein anderes Verzeichnis zu wählen, das Zeichen zu ändern oder zumindest darzulegen, weshalb sich der Sachverhalt von dem der ersten Anmeldung unterscheidet.

Art. 84 Beendigung von Zahlungsverpflichtungen

(1) Ansprüche des Amts auf Zahlung von Gebühren erlöschen nach vier Jahren nach Ablauf des Kalenderjahres, in dem die Gebühr fällig geworden ist.

(2) Ansprüche gegen das Amt auf Rückerstattung von Gebühren oder von Geldbeträgen, die bei der Entrichtung einer Gebühr zu viel gezahlt worden sind, erlöschen nach vier Jahren nach Ablauf des Kalenderjahres, in dem der Anspruch entstanden ist.

(3) [1]Die in Absatz 1 vorgesehene Frist wird durch eine Aufforderung zur Zahlung der Gebühr und die Frist des Absatzes 2 durch eine schriftliche Geltendmachung des Anspruchs unterbrochen. [2]Diese Frist beginnt mit der Unterbrechung erneut zu laufen und endet spätestens sechs Jahre nach Ablauf des Jahres, in dem sie ursprünglich zu laufen begonnen hat, es sei denn, dass der Anspruch gerichtlich geltend gemacht worden ist; in diesem Fall endet die Frist frühestens ein Jahr nach der Rechtskraft der Entscheidung.

Überblick

Art. 84 regelt das Erlöschen von Ansprüchen auf Zahlung von Gebühren an das Amt (→ Rn. 3 ff.) und von Rückerstattungsansprüchen gegen das Amt (→ Rn. 6 ff.). Die

Gebührenverordnung ist im Zuge der Reform in Art. 144 ff. sowie den Anhang I eingepflegt worden.

Übersicht

	Rn.		Rn.
A. Übersicht: Gebühren	1	2. Erstattung der Anmeldegebühr	14
		3. Erstattung der Gebühr für einen Widerspruch oder Löschungsantrag	16
B. Erlöschen von Ansprüchen des Amtes auf Zahlung von Gebühren (Abs. 1)	3	4. Erstattung der Beschwerdegebühr	22
C. Ansprüche auf Erstattung von Gebühren gegen das Amt (Abs. 2)	6	5. Anspruch auf Erstattung der Verlängerungsgebühr	25
I. Grundsatz	6	6. Erstattung der Gebühr für einen Antrag auf Weiterbehandlung	28
II. Ansprüche auf Rückerstattung	11	7. Erstattung von Geldbeträgen	29
1. Anspruch auf Rückerstattung zu spät geleisteter Gebühren	11	III. Frist	30
		IV. Unterbrechung der Frist	31

A. Übersicht: Gebühren

1 Die Reform hat das Erlöschen von Ansprüchen auf Zahlung an das Amt sowie das Erlöschen von Rückerstattungsansprüchen nicht direkt berührt. Die Gebühren selbst sind aber überwiegend mit Wirkung vom 23.3.2016 gesenkt worden. In Folge dessen können ab dem 23.3.2016 Rückerstattungsansprüche der Nutzer gegenüber dem Amt für zu viel gezahlte Gebühren bestehen (zur Widerspruchsgebühr → Rn. 21; zur Beschwerdegebühr → Rn. 24; zur Verlängerungsgebühr → Rn. 27).

2 Die neuen Gebühren sind in Annex I zur VO (EU) 2015/2424 des Europäischen Parlaments und des Rates vom 16.12.2015 zur Änderung der VO (EG) Nr. 207/2009 niedergelegt → Anhang-I Rn. 1 (s. auch https://euipo.europa.eu/ohimportal/de/fees-payable-direct-to-euipo). Die wichtigsten Gebühren im Überblick:

Verfahren	bisherige Gebühr	neue Gebühr
Anmeldung	1050 Euro – drei Klassen	1 000 Euro – umfasst eine Klasse
Anmeldung elektronisch	900 Euro – drei Klassen	850 Euro – umfasst eine Klasse
		50 Euro – zweite Klasse
		150 Euro – jede weitere Klasse
Verlängerung Unionsmarke	1500 Euro – drei Klassen	1000 Euro – eine Klasse
elektronisch	1350 Euro – drei Klassen	850 Euro – eine Klasse
		zweite und weitere Klassen s. oben
Widerspruchsgebühr	350 Euro	320 Euro
Antrag auf Verfall oder Nichtigkeit	700 Euro	630 Euro
Beschwerdegebühr	800 Euro	720 Euro

B. Erlöschen von Ansprüchen des Amtes auf Zahlung von Gebühren (Abs. 1)

3 Art. 84 Abs. 1 regelt die Beendigung von Verpflichtungen zur Zahlung von **Gebühren** gegenüber dem Amt. Die Zahlungsverpflichtung verjährt nach vier Jahren nach Ablauf des Kalenderjahres, in dem die Gebühr fällig wurde.

4 Die Norm bezieht sich ausschließlich auf Zahlungsverpflichtungen, die in der UMV und GMDV als **Gebühren** ausgewiesen sind. Nicht erfasst sind alle anderen Zahlungsverpflichtungen an das Amt, Entgelte wie Preise oder Kosten (etwa Kosten für die Beweisaufnahme nach Regel 59 Abs. 5 GMDV; ab dem 1.10.2017 Art. 78 Abs. 5).

5 Da die Nichtzahlung einer Gebühr den Verlust einer Rechtsposition und damit das Erlöschen des Zahlungsanspruchs des Amtes zur Folge hat, **hat die Norm** quasi **keinen Anwendungsbereich.** So gelten folgende Anträge als nicht gestellt bzw. werden vom Amt nicht behandelt, falls die entsprechende Gebühr nicht rechtzeitig und vollständig entrichtet wird.

Der Anspruch des Amts **bei Nichtzahlung oder unvollständiger Zahlung außerhalb der Zahlungsfrist** geht in folgenden Fällen unter oder ist nicht durchsetzbar, so dass Art. 84 nicht zur Anwendung kommt:
- Anmeldegebühr (Art. 26 Abs. 2; Art. 27; Art. 36 Abs. 5; Art. 147 Abs. 5; Regel 4, 9 Abs. 1 Buchst. b, Abs. 5; Regel 103 Abs. 1 GMDV),
- Gebühr für die Teilung einer Anmeldung (Art. 44 Abs. 4) oder Eintragung (Art. 49 Abs. 4),
- Widerspruchsgebühr (Art. 41 Abs. 3; Art. 156 Abs. 2; Regel 17 Abs. 1 GMDV),
- Beschwerdegebühr (Art. 60; Regel 49 Abs. 3 GMDV),
- Gebühr für Verfalls- bzw. Nichtigkeitsantrag (Art. 56 Abs. 2; Regel 39 Abs. 1 GMDV),
- Gebühr für die Verlängerung einer Marke (Art. 47 Abs. 1 und 3; Regel 30 Abs. 5 GMDV),
- Umwandlungsgebühr (Art. 113 Abs. 1; Regel 45 Abs. 2 GMDV),
- Gebühr für die Überprüfung der Kostenfestsetzung (Regel 94 Abs. 4 GMDV; ab dem 1.10.2017 Art. 85 Abs. 6),
- Gebühr für die Prüfung einer Widereinsetzung (Art. 81 Abs. 3),
- Gebühr für die Weiterbehandlung (Art. 82 Abs. 1),
- Gebühr für eine Akteneinsicht und (beglaubigte) Kopien (Art. 88 Abs. 6; Regel 89 Abs. 1, Abs. 4 und 5 GMDV),
- Gebühr für eine Auskunft aus den Akten (Art. 88 Abs. 7; Regel 90 Abs. 2 GMDV),
- Gebühr für Recherchen durch die Zentralbehörde der Mitgliedstaaten (Art. 38 Abs. 2; Regel 10 GMDV),
- Gebühr für Abschriften der Eintragungsurkunde (Art. 45 Abs. 2; Regel 24 Abs. 2; Regel 84 Abs. 6 GMDV),
- Gebühr für eine Änderung der Eintragung (Art. 48 Abs. 4; Regel 25 Abs. 2 GMDV),
- Gebühr für Eintragung von Lizenzen und anderen Rechten (Art. 22a Abs. 2; Regel 33 Abs. 2 GMDV),
- Gebühr für Löschung oder Änderung der Eintragung von Lizenzen und anderen Rechten (Art. 24a Abs. 3; Regel 35 Abs. 3 GMDV).

C. Ansprüche auf Erstattung von Gebühren gegen das Amt (Abs. 2)

I. Grundsatz

Ansprüche gegen das Amt auf Rückerstattung von Gebühren oder von Geldbeträgen, die bei der Entrichtung einer Gebühr zu viel gezahlt worden sind, erlöschen gemäß Art. 84 Abs. 2 nach vier Jahren nach Ablauf des Kalenderjahres, in dem der Anspruch entstanden ist. **6**

Geregelt werden, anders als in Abs. 1, nicht nur die Verjährung von Ansprüchen auf Erstattung von Gebühren, sondern die Ansprüche auf Erstattung jeglicher Geldbeträge, die ohne Rechtsgrundlage an das Amt entrichtet wurden. **7**

In der Regel erstattet das Amt ohne Rechtsgrundlage gezahlte Gebühren von sich aus zurück. Dennoch ist es empfehlenswert, einen entsprechenden Antrag auch mit Blick auf eine Verjährungsfristunterbrechung zu stellen (→ Rn. 31). Die Geldbeträge werden entweder auf ein beim Amt bestehendes Konto des Anspruchsinhabers oder, falls per Banküberweisung oder Kreditkarte gezahlt wurde, auf ein Bankkonto überwiesen (EUIPO-Richtlinien, Teil A, Allgemeine Regeln, Abschnitt 3, 5). **8**

Geringfügige Beträge werden allerdings nach Art. 144c Abs. 4 (vor dem 23.3.2016: Art. 10 Abs. 1 VO (EG) Nr. 2869/95) nicht von Amts wegen, sondern nur auf Antrag zurückerstattet. Nach Art. 144c Abs. 4 kann der Exekutivdirektor mit Zustimmung des Haushaltsausschusses die Grenze bestimmen, unterhalb derer zu viel gezahlte Gebühren oder Entgelte nicht erstattet werden. Geringfügige Beträge sind bislang nach Art. 1 des Beschlusses Nr. EX-03-6 des Präsidenten des Amtes vom 20.1.2003 solche, die 15 Euro nicht übersteigen. **9**

Falls das Amt geringfügige Beträge ausnahmsweise nicht von sich aus zurückzahlt, sollte der Anspruchsinhaber innerhalb der Verjährungsfrist einen schriftlichen „Antrag" auf Erstattung der Gebühr bzw. des Geldbetrags stellen (→ Rn. 30, → Rn. 31). **10**

II. Ansprüche auf Rückerstattung

1. Anspruch auf Rückerstattung zu spät geleisteter Gebühren

11 Ein Anspruch auf Rückerstattung einer Gebühr besteht regelmäßig **falls eine Gebühr zu spät entrichtet** wurde. In diesem Fall gilt ein gebührenpflichtiger Antrag in aller Regel als nicht gestellt, so dass damit der Zahlungsanspruch des Amts erlischt und die Zahlung folglich ohne Rechtsgrundlage geleistet wurde (→ Rn. 5).

12 Ausdrücklich geregelt ist die Rückerstattung der zu spät gezahlten **Widerspruchsgebühr** (Regel 17 Abs. 1 GMDV), der Gebühr für einen **Verfalls oder Nichtigkeitsantrag** innerhalb einer vom Amt gesetzten Frist (Regel 39 Abs. 1 GMDV) und der **Beschwerdegebühr** (Regel 49 Abs. 3 GMDV).

13 Eine Zahlungsfrist gilt nach Art. 144c Abs. 1 (vor dem 23.3.2016 Art. 9 Abs. 1 VO (EG) Nr. 2869/95) grundsätzlich nur dann als eingehalten, falls **der volle Gebührenbetrag rechtzeitig** bezahlt wird. Ist die Gebühr nicht in voller Höhe gezahlt worden, so wird der gezahlte Betrag nach Ablauf der Zahlungsfrist erstattet. Das Amt kann jedoch, soweit es die laufende Frist erlaubt, dem Einzahler Gelegenheit geben, den fehlenden Betrag nachzuzahlen oder, wenn dies gerechtfertigt erscheint, geringfügige Fehlbeträge ohne Rechtsnachteil für den Einzahler unberücksichtigt lassen (Art. 144c Abs. 2; vor dem 23.32016 Art. 9 Abs. 1 VO (EG) Nr. 2869/95).

2. Erstattung der Anmeldegebühr

14 Ein Anspruch auf Erstattung der Anmeldegebühr besteht, falls der Anmeldung Fehler iSd Regel 9 Abs. 1 GMDV anhaften und diese nicht rechtzeitig behoben werden. Die Anmeldung wird dann nicht als Anmeldung einer Unionsmarke behandelt und die Anmeldegebühr ist nach Regel 9 Abs. 2 S. 3 GDMV zurückzuerstatten.

15 Außerdem wird die Anmeldegebühr erstattet, falls die Anmeldung zurückgenommen wird, bevor die Gebühr beim Amt eingeht, oder aber falls ein Konto beim Amt besteht und der Anmelder die Anmeldung innerhalb eines Monats zurücknimmt (ausführlich EUIPO-Richtlinie, Teil A, Allgemeine Regeln, Abschnitt 3, 5.1.). Etwaige zusätzlich geleistete Klassengebühren werden ebenfalls erstattet. In allen anderen Fällen besteht grundsätzlich kein Rückzahlungsanspruch gegen das Amt bei Rücknahme der Anmeldung.

3. Erstattung der Gebühr für einen Widerspruch oder Löschungsantrag

16 Die Widerspruchsgebühr (samt etwaig gezahlten Zuschlags nach Art. 144b Abs. 3; vor dem 23.3.2016 Art. 8 Abs. 3 VO (EG) Nr. 2869/95) wird erstattet, falls der **Widerspruch** als **nicht eingelegt** gilt, zB falls die Gebühr zwar rechtzeitig entrichtet wurde, die Widerspruchsschrift aber außerhalb der Widerspruchsfrist beim Amt eingeht (EUIPO-Richtlinien, Teil A, Allgemeine Regeln, Abschnitt 3, 5.2).

17 Außerdem wird die Gebühr erstattet, falls die angefochtene **Anmeldung innerhalb** der **Cooling-off-Frist** vollständig oder soweit angegriffen **zurückgenommen** wird oder falls der Widersprechende seinen Widerspruch nach einer teilweisen Beschränkung der Anmeldung innerhalb der Cooling-off-Frist (auf Anfrage des Amtes) zurücknimmt (Regel 18 Abs. 5 GMDV).

18 Wird eine Anmeldung aufgrund absoluter Schutzhindernisse von Amts wegen zurückgewiesen aber fälschlicherweise veröffentlicht, so ist ein Widerspruch gegen **die nicht existierende Anmeldung** ebenfalls nicht existent. Eine geleistete Widerspruchsgebühr ist zurückzuerstatten.

19 Wird ein **Widerspruch gegen die Erstreckung einer IR** auf die EU eingelegt bevor die Prüfung von absoluten Eintragungshindernissen abgeschlossen ist, wird das Widerspruchsverfahren bis zum Ausgang des Prüfungsverfahrens ausgesetzt (EUIPO-Richtlinien, Teil M, Internationale Marken, 3.6.8). Wird der Anmeldung der Schutz aufgrund absoluter Eintragungshindernisse verweigert, so ist dem Widersprechenden nach Regel 114 Abs. 5 GMDV die Widerspruchsgebühr zu erstatten.

20 Sind **mehrere Widersprüche** gegen eine Anmeldung anhängig, kann das Amt zunächst nur einen Widerspruch prüfen und die weiteren Verfahren bis zum Ausgang des ersten

geprüften Widerspruchs aussetzen. Hat der Widerspruch Erfolg und erledigen sich in Folge dessen die weiteren Widersprüche, so erstattet das Amt jedem Widersprechenden, dessen Widerspruch sich erledigt hat, 50% der Widerspruchsgebühr. Gleiches gilt nach Regel 41 Abs. 2 iVm Regel 21 Abs. 4 GMDV bei **mehreren Nichtigkeits- oder Verfallsverfahren** gegen eine Eintragung.

Die Widerspruchsgebühr wurde mit Wirkung vom 23.3.2016 von 350 Euro auf 320 Euro 21 reduziert (Anhang I). Dies gilt jedenfalls für Widersprüche, die am oder nach dem 23.3.2016 eingelegt wurden. Hat der Widersprechende zu viel überwiesen, sollte er einen Antrag auf Rückerstattung stellen. Ungeklärt ist, ob ein Antrag auf Rückerstattung besteht für Widersprüche, die vor dem 23.3.2016 eingereicht wurden, deren Frist aber erst nach dem 23.3.2016 endete.

4. Erstattung der Beschwerdegebühr

Die Beschwerdekammer kann aus **Billigkeitsgründen** nach Regel 53 Buchst. b GMDV 22 anordnen, dass die Beschwerdegebühr erstattet wird. Dies ist zB dann oftmals der Fall, falls eine erstinstanzliche Entscheidung aufgrund eines Verfahrensfehlers aufgehoben wird.

Außerdem kann die Beschwerdegebühr nach Regel 53 Buchst. a GMDV erstattet werden, 23 falls der Beschwerde im einseitigen Verfahren abgeholfen wird (→ Art. 61 Rn. 1 ff.; die Abhilfe in mehrseitigen Verfahren ist im Zuge der Reform entfallen.

Die Widerspruchsgebühr wurde mit Wirkung vom 23.3.2016 von 800 Euro auf 720 Euro 24 reduziert. Dies gilt jedenfalls für Beschwerden, die am oder nach dem 23.3.2016 eingelegt wurden. Hat der Beschwerdeführer zu viel überwiesen, sollte er einen Antrag auf Rückerstattung stellen. Ungeklärt ist, ob ein Antrag auf Rückerstattung besteht für Beschwerden, die vor dem 23.3.2016 eingereicht wurden, deren Frist aber erst nach dem 23.3.2016 endete.

5. Anspruch auf Erstattung der Verlängerungsgebühr

Zu früh gezahlte Verlängerungsgebühren (vor sechs Monaten vor Ablauf der Eintragung) 25 werden vom Amt nicht berücksichtigt und zurückerstattet (EUIPO-Richtlinien, Teil A, Allgemeine Regeln, Abschnitt 3, 5.5).

Wurde die Verlängerungsgebühr bereits entrichtet, erfolgt eine Verlängerung aber letztlich 26 nicht, ist die Gebühr nach Regel 37 Abs. 7 GMDV zu erstatten (zB falls die Gebühr nicht vollständig oder fristgerecht gezahlt wurde oder der Inhaber eine Verlängerungsanweisung rechtzeitig zurückzieht, vgl. EUIPO-Richtlinien, Teil A, Allgemeine Regeln, Abschnitt 3, 5.5).

Ab dem 23.3.2016 wurde die Verlängerungsgebühr heruntergesetzt. Stichtag für die 27 Berechnung einer Verlängerungsgebühr ist das Datum des Ablaufs der zu verlängernden Unionsmarke. Für Unionsmarken, die vor dem 23.3.2016 ablaufen, gelten die vorherigen Gebühren, selbst wenn die Verlängerung nach dem 23.3.2016 beantragt und bezahlt wird. Für Unionsmarken, die am 23.3.2016 oder danach ablaufen, gilt die in der Unionsmarkenänderungsverordnung festgelegte Gebührenstruktur. Das Amt erstattet eventuell zu viel gezahlte Gebühren zurück.

6. Erstattung der Gebühr für einen Antrag auf Weiterbehandlung

Nach Art. 82 Abs. 5 wird die Gebühr für einen Antrag auf Weiterbehandlung erstattet, 28 falls der Antrag zurückgewiesen wird (→ Art. 82 Rn. 36 f.).

7. Erstattung von Geldbeträgen

Ansprüche auf Erstattung eines Geldbetrags gegen das Amt sind zB der Anspruch eines 29 Sachverständigen auf Entgelt (Regel 58 Abs. 1, 59 Abs. 3 GMDV), die Erstattung von Reise- und Aufenthaltskosten von Zeugen oder Sachverständigen und die Erstattung etwaiger Verdienstausfälle von Zeugen (Regel 59 GMDV), falls die Beauftragung eines Gutachtens oder eine Zeugenvernehmung von Amts wegen erfolgt (→ Art. 78 Rn. 79 ff.).

Söder

III. Frist

30   Die Ansprüche auf Rückerstattung gegen das Amt erlöschen nach Art. 84 Abs. 2 nach vier Jahren nach Ablauf des Kalenderjahres, in dem der Anspruch entstanden ist. Ist der Anspruch zB am 8.3.2013 entstanden, erlischt er am 31.12.2017.

IV. Unterbrechung der Frist

31   Die Verjährungsfrist wird nach Art. 84 Abs. 3 durch eine **schriftliche Geltendmachung** des Anspruchs unterbrochen. Mit der Unterbrechung beginnt die Frist zwar erneut zu laufen, sie endet aber **spätestens sechs Jahre** nach Ablauf des Jahres, in dem sie ursprünglich zu laufen begonnen hat, **es sei denn,** dass der Anspruch **gerichtlich** geltend gemacht worden ist. Wurde der Anspruch gerichtlich geltend gemacht endet die Frist frühestens **ein Jahr nach** der **Rechtskraft der Entscheidung.**

Abschnitt 2 Kosten

Art. 85 Kostenverteilung

(1) Der im Widerspruchsverfahren, im Verfahren zur Erklärung des Verfalls oder der Nichtigkeit oder im Beschwerdeverfahren unterliegende Beteiligte trägt die von dem anderen Beteiligten zu entrichtenden Gebühren sowie – unbeschadet des Artikels 119 Absatz 6 – alle für die Durchführung der Verfahren notwendigen Kosten, die dem anderen Beteiligten entstehen, einschließlich der Reise- und Aufenthaltskosten und der Kosten der Bevollmächtigten, Beistände und Anwälte im Rahmen der Tarife, die für jede Kostengruppe gemäß der Durchführungsverordnung festgelegt werden.

(1a) [1]Die Kommission erlässt Durchführungsrechtsakte, in denen die Höchstsätze der für die Durchführung der Verfahren notwendigen Kosten und der dem obsiegenden Beteiligten tatsächlich entstandenen Kosten im Einzelnen festgelegt werden. [2]Diese Durchführungsrechtsakte werden nach dem Prüfverfahren gemäß Artikel 163 Absatz 2 erlassen.

[1]Bei der Festlegung dieser Beträge in Bezug auf die Reise- und Aufenthaltskosten berücksichtigt die Kommission die Entfernung zwischen dem Wohnsitz oder Geschäftssitz des Beteiligten, Vertreters oder Zeugen oder Sachverständigen und dem Ort der mündlichen Verhandlung, die Verfahrensstufe, in der die Kosten entstehen, und, soweit es sich um die Kosten der Vertretung im Sinne des Artikels 93 Absatz 1 geht, die Erforderlichkeit sicherzustellen, dass die Pflicht der Kostenübernahme von dem anderen Beteiligten nicht aus verfahrenstaktischen Gründen missbraucht werden kann. [2]Die Aufenthaltskosten werden gemäß dem Statut der Beamten der Union und den Beschäftigungsbedingungen für die sonstigen Bediensteten der Union gemäß der Verordnung (EEG, Euratom, ESCS) Nr. 259/68 des Rates berechnet.

Der unterliegende Beteiligte trägt lediglich die Kosten eines einzigen Widerspruchsführers und gegebenenfalls eines einzigen Vertreters.

(2) Soweit jedoch die Beteiligten jeweils in einem oder mehreren Punkten unterliegen oder soweit es die Billigkeit erfordert, beschließt die Widerspruchsabteilung, die Nichtigkeitsabteilung oder die Beschwerdekammer eine andere Kostenverteilung.

(3) Der Beteiligte, der ein Verfahren dadurch beendet, dass er die Anmeldung der Unionsmarke, den Widerspruch, den Antrag auf Erklärung des Verfalls oder der Nichtigkeit oder die Beschwerde zurücknimmt oder die Eintragung der Unionsmarke nicht verlängert oder auf diese verzichtet, trägt die Gebühren sowie die Kosten der anderen Beteiligten gemäß den Absätzen 1 und 2.

Kostenverteilung   Art. 85 UMV

(4) Im Falle der Einstellung des Verfahrens entscheidet die Widerspruchsabteilung, die Nichtigkeitsabteilung oder die Beschwerdekammer über die Kosten nach freiem Ermessen.

(5) Vereinbaren die Beteiligten vor der Widerspruchsabteilung, der Nichtigkeitsabteilung oder der Beschwerdekammer eine andere als die in den vorstehenden Absätzen vorgesehene Kostenregelung, so nimmt die betreffende Abteilung diese Vereinbarung zur Kenntnis.

(6) [1]Die Widerspruchsabteilung, die Nichtigkeitsabteilung oder die Beschwerdekammer setzt den Betrag der nach den vorstehenden Absätzen zu erstattenden Kosten fest, wenn sich diese Kosten auf die an das Amt gezahlten Gebühren und die Vertretungskosten beschränken. [2]In allen anderen Fällen setzt die Geschäftsstelle der Beschwerdekammer oder ein Mitarbeiter der Widerspruchsabteilung oder der Nichtigkeitsabteilung auf Antrag den zu erstattenden Betrag fest. [3]Der Antrag ist nur innerhalb einer Frist von zwei Monaten zulässig, die mit dem Tag beginnt, an dem die Entscheidung, für die die Kostenfestsetzung beantragt wird, unanfechtbar wird. [4]Gegen die Kostenfestsetzung ist der fristgerechte Antrag auf Überprüfung durch die Widerspruchsabteilung, die Nichtigkeitsabteilung oder die Beschwerdekammer zulässig.

künftige Fassung mWv 1.10.2017 gemäß VO (EU) 2015/2424 vom 16.12.2015:
(1)[1]Der im Widerspruchsverfahren, im Verfahren zur Erklärung des Verfalls oder der Nichtigkeit oder im Beschwerdeverfahren unterliegende Beteiligte trägt die von dem anderen Beteiligten entrichteten Gebühren. [2]Unbeschadet des Artikels 119 Absatz 6 trägt der unterliegende Beteiligte ebenfalls alle für die Durchführung der Verfahren notwendigen Kosten, die dem anderen Beteiligten entstehen, einschließlich der Reise- und Aufenthaltskosten und der Kosten des Vertreters im Sinne des Artikels 93 Absatz 1 im Rahmen der Tarife, die für jede Kostengruppe in dem gemäß Absatz 1a dieses Artikels zu erlassenden Durchführungsrechtsakt festgelegt werden. [3]Die von dem unterliegenden Beteiligten zu tragenden Gebühren beschränken sich auf die von dem anderen Beteiligten entrichteten Gebühren für den Widerspruch, für den Antrag auf Erklärung des Verfalls oder der Nichtigkeit der Unionsmarke und für die Beschwerde.

(6) [1]Die Widerspruchsabteilung, die Nichtigkeitsabteilung oder die Beschwerdekammer setzt den Betrag der nach den Absätzen 1 bis 5 dieses Artikels zu erstattenden Kosten fest, wenn sich diese Kosten auf die an das Amt gezahlten Gebühren und die Vertretungskosten beschränken. [2]In allen anderen Fällen setzt die Geschäftsstelle der Beschwerdekammer oder ein Mitarbeiter der Widerspruchsabteilung oder der Nichtigkeitsabteilung auf Antrag den zu erstattenden Betrag fest. [3]Der Antrag ist nur innerhalb der Frist von zwei Monaten zulässig, die mit dem Tag beginnt, an dem die Entscheidung, für die die Kostenfestsetzung beantragt wird, unanfechtbar wird; dem Antrag sind eine Kostenaufstellung und entsprechende Belege beizufügen. [4]Für Vertretungskosten gemäß Artikel 93 Absatz 1 reicht eine Zusicherung des Vertreters, dass diese Kosten entstanden sind. [5]Für sonstige Kosten genügt, dass sie nachvollziehbar dargelegt werden. [6]Wird der Betrag der Kosten gemäß Satz 1 dieses Absatzes festgesetzt, so werden Vertretungskosten in der in dem nach Absatz 1a dieses Artikels erlassenen Rechtsakt festgelegten Höhe gewährt, unabhängig davon, ob sie tatsächlich entstanden sind.

(7) [1]Gegen die zu begründende Entscheidung zur Kostenfestsetzung ist der Antrag auf Überprüfung durch die Widerspruchsabteilung, die Nichtigkeitsabteilung oder die Beschwerdekammer zulässig, der innerhalb eines Monats nach Zustellung der Kostenfestsetzung einzureichen ist. [2]Der Antrag gilt erst als eingereicht, wenn die Gebühr für die Überprüfung der Kostenfestsetzung entrichtet worden ist. [3]Die Widerspruchsabteilung, die Nichtigkeitsabteilung bzw. die Beschwerdekammer entscheidet ohne mündliches Verfahren über den Antrag auf Überprüfung einer Entscheidung zur Kostenfestsetzung.

Überblick

Art. 85 bestimmt die Verteilung der Kosten und Gebühren zwischen den Beteiligten in Inter-partes Verfahren, nämlich im Widerspruchs- (→ Rn. 18 ff.), Löschungs-

(→ Rn. 39 ff.), und Inter-partes-Beschwerdeverfahren (→ Rn. 51 ff.). Es gilt grundsätzlich das Unterliegensprinzip (→ Rn. 7). Die Vorschrift wird ergänzt durch Regel 94 GMDV, die unter anderem Höchstbeträge der zu erstattenden Kosten festsetzt (→ Rn. 9). Im Zuge der Reform werden die Regelungen der GMDV teilweise in Art. 85 direkt eingepflegt. Gesenkt wurden insbesondere die Gebühren für die Amtsverfahren (→ Rn. 1).

Übersicht

	Rn.		Rn.
A. Reformüberblick	1	I. Grundsatz	39
B. Allgemeines zur Kostenentscheidung	4	II. Vollständiges Unterliegen einer Partei	40
		1. Grundsatz	40
C. Kostenvereinbarung der Parteien (Abs. 5)	12	2. Höhe der zu erstattenden Kosten und Gebühren	43
		3. Beispiel	45
D. Kostenverteilung im Widerspruch	18	III. Teilweises Unterliegen einer Partei/Einstellung des Verfahrens	46
I. Keine Kostenentscheidung	18		
1. Widerspruch nicht eingelegt	18	IV. Mehrere Löschungsverfahren gegen eine Marke	49
2. Widerspruch unzulässig	20		
3. Widerspruch vor Ablauf der Cooling-off-Frist eingestellt	21	F. Kosten und Gebühren im Beschwerdeverfahren	51
II. Eine Partei unterliegt vollständig (Abs. 1)	23	I. Grundsatz	51
1. Grundsatz	23	1. Allgemein	55
2. Höhe der zu erstattenden Kosten und Gebühren	26	2. Einfluss auf Kostenentscheidung der ersten Instanz	58
3. Beispiele	32	3. Verfahrensfehler	59
III. Teilweises Unterliegen einer Partei/Einstellung des Verfahrens	33	4. Beispiele: Kostenentscheidung bei Beschwerde gegen Widerspruchsentscheidung	60
IV. Mehrere Widersprüche gegen eine Anmeldung	36	II. Teilweises Unterliegen einer Partei	61
E. Kosten und Gebühren im Löschungsverfahren	39	G. Rechtsmittel gegen Kostenentscheidung (Abs. 6)	62

A. Reformüberblick

1 Im Zuge der am 23.3.2016 in Kraft getretenen Reform ist dem Art. 85 der Abs. 1a hinzugefügt worden. Ab dem 1.10.2017 werden die Abs. 1, 6 und 7 modifiziert. Eine inhaltliche Änderung ist hiermit momentan noch nicht verbunden. Allerdings bestimmt Abs. 1a, dass in der zukünftigen GMDV die Höchstsätze der für die Durchführung der Verfahren notwendigen Kosten und der dem obsiegenden Beteiligten tatsächlich entstandenen Kosten im Einzelnen neu festzulegen sind (zu den momentanen Höchstgrenzen der Regel 94 GMDV → Rn. 26 f., → Rn. 43).

2 Im Zuge der Reform wurden die Amtsgebühren gesenkt (→ Anhang-I Rn. 1). Die Anmeldegebühr (850 Euro) umfasst nun nur noch eine Klasse. Die erst weitere Klasse kostet 50 Euro. Für alle weiteren Klassen werden jeweils 150 Euro erhoben. Den Anmeldern soll ein Anreiz gegeben werden, sich auf die für sie wesentlichen Klassen zu beschränken. Die Verlängerungsgebühren wurden stark gesenkt. Die Widerspruchsgebühr, die Gebühr für einen Löschungsantrag und die Beschwerdegebühr wurden um etwa 10% gesenkt. Die neuen Gebühren gelten grundsätzlich für alle Anträge, die **am oder nach dem 23.3.2016** beim Amt eingingen. Ungeklärt ist die Frage, ob ein Anspruch auf Rückerstattung der Gebühren besteht, falls ein Antrag eingeht, dessen Frist erst nach dem 23.3.2016 ablief, zB falls ein Widerspruch am 21.3.2016 eingereicht wurde, die Widerspruchsfrist aber erst am 24.3.2016 ablief.

3 Übersicht zu den neuen Gebühren und etwaigen Rückerstattungsansprüchen → Art. 84 Rn. 2.

B. Allgemeines zur Kostenentscheidung

4 In **Ex-parte-Verfahren** ergeht **keine Kostenentscheidung.** Allerdings kann das Amt in Ex-parte-Fällen die Erstattung der geleisteten Gebühren anordnen, zB falls eine Gebühr

Kostenverteilung   **Art. 85 UMV**

ohne Rechtsgrundlage entrichtet (→ Art. 84 Rn. 11 ff.; → Art. 84 Rn. 14 f.) oder eine erstinstanzliche Entscheidung aufgrund eines Verfahrensfehlers aufgehoben und die Sache an die erste Instanz zurückverwiesen wird (→ Art. 75 Rn. 54).

Für Inter-partes-Verfahren regelt Art. 85 die Verteilung der **Kosten und Gebühren** (zur 5 Unterscheidung von Kosten und Gebühren → Art. 84 Rn. 4; EUIPO-Richtlinien, Teil A, Allgemeine Regeln, Abschnitt 3, 1).

Das Amt trifft in Inter-partes-Verfahren ausnahmsweise **keine Kostenscheidung,** falls 6 die Parteien eine Kostenvereinbarung getroffen haben (→ Rn. 12 ff.) oder eine der in der UMV vorgesehenen Ausnahmekonstellationen greift (→ Rn. 18 ff., → Rn. 39, → Rn. 51 ff.).

Ist keine dieser Ausnahmen einschlägig, so trifft das Amt eine Kostenentscheidung, in der 7 es festlegt, welcher der Beteiligten die Kosten und die Gebühren in welcher Höhe zu tragen hat. Grundsätzlich gilt, dass der Beteiligte, der im Verfahren unterliegt, die Gebühren des Verfahrens und die Kosten des Obsiegenden zu tragen hat (sog. **Unterliegensprinzip**).

Ob eine Partei vollständig unterliegt, hängt vom jeweiligen Antrag ab. Wird eine Anmel- 8 dung, die die Waren A–Z umfasst, mittels eines Widerspruchs nur hinsichtlich der Waren A–D angegriffen, so unterliegt der Anmelder vollständig, falls dem Antrag hinsichtlich der angegriffenen Waren A–D stattgegeben wird. Es ist unerheblich, dass die Anmeldung für die Waren E–Z bestehen bleibt, da die Anmeldung insofern nicht Gegenstand des Verfahrens war.

Ergänzt wird Art. 85 durch Regel 94 GMDV, die relativ geringe **Höchstbeträge** für die 9 zu ersetzenden Kosten festlegt (→ Rn. 26 ff., → Rn. 43 ff., → Rn. 55 ff.). Die Parteien **tatsächlich entstandenen Kosten** sind **irrelevant.** In der Regel lohnt sich ein Obsiegen im Verfahren vor dem Amt daher finanziell nicht. Art. 85 Abs. 1a bestimmt, dass diese **Höchstbeträge** im Rahmen der anstehenden Reform der GMDV neu festzulegen sind. Es bleibt abzuwarten, ob hiermit eine Erhöhung verbunden sein wird.

Die Entscheidung über die Kosten ist ein vollstreckbarer Titel (Art. 86 Abs. 1). Zahlt die 10 unterliegende Partei aber nicht, lohnt sich eine Vollstreckung nach Art. 86 aufgrund des Kostenaufwandes für eine Vollstreckung regelmäßig nicht.

Die Entscheidung über die Verteilung der Kosten und Gebühren ergeht in aller Regel 11 zusammen mit der Entscheidung, die das jeweilige Verfahren abschließt. Eine separate Entscheidung erfolgt nur ausnahmsweise, zB falls eine mündliche Verhandlung stattgefunden hat (Art. 79) oder eine Kostenentscheidung in der Entscheidung fehlt (EUIPO-Richtlinien, Teil C, Widerspruch, Abschnitt 1, 5.6).

C. Kostenvereinbarung der Parteien (Abs. 5)

Nach Art. 85 Abs. 5 nimmt das Amt eine Kostenvereinbarung der Beteiligten zur Kennt- 12 nis. Es ergeht in diesem Fall keine Kostenentscheidung.

Die Parteien müssen das Amt über eine Kostenvereinbarung informieren, **bevor** eine 13 Entscheidung über die Kosten ergangen ist. Eine getroffene Kostenentscheidung nimmt das Amt nicht zurück. Informieren die Parteien das Amt nicht rechtzeitig, haben sie untereinander zu klären, ob die Vollstreckung der Kostenentscheidung gegen die getroffene Vereinbarung verstößt.

In der Regel haben **beide Parteien** die Kostenvereinbarung schriftlich zu bestätigen. Die 14 Bestätigung muss nicht in einem Dokument erfolgen. Jede Partei kann das Amt für sich informieren, dass eine Kostenvereinbarung besteht (EUIPO-Richtlinien, Teil C, Widerspruch, Abschnitt 1, 5.5.2.1).

Eine **einseitige Unterrichtung** ist nach der Amtspraxis der ersten Instanz möglich, falls 15 die Partei, die im Verfahren voraussichtlich obsiegt hätte, erklärt, dass jede Partei ihre eigenen Kosten trägt. Die andere durch die Erklärung begünstigte Partei muss nicht zustimmen (EUIPO-Richtlinien, Teil C, Widerspruch, Abschnitt 1, 5.5.2.2).

Wird ein Verfahren aufgrund einer **Einigung der Parteien** gegenstandslos und teilen die 16 Parteien dem Amt keine Kostenvereinbarung mit, so fordert das Amt die Parteien grundsätzlich auf, eine Kosteneinigung einzureichen. Kommen die Parteien der Aufforderung nicht nach, entscheidet das Amt über die Verteilung der Kosten und Gebühren.

17 **Achtung:** Nach der aktuellen Praxis der **Beschwerdekammern**, fordert die Geschäftsstelle der Kammern die Parteien nicht (mehr) auf, eine Kostenvereinbarung im Falle der Rücknahme einer Beschwerde, eines Widerspruchs, eines Löschungsantrags oder einer Anmeldung/Marke beizubringen. Daher sollte mit der Rücknahme eine Kostenvereinbarung beider Parteien direkt beigebracht werden. Fehlt es an einer solchen Beibringung, entscheidet die Kammer, ohne weitere Aufforderung, über die Kostenverteilung.

D. Kostenverteilung im Widerspruch

I. Keine Kostenentscheidung

1. Widerspruch nicht eingelegt

18 Es ergeht keine Kostenentscheidung, falls der Widerspruch als nicht eingelegt gilt, zB falls die Widerspruchsgebühr nicht fristgerecht entrichtet wurde (Regel 17 Abs. 1 GMDV); der Widerspruch in einer Sprache eingereicht wurde, die nicht Amtssprache ist oder der Widerspruch noch am selben Tag zurückgenommen wird, an dem er eingereicht wurde (vgl. EUIPO-Richtlinien, Teil C, Widerspruch, Abschnitt 1, 5.4).

19 Gilt der Widerspruch als nicht eingelegt, erstattet das Amt die Widerspruchsgebühr (EUIPO-Richtlinien, Teil A, 3, 5.2).

2. Widerspruch unzulässig

20 Es ergeht nach der Praxis des Amtes keine Kostenentscheidung, falls der **Widerspruch unzulässig** ist. Die Widerspruchsgebühr wird **nicht** erstattet (vgl. EUIPO v. 25.3.2013 – B 2 069 246).

3. Widerspruch vor Ablauf der Cooling-off-Frist eingestellt

21 Nach Regel 18 Abs. 4 GMDV ergeht im Widerspruchsverfahren keine **Kostenentscheidung,** falls das Verfahren **vor dem Ablauf der Cooling-off-Frist** eingestellt wird. Eingestellt wird das Verfahren nach Regel 18 Abs. 2 und 3 GMDV falls
- die Anmeldung auf Waren und Dienstleistungen beschränkt wird, die nicht Gegenstand des Verfahrens sind,
- der Widerspruch aufgrund einer Einigung der Parteien zurückgenommen wird,
- der Widersprechende den Widerspruch aufgrund einer teilweisen Beschränkung der Anmeldung nicht weiterführt oder
- die Anmeldung aufgrund eines parallelen Verfahrens zurückgewiesen wird.

22 Nach Regel 18 Abs. 5 GMDV wird außerdem die **Widerspruchsgebühr** teilweise oder vollständig erstattet, falls der Widerspruch vor Ablauf der Cooling-off-Frist aufgrund der Beschränkung der Anmeldung eingestellt wird (→ Art. 84 Rn. 16; EUIPO-Richtlinien, Teil C, Widerspruch, Abschnitt 1, 5.4.2.1, S. 65). Die Beschränkung muss sich auf die angefochtenen Waren und Dienstleistungen beziehen. Die Beschränkung einer Anmeldung durch einen Disclaimer führt nicht zur Erstattung der Gebühren.

II. Eine Partei unterliegt vollständig (Abs. 1)

1. Grundsatz

23 Unterliegt eine Partei vollständig, so hat diese nach Art. 85 Abs. 1 die Gebühren des Verfahrens und die Kosten der anderen Partei zu tragen. Gleiches gilt, falls das Verfahren eingestellt wird, weil es durch die Rücknahme der Anmeldung oder den Widerspruch gegenstandslos wird (Art. 85 Abs. 3). Art. 85 Abs. 1a stellt klar, dass die unterliegende Partei lediglich die Kosten eines einzigen Widerspruchsführers und ggf. eines einzigen Vertreters trägt.

24 Der Widersprechende trägt die Kosten des Anmelders nach der Amtspraxis zB vollständig, falls
- der Widerspruch nach Ablauf der Cooling-off-Frist vollständig zurückgewiesen wird;

- der Widersprechende den Widerspruch nach Ablauf der Cooling-off-Frist zurücknimmt (Art. 85 Abs. 3), ohne dass die Anmeldung eingeschränkt wurde (bei Beschränkung der Anmeldung → Rn. 35) oder
- der Widerspruch gegenstandslos wird, weil die älteren Rechte zwischenzeitlich verfallen sind.

Der Anmelder trägt hingegen die Kosten des Widersprechenden und die Verfahrensgebühr nach der Amtspraxis, falls **25**
- dem Widerspruch vollständig stattgegeben wird oder
- der Anmelder die Anmeldung soweit sie angefochten ist zurücknimmt (Art. 85 Abs. 3).

2. Höhe der zu erstattenden Kosten und Gebühren

Zu erstatten sind nur die in Regel 94 GMDV aufgezählten Kosten und Gebühren. Alle **26** übrigen **tatsächlich entstandenen Kosten** werden gemäß Regel 94 Abs. 7 Buchst. g GMDV **nicht erstattet**.

Nach Regel 94 Abs. 6 GMDV beschränkt sich die zu erstattende **Gebühr** auf die von **27** der obsiegenden Partei tatsächlich geleistete Gebühr. Das heißt, obsiegt der Widersprechende, so hat der Anmelder ihm die gelistete Widerspruchsgebühr in Höhe von jetzt **320 Euro** (vor der Reform: 350 Euro; → Rn. 1) zu erstatten. Obsiegt hingegen der Anmelder, so hat der Widersprechende keine Gebühren zu erstatten, da der Anmelder keine Widerspruchsgebühr entrichtet hat. Die Regelung wird mit Wirkung ab dem 1.10.2017 in Art. 85 Abs. 1 S. 3 übernommen.

Die der anderen Partei zu erstattenden Kosten hängen davon ab, ob diese vertreten wurde. **28** Wurde der Obsiegende iSd Art. 93 Abs. 1 vertreten, hat die unterliegende Partei ihm nach Regel 94 Abs. 7 Buchst. d GMDV **300 Euro** zu erstatten. Dies gilt nach der Amtspraxis selbst dann falls eine Partei zunächst im Verfahren vertreten, die Vertretung aber vor der Entscheidung niedergelegt wurde (EUIPO-Richtlinien, Teil C, Widerspruch, Abschnitt 1, 5.6.1). In jedem Fall sind die Kosten nur eines Widerspruchsführer und Vertreters zu zahlen, selbst falls der Widerspruch von mehreren eingelegt oder der Widersprechende mehrfach vertreten wurde (Art. 85 Abs. 1a S. 3 und Regel 94 Abs. 7 Buchst. 6 GMDV).

Die Kosten eines **Angestelltenvertreters** werden nach den Prüfungsrichtlinien des Amtes **29** grundsätzlich **nicht** erstattet (EUIPO-Richtlinien, Teil C, Widerspruch, Abschnitt 1, 5.6.1). Die Praxis ist insofern allerdings uneinheitlich. Nach einigen Entscheidungen der Beschwerdekammern sollen die Kosten eines Angestelltenvertreters ersetzbar sein, **insbesondere falls dieser in der Liste der zugelassen Vertreter des Amtes iSd Art. 93 eingetragen ist** (vgl. HABM BK v. 4.3.2011 – R 1050/2009-4-REV Rn. 13 – SAVANNA/SAVANNA (Kostenfestsetzung)). Da nicht ausgeschlossen ist, dass die Angestelltenvertreterkosten jedenfalls dann ersetzt werden, falls dieser auf der Liste des Amtes vermerkt ist, ist den Parteien zu empfehlen, ihre angestellten Rechtsanwälte als offizielle Vertreter in der Amtsliste aufführen zu lassen und hierauf ausdrücklich im Widerspruchs- oder Anmeldeformular hinzuweisen. Eine Klarstellung des Problems ist in dem Vorschlag zur Änderung der GMV nicht vorgesehen. Die Kosten für eine **Selbstvertretung** sind jedenfalls **nicht** erstattungsfähig (HABM BK v. 4.3.2011 – R 1050/2009-4-REV Rn. 13 – SAVANNA/SAVANNA (Kostenfestsetzung)).

Nach Regel 94 Abs. 7 Buchst. d lit. vii GMDV erhöht sich der zu ersetzende Betrag für **30** einen Vertreter um 400 Euro, falls eine **mündliche Verhandlung** stattfand. Da die Verfahren vor dem Amt in aller Regel schriftlich sind, kommt die Vorschrift praktisch nicht zur Anwendung.

Regel 94 Abs. 7 Buchst. a bis c GMDV legen die erstattbaren Höchstbeträge für Reise- **31** und Aufenthaltskosten der Partei oder ihres Vertreters, Kosten für eine auf Antrag einer der Parteien vorgenommene Zeugenvernehmung oder für ein von einer Partei veranlasstes Sachverständigengutachtens fest. Auch diese Höchstgrenzen werden nach Abs. 1a im Zuge der Reform der GMDV angepasst. In aller Regel kommen die Buchst. a bis c aber ohnehin nicht zur Anwendung, da praktisch keine mündlichen Verhandlungen vor dem Amt stattfinden (→ Art. 77 Rn. 1 ff.; → Art. 78 Rn. 10).

3. Beispiele

32 Zusammenfassend lautet die Kostenentscheidung bei vollständigem Obsiegen eine der Parteien im Widerspruch damit grundsätzlich wie folgt:
- **Obsiegen des nicht vertretenen Anmelders:** Ist der Anmelder nicht vertreten, so sind im schriftlichen Verfahren keine erstattungsfähigen Kosten entstanden.
- **Obsiegen des vertretenen Anmelders:** Der Widersprechende trägt die Kosten des Anmelders, die auf 300 Euro festgesetzt werden.
- **Obsiegen des nicht vertretenen Widersprechenden:** Der Anmelder hat die Widerspruchgebühr zu tragen, nämlich 320 Euro (vor dem 23.3.2016 eingelegte Widersprüche 350 Euro).
- **Obsiegen des vertretenen Widersprechenden:** Der Anmelder hat die Widerspruchsgebühr (320 Euro; vor dem 23.3.2016 eingelegte Widersprüche 350 Euro) und die Kosten des Widersprechenden (300 Euro) zu tragen, nämlich insgesamt 620 Euro (vor dem 23.3.2016 eingelegte Widersprüche 650 Euro).

III. Teilweises Unterliegen einer Partei/Einstellung des Verfahrens

33 Soweit die Beteiligten jeweils in einem oder mehreren Punkten unterliegen oder soweit es die Billigkeit erfordert, beschließt die Widerspruchsabteilung nach Art. 85 Abs. 2 eine „andere" Kostenverteilung.

34 Grundsätzlich entscheidet die Widerspruchsabteilung bei teilweisem Unterliegen, dass **jede Partei ihre eigenen Kosten zu tragen** hat.

35 Zieht der Widersprechende den Widerspruch nach Ablauf der Cooling-off-Frist aufgrund einer **teilweisen Beschränkung** der Anmeldung, soweit diese angegriffen ist, zurück, so steht dies einem teilweisen Obsiegen gleich. Jede Partei trägt nach der Praxis des Amtes regelmäßig ihre eigenen Kosten. Wird die Anmeldung hingegen nur zu einem ganz geringen Teil zurückgenommen, kann es gerechtfertigt sein, dem Widersprechenden dennoch die Kosten des Verfahrens aufzuerlegen. Das Amt entscheidet gemäß Art. 85 Abs. 4 nach freiem Ermessen. Zur Rücknahme des Widerspruchs bei einer Rücknahme der Anmeldung für alle angegriffenen Waren und Dienstleistungen → Rn. 23.

IV. Mehrere Widersprüche gegen eine Anmeldung

36 Sind mehrere Widersprüche gegen eine Anmeldung anhängig und wird die Anmeldung aufgrund einer der Widersprüche zurückgewiesen, so werden die parallelen Widersprüche gegenstandslos und sind einzustellen.

37 Die Kostenverteilung steht in den gegenstandslos gewordenen Widersprüchen nach Art. 85 Abs. 4 im Ermessen der Widerspruchsabteilung. Da keine der Parteien in den eingestellten Verfahren gewinnt oder verliert, entscheidet das Amt grundsätzlich, dass jede Partei ihre eigenen Kosten trägt (EUIPO-Richtlinien, Teil C, Widerspruch, Abschnitt 1, 5.5.4.1).

38 Wurden die parallelen Widersprüche vor Ablauf der Cooling-off-Frist ausgesetzt, so dass den Parteien und dem Amt kein höherer Aufwand entstanden ist, wird den Widersprechenden, deren Verfahren eingestellt werden, 50% der Widerspruchsgebühr erstattet (Regel 21 Abs. 4 GMDV; ausführlich EUIPO-Richtlinien, Teil C, Widerspruch, Abschnitt 1, 5.4.3).

38.1 Nach Ablauf der Cooling-off-Frist erstattet das Amt den Widersprechenden die Gebühr in den gegenstandslos gewordenen Verfahren hingegen nicht teilweise zurück. Diese Amtspraxis findet allerdings keine Grundlage im Gesetz. Regel 21 GMDV unterscheidet nicht danach, ob die Verfahren vor oder nach Ablauf der Cooling-off-Frist ausgesetzt wurden oder nicht. Nach der Praxis des Amtes kann es durch Aussetzen paralleler Verfahren kurz nach Ablauf der jeweils anwendbaren Cooling-off-Frist letztlich keine teilweise Rückzahlung der Gebühren verhindern. Die Rechtmäßigkeit der Amtspraxis scheint daher zweifelhaft.

E. Kosten und Gebühren im Löschungsverfahren

I. Grundsatz

39 Die UMV und die GMDV sehen keine Ausnahmeregelungen vor, in denen keine Kostenentscheidung ergeht. Damit ergeht grundsätzlich in allen zweiseitigen Löschungsverfahren

eine Kostenentscheidung, falls die Parteien keine Vereinbarung getroffen haben, es sei denn der Antrag gilt als nicht gestellt (zB bei Nichtzahlung der Gebühr innerhalb der hierfür nach Regel 39 Abs. 1 GMDV vom Amt gesetzten Frist).

II. Vollständiges Unterliegen einer Partei

1. Grundsatz

Auch im Löschungsverfahren gilt nach Art. 85 Abs. 1 das **Unterliegensprinzip**. Gewinnt 40 ein Antragsteller ein Verfalls- oder Nichtigkeitsverfahren und liegt keine Kostenvereinbarung der Parteien vor (→ Rn. 12), so hat der Markeninhaber die **Gebühr** und die dem Antragsteller **erstattungsfähigen Kosten** zu zahlen. Unterliegt der Antragsteller hingegen, so trägt er die Vertreterkosten des Markeninhabers (zum Vertreter → Rn. 28 f.).

Nach Regel 94 Abs. 7 Buchst. e GMDV trägt die unterliegende Partei nur die Kosten 41 einer Person der Gegenseite, falls der Verfalls- oder Nichtigkeitsantrag von mehreren Personen gestellt wurde. Die Regelung wurde nun grundsätzlich in Art. 85 Abs. 1a eingepflegt. Allerdings nimmt dieser nur Bezug auf den Widerspruchsführer. Hierin dürfte ein Redaktionsfehler liegen. In jedem Fall trägt die unterliegende Partei im Löschungsverfahren die Kosten nur eines Vertreters der Gegenseite.

Verzichtet der Markeninhaber auf die angegriffene Marke und wird das Löschungsverfah- 42 ren daraufhin eingestellt (eingehend → Art. 57 Rn. 57), so steht dies einem Unterliegen gleich (Art. 85 Abs. 3). Umgekehrt trägt der Antragsteller die Vertretungskosten des Markeninhabers, falls er den Antrag zurücknimmt, ohne dass die Marke beschränkt wurde.

2. Höhe der zu erstattenden Kosten und Gebühren

Auch für die Löschungsverfahren sieht Regel 94 GMDV Höchstbeträge vor. So ist die 43 Gebühr des Antragstellers bei dessen Obsiegen nach Regel 94 Abs. 6 nur in der Höhe zu erstatten, in der sie entrichtet wurde, also in Höhe von **630 Euro** (für Löschungsverfahren vor dem 23.3.2016 700 Euro). Die Regelung wird ab dem 1.10.2017 in Art. 85 Abs. 1 S. 3 übernommen.

Was die **Kosten** betrifft, sind diese nur erstattungsfähig, falls die obsiegende Partei anwalt- 44 lich vertreten wurde (→ Rn. 28 f.). Die erstattungsfähigen Kosten für einen Vertreter betragen nach Regel 94 Abs. 7 Buchst. d lit. iii und iv GDMV **450 Euro**. Die Kosten erhöhen sich bei einer mündlichen Verhandlung um 400 Euro (lit. vii). Weitere erstattungsfähige Kosten fallen in der Regel nicht an (→ Rn. 29 f.).

3. Beispiel

Zusammenfassend lautet eine Kostenentscheidung bei vollständigem Obsiegen eine der 45 Parteien im Löschungsverfahren damit in der Regel wie folgt:
- **Obsiegen des nicht vertretenen Markeninhabers:** Ist der Markeninhaber nicht vertreten, sind im schriftlichen Verfahren keine erstattungsfähigen Kosten entstanden.
- **Obsiegen des vertretenen Markeninhabers:** Der Antragsteller trägt die Kosten des Anmelders, die auf 450 Euro festgesetzt werden.
- **Obsiegen des nicht vertretenen Antragstellers:** Der Markeninhaber hat die Gebühren des Verfahrens zu tragen, nämlich 630 Euro (vor dem 23.3.2016 700 Euro).
- **Obsiegen des vertretenen Antragstellers:** Der Markeninhaber hat die Gebühren (630 Euro; vor dem 23.3.2016 700 Euro) und die Vertretungskosten des Antragstellers (450 Euro) zu tragen, nämlich insgesamt 1080 Euro (vor dem 23.3.2016 1150 Euro).

III. Teilweises Unterliegen einer Partei/Einstellung des Verfahrens

Unterliegt eine Partei im Löschungsverfahren teilweise, so trägt grundsätzlich jede Partei 46 ihre eigenen Kosten und Gebühren (Art. 85 Abs. 2). Die ist regelmäßig auch dann der Fall, falls der Markeninhaber auf einen Teil der angegriffenen Waren verzichtet (→ Rn. 35).

Auch entscheidet das Amt nach Art. 85 Abs. 4 regelmäßig, dass jede Partei ihre eigenen 47 Kosten selbst trägt, falls der Antragsteller seinen Antrag zurücknimmt, weil die angegriffene Marke (teilweise) beschränkt wurde.

48 Außerdem hat die Löschungsabteilung nach Art. 85 Abs. 4 in einigen Fällen entschieden, dass jede Partei ihre eigenen Kosten trägt, falls die angegriffene Marke an den Antragsteller übertragen und das Verfahren daraufhin eingestellt wird.

IV. Mehrere Löschungsverfahren gegen eine Marke

49 Sind mehrere Löschungsverfahren gegen eine Marke anhängig und wird die Marke aufgrund einer der Verfahren gelöscht, so werden die übrigen Verfahren gegenstandslos und eingestellt. Das Amt entscheidet über die Kosten gemäß Art. 85 Abs. 4 nach seinem Ermessen. Da keine der Parteien obsiegt, soll **jede Partei ihre eigenen Kosten** tragen.

50 Anders als im Widerspruch gibt es keine Regelung und keine eindeutige Praxis der Löschungsabteilung hinsichtlich einer möglichen **Rückerstattung der Antragsgebühren** (zum Widerspruch → Rn. 36 ff.). Hinsichtlich der Kosten- und Gebührenverteilung wird zum Teil vorgeschlagen, danach zu unterschieden, ob die übrigen Verfahren vor Versendung der Mitteilung iSd Regel 40 Abs. 1 GMDV ausgesetzt wurden. Wurden diese ausgesetzt, so ist dem Amt und dem Antragsteller im ausgesetzten Verfahren kaum Aufwand entstanden. Daher könnten den Antragsstellern der eingestellten Verfahren 50% ihrer Antragsgebühren erstattet werden (→ Art. 57 Rn. 50). Andererseits wird eine Gebührenerstattung davon abhängig gemacht, wann das Amt über eine Aussetzung der parallelen Verfahren befindet. Da das Amt bei einer Einstellung des Verfahrens in der Sache nicht entscheidet, scheint es sinnvoll, unabhängig vom Verfahrensstand 50% der Gebühr zu erstatten (→ Rn. 38.1).

F. Kosten und Gebühren im Beschwerdeverfahren

I. Grundsatz

51 Für das Beschwerdeverfahren sehen UMV und GMDV keine Ausnahmen vor, in denen keine Kostenentscheidung ergeht. Auch insofern gilt aber nach Art. 85 Abs. 5, dass keine Kostenentscheidung getroffen wird, falls die Parteien sich über die Kostenverteilung einigen (→ Rn. 12 ff.).

52 Außerdem ergeht der Natur der Sache nach keine Kostenentscheidung, falls die Beschwerde als nicht eingelegt gilt, zB falls die die Beschwerdegebühr nicht fristgerecht entrichtet wurde. In diesem Fall wird auch die Beschwerdegebühr erstattet.

53 Auch im Falle der Unzulässigkeit treffen die Beschwerdekammern aus Gründen der Billigkeit iSd Art. 85 Abs. 2 bisweilen keine Kostenentscheidung, falls dem Beschwerdegegner kein nennenswerter Aufwand entstanden ist (HABM BK v. 5.2.2013 – R 1532/2012-2 – Cycles Gladiator/GLADIATOR).

54 In allen anderen Fällen, gilt grundsätzlich das Unterliegensprinzip (→ Rn. 7).

1. Allgemein

55 Nach Art. 85 Abs. 1 und Regel 94 Abs. 1 GMDV hat die in der Beschwerde unterliegende Partei die **Gebühr** des Verfahrens (720 Euro, vor dem 23.3.2016 800 Euro) und die **Vertretungskosten** (zum Vertreter → Rn. 28 f.) der anderen Partei zu tragen hat (550 Euro; Regel 94 Abs. 7 Buchst. d lit. v und vi GMDV). Wie auch in anderen Verfahren ist nach Regel 94 Abs. 7 Buchst. g GMDV irrelevant, ob dem Obsiegenden tatsächlich höhere Kosten entstanden sind.

56 Einem Unterliegen steht nach Art. 85 Abs. 3 gleich, falls das Verfahren durch eine Handlung der Parteien gegenstandslos wird (Rücknahme der Beschwerde, Rücknahme des gegenständlichen Widerspruchs oder Löschungsverfahrens, Rücknahme der gegenständlichen Anmeldung oder Verzicht auf die gegenständliche Marke).

57 Etwas anderes gilt, falls eine Beschwerde sich gegen eine Widerspruchsentscheidung richtet und die Beschwerde dadurch gegenstandslos wird, dass der Widerspruch aufgrund einer Beschränkung der Anmeldung, soweit diese angegriffen ist, zurückgenommen wurde. In diesem Fall kann die Kammer aus Gründen der Billigkeit zB entscheiden, dass die Parteien im Widerspruchs- und Beschwerdeverfahren ihre eigenen Kosten tragen (Art. 85 Abs. 4). Entsprechendes gilt für die Rücknahme eines Löschungsantrags aufgrund Teilverzichts auf die angegriffene Marke.

Kostenverteilung   Art. 85 UMV

2. Einfluss auf Kostenentscheidung der ersten Instanz

Hat eine Beschwerde Erfolg, so dass die erstinstanzliche Entscheidung aufgehoben wird, 58
entscheidet die Kammer auch über die Kostenverteilung des Verfahrens in der ersten Instanz,
es sei denn der Fall wird zur erneuten Prüfung an die erste Instanz zurückverwiesen. Die
Kostenverteilung in der ersten Instanz durch die Beschwerdekammer erfolgt nach den in
→ Rn. 18 ff., → Rn. 39 ff. dargelegten Prinzipien.

3. Verfahrensfehler

Eine Ausnahme zum Unterliegensprinzip gilt, falls der Beschwerdeführer aufgrund eines 59
wesentlichen Verfahrensfehlers der ersten Instanz unterliegt bzw. obsiegt. In diesem Fall
haben die Parteien grundsätzlich jeweils ihre eigenen Kosten zu tragen. Die Beschwerdegebühr kann zurückerstattet werden. Das Amt hat insofern ein Ermessen (Art. 85 Abs. 2).

4. Beispiele: Kostenentscheidung bei Beschwerde gegen Widerspruchsentscheidung

Eine Kostenentscheidung lautet bei vollständigem Obsiegen eine der Parteien in einer 60
Beschwerde gegen eine Widerspruchsentscheidung insbesondere wie folgt:
- **Obsiegen der nicht vertretenen Anmelderin und Beschwerdeführerin:** Die Widersprechende trägt die die Kosten der Anmelderin im Beschwerdeverfahren. Da diese nicht vertreten war, sind ihr keine erstattungsfähigen Kosten entstanden. Die Widersprechende hat aber die Beschwerdegebühren in Höhe von 720 Euro (vor dem 23.3.2016 800 Euro) zu tragen. Weiter setzt die Kammer aus Gründen der Verfahrensökonomie auch die Kosten des Widerspruchsverfahrens fest. Da die Anmelderin im Widerspruchsverfahren nicht vertreten war, sind ihr keine erstattungsfähigen Kosten entstanden. **Zu erstattende Gesamtkosten: 720 Euro** (vor dem 23.3.2016 800 Euro).
- **Obsiegen der im Widerspruchsverfahren und im Beschwerdeverfahren vertretenen Anmelderin und Beschwerdeführerin:** Die Widersprechende trägt die die Kosten und Gebühren der Anmelderin im Beschwerdeverfahren, nämlich die Vertretungskosten in Höhe von 550 Euro und die Beschwerdegebühren in Höhe von 720 Euro (vor dem 23.3.2016 800 Euro). Weiter setzt die Kammer aus Gründen der Verfahrensökonomie auch die Kosten des Widerspruchsverfahrens fest, nämlich die Vertretungskosten der Anmelderin in Höhe von 300 Euro. **Zu erstattende Gesamtkosten: 1570** Euro (vor dem 23.3.2016 1650 Euro).
- **Obsiegen der nicht vertretenen Widersprechenden und Beschwerdeführerin:** Die Anmelderin trägt die die Kosten und Gebühren der Widersprechenden im Beschwerdeverfahren. Da diese nicht vertreten war, sind ihr keine erstattungsfähigen Kosten entstanden. Die Anmelderin hat aber die Beschwerdegebühren in Höhe von 720 Euro (vor dem 23.3.2016 800 Euro) zu tragen. Weiter setzt die Kammer aus Gründen der Verfahrensökonomie auch die Kosten des Widerspruchsverfahrens fest. Da die Widersprechende im Widerspruchsverfahren nicht vertreten war, sind ihr keine erstattungsfähigen Kosten entstanden. Allerdings hat die Anmelderin die Gebühren des Widerspruchsverfahrens zu tragen, nämlich **350 Euro. Zu erstattende Gesamtkosten: 1070** Euro (vor dem 23.3.2016 1150 Euro).
- **Obsiegen der vertretenen Widersprechenden und Beschwerdeführerin:** Die Anmelderin trägt die die Kosten und Gebühren der Widersprechenden im Beschwerdeverfahren, nämlich die Beschwerdegebühren in Höhe von 720 Euro (vor dem 23.3.2016 800 Euro) und die Vertretungskosten in Höhe von 550 Euro. Weiter setzt die Kammer aus Gründen der Verfahrensökonomie auch die Kosten des Widerspruchsverfahrens fest, nämlich die Widerspruchsgebühren in Höhe von 350 Euro und die Vertretungskosten in Höhe von 300 Euro. **Zu erstattende Gesamtkosten: 1920 Euro** (vor dem 23.3.2016 2000 Euro).
- **Unterliegen der Anmelderin und Beschwerdeführerin, die Widersprechende war nicht vertreten:** Die Anmelderin trägt die die Kosten der Widersprechenden im Beschwerdeverfahren. Da diese nicht vertreten war, sind ihr keine erstattungsfähigen Kosten entstanden. Die angegriffene Entscheidung der Widerspruchsabteilung, enthält bereits

eine Kostenentscheidung sowie eine Festsetzung der Kosten des Widerspruchsverfahrens. **Zu erstattende Gesamtkosten: 0 Euro.**
- **Unterliegen der Anmelderin und Beschwerdeführerin, die Widersprechende war vertreten:** Die Anmelderin trägt die die Kosten der Widersprechenden im Beschwerdeverfahren, nämlich 550 Euro Vertretungskosten. Die angegriffene Entscheidung der Widerspruchsabteilung, enthält bereits eine Kostenentscheidung sowie eine Festsetzung der Kosten des Widerspruchsverfahrens. **Zu erstattende Gesamtkosten: 550 Euro.**
- **Unterliegen der Widersprechenden und Beschwerdeführerin, die Anmelderin war nicht vertreten:** Die Widersprechende trägt die die Kosten der Anmelderin im Beschwerdeverfahren. Da diese nicht vertreten war, sind ihr keine erstattungsfähigen Kosten entstanden. Die angegriffene Entscheidung der Widerspruchsabteilung, enthält bereits eine Kostenentscheidung sowie eine Festsetzung der Kosten des. **Zu erstattende Gesamtkosten: 0 Euro.**
- **Unterliegen der Widersprechenden und Beschwerdeführerin, die Anmelderin war nicht vertreten:** Die Widersprechende trägt die die Kosten der Anmelderin im Beschwerdeverfahren, nämlich 550 Euro Vertretungskosten. Die angegriffene Entscheidung der Widerspruchsabteilung, enthält bereits eine Kostenentscheidung sowie eine Festsetzung der Kosten des. **Zu erstattende Gesamtkosten: 550 Euro.**
- **Beschwerdeführer gewinnt wegen eines wesentlichen Verfahrensfehlers des Amtes:** Nachdem die Anmelderin/Widersprechende mit ihrer Beschwerde erfolgreich war, hätte die Widersprechende/Anmelderin die Kosten im Beschwerdeverfahren zu tragen. Da die angefochtene Entscheidung aber aufgrund eines wesentlichen Verfahrensfehlers des Amtes aufzuheben ist, trägt jede Partei ihre eigenen Kosten. Die Beschwerdegebühr wird zurückerstattet.

II. Teilweises Unterliegen einer Partei

61 Hat der Beschwerdeführer nur teilweise Erfolg mit seiner Beschwerde, so entscheidet die Kammer grundsätzlich, dass jede Partei ihre eigenen Kosten zu tragen hat. Die Kammer hebt die erstinstanzliche Entscheidung in diesem Fall regelmäßig teilweise auf. Sie kann auch die Kostenentscheidung der ersten Instanz aufheben und die Kosten des Widerspruchs- bzw. Löschungsverfahrens neu verteilen.

G. Rechtsmittel gegen Kostenentscheidung (Abs. 6)

62 Gegen die Kostenfestsetzung ist nach Art. 85 Abs. 6 iVm Regel 94 Abs. 4 GMDV der fristgerechte **Antrag auf Überprüfung** durch die Widerspruchsabteilung, die Nichtigkeitsabteilung oder die Beschwerdekammer statthaft. Das Verfahren auf Überprüfung der Kostenentscheidung ist ein einseitiges Verfahren.

63 Ist die Entscheidung über die Kosten und Gebührenverteilung zusammen mit der Entscheidung in der Hauptsache ergangen, so beträgt die **Rechtsmittelfrist einen Monat ab Rechtskraft der Entscheidung.** Ist die Entscheidung ausnahmsweise separat ergangen ist der Antrag innerhalb von **einem Monat** nach Zustellung der Entscheidung zu stellen.

64 Der Antrag ist **gebührenpflichtig** (100 Euro). Die Gebühr wurde im Zuge der Reform nicht angepasst. Wird die Gebühr nicht innerhalb der Rechtsmittelfrist entrichtet, gilt der Antrag als nicht gestellt (Regel 94 Abs. 4 S. 2 GMDV). Ab dem 1.10.2017 wird die Regelung in Art. 85 Abs. 7 übernommen.

65 Ungeklärt ist, ob das Überprüfungsverfahren einer Beschwerde gegen eine erstinstanzliche Kostenentscheidung zwingend vorgeschaltet ist. Dies wird praktisch nur dann relevant, falls die Kostenentscheidung separat zu der Hauptsacheentscheidung angegriffen wird. Wird die Kostenentscheidung mit der Entscheidung in der Sache angegriffen, so sieht sich die Kammer nach ständiger Amtspraxis dazu befugt, die Kostenentscheidung ohne vorgeschaltetes Überprüfungsverfahren zu überprüfen.

66 Wird die Hauptsacheentscheidung mit der Beschwerde angegriffen, so sollte der Beschwerdeführer ausdrücklich beantragen, auch die Kostenentscheidung aufzuheben und die Kosten und Gebühren zu seinen Gunsten zu verteilen. Liegt kein solcher Antrag vor, so kann es sein, dass die Kammer sich zu einer Überprüfung der Kosten nicht befugt sieht.

Art. 86 Vollstreckung der Entscheidungen, die Kosten festsetzen

(1) Jede Entscheidung des Amtes, die Kosten festsetzt, ist ein vollstreckbarer Titel.

(2) ¹Die Zwangsvollstreckung erfolgt nach den Vorschriften des Zivilprozessrechts des Staates, in dessen Hoheitsgebiet sie stattfindet. ²Jeder Mitgliedstaat bestimmt eine einzige Behörde, die für die Prüfung der Echtheit des in Absatz 1 genannten Titels zuständig ist, und teilt deren Kontaktangaben dem Amt, dem Gerichtshof und der Kommission mit. ³Die Vollstreckungsklausel wird von dieser Behörde nach einer Prüfung, die sich lediglich auf die Echtheit des Titels erstreckt, erteilt.

(3) Sind diese Formvorschriften auf Antrag der die Vollstreckung betreibenden Partei erfüllt, so kann diese Zwangsvollstreckung nach innerstaatlichem Recht betreiben, indem sie die zuständige Stelle unmittelbar anruft.

(4) ¹Die Zwangsvollstreckung kann nur durch eine Entscheidung des Gerichtshofs ausgesetzt werden. ²Für die Prüfung der Ordnungsmäßigkeit der Vollstreckungsmaßnahmen sind jedoch die Rechtsprechungsorgane des betreffenden Staates zuständig.

Überblick

Art. 86 regelt die Vollstreckbarkeit der Kostenfestsetzungsentscheidungen des Amtes iSd Art. 85 in den Mitgliedstaaten der EU.

A. Grundsatz

Nach Art. 86 Abs. 1 ist jede Entscheidungen des Amtes, die Kosten festsetzt (→ Art. 85 Rn. 7 ff.), ein vollstreckbarer Titel in den Mitgliedstaaten der EU. 1

Die Zwangsvollstreckung richtet sich gemäß Abs. 2 nach den Vorschriften des Zivilprozessrechtes des Staates, in dessen Hoheitsgebiet sie stattfindet. Es obliegt dem Gläubiger sich nach den Voraussetzungen, der zuständigen Stelle (→ Rn. 6 ff.), der Dauer und den Kosten für eine Vollstreckung in demjenigen Mitgliedstaat zu erkundigen, in dem er eine Vollstreckung beabsichtigt (meistens dort, wo der Schuldner seinen Wohnsitz hat). 2

In aller Regel **lohnt** sich der **Aufwand einer Vollstreckung,** insbesondere in einem anderen Mitgliedstaat oder außerhalb der EU, aufgrund der niedrigen Höhe des Titels **nicht** (→ Art. 85 Rn. 9). Eine Statistik darüber wie viele der Schuldner nicht zahlen gibt es laut der **Max-Planck Studie** nicht (Study on the Overall Functioning of the European Trade Mark System Rn. 4.182). Nach der Studie sollte das Amt die Kostenentscheidung zumindest in allen Sprachen der Mitgliedstaaten verfügbar machen. Eine Vollstreckung wird durch den bloßen Wegfall des Übersetzungsaufwandes aber nicht nennenswert einfacher und damit lohnenswerter. Die Studie schlägt wohl deshalb auch vor, dass das Amt im Dialog mit internationalen Organisationen und den Mitgliedstaaten an einer einfacheren Vollstreckbarkeit arbeitet. Auch im Zuge der Reform ist kein vereinfachtes internationales Verfahren eingeführt worden. Eine Entwicklung bleibt abzuwarten. 3

Voraussetzung für eine Vollstreckung ist die Rechtskraft der Entscheidung des Amtes, die die Kosten festsetzt. Wird ein Antrag auf Überprüfung der Kostenfestsetzung iSd Art. 85 Abs. 6 gestellt oder Beschwerde gegen die Entscheidung insgesamt einschließlich der Kostenfestsetzung eingelegt, wird die Kostenfestsetzungsentscheidung erst nach Abschluss der Verfahren rechtskräftig (→ Art. 85 Rn. 62 ff.). Einer Anerkennung oder eines Vollstreckungsurteils durch nationale Stellen bedarf es nicht. 4

Nach Abs. 2 darf sich die Prüfung für den Erlass einer Vollstreckungsklausel durch die zuständigen nationalen Stellen nur auf die Echtheit des Titels erstrecken. Zur Überprüfung der Richtigkeit des Titels sind nationale Stellen nicht befugt. Der Gläubiger kann nach Abs. 3 sofort die Zwangsvollstreckung betreiben sobald eine Vollstreckungsklausel erteilt wurde. 5

B. Zuständige Stellen in der EU

6 Nach Art. 86 Abs. 2 S. 2 bestimmen die Regierungen der Mitgliedstaaten die jeweilige Stelle, die für die Erteilung der Vollstreckungsklausel zuständig ist. Das Amt ist über die zuständige Stelle zu informieren. Nach der Neufassung des Abs. 2 sollen die Mitgliedstaaten ab dem 23.3.2016 nicht nur das Amt und den Gerichtshof, sondern auch die Kommission von der zuständigen Stelle unterrichten. Der Vorschlag folgt der Max-Planck Studie (dort Rn. 4.184), nach der die Kommission kontrollieren soll, ob die Mitgliedstaaten ihrer Mitteilungspflicht nachkommen. Die Kommission soll darauf hinwirken, dass alle Mitgliedstaaten eine für die Vollstreckung zuständige Stelle nennen. Aus Gründen der Einfachheit sollen die Mitgliedstaaten die Kontaktdaten nur einer zuständige Stelle benennen.

7 Die Broschüre des Amtes „Nationales Recht zur Gemeinschaftsmarke und zum Gemeinschaftsgeschmacksmuster" (Stand 2006) enthält eine Tabelle staatlicher Stellen, die bis dato von einigen der Mitgliedstaaten benannt wurden:
- Belgien: Gerichte erster Instanz;
- Dänemark: Patentdirektoratet;
- Deutschland: Bundespatentgericht;
- Frankreich: l'Institut national de la propriété industrielle;
- Irland: The High Court;
- Lettland: Latvijas Republikas Patentu Valde;
- Niederlande: Arrondissementsrechtbanken (alle Landgerichte);
- Österreich: Bezirksgerichte;
- Slowakei: Úrad Priemyselného Vlastníctva;
- Spanien: La Secretaría General Técnica de Ministerio de Justicia;
- Ungarn: A megyei bíróságok székhelyén működőhelyi bíróság; Budapesten a Budai Közp onti Kerületi Bíróság;
- Vereinigtes Königreich: Secretary of State. Da dieser seine betreffenden Befugnisse auf Bedienstete des britischen Patentamts übertragen hat, sind Anträge zu richten an: The Law Section Trade Mark Registry, Concept House, Cardiff Road, Newport, South Wales NP10 8QQ.

C. Vollstreckung in Deutschland

8 Für eine Vollstreckung der Kosten in Deutschland ist ein formloser Antrag auf Erteilung einer Vollstreckungsklausel beim BPatG zu stellen (vgl. § 125i Abs. 1 MarkenG; s. Modell eines Antrags bei Kapff in Fezer, HdB Markenpraxis, Bd. I, Teil 2 Rn. 2338). Mit dem Antrag ist eine Kopie der Entscheidung im Original, ggf. eine Übersetzung des Rubrums und des Titels, eine Bestätigung der Rechtskraft der Entscheidung durch das Amt und ggf. eine Vollmacht einzureichen (v. Kapff in Fezer, HdB Markenpraxis, Bd. I, Teil 2 Rn. 2336 f.).

9 Die vollstreckbare Ausfertigung wird durch den Urkundsbeamten der Geschäftsstelle des BPatG erteilt.

10 Eine **Erinnerung** gegen die Erteilung der Vollstreckungsklausel ist nur aufgrund fehlender Rechtskraft der Kostenentscheidung oder Unechtheit der Entscheidung möglich (Eisenführ/Schennen Rn. 14). Eine **Vollstreckungsgegenklage** ist nur zulässig soweit sie sich auf das Erlöschen des Anspruchs bezieht, zB durch Aufrechnung oder Erfüllung (→ Rn. 4; Eisenführ/Schennen Rn. 12).

11 Es wird im Übrigen auf die Kommentierung zu § 125i MarkenG verwiesen (→ MarkenG § 125i Rn. 1 ff.).

D. Aussetzung der Zwangsvollstreckung

12 Nach Art. 86 Abs. 4 kann die Zwangsvollstreckung nur durch eine Entscheidung des Gerichtshofs ausgesetzt werden. Damit ist ein Antrag auf einstweilige Einstellung der Zwangsvollstreckung in Deutschland ausgeschlossen (Eisenführ/Schennen Rn. 14). Für die Prüfung der Ordnungsmäßigkeit der Vollstreckungsmaßnahmen bleiben die Rechtsprechungsorgane des betreffenden Staates nach Art. 86 Abs. 4 zuständig (→ Rn. 8 ff.).

Abschnitt 3 Unterrichtung der Öffentlichkeit und der Behörden der Mitgliedstaaten

Art. 87 Register der Unionsmarken

(1) Das Amt führt ein Register der Unionsmarken und hält dieses Register auf dem neuesten Stand.

(2) Das Register enthält folgende Angaben bezüglich der Anmeldung und Eintragung von Unionsmarken:
a) den Anmeldetag;
b) das Aktenzeichen der Anmeldung;
c) den Tag der Veröffentlichung der Anmeldung;
d) den Namen und die Anschrift des Anmelders;
e) den Namen und die Geschäftsanschrift des Vertreters, soweit es sich nicht um einen Vertreter im Sinne des Artikels 92 Absatz 3 Satz 1 handelt;
f) die Wiedergabe der Marke mit Angaben über ihren Charakter; gegebenenfalls eine Beschreibung der Marke;
g) die Bezeichnung der Waren und Dienstleistungen;
h) Angaben über die Inanspruchnahme einer Priorität gemäß Artikel 30;
i) Angaben über die Inanspruchnahme einer Ausstellungspriorität gemäß Artikel 33;
j) Angaben über die Inanspruchnahme des Zeitrangs einer eingetragenen älteren Marke gemäß Artikel 34;
k) die Erklärung, dass die Marke gemäß Artikel 7 Absatz 3 infolge ihrer Benutzung Unterscheidungskraft erlangt hat;
l) die Angabe, dass es sich um eine Kollektivmarke handelt;
m) (noch nicht anwendbar)
n) die Sprache, in der die Anmeldung eingereicht wurde, und die zweite Sprache, die der Anmelder in seiner Anmeldung gemäß Artikel 119 Absatz 3 angegeben hat;
o) den Tag der Eintragung der Marke in das Register und die Nummer der Eintragung;
p) die Erklärung, dass die Anmeldung sich aus der Umwandlung einer internationalen Registrierung, in der die Union benannt ist, gemäß Artikel 161 ergibt, sowie den Tag der internationalen Registrierung gemäß Artikel 3 Absatz 4 des Madrider Protokolls oder den Tag der Eintragung der territorialen Ausdehnung auf die Union im Anschluss an die internationale Registrierung gemäß Artikel 3ter Absatz 2 des Madrider Protokolls und das Prioritätsdatum der internationalen Registrierung.

(3) In das Register wird unter Angabe des Tages der Vornahme der jeweiligen Eintragung ferner Folgendes eingetragen:
a) Änderungen des Namens, der Anschrift, der Staatsangehörigkeit oder des Wohnsitz-, Sitz- oder Niederlassungsstaats des Inhabers der Unionsmarke;
b) Änderungen des Namens oder der Geschäftsanschrift des Vertreters, soweit es sich nicht um einen Vertreter im Sinne des Artikels 92 Absatz 3 Satz 1 handelt;
c) wenn ein neuer Vertreter bestellt wird, der Name und die Geschäftsanschrift dieses Vertreters;
d) Änderungen der Marke gemäß den Artikeln 43 und 48 und Berichtigungen von Fehlern;
e) ein Hinweis auf die Änderung der Satzung einer Kollektivmarke gemäß Artikel 71;
f) Angaben über die Inanspruchnahme des Zeitrangs einer eingetragenen älteren Marke nach Artikel 34 gemäß Artikel 35;
g) der vollständige oder teilweise Rechtsübergang gemäß Artikel 17;

h) die Begründung oder Übertragung eines dinglichen Rechts gemäß Artikel 19 und die Art des dinglichen Rechts;
i) eine Zwangsvollstreckung gemäß Artikel 20 und ein Insolvenzverfahren gemäß Artikel 21;
j) die Erteilung oder Übertragung einer Lizenz gemäß Artikel 22 und gegebenenfalls die Art der Lizenz;
k) die Verlängerung einer Eintragung gemäß Artikel 47 und der Tag, an dem sie wirksam wird, sowie etwaige Einschränkungen gemäß Artikel 47 Absatz 4;
l) ein Vermerk über die Feststellung des Ablaufs einer Eintragung gemäß Artikel 47;
m) die Erklärung der Zurücknahme oder des Verzichts des Markeninhabers gemäß den Artikeln 43 beziehungsweise 50;
n) der Tag der Einreichung und die Einzelheiten eines Widerspruchs gemäß Artikel 41 oder eines Antrags gemäß Artikel 56 oder einer Widerklage auf Erklärung des Verfalls oder der Nichtigkeit gemäß Artikel 100 Absatz 4 oder einer Beschwerde gemäß Artikel 60;
o) der Tag und der Inhalt einer Entscheidung über einen Widerspruch oder einen Antrag oder eine Widerklage gemäß Artikel 57 Absatz 6 oder Artikel 100 Absatz 6 Satz 3 oder eine Beschwerde gemäß Artikel 64;
p) ein Hinweis auf den Eingang des Umwandlungsantrags gemäß Artikel 113 Absatz 2;
q) die Löschung des gemäß Absatz 2 Buchstabe e dieses Artikels eingetragenen Vertreters;
r) die Löschung des Zeitrangs einer nationalen Marke;
s) die Änderung oder die Löschung der nach den Buchstaben h, i und j dieses Absatzes eingetragenen Angaben;
t) die Ersetzung der Unionsmarke durch eine internationale Registrierung gemäß Artikel 157;
u) der Tag und die Nummer internationaler Registrierungen auf der Grundlage der Anmeldung der Unionsmarke, die zur Eintragung einer Unionsmarke geführt hat, gemäß Artikel 148 Absatz 1;
v) der Tag und die Nummer internationaler Registrierungen auf der Grundlage der Unionsmarke gemäß Artikel 148 Absatz 2;
w) die Teilung einer Anmeldung nach Artikel 44 und der Eintragung gemäß Artikel 49 mit den Angaben nach Absatz 2 dieses Artikels bezüglich der Teileintragung sowie die geänderte Liste der Waren und Dienstleistungen der ursprünglichen Eintragung;
x) der Widerruf einer Entscheidung oder die Löschung einer Registereintragung gemäß Artikel 80, wenn der Widerruf bzw. die Löschung eine bereits veröffentlichte Entscheidung bzw. Eintragung betrifft;
y) (noch nicht anwendbar)

(4) Der Exekutivdirektor kann bestimmen, dass vorbehaltlich des Artikels 123 Absatz 4 noch andere als die in den Absätzen 2 und 3 dieses Artikels vorgesehenen Angaben einzutragen sind.

(5) ¹Das Register kann in elektronischer Form geführt werden. ²Das Amt erhebt, organisiert, veröffentlicht und speichert die in den Absätzen 2 und 3 vorgesehenen Angaben, einschließlich etwaiger personenbezogener Daten, zu den in Absatz 9 genannten Zwecken. ³Das Amt sorgt dafür, dass das Register für jedermann zur Einsichtnahme einfach zugänglich ist.

(6) Der Inhaber einer Unionsmarke erhält über jede Änderung im Register eine Mitteilung.

(7) Das Amt stellt auf Antrag und gegen Entrichtung einer Gebühr beglaubigte oder unbeglaubigte Auszüge aus dem Register aus.

(8) Die Verarbeitung der Daten betreffend die in den Absätzen 2 und 3 vorgesehenen Angaben, einschließlich etwaiger personenbezogener Daten, findet zu folgenden Zwecken statt:

a) zur Verwaltung der Anmeldungen und/oder Eintragungen gemäß dieser Verordnung und den gemäß dieser Verordnung erlassenen Rechtsakten,
b) zur Aufrechterhaltung eines öffentlichen Registers zur Einsichtnahme durch Behörden und Wirtschaftsteilnehmer und zu deren Information, damit sie die Rechte ausüben können, die ihnen mit dieser Verordnung übertragen werden, und damit sie Kenntnis von älteren Rechten Dritter erlangen können, und
c) zur Erstellung von Berichten und Statistiken, die es dem Amt ermöglichen, seine Vorgänge zu optimieren und die Funktionsweise des Systems zu verbessern.

(9) ¹Alle Daten, einschließlich personenbezogener Daten, betreffend die in den Absätzen 2 und 3 vorgesehenen Angaben gelten als von öffentlichem Interesse und sind für alle Dritten zugänglich. ²Aus Gründen der Rechtssicherheit werden die Eintragungen im Register auf unbestimmte Zeit aufbewahrt.

Änderungen mWv 1.10.2017 gemäß VO (EU) 2015/2424 vom 16.12.2015:
Abs. 2:
   m) *die Angabe, dass es sich um eine Gewährleistungsmarke handelt;*
Abs. 3:
   y) *ein Hinweis auf die Änderung der Satzung einer Gewährleistungsmarke gemäß Artikel 74 f.*

Überblick

Art. 87 regelt das Unionsmarkenregister. In dieses sind alle erheblichen die Unionsmarken betreffenden Angaben und Rechtsvorgänge einzutragen (→ Rn. 1, → Rn. 2; zu Änderungen → Rn. 3, → Rn. 4). Das Register ist öffentlich und jedermann zur Einsicht zugänglich (zur Einsichtnahme → Rn. 5).

A. Eintragungen in das Register

Das Register ist eine elektronisch vom Amt geführte Datenbank. In das Register werden alle Angaben zum Rechtsstand einer eingetragenen (Art. 45) Unionsmarke aufgenommen. Vor Eintragung der Marken werden rechtlich relevante Umstände in der Anmeldeakte geführt (zu Rechtsstandsänderungen vor Eintragung → Rn. 2). Die Eintragung erfolgt in allen Amtssprachen (Art. 120 Abs. 2). Gemäß Art. 87 Abs. 2 enthält die Eintragung in das Register (soweit jeweils zutreffend):
- Anmeldetag und Anmeldenummer;
- Tag der Veröffentlichung der Anmeldung;
- Name und Anschrift des Anmelders;
- Name und Geschäftsanschrift des Vertreters (mit Ausnahme von Angestellten-Vertretern iSv Art. 92 Abs. 3);
- Wiedergabe der Marke, ggf. in Farbe;
- Angabe der Markenform für Marken die keine Wortmarken sind (3D-Marken, Hologramme, Hörmarken, Marken in Farbe, sonstige Marken);
- Markenbeschreibung;
- Bezeichnung der gemäß der Klassifikation von Nizza nach Klassen gruppierten Waren und Dienstleistungen;
- Angaben über die Inanspruchnahme einer Priorität iSv Art. 30;
- Angaben über die Inanspruchnahme einer Ausstellungspriorität nach Art. 33;
- Angaben über die Inanspruchnahme des Zeitrangs nach Art. 34;
- Erklärung, dass durch Benutzung erworbene Unterscheidungskraft iSv Art. 7 Abs. 3 vorliegt;
- Angabe, dass es sich um eine Kollektivmarke handelt;
- erste und zweite Sprache;
- Tag und Nummer der Eintragung in das Register;
- Erklärung, dass die Anmeldung sich aus der Umwandlung einer internationalen Registrierung gemäß Art. 156 ergibt sowie den Tag der internationalen Registrierung oder den

Tag der nachträglichen Ausdehnung auf die Union (Art. 3 Abs. 4 MMA bzw. Art. 3ter Abs. 2 MMA).

2 Hierzu im Einzelnen: Ist die Wiedergabe der Marke in Farbe, werden auch ein Vermerk „farbig" und die Angaben der Farben veröffentlicht, aus denen sich die Marke zusammensetzt. Sind in der Anmeldung mehrere Vertreter mit derselben Geschäftsanschrift genannt, wird nur der Name des an erster Stelle genannten Vertreters mit dem Zusatz „und andere" veröffentlicht. Gibt es mehrere Vertreter mit unterschiedlichen Anschriften, wird nur die Zustellanschrift veröffentlicht. Bei einem Zusammenschluss von Vertretern wird nur die Sozietät genannt, nicht die Sozien (wenn nicht der Name der Sozietät aus den Namen aller Sozien besteht). Die Waren und Dienstleistungen werden jeweils gruppiert nach Klasse und in der (aufsteigenden) Reihenfolge der Klassennummern veröffentlicht, und zwar mit dem vollen Wortlaut der Liste, in allen 23 Sprachen (Art. 120 Abs. 1). Die jeweilige Klassennummer wird jeder Gruppe vorangestellt. Zur Priorität werden Aktenzeichen und Anmeldetag(e) des/der Voranmeldung(en) veröffentlicht sowie das oder die Land/Länder der Voranmeldung. Zum Zeitrang (Seniorität) werden Eintragungsnummer(n), Tag(e) des Schutzbeginns und Mitgliedstaat(en), in dem/denen bzw. für den/die die Eintragung(en) besteht/bestehen angegeben. Bei der Veröffentlichung werden weitgehend die WIPO INID-Codes verwendet. Die Bedeutung dieser Codes ist am Ende des Vademecum zum Unionsmarkenblatt (→ Art. 89 Rn. 1 zu Art. 89 Buchst. a) in einer Liste zusammengestellt.

B. Eintragung von Änderungen

I. Änderungen im Allgemeinen

3 Gemäß Art. 87 Abs. 3 werden auch alle relevanten Änderungen in das Register eingetragen, nämlich alle Änderungen bezüglich der unter → Rn. 1 genannten Daten (zB Neubestellung oder Löschung von Vertretern, Änderungen des Namens oder (Wohn-) Sitzes des Anmelders (Regel 26 GMDV), Änderungen der Marke gemäß Art. 48 und Regeln 25, 26 GMDV etc) und alle Änderungen, die den Bestand der Marke, ihren Schutzumfang und die Berechtigung an ihr betreffen. Dies sind namentlich neue Tatsachen zB zum Rechtsstand der Marke wie der Rechtsübergang gemäß Art. 17, die Begründung oder Übertragung eines dinglichen Rechts an der Unionsmarke (Art. 19), Zwangsvollstreckungsmaßnahmen (Art. 20) und Insolvenzverfahren (Art. 21), die Erteilung und Übertragung von Lizenzen (Art. 22), die Verlängerung – oder die Feststellung des Ablaufs der Unionsmarke (Art. 47) und eine etwaige Erklärung des Verzichts des Inhabers (Art. 50). Auch eingetragen werden Tatsachen, die potentiell auf den Bestand, die Inhaberschaft oder den Schutzumfang der Marke Einfluss haben können, zB Anträge auf Feststellung des Verfalls oder der Nichtigkeit (Art. 56). Die volle Liste der einzutragenden Änderungen findet sich in Art. 87 Abs. 3.

II. Änderungen gemäß Art. 48 und Berichtigung von Fehlern

4 Für Änderungen der Marke nach Art. 48, die nach Art. 87 Abs. 3 Buchst. d einzutragen sind, richtet sich das Verfahren nach Regel 25 GMDV (→ Art. 48 Rn. 1 ff.). Im Übrigen ist nach Art. 87 Abs. 3 Buchst. d auch die Berichtigung von Fehlern im Register einzutragen. Die Berichtigung von Fehlern in der Eintragung oder in der Veröffentlichung richtet sich nach Regel 27 iVm Regel 26 GMDV. Der Antrag ist gebührenfrei und muss die in Regel 26 GMDV aufgezählten Angaben enthalten (Regel 27 Abs. 2 GMDV). Abzugrenzen ist die Berichtigung von Fehlern „in der Eintragung" bzw. „in der Veröffentlichung der Eintragung" von der Korrektur von Verfahrens- oder Rechtsanwendungsfehlern, die letztlich auch Einfluss auf den Inhalt des Registers haben. Der Widerruf einer Entscheidung bzw. die Löschung einer Registereintragung wegen eines Verfahrensfehlers (zB Eintragung einer Marke, obwohl sie im Widerspruchsverfahren zurückgewiesen wurde) kann nur unter den Voraussetzungen des Art. 80 erfolgen (→ Art. 80 Rn. 1 ff.). Eine falsche Rechtsanwendung kann nur über die Beschwerde und ggf. anschließend den gerichtlichen Instanzenzug korrigiert werden.

C. Einsichtnahme

5 Gemäß Art. 87 Abs. 9 kann jedermann in das Unionsmarkenregister Einsicht nehmen. Davon abgesehen erhält der Markeninhaber neben der Eintragungsurkunde gemäß Art. 87

Abs. 6 über jede Änderung im Register eine Mitteilung. Das Register wird elektronisch geführt und steht über die Webseite des Amts weitgehend zur Einsicht offen. Gemäß Art. 87 Abs. 7 erteilt das Amt daneben auf Antrag gegen Gebühr beglaubigte (30 Euro, Anhang I A. Buchst. b) oder unbeglaubigte (10 Euro, Anhang I A. Buchst. a) Auszüge aus dem Register (→ Anhang-I Rn. 1 ff.). Auch können Informationen über Markeneintragungen und Anmeldungen Online über verschiedene Datenbanken auf der Webseite des Amts abgerufen werden, zB über den Dienst „eSearch Plus", der ua Unionsmarken und Unionsmarkenanmeldungen, Inhaber, Vertreter und tägliche Veröffentlichungen betrifft sowie über die Datensammlung „TM-View", die sich neben den Unionsmarken auch auf nationale Eintragungen und IR-Marken erstreckt und ebenfalls auf der Homepage des Amts zur Verfügung steht. Die verschiedenen recherchierbaren Datenbanken finden sich auf der Startseite der Homepage in einem Menü („Suche") auf der rechten Seite aufgelistet. Der Zugriff ist jeweils kostenfrei und der Informationsgehalt der Datenbanken sehr hoch (eSearch Plus enthält zB nicht nur die Wiedergabe der Marken sowie der Waren- und Dienstleistungsverzeichnisse, sondern auch Informationen zum Verfahrens- und Rechtsstand). Ausdrucke aus diesen Datenbanken ersetzen aber nicht rechtlich verbindliche Registerauszüge.

D. Reform

Die **VO (EU) 2015/2424** des Europäischen Parlaments und des Rates zur Änderung der **6** VO (EG) 207/2009 hat mit Inkrafttreten am 23.3.2016 den bisher in Regel 84 GMDV enthaltenen Katalog der einzutragenden Tatsachen in die Hauptverordnung integriert. Mit Wirkung vom 1.10.2017 wird zudem der Katalog um die Angaben im Zusammenhang mit der neu eingeführten Unionsgewährleistungsmarke (→ Art. 36 Rn. 41) ergänzt.

Art. 87a Datenbank

(1) Zusätzlich zur Verpflichtung, ein Register im Sinne des Artikels 87 zu führen, sammelt das Amt alle Angaben, die von den Anmeldern oder anderen Verfahrensbeteiligten gemäß dieser Verordnung oder den gemäß dieser Verordnung erlassenen Rechtsakten bereitgestellt werden, und speichert diese in einer elektronischen Datenbank.

(2) ¹Die elektronische Datenbank kann personenbezogene Daten beinhalten, die über jene hinausgehen, die gemäß Artikel 87 im Register enthalten sind, insoweit diese Angaben gemäß dieser Verordnung oder den gemäß dieser Verordnung erlassenen Rechtsakten vorgeschrieben sind. ²Die Sammlung, Speicherung und Verarbeitung dieser Daten dient folgenden Zwecken:
a) der Verwaltung der Anmeldungen und/oder Eintragungen gemäß dieser Verordnung und den gemäß dieser Verordnung erlassenen Rechtsakten;
b) dem Zugang zu den Informationen, die erforderlich sind, um die einschlägigen Verfahren einfacher und effizienter durchzuführen;
c) der Kommunikation mit den Anmeldern und sonstigen Verfahrensbeteiligten;
d) der Erstellung von Berichten und Statistiken, die es dem Amt ermöglichen, seine Vorgänge zu optimieren und die Funktionsweise des Systems zu verbessern.

(3) Der Exekutivdirektor bestimmt die Bedingungen für den Zugang zu der elektronischen Datenbank und die Art, in der ihr Inhalt, mit Ausnahme der in Absatz 2 dieses Artikels genannten personenbezogenen Daten, aber einschließlich der in Artikel 87 aufgelisteten personenbezogenen Daten, in maschinenlesbarer Form bereitgestellt werden können, einschließlich der Gebühren für den Zugang.

(4) Der Zugang zu den in Absatz 2 genannten personenbezogenen Daten wird beschränkt und diese Daten werden nur öffentlich zugänglich gemacht, wenn der betreffende Beteiligte seine ausdrückliche Einwilligung erteilt hat.

(5) ¹Alle Daten werden auf unbestimmte Zeit aufbewahrt. ²Der betreffende Beteiligte kann die Löschung personenbezogener Daten aus der Datenbank jedoch 18 Monate nach Ablauf der Marke oder Abschluss des einschlägigen *Inter-partes-*

Verfahrens beantragen. ³Der betreffende Beteiligte hat das Recht, jederzeit die Berichtigung unrichtiger oder falscher Daten zu veranlassen.

Überblick

Die VO (EU) 2015/2424 des Europäischen Parlaments und des Rates zur Änderung der Gemeinschaftsmarkenverordnung, die am 23.3.2016 in Kraft getreten ist, integriert die Vorschriften zur Datenbank des Amts, die bisher in Regel 87 GMDV behandelt wurde, nunmehr in die Hauptverordnung selbst und mit mehr Details.

1   Die elektronisch geführte Datenbank des Amts **ergänzt das nach Art. 87 zu führende Register** (Abs. 1) und kann über die im Register einzutragenden Angaben hinausgehende personenbezogene Daten beinhalten (Abs. 2).
2   Die weiteren Regelungen der Vorschrift dienen der Berücksichtigung **datenschutzrechtlicher Aspekte.** Geregelt sind die Zwecke, zu denen Daten gesammelt, gespeichert und verarbeitet werden (Abs. 2 S. 2), der Zugang zu den über die im Register zu veröffentlichenden Daten hinausgehenden Daten (Abs. 4 – Veröffentlichung nur mit ausdrücklicher Einwilligung des Betroffenen) und Dauer der Aufbewahrung sowie das Recht des Betroffenen, die Löschung bzw. die Berichtigung von Daten zu verlangen (Abs. 5). Einzelheiten zum Zugang zur Datenbank, zur Bereitstellung des Inhalts der Datenbank in maschinenlesbarer Form und zu Gebühren für den Zugang bestimmt der Exekutivdirektor, wobei sein Bestimmungsrecht sich nicht auf personenbezogene Daten erstreckt, die über die im Register zu veröffentlichenden hinausgehen (Abs. 3).

Art. 87b Online-Zugang zu Entscheidungen

(1) ¹Die Entscheidungen des Amtes werden im Hinblick auf Transparenz und Vorhersehbarkeit zur Information der Öffentlichkeit und zur Abfrage durch diese online zugänglich gemacht. ²Jeder Beteiligte an dem Verfahren, das zum Erlass der Entscheidung geführt hat, kann beantragen, dass alle ihn betreffenden personenbezogenen Daten in der Entscheidung unkenntlich gemacht werden.

(2) ¹Das Amt kann Online-Zugang zu mit seinen Aufgaben in Zusammenhang stehenden Urteilen der nationalen Gerichte und der Gerichte der Europäischen Union bereitstellen, um die Öffentlichkeit für Fragen des geistigen Eigentums zu sensibilisieren und die Konvergenz der Verfahren zu fördern. ²Das Amt beachtet die Bedingungen für eine erste Veröffentlichung in Bezug auf personenbezogene Daten.

Überblick

Die VO (EU) 2015/2424 des Europäischen Parlaments und des Rates zur Änderung der Gemeinschaftsmarkenverordnung, die am 23.3.2016 in Kraft getreten ist, sieht erstmalig den Online-Zugang zu Entscheidungen des Amts verbindlich vor. Ziel ist es, den Nutzern des Unionsmarkensystems zusätzliche, inklusive, effiziente und kostenfreie Rechercheinstrumente zur Verfügung zu stellen (s. Erwägungsgrund 30 VO (EU) 2015/2424).

1   Zwar werden Entscheidungen des Amts online zugänglich gemacht (Abs. 1 S. 1, doch können Beteiligte nach Abs. 1 S. 2 verlangen, dass die sie betreffenden personenbezogenen Daten unkenntlich gemacht werden. Abs. 2 S. 1 sieht darüber hinaus den Online-Zugang zu Entscheidungen nationaler Gerichte und Gerichte der Union vor, die mit den Aufgaben des Amts zusammenhängen, wobei Abs. 2 S. 2 dem erforderlichen Datenschutz Rechnung trägt. Online-Zugang zu den Entscheidungen des Amts (einschließlich der Entscheidungen der Beschwerdekammern) sowie markenbezogenen Entscheidungen auf EU-Ebene (Entscheidungen des Gerichts und des Gerichtshofs) sowie auf nationaler Ebene wird gewährt durch die eSearch Case Law-Datenbanken auf der Webseite des Amts.

Art. 88 Akteneinsicht

(1) Einsicht in die Akten von Anmeldungen für Unionsmarken, die noch nicht veröffentlicht worden sind, wird nur mit Zustimmung des Anmelders gewährt.

(2) Wer nachweist, dass der Anmelder behauptet hat, dass die Unionsmarke nach ihrer Eintragung gegen ihn geltend gemacht werden würde, kann vor der Veröffentlichung dieser Anmeldung und ohne Zustimmung des Anmelders Akteneinsicht verlangen.

(3) Nach der Veröffentlichung der Anmeldung der Unionsmarke wird auf Antrag Einsicht in die Akten der Anmeldung und der darauf eingetragenen Marke gewährt.

(4) Im Falle einer Akteneinsicht entsprechend Absatz 2 oder 3 dieses Artikels kann die Einsicht verwehrt werden in Dokumente im Zusammenhang mit der Ausschließung oder Ablehnung gemäß Artikel 137, in Entwürfe von Entscheidungen und Stellungnahmen und in alle anderen internen Dokumente, die der Vorbereitung von Entscheidungen und Stellungnahmen dienen, sowie in jene Aktenteile, an deren Geheimhaltung der Beteiligte ein besonderes Interesse dargelegt hat, bevor der Antrag auf Akteneinsicht gestellt wurde, es sei denn, die Einsicht in diese Aktenteile ist durch vorrangig berechtigte Interessen der um Einsicht nachsuchenden Partei gerechtfertigt.

(5) ¹Die Einsicht in die Akten angemeldeter und eingetragener Unionsmarken wird in die Originalschriftstücke oder in Abschriften davon oder in die elektronischen Datenträger gewährt, wenn die Akten in dieser Weise gespeichert sind. ²Der Exekutivdirektor bestimmt, auf welchem Weg die Akteneinsicht erfolgen soll.

(6) ¹Bei einer Akteneinsicht gemäß Absatz 7 gilt der Antrag auf Einsichtnahme erst als gestellt, wenn die diesbezügliche Gebühr entrichtet worden ist. ²Die Online-Einsichtnahme in elektronische Datenträger ist gebührenfrei.

(7) ¹Die Akteneinsicht findet im Dienstgebäude des Amtes statt. ²Auf Antrag erfolgt die Akteneinsicht durch Ausstellung von Kopien der Dokumente aus der Akte. ³Diese Kopien sind gebührenpflichtig. ⁴Das Amt stellt auf Antrag gegen Entrichtung einer Gebühr auch beglaubigte oder unbeglaubigte Kopien der Anmeldung für eine Unionsmarke aus.

(8) Die vom Amt geführten Akten über internationale Registrierungen, in denen die Union benannt ist, können auf Antrag ab dem Tag der Veröffentlichung gemäß Artikel 152 Absatz 1 unter den in den Absätzen 1, 3 und 4 dieses Artikels festgelegten Bedingungen eingesehen werden.

(9) ¹Das Amt kann vorbehaltlich der in Absatz 4 vorgesehenen Beschränkungen auf Antrag und gegen Entrichtung einer Gebühr Auskünfte aus den Akten angemeldeter oder eingetragener Unionsmarken erteilen. ²Das Amt kann jedoch verlangen, dass von der Möglichkeit der Akteneinsicht Gebrauch gemacht wird, wenn dies im Hinblick auf den Umfang der zu erteilenden Auskünfte zweckmäßig erscheint.

Überblick

Art. 88 regelt die Akteneinsicht durch Private. Mit Wirkung vom 23.3.2016 wurden durch die VO (EU) 2015/2424 des Europäischen Parlaments und des Rates zur Änderung der VO (EG) 207/2009 die bisher in Regel 88 und Regel 89 GMDV enthaltenen Vorschriften zum Ausschluss von der Akteneinsicht und zur Durchführung der Akteneinsicht in die Hauptverordnung überführt und die Online-Einsichtnahme in elektronische Datenträger gebührenfrei gestellt. Für die Einsicht durch Gerichte, Behörden und Staatsanwaltschaften gilt Art. 90. Akteneinsicht nach Art. 88 wird Dritten vor Veröffentlichung einer Anmeldung in der Regel nur mit Zustimmung des Anmelders gewährt (→ Rn. 1). Abweichend hiervon ist die Zustimmung des Anmelders nicht erforderlich, soweit der Anmelder dem Dritten bereits die Geltendmachung von Rechten aus der Marke gegen ihn in Aussicht gestellt hat (→ Rn. 2). Nach Veröffentlichung der Anmeldung können Dritte auch ohne Zustimmung des Anmelders Akteneinsicht beantragen (→ Rn. 3). Bei Akteneinsicht ohne Zustimmung des Anmelders können Teile der Akten von der Einsicht ausgeschlossen werden (→ Rn. 4).

Stamm

Voraussetzung für die Einsichtnahme ist in jedem Fall ein Antrag des Interessierten (zu Antrag und Verfahren → Rn. 5, → Rn. 6). Die Akteneinsicht kann online, vor Ort oder durch Anfordern von Kopien erfolgen (hierzu und zu den jeweils einschlägigen Gebühren → Rn. 7 ff.). Zusätzlich zur eigentlichen Akteneinsicht besteht auch die Möglichkeit der Auskunftserteilung zum Akteninhalt (→ Rn. 11).

A. Akteneinsicht mit Zustimmung des Anmelders

1   Grundsätzlich sind das Unionsmarkenregister (Art. 87) und die beim Amt geführten Akten öffentlich und können von jedermann eingesehen werden (Prüfungsrichtlinien vor dem Amt, Teil E.5: Register, Akteneinsicht, S. 4). Dieser Grundsatz greift aber in der Regel erst ab Veröffentlichung (Art. 39; Regel 12 GMDV) der Anmeldung (Art. 88 Abs. 3). Dementsprechend bestimmt Art. 88 Abs. 1 ausdrücklich, dass vor Veröffentlichung Akteneinsicht durch Dritte grundsätzlich nur mit Zustimmung des Anmelders erfolgt. Der Anmelder selbst hat jederzeit das Recht auf Einsicht in die Akte seiner Anmeldung (vgl. Prüfungsrichtlinien vor dem Amt, Teil E.5: Register, Akteneinsicht, S. 7). Die Akte umfasst nicht nur die direkt mit der Anmeldung/Eintragung zusammenhängenden, sondern alle Informationen, die mit der Anmeldung bzw. nach Eintragung mit der Marke zusammenhängen, also auch Informationen zu Widerspruchs-, Löschungs- oder Beschwerdeverfahren, zu Teilung der Marke, Eintragung von Lizenzen etc. Nicht enthalten sind nationale Rechercheberichte (vgl. Prüfungsrichtlinien vor dem Amt, Teil E.5: Register, Akteneinsicht, S. 6). Akten zu IR-Marken, in denen die Union benannt ist, können ab der Veröffentlichung gemäß Art. 152 Abs. 1 gemäß Art. 88 Abs. 8 eingesehen werden. Bestimmte Teile der Akte sind grundsätzlich von der Einsichtnahme ausgeschlossen, zB bestimmte Unterlagen zur Ausschließung oder Ablehnung von Prüfern oder anderen Entscheidungsträgern des Amts iSv Art. 137 sowie Entwürfe von Entscheidungen oder Unterlagen zu Mediationsverfahren (Art. 88 Abs. 4; zu den Einzelheiten vgl. Prüfungsrichtlinien vor dem Amt, Teil E.5: Register, Akteneinsicht, S. 10 ff.). Sofern die Zustimmung des Anmelders Voraussetzung für die Einsichtnahme durch Dritte ist, muss eine entsprechende Erklärung des Anmelders schriftlich (mit Unterschrift) erfolgen und von dem Dritten bei Antragstellung (→ Rn. 5) vorgelegt werden. Die Zustimmung kann auf bestimmte Teile der Akte beschränkt werden (vgl. Prüfungsrichtlinien vor dem Amt, Teil E.5: Register, Akteneinsicht, S. 22). Allerdings sind in der Praxis relevante Daten zu noch nicht veröffentlichten Anmeldungen über die Datenbanken des Amts im Internet bereits vor Veröffentlichung der Anmeldung öffentlich zugänglich, auch in maschinenlesbarer Form (vgl. Beschluss des Präsidenten Nr. EX-14-3 vom 22.10.2014).

B. Akteneinsicht bei Verwarnung aus der noch nicht veröffentlichten Anmeldung

2   Gemäß Art. 88 Abs. 2 kann ausnahmsweise eine Einsichtnahme schon vor Veröffentlichung der Anmeldung erfolgen, wenn der Anmelder den Dritten aus der noch nicht veröffentlichten Anmeldung verwarnt hat. Die Verwarnung ist bei Antragstellung durch den Dritten zu belegen (Prüfungsrichtlinien vor dem Amt, Teil E, Register, S. 22). Die Erhebung eines Widerspruchs gegen eine nationale Markenanmeldung des Dritten auf Basis der fraglichen Unionsmarkenanmeldung wird als eine „Verwarnung" iSv Art. 88 Abs. 2 angesehen (vgl. Prüfungsrichtlinien vor dem Amt, Teil E.5: Register, Akteneinsicht S. 22).

C. Akteneinsicht nach Veröffentlichung der Anmeldung

3   Nach Veröffentlichung der Anmeldung steht die Akteneinsicht gemäß Art. 88 Abs. 3 jedermann offen. Hiervon ausgenommen sind nur die gemäß Art. 88 Abs. 4 von der Einsicht ausgeschlossenen Teile der Akte. Dies sind, soweit Dritte Einsicht nehmen wollen, neben den unter → Rn. 1 erwähnten auch die Teile der Akte, bezüglich derer der Anmelder ein besonderes Interesse an der Geheimhaltung dargelegt hat (→ Rn. 4).

D. Ausschluss von Teilen der Akte von der Einsicht

Gemäß Art. 88 Abs. 4 können bestimmte Unterlagen zur Ausschließung oder Ablehnung von Prüfern oder anderen Entscheidungsträgern des Amts iSv Art. 137, Entwürfe von Entscheidungen oder Unterlagen zu Mediationsverfahren sowie Teile der Akten, für die der Anmelder ein besonderes Geheimhaltungsinteresse dargelegt hat von der Einsicht ausgeschlossen werden. Hierbei gilt die Ausschlussmöglichkeit hinsichtlich besonders geheimhaltungsbedürftiger Teile der Akte nur für die Akteneinsicht durch Dritte; der Antragsteller kann nur bezüglich der Akteneinsicht zu Informationen zu Ausschließung oder Ablehnung von Prüfern oder anderen Entscheidungsträgern des Amts iSv Art. 137 und der Entwürfe von Entscheidungen oder Unterlagen zu Mediationsverfahren ausgeschlossen werden. Davon abgesehen können auch Dritte Einsicht in – nach Ansicht des Anmelders – geheimhaltungsbedürftige Teile der Akte nehmen, wenn sie ein gegenüber dem Geheimhaltungsinteresse vorrangiges Interesse auf Einsicht begründen können (zum Verfahren → Rn. 6).

E. Antrag und Verfahren

I. Antrag

Die Akteneinsicht setzt einen Antrag durch den Interessierten voraus. Der Antrag gilt erst als eingereicht, wenn die entsprechende Gebühr (zu den Gebühren → Rn. 7) bezahlt wurde. Inhaber eines EUIPO-Kontos können den Antrag über das Nutzerkonto stellen. Ansonsten ist der Antrag auf dem dafür vorgesehenen Formular oder mit den relevanten Angaben frei formuliert schriftlich zu stellen (vgl. Prüfungsrichtlinien vor dem Amt, Teil E.5: Register, Akteneinsicht, S. 16). Er kann per Post oder per Fax eingereicht werden. Betrifft der Antrag eine Unionsmarkenanmeldung, muss er in der ersten oder zweiten Sprache der Anmeldung abgefasst sein (Regel 95 Buchst. a GMDV) oder es muss innerhalb eines Monats ab Einreichung eine Übersetzung in eine dieser Sprachen nachgereicht werden. Andernfalls gilt der Antrag als nicht eingereicht. Ausnahmsweise kann der Antrag in einer der fünf Sprachen des Amts eingereicht werden, wenn die Information über die erste und zweite Sprache der Anmeldung nicht online verfügbar ist (vgl. Prüfungsrichtlinien vor dem Amt, Teil E.5: Register, Akteneinsicht, S. 17). Betrifft der Antrag eine eingetragene Unionsmarke, kann der Antragsteller zwischen den Sprachen des Amts (Deutsch, Englisch, Französisch, Italienisch und Spanisch) wählen (Regel 95 Buchst. b GMDV). Reicht er den Antrag in einer anderen Sprache ein, muss er innerhalb von einem Monat ab Einreichung eine Übersetzung in eine der Sprachen des Amts nachreichen. Andernfalls gilt der Antrag als nicht eingereicht.

II. Verfahren

Soweit nicht online Einsicht genommen wird, gelten für das Verfahren zur Gewährung von Akteneinsicht die allgemeinen Regeln für Verfahren vor dem Amt. Auch wenn der Anmelder/Inhaber selbst Akteneinsicht begehrt, handelt es sich um ein förmliches Verfahren. IdR ist das Verfahren ein einseitiges Verfahren. Es ist nur zweiseitig, wenn ein Dritter vor Veröffentlichung der Anmeldung gemäß Art. 88 Abs. 2 Akteneinsicht begehrt (→ Rn. 2) oder wenn ein Dritter geltend macht, ein gegenüber dem Geheimhaltungsinteresse des Anmelders/Inhabers überwiegendes berechtigtes Interesse an Akteneinsicht zu haben (→ Rn. 4). In einseitigen Verfahren prüft das Amt, ob der Antrag vollständig und die Gebühr bezahlt ist und ob die Voraussetzungen (Veröffentlichung der Anmeldung oder Zustimmung durch den Anmelder) vorliegen und entscheidet dann über den Antrag. Wird die Akteneinsicht abgelehnt, kann der Interessierte Beschwerde einlegen. Im zweiseitigen Verfahren leitet das Amt zunächst den Antrag auf Akteneinsicht an den Anmelder weiter und sodann dessen Replik, wenn ablehnend, an den Antragsteller. Jede Partei erhält in der Regel zwei Monate Frist zur Stellungnahme. Die Entscheidung des Amts kann mit der Beschwerde angefochten werden (Art. 58, 59).

F. Durchführung der Akteneinsicht

I. Online-Einsicht

7 Online ist die Einsicht in die Akte nur insoweit möglich, als der Inhalt über eSearch Plus zur Verfügung gestellt wird, also erst ab Veröffentlichung der Anmeldung. Zugriff besteht dann über die Rubrik +info in eSearch Plus und der Abruf ist kostenlos. Über eine Auswahlfläche „Urkunde" in der eSearch Plus Detailansicht (+info) können darüber hinaus beglaubigte Kopien des Anmeldeformulars und der Eintragungsurkunde heruntergeladen werden (Prüfungsrichtlinien vor dem Amt, Teil E.5: Register, Akteneinsicht, S. 20). Beglaubigte Kopien sind nicht gleichzusetzen mit einem beglaubigten Auszug aus dem Register; diese beglaubigten Kopien berücksichtigen nämlich nicht etwaige inzwischen eingetretene Änderungen zum Rechtsstand der Unionsmarke(nanmeldung), wie zB Übertragungen oder Lizenzen (vgl. Prüfungsrichtlinien vor dem Amt, Teil E.5: Register, Akteneinsicht, S. 16).

II. Einsicht vor Ort

8 Die Akten können auch am Sitz des Amts in Alicante eingesehen werden (Art. 88 Abs. 7). Die Gebühr hierfür beträgt 30 Euro (Anhang-I A. Nr. 30). Weitere Gebühren fallen an, wenn der Interessierte bei Einsicht vor Ort auch Kopien verlangt (zu den Gebühren für Kopien → Rn. 9, → Rn. 10). Der Antrag auf diese Art der Akteneinsicht gilt erst als gestellt, wenn die Gebühr bezahlt ist (Art. 88 Abs. 6). Wird der Antrag abgelehnt, wird die Gebühr nicht erstattet (vgl. Prüfungsrichtlinien vor dem Amt, Teil E.5, Register, Akteneinsicht, S. 21). Näher → Anhang-I Rn. 1 ff.

III. Akteneinsicht durch Kopien

9 Im Übrigen kann Akteneinsicht durch die Erteilung von Kopien gewährt werden (Art. 88 Abs. 7). Diese werden üblicherweise per Post dem Antragsteller zugesandt. Es ist aber auch möglich, bei Akteneinsicht vor Ort Kopien anzufordern und mitzunehmen. Die Kopien sind gebührenpflichtig. Unbeglaubigte Kopien kosten 10 Euro zuzüglich 1 Euro für jede die Zahl zehn übersteigende Seite (Anhang-I A. Nr. 31 Buchst. a), beglaubigte 30 Euro zuzüglich 1 Euro für jede die Zahl zehn übersteigende Seite (Anhang-I A. Nr. 31 Buchst. b). Wird hier die Gebühr nicht bezahlt, erinnert das Amt den Antragsteller an die Gebühr und teilt ggf. die Anzahl der zu bezahlenden Kopien mit. Näher → Anhang-I Rn. 1 ff.

IV. Kopien von der Anmeldung

10 Gemäß Art. 88 Abs. 7 S. 4 erteilt das Amt auf Antrag beglaubigte oder unbeglaubigte Kopien von der Anmeldung. Für Kopien der **Anmeldung** wird nach Anhang-I A. Nr. 29 Buchst. a eine Gebühr von 10 Euro für unbeglaubigte und Anhang-I A. Nr. 29 Buchst. b von 30 Euro für eine beglaubigte Gebühr fällig (→ Anhang-I Rn. 1 ff.). Hierfür fallen keine zusätzlichen Gebühren an, falls die Anmeldung zehn Seiten überschreitet. Praktische Relevanz haben beglaubigte Kopien der Anmeldung, wenn sie vom Anmelder als Prioritätsnachweis für eine Nachanmeldung benötigt werden. Zahlt der Anmelder/Antragsteller die Gebühr nicht, ergeht zunächst eine Erinnerung. Wird die Erteilung der Kopien zurückgewiesen, wird eine etwa schon gezahlte Gebühr erstattet.

G. Auskunftserteilung

11 Gemäß Art. 88 Abs. 9 kann zum Akteninhalt auf Anfrage auch Auskunft erteilt werden. Allerdings gelten hierfür dieselben Einschränkungen wie bei der Akteneinsicht nach Art. 88 Abs. 4. Die Gebühr für die Aktenauskunft ist 10 Euro (Anhang-I A. Nr. 32; → Anhang-I Rn. 1 ff.). Diese formlose Auskunftsmöglichkeit eignet sich für punktuelle Informationen, zB um zu erfahren, ob eine bestimmte Marke von einem bestimmten Anmelder eingereicht wurde, ob sich das Waren- und Dienstleistungsverzeichnis zwischen Anmeldung und Veröffentlichung geändert hat etc. Über Einzelheiten zu laufenden Verfahren (zB Widerspruchsverfahren) wird auf diesem Weg nicht informiert. Sofern umfangreiche Informationen abgefragt werden sollen, kann das Amt zudem auf die Möglichkeit zur Akteneinsicht verweisen

(vgl. Prüfungsrichtlinien vor dem Amt, Teil E.5: Register, Akteneinsicht, S. 23). Wird die Gebühr nicht bezahlt, erhält der Antragsteller zunächst eine Erinnerung. Wird der Antrag zurückgezogen, bevor das Amt über ihn entschieden hatte, wird die Gebühr erstattet (vgl. Prüfungsrichtlinien vor dem Amt, Teil E.5: Register, Akteneinsicht, S. 21).

Art. 88a Aufbewahrung der Akten

(1) ¹Das Amt führt die Akten aller Verfahren im Zusammenhang mit der Anmeldung oder Eintragung einer Unionsmarke. ²Der Exekutivdirektor bestimmt, in welcher Form die Akten aufbewahrt werden.

(2) ¹Bei elektronischer Speicherung werden die elektronischen Akten, oder Sicherungskopien davon, auf unbefristete Zeit aufbewahrt. ²Die den Dateien zugrunde liegenden Originalschriftstücke, die von den Verfahrensbeteiligten eingereicht wurden, werden nach Ablauf einer vom Exekutivdirektor festzulegenden Frist vernichtet.

(3) Wenn und soweit Akten oder Teile von Akten in anderer als elektronischer Form aufbewahrt werden, werden die Dokumente oder Beweisstücke, die Teil dieser Akten sind, mindestens fünf Jahre lang ab dem Ende des Jahres aufbewahrt, in dem die Anmeldung zurückgewiesen oder zurückgenommen worden ist oder als zurückgenommen gilt, die Eintragung der Unionsmarke gemäß Artikel 47 vollständig abgelaufen ist, der vollständige Verzicht auf die Unionsmarke gemäß Artikel 50 eingetragen worden ist oder die Unionsmarke gemäß Artikel 57 Absatz 6 oder Artikel 100 Absatz 6 vollständig im Register gelöscht worden ist.

Überblick

Die VO (EU) 2015/2424 des Europäischen Parlaments und des Rates zur Änderung der GMV, die am 23.3.2016 in Kraft getreten ist, integriert die ursprünglich in Regel 91 GMDV enthaltenen Regeln zur Aufbewahrung der Akten in die UMV.

Die Akten beim Amt werden **elektronisch aufbewahrt,** dh alle eingehenden Schriftstücke werden gescannt und zur relevanten elektronischen Akte gespeichert (vgl. Erwägungsgründe 1 und 2 des Beschlusses Nr. EX-13-4 des Präsidenten des Amtes vom 26.11.2013). Soweit die zugrundeliegenden Originalschriftstücke von Unionsmarkenanmeldungen Wiedergabe der Marke in Farbe enthalten, werden solche Schriftstücke auf unbefristete Zeit aufbewahrt; alle anderen Originalschriftstücke, die gescannt Teil der elektronischen Akte sind, werden fünf Jahre nach dem Eingang beim Amt vernichtet (vgl. Art. 1 Abs. 2 des Beschlusses Nr. EX-13-4 des Präsidenten des Amtes vom 26.11.2013). 1

Abs. 3 regelt die Aufbewahrung für Teile von Akten, die wegen ihres Umfangs oder ihrer Beschaffenheit nicht gescannt werden können (zB im Rahmen des Benutzungsnachweises eingereichte Warenproben mit der Marke). Für diese beträgt die **Aufbewahrungsfrist** fünf Jahre ab dem Ende des Jahres, in dem Anmeldungen sich anders als durch Eintragung erledigt bzw. eingetragene Marken endgültig ihre Wirkung verloren haben. Bei der Einreichung von Originalen ist zu beachten, dass das Amt diese nicht wieder herausgibt. Dies war ursprünglich in der Mitteilung Nr. 8/99 des Präsidenten des Amtes vom 8.11.1999 über die Aufbewahrung der Akten ausdrücklich bestimmt. Zwar wurde diese Mitteilung mit Beschlusses Nr. EX-13-4 des Präsidenten des Amtes vom 26.11.2013 aufgehoben, allerdings enthält dieser neuere Beschluss keine positive Regelung, dass Originale zumindest nach Ablauf der Aufbewahrungsfrist wieder an den Einreichenden herausgegeben werden können. Es sollten daher keine Originale beim Amt eingereicht werden, es sei denn, es steht fest, dass sie zukünftig nicht mehr anderweitig gebraucht werden. 2

Art. 89 Regelmäßig erscheinende Veröffentlichungen

(1) Das Amt gibt regelmäßig folgende Veröffentlichungen heraus:
a) ein Blatt für Unionsmarken, das die Eintragungen in das Register für Unionsmarken wiedergibt sowie sonstige Angaben enthält, deren Veröffentlichung in dieser Verordnung oder in der Durchführungsverordnung vorgeschrieben ist;

b) ein Amtsblatt, das allgemeine Bekanntmachungen und Mitteilungen des Präsidenten des Amtes sowie sonstige diese Verordnung und ihre Anwendung betreffende Veröffentlichungen enthält.

(2), (3) (noch nicht anwendbar)

(4) Die Kommission erlässt Durchführungsrechtsakte, in denen Folgendes festgelegt wird:
a) der Zeitpunkt, der als Zeitpunkt der Veröffentlichung im Blatt für Unionsmarken gilt;
b) die Art und Weise der Veröffentlichung von Angaben im Zusammenhang mit der Eintragung einer Marke, die keine Änderungen im Vergleich zu der Veröffentlichung der Anmeldung enthalten;
c) die Formen, in denen die Ausgaben des Amtsblatts des Amtes der Öffentlichkeit zur Verfügung gestellt werden können.

Diese Durchführungsrechtsakte werden nach dem Prüfverfahren gemäß Artikel 163 Absatz 2 erlassen.

Änderungen mWv 1.10.2017 gemäß VO (EU) 2015/2424 vom 16.12.2015:
(1) Das Amt gibt regelmäßig folgende Veröffentlichungen heraus:
a) ein Blatt für Unionsmarken, das Veröffentlichungen der Anmeldungen und der Eintragungen in das Register sowie sonstige Details zu Anmeldungen oder Eintragungen von Unionsmarken enthält, deren Veröffentlichung gemäß dieser Verordnung oder den gemäß dieser Verordnung erlassenen Rechtsakten vorgeschrieben ist;
b) ein Amtsblatt des Amtes, das allgemeine Bekanntmachungen und Mitteilungen des Exekutivdirektors sowie sonstige diese Verordnung und ihre Anwendung betreffende Veröffentlichungen enthält.
Die Veröffentlichungen gemäß Unterabsatz 1 Buchstaben a, b und d können in elektronischer Form herausgegeben werden.
(2) Das Blatt für Unionsmarken wird in einer vom Exekutivdirektor festzulegenden Form und Häufigkeit veröffentlicht.
(3) ¹Das Amtsblatt des Amtes wird in den Sprachen des Amtes veröffentlicht. ²Der Exekutivdirektor kann jedoch beschließen, dass bestimmte Inhalte im Amtsblatt des Amtes in den Amtssprachen der Europäischen Union veröffentlicht werden.

Überblick

Die VO (EU) 2015/2424 des Europäischen Parlaments und des Rates zur Änderung der VO (EG) 207/2009 integriert ursprünglich in Regel 85 und 86 GMDV enthaltene Durchführungsbestimmungen in die UMV und bestimmt ausdrücklich, dass die Veröffentlichungen elektronisch erfolgen können. Allerdings sind die Bestimmungen in Abs. 1–3 nF erst ab dem 1.10.2017 anwendbar. Inzwischen regelt Art. 89 zusammen mit Regel 85 und 86 GMDV die Veröffentlichung eines Blatts für Unionsmarken (Union Trade Marks Bulletin) und eines Amtsblatts (Official Journal). Über das Blatt für Unionsmarken werden Anmeldungen und Eintragungen in das Register sowie Angaben im Zusammenhang mit Anmeldungen und Eintragungen publiziert (Regel 85 GMDV), während im Amtsblatt allgemeine Bekanntmachungen und Mitteilungen des Präsidenten sowie sonstige Veröffentlichungen zur UMV und ihrer Anwendung veröffentlicht werden (Regel 86 GMDV).

A. Das Blatt für Unionsmarken

I. Allgemeines

1   Das Blatt für Unionsmarken wird seit 2003 im Internet veröffentlicht (abrufbar über die Webseite des Amts unter eSearch Plus, Tägliche Veröffentlichung). Erläuterungen zu den dort wiedergegebenen Inhalten sind in einem Handbuch („Vademecum") zusammengefasst, welches ebenfalls im Internet veröffentlicht ist, und zwar in allen Amtssprachen (ebenfalls abrufbar unter eSearch Plus, Tägliche Veröffentlichung). Insbesondere enthält das Vademecum am Ende eine Auflistung aller bei Veröffentlichungen benutzter Codes, einschließlich

der relevanten WIPO INID-Codes. Als Veröffentlichungsdatum für die im Blatt für Unionsmarken publizierten Angaben gilt das Datum, das jeweils im Internet vermerkt ist (Regel 85 Abs. 3 GMDV).

II. Struktur

Das Blatt für Unionsmarken unterteilt sich in mehrere Teile (A, B, C, D, E, F und M). Die Veröffentlichung von Anmeldungen mit den Angaben nach Regel 12 GMDV (→ Art. 39 Rn. 2) erfolgt in Teil A. Teil B enthält die Veröffentlichungen zu eingetragenen Marken (Regel 23 Abs. 5 GMDV). Haben sich zwischen Veröffentlichung der Anmeldung in Teil A und Eintragung keine Änderungen ergeben, wird zur Veröffentlichung der Eintragung lediglich in Teil B.1 auf die Veröffentlichung der Anmeldung Bezug genommen/verwiesen (Regel 85 Abs. 4 GMDV). Haben sich zwischen der Anmeldung und der Eintragung Änderungen ergeben, wird nur die geänderte Angabe bei Eintragung neu veröffentlicht (in Teil B.2; zu den zu veröffentlichenden Angaben → Art. 87 Rn. 1 f.). Die Teile B.3 und B.4 des Blatts für Unionsmarken enthalten Veröffentlichungen zu Eintragungen, die sich aus einer Teilübertragung von Waren und Dienstleistungen ergeben bzw. Fehlerkorrekturen betreffen. Teil C des Blatts für Unionsmarken enthält Veröffentlichungen zu späteren Registereintragungen, zB Übertragungen von Marken (in Abschnitten C.1.1 und C.1.2), den Ablauf der Marke (gemäß Art. 87 Abs. 3 Buchst. l, in Teil C.3.9) sowie den Verzicht (gemäß Art. 87 Abs. 3 Buchst. m, in Teil C.3.1 bzw. C.3.2). Teil D betrifft Verlängerungen (veröffentlicht gemäß Art. 87 Abs. 3 Buchst. k), Teil E Umwandlungsanträge, Teil F Wiedereinsetzung und Teil M Internationale Registrierungen unter Benennung der Gemeinschaft. **2**

B. Amtsblatt

Das Amtsblatt enthält alle relevanten Informationen, die nicht direkt mit der Anmeldung und Eintragung von konkreten Marken zusammenhängen, nämlich allgemeine Bekanntmachungen und Mitteilungen des Präsidenten des Amtes sowie sonstige diese Verordnung und ihre Anwendung betreffende Veröffentlichungen (zB Eintragungen in die Liste der beim Amt zugelassenen Vertreter). Es wird nur noch online veröffentlicht (abrufbar unter https://euipo.europa.eu/ohimportal/de/official-journal) und erscheint in den fünf Sprachen des Amts (Deutsch, Englisch, Französisch, Italienisch und Spanisch). Gegebenfalls könnten bestimmte Mitteilungen auch in allen anderen Amtssprachen der Gemeinschaft veröffentlicht werden (Regel 86 Abs. 2 GMDV). **3**

Art. 90 Amtshilfe

(1) ¹Das Amt und die Gerichte oder Behörden der Mitgliedstaaten unterstützen einander auf Antrag durch die Erteilung von Auskünften oder die Gewährung von Akteneinsicht, soweit nicht Vorschriften dieser Verordnung oder des nationalen Rechts dem entgegenstehen. ²Gewährt das Amt Gerichten, Staatsanwaltschaften oder Zentralbehörden für den gewerblichen Rechtsschutz Akteneinsicht, so unterliegt diese nicht den Beschränkungen des Artikels 88.

(2) Das Amt erhebt keine Gebühren für die Erteilung von Auskünften oder die Gewährung von Akteneinsicht.

(3) ¹Die Kommission erlässt Durchführungsrechtsakte, in denen die Modalitäten für den Austausch von Informationen zwischen dem Amt und den Behörden der Mitgliedstaaten und die Gewährung von Akteneinsicht festgelegt werden, wobei sie den Beschränkungen Rechnung trägt, denen die Einsicht in Akten zur Anmeldung oder Eintragung einer Unionsmarke gemäß Artikel 88 unterliegt, wenn sie für Dritte geöffnet werden. ²Diese Durchführungsrechtsakte werden nach dem Prüfverfahren gemäß Artikel 163 Absatz 2 erlassen.

Überblick

Die VO (EU) 2015/2424 des Europäischen Parlaments und des Rates zur Änderung der VO (EG) 207/2009, die am 23.3.2016 in Kraft getreten ist, integriert die Regeln zur

Gebührenfreiheit der Amtshilfe, die sich bisher aus Regel 92 Abs. 3 GMDV und Regel 93 Abs. 1 GMDV ergaben, in die UMV und schafft eine Rechtsgrundlage für den Erlass einer Durchführungsverordnung durch die Kommission. Art. 90 regelt zusammen mit den Regeln 92 und 93 GMDV die gegenseitige Auskunftserteilung und die Gewährung von Akteneinsicht zwischen dem Amt und den Behörden der Mitgliedstaaten. Für die gegenseitige Amtshilfe gelten die in Art. 88 normierten Einschränkungen (ggf. Zustimmung des Anmelders bzw. Ausschließung von Aktenteilen von der Einsicht) nicht.

A. Gegenseitige Amtshilfe

1   Art. 90 Abs. 1 S. 1 verpflichtet das Amt und die nationalen Gerichte oder Behörden zur gegenseitigen Amtshilfe in Form von Auskünften oder der Gewährung von Akteneinsicht, soweit die Normen der UMV und nationale Normen dem nicht entgegenstehen. Da nach Art. 90 Abs. 1 S. 2 die Beschränkungen des Art. 88 für die Amtshilfe nicht gelten, steht grundsätzlich die UMV der Gewährung von Akteneinsicht selbst dann nicht entgegen, wenn die Anmeldung noch nicht veröffentlicht ist oder wenn der Anmelder ein besonderes Interesse an Geheimhaltung geltend macht. Umgekehrt kann zwar das nationale Recht Einschränkungen für die Auskunftserteilung oder Akteneinsicht normieren, allerdings darf die Amtshilfe gegenüber dem Amt nicht an strengere Voraussetzungen geknüpft sein als die Amtshilfe für die jeweils eigenen nationalen Behörden (Eisenführ/Schennen/Schennen Rn. 2 mwN). Dokumente über die Frage der Ausschließung oder Ablehnung von (Mit-)Entscheidern (Art. 88 Abs. 4 iVm Art. 137) werden jedoch auch im Weg der Amtshilfe nicht offengelegt/weitergeleitet. Dasselbe gilt für Entwürfe von Entscheidungen iSv Art. 88 Abs. 4 (vgl. Prüfungsrichtlinien vor dem Amt, Teil E.5, Register, Akteneinsicht S. 26). Gemäß Regel 93 Abs. 2 GMDV können Nationale Gerichte und Staatsanwaltschaften selbst Einsicht in die vom Amt unter Art. 90 übermittelten Akteninhalte gewähren. In diesem Fall greifen allerdings die Beschränkungen nach Art. 88. Das Amt weist darauf bei Übermittlung der Akteninhalte hin (Regel 93 Abs. 3 GMDV).

B. Verfahren

2   Die Gewährung von Akteneinsicht oder die Erteilung von Auskünften nach Art. 90 setzt einen entsprechenden Antrag der interessierten Behörde voraus. Im Gegensatz zur Akteneinsicht nach Art. 88 iVm Regel 89 GMDV ist die Auskunftserteilung bzw. Gewährung von Akteneinsicht im Wege der Amtshilfe gebührenfrei (Art. 90 Abs. 2 und Regel 92 Abs. 3 GMDV). Die eigentliche Gewährung von Akteneinsicht erfolgt durch die Übermittlung von Ausdrucken aus der elektronischen Akte, in der keine Originaldokumente enthalten sind (vgl. Prüfungsrichtlinien vor dem Harmonisierungsamt, Teil E.3, Register, Akteneinsicht, S. 25).

Art. 91 Austausch von Veröffentlichungen

(1) Das Amt und die Zentralbehörden für den gewerblichen Rechtsschutz der Mitgliedstaaten übermitteln einander auf entsprechendes Ersuchen kostenlos für ihre eigenen Zwecke ein oder mehrere Exemplare ihrer Veröffentlichungen.

(2) Das Amt kann Vereinbarungen über den Austausch oder die Übermittlung von Veröffentlichungen treffen.

Überblick

Art. 91 regelt die kostenlose Zurverfügungstellung der jeweils eigenen Veröffentlichungen zwischen dem Amt und den nationalen Zentralbehörden für den gewerblichen Rechtsschutz für die eigenen Zwecke des jeweils anderen Amts. Das Amt wird ermächtigt, Vereinbarungen für Austausch und Übermittlung von Veröffentlichungen abzuschließen.

1   Da das Amt seine eigenen Veröffentlichungen inzwischen ausschließlich in elektronischer Form herausbringt, scheidet eine Weitergabe von „Exemplaren" insoweit aus. Allerdings ist

Art. 91 auch eine spezielle Rechtsgrundlage für die Zurverfügungstellung des Inhalts der Datenbank des Amtes gemäß Art. 87a. Der Zugang zu diesen Daten ist für die nationalen Ämter gebührenfrei.

Abschnitt 4 Vertretung

Art. 92 Allgemeine Grundsätze der Vertretung

(1) Vorbehaltlich des Absatzes 2 ist niemand verpflichtet, sich vor dem Amt vertreten zu lassen.

(2) Unbeschadet des Absatzes 3 Satz 2 dieses Artikels müssen natürliche oder juristische Personen, die weder Wohnsitz noch Sitz noch eine tatsächliche und nicht nur zum Schein bestehende gewerbliche oder Handelsniederlassung im Europäischen Wirtschaftsraum haben, in jedem durch diese Verordnung geschaffenen Verfahren mit Ausnahme der Anmeldung einer Unionsmarke gemäß Artikel 93 Absatz 1 vor dem Amt vertreten sein.

(3) ¹Natürliche oder juristische Personen mit Wohnsitz oder Sitz oder einer tatsächlichen und nicht nur zum Schein bestehenden gewerblichen oder Handelsniederlassung im Europäischen Wirtschaftsraum können sich vor dem Amt durch einen ihrer Angestellten vertreten lassen. ²Angestellte einer juristischen Person im Sinne dieses Absatzes können auch andere juristische Personen, die mit der erstgenannten Person wirtschaftlich verbunden sind, vertreten, selbst wenn diese anderen juristischen Personen weder Wohnsitz noch Sitz noch eine tatsächliche und nicht nur zum Schein bestehende gewerbliche oder Handelsniederlassung im Europäischen Wirtschaftsraum haben. ³Arbeitnehmer, die Personen vertreten, im Sinne dieses Absatzes, haben auf Verlangen des Amtes oder gegebenenfalls des Verfahrensbeteiligten eine unterzeichnete Vollmacht zu den Akten einzureichen.

(4) Handeln mehrere Anmelder oder mehrere Dritte gemeinsam, ist ein gemeinsamer Vertreter zu bestellen.

Überblick

Art. 92 regelt die Vertretung der Parteien vor dem Amt. Grundsätzlich herrscht kein Vertretungszwang (→ Rn. 1). Dies gilt aber nicht für Personen, die weder Wohnsitz noch Sitz oder eine gewerbliche oder Handelsniederlassung im Europäischen Wirtschaftsraum haben; solche Personen können zwar die Anmeldung selbst wirksam einreichen, müssen aber für das weitere Verfahren durch einen gemäß Art. 93 zugelassenen Vertreter vertreten sein (→ Rn. 2). Hat eine Person ihren Wohnsitz, Sitz oder eine gewerbliche oder Handelsniederlassung im Europäischen Wirtschaftsraum, kann sie sich vor dem Amt durch einen ihrer Angestellten vertreten lassen. Im Übrigen können Angestellte einer juristischen Person mit Sitz im Europäischen Wirtschaftsraum auch mit dieser verbundene Gesellschaften vor dem Amt vertreten, und zwar auch dann, wenn diese Gruppengesellschaften selbst keinen Sitz oder tatsächliche Niederlassung im Europäischen Wirtschaftsraum haben (→ Rn. 3). Nach Abs. 3 S. 3 haben angestellte Vertreter auf Verlangen des Amts oder gegebenenfalls des Verfahrensbeteiligten eine Vollmacht einzureichen.

A. Kein Vertretungszwang für „EWR-Inländer"

Gemäß Art. 92 Abs. 1 besteht grundsätzlich vor dem Amt kein Vertretungszwang. Jeder Anmelder kann seine Anmeldung selbst einreichen. Das gilt auch für die Einlegung von Widersprüchen oder die Stellung von Löschungs- und anderen Anträgen (zB auf Akteneinsicht). Dieser Grundsatz gilt für alle Verfahren vor dem Amt, also auch in der Beschwerde. Erst beim weiteren Instanzenzug, vor dem EuG und ggf. dem EuGH besteht Anwaltszwang (Art. 19 Abs. 3 EuGH-Satzung). Die Freiheit vom Vertretungszwang vor dem Amt besteht für alle Personen mit (Wohn-) Sitz oder tatsächlicher Niederlassung (zu den Begriffen → Art. 97 Rn. 1 ff.) im EWR (EU, Island, Liechtenstein und Norwegen), und zwar unabhängig von ihrer Staatsangehörigkeit. Lässt sich ein Anmelder/Inhaber/Antragsteller jedoch freiwillig vor dem Amt vertreten, gelten die für die Vertretung einschlägigen Regeln (→ Art. 93 Rn. 1 ff.) auch bezüglich seines Vertreters. Die Vertretung einer juristischen Person durch ihre vertretungsberechtigten Organe zählt nicht als Vertretung iSv Art. 93. Das Amt stellt auch keine Nachforschungen dazu an, ob der für die juristische Person Handelnde nach dem nationalen Recht zur Vertretung der Person berechtigt ist (Prüfungsrichtlinien vor dem Amt, Teil A.5, Berufsmäßige Vertretung, S. 15). Keine Vollmacht vorlegen aber die Vertretungsmacht darlegen müssen anderweitige gesetzliche Vertreter, zB bei der Vertretung Minderjähriger durch ihre Eltern oder der Vertretung juristischer Personen durch einen Insolvenzverwalter oÄ (vgl. Prüfungsrichtlinien vor dem Harmonisierungsamt, Teil A.5, Berufsmäßige Vertretung, S. 15).

B. Vertretungszwang für „EWR-Ausländer"

2   Personen mit (Wohn-) Sitz oder effektiver Niederlassung ausschließlich außerhalb des EWR sind unabhängig von ihrer Staatsangehörigkeit dem Vertretungszwang nach Art. 92 Abs. 2 unterworfen. Hiervon ausgenommen ist nur die Einreichung einer Unionsmarkenanmeldung. Das heißt, ein Anmelder mit Sitz in einem Drittstaat kann wohl eine Anmeldung wirksam einreichen und für die Anmeldung einen entsprechenden Anmeldetag erhalten; wenn jedoch im Anschluss auf Beanstandung seitens des Formalprüfers nicht fristgerecht ein Vertreter bestellt wird, wird die Anmeldung nach Regel 9 Abs. 3 GMDV zurückgewiesen (zB HABM BK vom 17.11.2009 – R 430/2009-4 Rn. 8–11 – S'Supertap). Eine tatsächliche Handels- oder gewerbliche Niederlassung iSv Art. 92 Abs. 2 setzt voraus, dass von der Niederlassung aus Personal des Unternehmens geschäftliche Tätigkeiten für das Unternehmen verrichtet. Reine Briefkastenfirmen oder auch Agenturen freier Handelsvertreter, die für das Unternehmen tätig werden, stellen keine „tatsächliche gewerbliche oder Handelsniederlassung" eines Unternehmens im Sinne dieser Vorschrift dar (zu (Wohn-) Sitz und Niederlassung → Art. 97 Rn. 1).

C. Angestelltenvertreter

I. Vertretung durch eigene Angestellte

3   Gemäß Art. 93 Abs. 3 S. 1 können sich sowohl juristische als auch natürliche Personen mit (Wohn-) Sitz oder tatsächlicher Niederlassung im EWR durch einen Angestellten vertreten lassen. In diesem Fall hat der Angestelltenvertreter mit Wirkung ab dem 23.3.2016 nur auf Verlangen des Amts oder eines Verfahrensbeteiligten eine Vollmacht einzureichen (zu Vollmachten → Art. 93 Rn. 12 ff.). Zugestellt wird ist Vertretung durch Angestellte an den Vertretenen, außer, die Anschrift des Angestellten ist als Zustelladresse angegeben worden. Die Vertretung durch einen Angestellten wird nach Regel 12 Buchst. b GMDV nicht im Blatt für Gemeinschaftsmarken veröffentlicht und sie löst keinen Kostenerstattungsanspruch aus, weil keine Vertretung iSv Art. 93 Abs. 1 vorliegt (vgl. Regel 94 Abs. 7 Buchst. d GMDV). Eine Ausnahme besteht nur, wenn der Angestelltenvertreter zugleich ein Vertreter iSv Art. 93 ist (dh Rechtsanwalt oder als zugelassener Vertreter auf die Liste des Amtes aufgenommen; → Art. 93 Rn. 1 ff.) und er dies bei Anmeldung/Antragstellung auch durch entsprechende Angaben im Feld „Vertreter" angegeben hat (zB Angabe einer eigenen Vertreter-ID-Nummer, Kennzeichnung, dass als Rechtsanwalt oder zugelassener Vertreter agiert wird, ggf. neben der Angabe, als Angestelltenvertreter tätig zu sein).

II. Vertretung durch Angestellte verbundener Unternehmen

4   Angestellte von juristischen Personen mit Sitz oder Niederlassung im EWR können auch wirtschaftlich mit ihrem Arbeitgeber verbundene Gesellschaften vor dem Amt vertreten. In diesem Fall muss der Angestellte neben der Vollmacht auch eine Angabe dazu machen, in welcher Weise sein Arbeitgeber mit dem Vertretenen verbunden ist. Hierzu stellt das Amt nur dann weitere Nachforschungen an und verlangt weitere Nachweise, wenn objektiv Zweifel

an der wirtschaftlichen Verbindung zwischen den juristischen Personen bestehen. Eine wirtschaftliche Verbindung iSv Art. 92 Abs. 3 liegt vor, wenn die eine juristische Person von der anderen abhängig ist, sei es, weil beide derselben Gesellschaftsgruppe angehören oder weil besondere Kontrollmechanismen bezüglich der Oberleitung der Gesellschaft(en) bestehen. Typischerweise bestehen solche Verbindungen, wenn die eine Gesellschaft die kapital- oder stimmenmäßige Mehrheitsbeteiligung bei der anderen hält oder mehr als die Hälfte der Mitglieder des Vertretungsorgans bestimmen kann. Außerdem besteht eine wirtschaftliche Verbindung, wenn beide Unternehmen eine wirtschaftliche Einheit bilden, bei der die Tochtergesellschaft keine wirkliche Autonomie bei der Bestimmung ihrer Marketingstrategie besitzt. Keine ausreichende Verbindung besteht, wenn die Unternehmen lediglich durch einen Markenlizenzvertrag oder andere allgemeine Vertragsbeziehungen wie zB Franchiseverträge oder Vertriebsvereinbarungen „verbunden" sind (vgl. Prüfungsrichtlinien vor dem Amt, Teil A.5, Berufsmäßige Vertretung, S. 15). Bei der Wahrnehmung der Vertretung für Gruppengesellschaften ist darauf zu achten, den Angestellten entweder als echten Vertreter auftreten zu lassen (dazu muss er aber die Voraussetzungen des Art. 93 erfüllen und ggf. auf die Liste zugelassener Vertreter aufgenommen werden) oder der Anschrift des vertretenden Angestellten gemäß Regel 1 Abs. 1 Buchst. e GMDV als Zustelladresse anzugeben. Andernfalls besteht das Risiko, dass eine Mitteilung des Amtes als „Irrläufer" im vertretenen Unternehmen zirkuliert, während der zuständige Angestellte der verbundenen Gesellschaft (zB Holding) von der Mitteilung und eventuell laufenden Fristen keine Kenntnis hat). Die Vertretung durch einen Angestellten eines verbundenen Unternehmens löst keinen Kostenerstattungsanspruch aus, weil keine Vertretung iSv Art. 93 Abs. 1 vorliegt (vgl. Regel 94 Abs. 7 Buchst. d GMDV). Ausnahmsweise werden auch hier in zweiseitigen Verfahren ggf. Kosten erstattet, wenn der Angestelltenvertreter ausdrücklich auch als Vertreter iSv Art. 93 Abs. 1 aufgetreten ist (→ Rn. 3 aE).

D. Folgen mangelnder Vertretung

Ist ein Anmelder trotz Vertretungszwang gemäß Art. 92 Abs. 2 vor dem Amt nicht vertreten, wird er vom Formalprüfer zur Bestellung eines Vertreters aufgefordert. Kommt er der Aufforderung nicht fristgerecht nach, wird die Anmeldung zurückgewiesen (→ Rn. 2). Ist ein Widersprechender, Löschungsantragsteller oder Beschwerdeführer von außerhalb des EWR nicht ordnungsgemäß vertreten, sind Widerspruch, Löschungsantrag bzw. Beschwerde unzulässig und werden zurückgewiesen. Fällt ein ordnungsmäßiger Vertreter während eines laufenden Verfahrens aus, wird der Widerspruch/Löschungsantrag/die Beschwerde nachträglich unzulässig. Der Vertretungszwang besteht bis zum Ende des Verfahrens. Daher muss in solchen Fällen vom Widersprechenden/Löschungsantragsteller/Beschwerdeführer ein neuer Vertreter bestellt werden. Legt während eines laufenden Widerspruchsverfahrens der (notwendige) Vertreter eines Anmelders die Vertretung nieder oder entfällt aus anderen Gründen, wird das Widerspruchsverfahren ausgesetzt und der Anmelder zur Neubestellung eines Vertreters aufgefordert. Kommt er der Aufforderung nicht fristgerecht nach, wird die Anmeldung aus formellen Gründen zurückgewiesen (Art. 92 Abs. 2 iVm Regel 9 Abs. 3 GMDV). 5

E. Gemeinsamer Vertreter

Nach der VO (EU) 2015/2424 des Europäischen Parlaments und des Rates zur Änderung der VO (EG) 207/2009, die am 23.3.2016 in Kraft getreten ist, wird für den Fall, dass mehrere Anmelder oder mehrere Dritte gemeinsam handeln, positiv die Pflicht zur Bestellung eines gemeinsamen Vertreters normiert. 6

Art. 93 Zugelassene Vertreter

(1) ¹Die Vertretung natürlicher oder juristischer Personen vor dem Amt kann nur wahrgenommen werden
a) durch einen Rechtsanwalt, der in einem der Mitgliedstaaten des Europäischen Wirtschaftsraums zugelassen ist und seinen Geschäftssitz im Europäischen Wirt-

schaftsraum hat, soweit er in diesem Staat die Vertretung auf dem Gebiet des Markenwesens ausüben kann;
b) durch zugelassene Vertreter, die in einer beim Amt geführten Liste eingetragen sind.

²Die vor dem Amt auftretenden Vertreter haben auf Verlangen des Amtes oder gegebenenfalls des anderen Verfahrensbeteiligten eine unterzeichnete Vollmacht zu den Akten einzureichen.

(2) In die Liste der zugelassenen Vertreter kann jede natürliche Person eingetragen werden, die folgende Voraussetzungen erfüllt:
a) Sie besitzt die Staatsangehörigkeit eines Mitgliedstaats des Europäischen Wirtschaftsraums;
b) sie hat ihren Geschäftssitz oder Arbeitsplatz im Europäischen Wirtschaftsraum;
c) sie ist befugt, natürliche oder juristische Personen auf dem Gebiet des Markenwesens vor dem Benelux-Amt für geistiges Eigentum oder vor der Zentralbehörde für den gewerblichen Rechtsschutz eines Mitgliedstaats des Europäischen Wirtschaftsraums zu vertreten. Unterliegt der betroffene Staat die Befugnis nicht dem Erfordernis einer besonderen beruflichen Befähigung, so muss die Person, die die Eintragung in die Liste beantragt, die Vertretung auf dem Gebiet des Markenwesens vor dem Benelux-Amt für geistiges Eigentum oder vor diesen Zentralbehörden für den gewerblichen Rechtsschutz dieses Staates mindestens fünf Jahre lang regelmäßig ausgeübt haben. Für Personen, deren berufliche Befähigung, natürliche oder juristische Personen auf dem Gebiet des Markenwesens vor dem Benelux-Amt für geistiges Eigentum oder vor diesen Zentralbehörden für den gewerblichen Rechtsschutz eines Mitgliedstaats des Europäischen Wirtschaftsraums zu vertreten, nach den Vorschriften des betroffenen Staates amtlich festgestellt worden ist, ist es nicht erforderlich, den Beruf ausgeübt zu haben.

(3) Die Eintragung erfolgt auf Antrag, dem eine Bescheinigung der Zentralbehörde für den gewerblichen Rechtsschutz des betreffenden Mitgliedstaats beizufügen ist, aus der sich die Erfüllung der in Absatz 2 genannten Voraussetzungen ergibt.

(4) Der Exekutivdirektor kann eine Befreiung erteilen
a) vom Erfordernis nach Absatz 2 Buchstabe c Satz 2, wenn der Antragsteller nachweist, dass er die erforderliche Befähigung auf andere Weise erworben hat;
b) vom Erfordernis nach Absatz 2 Buchstabe a bei hochqualifizierten Personen, sofern sie die in Absatz 2 Buchstaben b und c festgelegten Voraussetzungen erfüllen.

(5) ¹Eine Person kann von der Liste der zugelassenen Vertreter gestrichen werden, wenn sie dies beantragt oder wenn sie die Voraussetzungen für die Vertretung nicht mehr erfüllt. ²Die Änderungen der Liste der zugelassenen Vertreter werden im Amtsblatt des Amtes veröffentlicht.

Überblick

Art. 93 regelt die berufsmäßige Vertretung vor dem Amt. Vertretungsbefugt sind Rechtsanwälte, vorausgesetzt sie sind in einem EWR-Staat zugelassen, haben ihren Geschäftssitz im EWR und sind nach dem Recht am Ort des Geschäftssitzes zur Vertretung in Markensachen befugt (→ Rn. 1 ff.). Ebenfalls vertretungsbefugt sind sonstige Vertreter, die vom Amt zugelassen und in eine entsprechende Liste aufgenommen worden sind. Grundsätzlich haben vor dem Amt auftretende Vertreter eine Vollmacht einzureichen; dies gilt für Rechtsanwälte und die sonstigen vom Amt zugelassenen Vertreter aber nur, falls sie vom Amt ausdrücklich dazu aufgefordert werden oder die Gegenpartei dies in Inter-partes-Verfahren ausdrücklich verlangt (Art. 93 Abs. 1 S. 2 und Regel 76 Abs. 1 GMDV). Um durch das Amt als Vertreter zugelassen zu werden, muss der Antragsteller eine natürliche Person sein, die Staatsangehörigkeit eines EWR-Staates besitzen, seinen Geschäftssitz oder Arbeitsplatz im EWR haben und nachgewiesenermaßen beruflich befähigt sein, andere Personen vor der Zentralbehörde für den gewerblichen Rechtsschutz eines EWR-Staats zu vertreten (→ Rn. 4). Dem Antrag auf Zulassung als Vertreter ist eine Bescheinigung der Zentralbehörde für den gewerblichen Rechtsschutz des betreffenden Mitgliedstaats beizufügen, aus der sich ergibt, dass die Zulassungsvoraussetzungen erfüllt sind (→ Rn. 5). Hinsichtlich des Staatsangehörigkeitserfordernisses und dem ggf. erforderlichen Nachweis einer mindestens fünfjährigen Vertretertätigkeit vor der nationalen Zentralbehörde für den gewerblichen Rechtsschutz kann der Exekutivdirektor Befreiung erteilen (→ Rn. 6).

Übersicht

	Rn.		Rn.
A. Vertretung durch Rechtsanwälte	1	V. Löschung, Streichung und Wiedereintragung	8
I. Zulassung und Geschäftssitz im EWR	1	1. Löschung	9
II. Berechtigung zur Vertretung in Markensachen	2	2. Streichung	10
		3. Wiedereintragung	11
III. Vertretungsbefugnis der Rechtsanwälte	3	**C. Einreichung einer Vollmacht**	12
B. Vertretung durch zugelassene Vertreter	4	I. Vollmachtsarten	13
I. Voraussetzung für die Zulassung und Aufnahme in die Liste	4	II. Erteilung der Vollmacht	14
		III. Erlöschen der Vollmacht	15
II. Verfahren	5	**D. Bestellung mehrerer Vertreter**	16
III. Befreiungen	6	**E. Gemeinsamer Vertreter**	17
IV. Vertretungsbefugnis der zugelassenen Vertreter	7	**F. Wirkung der Vertreterbestellung**	18
		G. Wegfall der Vertretung	19

A. Vertretung durch Rechtsanwälte

I. Zulassung und Geschäftssitz im EWR

Rechtsanwälte sind nach Art. 93 Abs. 1 Buchst. a auch vor dem Amt vertretungsbefugt, vorausgesetzt sie sind in einem EWR-Staat zugelassen, haben ihren Geschäftssitz im EWR und sind nach dem Recht am Ort des Geschäftssitzes zur Vertretung in Markensachen befugt. Im Regelfall (Zulassung und Kanzleisitz in Deutschland) sind deutsche Rechtsanwälte auch vor dem Amt vertretungsbefugt. **1**

II. Berechtigung zur Vertretung in Markensachen

Allerdings sind nicht in allen EWR-Staaten Rechtsanwälte auch zur Vertretung in Markensachen befugt. Die Richtlinien des Amtes zur berufsmäßigen Vertretung (Prüfungsrichtlinien vor dem Amt, Teil A.5, Berufsmäßige Vertretung) enthalten in Anlage 1 eine Übersicht mit den Berufsbezeichnungen der einzelnen EWR-Staaten, die denen des deutschen Rechtsanwalts entsprechen, sowie Erläuterungen zum Umfang der Vertretungsbefugnis der Rechtsanwälte. **2**

III. Vertretungsbefugnis der Rechtsanwälte

Erfüllen Rechtsanwälte die Voraussetzungen nach Art. 93 Abs. 1 Buchst. a, sind sie automatisch zur Vertretung vor dem Amt befugt. Sie werden daher nicht in die Liste der zugelassenen Vertreter aufgenommen. Letztere ist den berufsmäßigen Vertretern speziell im gewerblichen Rechtsschutz vorbehalten. Anträge von Rechtsanwälten auf Aufnahme in die Liste lehnt das Amt daher regelmäßig ab. Rechtsanwälte sind auch nicht berechtigt, eine Berufsbezeichnung zu führen, die den Eindruck erweckt, sie seien berufsmäßiger Vertreter iSv Art. 93 Abs. 2 (Eisenführ/Schennen/Schennen Rn. 17 mwN). Die Vertretungsbefugnis der Rechtsanwälte gilt für alle Verfahren vor dem Amt und, zumindest für deutsche Rechtsanwälte, auch in Geschmacksmusterangelegenheiten. In einigen EWR-Staaten bestehen jedoch Beschränkungen der Vertretungsbefugnis von Rechtsanwälten. Die entsprechenden Informationen finden sich ebenfalls in der Übersicht in Anlage 1 der Richtlinien des Amtes zur **3** berufsmäßigen Vertretung (Prüfungsrichtlinien vor dem Amt, Teil A.5, Berufsmäßige Vertretung).

B. Vertretung durch zugelassene Vertreter

I. Voraussetzung für die Zulassung und Aufnahme in die Liste

4   Art. 93 Abs. 2 bestimmt die Voraussetzungen, die ein berufsmäßiger Vertreter erfüllen muss, um beim Amt zugelassen und in die Liste der zugelassenen Vertreter aufgenommen zu werden. Eingetragen werden kann jede natürliche Person mit der Staatsangehörigkeit eines EWR-Staats, die ihren Geschäftssitz oder Arbeitsplatz im EWR hat und befugt ist, natürliche oder juristische Personen im Markenwesen vor dem nationalen Amt eines EWR-Staats zu vertreten. Eine solche Befugnis haben zB in Deutschland Patentanwälte und Erlaubnisscheininhaber nach § 177 PAO aF. Patentassessoren sind nach den Prüfungsrichtlinien vor dem Amt, Teil A.5, Anlage 1 nur als Angestellte vor dem Amt vertretungsbefugt; sie werden nicht als Vertreter gemäß Art. 93 Abs. 2 zugelassen. In einigen EWR-Staaten setzt die berufsmäßige Vertretung in Markensachen vor dem nationalen Amt aber keine besondere berufliche Qualifikation voraus. In einem solchen Fall muss der berufsmäßige Vertreter für die Eintragung in die Liste des Amts nachweisen, dass er mindestens fünf Jahre regelmäßig die Vertretung in Markensachen in dem EWR-Staat ausgeübt hat (eine entsprechende Bescheinigung gemäß Art. 93 Abs. 3 erteilt das betreffende nationale Amt). Dieses Praxiserfordernis entfällt aber, wenn die Eignung des Vertreters in dem EWR-Staat amtlich festgestellt wurde. Solche Systeme bestehen zB in Großbritannien und Malta. In Griechenland und Zypern hingegen sind ausschließlich Rechtsanwälte zur Vertretung in Markensachen befugt, so dass für Interessierte aus diesen EWR-Staaten regelmäßig keine Möglichkeit zur Aufnahme in die Liste besteht. Die entsprechenden Informationen zu den berufsmäßigen Vertretern in den einzelnen EWR-Staaten finden sich ebenfalls in der Übersicht in Anlage 1 der Richtlinien des Amtes zur berufsmäßigen Vertretung (Prüfungsrichtlinien vor dem Harmonisierungsamt, Teil A.5, Berufsmäßige Vertretung).

II. Verfahren

5   Voraussetzung für die Zulassung und Eintragung ist ein Antrag des Interessierten mit Vorlage der jeweils einschlägigen Bescheinigungen (Art. 93 Abs. 3) oder sonstigen Nachweise zur Vertretungsbefugnis vor dem nationalen Amt bzw. zur Berufspraxis. Einige EWR-Staaten haben dem Amt Sammelbescheinigungen übermittelt (zB Deutschland für Patentanwälte und Erlaubnisscheininhaber). Im Übrigen enthält das Antragsformular des Amts auch eine Vorlage für eine vom nationalen Amt auszustellende Einzelbescheinigung. Ist der Antrag unvollständig, setzt das Amt dem Antragsteller eine Frist zur Nachbesserung. Liegen die Voraussetzungen nicht vor oder sind nicht ausreichend nachgewiesen, wird der Antrag abgelehnt. Gegen eine ablehnende Entscheidung steht die Beschwerde nach Art. 58 zur Verfügung. Bei Aufnahme in die Liste erhält der zugelassene Vertreter eine eigene Vertreter-ID-Nummer. Gemäß Regel 78 Abs. 6 GMDV werden Änderungen in der Liste der zugelassenen Vertreter im Amtsblatt des Amtes veröffentlicht. Darüber hinaus werden in der Praxis aber auch alle Eintragungen und Löschungen im Amtsblatt veröffentlicht. Zudem unterhält das Amt eine online zugängliche Datenbank (eSearch Plus/erweiterte Suche/Vertreter) sämtlicher Vertreter, in der auch Rechtsanwälte und Angestelltenvertreter geführt sind.

III. Befreiungen

6   Gemäß Art. 93 Abs. 4 kann der Präsident des Amtes hinsichtlich des Staatsangehörigkeitserfordernisses und dem ggf. erforderlichen Nachweis einer mindestens fünfjährigen Vertretertätigkeit vor der nationalen Zentralbehörde für den gewerblichen Rechtsschutz Befreiung erteilen. Diese Ermächtigung hat der Präsident durch Beschluss ADM-11-38 vom 14.6.2011 auf den Direktor der für die Liste der zugelassenen Vertreter zuständigen Hauptabteilung übertragen. Art. 93 Abs. 4 Buchst. a betrifft Antragsteller aus EWR-Staaten, in denen für die Vertretung Dritter in Markensachen keine besondere berufliche Qualifikation erforderlich ist und die deswegen mindestens fünf Jahre als Vertreter vor dem nationalen Amt tätig

gewesen sein müssen. Befreiungen von dieser Anforderung werden selten erteilt und bieten sich hauptsächlich an, wenn der Antragsteller zwar nicht als Vertreter vor dem nationalen Amt tätig war, aber eine einschlägige Berufserfahrung hat, zB als Markenprüfer bei dem nationalen Amt (vgl. Eisenführ/Schennen/Schennen Rn. 36). Der Antrag auf Befreiung von dem Staatsangehörigkeitserfordernis nach Art. 93 Abs. 4 Buchst. b wird in der Regel von Berufsträgern gestellt, die in einem EWR-Staat bereits in der Vertretung von Markensachen tätig sind und über die entsprechende berufliche Qualifikation verfügen. Hier wird die Befreiung regelmäßig erteilt (vgl. Eisenführ/Schennen/Schennen Rn. 37).

IV. Vertretungsbefugnis der zugelassenen Vertreter

Die Vertretungsbefugnis der zugelassenen Vertreter umfasst alle Verfahren vor dem Amt, nach Art. 78 Abs. 1 Buchst. b GGV auch die Vertretung in Geschmacksmusterangelegenheiten. Allerdings besteht für die Vertretung vor dem EuG und EuGH Anwaltszwang, dh deutsche Patentanwälte können Markensachen nur bis einschließlich dem Beschwerdeverfahren beim Amt, aber nicht mehr vor dem EuG und EuGH vertreten (EuG BeckRS 2005, 70420 Rn. 11 – Rockbass). Als mögliche Berufsbezeichnung für Vertreter iSv Art. 93 Abs. 1 Buchst. b empfiehlt der Verwaltungsrat des Amts die Bezeichnung „Europäischer Marken- und Mustervertreter" (Empfehlung des Verwaltungsrats vom 18.11.2002, ABl. HABM 2003, 558). Allerdings ist diese Empfehlung nicht bindend, da das Führen einer Berufsbezeichnung sich nach dem nationalen Berufs- und Wettbewerbsrecht richtet. 7

V. Löschung, Streichung und Wiedereintragung

Die Löschung, Streichung und Wiedereintragung in die Liste zugelassener Vertreter sind durch Art. 93 Abs. 5 und Regel 78 GMDV geregelt. 8

1. Löschung

Die Eintragung eines zugelassenen Vertreters wird zum einen auf dessen Antrag hin gelöscht (Regel 78 Abs. 1 GMDV). Darüber hinaus wird sie von Amts wegen gelöscht, wenn der Vertreter stirbt oder geschäftsunfähig wird (Regel 78 Abs. 2 Buchst. a GMDV), wenn der Vertreter die Staatsangehörigkeit eines EWR-Staats verliert und keine Befreiung nach Art. 93 Abs. 4 Buchst. b erteilt wird (Regel 78 Abs. 2 Buchst. b GMDV), wenn der Vertreter seinen Geschäftssitz oder Arbeitsplatz nicht mehr im EWR hat (Regel 78 Abs. 2 Buchst. c GMDV) und wenn die Befugnis zur Vertretung in Markensachen vor dem nationalen Amt nach Art. 93 Abs. 2 Buchst. c S. 1 entfällt (Regel 78 Abs. 2 Buchst. d GMDV). Gemäß Regel 78 Abs. 5 GMDV sind die nationalen und regionalen (Benelux) Markenämter verpflichtet, dem Amt ihnen bekannt werdende Löschungsgründe mitzuteilen. 9

2. Streichung

Die Streichung von der Liste ist nach Art. 93 Abs. 5 S. 1 und Regel 78 Abs. 3 GMDV vorgesehen. Bei der „Streichung" handelt es sich um eine zeitlich begrenzte Aussetzung der Zulassung, die von Amts wegen erfolgt, wenn die Befugnis des Vertreters zur Vertretung in Markensachen durch das nationale Amt zeitweilig ausgesetzt wird. Eine solche zeitweilige Aussetzung der Vertretungsbefugnis ist im deutschen Recht nicht vorgesehen, und der deutsche Wortlaut von Regel 78 Abs. 3 GMDV trifft nicht den gewollten Regelungsgehalt: Nach dem Wortlaut in Deutsch wird die Eintragung „auf Antrag des Amtes" (Englisch: „of the Office's own motion") „gestrichen" (Englisch: „suspended"), wenn die Befugnis zur Vertretung vor dem nationalen Amt „aufgehoben" (Englisch: „suspended") wurde. Denkbare Anwendungsfälle können zeitlich begrenzte Disziplinarmaßnahmen durch nationale Ämter sein (Eisenführ/Schennen/Schennen Rn. 45). 10

3. Wiedereintragung

Wieder eingetragen wird ein Vertreter nach Regel 78 Abs. 4 GMDV, wenn die Gründe für die Löschung von der Liste nicht mehr vorliegen, zB weil der Vertreter seinen Geschäftssitz wieder in die Gemeinschaft verlegt hat. Je nach einschlägigem Löschungsgrund ist beim 11

Antrag auf Wiedereintragung eine neue Bescheinigung des nationalen Amtes nach Art. 93 Abs. 3 vorzulegen.

C. Einreichung einer Vollmacht

12   Nach Art. 93 Abs. 1 S. 2 müssen vor dem Amt auftretende Vertreter nur auf Anforderung des Amts oder gegebenenfalls eines anderen Verfahrensbeteiligten eine Vollmacht zu den Akten reichen. Das Amt fordert Vollmachten nur an, wenn erhebliche Zweifel an der Vertretungsmacht bestehen, zB wenn sich mehrere Vertreter vor dem Amt bestellt haben und Uneinigkeit unter ihnen herrscht, wer die betreffende Partei wirksam vertritt. Im Übrigen fordert das Amt berufsmäßige Vertreter iSv Art. 93 nur auf, eine Vollmacht einzureichen, wenn in einem zweiseitigen Verfahren die Gegenpartei ausdrücklich die Vorlage einer Vollmacht verlangt (Regel 76 Abs. 1 GMDV).

I. Vollmachtsarten

13   Eine Vollmacht kann als Einzelvollmacht für ein bestimmtes Verfahren erteilt werden oder als allgemeine Vollmacht. Die Einzelvollmacht kann in der Sache oder auf einen bestimmten Verfahrensabschnitt beschränkt sein (zB keine Vollmacht zur Erklärung des Verzichts, Vollmacht nur für die Anmeldung einer bestimmten Marke). Durch die allgemeine Vollmacht wird der Vertreter zur Vertretung des Vollmachtgebers in allen Verfahren vor dem Amt ermächtigt (Regel 76 Abs. 3 S. 2 GMDV). Einschränkungen inhaltlicher Art oder Beschränkungen auf bestimmte Verfahrensabschnitte sind nicht zulässig. Nur die Erteilung von Untervollmachten darf ausgeschlossen werden. Eine Vollmacht, die anderweitige Beschränkungen enthält, wird als Einzelvollmacht behandelt (Prüfungsrichtlinien vor dem Harmonisierungsamt, Teil A.5, Berufsmäßige Vertretung, S. 23).

II. Erteilung der Vollmacht

14   Die Vollmacht kann auf dem vom Amt zur Verfügung gestellten Formblatt erfolgen oder nach eigener Formulierung, die alle notwendigen Angaben enthalten muss. Die Vollmacht muss vom Vollmachtgeber unterschrieben sein, kann aber als Kopie oder Fax eingereicht werden. Das Amt überprüft nicht, ob der für eine juristische Person unterschreibende Vertreter entsprechende Vertretungsmacht hat (Prüfungsrichtlinien vor dem Harmonisierungsamt, Teil A.5, Berufsmäßige Vertretung, S. 23).

III. Erlöschen der Vollmacht

15   Die Vollmacht kann jederzeit widerrufen werden, allerdings nur mit Wirkung für die Zukunft. Bis dem Amt der Widerruf zugeht, gilt der Vertreter als ordnungsgemäß bevollmächtigt (vgl. Regel 76 Abs. 6 iVm Regel 77 GMDV). Der Widerruf muss alle notwendigen Angaben zu der betroffenen Vollmacht enthalten und kann vom Vertretenen selbst, dem früheren oder dem neuen Vertreter mitgeteilt werden. Bestellt sich der neue Vertreter nur implizit, durch die Einreichung von Schriftsätzen und Anträgen, fordert das Amt ihn auf, seine Bestellung innerhalb eines Monats zu bestätigen (Prüfungsrichtlinien vor dem Amt, Teil A.5, Berufsmäßige Vertretung, S. 19). Zu beachten ist, dass allgemeine Vollmachten nicht durch pauschalen Widerruf aller früheren vom Vertretenen erteilten Vollmachten in einem Vollmachtsformular entzogen werden können. Die betreffenden allgemeinen Vollmachten, die widerrufen werden sollen, sind genau zu spezifizieren (Eisenführ/Schennen/Schennen Rn. 66). Gemäß Regel 76 Abs. 7 GMDV erlischt die Vollmacht **nicht** mit dem Tod des Vertretenen, es sei denn, in der Vollmacht ist etwas Anderweitiges bestimmt.

D. Bestellung mehrerer Vertreter

16   Werden mehrere Vertreter mit verschiedenen Anschriften bestellt, erfolgt die Zustellung an den zuerst genannten Vertreter, es sei denn, der Vertretene hat eine bestimmte Zustelladresse angegeben (vgl. Prüfungsrichtlinien vor dem Harmonisierungsamt, Teil A.5, Berufsmäßige Vertretung, S. 21). Zur Vertretung einer Partei durch mehrere Vertreter kann es auch kommen, wenn zunächst ein Vertreter bestellt war (zB für die Anmeldung) und sich zu einem

späteren Zeitpunkt ein weiterer Vertreter bestellt (zB für einen Widerspruch auf Basis der Anmeldung), ohne die Bestellung des ersten Vertreters zu widerrufen. In diesem Fall bleibt der erste Vertreter in der Akte; das Nebenverfahren wird aber mit dem neu bestellten Vertreter geführt (vgl. HABM BK v. 28.3.2006 – R 363/2005-2 Rn. 14 – ESTANCIA PIEDRA/ PIEDRA).

E. Gemeinsamer Vertreter

17 Mehrere Anmelder einer Unionsmarke haben ab Inkrafttreten der Reform (23.3.2016) einen gemeinsamen Vertreter zu bestellen (Art. 92 Abs. 4, Regel 75 Abs. 1 GMDV). Unterliegt einer der Anmelder ohnehin dem Vertretungszwang und muss einen berufsmäßigen Vertreter bestellen, gilt dessen berufsmäßiger Vertreter als gemeinsamer Vertreter aller Anmelder (Regel 75 Abs. 1 S. 2 GMDV), es sei denn, der gemeinsame Vertreter ist ebenfalls berufsmäßig vertreten. Die Regelung zum gemeinsamen Vertreter gilt auch bei der Erhebung von Widersprüchen und Löschungsanträgen durch Personenmehrheiten (Art. 92 Abs. 4, Regel 75 Abs. 1 S. 3 GMDV). Nach Regel 75 Abs. 2 S. 1 GMDV wird die Regelung zum gemeinsamen Vertreter auch entsprechend angewandt, wenn im Lauf eines Verfahrens ein Rechtsübergang auf mehrere Personen ohne gemeinsamen Vertreter erfolgt. Ist eine entsprechende Anwendung nicht möglich, werden die Parteien aufgefordert, einen gemeinsamen Vertreter zu benennen (Regel 75 Abs. 2 S. 2 GMDV). Zu beachten ist, dass ein Angestellter nicht berufsmäßiger Vertreter iSv Art. 93 ist und daher auch nicht als gemeinsamer Vertreter nach Regel 75 GMDV in Betracht kommt. Soll ein Angestellter eine Personenmehrheit vertreten, könnte lediglich seine Adresse gemäß Regel 1 Abs. 1 Buchst. b GMDV als Zustelladresse benannt werden.

F. Wirkung der Vertreterbestellung

18 Gemäß Regel 77 GMDV erfolgen Zustellungen seitens des Amtes an den bestellten Vertreter und Erklärungen des Vertreters gegenüber dem Amt wirken für und gegen den Vertretenen, und zwar auch ohne Vorlage einer Vollmacht. Nur, wenn das Amt zur Vorlage einer Vollmacht aufgefordert hat und diese nicht fristgerecht erfolgt, greift Regel 76 Abs. 4 S. 2 GMDV und das Verfahren wird mit dem Vertretenen fortgesetzt. Die Handlungen des Vertreters werden dem Vertretenen in diesem Fall nur zugerechnet, wenn er sie genehmigt (Regel 76 Abs. 4 S. 3 GMDV). Besteht Vertretungszwang und die angeforderte Vollmacht wird nicht rechtzeitig vorgelegt, wird die Anmeldung, der Widerspruch oder der Nichtigkeitsantrag des (nicht) Vertretenen zurückgewiesen (→ Art. 92 Rn. 5).

G. Wegfall der Vertretung

19 Der bestellte Vertreter kann abbestellt werden oder das Mandat niederlegen. Dies kann dem Amt von dem Vertretenen selbst, dem früheren oder dem neuen Vertreter mitgeteilt werden (→ Rn. 15). Stirbt der Vertreter eines Anmelders oder Inhabers einer Unionsmarke, verliert er seine Geschäftsfähigkeit oder ist er aufgrund eines gegen sein Vermögen gerichteten Verfahrens aus rechtlichen Gründen verhindert, das Verfahren vor dem Amt fortzusetzen, wird das Verfahren bis zur Bestellung eines neuen Vertreters unterbrochen (Regel 73 Abs. 1 Buchst. c GMDV). Ist nach Ablauf von drei Monaten noch kein neuer Vertreter bestellt, informiert das Amt den Anmelder/Inhaber bei Vertretungszwang, dass die Anmeldung als zurückgenommen gilt, wenn nicht innerhalb von zwei Monaten ein neuer Vertreter bestellt wird. Besteht kein Vertretungszwang, informiert das Amt den Anmelder/Inhaber, dass das Verfahren nunmehr mit ihm fortgesetzt wird (Regel 73 Abs. 3 GMDV). Nach dem Wortlaut von Regel 73 GMDV findet die Verfahrensunterbrechung nur statt, wenn die Vertretung des Anmelders/Inhabers entfällt, nicht, wenn die Vertretung eines Widersprechenden oder Löschungsantragstellers wegfällt.

Art. 93a Übertragung von Befugnissen

Der Kommission wird die Befugnis übertragen, gemäß Artikel 163a delegierte Rechtsakte zu erlassen, in denen Folgendes festgelegt wird:

a) die Voraussetzungen und das Verfahren für die Bestellung eines gemeinsamen Vertreters gemäß Artikel 92 Absatz 4;
b) die Bedingungen, unter denen Angestellte im Sinne des Artikels 92 Absatz 3 und zugelassene Vertreter im Sinne des Artikels 93 Absatz 1 beim Amt eine unterzeichnete Vollmacht einreichen müssen, um vertretungsbefugt zu sein, sowie den Inhalt dieser Vollmacht;
c) die Umstände, unter denen eine Person von der Liste der zugelassenen Vertreter nach Artikel 93 Absatz 5 gestrichen werden kann.

Überblick

Die Vorschrift wurde mWv 23.3.2016 gemäß VO (EU) 2015/2424 vom 16.12.2015 eingefügt.

1 Die Vorschrift bildet die **Rechtsgrundlage** für den Erlass delegierter Rechtsakte durch die Kommission. Ermächtigt wird die Kommission zur Regelung von Voraussetzungen und Verfahren für die Bestellung eines gemeinsamen Vertreters gemäß Art. 92 Abs. 4 (Art. 93a Buchst. a), zur Regelung der Vorlagepflicht und des Inhalts von Vollmachten für Angestellten-Vertreter (Art. 93a Buchst. b) und zur Regelung der Umstände, unter denen ein zugelassener Vertreter nach Art. 93 Abs. 5 gestrichen werden kann (Art. 93a Buchst. c).

Titel X Anwendung der Unionsvorschriften über die gerichtliche Zuständigkeit und die Anerkennung und Vollstreckung von Entscheidungen in Zivil- und Handelssachen

Abschnitt 1 Anwendung der Verordnung (EG) Nr. 44/2001

Art. 94 Anwendung der Unionsvorschriften über die gerichtliche Zuständigkeit und die Anerkennung und Vollstreckung von Entscheidungen in Zivil- und Handelssachen

(1) Soweit in dieser Verordnung nichts anderes bestimmt ist, sind die Unionsvorschriften über die gerichtliche Zuständigkeit und die Anerkennung und Vollstreckung von Entscheidungen in Zivil- und Handelssachen auf Verfahren betreffend Unionsmarken und Anmeldungen von Unionsmarken sowie auf Verfahren, die gleichzeitige oder aufeinanderfolgende Klagen aus Unionsmarken und aus nationalen Marken betreffen, anzuwenden.

(2) Auf Verfahren, welche durch die in Artikel 96 genannten Klagen und Widerklagen anhängig gemacht werden,
a) sind Artikel 2, Artikel 4, Artikel 5 Nummern 1, 3, 4 und 5 sowie Artikel 31 der Verordnung (EG) Nr. 44/2001 nicht anzuwenden;
b) sind Artikel 23 und 24 der Verordnung (EG) Nr. 44/2001 vorbehaltlich der Einschränkungen in Artikel 97 Absatz 4 dieser Verordnung anzuwenden;
c) sind die Bestimmungen des Kapitels II der Verordnung (EG) Nr. 44/2001, die für die in einem Mitgliedstaat wohnhaften Personen gelten, auch auf Personen anzuwenden, die keinen Wohnsitz, jedoch eine Niederlassung in einem Mitgliedstaat haben.

(3) Verweise in dieser Verordnung auf die Verordnung (EG) Nr. 44/2001 schließen gegebenenfalls das Abkommen zwischen der Europäischen Gemeinschaft und dem Königreich Dänemark über die gerichtliche Zuständigkeit und die Anerkennung und Vollstreckung von Entscheidungen in Zivil- und Handelssachen vom 19. Oktober 2005 mit ein.

Überblick

In Art. 94 Abs. 1 ist der frühere Verweis auf die Verordnung (EG) Nr. 44/2001 durch einen allgemeinen Verweis auf die Unionsvorschriften über die gerichtliche Zuständigkeit und die Anerkennung und Vollstreckung von Entscheidungen in Zivil- und Handelssachen ersetzt worden. Damit bleiben weiterhin die einschlägigen Unionsvorschriften anwendbar, falls die UMV nichts anderes bestimmt oder keine Ausnahme nach Art. 94 Abs. 2 (→ Rn. 9) für die in Art. 96 genannten Klagen vorliegt. Seit der Aufhebung der VO (EG) Nr. 44/2001 (Brüssel I-VO) durch die VO (EU) Nr. 1215/2012 (Brüssel Ia-VO) ist Art. 94 als Verweisung auf letztere zu lesen (→ Rn. 1) Für die nicht durch Art. 96 geregelten Klagen (dabei handelt es sich um sonstige Streitigkeiten iSd Art. 106) gilt die Brüssel Ia-VO ohne Einschränkung. Da die UMV keine besonderen Vorschriften über die Anerkennung (→ Rn. 14 ff.) und Vollstreckung (→ Rn. 22 ff.) von Entscheidungen in anderen Mitgliedstaaten enthält, ist Art. 94 insoweit als Verweisung auf die Brüssel Ia-VO zu verstehen.

Übersicht

	Rn.		Rn.
A. Anwendung der Verordnung (EU) Nr. 1215/2012	1	III. Ausnahmen nach Art. 94 Abs. 2	9
I. Anwendungsbereich	1	**B. Anerkennung und Vollstreckung nach der Brüssel Ia-VO**	13
II. Gerichtliche Zuständigkeit	4	I. Anerkennung von Entscheidungen	14

Rn.		Rn.
1. Begriff der Anerkennung	14	5. Keine Sachprüfung 20
2. Anerkennung nach Art. 36 Abs. 1 Brüssel Ia-VO	15	6. Keine Möglichkeit der Anerkennung 21
3. Anerkennung nach Art. 36 Abs. 2 Brüssel Ia-VO	17	II. Vollstreckung von Entscheidungen unter der Brüssel I-VO 22
4. Anerkennung nach Art. 36 Abs. 3 Brüssel Ia-VO	19	III. Vollstreckung von Entscheidungen unter der Brüssel Ia-VO 24

A. Anwendung der Verordnung (EU) Nr. 1215/2012

I. Anwendungsbereich

1 Die VO (EG) Nr. 44/2001 (Brüssel I-VO) trat an die Stelle des EuGVÜ (→ Art. 108 Rn. 2). Mit Wirkung zum 10.1.2013 wurde die Brüssel I-VO – auch als „Brüssel I" bezeichnet – durch die VO (EU) Nr. 1215/2012 (Brüssel Ia-VO) – auch als Brüssel Ia bezeichnet – aufgehoben. Gemäß Art. 80 Brüssel Ia-VO sind Verweisungen auf die Brüssel I-VO als Bezugnahmen auf die Brüssel Ia-VO zu lesen. Die neue Fassung der Brüssel Ia-VO gilt seit dem 15.1.2015. Auf Verfahren, die vor dem 15.1.2015 eingeleitet worden sind, finden gemäß Art. 66 Brüssel Ia-VO weiterhin die Regelungen der alten Fassung der Brüssel Ia-VO Anwendung.

2 Während die materiellen Regelungen der neuen Fassung der Brüssel Ia-VO im Verhältnis zur alten Fassung weitgehend – jedenfalls für die hier erörterten Fragen – unverändert geblieben sind, hat sich die Nummerierung der Vorschriften nahezu durchgängig verschoben. Die Kommentierung berücksichtigt beide Fassungen. Die neue Nummerierung lässt sich dem Anhang III (Entsprechungstabelle) zur VO (EU) Nr. 1215/2012 entnehmen (ABl. EU L 351, 29). Die VO (EU) Nr. 1215/2012 wurde durch die VO (EU) Nr. 542/2014 des Europäischen Parlaments und des Rates vom 15.5.2014 hinsichtlich der auf das Einheitliche Patentgericht und den Benelux-Gerichtshof anzuwendenden Vorschriften ergänzt (ABl. EU 2014 Nr. L 163, 1). Die VO (EU) Nr. 542/2014 hat inhaltlich keine Auswirkungen auf die Kommentierung.

3 Art. 1 Abs. 1 Brüssel Ia-VO beider Fassungen regelt, dass diese Verordnung nur in Zivil- und Handelssachen anzuwenden ist, ohne dass es auf die Art der Gerichtsbarkeit ankommt. Nicht anzuwenden ist die Brüssel Ia-VO auf den Personenstand, die Rechts- und Handlungsfähigkeit sowie die gesetzliche Vertretung von natürlichen Personen, auf das Gebiet des Familien- und Erbrechtes, auf Konkurse, Vergleiche und ähnliche Verfahren, auf die soziale Sicherheit sowie auf die Schiedsgerichtsbarkeit (vgl. Art. 1 Abs. 2 Brüssel Ia-VO).

II. Gerichtliche Zuständigkeit

4 Art. 24 Nr. 4 Brüssel Ia-VO (Art. 22 Nr. 4 Brüssel I-VO) sieht für Verfahren wegen Eintragung oder Ungültigkeit von Marken (und weiteren gewerblichen Schutzrechten) eine ausschließliche Zuständigkeit derjenigen Gerichte vor, in deren Hoheitsgebiet die Hinterlegung oder Registrierung beantragt oder vorgenommen worden ist oder aufgrund eines Unionsrechtsaktes oder eines zwischenstaatlichen Übereinkommens als vorgenommen gilt. Auf andersartige Verfahren, die Marken zum Gegenstand haben (zB die Übertragung), findet Art. 24 Nr. 4 Brüssel Ia-VO keine Anwendung.

5 In der inzwischen nicht mehr geltenden Brüssel I-VO war zunächst unklar, inwieweit Art. 22 Nr. 4 Brüssel I-VO (bzw. die entsprechende Regelung in Art. 16 Abs. 4 EuGVÜ) auch dann Anwendung findet, wenn es sich bei der Frage der Gültigkeit lediglich um eine Vorfrage handelt. Der EuGH hat diese Frage in dem Sinne entschieden, dass die Gerichte im Land der Eintragung auch dann ausschließlich zuständig sind, wenn die mangelnde Gültigkeit des Rechts lediglich zur Verteidigung gegen einen Verletzungsanspruch eingewandt wird (EuGH C-4/03, GRUR 2007, 49 – GAT/LuK; eingehend dazu Heinze/Roffael GRUR Int 2006, 787). In dem nunmehr maßgeblichen Art. 24 Nr. 4 Brüssel Ia-VO ist dieser Grundsatz ausdrücklich verankert worden.

6 Unklar ist derzeit noch, ob ein als Verletzungsgericht prinzipiell zuständiges Gericht die Klage abweisen muss, wenn der Ungültigkeitseinwand erhoben wird, oder ob es das Verfah-

Gerichtliche Zuständigkeit **Art. 94 UMV**

ren unter der Auflage aussetzen kann, dass die Partei, die den Ungültigkeitseinwand erhoben hat, innerhalb gewisser Frist ein Löschungsverfahren vor den zuständigen Behörden oder Gerichten einreicht; in Letzterem, wohl zutreffenden Sinne das Handelsgericht Zürich, 23. Oktober 2006 – Eurojobs Personaldienstleistungen SA v. Eurojob AG, HG 050410 [sic!] 2006, 854. Die Frage nach der Vereinbarkeit dieses Vorgehens mit Art. 22 Abs. 4 Brüssel I-VO war dem EuGH im Verfahren „Solvay/Honeywell" vorgelegt worden; sie brauchte jedoch nicht beantwortet zu werden, da in jenem Fall die Anwendung von Art. 22 Abs. 4 Brüssel I-VO bereits aus anderen Gründen (Eilverfahren, Art. 31 Brüssel I-VO ausschied (EuGH C-616/10, GRUR 2012, 1169 – Solvay/Honeywell).

Die weiteren relevanten Gerichtsstände der Brüssel Ia-VO sind **7**
- der Wohnsitzes des Beklagten gemäß Art. 4 Abs. 1 Brüssel Ia-VO (Art. 4 Abs. 1 Brüssel I-VO);
- der Erfüllungsort gemäß Art. 7 Nr. 1 Brüssel Ia-VO (Art. 5 Nr. 1 Brüssel I-VO);
- der Ort der unerlaubten Handlung Art. 7 Nr. 2 Brüssel Ia-VO (Art. 5 Nr. 3 Brüssel I-VO);
- durch eine Gerichtsstandsvereinbarung bestimmte Gerichte gemäß Art. 25 Brüssel Ia-VO (Art. 23 Brüssel I-VO);
- aufgrund einer rügelosen Einlassung des Beklagten zuständiges Gericht Art. 26 Brüssel Ia-VO (Art. 24 Brüssel I-VO).

Darüber hinaus ist der Gerichtsstand der Beklagtenmehrheit ebenfalls in der Brüssel Ia-VO **8** geregelt, nämlich in Art. 8 Nr. 1 Brüssel Ia-VO (Art. 6 Nr. 1 Brüssel I-VO) (zum Anwendungsbereich von Art. 8 → Art. 97 Rn. 44 ff.).

III. Ausnahmen nach Art. 94 Abs. 2

Nach Art. 94 Abs. 2 sind für die in Art. 96 geregelten Verfahren zu Klagen und Widerkla- **9** gen verschiedene Regelungen der Brüssel Ia-VO nicht anwendbar. Für die in Art. 96 geregelten Verfahren sind daher die folgenden Regelungen der Brüssel Ia-VO nicht anwendbar:
- Art. 4 Abs. 1 Brüssel Ia-VO (Art. 2 Abs. 1 Brüssel I-VO), der regelt, dass innerhalb der Mitgliedstaaten Klagen in demjenigen Staat zu erheben sind, in dem der Beklagte seinen Wohnsitz hat, unabhängig von seiner Staatsangehörigkeit. Gemäß Art. 4 Abs. 2 Brüssel Ia-VO) (Art. 2 Abs. 2 Brüssel I-VO) sind Ausländer wie Inländer zu behandeln. Stattdessen gilt die Spezialregelung in Art. 97 Abs. 1.
- Art. 6 Brüssel Ia-VO (Art. 4 Brüssel I-VO), der regelt, dass die Zuständigkeit der Gerichte eines jeden Mitgliedstaats bei Beklagten, die keinen Wohnsitz im Hoheitsgebiet haben, sich nach dessen eigenen Gesetzen richtet. Stattdessen gelten die Spezialregelungen des Art. 97 Abs. 1 und 2.
- Art. 7 Nr. 1 Brüssel Ia-VO (Art. 5 Nr. 1 Brüssel I-VO), der regelt, dass bei vertragsrechtlichen Ansprüchen der Gerichtsstand des Erfüllungsortes gilt.
- Art. 7 Nr. 2 Brüssel Ia-VO (Art. 5 Nr. 3 Brüssel I-VO), der regelt, dass eine Person, die ihren Wohnsitz im Hoheitsgebiet eines Mitgliedstaates hat, im Fall einer unerlaubten Handlung vor dem Gericht des Ortes, an dem das schädigende Ereignis eingetreten ist oder einzutreten droht, verklagt werden kann. Stattdessen gilt die Spezialregelung des Art. 97 Abs. 5.
- Art. 7 Nr. 3 Brüssel Ia-VO (Art. 5 Nr. 4 Brüssel I-VO), der regelt, dass bei Klagen auf Schadensersatz oder auf Wiederherstellung des früheren Zustandes, die auf eine mit Strafe bedrohte Handlung gestützt werden, das Strafgericht zuständig ist, bei dem die öffentliche Klage erhoben worden ist, soweit dieses Gericht nach seinem Recht auch über zivilrechtliche Ansprüche erkennen kann.
- Art. 7 Nr. 5 Brüssel Ia-VO (Art. 5 Nr. 5 Brüssel I-VO), der regelt, dass bei Streitigkeiten aus dem Betrieb einer Zweigniederlassung, einer Agentur oder einer sonstigen Niederlassung, der Ort der Niederlassung als Gerichtsstand gilt.
- Art. 35 Brüssel Ia-VO (Art. 31 Brüssel I-VO), der regelt, dass die im Recht eines Mitgliedstaates vorgesehenen einstweiligen Maßnahmen, die auf eine Sicherung gerichtet sind, auch bei Gerichten dieses Staates geltend gemacht werden können, wenn für die Entscheidung in der Hauptsache das Gericht eines anderen Mitgliedstaates zuständig wäre. Stattdessen gelten die Spezialregelungen des Art. 103.

10 Nur eingeschränkt anwendbar aufgrund von Art. 94 Abs. 2 Buchst. b sind Art. 25 Brüssel Ia-VO (Art. 23 Brüssel I-VO) und Art. 26 Brüssel Ia-VO (Art. 24 Brüssel I-VO) (), die die Vereinbarung eines Gerichtsstandes bzw. die rügelose Einlassung regeln. Die Einschränkung ergibt sich aus Art. 97 Abs. 4. Danach ist eine Vereinbarung bezüglich der Zuständigkeit eines Gerichts nur zulässig, wenn es sich bei dem vereinbarten Gericht um ein Unionsmarkengericht handelt. Eine rügelose Einlassung ist möglich, wenn der Beklagte sich auf das Verfahren vor einem anderen Unionsmarkengericht einlässt.

11 Art. 94 Abs. 2 Buchst. c sieht vor, dass die Regelungen der Art. 4–35 Brüssel Ia-VO (Art. 2–32 Brüssel I-VO) (Allgemeine Vorschriften, Besondere Zuständigkeiten, Ausschließliche Zuständigkeiten, Zuständigkeitsvereinbarungen, rügeloses Einlassen, Rechtshängigkeit und im Zusammenhang stehende Verfahren, einstweilige Maßnahmen), die für in einem Mitgliedstaat wohnhafte Personen gelten, auch auf Personen Anwendung finden, die keinen Wohnsitz, jedoch eine Niederlassung in einem Mitgliedstaat haben. Es findet damit eine Erweiterung statt, die aber nur für die in Art. 96 genannten Verfahren gilt. Die Erweiterung gilt nicht für sonstige Klagen nach Art. 106.

12 Aus der Aufzählung in Art. 94 Abs. 2 folgt im Umkehrschluss, dass die sonstigen Regelungen der Brüssel Ia-VO für Verfahren nach Art. 96 Anwendung finden.

B. Anerkennung und Vollstreckung nach der Brüssel Ia-VO

13 Die UMV enthält keine besonderen Vorschriften über die Anerkennung und Vollstreckung von Entscheidungen in anderen Mitgliedstaaten. Daher ist Art. 94 als uneingeschränkte Verweisung auf die einschlägigen Regelungen der Brüssel Ia-VO zu verstehen (Dauses, EU-Wirtschaftsrecht, Rn. 702, 777). Die Anerkennung von Entscheidungen ist in Art. 36 ff. Brüssel Ia-VO (Art. 32 ff. Brüssel I-VO), die Vollstreckung in Art. 39 ff. Brüssel Ia-VO (Art. 38 ff. Brüssel I-VO) geregelt.

I. Anerkennung von Entscheidungen

1. Begriff der Anerkennung

14 Der Begriff der „Anerkennung" ist in der Brüssel Ia-VO nicht legal definiert. Die überwiegende Meinung nimmt eine **Wirkungserstreckung** an, dh dem fraglichen Akt im Inland wird die gleiche Wirkung wie im Entscheidungsstaat zugeschrieben (Kropholler, Europäisches Zivilprozessrecht, Brüssel Ia-VO Vor Art. 33 Rn. 9).

2. Anerkennung nach Art. 36 Abs. 1 Brüssel Ia-VO

15 Nach Art. 36 Abs. 1 Brüssel Ia-VO (Art. 33 Abs. 1 Brüssel I-VO) werden die Entscheidungen, die in einem Mitgliedstaat ergangen sind, unmittelbar in den anderen Mitgliedstaaten anerkannt. Es bedarf keines besonderen Verfahrens.

16 Der Begriff der „Entscheidung" im Sinne der Brüssel Ia-VO ist in Art. 2 Buchst. b (Art. 32 Brüssel I-VO) definiert. Darunter fällt jede von einem Gericht eines Mitgliedstaats erlassene Entscheidung, ohne Rücksicht auf ihre Bezeichnung wie Urteil, Beschluss, Zahlungsbefehl oder Vollstreckungsbescheid, einschließlich des Kostenfestsetzungsbeschlusses eines Gerichtsbediensteten.

3. Anerkennung nach Art. 36 Abs. 2 Brüssel Ia-VO

17 Art. 36 Abs. 2 Brüssel Ia-VO (Art. 33 Abs. 2 Brüssel I-VO) betrifft die Fälle des Anerkennungsfeststellungsverfahrens. Durch den Verweis auf Art. 46–51 Brüssel Ia-VO kann geklärt werden, ob eines der Anerkennungshindernisse des Art. 45 Brüssel Ia-VO vorliegt. Stellt man auf den Wortlaut des Art. 36 Abs. 2 Brüssel Ia-VO ab, so scheint nur ein positiver, dh auf Feststellung der Nichtanerkennungsfähigkeit gerichteter Antrag des Gläubigers möglich zu sein, nicht dagegen ein Antrag des Schuldners auf Feststellung der Nichtanerkennungsfähigkeit. Allerdings sollte Abs. 2 analog auch für negative Feststellungsanträge herangezogen werden, da auch potentielle Antragsgegner ein Interesse an einer bindenden Entscheidung über die (Nicht-)Anerkennungsfähigkeit besitzen und ein längeres Zuwarten bis zu einem Tätigwerden des Antragstellers unzumutbar sein kann (Saenger, ZPO, 6. Aufl. 2015 Rn. 12).

Gerichtliche Zuständigkeit   **Art. 94 UMV**

Anders als im deutschen Recht bedarf es für das Verfahren nach Art. 36 Abs. 2 Brüssel **18**
Ia-VO keines besonderen Feststellungsinteresses, sondern lediglich eines Rechtsschutzbedürfnisses (Dauses, EU-Wirtschaftsrecht Art. 33 Abs. 2 Brüssel I-VO Rn. 699).

4. Anerkennung nach Art. 36 Abs. 3 Brüssel Ia-VO

Art. 36 Abs. 3 Brüssel Ia-VO (Art. 33 Abs. 3 Brüssel I-VO) regelt die Inzidentanerken- **19**
nung. Diese Vorschrift betrifft den Fall, dass die Anerkennung nur als Vorfrage geltend gemacht wird, da die Entscheidung des Gerichts von der Anerkennung abhängt (Kropholler, Europäisches Zivilprozessrecht, Brüssel Ia-VO Art. 33 Rn. 10).

5. Keine Sachprüfung

Von besonderer Bedeutung ist weiterhin Art. 52 Brüssel Ia-VO (Art. 36 Brüssel I-VO). **20**
Danach ist der Anerkennungsstaat nicht berechtigt, das Urteil in der Sache selbst nachzuprüfen. Nur auf diese Art und Weise können Widersprüche zwischen den unterschiedlichen Rechtssystemen bei Anerkennung eines Urteils eines anderen Mitgliedstaates vermieden werden.

6. Keine Möglichkeit der Anerkennung

Zwar erfolgt die Anerkennung gemäß Art. 36 Abs. 1 Brüssel Ia-VO (Art. 33 Abs. 1 Brüssel **21**
I-VO) automatisch. Jedoch ist sie in folgenden Fällen zu versagen:
- wenn ein Unionsmarkengericht eine Entscheidung getroffen hat, obwohl es nach Art. 24 Nr. 4 Brüssel Ia-VO (Art. 22 Nr. 4 Brüssel I-VO) nicht zuständig war, Art. 45 Abs. 1 Buchst. e ii (Art. 35 Abs. 1 Brüssel I-VO);
- bei Vorliegen eines Verstoßes gegen den ordre public, Art. 45 Abs. 1 Buchst. a Brüssel Ia-VO (Art. 34 Nr. 1 Brüssel I-VO);
- wenn eine ordnungsgemäße Zustellung der Klage nicht erfolgt ist, Art. 45 Abs. 1 Buchst. b Brüssel Ia-VO (Art. 34 Nr. 2 Brüssel I-VO);
- wenn die Entscheidung mit einer anderen Entscheidung unvereinbar ist, die zwischen denselben Parteien in dem Mitgliedstaat, in dem die Anerkennung geltend gemacht wird, ergangen ist, Art. 45 Abs. 1 Buchst. c Brüssel Ia-VO (Art. 34 Nr. 3 Brüssel I-VO);
- wenn die Entscheidung mit einer früheren Entscheidung unvereinbar ist, die in einem anderen Mitgliedstaat oder in einem Drittstaat zwischen denselben Parteien in einem Rechtsstreit wegen desselben Anspruchs ergangen ist, sofern die frühere Entscheidung die notwendigen Voraussetzungen für ihre Anerkennung in dem Mitgliedstaat erfüllt, in dem die Anerkennung geltend gemacht wird, Art. 45 Abs. 1 Buchst. d Brüssel Ia-VO (Art. 34 Nr. 4 Brüssel I-VO).

II. Vollstreckung von Entscheidungen unter der Brüssel I-VO

Die Vollstreckung von nach der alten Brüssel I-VO ergangenen Entscheidungen der Uni- **22**
onsmarkengerichte erfolgt unter der der Brüssel I-VO nach Art. 94 Abs. 1GMV iVm Art. 38 ff. Brüssel I-VO. Voraussetzung ist gemäß Art. 39 Abs. 1 Brüssel I-VO, dass der Gläubiger einen Antrag bei der in Anhang II zur Brüssel I-VO bezeichneten Stelle gestellt hat (Exequaturverfahren). Für Deutschland ist der Antrag an den Vorsitzenden der Kammer des Landgerichts zu richten.

Die örtliche Zuständigkeit wird durch den Wohnsitz des Schuldners oder durch den Ort, **23**
an dem die Zwangsvollstreckung durchgeführt werden soll, bestimmt (Art. 39 Abs. 2 Brüssel I-VO). Dem Antrag ist eine Ausfertigung der zu vollstreckenden Entscheidung beizufügen (Art. 53 Brüssel I-VO). Gemäß Art. 40 Brüssel I-VO ist für Fragen der Antragsstellung (Inhalt des Antrages, die Anzahl der vorzulegenden Ausfertigungen, die Sprache usw) das autonome Recht des Vollstreckungsmitgliedstaates maßgeblich (vgl. ausführlich dazu Dauses, EU-Wirtschaftsrecht, Rn. 732).

III. Vollstreckung von Entscheidungen unter der Brüssel Ia-VO

Während die Regelungen der VO (EU) Nr. 1215/2012, auf die in Art. 94 Abs. 2 verwie- **24**
sen wird, weitgehend unverändert geblieben sind, erfolgte im Bereich der Vollstreckung eine

Gillert

grundlegende Änderung. Das bisher in Art. 38 Brüssel I-VO vorgesehene Exequaturverfahren, nach dem eine in einem Mitgliedstaat ergangene Entscheidung, die in diesem Staat vollstreckbar ist, in einem anderen Mitgliedstaat vollstreckt werden kann, wenn sie dort auf Antrag des Berechtigten für vollstreckbar erklärt wird, ist abgeschafft worden. Gemäß Art. 39 VO Brüssel Ia-VO bedarf es zukünftig keiner Vollstreckbarerklärung mehr.

25 Die Vollstreckung von Entscheidungen der Unionsmarkengerichte, die nach der Brüssel Ia-VO ergangen sind, erfolgt nach Art. 94 Abs. 1 iVm Art. 39 ff. Brüssel Ia-VO.

Abschnitt 2 Streitigkeiten über die Verletzung und Rechtsgültigkeit der Unionsmarken

Art. 95 Unionsmarkengerichte

(1) Die Mitgliedstaaten benennen für ihr Gebiet eine möglichst geringe Anzahl nationaler Gerichte erster und zweiter Instanz, nachstehend „Unionsmarkengerichte" genannt, die die ihnen durch diese Verordnung zugewiesenen Aufgaben wahrnehmen.

(2) Jeder Mitgliedstaat übermittelt der Kommission innerhalb von drei Jahren ab Inkrafttreten der Verordnung (EG) Nr. 40/94 eine Aufstellung der Unionsmarkengerichte mit Angabe ihrer Bezeichnungen und örtlichen Zuständigkeit.

(3) Änderungen der Anzahl, der Bezeichnung oder der örtlichen Zuständigkeit der Gerichte, die nach der in Absatz 2 genannten Übermittlung der Aufstellung eintreten, teilt der betreffende Mitgliedstaat unverzüglich der Kommission mit.

(4) Die in den Absätzen 2 und 3 genannten Angaben werden von der Kommission den Mitgliedstaaten notifiziert und im *Amtsblatt der Europäischen Union* veröffentlicht.

(5) Solange ein Mitgliedstaat die in Absatz 2 vorgesehene Übermittlung nicht vorgenommen hat, sind Verfahren, welche durch die in Artikel 96 genannten Klagen und Widerklagen anhängig gemacht werden und für die die Gerichte dieses Mitgliedstaats nach Artikel 97 zuständig sind, vor demjenigen Gericht dieses Mitgliedstaats anhängig zu machen, das örtlich und sachlich zuständig wäre, wenn es sich um Verfahren handeln würde, die eine in diesem Staat eingetragene nationale Marke betreffen.

Überblick

Art. 95 verpflichtet die Mitgliedstaaten zur Benennung von Unionsmarkengerichten erster und zweiter Instanz und regelt im Weiteren die Gerichtszuständigkeit, falls ein Mitgliedstaat immer noch kein Unionsmarkengericht benannt hat (→ Rn. 33). Ob es Unionsmarkengerichte dritter Instanz gibt, regelt die jeweilige nationale Rechtsordnung (→ Rn. 34).

Übersicht

	Rn.		Rn.
A. Unionsmarkengerichte erster und zweiter Instanz	1	II. Gerichte nach Abs. 5	33
I. Gerichte nach Abs. 1	1	B. Unionsmarkengerichte dritter Instanz	34

A. Unionsmarkengerichte erster und zweiter Instanz

I. Gerichte nach Abs. 1

1 Für Streitigkeiten aufgrund von Unionsmarken sind keine unionsunmittelbaren Rechtsprechungsorgane geschaffen worden. Die unionsmarkenrechtlichen Verfahren werden vielmehr den nationalen Gerichten zugewiesen.

Unionsmarkengerichte **Art. 95 UMV**

Gemäß Art. 95 Abs. 1 sollen die Mitgliedstaaten eine möglichst geringe Anzahl nationaler Gerichte benennen. Grund für die Konzentration ist es, eine Spezialisierung bei den benannten Gerichten zu ermöglichen. 2

Die folgenden Unionsmarkengerichte erster (1) und zweiter (2) Instanz sind von den Mitgliedstaaten benannt worden (Stand 22.8.2016): 3

Belgien: 4
(1) Tribunal de Commerce de Bruxelles/Rechtbank van Koophandel te Brussel
(2) Cour d'appel de Bruxelles/Hof van Beroep te Brussel

Bulgarien 5
(1) Софийски градски съд
(2) Софийски апелативен съд

Dänemark: 6
(1) Sø – og Handelsretten, København
(2) Højesteret, København

Deutschland: 7
(1) Landgericht Mannheim, Landgericht Stuttgart, Landgericht Nürnberg-Fürth, Landgericht München I, Landgericht Berlin, Landgericht Bremen, Landgericht Hamburg, Landgericht Frankfurt am Main, Landgericht Rostock, Landgericht Braunschweig, Landgericht Düsseldorf

Landgericht Koblenz, Landgericht Frankenthal (Pfalz), Landgericht Saarbrücken, Landgericht Leipzig, Landgericht Magdeburg, Landgericht Kiel, Landgericht Erfurt

(2) Oberlandesgericht Karlsruhe, Oberlandesgericht Stuttgart, Oberlandesgericht Nürnberg

Oberlandesgericht München, Kammergericht Berlin, Hanseatisches Oberlandesgericht Bremen, Hanseatisches Oberlandesgericht Hamburg, Oberlandesgericht Frankfurt am Main

Oberlandesgericht Rostock, Oberlandesgericht Braunschweig, Oberlandesgericht Düsseldorf

Oberlandesgericht Koblenz, Pfälzisches Oberlandesgericht Zweibrücken, Saarländisches Oberlandesgericht Saarbrücken, Oberlandesgericht Dresden, Oberlandesgericht Naumburg

Schleswig-Holsteinisches Oberlandesgericht, Thüringer Oberlandesgericht

Estland: 8
(1) Harju Maakohus
(2) Tallinna Ringkonnakohus

Finnland: 9
(1) Helsingin käräjöikeus
(2) Helsingin hovioikeus

Frankreich: 10
(1) Tribunal de grande instance de Paris
(2) Cour d'appel de Paris

Griechenland: 11
(1) Tribunal de première instance d'Athènes, Tribunal de première instance de Thessaloniki
(2) Cour d'appel d'Athènes, Cour d'appel de Thessaloniki

Irland: 12
(1) The High Court
(2) The Supreme Court

Italien: 13
(1) Tribunale di Bari, Tribunale di Bologna, Tribunale di Catania, Tribunale di Firenze Tribunale di Genova, Tribunale di Milano, Tribunale di Napoli, Tribunale di Palermo, Tribunale di Roma, Tribunale di Torino, Tribunale di Trieste, Tribunale di Venezia

(2) Corte d'appello di Bari, Corte d'appello di Bologna, Corte d'appello di Catania, Corte d'appello di Firenze, Corte d'appello di Genova, Corte d'appello di Milano, Corte d'appello di Napoli, Corte d'appello di Palermo, Corte d'appello di Roma, Corte d'appello di Torino Corte d'appello di Trieste, Corte d'appello di Venezia

Kroatien 14
(1) Trgovački sud u Zagrebu
(2) Visoki trgovački sud

Lettland: 15
(1) Rīgas apgabaltiesa

UMV Art. 95 — Titel X Zuständigkeit, Anerkennung, Vollstreckung

(2) Augstākās tiesas Civillietu tiesu palāta

16 **Litauen:**
(1) Vilniaus apygardos teismas
(2) Apeliacinis Teismas

17 **Luxemburg:**
(1) Tribunal d'Arrondissement de Luxembourg
(2) Cour Supérieure de Justice

18 **Malta:**
(1) First hall of the Civil Court
(2) The Court of Appeal

19 **Niederlande:**
(1) Arrondissementsrechtbank te 's – Gravenhage
(2) Gerechtshof te 's – Gravenhage

20 **Österreich:**
(1) Handelsgericht Wien
(2) Oberlandesgericht Wien

21 **Poland:**
(1) Sąd Okręgowy w Warszawie
(2) Sąd Apelacyjny w Warszawie

22 **Portugal:**
(1) Tribunal do Comércio de Lisboa, Tribunal do Comércio de Vila Nova de Gaia
(2) Tribunal da Relação de Coimbra, Tribunal da Relação de Evora, Tribunal da Relação de Faro, Tribunal da Relação de Guimarães, Tribunal da Relação de Lisboa, Tribunal da Relação de Porto

23 **Rumänien:**
(1) Tribunalul Bucureşti
(2) Curtea de Apel Bucureşti

24 **Schweden:**
(1) Stockholms tingsrätt
(2) Svea hovrätt, Stockholm

25 **Slowakei:**
(1) Okresný súd v Bratislave I, Okresný súd v Banskej Bystrici, Okresný súd v Košiciach I
(2) Krajský súd v Bratislave, Krajský súd v Banskej Bystrici, Krajský súd v Košiciach

26 **Slowenien:**
(1) Okrožno sodišèe v Ljubljani
(2) Višje sodišèe v Ljubljani

27 **Spanien:**
(1) Juzgados de lo Mercantil de Alicante
(2) Audiencia Provincial de Alicante

28 **Tschechische Republik:**
(1) Městský soud v Praze
(2) Vrchní soud v Praze

29 **Ungarn:**
(1) Fővárosi Bíróság
(2) Fővárosi Ítélőtábla

30 **Vereinigtes Königreich:**
(1) The High Court; Intellectual Property Enterprise Court, The Court of Session
(2) The Court of Appeal

31 **Zypern:**
(1) District Court of Nicosia, District Court of Limassol, District Court of Larnaca-Famagusta
District Court of Paphos
(2) Supreme Court

32 Auffällig ist, dass Deutschland neben Italien am meisten Unionsmarkengerichte benannt hat. Somit wird den Anforderungen von Art. 95 Abs. 1 „eine möglichst geringere Anzahl nationaler Gerichte" nicht wirklich entsprochen. Dies hat seinen Grund jedoch im Föderalismusprinzip, zumindest im Fall der Bundesrepublik Deutschland. Justiz ist in Deutschland

Ländersache. Die sachliche Zuständigkeit der Gemeinschaftsmarkengerichte in der Bundesrepublik Deutschland ist in § 125e MarkenG geregelt.

II. Gerichte nach Abs. 5

Nachdem auch Bulgarien und Rumänien Unionsmarkengerichte benannt haben und auch Kroatien als letztes Beitrittsland seiner Pflicht nachgekommen ist, gibt es derzeit keinen Anwendungsfall für die Regelung des Art. 97 Abs. 5. Die Regelung kann jedoch im Falle von zukünftigen Beitritten neuer Mitgliedstaaten wieder Bedeutung erlangen. **33**

B. Unionsmarkengerichte dritter Instanz

Über Unionsmarkengerichte dritter Instanz trifft die UMV keine Regelungen. Gemäß Art. 101 Abs. 3 wendet das Unionsmarkengericht die Verfahrensvorschriften an, die in dem Mitgliedstaat, in dem es seinen Sitz hat, auf gleichartige Verfahren betreffend nationale Marken anwendbar sind. Daher ist nach der jeweiligen nationalen Rechtsordnung zu beurteilen, ob es ein Unionsmarkengericht dritter Instanz gibt. In Deutschland ist der BGH als Unionsmarkengericht dritter Instanz anzusehen, da nach den deutschen Verfahrensregeln die Einlegung einer Revision gegen Urteile der Oberlandesgerichte gemäß §§ 542 ff. ZPO möglich ist. **34**

Art. 96 Zuständigkeit für Verletzung und Rechtsgültigkeit

Die Unionsmarkengerichte sind ausschließlich zuständig
a) **für alle Klagen wegen Verletzung und – falls das nationale Recht dies zulässt – wegen drohender Verletzung einer Unionsmarke;**
b) **für Klagen auf Feststellung der Nichtverletzung, falls das nationale Recht diese zulässt;**
c) **für Klagen wegen Handlungen im Sinne des Artikels 9b Absatz 2;**
d) **für die in Artikel 100 genannten Widerklagen auf Erklärung des Verfalls oder der Nichtigkeit der Unionsmarke.**

Überblick

Art. 96 regelt die sachliche Zuständigkeit der nationalen Unionsmarkengerichte (→ Rn. 1). Der weitaus bedeutendste Fall ist die sachliche Zuständigkeit für Klagen aufgrund der Verletzung von Unionsmarken (→ Rn. 5). Weiterhin besitzen die Unionsmarkengerichte die ausschließliche sachliche Zuständigkeit für Klagen auf Feststellung der Nichtverletzung einer Unionsmarke (→ Rn. 14) und für Klagen auf Entschädigung für Handlungen zwischen der Veröffentlichung der Anmeldung und der Veröffentlichung der Eintragung von Unionsmarken (→ Rn. 16). Schließlich besteht eine ausschließliche Zuständigkeit für Widerklagen auf Erklärung des Verfalls oder Nichtigkeit einer Unionsmarke (→ Rn. 18). Die letztgenannte Zuständigkeit durchbricht das ansonsten starre Zuständigkeitssystem der UMV. Die Zuständigkeit für Entscheidungen über die Rechtsgültigkeit einer Unionsmarke liegt grundsätzlich beim Amt der Europäischen Union für Geistiges Eigentum. Die im deutschen Recht vorgesehene Möglichkeit einer eigenständigen Löschungsklage zu Gericht wegen Verfalls oder Nichtigkeit besteht für Unionsmarken nicht.

Übersicht

	Rn.		Rn.
A. Sachliche Zuständigkeit	1	III. Klagen auf Feststellung der Nichtverletzung (Buchst. b)	14
B. Begründung der ausschließlichen Zuständigkeit nach Art. 96	5	IV. Klagen wegen Handlungen nach Veröffentlichung der Anmeldung (Buchst. c)	16
I. Klagen wegen Verletzung einer Unionsmarke (Buchst. a)	5	V. Widerklagen auf Erklärung des Verfalls oder der Nichtigkeit (Buchst. d)	18
II. Klagen wegen drohender Verletzung (Buchst. a)	10		

A. Sachliche Zuständigkeit

1 Nach Art. 96 sind die Unionsmarkengerichte ausschließlich sachlich zuständig für die in Art. 96 Buchst. a bis d geregelten Auseinandersetzungen. Für alle anderen Verfahren im Hinblick auf eine Unionsmarke ist keine ausschließliche sachliche Zuständigkeit gegeben.

2 Die sachliche Zuständigkeit der Unionsmarkengerichte lässt sich auch nicht durch Vereinbarung ausschließen. Ebenso wenig ist eine Begründung der Zuständigkeit eines sachlich unzuständigen Gerichts durch rügeloses Einlassen des Beklagten möglich. Die insoweit einschlägigen Regelungen der Art. 25 und 26 Brüssel Ia-VO (Art. 23, 24 Brüssel I-VO) werden gemäß Art. 94 Abs. 2 Buchst. b gerade für nicht anwendbar erklärt.

3 Die Parteien können gemäß Art. 97 Abs. 4 Buchst. a lediglich die Zuständigkeit eines anderen Unionsmarkengerichts vereinbaren. Die Begründung der sachlichen Zuständigkeit durch rügeloses Einlassen bei einem anderen Gericht ist nur dann möglich, wenn es sich bei dem anderen Gericht auch um ein Unionsmarkengericht handelt.

4 Für alle nicht durch Art. 96 bestimmten Fälle der sachlichen Zuständigkeit gilt die Regelung des Art. 106 Abs. 1.

B. Begründung der ausschließlichen Zuständigkeit nach Art. 96

I. Klagen wegen Verletzung einer Unionsmarke (Buchst. a)

5 Bei Klagen wegen Verletzung einer Unionsmarke gemäß Art. 96 Buchst. a handelt es sich in den meisten Fällen um Unterlassungsklagen wegen einer in Art. 9 Abs. 2 genannten Verletzungshandlungen. Auch die in Art. 9a aufgenommene Regelung zur Untersagung von Vorbereitungshandlungen im Zusammenhang mit der Benutzung von Verpackungen oder anderer Kennzeichnungsmittel steht im Zusammenhang mit der Verletzung von Unionsmarken.

6 Darüber hinaus räumt die UMV einem Unionsmarkeninhaber gemäß Art. 22 Abs. 2 einen Anspruch auf Unterlassung gegen einen Lizenznehmer ein, der gegen eine Bestimmung des Lizenzvertrages verstößt, sofern damit ein Eingriff in die aus einer Unionsmarke herleitbaren Rechte geltend gemacht werden kann (Eisenführ/Schennen/Eisenführ Rn. 5).

7 Die zuvor genannten Normen bzw. Sachverhalte haben gemeinsam, dass es sich im Kern immer um die Verletzung einer Unionsmarke handelt. Dies rechtfertigt die Begründung der ausschließlichen Zuständigkeit der Unionsmarkengerichte.

8 Die UMV regelt weder die sog. „Annexansprüche" (Auskunfts-, Schadensersatz-, Vernichtungsansprüche, etc) noch regelt sie explizit die sachliche Zuständigkeit für die Geltendmachung dieser Ansprüche. In Art. 14 Abs. 1 wird klargestellt, dass für die nicht in der UMV geregelten Ansprüche zur Verletzung einer Unionsmarke das für die Verletzung von nationalen Marken geltende Recht gemäß den Bestimmungen des Titels X gelten. Die in den Titel X fallende Regelung des Art. 102 Abs. 2 räumt in ihrer neuen Fassung dem Unionsmarkengericht die Befugnis ein, im Einzelfall zweckmäßig erscheinende Maßnahmen zu ergreifen oder Anordnungen zu treffen, die das anwendbare Recht vorsieht. Auch die neue Regelung setzt vom Wortlaut her bereits die sachliche Zuständigkeit der Unionsmarkengerichte voraus. Dies lässt nur den Schluss zu, dass unter das Tatbestandsmerkmal „alle Klagen wegen Verletzung" auch solche Klagen fallen, mit denen die Annexansprüche geltend gemacht werden, und die Unionsmarkengerichte auch für diese sachlich ausschließlich zuständig sind. Der BGH hat die Annexansprüche ohne weitere Problematisierung in seinem Vorlageersuchen „Parfumflakon II" unter die „Klagen wegen Verletzung einer Unionsmarke" fallen lassen (BGH GRUR 2012, 1065 Rn. 15).

9 Das deutsche Markengesetz stellt in § 125b Nr. 2 MarkenG klar, dass dem Inhaber einer Unionsmarke neben dem (Unterlassungs-)Anspruch nach Art. 9 auch die Ansprüche gemäß Art. 10 und 11 zustehen. Darüber hinaus stehen dem Inhaber einer Unionsmarke die gleichen Ansprüche auf
- Schadensersatz (§ 14 Abs. 6 und 7 MarkenG),
- Vernichtung und Rückruf (§ 18 MarkenG),
- Auskunft (§ 19 MarkenG),
- Vorlage und Besichtigung (§ 19a MarkenG),

- Sicherung von Schadensersatzansprüchen (§ 19b MarkenG),
- Urteilsbekanntmachung (§ 19c MarkenG)

zu wie dem Inhaber einer deutschen Marke.

II. Klagen wegen drohender Verletzung (Buchst. a)

Die Unionsmarkengerichte besitzen weiterhin die sachliche Zuständigkeit für Klagen 10 wegen drohender Verletzung einer Unionsmarke, wenn derartige Klagen nach dem nationalen Recht zulässig sind. Nach deutschem Rechtsverständnis handelt es sich dabei um **vorbeugende Unterlassungsklagen,** die unter den entsprechenden Voraussetzungen zulässig sind (BGH GRUR 2008, 912 Rn. 17 – Metrosex; eingehend → MarkenG § 14 Rn. 583).

Für die bei einer drohenden Verletzung besonders wichtigen einstweiligen Rechtsschutz- 11 möglichkeiten sieht die UMV die Sonderregelung des Art. 103 vor. Für die Beantragung von einstweiligen Maßnahmen einschließlich Sicherungsmaßnahmen sind gemäß Art. 103 Abs. 1 sowohl die Unionsmarkengerichte als auch sonstige Gerichte sachlich zuständig. Dies gilt selbst dann, wenn in der Hauptsache ein Unionsmarkengericht eines anderen Mitgliedstaates zuständig wäre.

Für die Anordnung von einstweiligen Maßnahmen, die in mehreren Mitgliedstaaten 12 anwendbar sind, sind gemäß Art. 103 Abs. 2 aber nur Unionsmarkengerichte zuständig. Deren Zuständigkeit muss darüber hinaus auf einer der internationalen Zuständigkeitsregelungen des Art. 97 Abs. 1–4 beruhen.

Die sachliche Zuständigkeit von anderen Gerichten als Unionsmarkengerichten 13 beschränkt sich somit auf die Fälle, in denen eine einstweilige Maßnahme bei einem Gericht eines Mitgliedstaates geltend gemacht wird, in dem eine Verletzungshandlung droht (Art. 97 Abs. 5). Das Gericht muss seine einstweiligen Maßnahmen einschließlich Sicherungsmaßnahmen auf den jeweiligen Mitgliedstaat beschränken, in dem die Verletzungshandlung droht.

III. Klagen auf Feststellung der Nichtverletzung (Buchst. b)

Die Unionsmarkengerichte besitzen gemäß Art. 96 Buchst. b ebenfalls die ausschließliche 14 sachliche Zuständigkeit für Klagen auf Feststellung der Nichtverletzung, sofern das nationale Recht derartige Klagen zulässt. Mit der Klage auf Feststellung der Nichtverletzung wird die Feststellung begehrt, dass eine Unionsmarke nicht durch ein anderes Zeichen verletzt wird. Nach deutschem Rechtsverständnis handelt es sich dabei um eine negative Feststellungsklage.

Nicht von der Zuständigkeitsregelung des Art. 96 Buchst. b erfasst sind Klagen auf Feststel- 15 lung der Nichtverletzung einer nationalen Marke durch eine Unionsmarke. Bei diesem Fall handelt es sich gerade nicht um die Verletzung einer Unionsmarke, sondern um die Verletzung einer nationalen Marke (LG München GRUR Int 2000, 783 – Betty).

IV. Klagen wegen Handlungen nach Veröffentlichung der Anmeldung (Buchst. c)

Den Unionsmarkengerichten werden weiterhin ausschließlich Klagen wegen Handlungen 16 iSd Art. 9b Abs. 2 zugewiesen. Danach kann eine angemessene Entschädigung für Handlungen verlangt werden kann, die nach Veröffentlichung der Eintragung der Anmeldung einer Unionsmarke vorgenommen werden und die nach der Eintragung aufgrund der Unionsmarke verboten wären.

Hierbei ist jedoch zu beachten, dass die Klage auf Entschädigung zwar vor der Veröffentli- 17 chung der Eintragung der Unionsmarke anhängig gemacht werden kann, aber das Gericht bis zur Veröffentlichung der Eintragung keine Entscheidung in der Hauptsache treffen darf, da bis dahin die Möglichkeit besteht, dass die Anmeldung durch das Amt zurückgewiesen wird.

V. Widerklagen auf Erklärung des Verfalls oder der Nichtigkeit (Buchst. d)

Art. 96 Buchst. d sieht vor, dass die Unionsmarkengerichte ausschließlich für die in 18 Art. 100 genannten Widerklagen auf Erklärung des Verfalls oder der Nichtigkeit einer Unionsmarke zuständig sind. Grundsätzlich kann eine eigenständige Klage gerichtet auf Löschung einer Unionsmarke – anders als im deutschen Markenrecht – weder bei einem Unionsmarkengericht noch bei einem anderen Gericht erhoben werden. Vielmehr kann die

Verfalls- oder Nichtigerklärung einer Unionsmarke nur mittels Löschungsantrag vor dem Amt aufgrund der in der UMV vorgesehen Gründe
- Verfalls (Art. 51),
- absoluter Nichtigkeitsgründe (Art. 52),
- relativer Nichtigkeitsgründe (Art. 53)

betrieben werden. Die Ausnahmen bilden Widerklagen in auf Unionsmarken gestützten Verletzungsverfahren.

19 Bei einer Zusammenschau der Regelungen der Art. 96 und 100 wird ersichtlich, dass Widerklagen in Verfahren erhoben werden können, in denen der Kläger die Verletzung oder drohende Verletzung einer Unionsmarke gemäß Art. 96 Buchst. a geltend macht. Es ist theoretisch aber auch die Fallkonstellation denkbar, dass der Inhaber einer jüngeren Unionsmarke die Feststellung getroffen haben will, dass seine jüngere Unionsmarke eine ältere Unionsmarke nicht verletzt und der Inhaber der älteren Unionsmarke widerklagend die Löschung der jüngeren Marke beantragt.

20 Gegen die Zulässigkeit derartiger Widerklagen spricht der Sachzusammenhang zwischen Verletzungsklagen und Widerklagen. Die Widerklage ist gerade ein „Abwehrmittel" gegen unberechtigte Verletzungsklagen und dient nicht dazu, dem Inhaber einer älteren Unionsmarke ein zusätzliches Mittel zur Löschung der jüngeren Unionsmarke zu verschaffen.

20.1 Im **Schrifttum** wird die Auffassung, dass auf eine (negative) Feststellungsklage der Inhaber der älteren Unionsmarke widerklagend die Löschung der jüngeren Unionsmarke beantragen kann, damit begründet, dass die UMV keine Beschränkungen hinsichtlich der Klagen enthalte, auf die der Beklagte mit einer Widerklage reagieren könne, solange es sich um Klagen aus einer Unionsmarke handele (HK-MarkenR/v. Kapff Rn. 9). Nach dieser Auffassung wäre die ausschließliche sachliche Zuständigkeit der Unionsmarkengerichte auch begründet, wenn auf eine Klage auf Feststellung der Nichtverletzung eine Widerklage erhoben würde. Nach **anderer Auffassung** ist eine Widerklage gegen eine Klage auf Feststellung der Nichtverletzung unzulässig. Dies schließe Art. 99 Abs. 2 aus (Eisenführ/Schennen/Eisenführ/Overhage Rn. 8). In diesem Fall bestünde keine internationale Zuständigkeit des Unionsmarkengerichts. Vgl. zum Ganzen Knaak GRUR Int 2007, 386 (392).

Art. 97 Internationale Zuständigkeit

(1) Vorbehaltlich der Vorschriften dieser Verordnung sowie der nach Artikel 94 anzuwendenden Bestimmungen der Verordnung (EG) Nr. 44/2001 sind für die Verfahren, welche durch eine in Artikel 96 genannte Klage oder Widerklage anhängig gemacht werden, die Gerichte des Mitgliedstaats zuständig, in dem der Beklagte seinen Wohnsitz oder – in Ermangelung eines Wohnsitzes in einem Mitgliedstaat – eine Niederlassung hat.

(2) Hat der Beklagte weder einen Wohnsitz noch eine Niederlassung in einem der Mitgliedstaaten, so sind für diese Verfahren die Gerichte des Mitgliedstaats zuständig, in dem der Kläger seinen Wohnsitz oder – in Ermangelung eines Wohnsitzes in einem Mitgliedstaat – eine Niederlassung hat.

(3) Hat weder der Beklagte noch der Kläger einen Wohnsitz oder eine Niederlassung in einem der Mitgliedstaaten, so sind für diese Verfahren die Gerichte des Mitgliedstaats zuständig, in dem das Amt seinen Sitz hat.

(4) Ungeachtet der Absätze 1, 2 und 3 ist
a) Artikel 23 der Verordnung (EG) Nr. 44/2001 anzuwenden, wenn die Parteien vereinbaren, dass ein anderes Unionsmarkengericht zuständig sein soll,
b) Artikel 24 der Verordnung (EG) Nr. 44/2001 anzuwenden, wenn der Beklagte sich auf das Verfahren vor einem anderen Unionsmarkengericht einlässt.

(5) Die Verfahren, welche durch die in Artikel 96 genannten Klagen und Widerklagen anhängig gemacht werden – ausgenommen Klagen auf Feststellung der Nichtverletzung einer Unionsmarke –, können auch bei den Gerichten des Mitgliedstaats anhängig gemacht werden, in dem eine Verletzungshandlung begangen worden ist oder droht oder in dem eine Handlung im Sinne des Artikels 9 Absatz 3 Satz 2 begangen worden ist.

Internationale Zuständigkeit **Art. 97 UMV**

Überblick

Art. 97 regelt gemeinsam mit Art. 96 und Art. 98 die Zuständigkeit und die Reichweite der Unionsmarkengerichte. Die drei Vorschriften sind daher als Einheit zu betrachten und zu prüfen. Art. 97 regelt die internationale Zuständigkeit der Unionsmarkengerichte für die in Art. 96 genannten Klagen und Widerklagen. Die Reichweite der Zuständigkeit eines Unionsmarkengerichts richtet sich nach Art. 98. Art. 97 enthält weiterhin einen expliziten Verweis auf die Vorschriften der Brüssel Ia-VO, die also zur Bestimmung nicht in Art. 97 geregelter Fragen herangezogen werden müssen.

Die Gerichtszuständigkeit beurteilt sich in zwingender, **abgestufter Reihenfolge** nach dem Mitgliedstaat des Wohnsitzes des Beklagten, nach dem Mitgliedstaat einer Niederlassung des Beklagten (→ Rn. 1), nach dem Mitgliedstaat des Wohnsitzes des Klägers, nach dem Mitgliedstaat einer Niederlassung des Klägers (→ Rn. 18), nach dem Mitgliedstaat des Sitzes des Amtes (→ Rn. 21) oder, unabhängig von dieser Reihenfolge, nach dem Ort der Verletzungshandlung (→ Rn. 29 ff.), wobei auch Teilnahmehandlungen (→ Rn. 40 ff.) in Betracht kommen. Eine gewillkürte Zuständigkeit ergibt sich aus Vereinbarung (→ Rn. 22 ff.) oder Einlassung (→ Rn. 28) des Beklagten. Eine Regelung über den Gerichtsstand der Beklagtenmehrheit enthält Art. 97 nicht (→ Rn. 44 ff.).

Übersicht

	Rn.		Rn.
A. Zuständigkeit nach Art. 97	1	VIII. Örtliche Zuständigkeit	43
I. Wohnsitz des Beklagten (Abs. 1)	1	**B. Gerichtsstand der Beklagtenmehrheit**	
II. Wohnsitz des Klägers (Abs. 2)	18		44
III. Gerichtsstand des Amts (Abs. 3)	21	I. Allgemeines	44
IV. Gerichtsstandsvereinbarung (Abs. 4 Buchst. a)	22	II. Dieselbe Sachlage	51
V. Rügelose Einlassung (Abs. 4 Buchst. b)	28	III. Dieselbe Rechtslage	53
VI. Gerichtsstand der Verletzungshandlung (Abs. 5)	29	1. In der UMV geregelte Sanktionen	53
VII. Bestimmung der internationalen Zuständigkeit bei Teilnahmehandlungen in einem anderen Mitgliedstaat	40	2. Nicht in der UMV geregelte Sanktionen/Folgeansprüche	55
		3. Kognitionsbefugnis des Gerichts	60

A. Zuständigkeit nach Art. 97

I. Wohnsitz des Beklagten (Abs. 1)

Art. 97 Abs. 1 sieht vor, dass für die in Art. 96 geregelten Klagen und Widerklagen **1** zunächst die Gerichte des Mitgliedstaates zuständig sind, in dem der Beklagte seinen Wohnsitz hat.

Weitergehende Regelungen zum Wohnsitz des Beklagten trifft die UMV nicht. Durch **2** den expliziten Verweis auf die Brüssel Ia-VO finden Art. 62 und Art. 63 Brüssel Ia-VO (Art. 59, 60 Brüssel I-VO) Anwendung. Zur Fortgeltung der Brüssel I-VO für Verfahren, die vor dem 15.1.2015 eingeleitet wurden, → Art. 94 Rn. 1.

Für die Bestimmung des Wohnsitzes des Beklagten im Hoheitsgebiet des angerufenen **3** Gerichts wendet das Gericht gemäß Art. 62 Abs. 1 Brüssel Ia-VO sein eigenes Recht an. Die Frage, ob ein Wohnsitz in Deutschland besteht, richtet sich demnach nach deutschem Recht, insbesondere nach §§ 7 ff. BGB.

Für die Bestimmung des Sitzes von Gesellschaften und sonstigen juristischen Personen **4** sieht Art. 63 Abs. 1 Brüssel Ia-VO drei Anknüpfungspunkte vor:
• Ort des satzungsmäßigen Sitzes,
• Ort der Hauptverwaltung,
• Ort der Hauptniederlassung.

Durch die Regelung des Art. 63 Brüssel Ia-VO und der Begründung der drei Anknüpfungs- **5** punkte soll eine **vertragsautonome Definition** geschaffen werden. Negative und positive Zuständigkeitskonflikte sollen vermieden werden (Kropholler, Europäisches Zivilprozessrecht, Brüssel I-VO Art. 60 Rn. 2). Der satzungsmäßige Sitz beurteilt sich nach dem Gesellschaftsvertrag. Die Hauptverwaltung befindet sich an dem Ort, an dem die Willensbildung sowie die eigentliche unternehmerische Leitung der Gesellschaft erfolgen. Die Hauptniederlassung befindet sich am Ort des tatsächlichen Geschäftsschwerpunkts (Kropholler, Europäisches Zivilprozessrecht, Brüssel I-VO Art. 60 Rn. 2).

6 Regelmäßig werden die drei alternativ stehenden Anknüpfungspunkte zur Bestimmung des Sitzes von Gesellschaften zusammenfallen. In den seltenen Fällen, in denen eine Gesellschaft mehrere Sitze hat, besteht eine **alternative Zuständigkeit** verschiedener Unionsmarkengerichte. Dem Kläger eröffnet die Zuständigkeit verschiedener Unionsmarkengerichte die Möglichkeit des Forum Shoppings. Dies führt jedoch nicht zu einer unangemessenen Benachteiligung des Beklagten. Dieser ist bereits durch die erste Anknüpfung an den Wohnsitz in Art. 97 Abs. 1 begünstigt (HK-MarkenR/v. Kapff Art. 93 Rn. 16). Der Beklagte besitzt die tatsächliche und rechtliche Gestaltungsfreiheit, seine Tätigkeit so zu beschränken, dass nur an einem der in Art. 63 Abs. 1 Brüssel Ia-VO genannten Anknüpfungspunkten ein Sitz begründet werden kann. Wenn der Beklagte die Begründung verschiedener Sitze zulässt, so muss ein Kläger die freie Wahl zwischen den zuständigen Unionsmarkengerichten besitzen.

6.1 Im Falle Irlands, Zyperns und des Vereinigten Königreichs ist unter dem Ausdruck „satzungsmäßiger Sitz" das „registered office" oder, wenn ein solches nirgendwo besteht, der „place of incorporation" (Ort der Erlangung der Rechtsfähigkeit) oder, wenn ein solcher nirgendwo besteht, der Ort, nach dessen Recht die „formation" (Gründung) erfolgt ist (vgl. Art. 63 Abs. 2 Brüssel Ia-VO).

7 Kann der Wohnsitz des Beklagten (bzw. Sitz bei juristischen Personen) nicht bestimmt werden, so ist erst dann – dies wird durch die Einschränkung „in Ermangelung eines Wohnsitzes" klargestellt – auf die Niederlassung des Beklagten abzustellen (vgl. Art. 97 Abs. 1). Die Niederlassungszuständigkeit setzt also voraus, dass keine Sitzzuständigkeit begründet werden kann (Knaak GRUR 2001, 21(24)). Sie ist dann gegeben, wenn eine Gesellschaft ihren Hauptsitz außerhalb der Union und in der Union eine (oder mehrere) Niederlassungen besitzt.

8 Der Begriff der Niederlassung wird in mehreren Vorschriften (Art. 16 Abs. 1 Buchst. b) „Gleichstellung der Unionsmarke mit der nationalen Marke", Art. 94 Abs. 2 Buchst. c „Anwendung der Brüssel Ia-VO") und unterschiedlichen Formulierungen (Art. 92 Abs. 2 „Allgemeine Vertretung: [...] die weder Wohnsitz noch Sitz noch eine tatsächliche und nicht nur zum Schein bestehende gewerbliche oder Handelsniederlassung im Europäischen Wirtschaftsraum haben [...]) verwendet. Weitergehende Regelungen zur Niederlassung fehlen – ebenso wie zum Begriff des Wohnsitzes – in der UMV.

9 Anders als im Fall des Wohnsitzes, zu dem in Art. 62 und Art. 63 Brüssel Ia-VO (Art. 59, 60 Brüssel I-VO) weitere Regelungen existieren, fehlen Anknüpfungspunkte zur Niederlassung in der Brüssel Ia-VO. Eine direkte Bezugnahme auf den Begriff der Niederlassung des Art. 7 Nr. 5 Brüssel Ia-VO (Art. 5 Abs. 5 Brüssel I-VO), der vorsieht, dass eine Person, die ihren Wohnsitz im Hoheitsgebiet eines Mitgliedstaates hat, auch in einem anderen Mitgliedstaates verklagt werden kann, wenn es sich um Streitigkeiten aus dem Betrieb einer Zweigniederlassung, einer Agentur oder einer sonstigen Niederlassung handelt (und zwar vor dem Gericht, an dem sich diese befindet), ist aufgrund von Art. 94 Abs. 2 Buchst. a ausgeschlossen. Weiterhin ist zu berücksichtigen, dass es sich um eine unbestimmte, beispielhafte Aufzählung von Niederlassungen handelt, die gerade keine autonome Bestimmung der Niederlassung oder einen Verweis in das nationale Recht enthält (HK-MarkenR/v. Kapff Art. 93 Rn. 20).

10 Zur Vermeidung der Gefahr, dass der Begriff der Niederlassung von den einzelnen Unionsmarkengerichten unterschiedlich ausgelegt wird, hat die Bestimmung des Niederlassungsbegriffes **autonom** und nicht durch Rückgriff auf die nationalen Rechtsordnungen zu erfolgen. Ein Verweis auf das nationale Recht gemäß Art. 101 Abs. 2 ist gerade nicht gegeben, da es sich bei der Bestimmung des Begriffes der Niederlassung gerade nicht um eine Frage des materiellen Rechts handelt.

11 Für die Bestimmung des Begriffes der Niederlassung iSd Art. 97 Abs. 1, Abs. 2 kann auf die vom EuGH bereits im Jahr 1978 entwickelten Grundsätze zu Art. 5 Nr. 5 EuGVÜ, der wortgleich ist zu Art. 7 Abs. 5 Brüssel Ia-VO (Art. 5 Abs. 5 Brüssel I-VO), zurückgegriffen werden. Danach ist mit dem Begriff der Zweigniederlassung, der Agentur oder der sonstigen Niederlassung ein Mittelpunkt geschäftlicher Tätigkeit gemeint, der auf Dauer als Außenstelle eines Stammhauses hervortritt, eine Geschäftsführung hat und sachlich so ausgestattet ist, dass er in der Weise Geschäfte mit Dritten betreiben kann, dass diese, obgleich sie wissen, dass möglicherweise ein Rechtsverhältnis mit dem im Ausland ansässigen Stammhaus begründet wird, sich nicht unmittelbar an dieses zu wenden brauchen, sondern Geschäfte an dem Mittelpunkt geschäftlicher Tätigkeit abschließen können, der dessen Außenstelle ist (EuGH Rs. 33/78, BeckRS 2004, 70835 – Somafer/Saar-Ferngas AG).

Für den Rückgriff auf die zu den zu Art. 5 Nr. 5 EuGVÜ/Art. 7 Abs. 5 Brüssel I-VO 12 entwickelten Grundsätze spricht, dass sowohl Art. 97 Abs. 1, Abs. 2 UMV als auch Art. 7 Nr. 5 Brüssel Ia-VO (Art. 5 Abs. 5 Brüssel I-VO) Ausnahmen zur Anknüpfung an den Staat des Wohnsitz begründen, auch wenn im Fall des Art. 7 Nr. 5 Brüssel Ia-VO die Anknüpfung an die Niederlassung alternativ erfolgt, während sie im Fall des Art. 97 Abs. 1, Abs. 2 subsidiär ist.

Der EuGH begründete die Notwendigkeit einer einheitlichen, autonomen Auslegung des 13 Begriffes der Niederlassung damit, dass eine viele Möglichkeiten zulassende Auslegung der Ausnahmen von der Anknüpfung an den Wohnsitz vermieden werden muss, um die Rechtssicherheit und die Wirksamkeit des Rechtsschutzes im gesamten Bereich der Hoheitsgebiete zu fördern (EuGH Rs. 33/78, BeckRS 2004, 70835 Rn. 7 – Somafer/Saar-Ferngas AG). Aufgrund der vergleichbaren Ausnahmesituation und dem identischen Ziel ist es gerechtfertigt, auf die von der Rechtsprechung entwickelten Grundsätze zu Art. 5 Nr. 5 EuGVÜ/ Art. 7 Abs. 5 Brüssel Ia-VO zur Niederlassung zurückzugreifen.

In der Literatur wird teilweise (bei verschiedenen Anknüpfungspunkten) einschränkend 14 darauf hingewiesen, dass Art. 5 Nr. 5 EuGVÜ/Art. 7 Abs. 5 Brüssel Ia-VO das zusätzliche Kriterium aufweise, dass es sich um eine **Streitigkeit aus dem Betrieb einer Niederlassung** handeln müsse (HK-MarkenR/v. Kapff Art. 93 Rn. 20; Knaak GRUR 2001, 21 (25)). Dieses Kriterium lasse sich in der UMV nicht finden. Für den Rückgriff auf die von der Rechtsprechung entwickelten Grundsätze zur Niederlassung ist das weitere in Art. 5 Nr. 5 EuGVÜ/Art. 7 Abs. 5 Brüssel I-VO genannte Kriterium unbeachtlich. Der EuGH hat in seiner Entscheidung klargestellt, dass die in Art. 5 Abs. 5 EuGVÜ aufgeführten Begriffe der gemeinsamen, autonomen Auslegung bedürfen, und hat im Folgenden die beiden Begriffe „Niederlassung" und „Rechtsstreitigkeit aus dem Betrieb" unabhängig voneinander definiert. Es kann daher ohne Berücksichtigung auf das zusätzliche Kriterium auf die vom EuGH zum Begriff der Niederlassung entwickelte Rechtsprechung zurückgegriffen werden.

Besitzt eine Gesellschaft, die ihren Sitz nicht in der Union hat, mehrere Niederlassungen 15 in verschiedenen Ländern, so dass eine Zuständigkeit verschiedener Unionsmarkengerichte begründet werden könnte, hat der Kläger ein **Wahlrecht**, bei welchem Unionsmarkengericht er seine Klage anhängig macht.

Noch nicht geklärt – und im Übrigen stark umstritten – ist die Auslegung des Begriffs 16 der „Niederlassung" in Bezug auf juristisch selbständige Tochter-/Enkelgesellschaften einer Gesellschaft, die ihren Hauptsitz außerhalb der Union hat. Rechtlich geht es um die Frage, ob eine rechtlich selbständige Konzerngesellschaft eine Niederlassung iSd Art. 97 Abs. 1 sein kann und so eine Zuständigkeit der Gerichte in der Union für die außerhalb der Union ansässige Muttergesellschaft begründet werden kann. Mit Beschluss vom 16.11.2016 legte das OLG Düsseldorf dem EuGH die Frage vor, unter welchen Umständen eine juristisch selbständige, in einem Mitgliedstaat der Union ansässige Enkelgesellschaft eines Unternehmens, das selbst in der Union keinen Sitz hat, als „Niederlassung" des Unternehmens iSd Art. 97 Abs. 1 anzusehen sei (OLG Düsseldorf GRUR Int 2016, 154). Das Verfahren ist beim EuGH als Rechtssache C-617/15 – Hummel Holding anhängig.

Art. 97 regelt nur die internationale Zuständigkeit der Unionsmarkengerichte, nicht aber 17 die örtliche Zuständigkeit. Die Bestimmung der örtlichen Zuständigkeit erfolgt gemäß Art. 101 Abs. 3 nach den nationalen Regelungen der Mitgliedstaaten. Die örtliche Zuständigkeit der deutschen Unionsmarkengerichte ist in § 125g MarkenG geregelt. Für die Bestimmung der örtlichen Zuständigkeit gelten die Vorschriften entsprechend, die anzuwenden wären, wenn es sich um eine beim DPMA angemeldete oder eingetragene Marke handeln würde.

II. Wohnsitz des Klägers (Abs. 2)

18   Wenn der Beklagte weder einen Wohnsitz noch eine Niederlassung in der Union besitzt, greift als nächster Anknüpfungstatbestand der Wohnsitz des Klägers nach Art. 97 Abs. 2. Sollte der Kläger keinen Wohnsitz haben, so ist als nächster Anknüpfungstatbestand eine Niederlassung des Klägers einschlägig.

19   Im Hinblick auf die Identität des Begriffes des Wohnsitzes und der Niederlassung wird auf die vorstehenden Ausführungen zu Art. 97 Abs. 1 verwiesen (→ Rn. 8).

20   Das deutsche Verfahrensrecht kennt den Gerichtsstand des Wohnsitzes des Klägers nicht. Für die Bestimmung der örtlichen Zuständigkeit der Unionsmarkengerichte wird daher in § 125g S. 2 MarkenG geregelt, dass das Unionsmarkengericht örtlich zuständig ist, bei dem der Kläger seinen allgemeinen Gerichtsstand hat.

III. Gerichtsstand des Amts (Abs. 3)

21   Art. 97 Abs. 3 dient als Auffangtatbestand. Hat weder der Beklagte noch der Kläger einen Wohnsitz oder eine Niederlassung in einem der Mitgliedstaaten, so sind die Gerichte des Mitgliedstaats zuständig, in dem das Amt seinen Sitz hat. Da Art. 97 Abs. 3 nur die internationale Zuständigkeit regelt, ist damit noch nichts über die örtliche Zuständigkeit gesagt. Diese richtet sich gemäß Art. 101 Abs. 3 nach nationalem spanischen Recht. Derzeit hat Spanien nur ein Unionsmarkengericht benannt, dessen Sitz in Alicante ist (→ Art. 95 Rn. 27).

IV. Gerichtsstandsvereinbarung (Abs. 4 Buchst. a)

22   Art. 97 Abs. 4 Buchst. a sieht vor, dass ungeachtet der Regelungen zur Begründung der Zuständigkeit aufgrund des Wohnsitzes/der Niederlassung des Beklagten, des Wohnsitzes/der Niederlassung des Klägers oder des Amtes Art. 25 Brüssel Ia-VO (Art. 23 Brüssel I-VO) Anwendung findet, wenn die Parteien vereinbaren, dass ein anderes Unionsmarkengericht zuständig sein soll. Gerichtsstandsvereinbarungen (Prorogation) sind somit grundsätzlich zulässig, es kann allerdings nur die Zuständigkeit eines anderen **Unionsmarkengerichts** vereinbart werden. Die Vereinbarung eines anderen Gerichts, das kein Unionsmarkengericht ist, oder gar eines Gerichts außerhalb der Union, wäre folglich unwirksam.

23   In der Literatur wird teilweise problematisiert, wie der Begriff der Zuständigkeit „eines anderen Gerichts" auszulegen sei, da das angerufene Gericht eventuell erst die Zuständigkeitsvoraussetzungen der Abs. 1–3 des Art. 97 prüfen müsste, bevor es entscheiden kann, ob es ein „anderes Gericht" ist (HK-MarkenR/v. Kapff Rn. 37). Gegen eine derartige Interpretation spricht, dass die Gerichtsstandsvereinbarung gerade unabhängig von den Zuständigkeitsregelungen der Abs. 1 bis 3 getroffen werden kann. Bereits der Wortlaut der Vorschrift spricht dafür, dass ein Gericht eine Vorprüfung nicht mehr vornehmen muss.

24   Weiterhin wird problematisiert, ob Art. 97 Abs. 4 Buchst. a dahingehend zu interpretieren ist, dass nur die Vereinbarung eines einzelnen Unionsmarkengerichts zulässig ist oder ob auch die Vereinbarung der Zuständigkeit der Unionsmarkengerichte eines Mitgliedstaates zulässig ist (HK-MarkenR/v. Kapff Rn. 37). Art. 25 Abs. 1 S. 1 Brüssel Ia-VO (Art. 23 Abs. 1 S. 1 Brüssel I-VO), auf den Art. 97 Abs. 4 Buchst. a verweist, sieht abweichend vor, dass die Vereinbarung nicht nur für ein Gericht, sondern auch für die Gerichte eines Mitgliedstaates getroffen werden kann (soweit dort – abweichend von der Mehrheit der Mitgliedstaaten – mehrere Gerichte erster und/oder zweiter Instanz als Unionsmarkengerichte benannt worden sind, → Art. 95 Rn. 3 ff.). Vernünftige Gründe für eine Beschränkung auf nur ein Unionsmarkengericht sind nicht ersichtlich. Art. 97 Abs. 4 Buchst. a will sicherstellen, dass auch im Falle von Gerichtsstandsvereinbarungen ausschließlich Unionsmarkengerichte über die Klagen und Widerklagen des Art. 96 entscheiden dürfen. Diese Anforderung wäre auch weiterhin erfüllt, wenn im Rahmen einer Gerichtsstandsvereinbarung nicht nur die Zuständigkeit eines Unionsmarkengerichts, sondern die Zuständigkeit der Unionsmarkengerichte eines Mitgliedstaates vereinbart würde.

25   Eine Gerichtsstandsvereinbarung muss gemäß Art. 25 Abs. 1 Brüssel Ia-VO (Art. 23 Abs. 1 Brüssel I-VO) geschlossen werden:
- schriftlich oder mündlich mit schriftlicher Bestätigung,
- in einer Form, welche den Gepflogenheiten entspricht, die zwischen den Parteien entstanden sind,

- im internationalen Handel in einer Form, die einem Handelsbrauch entspricht, den die Parteien kannten oder kennen mussten und den Parteien von Verträgen dieser Art in dem betreffenden Geschäftszweig allgemein kennen und regelmäßig beachten.

Art. 25 Abs. 2 Brüssel Ia-VO (Art. 23 Abs. 2 Brüssel I-VO) sieht weiterhin vor, dass elektronische Übermittlungen, die eine dauerhafte Aufzeichnung der Vereinbarung ermöglichen, der Schriftform gleichgestellt sind. **26**

Für die Begründung einer wirksamen Gerichtsstandsvereinbarung gemäß Art. 97 Abs. 4 Buchst. a ist es gemäß Art. 25 Abs. 1 S. 1 Brüssel Ia-VO (Art. 23 Abs. 1 Brüssel I-VO) notwendig, dass eine der Parteien ihren Wohnsitz im Hoheitsgebiet eines Mitgliedstaats hat. Aufgrund der Verweisung des Art. 94 Abs. 2 Buchst. c ist es ebenfalls ausreichend, wenn eine der Parteien eine Niederlassung in einem Mitgliedstaat hat. **27**

V. Rügelose Einlassung (Abs. 4 Buchst. b)

Nach Art. 97 Abs. 4 Buchst. b UMV iVm Art. 26 Brüssel Ia-VO (Art. 24 Brüssel I-VO) besteht ungeachtet der Regelungen der Abs. 1–3 die Möglichkeit, dass die internationale Zuständigkeit eines Unionsmarkengerichts begründet wird, wenn sich der Beklagte auf das Verfahren vor einem anderen Unionsmarkengericht rügelos einlässt. Die Zuständigkeit wird jedoch dann nicht begründet, wenn der Beklagte sich einlässt, um den Mangel der Zuständigkeit geltend zu machen. Ferner kann die Zuständigkeit durch rügelose Einlassung gemäß Art. 26 Brüssel Ia-VO nicht begründet werden, wenn ein anderes Gericht nach Art. 24 Brüssel Ia-VO (Art. 22 Brüssel I-VO) ausschließlich zuständig ist. Für Markenrechte prinzipiell relevant ist insoweit Art. 24 Abs. 4 Brüssel Ia-VO, der die ausschließliche Zuständigkeit der Gerichte im Land der Eintragung festschreibt. Da jedoch gemäß Art. 96 Buchst. d grundsätzlich alle Unionsmarkengerichte für Widerklagen auf Erklärung des Verfalls oder der Nichtigkeit einer Unionsmarke zuständig sind, ist diese Einschränkung im Hinblick auf Unionsmarken gegenstandslos. **28**

VI. Gerichtsstand der Verletzungshandlung (Abs. 5)

Unabhängig von der zwingenden, absteigenden Reihenfolge in Art. 97 Abs. 1–4 sieht Art. 97 Abs. 5 eine alternative Zuständigkeit des Gerichtsstands der Verletzungshandlung vor. Die in Art. 96 genannten Klagen können daher auch bei den Gerichten eines Mitgliedstaates anhängig gemacht werden, **29**
- in dem eine Verletzungshandlung begangen worden ist,
- in dem eine Verletzungshandlung droht, oder
- in dem eine Unionsmarkenanmeldung zwischen dem Zeitpunkt der Veröffentlichung der Anmeldung und der Veröffentlich der Eintragung verletzt worden ist (Art. 9b Abs. 2).

Explizit ausgenommen von der Geltendmachung am Verletzungsort sind Klagen auf Feststellung der Nichtverletzung (negative Feststellungsklagen). Damit ist einem Verletzer die Möglichkeit genommen, im Vorfeld einer Klage, zB nach einer Abmahnung, der eigentlichen Klage zuvorzukommen, indem er in einem anderen Mitgliedstaat eine negative Feststellungsklage erhebt und dem Verletzten die anhängige Rechtshängigkeit entgegenzuhält (HK-MarkenR/v. Kapff Rn. 58). Der Verletzer ist an die vorgehenden Zuständigkeitsregelungen der Abs. 1 bis 3 gebunden. **30**

Anders die Brüssel Ia-VO: Dort wurde festgestellt, dass eine negative Feststellungsklage mit dem Antrag, festzustellen, dass keine Haftung aus einer unerlaubten Handlung, besteht, unter Art. 7 Nr. 2 Brüssel Ia-VO (Art. 5 Nr. 3 Brüssel I-VO) fällt (EuGH C-133/11, GRUR 2013, 98 Rn. 55 – Folien Fischer/Ritrama). Bei nationalen Marken können somit negative Feststellungsklagen vor den Gerichten des Staates bzw. derjenigen Staaten erhoben werden, in dem die – bestrittene – unerlaubte Handlung stattfinden würde. **30.1**

Die Frage, wo die Verletzungshandlung begangen wurde, kann Probleme aufwerfen; dies gilt insbesondere für Teilnahmehandlungen (→ Rn. 40). Als Anknüpfungspunkte kommen in Betracht: **31**
- der Ort, an dem die Verletzung begangen worden ist (Handlungsort),
- der Ort, an dem der Verletzungserfolg/die Rechtsverletzung eingetreten ist (Erfolgsort),
- der Ort, an dem mittelbare Schäden oder Folgeschäden eintreten (Folgeschadensort).

32 Im Rahmen seiner Vorlage „Parfumflakon II" (BGH GRUR 2012, 1065 Rn. 20–26) zu Art. 93 Abs. 5 (jetzt Art. 97 Abs. 5) stellte der BGH ausführlich den Meinungsstand dar.

33 Nach bisher hM galten für die Bestimmung des Orts der Verletzungshandlung gemäß Art. 97 Abs. 5 die gleichen Maßstäbe, nach denen sich bei Art. 7 Nr. 2 Brüssel Ia-VO (Art. 5 Nr. 3 Brüssel I-VO) die Bestimmung des Ortes richtet, an dem das schädigende Ereignis eingetreten ist (BGH GRUR 2012, 1065 Rn. 20 – Parfumflakon II mit weiteren Nachweisen; Fayaz GRUR Int 2009, 459 (463)). Danach sind sowohl die **Gerichte am Handlungs- wie auch am Erfolgsort** zuständig (grundlegend EuGH Rs. 21/76, NJW 1977, 493 – Bier/Mines de Potasse d'Alsace). Hingegen kann am Folgeschadensort keine Zuständigkeit begründet werden (EuGH C-220/88, NJW 1991, 631 f. – Dumez France/Hessische Landesbank).

33.1 In einem Vorlagebeschluss ersuchte der BGH den EuGH um Klärung der Frage des Orts der Verletzungshandlung gemäß Art. 97 Abs. 5. In seinem Vorlagebeschluss setzt sich der BGH ausführlich mit den verschiedenen Auffassungen auseinander. Der BGH neigte dazu, auch im Rahmen des Art. 97 Abs. 5 sowohl auf den Handlungs- als auch auf den Erfolgsort abzustellen.

34 Der EuGH hat der herrschenden Meinung und dem BGH eine eindeutige Absage erteilt (EuGH C-360/12, GRUR Int 2014, 873 – Parfumflakon II). Art. 97 Abs. 5 (früher Art. 93 Abs. 5) begründe eine **Zuständigkeit ausschließlich am Handlungsort** und nicht auch am Erfolgsort. Für die Bestimmung des Orts der Verletzungshandlung gälten nicht dieselben Maßstäbe, nach denen sich bei Art. 5 Nr. 3 Brüssel I-VO (Art. 7 Nr. 2 Brüssel Ia-VO) die Bestimmung des Ortes richteten, an dem das schädigende Ereignis eintrete.

35 Der EuGH begründet seine Entscheidung mit dem Wortlaut der UMV. So sei die Anwendung von Art. 5 Nr. 3 Brüssel I-VO gemäß Art. 94 Abs. 2 Buchst. a iVm Art. 96 ausdrücklich ausgeschlossen (EuGH C-360/12, GRUR Int 2014, 876 Rn. 28). Die Auslegung von Art. 97 Abs. 5 und der darin enthaltene Begriff des Mitgliedstaats, in dem eine Verletzungshandlung begangen werde oder drohe, sei autonom auszulegen (EuGH C-360/12, GRUR Int 2014, 873 Rn. 31).

36 Der Wortlaut von Art. 97 Abs. 5 „[...] in dem eine Verletzungshandlung begangen worden ist oder droht [...]" lege es nahe, dass auf das aktive Verhalten eines Verletzers abgestellt werde, und nicht auf den Ort, an dem diese Verletzung ihre Wirkung entfalte (EuGH C-360/12, GRUR Int 2014, 873 Rn. 34).

36.1 Die Konsequenzen dieser Rechtsprechung für Klagen gegen den primären Verletzer (für Teilnehmer→ Rn. 40) hängen vom Verständnis des Begriffs „Verletzungshandlung" ab (s. dazu Kur GRUR Int 2014, 749 (753 f.); Hackbarth MarkenR 2015, 413 (419 f.); Hasselblatt/Menebröcker Rn. 15 ff.). Wenn man diesen Begriff eng fasst und darunter nur ein physisches Tätigwerden im betreffenden Mitgliedstaat versteht, besteht das Risiko, dass die Wahlmöglichkeit, die Art. 97 Abs. 5 dem Kläger eröffnet, eingeschränkt wird. Häufig wird ein physisches Tätigwerden des Verletzers nur in dem Mitgliedstaat gegeben sein, in dem er seinen Sitz oder eine Niederlassung hat. Die Anwendbarkeit von Art. 97 Abs. 5 entfällt ferner uU ganz, wenn der Verletzer ausschließlich in einem Nicht-Mitgliedstaat „aktiv gehandelt" hat.

36.2 Der Begriff der Verletzungshandlung kann jedoch auch als „tatbestandsmäßiges Handeln" iSd Verletzungstatbestandes gedeutet werden. Damit bleibt Art. 97 Abs. 5 zB dann anwendbar, wenn ein Verletzer aus dem Ausland Waren in den Mitgliedstaat verkauft und liefert, in dem die Verletzung gerichtlich geltend gemacht wird (zur Bejahung einer Benutzung im geschäftlichen Verkehr in einem solchen Fall s. EuGH C-98/13, GRUR Int 2014, 298 Rn. 29, 33 – Blomqvist/Rolex). Bei dieser Auslegung ist sichergestellt, dass die Vorschrift auch dann Anwendung finden kann, wenn Herstellung und Kennzeichnung außerhalb der EU erfolgen.

36.3 Die Mehrheit der Literaturstimmen geht jedenfalls im Ergebnis davon aus, dass „Verletzungshandlung" entsprechend einer „Benutzung im geschäftlichen Verkehr" zu verstehen ist (Kur GRUR Int 2014, 749 (754); Hackbarth MarkenR 2015, 413 (420): ausreichend sei unter anderem die zielgerichtete Lieferung nach Deutschland oder eine Werbung mit hinreichendem Inlandsbezug; Hasselblatt/Menebröcker Rn. 17 f.: ausreichend sei unter anderem der „Import in die EU" (wobei konsequenterweise das gleiche für die Versendung aus einem EU-Mitgliedstaat in einen anderen gelten muss; ferner soll als Verletzungshandlung die Verwendung in Geschäftspapieren oder in der Werbung, genügen, wobei bei Internet-Sachverhalten Unklarheiten auftreten können). Eine abschließende Klärung der Frage, was ein aktives Verhalten des Verletzers darstellt, ist weiteren Entscheidungen des EuGH vorbehalten.

In seiner Entscheidung stellt der EuGH außerdem klar, dass für Entscheidungen über 37 Klagen, die auf das innerstaatliche Gesetz gegen den unlauteren Wettbewerb gestützt werden, keine Einschränkung für die Anwendung von Art. 7 Abs. 2 Brüssel Ia-VO (Art. 5 Nr. 3 Brüssel I-VO) bestehe. Kann sich ein Kläger auf geeignete UWG-Tatbestände berufen, so können Ansprüche auch zukünftig am Gerichtsstand des Erfolgsortes geltend gemacht werden (Kur GRUR Int 2014, 749 (755)).

Die Regelung der internationalen Zuständigkeit für Verletzungshandlungen in Art. 97 38 Abs. 5 ist in engem Zusammenhang mit der Regelung der Reichweite der Zuständigkeit in Art. 98 Abs. 2 zu sehen. Art. 98 Abs. 2 sieht vor, dass ein nach Art. 97 Abs. 5 zuständiges Unionsmarkengericht nur für die Handlungen zuständig ist, die in dem Mitgliedstaat begangen worden sind oder drohen, in dem das Gericht seinen Sitz hat.

Art. 97 Abs. 5 eröffnet bei Verletzungshandlungen in mehreren Mitgliedstaaten dem Kläger 39 ein Wahlrecht, in welchem Mitgliedstaat er ein Verfahren gegen einen Verletzer einleitet (forum shopping). Für die Wahl, ein Unionsmarkengericht eines bestimmten Landes anzurufen, können verschiedene Gründe sprechen:
- Qualität der Entscheidungen,
- Schnelligkeit der Entscheidungen,
- Umfang der Verletzungshandlungen,
- Vertrautheit des Gerichts mit vergleichbaren Sachverhalten,
- Vollstreckbarkeit von Entscheidungen,
- Durchsetzbarkeit von Entscheidungen,
- Umgang des Gerichts mit Folgeansprüchen,
- Kosten des Verfahrens.

VII. Bestimmung der internationalen Zuständigkeit bei Teilnahmehandlungen in einem anderen Mitgliedstaat

Bis zur Entscheidung „Parfumflakon II" des EuGH (EuGH C-360/12, GRUR Int 2014, 40 873 – Parfumflakon II) war rechtlich nicht geklärt, ob eine Verletzungshandlung in einem Mitgliedstaat iSv Art. 97 Abs. 5 begangen worden ist, wenn durch eine Handlung in einem anderen Mitgliedstaat eine Beihilfe zu der im erstgenannten Mitgliedstaat begangenen Rechtsverletzung geleistet wird. Die Klärung der Frage erfolgte aufgrund eines Vorlagebeschlusses des BGH, der noch die frühere Regelung, nämlich Art. 93 Abs. 5 GMV, betraf (BGH GRUR 2012, 1065 – Parfumflakon II).

Dem Ersuchen lag folgender Sachverhalt zugrunde: Ein belgisches Unternehmen verkaufte angeblich 40.1 markenverletzende Ware an einen in Deutschland ansässigen Händler. Dieser führte die Ware nach Deutschland ein und vertrieb sie in Deutschland. Dem belgischen Unternehmen soll bekannt gewesen sein, dass der deutsche Händler beabsichtigte, die angeblich markenverletzende Ware nach Deutschland einzuführen und zu verkaufen. Für die Beurteilung des Streitfalls kommt es auf die Frage an, ob die deutschen Gerichte zur Entscheidung über die Ansprüche auf Auskunft, Schadensersatz und Erstattung der vorgerichtlichen Rechtsverfolgungskosten wegen Verletzung der Unionsmarke auch gegenüber dem belgischen Unternehmen international zuständig sind.

Fraglich ist, ob für die in Belgien begangene Verletzungshandlung des belgischen Unternehmens 40.2 eine Gerichtszuständigkeit gemäß Art. 93 Abs. 5 (Art. 97 Abs. 5) in Deutschland begründet werden kann, wenn die in Belgien begangene Verletzungshandlung eine Beihilfe zu der in Deutschland begangenen Verletzungshandlung des in Deutschland ansässigen Händlers darstellt. Der BGH neigte dazu, dass für die Frage, in welchem Mitgliedstaat eine Verletzungshandlung iS von Art. 93 Abs. 5 (Art. 97 Abs. 5) begangen worden ist, sowohl auf den Ort des ursächlichen Geschehens (Handlungsort) als auch auf den Ort, an dem der Schaden eingetreten ist (Erfolgsort), abzustellen (BGH GRUR 2012, 1065 Rn. 20, 21 – Parfumflakon II). Im vorliegenden Fall wäre die Klagemarke durch den in Deutschland ansässigen Händler verletzt worden. Handlungs- und Erfolgsort liegen in Deutschland. Ist dem belgischen Unternehmen als Teilnehmerin diese Verletzungshandlung auch im Rahmen des Art. 93 Abs. 5 (Art. 97 Abs. 5) zuzurechnen, wäre die internationale Zuständigkeit deutscher Gerichte begründet (BGH GRUR 2012, 1065 Rn. 28 – Parfumflakon II).

Der Vorlagebeschluss betraf im Wesentlichen die Frage, ob das Anknüpfungskriterium des 41 Erfolgsortes, wie es in der Rechtsprechung zu Art. 5 Abs. 3 Brüssel I-VO (Art. 7 Abs. 2 Brüssel Ia-VO) entwickelt wurde, nach den dieser Rechtsprechung zugrunde liegenden

Kriterien – wie insbesondere der Nähe der Gerichte am Erfolgsort zu den schadensbegründenden und den Umfang des Schadens betreffenden Umständen – auch auf die Handlungen von Personen Anwendung findet, die zwar selbst nicht in dem betreffenden Mitgliedsland tätig geworden sind, aber zur Verwirklichung des dort eingetretenen Verletzungserfolgs beigetragen haben.

42 Im Rahmen seiner Entscheidung stellte der EuGH klar, dass für die Bestimmung der internationalen Zuständigkeit gemäß Art. 97 Abs. 5 ausschließlich auf den Handlungsort und nicht auf den Erfolgsort abzustellen sei (→ Rn. 34). Beschränken sich die markenverletzenden Handlungen eines Täters auf einen Mitgliedstaat, so kann für diese Handlungen keine Zuständigkeit in einem anderen Mitgliedstaat begründet werden, selbst wenn die tatbestandsmäßigen Handlungen als Beihilfe für weitere markenverletzende Handlungen Dritter in anderen Mitgliedstaaten gewertet werden.

42.1 Die Auswirkungen dieser Rechtsprechung werden nur dann relevant, wenn der im Ausland handelnde Teilnehmer allein verklagt wird. Keine Einschränkungen ergeben sich aus der EuGH-Rechtsprechung zu Art. 97 Abs. 5 für die Möglichkeit, Teilnehmer zusammen mit dem ggf. im Verletzungsstaat ansässigen primären Verletzer zu verklagen (Art. 8 Abs. 1 Brüssel Ia-VO; → Rn. 44; zur Reichweite der Kognitionsbefugnis in einem derartigen Fall → Rn. 60 ff.)

VIII. Örtliche Zuständigkeit

43 Art. 97 regelt lediglich die internationale Zuständigkeit der Unionsmarkengerichte. Art. 97 regelt nicht, welches Unionsmarkengericht in einem Mitgliedstaat zuständig ist (örtliche Zuständigkeit). In den Ländern, die nur ein Unionsmarkengericht benannt haben, stellt sich die Frage der örtlichen Zuständigkeit nicht. In den Ländern, in denen mehrere Unionsmarkengerichte benannt worden sind, ist die örtliche Zuständigkeit gemäß Art. 101 Abs. 3 nach den Verfahrensvorschriften des Mitgliedstaats zu bestimmen. Für die Bestimmung der örtlichen Zuständigkeit der Unionsmarkengerichte in der Bundesrepublik Deutschland gelten gemäß § 125g MarkenG die für die Bestimmung der örtlichen Zuständigkeit von nationalen Marken einschlägigen Vorschriften. Für deutsche Marken bestimmt sich die örtliche Zuständigkeit nach den allgemeinen Vorschriften der ZPO (§§ 12 ff. ZPO). Es gilt daher der allgemeine Gerichtsstand des Beklagten gemäß §§ 12, 13 ZPO und der Gerichtsstand der unerlaubten Handlung gemäß § 32 ZPO. Der in Art. 97 Abs. 2 vorgesehene Gerichtsstand des Klägers ist dem deutschen Recht unbekannt. In § 125g S. 2 MarkenG wurde daher eine entsprechende örtliche Zuständigkeit am allgemeinen Gerichtsstand des Klägers geschaffen.

B. Gerichtsstand der Beklagtenmehrheit

I. Allgemeines

44 Oft sind an einer Unionsmarkenverletzung mehrere Personen mit Wohnsitzen in unterschiedlichen Mitgliedstaaten beteiligt. Für den Markeninhaber besteht in derartigen Fällen ein großes Interesse daran, die beteiligten Personen an einem einzigen Gerichtsstand zu verklagen.

45 In der UMV ist der Gerichtsstand der Streitgenossenschaft nicht geregelt. Eine Regelung zur Streitgenossenschaft findet sich in Art. 8 Nr. 1 Brüssel Ia-VO (Art. 6 Nr. 1 Brüssel I-VO), deren Anwendung auch nicht durch Art. 94 Abs. 2 UMV ausgeschlossen ist.

46 Nach Art. 8 Nr. 1 Brüssel Ia-VO (Art. 6 Nr. 1 Brüssel I-VO) kann eine Person, die ihren Wohnsitz im Hoheitsgebiet eines Mitgliedstaats hat, auch verklagt werden, wenn mehrere Personen zusammen verklagt werden, vor dem Gericht des Ortes, an dem einer der Beklagten seinen Wohnsitz hat, sofern zwischen den Klagen eine so enge Beziehung (Konnexität) gegeben ist, dass eine gemeinsame Verhandlung und Entscheidung geboten erscheint, um zu vermeiden, dass in getrennten Verfahren widersprechende Entscheidungen ergehen könnten.

47 Neben der internationalen Zuständigkeit bestimmt Art. 8 Nr. 1 Brüssel Ia-VO auch die innerstaatliche örtliche Zuständigkeit (Eisenführ/Schennen/Eisenführ Rn. 15; Hackbarth MarkenR 2015, 413 ff.).

48 Als Voraussetzung der Konnexität iSv Art. 8 Abs. 1 Brüssel Ia-VO fordert der EuGH, dass die Gefahr widerstreitender Entscheidungen bei der gleichen Sach- und Rechtslage besteht

(EuGH GRUR Int 2006, 836 Rn. 26 – Roche/Primus). An Letzterer fehlte es dem EuGH zufolge in einem Rechtsstreit wegen der Verletzung eines europäischen Patents in mehreren Vertragsstaaten durch konzernangehörige Gesellschaften, die ebenfalls in mehreren Vertragsstaaten ansässig waren. Im Falle der Verletzung eines europäischen Patents liege nicht dieselbe Rechtslage vor, da jede Klage wegen Verletzung eines europäischen Patents anhand des einschlägigen Rechts zu prüfen sei, das in jedem der Staaten gelte, für die es erteilt worden sei (EuGH GRUR Int 2006, 836 Rn. 31 – Roche/Primus).

Die Entscheidung des EuGH ist stark kritisiert worden (Kur IIC 2008, 844, 849 ff.; Luginbühl GRUR Int 2010, 97 f.; Schlosser JZ 2007, 305 ff.; Adolphsen IPRax 2007, 15 ff.) und wurde in der Folgezeit teilweise relativiert. In der Entscheidung „Painer", die die Verletzung von Urheberrechten durch nicht autorisierte Presseveröffentlichungen von Fotografien in Deutschland und Österreich betraf, wurde erklärt, die Frage, ob die geltend gemachten Ansprüche auf derselben Rechtsgrundlage beruhen, sei lediglich einer von mehreren erheblichen Faktoren und stelle **keine unabdingbare Voraussetzung** für die Anwendbarkeit von Art. 8 Nr. 1 Brüssel Ia-VO (Art. 6 Nr. 1 Brüssel I-VO)() dar (EuGH C-145/10, GRUR 2012, 166 Rn. 80 – Painer/Standard VerlagsGmbH; ebenso bereits EuGH C-98/06, NJW 2007, 3702 Rn. 41 – Freeport). Dies gilt umso mehr dann, wenn die verschiedenen nationalen Rechtsvorschriften, auf die die Klage gestützt wird, dem vorlegenden Gericht zufolge in ihren Grundzügen identisch sind (EuGH C-145/10, GRUR 2012, 166 Rn. 82 – Painer/Standard VerlagsGmbH). In einer weiteren Entscheidung zur Verletzung Europäischer Bündelpatente wurde ferner erklärt, dass ungeachtet der Rechtsverschiedenheit Art. 8 Nr. 1 Brüssel Ia-VO (Art. 6 Abs. 1 Brüssel I-VO) Anwendung finden kann, wenn mehrere Verletzer gemeinsam dieselben Patente in mehreren Mitgliedstaaten verletzen (EuGH C-616/10, GRUR 2012, 1196 – Solvay/Honeywell; Sujecki GRUR Int 2013, 201).

Fraglich ist, welche Auswirkungen diese Entscheidungen auf die Beklagtenmehrheit bei Verletzung einer Unionsmarke haben. Insoweit lassen die Entscheidungen des EuGH noch zahlreiche Fragen offen (kritisch Sujecki GRUR Int 2013, 201 (205 f.); detaillierter und konstruktiver als der EuGH äußert sich Generalanwältin Trstenjak in den Schlussanträgen; C-145/10, BeckEuRS 2011, 570115 Rn. 86 ff. – Painer/Standard VerlagsGmbH).

II. Dieselbe Sachlage

Bei der Unionsmarke handelt es sich um ein supranationales Schutzrecht, das seine Wirkung in allen Mitgliedstaaten entfaltet. Die Eintragung und Schutzerlangung einer Unionsmarke erfolgt in der EU nach gleichen Kriterien, sie entfaltet gemäß Art. 1 Abs. 2 einheitliche Wirkung für die gesamte Union. Hierin unterscheidet sich die Unionsmarke gerade von einem europäischen Patent, sie ist eben kein Bündel nationaler Marken.

Von derselben Sachlage dürfte grundsätzlich immer dann auszugehen sein, wenn die Beteiligten aufgrund eines gemeinsamen Plans gehandelt haben; umgekehrt dürfte dieselbe Sachlage nicht gegeben sein, wenn die Parteien unabhängig voneinander gehandelt haben (in diesem Sinne die Schlussanträge von Generalanwältin Trstenjak, BeckEuRS 2011, 570115 Rn. 92 f. – Painer/Standard VerlagsGmbH; offengelassen in EuGH C-145/10, GRUR 2012, 166 Rn. 83 – Painer/Standard VerlagsGmbH: „kann erheblich sein"). Dabei ist es für die Begründung derselben Sachlage unerheblich, in welchem Mitgliedstaat die Unionsmarke von den Beklagten verletzt wird. Ausschlaggebend ist im Einzelfall immer der Zweck der Vorschrift, eine geordnete Rechtspflege zu fördern, Parallelverfahren so weit wie möglich zu vermeiden und damit zu verhindern, dass in getrennten Verfahren widersprechende Entscheidungen ergehen könnten (EuGH C-145/10, GRUR 2012, 166 Rn. 77 – Painer/Standard VerlagsGmbH). Ebenso kann dieselbe Sachlage bei stufenmäßig aufeinander folgenden schutzrechtsverletzenden Benutzungshandlungen an derselben Unionsmarke vorliegen, was insbesondere dann der Fall sein kann, wenn Hersteller, Lieferant und Käufer in einem Boot sitzen (BGH GRUR Int 2007, 864 Rn. 17 – K/JALAIR; Lange GRUR 2007, 107 (113 f.)).

III. Dieselbe Rechtslage

1. In der UMV geregelte Sanktionen

53 Für die Geltendmachung des Unterlassungsanspruchs gemäß Art. 9 Abs. 2 (sowie des Entschädigungsanspruchs gemäß Art. 9b Abs. 2) ist unproblematisch dieselbe Rechtslage gegeben. Beide Anspruchsgrundlagen sind in der UMV geregelt und gelten einheitlich in allen Mitgliedstaaten.

54 Bei der Verletzung einer Unionsmarke kann somit für die Geltendmachung eines Unterlassungsanspruchs gegenüber mehreren Beklagten ein Gerichtsstand gemäß Art. 8 Nr. 1 Brüssel Ia-VO (Art. 6 Nr. 1 Brüssel I-VO) begründet werden, wenn dieselbe Sach- und Rechtslage begründet ist. Der BGH hat für die Geltendmachung eines Unterlassungsanspruchs den Gerichtsstand der Streitgenossenschaft anerkannt, wenn mehrere Konzernunternehmen mit Sitz in verschiedenen Mitgliedstaaten mit der Begründung in Anspruch genommen werden, sie hätten auf verschiedenen Absatzstufen in einer „Verletzerkette" zusammengewirkt und dabei eine Markenverletzung begangen (BGH GRUR Int 2007, 864 Rn. 17 – K/JALAIR). Mit der Unterlassungsklage erstrebte der Kläger ein unionsweites Verbot identischer Handlungen. Dieses Klagebegehren bezog sich gegenüber allen Beklagten im Wesentlichen auf eine identische Sachlage. In Anbetracht der Einheitlichkeit der Unionsmarke erging die Entscheidung auf einer gegenüber allen Beklagten identischen Rechtslage (BGH GRUR Int 2007, 864 Rn. 18, 29).

2. Nicht in der UMV geregelte Sanktionen/Folgeansprüche

55 Es ist umstritten, ob bezüglich der Folgeansprüche dieselbe Sach- und Rechtslage und somit eine so enge Beziehung (Konnexität) gegeben ist, dass der Gerichtsstand der Streitgenossenschaft nach Art. 8 Nr. 1 Brüssel Ia-VO (Art. 6 Nr. 1 Brüssel I-VO) eröffnet ist. Sollte der Gerichtsstand der Streitgenossenschaft nach Art. 8 Nr. 1 Brüssel Ia-VO eröffnet sein, könnte der Kläger neben dem Unterlassungsanspruch auch die Folgeansprüche bei demselben Unionsmarkengericht geltend machen.

56 Nach der herrschenden Literaturmeinung erstreckt sich die Anwendbarkeit des Art. 8 Nr. 1 Brüssel Ia-VO (Art. 6 Nr. 1 Brüssel I-VO) wegen der Einheitlichkeit der Unionsmarke nicht nur auf solche in der Unionsmarkenverordnung geregelten Sanktionen, sondern auch auf sämtliche Folgeansprüche iSd Art. 102 Abs. 2 (Eisenführ/Schennen/Eisenführ Rn. 16 mwN; Kur GRUR Int 2014, 749 (756); Hackbarth MarkenR 2015, 413 (418) mwN). Im Falle der Verletzung einer Unionsmarke durch die Streitgenossen verletzten alle die einheitlich geschützte Unionsmarke, so dass die enge Beziehung zwischen den Klagen immer gegeben sei. Die nach nationalem Recht unterschiedlichen Rechtsfolgen bei den Folgeansprüchen änderten nichts daran, dass die Voraussetzungen der Markenverletzung einheitlich in der UMV geregelt seien und diesbezüglich die Gefahr widersprechender Entscheidungen bestehe (Fayaz GRUR Int 2009, 459 (468)). Schließlich verweisen die Vertreter dieser Ansicht auf die K/JALAIR-Entscheidung des BGH (BGH GRUR Int 2007, 864 – K/JALAIR).

57 Nach anderer Ansicht begegnet die Anwendung von Art. 8 Nr. 1 Brüssel Ia-VO (Art. 6 Abs. 1 Brüssel I-VO) im Hinblick auf Folgeansprüche erheblichen Bedenken (Lange GRUR 2007, 107 (112)). Auf die K/JALAIR-Entscheidung des BGH könne sie sich nicht stützen, da sich diese lediglich auf Unterlassungsansprüche bezogen habe (BGH GRUR Int 2007, 864 Rn. 18 f. – K/JALAIR). Da Art. 102 Abs. 2 auf das nationale Recht verweise, fehle es für die Folgeansprüche an der notwendigen Konnexität. Für die Folgeansprüche gelten somit unterschiedliche Vorschriften verschiedener Rechtsordnungen. Diese könnten zwar durchaus vergleichbar sein, sie seien aber nicht harmonisiert. Die Tatbestandsvoraussetzungen für die einzelnen Ansprüche seien regelmäßig nicht identisch. Auch die durch die Enforcement-Richtlinie (RL 2004/48/EG) harmonisierten Durchsetzungsmöglichkeiten ließen keine andere Betrachtung zu. Durch die Enforcement-Richtlinie werde nur ein Mindeststandard garantiert, eine Vereinheitlichung der Anspruchsvoraussetzungen erfolge gerade nicht. Insgesamt verblieben bedeutsame Unterschiede in der Durchsetzung zwischen den Mitgliedstaaten, zB im Hinblick auf unterschiedliche Ansätze bei der Schadensschätzung (Lange GRUR 2007, 107 (112)). Nach dieser Auffassung müssen Folgeansprüche gegen die einzelnen Betei-

ligten in getrennten Verfahren geltend gemacht werden. Diese Auffassung orientiert sich an der Entscheidung des EuGH im Verfahren Roche/Primus (→ Rn. 48).

Nach der neueren Rechtsprechung des EuGH stellt die einheitliche Rechtslage keine notwendige Voraussetzung für die Anwendung von Art. 8 Nr. 1 Brüssel Ia-VO (Art. 6 Nr. 1 Brüssel I-VO) mehr dar (→ Rn. 49). So ist die Verschiedenheit der Rechtsgrundlagen insbesondere dann kein Hindernis für die Zulässigkeit der Klagehäufung, wenn die Beteiligten in verschiedenen Mitgliedstaaten gemeinsam gehandelt haben (EuGH C-616/10, GRUR 2012, 1196 Rn. 30 f. – Solvay/Honeywell). Aber auch wenn die einzelnen Beklagten separate Handlungen in verschiedenen Mitgliedstaaten vorgenommen haben, kann ungeachtet des Umstandes, dass jeweils unterschiedliche nationale Gesetze angewandt werden müssen, „dieselbe Rechtslage" iSv Art. 8 Nr. 1 Brüssel Ia-VO (Art. 6 Nr. 1 Brüssel I-VO) vorliegen. Dies gilt umso mehr, wenn die Rechtsgrundlagen dem Grunde nach identisch sind (EuGH C-145/10, GRUR 2012, 166 Rn. 82 – Painer/Standard VerlagsGmbH). 58

Zumindest das OLG Düsseldorf ist in seinem Vorlagebeschluss zum EuGH vom 7.1.2016 der Auffassung, dass bei der Verletzung von Gemeinschaftsrechten (Unionsmarken, Gemeinschaftsgeschmacksmustern) durch Erzeugnisse bei Unternehmen, die in einer Lieferkette stehen, dieselbe Sach- und Rechtslage vorliege. Gemeinsame rechtliche Klammer seien die Ansprüche aus der in der Union einheitlich bestehenden Unionsmarke. Dies gelte nicht nur für den in der UMV selbst – zumindest in Grundzügen – geregelten Unterlassungsanspruch sondern auch für die Annexansprüche. Zum einen seien die Ansprüche durch die RL 2004/48/EG teilharmonisiert, zum anderen reiche die gemeinsame Klammer durch eine bestehende Unionsmarke, deren Inhalt und Schranken durch das Unionsrecht bestimmt werden, aus. Der Senat betrachtete die Rechtsfrage für den vorliegenden Sachverhalt als hinreichend geklärt und verzichtete auf eine Vorlage an den Gerichtshof (OLG Düsseldorf GRUR 2016, 616 Rn. 10 – Fernbedienung für Videospielkonsole; s. auch OLG Düsseldorf GRUR-RS 2016, 02936 – Balance Board; beim EuGH anhängig als C-24/16 und C-25/16 – Nintendo/BigBen). 59

3. Kognitionsbefugnis des Gerichts

In seinem Vorlagebeschluss befasst sich das OLG Düsseldorf auch mit der Frage der Kognitionsbefugnis des Gerichts, also mit der Frage, ob und ggf. in welchem Umfang es eine Entscheidung treffen darf. In diesem Zusammenhang weist es auf zwei offene Fragen hin, um deren Klärung es den EuGH bittet. 60

Zum einen ist streitig, ob der die Zuständigkeit rechtfertigende Umstand (in diesem Fall die Lieferkette potenziell schutzrechtsverletzender Waren) dazu führt, dass das so international zuständige Gericht nur über diesen Sachverhalt entscheiden dürfe. Das Gericht dürfte dann nur über die in der Lieferkette gelieferten Waren entscheiden und müsste die ggf. auszusprechenden Sanktionen auf die Waren innerhalb der Lieferkette beschränken (Hackbarth MarkenR 2015, 413 (417)). Die Gegenmeinung nimmt eine Beschränkung auf die Lieferkette nicht vor (ÖOGH GRUR Int 2013, 569 – Red Bull/Pit Bull). 61

Dabei kann der Umfang der Kognitionsbefugnis nicht getrennt von den für die Anwendbarkeit von Art. 8 Abs. 1 Brüssel Ia-VO erforderlichen Voraussetzungen betrachtet werden. Sie reicht also stets nur so weit, wie es bei den geltend gemachten Ansprüchen um dieselbe Sach- und Rechtslage geht (→ Rn. 51 ff.; → Rn. 53 ff.). Einschränkungen können allenfalls insoweit gemacht werden, als es sich um eine missbräuchliche Inanspruchnahme des Mehrparteiengerichtsstands handelt (→ Rn. 64.3). 61.1

Zum anderen ist streitig, ob Ansprüche gegen das Unternehmen, das allein in Folge von Art. 8 Nr. 1 Brüssel Ia-VO (Art. 6 Nr. 1 Brüssel I-VO) gerichtspflichtig ist, unionsweit oder nur beschränkt auf das nationale Territorium des Gerichtsstaates geltend gemacht werden können. Der BGH geht beim Unterlassungsanspruch (jedenfalls in Hauptsacheverfahren) von der Möglichkeit der Geltendmachung unionsweiter Ansprüche aus (BGH GRUR Int 2007, 864 Rn. 20). Die Gegenmeinung will die territoriale Kognitionsbefugnis auf das nationale Territorium des Gerichtsstands beschränken (LG Düsseldorf GRUR-RR 2011, 361 (363)). Weiterhin werden unterschiedliche Auffassungen im Hinblick auf Hauptsacheverfahren und Verfahren des einstweiligen Rechtsschutzes diskutiert. Auch in den Mitgliedstaaten wird die territoriale Reichweite der Entscheidungen unterschiedlich gehandhabt (vgl. Hackbarth MarkenR 2015, 413 (419)). 62

63 Das OLG Düsseldorf hat daher in einem Fall, dem die Verletzung eines Gemeinschaftsgeschmacksmusters zugrunde lag, den EuGH um Klärung gebeten. Das Gericht geht aufgrund der vergleichbaren Rechtsnatur von Gemeinschaftsgeschmacksmuster und Unionsmarke davon aus, dass die Entscheidung des EuGH auch für Unionsmarken gelten wird (OLG Düsseldorf, GRUR 2016, 616 Rn. 10 – Fernbedienung für Videospielkonsole; s. auch OLG Düsseldorf GRUR-RS 2016, 02936 – Balance Board; beim EuGH anhängig als C-24/16 und C-25/16 – Nintendo/BigBen). Für das Unionsmarkenrecht würde die Frage wie folgt lauten:

64 „Kann im Rahmen eines Prozesses zur Durchsetzung von Ansprüchen aus einer Unionsmarke das Gericht eines Mitgliedstaates, dessen Zuständigkeit hinsichtlich eines Beklagten sich allein aus Art. 94 Abs. 1 UMV iVm Art. 8 Nr. 1 Brüssel Ia-VO ergibt, weil dieser in einem anderen Mitgliedstaat ansässige Beklagte den im betreffenden Mitgliedstaat ansässigen Beklagten mit möglicherweise schutzrechtsverletzenden Waren beliefert hat, gegen den erstgenannten Beklagten Anordnungen treffen, die unionsweit gelten und die über die Zuständigkeit begründenden Lieferbeziehungen hinausgehen?" (OLG Düsseldorf GRUR 2016, 616 Rn. 10 – Fernbedienung für Videospielkonsole; s. auch OLG Düsseldorf GRUR-RS 2016, 02936 – Balance Board; beim EuGH anhängig als C-24/16 und C-25/16 – Nintendo/BigBen).

64.1 Die Frage umfasst eine Reihe von Einzelfragen, die weitere Fragen nach sich ziehen. Eine Rolle spielt dabei u.a. die Frage, ob die Geltendmachung unionsweiter Ansprüche gegen einen in einem anderen EU-Mitgliedstaat ansässigen Beklagten missbräuchlich ist, wenn der ortsansässige „Ankerbeklagten" nur im eigenen Territorium tätig geworden ist. Der EuGH lehnt es grundsätzlich ab, neben der übereinstimmenden Sach- und Rechtslage zu prüfen, ob die Klageverbindung zu dem Zweck erfolgt, einen anderen Beklagten den Gerichten seines Wohnsitzstaates zu entziehen (EuGH C-98/06, EuZW 2007, 703 Rn. 54 – Freeport/Arnoldsson).

64.2 Nichtsdestotrotz ist die Audiencia Provincial de Alicante (Berufungsgericht in Alicante) in einem Verfahren, in dem ein ortsansässiger Autohändler gemeinsam mit einem unionsweit tätigen Hersteller von Automobil-Felgen aus Italien wegen Verletzung des an den Felgen bestehenden Gemeinschaftsgeschmacksmusters verklagt wurde, davon ausgegangen, dass keine internationale Zuständigkeit gegenüber dem italienischen Unternehmen bestehe, da diesem durch die Klageerhebung am Wohnsitz des spanischen Autohändlers der günstigere Gerichtsstand des Art. 82 Abs. 1 GGV entzogen werde (Audiencia Provincial de Alicante Urt. v. 13.2.2014 – 562/11, MarkenR 2015, 449; kritisch zu dieser Entscheidung Hackbarth MarkenR 2015, 413 (421)).

64.3 Aber auch der EuGH lässt eine Ausnahme vom Grundsatz (→ Rn. 64.1) zu, wenn dem Kläger und dem „Ankerbeklagten" ein kollusives Zusammenwirken zu dem Zweck nachgewiesen werden kann, die Voraussetzungen für die Anwendung von Art. 8 Abs. 1 Brüssel Ia-VO im Zeitpunkt der Klageerhebung künstlich herbeizuführen oder aufrechtzuerhalten, wobei strenge Anforderungen an den entsprechenden Nachweis zu stellen sind (EuGH GRUR Int 2015, 1176 Rn. 33 – CPC; Hackbarth MarkenR 2015, 413 (420)).

64.4 Mit dem kollusiven Zusammenwirken zwischen Kläger und Ankerbeklagtem zum Zweck der Herbeiführung der Voraussetzungen für die Anwendung von Art. 8 Abs. 1 Brüssel Ia-VO lässt sich die Erhebung der Verletzungsklage gegen einen unionsweit tätigen Verletzer am Wohnort eines lediglich territorial tätigen Mitverletzers bei ansonsten übereinstimmender Sach- und Rechtslage kaum vergleichen. Für die Beantwortung der dem EuGH vom OLG Düsseldorf in seinem Vorlagebeschluss unterbreiteten Frage nach dem Umfang der Kognitionsbefugnis (OLG Düsseldorf GRUR 2016, 616 Rn. 10 – Fernbedienung für Videospielkonsole; s. auch OLG Düsseldorf GRUR-RS 2016, 02936 – Balance Board; beim EuGH anhängig als C-24/16 und C-25/16 – Nintendo/BigBen) wird es daher letztlich darauf ankommen, ob die Gefahr widersprüchlicher Entscheidungen begründet wird, wenn – im Fall der Beschränkung der Entscheidungsbefugnis auf den Wohnsitzsstaat des Ankerbeklagten – ggf. wiederholt Klage gegen den Sekundärbeklagten vor anderen Gemeinschaftsgeschmacksmuster- (bzw. Unionsmarken-)gerichten erhoben werden muss.

Art. 98 Reichweite der Zuständigkeit

(1) Ein Unionsmarkengericht, dessen Zuständigkeit auf Artikel 97 Absätze 1 bis 4 beruht, ist zuständig für:

Reichweite der Zuständigkeit **Art. 98 UMV**

a) die in einem jeden Mitgliedstaat begangenen oder drohenden Verletzungshandlungen;
b) die in einem jeden Mitgliedstaat begangenen Handlungen im Sinne des Artikels 9 Absatz 3 Satz 2.

(2) Ein nach Artikel 97 Absatz 5 zuständiges Unionsmarkengericht ist nur für die Handlungen zuständig, die in dem Mitgliedstaat begangen worden sind oder drohen, in dem das Gericht seinen Sitz hat.

Überblick

Art. 98 regelt die Reichweite der internationalen Zuständigkeit eines Unionsmarkengerichts (→ Rn. 1). Die Reichweite der Zuständigkeit ist abhängig davon, ob die Zuständigkeit des Gerichts über Art. 97 Abs. 1–4 oder über Art. 97 Abs. 5 (→ Rn. 5) begründet wird.

A. Unionsweite Reichweite der Zuständigkeit

Gemäß Art. 98 Abs. 1 iVm Art. 97 Abs. 1–4 erstreckt sich die Reichweite der Zuständigkeit eines Unionsmarkengerichts auf das gesamte Gebiet der EU. Aufgrund der über Art. 97 Abs. 1–4 begründeten internationalen Zuständigkeit kann ein Unionsmarkengericht über alle in einem oder mehreren Mitgliedstaaten begangenen oder drohenden Verletzungshandlungen und zwischen der Veröffentlichung der Anmeldung und der Veröffentlichung der Eintragung begangenen Verletzungshandlungen iSv Art. 9b Abs. 2 Entscheidungen treffen. Im Hinblick auf Unterlassungsverbote kann die Unionsmarkengericht diese gemäß Art. 102 Abs. 1 unionsweit treffen (EuGH GRUR 2011, 518 – DHL/Chronopost). Im Hinblick auf alle anderen Fragen kann das Unionsmarkengericht gemäß Art. 102 Abs. 2 im jeweiligen Einzelfall zweckmäßig erscheinende Maßnahmen ergreifen oder Anforderungen treffen, die das anwendbare Recht vorsieht. **1**

Beispiel: A, Inhaber einer Unionsmarke, hat seinen Wohnsitz in Deutschland. B hat seinen Wohnsitz in Frankreich und vertreibt die Unionsmarke von A verletzende Waren in Frankreich, den Niederlanden und Dänemark. Nur das in Frankreich zuständige Unionsmarkengericht besitzt die Zuständigkeit gemäß Art. 98 Abs. 1 Buchst. a, Art. 97 Abs. 1, Art. 96 Abs. 1 Buchst. a ein einheitliches Unterlassungsverbot für die verletzenden Handlungen in den drei Mitgliedstaaten auszusprechen. **1.1**

Noch nicht geklärt ist die Frage, ob ein nach Art. 97 Abs. 1–4 international zuständiges Unionsmarkengericht seine **unionsweite Zuständigkeit verliert**, wenn es nach nationalem Verfahrensrecht seine örtliche Zuständigkeit aus dem Gerichtsstand der unerlaubten Handlung ableitet (Fayaz GRUR Int 2009, 459 (465)). Diese Frage stellt sich nur in den Mitgliedstaaten, in denen die Mitgliedstaaten mehr als ein Unionsmarkengericht benannt haben, und besitzt daher für Deutschland durchaus Relevanz. **2**

Letztendlich hat die Frage der örtlichen Zuständigkeit aber keine Auswirkung auf die Frage nach der Reichweite der Zuständigkeit. Die Regelungen zur internationalen Zuständigkeit des Art. 97 Abs. 1–4 weisen ganz allgemein die Zuständigkeit den Unionsmarkengerichten eines Mitgliedstaates zu und begründen damit für jedes Unionsmarkengericht, unabhängig davon, ob es mehrere in dem Land gibt, eine unionsweite Reichweite der Entscheidungen. Auch ein Unionsmarkengericht, das seine internationale Zuständigkeit nach den nationalen örtlichen Regelungen nur auf die Zuständigkeit gemäß Art. 97 Abs. 5 stützen könnte, wird in der Reichweite seiner Entscheidungen nicht beschränkt, da die Reichweite der Zuständigkeit nicht durch die nationalen örtlichen Regelungen beschränkt wird (Fayaz GRUR Int 2009, 459 (465)). **3**

Zu der territorialen Reichweite des vom Unionsmarkengerichts auszusprechenden Verbots (→ Art. 102 Rn. 1). **4**

B. Territorial begrenzte Zuständigkeit

Für den in der Praxis häufigen Fall der Zuständigkeitsbegründung am Ort der **unerlaubten Handlung** gemäß Art. 97 Abs. 5 ist das Unionsmarkengericht in der Reichweite seiner Zuständigkeit beschränkt. Es ist nur für Handlungen zuständig, die in seinem Staatsgebiet **5**

Gillert

begangen worden sind oder drohen. Seine Entscheidungen sind daher auf den Mitgliedstaat, in dem das Gericht seinen Sitz hat, beschränkt. Die Entscheidung des Unionsmarkengerichts entfaltet **in anderen Mitgliedstaaten keine Rechtswirkung**; die Unionsmarkengerichte anderer Mitgliedstaaten sind also nicht an die Entscheidung gebunden. Allenfalls kann einer Entscheidung indizielle Bedeutung zukommen.

6 Der verletzte Markeninhaber kann und muss ggf. identische Verletzungshandlungen desselben Verletzers **in mehreren Mitgliedstaaten geltend machen**, wenn er den Verletzer nicht an einem der Gerichtsstände des Art. 97 Abs. 1–4 verklagen will. Insofern besteht die Möglichkeit des Forum Shoppings, mit der Gefahr von unterschiedlichen Entscheidungen.

7 In Parallelität zu Art. 98 Abs. 2 gilt auch für Art. 7 Nr. 3 Brüssel Ia-VO (Art. 5 Nr. 3 Brüssel I-VO), dass der Kläger die Möglichkeit hat, im Fall einer grenzüberschreitenden unerlaubten Handlung in jedem Mitgliedstaat zu klagen, in dem sich die Handlung auswirkt, wobei sich die gerichtliche Zuständigkeit in diesem Fall nur auf die in dem jeweiligen Territorium eintretenden Folgen beschränkt (EuGH C-68/93, NJW 1995, 1881 Rn. 30 – Shevill/Presse Alliance). Hingegen sind die Gerichte am zentralen Handlungsort („Ort des ursächlichen Geschehens") befugt, über die Verletzung in ihrer Gesamtheit zu entscheiden (EuGH C-68/93, NJW 1995, 1881 Rn. 25 – Shevill/Presse Alliance).

8 Ob diese Rechtsprechung auch auf Immaterialgüterrechte übertragen werden kann, ist höchstrichterlich ungeklärt, dürfte jedoch abzulehnen sein (in diesem Sinne auch Fezer Einl. I Rn. 13). In der Entscheidung „Wintersteiger" hat der EuGH zwar die Gerichte am Handlungsort unabhängig davon als zuständig bezeichnet, ob das verletzte Recht dort geschützt ist (EuGH C-523/10, GRUR Int 2012, 526 Rn. 38 – Wintersteiger/prioducts4U); er hat jedoch weder klargestellt, ob sich die Zuständigkeit dieser Gerichte ggf. auf sämtliche (gleichartigen) Verletzungen nationaler Markenrechte erstreckt, noch hat er Stellung dazu genommen, ob dies nur für Internet-Verletzungen gelten soll, wie sie im konkreten Fall vorlag. Selbst wenn jedoch für nationale Marken auf der Grundlage von Art. 7 Nr. 3 Brüssel Ia-VO (Art. 5 Nr. 3 Brüssel I-VO) eine solche Möglichkeit der Konsolidierung von Verletzungsklagen am Ort des ursächlichen Geschehens geben sollte, muss sie aufgrund des klaren Wortlauts von Art. 98 Abs. 2 für Unionsmarken ausgeschlossen werden.

9 Die praktischen Auswirkungen dieses Grundsatzes sind ohnehin gering, soweit der Beklagte seinen Sitz oder eine Niederlassung in der EU hat. Diese die umfassende Zuständigkeit gemäß Art. 97 Abs. 1 begründenden Anknüpfungspunkte werden in der Regel mit dem zentralen Handlungsort zusammenfallen. Soweit eine zentrale gerichtliche Zuständigkeit hingegen lediglich nach Art. 97 Abs. 2 oder Art. 97 Abs. 3 begründet werden kann, würde die Anerkennung grenzüberschreitender Zuständigkeit der Gerichte am zentralen Handlungsort – soweit dieser in der EU liegt – eine Alternative bieten, die vor allem in Fällen des Art. 97 Abs. 3 von praktischem Interesse sein könnte.

10 Im Fall der Verletzung von Persönlichkeitsrechten durch Verbreitung von Inhalten im Internet hat der EuGH anerkannt, dass der Gesamtschaden auch an dem Ort geltend gemacht werden kann, an dem der Verletzte seinen Interessenschwerpunkt hat; dies wird in der Regel der Wohnsitz des Klägers sein (EuGH verb. Rs. C-509/09 und 161/10, GRUR Int 2012, 47 Rn. 48 f. – eDate und Martinez). Für die Verletzung von Immaterialgüterrechten steht dieser Gerichtsstand nicht zur Verfügung, da (und soweit) er mit der territorialen Natur der Rechte unvereinbar wäre (EuGH C-523/10, GRUR Int 2012, 526 Rn. 24 – Wintersteiger AG/Products 4 U). Bei Unionsmarken spielt der Territorialitätsgrundsatz hingegen keine Rolle; insoweit käme eine Übertragung dieser Grundsätze auf Unionsmarken prinzipiell in Betracht. Die Zuerkennung zentraler deliktischer Zuständigkeit der Gerichte am Klägerwohnsitz würde jedoch sowohl dem Wortlaut von Art. 98 Abs. 2 als auch dem in Art. 97 Abs. 1 bis 4 iVm Art. 98 Abs. 1 reflektierten Grundsatz widersprechen, dass die zentrale Kompetenz für Klagen wegen der Verletzung von Unionsmarken in erster Linie den Gerichten am Beklagtenwohnsitz zugewiesen werden soll; sie ist daher ebenso abzulehnen wie die zentrale Zuständigkeit der Gerichte am Handlungsort.

11 Unabhängig von der beschränkten Reichweite der Zuständigkeit der Unionsmarkengerichte gemäß Art. 98 Abs. 2 sind diese dennoch berechtigt, im Falle einer Widerklage wegen Verfalls (Art. 51) oder wegen Nichtigkeit (Art. 52, 53) **einheitlich** über die Unionsmarke zu entscheiden. Über die Unionsmarke kann gemäß Art. 1 Abs. 2 nur für das gesamte Gebiet entschieden werden. Eine territorial beschränkte Entscheidung über den Verfall oder die

Nichtigkeit ist nicht möglich. Dafür spricht auch der Wortlaut des Art. 98 Abs. 2, der die Reichweite der Zuständigkeit auf „Handlungen" beschränkt, die in dem Mitgliedstaat begangen worden sind oder drohen. Die Widerklage auf Erklärung des Verfalls oder Nichtigkeit ist keine Handlung iSd Art. 98 Abs. 2, sondern ein weiterer Streitgegenstand (Fayaz GRUR Int 2009, 459 (464)).

Art. 99 Vermutung der Rechtsgültigkeit; Einreden

(1) Die Unionsmarkengerichte haben von der Rechtsgültigkeit der Unionsmarke auszugehen, sofern diese nicht durch den Beklagten mit einer Widerklage auf Erklärung des Verfalls oder der Nichtigkeit angefochten wird.

(2) Die Rechtsgültigkeit einer Unionsmarke kann nicht durch eine Klage auf Feststellung der Nichtverletzung angefochten werden.

(3) Gegen Klagen gemäß Artikel 96 Buchstaben a und c ist der Einwand des Verfalls der Unionsmarke, der nicht im Wege der Widerklage erhoben wird, insoweit zulässig, als sich der Beklagte darauf beruft, dass die Unionsmarke wegen mangelnder ernsthafter Benutzung zum Zeitpunkt der Verletzungsklage für verfallen erklärt werden könnte.

Überblick

Ein Unionsmarkengericht hat in Verfahren, die eine Unionsmarke betreffen, grundsätzlich von der Rechtsgültigkeit der Unionsmarke auszugehen (→ Rn. 1). Das Unionsmarkengericht ist an die gesetzliche Vermutung der Rechtsgültigkeit der Unionsmarke gebunden, sofern der Beklagte nicht Widerklage nach Art. 100 (→ Rn. 9) oder gegen Klagen gemäß Art. 96 Buchst. a (Verletzungsklagen → Art. 96 Rn. 5 ff.; → Art. 96 Rn. 10 ff.) und Art. 96 Buchst. c (Entschädigungsansprüche nach Art. 9 Abs. 3 S. 2 → Art. 96 Rn. 16 ff.) den Einwand des Verfalls wegen mangelnder Benutzung erhebt (→ Rn. 13). Die Rechtsgültigkeit der Unionsmarke kann nicht durch eine negative Feststellungsklage angefochten werden (→ Rn. 11).

Übersicht

	Rn.		Rn.
A. Rechtsgültigkeit der Unionsmarke	1	1. Verfall wegen mangelnder ernsthafter Benutzung	14
I. Gesetzliche Vermutung der Rechtsgültigkeit der Unionsmarke	1	2. Weitere Verfallsgründe	18
		3. Zwischenrechte, Art. 13a	19
II. Überprüfung der Rechtsgültigkeit der Unionsmarke durch das Unionsmarkengericht	3	4. Wiederholungsmarken	25
		II. Widerklage	29
B. Prozessuale Angriffs- und Verteidigungsmöglichkeiten des Beklagten	9	III. Wirkung von Einwand und Widerklage	32
		1. Widerklage	33
I. Einwand des Verfalls wegen mangelnder Benutzung	13	2. Einwand	34

A. Rechtsgültigkeit der Unionsmarke

I. Gesetzliche Vermutung der Rechtsgültigkeit der Unionsmarke

Das Unionsmarkengericht hat in Verfahren wegen Verletzung einer Unionsmarke grundsätzlich von der Rechtsgültigkeit der Unionsmarke auszugehen. Das Unionsmarkengericht darf eine Überprüfung der Rechtsgültigkeit der Unionsmarke nicht von Amts wegen vornehmen (Österreichischer OGH GRUR Int 2005, 945 (947) – Goldhase). Dies betrifft sowohl Klageverfahren vor den Unionsmarkengerichten, als auch Verfahren des einstweiligen Rechtsschutzes nach Art. 103 (Österreichischer OGH GRUR Int 2005, 945 (947) – Goldhase; LG München I Urt. v. 12.4.2005 – 33 O 5312/05 – MASTERTENT). 1

2 Auch Gerichte der Mitgliedstaaten, bei denen es sich nicht um Unionsmarkengerichte handelt, haben die UMV zu beachten (Eisenführ/Schennen/Eisenführ/Overhage Art. 101 Rn. 1) und sind in Folge dessen an die gesetzliche Vermutung des Art. 99 Abs. 1 gebunden. Dies gilt insbesondere für nationale Gerichte, die nach Art. 106 (→ Art. 106 Rn. 1 ff.) für andere als die in Art. 96 (→ Art. 96 Rn. 1 ff.) genannten Klagen zuständig sind. Art. 107 (→ Art. 107 Rn. 1 ff.) stellt für diese nationalen Gerichte klar, dass diese verpflichtet sind, von der Rechtsgültigkeit der Unionsmarke auszugehen. Art. 107 enthält anders als Art. 99 keine Ausnahmeregelung.

II. Überprüfung der Rechtsgültigkeit der Unionsmarke durch das Unionsmarkengericht

3 Das Unionsmarkengericht darf die Rechtsgültigkeit der Unionsmarke nur dann überprüfen,
- wenn diese vom Beklagten durch Erhebung einer **Widerklage gemäß Art. 100** (→ Art. 100 Rn. 1 ff.) auf Erklärung des Verfalls (→ Art. 100 Rn. 10) oder der Nichtigkeit (→ Art. 100 Rn. 8) angefochten wird oder
- wenn der Beklagte gemäß **Art. 99 Abs. 3** (→ Rn. 13) gegen Klagen gemäß Art. 96 Buchst. a (Verletzungsklagen → Art. 96 Rn. 5 ff., → Art. 96 Rn. 10 ff.) und Art. 96 Buchst. c (Entschädigungsansprüche nach Art. 9b Abs. 2 → Art. 9b Rn. 1 f.) den **Einwand des Verfalls** der Unionsmarke wegen **mangelnder ernsthafter Benutzung** erhebt.

4 Der Beklagte muss den **Einwand ausdrücklich erheben.** Das Unionsmarkengericht darf die Klage nicht von Amts wegen aufgrund Art. 99 Abs. 3 (→ Rn. 13) abweisen (Hartmann S. 149).

5 Im Fall der erfolgreichen Widerklage wegen Verfalls oder Nichtigkeit kann die Unionsmarke **dezentral von jedem Unionsmarkengericht in der Union zu Fall gebracht werden.** In allen anderen Fällen ist die Entscheidung über den Rechtsbestand der durch Eintragung geschützten Unionsmarke ausschließlich zentral dem Amt zugewiesen.

5.1 Die Vorschrift ist das Ergebnis eines Kompromisses zwischen Einflüssen aus verschiedenen nationalen Markenrechtssystemen der Mitgliedsländer. So sind in den meisten Mitgliedländern die Gerichte, die wegen einer Markenstreitangelegenheit angerufen werden, befugt, die Rechtsgültigkeit der Marke zu prüfen und im Ergebnis zu verneinen, so etwa in Österreich (Österreichischer OGH GRUR Int 2005, 945 f. – Goldhase). Andere Markenrechtssysteme weisen die Zuständigkeit für die Überprüfung der Rechtsgültigkeit der durch Eintragung geschützten Marke ausschließlich zentral dem Eintragungsamt zu, dessen Entscheidung in einem sich anschließenden speziellen Gerichtszug überprüft werden kann, so in Deutschland.

6 Eine Unionsmarke kann – anders als im deutschen Recht nach § 55 MarkenG – **nicht durch eine isolierte Löschungsklage** bzw. **Klage auf Einwilligung in die Rücknahme der Unionsmarkenanmeldung** angegriffen werden (vgl. LG München I GRUR Int 2002, 933 – mediantis; OLG Düsseldorf BeckRS 2014, 14814 – Miles & Miles; Beyerlein WRP 2004, 302; Hartmann MarkenR 2003, 379 f. – Anm. zu OLG Hamburg MarkenR 2003, 401 – VISA; Ingerl/Rohnke § 55 Rn. 52; Ströbele/Hacker/Hacker § 14 Rn. 483, § 55 Rn. 15; aA OLG Hamburg MarkenR 2003, 401, 409 – VISA). **Die Löschung einer Unionsmarke kann ausschließlich in einem Löschungsverfahren vor dem Amt oder durch eine Löschungswiderklage nach Art. 100** (→ Art. 100 Rn. 1 ff.) als Verteidigungsmittel gegen eine Verletzungsklage aus dieser Unionsmarke betrieben werden. Der aus einer Unionsmarke vorgehende Kläger trägt somit das Risiko, seine Unionsmarke in dem von ihm initiierten Verfahren zu verlieren (vgl. Beyerlein WRP 2004, 302 f.).

7 Jedoch kann der **Inhaber einer älteren Unionsmarke auch ohne die Löschung der jüngeren Unionsmarke zu betreiben, die Benutzung der jüngeren Unionsmarke** gerichtlich aus Art. 9 (→ Art. 9 Rn. 1) untersagen lassen. Die erfolgte Eintragung der jüngeren Unionsmarke gewährt deren Inhaber im Verhältnis zum Inhaber der älteren Unionsmarke kein Recht zur Benutzung (vgl. EuGH GRUR 2015, 683 Rn. 20 ff. – Rosa dels Vents/U Hostels; GRUR 2013, 516 Rn. 32 ff. – FCI/FCIPPR). Anders ist dies, wenn sich der Inhaber der jüngeren Unionsmarke auf ein **Zwischenrecht nach Art. 13a** (→ Art. 13a Rn. 1 f.) berufen kann.

Vermutung der Rechtsgültigkeit; Einreden **Art. 99 UMV**

Art. 9 Abs. 2 (→ Art. 9 Rn. 1) stellt dies nunmehr ausdrücklich klar, indem folgende Passage einge- **7.1**
fügt wurde: „Der Inhaber dieser Unionsmarke hat unbeschadet der von Markeninhabern vor dem
Zeitpunkt der Anmeldung oder dem Prioritätstag der Unionsmarke erworbenen Rechte das Recht,
Dritten zu verbieten ..."

Der **Inhaber eines älteren nationalen Rechts** kann nach Art. 110, 111 (→ Art. 110 **8**
Rn. 1 ff.) die Benutzung der Unionsmarke in dem Territorium gerichtlich untersagen lassen,
in dem das nationale Recht der Unionsmarke entgegensteht. Die Unionsmarke bleibt in
diesen Fällen weiter existent, nur ihre Benutzung ist im jeweiligen Territorium untersagt.

B. Prozessuale Angriffs- und Verteidigungsmöglichkeiten des Beklagten

Die prozessualen Möglichkeiten des Beklagten, die **Rechtsgültigkeit der Unionsmarke** **9**
in dem Verfahren vor dem Unionsmarkengericht im Wege des Einwands **anzufechten,** sind
durch Art. 99 limitiert. Ihm stehen in diesem Verfahren lediglich zwei Möglichkeiten zur
Verfügung: nach Art. 99 Abs. 1 die **Widerklage gemäß Art. 100** (→ Art. 100 Rn. 1 ff.)
und nach **Art. 99 Abs. 3** (→ Rn. 13) der **Einwand der mangelnden ernsthaften Benutzung.** Soweit der Beklagte Inhaber einer jüngeren eingetragenen Marke ist, kann er sich
auch auf **Zwischenrechte und Einreden nach Art. 13a** berufen (→ Rn. 19 f.; zu **Einreden von Inhabern sonstiger Rechte** → Art. 13a Rn. 66 f.).

Soweit der **Verfallsgrund der mangelnden ernsthaften Benutzung bereits im Wege** **10**
der Widerklage geltend gemacht wurde, stellt sich die Frage, ob die Erhebung des Einwands nach Art. 99 Abs. 3 noch zulässig ist. Aus dem Wortlaut des Art. 99 Abs. 3, wonach
der Einwand der mangelnden ernsthaften Benutzung zulässig ist, der nicht im Wege der
Widerklage erhoben wird, kann gefolgert werden, dass der Einwand nach Art. 99 Abs. 3
nicht mehr zulässig ist, sofern eine Widerklage erhoben wurde. Der BGH ist jedoch in
der Entscheidung „ZAPPA" (BGH GRUR 2012, 832 Rn. 41) von der Zulässigkeit des
Verfallseinwands nach Art. 99 Abs. 3 trotz anhängiger Löschungswiderklage wegen Verfalls
ausgegangen.

Die Rechtsgültigkeit der Unionsmarke kann nach Art. 99 Abs. 2 **nicht im Wege einer** **11**
negativen Feststellungsklage (→ Art. 96 Rn. 14) angefochten werden. So ist es für einen
potentiellen Beklagten nicht möglich, einer drohenden Verletzungsklage durch Erhebung
einer negativen Feststellungsklage zu begegnen, die er darauf stützt, dass Ansprüche wegen
der Verletzung einer Unionsmarke nicht vorliegen, weil die Unionsmarke verfallen oder
nichtig sei.

Solange keine Verletzungsklage anhängig ist, kann ein potentieller Beklagter die Rechts- **12**
gültigkeit der Unionsmarke nur im Antragsverfahren vor dem Amt angreifen.

I. Einwand des Verfalls wegen mangelnder Benutzung

Im Wege des **Einwands** kann der Beklagte nach Art. 99 Abs. 3 nur den **Verfall** der **13**
Unionsmarke **wegen mangelnder ernsthafter Benutzung** (Art. 51 Abs. 1 Buchst. a, →
Art. 51 Rn. 8) geltend machen. Dieser Einwand ist zudem nur gegen Klagen gemäß Art. 96
Buchst. a (Verletzungsklagen, → Art. 96 Rn. 5 ff., → Art. 96 Rn. 10 ff.) und Art. 96 Buchst.
c (→ Art. 96 Rn. 16 f., Entschädigungsansprüche nach Art. 9b Abs. 2, → Art. 9b Rn. 1)
zulässig.

Der in Art. 99 Abs. 3 GMV zulässig gewesene Einwand der Nichtigkeit der Unionsmarke wegen **13.1**
eines älteren Rechts des Beklagten ist mit der Neufassung des Art. 99 Abs. 3 UMV entfallen. Der
Beklagte kann den Ansprüchen aus einer Unionsmarke daher im Wege des Einwands nicht mehr ein
eigenes oder von einem Dritten abgeleitetes älteres Recht entgegenhalten. Das OLG München hat in
einem Urteil vom 28.4.2016 (OLG München BeckRS 2016, 11923 Rn. 36 f.) entgegen dem LG
München die Regelungen der UMV für abschließend angesehen im Hinblick auf den Einwand des
Beklagten, der Schutzbereich der Klageunionsmarke sei aufgrund der rechtserhaltenden Benutzung
einer prioritätsälteren Unionsmarke des Beklagten durch die angegriffene Kennzeichnung des Beklagten
normativ begrenzt. Insoweit enthalte die UMV keine Regelung, wonach sich der Schutzbereich einer
Unionsmarke (auch) danach bemessen würde, welche prioritätsälteren Marken für Dritte bestehen.
Vielmehr sei der ehemals in Art. 99 Abs. 3 GMV geregelte Einwand der Nichtigkeit der Klageunionsmarke wegen eines älteren eigenen oder von Dritten abgeleiteten Rechts in der UMV ersatzlos entfallen.

1. Verfall wegen mangelnder ernsthafter Benutzung

14 Der Einwand des Verfalls ist insoweit zulässig, als sich der Beklagte gegen Klagen gemäß Art. 96 Buchst. a und Art. 96 Buchst. c darauf beruft, dass die Unionsmarke wegen mangelnder ernsthafter Benutzung für verfallen erklärt werden könnte. Art. 99 Abs. 3 nimmt insofern Bezug auf Art. 51 Abs. 1 Buchst. a (→ Art. 51 Rn. 8), wonach die Unionsmarke für verfallen erklärt wird, wenn diese innerhalb eines ununterbrochenen Zeitraums von fünf Jahren in der Union für die Waren und Dienstleistungen, für die sie eingetragen ist, nicht ernsthaft benutzt worden ist und keine berechtigten Gründe für die Nichtbenutzung vorliegen.

14.1 Nach Art. 51 Abs. 1 Buchst. a S. 2 und 3 kann der Verfall nicht geltend gemacht werden, wenn nach Ende des Fünfjahreszeitraums und vor Stellung des Verfallsantrags oder vor Erhebung der Widerklage nach Art. 100 die Benutzung der Marke ernsthaft begonnen oder wieder aufgenommen worden ist, es sei denn, die Benutzung wird nach Ablauf des Fünfjahreszeitraums innerhalb eines Zeitraums von drei Monaten vor Stellung des Verfallsantrags oder vor Erhebung der Widerklage nach Art. 100 begonnen oder wieder aufgenommen, sofern die Vorbereitungen hierfür erst stattgefunden haben, nachdem der Inhaber der Unionsmarke Kenntnis davon erhalten hat, dass der Antrag gestellt oder die Widerklage erhoben werden könnte.

15 Nach Abs. 3 ist für die Feststellung des Verfalls wegen mangelnder Benutzung **auf den Zeitpunkt der Verletzungsklage** abzustellen (zur Bestimmung des Zeitpunkts der Klageerhebung → Art. 104 Rn. 11).

16 **Abs. 3 enthält keine Regelung dazu, wen die Darlegungs- und Beweislast dafür trifft,** dass die Unionsmarke für verfallen erklärt werden könnte. Bei dem Einwand nach Abs. 3 handelt es sich um ein Verteidigungsmittel. Ein solches auf Verfall wegen mangelnder ernsthafter Benutzung gestütztes Verteidigungsmittel sieht die UMV auch in Art. 42 Abs. 2 (→ Art. 42 Rn. 6 ff.) gegen eine ältere Marke vor, aus der Widerspruch eingelegt worden ist, sowie in Art. 57 Abs. 2 (→ Art. 57 Rn. 22 ff.) gegen eine ältere Marke, aus der ein Nichtigkeitsantrag nach Art. 53 gestellt worden ist. **Sowohl Art. 42 Abs. 2 als auch Art. 57 Abs. 2 bestimmen,** dass **der Inhaber der älteren Marke auf Verlangen des Inhabers der angegriffenen jüngeren Marke den Nachweis der rechtserhaltenden Benutzung zu erbringen hat.** Dies spricht dafür, unionsrechtlich einheitlich analog Art. 42 Abs. 2, 57 Abs. 2 (→ Art. 42 Rn. 11; → Art. 57 Rn. 22) **dem Kläger,** gegen dessen Verletzungsklage der Einwand der mangelnden ernsthaften Benutzung nach Art. 99 Abs. 3 erhoben worden ist, **den Nachweis der rechtserhaltenden Benutzung aufzuerlegen.** Andernfalls wäre die Frage der Darlegungs- und Beweislast gemäß Art. 101 nach dem jeweiligen nationalen Recht zu bestimmen. **Nach Art. 17 RL (EU) 2015/2436** des Europäischen Parlaments und des Rates vom 16. Dezember 2015 zur Angleichung der Rechtsvorschriften der Mitgliedstaaten über die Marken hat Markeninhaber auf Verlangen des Beklagten in einem Verletzungsverfahren den Benutzungsnachweis zu führen.

17 Der Einwand nach Abs. 3 ist **auch in Verfahren des einstweiligen Rechtsschutzes** nach Art. 103 eröffnet (Österreichischer OGH GRUR Int 2005, 945 (947) – Goldhase; GRUR Int 2009, 74 (77) – PERSONAL SHOP; LG München I Urt. v. 12.4.2005 – 33 O 5312/05 – MASTERTENT).

2. Weitere Verfallsgründe

18 Sofern der Beklagte die weiteren Verfallsgründe des Art. 51 (→ Art. 51 Rn. 1 ff.), die absoluten Nichtigkeitsgründe des Art. 52 (→ Art. 52 Rn. 1 ff.) oder die relativen Nichtigkeitsgründe des Art. 53 (→ Art. 53 Rn. 1 ff.) geltend machen will, muss dies im Wege der **Widerklage nach Art. 100** (→ Art. 100 Rn. 1 ff.) erfolgen. Einrede halber kann er sich hierauf in Rechtsbehelfsverfahren nach der Unionsmarkenverordnung nicht berufen (LG München I Urt. v. 12.4.2005 – 33 O 5312/05 – MASTERTENT).

3. Zwischenrechte, Art. 13a

19 Anders als das deutsche Recht in § 22 Abs. 1 Nr. 2 MarkenG (→ MarkenG § 22 Rn. 1 ff.), enthielt die GMV keine Regelung, die dem beklagten Inhaber einer jüngeren Marke die Einrede des Bestehens eines Zwischenrechts gewährte. Mit der VO (EU) 2015/2424 des

Europäischen Parlaments und des Rates vom 16.12.2015 werden in der UMV **erstmals in Art. 13a** (→ Art. 13a Rn. 1 f.) **Zwischenrechte** (→ Art. 13a Rn. 10) des Inhabers einer später eingetragenen Unions- oder nationalen Marke festgeschrieben, die von dem beklagten Inhaber dieser später eingetragenen Marke in einem Verletzungsverfahren als Einrede vorgebracht werden können.

Zudem regelt **Art. 13a** Einreden des beklagten Inhabers einer jüngeren, eingetragenen 20 Marke, bei denen es sich ihrer Rechtsnatur nach nicht um Zwischenrechte, sondern um **rechtshemmende Einreden** handelt, wie die
- **Verwirkung durch Duldung** (Art. 54, → Art. 54 Rn. 1 f.; Art. 9 RL (EU) 2015/2436) (zu Art. 13a Abs. 1 → Art. 13a Rn. 25 und zu Art. 13a Abs. 2 → Art. 13a Rn. 49);
- **Zustimmung zur Eintragung der Marke** (Art. 53 Abs. 3, → Art. 53 Rn. 24 f.; Art. 5 Abs. 5 RL (EU) 2015/2436) (zu Art. 13a Abs. 1 → Art. 13a Rn. 28 und zu Art. 13a Abs. 2 → Art. 13a Rn. 52);
- **Zustimmung zur Eintragung einer Agentenmarke bzw. Vorliegen eines Rechtfertigungsgrunds** (Art. 53 Abs. 1 Buchst. b, → Art. 53 Rn. 1 f., iVm Art. 8 Abs. 3, → Art. 8 Rn. 1 f.; Art. 5 Abs. 3 Buchst. b RL (EU) 2015/2436) (zu Art. 13a Abs. 1 → Art. 13a Rn. 30 und zu Art. 13a Abs. 2 → Art. 13a Rn. 53);
- **Verbot der sog. Doppelantragsstellung** (Art. 53 Abs. 4, → Art. 53 Rn. 1 ff.) (zu Art. 13a Abs. 1 → Art. 13a Rn. 31 und zu Art. 13a Abs. 2 → Art. 13a Rn. 54).

Die vorstehende **Aufzählung ist nicht abschließend.** Weitere Einreden des beklagten 21 Inhabers der jüngeren Marke können, soweit sie nicht in der UMV geregelt sind, über Art. 101 Abs. 2, 3 (→ Art. 101 Rn. 1 f.) aus dem anwendbaren nationalen Recht folgen, so etwa die **Verjährung.**

Schließlich kann der beklagte Inhaber der jüngeren Marke nach Art. 13a den Ansprüchen 22 aus der älteren Unionsmarke entgegenhalten, dass **der jüngeren Marke im Zeitpunkt des Anmeldetags oder Prioritätstags keine relativen Nichtigkeitsgründe** aus der älteren Unionsmarke entgegengestanden haben, aufgrund von
- **Doppelidentität** (Art. 53 Abs. 1 Buchst. a, → Art. 53 Rn. 1 f. iVm Art. 8 Abs. 1 Buchst. a (→ Art. 8 Rn. 1 f.); Art. 5 Abs. 1 Buchst. a RL (EU) 2015/2436) (zu Art. 13a Abs. 1 → Art. 13a Rn. 34 und zu Art. 13a Abs. 2 → Art. 13a Rn. 57);
- **Verwechslungsgefahr** (Art. 53 Abs. 1 Buchst. a, → Art. 53 Rn. 1 f., iVm Art. 8 Abs. 1 Buchst. b, → Art. 8 Rn. 1 f.; Art. 5 Abs. 1 Buchst. b RL (EU) 2015/2436) (zu Art. 13a Abs. 1 → Art. 13a Rn. 36 und zu Art. 13a Abs. 2 → Art. 13a Rn. 59);
- **Bekanntheit** (Art. 53 Abs. 1 Buchst. a, → Art. 53 Rn. 1 f., iVm Art. 8 Abs. 5, → Art. 8 Rn. 1 f.; Art. 5 Abs. 3 Buchst. a RL (EU) 2015/2436) (zu Art. 13a Abs. 1 → Art. 13a Rn. 40 und zu Art. 13a Abs. 2 → Art. 13a Rn. 60).

Art. 13a erweitert die in Art. 99 zugelassenen Einwände des Beklagten gegen die 23 Rechtsgültigkeit der Klageunionsmarke in einem Rechtsstreit vor einem Unionsmarkengericht **bezogen auf den Anmeldetag bzw. Prioritätstag der jüngeren eingetragenen Verletzungsmarke.** Für Beklagte eines Verletzungsverfahrens, die sich nicht auf Einreden nach Art. 13a stützen können, verbleibt es bei der nach Art. 99 Abs. 3 eröffneten Einrede der Nichtbenutzung.

Bei Löschungswiderklagen, die auf eine ältere Unions- oder nationale Marke gestützt 24 sind, findet nach Art. 100 Abs. 5 die Bestandskraftregelung des Art. 57 Abs. 2 (→ Art. 57 Rn. 21 ff.) ebenfalls Anwendung.

4. Wiederholungsmarken

Hat der Kläger die Unionsmarke vor oder nach Ablauf der Benutzungsschonfrist einer 25 älteren identischen eingetragenen Marke erneut angemeldet und eintragen lassen, um auf diese Weise Rechtsschutz auf Grund der neu eingetragenen Unionsmarke auch nach Ablauf der Benutzungsschonfrist der prioritätsälteren Marke zu erhalten, stellt sich die Frage, ob und welche Einwände der Beklagte gegen Ansprüche aus dieser Wiederholungsunionsmarke in einem Verletzungsverfahren erheben kann (zur Problematik der Wiederholungsmarken siehe auch (→ MarkenG § 26 Rn. 22). Die UMV enthält keine Regelungen zu Widerholungsmarken.

26 Im deutschen Schrifttum zum MarkenG werden **im Wesentlichen zwei Lösungsansätze** verfolgt. Zum einen wird das Problem der Wiederholungsmarke über den **Einwand des Rechtsmissbrauchs** gelöst (Fezer MarkenG § 25 Rn. 38, 42; Heydt GRUR 1975, 439). Danach stellt der Benutzungswille des Rechtsinhabers eine allgemeine Schutzvoraussetzung für die Entstehung eines Markenrechts dar, der – je nach den Umständen des Einzelfalls – bei einer Wiederholungsanmeldung fehlen und dessen Fehlen im Rahmen eines Verletzungsverfahrens den Einwand des Rechtsmissbrauchs begründen könne. Auch nach den Prüfungsrichtlinien des Harmonisierungsamts soll das Vornehmen einer Wiederholungsanmeldung den Tatbestand der „bösgläubigen" Markenanmeldung erfüllen (Richtlinien für die Verfahren vor dem HABM (Marken, Muster und Modelle) Teil D, Kap. 2 Löschungsverfahren, wesentliche Vorschriften, Ziff. 4.3.3., S. 12). In der Entscheidung „Pelikantravel.com/HABM" (EuG GRUR Int 2013, 144 Rn. 27) hat das EuG zunächst festgestellt, dass die Prüfungsrichtlinien des HABM für das Gericht nicht bindend sind und es daher allein darauf ankommt, wie der Sachverhalt nach Maßgabe der UMV zu bewerten ist. Bei der Feststellung des Vorliegens einer bösgläubigen Markenanmeldung könne jedoch der Umstand, dass eine Wiederholungsanmeldung für dieselbe Marke getätigt wurde, um die Konsequenzen einer Löschung der älteren Marke wegen Nichtbenutzung zu umgehen, mitberücksichtigt werden. Zum anderen wird als Lösungsansatz das **Schonfristprivileg für die Wiederholungsanmeldung versagt** (Ingerl/Rohnke MarkenG § 25 Rn. 40; Fischkötter/Rheineck GRUR 1980, 379 (386); Hackbarth, Grundfragen des Benutzungszwangs im Unionsmarkenrecht, 1993, 197; Ströbele/Hacker/Ströbele MarkenG § 26 Rn. 291, 292). Besteht zwischen dem Eintritt des Verfalls der Ersteintragung und der Wiederholungsanmeldung ein zeitlicher Zusammenhang, so kommt die Wiederholungsmarke hiernach nicht in den Genuss der fünfjährigen Benutzungsschonfrist. Diese ist im Zeitpunkt des Verfalls der Ersteintragung auch für die Wiederholungsmarke bereits verbraucht. Wann für den Fall dass die Wiederholungsanmeldung erst nach dem Schonfristende der Ersteintragung erfolgt, noch von einem zeitlichen Zusammenhang gesprochen werden kann, wird unterschiedlich beurteilt. Die Sperrfrist variiert von mindestens zwei Monaten bzw. mindestens sechs Monaten bis höchstens einem Jahr bis hin zu generell fünf Jahren.

26.1 Eine Untergrenze von zwei Monaten wird von Fischkötter/Rheineck (GRUR 1980, 379 (385 f.)) befürwortet, Ingerl/Rohnke sprechen sich für einen Zeitraum von mindestens sechs Monaten bis höchstens einem Jahr aus (Ingerl/Rohnke MarkenG § 25 Rn. 42), Hackbarth fordert eine generelle Wartefrist von fünf Jahren (Hackbarth, Grundfragen des Benutzungszwangs im Gemeinschaftsmarkenrecht, 1993, 197 f.) und Ströbele lehnt einen pauschal bestimmten Zeitraum ab, sondern hält eine Bemessung unter Berücksichtigung der jeweiligen Umstände des Einzelfalls für geboten (Ströbele/Hacker/Ströbele MarkenG § 26 Rn. 292).

27 Die **verschiedenen Lösungsansätze haben unterschiedliche Konsequenzen** für die Frage, ob der Beklagte in einem Verletzungsverfahren gegen Ansprüche aus einer Wiederholungsunionsmarke den Einwand aus Art. 99 Abs. 3 erheben kann. Wird das Problem der Wiederholungsmarke über den Einwand des Rechtsmissbrauchs gelöst, so kann der Beklagte den Ansprüchen aus einer Wiederholungsunionsmarke nur im Wege der Widerklage nach Art. 100 unter dem Gesichtspunkt des absoluten Nichtigkeitsgrundes der bösgläubigen Markenanmeldung, Art. 52 Abs. 1 Buchst. b, begegnen oder einen Löschungsantrag vor dem Amt stellen. Die Rechtsgültigkeit der Unionsmarke kann nicht aufgrund nationaler Rechtsvorschriften angegriffen werden (→ Art. 100 Rn. 1). Wird die Wiederholungsmarke jedoch aufgrund des Verfalls der Ersteintragung ebenfalls für verfallen angesehen, so ist der Einwand mangelnder Benutzung nach Art. 99 Abs. 3 eröffnet. Alternativ kann auch Widerklage wegen Verfalls nach Art. 100 Abs. 1 erhoben werden.

28 Wiederholungsmarken werden als rechtlich bedenklich angesehen, weil hierdurch eine **tatsächliche Verlängerung der Benutzungsschonfrist der Erstmarke** erreicht werden soll. Dem Markeninhaber soll jedoch der mit der Benutzungsschonfrist gewährte Vorbereitungs- und Überlegungszeitraum für das Zeichen nur einmal zustehen. Wenn dieser ohne Benutzungsaufnahme verstrichen ist, soll das Zeichen grundsätzlich wieder Dritten zur Verfügung stehen. Es ist daher sachgerechter, das Problem der Wiederholungsmarke über eine Versagung des eigenen Schonfristprivilegs zu lösen und dem Beklagten den Einwand der mangelnden Benutzung nach Art. 99 Abs. 3 als ein einfaches prozessuales Verteidigungsmittel

Vermutung der Rechtsgültigkeit; Einreden **Art. 99 UMV**

zu eröffnen. Es ist dann Sache des Klägers Gründe darzulegen, die eine Nichtbenutzung rechtfertigen. Da die UMV derzeit jedoch keine gesetzliche Regelung zur Versagung des Schonfristprivilegs für Widerholungsmarken enthält, sollte den Ansprüchen aus einer Wiederholungsunionsmarke vorsorglich auch im Wege der Widerklage nach Art. 100 unter dem Gesichtspunkt der bösgläubigen Markenanmeldung, Art. 52 Abs. 1 Buchst. b (→ Art. 52 Rn. 29 ff.), begegnet oder ein Löschungsantrag vor dem Amt gestellt werden.

Im Zuge der Änderung der GMV und der MRL wäre es sinnvoll gewesen, auch eine Regelung zu 28.1 den Wiederholungsmarken in die UMV und die MRL mit aufzunehmen. Dies könnte durch eine Ergänzung der Art. 15, Art. 42 Abs. 2 S. 2, 51 Buchst. a, 57 Abs. 2 S. 2 und der Art. 10 MRL und Art. 12 MRL im Sinne einer Definition von Widerholungsmarken und der Versagung des Schonfristprivilegs für diese Marken erfolgen, wenn sie in einer bestimmten Frist vor bzw. nach Eintritt des Verfalls der älteren Marke wegen Nichtbenutzung angemeldet worden sind. Eine Regelung könnte wie folgt lauten: zB Art. 15 Abs. 1 S. 2: „Gleiches gilt für eine Unionsmarke, die vom Inhaber einer älteren identischen (oder ohne Beeinflussung der Unterscheidungskraft nur in Bestandteilen abweichenden) Unionsmarke mit identischen (oder teilidentischen) Waren oder Dienstleistungen innerhalb eines Zeitraums von (einem Jahr) vor oder nach Eintritt des Verfalls dieser älteren Unionsmarke wegen Nichtbenutzung angemeldet worden ist."

II. Widerklage

Will der Beklagte in dem Verfahren vor dem Unionsmarkengericht die Unionsmarke zu 29 Fall bringen oder Nichtigkeitsgründe und andere als den nach Art. 99 Abs. 3 möglichen Verfallsgrund geltend machen, so muss er Widerklage erheben. Dies gilt nunmehr auch für relative Nichtigkeitsgründe wegen eines älteren Rechts des Beklagten (→ Rn. 9). Andere Verfalls- oder Nichtigkeitsgründe sind der Verfall wegen Umwandlung zu einer sekundären Gattungsbezeichnung (Art. 51 Abs. 1 Buchst. b, → Art. 51 Rn. 29), der Verfall wegen Irreführungsgefahr (Art. 51 Abs. 1 Buchst. c, → Art. 51 Rn. 41) sowie die Nichtigkeit der Unionsmarke aus absoluten Gründen (Art. 52 Abs. 1 Buchst. a iVm Art. 7, → Art. 52 Rn. 8, und Art. 52 Abs. 1 Buchst. b, → Art. 52 Rn. 12).

Der Beklagte kann die Unionsmarke im Wege der **Widerklage gemäß Art. 100 nur in** 30 **einem auf Art. 96 Buchst. a** (→ Art. 96 Rn. 5 ff., → Art. 96 Rn. 10 ff.) **gegründeten Verletzungsverfahren vor dem Unionsmarkengericht** angreifen, denn dieses ist gemäß Art. 96 Buchst. d (→ Art. 96 Rn. 18) für Widerklagen nach Art. 100 ausschließlich zuständig. Außerhalb eines solchen Verletzungsverfahrens vor einem Unionsmarkengericht muss der Beklagte den Weg des Amtsverfahrens gemäß Art. 56 (→ Art. 56 Rn. 1 ff.) beschreiten.

Im Fall einer Klage nach Art. 96 Buchst. c (→ Art. 96 Rn. 16) ist eine Widerklage 31 mangels einer eingetragenen Unionsmarke, die für nichtig erklärt werden könnte, nicht eröffnet (Eisenführ/Schennen/Eisenführ/Overhage Art. 96 Rn. 8). **Die UMV sieht keine Widerklage gegen eine Unionsmarkenanmeldung vor** (Tribunal de Grande Instance de Paris Urt. v. 12.12.1998 – Manuel de Lorca; Hartmann, Die Gemeinschaftsmarke im Verletzungsverfahren, 2008, 138). **Eine Widerklage kommt auch in Verfahren des einstweiligen Rechtsschutzes nicht in Betracht** (Österreichischer OGH GRUR Int 2005, 945 (947) – Goldhase; LG München I Urt. v. 12.4.2005 – 33 O 5312/05 – MASTERTENT).

III. Wirkung von Einwand und Widerklage

Materiell und prozessual haben der Einwand des Verfalls gemäß Abs. 3 und die Widerklage 32 unterschiedliche Rechtsfolgen.

1. Widerklage

Bei der Widerklage handelt es sich – so zumindest in Deutschland – prozessual um eine 33 selbstständige Klage mit einem eigenen Gebührenstreitwert, die weitere Kosten verursacht und über die auch im Fall einer Rücknahme der Verletzungsklage zu entscheiden ist (→ Art. 100 Rn. 10). Die erfolgreiche Widerklage führt zur Vernichtung der Unionsmarke durch Erklärung des Verfalls oder der Nichtigkeit bzw. des teilweisen Verfalls oder der teilweisen Nichtigkeit mit **Wirkung erga omnes** und zur Abweisung der Verletzungsklage mangels Rechtsbestand der Unionsmarke. Über die Widerklage ist daher regelmäßig vor der Klage zu entscheiden (LG München I GRUR Int 2001, 247 – Mozart; Eisenführ/Schennen/Eisenführ/Overhage Rn. 7).

2. Einwand

34 Der materiell auf den Verfall wegen mangelnder ernsthafter Benutzung begrenzte Einwand nach Abs. 3 wirkt nur **inter partes** und nur in dem jeweiligen Verletzungsverfahren, in dem der Einwand erhoben wurde. Er lässt den Rechtsbestand der Unionsmarke unberührt, dh er führt nicht zur Vernichtung der Unionsmarke. Über die Rechtsgültigkeit der Unionsmarke selbst ergeht keine rechtskräftige Entscheidung. Ein Unionsmarkengericht und das Amt sind in einem späteren Verfahren an die Entscheidung über den Einwand nach Abs. 3 nicht gebunden (Schaper, Durchsetzung der Gemeinschaftsmarke, 2006, 10). Will der Beklagte die Löschung der Unionsmarke aus dem Register erreichen, so muss er entweder Widerklage erheben oder einen Löschungsantrag beim Amt stellen (→ Rn. 6).

Art. 100 Widerklage

(1) Die Widerklage auf Erklärung des Verfalls oder der Nichtigkeit kann nur auf die in dieser Verordnung geregelten Verfalls- oder Nichtigkeitsgründe gestützt werden.

(2) Ein Unionsmarkengericht weist eine Widerklage auf Erklärung des Verfalls oder der Nichtigkeit ab, wenn das Amt über einen Antrag wegen desselben Anspruchs zwischen denselben Parteien bereits eine unanfechtbar gewordene Entscheidung erlassen hat.

(3) Wird die Widerklage in einem Rechtsstreit erhoben, in dem der Markeninhaber noch nicht Partei ist, so ist er hiervon zu unterrichten und kann dem Rechtsstreit nach Maßgabe des nationalen Rechts beitreten.

(4) [1]Das Unionsmarkengericht, bei dem Widerklage auf Erklärung des Verfalls oder der Nichtigkeit einer Unionsmarke erhoben worden ist, nimmt die Prüfung der Widerklage erst dann vor, wenn entweder die betroffene Partei oder das Gericht dem Amt den Tag der Erhebung der Widerklage mitgeteilt hat. [2]Das Amt vermerkt diese Information im Register. [3]War beim Amt ein Antrag auf Erklärung des Verfalls oder der Nichtigkeit der Unionsmarke bereits eingereicht worden, bevor die Widerklage erhoben wurde, wird das Gericht vom Amt hiervon unterrichtet; das Gericht setzt in diesem Fall das Verfahren gemäß Artikel 104 Absatz 1 so lange aus, bis abschließend über den Antrag entschieden wurde oder der Antrag zurückgezogen wird.

(5) Die Vorschriften des Artikels 57 Absätze 2 bis 5 sind anzuwenden.

(6) [1]Ist die Entscheidung eines Unionsmarkengerichts über eine Widerklage auf Erklärung des Verfalls oder der Nichtigkeit einer Unionsmarke rechtskräftig geworden, so wird eine Ausfertigung dieser Entscheidung dem Amt entweder durch das Gericht oder eine der Parteien des nationalen Verfahrens unverzüglich zugestellt. [2]Das Amt oder jede andere betroffene Partei kann dazu nähere Auskünfte anfordern. [3]Das Amt trägt einen Hinweis auf die Entscheidung im Register ein und trifft die erforderlichen Maßnahmen zur Umsetzung des Tenors der Entscheidung.

(7) [1]Das mit einer Widerklage auf Erklärung des Verfalls oder der Nichtigkeit befasste Unionsmarkengericht kann auf Antrag des Inhabers der Unionsmarke nach Anhörung der anderen Parteien das Verfahren aussetzen und den Beklagten auffordern, innerhalb einer zu bestimmenden Frist beim Amt die Erklärung des Verfalls oder der Nichtigkeit zu beantragen. [2]Wird der Antrag nicht innerhalb der Frist gestellt, wird das Verfahren fortgesetzt; die Widerklage gilt als zurückgenommen. [3]Die Vorschriften des Artikels 104 Absatz 3 sind anzuwenden.

Überblick

Die Widerklage kann anders als der Einwand nach Art. 99 Abs. 3 (→ Art. 99 Rn. 13 ff.) auf alle in der UMV geregelten Verfalls- oder Nichtigkeitsgründe gestützt werden (→ Rn. 1 ff.). Art. 100 Abs. 1 ist insoweit jedoch auch abschließend. Auf andere außerhalb der UMV liegende Gründe kann die Widerklage nicht gestützt werden. Wird die Widerklage auf eine ältere nationale oder ältere Unionsmarke gestützt, kann der Kläger seinerseits nach Abs. 5 den Einwand des Verfalls wegen mangelnder Benutzung nach Art. 57 Abs. 2 bis 5 (→ Art. 57 Rn. 17, → Art. 57 Rn. 22) erheben (→ Rn. 27 ff.). Ist der Inhaber der durch die Widerklage angegriffenen Unionsmarke nicht Partei des Rechtsstreits, so muss das Unionsmarkengericht diesen nach Abs. 3 über den Rechtsstreit informieren. Der Inhaber kann dem Rechtstreit nach Maßgabe des nationalen Rechts beitreten (→ Rn. 34). Hat das nach Art. 56 (→ Art. 56 Rn. 1 ff.) angerufene Amt bereits eine unanfechtbar gewordene Entscheidung über einen Verfalls- oder Nichtigkeitsantrag erlassen, der denselben wie mit der Widerklage verfolgten Anspruch zwischen denselben Parteien betrifft, so weist das Unionsmarkengericht die Widerklage nach Abs. 2 ab (→ Rn. 46). Dies trägt der Entscheidungskonkurrenz zwischen dem nach Art. 96 Buchst. d (→ Art. 96 Rn. 18) zuständigen Unionsmarkengericht und dem Amt Rechnung. Liegt noch keine unanfechtbar gewordene Entscheidung des Amtes vor, so finden die Aussetzungsregelungen des Art. 104 (→ Art. 104 Rn. 1 ff.) Anwendung. Der Entscheidungskonkurrenz zwischen dem Unionsmarkengericht und dem Amt trägt auch Abs. 7 Rechnung (→ Rn. 51). Danach kann das Unionsmarkengericht auf Antrag des Inhabers der Unionsmarke das Verfahren aussetzen und den beklagten Widerkläger unter Fristsetzung auffordern, die Erklärung des Verfalls oder der Nichtigkeit der Unionsmarke beim Amt zu beantragen. Hierdurch kann dem Amt die alleinige Entscheidungsbefugnis über die Rechtsgültigkeit der Unionsmarke mit Bindungswirkung für das Unionsmarkengericht übertragen werden. Lässt der Beklagte die Frist fruchtlos verstreichen, so gilt die Widerklage als zurückgenommen (→ Rn. 53). Für die Dauer der Aussetzung kann das Unionsmarkengericht die nach Art. 103 (→ Art. 103 Rn. 18 ff.) zulässigen einstweiligen Maßnahmen einschließlich Sicherungsmaßnahmen treffen (→ Rn. 52). Nach Abs. 4 und 6 treffen das Unionsmarkengericht gegenüber dem Amt Mitteilungspflichten sowie die Pflicht eine Ausfertigung der rechtskräftig gewordene Entscheidung zuzustellen (→ Rn. 37 ff.). Nach Abs. 4 darf das Unionsmarkengericht die Widerklage erst prüfen, wenn dem Amt der Tag der Erhebung der Widerklage mitgeteilt worden ist (→ Rn. 39). Das Amt ist verpflichtet, entsprechende Hinweise ins Register einzutragen (→ Rn. 42), das Unionsmarkengericht seinerseits über einen vor Erhebung der Widerklage eingereichten Löschungsantrag zu informieren (→ Rn. 43) und die erforderlichen Maßnahmen zur Umsetzung des Tenors einer Entscheidung des Unionsmarkengerichts zu treffen (→ Rn. 44).

Übersicht

	Rn.
A. Widerklagegründe	1
I. Abschließende Regelung	1
II. Nichtigkeitsgründe	8
III. Verfallsgründe	10
IV. Geographisch beschränkte Widerklagegründe	11
1. Geographische Beschränkung	11
2. Auswirkungen auf Klage und Widerklage, Umwandlung	13
V. Wiederholungsmarke	23
VI. Rechtsfolgen der Widerklage (Abs. 5)	26
B. Nichtbenutzungseinrede und Zwischenrecht gegen ältere Widerklagemarken	27
I. Benutzung im Zeitpunkt der Widerklageerhebung	29
II. Benutzung am Tag der Veröffentlichung der Anmeldung der Unionsmarke; Zwischenrecht	30
C. Vergleichsanregung seitens des Gerichts	33
D. Beitritt des Inhabers der Unionsmarke	34
E. Mitteilungspflichten des Unionsmarkengerichts	37
I. Information des Unionsmarkeninhabers	38
II. Information des Amtes durch das Unionsmarkengericht oder die Partei	39
F. Mitteilungs- und Umsetzungspflichten des Amtes	42
G. Aussetzung des Verfahrens nach Art. 104 Abs. 1	45
H. Entgegenstehende Rechtskraft einer Entscheidung des Amtes	46
I. Antrag auf Einleitung des Amtsverfahrens	51

Grüger

A. Widerklagegründe

I. Abschließende Regelung

1 Abs. 1 regelt die Gründe, auf die eine Widerklage gestützt werden kann, abschließend. Die Widerklage kann **nur auf die in der UMV geregelten Verfalls- oder Nichtigkeitsgründe** gestützt werden, nicht jedoch auf weitere Gründe auf Grund nationaler Rechtsvorschriften, wie etwa wettbewerbsrechtliche Beseitigungsansprüche (Knaak GRUR Int 2007, 386 (393 f.); Eisenführ/Schennen/Eisenführ/Overhage Rn. 4; aA BGH GRUR Int 2005, 722 – The Colour of Elégance; Ingerl/Rohnke MarkenG § 125b Rn. 14, MarkenG § 125e Rn. 46).

1.1 Die UMV ruft dem Widerkläger und den Unionsmarkengerichten in Erinnerung, dass die Unionsmarke autonom ist, sich ihre Wirkungen nach Art. 14 ausschließlich nach der UMV bemessen und nationale Rechtsvorschriften nicht angewendet werden dürfen, es sei denn die UMV lässt deren Anwendung ausdrücklich zu.

1.2 In dem Verfahren „The Colour of Elégance" (BGH GRUR Int 2005, 722) hatte die dortige Beklagte gegen eine Verletzungsklage aus einer nationalen Marke Widerklage gegen Unionsmarken der Klägerin erhoben. Der BGH hatte die Widerklage mit der Begründung zugelassen, die Beklagte habe einen wettbewerbsrechtlichen Beseitigungsanspruch auf Rücknahme der Unionsmarkenanmeldung bzw. auf Erklärung der Nichtigkeit der Unionsmarken geltend gemacht. Art. 100 Abs. 1 schließt eine solche, auf einen nationalen wettbewerbsrechtlichen Beseitigungsanspruch gestützte Widerklage auf Erklärung der Nichtigkeit einer Unionsmarke jedoch aus. Etwas anderes ergibt sich auch nicht aus Art. 14 Abs. 2, da dort ausschließlich die Wirkungen einer Unionsmarke und somit ihr Rechtsschutz geregelt werden, nicht jedoch die Angriffsmöglichkeiten gegen eine Unionsmarke (Knaak GRUR Int 2007, 386 (394)). In dem vom BGH entschiedenen Fall „The Colour of Elégance" stand der Zulässigkeit der Widerklage nach Art. 100 zudem entgegen, dass diese akzessorisch zu einer aus einer Unionsmarke erhobenen Klage ist (Knaak GRUR Int 2007, 386 (393)).

2 Die Widerklage kann auf die absoluten Nichtigkeitsgründe des Art. 52 (→ Art. 52 Rn. 1 ff.), auf die relativen Nichtigkeitsgründe des Art. 53 (→ Art. 53 Rn. 10) sowie auf die Verfallsgründe des Art. 51 (→ Art. 51 Rn. 8 ff.) gestützt werden.

3 Die Widerklage ist **akzessorisch zu einer aus einer Unionsmarke erhobenen Klage** (Knaak GRUR Int 2007, 386 (393)), dh eine Widerklage iSv Art. 100 ist nur möglich, wenn zuvor eine Klage wegen Verletzung einer Unionsmarke erhoben wurde. Die Löschungswiderklage ist auch dann zulässig, wenn Verletzungskläger nicht der Markeninhaber selbst, sondern ein Dritter, zB ein Lizenznehmer, ist. Dies folgt aus Abs. 3, der dem Markeninhaber für den Fall, dass er nicht Partei des Rechtsstreits ist, ein Beitrittsrecht einräumt.

4 Fraglich ist, ob im Fall einer **Klage auf angemessene Entschädigung** nach Art. 96 Buchst. c iVm Art. 9b Abs. 2 eine Widerklage nach Art. 100 zulässig ist. Hier wird danach zu differenzieren sein, ob die Unionsmarke im Zeitpunkt der Erhebung der Widerklage bereits eingetragen ist oder sich noch im Stadium des Anmeldeverfahrens befindet. So kann der Entschädigungsanspruch nach Art. 9b Abs. 2 bereits unmittelbar nach Veröffentlichung der Anmeldung der Unionsmarke gerichtlich geltend gemacht werden oder erst nach erfolgter Eintragung und Veröffentlichung der Eintragung der Unionsmarke zusammen mit den eigentlichen Verletzungsansprüchen. Sofern die Unionsmarke eingetragen wurde, ist eine Widerklage auch im Hinblick auf die im Wege der Klage nach Art. 96 Buchst. c geltend gemachten Ansprüche auf angemessene Entschädigung zulässig (aA Hasselblatt/Menebröcker/Stier Rn. 8). So spricht Art. 99 Abs. 3 ausdrücklich von Klagen gemäß Art. 96 Buchst. c gegen welche die in Art. 99 Abs. 3 genannten Einwände zulässig sind, die nicht im Wege der Widerklage erhoben wurden. Hieraus folgt, dass die Widerklage nach Art. 100 auch gegen Klagen gemäß Art. 96 Buchst. c zulässig ist, sofern die Unionsmarke aus der der Entschädigungsanspruch nach Art. 9b Abs. 2 gerichtlich geltend gemacht wird, bereits eingetragen ist. In diesem Fall greift das Argument nicht mehr, eine Widerklage könne nur gegen eine existente Unionsmarke gerichtet sein. Befindet sich die **Unionsmarke jedoch noch im Anmeldestadium,** so dürfte eine Widerklage nach Art. 100 unzulässig sein. Eine solche Widerklage könnte nicht auf die Löschung der Unionsmarke, sondern nur auf die Einwilligung in die Rücknahme der Unionsmarkenanmeldung gerichtet sein. Im deutschen Recht wird ein Anspruch auf Rücknahme der Anmeldung der rechtsverletzenden deutschen Marke

unter dem Gesichtspunkt der vorbeugenden Störungsbeseitigung aus dem allgemeinen zivilrechtlichen Störungsbeseitigungsanspruch, § 1004 BGB analog, hergegeben (vgl. BGH GRUR 1993, 556, 558 – TRIANGEL; GRUR 2010, 642 Rn. 24 – WM-Marken; Ingerl/Rohnke MarkenG § 55 Rn. 52; Ströbele/Hacker/Hacker MarkenG § 14 Rn. 483). Die UMV enthält keine Regelung, wonach der Inhaber eines entgegenstehenden älteren Rechts einen Anspruch auf Rücknahme der Unionsmarkenanmeldung geltend machen kann. Eine isolierte Klage auf Rücknahme einer Unionsmarkenanmeldung ist nicht zulässig (→ Art. 99 Rn. 6). Ein Rückgriff auf nationale Rechtsvorschriften ist nicht zulässig, da Art. 100 die Widerklagegründe abschließend regelt (→ Rn. 1). Es dürfte auch keine Gesetzeslücke für eine analoge Anwendung von Art. 100 auf Unionsmarkenanmeldungen vorliegen, da die UMV dem Inhaber älterer Rechte die Möglichkeit einräumt im Wege des Widerspruchsverfahrens vor dem Amt gegen die Eintragung einer Unionsmarke vorzugehen.

Eine **Widerklage auf Löschung einer Unionsmarke nach Art. 100 ist unzulässig** 5 **gegenüber** einer **negativen Feststellungsklage,** in der festgestellt werden soll, dass die Benutzung der Unionsmarke keine Rechte aus einer älteren nationalen Marke verletzt (vgl. LG München I GRUR Int 2000, 783 – Betty; s. auch → Art. 96 Rn. 20.1).

Fraglich ist, ob auch eine **Drittwiderklage** gegen einen bisher am Rechtsstreit nicht 6 Beteiligten eine Widerklage iSv Art. 100 darstellt, etwa wenn der Lizenznehmer klagt und der Beklagte Drittwiderklage auf Löschung der Klagemarke gegen den Markeninhaber erhebt. Hiergegen könnte Art. 99 Abs. 1 sprechen, wonach das angerufene Unionsmarkengericht im Verletzungsverfahren von der Rechtsgültigkeit der Klagemarke auszugehen hat, sofern diese nicht vom Beklagten mit einer Widerklage nach Art. 100 angegriffen worden ist. Im Fall einer Drittwiderklage müsste das Unionsmarkengericht somit im Verhältnis Kläger – Beklagter von der Rechtsgültigkeit der Unionsmarke ausgehen, da der Beklagte gegen den Kläger keine Löschungswiderklage erhoben hat. Unter Widerklage iSv Art. 99 Abs. 1 und Art. 100 Abs. 1 ist daher **nur die Widerklage gegen den Kläger** zu verstehen (vgl. auch Beyerlein WRP 2004, 302 (304) mit anderer Begründung).

Fraglich ist das **Schicksal der Widerklage nach Art. 100, wenn die Verletzungsklage** 7 **zurückgenommen wird,** etwa weil der Kläger verhindern will, dass seine Unionsmarke für verfallen und/oder nichtig erklärt wird. Mangels einer Regelung in der UMV findet über Art. 101 Abs. 3 (→ Art. 101 Rn. 37) das jeweilige nationale Verfahrensrecht des Forum-Staates Anwendung (vgl. Ingerl/Rohnke MarkenG § 125e Rn. 33; Hasselblatt/Menebröcker/Stier Rn. 3; zur GGV vgl. Ruhl GGV Art. 85 Rn. 8). Dies sind in Deutschland die §§ 33, 261 ZPO. Danach ist nach deutschem Verfahrensrecht die wirksam erhobene Widerklage vom Fortbestand der Klage unabhängig (vgl. OLG Brandenburg BeckRS 2010, 23356; LG München I NJW 1978, 953; BeckOK ZPO/Toussaint ZPO § 33 Rn. 3; Beyerlein WRP 2004, 302 (303); Eisenführ/Schennen/Overhage Art. 99 Rn. 7; Hasselblatt/Menebröcker/Stier Rn. 3; Ingerl/Rohnke MarkenG § 125e Rn. 33). Nach der Gegenmeinung soll mit Rücknahme der Verletzungsklage auch die Widerklage entfallen, weil durch die Rücknahme der Klage der rechtliche Grund der Widerklage entfalle (vgl. HK-MarkenR/v. Kapff Art. 96 Rn. 10). Dem kann nicht gefolgt werden. Zum einen besteht der rechtliche Grund der Widerklage, der Verfall oder die Nichtigkeit der Unionsmarke, weiter fort, zum anderen besteht die Gefahr, dass der Kläger aus der Unionsmarke erneut Verletzungsklage, womöglich vor einem anderen Gericht erhebt. In Mitgliedsländern, in denen die Widerklage nach nationalem Verfahrensrecht vom Fortbestand der Klage abhängig ist, kann der Kläger die Widerklage gegen seine Unionsmarke durch Rücknahme der Verletzungsklage zu Fall bringen (vgl. Hasselblatt/Menebröcker/Stier Rn. 20).

II. Nichtigkeitsgründe

Die Widerklage auf Erklärung der Nichtigkeit kann auf sämtliche in Art. 52 (→ Art. 52 8 Rn. 1 ff.) und Art. 53 (→ Art. 53 Rn. 10) geregelten absoluten und relativen Nichtigkeitsgründe gestützt werden. Anders als der Widerspruch gegen die Eintragung einer Unionsmarke (Art. 41 Abs. 1), mit dem nur ältere Marken- und Kennzeichenrechte entgegen gehalten werden können (→ Art. 41 Rn. 22 ff.), kann die Widerklage, ebenso wie der Nichtigkeitsantrag beim Amt (Art. 56 → Art. 56 Rn. 31), auch auf die in Art. 53 Abs. 2 genannten sonstigen älteren Rechte (→ Art. 53 Rn. 16 ff.), wie das Namensrecht, das Recht an der eigenen Abbildung, das Urheberrecht sowie gewerbliche Schutzrechte, gestützt werden.

9 Aufgrund des **Verbots der sog. Doppelantragsstellung nach Art. 53 Abs. 4** (→ Art. 53 Rn. 1 ff.) kann die Widerklage nicht nachträglich auf einen relativen Nichtigkeitsgrund aus einem älteren Marken- oder sonstigen Recht gestützt werden, wenn dieses ältere Recht bereits bei Erhebung der Widerklage hätte geltend gemacht werden können.

III. Verfallsgründe

10 Die Widerklage auf Erklärung des Verfalls kann aufgrund sämtlicher in Art. 51 geregelten Verfallsgründe (→ Art. 51 Rn. 8 ff.) erhoben werden. Anders als der Einwand nach Art. 99 Abs. 3, mit dem der Beklagte ausschließlich den Verfallsgrund der mangelnden ernsthaften Benutzung geltend machen kann (→ Art. 99 Rn. 13 ff.), kann der Beklage die Widerklage auch auf Verfall wegen Umwandlung zu einer sekundären Gattungsbezeichnung (Art. 51 Abs. 1 Buchst. b, → Art. 51 Rn. 32) sowie Verfall wegen Irreführungsgefahr (Art. 51 Abs. 1 Buchst. c, → Art. 51 Rn. 45) stützen.

IV. Geographisch beschränkte Widerklagegründe

1. Geographische Beschränkung

11 Die Widerklagegründe können uU nur in einem **geographisch beschränkten Gebiet** vorliegen. Dies kann etwa dann der Fall sein, wenn als relativer Nichtigkeitsgrund der Unionsmarke ein **älteres nationales Recht** entgegengehalten wird oder ein **absoluter Nichtigkeits- oder Verfallsgrund nur in einem geographisch beschränkten Gebiet** der Europäischen Gemeinschaft vorliegt, wie dies etwa bei mangelnder Unterscheidungskraft nach Art. 7 Abs. 1 Buchst. b (→ Art. 7 Rn. 22), beschreibender Angabe nach Art. 7 Abs. 1 Buchst. c (→ Art. 7 Rn. 77), Umwandlung zu einer sekundären Gattungsbezeichnung nach Art. 51 Abs. 1 Buchst. b (→ Art. 51 Rn. 32) sowie dem Verfall wegen Irreführungsgefahr nach Art. 51 Abs. 1 Buchst. c (→ Art. 51 Rn. 45) aus sprachlichen oder sonstigen territorial beschränkt vorliegenden Gründen der Fall sein kann (ebenso zum Unterlassungsanspruch EuGH GRUR 2011, 518 – DHL/Chronopost).

12 Diese geographisch beschränkten Widerklagegründe können **zudem in einem anderen Mitgliedstaat als dem Forum-Staat** vorliegen. Im Fall eines älteren nationalen Rechts, das nicht im Forum-Staat gelegen ist, muss das Unionsmarkengericht prüfen, ob dieses nationale Recht nach der Rechtsordnung des jeweiligen Mitgliedstaates existiert und ob dieses danach der Unionsmarke entgegen gehalten werden kann (Hasselblatt/Menebröcker/Stier Rn. 16; Knaak GRUR Int 1997, 864 (868)). Wird die Widerklage auf absolute Nichtigkeits- oder Verfallsgründe gestützt, die außerhalb des Forum-Staates gelegenen sind, so muss das Unionsmarkengericht ebenfalls prüfen, ob diese existieren (Hasselblatt/Menebröcker/Stier Rn. 18). Dies gilt auch für Unionsmarkengerichte, deren internationale Zuständigkeit auf Art. 97 Abs. 5 beruht und deren Entscheidungskompetenz auf das Gebiet des Mitgliedstaates seines Sitzes beschränkt ist (Knaak GRUR Int 1997, 864 (868)).

2. Auswirkungen auf Klage und Widerklage, Umwandlung

13 Greifen diese älteren nationalen Rechte oder territorial beschränkten absoluten Nichtigkeits- oder Verfallsgründe durch, so hat das angerufene Unionsmarkengericht der **Widerklage stattzugeben** und die Unionsmarke für verfallen bzw. nichtig zu erklären. Die **Verletzungsklage ist abzuweisen**. Dies folgt aus der **Einheitlichkeit der Unionsmarke** (Hasselblatt/Menebröcker/Stier Rn. 19) und daraus, dass die Widerklage sich nicht gegen die möglicherweise geographisch beschränkten Verletzungsansprüche als solche wendet, sondern darauf abzielt, dass die Unionsmarke wegen eines älteren Rechts für nichtig erklärt wird. Dies ist jedoch bei jeder Kollision mit einem älteren nationalen Recht der Fall.

14 Der Inhaber der Unionsmarke kann, soweit nach Art. 112 zulässig (→ Art. 112 Rn. 1 ff.), die **Umwandlung der Unionsmarke in nationale Markenanmeldungen** betreiben. Betreibt der Kläger aufgrund der erfolgten Erklärung der Nichtigkeit oder des Verfalls der Klageunionsmarke die **Umwandlung der Unionsmarke in eine nationale Marke**, stellt

sich die **Frage,** welche **Auswirkungen dies auf die Verletzungsklage** aus der Unionsmarke hat.

Die **nationale Marke ist kein bereits existentes Recht innerhalb der Unionsmarke,** **15** das im Fall der Umwandlung lediglich „abgespalten" wird (aA OLG Düsseldorf BeckRS 2014, 12143 – Ampliteq; Hofmann MarkenR 2016, 23 (25) – offengelassen von BGH GRUR 2016, 83 Rn. 27 – Ampliteq). Die Unionsmarke ist kein „Bündel nationaler Markenrechte". Vielmehr handelt es sich um **zwei voneinander zu trennende selbstständige Rechte,** mit eigenen Anspruchsgrundlagen und Rechtswirkungen (vgl. Eisenführ/Schennen/Eisenführ/Eberhardt Art. 55 Rn. 12). Die nationale Marke ist daher kein „minus" zur Unionsmarke, sondern ein „aliud". Die aufgrund der Unionsmarke geltend gemachten Verletzungsansprüche und die Ansprüche aus einer nationalen Marke stellen somit **unterschiedliche Streitgegenstände** dar.

Anders ist dies **im Fall der Seniorität** nach Art. 34 Abs. 2 (→ Art. 34 Rn. 25 ff.), bei **16** der im Fall des Verzichts oder Erlöschens der älteren nationalen Marke der gesamte Inhalt dieser älteren nationalen Marke in die Unionsmarke integriert und deren **Fortbestand in der Unionsmarke fingiert wird** (BPatG BeckRS 2013, 5944 – IPSOS; ausführlich → Art. 34 Rn. 28 f.).

Hinsichtlich der **Wirkungen der Umwandlung** einer Unionsmarke muss zwischen den **17** Auswirkungen auf die Anmeldung der nationalen Marke, dh den **Erhalt der Priorität** der Unionsmarke, und dem **Entstehen des nationalen Markenrechts** mit den daraus folgenden Schutzansprüchen **differenziert werden.** Entgegen der Auffassung des OLG Düsseldorf (BeckRS 2014, 12143 – Ampliteq) enthält Art. 32 nicht die Aussage, dass es sich bei der nationalen Marke um dasselbe Schutzrecht handelt, sondern nach Art. 32 wirkt die Anmeldung einer Unionsmarke wie eine vorschriftsmäßige nationale Hinterlegung, dh eine Markenanmeldung, mit der für die Unionsmarkenanmeldung in Anspruch genommenen Priorität. Auch Art. 112 Abs. 1 spricht nicht von der Umwandlung in eine nationale Marke, sondern in eine **Anmeldung** für eine nationale Marke. Die **„Kontinuität" besteht daher nicht hinsichtlich des Markenrechts, sondern nur hinsichtlich der Anmeldung.**

Aus dem Umstand, dass einer Unionsmarkenanmeldung die Wirkung einer nationalen **18** Markenanmeldung mit der Priorität der Unionsmarke zukommt, **folgt nicht,** dass die nationale Marke durch die Eintragung der Unionsmarke bereits als Markenrecht entstanden ist und in einem Verletzungsverfahren die **Ansprüche aus der Unionsmarke nunmehr auf die nationale Marke gestützt werden können.** Etwas anderes kann nur für den Fall gelten, dass die **Unionsmarke der Seniorität einer älteren nationalen Marke in Anspruch genommen hat** (→ Art. 34 Rn. 25) und nunmehr diese „alte" nationale Marke im Wege der Umwandlung „wiederauflebt". In diesem Fall müsste es möglich sein, Ansprüche aus der nationalen Marke auch auf Benutzungshandlungen zu stützen, die während der Zeitdauer vorgenommen wurden, in der die eine Seniorität in Anspruch nehmende Unionsmarke eingetragen war. Auch ein auf die Unionsmarke gestützter Widerspruch wird nicht in einen auf eine nationale Marke gestützten Widerspruch, sondern, solange die nationale Marke noch nicht eingetragen ist, in einen nach § 42 MarkenG (→ MarkenG § 42 Rn. 85) zulässigen, auf eine nationale Markenanmeldung gestützten Widerspruch transformiert.

Ist die Klageunionsmarke untergegangen, so ist auch der **auf die Unionsmarke gestützte** **19** **Unterlassungsanspruch weggefallen.** Ob für die Vergangenheit noch Auskunfts- und Schadensersatzansprüche weiterverfolgt werden können, hängt von dem Rechtsgrund für das Erlöschen der Klageunionsmarke ab. **Auskunfts- und Schadensersatzansprüche wegen zurückliegender Handlungen** können **nicht auf die durch Umwandlung entstandene nationale Marke gestützt werden** (so jetzt auch BGH GRUR 2016, 83 Rn. 27 – Ampliteq; Eisenführ/Schennen/Eisenführ/Eberhardt Art. 55 Rn. 12).

Ob aus der nationalen Marke Verletzungsansprüche geltend gemacht werden können, **20** insbesondere ob der Unterlassungsanspruch weiterverfolgt werden kann, richtet sich nach dem jeweiligen nationalen Recht. In Deutschland können **Ansprüche aus der deutschen Marke erst ab deren Eintragung** und nicht bereits ab Anmeldung geltend gemacht werden. Erforderlich ist hierfür eine Verletzung dieser nationalen Marke bzw. im Hinblick auf den Unterlassungsanspruch die Besorgnis, dass deren Verletzung ernsthaft droht (so jetzt auch BGH GRUR 2016, 83 Rn. 27 – Ampliteq). Die **vor Eintragung der deutschen Marke** vorgenommenen **Handlungen können keine Widerholungsgefahr begründen** (so jetzt auch BGH GRUR 2016, 83 Rn. 30 – Ampliteq). Durch den Wegfall der Unionsmarke ist die Wiederholungsgefahr entfallen (vgl. EuGH GRUR 2007, 228 Rn. 32 ff. – Nokia). Ob für den Fall, dass der Beklagte die Verletzungshandlungen zwischenzeitlich eingestellt hat, aus den vergangenen Verletzungshandlungen zumindest eine **Erstbegehungsgefahr** hergeleitet werden kann, ist fraglich. Hierzu dürften weitere besondere Umstände erforderlich sein (einen Unterlassungsanspruch aus einer vor Eintragung der umgewandelten deutschen Marke begangenen Benutzungshandlung aufgrund Annahme desselben Schutzrechts bejahend OLG Düsseldorf BeckRS 2014, 12143 – Ampliteq – aufgehoben durch BGH GRUR 2016, 83 Rn. 27 – Ampliteq). Derartige Umstände, die ein für den vorbeugenden Unterlassungsanspruch ausreichende Erstbegehungsgefahr begründen können, liegen insbesondere in einer durch den Beklagten vor Eintragung der deutschen Klagemarke vorgenommenen **Anmeldung des streitgegenständlichen Zeichens als Marke,** wenn keine konkreten Umstände vorliegen, die gegen eine Benutzungsabsicht sprechen (vgl. BGH GRUR 2016, 83 Rn. 30 – Ampliteq; GRUR 2014, 382 Rn. 30 – REAL Chips).

21   Soll die Verletzungsklage nach Umwandlung der Unionsmarke nunmehr auf die nationale Marke gestützt werden, richtet sich die **Zulässigkeit nach nationalem Verfahrensrecht.** Da Ansprüche aus der Unionsmarke und einer nationalen Marke nach deutschem Recht zwei verschiedene Streitgegenstände darstellen, würde es sich nach deutschem Verfahrensrecht um eine **Klageänderung** handeln. Bis die nationale Marke durch das DPMA eingetragen ist und in den anhängigen Rechtsstreit eingeführt werden kann, könnte das **Verfahren nach § 148 ZPO ausgesetzt** bzw. übereinstimmend **nach § 251 ZPO zum Ruhen gebracht werden** (vgl. Eisenführ/Schennen/Eisenführ/Eberhardt Art. 55 Rn. 12).

22   Die Umwandlung in eine nationale Marke kann sich auch **auf die Zuständigkeit des** ursprünglich wegen einer Unionsmarkenverletzung **angerufenen Gerichts auswirken.** Wird die Verletzungsklage nach erfolgter Umwandlung der Unionsmarke auf die aus der Umwandlung hervorgegangene nationale Marke gestützt, so kann das ursprünglich wegen einer Unionsmarkenverletzung angerufene Gericht seine **internationale Zuständigkeit** verlieren. Dies kann in den Fällen auftreten, in denen die Verletzungsklage am Sitz des Klägers (Art. 97 Abs. 2; → Art. 97 Rn. 18) oder am Sitz des Amtes (Art. 97 Abs. 3; → Art. 97 Rn. 21) erhoben wurde (Hasselblatt/Menebröcker/Stier Rn. 19). Wurde die Klage am Verletzungsort (Art. 97 Abs. 5; → Art. 97 Rn. 29) oder am Sitz des Beklagten erhoben, so kann die internationale Zuständigkeit des angerufenen Gerichts weiter gegeben sein (Hasselblatt/Menebröcker/Stier Rn. 19). Da das Gericht jedoch nicht mehr als Unionsmarkengericht angerufen ist, sind die in dem Forum-Staat geltenden nationalen Zuständigkeitsregelungen für Klagen wegen der Verletzung nationaler Marken zu beachten.

V. Wiederholungsmarke

23   Hat der Kläger die Unionsmarke vor oder auch nach Ablauf der Benutzungsschonfrist einer älteren identischen eingetragenen Marke erneut angemeldet und eintragen lassen, um auf diese Weise Rechtsschutz auf Grund der neu eingetragenen Unionsmarke auch nach Ablauf der Benutzungsschonfrist der prioritätsälteren Marke zu erhalten, liegt eine sog. Wiederholungsmarke vor (→ Art. 99 Rn. 30 ff.). Die UMV enthält keine Regelung zu Widerholungsmarken.

24   Im deutschen Schrifttum zum MarkenG werden **im Wesentlichen zwei Lösungsansätze** verfolgt. Zum einen wird das Problem der Wiederholungsmarke über den **Einwand des Rechtsmissbrauchs** gelöst (→ Art. 99 Rn. 31; Fezer MarkenG § 25 Rn. 38, 42; Heydt GRUR 1975, 439). Auch nach den Prüfungsrichtlinien des HABM soll eine Wiederholungsanmeldung den Tatbestand der „bösgläubigen" Markenanmeldung erfüllen (Richtlinien für die Verfahren vor dem HABM Teil D, Kap. 2 Löschungsverfahren, wesentliche Vorschriften, Ziff. 4.3.3., S. 12). In der Entscheidung „Pelikantravel.com/HABM" (EuG GRUR Int 2013, 144 Rn. 27) hat das EuG ausgeführt, dass bei der Feststellung des Vorliegens einer bösgläubigen Markenanmeldung der Umstand, dass eine Wiederholungsanmeldung für dieselbe Marke getätigt wurde, um die Konsequenzen einer Löschung der älteren Marke wegen Nichtbenutzung zu umgehen, mitberücksichtigt werden könne (→ Art. 99 Rn. 31).

Zum anderen wird als Lösungsansatz das **Schonfristprivileg für die Wiederholungsan-** 25
meldung versagt (→ Art. 99 Rn. 25; Ingerl/Rohnke MarkenG § 25 Rn. 40; Fischkötter/
Rheineck GRUR 1980, 384; Hackbarth, Grundlagen des Benutzungszwangs im Gemeinschaftsmarkenrecht, 1993, 197; Ströbele/Hacker/Ströbele MarkenG § 26 Rn. 291 f.). Besteht
zwischen dem Eintritt des Verfalls der Ersteintragung und der Wiederholungsanmeldung ein
zeitlicher Zusammenhang, so kommt die Wiederholungsmarke hiernach nicht in den Genuss
der fünfjährigen Benutzungsschonfrist (ausführlich → Art. 99 Rn. 25). Wird die Wiederholungsunionsmarke aufgrund des Verfalls der Ersteintragung ebenfalls für verfallen angesehen,
so kann die Widerklage auf den Verfallsgrund der mangelnden Benutzung gestützt werden.
Nach beiden Lösungsansätzen ist die Erhebung einer Widerklage möglich.

VI. Rechtsfolgen der Widerklage (Abs. 5)

Erweist sich die Widerklage auf Erklärung des Verfalls oder der Nichtigkeit für alle Waren 26
oder Dienstleistungen, für die sie eingetragen ist, als berechtigt, so wird die Klagemarke in
Gänze für verfallen oder nichtig erklärt (Art. 100 Abs. 5 iVm Art. 57 Abs. 5 S. 1). Ist die
Widerklage nur hinsichtlich eines Teils der eingetragenen Waren oder Dienstleistungen
begründet, so wird sie nur hinsichtlich dieses Teils für verfallen oder nichtig erklärt (Art. 100
Abs. 5 iVm Art. 57 Abs. 5 S. 2). Ist die Klagemarke nicht verfallen oder nichtig, wird die
Widerklage abgewiesen (Art. 100 Abs. 5 iVm Art. 57 Abs. 5 S. 3).

B. Nichtbenutzungseinrede und Zwischenrecht gegen ältere Widerklagemarken

Nach Abs. 5 sind unter anderem die Vorschriften des Art. 57 Abs. 2 und 3 (→ Art. 57 27
Rn. 22) anzuwenden. Der widerbeklagte Inhaber der Klageunionsmarke kann danach gegenüber der älteren Widerklagemarke die Einrede der Nichtbenutzung erheben. Dies gilt sowohl
gegenüber älteren Unions-, als auch nationalen Marken (Art. 57 Abs. 3). Ist die ältere Marke
nur für einen Teil der eingetragenen Waren oder Dienstleistungen rechtserhaltend benutzt
worden, so gilt sie zum Zwecke der Prüfung der Begründetheit der Widerklage nur für
diesen Teil der Waren oder Dienstleistungen als eingetragen (Art. 57 Abs. 2 S. 4).

Der Widerkläger hat die Voraussetzungen der rechtserhaltenden Benutzung seiner älteren 28
Marke **in zwei Zeitpunkten nachzuweisen** (→ Rn. 29 ff.).

I. Benutzung im Zeitpunkt der Widerklageerhebung

Der Widerkläger muss auf die Nichtbenutzungseinrede des Klägers zum einen nachweisen, 29
dass er seine ältere Marke, auf die er seine Löschungswiderklage gestützt hat, innerhalb der
letzten fünf Jahre **vor Erhebung der Widerklage rechtserhaltend benutzt** hat (Art. 57
Abs. 2 S. 1). Der Stellung des Antrags auf Erklärung der Nichtigkeit iSv Art. 57 Abs. 2 S. 1
(→ Art. 57 Rn. 22) ist der Zeitpunkt der Widerklageerhebung gleichzustellen.

II. Benutzung am Tag der Veröffentlichung der Anmeldung der Unionsmarke; Zwischenrecht

War die ältere Marke des Widerklägers am Anmeldetag oder dem Prioritätstag der Anmel- 30
dung der Unionsmarke, die aufgrund der Widerklage für nichtig erklärt werden soll, bereits
mindestens fünf Jahre eingetragen, so muss der Widerkläger zudem nachweisen, dass seine
ältere Marke innerhalb der letzten fünf Jahre **vor dem Anmeldetag oder dem Prioritätstag** der Anmeldung der Unionsmarke **rechtserhaltend benutzt worden** ist (Art. 57 Abs. 2
S. 2; → Art. 57 Rn. 23).

Kann er diesen Nachweis nicht erbringen, so ist die Widerklage auf Erklärung der Nichtig- 31
keit wegen eines älteren Rechts abzuweisen (Art. 57 Abs. 2 S. 3).

Die UMV gewährt dem Inhaber der jüngeren Unionsmarke somit gegenüber einer älteren 32
nationalen oder Unionsmarke, die am Anmeldetag oder Prioritätstag der Anmeldung der
Unionsmarke nicht rechtserhaltend benutzt war, ein Zwischenrecht (**zu Zwischenrechten
im Einzelnen** → Art. 13a Rn. 1 f.). Die UMV verhindert hierdurch die Löschung einer
jüngeren Unionsmarke aus einer ehemals nicht benutzten älteren Marke und sichert somit

deren Bestandskraft. **Die Befugnis diese jüngere Unionsmarke zu benutzen ist nunmehr durch Art. 13a (→ Art. 13a Rn. 1) gesichert.**

C. Vergleichsanregung seitens des Gerichts

33 Nach Abs. 5 ist im Widerklageverfahren auch die Regelung des Art. 57 Abs. 4 (→ Art. 57 Rn. 51) anwendbar, wonach das Amt die Beteiligten ersuchen kann, sich zu einigen, wenn es dies als sachdienlich erachtet. Das mit der Widerklage angerufene Unionsmarkengericht ist seitens des Verordnungsgebers somit ausdrücklich ermächtigt worden, die Parteien zu ersuchen, sich zu einigen, sofern es dies für sachdienlich hält. Das Unionsmarkengericht kann im Zuge dessen den Parteien einen Vergleichsvorschlag unterbreiten, der sowohl eine Teileinigung nur über den Gegenstand der Widerklage vorsehen, als auch den Gegenstand der Klage miteinbeziehen kann (Eisenführ/Schennen/Eisenführ/Overhage Rn. 9).

D. Beitritt des Inhabers der Unionsmarke

34 Ist der Inhaber der durch die Widerklage angegriffenen Unionsmarke nicht Partei des Rechtsstreits, so kann dieser nach Abs. 3 Hs. 2 zur Verteidigung seiner Marke dem Rechtsstreit nach Maßgabe des nationalen Rechts des mit der Klage und Widerklage angerufenen Unionsmarkengerichts beitreten. Dies ist etwa dann der Fall, wenn die Verletzungsklage nicht vom Markeninhaber selbst, sondern von einem durch Lizenzvertrag oder auf andere Weise bevollmächtigten Dritten erhoben wurde. Die Voraussetzungen und Rechtswirkungen des Beitritts richten sich nach dem nationalen Recht des Forum-Staates. In Deutschland sind dies die §§ 66 ff. ZPO. Danach wird der beitretende Markeninhaber nicht selbst Partei des Rechtsstreits, sondern erlangt nur die Stellung eines Nebenintervenienten (vgl. Beyerlein WRP 2004, 302 f.; zur GGV Ruhl GGV Art. 84 Rn. 4; aA Eisenführ/Schennen/Eisenführ/Overhage Rn. 14).

35 Damit der Markeninhaber, der nicht Partei des Rechtsstreits ist, Gelegenheit hat, dem Rechtsstreit beizutreten, ist das Unionsmarkengericht nach Abs. 3 Hs. 1 verpflichtet, diesen über die Widerklage zu unterrichten. Nach Regel 84 Abs. 5 GMDV erhält der Inhaber der Unionsmarke ferner über jede Änderung im Register eine Mitteilung des Amtes. Das Amt ist nach Abs. 4 S. 2 und der Regel 84 Abs. 3 Buchst. n GMDV verpflichtet, den Tag der Erhebung der Widerklage ins Register einzutragen. Der Markeninhaber wird somit auch seitens des Amtes über die Erhebung der Widerklage informiert.

36 Will der Markeninhaber einen Antrag nach Abs. 7 S. 1 stellen, wonach der Widerkläger aufgefordert wird, beim Amt die Erklärung des Verfalls oder der Nichtigkeit der Unionsmarke zu beantragen, so muss der Markeninhaber dem Rechtsstreit über die Widerklage beigetreten sein (Eisenführ/Schennen/Eisenführ/Overhage Rn. 14).

E. Mitteilungspflichten des Unionsmarkengerichts

37 Das Unionsmarkengericht hat sowohl gegenüber dem durch die Widerklage angegriffenen Inhaber der Unionsmarke, der nicht Partei des Rechtsstreits ist, als auch gegenüber dem Amt Mitteilungspflichten.

I. Information des Unionsmarkeninhabers

38 Ist der Inhaber der durch die Widerklage angegriffenen Unionsmarke nicht Partei des Rechtsstreits, so muss das Unionsmarkengericht diesen nach Abs. 3 über den Rechtsstreit informieren.

II. Information des Amtes durch das Unionsmarkengericht oder die Partei

39 Gemäß Abs. 4 S. 1 **darf das Unionsmarkengericht die Prüfung der Widerklage erst dann vornehmen,** wenn entweder die betroffene Partei oder das Unionsmarkengericht **dem Amt den Tag der Erhebung der Widerklage mitgeteilt hat.** Wurde vor Erhebung der Widerklage beim Amt bereits ein Antrag auf Erklärung des Verfalls oder Nichtigkeit der Unionsmarke gestellt, ist das Amt verpflichtet, das Unionsmarkengericht hierüber zu

informieren (→ Rn. 43). Das Unionsmarkengericht soll das **Verfahren** in diesem Fall **unter den in Art. 104 Abs. 1** (→ Art. 104 Rn. 2) **geregelten Voraussetzungen** so lange **aussetzen**, bis abschließend über den Antrag entschieden worden ist oder dieser zurückgezogen wurde (→ Rn. 45).

Die ursprünglich von der Kommission vorgeschlagene Aussetzungsregelung für Abs. 4 kollidierte mit der Aussetzungsregelung in Art. 104 Abs. 1, da sie keinen Verweis auf Art. 104 Abs. 1 (→ Art. 104 Rn. 2 ff.) enthielt. Die jetzige Regelung stellt klar, dass das Unionsmarkengericht die Aussetzung des Verfahrens nach Art. 104 Abs. 1 zu prüfen hat. 39.1

Liegt eine rechtskräftige Entscheidung des Unionsmarkengerichts über die Widerklage vor, so muss das Unionsmarkengericht oder eine der Parteien des nationalen Verfahrens nach Abs. 6 S. 1 dem Amt **unverzüglich** eine **Ausfertigung dieser Entscheidung zustellen**. 40

Art. 104 Abs. 2 (→ Art. 104 Rn. 16 ff.) sieht vor, dass das Amt ein bei ihm zu einem späteren Zeitpunkt als dem Zeitpunkt der Erhebung der Widerklage anhängig gemachtes Verfalls- oder Nichtigkeitsverfahren aussetzen kann. Von dieser Aussetzungsregelung kann das Amt jedoch nur dann Gebrauch machen, wenn es über den Tag der Erhebung der Widerklage informiert worden ist. Ferner hat das Amt einen Verfalls- oder Nichtigkeitsantrag nach Art. 56 Abs. 3 als unzulässig abzuweisen, wenn das Gericht eines Mitgliedstaates über einen Antrag wegen desselben Anspruchs zwischen denselben Parteien bereits rechtskräftig entschieden hat. Hierzu muss das Amt über die rechtskräftige Entscheidung des Unionsmarkengerichtes informiert sein. 40.1

Ebenso können andere Unionsmarkengerichte nur durch Einsicht in das Unionsmarkenregister bzw. durch Einsicht in die Akte der Unionsmarke beim Amt nach Art. 90 iVm Regel 93 GMDV prüfen, ob vor einem anderen Unionsmarkengericht bereits eine Widerklage bezüglich derselben Unionsmarke anhängig und so von der Aussetzungsregelung des Art. 104 Abs. 1 (→ Art. 104 Rn. 2 ff.) Gebrauch zu machen ist. 40.2

Auch die Öffentlichkeit, insbesondere Wettbewerber des Klägers und des Beklagten, hat ein Interesse daran, über den Angriff der Rechtsgültigkeit der Unionsmarke im Wege der Widerklage sowie deren Ausgang Kenntnis zu erhalten. Diese Kenntnis erhalten sie regelmäßig durch Einsicht in das Unionsmarkenregister bzw. in die Akte der Unionsmarke nach Art. 88 Abs. 3 (→ Art. 88 Rn. 3). 40.3

Nach Abs. 6 S. 2 können das Amt oder jede andere betroffene Partei **nähere Auskünfte** zu der rechtskräftigen Entscheidung des Unionsmarkengerichts **anfordern**. 41

F. Mitteilungs- und Umsetzungspflichten des Amtes

Dem Interesse der Öffentlichkeit, insbesondere Wettbewerbern der Klägerin und des Beklagten, Rechnung tragend, muss das Amt nach erfolgter Unterrichtung durch das Unionsmarkengericht den **Tag der Erhebung der Widerklage** nach Abs. 4 S. 2 und nach Regel 84 Abs. 3 Buchst. n GMDV sowie den **Tag und den Inhalt der rechtskräftigen Entscheidung** nach Abs. 6 S. 3 und Regel 84 Abs. 3 Buchst. o GMDV im Register für Unionsmarken eintragen, ungeachtet dessen, ob die Widerklage erfolgreich war oder nicht (Eisenführ/Schennen/Eisenführ/Overhage Rn. 19). Nach Regel 84 Abs. 5 GMDV erhält der Inhaber der Unionsmarke über jede Änderung im Register eine Mitteilung. 42

Nach Abs. 4 S. 3 ist das Amt ferner verpflichtet, das Unionsmarkengericht, welches das Amt zuvor über die Erhebung einer Widerklage informiert hat, seinerseits davon zu unterrichten, dass bei ihm vor Erhebung der Widerklage **bereits ein Antrag auf Erklärung des Verfalls oder der Nichtigkeit der Unionsmarke eingereicht worden ist**. 43

Neben der Eintragung der Entscheidung des Unionsmarkengerichts in das Register hat das Amt nach Abs. 6 S. 3 auch die **erforderlichen Maßnahmen zur Umsetzung des Tenors der Entscheidung zu treffen**. 44

G. Aussetzung des Verfahrens nach Art. 104 Abs. 1

Nach **Abs. 4 S. 3** ist das Amt verpflichtet, das Unionsmarkengericht, welches das Amt zuvor über die Erhebung einer Widerklage informiert hat (→ Rn. 39), davon **zu unterrichten**, dass bei ihm vor Erhebung der Widerklage bereits ein **Antrag auf Erklärung des Verfalls oder der Nichtigkeit der Unionsmarke eingereicht worden ist** (→ Rn. 43). Das Unionsmarkengericht ist in diesem Fall nach **Abs. 4 S. 3 Hs. 2** verpflichtet, das **Verfah-** 45 ren nach Art. 104 Abs. 1 (→ Art. 104 Rn. 1 ff) **so lange auszusetzen,** bis abschließend über den Antrag entschieden worden ist oder der Antrag zurückgenommen wurde.

H. Entgegenstehende Rechtskraft einer Entscheidung des Amtes

46 Nach Abs. 2 **muss das Unionsmarkengericht die Widerklage abweisen,** wenn bereits zuvor das Amt eine unanfechtbar gewordene Entscheidung über einen Verfalls- oder Nichtigkeitsantrag erlassen hat, der **denselben Anspruch zwischen denselben Parteien** betrifft (vgl. EuGH BeckRS 2016, 81612 – ENGLISH PINK), wie er der Widerklage zugrunde liegt. Liegt noch keine unanfechtbar gewordene Entscheidung des Amtes vor, so finden die Aussetzungsregelungen des Art. 104 Abs. 1 (→ Art. 104 Rn. 2) Anwendung.

46.1 Die Regelung des Art. 100 Abs. 2 stellt das Gegenstück zu Art. 56 Abs. 3 (→ Art. 56 Rn. 64) dar, der den Fall entgegenstehender Rechtskraft einer Entscheidung des Unionsmarkengerichts regelt, wonach ein Antrag auf Erklärung des Verfalls oder der Nichtigkeit vor dem Amt unzulässig ist.

46.2 In dem der Entscheidung des EuGH „ENGLISH PINK" (BeckRS 2016, 81612) zugrundeliegenden Verfahren, machte der Inhaber einer Unionsmarke in einem Widerspruchsverfahren gegen die Eintragung des Zeichens „ENGLISH PINK" die entgegenstehende Rechtskraft einer Entscheidung des Unionsmarkengerichts geltend. So sei das Amt im Widerspruchsverfahren an eine rechtskräftige Entscheidung eines Unionsmarkengerichts gebunden, welches die nationale Marke „ENGLISH PINK" für nichtig erklärt und die Benutzung dieses Zeichens in der EU verboten habe. Es handele sich insoweit um dieselben Parteien und in beiden Verfahren um denselben Anspruch. Der EuGH hat hierzu festgestellt, dass keine Vorschrift der UMV die gegebene Verfahrenskonstellation regele, dh die Wechselwirkungen zwischen einer Verletzungsklage bei einem Unionsmarkengericht, die eine ältere Unionsmarke und eine nationale Marke zum Gegenstand hat, und einem beim Amt eingeleiteten Widerspruchsverfahren, das dieselbe ältere Unionsmarke und das gleiche Zeichen wie die nationale Marke betrifft, dessen Eintragung auf Unionsebene begehrt wird. Die UMV enthalte insbesondere keine Bestimmung, wonach die Instanzen des Amtes, wenn sie ihre Zuständigkeiten auf dem Gebiet der Eintragung von Unionsmarken ausüben, und namentlich dann, wenn sie einen Widerspruch gegen eine Anmeldemarke prüfen, an eine in einem Verletzungsverfahren ergangene Entscheidung eines Unionsmarkengerichts gebunden wären, selbst wenn diese unanfechtbar geworden ist (vgl. EuGH BeckRS 2016, 81612 Rn. 48 f. – ENGLISH PINK). Ferner hat der EuGH festgestellt, dass es sich im Widerspruchsverfahren und im Verletzungsverfahren nicht um denselben Anspruch handelt und bereits insoweit die Entscheidung des Unionsmarkengerichts für das Eintragungs-/Widerspruchsverfahren keine Rechtskraft entfalte. So sei die Verletzungsklage auf ein Verbot der Benutzung der Marke gerichtet, wohingegen es im Eintragungs-/Widerspruchsverfahren um die Frage des Erwerbs einer Unionsmarke gehe (vgl. EuGH BeckRS 2016, 81612 Rn. 56 f. – ENGLISH PINK).

47 Sofern das **Amt bereits eine unanfechtbare Entscheidung erlassen hat,** ist die **Widerklage unzulässig** (vgl. Eisenführ/Schennen/Schennen Art. 109 Rn. 12; Beyerlein WRP 2004, 302; HK-MarkenR/v. Kapff Art. 96 Rn. 15).

48 Es stellt sich die Frage, ob das Unionsmarkengericht angesichts Abs. 2 **von Amts wegen** verpflichtet ist, nach Eingang der Widerklage und vor einer Entscheidung über die Widerklage durch Einsichtnahme in das Unionsmarkenregister **zu prüfen,** ob nicht bereits zu einem früheren Zeitpunkt in einem Verfalls- oder Nichtigkeitsverfahren vor dem Amt über denselben Anspruch und zwischen denselben Parteien **durch das Amt eine rechtskräftige Entscheidung gefällt worden ist.** Dies gilt auch für die jeweils nächsthöhere Instanz. So regelt die UMV in Abs. 2 einen Teilaspekt der Zulässigkeit der autonom in der UMV zugelassenen Widerklage und schreibt vor, dass das Unionsmarkengericht die Widerklage abzuweisen hat. Dies, wie auch die Regelung in Art. 104 (→ Art. 104 Rn. 1 ff.), wonach das Unionsmarkengericht das Verfahren von Amts wegen auszusetzen hat, sprechen dafür, dass die Frage, ob das Unionsmarkengericht die entgegenstehende Rechtskraft, wie auch anderweitige Anhängigkeit iSv Art. 104 von Amts wegen zu prüfen hat, unionsweit einheitlich zu beantworten ist. Andernfalls müsste über Art. 101 Abs. 3 (→ Art. 101 Rn. 37) auf das jeweilige nationale Verfahrensrecht des Forum-Staates zurückgegriffen werden. Für eine Verpflichtung des Unionsmarkengerichts, von Amts wegen zu prüfen, ob die Unionsmarke bereits durch eine rechtskräftige Entscheidung des Amtes für verfallen oder nichtig erklärt worden ist, spricht auch, dass diese Prüfung angesichts der Pflicht des Amtes, sowohl den Tag der Stellung eines Verfalls- oder Nichtigkeitsantrags, als auch den Tag und den Inhalt

der Entscheidung im Register für Unionsmarken einzutragen, durch einfache Einsicht in das Register für Unionsmarken oder durch Einsicht in die Unionsmarkenakte möglich ist (→ Art. 104 Rn. 31 f.).

Wird beim Amt ein Verfalls- oder Nichtigkeitsantrag gestellt, so ist das Amt nach Regel 84 Abs. 3 Buchst. n GMDV verpflichtet, den Tag der Stellung des Antrags und nach Art. 57 Abs. 6, Regel 84 Abs. 3 Buchst. o GMDV, den Tag und den Inhalt der Entscheidung über den Antrag im Register für Unionsmarken einzutragen. Nach Art. 90 iVm Regel 93 GMDV kann das Unionsmarkengericht das Amt um Einsicht in die Akte der Unionsmarke ersuchen. **48.1**

Nunmehr sieht die UMV in **Abs. 4 S. 3** die **Pflicht des Amtes** vor, das **Unionsmarken-** **49** **gericht,** welches das Amt zuvor über die Erhebung einer Widerklage informiert hat, davon **zu unterrichten,** dass bei ihm vor Erhebung der Widerklage bereits ein **Antrag auf Erklärung des Verfalls oder der Nichtigkeit der Unionsmarke eingereicht worden ist** (→ Rn. 43). Das Unionsmarkengericht ist in diesem Fall nach **Abs. 4 S. 3 Hs. 2** verpflichtet, das **Verfahren nach Art. 104 Abs. 1,** soweit keine besonderen Gründe für dessen Fortsetzung bestehen (→ Art. 104 Rn. 15), **so lange auszusetzen,** bis abschließend über den Antrag entschieden worden ist oder der Antrag zurückgenommen wurde (→ Rn. 45).

Abs. 2 enthält keine Regelung zur **Kostentragung bei Abweisung der Widerklage,** **50** so dass über Art. 101 Abs. 3 (→ Art. 101 Rn. 37) die deutschen Verfahrensvorschriften, hier § 91 Abs. 1 ZPO, zur Anwendung kommen. § 91 Abs. 1 ZPO sieht vor, dass die unterlegene Partei die Kosten des Rechtsstreits zu tragen hat. Danach hat die Klageabweisung nach deutschem Verfahrensrecht zur Folge, dass der Kläger die Kosten des Verfahrens zu tragen hat. Da Abs. 2 bestimmt, dass die Widerklage als unzulässig abzuweisen ist, wenn das **Amt bereits über denselben Anspruch zwischen denselben Parteien** eine unanfechtbare Entscheidung erlassen hat, ist der Widerkläger in vollem Umfang unterlegen. **Dem Widerkläger sind daher die gesamten Kosten seiner Widerklage aufzuerlegen** und zwar auch dann, wenn das Amt aufgrund des Nichtigkeits- oder Verfallsantrag des Widerklägers zu dessen Gunsten entschieden hat. Dies ist auch nicht unbillig, da der **Widerkläger zwei parallele Verfahren angestrengt hat um dasselbe Ziel zu erreichen** und durch diese Verdopplung der Verfahren doppelte Kosten verursacht hat, obwohl er sich aus Kostengesichtspunkten nur auf ein Verfahren hätte beschränken können. Die Erhebung der Widerklage nach bereits erfolgter Einreichung eines Löschungsantrags vor dem Amt wegen desselben Anspruchs ist zudem **zur zweckentsprechenden Rechtsverteidigung nicht erforderlich** iSv § 91 ZPO.

I. Antrag auf Einleitung des Amtsverfahrens

Der Entscheidungskonkurrenz zwischen dem Unionsmarkengericht und dem Amt trägt **51** auch **Abs. 7** Rechnung. Danach kann das Unionsmarkengericht auf Antrag des Inhabers der Unionsmarke und nach Anhörung der anderen Parteien **das Verfahren aussetzen** und den **Widerkläger unter Fristsetzung auffordern, die Erklärung des Verfalls oder der Nichtigkeit der Unionsmarke beim Amt zu beantragen.** Hierdurch wird dem Amt die alleinige Entscheidungsbefugnis über die Rechtsgültigkeit der Unionsmarke mit Bindungswirkung für das Unionsmarkengericht übertragen. Den Antrag auf Aussetzung kann nur der Inhaber der angegriffenen Unionsmarke stellen. Voraussetzung hierfür ist, dass er Partei des Rechtsstreits ist. Dies ist der Fall, wenn er selbst Kläger oder dem Rechtsstreit nach Abs. 3 beigetreten ist.

Stellt der Widerkläger den Verfalls- oder Nichtigkeitsantrag beim Amt, bleibt das Verfahren **52** ausgesetzt (Eisenführ/Schennen/Eisenführ/Overhage Rn. 16). Für die Dauer der Aussetzung kann das Unionsmarkengericht die nach Art. 104 Abs. 3, Art. 103 (→ Art. 104 Rn. 34) zulässigen einstweiligen Maßnahmen einschließlich Sicherungsmaßnahmen (→ Art. 103 Rn. 18 ff.) treffen.

Lässt der Widerkläger die Frist fruchtlos verstreichen, so gilt die Widerklage als zurückgenommen. Das Klageverfahren wird fortgesetzt. **53**

Art. 101 Anwendbares Recht

(1) Die Unionsmarkengerichte wenden die Vorschriften dieser Verordnung an.

(2) In allen Markenfragen, die nicht durch diese Verordnung erfasst werden, wendet das betreffende Unionsmarkengericht das geltende nationale Recht an.

(3) Soweit in dieser Verordnung nichts anderes bestimmt ist, wendet das Unionsmarkengericht die Verfahrensvorschriften an, die in dem Mitgliedstaat, in dem es seinen Sitz hat, auf gleichartige Verfahren betreffend nationale Marken anwendbar sind.

Überblick

Art. 101 regelt die Frage, welches Recht die Unionsmarkengerichte anzuwenden haben. Abs. 1 stellt klar, dass die Unionsmarkengerichte primär das supranationale Recht der Unionsmarkenverordnung anzuwenden haben (→ Rn. 4 f.). Abs. 2 regelt die Anwendbarkeit des materiellen Rechts (→ Rn. 6). Abs. 3 betrifft das anzuwendende Verfahrensrecht (→ Rn. 10).

Übersicht

	Rn.		Rn.
A. Allgemeines	1	I. Unterlassungsanspruch (Art. 9 Abs. 1 S. 2)	40
B. Grundsatz der vorrangigen Anwendbarkeit der UMV	5	II. Entschädigungsanspruch (Art. 9b Abs. 2)	46
C. Anwendbares Recht für nicht in der UMV geregelte materielle Markenfragen (Abs. 2)	7	III. Wiedergabe in Wörterbüchern (Art. 10)	48
I. Zentrale Verweisungsnorm für materiellrechtliche Fragen	7	IV. Agentenmarke (Art. 11, 18)	49
II. Beschränkung auf das Recht eines bestimmten Mitgliedstaates	12	V. Anspruch gegen Lizenznehmer (Art. 22 Abs. 2)	52
III. Multi-State-Verletzungshandlungen	13	VI. Aktivlegitimation des ausschließlichen Lizenznehmers (Art. 22 Abs. 3 S. 2)	53
1. Mosaik-Lösung	20	VII. Beitritt des Lizenznehmers zur Verletzungsklage (Art. 22 Abs. 4)	56
2. Einheitslösung	22		
3. Stellungnahme	28	VIII. Prozessstandschaft des Inhabers einer Unionskollektivmarke (Art. 72 Abs. 2)	59
D. Nicht in der UMV geregeltes Verfahrensrecht (Abs. 3)	37	IX. Zwischenrechte und Einreden des Inhabers jüngerer, eingetragener Marken in Verletzungsverfahren	60
E. In der UMV geregelte Ansprüche und Klagebefugnisse	39		

A. Allgemeines

1 Die Frage, welches materielle Recht und welches Verfahrensrecht auf **Ansprüche aus einer Unionsmarke** anzuwenden sind, regelt **Art. 14** (→ Art. 14 Rn. 1 f.). Soweit **Ansprüche wegen der Verletzung einer Unionsmarke** betroffen sind, wird Art. 14 durch **Art. 101 als zentraler Verweisungsnorm** und durch **Art. 102** ergänzt.

1.1 Art. 14 Abs. 1 S. 2 (→ Art. 14 Rn. 2) verweist, sofern die UMV selbst keine materiellen Regelungen enthält, auf die Bestimmungen des Titels X und somit auf Art. 101 Abs. 1 und 2 sowie Art. 102. Art. 14 Abs. 3 (→ Art. 14 Rn. 3) enthält hinsichtlich des Verfahrensrechts ebenfalls einen Verweis auf den Titel X und damit unter anderem auf Art. 101 Abs. 3 (→ Rn. 10).

2 Nach **Abs. 1** haben die Unionsmarkengerichte, soweit vorhanden, die **Regelungen der UMV anzuwenden**. Soweit die **UMV keine Regelung für materielle Rechtsfragen und keine Verfahrensvorschriften** enthält, kommen die Verweisungsvorschriften des **Abs. 2** für alle Markenfragen und die des **Abs. 3** für alle Verfahrensfragen als **zentrale Verweisungsvorschriften** zur Anwendung.

3 Für **alle Markenfragen,** die nicht in der UMV geregelt sind, erfolgt in **Abs. 2** eine Gesamtverweisung auf **„das geltende nationale Recht"**. Der in Art. 101 Abs. 2 GMV aF

Anwendbares Recht Art. 101 UMV

früher enthaltene Verweis auf „ihr (das der Gemeinschaftsmarkengerichte) nationales Recht einschließlich ihres internationalen Privatrechts" ist entfallen. Bei **grenzüberschreitenden Verletzungen** ist **Art. 8 Abs. 2 Rom II-VO für die Bestimmung des geltenden nationalen Rechts** für nicht in der UMV geregelte materielle Rechtsfragen maßgeblich. Ungeklärt ist, wie der in Art. 8 Abs. 2 Rom II-VO geregelte Anknüpfungspunkt zu bestimmen ist und ob bei in mehreren Mitgliedstaaten begangenen Verletzungshandlungen das jeweilige nationale Recht am Ort der Verletzungshandlung anzuwenden ist (**sog. Mosaik-Lösung**) oder einheitlich an eine nationale Rechtsordnung anzuknüpfen ist (**sog. Einheitslösung**) (zu dieser Problematik im Einzelnen→ Rn. 13 ff.). Für alle **weiteren Sanktionen,** die dem Unionsmarkengericht neben dem in Art. 102 Abs. 1 S. 2 ausdrücklich geregelten gerichtlichen Verbot der Fortsetzung der Verletzungshandlungen zweckmäßig erscheinen, wird **über Art. 102 Abs. 2 ebenfalls auf Art. 101 verwiesen** (→ Art. 102 Rn. 15 ff.).

Soweit die UMV keine **Regelung für Verfahrensfragen** enthält, erfolgt in **Abs. 3** eine   4
Verweisung auf die am Gerichtsort geltenden Verfahrensvorschriften (**lex fori**) für gleichartige Verfahren betreffend nationale Marken.

B. Grundsatz der vorrangigen Anwendbarkeit der UMV

Abs. 1 stellt klar, dass die Unionsmarkengerichte primär das supranationale Recht der   5
Unionsmarkenverordnung anzuwenden haben. Dies gilt **sowohl hinsichtlich des materiellen Rechts, als auch in Bezug auf das Verfahrensrecht.** Abs. 1 wiederholt insoweit den bereits in Art. 14 Abs. 1 S. 1 (→ Art. 14 Rn. 1) geregelten Grundsatz der vorrangigen Anwendbarkeit der UMV. Da die UMV konstitutiven Charakter hat, gilt dieser Grundsatz, soweit eine Unionsmarke betroffen ist und die zu entscheidenden Fragen von der UMV erfasst werden, auch für Gerichte der Mitgliedstaaten, bei denen es sich nicht um Unionsmarkengerichte handelt (Eisenführ/Schennen/Eisenführ/Overhage Rn. 1).

Soweit die **UMV jedoch keine eigenen Regelungen enthält,** verweisen sowohl   6
Art. 101, als auch Art. 14 für das materielle Recht auf **das geltende nationale Recht** und für das Verfahrensrecht auf das **nationale Verfahrensrecht des jeweiligen Mitgliedstaates.**

Das OLG München hat in einem Urteil vom 28.4.2016 (OLG München BeckRS 2016, 11923   6.1
Rn. 36) entgegen dem LG München die Regelungen der UMV für abschließend angesehen im Hinblick auf den Einwand des Beklagten, der Schutzbereich der Klageunionsmarke sei aufgrund der rechtserhaltenden Benutzung einer prioritätsälteren Unionsmarke des Beklagten durch die angegriffene Kennzeichnung des Beklagten normativ begrenzt. Insoweit enthalte die UMV keine Regelung, wonach sich der Schutzbereich einer Unionsmarke (auch) danach bemessen würde, welche prioritätsälteren Marken für Dritte bestehen. Vielmehr sei der ehemals in Art. 99 Abs. 3 GMV geregelte Einwand der Nichtigkeit der Klageunionsmarke wegen eines älteren eigenen oder von Dritten abgeleiteten Rechts in der UMV ersatzlos entfallen.

C. Anwendbares Recht für nicht in der UMV geregelte materielle Markenfragen (Abs. 2)

I. Zentrale Verweisungsnorm für materiell-rechtliche Fragen

Nach Abs. 2 wendet das Unionsmarkengericht in allen Markenfragen, die nicht durch die   7
UMV erfasst werden, **das geltende nationale Recht** an. Abs. 2 ist die **zentrale Verweisungsnorm für alle materiell-rechtlichen Fragen, die nicht durch die UMV erfasst werden.**

Gegenüber Abs. 2 vorrangig anwendbar ist die **speziellere Verweisungsvorschrift** des   8
Art. 16 (→ Art. 16 Rn. 5 ff.) für die Behandlung der Unionsmarke als Gegenstand des Vermögens. Die Verweisungsnorm für die **weiteren Sanktionen iSv. Art. 102** enthält Art. 102 Abs. 2 (→ Art. 102 Rn. 15), der auf „das anwendbare Recht" verweist. Da vorrangig die UMV anwendbar ist, dürfte es sich hierbei um einen Verweis auf Art. 101 und die dort enthaltenen Verweisungsvorschriften für materielle und verfahrensrechtliche Fragen handeln, die nicht in der UMV selbst geregelt sind (vgl. Hasselblatt/Menebröcker/Stier Rn. 19).

9 Bei **grenzüberschreitenden Verletzungen** ist die **Rom II-VO** für die **Bestimmung des geltenden nationalen Rechts** für nicht in der UMV geregelte materielle Rechtsfragen maßgeblich. Durch die Rom II-VO ist das nationale Kollisionsrecht der Mitgliedstaaten im Bereich der außervertraglichen Schuldverhältnisse – mit Ausnahme Dänemarks – mit Wirkung zum 11.1.2009 vereinheitlicht worden und in den Mitgliedstaaten geltendes Recht. **Abs. 2 verweist somit auf die Kollisionsnorm des Art. 8 Rom II-VO,** die ihrerseits auf das Sachrecht des Mitgliedstaates verweist, in dem die Verletzung begangen wurde (im Einzelnen → Rn. 13).

10 Nicht in der UMV geregelt sind insbesondere die Fragen der **Haftung von Mittelspersonen (Störer),** der **Verjährung** und – mit Ausnahme der **Art. 13a** (→ Art. 13a Rn. 25; → Art. 13a Rn. 49) und des **Art. 54** (→ Art. 54 Rn. 1 ff.) – der **Verwirkung** von Ansprüchen. In Bezug auf den **Unterlassungsanspruch aus Art. 9** (→ Art. 9 Rn. 1 ff.) stellt sich die Frage, ob dieser überhaupt der **Verjährung** unterliegt bzw. ein solcher **verwirkt** werden kann und nach welchen Vorschriften sich bejahendenfalls der Eintritt der Verjährung und Verwirkung richtet (zur GGV vgl. Vorabentscheidungsersuchen des BGH GRUR 2012, 1253 Rn. 39 ff. – Gartenpavillon). Der EuGH hat auf das Vorabentscheidungsersuchen des BGH „Gartenpavillon" (BGH GRUR 2012, 1253 Rn. 39 f. – Gartenpavillon) zur GGV in der **Entscheidung „Gautzsch"** (GRUR 2014, 368 Rn. 49) festgestellt, dass die **Verjährung und Verwirkung,** die einer Verletzungsklage zur Verteidigung entgegengehalten werden können, nach Art. 88 Abs. 2 GGV, **hier Art. 101 Abs. 2, dem nationalen Recht unterliegen** (vgl. auch Eisenfuhr/Schennen/Eisenfuhr/Overhage Rn. 6, 7), das unter Beachtung des **Äquivalenz- und des Effektivitätsgrundsatzes** angewendet werden muss (vgl. EuGH EuZW 2006, 529 Rn. 81). Danach dürfen die Bedingungen für die Geltendmachung der Verjährung und der Verwirkung nicht ungünstiger gestaltet sein als bei entsprechenden Rechtsstreitigkeiten, die nur innerstaatliches Recht betreffen, und sie dürfen die Ausübung der durch das Unionsrecht verliehenen Rechte durch den Rechtssuchenden nicht praktisch unmöglich machen oder übermäßig erschweren (vgl. EuGH GRUR 2014, 368 Rn. 42, 49 – Gautzsch; C-591/10, BeckRS 2012, 81492 Rn. 27 f. – Littlewoods; EuZW 2006, 529 Rn. 81).

10.1 Nach ständiger Rechtsprechung des EuGH verbietet der Effektivitätsgrundsatz den Mitgliedstaaten, die Ausübung der durch die Rechtsordnung verliehenen Rechte praktisch unmöglich zu machen oder übermäßig zu erschweren (vgl. EuGH C-591/10 BeckRS 2012, 81492 Rn. 28 – Littlewoods; EuZW 2006, 696 Rn. 57 – Arcor; NVwZ 2004, 593 Rn. 67 – Wells). Die Wahrung des Grundsatzes der Äquivalenz setzt voraus, dass die streitige nationale Regelung in gleicher Weise für Rechtsbehelfe gilt, die auf die Verletzung des Unionsrechts gestützt sind, wie für solche, die auf die Verletzung des innerstaatlichen Rechts gestützt sind, sofern diese Rechtsbehelfe einen ähnlichen Gegenstand und Rechtsgrund haben. Der Grundsatz der Äquivalenz ist jedoch nicht so zu verstehen, dass er einen Mitgliedstaat verpflichtet, die günstigste innerstaatliche Regelung auf alle Rechtsbehelfe zu erstrecken, die in einem bestimmten Rechtsbereich eingelegt werden (vgl. EuGH C-591/10, BeckRS 2012, 81492 Rn. 31 – Littlewoods; EuZW 2010, 190 Rn. 45 mwN – Pontin).

11 Nach der Rechtsprechung des EuGH (GRUR 2014, 368 Rn. 53, 54 – Gautzsch, zu Art. 89 Abs. 1 GGV) **gehören** die **Annexansprüche auf Auskunftserteilung, Rechnungslegung und Schadensersatz nicht zu den Sanktionen iSv Art. 102** (Im Einzelnen → Art. 102 Rn. 17). Diese unterliegen vielmehr gemäß **Art. 101 Abs. 2** dem geltenden nationalen Recht. **Deren Anordnung steht daher nicht im nach Art. 102 Abs. 2 dem Unionsmarkengericht eingeräumten Ermessen.** Gleiches dürfte für den **Anspruch auf Urteilsveröffentlichung** gelten.

11.1 Im deutschen MarkenG stellt § 125b MarkenG (→ MarkenG § 125b Rn. 1 ff.) die Verbindung zwischen dem deutschen Markenrecht und dem Unionsmarkenrecht her. § 125b MarkenG regelt die Anwendbarkeit der Vorschriften des MarkenG auf Unionsmarkenanmeldungen und Unionsmarken. Nach § 125b Nr. 2 MarkenG (→ MarkenG § 125b Rn. 4) stehen dem Inhaber einer Unionsmarke zusätzlich zu den Ansprüchen nach den Art. 9–11 die gleichen Ansprüche auf Schadensersatz (§ 14 Abs. 6 und 7 MarkenG), Vernichtung und Rückruf (§ 18 MarkenG, → MarkenG § 18 Rn. 1 ff.), Auskunft (§ 19 MarkenG, → MarkenG § 19 Rn. 1 ff.), Vorlage und Besichtigung (§ 19a MarkenG, → MarkenG § 19a Rn. 1 ff.), Sicherung von Schadensersatzansprüchen (§ 19b MarkenG, → MarkenG

§ 19b Rn. 1) und Urteilsbekanntmachung (§ 19c MarkenG, → MarkenG § 19c Rn. 1) zu wie einem Inhaber einer nationalen deutschen Marke.

II. Beschränkung auf das Recht eines bestimmten Mitgliedstaates

Unproblematisch wendet das Unionsmarkengericht das Recht nur eines bestimmten Mitgliedstaates an, wenn
- sämtliche **Verletzungshandlungen in nur einem Mitgliedstaat** stattgefunden haben;
- der Kläger in dem **Gerichtsstand der unerlaubten Handlung** nach Art. 97 Abs. 5 klagt und das Unionsmarkengericht infolge dessen nach Art. 98 Abs. 2 (→ Art. 98 Rn. 5) nur für die im Forum-Staat begangenen Handlungen zuständig ist;
- trotz in mehreren Mitgliedstaaten begangener Verletzungshandlungen der Kläger seinen **Antrag auf das Territorium nur eines bestimmten Mitgliedstaates beschränkt.**

In diesen Fällen bedarf es der Prüfung der nationalen Kollisionsnormen und damit der ROM II-VO nicht (Fayaz GRUR Int 2009, 459 (568); Hartmann, Die Gemeinschaftsmarke im Verletzungsverfahren, 2008, 125 f.).

III. Multi-State-Verletzungshandlungen

Problematisch ist das Auffinden des anzuwendenden nationalen Rechts, wenn das Gericht über **nicht in der UMV geregelte Ansprüche** in Bezug auf Verletzungshandlungen zu entscheiden hat, die in mehreren Mitgliedstaaten begangen worden sind (sog. **Multi-State-Verletzungen**). Abs. 2 enthält nicht nur einen Verweis auf das Sachrecht des jeweiligen Mitgliedstaates, sondern einen Gesamtverweis auch auf dessen Kollisionsrecht. Abs. 2 verweist somit bei grenzüberschreitenden Verletzungen auf die Kollisionsnorm des **Art. 8 Rom II-VO,** die ihrerseits auf das **Sachrecht des Mitgliedstaates verweist, in dem die Verletzung begangen wurde.**

Mit Inkrafttreten der **Rom II-VO** (VO (EG) Nr. 864/2007 vom 11.7.2007 über das auf außervertragliche Schuldverhältnisse anwendbare Recht) am 11.1.2009 ist das auf außervertragliche Schuldverhältnisse aus einer Verletzung von Rechten des geistigen Eigentums – zu dem auch Unionsmarken zählen – anwendbare Kollisionsrecht in den Mitgliedstaaten (mit Ausnahme Dänemarks) einheitlich in Art. 8 Rom II-VO geregelt (vgl. MPI-Studie S. 160, Rn. 3.152).

Nach **Art. 8 Abs. 1 Rom II-VO** ist bei grenzüberschreitenden Sachverhalten das Recht des Staates anzuwenden, für den der Schutz beansprucht wird **(„Außen-IPR").** Dies ist bei Verletzungshandlungen in mehreren Mitgliedstaaten, das Recht des Mitgliedstaates bzw. der Mitgliedstaaten, für dessen Territorium Rechte aus der Unionsmarke geltend gemacht werden. Zu deren Recht gehört auch die UMV (vgl. Sack WRP 2008, 1405 (1408)).

Da die UMV im Hinblick auf die weiteren, nicht unmittelbar in Art. 102 Abs. 1 (→ Art. 102 Rn. 1) geregelten Sanktionen und markenrechtlichen Annexansprüche keine autonomen Regelungen enthält, findet, sofern **Sachverhalte mit Auslandsbezug** betroffen sind, für diese **weiteren Sanktionen** (→ Art. 102 Rn. 15) **über Art. 102 Abs. 2 iVm Art. 101** und für **nicht als Sanktionen zu qualifizierenden markenrechtlichen Annexansprüche** (→ Rn. 11; → Art. 102 Rn. 17) **über Art. 101 Abs. 2,** die Regelung des **Art. 8 Abs. 2 Rom II-VO** Anwendung **(„Innen-IPR").** Nach Art. 8 Abs. 2 Rom II-VO ist **das Recht des Staates anzuwenden, in dem die Verletzung begangen wurde.** Art. 8 Abs. 2 Rom II-VO verweist somit direkt auf das Sachrecht des jeweiligen Mitgliedstaates und **nicht erneut auf dessen Kollisionsrecht.** Durch Art. 8 Abs. 2 Rom II-VO ist jedoch bei Verletzungshandlungen in mehreren Mitgliedstaaten keine Behebung der Schwierigkeiten eingetreten, die durch die Anwendung mehrerer nationaler Rechtsordnungen im Hinblick auf die Folgeansprüche bei Verletzung einer Unionsmarke bestehen.

Vor Inkrafttreten der Rom II-VO war das Kollisionsrecht der Mitgliedstaaten nicht einheitlich autonom für alle Mitgliedstaaten geregelt. Insofern fand über Art. 102 Abs. 2 das jeweilige nationale Kollisionsrecht der Mitgliedstaaten Anwendung, in Deutschland das EGBGB, das als allgemeinen ungeschriebenen Grundsatz im Rahmen des Art. 40 EGBGB die Anknüpfung an das Schutzlandprinzip vorsah (Fayaz GRUR 2009, 566 (569)). Auch die anderen Mitgliedstaaten gingen in ihrem internationalen Immaterialgüterrecht regelmäßig von der Geltung des Schutzlandprinzips aus (SBK/Knaak Rn. 315). Über die Anwendung des Schutzlandprinzips erfolgte ein Renvoi auf die Unionsmarkenverordnung, so dass die Anwendung des Art. 102 Abs. 2 nach einer Kette von Weiter- und Rückverweisungen wieder zu ihrem Ausgangspunkt, der UMV, zurückführte. Dieses Problem wurde bei der Anwendung von Art. 102 Abs. 2 entweder unbeachtet gelassen oder es wurde eine Anknüpfung an das internationale Deliktsrecht befürwortet (vgl. hierzu mwN Hartmann, Die Gemeinschaftsmarke im Verletzungsverfahren, 2008, 130 ff.; MüKoBGB/Drexl IntImmGR Rn. 137).

16.2 Art. 8 Abs. 2 Rom II-VO brachte durch die Abkehr von der Gesamtverweisung und der unmittelbaren Verweisung auf das Sachrecht des Mitgliedstaates, in dem die Verletzung begangen wurde, die notwendige Reform und eine **Durchbrechung der Rückverweisungen** (MüKoBGB/Drexl IntImmGR Rn. 138; Fayaz GRUR 2009, 459 (572)). Die Unklarheiten im Hinblick auf die Frage, inwieweit bei Multi-State-Verletzungshandlungen mehrere Rechtsordnungen Anwendung finden müssen, blieben jedoch auch nach Inkrafttreten der Rom II-VO weiter bestehen (vgl. Eisenführ/Schennen/Eisenführ/Overhage Rn. 22; Fayaz GRUR 2009, 566 (572); s. dazu die EuGH-Vorlage des BGH GRUR 2012, 1253 – Gartenpavillon und die Entscheidung des EuGH GRUR 2014, 368 – Gautzsch).

17 Die Anwendung mehrerer Rechtsordnungen bei Multi-State-Verletzungen behindert eine effektive Durchsetzung der Rechte aus der Unionsmarke (vgl. MPI-Studie S. 160, Rn. 3.147). Es werden daher **Lösungsmöglichkeiten gesucht, die eine einheitliche Anknüpfung** an das Recht eines Mitgliedstaates für die Sanktionen und weiteren Annexansprüche **ermöglichen.** Ob und inwieweit dies zulässig ist, wird unterschiedlich beantwortet. Im Mittelpunkt steht die Frage, ob die Beurteilung der Sanktionen und weiteren Annexansprüche aus Verletzungshandlungen, die in mehreren Mitgliedstaaten begangen wurden, nach mehreren nationalen Rechtsordnungen erfolgen muss **(sog. „Mosaik-Lösung")** oder ob hierfür **einheitlich an nur eine Rechtsordnung** – und wenn ja, an welche – angeknüpft werden kann (vgl. Hartmann, Die Gemeinschaftsmarke im Verletzungsverfahren, 2008, 126 ff.).

18 Der BGH hatte dem EuGH in dem **Klageverfahren „Gartenpavillon",** das die unionsweite Verletzung eines Gemeinschaftsgeschmacksmusters betraf (GRUR 2012, 1253 Rn. 45 f. – Gartenpavillon), die Frage vorgelegt, ob für unionsweit geltend gemachte Vernichtungs-, Auskunfts- und Schadensersatzansprüche auf die Rechtsordnung der jeweiligen Mitgliedstaaten abzustellen ist, für deren Bereich die Ansprüche geltend gemacht werden. Er hat hierbei ausdrücklich auf die Problematik der effektiven Rechtsdurchsetzung und die Möglichkeit der Heranziehung der Durchsetzungsrichtlinie, die für eine einheitliche Anknüpfung an das Recht eines Mitgliedstaats sprechen könnte, hingewiesen. Der **EuGH** hat in seiner auf die Vorlage des BGH ergangenen **Entscheidung „Gautzsch"** entgegen den Hoffnungen in der Rechtspraxis keine Lösung der „Multi-State-Verletzungshandlungsproblematik" zur Herbeiführung einer effektiven Rechtsdurchsetzung aufgezeigt und sich mit den insoweit diskutierten Lösungsansätzen nicht befasst (EuGH GRUR 2014, 368 Rn. 51 f.). Vielmehr hat er sich lediglich auf eine Wiedergabe der anwendbaren Gesetzestexte beschränkt. Das **OLG Düsseldorf hat in zwei Vorlagebeschlüssen vom 7.1.2016** (OLG Düsseldorf GRUR 2016, 616 Rn. 30 f. – Fernbedienung für Videospielkonsole; OLG Düsseldorf GRUR-RS 2016, 02936 – Balance Board) die **Frage des anwendbaren Rechts bei „Multi-State"-Verletzungen** von Gemeinschaftsgeschmacksmustern **erneut dem EuGH zur Entscheidung vorgelegt** (beim EuGH anhängig, C-24/16 und C-25/16 – Nintendo/BigBen).

19 Das Problem kann **nicht durch** eine **Rechtswahlvereinbarung** der Parteien entschärft werden. Abgesehen davon, dass ein Zusammenwirken der Parteien höchst unwahrscheinlich ist, scheidet eine Rechtswahlvereinbarung nach Inkrafttreten der Rom II-VO aus. Nach dem eindeutigen Wortlaut des **Art. 8 Abs. 3 Rom II-VO** kann von dem nach Art. 8 Abs. 1 und 2 Rom II-VO anwendbaren Recht nicht durch eine Rechtswahlvereinbarung abgewichen werden. Gegenteilige Meinungen (Fayaz GRUR Int 2009, 566 (575)) sind demnach contra legem.

1. Mosaik-Lösung

20 Nach der **hM** ist die sog. „Mosaik-Lösung" anzuwenden. Hiernach muss das Unionsmarkengericht bei in mehreren Mitgliedstaaten begangenen Verletzungshandlungen das **jeweilige nationale Recht am Ort der Verletzungshandlung** anwenden. Dies führt im Extremfall zur Anwendbarkeit der nationalen Rechtsordnungen aller Mitgliedstaaten. Angesichts

Anwendbares Recht   **Art. 101 UMV**

des eindeutigen Wortlauts des Art. 8 Abs. 2 Rom II-VO wird dies für unumgänglich gehalten (zur GGV vgl. BGH GRUR 2012, 1253 Rn. 49 – Gartenpavillon; OLG Frankfurt GRUR-RR 2012, 473 – Joop!; OLG München BeckRS 2016, 11923 Rn. 54; Bumiller S. 59 Rn. 13; HK-MarkenR/v. Kapff Art. 98 Rn. 11; Hartmann, Die Gemeinschaftsmarke im Verletzungsverfahren, 2008, 134 ff.; Tilmann GRUR Int 2001, 673 (676)). Für Abhilfe könne nur der Verordnungsgeber durch Schaffung eines autonomen europäischen Sanktionensystems sorgen.

Zur **Vereinfachung der Ermittlung des ausländischen nationalen Rechts der Mitgliedstaaten** wird teilweise befürwortet, die **Mindeststandards der Durchsetzungsrichtlinie** (RL 2004/48/EG des Europäischen Parlaments und des Rates vom 29.4.2004 zur Durchsetzung der Rechte des geistigen Eigentums) zugrunde zu legen, wonach die Mitgliedstaaten verpflichtet sind, in ihrem nationalen Recht unter anderem Regelungen über den selbstständigen Auskunftsanspruch (Art. 8 RL 2004/48/EG), Schadensersatz (Art. 13 RL 2004/48/EG) sowie Rückruf, Entfernung aus den Vertriebswegen und Vernichtung (Art. 10 RL 2004/48/EG) vorzusehen (vgl. OLG Frankfurt GRUR-RR 2012, 473 – Joop!; Kur GRUR Int 2014, 746 (759); s. auch **Bericht der Kommission** an den Rat, das Europäische Parlament, den europäischen Wirtschafts- und Sozialausschuss und den Ausschuss der Regionen, KOM (2010) 779 endg., wonach die **Mindestanforderungen der Durchsetzungsrichtlinie RL 2004/48/EG durch die Gesetzgebung aller Mitgliedsländer erfüllt werden**).   21

Das OLG Frankfurt hat im Hinblick auf die von der Klägerin geltend gemachten Auskunfts- und Schadensersatzansprüche wegen Verletzung einer Unionsmarke in anderen Mitgliedstaaten die von der Klägerin vorgelegten und im Einzelnen erläuterten **Stellungnahmen von Anwälten aus den betreffenden Staaten,** denen zufolge Regelungen gemäß Art. 8 und 13 Durchsetzungsrichtlinie in diesen Staaten bestehen, als Grundlage für die Beurteilung des ausländischen Rechts ausreichen lassen, da auch die Beklagte keine Anhaltspunkte dafür vorgetragen hat, weshalb die Stellungnahmen unzutreffend sein sollten. Die Einholung einer kostspieligen Studie eines wissenschaftlichen Instituts war somit nicht mehr erforderlich.   21.1

Die **Ermittlung des ausländischen Rechts** hat nach der Rechtsprechung nach § 293 ZPO von Amts wegen durch das Gericht zu erfolgen (BGH BeckRS 2013, 09698 Rn. 39; 2012, 1018 Rn. 11; NJW 1992, 2026; NJW-RR 2005, 1071 f.). Die Parteien trifft keine (prozessuale) Beweisführungslast. Der Umfang der Ermittlungspflicht kann allerdings durch den Vortrag der Parteien beeinflusst werden. Das Gericht kann das ausländische Recht mit unterschiedlichen Methoden ermitteln, zB anhand ihm zugänglicher Gesetzestexte, Literatur und Rechtsprechung oder durch Beweiserhebung zB Einholung eines Sachverständigengutachtens oder einer amtlichen Auskunft. Das Gericht kann aber auch **andere Erkenntnisquellen** nutzen, zB formlose Anfragen bei sachkundigen Personen oder Institutionen (vgl. BeckOK ZPO/Bacher ZPO § 293 Rn. 12 ff.). Im Regelfall genügt der Tatrichter seiner aus § 293 ZPO folgenden Erforschungspflicht des ausländischen Rechts, wenn er das Gutachten eines mit den einschlägigen Fragen vertrauten wissenschaftlichen Instituts, zB des Max-Planck-Instituts für ausländisches und internationales Privatrecht, einholt und auf entsprechenden Antrag der Partei den Gutachter zur mündlichen Verhandlung lädt, damit dieser seine Ausführungen mündlich erläutern kann (vgl. BGH NJW-RR 1991, 1211 f.). Jedoch kann vor Einholung eines Sachverständigengutachtens durch ein Institut für internationales und ausländisches Privatrecht zu erwägen sein, ob eine Klärung der Rechtslage nicht schneller und kostengünstiger durch Einholung einer Auskunft nach dem Europäischen Übereinkommen betreffend Auskünfte über ausländisches Recht vom 7.6.1968 (Europäisches Rechtsauskunftsübereinkommen – Londoner Übereinkommen, BGBl. 1974 II 938; abrufbar unter http://www.datenbanken.justiz.nrw.de/ir_htm/frame-eurak68.htm) herbeigeführt werden kann (vgl. OLG München BeckRS 2008, 2168; BeckOK ZPO/Bacher ZPO § 293 Rn. 12 ff.). Für das einstweilige Verfügungsverfahren wird angenommen, dass der Antragsteller den Inhalt des ausländischen Rechtssatzes, auf den er sich beruft, glaubhaft zu machen hat (vgl. OLG Frankfurt GRUR 1970, 35 – Rochas; Gloy/Loschelder/Erdmann/Schütze Wettbewerbsrecht § 11 Rn. 33).   21.2

2. Einheitslösung

Angesichts der mangelnden Praktikabilität der „Mosaik-Lösung" wird teilweise eine einheitliche Anknüpfung an nur eine Rechtsordnung befürwortet (**„Einheitslösung"**). Hierzu werden verschiedene Lösungsansätze vertreten: 22

23 Vor Inkrafttreten der Rom-II VO wurde teilweise eine Übertragung der Grundsätze der internationalen Zuständigkeit iSd **„Fiona Shevill"-Rechtsprechung** des **EuGH zu Art. 5 Nr. 3 EuGVÜ/EuGVO** (seit 15.1.2015 **Art. 7 Nr. 2 Brüssel Ia-VO**) (EuGH GRUR Int 1998, 298 – Fiona Shevill; GRUR 2012, 300 Rn. 43 – eDate Advertising/X und Martinez/MGN; GRUR 2012, 654 Rn. 39 – Wintersteiger/Products 4U) befürwortet (vgl. Knaak GRUR 2001, 21 (28); ders. GRUR Int 2001, 665 (673)). Danach habe der Unionsmarkeninhaber einen Anspruch auf unionsweiten Schadensersatz nach dem **Recht des Handlungsortes und wahlweise nach den Rechtsordnungen der verschiedenen Erfolgsorte** (vgl. MüKoBGB/Drexl IntImmGR Rn. 138). **Handlungsort** sei der Ort, an dem das schädigende Ereignis seinen Ausgang nahm (EuGH GRUR Int 1998, 298 Rn. 24 – Fiona Shevill). Maßgeblicher **Mitgliedstaat** sei derjenige, **in dessen Territorium die zentrale Entscheidung gefällt wurde**. Dies laufe regelmäßig auf das Recht des Staates hinaus, in dessen Territorium der Beklagte seinen Sitz habe. Ferner könne sich der Kläger alternativ für die parallele Anwendung der nationalen Rechtsordnungen der Mitgliedstaaten in denen die Vertriebshandlungen vorgenommen wurden, entscheiden (vgl. Knaak GRUR 2001, 21).

24 Teilweise wurde **vor Inkrafttreten der Rom-II VO** im Rahmen der „Einheitslösung" eine einheitliche **Anknüpfung an internationales Deliktsrecht** befürwortet, wonach Anknüpfungspunkt das **Recht des Tatortes** sei (OLG Hamburg GRUR-RR 2005, 251 (255)) – The Home Depot/Bauhaus The Home Store; Mühlendahl/Ohlgart/Bomhard S. 214).

24.1 Das OLG Hamburg hatte in der Entscheidung „The Home Depot/Bauhaus The Home Store" (GRUR-RR 2005, 251 (255)) eine einheitliche Anknüpfung über Art. 40 Abs. 1 EGBGB befürwortet, da Markenverletzungen unerlaubte Handlungen seien. Für die Verletzung von Immaterialgüterrechten sei Handlungsort iS des Art. 40 Abs. 1 EGBGB derjenige Ort, wo die relevanten Benutzungshandlungen stattgefunden haben. Da die Markenverwendung in einem Konzernverbund einheitlich erfolgt sei und von Deutschland aus bestimmt wurde, sei es auch unter Berücksichtigung der einheitlichen Wirkung der Unionsmarke gemäß Art. 1 Abs. 2 geboten, bezüglich der Folgeansprüche ebenfalls eine einheitliche Anknüpfung an die Rechtsordnung desjenigen Mitgliedstaates vorzunehmen, in dem die maßgebliche Ursache für die Markenverletzung gesetzt wurde und von dem sie ihren Ausgang nehme. Jede andere Handhabung würde die Durchsetzung der Rechte aus einer Unionsmarke ganz erheblich erschweren und dem Sinn der Unionsmarke zuwiderlaufen.

24.2 Der BGH (GRUR 2008, 254 Rn. 42 – The Home Store) hat die Entscheidung des OLG Hamburg aufgehoben und zurückverwiesen. Die streitige Frage des anwendbaren Rechts auf Folgeansprüche bei Multi-State-Verletzungen hat der BGH mangels Entscheidungserheblichkeit zwar offengelassen, jedoch angemerkt, dass nicht ohne weiteres von der Anwendbarkeit deutschen Rechts ausgegangen werden könne. So sei ein deutscher Handlungsort nicht schon dadurch begründet, dass die Beklagte von Deutschland aus die Markenverwendung in den einzelnen Märkten steuere, denn das stelle keine relevante Benutzungshandlung iSv Art. 9 Abs. 2 dar (vgl. auch Sack WRP 2000, 269 (271)).

25 **Nach Inkrafttreten der Rom-II VO** wird in der Literatur teilweise vertreten, den Verweis in Art. 8 Abs. 2 Rom-II VO auf das Recht des Staates, in dem die Verletzung begangen wurde, **wortlautgetreu iSv „Handlungsort"** auszulegen und bei „Multi-State-Verletzungen" als **alleinigen Handlungsort den Sitz des Beklagten** anzunehmen, **wenn Herstellungsort und Ort der Ausgangsentscheidung über Vertrieb und Werbung damit deckungsgleich sind** (vgl. BeckOK BGB/Spickhoff Rom II-VO Art. 8 Rn. 5; Schack, FS Kropholler, 2008, 651 (659); Hartwig GRUR 2014, 368 – Anm. zu EuGH Gautzsch).

26 Nach anderer Literaturmeinung ist der Verweis in Art. 8 Abs. 2 Rom-II VO als „Handlungs- und Erfolgsort" iSd Rechtsprechung des EuGH zu Art. 5 Nr. 3 EuGVÜ/EuGVO (seit 15.1.2015 Art. 7 Nr. 2 Brüssel Ia-VO) auszulegen (vgl. Fayaz GRUR Int 2009, 566 (568, 572)) und die **Frage der Anwendbarkeit der „Fiona-Shevill"-Rechtsprechung des EuGH erneut zu stellen** (vgl. MüKoBGB/Drexl IntImmGR Rn. 138).

27 Nach einer weiteren Literaturmeinung (vgl. Kur GRUR Int 2014, 749 (758)) lässt sich aus dem Wortlaut des Art. 8 Abs 2 Rom II-VO allein kein eindeutiger Ansatz für die Mosaik- oder die Einheitslösung entnehmen. Die Frage nach dem angemessenen Vorgehen bei Multi-State-Verletzungshandlungen sei daher **primär unter systematischen Aspekten zu bewerten**. Der **Begriff der „Verletzungshandlung" sei doppeldeutig**, da er sich sowohl auf die zur Tatbestandsverwirklichung im jeweiligen Territorium des Mitgliedstaats notwen-

Anwendbares Recht   **Art. 101 UMV**

dige Handlung, als auch auf das die einzelnen Verletzungen letztendlich auslösende, ursächliche Geschehen (zB die Herstellung/Erstvertrieb der rechtsverletzenden Waren) beziehen könne. Da es sich bei der Unionsmarke um ein unionsweit geltendes Schutzrecht handelt, spreche nichts dagegen, für die Bestimmung des auf die Verletzung unionsweiter Rechte anwendbaren Rechts **an die zentrale Verursachung anzuknüpfen, sofern diese in der EU zu lokalisieren sei.** Sollte sich jedoch **keine zentrale Verursachungshandlung innerhalb der EU** feststellen lassen, so wäre erst dann die **Mosaiklösung** anzuwenden.

3. Stellungnahme

28   Die Lösungsansätze zur Begründung einer einheitlichen Anknüpfung vermögen trotz der zu befürwortenden Zielsetzung, praktikable Lösungen zur effektiven Durchsetzung der Rechte aus der Unionsmarke zu schaffen, nicht zu überzeugen. Eine Anknüpfung an internationales Deliktsrecht (Art. 40 Abs. 1 EGBGB) scheitert daran, dass seit Inkrafttreten der Rom II-VO die nationalen deliktsrechtlichen Kollisionsnormen betreffend unerlaubte Handlungen durch Art. 8 Rom II-VO ersetzt worden sind. Eine **Anknüpfung an die** am Unternehmenssitz getroffene **ursächliche Unternehmensentscheidung scheitert daran,** dass es sich hierbei **nicht um eine relevante Benutzungshandlung iSv Art. 9 Abs. 2 handelt** (vgl. BGH GRUR 2008, 254 Rn. 42 – The Home Store) und **Art. 8 Abs. 2 Rom II-VO** an das Recht des Staates anknüpft, in dem die **Verletzung begangen wurde.** Zudem stünde diese Anknüpfung bei einem Unternehmenssitz im EU-Ausland bzw. einer im EU-Ausland getroffenen ursächlichen Unternehmensentscheidung in Widerspruch zu der in Art. Abs. 2 Rom II-VO erklärten Anwendbarkeit des Rechts eines Mitgliedstaates. Eine **Übertragung der „Fiona-Shevill" Rechtsprechung des EuGH** zu Art. 5 Nr. 3 EuGVO (seit 15.1.2015 Art. 7 Nr. 2 Brüssel Ia-VO) kommt angesichts der Rechtsprechung des **EuGH „Coty" zu Art. 97 Abs. 5** (GRUR 2014, 806 Rn. 28 f.) **nicht mehr in Betracht.**

29   Der **EuGH** hat in seiner auf die Vorlage des BGH „Parfumflakon II" (GRUR 2012, 1065) ergangenen **Entscheidung „Coty"** (GRUR 2014, 806 Rn. 32 f.) im Rahmen der Feststellung der internationalen Zuständigkeit für eine Teilnehmerhandlung nach **Art. 97 Abs. 5** festgestellt, dass die **Rechtsprechung des EuGH zu Art. 5 Nr. 3 EuGVO** (seit 15.1.2015 **Art. 7 Nr. 2 Brüssel Ia-VO**) und die dort anerkannte Dualität der Anknüpfungspunkte „Ort des ursächlichen Geschehens" und „Ort der Verwirklichung des Schadenserfolges" (Art. 7 Nr. 2 Brüssel Ia-VO: „…Gericht des Ortes, an dem das schädigende Ereignis eingetreten ist oder einzutreten droht") **nicht ohne Weiteres zur Auslegung** des Begriffs „Mitgliedstaat, in dem die Verletzungshandlung begangen worden ist" **herangezogen werden kann.** Nach Art. 94 Abs. 2 iVm Art. 96 sei die Anwendung von Art. 5 Nr. 3 EuGVO (seit 15.1.2015 Art. 7 Nr. 2 Brüssel Ia-VO) ausdrücklich ausgeschlossen. Der Begriff „Mitgliedstaat, in dem eine Verletzungshandlung begangen worden ist", lege nahe, dass **dieser Anknüpfungspunkt auf ein aktives Verhalten des Verletzers abstelle.** Daher ziele dieser Anknüpfungspunkt auf den **Mitgliedstaat** ab, **in dem sich der Vorfall,** der der behaupteten Verletzung zu Grunde liegt, **ereignet hat oder zu ereignen droht,** und **nicht auf den Mitgliedstaat, in dem diese Verletzung ihre Wirkung entfaltet.**

29.1   Der BGH hatte den EuGH in dem Vorlagebeschluss „Parfumflakon II" (BGH GRUR 2012, 1065), der die Teilnahme eines in Belgien ansässigen Beklagten an einer durch einen anderen in Deutschland begangenen Unionsmarkenverletzung betraf, ua um Auslegung des in Art. 97 Abs. 5 (vormals Art. 93 Abs. 5) verwendeten Begriffs „Mitgliedstaat, in dem eine Verletzungshandlung begangen worden ist" gebeten. Der BGH neigte in seinem Beschluss der hM zu, wonach für die Frage, in welchem Mitgliedstaat eine Verletzungshandlung iSv Art. 93 Abs. 5 (Art. 97 Abs. 5) begangen worden ist, sowohl auf den Ort des ursächlichen Geschehens (Handlungsort) als auch auf den Ort, an dem der Schaden eingetreten ist (Erfolgsort), abzustellen sei. Die Bestimmung des Handlungs- und des Erfolgsorts solle sich nach denselben Maßstäben richten, nach denen sich der Ort iSd Art. 5 Nr. 3 EuGVO (seit 15.1.2015 Art. 7 Nr. 2 Brüssel Ia-VO) bestimmt, an dem das schädigende Ereignis eingetreten ist (BGH GRUR 2012, 1065 Rn. 21 – Parfumflakon II). Hierfür sprächen Sinn und Zweck des Art. 5 Nr. 3 EuGVO (seit 15.1.2015 Art. 7 Nr. 2 Brüssel Ia-VO) und des Art. 93 Abs. 5 (Art. 97 Abs. 5). Die Zuständigkeitsregel des Art. 5 Nr. 3 EuGVO (seit 15.1.2015 Art. 7 Nr. 2 Brüssel Ia-VO) beruhe darauf, dass zwischen der Streitigkeit und den Gerichten des Ortes, an dem das schädigende Ereignis eingetreten ist, eine besonders enge Beziehung besteht, die aus Gründen einer geordneten Rechtspflege und einer sachgerechten

Gestaltung des Prozesses eine Zuständigkeit dieser Gerichte rechtfertige (EuGH GRUR 2012, 300 – eDate Advertising u. Martinez Rn. 40; GRUR 2012, 654 Rn. 18 – Wintersteiger/Products 4U). Dem hat der EuGH jedoch in der Entscheidung „Coty" (GRUR 2014, 806 – Rn. 32 f.) im Hinblick auf Unionsmarkenverletzungen eine Absage erteilt.

30   Nach **Art. 8 Abs. 2 Rom II-VO** ist das Recht des Staates anzuwenden, in dem die Verletzung begangen wurde. Die Zuständigkeitsregelung des **Art. 97 Abs. 5** spricht von „den Gerichten des Mitgliedstaates, in dem eine Verletzungshandlung begangen worden ist oder droht". **Trotz des unterschiedlichen Wortlauts „Verletzung"** (Art. 8 Abs. 2 Rom II-VO) und **„Verletzungshandlung"** (Art. 97 Abs. 5) **dürfte Art. 8 Abs. 2 Rom II-VO dieselbe Anknüpfung wie Art. 97 Abs. 5** enthalten (vgl. auch BGH GRUR 2012, 1253 Rn. 49 – Gartenpavillon, wo der BGH im Zusammenhang von Art. 89 Abs. 1 Buchst. d GGV und Art. 8 Abs. 2 Rom II-VO von „Verletzungshandlung" spricht: „... *Für die Anwendung des Rechts der Mitgliedstaaten, auf deren Gebiet die Verletzungshandlungen begangen worden sein sollen, spricht nunmehr auch Art. 8 Abs. 2 Rom-II-VO"*). Angesichts dessen kommt eine **Anwendung der „Fiona Shevill"-Rechtsprechung des EuGH zu Art. 5 Nr. 3 EuGVO** (seit 15.1.2015 Art. 7 Nr. 2 Brüssel Ia-VO) **auf Art. 8 Abs. 2 Rom II-VO** im Sinne der Annahme eines „Handlungs- und Erfolgsort" **nicht mehr in Betracht**.

31   Ungeklärt bleibt jedoch gleichwohl die **Frage, wie der Handlungsort im Sinne von Art. 8 Abs. 2 Rom II-VO zu bestimmen ist.** In seinem **Urteil „Coty"** hat der EuGH im Rahmen des Anknüpfungspunkts „Mitgliedstaat, in dem eine Verletzungshandlung begangen worden ist" **auf ein aktives Verhalten des Verletzers** und auf den **Mitgliedstaat** abgestellt, **in dem sich der Vorfall, der der behaupteten Verletzung zugrunde liegt, ereignet hat oder zu ereignen droht** (vgl. EuGH GRUR 2014, 806 Rn. 34 f. – Coty). Auch im Rahmen seiner Rechtsprechung zu Art. 5 Nr. 3 EuGVO (seit 15.1.2015 Art. 7 Nr. 2 Brüssel Ia-VO) (EuGH NJW 2013, 2099 Rn. 41 – Melzer; GRUR 2014, 599 Rn. 30 f. – Hi Hotel; GRUR 2014, 806 Rn. 49 f. – Coty) hat der **EuGH zur Auslegung des Anknüpfungspunkts „Ort des ursächlichen Geschehens"** maßgeblich auf den Ort abgestellt, **an dem der Verletzer selbst tatsächlich eine Handlung vorgenommen hat**.

32   Überträgt man diese Rechtsprechung auf die Bestimmung des Handlungsortes nach **Art. 8 Abs. 2 Rom II-VO,** so müsste für die Bestimmung des anwendbaren nationalen Sachrechts **auf die Orte abgestellt werden, an denen der Verletzer aktiv** im Sinne eines Haupttäters **gehandelt hat.** Ungeklärt ist jedoch, ob unter einem solchen „aktiven Handeln" nur ein **tatsächlich physisches Tätigwerden** zu verstehen ist oder aber ein **„tatbestandsmäßiges Handeln" im Sinne einer relevanten eigenen Benutzungshandlung iSv Art. 9 Abs. 3** (im Einzelnen → Art. 97 Rn. 36.1). Nach der hier vertretenen Ansicht dürfte sowohl auf den Ort des tatsächlich physischen Tätigwerdens, als auch auf den Ort abgestellt werden, an dem eine Benutzungshandlung iSv Art. 9 Abs. 3 durch den Verletzer selbst als Täter begangen worden ist. Hat er die rechtsverletzende Ware im Mitgliedstaat A hergestellt und dort für den späteren Vertrieb gekennzeichnet (Art. 9 Abs. 3 Buchst. a), so würde für diese Verletzungshandlung das Sachrecht des Mitgliedstaates A Anwendung finden. Verkauft und versendet der Verletzer seine rechtsverletzende Ware aus dem Mitgliedstaat A an Abnehmer im Mitgliedstaat B, C und D, so wären u.a. sowohl die Benutzungshandlungen des „Ausführens" aus dem Mitgliedstaat A, als auch des „Einführens" und „Inverkehrbringens" in die Mitgliedstaaten B, C und D (Art. 9 Abs. 3 Buchst. b, c) verwirklicht. Für diesen Fall stellt sich die **Frage, ob dem Verletzten ein Wahlrecht zugestanden werden kann,** wonach er seine neben dem Unterlassungsanspruch weiter bestehenden Verletzungsansprüche für diese Handlungen nach dem Recht des Mitgliedstaates A als **dem Ort der zentralen Verursachungshandlung oder** alternativ nach den **Rechtsordnungen der jeweiligen Mitgliedstaaten, in denen** die rechtsverletzende Ware von ihm in den Verkehr gebracht bzw. **die jeweiligen Benutzungshandlungen iSv Art. 9 Abs. 3 als Täter begangen wurden,** geltend machen kann. **Nach der hier vertretenen Ansicht ist dem Verletzten ein solches Wahlrecht einzuräumen.** Ein Wahlrecht des Verletzten ist der UMV und der Rechtsprechung des EuGH nicht fremd. So hat der Verletzte nach Art. 97 ein Wahlrecht im Hinblick darauf, ob er die Klage vor dem Unionsmarkengericht des Mitgliedstaates, in dem der Verletzer seinen Sitz hat (→ Art. 97 Rn. 1), oder vor dem Unionsmarkengericht des Mitgliedstaates, in dem der Verletzer eine Verletzungshandlung begangen hat oder zu begehen droht (→ Art. 97 Rn. 29), erhebt. Des Weiteren hat der EuGH hat in seiner Rechtsprechung zu Art. 7 Nr. 2 Brüssel Ia-VO (vor dem 15.1.2015: Art. 5 Nr. 3 EuGVÜ/EuGVO) dem Verletzen im Hinblick auf Schadensersatzklagen ein Wahlrecht zugestanden (EuGH GRUR Int 1998, 298 – Fiona Shevill; GRUR 2012, 300 Rn. 43 – eDate Advertising/X und Martinez/MGN; GRUR 2012, 654 Rn. 39 – Wintersteiger/Products 4U). Dass die **Unternehmensentscheidung** für die Schaltung der Werbung oder die Herstellung und den Vertrieb der Produkte **zentral am Sitz des Verletzers in einem Mitgliedstaat getroffen worden** und diese Unternehmensentscheidung für die in anderen Mitgliedstaaten tatsächlich vorgenommen Handlungen ursächlich ist, **kann demgegenüber nicht relevant sein, da,** wie der BGH in der Entscheidung „The Home Store" festgestellt hat, **die Steuerung der Markenverwendung in den einzelnen Märkten keine relevante Benutzungshandlung iSv Art. 9 Abs. 3 darstellt** (BGH GRUR 2008, 254 Rn. 42). Eine abschließende Klärung muss letztendlich durch den EuGH erfolgen.

Sitzt der **Verletzer im EU-Ausland** und vertreibt die rechtsverletzenden Waren in mehreren Mitgliedstaaten bzw. bietet in diesen rechtsverletzende Dienstleistungen an, so kommt eine einheitliche Anknüpfung nicht in Betracht, da Art. 8 Abs. 2 Rom II-VO die Anwendbarkeit des Rechts eines Mitgliedstaates regelt. Insoweit dürfte auf Verletzer im EU-Ausland die **„Mosaik-Lösung"** Anwendung finden (→ Rn. 20; vgl. Kur GRUR Int 2014, 746 (758)). **33**

Des Weiteren stellt sich die Frage, ob bei mehreren, bei der Verletzung zusammenwirkenden **Mittätern oder sonstigen Beteiligten** einheitlich anzuknüpfen ist, so etwa an das Recht des Mitgliedstaates, in dem die Haupttat begangen worden ist, bzw. hilfsweise an das Recht des Mitgliedstaates, in dem der Haupttäter die Verletzungshandlung begangen hat. Diese Frage hat das **OLG Düsseldorf in zwei Vorlagebeschlüssen vom 7.1.2016** betreffen „Multi-State"-Verletzungen von Gemeinschaftsgeschmacksmustern (OLG Düsseldorf GRUR 2016, 616 Rn. 41 f. – Fernbedienung für Videospielkonsole; OLG Düsseldorf GRUR-RS 2016, 02936 – Balance Board) **dem EuGH zur Entscheidung vorgelegt** (beim EuGH anhängig, C-24/16 und C-25/16 – Nintendo/BigBen). **34**

Eine Lösung des „Multi-State"-Problems kann daher letztlich nur durch den europäischen Verordnungsgeber durch Schaffung eines autonomen Sanktionensystems in der UMV (vgl. MPI-Studie S. 160, Rn. 3.149 f.) oder, da parallele Problematiken zB auch bei Gemeinschaftsgeschmacksmustern bestehen, in einem separaten Rechtsakt für alle unionsweiten Rechte oder durch eindeutige Anknüpfungsregelungen an das Recht eines Mitgliedstaates auf Kollisionsrechtsebene erfolgen. **35**

Die GRUR hat in ihrer Stellungnahme vom 16.1.2014 (GRUR 2014, 341) vorgeschlagen, als „Modell" für die in der UMV zu treffende einheitliche, autonome Regelungen das am 19.2.2013 unterzeichnete Übereinkommen über das Einheitliche Patentgericht (EPGÜ) heranzuziehen, welches die Vorschriften der Durchsetzungsrichtlinie zu unmittelbar anzuwendenden Bestimmungen ausgestaltet hat. **35.1**

Bis dahin ist **zur Vereinfachung der Ermittlung des ausländischen Rechts** der Lösungsweg des OLG Frankfurt (GRUR-RR 2012, 473 – Joop!) zu befürworten (→ Rn. 21; so auch Kur GRUR Int 2014, 746 (759)). Angesichts der von der **Durchsetzungsrichtlinie geschaffenen Mindeststandards** die von allen Mitgliedstaaten bis zum 29.4.2006 in nationales Recht umzusetzen waren (vgl. EuGH GRUR Int 2008, 745), bietet es sich ferner an, sich bei der **Formulierung der Anträge** im Hinblick auf die Folgeansprüche an der Durchsetzungsrichtlinie zu orientieren (Klingberg GRUR-Prax 2012, 437 – Joop! – Anm. zu OLG Frankfurt). **36**

D. Nicht in der UMV geregeltes Verfahrensrecht (Abs. 3)

Abs. 3 ist die Verweisungsnorm für alle verfahrensrechtlichen Fragen, die nicht durch die UMV erfasst werden. Danach wendet das Unionsmarkengericht, soweit in der UMV nichts anderes bestimmt ist, die Verfahrensvorschriften an, die in dem Forum-Staat auf gleichartige Verfahren betreffend nationale Marken anwendbar sind. Gegenüber Abs. 3 vorrangig anwendbar ist die speziellere Verweisungsvorschrift des Art. 102 Abs. 1 Satz 2 (→ Art. 102 Rn. 12) für die Anordnung von Maßnahmen zur Durchsetzung des gerichtlichen Verbots **37** sowie des Art. 104 Abs. 3 (→ Art. 104 Rn. 35) für die Anordnung von einstweilige Maßnahmen einschließlich Sicherungsmaßnahmen für die Dauer der Aussetzung des Verfahrens.

38 In der UMV ist das Verfahrensrecht betreffend Unionsmarken in Titel X geregelt. Titel X enthält jedoch in Bezug auf das Verfahrensrecht hauptsächlich Zuständigkeits- und Aussetzungsregelungen und somit nur eine partiell autonome Regelung des Verfahrensrechts. Das auf Unionsmarken anwendbare Verfahrensrecht setzt sich zusammen aus den Regelungen der UMV, den über Art. 94 (→ Art. 94 Rn. 1 ff.) anwendbaren Regelungen der EuGVO und dem über Abs. 3 anwendbaren nationalen Recht des Forum-Staates (Eisenführ/Schennen/Eisenführ/Overhage Rn. 9; Fayaz GRUR Int 2009, 566) unter Berücksichtigung des nach ständiger Rechtsprechung des EuGH geltenden Äquivalenz- und Effektivitätsgrundsatzes (vgl. zur GGV EuGH GRUR 2014, 368 – Gautzsch – Rn. 42; → Rn. 10.1). Das vom Unionsmarkengericht in einem Verletzungsverfahren anwendbare Verfahrensrecht bestimmt sich daher hauptsächlich nach dem **Recht des Forum-Staates, das bei Verletzung nationaler Marken Anwendung findet.** Dies betrifft insbesondere die **Zulässigkeit und Bestimmtheit der Klage, Beweisregeln** und **Beweislastverteilung** (vgl. zur GGV EuGH GRUR 2014, 368 – Gautzsch – Rn. 42), die Frage der **Kostentragung** sowie der **Erledigung** und die **Dauer des Verfahrens** (Fayaz GRUR Int 2009, 566; Koch/Samwer MarkenR 2006, 493 (497)). Nach der **Entscheidung des EuGH „Nikolajeva"** (EuGH GRUR 2016, 931 Rn. 32 f.) können über Art. 101 Abs. 3 nicht in der UMV geregelte Verfahrensvorschriften, die im nationalen Verfahrensrecht verankert sind, wie der **Dispositionsgrundsatz** und der **Grundsatz „ne ultra petita",** vom Unionsmarkengericht angewendet werden. Daher verwehrt es Art. 102 Abs. 1 einem Unionsmarkengericht nicht, im Einklang mit dem in seinem innerstaatlichen Recht geltenden **Dispositionsgrundsatz** und dem **Grundsatz „ne ultra petita",** von einer Anordnung nach Art. 102 Abs. 1, mit der einem Dritten die Fortsetzung von Verletzungshandlungen verboten wird, abzusehen mit der Begründung, dass der **Inhaber der betreffenden Marke keinen entsprechenden Antrag gestellt habe.**

E. In der UMV geregelte Ansprüche und Klagebefugnisse

39 Die UMV regelt die materiell-rechtlichen Ansprüche, die sich in einem Verletzungsverfahren betreffend eine Unionsmarke stellen können, nur unvollständig. Soweit jedoch Regelungen vorhanden sind, haben die Unionsmarkengerichte diese nach Art. 14 Abs. 1 S. 1, Art. 101 Abs. 1 unmittelbar ohne Rückgriff auf nationales Recht anzuwenden. Folgende **Ansprüche** und **Klagebefugnisse** sind **in der UMV unmittelbar und autonom geregelt:**

I. Unterlassungsanspruch (Art. 9 Abs. 1 S. 2)

40 Der Unterlassungsanspruch im Fall der Verletzung einer Unionsmarke als einer der wichtigsten Ansprüche ist unmittelbar in der UMV in Art. 9 Abs. 1 S. 2 (→ Art. 9 Rn. 1 ff.) geregelt. Dieser gewährt dem Inhaber einer Unionsmarke das Recht, Dritten die Benutzung eines die Unionsmarke verletzenden Zeichens zu verbieten.

40.1 Zu Unrecht hat der BGH den Unterlassungsanspruch aus einer Unionsmarke in der Entscheidung Lila Schokolade (BGH GRUR 2005, 427) auf Art. 14 Abs. 1 S. 1, Abs. 2 iVm den Vorschriften des nationalen deutschen Markengesetzes gestützt.

41 Die vom Unionsmarkengericht auszusprechende **Sanktion** im Fall eines Unterlassungsanspruchs wegen Verletzung einer Unionsmarke ist in **Art. 102 Abs. 1 S. 1** (→ Art. 102 Rn. 3) geregelt. Danach hat das Unionsmarkengericht dem Beklagten zu verbieten, die Handlungen, die die Unionsmarke verletzen oder zu verletzen drohen, fortzusetzen, sofern nicht besondere Gründe entgegenstehen.

41.1 Der Unterlassungsanspruch und seine Anspruchsvoraussetzungen sind nicht in Art. 102 Abs. 1, sondern in Art. 9 normiert. Art. 102 Abs. 1 regelt ausschließlich die Sanktion, die vom Unionsmarkengericht im Fall eines Verstoßes gegen einen nach Art. 9 bestehenden Unterlassungsanspruch auszusprechen ist. Dies folgt sowohl aus dem Wortlaut der Art. 9 und Art. 102 Abs. 1, wie auch aus deren Systematik innerhalb der UMV und wird durch § 125b Nr. 2 MarkenG bestätigt, wonach dieser auf die „Ansprüche nach den Art. 9–11 der Verordnung über die Unionsmarke" verweist und damit auch auf den Unterlassungsanspruch aus einer Unionsmarke nach Art. 9.

Anwendbares Recht **Art. 101 UMV**

Die **Maßnahmen,** die das Unionsmarkengericht anzuordnen hat, um sicherzustellen, dass 42
das **gerichtliche Verbot befolgt wird,** sind **nicht in der UMV geregelt.** Insoweit verweist
Art. 102 Abs. 1 S. 2 (→ Art. 102 Rn. 12) auf das innerstaatliche Recht am Sitz des Unionsmarkengerichts und somit auf die **lex fori.** Dies sind im deutschen Recht die in **§ 890 ZPO**
vorgesehenen **Ordnungsmittel.** Diese Regelungen kommen auch dann zur Anwendung,
wenn das Unionsmarkengericht das Unterlassungsgebot über Deutschland hinaus unionsweit
oder mit Wirkung in anderen Mitgliedstaaten ausspricht (→ Art. 102 Rn. 14 ff.; SBK/Knaak
Deutschland Rn. 181).

Die im deutschen Recht für einen Unterlassungsanspruch bzw. vorbeugenden Unterlas- 43
sungsanspruch erforderliche **Wiederholungs- bzw. Erstbegehungsgefahr** stellt eine
materiell-rechtliche Anspruchsvoraussetzung dar (SBK/Knaak Deutschland Rn. 178;
Ingerl/Rohnke MarkenG Vor §§ 14–19 Rn. 79; Fezer MarkenG § 14 Rn. 990). Für deren
Wegfall gelten in Deutschland die durch die Rechtsprechung entwickelten besonderen
Grundsätze. Bei der Auslegung der Wiederholungs- und Erstbegehungsgefahr handelt es
sich jedoch um eine **Frage des Unionsmarkenrechts, die der Auslegungskompetenz
des EuGH unterfällt** (SBK/Knaak Deutschland Rn. 178; Eisenführ/Schennen/Eisenführ/
Overhage Art. 102 Rn. 7). Ob daher die in Deutschland geltenden Grundsätze auch auf den
autonomen unionsrechtlichen Unterlassungsanspruch anwendbar sind, bedarf einer Entscheidung des EuGH (SBK/Knaak Deutschland Rn. 178). Bis dahin verbietet sich ein Rückgriff
auf die nationalen Grundsätze zur Auslegung der Wiederholungs- und Erstbegehungsgefahr
(Eisenführ/Schennen/Eisenführ/Overhage Art. 102 Rn. 7).

Verfahrensrechtlicher Natur sind die jeweiligen nationalen **prozessualen Anforderun-** 44
gen an den Unterlassungsantrag (SBK/Knaak Deutschland Rn. 179; Eisenführ/Schennen/Eisenführ/Overhage Art. 102 Rn. 7). Diese im jeweiligen Forum-Staat an den Unterlassungsantrag gestellten Anforderungen sind gemäß Abs. 3 uneingeschränkt auf
Unionsmarkenverletzungsverfahren anwendbar. Dies gilt insbesondere für den im deutschen
Recht geltenden **Grundsatz der Bestimmtheit des Unterlassungsantrags.**

Im deutschen Recht ist der Unterlassungsantrag auf die **konkrete Verletzungsform** zu 45
beschränken, wobei Verallgemeinerungen, die das Charakteristische der Verletzungshandlung
wiedergeben, zulässig sind. Diese an den Unterlassungsantrag gestellte Anforderung wird
materiell-rechtlich qualifiziert, weil sie mit der Wiederholungsgefahr zusammenhängt (SBK/
Knaak Deutschland Rn. 180; Eisenführ/Schennen/Eisenführ/Overhage Art. 102 Rn. 7).
Die Beschränkung des Unterlassungsanspruchs auf die konkrete Verletzungsform ist als **materiell-rechtliche Schranke des Unterlassungsanspruchs** nicht in der UMV geregelt. Sie
ist jedoch insoweit über den auf die lex fori verweisenden Abs. 2 in Verfahren vor deutschen
Unionsmarkengerichten zu beachten (SBK/Knaak Deutschland Rn. 180; Eisenführ/Schennen/Eisenführ/Overhage Art. 102 Rn. 7). Jedoch wäre das Erfordernis der Beschränkung auf
die konkrete Verletzungsform über Abs. 3 auch dann von deutschen Unionsmarkengerichten
anzuwenden, wenn es verfahrensrechtlich zu qualifizieren wäre (SBK/Knaak Deutschland
Rn. 180).

II. Entschädigungsanspruch (Art. 9b Abs. 2)

In der UMV autonom ohne Entsprechung im nationalen deutschen Recht geregelt ist 46
der Entschädigungsanspruch nach Art. 9b Abs. 2 (→ Art. 9b Rn. 2) in Bezug auf Unionsmarkenanmeldungen. Hiernach kann der Anmelder einer Unionsmarke für Handlungen,
die nach Veröffentlichung der Anmeldung der Unionsmarke vorgenommen werden und die
nach Veröffentlichung der Eintragung aufgrund der Unionsmarke verboten wären, eine
angemessene Entschädigung verlangen.

Da eine entsprechende Regelung mangels separater Veröffentlichung deutscher Markenan- 47
meldungen im MarkenG – anders als im deutschen Patentrecht (§ 33 PatG) – fehlt, kommt
dem Entschädigungsanspruch dann eine besondere Bedeutung zu, wenn der Markenanmelder dasselbe Zeichen sowohl als deutsche als auch als Unionsmarke angemeldet hat. Erfolgt
die Veröffentlichung der Unionsmarkenanmeldung vor Eintragung der nationalen deutschen
Marke, dann ist der unionsrechtliche Entschädigungsanspruch für den Markenanmelder interessant, da er vor Eintragung der deutschen Marke aus dieser keinen Schadensersatz verlangen

kann (Fayaz GRUR Int 2009, 566 f.; Eisenführ/Schennen/Eisenführ/Overhage Art. 102 Rn. 12; Rohnke GRUR Int 2002, 979 (981)).

III. Wiedergabe in Wörterbüchern (Art. 10)

48 Unmittelbar in Art. 10 UMV (→ Art. 10 Rn. 1 ff.) geregelt ist der Anspruch des Unionsmarkeninhabers gegen den Verleger eines Wörterbuchs, Lexikons oder ähnlichen Nachschlagewerks, in dem die Unionsmarke wiedergegeben wird, wenn die Wiedergabe den Eindruck erweckt, die Unionsmarke sei eine Gattungsbezeichnung für die Waren oder Dienstleistungen, für die sie eingetragen ist. Der Unionsmarkeninhaber kann in diesem Fall von dem Verleger verlangen, dass dieser sicherstellt, dass der Wiedergabe der Marke spätestens bei einer Neuauflage des Werkes der Hinweis beigefügt wird, dass es sich um eine eingetragene Marke handelt.

IV. Agentenmarke (Art. 11, 18)

49 Unmittelbar in der UMV in Art. 11 (→ Art. 11 Rn. 1 ff.) geregelt ist der Anspruch eines Markeninhabers gegen seinen untreuen Agenten oder Vertreter, der ohne seine Zustimmung für sich das als Marke geschützte Zeichen als Unionsmarke angemeldet hat, auf **Unterlassung der Benutzung** der für den Agenten oder Vertreter eingetragenen Unionsmarke. Dieser Anspruch folgt unmittelbar aus der UMV und **verdrängt, soweit es sich bei der Agentenmarke um eine Unionsmarke handelt, entsprechende nationale Regelungen,** in Deutschland den § 17 Abs. 2 S. 1 MarkenG (→ MarkenG § 17 Rn. 1 ff.).

50 Ebenfalls unmittelbar in der UMV in Art. 18 (→ Art. 18 Rn. 1) geregelt ist der **Übertragungsanspruch** des Markeninhabers gegen seinen untreuen Agenten oder Vertreter auf Übertragung der für diesen als Unionsmarke eingetragenen Agentenmarke. Dieser Anspruch folgt unmittelbar aus der UMV und **verdrängt, soweit es sich bei der Agentenmarke um eine Unionsmarke handelt, ebenfalls entsprechende nationale Regelungen,** in Deutschland den § 17 Abs. 1 MarkenG (→ MarkenG § 17 Rn. 1 ff.).

51 In nationalen Rechtsordnungen der Mitgliedstaaten enthaltene Regelungen, wonach die Agentenmarke gelöscht werden kann, werden durch die Regelungen der UMV betreffend die Erklärung der Nichtigkeit einer Unionsmarke (Art. 52, 53) verdrängt. In Deutschland betrifft dies den § 11 MarkenG (→ MarkenG § 11 Rn. 1 ff.), der auf eine Unionsmarke gemäß Abs. 1 nicht anwendbar ist.

V. Anspruch gegen Lizenznehmer (Art. 22 Abs. 2)

52 Autonom in der UMV in Art. 22 Abs. 2 (→ Art. 22 Rn. 19 f.) geregelt ist der Anspruch des Unionsmarkeninhabers gegen seinen Lizenznehmer. Danach kann der Unionsmarkeninhaber die Rechte aus seiner Unionsmarke auch gegen seinen Lizenznehmer geltend machen, soweit dieser gegen bestimmte Vorschriften des Lizenzvertrags verstößt. Nationale Vorschriften, die dem Markeninhaber die Geltendmachung von Rechten aus der lizenzierten Marke auch gegen den Lizenznehmer gestatten, wie in Deutschland § 30 Abs. 2 MarkenG (→ MarkenG § 30 Rn. 64 ff.), werden, soweit es sich bei der lizenzierten Marke um eine Unionsmarke handelt, durch Art. 22 Abs. 2 verdrängt. **Art. 16** (→ Art. 16 Rn. 1 ff.), der die Anwendbarkeit nationalen Rechts im Hinblick auf die Unionsmarke als Gegenstand des Vermögens regelt, **findet insoweit keine Anwendung** (Eisenführ/Schennen/Schennen, Art. 16 Rn. 14).

VI. Aktivlegitimation des ausschließlichen Lizenznehmers (Art. 22 Abs. 3 S. 2)

53 In der UMV ist in Art. 22 Abs. 3 S. 2 (→ Art. 22 Rn. 22) unmittelbar geregelt, wann ein ausschließlicher Lizenznehmer einer Unionsmarke selbst ein Verfahren wegen Verletzung der lizenzierten Unionsmarke anhängig machen kann. **Gleiches gilt nach Art. 72 Abs. 1** (→ Art. 72 Rn. 1 ff.) für jede zur Benutzung einer **Unionskollektivmarke** befugte Person. Dies ist dann der Fall, wenn der Unionsmarkeninhaber nach Aufforderung nicht selbst innerhalb einer angemessenen Frist Verletzungsklage erhoben hat. Insoweit werden nationale Regelungen nach Abs. 1 verdrängt. Dies betrifft in Deutschland § 30 Abs. 3 (→ MarkenG § 30 Rn. 87) und § 101 Abs. 1 MarkenG (→ MarkenG § 101 Rn. 1 ff.), die dem Lizenzneh-

Anwendbares Recht   **Art. 101 UMV**

mer bzw. der zur Benutzung der Kollektivmarke befugten Person die Befugnis Verletzungsklage zu erheben, nur mit Zustimmung des Markeninhabers einräumen. Der ausschließliche Lizenznehmer einer deutschen Marke bedarf zur Erhebung einer Verletzungsklage somit in jedem Fall der Zustimmung des Markeninhabers, der **ausschließliche Lizenznehmer einer Unionsmarke** kann eine Verletzungsklage jedoch auch **unter den in Art. 22 Abs. 3 S. 2** (→ Art. 22 Rn. 24) bestimmten **Voraussetzungen ohne Zustimmung des Unionsmarkeninhabers** erheben.

Gemäß Art. 72 Abs. 1 (→ Art. 72 Rn. 1 ff.) gilt die Vorschrift auch für jede zur Benutzung einer Unionskollektivmarke befugte Person. Insoweit werden nationale Regelungen nach Abs. 1 verdrängt. Dies betrifft in Deutschland den § 101 Abs. 1 MarkenG (→ MarkenG § 101 Rn. 1 ff.). **54**

Nicht geregelt ist in der UMV jedoch, ob der **Lizenznehmer** im Klagewege **eigene Rechte oder nur die Rechte des Unionsmarkeninhabers geltend machen kann.** Zum Teil wird hinsichtlich des autonomen Unterlassungsanspruchs angenommen, ein solcher könne dem Lizenznehmer zustehen, weil Art. 102 Abs. 1 keinen bestimmten Berechtigten nennt und nationales Recht nicht anwendbar sei (Ingerl/Rohnke MarkenG § 30 Rn. 95). Dem steht entgegen, dass nicht Art. 102 Abs. 1, sondern **Art. 9 Abs. 1 S. 2, Abs. 2** den materiell-rechtlichen Unterlassungsanspruch im Fall der Verletzung einer Unionsmarke regelt. Dieser sieht vor, dass **der Unterlassungsanspruch dem Unionsmarkeninhaber zusteht,** wohingegen Art. 102 Abs. 1 lediglich die durch das Gericht auszusprechende Sanktion im Fall des Bestehens eines Unterlassungsanspruchs, nicht jedoch die Anspruchsberechtigung selbst regelt. Ob dem Lizenznehmer im Fall der Verletzung der lizenzierten Unionsmarke eigene Rechte zustehen, ist eine **materiell-rechtliche Frage,** so dass über den auf das geltende nationale Recht verweisenden **Art. 101 Abs. 2** das angerufene Unionsmarkengericht diese Fragestellung nach dem geltenden nationalen Recht einschließlich des internationalen Privatrechts zu beantworten hat. Steht ihm danach ein Unterlassungsanspruch zu, so bestimmt sich die vom Unionsmarkengericht auszusprechende Sanktion nach Art. 102 Abs. 1 als lex specialis zu Art. 101 Abs. 2. Nach Art. 102 Abs. 2 bestimmen sich dann nach dem anwendbaren Recht über Art. 101 Abs. 2 die weiteren, nach Art. 102 Abs. 2 im Ermessen des Unionsmarkengerichts stehenden Sanktionen, wie Beschlagnahme, Vorlage und Besichtigung, der Rückruf, die endgültige Entfernung aus den Vertriebswegen und Vernichtung und nach Art. 101 Abs. 2 die weiteren Annexansprüche wie Schadensersatz, Rechnungslegung etc (im Einzelnen → Art. 102 Rn. 17). **55**

Nach der Rechtsprechung des BGH kann der ausschließliche Lizenznehmer, der vom Markeninhaber zur Prozessführung wegen Verletzung der lizenzierten Marke ermächtigt worden ist, sowohl den Unterlassungs- als auch den Anspruch auf Auskunft und Drittauskunft an sich selbst geltend machen (BGH GRUR 2012, 630 Rn. 45, 46 – CONVERSE II). Allerdings stehen dem ausschließlichen Lizenznehmer, wie auch dem einfachen, keine eigenen Schadensersatzansprüche wegen Markenverletzung zu (BGH GRUR 2007, 877 Rn. 32 – Windsor Estate; GRUR 2008, 614 – ACERBON; GRUR 2008, 254 Rn. 46 – THE HOME STORE zur Unionsmarke; GRUR 2012, 630 Rn. 49 – CONVERSE II; GRUR 2015, 1223 Rn. 49 – Polsterlounge). Der Lizenznehmer muss daher stets Zahlung an den Markeninhaber verlangen, es sei denn er wurde von diesem zur Einziehung ermächtigt oder ihm wurden die Schadensersatzansprüche des Markeninhabers abgetreten (BGH GRUR 2012, 630 Rn. 51 – CONVERSE II; GRUR 2015, 1223 Rn. 50 – Polsterlounge; Ingerl/Rohnke MarkenG § 30 Rn. 99). **55.1**

VII. Beitritt des Lizenznehmers zur Verletzungsklage (Art. 22 Abs. 4)

Unmittelbar in der UMV in Art. 22 Abs. 4 (→ Art. 22 Rn. 27) geregelt ist das Recht des Lizenznehmers, auch des einfachen Lizenznehmers, der vom Inhaber der Unionsmarke erhobenen Verletzungsklage beizutreten, um den Ersatz seines eigenen Schadens geltend zu machen. Gleiches **gilt nach Art. 72 Abs. 1** (→ Art. 72 Rn. 1 f.) für jede zur Benutzung einer **Unionskollektivmarke** befugte Person. Gemäß Art. 72 Abs. 1 gilt die Vorschrift auch für jede zur Benutzung einer Unionskollektivmarke befugte Person. Insoweit werden nationale Regelungen nach Art. 101 Abs. 1 verdrängt. Dies betrifft in Deutschland § 30 Abs. 4 (→ MarkenG § 30 Rn. 101) und § 101 Abs. 2 MarkenG (→ MarkenG § 101 Rn. 6). Die Vorschrift hat einen ausschließlich verfahrensrechtlichen Regelungsinhalt. Ob und in **56** welchem Umfang dem Lizenznehmer tatsächlich materiell-rechtlich ein Schadensersatzanspruch zusteht, ist in der UMV nicht geregelt. Insbesondere **stellt Art. 22 Abs. 4 selbst keine Anspruchsgrundlage dar** (vgl. für § 30 Abs. 4 MarkenG BGH GRUR 2007, 877 Rn. 32 – Windsor Estate; Ingerl/Rohnke MarkenG § 30 Rn. 101).

57 Nicht geregelt ist in der UMV, **welche prozessuale Stellung** der dem Rechtsstreit beitretende Lizenznehmer erhält. Da es sich hierbei um eine nicht in der UMV geregelte verfahrensrechtliche Frage handelt, bestimmt sich die prozessuale Stellung des Lizenznehmers über Abs. 3 nach dem Verfahrensrecht des Forum-Staates.

57.1 Nach der deutschen Rechtsprechung des BGH wird der Lizenznehmer durch den Beitritt selbst Prozesspartei und ist nicht bloß Nebenintervenient gemäß § 66 Abs. 1 ZPO. Markeninhaber und Lizenznehmer sind nach dem Beitritt daher einfache Streitgenossen gemäß § 59 ZPO (BGH GRUR 2007, 877 Rn. 31 – Windsor Estate).

58 Nicht geregelt ist in der UMV ferner die Frage, ob und in welchem Umfang dem **Lizenznehmer materiell-rechtlich ein Schadensersatzanspruch** zusteht. Das anwendbare Recht bestimmt sich für Schadensersatzansprüche nach Abs. 2 (im Einzelnen → Rn. 8).

58.1 Nach der deutschen Rechtsprechung des BGH stehen weder dem einfachen noch dem ausschließlichen Lizenznehmer eigene Schadensersatzansprüche wegen Markenverletzung zu (BGH GRUR 2007, 877 Rn. 32 – Windsor Estate; GRUR 2008, 614 Rn. 14 – ACERBON; GRUR 2008, 254 Rn. 46 – THE HOME STORE zur Unionsmarke; GRUR 2012, 630 Rn. 49, 51 – CONVERSE II; GRUR 2015, 1223 Rn. 49, 50 – Polsterlounge). Ein dem Lizenznehmer entstandener Schaden kann lediglich im Wege der Drittschadensliquidation ersetzt verlangt werden (vgl. BGH GRUR 2007, 877 Rn. 32 – Windsor Estate; GRUR 2015, 1223 Rn. 50 – Polsterlounge). Inhaber des Schadensersatzanspruchs bleibt der Markeninhaber.

58.2 Handelt es sich bei dem Lizenznehmers um den Inhaber einer einfachen Lizenz, so ist ein Schadensersatz nach deutscher Rechtsprechung grundsätzlich ausgeschlossen, denn die Benutzung durch Dritte greift nicht in die Rechtsposition des einfachen Lizenznehmers ein, da er ohnehin mit der Vergabe weiterer Lizenzen durch den Lizenzgeber rechnen musste (vgl. OLG Köln GRUR 2000, 66 (67) – Michael-Jackson-Kalenderfoto; zum PatG BGH GRUR 2004, 758 (763) – Flügelradzähler). Eine Ausnahme kann dann vorliegen, wenn infolge der Benutzung durch den Verletzer der Ruf der Marke beeinträchtigt und hierdurch die Gewinne des Lizenznehmers geschmälert wurden, so etwa beim Vertrieb mit der Marke gekennzeichneter qualitätsminderer Ware (Ingerl/Rohnke MarkenG § 30 Rn. 106).

VIII. Prozessstandschaft des Inhabers einer Unionskollektivmarke (Art. 72 Abs. 2)

59 Nach Art. 72 Abs. 2 (→ Art. 72 Rn. 1 f.) kann der Inhaber einer Unionskollektivmarke im Namen der zur Benutzung befugten Personen Ersatz des Schadens verlangen, der diesen Personen aus der unberechtigten Benutzung der Marke entstanden ist. Insoweit werden nationale Regelungen verdrängt. Dies betrifft in Deutschland den § 101 Abs. 2 MarkenG (→ MarkenG § 101 Rn. 6). Die Vorschrift hat einen ausschließlich verfahrensrechtlichen Regelungsinhalt. Ob und in welchem Umfang den zur Benutzung befugten Personen tatsächlich materiell-rechtlich ein Schadensersatzanspruch zusteht, ist in der UMV nicht geregelt. Insbesondere stellt **Art. 72 Abs. 2 selbst keine Anspruchsgrundlage** dar. Hinsichtlich des Umfangs des materiell-rechtlichen Schadensersatzanspruchs findet Art. 101 Abs. 2 Anwendung (im Einzelnen → Rn. 11).

IX. Zwischenrechte und Einreden des Inhabers jüngerer, eingetragener Marken in Verletzungsverfahren

60 Neu geregelt sind in **Art. 13a** (→ Art. 13a Rn. 1 f.) Zwischenrechte und Einreden des Inhabers einer jüngeren Unions- oder eingetragenen nationalen Marke in einem Verletzungsverfahren gegenüber dem Inhaber einer älteren Unionsmarke, der aus dieser älteren Unionsmarke die Benutzung der jüngeren, eingetragenen Marke untersagen will.

Art. 102 Sanktionen

(1) ¹**Stellt ein Unionsmarkengericht fest, dass der Beklagte eine Unionsmarke verletzt hat oder zu verletzen droht, so verbietet es dem Beklagten, die Handlun-**

Sanktionen **Art. 102 UMV**

gen, die die Unionsmarke verletzen oder zu verletzen drohen, fortzusetzen, sofern dem nicht besondere Gründe entgegenstehen. ²Es trifft ferner nach Maßgabe seines innerstaatlichen Rechts die erforderlichen Maßnahmen, um sicherzustellen, dass dieses Verbot befolgt wird.

(2) Das Unionsmarkengericht kann zudem ihm im jeweiligen Einzelfall zweckmäßig erscheinende Maßnahmen ergreifen oder Anordnungen treffen, die das anwendbare Recht vorsieht.

Überblick

Art. 102 regelt die im Fall der Verletzung einer Unionsmarke auszusprechenden Sanktionen. Abs. 1 enthält die einzige in der UMV direkt geregelte Sanktion im Fall der Verletzung einer Unionsmarke (→ Rn. 3). Hiernach hat das Unionsmarkengericht dem Verletzer zu verbieten, die Verletzungshandlungen fortzusetzen, sofern dem nicht besondere Gründe entgegenstehen. Der Begriff der „besonderen entgegenstehenden Gründe" ist innerhalb der Unionsrechtsordnung einheitlich und eng auszulegen (→ Rn. 9) und bezieht sich auf im Einzelfall gegebene Umstände tatsächlicher Art und nicht auf Rechtsbegriffe (→ Rn. 10). Das Unionsmarkengericht ist grundsätzlich verpflichtet, ein Verbot auszusprechen (→ Rn. 9). Das Unionsmarkengericht ist nach Abs. 1 S. 2 als lex specialis zu der Verweisungsnorm des Art. 101 Abs. 3 verpflichtet, die nach Maßgabe der verfahrensrechtlichen Vorschriften des Forum-Staates erforderlichen Maßnahmen zu treffen, um sicherzustellen, dass das Verbot befolgt wird. Abs. 2 findet auf diese Zwangsmaßnahmen keine Anwendung (→ Rn. 12). Nach Abs. 2 kann das Unionsmarkengericht als „weitere Sanktionen" ihm im jeweiligen Einzelfall zweckmäßig erscheinende Maßnahmen ergreifen oder Anordnungen treffen, die das anwendbare Recht vorsieht (→ Rn. 15). Da vorrangig die UMV anwendbar ist, dürfte es sich hierbei um einen Verweis auf Art. 101 und die dort enthaltenen Verweisungsvorschriften für materielle und verfahrensrechtliche Fragen handeln, die nicht in der UMV selbst geregelt sind. Als „weiter Sanktionen" nach Abs. 2 kommen Maßnahmen zur Beweissicherung sowie Abhilfemaßnahmen in Betracht (→ Rn. 17). Auskunfts-, Rechnungslegungs- und Schadensersatzansprüche sind keine Sanktionen iSv Abs. 2 und stehen daher nicht im Ermessen des Unionsmarkengerichts, sondern unterfallen direkt Art. 101 Abs. 2 (→ Rn. 17).

Übersicht

	Rn.		Rn.
A. Allgemeines	1	II. Besondere entgegenstehende Gründe	9
B. In der UMV autonom geregelte Sanktion (Abs. 1)	3	III. Maßnahmen zur Einhaltung des Unterlassungsgebots	12
I. Unterlassungsgebot	3	**C. Sonstige Sanktionen (Abs. 2)**	15

A. Allgemeines

Art. 102 regelt die Sanktionen gegen den Verletzer einer Unionsmarke. In **Abs. 1** ist das durch das Unionsmarkgengericht auszusprechende Verbot der Fortsetzung der Verletzungshandlungen **(Unterlassung)** geregelt. Weitere Sanktionen und Ansprüche wegen der Verletzung einer Gemeinschaftsmarke sind in der UMV nicht autonom geregelt. Vielmehr kann das Unionsmarkengericht nach **Abs. 2 als weitere Sanktionen** die ihm im jeweiligen Einzelfall **zweckmäßig erscheinenden Maßnahmen ergreifen oder Anordnungen treffen, die das anwendbare Recht vorsieht.** Ob dem Unionsmarkengericht in Abs. 2 tatsächlich ein umfassendes Ermessen eingeräumt wird oder ob dieses wie bei der Ausnahmeregelung in Abs. 1 eng auszulegen ist, wird letztlich durch die Rechtsprechung zu klären sein. Da vorrangig die UMV anwendbar ist, dürfte es sich hierbei um einen **Verweis auf Art. 101 als zentraler Verweisungsnorm** und die dort enthaltenen Verweisungsvorschriften für materielle und verfahrensrechtliche Fragen handeln, die nicht in der UMV selbst geregelt sind (→ Rn. 15). Bei **grenzüberschreitenden Verletzungen** ist für die Bestimmung des

Grüger 2175

anwendbaren Rechts für nicht in der UMV geregelte materielle Rechtsfragen, insbesondere der Sanktionen, **Art. 8 Abs. 2 Rom II-VO** maßgeblich (im Einzelnen → Art. 101 Rn. 13).

2   Als weitere, nicht in der UMV selbst geregelte Sanktionen kommen insbesondere **Maßnahmen zur Beweissicherung,** wie die **Beschlagnahme, Vorlage und Besichtigung** (vgl. Art. 7 RL 2004/48/EG des europäischen Parlaments und des Rates vom 29. April 2004 zur Durchsetzung der Rechte des geistigen Eigentums), **sowie Abhilfemaßnahmen,** wie der **Rückruf, die endgültige Entfernung aus den Vertriebswegen** und **Vernichtung** (vgl. Art. 10 RL 2004/48/EG des europäischen Parlaments und des Rates vom 29.4.2004 zur Durchsetzung der Rechte des geistigen Eigentums), in Betracht. Die Ansprüche auf **Auskunftserteilung, Rechnungslegung und Schadensersatz** gehören nach der Rechtsprechung des EuGH (GRUR 2014, 368 Rn. 53, 54 – Gautzsch/Duna, zu Art. 89 Abs. 1 GGV) **nicht zu den Sanktionen iSv Art. 102.** Diese stehen daher nicht im Ermessen des Unionsmarkengerichts, sondern für diese gilt Art. 101 Abs. 2 unmittelbar (→ Art. 101 Rn. 11). Gleiches dürfte für den **Anspruch auf Urteilsveröffentlichung** gelten.

B. In der UMV autonom geregelte Sanktion (Abs. 1)

I. Unterlassungsgebot

3   Autonom ist in der UMV für den Fall der Verletzung einer Unionsmarke als Sanktion einzig die **Verurteilung zur Unterlassung in Abs. 1 S. 1** geregelt. Hat das Unionsmarkengericht festgestellt, dass der Beklagte eine Unionsmarke verletzt hat oder zu verletzen droht, so hat es diesem zu verbieten, die Handlungen, die die Unionsmarke verletzen oder zu verletzen drohen, fortzusetzen, sofern dem nicht besondere Gründe entgegenstehen.

4   Die **territoriale Reichweite** des vom Unionsmarkengericht auszusprechenden Verbots bestimmt sich sowohl nach dessen territorialer Zuständigkeit (→ Art. 97 Rn. 1 ff.) als auch nach der territorialen Reichweite des ausschließlichen Rechts des Inhabers der Unionsmarke. Dieses Recht erstreckt sich **grundsätzlich auf das gesamte Gebiet der Union,** in dem die Unionsmarke einen einheitlichen Schutz genießt und wirksam ist (vgl. EuGH GRUR Int 2011, 514 Rn. 33, 39 – DHL/Chronopost). Der Unterlassungsanspruch aus der Verletzung einer Unionsmarke besteht daher grundsätzlich unionsweit. Dies folgt aus dem Prinzip der Einheitlichkeit der Unionsmarke nach Art. 1 Abs. 2 (→ Art. 1 Rn. 5), wonach sich die Wirkungen der Unionsmarke auf die gesamte Gemeinschaft erstrecken, und aus der einheitlichen Zuständigkeit der Unionsmarkengerichte (vgl. EuGH GRUR Int 2011, 514 Rn. 38, 40 – DHL/Chronopost; BGH GRUR 2008, 254 Rn. 39 – THE HOME STORE; OGH GRUR Int 2007, 256 (258) – Lucky Strike; GRUR Int 2007, 433 f. – Cilgin Boga; vgl. zum Gemeinschaftsgeschmacksmuster BGH GRUR 2012, 512 Rn. 22 – Kinderwagen; Knaak GRUR 2001, 21 f.; Rohnke GRUR Int 2002, 979 (982); Bumiller ZIP 2002, 115 (117); Eisenführ/Schennen/Schennen Art. 1 Rn. 31; SBK/Knaak Rn. 307; zur GGV Büscher/Dittmer/Schiwy/Auler GGV Art. 19 Rn. 2; Ruhl GGV Art. 89 Rn. 43; aA Hoffrichter-Daunicht Mitt 2008, 449 (453)).

5   Sofern das angerufene **Gericht unionsweite Zuständigkeit** besitzt, muss sich das vom Unionsmarkengericht ausgesprochene Verbot grundsätzlich auf das gesamte Gebiet der Union erstrecken (vgl. EuGH GRUR Int 2011, 514 Rn. 44 – DHL/Chronopost). Die territoriale Reichweite dieses Verbot beschränkt sich nicht auf das Gebiet des Mitgliedstaates, für den das Unionsmarkengericht die Verletzungshandlung positiv festgestellt hat, oder auf das Gebiet derjenigen Mitgliedstaaten, die zu dieser Feststellung Anlass gegeben haben. Andernfalls bestünde die Gefahr, dass der Verletzer das fragliche Zeichen in einem Mitgliedstaat, für den das Verbot nicht ausgesprochen wurde, erneut benutzt (vgl. EuGH GRUR Int 2011, 514 Rn. 45 – DHL/Chronopost). Eine Verletzungshandlung, die in einem Mitgliedstaat begangen wird, begründet in der Regel eine **Begehungsgefahr für das gesamte Gebiet der Europäischen Union** (BGH GRUR 2008, 254 Rn. 39 – THE HOME STORE; vgl. zum Gemeinschaftsgeschmacksmuster BGH GRUR 2012, 512 Rn. 22 – Kinderwagen; GRUR 2010, 718 Rn. 56 – Verlängerte Limousinen mwN). Es ist nicht erforderlich, dass eine Verletzung tatsächlich in allen Mitgliedstaaten der EU erfolgt ist oder droht (BGH GRUR 2008, 254 – THE HOME STORE Rn. 39).

Das Unionsmarkengericht muss die territoriale Reichweite des von ihm ausgesprochenen **6** Verbots jedoch begrenzen, wenn der **Kläger die territoriale Reichweite seiner Klage beschränkt hat**.

Soweit der **Klageantrag keine Angaben zur territorialen Reichweite** enthält, ist nach der **6.1** Rechtsprechung des BGH im Zweifel davon auszugehen, dass die Klägerin die Ansprüche aus einer Unionsmarke entsprechend der Reichweite der Unionsmarke unionsweit geltend macht (vgl. zur GGV BGH GRUR 2012, 1253 Rn. 46 – Gartenpavillon). Dies gilt jedenfalls dann, wenn ein Unionsmarkengericht mit unionsweiter Entscheidungsbefugnis angerufen wurde (Art. 97 f.). Anderes gilt hingegen, wenn die Klage im Tatortgerichtstand des Art. 97 Abs. 5 erhoben wird (ohne dass zugleich einer der Tatbestände des Art. 97 Abs. 1–4 vorliegt), weil das hiernach zuständige Unionsmarkengericht nach Art. 98 Abs. 2 nur für die Handlungen entscheidungsbefugt ist, die im Forum-Staat begangen worden sind oder drohen (→ Art. 98 Rn. 5).

Für den Fall, dass die Ansprüche territorial beschränkt verfolgt werden sollen, empfiehlt es sich, **6.2** diese territoriale Beschränkung ausdrücklich in die Anträge mit aufzunehmen. Besondere **Vorsicht bei der Antragsfassung** ist dann geboten, wenn der **Unterlassungsanspruch unionsweit, die Folgeansprüche jedoch nur territorial beschränkt** geltend gemacht werden sollen. Für diesen Fall verbietet sich die sonst übliche schlichte Bezugnahme auf den Unterlassungsantrag. Vielmehr muss **ausdrücklich die territoriale Beschränkung aufgenommen werden** (vgl. zur GGV BGH GRUR 2012, 1253 Rn. 46 – Gartenpavillion).

Ferner ist das Verbot territorial zu beschränken, wenn das Unionsmarkengericht feststellt, **7** dass die **Handlungen, die eine Unionsmarke verletzen oder zu verletzen drohen, sich auf einen Mitgliedstaat oder einen Teil des Gebiets der Union beschränken**, weil der Beklagte den Beweis erbringt, dass die Benutzung des fraglichen Zeichens insbesondere aus sprachlichen Gründen die Funktionen der Marke nicht beeinträchtigt oder nicht beeinträchtigen kann (vgl. EuGH GRUR Int 2011, 514 Rn. 48 – DHL/Chronopost). Danach muss nicht der Kläger zur Begründung eines unionsweiten Unterlassungsgebots darlegen, dass in jedem Mitgliedstaat der Union Verwechslungsgefahr besteht, sondern vielmehr **muss der Beklagte die Ausnahme darlegen und beweisen, dass das Verbot territorial auf Teile der Gemeinschaft zu beschränken ist** (vgl. Sosnitza GRUR 2011, 465 (469); SBK/Knaak Rn. 191; Generalanwalt Cruz Villalón Schlussanträge BeckRS 2010, 91179 Rn. 38 – DHL/Chronopost).

Die Frage, ob das angerufene Unionsmarkengericht, das eine Unionsmarkenverletzung aufgrund **7.1** Verwechslungsgefahr in einem Mitgliedstaat festgestellt hat, das Unterlassungsgebot dann territorial einschränken muss, wenn in einzelnen anderen Mitgliedstaaten keine Verwechslungsgefahr besteht, etwa aufgrund sprachlicher Unterschiede, geringerer Kennzeichnungskraft wegen beschreibender Anklänge oder abweichender Verkehrsauffassung, war bis zur Entscheidung des EuGH „DHL/Chronopost" umstritten (vgl. zur diesbezüglichen Diskussion v. Mühlendahl/Ohlgart § 6 Rn. 3–7; Knaak GRUR 2001, 21 f.; SBK/Knaak Rn. 192, 193 ff.; Rohnke GRUR Int 2002, 979 (983 ff.); Hye-Knudsen/Schafft MarkenR 2004, 209; Hoffrichter-Daunicht Mitt 2008, 449 (453)). Das OLG Hamburg (GRUR-RR 2005, 251 (255) – The Home Depot/Bauhaus The Home Store) war bereits davon ausgegangen, dass ein solcher Ausnahmefall jedenfalls vom Beklagten vorzutragen sei. Erfolge dies nicht, bedürfe es seitens des Gerichts hierzu keiner Entscheidung (vgl. auch Knaak GRUR 2001, 21 f.). Dies wird nun durch die Entscheidung des EuGH bestätigt, wonach der **Beklagte die Darlegungs- und Beweislast dafür trägt, dass die Funktionen der Marke nicht beeinträchtigt sind**.

Spricht das Unionsmarkengericht ein Verbot aus, das sich auf das Gebiet der gesamten **8** Union bzw. auf andere Mitgliedstaaten als den Forum-Staat erstreckt, so sind die anderen Mitgliedstaaten nach Art. 94 iVm Art. 36 Abs. 1 Brüssel Ia-VO grundsätzlich zur **Anerkennung und Vollstreckung der gerichtlichen Entscheidung verpflichtet** und verleihen ihr damit eine grenzüberschreitende Reichweite (vgl. EuGH GRUR Int 2011, 514 Rn. 49 – DHL/Chronopost). Ungeklärt sind allerdings die Einzelheiten der Zuständigkeit für Anordnung und Vollstreckung von Zwangsmaßnahmen bei grenzüberschreitenden Urteilen (vgl. Sosnitza GRUR 2011, 465 (470); Kochendörfer GRUR-Prax 2010, 503).

II. Besondere entgegenstehende Gründe

Abs. 1 stellt das Unterlassungsgebot unter den Vorbehalt besonderer entgegenstehender **9** Gründe. Der EuGH hat in der Vorlagenentscheidung „Nokia/Wärdell" (GRUR 2007, 228

Rn. 26 f.) klargestellt, dass die Durchsetzung des Verbots der Verletzung einer Unionsmarke für deren Schutz grundlegend ist. Der **Begriff der besonderen Gründe sei innerhalb der Unionsrechtsordnung einheitlich und eng auszulegen.** Weder stelle eine nicht offensichtliche oder nur begrenzte Wiederholungsgefahr einen besonderen Grund dar, dem Verletzer die Fortsetzung der Handlungen nicht zu verbieten, noch könnten nationale Regelungen, die ein generelles Verbot der Unionsmarkenverletzung enthalten und die Möglichkeit der strafrechtlichen Ahndung vorsehen, einen solchen besonderen Grund darstellen. Das **Unionsmarkengericht ist demnach grundsätzlich verpflichtet,** ein Verbot auszusprechen und darf die Entscheidung hierüber nicht von der eigenen Prognose eines Fortsetzungsrisikos abhängig machen oder hiervon aufgrund nationaler, die Verletzung der Unionsmarke untersagender oder strafrechtlich ahnender Vorschriften absehen (vgl. Eisenführ/Schennen/Eisenführ/Overhage Rn. 11).

10 Der **EuGH** hat auf das Vorabentscheidungsersuchen des BGH zur GGV „Gartenpavillon" (BGH GRUR 2012, 1253 Rn. 39 f.) in der **Entscheidung „Gautzsch"** (GRUR 2014, 368 Rn. 48) festgestellt, dass sich der **Begriff der „guten Gründe"** iSv Art. 89 GGV auf im Einzelfall gegebene **Umstände tatsächlicher Art** und nicht auf Rechtsbegriffe bezieht. Daher sind von der Schranke der besonderen Gründe im Sinne von Abs. 1 Satz 1 die **Verjährung und die Verwirkung** (→ Art. 101 Rn. 10) **nicht umfasst.** Gleiches dürfte für den **Rechtsmissbrauchseinwand** gelten.

10.1 Der BGH hatte in seinem Vorabentscheidungsersuchen zu Art. 89 Abs. 1 Buchst. a GGV (vgl. BGH GRUR 2012, 1253 Rn. 40 – Gartenpavillon) die Frage, ob der Unterlassungsanspruch wegen Verletzung eines nicht eingetragenen Gemeinschaftsgeschmacksmusters der Verjährung und der Verwirkung unterliegt und ob es sich um „besondere entgegenstehenden Gründe" handelt, die nicht nach dem jeweiligen nationalen Recht, sondern innerhalb der Union einheitlich zu beantworten sind, befürwortet. Dem ist der EuGH in der Entscheidung „Gautzsch" nicht gefolgt.

11 Ein besonderer Grund, der einem Verbot entgegensteht, könnte auch dann vorliegen, wenn zukünftige Handlungen die Unionsmarke nicht mehr verletzen können, weil diese gelöscht ist (vgl. Eisenführ/Schennen/Eisenführ/Overhage Rn. 11). Der **EuGH** hat in der auf ein Vorabentscheidungsersuchen ergangenen **Entscheidung „Nikolajeva"** (EuGH GRUR 2016, 931 Rn. 32 f.) festgestellt, dass der Umstand, dass sich der Inhaber einer Unionsmarke in seiner Klage beim Unionsmarkengericht darauf beschränkt hat, die Feststellung einer Verletzungshandlung zu beantragen, nicht aber beantragt hat, deren Beendigung anzuordnen, nicht als „besonderer Grund" iSv Art. 102 Abs. 1 qualifiziert werden kann. Der **Begriff des „besonderen Grundes"** beziehe sich nämlich nur auf **außergewöhnliche Umstände,** in denen das Unionsmarkengericht im Hinblick auf die spezifischen Besonderheiten des dem Dritten vorgeworfenen Verhaltens, insbesondere auf den Umstand, dass diesem die **Fortsetzung der ihm zur Last gelegten Handlungen,** die eine Unionsmarke verletzen oder zu verletzen drohen, **nicht möglich ist,** nicht verpflichtet ist, eine Anordnung zu treffen, mit der einem Dritten die Fortsetzung derartiger Handlungen verboten wird, auch wenn der Markeninhaber einen entsprechenden Antrag gestellt hat.

III. Maßnahmen zur Einhaltung des Unterlassungsgebots

12 Nach Abs. 1 S. 2 hat das Unionsmarkengericht nach Maßgabe seines innerstaatlichen Rechts die erforderlichen Maßnahmen zu treffen, um sicherzustellen, dass das Verbot befolgt wird. Es handelt sich um einen Verweis auf die verfahrensrechtlichen Vorschriften des Forum-Staates und somit um eine lex specialis zu Art. 101 Abs. 3. Abs. 2 findet auf diese Zwangsmaßnahmen keine Anwendung (vgl. EuGH GRUR Int 2011, 514 Rn. 30 – DHL/Chronopost). In Deutschland erfolgt dies durch die **Androhung der in § 890 ZPO vorgesehenen Ordnungsmittel.** Ungeklärt sind allerdings die **Einzelheiten der Zuständigkeit** für Anordnung und Vollstreckung von Zwangsmaßnahmen bei grenzüberschreitenden Urteilen (vgl. Sosnitza GRUR 2011, 465 (470); Kochendörfer GRUR-Prax 2010, 503).

12.1 Nach den Ausführungen des Generalanwalts Cruz Villalón in seinen Schlussanträgen in dem Verfahren „DHL/Chronopost" (BeckRS 2010, 91179 Rn. 53 ff.) erstrecken sich die von einem Unionsmarkengericht zur Durchsetzung des Verbots angeordneten Zwangsmaßnahmen auf das Gebiet, in dem die Verletzung festgestellt und folglich ein Verbot angeordnet worden sei. Grundsätzlich sei hierfür nach

Art. 102 Abs. 1 S. 2 das „innerstaatliche Recht" des Forum-Staates maßgeblich. Allerdings könne das Zwangsgeldverfahren drei verschiedene Abschnitte haben, von denen jeder einer getrennten Regelung unterliegt, die aber untereinander verbunden sind, nämlich die Androhung des Zwangsgelds, seine Festsetzung und seine Vollstreckung (Schlussanträge Generalanwalt Cruz Villalón BeckRS 2010, 91179 Rn. 47). Im ersten Schritt drohe das Unionsmarkengericht das Zwangsgeld nach Maßgabe seines innerstaatlichen Rechts an (Schlussanträge Generalanwalt Cruz Villalón BeckRS 2010, 91179 Rn. 63). Die Tatsache, dass ein Unionsmarkengericht ein Zwangsgeld verhänge, impliziere jedoch nicht notwendig, dass dasselbe Gericht es auch festsetzen und vollstrecken müsse (Schlussanträge Generalanwalt Cruz Villalón BeckRS 2010, 91179 Rn. 64). Liege eine Verletzung des Verbots in einem anderen Mitgliedstaat als dem des Gerichtsstands vor, so müssten die Festsetzung und die Vollstreckung in dem Staat erfolgen, in dem die Verletzung begangen wurde. Das Gericht habe dabei die Bestimmungen über die Anerkennung der Brüssel I-VO anzuwenden, wonach es zur Anerkennung der Wirkungen der vom Unionsmarkengericht ausgesprochenen Zwangsgeldandrohung verpflichtet sei (Schlussanträge Generalanwalt Cruz Villalón BeckRS 2010, 91179 Rn. 65).

Dies überzeugt nicht. Art. 102 Abs. 1 S. 2 verweist insgesamt hinsichtlich der Zwangsmaßnahmen auf das Recht des Forum-Staates und differenziert nicht nach den einzelnen Schritten der zur Durchsetzung des Verbots erforderlichen Maßnahmen. Sowohl die Androhung, als auch die Festsetzung des Ordnungsgeldes sind daher durch das Gericht vorzunehmen, welches das Verbot erlassen hat. Die Vollstreckung des festgesetzten Ordnungsgeldes im Ausland richtet sich nach der Brüssel I-VO vgl. EuGH BeckRS 2011, 81506 – Realchemie Nederland BV/Bayer CropScience AG; BGH GRUR 2010, 662 – Ordnungsmittelbeschluss; Weiß GRUR-Prax 2011, 502). **12.2**

Der **EuGH** hat in der **Vorlagenentscheidung „Nokia/Wärdell"** (GRUR 2007, 228 Rn. 26 f.) klargestellt, dass **Abs. 1 S. 2 zwingenden Charakter** hat (vgl. EuGH GRUR Int 2011, 514 Rn. 53 – DHL/Chronopost). Das Unionsmarkengericht ist, sobald es die Fortsetzung der Handlungen verboten hat, verpflichtet, unter den nach dem nationalen Recht des Forum-Staates vorgesehenen Maßnahmen diejenigen zu treffen, die erforderlich sind, um eine Befolgung des Verbots sicherzustellen. Von der Anordnung solcher Maßnahmen darf das Unionsmarkengericht auch dann nicht absehen, wenn die nationalen Vorschriften des Forum-Staates ein generelles Verbot der Verletzung von Unionsmarken und eine strafrechtliche Ahndung vorsehen. **13**

Eine Zwangsmaßnahme, die das Unionsmarkengericht trifft, um sicherzustellen, dass das Verbot, welches sich auf das gesamte Gebiet der Gemeinschaft bzw. auf andere Mitgliedstaaten als den Forum-Staat erstreckt, befolgt wird, entfaltet unter den in Kapitel III der **Brüssel Ia-VO** (Art. 36 ff. VO (EU) Nr. 1215/2012; → Art. 94 Rn. 1; bis 15.1.2015: Brüssel I-VO) vorgesehenen Bedingungen **über den Forum-Staat hinaus in anderen Mitgliedstaaten,** auf die sich die territoriale Reichweite des Verbotes erstreckt, Wirkung (vgl. EuGH GRUR Int 2011, 514 Rn. 59 – DHL/Chronopost). Die Gerichte der Mitgliedstaaten haben nach dem in Art. 4 Abs. 3 S. 2 EUV niedergelegten **Grundsatzes der loyalen Zusammenarbeit** den Schutz der Rechte zu gewährleisten, die den Einzelnen aus dem Unionsrecht erwachsen (vgl. EuGH GRUR Int 2011, 514 Rn. 59 – DHL/Chronopost; NJW 2007, 3555 Rn. 38 – Unibet mwN). Sieht das nationale Recht eines dieser anderen Mitgliedstaaten keine Zwangsmaßnahme vor, die der vom dem Unionsmarkengericht angeordneten ähnlich ist, so hat das zuständige Gericht des betreffenden Mitgliedstaats das mit dieser Zwangsmaßnahme verfolgte Ziel zu erreichen, indem es diejenigen einschlägigen Bestimmungen seiner nationalen Rechtsordnung heranzieht, die die **Befolgung des Verbots in gleichwertiger Weise zu gewährleisten vermögen** (vgl. EuGH GRUR Int 2011, 514 Rn. 59 – DHL/Chronopost). Eine von einem Unionsmarkengericht angeordnete Zwangsmaßnahme entfaltet daher über den Staat hinaus, dem es angehört, in anderen Mitgliedstaaten Wirkung. **14**

C. Sonstige Sanktionen (Abs. 2)

Über die in Abs. 1 S. 1 ausdrücklich geregelte Sanktion des gerichtlichen Verbots der Fortsetzung der Verletzungshandlungen hinaus, enthält die UMV keine autonomen Regelungen zu weiteren Sanktionen. Nach Abs. 2 kann das Unionsmarkengericht als „weitere Sanktionen" die **ihm im jeweiligen Einzelfall zweckmäßig erscheinenden Maßnahmen** ergreifen **oder Anordnungen** treffen, die **das anwendbare Recht vorsieht. Ob dem Unionsmarkengericht** in Abs. 2 tatsächlich ein **umfassendes Ermessen eingeräumt** wird **oder ob dieses** wie bei der Ausnahmeregelung in Abs. 1 **eng auszulegen ist,** **15** wird letztlich durch die Rechtsprechung zu klären sein. Da vorrangig die UMV anwendbar ist, dürfte es sich bei Abs. 2 um einen **Verweis auf Art. 101 als zentraler Verweisungsnorm** und die dort enthaltenen Verweisungsvorschriften für materielle und verfahrensrechtliche Fragen handeln, die nicht in der UMV selbst geregelt sind (→ Art. 101 Rn. 5 ff.; vgl. Hasselblatt/Menebröcker/Stier Rn. 19).

16   Bei **grenzüberschreitenden Verletzungen** ist für die Bestimmung des anwendbaren Rechts für nicht in der UMV geregelte **materielle Rechtsfragen Art. 8 Abs. 2 Rom II-VO** maßgeblich mit den sich daraus ergebenen Rechtsfragen bei **„Multi-State"-Verletzungen** (im Einzelnen → Art. 101 Rn. 13).

16.1   Infolge der unterschiedlichen Anknüpfungen in Art. 101 Abs. 2 und Art. 102 Abs. 2 für materiellrechtliche Regelungslücken auf der einen und Art. 101 Abs. 3 für verfahrensrechtliche Regelungslücken auf der anderen Seite können bei der verfahrensrechtlichen Behandlung und der materiell-rechtlichen Beurteilung sowie der Verhängung der Sanktionen unterschiedliche nationale Rechtsordnungen zur Anwendung kommen (vgl. Eisenführ/Schennen/Eisenführ/Overhage Rn. 16).

17   Zu den sonstigen Sanktionen nach Abs. 2 im Fall der Verletzung einer Unionsmarke zählen **Maßnahmen zur Beweissicherung,** wie die **Beschlagnahme, Vorlage und Besichtigung** (vgl. Art. 7 RL 2004/48/EG des europäischen Parlaments und des Rates vom 29.4.2004 zur Durchsetzung der Rechte des geistigen Eigentums), sowie **Abhilfemaßnahmen,** wie der **Rückruf, die endgültige Entfernung aus den Vertriebswegen und Vernichtung** (vgl. Art. 10 RL 2004/48/EG).

18   Die weiteren Annexansprüche auf **Auskunftserteilung, Rechnungslegung und Schadensersatz gehören** nach der Rechtsprechung des EuGH (GRUR 2014, 368 Rn. 53, 54 – Gautzsch/Duna, zu Art. 89 Abs. 1 GGV) **nicht zu den Sanktionen iSv Art. 102.** Dem ist nach diesseitiger Ansicht **im Hinblick auf den Regelungszweck des Art. 102** zuzustimmen. So zielt **Art. 102 auf die Unterbindung weiterer Verletzungen durch den Beklagten ab.** Hierzu hat das Gericht ein Verbot auszusprechen und kann weitere ihm im jeweiligen Einzelfall zweckmäßig erscheinenden Maßnahmen ergreifen oder Anordnungen treffen. Demgegenüber dienen Auskunfts-, Rechnungslegungs- und Schadensersatzansprüche nicht der Unterbindung weiterer Verletzungen durch den Beklagten, sondern dem Schadensausgleich wegen zurückliegender Handlungen bzw. im Hinblick auf den Drittauskunftsanspruch der Ermittlung etwaiger weiterer Verletzer. Der **Begriff der „Sanktionen" iSv Art. 102 ist daher autonom auszulegen** und nicht mit dem in den Mitgliedstaaten verwendeten Begriff der „Sanktionen", wie etwa in Deutschland im Sinne sämtlicher Verletzungsansprüche, gleichzusetzen. Die Ansprüche auf **Auskunftserteilung, Rechnungslegung und Schadensersatz stehen daher nicht im** nach Art. 102 Abs. 2 dem Unionsmarkengericht eingeräumten **Ermessen,** sondern **für diese gilt Art. 101 Abs. 2 unmittelbar** (→ Art. 101 Rn. 11). Gleiches dürfte für den **Anspruch auf Urteilsveröffentlichung** gelten.

19   Im Bereich der Sanktionen und weiteren Annexansprüche ist durch die RL 2004/48/EG vom 29.4.2004 zur Durchsetzung der Rechte des geistigen Eigentums **(„Durchsetzungsrichtlinie")** eine Harmonisierung eingetreten. Es handelt sich jedoch nur um eine Mindestharmonisierung, dh die Mitgliedstaaten dürfen über die mindestens zu gewährenden Rechte hinaus weitere Rechte einräumen. Die nationalen Rechtsordnungen der Mitgliedstaaten werden daher auch künftig unterschiedliche Regelungen hinsichtlich der Sanktionen und Annexansprüche enthalten (vgl. Max Planck Institut für Immaterialgüter- und Wettbewerbsrecht, Study on the Overall Functioning of the European Trade Mark System, 15.2.2011 (MPI-Studie), 160, Rn. 3.148).

20   **Zur Vereinfachung der Ermittlung des ausländischen nationalen Rechts der Mitgliedstaaten** wird teilweise befürwortet, die **Mindeststandards der Durchsetzungsrichtlinie** (RL 2004/48/EG des Europäischen Parlaments und des Rates vom 29.4.2004 zur Durchsetzung der Rechte des geistigen Eigentums) **zugrunde zu legen,** wonach die Mitgliedstaaten verpflichtet sind, in ihrem nationalen Recht unter anderem Regelungen über den selbstständigen Auskunftsanspruch (Art. 8 RL 2004/48/EG), Schadensersatz (Art. 13 RL 2004/48/EG) sowie Rückruf, Entfernung aus den Vertriebswegen und Vernichtung (Art. 10 RL 2004/48/EG) vorzusehen (im Einzelnen → Art. 101 Rn. 21.1; vgl. OLG Frankfurt GRUR-RR 2012, 473 – Joop!; Kur GRUR Int 2014, 749 (759); s. auch **Bericht**

der **Kommission** an den Rat, das Europäische Parlament, den europäischen Wirtschafts- und Sozialausschuss und den Ausschuss der Regionen, KOM (2010), 779 endg., wonach die **Mindestanforderungen der Durchsetzungsrichtlinie** RL 2004/48/EG durch die Gesetzgebung aller Mitgliedsländer **erfüllt werden**).

Art. 103 Einstweilige Maßnahmen einschließlich Sicherungsmaßnahmen

(1) Bei den Gerichten eines Mitgliedstaats – einschließlich der Unionsmarkengerichte – können in Bezug auf eine Unionsmarke oder die Anmeldung einer Unionsmarke alle einstweiligen Maßnahmen einschließlich Sicherungsmaßnahmen beantragt werden, die in dem Recht dieses Staates für eine nationale Marke vorgesehen sind, auch wenn für die Entscheidung in der Hauptsache aufgrund dieser Verordnung ein Unionsmarkengericht eines anderen Mitgliedstaats zuständig ist.

(2) ¹Ein Unionsmarkengericht, dessen Zuständigkeit auf Artikel 97 Absätze 1, 2, 3 oder 4 beruht, kann einstweilige Maßnahmen einschließlich Sicherungsmaßnahmen anordnen, die vorbehaltlich des gegebenenfalls gemäß Titel III der Verordnung (EG) Nr. 44/2001 erforderlichen Anerkennungs- und Vollstreckungsverfahrens in einem jeden Mitgliedstaat anwendbar sind. ²Hierfür ist kein anderes Gericht zuständig.

Überblick

Einstweilige Maßnahmen können – vorbehaltlich der nationalen Zuständigkeitsregelungen für Markenstreitsachen – vor jedem nationalen Gericht beantragt werden (→ Rn. 2). Einstweilige Anordnungen können aufgrund einer veröffentlichten Unionsmarkenanmeldung sowie einer Unionsmarke ergehen (→ Rn. 1). Die territoriale Reichweite einer einstweiligen Maßnahme richtet sich danach, welches Gericht angerufen wird (→ Rn. 6 ff.). Einstweilige Maßnahmen, die von einem Nicht-Unionsmarkengericht oder einem Unionsmarkengericht, dessen Zuständigkeit nach Art. 97 Abs. 5 (Gerichtsstand der unerlaubten Handlung) begründet ist, angeordnet werden, entfalten ausschließlich Wirkung für das Territorium des betreffenden Mitgliedstaates, in dem das angerufenen Gericht seinen Sitz hat (→ Rn. 7). Einstweilige Maßnahmen, die in einem jeden Mitgliedstaat anwendbar sind, können ausschließlich durch ein Unionsmarkengericht angeordnet werden, dessen Zuständigkeit nach Art. 97 Abs. 1–4 begründet ist (→ Rn. 8).

Übersicht

	Rn.		Rn.
A. Schutzgegenstand	1	I. Mehrere national beschränkte Anträge	13
B. Zuständiges Gericht	2	II. Antrag nach Art. 103 Abs. 2 und national beschränkte Anträge	15
C. Territoriale Reichweite	6		
I. Nationale Anordnungen	7	E. Einstweilige Maßnahmen	18
II. Unionsweite Anordnungen	8	I. Unterlassungsanspruch	21
1. Unionsmarkengericht mit Sitzzuständigkeit nach Art. 97 Abs. 1–4	8	II. Auskunft	26
2. Vorbehalt des Anerkennungs- und Vollstreckungsverfahrens nach der Brüssel Ia-VO	11	III. Schadensersatz, Entschädigung und Kostenerstattung	28
D. Anträge vor Gerichten mehrerer Mitgliedstaaten	13	IV. Vernichtung	31
		V. Beweissicherung	34

A. Schutzgegenstand

Einstweilige Maßnahmen einschließlich Sicherungsmaßnahmen können sowohl in Bezug 1 auf Unionsmarken, als auch Unionsmarkenanmeldungen erlassen werden (Tribunale di Modena Verfügung v. 9.7.1997 – Spice Girls; Eisenführ/Schennen/Eisenführ/Overhage Rn. 2; HK-MarkenR/v. Kapff Art. 99 Rn. 18; Schafft WRP 2005, 986; Schaper, Durchsetzung der Gemeinschaftsmarke, 2006, 221, 222; Bumiller, Durchsetzung der europäischen

Gemeinschaftsmarke in der Europäischen Union, 1997, 58; Mühlendahl/Ohlgart/v. Bomhard S. 52; aA Ingerl/Rohnke MarkenG § 125e Rn. 37). **Ungeklärt ist, ob aus einer Unionsmarkenanmeldung auch Unterlassungsverfügungen ergehen können** (→ Rn. 25) und ob die Unionsmarkenanmeldung als Grundlage für einstweilige Maßnahmen bereits veröffentlicht sein muss. Dies dürfte der Fall sein, da nur aus einer veröffentlichten Unionsmarkenanmeldung Dritten gegenüber Ansprüche erhoben werden können, die auf eine angemessene Entschädigung nach Art. 9b Abs. 2 beschränkt sind (aA Eisenführ/Schennen/Eisenführ/Overhage Rn. 2; → Rn. 25)

1.1 Eine **Unionsmarkenanmeldung** verleiht dem Anmelder bereits eine beschränkte Rechtsposition. Nach Art. 8 Abs. 2 lit. b kann aus einer Unionsmarkenanmeldung Widerspruch eingelegt werden. Art. 9b Abs. 2 S. 2 gewährt dem Anmelder nach Veröffentlichung seiner Unionsmarkenanmeldung einen Entschädigungsanspruch für Handlungen, die nach Veröffentlichung der Eintragung der Unionsmarke verboten wären.

B. Zuständiges Gericht

2 Anders als für Klagen und Widerklagen nach Art. 96 (→ Art. 96 Rn. 5; → Art. 96 Rn. 18) sind **für einstweilige Maßnahmen einschließlich Sicherungsmaßnahmen nach Abs. 1 alle nationalen Gerichte der Mitgliedstaaten,** vorbehaltlich deren nationaler Zuständigkeitsregelungen für Markenstreitsachen, **einschließlich der Unionsmarkengerichte zuständig.**

3 **Ungeklärt ist, ob Art. 103 Abs. 1** neben der internationalen Zuständigkeit **auch die sachliche Zuständigkeit der nationalen Gerichte** innerhalb eines Mitgliedstaates **regelt** oder ob hierfür über Art. 101 Abs. 3 das jeweilige nationale Verfahrensrecht Anwendung findet, in Deutschland die §§ 937 Abs. 1, 943 Abs. 1, 802 ZPO, wonach für einstweilige Verfügungen nur die in der Hauptsache zuständigen Gerichte zuständig sind. In Deutschland hat dies Relevanz für die Frage, ob für den Erlass einer einstweiligen Verfügung nach Art. 103 nur die auch in der Hauptsache zuständigen Unionsmarkengerichte oder daneben alle nationalen Markengerichte sachlich zuständig sind.

3.1 Nach der **wohl hM** in der deutschen Literatur und nach Auffassung des OLG Köln zur parallelen Vorschrift in der GGV (vgl. OLG Köln BeckRS 2012, 19761; Ströbele/Hacker/Kober-Dehm MarkenG § 125e Rn. 4; Ingerl/Rohnke MarkenG § 125e Rn. 18; Fayaz GRUR Int 2009, 459 (469); zur GGV auch Eichmann/v. Falckenstein/Eichmann DesignG § 52 Rn. 8, DesignG § 63 Rn. 3) **regelt Art. 103 Abs. 1 auch die sachliche Zuständigkeit der nationalen Markengerichte,** so dass für den Erlass einstweiliger Verfügungen nicht nur die Unionsmarkengerichte, sondern daneben alle nationalen Markengerichte zuständig sind. Nach **anderer Ansicht** (vgl. Menebröcker/Stier WRP 2012, 885 (890); zur GGV Ruhl GGV Art. 88 Rn. 26) **regelt Art. 103 Abs. 1 nur die internationale Zuständigkeit.** Für die Frage der sachlichen Zuständigkeit innerhalb eines Mitgliedstaates sei über Art. 101 Abs. 3 das jeweilige nationale Verfahrensrecht anzuwenden. Hiernach wären in Deutschland aufgrund der §§ 937 Abs. 1, 943 Abs. 1, 802 ZPO nur die Gerichte der Hauptsache, dh die Unionsmarkengerichte, für einstweilige Verfügungen nach Art. 103 zuständig (vgl. Menebröcker/Stier WRP 2012, 885 (890); zur GGV Ruhl GGV Art. 88 Rn. 26).

4 Unbeachtlich ist, ob für die Entscheidung in der Hauptsache ein Unionsmarkengericht eines anderen Mitgliedstaates zuständig ist. Der Inhaber einer Unionsmarke oder einer Unionsmarkenanmeldung kann somit in einem jeden Mitgliedstaat, in dem eine Verletzungshandlung begangen wurde oder droht, jedes national zuständige Gericht zum Zwecke der Anordnung einstweiliger Maßnahmen anrufen.

5 Jedoch sind nach Art. 103 Abs. 2 für die Anordnung von einstweiligen Maßnahmen einschließlich Sicherungsmaßnahmen, die auch im Territorium anderer Mitgliedstaaten anwendbar sind, ausschließlich die nach Art. 97 Abs. 1–4 zuständigen Unionsmarkengerichte zuständig.

C. Territoriale Reichweite

6 Die territoriale Reichweite einer einstweiligen Maßnahme nach Art. 103 **richtet sich danach, welches Gericht angerufen wird.**

I. Nationale Anordnungen

Handelt es sich bei dem angerufenen **Gericht nicht um ein Unionsmarkengericht** 7
oder lediglich um ein Unionsmarkengericht, dessen **Zuständigkeit nach Art. 97 Abs. 5**
am Ort der unerlaubten Handlung begründet ist, so ist die territoriale Reichweite von
einstweiligen Maßnahmen dieses Gerichts auf den Mitgliedstaat beschränkt, in dem es seinen
Sitz hat.

II. Unionsweite Anordnungen

1. Unionsmarkengericht mit Sitzzuständigkeit nach Art. 97 Abs. 1–4

Handelt es sich bei dem angerufenen **Gericht um ein Unionsmarkengericht, dessen** 8
Zuständigkeit auf Art. 97 Abs. 1–4 beruht, so kann dieses einstweilige Maßnahmen
einschließlich Sicherungsmaßnahmen anordnen, die **vorbehaltlich der von der Brüssel
Ia-VO geforderten Anerkennungs- und Vollstreckungsverfahren** in einem jeden Mitgliedstaat anwendbar sind.

Der Inhaber einer Unionsmarke oder einer Unionsmarkenanmeldung kann bei einem 9
Unionsmarkengericht, dessen Zuständigkeit auf Art. 97 Abs. 1–4 beruht, zentral einstweilige
Maßnahmen für das Gebiet eines jeden Mitgliedstaates, in dem Verletzungshandlungen
begangen werden oder drohen, erwirken. Sofern Verletzungshandlungen im Gebiet der
gesamten Gemeinschaft begangen werden oder drohen, kann sich die Anordnung der einstweiligen Maßnahmen auf das gesamte Territorium der Europäischen Union erstrecken.

Die Entscheidung eines nach Abs. 2 zuständigen Unionsmarkengerichts wirkt nicht zwin- 10
gend unionsweit. Der Inhaber einer Unionsmarke oder einer Unionsmarkenanmeldung kann
seinen Antrag vor einem nach Abs. 2 zuständigen Unionsmarkengericht auf das Territorium
einzelner, von ihm ausgewählter Mitgliedstaaten beschränken. Das Unionsmarkengericht ist
in diesem Fall an einen territorial beschränkten Antrag gebunden.

2. Vorbehalt des Anerkennungs- und Vollstreckungsverfahrens nach der Brüssel Ia-VO

Abs. 2 stellt die **unionsweite Wirkung** der einstweiligen Maßnahmen des Unionsmar- 11
kengerichts **unter den Vorbehalt der Anerkennungs- und Vollstreckungsvorschriften
der Brüssel Ia-VO** (VO (EU) Nr. 1215/2012; bis 15.1.2015 Brüssel I-VO; → Art. 94
Rn. 1 f.). Die Anerkennung und Vollstreckung sind in Art. 36 ff. Brüssel Ia-VO geregelt. Für
die Anerkennung unionsweit wirkender einstweiliger Verfügungen ist vor allem **Art. 45
Abs. 1 Buchst. b Brüssel Ia-VO zu beachten,** wonach einstweilige Verfügungen, die als
Beschluss, dh ohne mündliche Verhandlung, erlassen worden sind, nicht anerkannt werden,
es sei denn der Beklagte hat keinen Widerspruch eingelegt, obwohl er die Möglichkeit
dazu hatte. In der „Denilauler"-Entscheidung (EuGH BeckEuRS 1980, 82557 – Bernard
Denilauler/SNC Couchet Frères) hat der EuGH (noch zum EuGVÜ) festgestellt, dass die
Voraussetzungen für die Anerkennung bzw. Vollstreckung gemäß Titel III der Brüssel Ia-
VO dann nicht erfüllt sind, wenn der Entscheidung kein kontradiktorisches Verfahren vorausgegangen, dh der Antragsgegner nicht geladen worden ist oder die Vollstreckung ohne vorherige Zustellung an ihn erfolgen soll. Solche gerichtlichen Entscheidungen können nicht nach
dem in Titel III der Brüssel Ia-VO vorgesehenen Verfahren anerkannt und vollstreckt werden
(vgl. OLG Zweibrücken BeckRS 2005, 11545).

Damit die Anerkennung außerhalb des Forum-Staates nicht mangels Vorliegens eines 12
kontradiktorischen Verfahrens scheitert, kann in einem Antrag auf Erlass einer einstweiligen
Verfügung **durch entsprechende Antragstellung** sichergestellt werden, dass die **einstweilige Verfügung nicht ohne vorherige Anhörung des Antragsgegners bzw. ohne
mündliche Verhandlung im Beschlusswege ergeht** (vgl. Koch/Samwer MarkenR 2006,
493 (503)). Will der Antragsteller auf den „Überraschungseffekt" jedoch nicht verzichten,
so bestünde auch die Möglichkeit **mehrere parallele einstweilige Verfügungen mit nur
nationaler Reichweite** in den jeweiligen Mitgliedstaaten zu beantragen.

D. Anträge vor Gerichten mehrerer Mitgliedstaaten

I. Mehrere national beschränkte Anträge

13   Der Inhaber einer Unionsmarke oder einer Unionsmarkenanmeldung kann in jedem Mitgliedstaat, in dem Verletzungshandlungen begangen werden oder drohen, jeweils auf das Territorium des betreffenden Mitgliedstaates beschränkte einstweilige Maßnahmen erwirken.

14   Erfolgt dies jedoch **vorwiegend aus sachfremden Erwägungen,** so etwa um den Verletzer mit maximalen Verfahrenskosten zu überziehen, so könnte sich diese Vorgehensweise nach Maßgabe des jeweiligen nationalen Rechts, welches nach Art. 101 Abs. 2 mangels Regelung in der UMV anwendbar ist, **unter Umständen als rechtsmissbräuchlich erweisen.**

II. Antrag nach Art. 103 Abs. 2 und national beschränkte Anträge

15   Der Inhaber einer Unionsmarke oder einer Unionsmarkenanmeldung kann die territoriale Reichweite der einstweiligen Maßnahme, die er bei einem nach Abs. 2 zuständigen Unionsmarkengericht beantragt, frei bestimmen. Er ist nicht gezwungen, den vor einem nach Abs. 2 zuständigen Unionsmarkengericht gestellten Antrag auf alle Mitgliedstaaten zu erstrecken, in denen eine Verletzungshandlung begangen worden ist oder droht. Vielmehr kann er nach seiner Wahl den **Antrag auf bestimmte Mitgliedstaaten beschränken** und für die nicht von diesem Antrag erfassten Mitgliedstaaten parallel den Erlass einstweiliger Maßnahmen von nationaler Reichweite vor den jeweiligen nationalen Gerichten – einschließlich Unionsmarkengerichte – beantragen.

16   Dem steht nicht Abs. 2 S. 2 entgegen. Dieser stellt lediglich klar, dass Nicht-Unionsmarkengerichte sowie Unionsmarkengerichte, deren Zuständigkeit auf Art. 97 Abs. 5 beruht, keine einstweiligen Maßnahmen mit Wirkung außerhalb ihres Mitgliedstaates, in dem sie ihren Sitz haben, anordnen können.

17   Eine **Beschränkung kann sich jedoch nach Maßgabe des jeweiligen nationalen Rechts aus dem Gesichtspunkt des Rechtsmissbrauchs ergeben,** wenn dem prozessualen Verhalten sachfremde Erwägungen des Antragstellers zugrunde liegen.

E. Einstweilige Maßnahmen

18   Nach Abs. 1 können in Bezug auf eine Unionsmarke oder die Anmeldung einer Unionsmarke alle einstweiligen Maßnahmen, einschließlich Sicherungsmaßnahmen beantragt werden, die in dem Recht des Mitgliedstaates, in dem das angerufene Gericht seien Sitz hat, für eine nationale Marke vorgesehen sind. **Die UMV verweist somit auf das nationale Recht der Mitgliedstaaten.** Dies umfasst sowohl das Verfahrensrecht, als auch das materielle Recht.

19   In Deutschland kommen Arrestmaßnahmen, Sicherungs-, Regelungs- und Leistungsverfügungen in Betracht. Gegenstand einstweiliger Anordnungen können Unterlassungs-, Auskunfts-, Schadensersatz-, Sequestrations-/Verwahrungs-, Vorlage- und Besichtigungsansprüche sein.

20   Gegen eine einstweilige Maßnahme kann der Antragsgegner in Deutschland nach § 924 ZPO Widerspruch einlegen, über den nach § 925 ZPO durch Urteil zu entscheiden ist.

I. Unterlassungsanspruch

21   Hinsichtlich des Unterlassungsanspruchs aus einer Unionsmarke kommt eine Regelungsverfügung nach § 940 ZPO in Betracht, durch die dem Antragsgegner bestimmte Handlungen verboten werden. Diese ergeht in Deutschland meist durch Beschluss ohne mündliche Verhandlung und stellt den Hauptanwendungsfall einstweiliger Maßnahmen in Deutschland dar.

22   **Ungeklärt ist,** ob gemäß Art. 103 **auch auf der Grundlage von Unionsmarkenanmeldungen** Unterlassungsverfügungen ggf. mit unionsweiter Wirkung erlassen werden können. **Art. 103 verweist hierzu auf das für nationale Marken geltende nationale Recht der Mitgliedstaaten.** In Deutschland können Dritte aufgrund einer deutschen Markenan-

meldung nicht im Wege der einstweiligen Verfügung auf Unterlassung in Anspruch genommen werden, da dies im nationalen deutschen Recht nicht vorgesehen ist und nach deutschem Recht aus einer Markenanmeldung keine Rechte gegen Dritte hergeleitet werden können. Anders ist dies jedoch in Italien und in Frankreich (vgl. Tribunale die Modena v. 9.7.1997 – Spice Girls; Tribunale di Verona v. 17.7.1998 – Raviolificio Bertarini/Pastificio Avesani; HK-MarkenR/v. Kapff Art. 99 Rn. 19; Schafft WRP 2005, 986 (988); Hartmann, Die Gemeinschaftsmarke im Verletzungsverfahren, 2008, 119). Dort sieht das nationale Recht die Möglichkeit vor, bereits aus noch nicht veröffentlichten Markenanmeldungen einstweilige Unterlassungsverfügungen auszusprechen. Infolge dessen wurde in der Vergangenheit bereits durch ein italienisches Gericht aufgrund einer Unionsmarkenanmeldung eine unionsweit wirkende Unterlassungsverfügung erlassen (vgl. Tribunale die Modena v. 9.7.1997 – Spice Girls; Schafft WRP 2005, 986 (988); Hartmann, Die Gemeinschaftsmarke im Verletzungsverfahren, 2008, 119). Angesichts dieses in den Mitgliedstaaten unterschiedlichen Umfangs der Schutzgewährung für eine Unionsmarkenanmeldung durch einstweilige Maßnahmen stellt sich die **Frage, ob Art. 103 im Sinne einer unionsweit einheitlichen Rechtsanwendung ausgelegt werden kann.**

Einer Literaturmeinung zufolge, können einstweilige Unterlassungsverfügungen ohne Rückgriff auf das jeweilige nationale Recht in allen Mitgliedstaaten allein aufgrund von Art. 103 ergehen (vgl. Schafft WRP 2005, 986 (989 ff.)). Dies folge aus dem Wortlaut des Art. 103. Hiernach sei der Verweis auf die einstweiligen Maßnahmen, die in dem Recht des Mitgliedstaates für eine nationale Marke vorgesehen sind, dahingehend zu verstehen, dass all diejenigen Maßnahmen, die im Hinblick auf nationale Marken ergehen können, durch Art. 103 auch auf Unionsmarkenanmeldungen für anwendbar erklärt werden. Dies umfasse auch Unterlassungsverfügungen. 23

Nach anderer Ansicht können Unterlassungsverfügungen aus einer Unionsmarkenanmeldung nicht direkt aus der UMV abgeleitet, sondern allenfalls nur auf das jeweilige nationale Recht gestützt werden (vgl. Hartmann, Die Gemeinschaftsmarke im Verletzungsverfahren, 2008, 123). Dies folge zum einen aus dem klaren Wortlaut des Art. 9 Abs. 3 S. 1 und der systematischen Stellung des Art. 103, wonach dieser keine materiellen Ansprüche regelt. 24

Gegen die Möglichkeit aufgrund einer Unionsmarkenanmeldung eine Unterlassungsverfügung zu erwirken, spricht, dass gemäß Art. 9b Abs. 1 (→ Art. 9b Rn. 1) aus einer Unionsmarkenanmeldung Dritten gegenüber noch keine Rechte entgegengehalten werden können. **Vielmehr besteht nur ein Anspruch auf angemessene Entschädigung** (vgl. SBK/Knaak Rn. 251; Bumiller, Durchsetzung der europäischen Gemeinschaftsmarke in der Europäischen Union, 1997, 58; Die Gemeinschaftsmarke im Verletzungsverfahren, 2008, 123 ff.) Dieser kann durch eine einstweilige Verfügung gesichert werden (vgl. Bumiller, Durchsetzung der europäischen Gemeinschaftsmarke in der Europäischen Union, 1997, 58; → Rn. 30). Der Entschädigungsanspruch soll gerade für die ansonsten schutzfreie Zeit zwischen Veröffentlichung der Unionsmarkenanmeldung und Eintragung der Unionsmarke einen Ausgleich bieten (vgl. Hartmann, Die Gemeinschaftsmarke im Verletzungsverfahren, 2008, 124). Dessen würde es nicht bedürfen, wenn aus einer – noch nicht veröffentlichten – Unionsmarkenanmeldung im Wege der einstweiligen Verfügung bereits ein Verbotsausspruch ergehen könnte. **Art. 103 kann auch nicht weitergehende Ansprüche gewähren, als der insoweit klare Wortlaut des Art. 9b.** Dies folgt auch aus der Systematik dieser Vorschrift in der UMV. Die materiellen Ansprüche aus einer Unionsmarke bzw. Unionsmarkenanmeldung sind in Titel II, Abschnitt 2 Art. 9 ff. geregelt. Für Unionsmarkenanmeldungen enthält Art. 14 insoweit anders als für Unionsmarken keinen Verweis auf eine ergänzende Anwendung des nationalen Rechts der Mitgliedstaaten. Insoweit verbleibt es für Unionsmarkenanmeldungen bei dem Anspruch auf angemessene Entschädigung in Art. 9b Abs. 2. Angesichts dessen sind die Gerichte der Mitgliedstaaten nicht befugt, aufgrund ihres nationalen Rechts einer Unionsmarkenanmeldung weitergehenden Schutz durch Erlass eines Unterlassungsverbots zu gewähren. Der **Verweis in Art. 103** ist vielmehr dahingehend auszulegen, dass sich dieser **lediglich auf die nationalen verfahrensrechtlichen Maßnahmen bezieht,** die das nationale Gericht zur Durchsetzung der in der UMV für eine Unionsmarke oder Unionsmarkenanmeldung vorgesehenen Ansprüche anzuwenden hat. **Art. 103 ermächtigt die nationalen Gerichte darüber hinaus jedoch nicht die in der UMV für eine Unionsmarkenanmeldung vorgesehenen materiellen Ansprüche durch** 25

nationales Recht zu erweitern. Da Art. 14 für Unionsmarkenanmeldungen keinen Verweis auf eine ergänzende Anwendung des nationalen Rechts der Mitgliedstaaten enthält, ist anders als bei der Verletzung von Unionsmarken eine solche ergänzende Anwendung nationaler Regelungen, insbesondere solcher, die bereits aus Markenanmeldungen Unterlassungsansprüche im Wege des einstweiligen Rechtsschutzes gewähren, für Unionsmarkenanmeldungen verwehrt. Die durch nationale Gerichte aufgrund von Unionsmarkenanmeldungen erlassenen Unterlassungsverfügungen dürften daher mit der UMV nicht im Einklang stehen. Letztendlich wäre jedoch eine Klarstellung durch den Verordnungsgeber oder eine Auslegung durch den EuGH zu begrüßen.

II. Auskunft

26   In Fällen offensichtlicher Rechtsverletzung kann nach § 19 Abs. 7 MarkenG (→ MarkenG § 19 Rn. 41) die Verpflichtung zur Erteilung der Auskunft im Wege der einstweiligen Verfügung angeordnet werden.

27   Im Fall offensichtlich bestehender Entschädigungsansprüche nach Art. 9b Abs. 2 dürfte im Wege einer einstweiligen Verfügung analog § 19 Abs. 7 MarkenG die Anordnung zur Erteilung einer Auskunft nach § 19 MarkenG, § 242 BGB möglich sein. Der Inhaber einer veröffentlichten Unionsmarkenanmeldung hat nach Art. 9b Abs. 2 einen Anspruch auf eine angemessene Entschädigung für Handlungen, die nach Veröffentlichung der Anmeldung der Unionsmarke vorgenommen wurden und die nach Veröffentlichung der Eintragung aufgrund der Unionsmarke verboten wären (→ Art. 9 Rn. 58). Die Höhe der angemessenen Entschädigung richtet sich nach dem Umfang der in dem maßgeblichen Zeitraum vorgenommenen Handlungen. Um diesen zu ermitteln bedarf es regelmäßig der Auskunft über den Umfang dieser Handlungen.

III. Schadensersatz, Entschädigung und Kostenerstattung

28   Die Absicherung von Kostenerstattungs- und Schadensersatzansprüchen kann durch einen Arrest nach § 916 ZPO erfolgen. Gerade bei Messeverfügungen bietet es sich an, hinsichtlich der Kosten des Verfügungsverfahrens gleichzeitig einen Arrest zu beantragen und diese mit Zustellung der Verfügung durch den Gerichtsvollzieher auf dem Messestand vollstrecken zu lassen.

29   Handelt es sich um Rechtsverletzungen, die in gewerblichem Ausmaß begangen wurden, kann nach § 19b Abs. 3 S. 1 MarkenG zur Sicherung von Schadensersatzansprüchen die Verpflichtung zur Vorlage von Bank-, Finanz- oder Handelsunterlagen im Wege der einstweiligen Verfügung angeordnet werden, wenn der Schadensersatzanspruch offensichtlich besteht.

30   Zur Sicherung von Entschädigungsansprüchen nach Art. 9b Abs. 2 aus einer veröffentlichten Unionsmarkenanmeldung kann ebenfalls nach § 916 ZPO ein Arrest in das Vermögen angeordnet werden (vgl. Bumiller, Durchsetzung der europäischen Gemeinschaftsmarke in der Europäischen Union, 1997, 58).

IV. Vernichtung

31   Um eine Vereitelung von Vernichtungsansprüchen zu verhindern, kann nach § 938 Abs. 2 ZPO die Sequestration bzw. Verwahrung der potentiell rechtsverletzenden Gegenstände durch einen Gerichtsvollzieher angeordnet werden.

32   Zur Sicherung des Anspruchs auf Vernichtung kann ergänzend zur Herausgabe an den Gerichtsvollzieher im Wege der einstweiligen Verfügung ein Verbot der Rückgabe unrechtmäßig gekennzeichneter Produkte an den Lieferanten ausgesprochen werden (OLG Frankfurt GRUR-RR 2003, 96 – Uhrennachbildungen).

33   Eine Sequestration oder Verwahrung kann nicht aufgrund einer Unionsmarkenanmeldung angeordnet werden, da eine solche keine Vernichtungsansprüche gewährt.

V. Beweissicherung

34   Steht eine Unionsmarkenverletzung noch nicht fest, besteht jedoch die hinreichende Wahrscheinlichkeit einer Rechtsverletzung, so kann im Wege der einstweiligen Verfügung nach § 19a Abs. 3 MarkenG (→ MarkenG § 19a Rn. 18) gegen den vermeintlichen Verletzer

die Verpflichtung zur Vorlage von Urkunden oder Duldung der Besichtigung einer Sache angeordnet werden. Infolge der unmittelbaren Regelung des Vorlage- und Besichtigungsanspruchs im MarkenG ist insoweit der im Patentrecht entwickelte Rückgriff auf die §§ 485 f. ZPO nicht mehr erforderlich.

Kann der Inhaber einer veröffentlichten Unionsmarkenanmeldung noch nicht nachweisen, dass ein Dritter Handlungen vorgenommen hat, die einen Entschädigungsanspruch nach Art. 9b Abs. 2 begründen, besteht jedoch die hinreichende Wahrscheinlichkeit, dass solche Handlungen vorgenommen wurden und eine Entschädigungspflicht besteht, so dürfte zu Zwecken der Beweissicherung analog § 19a Abs. 3 MarkenG die Verpflichtung zur Vorlage von Urkunden oder zur Duldung der Besichtigung einer Sache im Wege der einstweiligen Verfügung angeordnet werden können. 35

Art. 104 Besondere Vorschriften über im Zusammenhang stehende Verfahren

(1) Ist vor einem Unionsmarkengericht eine Klage im Sinne des Artikels 96 – mit Ausnahme einer Klage auf Feststellung der Nichtverletzung – erhoben worden, so setzt es das Verfahren, soweit keine besonderen Gründe für dessen Fortsetzung bestehen, von Amts wegen nach Anhörung der Parteien oder auf Antrag einer Partei nach Anhörung der anderen Parteien aus, wenn die Rechtsgültigkeit der Unionsmarke bereits vor einem anderen Unionsmarkengericht im Wege der Widerklage angefochten worden ist oder wenn beim Amt bereits ein Antrag auf Erklärung des Verfalls oder der Nichtigkeit gestellt worden ist.

(2) ¹Ist beim Amt ein Antrag auf Erklärung des Verfalls oder der Nichtigkeit gestellt worden, so setzt es das Verfahren, soweit keine besonderen Gründe für dessen Fortsetzung bestehen, von Amts wegen nach Anhörung der Parteien oder auf Antrag einer Partei nach Anhörung der anderen Parteien aus, wenn die Rechtsgültigkeit der Unionsmarke im Wege der Widerklage bereits vor einem Unionsmarkengericht angefochten worden ist. ²Das Unionsmarkengericht kann jedoch auf Antrag einer Partei des bei ihm anhängigen Verfahrens nach Anhörung der anderen Parteien das Verfahren aussetzen. ³In diesem Fall setzt das Amt das bei ihm anhängige Verfahren fort.

(3) Setzt das Unionsmarkengericht das Verfahren aus, kann es für die Dauer der Aussetzung einstweilige Maßnahmen einschließlich Sicherungsmaßnahmen treffen.

Überblick

Art. 104 enthält Aussetzungsregelungen für solche Verfahren vor einem Unionsmarkengericht oder dem Amt, die Ansprüche aus eine Unionsmarke oder die Überprüfung der Rechtsgültigkeit der Unionsmarke mit Wirkung erga omnes betreffen und zu denen zeitgleich Parallelverfahren anhängig sind, in denen über die Rechtsgültigkeit derselben Unionsmarke erga-omnes wegen Verfalls oder Nichtigkeit zu entscheiden ist. Hierdurch sollen zum einen widersprechende Entscheidungen über die Rechtsgültigkeit der Unionsmarke vermieden und zum anderen verhindert werden, dass das Unionsmarkengericht aus einer Unionsmarke, die infolge eines anhängigen Verfahrens wegen Verfalls oder Nichtigkeit vernichtet werden könnte, Ansprüche gewährt. Art. 104 setzt nicht voraus, dass die Parteien der Verfahren dieselben sind. Ebenso wenig ist erforderlich, dass in beiden Verfahren dieselben Verfalls- oder Nichtigkeitsgründe geltend gemacht werden.

Übersicht

	Rn.		Rn.
A. Abgrenzung	1	II. Erstes Verfahren vor dem Amt oder Unionsmarkengericht	7
B. Aussetzung durch das Unionsmarkengericht	2	III. Maßgeblicher Zeitpunkt	8
I. Zweites Verfahren vor dem Unionsmarkengericht	2	1. Erstes Verfahren	9
		2. Zweites Verfahren	11

	Rn.		Rn.
IV. Aussetzung von Amts wegen oder auf Antrag einer Partei	12	E. Einstweilige Maßnahmen für die Dauer der Aussetzung	34
V. Anhörung der Parteien	13	I. Allgemeines	34
VI. Besondere Fortsetzungsgründe	14	II. Abgrenzung Art. 104 Abs. 3 und Art. 103	37
C. Aussetzung durch das Amt	16	III. Zulässigkeit einstweiliger Maßnahmen	38
I. Zweites Verfahren vor dem Amt	16	IV. Notwendigkeit einstweiliger Maßnahmen	44
II. Erstes Verfahren vor dem Unionsmarkengericht	17	V. Arten einstweiliger Maßnahmen und Sicherungsmaßnahmen	47
III. Maßgeblicher Zeitpunkt	18	1. Unterlassungsanspruch	48
1. Erstes Verfahren	19	2. Auskunftsanspruch	49
2. Zweites Verfahren	20	3. Schadensersatzanspruch	50
IV. Aussetzung von Amts wegen oder auf Antrag einer Partei	21	4. Vernichtungsanspruch	51
V. Anhörung der Parteien	22	5. Kostenerstattungsanspruch	52
VI. Besondere Fortsetzungsgründe	23	**F. Aussetzungsmöglichkeit des Unionsmarkengerichts im Hinblick auf ein zeitlich späteres Löschungsverfahren vor dem Amt ohne Löschungswiderklage**	53
VII. Aussetzung durch das Unionsmarkengericht statt des Amtes	25		
D. Information über andere Verfahren	28		
I. Mitteilungspflichten des Unionsmarkengerichts	29	I. Art. 104 Abs. 2 S. 2 analog	55
II. Mitteilungspflichten des Amtes	30	II. Nationale Aussetzungsvorschriften	56
III. Einsicht in das Unionsmarkenregister	31	III. Anwendbarkeit des Art. 104 Abs. 3 analog	58

A. Abgrenzung

1 Art. 104 betrifft nur Parallelverfahren, in denen der Rechtsbestand der Unionsmarke in dem früheren Verfahren mit Wirkung erga-omnes angefochten wird. Art. 104 betrifft nicht die folgenden Fälle:
- Bei der Klage vor dem später angerufenen Unionsmarkengericht handelt es sich um eine **negative Feststellungsklage** auf Feststellung der Nichtverletzung der Unionsmarke (Art. 96 Buchst. b, → Art. 96 Rn. 14).
- Beim Amt werden **mehrere Verfalls- oder Nichtigkeitsanträge** gestellt. Insoweit gilt die in Art. 53 Abs. 4 geregelte Konzentrationspflicht **(Verbot der sog. „Doppelantragstellung")** (→ Art. 53 Rn. 24).
- Die Rechtsgültigkeit der Unionsmarke wird vor dem später angerufenen Unionsmarkengericht nur mit inter-partes-Wirkung im Wege des **Einwands nach Art. 99 Abs. 3** angegriffen (→ Art. 99 Rn. 13). Der Grund hierfür liegt darin, dass der Einwand nicht die Vernichtung der Unionsmarke bewirken kann.
- Zwischen denselben Parteien und wegen derselben Handlungen werden **Verletzungsklagen aus einer Unionsmarke einerseits und einer nationalen Marke andererseits bei Gerichten verschiedener Mitgliedstaaten** erhoben. Dies regelt Art. 109 (→ Art. 109 Rn. 1 ff.).
- Es werden wegen denselben Handlungen **parallele Klagen aus derselben Unionsmarke vor Gerichten verschiedener Mitgliedstaaten** erhoben. Dies regeln die Art. 29, 30 EuGVO (vgl. Knaak GRUR Int 2007, 386 (388)).
- **Einstweilige Verfügungen.**

B. Aussetzung durch das Unionsmarkengericht

I. Zweites Verfahren vor dem Unionsmarkengericht

2 Die Aussetzungsregelung des Abs. 1 findet Anwendung, wenn vor dem Unionsmarkengericht, das über die Frage der Aussetzung zu entscheiden hat, eine Verletzungsklage aus einer Unionsmarke (Art. 96 Buchst. a), eine Entschädigungsklage betreffend Handlungen zwischen Veröffentlichung der Anmeldung und Eintragung einer Unionsmarke (Art. 96 Buchst. c iVm Art. 9 Abs. 3 S. 2) oder eine Widerklage auf Erklärung des Verfalls oder der Nichtigkeit

(Art. 96 Buchst. d iVm Art. 100 Abs. 1, → Art. 100 Rn. 1 ff.) erhoben worden ist. Hierbei ist es unerheblich, ob der Verletzungsklage seitens des Beklagten bereits mit einer Widerklage auf Erklärung des Verfalls oder der Nichtigkeit begegnet worden ist.

Gemäß **VO (EU) 2015/2424** des Europäischen Parlaments und des Rates vom 16.12.2015 zur Änderung der GMV ist **in Art. 100 Abs. 4 S. 3 eine Regelung** aufgenommen worden, wonach das Unionsmarkengericht das Verfahren unter den in der Art. 104 Abs. 1 geregelten Voraussetzungen so lange aussetzen soll, bis abschließend über einen vor Erhebung der Widerklage beim Amt eingereichten Antrag auf Erklärung des Verfalls oder der Nichtigkeit der Unionsmarke entschieden worden ist oder dieser zurückgezogen wurde (→ Art. 100 Rn. 45). 3

Ein Verfahren, dass eine **Klage auf Feststellung der Nichtverletzung der Unionsmarke** (Art. 96 Buchst. b) zum Gegenstand hat, ist **nicht nach Abs. 1 auszusetzen.** Der Grund hierfür liegt darin, dass der Kläger in einem solchen Verfahren die Nichtverletzung der Unionsmarke festgestellt wissen will und kann, ohne dass die Rechtsgültigkeit der Unionsmarke hierfür entscheidungserheblich ist. Die Rechtsgültigkeit der Unionsmarke kann nach Art. 99 Abs. 2 nicht Gegenstand einer negativen Feststellungsklage sein (→ Art. 99 Rn. 11). Eine Aussetzung des Verfahrens bis zu einer Entscheidung über die Rechtsgültigkeit der Unionsmarke wäre auch unbillig, da der Kläger ja bereits aus anderen Gründen die Nichtverletzung der Unionsmarke behauptet und hierzu eine Entscheidung herbeiführen will. 4

Ebenso ist **Abs. 1 nicht auf Verfahren über den Erlass einer einstweiligen Verfügung anwendbar** (OLG Frankfurt BeckRS 2010, 21955 – Fabergé; Gerechtshof Den Haag GRUR-Prax 2011, 450). Abs. 1 fordert die Erhebung einer Klage, nicht jedoch einer einstweiligen Maßnahme in Bezug auf die Unionsmarke. Des Weiteren ist es dem Unionsmarkengericht nach Abs. 3 ausdrücklich gestattet, während der Aussetzung des Verfahrens einstweilige Maßnahmen zu treffen. 5

Stützt sich die **Verletzungsklage neben der Unionsmarke noch auf andere nationale Rechte,** so ist das Verfahren nur hinsichtlich der Unionsmarke auszusetzen, nicht jedoch im Hinblick auf die anderen Rechte (Eisenführ/Schennen/Schennen Rn. 13). Gleiches gilt, wenn Gegenstand der Verletzungsklage verschiedene Unionsmarken sind. Dann kommt eine Aussetzung nur hinsichtlich derjenigen Unionsmarke in Betracht, deren Rechtsgültigkeit bereits im ersten Verfahren angegriffen worden ist. 6

II. Erstes Verfahren vor dem Amt oder Unionsmarkengericht

Das **erste Verfahren muss die Überprüfung der Rechtsgültigkeit derselben Unionsmarke mit dem Ziel deren Vernichtung zum Gegenstand haben.** Hierbei kann es sich um eine Widerklage nach Art. 100 Abs. 1 (→ Art. 100 Rn. 1 ff.) vor einem anderen Unionsmarkengericht oder einen Antrag auf Erklärung des Verfalls oder der Nichtigkeit nach Art. 56 (→ Art. 56 Rn. 1 ff.) vor dem Amt handeln. 7

III. Maßgeblicher Zeitpunkt

Für die Frage, auf welches Verfahren die Aussetzungsregelung Anwendung findet, ist es erforderlich festzustellen, welches Verfahren das erste und welches das nachfolgende ist. 8

1. Erstes Verfahren

Für die Bestimmung des maßgeblichen Zeitpunkts des ersten Verfahrens kommt es bei **Verfahren vor dem Amt auf den Tag der Antragstellung** an, wobei der Antrag beim Amt nach Art. 56 Abs. 2 S. 2 (→ Art. 56 Rn. 15) erst dann als gestellt gilt, wenn die **Gebühr gezahlt ist.** 9

Art. 56 Abs. 2 S. 2 bestimmt jedoch nicht, ob der Antrag bis dahin als schwebend wirksam oder schwebend unwirksam gestellt gilt. Regel 39 Abs. 1 S. 2 GMDV sieht vor, dass für den Fall der Nichtentrichtung der Gebühr der Antrag auf Verfall als nicht gestellt gilt. Als maßgeblicher Zeitpunkt kommt der Tag der Antragstellung, nicht jedoch der Tag der Entrichtung der Gebühr in Betracht. Der maßgebliche Zeitpunkt für die den ursprünglichen Zustand herstellende Fiktion der Regel 39 Abs. 1 S. 2 GMDV, 9.1

also die fingierte Nichtstellung des Antrags, kann sinnvollerweise nur der Zeitpunkt der Antragstellung sein. Gleiches muss auch gelten, wenn die Gebühr entrichtet ist (im Einzelnen → Art. 56 Rn. 17).

10 Bei **Widerklagen vor einem Unionsmarkengericht** ist auf den **Zeitpunkt der Erhebung der Widerklage,** nicht jedoch auf den Zeitpunkt der Erhebung der Verletzungsklage abzustellen (aA Eisenführ/Schennen/Schennen Rn. 8). Für die Bestimmung des Zeitpunkts der Erhebung der Widerklage ist gemäß Art. 94 Abs. 1 (→ Art. 94 Rn. 1) ergänzend die EuGVO bzw. Brüssel Ia-VO (seit 15.1.2015 VO (EU) Nr. 1215/2012; → Art. 94 Rn. 1 f.) anzuwenden (zur GGV vgl. Ruhl GGV Art. 91 Rn. 5, GGV Art. 79 Rn. 44; → Art. 109 Rn. 15). Nach **Art. 32 EuGVO (VO (EU) Nr. 1215/2012)** ist für den Zeitpunkt der Rechtshängigkeit einer Klage deren Einreichung bei Gericht maßgeblich, vorausgesetzt der Kläger versäumt es in der Folgezeit nicht, die ihm obliegenden Maßnahmen zu treffen, um die Zustellung an den Beklagten zu bewirken. Für den Zeitpunkt der Erhebung der Widerklage ist somit grundsätzlich auf den Zeitpunkt der Einreichung der Widerklage bei Gericht abzustellen (aA LG Mannheim Beschl. v. 1.7. 2011 – 7 O 191/10, wonach auf den Zeitpunkt der Zustellung abzustellen sei; Eisenführ/Schennen/Schennen Rn. 8).

2. Zweites Verfahren

11 Für die Bestimmung des maßgeblichen Zeitpunktes des zweiten Verfahrens kommt es auf die **Erhebung der Verletzungsklage,** nicht jedoch auf die Erhebung der Widerklage an (Eisenführ/Schennen/Schennen Rn. 8). Der Zeitpunkt der Erhebung der Verletzungsklage bestimmt sich nach **Art. 32 Brüssel Ia-VO** (aA LG Mannheim Beschl. v. 1.7.2011 – 7 O 191/10) (→ Rn. 10).

IV. Aussetzung von Amts wegen oder auf Antrag einer Partei

12 Das Unionsmarkengericht kann das bei ihm anhängige Verfahren von Amts wegen aussetzen. Die Aussetzung kann jedoch auch von einer Partei beantragt werden. Will der Unionsmarkeninhaber, der selbst noch nicht Partei des Rechtsstreits ist, die Aussetzung beantragen, so muss er zuvor gemäß Art. 100 Abs. 3 dem Rechtsstreit nach Maßgabe des nationalen Rechts beigetreten sein (→ Art. 100 Rn. 34). Dies ist etwa dann der Fall, wenn der Markeninhaber die Verletzungsklage nicht selbst erhoben hat, sondern diese von einem durch Lizenzvertrag oder auf andere Weise bevollmächtigten Dritten erhoben wurde.

V. Anhörung der Parteien

13 Das Unionsmarkengericht darf die Aussetzung nicht vornehmen ohne zuvor die Parteien gehört zu haben. Die Parteien haben hierdurch die Möglichkeit zur Frage der Aussetzung des Verfahrens und etwaiger besonderer Gründe, die für eine Fortsetzung des Verfahrens und gegen eine Aussetzung sprechen, Stellung zu nehmen.

VI. Besondere Fortsetzungsgründe

14 Das Unionsmarkengericht setzt das Verfahren nicht aus, wenn besondere Gründe vorliegen, die für eine Fortsetzung sprechen. Das Unionsmarkengericht ist somit nicht gezwungen, die Aussetzung in jedem Fall vorzunehmen, sondern kann im Wege der Ermessensentscheidung den Gegebenheiten des Einzelfalls Rechnung tragen.

14.1 Gemäß Art. 100 Abs. 4 (→ Art. 100 Rn. 45) setzt das Unionsmarkengericht für den Fall, dass beim Amt ein Antrag auf Erklärung des Verfalls oder der Nichtigkeit der Unionsmarke anhängig ist, das Verfahren gemäß Art. 104 Abs. 1 so lange aus, bis abschließend über den Antrag entschieden oder dieser zurückgezogen wurde.

14.2 Die ursprünglich von der Kommission vorgeschlagene Aussetzungsregelung für Abs. 4 kollidierte mit der Aussetzungsregelung in Art. 104 Abs. 1, da sie keinen Verweis auf Art. 104 Abs. 1 enthielt. Der finale Änderungsvorschlag stellt nunmehr klar, dass das Unionsmarkengericht die Aussetzung des Verfahrens nach Art. 104 Abs. 1 zu prüfen hat.

15 Folgende Gründe könnten für die Fortsetzung und gegen die Aussetzung des Verfahrens sprechen:

- eine zu erwartende lange Löschungsdauer vor dem Amt (aA LG Mannheim Beschl. v. 1.7.2011 – 7 O 191/10; zur Aussetzung eines nationalen markenrechtlichen Verletzungsverfahrens gemäß § 148 ZPO s. BGH GRUR 2015, 1201 Rn. 19 – Sparkassen-Rot/Santander-Rot)
- das erste Verfahren hat keine Aussicht auf Erfolg; kann ein Erfolg jedoch nicht definitiv ausgeschlossen werden, so kommt eine Fortsetzung nicht in Betracht;
- das erste Verfahren ist auf die Erklärung des Verfalls (mit Wirkung ex nunc), das zweite auf die Erklärung der Nichtigkeit (mit Wirkung ex tunc) gerichtet, nicht aber umgekehrt;
- die Unionsmarke wird im ersten und zweiten Verfahren aufgrund unterschiedlicher älterer Rechte angegriffen;
- das erste Verfahren hat lediglich die teilweise Erklärung des Verfalls oder der Nichtigkeit im Hinblick auf lediglich einen Teil der Waren oder Dienstleistungen, auf die sich die Verletzungsklage des zweiten Verfahrens stützt, zum Gegenstand;
- das erste Verfahren ist lediglich auf die teilweise Erklärung des Verfalls oder der Nichtigkeit im Hinblick auf Waren oder Dienstleistungen, auf die sich die Verletzungsklage des zweiten Verfahrens nicht stützt, gerichtet.

C. Aussetzung durch das Amt

I. Zweites Verfahren vor dem Amt

Die Aussetzungsregelung des Art. 104 Abs. 2 findet Anwendung, wenn vor dem Amt, das über die Frage der Aussetzung zu entscheiden hat, ein **Antrag auf Erklärung des Verfalls oder der Nichtigkeit** gestellt worden ist. 16

II. Erstes Verfahren vor dem Unionsmarkengericht

Bei dem ersten Verfahren muss es sich um eine **Widerklage nach Art. 100 Abs. 1** (→ Art. 100 Rn. 1 ff.) handeln, mit der die Rechtsgültigkeit derselben Unionsmarke bereits vor einem Unionsmarkengericht angefochten worden ist. Eine Aussetzung durch das Amt kommt daher nicht in Betracht, wenn es sich bei dem zeitlich früheren Verfahren vor dem Unionsmarkengericht nur um eine Verletzungsklage aus einer Unionsmarke handelt. 17

III. Maßgeblicher Zeitpunkt

Für die Frage, auf welches Verfahren die Aussetzungsregelung Anwendung findet, ist es erforderlich festzustellen, welches Verfahren das erste und welches das nachfolgende ist. 18

1. Erstes Verfahren

Für die Bestimmung des maßgeblichen Zeitpunktes des ersten Verfahrens der Widerklage vor dem Unionsmarkengericht kommt es auf die **Erhebung der Widerklage,** nicht jedoch auf die Erhebung der Verletzungsklage an (Eisenführ/Schennen/Schennen Rn. 14). Der Zeitpunkt der Erhebung der Widerklage bestimmt sich nach **Art. 32 Brüssel Ia-VO** (→ Rn. 10). Maßgeblich ist somit grundsätzlich der Zeitpunkt der Einreichung der Widerklage bei Gericht (aA LG Mannheim Beschl. v. 1.7.2011 – 7 O 191/10, wonach auf den Zeitpunkt der Zustellung abzustellen sei; Eisenführ/Schennen/Schennen Rn. 14). 19

2. Zweites Verfahren

Für die Bestimmung des maßgeblichen Zeitpunkts des zweiten Verfahrens vor dem Amt kommt es auf den **Tag der Antragstellung** an, wobei der Antrag beim Amt erst dann als gestellt gilt, wenn die **Gebühr gezahlt ist** (Art. 56 Abs. 2 S. 2, → Rn. 9.1, → Art. 56 Rn. 15 ff.). Die Norm bestimmt jedoch nicht, ob der Antrag bis dahin als schwebend wirksam oder schwebend unwirksam gestellt gilt (→ Rn. 9.1, → Art. 56 Rn. 15 ff.). 20

IV. Aussetzung von Amts wegen oder auf Antrag einer Partei

Das Amt kann das bei ihm anhängige Verfahren von Amts wegen aussetzen. Die Aussetzung kann jedoch auch von einer Partei beantragt werden. 21

V. Anhörung der Parteien

22 Das Amt darf die Aussetzung nicht vornehmen ohne zuvor die Parteien gehört zu haben. Die Parteien haben hierdurch die Möglichkeit in dem Widerklageverfahren vor dem Unionsmarkengericht die Aussetzung des dort anhängigen Verfahrens durch das Unionsmarkengericht nach Abs. 2 S. 2 zu beantragen, sofern die beantragende Partei dort ebenfalls Partei ist.

VI. Besondere Fortsetzungsgründe

23 Das Amt setzt das Verfahren nicht aus, wenn besondere Gründe vorliegen, die für eine Fortsetzung sprechen. Das Amt ist somit nicht gezwungen, die Aussetzung in jedem Fall vorzunehmen, sondern kann im Wege der Ermessensentscheidung den Gegebenheiten des Einzelfalls Rechnung tragen.

24 Folgende Gründe könnten für die Fortsetzung und gegen die Aussetzung des Verfahrens sprechen:
- Eine zu erwartende lange Verfahrensdauer vor dem Unionsmarkengericht und den nachfolgenden Instanzen.
- Das erste Verfahren hat keine Aussicht auf Erfolg; kann ein Erfolg jedoch nicht definitiv ausgeschlossen werden, so kommt eine Fortsetzung nicht in Betracht.
- Das erste Verfahren ist auf die Erklärung des Verfalls (mit Wirkung ex nunc), das zweite auf die Erklärung der Nichtigkeit (mit Wirkung ex tunc) gerichtet, nicht aber umgekehrt.
- Die Unionsmarke wird im ersten und zweiten Verfahren aufgrund unterschiedlicher älterer Rechte angegriffen.
- Das erste Verfahren hat lediglich die teilweise Erklärung des Verfalls oder der Nichtigkeit im Hinblick auf lediglich einen Teil der Waren oder Dienstleistungen, auf die sich der Verfalls- oder Nichtigkeitsantrag des zweiten Verfahrens vor dem Amt stützt, zum Gegenstand.
- Das erste Verfahren ist lediglich auf die teilweise Erklärung des Verfalls oder der Nichtigkeit im Hinblick auf Waren oder Dienstleistungen, auf die sich der Verfalls- oder Nichtigkeitsantrag des zweiten Verfahrens nicht stützt, gerichtet.

VII. Aussetzung durch das Unionsmarkengericht statt des Amtes

25 Eine Partei des vor dem Unionsmarkengericht anhängigen ersten Verfahrens kann beantragen, dass statt des Amtes das Unionsmarkengericht das bei ihm anhängige Verfahren aussetzt (Abs. 2). Hat der Beklagte des Verletzungsverfahrens Widerklage erhoben und im Anschluss einen Verfalls- oder Nichtigkeitsantrag vor dem Amt gestellt und schätzt er seine Erfolgsaussichten vor dem Amt größer ein, so kann es in seinem Interesse liegen, dass nicht das Unionsmarkengericht, sondern das Amt verbindlich über die Rechtsgültigkeit der Unionsmarke entscheidet. Gleiches gilt im umgekehrten Fall für den Verletzungskläger.

26 Das **Unionsmarkengericht kann das Verfahren auf Antrag einer Partei aussetzen.** Die Entscheidung über die Aussetzung steht im Ermessen des Unionsmarkengerichts. Vor der Entscheidung über die Aussetzung muss das Unionsmarkengericht die jeweils andere Partei anhören.

27 Setzt das Unionsmarkengericht das Verfahren aus, so setzt das Amt das bei ihm anhängige Verfahren fort (Abs. 2 S. 3).

D. Information über andere Verfahren

28 Das Unionsmarkengericht bzw. das Amt können von der Aussetzungsmöglichkeit nur dann Gebrauch machen, wenn sie über das jeweils andere Verfahren informiert sind.

I. Mitteilungspflichten des Unionsmarkengerichts

29 Das Unionsmarkengericht ist nach Art. 100 Abs. 4 (→ Art. 100 Rn. 39) verpflichtet, dem Amt den Tag der Erhebung der Widerklage mitzuteilen und diesem unverzüglich eine Ausfertigung der rechtskräftigen Entscheidung über die Widerklage zustellen (→ Art. 100 Rn. 40).

Besondere Vorschriften über im Zshg. stehende Verfahren Art. 104 UMV

II. Mitteilungspflichten des Amtes

Das Amt ist nach Art. 100 Abs. 4 S. 2, Regel 84 Abs. 3 Buchst. n GMDV verpflichtet, **30** den **Tag der Erhebung der Widerklage** (→ Art. 100 Rn. 42), sowie nach Art. 100 Abs. 6 S. 3, Regel 84 Abs. 3 Buchst. o GMDV den **Tag und den Inhalt der rechtskräftigen Entscheidung über die Widerklage im Register für Unionsmarken einzutragen** (→ Art. 100 Rn. 42). Wird beim Amt ein Verfalls- oder Nichtigkeitsantrag gestellt, so ist das Amt nach Regel 84 Abs. 3 Buchst. n GMDV verpflichtet, den Tag der Stellung des Antrags und nach Art. 57 Abs. 6, Regel 84 Abs. 3 Buchst. o GMDV verpflichtet, den Tag und den Inhalt der Entscheidung über den Antrag im Register für Unionsmarken einzutragen. Nach Art. 100 Abs. 4 Satz 3 (→ Art. 100 Rn. 43) ist das Amt ferner verpflichtet, **das Unionsmarkengericht**, welches das Amt zuvor über die Erhebung einer Widerklage informiert hat, seinerseits davon **zu unterrichten**, dass bei ihm vor Erhebung der Widerklage **bereits ein Antrag auf Erklärung des Verfalls oder der Nichtigkeit der Unionsmarke eingereicht worden ist**. Nach Regel 84 Abs. 5 GMDV ist das Amt ferner verpflichtet, den Inhaber der Unionsmarke über jede Änderung im Register zu informieren.

III. Einsicht in das Unionsmarkenregister

Durch die Eintragung ins Register für Unionsmarken ist sowohl für die Unionsmarkengerichte, als auch für das Amt und die Parteien eines Verfahrens die Möglichkeit eröffnet, von einer bereits bei einem anderen Unionsmarkengericht anhängigen Widerklage oder einem beim Amt anhängigen Verfalls- oder Nichtigkeitsantrag Kenntnis zu erlangen und von der Aussetzungsregelung des Art. 104 Gebrauch zu machen. **31**

Es stellt sich die Frage, ob das Unionsmarkengericht und das Amt von Amts wegen **32** verpflichtet sind, nach Eingang der Klage bzw. nach Eingang des Verfalls- oder Nichtigkeitsantrags und vor einer Entscheidung durch Einsichtnahme in das Unionsmarkenregister bzw. durch Einsicht in die Akte der Unionsmarke beim Amt nach Art. 90 iVm Regel 93 GMDV zu prüfen, ob die Rechtsgültigkeit der Unionsmarke nicht bereits zu einem früheren Zeitpunkt in einem anderen Verfahren vor einem Unionsmarkengericht oder dem Amt angegriffen worden ist. Hierfür spricht, dass das Unionsmarkengericht und das Amt über die Aussetzung des jeweiligen Verfahrens von Amts wegen zu entscheiden haben, ferner die Mitteilungspflichten des Unionsmarkengerichts und des Amtes sowie die Einsichtsmöglichkeiten in das Register.

Für das Amt folgt dies auch daraus, dass der Verfalls- oder Nichtigkeitsantrag nach Art. 56 Abs. 3 **32.1** (→ Art. 56 Rn. 64 ff.) unzulässig ist, wenn das Gericht eines Mitgliedstaates über einen Antrag wegen desselben Anspruchs zwischen denselben Parteien bereits rechtskräftig entschieden hat. Das Amt hat somit in der Prüfung der Zulässigkeit des Antrags nach Art. 57 zu überprüfen, ob nicht bereits eine rechtskräftige Entscheidung eines Unionsmarkengerichtes zur Rechtsgültigkeit der Unionsmarke vorliegt.

Für das Unionsmarkengericht resultiert diese Pflicht ferner daraus, dass es nach Art. 100 Abs. 2 eine **32.2** Widerklage auf Erklärung des Verfalls oder der Nichtigkeit abzuweisen hat, wenn das Amt über einen Antrag wegen desselben Anspruchs zwischen denselben Parteien bereits eine unanfechtbar gewordene Entscheidung erlassen hat (→ Art. 100 Rn. 1 ff.).

Nunmehr sieht **Art. 100 Abs. 4 wechselseitige Informationspflichten des Unions- 33 markengerichts** (→ Art. 100 Rn. 39) **und des Amtes** (→ Art. 100 Rn. 49) über den Tag der Erhebung einer Widerklage und über die Einreichung eines Antrags auf Erklärung des Verfalls oder der Nichtigkeit der Unionsmarke vor Erhebung der Widerklage vor. Gemäß Art. 100 Abs. 4 soll das Unionsmarkengericht zukünftig keine Prüfung der Widerklage vornehmen, wenn das Amt nicht zuvor über den Tag der Erhebung der Widerklage informiert worden ist. Diese Information des Amtes kann sowohl durch das Unionsmarkengericht, als auch die betroffene Partei erfolgen. Wurde vor Erhebung der Widerklage beim Amt bereits ein Antrag auf Erklärung des Verfalls oder Nichtigkeit der Unionsmarke gestellt, ist auch das Amt verpflichtet, das Unionsmarkengericht hierüber zu informieren. Zudem ist dem Amt eine Ausfertigung der rechtskräftigen Entscheidung des Unionsmarkengerichts unverzüglich entweder durch das Unionsmarkengericht oder eine der Parteien des nationalen Verfahrens zuzustellen (→ Art. 100 Rn. 40). Sowohl das Amt als auch jede andere betroffene Partei können nähere Auskünfte anfordern (→ Art. 100 Rn. 41).

E. Einstweilige Maßnahmen für die Dauer der Aussetzung

I. Allgemeines

34 Abs. 3 bestimmt, dass das Unionsmarkengericht für die Dauer der Aussetzung des Verfahrens einstweilige Maßnahmen einschließlich Sicherungsmaßnahmen treffen kann. **Zweck der Regelung** des Abs. 3 ist es, **aussetzungsspezifische Nachteile auszugleichen**.

35 Bei Art. 104 Abs. 3 handelt sich um **eine autonom in der UMV geregelte Verfahrensvorschrift. Das jeweilige nationale Verfahrensrecht ist** nach Art. 101 Abs. 1 insoweit **nicht anwendbar**. Daher kommt es **für die Zulässigkeit der Anordnung einstweiliger Maßnahmen** nicht darauf an, ob solche nach dem jeweiligen nationalen Verfahrensrecht für die Dauer der Aussetzung eines Verfahrens ebenfalls vorgesehen sind (aA Ingerl/Rohnke MarkenG § 125e Rn. 54). **Art. 104 Abs. 3 regelt jedoch nicht, welche Maßnahmen** angeordnet werden können. **Insoweit** ist nach Art. 101 Abs. 3 das jeweilige **nationale Verfahrensrecht anzuwenden**.

36 Das Unionsmarkengericht kann die einstweiligen Maßnahmen einschließlich Sicherungsmaßnahmen **von Amts wegen anordnen**. Eines Antrags des Unionsmarkeninhabers bedarf es hierfür nicht (aA Ingerl/Rohnke MarkenG § 125e Rn. 54). Die Entscheidung, ob einstweilige Maßnahmen angeordnet werden, liegt **im Ermessen des Unionsmarkengerichts**. Hierbei wird es im Hinblick auf die Notwendigkeit der Maßnahmen die jeweiligen Umstände des Einzelfalls zu berücksichtigen haben.

II. Abgrenzung Art. 104 Abs. 3 und Art. 103

37 **Art. 103 findet im Rahmen des Art. 104 Abs. 3 keine Anwendung.** Vielmehr stehen Art. 104 Abs. 3 und Art. 103 selbständig nebeneinander. Art. 104 Abs. 3 enthält zum einen keinen Verweis auf Art. 103. Zum anderen **regeln beide unterschiedliche Fallkonstellationen**. Art. 104 Abs. 3 ermächtigt die Unionsmarkengerichte zum Ausgleich aussetzungsspezifischer Nachteile von Amts wegen einstweilige Maßnahmen einschließlich Sicherungsmaßnahmen anzuordnen. Art. 103 hingegen regelt das Recht des Unionsmarkeninhabers bzw. des Inhabers einer Unionsmarkenanmeldung den Erlass einstweiliger Maßnahmen zu beantragen und ordnet insoweit eine verfahrensrechtliche Gleichbehandlung von Unionsmarken bzw. Unionsmarkenanmeldungen mit nationalen Marken in dem jeweiligen Forum-Staat an (im Einzelnen → Art. 103 Rn. 18 ff.).

III. Zulässigkeit einstweiliger Maßnahmen

38 Abs. 3 erklärt die Anordnung einstweiliger Maßnahmen für die Dauer der Aussetzung des Verfahrens für zulässig. **Abs. 3 regelt jedoch nicht, nach welchen Kriterien das Unionsmarkengericht zu entscheiden hat, ob es einstweilige Maßnahmen anordnet und welche Maßnahmen getroffen werden können.** Insoweit ist nach Art. 101 Abs. 3 das jeweilige nationale Verfahrensrecht anzuwenden, in Verfahren vor einem deutschen Unionsmarkengericht die §§ 935, 940 ZPO.

39 In **Verfahren vor einem deutschen Unionsmarkengericht** stellt sich die **Frage der sog. Dringlichkeit bzw. des Verfügungsgrundes**.

39.1 Nach der deutschen Rechtsprechung in Markenstreitsachen gilt für den Erlass einer einstweiligen Verfügung eine kurze Dringlichkeitsfrist ab erstmaliger Erlangung der Kenntnis von Tat und Täter, bei deren Überschreitung im Zeitpunkt der Einreichung des Verfügungsantrags die Dringlichkeit verneint wird. Diese Dringlichkeitsfrist variiert je nach Oberlandesgericht von ein bis zu zwei Monaten.

40 Die für die Beantragung einer einstweiligen Verfügung für den Markeninhaber nach deutschem Recht geltende Dringlichkeitsfrist ist im Zeitpunkt der Aussetzung des Verfahrens durch das Unionsmarkengericht regelmäßig überschritten. Würde man für die Zulässigkeit einstweiliger Maßnahmen im Rahmen des Abs. 3 zur Feststellung des Verfügungsgrundes auch auf den Zeitpunkt der Kenntnis des Anspruchstellers von der Markenverletzung und dem Verletzer abstellen, so käme die Anordnung einstweiliger Maßnahmen durch das Unionsmarkengericht mangels Dringlichkeit regelmäßig nicht mehr in Betracht (so Ingerl/Rohnke MarkenG § 125e Rn. 54). Dies hätte zur Konsequenz, dass die Regelung des Abs. 3 für deutsche Verfahren leerlaufen würde.

Die **Rechtsprechung zur Dringlichkeit von Verfügungsanträgen des Markeninhabers ist jedoch auf den Fall des Abs. 3 nicht anwendbar,** denn es handelt sich um nicht miteinander vergleichbare Fallkonstellationen. Der Rechtsprechung zur Dringlichkeit von Verfügungsanträgen liegt die Erwägung zugrunde, dass der Antragsteller sich nach Verstreichen lassen eines gewissen Zeitraums entgegenhalten muss, dass er seine Ansprüche selber nicht zügig weiterverfolgt hat und die Angelegenheit aus diesem Grunde daher nicht mehr als dringlich angesehen werden kann. Aus diesem Grunde ist die Anordnung von Eilmaßnahmen auf Antrag des Markeninhabers nicht mehr gerechtfertigt. Diese Erwägung greift jedoch im Fall der Aussetzung des Verfahrens durch das Unionsmarkengericht nicht, da es sich um eine gänzlich andere Verfahrenssituation handelt. Abs. 3 betrifft nicht den herkömmlichen Fall, dass der Anspruchsteller eine einstweilige Maßnahme beantragt. Es geht nicht darum, zu prüfen, ob der Unionsmarkeninhaber seine Rechte zügig durchgesetzt hat oder nicht. Vielmehr geht es in der Verfahrenssituation des Abs. 3 einzig darum, die Nachteile, die dem Unionsmarkeninhaber durch die Aussetzungsentscheidung des Unionsmarkengerichts entstehen, durch von Amts wegen anzuordnende einstweilige Maßnahmen auszugleichen. 41

Für die Frage, ob ein Verfügungsgrund im Fall der Anordnung von einstweiligen Maßnahmen nach Abs. 3 vorliegt, ist daher nicht wie im Fall der Dringlichkeit bei Verfügungsanträgen auf den abgelaufenen Zeitraum zwischen der Kenntnis des Anspruchstellers von der Markenverletzung und dem Täter sowie der Einreichung des Antrags abzustellen, sondern allein darauf, ob im Zeitpunkt der Aussetzung des Verfahrens durch das Unionsmarkengericht **eine einstweilige Maßnahme nach den §§ 935, 940 ZPO zur Abwendung wesentlicher Nachteile oder aus anderen Gründen notwendig erscheint.** 42

Eine einstweilige Verfügung kann nach den §§ 935, 940 ZPO dann ergehen, wenn zu besorgen ist, dass durch eine Veränderung des bestehenden Zustandes die Verwirklichung des Rechts einer Partei vereitelt oder erschwert werden könnte oder wenn eine (einstweilige) Regelung zur Abwendung wesentlicher Nachteile oder zur Verhinderung drohender Gewalt oder aus anderen Gründen nötig erscheint. Ob ein Verfügungsgrund vorliegt, ist aus objektiver Sicht eines verständigen, gewissenhaft prüfenden Dritten zu beurteilen (BeckOK ZPO/Mayer ZPO § 935 Rn. 11). Keine Dringlichkeit liegt vor, wenn dem Antragsteller im Falle seiner Verweisung auf das Hauptsacheverfahren keine Nachteile drohen. Wann diese Voraussetzungen vorliegen, bestimmt sich nach den Umständen des Einzelfalls. Bestimmte „Dringlichkeitsfristen" sind keine genannt. Die Anordnung einstweiliger Maßnahmen durch ein deutsches Unionsmarkengericht für die Dauer der Aussetzung des Verfahrens erfordert somit nach Art. 104 Abs. 3, Art. 101 Abs. 3 iVm §§ 935, 940 ZPO lediglich, dass der Erlass der einstweiligen Maßnahme zur Abwendung wesentlicher Nachteile oder aus anderen Gründen notwendig ist. Die Anordnung einstweiliger Maßnahmen ohne das Vorliegen einer „Dringlichkeit" im herkömmlichen Sinne der deutschen Markenrechtsrechtsprechung ist somit auch konform mit den deutschen verfahrensrechtlichen Voraussetzungen für den Erlass einstweiliger Maßnahmen nach den §§ 935, 940 ZPO. 43

IV. Notwendigkeit einstweiliger Maßnahmen

Abs. 3 bezweckt, aussetzungsspezifische Nachteile auszugleichen. Nach den §§ 935, 940 ZPO können einstweilige Maßnahmen angeordnet werden, wenn sie zur Abwendung wesentlicher Nachteile oder aus anderen Gründen notwendig sind. Ein deutsches Unionsmarkengericht wird daher zu prüfen haben, ob und welche Maßnahmen zum Ausgleich aussetzungsspezifischer Nachteile notwendig sind. 44

Wird das **Verfahren in erster Instanz ausgesetzt,** wird das Unionsmarkengericht bei seiner Entscheidung über die Notwendigkeit einstweiliger Maßnahmen einschließlich Sicherungsmaßnahmen zu berücksichtigen haben, dass der Kläger bei Nichtaussetzung des Verfahrens und Erlass eines der Klage stattgebenden Urteils aus diesem bereits vollstrecken und so weitere Schäden durch Unterbindung der Fortsetzung der Verletzungshandlungen verhindern könnte. Diese Möglichkeit wird ihm durch die Aussetzung des Verfahrens auf unbe- 45 stimmte Zeit genommen. Solche aussetzungsspezifischen Nachteile kann das Unionsmarkengericht durch geeignete Maßnahmen ausgleichen. Erfolgt die **Aussetzung des Verfahrens in der Berufungsinstanz** und ist **zu Gunsten des Klägers bereits ein erstinstanzliches Urteil ergangen,** aus dem der Kläger vorläufig vollstrecken kann, so wird für die Anordnung einstweiliger Maßnahmen regelmäßig keine Notwendigkeit bestehen.

46 Folgende Umstände könnten für eine einstweilige Maßnahme sprechen:
- lange Verfahrensdauer vor dem Amt;
- erhebliche Schäden, die der Kläger infolge fortdauernder Verletzungshandlungen durch den Beklagten während der Aussetzung des Verfahrens erleidet, ohne die Möglichkeit aus einem erstinstanzlichen Urteil vorläufig zu vollstrecken;
- hohe Wahrscheinlichkeit, dass das Verfahren vor dem Amt erfolglos und die Klage erfolgreich ist.

V. Arten einstweiliger Maßnahmen und Sicherungsmaßnahmen

47 Die Maßnahmen, die das Unionsmarkengericht treffen kann, regelt Abs. 3 im Einzelnen nicht. Vielmehr spricht Abs. 3 lediglich allgemein von einstweiligen Maßnahmen einschließlich Sicherungsmaßnahmen. Insoweit kommen über Art. 101 Abs. 3 die **jeweiligen nationalen Verfahrensvorschriften des Forum-Staates** zur Anwendung, **in Deutschland die §§ 916 ff. ZPO.** In Betracht kommen hiernach Arrestmaßnahmen, Sicherungs-, Regelungs- und Leistungsverfügungen.

1. Unterlassungsanspruch

48 Hinsichtlich des Unterlassungsanspruchs kommt eine Regelungsverfügung in Betracht, wonach dem Beklagten bestimmte Handlungen verboten werden. Diese kommt insbesondere dann in Betracht, wenn dem Kläger infolge fortdauernder Verletzungshandlungen während der Aussetzung des Verfahrens erhebliche Schäden drohen, die auch durch Zahlung von Schadensersatz nicht im erforderlichen Umfang abzugelten sind oder wenn die Durchsetzung von Schadensersatzansprüchen gegen den Beklagten als nicht aussichtsreich erscheint.

2. Auskunftsanspruch

49 Die Verpflichtung zur Erteilung von Auskunft kann auch nach den §§ 935–945 ZPO angeordnet werden. Allerdings ist in § 19 Abs. 7 MarkenG eine solche Anordnung nur in Fällen offensichtlicher Rechtsverletzung vorgesehen (→ MarkenG § 19 Rn. 42), die im Fall der Aussetzung des Verfahrens nach Art. 104 Abs. 3 regelmäßig nicht gegeben ist.

3. Schadensersatzanspruch

50 Zur Absicherung von Schadensersatzansprüchen kommt ein Arrest nach § 916 ZPO mit Abwendungsbefugnis durch Hinterlegung einer Sicherheit in Betracht.

4. Vernichtungsanspruch

51 Hinsichtlich der Sicherung von Vernichtungsansprüchen kommt die Sequestration bzw. Verwahrung der potentiell rechtsverletzenden Gegenstände durch einen Gerichtsvollzieher in Betracht. Eine Notwendigkeit hierfür kann insbesondere dann vorliegen, wenn zu befürchten steht, dass der Beklagte die betreffenden Gegenstände beiseiteschafft, um sie dem Zugriff des Unionsmarkeninhabers zu entziehen.

5. Kostenerstattungsanspruch

52 Zur Absicherung von Kostenerstattungsansprüchen kommt ein Arrest nach § 916 ZPO mit Abwendungsbefugnis durch Hinterlegung einer Sicherheit in Betracht. Hat der Kläger jedoch zu seinen Gunsten bereits ein erstinstanzliches Urteil erstritten, kann er nach §§ 103, 104 ZPO den Erlass eines Kostenfestsetzungsbeschlusses beantragen aus dem er dann nach § 720a ZPO die Sicherungsvollstreckung betreiben kann. Der Anordnung einstweiliger Maßnahmen durch das Unionsmarkengericht bedarf es in diesem Fall nicht.

F. Aussetzungsmöglichkeit des Unionsmarkengerichts im Hinblick auf ein zeitlich späteres Löschungsverfahren vor dem Amt ohne Löschungswiderklage

Art. 104 sieht für den Fall, dass der Beklagte **keine Löschungswiderklage** erhoben hat 53 und **nach Erhebung der Verletzungsklage beim Amt ein Antrag auf Löschung der Unionsmarke** eingereicht wird, **keine Aussetzungsmöglichkeit des Unionsmarkengerichts** vor. Das Unionsmarkengericht kann, obwohl das bei ihm anhängige Verfahren das zeitlich frühere ist, das Verfahren nur dann im Hinblick auf den zeitlich später beim Amt eingereichten Löschungsantrag nach Abs. 2 S. 2 aussetzen, wenn der Beklagte die Unionsmarke zuvor durch eine Löschungswiderklage nach Art. 100 Abs. 1 angegriffen hat. Es stellt sich daher die **Frage, ob das Unionsmarkengericht das Verletzungsverfahren** auch dann im Hinblick auf einen zeitlich später beim Amt eingereichten Löschungsantrag **aussetzen kann, wenn der Beklagte keine Löschungswiderklage nach Art. 100 Abs. 1 erhoben hat.**

Einer Aussetzungsmöglichkeit in diesen Fällen könnte Art. 99 Abs. 1 entgegenstehen, wonach die 53.1 Unionsmarkengerichte von der Rechtsgültigkeit der Unionsmarke auszugehen haben, sofern diese nicht durch den Beklagten mit einer Löschungswiderklage nach Art. 100 Abs. 1 angefochten wurde (→ Art. 99 Rn. 3). Hiergegen spricht jedoch, dass Art. 104 Abs. 1 dem Unionsmarkengericht auch dann eine Aussetzungsmöglichkeit im Hinblick auf ein zeitlich früheres Löschungsverfahren vor dem Amt gewährt, wenn der Beklagte die Unionsmarke nicht im Wege der Löschungswiderklage angefochten hat. Auch in diesem Fall ist das Unionsmarkengericht nicht aufgrund Art. 99 Abs. 1 gezwungen, das Verletzungsverfahren fortzusetzen. Zudem handelt es sich bei Art. 99 Abs. 1 um eine materiell-rechtliche Regelung, wohingegen es sich bei der Aussetzung des Verfahrens um eine verfahrensrechtliche Fragestellung handelt.

Als Aussetzungsmöglichkeit für das Unionsmarkengericht kommt eine **unionsrechtliche** 54 **Lösung durch analoge Anwendung des Art. 104 Abs. 2 S. 2** oder eine **nationale Lösung** durch Anwendung der jeweiligen nationalen Aussetzungsregelungen in Betracht.

I. Art. 104 Abs. 2 S. 2 analog

Für die Möglichkeit, das Verfahren vor dem Unionsmarkengericht zugunsten des Verfah- 55 rens vor dem Amt durch eine analoge Anwendung des Art. 104 Abs. 2 S. 2 auszusetzen, spricht, dass der Verordnungsgeber bereits durch die in den Art. 100 Abs. 7 und Art. 104 Abs. 2 S. 2 geregelten Aussetzungsmöglichkeiten eine **gewisse Bevorzugung des Verfahrens vor dem Amt** zum Ausdruck gebracht hat (Eisenführ/Schennen/Schennen, Rn. 16). Diesen Regelungen liegt die gesetzgeberische Erwägung zugrunde, dass dem Amt wegen dessen besonderer Sachkunde für das Unionsmarkenrecht und dessen besonderer Stellung außerhalb der nationalen Gerichtsbarkeit eine zentrale Entscheidungskompetenz zustehen soll (vgl. v. Mühlendahl/Ohlgart § 27 Rn. 10; OLG Hamburg GRUR-RR 2003, 356 – TAE BO). Zudem beruhen die Verfahrensregelungen der UMV darauf, dass das Amt für die Unionsmarkengerichte verbindlich über die Eintragung von Unionsmarken entscheidet (Art. 99 Abs. 1; → Art. 99 Rn. 1, → Art. 99 Rn. 6) und diesem in erster Linie die Entscheidungskompetenz über den Bestand der Marke zukommt (OLG Hamburg GRUR-RR 2003, 356 – TAE BO). Durch analoge Anwendung des Art. 104 Abs. 2 S. 2 würde auch dem Ziel der §§ 95 ff. Rechnung getragen, uneinheitliche Entscheidungen von Amt und Unionsmarkengerichten zu vermeiden.

II. Nationale Aussetzungsvorschriften

Lehnt man eine analoge Anwendung des Art. 104 Abs. 2 S. 2 ab, so würden – soweit 56 vorhanden – über Art. 101 Abs. 3 die nationalen Aussetzungsregelungen des Forum-Staates Anwendung finden, **in Deutschland der § 148 ZPO.**

In dem Fall „TAE BO" (GRUR-RR 2003, 356) hat das OLG Hamburg das Klageverfahren wegen 56.1 Verletzung einer Unionsmarke im Hinblick auf einen später vom Beklagten beim Amt eingereichten Löschungsantrag nach § 148 ZPO ausgesetzt. Zur Begründung hat das OLG Hamburg ausgeführt, § 148 ZPO komme über Art. 101 Abs. 3 zur Anwendung, da die Aussetzungsmöglichkeiten in der UMV nicht abschließend geregelt, der zu beurteilende Fall mit Art. 100 Abs. 7 (→ Art. 100 Rn. 51) vergleichbar und das Ziel der §§ 95 ff. MarkenG, uneinheitliche Entscheidungen von Amt und Unionsmarkengericht zu vermeiden, nicht gefährdet sei. Auch in der Entscheidung „The Home Depot/Bauhaus The Home Store" (GRUR-RR 2005, 251) hat das OLG Hamburg die Aussetzungsvorschrift des § 148 ZPO für anwendbar erachtet, das Verfahren jedoch letztendlich nicht ausgesetzt, weil dem Löschungsverfahren vor dem Amt keine überwiegenden Erfolgsaussichten zukamen.

56.2 In einer zum Unionsgeschmacksmusterrecht ergangenen Entscheidung des BGH (GRUR 2012, 512 Rn. 22 – Kinderwagen) hat dieser die Anwendbarkeit der Aussetzungsvorschrift des § 148 ZPO über Art. 88 Abs. 3 GGV bejaht, eine Aussetzung des Verfahrens jedoch im Hinblick auf den erst im Revisionsverfahren gestellten Nichtigkeitsantrag vor dem Amt unter Abwägung dessen Erfolgsaussichten und der mit der Aussetzung verbundenen Prozessverzögerung abgelehnt (zur Aussetzung eines nationalen markenrechtlichen Verletzungsverfahrens gemäß § 148 ZPO s. BGH GRUR 2015, 1201 Rn. 19 – Sparkassen-Rot/Santander-Rot).

57 Der unionsrechtlichen Lösung über eine analoge Anwendung des Art. 104 Abs. 2 S. 2 ist gegenüber einer Anwendung des nationalen Verfahrensrecht der Vorzug zu geben, da im Hinblick auf voneinander abweichende nationale Verfahrensregelungen der Mitgliedstaaten eine unionsweit einheitliche Handhabung der Aussetzung nur durch eine analoge Anwendung des Art. 104 Abs. 2 S. 2 möglich ist. Letztendlich wäre jedoch eine ausdrückliche Regelung durch den Verordnungsgeber wünschenswert.

III. Anwendbarkeit des Art. 104 Abs. 3 analog

58 Im Fall der analogen Anwendung des Art. 104 Abs. 2 S. 2 stünde dem Unionsmarkengericht die Möglichkeit zur Verfügung, für die Dauer der Aussetzung nach Art. 104 Abs. 3 analog einstweilige Maßnahmen einschließlich Sicherungsmaßnahmen zu treffen.

59 Jedoch auch im Fall einer Aussetzung des Verfahrens aufgrund nationaler Aussetzungsregelungen dürfte das Unionsmarkengericht von der Regelung des Art. 104 Abs. 3 analog Gebrauch machen können. Hierfür spricht, dass es im Ergebnis keinen Unterschied macht, ob die Verletzungsklage aufgrund unionsrechtlicher oder nationaler Vorschriften ausgesetzt wurde. Der Verordnungsgeber hat die Unionsmarkengerichte in allen in der UMV geregelten Fällen der Aussetzung des Verfahrens ermächtigt, einstweilige Maßnahmen einschließlich Sicherungsmaßnahmen zu treffen. Diese Ermächtigung muss den Unionsmarkengerichten auch dann zustehen, wenn sie das Verfahren nach ihren nationalen Aussetzungsvorschriften aussetzen.

Art. 105 Zuständigkeit der Unionsmarkengerichte zweiter Instanz; weitere Rechtsmittel

(1) Gegen Entscheidungen der Unionsmarkengerichte erster Instanz über Klagen und Widerklagen nach Artikel 96 findet die Berufung bei den Unionsmarkengerichten zweiter Instanz statt.

(2) Die Bedingungen für die Einlegung der Berufung bei einem Unionsmarkengericht zweiter Instanz richten sich nach dem nationalen Recht des Mitgliedstaats, in dem dieses Gericht seinen Sitz hat.

(3) Die nationalen Vorschriften über weitere Rechtsmittel sind auf Entscheidungen der Unionsmarkengerichte zweiter Instanz anwendbar.

Überblick

Art. 105 Abs. 1 sieht die Möglichkeit der Einlegung einer Berufung vor (→ Rn. 1). In Abs. 2 werden die Bedingungen für die Einlegung der Berufung geregelt (→ Rn. 2). Abs. 3 erklärt die nationalen Vorschriften über weitere Rechtsmittel gegen Entscheidungen der Unionsmarkengerichte zweiter Instanz für anwendbar (→ Rn. 5).

Ergänzende Vorschriften über Zuständigkeit nationaler Gerichte **Art. 106 UMV**

A. Berufung (Abs. 1)

Gegen Entscheidungen der Unionsmarkengerichte erster Instanz ist die Berufung das **1** statthafte Rechtsmittel. **Zuständig** für die Berufung sind die Unionsmarkengerichte zweiter Instanz. Die Unionsmarkengerichte zweiter Instanz werden in demselben Verfahren wie die Unionsmarkengerichte erster Instanz von den Mitgliedstaaten benannt (→ Art. 95 Rn. 3).

B. Berufungseinlegung (Abs. 2)

Gemäß Art. 105 Abs. 2 werden die Voraussetzungen der Einlegung der Berufung dem **2** **nationalen Recht** der Mitgliedstaaten überlassen. In der Bundesrepublik Deutschland ist gemäß § 125e Abs. 2 MarkenG Unionsmarkengericht das Oberlandesgericht, in dessen Bezirk das Unionsmarkengericht erster Instanz seinen Sitz hat. Daher sind die Oberlandesgerichte als Unionsmarkengerichte zweiter Instanz zuständig für die Entscheidung über die Berufung gegen Urteile der Landgerichte als Unionsmarkengerichte erster Instanz.

Im deutschen Recht ist die Berufung in §§ 511 ff. ZPO geregelt. Die **Frist** für die Einle- **3** gung der Berufung beträgt einen Monat und beginnt in der Regel mit Zustellung des Urteils (§ 517 ZPO). Die Frist wird durch rechtzeitigen Eingang der Berufung beim Berufungsgericht gewahrt (§ 519 Abs. 2 ZPO). Die **Form** der Berufungseinlegung ergibt sich aus § 519 Abs. 2 ZPO.

Anders als vor der ZPO-Reform 2002 stellt die Berufung keine volle zweite Tatsachenins- **4** tanz mehr dar, sondern dient vielmehr der Kontrolle erstinstanzlicher Verfahren und Entscheidungen (vgl. dazu §§ 529, 530, 531 ZPO).

C. Weitere Instanzen (Abs. 3)

Gemäß Art. 105 Abs. 3 sind die nationalen Vorschriften über weitere Rechtsmittel auf **5** Entscheidungen der Unionsmarkengerichte zweite Instanz anwendbar. Daher besteht die Möglichkeit, dass Entscheidungen der Unionsmarkengerichte zweiter Instanz ebenfalls angefochten werden können, wenn das nationale Recht dies vorsieht.

In Deutschland sieht § 543 ZPO die Möglichkeit einer **Revision** vor. **6**

Abschnitt 3 Sonstige Streitigkeiten über Unionsmarken

Art. 106 Ergänzende Vorschriften über die Zuständigkeit der nationalen Gerichte, die keine Unionsmarkengerichte sind

(1) Innerhalb des Mitgliedstaats, dessen Gerichte nach Artikel 94 Absatz 1 zuständig sind, sind andere als die in Artikel 96 genannten Klagen vor den Gerichten zu erheben, die örtlich und sachlich zuständig wären, wenn es sich um Klagen handeln würde, die eine in diesem Staat eingetragene nationale Marke betreffen.

(2) Ist nach Artikel 94 Absatz 1 und Absatz 1 des vorliegenden Artikels kein Gericht für die Entscheidung über andere als die in Artikel 96 genannten Klagen, die eine Unionsmarke betreffen, zuständig, so kann die Klage vor den Gerichten des Mitgliedstaats erhoben werden, in dem das Amt seinen Sitz hat.

Überblick

Art. 106 sieht ergänzende Zuständigkeitsregelungen für andere als die in Art 96 genannten Klagen vor. Sachlich und örtlich zuständig sind die Gerichte, die bei vergleichbaren Klagen betreffend nationale Marken zuständig wären. Subsidiär ist die Zuständigkeit des Gerichts an dem Ort begründet, an dem das Amt seinen Sitz hat (→ Rn. 7).

A. Zuständigkeit nationaler Gerichte, die keine Unionsmarkengerichte sind

1   Art. 106 Abs. 1 begründet keine internationale Zuständigkeit. Diese richtet sich ausschließlich nach Art. 94 Abs. 1.

2   Art. 106 Abs. 1 enthält vielmehr ergänzende Regelungen zur Bestimmung der sachlichen und örtlichen Zuständigkeit nationaler Gerichte für die Klagen, die nicht in Art. 96 genannt sind.

3   Art. 96 regelt die **ausschließliche Zuständigkeit** der Unionsmarkengerichte für
- Klagen wegen Verletzung oder drohender Verletzung einer Unionsmarke,
- Klagen auf Feststellung der Nichtverletzung,
- Klagen auf angemessene Entschädigung,
- Widerklagen auf Erklärung des Verfalls oder der Nichtigkeit.

4   In Art. 106 Abs. 1 ist nicht geregelt, welche Klagen unter die „anderen als die in Art. 96 genannten Klagen" fallen. Der direkte Verweis in Art. 106 Abs. 1 auf Art. 94 Abs. 1 stellt klar, dass es sich um Verfahren betreffend Unionsmarken und Anmeldungen von Unionsmarken handeln muss. Dieser Wortlaut wird auch in Art. 106 Abs. 2 („Klagen, die eine Unionsmarke betreffen") verwendet.

5   Bei den „**anderen Klagen**" iSd Art. 106 Abs. 1 kann es sich um folgende Klagen handeln:
- Klage gegen den Verleger einer Wörterbuchs gemäß Art. 10 auf Aufnahme eines Hinweises, dass es sich um eine Marke handelt, wenn der Eindruck erweckt wird, es handele sich um eine Gattungsbezeichnung der Waren oder Dienstleistungen, für die sie eingetragen ist (→ Art. 10 Rn. 2);
- Klage auf Untersagung der Benutzung einer Agentenmarke gemäß Art. 11 (→ Art. 11 Rn. 2);
- Klagen auf Übertragung einer Agentenmarke gemäß Art. 18 (→ Art. 18 Rn. 1);
- Klagen im Zusammenhang mit der Erfüllung oder Nichterfüllung eines Lizenzvertrages;
- Klagen gestützt auf die vertragliche Übertragung einer Unionsmarke.

6   Art. 106 Abs. 1 sieht für die anderen als die in Art. 96 genannten Klagen vor, dass diejenigen Gerichte eines Mitgliedstaats sachlich und örtlich **zuständig** sind, die auch für eine gleichartige Klage im Falle einer nationalen eingetragen Marke zuständig wären. Es erfolgt somit für die Bestimmung der sachlichen und örtlichen Zuständigkeit eine Gleichstellung der Unionsmarke und der nationalen Marke.

B. Subsidiäre Zuständigkeit des Gerichts, an dem das Amt seinen Sitz hat

7   Kann auf Grundlage des Art. 94 Abs. 1 und des Art. 106 Abs. 1 keine Zuständigkeit eines Gerichts begründet werden, so kann die Klage vor dem Gericht erhoben werden, an dem das Amt seinen Sitz hat. Derzeit hat Spanien nur ein Unionsmarkengericht benannt, dessen Sitz in Alicante ist (→ Art. 95 Rn. 27).

Art. 107 Bindung des nationalen Gerichts

Das nationale Gericht, vor dem eine nicht unter Artikel 96 fallende Klage betreffend eine Unionsmarke anhängig ist, hat von der Rechtsgültigkeit der Unionsmarke auszugehen.

Überblick

Art. 107 postuliert eine unwiderlegbare Vermutung der Rechtsgültigkeit von Unionsmarken in Klageverfahren vor nationalen Gerichten, bei denen es sich nicht um Klagen handelt, die unter Art. 96 fallen. Das nationale Gericht ist in solchen Klageverfahren in vollem Umfang an die Eintragungsentscheidung des Amtes gebunden.

A. Allgemeines

1   Art. 107 erfordert, dass es sich bei der vor einem nationalen Gericht anhängigen Klage nicht um eine solche handelt, die unter Art. 96 (→ Art. 96 Rn. 1 ff.) fällt. Unter Art. 96

fallen Klagen wegen Verletzung und drohender Verletzung einer Unionsmarke (→ Art. 96 Rn. 5, → Art. 96 Rn. 10), Klagen auf Feststellung der Nichtverletzung einer Unionsmarke (→ Art. 96 Rn. 14), Klagen auf angemessene Entschädigung nach Art. 9b Abs. 2 aus veröffentlichten Unionsmarkenanmeldungen (→ Art. 96 Rn. 16) sowie Löschungswiderklagen nach Art. 100 (→ Art. 96 Rn. 18, → Art. 100 Rn. 1 ff.). Alle anderen Klagen, die eine Unionsmarke betreffen, können auch vor nationalen Gerichten erhoben werden, bei denen es sich nicht um Unionsmarkengerichte handelt. Diese sind dann an die Eintragung der Unionsmarke nach Art. 107 gebunden. Die Zuständigkeit dieser Gerichte regelt Art. 106 (→ Art. 106 Rn. 1 ff.).

B. Nicht unter Art. 96 fallende Klagen

I. Autonom in der UMV geregelten Ansprüche

Bei den Klagen, die nicht unter Art. 96 fallen, handelt es sich zunächst um solche, mit 2 denen die weiteren in der UMV autonom geregelten Ansprüche – mit Ausnahme der unter Art. 96 fallenden Verletzungsansprüche und Ansprüche auf angemessene Entschädigung – geltend gemacht werden. Dies sind die Folgenden:
- Art. 10 – Klage gegen den Verleger wegen Wiedergabe der Unionsmarke in Wörterbüchern (→ Art. 10 Rn. 1 ff.);
- Art. 11 – Klage gegen den untreuen Agenten auf Unterlassung der Benutzung der Agentenmarke (→ Art. 11 Rn. 1 ff.);
- Art. 18 – Klage gegen den untreuen Agenten auf Übertragung der Agentenmarke (→ Art. 18 Rn. 1);
- Art. 22 Abs. 2 – Klage des Unionsmarkeninhabers gegen seinen Lizenznehmer wegen Verletzung des Lizenzvertrages (→ Art. 22 Rn. 19 ff., → MarkenG § 30 Rn. 64 ff.); nicht jedoch Klagen, die eine inhaltliche Überschreitung der Lizenz betreffen; diese fallen als Verletzungsklage unter Art. 96 Buchst. a (→ Art. 96 Rn. 5).

II. Sonstige Klagen

Des Weiteren handelt es sich insbesondere um die folgenden Klagen: 3
- Schadensersatzklagen gegen den Unionsmarkeninhaber wegen ungerechtfertigter Schutzrechtsverwarnung;
- Feststellungsklagen auf Feststellung des Bestehens oder Nichtbestehens einer Lizenz an der Unionsmarke;
- Klagen aus Vertrag auf Übertragung einer Unionsmarke;
- Klagen auf Auseinandersetzung einer Bruchteilsgemeinschaft an einer Unionsmarke.

C. Bindungswirkung

Das nationale Gericht hat in den nicht unter Art. 96 (→ Art. 96 Rn. 1 ff.) fallenden 4 Klageverfahren von der **Rechtsgültigkeit der Unionsmarke auszugehen.** Das nationale Gericht darf somit nicht als Vorfrage prüfen, ob die Unionsmarke überhaupt rechtsbeständig ist. So kann zB der Lizenznehmer einer Unionsmarke gegenüber einer Klage auf Zahlung der Lizenz nicht einwenden, die Unionsmarke sei schutzunfähig oder verfallen. Gleiches gilt etwa auch bei der Klage auf Übertragung einer Unionsmarke.

Nicht vom Anwendungsbereich des Art. 107 umfasst sind **Klagen aus älteren nati- 5 onalen Rechten auf Untersagung der Benutzung einer Unionsmarke** (vgl. Eisenführ/Schennen/Schennen Art. 106 Rn. 6). Insoweit gilt der **Grundsatz der Koexistenz von nationalem und Unionsmarkenrecht** (vgl. Erwägungsgrund 6) sowie der **Grundsatz der Priorität,** der als ein allgemeingültiges Prinzip des europäischen Kennzeichenrechts Geltung beansprucht (vgl. Fezer MarkenG § 6 Rn. 3). Dies gilt unabhängig davon, dass die Regelungen der Art. 110 (→ Art. 110 Rn. 1 ff.) und Art. 111 (→ Art. 111 Rn. 1 f.) ausdrücklich klarstellen, dass die UMV das nach nationalen Rechtsordnungen bestehende Recht, die Benutzung der jüngeren Unionsmarke zu untersagen, unberührt lässt. Dies ist nunmehr auch in Art. 9 Abs. 2 und 4 klargestellt.

5.1 Die Klarstellungen in Art. 110 Abs. 1 und Art. 111 Abs. 1 sind anders als in der GGV lediglich im Hinblick auf die in Art. 110 S. 2 und Art. 111 Abs. 2 und 3 angeordnete Einschränkung der Geltendmachung von Ansprüchen aus älteren nationalen Rechten wegen Verwirkung infolge fünfjähriger Duldung erforderlich (vgl. Ruhl GGV Art. 79 Rn. 49 Fn. 58).

6 Hierdurch wird auch nicht die Verteilung der Zuständigkeiten zwischen den Gerichten und dem Amt verändert, etwa weil durch die Untersagung der Benutzung der Unionsmarke diese „mittelbar" für ungültig erklärt würde. Verletzungsklagen und Anträge auf Nichtigerklärung unterscheiden sich in ihrem Gegenstand und ihren Wirkungen voneinander (zur GGV vgl. EuGH GRUR 2012, 510 Rn. 50 – Cegasa/PROIN). Die **Verletzungsklage aus einer älteren nationalen Marke gegen eine jüngere Unionsmarke** greift nicht den Rechtsbestand der Unionsmarke an, sondern wendet sich lediglich gegen deren Benutzung im Schutzland der älteren nationalen Marke.

7 **Der Inhaber eines nationalen älteren Rechts ist nicht aufgrund von Art. 107 gehalten, zuvor beim Amt die Löschung der jüngeren Unionsmarke zu betreiben** (vgl. EuGH GRUR 2015, 683 Rn. 20 ff. – Rosa dels Vents/U Hostels; GRUR 2013, 516 Rn. 32 ff. – FCI/FCIPPR). Für die Frage des Bestehens von Ansprüchen wegen Verletzung nationaler älterer Rechte ist es zudem irrelevant, ob der Verletzer Inhaber einer entsprechenden Unionsmarke ist, da diese kein Recht zur Verletzung älterer nationaler Rechte Dritter gewährt. Bei der Frage, ob die Unionsmarke rechtsbeständig ist oder nicht, handelt es sich somit im Verfahren wegen Verletzung eines nationalen älteren Rechts nicht um eine relevante Vorfrage.

Abschnitt 4 [aufgehoben]

Art. 108 (aufgehoben)

Überblick

Art. 108 war eine Übergangsbestimmung für die Anwendbarkeit der VO (EG) Nr. 44/2001 über die gerichtliche Zuständigkeit und die Anerkennung und Vollstreckung von gerichtlichen Entscheidungen in Zivil- und Handelssachen (Brüssel I-VO). Durch die nunmehr in allen Mitgliedstaaten geltende VO (EU) Nr. 1215/2012 (Brüssel Ia-VO), die seit dem 15.1.2015 Anwendung findet, wurde die VO (EG) Nr. 44/2001 aufgehoben, so dass für die Übergangsbestimmung des Art. 108 kein Erfordernis mehr bestand.

A. Historischer Hintergrund

1 Zunächst galt zwischen den damaligen EG-Mitgliedstaaten das Übereinkommen vom 27.9.1968 über die gerichtliche Zuständigkeit und Vollstreckung gerichtlicher Entscheidungen in Zivil- und Handelssachen (EuGVÜ). Aufgrund des Beitritts neuer Mitgliedstaaten wurde die Fassung des Übereinkommens vielfach geändert. Neufassungen erfolgten am 9.10.1978, 25.10.1982, 26.5.1989 sowie am 29.11.1996.

2 Am 22.12.2000 wurde die Verordnung (EG) Nr. 44/2001 (Brüssel I-VO) erlassen, die an die Stelle des EuGVÜ trat (vgl. zum Ganzen Kropholler, Europäisches Zivilprozessrecht, 2002, 24 ff.). Sie wurde am 10.1.2013 durch die VO (EU) Nr. 1215/2012 (Brüssel Ia-VO) ersetzt (→ Art. 94 Rn. 1), die aber erst seit dem 15.1.2015 gilt.

B. Bedeutung von Art. 108

3 Bereits vor ihrer Aufhebung fand die Brüssel I-VO in allen Mitgliedstaaten der Europäischen Union Anwendung. Zunächst galt sie jedoch nicht im Hinblick auf Dänemark (vgl. Art. 1 Abs. 3 Brüssel I-VO). Auf Beschluss des Rates (2006/325/EG) unterzeichnete die Gemeinschaft jedoch am 19.5.2005 ein Abkommen mit Dänemark über die gerichtliche Zuständigkeit und die Anerkennung von Vollstreckung von Entscheidungen in Zivil- und

(aufgehoben) **Art. 108 UMV**

Handelssachen (ABl. EG 2005 L 299, 62). Danach waren die Bestimmungen der Brüssel I-VO auf die Beziehungen zwischen der Gemeinschaft und Dänemark anwendbar (Art. 1 des Abkommens). Sie galt jedoch nach wie vor nicht unmittelbar in Dänemark. Daraus folgte, dass Änderungen der Brüssel I-VO für Dänemark nicht bindend waren (Art. 3 Abs. 1 des Abkommens). Nach Art. 3 Abs. 2 des Abkommens verpflichtete sich Dänemark jedoch, im Falle von Änderungen dem Rat jeweils mitzuteilen, ob es die Änderungen umsetzen werde.

Art. 68 Abs. 1 Brüssel I-VO machte ferner insoweit eine Einschränkung, als das EuGVÜ **4** für bestimmte Gebiete anwendbar blieb, für die der Vertrag zur Gründung der Europäischen Gemeinschaft nach Art. 249 EUV nicht galt (Art. 299 Abs. 1 EGV wurde durch den Vertrag von Lissabon vom 13.12.2007, ABl. C 306, 1, im Wesentlichen durch Art. 52 EUV ersetzt). Jedoch galt für diese Gebiete die GMV ebenfalls nicht, so dass Art. 108 nicht von Bedeutung war und die Aufnahme dieser Bestimmung in die neueste Fassung der UMV überflüssig war.

Titel XI Auswirkungen auf das Recht der Mitgliedstaaten

Abschnitt 1 Zivilrechtliche Klagen aufgrund mehrerer Marken

Art. 109 Gleichzeitige und aufeinanderfolgende Klagen aus Unionsmarken und aus nationalen Marken

(1) Werden Verletzungsklagen zwischen denselben Parteien wegen derselben Handlungen bei Gerichten verschiedener Mitgliedstaaten anhängig gemacht, von denen das eine Gericht wegen Verletzung einer Unionsmarke und das andere Gericht wegen Verletzung einer nationalen Marke angerufen wird,

a) so hat sich das später angerufene Gericht von Amts wegen zugunsten des zuerst angerufenen Gerichts für unzuständig zu erklären, wenn die betreffenden Marken identisch sind und für identische Waren oder Dienstleistungen gelten. Das Gericht, das sich für unzuständig zu erklären hätte, kann das Verfahren aussetzen, wenn der Mangel der Zuständigkeit des anderen Gerichts geltend gemacht wird;

b) so kann das später angerufene Gericht das Verfahren aussetzen, wenn die betreffenden Marken identisch sind und für ähnliche Waren oder Dienstleistungen gelten oder wenn sie ähnlich sind und für identische oder ähnliche Waren oder Dienstleistungen gelten.

(2) Das wegen Verletzung einer Unionsmarke angerufene Gericht weist die Klage ab, falls wegen derselben Handlungen zwischen denselben Parteien ein rechtskräftiges Urteil in der Sache aufgrund einer identischen nationalen Marke für identische Waren oder Dienstleistungen ergangen ist.

(3) Das wegen Verletzung einer nationalen Marke angerufene Gericht weist die Klage ab, falls wegen derselben Handlungen zwischen denselben Parteien ein rechtskräftiges Urteil in der Sache aufgrund einer identischen Unionsmarke für identische Waren oder Dienstleistungen ergangen ist.

(4) Die Absätze 1, 2 und 3 gelten nicht für einstweilige Maßnahmen einschließlich solcher, die auf eine Sicherung gerichtet sind.

Überblick

Art. 109 betrifft Verletzungsklagen, die zwischen denselben Parteien und wegen derselben Handlungen aus einer Unionsmarke einerseits und einer nationalen Marke andererseits bei Gerichten verschiedener Mitgliedstaaten erhoben werden (→ Rn. 3). Im Fall der Doppelidentität der Klagemarken und der für sie geschützten Waren-/Dienstleistungen sieht Art. 109 Abs. 1 Buchst. a die Aussetzung des Verfahrens durch das später angerufene Gericht vor (→ Rn. 17). Im Fall der Ähnlichkeit der Klagemarken und/oder Waren-Dienstleistungen hat das später angerufene Gericht nach Art. 109 Abs. 1 Buchst. b die Möglichkeit das Verfahren auszusetzen (→ Rn. 21). Ist im Fall der Doppelidentität bereits ein rechtskräftiges Urteil ergangen, so hat das später angerufene Gericht nach Art. 109 Abs. 2 und 3 die Verletzungsklage abzuweisen (→ Rn. 18). Keine Anwendung finden die Regelungen des Art. 109 Abs. 1–3 jedoch auf einstweilige Maßnahmen, einschließlich Sicherungsmaßnahmen (Art. 109 Abs. 4; → Rn. 5).

Übersicht

	Rn.		Rn.
A. Allgemeines	1	II. Identität der Parteien	6
B. Abgrenzung	3	III. Dieselben Handlungen	9
C. Tatbestandsvoraussetzungen	4	IV. Bei Gerichten verschiedener Mitgliedstaaten	12
I. Verletzungsklagen	4		

	Rn.		Rn.
V. Klagen aus Unionsmarke und nationaler Marke	14	VIII. Ähnlichkeit der Klagemarken	21
VI. Zeitpunkt der Rechtshängigkeit	15	IX. Abgrenzung Identität und Ähnlichkeit der Klagemarken	22
VII. Doppelidentität der Klagemarken	17	1. Teilweise Überschneidungen des Waren-/Dienstleistungsverzeichnisses	23
1. Klageabweisung bei rechtskräftigem Urteil	18	2. Abweichungen bei den Zeichen	25
2. Erklärung der Unzuständigkeit des Zweitgerichts	19		

A. Allgemeines

Die Vorschrift dient der **Klagekonzentration** und **Verhinderung böswilliger oder** 1
schikanöser Klagen. Art. 109 will verhindern, dass gegen den Beklagten wegen derselben Handlungen missbräuchlich **vor Gerichten verschiedener Mitgliedstaaten aus einer Unionsmarke einerseits und einer nationalen Marke andererseits, die identisch oder ähnlich sind,** Verletzungsklagen erhoben werden. Es handelt sich um eine Regelung der entgegenstehenden Rechtshängigkeit bzw. Rechtskraft. Der Markeninhaber soll veranlasst werden, inhaltsgleiche Unions- und nationale Marken in demselben Verfahren geltend zu machen (vgl. Eisenführ/Schennen/Schennen Rn. 1).

Der Zweck der Bestimmung wird auch in der Gemeinsamen Erklärung im Ratsprotokoll Nr. B 23 1.1
zu Art. 105 (ABl. HABM 1996, 612; abgedruckt bei Fezer, Gemeinsame Erklärungen des Rates und der Kommission der Europäischen Gemeinschaften im Protokoll des Rates anlässlich der Annahme der Verordnung des Rates vom 20.12.1993 über die Unionsmarke) verdeutlicht, wonach die Aussetzungsentscheidung am Anfang des Verfahrens stehen und Art. 109 so angewendet werden soll, dass das Ziel der Vorschrift nicht durch eine „Differenzierung des Eigentums an den Marken umgangen" werden soll. Allerdings steht letzteres im Widerspruch dazu, dass es sich nach Art. 109 um dieselben Parteien handeln muss.

Art. 109 differenziert danach, ob die Klagemarken identisch sind und für identische Waren 2
und/oder Dienstleistungen geschützt sind (**sog. Doppelidentität der Klagemarken**) oder ob die Klagemarken im Hinblick auf die Marke und die geschützten Waren/Dienstleistungen auf der einen Seite identisch und auf der anderen Seite ähnlich sind oder beidseits nur Ähnlichkeit vorliegt (**sog. Ähnlichkeit der Klagemarken**). Art. 109 Abs. 1 Buchst. a, Abs. 2 und Abs. 3 betreffen den Fall der Doppelidentität der Klagemarken. Die Fälle der Ähnlichkeit der Klagemarken sind in Art. 109 Abs. 1 Buchst. b geregelt.

B. Abgrenzung

Art. 109 betrifft nur Verletzungsklagen, die zwischen **denselben Parteien** und wegen 3
derselben Handlungen aus einer **Unionsmarke einerseits und einer nationalen Marke andererseits** bei Gerichten verschiedener Mitgliedstaaten erhoben werden. **Art. 109 betrifft nicht die folgenden Fälle:**

- Parallele oder aufeinanderfolgende **Klagen aus derselben oder aus identischen Unionsmarken** vor Gerichten verschiedener Mitgliedstaaten. Dies regeln die **Art. 29, 30 Brüssel Ia-VO.**
- Parallele oder aufeinanderfolgende Klagen aus **unterschiedlichen nationalen Marken.**
- Parallele oder aufeinanderfolgende Klagen aus identischen und/oder ähnlichen Unions- und nationalen Marken **in demselben Mitgliedstaat.**
- Verfahren, die Ansprüche aus einer Unionsmarke oder die Überprüfung der Rechtsgültigkeit der Unionsmarke **mit Wirkung erga-omnes** betreffen und zu denen zeitgleich Parallelverfahren anhängig sind, in denen über die Rechtsgültigkeit derselben Unionsmarke mit Wirkung erga-omnes wegen Verfalls oder Nichtigkeit zu entscheiden ist. Dies regelt **Art. 104** (→ Art. 104 Rn. 1 ff.) bzw. **Art. 100 Abs. 2** (→ Art. 100 Rn. 46) und **Art. 100 Abs. 4** (→ Art. 100 Rn. 45).
- Bei der Klage vor dem später angerufenen Unionsmarkengericht handelt es sich um eine **negative Feststellungsklage** auf Feststellung der Nichtverletzung der Unionsmarke (**Art. 96 Buchst. b;** → Art. 96 Rn. 14).

- **Einstweilige Maßnahmen,** einschließlich Sicherungsmaßnahmen.

C. Tatbestandsvoraussetzungen

I. Verletzungsklagen

4 Art. 109 setzt voraus, dass es sich um Verletzungsklagen handelt. Hierbei handelt es sich um **Klagen wegen erfolgter Verletzung** und, soweit dies das nationale Recht zulässt, auch **wegen drohender Verletzung einer Unionsmarke und nationalen Marke.** Dies sind regelmäßig Klagen gerichtet unter anderem auf Unterlassung, Auskunft und/oder Schadensersatz.

5 **Keine Verletzungsklage** stellt die **Klage auf angemessene Entschädigung nach Art. 9b Abs. 2** im Hinblick auf eine angemeldete und veröffentliche Unionsmarkenanmeldung dar. Keine Verletzungsklagen stellen ferner **negative Feststellungsklagen** und **Widerklagen nach Art. 100** dar. Auch **einstweiligen Maßnahmen** einschließlich Sicherungsmaßnahmen werden nach Art. 109 Abs. 4 nicht von Art. 109 Abs. 1–3 erfasst. Bei diesen handelt es sich bereits nicht um Klagen.

II. Identität der Parteien

6 Der Anwendungsbereich des Art. 109 ist nur eröffnet, wenn es sich in beiden Verletzungsverfahren um **dieselben Parteien** handelt. Eine solche **Identität liegt** insbesondere dann **nicht vor,** wenn in dem einen Verfahren der **Lizenznehmer** – auch mit Zustimmung des Markeninhabers – und **in dem anderen der Markeninhaber** klagt (vgl. Eisenführ/Schennen/Schennen Rn. 8; aA Fezer MarkenG § 125e Rn. 25).

7 Ist jedoch die Annahme begründet, dass der **Lizenznehmer und der Markeninhaber kollusiv** zur Umgehung des Art. 109 **zusammenarbeiten,** ist auch unter Berücksichtigung des in der Gemeinsamen Erklärung im Ratsprotokoll Nr. B 23 zu Art. 105 aF (ABl. HABM 1996, 612; abgedruckt bei Fezer MarkenG) erklärten Zwecks des **Art. 109,** böswillige und schikanöse Klagen zu verhindern, zu erwägen, diesen **analog anzuwenden.** Dies würde auch dann gelten, wenn der Markeninhaber zur Umgehung des Art. 109 seine **Ansprüche durch einen Anderen in Prozessstandschaft einklagen lässt.** Sollte eine analoge Anwendung des Art. 109 nicht in Betracht kommen, so könnten möglicherweise nach dem jeweiligen nationalen Recht verfahrensrechtliche oder materiell-rechtliche **Rechtsmissbrauchsgesichtspunkte** eingreifen (vgl. BGH BeckRS 2012, 20764 Rn. 9; NJW 2007, 3279 Rn. 12). Bei deren Anwendung sollten die Wertungen des Art. 109, der missbräuchlich erhobene Mehrfachklagen unterbinden möchte, berücksichtigt werden (zur GGV vgl. Ruhl GGV Art. 95 Rn. 2).

7.1 Nach ständiger Rechtsprechung des BGH und des Bundesverfassungsgerichts gilt der das materielle Recht beherrschende **Grundsatz von Treu und Glauben (§ 242 BGB)** auch im Verfahrensrecht (ständige Rechtsprechung; vgl. BGH BeckRS 2012, 20764 Rn. 9; NJW 2007, 3279 Rn. 12; 2007, 2257 Rn. 12; 1965, 1532; 1968, 105; 1971, 2226). Er verpflichtet die Parteien zu redlicher Prozessführung und verbietet insbesondere den Missbrauch prozessualer Befugnisse (vgl. BGH NJW 2006, 3214; 1966, 773). Rechtsmissbräuchlich und damit unzulässig ist die Ausübung solcher Befugnisse, wenn sie nicht den gesetzlich vorgesehenen, sondern anderen, nicht notwendig unerlaubten, aber funktionsfremden und rechtlich zu missbilligenden Zwecken dient (vgl. BGH NJW 2007, 3279; 1992, 569).

7.2 Wird der Einwand des Rechtsmissbrauchs gegenüber einer Verletzungsklage aus einer Unionsmarke erhoben, so stellt sich die Frage welches Recht im Hinblick auf Handlungen außerhalb des Forum-Staates anwendbar ist. Wird die Klage bereits verfahrensrechtlich als unzulässig qualifiziert, wären über Art. 101 Abs. 3 (→ Art. 101 Rn. 10) für die von der Klage umfassten Handlungen außerhalb des Forum-Staates ebenfalls die Verfahrensvorschriften des Forum-Staates anzuwenden. Die Klage könnte daher insgesamt als unzulässig abgewiesen werden auch soweit Handlungen außerhalb des Forum-Staates betroffen sind.

8 Sind die **Parteien nur teilweise identisch,** zB weil in einem Verfahren mehrere Beklagte verklagt werden, in dem anderen jedoch nur ein Beklagter, so findet Art. 109 hinsichtlich der identischen Parteien Anwendung (zur GGV vgl. Ruhl GGV Art. 95 Rn. 12).

III. Dieselben Handlungen

Art. 109 erfordert, dass die Verletzungsklagen wegen denselben Handlungen anhängig gemacht werden. Dies betrifft zum einen die **angegriffenen Zeichen**, die **Waren und Dienstleistungen, für die die angegriffenen Zeichen benutzt werden** und zum anderen die **angegriffenen Handlungsformen,** insbesondere die in Art. 9 Abs. 3 beispielhaft aufgezählten Handlungsformen (→ Art. 9 Rn. 37 ff.). Sowohl die angegriffenen Zeichen, als auch die Waren und Dienstleistungen, für die die angegriffenen Zeichen benutzt werden, und die Handlungsformen müssen jeweils dieselben sein. Bei nur teilweisen Überschneidungen ist Art. 109 nur insoweit anwendbar.   **9**

Weichen die angegriffenen Zeichen voneinander ab, so können diese nur dann noch als „dieselben" Zeichen anzusehen sein, wenn sie **nur in unwesentlichen Einzelheiten voneinander abweichen** (zur GGV vgl. Ruhl GGV Art. 95 Rn. 11). Werden **unterschiedliche Handlungsformen angegriffen,** zB das Anbieten auf der einen und das Ein-/Ausführen auf der anderen Seite, so ist **Art. 109 nicht anwendbar** (zur GGV vgl. Ruhl GGV Art. 95 Rn. 11). Allerdings könnten in solchen Fällen **Rechtsmissbrauchsgesichtspunkte nach nationalem Recht** eingreifen.   **10**

Des Weiteren stellt sich die Frage, ob beim Tatbestandsmerkmal „dieselben Verletzungshandlungen" auch die **territoriale Reichweite des Klageantrags oder des rechtskräftigen Urteils** einschränkend berücksichtigt werden muss. Dies kommt dann in Betracht, wenn sich die parallele Klage aus der Unionsmarke nicht auf den Mitgliedstaat erstreckt, in dem Klage aus der nationalen Marke erhoben worden ist, etwa weil der Kläger seine Klage aus der Unionsmarke territorial auf andere Mitgliedstaaten beschränkt hat oder weil das im Tatortgerichtsstand angerufene Unionsmarkengericht eines anderen Mitgliedstaates angerufen wurde, das somit über keine unionsweite Entscheidungsbefugnis verfügt. Da der Kläger nach der Rechtsprechung des EuGH zulässigerweise seine Verletzungsklage aus einer Unionsmarke territorial beschränken kann, wird man ihm auf der einen Seite auch die Möglichkeit einräumen müssen, in Bezug auf die nicht erfassten Mitgliedstaaten weitere Klagen zu erheben (vgl. Sosnitza GRUR 2011, 465 (470); Hartmann, Die Gemeinschaftsmarke im Verletzungsverfahren, 2008, 102). Insoweit steht der späteren Verletzungsklage somit nicht der Einwand anderweitiger Rechtshängigkeit bzw. entgegenstehender Rechtskraft entgegen (zu Art. 29 Brüssel Ia-VO vgl. OLG Düsseldorf MarkenR 2006, 369 – RODEO/RODEO DRIVE; öOGH GRUR Int 2005, 1039, 1040 f. – BOSS-Zigaretten V).   **11**

IV. Bei Gerichten verschiedener Mitgliedstaaten

Art. 109 ist nur dann anwendbar, wenn die **Verletzungsklagen vor Gerichten verschiedener Mitgliedstaaten** anhängig gemacht worden sind (Fezer MarkenG § 125e Rn. 25; Heim GRUR-Prax 2012, 334673; Sosnitza GRUR 2011, 465 (469); zur GGV Ruhl GGV Art. 95 Rn. 4; aA BGH GRUR 2004, 860 – Internet-Versteigerung). Für die Fälle des Abs. 1 ist dies in Art. 109 Abs. 1 ausdrücklich vorgeschrieben. Zwar enthalten Abs. 2 und 3 ihrem Wortlaut nach keine derartige Einschränkung, allerdings finden auch diese aufgrund ihres systematischen Zusammenhangs mit Abs. 1 nur auf Verletzungsklagen Anwendung, die vor Gerichten verschiedener Mitgliedstaaten anhängig gemacht worden sind (vgl. zur GGV Ruhl GGV Art. 95 Rn. 4). Dies folgt ausdrücklich auch aus dem Erwägungsgrund 17, wonach sich bei mehrfacher Klageerhebung in demselben Mitgliedstaat nach nationalem Verfahrensrecht bestimmen soll, wie voneinander abweichende Urteile vermieden werden können (vgl. Sosnitza GRUR 2011, 465 (469)).   **12**

Der BGH hatte in dem Verfahren „Internet-Versteigerung" (BGH GRUR 2004, 860), in dem Klage vor dem OLG Köln von der Klägerin nach Schluss der mündlichen Verhandlung nunmehr auch auf eine identische Unionsmarke gestützt worden war, als Grund für die Nichtzulassung der Klageerweiterung unter anderem Art. 105 Abs. 2 aF, jetzt Art. 109 Abs. 2, angewendet. So könne sich die vom Berufungsgericht getroffene Entscheidung über die nationale Marke auch als eine Entscheidung über die geltend gemachte Verletzung der Unionsmarken erweisen, denn nach Art. 105 Abs. 2 (aF) weise das Unionsmarkengericht, das wegen Verletzung der Unionsmarke angerufen worden ist, die Klage ab, wenn wegen derselben Handlung zwischen denselben Parteien auf Grund einer identischen nationalen Marke für identische Waren oder Dienstleistungen ein rechtskräftiges Sachurteil ergangen ist. Unterlasse es der Unionsmarkeninhaber seine Klage rechtzeitig auch auf die Unionsmarke zu stützen   **12.1** oder komme er diesem Gebot – wie im Streitfall – erst verspätet nach, so wirke die Entscheidung über die nationalen Marken präjudizierend für die Entscheidung über die Unionsmarke (Art. 105 Abs. 2 aF).

12.2 Art. 109 Abs. 2 und 3 sind entgegen dem Urteil des BGH „Internet-Versteigerung" jedoch **nicht auf Fälle anwendbar,** in denen parallele Klagen aus einer Unionsmarke und einer identischen nationalen Marke wegen derselben Handlungen zwischen den denselben Parteien vor demselben Gericht oder verschiedenen Gerichten desselben Mitgliedstaates erhoben werden. Ein rechtskräftiges Urteil über die Verletzung einer nationale Marke ist somit nicht für eine in demselben Mitgliedstaat erhobene Klage aus einer identischen Unionsmarke präjudiziell iSv Art. 109 Abs. 2 und umgekehrt. Diese Fallkonstellation der Mehrfachklagen ist ausdrücklich nicht in der UMV geregelt. Gemäß Erwägungsgrund 17 richtet sich die Zulässigkeit solcher rein nationaler Mehrfachklagen ausschließlich nach dem jeweiligen nationalen Recht. Insoweit können – soweit dies die jeweiligen nationalen Rechtsordnungen vorsehen – verfahrensrechtliche oder materiell-rechtliche Rechtsmissbrauchsgesichtspunkte eingreifen (→ Rn. 7).

13 Es stellt sich die **Frage, ob Art. 109 Abs. 2 und 3 auf rein nationale Mehrfachklagen analog** angewendet werden kann. Dem steht entgegen, dass die **UMV gemäß des Erwägungsgrundes 17 insoweit keine Regelungslücke enthält,** sondern diese Fragestellung bewusst der Regelung durch die jeweiligen nationalen Rechtsordnungen überlässt (vgl. v. Mühlendahl/Ohlgart/v. Bomhard § 26 Rn. 22). **§ 261 ZPO ist nicht anwendbar** (aA Sosnitza GRUR 2011, 465 (470)), da nach der Rechtsprechung des BGH (vgl. BGH GRUR 2011, 1043 – TÜV II; GRUR 2012, 1145 – Pelikan) verschiedene Schutzrechte verschiedene Streitgegenstände darstellen.

V. Klagen aus Unionsmarke und nationaler Marke

14 Nach Art. 109 müssen **Klagen wegen Verletzung einer Unionsmarke einerseits und wegen Verletzung einer nationalen Marke andererseits** erhoben worden sein. Art. 109 findet keine Anwendung, wenn mehrmals aus einer Unionsmarke Klage erhoben wird. Allerdings könnten in solchen Fällen Rechtsmissbrauchsgesichtspunkte nach nationalem Recht eingreifen (→ Rn. 7).

VI. Zeitpunkt der Rechtshängigkeit

15 In der UMV ist nicht bestimmt, wann ein Gericht als angerufen gilt. Für die Bestimmung welches Verfahren das frühere und welches das spätere ist, kann auf die **Definition des Art. 32 Brüssel Ia-VO** zurückgegriffen werden. Nach Art. 94 Abs. 1 (→ Art. 94 Rn. 1 ff.) findet die Brüssel Ia-VO (seit 15.1.2015 VO (EU) Nr. 1215/2012) soweit in der UMV nichts anderes bestimmt ist, unter anderem auf Verfahren Anwendung, die gleichzeitige oder aufeinander folgende Klagen aus Unionsmarken und aus nationalen Marken betreffen. Zwar gilt Art. 32 Brüssel Ia-VO unmittelbar nur für die im Zusammenhang stehenden Verfahren, die in den Art. 29–31 Brüssel Ia-VO geregelt sind. Jedoch handelt es sich bei den in Art. 109 und Art. 29–31 Brüssel Ia-VO geregelten gleichzeitigen oder aufeinander folgenden Klagen nur um verschiedene Varianten von Mehrfachklagen. **Sowohl Art. 109 als auch die Brüssel Ia-VO knüpfen an den Zeitpunkt an, zu dem das Gericht angerufen wird.** Sowohl der Wortlaut, als auch Regelungsgehalt der Art. 109 und des Kap. II Abschnitt 9 der Brüssel Ia-VO sind in Bezug auf den zentralen Anknüpfungspunkt, der Rechtshängigkeit der Klagen, somit identisch. Dies rechtfertigt es, **für die Bestimmung des Zeitpunkts der Rechtshängigkeit ergänzend die Definition des Art. 32 Brüssel Ia-VO heranzuziehen** (vgl. zur GGV Ruhl GGV Art. 95 Rn. 13). Hierfür spricht auch **Erwägungsgrund 17 S. 2 Hs. 2,** der ausdrücklich in Bezug auf Klagen in verschiedenen Mitgliedstaaten aus einer Unionsmarke einerseits und einer parallelen nationalen Marke andererseits von Bestimmungen in der UMV spricht, die sich an der Brüssel Ia-VO orientieren.

15.1 Die **Brüssel I-VO galt bis zum 1.7.2007 nicht im Verhältnis zu Dänemark.** Im Verhältnis zu Dänemark galt daher weiterhin die EuGVÜ, die keine dem Art. 32 Brüssel Ia-VO entsprechende Vorschrift enthält. Daher musste bis zum 1.7.2007 zur Bestimmung der Rechtshängigkeit einer vor einem dänischen Gericht erhobenen Klage die **„Zelger"-Rechtsprechung des EuGH** (NJW 1984, 2759 Rn. 15 f. – Siegfried Zelger/Sebastiano Salinitri) zu Art. 21 EuGVÜ angewendet werden, wonach der Rechtshängigkeitszeitpunkt nach dem Recht am jeweiligen Gerichtsort zu bestimmen war (zur

Gleichzeitige und aufeinanderfolgende Klagen **Art. 109 UMV**

GGV vgl. Ruhl GGV Art. 79 Rn. 6, 44). Im Rahmen des Art. 109 waren daher bis zum 1.7.2007 im Verhältnis zu Dänemark ebenfalls ergänzend die Grundsätze der „Zelger"-Rechtsprechung des EuGH anzuwenden. **Seit dem 1.7.2007 gilt die Brüssel I-VO** aufgrund eines Abkommens zwischen der Europäischen Gemeinschaft und Dänemark (Abkommen zwischen der Europäischen Gemeinschaft und dem Königreich Dänemark über die gerichtliche Zuständigkeit und die Anerkennung und Vollstreckbarerklärung von Entscheidungen in Zivil- und Handelssachen – Abkommen EG–Dänemark, ABl. EG Nr. L 299 vom 16.11.2005) **auch für und im Verhältnis zu Dänemark** (vgl. Ströbele/Hacker/Hacker MarkenG § 140 Rn. 13; Ruhl GGV Art. 79 Rn. 6). **Art. 94 Abs. 3** stellt nunmehr klar, dass Verweise auf die Brüssel Ia-VO ggf. das vorgenannte Abkommen zwischen der Europäischen Gemeinschaft und dem Königreich Dänemark mit einschließen.

Nach **Art. 32 Abs. 1 Buchst. a Brüssel Ia-VO** gilt ein Gericht als angerufen **zu dem** 16 **Zeitpunkt, zu dem das verfahrenseinleitende oder ein gleichwertiges Schriftstück bei Gericht eingereicht worden ist,** vorausgesetzt, dass der Kläger es in der Folge nicht versäumt hat, die ihm obliegenden Maßnahmen zu treffen, um die Zustellung des Schriftstücks an den Beklagten zu bewirken. **Art. 32 Abs. 1 Buchst. b Brüssel Ia-VO** betrifft den Fall, dass die Zustellung an den Beklagten durch Einreichung bei der für die Zustellung an den Beklagten zuständigen Stelle vor Einreichung des Schriftstücks bei Gericht zu bewirken ist. In beiden Fällen ist auf den Zeitpunkt der Einreichung des Schriftstücks nur dann abzustellen, wenn der **Kläger alle ihm obliegenden Maßnahmen vorgenommen hat, damit die „endgültige Rechtshängigkeit" herbeigeführt werden kann** (vgl. MüKoZPO/Gottwald Brüssel I-VO Art. 30 Rn. 2). Dies umfasst insbesondere die unverzügliche Zahlung aller notwendigen Kostenvorschüsse.

VII. Doppelidentität der Klagemarken

Der Fall der **Doppelidentität der Klagemarken,** dh der Identität sowohl der Marken, 17 als auch der für sie geschützten Waren/Dienstleistungen, wird in Abs. 1 Buchst. b und in Abs. 2 und 3 geregelt. Art. 109 differenziert insoweit danach, ob bereits in einem der Verfahren ein rechtskräftiges Urteil vorliegt oder nicht.

1. Klageabweisung bei rechtskräftigem Urteil

Liegt ein **rechtskräftiges Urteil** vor, so muss das in dem Parallelverfahren angerufene 18 Gericht die bei ihm anhängig gemachte **Verletzungsklage abweisen.** Dies bestimmt Abs. 2 für den Fall, dass über die Klage wegen Verletzung einer identischen nationalen Marke bereits rechtskräftig entschieden worden ist, und Abs. 3 für den umgekehrten Fall, dass über die Klage wegen Verletzung einer identischen Unionsmarke ein rechtskräftiges Urteil vorliegt. Die Klage wird durch das Vorliegen eines rechtskräftigen Urteils im Parallelverfahren unzulässig (vgl. Eisenführ/Schennen/Schennen Rn. 12).

2. Erklärung der Unzuständigkeit des Zweitgerichts

Existiert **noch kein rechtskräftiges Urteil** in einem der Verfahren, so hat sich das später 19 angerufene Gericht nach Abs. 1 Buchst. a S. 1 von Amts wegen zugunsten des zuerst angerufenen Gerichts **für unzuständig zu erklären.**

Wird im Parallelverfahren die Unzuständigkeit des dort angerufenen Gerichts gerügt, so 20 kann das Zweitgericht nach Abs. 1 Buchst. a S. 2 das bei ihm anhängige Verfahren aussetzen und zunächst die Entscheidung des Gerichts im Parallelverfahren über dessen Zuständigkeit abwarten. Da Art. 109 die internationale Zuständigkeit regelt, muss es sich bei der Zuständigkeitsrüge in dem Parallelverfahren auch um eine solche der internationalen Unzuständigkeit und nicht etwa nur der innerstaatlichen sachlichen oder örtlichen Unzuständigkeit handeln (zur GGV vgl. Ruhl GGV Art. 95 Rn. 14).

VIII. Ähnlichkeit der Klagemarken

Liegt **keine Doppelidentität der Klagemarken** vor, sondern sind diese nur ähnlich, so 21 **kann** das später angerufene Gericht das bei ihm anhängige **Verfahren aussetzen.** Die Aussetzung des Verfahrens **steht im Ermessen des Gerichts.** Nach Abschluss des ersten

Grüger 2209

Verfahrens muss das später angerufene Gericht das bei ihm anhängige Verfahren fortsetzen und über die bei ihm anhängige Klage entscheiden (vgl. Fezer MarkenG § 125e Rn. 27). Es kann diese nicht im Hinblick auf eine rechtskräftige Entscheidung im Parallelverfahren ohne Entscheidung in der Sache abweisen.

IX. Abgrenzung Identität und Ähnlichkeit der Klagemarken

22   Aufgrund der unterschiedlichen Rechtsfolgen im Fall der Doppelidentität und Ähnlichkeit der **Klagemarken** stellt sich die Frage, **wann noch von identischen Marken** gesprochen werden kann und wann diese lediglich ähnlich sind.

1. Teilweise Überschneidungen des Waren-/Dienstleistungsverzeichnisses

23   Die als Unions- und nationale Marke geschützten Zeichen sind vollkommen identisch, jedoch bestehen **Abweichungen beim Waren-/Dienstleistungsverzeichnis.** Es sind **unter anderem die folgenden Fallkonstellationen denkbar:**
- Das **Waren-/Dienstleistungsverzeichnis** einer der Marken ist vollständig im Waren-/Dienstleistungsverzeichnis der anderen Klagemarke enthalten, jedoch umfasst letzteres **über den Überschneidungsbereich hinaus noch weitere Waren/Dienstleistungen.**
- Das Waren-/Dienstleistungsverzeichnis beider Klagemarken weist einen Überschneidungsbereich auf, jedoch sind **für beide Klagemarken auch weitere Waren/Dienstleistungen geschützt.**
- Das Waren-/Dienstleistungsverzeichnis der **einen Klagemarke nennt Oberbegriffe,** das der **anderen Klagemarke konkrete Waren/Dienstleistungen,** die jedoch unter die Oberbegriffe fallen.

24   Soweit beide Verletzungsklagen trotz Abweichungen im Waren/Dienstleistungsverzeichnis übereinstimmend **auf dieselben von beiden Klagemarken geschützten Waren/Dienstleistungen gestützt** werden, dürfte unter Berücksichtigung des Gesetzeszwecks des Art. 109 insoweit eine Doppelidentität iSd Abs. 1 Buchst. a, Abs. 2 und 3 zu bejahen sein.

2. Abweichungen bei den Zeichen

25   Sind die **Klagezeichen** nicht identisch stellt sich die Frage, **ob bereits jede Abweichung** bei den geschützten Zeichen zu der Annahme führt, dass keine Identität, sondern nur Ähnlichkeit vorliegt. Hier können die **von der Rechtsprechung entwickelten Grundsätze zur Auslegung des Begriffs der „Identität" in Art. 8 Abs. 1 Buchst. a** (vgl. EuGH GRUR 2003, 422 – LTJ Diffusion; GRUR 2010, 841 Rn. 47 – Portakabin; BGH GRUR 2015, 607 – Rn. 22 – Uhrenankauf im Internet) sowie **im Rahmen des Zeitrangs** (vgl. EuG GRUR Int 2012, 654 Rn. 16 – Justing), der **Seniorität** (vgl. EuG GRUR Int 2013, 454 Rn. 27 – MEDINET) und **des Schutzbereichs von schwarz-weißen Marken** (vgl. BGH GRUR 2015, 1009 Rn. 15 ff. – BMW-Emblem) sowie die vom EUIPO und den nationalen Markenämtern im Rahmen des Konvergenzprogramms vorgelegte **„Gemeinsame Mitteilung zur gemeinsamen Praxis zum Schutzbereich von schwarz-weißen Marken" vom 15.4.2014"** (abrufbar unter: http://www.dpma.de/docs/marke/commoncommunicationdewithoutannexfinal.pdf) herangezogen werden. So hat das EuG in seinem Urteil „MEDINET" festgestellt, dass einem Begriff, der in verschiedenen Bestimmungen eines Rechtsakts verwendet wird, aus Gründen der Kohärenz und der Rechtssicherheit – zumal, wenn er restriktiv auszulegen ist – die gleiche Bedeutung beigemessen werden muss, unabhängig davon, in welcher Bestimmung er sich findet.

26   Nach diesen Grundsätzen ist ein Zeichen mit einer Marke identisch, wenn **es ohne Änderung oder Hinzufügung alle Elemente wiedergibt, die die Marke bilden,** oder wenn es als Ganzes betrachtet **Unterschiede** gegenüber der Marke **aufweist, die so unbedeutend sind, dass sie einem Durchschnittsverbraucher entgehen können.** Unbedeutend ist ein Unterschied, der einem normal aufmerksamen Durchschnittsverbraucher **nur auffällt, wenn** er die **betreffenden Marken direkt vergleicht.** Die Frage der Identität der Klagezeichen ist im Hinblick auf die einschneidenden Rechtsfolgen des Art. 109 Abs. 1 Buchst. a und Abs. 2, 3 jedoch **restriktiv zu beurteilen.** Eine Identität der Klagezeichen im Sinne des Art. 109 Abs. 1 Buchst. a und Abs. 2, 3 kann somit auch bei unbedeutenden

Unterschieden, die einem Durchschnittsverbraucher entgehen können, angenommen werden (aA BeckOK UMV/Müller Rn. 16).

Abschnitt 2 Anwendung des einzelstaatlichen Rechts zum Zweck der Untersagung der Benutzung von Unionsmarken

Art. 110 Untersagung der Benutzung von Unionsmarken

(1) ¹Diese Verordnung lässt, soweit nichts anderes bestimmt ist, das nach dem Recht der Mitgliedstaaten bestehende Recht unberührt, Ansprüche wegen Verletzung älterer Rechte im Sinne des Artikels 8 oder des Artikels 53 Absatz 2 gegenüber der Benutzung einer jüngeren Unionsmarke geltend zu machen. ²Ansprüche wegen Verletzung älterer Rechte im Sinne des Artikels 8 Absätze 2 und 4 können jedoch nicht mehr geltend gemacht werden, wenn der Inhaber des älteren Rechts nach Artikel 54 Absatz 2 nicht mehr die Nichtigerklärung der Unionsmarke verlangen kann.

(2) Diese Verordnung lässt, soweit nichts anderes bestimmt ist, das Recht unberührt, aufgrund des Zivil-, Verwaltungs- oder Strafrechts eines Mitgliedstaats oder aufgrund von Bestimmungen des Unionsrechts Klagen oder Verfahren zum Zweck der Untersagung der Benutzung einer Unionsmarke anhängig zu machen, soweit nach dem Recht dieses Mitgliedstaats oder dem Unionsrecht die Benutzung einer nationalen Marke untersagt werden kann.

Überblick

Die Art. 110 und 111 erlauben die Anwendung nationalen Rechts zum Zweck der Untersagung der Benutzung einer Unionsmarke aufgrund älterer Rechte. Art. 110 Abs. 1 bestimmt dazu, dass die UMV das Recht der Mitgliedstaaten unberührt lässt, die Benutzung einer Unionsmarke im eigenen Land aufgrund nach nationalem Recht bestehender älterer Rechte zu untersagen (→ Rn. 2). Abs. 2 weitet das Recht der Mitgliedstaaten die Benutzung einer Unionsmarke im eigenen Land zu verbieten auf nationale Vorschriften außerhalb des Kennzeichenrechts aus (→ Rn. 4).

A. Allgemeines

Art. 110 eröffnet die Möglichkeit für die Mitgliedstaaten, die Benutzung einer Unionsmarke in ihrem Hoheitsgebiet durch die nationalen Gerichte verbieten zu lassen. Dies widerspricht zunächst der Idee der Unionsmarke als europäisches Recht mit **einheitlicher Gültigkeit** in der gesamten EU (Art. 1 Abs. 2 S. 1 und S. 2). Demnach kann sie grundsätzlich auch nur **insgesamt** eingetragen oder zurückgewiesen werden. Art. 1 Abs. 2 S. 3 bietet jedoch Raum für Ausnahmen: Da man verhindert wollte, dass eine Unionsmarke immer insgesamt gelöscht werden muss, nur weil sie in lediglich einem oder einigen wenigen Mitgliedstaaten mit einem bestehenden Kennzeichen kollidiert, sollte über Art. 110 eine weniger einschneidende Möglichkeit geschaffen werden. So gibt die Lösung über Art. 110 dem Inhaber eines älteren Kennzeichens die Möglichkeit, die Benutzung einer kollidierenden Unionsmarke gerade **nur im eigenen Land** zu verbieten, ohne gegen die Unionsmarke als solche vorzugehen. Häufig wird sich der Inhaber eines älteren Rechts eben nur für die Benutzung im eigenen Land, nicht aber für die Benutzung im restlichen Binnenmarkt interessieren. Die isolierte Benutzungsuntersagung für einzelne Mitgliedstaaten aufgrund nationaler älterer Rechte folgt damit dem Gebot der Verhältnismäßigkeit und schafft mehr Flexibilität für beide Markeninhaber.

B. Untersagung der Benutzung aufgrund älterer Rechte (Abs. 1)

I. Anspruch auf Unterlassung der Benutzung in einem Mitgliedstaat (Abs. 1 S. 1)

2   Bestehen **nationale ältere Rechte** iSv Art. 8 oder Art. 53 Abs. 2, könnte die Anmeldung einer Unionsmarke per **Widerspruch** (Art. 42) verhindert oder die bereits eingetragene Marke durch **Nichtigkeitsantrag** (Art. 53, 56) gelöscht werden. Zwar besteht dann die Möglichkeit der Umwandlung in nationale Marken über Art. 112, eine Unionsmarke könnte jedoch nicht mehr erreicht bzw. erhalten werden. Um die Unionsmarke insgesamt in ihrer Existenz zu stärken, wurde durch Art. 110 eine mildere Option geschaffen. Statt eine Unionsmarke durch Nichtigkeitsantrag löschen zu lassen, kann der Inhaber des älteren Rechts die Benutzung der Unionsmarke **nur im eigenen Mitgliedstaat** gerichtlich verbieten lassen. Häufig wird sein Ziel damit bereits erreicht sein und beiden Parteien bleibt ein großer **Vorteil:** Der Inhaber des älteren Rechts erspart sich den aufwändigeren europaweiten Nichtigkeitsantrag, und der Inhaber der Unionsmarke kann seine Unionsmarke als solche behalten und in allen übrigen Mitgliedstaaten ohne Einschränkungen benutzen.

II. Verwirkung des Anspruchs (Abs. 1 S. 2)

3   Abs. 1 S. 2 sieht die **Verwirkung** des Anspruchs aus S. 1 vor, wenn der Inhaber des älteren Rechts die **Benutzung** der Unionsmarke **im eigenen Land** gemäß Art. 54 Abs. 2 für mindestens **fünf Jahre wissentlich** geduldet hat. Diese Anordnung gilt nur für ältere **Kennzeichenrechte** gemäß Art. 8 Abs. 2 und 4, nicht aber für **sonstige ältere Rechte** gemäß Art. 53 Abs. 2. Die Vorschrift unterstreicht die Tatsache, dass der Benutzungsunterlassungsanspruch nach Abs. 1 S. 1 lediglich als mildere Option zum Nichtigkeitsanspruch nach Art. 53, 56 fungieren soll. Kann der Inhaber des älteren Rechts die Nichtigkeitsanordnung der Unionsmarke nicht mehr verlangen, weil er die Frist des Art. 54 Abs. 2 bewusst hat verstreichen lassen, soll er auch das Recht aus Abs. 1 S. 1 nicht mehr haben. Beide Marken existieren dann gemäß Art. 54 Abs. 3 nebeneinander in **Koexistenz**.

C. Untersagung der Benutzung aufgrund außerkennzeichenrechtlicher Normen (Abs. 2)

4   Abs. 2 erlaubt es, die Benutzung einer Unionsmarke in einem Mitgliedstaat auch aufgrund von **Vorschriften außerhalb des Kennzeichenrechts** zu verbieten, soweit die jeweilige Norm der Benutzung einer **nationalen Marke** entgegenstünde. Die verletzte Norm kann sowohl dem **nationalen Recht** eines Mitgliedstaates, als auch dem **Unionsrecht** entstammen. Als Beispiel für nationales Recht nennt Abs. 2 das Zivil-, Verwaltungs- und Strafrecht der Mitgliedstaaten. Betroffen sein wird aber vor allem das jeweilige **nationale Wettbewerbsrecht.** Das nationale Recht der Mitgliedstaaten findet auch schon über Art. 14 Abs. 2 Anwendung, so dass es sich insoweit um eine Wiederholung handelt (ebenso Eisenführ/Schennen/Schennen Rn. 16). Die Unionsmarke soll in den Mitgliedstaaten hinsichtlich außerkennzeichenrechtlicher Normen, ganz gleich ob es sich um nationales Recht oder Unionsrecht handelt, **keinen Sonderstatus** genießen. Soweit **außerkennzeichenrechtlich** gegen die **Benutzung** einer nationalen Marke vorgegangen werden könnte, gilt dies gemäß Abs. 2 gleichermaßen für eine gleichlautende Unionsmarke.

Art. 111 Ältere Rechte von örtlicher Bedeutung

(1) Der Inhaber eines älteren Rechts von örtlicher Bedeutung kann sich der Benutzung der Unionsmarke in dem Gebiet, in dem dieses ältere Recht geschützt ist, widersetzen, sofern dies nach dem Recht des betreffenden Mitgliedstaats zulässig ist.

(2) Absatz 1 findet keine Anwendung, wenn der Inhaber des älteren Rechts die Benutzung der Unionsmarke in dem Gebiet, in dem dieses ältere Recht geschützt ist, während fünf aufeinanderfolgender Jahre in Kenntnis dieser Benutzung gedul-

Ältere Rechte von örtlicher Bedeutung   Art. 111 UMV

det hat, es sei denn, dass die Anmeldung der Unionsmarke bösgläubig vorgenommen worden ist.

(3) Der Inhaber der Unionsmarke kann sich der Benutzung des in Absatz 1 genannten älteren Rechts nicht widersetzen, auch wenn dieses ältere Recht gegenüber der Unionsmarke nicht mehr geltend gemacht werden kann.

Überblick

Art. 111 ist neben Art. 110 eine weitere Durchbrechung des Gebotes der Einheitlichkeit der Unionsmarke. Abs. 1 erlaubt die Anwendung nationalen Rechts zum Zweck der Untersagung der Benutzung einer Unionsmarke aufgrund älterer Rechte von örtlicher Bedeutung im eigenen Schutzgebiet. Abs. 2 sieht die Verwirkung des Anspruchs vor, wenn die Anmeldung der Marke ohne Kenntnis der älteren Rechte vorgenommen wurde und der Inhaber der älteren Rechte die Benutzung der Unionsmarke während fünf aufeinanderfolgenden Jahren in Kenntnis der Benutzung geduldet hat. Abs. 3 schützt das ältere Recht von örtlicher Bedeutung auch nach der Verwirkung der Rechte aus Abs. 1 vor Unterlassungsansprüchen auf Grund der Unionsmarke.

A. Allgemeines

Die UMV stellt ältere Rechte von örtlicher Bedeutung in Art. 111 unter besonderen 1
Schutz. Sie versucht dabei, in einem Spagat sowohl dem **Grundsatz der Einheitlichkeit** (Art. 1) als auch dem Schutz älter Rechte von örtlicher Bedeutung gerecht zu werden. Funktionell geschieht das durch die Möglichkeit, die Benutzung der Unionsmarke in Anwendung nationalen Rechts zu verbieten. Der Unterlassungsanspruch beschränkt sich jedoch entsprechend dem Charakter der in Abs. 1 genannten älteren Rechte als **ortsbezogene Kennzeichen** auf gerade das Gebiet in dem diese Rechte bestehen. Analog der Zielrichtung von Art. 110 soll so nach Möglichkeit verhindert werden, dass eine Unionsmarke für den gesamten Binnenmarkt nicht zur Geltung kommt, weil ein nur punktuell bedeutendes Kennzeichen kollidiert. Andererseits soll nach der Zielrichtung auch verhindert werden, dass bestehende ältere Rechte von örtlicher Bedeutung von einer neu eingetragenen Unionsmarke vernichtet werden. Diesen Erwägungen folgt Art. 111 in drei Absätzen, indem es zunächst dem Inhaber der älteren Rechte von örtlicher Bedeutung einen **territorialen Unterlassungsanspruch** gegen die Unionsmarke verschafft, jedoch mit einer nach fünf Jahren eintretenden Verwirkung, falls die Unionsmarke in dem **guten Glauben** angemeldet wurde, dass keine älteren Rechte nach Abs. 1 bestehen und der Inhaber der älteren Rechte von der Benutzung der kollidierenden Unionsmarke **Kenntnis** hatte. Abs. 3 schließlich verhindert auf Dauer ein Vorgehen aus der Unionsmarke gegen das ältere Recht von örtlicher Bedeutung, auch wenn der Inhaber des älteren Rechts seine Rechte aus Abs. 1 verwirkt hat. Es besteht dann eine **Koexistenz** im betroffenen Gebiet (Eisenführ/Schennen/Eisenführ/Eberhardt Rn. 8).

B. Anwendung nationalen Rechts

Der Unterlassungsanspruch nach Abs. 1 besteht nur, wenn sich ein entsprechender 2
Anspruch aus dem nationalen Recht des Mitgliedstaats ergibt, welches im Geltungsbereich des älteren Rechts von örtlicher Bedeutung Anwendung findet. Eine **Definition** des Begriffs des älteren Rechts von örtlicher Bedeutung enthält die UMV nicht. Auch die **Aktivlegitimation** muss sich aus dem nationalen Recht ergeben. In **Deutschland** sind zB **Verkehrsgeltungsmarken** nach § 4 Nr. 2 MarkenG erfasst, deren Schutz auf Teilgebiete beschränkt sein kann (Ingerl/Rohnke MarkenG § 4 Rn. 24). Auch ein **Unternehmenskennzeichen** nach § 5 MarkenG kann geographisch begrenzt geschützt sein und damit in den Anwendungsbereich von Abs. 1 fallen (Ingerl/Rohnke MarkenG § 5 Rn. 5).

Abschnitt 3 Umwandlung in eine Anmeldung für eine nationale Marke

Art. 112 Antrag auf Einleitung des nationalen Verfahrens

(1) Der Anmelder oder Inhaber einer Unionsmarke kann beantragen, dass seine Anmeldung oder seine Unionsmarke in eine Anmeldung für eine nationale Marke umgewandelt wird,
a) soweit die Anmeldung der Unionsmarke zurückgewiesen wird oder zurückgenommen worden ist oder als zurückgenommen gilt;
b) soweit die Unionsmarke ihre Wirkung verliert.

(2) Die Umwandlung findet nicht statt,
a) wenn die Unionsmarke wegen Nichtbenutzung für verfallen erklärt worden ist, es sei denn, dass in dem Mitgliedstaat, für den die Umwandlung beantragt wird, die Unionsmarke benutzt worden ist und dies als eine ernsthafte Benutzung im Sinne der Rechtsvorschriften dieses Mitgliedstaats gilt;
b) wenn Schutz in einem Mitgliedstaat begehrt wird, in dem gemäß der Entscheidung des Amtes oder des einzelstaatlichen Gerichts der Anmeldung oder der Unionsmarke ein Eintragungshindernis oder ein Verfalls- oder Nichtigkeitsgrund entgegensteht.

(3) Die nationale Anmeldung, die aus der Umwandlung einer Anmeldung oder einer Unionsmarke hervorgeht, genießt in dem betreffenden Mitgliedstaat den Anmeldetag oder den Prioritätstag der Anmeldung oder der Unionsmarke sowie gegebenenfalls den nach Artikel 34 oder Artikel 35 beanspruchten Zeitrang einer Marke dieses Staates.

(4) Für den Fall, dass die Anmeldung der Unionsmarke als zurückgenommen gilt, teilt das Amt dies dem Anmelder mit und setzt ihm dabei für die Einreichung eines Umwandlungsantrags eine Frist von drei Monaten nach dieser Mitteilung.

(5) Wird die Anmeldung der Unionsmarke zurückgenommen oder verliert die Unionsmarke ihre Wirkung, weil ein Verzicht eingetragen oder die Eintragung nicht verlängert wurde, so ist der Antrag auf Umwandlung innerhalb von drei Monaten nach dem Tag einzureichen, an dem die Unionsmarke zurückgenommen wurde oder die Eintragung der Unionsmarke ihre Wirkung verloren hat.

(6) Wird die Anmeldung der Unionsmarke durch eine Entscheidung des Amtes zurückgewiesen oder verliert die Unionsmarke ihre Wirkung aufgrund einer Entscheidung des Amtes oder eines Unionsmarkengerichts, so ist der Umwandlungsantrag innerhalb von drei Monaten nach dem Tag einzureichen, an dem diese Entscheidung rechtskräftig geworden ist.

(7) Die in Artikel 32 genannte Wirkung erlischt, wenn der Antrag nicht innerhalb der vorgeschriebenen Zeit eingereicht wurde.

Überblick

Die Art. 112–114 regeln die Umwandlung einer Unionsmarkenanmeldung bzw. einer Unionsmarke in nationale Anmeldungen der Mitgliedstaaten, soweit diese bestandslos geworden ist. Regel 44 und 45 GMDV über die Anforderungen an den Umwandlungsantrag ergänzen diese Vorschrift. Für die Umwandlung von Internationalen Registrierungen ist Art. 159 einschlägig.

Übersicht

	Rn.		Rn.
A. Allgemeines	1	2. Unionsmarke	12
B. Voraussetzungen	3	II. Kein Ausschluss der Umwandlung	13
		1. Verfallserklärung aufgrund Nichtbenutzung	15
I. Vorliegen eines Umwandlungsgrundes	4	2. Entgegenstehen eines Eintragungshindernisses/Verfalls-/Nichtigkeitsgrunds	18
1. Unionsmarkenanmeldung	5		

Antrag auf Einleitung des nationalen Verfahrens   **Art. 112 UMV**

	Rn.		Rn.
III. Teilumwandlung	26	V. Umwandlungsfrist	29
		VI. Gebühr	33
IV. Umwandlungsantrag	28	VII. Folgen	34

A. Allgemeines

Die Möglichkeit der Umwandlung trägt der parallelen Existenz von Unionsmarken und 1
nationalen Marken in den Mitgliedstaaten Rechnung. Ergeben sich bestimmte Eintragungshindernisse nur im Hinblick auf ein oder mehrere Mitgliedstaaten, aber eben nicht aller, so steht der Eintragung in den übrigen Mitgliedstaaten dem Grunde nach nichts entgegen. Demzufolge soll auch die Möglichkeit der Umwandlung angeboten werden. Dies erlaubt dem Markenanmelder nach einem Wegfall der Marke(nanmeldung) auf nationaler Ebene leichter und schneller Markenschutz zu erlangen.

Art. 112 war durch die Reform durch die VO (EU) 2015/2424 nicht betroffen und wurde 2
nicht geändert.

B. Voraussetzungen

Damit sich die Möglichkeit einer Umwandlung eröffnet, muss ein berechtigter Umwand- 3
lungsgrund vorliegen, die Umwandlung nicht ausgeschlossen sein und die Umwandlungsfrist eingehalten werden.

I. Vorliegen eines Umwandlungsgrundes

Art. 112 unterscheidet zwischen dem Wegfall einer Unionsmarkenanmeldung (Abs. 1 4
Buchst. a) und dem Verlust der Wirkungen der Unionsmarke (Abs. 1 Buchst. b). Art. 112 steht somit im Zusammenhang mit den anderen Vorschriften der UMV, die als Rechtsfolge den Wegfall oder den Wirkungsverlust der Marke bzw. der Markenanmeldung vorsehen.

1. Unionsmarkenanmeldung

Art. 112 Abs. 1 Buchst. a betrifft die Fälle der Umwandlungsmöglichkeiten für eine Uni- 5
onsmarkenanmeldung. Demnach kann eine Umwandlung in folgenden drei Konstellationen stattfinden:
- die Markenanmeldung ist zurückgewiesen worden (→ Rn. 8);
- die Markenanmeldung ist zurückgenommen (→ Rn. 9 ff.);
- die Markenanmeldung gilt als zurückgenommen (→ Rn. 11).

Im Folgenden werden die **Voraussetzungen** genauer erläutert: 6

Vorausgesetzt ist zunächst eine **wirksame Markenanmeldung.** Sie muss also zum Zeit- 7
punkt der Stellung des Umwandlungsantrags die Voraussetzungen für die Zuerkennung des Anmeldetages, dh die nach Art. 26, erfüllen. Werden diese Voraussetzungen nicht erfüllt, ist auch die Umwandlung nicht möglich (Eisenführ/Schennen/Schennen Rn. 4).

Ein berechtigter Grund zur Umwandlung besteht ebenfalls im Falle der **Zurückweisung** 8
der Markenanmeldung. Zeitlich kann diese während der Prüfung der Markenanmeldung bis zum Abschluss des Widerspruchsverfahrens inklusive einem etwaigen Beschwerdeverfahren erfolgen.

Auch im Falle der **Zurücknahme** einer Markenanmeldung ist die Umwandlung möglich. 9
Die Zurücknahme ist während der gesamten Anhängigkeit der Markenanmeldung möglich.

Auch während der laufenden Beschwerdefrist eines Widerspruchsverfahrens ist eine 10
Zurücknahme möglich, so dass sich die Möglichkeit der Umwandlung auch dann ergibt. Dies gilt allerdings nach Praxis des EUIPO nicht, wenn tatsächlich keine Beschwerde eingelegt wird. Insoweit sei die „Optima"-Entscheidung der Großen Beschwerdekammer (HABM Gr. BK vom 27.9.2006 – R 331/2006-G) nämlich nicht anwendbar (→ Art. 43 Rn. 4). Diese befasse sich nur mit der Möglichkeit der Zurücknahme einer Markenanmeldung, nicht aber mit der der Umwandlung (Richtlinien für die Verfahren vor dem HABM, Teil E, Abschnitt 2, S. 8, Stand 2.1.2014). Dieser Ansatz erscheint fragwürdig. Art. 112 Abs. 1 Buchst. a verweist auf die Zurücknahme einer Markenanmeldung. Nach der „Optima"-

Entscheidung ist diese auch in der Beschwerdefrist trotz nicht eingelegter Beschwerde zulässig. Dann aber muss auch die Umwandlung zulässig sein. Der gesetzliche Anknüpfungspunkt ist ausschließlich die Zurücknahme. Im Rahmen einer konsistenten Praxis sollten also beide Fälle gleichbehandelt werden. In der neuen Fassung der Prüfungsrichtlinien für die Unionsmarke wird dies nun aber überwiegend korrigiert. Wenn in dem beschriebenen Fall keine Beschwerde eingelegt wird, sei nunmehr die Umwandlung nur noch für die Mitgliedstaaten ausgeschlossen, in denen ein Eintragungshindernis, Verfalls- oder Nichtigkeitsgrund vorliegt. Wird aber tatsächlich Beschwerde eingelegt, so wird das Umwandlungsverfahren bis zur Entscheidung ausgesetzt (Prüfungsrichtlinien für die Unionsmarke, Teil E, Abschnitt 2, 4.3).

11 Letztlich ist eine Umwandlung auch für den Fall der **Fiktion der Zurücknahme** geregelt. In folgenden zwei Fällen ist die Fiktion der Zurücknahme in der UMV und UMVD geregelt: (1) die Eintragungsgebühr wurde nicht fristgerecht entrichtet (Art. 45 S. 2) oder (2) sofern die Gebühren für die Klassen nicht bezahlt wurden (Art. 36 Abs. 5 UMV oder Regel 9 Abs. 5 GMDV). Die Fiktion der Zurücknahme in letzterem Fall wird allerdings nur die zusätzlich zu der von der Grundgebühr abgedeckten ersten Klasse angemeldeten betreffen, sofern feststellbar ist, welche dies sind. Folglich besteht für diese Fälle die Möglichkeit der Teilumwandlung (→ Rn. 26 f.) für die nicht von der Grundgebühr abgedeckten Klassen. Ansonsten umfasst die Fiktion die gesamte Markenanmeldung (vgl. Art. 36 Abs. 5).

2. Unionsmarke

12 Art. 112 Abs. 1 Buchst. b regelt, dass die Umwandlung erfolgen kann, wenn die Marke ihre „Wirkung verliert". Dies betrifft die folgenden vier Konstellationen die allesamt in Art. 112 erwähnt werden:
- Verfallserklärung einer Marke;
- Nichtigerklärung einer Marke;
- Nichterfolgen der Verlängerung einer Marke;
- Verzicht auf eine Marke.

II. Kein Ausschluss der Umwandlung

13 Art. 112 Abs. 2 regelt die Fälle, in denen eine Umwandlung ausgeschlossen ist, nämlich bei
- einer Verfallserklärung aufgrund Nichtbenutzung, sofern nicht die Marke nach dem nationalen Recht des betreffenden Mitgliedstaates ernsthaft benutzt worden ist;
- Entgegenstehen eines Eintragungshindernisses oder eines Verfalls- oder Nichtigkeitsgrunds gemäß der Entscheidung des EUIPO oder des einzelstaatlichen Gerichts in dem Mitgliedstaat, für den Schutz begehrt wird.

14 Sinn dieses Ausschlusses ist, eine Umgehung der Entscheidungen auf EU-Ebene über den Bestand einer Marke(nanmeldung) zu verhindern.

1. Verfallserklärung aufgrund Nichtbenutzung

15 Ist eine Marke aufgrund Nichtbenutzung für verfallen erklärt, so ist die Umwandlung für das gesamte EU-Gebiet ausgeschlossen.

16 Zwar macht das Gesetz die Einschränkung, dass die Umwandlungsmöglichkeit für die Mitgliedstaaten erhalten bleibt, die die Benutzung der Marke in diesem Territorium nach nationalem Recht als ausreichend ansehen. Allerdings wird dieser Fall praktisch kaum eintreten, denn rechtserhaltende Benutzung einer nationalen Marke stellt nach heutiger Praxis meist auch rechtserhaltende Benutzung einer Unionsmarke dar (vgl. Gielen/v. Bomhard, Concise European Trade Mark and Design Law, Art. 112, 3. Exceptions (para. 2) (a)). Daran hat auch die neuere Entscheidung des EuGH in der Sache ONEL/OMEL zur Auslegung des Begriffs „ernsthafte Benutzung" nichts geändert (EuGH C-149/11, GRUR Int 2013, 137 – Leno Merken/Hagelkruis Beheer – ONEL).

17 Droht eine Verfallserklärung ist es aufgrund des Ausschlusses der Umwandlung überlegenswert, vor der Verfallserklärung den Verzicht auf die Marke zu erklären, denn dann steht die Umwandlung in nationale Anmeldungen weiterhin offen. Fraglich ist, ob die resultierenden nationalen Anmeldungen nach der Umwandlung dann eine weitere Benutzungsschonfrist

Antrag auf Einleitung des nationalen Verfahrens　　　　　　　　　　**Art. 112 UMV**

genießen dürfen. Für Deutschland zB soll dies wohl nicht der Fall sein (Gielen/v. Bomhard, Concise European Trade Mark and Design Law, Art. 112, 3. Exceptions (para. 2) (a)).

2. Entgegenstehen eines Eintragungshindernisses/Verfalls-/Nichtigkeitsgrunds

Hat das EUIPO (bzw. im Instanzenzug folgend das EuG bzw. der EuGH) oder ein einzelstaatliches Gericht entschieden, dass in einem Mitgliedstaat der Marke(nanmeldung) ein Eintragungshindernis bzw. ein Verfalls- oder Nichtigkeitsgrund entgegensteht, so ist für diesen Mitgliedstaat die Umwandlung ausgeschlossen. 18

Relevant ist also ausschließlich die Entscheidung und insoweit besteht auch kein Ermessen, wenn das EUIPO die Zulässigkeit der Umwandlung prüft. 19

Bei Entscheidungen, welche auf das Vorliegen von **absoluten Eintragungshindernissen** gestützt sind, wird das EUIPO den beschreibenden Charakter einer Markenanmeldung oder deren fehlende Unterscheidungskraft oft anhand einer bestimmten Sprache feststellen. Regel 45 Abs. 4 S. 1 GMDV stellt klar, dass aus einer solchen Entscheidung folgt, dass die Umwandlung für diejenigen Mitgliedstaaten unzulässig ist, in denen diese Sprache **Amtssprache** ist. Die Entscheidung selbst wird nämlich kaum klarstellen, ob sie die Markenanmeldung aufgrund der Lage in den Mitgliedstaaten zurückgewiesen wird, die die betreffende Sprache als Amtssprache haben oder nur als eine der „Gebrauchssprachen". 20

Dem Regel 45 Abs. 4 S. 1 GMDV zugrundeliegenden Gedanken zufolge muss die Umwandlung gänzlich ausgeschlossen sein, wenn sich das Eintragungshindernis auf die gesamte EU erstreckt. Dies ist der Fall, wenn ein absolutes Eintragungshindernis in allen Mitgliedstaaten vorliegt oder eine ältere Unionsmarke bzw. ein sonstiges unionsrechtliches gewerbliches Schutzrecht das Entgegenstehen eines relativen Eintragungshindernisses (die beiden letzten Fälle betreffen das Entgegenstehen relativer Eintragungshindernisse, → Rn. 22, auslöst. Regel 45 Abs. 4 S. 2 GMDV stellt dies noch einmal ausdrücklich klar. 21

Das Amt stützt Widerspruchs- und Nichtigkeitsentscheidungen, die auf **relativen Eintragungshindernissen** basieren und zu Gunsten des älteren Rechts ausgehen, stets nur auf ein (oder höchstens wenige ältere Rechte), nämlich dasjenige, welches das Ergebnis am einfachsten begründet. Auch wenn der Inhaber dieses älteren Rechts eine Vielzahl von anderen älteren Marken ins Spiel bringt, geht das EUIPO nicht auf diese ein (außer sie sind identisch und werfen dieselben Probleme auf). Dies ist bedenklich. Beruft sich der Inhaber der älteren Rechte nämlich zB auf eine Vielzahl verschiedener älterer nationaler Marken in verschiedenen Mitgliedstaaten und stützt das EUIPO seine Entscheidung der Einfachheit halber nur auf eines, so steht dem Markenanmelder/Inhaber der jüngeren Marke die Umwandlung in den anderen Mitgliedstaaten offen. Der Inhaber der älteren Rechte muss dann auf nationalem (und unter Umständen sehr teurem) Wege gegen diese Umwandlung vorgehen, obwohl er in dem Widerspruch/Nichtigkeitsverfahren alle seine älteren nationalen Rechte vorgebracht hatte. Würde das EUIPO diese in die Prüfung mit einbeziehen, wäre auch die Umwandlung in diesen anderen Mitgliedstaaten gesperrt. Wünschenswert wäre also eine umfassende Prüfung anhand aller vorgebrachter älterer Rechte, was aber wieder zu Lasten der Schnelligkeit der Entscheidung gehen würde. 22

Regel 45 Abs. 4 S. 2 GMDV stellt klar, dass die Umwandlung insgesamt ausgeschlossen ist, wenn die Zurückweisung aufgrund einer älteren Unionsmarke oder eines sonstigen unionsrechtlichen gewerblichen Schutzrechts erfolgt. 23

Dies ist problematisch, wenn zB Verwechslungsgefahr mit einer älteren Unionsmarke festgestellt wird, die Begründung aber auf bestimmte territoriale Gegebenheiten gestützt wird. Trotz der territorial beschränkten Gründe, die dann eine Verwechslungsgefahr begründen, ist die Umwandlung dann nämlich für alle Mitgliedstaaten gesperrt. 24

Das Entgegenstehen einer älteren Unionsmarke kann aber auch im Zusammenhang mit dem markenrechtlichen Territorialitätsgrundsatz bedenklich sein. Ist diese nämlich bereits benutzungspflichtig, kann es für deren Erhalt ausreichen, wenn der Inhaber sie nur in einem Teil der EU benutzt, ggf. (und je nach Umständen des Einzelfalls) sogar nur in einem sehr kleinen Gebiet. Dies hat zur Folge, dass die Marke (trotz der geographisch sehr beschränkten Benutzung) für das gesamte Territorium der EU Bestand hat. Sie schließt daher eine Umwandlung einer kollidierenden Markenanmeldung gänzlich aus. Der Markeninhaber kann also mit fast minimalem Aufwand ein Monopol für das gesamte Gebiet der EU erschaf- 25 fen. Aufgrund des einheitlichen Charakters der Unionsmarke (→ Art. 1 Rn. 5) ist dies aber wohl hinzunehmen.

III. Teilumwandlung

26 Der Verweis auf das Wort „soweit" in Art. 112 Abs. 1 Buchst. a und b bedeutet, dass eine Umwandlung auch dann möglich ist, wenn die Markenanmeldung oder Marke nur teilweise zurückgewiesen oder zurückgenommen wurde, dann allerdings auch nur in diesem Umfang. Dies bedeutet, dass das Waren- und Dienstleistungsverzeichnis für die Umwandlung nicht über die zurückgewiesenen oder zurückgenommenen Waren und Dienstleistungen hinausgehen darf.

27 Regel 44 Abs. 1 Buchst. e GMDV zeigt, dass es auch eine gewillkürte Teilumwandlung gibt. Bei der vollständigen Zurückweisung oder Zurücknahme kann nach Wunsch nur für einen Teil des ursprünglichen Waren- und Dienstleistungsverzeichnisses umgewandelt werden. Diese Freiheit geht sogar so weit, dass für verschiedene Mitgliedstaaten mit unterschiedlichen Waren- und Dienstleistungsverzeichnissen umgewandelt werden kann (vgl. Regel 44 Abs. 1 Buchst. e Hs. 2 GMDV). Der Markeninhaber/-anmelder ist also relativ frei und kann das Waren- und Dienstleistungsverzeichnis den gegebenen Umständen in den einzelnen Mitgliedstaaten bei der Umwandlung im Rahmen des Möglichen anpassen.

IV. Umwandlungsantrag

28 Die Umwandlung setzt einen Antrag mit den in Regel 44 Abs. 1 GMDV genannten Angaben voraus (Art. 112 Abs. 1, 113). Sind diese Vorgaben nicht eingehalten, so teilt dies das EUIPO dem Antragsteller mit und setzt eine Frist zur Mängelbehebung (Regel 45 Abs. 1 GMDV).

V. Umwandlungsfrist

29 Die Frist zur Stellung des Umwandlungsantrages beträgt drei Monate (Art. 112 Abs. 4 bis 6 iVm Regel 44 Abs. 2 GMDV). In Art. 82 Abs. 2 ist diese Frist explizit von der Möglichkeit der **Weiterbehandlung** ausgenommen.

30 Grundsätzlich wird der Markenanmelder von der Umwandlungsfrist nicht durch das EUIPO informiert. Ausschließlich im Falle der **Fiktion der Zurücknahme** teilt das EUIPO dies dem Markenanmelder mit und setzt eine dreimonatige Frist zur Umwandlung (Art. 112 Abs. 4). Bei der **Zurücknahme** oder im Falle des **Verlusts der Wirkung** beginnt die Dreimonatsfrist von diesem Datum ohne entsprechende Mitteilung (Art. 112 Abs. 5). Genaueres wird in der folgenden Tabelle dargestellt:

Ereignis	Beginn der Dreimonatsfrist	Bestimmungen
Zurücknahme	Eingang der Erklärung der Zurücknahme beim EUIPO	Art. 112 Abs. 5
Wirkungsverlust aufgrund Entscheidung eins Unionsmarkengerichts	Tag der Rechtskraft der Entscheidung (maßgeblich ist nationales Recht)	Art. 112 Abs. 6
Nichtvornahme der Verlängerung	Tag nach dem letzten Tag der Frist zur Stellung eines Verlängerungsantrags	Art. 112 Abs. 5, Regel 44 Abs. 2 GMDV
Verzicht	Eintragung des Verzichts im Register	Art. 112 Abs. 5
Zurückweisung	Tag der Rechtskraft der Entscheidung	Art. 112 Abs. 6
Nichtigkeitserklärung	Tag der Rechtskraft der Entscheidung	Art. 112 Abs. 6
Verfall	Tag der Rechtskraft der Entscheidung	Art. 112 Abs. 6

Einreichung, Veröffentlichung und Übermittlung   **Art. 113 UMV**

Hervorzuheben ist, dass im Falle der Nichtvornahme der Verlängerung der letzte Tag zur 31
Stellung des Verlängerungsantrags ganze sechs Monate nach Schutzende liegt (Art. 47 Abs. 3).
Dies bedeutet, dass eine Umwandlung noch bis zu neun Monate nach dem Schutzende
erfolgen kann. Dies sollte man im Rahmen möglicher **Konflikte** im Hinterkopf behalten
und sich nicht nur auf das Ende der Schutzdauer verlassen.

Wird der Umwandlungsantrag verspätet gestellt, erlischt die Wirkung des Art. 32. Die 32
Unionsmarkenanmeldung hat damit nicht mehr die Wirkung einer vorschriftsmäßigen nationalen Hinterlegung.

VI. Gebühr

Nach → Anhang-I Rn. 1 (vorher: Regel 45 Abs. 2 GMDV iVm Art. 2 Nr. 20 VO (EG) 33
Nr. 2869/95) beträgt die an das EUIPO zu entrichtende Gebühr pro Umwandlungsantrag
200 Euro. Die Gebühr ist innerhalb der Dreimonatsfrist zu bezahlen, ansonsten gilt der
Umwandlungsantrag als nicht gestellt.

VII. Folgen

Art. 32, auf den Art. 112 Abs. 7 auch ausdrücklich verweist, besagt, dass eine Marke bzw. 34
Markenanmeldung auf mitgliedstaatlicher Ebene zugleich die Wirkung einer vorschriftsmäßi-
gen nationalen Hinterlegung hat. Erfolgt die Übermittlung des Umwandlungsantrags an die
nationalen Markenämter, folgt aus dieser Hinterlegungswirkung eine nationale Markenan-
meldung. Art. 112 Abs. 3 regelt, dass diese den Anmeldetag und das Prioritätsdatum behält.
Von der Feststellung des Anmeldetages durch das EUIPO geht eine formale und materielle
Bindungswirkung gegenüber den nationalen Markenämtern aus (Eisenführ/Schennen/
Schennen Rn. 27). Eine formale Bindungswirkung besteht hinsichtlich der Feststellung des
Prioritätsanspruchs, dh es bleibt überprüfbar, ob die Priorität zu Recht in Anspruch genom-
men wurde (Eisenführ/Schennen/Schennen Rn. 27 f.).

Nach Art. 112 Abs. 3 bleibt auch die Seniorität in einem Mitgliedstaat, für den die 35
Umwandlung beantragt wird als Zeitrang erhalten. Ob die ältere nationale Marke, auf die
der Senioritätsanspruch gestützt wurde, noch besteht, ist dabei nicht entscheidend.

Art. 113 Einreichung, Veröffentlichung und Übermittlung des Umwandlungsantrags

(1) ¹Der Umwandlungsantrag ist beim Amt zu stellen; im Antrag sind die Mitgliedstaaten zu bezeichnen, in denen die Einleitung des Verfahrens zur Eintragung
einer nationalen Marke gewünscht wird. ²Der Antrag gilt erst als gestellt, wenn die
Umwandlungsgebühr entrichtet worden ist.

(2) Falls die Anmeldung der Unionsmarke veröffentlicht worden ist, wird ein
Hinweis auf den Eingang des Antrags im Register für Unionsmarken eingetragen
und der Antrag veröffentlicht.

(3) ¹Das Amt überprüft, ob der Umwandlungsantrag den Erfordernissen dieser
Verordnung, insbesondere Art. 112 Absätze 1, 2, 4, 5 und 6 sowie Absatz 1 des
vorliegenden Artikels entspricht und die formalen Erfordernisse der Durchführungsverordnung erfüllt. ²Sind diese Bedingungen erfüllt, so übermittelt das Amt
den Umwandlungsantrag an die Behörden für den gewerblichen Rechtsschutz der im
Antrag bezeichneten Mitgliedstaaten.

(Abs. 4 und 5 noch nicht anwendbar)

(6) ¹Die Kommission erlässt Durchführungsrechtsakte, in denen Folgendes festgelegt wird:
a) die Einzelheiten, die in einem Antrag auf Umwandlung der Anmeldung einer
   Unionsmarke oder einer eingetragenen Unionsmarke in eine Anmeldung für
   eine nationale Marke gemäß Absatz 1 anzugeben sind;
b) die Einzelheiten, die bei der Veröffentlichung des Umwandlungsantrags nach
   Absatz 2 anzugeben sind.

²Diese Durchführungsrechtsakte werden nach dem Prüfverfahren gemäß Artikel 163 Absatz 2 erlassen.

künftige Fassung mWv 1.10.2017 gemäß VO (EU) 2015/2424 vom 16.12.2015:
Art. 113 Einreichung, Veröffentlichung und Übermittlung des Umwandlungsantrags
(1) ¹Der Umwandlungsantrag ist innerhalb der in Artikel 122 Absätze 4, 5 oder 6 bestimmten Frist beim Amt zu stellen; der Antrag umfasst die Angabe der Gründe für die Umwandlung gemäß Artikel 112 Absatz 1 Buchstabe a oder b, der Mitgliedstaaten, für die die Umwandlung beantragt wird, und der Waren und Dienstleistungen, die Gegenstand der Umwandlung sind. ²Wird die Umwandlung nach erfolglosem Antrag auf Verlängerung der Eintragung beantragt, beginnt die in Artikel 112 Absatz 5 vorgesehene Dreimonatsfrist an dem Tag, der auf den Tag folgt, an dem der Antrag auf Verlängerung gemäß Artikel 47 Absatz 3 spätestens gestellt werden könnte. ³Der Antrag gilt erst als gestellt, wenn die Umwandlungsgebühr entrichtet worden ist.
(2) Betrifft der Umwandlungsantrag eine bereits veröffentlichte Anmeldung einer Unionsmarke oder eine Unionsmarke, so ist ein Hinweis auf den Eingang des Antrags in das Register einzutragen und der Umwandlungsantrag ist zu veröffentlichen.
(3) ¹Das Amt überprüft, ob der Umwandlungsantrag den Erfordernissen dieser Verordnung, insbesondere Artikel 112 Absätze 1, 2, 4, 5 und 6 sowie Absatz 1 des vorliegenden Artikels entspricht und die formalen Erfordernisse erfüllt, die in dem gemäß Absatz 6 dieses Artikels erlassenen Durchführungsrechtsakt festgelegt sind. ²Sind die Erfordernisse für den Antrag nicht erfüllt, so teilt das Amt dem Antragsteller die Mängel mit. ³Werden die Mängel nicht innerhalb einer vom Amt festgesetzten Frist beseitigt, so weist es den Umwandlungsantrag zurück. ⁴Findet Artikel 112 Absatz 2 Anwendung, so weist das Amt den Umwandlungsantrag nur in Bezug auf die Mitgliedstaaten als unzulässig zurück, für die die Umwandlung nach der genannten Bestimmung ausgeschlossen ist. ⁵Wird die Umwandlungsgebühr nicht innerhalb der maßgeblichen Frist von drei Monaten gemäß Artikel 112 Absatz 4, 5 oder 6 gezahlt, so teilt das Amt dem Antragsteller mit, dass der Umwandlungsantrag als nicht gestellt gilt.
(4) ¹Hat das Amt oder ein Unionsmarkengericht wegen absoluter Eintragungshindernisse bezüglich der Sprache eines Mitgliedstaats die Unionsmarkenanmeldung zurückgewiesen oder die Unionsmarke für nichtig erklärt, so ist die Umwandlung nach Artikel 112 Absatz 2 für alle Mitgliedstaaten unzulässig, in denen die betreffende Sprache Amtssprache ist. ²Hat das Amt oder ein Unionsmarkengericht wegen absoluter, überall in der Union geltender Eintragungshindernisse oder aufgrund einer älteren Unionsmarke oder sonstigen gewerblichen Schutzrechts der Union die Unionsmarkenanmeldung zurückgewiesen oder die Unionsmarke für nichtig erklärt, so ist die Umwandlung nach Artikel 112 Absatz 2 für alle Mitgliedstaaten unzulässig.
(5) ¹Genügt der Umwandlungsantrag den Erfordernissen des Absatzes 3 dieses Artikels, so übermittelt das Amt den Umwandlungsantrag und die in Artikel 84 Absatz 2 genannten Daten an die Zentralbehörden für den gewerblichen Rechtsschutz der Mitgliedstaaten, einschließlich des Benelux-Büros für geistiges Eigentum, für die der Antrag als zulässig beurteilt wurde. ²Das Amt teilt dem Antragsteller das Datum der Weiterleitung seines Antrags mit.
(6) ¹Die Kommission erlässt Durchführungsrechtsakte, in denen Folgendes festgelegt wird:
a) die Einzelheiten, die in einem Antrag auf Umwandlung der Anmeldung einer Unionsmarke oder einer eingetragenen Unionsmarke in eine Anmeldung für eine nationale Marke gemäß Absatz 1 anzugeben sind;
b) die Einzelheiten, die bei der Veröffentlichung des Umwandlungsantrags nach Absatz 2 anzugeben sind.
²Diese Durchführungsrechtsakte werden nach dem Prüfverfahren gemäß Artikel 163 Absatz 2 erlassen.

Überblick

Art. 113 regelt das Verfahren im Zusammenhang mit einem Umwandlungsantrag. Das EUIPO hat dabei die Aufgabe, die unter Abs. 3 S. 1 aufgeführten Voraussetzungen und insbesondere die Zulässigkeit des Umwandlungsantrags zu überprüfen. Regel 44–47 GMDV ergänzen diese Vorschrift.

Einreichung, Veröffentlichung und Übermittlung Art. 113 UMV

Übersicht

	Rn.		Rn.
A. Allgemeines	1	C. Veröffentlichung	7
B. Voraussetzungen	3	D. Prüfung des Umwandlungsantrags	10
I. Form und Empfänger	4	E. Übermittlung	13
II. Umwandlungsfrist	5	F. Folgen	16
III. Umwandlungsgebühr	6	G. Reform 2016	18

A. Allgemeines

Art. 113 regelt mittelbar eine Teilung der Zuständigkeit zur Prüfung der Zulässigkeit des Umwandlungsantrags und der daraus entstehenden nationalen Anmeldung(en). **1**

Die in Art. 113 Abs. 3 geregelten Punkte werden nämlich vom EUIPO geprüft und sind dann nicht mehr durch das nationale Amt überprüfbar. Dies gewährleistet eine einheitliche Behandlung des Umwandlungsantrags und Rechtssicherheit zu Gunsten des Markenanmelders. Dieser kann sich darauf verlassen, dass die Zulässigkeit des Umwandlungsantrags im Rahmen dieser Vorschrift feststeht und die Voraussetzungen des Art. 113 Abs. 3 nicht mehr überprüft werden (können). **2**

B. Voraussetzungen

Der Umwandlungsantrag muss konform den Regelungen in Art. 113 iVm Regel 44–47 GMDV gestellt werden, um zulässig zu sein. **3**

I. Form und Empfänger

Der Umwandlungsantrag ist schriftlich mit den in Regel 44 GMDV genannten Angaben **beim EUIPO** (und nicht bei den nationalen Markenämtern) einzureichen. **4**

Die folgenden Angaben müssen enthalten sein: **4.1**
1. Name und Anschrift des Antragstellers;
2. das Aktenzeichen der Anmeldung oder die Eintragungsnummer der Marke;
3. die Angabe des Mitgliedstaats oder der Mitgliedstaaten, für die die Umwandlung beantragt wird;
4. das Waren- und Dienstleistungsverzeichnis, falls nicht alle Waren und Dienstleistungen umfasst werden sollen und eine entsprechend differenzierte Auflistung, sofern diese innerhalb der Mitgliedstaaten abweichen, für die umgewandelt werden soll;
5. bei einer Umwandlung nach Art. 112 Abs. 6 eine Anschrift der Entscheidung des nationalen Gerichts und das Datum der Rechtskraft dieser Entscheidung.

II. Umwandlungsfrist

Die Umwandlungsfrist beträgt drei Monate. Wird der Antrag nicht innerhalb der Dreimonatsfrist eingereicht, gilt er als nicht gestellt (→ Art. 112 Rn. 28 ff.). **5**

III. Umwandlungsgebühr

Die Umwandlungsgebühr in Höhe von 200 Euro ist innerhalb der Dreimonatsfrist zu bezahlen. Der Antrag gilt erst mit Zahlung der Umwandlungsgebühr als gestellt (Abs. 1 S. 2). **6**

C. Veröffentlichung

Art. 113 Abs. 2 bestimmt, dass der Umwandlungsantrag selbst im Markenregister veröffentlicht werden muss, wenn die Markenanmeldung zuvor auch veröffentlicht wurde. Regel 46 GMDV bestimmt dazu die Einzelheiten. **7**

Die Veröffentlichung enthält die folgenden Angaben: **7.1**
1. das Aktenzeichen der Anmeldung oder die Eintragungsnummer der Marke;

2. einen Hinweis auf die frühere Veröffentlichung der Anmeldung oder der Eintragung im Blatt für Unionsmarken;
3. die Angabe des Mitgliedstaats oder der Mitgliedstaaten, für die die Umwandlung beantragt wird;
4. das Waren- und Dienstleistungsverzeichnis, falls nicht alle Waren und Dienstleistungen umfasst werden sollen und eine entsprechend differenzierte Auflistung, sofern diese innerhalb der Mitgliedstaaten abweichen, für die umgewandelt werden soll;
5. das Datum des Umwandlungsantrags.

8 Praktisch werden die Umwandlungsanträge allerdings nicht in der Online-Datenbank vermerkt und der Status muss meist anhand der frei zugänglichen Online-Akte überprüft werden (Gielen/v. Bomhard, Concise European Trade Mark and Design Law, Art. 113, 2. Publication 2011).

9 Die Umwandlung einer noch nicht veröffentlichten Markenanmeldung wird selbst auch nicht veröffentlicht.

D. Prüfung des Umwandlungsantrags

10 Der Umwandlungsantrag wird vom EUIPO geprüft. Dabei prüft es die Übereinstimmung des Umwandlungsantrags mit den in Art. 112, 113 und Regel 44, 45 GMDV aufgeführten Voraussetzungen.

11 Die Prüfung durch das EUIPO umfasst auch die der Zulässigkeit der Umwandlung in den einzelnen Mitgliedstaaten. Dies bedeutet, dass das EUIPO überprüft, ob für die Mitgliedstaaten, für die umgewandelt werden soll, ein Ausschlussgrund vorliegt.

12 Kommt das EUIPO zu dem Ergebnis, dass die Umwandlung unzulässig ist, so wird der Umwandlungsantrag zurückgewiesen (bzw. nur teilweise, wenn die Unzulässigkeit nur einzelne Mitgliedstaaten betrifft). Die Entscheidung kann mit der Beschwerde, die aufschiebende Wirkung hat, angegriffen werden.

E. Übermittlung

13 Hat das Amt die Umwandlung entsprechend den obigen Ausführungen überprüft und für zulässig befunden, erfolgt die Übermittlung an die nationalen Ämter (Regel 47 S. 1 GMDV). Das Datum der Weiterleitung wird dem Antragsteller mitgeteilt (Regel 47 S. 2 GMDV), was für den Lauf der Frist in Art. 114 Abs. 3 und die von dem Anmelder in dieser Vorschrift geregelten Verfahrensschritte entscheidend ist.

14 Die Übermittlung erfolgt in der Verfahrenssprache des Umwandlungsverfahrens und falls sie nicht Amtssprache ist in der zweiten Sprache (Art. 119 Abs. 4). Der Anmelder muss dafür Sorge tragen, dass notfalls entsprechende Übersetzungen eingereicht werden (Art. 114 Abs. 3 Buchst. b).

15 Ergänzende Auskünfte und Unterlagen kann das nationale Amt nach Art. 114 Abs. 1 vom EUIPO anfordern.

F. Folgen

16 Die Weiterleitung des Umwandlungsantrags an das jeweilige nationale Amt resultiert in einer nationalen Anmeldung. Für diese ist der Prüfungsumfang des nationalen Amtes entsprechend Art. 113 eingeschränkt.

17 Die nationale Anmeldung behält das Anmeldedatum der Unionsmarkenanmeldung sowie etwaige Prioritäten und Senioritäten (als echter Zeitrang) bei.

G. Reform 2016

18 Die Reform der VO (EG) 207/2009 durch die **VO (EU) 2015/2424** sieht umfangreiche Änderungen des Art. 113 mit Wirkung ab 1.10.2017 vor:

19 **Abs. 1** fordert nach der Neufassung nunmehr direkt die Anforderung der Einhaltung der in Art. 112 Abs. 4, 5 und 6 geregelten Frist. Die erforderlichen Angaben wurden in Abs. 1 Hs. 2 konkretisiert und betreffen Umwandlungsgründe, Mitgliedstaaten für die Umwandlung und die betroffenen Waren und Dienstleistungen. Der Fall der Nichtvornahme der Verlängerung einer Eintragung ist nun explizit aufgenommen (S. 2). Die Dreimonatsfrist beginnt

(wie auch schon vorher) an dem Tag, der auf den Tag folgt, an dem der Antrag auf Verlängerung gemäß Art. 47 Abs. 3 spätestens gestellt werden könnte (→ Art. 112 Rn. 30).

Die Neufassung des **Abs. 2** betrifft lediglich eine Wortlautanpassung und die denknotwendige Hinzufügung der Notwendigkeit der Veröffentlichung des Umwandlungsantrags im Falle einer Eintragung. 20

Abs. 3 enthält in der neuen Fassung direkte Regelungen für den Fall, dass 21
– Mängel bei dem Umwandlungsantrag vorliegen;
– ein Fall des Art. 12 Abs. 2 vorliegt (Ausschluss der Umwandlung);
– die Umwandlungsgebühr nicht gezahlt wird.

Abs. 4 wird im Rahmen der Reform 2016 neu eingefügt. Somit wird endlich eine Klarstellung aufgenommen für die Fälle, in denen die Zurückweisung einer Anmeldung aufgrund absoluter Eintragungshindernisse auf eine bestimmte Sprache des relevanten Verbraucherkreises gestützt wurde. Die Umwandlung ist dann für die Mitgliedstaaten ausgeschlossen, in denen diese Sprache Amtssprache ist. Weiterhin ist nun die Klarstellung enthalten, dass in dem gesamten Unionsgebiet herrschende Hindernisse (absolute Eintragungshindernisse oder Entgegenstehen eines älteren „Unionsrechts") eine Umwandlung auch insgesamt ausschließen. 22

Die Einführung des neuen Abs. 4 ist aufgrund der in → Art. 112 Rn. 22 angesprochenen Problemfällen richtig. Das in → Art. 112 Rn. 25 angesprochene Problem bleibt aber bestehen. Eine Regelung dazu wäre wünschenswert gewesen. 23

Abs. 5 enthält Vorschriften über das Verfahren bei einem gültigen Umwandlungsantrag. 24

Abs. 6 lässt der Kommission offen, Regelungen zu den notwendigen Angaben in dem Umwandlungsantrag bzw. zu den Angaben bei der Veröffentlichung des Umwandlungsantrags zu treffen. 25

Art. 114 Formvorschriften für die Umwandlung

(1) Jede Zentralbehörde für den gewerblichen Rechtsschutz, der der Umwandlungsantrag übermittelt worden ist, kann vom Amt alle ergänzenden Auskünfte bezüglich dieses Antrags erhalten, die für sie bei der Entscheidung über die nationale Marke, die aus der Umwandlung hervorgeht, sachdienlich sein können.

(2) Eine Anmeldung bzw. Unionsmarke, die nach Artikel 113 übermittelt worden ist, darf nicht solchen Formerfordernissen des nationalen Rechts unterworfen werden, die von denen abweichen, die in der Verordnung oder in der Durchführungsverordnung vorgesehen sind, oder über sie hinausgehen.

(3) Die Zentralbehörde für den gewerblichen Rechtsschutz, der der Umwandlungsantrag übermittelt worden ist, kann verlangen, dass der Anmelder innerhalb einer Frist, die nicht weniger als zwei Monate betragen darf,
a) die nationale Anmeldegebühr entrichtet;
b) eine Übersetzung – in einer der Amtssprachen des betreffenden Staats – des Umwandlungsantrags und der ihm beigefügten Unterlagen einreicht;
c) eine Anschrift angibt, unter der er in dem betreffenden Staat zu erreichen ist;
d) in der von dem betreffenden Staat genannten Anzahl eine bildliche Darstellung der Marke übermittelt.

künftige Fassung des Abs. 2 mWv 1.10.2017 gemäß VO (EU) 2015/2424 vom 16.12.2015:
(2) Eine Anmeldung bzw. Unionsmarke, die nach Artikel 113 übermittelt worden ist, darf nicht Formerfordernissen des nationalen Rechts unterworfen werden, die von denen abweichen, die in dieser Verordnung oder den gemäß dieser Verordnung erlassenen Rechtsakten vorgesehen sind, oder über sie hinausgehen.

Überblick

Art. 114 normiert die Formvorschriften für die Umwandlung. Dabei richtet sich diese Vorschrift hauptsächlich an die nationalen Ämter.

A. Allgemeines

1 Der Übermittlung des Umwandlungsantrags durch das EUIPO an das nationale Amt folgt das Vorliegen einer ordnungsgemäßen nationalen Anmeldung. Die Eintragungsfähigkeit ist dann durch das nationale Amt nach nationalen Vorschriften zu prüfen.

2 Die aus der Umwandlung entstandene nationale Anmeldung ist grundsätzlich wie jede andere nationale Anmeldung zu behandeln. Allerdings bestimmt Art. 114 eine Einschränkung der Prüfungskompetenz des nationalen Amtes.

B. Prüfungskompetenz des nationalen Amtes

3 Die Prüfungskompetenz des nationalen Amtes ist nach Art. 114 dreistufig gegliedert:

Zulässigkeit der Umwandlung	Nach Art. 113 Abs. 3 hat das nationale Amt **keine Prüfungskompetenz** hinsichtlich der **Zulässigkeit der Umwandlung**.
Nationale Anmeldung – formelle Prüfung	Die **Prüfungskompetenz** des nationalem Amtes erstreckt sich auf die in **Art. 114 Abs. 2 genannten Punkte.** Weitere Prüfungsanforderungen dürfen nicht über die in der UMV und GMDV geregelten hinausgehen oder von ihnen abweichen.
Nationale Anmeldung – materielle Prüfung	Das nationale Amt hat hinsichtlich der **materiellen Voraussetzungen** der nationalen Anmeldung die **volle Prüfungskompetenz.**

4 Die Einschränkung der Prüfungskompetenz des nationalen Amtes bedeutet, dass keine zusätzlichen Anforderungen an die Anmeldung der Marke aufgestellt werden dürfen. Selbst wenn es strengere oder weitergehende nationale Vorschriften zB über die Wiedergabe der Markenanmeldung (insbesondere bei Hörmarken, dreidimensionalen Marken etc) gibt, muss der Anmelder nicht einmal die nach nationalem Recht zusätzlich geforderten Wiedergaben der Marke einreichen. Die Erfüllung der Anforderungen nach der UMV und GMDV ist weiterhin ausreichend und hat Nachwirkung.

5 In Deutschland geht die Nachwirkung der Prüfung durch das EUIPO sogar so weit, dass Unionsmarken, die ihre Wirkung verloren haben (Art. 112 Abs. 1 Buchst. b), nach der Weiterleitung des Umwandlungsantrages ohne zusätzliche Prüfung eingetragen werden.

C. Zugelassene Anforderungen

6 In Art. 114 Abs. 3 sind diejenigen zusätzlichen Anforderungen geregelt, die das jeweilige nationale Amt im Zusammenhang mit der formellen Prüfung aufstellen darf. Das nationale Amt darf die folgenden Voraussetzungen aufstellen:

Art. 114 Abs. 3 Buchst. a	Zahlung einer nationalen Anmeldegebühr
Art. 114 Abs. 3 Buchst. b	Einreichen einer Übersetzung in einer der offiziellen Sprachen des nationalen Amtes
Art. 114 Abs. 3 Buchst. c	Angabe einer Anschrift in dem Mitgliedstaat des nationalen Amtes
Art. 114 Abs. 3 Buchst. d	Übermittlung der von dem nationalen Amt geforderten bildlichen Darstellungen der Marke

7 Zur Erfüllung dieser Voraussetzungen kann das nationale Amt eine Frist setzen, die mindestens zwei Monate betragen muss.

D. Anforderung zusätzlicher Auskünfte

Das nationale Amt kann nach Art. 114 Abs. 1 vom EUIPO zusätzliche Auskünfte anfordern. Parktisch gilt dies, wenn die Angaben auf dem Formblatt zur Umwandlung, welches das EUIPO an das nationale Amt übermittelt, nicht ausreichen. 8

E. Reform 2016

Die Reform der VO (EG) 207/2009 durch die **VO (EU) 2015/2424** sieht mWv 1.10.2017 nur eine Anpassung der Terminologie in Abs. 2 sowie einen Verweis auf die nach der Hauptverordnung erlassenen Rechtsakte anstatt auf die Durchführungsverordnung vor. Im Übrigen gibt es keine Änderungen. 9

Titel XII Das Amt

Abschnitt 1 Allgemeine Bestimmungen

Art. 115 Rechtsstellung

(1) Das Amt ist eine Agentur der Union.

(2) Es besitzt in jedem Mitgliedstaat die weitestgehende Rechts- und Geschäftsfähigkeit, die juristischen Personen nach dessen Rechtsvorschriften zuerkannt ist; es kann insbesondere bewegliches und unbewegliches Vermögen erwerben oder veräußern und vor Gericht auftreten.

(3) Das Amt wird von seinem Exekutivdirektor vertreten.

Überblick

Das Amt ist eine Agentur der EU und besitzt in jedem Mitgliedstaat nicht nur Rechtspersönlichkeit, sondern auch die weitestgehende Rechts- und Geschäftsfähigkeit, die juristischen Personen zuerkannt werden kann. Es wird von seinem Exekutivpräsidenten vertreten.

A. Einrichtung der EU

1 Die **EU** ist eine **internationale Organisation.** Sie ist **Rechtsnachfolgerin** der **EG** (Art. 1 EUV). Neben den im Vertragstext genannten Organen und weiteren interinstitutionellen Einrichtungen hat die EU auch **dezentrale Agenturen** und Einrichtungen geschaffen.

1.1 Derzeit gibt es bereits mehr als 40 Agenturen in verschiedenen EU-Ländern. Sie sind für die Umsetzung der Politik der EU in den ihnen zugewiesenen Politikbereichen zuständig. Sie übernehmen dabei Aufgaben technischer, wissenschaftlicher oder verwaltungstechnischer Art oder Regulierungsaufgaben.

1.2 Das Amt ist, wie alle anderen Agenturen, eine Einrichtung des europäischen öffentlichen Rechts mit eigener Rechtspersönlichkeit, die von den Organen der EU unabhängig ist.

2 Das Amt ist eine **juristische Person des öffentlichen Rechts** (Mühlendahl/Ohlgart S. 227)

3 **Rechtsgrundlage** zum Erlass der UMV und somit zur Errichtung des Amtes ist **Art. 352 AEUV** (ex-Art. 308 EG-Vertrag, vormals Art. 235 EGV). Dem Amt kommt als Einrichtung der EU **Rechtspersönlichkeit** zu.

4 Das Amt ist **rechtlich, organisatorisch** (Art. 124, 130 ff.) und **finanziell** (Art. 139 ff.) **selbständig.**

B. Rechtspersönlichkeit

5 Das Amt hat in jedem Mitgliedstaat die **weitestgehende Rechts-** und **Geschäftsfähigkeit,** die juristischen Personen nach den jeweiligen nationalen Vorschriften zuerkannt werden kann. Es kann somit Träger von Rechten und Pflichten sein, Vermögen erwerben und dieses auch wieder veräußern. Es kann klagen, aber nur unter Berücksichtigung der ihm zukommenden Immunität (Art. 117) verklagt werden.

6 Das Amt kann keine völkerrechtlichen Verträge abschließen, da es kein Völkerrechtssubjekt ist. Dessen ungeachtet kann es aber mit anderen Institutionen, Behörden und Nichtregierungsorganisationen **(Verwaltungs-)Abkommen** schließen, soweit der Inhalt dieser Abkommen in den Tätigkeitsbereich des Amtes fällt.

C. Vertretung

Das Amt ist **monokratisch** organisiert. An seiner Spitze steht der **Exekutivdirektor**, 7
der das Amt nach **innen** und nach **außen vertritt**. Seine Befugnisse sind in Art. 124 (→
Art. 124 Rn. 2 ff.) geregelt.

Sofern der Präsident an der Dienstführung gehindert ist oder seine Stelle vakant ist, gehen 8
seine Befugnisse auf den oder die **stellvertretenden Exekutivdirektor** ohne besonderen
Delegierungskat über. Sollte jedoch der stellvertretende Exekutivdirektor oder die stellvertretenden Exekutivdirektoren ebenfalls an der Dienstführung gehindert sein oder diese Stelle(n) vakant sein, besteht ein Problem bei der Vertretung nach außen, falls zuvor keine besonderen Vertretungsbefugnisse festgelegt wurden.

Eine solche generelle Vertretungsregelung ist im Register der administrativen Beschlüsse des Amtes 8.1
(https://euipo.europa.eu/ohimportal/de/decisions-and-communications-of-the-president) nicht auffindbar.

Art. 116 Personal

(1) Die Vorschriften des Statuts der Beamten der Europäischen Gemeinschaften, nachstehend „Statut" genannt, der Beschäftigungsbedingungen für die sonstigen Bediensteten der Union und der von den Organen der Union im gegenseitigen Einvernehmen erlassenen Regelungen zur Durchführung dieser Vorschriften gelten für das Personal des Amtes unbeschadet der Anwendung des Artikels 136 auf die Mitglieder der Beschwerdekammern.

(2) ¹Unbeschadet des Absatzes 1 kann das Amt auf abgeordnete nationale Sachverständige oder sonstiges Personal zurückgreifen, das nicht vom Amt selbst beschäftigt wird. ²Der Verwaltungsrat beschließt eine Regelung für die Abordnung nationaler Sachverständiger zum Amt.

Überblick

Das Personal des Amtes unterliegt dem Statut der Beamten der EU (EU-BeamtStat) sowie den Beschäftigungsbedingungen für die sonstigen Bediensteten der EU (EU-BeschäftBeding). Das Amt ist Anstellungsbehörde für das Personal.

Übersicht

	Rn.		Rn.
A. Das Statut	1	IV. Anstellungsbehörde	9
I. Allgemeines	1		
II. Einteilung der Bediensteten	5	**B. Sondervorschriften für Mitglieder**	
III. Gehälter	7	der Beschwerdekammer	12

A. Das Statut

I. Allgemeines

Das Statut der Beamten der EU (**EU-BeamtStat**) sowie die Beschäftigungsbedingungen 1
für die sonstigen Bediensteten der EU (**EU-BeschäftBeding**) gelten für das Personal des
Amtes. Das Amt genießt zwar **Personalhoheit**, dh es ist Dienstherr des Personals
(→ Rn. 9 ff.), kann aber die Arbeitsbedingungen für sein Personal nicht selbständig festlegen.

Diese beiden Rechtstexte regeln die Pflichten und Rechte des Personals. Sofern das Amt 2
kein „opt-out" beschließt, gelten die von der Kommission erlassenen Durchführungsbestimmungen.

Das Personal muss grundsätzlich die **Staatsangehörigkeit** eines **Mitgliedstaates** der EU 3
besitzen, doch kann das Amt davon **Ausnahmen** erteilen. So werden regelmäßig vor dem

Beitritt neuer Staaten bereits Personen aufgenommen, die keine Staatsangehörigkeit eines Mitgliedstaates haben.

3.1 Grundsätzlich ist es aber bedenklich, dass die Stellenausschreibungen des Amtes auf diese Ausnahmebestimmungen nicht Bezug nehmen, so dass im Laufe des Verfahrens keine Ausnahme erteilt werden kann. Gemäß der Genfer Flüchtlingskonvention (FlüchtlAbk) anerkannte **Flüchtlinge** genießen, wie auch **Drittstaatsangehörige von EU-Bürgern,** dieselben Rechte am Arbeitsmarkt wie EU-Bürger. Zumindest diesem Personenkreis wäre daher stets aufgrund höherrangigen Rechts eine Ausnahme von der Pflicht, eine Staatsangehörigkeit eines Mitgliedstaates der EU zu besitzen, zu erteilen.

3.2 Welche **Auswirkungen des Brexit** auf das Beamtenverhältnis bzw. Beschäftigungsverhältnis von britischen Bediensteten haben wird, ist derzeit noch **nicht absehbar**. Es ist davon auszugehen, dass in den Regelungen betreffend das Ausscheiden des Vereinigten Königreichs entsprechenden Bestimmungen aufgenommen werden.

3.3 Art. 28 EU-BeamtenStat sieht vor, dass nur Angehörige von Mitgliedstaaten zum Beamten ernannt werden kann. Das EU-BeamtenStat enthält jedoch keine Regelungen, was passiert, wenn ein Beamter die Staatsangehörigkeit eines Mitgliedstaates verliert. Ob es sich dabei um eine **echte Lücke** handelt, die durch Analogie geschlossen werden kann, oder um eine **gewollte Lücke** handelt, wird sich zeigen. Im ersten Fall müsste das Beamtenverhältnis mit dem Ausscheiden des Vereinigten Königreichs aus der EU sofort aufgelöst werden, sofern keine Ausnahmegenehmigung erteilt wird; im zweiten Fall hätte das Ausscheiden des Vereinigten Königreichs keine direkten Auswirkungen auf das Beamtenverhältnis von britischen Bediensteten.

4 Auch wenn eine möglichst ausgewogene geografische Verteilung der Herkunft des Personals anzustreben ist, gibt es **keine** festgelegten **Quoten** für die Mitgliedstaaten.

II. Einteilung der Bediensteten

5 Das EU-BeamtStat und die EU-BeschäftBeding sehen folgende Kategorien von Personal vor:
- Beamte,
- Bedienstete auf Zeit,
- Vertragsbedienstete,
- örtliche Bedienstete,
- Sonderberater.

5.1 **Beamte** werden grundsätzlich im Rahmen von sog. Auswahlverfahren („concoure"), die durch das Europäische Amt für Personalauswahl (EPSO) durchgeführt werden, **auf Lebenszeit** eingestellt.

5.2 **Bedienstete auf Zeit** können zur Besetzung einer **Planstelle** oder einer „**Dauerplanstelle**" eingestellt werden. Im Falle der Besetzung einer Planstelle kann ein unbefristeter Dienstvertrag abgeschlossen werden. Im zweiten Fall darf nur ein befristeter Vertrag eingegangen werden. Darüber hinaus gibt es noch weitere Kategorien von Bediensteten auf Zeit, die jedoch beim Amt keine Verwendung finden.

5.3 **Beamte und Bedienstete auf Zeit** werden in die Kategorien „AST" (Assistent) und „AD" („**Administrator**"), das sind die höheren Dienste, eingeteilt.

5.4 **Vertragsbedienstete** besetzen keine Planstelle. Sie führen grundsätzlich manuelle Tätigkeiten oder unterstützende verwaltungstechnische Tätigkeiten aus oder werden eingesetzt, um in besonderen Fachbereichen, für die zu wenige Beamte mit den erforderlichen Fähigkeiten zur Verfügung stehen, zusätzliche Kapazitäten bereitzustellen.

5.5 **Örtliche Bedienstete** können vom Amt nicht eingestellt werden, da diese nur in Dienstorten außerhalb der EU angestellt werden können

5.6 Als **Sonderberater** wird eingestellt, wer wegen seiner außergewöhnlichen Qualifikationen und ungeachtet anderweitiger beruflicher Tätigkeiten seine Dienste dem Amt regelmäßig oder während bestimmter Zeitabschnitte zur Verfügung stellt.

6 Die Organe verfügen bei der **Wahl der Mittel,** die zur Deckung ihres Personalbedarfs am besten geeignet sind, über ein **weites Ermessen.** Doch kann das Amt die ihm durch die UMV **zugewiesenen Aufgaben,** dh alle hoheitlichen Akte, **nicht außenstehenden Unternehmen** übertragen; diese müssen von Personal ausgeführt werden, das einer dienstrechtlichen Regelung, und somit gemäß EU-BeamtStat oder EU-BeschäftBeding angestellt wurden, unterliegt (EuG T-45/01, BeckRS 2005, 70038 Rn. 115 – Sanders).

Vorrechte und Immunitäten **Art. 117 UMV**

Das Amt greift zur Vertretung von Personal, das aufgrund von Krankheit oder aus anderen Gründen **6.1** vom Dienst freigestellt ist, auf Mitarbeiter von Zeitarbeitsfirmen zurück.

Darüber hinaus finden **„abgeordnete nationale Experten"** („SNE"), Mitarbeiter nationaler Mar- **6.2** kenämter der EU oder gar Drittstaaten, beim Amt Verwendung. Diese werden wie statutäres Personal betrachtet, obwohl sie dies aufgrund fehlender Erwähnung im EU-BeamtStat und den EU-BeschäftBeding nicht sind.

Das Amt stellt auch **externe Unternehmen** an, um gewisse Arbeiten durchzuführen, die für den **6.3** reibungslosen Ablauf der Tätigkeiten notwendig sind. Darunter fällt zB das Reinigungspersonal oder der Sicherheitsdienst. Ferner kommen externe Berater zum Einsatz zB im IT-Bereich oder im Zusammenhang mit dem Kooperationsfond oder dem Konvergenzprogramm.

III. Gehälter

Das Amt ist bei der Bezahlung der Gehälter an das EU-BeamtStat gebunden. Die Gehälter **7** unterliegen **keiner nationalen Steuer** (Art. 13 Immunitätenprotokoll; Art. 117) und sind auch nicht progressionsbegründend für anderweitige Einkommen.

Das Amt führt eine direkte Steuer sowie alle weiteren Sozialabgaben wie Kranken-, Pensi- **8** ons- und Arbeitslosenversicherung direkt an den (Gesamt-)Haushalt der EU ab.

IV. Anstellungsbehörde

VO (EU) 2424/2015 sieht in Art. 124 Abs. 1 (→ Art. 124 Rn. 2) vor, dass der **Verwal- 9 tungsrat** die Befugnisse der **Anstellungsbehörde** übernimmt. Gleichzeit ist jedoch vorgesehen, dass diese Befugnisse auf den Exekutivdirektor übertragen werden, der sie weiterdelegieren kann. Solange der Verwaltungsrat keine Übertragung der Befugnisse auf den Exekutivdirektor beschlossen hat, übt der Exekutivdirektor gemäß Art. 4 UAbs. 3 VO (EU) 2424/2015 die Befugnisse der Anstellungsbehörde aus. Spätestens mit 1.10.2018 wird der Verwaltungsrat Anstellungsbehörde.

Im Fall von **Streitigkeiten** aus dem Dienstvertrag ist das Gericht für den öffentlichen **10** Dienst, das dem **Gericht in Luxemburg** beigeordnet ist, zuständig.

Vor Einreichen der Klage muss jedoch das interne, administrative Beschwerdeverfahren gemäß **10.1** Art. 90, 91 EU-BeamtStat ausgeschöpft werden. Diesem Verfahren können noch weitere Streitbeilegungsverfahren vorgeschaltet sein.

Der Präsident des Amtes sowie der oder die Vizepräsidenten werden durch den Rat der **11** EU ernannt. Der Rat wird somit zur Anstellungsbehörde (EuG T-116/03, BeckEuRS 2004, 391419 – Montalto), wobei die Befugnis, auch wenn im Register des Amtes kein solcher Beschluss auffindbar ist, in Bezug auf den oder die Vizepräsidenten an den Präsidenten delegiert wurde.

B. Sondervorschriften für Mitglieder der Beschwerdekammer

Die **Mitglieder** der Beschwerdekammer stellen **Personal** des Amtes dar, auch wenn sie **12** aufgrund eines besonderen Auswahlverfahrens eingestellt werden (→ Art. 136 Rn. 1).

Sie unterliegen somit den Rechten und Pflichten, die sich aus dem EU-BeamtStat und den **13** EU-BeschäftBeding ergeben, wobei sie bei ihren Entscheidungen an **keinerlei Weisungen** gebunden sind (→ Art. 136 Rn. 6).

Mitglieder der Beschwerdekammer werden vom Verwaltungsrat ernannt. Die Vorsitzen- **14** den der Beschwerdekammer sowie der Präsident der Beschwerdekammer werden vom Rat der EU ernannt.

Der Verwaltungsrat bzw. der Rat werden somit zur Anstellungsbehörde (EuG T-116/03, BeckEuRS **14.1** 2004, 391419 – Montalto), wobei die Befugnis, auch wenn im Register des Amtes kein solcher Beschluss auffindbar ist, an den Präsidenten delegiert wurde.

Art. 117 Vorrechte und Immunitäten

Das Protokoll über die Vorrechte und Befreiungen der Union gilt für das Amt und dessen Personal.

Überblick

Gemäß Art. 117 findet das Protokoll über die Vorrechte und Befreiungen der Europäischen Union (ABl. C 310 vom 16.12.2004, 261) auch für das Amt Anwendung.

1   Durch das **Protokoll** über die **Vorrechte** und **Befreiungen** der **EU** werden dem Amt all jene **Erleichterungen gewährt,** die der EU an sich und ihren Organen von den Mitgliedstaaten gewährt werden, und die für das reibungslose Funktionieren des Amtes notwendig sind (vgl. EU-Vorrechte-Prot).

2   Die eingeräumten Vorrechte dienen ausschließlich dem **Funktionieren** des **Amtes** und nicht den persönlichen Interessen des Personals. Sie können jederzeit durch Beschluss des Präsidenten aufgehoben werden, sofern dies im Interesse des Amtes und der EU sein sollte.

3   Gemäß Art. 10 EU-Vorrechte-Prot stehen **Vertretern der Mitgliedstaaten,** die an den Arbeiten der Organe der EU teilnehmen, sowie ihren **Beratern** und **Sachverständigen,** während der Ausübung ihrer Tätigkeit und auf der Reise zum und vom Tagungsort die üblichen **Vorrechte, Befreiungen** und **Erleichterungen** zu. Die bedeutet, dass insbesondere das **Gepäck** von Vertretern der nationalen Ämter, die zu Tagungen nach Alicante reisen, **unverletzlich** ist und nicht kontrolliert werden darf. Dabei gilt zu berücksichtigen, dass der Begriff „Tagungen" nicht nur die Sitzungen des Verwaltungsrates oder des Budgetausschusses umfasst, sondern jede Arbeitssitzung, auch des Kooperations- oder Konvergenzprogrammes.

Art. 118 Haftung

(1) Die vertragliche Haftung des Amtes bestimmt sich nach dem Recht, das auf den betreffenden Vertrag anzuwenden ist.

(2) Der Gerichtshof der Union ist für Entscheidungen aufgrund einer Schiedsklausel zuständig, die in einem vom Amt abgeschlossenen Vertrag enthalten ist.

(3) Im Bereich der außervertraglichen Haftung ersetzt das Amt den durch seine Dienststellen oder Bediensteten in Ausübung ihrer Amtstätigkeit verursachten Schaden nach den allgemeinen Rechtsgrundsätzen, die den Rechtsordnungen der Mitgliedstaaten gemeinsam sind.

(4) Der Gerichtshof ist für Streitsachen über den in Absatz 3 vorgesehenen Schadensersatz zuständig.

(5) Die persönliche Haftung der Bediensteten gegenüber dem Amt bestimmt sich nach den Vorschriften ihres Statuts oder der für sie geltenden Beschäftigungsbedingungen.

Überblick

Art. 118 regelt einerseits die vertragliche, andererseits die außervertragliche Haftung des Amtes. Ferner enthält er Regelungen betreffend die persönliche Haftung des Personals.

A. Vertragliche Haftung

1   Die Haftung des Amtes aus einem Vertrag, zB Ankauf von Dienstleistungen betreffend die Fortbildung von Mitarbeitern, richtet sich nach dem **Recht,** das auf den **betreffenden Vertrag** anwendbar ist.

2   Grundsätzlich enthalten die vom Amt abgeschlossenen privatrechtlichen Verträge eine **Gerichtsstandsklausel.** In die Zuständigkeit des sachlich zuständigen nationalen Gerichts fallen damit nicht nur Fragen betreffend die Gültigkeit und Erfüllung der Verträge, sondern auch die **Konsequenzen,** dh Schadensersatzansprüche, die sich aufgrund der Nichterfüllung des Vertrages ergeben.

3   Die vom Amt abgeschlossenen Verträge können auch eine **Schiedsklausel** enthalten, aufgrund derer der EuGH zuständig wird. Der EuGH hat dabei aber das aufgrund des Vertrages vorgesehene nationale Recht anzuwenden.

Die vom Amt abgeschlossenen **Arbeitsverträge** unterliegen **nicht** den Bestimmungen 4
des Art. 118. Für solche Verfahren ist ausschließlich das Gericht für den öffentlichen Dienst
zuständig. Auch Streitigkeiten betreffend Gemeinschaftsmarken und registrierte Gemeinschaftsgeschmacksmuster sind von der Anwendung des Art. 118 ausgenommen, da die UMV
einen speziellen Instanzenzug vorsieht (→ Art. 65 Rn. 1 ff.)

B. Außervertragliche Haftung

Für Klagen auf außervertragliche Haftung ist ausschließlich der **EuGH** zuständig. 5
Jede natürliche oder juristische Person hat im Fall eines **Schadens Anspruch** auf **Scha-** 6
densersatz. Die **Klage** richtet sich **gegen** das **Amt,** das den haftungsbegründenden Sachverhalt zu verantworten hat. Ein solcher Schaden kann von einem Bediensteten des Amtes
in Ausübung seiner Amtstätigkeit verursacht worden sein.

Der Begriff der Amtstätigkeit umfasst dabei nicht nur das **aktive Handeln,** sondern auch 7
das **Unterlassen** einer Handlung.

Bei **aktiven Handlungen** ist vor allem an eine **falsche Auskunftserteilung** oder die **Veröffentli-** 7.1
chung von Teilen des Akts **ohne Zustimmung** der Partei zu denken. Im Bereich des GGMV wäre
an die vorzeitige Veröffentlichung eines Geschmacksmusters zu denken.

Die **Nichtveröffentlichung** einer Marke, obwohl alle gesetzlichen Anforderungen erfüllt sind, stellt 7.2
eine **Unterlassung** dar, die unter Umständen zu einem Schaden führen kann.

Der EuGH hat umfassende **Kriterien** für die Feststellung der **außervertraglichen Haf-** 8
tung aufgestellt. Nachgewiesen werden muss ein **Zusammenhang** zwischen dem entstandenen Schaden und der Handlung. Es ist durchaus **umstritten,** ob die Haftung **verschuldensunabhängig** ist oder nicht (Pechstein EU-ProzessR, 4. Aufl. 2011, Rn. 729). Der
Schaden kann sowohl ein **Vermögensschaden** als auch ein **immaterieller Schaden** sein
(EuGH Slg. 1957, 83, 118 = BeckRS 2004, 73551 – Algera). Klagen auf **Feststellung** eines
möglichen Schadens sind **zulässig.** Ferner muss **Kausalität** zwischen Handlung und Schaden vorliegen; Handlung und Schaden müssen in einem unmittelbaren und ursächlichen
Zusammenhang stehen (EuGH BeckRS 2010, 90339 Rn. 58 – Turbowest).

Die Klage muss innerhalb von **fünf Jahren** nach **Eintreten** des **Sachverhalts,** der zu 9
dem Schaden geführt hat, beim EuGH eingereicht werden (Art. 46 EuGH-Satzung).

C. Persönliche Haftung des Personals

Gemäß Abs. 3 richtet sich die persönliche Haftung der Bediensteten gegenüber dem Amt 10
nach den Vorschriften ihres **Statuts** oder der für sie geltenden **Beschäftigungsbedingungen.**

Der **Geschädigte** kann einen **Bediensteten nicht verklagen;** dies ergibt sich bereits 11
aus Art. 11 Protokoll über die Vorrechte und Immunitäten der EU, der eine Befreiung der
Bediensteten von der Gerichtsbarkeit bezüglich der von ihnen in amtlicher Eigenschaft
vorgenommenen Handlungen vorsieht.

Gemäß Art. 22 EU-BeamtStat kann der Bedienstete zum **vollen** oder **teilweisen Ersatz** 12
des Schadens herangezogen werden, den dem Amt durch sein **schwerwiegendes Verschulden** in Ausübung oder anlässlich der Ausübung seines Amtes erlitten hat. Für solche Verfahren ist ausschließlich das Gericht für den öffentlichen Dienst zuständig. Ein solches Verfahren
setzt logischerweise ein Urteil voraus, in dem das Amt durch das zuständige Gericht aufgrund
der vertraglichen oder außervertraglichen Haftung zur Wiedergutmachung eines Schadens
verurteilt worden ist.

Art. 119 Sprachen

(1) Anmeldungen von Unionsmarken sind in einer der Amtssprachen der Union
einzureichen.

(2) Die Sprachen des Amtes sind Deutsch, Englisch, Französisch, Italienisch und
Spanisch.

(3) Der Anmelder hat eine zweite Sprache, die eine Sprache des Amtes ist, anzugeben, mit deren Benutzung als möglicher Verfahrenssprache er in Widerspruchs-, Verfalls- und Nichtigkeitsverfahren einverstanden ist.

Ist die Anmeldung in einer Sprache, die nicht eine Sprache des Amtes ist, eingereicht worden, so sorgt das Amt dafür, dass die in Artikel 26 Absatz 1 vorgesehene Anmeldung in die vom Anmelder angegebene Sprache übersetzt wird.

(4) ¹Ist der Anmelder der Unionsmarke in einem Verfahren vor dem Amt der einzige Beteiligte, so ist Verfahrenssprache die Sprache, in der die Anmeldung der Unionsmarke eingereicht worden ist. ²Ist die Anmeldung in einer Sprache, die nicht eine Sprache des Amtes ist, eingereicht worden, so kann das Amt für schriftliche Mitteilungen an den Anmelder auch die zweite Sprache wählen, die dieser in der Anmeldung angegeben hat.

(5) Widersprüche und Anträge auf Erklärung des Verfalls oder der Nichtigkeit sind in einer der Sprachen des Amtes einzureichen.

(6) Ist die nach Absatz 5 gewählte Sprache des Widerspruchs oder des Antrags auf Erklärung des Verfalls oder der Nichtigkeit die Sprache, in der die Anmeldung der Unionsmarke eingereicht wurde, oder die bei der Einreichung dieser Anmeldung angegebene zweite Sprache, so ist diese Sprache Verfahrenssprache.

¹Ist die nach Absatz 5 gewählte Sprache des Widerspruchs oder des Antrags auf Erklärung des Verfalls oder der Nichtigkeit weder die Sprache, in der die Anmeldung der Unionsmarke eingereicht wurde, noch die bei der Einreichung der Anmeldung angegebene zweite Sprache, so hat der Widersprechende oder derjenige, der einen Antrag auf Erklärung des Verfalls oder der Nichtigkeit gestellt hat, eine Übersetzung des Widerspruchs oder des Antrags auf eigene Kosten entweder in der Sprache, in der die Anmeldung der Unionsmarke eingereicht wurde – sofern sie eine Sprache des Amtes ist –, oder in der bei der Einreichung der Anmeldung der Unionsmarke angegebenen zweiten Sprache vorzulegen. ²Die Übersetzung ist innerhalb der in der Durchführungsverordnung vorgesehenen Frist vorzulegen. ³Die Sprache, in der die Übersetzung vorliegt, wird dann Verfahrenssprache.

(7) Die an den Widerspruchs-, Verfalls-, Nichtigkeits- oder Beschwerdeverfahren Beteiligten können vereinbaren, dass eine andere Amtssprache der Union als Verfahrenssprache verwendet wird.

(8), (9) *(noch nicht anwendbar)*

(10) ¹Die Kommission erlässt Durchführungsrechtsakte, in denen Folgendes festgelegt wird:
a) inwieweit unterstützende Dokumente, die im schriftlichen Verfahren vor dem Amt verwendet werden sollen, in einer Sprache der Union vorgelegt werden können und ob eine Übersetzung vorgelegt werden muss;
b) welchen Standards die Übersetzungen, die beim Amt eingereicht werden, entsprechen müssen. ²Diese Durchführungsrechtsakte werden nach dem Prüfverfahren gemäß Artikel 163 Absatz 2 erlassen.

künftige Fassung mWv 1.10.2017 gemäß VO (EU) 2015/2424 vom 16.12.2015:
a) Absatz 5 erhält folgende Fassung:
(5) Widersprüche und Anträge auf Erklärung des Verfalls oder der Nichtigkeit sind in einer der Sprachen des Amtes einzureichen.
b) folgender Absatz wird eingefügt:
(5a) ¹Unbeschadet des Absatzes 5 gilt Folgendes:
a) Alle Anträge oder Erklärungen, die sich auf die Anmeldung einer Unionsmarke beziehen, können in der Sprache der Anmeldung der Unionsmarke oder in der vom Anmelder in seiner Anmeldung angegebenen zweiten Sprache eingereicht werden.
b) Alle Anträge oder Erklärungen, die sich auf eine eingetragene Unionsmarke beziehen, können in einer der Sprachen des Amtes eingereicht werden. ²Wird die Anmeldung jedoch unter Verwendung eines vom Amt bereitgestellten Formblatts gemäß Artikel 79b Absatz 2 eingereicht, so können diese Formblätter in jeder der Amtssprachen der Union verwendet

werden, sofern die Textbestandteile des Formblatts in einer der Sprachen des Amtes ausgefüllt werden.

c) *Absatz 6 Unterabsatz 2 Satz 2 erhält folgende Fassung:*
²Die Übersetzung ist innerhalb eines Monats nach Ablauf der Widerspruchsfrist oder nach der Einreichung des Antrags auf Erklärung des Verfalls oder der Nichtigkeit vorzulegen.

d) *Folgende Absätze werden angefügt:*
(8) ¹Unbeschadet der Absätze 4 und 7 und vorbehaltlich anderslautender Bestimmungen kann jeder Beteiligte im schriftlichen Verfahren vor dem Amt jede Sprache des Amtes benutzen. ²Ist die von einem Beteiligten gewählte Sprache nicht die Verfahrenssprache, so legt dieser innerhalb eines Monats nach Vorlage des Originalschriftstücks eine Übersetzung in der Verfahrenssprache vor. ³Ist der Anmelder einer Unionsmarke der einzige Beteiligte an einem Verfahren vor dem Amt und die Sprache, in der die Anmeldung der Unionsmarke eingereicht wurde, nicht eine der Sprachen des Amtes, so kann die Übersetzung auch in der zweiten Sprache vorgelegt werden, die der Anmelder in der Anmeldung angegeben hat.

(9) Der Exekutivdirektor legt fest, wie Übersetzungen zu beglaubigen sind.

(10) ¹Die Kommission erlässt Durchführungsrechtsakte, in denen Folgendes festgelegt wird:
a) inwieweit unterstützende Dokumente, die im schriftlichen Verfahren vor dem Amt verwendet werden sollen, in einer Sprache der Union vorgelegt werden können und ob eine Übersetzung vorgelegt werden muss;
b) welchen Standards die Übersetzungen, die beim Amt eingereicht werden, entsprechen müssen.
²Diese Durchführungsrechtsakte werden nach dem Prüfverfahren gemäß Artikel 163 Absatz 2 erlassen.

Überblick

Art. 119 regelt das Sprachenregime des Amtes. Er legt zunächst fest, dass Deutsch, Englisch, Französisch, Italienisch und Spanisch die Sprachen des Amtes sind. Er enthält weiter detaillierte Vorschriften betreffend die Sprachenwahl im Prüfungsverfahren (→ Rn. 1 ff.), Widerspruchsverfahren (→ Rn. 9 ff.), Verfalls- und Nichtigkeitsverfahren (→ Rn. 23 ff.) oder Beschwerdeverfahren (→ Rn. 39 ff.), die sich teilweise erheblich unterscheiden. Zu Übersetzungen → Rn. 56 ff.

Übersicht

	Rn.		Rn.
A. Anmeldeverfahren	1	E. Andere Verfahren vor der Eintragung der Unionsmarkenanmeldung	51
B. Widerspruchsverfahren	9		
C. Löschungsverfahren (Antrag auf Verfall oder Nichtigkeit)	23	F. Andere Verfahren nach der Eintragung der Unionsmarkenanmeldung	53
D. Beschwerdeverfahren	39	G. Übersetzungen	56

A. Anmeldeverfahren

Dem Anmelder stehen **alle Sprachen** der EU offen. Eine der Sprachen der EU muss bei der Anmeldung als **erste Sprache** angegeben werden (Abs. 1). **1**

Sprachen der EU in Übereinstimmung mit VO (EWG) Nr. 1/1958, in der somit die Anmeldung einer Unionsmarke eingereicht werden kann, sind: Bulgarisch, Dänisch, Deutsch, Englisch, Estnisch, Finnisch, Französisch, Griechisch, Italienisch, Lettisch, Litauisch, Maltesisch, Niederländisch, Polnisch, Portugiesisch, Rumänisch, Schwedisch, Slowakisch, Slowenisch, Spanisch, Tschechisch und Ungarisch. **1.1**

Irisch wurde zwar durch VO (EG) Nr. 920/2005 (**EG-SprachregelungsVO**) in die Liste der Amtssprachen aufgenommen, doch ist das Amt aufgrund der Ausnahmebestimmungen der VO (EG) Nr. 920/2005, die bis einschließlich 31.12.2017 verlängert wurden, von der Verpflichtung, in Irisch zu arbeiten und somit auch Anmeldungen in Irischer Sprache entgegen zu nehmen, entbunden. **1.2**

2 Darüber hinaus muss der Anmelder noch eine **zweite Sprache** angeben, die eine der Sprachen des Amtes sein muss, und sich von der ersten Sprache unterscheidet. Gemäß Abs. 2 kommen dafür Deutsch, Englisch, Französisch, Italienisch und Spanisch in Frage.

2.1 Das Amt ist somit die einzige Institution der EU, die kraft Gesetzes eine reduzierte Anzahl von Sprachen als Arbeitssprachen verwendet. Dieser politische Kompromiss, der erst in langen und zähen Verhandlungen auf höchster politischer Ebene erzielt wurde (v. Mühlendahl/Ohlgart, Die Gemeinschaftsmarke, 1998, 6 f.), wurde später durch den EuGH als rechtskonform angesehen, da er einen zulässigen Ausgleich zwischen den Interessen der möglichen Parteien ermöglicht (EuGH Urt. v. 9.9.2003 – C-363/01P – KIK; T-120/99, GRUR Int 2001, 978 – KIK II).

3 Die vom Anmelder als erste Sprache gewählte Sprache ist grundsätzlich die Sprache, in der das Amt das Prüfungsverfahren abwickelt. Das bedeutet, dass die Prüfung absoluter Eintragungshindernisse, einschließlich einer allfälligen Beanstandung sowie des Ablehnungsbescheids, in dieser Sprache durchgeführt wird.

3.1 Der Anmelder kann jedoch im Anmeldeformular darauf verzichten, dass das Verfahren in der ersten Sprache durchgeführt wird und seine Zustimmung erteilen, dass das Verfahren in der zweiten Sprache stattfindet. Dies hat den Vorteil für den Anmelder, dass das Verfahren grundsätzlich schneller durchgeführt werden kann, da stets eine ausreichende Anzahl an Prüfern anwesend sind, die in den Sprachen des Amtes arbeiten können. Darüber hinaus erspart sich das Amt allfällige Übersetzungen, da nicht sichergestellt sein kann, dass Personal mit ausreichender Fachkenntnis in allen 24 Sprachen der EU beschäftigt wird.

3.2 Ob dieses Praxis noch im Rahmen der UMV ist (praeter legem) oder bereits gegen die UMV verstößt (contra legis), ist nicht leicht zu beantworten. Zwar sollte es den Parteien möglich sein, auf bestimmte Rechte zu verzichten, doch besteht durchaus ein gewisser Druck, da die Anmeldung in einer der fünf Sprachen schneller bearbeitet wird. Zu beachten ist dabei auch Regel 95 Buchst. a GMDV, die es dem Anmelder erlaubt, alle Anträge und Erklärungen in Bezug auf eine Unionsmarkenanmeldung in der ersten oder der zweiten Sprache abzugeben. Letztlich bleibt es jedoch bei einer rein akademischen Frage, da diese Frage nicht zu den Gerichten gebracht werden kann.

3.3 Mitteilungen, dh im Großen und Ganzen die Empfangsbestätigungen und andere Schreiben, die keine Fristen auslösen oder rechtliche Konsequenzen haben, kann das Amt jederzeit auch in der zweiten Sprache verfassen (Abs. 4, EuG T-120/99, GRUR Int 2001, 978 – KIK II).

4 Um allfällige Fristen zu wahren, kann der Anmelder seinen Schriftsatz im Prüfungsverfahren **jederzeit** in einer Sprache der EU einreichen (Abs. 8, ex-Regel 96 GMDV). Er muss jedoch innerhalb eines Monats nach Einreichung des Schriftsatzes eine Übersetzung in die Verfahrenssprache oder in die zweite Sprache vorlegen. Dies bedeutet jedoch nicht, dass dadurch ein Wechsel der Verfahrenssprache stattfindet.

5 In Bezug auf **ergänzende Unterlagen** ist zwischen Prioritätsunterlagen, Senioritätsunterlagen und sonstige Unterlagen zu differenzieren.

6 **Prioritätsunterlagen** sind gemäß Art. 30 (→ Art. 30 Rn. 13) und Regel 6 Abs. 3 GMDV unabhängig von der gewählten ersten oder zweiten Sprache in eine Sprache des Amtes zu übersetzen.

6.1 Somit kann der Anmelder, der in seiner Anmeldung zB Slowenisch und Deutsch angegeben hat, den aus zB Korea stammenden Prioritätsnachweis ins Englisch übersetzen. Aus den USA oder anderen englischsprachigen Ländern stammende Nachweise können daher ohne Übersetzung eingereicht werden.

7 **Senioritätsunterlagen** sind immer in einer Sprache der EU gehalten und bedürfen daher keiner Übersetzung.

8 Sofern ein mündliches Verfahren stattfinden sollte, kann die **mündliche Verhandlung** in der ersten oder zweiten Sprache stattfinden (Regel 97 GMDV). Wird von Seiten des Amtes die zweite Sprache verwendet und ist der Anmelder damit nicht einverstanden, so hat das Amt eine Übersetzung in die Verfahrenssprache zu veranlassen. Gleiches gilt auch für den gegenteiligen Fall, nämlich dass das Amt nicht mit der Wahl der zweiten Sprache durch den Anmelder einverstanden ist. Dies ist jedoch eher ein hypothetischer Fall, da die Bediensteten grundsätzlich mehrsprachig sind.

8.1 Die **Beweisaufnahme** findet in der ersten oder zweiten Sprache statt. Sofern die Beteiligten, Zeugen oder Sachverständigen keine ausreichende Kenntnis der Verfahrenssprache haben, und die

Anhörung auf Antrag einer Partei beschlossen wurde, werden diese nur dann gehört, wenn die Partei für die Übersetzung in die Verfahrenssprache sorgt.

Das Amt kann **Ausnahmen** gestatten. 8.2

B. Widerspruchsverfahren

Der Widersprechende kann die Verfahrenssprache des Widerspruchs wählen; ihm kommt jedoch dabei nur eine sehr **eingeschränkte Wahlfreiheit** zu. Das Widerspruchsverfahren muss nämlich zwingend (Abs. 5) in einer Sprache des Amtes eingeleitet werden. Somit besteht eine Wahlfreiheit nur dann, wenn der Anmelder sowohl als erste als auch als zweite Sprache eine Sprache des Amtes angegeben hat. 9

Sofern beide Sprachen der Anmeldung Sprachen des Amtes sind, wird die Sprache der Widerspruchsschrift, sofern es sich um eine in der Anmeldung angegebene Sprache handelt, zur Verfahrenssprache (Abs. 6). 10

Um allfällige Fristen zu wahren, kann der Anmelder seinen Widerspruch in einer Sprache der EU einreichen. Er muss jedoch innerhalb eines Monats nach Ablauf der Widerspruchsfrist eine Übersetzung in eine zulässige Verfahrenssprache (die zweite Sprache der Anmeldung oder, sofern auch die erste Sprache eine Sprache des Amtes war, in diese) vorlegen (Regel 16 Abs. 1 GMDV). 11

Wird keine Übersetzung in die Verfahrenssprache eingereicht, ist der Widerspruch **als unzulässig zurückzuweisen**. Werden nur Teile der Widerspruchsschrift übersetzt, so werden nur diese bei der Beurteilung der Zulässigkeit in Betracht genommen (Regel 17 Abs. 3 GMDV). 12

Ein Widerspruch, der in einer anderen Sprache als den Sprachen des Amtes eingelegt wird, gilt als nicht eingelegt. 13

Den Parteien im Widerspruchsverfahren steht es zu, einvernehmlich eine andere Sprache als Verfahrenssprache zu **wählen** (Abs. 7). Somit können Parteien, die aus demselben Sprachkreis stammen, auch die erste Sprache, die nicht gemäß Abs. 5 Verfahrenssprache sein kann, zu dieser wählen. Wird eine andere Sprache gewählt, hat der Widersprechende eine Übersetzung seiner Widerspruchsschrift in diese Sprache vorzulegen (Regel 16 Abs. 2 GMDV). Daraus ergibt sich wohl auch, dass ein Wechsel der Verfahrenssprache nur vor Beginn des schriftlichen Verfahrens, also nur während der sog. „cooling-off"-Periode zulässig ist. 14

Die Parteien sind sich offensichtlich dieser Möglichkeit nicht bewusst, dann trotz Recherche konnten keine Fälle gefunden werden, in denen die Parteien von ihrem Recht Gebrauch gemacht haben. 14.1

Regel 95 Buchst. b GMDV sieht vor, dass – sofern ein **offizielles Formblatt** verwendet wird – dieses in jeder Sprache verwendet werden kann, sofern alle Textbestandteile in der Verfahrenssprache ausgefüllt werden. Zu beachten ist jedoch, dass das Gericht mit Urteil vom 9.4.2014 ausgesprochen hat, dass das Ankreuzen eines Kästchens im Formblatt (in diesem Fall: „Umfang der Beschwerde: in seiner Gänze") bereits einen Textbestandteil darstellen kann (EuG T-386/12 – elite BY MONDARIZ). 15

Die Ansicht des EuG, dass eine Übersetzung der fehlenden Angaben bis zum Ablaufen der Frist zum Einreichen der Beschwerdebegründung nachgereicht werden kann, findet in den gesetzlichen Bestimmungen des Art. 60 (insbesondere → Art. 60 Rn. 17) und der Regel 49 Abs. 1 GMDV keine Deckung. 15.1

In Bezug auf **ergänzende Unterlagen** ist einerseits zwischen Unterlagen, die der Anmelder eingereicht, und andererseits zwischen Unterlagen, die der Widersprechende einreicht, zu unterscheiden. Soweit die Unterlagen vom Widersprechenden eingereicht wurden, ist weiter zwischen der Substantiierung des älteren Rechts, der Benutzung der älteren Marke und sonstigen Beilagen zu unterscheiden. 16

Der **Anmelder** kann gemäß der allgemeinen Bestimmungen des neuen Abs. 8 (ex-Regel 96 Abs. 2 GMDV) **Beweismittel**, zB den Nachweis betreffend die Koexistenz am Markt, Unterlagen, die die Unähnlichkeit der Waren und Dienstleistungen betreffen, oder **Gerichtsurteile**, in **jeder Sprache** der EU einreichen. Das Amt kann jedoch eine Übersetzung in die Verfahrenssprache verlangen. 17

Alle Unterlagen, die der **Substantiierung des älteren Rechtes** dienen, sind in der **Verfahrenssprache** einzureichen. Sind diese Dokumente in einer andren Sprache gehalten, 18 ist eine **Übersetzung** in die Verfahrenssprache erforderlich. Sie gelten nur dann als eingereicht, wenn eine Übersetzung vorliegt. Die Übersetzung muss der Struktur des Originals folgen (Regel 98 Abs. 1 GMDV); dem Widersprechenden steht es frei zu entscheiden, welche Bestandteile er übersetzt. Vergisst er jedoch notwendige Bestandteile, gilt das Dokument als nicht eingereicht (Regel 17 Abs. 3 und Regel 98 Abs. 2 GMDV).

19 Die **Substantiierung des älteren Rechts** betrifft im Falle eines Widerspruchs gestützt auf eine gemäß Art. 6bis PVÜ bekannte Marke **alle** betreffenden Unterlagen. Ist der Widerspruch auf Art. 8 Abs. 4 gestützt, ist nicht nur der Nachweis des anwendbaren Rechts in der Verfahrenssprache zu erbringen (Übersetzung der nationalen Rechtsvorschriften), sondern auch der Nachweis der mehr als nur örtlichen Bedeutung.

20 Der Nachweis der **ernsthaften Benutzung** kann in einer der Sprachen der EU eingereicht werden. Das Amt kann jedoch den Widersprechenden auffordern, den Nachweis in die Verfahrenssprache zu übersetzen (Regel 22 Abs. 6 GMDV). Wird keine Übersetzung innerhalb der gesetzten Frist eingereicht, gelten die entsprechenden Beweismittel als nicht eingereicht und werden daher nicht berücksichtigt (Regel 98 Abs. 2 GMDV).

20.1 Es besteht somit ein Unterschied zwischen dem Nachweis der ernsthaften Benutzung und dem Nachweis der mehr als nur örtlichen Benutzung, dem sich viele Parteien nicht bewusst sind.

21 Alle **anderen Beilagen,** auch jene betreffen den Nachweis der erhöhten Kennzeichnungskraft iSv Art. 8 Abs. 1 Buchst. b oder der Bekanntheit iSv Art. 8 Abs. 5 sind, sofern nicht in der Verfahrenssprache verfasst, in diese zu übersetzen (Regel 19 Abs. 3 GMDV). Fehlt eine Übersetzung, so werden diese nicht berücksichtigt (Regel 19 Abs. 4 GMDV).

22 Sofern ein mündliches Verfahren stattfinden sollte, findet die **mündliche Verhandlung** in der Verfahrenssprache statt (Regel 97 GMDV). Wird von Seiten des Amtes eine andere Sprache verwendet und sind die Parteien damit nicht einverstanden, so hat das Amt eine Übersetzung in die Verfahrenssprache zu veranlassen. Gleiches gilt auch für den gegenteiligen Fall, nämlich dass das Amt nicht mit der Wahl einer anderen Sprache durch die Parteien einverstanden ist. Dies ist jedoch eher ein hypothetischer Fall, da die Bediensteten grundsätzlich mehrsprachig sind.

22.1 Die **Beweisaufnahme** findet in der Verfahrenssprache statt. Sofern die Beteiligten, Zeugen oder Sachverständigen keine ausreichende Kenntnis der Verfahrenssprache haben, und die Anhörung wurde auf Antrag einer Partei beschlossen, werden diese nur dann gehört, wenn die Partei für die Übersetzung in die Verfahrenssprache sorgt.

C. Löschungsverfahren (Antrag auf Verfall oder Nichtigkeit)

23 Der Antragsteller kann die Verfahrenssprache des Löschungsverfahrens wählen; ihm kommt jedoch dabei nur eine sehr **eingeschränkte Wahlfreiheit** zu. Das Löschungsverfahren muss nämlich zwingend (Abs. 5) in einer Sprache des Amtes eingeleitet werden. Somit besteht eine Wahlfreiheit nur dann, wenn der Anmelder sowohl als erste als auch als zweite Sprache eine Sprache des Amtes angegeben hat.

24 Sofern beide Sprachen der Anmeldung Sprachen des Amtes sind, wird die Sprache des Antrags, sofern es sich um eine in der Anmeldung angegebene Sprache handelt, zur Verfahrenssprache (Abs. 6).

25 Um allfällige Fristen zu wahren, kann der Anmelder seinen Antrag in einer Sprache der EU einreichen. Er muss jedoch innerhalb eines Monats nach Einreichung des Antrages eine **Übersetzung** in eine zulässige Verfahrenssprache (die zweite Sprache der Anmeldung oder, sofern auch die erste Sprache eine Sprache des Amtes war, in diese) vorlegen (Regel 38 Abs. 1 GMDV).

26 Wird keine Übersetzung in die Verfahrenssprache eingereicht, ist der Antrag **als unzulässig zurückzuweisen** (Regel 98 Abs. 2 GMDV).

27 Für allfällig mit dem Antrag eigereichte **Beweismittel** gilt eine gesonderte Regel für die Übersetzung. Die Übersetzung kann innerhalb einer Frist von zwei Monaten nach Einreichung der Beweismittel nachgereicht werden.

28 Ein Antrag auf Löschung, der in einer anderen Sprache als den Sprachen des Amtes eingelegt wird, gilt als nicht eingelegt.

Den Parteien im Löschungsverfahren steht es zu, einvernehmlich eine andere Sprache als 29
Verfahrenssprache zu **wählen** (Abs. 7). Somit können Parteien, die aus demselben Sprachkreis
stammen, auch die erste Sprache, die nicht gemäß Abs. 5 Verfahrenssprache sein kann, zu
dieser wählen. Ein **Sprachwechsel** kommt nur dann in Frage, wenn die Parteien das Amt
diesbezüglich innerhalb einer Frist von zwei Monaten, nachdem das Amt den Inhaber über
den Antrag auf Löschung informiert hat. Sofern die gewählte Sprache nicht die Sprache
war, in der der Antrag eingereicht wurde, muss der Antragsteller innerhalb einer Frist von
einem Monat eine Übersetzung des Antrages nachreichen. Unterlässt der Antragsteller die
Übersetzung, so bleibt es bei der ursprünglichen Verfahrenssprache (Regel 38 Abs. 3
GMDV).

Die Parteien sind sich offensichtlich dieser Möglichkeit nicht bewusst, dann trotz Recherche konnten 29.1
keine Fälle gefunden werden, in denen die Parteien von ihrem Recht Gebrauch gemacht haben.

Regel 95 Buchst. b GMDV sieht vor, dass – sofern ein **offizielles Formblatt** verwendet 30
wird – dieses in jeder Sprache verwendet werden kann, sofern alle Textbestandteile in der
Verfahrenssprache ausgefüllt werden. Zu beachten ist jedoch, dass das Gericht mit Urteil
vom 9.4.2014 ausgesprochen hat, dass das Ankreuzen eines Kästchens im Formblatt (hier
Umfang der Beschwerde: in seiner Gänze) bereits einen Textbestanteil darstellen kann (EuG
T-386/12 – elite BY MONDARIZ).

Die Ansicht des EuG, dass eine Übersetzung der fehlenden Angaben bis zum Ablaufen der Frist 30.1
zum Einreichen der Beschwerdebegründung nachgereicht werden kann, findet in den gesetzlichen
Bestimmungen des Art. 60 (insbesondere → Art. 60 Rn. 17) und der Regel 49 Abs. 1 GMDV keine
Deckung.

In Bezug auf **ergänzende Unterlagen** ist einerseits zwischen Unterlagen, die der Inhaber 31
der angegriffenen Marke einreicht, und andererseits zwischen Unterlagen, die der Antragsteller einreicht, zu unterscheiden. Soweit die Unterlagen vom Antragsteller eingereicht wurden,
ist weiter zwischen der Substantiierung des älteren Rechts, der Benutzung der älteren Marke
und sonstigen Beilagen zu unterscheiden.

Wird der Inhaber der angegriffenen Marke im Falle eines Verfallsantrages gemäß Art. 51 32
Abs. 1 aufgefordert, die **ernsthafte Benutzung** seiner Marke nachzuweisen, so gelten die
relevanten Bestimmungen des Widerspruchsverfahrens (Regel 22 GMDV), mit Ausnahme
der Sprache der Beweismittel (Regel 22 Abs. 6 GMDV).

Aufgrund eines redaktionellen Versehens bei der Reform der GMDV im Jahr 2004 wurde vergessen, 32.1
dass die bevorzugte Sprachenregelung für den Benutzungsnachweis in Abs. 6 verschoben wurde. Bei
der gleichzeitigen Reform der Regel 40 GMDV hatte man aber die alte Regel 22 GMDV aF vor
Augen.

Der Nachweis der **ernsthaften Benutzung** der älteren Marken ist – wenn man dem 33
strikten Wortlaut der Regel 40 Abs. 6 GMDV folgt – in der Verfahrenssprache zu erbringen;
Beweismittel können jedoch innerhalb einer Frist von einem Monat in die Verfahrenssprache
übersetzt werden (Abs. 8, ex-Regel 96 Abs. 1 GMDV). Sofern keine Übersetzung innerhalb
der gesetzten Frist eingereicht wird, gelten die entsprechenden Beweismittel als nicht eingereicht und können daher nicht berücksichtigt werden (Regel 98 Abs. 2 GMDV).

Das Amt geht jedoch davon aus, dass es sich bei Regel 40 Abs. 6 GMDV um eine echte 34
Lücke handelt, die durch Analogie geschlossen werden kann und wendet daher Regel 22
Abs. 6 GMDV auch im Nichtigkeitsverfahren an.

Alle Unterlagen, die der Substantiierung des älteren Rechtes dienen, sind in der Verfahrenssprache einzureichen. Sind diese Dokumente in einer andren Sprache gehalten, ist eine 35
Übersetzung in die Verfahrenssprache erforderlich. Sie gelten nur dann als eingereicht,
wenn eine Übersetzung vorliegt. Die Übersetzung muss der Struktur des Originals folgen
(Regel 98 Abs. 1 GMDV). Dem Widersprechenden steht es frei zu entscheiden, welche
Bestandteile er übersetzt. Vergisst er jedoch notwendige Bestandteile, gilt das Dokument als
nicht eingereicht (Regel 98 Abs. 2 GMDV).

Die **Substantiierung des älteren Rechts** betrifft im Falle eines Antrags auf Nichtigkeit 36
gestützt auf eine gemäß Art. 6bis PVÜ bekannte Marke alle betreffenden Unterlagen. Ist der
Antrag auf Art. 8 Abs. 4 gestützt, sind nicht nur der Nachweis des anwendbaren Rechts in

der Verfahrenssprache zu erbringen (Übersetzung der nationalen Rechtsvorschriften), sondern auch der Nachweis der mehr als nur örtlichen Bedeutung.

36.1 Es besteht somit ein Unterschied zwischen dem Nachweis der ernsthaften Benutzung und dem Nachweis der mehr als nur örtlichen Benutzung, dem sich viele Parteien nicht bewusst sind.

37 Alle **anderen Beilagen,** auch jene betreffen den Nachweis der erhöhten Kennzeichnungskraft iSv Art. 8 Abs. 1 Buchst. b oder der Bekanntheit iSv Art. 8 Abs. 5, sind, sofern nicht in der Verfahrenssprache verfasst, in diese zu übersetzen (Regel 38 Abs. 2 GMDV). Fehlt eine Übersetzung, so werden diese nicht berücksichtigt (Regel 98 Abs. 2 GMDV).

38 Sofern ein mündliches Verfahren stattfinden sollte, findet die **mündliche Verhandlung** in der Verfahrenssprache statt. Wird von Seiten des Amtes eine andere Sprache verwendet und sind die Parteien damit nicht einverstanden, so hat das Amt eine Übersetzung in die Verfahrenssprache zu veranlassen. Gleiches gilt auch für den gegenteiligen Fall, nämlich dass das Amt nicht mit der Wahl einer anderen Sprache durch die Parteien einverstanden ist. Dies ist jedoch eher ein hypothetischer Fall, da die Bediensteten grundsätzlich mehrsprachig sind.

38.1 Die **Beweisaufnahme** findet in der Verfahrenssprache statt. Sofern die Beteiligten, Zeugen oder Sachverständigen keine ausreichende Kenntnis der Verfahrenssprache haben, und die Anhörung wurde auf Antrag einer Partei beschlossen, werden diese nur dann gehört, wenn die Partei für die Übersetzung in die Verfahrenssprache sorgt.

D. Beschwerdeverfahren

39 Gemäß Regel 48 Abs. 2 GMDV ist Sprache des Beschwerdeverfahrens die Verfahrenssprache der angefochtenen Entscheidung. Sowohl Beschwerdeschrift als auch Beschwerdebegründung sind in der Verfahrenssprache einzureichen.

40 Wird die Beschwerdeschrift in einer Sprache eingereicht, so ist eine **Übersetzung** in die Verfahrenssprache innerhalb der in Art. 60 genannten Frist (→ Art. 60 Rn. 4) einzureichen.

41 Die Wahl der falschen Sprache stellt eigentlich einen **absoluten Zulässigkeitsfehler** dar, der nur innerhalb der gesetzlichen Frist behoben werden kann. Das Gericht hat jedoch mit Urteil vom 9.4.2014 ausgesprochen, dass dafür die Frist von vier Monaten ab Zustellung der angefochten Entscheidung (also die Frist zur Einreichung der Beschwerdebegründung und nicht die Frist zur Einreichung der Beschwerdeschrift an sich) anwendbar ist (EuG T-386/12 – elite BY MONDARIZ).

41.1 Die Ansicht des EuG, dass eine Übersetzung der fehlenden Angaben bis zum Ablaufen der Frist zum Einreichen der Beschwerdebegründung nachgereicht werden kann, findet in den gesetzlichen Bestimmungen des Art. 60 (insbesondere → Art. 60 Rn. 17) und der Regel 49 Abs. 1 GMDV keine Deckung.

42 Abs. 8 sowie Regel 95 und 96 GMDV sind nicht anwendbar.

43 Fraglich ist, **welche Sprache** die Sprache des Beschwerdeverfahrens ist, wenn die Sprache der angefochtenen Entscheidung nicht die Verfahrenssprache ist.

43.1 Während diese Fälle bis zum Urteil KIK II (T-120/99, GRUR Int 2001, 978) relativ oft vorgekommen sind, da das Amt im Prüfungsverfahren automatisch die zweite Sprache verwendet hatte, sofern die erste Sprache keine Sprache des Amtes war, treten diese Fälle nur noch selten auf.

44 Wählt der Beschwerdeführer die Sprache der angefochtenen Entscheidung, so akzeptiert er wohl die „falsche" Sprache und kann in weiterer Folge keine Rüge mehr gegen diese Sprache vorbringen. Er kann insbesondere keine Verletzung des rechtlichen Gehörs geltend machen, vor allem dann nicht, wenn er sich inhaltlich gegen die angefochtene Entscheidung zur Wehr setzt (EuG T-242/02, GRUR Int 2005, 908 – TOP).

45 Wählt der Beschwerdeführer die zulässige Verfahrenssprache und somit nicht die Sprache der angefochtenen Entscheidung, setzt er sich grundsätzlich der Gefahr aus, dass seine Beschwerde aufgrund der Wahl der falschen Sprache als unzulässig zurückgewiesen wird. Eine solche strikte Interpretation ist jedoch schlichtweg falsch, da ein Fehler der Partei, der durch das Amt verursacht wurde, niemals der Partei angelastet werden darf.

46 In solchen Situationen ist es daher empfehlenswert, die Beschwerde in der **zulässigen Verfahrenssprache** einzureichen und die Wahl der falschen Verfahrenssprache gleich zu Beginn zu rügen.

Sprachen   Art. 119 UMV

Die Sprachregelungen gelten sowohl für die Beschwerdeschrift als auch für die Beschwer- **47**
debegründung.

Die Parteien können gemäß Abs. 7 eine andere Sprache als Verfahrenssprache des Beschwerdeverfah- **47.1**
rens vereinbaren. Diese Bestimmung scheint den Parteien nicht bekannt zu sein, da trotz Recherche
keine Fälle bekannt sind, in denen die Parteien sich auf eine Änderung der Verfahrenssprache geeinigt
hätten.

Um allfällige Fristen zu wahren, kann der Anmelder seinen Antrag in einer Sprache der **48**
EU einreichen. Er muss jedoch innerhalb eines Monats nach Einreichung des betreffenden
Schriftsatzes eine **Übersetzung** in eine zulässige Verfahrenssprache vorlegen (Abs. 8, ex-
Regel 96 Abs. 1 GMDV). Wird keine Übersetzung in die Verfahrenssprache eingereicht, ist
der Antrag **als unzulässig zurückzuweisen** (Regel 98 Abs. 2 GMDV).

Regel 95 Buchst. b GMDV sieht vor, dass – sofern ein **offizielles Formblatt** verwendet **49**
wird – dieses in jeder Sprache verwendet werden kann, sofern alle Textbestandteile in der
Verfahrenssprache ausgefüllt werden. Zu beachten ist jedoch, dass das Gericht mit Urteil
vom 9.4.2014 ausgesprochen hat, dass das Ankreuzen eines Kästchens im Formblatt (hier
Umfang der Beschwerde: in seiner Gänze) bereits einen Textbestandteil darstellen kann (EuG
T-386/12, BeckRS 2014, 81475 – elite BY MONDARIZ).

Aufgrund der derzeitig unklaren Situation ist davon abzuraten, Formblätter zu verwenden, die nicht **49.1**
in der Verfahrenssprache gehalten sind.

Für ein allfälliges mündliches Verfahren gelten die Sprachregelungen des jeweiligen erstins- **50**
tanzlichen Verfahrens.

E. Andere Verfahren vor der Eintragung der Unionsmarkenanmeldung

Bei diesen Verfahren handelt es sich um alle Verfahren, die eine Unionsmarkenanmeldung **51**
betreffen, mit Ausnahme des eigentlichen Prüfungsverfahrens, des Widerspruchsverfahrens
oder des Beschwerdeverfahrens. Es handelt sich daher um insbesondere Anträge auf Eintra-
gung von Rechtsübergängen (Art. 17, → Art. 17 Rn. 17 ff.), von dinglichen Rechten
(Art. 19, → Art. 19 Rn. 10 ff.), von Zwangsvollstreckungsmaßnahmen (Art. 20, → Art. 20
Rn. 8 ff.), von Insolvenzverfahren (Art. 21, → Art. 21 Rn. 16 ff.) und von Lizenzen (Art. 22,
→ Art. 22 Rn. 34 ff.), Umwandlungsverfahren (Art. 112, → Art. 112 Rn. 28) oder zur
Erklärung der Rücknahme, Einschränkung oder Änderung der Unionsmarkenanmeldung
(Art. 43, → Art. 43 Rn. 1 ff.) und zur Erklärung der Teilung der Unionsmarkenanmeldung
(Art. 44, → Art. 44 Rn. 12 ff.) und Verfahren zur Akteneinsicht (Art. 88, → Art. 88
Rn. 6 ff.).

In all diesen Verfahren kann der Antragsteller, und dabei kann es sich um eine dritte **52**
Person handeln, zwischen der ersten und der zweiten Sprache gemäß Regel 95 Buchst. a
GMDV **wählen**.

F. Andere Verfahren nach der Eintragung der Unionsmarkenanmeldung

Bei diesen Verfahren handelt es sich um alle Verfahren, die eine Unionsmarke betreffen, **53**
mit Ausnahme des Löschungsverfahrens oder des Beschwerdeverfahrens. Es handelt sich
daher um insbesondere Anträge auf Eintragung von Rechtsübergängen (Art. 17, → Art. 17
Rn. 17 ff.), von dinglichen Rechten (Art. 19, → Art. 19 Rn. 10 ff.), von Zwangsvollstre-
ckungsmaßnahmen (Art. 20, → Art. 20 Rn. 8 ff.), von Insolvenzverfahren (Art. 21, →
Art. 21 Rn. 16 ff.) und von Lizenzen (Art. 22, → Art. 22 Rn. 34 ff.), Umwandlungsverfah-
ren (Art. 112, → Art. 112 Rn. 28) oder zur Erklärung Verlängerung (Art. 47, → Art. 47
Rn. 14 ff.), zur Änderung (Art. 48, → Art. 48 Rn. 13 ff.), betreffend die Erklärung der
Teilung der Unionsmarke (Art. 49, → Art. 49 Rn. 3 ff.) betreffend den Verzicht (Art. 50,
→ Art. 50 Rn. 18 ff.) und Verfahren zur Akteneinsicht (Art. 88, → Art. 88 Rn. 6 ff.).

In all diesen Verfahren kann der Antragsteller, und dabei kann es sich um eine dritte **54**
Person handeln, unabhängig der vom Anmelder gewählten Sprachen in der Anmeldung,
eine Sprache des Amtes gemäß Regel 95 Buchst. b GMDV **wählen**.

Wird für den Antrag jedoch eines der vom Amt bereitgestellten **Formblätter** verwendet, **55**
so genügen die Formblätter in einer der Sprachen der EU, vorausgesetzt, dass das Formblatt,

soweit es Textbestandteile betrifft, in einer der Sprachen des Amtes ausgefüllt ist. Aufgrund des Urteils vom 9.4.2014 (EuG T-386/12, BeckRS 2014, 81475 – elite BY MONDARIZ) ist jedoch die Bedeutung von Regel 95 Buchst. b letzter Satz GMDV derzeit nicht klar.

G. Übersetzungen

56 Sofern eine Übersetzung einzureichen ist, muss sie als solche klar erkennbar sein und auf das Originalschriftstück Bezug nehmen und die Struktur und den Inhalt des Originalschriftstücks wiedergeben (Regel 98 Abs. 1 GMDV).

56.1 Sog. „Stückchenübersetzungen", also Übersetzungen, in denen sich dem Leser der Inhalt der Übersetzung nur aus der Gesamtschau verschiedener Dokumente ergibt, sind nicht zulässig.

57 Übersetzungen können von der Partei **selbst angefertigt** werden. Es bedarf grundsätzlich keiner Beglaubigung durch beeidete Übersetzer. Wenn das Amt Zweifel an der Korrektheit der Übersetzung hat, kann es die Beglaubigung der Übersetzung verlangen (Regel 98 Abs. 1 GMDV). Bis zum Beweis des Gegenteils gelten die eingereichten Übersetzungen als mit dem jeweiligen Originaltext übereinstimmend (Regel 99 GMDV).

57.1 Das Amt kann **selbständig** die Korrektheit der Übersetzung prüfen. Ein Antrag der anderen am Verfahren beteiligten Partei ist nicht notwendig. Stellt es geringe Abweichungen fest, muss die fehlerhafte Übersetzung unberücksichtigt bleiben. Dies betrifft vor allem **falsche Übersetzungen** im Rahmen der Substantiierung des älteren Rechts.

57.2 Die Parteien verwenden oftmals zur Übersetzung des Waren- und Dienstleistungsverzeichnisses allgemeine Wörterbücher, die Fachausdrücke nicht oder nur fehlerhaft wiedergeben. Es wird daher empfohlen, zur Übersetzung des Waren- und Dienstleistungsverzeichnisses TMclass, die **Klassifizierungsdatenbank** des Amtes zu verwenden (http://tmclass.tmdn.org/ec2/).

58 Sofern keine Übersetzung innerhalb der gesetzlichen Frist oder innerhalb der vom Amt zu setzenden Frist eingereicht wurde, gilt das Originaldokument als nicht eingereicht und kann daher vom Amt bei der Beurteilung des Sachverhaltes **nicht berücksichtigt** werden (Regel 98 Abs. 2 GMDV). Gleiches gilt für den Fall, dass eine beglaubigte Übersetzung nachzureichen ist.

59 Die Vorlage nur einer Übersetzung ist nicht ausreichend. Es ist immer auch das **Originaldokument,** wobei es sich auch um eine Kopie handeln kann, einzureichen.

60 Insbesondere bei der Übersetzung von Eintragungsurkunden kommt es oftmals zu Problemen. Die Übersetzung muss alle wesentlichen Elemente enthalten, die es dem Amt erlauben, nicht nur die Klagebefugnis, sondern auch den Schutzumfang des Rechtes festzustellen. Somit sind das Waren- und Dienstleistungsverzeichnis sowie alle Angaben betreffend das Zeichen, also auch allfällige Beschreibungen, Disclaimer oder Farbansprüche, zu übersetzen. Wird der Widerspruch nicht auf das gesamte Waren- und Dienstleistungsverzeichnis gestützt, genügt es, jenen Teil zu übersetzen, der für das Verfahren von Bedeutung ist. Weiter nicht übersetzt werden müssen verwaltungstechnische Angaben wie der Name des ausstellenden Amtes oder INID-Codes.

Art. 120 Veröffentlichung, Eintragung

(1) **Die in Artikel 26 Absatz 1 beschriebene Anmeldung der Unionsmarke und alle sonstigen Informationen, deren Veröffentlichung in dieser Verordnung oder in der Durchführungsverordnung vorgeschrieben ist, werden in allen Amtssprachen der Europäischen Union veröffentlicht.**

(2) **Sämtliche Eintragungen in das Unionsmarkenregister werden in allen Amtssprachen der Europäischen Union vorgenommen.**

(3) **¹In Zweifelsfällen ist der Wortlaut in der Sprache des Amtes maßgebend, in die die Anmeldung der Unionsmarke eingereicht wurde. ²Wurde die Anmeldung in einer Amtssprache der Europäischen Union eingereicht, die nicht eine Sprache des Amtes ist, so ist der Wortlaut in der vom Anmelder angegebenen zweiten Sprache verbindlich.**

Veröffentlichung, Eintragung   **Art. 120 UMV**

künftige Fassung mWv 1.10.2017 gemäß VO (EU) 2015/2424 vom 16.12.2015:
Die Worte „in der Durchführungsverordnung" werden durch „in einem auf der Grundlage dieser Verordnung erlassenen Rechtsakt" ersetzt.

Überblick

Alle Eintragungen in das Register werden auch veröffentlicht. Hierzu dient das Blatt für Unionsmarken. Veröffentlichungen sind in allen Amtssprachen der EU vorzunehmen. Rechtlich verbindlich ist dabei nur eine Sprache, nämlich die erste Sprache, sofern es sich dabei um eine Sprache des Amtes handelt (Art. 119 Abs. 2), sonst die in der Anmeldung gewählte zweite Sprache.

A. Zu veröffentlichende Informationen

Art. 120 enthält keine direkten Vorschriften für die zu veröffentlichenden Daten einer **1**
Unionsmarkenanmeldung oder einer Unionsmarke. Er verweist global auf Art. 26 Abs. 1 und die darin enthaltenen Angaben sowie auf alle sonstigen Informationen, deren Veröffentlichung in der GMV und der GMDV vorgeschrieben sind. Diese sonstigen Angaben befinden sich insbesondere in Regel 12, 84 und 85 GMDV sowie, soweit Internationale Registrierungen betroffen sind, in Art. 152.

Darüber hinaus sind noch weitere Angaben zu veröffentlichen, die aufgrund eines **2**
Beschlusses des Exekutivdirektors festgelegt werden (Regel 84 Abs. 4 GMDV). Hiervon wurde mit Beschluss Nr. EX-07-1 vom 16.3.2007 und Beschluss sind Nr. EX-00-1 vom 27.11.2000 Gebrauch gemacht.

B. Blatt für Unionsmarken

Gemäß Regel 85 GMDV gibt das Amt das Blatt für Unionsmarken heraus. Seine Aufma- **3**
chung und Periodizität wird durch den Exekutivdirektor bestimmt. Das Blatt für Unionsmarken wird seit 2006 wöchentlich ausschließlich in elektronischer Form veröffentlicht. Es wird seit dem Beitritt Kroatiens zur EU mit Wirkung vom 1.7.2013 in allen 24 Amtssprachen der EU, dh auch in Irisch und Maltesisch, herausgegeben. Das Blatt für Unionsmarken wird in sieben Teile untergliedert, wobei jeder Teil noch weitere Unterteilung für bestimmte Einträge aufweist.

Teil A besteht aus zwei Abschnitten: **3.1**
- A.1: Anmeldungen von Unionsmarken, die gemäß Art. 39 veröffentlicht werden
- A.2: Änderungen von bereits veröffentlichten Unionsmarkenanmeldungen

Teil B enthält Informationen über die Eintragungen von Unionsmarken. Die Veröffentlichung aller **3.2**
Eintragungen ist in Regel 23 Abs. 5 GMDV vorgeschrieben und umfasst vier Abschnitte:
- B.1: Eintragungen ohne Änderungen seit der Veröffentlichung der Anmeldung
- B.2: Eintragungen mit Änderungen seit der Veröffentlichung der Anmeldung
- B.3: Eintragungen aufgrund eines teilweisen Rechtsübergangs von Waren und Dienstleistungen
- B.4: Berichtigung von Fehlern

Teil C ist Eintragungen gewidmet, die eingetragene Marken betreffen. Er enthält zehn Abschnitte **3.3**
und hat Unterabschnitte:
- C.1: Inhaber
- C.2: Vertreter
- C.3: Marke an sich
- C.4: Lizenzen
- C.5: dingliche Rechte
- C.6: Insolvenzverfahren
- C.7: Zwangsvollstreckungsmaßnahmen
- C.8: Zeitrang (Seniorität)
- C.9: Erklärung des Verfalls und der Nichtigkeit
- C.10: Berichtigung von Fehlern

Teil D betrifft die Verlängerung von Unionsmarken und ist in zwei Abschnitte unterteilt: **3.4**
- D.1: Verlängerungen
- D.2: Berichtigung von Fehlern oder Unrichtigkeiten in Verlängerungen

3.5 Teil E befasst sich mit Anträgen auf Umwandlungen und ist in vier Abschnitte unterteilt:
- E.1: Anträge auf Umwandlung einer Unionsmarkenanmeldung oder einer eingetragenen Unionsmarke in eine nationale Markenanmeldung
- E.2: Berichtigung von Fehlern oder Unrichtigkeiten in Anträgen, die in Abschnitt E.1. veröffentlicht wurden
- E.3: Anträge auf Umwandlung einer internationalen Eintragung, in der die Europäische Union benannt ist
- E.4: Berichtigung von Fehlern oder Unrichtigkeiten in Anträgen, die in Abschnitt E.3. veröffentlicht wurden

3.6 Teil F beschäftigt sich mit Anträgen betreffend die Wiedereinsetzung in den vorherigen Stand. Eine Veröffentlichung erfolgt nur, wenn die versäumte Frist, die Anlass für den Antrag auf Wiedereinsetzung gab, tatsächlich zur Veröffentlichung einer Statusänderung in der Anmeldung oder Eintragung einer Unionsmarke geführt hat. Dieser Teil ist in zwei Abschnitte unterteilt:
- F.1: Restitutio in integrum (Wiedereinsetzung in den vorigen Stand)
- F.2: Berichtigung von Fehlern oder Unrichtigkeiten

3.7 Teil M setzt sich mit Internationale Eintragungen, in denen die EU benannt ist, sowie nachträglichen Benennung der EU auseinander. Dieser Teil ist in fünf Abschnitte gegliedert:
- M.1: Internationale Eintragungen und nachträgliche Benennungen, die gemäß Art. 152 Abs. 1 veröffentlicht werden
- M.2: Berichtigung von Fehlern oder Unrichtigkeiten in Eintragungen, die in Abschnitt M.1. veröffentlicht wurden
- M.3: Internationale Eintragungen und nachträgliche Benennungen, die gemäß Art. 152 Abs. 2 veröffentlicht werden
- M.4: Berichtigung von Fehlern oder Unrichtigkeiten in Eintragungen, die in Abschnitt M.3. veröffentlicht wurden
- M.5: Änderungen der Satzungen für die Verwendung von Kollektivmarken

4 Sofern WIPO INID-Codes zur Verfügung stehen, finden diese Verwendung. Eine Liste dieser Codes ist im Vademecum zum Blatt für Unionsmarken (http://euipo.europa.eu/pdf/mark/vademecum-ctm-de.pdf) veröffentlicht.

C. Register

5 Im Register werden grundsätzlich alle Einträge vermerkt, die auch im Blatt für die Unionsmarke veröffentlicht wurden. Einzige Ausnahme stellt die Anmeldung dar, die erst nach Prüfung auf absolute Eintragungshindernisse (Art. 36) veröffentlicht wird.

D. Verbindliche Sprache

6 Das Blatt für Unionsmarken wird, wie auch das Register, in allen Amtssprachen der EU geführt. Dies kann zu Widersprüchen im Wortlaut führen. Art. 120 Abs. 3 sieht daher vor, dass nur eine Fassung authentisch ist. Probleme treten allenfalls bei der Übersetzung des Waren- und Dienstleistungsverzeichnisses auf. In diesem Fall kommt der Übersetzung nur informeller Charakter zu; sie ist nicht rechtsverbindlich.

7 Ist die erste Sprache der Anmeldung eine Sprache des Amtes (→ Art. 119 Rn. 2; Art. 119 Abs. 2), dh Spanisch, Deutsch, Englisch, Französisch oder Italienisch, so ist die Veröffentlichung bzw. der Eintrag im Register in dieser Sprache verbindlich.

7.1 Ist die erste Sprache der Anmeldung eine Sprache des Amtes und wurde keine Übersetzung eingereicht, so klassifiziert das Amt die Anmeldung, ggf. nach Rücksprache mit dem Anmelder. Auf Grundlage dieser Klassifizierung erstellt das Übersetzungszentrum sodann die Übersetzungen. Sie werden vom Amt nicht überprüft. Das gilt auch für die in der Anmeldung genannte zweite Sprache. Gemäß Regel 85 Abs. 6 GMDV wird die Übersetzung dem Anmelder nicht mitgeteilt (Mitteilung Nr. 5/97 des Präsidenten des Amtes vom 26.9.1997 zu den Übersetzungen von Anmeldungen und ihrer Prüfung, Pkt. II, 1., https://euipo.europa.eu/tunnel-web/secure/webdav/guest/document_library/contentPdfs/law_and_practice/communications_president/5-97_de.htm).

7.2 Ist die erste Sprache der Anmeldung keine Sprache des Amtes (→ Art. 119 Rn. 2) und wurde keine Übersetzung in die zweite Sprache eingereicht, so klassifiziert das Amt die Anmeldung in der ersten Sprache. Auf der Grundlage dieser Klassifizierung fertigt das Übersetzungszentrum die Übersetzungen. Die Prüfung der Unionsmarkenanmeldung erfolgt auf Grundlage des Waren- und Dienstleistungsverzeichnisses in der ersten Sprache. Gemäß Regel 85 Abs. 6 GMDV wird die Übersetzung in die zweite Sprache vor der Veröffentlichung der Anmeldung dem Anmelder mitgeteilt, der Änderungen der Übersetzung vorschlagen kann; im Falle von Meinungsverschiedenheiten entscheidet das Amt über die Übersetzung (Mitteilung Nr. 5/97 des Präsidenten des Amtes vom 26.9.1997 zu den Übersetzungen von Anmeldungen und ihrer Prüfung, Pkt. II, 2.a, https://euipo.europa.eu/tunnel-web/secure/webdav/guest/document_library/contentPdfs/law_and_practice/communications_president/5-97_de.htm). Dieser Fassung kommt rechtsverbindlicher Charakter zu.

Ist die erste Sprache der Anmeldung keine Sprache des Amtes und der Anmelder hat eine Übersetzung in die zweite Sprache eingereicht, so geht das Amt von der Richtigkeit der Übersetzung aus, es sei denn, sie ist den Umständen nach offensichtlich fehlerhaft. Die Klassifizierung erfolgt auf der Grundlage der zweiten Sprache. Übersetzungen in die übrigen Sprachen werden vom Übersetzungszentrum auf der Grundlage der zweiten Sprache gefertigt. Diese Übersetzungen werden dem Anmelder nicht mitgeteilt (Mitteilung Nr. 5/97 des Präsidenten des Amtes vom 26.9.1997 zu den Übersetzungen von Anmeldungen und ihrer Prüfung, Pkt. II, 2.b, http://euipo.europa.eu/de/office/aspects/communications/comm5-97/comm.htm#ii2). 7.3

Das Amt hat mit Hilfe des Übersetzungszentrums und der nationalen Ämter bereits eine validierte Übersetzung von über 60.000 Begriffen vorgenommen. Diese Übersetzungen sind unter http://tmclass.tmdn.org/ec2/ abrufbar. 8

E. Internationale Registrierung

Internationale Registrierungen werden ebenfalls im Blatt für Unionsmarken, Teil M, veröffentlicht. Gemäß Art. 152 Abs. 1 werden nur die wesentlichen Angaben veröffentlicht. Es erfolgt keine Veröffentlichung der Liste der Waren und Dienstleistungen, sondern ausschließlich ein Hinweis auf die beanspruchten Klassen. 9

Art. 121 [Übersetzungen]

Die für die Arbeit des Amtes erforderlichen Übersetzungen werden von der Übersetzungszentrale für die Einrichtungen der Europäischen Union angefertigt.

Überblick

Das Amt hat Übersetzungen von der Übersetzungszentrale für die Einrichtungen der EU anfertigen zu lassen.

Die **Übersetzungszentrale** für die Einrichtungen der EU wurde durch VO (EG) Nr. 2965/94 des Rates vom 28.11.1994 (ABl. Nr. L 314) gegründet. Die Errichtung eines gemeinsamen Fachzentrums ist die geeignete Lösung des Problems, den Übersetzungsbedarf einer größeren Anzahl von über das Gebiet der EU verteilten Einrichtungen zu decken (Präambel). Sie hat ihren Sitz in Luxemburg. 1

Alle anfallenden **Übersetzungen,** die das **Verfahren** einer **Unionsmarkenanmeldung** oder **Unionsmarke** betreffen, sind durch das **Übersetzungszentrum anzufertigen.** Dies schließt nicht aus, dass durch Bedienstete des Amtes diese Übersetzungen nachbearbeitet werden können; teilweise ist eine solche Nachbearbeitung sogar nötig, da Texte nicht immer von Personen, die mit der Sprache des gewerblichen Rechtsschutzes vertraut sind, übersetzt werden. 2

Das Amt ist der wichtigste Kunde der Übersetzungszentrale. Im Jahr 2012 hat das Amt durch das Übersetzungszentrum über 41.000 Seiten Texte sowie über 435.000 Seiten, die das Marken- oder Geschmacksmusterverfahren betreffen, übersetzen lassen. 2.1

Das Amt hat für die von der Übersetzungszentrale im Jahr 2012 durchgeführten Übersetzungen über 25 Millionen Euro ausgegeben. Dies stellt fast 15% der Ausgaben des Amtes dar. 2.2

Übersetzungen, die **nicht verfahrensrelevant** sind, wie zB Mitteilungen oder Beschlüsse des Präsidenten, Dokumente des Verwaltungsrates oder des Haushaltsausschusses, können auch im Amt selbst von Sprachjuristen oder anderen Bediensteten übersetzt werden. 3

4   Dolmetschdienstleistungen, die vor allem im Rahmen der **Tagungen** des Verwaltungsrates oder des Haushaltsausschusses sowie bei großen Konferenzen, die vom Amt durchgeführt werden, anfallen, werden grundsätzlich **nicht** durch die Übersetzungszentrale durchgeführt. Für solche Anlässe werden spezialisierte Dolmetschdienste in Anspruch genommen.

5   Gleiches gilt für den Fall einer **mündlichen Verhandlung** (Art. 77), soweit das Amt für die Übersetzung zu sorgen hat.

Art. 122 (aufgehoben)

1   Die Bestimmung des Art. 122 zur Rechtsaufsicht ist durch VO (EU) 2424/2015 mit Wirkung vom 23.3.2016 aufgehoben worden.

Art. 123 Transparenz

(1) Für Dokumente im Besitz des Amtes gilt die Verordnung (EG) Nr. 1049/2001 des Europäischen Parlaments und des Rates.

(2) Der Verwaltungsrat beschließt die Einzelheiten zur Anwendung der Verordnung (EG) Nr. 1049/2001.

(3) Gegen Entscheidungen des Amtes nach Artikel 8 der Verordnung (EG) Nr. 1049/2001 kann nach Maßgabe der Artikel 228 bzw. 263 des Vertrags über die Arbeitsweise der Europäischen Union Beschwerde beim Europäischen Bürgerbeauftragten oder Klage beim Gerichtshof der Europäischen Union erhoben werden.

(4) Die Verarbeitung personenbezogener Daten durch das Amt unterliegt der Verordnung (EG) Nr. 45/2001 des Europäischen Parlaments und des Rates.

Überblick

Diese Bestimmung regelt den Zugang der Öffentlichkeit zu Dokumenten des Amtes. Der Verwaltungsrat hat die notwendigen Durchführungsbestimmungen zu erlassen. Gleichzeitig wird klargestellt, dass Beschwerde beim Bürgerbeauftragten oder Klage beim Gericht eingelegt werden kann.

Übersicht

	Rn.		Rn.
A. VO (EG) Nr. 1049/2001 des Europäischen Parlaments und des Rates vom 30.5.2001 über den Zugang der Öffentlichkeit zu Dokumenten des Europäischen Parlaments, des Rates und der Kommission	1	B. Durchführungsbestimmungen	4
		C. Akteneinsicht	16

A. VO (EG) Nr. 1049/2001 des Europäischen Parlaments und des Rates vom 30.5.2001 über den Zugang der Öffentlichkeit zu Dokumenten des Europäischen Parlaments, des Rates und der Kommission

1   Der **Zugang** zu Dokumenten der Verwaltung gewährleistet eine **größere Legitimität, Effizienz** und **Verantwortung** der **Verwaltung** gegenüber dem Bürger in einem demokratischen System (Präambel VO (EG) Nr. 1049/2011). Bürgern ist daher im Interesse der Transparenz **Zugang** zu Dokumenten, einschließlich der Erstellung von Kopien, zu **ermöglichen**.

2   Die VO (EG) Nr. 1049/2011 gilt jedoch nur für das Europäische Parlament, den Rat und die Kommission. Somit musste Art. 123 eingeführt werden, der vorsieht, dass die Bestimmungen der VO (EG) Nr. 1049/2011 auch für das Amt Anwendung finden.

Transparenz | **Art. 123 UMV**

Gewisse Dokumente sind von der Einsicht **ausgenommen**. | 3

So wird der Zugang zu Dokumenten verweigert, die den **Schutz** des **öffentlichen Interesses** im Hinblick auf die öffentliche Sicherheit, die **Verteidigung** und **militärische Belange**, die **internationalen Beziehungen** und die **Finanz-, Währungs-** oder **Wirtschaftspolitik** der Union oder eines Mitgliedstaats sowie den Schutz der **Privatsphäre** und der **Integrität** des **Einzelnen** betreffen (Art. 4 Abs. 1 VO (EG) Nr. 1049/2011). Es ist jedoch kaum davon auszugehen, dass das Amt in Besitz solcher Dokumente sein könnte. | 3.1

Der Zugang zu Dokumenten betreffend Schutz der **geschäftlichen Interessen** einer natürlichen oder juristischen Person, einschließlich des **geistigen Eigentums**, Schutz von Gerichtsverfahren und der Rechtsberatung, Schutz des Zwecks von Inspektions-, Untersuchungs- und Audittätigkeiten, wird gleichfalls **verweigert**, es sei denn, es **besteht** ein **überwiegendes öffentliches Interesse** an der Verbreitung (Art. 4 Abs. 2 VO (EG) Nr. 1049/2011). Nimmt eine natürliche oder juristische Person im Rahmen eines öffentlichen Begutachtungsprozesses, zB zu den Prüfungsrichtlinien, Stellung, kann die Einsichtnahme nicht verweigert werden. Das allgemeine öffentliche Interesse vor, insbesondere die Transparenz, geht möglichen schutzwürdigen Interessen des Erstellers des Dokumentes vor. Würde die Einsicht verweigert, könnte dies als Versuch der ungerechtfertigten Einflussnahme auf die Tätigkeit des Amtes angesehen werden, und somit das Vertrauen in das europäische Markensystem unterminieren. | 3.2

Darüber hinaus sind Dokumente die sensible Informationen enthalten, und insbesondere aufgrund **öffentliche Sicherheit**, **Verteidigung** und **militärische Belange**, als „TRÈS SECRET/TOP SECRET", „SECRET" oder „CONFIDENTIEL" eingestuft sind, von der Einsicht grundsätzlich ausgenommen. Es ist jedoch kaum davon auszugehen, dass das Amt in Besitz solcher Dokumente sein könnte. | 3.3

B. Durchführungsbestimmungen

Der Verwaltungsrat hat die notwendigen Durchführungsbestimmunen zu erlassen. | 4

In seiner Sitzung vom 24.11.2003 hat der Verwaltungsrat daher den entsprechenden Beschluss Nr. CA-03-22 (http://euipo.europa.eu/de/office/admin/pdf/CA-03-22-DE.pdf) angenommen. | 4.1

Der Beschluss sieht die **Voraussetzungen** und **Art** des **Zugangs** vor. | 5

Antragsberechtigt sind **Unionsbürger** und **natürliche** oder **juristische Personen** mit **Wohnsitz** oder Sitz in einem Mitgliedstaat. Darüber hinaus kann natürlichen oder juristischen Personen, die **keinen Wohnsitz** oder Sitz in einem Mitgliedstaat haben, Zugang gewährt werden. Da es sich dabei um eine „kann" Bestimmung handelt, kommt dem Amt bei der Beurteilung dieser Frage ein weites **Ermessen** zu. | 6

Anträge sind entweder per **Post, Fax, E-Mail** (publicregister@oami.europa.eu) oder elektronisch über die **Website** des Amtes (https://service.oami.europa.eu/publicregister/la/de_documents.cfm) einzureichen. | 7

Anträge können dabei in **einer** der **Amtssprache** der EU gestellt werden. | 8

Der Antragsteller hat das **Dokument**, zu dem er Zugang haben möchte, zu **bezeichnen**. Darin liegt naturgemäß eine gewisse Hürde, da er unter Umständen weder den Titel des Dokuments noch die Dokumentennummer kennt. | 9

Würde man einen strengen Maßstab an die Bezeichnung des gewünschten Dokuments stellen, könnte Einsicht erst dann genommen werden, wenn man von der Existenz des Dokuments bereits Kenntnis hat. | 9.1

Um die Bestimmungen betreffend den Zugang zu Dokumenten nicht von Anfang an ad absurdum zu führen, muss daher die Angabe, alle Dokumente eines besonderen Bereichs, zB alle eingegangenen Stellungnahmen zu den Prüfungsrichtlinien, alle Dokumente die in einen bestimmten Zeitraum fallen, oder an eine bestimmte natürliche oder juristische Person gerichtet sind oder von dieser stammen, als ausreichend angesehen werden. | 9.2

Das Amt unterhält ein **öffentliches, elektronisches Dokumentenregister**. | 10

Der Zugang zu Dokumenten, die bereits **rechtmäßig** verteilt wurden, wird stets **gewährt**. | 11

Wird der Zugang zu Dokumenten beantragt, die aufgrund von Art. 4 oder Art. 9 VO (EG) Nr. 1049/2001 besonderen Bestimmung unterliegen, wird der Verfasser kontaktiert. Dies betrifft insbesondere Dokumente, die von einem Mitgliedstaat an das Amt übermittelt | 12 wurden. Sollte der **Dritte** seine **Zustimmung verweigern**, hat das Amt eine **Interessenabwägung** vorzunehmen, und kann das Dokument ungeachtet dessen freigeben.

12.1   Stellungnahmen der Mitgliedstaaten, insbesondere Dokumente, die dem Verwaltungsrat oder dem Haushaltsausschuss vorgelegt werden oder die im Rahmen des Konvergenzprogramms des Amtes eingereicht werden, unterliegen einem besonderen Schutz. Ein schutzwürdiges Interesse liegt jedoch nicht mehr vor, nachdem ein gemeinsamer Standpunkt im Rahmen des Konvergenzprogramms angenommen wurde

13   Das Amt muss innerhalb von **15 Werktagen** auf Anträge antworten; es kann eine nähere Präzisierung des betroffenen Dokuments verlangen.

14   Das Amt kann die Dokumente per Fax oder E-Mail an den Antragsteller übermitteln. Wird ein Dokument per Post übermittelt, kann dem Antragsteller eine Gebühr von 0,10 Euro pro Seite in Rechnung gestellt werden, wenn der Umfang des übermittelten Dokuments mehr als 20 Seiten beträgt.

15   Gegen **Entscheidungen** des Amtes besteht sowohl die Möglichkeit der **Beschwerde** beim **Europäischen Bürgerbeauftragten** als auch die Möglichkeit der **Klage beim Gericht**.

C. Akteneinsicht

16   Art. 123 betrifft **nicht** die Akteneinsicht betreffend die Gemeinschaftsmarkenanmeldung oder eingetragene Gemeinschaftsmarken, die in Art. 88 geregelt ist und für diese Verfahren als **lex specialis** zur Anwendung kommt (→ Art. 88 Rn. 1 ff.).

Art. 123a Sicherheitsvorschriften für den Schutz von Verschlusssachen und nicht als Verschlusssache eingestuften sensiblen Informationen

^{1}Das Amt wendet die Sicherheitsgrundsätze gemäß den Sicherheitsvorschriften der Kommission zum Schutz von EU-Verschlusssachen und nicht als Verschlusssache eingestuften sensiblen Informationen an, die in den Beschlüssen (EU, Euratom) 2015/443 und 2015/444 der Kommission festgelegt sind. ^{2}Die Sicherheitsgrundsätze umfassen unter anderem Bestimmungen über den Austausch, die Verarbeitung und die Speicherung von solchen Informationen.

Überblick

Die beiden genannten Beschlüsse betreffen die Sicherheit in der Kommission sowie die Sicherheitsvorschriften für den Schutz von EU-Verschlusssachen. Das Amt wendet die die darin enthaltenen Grundsätze und Vorschriften an; diese schließt auch den Austausch, die Verarbeitung und die Speicherung von solchen Informationen ein. Die Bestimmung ist mWv 23.3.2016 gemäß VO (EU) 2015/2424 vom 16.12.2015 eingefügt worden.

A. Allgemeines

1   Das Amt wendet die Sicherheitsgrundsätze gemäß den Sicherheitsvorschriften der Kommission zum Schutz von EU-Verschlusssachen und nicht als Verschlusssache eingestuften sensiblen Informationen an, die in den Beschlüssen (EU, Euratom) 2015/443 und 2015/444 der Kommission festgelegt sind, an. Dies bedeutet, dass das Amt keine eigenen Sicherheitsbeschlüsse oder eigene Beschlüsse betreffend die Einstufung von Dokumenten treffen kann.

B. Beschluss 2015/443

2   Wie die Kommission sowie die anderen Institutionen und Agenturen kann das Amt insbesondere durch Terrorismus, Cyberangriffe sowie politische und wirtschaftliche Spionage erheblich in seiner Sicherheit **bedroht** werden. Ziel ist es daher durch ein Sicherheitskonzept mit einem **passenden Schutzniveau** für Personen, Vermögenswerte und Informationen zu

Sicherheitsvorschriften für Verschlusssachen Art. 123a UMV

erstellen, das in einem angemessenen Verhältnis zu den festgestellten Risiken steht und effizient und planmäßig Sicherheit gewährleistet.

Das Amt muss dabei auch ein angemessenes Sicherheitsniveau für ihre Bediensteten sowie für Vermögenswerte und Informationen anstreben, das ihre Handlungsfähigkeit gewährleistet, ohne dass Grundrechte mehr als unbedingt notwendig eingeschränkt werden. **2.1**

Das Amt hat daher alle geeigneten Maßnahmen zu ergreifen, die **3**
- der Verhinderung von Gewalttaten, die gegen die Bedienstete gerichtet sind;
- der Verhinderung der Spionage und des Abhörens von vertraulichen Informationen oder Verschlusssachen;
- der Verhinderung von Diebstahl, Sachbeschädigung, Sabotage und anderen Gewalttaten, mit denen Gebäude oder Vermögenswerte des Amtes beschädigt oder zerstört werden sollen; sowie
- der Ermöglichung der Untersuchung von Sicherheitsvorfällen dienen.

C. Beschluss 2015/444

Die Kommission hat durch den Beschluss 2015/444 eigene Sicherheitsvorschriften für **4** den Schutz von EU-Verschlusssachen aufgestellt. Da solche Dokumente jedoch auch andere Institutionen oder Agenturen wie das Amt weitergeleitet werden, haben diese Institutionen und Agenturen gleichwertige Sicherheitsstandards anzuwenden.

Dabei geht die Kommission von einem Risikomanagement aus, das als mehrstufiger Prozess ausgelegt ist. Dabei gilt es bekannte Sicherheitsrisiken zu bestimmen, Sicherheitsmaßnahmen zur Reduzierung dieser Risiken auf ein tragbares Maß festzulegen und diese Maßnahmen entsprechend dem Konzept der mehrschichtigen Sicherheit anzuwenden. **5**

Die Kommission unterscheidet dabei zwischen vier verschiedenen Geheimhaltungsgraden, **6** und orientiert sich bei der Einstufung dabei daran, inwieweit eine unbefugte Weitergabe den Interessen der Union oder eines oder mehrerer Mitgliedstaaten schaden kann.

Verschlusssachen werden in folgende Kategorien eingeteilt: **7**
- TRÈS SECRET UE/EU TOP SECRET
- SECRET UE/EU SECRET
- CONFIDENTIEL UE/EU CONFIDENTIAL
- RESTREINT UE/EU RESTRICTED

Mit der höchsten Einstufung **„TRÈS SECRET UE/EU TOP SECRET"** werden Informationen **7.1** und Materialien versehen, deren unbefugte Weitergabe den wesentlichen Interessen der Europäischen Union oder eines oder mehrerer Mitgliedstaaten äußerst schweren Schaden zufügen könnte. Dieses Schutzniveau entspricht sowohl dem deutschen als auch dem österreichischen „STRENG GEHEIM".

Mit der Einstufung **„SECRET UE/EU SECRET"** werden Informationen und Materialien **7.2** bezeichnet, deren unbefugte Weitergabe den wesentlichen Interessen der Europäischen Union oder eines oder mehrerer Mitgliedstaaten schweren Schaden zufügen könnte. Dieses Schutzniveau entspricht sowohl dem deutschen als auch dem österreichischen „GEHEIM".

Mit der Einstufung **„CONFIDENTIEL UE/EU CONFIDENTIAL"** werden Informationen **7.3** und Materialien bezeichnet, deren unbefugte Weitergabe den wesentlichen Interessen der Europäischen Union oder eines oder mehrerer Mitgliedstaaten Schaden zufügen könnte. Dieses Schutzniveau entspricht dem deutschen „VS – VERTRAULICH" und dem österreichischen „Vertraulich".

Mit der Einstufung **„RESTREINT UE/EU RESTRICTED"** werden Informationen und Materialien bezeichnet, deren unbefugte Weitergabe für die wesentlichen Interessen der Europäischen Union oder eines oder mehrerer Mitgliedstaaten nachteilig sein könnte. Dieses Schutzniveau entspricht sowohl dem deutschen „VS – NUR FÜR DEN DIENSTGEBRAUCH" und dem österreichischen „Eingeschränkt". **7.4**

Zugang zu Verschlusssachen erhalten nur Personen, die entsprechenden Sicherheitsüberprüfungen unterzogen worden sind. Dabei gilt stets der Grundsatz, dass die Person, die ein solches Dokument erhalten soll, vom Inhalt für Arbeit Kenntnis haben muss. **8**

Der Beschluss legt auch fest, wie solche Verschlusssachen eingesehen werden können und wie diese zu transportieren und verwahren sind. **9**

Abschnitt 1a Aufgaben des Amtes und Zusammenarbeit zwecks besserer Abstimmung

Art. 123b Aufgaben des Amtes

(1) Das Amt nimmt folgende Aufgaben wahr:
a) Verwaltung und Förderung des mit dieser Verordnung eingerichteten Markensystems der Union;
b) Verwaltung und Förderung des mit der Verordnung (EG) Nr. 6/2002 des Rates geschaffenen Geschmacksmustersystems der Europäischen Union;
c) Förderung der Abstimmung von Verfahren und Instrumentarien im Bereich des Marken- und Geschmacksmusterwesens in Zusammenarbeit mit den Zentralbehörden für den gewerblichen Rechtsschutz der Mitgliedstaaten einschließlich des Benelux-Amtes für geistiges Eigentum;
d) die in der Verordnung (EU) Nr. 386/2012 des Europäischen Parlaments und des Rates genannten Aufgaben;
e) die ihm mit der Richtlinie 2012/28/EU des Europäischen Parlaments und des Rates übertragenen Aufgaben.

(2) Bei der Wahrnehmung der ihm in Absatz 1 übertragenen Aufgaben arbeitet das Amt mit Institutionen, Behörden, Einrichtungen, Behörden für den gewerblichen Rechtsschutz sowie internationalen und Nichtregierungsorganisationen zusammen.

(3) Das Amt kann den Parteien freiwillige Mediationsdienste zur Herbeiführung einer gütlichen Einigung anbieten.

Überblick

Die Vorschrift wurde mWv 23.3.2016 gemäß VO (EU) 2015/2424 vom 16.12.2015 eingefügt und behandelt die Aufgaben des Amtes.

A. Kernaufgabe

1 Die Kernaufgaben des Amtes werden in Abs. 1 aufgezählt. Dabei handelt es sich vor allem um die „klassischen" Aufgaben eines Amtes für gewerblichen Rechtsschutz. Das Amt vollzieht und fördert gemäß Buchst. a die UMV sowie gemäß Buchst. b die GGMV.

2 Buchstabe c ist die neu eingeführte Rechtsgrundlage für die Zusammenarbeit zwischen dem Amt und den nationalen Markenämtern der MS, einschließlich dem Benelux-Amt für geistiges Eigentum (→ Art. 123c Rn. 1 ff.).

2.1 Durch die Einführung dieser Bestimmung ist eines der Hauptziele der VO (EU) 2424/2015 verwirklicht worden, nämlich der bisher auf freiwilliger Basis und praeter legem erfolgten Zusammenarbeit nicht nur eine Rechtsgrundlage zu geben, sondern dieser auch eine sichere Finanzquelle zu geben.

3 Buchstabe d widmet sich der Beobachtungsstelle für Verletzungen von Rechten des geistigen Eigentums. Dabei handelt es sich nicht um neue Aufgabengebiete, da diese bereits mit VO (EU) 386/2012 vom 5.6.2012 an das Amt übertragen worden sind. Das Amt soll dabei Experten und spezialisierte Fachkreise in einem Netzwerk zusammenbringen.

3.1 Die Beobachtungstelle hat folgende Ziele:
- Bereitstellung notwendiger Information, anhand derer politische Entscheidungsträger eine wirksame Durchsetzungspolitik für Rechte des geistigen Eigentums gestalten und Innovationen und Kreativität fördern können;
- Bereitstellung von Daten, Instrumenten und Datenbanken zur Unterstützung der Bekämpfung von Verletzungen der Rechte des geistigen Eigentums;
- Bereitstellung von Wissen und Lernprogrammen für Behörden, die für Rechte des geistigen Eigentums und deren Durchsetzung zuständig sind, sowie für Unternehmen und Rechtsanwälte im Bereich geistiges Eigentum;

Zusammenarbeit zur Abstimmung von Verfahren | **Art. 123c UMV**

- Erarbeitung von Initiativen, mit deren Hilfe Erfinder, Urheber und Unternehmen (insbesondere KMU) ihre Rechte des geistigen Eigentums schützen können;
- Konzeption von Kampagnen zur Sensibilisierung für den Wert geistigen Eigentums und die negativen Folgen der Verletzung von Rechten geistigen Eigentums.

Buchst. e überträgt dem Amt Aufgaben im Bereich des Urheberrechts. Insbesondere kommt dem Amt die Führung einer Datenbank verwaister Werke zu. | **4**

RL 2012/28/EU vom 25.10.2012 setzt sich mit bestimmten zulässigen Formen der Nutzung verwaister Werke auseinander. Art. 2 RL 2012/28/EU definiert ein verwaistes Werk; dabei handelt es sich zum Beispiel um Filme, Bücher oder sonstige kreative Materialien, die urheberrechtlich geschützt sind, deren Rechteinhaber jedoch nicht ausfindig gemacht werden können, obwohl eine sorgfältige Suche, die in Art. 3 RL 2012/28/EU näher definiert wird, durchgeführt worden ist. | **4.1**

Gemäß Art. 3 Abs. 6 ist das EUIPO dafür verantwortlich, eine einzige öffentlich zugängliche Online-Datenbank zu verwaisten Werken einzurichten und zu verwalten. Diese ist unter https://euipo.europa.eu/orphanworks/ abrufbar. | **4.2**

B. Zusammenarbeit

Abs. 2 stellt die Rechtsgrundlage für die Zusammenarbeit des Amtes mit Institutionen, Behörden, Einrichtungen, Ämtern für gewerblichen Rechtsschutz, internationale und Nichtregierungsorganisationen in Bezug auf die dem Amt übertragenen Aufgaben dar. Es handelt sich dabei nicht um eine neue Aufgabe, sondern formalisiert und erlaubt somit auch weiterhin die die bereits in der Vergangenheit begonnene und sehr erfolgreiche Zusammenarbeit mit den genannten Einrichtungen. | **5**

Die genannten Einrichtungen haben in der Vergangenheit äußerst erfolgreich mit dem Amt zusammengearbeitet, insbesondere im Rahmen der Kooperationsfonds, dem Konvergenzprogramm, der Beobachtungsstelle, den „User Group Meetings" und den Verbindungstreffen zwischen dem Amt und den nationalen Zentralbehörden, und die Verbindungstreffen, um nur einige wichtige zu nennen. | **5.1**

C. Mediation

Abs. 3 erlaubt es dem Amt, den Parteien freiwillige Mediationsdienste zur Herbeiführung einer gütlichen Einigung anzubieten (→ Art. 58 Rn. 21; → Art. 137a Rn. 1). Auch diese Tätigkeit ist nicht neu, sondern gibt der Entscheidung des Präsidiums der Beschwerdekammern Nr. 2013-3 und der Entscheidung des Präsidenten Ex-11-04 eine sichere Rechtsgrundlage. | **6**

Mediation ist in allen zweiseitigen Verfahren, irrelevant ob sie die UMV oder die GGMV betreffen möglich, sobald eine Beschwerde anhängig ist. Da Mediation eine zulässige Beschwerde voraussetzt, ist formell Beschwerde einzulegen und die Beschwerdegebühr zu entrichten. Darüber hinaus empfiehlt es sich, auch eine, zumindest kurze Beschwerdebegründung einzureichen. | **7**

Mediation ist gebührenfrei, sofern sie in Alicante abgehalten wird. Findet die Mediation in Brüssel statt, haben die Parteien einen Beitrag zu den Reisekosten des Mediators in der Höhe von 700 Euro zu entrichten. | **7.1**

Art. 123c Zusammenarbeit zwecks besserer Abstimmung von Verfahren und Instrumentarien

(1) Das Amt, die Zentralbehörden für den gewerblichen Rechtsschutz der Mitgliedstaaten und das Benelux-Amt für geistiges Eigentum arbeiten zusammen, um die Verfahren und Instrumentarien im Bereich von Marken und Geschmacksmustern besser aufeinander abzustimmen.

Unbeschadet des Absatzes 3 bezieht sich die Zusammenarbeit insbesondere auf folgende Tätigkeitsbereiche:

a) Entwicklung gemeinsamer Prüfstandards;
b) Einrichtung gemeinsamer oder vernetzter Datenbanken und Portale, die eine unionsweite Abfrage, Recherche und Klassifizierung ermöglichen;

c) kontinuierliche Bereitstellung und kontinuierlicher Austausch von Daten und Informationen einschließlich zur Einspeisung von Daten in die unter Buchstabe b genannten Datenbanken und Portale;
d) Festlegung gemeinsamer Standards und Verfahren, um die Interoperabilität von Verfahren und Systemen in der gesamten Union sicherzustellen und ihre Kohärenz, Effizienz und Leistungsfähigkeit zu verbessern;
e) wechselseitige Information über Rechte und Verfahren im Bereich des gewerblichen Rechtsschutzes, einschließlich wechselseitiger Unterstützung für Helpdesks und Informationsstellen;
f) Austausch von technischem Know-how und Hilfestellung in den von den Buchstaben a bis e erfassten Bereichen.

(2) Auf der Grundlage eines Vorschlags des Exekutivdirektors definiert und koordiniert der Verwaltungsrat bezüglich der in den Absätzen 1 und 6 genannten Tätigkeitsbereiche Projekte, die im Interesse der Union und der Mitgliedstaaten liegen, und fordert die Zentralbehörden für den gewerblichen Rechtsschutz der Mitgliedstaaten sowie das Benelux-Amt für geistiges Eigentum auf, sich an diesen Projekten zu beteiligen.

¹In der Projektbeschreibung sind die besonderen Pflichten und Aufgaben jeder teilnehmenden Zentralbehörde der Mitgliedstaaten, des Benelux-Amtes für geistiges Eigentum und des Amtes darzulegen. ²Das Amt konsultiert insbesondere in den Phasen der Definition der Projekte und der Bewertung ihrer Ergebnisse Vertreter der Nutzer.

(3) Die Zentralbehörden für den gewerblichen Rechtsschutz der Mitgliedstaaten und das Benelux-Amt für geistiges Eigentum können ihre Zusammenarbeit an den in Absatz 2 Unterabsatz 1 genannten Projekten einstellen, einschränken oder vorübergehend aussetzen.

Bei der Anwendung der Möglichkeiten nach Absatz 1 übermitteln die Zentralbehörden für den gewerblichen Rechtsschutz der Mitgliedstaaten und das Benelux-Amt für geistiges Eigentum dem Amt eine schriftliche Erklärung, in der sie die Gründe für ihre Entscheidung darlegen.

(4) Haben sie ihre Beteiligung an bestimmten Projekten zugesagt, so beteiligen sich die Zentralbehörden für den gewerblichen Rechtsschutz der Mitgliedstaaten sowie das Benelux-Amt für geistiges Eigentum unbeschadet des Absatzes 3 wirksam an den in Absatz 2 genannten Projekten mit dem Ziel zu gewährleisten, dass sie weiterentwickelt werden, funktionsfähig und interoperabel sind sowie ständig aktualisiert werden.

(5) ¹Das Amt unterstützt die in Absatz 2 genannten Projekte finanziell in dem Maße, wie dies erforderlich ist, um die wirksame Beteiligung der Zentralbehörden für den gewerblichen Rechtsschutz der Mitgliedstaaten sowie des Benelux-Amtes für geistiges Eigentum an diesen Projekten für die Zwecke von Absatz 4 sicherzustellen. ²Die finanzielle Unterstützung kann in Form von Finanzhilfen und Sachleistungen gewährt werden. ³Die Gesamthöhe der bereitgestellten Mittel darf 15 % der jährlichen Einnahmen des Amtes nicht übersteigen. ⁴Begünstigte sind die Zentralbehörden für den gewerblichen Rechtsschutz der Mitgliedstaaten sowie das Benelux-Amt für geistiges Eigentum. ⁵Die Finanzhilfen können ohne Aufforderung zur Einreichung von Vorschlägen im Einklang mit der Finanzregelung des Amtes und den Grundsätzen für Finanzhilfeverfahren gemäß der Verordnung (EU, Euratom) Nr. 966/2012 des Europäischen Parlaments und des Rates und der delegierten Verordnung (EU) Nr. 1268/2012 der Kommission gewährt werden.

(6) ¹Das Amt und die einschlägigen zuständigen Behörden der Mitgliedstaaten arbeiten auf freiwilliger Basis zusammen, um die Sensibilisierung für das Markensystem und die Bekämpfung von Produktpiraterie zu unterstützen. ²Diese Zusammenarbeit umfasst Projekte, die insbesondere auf die Umsetzung der etablierten Standards und Praktiken sowie auf die Organisation von Ausbildungs- und Schulungsmaßnahmen ausgerichtet sind. ³Die finanzielle Unterstützung für diese Pro-

jekte ist Teil der Gesamthöhe der bereitgestellten Mittel gemäß Absatz 5. ⁴Die Absätze 2 bis 5 gelten entsprechend.

Überblick

Diese Bestimmung gibt der bereits erfolgten Zusammenarbeit dem Amt, den Zentralbehörden für den gewerblichen Rechtsschutz der Mitgliedstaaten und dem Benelux-Amt für geistiges Eigentum eine Rechtsgrundlage und legt gleichzeitig den Finanzierungsrahmen grundsätzlich fest.

Übersicht

	Rn.		Rn.
A. Grundlagen der Zusammenarbeit	1	II. Kooperationsfond	14
B. Finanzierung	7	D. Konvergenzprogramm	15
C. Kooperationsbereiche	9		
I. Einleitung	9	E. Freiwillige Zusammenarbeit	19

A. Grundlagen der Zusammenarbeit

Die UMV enthält eine ausdrückliche Regelung für die Zusammenarbeit zwischen dem 1
Amt und den Zentralbehörden für den gewerblichen Rechtsschutz der Mitgliedstaaten und
dem Benelux-Amt für geistiges Eigentum, um gemeinsame Praktiken und Instrumentarien
zu entwickeln und zu fördern. Die Reform formalisiert und gibt den bereits erfolgreich
umgesetzten Instrumentarien, die in einer Reihe von Programmen und Projekten verwirklicht wurden, nachträglich eine **Rechtsgrundlage.** Sowohl der Kooperationsfond als auch
das Konvergenzprogramm haben Ziele des Strategischen Planes 2011 bis 2015 umgesetzt. Der
Strategieplan 2020 (SP2020, https://euipo.europa.eu/ohimportal/de/strategic-plan) baut auf
den Ergebnissen des Strategieplans 2011-2015 auf. Die strategischen Ziele und die Vision
des Strategieplans 2011–2015 haben sich nicht wirklich geändert, so dass der SP2020 nur
eine Evolution und keine Revolution darstellt. SP2020 berücksichtigt in Bezug auf die
Europäischen Kooperationsprojekte das Ergebnis einer öffentlichen Konsultation, die Anfang
2016 durchgeführt worden ist.

Die Zusammenarbeit erfolgt in Form von Projekten, die auf Vorschlag des Exekutivdirek- 2
tors vom Verwaltungsrat angenommen werden. Das Amt sowie die Zentralbehörden für den
gewerblichen Rechtsschutz der Mitgliedstaaten und das Benelux-Amt für geistiges Eigentum
sowie die Zentralbehörden von Drittstaaten werden zur Teilnahme eingeladen. Des Weiteren
werden, wie bisher, auch Nutzerverbände zur Mitarbeit aufgerufen. Diese Vereinigungen
können durch ihre Erfahrung und der täglichen Arbeit mit den Nutzern des Systems wichtigen Input geben, der die Erfahrungen der Behörden komplementiert. Dies trägt wesentlich
zum Erfolg der Projekte bei.

Nachdem die Zentralbehörden für den gewerblichen Rechtsschutz der Mitgliedstaaten 3
und das Benelux-Amt für geistiges Eigentum sowie die Zentralbehörden von Drittstaaten
zur Teilnahme aufgefordert worden sind, steht es ihnen frei, an den einzelnen Projekten
auch teilzunehmen. Ihnen kommt daher eine **opt-out-Option** zu. Kooperation erfolgt
daher weiterhin auf rein **freiwilliger Basis.** Neu ist jedoch, dass jene Ämter, die nicht
teilnehmen möchten, die Gründe dafür gegenüber dem Amt schriftlich darlegen müssen.
Dies ist ein Schritt zu mehr Transparenz.

Ämter, die sich zur Teilnahme entschlossen haben, verpflichten sich nicht nur zu einer 4
aktiven Teilnahme, sondern auch dazu, die erzielten Ergebnisse stets auf dem **aktuellen
Stand** zu halten. Abs. 4 setzt sich somit mit einer praktischen Frage auseinander: Was
geschieht mit einem Projekt, das zwar angenommen, aber nicht umgesetzt wurde?

Ein Projekt setzt zwingend einen Beginn und ein Ende voraus. Das Ende kann entweder 5
die Annahme eines Instrumentariums oder die Billigung einer Gemeinsamen Erklärung sein.
Dieser formelle Schlusspunkt eines Projektes ist jedoch gleichzeitig der Beginn der Umsetzung durch die teilnehmenden Ämter. Alle Ämter gehen daher auch die **Verpflichtung**
ein, erzielte Ergebnisse umzusetzen und auf dem aktuellen Stand zu halten. Dies schließt

die ständige Überprüfung der Gemeinsamen Mitteilungen in Bezug auf später ergangene Rechtsprechung ein.

6   Die Verpflichtungen der teilnehmenden Ämter gehen daher über die jeweiligen Zyklen des Projektes hinaus.

B. Finanzierung

7   Alle Projekte bedürfen einer adäquaten finanziellen Ausstattung. Abs. 5 sieht vor, dass Amt die Finanzierung der Projekte zur Verfügung stellt, wobei die Gesamthöhe der bereitgestellten Mittel 15% der jährlichen Einnahmen des Amtes nicht übersteigen darf.

7.1   Der Haushaltsplan 2015 hat Einnahmen von mehr als 200 Millionen Euro vorgesehen. Dies hätte dazu geführt, dass das Amt bis zu knapp über 30 Millionen Euro für diese Projekte zur Verfügung stellen hätte können. Dieser Betrag entspricht in etwa jenen Summen, die das Amt im Haushaltsplan 2015 für die Kooperation mit nationalen Ämtern vorgesehen hatte.

8   Die **Nutznießer** dieser Beträge sind die nationalen Ämter einschließlich des Benelux-Amtes. Die Unterstützung kann in Form von Zuschüssen in Übereinstimmung mit den einschlägigen EU-rechtlichen Bestimmungen betreffend Zuschüsse erfolgen. Wie der genaue Verteilungsschlüssel aussehen wird, wird in naher Zukunft durch die Verwaltungsgremien, dh Verwaltungsrat und Haushaltsausschuss, festgelegt werden.

8.1   Darüber hinaus sieht Art. 139 vor, dass zwischen 5% und 10% der Einnahmen des Amtes an die Mitgliedstaaten zur Abdeckung ihres Aufwandes aufgrund des Unionsmarkenrechts an die nationalen Behörden verteilt werden kann, sofern dadurch kein Defizit im Haushaltsplan entsteht (→ Art. 139 Rn. 1).

C. Kooperationsbereiche

I. Einleitung

9   Art. 123c enthält eine **Liste** der Bereiche, in der Kooperation möglich ist.

9.1   Dabei handelt es sich um folgende Bereiche:
- Entwicklung gemeinsamer Prüfstandards;
- Einrichtung gemeinsamer oder vernetzter Datenbanken und Portale, die eine unionsweite Abfrage, Recherche und Klassifizierung ermöglichen;
- kontinuierliche Bereitstellung und kontinuierlicher Austausch von Daten und Informationen einschließlich der Einspeisung von Daten in die unter Buchst. b genannten Datenbanken und Portale;
- Festlegung gemeinsamer Standards und Verfahren, um die Interoperabilität von Verfahren und Systemen in der gesamten Union sicherzustellen und ihre Kohärenz, Effizienz und Leistungsfähigkeit zu verbessern;
- wechselseitige Information über Rechte und Verfahren im Bereich des gewerblichen Rechtsschutzes, einschließlich wechselseitiger Unterstützung für Helpdesks und Informationsstellen;
- Austausch von technischem Know-how und Hilfestellung in den von den Buchst. a bis e erfassten Bereichen.

10   Die im Gesetz vorgenommene Aufzählung der Tätigkeitsbereiche ist **nicht erschöpfend**.

11   Im Großen und Ganzen spiegelt diese Liste bereits jene Art der Kooperation wieder, die das Amt in der Vergangenheit mit den nationalen Ämtern und dem Benelux-Amt im Rahmen des Kooperationsfonds und dem Konvergenzprogramm durchgeführt hat.

11.1   Die neue **MRL** enthält in Art. 51 f. RL (EU) 2015/2436 eine Spiegelbestimmung für die nationalen Ämter und das Benelux-Amt.

12   Neue Projekte werden mit Sicherheit auf den Weg gebracht werden; deren Inhalt ist jedoch derzeit noch nicht absehbar. Alle Projekte müssen durch den **Verwaltungsrat** (→ Art. 124 Rn. 1) gebilligt werden.

13   Während des Rechtsetzungsprozesses betreffend die Änderung der GMV und der MRL wurde jahrelang intensiv über die Kooperation diskutiert. Verschiedenste Vorschläge wurden von allen beteiligten Kreisen vorgelegt. Der nun gewählte Wortlaut in der UMV und der MRL kann als Erfolg für das bereits bestehende Modell der Kooperation angesehen werden.

II. Kooperationsfond

Der Kooperationsfond wurde bereits 2010 ins Leben gerufen und mit 50 Millionen Euro dotiert. Aufgabe des Kooperationsfonds war die Finanzierung der Entwicklung von geeigneten IT-Anwendungen im Bereich des gewerblichen Rechtschutzes. **14**

Einige Programme zielen auf die Unterstützung und Vereinfachung der Arbeit der Registerbehörden ab (zB das Erstellen von „Front-Office" und „Back-Office"-Anwendungen), andere auf die Arbeit der Rechtsbehörden, einschließlich der Gerichte, Staatsanwaltschaften und andere Durchsetzungsbehörden, ab (zB ACIST – Anti-Counterfeiting Intelligence Support Tool) sowie auf die Wirtschaft (zB eLearning Tools für KMU). **14.1**

Eine vierte Kategorie von IT-Anwendung soll allen beteiligten Kreisen helfen (TMview, Designview und TMclass). **14.2**

Bis 2015 wurden durch den Kooperationsfond Instrumentarien insgesamt mehr als 370 Mal im Amt und den nationalen Ämtern implementiert. Der Verwaltungsrat hat bis dahin die Ergebnisse von sechs Konvergenzprojekten gebilligt; mit der Annahme des letzten derzeit laufenden Projekts ist bis Ende 2016 zu rechnen. **14.3**

D. Konvergenzprogramm

Das Konvergenzprogramm wurde 2011 ins Leben gerufen. In diesem Programm arbeiten das Amt und die Zentralbehörden für den gewerblichen Rechtsschutz der Mitgliedstaaten und dem Benelux-Amt für geistiges Eigentum, sowie Zentralbehörden für den gewerblichen Rechtsschutz von Drittstaaten, wie zB Island, Norwegen, die Schweiz und die Türkei sowie Nutzerverbände, wie zB ECTA, Marques, GRUR und INTA, zusammen. **15**

Die einzelnen Projekte haben zum Ziel, die Praktiken der nationalen Ämter anzunähern und zu vereinheitlichen, insoweit dafür keine gesetzlichen Änderungen notwendig sind. Bisher wurden sieben Projekte ins Leben gerufen: **16**
- KP1. Harmonisierung der markenbezogenen Klassifizierungspraxis von Waren und Dienstleistungen,
- KP2. Vereinheitlichung von Klassenüberschriften,
- KP3. Absolute Eintragungshindernisse bei Bildmarken mit rein beschreibenden Wörtern oder Begriffen,
- KP4. Schutzumfang bei Marken, die ausschließlich aus den Farben schwarz, weiß und/oder grau(-stufen) bestehen,
- KP5. Relative Eintragungshindernisse – Verwechslungsgefahr (Auswirkungen nicht unterscheidungskräftiger/schwacher Markenbestandteile),
- KP6. Herstellung von Konvergenz bei grafischen Wiedergaben von Geschmacksmustern,
- KP7. Harmonisierung von Erzeugnisangaben.

Die ersten beiden Projekten betreffen die Ausarbeitung einer Gemeinsamen Praxis für die Klassifizierung von Marken und wurden nicht nur durch die bestehende Praxis beeinflusst, sondern auch durch das Urteil „IP Translator" (EuGH C-307/10, GRUR 2012, 822; → Art. 28 Rn. 9). **16.1**

Eine zweite Welle von Konvergenzprojekten (KP3, KP 4 und KP5) widmete sich dem materiellen Markenrecht. **16.2**

Die beiden letzten Konvergenzprogramme betreffen das Geschmacksmusterrecht. **16.3**

Alle abgeschlossenen Projekte zielen auf die Erstellung einer Gemeinsamen Praxis ab, die in einer Gemeinsamen Mitteilung der beteiligten Markenämter wiedergeben wird. **17**

Die Schlussdokumente (Gemeinsame Praxis) sowie die Gemeinsamen Mitteilungen können über die Homepage des European Trade Mark and Design Networks (https://www.tmdn.org/network/converging-practices) abgerufen werden. **17.1**

Sowohl die gemeinsamen Praktiken als auch die gemeinsamen Instrumentarien haben zu konkreten, materiellen Ergebnissen geführt, die sich gegenseitig ergänzen. **18**

E. Freiwillige Zusammenarbeit

Abs. 6 erwähnt ausdrücklich die freiwillige Zusammenarbeit zwischen dem Amt und den zuständigen Behörden der Mitgliedstaaten betreffend der Bekämpfung von Produktpiraterie. **19**

Diese Zusammenarbeit umfasst Projekte, die insbesondere auf die Umsetzung der etablierten Standards und Praktiken sowie auf die Organisation von Ausbildungs- und Schulungsmaßnahmen ausgerichtet sind.

19.1 Die Verwirklichung dieser Projekte erfolgt mit den nach Abs. 5 zur Verfügung gestellten Finanzmitteln.

Abschnitt 2 Verwaltungsrat

Art. 124 Aufgaben des Verwaltungsrats

(1) Unbeschadet der Befugnisse, die gemäß Abschnitt 5 dem Haushaltsausschuss obliegen, nimmt der Verwaltungsrat die folgenden Aufgaben wahr:
a) Annahme das Jahresarbeitsprogramm des Amtes für das kommende Jahr anhand eines ihm vom Exekutivdirektor gemäß Artikel 128 Absatz 4 Buchstabe c unterbreiteten Entwurfs unter Berücksichtigung der Stellungnahme der Kommission und Übermittlung des Jahresarbeitsprogramms an das Europäische Parlament, den Rat und die Kommission;
b) Annahme eines strategischen Mehrjahresprogramms für das Amt, das unter anderem die Strategie des Amtes in Bezug auf die internationale Zusammenarbeit erläutert, anhand eines ihm vom Exekutivdirektor gemäß Artikel 128 Absatz 4 Buchstabe e unterbreiteten Entwurfs unter Berücksichtigung der Stellungnahme der Kommission und im Anschluss an einen Meinungsaustausch des Exekutivdirektors mit dem zuständigen Ausschuss des Europäischen Parlaments und Übermittlung des strategischen Mehrjahresprogramms an das Europäische Parlament, den Rat und die Kommission;
c) Annahme des Jahresberichts des Amtes anhand eines ihm vom Exekutivdirektor gemäß Artikel 128 Absatz 4 Buchstabe g unterbreiteten Entwurfs und Übermittlung des Jahresberichts an das Europäische Parlament, den Rat, die Kommission und den Rechnungshof;
d) Annahme des mehrjährigen Personalentwicklungsplans anhand eines ihm vom Exekutivdirektor gemäß Artikel 128 Absatz 4 Buchstabe h unterbreiteten Entwurfs;
e) Ausübung der ihm gemäß Artikel 123c Absatz 2 übertragenen Befugnisse;
f) Ausübung der ihm gemäß Artikel 139 Absatz 4 übertragenen Befugnisse;
g) Erlass von Vorschriften zur Verhinderung und Bewältigung von Interessenkonflikten im Amt;
h) Ausübung, im Einklang mit Absatz 2, der Befugnisse in Bezug auf das Personal des Amtes, die der Anstellungsbehörde durch das Statut der Beamten und der Stelle, die zum Abschluss von Dienstverträgen ermächtigt ist, durch die Beschäftigungsbedingungen für die sonstigen Bediensteten übertragen wurden (im Folgenden „Befugnisse einer Anstellungsbehörde");
i) Erlass geeigneter Durchführungsbestimmungen, um dem Statut der Beamten und zu den Beschäftigungsbedingungen für die sonstigen Bediensteten nach dem Verfahren des Artikels 110 des Statuts Wirksamkeit zu verleihen;
j) Erstellung der in Artikel 129 Absatz 2 genannten Liste von Kandidaten;
k) Sicherstellung angemessener Folgemaßnahmen ausgehend von den Ergebnissen und Empfehlungen, die sich aus den internen oder externen Prüfberichten und Evaluierungen nach Maßgabe des Artikels 165a sowie aus den Untersuchungen des Europäischen Amtes für Betrugsbekämpfung (OLAF) ergeben;
l) Er wird vor Genehmigung der Richtlinien für die vom Amt durchgeführte Prüfung sowie in den übrigen in dieser Verordnung vorgesehenen Fällen gehört;
m) Abgabe von Stellungnahmen und Einholung von Auskünften vom Exekutivdirektor oder der Kommission, wenn er dies für erforderlich hält;

(2) Der Verwaltungsrat erlässt gemäß dem Verfahren nach Artikel 110 des Statuts der Beamten und nach Artikel 142 der Beschäftigungsbedingungen für die sonstigen Bediensteten einen Beschluss auf der Grundlage von Artikel 2 Absatz 1 des Statuts der Beamten und Artikel 6 der Beschäftigungsbedingungen für die sonstigen Bediensteten, mit dem dem Exekutivdirektor die entsprechenden Befugnisse einer Anstellungsbehörde übertragen und die Bedingungen festgelegt werden, unter denen diese Übertragung der Befugnisse einer Anstellungsbehörde ausgesetzt werden kann.

Der Exekutivdirektor kann diese Befugnisse weiter übertragen.

Bei Vorliegen außergewöhnlicher Umstände kann der Verwaltungsrat die Übertragung von Befugnissen der Anstellungsbehörde auf den Exekutivdirektor sowie die von diesem weiter übertragenen Befugnisse durch einen Beschluss vorübergehend aussetzen und die Befugnisse selbst ausüben oder sie einem seiner Mitglieder oder einem anderen Mitglied des Personals als dem Exekutivdirektor übertragen.

Überblick

VO (EU) 2015/2424 des Europäischen Parlaments und des Rates zur Änderung der VO 207/2009, die am 23.3.2016 in Kraft getreten ist, regelt der neue Art. 124 zunächst die Aufgaben des Verwaltungsrats. Die des Präsidenten (ab 23.3.2016 „Exekutivdirektor") werden im neuen Art. 128 geregelt. Art. 124 überträgt dem Verwaltungsrat als Organ des Amts verschiedene Aufgaben (→ Rn. 1) sowie originär die Befugnisse einer Anstellungsbehörde (→ Rn. 2).

A. Aufgaben des Verwaltungsrats

Der Verwaltungsrat hat mit Inkrafttreten der Reform am 23.3.2016 nicht mehr nur vor allem beratende, sondern auch eine gestärkte Kontrollfunktion. Normsetzungszuständigkeiten bzgl. delegierter Rechtsakte und Durchführungsrechtsakte liegen bei der Kommission (Art. 26 Abs. 4, Art. 30, Art. 33 Abs. 4, Art. 34 Abs. 5, Art. 39 Abs. 5, Art. 42a, Art. 43 Abs. 3, Art. 44 Abs. 9, Art. 45 Abs. 3, Art. 48 Abs. 3, Art. 48a, Art. 49 Abs. 8, Art. 50 Abs. 5, Art. 57a, Art. 65a, Art. 67 Abs. 3, Art. 74b, Art. 77 Abs. 4, Art. 78 Abs. 6, Art. 79, Art. 79b, Art. 79c, Art. 80 Abs. 3, Art. 82a Abs. 3, Art. 85 Abs. 1a, Art. 89 Abs. 4, Art. 90 Abs. 3, Art. 93a, Art. 113 Abs. 6, Art. 119 Abs. 10, Art. 132 Abs. 2, Art. 134 Abs. 2, Art. 136b, Art. 147 Abs. 9, Art. 148a Abs. 2, Art. 149 Abs. 2, Art. 153a Abs. 2, Art. 154 Abs. 8, Art. 156 Abs. 4, Art. 158 Abs. 4, Art. 159 Abs. 10, Art. 161 Abs. 6), die Disziplinargewalt über Exekutivdirektor und stellvertretende Exekutivdirektoren beim Rat (Art. 129 Abs. 2) und die Feststellung des Haushaltsplans beim Haushaltsausschuss (Art. 140 Abs. 3). Der Verwaltungsrat ist zuständig für

- die Annahme des Jahresarbeitsprogramms des Amtes für das kommende Jahr und seine Übermittlung an das Europäische Parlament, den Rat und die Kommission,
- die Annahme eines strategischen Mehrjahresprogramms für das Amt und seine Übermittlung an das Europäische Parlament, den Rat und die Kommission,
- die Annahme des Jahresberichts des Amtes und seine Übermittlung an das Europäische Parlament, den Rat, die Kommission und den Rechnungshof,
- die Annahme des mehrjährigen Personalentwicklungsplans,
- die Definition und Koordination von Projekten im Rahmen der Zusammenarbeit mit nationalen Ämtern im Rahmen von Art. 123c Abs. 1 und Abs. 6,
- die Festlegung des Verteilungsschlüssels für den Kostenausgleich nach Art. 139 Abs. 4,
- den Erlass von Vorschriften zur Verhinderung und Bewältigung von Interessenkonflikten im Amt,
- die Ausübung der Befugnisse einer Anstellungsbehörde,
- den Erlass von Durchführungsbestimmungen zum Beamtenstatut,
- Erstellung der Vorschlagsliste mit möglichen Kandidaten vor der Ernennung eines neuen Exekutivdirektors oder eines oder mehrerer stellvertretender Exekutivdirektoren (Art. 124 Abs. 1 Buchst. j iVm Art. 129 Abs. 2) sowie des Präsidenten der Beschwerdekammern

und der Vorsitzenden der einzelnen Kammern (Art. 124 Abs. 1 Buchst. j iVm Art. 129 Abs. 2 iVm Art. 136 Abs. 1),
- die Sicherstellung von Folgemaßnahmen ausgehend von den Ergebnissen der Überprüfung der Durchführung der UMV durch die Kommission gemäß Artikel 165a sowie der Untersuchungen durch das Europäische Amt für Betrugsbekämpfung (OLAF),
- die Stellungnahme vor dem Erlass von Prüfungsrichtlinien und
- die Abgabe von Stellungnahmen und Einholung von Auskünften vom Exekutivdirektor oder der Kommission.

B. Übertragung der Befugnisse der Anstellungsbehörde auf den Exekutivdirektor

2   Nach Art. 124 Abs. 2 überträgt der Verwaltungsrat per Beschluss die ihm nach Art. 124 Abs. 1 Buchst. h zugewiesene Ausübung der Befugnisse der Anstellungsbehörde auf den Exekutivdirektor. Wenngleich letztlich im Regelfall der Exekutivdirektor tatsächlich diese Befugnis ausüben wird, ist im Gegensatz zur Regelung vor der Reform diese Befugnis nicht mehr originär dem Exekutivdirektor zugeordnet. Gemäß Art. 124 Abs. 2 S. 3 kann der Verwaltungsrat die Übertragung der Befugnis auf den Exekutivdirektor ausnahmsweise aussetzen und die Befugnis selbst ausüben.

Art. 125 Zusammensetzung des Verwaltungsrats

(1) **Der Verwaltungsrat besteht aus je einem Vertreter pro Mitgliedstaat, zwei Vertretern der Kommission und einem Vertreter des Europäischen Parlaments sowie ihren jeweiligen Stellvertretern.**

(2) **Die Mitglieder des Verwaltungsrats dürfen nach Maßgabe seiner Geschäftsordnung Berater oder Sachverständige hinzuziehen.**

Überblick

Art. 125 regelt die Zusammensetzung des Verwaltungsrats (→ Rn. 1) und die Befugnis ggf. externe Berater oder Sachverständige hinzuzuziehen (→ Rn. 2).

A. Zusammensetzung des Verwaltungsrats

1   Im Verwaltungsrat sind die Mitgliedstaaten und das Europäische Parlament mit je einem Vertreter oder ggf. dessen Stellvertreter und die Kommission mit zwei Vertretern und ihren Stellvertretern repräsentiert. Die Mitglieder des Verwaltungsrats und ihre Stellvertreter werden von den Mitgliedstaaten, dem Europäischen Parlament und der Kommission jeweils individuell benannt und können jederzeit ausgetauscht werden. In der Regel benennen die Mitgliedstaaten Vertreter aus ihren Markenämtern oder den für diese zuständigen Ministerien (Eisenführ/Schennen/Schennen Rn. 1).

B. Hinzuziehung von Beratern oder Sachverständigen

2   Neben den eigentlichen Mitgliedern des Verwaltungsrats können nach Art. 127 Abs. 2 iVm Art. 3 Abs. 1 Verwaltungsrat-Geschäftsordnung von den Mitgliedern des Verwaltungsrats externe Berater oder Sachverständige hinzugezogen werden.

Art. 126 Vorsitzender des Verwaltungsrats

(1) **¹Der Verwaltungsrat wählt aus dem Kreis seiner Mitglieder einen Vorsitzenden und einen stellvertretenden Vorsitzenden. ²Der stellvertretende Vorsitzende tritt im Falle der Verhinderung des Vorsitzenden von Amts wegen an dessen Stelle.**

(2) **¹Die Amtszeit des Vorsitzenden und des stellvertretenden Vorsitzenden beträgt vier Jahre. ²Eine einmalige Wiederwahl ist zulässig. ³Mit dem Ende der**

Mitgliedschaft im Verwaltungsrat endet jedoch auch die Amtszeit automatisch am selben Tag.

Überblick

Art. 126 regelt den Vorsitz im Verwaltungsrat durch einen Vorsitzenden und die Vertretung des Vorsitzenden durch einen stellvertretenden Vorsitzenden sowie Amtszeit und Wiederwahl von Vorsitzendem und stellvertretendem Vorsitzenden.

Der Vorsitzende des Verwaltungsrats wird von den Vertretern der Mitgliedstaaten im Verwaltungsrat mit einfacher Mehrheit gewählt (Art. 2 Verwaltungsrat-Geschäftsordnung). Er beruft den Verwaltungsrat ein (Art. 129 Abs. 1) und führt in dessen Sitzungen den Vorsitz. Ist der Vorsitzende verhindert, tritt der stellvertretende Vorsitzende an seine Stelle. Sind beide verhindert, wird das Amt des Vorsitzenden des Verwaltungsrats von seinem dienstältesten Mitglied oder bei gleichem Dienstalter von dem ältesten Mitglied wahrgenommen (Art. 2 Abs. 7 Verwaltungsrat-Geschäftsordnung). 1

Der erste Präsident des Verwaltungsrats, José Mota Maia (Portugal), wurde wiedergewählt und war bis zum 20.3.2000 im Amt. Ihm folgten Carl-Anders Ifvarsson (Schweden, bis 2003), Marti Enäjärvi (Finnland, bis 2006) und António Campinos (Portugal, bis 2010). Der derzeitige Präsident ist Mihály Ficsor (Ungarn). 1.1

Nach der VO (EU) 2015/2424 des Europäischen Parlaments und des Rates zur Änderung der VO (EG) 207/2009 wird mWv 23.3.2016 die Amtszeit des Vorsitzenden und des stellvertretenden Vorsitzenden des Verwaltungsrats von drei auf künftig vier Jahre verlängert, eine Wiederwahl ist nur einmalig möglich und die Amtszeit endet im Fall des Ausscheidens des Mitglieds aus dem Verwaltungsrat automatisch am selben Tag (Art. 126 Abs. 2). 2

Art. 127 Sitzungen

(1) Der Verwaltungsrat wird von seinem Vorsitzenden einberufen.

(2) Der Exekutivdirektor nimmt an den Beratungen teil, sofern der Verwaltungsrat nichts anderes beschließt.

(3) ¹Der Verwaltungsrat hält mindestens einmal jährlich eine ordentliche Sitzung ab. ²Außerdem tritt er auf Veranlassung seines Vorsitzenden oder auf Antrag der Kommission oder eines Drittels der Mitgliedstaaten zusammen.

(4) Der Verwaltungsrat gibt sich eine Geschäftsordnung.

(5) ¹Der Verwaltungsrat fasst seine Beschlüsse mit der absoluten Mehrheit seiner Mitglieder. ²Beschlüsse des Verwaltungsrats nach Artikel 124 Absatz 1 Buchstaben a und b, Artikel 126 Absatz 1 sowie Artikel 129 Absätze 2 und 4 bedürfen jedoch einer Zweidrittelmehrheit. ³In beiden Fällen verfügen die Mitglieder über je eine Stimme.

(6) Der Verwaltungsrat kann Beobachter zur Teilnahme an seinen Sitzungen einladen.

(7) Die Sekretariatsgeschäfte des Verwaltungsrats werden vom Amt wahrgenommen.

Überblick

Art. 127 regelt die Einberufung des Verwaltungsrats (→ Rn. 1), die Durchführung von Verwaltungsratssitzungen (→ Rn. 2) und die Beschlussfassung (→ Rn. 3).

A. Einberufung des Verwaltungsrats

Der Vorsitzende des Verwaltungsrats beruft diesen mindestens einmal im Jahr zu einer ordentlichen Sitzung ein. In der Praxis finden zwei ordentliche Sitzungen im Jahr statt, im Mai und im November. Darüber hinaus beruft der Vorsitzende den Verwaltungsrat aus 1 eigener Initiative, auf Verlangen der Kommission oder auf Verlangen eines Drittels der Mitgliedstaaten zu außerordentlichen Sitzungen ein. Einberufung und Durchführung der Sitzungen richten sich nach der Geschäftsordnung des Verwaltungsrats (Verordnung Nr. CA-1-10, im Internet abrufbar unter https://euipo.europa.eu/ohimportal/de/governance – „Weitere Informationen"). Die Sekretariatsaufgaben des Verwaltungsrats übernimmt das Amt. Gemäß Art. 7 des Beschlusses des Präsidenten Nr. ADM-l 5-29 vom 20.10.2015 zur Änderung des Beschlusses ADM-15-21 über die interne Struktur des Amtes interne Struktur des Amtes ist innerhalb des Amts die Dienststelle Institutionelle Beziehungen der Hauptabteilung Internationale Zusammenarbeit und Rechtsangelegenheiten für die Sekretariatsarbeit zuständig.

B. Durchführung der Sitzungen

2 Die Sitzungen finden im Amt in Alicante statt, in der Regel zusammen mit den Sitzungen des Haushaltsausschusses. An den Sitzungen nimmt auch der Exekutivdirektor des Amts teil, zusammen mit von ihm bestimmten Bediensteten des Amts, die für verschiedene der Tagesordnungspunkte zuständig sind, vorausgesetzt, der Verwaltungsrat fasst keinen entgegenstehenden Beschluss. Gemäß Art. 3 Abs. 4 Verwaltungsrat-Geschäftsordnung ist zudem der Vorsitzende des Haushaltsausschusses teilnahmeberechtigt. Ferner können auf Einladung des Verwaltungsrats auch Beobachter an den Sitzungen teilnehmen, wenn die Sitzung nicht geheim ist. Geheim sind gemäß Art. 8 Abs. 4 Verwaltungsrat-Geschäftsordnung (VO Nr. CA-1-10 vom 23.11.2010) Abstimmungen über Personalfragen, nämlich die Ernennung des Präsidenten, Vizepräsidenten und der Vorsitzenden und Mitglieder der Beschwerdekammern. Beobachterstatus nach Art. 127 Abs. 6 iVm Art. 4 Verwaltungsrat-Geschäftsordnung ist neben dem Benelux-Markenamt, der WIPO und einem Vertreter des Europäischen Patentamts verschiedenen Nutzerorganisationen eingeräumt worden, zum Teil abwechselnd. Die Liste der Organisationen mit Beobachterstatus ist auf der Webseite des EUIPO abrufbar unter Home/Über das EUIPO/Wer wir sind/Führungsstruktur/Organisationen mit Beobachterstatus.

C. Beschlussfassung

3 Beschlüsse werden mWv 23.3.2016 im Fall einfacher Mehrheitsbeschlüsse des Verwaltungsrats mit der absoluten Mehrheit seiner Mitglieder gefasst (Art. 127 Abs. 5). Das heißt, eine einfache Mehrheit bei erfülltem Quorum aber unvollständig besetztem Verwaltungsrat reicht nicht ohne weiteres aus. Zudem sind nunmehr die Vertreter der Kommission stimmberechtigt, ebenso wie der Vertreter des Parlaments. Beschlussfähig ist der Verwaltungsrat, wenn mindestens die Hälfte der Vertreter der Mitgliedstaaten oder ihrer Stellvertreter plus ein weiterer Vertreter oder dessen Stellvertreter anwesend sind (Art. 7 Verwaltungsrat-Geschäftsordnung). Beschlüsse über die Benennung von Kandidaten als Präsident, Vizepräsident, Präsident und Vorsitzende der Beschwerdekammern bedürfen nach Art. 127 Abs. 5 S. 2 iVm Art. 124 Abs. 1 Buchst. a und b, Art. 126 Abs. 1 sowie Art. 129 Abs. 2 und 4 einer Zweidrittelmehrheit.

Abschnitt 3 Exekutivdirektor

Art. 128 Aufgaben des Exekutivdirektors

(1) ¹Das Amt wird von einem Exekutivdirektor geleitet. ²Der Exekutivdirektor ist gegenüber dem Verwaltungsrat rechenschaftspflichtig.

(2) Unbeschadet der Befugnisse der Kommission, des Verwaltungsrats und des Haushaltsausschusses gilt, dass der Exekutivdirektor bei der Erfüllung seiner Pflichten unabhängig ist und Weisungen von einer Regierung oder sonstigen Stelle weder anfordern noch entgegennehmen darf.

(3) Der Exekutivdirektor ist der rechtliche Vertreter des Amtes.

(4) Dem Exekutivdirektor obliegen insbesondere folgende Aufgaben, die übertragen werden können:
a) Treffen aller für die Tätigkeit des Amtes zweckmäßigen Maßnahmen, einschließlich des Erlasses interner Verwaltungsvorschriften und der Veröffentlichung von Mitteilungen;
b) Durchführung der vom Verwaltungsrat erlassenen Beschlüsse;
c) Entwurf das Jahresarbeitsprogramm zusammen mit dem voraussichtlichen Personal- und Finanzbedarf für jede einzelne Tätigkeit und, nach Rücksprache mit der Kommission, Vorlage des Jahresarbeitsprogramms an den Verwaltungsrat;
d) Vorlage von Vorschlägen gemäß Artikel 123c Absatz 2 an den Verwaltungsrat;
e) Entwurf eines strategischen Mehrjahresprogramms für das Amt, das unter anderem die Strategie des Amtes in Bezug auf die internationale Zusammenarbeit umfasst, und Vorlage des strategischen Mehrjahresprogramms nach Rücksprache mit der Kommission und im Anschluss an einen Meinungsaustausch mit dem zuständigen Ausschuss des Europäischen Parlaments an den Verwaltungsrat;
f) Umsetzung des Jahresarbeitsprogramms und des strategischen Mehrjahresprogramms und Berichterstattung hierüber an den Verwaltungsrat;
g) Verfassen des jährlichen Tätigkeitsberichts des Amtes und Vorlage an den Verwaltungsrat zur Billigung;
h) Entwurf eines mehrjährigen Personalentwicklungsplans und nach Rücksprache mit der Kommission Vorlage an den Verwaltungsrat;
i) Erarbeiten eines Aktionsplans, der den Schlussfolgerungen der internen oder externen Prüfberichte und Evaluierungen sowie den Untersuchungen des OLAF Rechnung trägt und zweimal jährlich Berichterstattung über die Fortschritte an die Kommission und den Verwaltungsrat;
j) Schutz der finanziellen Interessen der Union durch die Anwendung vorbeugender Maßnahmen gegen Betrug, Korruption und sonstige rechtswidrige Handlungen, durch Vornahme wirksamer Kontrollen und, falls Unregelmäßigkeiten festgestellt werden, durch die Einziehung zu Unrecht gezahlter Beträge sowie gegebenenfalls durch wirksame, verhältnismäßige und abschreckende verwaltungsrechtliche und finanzielle Sanktionen;
k) Erarbeiten einer Betrugsbekämpfungsstrategie für das Amt und Vorlage zur Billigung an den Haushaltsausschuss;
l) im Interesse einer einheitlichen Anwendung der Verordnung Vorlage von Rechtsfragen, soweit angemessen, an die erweiterte Beschwerdekammer (im Folgenden „Große Kammer"), insbesondere dann, wenn die Beschwerdekammern in der Frage unterschiedlich entschieden haben;
m) Aufstellen des Voranschlags der Einnahmen und Ausgaben des Amtes und Ausführung des Haushaltsplans;
n) Ausübung der ihm vom Verwaltungsrat gemäß Artikel 124 Absatz 1 Buchstabe h übertragenen Befugnisse gegenüber dem Personal;

(5) ^{1}Der Exekutivdirektor wird von einem oder mehreren stellvertretenden Exekutivdirektoren unterstützt. ^{2}In Abwesenheit oder bei Verhinderung des Exekutivdirektors wird er nach dem vom Verwaltungsrat festgelegten Verfahren von dem stellvertretenden Exekutivdirektor oder einem der stellvertretenden Exekutivdirektoren vertreten.

künftige Fassung (Einfügung in Abs. 4) mWv 1.10.2017 gemäß VO (EU) 2015/2424 vom 16.12.2015:
o) Ausübung der ihm nach Artikel 26 Absatz 3, Artikel 29 Absatz 5, Artikel 30 Absatz 3, Artikel 75 Absatz 2, Artikel 78 Absatz 5, Artikel 79, Artikel 79b, Artikel 79c, Artikel 87 Absatz 4, Artikel 87a Absatz 3, Artikel 88 Absatz 5, Artikel 88a, Artikel 89, Artikel 93 Absatz 4, Artikel 119 Absatz 9, Artikel 144, Artikel 144a Absatz 1, Artikel 144b Absatz 2 und Artikel 144c übertragenen Befugnisse gemäß den Vorgaben in dieser Verordnung und in den gemäß dieser Verordnung erlassenen Rechtsakten.

UMV Art. 128

Titel XII Das Amt

Überblick

Art. 124 überträgt die Leitung des Amts einem Exekutivdirektor (→ Rn. 1), der zur Erfüllung seiner Aufgaben (→ Rn. 7) mit nicht abschließend aufgezählten Befugnissen (→ Rn. 2 ff.) ausgestattet wird, die auch übertragbar sind (→ Rn. 6). Zur Unterstützung des Exekutivdirektors sind ein oder mehrere stellvertretende Exekutivdirektoren vorgesehen; die Vertretung des Exekutivdirektors in Abwesenheit oder bei Verhinderung bestimmt sich nach einem vom Verwaltungsrat festgelegten Verfahren (→ Rn. 8).

A. Leitung des Amts

1   Mit Inkrafttreten der Reform am 23.3.2016 wurde die vormalige Bezeichnung „Präsident" des Amts durch den Begriff „Exekutivdirektor" ersetzt. Der Exekutivdirektor leitet (Art. 128 Abs. 1) und vertritt (Art. 115 Abs. 3, Art. 128 Abs. 3) das Amt. Art. 128 regelt seine Befugnisse und Aufgaben, Art. 129 wie er ernannt wird. Der erste Präsident des Amtes war Jean-Claude Combaldieu (1.9.1994 bis 30.9.2000, Frankreich), der zweite Wubbo de Boer (1.10.2000 bis 30.9.2010, Niederlande). Seit 1.10.2010 ist António Campinos (Portugal) Präsident des Amtes.

B. Befugnisse des Exekutivdirektors

I. Verwaltungsvorschriften und Mitteilungen

2   Der Exekutivdirektor ist grundsätzlich in der Leitung des Amts frei (Art. 128 Abs. 2). Allerdings ist er dem Verwaltungsrat rechenschaftspflichtig (Art. 128 Abs. 1). Im Übrigen räumt die UMV der Kommission und dem Verwaltungsrat zahlreiche Rechtssetzungs-, Prüfungs- und/oder Entscheidungsbefugnisse ein, die die Befugnisse des Exekutivdirektors entsprechend begrenzen (→ Art. 124 Rn. 1).

II. Beschlüsse mit Regelungscharakter

3   Neben den Befugnissen aus Art. 128 werden dem Exekutivdirektor auch in der UMV und GMDV spezifische Regelungsbefugnisse eingeräumt. Dabei handelt es sich jeweils um konkrete Normsetzungsbefugnisse, durch die der Exekutivdirektor nicht nur den Inhalt der UMV und GMDV näher bestimmen, sondern auch zum Teil die Verwaltungspraxis bezüglich Verfahren vor dem Amt gestalten kann. Solche Befugnisse finden sich in der UMV zB in Art. 87 Abs. 4 (Bestimmung zusätzlicher Angaben im Register), Art. 87a Abs. 3 (Bedingungen für den Zugang zur Datenbank des Amts), Art. 88 Abs. 5 (Bestimmung des Wegs der Akteneinsicht), Art. 88a Abs. 1 (Form der Aktenaufbewahrung), Art. 88a Abs. 2 (Festlegung der Frist für physische Aktenvernichtung), Art. 93 Abs. 4 (Erteilung von Befreiungen für zugelassene Vertreter) und in der GMDV zB in Regel 3 Abs. 6 S. 2 GMDV (Bestimmung zur elektronischen Klangdatei bei Einreichung von Hörmarken), Regel 6 Abs. 4 GMDV (Bestimmung zu Prioritätsnachweisen), Regeln 8 Abs. 4, 28 Abs. 4, 108 Nr. 3 und Art. 110 Nr. 7 GMDV (Bestimmungen zu Senioritätsnachweisen), Regel 55 Abs. 2 GMDV (Unterzeichnung von Entscheidungen), Regel 62 Abs. 1 GMDV (Bestimmung von per Einschreiben zuzustellenden Schriftstücken), Regel 65 Abs. 2 GMDV (Zustellung durch andere technische Kommunikationsmittel als Fax), Regel 66 Abs. 2 GMDV (Bestimmungen zu öffentlichen Zustellungen), Regel 72 Abs. 1 S. 2 GMDV (Bestimmung der Tage, an denen das Amt Schriftstücke nicht entgegennimmt), Regel 72 Abs. 2 GMDV (Feststellung von Zeiträumen der Störung oder Unterbrechung von Postzustellungen in Spanien), Regel 72 Abs. 4 GMDV (Bestimmung von Fristverlängerungen bei unvorhergesehenen Ereignissen), Regel 74 GMDV (Verzicht auf Beitreibung), Regel 82 Abs. 1 GMDV (Regelung der elektronischen Kommunikation mit dem Amt), Regel 85 Abs. 1 GMDV (Bestimmung zur Veröffentlichung des Blatts für Gemeinschaftsmarken), Regel 87 Abs. 2 GMDV (Regelung von Zugang zur Datenbank des Amts und Preisen dafür) und Regel 89 Abs. 1 GMDV (Bestimmung der Art der Akteneinsicht).

III. Initiativrecht

Mit Wirkung vom 23.3.2016 ist das Initiativrecht des Exekutivdirektors (vormals „Präsident"), Änderungen der GMV, GMDV, der HABMVfO und andere Regelungen zur Gemeinschaftsmarke vorzuschlagen (Art. 124 Abs. 2 Buchst. b GMV aF) entfallen.

IV. Personalverantwortung

Der Exekutivdirektor übt – nach entsprechender Übertragung dieser Befugnis durch den Verwaltungsrat – gegenüber dem Personal des Amtes das Weisungsrecht und die durch das Beamtenstatut der Anstellungsbehörde übertragenen Befugnisse aus (Art. 128 Abs. 4 Buchst. n iVm Art. 124 Abs. 2; zu Details → Art. 124 Rn. 2). Dieses Weisungsrecht umfasst aber nicht die Befugnis, direkt in die Entscheidung von Einzelfällen in Verfahren vor dem Amt einzugreifen oder sogar selbst Entscheidungen in Verfahren vor dem Amt zu erlassen. Für Entscheidungen in Verfahren vor dem Amt gelten vielmehr die Zuständigkeiten gemäß Art. 130 ff. Die danach zuständigen Entscheidungsträger sind allein durch allgemeine Regelungen gebunden, die der Exekutivdirektor im Rahmen seiner oben genannten (→ Rn. 3) Rechtssetzungsbefugnisse getroffen hat. Selbst ein „Verstoß" gegen die vom Exekutivdirektor angenommenen Prüfungsrichtlinien machen eine erstinstanzliche Entscheidung nicht per se fehlerhaft. Vielmehr werden solche Entscheidungen von den Beschwerdekammern und ggf. EuG und EuGH nur auf Verstöße gegen die jeweils einschlägigen Normen der Verordnungen überprüft.

V. Übertragung der Befugnisse

Der Exekutivdirektor kann seine Befugnisse zumindest zum Teil auch übertragen (vgl Art. 124 Abs. 2 S. 2). Ein Beispiel hierfür ist der Beschluss des Präsidenten ADM-11-38 vom 14.6.2011; mit diesem Beschluss überträgt der Exekutivdirektor die Befugnis zur Befreiung von Vertretern von bestimmten Erfordernissen an Personen, die als zugelassene Vertreter vor dem Amt auftreten können (Art. 93 Abs. 4), auf den zuständigen Direktor der Hauptabteilung, die für das Führen der Liste von Personen zuständig ist, die als zugelassene Vertreter vor dem Amt auftreten können.

C. Aufgaben des Exekutivdirektors

Die in Art. 128 Abs. 4 nicht abschließend aufgezählten Aufgaben des Exekutivdirektors umfassen zB:
- das Treffen aller für die Tätigkeit des Amts zweckmäßigen Maßnahmen, einschließlich des Erlasses interner Verwaltungsvorschriften und der Veröffentlichung von Mitteilungen,
- die Durchführung der vom Verwaltungsrat erlassenen Beschlüsse,
- den Entwurf des Jahresarbeitsprogramms,
- Vorschläge zu Projekten im Rahmen der Zusammenarbeit mit nationalen Ämtern im Rahmen von Art. 123c Abs. 1 und Abs. 6,
- den Entwurf eines strategischen Mehrjahresprogramms,
- die Umsetzung des Jahresarbeitsprogramms und des strategischen Mehrjahresprogramms und Berichterstattung hierüber an den Verwaltungsrat,
- das Verfassen des jährlichen Tätigkeitsberichts des Amts und Vorlage beim Verwaltungsrat,
- den Entwurf eines mehrjährigen Personalentwicklungsplans,
- das Erarbeiten eines Aktionsplans ausgehend von den Ergebnissen der internen oder externen Prüfberichte und Evaluierungen sowie den Untersuchungen des OLAF nebst zweimal jährlicher Berichterstattung an Kommission und Verwaltungsrat,
- den Schutz der finanziellen Interessen der Union durch die Anwendung vorbeugender Maßnahmen gegen Betrug, Korruption und sonstige rechtswidrige Handlungen,
- das Erarbeiten einer Betrugsbekämpfungsstrategie und Vorlage an den Haushaltsausschuss,
- die Vorlage von Rechtsfragen an die erweiterte Beschwerdekammer (im Folgenden „Große Kammer") soweit angemessen im Interesse einer einheitlichen Anwendung der UMV,
- die Erstellung des Budgets und Ausführung des Haushaltsplans.

D. Stellvertretende Exekutivdirektoren

8 Gemäß Art. 128 Abs. 5 wird der Exekutivdirektor von einem oder mehreren stellvertretenden Exekutivdirektoren unterstützt. In Abwesenheit oder bei Verhinderung wird der Exekutivdirektor nach dem vom Verwaltungsrat festgelegten Verfahren von dem stellvertretenden Exekutivdirektor oder einem der stellvertretenden Exekutivdirektoren vertreten.

Art. 129 Ernennung, Verlängerung der Amtszeit und Entfernung aus dem Amt

(1) Der Exekutivdirektor wird als Zeitbediensteter des Amtes gemäß Artikel 2 Buchstabe a der Beschäftigungsbedingungen für die sonstigen Bediensteten eingestellt.

(2) [1]Der Exekutivdirektor wird im Anschluss an ein offenes und transparentes Auswahlverfahren vom Rat mit einfacher Mehrheit aus einer vom Verwaltungsrat vorgeschlagenen Liste von Kandidaten ernannt. [2]Vor seiner Ernennung kann der vom Verwaltungsrat ausgewählte Kandidat aufgefordert werden, vor jedwedem zuständigen Ausschuss des Europäischen Parlaments eine Erklärung abzugeben und sich den Fragen seiner Mitglieder zu stellen. [3]Für den Abschluss des Vertrags mit dem Exekutivdirektor wird das Amt durch den Vorsitzenden des Verwaltungsrats vertreten.
Der Exekutivdirektor kann seines Amtes nur aufgrund eines Beschlusses des Rates auf Vorschlag des Verwaltungsrats enthoben werden.

(3) [1]Die Amtszeit des Exekutivdirektors beträgt fünf Jahre. [2]Am Ende dieses Zeitraums bewertet der Verwaltungsrat die Leistung des Exekutivdirektors mit Blick auf die künftigen Aufgaben und Herausforderungen des Amtes.

(4) Der Rat kann unter Berücksichtigung der Bewertung nach Absatz 3 die Amtszeit des Exekutivdirektors einmal um höchstens fünf Jahre verlängern.

(5) Ein Exekutivdirektor, dessen Amtszeit verlängert wurde, darf am Ende seiner Amtszeit nicht an einem weiteren Auswahlverfahren für dieselbe Stelle teilnehmen.

(6) [1]Der oder die stellvertretenden Exekutivdirektoren werden nach Rücksprache mit dem amtierenden oder gegebenenfalls dem designierten Exekutivdirektor entsprechend dem Verfahren nach Absatz 2 ernannt oder aus dem Amt entfernt. [2]Die Amtszeit des stellvertretenden Exekutivdirektors beträgt fünf Jahre. [3]Sie kann vom Rat nach Rücksprache mit dem Exekutivdirektor einmal um höchstens fünf Jahre verlängert werden.

Überblick

Art. 129 regelt Ernennung, Amtszeit und Entlassung des Exekutivdirektors (→ Rn. 1), die Ernennung der stellvertretenden Exekutivdirektoren (→ Rn. 2) und die Disziplinargewalt über beide (→ Rn. 3).

A. Ernennung, Amtszeit und Entlassung des Exekutivdirektors

1 Zur Ernennung des Exekutivdirektors erstellt der Verwaltungsrat eine Liste von Kandidaten, anhand derer der Rat den Exekutivdirektor ernennt (Abs. 2). Die Amtszeit des Exekutivdirektors beträgt höchstens fünf Jahre; der Exekutivdirektor kann lediglich einmal wiederernannt werden (Abs. 5). Eine kürzere Amtszeit kann insbesondere bei Wiederernennung bestimmt werden, wenn der Exekutivdirektor im Laufe der nächsten Amtszeit die Altersgrenze erreicht (vgl. zB Beschluss des Rates vom 3.12.1998, ABl. HABM 1999, 594 zur Verlängerung der Amtszeit von Jean-Claude Combaldieu). Der Exekutivdirektor kann auf Vorschlag des Verwaltungsrates auch vorzeitig durch den Rat entlassen werden (Abs. 2 S. 4).

B. Ernennung, Amtszeit und Entlassung der stellvertretenden Exekutivdirektoren

Die Zahl der stellvertretenden Exekutivdirektoren ist in der UMV nicht festgelegt. Abs. 6 lässt sich lediglich entnehmen, dass ein oder mehrere stellvertretende Exekutivdirektoren ernannt werden können. Nach dieser Vorschrift ist vor Ernennung des/der stellvertretenden Exekutivdirektoren der Exekutivdirektor zu hören. Im Anschluss daran erfolgt die Ernennung des/der stellvertretenden Exekutivdirektoren entsprechend Abs. 2 (→ Rn. 1). Abs. 2 gilt auch für die Entlassung des/der stellvertretenden Exekutivdirektoren entsprechend. Nach Abs. 6 ist auch die Amtszeit des/der stellvertretenden Exekutivdirektoren wird auf maximal zweimal fünf Jahre beschränkt. 2

C. Disziplinargewalt

Der Rat der EU übt die Disziplinargewalt sowohl über den Exekutivdirektor als auch über den/die stellvertretenden Exekutivdirektoren aus (Abs. 2). Unabhängig davon, dass die Disziplinargewalt bezüglich des/der stellvertretenden Exekutivdirektoren beim Rat liegt, ist der Exekutivdirektor gegenüber dem/den stellvertretenden Exekutivdirektoren weisungsbefugt. 3

Abschnitt 4 Durchführung der Verfahren

Art. 130 Zuständigkeit

Für Entscheidungen im Zusammenhang mit den in dieser Verordnung vorgeschriebenen Verfahren sind zuständig:
a) die Prüfer;
b) die Widerspruchsabteilungen;
c) die Registerabteilung;
d) die Nichtigkeitsabteilungen;
e) die Beschwerdekammern;
f) jede andere vom Exekutivdirektor hierfür bestimmte Stelle oder Person.

Überblick

Art. 130 regelt die Entscheidungszuständigkeit der Prüfer und Fachabteilungen bzw. Beschwerdekammern für Entscheidungen des Amtes im Rahmen der durch die Verordnung vorgesehenen Verfahren.

Art. 130 regelt abschließend die Zuständigkeit für Entscheidungen in Verfahren vor dem Amt, wobei die Entscheidungsbefugten an dieser Stelle nur benannt werden, während die Art. 131–135 den Kompetenzrahmen der Entscheidungsträger definieren. Gemäß Regel 55 GMDV müssen alle Entscheidungen des Amts die zuständige Dienststelle oder Abteilung und die Namen der zuständigen Bediensteten angeben. Auf diese Weise ist nachprüfbar, ob eine Entscheidung von der dafür zuständigen Stelle getroffen wurde (vgl. HABM BK vom 10.7.2009 – R 643/2009-4 Rn. 8 – Re-Sale). Von der Möglichkeit, nach Regel 55 Abs. 2 GMDV auf eine eigenhändige Unterschrift der Entscheidungen und das Anbringen des Dienstsiegels darauf abzusehen, hat der Exekutivdirektor Gebrauch gemacht (vgl. Beschluss Nr. Ex-97-1, ABl. HABM 1997, 423). 1

Im Zuge der Reform durch die am 23.3.2016 in Kraft getretene VO (EU) 2015/2424 des Europäischen Parlaments und des Rates zur Änderung der VO (EG) 207/2009 wurde die Bezeichnung „Markenverwaltungs- und Rechtsabteilung" durch „Registerabteilung" ersetzt und unter einem neuen Buchst. f die Zuständigkeit einer jeden anderen hierfür vom Exekutivdirektor bestimmten Stelle oder Person eingeführt. So wird klargestellt, dass das Amt nicht an vorgegebene starre Abteilungsbezeichnungen gebunden ist. Allerdings fanden 2 auch in der Vergangenheit schon diverse Umstrukturierungen statt, so dass administrativ die durch Art. 130 vorgegebenen „Abteilungen" in dieser Form bereits jetzt nicht mehr existieren. Derzeit ist das Amt administrativ vielmehr in verschiedene Hauptabteilungen aufgeteilt, wobei Prüfer, Widerspruchs- und Nichtigkeitsabteilung sowie Registerangelegenheiten bei der Hauptabteilung Kerngeschäft angesiedelt sind.

Art. 131 Prüfer

Die Prüfer sind zuständig für namens des Amtes zu treffende Entscheidungen im Zusammenhang mit einer Anmeldung einer Unionsmarke, einschließlich der in den Artikeln 36, 37, 68 und 74d genannten Angelegenheiten, sofern nicht eine Widerspruchsabteilung zuständig ist.

Überblick

Art. 131 konkretisiert die Entscheidungskompetenz der Prüfer; sie sind zuständig für Entscheidungen im Zusammenhang mit Gemeinschaftsmarkenanmeldungen (→ Rn. 1), für die nicht eine Widerspruchsabteilung zuständig ist (→ Rn. 2).

A. Entscheidungszuständigkeit der Prüfer

1   Nach der positiven Definition im ersten Teil von Art. 131 sind die Prüfer zuständig für Entscheidungen **im Zusammenhang mit Gemeinschaftsmarkenanmeldungen,** dh die Zuständigkeit unter Art. 131 besteht nur vor der Eintragung der Marke. Explizit aufgezählt sind Entscheidungen im Rahmen der formellen Prüfung der Anmeldung (→ Art. 36 Rn. 1 ff.), Entscheidungen im Rahmen der materiellen Prüfung der Gemeinschaftsmarkenanmeldungen (→ Art. 37 Rn. 1 ff.) und eine gesondert erwähnte Zuständigkeit bei der Entscheidung über Kollektivmarkenanmeldungen (→ Art. 68 Rn. 1 ff.). Soweit mWv 23.3.2016 der Bezug auf Art. 74d eingefügt wurde, wird dieser erst zum 1.10.2017 relevant, wenn die Vorschriften zu Unionsgewährleistungsmarken anwendbar werden. Neben den Entscheidungen im Rahmen der eigentlichen Prüfung der Gemeinschaftsmarkenanmeldungen sind die Prüfer vor Eintragung auch für Entscheidungen in Nebenverfahren zuständig, vorausgesetzt, sie stehen im (direkten) Zusammenhang mit der Anmeldung – zB für Anträge auf Fristverlängerungen, Wiedereinsetzungs- und Weiterbehandlungsanträge etc. Allerdings gibt es auch vor der Eintragung Ausnahmen zur Zuständigkeit der Prüfer (→ Rn. 3).

B. Abgrenzung zur Zuständigkeit der Widerspruchsabteilung

2   Negativ abgegrenzt wird die Zuständigkeit der Prüfer im zweiten Teil von Art. 131 von der Zuständigkeit der Widerspruchsabteilungen, die in Art. 132 Abs. 1 definiert ist. Nach Art. 132 Abs. 1 sind die Widerspruchsabteilungen für Entscheidungen im Zusammenhang mit Widersprüchen zuständig. Das heißt, dass die Widerspruchsabteilungen nicht nur über den Widerspruch selbst entscheiden, sondern auch über Nebenverfahren im Zusammenhang mit dem Widerspruch (zB Wiedereinsetzungs- oder Weiterbehandlungsanträge im Rahmen des Widerspruchsverfahrens). Davon abgesehen bleibt der Prüfer auch bei Anhängigkeit eines Widerspruchs zuständig für alle Entscheidungen zu absoluten oder formellen Eintragungshindernissen. Fällt zB bei einem Fall von Vertretungszwang (→ Art. 92 Rn. 2 ff.) der Vertreter eines Anmelders weg, wird der Widerspruch ausgesetzt. Der Markenprüfer setzt dem Anmelder eine Frist zur Benennung eines neuen Vertreters. Wird innerhalb der Frist kein neuer Vertreter benannt, wird die Anmeldung nach Regel 9 Abs. 3 GMDV iVm Art. 92 Abs. 2 **vom Prüfer** zurückgewiesen (→ Art. 92 Rn. 1). Unterliegt hingegen der Widersprechende im Widerspruchsverfahren dem Vertretungszwang und fällt der Vertreter weg, wird der Widerspruch **von der Widerspruchsabteilung** wegen Unzulässigkeit zurückgewiesen (→ Art. 92 Rn. 2). Allerdings ist hierbei zwischen der Zuständigkeit der verschiedenen „Einrichtungen" beim Amt und der physischen Person des Entscheiders zu differenzieren: Einige Mitglieder der Widerspruchsabteilungen sind auch mit Markenprüfungen betraut. Fällt einem solchen Prüfer im Rahmen der Widerspruchsprüfung auf, dass die Marke bereits aus

Widerspruchsabteilungen   **Art. 132 UMV**

absoluten Gründen nicht eintragungsfähig und gewissermaßen „durchgerutscht" ist, wird er den Widerspruch aussetzen und die Marke nachbeanstanden. Allerdings sollen sich Nachbeanstandungen nach den Vorgaben an die Prüfer auf klare Fälle mangelnder Eintragungsfähigkeit beschränken (vgl. Prüfungsrichtlinien vor dem Amt, Teil C, Widerspruch S. 60). Freilich sind nicht alle Berichterstatter der Widerspruchsabteilungen auch Markenprüfer. Wegen der getrennten Zuständigkeit empfiehlt es sich daher für Widersprechende, die auch ernsthafte Einwände gegen die Eintragungsfähigkeit der Marke aufgrund absoluter Eintragungshindernisse haben, zusammen mit dem Widerspruch, am besten in getrennten Schriftsätzen, beide Standpunkte geltend zu machen. Insbesondere sollten die Einwände wegen absoluter Eintragungshindernisse klar als „Bemerkungen Dritter" iSv Art. 40 gekennzeichnet werden. Andernfalls besteht die Gefahr, dass der Markenprüfer die Bemerkungen Dritter nicht zu Gesicht bekommt (weil der Schriftsatz nur in der Widerspruchsakte eingeordnet wird) und die Widerspruchsabteilung in der Entscheidung des Widerspruchs zu den Einwänden betreffend absoluter Eintragungshindernisse (zutreffend) feststellt, dass diese nicht Prüfungsgegenstand des Widerspruchsverfahrens sind.

C. Ausnahmen von der Zuständigkeit der Prüfer

Vor Eintragung der Unionsmarke sind die Prüfer – neben Widerspruchsverfahren – für **3** solche Verfahren nicht zuständig, die nicht „im Zusammenhang mit einer Gemeinschaftsmarkenanmeldung" stehen. Für solche Verfahren ist entweder die Registerabteilung zuständig (Art. 133) oder es gilt die Auffangzuständigkeit des Art. 134a. **Nicht zuständig** sind Prüfer daher für die Entscheidung über: Eintragungen von Rechtsübergängen (Art. 17 iVm Art. 23), die Eintragung von Lizenzen (Art. 22 Abs. 5 iVm Art. 23), die Eintragung von dinglichen Rechten, Zwangsvollstreckungsmaßnahmen und Insolvenzverfahren (Art. 19–21 iVm Art. 23), Gewährung von Akteneinsicht in Unionsmarkenanmeldungen (Art. 22 Abs. 5 iVm Art. 23), die Ausstellung von Prioritätsbelegen und Kopien von Anmeldungsunterlagen (Regel 89 GMDV), die Gewährung von Amtshilfe an nationale Patentämter, Gerichte und Staatsanwaltschaften (Art. 90) und Anträge auf Umwandlung einer Gemeinschaftsmarkenanmeldung in nationale Markenanmeldungen (Art. 112).

Art. 132 Widerspruchsabteilungen

(1) Die Widerspruchsabteilungen sind zuständig für Entscheidungen im Zusammenhang mit Widersprüchen gegen eine Anmeldung einer Unionsmarke.

(2) ¹Die Widerspruchsabteilungen entscheiden in der Besetzung von drei Mitgliedern. ²Mindestens ein Mitglied muss rechtskundig sein. ³In bestimmten in der Durchführungsverordnung geregelten Fällen kann die Entscheidung durch ein Mitglied getroffen werden.

¹Die Kommission erlässt Durchführungsrechtsakte, in denen die Arten von Entscheidungen, die durch ein einzelnes Mitglied ergehen, genau festgelegt werden. ²Diese Durchführungsrechtsakte werden nach dem Prüfverfahren gemäß Artikel 163 Absatz 2 erlassen.

Änderungen mWv 1.10.2017 gemäß VO (EU) 2015/2424 vom 16.12.2015:
Abs. 2 UAbs. 1 S. 3 wird wie folgt gefasst:
  ³*Entscheidungen über Kosten oder Verfahren ergehen durch ein einzelnes Mitglied.*

Überblick

Art. 132 konkretisiert die Entscheidungszuständigkeit (→ Rn. 1) und Besetzung (→ Rn. 2) der Widerspruchsabteilungen bei Entscheidungen im Zusammenhang mit Widersprüchen gegen Unionsmarkenanmeldungen.

A. Entscheidungszuständigkeit der Widerspruchsabteilung

1   Die Widerspruchsabteilungen sind zuständig für Entscheidungen „im Zusammenhang mit Widersprüchen" gegen Unionsmarkenanmeldungen (Art. 132 Abs. 1). Das bedeutet, dass die Zuständigkeit nur ab Erhebung eines Widerspruchs bis zu dessen Erledigung besteht, unabhängig davon, ob die Erledigung durch Entscheidung eintritt oder durch Rücknahme. Sofern ein hinreichend direkter Zusammenhang mit dem Widerspruch besteht, sind die Widerspruchsabteilungen auch für Nebenverfahren wie Wiedereinsetzungs- oder Weiterbehandlungsanträge im Widerspruchsverfahren zuständig (→ Art. 131 Rn. 2). Nicht zuständig sind die Widerspruchsverfahren für alle Nebenverfahren, die nur zeitlich mit dem Widerspruchsverfahren zusammenfallen (→ Art. 131 Rn. 3). Ebenfalls nicht zuständig sind sie für Entscheidungen, für die die Markenprüfer zuständig sind (→ Art. 131 Rn. 1 f.). Der Wortlaut von Art. 132 („die Widerspruchsabteilungen") täuscht insoweit als es keine fest eingerichteten „Widerspruchsabteilungen" gibt. Vielmehr werden die Teams innerhalb der jeweiligen Dienststelle (auch) anhand der sprachlichen Anforderungen (Entscheidungen werden in der jeweiligen Verfahrenssprache verfasst, also je nach Fall in Deutsch, Englisch, Französisch, Italienisch oder Spanisch) zusammengestellt. Fest definiert ist lediglich die Zuständigkeit der jeweiligen Hauptabteilung. So ist nach der Re-Organisation durch Beschluss des Präsidenten Nr. ADM-15-29 vom 20.10.2015 die Hauptabteilung Kerngeschäft sowohl für die Markenprüfung und Entscheidung über Anmeldungen als auch für die Durchführung von und Entscheidung in Widerspruchsverfahren zuständig.

B. Besetzung der Widerspruchsabteilungen

I. Entscheidung durch drei Mitglieder

2   In der Regel entscheiden die Widerspruchsabteilungen in der Besetzung von drei Mitgliedern. Davon muss eines „rechtskundig" sein. Fraglich ist, ob dies (zumindest nach der tatsächlichen Amtspraxis) nur Volljuristen (so die Lesart von Eisenführ/Schennen/Schennen Rn. 3) erfasst oder jeden erfolgreichen Absolventen eines juristischen (Fach-)Hochschulstudiums (unabhängig von dem Rechtssystem, in dem das Studium absolviert wurde). Davon abgesehen bestimmt die UMV keine fachlichen Zugangsvoraussetzungen für die Tätigkeit als Mitglied der Widerspruchsabteilung – und übrigens auch nicht für die Tätigkeit als Prüfer. In der Praxis sind in den verschiedenen mit Entscheidungen befassten Laufbahnen (AD und Ast) die verschiedensten (ursprünglichen) Berufe vertreten. Neben einigen – auch nichtanwaltlichen – ehemaligen Mitarbeitern spezialisierter Markenkanzleien und ehemaligen Angehörigen nationaler Ämter sind viele nicht-juristische Akademiker vertreten, insbesondere Sprachwissenschaftler aber auch Vertreter wirtschaftlicher oder naturwissenschaftlicher oder technischer Studienzweige. Neue Mitarbeiter werden inzwischen über einen längeren Zeitraum spezifisch unionsmarkenrechtlich angelernt, auch wenn diese Ausbildungsphase naturgemäß deutlich kürzer ausfallen muss als vergleichbare Anfangsphasen zB im deutschen Amt, da neue Bedienstete beim EUIPO mehrere Jahre lang ausschließlich befristet eingestellt wurden (inzwischen wurde zunächst immerhin die Befristung auf zweimal fünf Jahre verlängert; davor war die Tätigkeit der Mitarbeiter jahrelang auf maximal fünf Jahre im Amt beschränkt; es wurden auch relativ kürzlich zum ersten Mal seit Jahren wieder unbefristete Stellen ausgeschrieben).

II. Entscheidung durch ein Mitglied

3   Nach Regel 100 GMDV dürfen
- Entscheidungen über die Kostenverteilung (Regel 100 Buchst. a GMDV),
- Kostenfestsetzungsentscheidungen gemäß Art. 85 Abs. 6 S. 1 (Regel 100 Buchst. b GMDV),
- Entscheidungen, das Verfahren einzustellen (Regel 100 Buchst. c GMDV),
- Entscheidungen, einen Widerspruch vor Ablauf der Cooling-off-Frist als unzulässig zurückzuweisen (Regel 100 Buchst. d GMDV),
- Entscheidungen über die Aussetzung des Verfahrens (Regel 100 Buchst. e GMDV),

- Entscheidungen über die Verbindung und Trennung von Widersprüchen nach Regel 21 Abs. 1 GMDV (Regel 100 Buchst. f GMDV),

von einem einzelnen Mitglied der Widerspruchsabteilung getroffen werden. Dabei ist festzuhalten, dass Kostenfestsetzungsentscheidungen durch ein einzelnes Mitglied der Widerspruchsabteilung in Art. 85 Abs. 6 S. 2 geregelt sind. Der Verweis auf Art. 85 Abs. 6 S. 1 in Regel 100 Buchst. b GMDV ist demnach verunglückt (Eisenführ/Schennen/Schennen Rn. 4). Nach der Reform durch VO (EU) 2015/2424 des Europäischen Parlaments und des Rates zur Änderung der VO (EG) 207/2009, insoweit in Kraft getreten mWv 23.3.2016 ergehen Entscheidungen über Kosten oder Verfahren durch ein einzelnes Mitglied. Der Kommission wird die Befugnis übertragen, Durchführungsrechtsakte zu erlassen, die die Arten von Entscheidungen, die durch ein einzelnes Mitglied ergehen, genau festlegen.

Art. 133 Registerabteilung

(1) Die Registerabteilung ist zuständig für Entscheidungen über Eintragungen im Register.

(2) Sie führt darüber hinaus die in Artikel 93 Absatz 2 genannte Liste der zugelassenen Vertreter.

(3) Die Entscheidungen der Abteilung ergehen durch ein einzelnes Mitglied.

Überblick

Art. 133 regelt die Entscheidungskompetenz (→ Rn. 1 ff.) und Besetzung (→ Rn. 4) der Registerabteilung. Deren Zuständigkeit betrifft Entscheidungen über Eintragungen und Löschungen im Unionsmarkenregister (→ Rn. 2) und die Führung der Liste zugelassener Vertreter (→ Rn. 3).

A. Zuständigkeit der Registerabteilung

I. Die Registerabteilung

Eine „Registerabteilung" gibt es in der derzeitigen realen Organisationsstruktur des Amts nicht. Nach Beschluss des Präsidenten Nr. ADM-15-29 vom 20.10.2015 gibt es vielmehr eine „Hauptabteilung Kerngeschäft". Diese hat neben Aufgaben, die in die Zuständigkeit eines Prüfers, einer Widerspruchs- oder einer Nichtigkeitsabteilung fallen, auch die Zuständigkeit für die Führung des Unionsmarkenregisters, also für die Eintragung und Löschung von Angaben zu Unionsmarken im Register (→ Rn. 2). Andere Zuständigkeitsbereiche der Markenverwaltungs- und Rechtsabteilung scheinen nach der neuen Organisationsstruktur eher von der „Hauptabteilung Kundendienstleistungen" wahrgenommen zu werden (→ Rn. 3). wird die Bezeichnung „Markenverwaltungs- und Rechtsabteilung" durch „Registerabteilung" ersetzt. Die Registerabteilung soll zuständig sein für Entscheidungen und Eintragungen ins Register sowie die Führung der nach Art. 93 geführten Liste der zugelassenen Vertreter. Die Entscheidungen der Registerabteilung werden von einem einzelnen Bediensteten getroffen. 1

II. Auffangzuständigkeit

Im Zuge der Reform nach der VO (EU) 2015/2424 des Europäischen Parlaments und des Rates zur Änderung der VO (EG) 207/2009 wurde die ursprüngliche Auffangzuständigkeit der Registerabteilung in einen neuen Art. 134a ausgegliedert. Art. 133 Abs. 1 erwähnt explizit nur noch die Zuständigkeit für Entscheidungen über Eintragungen und Löschungen von Angaben im Register für Unionsmarken (Art. 87). Die im Register einzutragenden Tatsachen sind in Art. 87 aufgezählt. Aus diesen Regelungen ergibt sich die Zuständigkeit der Registerabteilung unter anderem für: 2
- die Eintragung der Unionsmarke im Register (Art. 45),
- Änderungen des Namens oder der Anschrift des Anmelders/Inhabers oder des Vertreters,

- Eintragung von Änderungen der Satzung von Kollektivmarken,
- die Prüfung der Inanspruchnahme der Seniorität nach Eintragung der Gemeinschaftsmarke,
- die Eintragung von Rechtsübergängen und dinglichen Rechten,
- Eintragungen zu Zwangsvollstreckungsmaßnahmen, Insolvenzverfahren und Lizenzen,
- die Bearbeitung von Anträgen auf Verlängerung,
- die Prüfung von Verzichtserklärungen und ggf. die Eintragung eines Verzichts,
- die Prüfung und Bearbeitung von Umwandlungsanträgen.

III. Führung der Liste eingetragener Vertreter

3   Im Rahmen ihrer Zuständigkeit entscheidet die Abteilung nicht nur über die Zulassung und Eintragung von Vertretern in die nach Art. 93 geführte Liste sowie über die Löschung und vorübergehende Streichung von Vertretern gemäß Art. 93 Abs. 5 und Regel 78 GMDV, sondern führt auch die diesbezüglichen Verfahren einschließlich der Fristsetzung für Nachbesserungen der durch interessierte Vertreter eingereichten Unterlagen.

B. Besetzung der Registerabteilung

4   Die Registerabteilung entscheidet durch ein einzelnes Abteilungsmitglied (Art. 133 Abs. 3). Die Entscheidungen über Befreiungen zuzulassender Vertreter nach Art. 93 Abs. 4 ist durch Beschluss des Präsidenten Nr. ADM-11-38 dem „Direktor der Hauptabteilung, die für das Führen der Liste von Personen zuständig ist, die als zugelassener Vertreter vor dem Amt auftreten können" übertragen, also nunmehr vermutlich dem Direktor der „Hauptabteilung Kerngeschäft".

Art. 134 Nichtigkeitsabteilungen

(1) Die Nichtigkeitsabteilungen sind zuständig für Entscheidungen im Zusammenhang mit einem Antrag auf Erklärung des Verfalls oder der Nichtigkeit einer Unionsmarke.

(2) ¹Die Nichtigkeitsabteilungen entscheiden in der Besetzung von drei Mitgliedern. ²Mindestens ein Mitglied muss rechtskundig sein. ³In bestimmten in der Durchführungsverordnung geregelten Fällen kann die Entscheidung durch ein Mitglied getroffen werden.

Änderungen mWv 1.10.2017 gemäß VO (EU) 2015/2424 vom 16.12.2015:
Abs. 1 erhält folgende Fassung:
(1) Die Nichtigkeitsabteilungen sind zuständig für Entscheidungen über
a) Anträge auf Erklärung des Verfalls oder der Nichtigkeit einer Unionsmarke;
b) Anträge auf Übertragung einer Unionsmarke nach Artikel 18.
Abs. 2 S. 3 erhält folgende Fassung:
³Die in den gemäß Artikel 132 Absatz 2 erlassenen Rechtsakten festgelegten Entscheidungen über Kosten oder Verfahren ergehen durch ein einzelnes Mitglied.

Überblick

Art. 134 regelt Entscheidungskompetenz (→ Rn. 1) und Besetzung (→ Rn. 2f.) der Nichtigkeitsabteilungen.

A. Zuständigkeit der Nichtigkeitsabteilungen

1   „Nichtigkeitsabteilungen" als organisatorische feste Einrichtung gibt es in der derzeitigen Organisationsstruktur des Amts nicht. Nach Beschluss ADM-15-29 vom 20.10.2015 sind die Entscheidungen über Löschungsanträge vielmehr der „Hauptabteilung Kerngeschäft" übertragen. Die Besetzung der jeweiligen Teams zur Entscheidung im Zusammenhang mit Löschungsverfahren erfolgt unter anderem mit Berücksichtigung der sprachlichen Voraussetzungen der Mitglieder (→ Art. 132 Rn. 1 zur Besetzung der Widerspruchsabteilung). Nach

Art. 134 Abs. 1 sind die Nichtigkeitsabteilungen zuständig für Entscheidungen im Zusammenhang mit Löschungsanträgen nach Art. 56 Abs. 1 iVm Art. 51 (Verfall), Art. 56 Abs. 1 iVm Art. 52 (Nichtigkeit wegen absoluter Eintragungshindernisse einschließlich Bösgläubigkeit) und Art. 56 Abs. 1 iVm Art. 53 (Nichtigkeit wegen relativer Eintragungshindernisse). Diese Zuständigkeit erfasst nicht nur die Entscheidungen über die Löschungsanträge selbst, sondern auch die Entscheidungen in allen Nebenverfahren, die mit dem Löschungsverfahren zusammenhängen, wie zB Entscheidungen über die Aussetzung des Verfahrens, Anträge auf Wiedereinsetzung oder Weiterbehandlung etc. Die Nichtigkeitsabteilungen sind allerdings nur zuständig, soweit die Löschungsanträge beim Amt gestellt werden (zur Zuständigkeit der Unionsmarkengerichte für Entscheidungen über Löschungsanträge im Rahmen von Widerklagen im Verletzungsverfahren → Art. 100 Rn. 1 ff.). Nach der VO (EU) 2015/2424 des Europäischen Parlaments und des Rates zur Änderung der VO (EG) 207/2009 ist die Nichtigkeitsabteilung mWv 1.10.2017 auch für Entscheidungen über Anträge auf Übertragung einer Gemeinschaftsmarke (dann „europäischen Marke") nach Art. 18 zuständig.

B. Besetzung der Nichtigkeitsabteilungen

I. Entscheidung durch drei Mitglieder

Die Nichtigkeitsabteilungen entscheiden in der Regel in einer Kollegialbesetzung von 2
drei Mitgliedern, von denen eines rechtskundig sein muss. Für deutsche Juristen wird hierbei gefordert, dass es sich um Volljuristen handeln müsse (Eisenführ/Schennen/Schennen Rn. 5). Ob nach derzeitiger Amtspraxis intern nur „Volljuristen" oder ob nicht auch Absolventen zB von Verwaltungsfachhochschulen als rechtskundig eingestuft werden, ist nicht gesichert (→ Art. 132 Rn. 2). Allerdings setzen sich in der Praxis die Teams für Entscheidungen über Löschungsanträge regelmäßig aus erfahrenen Bediensteten zusammen, die bereits über einige Entscheidungspraxis in Unionsmarkensachen verfügen. Dies trägt auch der Bedeutung von Entscheidungen über Löschungsanträge Rechnung, bei denen es im Gegensatz zu Widerspruchsverfahren oder Entscheidungen in der Markenprüfung darum geht, eine bereits eingetragene und ggf. im Markt etablierte Marke zu vernichten. Soweit zu Entscheidungen über Löschungsanträge zum Teil auch Angehörige der Laufbahngruppe Ast herangezogen werden (Eisenführ/Schennen/Schennen Rn. 7), ist zum einen daran zu erinnern, dass auch in dieser Laufbahngruppe eine Vielzahl der Bediensteten über eine akademische Ausbildung verfügt, zB im sprachwissenschaftlichen, technischen oder wirtschaftlichen Bereich (→ Art. 132 Rn. 2). Zum anderen bewerben sich auf Ausschreibungen von Assistentenstellen auch immer wieder Absolventen juristischer Studiengänge aus allen Mitgliedstaaten, so dass die Eingruppierung der betroffenen Bediensteten als „Assistenten" als solche hinsichtlich deren fachlichen Befähigung nicht aussagekräftig ist.

II. Entscheidung durch ein Mitglied

Gemäß Art. 134 Abs. 2 S. 3 iVm Regel 100 GMDV dürfen 3
- Entscheidungen über die Kostenverteilung (Regel 100 Buchst. a GMDV),
- Kostenfestsetzungsentscheidungen gemäß Art. 85 Abs. 6 S. 1 (Regel 100 Buchst. b GMDV),
- Entscheidungen, das Verfahren einzustellen (Regel 100 Buchst. c GMDV),
- Entscheidungen, einen Widerspruch vor Ablauf der Cooling-off-Frist als unzulässig zurückzuweisen (Regel 100 Buchst. d GMDV),
- Entscheidungen über die Aussetzung des Verfahrens (Regel 100 Buchst. e GMDV),
- Entscheidungen über die Verbindung und Trennung von Widersprüchen nach Regel 21 Abs. 1 GMDV (Regel 100 Buchst. f GMDV),

von einem einzelnen Mitglied der Widerspruchs-/Nichtigkeitsabteilung getroffen werden. Allerdings sind Kostenfestsetzungsentscheidungen durch ein einzelnes Mitglied der Nichtigkeitsabteilung in Art. 85 Abs. 6 S. 2 geregelt. Der Verweis auf Art. 85 Abs. 6 S. 1 in Regel 100 Buchst. b GMDV ist demnach verunglückt.

Art. 134a Allgemeine Zuständigkeit

Entscheidungen nach dieser Verordnung, die nicht in die Zuständigkeit eines Prüfers, einer Widerspruchsabteilung, einer Nichtigkeitsabteilung oder der Registerabteilung fallen, ergehen durch einen Bediensteten oder eine Stelle, den beziehungsweise die der Exekutivdirektor eigens dazu bestimmt hat.

Überblick

Art. 134a regelt eine allgemeine Zuständigkeit als Auffangzuständigkeit. Die Vorschrift wurde mWv 23.3.2016 gemäß VO (EU) 2015/2424 vom 16.12.2015 eingefügt.

1 Gemäß Art. 134a ist für Entscheidungen nach der UMV, die nicht den Prüfern (→ Art. 131 Rn. 1 ff.), der Widerspruchsabteilung (→ Art. 132 Rn. 1 ff.), der Registerabteilung (→ Art. 133 Rn. 1) oder den Nichtigkeitsabteilungen (→ Art. 134 Rn. 1 ff.) zugewiesen sind, ein Bediensteter oder eine Stelle zuständig, den bzw. die der Exekutivdirektor eigens dazu bestimmt hat. Hierunter fällt zB die Bearbeitung von und Entscheidung über Anträge auf Akteneinsicht.

Art. 135 Beschwerdekammern

(1) Die Beschwerdekammern sind zuständig für Entscheidungen über Beschwerden gegen Entscheidungen, die nach den Artikeln 131 bis 134a getroffen wurden.

(2) ¹Die Beschwerdekammern entscheiden in der Besetzung von drei Mitgliedern. ²Mindestens zwei Mitglieder müssen rechtskundig sein. ³Bestimmte Fälle werden in der Besetzung der Großen Kammer unter dem Vorsitz des Präsidenten der Beschwerdekammern oder durch ein Mitglied entschieden, das rechtskundig sein muss.

(3) ¹Bei der Festlegung der Fälle, in denen die Große Kammer entscheidungsbefugt ist, sind die rechtliche Schwierigkeit, die Bedeutung des Falles und das Vorliegen besonderer Umstände zu berücksichtigen. ²Solche Fälle können an die Große Kammer verwiesen werden.
a) durch das Präsidium der Beschwerdekammern gemäß Artikel 136 Absatz 4 Buchstabe a oder
b) durch die Kammer, die mit der Sache befasst ist.

(4) Die Große Kammer gibt darüber hinaus begründete Stellungnahmen zu Rechtsfragen ab, die der Exekutivdirektor gemäß Artikel 128 Absatz 4 Buchstabe l an sie verweist.

(5) ¹Bei der Festlegung der Fälle, in denen ein Mitglied allein entscheidungsbefugt ist, wird berücksichtigt, dass es sich um rechtlich oder sachlich einfache Fragen oder um Fälle von begrenzter Bedeutung handelt und dass keine anderen besonderen Umstände vorliegen. ²Die Entscheidung, einen Fall einem Mitglied allein zu übertragen, wird von der den Fall behandelnden Kammer getroffen.

Überblick

Art. 135 regelt die Entscheidungskompetenz (→ Rn. 1) und Besetzung (→ Rn. 2 ff.) der Beschwerdekammern.

A. Zuständigkeit der Beschwerdekammern

1 Die Beschwerdekammern entscheiden über Beschwerden gegen Entscheidungen der Prüfer, der Widerspruchsabteilungen, der Registerabteilung, der Nichtigkeitsabteilungen und der besonders vom Exekutivdirektor bestimmten Bediensteten oder Stellen (Art. 135 Abs. 1 iVm Art. 58). Sie sind damit die zweite Instanz bei Verfahren vor dem Amt. Obwohl die Beschwerdeabteilungen in der Entscheidung unabhängig und weisungsfrei sind (Art. 136

Abs. 4), sind sie Organe und damit Teil des Amtes (Art. 130). Dementsprechend ist im weiteren Instanzenzug vor dem EuG (Art. 65) das Amt Beklagter, nicht die Beschwerdekammer als solche. Bei der Entscheidung über die Beschwerde kann die Beschwerdekammer gemäß Art. 64 Abs. 1 S. 2 die gleichen Befugnisse wie die erste Instanz ausüben (sog. „funktionale Kontinuität"; → Art. 64 Rn. 1 ff.) oder die Angelegenheit zur weiteren Entscheidung an die erste Instanz zurückverweisen.

B. Besetzung der Beschwerdekammern

I. Entscheidung durch drei Mitglieder

In der Regel entscheidet die Beschwerdekammer durch drei Mitglieder, von denen zwei rechtskundig sein müssen. Abweichend von der vergleichsweise diversifizierteren Besetzung der Kollegialorgane in erster Instanz (→ Art. 132 Rn. 2; → Art. 134 Rn. 2) werden die Beschwerdekammern vom Rat auf Vorschlag des Verwaltungsrates nach Art. 136 Abs. 1 iVm Art. 129 Abs. 2 (Präsident der Beschwerdekammern und Vorsitzender der einzelnen Kammern) bzw. vom Verwaltungsrat nach Art. 136 Abs. 5 fast ausnahmslos mit voll qualifizierten erfahrenen Juristen der verschiedenen Mitgliedstaaten besetzt. Unabhängig davon, dass bei Entscheidungen im Einzelfall in der Regel drei Mitglieder mitwirken und nur ausnahmsweise Entscheidungen einem einzelnen Mitglied (→ Rn. 3) oder der Großen Kammer (→ Rn. 4) zugewiesen werden, sind rein organisatorisch den einzelnen Beschwerdekammern auch mehr als drei Mitglieder zugewiesen und die Mitglieder einer bestimmten Kammer können auch bei Entscheidungen einer anderen Kammer mitwirken (Art. 1 Abs. 1b HABMVfO). Für Entscheidungen in der Besetzung mit drei Mitgliedern wird jeweils ein Berichterstatter bestellt (Art. 4 Abs. 1 HABMVfO). Der Berichterstatter, bei dem es sich auch um den Vorsitzenden der Kammer handeln kann, der stets an den Entscheidungen der Kammer mitwirkt (Art. 4 Abs. 1 HABMVfO und Art. 12 HABMVfO) entwirft die Entscheidungen (Art. 4 Abs. 3 HABMVfO). Sind die anderen Mitglieder der Beschwerdekammern nicht alle mit dem Entscheidungsentwurf einverstanden, wird nach Beratung darüber abgestimmt (Art. 12 HABMVfO).

II. Entscheidung durch ein einzelnes Mitglied

Die Entscheidung durch ein einzelnes Mitglied ist nach Art. 135 Abs. 2 und 5 iVm Art. 1c HABMVfO für einfache Entscheidungen wie zB Kostenentscheidungen vorgesehen. Im zehnten Artikel der Entscheidung 2013-4 des Präsidiums ist vorgesehen, dass eine Beschwerdekammer eine Sache einem einzelnen Mitglied übertragen kann, wenn: a) mit der Entscheidung das Verfahren nach einer Rücknahme oder einer Einigung der Beteiligten abgeschlossen wird; b) mit der Entscheidung gemäß Art. 85 Abs. 6 S. 1 die Kosten festgesetzt werden; c) die Entscheidung gemäß Art. 85 Abs. 6 letzter Satz einen Antrag auf Überprüfung der von der Geschäftsstelle festgesetzten Kosten betrifft; d) die Entscheidung lediglich die Zulässigkeit der Beschwerde betrifft. Durch den ersten Artikel der Entscheidung 2014-3 des Präsidiums wurde zudem die Möglichkeit, Entscheidungen an ein einzelnes Mitglied zu delegieren, auch auf Beschwerden gegen die Zurückweisung von Anmeldungen unter Art. 7 ausgedehnt. Begründet wird dies damit, dass die Auslegung und Anwendung der Eintragungshindernisse durch die Rechtsprechung hinreichend geklärt sind und das Amt den Sachverhalt gemäß Art. 76 Abs. 1 von Amts wegen ermittelt. Falls das mit der Einzelentscheidung betraute Mitglied die Voraussetzungen von Art. 135 Abs. 5 nicht für gegeben hält oder die Entscheidung des Prüfers ganz oder teilweise aufheben will, übermittelt es nach dem zweiten Artikel der Entscheidung 2014-3 des Präsidiums der Kammer einen Entscheidungsentwurf zur Beratung in der Besetzung mit drei Mitgliedern. Die Entscheidung über die Zuweisung von Entscheidungen an ein einzelnes Mitglied wurde gemäß Art. 1c Abs. 2 HABMVfO den Vorsitzenden der Kammern übertragen.

III. Entscheidung durch die große Kammer

Gemäß Art. 135 Abs. 2 und Abs. 3 iVm Art. 1a HABMVfO werden rechtlich schwierige oder bedeutende Fälle bzw. Fälle, in denen besondere Umstände dies erforderlich machen, zur Entscheidung an die Große Kammer verwiesen. Die Entscheidung darüber trifft nach Art. 135 Abs. 3 Buchst. a das Präsidium der Beschwerdekammern bzw. nach Art. 135 Abs. 3 Buchst. b die Kammer, die mit dem Fall befasst ist. Nach Art. 1b Abs. 1 HABMVfO **kann** die befasste Kammer die Verweisung insbesondere dann beschließen, wenn mehrere Beschwerdekammern bezüglich derselben Rechtsfrage unterschiedliche Entscheidungen erlassen haben. Nach Art. 1b Abs. 2 HABMVfO **muss** die betreffende Kammer die Entscheidung an die Große Kammer verweisen, wenn sie selbst von der Rechtsauffassung der Großen Kammer in einer früheren Entscheidung abweichen will. Gemäß Art. 1b Abs. 3 HABMVfO **kann** das Präsidium der Beschwerdekammern eine Sache, mit der eine Kammer befasst ist, an die Große Kammer verweisen, wenn es das aufgrund der Schwierigkeit oder Bedeutung des Falles, aufgrund besonderer Umstände oder weil verschiedene Kammern zur selben Rechtsfrage unterschiedliche Auffassungen vertreten haben, für tunlich erachtet. Die Große Kammer ist nach Art. 1a Abs. 2 HABMVfO mit neun Mitgliedern besetzt, darunter der Präsident der Beschwerdekammern, die Vorsitzenden der einzelnen Kammern und einfache Mitglieder der Kammern, die nach einem Rotationsprinzip ausgewählt werden. Bei Verhinderung, Nichtbesetzung des Amts des Präsidenten oder Ausschluss nach Art. 137 wird der Präsident vom dienstältesten (Art. 1a Abs. 3 Buchst. a HABMVfO) oder dem lebensältesten (Art. 1a Abs. 3 Buchst. b HABMVfO) Kammervorsitzenden vertreten. Die Vertretung anderer Mitglieder der Großen Kammer regelt Art. 1a Abs. 4 HABMVfO. Die Große Kammer ist mit sieben Mitgliedern beschlussfähig, vorausgesetzt, darunter befinden sich auch der Vorsitzende und der Berichterstatter (Art. 1a Abs. 5 HABMVfO).

5   Seit Inkrafttreten der VO (EU) 2015/2424 des Europäischen Parlaments und des Rates zur Änderung der VO (EG) 207/2009 gibt die große Kammer mWv 23.3.2016 auch Stellungnahmen zu Rechtsfragen ab, die der Exekutivdirektor gemäß Art. 128 Abs. 4 Buchst. l an sie verweist.

C. Mediation

6   Durch Beschluss Nr. 2011-1 des Präsidiums der Beschwerdekammern wurde, gestützt auf Art. 42 Abs. 4 und Art. 57 Abs. 4 die Möglichkeit eines Mediationsverfahrens eingeführt. Das Mediationsverfahren steht nur in zweiseitigen Verfahren nach Einlegung der Beschwerde einschließlich Zahlung der Beschwerdegebühr und Einreichung der Beschwerdebegründung offen und bietet den Parteien die Möglichkeit, die Streitigkeit gütlich beizulegen. Diese Art der Schlichtung muss nicht vor einem der Mitglieder der mit der Beschwerde befassten Kammer erfolgen. Vielmehr können sich Interessierte den gewünschten Mediator aus einer auf der Internetseite des Amts veröffentlichten Liste (https://oami.europa.eu/ohimportal/de/mediators) aussuchen. Bei den Mediatoren handelt es sich um erfahrene Bedienstete des Amts, die eine spezifische Ausbildung durchlaufen haben und in unterschiedlichen Sprachen arbeiten. Grundsätzlich erfolgt die Mediation in der Sprache des Beschwerdeverfahrens, die Parteien können sich jedoch auch auf eine andere Sprache einigen, vorausgesetzt, es findet sich ein Schlichter, der diese beherrscht. Falls die Mediation in Alicante stattfindet, ist sie seitens des Amts derzeit kostenlos. Wenn die Schlichtung im HABM-Gebäude in Brüssel abgehalten wird, fällt eine Gebühr von 750 Euro an, die die Reise-, Übernachtungs- und Aufenthaltskosten der Schlichter abdeckt.

Art. 136 Unabhängigkeit der Mitglieder der Beschwerdekammern

(1) ¹Der Präsident der Beschwerdekammern und die Vorsitzenden der einzelnen Kammern werden nach dem in Artikel 129 für die Ernennung des Exekutivdirektors des Amtes vorgesehenen Verfahren für einen Zeitraum von fünf Jahren ernannt. ²Sie können während ihrer Amtszeit nicht ihres Amtes enthoben werden, es sei denn, dass schwerwiegende Gründe vorliegen und der Gerichtshof auf Antrag des Organs, das sie ernannt hat, einen entsprechenden Beschluss fasst.

(2) Die Amtszeit des Präsidenten der Beschwerdekammern kann nach einer positiven Bewertung seiner Leistung durch den Verwaltungsrat einmal um weitere fünf Jahre oder, wenn er das Ruhestandsalter während der neuen Amtsperiode erreicht, bis zu seinem Eintritt in den Ruhestand verlängert werden.

Unabhängigkeit der Mitglieder der Beschwerdekammern   Art. 136 UMV

(3) Die Amtszeit der Vorsitzenden der Beschwerdekammern kann nach einer positiven Bewertung ihrer Leistung durch den Verwaltungsrat und nach Rücksprache mit dem Präsidenten der Beschwerdekammern um weitere fünf Jahre oder, wenn sie das Ruhestandsalter während ihrer neuen Amtsperiode erreichen, bis zu ihrem Eintritt in den Ruhestand verlängert werden.

(4) ¹Dem Präsidenten der Beschwerdekammern obliegen folgende organisatorischen und administrativen Aufgaben:
a) Vorsitz im Präsidium der Beschwerdekammern (im Folgenden „Präsidium"), das die Regeln für die Arbeit in den Kammern festlegt und deren Arbeit organisiert;
b) Sicherstellung, dass die Entscheidungen des Präsidiums vollzogen werden;
c) Zuweisung der Fälle auf der Grundlage der vom Präsidium festgelegten objektiven Kriterien an eine Kammer;
d) Übermittlung des Ausgabenbedarfs der Kammern an den Exekutivdirektor, damit der vorläufige Ausgabenplan erstellt werden kann.
²Der Präsident der Beschwerdekammern führt den Vorsitz in der Großen Kammer.

(5) ¹Die Mitglieder der Beschwerdekammern werden vom Verwaltungsrat für einen Zeitraum von fünf Jahren ernannt. ²Ihre Amtszeit kann nach einer positiven Bewertung ihrer Leistung durch den Verwaltungsrat und nach Rücksprache mit dem Präsidenten der Beschwerdekammern um weitere fünf Jahre oder, wenn sie das Ruhestandsalter während ihrer neuen Amtsperiode erreichen, bis zu ihrem Eintritt in den Ruhestand verlängert werden.

(6) Die Mitglieder der Beschwerdekammern können ihres Amtes nicht enthoben werden, es sei denn, es liegen schwerwiegende Gründe vor und der Gerichtshof beschließt die Amtsenthebung, nachdem die Angelegenheit auf Empfehlung des Präsidenten der Beschwerdekammern nach Anhörung des Vorsitzenden der Kammer, dem das betreffende Mitglied angehört, an ihn verwiesen wurde.

(7) ¹Der Präsident der Beschwerdekammern sowie die Vorsitzenden und die Mitglieder der einzelnen Kammern genießen Unabhängigkeit. ²Sie sind in ihren Entscheidungen an keinerlei Weisungen gebunden.

(8) Entscheidungen der Großen Kammer zu Beschwerden oder Stellungnahmen zu Rechtsfragen, die der Exekutivdirektor gemäß Artikel 135 an sie verweist, sind für die in Artikel 130 genannten Entscheidungsinstanzen des Amtes bindend.

(9) Der Präsident der Beschwerdekammern sowie die Vorsitzenden und die Mitglieder der einzelnen Kammern dürfen weder Prüfer sein noch einer Widerspruchsabteilung, der Registerabteilung oder einer Nichtigkeitsabteilung angehören.

Überblick

Art. 136 regelt Ernennung und Amtszeit des Präsidenten der Beschwerdekammern (→ Rn. 1) sowie der Vorsitzenden (→ Rn. 2) und der Mitglieder (→ Rn. 3) der einzelnen Beschwerdekammern. Die Vorschrift umreißt beispielhaft die Zuständigkeitsbereiche des Präsidenten und sichert die Entscheidungsunabhängigkeit (→ Rn. 4 f.) und Weisungsfreiheit (→ Rn. 4, → Rn. 6) von Präsident, Vorsitzenden und Mitgliedern der Beschwerdekammern. Präsident, Vorsitzende und Mitglieder der Beschwerdekammern dürfen nicht gleichzeitig mit erstinstanzlichen Entscheidungen befasst sein (→ Rn. 8).

A. Der Präsident der Beschwerdekammern

Der Präsident der Beschwerdekammern wird nach Art. 136 Abs. 1 iVm Art. 125 vom 1
Rat auf Vorschlag des Verwaltungsrats des Amts für die Dauer von fünf Jahren ernannt. Nach Art. 136 Abs. 2 kann die Amtszeit des Präsidenten einmal um maximal fünf Jahre oder bis zu seinem Eintritt in den Ruhestand nach dem Personalstatut der Gemeinschaft verlängert werden. Der Präsident leitet die Beschwerdekammern in organisatorischer Hinsicht und ist Dienstvorgesetzter der Mitarbeiter der Beschwerdekammern. **Organisatorisch** führt er nach Art. 136 Abs. 4 S. 1 Buchst. a den Vorsitz im Präsidium der Beschwerdekammern, stellt nach

Art. 136 Abs. 4 S. 1 Buchst. b die Durchführung der Entscheidungen des Präsidiums sicher, zeichnet nach Art. 136 Abs. 4 S. 1 Buchst. c für die Zuteilung der Fälle an die einzelnen Kammern verantwortlich und übermittelt dem Präsidenten des Amts für die Erstellung des Ausgabenplans des Amtes die Ausgabenplanung der Beschwerdekammern. **Fachlich** ist der Präsident der Beschwerdekammern ebenfalls Mitglied (und Vorsitzender) einer Kammer und er führt den Vorsitz der Großen Kammer (Art. 136 Abs. 4 S. 2).

B. Die Vorsitzenden der Beschwerdekammern

2   Nach Art. 136 Abs. 1 iVm Art. 129 werden die Vorsitzenden der Beschwerdekammern ebenso wie der Präsident vom Rat auf Vorschlag des Verwaltungsrats für fünf Jahre ernannt. Die Verlängerung der Amtszeit um jeweils weitere fünf Jahre oder bis zum Erreichen der Altersgrenze (nach dem Beamtenstatut 65 Jahre) ist zulässig. Die Vorsitzenden der Beschwerdekammern bilden zusammen mit dem Präsidenten und ausgewählten Mitgliedern der Beschwerdekammern das Präsidium der Beschwerdekammern (Art. 1 HABMVfO). In dieser Funktion wirken sie mit an – unter anderem – der Erstellung des Geschäftsverteilungsplans und der Zuteilung der Mitglieder zu den einzelnen Kammern (Art. 1 Abs. 5 HABMVfO), an der Erstellung von Vorschriften für die Organisation der Arbeit der Kammern (Art. 1 Abs. 6 Buchst. a HABMVfO), an der Entscheidung über Streitigkeiten bezüglich des Geschäftsverteilungsplans (Art. 1 Abs. 6 Buchst. b HABMVfO), an der Ausarbeitung verfahrenstechnischer Anweisungen für die Parteien in Beschwerdeverfahren (Art. 1 Abs. 6 Buchst. d HABMVfO) und an der Entscheidung über Zurückverweisungen aufgrund eines Urteils des Gerichtshofs (Art. 1d HABMVfO). Ferner werden sie als Mitglieder des Präsidiums gemäß Art. 1 Abs. 7 HABMVfO vom Präsidenten der Beschwerdekammern vor Festlegung des Ausgabenplans der Kammern angehört.

C. Die Mitglieder der Beschwerdekammern

3   Die Mitglieder der Beschwerdekammern werden nach Art. 136 Abs. 5 vom Verwaltungsrat für die Dauer von fünf Jahren ernannt. Die Verlängerung der Amtszeit um jeweils weitere fünf Jahre bzw. bis zum Erreichen der Altersgrenze ist zulässig. Die Mitglieder wirken an Entscheidungen der Beschwerdekammern entweder als Berichterstatter (Art. 4 HABMVfO) oder als einfaches Mitglied mit. Sie werden darüber hinaus turnusmäßig nach einem Rotationsprinzip als Mitglieder der Großen Beschwerdekammer gemäß Art. 1a Abs. 2 HABMVfO tätig. Die Mitglieder wirken in der Regel in mehr als einer Kammer mit; das ist nach Art. 1 Abs. 5 S. 2 HABMVfO auch zulässig.

D. Unabhängigkeit und Weisungsfreiheit

4   Nach Art. 136 Abs. 6 und 7 sind Präsident, Vorsitzende und Mitglieder der Beschwerdekammern unabhängig (→ Rn. 5), weisungsfrei und unabsetzbar (→ Rn. 6).

I. Unabhängigkeit

5   Die Unabhängigkeit von Präsident, Vorsitzenden und Mitgliedern der Beschwerdekammern nach Art. 136 Abs. 6 und Art. 136 Abs. 7 bedeutet nicht, dass diese bei Entscheidungen zum Gemeinschaftsrecht willkürlich verfahren dürften. Alle Mitglieder der Beschwerdekammern sind vielmehr an das gesetzte Recht im Licht der Auslegung durch die Rechtsprechung von EuG und EuGH gebunden. Untereinander sind jedoch die Beschwerdekammern in ihren Entscheidungen unabhängig und es kommt regelmäßig vor, dass verschiedene Kammern zu bestimmten Rechtsfragen unterschiedliche Meinungen vertreten (vgl. zB HABM BK vom 31.8.2009 – R 214/2008-4 Rn. 9–14 – Serenissima/La Serenissima). Nur, wenn eine Beschwerdekammer hinsichtlich einer bereits durch die Große Kammer entschiedene Rechtsfrage anders entscheiden will, muss sie den Fall an die Große Kammer verweisen (Art. 1b Abs. 2 HABMVfO); soweit lediglich divergierende Entscheidungen unterschiedlicher Kammern vorliegen, kann die befasste Kammer die Große Kammer anrufen, muss es aber nicht (Art. 1b Abs. 1 HABMVfO). An eine (angebliche) Entscheidungspraxis des Amtes in ähnlichen Fällen sind die Beschwerdekammern gemäß gefestigter Rechtsprechung ohne-

hin nicht gebunden (EuGH C-37/03, GRUR Int 2005, 1012 Rn. 45–47 – BioID; EuG T-207/06, BeckRS 2009, 70038 Rn. 40 – Europig).

II. Weisungsfreiheit

Gemäß Art. 136 Abs. 6 sind die vorgenannte Angehörigen der Beschwerdekammern bei ihren Entscheidungen an keinerlei Weisung gebunden, dh dass Weisungsfreiheit bei Entscheidungen nicht nur gegenüber dem Präsidenten des Amtes oder anderem Führungspersonal des Amtes besteht, sondern auch gegenüber dem Präsidenten oder den Vorsitzenden der Beschwerdekammern. Die Beschwerdekammern sind insbesondere auch nicht durch vom Exekutivdirektor angenommenen Richtlinien zu den Verfahren vor dem Amt gebunden. Keine Weisungen in diesem Sinne sind die durch die GMDV und die VO (EG) Nr. 2869/95 vorgesehenen Beschlüsse des Exekutivdirektors. Diese haben generell-abstrakten Regelungscharakter und gestalten den Regelungsgehalt der Verordnungen weiter aus. Damit sind sie bei der rechtlichen Beurteilung der anhängigen Beschwerden zu beachten. Die Weisungsfreiheit besteht im Übrigen hinsichtlich der Erledigung von Beschwerdeverfahren, aber nicht in generell disziplinarischer Hinsicht. Allerdings darf auch nicht auf Umwegen auf die Entscheidungsfindung eingewirkt werden. Deshalb verbietet Art. 136 Abs. 6 die Absetzung von Mitgliedern außer bei Vorliegen schwerwiegender Gründe im Weg eines förmlichen Verfahrens mit Entscheidung durch den Gerichtshof. Auch der grundsätzlichen freien Aufgabenverteilung durch Dienstvorgesetzte gegenüber ihren Untergebenen sind bei den Beschwerdekammern im Hinblick auf die Wahrung ihrer Unabhängigkeit und fachlichen Weisungsfreiheit enge Grenzen gesetzt (dazu Eisenführ/Schennen/Schennen Rn. 11). Die Weisungsfreiheit gegenüber mitgliedstaatlichen Institutionen und Vorgaben ergibt sich bereits aus Art. 11 Abs. 1 EU-BeamtStat und gilt auch für Mitglieder der Beschwerdekammern, deren Dienstverhältnis bei einem nationalen Amt oder einer sonstigen nationalen Dienststelle während einer befristeten Tätigkeit bei den Beschwerdekammern des Amts ruht.

III. Reform

Mit Wirkung vom 23.3.16 wurden durch die Reform gemäß VO (EU) 2015/2424 des Europäischen Parlaments und des Rates zur Änderung der VO (EG) 207/2009 einige Anpassungen vorgenommen, die geeignet sind, die formal beibehaltene Unabhängigkeit und Weisungsfreiheit insbesondere der Kammermitglieder merklich zu beschränken. So wird die Verlängerung der Amtszeit sowohl der Kammermitglieder als auch der Vorsitzenden der Kammer künftig ausdrücklich von einer nach einer positiven Bewertung ihrer Leistung durch den Verwaltungsrat und Rücksprache mit dem Präsidenten der Beschwerdekammern abhängig gemacht. Darüber hinaus sind Stellungnahmen der Großen Kammer zu Rechtsfragen, die der „Exekutivdirektor" (jetzt noch „Präsident" des Amtes) gemäß Art. 135 iVm Art. 128 Abs. 4 Buchst. l an sie verweist, für die Beschwerdekammern verbindlich (Art. 136 Abs. 8). Während bisher Rechtsfragen nur beschränkt an die Große Kammer zur Entscheidung verwiesen werden mussten (→ Rn. 5), liegt es nach der VO (EU) 2015/2424 allein im Ermessen des „Exekutivdirektors", wie viele und welche Rechtsfragen der Großen Kammer zwecks Begutachtung vorgelegt werden. In dieser sind aber nicht alle Mitglieder der Beschwerdekammern an der Entscheidungsfindung beteiligt. Zusammen damit, dass für die Frage einer Befürwortung der Verlängerung der Amtszeit durch den Präsidenten der Beschwerdekammern weder ein Anhörungsrecht noch ein Rechtsmittel durch das betreffende Kammermitglied oder den/die betreffenden Kammervorsitzende/n vorgesehen ist, bietet sich nach der Reform zumindest die Möglichkeit zu einer punktuell und tendenziell gesteuerten Entscheidungspraxis mit erleichterter Begründung bei der Entscheidung gegen eine Verlängerung der Amtszeit für missliebige Kammermitglieder/-vorsitzende. Da im Übrigen den Beschwerdekammermitgliedern und -vorsitzenden aufgrund der Befristung auch bisher schon bewusst gewesen sein dürfte, dass eine Verlängerung von einer entsprechend positiven Entscheidung des Verwaltungsrats abhing, sind die ausdrücklichen Regelungen gemäß der VO (EU) 2015/2424 geeignet, einen gewissen „Wohlverhaltensdruck" aufbzw. auszubauen. Das erhöhte Potenzial zur Einflussnahme scheint rein politisch motiviert. Wäre eine erhöhte fachliche Qualität der Entscheidungen das Ziel gewesen, hätte sich bezüglich der Amtszeitverlängerung eher eine Stellungnahme seitens des Gerichtshofs angeboten.

Schließlich entscheiden Gemeinschaftsgericht und Gerichtshof laufend über die Rechtsmittel gegen die durch die Beschwerdekammern getroffenen Entscheidungen und wären daher in der Lage die Qualität der Arbeit der Beschwerdekammermitglieder und -vorsitzenden fachlich zu beurteilen.

E. Unvereinbarkeit anderer Tätigkeiten

8 Nach Art. 136 Abs. 9 ist die Tätigkeit als Präsident, Vorsitzender oder Mitglied einer Beschwerdekammer unvereinbar mit einer Tätigkeit als Prüfer, Mitglied einer Widerspruchsabteilung, der Marken- und Musterverwaltungs- und Rechtsabteilung oder einer Nichtigkeitsabteilung. Diese Vorschrift hilft, die Unabhängigkeit und Weisungsungebundenheit der Beschwerdekammern bezüglich ihrer Entscheidungspraxis zu sichern und zwischen den Entscheidungen in erster Instanz und der zweiten Instanz scharf und auch nach außen eindeutig erkennbar zu trennen. Ergänzend hierzu verbietet Art. 137 Abs. 1 die Mitwirkung an Entscheidungen über Fälle, in denen eine Vorbefasstheit bestand (→ Art. 137 Rn. 1 ff.).

Art. 136a Präsidium der Beschwerdekammern und Große Kammer

(1) ¹Das Präsidium setzt sich zusammen aus dem Präsidenten der Beschwerdekammern als Vorsitzendem, den Vorsitzenden der Kammern und Mitgliedern der Kammern, die von der Gesamtheit der Mitglieder in den einzelnen Kammern mit Ausnahme des Präsidenten der Beschwerdekammern und der Vorsitzenden der Kammern für jedes Kalenderjahr aus ihren Reihen gewählt werden. ²Die Zahl der so gewählten Mitglieder beläuft sich auf ein Viertel der Kammermitglieder mit Ausnahme des Präsidenten der Beschwerdekammern und der Vorsitzenden der Kammern, und diese Zahl wird gegebenenfalls auf die nächsthöhere Zahl aufgerundet.

(2) Die Große Kammer gemäß Artikel 135 Absatz 2 ist mit neun Mitgliedern besetzt, zu denen der Präsident der Beschwerdekammern, die Vorsitzenden der Kammern, gegebenenfalls der vor der Verweisung an die Große Kammer bestimmte Berichterstatter sowie die Mitglieder zählen, die nach dem Rotationsprinzip aus einer Liste ausgewählt werden, die alle Mitglieder der Beschwerdekammern mit Ausnahme des Präsidenten der Beschwerdekammern und der Vorsitzenden der Kammern umfasst.

Überblick

Die Vorschrift wurde mWv 23.3.2016 gemäß VO (EU) 2015/2424 vom 16.12.2015 eingefügt.

1 Art. 136a regelt die Zusammensetzung des Präsidiums der Beschwerdekammern und der Großen Beschwerdekammer.

Art. 136b Übertragung von Befugnissen

Der Kommission wird die Befugnis übertragen, gemäß Artikel 163a delegierte Rechtsakte zu erlassen, in denen die Einzelheiten im Hinblick auf die Organisation der Beschwerdekammern, unter anderem die Einsetzung und die Aufgaben des Präsidiums, die Zusammensetzung der Großen Kammer und die Modalitäten ihrer Anrufung und die Bedingungen, unter denen Entscheidungen durch ein einzelnes Mitglied nach Artikel 135 Absätze 2 und 5 ergehen, festgelegt werden.

Überblick

Die Vorschrift wurde mWv 23.3.2016 gemäß VO (EU) 2015/2424 vom 16.12.2015 eingefügt.

Ausschließung und Ablehnung **Art. 137 UMV**

Art. 136b bildet die **Rechtsgrundlage** für den Erlass delegierter Rechtsakte zur Organisation der Beschwerdekammern, insbesondere bezüglich der Aufgaben des Präsidiums, der Zusammensetzung der Großen Kammer und der Modalitäten ihrer Anrufung sowie der Bedingungen, unter denen Entscheidungen durch ein einzelnes Mitglied ergehen. Zurzeit ist noch kein solcher Rechtsakt erlassen.

Art. 137 Ausschließung und Ablehnung

(1) ¹Die Prüfer, die Mitglieder der im Amt gebildeten Abteilungen und die Mitglieder der Beschwerdekammern dürfen nicht an der Erledigung einer Sache mitwirken, an der sie ein persönliches Interesse haben oder in der sie vorher als Vertreter eines Beteiligten tätig gewesen sind. ²Zwei der drei Mitglieder einer Widerspruchsabteilung dürfen nicht bei der Prüfung der Anmeldung mitgewirkt haben. ³Die Mitglieder der Nichtigkeitsabteilungen dürfen nicht an der Erledigung einer Sache mitwirken, wenn sie an deren abschließender Entscheidung im Verfahren zur Eintragung der Marke oder im Widerspruchsverfahren mitgewirkt haben. ⁴Die Mitglieder der Beschwerdekammern dürfen nicht an einem Beschwerdeverfahren mitwirken, wenn sie an der abschließenden Entscheidung in der Vorinstanz mitgewirkt haben.

(2) Glaubt ein Mitglied einer Abteilung oder einer Beschwerdekammer, aus einem der in Absatz 1 genannten Gründe oder aus einem sonstigen Grund an einem Verfahren nicht mitwirken zu können, so teilt es dies der Abteilung oder der Kammer mit.

(3) ¹Die Prüfer und die Mitglieder der Abteilungen oder einer Beschwerdekammer können von jedem Beteiligten aus einem der in Absatz 1 genannten Gründe oder wegen Besorgnis der Befangenheit abgelehnt werden. ²Die Ablehnung ist nicht zulässig, wenn der Beteiligte im Verfahren Anträge gestellt oder Stellungnahmen abgegeben hat, obwohl er bereits den Ablehnungsgrund kannte. ³Die Ablehnung kann nicht mit der Staatsangehörigkeit der Prüfer oder der Mitglieder begründet werden.

(4) ¹Die Abteilungen und die Beschwerdekammern entscheiden in den Fällen der Absätze 2 und 3 ohne Mitwirkung des betreffenden Mitglieds. ²Bei dieser Entscheidung wird das Mitglied, das sich der Mitwirkung enthält oder das abgelehnt worden ist, durch seinen Vertreter ersetzt.

Überblick

Art. 137 regelt Gründe und Verfahren für den Ausschluss (→ Rn. 1 ff.) oder die Ablehnung (→ Rn. 6 ff.) von Prüfern, Mitgliedern der im Amt gebildeten Abteilungen und Mitgliedern der Beschwerdekammern.

A. Ausschlussgründe

I. (Potentielle) Interessenkollision

Die Prüfer, die Mitglieder der im Amt gebildeten Abteilungen (Widerspruchsabteilung, Registerabteilung, Nichtigkeitsabteilungen) und die Mitglieder der Beschwerdekammern dürfen nicht an der Erledigung von Sachen mitwirken, an deren Ausgang sie ein persönliches Interesse haben (Art. 137 Abs. 1 S. 1). Hier liegt ersichtlich eine Interessenkollision nahe, die durch den Ausschluss des Betroffenen vermieden werden soll. Offensichtlich greift das Verbot, wenn der Betroffene selbst Verfahrensbeteiligter ist, zB als Anmelder einer eigenen Gemeinschaftsmarke. Infrage kommen aber auch Beteiligungen an verfahrensbeteiligten Gesellschaften, allerdings nur, wenn ein relevanter Beteiligungsgrad erreicht ist. Das heißt, nicht jede Vermögensanlage – in Form von zB Aktien – hindert einen Bediensteten daran, unparteiische Entscheidungen in Verfahren vor dem Amt unter Beteiligung der betreffenden Gesellschaft zu treffen. Ebenfalls infrage kommt ein Ausschluss nach Art. 137 Abs. 1 S. 1, wenn der Verfahrensbeteiligte mit dem fraglichen Bediensteten verwandt ist (Eisenführ/Schennen/Schennen Rn. 4). Darüber hinaus sind auch ehemalige Vertreter der Verfahrensbeteiligten in demselben Verfahren von der Mitwirkung an der Entscheidung ausgeschlossen. Hier liegt auf der Hand, dass der jeweils andere Verfahrensbeteiligte Zweifel hinsichtlich der Unparteilichkeit des Entscheiders haben dürfte, der ihm zuvor als Vertreter der Gegenpartei gegenüber stand. Aber auch in Ex-Parte-Verfahren sichert die Vorschrift, dass die Entscheidung frei von der Beeinflussung durch Parteiinteressen getroffen wird.

II. Vorbefasstheit

1. Mitglieder der Widerspruchsabteilung

2   Nach Art. 137 Abs. 1 S. 2 dürfen zwei von drei Mitgliedern der Widerspruchsabteilung nicht an der Markenprüfung der angegriffenen Gemeinschaftsmarkenanmeldung mitgewirkt haben. Da die Widerspruchsabteilungen in der Regel in der Besetzung durch drei Mitglieder entscheiden und die Markenprüfung in der Regel nur von einem Prüfer vorgenommen wird, findet sich in der Praxis für diese Regelung kein wirklicher Anwendungsfall. Darüber hinaus geht es bei der Widerspruchsprüfung nicht um eine Überprüfung einer erstinstanzlichen Entscheidung, sondern um die Prüfung hinsichtlich relativer Eintragungshindernisse, die mit der vorangegangenen Prüfung auf absolute Eintragungshindernisse nichts zu tun hat. Es besteht also auch kein Bedürfnis, den Markenprüfer von der Mitwirkung im Widerspruchsverfahren auszuschließen (vgl. Eisenführ/Schennen/Schennen Art. 132 Rn. 5).

2. Mitglieder der Nichtigkeitsabteilungen

3   Mitglieder der Nichtigkeitsabteilungen dürfen nach Art. 137 Abs. 1 S. 3 nicht an der Erledigung von Verfahren mitwirken, wenn sie bezüglich derselben Marke(n) entweder im Prüfungs- oder im Widerspruchsverfahren beteiligt waren. Diese Regelung stellt sicher, dass im Nichtigkeitsverfahren das Vorliegen absoluter oder relativer Eintragungshindernisse erneut unvoreingenommen geprüft wird.

3. Mitglieder der Beschwerdekammern

4   Gemäß Art. 137 Abs. 1 S. 4 dürfen Mitglieder der Beschwerdekammer, die an der abschließenden Entscheidung in erster Instanz in derselben Sache beteiligt waren, nicht an dem Beschwerdeverfahren mitwirken. Diese Regelung stellt sicher, dass die betroffene (beschwerte) Partei in zweiter Instanz eine unparteiische Überprüfung der erstinstanzlichen Entscheidung erhält, und zwar nicht nur, was den Erlass der Entscheidung selbst angeht, sondern auch schon hinsichtlich des gesamten Verfahrensverlaufs. Soweit vertreten wird, ein Mitglied der Beschwerdekammer sei schon dann nach dieser Vorschrift ausgeschlossen, wenn es in erster Instanz die abschließende Entscheidung nicht erlassen hat, sondern nur im Lauf des Verfahrens mit der Angelegenheit vorübergehend befasst war (Eisenführ/Schennen/Schennen Rn. 8), findet sich hierfür im Wortlaut der Vorschrift kein Anhaltspunkt. Entsprechendes gilt, wenn das Mitglied der Beschwerdekammer nicht an der konkreten erstinstanzlichen Entscheidung beteiligt war, sondern an einem anderen Verfahren bezüglich derselben Marke (vgl. Eisenführ/Schennen/Schennen Rn. 8). Auch hier spricht der Wortlaut der Vorschrift („... wenn sie an der abschließenden Entscheidung der Vorinstanz mitgewirkt haben") eher dafür, dass das Beschwerdekammermitglied nur bei solchen Verfahren ausgeschlossen ist, bei denen es an der angegriffenen erstinstanzlichen Entscheidung mitgewirkt hat. Ausnahmsweise böte sich eine entsprechende Anwendung von Art. 137 Abs. 1 S. 4 in solchen Fällen an, in denen die mit der Beschwerde angegriffene Entscheidung exakt dieselben Erwägungen betrifft, über die das betreffende Kammermitglied in der (nicht angegriffenen) erstinstanzlichen Entscheidung zu befinden hatte. Dies beträfe zB Fälle, in denen derselbe Inhaber einer älteren Marke nach einem erfolglosen Widerspruch auf Basis derselben älteren Marken noch einen Nichtigkeitsantrag einreicht und diesen nach Zurückweisung mit der Beschwerde weiterverfolgt. Hat in einem solchen Fall das Beschwerdekammermitglied an der Widerspruchsentscheidung mitgewirkt, ist es in der Tat angemessen, es von der Entscheidung über die Beschwerde hinsichtlich des zurückgewiesenen Nichtigkeitsantrags auszu-

schließen (vgl. auch HABM BK vom 9.2.2005 – R 856/2004-1 Rn. 7 f. – Lego Brick; hier nahm die Vorsitzende der ersten Beschwerdekammer von der Mitwirkung Abstand, weil sie bei einer nationalen Entscheidung über eine identische Marke der Beschwerdeführerin mitgewirkt hatte).

4. Anzeige durch den Ausgeschlossenen

Nach Art. 137 Abs. 1 hat ein Mitglied der Widerspruchs- oder Nichtigkeitsabteilung oder der Beschwerdekammer, das sich aus den Gründen des Art. 137 Abs. 1 für ausgeschlossen hält, dies der Abteilung oder Kammer mitzuteilen. Ein Prüfer, der nach Art. 137 Abs. 1 ausgeschlossen ist, muss dies entsprechend innerhalb seiner Hauptabteilung/Dienststelle mitteilen, damit ein anderer Prüfer das Verfahren übernehmen/übertragen erhalten kann. Andernfalls liefe das Mitwirkungsverbot für Prüfer nach Art. 137 Abs. 1 leer.

B. Ablehnungsgründe

I. Ablehnungsgründe nach Abs. 1

Liegen die Gründe des Art. 137 Abs. 1 (potenzielle Interessenkollision, Vorbefasstheit) vor, kann ein Verfahrensbeteiligter einen Prüfer, ein Mitglied der Widerspruchs-, Registerabteilung, der Nichtigkeitsabteilung oder der Beschwerdekammern nach Art. 137 Abs. 3 S. 1 ablehnen.

II. Befangenheit

Neben den Mitwirkungsverboten nach Art. 137 Abs. 1 ist nach Art. 137 Abs. 3 auch die Besorgnis der Befangenheit ein Ablehnungsgrund. Die Besorgnis der Befangenheit besteht, wenn ein objektiver Grund vorliegt, der die ablehnende Partei bei vernünftiger Betrachtung befürchten lassen muss, der Richter stehe der Sache nicht unvoreingenommen gegenüber und werde deshalb nicht unparteiisch entscheiden (BPatG BeckRS 2011, 29379). Zwar bezieht sich diese Definition auf deutsches Recht, doch gehen die wenigen Entscheidungen zu diesem Punkt im Zusammenhang mit der UMV in dieselbe Richtung – ohne eine Definition des Begriffs zu enthalten. Sie überlappt sich zum Teil mit den bereits in Art. 137 Abs. 1 adressierten Ausschlussgründen, weil zu befürchten ist, dass ein Prüfer, Mitglied der Widerspruchs-, Registerabteilung oder der Nichtigkeitsabteilungen oder einer Beschwerdekammer, der/das ein persönliches Interesse am Ausgang des Verfahrens haben könnte, nicht unparteiisch über den Fall entscheiden wird. Davon abgesehen kann die Besorgnis der Befangenheit aber auch bestehen, ohne dass der betroffene Entscheider ein direktes persönliches Interesse am Ausgang des Verfahrens hat. Beispiele hierfür wären
- enge freundschaftliche Beziehungen des Prüfers/Mitglieds zu einem Verfahrensbeteiligten,
- (ausgeprägte) persönliche/private Gegnerschaft des Prüfers/Mitglieds gegenüber einem Verfahrensbeteiligten,
- objektive Anzeichen willkürlichen Verhaltens gegenüber einem Verfahrensbeteiligten.

Keine objektiven Anzeichen für die Besorgnis der Befangenheit wären zB
- allgemeine Fachveröffentlichungen eines Prüfers/Mitglieds zu bestimmten Rechtsfragen, auch wenn eine solcherart erörterte abstrakte Rechtsfrage in dem zu entscheidenden Fall relevant wird,
- sachlich gebotene Hinweise zu Fragen des laufenden Verfahrens,
- Äußerungen zur Einschätzung der Aussichten des Verfahrens, zB in einem Zwischenbescheid.

C. Ausschluss der Ablehnung

Nach Art. 137 Abs. 3 S. 2 kann ein Verfahrensbeteiligter einen Prüfer, ein Mitglied der im Amt gebildeten Abteilungen (Widerspruchsabteilung, Registerabteilung, Nichtigkeitsabteilungen) oder ein Mitglied der Beschwerdekammern nicht mehr ablehnen, wenn er in Kenntnis des Ablehnungsgrundes im Verfahren Anträge gestellt oder Stellungnahmen abgegeben hat, ohne zumindest gleichzeitig die Ablehnung des betreffenden Prüfers/Mitglieds geltend zu machen (vgl. auch EuG T-63/01, GRUR Int 2003, 459 Rn. 25 – Seifenform). Davon abgesehen ist nach Art. 137 Abs. 3 S. 3 auch die Nationalität des Prüfers/Mitglieds kein zulässiger Ablehnungsgrund. Während die erstgenannte Regelung verhindern hilft, dass Verfahrensbeteiligte die Ablehnung schlicht als eine Art Joker/Trumpf in die Waagschale werfen, wenn sich im Laufe des Verfahrens abzeichnet, dass eine für sie ungünstige Entscheidung droht, stellt die zweite Regelung sicher, dass das Diskriminierungsverbot aufgrund der Staatsangehörigkeit auch von den Beteiligten in den Verfahren vor dem Amt beachtet wird.

D. Beschlussfassung über den Ausschluss/die Ablehnung

10 Unabhängig davon, ob ein Prüfer/Mitglied sich selbst als ausgeschlossen eingeschätzt und dies mitgeteilt hat oder ob ein Verfahrensbeteiligter bezüglich eines Prüfers/Mitglieds die Ablehnung erklärt, entscheidet die Abteilung/Kammer ohne Beteiligung des betroffenen Prüfers/Mitglieds (Art. 137 Abs. 4 S. 1) über den Ausschluss/die Ablehnung. Bei der Entscheidung wird der betreffende Prüfer/das Mitglied von einem Vertreter ersetzt (Art. 137 Abs. 4 S. 2). Zur Vertretung existieren nur bei den Beschwerdekammern feste Regeln (vgl. HABM BK vom 9.2.2005 – R 856/2004-1 Rn. 8, 12 – Lego Brick). Die Prüfer/Mitglieder der Widerspruchs, Registerabteilung bzw. Nichtigkeitsabteilung werden in einem solchen Fall in der Regel entweder selbst informell einen unabhängigen Vertreter kontaktieren/vorschlagen oder diese Aufgabe dem jeweiligen Dienstvorgesetzten überlassen. Nach Art. 3 HABMVfO erhält im Falle eines Ausschließungs- oder Ablehnungsgrundes bezüglich eines Mitglieds der Beschwerdekammern das betroffene Mitglied Gelegenheit zur Stellungnahme und das Verfahren wird bis zur Entscheidung über die Ablehnung ausgesetzt. Wird die Ausschließung/Ablehnung des betreffenden Prüfers/Mitglieds für begründet erachtet, übernimmt der Vertreter (auch) die Entscheidung in der Sache. Wird eine Ablehnung für unbegründet erachtet, entscheidet der betroffene Prüfer/das betroffene Mitglied selbst in der Sache. Die Entscheidung über die (Zurückweisung der) Ablehnung kann nur zusammen mit der Endentscheidung in dem betreffenden Verfahren angefochten werden (Art. 58). Hält sich ein Prüfer/Mitglied selbst für nach Art. 137 Abs. 1 ausgeschlossen, wird in der Regel nicht gegen die Ansicht dieses Bediensteten festgelegt, dass er/sie die Entscheidung in der Sache zu treffen habe. In einem solchen Fall wird regelmäßig der Vertreter die Entscheidung in der Sache übernehmen. Damit wird dem Verfahrensbeteiligten auch nicht der „gesetzliche Richter" entzogen, da auf Ebene des Amtes, einschließlich der Beschwerdekammern, keine Gerichtsverfahren, sondern amtliche Verfahren stattfinden (vgl. zB T-63/01, EuG GRUR Int 2003, 459 Rn. 20–23 – Seifenform).

Art. 137a Mediationszentrum

(1) Das Amt kann für die Zwecke des Artikels 123b Absatz 3 ein Mediationszentrum (im Folgenden „Zentrum") einrichten.

(2) Jede natürliche oder juristische Person kann die Dienste des Zentrums auf freiwilliger Basis in Anspruch nehmen, um Streitigkeiten auf der Grundlage dieser Verordnung und der Verordnung (EG) Nr. 6/2002 im gegenseitigen Einvernehmen gütlich beizulegen.

(3) [1]Die Beteiligten nehmen die Mediation auf einen gemeinsamen Antrag hin in Anspruch. [2]Der Antrag gilt erst als gestellt, wenn das entsprechende Entgelt entrichtet worden ist. [3]Der Exekutivdirektor legt die Höhe der Entgelte gemäß Artikel 144 Absatz 1 fest.

(4) Bei Streitigkeiten in Bezug auf vor den Widerspruchsabteilungen, den Nichtigkeitsabteilungen oder den Beschwerdekammern des Amtes anhängige Verfahren kann jederzeit ein gemeinsamer Antrag auf Mediation gestellt werden, nachdem eine Widerspruchsschrift, ein Antrag auf Erklärung des Verfalls oder der Nichtigkeit oder eine Beschwerdeschrift gegen Entscheidungen der Widerspruchs oder der Nichtigkeitsabteilung eingereicht worden ist.

(5) [1] Das betreffende Verfahren wird ausgesetzt und die Fristen, mit Ausnahme der Frist für die Zahlung der entsprechenden Gebühr, werden ab dem Tag, an

dem der gemeinsame Antrag auf Mediation eingereicht wurde, unterbrochen. ²Die Fristen laufen ab dem Tag weiter, an dem das Verfahren wieder aufgenommen wird.

(6) Die Beteiligten werden aufgefordert, gemeinsam einen Mediator aus der in Absatz 12 genannten Liste zu benennen, der erklärt hat, dass er die Sprache der betreffenden Mediation beherrscht. ²Benennen die Beteiligten innerhalb von 20 Tagen nach der Aufforderung keinen Mediator, gilt die Mediation als gescheitert.

(7) Die Beteiligten legen die spezifischen Modalitäten für die Mediation gemeinsam mit dem Mediator in einer Mediationsvereinbarung fest.

(8) Der Mediator beendet das Mediationsverfahren entweder, sobald die Beteiligten eine Beilegungsvereinbarung erzielen, einer der Beteiligten erklärt, dass er die Mediation einstellen will, oder der Mediator feststellt, dass es den Beteiligten nicht gelungen ist, eine solche Vereinbarung zu erzielen.

(9) Der Mediator unterrichtet die Beteiligten sowie die zuständige Stelle des Amtes unverzüglich über die Beendigung des Mediationsverfahrens.

(10) ¹Die im Rahmen der Mediation geführten Gespräche und Verhandlungen sind für alle an der Mediation beteiligten Personen vertraulich, insbesondere für den Mediator, die Beteiligten und deren Vertreter. ²Alle im Zuge der Mediation bereitgestellten Unterlagen und Informationen werden getrennt von den Akten anderer Verfahren vor dem Amt aufbewahrt und sind nicht Teil dieser Akten.

(11) ¹Die Mediation wird in einer Amtssprache der Union, auf die sich die Beteiligten verständigt haben, durchgeführt. ²Falls die Mediation eine vor dem Amt anhängige Streitigkeit betrifft, wird sie in der Sprache des Verfahrens vor dem Amt geführt, sofern von den Beteiligten nichts anderes vereinbart wurde.

(12) ¹Das Amt erstellt eine Liste von Mediatoren, die die Beteiligten bei der Beilegung von Streitigkeiten unterstützen. ²Die Mediatoren müssen unabhängig sein und über relevante Kompetenzen und Erfahrungen verfügen. ³Die Liste kann sowohl Mediatoren, die vom Amt beschäftigt werden, als auch Mediatoren, die nicht vom Amt beschäftigt werden, umfassen.

(13) ¹Die Mediatoren sind in der Wahrnehmung ihrer Pflichten unparteiisch und müssen zum Zeitpunkt ihrer Benennung alle tatsächlichen oder vermeintlichen Interessenkonflikte offenlegen. ²Mitglieder der in Artikel 130 genannten Entscheidungsinstanzen des Amtes dürfen nicht an der Mediation teilnehmen, sofern sie
a) in das Verfahren, das Gegenstand der Mediation ist, eingebunden waren,
b) ein persönliches Interesse an dem Verfahren haben oder
c) zuvor als Vertreter eines der Beteiligten eingebunden waren.

(14) Die Mediatoren nehmen nicht als Mitglieder der in Artikel 130 genannten Entscheidungsinstanzen des Amtes an Verfahren teil, die infolge des Scheiterns einer Mediation wieder aufgenommen wurden.

(15) Das Amt kann mit anderen anerkannten nationalen oder internationalen Mediationsgremien zusammenarbeiten.

Überblick

Die Vorschrift wurde mWv 23.3.2016 gemäß VO (EU) 2015/2424 vom 16.12.2015 eingefügt.

Die VO (EU) 2015/2424 des Europäischen Parlaments und des Rates zur Änderung der VO (EG) 207/2009 verfolgt unter anderem das Ziel, eine gütliche, zügige und effiziente Streitbeilegung zu erleichtern (Erwägungsgrund 33 VO (EU) 2015/2424). Zu diesem Zweck schafft der neue Art. 137a die Grundlage für ein durch das Amt einzurichtendes Mediationszentrum, bestimmt, wer unter welchen Voraussetzungen und für welche Streitigkeiten die Dienste des Zentrums in Anspruch nehmen kann und regelt den Rahmen des Verfahrens. Zurzeit bietet das Amt bei Beschwerdeverfahren (die ausgesetzt werden) einen Mediationsdienst für Inter-Partes-Verfahren an (→ Art. 135 Rn. 6).

Abschnitt 5 Haushalt und Finanzkontrolle

Art. 138 Haushaltsausschuss

(1) Der Haushaltsausschuss nimmt die Aufgaben wahr, die ihm in diesem Abschnitt übertragen werden.

(2) Die Artikel 125 und 126 sowie Artikel 127 Absätze 1 bis 4 – und 5, soweit die Wahl des Vorsitzenden und des stellvertretenden Vorsitzenden betroffen ist – sowie 6 und 7 finden auf den Haushaltsausschuss entsprechend Anwendung.

(3) ¹Der Haushaltsausschuss fasst seine Beschlüsse mit der absoluten Mehrheit seiner Mitglieder. ²Beschlüsse des Haushaltsausschusses nach Artikel 140 Absatz 3 und Artikel 143 bedürfen jedoch der Zweidrittelmehrheit seiner Mitglieder. ³In beiden Fällen verfügen die Mitglieder über je eine Stimme.

Überblick

Art. 138 etabliert den Haushaltsausschuss des Amtes, der für die Haushalts- und Finanzkontrolle nach Maßgabe der Art. 139–144 zuständig ist (→ Rn. 2). Für seine Zusammensetzung (→ Rn. 1), Vorsitz, Einberufung und Durchführungen der Sitzungen (→ Rn. 3) wird auf entsprechende Vorschriften zum Verwaltungsrat verwiesen. Die erforderlichen Mehrheiten zur Beschlussfassung sind eigenständig geregelt (→ Rn. 4).

A. Zusammensetzung und Vorsitz des Haushaltsausschusses

1   Der Haushaltsausschuss besteht aus je einem Vertreter pro Mitgliedstaat, zwei Vertretern der Kommission und einem Vertreter des Europäischen Parlaments sowie ihren jeweiligen Stellvertretern (Art. 138 Abs. 2 iVm Art. 125). Er wählt aus seinen Mitgliedern für die Dauer von drei Jahren bei zulässiger Wiederwahl einen Vorsitzenden und einen stellvertretenden Vorsitzenden, der den Vorsitzenden bei Verhinderung von Amts wegen vertritt (Art. 138 Abs. 2 iVm Art. 126). Derzeitige Präsidentin ist Anne Rejnhold Jørgensen (Dänemark), Vizepräsident ist Duncan Wearmouth (Vereinigtes Königreich).

B. Zuständigkeiten des Haushaltsausschusses

2   Der Haushaltsausschuss ist für die Feststellung des Haushaltsplans zuständig (Art. 140 Abs. 3; zum Haushaltsplan näher → Art. 140 Rn. 1) und übermittelt den Haushaltsplan notwendigenfalls an die Kommission (Art. 140 Abs. 2; → Art. 140 Rn. 2). Der Haushaltsausschuss ist auch für die Rechnungsprüfung und die Entlastung des Exekutivdirektors nach Art. 142 und den Erlass der Haushaltsordnung nach Art. 143 zuständig.

C. Einberufung und Durchführung der Sitzungen

3   Der Haushaltsausschuss tagt planmäßig zweimal jährlich, im Mai und November (s. Sitzungsplan für 2015 und 2016, veröffentlicht auf der Internetseite des Amtes). Er wird durch seinen Präsidenten einberufen (Art. 138 Abs. 2 iVm Art. 127 Abs. 1). Im Übrigen wird in Art. 138 Abs. 2 nicht nur auf die Vorschriften zur Sitzungsdurchführung des Verwaltungsrats Bezug genommen, sondern auch die Geschäftsordnung des Haushaltsausschusses gleicht der des Verwaltungsrats (zur Sitzungsdurchführung → Art. 129 Rn. 2). Darüber hinaus entsenden viele Mitgliedstaaten dieselben Beamten sowohl als Mitglieder des Verwaltungsrats als auch als Mitglieder des Haushaltsausschusses. Als Sekretariat für den Haushaltsausschuss fungiert das Amt, nämlich die Dienststelle Institutionelle Beziehungen der Hauptabteilung Internationale Beziehungen und Rechtsangelegenheiten (vgl. siebter Artikel des Beschlusses des Präsidenten Nr. ADM-15–29).

D. Die Beschlussfassung im Haushaltsausschuss

Der Haushaltsausschuss fasst gemäß Art. 138 Abs. 3 seine Beschlüsse mit der absoluten **4** Mehrheit der Stimmen seiner Mitglieder, für Beschlüsse nach Art. 140 Abs. 3 und Art. 143 soll eine Zweidrittelmehrheit notwendig sein; dh, Kommission und Parlament sind mWv 23.3.2016 an der Beschlussfassung beteiligt. Für die Feststellung des Haushaltsplans (Art. 140 Abs. 3) und den Erlass von internen Finanzvorschriften (Art. 143) ist eine Zweidrittelmehrheit der Mitglieder notwendig, wobei jedes Mitglied eine Stimme hat.

Art. 139 Haushalt

(1) ¹Alle Einnahmen und Ausgaben des Amtes werden für jedes Haushaltsjahr veranschlagt und in den Haushaltsplan des Amtes eingesetzt. ²Haushaltsjahr ist das Kalenderjahr.

(2) Der Haushaltsplan ist in Einnahmen und Ausgaben auszugleichen.

(3) Die Einnahmen des Haushalts umfassen unbeschadet anderer Einnahmen das Aufkommen an Gebühren, die aufgrund des Anhangs -I der vorliegenden Verordnung zu zahlen sind, das Aufkommen an Gebühren gemäß der Verordnung (EG) Nr. 6/2002, das Aufkommen an Gebühren, die aufgrund des Madrider Protokolls gemäß Artikel 145 dieser Verordnung für eine internationale Registrierung, in der die Union benannt ist, zu zahlen sind, und sonstige Zahlungen an Vertragsparteien des Madrider Protokolls, das Aufkommen an Gebühren, die aufgrund der Genfer Akte gemäß Artikel 106c der Verordnung (EG) Nr. 6/2002 für eine internationale Eintragung, in der die Union benannt ist, zu zahlen sind, und sonstige Zahlungen an die Vertragsparteien der Genfer Akte, und, soweit erforderlich, einen Zuschuss, der in dem Einzelplan Kommission des Gesamthaushaltsplans der Union unter einer besonderen Haushaltslinie eingesetzt wird.

(4) Jedes Jahr gleicht das Amt die Kosten aus, die den Zentralbehörden für den gewerblichen Rechtsschutz der Mitgliedstaaten, dem Benelux-Amt für geistiges Eigentum sowie jeder anderen einschlägigen Behörde entstehen, die von einem Mitgliedstaat infolge der spezifischen Aufgaben, die sie als funktionale Bestandteile des Markensystems der Europäischen Union im Rahmen der folgenden Dienstleistungen und Verfahren durchführen, zu benennen ist:
a) Widerspruchs- und Nichtigkeitsverfahren vor den Zentralbehörden für den gewerblichen Rechtsschutz der Mitgliedstaaten und dem Benelux-Amt für geistiges Eigentum, bei denen es um Unionsmarken geht;
b) Bereitstellung von Informationen über die Funktionsweise des Markensystems der Union durch Helpdesks und Informationsstellen;
c) Durchsetzung von Unionsmarken, einschließlich gemäß Artikel 9 Absatz 4 ergriffener Maßnahmen.

(5) ¹Der Ausgleich der Kosten nach Absatz 4 entspricht insgesamt 5% der jährlichen Einnahmen des Amtes. ²Unbeschadet des Unterabsatzes 3 dieses Absatzes legt der Verwaltungsrat auf Vorschlag des Amtes und nach Rücksprache mit dem Haushaltsausschuss den Verteilungsschlüssel auf der Grundlage der folgenden gerechten, ausgewogenen und relevanten Indikatoren fest:
a) Anzahl der Anmeldungen von Unionsmarken durch Anmelder aus jedem Mitgliedstaat pro Jahr;
b) Anzahl der Anmeldungen nationaler Marken in jedem Mitgliedstaat pro Jahr;
c) Anzahl der Widersprüche und Anträge auf Erklärung der Nichtigkeit durch Inhaber von Unionsmarken in jedem Mitgliedstaat pro Jahr;
d) Anzahl der vor den von jedem Mitgliedstaat gemäß Artikel 95 benannten Unionsmarkengerichten eingelegten Klagen pro Jahr.
³Zur Belegung der in Absatz 4 genannten Kosten unterbreiten die Mitgliedstaaten dem Amt jedes Jahr bis zum 31. März Statistiken zum Nachweis der unter Unterabsatz 1 Buchstaben a bis d dieses Absatzes genannten Zahlen für das vorhergehende

Jahr; diese werden in den Vorschlag aufgenommen, der dem Verwaltungsrat vorgelegt wird.

⁴Aus Gründen der Billigkeit wird davon ausgegangen, dass die Kosten, die den in Absatz 4 genannten Einrichtungen in jedem Mitgliedstaat entstanden sind, mindestens 2% des Gesamtbetrags des Ausgleichs gemäß diesem Absatz entsprechen.

(6) Die Verpflichtung des Amtes zum Ausgleich der Kosten gemäß Absatz 4, die in einem bestimmten Jahr entstanden sind, gilt nur insoweit, als in diesem Jahr kein Haushaltsdefizit entsteht.

(7) Bei einem Haushaltsüberschuss kann der Verwaltungsrat unbeschadet des Absatzes 10 auf Vorschlag des Amtes und nach Rücksprache mit dem Haushaltsausschuss den Prozentsatz gemäß Absatz 5 auf höchstens 10% der jährlichen Einnahmen des Amtes erhöhen.

(8) Unbeschadet der Absätze 4 bis 7 und Absatz 10 dieses Artikels und der Artikel 123b und 123c entscheidet der Haushaltsausschuss im Fall, dass in fünf aufeinander folgenden Jahren ein substanzieller Überschuss erwirtschaftet wurde, auf Vorschlag des Amtes und im Einklang mit dem Jahresarbeitsprogramm und dem strategischen Mehrjahresprogramm gemäß Artikel 124 Absatz 1 Buchstaben a und b mit Zweidrittelmehrheit über die Zuführung eines Überschusses, der ab dem 23. März 2016 entstanden ist, an den Unionshaushalt.

(9) ¹Das Amt erstellt halbjährlich einen Bericht an das Europäische Parlament, den Rat und die Kommission über seine finanzielle Situation, in dem auch die Finanzoperationen gemäß Artikel 123c Absätze 5 und 6 und Artikel 139 Absätze 5 und 7 dargelegt werden. ²Anhand dieses Berichts prüft die Kommission die Finanzlage des Amtes.

(10) Das Amt hält einen Reservefonds vor, der seine operativen Ausgaben während eines Jahres deckt, um die Kontinuität seiner Arbeit und die Ausführung seiner Aufgaben zu gewährleisten.

Überblick

Art. 139 regelt die Aufstellung des Haushaltsplans (→ Rn. 1), setzt als Haushaltsjahr das Kalenderjahr fest und bestimmt, dass Einnahmen (→ Rn. 2) und Ausgaben (→ Rn. 3) des Amtes ausgeglichen zu sein haben (→ Rn. 4).

A. Aufstellung des Haushaltsplans

1   Nach Art. 139 Abs. 1 sind für jedes Haushaltsjahr die Einnahmen und Ausgaben des Amtes in einen Haushaltsplan aufzunehmen. Die Vorschrift bestimmt außerdem, dass das Haushaltsjahr dem Kalenderjahr entspricht. Zuständig für die Erstellung eines Voranschlags des Haushaltsplans ist der Exekutivdirektor des Amts (Art. 128 Abs. 4 Buchst. m, Art. 140 Abs. 1). Festgestellt wird der Haushaltsplan für das kommende Jahr vom Haushaltsausschuss nach Art. 140 Abs. 3, ggf. nach Einbeziehung der Kommission (Art. 140 Abs. 2).

B. Einnahmen und Ausgaben

I. Einnahmen

2   Zu den Einnahmen des Amtes zählen nach Art. 139 Abs. 3 insbesondere die Gebührenzahlungen nach der VO (EG) Nr. 2869/95, die nach Art. 145 erhaltenen Gebühren für IR-Marken unter dem Madrider Protokoll, sonstige Zahlungen, die das Amt anstelle der EU (Eisenführ/Schennen/Schennen Rn. 9) als Vertragspartei des Madrider Protokolls erhält, die Gebühren, die das Amt für eine internationale Geschmacksmustereintragung nach der Genfer Akte mit Benennung der Union erhält und sonstige Zahlungen an Vertragsparteien nach der Genfer Akte (Eisenführ/Schennen/Schennen Rn. 9). Benötigt das Amt einen Zuschuss aus dem Gesamthaushaltsplan der EU, zählt auch der zu den Einnahmen des Amtes. Solche Zuschüsse waren nur in den ersten Jahren der Existenz des Amtes notwendig, während derer

die erzielten Einnahmen noch nicht reichten, um die Ausgaben zu decken. Diese Situation hat sich aber inzwischen geändert (→ Rn. 4).

II. Ausgaben

Die Ausgaben sind in der UMV nicht gesondert definiert. Zu den wichtigsten Posten zählen mit Abstand die Personalkosten, gefolgt von Kosten für IT, Konsultationen und Erhebungen sowie Übersetzungen (vgl. HABM Jahresbericht 2013, veröffentlicht auf der Internetseite des Amtes). 3

C. Ausgeglichenheit des Haushalts

Der Haushalt hat nach Art. 139 Abs. 2 ausgeglichen zu sein, dh das Amt soll kostendeckend aber nicht gewinnorientiert arbeiten. Nachdem das Amt in der Anfangsphase bis einschließlich 1996 (vgl. Eisenführ/Schennen/Schennen Rn. 2) Zuschüsse aus dem Unionshaushalt benötigte, weil die Einnahmen die Ausgaben noch nicht deckten, überwogen in der Folge die Einnahmen die Ausgaben deutlich, insbesondere seit für die ersten Gemeinschaftsmarken Verlängerungsgebühren anfielen. Ein ausgeglichener Haushalt war zunächst trotz deutlicher Gebührensenkungen 2005 und 2009 nicht gelungen. Trotz der Gebührensenkungen überstiegen die Einnahmen des Amtes die Ausgaben anfangs weiterhin deutlich, wenn auch nicht mehr so ausgeprägt wie in früheren Jahren (vgl. HABM Jahresbericht 2011, veröffentlicht auf der Internetseite des Amts). Der Trend zu Einnahmeüberschüssen scheint seit 2012, 2013, 2014 gebrochen, hauptsächlich wegen der mit den neuen Aufgaben der Beobachtungsstelle verbundenen Ausgaben sowie wegen Investitionen in internationale Kooperationen und Gebäude (vgl. HABM Jahresberichte 2012, 2013, 2014, veröffentlicht auf der Internetseite des Amtes). 4

D. Kostenausgleich mit den nationalen Ämtern

Gemäß Art. 139 Abs. 4 gleicht das Amt jährlich die Kosten der nationalen Ämter und sonstiger einschlägiger Behörden aus, die den Mitgliedstaaten infolge spezifischer Aufgaben, im Rahmen des Markensystems der Europäischen Union entstanden sind. 5

Art. 139 Abs. 5 definiert diese Kosten als einen Anteil an den Einnahmen des EUIPO und legt Indikatoren für die Ermittlung des Verteilungsschlüssels durch den Verwaltungsrat fest. Die Mitgliedstaaten sind gehalten, Nachweise über die entstandenen Kosten zu erbringen. Der Kostenausgleich erfolgt nur, soweit beim Amt kein Defizit entsteht (Art. 139 Abs. 6). Bei Erzielung eines Überschusses kann der Verwaltungsrat in den Grenzen des Art. 139 Abs. 7 die Erhöhung des Anteils an den Einnahmen beschließen. Zudem können Haushaltsüberschüsse nach dem neuen Art. 139 Abs. 8 unter Umständen dem Unionshaushalt zugeführt werden. Nach dem neuen Art. 139 Abs. 9 erstattet das Amt dem Europäischen Parlament, dem Rat und der Kommission halbjährlich über seine Finanzlage Bericht. 6

Art. 140 Feststellung des Haushaltsplans

(1) Der Exekutivdirektor stellt jährlich für das folgende Haushaltsjahr einen Vorschlag der Einnahmen und Ausgaben des Amtes auf und übermittelt ihn sowie einen Stellenplan spätestens am 31. März jedes Jahres dem Haushaltsausschuss.

(2) ¹Ist in den Haushaltsvoranschlägen ein Unionszuschuss vorgesehen, so übermittelt der Haushaltsausschuss den Voranschlag bezüglich der Kommission, die ihn an die Haushaltsbehörde der Union weiterleitet. ²Die Kommission kann diesem Voranschlag eine Stellungnahme mit abweichenden Voranschlägen beifügen.

(3) ¹Der Haushaltsausschuss stellt den Haushaltsplan fest, der auch den Stellenplan des Amtes umfasst. ²Enthalten die Haushaltsvoranschläge einen Zuschuss zu Lasten des Gesamthaushaltsplans der Union, so wird der Haushaltsplan des Amtes gegebenenfalls angepasst.

Überblick

Art. 140 regelt die Aufstellung (→ Rn. 1) und Feststellung (→ Rn. 3) des Haushaltsplans einschließlich der ggf. erforderlichen Übermittlung an die Kommission (→ Rn. 2) und die Anpassung des Haushaltsplans des Amts im Fall eines Zuschusses zu Lasten des Gesamthaushaltsplans der Union.

A. Vorschlag des Haushaltsplans durch den Präsidenten

1   Für den Haushaltsplan stellt der Exekutivdirektor des Amts jährlich einen Voranschlag der Einnahmen und Ausgaben des Amts auf und übermittelt diesen dem Haushaltsausschuss spätestens am 31.3. jedes Jahres. Der Voranschlag enthält neben der Aufstellung der Einnahmen und Ausgaben des Amts auch einen Stellenplan, bei Änderung des Personalbestands eine Begründung zu den Stellenanforderungen, eine vierteljährliche Vorausschätzung der Kassenaus- und -einzahlungen und Angaben zur Verwirklichung früher gesetzter Ziele und zu neuen Zielsetzungen (Art. 27 Abs. 2 UAbs. 1 der Verordnung Nr. CB-3-09 des Haushaltsausschusses des Harmonisierungsamtes für den Binnenmarkt – „Haushaltsordnung"). Darüber hinaus hat der Exekutivdirektor des Amts in einer Einleitung zum Voranschlag ua einen Entwurf des Arbeitsprogramms, einen aktualisierten mehrjährigen Personalentwicklungsplan und Informationen über die Zahl der verschiedenen Arten von Angestellten des Amts im vorangegangenen und laufenden Haushaltsjahr sowie eine Schätzung für das kommende Haushaltsjahr beizufügen (Art. 27 Abs. 2 UAbs. 2 Haushaltsordnung).

B. Übermittlung des Plans an die Kommission

2   Nur, wenn der Haushaltsplan einen Zuschuss seitens der Gemeinschaft vorsieht, muss der Plan auch unverzüglich (die Wortwahl „bezüglich" beruht auf einem Übersetzungsfehler, s. Eisenführ/Schennen/Schennen Rn. 5) der Kommission und von dieser der Haushaltsbehörde der Gemeinschaften übermittelt werden (Art. 140 Abs. 2). Allerdings war ein Zuschuss seitens der Gemeinschaft nur in den ersten beiden Jahren der Existenz des Amtes nötig. Bereits seit 1997 deckten die Einnahmen des Amtes die Ausgaben. Insbesondere seit Hinzutreten der Verlängerungsgebühren für die ersten Unionsmarken steigen die Einnahmen stetig, so dass trotz Gebührensenkungen 2005 und 2009 die Einnahmen des Amts die Ausgaben übersteigen. In der Folge hat das Amt einen beträchtlichen Reservefonds gebildet; die Inanspruchnahme eines Zuschusses ist daher so unwahrscheinlich, dass die Haushaltsordnung keine Vorschriften im Hinblick auf einen solchen Zuschuss enthält (vgl. Präambel zur Haushaltsordnung).

C. Feststellung des Haushaltsplans

3   Der Haushaltsausschuss stellt den Haushaltsplan vor Beginn des betreffenden Haushaltsjahrs fest (Art. 27 Abs. 4 Haushaltsordnung). Art. 140 Abs. 3 sieht zudem eine Anpassung des Haushaltsplans vor, falls er einen Zuschuss zulasten der Union enthält. Eine solche Anpassung könnte nötig sein, wenn der von der Union bewilligte Zuschuss von dem im Voranschlag eingeplanten abweicht. Allerdings ist für die Zukunft mit der Beanspruchung eines Zuschusses nicht zu rechnen (→ Rn. 2).

Art. 141 Rechnungsprüfung und Kontrolle

(1) ¹Beim Amt wird die Funktion eines Internen Prüfers eingerichtet, die unter Einhaltung der einschlägigen internationalen Normen ausgeübt werden muss. ²Der von dem Exekutivdirektor benannte Interne Prüfer ist diesem gegenüber für die Überprüfung des ordnungsgemäßen Funktionierens der Systeme und der Vollzugsverfahren des Amtshaushalts verantwortlich.

(2) Der Interne Prüfer berät den Exekutivdirektor in Fragen der Risikokontrolle, indem er unabhängige Stellungnahmen zur Qualität der Verwaltungs- und Kontrollsysteme und Empfehlungen zur Verbesserung der Bedingungen für die Abwick-

Rechnungsprüfung und Kontrolle Art. 141 UMV

lung der Vorgänge sowie zur Förderung einer wirtschaftlichen Haushaltsführung abgibt.

(3) Der Anweisungsbefugte führt interne Kontrollsysteme und -verfahren ein, die für die Ausführung seiner Aufgaben geeignet sind.

Überblick

Art. 141 etabliert die Funktion des Internen Prüfers beim Amt. Dieser wird vom Exekutivdirektor ernannt und ist für die Überprüfung der Ordnungsmäßigkeit und Funktionsfähigkeit der Amtshaushaltssysteme und damit verbundener Vollzugsverfahren verantwortlich (→ Rn. 1). Darüber hinaus berät er den Exekutivdirektor zur Risikokontrolle (→ Rn. 2). Als Anweisungsbefugter führt der Exekutivdirektor geeignete interne Kontrollsysteme und -verfahren ein (→ Rn. 3).

A. Die Funktion des Internen Prüfers

Der Interne Prüfer wird vom Exekutivdirektor des Amtes benannt und ist diesem für die   1
Überprüfung des ordnungsgemäßen Funktionierens der Systeme und der Haushaltsvollzugsverfahren verantwortlich (Art. 71 Haushaltsordnung). Hierbei hat der Interne Prüfer die internationalen Normen für das interne Audit einzuhalten (Art. 141 Abs. 1 S. 1 iVm Art. 81 Abs. 2 Verordnung CB-1-10 – „Durchführungsverordnung zur Haushaltsordnung"). Art. 72 Abs. 2 Haushaltsordnung bestimmt, dass sich die Tätigkeit des Prüfers auf alle Tätigkeitsfelder und Dienststellen des Amtes erstreckt. Art. 73 Haushaltsordnung gewährleistet zudem die Unabhängigkeit des Internen Prüfers. Der Haushaltsausschuss als Haushaltsbehörde des Amts ist zu informieren, wenn der Interne Prüfer ernannt wird oder aus dem Dienst ausscheidet (Art. 81 Abs. 1, 5 VO CB-1-10 – „Durchführungsverordnung zur Haushaltsordnung"). Gemäß dem 14. Artikel des Beschlusses des Präsidenten Nr. ADM-15-29 untersteht der Interne Prüfer als Leiter der Dienststelle Internes Audit direkt dem Exekutivdirektor. Gemäß Art. 85 Durchführungsverordnung zur Haushaltsordnung ist allerdings der Interne Prüfer im Rahmen seiner Verantwortlichkeiten nach der Haushaltsordnung völlig weisungsungebunden; zudem darf er in seiner Tätigkeit nicht beschränkt werden.

B. Beratung zur Risikokontrolle

Die Beratung des Exekutivdirektors zur Risikokontrolle beinhaltet insbesondere die Beur-   2
teilung der Angemessenheit und Wirksamkeit der internen Verwaltungssysteme, der Leistung der Dienststellen bei der Durchführung der Programme und Maßnahmen unter Berücksichtigung der damit verbundenen Risiken und der Effizienz und Wirksamkeit der internen Kontroll- und Prüfungssysteme zum Haushaltsvollzug (Art. 72 Abs. 1 Haushaltsordnung). Hierzu gibt der Interne Prüfer unabhängige Stellungnahmen zur Qualität der Verwaltungs- und Kontrollsysteme ab und macht Verbesserungsvorschläge zur Abwicklung von Vorgängen und zur Förderung einer wirtschaftlichen Haushaltsführung (Art. 72 Abs. 1 Haushaltsordnung). Er teilt dem Exekutivdirektor seine Feststellungen mit (Art. 72 Abs. 3 Haushaltsordnung) und berichtet jährlich über Anzahl und Art der durchgeführten Prüfungen, die abgegebenen Empfehlungen und die aufgrund der Empfehlungen getroffenen Maßnahmen (Art. 72 Abs. 4 Haushaltsordnung). Der Exekutivdirektor übermittelt den Jahresbericht des Internen Prüfers dem Haushaltsausschuss (Art. 72 Abs. 5 Haushaltsordnung).

C. Interne Kontrollsysteme und -verfahren

„Anweisungsbefugter" iSv Art. 141 Abs. 3 ist der Exekutivdirektor selbst (Art. 1 Nr. 2   3
und Art. 33 Haushaltsordnung). Dieser hat geeignete interne Kontrollsysteme und -verfahren einzuführen, die die Ordnungsmäßigkeit der Einnahmen und Ausgaben des Amts gewährleisten und sicherstellen, dass die Einnahmen und Ausgaben den Grundsätzen der Wirtschaftlichkeit der Haushaltsführung entsprechen (Art. 38 Abs. 1 und Abs. 4 Haushaltsordnung). Nach Art. 34 Abs. 1 Haushaltsordnung kann der Exekutivdirektor seine Haushaltsvollzugsbefugnisse auch delegieren, was auch durch entsprechende Beschlüsse des Exekutivdirektors

geschehen ist (vgl. Beschluss des Präsidenten Nr. 12-78, in dessen Anhang die bevollmächtigten Anweisungsbefugten aufgelistet sind – abrufbar auf der Internetseite des Amtes unter Recht und Praxis/Recht/Beschlüsse und Mitteilungen des Exekutivdirektors des EUIPO/ Verwaltungsbeschlüsse).

Art. 141a Betrugsbekämpfung

(1) Zur besseren Bekämpfung von Betrug, Korruption und sonstigen rechtswidrigen Handlungen gemäß der Verordnung (EU, Euratom) Nr. 883/2013 des Europäischen Parlaments und des Rates tritt das Amt der Interinstitutionellen Vereinbarung vom 25. Mai 1999 über die internen Untersuchungen des Europäischen Amtes für Betrugsbekämpfung (OLAF) bei und beschließt geeignete Vorschriften nach dem Muster in der Anlage zu der Vereinbarung, die für sämtliche Mitarbeiter des Amtes gelten.

(2) Der Europäische Rechnungshof ist befugt, bei allen Finanzhilfeempfängern, Auftragnehmern und Unterauftragnehmern, die Unionsgelder vom Amt erhalten haben, Rechnungsprüfungen anhand von Unterlagen sowie vor Ort durchzuführen.

(3) Das OLAF kann gemäß den Bestimmungen und Verfahren der Verordnung (EU, Euratom) Nr. 883/2013 und der Verordnung (Euratom, EG) Nr. 2185/96 des Rates Ermittlungen durchführen, darunter auch Kontrollen und Überprüfungen vor Ort, um festzustellen, ob im Zusammenhang mit vom Amt gewährten Finanzhilfen oder von ihm finanzierten Verträgen ein Betrugs- oder Korruptionsdelikt oder eine sonstige rechtswidrige Handlung zum Nachteil der finanziellen Interessen der Union vorliegt.

(4) Unbeschadet der Absätze 1, 2 und 3 müssen Kooperationsvereinbarungen mit Drittländern und internationalen Organisationen, Verträge, Finanzhilfevereinbarungen und Finanzhilfeentscheidungen des Amtes Bestimmungen enthalten, die den Europäischen Rechnungshof und das OLAF ausdrücklich ermächtigen, solche Rechnungsprüfungen und Untersuchungen entsprechend ihrer jeweiligen Zuständigkeiten durchzuführen.

(5) Der Haushaltsausschuss beschließt eine Betrugsbekämpfungsstrategie, bei der Kosten und Nutzen der durchzuführenden Maßnahmen in einem angemessenen Verhältnis zu den Betrugsrisiken stehen.

Überblick

Die Vorschrift wurde mWv 23.3.2016 gemäß VO (EU) 2015/2424 vom 16.12.2015 eingefügt.

1 Diese neu eingefügte Vorschrift dient der besseren Bekämpfung von Betrug, Korruption und sonstigen rechtswidrigen Handlungen, indem das Amt der Interinstitutionellen Vereinbarung vom 25.5.1999 über die internen Untersuchungen des Europäischen Amtes für Betrugsbekämpfung (OLAF) beitritt und geeignete Vorschriften nach dem Muster in der Anlage zu der Vereinbarung beschließt, die für sämtliche Mitarbeiter des Amtes gelten. Weiter ist der Rechnungshof ermächtigt, bei Empfängern von durch das Amt ausgezahlten Unionsgeldern Prüfungen durchzuführen (Art. 141a Abs. 2). OLAF wird ermächtigt, Kontrollen und Überprüfungen vor Ort durchzuführen (Art. 141a Abs. 3), Kooperationsvereinbarungen mit Drittländern oder internationalen Organisationen müssen entsprechende Ermächtigungsklauseln für den Rechnungshof und OLAF enthalten (Art. 141a Abs. 4) und der Haushaltsausschuss muss eine angemessene Betrugsbekämpfungsstrategie beschließen (Art. 141a Abs. 5).

Art. 142 Rechnungsprüfung

(1) [1]Der Exekutivdirektor übermittelt der Kommission, dem Europäischen Parlament, dem Haushaltsausschuss und dem Rechnungshof spätestens am 31. März

Finanzvorschriften   Art. 143 UMV

jedes Jahres die Rechnung für alle Einnahmen und Ausgaben des Amtes im abgelaufenen Haushaltsjahr. ²Der Rechnungshof prüft die Rechnung nach Artikel 248 EG-Vertrag.

(2) Der Haushaltsausschuss erteilt dem Exekutivdirektor des Amtes Entlastung zur Ausführung des Haushaltsplans.

Überblick

Art. 142 regelt die jährliche Rechnungslegung durch den Exekutivdirektor (→ Rn. 1), die Rechnungsprüfung durch den Rechnungshof (→ Rn. 2) und die Entlastung des Exekutivdirektors durch den Haushaltsausschuss (→ Rn. 3).

A. Rechnungslegung

Gemäß Art. 82 der Haushaltsordnung übermittelt der auf Vorschlag des Exekutivdirektors 1
durch den Haushaltsausschuss ernannte Rechnungsführer spätestens zum 31.3. des Jahres die vorläufigen Jahresrechnungen iSv Art. 76 der Haushaltsordnung mit dem Bericht über die Haushaltsführung und das Finanzmanagement für das vorangegangene Haushaltsjahr dem Haushaltsausschuss, dem Rechnungshof sowie dem Europäischen Parlament und dem Rat zur Kenntnisnahme. Dem Rechnungsführer der Kommission werden die vorläufigen Jahresrechnungen schon zum 1.3. eines jeden Jahres übermittelt, damit er die Konsolidierung der Rechnungen des Gesamthaushalts durchführen kann (Art. 128 Haushaltsordnung für den Gesamthaushaltsplan).

B. Rechnungsprüfung

Zuständig für die Rechnungsprüfung ist der Rechnungshof, nunmehr nach Art. 285 ff. 2
AEUV. Der Rechnungshof legt nach Art. 129 Abs. 1 Haushaltsordnung für den Gesamthaushaltsplan spätestens am 15.6. des auf das abgeschlossene Haushaltsjahr folgenden Jahres seine Bemerkungen zu den vorläufigen Rechnungen des Amtes vor (Art. 83 Abs. 1 Haushaltsordnung). Hiernach erstellt der Exekutivdirektor den endgültigen Jahresabschluss und übermittelt ihn spätestens zum 1.7. desselben Jahres dem Haushaltsausschuss sowie dem Rechnungsführer der Kommission, dem Rechnungshof, dem Europäischen Parlament und dem Rat (Art. 83 Abs. 2 und Abs. 3 Haushaltsordnung). Bis spätestens 30.9. übermittelt der Exekutivdirektor dem Rechnungshof seine Antworten zu den Bemerkungen des Rechnungshofs (Art. 83 Abs. 5 Haushaltsordnung).

C. Entlastungsbeschluss

Der Haushaltsausschuss prüft die Rechnungen, Jahresabschlüsse und Vermögensübersich- 3
ten des Amtes, den Bericht des Rechnungshofs mit den Antworten des Exekutivdirektors des Amts, eventuelle Sonderberichte des Rechnungshofs für das betreffende Haushaltsjahr und die Erklärung des Rechnungshofs zur Zuverlässigkeit der Rechnungsführung und der Rechtmäßigkeit und Ordnungsmäßigkeit der zugrundeliegenden Vorgänge (Art. 95 Abs. 2 Haushaltsordnung). Sofern nichts entgegensteht, erteilt der Haushaltsausschuss dem Exekutivdirektor die Entlastung vor dem 31.5. des zweiten auf das betreffende Haushaltsjahr folgenden Jahres (Art. 94 Abs. 1 Haushaltsordnung). Andernfalls schiebt der Haushaltsausschuss die Entlastung auf, teilt die Gründe dem Exekutivdirektor mit und gibt diesem Gelegenheit, die Hindernisse für die Entlastung auszuräumen (Art. 94 Abs. 2 und Abs. 3 Haushaltsordnung).

Art. 143 Finanzvorschriften

¹Der Haushaltsausschuss erlässt nach Stellungnahme der Kommission und des Rechnungshofs der Europäischen Union die internen Finanzvorschriften, in denen insbesondere die Einzelheiten der Aufstellung und Ausführung des Haushaltsplans des Amtes festgelegt werden. ²Die Finanzvorschriften lehnen sich, soweit dies mit

der Besonderheit des Amtes vereinbar ist, an die Haushaltsordnungen anderer von der Union geschaffener Einrichtungen an.

Überblick

Art. 134 regelt die Erstellung der amtsinternen Finanzvorschriften durch den Haushaltsausschuss. Sie dienen insbesondere der Festlegung der Einzelheiten hinsichtlich Aufstellung und Umsetzung des Haushaltsplans. Derzeit bestehen eine Haushaltsordnung (→ Rn. 1) und eine Verordnung mit Durchführungsbestimmungen zur Haushaltsordnung (→ Rn. 2).

A. Die Haushaltsordnung

1   Die derzeit gültige Haushaltsordnung ist Verordnung Nr. CB-3-09 des Haushaltsausschusses vom 17.7.2009 (auf der Internetseite des Amtes abrufbar unter Über das EUIPO/Unser Auftrag/Führungsstruktur/Haushaltsausschuss/Weitere Informationen/ Verordnungen). Sie regelt die Haushaltsgrundsätze, die Aufstellung des Haushaltsplans, seine Gliederung und Darstellung, den Vollzug der Haushaltsvorschriften, Rolle und Verantwortlichkeit der beteiligten Finanzakteure sowie die Rechnungsführung und Rechnungslegung einschließlich der externen Kontrolle und der Entlastung.

B. Durchführungsbestimmungen zur Haushaltsordnung

2   Da die Haushaltsordnung nur die wichtigsten Grundsätze und Definitionen enthält, ergänzt Verordnung Nr. CB-1-10 vom 24.11.2010 die Haushaltsordnung und regelt bestimmte Details für die Durchführung der Haushaltsordnung. Die Durchführungsverordnung wurde auf Vorschlag des Exekutivdirektors und nach Stellungnahme des Internen Prüfers erlassen und ist ebenfalls über die Internetseite des Amtes abrufbar, ebenfalls unter Über das EUIPO/Unser Auftrag/Führungsstruktur/Haushaltsausschuss/ Weitere Informationen/Verordnungen. Zusammengefasst regelt sie, aufgeteilt in sieben Titel, wovon der erste den Gegenstand der Verordnung definiert und der letzte Übergangs- und Schlussvorschriften enthält, Details zu den Haushaltsgrundsätzen, der Aufstellung und Gliederung des Haushaltsplans, des Haushaltsvollzugs sowie der Rechnungsführung und Rechnungslegung. Der sechste Titel regelt Informationspflichten im Zusammenhang mit Immobilienprojekten, die Form von Mietgarantien, Vorschüsse an das Personal und die Beauftragung von externen Sachverständigen.

Art. 144 Gebühren und Entgelte und Fälligkeiten

(1) ¹Der Exekutivdirektor legt die Höhe der Entgelte fest, die für andere als die in Anhang -I genannten vom Amt erbrachten Dienstleistungen zu entrichten sind, sowie die Entgelte, die für das Blatt für Unionsmarken, das Amtsblatt des Amtes und alle anderen Veröffentlichungen des Amtes zu entrichten sind. ²Die Entgelte werden in Euro festgelegt und im Amtsblatt des Amtes veröffentlicht. ³Jedes einzelne Entgelt darf nicht über das hinausgehen, was zur Deckung der Kosten der vom Amt erbrachten speziellen Dienstleistung erforderlich ist.

(2) Die Gebühren und Entgelte, deren Fälligkeit nicht in dieser Verordnung geregelt ist, sind fällig bei Eingang des Antrags auf die Dienstleistung, für die die Gebühr oder das Entgelt anfällt.

Mit Zustimmung des Haushaltsausschusses kann der Exekutivdirektor festlegen, welche der in Unterabsatz 1 genannten Dienstleistungen nicht die vorherige Zahlung der entsprechenden Gebühren oder Entgelte voraussetzen.

Überblick

Art. 144 ist Grundlage der Entgelte für andere als die in Anhang I UMV genannten Handlungen; die Gebühren sind nunmehr im Anhang-I der UMV festgelegt (zur Höhe

Gebühren und Entgelte und Fälligkeiten   Art. 144 UMV

→ Rn. 1 f.). „Preise" sind Entgelte für nicht nach Anhang-I gebührenpflichtige Leistungen des Amtes; sie werden durch Beschluss des Präsidenten bestimmt (→ Rn. 3). Im Übrigen regelt Art. 144 Abs. 2 die allgemeine Fälligkeit von Gebühren und Entgelten (→ Rn. 4). Zur Zahlung von Gebühren bezüglich internationaler Registrierungen nach dem Madrider Protokoll → Rn. 5. Die Gebühren sollen der Höhe nach einen ausgeglichenen Haushalt gewährleisten (→ Rn. 6).

A. Höhe der Gebühren und Preise

I. Gebühren

Nach der **VO (EU) 2015/2424** des Europäischen Parlaments und des Rates zur Änderung 1 der VO (EG) 207/2009 wurden mWv 23.3.2016 die Gebühren neu strukturiert („eine Gebühr pro Klasse") und zum Teil erheblich gesenkt. Die ursprüngliche Gebührenordnung, für die der Art. 144 in der Fassung vor dem 23.3.2016 die Rechtsgrundlage bildete, wurde durch die VO (EU) 2015/2424 aufgehoben. Die Gebühren sollen einen ausgeglichenen Haushalt gewährleisten und insbesondere die Anhäufung größerer Überschüsse vermeiden helfen (vgl. Erwägungsgründe 35 und 36 der VO (EU) 2015/2424). Nach der neuen Gebührenstruktur umfasst die Grundgebühr für eine Anmeldung nicht mehr drei, sondern nur noch eine Klasse, kombiniert mit verschieden abgestuften Klassengebühren. Diese Struktur soll einen die Unionsmarke auch für kleinere Anmelder mit begrenztem Waren-/Dienstleistungsspektrum attraktiver machen und zum anderen verhindern, dass Marken für mehr Klassen als nötig angemeldet oder verlängert werden. Dementsprechend sollen auch die Verlängerungsgebühren der neuen Struktur folgen und erheblich gesenkt werden. Die Gebühren bei nicht elektronischer Anmeldung von Individualmarken sind seit dem 23.3.2016 folgende: Grundgebühr 1000 Euro zuzüglich 50 Euro für die zweite Klasse und 150 Euro für jede weitere Klasse ab der dritten. Dieselben Beträge fallen bei nicht elektronischer Verlängerung einer Individualmarke an. Bei elektronischer Anmeldung und Verlängerung ermäßigen sich die Gebühren wie folgt – zusätzlich im Vergleich zu den früheren Gebühren dargestellt (in Euro; näher → Anhang-I Rn. 1 ff.):

		vor der Reform	aktuell
Anmeldung (elektronisch)		900 (drei Klassen)	850 (eine Klasse)
Klassen	2. Klasse	(-)	50
	3. Klasse	(-)	150
	4. und weitere Klassen	150	150
Gesamtbeträge	Anmeldung 1 Kl.	900	850
	Anmeldung 2 Kl.	900	900
	Anmeldung 3 Kl.	900	1050
Verlängerung (elektronisch)		1350 (drei Klassen)	850 (eine Klasse)
Klassen	2. Klasse	(-)	50
	3. Klasse	(-)	150
	4. und weitere Klassen	400	150
Gesamtbeträge	Verlängerung 1 Kl.	1350	850
	Verlängerung 2 Kl.	1350	900
	Verlängerung 3 Kl.	1350	1050

Die neuen niedrigeren Gebühren für **Verlängerungen** fallen gemäß Mitteilung Nr. 2/2016 2 des Präsidenten (jetzt „Exekutivdirektor") des Amtes vom 20.1.2016 nur für die Marken an, die am oder nach dem Tag des Inkrafttretens der VO (EU) 2015/2424 des Europäischen Parlaments und des Rates zur Änderung der VO (EG) 207/2009 ablaufen. Das heißt, für Marken, die vorher ablaufen, sind noch die früheren höheren Gebühren zu zahlen, selbst wenn die Verlängerung erst nach Inkrafttreten der Reform innerhalb der Nachfrist beantragt und/oder bezahlt wird. Umgekehrt fällt für Marken, die am oder nach dem Datum des Inkrafttretens der Reform ablaufen, der neue niedrigere Gebührensatz an, selbst wenn die Verlängerung schon vor Inkrafttreten der Reform beantragt/bezahlt wurde. Soweit für am oder nach dem 23.3.2016 ablaufende Marken die Verlängerungsgebühren nach den alten, höheren Sätzen bezahlt wurden, werden die überschüssigen Gebühren erstattet.

II. Preise

3   „Preise" sind die Entgelte, die für nicht nach Anhang I der UMV gebührenpflichtige Leistungen des Amtes anfallen; sie werden durch Beschluss des Präsidenten bestimmt (Art. 144 Abs. 1). Hierzu gehörten auch die Preise für die Publikationen des Amtes einschließlich des Amtsblatts und des Blatts für Gemeinschaftsmarken. Allerdings erscheinen Amtsblatt und Blatt für Gemeinschaftsmarken jetzt nur noch in elektronischer Form; sie werden kostenlos auf der Internetseite des Amtes zum Herunterladen bereitgehalten. Zudem ist durch Beschluss des Präsidenten Nr. EX-10-2 der Zugang zu den Daten der Datenbank des EUIPO in maschinenlesbarer Form („CTM-DOWNLOAD") ab 2.1.2011 kostenfrei gestellt worden. Gemäß Beschluss des Präsidenten Nr. EX-11-04 erfolgt auch die Mediation vor den Beschwerdekammern im Amt in Alicante kostenlos. Lediglich wenn ein Mediationsverfahren in den Geschäftsräumen des Amtes in Brüssel durchgeführt werden soll, ist eine „Verwaltungsgebühr" iHv 750 Euro zu leisten (erster Art. 1 UAbs. 2 des Beschlusses des Präsidenten Nr. EX-11-04). Nach Art. 144 Abs. 1 legt der Exekutivdirektor diejenigen Entgelte fest, die nicht unter die unter → Rn. 1 genannten Gebührentatbestände fallen. Sie dürfen der Höhe nach nicht die dem Amt für die jeweilige Dienstleistung entstehenden Kosten überschreiten.

B. Fälligkeit der Gebühren

4   Sofern die UMV oder GMDV die Fälligkeit bestimmter Gebühren nicht spezifisch regeln, werden Gebühren mit dem Eingang des Antrags auf Vornahme der gebührenpflichtigen Amtshandlung fällig (Art. 144 Abs. 2). Das bedeutet, dass Gebührenzahlungen auf erfolgte Anmeldungen oder gestellte Anträge regelmäßig mit Rechtsgrund erfolgt sind, auch wenn die Anmeldung oder der Antrag zurückgewiesen oder nach Zahlung zurückgenommen werden. Ausnahmen bestehen nur, wenn zu viel gezahlt wurde und für die Fälle, für die UMV oder GMDV die Erstattung der Gebühr gesondert anordnen (zB Art. 82 Abs. 5, Erstattung der Weiterbehandlungsgebühr, Regel 9 Abs. 2 GMDV, Erstattung der Anmeldegebühr bei Nichterfüllung der Anmeldetagsvoraussetzungen, Regel 17 Abs. 1 S. 2 GMDV, Erstattung der Widerspruchsgebühr, wenn sie nach der Frist für den Widerspruch entrichtet wurde). Davon abgesehen werden Gebühren erstattet, wenn der gebührenpflichtige Tatbestand vor Eingang der Zahlung beim Amt weggefallen ist, zB weil die Anmeldung oder der Widerspruch vorher (bzw. mindestens gleichzeitig) zurückgezogen wurde. Der Zeitpunkt, zu dem die Rücknahme der Anmeldung oder des Widerspruchs erfolgen muss, ist dabei von der gewählten Zahlungsart abhängig: Bei Bezahlung per Banküberweisung muss die Rücknahmeerklärung beim Amt spätestens am gleichen Tag eingehen wie der Zahlbetrag auf dem Konto des Amtes gutgeschrieben wird. Bei Bezahlung über ein laufendes Konto beim Amt muss die Rücknahmeerklärung spätestens an dem Tag eingehen, zu dem das Konto als belastet gilt und bei Zahlung per Kreditkarte muss die Rücknahmeerklärung am selben Tag eingehen wie die Zahlungserklärung mit den Kreditkartendaten (vgl. Prüfungsrichtlinien vor dem Amt, Teil A.3, Allgemeine Regeln, S. 14). **Wichtig** ist, dass die **Rücknahmeerklärung formwirksam** (vgl. Regel 79 GMDV) erfolgen muss, dh ggf. wegen Eilbedürftigkeit per Fax. Ein Telefonanruf beim Amt oder eine E-Mail reichen nicht.

C. Gebühren für internationale Registrierungen

5   Die Individualgebühren für IR-Registrierungen, in denen die Gemeinschaft benannt ist, bzw. die nachträglich auf die Gemeinschaft erstreckt werden, sind in Anhang I der UMV gesondert geregelt (→ Anhang-I Rn. 1 ff.). Sie sind in Schweizer Franken zu zahlen und betragen den Gegenwert von 820 Euro als Grundgebühr für die Anmeldung, Euro 50 für die zweite Klasse und 150 Euro als zusätzliche Klassengebühr für jede Klasse ab der dritten bzw. für Gemeinschaftskollektivmarken 1400 Euro als Grundgebühr, 50 Euro für die zweite Klasse und 150 Euro als zusätzliche Klassengebühr für jede Klasse ab der dritten. Die Verlängerungsgebühren betragen den Gegenwert von 820 Euro zuzüglich 50 Euro für die zweite

Zahlung der Gebühren und Entgelte   Art. 144a UMV

Klasse und 150 Euro zusätzliche Klassengebühren für jede Klasse ab der dritten bzw. für die Erneuerung von Kollektivmarken 1400 Euro zuzüglich 50 Euro für die zweite Klasse und 150 Euro als zusätzliche Klassengebühr für jede Klasse ab der dritten.

D. Ausgeglichener Haushalt

Nach dem Grundsatz des Haushaltsausgleichs (Art. 144 Abs. 2 sowie Art. 139 Abs. 2 UMV 6 und Art. 15 Abs. 1 Haushaltsordnung) sollen die Einnahmen die Ausgaben decken. Trotz zweier Gebührensenkungen (2005 und 2009) überstiegen allerdings bis einschließlich 2011 die Einnahmen des Amtes die Ausgaben deutlich, so dass Verwaltungsrat und Haushaltsausschuss des Amtes am 19.9.2008 vereinbart haben, die finanzielle Lage des Amtes solle von der Kommission im Abstand von je zwei Jahren auf einen Ausgleich des Haushalts hin überprüft werden (vgl. Präambel zur Haushaltsordnung Nr. CB-3-09 vom 17.7.2009). Durch die Änderungsverordnung werden im Übrigen besonders auch die Verlängerungsgebühren deutlich reduziert; gerade auch durch sie wurden jedoch die Überschüsse in der Vergangenheit verursacht (relativ hohe Gebührenbeträge bei relativ geringem Aufwand seitens des Amtes; zu den Beträgen → Rn. 1).

E. Reform

Seit Inkrafttreten der Reform am 23.3.2016 sind die Zahlungsmodalitäten in dem neu 7 eingefügten Art. 144a geregelt (→ Art. 144a Rn. 1), der maßgebliche Zahlungstag ist Gegenstand des neu eingefügten Art. 144b (→ Art. 144b Rn. 1) und der neu eingefügte Art. 144c trifft die Regelungen bezüglich der Zahlung unzureichender Beträge und der Erstattung geringfügiger Beträge (→ Art. 144c Rn. 1).

Art. 144a Zahlung der Gebühren und Entgelte

(1) **Die an das Amt zu entrichtenden Gebühren und Entgelte sind durch Einzahlung oder Überweisung auf ein Bankkonto des Amtes zu zahlen.**

Mit Zustimmung des Haushaltsausschusses kann der Exekutivdirektor andere besondere Zahlungsarten zulassen als diejenigen, die im Einklang mit Unterabsatz 1 festgelegt wurden, insbesondere mittels Einlagen auf laufenden Konten beim Amt.

Die gemäß Unterabsatz 2 getroffenen Entscheidungen werden im Amtsblatt des Amtes veröffentlicht.

Alle Zahlungen, auch mittels jeder anderen Zahlungsart, die gemäß Unterabsatz 2 festgelegt wird, sind in Euro zu leisten.

(2) [1]Bei jeder Zahlung ist der Name des Einzahlers anzugeben und sind die notwendigen Angaben zu machen, die es dem Amt ermöglichen, den Zweck der Zahlung ohne Weiteres zu erkennen. [2]Insbesondere ist Folgendes anzugeben:
a) bei Zahlung der Anmeldegebühr der Zweck der Zahlung, also „Anmeldegebühr";
b) bei Zahlung der Widerspruchsgebühr das Aktenzeichen der Anmeldung und der Name des Anmelders der Unionsmarke, gegen deren Eintragung Widerspruch eingelegt wird, und der Zweck der Zahlung, also „Widerspruchsgebühr";
c) bei Zahlung der Gebühr für die Erklärung des Verfalls oder der Nichtigkeit die Eintragungsnummer und der Name des Inhabers der Unionsmarke, gegen die sich der Antrag richtet, sowie der Zweck der Zahlung, also „Gebühr für die Erklärung des Verfalls" oder „Gebühr für die Erklärung der Nichtigkeit".

(3) [1]Ist der Zweck der in Absatz 2 genannten Zahlung nicht ohne Weiteres erkennbar, so fordert das Amt den Einzahler auf, innerhalb einer vom Amt bestimmten Frist diesen Zweck schriftlich mitzuteilen. [2]Kommt der Einzahler dieser Aufforderung nicht fristgerecht nach, so gilt die Zahlung als nicht erfolgt. [3]Der gezahlte Betrag wird erstattet.

UMV Art. 144a   Titel XII Das Amt

Überblick

Die Vorschrift wurde mWv 23.3.2016 gemäß VO (EU) 2015/2424 vom 16.12.2015 eingefügt. Sie regelt die Zahlungsmodalitäten für an das Amt zu entrichtende Gebühren und Entgelte über Bankkonten (→ Rn. 2), laufende Konten beim Amt (→ Rn. 4) und Kreditkarte (→ Rn. 6).

A. Zahlungsmodalitäten – Allgemeines

1   Die Gebühren können durch Einzahlung auf ein Konto des Amts, per Banküberweisung oder über laufende Konten beim Amt bezahlt werden. Bestimmte Gebührenzahlungen (→ Rn. 8) können durch Kreditkarten erfolgen. Ehemals bestehende Möglichkeiten für Barzahlungen am Sitz des Amtes bzw. Scheckzahlungen wurden abgeschafft. Seit Einführung des Euro sind alle Zahlungen in Euro zu leisten (vgl. Mitteilung Nr. 9/98 des Präsidenten des Amtes vom 27.10.1998 über die Einführung des Euro). Die Zahlungen haben direkt an das Amt zu erfolgen. Zahlungen an nationale Ämter und Weiterleitungen durch diese an das Amt sind nicht vorgesehen. Zahlungen müssen nicht durch den Antragsteller selbst, sondern können auch durch einen Dritten für ihn bewirkt werden (HABM BK vom 7.1.2010 – R 1312/2009-4 Rn. 9 – Ermagora).

I. Zahlung durch Einzahlung oder Überweisung auf ein Bankkonto des Amts

2   **Bankverbindung:** Einzahlungen und Banküberweisungen können auf folgende Konten des Amts erfolgen:

Bank	Banco Bilbao Vizcaya Argentina	La Caixa
Anschrift	Explanada de España, 11 E-03002 Alicante Spanien	Calle Capitán Segarra, 6 E-03004 Alicante Spanien
Konto-Nr.	0182-5596-90-0092222222	2100-2353-01-0700000888
BIC/SWIFT	BBVAESMMXXX	CAIXESBBXXX
IBAN	ES88 0182 5596 9000 9222 2222	ES03 2100 2353 0107 0000 0888

3   Falls ein Computerprogramm die BIC/SWIFT-Endung „XXX" nicht anerkennt, ist nur der vorangehende Teil des jeweiligen Codes zu verwenden: BBVAESMM bzw. CAIXESBB (s. Prüfungsrichtlinien vor dem Amt, Teil A.3, Allgemeine Regeln S. 5). Zu beachten ist insbesondere bei Überweisungen auch, dass alle Bankgebühren zulasten des Anweisenden gehen müssen. Sonst geht beim Amt nicht die volle Gebühr ein (zu unvollständigen Zahlungen → Art. 144c Rn. 1). Darüber hinaus muss die Zahlung zuzuordnen sein, dh es sind Name des Zahlers, Zahlungszweck (zB „Anmeldegebühr", das Aktenzeichen oder der Name der Marke) anzugeben. Dient eine Zahlung nur der Auffüllung des laufenden Kontos (→ Rn. 4), genügt die Angabe der Nummer des laufenden Kontos. Ist eine Zahlung nicht ohne weiteres zuzuordnen, fordert das Amt den Zahlenden zur Klarstellung auf. Kommt der Zahlende dieser Aufforderung nicht fristgerecht nach, gilt die Zahlung als nicht erfolgt und der Betrag wird erstattet (Art. 144a Abs. 3).

II. Zahlungen durch laufende Konten beim Amt

4   Mit einer Mindesteinzahlung von 3000 Euro kann beim Amt ein **laufendes Konto** errichtet werden (vgl. Art. 3 Abs. 7 des Beschlusses des Präsidenten Nr. EX-96-1, idF des Beschlusses des Präsidenten Nr. EX-06-1), von dem fällige Gebühren automatisch abgebucht werden, vorausgesetzt, das Konto weist am Abbuchungstag hinreichende Deckung auf (zu Folgen mangelnder Deckung → Art. 144b Rn. 2).

5   Bei Zahlung über ein laufendes Konto stellen die Regelungen des Beschlusses des Präsidenten Nr. EX-96-1 in der derzeit gültigen Fassung) sicher, dass als **maßgeblicher Zahlungszeitpunkt** ein für den Zahlenden in der Regel günstiger Zahlungszeitpunkt fingiert wird. So wird für die Anmeldegebühr das Ende der Monatsfrist nach Art. 27 als Zahlungszeitpunkt fingiert (Art. 7 Buchst. a des Beschlusses des Präsidenten Nr. EX-96-1), wenn der Zahlende nicht ausdrücklich angibt, die Zahlung solle schon früher erfolgen (durch Belastung

Maßgebender Zahlungstag   **Art. 144b UMV**

des Kontos). Die Zahlung der Widerspruchsgebühr gilt – trotz in der Regel erst späterer Belastung des Kontos – als am Tag der Einreichung des Widerspruchs erfolgt (Art. 7 Buchst. h des Beschlusses des Präsidenten Nr. EX-96-1 in der derzeitigen Fassung), sofern im Belastungszeitpunkt genügend Deckung besteht bzw. fristgemäß und ggf. unter Zahlung der zusätzlichen Verwaltungsgebühr das Konto aufgefüllt wird.

III. Zahlungen mit Kreditkarte

Die Zahlung per Kreditkarte steht nur für eine beschränkte Auswahl an Gebühren zur   6
Verfügung und nur bei elektronischen Anmeldungen. Per Kreditkarte können bezahlt werden:
- die Grundgebühr für die elektronische Anmeldung einer Individual- oder Kollektivmarke,
- die zusätzlichen Klassengebühren ab der vierten Klasse bei elektronischen Anmeldungen von Individual- oder Kollektivmarken,
- die Grundgebühr für die elektronische Verlängerung einer Individual- oder Kollektivmarke,
- die zusätzlichen Klassengebühren ab der vierten Klasse bei elektronischer Verlängerung einer Individual- oder Kollektivmarke.

Diese Gebühren können nur bei sofortiger Online-Zahlung mit Kreditkarte bezahlt werden,   7
nicht, wenn eine verzögerte Zahlung gewünscht ist (zB Zahlung der Anmeldegebühr erst am Ende der Monatsfrist des Art. 27).

Bei Zahlung mit Kreditkarte ist **maßgeblicher Zahlungszeitpunkt** der Tag, an dem   8
die Zahlungsanweisung mit den Kreditkartendaten übermittelt wurde. Für Anmelder hat dies den Nachteil, dass bei Fehlern in der Anmeldung (zB Markenabbildung in der falschen Farbe eingereicht, bei mehreren Anmeldungen versehentlich dieselbe Marke zweimal eingereicht statt die unterschiedlichen Marken etc) eine Rücknahme der Anmeldung unbedingt noch am Tag der Anmeldung selbst formwirksam erklärt werden muss (vgl. Prüfungsrichtlinien vor dem Amt, Teil A.3, Allgemeine Regeln S. 14). Andernfalls gilt die Gebühr als auf die fehlerhafte Anmeldung gezahlt und für die korrigierte Anmeldung fällt eine erneute Anmeldegebühr an. In einem solchen Fall bliebe als ultima ratio noch der Versuch, die Belastung der Kreditkarte rechtzeitig zu verhindern bzw. zu stornieren – nach Beschluss Nr. EX-13-2 des Präsidenten des Amtes (abrufbar auf der Internetseite des Amtes unter Recht und Praxis/Recht/Beschlüsse und Mitteilungen des Präsidenten/Beschlüsse) ist Voraussetzung für die ordnungsgemäße Zahlung per Kreditkarte, dass der Betrag auch dem Konto des Amtes gutgeschrieben wird (Art. 7 Abs. 4 des Beschlusses). Es hat aber schon Fälle gegeben, in denen Kreditkartenzahlungen im Nachhinein erfolgreich storniert wurden.

Art. 144b Maßgebender Zahlungstag

(1) In den Fällen des Artikels 144a Absatz 1 Unterabsatz 1 gilt der Tag, an dem der eingezahlte oder überwiesene Betrag tatsächlich einem Bankkonto des Amtes gutgeschrieben wird, als der Stichtag, zu dem die Zahlung an das Amt als erfolgt anzusehen ist.

(2) Bei Verwendung von Zahlungsarten nach Maßgabe des Artikels 144a Absatz 1 Unterabsatz 2 legt der Exekutivdirektor den Stichtag fest, zu dem die Zahlung als erfolgt anzusehen ist.

(3) ¹Ist nach den Absätzen 1 und 2 die Zahlung einer Gebühr erst nach Ablauf der Frist, innerhalb deren sie fällig war, als erfolgt anzusehen, so gilt diese Frist als gewahrt, wenn gegenüber dem Amt nachgewiesen wird, dass die Personen, die die Zahlung in einem Mitgliedstaat innerhalb der Frist getätigt haben, innerhalb deren die Zahlung hätte erfolgen müssen, einer Bank ordnungsgemäß einen Auftrag zur Überweisung des Zahlungsbetrags erteilt und eine Zuschlagsgebühr in Höhe von 10 % der entsprechenden Gebühr(en), jedoch höchstens 200 EUR entrichtet haben. ²Der Zuschlag entfällt, wenn der entsprechende Auftrag an die Bank spätestens zehn Tage vor Ablauf der Zahlungsfrist erteilt wurde.

(4) ¹Das Amt kann den Einzahler auffordern, zu belegen, an welchem Tag der Bank der Auftrag gemäß Unterabsatz 3 erteilt wurde, und, falls erforderlich, innerhalb einer von ihm zu setzenden Frist den entsprechenden Zuschlag zu zahlen. ²Kommt der Einzahler dieser Aufforderung nicht nach oder ist der Nachweis unzureichend oder wird der Zuschlag nicht fristgemäß entrichtet, so gilt die Zahlungsfrist als versäumt.

Überblick

Die Vorschrift wurde mWv 23.3.2016 gemäß VO (EU) 2015/2424 vom 16.12.2015 eingefügt. Sie ergänzt Art. 144a. Die Vorschrift regelt den maßgeblichen Zahlungstag und ergänzt die Regelungen zu den Zahlungsmodalitäten über Bankkonten (→ Rn. 1) und laufende Konten beim Amt (→ Rn. 2).

A. Zahlung per Banküberweisung

1   Gemäß Art. 144b Abs. 1 ist der Tag, an dem der eingezahlte oder überwiesene Betrag auf einem Bankkonto des Amts tatsächlich gutgeschrieben ist, der **maßgebliche Zahlungstag**. Hiervon abweichend stellt Art. 144 Abs. 3 eine Zahlungsfiktion für Fälle auf, in denen eine Zahlung nach Frist eingeht, innerhalb derer sie fällig war, aber vor Fristablauf ordnungsgemäß angewiesen wurde. Kann der Zahlungspflichtige nachweisen, dass die Zahlung vor Fristablauf gegenüber einer Bank im Gemeinschaftsgebiet ordnungsgemäß angewiesen wurde, gilt die Frist unter bestimmten Voraussetzungen als gewahrt: Erfolgte die Anweisung mehr als zehn Tage vor Ablauf der Frist, genügt der Nachweis der ordnungsgemäßen Anweisung für die Fristwahrung; wurde die Bank erst innerhalb der letzten zehn Tage der Frist mit der Überweisung beauftragt, hat der Zahlungspflichtige zudem innerhalb einer vom Amt nach Art. 144b Abs. 4 gesetzten Frist einen Zuschlag in Höhe von 10% der fraglichen Gebühr, maximal aber 200 Euro zu zahlen. Erfolgt der Nachweis der ordnungsgemäßen Anweisung und ggf. die Zahlung des fälligen Zuschlags innerhalb der vom Amt nach gesetzten Frist, gilt die Zahlung als am letzten Tag der zu wahrenden Frist erfolgt, obwohl die tatsächliche Gutschrift auf einem Konto des Amts erst später stattfindet. Diese Ausnahmevorschrift ist in der Praxis häufig interessant für den Zeitpunkt der Entrichtung der Widerspruchsgebühr, da der Widerspruch nach Art. 41 Abs. 3 S. 2 erst als erhoben gilt, wenn die Widerspruchsgebühr gezahlt worden ist. Bei Zahlung der Widerspruchsgebühr außerhalb der Dreimonatsfrist des Art. 41 Abs. 1 gilt der Widerspruch als nicht erhoben, sofern nicht eine Fristwahrung mit Hilfe der Fiktion des Art. 144 Abs. 3 iVm Art. 144 Abs. 4 gelingt.

B. Zahlung über das laufende Konto beim Amt

2   Verfügt das Konto am Abbuchungstag nicht über hinreichende Deckung, setzt das Amt dem Inhaber eine Frist von einem Monat zur Auffüllung des Kontos und Zahlung einer Verwaltungsgebühr in Höhe von 20% der ausstehenden Gebühr, aber höchstens 500 und mindestens 100 Euro. Die Verwaltungsgebühr entfällt, wenn der Inhaber nachweist, dass er seiner Bank gemäß Art. 144 Abs. 3 bereits vor dem Zeitpunkt, in dem das Amt den Versuch unternommen hat, das Konto mit der fraglichen Gebühr zu belasten, ordnungsgemäße Anweisung zur Überweisung an das Amt zwecks Auffüllung seines laufenden Kontos erteilt hatte. Füllt der Inhaber des laufenden Kontos dieses fristgemäß auf und überweist ggf. die Verwaltungsgebühr, gilt die Zahlung der dem Konto zu belastenden Gebühr als rechtzeitig erfolgt (achter Artikel zweiter Absatz des Beschlusses des Präsidenten Nr. EX-96-1 in der derzeit gültigen Fassung). Füllt der Inhaber das Konto nicht rechtzeitig auf, ist unerheblich, dass zu dem Zeitpunkt, zu dem die Zahlung fällig war, das laufende Konto über ausreichendes Guthaben verfügte; was zählt ist, ob im Zeitpunkt der (versuchten) Belastung durch das Amt ein ausreichendes Guthaben vorhanden ist (HABM BK vom 3.9.2008 – R 1350/2007-1 Rn. 24 – Schneider/Schneider).

Art. 144c Unzureichende Zahlungen und Erstattung geringfügiger Beträge

(1) ¹Eine Zahlungsfrist gilt grundsätzlich nur dann als eingehalten, wenn der volle Gebührenbetrag rechtzeitig gezahlt worden ist. ²Ist die Gebühr nicht in voller Höhe gezahlt worden, so wird der gezahlte Betrag nach Ablauf der Zahlungsfrist erstattet.

(2) Das Amt kann jedoch, soweit es die laufende Frist noch zulässt, dem Einzahler Gelegenheit geben, den Fehlbetrag nachzuzahlen oder, wenn dies gerechtfertigt erscheint, geringfügige Fehlbeträge ohne Rechtsnachteil für den Einzahler unberücksichtigt lassen.

(3) Mit Zustimmung des Haushaltsausschusses kann der Exekutivdirektor davon absehen, geschuldete Geldbeträge beizutreiben, wenn der beizutreibende Betrag unbedeutend oder der Erfolg der Beitreibung zu ungewiss ist.

(4) Zu viel gezahlte Gebühren oder Entgelte werden nicht zurückerstattet, wenn der überschüssige Betrag geringfügig ist und der Einzahler die Erstattung nicht ausdrücklich verlangt hat.
Mit Zustimmung des Haushaltsausschusses kann der Exekutivdirektor die Grenze bestimmen, unterhalb derer zu viel gezahlte Gebühren oder Entgelte nicht erstattet werden.
Die gemäß Unterabsatz 2 getroffenen Entscheidungen werden im Amtsblatt des Amtes veröffentlicht.

Überblick

Die Vorschrift wurde mWv 23.3.2016 gemäß VO (EU) 2015/2424 vom 16.12.2015 eingefügt und ergänzt die Regelungen in Art. 144a (Zahlungsmodalitäten) und Art. 144b (maßgeblicher Zahlungstag). Sie regelt die Folgen von Zahlungen unzureichender Beträge (→ Rn. 1) sowie deren Erstattung (→ Rn. 2).

A. Zahlung unzureichender Beträge

1 Gemäß Art. 144c Abs. 1 gilt eine Zahlungsfrist grundsätzlich nur als eingehalten, wenn der volle Gebührenbetrag rechtzeitig eingeht. Ausnahmen sind die bereits beschriebene Regelung in → Art. 144b Rn. 1 und Art. 144b Abs. 4, bei der unter den beschriebenen Voraussetzungen die rechtzeitige Anweisung der Zahlung letztlich ausreicht und die Möglichkeit, ein laufendes Konto rechtzeitig aufzufüllen, so dass die eigentlich zu späte Zahlung als rechtzeitig fingiert wird. Eine weitere Ausnahme regelt Art. 144c Abs. 2. Danach kann das Amt, wenn dies gerechtfertigt erscheint, geringfügige Fehlbeträge ohne Rechtsnachteil für den Zahler ignorieren. Zu dieser absoluten Ausnahmeregelung liegt keine Definition seitens des Amtes vor, bis zu welchem Betrag ein Fehlbetrag als geringfügig gilt. Andernfalls wäre auch damit zu rechnen, dass ein solchermaßen als geringfügig definierter Betrag von sparsamen Nutzern regelmäßig bei der Zahlung abgezogen würde (in HABM BK vom 21.2.2002 – R 943/2000-4 Rn. 11 – Rosso-Bianco wurde eine starre Grenze mit Hinweis auf die unterschiedliche Höhe der verschiedenen Gebühren abgelehnt).

B. Erstattung von Zahlungen

2 Gemäß Art. 144c Abs. 1 S. 1 werden nicht voll gezahlte Gebühren nach Ablauf der Zahlungsfrist erstattet. Zu viel gezahlte geringfügige Beträge werden nicht erstattet, wenn der Zahler die Erstattung nicht ausdrücklich verlangt hat. Zur Frage der Gebührenerstattung bei Zurücknahme der Anmeldung/des Antrags → Art. 144 Rn. 4.

Titel XIII Internationale Registrierung von Marken

Abschnitt 1 Allgemeine Bestimmungen

Art. 145 Anwendung der Bestimmungen

Sofern in diesem Titel nichts anderes bestimmt ist, gelten die vorliegende Verordnung und ihre Durchführungsverordnungen *(ab 1. Oktober 2017: und die gemäß dieser Verordnung erlassenen Rechtsakte)* für Anträge auf internationale Registrierung nach dem am 27. Juni 1989 in Madrid unterzeichneten Protokoll zum Madrider Abkommen über die internationale Registrierung von Marken (nachstehend „internationale Anmeldungen" bzw. „Madrider Protokoll" genannt), die sich auf die Anmeldung einer Unionsmarke oder auf eine Unionsmarke stützen, und für Markeneintragungen im internationalen Register des Internationalen Büros der Weltorganisation für geistiges Eigentum (nachstehend „internationale Registrierungen" bzw. „Internationales Büro" genannt), deren Schutz sich auf die Europäische Union erstreckt.

Überblick

Die Art. 145–161 dienen der Umsetzung des Madrider Systems zur internationalen Registrierung von Marken, dh des Protokolls zum Madrider Markenabkommen im Unionsmarkenrecht. Sie sind daher nur zusammen mit den Regeln des Protokolls zum Madrider Markenabkommen (PMMA) – und der Gemeinsamen Ausführungsordnung zum PMMA und Madrider Markenabkommen (MMA) – verständlich. Dabei regeln sie zunächst die internationale Registrierung einer Unionsmarke (Art. 145–150), sodann die Erstreckung einer nationalen Marke durch internationale Registrierung auf die Europäische Union (Art. 151–161).

A. Das Madrider System zur internationalen Registrierung von Marken

1 Zum Madrider System zur internationalen Registrierung von Marken wird auf die Ausführungen zu § 107 MarkenG verwiesen (→ MarkenG § 107 Rn. 1).

2 Seit dem 1.10.2004 können Angehörige des Madrider Systems eine Unionsmarke als Basismarke für eine internationale Registrierung nutzen sowie Schutz in den Mitgliedstaaten der EU über das PMMA in Form einer Unionsmarke erhalten. Letzteres ist im Wege der nachträglichen Schutzerstreckung gemäß Art. 3ter Abs. 2 PMMA auch dann möglich, wenn sie sich auf eine internationale Registrierung mit Registrierungsdatum vor dem 1.10.2004 bezieht; die EU hat von der Option nach Art. 14 Abs. 5 PMMA, dies auszuschließen, keinen Gebrauch gemacht (Mitteilung Nr. 9/04 des Präsidenten vom 15.9.2004, ABl. EUIPO 2004, 1386).

3 Dies hat **Vorteile**, ist aber auch mit **Nachteilen** gegenüber einer unmittelbaren Anmeldung einer Unionsmarke verbunden: Die Nutzung einer Unionsmarke als Basismarke für eine internationale Registrierung kombiniert die Vorteile des PMMA in Bezug auf Staaten jenseits der EU (einheitliche Verwaltung, Sprache, Gebührenzahlung und Laufzeit, geringere Gebühren) mit den Vorteilen der Unionsmarke in Bezug auf die Mitgliedstaaten der EU (geringere Gebühren, einheitliches Verletzungsverfahren und rechtserhaltende Benutzung in nur einem Teil der Mitgliedstaaten), allerdings um den Preis des Nachteils eines geographisch und sprachlich weitaus höheren Risiko eines Zentralangriffs aufgrund möglicher Schutzhindernisse aufgrund einer Vielzahl von Sprachen und aus einer Vielzahl Ländern. Die Benennung der EU über das PMMA anstelle einer einzelnen Benennung der Mitgliedstaaten kombiniert die Vorteile des PMMA (einheitliche Verwaltung, Sprache, Gebührenzahlung und Laufzeit, geringere Gebühren) mit den Vorteilen der Unionsmarke (einheitliches Verletzungsverfahren und rechtserhaltende Benutzung in nur einem Teil der Mitgliedstaaten) in

Anwendung der Bestimmungen   **Art. 145 UMV**

Bezug auf die Mitgliedstaaten der EU und bietet den Vorteil geringerer Gebühren bei Benennung der EU über das PMMA anstelle einer separaten Unionsmarkenanmeldung, allerdings um den Preis des Nachteils eines unnötigen Risikos eines Zentralangriffs während der fünfjährigen Abhängigkeit, insbesondere bei Basismarken in Ländern, deren Beanstandungsrate extrem hoch ist, wie das US Patent and Trademark Office.

B. Umsetzung des Madrider Systems im Unionsmarkenrecht

I. Grundsatz

Die Umsetzung des Madrider Systems zur internationalen Registrierung von Marken **4** in das Unionsmarkenrecht erfolgt dergestalt, dass internationale Registrierungen auf einer Unionsmarke beruhen können (Art. 145–150) und auf internationale Registrierungen, deren Schutz sich auf die die EU erstreckt (Art. 151–161), grundsätzlich die Regelungen der Unionsmarkenverordnung (UMV) Anwendung finden, dh dass die gleichen Regeln gelten wie für Unionsmarken.

Die notwendigen **Durchführungsbestimmungen** sind bisher in Regel 102–126 GMDV **5** enthalten. Gemäß Erwägungsgrund 45 der VO (EU) 2015/2424 des Europäischen Parlaments und des Rates vom 16.12.2015 zur Änderung der UMV sollen der Kommission zur Gewährleistung einheitlicher Bedingungen für die Durchführung der Verordnung Durchführungsbefugnisse im Hinblick auf Einzelheiten in Bezug auf die Mitteilungspflichten gemäß dem PMMA und detaillierte Anforderungen in Bezug auf Anträge auf territorial Ausdehnung des Schutzes im Anschluss an die internationale Registrierung übertragen werden. Zu diesem Zweck sind durch Art. 1 Nr. 126, 127, 128, 130, 131, 135, 137 und 138 VO (EU) 2015/2424 Ermächtigungen der Kommission zum Erlass von Durchführungsrechtsakten in die UMV eingefügt worden. Außerdem sieht die VO (EU) 2015/2424 verschiedene Regelungen bzgl. der erforderlichen Prüfungen und Mitteilungen, die sich auf die noch zu erlassenden Durchführungsrechtsakte beziehen und daher erst zum 1.10.2017 in Kraft treten.

Das PMMA und die GAusfO sind als Völkerrecht Bestandteil des EU-Rechts geworden **6** und gehen dem Unionsrecht vor, haben also Vorrang vor entgegenstehenden Bestimmungen der UMV oder der GMDV. Was nicht schon in Art. 146–161 geregelt ist, ist sehr detailliert in der GMDV geregelt, so dass sich das komplexe Verhältnis zwischen UMV und PMMA im Detail aus dem Gesetzeswortlaut erschließt.

Ergänzend sind die **Richtlinien des EUIPO** (EUIPO-RL) für die Anwendung des **7** PMMA heranzuziehen. Ferner gelten für die **Gebühren** die Regelungen des Anhang-I A.9. und A.23.b) sowie Anhang-I B.

Für die Anwendung der allgemeinen Bestimmungen der UMV und der GMDV bleibt **8** im Wesentlichen nur noch Raum für das **Verfahrensrecht**.

II. Ausnahmen

Besonderheiten können sich aber zB daraus ergeben, dass internationale Registrierungen **9** nur in das **internationale Markenregister der WIPO** und nicht in das Markenregister des EUIPO eingetragen und nur in dem von der WIPO herausgegebenen Blatt „Gazette OMPI des marques internationales"/„WIPO Gazette of International Marks" veröffentlicht werden. Daher gelten
- alle Vorschriften der UMV und der GMDV nicht, die sich auf das Register für Unionsmarken beziehen;
- für praxisrelevante verfahrensrechtliche Fragen wie Sprachen und die Bestellung eines Vertreters Sonderregelungen;
- die Art. 145–161 nur, soweit das EUIPO (und das EuG sowie die Unionsmarkengerichte) betroffen sind, nicht aber für die Tätigkeit der WIPO.

Die WIPO ist extraterritorial, weshalb es gegen ihre im Rahmen eines Schutzerstreckungs- **10** verfahrens vorgenommenen Handlungen **keinen Rechtsschutz** gibt (HABM v. 23.10.2006 – R 521/2006-4 Rn. 26 – GREEN PLUS).

Viefhues   2299

Abschnitt 2 Internationale Registrierung auf der Grundlage einer Anmeldung einer Unionsmarke oder einer Unionsmarke

Art. 146 Einreichung einer internationalen Anmeldung

(1) Internationale Anmeldungen gemäß Artikel 3 des Madrider Protokolls, die sich auf eine Anmeldung einer Unionsmarke oder auf eine Unionsmarke stützen, werden beim Amt eingereicht.

(2) ¹Wird eine internationale Registrierung beantragt, bevor die Marke, auf die sich die internationale Registrierung stützen soll, als Unionsmarke eingetragen ist, so muss der Anmelder angeben, ob die internationale Registrierung auf der Grundlage einer Anmeldung einer Unionsmarke oder auf der Grundlage der Eintragung als Unionsmarke erfolgen soll. ²Soll sich die internationale Registrierung auf eine Unionsmarke stützen, sobald diese eingetragen ist, so gilt für den Eingang der internationalen Anmeldung beim Amt das Datum der Eintragung der Unionsmarke.

Überblick

Die Regeln, denen ein Antrag auf internationale Registrierung einer Unionsmarke oder Unionsmarkenanmeldung unter dem Regime des PMMA folgt, finden sich überwiegend außerhalb der UMV, namentlich im PMMA und in der GAusfO MMA/PMMA. Art. 146 regelt nur wenige Details.

A. Antrag auf internationale Registrierung einer Unionsmarke (Abs. 1)

I. Vermittlung durch das EUIPO

1   Da die EU Mitglied des PMMA ist, kann Basismarke für eine Internationale Registrierung eine bereits eingetragene Unionsmarke oder eine noch schwebende Unionsmarkenanmeldung sein.

2   Der Antrag auf internationale Registrierung einer Unionsmarke oder Unionsmarkenanmeldung (im Sprachgebrauch des PMMA das „Gesuch um internationale Registrierung") richtet sich an die WIPO, ist jedoch bei beim EUIPO einzureichen (Art. 2 Abs. 2 PMMA, Regel 9 Abs. 1 GAusfO MMA/PMMA). Eine unmittelbare Einreichung bei der WIPO ist nicht zulässig; ein dort eingereichtes Registrierungsgesuch würde an den Absender zurückgesendet. Der Grund hierfür liegt darin, dass für die internationale Registrierung eine Bescheinigung der Behörde des Ursprungslandes zur Richtigkeit der Registerdaten erforderlich ist (Art. 3 Abs. 1 PMMA).

3   Für den Antrag auf internationale Registrierung ist das vorgeschriebene englische oder französische **Formular** der WIPO zu verwenden (vgl. Art. 3 Abs. 1 PMMA, Regel 9 Abs. 2 lit. a GAusfO MMA/PMMA, Regel 102 Nr. 1 S. 2 GMDV; s. Formular MM2, http://www.wipo.int/madrid/en/forms). Die einzureichenden Unterlagen ergeben sich aus Regel 9 Abs. 4, 5 GAusfO MMA/PMMA.

II. Mehrere Basismarken – eine internationale Registrierung/eine Basismarke – mehrere internationale Registrierungen

4   Der Antrag auf internationale Registrierung kann auf **mehrere Basismarken** gestützt werden, sofern es sich um die gleiche Marke und denselben Inhaber handelt und die Waren und Dienstleistungen der internationalen Registrierung von der einen oder anderen Basismarke erfasst werden (Regel 9 Abs. 5 lit. e GAusfO MMA/PMMA).

5   Sollen **mehrere** internationale Registrierungen auf der Grundlage **derselben Basismarke** erfolgen, so muss für jede internationale Registrierung ein gesonderter Antrag gestellt werden.

Form und Inhalt der internationalen Anmeldung **Art. 147 UMV**

III. Prüfung durch das EUIPO

Zur Prüfung der Anmeldung der internationalen Registrierung durch das EUIPO → **6**
Art. 147 Rn. 12.

B. Antrag auf internationale Registrierung einer Unionsmarke vor Eintragung (Abs. 2)

I. Zugangsfiktion

Als Tag der internationalen Registrierung gilt nach Art. 3 Abs. 4 S. 2 PMMA der Tag, **7**
an dem beim EUIPO die internationale Registrierung beantragt wird, wenn der Eintragungsantrag innerhalb von zwei Monaten nach dem Zugang des Antrags beim EUIPO der WIPO in Genf zugeleitet wird.

Anders als im Bereich des MMA (Art. 1 Abs. 2 MMA) kann eine internationale Registrie- **8**
rung nach den Regeln des PMMA auch dann erfolgen, wenn die Basismarke noch nicht eingetragen ist. Will der Antragsteller mit der internationalen Registrierung gleichwohl abwarten, bis sich herausstellt, ob die Basismarke überhaupt eingetragen wird, kann er den Antrag auf internationale Registrierung entweder erst nach Eintragung der Unionsmarke stellen oder bei Antragstellung vor Eintragung der Unionsmarke angeben, dass die internationale Registrierung erst auf der Grundlage der Eintragung als Unionsmarke erfolgen soll. Der Antrag auf internationale Registrierung gilt dann erst als zu dem Datum eingereicht, an dem die Unionsmarke eingetragen wird. Diese zweite Option sichert den **bestmöglichen Zeitrang,** weil der Anmelder sich zumindest den Vorteil des Art. 3 Abs. 4 S. 2 PMMA sichert, weil der Eingangstag fiktiv auf den Zeitpunkt der Eintragung verschoben wird, dh auf den frühest denkbaren Zeitpunkt, zu dem das EUIPO die Anmeldung an die WIPO weiterleiten kann (Regel 11 Abs. 1 GAusfO MMA/PMMA). Auch dann ist allerdings erforderlich, dass der Antrag bei der WIPO innerhalb von weiteren zwei Monaten eingeht.

II. Bedeutung der Zugangsfiktion für den Zeitrang der internationalen Registrierung

Die Zugangsfiktion des Art. 146 Abs. 2 ist relevant für den **Zeitrang** der internationalen **9**
Registrierung.

Der Zeitrang der internationalen Registrierung hängt grundsätzlich vom **Registrie- 10
rungsdatum** ab. Dieses entspricht nicht dem Datum der tatsächlichen Registrierung, sondern bestimmt sich grundsätzlich nach dem Datum des Eingangs des Antrags auf internationale Registrierung bei der WIPO. Zwar erhält die internationale Registrierung als Registrierungsdatum das Eingangsdatum des Gesuchs beim EUIPO und damit regelmäßig einen besseren Zeitrang (Art. 3 Abs. 4 S. 2 PMMA), wenn das DPMA das Registrierungsgesuch innerhalb von zwei Monaten nach der Antragstellung an die WIPO übermittelt. Will der Anmelder die internationale Registrierung auf die Eintragung der Basismarke stützen, ist es dem EUIPO unter Umständen nicht möglich, einen vor der Eintragung eingereichten Antrag ohne die Zugangsfiktion des Art. 146 Abs. 2 innerhalb der Zweimonatsfrist an die WIPO weiterzuleiten; es muss ja die Übereinstimmung des Antrags mit der **Eintragung** im Markenregister bestätigen. So aber beginnt die Zweimonatsfrist des Art. 3 Abs. 4 MMA erst mit der Eintragung der Basismarke.

Die internationale Registrierung erhält zwar nach Art. 4 Abs. 2 PMMA iVm Art. 4 A **11**
Abs. 1 PVÜ, Art. 4 C Abs. 1 PVÜ die **Priorität der Ursprungsmarke,** wenn die internationale Registrierung innerhalb von sechs Monaten nach der Heimatanmeldung erfolgt; anderenfalls ist das Datum der internationalen Registrierung für den Zeitrang maßgeblich (Art. 4 Abs. 1 lit. a PMMA iVm Art. 3 Abs. 4 PMMA). Kann sie nicht mehr in Anspruch genommen werden, führt Art. 146 Abs. 2 aber zumindest dazu, dass die internationale Registrierung den Zeitrangs des Datums des Zugangs des Antrags beim EUIPO beanspruchen kann.

Art. 147 Form und Inhalt der internationalen Anmeldung

(1) ¹**Die internationale Anmeldung wird mittels eines vom Amt bereitgestellten Formblatts in einer der Amtssprachen der Union eingereicht.** ²**Gibt der Anmelder**

Viefhues 2301

auf diesem Formblatt bei der Einreichung der internationalen Anmeldung nichts anderes an, so korrespondiert das Amt mit dem Anmelder in der Sprache der Anmeldung in standardisierter Form.

künftige Fassung mWv 1.10.2017:
(1) ¹*Die internationale Anmeldung wird mittels eines vom Amt bereitgestellten Formblatts in einer der Amtssprachen der Union eingereicht.* ²*Das Amt teilt dem Anmelder, der eine internationale Registrierung beantragt hat, den Tag mit, an dem die Unterlagen, aus denen die internationale Anmeldung besteht, beim Amt eingegangen sind.* ³*Gibt der Anmelder auf diesem Formblatt bei der Einreichung der internationalen Anmeldung nichts anderes an, so korrespondiert das Amt mit dem Anmelder in der Sprache der Anmeldung in standardisierter Form.*

(2) ¹Wird die internationale Anmeldung in einer anderen Sprache als den Sprachen eingereicht, die nach dem Madrider Protokoll zulässig sind, so muss der Anmelder eine zweite Sprache aus dem Kreis dieser Sprachen angeben. ²Das Amt legt die internationale Anmeldung dem Internationalen Büro in dieser zweiten Sprache vor.

(3) Wird die internationale Anmeldung in einer anderen Sprache als den Sprachen eingereicht, die nach dem Madrider Protokoll für die Einreichung internationaler Anmeldungen zulässig sind, so kann der Anmelder eine Übersetzung der Liste der Erzeugnisse oder Dienstleistungen in der Sprache vorlegen, in der die internationale Anmeldung dem Internationalen Büro gemäß Absatz 2 vorgelegt werden soll.

künftige Fassung mWv 1.10.2017:
(3) ¹*Wird die internationale Anmeldung in einer anderen Sprache als den Sprachen eingereicht, die nach dem Madrider Protokoll für die Einreichung internationaler Anmeldungen zulässig sind, so kann der Anmelder eine Übersetzung der Liste der Erzeugnisse oder Dienstleistungen und anderen Textelemente, die Bestandteil der internationalen Anmeldung ist, in der Sprache vorlegen, in der die internationale Anmeldung dem Internationalen Büro gemäß Absatz 2 vorgelegt werden soll.* ²*Wird der Anmeldung keine Übersetzung beigefügt, so muss der Anmelder dem Amt gestatten, der internationalen Anmeldung eine solche Übersetzung beizufügen.* ³*Ist noch keine solche Übersetzung im Laufe des Verfahrens für die Eintragung der Unionsmarke, auf die sich die internationale Anmeldung stützt, erstellt worden, so veranlasst das Amt unverzüglich die Übersetzung.*

(4) Das Amt übermittelt die internationale Anmeldung so rasch wie möglich dem Internationalen Büro.

künftige Fassung mWv 1.10.2017:
(4) ¹*Für die Einreichung einer internationalen Anmeldung wird eine an das Amt zu entrichtende Gebühr erhoben.* ²*Soll sich die internationale Registrierung auf eine Unionsmarke stützen, sobald diese eingetragen ist, wird die Gebühr am Tag der Eintragung der Unionsmarke fällig.* ³*Die Anmeldung gilt erst als eingereicht, wenn die Gebühr gezahlt worden ist.* ⁴*Wurde die Gebühr nicht entrichtet, so teilt das Amt dies dem Anmelder mit.* ⁵*Bei einer elektronischen Anmeldung kann das Amt das Internationale Büro ermächtigen, die Gebühr in seinem Namen zu erheben.*

(5) ¹Für die Einreichung einer internationalen Anmeldung wird eine an das Amt zu entrichtende Gebühr verlangt. ²In den in Artikel 146 Absatz 2 Satz 2 genannten Fällen wird diese Gebühr zum Zeitpunkt der Eintragung der Unionsmarke fällig. ³Die Anmeldung gilt erst als eingereicht, wenn die Gebühr gezahlt worden ist.

künftige Fassung mWv 1.10.2017:
(5) *Ergibt die Prüfung der internationalen Anmeldung, dass diese einen bzw. mehrere der folgenden Mängel aufweist, so fordert das Amt den Anmelder auf, die festgestellten Mängel innerhalb einer vom Amt festgelegten Frist zu beseitigen:*

Form und Inhalt der internationalen Anmeldung   Art. 147 UMV

a) die internationale Anmeldung ist nicht unter Benutzung des Formblatts gemäß Absatz 1 eingereicht worden und enthält nicht alle in diesem Formblatt geforderten Angaben und Informationen;
b) die Liste der Waren und Dienstleistungen in der internationalen Anmeldung deckt sich nicht mit der Liste der Waren und Dienstleistungen in der Basisanmeldung oder Basiseintragung der Unionsmarke;
c) die Marke, auf die sich die internationale Anmeldung bezieht, ist nicht mit der Marke, die Gegenstand der Basisanmeldung oder Basiseintragung der Unionsmarke ist, identisch;
d) eine auf die Marke betreffende Angabe in der internationalen Anmeldung mit Ausnahme einer Verzichtserklärung oder eines Farbanspruchs ist nicht in der Basisanmeldung oder Basiseintragung der Unionsmarke enthalten;
e) in der internationalen Anmeldung wird Farbe als unterscheidendes Merkmal der Marke beansprucht, aber die Basisanmeldung oder Basiseintragung der Unionsmarke ist nicht in derselben Farbe oder denselben Farben, oder
f) der Anmelder ist den Angaben auf dem internationalen Formblatt zufolge nicht gemäß Artikel 2 Absatz 1 Ziffer ii des Madrider Protokolls berechtigt, eine internationale Anmeldung über das Amt einzureichen.

(6) Die internationale Anmeldung muss den einschlägigen Bedingungen genügen, die in der Durchführungsverordnung vorgesehen sind.

künftige Fassung mWv 1.10.2017:
(6) Hat der Anmelder es versäumt, das Amt gemäß Absatz 3 zu ermächtigen, eine Übersetzung beizufügen, oder ist unklar, welche Liste von Waren und Dienstleistungen der internationalen Anmeldung zugrunde gelegt werden soll, fordert das Amt den Anmelder auf, diese Angaben innerhalb einer vom Amt festgelegten Frist nachzureichen.
(7) Werden die in Absatz 5 erwähnten Mängel nicht beseitigt oder die erforderlichen Angaben gemäß Absatz 6 nicht innerhalb der vom Amt gesetzten Frist vorgelegt, verweigert das Amt die Weiterleitung der internationalen Anmeldung an das Internationale Büro.
(8) Das Amt leitet die internationale Anmeldung zusammen mit der in Artikel 3 Absatz 1 des Madrider Protokolls vorgesehenen Bescheinigung an das Internationale Büro weiter, sobald die internationale Anmeldung die Anforderungen erfüllt, die in diesem Artikel, in dem gemäß Absatz 9 dieses Artikels erlassenen Durchführungsrechtsakt und in Artikel 146 dieser Verordnung festgelegt sind.
(9) ¹Die Kommission erlässt Durchführungsrechtsakte, in denen das Formblatt für die Einreichung einer internationalen Anmeldung gemäß Absatz 1, einschließlich seiner Bestandteile, festgelegt wird. ²Diese Durchführungsrechtsakte werden nach dem Prüfverfahren gemäß Artikel 163 Absatz 2 erlassen.

Überblick

Art. 147 sowie Regel 102–106 GMDV, Regel 84 Abs. 3 lit. u, v GMDV ergänzen Art. 146 um zwei formale Gesichtspunkte. Mit den Änderungen ab 1.10.2017 werden lediglich die Regelungen, die bisher in der GMDV enthalten waren (Regel 102 Nr. 3 und 4, 103 und 104 GMDV), in die UMV übernommen.

Übersicht

	Rn.		Rn.
A. Formblatt	1	II. Übereinstimmung der Angaben im Antrag auf internationale Registrierung mit der Basismarke	16
B. Sprachen	3	1. Identität des Inhabers	17
C. Gebühr	5	2. Identität der Marken	18
I. Übermittlungsgebühr	7	3. Identität der Waren und Dienstleistungen	22
II. Internationale Gebühren	9	III. Antragsberechtigung	29
D. Einschlägige Bedingungen der Durchführungsverordnung	12	IV. Benannte Vertragsparteien	31
		V. Unterschrift	33
I. Bestehen einer geeigneten Basismarke	14	VI. Sonderfälle	34

	Rn.		Rn.
1. Benennung der USA	34	VII. Vollständigkeit/Weiterleitung des Antrags	40
2. Prioritätsanspruch	37		
3. Seniorität	38	VIII. Vertretung	44

A. Formblatt

1 Der Antrag auf internationale Registrierung beim EUIPO muss mit den einschlägigen Formblättern eingereicht werden (Regel 102 Abs. 1, 103 Abs. 2 lit. a GMDV); dabei handelt es sich um das WIPO-Formblatt MM 2 (in Französisch, Englisch, Spanisch) oder die EUIPO-Fassung dieses Formblatts (EUIPO-Formblatt EM 2), die in allen Amtssprachen der EU verfügbar ist.

2 Das EUIPO-Formblatt EM 2 hat in der englischen, französischen und spanischen Fassung den gleichen Inhalt und – mit gewissen Modifikationen – fast das gleiche Layout wie das WIPO-Formblatt MM 2. Alle anderen Sprachfassungen des EUIPO-Formblatts EM 2 sind Übersetzungen dieses Formblatts, die zusätzliche Angaben enthalten, namentlich zur Angabe der Sprache, in der das Gesuch an die WIPO weitergeleitet werden soll, zur Wahl, ob eine Übersetzung des Waren- und Dienstleistungsverzeichnisses beigefügt wird oder ob das EUIPO ermächtigt wird, die Übersetzung vorzunehmen und zur Wahl der Sprache, in der das EUIPO mit dem Anmelder in Bezug auf den Antrag korrespondieren soll. Für letztere kann der Anmelder zwischen der Sprache, in der der Antrag eingereicht worden ist und der Sprache, in der es an die WIPO weitergeleitet werden soll, wählen (Art. 147 Abs. 1 S. 2); ohne entsprechende Angabe verwendet das EUIPO die Sprache, in der der Antrag eingereicht wurde (Umkehrschluss aus Art. 146 Abs. 2), nämlich die Sprache des Formblatts EM 2.

B. Sprachen

3 Der Antrag auf internationale Registrierung kann somit vom Anmelder **frei wählbar** in einer der **22 Amtssprachen der EU** beim EUIPO eingereicht werden, muss aber an die WIPO in einer der **drei Sprachen des PMMA** (Französisch, Englisch, Spanisch) weitergeleitet werden. Wählt der Anmelder eine der drei Sprachen des PMMA, verwendet er Formblatt MM2, wählt er eine andere Sprache, muss er folglich eine der PMMA-Sprachen wählen, in der der Antrag an die WIPO weitergeleitet wird.

4 Im Formblatt kann eine **bevorzugte Sprache** für die Korrespondenz des Anmelders mit der WIPO angegeben werden – wenn dies nicht dieselbe Sprache ist, in der das Gesuch an die WIPO weitergeleitet werden soll. Dies führt dazu, dass zwischen drei Sprachen zu **unterscheiden** ist, namentlich der Sprache der EU, in der der Anmelder wünscht, dass das EUIPO mit ihm korrespondiert (dh die Sprache – eine der 23, ab 1.1.2018: 24 Amtssprachen der EU –, in der das Gesuch eingereicht wurde), der Sprache des PMMA, in der das Gesuch an die WIPO weitergeleitet werden soll (dh Englisch, Französisch oder Spanisch) und der Sprache des PMMA, in der er wünscht, dass die WIPO mit ihm korrespondiert, wenn dies eine andere Sprache als diejenige sein soll, in der der Antrag an die WIPO weitergeleitet werden soll.

C. Gebühr

5 Für die internationale Registrierung fallen auf **zwei Ebenen** Gebühren an, die Übermittlungsgebühr des EUIPO als der Behörde des Ursprungslandes (Art. 8 Abs. 2 PMMA, Art. 147 Abs. 5) und die internationalen Gebühren des Internationalen Büros (Art. 8 Abs. 2 PMMA).

6 Art. 147 **Abs. 5** betrifft die **Übermittlungsgebühr** des EUIPO. Die internationalen Gebühren regelt Art. 150 sowie Regel 34 Abs. 2 GAusfO MMA/PMMA und Regel 10 GebVerzAusfO MMA/PMMA.

I. Übermittlungsgebühr

7 Gebührenpflicht, Gebührenhöhe, Fälligkeit, Zahlungsfrist und Folgen der nicht vollständigen und der nicht rechtzeitigen Zahlung der nationalen Gebühren sind wie folgt geregelt:

Form und Inhalt der internationalen Anmeldung **Art. 147 UMV**

- Die Pflicht zur Zahlung der nationalen Gebühr folgt aus Art. 147 Abs. 5.
- Die Übermittlungsgebühr beträgt 300 Euro (Anhang I Ziff. A. Nr. 34.).
- Die nationale Gebühr ist grundsätzlich mit Antragstellung, dh mit dem Eingang des Registrierungsantrags beim EUIPO fällig, ausnahmsweise erst mit Eintragung der Unionsmarke, wenn die internationale Registrierung auf der eingetragenen Unionsmarke beruhen soll (Art. 147 Abs. 5 iVm Art. 144 Abs. 2).
- Wird die Gebühr nicht, nicht vollständig oder nicht rechtzeitig gezahlt, gilt der Antrag auf internationale Registrierung als nicht eingereicht (Art. 144c Abs. 1 S. 1 → Art. 144c Rn. 1, Regel 103 Nr. 1 GMDV). Unvollständig oder verspätet gezahlte Gebühren werden zurückerstattet (Art. 144c Abs. 1 S. 2).

Die Übermittlungsgebühr wird **gezahlt** durch Einzahlung oder Banküberweisung (Art. 144a **8** Abs. 1 S. 1) oder Abbuchung vom laufenden Konto beim EUIPO (Art. 144a Abs. 1 S. 2) (→ Art. 144a Rn. 1). Bei Einzahlung oder Banküberweisung ist eine fristgerechte Zahlung in der Praxis nicht möglich, da das Geld nicht am Tag der Antragstellung beim EUIPO eingeht. Meist ist dies aber unschädlich, weil die Zahlung zumindest vor Aufnahme der Prüfung eingeht. Ist auch bei Aufnahme der Prüfung die Gebühr noch nicht eingegangen, teilt der Prüfer dem Anmelder mit, dass der Antrag bis zur Zahlung der Gebühr als nicht eingereicht und daher das Datum der – noch zu erfolgenden – Zahlung als Eingangsdatum der Anmeldung gilt (Regel 103 Abs. 1 GMDV). Erfolgt auch dann noch keine Zahlung, lehnt das EUIPO die Weiterleitung des Antrags auf internationale Registrierung an die WIPO ab (Regel 103 Abs. 4 GMDV). Bei Abbuchung vom laufenden Konto beim EUIPO gilt die Gebühr mit Eingang des im Antragsformular enthaltenen Abbuchungsauftrags als fristgerecht gezahlt.

II. Internationale Gebühren

Die internationalen Gebühren umfassen folgende Gebühren (Art. 8 Abs. 2 lit. a bis c **9** MMA iVm GebVerzAusfO MMA/PMMA; zur individuellen Gebühr Art. 8 Abs. 7 lit. a S. 2 Ziff. ii PMMA): Grundgebühr (653 CHF, bzw. 903 CHF bei farbigen Wiedergaben), Klassengebühren (100 CHF für jede die dritte Klasse übersteigende Klasse) und Ergänzungsgebühr (100 CHF für jedes Verbandsland, für das der Schutz nachgesucht wird) oder individuelle Gebühr (individuell für jedes Land, für das der Schutz beansprucht wird).

Die internationalen Gebühren sind **unmittelbar** an das Internationale Büro in Genf und **10** nicht an das EUIPO (Regel 10, 34 Abs. 2 GAusfO MMA/PMMA). Gleichwohl ist aber der Antrag auf internationale Registrierung das Gebührenberechnungsblatt (Anhang zum WIPO-Formblatt MM2) als notwendiger Bestandteil des Gesuchs beizufügen (Art. 150). Andernfalls erlässt die WIPO einen Beanstandungsbescheid.

Zur Gebührenberechnung steht auf der Website der WIPO ein **Gebührenkalkulator 11** zur Verfügung (http://www.wipo.int/madrid/feecalc).

D. Einschlägige Bedingungen der Durchführungsverordnung

Das EUIPO **prüft,** ob die einschlägigen Bedingungen der Durchführungsverordnung **12** erfüllt sind, dh ob eine geeignete Basismarke besteht, ob die Angaben im Antrag auf internationale Registrierung mit denen im Register des DPMA übereinstimmen, ob der Antragsteller antragsberechtigt ist, ob der Antrag vollständig ist und ob die Gebühren zutreffend angegeben worden sind.

Das EUIPO **prüft** hingegen **nicht,** ob die benannten Staaten für Benennung geeignet **13** sind.

I. Bestehen einer geeigneten Basismarke

Der Anmelder muss Inhaber einer Unionsmarke oder Unionsmarkenanmeldung als Basis- **14** marke für die internationale Registrierung sein. Ein Antrag auf internationale Registrierung kann auch auf mehrere Unionsmarken(anmeldungen) gestützt werden (Regel 9 Abs. 5 lit. e GAusfO MMA/PMMA; EUIPO-RL Teil M, 1.1.2.5.).

Die Basismarke (Basisanmeldung) muss zum Zeitpunkt der Einreichung des Antrags auf **15** internationale Registrierung und noch zum Zeitpunkt der Weiterleitung an die WIPO anhängig und in Kraft sein (Regel 22 GAusfO MMA/PMMA). Soll die internationale Registrierung auf eine eingetragene Unionsmarke gestützt werden (Art. 146 Abs. 2 → Art. 146 Rn. 1), prüft das EUIPO, ob die Basismarke eingetragen ist.

II. Übereinstimmung der Angaben im Antrag auf internationale Registrierung mit der Basismarke

16 Um als Basismarke geeignet zu sein, müssen die Angaben im Antrag auf internationale Registrierung mit denen im Register des EUIPO übereinstimmen (Art. 2 Abs. 1 PMMA, Regel 9 Abs. 5 lit. d GAusfO MMA/PMMA, Regel 103 Abs. 2 lit. b bis e GMDV). Die Übereinstimmung muss in Bezug auf den Inhaber, die Marke und das Waren- und Dienstleistungsverzeichnis bestehen.

1. Identität des Inhabers

17 Inhaberidentität ist **im strengen Sinne** zu verstehen. Es reicht nicht aus, wenn das Gesuch von einem verbundenen Unternehmen (zB Mutter- oder Tochtergesellschaft) oder Lizenznehmer des Inhabers der Basismarke vorgenommen wird.

2. Identität der Marken

18 Die Angabe der Marke im Antrag auf internationale Registrierung muss der Basismarke entsprechen.

19 Die WIPO behandelt alle Marken als **Bilddateien,** auch wenn die Basismarke eine Wortmarke ist, erlaubt jedoch die Angabe, dass es sich bei der Marke um eine Marke in Standardschrift handeln soll, wenn dies tatsächlich so ist. Im Formblatt kann angegeben werden, wenn die Basismarke eine Wortmarke ist oder wenn die Basismarke als Bildmarke eingereicht wurde, jedoch tatsächlich ausschließlich aus Worten besteht, die in Standardschrift (wie zB Times New Roman oder Arial) ohne zusätzliche grafische Elemente oder besondere Schrifteffekte (wie alternierende Verwendung von Klein- und Großbuchstaben, Unterstreichung, Schrägschrift) geschrieben sind (Beispiel: EuG T-32/00, GRUR Int 2001, 338 = ABl. EUIPO 2001, 608 – Electronica).

20 **Obligatorisch** ist, dass eine für die internationale Registrierung beanspruchte Farbe auch in der Basismarke beansprucht worden ist oder ob die Basismarke tatsächlich dieselben Farben aufweist (Regel 9 Abs. 4 lit. a Ziff. vii, Abs. 5 lit. d Ziff. v GAusfO MMA/PMMA), dass eine für die internationale Registrierung beanspruchte nicht-traditionelle Marke (Farbmarke, 3D-Marke, Hörmarke etc) oder Kollektivmarke auch in der Basismarke beansprucht worden ist (Regel 9 Abs. 4 lit. a Ziff. vii bis x, Abs. 5 lit. d Ziff. iii GAusfO MMA/PMMA) und dass für andere als lateinische Schriftzeichen eine Transliteration in lateinische Schriftzeichen beigefügt wird (Regel 9 Abs. 4 lit. a Ziff. xii GAusfO MMA/PMMA).

21 **Fakultativ** besteht die Möglichkeit, in den Antrag auf internationale Registrierung eine in der Basismarke enthaltene Beschreibung aufzunehmen (Regel 9 Abs. 4 lit. a Ziff. xi GAusfO MMA/PMMA), eine Übersetzung der Marke oder die Angabe, dass die Marke keine Bedeutung hat und nicht übersetzt werden kann, aufzunehmen (Regel 9 Abs. 4 lit. b Ziff. iii GAusfO MMA/PMMA) oder einen Disclaimer in die internationale Registrierung aufzunehmen, auch wenn die Basismarke einen solchen nicht enthält (Regel 9 Abs. 4 lit. b Ziff. v GAusfO MMA/PMMA). Ein Disclaimer hat die Wirkungen des nationalen Rechts des Bestimmungsamts, ist also in Ländern wirkungslos, deren Markenrecht keinen Disclaimer kennt.

3. Identität der Waren und Dienstleistungen

22 Mit dem Antrag auf internationale Registrierung ist das Verzeichnis der Waren und Dienstleistungen einzureichen, für das die internationale Registrierung der Basismarke begehrt wird.

23 **a) Sprache des Verzeichnisses.** Auch das Verzeichnis der Waren und Dienstleistungen ist in englischer oder französischer Sprache einzureichen. Für die Übersetzung kann auf den „Madrid Goods & Services Manager" der WIPO (http://www.wipo.int/mgs/

Form und Inhalt der internationalen Anmeldung   **Art. 147 UMV**

index.jps?lang=en) zurückgegriffen werden. Die WIPO ist an die Übersetzung aber nicht gebunden.

b) Klassifizierung der Waren und Dienstleistungen. Das Waren- und Dienstleis- 24
tungsverzeichnis muss von demjenigen der Basismarke **vollständig erfasst** sein, dh es darf enger sein, darf aber keine Erweiterung gegenüber der Basismarke darstellen. Diesem Vergleich ist das Verzeichnis der Basismarke zu dem Zeitpunkt der Einreichung des Antrags auf internationale Registrierung zu Grunde zu legen. Eine vor Antragstellung erfolgende Einschränkung der Basismarke ist daher für die internationale Registrierung maßgeblich.

Innerhalb dieser Grenzen kann das Verzeichnis für verschiedene Bestimmungsämter unter- 25
schiedlich sein.

Das Verzeichnis ist nach dem **Nizzaer Klassifikationsabkommen** (NKA) zu klassifizie- 26
ren (vgl. Regel 9 Abs. 4 lit. a Ziff. xiii GAusfO MMA/PMMA). Die aktuelle Liste von Waren und Dienstleistungen findet sich im Internet unter www.wipo.int/classifications/nice/en/classifications.html. Auch für die Zuordnung einzelner Waren und Dienstleistungen kann auf den „Madrid Goods& ServicesManager" der WIPO (www.wipo.int/mgs/index.jps?lang=en) zurückgegriffenen werden. Können Waren oder Dienstleistungen in mehrere Klassen fallen, müssen sie in jeder relevanten Klasse aufgeführt werden. Andernfalls gelten sie als auf diejenige Klasse beschränkt, für die sie aufgeführt sind (Ströbele/Hacker/Kober-Dehm MarkenG § 108 Rn. 3).

Die vom Markeninhaber vorgenommene Klassifizierung wird **von der WIPO geprüft** 27
(Art. 3 Abs. 2 MMA). Unterbleibt diese Klassifizierung oder ist sie fehlerhaft, wird der Antrag aber nicht zurückgewiesen. Vielmehr macht die WIPO eine gebührenpflichtigen Vorschlag für eine Neuklassifikation (Art. 3 Abs. 2 S. 2 MMA, Regel 12 GAusfO MMA/PMMA), für die eine Gebühr abfällt. Dadurch wird ein Prioritätsverlust vermieden. Der Vorschlag für die Neuklassifikation wird dem EUIPO und dem Antragsteller mitgeteilt. Das EUIPO kann der WIPO innerhalb von drei Monaten zu dem Vorschlag Stellung nehmen, doch macht das EUIPO von dieser Möglichkeit keinen Gebrauch. Der Anmelder kann seine Auffassung dem EUIPO, nicht jedoch direkt der WIPO mitteilen.

c) Bestimmtheit der Angaben zu den Waren und Dienstleistungen. Die vom Mar- 28
keninhaber verwendeten Formulierungen der Waren und Dienstleistungen werden von der WIPO geprüft. Eine eventuelle Beanstandung wird dem EUIPO und dem Antragsteller mitgeteilt. Das EUIPO kann gegenüber der WIPO innerhalb von drei Monaten zu dem Vorschlag Stellung nehmen. Nimmt das EUIPO innerhalb der drei Monate keine Stellung oder hält die WIPO einen Formulierungsvorschlag nicht für geeignet, wird die Marke mit der Formulierung wie beantragt eingetragen. Die WIPO weist aber darauf hin, dass sie den die Formulierung zu unbestimmt, unverständlich oder sprachlich nicht korrekt ist. Dieser Hinweis wird veröffentlicht, was die Ämter der benannten Vertragsstaaten zu besonders genauer Prüfung veranlassen kann.

III. Antragsberechtigung

Da die EU Mitglied nur des PMMA ist, ist berechtigt, einen Antrag auf internationale 29
Registrierung beim EUIPO einzureichen, wer eine tatsächliche und nicht nur zum Schein bestehende Niederlassung (ein Postfach oder eine Korrespondenzanschrift reicht nicht aus) oder den Wohnsitz oder die Nationalität in einem Mitgliedstaat der EU hat, wobei die Anschrift nicht in der EU sein, dann jedoch ein Vertreter vor dem EUIPO bestellt werden muss (Art. 92; → Art. 92 Rn. 1). Ist in den Akten des EUIPO für die Basismarke bereits ein Vertreter vermerkt, so korrespondiert das EUIPO automatisch mit jenem Vertreter auch in Sachen der internationalen Registrierung.

Der Anmelder hat die **Wahl,** auf welches dieser Kriterien er die Anmeldeberechtigung 30
stützt. Das EUIPO geht von der Richtigkeit der Angaben zur Anmeldeberechtigung aus (Art. 2 Abs. 1 Ziff. ii PMMA). Bei falschen Angaben riskiert aber der Inhaber der internationalen Registrierung, diese zu verlieren.

IV. Benannte Vertragsparteien

31 Da die EU ausschließlich Mitglied des PMMA („Protokollstaat") ist, ist nur das PMMA anwendbar und kann die internationale Registrierung nur für solche Staaten erfolgen, dh können nur solche Staaten benannt werden, die ihrerseits Mitglied des PMMA sind (sei es „Protokollstaaten" ausschließlich, sei es als „Mischstaaten" gleichzeitig neben einer Mitgliedschaft auch im MMA).

32 Seit 31.10.2015 gibt es aber keinen Mitgliedstaat der Madrider Union mehr, der nicht (auch) Mitglied des PMMA ist. Es können daher alle Vertragsstaaten der Madrider Union benannt werden.

V. Unterschrift

33 Die Unterschrift des Anmelders ist fakultativ. Die EU hat von der Möglichkeit gemäß Regel 9 Abs. 2 lit. b GAusfO MMA/PMMA, eine Unterschrift des Anmelders zu verlangen, keinen Gebrauch gemacht, da an die WIPO lediglich Datenbestände und nicht das Original des Formblatts weitergeleitet werden. Regel 79 GMDV gilt nicht.

VI. Sonderfälle

1. Benennung der USA

34 Werden im Antrag auf internationale Registrierung die USA benannt, so muss der Anmelder das WIPO-Formblatt MM 18 beifügen (15 U.S.Code § 1141f lit. a). Die Erklärung ist mit dem formularmäßig vorgesehenen Wortlaut abzugeben und kann nicht verändert werden, da der erforderliche Wortlaut der Erklärung detailliert im Gesetz festgelegt ist (15 U.S.C § 1141 Abs. 5).

35 Dieses Formblatt ist in englischer Sprache auszufüllen, unabhängig von der Sprache des Antrags. Die Verwendung einer anderen Sprache wird zwar nicht vom EUIPO, wohl aber von der WIPO beanstandet.

36 Nach amerikanischem Recht (37 C.F.R. 2.33 iVm 37 C.F.R. 2.193 lit. e Nr. 1) ist die Erklärung von einem gesetzlichen Vertreter, von einem gewillkürten Vertreter, der aus erster Hand Kenntnis von dem zu versichernden Sachverhalt hat oder von einem Anwalt, der bei einem Gericht der USA oder einem der obersten Bundesgerichte eines des Bundesstaaten der USA zugelassen ist, zu unterzeichnen. In aller Regel **nicht unterschriftsberechtigt** sind die daher Anwälte, die den Antrag auf internationale Registrierung einreichen, wenn sie nicht in den USA zugelassen sind. Da sie in aller Regel nicht das „Wissen aus erster Hand" haben, sind sie keine tauglichen gewillkürten Vertreter.

2. Prioritätsanspruch

37 Wird Priorität beansprucht, so müssen das Amt, bei dem die frühere Anmeldung eingereicht wurde, die Anmeldenummer und das Anmeldedatum angeben werden. Prioritätsbelege sollten nicht beigefügt werden; sie werden nicht an die WIPO weitergeleitet. Das EUIPO prüft die Berechtigung des Prioritätsanspruchs nicht.

3. Seniorität

38 Wird im Antrag auf internationale Registrierung einer nationalen Marke die EU benannt, so kann der Anmelder die Seniorität der nationalen Marke beanspruchen. Dazu ist **WIPO-Formblatt MM 17** beizufügen.

39 In einem Antrag auf internationale Registrierung einer Unionsmarke kann die Seniorität einer nationalen Marke im benannten Vertragsstaat nicht beansprucht werden. Wird das Formblatt MM 17 gleichwohl beigefügt, so leitet das EUIPO dies nicht an die WIPO weiter.

VII. Vollständigkeit/Weiterleitung des Antrags

40 Ist der Antrag auf internationale Registrierung **fehlerfrei**, wird er mit einer entsprechenden Mitteilung an die WIPO weitergeleitet (Art. 147 Abs. 4 UMV, Regel 104, 125 Abs. 1

Eintragung in die Akte und in das Register   **Art. 148 UMV**

GMDV). Die Übermittlung erfolgt elektronisch; sie enthält die in Art 3 Abs. 1 PMMA genannte Bescheinigung. Aus diesem Grund ist Punkt 13 des WIPO-Formblatts MM 2 nicht in EUIPO EM 2 enthalten. Wird der Antrag auf mehrere Basismarken gestützt, erstreckt sich die Bescheinigung des EUIPO auf alle Basismarken (Regel 9 Abs. 5 lit. e GAusfO MMA/PMMA).

Ist das **Gesuch fehlerhaft,** weist das EUIPO den Antragsteller auf die Fehler hin und gibt ihm eine Frist von zwei Monaten zur Berichtigung (Regel 103 Abs. 2, 3 GMDV). Unterbleibt die Berichtigung, so lehnt der Prüfer die Weiterleitung des Gesuchs ab (Regel 103 Abs. 4 DVO; anders als es etwas das DPMA handhabt, vgl. § 108 MarkenG). 41

Die **WIPO überprüft** 42
- die Gebühren (Art. 11 Abs. 3 GAusfO MMA/PMMA); Fehlbeträge können innerhalb von drei Monaten vom Antragsteller oder dem DPMA nachgezahlt werden;
- die Angaben zur Basismarke (Art. 11 Abs. 4 GAusfO MMA/PMMA); Mängel können innerhalb von drei Monaten vom DPMA behoben werden;
- die Klassifikation (Art. 12 GAusfO MMA/PMMA); Mängel können innerhalb von drei Monaten vom DPMA behoben werden (→ Rn. 27);
- die Bestimmtheit, Verständlichkeit und sprachliche Richtigkeit der Angaben zu den Waren bzw. Dienstleistungen (Art. 13 GAusfO MMA/PMMA); Mängel können innerhalb von drei Monaten vom DPMA behoben werden (→ Rn. 27);
- das Vorliegen eventueller sonstiger Mängel (Art. 11 Abs. 2 GAusfO MMA/PMMA); sie können vom WIPO innerhalb von drei Monaten vom Antragsteller behoben werden.

Allerdings beurteilt die WIPO nicht, ob die Basismarke im Ursprungsland zu Recht eingetragen oder in den benannten Staaten schutzfähig ist; dies obliegt allein den nationalen Behörden. 43

VIII. Vertretung

Der Antragsteller einer internationalen Registrierung kann einen **Vertreter** bestellen, muss dies aber nicht (Regel 3 Abs. 1 GAusfO MMA/PMMA). Bei Bestellung eines Vertreters kommuniziert die WIPO bis auf wenige Ausnahmen nur noch mit dem Vertreter. 44

An die Person des Vertreters werden **keine besonderen Anforderungen** bestellt, weder was eine persönliche Qualifikation, Zulassung oder Registrierung angeht, noch was die Nationalität oder den Sitz des Vertreters angeht. Der Vertreter muss also nicht zum Auftreten vor dem EUIPO oder irgendeinem benannten Amt befugt sein. Das EUIPO korrespondiert aber nicht mit dem WIPO-Vertreter, sondern leitet diese Angabe nur an WIPO weiter. 45

Die Vorlage einer besonderen **Vollmacht** ist nicht erforderlich; die Bestellung erfolgt mit dem **Formblatt** MM12 (www.wipo.int/madrid/en/forms). Für eine Änderung des Namens und/oder der Adresse des Vertreters steht das Formular MM10 zur Verfügung (www.wipo.int/madrid/en/forms). 46

Art. 148 Eintragung in die Akte und in das Register

(1) ¹Tag und Nummer einer auf der Grundlage einer Anmeldung einer Unionsmarke beantragten internationalen Registrierung werden in die Akte der betreffenden Anmeldung eingetragen. ²Wird im Anschluss an die Anmeldung eine Unionsmarke eingetragen, so werden Tag und Nummer der internationalen Registrierung in das Register eingetragen.

(2) Tag und Nummer einer auf der Grundlage einer Unionsmarke beantragten internationalen Registrierung werden in das Register eingetragen.

Überblick

Art. 148 regelt den Umfang, in dem eine internationale Registrierung einer deutschen Marke auch in das vom EUIPO geführte Markenregister einzutragen ist. Art. 148 wird ergänzt durch Regel 84 Abs. 3 lit. u Ziff. v GMDV.

A. Eintragung der internationalen Registrierung

I. Eintragung im Markenregister der WIPO

1 Die internationale Registrierung einer Unionsmarke erfolgt ausschließlich im Markenregister der WIPO. Dort werden in Bezug auf die internationale Registrierung **folgende Angaben** eingetragen (Regel 14 Abs. 2 GAusfO MMA/PMMA):
- alle in der Anmeldung enthaltenen Angaben, außer den Daten einer unzulässig in Anspruch genommenen Priorität,
- das Datum der internationalen Registrierung,
- die Nummer der internationalen Registrierung,
- ggf. die Klassifizierungssymbole von Bildbestandteilen,
- für jeden benannten Staat die Angabe, ob es sich um eine Benennung nach dem MMA oder dem PMMA handelt,
- ggf. Datum, Nummer und Waren bzw. Dienstleistungen der früheren Marke, deren Seniorität in Anspruch genommen wird.

II. Eintragung im Markenregister des EUIPO

2 Im Markenregister des EUIPO werden lediglich einige Daten der internationalen Registrierung erneut veröffentlicht; es stellt aber kein „Schattenregister" dar (HABM BK v. 17.7.2015 – R 273/2015-2 – KATE JONES/JONES; HABM v. 16.2.2015 – B 2 380 460 – CELESIO/CELEIRO). Es wird in dem Fall, in dem die EU in der internationalen Registrierung einer ausländischen Marke als Schutzland benannt wird, eine der Benennung der EU veröffentlicht (s. Art. 152) und in dem Fall, in dem die internationale Registrierung auf einer Unionsmarke beruht, bei der Unionsmarke der Tag und die Nummer ihrer internationalen Registrierung veröffentlicht (bei internationaler Registrierung aufgrund einer bloßen Unionsmarkenanmeldung werden der Tag und die Nummer bereits in die Anmeldeakte eingetragen).

B. Eintragung von Änderungen der internationalen Registrierung

3 Da das internationale Register von der WIPO geführt wird, ist das EUIPO nicht von Änderungen in der internationalen Registrierung betroffen. Änderungen bezüglich einer internationalen Registrierung sind grundsätzlich direkt bei der WIPO einzureichen. Das EUIPO erhält lediglich Mitteilungen der WIPO über Änderungen. Dementsprechend nimmt das EUIPO zB keine Verlängerungsanträge entgegen.

4 Einige Anträge auf Änderungen bezüglich einer IR können gleichwohl auch beim EUIPO als Ursprungsamt eingereicht werden (Regel 20, 20bis, 25 Abs. 1 GAusfO MMA/PMMA), bei denen zum Teil auch eine beschränkte Prüfung erfolgt.

I. Änderungsanträge, die ohne Prüfung weitergeleitet werden

5 Ohne Prüfung werden folgende Änderungsanträge an die WIPO weitergeleitet:
- Änderung des Inhabers (WIPO-Formblatt MM 5);
- Einschränkung des VerzWDL für einzelne benannte Staaten (WIPO-Formblatt MM 6);
- Ein Verzicht auf einzelne benannte Staaten (WIPO-Formblatt MM 7);
- Einschränkung oder einen Verzicht mit Wirkung für alle Bestimmungsämter, dh eine vollständige oder teilweise Löschung der internationalen Registrierung (WIPO-Formblatt MM 8);
- Änderung des Namens oder der Anschrift des Inhabers (WIPO-Formblatt MM 9);
- Eintragung einer Lizenz (WIPO-Formblatt MM 13);
- Einschränkung des Verfügungsrechts des Inhabers (Regel 20 Abs. 1 GAusfO MMA/PMMA); in der Terminologie der UMV entspricht dies einem dinglichen Recht, einer Zwangsvollstreckungsmaßnahme oder einem Insolvenzverfahren; von dieser Option macht das EUIPO keinen Gebrauch.

6 Für die **Formblätter** s. www.wipo.int/madrid/en/forms.

7 Solche Anträge können nur dann über das EUIPO eingereicht werden, wenn dieses das Ursprungsamt ist oder für den Inhaber in Folge einer Übertragung der internationalen

Registrierung zuständig geworden ist (Regel 1 Ziff. xxvi^{bis} GAusfO MMA/PMMA). Jedoch wird diese Voraussetzung vom EUIPO nicht geprüft, da es lediglich den Antrag weiterleitet und der Antrag ohnehin direkt bei der WIPO hätte gestellt werden können.

II. Änderungsanträge, die nach begrenzter Prüfung weitergeleitet werden

Nach begrenzter Prüfung werden folgende Änderungsanträge an die WIPO weitergeleitet: Anträge auf Eintragung einer Änderung des Inhabers, Lizenz oder Einschränkung der Verfügungsbefugnis des Inhabers, die nicht vom Inhaber der internationalen Registrierung eingereicht werden (sondern vom neuen Inhaber, Lizenznehmer oder Inhaber des dinglichen Rechts) müssen vom EUIPO darauf geprüft werden, ob ein Nachweis des Rechtsübergangs, der Lizenz oder des dinglichen Rechts vorgelegt wird (Regel 120 GMDV), damit ein Dritter nicht ohne jede Prüfung Inhaber oder Lizenznehmer einer internationalen Registrierung werden kann. Wird der Nachweis nicht vorgelegt, so hat der Prüfer die Weiterleitung des Antrags an die WIPO abzulehnen. Diese Entscheidung ist beschwerdefähig.

Ein Antrag auf Eintragung einer Änderung des Inhabers, einer Lizenz oder einer Einschränkung des Verfügungsrechts des Inhabers kann zwar nur dann direkt bei der WIPO eingereicht werden, wenn er vom Inhaber der internationalen Registrierung gestellt wird. Existiert der ursprüngliche Inhaber nicht mehr oder ist er nicht bereit, den Antrag zu stellen, hat der neue Inhaber oder der Lizenznehmer oder der Inhaber des dinglichen Rechts nur die Möglichkeit, den Antrag auf Eintragung der Änderung beim EUIPO als Ursprungsamt einzureichen. Die WIPO trägt solche Anträge ohne Sachprüfung ein.

C. Mitteilung über den eventuellen Wegfall der internationalen Registrierung

Fällt innerhalb eines Zeitraums von fünf Jahren ab dem Datum der internationalen Registrierung die Basismarke ganz oder teilweise weg, so wird die internationale Registrierung im gleichen Umfang **gelöscht** (Art. 6 PMMA, Regel 22 GAusfO MMA/PMMA). Tritt dies während der Fünfjahresfrist ein, so ist dies der WIPO **mitzuteilen** (Regel 106 Abs. 1 lit. a und b, Abs. 2 GMDV). Für die Unionsmarke als Basismarke ist dies ab 1.10.2017 in Art. 148a Abs. 1 geregelt.

Eine **Mitteilung an die WIPO** muss in folgenden Fällen auch dann erfolgen, wenn ein Verfahren gegen die Basismarke vor Ablauf der Fünfjahresfrist begonnen hat, jedoch innerhalb dieser Frist nicht abgeschlossen wurde; diese Mitteilung ist dann unmittelbar nach Ablauf der Fünfjahresfrist zu machen (Regel 106 Abs. 3 GMDV):
- Eine Zurückweisung der Unionsmarkenanmeldung aus absoluten Gründen wurde mit der Beschwerde angefochten, und die Beschwerde ist noch anhängig;
- Ein Widerspruchsverfahren gegen die Unionsmarkenanmeldung ist anhängig;
- Ein Löschungsverfahren gegen eine Unionsmarke ist vor dem EUIPO anhängig;
- Gemäß der Eintragung im Register für Unionsmarken ist eine Widerklage gegen eine Unionsmarke vor einem Unionsmarkengericht anhängig.

In diesen Fällen ist eine **weitere Mitteilung** über den Ausgang dieses Verfahrens an die WIPO zu senden, sobald eine rechtskräftige Entscheidung vorliegt oder das Verfahren anderweitig beendet ist (Regel 106 Abs. 4 GMDV).

Eine solche Mitteilung erfolgt **nicht**, wenn an dem Tag, an dem die Fünfjahresfrist abläuft, ein Widerspruch oder ein Löschungsantrag als nicht eingereicht gilt, weil die Gebühr nicht gezahlt wurde oder die Unionsmarkenanmeldung aus absoluten Gründen zurückgewiesen war, jedoch keine Beschwerde eingelegt wurde oder die Beschwerde nach Ablauf der Fünfjahresfrist eingelegt wurde.

Der WIPO ist auch mitzuteilen, wenn die Basis-GMA oder Unionsmarke innerhalb der Fünfjahresfrist nach Regel 32 GMDV, Art. 44 oder Art. 49 geteilt wurde (Regel 106 Abs. 1 lit. c, Abs. 2 GMDV). Diese Mitteilung wirkt sich aber auf die Gültigkeit der internationalen Registrierung nicht aus; sie dient nur der Transparenz, auf welche Marken die internationale Registrierung gestützt ist. Daher behandelt Regel 106 Abs. 2 lit. d GMDV diesen Fall nicht als Grund für die Löschung der internationalen Registrierung.

D. Veröffentlichung der internationalen Registrierung

15 Die internationale Registrierung wird in der wöchentlich erscheinenden „WIPO Gazette of International Marks" veröffentlicht (Regel 32 Abs. 1 lit. a Ziff. i GAusfO MMA/PMMA). Die „Gazette" ist nur noch elektronisch abrufbar (www.wipo.int/madrid/gazette). Zudem sind die Einträge im internationalen Register und die in der Gazette veröffentlichten Angaben im Internet in der Datenbank „ROMARIN" („Read-Only-Memory of Madrid Active Registry Information") des internationalen Büros abrufbar (www.wipo.int/romarin).

16 Die Daten werden anhand der WIPO INID Kennzahlen („Internationally agreed Numbers for the Identification of Data") erfasst und veröffentlicht. Elemente einer fremdsprachigen Markenveröffentlichung können auf diese Weise ohne Sprachkenntnisse identifiziert und zugeordnet werden. Für die Daten sind die Standards „WIPO Standard ST 60" (http://www.wipo.int/export/sites/www/standards/en/pdf/03-60-01.pdf) für die Daten der Marke und „WIPO Standard ST 3" (http://www.wipo.int/export/sites/www/standards/en/pdf/03-03-01.pdf) für die Zwei-Buchstaben-Abkürzung der Länder maßgeblich (www.wipo.int/madrid/en/filing).

E. Daten der internationalen Registrierung

17 Insofern wird auf die Ausführungen zu § 110 MarkenG verwiesen (→ § 110 Rn. 1 ff.).

Art. 148a Mitteilung der Nichtigkeit der Basisanmeldung oder Basiseintragung

(1) Das Amt teilt dem Internationalen Büro binnen fünf Jahren ab dem Datum der internationalen Registrierung alle Tatsachen und Entscheidungen mit, die die Gültigkeit der Anmeldung oder Eintragung der Unionsmarke, auf die sich die internationale Registrierung stützt, beeinträchtigen.

(2) ¹Die Kommission erlässt Durchführungsrechtsakte, in denen die einzelnen Umstände und die Entscheidungen, die der Mitteilungspflicht gemäß Artikel 6 Absatz 3 des Madrider Protokolls unterliegen, sowie der maßgebende Zeitpunkt dieser Mitteilungen festgelegt werden. ²Diese Durchführungsrechtsakte werden nach dem Prüfverfahren gemäß Artikel 163 Absatz 2 dieser Verordnung erlassen.

Überblick

Abs. 1 ist anwendbar ab 1.10.2017.

1 Art. 148a Abs. 1 entspricht in verkürzter Form der bisherigen Regel 106 GMDV. Die Einzelheiten werden sodann in den nach Abs. 2 noch zu erlassenden Durchführungsrechtsakten geregelt.

Art. 149 Antrag auf territoriale Ausdehnung des Schutzes im Anschluss an die internationale Registrierung

(1) ¹Ein Antrag auf territoriale Ausdehnung des Schutzes im Anschluss an die internationale Registrierung gemäß Artikel 3ter Absatz 2 des Madrider Protokolls kann über das Amt gestellt werden. ²Der Antrag muss in der Sprache eingereicht werden, in der die internationale Anmeldung gemäß Artikel 147 eingereicht wurde.

(2) ¹Die Kommission erlässt Durchführungsrechtsakte, in denen die Anforderungen im Hinblick auf einen Antrag auf territoriale Ausdehnung des Schutzes gemäß Absatz 1 dieses Artikels im Einzelnen festgelegt werden. ²Diese Durchführungsrechtsakte werden nach dem Prüfverfahren gemäß Artikel 163 Absatz 2 erlassen.

künftige Fassung des Abs. 1 mWv 1.10.2017:
(1) ¹Ein Antrag auf territoriale Ausdehnung des Schutzes im Anschluss an eine internationale Registrierung gemäß Artikel 3ter Absatz 2 des Madrider Protokolls kann über das Amt

Antrag auf territoriale Ausdehnung des Schutzes   Art. 149 UMV

gestellt werden. ²Der Antrag muss in der Sprache eingereicht werden, in der die internationale Anmeldung gemäß Artikel 147 dieser Verordnung eingereicht wurde. ³Er umfasst Angaben zur Begründung des Anspruchs auf eine Benennung gemäß Artikel 2 Absatz 1 Ziffer ii und Artikel 3ter Absatz 2 des Madrider Protokolls.⁴Das Amt teilt dem Antragsteller den Tag mit, an dem der Antrag auf territoriale Ausdehnung des Schutzes eingegangen ist.

Einfügung mWv 1.10.2017:
  (3) ¹Erfüllt der Antrag auf territoriale Ausdehnung des Schutzes im Anschluss an die internationale Registrierung nicht die in Absatz 1 und in dem nach Absatz 2 erlassenen Durchführungsrechtsakt festgelegten Anforderungen, so fordert das Amt den Antragsteller auf, die festgestellten Mängel innerhalb einer vom Amt festgelegten Frist zu beseitigen. ²Werden die Mängel nicht innerhalb der vom Amt gesetzten Frist beseitigt, so verweigert das Amt die Weiterleitung des Antrags an das Internationale Büro. ³Das Amt darf die Weiterleitung des Antrags an das Internationale Büro nicht ablehnen, bevor dem Antragsteller die Gelegenheit gegeben wurde, etwaige in dem Antrag festgestellte Mängel zu beseitigen.
  (4) Das Amt leitet den Antrag auf territoriale Ausdehnung des Schutzes im Anschluss an die internationale Registrierung an das Internationale Büro weiter, sobald die in Absatz 3 genannten Anforderungen erfüllt sind.

Überblick

Art. 149 begründet die Vermittlungszuständigkeit des EUIPO als Ursprungsbehörde iSd Art. 3ter Abs. 2 PMMA für Anträge auf nachträgliche Schutzerstreckung von als Basismarken eingetragener Unionsmarken. Er wird ergänzt durch Regel 105 und 24 GAusfO MMA/PMMA. Mit den ab dem 1.10.2017 geltenden Vorschriften werden Regelungen, die bisher in der Durchführungsverordnung (GMDV) enthalten waren (Regel 105 Nr. 2–4 GMDV), in die UMV übernommen. Neu ist die Regelung des Art. 149 Abs. 1 S. 3 sowie die ausdrücklich Klarstellung gemäß Art. 149 Abs. 3 S. 3.

Übersicht

	Rn.		Rn.
A. Antrag auf nachträgliche Schutzerstreckung	1	B. Sprache	14
I. Möglichkeit der nachträglichen Schutzerstreckung	1	C. Datum, Zeitrang und Schutzdauer der nachträglichen Schutzerstreckung	15
		I. Datum	15
II. Zuständigkeit	7	II. Zeitrang	19
III. Inhalt des Antrags	9	III. Schutzdauer	20
IV. Verfahren	12	D. Gebühren	21

A. Antrag auf nachträgliche Schutzerstreckung

I. Möglichkeit der nachträglichen Schutzerstreckung

Nach Art. 3bis Abs. 1 PMMA erstreckt sich der Schutz aus der internationalen Registrierung der Marke nur auf die Mitgliedstaaten, für die der Schutz beantragt worden ist. Die Wirkung einer internationalen Registrierung kann aber nach Art. 3ter Abs. 2 PMMA nachträglich auf weitere Vertragsstaaten des PMMA erstreckt werden, etwa weil der Inhaber aus unternehmerischen Gründen zunächst kein Interesse am Schutz in dem weiteren Vertragsstaat hatte, weil ein Versuch, Schutz der internationalen Registrierung in dem weiteren Vertragsstaat zu erlangen, an einer Schutzverweigerung scheiterte und nach dem Wegfall des Schutzverweigerungsgrundes als erneuter Antrag ein weiterer Versuch unternommen werden soll, in dem weiteren Vertragsstaat Schutz der internationalen Registrierung zu erlangen, weil ein ursprünglich in dem weiteren Vertragsstaat bestehender Schutz der internationalen Registrierung durch Verzicht oder ein Nichtigkeitsverfahren wieder entfallen ist oder weil der weitere Vertragsstaaten erst nachträglich dem PMMA beigetreten ist. 1

Viefhues 2313

2   Die nachträgliche Schutzerstreckung muss sich nicht zwingend auf alle von der internationalen Registrierung erfassten Waren und Dienstleistungen beziehen, sondern kann sich **auf einen Teil beschränken.** Die nachträgliche Schutzerstreckung in Bezug auf einen weiteren Vertragsstaat kann daher auch durch mehrere nachträgliche Schutzerstreckungen für jeweils verschiedene Waren und Dienstleistungen **sukzessiv** erfolgen.

3   Auf **welche Vertragsstaaten** eine internationale Registrierung nachträglich erstreckt werden kann, hängt dabei grundsätzlich wieder davon ab, ob der Staat der Ursprungsbehörde Mitglied nur des MMA („Abkommenstaat"), nur des PMMA („Protokollstaat") oder beider Vertragswerke („Mischstaat") ist (siehe insofern die Ausführungen zu § 108). Da die EU-Mitglied nur des PMMA ist, kann die nachträgliche Schutzerstreckung nur auf Vertragsstaaten erfolgen, die Mitglieder des PMMA sind, dh Protokollstaaten oder Mischstaaten. Dabei kommt es auf den **Zeitpunkt** an, zu dem das Gesuch auf nachträgliche Schutzerstreckung eingereicht wird. Seit der letzte Abkommenstaat zum 15.10.2015 dem PMMA beigetreten und damit Mischstaat geworden ist, findet auf nach diesem Datum erfolgende nachträgliche Schutzerstreckungen ohnehin nur noch das PMMA Anwendung und kann die Internationale Registrierung nachträglich auf alle Mitglieder der Madrider Union erstreckt werden. Allerdings konnten Mischstaaten bei ihrem Beitritt zum PMMA erklären, dass IR, die nach dem PMMA erfolgten bevor der betreffende Staat dem PMMA beitrat und damit zum Mischstaat wurde, auf diesen Mischstaat nicht ausgedehnt werden können (Art. 14 Abs. 5 PMMA). Von dieser Möglichkeit hat die EU aber keinen Gebrauch gemacht (Mitteilung Nr. 9/04 des Präsidenten vom 15.9.2004, ABl. EUIPO 2004, 1386), so dass im – in Art. 149 nicht geregelten – Fall der nachträglichen Schutzerstreckung auf die EG diese auch dann möglich ist, wenn die internationale Registrierung vor dem 1.10.2004, dh vor Inkrafttretens des PMMA für die EU – registriert war.

4   Eine nachträgliche Schutzerstreckung ist auch im Rahmen der **Umwandlung** einer internationalen Registrierung möglich.

5   Die nachträgliche Schutzerstreckung erlaubt allerdings **nicht** die **Übernahme der Priorität** der Registrierung; maßgebend ist stattdessen der Zeitpunkt des Erstreckungsantrages.

6   Die Schutzdauer der nachträglichen Schutzerstreckung **endet** am selben Tag wie der Schutz der internationalen Registrierung, ist im ersten Schutzzeitabschnitt also nur eine Restschutzdauer.

II. Zuständigkeit

7   Art. 149 begründet die Vermittlungszuständigkeit des **EUIPO** als Ursprungsbehörde iSd 3ter Abs. 2 PMMA für Anträge auf nachträgliche Schutzerstreckung von als Basismarken eingetragener Unionsmarken.

8   Eine nachträgliche Benennung kann auch dann beim EUIPO eingereicht werden, wenn dieses nicht Ursprungsamt war, sofern die Internationale Registrierung auf eine Person mit Staatsangehörigkeit eines Mitgliedstaats der EU oder mit Sitz oder Wohnsitz in der EU übertragen wurde; das EUIPO handelt dann als „Amt der Vertragspartei des Inhabers" (Regel 24 Abs. 2 iVm Regel 1 Ziff. xxvi^{bis} GAusfO MMA/PMMA).

III. Inhalt des Antrags

9   Die erforderlichen **Angaben** im Antrag beschränken sich im Wesentlichen auf die Nummer der internationalen Registrierung, Angaben zum Anmelder, seiner Anmeldeberechtigung und seinem Vertreter, die benannten Vertragsstaaten, die Waren und Dienstleistungen und eine eventuell erforderliche Benutzungsabsichtserklärung.

10 Die nachträgliche Schutzerstreckung muss sich nicht zwingend auf alle von der internationalen Registrierung erfassten Waren und Dienstleistungen beziehen, sondern kann sich **auf einen Teil beschränken.** Die nachträgliche Schutzerstreckung in Bezug auf einen weiteren Vertragsstaat kann daher auch durch mehrere nachträgliche Schutzerstreckungen für jeweils verschiedene Waren und Dienstleistungen **sukzessiv** erfolgen. Das Verzeichnis darf nur nicht breiter sein als das der internationalen Registrierung, auch wenn es von der Basismarke abgedeckt wäre (Regel 105 lit. c GAusfO MMA/PMMA), da es sich nicht um eine erneute internationale Registrierung, sondern um die territoriale Erweiterung einer bereits bestehenden internationalen Registrierung handelt. Bei Schutzerstreckung nur auf einen Teil der

Antrag auf territoriale Ausdehnung des Schutzes   Art. 149 UMV

Waren und Dienstleistungen der internationalen Registrierung sind diese im Einzelnen anzugeben. Das Verzeichnis muss nicht für alle nachträglich benannten Staaten übereinstimmen; für verschiedene Staaten können unterschiedliche Verzeichnisse eingereicht werden.

Für den Antrag ist nach Art. 3ter Abs. 2 S. 1 MMA iVm Regel 24 Abs. 2 lit. b GAusfO MMA/PMMA ein amtliches **Formblatt** zu verwenden. 11

IV. Verfahren

Das Prüfungsverfahren vor der WIPO und den nationalen Behörden entspricht demjenigen der ursprünglichen internationalen Registrierung. Die Verfahrensvorschriften der GAusfO MMA/PMMA über die Schutzverweigerung gelten bei nachträglicher Schutzerstreckung daher entsprechend (Regel 24 Abs. 9 GAusfO MMA/PMMA). 12

Anders als im Falle des ursprünglichen Gesuchs auf internationale Registrierung kann nach Art. 149 der Antrag auf nachträgliche Schutzerstreckung unter Geltung des PMMA **wahlweise** beim EUIPO als vermittelnder Behörde des Ursprungslandes oder unmittelbar bei der WIPO gestellt werden (Regel 24 Abs. 2 lit. a GAusfO MMA/PMMA). 13

B. Sprache

Das Gesuch um nachträgliche Schutzerstreckung kann grundsätzlich **unabhängig** von der Sprache, in der der ursprüngliche Antrag auf um internationale Registrierung eingereicht wurde, in englischer, französischer oder spanischer Sprache eingereicht werden (Regel 6 Abs. 2 GAusfO MMA/PMMA), wobei nach Art. 3ter Abs. 2 S. 2 PMMA iVm Regel 24 Abs. 2 lit. b ein amtliches **Formblatt** zu verwenden ist (Regel 102 Abs. 1, Abs. 2, 103 Abs. 2 lit. a GAusfO MMA/PMMA). Art. 149 bestimmt aber, dass nachträgliche Benennungen einer internationalen Registrierung mit Unionsmarke als Basismarke in derselben Sprache wie die ursprüngliche internationale Registrierung eingereicht werden müssen. Andernfalls lehnt das Amt die Weiterleitung der nachträglichen Benennung ab (Regel 105 Abs. 1 lit. a, Abs. 2, Abs. 4 GAusfO MMA/PMMA). In Französisch, Englisch und Spanisch ist dies das WIPO-Formblatt MM 4. Ist diese Sprache nicht Französisch, Englisch oder Spanisch, so muss der Anmelder das EUIPO-Formblatt EM 4 verwenden (ABl. EUIPO 2004, 926) und darin die Sprache angeben, in der die nachträgliche Benennung an die WIPO weitergeleitet werden soll; diese Sprache kann von der Sprache der internationalen Registrierung verschieden sein. 14

C. Datum, Zeitrang und Schutzdauer der nachträglichen Schutzerstreckung

I. Datum

Eine nachträgliche Schutzerstreckung erhält – sofern sie **mangelfrei** ist – das Datum des Eingangs beim EUIPO, wenn das Gesuch dort eingereicht wurde und sofern es innerhalb von zwei Monaten nach diesem Datum bei der WIPO eingeht (Art. 3 Abs. 4 S. 2 PMMA), dagegen das Datum des Eingangs bei der WIPO, wenn das Gesuch unmittelbar dort eingereicht wurde oder bei Vermittlung durch das EUIPO erst nach Ablauf der Zweimonatsfrist bei der WIPO eingeht (Art. 3 Abs. 4 S. 3 PMMA). 15

Bedeutung kann dies erlangen, wenn mit der nachträglichen Schutzerstreckung oder in engem zeitlichem Zusammenhang mit ihr eine Änderung der internationalen Registrierung vorgenommen werden soll, weil eine Änderung erst mit ihrer tatsächlichen Eintragung im Register wirksam wird. Wird die nachträgliche Schutzerstreckung zudem über das EUIPO eingereicht, erhält das Gesuch bei Weiterleitung innerhalb von zwei Monaten sogar das Datum des dortigen Eingangs (Art. 3 Abs. 4 S. 2 PMMA). In diesem Fall besteht die Gefahr, dass die nachträgliche Schutzerstreckung wegen ihrer früheren Wirkung ungewollt von der Änderung, zB einem Verzicht, mit erfasst wird. Dies kann dadurch vermieden werden, dass mit dem Gesuch um nachträgliche Schutzerstreckung beantragt wird, dass die nachträgliche Schutzerstreckung erst nach Eintragung der Änderung wirksam werden soll; der nachträgliche Schutzerstreckung wird dann trotz des grundsätzlich maßgeblichen Datum des Eingangs 16 bei der WIPO eine spätere Wirksamkeit zuerkannt (Regel 24 Abs. 3 lit. c Ziff. ii GAusfO MMA/PMMA).

17 Eine nachträgliche Schutzerstreckung erhält – sofern sie **mangelhaft** ist – das Datum
- des Eingangs der Berichtigung, wenn der Antrag auf nachträgliche Schutzerstreckung unmittelbar bei der WIPO eingereicht wurde, sich der Mangel auf „essentialia" des Antrags, dh die Nummer der internationalen Registrierung, die benannten Vertragsstaaten, die Waren und Dienstleistungen oder eine eventuell erforderliche Benutzungsabsichtserklärung (Regel 24 Abs. 3 lit. a Ziff. i, iii und iv, lit. b GAusfO MMA/PMMA) bezieht und der Mangel nicht innerhalb von zwei Monaten nach Mitteilung der Mangelhaftigkeit des Antrags behoben wird (Regel 24 Abs. 6 lit. c Ziff. i GAusfO MMA/PMMA),
- des Eingangs der Berichtigung, wenn der Antrag auf nachträgliche Schutzerstreckung über die Ursprungsbehörde, dh das EUIPO, eingereicht wurde, sich der Mangel auf „essentialia" des Antrags bezieht und der Mangel nicht innerhalb von zwei Monaten nach Mitteilung der Mangelhaftigkeit des Antrags behoben wird (Regel 24 Abs. 6 lit. c Ziff. i GAusfO MMA/PMMA),
- des Eingangs bei der Ursprungsbehörde, dh beim EUIPO, wenn der Antrag auf nachträgliche Schutzerstreckung über das EUIPO eingereicht wurde und sich der Mangel auf andere Punkte des Gesuchs als „essentialia" bezieht (Regel 24 Abs. 6 lit. c Ziff. ii GAusfO MMA/PMMA),
- des Eingangs bei der WIPO, wenn der Antrag auf nachträgliche Schutzerstreckung unmittelbar bei der WIPO eingereicht wurde und sich der Mangel auf andere Punkte des Gesuchs als „essentialia" bezieht (Regel 24 Abs. 6 lit. c Ziff. ii GAusfO MMA/PMMA).

18 Ist der Mangel auch nach drei Monaten noch nicht nach Mitteilung der Mangelhaftigkeit des Antrags nicht behoben worden, gilt der Antrag als **zurückgenommen** (Regel 24 Abs. 5 lit. b GAusfO MMA/PMMA).

II. Zeitrang

19 Die nachträgliche Schutzerstreckung erlaubt **nicht** die **Übernahme der Priorität** der Registrierung; maßgebend ist stattdessen der Zeitpunkt des Erstreckungsantrages.

III. Schutzdauer

20 Die Schutzdauer der nachträglichen Schutzerstreckung **endet** am selben Tag wie der Schutz der internationalen Registrierung, ist im ersten Schutzzeitabschnitt also nur eine Restschutzdauer.

D. Gebühren

21 Für die nachträgliche Schutzerstreckung fallen nur auf **einer Ebene** Gebühren an, nämlich die internationalen Gebühren der WIPO (Art. 8 Abs. 2 MMA, Regel 10 Abs. 1, Nr. 1 GebVerzAusfO). Das EUIPO erhebt keine Übermittlungsgebühr. Zu den internationalen Gebühren der WIPO wird auf die Ausführungen zu Art. 150 verwiesen (→ Art. 150 Rn. 1 ff.).

Art. 150 Internationale Gebühren

Alle an das Internationale Büro aufgrund des Madrider Protokolls zu entrichtenden Gebühren sind unmittelbar an das Internationale Büro zu zahlen.

Überblick

Art. 150 regelt nur die Unzuständigkeit des EUIPO für die internationalen Gebühren.

A. Internationale Gebühren

1 Die internationalen Gebühren bestehen sowohl für die internationale Registrierung nach Art. 146, 147 als auch für die nachträgliche Schutzerstreckung nach Art. 149 aus folgenden

Gebühren (Art. 8 Abs. 2 Ziff. i bis iii, Abs. 7 lit. a S. 2 Ziff. ii PMMA iVm Regel 24 Abs. 4 GAusfO MMA/PMMA und Nr. 5.1–5.3 GebVerzAusfO MMA/PMMA): Grundgebühr (653 CHF, bzw. 903 CHF bei farbigen Wiedergaben), Klassengebühren (100 CHF für jede die dritte Klasse übersteigende Klasse) und Ergänzungsgebühren (100 CHF für jedes Land, für das der Schutz beansprucht wird) bzw. stattdessen individuelle Gebühren (individuell für jedes Land, für das der Schutz beansprucht wird und von der Wahl einer individuellen Gebühr Gebrauch gemacht hat).

B. Zuständigkeit

Die internationalen Gebühren sind **unmittelbar** an das Internationale Büro in Genf und 2 nicht an das EUIPO zu zahlen (Regel 10, 34 Abs. 2 GAusfO MMA/PMMA). Das EUIPO leitet keine Gebühren an die WIPO weiter. An das EUIPO ist nur die Übermittlungsgebühr gemäß Art. 147 Abs. 5 zu zahlen.

Gleichwohl ist aber dem Antrag auf internationale Registrierung oder nachträgliche 3 Schutzerstreckung das **Gebührenberechnungsblatt** (Anhang zum WIPO-Formblatt MM 2) als notwendiger Bestandteil des Gesuchs beizufügen. Andernfalls erlässt die WIPO einen Beanstandungsbescheid. Das EUIPO prüft jedoch nicht, ob das Gebührenberechnungsblatt beigefügt ist oder zutreffend ausgefüllt ist. Vielmehr leitet es den Antrag ohne Prüfung des Gebührenberechnungsblattes an die WIPO weiter.

Zur Gebührenberechnung steht auf der Website der WIPO ein **Gebührenkalkulator** 4 zur Verfügung (http://www.wipo.int/madrid/feecalc).

Abschnitt 3 Internationale Registrierungen, in denen die Union benannt ist

Art. 151 Wirkung internationaler Registrierungen, in denen die Europäische Union benannt ist

(1) Eine internationale Registrierung, in der die Union benannt ist, hat vom Tage der Registrierung gemäß Artikel 3 Absatz 4 des Madrider Protokolls oder vom Tage der nachträglichen Benennung der Union gemäß Artikel 3ter Absatz 2 des Madrider Protokolls an dieselbe Wirkung wie die Anmeldung einer Unionsmarke.

(2) Wurde keine Schutzverweigerung gemäß Artikel 5 Absätze 1 und 2 des Madrider Protokolls mitgeteilt oder wurde eine solche Verweigerung widerrufen, so hat die internationale Registrierung einer Marke, in denen die Union benannt wird, von dem in Absatz 1 genannten Tag an dieselbe Wirkung wie die Eintragung einer Marke als Unionsmarke.

(3) Für die Zwecke der Anwendung des Artikels 9 Absatz 3 tritt die Veröffentlichung der in Artikel 152 Absatz 1 genannten Einzelheiten der internationalen Registrierung, in der die Union benannt wird, an die Stelle der Veröffentlichung der Anmeldung einer Unionsmarke, und die Veröffentlichung gemäß Artikel 152 Absatz 2 tritt an die Stelle der Veröffentlichung der Eintragung einer Unionsmarke.

Überblick

Art. 151 ist die Zentralnorm des Schutzes internationaler Registrierungen ausländischer Marken in der EU. Er regelt die Wirkung, die die internationale Registrierung in der EU entfaltet.

Seit dem 1.10.2004 können Angehörige des Madrider Systems über das PMMA Schutz für eine ausländische Marke in den Mitgliedstaaten der EU in Form einer Unionsmarke erhalten. Dies ist im Wege der nachträglichen Schutzerstreckung gemäß Art. 3ter Abs. 2 PMMA auch dann möglich, wenn sie sich auf eine internationale Registrierung mit Registrierungsdatum vor dem 1.10.2004 bezieht.

Die Gleichstellung einer internationalen Registrierung mit Benennung der EU gilt auch, sofern es in einer anderen Rechtsvorschrift als der UMV um eine Unionsmarke oder deren Schutz geht; auch sie schließen somit eine internationalen Registrierung mit Benennung der EU ein (zB EuGH GRUR 2009, 870, 871 – ZinoDavidoff/Bundesfinanzdirektion Südost für die Sanktionen nach der Zollverordnung VO (EG) 1383/2003).

A. Wirkung einer internationalen Registrierung (Abs. 1, 2)

I. Maßgeblichkeit des nationalen Markenrechts

1   Inhalt und Umfang des Schutzes einer internationalen Registrierung bestimmen sich gemäß Art. 4 Abs. 1 lit. a PMMA nach dem Recht der benannten einzelnen Vertragsstaaten. In der EU bestimmt sich die Rechtsstellung des Inhabers einer internationalen Registrierung somit nach der UMV. Der Rechtsinhaber genießt daher in **demselben Umfang** Schutz, den die UMV einer beim EUIPO eingetragenen Unionsmarke gewährt. Dies ergibt sich bereits aus Art. 4 Abs. 1 lit. a PMMA, der unmittelbar in der EU gilt.

2   Die Wirkung des Art. 151 gilt auch bei **nachträglicher Schutzerstreckung** der internationalen Registrierung auf die EU nach Art. 149 (→ Art. 149 Rn. 1), und zwar auch, wenn der Schutz für die EU bereits rechtskräftig verweigert oder auf den Schutz verzichtet worden war. Der erneute Versuch, durch nachträgliche Schutzerstreckung der internationalen Registrierung Schutz in der EU zu erlangen, ist grundsätzlich hinzunehmen und kann allenfalls ausnahmsweise als rechtsmissbräuchlich zurückgewiesen werden.

II. Zeitliche Verschiebung des Schutzes der internationalen Registrierung

1. Anmeldung (Abs. 1)

3   Die internationale Registrierung wird mit dem Tag der internationalen Registrierung nach Art. 3 Abs. 4 PMMA, dh mit dem Tag des Eingangs des Registrierungsantrags bei der WPO oder sogar des Eingangs des Registrierungsantrags beim EUIPO, wenn er innerhalb von zwei Monaten nach Eingang beim EUIPO bei der WIPO eingeht, einer Unionsmarkenanmeldung gleichgestellt. Die Wirkung einer Unionsmarkenanmeldung (Art. 32 iVm Art. 27, 26 Abs. 1; → Art. 32 Rn. 1) tritt daher bereits mit dem Tag des Eingangs des Registrierungsantrags bei der WIPO oder sogar beim EUIPO ein und nicht erst mit der ersten Nachveröffentlichung nach Art. 152 Abs. 1.

4   Für die **Rechtswirkungen** der Veröffentlichung der Unionsmarkenanmeldung (→ Art. 39 Rn. 1), den Beginn der Widerspruchsfrist und den Beginn des vorläufigen Schutzes nach Art. 9 Abs. 3 S. 2, sieht Art. 151 Abs. 3 Alt. 1 besondere Regelungen vor: Der Beginn des vorläufigen Schutzes nach Art. 9 Abs. 3 S. 2 tritt mit der ersten Nachveröffentlichung nach Art. 152 Abs. 1 ein, und für den Beginn der Widerspruchsfrist gilt nicht Art. 151, sondern Art. 156 Abs. 2, dh die Widerspruchsfrist beginnt sechs Monate nach dem Datum der ersten Nachveröffentlichung nach Art. 152 Abs. 1.

2. Eintragung (Abs. 2)

5   Wird der internationalen Registrierung der Schutz in der EU nicht verweigert, so wird sie mit dem Tag der internationalen Registrierung nach Art. 3 Abs. 4 PMMA, dh mit dem Tag des Eingangs des Registrierungsantrags bei der WPO oder sogar des Eingangs des Registrierungsantrags beim EUIPO, wenn er innerhalb von zwei Monaten nach Eingang beim EUIPO bei der WIPO eingeht, einer Unionsmarke gleichgestellt. Anmeldung und Registrierung fallen somit zusammen – und werden sogar bei rechtzeitiger Weiterleitung des Antrags durch das EUIPO vorverlegt.

6   Damit wird **Zeitverlust ausgeglichen,** der sich daraus ergibt, dass bei einer internationalen Registrierung die Prüfung der Schutzfähigkeit durch die benannten Vertragsstaaten der internationalen Registrierung nachgeschaltet ist, dh die Marke – anders als bei einer unmittelbar beim EUIPO eingereichten Unionsmarkenanmeldung – erst eingetragen und dann geprüft wird.

Gleichwohl soll für die Benennung der EU im Rahmen einer internationalen Registrie- 7
rung wie bei der Unionsmarke der **volle Schutz** der internationalen Registrierung erst
nach Durchführung der Prüfung auf absolute Eintragungshindernisse und eines Widerspruchsverfahrens eintreten. Daher bestimmt Art. 151 Abs. 3, dass der volle Schutz als Unionsmarke, der sich aus deren Eintragung ergibt, erst nach Abschluss des Prüfungs- und Widerspruchsverfahrens durch das EUIPO, dh mit Veröffentlichung des Abschlusses des Prüfungs- und Widerspruchsverfahrens gemäß Art. 151 Abs. 2 eintritt; bis dahin gilt nach Art. 151 Abs. 3 nur der vorläufige Schutz nach Art. 9 Abs. 3. Dementsprechend sieht Regel 116 Abs. 2 GMDV vor, dass die Abschlussmitteilung nach Regel 116 Abs. 1 GMDV und Regel 18ter GAusfO MMA/PMMA („Statement of Grant of Protection" bzw. „Final Disposition on Status of Mark"), die eine Schutzgewährung mitteilt, dieselbe Wirkung hat wie die Erklärung über die Rücknahme einer Schutzverweigerung. Es gilt also: Der volle Schutz tritt gemäß Regel 116 Abs. 2 GMDV zwar **rückwirkend** ein, aber erst mit der Veröffentlichung der Abschlussmitteilung, und umgekehrt: Der volle Schutz tritt zwar erst mit der Veröffentlichung der Abschlussmitteilung ein, dafür gemäß Art. 151 Abs. 2 aber rückwirkend. Dies gilt unabhängig davon, ob

- weder eine Schutzverweigerung aus absoluten Gründen ausgesprochen noch Widerspruch eingelegt worden war,
- eine Schutzverweigerung aus absoluten Gründen ausgesprochen oder aber Widerspruch eingelegt worden war, das Prüfungsverfahren bzw. Widerspruchsverfahren aber rechtskräftig zu Gunsten des Anmelders abgeschlossen worden war (ggf. auch nur für einzelne Waren und Dienstleistungen) oder
- eine Schutzverweigerung aus absoluten Gründen ausgesprochen und Widerspruch eingelegt worden war, das Verfahren daher zunächst nur in Bezug auf die absolute Schutzverweigerung weiterbetrieben und das Widerspruchsverfahren vor Beginn des streitigen Teils insofern ausgesetzt (Regel 114 Abs. 5 GMDV) und nur noch soweit betrieben worden war, wie im absoluten Prüfungsverfahren die Schutzfähigkeit der Marke bereits für einen Teil der Waren und Dienstleistungen anerkannt wurde und das Prüfungsverfahren bzw. Widerspruchsverfahren aber rechtskräftig zu Gunsten des Anmelders abgeschlossen worden war (ggf. auch nur für einzelne Waren und Dienstleistungen).

Für die **Schutzwirkung** der Veröffentlichung der Unionsmarke **gegenüber Dritten** (Art. 9 8
Abs. 3; → Art. 9 Rn. 1), dh den Beginn des vorläufigen Schutzes nach Art. 9 Abs. 3 S. 2,
sieht Art. 151 Abs. 3 Alt. 1 die Regelung vor, dass die Schutzwirkung der internationalen
Registrierung als Unionsmarke gegenüber Dritten erst mit dem Datum der zweiten Nachveröffentlichung gemäß Art. 152 Abs. 2 im Blatt für Unionsmarken eintritt und nicht und
nicht schon mit dem Datum der entsprechenden Veröffentlichung in der WIPO-Gazette.

III. Individuelle Gebühr bei Benennung der EU

Für die Benennung der EU im Rahmen einer internationalen Registrierung ist als Teil 9
der internationalen Gebühren an Stelle der Ergänzungsgebühr eine individuelle Gebühr an
die WIPO zu zahlen (Art. 8 Abs. 7 PMMA). Sie beträgt den Gegenwert in CHF von
820 Euro zuzüglich 50 Euro für die zweite Klasse und 150 Euro für jede weitere Klasse
(Anhang-I B II. Nr. 2 Buchst. a, eingefügt durch VO (EU) 2015/2424) und ist damit etwas
günstiger als die Anmeldegebühr für eine direkt beim EUIPO eingereichte Unionsmarkenanmeldung.

Nachdem mit der VO (EG) Nr. 355/2009 zur Änderung der GebV aF die Eintragungsge- 10
bühr entfallen ist, gibt es **keine Gebührenerstattung** mehr, wenn der internationalen
Registrierung durch das EUIPO endgültig der Schutz verweigert wird.

Für die **Verlängerung** einer internationalen Registrierung, für die die EU benannt ist, 11
ist gemäß Anhang-I Ziff. B. Nr. 1 eine individuelle Gebühr zugunsten der EU an die WIPO
zu zahlen (Art. 8 Abs. 7 PMMA). Sie beträgt den Gegenwert in CHF von 820 Euro zuzüglich
50 Euro für die zweite Klasse und 150 Euro für jede weitere Klasse (Anhang-I Ziff. B II.
Nr. 2 Buchst. a, eingefügt durch VO (EU) 2015/2424).

Art. 152 Veröffentlichung

(1) Das Amt veröffentlicht das Datum der Eintragung einer Marke, in der die Union benannt ist, gemäß Artikel 3 Absatz 4 des Madrider Protokolls oder das Datum der nachträglichen Benennung der Union gemäß Artikel 3ter Absatz 2 des Madrider Protokolls, die Sprache, in der die internationale Anmeldung eingereicht worden ist, und die zweite Sprache, die vom Anmelder angegeben wurde, die Nummer der internationalen Registrierung und das Datum der Veröffentlichung dieser Registrierung in dem vom Internationalen Büro herausgegebenen Blatt, eine Wiedergabe der Marke und die Nummern der Erzeugnis- oder Dienstleistungsklassen, für die ein Schutz in Anspruch genommen wird.

(2) Wurde für eine internationale Registrierung, in der die Union benannt ist, gemäß Artikel 5 Absätze 1 und 2 des Madrider Protokolls keine Schutzverweigerung mitgeteilt oder wurde eine solche Verweigerung widerrufen, so veröffentlicht das Amt diese Tatsache gleichzeitig mit der Nummer der internationalen Registrierung und gegebenenfalls das Datum der Veröffentlichung dieser Registrierung in dem vom Internationalen Büro herausgegebenen Blatt.

Überblick

Eine in der „Gazette" veröffentlichte internationale Registrierung, in der die EU benannt ist, wird gemäß Art. 152 vom EUIPO nochmals veröffentlicht („nachveröffentlicht").

A. Erste Nachveröffentlichung (Abs. 1)

1   Die erste Nachveröffentlichung enthält die Daten der Eintragung und Veröffentlichung der Internationale Registrierung, die Sprachen der internationalen Registrierung, die Nummer der Marke, die Wiedergabe der Marke und die Nummern der Klassen, nicht aber das VerzWDL (weshalb die internationale Registrierung auch nicht übersetzt wird), sondern eine Bezugnahme auf die entsprechende Veröffentlichung der Internationale Registrierung in der „Gazette" der WIPO.

2   Alle **Sprachen** des PMMA sind auch Sprachen des Amtes. Die Sprache, in der die internationale Registrierung durch die WIPO eingetragen ist, wird daher die erste Sprache iSv Art. 119 Abs. 1 (→ Art. 119 Rn. 1 ff.; Art. 145 iVm Art. 119 und Regel 126 GMDV). Da bei der Anmeldung einer Unionsmarke eine **zweite Sprache** für Verfahren vor dem EUIPO angeben muss (Art. 119 Abs. 1), muss auch der Anmelder eines Antrags auf internationale Registrierung einer Marke, in der er die EU benennt, in seinem Antrag eine zweite Sprache aus den anderen vier Sprachen des Amtes für die Zwecke der Verfahren vor dem EUIPO angeben (Regel 9 Abs. 5 lit. g i) GAusfO MMA/PMMA und Regel 126 GMDV). Geschieht dies, so wird das Gesuch gemäß Art. 152 Abs. 1 nachveröffentlicht. Geschieht dies nicht, so erlässt das EUIPO eine vorläufige Schutzverweigerung an die WIPO unter Fristsetzung von zwei Monaten zur Angabe der zweiten Sprache (Regel 112 Abs. 3 GMDV) und ggf. zur Bestellung eines Vertreters (Art. 92). Wird die zweite Sprache innerhalb dieser Frist angegeben und ggf. der erforderliche Vertreter bestellt, so wird jetzt das Gesuch gemäß Art 152 Abs. 1 nachveröffentlicht. Andernfalls wird die vorläufige Schutzverweigerung an den Inhaber und nach Ablauf der Beschwerdefrist an die WIPO bestätigt (Regel 112 Abs. 4 GMDV).

3   Ab der ersten Nachveröffentlichung hat die internationale Registrierung die **gleiche Wirkung** wie eine veröffentlichte Unionsmarkenanmeldung (→ Art. 151 Rn. 1 ff.), dh mit der ersten Nachveröffentlichung beginnt die Prüfung auf absolute Schutzhindernisse (→ Art. 154 Rn. 1 ff.), für die rechterhaltende Benutzung einer schon fünf Jahre eingetragene ältere Marke, aus der gegen die Schutzgewährung der internationalen Registrierung in der EU Widerspruch eingelegt wird, gilt die internationale Registrierung als iSv Art. 42 Abs. 2 veröffentlicht, sind die fünf Jahre vor der ersten Nachveröffentlichung maßgeblich, und mit der ersten Nachveröffentlichung wird die Akteneinsicht in die beim EUIPO geführten Akten frei (Regel 89 Abs. 6 GMDV).

4   Basiert die internationale Registrierung auf einer **Kollektiv-, Gewährleistungs- oder Garantiemarke,** so wird die Benennung der EU als Unionskollektivmarke oder Unionsge-

währleistungsmarke behandelt (→ Art. 154a Rn. 1). Es finden dann die Art. 66–74k sowie Regel 121 Abs. 1 GMDV Anwendung. Der Inhaber der internationalen Registrierung muss innerhalb von zwei Monaten ab Eingang der internationalen Registrierung beim EUIPO eine **Markensatzung** einreichen (Regel 121 Abs. 2 GMDV). Andernfalls wird der Schutz aus absoluten Gründen vorläufig verweigert (Regel 121 Abs. 3 lit. b GMDV).

B. Zweite Nachveröffentlichung (Abs. 2)

Die zweite Nachveröffentlichung erfolgt, wenn eine zweite Mitteilung der Schutzgewährung gemäß Regel 116 Abs. 1 GMDV versandt wurde, dh wenn keine vorläufige Schutzverweigerung mitgeteilt wurde, oder wenn alle vorläufigen Schutzverweigerungen zurückgenommen oder aufgehoben wurden, dh wenn die internationale Registrierung für die EU geschützt bleibt. Bleibt die Internationale Registrierung nur für einen Teil der angemeldeten Waren und Dienstleistungen geschützt, erfolgt die zweite Nachveröffentlichung entsprechend eingeschränkt. 5

Das **Datum** der zweiten Nachveröffentlichung setzt die **Fünfjahresfrist** für die Benutzung in Gang (Art. 160) und ist dafür maßgeblich, ab wann die Eintragung gegen einen Verletzer geltend gemacht werden kann (Art. 151 Abs. 3; → Art. 151 Rn. 4). 6

Die zweite Nachveröffentlichung bezieht sich nur auf die Nummer der internationalen Registrierung, das Datum der Veröffentlichung in der „Gazette", Datum, Nummer und Seite der früheren Veröffentlichung im Blatt für Unionsmarken sowie das Datum der Veröffentlichung der internationalen Registrierung im Blatt für Unionsmarken. 7

Art. 153 Zeitrang

(1) Der Anmelder einer internationalen Registrierung, in der die Europäische Union benannt ist, kann in der internationalen Anmeldung gemäß Artikel 34 den Zeitrang einer älteren Marke in Anspruch nehmen, die in einem Mitgliedstaat, einschließlich des Benelux-Gebiets, oder gemäß internationaler Regelungen mit Wirkung für einen Mitgliedstaat registriert ist.

(2) ¹Der Inhaber einer internationalen Registrierung, in der die Europäische Union benannt ist, kann ab dem Datum der Veröffentlichung der Wirkungen der Registrierung im Sinne von Artikel 152 Absatz 2 beim Amt gemäß Artikel 35 den Zeitrang einer älteren Marke in Anspruch nehmen, die in einem Mitgliedstaat, einschließlich des Benelux-Gebiets, oder gemäß internationaler Regelungen mit Wirkung für einen Mitgliedstaat registriert ist. ²Das Amt setzt das Internationale Büro davon in Kenntnis.

künftige Fassung mWv 1.10.2017 gemäß VO (EU) 2015/2424 vom 16.12.2015:
Art. 153 Beanspruchung des Zeitrangs in einer internationalen Anmeldung
(1) Der Anmelder einer internationalen Registrierung, in der die Union benannt ist, kann in der internationalen Anmeldung gemäß Artikel 34 den Zeitrang einer älteren Marke in Anspruch nehmen, die in einem Mitgliedstaat, einschließlich des Benelux-Gebiets, oder gemäß internationaler Regelungen mit Wirkung für einen Mitgliedstaat registriert ist.
(2) ¹Die Unterlagen zur Unterstützung der beantragten Inanspruchnahme des Zeitrangs, die in dem gemäß Artikel 34 Absatz 5 erlassenen Durchführungsrechtsakt festgelegt werden, sind dem Amt innerhalb von drei Monaten ab dem Tag vorzulegen, an dem das Internationale Büro dem Amt die internationale Registrierung mitgeteilt hat. ²In diesem Zusammenhang gilt Artikel 34 Absatz 6.
(3) Falls der Inhaber der internationalen Registrierung gemäß Artikel 92 Absatz 2 verpflichtet ist, sich vor dem Amt vertreten zu lassen, so hat die in Absatz 2 dieses Artikels genannte Mitteilung die Bestellung eines Vertreters im Sinne des Artikels 93 Absatz 1 zu enthalten.
(4) ¹Stellt das Amt fest, dass die Inanspruchnahme des Zeitrangs nach Absatz 1 dieses Artikels nicht den Anforderungen des Artikels 34 oder den anderen im vorliegenden Artikel festgelegten Anforderungen entspricht, so fordert es den Antragsteller auf, die Mängel zu beseitigen. ²Werden die in Satz 1 genannten Mängel nicht innerhalb der vom Amt festgelegten Frist

beseitigt, so erlischt der Anspruch in Bezug auf den Zeitrang der internationalen Registrierung.
³*Betreffen die Mängel lediglich einige Waren und Dienstleistungen, so erlischt der Anspruch nur in Bezug auf diese Waren und Dienstleistungen.*

(5) ¹Das Amt unterrichtet das Internationale Büro über jede Erklärung des Erlöschens des Anspruchs auf Inanspruchnahme des Zeitrangs gemäß Absatz 4. ²Zudem unterrichtet es das Internationale Büro über jede Zurücknahme oder Einschränkung einer Inanspruchnahme des Zeitrangs.

(6) Es gilt Artikel 34 Absatz 4, es sei denn, der Anspruch in Bezug auf den Zeitrang wird gemäß Absatz 4 dieses Artikels für erloschen erklärt.

Überblick

Nach Art. 153 kann die Benennung der EU in einer internationalen Registrierung unter den gleichen Voraussetzungen und mit den gleichen Wirkungen die Seniorität einer älteren in einem EU-Mitgliedstaat eingetragenen nationalen Marke beanspruchen wie eine direkt angemeldete Unionsmarke (→ Art. 34 Rn. 1 ff., → Art. 35 Rn. 1 ff.). Art. 153 wird ergänzt durch Regel 108–111 GMDV. Mit den ab dem 1.10.2017 geltenden Vorschriften werden Regelungen, die bisher in der Durchführungsverordnung enthalten waren (Regel 108 und 109 GMDV), in die UMV übernommen.

A. Beanspruchung der Seniorität im Antrag auf internationale Registrierung

1   Für die Beanspruchung der Seniorität einer älteren Marke ist **Formblatt MM 17** auszufüllen und der IA (Formblatt MM 2 oder MM 3) beizufügen.

2   Wird im Antrag auf internationale Registrierung die Seniorität einer älteren nationalen Marke beansprucht, sind der EU-Mitgliedstaat, in dem das ältere Recht eingetragen ist, die Eintragungsnummer und der Anmeldetag der älteren Marke **anzugeben.** Die notwendigen **Belege** sind innerhalb von drei Monaten ab dem Datum der Übermittlung der Internationalen Registrierung durch die WIPO beim EUIPO einzureichen (Regel 108 Abs. 1 GMDV).

3   Die Senioritätsansprüche ist nach den **gleichen Kriterien** zu prüfen wie für direkte Unionsmarken. Wird der Senioritätsanspruch verneint, so ist dies der WIPO mitzuteilen, die die Seniorität veröffentlicht und dem Inhaber mitteilt (Regel 21bis GAusfO MMA/PMMA). Wird der Senioritätsanspruch anerkannt, so hat das EUIPO die betroffenen Ämter zu unterrichten (Regel 109 Abs. 4 GMDV). Die Unterrichtung der WIPO ist nicht erforderlich, da keine Änderung der WIPO-Veröffentlichung nötig ist.

4   Auch die **Zurücknahme** des Senioritätsanspruchs oder jede andere Entscheidung, die die Gültigkeit des Senioritätsanspruchs betrifft, wird der WIPO mitgeteilt.

B. Nachträgliche Beanspruchung der Seniorität

5   Nach Art. 35 kann die Seniorität auch nach Eintragung einer Unionsmarke beansprucht werden, gemäß Art. 153 Abs. 2 für eine internationale Registrierung nach der zweiten Nachveröffentlichung. Anders als bei Art. 153 Abs. 1 kann die Seniorität nachträglich **nur vor dem EUIPO,** nicht vor der WIPO beansprucht werden (Regel 110 Abs. 1 GMDV; HABM BK v. 4.12.2012 – R 2603/2011-2 – BARISTA).

6   Eine Inanspruchnahme der Seniorität im Zeitraum zwischen der Einreichung des Antrags auf internationale Registrierung und der zweiten Nachveröffentlichung gemäß Art. 152 Abs. 2 ist in Art. 153 Abs. 2 nicht vorgesehen. In diesem Zeitraum eingereichte Senioritätsansprüche werden erst nach der zweiten Nachveröffentlichung als Ansprüche gemäß Art. 153 Abs. 2 behandelt und gemäß Regel 110 GMDV geprüft.

7   Die Senioritätsansprüche nach den **gleichen Kriterien** zu prüfen wie bei der von vornherein beanspruchten Seniorität (Regel 110 GMDV). Wird der Senioritätsanspruch abgelehnt, so ist eine Unterrichtung der WIPO nicht erforderlich (Regel 110 Abs. 6 GMDV). Wird der Senioritätsanspruch anerkannt, so hat das EUIPO die WIPO und die betroffenen nationalen Ämter zu unterrichten (Regel 21bis Abs. 1 GAusfO MMA/PMMA, Regel 110 Abs. 5, 6 GMDV).

C. Prüfung der Seniorität

Es wird geprüft, ob die internationale Registrierung jünger ist als die Marke, deren Seniorität in Anspruch genommen wird. Bei einer internationalen Registrierung, in der sowohl die EU als auch einzelne Vertragsstaaten benannt sind, kann daher die Seniorität der nationalen Benennungen grundsätzlich nicht in Anspruch genommen werden, da alle Benennungen den gleichen Zeitrang aufweisen, ausnahmsweise in Anspruch genommen werden, wenn die EU erst im Rahmen einer nachträgliche Schutzerstreckung benannt wurde, während die nationalen Marken, deren Seniorität beansprucht wird, in der ursprünglichen internationale Registrierung beansprucht wurden, da dann die Daten, an denen die Eintragung jeweils wirksam wurde, unterschiedlich sind. 8

Der Senioritätsanspruch ist **unwirksam,** wenn die nationale Marke vor dem Datum der Senioritätsbeanspruchung nicht mehr bestand (HABM BK 4.12.2012 – R 2603/2011-2 Rn. 25 – Barista). 9

Art. 153a Beantragte Inanspruchnahme des Zeitrangs beim Amt

(1) Der Inhaber einer internationalen Registrierung, in der die Union benannt ist, kann ab dem Tag der Veröffentlichung der Wirkungen der Registrierung im Sinne des Artikels 152 Absatz 2 beim Amt gemäß Artikel 35 den Zeitrang einer älteren Marke in Anspruch nehmen, die in einem Mitgliedstaat, einschließlich des Benelux-Gebiets, oder gemäß internationalen Regelungen mit Wirkung für einen Mitgliedstaat registriert ist.

(2) Wird der Zeitrang vor dem in Absatz 1 genannten Zeitpunkt in Anspruch genommen, so gilt die Beantragung des Zeitrangs als zu diesem Zeitpunkt beim Amt eingegangen.

(3) Ein Antrag auf Inanspruchnahme des Zeitrangs gemäß Absatz 1 dieses Artikels muss den in Artikel 35 genannten Anforderungen entsprechen und Informationen umfassen, anhand derer überprüft werden kann, ob diese Anforderungen erfüllt sind.

(4) ¹Sind die Anforderungen für die Inanspruchnahme des Zeitrangs gemäß Absatz 3, die mit dem gemäß Absatz 6 erlassenen Durchführungsrechtsakt festgelegt werden, nicht erfüllt, so fordert das Amt den Inhaber der internationalen Registrierung auf, die Mängel zu beseitigen. ²Werden die Mängel nicht innerhalb einer vom Amt festgesetzten Frist beseitigt, so weist es den Antrag zurück.

(5) Hat das Amt die beantragte Inanspruchnahme des Zeitrangs akzeptiert oder wurde eine Inanspruchnahme des Zeitrangs vom Amt zurückgenommen oder aufgehoben, so unterrichtet das Amt das Internationale Büro entsprechend.

(6) ¹Die Kommission erlässt Durchführungsrechtsakte, in denen die Einzelheiten, die in einem Antrag auf Inanspruchnahme des Zeitrangs gemäß Absatz 1 dieses Artikels anzugeben sind, und die Einzelheiten der gemäß Absatz 5 dieses Artikels mitzuteilenden Informationen festgelegt werden. ²Diese Durchführungsrechtsakte werden nach dem Prüfverfahren gemäß Artikel 163 Absatz 2 erlassen.

Überblick

Die Abs. 1 bis 5 sind anwendbar ab 1.10.2017.

Mit den ab dem 1.10.2017 geltenden Vorschriften werden die Regelungen der bisherigen Regel 110 Nr. 1–5 und 7 GMDV sowie der bisherigen Regel 111 GMDV in die UMV aufgenommen, wobei der Wortlaut der bisherigen Regel 111 GMDV präzisiert wird. 1

Art. 154 Bezeichnung von Waren und Dienstleistungen und Prüfung auf absolute Eintragungshindernisse

(1) Internationale Registrierungen, in denen die Union benannt ist, werden ebenso wie Anmeldungen von Unionsmarken auf ihre Übereinstimmung mit Artikel 28 Absätze 2 bis 4 und auf absolute Eintragungshindernisse geprüft.

(2) Stellt sich heraus, dass in Bezug auf eine internationale Registrierung, in der die Union benannt ist, kein Schutz gemäß Artikel 28 Absatz 4 oder Artikel 37 Absatz 1 dieser Verordnung für alle oder einen Teil der Waren und Dienstleistungen, für die sie beim Internationalen Büro eingetragen worden ist, gewährt werden kann, so erstellt das Amt von Amts wegen für das Internationale Büro eine Mitteilung über die vorläufige Schutzverweigerung gemäß Artikel 5 Absätze 1 und 2 des Madrider Protokolls.

(3) Falls der Inhaber einer internationalen Registrierung vor dem Amt gemäß Artikel 92 Absatz 2 vertreten sein muss, umfasst die in Absatz 2 dieses Artikels genannte Mitteilung auch die Aufforderung zur Bestellung eines Vertreters im Sinne des Artikels 93 Absatz 1.

(4) [1]In der Mitteilung über die vorläufige Schutzverweigerung sind die Gründe, auf die sich die Schutzverweigerung stützt, sowie eine Frist anzugeben, innerhalb derer der Inhaber der internationalen Registrierung eine Stellungnahme abgeben kann und gegebenenfalls einen Vertreter bestellen muss. [2]Die Frist beginnt an dem Tag, an dem die vorläufige Schutzverweigerung durch das Amt ergeht.

(5) Stellt das Amt fest, dass in der internationalen Registrierung, in der die Union benannt ist, keine zweite Sprache gemäß Artikel 161b dieser Verordnung angegeben ist, so erstellt das Amt von Amts wegen für das Internationale Büro eine Mitteilung über die vorläufige Schutzverweigerung gemäß Artikel 5 Absätze 1 und 2 des Madrider Protokolls.

(6) [1]Kann der Inhaber einer internationalen Registrierung den Grund für die Schutzverweigerung nicht innerhalb der Frist beseitigen oder gegebenenfalls einen Vertreter benennen bzw. eine zweite Sprache angeben, so verweigert das Amt den Schutz für alle oder einen Teil der Waren und Dienstleistungen, für die die internationale Registrierung eingetragen wurde. [2]Die Schutzverweigerung tritt an die Stelle der Zurückweisung einer Anmeldung einer Unionsmarke. [3]Gegen die Entscheidung kann gemäß den Artikeln 58 bis 65 Beschwerde eingelegt werden.

(7) [1]Hat das Amt zu Beginn der Frist für die Erhebung eines Widerspruchs gemäß Artikel 156 Absatz 2 keine Mitteilung über die vorläufige Schutzverweigerung von Amts wegen gemäß Absatz 2 dieses Artikels erstellt, so übermittelt das Amt dem Internationalen Büro eine Erklärung, in der es angibt, dass die Prüfung auf absolute Eintragungshindernisse gemäß Artikel 37 abgeschlossen ist, dass aber gegen die internationale Registrierung noch immer Widersprüche eingelegt oder Bemerkungen Dritter eingereicht werden können. [2]Diese vorläufige Erklärung berührt nicht das Recht des Amtes, das Vorliegen absoluter Eintragungshindernisse jederzeit vor Ausstellung der abschließenden Erklärung über die Gewährung des Schutzes von Amts wegen erneut zu prüfen.

(8) [1]Die Kommission erlässt Durchführungsrechtsakte, in denen die Einzelheiten, die in der dem Internationalen Büro zu übermittelnden Mitteilung über die vorläufige Schutzverweigerung von Amts wegen und der abschließenden Mitteilungen an das Internationale Büro über die endgültige Gewährung oder Verweigerung des Schutzes anzugeben sind, festgelegt werden. [2]Diese Durchführungsrechtsakte werden nach dem Prüfverfahren gemäß Artikel 163 Absatz 2 erlassen.

Überblick

Unmittelbar nach der ersten Nachveröffentlichung (Art. 152 Abs. 1) wird die Anmeldung auf absolute Eintragungshindernisse überprüft (Art. 154). Mit der Regelung des Art. 154 Abs. 1 wird von der Ermächtigung des Art. 5 Abs. 1 PMMA Gebrauch gemacht, international registrierte Marken auf ihre Schutzfähigkeit zu überprüfen.

Art. 154 wurde bis zur Geltung der VO (EU) 2015/2424 ergänzt durch Regel 112, 113 GMDV. Regel 112 GMDV ist nun – mit Ausnahme der durch Streichung des Art. 37 Abs. 2 gegenstandslos gewordenen Nr. 2 – in die Vorschriften des Art. 154 Abs. 2, 5, 6 und 7 übernommen worden. Regel 113 GMDV ist nun teilweise in die Vorschrift des Art. 154 Abs. 4 übernommen worden.

Übersicht

	Rn.		Rn.
A. Prüfung von internationalen Registrierungen auf absolute Schutzhindernisse (Abs. 1)	1	3. Verspätung	17
		II. Vorläufige Schutzverweigerung	19
I. Inhalt der Prüfung	1	1. Wirkung der vorläufigen Schutzverweigerung	21
II. Unabhängigkeit vom Schutz der Marke im Ursprungsland	3	2. Inhalt der vorläufigen Schutzverweigerung	22
		3. Sprache der vorläufigen Schutzverweigerung	24
III. Verkehrsdurchsetzung	4	4. Mängel der vorläufigen Schutzverweigerung	26
IV. Ergebnis der Prüfung	5	5. Rechtsmittel gegen die vorläufige Schutzverweigerung (Abs. 2)	27
1. Kein Schutzhindernis	5		
2. Schutzhindernis	11	III. Schutzbewilligung/endgültige Schutzverweigerung	28
B. Schutzverweigerung (Abs. 3)	12	IV. Abschlussmitteilung	31
I. Schutzverweigerungsfrist	14	V. Erneute Schutzerstreckung	33
1. Fristlänge	14	VI. Endgültige Schutzverweigerung	34
2. Fristbeginn	16		

A. Prüfung von internationalen Registrierungen auf absolute Schutzhindernisse (Abs. 1)

I. Inhalt der Prüfung

Geprüft wird auf die Schutzfähigkeit des Zeichens als Marke nach Art. 3, 5 (→ Art. 3 Rn. 1 → Art. 5 Rn. 1), auf Klarheit und Eindeutigkeit der Waren- und Dienstleistungsangaben nach Art. 28 Abs. 2–4 (→ Art. 28 Rn. 1) und auf das Vorliegen von absoluten Schutzhindernissen nach Art. 7 (→ Art. 7 Rn. 1). **1**

Es kann daher auf die Entscheidungspraxis zur UMV verwiesen werden. Dabei sind die Grenzen zu berücksichtigen, die durch Art. 6bis, 6ter und $6^{quinquies}$ B PVÜ als vorrangige Regelungen der PVÜ gesetzt sind. Eine Schutzverweigerung darf nur auf die in Art. 6bis, 6ter und $6^{quinquies}$ B PVÜ erschöpfend aufgezählten Versagungsgründe gestützt werden, mit denen auch einer im Ausland registrierten Marke im Fall einer nationalen Anmeldung der Schutz versagt werden dürfte (Art. $6^{quinquies}$ A PVÜ, „Telle-quelle-Schutz"). So wie gemäß Erwägungsgrund 12 MRL die nationalen Markengesetze PVÜ-konform auszulegen sind, gilt dies angesichts des Gleichlaufs zwischen MRL und UMV auch für die UMV. Daher entsprechen die Schutzhindernisse des Art. 7 UMV denen des Art. $6^{quinquies}$ A PVÜ. **2**

II. Unabhängigkeit vom Schutz der Marke im Ursprungsland

Der Schutz kann auch dann verweigert werden, wenn die Schutzfähigkeit im Ursprungsland bejaht worden war. Auch eine Verkehrsdurchsetzung im Ursprungsland garantiert daher keinen Schutz der nicht von Haus aus unterscheidungskräftigen Marke im benannten Land. Immerhin kann eine Verkehrsdurchsetzung im Ursprungsland eine solche im benannten Land fördern. **3**

III. Verkehrsdurchsetzung

Die Schutzhindernisse des Art. 7 Abs. 1 lit. b bis d können durch Erlangung von Verkehrsdurchsetzung im benannten Land überwunden werden (Art. 7 Abs. 3), da nach Art. $6^{quinquies}$ C PVÜ „alle Tatumstände zu berücksichtigen sind, insbesondere die Dauer des Gebrauchs der Marke". Allerdings muss die Verkehrsdurchsetzung zum Zeitpunkt der Schutzerstreckung auf die EU vorgelegen haben. Andernfalls ist der Schutz zu verweigern. **4**

IV. Ergebnis der Prüfung

1. Kein Schutzhindernis

a) Mitteilung über das positive Prüfungsergebnis. Besteht kein Schutzhindernis, wird der internationalen Registrierung der Schutz in der EU gewährt und versendet das **5**

EUIPO die – seit 1.9.2009 verpflichtende – Abschlussmitteilung nach Regel 18ter Abs. 1 GAusfO MMA/PMMA (Regel 113 Nr. 2 lit. c GMDV).

6 Eine Vertragspartei des PMMA, die die internationale Registrierung auf absolute Schutzverweigerungsgründe geprüft, jedoch keine solchen festgestellt hat, kann der WIPO gemäß Regel 18bis GAusfO MMA/PMMA eine Mitteilung machen, dass die Prüfung auf absolute Schutzverweigerungsgründe abgeschlossen ist und keine Schutzverweigerungsgründe festgestellt wurden, die Marke aber noch Gegenstand von Widersprüche sein kann oder ist, mit der Folge, dass nach Ablauf der Widerspruchsfrist eine erneute Mitteilung zu erfolgen hat. Von dieser Möglichkeit macht das EUIPO, anders als das DPMA, Gebrauch. Die Prüfung auf absolute Eintragungshindernisse kann theoretisch bis zum Ablauf von 18 Monaten erfolgen. Sie soll aber vor dem Beginn der Widerspruchsfrist abgeschlossen sein, deren Lauf sechs Monate nach der ersten Nachveröffentlichung (Art. 152 Abs. 1) beginnt (Art. 156 Abs. 2). Der Anmelder der Internationalen Registrierung bekommt somit bereits nach spätestens sechs Monaten Gewissheit, wenn das EUIPO keine Schutzverweigerung aus absoluten Gründen ausspricht. Damit werden die Nachteile der von der EU in Anspruch genommenen längeren Schutzverweigerungsfrist von 18 Monaten praktisch mehr als ausgeglichen. Diese Mitteilung heißt in der seit 1.9.2009 geltenden Fassung (Regel 18bis GAusfO MMA/PMMA) „Interim Status of a Mark", da die Schutzgewährung „Final Disposition on Status of a Mark"/„Grant of Protection" noch vom Ablauf der Widerspruchsfrist und ggf. dem Abschluss eventueller Widerspruchsverfahren abhängt.

7 Die **Mitteilung** über das positive Prüfungsergebnis bezüglich absoluter Schutzhindernisse bindet das EUIPO seit Inkrafttreten der VO (EU) 2015/2424 anders als zuvor nach Abs. 7 S. 2 nicht mehr in der Weise, dass es anschließend keine Beanstandungen wegen absoluter Schutzhindernisse von Amts wegen mehr aussprechen kann, solange dies vor Ausstellung der – positiven – Abschlussmitteilung nach Regel 18ter GAusfO MMA/PMMA („Statement of Grant of Protection" oder „Final Disposition on Status of a Mark") geschieht. Beanstandungen auf Grund von Bemerkungen Dritter (Art. 40; → Art. 40 Rn. 1) bleiben dagegen möglich. Sie müssen aber innerhalb der 18-Monatsfrist (Art. 5 Abs. 2 PMMA) für eine Schutzverweigerung erfolgen.

8 **b) Bemerkungen Dritter.** Bemerkungen Dritter (Art. 40) können beim **EUIPO** eingereicht werden und zwar vom Tag der Mitteilung der internationalen Registrierung an das EUIPO bis zum Ablauf der Widerspruchsfrist, wenn kein Widerspruch eingelegt wurde oder bis zum Ablauf von 18 Monaten, wenn Widerspruch eingelegt wurde.

9 Die Mitteilung an die **WIPO** hängt von der Begründetheit und vom Eingang der Bemerkungen Dritter ab. Hält das EUIPO die Bemerkungen Dritter nicht für begründet, erfolgt keine Mitteilung an die WIPO. Hält das EUIPO die Bemerkungen Dritter dagegen für begründet, kommt es auf den Eingang der Bemerkungen Dritter an: Gehen die Bemerkungen Dritter vor dem Beginn der Widerspruchsfrist (Art. 156 Abs. 2 → Art. 156 Rn. 8) ein, so ergeht eine Mitteilung der vorläufigen Schutzverweigerung an die WIPO, wie wenn das EUIPO den Schutz auf eigene Initiative hin verweigert hätte. Gehen die Bemerkungen Dritter während der Widerspruchsfrist ein, so ergeht eine Mitteilung der vorläufigen Schutzverweigerung an die WIPO aus absoluten Gründen, und zwar auch dann, wenn bereits eine erste Mitteilung der Schutzgewährung („Interim Status of a Mark"; Regel 112 Abs. 5 GMDV) an die WIPO versandt wurde; die Prüfung auf absolute Eintragungshindernisse wird neu aufgenommen. Gehen die Bemerkungen Dritter nach Ablauf der Widerspruchsfrist ein und wurde die erste Mitteilung über die Schutzgewährung („Interim Status of a Mark") versandt, weil keine absoluten Eintragungshindernisse vorlagen, so werden die Bemerkungen Dritter nur bis zu dem Zeitpunkt akzeptiert, zu dem die endgültige Mitteilung über die Schutzgewährung („Final Disposition on Status of a Mark"/„Grant of Protection") zum Versand vorbereitet wird.

10 Eine Schutzverweigerung muss auch bei Bemerkungen Dritter innerhalb der 18-Monatsfrist nach Art. 5 Abs. 2 PMMA an die WIPO versendet werden; andernfalls betrachtet die WIPO die Schutzverweigerung als nicht vorschriftsmäßig (Regel 18 GAusfO MMA/PMMA).

2. Schutzhindernis

Besteht ein Schutzhindernis, wird der internationalen Registrierung der Schutz in Deutschland verweigert. **11**

B. Schutzverweigerung (Abs. 3)

Da die EU-Anteile (Benennungen) von internationalen Registrierungen nicht in das **12** Markenregister des EUIPO eingetragen, sondern dort nur nachveröffentlicht werden, tritt in dem Fall, in dem absolute Schutzhindernisse vorliegen, an die Stelle der Zurückweisung der Anmeldung die Verweigerung des Schutzes iSd Art. 5 Abs. 1 PMMA (Art. 154 Abs. 3).

Besteht nach Auffassung des EUIPO ein absolutes Eintragungshindernis, so teilt es der **13** WIPO mit, dass es den Schutz der internationalen Registrierung vorläufig verweigert (Regel 112 Abs. 1 GMDV). Ist der Anmelder nach Art. 92 verpflichtet, sich vertreten zu lassen, so muss die vorläufige Schutzverweigerung die Aufforderung zur Bestellung eines Vertreters enthalten (Regel 112 Abs. 1 S. 2 GMDV).

I. Schutzverweigerungsfrist

1. Fristlänge

Die Schutzverweigerung muss auch für internationalen Registrierungen, die dem PMMA **14** unterliegen, grundsätzlich innerhalb eines Jahres nach der internationalen Registrierung oder dem Ausdehnungsgesuch ausgesprochen werden (Art. 5 Abs. 2 lit. a PMMA). Für internationale Registrierungen, die dem PMMA unterliegen, können die Vertragsstaaten, die nur Mitglied des PMMA sind, aber erklären, dass an die Stelle des einjährigen Prüfungszeitraums ein Zeitraum von 18 Monaten tritt (Art. 5 Abs. 2 lit. b PMMA). Die Europäische Union (wie auch zwölf EU-Mitgliedstaaten) hat eine solche Erklärung abgegeben. Die vorläufige Schutzverweigerung muss somit innerhalb einer 18-Monatsfrist ergehen, andernfalls die WIPO die Schutzverweigerung als nicht vorschriftsmäßig betrachtet (Regel 18 Abs. 1 lit. a Ziff. iii GAusfO MMA/PMMA). Innerhalb dieser Frist müssen alle Schutzversagungsgründe mitgeteilt werden. Danach dürfen keine neuen Schutzversagungsgründe mehr ins Verfahren eingeführt werden. Daher bleibt auch nach Ablauf der 18-Monatsfrist eintretender Vertretungsmangel (Niederlegung des Mandats) folgenlos (vgl. HABM BK v. 8.11.2012 – R 2163/2011-4 Rn. 12 – PARACELSUSCLINICA AL RONC/PARACELSUS).

Die 18-Monatsfrist gilt auch dann, wenn das EUIPO nach Abschluss der eigenen Prüfung **15** auf Bemerkungen Dritter eingeht.

2. Fristbeginn

Die Frist zur Mitteilung der Schutzverweigerung beginnt mit der tatsächlichen Eintragung **16** der erstmaligen Registrierung oder einer nachträglichen Benennung im Register, wofür es nach der gesetzlichen Fiktion der Regel 18 Abs. 1 lit. a iii GAusfO MMA/PMMA auf die Versendung der Mitteilung über die Registrierung/Benennung durch die WIPO an das EUIPO ankommt. Sie beginnt also nicht schon mit dem Eingang des Registrierungsantrags.

3. Verspätung

Bei fristgerechter Zusendung wird die vorläufige Schutzverweigerung in das internationale **17** Register eingetragen und übermittelt die WIPO dem Inhaber der international registrierten Marken eine Kopie der Mitteilung des DPMA (Regel 17 Abs. 4 GAusfO MMA/PMMA). Wird eine Schutzverweigerung verspätet mitgeteilt, wird sie nicht berücksichtigt und entfaltet keine rechtlichen Wirkungen; der Vertragsstaat kann den Schutz nicht mehr von Beginn an versagen (Art. 5 Abs. 2 MMA/PMMA). Demzufolge wird die Schutzverweigerung auch nicht im Internationalen Register vermerkt. Gleichwohl übersendet die WIPO die Schutzverweigerungsmitteilung an den Inhaber der international registrierten Marke, teilt ihm und der mitteilenden Behörde aber mit, dass und warum die vorläufige Schutzverweigerung nicht als solche betrachtet wird (Regel 18 Abs. 1 lit. a Ziff. iii, lit. b, Abs. 2 lit. a GAusfO MMA/PMMA). Der Inhaber der international registrierten Marke erlangt durch die Mitteilung aber davon Kenntnis, dass der Schutz der Marke durch potentielle Konflikte gefährdet ist und kann sich darauf einstellen, da der zunächst gewährte Schutz immer noch durch ein nachträgliches Schutzentziehungsverfahren wieder entfallen kann.

18 Die WIPO übermittelt die vorläufige Schutzverweigerung an den Inhaber nach den verfahrensrechtlichen Regeln der GAusfO MMA/PMMA. Ob dies überhaupt oder korrekt erfolgt, unterliegt nicht der Nachprüfung durch das EUIPO (HABM BK v. 23.10.2006 – R 521/2006-4 Rn. 26 – GREEN PLUS). Die vorläufige Schutzverweigerung setzt eine Frist von zwei Monaten, die mit dem Tag ihrer Ausstellung beginnt (anders als bei einer normalen Unionsmarkenanmeldung, wo das Datum der Zustellung maßgeblich ist; Regel 113 Abs. 1 lit. b GMDV). Der Anmelder kann innerhalb dieser Frist zur vorläufigem Schutzverweigerung Stellung nehmen, wobei die Stellungnahme unmittelbar an das EUIPO zu richten ist. Fristverlängerungen und die Beanspruchung von Verkehrsdurchsetzung im weiteren Verlauf sind ebenso möglich wie bei der Beanstandung einer unmittelbar beim EUIPO eingereichten Unionsmarkenanmeldung.

II. Vorläufige Schutzverweigerung

19 Da innerhalb der 18-Monatsfrist regelmäßig keine endgültige Entscheidung über die Schutzverweigerung getroffen werden kann und da dem Antragsteller Gelegenheit zu geben ist, zur beabsichtigten Schutzverweigerung Stellung zu nehmen (Art. 154 Abs. 2), wird zunächst eine nur vorläufige Schutzverweigerung ausgesprochen („Refus Provisoire"/„Provisional Refusal"), in der die möglicherweise bestehenden Schutzverweigerungsgründe mitgeteilt werden. Die Mitteilung der vorläufigen Schutzverweigerung stellt keine Entscheidung, sondern nur eine begründete Beanstandung zur Gewährung rechtlichen Gehörs dar (HABM BK v. 23.10.2006 – R 521/2006-4 – GREEN PLUS).

20 Die Mitteilung der vorläufigen Schutzverweigerung wird vom EUIPO an die WIPO gesandt und von diesem an den Markeninhaber weitergeleitet (näher Regel 17 GAusfO MMA/PMMA). Schutzverweigerungen werden in der Praxis durch Formulare mitgeteilt. Die von der verschiedenen Vertragsstaaten verwendeten Formulare sind nicht einheitlich, seit September 2009, dh seit die WIPO den Vertragsstaaten Formulare zur Verfügung stellt, nimmt die Vereinheitlichung aber zu.

1. Wirkung der vorläufigen Schutzverweigerung

21 Der mit der Eintragung vorläufig gewährte Schutz wird durch die vorläufige Schutzverweigerung vorläufig wieder aufgehoben. Die vorläufige Schutzverweigerung wirkt gleichwohl tatsächlich schutzverweigernd, wird also durch die endgültige Schutzverweigerung nicht erst „aktiviert", sondern nur bestätigt, und nur durch eine Schutzgewährung („Statement of Grant of Protection" oder „Final Disposition on Status of a Mark") aufgehoben.

2. Inhalt der vorläufigen Schutzverweigerung

22 Nach Art. 5 Abs. 2 lit. a PMMA sind mit der Schutzversagung alle Gründe mitzuteilen, dh der Schutz kann nur aus solchen Gründen verweigert werden, die das EUIPO der WIPO fristgemäß mitgeteilt hat. Diese beziehen sich auf die gesetzlichen Versagungsgründe, also ist insbesondere das vom EUIPO angenommene Eintragungshindernis im Einzelnen zu benennen. Es müssen allerdings nicht sämtliche Tatsachen mitgeteilt werden, auf die sich die Schutzversagung stützt.

23 Zum Inhalt der Schutzverweigerungsmitteilung s. Regel 17 Abs. 2 und 3 GAusfO MMA/PMMA.

3. Sprache der vorläufigen Schutzverweigerung

24 Die Mitteilung der vorläufigen Schutzverweigerung durch das EUIPO erfolgt nach eigenem Ermessen der Behörde auf Englisch, Französisch oder Spanisch; die Eintragung in das Internationale Register erfolgt in allen drei Sprachen; die Mitteilung der WIPO an den Inhaber der internationalen Registrierung, mit dem eine Kopie der Schutzverweigerungsmitteilung des EUIPO übersandt wird, erfolgt in der Sprache, in der die internationale Registrie-

rung angemeldet wurde bzw. die Sprache, die der Anmelder als Verfahrenssprache gewählt hat.
Zur Sprachregelung s. Regel 6 GAusfO MMA/PMMA. 25

4. Mängel der vorläufigen Schutzverweigerung

Die Schutzverweigerungsmitteilung kann Mängel enthalten, von denen einige heilbar 26 sind, andere nicht (s. hierzu Regel 18 Abs. 1 lit. a und b, Abs. 2 GAusfO MMA/PMMA). Sind sie heilbar, setzt die WIPO dem EUIPO eine Frist von zwei Monaten zur Heilung des Mangels. Auch eine mangelhafte Schutzverweigerungsmitteilung sowie die Aufforderung zur Korrektur wird dem Inhaber der internationalen Registrierung mitgeteilt. Er kann sich daher in der zweimonatigen Korrekturfrist bereits mit den Schutzverweigerungsgründen befassen und im Falle eines Widerspruchs mit dem Inhaber der Widerspruchsmarke Verhandlungen aufnehmen.

5. Rechtsmittel gegen die vorläufige Schutzverweigerung (Abs. 2)

Nach einer vorläufigen Schutzverweigerung ist innerhalb von zwei Monaten ab dem Tag, 27 an dem die Schutzverweigerung ergeht, gegenüber dem EUIPO zur vorläufigen Schutzverweigerung Stellung (Art. 154 Abs. 2 iVm Regel 113 Nr. 1 lit. c GMDV), ggf. unter Bestellung eines Vertreters (Art. 92 Abs. 2 → Art. 92 Rn. 1).

III. Schutzbewilligung/endgültige Schutzverweigerung

Wird rechtzeitig Stellung genommen, trifft das EUIPO unter Berücksichtigung der Stel- 28 lungnahme eine Sachentscheidung über die Schutzbewilligung oder endgültige Schutzverweigerung. Hält es die Schutzhindernisse nicht mehr für gegeben, wird die vorläufige Schutzverweigerung aufgehoben und der Marke in der EU – ggf. teilweise – Schutz gewährt. Hält es die Schutzhindernisse dagegen weiterhin für gegeben, wird der internationalen Registrierung Marke der Schutz in der EG durch Beschluss endgültig verweigert. Bezog sich die vorläufige Schutzverweigerung nur auf einen Teil der Waren oder Dienstleistungen, so darf sich auch die endgültige Schutzverweigerung nur auf diesen Teil beziehen (HABM BK v. 7.8.2015 – R 432/2015-4 – CARBONBUSTER). Gegen den Beschluss stehen dem Markeninhaber die Rechtsmittel der UMV zu (Art. 5 Abs. 3 PMMA), dh die Beschwerde (Art. 58). Wird keine Rechtsmittel eingelegt, wird die Entscheidung rechtskräftig.

Wird nicht oder nicht rechtzeitig Stellung genommen oder wird kein erforderlicher Ver- 29 treter bestellt oder erfolgt die Bestellung verspätet, erklärt das EUIPO die Schutzverweigerung für endgültig (Regel 112 Abs. 4 GMDV). Bei Stellungnahme ohne erforderliche Vertreterbestellung gilt dies unabhängig davon, ob der Inhaber der internationalen Registrierung die Beanstandungen im Übrigen ausräumt, da der Vertretungsmangel einen eigenständigen Schutzverweigerungsgrund darstellt.

Gegen die Entscheidung des EUIPO, mit der die Schutzverweigerung für endgültig wird, 30 steht dem Inhaber der internationalen Registrierung das Rechtsmittel der Beschwerde zu (Art. 58). Um den Vertretungsmangel auszuräumen, genügt es, dass der Vertreter in der Beschwerdeschrift bestellt wird (HABM BK v. 23.10.2006 – R 521/2006-4 Rn. 27, 30 – GREEN PLUS).

IV. Abschlussmitteilung

Nach endgültigem Abschluss des Verfahrens versendet das EUIPO die – seit 1.9.2009 31 verpflichtende – Abschlussmitteilung nach Regel 18ter GAusfO MMA/PMMA, dass die Schutzverweigerung insgesamt aufgehoben und der Marke insgesamt Schutz in der EU gewährt wurde (Regel 18ter Abs. 2 lit. i GAusfO MMA/PMMA, Regel 113 Nr. 2 lit. a GMDV) („Statement of Grant of Protection" oder „Final Disposition on Status of a Mark") oder die Schutzverweigerung für einen Teil der Waren und Dienstleistungen des Verzeichnisses aufgehoben und der Marke insofern Schutz in der EU gewährt wurde, wenn sich die Schutzverweigerung nur auf einen Teil der Waren und Dienstleistungen des Verzeichnisses bezieht (Regel 18ter Abs. 2 ii GAusfO MMA/PMMA, Regel 113 Nr. 2 lit. c GMDV) oder

der Marke insgesamt der Schutz in der EU verweigert wurde (Regel 18ter Abs. 3 GAusfO MMA/PMMA, Regel 113 Nr. 2 lit. b GMDV; „Confirmation of Total Provisional Refusal").

32 Diese Abschlussmitteilung stellt keinen beschwerdefähigen Bescheid, sondern eine **bloße Mitteilung** dar, die nicht in Rechte eingreift. Die WIPO trägt die endgültige Schutzverweigerung in das internationale Register ein und übermittelt eine Kopie hiervon an den Inhaber der international registrierten Marke (Regel 18ter Abs. 5 GAusfO MMA/PMMA).

V. Erneute Schutzerstreckung

33 Nach erfolgter Schutzverweigerung kann der Anmelder einen **erneuten Antrag** auf Schutzerstreckung auf die EU stellen.

VI. Endgültige Schutzverweigerung

34 Räumt der Anmelder die Beanstandungen nicht aus oder kann er den Prüfer nicht überzeugen, dass die Beanstandungen unbegründet waren, so verweigert das EUIPO die Schutzgewährung endgültig; dies entspricht der Zurückweisung einer Anmeldung einer Unionsmarke (Art. 154 Abs. 3), dh mit einer rechtskräftigen endgültigen Schutzverweigerung entfällt der – vorläufige – Schutz der internationalen Registrierung **rückwirkend.** Die Eintragung der Schutzverweigerung in das internationale Register nach Regel 18ter Abs. 5 GAusfO MMA/PMMA hat nur deklaratorische Wirkung.

35 Die endgültige Schutzverweigerung erfolgt gegenüber dem Anmelder unmittelbar. Gegen die Schutzverweigerung kann der Anmelder Beschwerde einlegen (Art. 58).

36 Sobald die Entscheidung über die endgültige Schutzverweigerung rechtskräftig wird, wird eine abschließende Mitteilung an die WIPO geschickt, in der mitgeteilt wird, ob und für welche Waren oder Dienstleistungen die Marke abschließend zurückgewiesen oder akzeptiert worden ist (Regel 113 Abs. 2 GMDV). Wird die vorläufige Schutzverweigerung in der Entscheidung vollständig bestätigt und daher vollständig rechtskräftig, so bestätigt das EUIPO der WIPO, dass der Marke der Schutz für die EU verweigert worden ist (Regel 18ter Abs. 3 GAusfO MMA/PMMA, Regel 113 Nr. 2 lit. b GMDV, „Confirmation of Total Provisional Refusal"). Wird die vorläufige Schutzverweigerung in der Entscheidung teilweise aufgehoben und daher nur teilweise rechtskräftig, zB weil der Prüfer die Beanstandung zurücknimmt oder die Zurückweisungsentscheidung im Beschwerdeverfahren aufgehoben wird, so teilt das EUIPO der WIPO mit, dass die Marke für bestimmte Waren und Dienstleistungen in der EU geschützt ist (Regel 18ter Abs. 2 Ziff. ii GAusfO MMA/PMMA, Regel 113 Nr. 2 lit. c GMDV; „Statement of Grant of Protection" oder „Final Disposition on Status of a Mark").

37 War zwischenzeitlich ein Widerspruchsverfahren anhängig gemacht, so erfolgt die Schlussmitteilung erst nach rechtskräftigem Abschluss des Widerspruchsverfahrens (Regel 115 Nr. 6 GMDV).

Art. 154a Kollektiv- und Gewährleistungsmarken

(1) Stützt sich eine internationale Registrierung auf eine Basisanmeldung oder eine Basiseintragung einer Kollektiv-, Gewährleistungs- oder Garantiemarke, so wird die internationale Registrierung, in der die Union benannt ist, als Unionskollektivmarke bzw. als Unionsgewährleistungsmarke behandelt.

(2) Der Inhaber der internationalen Registrierung legt die Markensatzung gemäß der Artikel 67 und 74b innerhalb von zwei Monaten ab dem Tag, an dem das Internationale Büro dem Amt die internationale Registrierung mitgeteilt hat, unmittelbar beim Amt vor.

(3) Der Kommission wird die Befugnis übertragen, gemäß Artikel 163a delegierte Rechtsakte zu erlassen, in denen die Einzelheiten des Verfahrens für internationale Registrierungen, die sich auf eine Basisanmeldung oder eine Basiseintragung einer Kollektiv-, Gewährleistungs- oder Garantiemarke stützen, festgelegt werden.

Widerspruch   Art. 156 UMV

Überblick

Die Vorschrift ist anwendbar ab 1.10.2017.

Mit Art. 154a werden Regelungen, die bisher in der Durchführungsverordnung enthalten 1
waren (Regel 121 Nr. 1 und 2 GMDV), in die UMV übernommen und um die Unionsgewährleistungsmarke ergänzt.

Art. 155 Recherche

(1) Hat das Amt die Mitteilung einer internationalen Registrierung erhalten, in der die Union benannt ist, erstellt es gemäß Artikel 38 Absatz 1 einen Unionsrecherchenbericht, vorausgesetzt, ein Antrag auf einen Recherchenbericht gemäß Artikel 38 Absatz 1 geht innerhalb eines Monats ab dem Tag der Zustellung beim Amt ein.

(2) Sobald das Amt die Mitteilung einer internationalen Registrierung erhalten hat, in der die Union benannt ist, übermittelt es der Zentralbehörde für den gewerblichen Rechtsschutz eines jeden Mitgliedstaats, die dem Amt mitgeteilt hat, dass sie in ihrem eigenen Markenregister eine Recherche durchführt, gemäß Artikel 38 Absatz 2 ein Exemplar der internationalen Registrierung, vorausgesetzt, ein Antrag auf einen Recherchenbericht gemäß Artikel 38 Absatz 2 geht innerhalb eines Monats ab dem Tag der Zustellung beim Amt ein und die Recherchegebühr wird innerhalb derselben Frist entrichtet.

(3) Artikel 38 Absätze 3 bis 6 gilt entsprechend.

(4) [1]Das Amt unterrichtet die Inhaber älterer Unionsmarken oder Anmeldungen von Unionsmarken, die in dem Unionsrecherchenbericht genannt sind, von der in Artikel 152 Absatz 1 vorgesehenen Veröffentlichung der internationalen Registrierung, in der die Europäische Union benannt ist. [2]Dies gilt unabhängig davon, ob der Inhaber der internationalen Registrierung darum ersucht hat, einen Unionsrecherchenbericht zu erhalten, es sei denn, der Inhaber einer älteren Eintragung oder Anmeldung ersucht darum, die Mitteilung nicht zu erhalten.

Überblick

Art. 155 legt fest, dass eine internationale Registrierung, in der die EU benannt ist, in gleicher Weise einer Recherche nach Art. 38 unterzogen wird wie eine Unionsmarkenanmeldung.

A. Recherchebericht

Der Anmelder der Internationale Registrierung erhält auf Antrag einen Bericht, der ältere 1
Unionsmarken und -anmeldungen aufführt und die Inhaber der im Bericht zitierten älteren Unionsmarken werden hiervon in gleicher Weise unterrichtet, wie dies bei Unionsmarkenanmeldungen geschieht, die beim EUIPO eingereicht werden.

B. Recherchezeitpunkt

Die Recherche erfolgt, sobald die Internationale Registrierung eingegangen ist, geprüft 2
worden ist, ob die zweite Sprache angegeben ist und die Recherchegebühr bezahlt worden ist. Die Recherchenberichte liegen somit bereits vor Beginn der Widerspruchsfrist gemäß Art. 156 Abs. 2 vor. Der Anmelder kann daher die Anmeldung zurücknehmen, um einem Widerspruch zuvor zu kommen.

Art. 156 Widerspruch

(1) Gegen internationale Registrierungen, in denen die Union benannt ist, kann ebenso Widerspruch erhoben werden wie gegen veröffentlichte Anmeldungen von Unionsmarken.

(2) ¹Der Widerspruch ist innerhalb einer Frist von drei Monaten zu erheben, die einen Monat nach dem Datum der Veröffentlichung gemäß Artikel 152 Absatz 1 beginnt. ²Er gilt erst als erhoben, wenn die Widerspruchsgebühr entrichtet worden ist.

(3) Die Schutzverweigerung tritt an die Stelle der Zurückweisung einer Anmeldung einer Unionsmarke.

(4) Der Kommission wird die Befugnis übertragen, gemäß Artikel 163a delegierte Rechtsakte zu erlassen, in denen das Verfahren zur Einreichung und Prüfung eines Widerspruchs, einschließlich der erforderlichen Mitteilungen an das Internationale Büro, festgelegt wird.

Überblick

Art. 156 ergänzt die allgemeine Verweisungsnorm des Art. 145 um eine Anpassung an die Besonderheiten der internationalen Registrierung in Bezug auf den Widerspruch gegen IR-Marken. Abs. 2 bestimmt die Widerspruchsfrist, die nunmehr vier Monate nach Nachveröffentlichung endet (→ Rn. 8). Art. 156 wird ergänzt durch Regel 114–116 GMDV, die zum 1.10.2017 durch die nach Abs. 4 zu erlassenden delegierten Rechtsakte ersetzt werden.

Übersicht

	Rn.		Rn.
A. Widerspruch gegen eine internationale Registrierung mit Benennung der EU (Abs. 1)	1	II. Vorläufige Schutzverweigerung	15
		III. Widerspruchsverfahren	22
		1. Endgültige Schutzverweigerung bei Vertretungsmangel	22
B. Widerspruchsfrist (Abs. 2)	6	2. Begründetheitsprüfung bei ordnungsgemäßer Vertretung	23
I. Dauer der Widerspruchsfrist	6		
II. Beginn der Widerspruchsfrist	7	3. Aussetzung des Widerspruchsverfahrens bei absoluten Schutzverweigerungsgründen	26
C. Widerspruchsgebühr (Abs. 2)	10		
D. Schutzverweigerung bei Widerspruch (Abs. 3)	11	IV. Abschlussmitteilung	27
I. Schutzverweigerungsfrist	13	E. Schutzbewilligung	29

A. Widerspruch gegen eine internationale Registrierung mit Benennung der EU (Abs. 1)

1 Der Schutz einer internationalen Registrierung kann nach Art. 5 Abs. 1 PMMA iVm Art. 6^{quinquies} B Nr. 1 PVÜ versagt werden, wenn die Marke geeignet ist, Rechte Dritter im Schutzland zu verletzen. Der Tatbestand der Markenverletzung richtet sich nach den nationalen Vorschriften, dh nach Art. 8 und 9 (→ Art. 8 Rn. 1; → Art. 9 Rn. 1). Gegen international registrierte Marken, deren Schutz auf die EU erstreckt worden ist, kann gemäß Art. 41 iVm Art. 145, 156 im Wesentlichen in gleicher Weise Widerspruch erhoben werden wie gegen Unionsmarkenanmeldungen.

2 Es sind jedoch Anpassungen erforderlich, um den Besonderheiten der internationalen Registrierung gerecht zu werden, die sich durch das Registrierungsverfahren nach dem PMMA ergeben. Dadurch stimmen Fristbeginn und Fristberechnung nicht mit der Frist bei Unionsmarkenanmeldungen Marken nach Art. 41 (→ Art. 41 Rn. 1) überein.

3 „Erneuerungen" von international registrierten Marken nach Art. 7 MMA/Art. 7 PMMA stellen keine Neueintragungen, sondern bloße Verlängerungen dar und eröffnen daher keine Widerspruchsmöglichkeit

4 Der Widerspruch gegen die Benennung der EU in der internationalen Registrierung ist auch wie bei Unionsmarkenanmeldungen beim EUIPO einzulegen. Lediglich im Verfahrensablauf bestehen einige Besonderheiten.

5 Die bloße Einlegung eines Widerspruchs führt zwingend zu einer Mitteilung über die vorläufige Schutzverweigerung. Der rechtskräftige Abschluss des Widerspruchsverfahrens führt zu einer Schlussmitteilung an die WIPO, mit der eine endgültige Schutzverweigerung

ausgesprochen oder die vorläufige Schutzverweigerung zurückgenommen wird (Art. 151 Abs. 2).

B. Widerspruchsfrist (Abs. 2)

I. Dauer der Widerspruchsfrist

Die Widerspruchsfrist beträgt – wie bei Widersprüchen gegen Unionsmarkenanmeldungen – **drei Monate**. 6

II. Beginn der Widerspruchsfrist

Internationale Registrierungen werden gemäß Art. 3 Abs. 4 S. 5 PMMA in einem von 7
der WIPO herausgegebenen Veröffentlichungsblatt „Gazette des Marques Internationales" bzw. „Gazette of International Marks" (früher „Les Marques Internationales") veröffentlicht (Regel 32 GAusfO MMA/PMMA). Die Druckversion wurde zum 1.1.2009 eingestellt. Art. 3 Abs. 5 S. 2 Hs. 2 PMMA verbietet ein zusätzliches **Veröffentlichungserfordernis** auf nationaler Ebene – was eine gleichwohl erfolgende weitere Veröffentlichung („Nachveröffentlichung") auf nationaler bzw. regionaler Ebene nicht ausschließt und bei Unionsmarken im Gegensatz zur deutschen Marken auch stattfindet.

Anders als im deutschen Recht, das die für deutsche Marken vorgeschriebene Veröffentli- 8
chung der Eintragung im Markenblatt des DPMA (§ 41 S. 2 MarkenG; Regel 27, 28 MarkenV) bei internationalen Registrierung durch die Veröffentlichung der internationalen Registrierung ersetzt und die Widerspruchsfrist dementsprechend hieran anknüpft (wenngleich nicht unmittelbar, sondern erst mit dem ersten Tag des auf Ausgabemonates des Veröffentlichungsblatts folgenden Monats), beginnt die Widerspruchsfrist gegen internationale Registrierungen, in denen die EU benannt ist, erst nach der ersten Nachveröffentlichung – wenngleich nicht unmittelbar, sondern erst mit dem ersten Monat nach dem Datum der ersten Nachveröffentlichung; sie läuft also zwischen dem ersten und dem vierten Monat nach der ersten Nachveröffentlichung (Art. 156 Abs. 2). Bis zum Inkrafttreten der VO (EU) 2015/2424 begann die Widerspruchsfrist erst sechs Monate nach dem Datum der ersten Nachveröffentlichung (vgl. HABM BK v. 8.6.2015 – R 1585/2014-2 – PROX ENERGY/proenergy; v. 6.3.2014 – R 1240/2012-1 – CITY OF FRIENDS/Friends). Damit sollte erreicht werden, dass die Prüfung auf absolute Eintragungshindernisse möglichst vor Beginn der Widerspruchsfrist abgeschlossen ist. Diese faktisch sehr lange Widerspruchsfrist ist nun erheblich verkürzt und den Regeln der Mitgliedstaaten angenähert worden.

Verfrüht eingegangene Widersprüche werden nicht zurückgewiesen, sondern bis zum 9
Beginn der Widerspruchsfrist zur Seite gelegt werden; sie gelten erst als am ersten Tag der Widerspruchsfrist eingegangen (Regel 114 Abs. 3 GMDV). Wird vor diesem Datum der Widerspruch zurückgenommen, so wird die Widerspruchsgebühr daher erstattet.

C. Widerspruchsgebühr (Abs. 2)

Der Widerspruch gilt nur als eingereicht, wenn die Widerspruchsgebühr gezahlt wurde. 10

D. Schutzverweigerung bei Widerspruch (Abs. 3)

Wird gegen die Schutzgewährung der internationalen Registrierung in der EU Wider- 11
spruch eingelegt, übersendet das EUIPO dem Widersprechenden eine Empfangsbestätigung und dem Anmelder der internationalen Registrierung den Widerspruch zur Information (Regel 16a GMDV).

Da die EU-Anteile (Benennungen) von internationalen Registrierungen meist neben 12
weiteren Anteilen bestehen, erfolgt im Falle eines erfolgreichen Widerspruchs naturgemäß nicht zur Löschung der internationalen Registrierung insgesamt. Da die EU-Anteile (Benennungen) von internationalen Registrierungen zudem nicht in das Markenregister des EUIPO eingetragen (sondern dort nur nachveröffentlicht) werden, kann auch der EU-Anteil nicht gelöscht werden. Vielmehr tritt nach § 156 Abs. 3 MarkenG im Falle eines erfolgreichen

Widerspruchs an die Stelle der Zurückweisung der Anmeldung die auf die EU beschränkte Verweigerung des Schutzes (Art. 5 PMMA).

I. Schutzverweigerungsfrist

13 Die Schutzverweigerung muss auch für internationalen Registrierungen, die dem PMMA unterliegen, grundsätzlich innerhalb eines Jahres nach der internationalen Registrierung oder dem Ausdehnungsgesuch ausgesprochen werden (Art. 5 Abs. 2 lit. a PMMA).

14 Insofern sei auf die diesbezüglichen Ausführungen zu Art. 154 verwiesen (→ Art. 154 Rn. 14 f.).

II. Vorläufige Schutzverweigerung

15 Wird ein Widerspruch eingelegt, prüft das EUIPO ob er zulässig ist (Regel 15, 17 GMDV), dh ob der Widerspruch rechtzeitig eingegangen ist (Art. 156 Abs. 2 S. 1), die Widerspruchsgebühr gezahlt wurde (Art. 156 Abs. 2 S. 2), der Widerspruch die von der WIPO nach Regel 17 Abs. 3 GAusfO MMA/PMMA verlangten Angaben enthält (Regel 115 Abs. 2, 3 GMDV), der Widerspruch in einer zulässigen Sprache eingereicht wurde und der Widersprechende gemäß Art. 92 (→ Art. 92 Rn. 1) vertreten ist.

15.1 Der Widerspruch muss nach Wahl des Widersprechenden in der Sprache der internationalen Anmeldung (der ersten Sprache) oder in der vom Anmelder angegebenen zweiten Sprache eingereicht werden (Art. 119 Abs. 6 S. 1; → Art. 119 Rn. 1). Diese Sprache wird Verfahrenssprache des Widerspruchsverfahrens. Der Widerspruch kann auch in jeder der drei anderen Sprachen des Amtes eingereicht werden, wobei dann innerhalb eines Monats eine Übersetzung in die Verfahrenssprache, dh wahlweise die erste oder zweite Sprache, einzureichen ist (Art. 119 Abs. 6 S. 2). Das EUIPO verwendet die Sprache des Widerspruchsverfahrens für alle Mitteilungen, die direkt an die Parteien ergehen; für alle Mitteilungen an die WIPO, zB für die vorläufige Schutzverweigerung, verwendet es die Sprache, in der die internationale Registrierung von der WIPO eingetragen wurde (erste Sprache).

15.2 Hat der Anmelder der internationalen Registrierung noch keinen nach Art. 92 Abs. 2 erforderlichen Vertreter bestellt, so enthält die Mitteilung der vorläufigen Schutzverweigerung an die WIPO, mit der der Widerspruch übermittelt wird, die Aufforderung an den Anmelder, innerhalb von zwei Monaten ab Zustellung der Mitteilung einen Vertreter iSv Art. 93 Abs. 1 zu bestellen (Regel 114 Abs. 4 GMDV).

16 Eine sachliche Prüfung des Widerspruchs findet wegen der Zweiseitigkeit des Verfahrens zu diesem Zeitpunkt noch nicht statt.

17 Ist der Widerspruch unzulässig, so teilt das EUIPO dem Anmelder der internationalen Registrierung dies direkt mit (Regel 17 Abs. 5 GMDV). Mangels wirksamen Widerspruchs erfolgt keine Mitteilung über die vorläufige Schutzverweigerung an die WIPO.

18 Ist der Widerspruch zulässig, verweigert das EUIPO der internationalen Registrierungen den Schutz. Da innerhalb der Jahresfrist regelmäßig keine endgültige Entscheidung über den Widerspruch getroffen werden kann, wird zunächst eine nur vorläufige Schutzverweigerung ausgesprochen wird („Refus Provisoire"/„Provisional Refusal"), in der der Widerspruch mitgeteilt wird. Der mit der Eintragung vorläufig gewährte Schutz wird durch die vorläufige Schutzverweigerung vorläufig wieder aufgehoben (Art. 154; → Art. 154 Rn. 21).

19 Die Schutzverweigerung kann nicht auf andere als die fristgerecht mitgeteilten Widersprüche gestützt werden. Unberührt bleibt die Schutzentziehung aufgrund späterer Nichtigkeitsverfahren (Art. 154; → Art. 154 Rn. 17).

20 Die Mitteilung der vorläufigen Schutzverweigerung wird vom EUIPO an die WIPO gesandt und von dieser an den Markeninhaber übermittelt (Art. 5 Abs. 1, 2 lit. a, b PMMA und Regel 17 Abs. 1 lit. a GAusfO MMA/PMMA). Die Schutzverweigerungsmitteilung des EUIPO kann Mängel enthalten, von denen einige heilbar sind, andere nicht (Art. 154; → Art. 154 Rn. 26).

21 Hat der Anmelder der internationalen Registrierung noch keinen nach Art. 92 Abs. 2 erforderlichen Vertreter bestellt, ist in dem Schutzverweigerungsbescheid eine Frist von zwei Monaten ab Zustellung der Mitteilung über die vorläufige Schutzverweigerung an den Markeninhaber zu setzen, innerhalb derer der Markeninhaber einen Inlandsvertreter bestellen muss (Regel 114 Abs. 4 GMDV; s. Art. 154; → Art. 154 Rn. 27).

III. Widerspruchsverfahren

1. Endgültige Schutzverweigerung bei Vertretungsmangel

Ist der Widerspruch zulässig, wird aber kein Inlandsvertreter bestellt oder erfolgt die 22
Bestellung verspätet, so verweigert das EUIPO der internationalen Registrierung den Schutz endgültig (Regel 114 Abs. 4 S. 2 GMDV). Es ergeht keine Kostenentscheidung, da die „cooling off"-Frist noch nicht abgelaufen ist; die Widerspruchsgebühr wird nur erstattet, wenn der Anmelder der internationalen Registrierung bereits vor Erlass der vorläufigen Schutzverweigerung ausdrücklich auf die internationale Registrierung verzichtet hatte (Regel 18 Abs. 4, 5 GMDV). Gegen die endgültige Schutzverweigerung stehen dem Anmelder die Rechtsmittel der UMV zu (Art. 5 Abs. 3 PMMA), dh die Beschwerde (Art. 58). Die zweimonatige Beschwerdefrist beginnt mit dem Ende der Bestellungsfrist ohne Zustellung eines weiteren Bescheides zu laufen. Wird der Vertreter dann in der Beschwerdeschrift bestellt, wird dadurch der Schutzverweigerungsgrund geheilt und das Schutzgewährungsgesuch zur Prüfung des Widerspruchs an die Widerspruchsabteilung zurückverwiesen (HABM BK 29.4.2008 – R 358/2008-2 Rn. 13 – MIRACA; HABM BK 8.9.2008 – R 398/2008-4 Rn. 11 – CIRQUE ON ICE; HABM BK 18.3.2012 – R 2467/2011-4 Rn. 13 – GENNEX). Wird kein Rechtsmittel eingelegt, wird die Entscheidung rechtskräftig, die Schutzverweigerung unanfechtbar.

2. Begründetheitsprüfung bei ordnungsgemäßer Vertretung

Wird rechtzeitig ein Inlandsvertreter bestellt, führt das EUIPO das Widerspruchsverfahren 23
wie bei einer unmittelbar beim EUIPO eingereichten Unionsmarkenanmeldung durch (Regel 144 GMDV iVm Regel 15–22 GMDV; → Art. 42 Rn. 1).

Widerspruch und ggf. Widerspruchsbegründung werden dem Markeninhaber bzw. dessen Vertreter 23.1
zur Stellungnahme übersandt. Das EUIPO teilt den Beteiligten wie beim Widerspruch gegen eine beim EUIPO unmittelbar eingereichte Unionsmarkenanmeldung den Beginn der zweimonatigen „cooling off"-Frist mit und setzt die Substantiierungs- und Stellungnahmefristen (Regel 18 Abs. 1, 19, 20 GMDV). Die „cooling off"-Frist kann einmalig und auf insgesamt 24 Monate verlängert werden, mit der Möglichkeit des einseitigen „opting-out" (s. Art. 42) und Anpassung der Substantiierungs- und Stellungnahmefristen.

Unter Berücksichtigung seiner Stellungnahme trifft das EUIPO dann eine Sachentscheidung: 24
Erweist sich der Widerspruch als unbegründet, wird die vorläufige Schutzverweigerung aufgehoben und der Marke in der EU Schutz gewährt. Erweist sich der Widerspruch dagegen als begründet, wird der internationalen Registrierung der Schutz in der EU durch Beschluss endgültig verweigert. Gegen den Beschluss stehen dem Markeninhaber die Rechtsmittel der UMV zu (Art. 5 Abs. 3 S. 2 PMMA), dh die Beschwerde (Art. 58). Wird keine Rechtsmittel eingelegt, wird die Entscheidung rechtskräftig.

Für einen nach Art. 42 Abs. 2 (→ Art. 42 Rn. 7) geforderten Benutzungsnachweis ist 25
anstelle des Datums der Veröffentlichung der Unionsmarkenanmeldung auf das Datum der ersten Nachveröffentlichung abzustellen. Es ist nicht auf den Beginn der Widerspruchsfrist abzustellen, die bei der Unionsmarkenanmeldung mit dem Datum ihrer Veröffentlichung zusammenfällt, bei der internationalen Registrierung mit Benennung der EU aber erst einen Monat später liegt (HABM BK 2.12.2009 – R 439/2008-4 Rn. 15 – CUSHE/SHE).

3. Aussetzung des Widerspruchsverfahrens bei absoluten Schutzverweigerungsgründen

Wurde der Widerspruch zu einem Zeitpunkt eingelegt, zu dem das EUIPO bereits eine 26
vorläufige Schutzverweigerung aus absoluten Gründen erlassen hatte, so teilt das EUIPO dem Anmelder der internationalen Registrierung direkt mit, dass ab sofort das Widerspruchsverfahren ausgesetzt ist, bis eine abschließende Entscheidung zu den absoluten Eintragungshindernissen vorliegt (Regel 115 Abs. 5 GMDV). Wird die vorläufige Schutzverweigerung aus absoluten Gründen bestätigt und der Schutz endgültig für alle Waren und Dienstleistungen verweigert, die mit dem Widerspruch angegriffen werden, so wird das Widerspruchsver-

fahren eingestellt und die Widerspruchsgebühr erstattet (Regel 115 Abs. 5 S. 2 GMDV). Wird die vorläufige Schutzverweigerung aus absoluten Gründen aufgehoben, so wird das Widerspruchsverfahren wieder aufgenommen.

IV. Abschlussmitteilung

27   Nach rechtskräftigem Abschluss aller Widerspruchsverfahren erteilt das EUIPO der WIPO gemäß Regel 115 Abs. 5 GMDV eine Abschlussmitteilung nach Regel 18ter GAusfO MMA/PMMA (s. Art. 154; → Art. 154 Rn. 31).

28   Bei Schutzverweigerungen aus mehreren Gründen, dh wenn eine Schutzverweigerung bezüglich einiger Waren und Dienstleistungen aus absoluten Gründen und bezüglich anderer Waren und Dienstleistungen wegen eines Widerspruchs erlassen wurde, oder wenn mehrere Widersprüche eingereicht wurden, werden nach Erledigung der Beanstandung aus absoluten Gründen oder nach Abschluss eines von mehreren Widerspruchsverfahren keine Zwischenmitteilungen erlassen. Es erfolgt vielmehr nur eine einzige Schlussmitteilung, sobald alle Verfahren rechtskräftig abgeschlossen sind.

E. Schutzbewilligung

29   Liegt kein absolutes Eintragungshindernis gegen die internationale Registrierung vor, dh wurde die Mitteilung über die Schutzgewährung gemäß Regel 112 Abs. 5 GMDV („Interim Status of a Mark") versandt, und liegt bei Ende der Widerspruchsfrist kein Widerspruch vor, tritt nach Art. 151 (→ Art. 151 Rn. 1) eine Erstreckung des Schutzes der internationalen Registrierung ein, die nur unter den Voraussetzungen von Art. 158 (→ Art. 158 Rn. 1) wieder entzogen werden kann, und wird die endgültige Mitteilung über die Schutzgewährung gemäß Regel 116 Abs. 1 GMDV, Regel 18ter Abs. 1 GAusfO MMA/PMMA („Grant of Protection") an die WIPO versandt.

30   Hieran schließt sich die zweite Nachveröffentlichung an (Art. 152 Abs. 2; → Art. 152 Rn. 5). Ab diesem Datum hat die internationale Registrierung die gleiche Wirkung wie eine eingetragene Unionsmarke (Art. 151 Abs. 2 iVm Regel 116 Abs. 2 GMDV). Diese Wirkung tritt somit vor Ablauf der 18-Monatsfrist ein. Das Datum der zweiten Nachveröffentlichung setzt die Fünfjahrefrist für die Benutzung in Gang (Art. 160; → Art. 160 Rn. 1) und ist dafür maßgeblich, ab wann die Eintragung gegen einen Verletzer geltend gemacht werden kann (Art. 151 Abs. 3; → Art. 151 Rn. 5).

Art. 157 Ersatz einer Unionsmarke durch eine internationale Registrierung

Das Amt trägt auf Antrag in das Register ein, dass eine Unionsmarke als durch eine internationale Registrierung gemäß Artikel 4bis des Madrider Protokolls ersetzt anzusehen ist.

Überblick

Art. 157 setzt Art. 4bis PMMA um, der bestimmt, dass eine internationale Registrierung, die für denselben Inhaber dieselben Waren und Dienstleistungen schützt wie eine prioritätsältere Unionsmarke, letztere ersetzt.

Art. 4bis PMMA lässt den umgekehrten Fall ungeregelt, in dem die Unionsmarke nach dem Datum der internationalen Registrierung mit Wirkung für die EU angemeldet (s. Art. 4bis Abs. 1 Ziff. iii PMMA). In diesem Fall gelten keine besonderen Regeln.

A. Bedeutung der Ersetzung

1   Durch Art. 4bis PMMA findet ein Ersatz der prioritätsälteren Unionsmarke durch die internationale Registrierung nicht in dem Sinne statt, dass die erstere verschwindet und die letztere an ihre Stelle tritt. Vielmehr ist davon auszugehen, dass der Inhaber zwei selbständige, für sich bestehende Rechte mit verschiedenen Zeiträngen und Schutzfristen bei sonst gleichem Inhalt besitzt. Der Zweck des Art. 4bis PMMA erschöpft sich vielmehr darin, zu

verhindern, dass in Staaten mit verbotener Doppeleintragung die ältere Eintragung in einem Vertragsstaat der Wirkung der internationalen Registrierung Schutzhindernis entgegengehalten wird (vgl. LG Berlin GRUR 1957, 374 (375) – Heller/Haller). Das ist nur für Ämter mit Amtsprüfung auf ältere Rechte, nicht aber für das EUIPO relevant.

B. Eintragung der Ersetzung

Die Ersetzung wird auf Antrag des Inhabers der internationalen Registrierung in das 2 Unionsmarkenregister eingetragen (Regel 84 Abs. 3 lit. t GMDV). Der Antrag ist gebührenfrei. Da der Antrag freiwillig ist, hat es keine negativen Rechtsfolgen, wenn die Eintragung der Ersetzung unterbleibt.

C. Auswirkungen auf die ältere Marke

Aus der auf ein Doppelschutzverbot begrenzten Bedeutung dieser „Ersetzung" folgt unter 3 anderem, dass die auf diese Weise „ersetzte" Unionsmarke weder suspendiert noch anderweitig beeinträchtigt wird, weiterhin im Register für Unionsmarken verbleibt und separat verlängert werden muss (WIPO Guide to the International Registration of Marks, B II. 86) sowie als älteres Recht gegen jüngere Unionsmarkenanmeldungen geltend gemacht werden kann.

Art. 158 Nichtigerklärung der Wirkung einer internationalen Registrierung

(1) Die Wirkung einer internationalen Registrierung, in der die Europäische Union benannt ist, kann für nichtig erklärt werden.

(2) Der Antrag auf Nichtigerklärung der Wirkung einer internationalen Registrierung, in der die Europäische Union benannt ist, tritt an die Stelle eines Antrags auf Erklärung des Verfalls gemäß dem Artikel 51 oder der Nichtigkeit gemäß Artikel 52 oder 53.

Einfügung mWv 1.10.2017 gemäß VO (EU) 2015/2424 vom 16.12.2015:
(3) Wurde die Wirkung einer internationalen Registrierung, in der die Union benannt ist, gemäß Artikel 57 oder Artikel 100 dieser Verordnung und dem vorliegenden Artikel rechtskräftig für ungültig befunden, so setzt das Amt das Internationale Büro gemäß Artikel 5 Absatz 6 des Madrider Protokolls davon in Kenntnis.
(4) ¹Die Kommission erlässt Durchführungsrechtsakte, in denen die Einzelheiten, die in der Mitteilung an das Internationale Büro gemäß Absatz 3 dieses Artikels anzugeben sind, festgelegt wird. ²Diese Durchführungsrechtsakte werden nach dem Prüfverfahren gemäß Artikel 163 Absatz 2 erlassen.

Überblick

Für internationale Registrierungen mit Schutzerstreckung auf die EU gelten über Art. 158 die Verfalls- und Nichtigkeitsgründe der UMV im Rahmen des Art. 5 Abs. 1 S. 2–3 PMMA iVm Art. 6^{quinquies} PVÜ wie für Unionsmarken.

Die Schutzentziehung ist damit zu unterscheiden von der „Schutzverweigerung" durch das EUIPO (Art. 154, 156; → Art. 154 Rn. 12, → Art. 156 Rn. 11) und dem Erlöschen des Schutzes wegen Wegfalls der Basismarke (Art. 6 Abs. 3 PMMA).

A. Schutzentziehungsgründe

Die international registrierte Marke kann wegen Verfalls (Art. 51; → Art. 51 Rn. 1), 1 absoluter Nichtigkeitsgründe (Art. 52; → Art. 52 Rn. 1) oder relativer Nichtigkeitsgründe, dh älterer Rechte (Art. 53; → Art. 53 Rn. 1) nachträglich „für ungültig erklärt" (Art. 5 Abs. 6 PMMA und Regel 19 GAusfO MMA/PMMA), „ihre Wirkung für nichtig erklärt" (Art. 158), dh ihr Schutz nachträglich wieder entzogen werden.

Die Nichtigkeitserklärung betrifft nicht die Eintragung der internationalen Registrierung 2 insgesamt, sondern nur ihre Wirkung, weil nicht die Eintragung als solche für nichtig oder

Viefhues 2337

verfallen erklärt wird, sondern nur ihre Wirkung, und (entgegen dem Wortlaut des Art. 158) nicht die Wirkung „der internationalen Registrierung", die die EU benennt. Sie betrifft nur die Benennung der EU innerhalb dieser internationalen Registrierung, dh die Wirkung der internationalen Registrierung, soweit sie die EU benennt, dh die Schutzerstreckung auf die EU; für die übrigen benannten Vertragsstaaten bleibt die internationalen Registrierung unberührt.

B. Schutzentziehungsverfahren

3   Die Schutzentziehung kann sowohl im amtlichen Löschungsverfahren nach Art. 56 (→ Art. 56 Rn. 1) wie auch im gerichtlichen Widerklageverfahren nach Art. 100 (→ Art. 100 Rn. 1) betrieben werden. Hinsichtlich der Tenorierung ist zu unterscheiden:

3.1   Erfolgt die Schutzentziehung im amtlichen Löschungsverfahren nach Art. 56, wird die Schutzentziehung seitens des EUIPO durch Beschluss ausgesprochen und dem Internationalen Büro gemäß Art. 5 Abs. 6 S. 2 PMMA zur – deklaratorischen – Eintragung in das internationale Register mitgeteilt (Regel 19 GAusfO MMA/PMMA). Vorläufige Mitteilungen über die Antragstellung, dh eine Mitteilung über die „vorläufige Schutzentziehung" entsprechend einer Mitteilung über die vorläufige Schutzverweigerung im Schutzbewilligungsverfahren erfolgen nicht.

3.2   Erfolgt die Schutzentziehung dagegen im gerichtlichen Widerklageverfahren nach Art. 100, ist zu beachten, dass nach Art. 5 Abs. 6 PMMA nur die nationalen Markenbehörden befugt sind, der internationalen Registrierung den Schutz gegen den Willen des Markeninhabers zu entziehen. Das Löschungsurteil kann daher nicht direkt bei der WIPO vorgelegt werden. Das rechtskräftige Urteil wird dadurch vollstreckt, dass eine Ausfertigung dem EUIPO zugestellt wird (Art. 100 Abs. 6 iVm Art. 145). Das EUIPO teilt die Erklärung der Nichtigkeit sodann der WIPO mit (Regel 117 GAusfO MMA/PMMA). Im Hinblick auf Art. 5 Abs. 6 PMMA, der die Erklärung der Nichtigkeit nur den Behörden zubilligt, dürfte sich die Widerklage streng genommen nicht auf Schutzentziehung beziehen, sondern nur auf Einwilligung des beklagten Markeninhabers in die Schutzentziehung. Mit Zustellung der Urteilsausfertigung müsste dann die Schutzentziehung durch das EUIPO beantragt werden, das die Schutzentziehung sodann durch eine eigenständige Entscheidung aussprechen und diese der WIPO gemäß Art. 5 Abs. 6 PMMA, Regel 19 GAusfO MMA/PMMA zur deklaratorischen Eintragung in das internationale Register mitteilen würde. Dieser verfahrensrechtliche Umweg wird aber bei der Benennung der EU in einer internationalen Registrierung – anders als bei Benennung Deutschlands – nicht vorgenommen. Insofern ist die Mitteilung der (bereits erklärten) Nichtigkeit anstellt der Erklärung der Nichtigkeit eine pragmatische Lösung des Dilemmas, dass die gerichtliche Schutzentziehung in Art. 5 Abs. 6 PMMA nicht vorgesehen.

Art. 158a Rechtswirkung der Eintragung eines Rechtsübergangs

Die Eintragung einer Änderung der Eigentumsverhältnisse in Bezug auf eine internationale Registrierung im Internationalen Register hat dieselbe Rechtswirkung wie die Eintragung eines Rechtsübergangs im Register gemäß Artikel 17.

Überblick

Die Vorschrift ist anwendbar ab 1.10.2017.

1   Mit Art. 158a werden Regelungen, die bisher in der Durchführungsverordnung enthalten waren (Regel 118 GMDV), in die UMV übernommen.

Art. 158b Rechtswirkung der Eintragung von Lizenzen und anderen Rechten

Die Eintragung einer Lizenz oder einer Einschränkung des Verfügungsrechts des Inhabers bezüglich einer internationalen Registrierung im Internationalen Register hat dieselbe Rechtswirkung wie die Eintragung eines dinglichen Rechts, einer Zwangsvollstreckungsmaßnahme, eines Insolvenzverfahrens oder einer Lizenz im Register gemäß den Artikeln 19, 20, 21 beziehungsweise 22.

Überblick

Die Vorschrift ist anwendbar ab 1.10.2017.

Mit Art. 158b werden Regelungen, die bisher in der Durchführungsverordnung enthalten waren (Regel 119 GMDV), in die UMV übernommen. 1

Art. 158c Prüfung von Anträgen auf Eintragung eines Rechtsübergangs, einer Lizenz oder einer Einschränkung des Verfügungsrechts des Inhabers

Das Amt übermittelt dem Internationalen Büro bei ihm eingereichte Anträge auf Eintragung einer Änderung der Eigentumsverhältnisse, einer Lizenz oder einer Einschränkung des Verfügungsrechts des Inhabers oder der Änderung oder Löschung einer Lizenz oder der Aufhebung der Beschränkung des Verfügungsrechts des Inhabers, sofern der entsprechende Nachweis des Rechtsübergangs, der Lizenz oder der Einschränkung des Verfügungsrechts oder der Nachweis beigefügt ist, dass die Lizenz nicht mehr besteht oder geändert wurde oder dass die Beschränkung des Verfügungsrechts aufgehoben wurde.

Überblick

Die Vorschrift ist anwendbar ab 1.10.2017.

Mit Art. 158c werden Regelungen, die bisher in der Durchführungsverordnung enthalten waren (Regel 120 GMDV), unter leichter Umformulierung in die UMV übernommen. 1

Art. 159 Umwandlung einer im Wege einer internationalen Registrierung erfolgten Benennung der Europäischen Union in eine nationale Markenanmeldung oder in eine Benennung von Mitgliedstaaten

(1) Wurde eine Benennung der Europäischen Union im Wege einer internationalen Registrierung zurückgewiesen oder hat sie ihre Wirkung verloren, so kann der Inhaber der internationalen Registrierung beantragen, dass die Benennung der Union umgewandelt wird, und zwar
a) gemäß den Artikeln 112, 113 und 114 in eine Anmeldung für eine nationale Marke;
b) in eine Benennung eines Mitgliedstaats, der Vertragspartei des Madrider Protokolls ist, sofern die direkte Benennung dieses Mitgliedstaats auf der Grundlage des Madrider Protokolls zum Zeitpunkt des Antrags auf Umwandlung möglich war. Es gelten die Artikel 112, 113 und 114 dieser Verordnung.

(2) Die nationale Markenanmeldung oder die Benennung eines Mitgliedstaats, der Vertragspartei des Madrider Protokolls ist, die sich aus der Umwandlung der Benennung der Union im Wege einer internationalen Registrierung ergibt, erhält in dem betreffenden Mitgliedstaat das Datum der internationalen Eintragung gemäß Artikel 3 Absatz 4 des Madrider Protokolls oder das Datum der Ausdehnung auf die Union gemäß Artikel 3ter Absatz 2 des Madrider Protokolls, wenn diese Ausdehnung nach der internationalen Registrierung erfolgte, oder den Prioritätstag dieser Eintragung sowie gegebenenfalls den nach Artikel 153 dieser Verordnung beanspruchten Zeitrang einer Marke dieses Staates.

(3) Der Umwandlungsantrag wird veröffentlicht.

künftige Fassung mWv 1.10.2017:
(4) Der Antrag auf Umwandlung einer internationalen Registrierung, in der die Union benannt ist, in eine Anmeldung einer nationalen Marke enthält die Informationen und Angaben gemäß Artikel 113 Absatz 1.
(5) ¹Wird die Umwandlung gemäß diesem Artikel und Artikel 112 Absatz 5 dieser Verordnung aufgrund einer Nichtverlängerung der internationalen Registrierung beantragt, muss der

in Absatz 4 dieses Artikels genannte Antrag einen entsprechenden Hinweis und den Zeitpunkt, an dem der Schutz abgelaufen ist, enthalten. ²*Die in Artikel 112 Absatz 5 dieser Verordnung vorgesehene Dreimonatsfrist beginnt an dem Tag, der auf den letzten Tag folgt, an dem die Verlängerung gemäß Artikel 7 Absatz 4 des Madrider Protokolls möglich ist.*

(6) Artikel 113 Absätze 3 und 5 gelten entsprechend für Umwandlungsanträge nach Absatz 4 dieses Artikels.

(7) Der Antrag auf Umwandlung einer internationalen Registrierung, in der die Union benannt ist, in eine Benennung eines Mitgliedstaats, der Vertragspartei des Madrider Protokolls ist, enthält die Informationen und Angaben gemäß den Absätzen 4 und 5.

(8) ¹*Artikel 113 Absatz 3 gilt entsprechend für Umwandlungsanträge nach Absatz 7 dieses Artikels.* ²*Das Amt weist den Umwandlungsantrag auch dann zurück, wenn die Voraussetzungen für die Benennung des Mitgliedstaats, der Vertragspartei des Madrider Protokolls oder des Madrider Abkommens ist, weder am Tag der Benennung der Union noch am Tag, an dem der Umwandlungsantrag eingegangen ist oder gemäß Artikel 113 Absatz 1 letzter Satz als eingegangen gilt, erfüllt waren.*

(9) ¹*Entspricht der Umwandlungsantrag nach Absatz 7 den Anforderungen dieser Verordnung und der gemäß dieser Verordnung erlassenen Vorschriften, so übermittelt das Amt den Antrag unverzüglich dem Internationalen Büro.* ²*Das Amt teilt dem Inhaber der internationalen Registrierung den Tag der Übermittlung mit.*

(10) ¹*Die Kommission erlässt Durchführungsrechtsakte, in denen Folgendes festgelegt wird:*
a) *die Einzelheiten, die in einem Umwandlungsantrag gemäß den Absätzen 4 und 7 anzugeben sind;*
b) *die Einzelheiten, die bei der Veröffentlichung des Umwandlungsantrags nach Absatz 3 anzugeben sind.*
²*Diese Durchführungsrechtsakte werden nach dem Prüfverfahren gemäß Artikel 163 Absatz 2 erlassen.*

Überblick

Nach Art. 112 kann der Inhaber einer Unionsmarke(nanmeldung) deren Umwandlung in nationale Markenanmeldungen beantragen, wenn die Unionsmarkenanmeldung zurückgewiesen wird oder die Unionsmarke ihre Wirkung verliert, dh die Umwandlung einer fehlgeschlagenen Unionsmarke (→ Art. 112 Rn. 1). Art. 159 regelt die entsprechende Umwandlung der EU-Benennung einer internationalen Registrierung in nationale Markenanmeldungen für einzelner EU-Mitgliedstaaten oder alternativ in die Benennung einzelner EU-Mitgliedstaaten im Rahmen der internationalen Registrierung, wenn der EU-Benennung der Schutz verweigert wird oder sie ihren Schutz verliert, dh die Umwandlung einer fehlgeschlagenen EU-Benennung.

Damit ist die Regelung von derjenigen des Art. 161 zu unterscheiden, der die Umwandlung der EU-Benennung einer internationalen Registrierung wegen Löschung der internationalen Registrierung aufgrund Wegfalls ihrer Basismarke, dh die Umwandlung einer erfolgreichen EU-Benennung wegen fehlgeschlagener Basismarke betrifft (→ Art. 161 Rn. 1).

Mit Abs. 4–9 werden Regelungen, die bisher in der Durchführungsverordnung enthalten waren (Regel 122 und 123 GMDV), in die UMV übernommen.

A. Anlass der Umwandlung

1   Eine Umwandlung nach Art. 159 kommt in Betracht, wenn die internationale Registrierung in der EU keine Wirkung entfaltet, weil ihr Schutz in der EU verweigert wurde (Regel 113 Abs. 2 lit. b und lit. c GAusfO MMA/PMMA, Regel 115 Abs. 5 lit. b und lit. c GAusfO MMA/PMMA), weil ihr der Schutz in der EU nachträglich wieder entzogen wurde (Art. 158 UMV, Regel 117 GAusfO MMA/PMMA), weil auf ihren Schutz in der EU verzichtet wurde (Regel 25 Abs. 1 GAusfO MMA/PMMA, Regel 27 GAusfO MMA/PMMA) oder weil sie für die EU nicht erneuert wurde (Regel 31 Abs. 4 lit. a und lit. b GAusfO MMA/PMMA).

Eine Umwandlung ist dagegen nicht möglich, wenn der Schutz der internationalen 2
Registrierung in der EU wegen Nichtbenutzung verfällt (es sei denn in dem Mitgliedstaat, für den die Umwandlung beantragt wird, war die internationalen Registrierung benutzt worden) (Art. 159 Abs. 1 iVm Art. 112 Abs. 2 lit. a), wenn auch der nationalen Markenanmeldung ein Eintragungshindernis oder Verfalls- oder Nichtigkeitsgrund entgegenstehen würde (Art. 159 Abs. 1 iVm Art. 112 Abs. 2 lit. b), wenn der Markeninhaber auf die internationale Registrierung insgesamt verzichtet, dh er die vollständige Löschung der internationalen Registrierung (Regel 25 Abs. 1 lit. a Ziff. v GAusfO MMA/PMMA), nicht nur der EU-Benennung beantragt, da dann die internationale Registrierung nicht mehr existiert, für die folglich eine nachträgliche Benennung nicht mehr möglich ist oder wenn bei Umwandlung die Benennung der EU die einzige verbliebene Benennung in der internationalen Registrierung war, da dann die internationale Registrierung mit der Schlussmitteilung an die WIPO und der entsprechenden Veröffentlichung im internationalen Register die internationale Registrierung insgesamt weggefallen ist, für die folglich eine nachträgliche Benennung nicht mehr möglich ist (WIPO Guide to the International Registration of Marks, B II 54).

B. Arten der Umwandlung

Ist eine Umwandlung möglich, kann sie auf zweierlei Weise erfolgen, nämlich durch 3
Umwandlung der EU-Benennung in nationale Markenanmeldungen (Art. 159 Abs. 1 lit. a) oder in nachträgliche Benennungen für einzelne EU-Mitgliedstaaten (Art. 159 Abs. 1 lit. b) („Opting Back").

Beides kann auch dergestalt miteinander kombiniert werden, dass für einzelne Mitglied- 4
staaten eine nationale Markenanmeldung, für andere Mitgliedstaaten eine nachträgliche Benennung nach dem PMMA beantragt wird.

Der Vorteil der Umwandlung in nachträgliche Benennungen nach dem PMMA liegt 5
darin, dass der Anmelder nicht die normalen nationalen Anmeldegebühren zu zahlen hat, sondern lediglich die Gebühren für eine nachträgliche Benennung der WIPO bzw. die jeweiligen individuellen Gebühren.

Art. 159 wird ergänzt durch Regel 122 GAusfO MMA/PMMA (zur Umwandlung in 6
nationale Anmeldungen), Regel 123 GAusfO MMA/PMMA (zur Umwandlung in nachträgliche Benennungen) sowie durch Anhang-I A. Nr. 23 Buchst. b.

Er wird ferner ergänzt durch Regel 24 Abs. 7 GAusfO MMA/PMMA, wo insbesondere 7
geregelt ist, dass eine nachträgliche Benennung, anders als im Normalfall, das Datum der ursprünglichen internationale Registrierung behält.

I. Umwandlung in nationale Anmeldungen

Die Umwandlung in nationale Anmeldungen erfolgt durch Übermittlung des Antrags an 8
die jeweiligen nationalen Ämter (Art. 113 Abs. 3 S. 2; → Art. 113 Rn. 13).

Die aus der Umwandlung hervorgehende nationale Markenanmeldung erhält das Datum 9
der internationalen Registrierung bzw. wenn die Benennung der EU aus einer nachträglichen Benennung resultierte, das Datum der nachträglichen Benennung der EU (Art. 159 Abs. 2). Sie erhält zudem ein in der internationalen Registrierung beanspruchtes Senioritätsdatum gemäß Art. 34, 35 (→ Art. 34 Rn. 1; → Art. 35 Rn. 1) des Mitgliedstaats, für den umgewandelt wird.

II. Nachträgliche Benennungen („Opting Back")

Die Umwandlung in eine nachträgliche Benennung (Gesuch um nachträgliche Schutzer- 10
streckung) gemäß Art. 3ter Abs. 2 PMMA erfolgt durch Übermittlung des Antrags an die WIPO.

Die aus der Umwandlung hervorgehende nachträgliche Benennung eines Mitgliedstaats der EU erhält wiederum das Datum der internationalen Registrierung, da andernfalls diese Form der Umwandlung gegenüber der regulären nachträglichen Schutzerstreckung keinen Vorteil böte (vorausgesetzt, der betreffende Staat hätte bereits zu diesem Datum nachträglich benannt werden können (Regel 123 Abs. 2 GGMDV), dh war bereits Mitglied der Madrider Union, woran es bereits zur Zeit bei Malta fehlt und in Zukunft beim Beitritt künftiger Mitgliedstaaten zur EU fehlen könnte) und ein in der internationalen Registrierung beanspruchtes Senioritätsdatum gemäß Art. 34, 35 des Mitgliedstaats, in den umgewandelt wird (s. Rn. 9).

11 Die Mitteilungen an die WIPO regelt Regel 123 GMDV sowie seitens der WIPO-Bestimmungen Regel 24 Abs. 7 GAusfO MMA/PMMA. Wie auch eine normale Umwandlung nach Art. 112 kann auch dieses „opting-back" in Form der nachträglichen Benennung nur für einzelne Waren und Dienstleistungen erfolgen (Regel 24 Abs. 7 lit. b ii GAusfO MMA/PMMA). Das WIPO-Formular MM 4 ist hier irrelevant, da das EUIPO die Daten an die WIPO elektronisch übermittelt.

C. Verfahren

12 Das Verfahren entspricht grundsätzlich dem der Umwandlung einer fehlgeschlagenen Unionsmarke oder Unionsmarkenanmeldung gemäß Art. 112–114 (→ Art. 112 Rn. 1), mit nur wenigen Besonderheiten. Der Umwandlungsantrag ist beim EUIPO zu stellen, auch soweit eine Umwandlung in nachträgliche Benennungen gewünscht ist; dabei sollte das EUIPO-Formblatt, nicht das WIPO-Formblatt MM 16 verwendet werden. Das EUIPO prüft, ob die Umwandlung wegen eines Schutzhindernisses in dem Mitgliedstaat, in dem umgewandelt werden soll, ausgeschlossen ist (Art. 113 Abs. 3), da weder die WIPO noch die nationalen Ämter im Rahmen der Prüfung einer nachträglichen Benennung eine solche Zulässigkeitsprüfung vorab durchführen könnten.

13 Eine Besonderheit gegenüber einer Direktanmeldung gibt es aber bezüglich der Frist, in der die Umwandlung beantragt werden muss: Die Frist von drei Monaten beginnt bei Umwandlung wegen mangelnder Erneuerung der internationalen Registrierung an dem Tag, der auf den letzten Tag folgt, an dem die Erneuerung bei der WIPO hätte vorgenommen werden können, bei Umwandlung wegen Zurückweisung der internationalen Registrierung für die EU an dem Tag, an dem diese Entscheidung rechtskräftig wird, bei Umwandlung wegen Nichtigerklärung der internationalen Registrierung für die EU gemäß Art. 158 an dem Tag, an dem die Entscheidung des EUIPO oder des Unionsmarkengerichts rechtskräftig wird und bei Umwandlung wegen Verzichts oder Einschränkung (Teilverzichts) der internationalen Registrierung für die EU an dem Tag, an dem dies von der WIPO gemäß Regel 27 Abs. 1 Buchst. b GAusfO MMA/PMMA im internationalen Register vermerkt wurde.

D. Gebühr

14 Für die Umwandung ist eine Umwandlungsgebühr von 200 Euro an das EUIPO zu entrichten (Anhang-I A. Nr. 23 Buchst. b, eingefügt durch VO (EU) 2015/2424); geschieht dies nicht, so gilt der Umwandlungsantrag als nicht eingereicht (Art. 159 Abs. 1 Buchst. a iVm Art. 113 Abs. 1 S. 2 sowie Regel 122 Abs. 3 GMDV und Regel 123 Abs. 2 GMDV iVm Regel 45 Abs. 2 GMDV).

Art. 160 Benutzung einer Marke, die Gegenstand einer internationalen Registrierung ist

Für die Zwecke der Anwendung der Artikel 15 Absatz 1, Artikel 42 Absatz 2, Artikel 51 Absatz 1 Buchstabe a und Artikel 57 Absatz 2 tritt zur Festlegung des Datums, ab dem die Marke, die Gegenstand einer internationalen Registrierung mit Benennung der Union ist, ernsthaft in der Union benutzt werden muss, das Datum der Veröffentlichung gemäß Artikel 152 Absatz 2 an die Stelle des Datums der Eintragung.

Überblick

Art. 160 stellt hinsichtlich des Benutzungszwangs und der Benutzungsschonfrist die internationale Registrierung mit Benennung der EU einer eingetragenen Unionsmarke gleich: Die Benutzungsschonfrist beginnt ab der zweiten Nachveröffentlichung (Art. 152 Abs. 2), dh ab dem Zeitpunkt, zu dem das Amt die Schutzgewährung ausgesprochen oder eine vorläufige Schutzverweigerung zurückgenommen hat.

Diese Regelung entspricht der Praxis zu Widersprüchen aus einer internationalen Registrierung mit Benennung eines EU-Mitgliedstaats. Der Benutzungszwang beginnt mit Abschluss des Eintragungsverfahrens (HABM BK 4.5.2004 – R 429/2003-2 Rn. 33–35 – COPACABANA SUNRISE/SUNRISE; 2.2.2006 – R 561/2004-2 Rn. 23 – XS/IXS; 11.1.2006 – R 1126/2004-2 Rn. 21 – Atoz/Artoz, bestätigt durch EuG T-100/06 Rn. 44, BeckEuRS 2008, 488914 – Atoz/Artoz; vgl. auch die Entscheidung des EuGH C-246/05, GRUR 2007, 702 (704) – Armin Häupl/Lidl, in der er das Datum, welches das nationale Recht festlegt, als das maßgebliche Datum nennt. Zwar wird dieses Datum nicht durch das nationale Recht, sondern durch Art. 4 Abs. 1 PMMA unmittelbar geregelt, doch zeigt die Entscheidung, dass auch der EuGH im Ergebnis davon ausgeht, dass das Datum der endgültigen Schutzgewährung maßgeblich ist). 1

Art. 161 Umwandlung

(1) Vorbehaltlich des Absatzes 2 gelten die für Anmeldungen von Unionsmarken anwendbaren Vorschriften entsprechend für Anträge auf Umwandlung einer internationalen Registrierung in eine Anmeldung einer Unionsmarke gemäß Artikel 9^{quinquies} des Madrider Protokolls.

(2) Betrifft der Umwandlungsantrag eine internationale Registrierung, in der die Union benannt ist und deren Einzelheiten gemäß Artikel 152 Absatz 2 veröffentlicht worden sind, so sind die Artikel 37 bis 42 nicht anwendbar.

Einfügung mWv 1.10.2017:

(3) ¹Damit die Anmeldung einer Unionsmarke als Umwandlung einer internationalen Registrierung gilt, die gemäß Artikel 9^{quinquies} des Madrider Protokolls vom Internationalen Büro auf Antrag der Ursprungsbehörde gelöscht worden ist, muss sie einen entsprechenden Hinweis enthalten. ²Dieser Hinweis erfolgt bei der Einreichung der Anmeldung.

(4) Stellt das Amt bei der Prüfung gemäß Artikel 36 Absatz 1 Buchstabe b fest, dass die Anmeldung nicht innerhalb von drei Monaten nach dem Tag der Löschung der internationalen Registrierung durch das Internationale Büro eingereicht wurde oder dass die Waren und Dienstleistungen, für die die Unionsmarke eingetragen werden soll, nicht in der Liste der Waren und Dienstleistungen enthalten sind, für die die internationale Registrierung mit Wirkung für die Union erfolgte, so fordert das Amt den Anmelder auf, die Mängel zu beseitigen.

(5) Werden die in Absatz 4 aufgeführten Mängel nicht innerhalb der vom Amt festgelegten Frist beseitigt, so erlischt der Anspruch auf das Datum der internationalen Registrierung oder der territorialen Ausdehnung des Schutzes und gegebenenfalls das Prioritätsdatum der internationalen Registrierung.

(6) ¹Die Kommission erlässt Durchführungsrechtsakte, in denen die Einzelheiten, die in einem Antrag auf Umwandlung gemäß Absatz 3 dieses Artikels anzugeben sind, festgelegt wird. ²Diese Durchführungsrechtsakte werden nach dem Prüfverfahren gemäß Artikel 163 Absatz 2 erlassen.

Überblick

Art. 161 setzt Art. 9^{quinquies} PMMA in EU-Recht um. Mit Art. 161 Abs. 3–5 werden die ergänzenden Regelungen der Regel 124 GMDV ab 1.10.2017 in die UMV übernommen.

Während Art. 159 die Umwandlung der EU-Benennung einer internationalen Registrierung wegen Schutzverweigerung der internationalen Registrierung in der EU betrifft, dh die Umwandlung einer fehlgeschlagenen EU-Benennung, regelt Art. 161 die Umwandlung der EU-Benennung einer internationalen Registrierung wegen Löschung der internationalen Registrierung aufgrund Wegfalls ihrer Basismarke, dh die Umwandlung einer erfolgreichen EU-Benennung wegen fehlgeschlagener Basismarke.

A. „Zentralangriff" als Umwandlungsgrund

1 Die internationale Registrierung ist nach Art. 6 Abs. 2 PMMA für einen Zeitraum von fünf Jahren vom Bestand der Ursprungsmarke abhängig. Das bedeutet, dass der durch die internationale Registrierung erlangte Schutz nach Art. 6 Abs. 3 PMMA nicht mehr in Anspruch genommen werden kann, wenn in diesem Zeitraum die Basismarke (oder Anmeldung) wegen Rücknahme, Zurückweisung, Verfalls, Verzichts oder Nichtigkeit gelöscht oder ein auf die Löschung gerichtetes Verfahren beantragt wird (selbst wenn es erst nach Ablauf der fünf Jahre zu einer rechtskräftigen Entscheidung führt) („Zentralangriff"). Die internationale Registrierung wird dann nach Art. 6 Abs. 4 PMMA wird gelöscht.

2 Entfällt die Basismarke nur zu einem Teil, dh nur für einzelne Waren oder Dienstleistungen, so gilt dies entsprechend für die internationale Registrierung.

3 Entfällt auf diese Weise der Schutz der internationalen Registrierung, so steht es dem Inhaber frei, in den in der internationale Registrierung benannten Vertragsstaaten Markenschutz durch neue, nationale Markenanmeldungen (bzw. regionale Markenanmeldungen, dh bei Benennung der EU durch eine neue Unionsmarkenanmeldung) nachzusuchen.

B. Zeitrang der neuen Markenanmeldung

4 Die Umwandlung der entfallenen internationalen Registrierung würde grundsätzlich mit einem Verlust der Priorität einhergehen, da die neue Markenanmeldung den Zeitrang ihrer Anmeldung erhalten würde. Art. $9^{quinquies}$ PMMA gewährt daher für internationale Registrierungen nach dem PMMA in diesem Fall die Möglichkeit, für die neue Unionsmarkenanmeldung den Zeitrang der gescheiterten internationalen Registrierung in Anspruch zu nehmen (HABM BK v. 1.10.2014 – R 985/2014-4 – GLORIOUS). Dies gilt einschließlich deren Inanspruchnahme der Priorität der Ursprungsmarke, denn der in Anspruch genommene Zeitrang der internationalen Registrierung bestimmt sich nach dem Tag der Anmeldung zur Eintragung im Ursprungsland, wenn die internationale Registrierung innerhalb von sechs Monaten nach der Heimatanmeldung erfolgt (Art. 4 Abs. 2 PMMA iVm Art. 4 PVÜ), andernfalls nach dem Datum der internationalen Registrierung (Art. 4 Abs. 1 lit. a PMMA iVm §§ 124, 112, 6 Abs. 2).

5 Eine solche Inanspruchnahme des Zeitrangs der gescheiterten internationalen Registrierung kommt allerdings nach Art. $9^{quinquies}$ PMMA nur in Betracht, wenn die Löschung der Basismarke auf Antrag der Ursprungsbehörde nach Art. 6 Abs. 2 PMMA erfolgte (Art. $9^{quinquies}$ PMMA; Regel 124 Abs. 1 GMDV) (dh bei einer Löschung der Basismarke auf Antrag des Markeninhabers ist eine Umwandlung ausgeschlossen), die Waren bzw. Dienstleistungen der neuen nationalen Markenanmeldung vom Waren- und Dienstleistungsverzeichnis der internationalen Registrierung umfasst waren, die internationale Registrierung in dem betreffenden Staat Schutz für die betreffenden Waren bzw. Dienstleistungen entfaltet hat, die neue Unionsmarkenanmeldung innerhalb von drei Monaten nach der Löschung der internationalen Registrierung bei der nationalen Behörde eingereicht wird; maßgebliches Datum der Einreichung der Unionsmarkenanmeldung ist der Anmeldetag gemäß Art. 26, 27 (→ Art. 27 Rn. 1) und die Umwandlung mit und in der neue Unionsmarkenanmeldung beantragt wird; eine Beantragung der Umwandlung eine Beantragung der Umwandlung bereits vor dem Datum der Löschung der internationalen Registrierung oder nach Einreichung der neuen Unionsmarkenanmeldung ist nicht möglich (HABM BK v. 1.10.2014 – R 985/2014-4 – GLORIOUS).

6 Sind die Voraussetzungen für die Umwandlung nicht erfüllt, so steht dem Anmelder ein Wahlrecht zu. Er kann die Voraussetzungen herbeiführen, zB bei zu weitem Waren- und Dienstleistungsverzeichnis der Unionsmarkenanmeldung dieses so einschränken, dass es der gelöschten internationalen Registrierung entspricht, und behält in diesem Fall das Datum der internationalen Registrierung (Regel 124 Abs. 3 GMDV), oder auf die Inanspruchnahme der Transformation verzichten (Regel 124 Abs. 4 GMDV).

C. Echte Umwandlung (Abs. 2)

7 Der Umwandlungsantrag ist grundsätzlich wie eine Unionsmarkenanmeldung nach Art. 25 ff. zu behandeln (→ Art. 25 Rn. 1), dh die Marke ist auf absolute und relative

Sprachenregelung   **Art. 161b UMV**

Schutzhindernisse zu prüfen. Es gilt jedoch die Besonderheit – hierin zeigt sich, dass Art. 161 nicht nur eine Prioritätsregelung, sondern eine echte Umwandlung enthält –, dass die Marke ohne vorherige Prüfung unmittelbar in das Register eingetragen wird, wenn die internationale Registrierung im Zeitpunkt ihrer Löschung bereits Schutz in der EU genoss, dh die Jahresfrist des Art. 5 Abs. 2 PMMA zur Mitteilung einer Schutzverweigerung ohne entsprechende Mitteilung abgelaufen ist oder etwa Schutzverweigerungsverfahren oder Schutzentziehungsverfahren zwischenzeitlich zugunsten des Markeninhabers rechtskräftig abgeschlossen sind, dh das Amtsprüfungsverfahren auf absolute Schutzhindernisse bereits durchgeführt und Widerspruchsverfahren bereits abgeschlossen oder gar nicht eingeleitet worden waren. Für eine erneute Prüfung besteht dann kein Bedürfnis.

Ein Widerspruch gegen die Eintragung ist daher in diesem Fall nicht möglich. Art. 161 **8** erlaubt somit eine Übernahme des Prüfungsstandes der internationalen Registrierung. Für den Inhaber älterer Rechte in Deutschland bedeutet das, dass er auch bei einem innerhalb der ersten fünf Jahre eingeleiteten Zentralangriff gegen die ausländische Basismarke gegen die umgewandelte Marke mit einem Nichtigkeitsverfahren vorgehen muss. Dies kann er nur dadurch vermeiden, dass er parallel zum Zentralangriff gegen die ausländische Basismarke auch Widerspruch gegen die Schutzgewährung der internationalen Registrierung in der EU erhebt.

D. Erforderliche Angaben

Um die Umwandlung vorzunehmen, dh um für die neue Unionsmarkenanmeldung den **9** Zeitrang der gescheiterten internationalen Registrierung in Anspruch zu nehmen, muss der Antragsteller in der Unionsmarkenanmeldung auf die Umwandlung hinweisen (Regel 124 Nr. 1 GMDV) und die Kerndaten der gescheiterten internationalen Registrierung angeben, dh Eintragungsnummer, Löschungstag, den Tag der internationalen Registrierung bzw. nachträglichen Schutzerstreckung auf die EU und eine ggf. für die internationale Registrierung in Anspruch genommene Priorität (Regel 124 Nr. 2 GMDV).

Eine Bescheinigung des Internationalen Büros über die gelöschte IR-Marke wie im deut- **10** schen Recht nach § 125 Abs. 2 MarkenG vorgeschrieben ist, wird nicht gefordert.

E. Gebühren

Es fallen die gleichen Gebühren wie für eine Unionsmarkenanmeldung an. **11**

Art. 161a Kommunikation mit dem Internationalen Büro

¹Die Kommunikation mit dem Internationalen Büro erfolgt in der Form und unter Verwendung der Formate, die zwischen dem Internationalen Büro und dem Amt vereinbart werden, und vorzugsweise auf elektronischem Weg. ²Jede Bezugnahme auf Formblätter schließt in elektronischer Form bereitgestellte Formblätter ein.

Überblick

Die Vorschrift ist anwendbar ab 1.10.2017.

Mit Art. 161a werden Regelungen, die bisher in der Durchführungsverordnung enthalten **1** waren (Regel 125 GMDV), in die UMV übernommen.

Art. 161b Sprachenregelung

Für die Zwecke der Anwendung dieser Verordnung und der auf ihrer Grundlage erlassenen Regeln auf internationale Registrierungen, in denen die Union benannt ist, gilt die Sprache der internationalen Anmeldung als Verfahrenssprache im Sinne des Artikels 119 Absatz 4 und die in der internationalen Anmeldung angegebene zweite Sprache als zweite Sprache im Sinne des Artikels 119 Absatz 3.

UMV Art. 161b   Titel XIII Internationale Registrierung von Marken

Überblick

Die Vorschrift ist anwendbar ab 1.10.2017.

1   Mit Art. 161b werden Regelungen, die bisher in der Durchführungsverordnung enthalten waren (Regel 126 GMDV), in die UMV übernommen.

Titel XIV Schlussbestimmungen

Art. 162 (aufgehoben)

Überblick

Art. 162 (Gemeinschaftliche Durchführungsvorschriften) wurde mWv 23.3.2016 gemäß VO (EU) 2015/2424 vom 16.12.2015 aufgehoben.

Art. 163 Ausschussverfahren

(1) ¹Die Kommission wird von einem Ausschuss für Durchführungsvorschriften unterstützt. ²Dieser Ausschuss ist ein Ausschuss im Sinne der Verordnung (EU) Nr. 182/2011 des europäischen Parlaments und des Rates.

(2) Wird auf diesen Absatz Bezug genommen, so gilt Artikel 5 der Verordnung (EU) Nr. 182/2011.

Überblick

Art. 163 etabliert einen spezialisierten Ausschuss für Durchführungsvorschriften. Für die Annahme und Änderung von Durchführungsvorschriften wird auf Art. 5 VO (EU) Nr. 182/2011 („Komitologieverordnung") verwiesen (→ Rn. 1).

A. Ausschussverfahren (Abs. 1)

Art. 163 Abs. 1 verweist auf das Ausschussverfahren nach der Komitologieverordnung (VO (EU) Nr. 182/2011 des Europäischen Parlaments und des Rates vom 16.2.2011, ABl. L 55, 13). 1

B. Prüfverfahren nach Art. 5 VO (EG) Nr. 182/2011 (Abs. 2)

Nach dem in der Komitologieverordnung geregelten Prüfverfahren wird die Kommission 2 bei der Ausarbeitung von Durchführungsvorschriften durch einen Ausschuss bestehend aus Vertretern der Mitgliedstaaten unterstützt. Im Prüfungsverfahren beschließt der Ausschuss mit der unter Art. 16 Abs. 4 und 5 AEUV vorgesehenen qualifizierten Mehrheit über eine Stellungnahme zu dem vorgeschlagenen Rechtsakt. Der Kommissionsvertreter stimmt nicht mit ab. Ist die Stellungnahme befürwortend, kann der Rechtsakt erlassen werden (Art. 5 Abs. 2 VO (EG) Nr. 182/2011). Erfolgt keine Stellungnahme, darf die Kommission gemäß Art. 5 Abs. 4 den Rechtsakt erlassen, es sei denn, ein Verbot nach Art. 5 Abs. 4 UAbs. 2 VO (EG) Nr. 182/2011 greift ein. Wenn die Stellungnahme negativ ausfällt (Art. 5 Abs. 3 VO (EG) Nr. 182/2011) darf die Kommission den Rechtsakt nicht erlassen. In diesen Fällen kann der vorsitzende Kommissionsvertreter demselben Ausschuss entweder innerhalb von zwei Monaten nach der Abstimmung eine geänderte Fassung des Entwurfs für den Durchführungsrechtsakt vorlegen oder den ursprünglichen Entwurf innerhalb eines Monats dem Berufungsausschuss vorlegen. Der Berufungsausschuss beschließt ebenfalls mit der unter Art. 16 Abs. 4 und 5 AEUV vorgesehenen Mehrheit (Art. 6 Abs. 1 iVm Art. 5 Abs. 1 VO (EG) Nr. 182/2011). Ist seine Stellungnahme positiv, erlässt die Kommission den Durchführungsrechtsakt; ergeht keine Stellungnahme, kann sie ihn erlassen und ist die Stellungnahme negativ, erlässt sie den Durchführungsrechtsakt nicht (Art. 6 Abs. 3 VO (EG) Nr. 182/2011). Nach der **VO (EU) 2015/2424** des Europäischen Parlaments und des Rates zur Änderung der VO (EG) 207/2009 wird der neugefasste Art. 163 durch einen neuen Art. 163a ergänzt (näher → Art. 163a Rn. 1 ff.).

Art. 163a Ausübung der Befugnisübertragung

(1) Die Befugnis zum Erlass delegierter Rechtsakte wird der Kommission unter den in diesem Artikel festgelegten Bedingungen übertragen.

(2) ¹Die Übertragung der in Artikel 42a, Artikel 43 Absatz 3, Artikel 57a, Artikel 65a, Artikel 77 Absatz 4, Artikel 78 Absatz 6, Artikel 79 Absatz 5, Artikel 79b Absatz 2, Artikel 79c Absatz 5, Artikel 80 Absatz 3, Artikel 82a Absatz 3, Artikel 93a, Artikel 136b, Artikel 154a Absatz 3 und Artikel 156 Absatz 4 genannten Befugnisse auf die Kommission gilt ab dem 23. März 2016 auf unbestimmte Zeit. ²Es ist von besonderer Bedeutung, dass die Kommission ihrer üblichen Praxis folgt und vor dem Erlass dieser delegierten Rechtsakte Konsultationen mit Sachverständigen, auch mit Sachverständigen der Mitgliedstaaten, durchführt.

(3) ¹Die Befugnisübertragung gemäß Absatz 2 kann vom Europäischen Parlament oder vom Rat jederzeit widerrufen werden. ²Der Beschluss über den Widerruf beendet die Übertragung der in diesem Beschluss angegebenen Befugnis. ³Er wird am Tag nach seiner Veröffentlichung im *Amtsblatt der Europäischen Union* oder zu einem im Beschluss über den Widerruf angegebenen späteren Zeitpunkt wirksam. ⁴Die Gültigkeit von delegierten Rechtsakten, die bereits in Kraft sind, wird von dem Beschluss über den Widerruf nicht berührt.

(4) Sobald die Kommission einen delegierten Rechtsakt erlässt, übermittelt sie ihn gleichzeitig dem Europäischen Parlament und dem Rat.

(5) ¹Ein delegierter Rechtsakt, der gemäß Artikel 42a, Artikel 43 Absatz 3, Artikel 57a, Artikel 65a, Artikel 77 Absatz 4, Artikel 78 Absatz 6, Artikel 79 Absatz 5, Artikel 79b Absatz 2, Artikel 79c Absatz 5, Artikel 80 Absatz 3, Artikel 82a Absatz 3, Artikel 93a, Artikel 136b, Artikel 154a Absatz 3 und Artikel 156 Absatz 4 erlassen wurde, tritt nur in Kraft, wenn weder das Europäische Parlament noch der Rat innerhalb einer Frist von zwei Monaten nach Übermittlung dieses Rechtsakts an das Europäische Parlament und den Rat Einwände erhoben hat oder wenn vor Ablauf dieser Frist das Europäische Parlament und der Rat beide der Kommission mitgeteilt haben, dass sie keine Einwände erheben werden. ²Auf Initiative des Europäischen Parlaments oder des Rates wird diese Frist um zwei Monate verlängert.

Überblick

Diese Bestimmung setzt sich mit den Delegierten Rechtsakte auseinander, die aufgrund des Vertrages von Lissabon eingeführt wurden.

A. Befugnisübertragung

1 Die Institutionen können verabschieden Rechtsakte erlassen, um ihre Aufgaben zu verwirklichen. Der Vertrag von Lissabon hat die Anzahl der den Institutionen zur Verfügung stehenden Art der Rechtsakte im Interesse der Vereinfachung von zehn auf fünf halbiert.

2 Art. 290 **AEUV** sieht vor, dass der Gesetzgeber, im Allgemeinen das Europäische Parlament und der Rat, der Kommission die Befugnis übertragen kann, nicht-legislative Rechtsakte zur allgemeinen Anwendung übertragen kann, wenn diese bestimmte, nicht wesentliche Elemente eines Gesetzgebungsakts ergänzen oder abändern.

3 Delegierte Rechtsakte können zwar in gewissen Bereichen neuen Regeln hinzufügen und Änderungen an bestimmten Aspekten eines Rechtsakts einschließen, jedoch darf es sich dabei **nicht um wesentliche Aspekte** handeln. Dies erlaubt dem Gesetzgeber, sich auf die wesentlichen Ziele eines Problems zu konzentrieren, ohne übermäßig detaillierte und oftmals sehr technische Lösungsansätze bieten zu müssen.

4 Die Kommission kann dabei aber nur unter sehr engen Rahmenbedingungen arbeiten. Wie bereits erwähnt, können wesentliche Merkmale eines Bereichs nicht Gegenstand von delegierten Rechtsakten sein. Auch muss **Ziel, Inhalt, Umfang und Dauer** der Abtretung der Befugnisse im Gesetzgebungsakt genau definiert sein. Weiter müssen die Bedingungen, unter denen die Abtretung ausgeführt wird, im Gesetzgebungsakt festgeschrieben werden. Grundsätzlich sehen diese Gesetzgebungsakte vor, dass sowohl dem Parlament als auch dem

Rat jederzeit die Möglichkeit zukommt, die Abtretung im Allgemeinen zu widerrufen oder Widerspruch gegen einen delegierten Rechtsakt einzulegen.

B. Umfang der Ermächtigung

Abs. 2 enthält eine erschöpfende Auflistung jener Bereiche, in denen die Kommission 5
einen delegierten Rechtsakt erlassen kann. Es handelt sich dabei um alle verfahrensrechtlichen Aspekte betreffend das Widerspruchsverfahren (→ Art. 42a Rn. 1), das Verfall- und Nichtigkeitsverfahren (Art. 47a), das Beschwerdeverfahren (→ Art. 65a Rn. 1) sowie die Änderung der Anmeldung (→ Art. 43 Rn. 28), nicht nur einer nationalen, sondern auch einer internationalen Marke, die die Union benennt (Art. 154a Abs. 3, Art. 156 Abs. 4). Darüber hinaus können die Vorschriften betreffend mündliche Verfahren (→ Art. 77 Rn. 27), die Beweisaufnahme (→ Art. 78 Rn. 83), die Zustellung (Art. 79 Abs. 5), den Widerruf einer Entscheidung oder die Löschung einer Eintragung im Register (Art. 80 Abs. 3,), die Wiederaufnahme des Verfahrens (Art. 82a Abs. 3) die Bestellung von Vertreter (Art. 93a) und die Organisation der Beschwerdekammern (Art. 136b) durch einen delegierten Akt näher geregelt werden.

Delegierte Rechtskate ersetzen die bestehenden Bestimmungen der derzeit geltenden 6
GMDV und der HABMVfO.

C. Verfahren

Vor der Annahme eines delegierten Rechtsaktes hat die Kommission Konsultationen mit 7
Sachverständigen, auch mit Sachverständigen der Mitgliedstaaten, durchzuführen.

Die Kommission hat gemäß Abs. 4 unverzüglich nach Annahme eines delegierten Rechts- 8
aktes diesen an das Parlament und den Rat zu übermitteln.

Rat und Parlament haben danach die Möglichkeit, innerhalb von zwei Monaten gegen 9
den delegierten Rechtsakt Einwände zu erheben. Der delegierte Rechtsakt tritt erst nach Ablauf dieser Frist in Kraft oder sobald beide Rechtsetzungsorgane der Kommission mitgeteilt haben, keine Einwände zu erheben. Auf Wunsch des Parlaments oder des Rats wird die Frist um zwei Monate verlängert.

D. Widerruf

Gemäß Abs. 3 können Parlament oder Rat jederzeit die Befugnisübertragung widerrufen; 10
der Wiederruf ist im Amtsblatt zu veröffentlichen. Sofern kein späterer Tag im Widerruf vorgesehen ist, tritt der Widerruf sofort in Kraft. Der Widerruf berührt nicht die Gültigkeit bereits erlassener delegierter Akte, sofern diese bereits in Kraft getreten sind.

Art. 164 (aufgehoben)

Überblick

Art. 164 (Vereinbarkeit mit anderen Bestimmungen) wurde mWv 23.3.2016 gemäß VO (EU) 2015/2424 vom 16.12.2015 aufgehoben.

Art. 165 Bestimmungen über die Erweiterung der Union

(1) Ab dem Tag des Beitritts Bulgariens, der Tschechischen Republik, Estlands, Kroatiens, Zyperns, Lettlands, Litauens, Ungarns, Maltas, Polens, Rumäniens, Sloweniens und der Slowakei (im Folgenden „neuer Mitgliedstaat" oder „neue Mitgliedstaaten") wird eine gemäß dieser Verordnung vor dem Tag des jeweiligen Beitritts eingetragene oder angemeldete Unionsmarke auf das Hoheitsgebiet dieser Mitgliedstaaten erstreckt, damit sie dieselbe Wirkung in der gesamten Union hat.

(2) Die Eintragung einer Unionsmarke, die am Tag des Beitritts bereits angemeldet war, darf nicht aufgrund der in Artikel 7 Absatz 1 aufgeführten absoluten Ein-

tragungshindernisse abgelehnt werden, wenn diese Hindernisse lediglich durch den Beitritt eines neuen Mitgliedstaats entstanden sind.

(3) Wird eine Unionsmarke während der sechs Monate vor dem Tag des Beitritts angemeldet, so kann gemäß Artikel 41 Widerspruch erhoben werden, wenn eine ältere Marke oder ein sonstiges älteres Recht im Sinne von Artikel 8 in einem neuen Mitgliedstaat vor dem Beitritt erworben wurde, sofern der Erwerb gutgläubig war und das Anmeldedatum oder gegebenenfalls das Prioritätsdatum oder das Datum der Erlangung der älteren Marke bzw. des sonstigen älteren Rechts im neuen Mitgliedstaat vor dem Anmeldedatum oder gegebenenfalls vor dem Prioritätsdatum der angemeldeten Unionsmarke liegt.

(4) Eine Unionsmarke im Sinne von Absatz 1 kann nicht für nichtig erklärt werden
 a) gemäß Artikel 52, wenn die Nichtigkeitsgründe lediglich durch den Beitritt eines neuen Mitgliedstaats entstanden sind;
 b) gemäß Artikel 53 Absätze 1 und 2, wenn das ältere innerstaatliche Recht in einem neuen Mitgliedstaat vor dem Tag des Beitritts eingetragen, angemeldet oder erworben wurde.

(5) Die Benutzung einer Unionsmarke im Sinne von Absatz 1 kann gemäß Artikel 110 und Artikel 111 untersagt werden, wenn die ältere Marke oder das sonstige ältere Recht in dem neuen Mitgliedstaat vor dem Tag des Beitritts dieses Staates eingetragen, angemeldet oder gutgläubig erworben wurde oder gegebenenfalls ein Prioritätsdatum hat, das vor dem Tag des Beitritts dieses Staates liegt.

Überblick

Art. 165 regelt die Unionsmarkenrechtlichen Fragen (Wirkungserstreckung → Rn. 1, Auswirkungen auf anhängige Prüfungsverfahren → Rn. 3 f.; Auswirkungen in Widerspruchsverfahren → Rn. 5; in Nichtigkeitsverfahren → Rn. 6 f.; Benutzung der Unionsmarke im neuen Mitgliedstaat → Rn. 8), zunächst ausdrücklich nur im Zusammenhang der EU-Erweiterungen 2004 und 2007 (aber → Rn. 1 aE).

A. Automatische Wirkungserstreckung von Unionsmarken

1 Nach Art. 165 Abs. 1 wird die Wirkung von Unionsmarken und -anmeldungen bei Erweiterung der Union mit dem Beitrittstag des jeweiligen neuen Mitgliedstaats automatisch auf dessen Gebiet erstreckt. Die Regelung trägt dem einheitlichen Charakter der Unionsmarke Rechnung, wurde erstmals bei der Erweiterungsrunde 2004 in die UMV aufgenommen (damals als Art. 147a) und inhaltlich lediglich um die Namen der beiden Beitrittskandidaten 2007 (Bulgarien und Rumänien) ergänzt. Sie wurde auch beim Beitritt Kroatiens (1.7.2013) entsprechend ergänzt und angewendet (vgl. Mitteilung Nr. 4 des Präsidenten des HABM v. 12.12.2012 bezüglich der Erweiterung der EU um Kroatien).

2 Gemäß Anhang III Nr. 2. I. des Beitrittsvertrags mit Kroatien wurde Art. 165 Abs. 1 geändert und lautet nunmehr: „(1) Ab dem Tag des Beitritts Bulgariens, der Tschechischen Republik, Estlands, Kroatiens, Zyperns, Lettlands, Litauens, Ungarns, Maltas, Polens, Rumäniens, Sloweniens und der Slowakei (im Folgenden ‚neuer Mitgliedstaat' oder ‚neue Mitgliedstaaten') wird eine gemäß dieser Verordnung vor dem Tag des jeweiligen Beitritts eingetragene oder angemeldete Unionsmarke auf das Hoheitsgebiet dieser Mitgliedstaaten erstreckt, damit sie dieselbe Wirkung in der gesamten Union hat." (ABl. L 112 vom 24.4.2012).

B. Auswirkungen auf anhängige Prüfungsverfahren

I. Absolute Eintragungshindernisse

3 Art. 165 Abs. 2 bestimmt, dass die Erweiterung hinsichtlich absoluter Eintragungshindernisse keine Auswirkung auf bereits angemeldete Unionsmarken hat. Andernfalls könnten sich mit der Erweiterung zusätzliche absolute Eintragungshindernisse ergeben, zB weil eine Wortmarke in einer der neuen Amtssprachen beschreibend oder nicht unterscheidungskräftig

ist. Diese „Immunität" gilt aber nur für Anmeldungen, die bereits vor dem Beitrittsdatum eines neuen Mitgliedstaats eingereicht waren. Danach eingereichte Anmeldungen werden hinsichtlich absoluter Eintragungshindernisse auch des neuen Mitgliedstaats geprüft und ggf. beanstandet, selbst wenn sie ein vor dem Beitrittsdatum liegendes Prioritätsdatum haben sollten (vgl. Prüfungsrichtlinien vor dem Amt, Teil A.9, Allgemeine Regeln, S. 3). Darüber hinaus können auch absolute Eintragungshindernisse bestehen, wenn vor dem Beitrittsdatum angemeldete Marken zwar nur in der Sprache des neuen Mitgliedstaats (zB) beschreibend oder nicht unterscheidungskräftig sind, diese Worte aber auch in anderen Mitgliedstaaten als rein beschreibend bzw. nicht unterscheidungskräftig wahrgenommen werden (zB „Slibowitz"). Absolute Eintragungshindernisse, die auch bei Anmeldungen vor dem Beitrittstag zu berücksichtigen wären, können sich auch durch geschützte Ursprungsbezeichnungen bzw. geschützte geografische Angaben in den Anmeldungen ergeben, wenn diese für die Produkte des neuen Mitgliedstaats geschützt sind (vgl. Prüfungsrichtlinien vor dem Amt, Teil A.9, Allgemeine Regeln, S. 4).

II. Erworbene Unterscheidungskraft

Für die Prüfung auf absolute Eintragungshindernisse von Unionsmarkenanmeldungen, die **4** vor dem Beitrittsdatum eines neuen Mitgliedstaats eingereicht wurden, bedeutet Art. 165 Abs. 2 auch, dass Marken, die an sich nicht unterscheidungskräftig wären, für die aber erworbene Unterscheidungskraft im alten Unionsgebiet nachgewiesen wurde, nicht mit der Begründung beanstandet/zurückgewiesen werden, die erworbene Unterscheidungskraft sei im neuen Mitgliedstaat nicht nachgewiesen (vgl. Prüfungsrichtlinien vor dem Amt, Teil A.9, Allgemeine Regeln, S. 4).

C. Auswirkung in Widerspruchsverfahren

Grundsätzlich sind vor dem Beitrittsdatum ältere nationale Marken und Rechte eines **5** zukünftigen Mitgliedstaats keine tauglichen Widerspruchsmarken/-rechte iSv Art. 8 Abs. 2 (mit Ausnahme etwa in einem Alt-Mitgliedstaat notorisch bekannter Marken) bzw. Art. 8 Abs. 4. Allerdings kann gegen Unionsmarkenanmeldungen, die im Zeitraum von sechs Monaten vor dem Beitrittsdatum angemeldet werden, auf der Basis einer nationalen Marke oder eines nationalen Rechts des zukünftigen Mitgliedstaats Widerspruch eingelegt werden, wenn es sich um eine Marke/ein Recht entsprechend Art. 8 handelt, die Marke/das Recht vor dem Beitritt erworben wurde, keine Bösgläubigkeit vorliegt und die nationale Marke/das nationale Recht im Vergleich zur Unionsmarkenanmeldung älter ist, sei es, weil sie/es früher angemeldet/erworben wurde oder weil ein früheres Prioritätsdatum besteht (Art. 165 Abs. 3). Unionsmarkenanmeldungen die am oder nach dem Beitrittsdatum angemeldet werden, können nach den normalen Regeln durch Widerspruch auf Grundlage einer älteren nationalen Marke/eines älteren nationalen Rechts des neuen Mitgliedstaates angegriffen werden.

D. Auswirkung in Nichtigkeitsverfahren

I. Absolute Nichtigkeitsgründe

Eine Unionsmarke, die vor dem Beitrittsdatum angemeldet worden ist, kann grundsätzlich **6** nach Eintragung nicht aufgrund absoluter Nichtigkeitsgründe (Art. 52 iVm Art. 165 Abs. 4 Buchst. a) mit einem Nichtigkeitsantrag angegriffen werden, vorausgesetzt, die Nichtigkeitsgründe sind nur durch den Beitritt eines neuen Mitgliedstaats entstanden. Zu beachten ist allerdings, dass ein Nichtigkeitsantrag aufgrund von Bösgläubigkeit bei der Anmeldung infrage kommen kann: Bösgläubigkeit ist kein absolutes Eintragungshindernis gemäß Art. 7 und wird daher im Prüfungsverfahren vor der Eintragung nicht berücksichtigt. Wird aber vor dem Beitritt eines neuen Mitgliedstaats ein normalerweise in der Sprache des neuen Mitgliedstaats nicht eintragungsfähiges Zeichen allein zu dem Zweck als Marke angemeldet, ein Monopol über ein nicht markenfähiges Zeichen zu erhalten oder zu anderen unlauteren Zwecken, können Dritte die Marke nach Eintragung wegen Bösgläubigkeit gemäß Art. 52 Abs. 1 Buchst. b mit einem Nichtigkeitsantrag angreifen. Sowohl das EUIPO als auch die nationalen Markenämter zeigen sich entschlossen, gegen Bösgläubigkeit im Rahmen von Erweiterungen vorzugehen (vgl. Prüfungsrichtlinien vor dem Amt, Teil A.9, Allgemeine Regeln, S. 5). Allerdings dürfte der Nachweis der Bösgläubigkeit für den Antragsteller im Nichtigkeitsverfahren schwer zu führen sein (zum Nachweis der Bösgläubigkeit → Art. 52 Rn. 29 ff.).

II. Relative Nichtigkeitsgründe

7   Eine Unionsmarke, die vor dem Beitrittsdatum angemeldet wurde, kann auf Grundlage eines älteren nationalen Rechts des neuen Mitgliedstaats auch nicht aus relativen Nichtigkeitsgründen nach Eintragung angegriffen werden (Art. 53 Abs. 1, 2 iVm Art. 165 Abs. 4 Buchst. b). Das heißt, dass eine ältere nationale Marke oder ein älteres nationales Recht iSv Art. 8 des neuen Mitgliedstaats auch nach dem Beitrittsdatum nicht benutzt werden kann, um eine vor diesem Datum angemeldete Unionsmarke anzugreifen. Diesbezüglich gibt es auch keine dem Art. 165 Abs. 3 (→ Rn. 6) entsprechende Ausnahmeregelung. Das heißt, eine ältere nationale Marke/ein älteres nationales Recht des neuen Mitgliedstaats kann nur in dem in Art. 165 Abs. 3 genannten Sechsmonatszeitraum gegen eine vor dem Beitrittsdatum angemeldete Unionsmarke verwendet werden. Wird dieser Korridor verpasst, ist ein späteres Nichtigkeitsverfahren nicht möglich. Nach dem Beitrittsdatum angemeldete Unionsmarken können hingegen nach den normalen Nichtigkeitsregeln nach der Eintragung mit einem Nichtigkeitsantrag angegriffen werden.

E. Benutzung der Unionsmarke in einem neuen Mitgliedstaat

8   Nach Art. 165 Abs. 5 kann die Benutzung einer Unionsmarke im Gebiet eines neuen Mitgliedstaats auf Grundlage einer nationalen Marke oder eines nationalen Rechts nach Art. 110 und 111 untersagt werden, wenn die nationale Marke oder das nationale Recht älter sind als die Unionsmarke, vor dem Beitrittsdatum angemeldet, eingetragen oder gutgläubig erworben wurde oder ein vor dem Beitrittsdatum liegendes Prioritätsdatum aufweist. In diesem Zusammenhang wird der gute Glaube beim Erwerb vermutet; diese Vermutung müsste im Streitfall widerlegt werden (vgl. Prüfungsrichtlinien vor dem Amt, Teil A.9, Allgemeine Regeln, S. 8).

F. Weitere Auswirkungen der Erweiterung

9   Ab dem Beitrittsdatum können gescheiterte Unionsmarkenanmeldungen auch in Anmeldungen im neuen Mitgliedstaat **umgewandelt** werden, unabhängig davon, ob sie schon vor oder erst seit dem Beitrittsdatum angemeldet wurden. Da die Anmeldung im Erfolgsfall aber im neuen Mitgliedstaat frühestens ab dem Beitrittsdatum Wirkung entfaltet hätte, wurde durch entsprechende Regelungen auf nationaler Ebene dafür gesorgt, dass das zuerkannte nationale Anmeldedatum im neuen Mitgliedstaat bei Umwandlung nicht vor dem Beitrittsdatum des Mitgliedstaats liegt (vgl. Prüfungsrichtlinien vor dem Amt, Teil A.9, Allgemeine Regeln, S. 5). Die dreimonatige Frist für den Umwandlungsantrag gemäß Art. 112 Abs. 4 wird vom Beitrittsdatum nicht beeinflusst (vgl. Prüfungsrichtlinien vor dem Amt, Teil A.9, Allgemeine Regeln, S. 5).

G. Zeitrang (Seniorität)

10   Ab dem Beitrittsdatum kann der Zeitrang einer vor dem Beitrittsdatum eingetragenen älteren nationale Marken des neuen Mitgliedstaats beansprucht werden (zu den Details hinsichtlich der Beanspruchung von Seniorität → Art. 34 Rn. 1 ff., → Art. 35 Rn. 1 ff.). Da Unionsmarken(anmeldungen) erst mit dem Beitrittsdatum Wirkung für den neuen Mitgliedstaat entfalten, kann es hierbei dazu kommen, dass eine CTM(A) mit Anmeldedatum oder Prioritätsdatum **vor** dem Anmeldedatum der nationalen Marke für Senioritätszwecke trotzdem jünger ist, weil die nationale Marke vor dem Beitrittsdatum angemeldet wurde oder ein davor liegendes Prioritätsdatum hat, die CTMA mit früherem Anmelde-/Prioritätsdatum aber erst ab dem Beitrittsdatum in diesem Mitgliedstaat Wirkung entfaltet (vgl. Prüfungsrichtlinien vor dem Amt, Teil A.9, Allgemeine Regeln, S. 6). Entsprechendes gilt für IR-

Marken, in denen zum einen die EU und zum anderen der neue Mitgliedstaat benannt ist: Da die Benennung der EU in dem neuen Mitgliedstaat erst ab dem Beitrittsdatum Wirkung entfaltet, kann der Zeitrang der Benennung des neuen Mitgliedstaats in Anspruch genommen werden, wenn er vor dem Beitrittsdatum liegt (vgl. Prüfungsrichtlinien vor dem Amt, Teil A.9, Allgemeine Regeln, S. 6).

H. Sonstige

Regelmäßig können Anmeldungen ab dem Beitrittsdatum in der Amtssprache des neuen Mitgliedstaats eingereicht werden, Anmelder aus den neuen Mitgliedstaaten müssen nicht mehr durch Vertreter beim EUIPO vertreten werden und Vertreter aus den neuen Mitgliedstaaten können in die Liste der zugelassenen Vertreter nach Art. 93 eingetragen werden. Ab dem Beitrittsdatum eingereichte Unionsmarkenanmeldungen werden in alle(n) Amtssprachen des erweiterten Mitgliedstaatenkreises übersetzt und veröffentlicht (vgl. Prüfungsrichtlinien vor dem Amt, Teil A.9, Allgemeine Regeln, S. 6). Die Möglichkeit, Unionsmarkenanmeldungen auch bei den nationalen Ämtern einzureichen, wurde im Zuge der Reform durch die VO (EU) 2015/2424 des Europäischen Parlaments und des Rates zur Änderung der VO (EG) 207/2009 abgeschafft und wird somit auch für nationale Ämter neuer Mitgliedstaaten nicht mehr bestehen. 11

Art. 165a Bewertung und Überprüfung

(1) Bis zum 24. März 2021 und danach alle fünf Jahre nimmt die Kommission eine Bewertung der Durchführung dieser Verordnung vor.

(2) ¹Dabei werden die rechtlichen Rahmenbedingungen für die Zusammenarbeit zwischen dem Amt und den Zentralbehörden für den gewerblichen Rechtsschutz der Mitgliedstaaten beziehungsweise dem Benelux-Amt für geistiges Eigentum unter besonderer Berücksichtigung des Finanzierungsmechanismus nach Artikel 123c überprüft. ²Des Weiteren werden die Wirkung, die Effektivität und die Effizienz des Amtes und seiner Arbeitsmethoden bewertet. ³Die Bewertung befasst sich besonders mit der etwaigen Notwendigkeit einer Änderung des Mandats des Amtes sowie den finanziellen Implikationen einer solchen Änderung.

(3) ¹Die Kommission übermittelt dem Europäischen Parlament, dem Rat und dem Verwaltungsrat den Bewertungsbericht zusammen mit ihren aus dem Bericht gezogenen Schlussfolgerungen. ²Die Ergebnisse der Bewertung werden veröffentlicht.

(4) Bei jeder zweiten Bewertung werden die vom Amt erzielten Ergebnisse anhand der Ziele, des Mandats und der Aufgaben des Amtes überprüft.

Überblick

Die Kommission muss in regelmäßigen Abständen einen Bericht über die Durchführung und die vom Amt erzielten Ergebnisse anhand der Ziele und Aufgaben erstellen.

Die Kommission hat spätestens innerhalb der ersten fünf Jahre nach Inkrafttreten der VO (EU) 2424/2015, dh **bis zum 24.3.2021,** einen **Bericht** über die Durchführung der UMV vorzulegen und Schlussfolgerungen aus diesem Bericht zu ziehen. Bericht und Schlussfolgerungen sind an das Parlament, den Rat und den Verwaltungsrat des Amtes zu übermitteln. Die Ergebnisse der Bewertung werden veröffentlicht. 1

Der Bericht hat insbesondere auf die Zusammenarbeit zwischen dem Amt und den Zentralbehörden für den gewerblichen Rechtsschutz der Mitgliedstaaten beziehungsweise dem Benelux-Amt für geistiges Eigentum einzugehen, wobei besonders Augenmerk auf den Finanzierungsmechanismus nach → Art. 123c Rn. 7 zu legen ist. 1.1

Ein weiterer Schwerpunkt des Berichts ist die Wirkung, die Effektivität und die Effizienz des Amtes und seiner Arbeitsmethoden. 1.2

1.3 Der Bericht hat sich auch, sofern notwendig, mit einer Änderung des Mandates des Amtes (→ Art. 123b Rn. 1) auseinanderzusetzen; dabei sind die finanzielle Implikationen auch zu beleuchten.

2 In weiterer Folge sind **alle fünf Jahre** Berichte zu erstellen.

2.1 Alle **zehn Jahre** hat die Kommission zusätzlich die vom Amt erzielten Ergebnisse anhand der Ziele, des Mandats und der Aufgaben des Amtes zu überprüfen.

Art. 166 Aufhebung

Die Verordnung (EG) Nr. 40/94 in der durch die in Anhang I angegebenen Rechtsakte geänderten Fassung wird aufgehoben.

Bezugnahmen auf die aufgehobene Verordnung gelten als Bezugnahmen auf die vorliegende Verordnung und sind nach Maßgabe der Entsprechungstabelle in Anhang II zu lesen.

Überblick

Art. 166 bestimmt, dass die – regelungsgleiche aber anders nummerierte – frühere Unionsmarkenverordnung in der zuletzt geltenden Fassung aufgehoben (→ Rn. 1) und durch die Neufassung VO (EG) Nr. 207/2009 ersetzt (→ Rn. 2) wird; der Abweichung in der Nummerierung wird durch eine Entsprechungstabelle in Anhang II Rechnung getragen.

1 Die neugefasste VO (EG) 207/2009 kodifiziert lediglich die **frühere VO (EG) Nr. 40/94.** Letztere wird in diesem Prozess formell **aufgehoben.** Im Wesentlichen waren die beiden Fassungen bis zur am 23.3.2016 in Kraft getretenen Reform aber inhaltsgleich, lediglich die Nummerierung der Vorschriften hatte sich geändert.

2 Gemäß Art. 166 Abs. 2 sind Verweise auf die GMV aF (VO (EG) Nr. 40/94) als Verweise auf die Neufassung zu lesen. Die **Entsprechungstabelle** in **Anhang II** stellt die alten und neuen „Hausnummern" einander gegenüber (nach der vorgenannten Reform zum Teil wieder verschoben), so dass nach der aF zitierte Vorschriften auch in der nF leicht wiederzufinden sind. Da die GMDV jedoch nicht neugefasst wurde, beziehen sich die dortigen Verweisungen noch auf die alten Nummern der Vorschriften der GMV. Bei einer ursprünglich auf der Webseite des Amts eingestellten „kommentierten" Fassung der GMDV waren allerdings die neuen Nummern der in Bezug genommenen Vorschriften der GMV zusätzlich eingefügt, so dass die jeweiligen Verweise auch ohne Zuhilfenahme der Entsprechungstabelle schnell zugeordnet werden konnten.

Art. 167 Inkrafttreten

(1) Diese Verordnung tritt am zwanzigsten Tag nach ihrer Veröffentlichung im *Amtsblatt der Europäischen Union* in Kraft.

(2) Die Mitgliedstaaten treffen die nach den Artikeln 95 und 114 erforderlichen Maßnahmen innerhalb einer Frist von drei Jahren nach Inkrafttreten der Verordnung (EG) Nr. 40/94.

Überblick

Art. 167 Abs. 1 regelt das Inkrafttreten (→ Rn. 1) der neugefassten UMV. Die in Art. 167 Abs. 2 angesprochenen Maßnahmen der Mitgliedstaaten waren bereits für die Vorgänger-Verordnung VO (EG) Nr. 40/94 zu treffen (→ Rn. 2).

A. Inkrafttreten

1 Der neugefasste Art. 167 Abs. 1 betrifft nur das Inkrafttreten der (im Wesentlichen inhaltsgleichen) Neufassung. Zu beachten ist aber, dass für Altfälle die Vorschrift zum Inkrafttreten der Vorgänger-GMV (Art. 160 VO (EG) Nr. 40/94) noch immer anwendbar ist (Eisenführ/

Schennen/Schennen Rn. 2). Neben dem neugefassten Art. 167 Abs. 1 ist auch Art. 2 GMDV (mit Ausnahme der durch die am 23.3.2016 in Kraft getretenen Reform herbeigeführten Änderungen) unverändert anwendbar, der noch auf die ursprünglichen Übergangsbestimmungen Bezug nimmt. Im Ergebnis trat die UMV am 60. Tag nach der Veröffentlichung der VO (EG) Nr. 40/94 im Amtsblatt der EG (ABl. L 11 vom 14.1.1994) in Kraft, nämlich am 15.3.1994. Nach Art. 160 Abs. 3 und 4 der VO (EG) Nr. 40/94 iVm Art. 2 Abs. 1 GMDV und dem Beschluss des Verwaltungsrats des EUIPO vom 11.7.1995 (ABl. HABM 1995, 12) konnten Unionsmarkenanmeldungen beim Amt oder den nationalen Ämtern (Art. 25) bereits zwischen dem 1.1.1996 und dem 1.4.1996 eingereicht werden, wobei alle in diesem Zeitraum eingereichten Anmeldungen einheitlich den 1.4.1996 als Anmeldetag erhielten, so dass all diese Anmeldungen unter- bzw. gegeneinander nicht älter sind (Eisenführ/Schennen/Schennen Rn. 8 mwN). Soweit diese Anmeldungen Prioritäten beanspruchten, berechnet sich die Prioritätsfrist einheitlich vom 1.4.1996 an, dh frühestmögliches Prioritätsdatum (Art. 29) ist der 1.10.1995 (Art. 2 Abs. 2 GMDV iVm Art. 143 GMV aF).

B. Maßnahmen der Mitgliedstaaten

Die in Art. 167 Abs. 2 erwähnten Maßnahmen betreffen die Bestimmung von Unionsmarkengerichten (Art. 95) und die Umwandlung von Unionsmarken in nationale Marken (Art. 114). Diese Fristen liefen ursprünglich vom 15.3.1994 bis 15.3.1997, für die 2004 und 2007 beigetretenen Mitgliedstaaten und Kroatien ab dem jeweiligen Beitrittsdatum.

Höhe der Gebühren Anhang-I UMV

Anhang-I Höhe der Gebühren

A. Die im Rahmen dieser Verordnung an das Amt zu entrichtenden Gebühren sind folgende (in Euro):
  1. Grundgebühr für die Anmeldung einer Unionsmarke (Artikel 26 Absatz 2):
     1000 EUR
  2. Grundgebühr für die elektronische Anmeldung einer Unionsmarke (Artikel 26 Absatz 2):
     850 EUR
  3. Gebühr für die zweite Waren- und Dienstleistungsklasse für eine Unionsmarke (Artikel 26 Absatz 2):
     50 EUR
  4. Gebühr für jede Waren- und Dienstleistungsklasse ab der dritten Klasse für eine Unionsmarke (Artikel 26 Absatz 2):
     150 EUR
  5. Grundgebühr für die Anmeldung einer Unionskollektivmarke oder einer Unionsgewährleistungsmarke (Artikel 26 Absatz 2 und Artikel 66 Absatz 3 oder Artikel 74a Absatz 3):
     1 800 EUR
  6. Grundgebühr für die elektronische Anmeldung einer Unionskollektivmarke oder einer Unionsgewährleistungsmarke (Artikel 26 Absatz 2 und Artikel 66 Absatz 3 oder Artikel 74a Absatz 3):
     1 500 EUR
  7. Gebühr für die zweite Waren- und Dienstleistungsklasse für eine Unionskollektivmarke oder eine Unionsgewährleistungsmarke (Artikel 26 Absatz 2 und Artikel 66 Absatz 3 oder Artikel 74a Absatz 3):
     50 EUR
  8. Gebühr für jede Waren- und Dienstleistungsklasse ab der dritten Klasse für eine Unionskollektivmarke oder eine Unionsgewährleistungsmarke (Artikel 26 Absatz 2 und Artikel 66 Absatz 3 oder Artikel 74a Absatz 3):
     150 EUR
  9. Recherchegebühr für die Anmeldung einer Unionsmarke (Artikel 38 Absatz 2) oder für eine internationale Registrierung, in der die Union benannt ist (Artikel 38 Absatz 2 und Artikel 155 Absatz 2):
     12 EUR, multipliziert mit der Zahl der Zentralbehörden für den gewerblichen Rechtsschutz in Artikel 38 Absatz 2; dieser Betrag und seine späteren Anpassungen werden vom Amt im Amtsblatt des Amtes veröffentlicht.
  10. Widerspruchsgebühr (Artikel 41 Absatz 3):
      320 EUR
  11. Grundgebühr für die Verlängerung einer Unionsmarke (Artikel 47 Absatz 3):
      1000 EUR
  12. Grundgebühr für die elektronische Verlängerung einer Unionsmarke (Artikel 47 Absatz 3):
      850 EUR
  13. Gebühr für die Verlängerung der zweiten Waren- und Dienstleistungsklasse für eine Unionsmarke (Artikel 47 Absatz 3):
      50 EUR
  14. Gebühr für die Verlängerung jeder Waren- und Dienstleistungsklasse ab der dritten Klasse für eine Unionsmarke (Artikel 47 Absatz 3):
      150 EUR
  15. Grundgebühr für die Verlängerung einer Unionskollektivmarke oder einer Unionsgewährleistungsmarke (Artikel 47 Absatz 3 und Artikel 66 Absatz 3 oder Artikel 74a Absatz 3):
      1800 EUR

16. Grundgebühr für die elektronische Verlängerung einer Unionskollektivmarke oder einer Unionsgewährleistungsmarke (Artikel 47 Absatz 3 und Artikel 66 Absatz 3 oder Artikel 74a Absatz 3):
    1500 EUR
17. Gebühr für die Verlängerung der zweiten Waren- und Dienstleistungsklasse für eine Unionskollektivmarke oder eine Unionsgewährleistungsmarke (Artikel 47 Absatz 3 und Artikel 66 Absatz 3 oder Artikel 74a Absatz 3):
    50 EUR
18. Gebühr für die Verlängerung jeder Waren- und Dienstleistungsklasse ab der dritten Klasse für eine Unionskollektivmarke oder eine Unionsgewährleistungsmarke (Artikel 47 Absatz 3 und Artikel 66 Absatz 3 oder Artikel 74a Absatz 3):
    150 EUR
19. Zusätzliche Gebühr für die verspätete Zahlung der Verlängerungsgebühr oder für die verspätete Einreichung des Antrags auf Verlängerung (Artikel 47 Absatz 3):
    25% der verspäteten Verlängerungsgebühr, jedoch höchstens 1500 EUR
20. Gebühr für den Antrag auf Erklärung des Verfalls oder der Nichtigkeit (Artikel 56 Absatz 2):
    630 EUR
21. Beschwerdegebühr (Artikel 60 Absatz 1):
    720 EUR
22. Gebühr für den Antrag auf Wiedereinsetzung in den vorigen Stand (Artikel 81 Absatz 3):
    200 EUR
23. Gebühr für den Antrag auf Umwandlung einer Anmeldung einer Unionsmarke oder einer Unionsmarke (Artikel 113 Absatz 1, auch in Verbindung mit Artikel 159 Absatz 1)
    a) in eine Anmeldung für eine nationale Marke,
    b) in eine Benennung von Mitgliedstaaten nach dem Madrider Protokoll:
    200 EUR
24. Weiterbehandlungsgebühr (Artikel 82 Absatz 1):
    400 EUR
25. Gebühr für die Teilungserklärung einer eingetragenen Unionsmarke (Artikel 49 Absatz 4) oder einer Anmeldung für eine Unionsmarke (Artikel 44 Absatz 4):
    250 EUR
26. Gebühr für den Antrag auf Eintragung einer Lizenz oder eines anderen Rechts an einer eingetragenen Unionsmarke (vor 1. Oktober 2017, Regel 33 Absatz 2 der Verordnung (EG) Nr. 2868/95 und ab diesem Datum Artikel 22a Absatz 2) oder einer Anmeldung für eine Unionsmarke (vor 1. Oktober 2017 Regel 33 Absatz 2 der Verordnung (EG) Nr. 2868/95 und ab diesem Datum Artikel 22a Absatz 2):
    a) Erteilung einer Lizenz,
    b) Übertragung einer Lizenz,
    c) Begründung eines dinglichen Rechts,
    d) Übertragung eines dinglichen Rechts,
    e) Zwangsvollstreckung:
    200 EUR pro Eintragung, aber, wenn mehrere Anträge gebündelt oder gleichzeitig eingereicht werden, insgesamt höchstens 1000 EUR
27. Gebühr für die Löschung der Eintragung einer Lizenz oder eines anderen Rechts (vor 1. Oktober 2017 Regel 35 Absatz 3 der Verordnung (EG) Nr. 2868/95 und ab diesem Datum Artikel 24a Absatz 3):
    200 EUR pro Löschung, aber, wenn mehrere Anträge gebündelt oder gleichzeitig eingereicht werden, insgesamt höchstens 1000 EUR

28. Gebühr für die Änderung einer eingetragenen Unionsmarke (Artikel 48 Absatz 4):
    200 EUR
29. Gebühr für die Ausstellung einer Kopie der Anmeldung für eine Unionsmarke (Artikel 88 Absatz 7), einer Kopie der Bescheinigung der Eintragung (Artikel 45 Absatz 2) oder eines Auszugs aus dem Register (Artikel 87 Absatz 7):
    a) nicht beglaubigte Kopie oder Auszug:
       10 EUR
    b) beglaubigte Kopie oder Auszug:
       30 EUR
30. Gebühr für die Einsicht in die Akten (Artikel 88 Absatz 6):
    30 EUR
31. Gebühr für die Ausstellung von Kopien von Dokumenten aus einer Akte (Artikel 88 Absatz 7):
    a) nicht beglaubigte Kopie:
       10 EUR
    b) beglaubigte Kopie:
       30 EUR bei mehr als 10 Seiten, pro Seite:
       1 EUR
32. Gebühr für Aktenauskunft (Artikel 88 Absatz 9):
    10 EUR
33. Gebühr für die Überprüfung der Festsetzung zu erstattender Verfahrenskosten (vor 1. Oktober 2017 Regel 94 Absatz 4 der Verordnung (EG) Nr. 2868/95 und ab diesem Datum Artikel 85 Absatz 7):
    100 EUR
34. Gebühr die Einreichung einer internationalen Anmeldung beim Amt (vor 1. Oktober 2017 Artikel 147 Absatz 5 und ab diesem Datum Artikel 147 Absatz 4):
    300 EUR

B. An das Internationale Büro zu entrichtende Gebühren

   I. Individuelle Gebühr für eine internationale Registrierung, in der die Union benannt ist
      1. Für einen Antrag auf eine internationale Registrierung, in der die Union benannt ist, ist an das Internationale Büro eine individuelle Gebühr gemäß Artikel 8 Absatz 7 des Madrider Protokolls für die Benennung der Union zu entrichten.
      2. Der Inhaber einer internationalen Registrierung, der einen Antrag auf territoriale Ausdehnung des Schutzes im Anschluss an die internationale Registrierung stellt, in dem die Union benannt ist, hat an das Internationale Büro eine individuelle Gebühr gemäß Artikel 8 Absatz 7 des Madrider Protokolls für die Benennung der Union zu entrichten.
      3. Die unter B.I.1 oder B.I.2 genannten Gebühren sind in Schweizer Franken zu entrichten und entsprechen dem Gegenwert der folgenden vom Generaldirektor der WIPO gemäß Regel 35 Absatz 2 der Gemeinsamen Ausführungsordnung zum Madrider Abkommen und zum Madrider Protokoll festgelegten Beträge:
         a) für eine Marke:
            820 EUR, gegebenenfalls zuzüglich 50 EUR für die zweite Waren- und Dienstleistungsklasse und 150 EUR für jede Waren- und Dienstleistungsklasse in der internationalen Registrierung ab der dritten Klasse;
         b) für eine Kollektivmarke oder eine Gewährleistungsmarke:
            1400 EUR, gegebenenfalls zuzüglich 50 EUR für die zweite Waren- und Dienstleistungsklasse und 150 EUR für jede Waren- und Dienstleistungsklasse ab der dritten Klasse.

UMV Anhang-I

II. Individuelle Gebühr für die Verlängerung einer internationalen Registrierung, in der die Union benannt ist

1. Der Inhaber einer internationalen Registrierung, in der die Union benannt ist, hat als Teil der Gebühren für die Verlängerung an das Internationale Büro eine individuelle Gebühr gemäß Artikel 8 Absatz 7 des Madrider Protokolls für die Benennung der Union zu entrichten.
2. Die unter B.II.1 genannten Gebühren sind in Schweizer Franken zu entrichten und entsprechen dem Gegenwert der folgenden vom Generaldirektor der WIPO gemäß Regel 35 Absatz 2 der Gemeinsamen Ausführungsordnung zum Madrider Abkommen und zum Madrider Protokoll festgelegten Beträge:
   a) für eine Marke:
      820 EUR, gegebenenfalls zuzüglich 50 EUR für die zweite Waren- und Dienstleistungsklasse und 150 EUR für jede Waren- und Dienstleistungsklasse in der internationalen Registrierung ab der dritten Klasse;
   b) für eine Kollektivmarke oder eine Gewährleistungsmarke:
      1400 EUR, gegebenenfalls zuzüglich 50 EUR für die zweite Waren- und Dienstleistungsklasse und 150 EUR für jede Waren- und Dienstleistungsklasse in der internationalen Registrierung ab der dritten Klasse.

Überblick

Der Anhang-I wurde durch VO (EU) 2015/2424 vom 16.12.2015 eingefügt. Mit dieser Reform wurde gleichzeitig die VO (EG) Nr. 2869/95 über die zu entrichtenden Gebühren aufgehoben. Die Gebühren werden nunmehr im Anhang-I zur UMV festgelegt. Dies zeigt, dass die Gebührenregelung als so bedeutend angesehen wird, dass sie nunmehr Teil der UMV ist.

Diese neue Gebührenregelung betrifft sowohl die Festlegung der Verwaltungsgebühren für das Handeln des EUIPO (→ Rn. 1 ff. unter A.) als auch die Gebühren für die Registrierung einer internationalen Marke bei der OMPI in der die Union benannt ist (→ Rn. 17 ff. unter B.). Sie ist am 23.3.2016 in Kraft getreten.

Übersicht

	Rn.		Rn.
A. An das Amt der europäischen Union für geistiges Eigentum (EUIPO) zu entrichtende Gebühren	1	2. Verlängerung der Unionsmarke (Anhang-I A Nr. 11–18)	10
I. Grundgebühr für die Markenanmeldung	3	3. Verspätungszuschlag (Anhang-I A Nr. 19)	12
1. Anmeldung einer Unionsmarke (Anhang-I A Nr. 1–4)	3	V. Besondere Verfahren vor dem EUIPO	13
2. Anmeldung einer Kollektiv- oder Unionsgewährleistungsmarke (Anhang-I A Nr. 5–8)	6	VI. Gebühren für allgemeine Verwaltungsleistungen	15
II. Zahlungsfrist	7	VII. Gebühren einer internationalen Anmeldung beim EUIPO	17
III. Recherchegebühr (Anhang-I A Nr. 9)	8	B. An das internationale Büro zu entrichtende Gebühren	18
IV. Weitere gebührenpflichtige Handlungen des Amtes	9	I. Gebühren einer internationalen Registrierung bei der WIPO	18
1. Widerspruch (Anhang-I A Nr. 10)	9	II. Erneuerungsgebühren einer internationalen Registrierung bei der WIPO	22

A. An das Amt der europäischen Union für geistiges Eigentum (EUIPO) zu entrichtende Gebühren

1 Durch die neue Gebührenregelung wird insgesamt eine Gebührensenkung erreicht, die unter anderem auch dazu beitragen soll, die Unionsmarke zugänglicher zu machen und den weiteren Erfolg der Unionsmarke zu garantieren.

Höhe der Gebühren **Anhang-I UMV**

Die Festlegung der Gebühren berücksichtigt dabei das Bedürfnis der Finanzierung von gemeinsamen Projekten zwischen nationalen Markenämtern und EUIPO sowie die den nationalen Markenämtern aufgrund der Unionsmarke zusätzlich entstehenden Kosten. Dabei wurde ebenfalls der Grundsatz der Selbstfinanzierung des Amtes aufrechterhalten (Marten GRUR Int 2016, 115). Nach den Erwägungsgründen Nr. 35 und 36 sollen durch die Gebührenreduzierung Überschüsse vermieden werden und ein ausgeglichener Haushalt geschaffen werden (→ Art. 144 Rn. 1). Die Zahlungsmodalitäten werden in einem neuen Art. 144a geregelt (→ Art. 144a Rn. 1 ff.). 2

I. Grundgebühr für die Markenanmeldung

1. Anmeldung einer Unionsmarke (Anhang-I A Nr. 1–4)

Bei der Berechnung der Grundgebühr wird zwischen einer elektronischen und einer nicht elektronischen Anmeldung unterschieden. Die Grundgebühr für die Anmeldung beträgt bei einer **elektronischen** Anmeldung 850 Euro und für eine **nicht elektronische** Anmeldung 1000 Euro. Durch diese Begünstigung soll die elektronische Anmeldung gefördert werden. 3

In der Grundgebühr sind aber Waren- und Dienstleistungsklassifizierungen nur für eine Klasse des Abkommens von Nizza eingeschlossen. Für die zweite Klasse sind zusätzliche Klassengebühren von 50 Euro zu entrichten. Ab der dritten und für alle weiteren Klassen fallen für jede Klasse weitere Gebühren in Höhe von 150 Euro pro Klasse an. Für die elektronische Anmeldung einer Unionsmarke für drei Klassen erfolgt im Vergleich zur bisherigen Rechtslage eine **Gebührenerhöhung** von ca. 30% (750 Euro bisher und 1050 Euro nach der neuen Gebührenordnung). 4

Dieses neue System gibt das herkömmliche Dreiklassensystem auf, das seit der Schaffung der Gemeinschaftsmarke gegolten hat. Es wird durch ein **Einklassensystem** ersetzt, in dem in der Grundgebühr nur eine Klasse von Waren- und Dienstleistungen enthalten ist. 5

Einer der wichtigsten **Gründe** für diese Änderung war, dass bei den Anmeldungen auf diese Weise die Anzahl der angegebenen Waren und Dienstleistungen begrenzt werden soll und nicht mehr Klassen als nötig, nur für die tatsächlich verwendeten Waren und Dienstleistungen in das Verzeichnis aufgenommen werden. Insgesamt wird die Anmeldung im Vergleich zu den Gebühren vor der Reform um ca. 30% erhöht, wenn Waren in drei Klassen angemeldet werden. Werden nur Waren einer Klasse angemeldet, bleiben die Gebühren im Vergleich zur vorherigen Rechtslage fast gleich. 5.1

2. Anmeldung einer Kollektiv- oder Unionsgewährleistungsmarke (Anhang-I A Nr. 5–8)

Bei der Anmeldung einer Kollektivmarke oder einer Unionsgewährleistungsmarke wird dasselbe Gebührensystem angewendet, dh eine Grundgebühr für die elektronische (1500 Euro) und für die nicht elektronische Anmeldung (1800 Euro), sowie eine Gebühr für die zweite Klasse (50 Euro) und für alle weiteren Klassen (150 Euro). Die Anmeldung einer Unionsgewährleistungsmarke wird nach **Art. 74a–74k** neu eingeführt, ist aber erst ab dem 1.10.2017 möglich, da dieser Teil der Vorschriften erst zu diesem Zeitpunkt in Kraft tritt (→ Art. 74a Rn. 1 ff.). 6

II. Zahlungsfrist

Für die Anerkennung des Anmeldetages ist nur die Entrichtung der Grundgebühr (Regel 4 Buchst. a GMDV) erforderlich (→ Art. 27 Rn. 3 ff.). Diese muss **innerhalb eines Monats** ab der Einreichung der Anmeldung erfolgen. Werden zusätzlich anfallende Klassengebühren nicht mit der Anmeldung bezahlt, fordert das EUIPO den Anmelder auf, die Gebühren innerhalb einer vom Amt festgelegten Frist zu entrichten. Der Prüfer vermerkt in der Akte, wenn Klassengebühren nicht gezahlt wurden und Klassen deshalb zurückgewiesen werden und teilt dies dem Anmelder mit. 7

III. Recherchegebühr (Anhang-I A Nr. 9)

Neben der Grundgebühr der Anmeldung und einer oder mehreren Klassengebühren ist ggf. eine Recherchegebühr zu entrichten. Soweit der Anmelder nach Art. 38 einen Antrag 8 auf Zustellung eines **Unionsrechercheberichts** stellt, in dem diejenigen älteren Unionsmarken oder Anmeldungen von Unionsmarken aufgeführt werden, die gemäß Art. 8 gegen die Eintragung der angemeldeten Unionsmarke geltend gemacht werden können, verlangt das Amt von den jeweiligen nationalen Behörden, die Übermittlung eines Rechercheberichts für den Mitgliedstaat. Die Recherchegebühr für die Unionsmarke oder für eine internationale Registrierung, in der die Union benannt ist, beträgt dabei 12 Euro pro Zentralbehörde für gewerblichen Rechtsschutz. Dieser Betrag kann später angepasst werden, wobei jede Anpassung im Amtsblatt veröffentlicht wird.

IV. Weitere gebührenpflichtige Handlungen des Amtes

1. Widerspruch (Anhang-I A Nr. 10)

9 Es wird eine Widerspruchsgebühr in Höhe von 320 Euro pro Widerspruch berechnet. Die Widerspruchsgebühr wurde im Vergleich zur vorhergehenden Rechtslage leicht gesenkt (320 Euro im Vergleich zu 350 Euro).

2. Verlängerung der Unionsmarke (Anhang-I A Nr. 11–18)

10 Die Gebühren für die Verlängerung einer Unionsmarke, einer Kollektivmarke oder einer Unionsgewährleistungsmarke sind identisch mit den Grundgebühren der Anmeldung. Sie werden in der gleichen Weise nach der Form der Verlängerung (elektronisch oder nicht) und nach der Anzahl der Klassen des Nizza Abkommens berechnet.

11 Die Verlängerungsgebühren wurden erheblich **gesenkt** (durchschnittlich um ca. 30%), wobei auch hier die elektronische Form begünstigt ist (Verlängerungsgebühr von 1000 Euro für Anträge auf Papier im Vergleich zu 850 Euro für elektronische Anträge). Hierbei wurden nicht nur die Gebühren, sondern auch die **Frist** geändert (Walicka GRUR-Prax 2016, 192). Die sechsmonatige Verlängerungsfrist endet nunmehr mit dem Tag des Ablaufs der Eintragung und nicht mehr mit dem Ablauf des letzten Tag des Monats, in dem die Schutzdauer endet (→ Art. 47 Rn. 10).

3. Verspätungszuschlag (Anhang-I A Nr. 19)

12 Bei Verspätung der Zahlung der Verlängerungsgebühr oder bei verspäteter Einreichung des Antrags auf Verlängerung (Art. 47 Abs. 3) fällt eine zusätzliche Gebühr in Höhe von 25% der verspäteten Verlängerungsgebühr an, die jedoch höchstens 1500 Euro beträgt.

V. Besondere Verfahren vor dem EUIPO

13 Des Weiteren werden in der Anlage Verwaltungsgebühren für besondere Verfahren vor dem EUIPO bestimmt: zB für Verfalls- oder Nichtigkeitsverfahren (Anhang-I A Nr. 20), Beschwerden (Anhang-I A Nr. 21), Wiedereinsetzung in den vorherigen Stand (Anhang-I A Nr. 22), Umwandlung des Antrags in die Anmeldung einer nationalen Marke oder einer internationalen Marke mit Benennung von Mitgliedstaaten nach dem Madrider Protokoll (Anhang-I A Nr. 23), Markenänderungsgebühren (Anhang-I A Nr. 28) und Gebühren für die Eintragung oder Löschung von Lizenzen (Anhang-I A Nr. 26). Ebenso fallen Gebühren für Markenteilungserklärungen (Anhang-I A Nr. 25) und Weiterbehandlungsgebühren (Anhang-I A Nr. 24; Art. 82 Abs. 1) an.

14 Die Gebühren für Löschungs- und Beschwerdeverfahren wurden durch die Reform um ca. 10% auf 630 Euro und 720 Euro **herabgesetzt** (bisher 700 Euro und 800 Euro).

VI. Gebühren für allgemeine Verwaltungsleistungen

15 Weiterhin werden allgemeine Gebühren für Verwaltungsleistungen wie Akteneinsichtsgebühren (Anhang-I A Nr. 30), Gebühren für Kopien (Anhang-I A Nr. 29, 31) und Aktenauskunftsgebühren (Anhang-I A Nr. 32) erhoben.

16 Der Exekutivdirektor legt darüber hinaus nach Art. 144 Abs. 1 die Höhe von Entgelten für solche Leistungen des Amtes fest, die nicht in der Anlage der Verordnung enthalten sind (→ Art. 144 Rn. 1 ff.).

VII. Gebühren einer internationalen Anmeldung beim EUIPO

Nach Anhang-I A Nr. 34 beträgt die Gebühr für die Einreichung einer internationalen Anmeldung beim EUIPO 300 Euro, zusätzlich zu den vom internationalen Büro erhobenen Gebühren. **17**

B. An das internationale Büro zu entrichtende Gebühren

I. Gebühren einer internationalen Registrierung bei der WIPO

Für jedes Land, für das bei einer internationalen Registrierung Schutz beansprucht wird, fällt eine Ergänzungsgebühr bzw. eine individuelle Gebühr an, wenn das Land von der **Wahl einer individuellen Gebühr** Gebrauch gemacht hat (→ Art. 150 Rn. 1). Die Union hat von dieser Wahl Gebrauch gemacht und diese Gebühr wird in Anhang-I B festgelegt. **18**

Dabei entstehen die internationalen Gebühren sowohl für die internationale Registrierung nach Art. 146, 147, in der die Union benannt ist (Anhang-I B I Nr. 1), als auch für die nachträgliche Schutzerstreckung nach Art. 149, in der die Union benannt ist (Anhang-I B I Nr. 2). Entsprechende Gebühren bestehen für die Anmeldung der internationalen Kollektivmarke, in der die Union benannt wird (Anhang-I B I Nr. 3 Buchst. b). **19**

Die **Höhe der Gebühren** wird durch den Generaldirektor der WIPO gemäß Regel 35 Abs. 2 GAusfO MMA/PMMA festgelegt. Sie sind in Schweizer Franken an das internationale Büro zu entrichten. Der Gegenwert in Euro wird in Anhang-I B I Nr. 3 Buchst. a und b genannt. **20**

Auch für diese Gebühren wird das **Einklassenprinzip** verfolgt, so dass in der Grundgebühr nur Waren und Dienstleistungen einer Klasse des Nizza Abkommens enthalten sind und für jede weitere angegebene Klasse eine weitere Gebühr anfällt. **21**

II. Erneuerungsgebühren einer internationalen Registrierung bei der WIPO

Für die Verlängerung der internationalen Registrierung werden in der gleichen Weise Gebühren berechnet. Diese Erneuerungsgebühren betragen für eine Marke nach Anhang-I B II den Gegenwert von 820 Euro für eine Klasse und 50 Euro für die zweite Waren und Dienstleistungsklasse, sowie 150 Euro ab der dritten Klasse. **22**

Für die Verlängerung einer Kollektivmarke wird nach Anhang-I B II der Gegenwert von 1400 Euro für eine Klasse, zuzüglich 50 Euro für die zweite Waren und Dienstleistungsklasse, sowie 150 Euro ab der dritten Klasse berechnet. **23**

Anhang I. Aufgehobene Verordnung mit ihren nachfolgenden Änderungen (gemäß Art. 166)

(nicht abgedruckt)

Anhang II. Entsprechungstabelle

(nicht abgedruckt)

Sachverzeichnis

Fett gedruckte Zahlen bezeichnen Paragraphen und Artikel, mager gedruckte Randnummern.

Bearbeiter: Dr. Friedrich Albrecht

Abbildung Einl. **MarkenR** 231, 252; **MarkenG 3** 34 ff.; **8** 418 ff.
- Personen **MarkenG 8** 420
- Produkt **MarkenG 8** 403 ff.
- Verpackung **UMV 7** 56 ff.

Abgrenzungsvereinbarung MarkenG 30 58 ff.

Abhilfe MarkenG 89a 1 ff.
- DPMA **MarkenG 64** 10; **66** 112
- Erinnerungsverfahren **MarkenG 64** 28
- EUIPO **UMV 82** 21
  - einseitiges Verfahren **UMV 61** 1 ff.
  - mehrseitiges Verfahren **UMV 62** 1 ff.
- unselbständige Anschlussbeschwerde **MarkenG 66** 104
- Verletzung des rechtlichen Gehörs **MarkenG 89a** 1 ff.

Abholfach
- DPMA **MarkenG 94** 37
- EUIPO **UMV 79** 37

Abkommen international Einl. **MarkenR** 169 ff.
- Bindung Einl. **MarkenR** 298 ff.
- Handelsabkommen Einl. **MarkenR** 222
- Inländerbehandlung Einl. **MarkenR** 173
- MMA Einl. **MarkenR** 201
- Nizza Klassifikation Einl. **MarkenR** 205
- PVÜ Einl. **MarkenR** 184 ff.
- Sanktionen Einl. **MarkenR** 183 ff.
- Singapur Einl. **MarkenR** 212
- TLT Einl. **MarkenR** 209
- TRIPS Einl. **MarkenR** 185 ff.

Abkürzung MarkenG 8 251

Ablehnung
- Antrag **MarkenG 57** 1 ff.
  - Entscheidung **MarkenG 57** 9
  - Rechtsmittel **MarkenG 57** 11
- BPatG **MarkenG 72** 1 ff.
- DPMA **MarkenG 57** 1 ff.
- EUIPO
  - Beschwerdekammer **UMV 137** 4
  - Nichtigkeitsabteilung **UMV 137** 3
  - Prüfer **UMV 137** 1
  - Widerspruchsabteilung **UMV 137** 2

Abmahnung
- keine Kennzeichenstreitsache **MarkenG 140** 7 ff., 60 ff.
- Kosten **MarkenG 25** 14
- Kostenerstattung **MarkenG 140** 61 f.

Abschlussschreiben Einl. **MarkenR** 197; **MarkenG 20** 64

absolute Schutzhindernisse s. *Schutzhindernis – absolutes*

Abtretung
- Marke **MarkenG 27** 19
  - künftige **MarkenG 27** 66
- Unterlassungsanspruch **MarkenG 14** 619

Abwandlung
- Benutzung **MarkenG 26** 119 ff.; **UMV 15** 46 ff.
- Benutzungsmarke **MarkenG 4** 20
- beschreibender Angaben **MarkenG 8** 254 ff.
- geografische Herkunftsangabe **MarkenG 8** 223
- Hoheitszeichen **MarkenG 8** 683
- üblicher Zeichen **MarkenG 8** 524
- verbotener Zeichen **MarkenG 8** 731
- Verwechslungsgefahr **MarkenG 9** 31

Abwehranspruch, Verwirkung MarkenG 21 18

Agent MarkenG 17 29 ff.
- Agentenstellung **UMV 11** 6
  - Strohmann **UMV 11** 9
- Ausgleichsanspruch **UMV 11** 47
- ungetreuer **UMV 11** 1 ff.
- Lizenznehmer **UMV 11** 17

Agentenmarke MarkenG 11 1 ff.; **17** 1 ff.; **UMV 11** 1 ff.
- Agent **MarkenG 11** 15 ff.
- Anteriorität **MarkenG 11** 35
- Ausgleichsanspruch **MarkenG 11** 47
- Beseitigungsanspruch **MarkenG 17** 28
- Geschäftsherr **MarkenG 11** 30
  - Rechtsnachfolger **MarkenG 11** 34, 53
- Rechtfertigung **MarkenG 11** 46; **UMV 11** 15
- Rechtsnachfolger **MarkenG 11** 52; **UMV 11** 17
- Schadensersatzanspruch **MarkenG 17** 25
- Schutzgebiet **MarkenG 11** 36
- Strohmann **MarkenG 11** 20
- Übertragung **UMV 18** 1 ff.
- Übertragungsanspruch **MarkenG 17** 10 ff.
- Unterlassungsanspruch **MarkenG 17** 21 ff.
- Vertreter **MarkenG 11** 15 ff.
- Widerspruch **UMV 8** 151
- Zustimmung **MarkenG 11** 40 ff.; **UMV 11** 14

Agentur s. *EUIPO*

Agrarerzeugnisse MarkenG 130 3

Ähnlichkeit s. *Verwechslungsgefahr – Markenähnlichkeit*
- Unternehmenskennzeichen **MarkenG 15** 31 ff.

Akteneinsicht
- BGH **MarkenG 88** 21
- BPatG **MarkenG 82** 9
- DPMA **MarkenG 56** 17; **62** 1 ff.
- EUIPO **UMV 88** 1 ff.
  - Aufbewahrung **UMV 88a** 1
  - Behörden **UMV 90** 1 ff.
  - Transparenz **UMV 123** 1 ff.

Aktivlegitimation UMV 17 51; **111** 2
- Auskunftsanspruch
  - gegen Dritte **MarkenG 19** 8
  - gegen Verletzer **MarkenG 19** 4

Sachverzeichnis

- Beschwerde **MarkenG 66** 25
- Eintragungsbewilligungsklage **MarkenG 44** 15
- gegenüber Wörterbüchern **MarkenG 16** 4
- geografische Herkunftsangabe **MarkenG 126** 13; **128** 12 ff.; **135** 18
  - Schadensersatzanspruch **MarkenG 128** 31
  - Unterlassungsanspruch **MarkenG 128** 10
- Kollektivmarke **UMV 72** 1 ff.
- Lizenznehmer **UMV 22** 47; **23** 11; **101** 53
- Löschung wg. älterer Rechte **MarkenG 55** 18
  - geografische Angabe **MarkenG 55** 20
- Löschungsklage **MarkenG 12** 22; **13** 75
- Prozessstandschaft **UMV 10** 16
- Rechtsnachfolger **UMV 9** 5
- Sicherungsanspruch **MarkenG 19b** 2
- Urteilsbekanntmachung **MarkenG 19c** 2
- Verbände **MarkenG 2** 70, 48.2
- Verfallslöschung **MarkenG 55** 12
- Verletzungsansprüche **MarkenG 14** 615 ff.
- Vernichtungsanspruch **MarkenG 18** 9
- Widerspruch **MarkenG 42** 35 ff.

akustische Marke s. Hörmarke
Akzessorietät MarkenG 27 3, 91; **UMV 160** 1
- Inlandsschutz **MarkenG 5** 116

Alleinstellungswerbung MarkenG 8 581
Amtsblatt UMV 89 3
Amtsermittlung MarkenG 73 1 ff.; **82** 14
- DPMA **MarkenG 59** 1 ff.
- EUIPO **UMV 76** 1 ff.
- zur Kennzeichnungskraft **UMV 76** 52
- im Löschungsverfahren **MarkenG 54** 5
- Mitwirkungspflicht **UMV 76** 15 ff.
- Neutralitätspflicht **UMV 76** 40
- Rechtsfragen **UMV 76** 49 ff.
- Transparenz **UMV 75** 72
- zur Verkehrsdurchsetzung **UMV 76** 23 ff.
- im Widerspruchsverfahren **MarkenG 42** 56 ff.

Amtshilfe UMV 90 1 ff.
Amtsrecherche, EUIPO Einl. MarkenR 79
Amtssprachen Einl. MarkenR 53
Anfechtung
- Beschränkung des Waren- und Dienstleistungsverzeichnisses **MarkenG 8** 119
- Rücknahme der Anmeldung **MarkenG 39** 3
- Verzicht **MarkenG 48** 14

Anhörungsrüge MarkenG 82 8; **89a** 1 ff.
Anmelder
- Angaben, notwendige **MarkenG 32** 4 ff.; **UMV 26** 3 ff.
- juristische Person **MarkenG 7** 9; **UMV 5** 2
- Kollektivmarke **MarkenG 98** 1 ff.; **UMV 66** 5 ff.
- Markenrechtsfähigkeit **MarkenG 7** 1 ff.
- Personengesellschaft **MarkenG 7** 16
- Unionsmarke **UMV 5** 1

Anmeldetag MarkenG 33 1 ff.; **UMV 27** 1 ff.
Anmeldung
- Änderung **MarkenG 39** 4 ff.; **UMV 27** 11 ff.; **43** 24 ff.
- Anmeldetag **MarkenG 33** 1
- Berechtigung **UMV 25** 10 f.
- Berichtigung **MarkenG 39** 15
- beschleunigte Prüfung **MarkenG 38** 1 ff.
- Bewegungsmarke **MarkenG 3** 48; **UMV 36** 25
- Bildmarke **MarkenG 32** 19 ff.
- bösgläubige **MarkenG 8** 759; **UMV 52** 29
- Disclaimer **MarkenG 8** 52; **39** 5.2; **48** 8; **UMV 37** 16 ff.
- dreidimensionale Marke **MarkenG 32** 29
- Einschränkung **MarkenG 39** 7; **UMV 43** 14 ff.
- Einzelhandelsdienstleistung **MarkenG 32** 53
- Empfangsbestätigung **UMV 25** 10
- Farbmarke **MarkenG 32** 22 ff.; **UMV 36** 18 ff.
- Form **MarkenG 32** 1; **UMV 25** 7 ff.
- Gebühr **MarkenG 32** 59; **36** 10 ff.; **UMV 26** 27 ff.
- Geruchsmarke **MarkenG 32** 39; **UMV 36** 24
- grafische Darstellung **MarkenG 4** 30 ff.; **UMV 26** 12 ff.
- Hologramm **MarkenG 8** 21; **UMV 36** 23
- Hörmarke **MarkenG 32** 34; **UMV 36** 22
- Mängelbehebung **MarkenG 36** 6 ff.
- Markenbeschreibung **MarkenG 32** 17 ff., **UMV 36** 26 ff.
- Markenwiedergabe **MarkenG 32** 9 ff.; **UMV 36** 14 ff., 43
- Mindestangaben **MarkenG 32** 4 ff.
- olfaktorische Marke **MarkenG 32** 39
- Positionsmarke **MarkenG 32** 40; **UMV 36** 26
- Priorität **MarkenG 32** 58
- Prüfung **MarkenG 36** 1 ff.
  - absolute Schutzhindernisse **MarkenG 37** 1 ff.
  - Bösgläubigkeit **MarkenG 37** 6 ff.
  - maßgeblicher Zeitpunkt **MarkenG 37** 1
  - Notorietät **MarkenG 37** 10
  - Täuschungsgefahr **MarkenG 37** 6 ff.
  - Verkehrsdurchsetzung **MarkenG 37** 15
- Rücknahme **MarkenG 36** 3; **39** 1 ff.; **UMV 37** 14; **43** 1 ff.
- Rücknahmeklage **MarkenG 9** 74
- Sprachen **UMV 26** 32; **36** 5 ff.
- Tastmarke **MarkenG 32** 37
- Teilung **MarkenG 40** 1 ff.; **UMV 44** 1 ff.
- Übertragung **MarkenG 27** 65; **UMV 17** 61
- Unionsmarke **UMV 25** 1 ff.
  - Form **UMV 25** 5
  - nationale Hinterlegung **UMV 32** 1 ff.
  - Prüfung **UMV 36** 1 ff.
  - Sprache **UMV 25** 6
- Unterschrift **UMV 36** 9
- Vermögensgegenstand **UMV 24** 1 ff.
- Veröffentlichung **MarkenG 33** 6; **UMV 39** 1 ff.; **120** 1 ff.
- Vertreter **MarkenG 32** 56
- Vertretungszwang **UMV 26** 31
- Waren und Dienstleistungen **MarkenG 32** 41 ff.
- Wirkungen **MarkenG 4** 11 ff.; **31** 1 ff.
- Wort-Bild-Marke **MarkenG 32** 19 ff.
- Wortmarke **MarkenG 32** 17 ff.
- Zeichenänderung **MarkenG 39** 4

Anschlussbeschwerde MarkenG 66 104; **UMV 60** 26
Anschlusserinnerung MarkenG 64 7, 19
Anschlussrechtsbeschwerde MarkenG 83 47
Anschriftsdaten
- freie Benutzung **MarkenG 23** 19

anständige Gepflogenheiten UMV 12 23 ff.
Anteriorität MarkenG 11 35

Sachverzeichnis

Anwaltskosten
- Erstattung **MarkenG 140** 31 ff.

Anwaltszwang MarkenG 85 9

Anwartschaftsrecht UMV 24 2
- Anmeldung **MarkenG 31** 2; **4** 13 ff.; **UMV 11** 10; **19** 1 ff.
- Eigentumsrecht **UMV 6** 3
- Rechtsnachfolger **MarkenG 42** 36; **44** 15
- Verkehrsgeltung **MarkenG 2** 68 f.

Äquivalenz UMV 1 10 ff.

Arrest MarkenG 103 28, 50

assoziative Verwechslungsgefahr s. gedankliche Verbindung

Aufbrauchfrist MarkenG 18 80.9; **30** 46, 158

Aufmachung
- geografische Herkunft **MarkenG 126** 20
- Ladenlokal **MarkenG 3** 47

Aufmerksamkeit
- der Verbraucher **MarkenG 14** 328; **UMV 8** 128 ff.

aufschiebende Wirkung MarkenG 66 116

Ausfertigung, vollstreckbare MarkenG 65 10; **94** 7; **125i** 1 ff.; **UMV 86** 9
- Berichtigung **MarkenG 80** 4; **91** 18.1
- Beschlagnahme **MarkenG 147** 26
- Beschlüsse des DPMA **MarkenG 61** 4 ff.
- Eintragungsbewilligungsklage **MarkenG 44** 36 ff.
- elektronisch **MarkenG 95a** 20
- Kostenfestsetzungsbeschluss **MarkenG 63** 1 ff.
- Löschungsklage **MarkenG 55** 3
- Prioritätsbeleg **MarkenG 34** 19
- Umschreibung **MarkenG 27** 37.1; **29** 46

Ausgleichsanspruch
- Agent **MarkenG 11** 47
- Handelsvertreter **MarkenG 11** 47
- Lizenznehmer **MarkenG 30** 161

Auskunftsanspruch MarkenG 19 1 ff.
- Akteninhalt **UMV 88** 11
- Aufwendungsersatz **MarkenG 19** 23
- Durchsetzung **MarkenG 19** 41 ff.
- Haftung **MarkenG 19** 33 ff.
- Schuldner **MarkenG 19** 5 ff.
  - Dritte **MarkenG 19** 8
  - Störer **MarkenG 19** 6
  - Verletzer **MarkenG 19** 5
- Umfang **MarkenG 19** 24
- Verhältnismäßigkeit **MarkenG 19** 32
- Verjährung **MarkenG 19** 53
- Verkehrsdaten **MarkenG 19** 46 ff.
- vertraglicher **MarkenG 19** 52
- Verweigerungsrecht **MarkenG 19** 22
- Verwertungsverbot **MarkenG 19** 45
- Zitiergebot **MarkenG 19** 50
- zivilrechtlich **MarkenG 19d** 2

Auslagenerstattung MarkenG 140 47 ff.

Auslegung UMV 83 18

Ausschließlichkeitsrecht UMV 9 3

Ausschließung s. Ablehnung

Äußerungsfrist MarkenG 59 21

Aussetzung des Verfahrens
- Beschwerde
  - EUIPO **UMV 63** 33
- einstweilige Maßnahmen **UMV 104** 34 ff.
- EUIPO **UMV 104** 15
- durch Gericht **UMV 104** 24
- parallele Verfahren **UMV 109** 21

- Unionsmarkengericht **UMV 104** 1 ff.
- Löschungswiderklage **UMV 104** 53
- Widerspruch **MarkenG 43** 67 ff.

Aussprache
- fremdsprachige Marke **MarkenG 14** 333

Ausstattungsschutz Einl. MarkenR 28 ff., 255; **MarkenG 3** 36, 64 ff.
- Verkaufsstätte **MarkenG 3** 47; **UMV 7** 64
- Verpackung **UMV 65** 58.1

Ausstellungspriorität MarkenG 35 1 ff.; **UMV 33** 1 ff.; **36** 37
- Frist **MarkenG 35** 7
- Zurschaustellung **UMV 33** 10

Austausch MarkenG 32 31

Ausübungspflicht
- Lizenznehmer **MarkenG 30** 126

Autonomie UMV 1 4
- IR-Marke **UMV 27** 14

Basismarke UMV 147 14 ff.
- IR-Marke **MarkenG 107** 7
- Nichtigkeit **UMV 148a** 1
- USA **UMV 147** 34

Befangenheit s. Ablehnung

Befugnisübertragung
- Löschungsverfahren **UMV 57a** 1

begriffliche Ähnlichkeit MarkenG 14 398 ff.; **UMV 8** 48

Begründungspflicht MarkenG 78 3; **83** 42
- Verweis **UMV 75** 26, 49
- Voreintragungen **UMV 75** 46

Behinderung von Mitbewerbern MarkenG 2 72 ff.

Beibringungspflicht MarkenG 42 56 ff.; **UMV 41** 2

Beiordnung MarkenG 81a 21, 64

Beitreibung
- beigeordneter Anwalt **MarkenG 81a** 65 ff.
- EUIPO **UMV 144c** 1 ff.
- Gebühren **MarkenG 81a** 107

Beitritt
- Lizenznehmer **UMV 22** 26
- Präsident DPMA **MarkenG 87** 5

Bekanntheitsschutz Einl. MarkenR 138 ff., 251; **MarkenG 2** 36 ff.; **4** 131 ff.; **8** 866; **10** 1 ff.; **14** 505 ff.; **23** 6; **UMV 8** 210 ff.
- Beeinträchtigung **UMV 8** 247
- Bekanntheitsgrad **MarkenG 4** 150 ff.; **14** 511; **UMV 8** 226 ff.
- Beweislast **UMV 8** 253 ff.
- deutsches Recht **Einl. MarkenR** 264
- Notorietät **Einl. MarkenR** 255
- Rechtfertigung **UMV 8** 251 ff.
- Rufausnutzung **UMV 8** 244 ff.
- Territorium **UMV 8** 231 ff.
- Unionsrecht **Einl. MarkenR** 265
- Unternehmenskennzeichen **MarkenG 15** 61 ff.
- Verkehrskreis **UMV 8** 229 ff.
- Verunglimpfung **UMV 8** 243
- Verwässerung **UMV 8** 242
- Werktitel **MarkenG 15** 64 ff.
- Widerspruch **UMV 41** 33
- Zeitpunkt **UMV 8** 218 ff.

Bemerkungen Dritter UMV 40 1 ff.
- Frist **UMV 40** 9
- Gewährleistungsmarke **UMV 74d** 1

2367

Sachverzeichnis

- IR-Marke **UMV 154** 8 ff.
- Kollektivmarke **UMV 69** 1

Benutzung
- Beweislast **MarkenG 25** 36 ff.
- Dienstleistungsmarke **MarkenG 26** 59 ff.
- Domain **MarkenG 26** 50, 70
- durch Dritte **MarkenG 26** 167
- durch Inhaber **MarkenG 26** 166
- durch Lizenznehmer **MarkenG 26** 176
- ernsthaft **MarkenG 26** 73 ff.; **UMV 15** 7 ff.
  - saisonal **MarkenG 26** 91
- Exportmarke **MarkenG 26** 96
- firmenmäßig **MarkenG 26** 43
- Gebiet **UMV 15** 39 ff.
- geschäftlich **MarkenG 26** 51 ff.; **UMV 9** 44
  - Gütezeichen **MarkenG 26** 68
  - Werbeartikel **MarkenG 26** 65
- Glaubhaftmachung **MarkenG 43** 40 ff.
- Inland **MarkenG 26** 93
- Internet **MarkenG 26** 50, 69, 95
- IR-Marke **UMV 160** 1 ff.
- Kollektivmarke **UMV 70** 1
- markenmäßig **MarkenG 26** 40 ff.; **UMV 15** 14 ff.
- mit Zustimmung **MarkenG 26** 166; **UMV 15** 69 ff.
- Nachweis **MarkenG 25** 36 ff.; **UMV 42** 15
- Plain Packaging **Einl. MarkenR** 284
- referierende **Einl. MarkenR** 89
- Scheinbenutzung **MarkenG 26** 90
- Schweiz **MarkenG 26** 98
- Sittenwidrigkeit **MarkenG 23** 21, 33, 45
- titelmäßig **MarkenG 26** 45
- Transit **MarkenG 26** 97
- Waren/Dienstleistungen **MarkenG 26** 105 ff.

Benutzung, erlaubte MarkenG 23 1 ff.
- beschreibend **MarkenG 23** 24; **26** 47
- Bestimmungsangabe **MarkenG 23** 39
- dekorativ **MarkenG 26** 47

Benutzung, rechtsbegründende MarkenG 4 17 ff.; **26** 1 ff.; **UMV 15** 1 ff.; **75** 21 ff.
- geografische Herkunftsangabe **MarkenG 126** 26 ff.
- Geschäftsbezeichnung **MarkenG 5** 103 ff.
- Werktitel **MarkenG 5** 203 ff.

Benutzung, rechtserhaltende
- abweichende Form **MarkenG 26** 119 ff.; **UMV 15** 46 ff.
- Benutzungszwang **Einl. MarkenR** 275
- Kombinationsmarke **MarkenG 26** 154 ff.
- Kundendienst **MarkenG 26** 80
- Mehrfachkennzeichnung **MarkenG 26** 154
- Nichtbenutzungsgründe **MarkenG 26** 177 ff.; **UMV 15** 60 ff.
- Seniorität **UMV 34** 33
- Serie **MarkenG 26** 158
- Serviceleistungen **MarkenG 26** 80
- Wiedereintragung **MarkenG 44** 46
- Zeitraum **MarkenG 26** 81 ff.; **43** 21 ff.; **UMV 15** 26 ff.
  - Löschungsverfahren **MarkenG 26** 85
  - Verfallsverfahren **MarkenG 26** 86
  - Verletzungsverfahren **MarkenG 26** 83
  - Widerspruchsverfahren **MarkenG 26** 84
- Zubehör **MarkenG 26** 80
- Zugeständnis **UMV 76** 44
- Zweitkennzeichnung **MarkenG 26** 154

Benutzung, rechtsverletzende MarkenG 14 10; **15** 1 ff.; **26** 41
- Domain **MarkenG 15** 71 ff.
- Doppelidentität **MarkenG 14** 247 ff.
- dreidimensional **MarkenG 14** 160 ff.
- Export **MarkenG 14** 233 ff.
- Farben **MarkenG 14** 158 ff.
- Formen **MarkenG 14** 134 ff., 219 ff.
- Funktionsbeeinträchtigung **MarkenG 14** 119 ff.
- Import **MarkenG 14** 233 ff.
- Kombination **MarkenG 14** 170 ff.
- Modellbau **MarkenG 14** 186 ff.
- Tonfolge **MarkenG 14** 169
- unbefugt **MarkenG 15** 4 ff.
- Unternehmenskennzeichen **MarkenG 15** 20, 31 ff.
- Verpackung **MarkenG 14** 139 ff.
- Verwechslungsgefahr **MarkenG 14** 253 ff.
- Warenform **MarkenG 14** 164 ff.
- Werktitel **MarkenG 15** 26, 46 ff.

Benutzungseinrede MarkenG 43 1 ff.
- Benutzungszeitraum **MarkenG 43** 21 ff.
- verspätet **MarkenG 43** 15 ff.

Benutzungsmangel
- Heilung **MarkenG 43** 31

Benutzungsmarke MarkenG 3 19; **4** 17 ff.; **12** 1 ff.
- Bestandsschutz **MarkenG 22** 16
- Löschung **MarkenG 12** 9 ff.
- Löschungsklage **MarkenG 12** 21
- Widerspruch **MarkenG 12** 23
  - Nachweis **MarkenG 73** 8

Benutzungsrecht Einl. MarkenR 287
- Erweiterung der Union **UMV 165** 8

Benutzungsschonfrist MarkenG 25 6 ff.; **43** 21 ff.; **UMV 99** 7 ff.
- IR-Marke **MarkenG 25** 10; **26** 17; **117** 1
- nach Widerspruch **MarkenG 25** 9
- Umwandlung **MarkenG 26** 19
- Unionsmarke **MarkenG 26** 18
- Wiedereinsetzung **MarkenG 91** 7

Benutzungsverbot
- ältere Rechte **UMV 110** 1 ff.; **111** 1 ff.
- gesetzlich **MarkenG 8** 729 ff.; **UMV 7** 126, 174

Benutzungszwang MarkenG 25 1 ff.
- IR-Marke **MarkenG 25** 3
- Unionsmarke **UMV 1** 11
- Wiederaufnahme der Benutzung **MarkenG 25** 43
- Zwischenrechte **MarkenG 25** 42

Beratungshilfe MarkenG 81a 114

Bereicherungsanspruch
- Verwirkung **MarkenG 21** 19

Bereicherungsrecht MarkenG 19d 2

Berichtigung
- BPatG
  - offenbare Unrichtigkeit **MarkenG 80** 5
  - Tatbestand **MarkenG 80** 12
- DPMA **MarkenG 45** 1 ff.
  - Veröffentlichung **MarkenG 45** 4 ff.
- EUIPO **UMV 79d** 1; **80** 1 ff., 48
  - Entscheidung **UMV 79d** 4
  - Frist **UMV 80** 38
  - Löschung **UMV 80** 8 ff.
  - Veröffentlichung **UMV 79d** 16; **80** 50 ff.

Sachverzeichnis

- Widerruf **UMV 80** 8 ff.
- Veröffentlichung **MarkenG 45** 4 ff.; **UMV 80** 50 ff.

Berühmung MarkenG 14 587 ff.; **55** 19

Beschlagnahme MarkenG 125b 20; **146** 1 ff.
- Antragsrecht **MarkenG 146** 10 ff.
- Ausfuhr **MarkenG 146** 38 ff.
- Besichtigungsrecht **MarkenG 146** 53
- Einfuhr **MarkenG 146** 38 ff.
- Einziehung **MarkenG 147** 1 ff.
- Erschöpfung **MarkenG 146** 47
- Geltungsdauer **MarkenG 146** 23
- geografische Herkunftsangabe **MarkenG 151** 1 ff.
- Kosten **MarkenG 146** 21; **148** 5
- Mengenüberschreitung **MarkenG 150** 21
- Mitteilungspflicht **MarkenG 146** 51 ff.
- nach EU-Recht **MarkenG 150** 1 ff.
  - Antragserfordernis **MarkenG 150** 26 ff.
  - Dauer **MarkenG 150** 50 ff.
  - Haftung **MarkenG 150** 112 ff.
  - Informationspflicht **MarkenG 150** 69 ff.
  - Kleinsendungsverfahren **MarkenG 150** 103
  - Kosten **MarkenG 150** 119 ff.
  - Mitteilungspflichten **MarkenG 150** 56 ff.
  - Parallelimport **MarkenG 150** 19 ff.
  - privilegierte Importe **MarkenG 150** 22 ff.
  - relevante Schutzrechte **MarkenG 150** 11 ff.
  - Vernichtung **MarkenG 150** 87
- Parallelimport **MarkenG 146** 48
- Rechtsmittel **MarkenG 146** 24; **148** 12 ff.
- Schadensersatz **MarkenG 149** 1 ff.
  - Gerichtsstand **MarkenG 149** 18
  - Höhe **MarkenG 149** 14
  - Verfahren **MarkenG 149** 17 ff.
- Sicherheitsleistung **MarkenG 146** 16
- Transit **MarkenG 146** 38 ff.
- Verfahren **MarkenG 146** 50
- Verfügungsberechtigter **MarkenG 146** 13 f.
- Verfügungsbeschränkung **MarkenG 147** 30
- Vernichtung **MarkenG 150** 87 ff., 97 ff.
- Verwahrung **MarkenG 147** 29
- Widerspruch **MarkenG 147** 12, 25
- Zollbehörden **MarkenG 150** 63 ff.
- Zuständigkeit **MarkenG 146** 15; **148** 1

beschleunigte Prüfung MarkenG 38 1 ff.
- Antrag **MarkenG 38** 3
- Rückzahlung der Gebühr **MarkenG 38** 6

Beschluss, BPatG MarkenG 70 1 ff.
- Anfechtung **MarkenG 82** 2
- Begründung **MarkenG 78** 3; **79** 10 ff.
- Berichtigung **MarkenG 80** 1 ff.
- Ergänzung **MarkenG 80** 22
- Kostenentscheidung **MarkenG 80** 26
- Rechtsmittelbelehrung **MarkenG 79** 24
- Unterschrift **MarkenG 70** 1 ff.; **80** 27
- Verkündung **MarkenG 79** 1
- Zustellung **MarkenG 79** 7

Beschluss, DPMA MarkenG 61 1 ff.
- Ausfertigung **MarkenG 61** 4
- Begründung **MarkenG 61** 6
- Rechtsbehelfsbelehrung **MarkenG 61** 18
- Rechtsbehelfsfrist **MarkenG 61** 16
- Unterschrift **MarkenG 61** 9
- Zustellung **MarkenG 61** 12

Beschreibung
- Freihaltungsbedürfnis **MarkenG 8** 160 ff.

- geografische Herkunft **MarkenG 8** 205 ff.
- Positionsmarke **UMV 36** 26 ff.
- Schutzhindernis **MarkenG 8** 143 ff.; **UMV 7** 77 ff.
  - Feststellung **MarkenG 8** 182
  - Mehrdeutigkeit **MarkenG 8** 149
- Warenbezug
  - Oberbegriff **MarkenG 8** 175

Beschwer MarkenG 66 17 ff.
- Berichtigung **MarkenG 80** 2
- Rechtsbeschwerde **MarkenG 84** 3
- Verkehrsdurchsetzung **MarkenG 8** 863.1

Beschwerde MarkenG 66 1 ff.
- BPatG
  - Anschlussbeschwerde **MarkenG 66** 104
  - aufschiebende Wirkung **MarkenG 66** 116
  - Begründungsfrist **UMV 76** 104
  - Beitritt **MarkenG 66** 31
  - Beschwerderecht **MarkenG 66** 17 ff.
  - Beteiligtenwechsel **MarkenG 66** 37
  - BPatG **MarkenG 66** 1 ff.; **70** 1 ff.
  - Durchgriffsbeschwerde **MarkenG 66** 96
  - einstweilige Verfügung **MarkenG 66** 119
  - Form **MarkenG 66** 57
  - Frist **MarkenG 66** 70
  - Gegenstand **MarkenG 66** 4
  - gegenstandslose **MarkenG 70** 15
  - Inlandsvertreter **MarkenG 66** 58
  - Insolvenz **MarkenG 66** 120
  - Lizenznehmer **MarkenG 66** 32
  - mehrfache Widersprüche **MarkenG 66** 23
  - Pfandgläubiger **MarkenG 66** 33
  - Prozessstandschaft **MarkenG 66** 31 ff.
  - Rücknahme **MarkenG 66** 125; **71** 65; **82** 19
  - sofortige **MarkenG 82** 6
  - Übernahme **MarkenG 66** 30
  - Untergang von Schutzrechten **MarkenG 66** 52
  - Verbandsmitglieder **MarkenG 66** 35
  - Verfahrensbeteiligung **MarkenG 66** 30 ff.
  - Vertretung **MarkenG 66** 51
- DPMA
  - Abhilfe **MarkenG 66** 112
- EUIPO **UMV 58** 1 ff.; **60** 1 ff.
  - Abhilfe **UMV 61** 1 ff.
  - Anschlussbeschwerde **UMV 60** 26
  - aufschiebende Wirkung **UMV 58** 4
  - Aussetzung **UMV 63** 33
  - Begründung **UMV 60** 22
  - Beschwerdegegenstand **UMV 63** 18
  - Beschwerderecht **UMV 59** 1
  - Beteiligte **UMV 59** 7
  - Bindungswirkung **UMV 64** 24
  - Ermessen **UMV 63** 28
  - Form **UMV 60** 1
  - Frist **UMV 60** 4; **79** 52
  - Gebühr **UMV 60** 13
  - Gebührenerstattung **UMV 61** 19
  - Mängelbehebung **UMV 60** 16 ff.
  - Mediation **UMV 58** 21
  - Parteiwechsel **UMV 59** 12
  - Sprache **UMV 60** 6
  - Verfahren **UMV 63** 1 ff.
  - Verfahrensgrundsätze **UMV 63** 29
- fakultativ **MarkenG 64** 24 ff.; **66** 3

Sachverzeichnis

Beschwerdeentscheidung
- BPatG **MarkenG 70** 1 ff.
- EUIPO **UMV 64** 1 ff.
  - Rechtskraft **UMV 64** 28 ff.
  - Veröffentlichung **UMV 64** 7 ff.
  - Zurückverweisung **UMV 64** 21
  - Zustellung **UMV 64** 3 ff.
- Rechtsbeschwerde **MarkenG 66** 136
- Rechtskraft **MarkenG 70** 37
- Vorlage EuGH **MarkenG 70** 41
- Zurückverweisung **MarkenG 70** 20 ff.

Beschwerdegebühr MarkenG 66 82 ff.
- Rückzahlung **MarkenG 63** 16; **71** 65
- Verfahrenskostenhilfe **MarkenG 66** 95
- Zahlungsweise **MarkenG 66** 87 ff.

Beschwerdekammer UMV 135 1; **136** 1 ff.; **64** 10
- Ausschluss **UMV 136** 8
- Besetzung **UMV 135** 2 ff.
- Mitglieder **UMV 116** 12
- Organisation **UMV 136b** 1
- Präsident **UMV 136** 1
- Präsidium **UMV 136a** 1
- Unabhängigkeit **UMV 136** 4
- Vorsitzender **UMV 136** 2
- Weisungsfreiheit **UMV 136** 6

Beschwerdesenat MarkenG 67 1

Beschwerdeverfahren
- Aussetzung **MarkenG 70** 6
- Gegenstandswert **MarkenG 71** 46 ff.
  - Löschungsverfahren **MarkenG 71** 59 ff.
  - Widerspruchsverfahren **MarkenG 71** 54 ff.
- Insolvenz **MarkenG 70** 14
- Kosten **MarkenG 71** 1 ff.; **UMV 85** 51 ff.
  - Billigkeit **MarkenG 71** 14
  - Löschungsverfahren **MarkenG 71** 35
  - Rücknahme **MarkenG 71** 12
  - Widerspruchsverfahren **MarkenG 71** 22
- Kostenfestsetzung **MarkenG 71** 86
- neues Vorbringen **MarkenG 70** 20 ff.
- Ruhen **MarkenG 70** 8
- Unterbrechung **MarkenG 70** 6
- Wiederaufnahme **MarkenG 70** 38

Beseitigungsanspruch
- Agentenmarke **MarkenG 17** 28
- geografische Herkunftsangabe **MarkenG 135** 25

Besetzungsrüge MarkenG 83 28 ff.

Besichtigungsanspruch MarkenG 19a 11
- Durchsetzung **MarkenG 19a** 18
- Schadensersatz **MarkenG 19a** 24
- Verhältnismäßigkeit **MarkenG 19a** 16
- Verjährung **MarkenG 20** 4
- Verwertungsverbot **MarkenG 19a** 23

Besitzstand MarkenG 73 6

Bestandsschutz MarkenG 50 17

Bestimmtheit MarkenG 3 18, 102 ff.

Bestimmungsangabe MarkenG 23 39

Bestreiten der Benutzung MarkenG 43 1 ff.; **UMV 42** 6 ff.

Betriebsinhaber
- Haftung **MarkenG 14** 639 ff.; **15** 68; **128** 41 ff.; **135** 31 f.

Bewegungsmarke Einl. MarkenR 212; **MarkenG 3** 48, 67 f.; **8** 21; **UMV 4** 4, 23; **7** 76; **36** 25

Beweisaufnahme
- BPatG **MarkenG 74** 1 ff.
- EUIPO **UMV 78** 1 ff.
  - Augenschein **UMV 78** 14
  - Auskünfte **UMV 78** 34
  - Beweismittel **UMV 78** 8, 50 ff.
  - Beweiswürdigung **UMV 78** 72
  - eidesstattliche Versicherung **UMV 78** 54
  - Gutachten **UMV 78** 22
  - Kosten **UMV 78** 79 ff.
  - Meinungsumfragen **UMV 78** 48
  - mündliche Verhandlung **UMV 78** 12 ff.
  - Sachverständige **UMV 78** 22
  - Telefonkonferenz **UMV 78** 13
  - Urkunden **UMV 78** 43
  - Zeugen **UMV 78** 11

Beweiserhebung
- Beweisbeschluss **MarkenG 74** 4 f.
- Kostenvorschuss **MarkenG 74** 5 f.
- BPatG **MarkenG 74** 1 ff., 14 ff.
- EUIPO **UMV 78** 1 ff.
- mündliche Verhandlung **MarkenG 69** 17

Beweislast MarkenG 59 8; **74** 21 ff.; **UMV 78** 3
- Unterlassungsanspruch **MarkenG 14** 244 ff.
- Verkehrsdurchsetzung **MarkenG 8** 873 ff.; **74** 24 ff.
- Widerspruchsverfahren **UMV 42** 36 ff.

Beweismittel MarkenG 74 3

Beweissicherung UMV 103 34

Beweiswürdigung MarkenG 78 1 ff.; **UMV 75** 99; **76** 44 ff.

Bewertungsbericht UMV 165a 1

Bilanzierung MarkenG 27 7

Bildmarke MarkenG 8 388 ff.
- Anmeldung **MarkenG 32** 19 ff.
- Verwechslungsgefahr **MarkenG 14** 388

Billigkeit MarkenG 71 43
- Kostenauferlegung **MarkenG 63** 17
- Rückzahlung von Gebühren **MarkenG 63** 16; **64** 21; **71** 65

Bindungswirkung MarkenG 70 34
- Eintragung **MarkenG 8** 90 ff.; **41** 3
- EUIPO **UMV 7** 7 ff.
- nationaler Gerichte **UMV 107** 1 ff.
- Voreintragungen **UMV 83** 5

Blatt für Unionsmarken UMV 89 1

Bösgläubigkeit UMV 7 18, 52 12 ff.
- Anmeldung
  - Lauterkeitsrecht **MarkenG 2** 132 ff.
- Behinderungsabsicht **MarkenG 8** 798
- Besitzstandsstörung **MarkenG 8** 798
- Beweislast **MarkenG 74** 23
- Einwand
  - Verwirkung **MarkenG 21** 14
- Ersichtlichkeit **MarkenG 8** 770
- Prüfung **MarkenG 37** 6 ff.
- Schutzhindernis **MarkenG 8** 759
- Wiederholungsmarke **MarkenG 8** 847 ff.; **26** 27

Branchennähe MarkenG 15 44 ff.

Brexit Einl. MarkenR 95 ff.
- Personal, europäisches **UMV 116** 3.2

Bußgeld
- widerrechtliche Benutzung **MarkenG 145** 1 ff.

Sachverzeichnis

Darstellbarkeit
– grafische **Einl. MarkenR** 81; **UMV 4** 6 ff.
Datenbank MarkenG 5 180; **UMV 87a** 1
Datenschutz MarkenG 62 13; **UMV 87a** 2; **87b** 1
Demoskopische Umfrage MarkenG 8 891; **74** 10
Designrecht MarkenG 2 152 ff.
– Löschungsgrund **MarkenG 13** 68; **UMV 53** 19
Deutsches Patent- und Markenamt s. *DPMA*
Devolutiveffekt MarkenG 48 7; **64** 2, 29
Dienstaufsicht MarkenG 72 5
Dienstleistungsähnlichkeit MarkenG 9 32
Dienstleistungsmarke Einl. MarkenR 227
dingliche Belastung MarkenG 29 1 ff.
dingliche Rechte s. *Pfändung*
Disclaimer MarkenG 8 52, 641.1; **39** 5.2; **48** 8; **49** 59; **51** 19; **55** 7; **UMV 37** 16 ff.
– IR-Marke **UMV 147** 21
  – Basismarke **MarkenG 120** 19
– Übersetzung **UMV 119** 60
Dispositionsmaxime MarkenG 66 7; **73** 1; **UMV 41** 2
Dolmetscher s. *Übersetzer*
Domain Einl. MarkenR 219; **MarkenG 15** 71 ff.
– Domain-Parking **MarkenG 15** 109, 177 ff.
– keine erlaubte Benutzung **MarkenG 23** 20
– namensrechtsverletzend **MarkenG 15** 129 ff.
– Schutzhindernis **MarkenG 8** 294
– UDRP **Einl. MarkenR** 219
– Widerspruchsrecht **UMV 8** 179
Doppelidentität Einl. MarkenR 84, 133 ff.; **MarkenG 9** 5; **14** 247; **UMV 8** 7 ff.; **9** 13 ff.; **13a** 34, 56
Doppelvertretung MarkenG 140 32
– in eigener Sache **MarkenG 140** 53
– Mitwirken **MarkenG 140** 50
– Sozietät **MarkenG 140** 56
DPMA
– gutachterliche Tätigkeit **MarkenG 58** 1 ff.
– Zuständigkeit **MarkenG 56** 1 ff.
dreidimensionale Zeichen MarkenG 8 452 ff.; **UMV 4** 17; **7** 57 ff.
– Anmeldung **MarkenG 32** 29
– beschreibend **UMV 7** 93
– Verpackung **MarkenG 8** 467 ff.
– Warenform **MarkenG 8** 474 ff.
Dringlichkeit MarkenG 19 41 ff.; **UMV 104** 39 ff.
Drittmarken MarkenG 9 27; **14** 282 ff.; **42** 64 ff.; **116**
Drittschadensliquidation MarkenG 30 12, 95; **101** 6; **UMV 101** 58
Duftmarke s. *Geruchsmarke*
Duldungsanschein
– Verwirkung **MarkenG 21** 26
Durchfuhr s. *Transit*
Durchführungsbestimmungen UMV 163 1 ff.
Durchgriffsbeschwerde MarkenG 66 96
Durchschnittsverbraucher s. *Verbraucherleitbild*
eidesstattliche Versicherung MarkenG 43 49 ff.; **73** 11; **UMV 78** 54 ff.
Eigentumsrecht
– Schutzhindernis **MarkenG 8** 748

Einheitlichkeit UMV 7 173
Einigungsvertrag Einl. MarkenR 34 ff.; **MarkenG 8** 808.2
Einrede
– älterer Rechte **MarkenG 51** 1 ff.; **54** 1 ff.; **UMV 1** 7
– Behinderung **MarkenG 8** 802.1
– Bösgläubigkeit **MarkenG 8** 759
– des Domaininhabers **MarkenG 15** 118
– eigener Rechte **MarkenG 14** 31 ff.
– Erschöpfung **MarkenG 24** 5, 26
– des Geschäftsherrn **MarkenG 17** 18
– Lizenz **MarkenG 30** 13, 85 ff.
– Löschungsreife **MarkenG 9** 77
– Nachschlagewerke **UMV 10** 7
– Nichtbenutzung **MarkenG 25** 1 ff.; **UMV 53** 7; **57** 22 ff.
  – Löschungsklage **MarkenG 125b** 19
  – Löschungsverfahren **MarkenG 55** 26 ff.
  – Widerklage **UMV 100** 16 ff.
  – Widerspruchsverfahren **MarkenG 43** 1 ff.
– Rechtsmissbrauch **UMV 75** 27
– Umwandlung zur Gattungsbezeichnung **MarkenG 49** 47
– Unionsmarkengericht
  – Nichtigkeitsgründe **UMV 99** 18 ff.
  – Verfall **UMV 99** 18 ff.
– Unlauterkeit **MarkenG 2** 135
– Verfahrensverzögerung **MarkenG 76** 9 f.
– Verfall **MarkenG 44** 24 ff.
– Verjährung **MarkenG 20** 52 ff.
– Verletzungsprozess
  – Behinderung **MarkenG 12**
  – Löschungsreife **MarkenG 11** 51; **12** 26; **13** 75
– Zwischenrechte **UMV 13a** 1 ff.; **101** 60
Einschränkung s. *Waren- und Dienstleistungsverzeichnis – Einschränkung*
Einspruch
– geografische Herkunftsangabe **MarkenG 130** 47 ff.; **131** 1 ff.
einstweilige Maßnahmen UMV 103 1 ff.
– Arrest **UMV 103** 28; **104** 50
– Auskunftsanspruch **UMV 103** 26; **104** 49
– Aussetzung **UMV 104** 34 ff.
– Beweissicherung **UMV 103** 34
– Kostenabsicherung **UMV 104** 52
– Notwendigkeit **UMV 104** 44
– Schadensersatz **UMV 104** 50
– territoriale Beschränkung **UMV 103** 15
– Unterlassungsanspruch **UMV 103** 21; **104** 48
– Vernichtung **UMV 103** 31; **104** 51
einstweilige Verfügung
– Beschwerdeverfahren **MarkenG 66** 119
– Kennzeichenstreitsache **MarkenG 140** 3
Eintragung MarkenG 41 1 ff.; **UMV 45** 1 ff.
– Bindungswirkung **MarkenG 41** 3
– fehlerhafte **UMV 45** 17
– IR-Marke **MarkenG 110** 1
– Unionsmarke
  – Gebühr **UMV 45** 9
– Urkunde **MarkenG 41** 6; **UMV 45** 16
– Veröffentlichung **MarkenG 41** 5; **UMV 45** 12
– Wirkung **UMV 45** 13 ff.
Eintragungsanspruch MarkenG 8 28.1
Eintragungsbewilligungsklage MarkenG 42 10; **44** 1 ff.
– Bindungswirkung **MarkenG 44** 8

Sachverzeichnis

- Klagefrist **MarkenG 44** 20, 33
Eintragungshindernisse s. *Schutzhindernisse*
Einzahlungstag s. *Gebühr – Zahlungswege*
Einzelhandel MarkenG 32 53
- Dienstleistungsmarke
  - Benutzung **MarkenG 26** 61
Einziehung MarkenG 147 1 ff.
elektronische Verfahrensführung
- DPMA **MarkenG 95a** 4 ff.
- Gericht **MarkenG 95a** 8 ff.
Empfangsbekenntnis MarkenG 94 16 ff.
Entfernen aus Betriebsweg MarkenG 18 47 ff.
- Abnehmer **MarkenG 18** 63 ff.
- einstweiliger Rechtsschutz **MarkenG 18** 96 ff.
- Klageantrag **MarkenG 18** 85
- Kosten **MarkenG 18** 61
- Verhältnismäßigkeit **MarkenG 18** 58, 71 ff.
- Zwangsvollstreckung **MarkenG 18** 102
Entscheidungsregister UMV 87b 1
Ereignisbezeichnung s. *Eventbezeichnung*
Erinnerung MarkenG 64 1 ff.; **82** 7
- Abhilfe **MarkenG 64** 10
- fakultativ **MarkenG 64** 24 ff.
- Frist **MarkenG 64** 4
- Gebühr **MarkenG 64** 9
  - Rückzahlung **MarkenG 64** 21
- Verfahren **MarkenG 64** 17 ff.
Erlaubnisscheininhaber
- Zustellung **MarkenG 94** 36
Erledigung der Hauptsache MarkenG 20 63
- Löschungsklage **MarkenG 52** 11 ff.
- Verfallsverfahren **MarkenG 53** 4
- Verzicht **MarkenG 48** 4 ff.
- Widerspruchsverfahren **MarkenG 42** 32; **44** 35
Erlöschen
- Markenschutz
  - Benutzungsmarke **MarkenG 4** 107 ff.; **47** 18; **UMV 47** 22
  - Nichtigkeit **MarkenG 50** 1 ff.; **51** 1 ff.; **UMV 52** 1 ff.; **53** 1 ff.
  - Verfall **MarkenG 49** 1 ff.; **UMV 51** 1 ff.
  - Verzicht **MarkenG 48** 1 ff.; **UMV 50** 1 ff.
- Unternehmenskennzeichen **MarkenG 5** 134 ff.
Ermessen
- EUIPO **UMV 63** 28
Ermittlung s. *Amtsermittlung*
Ersatzteile
- Anmeldung als Warenform **MarkenG 3** 82 ff.
- erlaubte Benutzung **MarkenG 15** 121; **23** 39
- rechtserhaltende Benutzung **UMV 15** 21
- verletzende Benutzung **MarkenG 14** 111
Erschöpfung MarkenG 24 1 ff.; **146** 47; **UMV 13** 1 ff.
- Inverkehrbringen **MarkenG 24** 18 ff.
- berechtigende Gründe **MarkenG 24** 28 ff.
- Parallelimport **MarkenG 24** 41 ff.
- Produktveränderung **MarkenG 24** 37 ff.
- regionale **Einl. MarkenR** 42
- Umpacken **MarkenG 24** 41 ff.
Ersichtlichkeit MarkenG 8 551
- Amtsermittlung **UMV 7** 33
- Aussteller von Dokumenten **UMV 42** 38
- Benutzung
  - Unternehmenskennzeichen **MarkenG 14** 86

- beschreibende Bedeutung **MarkenG 14** 371
- Besitzstand **MarkenG 8** 814 ff.
- Bösgläubigkeit **MarkenG 8** 770 ff.; **37** 6 ff.
- Gebrauch im geschäftlichen Verkehr **MarkenG 19** 13; **19a** 14; **19b** 4
- Relevanz der Täuschung **MarkenG 8** 570
- Täuschungsgefahr **MarkenG 8** 551 ff.; **39** 14
- Verbote **MarkenG 8** 734
Erstattung
- Abmahnkosten **MarkenG 140** 61 ff.
- Auslagen **MarkenG 140** 47
- Beschwerdegebühr
  - BPatG **MarkenG 71** 65 ff.
  - EUIPO **UMV 61** 19
- Gebühr **UMV 84** 11 ff.
- Kosten
  - BPatG **MarkenG 71** 1 ff.
  - DPMA **MarkenG 63** 1 ff.
  - EUIPO **UMV 85** 23 ff., 39, 51
- Rechtsbeschwerde **MarkenG 90** 12
Erstbegehungsgefahr
- Berühmung **MarkenG 14** 587 ff.; **55** 19
- Markenanmeldung **MarkenG 14** 592 ff.
Erstreckung UMV 27 14
Erstreckungsgesetz Einl. MarkenR 34 ff.
- Rechtsübergang **MarkenG 27** 91
eSearch UMV 87 5; **88** 7
Etablissementbezeichnung MarkenG 5 43; **8** 328
EU
- Austritt **Einl. MarkenR** 95 ff.
- Erweiterung **Einl. MarkenR** 93; **UMV 165** 1 ff.
  - Benutzungsrecht **UMV 165** 8
  - Seniorität **UMV 36** 40
EuG UMV 65 1 ff.
EUIPO Einl. MarkenR 55; **UMV 2** 1; **115** 1 ff.
- Akteneinsicht **UMV 123** 1 ff.
- Amtsermittlung **UMV 76** 1 ff.
- Amtsrecherche **Einl. MarkenR** 79
- Amtssprachen **UMV 119** 1 ff.
  - Anmeldeverfahren **UMV 119** 1
  - Beschwerdeverfahren **UMV 119** 39
  - Löschungsverfahren **UMV 119** 23
  - Widerspruchsverfahren **UMV 119** 9
- Anstellungsbehörde **UMV 116** 9
- Aufgaben **UMV 123b** 1 ff.
- Aussetzung des Verfahrens **UMV 104** 15
- Berufungsverfahren **UMV 105** 1 ff.
- Beschwerdekammer **UMV 116** 12; **135** 1 ff.; **136** 1 ff.
- Betrugsbekämpfung **UMV 141a** 1
- Entscheidung
  - Begründung **UMV 75** 1 ff.
  - Berichtigung **UMV 79d** 4; **80** 8 ff.
  - Form **UMV 75** 106
  - Rechtsmittelbelehrung **UMV 75** 112
  - Unterschrift **UMV 75** 108
  - Widerruf **UMV 80** 8 ff.
- Entscheidungsregister **UMV 87b** 1
- erweiterte Kammer **UMV 135** 4
- Exekutivdirektor **UMV 124** 2
- Gebühren **UMV 144** 1 ff.; **Anhang I** 1 ff.
- Gerichtsstandsvereinbarung **UMV 118** 2
- große Beschwerdekammer **UMV 135** 4
- Vorabentscheidung **UMV 59** 17

2372

Sachverzeichnis

- Haftung **UMV 118** 1
- Haushalt **UMV 139** 1 ff.
- Haushaltsausschuss **UMV 138** 1 ff.
- Haushaltsordnung **UMV 143** 1
- Haushaltsplan **UMV 140** 1 ff.
- Immunität **UMV 117** 1
- Korruptionsbekämpfung **UMV 141a** 1
- Markenverwaltungsabteilung **UMV 133** 1 ff.
- Mediation **UMV 123b** 6
- Mitteilungspflichten **UMV 79a** 1; **104** 30
- mündliche Verhandlung **UMV 77** 1 ff.
- Nichtigkeitsabteilung **UMV 134** 1 ff.
- Personal **UMV 116** 1 ff.
  - Haftung **UMV 118** 10
- Präsident **UMV 124** 2
- Rechnungsprüfung **UMV 141** 1 ff.; **142** 1
- Registerabteilung **UMV 133** 1 ff.
- Sprachenwahl **UMV 119** 51 ff.
- Transparenz **UMV 123** 1 ff.
- Übersetzungen **UMV 119** 56
- Vertretung **UMV 115** 7
- Verwaltungsrat **UMV 124** 1 f.; **125** 1
- Vorrechte **UMV 117** 1
- Zusammenarbeit **UMV 123b** 5; **123c** 1 ff.
  - Finanzierung **UMV 123c** 7
- Zuständigkeit **UMV 130** 1; **134a** 1; **2** 3
  - Beschwerdekammer **UMV 135** 1
  - Prüfer **UMV 131** 1
  - Widerspruchsabteilung **UMV 131** 2

Eventbezeichnung **MarkenG 5** 47, 190; **8** 257
Exekutivdirektor **UMV 129** 1
Exequaturverfahren **UMV 94** 24
Export **MarkenG 14** 233 ff.; **26** 96

fakultative Beschwerde **MarkenG 64** 24; **66** 3
Fälligkeit
- Anmeldegebühr **MarkenG 32** 59; **UMV 26** 27
- Beschleunigungsgebühr **MarkenG 38** 4
- Beschwerdegebühr **MarkenG 66** 87; **UMV 60** 13
- Erinnerungsgebühr **MarkenG 64** 4
- EUIPO **UMV 144** 4 ff.
- Verfahrenskosten
  - DPMA **MarkenG 64a** 4
- Verfahrenskostenhilfe **MarkenG 81a** 10
- Verlängerungsgebühr **MarkenG 47** 3 ff.
- Widerspruchsgebühr **MarkenG 42** 27; **UMV 41** 13

Falschauskunft **MarkenG 19** 33
Farbmarke **MarkenG 8** 428 ff.; **UMV 4** 2, 20 f.; **7** 68 ff.
- abstrakte **MarkenG 8** 62 ff.
- Anmeldung **MarkenG 32** 22 ff.

Farbname **UMV 7** 95
Feiertage
- Fristberechnung **MarkenG 64** 5

Feststellungsklage Einl. **MarkenR** 320 f.; **MarkenG 44** 6; **140** 95; **UMV 34** 35; **96** 14; **97** 30; **99** 11; **100** 5; **104** 1
- Fortsetzungsfeststellungsklage **MarkenG 49** 3; **52** 12

Feststellungslast **MarkenG 73** 23
Firma s. geschäftliche Bezeichnung
Flaggen s. Hoheitszeichen
Formmarke **UMV 7** 106 ff.
- charakteristische Merkmale **UMV 7** 122

- technische Wirkung **UMV 7** 112 ff.
- Verpackung **UMV 7** 109

Fortsetzungsfeststellungsklage **MarkenG 49** 3; **52** 12
Fragerecht **MarkenG 76** 18
freie Benutzung **MarkenG 23** 1 ff.; **UMV 12** 1 ff.
- Adresse **UMV 12** 6
- Beschreibung **UMV 12** 8 ff.
- Bestimmungsangabe **UMV 12** 19 ff.
- Herkunftsangabe **UMV 12** 19 ff.
- Name **UMV 12** 6
- Sachangabe **UMV 12** 8 ff.

Freihaltungsbedürfnis s. Eintragungshindernis – Freihaltungsbedürfnis
Freizeichen Einl. **MarkenR** 27.1; **MarkenG 8** 530
fremde Schriftzeichen
- Schutzfähigkeit **MarkenG 8** 278 ff.
- Täuschungsgefahr **MarkenG 8** 594
- Transliteration **MarkenG 32** 21; **120** 18; **UMV 147** 20
- Unterschrift **MarkenG 93** 9
- Wort-Bild-Marke **MarkenG 32** 18

fremdsprachige Marke **MarkenG 8** 46, 268; **14** 333
Fristen
- DPMA
  - Weiterbehandlung **MarkenG 91a** 1 ff.
- EUIPO **UMV 79c** 1 ff.
  - Berechnung **UMV 79c** 18
  - Unterbrechung **UMV 79c** 29
  - Verlängerung **UMV 79c** 5
  - Wiedereinsetzung **UMV 79c** 35
- Fristberechnung
  - Feiertage **MarkenG 64** 5
- richterliche
  - Wiedereinsetzung **MarkenG 91** 13
- Wiedereinsetzung **MarkenG 91** 1 ff.

Fühlmarke s. Tastmarke
Funktionsbeeinträchtigung **UMV 9** 51 ff.

Garantiemarke s. Gewährleistungsmarke
garantiert traditionelle Spezialität **MarkenG 130** 15 f.; **UMV 7** 10
Gattungsbezeichnung Einl. **MarkenR** 8, 38; **MarkenG 8** 516 ff.; **16** 1 ff.; **126** 29; **UMV 7** 104; **10** 1 ff.; **51** 34 ff.
GbR
- als Anmelderin **MarkenG 32** 6
- Gebührenpflicht **MarkenG 66** 85 f.
- Rechtsfähigkeit **MarkenG 7** 17 ff.; **49** 54; **UMV 3** 1.1
- Kollektivmarke **MarkenG 98** 3 f.

Gebühr
- DPMA
  - Zahlungswege **MarkenG 66** 87
- EUIPO **UMV 144** 1 ff.; Anhang I 1 ff.
  - Fälligkeit **UMV 144** 4
  - Folgen der Nichtzahlung **UMV 144c** 1
  - internationale Anmeldung Anhang I 17
  - Markenanmeldung Anhang I 3 ff.
  - Preise **UMV 144** 3
  - Verlängerung Anhang I 10
  - Verspätungszuschlag Anhang I 12
  - Widerspruch Anhang I 9 ff.
  - Zahlungstag **UMV 144b** 1

2373

Sachverzeichnis

- Zahlungswege **UMV 144** 4; **144a** 1
- IR-Marke **MarkenG 109** 1
- Umwandlung
  - IR-Marke **MarkenG 125** 9
- WIPO **Anhang I** 18 ff.

gedankliche Verbindung MarkenG 9 56; **14** 485; **UMV 8** 232 ff.; **9** 22; **53** 10

Gegenseitigkeit MarkenG 34 7

Gegenstandswert
- Anmeldung **MarkenG 63** 6
- Festsetzung
  - DPMA **MarkenG 63** 5 ff.
  - Rechtsmittel **MarkenG 71** 64
- Kennzeichenstreitsache **MarkenG 140** 39
- Löschungsverfahren **MarkenG 54** 60; **63** 12
- Streitwertbegünstigung **MarkenG 142** 1 ff.
  - Änderung **MarkenG 142** 38
  - Rechtsmittel **MarkenG 142** 35 ff.
  - Voraussetzungen **MarkenG 142** 18 ff.
  - Wirkung **MarkenG 142** 30 ff.
- Vernichtungsanspruch **MarkenG 18** 103
- Widerspruchsverfahren **MarkenG 63** 9

Gegenvorstellung MarkenG 83 2

Gehör s. *rechtliches Gehör*

Gemeinfreiheit MarkenG 2 147 ff.; **8** 840
- Schutzhindernis **MarkenG 8** 287

Gemeinschaftsmarkengericht s. *Unionsmarkengericht*

geografische Herkunft
- beschreibende Angabe **MarkenG 8** 205 ff.
- Eintragungshindernis **UMV 8** 206 ff.
- Schutzhindernis **MarkenG 8** 3

geografische Herkunftsangabe Einl. MarkenR 11; **MarkenG 1** 11; **74** 9; **126** 1 ff.; **130** 1 ff.; **UMV 7** 155 ff.
- Antragsverfahren **MarkenG 130** 47
- Aufmachung **MarkenG 126** 20
- ausländische **MarkenG 126** 21
- Beschlagnahme **MarkenG 151** 1 ff.
  - nach EU-Recht **MarkenG 150** 16
- Beschluss DPMA **MarkenG 130** 51 f.
- Beschwerde **MarkenG 133** 1 ff.
  - Berechtigung **MarkenG 133** 3 ff.
  - Frist **MarkenG 133** 6
  - Statthaftigkeit **MarkenG 133** 2
- Einspruch
  - Rechtsverordnung **MarkenG 138** 1 ff.
- Einspruch (§ 130) **MarkenG 130** 24, 47 ff.
  - berechtigtes Interesse **MarkenG 130** 50
  - Frist **MarkenG 130** 47
- Einspruch (§ 131) **MarkenG 131** 1 ff.
  - Berechtigung **MarkenG 131** 3 ff.
  - Entscheidung **MarkenG 131** 15 ff.
  - Form **MarkenG 131** 11
  - Frist **MarkenG 131** 7 ff.
  - Gebühr **MarkenG 131** 10
- Eintragungsantrag **MarkenG 130** 32 ff.
  - Antragsgegenstand **MarkenG 130** 34 f.
  - Antragsteller **MarkenG 130** 36 f.
  - Gebühr **MarkenG 130** 41
  - Spezifikation **MarkenG 130** 39
  - Veröffentlichung **MarkenG 130** 45
- Eintragungshindernis **UMV 7** 10
- einziges Dokument **MarkenG 130** 23
- entlokalisierender Zusatz **MarkenG 126** 40 f.; **127** 14 ff.
- EU-Recht **MarkenG 126** 2
- Gattungsbezeichnung **MarkenG 126** 29 ff.; **130** 17 f.
  - Rückumwandlung **MarkenG 126** 38
- geschützte **MarkenG 130** 11 ff.
- geschützte Ursprungsbezeichnung – g.U. **MarkenG 130** 7 ff.
- Irreführung **MarkenG 127** 3 ff.
- Kollektivmarke **MarkenG 99** 1 ff.; **UMV 66** 13 ff.
- Kontrollstelle **MarkenG 139** 5
  - Befugnisse **MarkenG 134** 3 ff.
  - Kostenerhebung **MarkenG 134** 10 ff.
- Löschungsgrund **MarkenG 13** 59
- Löschungsverfahren **MarkenG 132** 11 ff.
  - Rechtsverordnung **MarkenG 138** 1 ff.
- mit besonderem Ruf **MarkenG 127** 27 ff.
- mittelbare **MarkenG 126** 18
- Phantasiebezeichnung **MarkenG 126** 23
- qualifizierte **MarkenG 127** 18 ff.
- Rechtsbeschwerde **MarkenG 133** 10
- Registrierung **MarkenG 130** 26
- Schutzhindernis **MarkenG 8** 738
- Schutzumfang **MarkenG 127** 1 ff.
  - Abwandlung **MarkenG 127** 37
  - Irreführung **MarkenG 127** 38 ff.
  - Rufausbeutung **MarkenG 127** 40
- Spezialschutz **MarkenG 137** 1 ff.
  - Herkunftsgebiet **MarkenG 137** 4
  - Qualität **MarkenG 137** 5
  - Solingen **MarkenG 137** 8
- Spezifikation **MarkenG 130** 23
  - Änderung **MarkenG 132** 1 ff.
- strafbare Benutzung **MarkenG 144** 1 ff.
- Überwachung **MarkenG 134** 1 ff.
- unmittelbare **MarkenG 126** 14
- Verfahren
  - DPMA **MarkenG 130** 1 ff.
  - Gemeinschaftsebene **MarkenG 130** 20 ff.
  - Prüfung im Mitgliedstaat **MarkenG 130** 21
- Verletzung **MarkenG 128** 1 ff.
  - Aktivlegitimation **MarkenG 128** 10 ff., 31
  - Aneignung **MarkenG 135** 9
  - Anspielung **MarkenG 135** 11
  - Anspruchsberechtigung **MarkenG 135** 18 ff.
  - Anspruchsverjährung **MarkenG 129** 1
  - Auskunftsanspruch **MarkenG 128** 22; **135** 27
  - Beseitigungsanspruch **MarkenG 135** 25
  - Falschangaben **MarkenG 135** 12
  - geschäftlicher Verkehr **MarkenG 128** 7 f.; **135** 2
  - Haftung **MarkenG 128** 41 ff.; **135** 31 f.
  - Irreführung **MarkenG 135** 12 ff.
  - Löschungsanspruch **MarkenG 128** 39
  - Nachahmung **MarkenG 135** 10
  - Rücknahmeanspruch **MarkenG 128** 40
  - Rückrufanspruch **MarkenG 128** 21; **135** 29
  - Schadensersatz **MarkenG 128** 29 ff.; **135** 26
  - Unterlassungsanspruch **MarkenG 128** 16 ff.; **135** 23, 30
  - Verletzungshandlung **MarkenG 128** 3 ff.
  - Vernichtungsanspruch **MarkenG 128** 18 ff.; **135** 29
  - Weiterbenutzungsrecht **MarkenG 135** 15 ff.
  - Wiederholungsgefahr **MarkenG 128** 9

Sachverzeichnis

- Verletzungsansprüche **MarkenG 135** 1 ff.
- Verjährung **MarkenG 129** 1; **136** 1
- Vernichtung **MarkenG 151** 13
- Verordnungskompetenz **MarkenG 138** 1 ff.; **139** 1 ff.
  - Agrarerzeugnisse **MarkenG 139** 3
  - Lebensmittel **MarkenG 139** 3

Gerichtssprache MarkenG 93 1 ff.
Gerichtsstand
- Gerichtsstandsvereinbarung **MarkenG 140** 12; **UMV 97** 22
- Inlandsvertreter **MarkenG 96** 22
- Kennzeichenstreitsache **MarkenG 140** 11 ff.
- UWG **MarkenG 141** 1 ff.
- Wahlmöglichkeit **MarkenG 141** 3

Geruchsmarke MarkenG 8 506; **UMV 7** 75
- Anmeldung **MarkenG 32** 39; **UMV 36** 24
- grafische Darstellbarkeit **UMV 4** 8
- Unionsmarke **UMV 26** 23

geschäftliche Bezeichnung Einl. MarkenR 11, 268; **MarkenG 1** 10; **5** 1 ff.
- Bekanntheitsschutz **MarkenG 15** 61 ff.
- Benutzungsaufnahme **MarkenG 5** 103
- Etablissement **MarkenG 5** 43
- Event **MarkenG 5** 47
- Firma **MarkenG 5** 29 ff.
- Irreführung **MarkenG 30** 135
- Lizenz **MarkenG 30** 43
- Namen **MarkenG 5** 18 ff., 84
- qualifizierte betriebliche Herkunftsangabe **Einl. MarkenR** 21
- Rechtsübergang **MarkenG 27** 76
- Schutzbereich **MarkenG 5** 125
- Schutzende **MarkenG 5** 134
- Unterlassungsanspruch **UMV 9** 72
- Unternehmenskennzeichen **MarkenG 5** 10 ff.
  - Inhaber **MarkenG 5** 124
- Unterscheidungskraft **MarkenG 5** 67 ff.
- Veranstaltung **MarkenG 5** 47
- Verletzung **MarkenG 15** 68 ff.
- Werktitel **MarkenG 5** 153 ff.
  - Inhaber **MarkenG 5** 238 ff.

Geschäftsbetrieb
- Aufgabe
- Priorität **MarkenG 6** 27

Geschäftsführung ohne Auftrag MarkenG 19d 2; **140** 60 f.
Geschmacksmarke MarkenG 3 45; **8** 509; **UMV 7** 20, 75; **26** 23
geschützte Ursprungsbezeichnung MarkenG 8 205; **130** 7 ff.
Gesellschaft bürgerlichen Rechts s. GbR
gesetzlicher Richter MarkenG 78 17 ff.; **83** 28 ff.
Gewährleistungsmarke MarkenG 2 114; **UMV 36** 41; **66** 10 f., 19; **74a** 1 ff.
- Bemerkungen Dritter **UMV 74d** 1
- Benutzung **UMV 74e** 1
- Inhaber **UMV 74a** 17
- IR-Marke **UMV 152** 4
- Irreführungsgefahr **MarkenG 8** 601; **UMV 74c** 5
- Nichtigkeit **UMV 74j** 1
- Satzung **UMV 74b** 1
  - Änderung **UMV 74c** 8; **74f** 1
  - Vorlagefrist **UMV 74b** 2; **74c** 3
- Schadensersatz **UMV 74h** 2

- Schutzhindernisse **UMV 74c** 1 ff.
- Tätigkeit des Anmelders **UMV 74c** 3
- Übertragung **UMV 74g** 1
- Umwandlung **UMV 74k** 1
- Verfall **UMV 74i** 1
- Verletzungsklage
  - Berechtigter **UMV 74h** 1

Gewährzeichen
- Schutzhindernis **MarkenG 8** 693 ff.

Gewerbsmäßigkeit MarkenG 143 13
Glaubhaftmachung MarkenG 73 9
- Benutzung **MarkenG 43** 40 ff.; **73** 6; **125b** 14
- Besitzstand **MarkenG 73** 6
- Kennzeichnungskraft **MarkenG 9** 30
- Verkehrsdurchsetzung **MarkenG 8** 867

Gleichbehandlung MarkenG 8 43; **UMV 83** 5
Gleichnamige MarkenG 23 14
grafische Darstellbarkeit MarkenG 3 20 ff., 100 f.; **8** 6, 18 ff., 491; **UMV 4** 6
- Bewegungsmarke **MarkenG 3** 48; **UMV 4** 25
- Farbmarke **MarkenG 3** 37 f.; **UMV 4** 20
- Geruchsmarke **MarkenG 32** 39; **UMV 4** 8
- Hologramm **MarkenG 8** 21; **UMV 4** 24
- Hörmarke **UMV 4** 10, 18 f.
- Tastmarke **MarkenG 8** 23; **UMV 4** 9

grafische Darstellung
- Anmeldung **MarkenG 4** 30 ff.; **32** 9 ff.; **UMV 26** 12 ff.

Grenzbeschlagnahme s. Beschlagnahme
Gutachten MarkenG 74 7
- Verkehrsdurchsetzung **MarkenG 74** 10 ff.

gutachterliche Tätigkeit
- DPMA **MarkenG 58** 1 ff.

Gütezeichen s. Gewährleistungsmarke
gutgläubiger Erwerb UMV 23 10

HABM s. EUIPO
Handelsname s. geschäftliche Bezeichnung
Handelssache MarkenG 140 13
Handelsvertreter
haptische Marke MarkenG 11 47 s. Tastmarke
Herabsetzung MarkenG 2 36 ff.
Herausgabeanspruch
- Verjährung **MarkenG 20** 35

Herkunftsangabe s. geografische Herkunftsangabe
Herkunftsfunktion UMV 9 59 ff.
Herkunftstäuschung MarkenG 2 59 ff.
- absichtliche **MarkenG 2** 115

Hinterlegung UMV 32 1 ff.
Hinweispflicht
- BGH
  - Überraschungsentscheidung **MarkenG 86** 4
- BPatG
  - Benutzung **MarkenG 43** 43
  - Rechtsbeschwerdegrund **MarkenG 83** 36
  - Überraschungsentscheidung **MarkenG 75** 7
- EUIPO **UMV 76** 40

Hoheitszeichen UMV 7 150 ff.
- internationale Organisation **UMV 7** 153
- Nachahmung **UMV 7** 152
- Schutzhindernis **MarkenG 8** 665 ff.
- internationale Organisation **MarkenG 8** 710

Hologramm MarkenG 8 21; **UMV 4** 4, 24; **36** 23

Sachverzeichnis

Hörmarke MarkenG 8 492; **UMV 4** 2 ff.; **7** 74; **26** 21
- Anmeldung **MarkenG 32** 34; **UMV 36** 22
- grafische Darstellbarkeit **UMV 4** 10, 18 f.

Identität s. auch Doppelidentität
- Priorität **UMV 29** 1 ff.
- Seniorität **UMV 34** 8

Immaterialgüterrecht Einl. MarkenR 4 ff.
- Kumulation **Einl. MarkenR** 7
- Wettbewerbsrecht **Einl. MarkenR** 19, 146 ff.

Immunität
- EUIPO **UMV 117** 1

Inhaber
- Marke **MarkenG 7** 1 ff.; **UMV 5** 1 ff.
- Unternehmenskennzeichen **MarkenG 5** 124
- Werktitel **MarkenG 5** 238 ff.

Inkrafttreten
- GMV **UMV 167** 1 f.

Inländerbehandlung Einl. MarkenR 173
Inlandsvertreter MarkenG 96 1 ff.
- ausländischer Patentanwalt **MarkenG 96** 9
- IR-Marke **MarkenG 113** 26; **114** 18
- Mandatsbeendigung **MarkenG 96** 25
- Vollmacht **MarkenG 81** 19; **96** 13

Innovationswettbewerb Einl. MarkenR 2
Inquisitionsmaxime s. Amtsermittlung
Insolvenz MarkenG 29 56 ff.; **UMV 21** 1 ff.
- Drittstaat **UMV 21** 9
- Insolvenzvermerk **UMV 21** 15
- Löschungsverfahren **MarkenG 54** 61
- Registrierung **UMV 21** 15; **23** 14
- Übergangsregelung **MarkenG 154** 1 ff.
- Unionsmarke **MarkenG 125h** 1

Integration
- Benutzung **MarkenG 26** 112

Internationale Abkommen s. Abkommen, internationale
Internationales Büro UMV 161a 1
Internationales Prozessrecht MarkenG 140 81 ff.

Internet
- Benutzung **MarkenG 26** 50, 69, 93 ff.
- Internetadresse
  - Schutzhindernis **MarkenG 8** 294
- Suchbegriff
  - Unterlassungsanspruch **MarkenG 14** 199

Investitionsfunktion UMV 9 66
IR-Marke MarkenG 1 8; **107** 7; **UMV 151** 9 ff.
- Abschlussmitteilung **MarkenG 113** 29; **114** 21; **UMV 154** 5 ff., 31 f.
- absolute Schutzhindernisse **UMV 154** 1 ff.
- Aktenvermerk
  - DPMA **MarkenG 122** 1
- Änderung **UMV 148** 3 ff.
- Anmeldung **MarkenG 108** 1; **120** 1 ff.; **UMV 146** 1 ff.
  - Antragsberechtigung **MarkenG 120** 21 ff.; **UMV 147** 29 ff.
  - Form **UMV 147** 1
  - Sprache **UMV 147** 3
  - Unterschrift **UMV 147** 33
  - Veröffentlichung **UMV 148** 15
  - Vertretung **UMV 147** 44
  - Waren und Dienstleistungen **MarkenG 120** 44 ff.

- Weiterleitung **UMV 147** 40
- Zugangsfiktion **MarkenG 120** 36 ff.
- Basismarke **MarkenG 120** 2 ff.; **UMV 147** 14 ff.
- Gewährleistungsmarke **UMV 154a** 1
- Kollektivmarke **UMV 154a** 1
- mehrere **UMV 146** 4
- Nichtigkeit **UMV 148a** 1
- Bemerkungen Dritter **UMV 154** 8 ff.
- Benutzung **UMV 160** 1 ff.
- Benutzungsschonfrist **MarkenG 115** 4; **122** 16
- Löschungsantrag **MarkenG 116** 1
- Verletzung **MarkenG 117** 1
- Widerspruch **MarkenG 116** 1
- Eigentumsverhältnisse
  - Änderung **UMV 158a** 1
- Eintragung **MarkenG 110** 1; **122** 1; **UMV 148** 1 ff.; **151** 5 ff.
- erneuter Antrag **UMV 154** 33
- Ersetzung **UMV 157** 1 ff.
- Gebühr **MarkenG 109** 1; **121** 1 ff.; **UMV 147** 5 ff.; **151** 2 ff.
  - international **MarkenG 121** 7
  - national **MarkenG 121** 3
- Inlandsvertreter **MarkenG 113** 26
- Lizenz **UMV 158b** 1; **158c** 1
- Markenfähigkeit **MarkenG 3** 98 ff.
- maßgebliches Recht **UMV 151** 1
- Mitteilungspflichten
  - Nichtigkeit **UMV 148a** 1
  - Wegfall **UMV 148** 10
- Nichtigerklärung **UMV 158** 1 ff.
- PPMA **MarkenG 124** 1
- Prüfung **MarkenG 113** 1
- Recherche **UMV 155** 1 f.
- Rechtsübergang **MarkenG 27** 68; **UMV 158a** 1; **158c** 1
- Register **MarkenG 110** 1; **111** 1
  - EUIPO **UMV 148** 2
  - WIPO **UMV 148** 1
- Registrierung **MarkenG 122** 1
  - Gebühren **UMV 150** 1
  - Wegfall **UMV 148** 10
- Schlussmitteilung **MarkenG 113** 29; **122** 16
- Schutzbeginn **MarkenG 112** 3; **UMV 151** 3
- Schutzbewilligung **MarkenG 113** 33; **UMV 154** 28
- Schutzentziehung **MarkenG 115** 1 ff.; **UMV 158** 1 ff.
- Schutzerstreckung **MarkenG 111** 1
  - Antrag **MarkenG 113** 32; **UMV 149** 9
  - Gebühr **MarkenG 123** 22 ff.; **UMV 149** 21; **150** 1
  - MMA **MarkenG 123** 1 ff.
  - nachträgliche **UMV 149** 1 ff.; **151** 2
  - Sprache **UMV 149** 14
  - Verfahren **MarkenG 124** 1
  - Zeitrang **UMV 149** 15 ff.
  - Zuständigkeit **UMV 149** 7
- Schutzverweigerung **MarkenG 112** 7; **113** 1 ff., 10 ff.
  - endgültige **UMV 154** 28 ff.
  - Frist **MarkenG 113** 12; **UMV 154** 14 ff.
  - Rechtsmittel **MarkenG 113** 27; **UMV 154** 27, 36

2376

Sachverzeichnis

- vorläufige **MarkenG 113** 16; **114** 11 ff.; **UMV 154** 19 ff.
- Widerspruch **UMV 156** 11 ff.
- Schutzwirkungen **MarkenG 112** 1 ff.
- Seniorität **MarkenG 112** 5; **125** 4; **UMV 34** 46; **146** 9; **153** 1 ff.
  - Inanspruchnahme **UMV 35** 6
- Sprache **MarkenG 107** 15; **119** 1; **UMV 161b** 1
- Teilung **UMV 49** 20
- Umschreibung **MarkenG 118** 1 ff.
- Umwandlung **MarkenG 125** 1 ff.; **UMV 47** 25; **159** 1 ff.; **161** 1 ff.
  - Gebühr **MarkenG 125** 9; **UMV 159** 14; **161** 11
  - national **UMV 159** 8 f.
  - opting back **UMV 159** 3, 10 ff.
  - Zeitrang **MarkenG 125** 4; **UMV 161** 4
- Verfahren
  - MarkenG **MarkenG 107** 1
- Verfügungsrecht
  - Einschränkung **UMV 158c** 1
- Verkehrsdurchsetzung **MarkenG 113** 7; **UMV 154** 3 f.
- Verlängerung
  - Gebühr **UMV 151** 11
- Veröffentlichung **MarkenG 114** 1; **122** 3; **UMV 152** 1 ff.
- Veröffentlichungen **UMV 120** 9
- Verzicht **MarkenG 112** 8
- Widerspruch **MarkenG 114** 3 ff.; **UMV 41** 5
  - Abschlussmitteilung **UMV 156** 27
  - Aussetzung **UMV 156** 26
  - Frist **MarkenG 114** 3; **UMV 156** 6 ff.
  - Gebühr **UMV 156** 10
  - Schutzverweigerung **MarkenG 114** 7 ff.
  - vorläufige Schutzverweigerung **UMV 156** 11 ff.
- Wirkungen **MarkenG 112** 1
- Zeitrang **MarkenG 112** 5; **125** 4; **UMV 34** 46; **146** 9; **153** 1 ff.
  - Inanspruchnahme **UMV 35** 6; **153a** 1
- Zeitrangverschiebung **MarkenG 37** 20
- Zentralangriff **UMV 161** 1
- Zugangsfiktion **UMV 146** 7

Irreführung
- Alleinstellungswerbung **MarkenG 8** 581
- Gewährleistungsmarke **MarkenG 8** 601; **UMV 74c** 5
- Inhaberschaft **UMV 17** 44
- Lauterkeitsrecht **MarkenG 2** 136 ff.
- Notorietät **MarkenG 10** 10
- Schutzhindernis **MarkenG 8** 543 ff.; **UMV 7** 141
- UWG **MarkenG 2** 77 ff.
- Verfall **MarkenG 49** 48 ff.; **UMV 51** 45 ff.

juristische Person
- Markeninhaber **MarkenG 7** 9; **UMV 5** 2
- Verfahrenskostenhilfe **MarkenG 81a** 40 ff.

Kartellrecht MarkenG 2 157; **27** 87
- Abgrenzungsvereinbarung **MarkenG 30** 58 ff.
- Lizenz **MarkenG 30** 47 ff.

Kennfaden MarkenG 8 511; **UMV 36** 27
Kennzeichenstreitsache MarkenG 140 1 ff.
- Abmahnung **MarkenG 140** 7 ff., 60 ff.
  - Kostenerstattung **MarkenG 140** 64
- Beschlagnahme **MarkenG 149** 19
- einstweilige Verfügung **MarkenG 140** 3
- Gegenstandswert **MarkenG 140** 39
- Gerichtsstand **MarkenG 141** 3
  - unerlaubte Handlung **MarkenG 140** 19
- Handelssache **MarkenG 140** 13
- Honorarklage **MarkenG 140** 58
- internationale Zuständigkeit **MarkenG 140** 81 ff.
  - Feststellungsklage **MarkenG 140** 95 ff.
  - Markenverletzung **MarkenG 140** 88
  - Mehrheit von Beklagten **MarkenG 140** 96 ff.
  - Persönlichkeitsverletzung **MarkenG 140** 93
- Kostenfestsetzung **MarkenG 140** 9
- Pfändung **MarkenG 140** 6
- Vertragsstrafe **MarkenG 140** 2.2
- Verwarnung **MarkenG 140** 7 ff.
- Vollstreckungsgegenklage **MarkenG 140** 4
- Zuständigkeit
  - Gerichtsstandsvereinbarung **MarkenG 140** 12
  - internationale **MarkenG 140** 81 ff.
  - Kollision **MarkenG 140** 27
  - Konzentration **MarkenG 140** 23
  - Luganoabkommen **MarkenG 140** 81 ff.
  - örtliche **MarkenG 140** 16 ff.
  - sachliche **MarkenG 140** 11 ff.
- Zwangsvollstreckung **MarkenG 140** 5

Kennzeichenverletzung
- Strafantrag **MarkenG 143** 16 ff.
- Strafbarkeit **MarkenG 143** 1 ff.
  - Entziehung **MarkenG 143** 20
  - gewerbsmäßige **MarkenG 143** 13
  - Unionsmarke **MarkenG 143a** 1 ff.
  - Urteilsveröffentlichung **MarkenG 143** 23
  - Verjährung **MarkenG 143** 24
  - Versuch **MarkenG 143** 14

kennzeichnender Charakter MarkenG 26 122
Kennzeichnungskraft MarkenG 9 23; **14** 264 ff., 275 ff.; **UMV 8** 110
- Glaubhaftmachung **MarkenG 9** 30
- Verkehrsbekanntheit **MarkenG 14** 287

Klage
- Eintragungsbewilligung **MarkenG 44** 1 ff.
- EuG **UMV 65** 1 ff.
  - Anschlussklage **UMV 65** 40
  - Anwaltspflicht **UMV 65** 27
  - Frist **UMV 65** 9 ff.
  - Klagebeantwortung **UMV 65** 39
  - Klagebefugnis **UMV 65** 4
  - Klageschrift **UMV 65** 33 ff.
  - Sprache **UMV 65** 20
  - Streithilfe **UMV 65** 7
- EuGH **UMV 65** 67
- Löschung **MarkenG 55** 1 ff.
- Nichtigkeit **MarkenG 51** 1 ff.

Klage auf Rücknahme der Anmeldung MarkenG 9 74
Klagehäufung MarkenG 140 40; **UMV 97** 58
- alternative **UMV 51** 1
- eventuelle **MarkenG 39** 11.1

Klageverfahren, EuG
- Aussetzung **UMV 65** 18
- Entscheidung **UMV 65** 56
- Kosten **UMV 65** 61

Sachverzeichnis

- mündliche Verhandlung **UMV 65** 45
- neue Tatsachen **UMV 65** 53
- Rechtsmittel **UMV 65** 67

Klangmarke s. *Hörmarken*

Klassengebühren MarkenG 36 10 ff.; **UMV 36** 32

Klassifizierung Einl. MarkenR 75; UMV 28 1 ff.
- Oberbegriffe **UMV 28** 6

Kleinsendungsverfahren
- Beschlagnahme **MarkenG 150** 103

Koexistenz Einl. MarkenR 105 ff.; **MarkenG 6** 29 ff.; **UMV 8** 139; **13a** 73
- Bestandskraft **MarkenG 22** 22
- Verwirkung **MarkenG 21** 43
- Zwischenrechte **MarkenG 25** 42

Kollektivmarke Einl. MarkenR 16; MarkenG 1 7; **8** 513; **97** 1 ff.; **UMV 36** 11 ff.; **66** 1 ff.
- Akteneinsicht **MarkenG 62** 8
- Bemerkungen Dritter **UMV 69** 1
- Benutzung **UMV 70** 1
- Benutzungsmarke **MarkenG 97** 19 ff.
- Benutzungsrecht **MarkenG 102** 16 ff.
- Eintragungshindernis **MarkenG 97** 16; **103** 1; **UMV 68** 1 ff.
  - Heilung **UMV 68** 4
- Form **MarkenG 97** 14
- Funktion **MarkenG 97** 7
- geografische Herkunftsangabe **MarkenG 99** 1 ff.; **100** 3; **UMV 66** 13 ff.
  - Benutzung **MarkenG 100** 16
  - Schutzumfang **MarkenG 100** 15
- Gewährleistungsmarke **UMV 66** 10 f.
- Inhaber **MarkenG 98** 1 ff.; **UMV 66** 5
- IR-Marke **UMV 152** 4
- Klagebefugnis **MarkenG 101** 3; **UMV 72** 1
- Missbrauch **MarkenG 105** 4
- Nichtigkeit **MarkenG 106** 1 ff.; **UMV 74** 1 ff.
- Satzung **MarkenG 102** 1 ff.; **UMV 67** 1 ff.
  - Änderung **MarkenG 101** 6; **103** 2; **104** 1 ff.; **105** 13; **UMV 71** 1
  - Mängelbehebung **UMV 74** 2
- Schutzhindernis **MarkenG 8** 228 ff., 296
- Täuschungsgefahr **UMV 7** 149
- Übertragung **MarkenG 98** 12
- Unterscheidungskraft **MarkenG 97** 15
- Verband
  - Mitgliedschaft **MarkenG 102** 11 ff.
- Verfall **MarkenG 105** 1 ff.; **UMV 73** 1 ff.
- Verkehrsdurchsetzung **MarkenG 97** 18
- Verletzungsklage **UMV 72** 1 ff.
  - Lizenznehmer **UMV 72** 2

Kollision
- Ähnlichkeit **MarkenG 9** 10
- Doppelidentität **MarkenG 9** 5
- Rufausbeutung **MarkenG 9** 59
- Verwässerung **MarkenG 9** 59

Kombinationszeichen MarkenG 8 51
- Schutzhindernis, absolutes **MarkenG 8** 264
- Schutzhindernis, relatives s. *Verwechslungsgefahr – Kombinationszeichen*

Komitologieverordnung UMV 163 1 ff.

Kommission
- Befugnisse **UMV 65a** 1 ff.; **93a** 1; **163a** 1
- Vertretungsregelung **UMV 93a** 1

- Organisationsbefugnis
  - Beschwerdekammer **UMV 136b** 1

Konkordanz MarkenG 2 13

Kontinuität
- funktionelle **UMV 64** 13

Konvergenzprogramm UMV 123c 15 ff.

Konzentration
- Unionsmarkengericht **MarkenG 125e** 8
- Zuständigkeit **MarkenG 140** 23

Korruptionsbekämpfung UMV 141a 1

Kosten s. *Verfahrenskosten*

Kostenentscheidung
- BPatG **MarkenG 80** 26
  - Anfechtung **MarkenG 71** 43
- EUIPO **UMV 85** 4 ff.
  - Rechtsmittel **UMV 85** 62 ff.
  - Vollstreckung **UMV 86** 1 ff.
  - Vollstreckungsklausel **MarkenG 125i** 1 ff.

Kostenerstattung
- BPatG **MarkenG 71** 1 ff.
- DPMA **MarkenG 63** 1 ff.
- EUIPO **UMV 85** 23 ff.
  - Beschwerdeverfahren **UMV 85** 51 ff.
  - Löschungsverfahren **UMV 85** 39 ff.

Kostenfestsetzung
- BPatG **MarkenG 71** 86 ff.
- DPMA **MarkenG 63** 17
- EUIPO **UMV 65** 61
- keine Kennzeichenstreitsache **MarkenG 140** 9
- Zwangsvollstreckung **MarkenG 71** 92

Kostenvereinbarung UMV 85 12

Kostenvorschuss MarkenG 64a 18

Kulturgut MarkenG 8 323, 840; **UMV 7** 103

Kumulation
- Deliktsrecht **MarkenG 2** 117
- Designrecht **MarkenG 2** 128, 152 ff.
- HGB **MarkenG 2** 125
- Kartellrecht **MarkenG 2** 157 ff.
- Namensrechte **MarkenG 2** 121
- Treu und Glaube **MarkenG 2** 158
- Urheberrecht **MarkenG 2** 126

Kunstfreiheit MarkenG 14 196 ff., 534; **UMV 12** 22.2

Kurzwörter
- Markenähnlichkeit **MarkenG 14** 374

Ladung
- mündliche Verhandlung **MarkenG 75** 1 ff.

Lagename MarkenG 8 208

Lauterkeitsrecht MarkenG 2 22
- bösgläubige Anmeldung **MarkenG 2** 132
- Gesetzesverstoß **MarkenG 2** 140
- Irreführung **MarkenG 2** 136

Leerübertragung MarkenG 27 91
- Lizenz **MarkenG 30** 110

Lexika MarkenG 16 8; **UMV 10** 1 ff.

Lichtmarke MarkenG 8 510; **UMV 7** 76

Lizenz MarkenG 30 1 ff.
- Änderung **UMV 24a** 1 ff.
- Anmeldung **UMV 22** 53
- Dauer **MarkenG 30** 67, 141 ff.
  - Kündigung **MarkenG 30** 141
  - Nichtigkeit **MarkenG 30** 152
  - Unterlizenz **MarkenG 30** 153
- Eintragung Einl. **MarkenR 91; UMV 22** 33 ff.; **22a** 1 ff.
  - Änderung **UMV 22** 50 ff.

Sachverzeichnis

- Antrag **UMV 22** 37 ff.
- Löschungsverfahren **UMV 22** 50 ff.
- Gebiet **MarkenG 30** 76
- Gebühr **MarkenG 30** 115
- geschäftliche Bezeichnung **MarkenG 30** 43
- Insolvenz **MarkenG 30** 169 ff.
- international **MarkenG 30** 175
- IR-Marke **UMV 158b** 1
- Irreführung **MarkenG 30** 131 ff.
- Kartellrecht **MarkenG 30** 47 ff.
- Leerübertragung **MarkenG 30** 110
- Löschung **UMV 24a** 1 ff.
- Mengenüberschreitung **MarkenG 150** 21
- Qualitätsvorgabe **MarkenG 30** 79
- Rechte
  - Lizenzgeber **UMV 22** 19 ff.
  - Lizenznehmer **UMV 22** 21 ff.
- Rechtsnatur **MarkenG 30** 9 ff.
- Steuern **MarkenG 30** 122
- Sukzessionsschutz **MarkenG 30** 164 ff.
- Übergangsregelung **MarkenG 155** 1
- Übertragung **MarkenG 30** 136
- Umfang **MarkenG 30** 27 ff
  - Zweckübertragungstheorie **MarkenG 30** 33
- Unionsmarke **UMV 22** 1 ff.
- Unterlizenz **MarkenG 30** 40, 137
- vertraglich **Einl. MarkenR** 289
- Zeitrang **MarkenG 6** 25
- Zwangslizenz **Einl. MarkenR** 292

Lizenzanalogie MarkenG 30 99; **128** 32; **UMV 9b** 3

Lizenzgeber
- Pflichten **MarkenG 30** 102 ff.
- Rechte **MarkenG 30** 63 ff.; **UMV 22** 18

Lizenznehmer
- Ausgleichsanspruch **MarkenG 30** 161
- Beitrittsrecht **MarkenG 30** 101
- Drittschadensliquidation **MarkenG 30** 95
- Pflichten **MarkenG 30** 114 ff.
  - Ausübungspflicht **MarkenG 30** 126
- Rechte **MarkenG 30** 85; **UMV 22** 21 ff.
  - gegen Dritte **MarkenG 30** 87 ff.

Lizenzvertrag
- Anpassung **MarkenG 30** 139
- Beendigung **MarkenG 30** 141
  - Abwicklung **MarkenG 30** 157 ff.
  - Kündigung **MarkenG 30** 141 ff.
  - Nichtigkeit **MarkenG 30** 152
  - Unterlizenz **MarkenG 30** 153
- Form **MarkenG 30** 7
- Kündigung **MarkenG 30** 141 ff.
- Verletzung **MarkenG 30** 64

Löschung
- ältere Rechte **MarkenG 13** 1 ff.
- Designrecht **MarkenG 13** 68
- geografische Herkunftsangabe **MarkenG 13** 59
- Haftung **MarkenG 52** 28
- Löschungsantrag
  - Änderung **MarkenG 54** 20
  - Berechtigung **UMV 56** 18 ff.
  - Erweiterung **UMV 57** 32
  - Form **MarkenG 54** 13 f.; **UMV 56** 33 ff.
  - Frist **MarkenG 54** 15; **91** 7
  - Gebühr **MarkenG 54** 16; **UMV 56** 15
  - Missbrauch **MarkenG 54** 8; **UMV 56** 83
  - Prüfung **UMV 57** 1 ff.
- Rechtsschutzinteresse **UMV 56** 80
- res judicata **UMV 56** 63
- Rücknahme **MarkenG 54** 26 ff.; **UMV 57** 53
- Sprache **UMV 56** 53
- Verzicht **MarkenG 54** 26
- Widerspruch **MarkenG 54** 44 ff.
  - wiederholter **MarkenG 54** 23
- Namensrecht **MarkenG 13** 19 ff.
- Nichtigkeit **MarkenG 54** 3 ff., 36 ff.
- Notorietät **MarkenG 10** 15
- Persönlichkeitsrecht **MarkenG 13** 74
- Recht am eigenen Bild **MarkenG 13** 44
- Rückwirkung **MarkenG 52** 20
- Sortenbezeichnung **MarkenG 13** 54
- Urheberrecht **MarkenG 13** 48
- Verfall **MarkenG 53** 1 ff.; **55** 1 ff.
- von Amts wegen
  - Frist **MarkenG 54** 15
- Wirkung
  - Nichtigkeit **MarkenG 52** 14
  - Verfall **MarkenG 52** 3

Löschungsklage MarkenG 42 12; **55** 1 ff.
- Aktivlegitimation **MarkenG 55** 18 ff.
- Beweislast **MarkenG 55** 9
- Einreden **MarkenG 55** 30 ff.
- geografische Herkunftsangabe **MarkenG 55** 20
- inter-partes-Wirkung **MarkenG 55** 5, 34
- Kosten **MarkenG 55** 41
- Löschungsreife **MarkenG 55** 24
- Nichtbenutzungseinrede **MarkenG 55** 26
- Passivlegitimation **MarkenG 55** 21
- Rechtsübergang **MarkenG 55** 34
- Streitwert **MarkenG 55** 46
- Zulässigkeit **MarkenG 55** 12
- Zuständigkeit **MarkenG 55** 11

Löschungsreife MarkenG 9 75
Löschungsverfahren MarkenG 8 13 ff.; **UMV 57** 1 ff.
- EUIPO **UMV 57** 1 ff.
- Gegenstandswert **MarkenG 71** 59 ff.
- Insolvenz **MarkenG 54** 61
- Kosten **MarkenG 54** 59; **71** 35; **UMV 85** 39 ff.
- Nichtigkeit **MarkenG 50** 25 ff.
- Übergangsregelung **MarkenG 156** 1
- Verfall **UMV 57** 17 ff.

Luganoabkommen MarkenG 140 81 ff.

Madrider Markenabkommen (MMA) Einl. MarkenR 201
Madrider Markensystem UMV 145 1 ff.
Marke
- Arten **MarkenG 8** 14 ff.; **32** 17 ff.; **150** 13; **UMV 4** 1 ff.
- Bilanzierung **MarkenG 27** 7
- Eigentum **Einl. MarkenR** 155 ff.
- Funktionen **Einl. MarkenR** 115 ff., 128 ff.
- geschützte **MarkenG 1** 1 ff.
- Inhaber **MarkenG 7** 1 ff.; **28** 1 ff.
- Rechtsübergang **MarkenG 27** 13 ff.
- Teilung **UMV 49** 1 ff.
- Verzicht **UMV 50** 1 ff.
- Wert **MarkenG 27** 6 ff.
- Wirtschaftsgut **MarkenG 27** 5

Markenabteilung MarkenG 56 3, 15 ff.

2379

Sachverzeichnis

Markenähnlichkeit s. *Verwechslungsgefahr – Markenähnlichkeit*
Markenanmeldung MarkenG 32 1 ff. s. *Anmeldung*
Markenerwerb
– Unionsmarke **UMV 6** 1 ff.; **26** 26
Markenfähigkeit
– abstrakte **MarkenG 3** 13
– Aufmachung
  – Ladenlokal **MarkenG 3** 47
– Bestimmtheit **MarkenG 3** 18, 102 ff.
– Bildfolgen **MarkenG 3** 34
– Farbmarke **MarkenG 3** 37
– Geruchsmarke **MarkenG 3** 43
– Geschmacksmarke **MarkenG 3** 45
– grafische Darstellbarkeit **MarkenG 3** 20 ff., 100 f.
– Hörmarke **MarkenG 3** 40
– IR-Marke **MarkenG 3** 98 ff.
– Namensrechte **MarkenG 3** 32
– Warenabbildung **MarkenG 3** 35
– Warenform **MarkenG 3** 60, 105
– Warenmerkmale **MarkenG 3** 69 ff.
  – technische Form **MarkenG 3** 75
  – wertbestimmende **MarkenG 3** 85 ff.
– Wirkung **MarkenG 4** 27 ff.
Markenfamilie s. *Markenserie*
Markenformen Einl. MarkenR 230 ff.; **UMV 4** 1 ff.
Markenfunktionen Einl. MarkenR 115 ff.
Markenidentität UMV 8 1 ff.
Markeninhaber MarkenG 7 1 ff.; **28** 1 ff.; **UMV 5** 1 f.
– Ausländer **MarkenG 7** 26 ff.
– Benutzungsmarke **MarkenG 4** 119 ff.
– Gesellschaft **MarkenG 7** 16 ff.
– Gewährleistungsmarke **UMV 74a** 17
– IR-Marke **MarkenG 28** 6
– juristische Person **MarkenG 7** 9 ff.; **UMV 5** 2
– Kollektivmarke **MarkenG 98** 1 ff.; **UMV 66** 5
– Mehrheit **MarkenG 7** 24 ff.
– Rechtsnachfolger **MarkenG 28** 2, 9 ff.
Markenkategorien UMV 36 10
Markenrecht
– deutsches **Einl. MarkenR** 24 ff.
  – WZG **Einl. MarkenR** 27 ff.
– europäisches **Einl. MarkenR** 40 ff.
  – Reform **Einl. MarkenR** 64 ff.
  – UMV **Einl. MarkenR** 49 ff.
– Geschichte **Einl. MarkenR** 24 ff.
– international **Einl. MarkenR** 167 ff.
  – Abkommen **Einl. MarkenR** 169 ff.
– Übertragung **Einl. MarkenR** 295
Markenrechtsfähigkeit MarkenG 7 1 ff.; **36** 31 ff.
Markenregister MarkenG 62 14; **UMV 87** 1 ff.
– Union
  – Änderung **UMV 87** 3 ff.
  – Datenbank **UMV 87a** 1
Markensatzung s. *Kollektivmarken – Markensatzung*
Markenschutz
– Änderung **UMV 48** 1 ff.
  – Inhabernennung **UMV 48a** 1
– bekannte Marke **Einl. MarkenR** 138 ff.

– Dauer **MarkenG 47** 1 ff.; **UMV 46** 1 ff.
  – Verlängerung **MarkenG 47** 2 ff.
  – Verlängerungsgebühr **MarkenG 47** 7 ff.
– Entstehen **Einl. MarkenR** 17
  – Benutzung **MarkenG 4** 17 ff.
  – Eintragung **MarkenG 4** 7 ff.
– Rechtsdurchsetzung **Einl. MarkenR** 305
– Verlängerung **UMV 46** 7; **47** 1 ff.
  – IR-Marke **UMV 47** 24
– Verzicht **MarkenG 48** 1 ff.; **54** 26, 32
  – Widerruf **MarkenG 48** 14
  – Zustimmungsvorbehalt **MarkenG 48** 15
Markenserie MarkenG 9 57 ff.; **14** 446 ff., 488 ff.; **UMV 8** 122 ff.; **36** 30
Markenstelle MarkenG 56 6 ff.
Markenverfahren MarkenG 56 1 ff.
Markenverordnung MarkenG 93 13
Markenverwaltungsabteilung
– EUIPO **UMV 133** 1 ff.
Maximallösung
– Benutzung **MarkenG 26** 112
Mediation MarkenG 70 44 ff.
– BPatG **MarkenG 82** 12
– EUIPO **UMV 123b** 6; **135** 6
  – Löschungsverfahren **UMV 57** 51
  – Mediationszentrum **UMV 137a** 1
Mehrdeutigkeit
– Beschreibung
  – Ortsangabe **MarkenG 5** 77; **8** 221 ff.; **UMV 7** 81
  – öffentliche Ordnung **MarkenG 8** 647 ff.
  – Täuschungsgefahr **MarkenG 8** 551 ff.
  – übliche Zeichen **MarkenG 8** 523
  – Unterscheidungskraft **MarkenG 8** 149 f.
Mehrfachkennzeichnung MarkenG 14 344 ff.
Meinungsfreiheit MarkenG 8 616.1; **14** 196 ff., 534; **UMV 12** 22.2
Meinungsumfragen MarkenG 4 92 ff.; **UMV 78** 48
Meistbegünstigung Einl. MarkenR 178
– Übergangsregelung
  – Löschungsverfahren **MarkenG 156** 2; **157** 1
Mengenbeschränkung
– Lizenz **MarkenG 30** 75; **150** 21
Minimallösung
– Benutzung **MarkenG 26** 112 ff.
Mitteilung
– an das EUIPO **UMV 79b** 1
– des EUIPO **UMV 79a** 1
Mitwirkungspflicht UMV 76 15 ff.
MMA Einl. MarkenR 201
Motivschutz MarkenG 14 368; **UMV 8** 55
MRL Einl. MarkenR 57 ff.
– Umsetzung **MarkenG 8** 1 ff.
  – Ausland **Einl. MarkenR** 62
  – Deutschland **Einl. MarkenR** 59
mündliche Verhandlung
– BPatG **MarkenG 69** 1 ff.; **76** 1 ff.
  – Ausbleiben eines Beteiligten **MarkenG 75** 6
  – Beweiserhebung **MarkenG 69** 1 ff.
  – Fragerecht **MarkenG 76** 18
  – Hinweise **MarkenG 76** 10
  – Ladung **MarkenG 75** 1 ff.
  – Öffentlichkeit **MarkenG 67** 6
  – Protokoll **MarkenG 77** 1 ff.
  – Wiedereröffnung **MarkenG 76** 20
  – Dolmetscher **MarkenG 93** 5

Sachverzeichnis

- EUIPO **UMV 77** 1 ff.
  - Kosten **UMV 77** 24
  - Ladung **UMV 77** 8
  - Öffentlichkeit **UMV 77** 22
  - Säumnis **UMV 77** 21

Nachahmung
- Produkt **MarkenG 2** 49 ff.

Nachbeanstandung MarkenG 70 34; **UMV 37** 2; **131** 2

Nachfrist
- Mängelbehebung **MarkenG 36** 3
- Schriftsatzfrist **MarkenG 59** 22; **69** 9
- Verlängerungsgebühr **UMV 47** 11 ff.
- Widerspruchsgebühr **UMV 41** 13

nachgelassene Schriftsätze MarkenG 69 9; **76** 19

Nachschlagewerk UMV 10 1 ff.
Nachschlagewerke MarkenG 16 8
Namensgleichheit MarkenG 8 822
Namensrechte Einl. MarkenR 12
- freie Benutzung **MarkenG 23** 12
- Gleichnamige **MarkenG 23** 14
- Löschungsgrund **MarkenG 13** 19 ff.
- Schutzhindernis **MarkenG 8** 300 ff.

Nebenintervention MarkenG 87 2
- Kosten **MarkenG 71** 6 ff.
- Lizenznehmer **UMV 101** 57
- Rechtsnachfolger
  - Löschungsverfahren **MarkenG 28** 15
  - Streitverkündung **MarkenG 55** 35
  - Widerspruchsverfahren **MarkenG 27** 55
- Verletzungsklage **UMV 100** 34

negative Feststellungsklage s. *Feststellungsklage*
Neologismen
- Schutzhindernis **MarkenG 8** 330

Neutralisierung
- Verwechslungsgefahr **MarkenG 14** 363; **UMV 8** 56 ff.

Nichtangriffsabrede MarkenG 30 129; **42** 72; **54** 8 ff.; **55** 15; **UMV 56** 87; **57** 50

Nichtbenutzungseinrede MarkenG 25 1 ff.; **43** 1 ff.; **UMV 9** 4; **42** 6 ff.
- Beschränkung **MarkenG 25** 34
- Erklärung **MarkenG 25** 28
- Erweiterung **MarkenG 25** 35
- Missbrauch **MarkenG 25** 30.1
- Revisionsverfahren **MarkenG 25** 24
- Schutzschrift **MarkenG 25** 18.3
- Verfügungsverfahren **MarkenG 25** 18
- Verletzungsverfahren **MarkenG 25** 16
- Widerklage **MarkenG 25** 22
- Widerspruch **MarkenG 43** 1 ff.
- Zeitpunkt **MarkenG 25** 32

Nichtigkeit
- Gewährleistungsmarke **UMV 74j** 1
- IR-Marke **UMV 158** 1 ff.
- Kollektivmarke **UMV 74** 1 ff.
  - Mängelbehebung **UMV 74** 2
- Löschungsantrag **UMV 56** 1 ff.
- Wirkung **MarkenG 52** 14; **UMV 55** 1 ff.
- Zwischenrechte **MarkenG 50** 9

Nichtigkeit, absolute Schutzhindernisse MarkenG 50 1 ff.
- Antrag
  - Befugnis **MarkenG 50** 16
  - Frist **MarkenG 50** 17

- Bösgläubigkeit **MarkenG 50** 12; **UMV 52** 12 ff.
- Unionsmarke **UMV 52** 1 ff.
- Verkehrsdurchsetzung **MarkenG 50** 8 ff.; **UMV 52** 33 ff.
- Widerklage
  - Wirkung **UMV 52** 2
- Zeitpunkt **MarkenG 50** 4

Nichtigkeit, relative Schutzhindernisse MarkenG 51 1 ff.; **UMV 53** 1 ff.
- Antrag **UMV 53** 1
- bekannte Marke **MarkenG 51** 10
- Bestandskraft **MarkenG 51** 11
- Bösgläubigkeit **MarkenG 54** 21
- Duldung **MarkenG 51** 5
- Kumulationsgebot **UMV 53** 24
- Löschungsanspruch
  - Verwirkung **MarkenG 54** 1 ff.
- Teillöschung **MarkenG 51** 18
- Verwirkung **MarkenG 51** 5
- Zustimmung **MarkenG 51** 9

Nichtigkeitsabteilung
- EUIPO **UMV 134** 1 ff.

Nichtigkeitsverfahren
- Erweiterung der Union **UMV 165** 6

Nichtzulassungsbeschwerde MarkenG 83 1 ff.

Niederlassung
- Angaben dazu **MarkenG 23** 19; **UMV 25** 11
- Gerichtsstand **MarkenG 140** 17
  - UWG **MarkenG 141** 2
- IR-Marke **MarkenG 107** 10; **118** 3
- Markeninhaber **UMV 16** 9 ff.
- PMMA **MarkenG 120** 22
- PVÜ **Einl. MarkenR** 177
- Vertretungszwang **UMV 92** 1 ff.
- Zuständigkeit **MarkenG 125g** 2 ff.
  - internationale **UMV 94** 1 ff.; **97** 1 ff.
  - Unionsmarkengericht **Einl. MarkenR** 320

Niederschrift s. *Protokoll*
Nießbrauch MarkenG 29 16 ff.
Nizza Klassifikation Einl. MarkenR 185
Nizza-Klassifikation
- Unionsmarkenanmeldung **UMV 26** 6 ff.; **28** 1

Notorietät MarkenG 10 1 ff.
- Irreführung **MarkenG 10** 10
- Prüfung
  - Markenanmeldung **MarkenG 37** 10

Oberbegriffe
- Klassifizierung **UMV 28** 6

öffentliche Ordnung UMV 7 125 ff.
- Schutzhindernis **MarkenG 8** 607 ff.
- Persönlichkeitsrecht **MarkenG 8** 642

öffentliche Zustellung MarkenG 94 23 f.; **UMV 79** 32 f.

öffentliches Interesse UMV 7 157 f.
Öffentlichkeit MarkenG 67 6; **83** 41; **88** 20; **UMV 77** 22

Öffnungsklausel MarkenG 2 1
olfaktorische Marke s. *Geruchsmarke*
olympische Zeichen MarkenG 8 257 ff., 747; **UMV 7** 158

Ordnungsmittel
- Sachverständige **MarkenG 95** 4
- Zeugen **MarkenG 95** 4

Ordnungswidrigkeiten MarkenG 145 1 ff.

2381

Sachverzeichnis

örtliche Zuständigkeit MarkenG 140 16 ff.
– Unionsmarkengericht **MarkenG 125g** 4
Ortsangaben MarkenG 8 292, 327

parallele Verfahren
– national/unionsweit **UMV 109** 1 ff.
Parallelimport MarkenG 146 48
– Beschlagnahme **MarkenG 150** 19
– Erschöpfung **MarkenG 24** 41 ff.
Pariser Verbandsübereinkunft Einl. MarkenR 184 ff.; **MarkenG 8** 8 ff.
Parteiwechsel
– Umschreibung **MarkenG 28** 25
– Widerspruchsverfahren **MarkenG 28** 27
Passing off UMV 8 179 ff.
Passivlegitimation
– Löschungsklage **MarkenG 55** 21
Patentamt s. *DPMA*
Patentanwalt
– ausländischer **MarkenG 140** 65 ff.
 – Kostenerstattung **MarkenG 140** 75 ff.
– in eigener Sache **MarkenG 140** 53
– Inlandsvertreter **MarkenG 96** 8
– Mitwirkungsbefugnis **MarkenG 140** 31 ff.
– Vergütung
 – Doppelqualifikation **MarkenG 140** 57
Patentassessor MarkenG 42 42; **81** 6; **85** 9; **96** 8; **UMV 93** 4
Persönlichkeitsrecht Einl. MarkenR 13
– Löschungsgrund **MarkenG 13** 74
– Schutzhindernis **MarkenG 8** 334, 642, 748, 839; **UMV 7** 134, 148
Pfandrecht
– Gläubiger **MarkenG 29** 9
– Kennzeichenstreitsache **MarkenG 140** 6
– Pfändungspfandgläubiger **MarkenG 29** 48
 – Veräußerungsverbot **MarkenG 29** 50
– Registereintrag **UMV 19** 9
– Unionsmarke **UMV 19** 1
Pirateriewaren Einl. MarkenR 198
– Beschlagnahme **MarkenG 146** 1 ff.
PMMA Einl. MarkenR 202
Positionsmarke MarkenG 8 484 ff.; **32** 40; **UMV 4** 4, 22
– Anmeldung **UMV 36** 26
– Schutzvoraussetzung **UMV 7** 65 f.
Prägetheorie s. *Verwechslungsgefahr – Kombinationsmarke – Prägung*
Präklusion s. *verspätetes Vorbringen*
Präsident DPMA
– Beitritt **MarkenG 68** 7
– Rechtsbeschwerdeverfahren **MarkenG 87** 5
– Teilnahme **MarkenG 68** 1
Preise
– EUIPO s. *Gebühr*
Priorität MarkenG 6 1 ff.; **UMV 31** 1 ff.; **34** 31
– ausländische **MarkenG 6** 12; **34** 1 ff.
 – Gegenseitigkeit **MarkenG 34** 7
– Ausstellung **MarkenG 6** 14; **35** 1 ff.; **UMV 33** 1 ff.
 – Frist **MarkenG 35** 7
– Frist **MarkenG 34** 13
– Identität **UMV 29** 5 ff.
– Inanspruchnahme **MarkenG 34** 15; **UMV 30** 1 ff.; **36** 33 ff.
– Nachanmeldung **MarkenG 34** 8

– Titelschutzanzeige **MarkenG 6** 28
– Umwandlung **MarkenG 6** 15
– Unionsmarke **UMV 29** 1 ff.
Privatgutachten MarkenG 74 8
Produkthaftung UMV 14 2
Protokoll
– Berichtigung **MarkenG 77** 12
– mündliche Verhandlung **MarkenG 77** 1 ff.
Protokoll zum MMA Einl. MarkenR 202
Prozesskostenhilfe s. *Verfahrenskostenhilfe*
Prozesskostensicherheit MarkenG 66 82; **81a** 15; **82** 16 f.
Prozessrecht
– internationales
 – EU **MarkenG 94** 28; **140** 81 ff.
Prozessstandschaft MarkenG 11 21, 33; **14** 618 ff.; **101** 5; **UMV 101** 69
Prüfer
– EUIPO **UMV 131** 1
Prüfungsmaßstab
– Konvergenz **MarkenG 8** 41
– Schutzhindernis **MarkenG 8** 25 ff.
– Transparenz **MarkenG 8** 41
Prüfzeichen
– Schutzhindernis **MarkenG 8** 693 ff.
Publizität UMV 23 1
PVÜ Einl. MarkenR 184 ff.; **MarkenG 8** 8 ff.

qualifizierte geografische Angabe MarkenG 127 18 ff.; **130** 13
Qualitätsfunktion UMV 9 64
Qualitätsvorgabe
– Kollektivmarke **MarkenG 97** 10; **99** 4; **102** 23.1
– Lizenzgeber **MarkenG 30** 79
Qualitätszeichen MarkenG 2 114

R im Kreis
– Benutzung **MarkenG 26** 12, 44 ff.
– Irreführung **MarkenG 8** 597 f.
Rechercheberich
– EUIPO **UMV 38** 1 ff.
Rechnungslegung
– Lizenznehmer **MarkenG 30** 128
– Verletzer **MarkenG 19** 26; **UMV 102** 18
Recht
– anwendbares **Einl. MarkenR** 322
Recht am eigenen Bild MarkenG 13 44
rechtliches Gehör MarkenG 78 6 ff.; **83** 31; **UMV 75** 57
– DPMA **MarkenG 59** 14 ff.
– Richterwechsel **MarkenG 78** 17 ff.
– Überraschungsentscheidung **MarkenG 75** 7
– Verletzung
 – Abhilfe **MarkenG 89a** 1 ff.
 – Relevanz **UMV 75** 66 ff.
Rechtsbehelf, außerordentlicher MarkenG 83 2 f.
– Gegenvorstellung **MarkenG 83** 2
– Wiederaufnahme **MarkenG 83** 3
Rechtsbehelfsbelehrung MarkenG 61 18
Rechtsbeschwerde MarkenG 66 135; **82** 3; **83** 1 ff.; **84** 1 ff.
– Abhilfe **MarkenG 89a** 1
– Akteneinsicht **MarkenG 88** 21
– Anschlussbeschwerde **MarkenG 83** 47; **85** 12
– Anwaltszwang **MarkenG 85** 9
– aufschiebende Wirkung **MarkenG 83** 1, 46

Sachverzeichnis

- Begründung **MarkenG 85** 4 ff.
- Beitritt DPMA-Präsident **MarkenG 87** 5
- Beschwerdeberechtigung **MarkenG 84** 2
- Beteiligte
  - mehrere **MarkenG 87** 2
  - Präsident DPMA **MarkenG 87** 4 ff.
- Einleitung **MarkenG 85** 2
- Entscheidung **MarkenG 89** 1 ff.
- Form **MarkenG 85** 4
- Frist **MarkenG 85** 4
- Gegenstandswert **MarkenG 85** 11
- Kausalität der Rechtsverletzung **MarkenG 84** 6
- Kosten **MarkenG 85** 10; **90** 1 ff.
  - Erstattung **MarkenG 90** 12
  - Festsetzung **MarkenG 90** 13
- Kostenentscheidung **MarkenG 83** 42
- Kostensache **MarkenG 83** 8
  - Kostenentscheidung **MarkenG 83** 9
  - Kostenfestsetzung **MarkenG 83** 10
- mehrere Beteiligte **MarkenG 87** 2
- Mitwirkung Präsident **MarkenG 87** 4
- Nichtzulassungsbeschwerde **MarkenG 83** 1, 5, 25
- Prüfungsumfang **MarkenG 89** 3
- Rücknahme **MarkenG 85** 8
  - Kosten **MarkenG 90** 5
- Statthaftigkeit **MarkenG 86** 2
- Verfahren **MarkenG 88** 1 ff.
  - Öffentlichkeit **MarkenG 88** 20
- Verfahrenskostenhilfe **MarkenG 88** 4
- zugelassene **MarkenG 83** 15
  - Bindung des BGH **MarkenG 83** 24
  - Einheit der Rspr. **MarkenG 83** 21
  - grundsätzliche Bedeutung **MarkenG 83** 18
  - Rechtsfortbildung **MarkenG 83** 20
- Zulässigkeit **MarkenG 86** 2
- zulassungsfreie **MarkenG 83** 26 ff.
  - ausgeschlossener Richter **MarkenG 83** 30
  - falsche Besetzung **MarkenG 83** 28
  - Gehörsversagung **MarkenG 83** 31
  - Hinweispflichtverletzung **MarkenG 83** 36
  - Nichtvorlage (EuGH) **MarkenG 83** 38
  - Öffentlichkeitsverstoß **MarkenG 83** 41
  - Vertretungsmangel **MarkenG 83** 40
- Zurückverweisung **MarkenG 89** 9

Rechtsbruch MarkenG 2 76
Rechtserwerb MarkenG 6 19
- Anmeldung **UMV 24** 5
- gutgläubig **UMV 23** 10
- Unternehmenskennzeichen **MarkenG 6** 20
- Werktitel **MarkenG 6** 21

Rechtsfähigkeit UMV 3 1 ff.
Rechtshilfe MarkenG 95 1 ff.
Rechtsinhaberschaft MarkenG 7 1 ff.; **UMV 5** 1 ff.
- Vermutung **MarkenG 28** 1 ff.

Rechtskraft MarkenG 70 37; **MarkenG 64** 28 ff.
Rechtskrafterstreckung MarkenG 17 16; **55** 22, 34
Rechtsmissbrauch MarkenG 2 158; **14** 39; **26** 38; **42** 61 ff.; **142** 23 ff.; **UMV 13a** 52 ff.; **109** 7 ff.
- Gerichtsstandswahl **MarkenG 140** 20.1
- Nichtbenutzungseinrede **MarkenG 25** 30
- Popularverfahren **MarkenG 54** 7 ff.; **55** 13 ff.; **UMV 56** 83 ff.

- Widerspruch aus Benutzungsmarke **MarkenG 8** 764 ff.
- Wiederholungsmarke **MarkenG 8** 848 ff.; **UMV 99** 26 ff.

Rechtsmittelbelehrung MarkenG 79 24
Rechtsnachfolger UMV 23 16
- ungetreuer Agent **UMV 11** 17

Rechtspflegerentscheidung
- Erinnerung **MarkenG 71** 90; **82** 7

Rechtsschutzinteresse
- Einspruch **MarkenG 130** 50
- Löschungsantrag **UMV 56** 80
- Verfahrenskostenhilfe **MarkenG 81a** 36

Rechtssicherheit
- Rückwirkungsverbot **UMV 83** 14

Rechtsübergang MarkenG 27 1 ff., 84
- Agentenmarke **UMV 18** 1 ff.
- Anmeldung **UMV 17** 61
- Betriebsübergabe **MarkenG 27** 22
- geschäftliche Bezeichnung **MarkenG 27** 76
- gesetzlich **MarkenG 27** 20
- Gewährleistung **MarkenG 27** 61
- Insolvenz **MarkenG 27** 89
- IR-Marke **MarkenG 27** 68
- Irreführung **MarkenG 27** 75; **UMV 17** 44
- Kartellrecht **MarkenG 27** 87
- Markenanmeldung **MarkenG 27** 65
- Rechtsgeschäft **MarkenG 27** 15
- Registereintrag **UMV 17** 17
- Registrierung **MarkenG 27** 30 ff.
  - Änderung **MarkenG 27** 49
- Rückgängigmachung **UMV 17** 40
- Schriftform **UMV 17** 10 ff.
- Teilrechte **MarkenG 27** 52
- Unternehmenskennzeichen **MarkenG 27** 77 ff.
- Unternehmensübernahme **UMV 17** 8

Rechtswahl Einl. MarkenR 323
Registerabteilung
- EUIPO **UMV 133** 1 ff.

Registereinsicht MarkenG 62 14; **UMV 104** 31 ff.

relative Schutzhindernisse s. Schutzhindernis – *relatives*

res judicata UMV 56 63; **83** 19

Revision
- Unionsmarkengericht **UMV 105** 6

Richter
- Ablehnung **MarkenG 72** 1 ff.
- Ausschluss **MarkenG 72** 23 ff.

Richterwechsel MarkenG 78 17 ff.
Riechmarke s. *Geruchsmarke*
Rücknahme
- Anmeldung **MarkenG 9** 74; **39**; **UMV 43** 1 ff.
- Beschwerde **MarkenG 66** 125 ff.
- Klage **UMV 65** 62.1
- Löschungsantrag **MarkenG 54** 26 ff.; **UMV 57** 53 ff.
- Rechtsbeschwerde **MarkenG 85** 8 ff.
- Widerspruch **MarkenG 42** 98 ff.; **UMV 43** 1 ff.

Rücknahmefiktion
- Beschwerde **MarkenG 66** 87 ff.
- Erinnerung **MarkenG 64** 9
- Weiterbehandlung **MarkenG 91a** 4

2383

Sachverzeichnis

Rückruf MarkenG 18 2 ff., 33 ff.
- Abnehmer **MarkenG 18** 63 ff.
- einstweiliger Rechtsschutz **MarkenG 18** 96 ff.
- Klageantrag **MarkenG 18** 85
- Kosten **MarkenG 18** 61
- Verhältnismäßigkeit **MarkenG 18** 58, 71 ff.
- Zwangsvollstreckung **MarkenG 18** 102

Rückwirkung
- Löschung **MarkenG 52** 14

Rückwirkungsverbot UMV 83 14

Rückzahlung
- Beschleunigungsgebühr **MarkenG 38** 6
- Beschwerdegebühr **MarkenG 63** 16
- Erinnerungsgebühr **MarkenG 64** 21

Rufausbeutung MarkenG 9 59
Rufschädigung MarkenG 2 75; **14** 505 ff.
- Umpacken **MarkenG 24** 54 ff.

Ruhen des Verfahrens MarkenG 70 8; **82** 18

Sachverhaltsermittlung MarkenG 73 1
- Amtsermittlung
  - Grenzen **MarkenG 73** 2
- DPMA **MarkenG 59** 1 ff.
  - Anhörung **MarkenG 60** 3
  - Mitwirkungspflicht **MarkenG 59** 3 ff.
  - mündliche Verhandlung **MarkenG 60** 3
  - Verkehrsdurchsetzung **MarkenG 59** 11
- Mitwirkungspflicht **MarkenG 73** 4

Sachverständige
- EUIPO **UMV 78** 22
- Ordnungsmittel **MarkenG 95** 4
- Vergütung **MarkenG 93a** 1 ff.

Schadensersatzanspruch
- Sicherung **MarkenG 19b** 1 ff.
- Verletzung
  - Unternehmenskennzeichen **MarkenG 15** 68 ff.
- Verwirkung **MarkenG 21** 19

Schiedsvereinbarung MarkenG 140 15
Schlagwort MarkenG 8 349

Schriftbild
- Markenähnlichkeit **MarkenG 14** 373 ff.; **UMV 8** 41.1, 60; **9** 16

schriftliches Verfahren MarkenG 75 8
Schutzbewilligung MarkenG 113 33; **UMV 154** 28
Schutzdauer MarkenG 47 1 ff.

Schutzentziehung
- IR-Marke **UMV 158** 1 ff.

Schutzergänzung MarkenG 2 5 ff.
Schutzerstreckung UMV 151 2
- nachträgliche **MarkenG 123** 1 ff.

Schutzfähigkeit MarkenG 3 1 ff.
- Zeitpunkt
  - maßgeblicher **MarkenG 8** 54

Schutzgebiet
- geschäftliche Bezeichnung **MarkenG 5** 125 ff.
- Marke **MarkenG 14** 561

Schutzhindernisse, absolute MarkenG 8 327; **UMV 7** 1 ff.; **37** 1 ff.
- Abwandlung **MarkenG 8** 254 ff.; **UMV 7** 79
- amtliche Zeichen **MarkenG 8** 693; **UMV 7** 150 ff.
- Anpreisung **MarkenG 5** 148 ff.; **8** 37, 176, 343 ff.; **14** 176
- Beschaffenheitsangabe **MarkenG 8** 191; **UMV 7** 145
- beschreibende Aussage **MarkenG 8** 160 ff.; **UMV 7** 77 ff.
- Bestimmungsangabe **MarkenG 8** 199; **UMV 7** 90
- Bösgläubigkeit **Einl. MarkenR** 82; **MarkenG 8** 759 ff.; **UMV 7** 18
- Domain **MarkenG 8** 294
- Einzelbuchstabe **MarkenG 8** 260; **UMV 7** 40 f.
- Farbmarke **MarkenG 8** 62; **UMV 7** 68
- Farbname **UMV 7** 95
- Fehlen der Markenfähigkeit **UMV 7** 19 ff.
- Fehlen der Unterscheidungskraft **MarkenG 8** 95 ff.; **UMV 7** 22 ff.
- Formmarke **MarkenG 8** 66, 474; **UMV 7** 77 ff., 106 ff.
- Freihaltungsbedürfnis **MarkenG 8** 57, 76 ff., 139
- Freizeichen **Einl. MarkenR** 27.1; **MarkenG 8** 530
- fremdsprachige Marke **MarkenG 8** 46, 268
- garantiert traditionelle Spezialität **UMV 7** 10, 167
- Gemeinfreiheit **MarkenG 8** 287; **UMV 7** 103
- geografische Angabe **MarkenG 8** 3, 292 ff., 738; **UMV 7** 10, 159 ff.
- Geruchsmarke **MarkenG 8** 506; **UMV 7** 75
- Geschmacksmarke **MarkenG 8** 509; **UMV 7** 75
- Gewährzeichen **MarkenG 8** 693 ff.
- Herkunftsangabe **Einl. MarkenR** 82; **MarkenG 8** 205 ff.; **UMV 7** 92
- Hoheitszeichen **MarkenG 8** 665 ff.; **UMV 7** 150 ff.
- Hörmarke **MarkenG 8** 492; **UMV 7** 74
- Irreführung **MarkenG 8** 543 ff.; **UMV 7** 141
- Kennfaden **MarkenG 8** 511; **UMV 7** 62
- Kollektivmarke **MarkenG 8** 513
- Kulturgut **MarkenG 8** 323, 840; **UMV 7** 103
- Merkmalsangabe **MarkenG 8** 183 ff.; **UMV 7** 106 ff.
- Name **MarkenG 8** 300 ff.; **UMV 7** 39
- Neologismen **MarkenG 8** 330
- Nichtigkeit **UMV 7** 10
- Notorietät **MarkenG 10** 1 ff.
- öffentliche Ordnung **MarkenG 8** 607 ff.; **UMV 7** 125 ff.
- öffentliches Interesse **UMV 7** 157 f.
- olympische Zeichen **MarkenG 8** 257 ff., 747; **UMV 7** 158
- Organisationszeichen **MarkenG 8** 710 ff.; **UMV 7** 153
- Persönlichkeitsrecht **MarkenG 8** 334 ff., 642, 748, 839 ff.; **13** 74; **UMV 7** 134, 148
- Positionsmarke **MarkenG 8** 484 ff.; **UMV 7** 65 ff.
- Prüfzeichen **MarkenG 8** 693 ff.; **UMV 7** 14.1
- regionale Bedeutung **UMV 7** 172 ff.
- Sittenverstoß **MarkenG 8** 607 ff.; **UMV 7** 125 ff.
- Sortenbezeichnung **MarkenG 8** 738; **UMV 7** 169
- Tastmarke **MarkenG 8** 500; **UMV 7** 74
- Täuschungsgefahr **MarkenG 8** 543 ff.; **UMV 7** 141 ff.
- Überwindung
  - Verkehrsdurchsetzung **MarkenG 8** 861 ff.; **UMV 7** 178 ff.

Sachverzeichnis

- übliche Bezeichnung **MarkenG 8** 515 ff.; **UMV 7** 96 ff.
- Urheberrecht **MarkenG 8** 748, 839 ff.; **UMV 7** 103
- Ursprungsbezeichnung **MarkenG 8** 205 ff.; **UMV 7** 10, 159 ff.
- Verbote **MarkenG 8** 729 ff.; **UMV 7** 126 ff., 174
- Verpackungsform **MarkenG 8** 479; **UMV 7** 56 ff.
- Warenform **MarkenG 8** 452 ff.; **UMV 7** 93, 107
- Weinbezeichnung **MarkenG 8** 2; **UMV 7** 10
- Werbeslogan **MarkenG 8** 338 ff.; **UMV 7** 43 ff.
- Werktitel **MarkenG 8** 351 ff.
- Wertangabe **MarkenG 8** 201; **UMV 7** 91
- wertbestimmendes Merkmal **UMV 7** 120 ff.
- Wirkungsangabe **UMV 7** 114
- Wortmarken **MarkenG 8** 95 ff.
- Wort-/Bildmarken **MarkenG 8** 358 ff.
- Zeitpunkt **MarkenG 8** 54, 172; **UMV 37** 3

Schutzhindernisse, relative MarkenG 9 1 ff.; **UMV 8** 1 ff.
- ähnliche Zeichen **MarkenG 9** 10 ff.; **UMV 8** 24 ff.
- bekannte Marke **MarkenG 9** 59 ff.; **10** 1 ff.; **14** 505 ff.
- bekannte Zeichen **UMV 8** 210 ff.
- Benutzungsmarke **MarkenG 42** 90; **UMV 8** 178 ff.
- Beweislast **MarkenG 42** 61; **UMV 8** 253
- Domain **UMV 8** 179
- geografische Angabe **UMV 8** 180, 206 ff.
- Geschäftszeichen **MarkenG 42** 90; **UMV 8** 179 ff.
- identische Zeichen **MarkenG 9** 5 ff.; **14** 247; **UMV 8** 1 ff.
- Territorialität **UMV 8** 190 ff.
- Ursprungsbezeichnung **UMV 8** 180, 206 ff.
- Werktitel **MarkenG 42** 8; **UMV 8** 179

Schweiz
- Benutzungsabkommen **MarkenG 26** 98

selbständig kennzeichnende Stellung *s. Verwechslungsgefahr – Kombinationsmarken – selbständig kennzeichnende Stellung*

Selbstbindung UMV 83 5

Seniorität UMV 34 3
- Benutzungsschonfrist **UMV 34** 33
- Identität **UMV 34** 8 ff.
- Inanspruchnahme **UMV 35** 1 ff.; **36** 38 ff.
  - Frist **UMV 34** 24
  - IR-Marke **UMV 35** 6
- IR-Marke **UMV 34** 46; **153** 1 ff.
- Nachweis **UMV 34** 42
- Übertragbarkeit **UMV 34** 44
- Verzicht **UMV 34** 36
  - Basismarke **UMV 34** 16 ff.
- Wegfall
  - Basismarke **UMV 34** 35
- Widerspruchsverfahren **UMV 34** 40

Senioritätsunterlagen
- Sprache **UMV 119** 7

Serienzeichen *s. Markenserie*

Sicherheitsleistung MarkenG 146 16 ff.

Sicherheitsvorschriften
- EUIPO **UMV 123a** 1 ff.

Sicherungsabtretung MarkenG 29 4

Sicherungsmaßnahmen *s. einstweilige Maßnahmen*

Signatur
- elektronische **MarkenG 95a** 8 ff.

Singapur-Abkommen Einl. MarkenR 212

Sittenverstoß MarkenG 8 607 ff.; **UMV 7** 125 ff.

Sitzungspolizei

Slogan MarkenG 8 338

sofortige Beschwerde MarkenG 82 6

Solingen-Verordnung MarkenG 137 8

Sonagramm
- Darstellung e. Hörmarke **MarkenG 3** 42; **8** 20.1; **32** 34 f.; **UMV 36** 22; **43** 18

Sonderzeichen

Sortenbezeichnung
- Eintragungshindernis **UMV 7** 169
- Löschungsgrund **MarkenG 13** 54
- Schutzhindernis **MarkenG 8** 263, 738

Spekulationsmarke MarkenG 8 766 ff., 837; **26** 38.1

Spezifikation MarkenG 130 23 ff.
- Änderung **MarkenG 132** 1 ff.

Sprachen Einl. MarkenR 52
- Erweiterung der Union **UMV 165** 11
- Sprachenregime
  - Brexit **Einl. MarkenR** 98, 53.1

Staatssymbole MarkenG 8 665 ff.

Stammbestandteil MarkenG 14 488 ff.

Störerhaftung MarkenG 14 649 ff.; **15** 171 ff.; **19** 7, 20

Strafbarkeit
- Kennzeichenverletzung **MarkenG 143** 1 ff.

Streithilfe
- EuG **UMV 65** 7

Streitverkündung
- Rechtsnachfolger **MarkenG 55** 35

Streitwert *s. Gegenstandswert*

Streitwertbegünstigung
- Gegenstandswert **MarkenG 142** 1 ff.
- Verfahrenskostenhilfe **MarkenG 142** 21

Strohmann MarkenG 11 20; **UMV 11** 9

Suchbegriffe
- Internet **MarkenG 14** 199

Sukzessionsschutz UMV 22 15
- Lizenz **MarkenG 30** 164 ff.

Tastmarke MarkenG 8 500; **UMV 7** 74
- Anmeldung **MarkenG 32** 37
- grafische Darstellbarkeit **UMV 4** 9

Tatbestandsberichtigung MarkenG 80 12

Täuschungseignung
- Verfall **MarkenG 49** 50 ff.

Täuschungsgefahr UMV 7 141 ff.
- Prüfung **MarkenG 37** 6 ff.
- Schutzhindernis **MarkenG 8** 543 ff.
- Verkehrsdurchsetzung **MarkenG 8** 862

Teilübertragung MarkenG 27 14, 37 ff., 52 ff.

Teilung MarkenG 46 1 ff.
- Erklärung **MarkenG 46** 2 ff.
- Markenanmeldung **MarkenG 40** 1 ff.
  - Beschwerdeverfahren **MarkenG 40** 13
  - hilfsweise **MarkenG 40** 11
- Unterlagen **MarkenG 46** 7 ff.
- Widerspruchsmarke **MarkenG 46** 15 ff.
- im Widerspruchsverfahren **MarkenG 46** 10 ff.

Sachverzeichnis

Teilverzicht s. *Waren- und Dienstleistungsverzeichnis – Einschränkung*
telle-quelle-Marken Einl. MarkenR 237 ff.
Territorialität UMV 8 190 ff.
Titelschutzanzeige MarkenG 5 220 ff.; **6** 28
TLT Einl. MarkenR 209 ff.
Töne s. *Hörmarken*
Transit UMV 9 81
– Unterlassungsanspruch **MarkenG 14** 9
– Verletzungshandlung **Einl. MarkenR** 85
Treu und Glauben MarkenG 2 158
TRIPS Einl. MarkenR 185 ff.; **MarkenG 8** 10 ff.
– Benutzung **Einl. MarkenR** 276
– Meistbegünstigungsgrundsatz **Einl. MarkenR** 178

Übergangsregelungen
– dingliche Rechte **MarkenG 154** 1 ff.
– Insolvenz **MarkenG 154** 1 ff.
– Lizenzen **MarkenG 155** 1
– Löschungsverfahren **MarkenG 156** 1; **157** 1 ff.
  – Meistbegünstigung **MarkenG 156** 2; **157** 1
– MarkenG **MarkenG 152** 1 ff.
– Unterlassungsansprüche **MarkenG 153** 1 ff.
– Verletzungsansprüche **MarkenG 153** 1 ff.
– Verwirkung **MarkenG 153** 4
– Widerspruch **MarkenG 158** 1
– Zwangsvollstreckung **MarkenG 154** 1 ff.
Übermittlung
– an EUIPO **UMV 79** 55 ff.
Übernahme
– Beschwerdeverfahren **MarkenG 66** 30
Überraschungsentscheidung
– Hinweispflicht **MarkenG 75** 7; **86** 4
Übersetzer MarkenG 93 4; **UMV 121** 1
– Kosten **MarkenG 93** 17
Übersetzungen UMV 119 56; **121** 1
Übertragung s. *Rechtsübergang*
Übertragungsanspruch
– Domain **MarkenG 15** 128
übliche Bezeichnung MarkenG 8 515 ff.; **UMV 7** 96 ff.
– Verfall **UMV 51** 32 ff.
Umfragen MarkenG 4 92 ff.; **UMV 78** 48
Umpacken MarkenG 24 41 ff.
Umschreibung
– Beweislast **MarkenG 74** 21
– Verfahrensbeteiligung **MarkenG 66** 30
Umverpacken MarkenG 24 41 ff.
Umwandlung UMV 112 1 ff.; **130** 14
– Ausschluss **UMV 112** 13 ff.
– Erweiterung der Union **UMV 165** 9
– Formvorschriften **UMV 114** 1 ff.
– Frist **UMV 112** 29; **113** 5, 19
– Gebühr **UMV 112** 33; **113** 6
– Gewährleistungsmarke **UMV 74k** 1
– IR-Marke
  – Zeitrang **UMV 161** 4
– Klageverfahren **UMV 100** 13 ff.
– Seniorität **UMV 34** 37
– Umwandlungsantrag **UMV 112** 28; **113** 1 ff.
  – Veröffentlichung **UMV 39** 8
– Unionsmarke **UMV 112** 12; **130** 13 ff.
– Unionsmarkenanmeldung **UMV 112** 5 ff.
– Widerspruchsverfahren **MarkenG 42** 74 ff.

unerlaubte Handlung
– Gerichtsstand **MarkenG 140** 19
ungetreuer Agent s. *Agent*
Unionsmarke MarkenG 1 9; **UMV 1** 1 ff.; **9** 1 ff.
– Anmeldung
  – DPMA **MarkenG 125a** 1 ff.
– Anspruchsverwirkung **MarkenG 125b** 10
– Äquivalenz **UMV 1** 10; **34** 1
– Ausschließlichkeitsrecht **UMV 9** 3
  – Anspruchsgegner **UMV 9** 6 ff.
  – Anspruchsinhaber **UMV 9** 5
– Autonomie **UMV 1** 4
– Benutzung **UMV 9** 4
  – Glaubhaftmachung **MarkenG 125b** 14
– Benutzungsverbot **UMV 110** 1 ff.
– Benutzungszwang **UMV 1** 11
– Durchsetzung **UMV 1** 7
– Einheitlichkeit **Einl. MarkenR** 101; **UMV 1** 5
– Eintragung **UMV 1** 2
– Ersetzung
  – IR-Marke **UMV 157** 1 ff.
– Erwerb **UMV 6** 1 ff.
  – Eintragungshindernisse **UMV 7** 1 ff.
– Gleichstellung **UMV 16** 1 ff.
– Grenzbeschlagnahme **MarkenG 125b** 20
– Inhaber **UMV 5** 1 f.
– Insolvenz **MarkenG 125h** 1
– Koexistenz **Einl. MarkenR** 105 ff.
– nationale Rechtsordnung **UMV 16** 9 ff.
– Nichtbenutzungseinrede **MarkenG 125b** 18
– Priorität
  – nationale Marke **MarkenG 125c** 1 ff.
– Rechtsgültigkeit **UMV 99** 1 ff.
– Rechtsübergang **UMV 17** 1 ff.
– relatives Schutzhindernis **MarkenG 125b** 1
– Umwandlung **MarkenG 125d** 1 ff.
– Verkehrsdurchsetzung **UMV 7** 178 ff.
  – Verkehrsgutachten **UMV 7** 195
– Verletzung **MarkenG 125b** 4
– Vermögensgegenstand **UMV 16** 1
– Widerspruchsrecht
  – vor Eintragung **UMV 9b** 3
– Wirkung **UMV 14** 1
– Zeitrang
  – Inanspruchnahme **UMV 34** 1 ff.
Unionsmarkengericht Einl. MarkenR 320; **MarkenG 125e** 1 ff.; **UMV 95** 1 ff.
– anzuwendendes Recht **UMV 101** 1 ff.
– Aussetzung des Verfahrens **UMV 104** 1 ff.
  – Löschungswiderklage **UMV 104** 53
– Benennung **MarkenG 125f** 1
– Berufung **UMV 105** 1
– einstweilige Maßnahmen **UMV 103** 1 ff.
  – territoriale Beschränkung **UMV 103** 15
– internationale Zuständigkeit **UMV 97** 1 ff.
  – Beklagtenmehrheit **UMV 97** 44
  – Folgeansprüche **UMV 97** 55
  – Kognitionsbefugnis **UMV 97** 60
  – Reichweite **UMV 98** 1 ff.
  – rügelose Einlassung **UMV 97** 28
  – Sitz des Beklagten **UMV 97** 1
  – Teilnahmehandlung **UMV 97** 40
  – vereinbarte **UMV 97** 22
  – Verletzungsort **UMV 97** 29
– Konzentration **MarkenG 125e** 8

Sachverzeichnis

- Mitteilungspflichten **UMV 100** 37 ff.; **104** 28
- Revision **UMV 105** 6
- Sanktionen **UMV 102** 1 ff.
- Widerklage **UMV 99** 29 ff.; **100** 1 ff.
- Zuständigkeit **UMV 96** 1 ff.
  - Entschädigung **UMV 96** 16
  - internationale **MarkenG 125g** 1
  - Lizenzen **MarkenG 125g** 7
  - negative Feststellungsklage **UMV 96** 14
  - Nichtigkeit **UMV 96** 18
  - örtliche **MarkenG 125g** 4
  - Übertragung **MarkenG 125g** 7
  - Verfall **UMV 96** 18
  - Verletzungsverfahren **UMV 96** 5
  - vorbeugende Unterlassungsklage **UMV 96** 10
  - Widerklage **UMV 96** 18
- zweite Instanz **MarkenG 125e** 7; **UMV 105** 1 ff.

Unionsmarkenregister UMV 87 1 ff.
- Änderung **UMV 87** 3 ff.
- Einsicht
  - eSearch **UMV 87** 5

Unterbrechung
- Verfahren
  - EUIPO **UMV 82a** 1 ff.

Unterlassungsanspruch MarkenG 14 1 ff., 536 ff.
- Antragsfassung **MarkenG 14** 551 ff.
- bekannte Marke **UMV 9** 29 ff.
- Beschränkungen **UMV 12** 1 ff.
- Beweislast **MarkenG 14** 244 ff.
- Domain **MarkenG 15** 123 ff.
  - Anspruchsgegner **MarkenG 15** 169 ff.
- Doppelidentität **MarkenG 14** 247 ff.
- elektronische Werke **MarkenG 16** 9
- Entschädigung **UMV 9b** 2
- Erstbegehungsgefahr **MarkenG 14** 583
  - Markenanmeldung **MarkenG 14** 592 ff.
- Export **MarkenG 14** 233 ff.
- Firmenzeichen **UMV 9** 72 ff.
- Funktionsbeeinträchtigung **UMV 9** 51 ff.
- geografische Herkunftsangabe **MarkenG 135** 23
- Gläubiger **UMV 9** 5
- Handelsname **UMV 9** 72 ff.
- Import **MarkenG 14** 233 ff.
- Internet **MarkenG 14** 199
- Kennzeichnungsmittel **UMV 9a** 1 ff.
- Lexika **MarkenG 16** 1 ff.
- Lizenznehmer **UMV 9** 5
- Merchandising **MarkenG 14** 173 ff.
- Parodie **MarkenG 14** 193
- Privatverkauf **MarkenG 14** 61 ff.
- Rechtsnachfolger **UMV 9** 5
- rechtsverletzende Benutzung **MarkenG 14** 10 ff.
  - Beschreibung **MarkenG 14** 95 ff.
  - im geschäftlichen Verkehr **MarkenG 14** 53 ff.
  - Schutzbereich **MarkenG 14** 47 ff.
  - Werktitel **MarkenG 14** 90 ff.
  - zur Warenunterscheidung **MarkenG 14** 84 ff.
- Schuldner **UMV 9** 6
- Störer **MarkenG 14** 649
- Transit **MarkenG 14** 9; **UMV 9** 49

- Umfang **UMV 9** 67 ff.
- ungetreuer Agent **UMV 11** 1 ff.
- Unionsmarke **UMV 9** 1 ff.; **9b** 1
- Unternehmenskennzeichen **MarkenG 15** 68 ff.
- vergleichende Werbung **UMV 9** 75 ff.
- Verpackung **UMV 9a** 1 ff.
- Verwechslungsgefahr **MarkenG 14** 253 ff.; **UMV 9** 19 ff.
  - gedankliche Verbindung **MarkenG 14** 485 ff.
  - Markenähnlichkeit **MarkenG 14** 316 ff.
- Verwirkung **MarkenG 21** 33
- Vorbereitungshandlung **MarkenG 14** 8, 241 ff.
- vorbeugend **MarkenG 14** 583
- Wiederholungsgefahr **MarkenG 14** 541 ff.
- Wörterbuch **MarkenG 16** 1 ff.; **UMV 10** 1 ff.
- Zeitpunkt **UMV 9** 47; **9b** 1
- Zustimmung **UMV 9** 47 f.
- Zwischenhändler **UMV 9** 11

Unterlassungserklärung MarkenG 14 562 ff.

Unterlizenz MarkenG 30 40, 137; **UMV 22** 46; **22a** 6

Unternehmenskennzeichen s. geschäftliche Bezeichnung

Unterscheidungskraft MarkenG 3 9; **8** 28 ff., 95 ff.; **UMV 4** 5, 25 ff.; **7** 22 ff.
- Bewegungsmarke **MarkenG 8** 510; **UMV 7** 76
- Bildmarke **MarkenG 8** 388; **UMV 7** 55
- dreidimensionale Marke **MarkenG 8** 453 ff.; **UMV 7** 57
- Farbmarke **MarkenG 8** 433 ff.; **UMV 7** 68 ff.
- Feststellung **MarkenG 8** 134 ff.
- Geruchsmarke **MarkenG 8** 506 ff.; **UMV 7** 75
- Hörmarke **MarkenG 8** 492; **UMV 7** 74
- Kennzeichnungsgewohnheiten **MarkenG 8** 127
- Lichtmarke **MarkenG 8** 510; **UMV 7** 76
- Positionsmarke **MarkenG 8** 484 ff.; **UMV 7** 65
- Tastmarke **MarkenG 8** 500 ff.; **UMV 7** 74
- Verkehrskreise
  - maßgebliche **MarkenG 8** 103 ff.
- virtuelle Marke **MarkenG 8** 510; **UMV 7** 76
- Warenbezug **MarkenG 8** 113
  - Oberbegriff **MarkenG 8** 116
- Wort-Bild-Marke **MarkenG 8** 358 ff.; **UMV 7** 51
- Wortmarke **MarkenG 8** 95 ff.; **UMV 7** 37
- Zeitpunkt **MarkenG 8** 101; **UMV 7** 35

Unterschrift, BPatG-Beschluss MarkenG 70 1; **80** 27

Untersuchungsgrundsatz s. Amtsermittlung

Urheberrecht Einl. MarkenR 3; **MarkenG 2** 126, 144 ff.; **UMV 7** 103; **53** 12 ff.
- Löschungsgrund **MarkenG 13** 48
- Schutzhindernis **MarkenG 8** 748, 839
- Widerklage **UMV 100** 8

Ursprungsbezeichnung UMV 7 159 ff.
- Eintragungshindernis **UMV 8** 206 ff.
- strafbare Benutzung **MarkenG 144** 1 ff.
- Widerspruch **UMV 8** 180

Ursprungsbezeichnungen
- Eintragungshindernis **UMV 7** 10

Urteilsbekanntmachung MarkenG 19c 1 ff.

Sachverzeichnis

Urteilsveröffentlichung MarkenG 143 23
UWG MarkenG 2 36 ff.

Veranstaltungsbezeichnung MarkenG 5 47
- Werktitel **MarkenG 5** 190
Verbandszeichen s. *Kollektivmarke*
Verbietungsrecht s. *Unterlassungsanspruch*
Verbot
- Schutzhindernis **MarkenG 8** 729 ff.
Verbraucherleitbild MarkenG 14 327
Verfahren
- BPatG **MarkenG 82** 1 ff.
  - Zustellung **MarkenG 94** 3
- DPMA
  - Zustellung **MarkenG 94** 1
- elektronisch **MarkenG 95a** 1 ff.
- Öffentlichkeit **MarkenG 83** 41
- EUIPO
  - allgemeine Grundsätze **UMV 83** 1 ff.
- Unterbrechung **UMV 82a** 1 ff.
Verfahrensdauer MarkenG 96a 1 ff.
Verfahrenskosten MarkenG 85 1 ff.
- Billigkeit **MarkenG 63** 1; **71** 14 ff.
- Bösgläubigkeit **MarkenG 63** 3
- BPatG **MarkenG 71** 1 ff.
- DPMA **MarkenG 63** 1 ff.; **64a** 1 ff.
  - Kostenfestsetzung **MarkenG 63** 17
- EUIPO **UMV 85** 1 ff.
- Fälligkeit **MarkenG 64a** 5
- Nichtzahlung
  - Folgen **MarkenG 64a** 13
  - Vereinbarung **UMV 85** 12
- Widerspruchsverfahren **UMV 85** 18 ff.
- Zahlung **MarkenG 64a** 8
Verfahrenskostenhilfe MarkenG 81a 1 ff.
- Abhilfe **MarkenG 81a** 9
- Akteneinsicht **MarkenG 81a** 3
- Änderung **MarkenG 81a** 82 ff.
- Antrag **MarkenG 81a** 27 ff.
  - Wiederholung **MarkenG 81a** 34
- Aufhebung **MarkenG 81a** 82 ff.
- Ausländer **MarkenG 81a** 28
- Bedürftigkeit **MarkenG 81a** 41
- Beiordnung **MarkenG 81a** 21, 64
- Erfolgsaussichten **MarkenG 81a** 56
- juristische Person **MarkenG 81a** 40, 48
- länderübergreifend **MarkenG 81a** 110
- Löschungsverfahren **MarkenG 81a** 36
- Mutwille **MarkenG 81a** 60
- Personenmehrheiten **MarkenG 81a** 46
- Ratenzahlung **MarkenG 81a** 53
- rechtliches Gehör **MarkenG 81a** 7
- Rechtsbeschwerde **MarkenG 88** 4
- Rechtsmittel **MarkenG 81a** 73 ff.
- Rechtsschutzinteresse **MarkenG 81a** 36
- Streitwertbegünstigung **MarkenG 142** 21
- Zahlungsfrist **MarkenG 81a** 10
Verfall MarkenG 49 1 ff.; **UMV 51** 1 ff.; **55** 1 ff.
- Antrag **UMV 51** 2
- Ausschlussfrist **UMV 51** 4
- Benutzungsmangel **UMV 51** 8 ff.
  - Beweislast **UMV 51** 24 ff.
  - Heilung **UMV 51** 12
- gebräuchliche Bezeichnung **MarkenG 49** 40 ff.; **UMV 51** 32 ff.
- Gewährleistungsmarke **UMV 74i** 1

- Irreführung **UMV 51** 45 ff.
- Kollektivmarke **MarkenG 105** 1 ff.; **UMV 73** 1 ff.
- Löschung
  - Wirkung **MarkenG 52** 3
- Löschungsantrag **UMV 56** 1 ff.
- Markenrechtsfähigkeit **MarkenG 49** 53 ff.
- Nichtbenutzung **MarkenG 49** 9 ff.
  - Heilung **MarkenG 49** 16 ff.
- Täuschungseignung **MarkenG 49** 48 ff.
- teilweiser **MarkenG 49** 57 ff.
- Unionsmarke **UMV 99** 11 ff.
- Widerklage **UMV 51** 1; **100** 10
- Zwischenrechte **MarkenG 49** 37 ff.
Verfügungsbeschränkung MarkenG 147 30
vergleichende Werbung s. *Werbung, vergleichende*
Vergütung MarkenG 140 37 ff.
- Patentanwalt
  - Auslagen **MarkenG 140** 47 ff.
  - Doppelqualifikation **MarkenG 140** 57
Verjährung MarkenG 20 1 ff.
- Beweislast **MarkenG 20** 65
- Dispositionsrecht **MarkenG 20** 57
- Frist **MarkenG 20** 9 ff.
- Hemmung **MarkenG 20** 36 ff.
- Herausgabeanspruch **MarkenG 20** 35
- Neubeginn **MarkenG 20** 52 ff.
- titulierter Anspruch **MarkenG 20** 32
- Verletzungsanspruch
  - geografische Herkunftsangabe **MarkenG 129** 1; **136** 1
- Wirkung **MarkenG 20** 59
Verkehrsauffassung MarkenG 14 320 ff.
Verkehrsdurchsetzung MarkenG 8 79 ff., 861 ff.; **37** 15; **UMV 7** 178 ff.; **37** 6 ff.
- Anfangsglaubhaftmachung **MarkenG 8** 867
- Benutzung als Marke **MarkenG 8** 878
- Beweislast **MarkenG 74** 24
- Durchsetzungsgrad **MarkenG 8** 885 ff.
- Ermittlung **MarkenG 59** 11; **UMV 76** 23 ff.
- Gebiet **MarkenG 8** 883
- Geschäftsbetrieb **MarkenG 8** 881
- Glaubhaftmachung **MarkenG 73** 6
- Gutachten **MarkenG 8** 891
- IR-Marke **UMV 154** 3 f.
- Kriterien **MarkenG 8** 885 ff.
- Löschungsverfahren **MarkenG 8** 870 ff.
- Markenfähigkeit **MarkenG 8** 877
- maßgeblicher Zeitpunkt **MarkenG 8** 868
- Nachweis **MarkenG 8** 83 ff., 891
- Personenbezug **MarkenG 8** 881
- Territorium **MarkenG 8** 88
- Verkehrskreis **MarkenG 8** 884
- Warenbezug **MarkenG 8** 880
- Widerspruchsverfahren **MarkenG 8** 869
- Zeitpunkt **MarkenG 8** 87, 868
- Zeitrang
  - Verschiebung **MarkenG 6** 16
Verkehrsgeltung MarkenG 4 41 ff.; **8** 865
- geschäftliche Bezeichnung **MarkenG 5** 91
- Nachweis **MarkenG 4** 88 ff.
Verkehrskreise
- maßgebliche **MarkenG 8** 38 ff.
Verlängerung MarkenG 47 1 ff.; **UMV 47** 1 ff.
Verlängerungsgebühr MarkenG 91 8

Sachverzeichnis

Verletzung
- Schadensersatzanspruch **MarkenG 14** 615 ff.
  - Gläubiger **MarkenG 14** 615
  - Schuldner **MarkenG 14** 622
  - Sicherung **MarkenG 19b** 1 ff.
- Transit **Einl. MarkenR** 85
- vergleichende Werbung **Einl. MarkenR** 86
- Verletzungsanspruch
  - Ausschluss **MarkenG 22** 1 ff.

Verletzungsprozess MarkenG 14 536 ff.

Verletzungsverfahren
- Bekanntheit **UMV 13a** 40, 60
- Doppelidentität **UMV 13a** 34, 56
- Duldung **UMV 13a** 25 ff., 49 ff.
- Erwerber **UMV 13a** 62
- fehlende Unterscheidungskraft **UMV 13a** 47
- Koexistenz **UMV 13a** 73
- Kollektivmarke **UMV 72** 1
- Lizenznehmer **UMV 13a** 61 ff.
- Verfall **MarkenG 49** 4; **UMV 13a** 46
- Verletzungsprozess
  - Aussetzung **MarkenG 55** 36
- Verwechslungsgefahr **UMV 13a** 36, 59
- Verwirkung **UMV 13a** 25 ff., 49 ff.
- Zustimmung **UMV 13a** 28 ff., 53
- Zwischenrechte **UMV 13a** 10 ff.

Vernichtung
- Kosten **MarkenG 18** 104

Vernichtungsanspruch MarkenG 18 1 ff.
- Abmahnung **MarkenG 18** 106
- einstweiliger Rechtsschutz **MarkenG 18** 90
- geografische Herkunftsangabe **MarkenG 151** 13
- Klageantrag **MarkenG 18** 82
- Kosten **MarkenG 18** 32
- nach EU-Recht **MarkenG 150** 87 ff.
- Streitwert **MarkenG 18** 103
- Verhältnismäßigkeit **MarkenG 18** 71 ff.
- Zwangsvollstreckung **MarkenG 18** 100

Veröffentlichung
- Anmeldung **UMV 39** 1 ff.
- EUIPO **UMV 89** 1 ff.; **120** 1 ff.
  - Austausch **UMV 91** 1
  - Berichtigung **UMV 79d** 16
  - Sprache **UMV 120** 6
- Umwandlungsantrag **UMV 39** 8
- Zurückweisung **UMV 39** 5

Verordnungsermächtigung MarkenG 65 1 ff.
Verpackung UMV 4 2; **7** 109
Verpfändung
- Marke **MarkenG 29** 7 ff.
- Verwertung **MarkenG 29** 40 ff.

Verschiebung s. Zeitrang – Verschiebung
Verschlusssache
- EUIPO **UMV 123a** 1 ff.

verspätetes Vorbringen MarkenG 73 15 ff.; **UMV 75** 44
- Benutzungseinrede **MarkenG 43** 15 ff.
- Benutzungsnachweis **UMV 76** 96 ff.
- Berücksichtigungsermessen **UMV 76** 94 ff.
- Mitwirkungspflicht **UMV 76** 73 ff.

Vertragsstrafe
- Kennzeichenstreitsache **MarkenG 140** 2.2

Vertrauensschutz UMV 83 7
Vertretung MarkenG 81 1 ff.
- Mangel **MarkenG 83** 40
- Befugnis **UMV 93** 1 ff.

- EUIPO **UMV 92** 1 ff.
  - Angestellte **UMV 92** 3 f.
  - EWR-Ausländer **UMV 92** 2
  - EWR-Inländer **UMV 92** 1
- gemeinsame **UMV 93** 17
- Mandatsniederlegung **UMV 93** 19
- Rechtsanwalt **UMV 93** 1
- Zulassung **UMV 93** 1 ff.
  - Verlust **UMV 93** 8 ff.

Vertretungszwang MarkenG 85 9; **UMV 92** 1 ff.; **93** 1 ff.
- Anmeldung
  - Unionsmarke **UMV 26** 30

Verunglimpfung s. Bekanntheitsschutz
Verwahrung
- Beschlagnahme **MarkenG 147** 29

Verwaltungsrat, EUIPO UMV 125 1; **126** 1; **127** 1

Verwarnung s. Abmahnung
Verwässerung MarkenG 9 59 ff.; **14** 523; **UMV 8** 242

Verwechslungsgefahr MarkenG 9 10 ff.; **UMV 8** 24 ff.; **41** 26
- Aufmerksamkeit der Verbraucher **MarkenG 14** 328; **UMV 8** 128 ff.
- begrifflich **MarkenG 14** 398 ff.; **UMV 8** 48
- bekannte Marken **MarkenG 9** 59 ff.; **14** 523 ff.; **UMV 8** 210 ff.
- Beurteilungsgrundsätze **UMV 8** 38
- bildlich **MarkenG 14** 388 ff.
  - Schriftbild **MarkenG 14** 373 ff.; **UMV 8** 60, 41.1; **9** 16
- Bildmarken **MarkenG 14** 388
- dreidimensionale Marken **MarkenG 14** 410
- Erfahrungssätze **MarkenG 14** 317; **9** 15
- Farbanspruch **MarkenG 14** 345, 351
- Farbmarken **MarkenG 14** 406 ff.
- Fremdsprache **MarkenG 14** 333
- gedankliche Verbindung **MarkenG 9** 56; **14** 485 ff.
- Gesamteindruck **MarkenG 14** 354
- gespaltene Verkehrsauffassung **MarkenG 9** 22; **14** 331
- Grad **MarkenG 14** 353
- im weiteren Sinn **MarkenG 9** 18, 58; **14** 502 ff.
- Kategorien **MarkenG 14** 360, 360 ff.
- Kennzeichnungskraft **MarkenG 9** 23; **14** 264 ff.; **UMV 8** 110 ff.
- klanglich **MarkenG 14** 368 ff.; **UMV 8** 46
  - Aussprache **MarkenG 14** 333, 377 ff., 499; **UMV 8** 35, 46 f.; **75** 31
  - Vokalfolge **MarkenG 14** 370
- Kombinationsmarken **MarkenG 14** 416 ff., 344 ff., 416 ff.; **UMV 8** 62 ff.
  - Markenfamilie **MarkenG 14** 446
  - Namenskombinationen **UMV 8** 84 ff.
  - Prägung **MarkenG 14** 420 ff.; **UMV 8** 63
  - selbständig kennzeichnende Stellung **MarkenG 14** 451 ff.; **UMV 8** 81 ff.
  - Serienzeichen **MarkenG 14** 446
- komplexe **MarkenG 14** 367
- Kurzwörter **MarkenG 14** 374
- Markenähnlichkeit **MarkenG 9** 42; **14** 316 ff., 360 ff.; **UMV 8** 27 ff.
- mittelbare **MarkenG 9** 18, 57; **14** 488
- Motivschutz **MarkenG 14** 368

Sachverzeichnis

- Namen **MarkenG 14** 477 ff.; **UMV 8** 84 ff.
- Neutralisierung **MarkenG 14** 363; **UMV 8** 56 ff.
- Rechtsnatur **MarkenG 9** 11; **14** 255, 316, 356; **UMV 8** 28
- Schutzumfang **MarkenG 14** 264
- Serienzeichen **MarkenG 9** 57; **14** 446, 490; **UMV 8** 122 ff.
- unmittelbare **MarkenG 9** 18
- Unternehmenskennzeichen **MarkenG 15** 31 ff.
- Verkehrskreis **MarkenG 14** 262 ff.
  - maßgeblicher **MarkenG 9** 19; **14** 320; **UMV 8** 35 ff.
- Verletzungsverfahren **UMV 8** 34
- Wechselwirkung **MarkenG 9** 17
- Werktitel **MarkenG 15** 46 ff.
- Wortanfang **MarkenG 14** 370 f.
- Wort-Bild-Marke **MarkenG 14** 387 ff.
- Wortmarken **MarkenG 14** 348 ff.
- Zeitpunkt **MarkenG 9** 13; **14** 263, 271

Verwirkung MarkenG 21 1 ff.; **UMV 101** 10
- Abwehranspruch **MarkenG 21** 18
- Benutzungsuntersagung **UMV 107** 5.1; **110** 3; **111** 1
- Bereicherungsanspruch **MarkenG 21** 19
- Besitzstand **MarkenG 21** 34 ff.
- Beweislast **MarkenG 21** 44
- Bösgläubigkeitseinwand **MarkenG 21** 14
- Duldung **MarkenG 21** 12
- Duldungsanschein **MarkenG 21** 26
- Folgen **MarkenG 21** 38 ff.
- Koexistenz **MarkenG 21** 43; **UMV 8** 141.1
- Löschungsantrag **UMV 56** 89; **99** 20
- Nichtbenutzung **MarkenG 21** 7
- Nichtigkeitseinwand **MarkenG 51** 5
- Schadensersatzanspruch **MarkenG 21** 19
- Unterlassungsanspruch **MarkenG 21** 33; **UMV 13a** 16, 25 ff., 49 ff.; **54** 1 ff.; **102** 10.1
  - Übergangsregelung **MarkenG 153** 4
- Widerspruchsrecht **UMV 8** 148

Verzicht MarkenG 48 1 ff.; **UMV 50** 1 ff.
- Teilverzicht **UMV 50** 12
- Widerruf **MarkenG 48** 14; **UMV 50** 29
- Wirkung **UMV 50** 20 ff.
- Zustimmungsvorbehalt **MarkenG 48** 15; **UMV 50** 9
- Lizenz **UMV 50** 10

virtuelle Marken UMV 7 76

Vokalfolge
- Markenähnlichkeit **MarkenG 14** 370

Vollmacht
- Erlöschen **MarkenG 81** 21
- EUIPO **UMV 93** 13 ff.
  - Vorlagepflicht **UMV 93** 12
- Inlandsvertreter **MarkenG 81** 19
- Vertreter **MarkenG 81** 17 ff.

Vollstreckung MarkenG 29 1 ff.; **UMV 94** 1 ff.
- Aussetzung **UMV 86** 12
- Entscheidung
  - Unionsmarkengericht **UMV 94** 22
- Gerichtsstandsvereinbarung **UMV 94** 7
- Kostenentscheidung
  - EUIPO **UMV 86** 1 ff.

Vollstreckungsgegenklage
- Kennzeichenstreitsache **MarkenG 140** 4

Vorabentscheidung
- EuGH
  - Kosten **Einl. MarkenR** 63; **MarkenG 140** 36
- große Beschwerdekammer **UMV 59** 17
- Vorlagepflicht **MarkenG 70** 71; **83** 38

Vorbenutzung MarkenG 8 798.1; **14** 36, 46; **UMV 13a** 70; **28** 14
- Besitzstand **MarkenG 8** 801

vorbereitende Maßnahmen
- BPatG **MarkenG 73** 20 ff.

Vorbereitungshandlung MarkenG 14 592; **143** 14; **UMV 9a** 2
- Domain **MarkenG 15** 160
- geschäftliche Bezeichnung **MarkenG 5** 111
- rechtserhaltende Benutzung **MarkenG 49** 25 f.

Voreintragungen MarkenG 8 43
Vorlage an den EuGH MarkenG 70 41
- Pflicht **MarkenG 83** 38
Vorlageanspruch MarkenG 19a 1 ff.
- Durchsetzung **MarkenG 19a** 18
- Schadensersatz **MarkenG 19a** 24
- Verhältnismäßigkeit **MarkenG 19a** 16
- Verjährung **MarkenG 20** 4
- Verwertungsverbot **MarkenG 19a** 23

vorläufiger Rechtsschutz
- Beschwerdeverfahren **MarkenG 66** 119

Vorrang MarkenG 6 1 ff.
Vorrang des Markenschutzes MarkenG 2 11 ff.

Vorschuss
- Kosten **MarkenG 64a** 21

Wahrheitspflicht MarkenG 92 1 ff.
Waren und Dienstleistungen MarkenG 32 41 ff.
Waren- und Dienstleistungsähnlichkeit MarkenG 9 32; **14** 293 ff.; **UMV 8** 88 ff.
- betriebliche Herkunft **MarkenG 14** 297
- Einzelhandelsdienstleistung **MarkenG 14** 306
- Ersatzteile **MarkenG 14** 298
- Funktionszusammenhang **MarkenG 14** 298
- Grad **MarkenG 9** 41; **14** 314
- Hilfswaren **MarkenG 14** 303
- Klasseneinteilung **MarkenG 14** 310 ff.
  - Oberbegriffe **MarkenG 14** 301
- mittelbare **MarkenG 14** 303
- Sachgesamtheit **MarkenG 14** 303
- sich ergänzende Angebote **MarkenG 14** 293 ff.; **UMV 9** 27
- Sponsoring **MarkenG 14** 302
- tatsächliche Benutzung **MarkenG 14** 302
- Vertriebsstätte **MarkenG 14** 299
- Vorprodukte **MarkenG 14** 303
- zu Dienstleistungen **MarkenG 14** 305
- Zubehör **MarkenG 14** 303

Waren- und Dienstleistungsverzeichnis Einl. MarkenR 75; **MarkenG 32** 41 ff.; **UMV 26** 5 ff.; **28** 1
- Auslegung **MarkenG 14** 310
- Einschränkung **MarkenG 39** 7 ff.; **UMV 37** 5 ff.; **43** 14 ff.
  - Teilverzicht **MarkenG 48** 8

Warenform MarkenG 8 66 ff.

Weinbezeichnung
- Eintragungshindernis **UMV 7** 10

Sachverzeichnis

Weinlage MarkenG 8 208
Weiterbehandlung MarkenG 91a 1 ff.;
  UMV 81 10, 67; **82** 1 ff.
– Abhilfe **UMV 82** 21
– Anmeldetag **UMV 82** 9
– Antrag **MarkenG 91a** 5
– Ausschluss **UMV 82** 6
– Beschwerdeverfahren **UMV 82** 22
– Gebühr **UMV 82** 36
– Klagefrist **UMV 82** 26
– nationale Anmeldung **UMV 82** 8
– Priorität **UMV 82** 10
– Rechtsmittel **UMV 82** 42
– Rücknahmefiktion **MarkenG 91a** 4
– Stellungnahmefrist **UMV 82** 13
– Umwandlung **UMV 82** 28
– Verlängerung Unionsmarke **UMV 82** 25
– Voraussetzungen **UMV 82** 29
– Wahlmöglichkeit **MarkenG 91a** 10
– Widerspruch **UMV 82** 15
– Wiedereinsetzungsantrag **UMV 82** 27
Weiterbenutzungsrecht MarkenG 91 56
Werbefunktion UMV 9 65
Werbeschlagwort MarkenG 8 349 ff.
Werbeslogan MarkenG 8 338
Werbeverbote
– Benutzungsschonfrist **MarkenG 26** 189
Werbung, vergleichende MarkenG 2 28, 104, 141; **UMV 9** 75 ff.
– Verletzungshandlung **Einl. MarkenR** 86
Werknähe MarkenG 15 56
Werktitel MarkenG 5 153 ff.; **8** 351; **27** 84
– Bekanntheitsschutz **MarkenG 15** 64 ff.
– Ingebrauchnahme **MarkenG 5** 203 ff.
– räumlicher Schutzbereich **MarkenG 5** 245
– rechtsverletzende Benutzung
  – Werktitel **MarkenG 14** 90 ff.
– Schutzende **MarkenG 5** 246 ff.
– Titelschutzanzeige **MarkenG 5** 220 ff.; **6** 28
– Unterscheidungskraft **MarkenG 5** 195 ff.
– Widerspruch **UMV 8** 179
Wettbewerbsrecht Einl. MarkenR 19
Widerklage MarkenG 149 17; **UMV 99** 29 ff.
– Aussetzung des Verfahrens **UMV 104** 53
– Löschungsklage **MarkenG 25** 22; **49** 4, 10
– Nichtbenutzungseinrede **MarkenG 25** 22
– Unionsmarkengericht **UMV 100** 1 ff.
  – Beitritt **UMV 100** 34
  – geografische Beschränkung **UMV 100** 11
  – Nichtbenutzungseinrede **UMV 100** 27 ff.
  – Nichtigkeit **UMV 100** 8
  – Verfall **UMV 100** 10
  – Wiederholungsmarke **UMV 100** 23
– Verjährung **MarkenG 20** 43
Widerruf
– Verzicht **MarkenG 48** 14; **UMV 50** 29
– Widerspruchsrücknahme **MarkenG 42** 98
Widerspruch MarkenG 42 1 ff.; **UMV 41** 1 ff.
– Agentenmarke **UMV 8** 151; **41** 37
– Aktivlegitimation **MarkenG 42** 35 ff.;
  UMV 41 19
  – Lizenznehmer **MarkenG 42** 44
  – Rechtsnachfolger **MarkenG 42** 47 ff.
– aus Anmeldung **MarkenG 9** 73; **UMV 8** 3
– aus bekannter Marke **MarkenG 9** 59; **UMV 8** 4
– aus geografischer Angabe **MarkenG 13** 1;
  UMV 41 46

– aus IR-Marke **MarkenG 42** 81; **UMV 42** 37
– aus Ursprungsbezeichnung **UMV 41** 46
– Bekanntheitsschutz **UMV 41** 33
– Benutzungsmarke **MarkenG 42** 7, 21;
  UMV 41 40
– Benutzungsnachweis **MarkenG 43** 1 ff.;
  UMV 42 15
– Beschränkung **MarkenG 42** 91 ff.
– Entscheidung **MarkenG 43** 56 ff; **UMV 42** 58 ff.
– Form **MarkenG 42** 18 ff.; **UMV 41** 7 ff., 16 ff.
– Frist **MarkenG 42** 24; **UMV 41** 11
  – Neuveröffentlichung **UMV 39** 7
– Gebühr **MarkenG 42** 27; **UMV 41** 13
– gegen IR-Marke **MarkenG 114** 1 ff.;
  UMV 41 5; **42** 68; **156** 1 ff.
– Identität **MarkenG 42** 7, 21; **UMV 41** 22
– Kennzeichnungskraft **MarkenG 42** 67 ff.;
  UMV 41 29 ff. *s. Verwechslungsgefahr – Kombinationsmarken*
– mehrere Widersprüche **MarkenG 43** 62;
  UMV 42 58
– Nichtbenutzungseinrede **MarkenG 43** 1 ff.;
  UMV 42 6 ff.
– Prozessstandschaft **MarkenG 42** 41
– Prüfung **MarkenG 42** 51 ff.; **UMV 42** 1 ff.
– Rechtsmittel **MarkenG 43** 65; **UMV 58** 1 ff.
– Rücknahme **MarkenG 42** 98; **UMV 42** 30
– Verfahren
  – Regelungskompetenz **UMV 42a** 1 ff.
– Verlängerungsnachweis **UMV 42** 44
– Vertretermarke **UMV 41** 37 ff.
– Zulässigkeit **MarkenG 42** 16 ff.; **UMV 42** 1 ff.
– Notorietät **MarkenG 10** 14
Widerspruch gegen Löschungsantrag
– Nichtigkeit **MarkenG 54** 44
– Verfall **MarkenG 53** 15
Widerspruchsabteilung
– EUIPO **UMV 132** 1 ff.
– Zuständigkeit **UMV 131** 2
Widerspruchsschrift UMV 76 86
Widerspruchsverfahren MarkenG 42 15 ff.
– Aussetzung **MarkenG 9** 73; **43** 67 ff.;
  UMV 42 58
– Beweislast **MarkenG 42** 61; **UMV 42** 36 ff.
– Darlegungslast **MarkenG 42** 61; **UMV 42** 36 ff.
– Einrede
  – Verfall **MarkenG 49** 5
– Entscheidung **MarkenG 43** 56 ff.; **UMV 42** 52 ff.
– Erweiterung der Union **UMV 165** 5
– Gegenstandswert **MarkenG 71** 54 ff.
– gütliche Einigung **MarkenG 42** 17; **UMV 42** 21 ff.
– Insolvenz **MarkenG 42** 33
– Kosten
  – Beschwerdeverfahren **MarkenG 71** 22
  – Kostenentscheidung **MarkenG 42** 105; **43** 64;
    71 22; **UMV 42** 57
– Parteiwechsel **MarkenG 66** 37 ff.; **UMV 42** 61 ff.
– Seniorität **UMV 34** 40
– Umwandlung **MarkenG 42** 74 ff.
– Vertretung **MarkenG 42** 42; **UMV 92** 1 ff.
– Wegfall eines Kennzeichens **MarkenG 42** 31;
  UMV 42 52
– Zuständigkeit **UMV 41** 3

2391

Sachverzeichnis

Wiederaufnahme des Verfahrens MarkenG 83 3; **UMV 82a** 1
Wiedereinsetzung MarkenG 91 1 ff.; **UMV 81** 1 ff.
– Antrag **UMV 81** 31
– Ausschluss **UMV 81** 4 ff.
– Frist **MarkenG 91** 38 ff.; **UMV 81** 10, 18 ff.
– Gebühr **UMV 81** 28
– Priorität **UMV 81** 6
– Rechtsmittel **UMV 81** 69
– Rechtswirksamkeit **MarkenG 91** 52 ff.
– richterliche Frist **MarkenG 91** 13
– Schutz Dritter **MarkenG 91** 56; **UMV 81** 74
– Sorgfalt **UMV 81** 35 ff.
– Verschulden **MarkenG 91** 15 ff.
 – Dritter **MarkenG 91** 30 ff.; **UMV 81** 38 ff.
– von Amts wegen **MarkenG 91** 47
– Weiterbehandlung **UMV 82** 44
– Weiterbenutzungsrecht **MarkenG 91** 56
Wiedereintragung MarkenG 44 39
Wiedergabe *s. grafische Darstellung*
Wiederholungsanmeldung UMV 75 25
– Benutzung **MarkenG 26** 20 ff.
– Benutzungsschonfrist **MarkenG 8** 847 ff.; **UMV 15** 34 ff.; **99** 25; **100** 23
– Bösgläubigkeit **MarkenG 8** 847 ff; **UMV 52** 29
WIPO Einl. MarkenR 181
– Empfehlungen **Einl. MarkenR** 216
– Gebühren **Anhang I** 18 ff.
Wirkungsbeschränkung UMV 12 1 ff.
Wirkungserstreckung UMV 165 2
Wirtschaftsordnung Einl. MarkenR 1
Wirtschaftsraum
– gemeinsamer **Einl. MarkenR** 41
Wort-Bild-Marke MarkenG 8 358 ff.
– Anmeldung **MarkenG 32** 19 ff.; **UMV 8** 358
Wörterbuch
– Hinweispflicht **MarkenG 16** 1 ff.; **UMV 10** 18
– Wiedergabeverbot **UMV 10** 1 ff.
 – Antrag **UMV 10** 15
 – Lizenznehmer **UMV 10** 16
WTO Einl. MarkenR 182

Zahlen
– Schutzhindernis **MarkenG 8** 260; **UMV 7** 37
Zahlungsverpflichtung UMV 84 1 ff.
– Erlöschen
 – Fristunterbrechung **UMV 84** 31
 – Rückerstattung **UMV 84** 6 ff.
Zeichenbegriff MarkenG 3 9
Zeitrang MarkenG 6 1 ff.; **UMV 27** 1 ff.
– Erweiterung der Union **UMV 165** 10
– Gleichrangigkeit **MarkenG 6** 29 ff.
– Inanspruchnahme **UMV 35** 1 ff.
– IR-Marke **UMV 153** 1 ff.
– Verschiebung **MarkenG 6** 16
 – IR-Marke **MarkenG 37** 20
 – Lizenz **MarkenG 6** 25
– Verkehrsdurchsetzung **MarkenG 37** 15
Zentralangriff UMV 161 1
Zeugen MarkenG 74 20
– Entschädigung **MarkenG 93a** 1 ff.
– Ordnungsmittel **MarkenG 95** 4

Zollbehörden MarkenG 146 1 ff.; **150** 63 ff.; **151** 1 ff.
Zubehörangebot
– erlaubte Benutzung **MarkenG 23** 39; **UMV 12** 19
Zugeständnis
– Benutzung **MarkenG 43** 10 ff.
Zulassung der Rechtsbeschwerde MarkenG 83 1 ff.
Zurückverweisung MarkenG 70 24 ff.
– Rechtsbeschwerde **MarkenG 89** 9
Zusicherung MarkenG 83 9
Zuständigkeit
– Kennzeichenstreitsache **MarkenG 140** 11 ff.
– nationaler Gerichte
 – Unionsmarke **UMV 106** 1 ff.
Zustellung
– Adressat **MarkenG 94** 4 ff.
– an Verkündungs Statt **MarkenG 79** 5; **83** 36
– Arten **MarkenG 94** 10 ff.
– Bevollmächtigter
 – Domain **MarkenG 15** 173
 – gemeinsamer **MarkenG 32** 7; **94** 7
– DPMA **MarkenG 94** 1 ff.
– elektronisch **MarkenG 94** 22; **UMV 79** 13
– Erlaubnisscheininhaber **MarkenG 94** 36
– EUIPO **UMV 79** 1 ff.; **93** 16 ff.
 – Abholfach **UMV 79** 37
 – Entscheidung **UMV 79** 1 ff.
– im Ausland **MarkenG 94** 25
– Ladung
 – EUIPO **UMV 79** 1 ff.
– Mängelbehebung **MarkenG 94** 40; **UMV 79** 39 ff.
– öffentlich **MarkenG 94** 23; **UMV 79** 32
Zustimmung MarkenG 26 167 ff.; **51** 9; **UMV 15** 69
– Agentenmarke **MarkenG 11** 40; **UMV 101** 49; **11** 2
– Erschöpfung **MarkenG 24** 28; **UMV 12** 10
– IR-Marke **MarkenG 118** 1 ff.
Zwangsmittel
– Rechtshilfe **MarkenG 95** 1
Zwangsvollstreckung MarkenG 29 26 ff.
– Kennzeichenstreitsache **MarkenG 140** 5
– Registereintrag **UMV 20** 7 ff.
– Übergangsregelung **MarkenG 154** 1 ff.
– Unionsmarke **UMV 20** 1 ff.
Zweckübertragungstheorie
– Lizenz **MarkenG 30** 33
Zweitmarke MarkenG 14 346
– rechtserhaltende Benutzung **MarkenG 26** 155
Zwischenbescheid MarkenG 67 4; **73** 22; **UMV 60** 18
Zwischenentscheidung UMV 79 1 ff.
– Anfechtbarkeit **UMV 58** 1 ff.
– Aussetzung des Verfahrens **UMV 63** 40
– Rechtsbeschwerde **MarkenG 82** 8
– Vorlage an den EuGH **MarkenG 70** 43
Zwischenhändler
– Unterlassungsanspruch **UMV 9** 11
Zwischenrechte Einl. MarkenR 90; **MarkenG 25** 42; **UMV 13a** 10 ff.
– Nichtigkeit **MarkenG 50** 9
– Unionsmarke **UMV 99** 19 ff.